Dauner-Lieb/Heidel/Ring AnwaltKommentar BGB
Heidel/Hüßtege/Mansel/Noack Band 1: Allgemeiner Teil mit EGBGB

ANWALTKOMMENTAR
DeutscherAnwaltVerein

BGB

Gesamtherausgeber
Prof. Dr. Barbara Dauner-Lieb, Köln
RA Dr. Thomas Heidel, Bonn
Prof. Dr. Gerhard Ring, Freiberg

Band 1: Allgemeiner Teil mit EGBGB

Hrsg. von
Rechtsanwalt und Fachanwalt für
Steuerrecht Dr. Thomas Heidel, Bonn
VRiOLG Dr. Rainer Hüßtege, München
Prof. Dr. Heinz-Peter Mansel, Köln
Prof. Dr. Ulrich Noack, Düsseldorf

2005

DeutscherAnwaltVerlag

Zitiervorschlag:
AnwK-BGB/*Bearbeiter*, § 1 Rn 1

Copyright 2005 by Deutscher Anwaltverlag, Bonn
Satz: Cicero Computer GmbH Medienservice, Bonn
Druck: Kösel GmbH & Co.KG, Krugzell
Titelgestaltung: D sign Agentur für visuelle Kommunikation, Peter Korn-Hornung, Solingen

Bibliografische Information der Deutschen Bibliothek
Die Deutsche Bibliothek verzeichnet diese Publikation in der Deutschen Nationalbibliografie; detaillierte bibliografische Daten sind im Internet über http://dnb.ddb.de abrufbar.

ISBN 3-8240-0602-2

Geleitwort

Der Allgemeine Teil leitet das BGB ein. Er schafft zusammen mit dem Allgemeinen Teil des Schuldrechts die Grundlagen für die besonderen Teile und zeichnet sich durch einen hohen Abstraktionsgrad des Rechts aus. Vergleicht man diese Gesetze mit dem leicht verständlich geschriebenen Schweizerischen Zivilgesetzbuch und dem Schweizerischen Obligationenrecht, so wächst das Bedürfnis nach einer Kommentierung, die dieses Recht verständlich macht. Dies ist zwar vielfach geschehen. Der Deutsche Anwaltverlag hat gleichwohl ein Bedürfnis erkannt, das BGB für Praktiker kommentieren zu lassen. Mit dem Allgemeinen Teil des Anwaltkommentars BGB liegt jetzt der vierte von fünf Bänden vor. Der letzte und umfangreichste Band zum Schuldrecht wird im Mai 2005 erscheinen. Der Allgemeine Teil legt die Grundlagen für das BGB, und so legt auch der erste Band die Grundlagen für die weiteren, auch wenn sie zum Teil schon früher erschienen sind.

Das BGB ist vor einigen Jahren hundert Jahre alt geworden. Es hat in diesen Jahren zunächst verhältnismäßig wenige Eingriffe erfahren. Einer der größten war die Schuldrechtsreform, die vom Deutschen Anwaltverlag durch den Anwaltkommentar Schuldrecht begleitet wurde, der große Anerkennung fand und dessen Herausgeber und Autoren auch den Kern der Herausgeber und Autoren des Anwaltkommentars BGB bilden. Ein Gesetzeswerk, das so lange überdauert, hat seine Bewährungsprobe bestanden. Es kann aber nur überleben, wenn es ständig den Entwicklungen der Zeit angepasst wird. Dies ist Aufgabe der anwaltlichen und richterlichen Praxis, und es ist Aufgabe der Wissenschaft, die Strukturen des Gesetzes herauszuarbeiten und trotz ihrer Überlagerung durch Richterrecht die Strukturen zu erhalten oder – falls notwendig – auch neu herauszuarbeiten. Dabei kommt den Kommentaren eine besondere Bedeutung zu. Sie müssen einerseits die gesetzlichen Vorschriften erläutern. Sie müssen die Detaillierungen, die Wissenschaft und Praxis in vielen Jahren erarbeitet haben, zuverlässig nachweisen und strukturieren. Erst der Gesetzestext, die dazu ergangene Rechtsprechung und die Kommentarliteratur zusammen bilden das Recht, nicht das Gesetz allein. Kommentare müssen aber auch neue Linien erarbeiten, die Zukunft voraussehen, Beispiele bilden, Methoden herausarbeiten und anwenden und gleichzeitig und vor allem verständlich bleiben. Diese Aufgaben und viele mehr erfüllt der Anwaltkommentar in hohem Maße.

Die Vorlage des Allgemeinen Teils ist Anlass genug, mit diesem Geleitwort den Herausgebern und Autoren von Seiten des Verlages zu danken. Für den Verlag war die Erarbeitung eines Großkommentars für die Anwaltspraxis ein großes Wagnis. Mehr als 170 Autoren waren durch die Herausgeber und die Mitarbeiter des Verlages zu betreuen, weit über 10.000 Seiten zu lektorieren, viele Autoren zu gewinnen, zu begleiten, zu motivieren, zu loben und manchmal zu mahnen.

Das Ergebnis kann sich sehen lassen: ein großer Kommentar für die Praxis, von Praktikern und Wissenschaftlern gemeinsam verfasst, mit einem neuen, überzeugenden Konzept, das auf die wichtigste Klientel des Verlages und seiner Gesellschafter, des Deutschen Anwaltvereins und der Soldan GmbH, – die Anwältinnen und Anwälte – zugeschnitten ist.

Der Verlag und seine Gesellschafter möchten sich bei den Herausgebern und den Autoren herzlich bedanken. Möge der Anwaltkommentar BGB Anwältinnen und Anwälten, Richterinnen und Richtern, aber auch der Wissenschaft ein ständiger und zuverlässiger Begleiter sein.

Dr. Axel Bauer
Vorsitzender des Aufsichtsrats
des Deutschen Anwaltverlags

Vorwort der Herausgeber

Am Anfang stand das Schuldrechtsmodernisierungsgesetz, das vor rund drei Jahren in Kraft getreten ist: Der Gesetzgeber hatte die zum 1.1.2002 umzusetzende Verbrauchsgüterkaufrichtlinie zum Anlass für die Durchsetzung einer „großen" Lösung genommen. Im Kaufrecht wurde der personelle und sachliche Anwendungsbereich der durch die Verbrauchsgüterkaufrichtlinie veranlassten Neuregelungen auf alle Kaufverträge ausgedehnt, wobei allerdings zwingendes Recht nur im Anwendungsbereich der Verbrauchsgüterkaufrichtlinie angeordnet wurde. Gleichzeitig wurden auch das Verjährungsrecht und das Allgemeine Leistungsstörungsrecht grundlegend überarbeitet. Dabei sollten die über die Umsetzung der Verbrauchsgüterkaufrichtlinie hinausgehenden Änderungen im Allgemeinen Schuldrecht im Wesentlichen nicht zu einer Veränderung der Rechtslage führen, sondern zu einem „einfacher handhabbaren und übersichtlichen Recht". Es ging um Modernisierung durch Vereinheitlichung und Vereinfachung und damit um einen Zuwachs an Transparenz und Rechtssicherheit. Wie immer man die Schuldrechtsreform in ihrem grundsätzlichen Anliegen und in den rechtstechnischen Einheiten letztlich beurteilen mag, Einigkeit besteht jedenfalls darüber, dass sie Praxis (und Wissenschaft) vor zunächst sicherlich unterschätzte Anpassungsprobleme gestellt hat, die bis heute nicht völlig bewältigt sind.

DAV und Deutscher Anwaltverlag hatten im AnwaltKommentar Schuldrecht (Vorband) zusammen mit den Herausgebern und zahlreichen engagierten Autoren versucht, der Praxis unmittelbar nach Inkrafttreten des neuen Gesetzes mit einer vollständigen Kommentierung eine erste Orientierungshilfe zu geben. Die überwältigend positive Resonanz auf dieses Buch ermutigte alle Beteiligten, ein noch sehr viel anspruchsvolleres und komplexeres Projekt in Angriff zu nehmen: die Konzeption eines neuen Großkommentars des gesamten BGB – unter Einschluss des EGBGB, der BGB-Nebengesetze, des UN-Kaufrechts und europarechtlicher Grundlagen des geltenden Zivilrechts. Anhänge zu speziellen, besonders praxisrelevanten Themenbereichen sollen einen schnellen Einstieg in Sonderfragen ermöglichen. Die Zielstellung des Kommentars ist identisch mit der des Vorbandes zum Schuldrecht: ein Kommentar für den Schreibtisch, nicht fürs Regal, wissenschaftlich fundierte, aber leicht lesbare Informationen für den Praktiker, Orientierung über Entwicklungstendenzen, Heranführung an die immer greifbarer werdende Europäisierung des Privatrechts. Inzwischen liegen das Erbrecht (Oktober 2003), das Sachenrecht (Dezember 2003), das Familienrecht (November 2004), der Allgemeine Teil und das EGBGB (Januar 2005) vor. Das Erscheinen des Schuldrechtsbandes steht unmittelbar bevor. Der Online-Service verspricht Aktualisierung zwischen den Auflagen.

Auch der Band zum Allgemeinen Teil des Bürgerlichen Gesetzbuchs und zum Internationalen Privatrecht verwirklicht die Ziele des Kommentars. Anerkannte Praktiker und Wissenschaftler bilden den Kommentatorenkern des Bandes, der bereits das am 15. Dezember 2004 in Kraft getretene „Gesetz zur Anpassung von Verjährungsvorschriften an das Gesetz zur Modernisierung des Schuldrechts" berücksichtigt. Der Band ist damit auf dem Gesetzesstand vom 31.12.2004. Das „Gesetz zur Überarbeitung des Lebenspartnerschaftsrechts" vom 15. Dezember 2004, das am 1.1.2005 in Kraft getreten ist und insbesondere Art. 17b EGBGB um eine Regelung zum Versorgungsausgleich ergänzt, konnte bei der Drucklegung nicht mehr eingearbeitet werden. Die wirtschaftlich immer bedeutender werdenden Rechtsfragen von Online-Auktionen werden in der Kommentierung vertieft vorgestellt. Im Bereich des Internationalen Privatrechts werden neben den Vorschriften des EGBGB auch wichtige Staatsverträge wie das Haager Übereinkommen über zivilrechtliche Aspekte internationaler Kindesentführungen, das Haager Kinderschutzübereinkommen und andere Haager Übereinkommen sowie die Europäische Eheverordnung (VO Nr. 2201/2003) in der am 1. März 2005 in Kraft tretenden Fassung ausführlich untersucht. Damit liegt die erste Kommentierung dieses neuen Verordnungsrechts vor. Aber auch die bisher geltende Fassung der Europäischen Eheverordnung (VO Nr. 1347/00) wird eingehend behandelt. Das Internationale Deliktsrecht wird unter Einbeziehung der entsprechenden Regelungsvorschläge für eine künftige EG-Verordnung kommentiert. Detailliert wird die Auswirkung der aktuellen Rechtsprechung des EuGH auf das Internationale Gesellschaftsrecht und die Frage der zulässigen Überlagerung eines anwendbaren ausländischen Gesellschaftsstatuts durch deutsche Gläubigerschutzvorschriften untersucht.

Im Dezember 2004
Für die Herausgeber
Barbara Dauner-Lieb

Inhaltsübersicht

Autorenverzeichnis	XI
Bearbeiterverzeichnis	XIII
Abkürzungsverzeichnis	XVII
Allgemeines Literaturverzeichnis	XXXVII

Abschnitt 1   Personen   §§ 1–89 1
Titel 1   Natürliche Personen, Verbraucher, Unternehmer   §§ 1–20 1
Titel 2   Juristische Personen   §§ 21–89 83
    Untertitel 1   Vereine   §§ 21–79 83
        Kapitel 1   Allgemeine Vorschriften   §§ 21–54 83
        Steuerlicher Anhang zu § 21: Gemeinnützigkeitsrecht des
        eingetragenen Vereins 99
        Kapitel 2   Eingetragene Vereine   §§ 55–79 240
    Untertitel 2   Stiftungen   §§ 80–88 270
    Untertitel 3   Juristische Personen des öffentlichen Rechts   § 89 ... 326

Abschnitt 2   Sachen und Tiere   §§ 90–103 329

Abschnitt 3   Rechtsgeschäfte   §§ 104–185 413
Titel 1   Geschäftsfähigkeit   §§ 104–115 413
Titel 2   Willenserklärung   §§ 116–144 459
    Anhang zu § 133: Auslegung von Gesetzen und Rechtsfortbildung .. 639
    Anhang zu § 138: Prostitutionsgesetz 792
Titel 3   Vertrag   §§ 145–157 836
    Anhang zu § 156: Online-Auktionen 882
Titel 4   Bedingung und Zeitbestimmung   §§ 158–163 911
Titel 5   Vertretung und Vollmacht   §§ 164–181 944
Titel 6   Einwilligung und Genehmigung   §§ 182–185 1076

Abschnitt 4   Fristen, Termine   §§ 186–193 1107

Abschnitt 5   Verjährung   §§ 194–225 1115
Titel 1   Gegenstand und Dauer der Verjährung   §§ 194–202 1115
Titel 2   Hemmung, Ablaufhemmung und Neubeginn der Verjährung   §§ 203–213 ... 1192
Titel 3   Rechtsfolgen der Verjährung   §§ 214–225 1282

Abschnitt 6   Ausübung der Rechte, Selbstverteidigung, Selbsthilfe   §§ 226–231 ... 1291

Abschnitt 7   Sicherheitsleistung   §§ 232–240 1307

Einführungsgesetz zum Bürgerlichen Gesetzbuche 1319

Erster Teil   Allgemeine Vorschriften   Artt. 1–46 1319
Erstes Kapitel   Inkrafttreten. Vorbehalt für Landesrecht. Gesetzesbegriff   Artt. 1, 2 ... 1319
Zweites Kapitel   Internationales Privatrecht   Artt. 3–46 1319
    Erster Abschnitt   Verweisung   Artt. 3–6 1319
        Anhang I zu Art. 5 EGBGB: New Yorker UN-Übk. über die
        Rechtsstellung der Staatenlosen 1353
        Anhang II zu Art. 5 EGBGB: Sonderregelungen für Flüchtlinge, Verschleppte und Vertriebene 1355
    Zweiter Abschnitt   Recht der natürlichen Personen und der Rechtsgeschäfte   Artt. 7–12 1389
        Anhang zu Art. 8: Haager Entmündigungsabkommen vom 17.7.1905 1395
        Anhang zu Art. 12 EGBGB: Juristische Personen und Gesellschaften 1449
    Dritter Abschnitt   Familienrecht   Artt. 13–24 1503
        Anhang I zu Art. 15 EGBGB: Haager Ehewirkungsabkommen vom 17.7.1905 1595

Inhaltsübersicht

Anhang II zu Art. 15 EGBGB: Gesetz über den ehelichen Güterstand von Vertriebenen und Flüchtlingen 1595
Anhang III zu Art. 15 EGBGB: Art. 220 Abs. 3 EGBGB . 1602
Anhang I zu Art. 24 EGBGB: Haager Übereinkommen über die Zuständigkeit, das anzuwendende Recht, die Anerkennung, Vollstreckung und Zusammenarbeit auf dem Gebiet der elterlichen Verantwortung und der Maßnahmen zum Schutz von Kindern vom 19.10.1996 (KSÜ) 1775
Anhang II zu Art. 24 EGBGB: Übereinkommen über die Zuständigkeit der Behörden und das anzuwendende Recht auf dem Gebiet des Schutzes von Minderjährigen vom 5.10.1961 (MSA) 1797
Anhang III zu Art. 24 EGBGB: Haager Abkommen zur Regelung der Vormundschaft über Minderjährige vom 12.6.1902 (HVA) 1825
Anhang IV zu Art. 24 EGBGB: Haager Übereinkommen über die zivilrechtlichen Aspekte internationaler Kindesentführung vom 25.10.1980 (HKÜ) 1827
Anhang V zu Art. 24 EGBGB: Luxemburger Europäisches Übereinkommen über die Anerkennung und Vollstreckung von Entscheidungen über das Sorgerecht für Kinder und die Wiederherstellung des Sorgeverhältnisses vom 20. Mai 1980 (ESÜ) 1853
Anhang I zum III. Abschnitt: Europäische Ehe- und Sorgerechts-Verordnung (VO Nr. 2201/2003 über die Zuständigkeit und die Anerkennung und Vollstreckung von Entscheidungen in Ehesachen und in Verfahren betreffend die elterliche Verantwortung) – EheVO 2003 1867
Anhang II zum III. Abschnitt: Internationale Zuständigkeit in Ehesachen – 1. Teil: § 606a ZPO 2003
Anhang II zum III. Abschnitt: Internationale Zuständigkeit in Ehesachen – 2. Teil: Anerkennung ausländischer Entscheidungen in Ehe- und Lebenspartnerschaftssachen, Art. 7 FamRÄndG; § 328 ZPO 2006

Vierter Abschnitt Erbrecht Artt. 25, 26 2031
Fünfter Abschnitt Schuldrecht Artt. 27–42 2064
    Erster Unterabschnitt Vertragliche Schuldverhältnisse Artt. 27–37 2064
    Anhang zu Art. 32 EGBGB: Vollmachtsstatut 2197
    Zweiter Unterabschnitt Außervertragliche Schuldverhältnisse Artt. 38–42 2249
Sechster Abschnitt Sachenrecht Artt. 43–46 2306
Internationales Wechselrecht 2339

Zweiter Teil Verhältnis des Bürgerlichen Gesetzbuchs zu den Reichsgesetzen Artt. 50–54 2345

Dritter Teil Verhältnis des Bürgerlichen Gesetzbuchs zu den Landesgesetzen Artt. 55–152 2346

Vierter Teil Übergangsvorschriften Artt. 153–218 2358

Fünfter Teil Übergangsvorschriften aus Anlaß jüngerer Änderungen des Bürgerlichen Gesetzbuchs und dieses Einführungsgesetzes Artt. 219–229 . 2367

Sechster Teil Inkrafttreten und Übergangsrecht aus Anlaß der Einführung des Bürgerlichen Gesetzbuchs und dieses Einführungsgesetzes in dem in Artikel 3 des Einigungsvertrages genannten Gebiet Artt. 230–237 2433

Siebter Teil Durchführung des Bürgerlichen Gesetzbuchs, Verordnungsermächtigungen Artt. 238–245 2459

Stichwortverzeichnis 2473

Autorenverzeichnis

Prof. Dr. Thomas Ackermann, LL.M.
Universität Erlangen-Nürnberg, Lehrstuhl für Deutsches, Europäisches und Internationales Privat- und Wirtschaftsrecht

Prof. Dr. Marianne Andrae
Universität Potsdam, Lehrstuhl für Bürgerliches Recht, Internationales Privatrecht und Rechtsvergleichung

Prof. Dr. Christian Baldus
Universität Heidelberg, Institut für geschichtliche Rechtswissenschaft, Romanistische Abteilung

Prof. Dr. Christoph Benicke
Universität Gießen, Lehrstuhl für Bürgerliches Recht, Internationales Privatrecht und Rechtsvergleichung

Daniela A. Bergdolt
Rechtsanwältin, München

Dr. Kai Bischoff, Dipl.-Kfm, LL.M. Int. tax NYU
Notarassessor, Rheinische Notarkammer, Köln

Ass. Christine Budzikiewicz
Wiss. Mitarbeiterin, Universität zu Köln, Institut für internationales und ausländisches Privatrecht

Dr. Rupert Doehner
Rechtsanwalt, Frankfurt

Priv.-Doz. Dr. Diederich Eckardt
Universität Bonn, Institut für Zivilprozessrecht

Prof. Dr. Florian Faust, LL.M.
Bucerius Law School, Hamburg, Lehrstuhl für Bürgerliches Recht, Handels- und Wirtschaftsrecht und Rechtsvergleichung

Prof. Dr. Andreas Feuerborn
Universität Düsseldorf, Professur für Bürgerliches Recht, Arbeitsrecht und Rechtsvergleichung

Dr. Robert Freitag, Maître en droit
Wiss. Assistent, Universität Bayreuth, Lehrstuhl für Zivilrecht, insb. Internationales Privatrecht und Rechtsvergleichung

Manfred Fuchs
Richter am Oberlandesgericht München

Dr. Martin Gebauer
Wiss. Assistent, Universität Heidelberg, Institut für ausländisches und internationales Privat- und Wirtschaftsrecht

Prof. Dr. Urs Peter Gruber
Universität Halle-Wittenberg, Lehrstuhl für Bürgerliches Recht, Zivilprozess- und Insolvenzrecht, Internationales Privatrecht und Rechtsvergleichung

Dr. Thomas Heidel
Rechtsanwalt und Fachanwalt für Steuerrecht, Bonn

Dr. Jochen Hoffmann
Wiss. Assistent, Universität Bayreuth, Lehrstuhl für Bürgerliches Recht, Wirtschafts- und Handelsrecht

Prof. Dr. Peter Huber, LL.M.
Universität Mainz, Lehrstuhl für Bürgerliches Recht, Internationales Privatrecht und Rechtsvergleichung

Prof. Dr. Friedrich Klein-Blenkers
Fachhochschule Köln, Lehrstuhl für Bürgerliches Recht und Steuerrecht

Prof. Dr. Stefan Koos
Universität der Bundeswehr München, Professur für Bürgerliches Recht, Handels- und Wirtschaftsrecht

Sascha Kremer, Dipl. jur.
Wiss. Mitarbeiter, Universität Düsseldorf, Lehrstuhl für Bürgerliches Recht, Handels- und Wirtschaftsrecht

Dr. Ludwig Kroiß
Vorsitzender Richter am Landgericht Traunstein; Lehrbeauftragter an der Universität Passau

Herbert Krumscheid
Rechtsanwalt, Bonn

Prof. Dr. Stefan Leible
Universität Jena, Lehrstuhl für Bürgerliches Recht, Zivilprozessrecht, Internationales Privatrecht und Rechtsvergleichung

Daniel Lochner
Rechtsanwalt, Bonn

Prof. Dr. Dirk Looschelders
Universität Düsseldorf, Lehrstuhl für Bürgerliches Recht, Internationales Privatrecht und Rechtsvergleichung

Prof. Dr. Peter Mankowski
Universität Hamburg, Seminar für ausländisches und internationales Privat- und Prozessrecht

Autorenverzeichnis

Prof. Dr. Heinz-Peter Mansel
Universität zu Köln, Institut für internationales und ausländisches Privatrecht

Dr. Mark Niehuus
Rechtsanwalt, Mülheim a.d. Ruhr

Prof. Dr. Ulrich Noack
Universität Düsseldorf, Lehrstuhl für Bürgerliches Recht, Handels- und Wirtschaftsrecht

Dr. Thomas von Plehwe
Rechtsanwalt beim BGH, Karlsruhe

Prof. Dr. Thomas Raab
Universität Trier, Lehrstuhl für Bürgerliches Recht und Arbeitsrecht

Prof. Dr. Gerhard Ring
Technische Universität Bergakademie Freiberg, Lehrstuhl für Bürgerliches Recht, Deutsches und Europäisches Wirtschaftsrecht

Dr. K. Jan Schiffer
Rechtsanwalt, Bonn

Prof. Dr. Hans Schulte-Nölke
Universität Bielefeld, Lehrstuhl für Bürgerliches Recht, Europäisches Privatrecht, Rechtsvergleichung, Deutsche und Europäische Rechtsgeschichte

Dr. Götz Schulze
Rechtsanwalt, Karlsruhe

Prof. Dr. Martin Schwab
Freie Universität Berlin, Lehrstuhl für Bürgerliches Recht, Verfahrens- und Insolvenzrecht

Dr. Robert Sieghörtner
Notar, Roth b. Nürnberg; Lehrbeauftragter an der Universität Erlangen-Nürnberg

Dr. Andreas Staffhorst
Wiss. Assistent, Universität Heidelberg, Institut für geschichtliche Rechtswissenschaft, Romanistische Abteilung

Prof. Dr. Markus Stoffels
Universität Passau, Lehrstuhl für Bürgerliches Recht, Arbeitsrecht, Handels- und Gesellschaftsrecht

Dr. Michael Stürner, M.Jur.
Rechtsanwalt und Wiss. Mitarbeiter, Universität zu Köln, Institut für internationales und ausländisches Privatrecht

Prof. Dr. Ulrich Wackerbarth
FernUniversität Hagen, Lehrgebiet für Bürgerliches Recht, Handels- und Gesellschaftsrecht

Prof. Dr. Gerhard Wagner, LL.M.
Universität Bonn, Institut für Zivilprozessrecht, Lehrstuhl für Deutsches und Europäisches Privat- und Prozessrecht, Internationales Privatrecht und Rechtsvergleichung

Inga-Kristin Zillmer, Dipl.jur.
Wiss. Mitarbeiterin, Meilicke Hoffmann & Partner, Bonn

Bearbeiterverzeichnis

Im Einzelnen haben bearbeitet:

§ 1
Prof. Dr. Gerhard Ring

§ 2
Prof. Dr. Christian Baldus

§§ 7–11
Herbert Krumscheid

§ 12
Prof. Dr. Stefan Koos

§§ 13, 14
Prof. Dr. Gerhard Ring

§ 21
Dr. Thomas Heidel/Daniel Lochner

Steuerlicher Anhang zu § 21
Dr. Thomas Heidel/Inga-Kristin Zillmer

§§ 21–40
Dr. Thomas Heidel/Daniel Lochner

§§ 41–54
Dr. Diederich Eckardt

§§ 55–73
Dr. Thomas Heidel/Daniel Lochner

§§ 74–76
Dr. Diederich Eckardt

§§ 77–79
Dr. Thomas Heidel/Daniel Lochner

§§ 80–89
Dr. K. Jan Schiffer

§§ 90–103
Prof. Dr. Gerhard Ring

§§ 104–113
Prof. Dr. Christian Baldus

§§ 116–124
Prof. Dr. Andreas Feuerborn

§§ 125–126
Prof. Dr. Ulrich Noack

§§ 126a–126b
Prof. Dr. Ulrich Noack/Sascha Kremer

§§ 127–129
Prof. Dr. Ulrich Noack

§§ 130–132
Prof. Dr. Florian Faust

§§ 133–138
Prof. Dr. Dirk Looschelders

§§ 139–141
Prof. Dr. Florian Faust

§§ 142–144
Prof. Dr. Andreas Feuerborn

§§ 145–156
Dr. Götz Schulze

Anhang zu § 156
Sascha Kremer/Prof. Dr. Ulrich Noack

§ 157
Prof. Dr. Dirk Looschelders

§§ 158–163
Prof. Dr. Ulrich Wackerbarth

§§ 164–166
Prof. Dr. Markus Stoffels

§§ 167–180
Prof. Dr. Thomas Ackermann

§ 181
Prof. Dr. Markus Stoffels

§§ 182–185
Dr. Andreas Staffhorst

§§ 186–193
Herbert Krumscheid

§§ 194–202
Prof. Dr. Heinz-Peter Mansel/Dr. Michael Stürner

§§ 203–213
Prof. Dr. Heinz-Peter Mansel/Christine Budzikiewicz

§§ 214–218
Prof. Dr. Heinz-Peter Mansel/Dr. Michael Stürner

§§ 226–240
Manfred Fuchs

Artt. 3, 4 EGBGB
Dr. Robert Freitag

Bearbeiterverzeichnis

Artt. 5–9 EGBGB
Dr. Götz Schulze

Art. 10 EGBGB
Prof. Dr. Peter Mankowski

Artt. 11, 12 EGBGB
Dr. Kai Bischoff

Anhang zu Art. 12 EGBGB
Dr. Jochen Hoffmann

Artt. 13, 14 EGBGB
Prof. Dr. Marianne Andrae

Artt. 15, 16 EGBGB
Dr. Robert Sieghörtner

Artt. 17, 17a EGBGB
Prof. Dr. Urs Peter Gruber

Art. 17b EGBGB
Dr. Martin Gebauer

Art. 18 EGBGB
Prof. Dr. Urs Peter Gruber

Artt. 19, 20 EGBGB
Dr. Kai Bischoff

Artt. 21–24 EGBGB
Prof. Dr. Christoph Benicke

Anhang I zum III. Abschnitt EGBGB

Artt. 1–20 EheVO
Prof. Dr. Urs Peter Gruber

Artt. 21–39 EheVO
Prof. Dr. Marianne Andrae

Artt. 40–45 EheVO
Prof. Dr. Christoph Benicke

Art. 46 EheVO
Prof. Dr. Marianne Andrae

Artt. 47–48 EheVO
Prof. Dr. Christoph Benicke

Artt. 49–52 EheVO
Prof. Dr. Marianne Andrae

Artt. 53–58 EheVO
Prof. Dr. Christoph Benicke

Artt. 59–66 EheVO
Prof. Dr. Urs Peter Gruber

Anhang II zum III. Abschnitt EGBGB

Teil 1: § 606a ZPO
Prof. Dr. Urs Peter Gruber

Teil 2: Art. 7 FamRÄndG; § 328 ZPO
Prof. Dr. Marianne Andrae

Artt. 25, 26 EGBGB
Dr. Ludwig Kroiß

Artt. 27–29a EGBGB
Prof. Dr. Stefan Leible

Art. 30 EGBGB
Dr. Rupert Doehner

Artt. 31, 32 EGBGB
Prof. Dr. Stefan Leible

Anhang zu Art. 32 EGBGB
Dr. Rupert Doehner

Artt. 33, 34 EGBGB
Dr. Rupert Doehner

Artt. 35–37 EGBGB
Prof. Dr. Stefan Leible

Artt. 38, 39 EGBGB
Prof. Dr. Peter Huber

Artt. 40–42 EGBGB
Prof. Dr. Gerhard Wagner

Artt. 43–46 EGBGB
Dr. Thomas von Plehwe

Internationales Wechselrecht
Dr. Robert Freitag

Art. 229 § 1 EGBGB
Prof. Dr. Hans Schulte-Nölke

Art. 229 § 2 EGBGB
Prof. Dr. Gerhard Ring

Art. 229 § 3 EGBGB
Prof. Dr. Friedrich Klein-Blenkers

Art. 229 § 4 EGBGB
Dr. Mark Niehuus

Art. 229 § 5 EGBGB
Christine Budzikiewicz/Prof. Dr. Heinz-Peter Mansel

Art. 229 § 6 EGBGB
Christine Budzikiewicz/Prof. Dr. Heinz-Peter Mansel

Art. 229 § 7 EGBGB
Daniela A. Bergdolt

Art. 229 § 9 EGBGB
Prof. Dr. Gerhard Ring

Art. 229 § 11 EGBGB
Prof. Dr. Gerhard Ring

Art. 229 § 12 EGBGB
Prof. Dr. Heinz-Peter Mansel/Dr. Michael Stürner

Art. 238 EGBGB
Dr. Mark Niehuus

Art. 239 EGBGB
Prof. Dr. Martin Schwab

Artt. 240, 241 EGBGB
Prof. Dr. Gerhard Ring

Art. 242 EGBGB
Dr. Mark Niehuus

Art. 243 EGBGB
Prof. Dr. Gerhard Ring

Art. 244 EGBGB
Prof. Dr. Thomas Raab

Art. 245 EGBGB
Prof. Dr. Gerhard Ring

Abkürzungsverzeichnis

1. RBerGAV	Verordnung zur Ausführung des Rechtsberatungsgesetzes	AFRG	Arbeitsförderungsreformgesetz
2. RBerGAV	Zweite Verordnung zur Ausführung des Rechtsberatungsgesetzes	AG	Die Aktiengesellschaft (Jahr, Seite)
5. VermBG	Fünftes Gesetz zur Förderung der Vermögensbildung der Arbeitnehmer	AG	Aktiengesellschaft; Amtsgericht; Arbeitgeber; Auftraggeber; Ausführungsgesetz
7. StBÄndG	Gesetz zur Änderung von Vorschriften über die Tätigkeit der Steuerberater	AGB	Allgemeine Geschäftsbedingungen
		AGBGB	Ausführungsgesetz zum Bürgerlichen Gesetzbuch
a.A.	anderer Auffassung	AGFGG	Ausführungsgesetz zum Gesetz über die Angelegenheiten der Freiwilligen Gerichtsbarkeit
a.a.O.	am angegebenen Ort		
A.C.	Appeal Cases (Entscheidungen des House of Lords)		
		AGGVG	Gesetz zur Ausführung des Gerichtsverfassungsgesetzes
a.E.	am Ende		
a.F.	alte Fassung	AGH	Anwaltsgerichtshof
a.M.	anderer Meinung	AgrarR	Zeitschrift für das Recht der Landwirtschaft, der Agrarmärkte und des ländlichen Raumes
AbfVerbrG	Abfallverbringungsgesetz		
abgedr.	abgedruckt		
ABl	Amtsblatt		
abl.	ablehnend	AGS	Anwaltsgebühren Spezial (Jahr, Seite)
ABlEG	Amtsblatt der Europäischen Gemeinschaften		
		AIG	Auslandsinvestitionsgesetz
Abs.	Absatz	AKB	Allgemeine Bedingungen für die Kraftfahrtversicherung
Abschn.	Abschnitt		
Abt.	Abteilung	AktG	Aktiengesetz
abw.	abweichend	allg.	allgemein
AcP	Archiv für die civilistische Praxis (Band, Seite)	allg. M.	allgemeine Meinung
		ALR	Allgemeines Landrecht für die Preußischen Staaten von 1794
AdÜ	Adptionsübereinkommen (Haager AdÜ – Haager Übereinkommen über den Schutz von Kindern und die Zusammenarbeit auf dem Gebiet der internationalen Adoption vom 29.5.1993)		
		Alt.	Alternative
		AlterstzG	Altersteilzeitgesetz
		ALVB	Allgemeine Lebensversicherungs-Bedingungen
AdVermG	Adoptionsvermittlungsgesetz	AMG	Arzneimittelgesetz
AdWirkG	Adoptionswirkungsgesetz	Amtl. Anz.	Amtlicher Anzeiger
AEAO	Anwendungserlass zur Abgabenordnung	AN	Arbeitnehmer
		ÄndG	Änderungsgesetz
AEntG	Arbeitnehmer-Entsendegesetz	AnfG	Anfechtungsgesetz
		Angekl	Angeklagte(r)
AErfG	Gesetz über Arbeitnehmererfindungen	Anh.	Anhang
		Anm.	Anmerkung
AEVO	Arbeitserlaubnisverordnung	AnwBl	Anwaltsblatt (Jahr, Seite)
AfA	Absetzung bzw. Abschreibung für Abnutzung	AnwG	Anwaltsgericht
		AnwGH	Anwaltsgerichtshof
AFG	Arbeitsförderungsgesetz (jetzt SGB III)	AO	Abgabenordnung
		AöR	Archiv des öffentlichen Rechts (bis 26.1910: für öffentliches Recht; Band, Seite)
AfP	Archiv für Presserecht (Jahr, Seite)		

XVII

Abkürzungsverzeichnis

AO-StB	Der AO-Steuerberater	AuslInvestmG	Gesetz über den Vertrieb ausländischer Investmentanteile und über die Besteuerung der Erträge aus ausländischen Investmentanteilen
AOW	Algemene Ouderdomswet (Allgemeines Altersversicherungsgesetz, niederl.)		
AP	Arbeitsrechtliche Praxis (Nachschlagewerk des Bundesarbeitsgerichts – Gesetzesstelle und Entscheidungsnummer)	AuslInvStG	Gesetz über steuerliche Maßnahmen bei Auslandsinvestitionen der deutschen Wirtschaft
ArbG	Arbeitsgericht	AußenStG	Gesetz über die Besteuerung bei Auslandsbeziehungen
ArbGG	Arbeitsgerichtsgesetz		
AR-Blattei	Arbeitsrechts-Blattei	AV	Ausführungsverordnung
AR-Blattei SD	Arbeitsrecht-Blattei Systematische Darstellungen (Nummer, Randnummer)	AVAG	Gesetz zur Ausführung zwischenstaatlicher Anerkennungs- und Vollstreckungsverträge in Zivil- und Handelssachen
ArbNErfG	Gesetz über Arbeitnehmererfindungen		
ArbPlSchG	Arbeitsplatzschutzgesetz		
ArbSchG	Arbeitsschutzgesetz	AVAVG	Gesetz über Arbeitsvermittlung und Arbeitslosenversicherung
ArbSichG	Arbeitssicherstellungsgesetz		
ArbZG	Arbeitszeitrechtsgesetz		
ArchBürgR	Archiv für bürgerliches Recht (Band, Seite)	AVB	Allgemeine Versicherungsbedingungen, Allgemeine Versorgungsbedingungen
arg.	argumentum		
ARGE	Arbeitsgemeinschaft	AVBl	Amts- und Verordnungsblatt
ARST	Arbeitsrecht in Stichworten (Jahr, Seite)	AVBV	Verordnung über Allgemeine Bedingungen für die Elektrizitätsversorgung – Fernwärmeversorgung – Gasversorgung – Wasserversorgung
Art.	Artikel		
Artt.	Artikel (Pl.)		
ArVNG	Arbeiterrentenversicherungs-Neuregelungsgesetz		
ArztR	Arztrecht (Jahr, Seite)	AWD	Außenwirtschaftsdienst des Betriebsberaters (Jahr, Seite; siehe RIW)
AStG	Außensteuergesetz		
AT	Allgemeiner Teil		
AuA	Arbeit und Arbeitsrecht (Jahr, Seite)	AWG	Außenwirtschaftsgesetz
		AW-Prax	Außenwirtschaftliche Praxis (Jahr, Seite)
AUB	Allgemeine Unfallversicherungsbedingungen	Az.	Aktenzeichen
AufenthG/EWG	Gesetz über Einreise und Aufenthalt von Staatsangehörigen der Mitgliedstaaten der Europäischen Wirtschaftsgemeinschaft	AZV	Arbeitszeitverordnung
		BA	Bundesanstalt/Bundesagentur für Arbeit
		BABl	Bundesarbeitsblatt
		BadRpr	Badische Rechtspraxis
Aufl.	Auflage	Bad-WürttAGBGB	Baden-Württembergisches Ausführungsgesetz zum Bürgerlichen Gesetzbuch
AÜG	Arbeitnehmerüberlassungsgesetz		
AuR	Arbeit und Recht (Jahr, Seite; davor ArbuR)	BaFin	Bundesanstalt für Finanzdienstleistungsaufsicht
ausdr.	ausdrücklich	BAföG	Bundesausbildungsförderungsgesetz
ausf.	ausführlich		
AusfG HZÜ/HBÜ	Gesetz über die Ausführung des Haager Übereinkommens vom 15. November 1965 über die Zustellung gerichtlicher und außergerichtlicher Schriftstücke im Ausland in Zivil- oder Handelssachen	BAG	Bundesarbeitsgericht
		BAGE	Entscheidungen des Bundesarbeitsgerichts (Band, Seite)
		BAnz	Bundesanzeiger
		BAT	Bundes-Angestelltentarif
		BauGB	Baugesetzbuch
AuslG	Ausländergesetz		

Abkürzungsverzeichnis

BauNVO	Verordnung über die bauliche Nutzung der Grundstücke		BeckRS	Beck-Rechtsprechungsservice
BauO	Bauordnung		BEG	Bundesentschädigungsgesetz
BauR	Zeitschrift für das gesamte öffentliche und private Baurecht		Beil.	Beilage
			Bekl	Beklagter
			BerGesVR	Berichte der deutschen Gesellschaft für Völkerrecht
BausparkassenG	Gesetz über Bausparkassen		BerHG	Beratungshilfegesetz
BAV	Bundesaufsichtsamt für das Versicherungswesen; Betriebliche Altersversorgung		BerlVerfGH	Berliner Verfassungsgerichtshof
BaWü	Baden-Württemberg		BErzGG	Bundeserziehungsgeldgesetz
BayAGBGB	Bayerisches Ausführungsgesetz zum Bürgerlichen Gesetzbuch		Beschl.	Beschluss
			bestr.	bestritten
			BetrAVG	Gesetz zur Verbesserung der betrieblichen Altersversorgung
BayAGGVG	Bayerisches Ausführungsgesetz zum Gerichtsverfassungsgesetz		BetrVG	Betriebsverfassungsgesetz
			BeurkG	Beurkundungsgesetz
BayJMBl	Justizministerialblatt für Bayern		BewertG	Bewertungsgesetz
			BezG	Bezirksgericht
BayObLG	Bayerisches Oberstes Landesgericht		BfA	Bundesversicherungsanstalt für Angestellte
			BFH	Bundesfinanzhof
BayObLGReport	Rechtsprechungsreport des BayObLG		BFH/NV	Sammlung der (bis 1997 amtlich nicht veröffentlichten) Entscheidungen des Bundesfinanzhofs
BayObLGZ	Entscheidungen des Bayerischen Obersten Landesgerichts in Zivilsachen			
BayRS	Bayerische Rechtssammlung			
BayStaatsbank	Bayerische Staatsbank		BFHE	Sammlung der Entscheidungen des Bundesfinanzhofs
BayVBl	Bayerische Verwaltungsblätter			
BayVerfGH	Bayerischer Verfassungsgerichtshof		BG, die	Die Berufsgenossenschaft (Jahr, Seite)
BayVerwG	Bayerisches Verwaltungsgerichtshof		BGB	Bürgerliches Gesetzbuch
BayVGH	Bayerischer Verwaltungsgerichtshof		BGB-E	Entwurf eines Gesetzes zur Modernisierung des Schuldrechts (Regierungsentwurf, Stand: 9.5.2001)
BayZ	Zeitschrift für Rechtspflege in Bayern			
BB	Der Betriebs-Berater (Jahr, Seite)			
			BGB-InfoV	BGB-Informationspflichten-Verordnung
BBankG	Gesetz über die Deutsche Bundesbank		BGB-KE	Konsolidierte Fassung des Diskussionsentwurfs des Gesetzes zur Modernisierung des Schuldrechts
BBauG	Bundesbaugesetz			
BBergG	Bundesberggesetz			
BBesG	Bundesbesoldungsgesetz			
BBG	Bundesbeamtengesetz		BGBl I, II, III	Bundesgesetzblatt, mit oder ohne Ziffer = Teil I; mit II = Teil II; mit III = Teil III
BBiG	Berufsbildungsgesetz			
Bd.	Band			
BDG	Bundesdisziplinargesetz		BGE	Entscheidungen des Schweizerischen Bundesgerichts
BDH	Bundesdisziplinarhof			
BDI	Bundesverband der Deutschen Industrie			
			BGG	Behindertengleichstellungsgesetz
BDiG	Bundesdisziplinargericht			
BDO	Bundesdisziplinarordnung		BGH	Bundesgerichtshof
BDSG	Bundesdatenschutzgesetz		BGHR	BGH-Rechtsprechung
BeamtVG	Gesetz über die Versorgung der Beamten und Richter in Bund und Ländern		BGHSt	Entscheidungen des Bundesgerichtshofes in Strafsachen

Abkürzungsverzeichnis

BGHZ	Entscheidungen des Bundesgerichtshofs in Zivilsachen	BT-Drucks	Bundestags-Drucksache
BGleiG	Bundesgleichstellungsgesetz	BtG	Betreuungsgesetz
BImSchG	Bundes-Immissionsschutzgesetz	BtGB	Betreuungsbehördengesetz
		BtMG	Betäubungsmittelgesetz
BinnSchG	Binnenschifffahrtsgesetz	BtPrax	Betreuungsrechtliche Praxis
BKartA	Bundeskartellamt	Buchholz	Sammel- und Nachschlagewerk der Rechtsprechung des Bundesverwaltungsgerichts, hrsg. v. K. Buchholz (Loseblatt; 1957 ff.)
BKGG	Bundeskindergeldgesetz		
BKleingG	Bundeskleingartengesetz		
BKR	Zeitschrift für Bank- und Kapitalmarktrecht		
Bl	Blatt	BuchPrG	Gesetz über die Preisbindung für Bücher
BlGWB	Blätter für Grundstücks-, Bau- und Wohnungsrecht (Jahr, Seite)		
		Buchst.	Buchstabe
		BUrlG	Bundesurlaubsgesetz
BMA	Bundesministerium für Arbeit	BV	Betriebsvereinbarung; Bestandsverzeichnis
BMF	Bundesminister der Finanzen	BVerfG	Bundesverfassungsgericht
BMI	Bundesministerium des Innern	BVerfGE	Entscheidungen des Bundesverfassungsgerichts
BMJ	Bundesministerium der Justiz	BVerfGG	Gesetz über das Bundesverfassungsgericht
BNotO	Bundesnotarordnung	BVerwG	Bundesverwaltungsgericht
BORA	Berufsordnung für Rechtsanwälte	BVerwGE	Entscheidungen des Bundesverwaltungsgerichts
BörsG	Börsengesetz	BVFG	Bundesvertriebenengesetz
BörsZulVO	Börsenzulassungsverordnung	BVG	Bundesversorgungsgesetz
BOStB	Berufsordnung für Steuerberater	BW	Baden-Württemberg
		BWNotZ	Zeitschrift für das Notariat in Baden-Württemberg
BPatG	Bundespatentgericht		
BPersVG	Bundespersonalvertretungsgesetz	bzgl.	bezüglich
		BZRG	Bundeszentralregistergesetz
BPflV	Verordnung zur Regelung der Krankenhauspflegesätze	bzw.	beziehungsweise
BR	Bundesrat	C.	Codex Justinianus
BRAGO	Bundesgebührenordnung für Rechtsanwälte	c.i.c.	culpa in contrahendo
		ca.	circa
BRAK	Bundesrechtsanwaltskammer	CHF	Schweizer Franken
BRAK-Mitt	Bundesrechtsanwaltskammer-Mitteilungen	CIEC	Commission internationale de l'état civil
BRAO	Bundesrechtsanwaltsordnung	CIM	Internationales Übereinkommen v. 7.2.1970 über den Eisenbahnfrachtverkehr (Convention internationale concernant le transport des marchandises pa chemins de fer.)
BR-Drucks	Bundesrats-Drucksache		
BReg	Bundesregierung		
BRKG	Gesetz über die Reisekostenvergütung für die Bundesbeamten, Richter im Bundesdienst und Soldaten		
BRRG	Rahmengesetz zur Vereinheitlichung des Beamtenrechts	CISG	Convention on Contracts for the international Sale of Goods
BSG	Bundessozialgericht	CIV	Internationales Übereinkommen v. 7.2.1970 über den Eisenbahn-Personen- und -Gepäckverkehr (Convention internationale concernant le transport des voyageurs et des bagages par chemins de fer.)
BSGE	Entscheidungen des Bundessozialgerichts		
BSHG	Bundessozialhilfegesetz		
bspw.	beispielsweise		
BStBl	Bundessteuerblatt		
BT	Besonderer Teil; Bundestag		
BtÄndG	Betreuungsrechtsänderungsgesetz		

CMR	Übereinkommen v. 19.5.1956 über den Beförderungsvertrag im internationalen Straßengüterverkehr (Convention relative au Contrat e transport international de marchandises par route.)
COTIF	Convention relative aux transports internationaux ferroviaires v. 9.5.1980
CR	Computer und Recht (Jahr, Seite)
D.Col.	District of Colorado
d.h.	das heißt
DA	Dienstanweisung für die Standesbeamten und ihre Aufsichtsbehörden
DAngVers	Die Angestelltenversicherung (Jahr, Seite)
DAV	Deutscher Anwaltverein
DAVorm	Der Amtsvormund (Jahr, Seite)
DB	Der Betrieb (Jahr, Seite)
DBA	Doppelbesteuerungsabkommen
DDR	Deutsche Demokratische Republik
DDR-ZGB	Zivilgesetzbuch der DDR
DENIC	Deutsches Network Information Center
DepotG	Depotgesetz
dergl.	dergleichen
ders.	derselbe
DeuFamR	Deutsches und europäisches Familienrecht (Jahr, Seite)
DFG	Deutsche Freiwillige Gerichtsbarkeit (Jahr, Seite)
DGVZ	Deutsche Gerichtsvollzieher-Zeitung
DGWR	Deutsches Gemein- und Wirtschaftsrecht
dies.	dieselbe, dieselben
DIJuF	Deutsches Institut für Jugendhilfe und Familienrecht
DIS	Deutsche Institution für Schiedsgerichtsbarkeit e.V.
DiskE	Diskussionsentwurf eines Schuldrechtsmodernisierungsgesetzes des Bundesministeriums der Justiz vom 4.8.2000
Diss.	Dissertation
DiszH	Disziplinarhof
DJ	Deutsche Justiz (Jahr, Seite)
DJT	Deutscher Juristentag
DJZ	Deutsche Juristen-Zeitung
DNotI	Deutsches Notarinstitut
DNotIR	Informationsdienst des Deutschen -Notarinstituts-Report
DNotV	Zeitschrift des Deutschen Notarvereins (1.1901–33.1933,5; dann Deutsche Notar-Zeitschrift)
DNotZ	Deutsche Notar-Zeitschrift
DöD	Der öffentliche Dienst (Jahr, Seite)
DONot	Dienstordnung für Notare
DÖV	Die Öffentliche Verwaltung (Jahr, Seite)
DR	Deutsches Recht (Jahr, Seite)
DRiG	Deutsches Richtergesetz
DRiZ	Deutsche Richterzeitung
DRpfl	Deutsche Rechtspflege (Jahr, Seite)
DRS	Deutscher Rechnungslegungsstandard
DRspr	Deutsche Rechtsprechung, Entscheidungssammlung und Aufsatzhinweise
Drucks	Drucksache
DRV	Deutsche Rentenversicherung (Jahr, Seite)
DRZ	Deutsche Rechtszeitschrift (ab 1946)
DStJG	Deutsche Steuerjuristische Gesellschaft
DStR	Deutsches Steuerrecht (Jahr, Seite)
DStRE	Deutsches Steuerrecht – Entscheidungsdienst (Jahr, Seite)
DStZ	Deutsche Steuer-Zeitung, Ausgabe A und B
DSWR	Datenverarbeitung in Steuer, Wirtschaft und Recht (Jahr, Seite)
DtZ	Deutsch-deutsche Rechtszeitschrift
DuD	Datenschutz und Datensicherheit (Jahr, Seite)
DÜG	Diskontsatz-Überleitungs-Gesetz
DVBl	Deutsches Verwaltungblatt (Jahr, Seite)
DVEV	Deutsche Vereinigung für Erbrecht und Vermögensnachfolge e.V.
DVO	Durchführungsverordnung
DVR	Deutsche Verkehrsteuer-Rundschau
DWW	Deutsche Wohnungswirtschaft (Jahr, Seite)
DZWiR	Deutsche Zeitschrift für Wirtschaftsrecht

Abkürzungsverzeichnis

e.G.	eingetragene Genossenschaft		und die Anerkennung und Vollstreckung von Entscheidungen in Ehesachen und in Verfahren betreffend die elterliche Verantwortung)
e.V.	eingetragener Verein		
ebd.	ebenda		
ecolex	(Fachzeitschrift für Wirtschaftsrecht, Jahr, Seite)		
EFG	Entscheidungen der Finanzgerichte	Einf.	Einführung
EFZG	Entgeltfortzahlungsgesetz	eingetr.	eingetragen
eG	eingetragene Genossenschaft	EinigungsV	Einigungsstellenverordnung; Einigungsvertrag
EG	Europäische Gemeinschaft; Einführungsgesetz	Einl.	Einleitung
		einschl.	einschließlich
EGAmtshilfeG	Gesetz zur Durchführung der EG-Richtlinie über die gegenseitige Amtshilfe im Bereich der direkten und indirekten Steuern	einschr.	einschränkend
		EKG	Einheitliches Gesetz über den internationalen Kauf beweglicher Sachen
		EKMR	Europäische Kommission für Menschenrechte
EGAO	Einführungsgesetz zur Abgabenordnung	ElsLothZ	Juristische Zeitschrift für das Reichsland Elsaß-Lothringen
EGBGB	Einführungsgesetz zum Bürgerlichen Gesetzbuch	EMRK	Europäische Konvention zum Schutz der Menschenrechte und Grundfreiheiten
EGFamGB	Einführungsgesetz zum Familiengesetzbuch der DDR		
EGGVG	Einführungsgesetz zum Gerichtsverfassungsgesetz	EMRKG	Gesetz über die Konvention zum Schutz der Menschenrechte und Grundfreiheiten
EGH	Ehrengerichtshof der Rechtsanwaltskammer		
EGHGB	Einführungsgesetz zum Handelsgesetzbuche	Entgelt-fortzahlungsG	Gesetz über die Zahlung des Arbeitsentgelts an Feiertagen und im Krankheitsfall
EGInsO	Einführungsgesetz zur Insolvenzordnung		
EGMR	Europäischer Gerichtshof für Menschenrechte	Entsch.	Entscheidung
		Entschl.	Entschluss
		entspr.	entsprechend
EGScheckG	Einführungsgesetz zum Scheckgesetz	Entw.	Entwurf
		EnWG	Energiewirtschaftsgesetz
EGV	Vertrag zur Gründung der Europäischen Gemeinschaft	EPA	Europäisches Patentamt
		EPÜ	Europäisches Patentübereinkommen
EGVVG	Einführungsgesetz zum Versicherungsvertragsgesetz	ERA-Forum	Europäische Rechtsakademie – Trier (Jahr, Seite)
EGZPO	Einführungsgesetz zur Zivilprozessordnung		
		ErbbauVO	Erbbaurechtsverordnung
EGZVG	Einführungsgesetz zu dem Gesetz über die Zwangsversteigerung und die Zwangsverwaltung	ErbBstg	Erbfolgebesteuerung
		ErbGleichG	Erbrechtsgleichstellungsgesetz
EheG	Ehegesetz	Erbinfo	Erbfolge, Erbrecht, Erbfolgebesteuerung, Unternehmensnachfolge
EheVO 2000	Verordnung (EG) Nr. 1347/2000 v. 29. Mai 2000 über die Zuständigkeit und die Anerkennung und Vollstreckung von Entscheidungen in Ehesachen und in Verfahren betreffend die elterliche Verantwortung für die gemeinsamen Kinder der Ehegatten		
		ErbPrax	Praxishandbuch Erbrecht
		ErbStDVO	Erbschaftsteuer-Durchführungsverordnung
		ErbStG	Erbschaftsteuer- und Schenkungsteuergesetz
		ErfK	Erfurter Kommentar zum Arbeitsrecht
		Erg.	Ergebnis
EheVO 2003	Europäische Ehe- und Sorgerechts-Verordnung (VO Nr. 2201/2003 v. 27.11.2003 über die Zuständigkeit	ERJuKoG	Gesetz über elektronische Register und Justizkosten für Telekommunikation
		Erkl.	Erklärung

Erl.	Erlass; Erläuterung	EuroSchVG	Gesetz zur Umstellung von Schuldverschreibungen auf Euro
ERVVOBGH	Elektronische Rechtsverkehrsverordnung		
ES	Entscheidungssammlung	EUV	Vertrag über die Europäische Union
ESchG	Embryonenschutzgesetz		
EStB	Der Ertragsteuerberater	EuVTVO	Verordnung (EG) Nr. 805/2004 des Europäischen Parlaments und des Rates zur Einführung eines europäischen Vollstreckungstitels für unbestrittene Forderungen vom 21.4.2004
EStDV	Einkommensteuer-Durchführungsverordnung		
EStG	Einkommensteuergesetz		
EStR	Einkommensteuer-Richtlinien		
ESÜ	Europäisches Sorgerechtsübereinkommen (Übereinkommen vom 20. Mai 1980 über die Anerkennung und Vollstreckung von Entscheidungen über das Sorgerecht für Kinder und die Wiederherstellung des Sorgeverhältnisses)		
		EuZPR	Europäisches Zivilprozessrecht
		EuZustVO	Verordnung (EG) Nr. 1348/2000 des Rates über die Zustellung gerichtlicher und außergerichtlicher Schriftstücke in Zivil- oder Handelssachen in den Mitgliedstaaten v. 9.5.2000
etc.	et cetera		
EU	Europäische Union		
EuBVO	Verordnung (EG) über die Zusammenarbeit zwischen den Gerichten der Mitgliedsstaaten auf dem Gebiet der Beweisaufnahme in Zivil- und Handelssachen	EuZW	Europäische Zeitschrift für Wirtschaftsrecht
		EV	Eidesstattliche Versicherung
		evtl.	eventuell
		EVÜ	EG-Schuldvertragsübereinkommen
		EWG	Europäische Wirtschaftsgemeinschaft
EuG	Europäisches Gericht erster Instanz	EWGV	Vertrag zur Gründung der Europäischen Wirtschaftsgemeinschaft
EuGH	Europäischer Gerichtshof		
EuGRZ	Europäische Grundrechte-Zeitschrift	EWiR	Entscheidungen zum Wirtschaftsrecht (Jahr, Seite)
EuGVÜ	Europäisches Gerichtsstands- und Vollstreckungsübereinkommen (Übereinkommen v. 27.9.1968 über die gerichtliche Zuständigkeit und die Vollstreckung gerichtlicher Entscheidungen in Zivil- und Handelssachen)	EWIV	Europäische Wirtschaftliche Interessenvereinigung
		EWS	Europäisches Wirtschafts- und Steuerrecht (Jahr, Seite)
		EzA	Entscheidungssammlung zum Arbeitsrecht
		EZB	Europäische Zentralbank
		EzFamR	Entscheidungssammlung zum Familienrecht
EuGVVO	Verordnung (EG) Nr. 44/2001 des Rates über die gerichtliche Zuständigkeit und die Anerkennung und Vollstreckung von Entscheidungen in Zivil- und Handelssachen	f., ff.	folgende, fortfolgende
		F.Supp. 2d	Federal Supplement, 2nd Series
		FA	Fachanwalt Arbeitsrecht (Jahr, Seite); Finanzamt
EuInSVO	EU-Verordnung Nr. 1346/2000 über Insolvenzverfahren	Fa.	Firma
		Fam.D.	Family Division
EuLF	The European Legal Forum (Jahr, Seite)	Fam. L. Rep.	Family Law Reporter (USA)
		Fam.Law	Family Law (Jahr, Seite)
EuR	Europarecht (Jahr, Seite)	FamG	Familiengericht
EUR	Euro	FamNamRG	Gesetz zur Neuordnung des Familiennamensrechts
EuroEG	Euro-Einführungsgesetz		
		FamR	Familienrecht

FamRÄndG	Familienrechtsänderungsgesetz	GBA	Grundbuchamt
FamRB	Der Familienrechts-Berater (Jahr, Seite)	GBBerG	Grundbuchbereinigungsgesetz
FamRZ	Zeitschrift für das gesamte Familienrecht	GBl	Gesetzblatt
		GBO	Grundbuchordnung
FAO	Fachanwaltsordnung	GbR	Gesellschaft bürgerlichen Rechts
FARL	Fernabsatzrichtlinie	GdB	Grad der Behinderung
FAZ	Frankfurter Allgemeine Zeitung	GE	Das Grundeigentum (Jahr, Seite)
FernUSG	Fernunterrichtsschutzgesetz	geänd.	geändert
FeV	Fahrerlaubnis-Verordnung	GebO	Gebührenordnung
FF	Forum Familien- und Erbrecht (Jahr, Seite)	GebrMG	Gebrauchsmustergesetz
		gem.	gemäß
FG	Finanzgericht; Festgabe; Freiwillige Gerichtsbarkeit	GenG	Gesetz betreffend die Erwerbs- und Wirtschaftsgenossenschaften
FGG	Gesetz über die Angelegenheiten der Freiwilligen Gerichtsbarkeit	GenRegVO	Verordnung über das Genossenschaftsregister
FGO	Finanzgerichtsordnung	GeschmMG	Geschmacksmustergesetz
FGPrax	Praxis der Freiwilligen Gerichtsbarkeit (Jahr, Seite)	GesO	Gesamtvollstreckungsordnung
		GesR	Gesellschaftsrecht
FinFARL	Richtlinie über den Fernabsatz von Finanzdienstleistungen	GewArch	Gewerbearchiv (Jahr, Seite)
		GewO	Gewerbeordnung
FK-InsO	Frankfurter Kommentar zur InsO	GewSchG	Gewaltschutzgesetz
		GewStDV	Gewerbesteuer-Durchführungsverordnung
FlaggRG	Flaggenrechtsgesetz		
FLR	Family Law Reports (Großbritannien)	GewStG	Gewerbesteuergesetz
		GewStR	Gewerbesteuer-Richtlinien
Fn	Fußnote	GFK	Genfer Flüchtlingskonvention (Genfer UN-Abkommen über die Rechtsstellung der Flüchtlinge vom 28. Juli 1951)
FördergebietsG	Gesetz über Sonderabschreibungen und Abzugsbeträge im Fördergebiet		
FormVAnpG	Gesetz zur Anpassung der Formvorschriften des Privatrechts und anderer Vorschriften an den modernen Rechtsverkehr	GG	Grundgesetz
		ggf.	gegebenenfalls
		GI	Gerling Informationen für wirtschaftsprüfende, rechts- und steuerberatende Berufe (Jahr, Seite)
FPR	Familie, Partnerschaft, Recht (Jahr, Seite)	GK-BetrVG	Gemeinschaftskommentar zum Betriebsverfassungsgesetz
FR	Finanz-Rundschau (Jahr, Seite)		
FreizügG/EU	Freizügigkeitsgesetz/EU	GKG	Gerichtskostengesetz
FS	Festschrift	Gl.	Gläubiger
FStrG	Bundesfernstraßengesetz	GleichberG	Gesetz über die Gleichberechtigung von Mann und Frau auf dem Gebiet des bürgerlichen Rechts
FuR	Familie und Recht (Jahr, Seite)		
G 10	Gesetz zur Beschränkung des Brief-, Post- und Fernmeldegeheimnisses		
		GmbH	Gesellschaft mit beschränkter Haftung
G.	Gericht, Gesetz, Gesellschaft	GmbH i. Gr.	GmbH in Gründung
GA	Goltdammer's Archiv für Strafrecht (Jahr, Seite)	GmbHG	Gesetz betreffend die Gesellschaften mit beschränkter Haftung
GastG	Gaststättengesetz		
GazPal	La gazette du palais et du notariat	GmbHR	GmbH-Rundschau (Jahr, Seite)

GMBl	Gemeinsames Ministerialblatt der Bundesministerien des Innern, für Wohnungsbau, für gesamtdeutsche Fragen, für Angelegenheiten des Bundesrats
GmS-OGB	Gemeinsamer Senat der obersten Gerichtshöfe des Bundes
GO	Gemeindeordnung
GoA	Geschäftsführung ohne Auftrag
GOÄ	Gebührenordnung für Ärzte
GoB	Grundsätze ordnungsgemäßer Buchführung
GOZ	Gebührenordnung für Zahnärzte
GPR	Zeitschrift für Gemeinschaftsprivatrecht
GPÜ	Gemeinschaftspatentübereinkommen
grds.	grundsätzlich
GrdstVG	Grundstückverkehrsgesetz
GrEStG	Grunderwerbsteuergesetz
GrS	Großer Senat
GRSSt	Großer Senat in Strafsachen
GrStG	Grundsteuergesetz
GrStVG	Grundstücksverkehrsgesetz
Gruchot	Beiträge zur Erläuterung des Deutschen Rechts
GrundE	Grundeigentum
GRUR	Gewerblicher Rechtsschutz und Urheberrecht (Jahr, Seite)
GRUR Int.	Gewerblicher Rechtsschutz und Urheberrecht, Internationaler Teil (Jahr, Seite)
GRUR-RR	Gewerblicher Rechtsschutz und Urheberrecht/ Rechtsprechungs-Report (Jahr, Seite)
GRZS	Großer Senat in Zivilsachen
GS	Großer Senat; Gedächtnisschrift
GSiG	Grundsicherungsgesetz
GüKG	Güterkraftverkehrsgesetz
GüterstG	Gesetz über den ehelichen Güterstand von Vertriebenen und Flüchtlingen
GV	Gebührenverzeichnis
GV NW	Gesetz- und Verordnungsblatt für das Land Nordrhein-Westfalen
GVBl	Gesetz und Verordnungsblatt
GVG	Gerichtsverfassungsgesetz
GVGA	Geschäftsanweisung für Gerichtsvollzieher
GVKostG	Gesetz über Kosten der Gerichtsvollzieher
GWB	Gesetz gegen Wettbewerbsbeschränkungen
h.L.	herrschende Lehre
h.M.	herrschende Meinung
Haager ADÜ	Haager Adoptionsübereinkommen (Übereinkommen über den Schutz von Kindern und die Zusammenarbeit auf dem Gebiet der internationalen Adoption vom 29. Mai 1993)
Halbbd.	Halbband
HandwO	Handwerksordnung
HansRGZ	Hanseatische Rechts- und Gerichtszeitschrift
HausratV	Hausratsverordnung
HBÜ	Haager Übereinkommen über die Beweisaufnahme im Ausland in Zivil- und Handelssachen
HeimG	Heimgesetz
HeimsicherungsVO	Verordnung über die Pflichten der Träger von Altenheimen, Altenwohnheimen, und Pflegeheimen für Volljährige im Falle der Entgegennahme von Leistungen zum Zwecke der Unterbringung eines Bewohners oder Bewerbers
HessFGG	Hessisches Gesetz über die Freiwillige Gerichtsbarkeit
HessStGH	Hessischer Staatsgerichtshof
HEZ	Höchstrichterliche Entscheidungen. Slg. v. Entscheidungen d. Oberlandesgerichte u. d. Obersten Gerichte in Zivilsachen
HGB	Handelsgesetzbuch
HintO	Hinterlegungsordnung
Hinw.	Hinweis(e)
HK-BGB	Handkommentar BGB
HKK	Historisch kritscher Kommentar zum BGB
HKÜ	Haager Übereinkommen über die zivilrechtlichen Aspekte internationaler Kindesentführung vom 25.10.1980
HOAI	Honorarordnung für Architekten und Ingenieure
HöfeO	Höfeordnung
HöfeVfO	Verfahrensordnung für Höfesachen
HpflG	Haftpflichtgesetz
HRefG	Handelsrechts-Reformgesetz

Abkürzungsverzeichnis

HReg	Handelsregister	IHKG	Gesetz über die Industrie- und Handelskammern
HRR	Höchstrichterliche Rechtsprechung (Jahr, Nummer)	INF	Die Information über Steuer und Wirtschaft (Jahr, Seite)
Hrsg.	Herausgeber	IngALG	Gesetz zur Regelung von Ingenieur- und Architektenleistungen
hrsg.	herausgegeben		
HRV	Handelsregisterverordnung		
Hs.	Halbsatz	inkl.	inklusive
HUntÜ	Haager Unterhaltsübereinkommen (Haager Übereinkommen über das auf Unterhaltspflichten anzuwendende Recht v. 2.10.1973)	insb.	insbesondere
		insg.	insgesamt
		InsO	Insolvenzordnung
		InsVV	Insolvenzrechtliche Vergütungsverordnung
		int.	international
		IntFam.	International Family Law (Jahr, Seite)
HVA	Haager Abkommen zur Regelung der Vormundschaft über Minderjährige v. 12.6.1902	IntFamRVG-E	Gesetz zur Aus- und Durchführung bestimmter Rechtsinstrumente auf dem Gebiet des internationalen Familienrechts (Internationales Familienrechtsverfahrensgesetz – IntFamRVG) – RegE
HwO	Gesetz zur Ordnung des Handwerks		
HypBG	Hypothekenbankgesetz		
HZPÜ	Haager Übereinkommen v. 1.3.1954 über den Zivilprozess		
HZÜ	Haager Übereinkommen v. 15.11.1965 über die Zustellung gerichtlicher und außergerichtlicher Schriftstücke im Ausland in Zivil- und Handelssachen	Int.GesR	Internationales Gesellschaftsrecht
		Int.SachR	Internationales Sachenrecht
		InvestmG	Investmentgesetz
		InVo	Insolvenz und Vollstreckung (Jahr, Seite)
		IPG	Gutachten zum internationalen und ausländischen Privatrecht von Ferid/Kegel/Zweigert (Jahr, Nummer)
i.A.	im Auftrag		
I.C.L.Q.	International and Comparative Law Quarterly		
i.d.F.	in der Fassung	IPR	Internationales Privatrecht
i.d.R.	in der Regel	IPrax	Praxis des Internationalen Privat- und Verfahrensrechts (Jahr, Seite)
i.d.S.	in diesem Sinne		
i.E.	im Ergebnis		
i.e.S.	im engeren Sinne	IPRNG	Gesetz zur Neuregelung des Internationalen Privatrechts
i.G.	in Gründung		
i.H.v.	in Höhe von	IPRspr	Die deutsche Rechtsprechung auf dem Gebiete des internationalen Privatrechts (Jahr, Nummer)
i.L.	in Liquidation		
i.R.d.	im Rahmen des/der		
i.S.d.	im Sinne des/der		
i.S.v.	im Sinne von	ISO	International Standard Organization
i.Ü.	im Übrigen		
i.V.	in Vertretung	IStR	Internationales Steuerrecht (Jahr, Seite)
i.V.m.	in Verbindung mit		
i. Vorb.	in Vorbereitung	ITRB	Der IT-Rechtsberater (Jahr, Seite)
i.W.	in Worten		
i.w.S.	im weiteren Sinne	IWB	Internationale Wirtschafts-Briefe (Loseblatt)
ibid.	ibidem		
IDW	Institut der Wirtschaftsprüfer in Deutschland		
		IWPR	Internationales Wertpapierrecht
IFR	Internationales Familienrecht		
IGH	Internationaler Gerichtshof	IZPR	Internationales Zivilprozessrecht
IHK	Industrie- und Handelskammer		

Abkürzungsverzeichnis

JA	Juristische Arbeitsblätter (Jahr, Seite)	KAGG	Gesetz über Kapitalanlagegesellschaften
JAmt	Das Jugendamt (Jahr, Seite)	Kap.	Kapitel
JAO	Juristenausbildungsordnung	KapErhStG	Gesetz über steuerrechtliche Maßnahmen bei Erhöhung des Nennkapitals aus Gesellschaftsmitteln
JArbSchG	Jugendarbeitsschutzgesetz		
JBeitrO	Justizbeitreibungsordnung		
JBItalR	Jahrbuch für italienisches Recht	KfH	Kammer für Handelssachen
JBl	Justizblatt	KG	Kommanditgesellschaft; Kammergericht
JbPraxSch	Jahrbuch für die Praxis der Schiedsgerichtsbarkeit (Band, Seite)	KGaA	Kommanditgesellschaft auf Aktien
JCP	Juris classeur périodique. La Semainejuridique (Jahr, Seite)	KGJ	Jahrbuch für Entscheidungen des Kammergerichts in Sachen der freiwilligen Gerichtsbarkeit in Kosten-, Stempel- und Strafsachen
JDI	Journal du droit international		
JFG	Jahrbuch für Entscheidungen in Angelegenheiten der freiwilligen Gerichtsbarkeit und des Grundbuchrechts	KG-Rp/KGR	Rechtsprechungsreport des Kammergerichts Berlin
		Kind-Prax	Kindschaftsrechtliche Praxis (Jahr, Seite)
Jg.	Jahrgang	KindRG	Kindschaftsreformgesetz
JherJb	Jherings Jahrbücher für die Dogmatik des bürgerlichen Rechts (Band, Seite)	KindUG	Gesetz zur Vereinheitlichung des Unterhaltsrechts minderjähriger Kinder
JJZ	Jahrbuch Junger Zivilrechtswissenschaftler (Jahr, Seite)	KJ	Kritische Justiz (Jahr, Seite)
		KJHG	Gesetz zur Neuordnung des Kinder- und Jugendhilferechts
JMBl	Justizministerialblatt		
JMBlNW	Justizministerialblatt Nordrhein-Westfalen	KKZ	Kommunal-Kassen-Zeitschrift
JP	Juristische Praxis (Jahr, Seite)	KO	Konkursordnung
JR	Juristische Rundschau (Jahr, Seite)	KonsG	Konsulargesetz
		KonTraG	Gesetz zur Kontrolle und Transparenz im Unternehmensbereich
JuMiG	Justizmitteilungsgesetz		
Jura	Juristische Ausbildung		
JurBüro	Das juristische Büro (Jahr, Seite)	KÖSDI	Kölner Steuerdialog
JurPC	Internet-Zeitschrift für Rechtsinformatik	KostenRÄndG	Gesetz zur Änderung und Ergänzung kostenrechtlicher Vorschriften
JuS	Juristische Schulung (Jahr, Seite)	KostO	Kostenordnung
		krit.	kritisch
Justiz	Die Justiz (ABl des Justizministeriums Baden-Württemberg)	KSchG	Kündigungsschutzgesetz
		KStDV	Körperschaftsteuer-Durchführungsverordnung
JVBl	Justizverwaltungsblatt	KStG	Körperschaftsteuergesetz
JVEG	Justizvergütungs- und -entschädigungsgesetz	KStR	Körperschaftsteuer-Richtlinien
JVKostO	Verordnung über Kosten im Bereich der Justizverwaltung	KSÜ	Kinderschutzübereinkommen (Haager Übereinkommen über die Zuständigkeit, das anzuwendende Recht, die Anerkennung, Vollstreckung und Zusammenarbeit auf dem Gebiet der elterlichen Verantwortung und der Maßnahmen zum Schutz von Kindern vom 19.10.1996)
JW	Juristische Wochenschrift (Jahr, Seite)		
JZ	Juristenzeitung (Jahr, Seite)		
K&R	Kommunikation und Recht (Jahr, Seite)		
KA	Netzwerk Kulturarbeit (Lfg.-Jahr, Seite)		

Abkürzungsverzeichnis

KTS	Konkurs-, Treuhand- und Schiedsgerichtswesen (Jahr, Seite)		Vollstreckung gerichtlicher Entscheidungen in Zivil- und Handelssachen v. 16.9.1988
KUG	Gesetz betreffend das Urheberrecht an Werken der bildenden Künste und der Photographie	LVA	Landesversicherungsanstalt
		LWG	Landwirtschaftsgericht
		LwVfG	Gesetz über das gerichtliche Verfahren in Landwirtschaftssachen
KuR	Kirche und Recht (Jahr, Seite)	LZ	Leipziger Zeitschrift für Deutsches Recht
KUR	Kunstrecht und Urheberrecht (Jahr, Seite)		
KV	Kostenverzeichnis	m.a.W.	mit anderen Worten
KVLG	Gesetz über die Krankenversicherung der Landwirte	m. Anm.	mit Anmerkung
		m.E.	meines Erachtens
		m. N.	mit Nachweisen
KWG	Kreditwesengesetz	m.w.H.	mit weiteren Hinweisen
		m.w.N.	mit weiteren Nachweisen
LAG	Landesarbeitsgericht; Lastenausgleichsgesetz	m.W.v.	mit Wirkung vom
		MaBV	Makler- und Bauträgerverordnung
LandPVerkG	Landpachtverkehrsgesetz		
LCIA	London Court of International Arbitration	MarkenG	Markengesetz
		MdE	Minderung der Erwerbsfähigkeit
lfd.	laufend		
LFGG	Landesgesetz über die freiwillige Gerichtsbarkeit	MDP	Mitteilungen der deutschen Patentanwälte
LFZG	Lohnfortzahlungsgesetz	MDR	Monatsschrift für Deutsches Recht (Jahr, Seite)
LG	Landgericht		
Lit.	Literatur	MHRG	Gesetz zur Regelung der Miethöhe
lit.	litera (Buchstabe)		
LJV	Landesjustizverwaltung	MinBl	Ministerialblatt
LK	Leipziger Kommentar zum Strafgesetzbuch	mind.	mindestens
		Mio.	Million
LM	Nachschlagewerk des Bundesgerichtshofes, hrsg. v. Lindenmaier, Möhring u.a.	MitbestG	Mitbestimmungsgesetz
		Mitt.	Mitteilungen
		MittBayNot	Mitteilungen des Bayerischen Notarvereins, der Notarkasse und der Landesnotarkasse Bayern (Jahr, Seite)
LMBG	Lebensmittel- und Bedarfsgegenständegesetz		
LMK	Kommentierte BGH-Rechtsprechung Lindenmaier-Möhring	MittRhNotK	Mitteilungen der Rheinischen Notarkammer (Jahr, Seite)
LoI	Letter of Intent	MiZi	Allgemeine Verfügung über Mitteilungen in Zivilsachen
LPachtVG	Gesetz über die Anzeige und Beanstandung von Landpachtverträgen		
		MM	Mietrechtliche Mitteilungen (Jahr, Seite)
LPartG	Lebenspartnerschaftsgesetz	MMR	MultiMedia und Recht (Jahr, Seite)
LRiG	Landesrichtergesetz		
LS	Leitsatz	MPU	Medizinisch-psychologische Untersuchung
LSchlG	Ladenschlussgesetz		
LSG	Landessozialgericht	MRVerbG	Gesetz zur Verbesserung des Mietrechts und zur Begrenzung des Mietanstiegs sowie zur Regelung von Ingenieur- und Architektenleistungen
LStDV	Lohnsteuer-Durchführungsverordnung		
LStR	Lohnsteuer-Richtlinien		
LuftfzRG	Gesetz über Rechte an Luftfahrzeugen		
LuftVG	Luftverkehrsgesetz	MSA	Minderjährigenschutzabkommen (Übereinkommen über die Zuständigkeit der Behörden und das anzuwendende Recht auf
LuftVO	Luftverkehrs-Ordnung		
LugÜ	Luganer Übereinkommen über die gerichtliche Zuständigkeit und die		

	dem Gebiet des Schutzes von Minderjährigen v. 5.10.1961)	NJWE	NJW-Entscheidungsdienst
MSchG	Mieterschutzgesetz	NJWE-FER	NJW-Entscheidungsdienst Familien- und Erbrecht
MüKo-InsO	Münchener Kommentar zur Insolvenzordnung	NJWE-MietR	NJW-Entscheidungsdienst Mietrecht
MüKo-ZPO	Münchener Kommentar zur Zivilprozessordnung	NJWE-VHR	NJW-Entscheidungsdienst Versicherungs- und Haftungsrecht
MünchArbR	Münchener Handbuch Arbeitsrecht	NJWE-WettbR	NJW-Entscheidungsdienst Wettbewerbsrecht
MuSchG	Mutterschutzgesetz	NMV	Neubaumietenverordnung
MuW	Markenschutz und Wettbewerb (Jahr, Seite)	NotBZ	Zeitschrift für die notarielle Beratungs- und Beurkundungspraxis
MwSt	Mehrwertsteuer	Nr.	Nummer
n.e.V.	nicht eingetragener Verein	NRW	Nordrhein-Westfalen
n.F.	neue Fassung	NStE	Neue Entscheidungs- sammlung für Strafrecht
n.r.	nicht rechtskräftig	NStZ	Neue Zeitschrift für Strafrecht
n.v.	nicht veröffentlicht		
NachlG	Nachlassgericht		
Nachw.	Nachweis		
NachwG	Nachweisgesetz	NStZ-RR	Neue Zeitschrift für Strafrecht – Rechtsprechungs-Report
NamÄndG	Gesetz über die Änderung von Familiennamen und Vornamen	NuR	Natur und Recht (Jahr, Seite)
Namens- änderungsDV	Erste Verordnung zur Durchführung des Gesetzes über die Änderung von Familiennamen und Vornamen	NutzEV	Nutzungsentgeltverordnung
		NVersZ	Neue Zeitschrift für Versicherung und Recht
		NVwZ	Neue Zeitschrift für Verwaltungsrecht
NaStraG	Namensaktiengesetz	NW	Nordrhein-Westfalen
NdsFGG	Niedersächsisches Gesetz über die freiwillige Gesetzbarkeit	NWB	Neue Wirtschaftsbriefe für Steuer- und Wirtschaftsrecht
		NWBauKaG	Baukammerngesetz des Landes Nordrhein-Westfalen
NdsRpfl.	Niedersächsische Rechtspflege (Jahr, Seite)	NWVBl	Nordrhein-Westfälische Verwaltungsblätter
NdsVBl	Niedersächsische Verwaltungsblätter	NZA	Neue Zeitschrift für Arbeitsrecht
NDV	Nachrichtendienst des Deutschen Vereins für öffentliche und private Fürsorge	NZA-RR	NZA – Rechtsprechungs-Report
		NZBau	Neue Zeitschrift für Baurecht
ne.	nichtehelich	NZG	Neue Zeitschrift für Gesellschaftsrecht
NEhelG	Gesetz über die rechtliche Stellung der nichtehelichen Kinder	NZI	Neue Zeitschrift für Insolvenz- und Sanierungsrecht
NiemZ	Niemeyers Zeitschrift für internationales Recht	NZM	Neue Zeitschrift für Miet- und Wohnungsrecht
NIPR	Nederlands Internationaal Privaatrecht (Jahr, Seite)	NZS	Neue Zeitschrift für Sozialrecht
NJ	Neue Justiz (Jahr, Seite)	NZV	Neue Zeitschrift für Verkehrsrecht
NJB	Nederlands Juristenblad (Jahr, Seite)		
NJOZ	Neue Juristische Online-Zeitschrift	NZWehrR	Neue Zeitschrift für Wehrrecht
NJW	Neue Juristische Wochenschrift	o.a.	oben angegeben/angeführt
NJW-CoR	Computerreport der NJW	o.Ä.	oder Ähnliches
NJW-RR	NJW-Rechtsprechungs-Report	o.g.	oben genannt

OBG-NW	Gesetz über Aufbau und Befugnisse der Ordnungsbehörden Nordrhein-Westfalen – Ordnungsbehördengesetz	PersV	Die Personalvertretung (Jahr, Seite)
		PfandbSchuldvG	Gesetz über die Pfandbriefe und verwandte Schuldverschreibungen öffentlich-rechtlicher Kreditanstalten
OECD	Organization for Economic Cooperation and Development		
		PflegeVG	Pflegeversicherungsgesetz
OFD	Oberfinanzdirektion	PflVG	Pflichtversicherungsgesetz
OFH	Oberfinanzhof	PKH	Prozesskostenhilfe
OGH	Oberster Gerichtshof (Österreich)	PKV	Prozesskostenvorschuss
		PrAGBGB	Preußisches Ausführungsgesetz zum Bürgerlichen Gesetzbuch
OGHZ	Entscheidungen des Obersten Gerichtshofes für die Britische Zone in Zivilsachen		
		PrFGG	Preußisches Gesetz betreffend die Angelegenheiten der Freiwilligen Gesetzbarkeit
OHG	Offene Handelsgesellschaft		
ÖJZ	Österreichische Juristen-Zeitung (Jahr, Seite)		
		PrKV	Preisklauselverordnung
ökSchG	Österreichisches Konsumentenschutzgesetz	ProdHaftG	Produkthaftungsgesetz
		ProstG	Prostitutionsgesetz
		Prot.	Protokolle der Kommission für die II. Lesung des Entwurfs des BGB
OLG	Oberlandesgericht		
OLG-NL	OLG-Rechtsprechung Neue Länder		
OLG-VertrÄndG	OLG.Vertretungsänderungsgesetz	PRV	Partnerschaftsregisterverordnung
		PStG	Personenstandsgesetz
OLGE	Entscheidungssammlung der Oberlandesgerichte	PVÜ	Pariser Verbandsübereinkunft v. 20.3.1883 zum Schutze des gewerblichen Eigentums in der Stockholmer Fassung v. 14.7.1967
OLGR	OLG-Report		
OLGSt	Entscheidungen der Oberlandesgerichte zum Straf- und Strafverfahrensrecht		
		pVV	positive Vertragsverletzung
OLGZ	Entscheidungen der Oberlandesgerichte in Zivilsachen	r+s	Recht und Schaden (Jahr, Seite)
		RA	Rechtsanwalt
ÖNotZ	Österreichische Notariats-Zeitung (Band, Seite)	RabelsZ	Zeitschrift für ausländisches und internationales Privatrecht (Band, Seite)
Öst. JBl	Österreichische Juristische Blätter (Jahr, Seite)		
		RAG	Reichsarbeitsgericht
OVG	Oberverwaltungsgericht	RAin	Rechtsanwältin
OWi	Ordnungswidrigkeit	RAuN	Rechtsanwalt und Notar
OWiG	Ordnungswidrigkeitengesetz	RAuNin	Rechtsanwältin und Notarin
p.a.	pro anno	RBerG	Rechtsberatungsgesetz
PachtKrG	Pachtkreditgesetz	RCDIP	Revue critique de droit international privé (Band, Seite)
PACS	Pacte Civil de Solidarité		
PAngG	Preisangaben- und Preisklauselgesetz		
		RdA	Recht der Arbeit (Jahr, Seite)
PAngV	Preisangabenverordnung	RdC	Requeil des cours (Band, Seite)
PaPkG	Preisangaben- und Preisklauselgesetz		
		RdErl	Runderlass
PartG	Parteiengesetz	RdL	Recht der Landwirtschaft (Jahr, Seite)
PartGG	Partnerschaftsgesellschaftsgesetz		
		RdSchr	Rundschreiben
PatAO	Patentanwaltsordnung	RDV	Recht der Datenverarbeitung (Jahr, Seite)
PatG	Patentgesetz		
PBefG	Personenbeförderungsgesetz		
PECL	Principles of European Contract Law	RdW	Das Recht der Wirtschaft (Jahr, Seite)
PersAG	Personalausweisgesetz	Re	In Sachen

Rec. des Cours	Recueil des Cours de l'Academie de droit international (Jahr, Seite)	RpflStud	Rechtspfleger-Studienhefte
		RR	Rechtsprechungsreport
		RRa	Reiserecht aktuell (Jahr, Seite)
Recht	Das Recht (Jahr, Nr./Seite)		
rechtskr.	rechtskräftig	RSDA	Schweizerische Zeitschrift für Wirtschaftsrecht
Red.	Redaktion		
Reg.	Regierung; Register	Rspr.	Rechtsprechung
RegBl	Regierungsblatt	RsprEinhG	Gesetz zur Wahrung der Einheitlichkeit der Rechtsprechung der obersten Gerichtshöfe des Bundes
RegelbetrVO	Regelbetrags-Verordnung		
RegelsatzVO	Verordnung zur Durchführung des § 22 des Bundessozialhilfegesetzes		
		RStBl	Reichssteuerblatt
RegEntw	Regierungsentwurf	RÜ	Rechtsprechungsübersicht
RegTP	Regulierungsbehörde für Telekommunikation und Post	rückw.	rückwirkend
		RuS	Recht und Sport (Jahr, Seite)
Rev. crit. dr. int. priv.	Revue critique de droit international privé (Band o. Jahr, Seite)	RuStAG	Reichs- und Staatsangehörigkeitsgesetz
		RVA	Reichsversicherungsamt
Rev. trim. dr. fam.	Revue trimestrielle de droit familial (Jahr, Seite)	RVG	Rechtsanwaltsvergütungsgesetz
RFH	Reichsfinanzhof	RVO	Reichsversicherungsordnung
RG	Reichsgericht	RWS	Kommuniaktionsforum Recht-Wirtschaft-Steuern
RGBl	Reichsgesetzblatt		
RGRK	(siehe Allgemeines Literaturverzeichnis)		
		S.	Satz; Seite
RGSt	Entscheidungen des RG in Strafsachen	s.	siehe
		s.a.	siehe auch
RGZ	Entscheidungen des RG in Zivilsachen	s.o.	siehe oben
		s.u.	siehe unten
RheinZ	Rheinische Zeitschrift für Zivil- und Prozeßrecht des In- und Auslandes (Band, Seite)	SachBezV	Verordnung über den Wert der Sachbezüge in der Sozialversicherung
		SächsArch	Sächsisches Archiv für Rechtspflege
RhPfAGBGB	Rheinland-Pfälzisches Ausführungsgesetz zum Bürgerlichen Gesetzbuch	SAE	Sammlung Arbeitsrechtlicher Entscheidungen
		SchiedsVfG	Schiedsverfahrens-Neuregelungsgesetz
RhPfGerichtsOrgG	Rheinland-Pfälzisches Gerichtsorganisationsgesetz		
Ri	Richter	SchiedsVZ	Die neue Zeitschrift für Schiedsverfahren
RiA	Das Recht im Amt		
RiAG	Richter am Amtsgericht	SchiffRegO	Schiffsregisterordnung
RIW	Recht der internationalen Wirtschaft (Jahr, Seite; von 4.1958–20.1974: AWD)	SchiffsRG	Gesetz über Rechte an eingetragenen Schiffen und Schiffsbauwerken
		SchlHA	Schleswig-Holsteinische Anzeigen (Jahr, Seite)
RJA	Entscheidungen in Angelegenheiten der freiwilligen Gerichtsbarkeit und des Grundbuchrechts	SchlHOLG	Oberlandesgericht Schleswig-Holstein
		SchlichtVerfVO	Verordnung über das Verfahren der Schlichtungsstellen für Überweisungen
Rn	Randnummer		
RNotZ	Rheinische Notar-Zeitschrift (ab 2001, vorher: MittRhNotK)		
		SchuldRÄndG	Schuldrechtsänderungsgesetz
ROW	Recht in Ost und West	SchuldRAnpG	Schuldrechtsanpassungsgesetz
RPflAnpG	Rechtspflegeanpassungsgesetz		
Rpfleger	Der deutsche Rechtspfleger (Jahr, Seite)	SchuldRModG	Schuldrechtsmodernisierungsgesetz
RPflG	Rechtspflegergesetz	SchwarzArbG	Gesetz zur Bekämpfung der Schwarzarbeit
RpflJb	Rechtspfleger-Jahrbuch		

Abkürzungsverzeichnis

SeuffA	Seufferts Archiv für Entscheidungen der obersten Gerichte in den deutschen Staaten (Band, Seite)		Anerkennung und Vollstreckung von Entscheidungen über das Sorgerecht für Kinder und die Wiederherstellung des Sorgeverhältnisses
SG	Sozialgericht; Soldatengesetz		
SGB	Sozialgesetzbuch		
SGb	Die Sozialgerichtsbarkeit (Jahr, Seite)	SozR	Sozialrecht. Rechtsprechung und Schrifttum, bearb. v. d. Richtern des Bundessozialgerichts (Loseblatt)
SGB AT	Sozialgesetzbuch – Allgemeiner Teil		
SGB III	Sozialgesetzbuch Drittes Buch – Arbeitsförderung	SozSich	Soziale Sicherheit (Jahr, Seite)
SGB IV	Sozialgesetzbuch Viertes Buch – Sozialversicherung	SozVers	Die Sozialversicherung (Jahr, Seite)
SGB V	Sozialgesetzbuch Fünftes Buch – Gesetzliche Krankenversicherung	SP	Schaden-Praxis (Jahr, Seite)
		SprAuG	Sprecherausschussgesetz
SGB VI	Sozialgesetzbuch Sechstes Buch – Gesetzliche Rentenversicherung	SpuRt	Zeitschrift für Sport und Recht
		st. Rspr.	ständige Rechtsprechung
SGB VII	Sozialgesetzbuch Siebtes Buch – Gesetzliche Unfallversicherung	StaatlÜbk	New Yorker UN-Übereinkommen über die Rechtsstellung der Staatenlosen v. 28.9.1954
SGB VIII	Sozialgesetzbuch Achtes Buch – Kinder- und Jugendhilfe	StAG	Staatsangehörigkeitsgesetz
		StAnz	Staatsanzeiger
SGB IX	Sozialgesetzbuch Neuntes Buch – Rehabilitation und Teilhabe behinderter Menschen	StAZ	Das Standesamt (Jahr, Seite)
		StB	Der Steuerberater (Jahr, Seite)
		StBerG	Steuerberatungsgesetz
SGB X	Sozialgesetzbuch Zehntes Buch – Sozialverwaltungsverfahren und Sozialdatenschutz	StBGebV	Steuerberatergebührenverord-nung
		StBp	Die steuerliche Betriebsprüfung (Jahr, Seite)
SGB XI	Sozialgesetzbuch Elftes Buch – Soziale Pflegeversicherung	StGB	Strafgesetzbuch
		StGH	Staatsgerichtshof
		StiftFördG	Gesetz zur weiteren steuerlichen Förderung von Stiftungen
SGG	Sozialgerichtsgesetz		
SGOBau	Schiedsgerichtsordnung für das Bauwesen		
		StiftungsG	Stiftungsgesetz
SigG	Signaturgesetz	StPO	Strafprozessordnung
SJZ	Schweizerische Juristen-Zeitung (Jahr, Seite)	str.	streitig
		StraFo	Strafverteidiger Forum (Jahr, Seite)
Slg.	Sammlung		
SoergelRspr	Rechtsprechung zum BGB, EGBGB, CPO, KO, GBO und RFG	StrÄndG	Strafrechtsänderungsgesetz
		StSenkG	Gesetz zur Senkung der Steuersätze und zur Reform der Unternehmens-besteuerung
sog.	sogenannte/r/s		
SoldG	Gesetz über die Rechtsstellung der Soldaten		
		StuB	Steuern und Bilanzen (Jahr, Seite)
SorgeRÜbkAG	Gesetz zur Ausführung des Haager Übereinkommens v. 25.10.1980 über die zivilrechtlichen Aspekte internationaler Kindesentführung und des Europäischen Übereinkommens v. 20.5.1980 über die	StudZR	Studentische Zeitschrift für Rechtswissenschaft
		StuW	Steuer und Wirtschaft (Jahr, Seite)
		StV	Strafverteidiger (Jahr, Seite)
		StVj	Steuerliche Vierteljahres-schrift
		SÜ	Sicherungsübereignung

SVG	Gesetz über die Versorgung für die ehemaligen Soldaten der Bundeswehr und ihre Hinterbliebenen	Urt.	Urteil
		usf.	und so fort
		UStDV	Umsatzsteuer-Durchführungsverordnung
SZ	Süddeutsche Zeitung	UStG	Umsatzsteuergesetz
SZIER	Schweizerische Zeitschrift für Internationales und Europäisches Recht	UStR	Umsatzsteuerrichtlinien
		usw.	und so weiter
		UVR	Umsatz- und Verkehrsteuer-Recht
SZW	Schweizerische Zeitschrift für Wirtschaftsrecht	UWG	Gesetz gegen den unlauteren Wettbewerb
TDG	Teledienstegesetz	UZwG	Gesetz über den unmittelbaren Zwang bei Ausübung öffentlicher Gewalt durch Vollzugsbeamte des Bundes
tlw.	teilweise		
TPG	Transplantationsgesetz		
TranspR	Transportrecht (Jahr, Seite)		
TSG	Transsexuellengesetz		
TV	Tarifvertrag		
TVG	Tarifvertragsgesetz		
Tz	Textziffer	v.H.	vom Hundert
TzBfG	Teilzeit- und Befristungsgesetz	VAG	Versicherungsaufsichtsgesetz
		VAHRG	Gesetz zur Regelung von Härten im Versorgungsausgleich
TzWrG	Teilzeit-Wohnrechtegesetz		
u.a.	unter anderem	VBl BW	Verwaltungsblätter Baden-Württemberg
u.Ä.	und Ähnliches		
u.E.	unseres Erachtens	VerBAV	Veröffentlichungen des Bundesaufsichtsamtes für das Versicherungswesen
u.U.	unter Umständen		
u.V.m.	und Vieles mehr		
UÄndG	Unterhaltsänderungsgesetz	VerbrKrG	Verbraucherkreditgesetz
UBGG	Gesetz über Unternehmensbeteiligungsgesellschaften	VereinsG	Gesetz zur Regelung des öffentlichen Vereinsrechts
UCC	Uniform Commercial Code	Verf.	Verfassung; Verfasser
UFITA	Archiv für Urheber-, Film-, Funk- und Theaterrecht (Band, Seite)	VerfGH	Verfassungsgerichtshof
		VerfGHG	Gesetz über den Verfassungsgerichtshof
UhVorschG	Gesetz zur Sicherung des Unterhalts von Kindern alleinstehender Mütter und Väter durch Unterhaltsvorschüsse oder -ausfalleistungen	VerfO	Verfahrensordnung
		VerglO	Vergleichsordnung
		VerjAnpG	Gesetz zur Anpassung von Verjährungsvorschriften an das Gesetz zur Modernisierung des Schuldrechts
UKlaG	Unterlassungsklagengesetz	VermG	Vermögensgesetz
ULR	Uniform Law Review (Band, Seite)	Veröff.	Veröffentlichung
		VerschG	Verschollenheitsgesetz
umstr.	umstritten	VersG	Gesetz über Versammlungen und Aufzüge
UmwBerG	Gesetz zur Bereinigung des Umwandlungsgesetzes		
UmwG	Umwandlungsgesetz	VersPrax	Versicherungspraxis
UmwStErl	Umwandlungssteuererlass	VersR	Versicherungsrecht (Jahr, Seite)
UmwStG	Gesetz über steuerliche Maßnahmen bei Änderungen der Unternehmensform	VerstVO	Versteigererverordnung
		Verz.	Verzeichnis
Univ.	Universität	Vfg.	Verfügung
unstr.	unstreitig	VG	Verwaltungsgericht; Verwertungsgesellschaft
UntVorschG	Unterhaltsvorschussgesetz		
unveröff.	unveröffentlicht	VGH	Verwaltungsgerichtshof; Verfassungsgerichtshof
UR	Umsatzsteuer-Rundschau		
UrhG	Urheberrechtsgesetz	vgl.	vergleiche
urspr.	ursprünglich	VglO	Vergleichsordnung

Abkürzungsverzeichnis

VGrS	Vereinigter Großer Senat	WHG	Wasserhaushaltsgesetz
VgV	Vergabeverordnung	WiB	Wirtschaftsrechtliche Beratung (Jahr, Seite)
VHB	Allgemeine Hausratsversicherungsbedingungen	WiKG, 1.	Erstes Gesetz zur Bekämpfung der Wirtschaftskriminalität
VIZ	Zeitschrift für Vermögens- und Investitionsrecht (bis 6.1996); Zeitschrift für Vermögens- und Immobilienrecht (ab 7.1996)	WiR	Wirtschaftsrecht (Jahr, Seite)
		WiStG	Wirtschaftsstrafgesetz
		wistra	Zeitschrift für Wirtschafts- und Steuerrecht
VO	Verordnung	WM	Wertpapiermitteilungen (Jahr, Seite)
VOBl	Verordnungsblatt		
VOL	Verdingungsordnung für Leistungen, ausgenommen Bauleistungen	WoBindG	Wohnungsbindungsgesetz
		WP	Wirtschaftsprüfer
Vorbem.	Vorbemerkung	WpG	Die Wirtschaftsprüfung (Jahr, Seite)
vorl.	vorläufig		
VormG	Vormundschaftsgericht	WpHG	Wertpapierhandelsgesetz
VRS	Verkehrsrechts-Sammlung	WPO	Wirtschaftsprüferordnung
VRV	Vereinsregisterverordnung	WRP	Wettbewerb in Recht und Praxis (Jahr, Seite)
VStG	Vermögensteuergesetz		
VStR	Vermögensteuer-Richtlinien	WRV	Weimarer Reichsverfassung
VuR	Verbraucher und Recht (Jahr, Seite)	WuW	Wirtschaft und Wettbewerb (Band o. Jahr, Seite)
VVaG	Versicherungsverein auf Gegenseitigkeit	WZG	Warenzeichengesetz
VVDStRL	Veröffentlichungen der Vereinigung der Deutschen Staatsrechtslehrer (Band, Seite)	z.B.	zum Beispiel
		z.T.	zum Teil
		ZAkDR	Zeitschrift der Akademie für Deutsches Recht
VVG	Versicherungsvertragsgesetz	ZAP	Zeitschrift für die Anwaltspraxis
VW	Versicherungswirtschaft (Jahr, Seite)		
		ZBB	Zeitschrift für Bankrecht und Bankwirtschaft
VWG	Vereinigtes Wirtschaftsgebiet		
VwGO	Verwaltungsgerichtsordnung	ZBernJV	Zeitschrift des Bernischen Juristen-Vereins (Band, Seite)
VwKostG	Verwaltungskostengesetz		
VwVfG	Verwaltungsverfahrensgesetz	ZblFG	Zentralblatt für Freiwillige Gerichtsbarkeit und Notariat
VwVG	Verwaltungsvollstreckungsgesetz		
		ZErB	Zeitschrift für die Steuer- und Erbrechtspraxis
VwZG	Verwaltungszustellungsgesetz		
VwZVG	Verwaltungszustellungs- und Vollstreckungsgesetz	ZEuP	Zeitschrift für Europäisches Privatrecht
VZ	Veranlagungszeitraum	ZEV	Zeitschrift für Erbrecht und Vermögensnachfolge
WahrnG	Gesetz über die Wahrnehmung von Urheberrechten und verwandten Schutzrechten	ZfA	Zeitschrift für Arbeitsrecht
		ZfbF	Schmalenbachs Zeitschrift für betriebswirtschaftliche Forschung (Band, Seite)
WarnR	Warneyer, Die Rechtsprechung des Reichsgerichts (Jahr und Nummer der Entscheidung)	ZfBR	Zeitschrift für deutsches und internationales Bau- und Vergaberecht
		ZFE	Zeitschrift für Familien- und Erbrecht
WBl.	Wirtschaftsrechtliche Blätter (Jahr, Seite)	ZfF	Zeitschrift für Fürsorgewesen
WE	Wohnungseigentum	ZfIR	Zeitschrift für Immobilienrecht
WEG	Wohnungseigentumsgesetz		
WertErmVO	Wertermittlungsverordnung	ZfJ	Zentralblatt für Jugendrecht (Jahr, Seite)
WEZ	Zeitschrift für Wohnungseigentumsrecht		
		ZfRV	Zeitschrift für Rechtsvergleichung
WG	Wechselgesetz		

zfs	Zeitschrift für Schadensrecht	ZRP	Zeitschrift für Rechtspolitik
ZfSH/SGB	Zeitschrift für Sozialhilfe und Sozialgesetzbuch	ZSchwR	Zeitschrift für Schweizerisches Recht
ZfV	Zeitschrift für Versicherungswesen	ZSt	Zeitschrift für Stiftungswesen
		ZTR	Zeitschrift für Tarifrecht
ZGB	Schweizerisches Zivilgesetzbuch; Zivilgesetzbuch (DDR)	ZUM	Zeitschrift für Urheber- und Medienrecht
		zust.	zustimmend
ZGR	Zeitschrift für Unternehmens- und Gesellschaftsrecht	ZustErgG	Zuständigkeitsergänzungsgesetz
ZGS	Zeitschrift für das gesamte Schuldrecht	zutr.	zutreffend
		ZVersWiss	Zeitschrift für die gesamte Versicherungswirtschaft
ZHR	Zeitschrift für das gesamte Handelsrecht	ZVG	Gesetz über die Zwangsversteigerung und die Zwangsverwaltung
Ziff.	Ziffer		
ZInsO	Zeitschrift für das gesamte Insolvenzrecht	ZVglRWiss	Zeitschrift für Vergleichende Rechtswissenschaft
ZIP	Zeitschrift für Wirtschaftsrecht	ZVI	Zeitschrift für Verbraucher-Insolvenzrecht
zit.	zitiert		
ZLW	Zeitschrift für Luftrecht und Weltraumrechtsfragen	ZWE	Zeitschrift für Wohnungseigentum
ZMR	Zeitschrift für Miet- und Raumrecht	zzgl.	zuzüglich
		ZZP	Zeitschrift für Zivilprozeß (Band, Seite)
ZNotP	Zeitschrift für die Notarpraxis		
ZNR	Zeitschrift für Neuere Rechtsgeschichte	ZZP Int.	Zeitschrift für Zivilprozeß International (Band, Seite)
ZPO	Zivilprozessordnung		
ZRHO	Rechtshilfeordnung für Zivilsachen	zzt.	zurzeit

Allgemeines Literaturverzeichnis

Kommentare

Alternativkommentar, Bürgerliches Recht, Band 1: Allgemeiner Teil (§§ 1–240), 1987; zitiert: AK/*Bearbeiter*

Bamberger/Roth, Kommentar zum Bürgerlichen Gesetzbuch, 2003; zitiert: Bamberger/Roth/*Bearbeiter*

Baumbach/Hopt, Handelsgesetzbuch, 31. Auflage 2003

Baumbach/Lauterbach/Albers/Hartmann, Zivilprozessordnung, 63. Auflage 2005; zitiert: Baumbach/Lauterbach/*Bearbeiter*, ZPO

Erman, Bürgerliches Gesetzbuch, 11. Auflage 2004; zitiert: Erman/*Bearbeiter*

Handkommentar BGB – Bürgerliches Gesetzbuch, 3. Auflage 2003; zitiert: HK-BGB/*Bearbeiter*

Historisch-kritischer Kommentar zum BGB, Band 1, Allgemeiner Teil §§ 1–240, 2004; zitiert: HKK/*Bearbeiter*

Jauernig, Bürgerliches Gesetzbuch, 11. Auflage 2004; zitiert: Jauernig/*Bearbeiter*

Looschelders, Internationales Privatrecht – Artikel 3–46 EGBGB, 2003

Münchener Kommentar zum BGB, 4. Auflage 2002 ff. plus Erg.-Band; zitiert: MüKo/*Bearbeiter*

Münchener Kommentar zur Zivilprozessordnung, 2. Auflage 2000/2001; zitiert: MüKo-ZPO/*Bearbeiter*

Musielak, Zivilprozessordnung, 4. Auflage 2005; zitiert: Musielak/*Bearbeiter*

Palandt, Bürgerliches Gesetzbuch, 64. Auflage 2005;[*] zitiert: Palandt/*Bearbeiter*

Plancks Kommentar zum Bürgerlichen Gesetzbuch, Band 1, 4. Auflage 1913; zitiert: Planck/*Bearbeiter*

RGRK, Das Bürgerliche Gesetzbuch mit besonderer Berücksichtigung der Rechtsprechung des Reichsgerichts und des Bundesgerichtshofes, Kommentar, 12. Auflage 1974 ff.; zitiert: RGRK/*Bearbeiter*

Soergel, Bürgerliches Gesetzbuch mit Einführungsgesetz und Nebengesetzen, 13. Auflage 1999 ff.; zitiert: Soergel/*Bearbeiter*

Staudinger, Kommentar zum Bürgerlichen Gesetzbuch, 12. Auflage 1978 ff.; 13. Auflage 1993 ff.; danach bandweise neubearbeitet; zitiert: Staudinger/*Bearbeiter*

Stein/Jonas, Kommentar zur Zivilprozeßordnung, 21. Auflage 1993 ff.; z.T. 22. Auflage 2002 ff.; zitiert: Stein/Jonas/*Bearbeiter*

Thomas/Putzo, Zivilprozessordnung, 26. Auflage 2004; zitiert: Thomas/Putzo/*Bearbeiter*

Wieczorek/Schütze, Zivilprozessordnung und Nebengesetze, Band 1 (§§ 1–127a ZPO), 3. Auflage 1994; zitiert: Wieczorek/Schütze/*Bearbeiter*

Zöller, Zivilprozessordnung, 25. Auflage 2005;[*] zitiert: Zöller/*Bearbeiter*

Lehr- und Handbücher, Monografien

v. Bar, Internationales Privatrecht, Band 2, 1991; zitiert: *v.Bar*, IPR II

v. Bar/Mankowski, Internationales Privatrecht, Band 1, 2. Auflage 2003; zitiert: *v.Bar/Mankowski*, IPR I

Baumgärtel/Laumen, Handbuch der Beweislast im Privatrecht, 2. Auflage 1991

Bork, Allgemeiner Teil des BGB, 2001

Brehm, Allgemeiner Teil des BGB, 5. Auflage 2002

Brödermann/Iversen, Europäisches Gemeinschaftsrecht und Internationales Privatrecht, 1994; zitiert: Brödermann/Iversen/*Bearbeiter*, IPR

Brox, Allgemeiner Teil des BGB, 28. Auflage 2004

Bydlinski, Bürgerliches Recht Band I, Allgemeiner Teil, 2000

Eisenhardt, Allgemeiner Teil des BGB, 4. Auflage 1997

Enneccerus/Nipperdey, Allgemeiner Teil des Bürgerlichen Rechts, 2 Teilbände, 15. Auflage 1959/1960

Faust, Bürgerliches Gesetzbuch, Allgemeiner Teil, 2004

Ferid, Internationales Privatrecht, 3. Auflage 1986

Flume, Allgemeiner Teil des Bürgerlichen Rechts, Band 1/1: Die Personengesellschaft, 1977; zitiert: *Flume*, BGB AT Bd. 1/1

Flume, Allgemeiner Teil des Bürgerlichen Rechts, Band 1/2: Die juristische Person, 1983; zitiert: *Flume*, BGB AT Bd. 1/2

---

[*] Soweit nicht anders vermerkt, wird die Auflage 2004 zitiert.

Allgemeines Literaturverzeichnis

Flume, Allgemeiner Teil des Bürgerlichen Rechts, Band 2: Das Rechtsgeschäft, 4. Auflage 1992; zitiert: *Flume*, BGB AT Bd. 2

Geimer, Internationales Zivilprozessrecht, 5. Auflage 2005

Giesen, BGB Allgemeiner Teil, Rechtsgeschäftslehre, 2. Auflage 1995

Griegoleit/Herresthal, BGB Allgemeiner Teil, 2004

Henssler/von Westphalen, Praxis der Schuldrechtsreform, 2. Auflage 2003; zitiert: Henssler/von Westphalen/*Bearbeiter*

Herrmann, BGB – Allgemeiner Teil, 1997

Hirsch, Der Allgemeine Teil des BGB, 5. Auflage 2004

v. Hoffmann, Internationales Privatrecht, 7. Auflage 2002

Hübner, Allgemeiner Teil des Bürgerlichen Gesetzbuches, 2. Auflage 1996

Jayme/Hausmann, Internationales Privat- und Verfahrensrecht (Textsammlung), 12. Auflage 2004

Junker, Internationales Privatrecht, 1998

Kegel/Schurig, Internationales Privatrecht, 9. Auflage 2004

Koch/Magnus/Winkler v. Mohrenfels, IPR und Rechtsvergleichung, 3. Auflage 2004

Köhler, BGB Allgemeiner Teil, 28. Auflage 2004

Kropholler, Internationales Privatrecht, 5. Auflage 2004

Kunz, Internationales Privatrecht, 4. Auflage 1998

Larenz/Wolf, Allgemeiner Teil des Bürgerlichen Rechts, 9. Auflage 2004

Leipold, BGB I, Einführung und Allgemeiner Teil, 3. Auflage 2004

Linke, Internationales Zivilprozessrecht, 3. Auflage 2001

Löwisch, Allgemeiner Teil des BGB, 7. Auflage 2004

Lüderitz, Internationales Privatrecht, 2. Auflage 1992

Medicus, Allgemeiner Teil des BGB, 8. Auflage 2002

Medicus, Bürgerliches Recht, 20. Auflage 2004; zitiert: *Medicus*, BR

Nagel/Gottwald, Internationales Zivilprozessrecht, 5. Auflage 2002

Oertmann, Bürgerliches Gesetzbuch, Allgemeiner Teil (Nachdruck der 3. Auflage 1927), 2002

Pawlowski, Allgemeiner Teil des BGB, 7. Auflage 2003

Raape, Internationales Privatrecht, 5. Auflage 1961

Raape/Sturm, Internationales Privatrecht, Band 1, 6. Auflage 1977

Rauscher, Internationales Privatrecht, 2. Auflage 2002

Rosenberg/Schwab/Gottwald, Zivilprozessrecht, 16. Auflage 2004

Rüthers/Stadler, Allgemeiner Teil des BGB, 13. Auflage 2003

Schack, BGB – Allgemeiner Teil, 10. Auflage 2004

Schack, Internationales Zivilverfahrensrecht, 3. Auflage 2002

Schloßhauer-Selbach, Internationales Privatrecht, 1989

Schnyder/Liatowitsch, Internationales Privat- und Zivilverfahrensrecht, 2000

Schotten, Das Internationale Privatrecht in der notariellen Praxis, 1995

Schwimann, Internationales Privatrecht, 3. Auflage 2001

Siehr, Internationales Privatrecht, 2001

v. Tuhr, Der Allgemeine Teil des deutschen bürgerlichen Rechts, Bd. 1: Allgemeine Lehren und Personenrecht, 1910 (Nachdruck 1957); zitiert: *v.Tuhr*, BGB AT Bd. 1

v. Tuhr, Der Allgemeine Teil des deutschen bürgerlichen Rechts, Bd. 2 (in zwei Teilbänden): Die rechtserheblichen Tatsachen, insbesondere das Rechtsgeschäft, 1914/1918 (Nachdruck 1957); zitiert: *v.Tuhr*, BGB AT Bd. 2

Formularbücher

Beck'sches Formularbuch Bürgerliches, Handels- und Wirtschaftsrecht, 8. Auflage 2003

Böhme/Fleck/Bayerlein/Kroiß, Formularsammlung für Rechtsprechung und Verwaltung, 16. Auflage 2003

Heidel/Pauly/Amend, AnwaltFormulare, Schriftsätze – Verträge – Erläuterungen, 4. Auflage 2003

Wurm/Wagner/Zartmann, Das Rechtsformularbuch, 14. Auflage 1998

Bürgerliches Gesetzbuch

Vom 18.8.1896, RGBl. S. 195
BGBl. III 400-2

In der Fassung der Bekanntmachung vom 2.1.2002, BGBl. I
S. 42, berichtigt S. 2909 und BGBl. I 2003 S. 738

Zuletzt geändert durch das Gesetz zur Anpassung von Verjährungsvorschriften an
das Gesetz zur Modernisierung des Schuldrechts vom 9.12.2004 (BGBl. I S. 3214)

Buch 1
Allgemeiner Teil

Abschnitt 1
Personen

Titel 1. Natürliche Personen, Verbraucher, Unternehmer

§ 1 Beginn der Rechtsfähigkeit

[1]Die Rechtsfähigkeit des Menschen beginnt mit der Vollendung der Geburt.

Literatur: *Augstein*, Das Transsexuellengesetz, StAZ 1981, 10; *Becker*, Das Transsexuellengesetz, ZfF 1981, 1; *Bentzien*, Gibt es eine zivilrechtliche Haftung für genetische Schäden?, VersR 1972, 1075; *Buschmann*, Zur Fortwirkung des Persönlichkeitsrechts nach dem Tode, NJW 1970, 2081; *Damm*, Persönlichkeitsschutz und medizinisch-technische Entwicklung, JZ 1998, 926; *Deutsch*, Das Transplantationsgesetz vom 5.11.1997, NJW 1998, 777; *Deynet*, Die Rechtsstellung des Nasciturus und der noch nicht erzeugten Personen im deutschen, französischen, englischen und schottischen bürgerlichen Recht, 1960; *Fabricius*, Relativität der Rechtsfähigkeit, 1963; *ders.*, Gedanken zur höchstrichterlichen Rechtsprechung betreffend den Nasciturus, FamRZ 1963, 403; *Fechner*, Nachtrag zu einer Abhandlung über Menschenwürde und generative Forschung und Technik, in: Günther/Keller (Hrsg.), Fortpflanzungsmedizin und Humangenetik – strafrechtliche Schranken?, 2. Auflage 1991; *Geilen*, Medizinischer Fortschritt und juristischer Todesbegriff, in: FS Heinitz 1972, S. 373; *ders.*, Der Deliktsschutz des Ungeborenen, JZ 1965, 593; *Heldrich*, Der Persönlichkeitsschutz Verstorbener, in: FS Lange 1970, S. 173; *Hubmann*, Das Persönlichkeitsrecht, 1967; *Keller*, Beginn und Stufungen des strafrechtlichen Lebensschutzes, in: Günther/Keller (Hrsg.), a.a.O.; *Klinge*, Todesbegriff, Todesschutz und Verfahren, 1996; *Knoll*, Arbeitsunfall einer Leibesfrucht?, JR 1960, 403; *Laufs*, Haftung für Nachkommenschaftsschäden nach § 823 BGB, NJW 1965, 1053; *Linck*, Vorschläge für ein Transplantationsgesetz, ZRP 1975, 249; *Löser*, Wirksamkeit der Änderung der Vornamen und Feststellung nach dem Transsexuellengesetz, StAZ 1985, 54; *Pfäfflin*, Fünf Jahre Transsexuellengesetz – eine Zwischenbilanz, StAZ 1986, 199; *Rohwer-Kahlmann*, Die Rechtsstellung des Nasciturus in der Unfallversicherung, JuS 1961, 285; *Sachs*, Altersgrenze für Vornamensänderung bei Transsexuellen (Anm. zu BVerfG vom 26.1.1993–1 BvL 38/92), JuS 1993, 862; *Saerbeck*, Beginn und Ende des Lebens als Rechtsbegriffe, 1974; *Schneider*, Zur Feststellung der Geschlechtszugehörigkeit nach dem Transsexuellengesetz, NJW 1992, 2940; *Schwerdtner*, Das Persönlichkeitsrecht in der deutschen Zivilrechtsordnung: Offene Probleme einer juristischen Entdeckung, 1976; *Seifert*, Postmortaler Schutz des Persönlichkeitsrechts und Schadensersatz – Zugleich ein Streifzug durch die Geschichte des allgemeinen Persönlichkeitsrechts, NJW 1999, 1889; *Selb*, Schädigung des Menschen vor der Geburt – Ein Problem der Rechtsfähigkeit?, AcP 166 (1966), 76; *Sigusch*, Medizinischer Kommentar zum Transsexuellengesetz, NJW 1980, 2740; *Stoll*, Deliktshaftung für vorgeburtliche Gesundheitsschäden, in: FS Nipperdey I 1965, S. 793; *Strätz*, Zivilrechtliche Aspekte der Rechtsstellung des Toten unter besonderer Berücksichtigung der Transplantationen, 1971; *Walter*, Organentnahme nach dem Transplantationsgesetz – Befugnisse der Angehörigen, FamRZ 1998, 201; *Weimar*, Haftpflichtansprüche des Kindes im Mutterleib?, MDR 1962, 780; *Westermann*, Das allgemeine Persönlichkeitsrecht nach dem Tode seines Trägers, FamRZ 1969, 561; *Wille/Kröhn*, Kleine und große Lösung im Transsexuellengesetz, ArztR 1981, 320.

A. Allgemeines 1	III. Teilrechtsfähigkeit 35
B. Regelungsgehalt 7	1. Der Nasciturus 37
I. Der Beginn der Rechtsfähigkeit 15	2. Der Nondum conceptus 47
II. Das Ende der Rechtsfähigkeit 20	3. Exkurs: Moderne Fortpflanzungsmedizin 54
1. Der Tod des Menschen 20	a) Künstliche Insemination 55
2. Todeserklärung nach Verschollenheit ... 28	b) Gametentransfer und künstliche Befruchtung 56
3. Die Rechtsstellung des Menschen nach dem Tode 31	c) Klonen 57

IV. Das Geschlecht 58
   1. Die Geschlechtszuordnung 58
   2. Transsexuelle 61
     a) Änderung der Feststellung der
        Geschlechtszugehörigkeit 63
     b) Namensänderung 69

A. Allgemeines

1 Adressaten von Rechtsnormen des BGB sind (in einem rechtstechnischen Sinne) **Rechtssubjekte** mit Rechten und Pflichten in Gestalt **natürlicher** (§§ 1–20 – mithin Menschen) oder **juristischer Personen** (§§ 21–89, d.h. Vereine, Stiftungen und juristische Personen des öffentlichen Rechts – als Zweckschöpfungen des Gesetzgebers),[1] deren gemeinsames Merkmal nach der Konzeption des BGB die **Rechtsfähigkeit** ist (vgl. aber auch die Rechtsfortbildung des BGH bei Personengesellschaften – so der BGB-Außengesellschaft –, nach der auch dieser [Teil-]Rechtsfähigkeit zugebilligt wird).[2]

2 Titel 1 des Abschnitts 1 (Personen) des ersten Buches des BGB (Allgemeiner Teil) ist überschrieben mit „Natürliche Personen, Verbraucher, Unternehmer". Unter einer **natürlichen Person** ist jeder Mensch zu verstehen. Die **Rechtspersönlichkeit des Menschen** wird vom BGB als Selbstverständlichkeit vorausgesetzt. Geregelt wird in § 1 nur, ab wann ein Mensch rechtsfähig ist (mithin der **Zeitpunkt des Beginns der Rechtsfähigkeit**) und damit als Person im Rechtssinne zu qualifizieren ist.[3]

3 Die Rechtsfähigkeit einer Person bestimmt sich international-privatrechtlich gemäß Art. 7 EGBGB grundsätzlich nach dem Recht des Staates, dem die Person angehört. Zur Frage der Anwendbarkeit von Art. 6 EGBGB für den Fall, dass das ausländische Recht einer natürlichen Person keine Rechtsfähigkeit zukommen lässt, siehe Rn 5.

4 Die Rechtsfähigkeit (Rn 12) als Frucht der Neuzeit (insbesondere der Aufklärung mit ihrem Naturrecht[4] sowie des deutschen Idealismus) und der Idee der Gleichheit aller[5] steht – ohne Unterschied, d.h. ohne Berücksichtigung von Abstammung, Beruf, Geschlecht, gesellschaftlicher Herkunft, Religion oder Weltanschauung[6] bzw. (deutscher) Staatsangehörigkeit, da die Rechtsfähigkeit dem Menschen nicht durch den Gesetzgeber, d.h. von der Rechtsordnung verliehen wird, sondern dem Gesetz vorgegeben ist[7] – **jedem geborenen und noch lebenden Menschen** zu (vgl. zur juristischen Person § 21) und kann diesem weder durch Gesetz[8] noch durch Urteil oder Verwaltungsakt aberkannt werden.[9] Ebenso wenig kann ein Mensch durch Vertrag oder Verzicht seine Rechtsfähigkeit aufgeben.[10] Die Rechtsfähigkeit ist mit dem Wesen der Person untrennbar verbunden.

5 Sollte die Rechtsnorm eines anderen Staates einer natürlichen Person die Rechtsfähigkeit verweigern (im Extremfall eine Form von Sklaverei anerkennen), verstieße diese nach Art. 6 S. 1 EGBGB wegen Unvereinbarkeit mit Art. 1 GG gegen die öffentliche Ordnung (*ordre public*), da sie „mit wesentlichen Grundsätzen des deutschen Rechts offensichtlich unvereinbar" wäre. Damit wäre die Norm im Inland unanwendbar.[11]

6 Mit In-Kraft-Treten des Grundgesetzes im Jahre 1949 entspricht § 1, der von der Rechtsfähigkeit aller Menschen ausgeht, auch Art. 1 GG (Schutz der Menschenwürde) und bildet die Grundlage für eine freie Entfaltung der Persönlichkeit nach Art. 2 Abs. 1 GG.[12] Die Anerkennung der Rechtsfähigkeit **aller** Menschen ist zugleich Ausprägung des Gleichheitssatzes nach Art. 3 GG. Eine Differenzierung in der Rechtsfähigkeit aufgrund einer nationalen deutschen gesetzlichen Regelung wäre wegen Verstoßes gegen den der „Ewigkeitsgarantie" des Art. 79 Abs. 3 GG unterfallenden Art. 1 GG verfassungswidrig.[13]

---

1 Bamberger/Roth/*Bamberger*, § 1 Rn 1.
2 BGHZ 146, 341; HK-BGB/*Dörner*, vor §§ 1–2 Rn 1; HK-BGB/*ders.*, vor §§ 21–89 Rn 6.
3 HK-BGB/*Dörner*, § 1 Rn 1.
4 Vgl. dazu *Christian Wolff*, Institutiones Juris Naturae et Gentium, 1750 – der Mensch als „persona moralis" und damit Subjekt bestimmter Rechte und Pflichten.
5 Bamberger/Roth/*Bamberger*, § 1 Rn 1.
6 MüKo/*Schmitt*, § 1 Rn 12 f.; Staudinger/*Habermann/Weick*, § 1 Rn 1.
7 Palandt/*Heinrichs*, vor § 1 Rn 1. Die Rechtsfähigkeit war bereits schon vor der Rechtsordnung da – so Bamberger/Roth/*Bamberger*, § 1 Rn 1: „Würde und Freiheit des Individuums sind nur gewährleistet, wenn die Person als Trägerin von Rechten und Pflichten anerkannt ist".
8 Arg.: Rechtsfähigkeit als Teil der durch Art. 1 GG geschützten Menschenwürde – so Erman/*Westermann*, vor § 1 Rn 1; MüKo/*Schmitt*, § 1 Rn 13.
9 MüKo/*Schmitt*, § 1 Rn 13; Soergel/*Fahse*, vor § 1 Rn 5.
10 Erman/*Westermann*, vor § 1 Rn 1; HK-BGB/*Dörner*, § 1 Rn 3; MüKo/*Schmitt*, § 1 Rn 13.
11 MüKo/*Schmitt*, § 1 Rn 13; Palandt/*Heinrichs*, § 1 Rn 1.
12 So zutreffend Bamberger/Roth/*Bamberger*, § 1 Rn 1.
13 Bamberger/Roth/*Bamberger*, § 1 Rn 2.

B. Regelungsgehalt

§ 1 regelt unmittelbar nur den **Zeitpunkt des Beginns der Rechtsfähigkeit** des Menschen (nicht hingegen deren Ende, dazu Rn 20 ff.): Sie beginnt mit der Vollendung der Geburt.

Die Rechtsfähigkeit des Menschen entfaltet (in begrenztem Umfang) allerdings auch schon Wirkungen auf die Zeit vor der Geburt (Rn 35 ff.) und nach dem Tod (Rn 31 ff.) – **Vor- und Nachwirkungen der Rechtsfähigkeit**.

Rechtsfähigkeit kommt außer dem Menschen auch **juristischen Personen** zu.

Teilrechtsfähigkeit ist sowohl der Leibesfrucht[14] (Nasciturus – Rn 37 ff.) als auch Personenvereinigungen des bürgerlichen Rechts (GbR nach §§ 705 ff. und nicht rechtsfähigen Vereinen gemäß § 54,[15] politischen Parteien und Gewerkschaften) und des Handelsrechts (vgl. § 124 HGB) zuzuerkennen.

Von der Rechtsfähigkeit zu unterscheiden ist die „besondere Rechtsfähigkeit im Hinblick auf den Erwerb bestimmter Einzelrechte", weil bestimmte Rechtsstellungen ein bestimmtes Alter, ein bestimmtes Geschlecht (dazu noch Rn 58 ff.) oder sonstige besondere Merkmale voraussetzen.[16]

Unter dem zentralen Begriff der „Rechtsfähigkeit" – den das BGB nicht definiert, sondern voraussetzt – ist in Abgrenzung zur **Handlungsfähigkeit** die Fähigkeit eines jeden Menschen zu verstehen, **Träger von Rechten und Pflichten** zu sein.[17] Handlungsfähigkeit als Fähigkeit, durch ein eigenes rechtlich relevantes Verhalten, sei es ein Tun oder ein Unterlassen, wirksam Rechte und Pflichten zu begründen,[18] setzt die Fähigkeit zur natürlichen Willensbildung voraus.[19] Die Handlungsfähigkeit kann grundsätzlich unterschieden werden in die **Geschäftsfähigkeit** (als Fähigkeit, allgemein zulässige Rechtsgeschäfte selbständig vorzunehmen, §§ 104 ff.) und die **Haftungs- oder Deliktsfähigkeit** (als Zurechnungsfähigkeit, §§ 827 f., vgl. zudem § 276 Abs. 1 S. 2).[20] Die gesetzliche Regelung geht als Normalfall vom Bestehen der Geschäfts- und Deliktsfähigkeit aus und normiert nur, wann diese Fähigkeit im Einzelnen fehlt.

Prozessuales Gegenstück zur Rechtsfähigkeit ist die **Parteifähigkeit** (§ 50 Abs. 1 ZPO), mithin die Fähigkeit, in einem Rechtsstreit Prozesspartei, d.h. Subjekt eines Prozessrechtsverhältnisses, zu sein. Parteifähig ist, wer rechtsfähig ist, mit der Ausnahme nach § 50 Abs. 2 ZPO, der die passive Parteifähigkeit auch dem nicht rechtsfähigen Verein zubilligt.[21]

Weiterhin ist von der Rechtsfähigkeit zu unterscheiden die **Beteiligtenfähigkeit** (als Fähigkeit im Verwaltungs- und Steuerrecht, Verfahrenshandlungen gegenüber Behörden vorzunehmen – z.B. § 11 VwVfG, § 61 VwGO bzw. § 78 AO) sowie die **Prozessfähigkeit** (als Fähigkeit, Prozesshandlungen selbst oder durch selbst bestellte Vertreter wirksam vorzunehmen oder entgegenzunehmen – §§ 51 f. ZPO) und die **Postulationsfähigkeit** (Verhandlungsfähigkeit als Fähigkeit einer Partei, im Prozess in rechtlich erheblicher Form zu handeln).

---

14 Für eine beschränkte (Teil-)Rechtsfähigkeit große Teile der Literatur, vgl. etwa: *Enneccerus/Nipperdey*, BGBAT Bd. 2, § 84 II 3; *Fabricius*, FamRZ 1963, 403, 410 – siehe auch BVerwG NJW 1962, 1459; a.A. hingegen BSG NJW 1963, 1078, 1079; *Erman/Westermann*, § 1 Rn 2. Vom BGH offen gelassen, vgl. BGHZ 8, 234, 248 ff. = NJW 1953, 417; BGHZ 58, 48, 50 = NJW 1972, 1121. Vgl. aber auch BVerfG NJW 1975, 537, das ungeborenes menschliches Leben dem Schutz des Art. 2 Abs. 2 S. 1 GG unterstellt.

15 Der BGB-Außengesellschaft und dem nicht rechtsfähigen Verein (dazu Musielak/*Weth*, ZPO, § 50 Rn 29) kommt insoweit Rechtsfähigkeit zu, als sie durch Teilnahme am Rechtsverkehr eigene Rechte und Pflichten begründen können, wobei ihnen in diesem Rahmen zivilprozessual auch aktive und passive Parteifähigkeit zukommt, vgl. BGHZ 146, 344 = NJW 2001, 1056.

16 Palandt/*Heinrichs*, vor § 1 Rn 2.

17 Erman/*Westermann*, vor § 1 Rn 1; *Larenz/Wolf*, BGB AT, § 6 Rn 6; *Medicus*, BGB AT, Rn 1039; MüKo/*Schmitt*, § 1 Rn 6; Palandt/*Heinrichs*, vor § 1 Rn 1; Soergel/*Fahse*, vor § 1 Rn 1; Staudinger/*Habermann/Weick*, § 1 Rn 1; a.A. bspw. *Fabricius*, Relativität der Rechtsfähigkeit, 1963, S. 31 ff. und 43 ff.: Rechtsfähigkeit verstanden als die Fähigkeit des Zuordnungssubjekts, sich rechtserheblich zu verhalten (juristisches Verhaltensvermögen – Verbindung von Rechts- und Handlungsfähigkeit).

18 Palandt/*Heinrichs*, vor § 1 Rn 3; Staudinger/*Habermann/Weick*, § 1 Rn 2.

19 Bamberger/Roth/*Bamberger*, § 1 Rn 10: weshalb die Handlungsfähigkeit sowohl einem mündigen Kind auch einer juristischen Person als solcher fehlt (die nur mittels ihrer Organe, mithin natürlicher Personen, handeln kann).

20 MüKo/*Schmitt*, § 1 Rn 10.

21 Auch die OHG und die KG (§ 124 HGB – i.V.m. § 161 Abs. 2 HGB), politische Parteien (§ 3 PartG) und Gewerkschaften sind (passiv) parteifähig, obgleich sie nicht voll rechtsfähig sind (Bamberger/Roth/*Bamberger*, § 1 Rn 11), gleichermaßen die Vor-GmbH, die sowohl aktiv wie passiv parteifähig ist, BGH NJW 1998, 1079, 1080.

I. Der Beginn der Rechtsfähigkeit

15 Die Rechtsfähigkeit beginnt mit der **Vollendung der Geburt**.[22] Darunter ist der vollständige Austritt eines lebenden Kindes aus dem Mutterleib (i.S. einer auf natürlichem oder künstlichem Wege herbeigeführten Trennung) zu verstehen,[23] nachdem der historische Gesetzgeber der Ansicht war, dass „die Rechtspersönlichkeit ... ein selbständiges von dem Mutterleibe getrenntes Dasein" voraussetzt.[24] Diesen Zeitpunkt des Beginns der Rechtsfähigkeit eröffnet dem Menschen relativ früh die Rechtsfähigkeit und ist verhältnismäßig einfach feststellbar.[25]

16 Zur Einräumung von Rechtspositionen durch Sondervorschriften bereits in einem vorgelagerten Zeitpunkt zugunsten des gezeugten, aber noch nicht geborenen Kindes (Nasciturus) siehe Rn 37 ff. sowie des noch nicht gezeugten Kindes (Nondum conceptus) siehe Rn 47 ff.

17 Alleinige Voraussetzung für die Rechtsfähigkeit ist, dass das Kind mit Vollendung der Geburt, d.h. im Zeitpunkt der Trennung vom Mutterleib – und wenn auch nur für kurze Zeit, da es auf eine generelle Lebensfähigkeit des Kindes nach allgemeiner Ansicht **nicht** ankommt[26] – **gelebt** hat i.S. des Nachweises auch nur einer sicheren Lebensfunktion.[27] Es kommt also nicht auf das Gewicht des Kindes an – auch Frühgeburten sind rechtsfähig.[28]

18 Fehlt es gänzlich an einer der Lebensfunktionen, handelt es sich um eine **Totgeburt**, sofern das Kind vor (d.h. während der Schwangerschaft) oder während der Geburt stirbt und mehr als 500 Gramm wiegt. Bei einem geringeren Gewicht spricht § 29 Abs. 2 und 3 der AVO zum PStG von einer **Fehlgeburt**.

19 **Beweislastpflichtig** für die Tatsache einer Lebendgeburt ist derjenige, der daraus Rechte herleitet. Eine gesetzliche Vermutung besteht nicht.[29] Die Personenstandsbücher nach dem PStG – insbesondere das **Geburtenbuch** (in das jede Geburt einschließlich ihres Zeitpunkts nach § 21 Abs. 1 Nr. 2 PStG einzutragen ist) – erleichtern jedoch den Beweis, dass eine Person nach Vollendung der Geburt (noch) gelebt hat. Die Beweiserleichterung nach den §§ 60, 21 PStG (ebenso beglaubigte Abschriften nach den §§ 66, 61a, 60 PStG) durch das Geburtenbuch (Lebendgeburt) ist allerdings dem Gegenbeweis (Nachweis der Unrichtigkeit) zugänglich[30] – ebenso wie ein Eintrag im **Sterbebuch** nach § 21 Abs. 2 PStG, dass ein Kind tot geboren oder in (während) der Geburt verstorben ist. Eine Berichtigung der Eintragung in Personenstandsbüchern (sowie in entsprechenden Urkunden) ist nach Maßgabe der §§ 46a ff. PStG zulässig.

II. Das Ende der Rechtsfähigkeit

20 **1. Der Tod des Menschen.** Die Rechtsfähigkeit jedes Menschen endet (ohne dass dies ausdrücklich im BGB eine Regelung erfahren hat)[31] mit dem **Tod** (Erbfall i.S.v. § 1922 Abs. 1, mit dem alle Rechte und Rechtsgüter des Verstorbenen im Rahmen einer Universalsukzession auf den oder die Erben als neue[n] Berechtigte[n] übergehen und von diesem/diesen geltend gemacht werden können – da dem BGB der „bürgerliche Tod", bspw. durch den Eintritt in ein Kloster, unbekannt ist).[32] Die Rechtsfolge, dass mit dem

---

[22] Wohingegen das Strafrecht auf den Beginn der Geburt abstellt, vgl. § 217 StGB, wodurch menschliches Leben auch schon während des Geburtsvorgangs strafrechtlich geschützt ist, vgl. BGHSt 10, 291, 292.

[23] Staudinger/Habermann/Weick, § 1 Rn 4 f.; eine vorausgegangene Lösung von der Nabelschnur wird nicht verlangt, Motive I, S. 28. Nicht verlangt wird gleichermaßen die Austreibung der Nachgeburt – so MüKo/Schmitt, § 1 Rn 15.

[24] Motive I, S. 28.

[25] MüKo/Schmitt, § 1 Rn 2; Palandt/Heinrichs, § 1 Rn 2; Staudinger/Habermann/Weick, § 1 Rn 5.

[26] LSG Niedersachsen NJW 1987, 2328. Vgl. auch Palandt/Heinrichs, § 1 Rn 2, womit selbstverständlich auch Missbildungen der Rechtsfähigkeit nicht entgegenstehen; Motive I, S. 28 f.: abnorm gebildete oder missgebildete menschliche Wesen.

[27] MüKo/Schmitt, § 1 Rn 16: geführt durch den Nachweis von Hirnströmen (oder jeder anderen sicheren Lebensfunktion, Erman/Westermann, § 1 Rn 1; Staudinger/Habermann/Weick, § 1 Rn 7); ebenso Soergel/Fahse, § 1 Rn 10. Entgegen § 29 Abs. 1 AVO des PStG v. 25.2.1977 (BGBl I S. 377) – entsprechend einer Empfehlung der WHO aus dem Jahre 1974, wonach eine Lebendgeburt alternativ entweder einen Herzschlag des Kindes nach der Trennung vom Mutterleib, ein Pulsieren der Nabelschnur oder das Einsetzen der natürlichen Lungenatmung als Lebensäußerungen voraussetzt. Insoweit kommt einer von § 1 abweichenden Personenstandsbucheintragung lediglich Beweisfunktion zu – der Nachweis der Unrichtigkeit bleibt möglich (was insbesondere im Falle des Todes der Mutter bei der Geburt bedeutsam wird, da diese dann vom Kind beerbt wurde, sofern keine anderweitige testamentarische Vereinbarung getroffen worden ist), so zutreffend MüKo/Schmitt, § 1 Rn 16.

[28] Bamberger/Roth/Bamberger, § 1 Rn 13.

[29] Bamberger/Roth/Bamberger, § 1 Rn 15.

[30] MüKo/Schmitt, § 1 Rn 16; Palandt/Heinrichs, § 1 Rn 2.

[31] Da dem historischen Gesetzgeber der Zeitpunkt des Todes selbstverständlich erschien und dessen Feststellung zu Beginn des 20. Jahrhunderts noch als unproblematisch erachtet wurde, MüKo/Schmitt, § 1 Rn 3. Vgl. aber auch Prot. VIII, S. 110: der Entwurfszusatz „und endigt mit dem Tode" wurde als überflüssig qualifiziert und gestrichen.

[32] Palandt/Heinrichs, § 1 Rn 3.

Beginn der Rechtsfähigkeit § 1

Tod einer Person deren Vermögen auf einen anderen (den Erben) übergeht, beruht auf dem Umstand, dass der Tod die Rechtsfähigkeit des ursprünglichen Vermögensträgers beendet hat[33] (zur Anerkennung einer postmortalen Teilrechtsfähigkeit noch Rn 31 ff.).

Umstritten ist in diesem Kontext die Frage nach dem **maßgeblichen Zeitpunkt des Todes,** der im BGB nicht näher behandelt wird, weil der historische Gesetzgeber diesen als wissenschaftlich feststehend und damit nicht für regelungsbedürftig erachtet hat.[34] 21

Ist dabei auf den **Herztod** oder auf den **(Gesamt-)Hirntod** abzustellen?[35] Der Herztod entspricht dem klassischen Todesbegriff (sog. **klinischer Tod**) i.S. eines Herz-, Kreislauf- und Atemstillstands. Der Hirntod meint den irreversiblen Funktionsverlust des Gehirns ohne Reanimationsmöglichkeit.[36] Diese Frage stellt sich aufgrund des medizinischen Fortschritts auch der Transplantationsmedizin, welche die Aufrechterhaltung einzelner Körperfunktionen trotz Funktionsunfähigkeit lebenswichtiger Organe mittels Einsatzes von Herz-Lungen-Maschinen u.Ä. im Rahmen einer Reanimation ermöglicht, aber auch aufgrund neuerer Erkenntnisse der Wissenschaft, die den Tod nicht als punktuelles Ereignis, sondern als Ende eines Sterbeprozesses qualifiziert.[37] Bedeutung kommt der Beantwortung dieser Frage neben den Auswirkungen für die Erbfolge vor allem im Kontext mit Organentnahmen zu Transplantationszwecken zu. 22

Die heute **herrschende Ansicht**[38] plädiert zu Recht im Falle eines Auseinanderfallens beider Zeitpunkte, weil bspw. nach Eintritt des Hirntods (mithin dem Ende der Gehirntätigkeit) eine Herz-Lungen-Maschine eingesetzt wird (die Atmung und Kreislauf ggf. noch für längere Zeit künstlich aufrechterhält), im Interesse der Rechtssicherheit für die **Maßgeblichkeit des Hirntodes**,[39] d.h. den Zeitpunkt, zu dem die Hirnstromkurve des Elektroenzephalogramms (EEG) eine Nulllinie verzeichnet, mithin keine Hirnströme mehr feststellbar sind im Hinblick auf die Rechtsfähigkeit des Sterbenden (mit korrespondierendem Eintritt des Erbfalls). Der Mensch ist nach Ausfall der Hirnfunktionen tot, d.h., wenn die Gesamtfunktion des Großhirns, des Kleinhirns und des Gehirnstammes endgültig und nicht mehr behebbar ausgefallen ist,[40] also eine Wiedererlangung des Bewusstseins ausgeschlossen ist. 23

Dem **entsprechen** die **Vorgaben des Transplantationsgesetzes** (TPG) vom 5.11.1997,[41] nach dessen § 3 Abs. 2 Nr. 2 eine Organentnahme unzulässig ist, wenn nicht vor der Entnahme beim Organspender der endgültige, nicht behebbare Ausfall der Gesamtfunktion des Großhirns, des Kleinhirns und des Hirnstammes (**Gesamthirntodkriterien**) nach Verfahrensregeln festgestellt wurde, die dem „Stand der Erkenntnisse der medizinischen Wissenschaft" entsprechen. Die entsprechenden Feststellungen sind nach § 5 Abs. 1 TPG (Nachweisverfahren) durch jeweils zwei dafür qualifizierte Ärzte zu treffen, die den Organspender unabhängig voneinander untersucht haben – wenn auch die Untersuchung und Feststellung durch nur einen Arzt dann ausreicht, wenn der endgültige, nicht behebbare Stillstand von Herz und Kreislauf eingetreten ist und seitdem mehr als drei Stunden vergangen sind. 24

Vor diesem Hintergrund erscheint es angemessen, die Vorgaben des TPG (Rn 24) auch im Hinblick auf die **Bestimmung des Todeszeitpunkts** heranzuziehen.[42] 25

Der Eintrag im Sterbebuch (bzw. daraus erteilte beglaubigte Abschriften oder Auszüge aus dem Familienbuch) erbringt (widerleglich) Beweis dafür, dass eine bestimmte eingetragene Person an einem bestimmten Ort und zu einem bestimmten Zeitpunkt verstorben ist[43] (§§ 60, 66, 61a PStG). 26

---

33 *Medicus*, BGB AT, Rn 1051 – wenngleich Nicht-Vermögensrechte ggf. auch noch über den Tod hinaus fortbestehen können, vgl. etwa BGHZ 50, 133 = NJW 1958, 1773 – Mephisto; BGHZ 107, 384 – Emil Nolde. Zudem *Kehl*, Die Rechte der Toten, 1991.
34 Palandt/*Heinrichs*, § 1 Rn 3.
35 HK-BGB/*Dörner*, § 1 Rn 5.
36 So BayObLGZ 99, 5; OLG Köln NJW-RR 1992, 1481; OLG Frankfurt NJW 1997, 3099; zudem *Henn*, JZ 1996, 213; *Walter*, FamRZ 1998, 201, 205; *Weber/Lejeune*, NJW 1994, 2393. Krit. hingegen *Bavastro*, ZRP 1999, 114.
37 MüKo/*Schmitt*, § 1 Rn 20 f.
38 OLG Köln NJW-RR 1992, 1481, 1482; zudem HK-BGB/*Dörner*, § 1 Rn 5; *Hoerster*, JuS 1995, 192; MüKo/*Schmitt*, § 1 Rn 21 f.
39 Ebenso MüKo/*Leipold*, § 1922 Rn 12; *Medicus*, BGB AT, Rn 1052.
40 OLG Köln NJW-RR 1992, 1480; OLG Frankfurt NJW 1997, 3099; BayObLG NJW-RR 1999, 1309; *Geilen*, JZ 1971, 42; MüKo/*Schmitt*, § 1 Rn 21; Palandt/*Heinrichs*, § 1 Rn 3; Staudinger/*Weick/Habermann*, Vorbem. zu § 1 BGB VerschG Rn 7.
41 BGBl I S. 2631; dazu näher *Deutsch*, NJW 1998, 777.
42 Ebenso MüKo/*Schmitt*, § 1 Rn 22; a.A. Erman/*Westermann*, § 1 Rn 5, der für eine differenzierende Lösung plädiert, die für die Erbfolge andere Kriterien heranzieht als für Tatbestände, für die der Tod die rechtfertigende Voraussetzung für Handlungen oder Unterlassungen darstellt.
43 Allerdings ist eine neu eingegangene Ehe auch gegenüber dem gutgläubigen Ehepartner nach einem zu Unrecht angenommenen und im Sterbebuch eingetragenen Tod des anderen Ehegatten nicht geschützt, wenn sich nachträglich die Unrichtigkeit der Eintragung herausstellt (§§ 1306, 1316, Art. 3 § 1 VerschÄndG), Bamberger/Roth/*Bamberger*, § 1 Rn 17.

27 Zum rechtlichen Status einer **Leiche** vgl. § 90 Rn 39 ff.

28 **2. Todeserklärung nach Verschollenheit.** Eine Person, deren Aufenthalt (insbesondere in Kriegszeiten oder nach schweren Unglücksfällen) während längerer Zeit unbekannt ist, ohne dass Nachrichten darüber vorliegen, dass sie in dieser Zeit noch gelebt hat oder gestorben ist, und an deren Fortleben ernstliche Zweifel bestehen (**Fall der Verschollenheit** i.S.v. von § 1 Abs. 1 VerschG), kann nach Maßgabe der §§ 2 ff. VerschG auf Antrag des Staatsanwalts, des gesetzlichen Vertreters, des Ehegatten, der Abkömmlinge und Eltern des Verschollenen bzw. eines jeden, der ein rechtliches Interesse an der Todeserklärung hat (§ 16 VerschG), „für tot erklärt werden" (**Todeserklärung** als gerichtliche Feststellung des Todes und des Todeszeitpunkts). Das Verschollenheitsgesetz[44] differenziert zwischen Kriegsverschollenheit (§ 4), Seeverschollenheit (§ 5), Luftverschollenheit (§ 6) und Fällen der Lebensgefahr (§ 7).

29 Die §§ 39 ff. VerschG eröffnen die Möglichkeit, den **Todeszeitpunkt** gerichtlich feststellen zu lassen, wenn nach allgemeiner Lebenserfahrung vom Tod eines Menschen auszugehen ist, ohne dass dessen Tod (bislang) standesamtlich beurkundet wurde.

30 Die gerichtliche **Todeserklärung**, der ein Aufgebotsverfahren vorauszugehen hat, begründet nach § 9 Abs. 1 S. 1 VerschG lediglich eine (widerlegbare) Vermutung[45] dafür, dass die Person tot und zu einem bestimmten Zeitpunkt gestorben ist (und umgekehrt, dass der für tot Erklärte bis zu dem festgestellten Zeitpunkt gelebt hat, §§ 10, 11 VerschG). Sie hat als rechtliche Vermutung jedoch für die Frage des Todeszeitpunkts im Hinblick auf die Rechtsfähigkeit nach § 1 keinen Einfluss.[46] Die Todeserklärung vermag also die Rechtsfähigkeit nicht zu beenden (**kein Rechtsverlust** durch die Todeserklärung). Dies bedeutet, dass nach einer Wiederkehr des „Verschollenen" dieser voll in seine Rechte wiedereintritt, womit eine Erbfolge nicht stattgefunden hat.[47]

31 **3. Die Rechtsstellung des Menschen nach dem Tode.** Fraglich ist, ob dem Menschen – dessen Rechtsfähigkeit mit dem Tod endet (Rn 20 ff.) – im Nachgang noch eine beschränkte Rechtsfähigkeit (postmortale **Teilrechtsfähigkeit**)[48] zuzuerkennen ist. Diese Fragestellung hat insbesondere im Kontext mit dem Persönlichkeitsschutz (immaterielle Ausstrahlungen des allgemeinen Persönlichkeitsrechts über den Tod hinaus) Bedeutung.

32 Die verfassungsrechtliche Wertordnung des Grundgesetzes gebietet – so der BGH[49] – dass nach dem Tode einer Person auch das durch ihre Leistungen erworbene und teilweise viel nachhaltiger im Gedächtnis der Nachwelt fortlebende Ansehen Eingriffen Dritter nicht schutzlos preisgegeben werden darf. Wenn auch Art. 1 Abs. 1 und Art. 2 Abs. 1 GG vorwiegend den Schutz von Persönlichkeitsbelangen des in der Rechtsgemeinschaft noch tätigen Bürgers gewährleisten wollen, besteht kein Anlass – entgegen den Anschauungen unseres Kulturkreises –, die Schutzgarantie für die Menschenwürde, die auch im Tode unantastbar bleibt, für Verstorbene entfallen zu lassen. Da die Wertentscheidung des Grundgesetzgebers im Grundrechtekatalog zugunsten eines umfassenden Schutzes der Menschenwürde keine zeitliche Begrenzung auf das Leben des Menschen erkennen lässt, ist nicht einzusehen, warum der Schutz des **allgemeinen Persönlichkeitsrechts**, das die höchstrichterliche Rechtsprechung als „sonstiges Recht" i.S.v. § 823 Abs. 1 anerkannt hat,[50] zwangsläufig mit dem Tod sein Ende finden sollte. Vielmehr ist nach Anerkennung des allgemeinen Persönlichkeitsrechts (zu Lebzeiten) dieses auch nach dem Tode seines Inhabers von den Rechtsgenossen zu achten (wodurch eine Verunglimpfung des Verstorbenen bzw. eine Entstellung seines Persönlichkeits- und Lebensbildes verhindert wird), da anderenfalls die Wertentscheidung des Grundgesetzes nicht ausreichend zur Geltung käme[51] (Kontinuität des allgemeinen Persönlichkeitsrechts bzw. einiger

---

44 Vom 15.1.1951 (BGBl I S. 59).
45 Beweispflichtig ist, wer sich darauf beruft, eine Person lebe noch oder sei zu einem anderen Zeitpunkt gestorben: Bamberger/Roth/*Bamberger*, § 1 Rn 18.
46 Palandt/*Heinrichs*, § 1 Rn 4.
47 Bamberger/Roth/*Bamberger*, § 1 Rn 18 – wobei für die familienrechtlichen Verhältnisse etwas anderes gilt.
48 So MüKo/*Schmitt*, § 1 Rn 55; a.A. hingegen Bamberger/Roth/*Bamberger*, § 1 Rn 33: „Die Annahme einer Rechtsfähigkeit ohne Person ist künstlich".
49 BGHZ 50, 133, 138.
50 Entwickelt aus Art. 1 Abs. 1 i.V.m. Art. 2 Abs. 1 GG, vgl. BGHZ 50, 133 = NJW 1958, 1773 – Mephisto; BGHZ 30, 7 = NJW 1969, 1269 – Catarina Valente; BGHZ 26, 349 = NJW 1958, 827 – Herrenreiter.
51 So BGHZ 50, 133, 139.

Beginn der Rechtsfähigkeit § 1

seiner Ausgestaltungen über den Tod hinaus:[52] sog. **postmortales Persönlichkeitsrecht**, dazu näher § 12 Rn 128 ff.).

Das Persönlichkeitsrecht des Verstorbenen zeitigt also auch über den Tod hinaus **Nachwirkungen** (Ausstrahlungen des allgemeinen Persönlichkeitsrechts) und zwar zum einen im Hinblick auf einen Schutz des Verstorbenen in seinem Ansehen und seiner Ehre (gegen Entstellungen und Verunglimpfungen) und zum anderen gegen einen Missbrauch (bspw. den unbefugten Gebrauch von Eigenschaften des Verstorbenen).[53]   33

Zur Wahrnehmung der Schutzrechte des Verstorbenen ist derjenige als **Sachwalter** berechtigt, dem der Verstorbene zu Lebzeiten (durch Willenserklärung, weshalb Geschäftsfähigkeit des Auftraggebers erforderlich ist)[54] oder durch letztwillige Verfügung dieses Recht übertragen hat.[55] Ist keine ausdrückliche Beauftragung erfolgt, werden die Rechte (subsidiär) von den nächsten Angehörigen[56] oder dem Verstorbenen sonstwie in besonderer Verbundenheit nahe stehende Personen wahrgenommen. Der Sachwalter hat die Schutzrechte des Verstorbenen nach dessen erkennbarem oder mutmaßlichem Willen auszuüben. Ist ein ausdrücklicher oder mutmaßlicher Wille des Verstorbenen nicht feststellbar, haben die Sachwalter nach pflichtgemäßem Ermessen[57] zu handeln – was gleichermaßen für das Totensorgerecht (§ 90 BGB Rn 46 ff.) gilt.[58]   34

III. Teilrechtsfähigkeit

Das BGB räumt auch dem Nasciturus (d.h. dem gezeugten, aber noch nicht geborenen Kind, Rn 37 ff.) – ja selbst dem Nondum conceptus (mithin dem noch nicht gezeugten Kind, Rn 47 ff.) – gewisse Rechtspositionen ein (weshalb die h.M. in der Literatur eine **partielle Rechtsfähigkeit** bzw. **Teilrechtsfähigkeit** bejaht).[59] Daraus folgt, dass der Nasciturus vor seiner Geburt zwar berechtigt, nicht aber verpflichtet werden kann, weshalb der Abschluss eines ihn (auch) verpflichtenden Vertrags unzulässig ist.[60] Der Nasciturus ist zur Geltendmachung dieser Rechte auch bereits schon (beschränkt) **parteifähig**,[61] wenngleich zunächst die Eltern (§ 1912 Abs. 2 i.V.m. §§ 1626 ff.) bzw. ein Pfleger (§ 1912 Abs. 1)[62] für ihn handeln.[63]   35

Voraussetzung für den endgültigen Rechtserwerb ist die spätere Lebendgeburt.[64]   36

---

52 Zur dogmatischen Konstruktion näher MüKo/*Schmitt*, § 1 Rn 51 ff., der von einer der pränatalen Teilrechtsfähigkeit vergleichbaren postmortalen Teilrechtsfähigkeit des Verstorbenen im Hinblick auf das allgemeine Persönlichkeitsrecht ausgeht, wobei die daraus resultierenden Rechte des Toten entweder durch die vom Verstorbenen zu Lebzeiten selbst dazu berufenen Personen oder die nächsten Anverwandten ausgeübt werden (MüKo/*Schmitt*, § 1 Rn 55); a.A. *Westermann* (FamRZ 1969, 561): Verletzung der Angehörigen in ihrem (eigenen) Recht auf Totengedenken; bzw. BGHZ 15, 249, 259: subjektloses Recht; oder *Heldrich* (Das Persönlichkeitsrecht Verstorbener, in: FS Lange 1970, S. 163, 170 f.): die Anerkennung der Angehörigen oder anderer vom Verstorbenen zu Lebzeiten berufener Personen als treuhänderische Träger des Persönlichkeitsrechts.
53 Bamberger/Roth/*Bamberger*, § 1 Rn 34.
54 Bamberger/Roth/*Bamberger*, § 1 Rn 36.
55 MüKo/*Schmitt*, § 1 Rn 55; Staudinger/*Habermann*/*Weick*, Vorbem. zu § 1 Rn 29.
56 Vgl. BGHZ 50, 133, 137 = NJW 1968, 1773; BGH NJW 1974, 1371; MüKo/*Schmitt*, § 1 Rn 55; Staudinger/*Habermann*/*Weick*, Vorbem. zu § 1 Rn 29.
57 Bamberger/Roth/*Bamberger*, § 1 Rn 36.
58 KG FamRZ 1967, 414, 415; OLG Frankfurt NJW-RR 1989, 1159, 1160; AG Grevenbroich NJW 1998, 2063.
59 Umstritten – so aber Palandt/*Heinrichs*, § 1 Rn 7; Soergel/*Fahse*, § 1 Rn 13; Staudinger/*Habermann*/*Weick*, § 1 Rn 15; MüKo/*Schmitt*, § 1 Rn 31; a.A. OLG Hamm VersR 1973, 810, 811. Von BGHZ 58, 48, 50 offen gelassen.
60 So zutr. Bamberger/Roth/*Bamberger*, § 1 Rn 21; a.A. OLG Celle VersR 1955, 408: Dienstvertrag zwischen einem ungeborenen Kind und dem Krankenhaus, in das die schwangere Mutter eingeliefert wird.
61 RGZ 66, 277, 281; MüKo/*Schmitt*, § 1 Rn 33 (arg.: Bindung der Parteifähigkeit an die Rechtsfähigkeit, § 50 Abs. 1 ZPO bzw. § 1615o, s. Rn 13).
62 OLG Schleswig NJW 2000, 1271.
63 HK-BGB/*Dörner*, § 1 Rn 4. Daher ist ein Rechtserwerb bereits durch den Nasciturus möglich, MüKo/*Schmitt*, § 1 Rn 33, ebenso Schenkungen durch Vertrag, Staudinger/*Habermann*/*Weick*, § 1 Rn 16, Bestellung von Hypotheken zugunsten des Nasciturus, RGZ 61, 355; 65, 277 (bereits für den Nondum conceptus) oder die Einleitung eines Zwangsversteigerungsverfahrens bzw. die Erhebung einer Drittwiderspruchsklage nach § 771 ZPO für den Nasciturus, RGZ 65, 277. Die Leibesfrucht kann weiterhin nach § 1594 Abs. 4 anerkannt werden, OLG Karlsruhe OLGZ 75, 77, und bereits eine Vaterschaftsfeststellung betreiben, OLG Schleswig NJW 2000, 1271.
64 Palandt/*Heinrichs*, § 1 Rn 7.

37 1. Der Nasciturus. Der Nasciturus, d.h. die gezeugte (Zeitpunkt der Erzeugung ist spätestens die Nidation des Eies in der Gebärmutter,[65] was gleichermaßen für eine In-vitro-Fertilisation gilt),[66] aber noch nicht geborene Leibesfrucht, ist nach der Definition des § 1 zwar nicht (voll) rechtsfähig, gleichwohl werden ihm unter der Voraussetzung seiner späteren Lebendgeburt bereits in einer Reihe von Vorschriften Rechtspositionen zugewiesen:[67]

- § 331 Abs. 2: Rechtliche Zulässigkeit eines Vertrags, in dem eine Leistung zugunsten des Nasciturus versprochen wird (Vertrag zugunsten Dritter). Der Nasciturus kann auch durch einen Vertrag mit Schutzwirkung zugunsten Dritter begünstigt sein – weshalb keine Bedenken bestehen, „von Fall zu Fall im Wege der Rechtsanalogie zu den bestehenden Vorschriften dem ungeborenen Kind auch für weiter gehende Bereiche partieller Rechtsträgerschaft in der Form partieller Grundrechtsfähigkeit und Teilrechtsfähigkeit zuzuerkennen".[68]
- § 844 Abs. 2 S. 2: Wegen schuldhafter Tötung eines Unterhaltsverpflichteten können dem Nasciturus Ersatzansprüche gegen den Verletzer zustehen.
- §§ 1592 Nr. 2, 1600 lit. b Abs. 2: Anerkennung der Vaterschaft gegenüber dem Nasciturus.
- § 1615 lit. o Abs. 1 S. 2: Zur Sicherung eines künftigen Unterhaltsanspruchs kann auch schon vor der Geburt eine einstweilige Verfügung erwirkt werden.
- § 1714: Beistandschaft zur Sicherstellung der Vaterschaftsfeststellung.
- § 1923 Abs. 2: Der Nasciturus kann Erbe (bzw. Miterbe) sein – auch Nacherbe (§ 2108) oder Vermächtnisnehmer (§ 2178). Nach § 2043 ist aber eine Auseinandersetzung der Erbengemeinschaft (soweit die Erbanteile unbestimmt sind) bis zur Geburt ausgeschlossen. Eine pränatale Erbschaftsausschlagung ist (anders als eine Erbschaftsannahme) zulässig.[69]

38 Auch außerhalb im BGB finden sich eine Reihe weiterer Rechte des Nasciturus – bspw. weitere Ersatzansprüche im Falle einer Tötung des Unterhaltsverpflichteten (nach § 10 Abs. 2 S. 2 StVG, § 35 Abs. 2 S. 2 LuftVG, § 5 Abs. 2 S. 2 HaftPflichtG bzw. § 28 Abs. 2 S. 2 AtomG) oder die Gleichstellung des Nasciturus mit einem Versicherten (§ 12 SGB VII) im Rahmen der gesetzlichen Unfallversicherung im Falle einer gesundheitlichen Schädigung infolge eines Versicherungsfalls der Mutter während der Schwangerschaft. Die Judikatur wendet auch sonstige versorgungs- und entschädigungsrechtliche Vorschriften – wie § 1 BVG,[70] §§ 11 f. LAG[71] bzw. § 1 Abs. 3 Nr. 3 und 4 BEG[72] – **analog** auf das zum maßgeblichen Zeitpunkt bereits erzeugte, aber noch nicht geborene Kind an. Andererseits wird der Nasciturus noch nicht als Familienmitglied i.S.v. § 4 Abs. 1 WohngeldG anerkannt.[73] Gleichermaßen soll eine analoge Anwendung des § 16 Abs. 2 AKB nicht in Betracht kommen.[74]

39 Daneben kommt dem Nasciturus auch eine (**partielle**) **Grundrechtsfähigkeit** zu.[75] Das Grundgesetz verpflichtet nämlich den Staat, menschliches Leben zu schützen, auch das ungeborene (unmittelbar ab der Nidation), da es sich dann bereits um individuelles in seiner genetischen Identität und damit Einmaligkeit und Unverwechselbarkeit festgelegtes und nicht mehr teilbares Leben handelt.[76] Diese Schutzpflicht resultiert aus dem Schutz der Menschenwürde nach Art. 1 Abs. 1 GG. Ihr Gegenstand und (von ihm her) ihr Maß werden durch Art. 2 Abs. 2 GG (Recht auf Leben und körperliche Unversehrtheit, in das nur aufgrund eines Gesetzes eingegriffen werden darf) näher bestimmt. Mithin kommt auch schon dem ungeborenen menschlichen Leben Menschenwürde zu, und die Rechtsordnung muss die rechtlichen Voraussetzungen seiner Entfaltung i.S.

---

65 BVerfGE 39, 1, 37 = NJW 1975, 573; a.A. i.S. einer Vorverlagerung der Entstehung menschlichen Lebens auf den Zeitpunkt der Verschmelzung von Ei- und Samenzelle (Verschmelzung der Zellkerne): Staudinger/*Habermann/Weick*, § 1 Rn 23; ebenso Bamberger/Roth/*Bamberger*, § 1 Rn 22: „Die Unterscheidung zwischen individuellem menschlichem Leben (nach der Einnistung) und artspezifischem menschlichem Leben (vor diesem Zeitpunkt) erscheint nach der Zweckrichtung des Art. 2 Abs. 2 S. 1 GG künstlich. ... Hiernach beginnt der Schutz der Grundrechte und Teilrechtsfähigkeit mit der Verschmelzung der Keimzellen."

66 So Palandt/*Heinrichs*, § 1 Rn 8; Soergel/*Fahse*, § 1 Rn 37; a.A. Staudinger/*Habermann/Weick*, § 1 Rn 22: entscheidend sei bereits der Zeitpunkt der extrakorporalen Verschmelzung der Eizelle.

67 Vgl. Motive I, S. 29: Das werdende Leben soll (außer durch das Strafrecht) „am geeignetsten durch besondere Bestimmungen" des Zivilrechts geschützt sein.

68 Bamberger/Roth/*Bamberger*, § 1 Rn 20.

69 Palandt/*Heinrichs*, § 1 Rn 6.

70 BSG NJW 1663, 1078, 1080; 1964, 470.

71 BVerwGE 14, 43.

72 BGH FamRZ 1968, 250.

73 OVG Münster NJW 2000, 1282.

74 OLG Hamm VersR 1973, 810, 811; a.A. Bamberger/Roth/*Bamberger*, § 1 Rn 22: Die Teilrechtsfähigkeit (auch im Lichte der Bedeutung von Art. 1 Abs. 1 und Art. 2 Abs. 2 S. 1 GG) gebietet eine analoge Anwendung.

75 Vgl. BVerfG NJW 1993, 1751 – Entscheidung zur Neuregelung des Schwangerschaftsabbruchs; offen gelassen noch in BVerfGE 39, 44 = NJW 1975, 373 – Fristenlösungsvorteil. Ebenso *Laufs*, NJW 1965, 1053, 1055; MüKo/*Schmitt*, § 1 Rn 31; Staudinger/*Habermann/Weick*, § 1 Rn 14 f.

76 MüKo/*Schmitt*, § 1 Rn 25: „das sich nicht erst zum Menschen, sondern als Mensch entwickelt".

eines eigenen Lebensrechts des Ungeborenen gewährleisten. Dieses Lebensrecht wird nicht erst durch die Annahme seitens der Mutter begründet. Rechtlicher Schutz gebührt dem Ungeborenen auch gegenüber seiner Mutter. Der Schwangerschaftsabbruch muss daher für die ganze Dauer der Schwangerschaft **grundsätzlich als Unrecht** angesehen und demnach rechtlich verboten sein.[77]

Über die normierten Rechte zugunsten des Nasciturus hinaus (Rn 37) erfolgt eine **analoge Anwendung** weiterer Vorschriften auf die Leibesfrucht, (insbesondere auch) um seiner verfassungsrechtlich gewährleisteten Position Rechnung zu tragen:[78]

Für **körperliche Schäden** stehen dem Nasciturus zwar keine vertraglichen Ansprüche zu,[79] wohl aber (im Falle der Erkennbarkeit der Schutzpflicht für den Vertragspartner) solche aus **Vertrag mit Schutzwirkung zugunsten Dritter**, da er von den Auswirkungen einer Vertragsverletzung ebenso betroffen sein kann wie der Leistungsgläubiger.

Die Judikatur gewährt im Übrigen einen **vorgeburtlichen Deliktsschutz** für Körperschäden nach § 823 Abs. 1: Wer die Leibesfrucht einer Schwangeren verletzt, haftet dem später mit einem Gesundheitsschaden zur Welt gekommenen Kind aus unerlaubter Handlung nach § 823 Abs. 1 auf Schadensersatz.[80]

D.h., der Schadensersatzanspruch erfasst den **Schaden des lebend geborenen Kindes**, nicht jedoch den Schaden, den zunächst der Nasciturus erleidet.[81] Pränatale Verletzungen werden damit erst mit einer Lebendgeburt zu Verletzungen im Rechtssinne – eine Auffassung, die schwerlich mit dem Schutzzweck des § 823 Abs. 1 im Lichte der Grundrechtsgewährleistung durch Art. 2 Abs. 2 GG (Rn 39) vereinbar ist. Es spricht vieles dafür, bereits die Schädigung des Nasciturus als haftungsbegründend anzusehen.[82] Die unterschiedliche Bewertung hat auch Auswirkungen auf die Beweisfrage: Tritt der Schaden erst bei einer Lebendgeburt ein, gelangt § 286 ZPO zur Anwendung; erforderlich ist ein voller Beweis des Ursachenzusammenhangs zwischen Handlung und Erfolg. Hat hingegen der (teilrechtsfähige) Nasciturus schon den Schaden erlitten, gilt die Beweiserleichterung des § 287 ZPO.[83]

Eine Schädigung der Mutter vor der Zeugung des Kindes mit nachfolgender Schädigung des Nasciturus begründet bei einer Lebendgeburt gleichermaßen einen Schadensersatzanspruch des Kindes gegen den Schädiger nach § 823 Abs. 1, sofern zwischen der Schädigung der Mutter und dem später mit der Geburt eintretenden Schaden des Kindes ein adäquater Ursachenzusammenhang besteht.[84] Erfolgte die Verletzungshandlung bei der Zeugung (reale Ursächlichkeit des Geschlechtsakts für den Schaden), ist ein Schadensersatzanspruch deshalb fraglich, weil dann die hypothetische Erwägung anzustellen ist, was wäre, wenn der Zeugungsakt entfiele und in diesem Fall das Kind gar nicht gezeugt worden wäre.[85]

Der Schädiger haftet grundsätzlich auch dann, wenn die Verletzung der Leibesfrucht durch einen Angriff auf die Psyche der Schwangeren vermittelt wird (Schädigung der Leibesfrucht durch einen **Schockschaden der Mutter**), wobei ein Haftungszusammenhang zwischen einem Verkehrsunfall mit tödlichen oder lebensbedrohenden Verletzungen des Unfallopfers, dem Schock der Schwangeren bei der Nachricht hiervon und der durch ihre psychische Beeinträchtigung vermittelten Schädigung der Leibesfrucht jedenfalls dann besteht, wenn das Unfallopfer ein naher Angehöriger und wenn die Schädigung der Leibesfrucht schwer und nachhaltig ist.[86]

Gleichermaßen erleidet der Nasciturus einen Gesundheitsschaden im Falle einer **Keimzellenschädigung**[87] eines der Elternteile bei einer schädigenden Behandlung z.B. durch Chemikalien oder Strahlen – und zwar unabhängig davon, dass sich entsprechende Schäden (nicht beim Kind selbst, sondern) erst bei den Abkömmlingen des Kindes auswirken.

---

77 So BVerfG NJW 1993, 1751 – LS 4, in Bestätigung von BVerfGE 39, 1, 44 = NJW 1975, 373, 376.
78 MüKo/*Schmitt*, § 1 Rn 31.
79 So zutr. MüKo/*Schmitt*, § 1 Rn 36; a.A. hingegen OLG Celle VersR 1955, 408.
80 BGHZ 58, 48 = NJW 1972, 1126.
81 A.A. MüKo/*Schmitt*, § 1 Rn 39: der Nasciturus sei als „anderer" i.S.v. § 823 Abs. 1 zu qualifizieren und der Schadensersatzanspruch sei ihm (im Falle einer Lebendgeburt) wegen einer rechtswidrigen und schuldhaften „Einwirkung auf die reifende Frucht zuzugestehen". Ebenso Bamberger/Roth/*Bamberger*, § 1 Rn 24. Folglich können der Leibesfrucht, falls erforderlich, auch schon (unabhängig von einer späteren Lebendgeburt) im Falle einer Gesundheitsgefährdung Unterlassungsansprüche zustehen, so *Larenz/Wolf*, BGB AT, § 5 Rn 16.
82 So auch *Heldrich*, JZ 1965, 593; *Laufs*, NJW 1965, 1053, *Selb*, AcP 166 (1966), 76.
83 Bamberger/Roth/*Bamberger*, § 1 Rn 24.
84 BGHZ 8, 243 = NJW 1953, 417.
85 BGHZ 8, 243 = NJW 1953, 417; a.A. hingegen MüKo/*Schmitt*, § 1 Rn 39: Infolge der mit der Zeugung verbundenen Schädigung wurde von Anfang an die Entstehung eines gesunden Kindes vereitelt, was zur Begründung eines Schadensersatzanspruchs ausreicht. „Nach allgemeinen Wertungsaspekten ist es gleich, ob eine Schädigung des später geborenen Kindes vor, bei oder nach der Zeugung erfolgt", Bamberger/Roth/*Bamberger*, § 1 Rn 24.
86 BGHZ 93, 351.
87 Bamberger/Roth/*Bamberger*, § 1 Rn 25; a.A. *Laufs*, NJW 1965, 1053, 1057.

47 **2. Der Nondum conceptus.** Auch der Nondum conceptus, d.h. ein noch nicht erzeugter Mensch, wird vom BGB in einer Reihe von Vorschriften berücksichtigt, wenngleich seine Rechtsstellung weniger ausgeprägt ist als jene des Nasciturus (Rn 37 ff.)[88] – vgl. etwa:
- § 331 Abs. 2: Er kann Berechtigter eines Vertrags zugunsten Dritter sein (Rn 53).[89]
- § 2101 Abs. 1 S. 1: Ist eine zur Zeit des Erbfalls noch nicht erzeugte Person als Erbe eingesetzt, so ist im Zweifel anzunehmen, dass sie als Nacherbe eingesetzt ist.
- § 2106 Abs. 2 S. 1: Ist die Einsetzung einer noch nicht erzeugten Person als Erbe nach § 2101 Abs. 1 als Nacherbeneinsetzung anzusehen, so fällt die Erbschaft dem Nacherben mit dessen Geburt an.
- § 2162 Abs. 2: Ist der Bedachte zur Zeit des Erbfalls noch nicht gezeugt, so wird ein Vermächtnis mit dem Ablauf von 30 Jahren nach dem Erbfall unwirksam, wenn nicht vorher der Bedachte erzeugt wird.
- § 2178: Vermächtnisanfall bei einem noch nicht erzeugten Bedachten.

48 Anders als beim Nasciturus fehlt beim Nondum conceptus jedoch ein Subjekt als Rechtsträger, dem Rechte zugeordnet werden können, mit der Folge, dass es sich bei der Zuordnung von Rechten um eine „**fingierte Rechtspersönlichkeit**"[90] handelt oder aber – wie *Bamberger*[91] annimmt – um eine „**Vorwirkung der Rechtsfähigkeit**" (zunächst der sukzessive eintretenden Teilrechtsfähigkeit des Nasciturus, nachfolgend der Vollrechtsfähigkeit des geborenen Menschen). In jedem Fall werden die genannten Rechte erst dann wirksam, wenn der Nondum conceptus gezeugt und später lebend geboren wird.

49 Wenngleich der Nondum conceptus nicht Erbe sein kann (da § 1923 Abs. 2 nur für den Nasciturus gilt, Rn 37), machen die vorgenannten Regelungen deutlich, dass er anderen Rechtssubjekten im Zusammenhang mit einem Rechtserwerb zu seinen Gunsten gleichgestellt ist.[92]

50 Darüber hinaus ist anerkannt, dass zugunsten des noch nicht Erzeugten die Eintragung einer Hypothek möglich ist,[93] wohingegen er unfallversicherungsrechtlich keinen Schutz genießt.[94] Ebenso wenig ist er haftungsrechtlich dem Nasciturus (dazu Rn 38 u. 41 ff.) gleichgestellt,[95] da vor der Zeugung begrifflich weder eine Körperverletzung noch eine Gesundheitsbeschädigung möglich ist.[96]

51 Damit kommt auch dem Nondum conceptus eine **beschränkte Rechtsfähigkeit** zu, die allerdings gegenüber der Stellung des Nasciturus (Rn 37 ff.) in verschiedener Hinsicht deutlich schwächer ausfällt.[97]

52 Die (aufschiebend bedingten) Rechte[98] des noch nicht Erzeugten können ggf. durch einen Pfleger nach § 1913 (Pflegschaft für unbekannte Beteiligte) wahrgenommen werden.

53 Da es allgemein anerkannt ist, dass dem noch nicht erzeugten Nachkommen für den Fall seiner Lebendgeburt Rechte zugewendet werden können, insbesondere auch durch einen **Vertrag zugunsten Dritter** (§ 328 Abs. 1),[99] hat bspw. der BGH[100] festgestellt, dass eine Vereinbarung zwischen Eheleuten, in der der Ehemann sein Einverständnis zu einer heterologen Insemination (Rn 55) erteilt, regelmäßig zugleich einen von familienrechtlichen Besonderheiten geprägten berechtigenden Vertrag zugunsten des aus der heterologen Insemination hervorgehenden Kindes enthält, aus dem sich für den Ehemann dem Kind gegenüber die Pflicht ergibt, für dessen Unterhalt wie ein ehelicher Vater aufzukommen.

54 **3. Exkurs: Moderne Fortpflanzungsmedizin.** Den Schutz von Embryonen gewährleistet im Bereich der Fortpflanzungsmedizin (**Reproduktionsmedizin**)[101] das Gesetz zum Schutz von Embryonen (ESchG),[102] in dem bestimmte Verfahren bei der Erzeugung oder Verwendung menschlicher Embryonen sowie eine damit einhergehende Forschung unter Strafe gestellt wird.[103] Damit erfolgt allerdings keine Vorverlagerung der Rechtsfähigkeit.[104]

55 **a) Künstliche Insemination.** Der durch künstliche Insemination (ohne Geschlechtsverkehr) – homologe Insemination (Sperma des Ehemannes), quasi-homologe Insemination (Sperma des Lebensgefährten) bzw.

---

88 MüKo/*Schmitt*, § 1 Rn 42 ff.; Palandt/*Heinrichs*, § 1 Rn 5; Soergel/*Fahse*, § 1 Rn 22.
89 Nicht jedoch eines Vertrags mit Schutzwirkung zugunsten Dritter: MüKo/*Schmitt*, § 1 Rn 48.
90 So RGZ 65, 277, 281.
91 In: Bamberger/Roth, § 1 Rn 31.
92 MüKo/*Schmitt*, § 1 Rn 46.
93 RGZ 61, 355, 356; 65, 277, 281.
94 BSG NJW 1986, 1568; BVerfG FamRZ 1987, 899.
95 MüKo/*Schmitt*, § 1 Rn 47.
96 Bamberger/Roth/*Bamberger*, § 1 Rn 32.
97 MüKo/*Schmitt*, § 1 Rn 45.
98 Weshalb die Konstruktion einer „fingierten Rechtsfähigkeit" nicht erforderlich sei, so Palandt/*Heinrichs*, § 1 Rn 9; a.A. *Avenarius*, JR 1994, 267.
99 So MüKo/*Schmitt*, § 1 Rn 50 f.; Palandt/*Heinrichs*, § 1 Rn 8; Soergel/*Fahse*, § 1 Rn 22.
100 BGHZ 129, 297.
101 *Damm*, JZ 1998, 926; *Kirchmeier*, FamRZ 1998, 1281; *Laufs*, NJW 1990, 1512.
102 Embryonenschutzgesetz – ESchG i.d.F. der Bekanntmachung v. 13.12.1980 (BGBl I S. 2746).
103 Dazu näher *Deutsch*, NJW 1991, 721.
104 MüKo/*Schmitt*, § 1 Rn 44.

heterologe Insemination (Sperma eines Dritten)[105] – sich entwickelnde Embryo ist dem auf natürliche Weise gezeugten in rechtlicher Hinsicht völlig gleichzustellen und genießt denselben rechtlichen Schutz[106] wie vorbeschrieben (Rn 37 ff.).

b) Gametentransfer und künstliche Befruchtung. Bei künstlicher Befruchtung (d.h. Einpflanzung eines intrakorporal oder extrakorporal befruchteten Eies in den Körper einer anderen Frau [Tragemutter] oder der Frau, von der die Eizelle stammt [bei der sog. In-vitro-Fertilisation]) und Gametentransfer (d.h. der instrumentellen Einbringung von Spermien und Eizellen in die Gebärmutter oder in den Eileiter zwecks natürlicher Befruchtung) ist die Frage der Teilrechtsfähigkeit des Embryos in der Zeitspanne zwischen Keimverschmelzung und Einnistung umstritten. Teilweise wird für den Beginn der Teilrechtsfähigkeit auf den Zeitpunkt der Verschmelzung der Keimzellen,[107] teilweise auf den Zeitpunkt der Einnistung (Nidation)[108] abgestellt. Im Hinblick auf den rechtlichen Status des Embryos darf es jedoch keinen Unterschied machen, ob eine intrakorporale oder extrakorporale Verschmelzung von Ei- und Samenzelle stattfindet. 56

c) Klonen. Durch einen extrakorporalen Zellkernaustausch wird beim Klonen die exakte Kopie eines Lebewesens geschaffen, was nach deutschem Recht gemäß § 6 Abs. 1 ESchG verboten ist. Danach ist es strafbar, wenn künstlich bewirkt wird, dass ein menschlicher Embryo mit der gleichen Erbinformation wie ein anderer Embryo, ein Fötus, ein Mensch oder ein Verstorbener entsteht. Wie *Bamberger*[109] zutreffend ausführt, muss der Embryo als menschliches Wesen mit Würde (Art. 1 GG) gegen jede Instrumentalisierung geschützt sein – „geschehe sie auch zwecks Heilung schwerwiegender Erkrankungen". 57

IV. Das Geschlecht

1. Die Geschlechtszuordnung. Die Geschlechtszuordnung („männlich" oder „weiblich") – die im Ehe- und Familienrecht erhebliche Bedeutung hat[110] – beurteilt sich, nachdem das BGB keine entsprechenden Begriffsbestimmungen vorgegeben hat,[111] nach der **äußeren körperlichen Beschaffenheit** (vor allem den äußeren Geschlechtsmerkmalen) – nicht hingegen nach der seelischen Einstellung.[112] 58

Bei Zwittern (Intersexuellen) – bei denen eine Eintragung als „Zwitter" im Geburtenbuch nicht zulässig ist[113] – entscheidet das überwiegende Geschlecht,[114] wobei hier aber auch in Grenzfällen die psychische Einstellung mit berücksichtigt werden kann.[115] Ist die (deklaratorische) Eintragung im Geburtenbuch (auf der Grundlage einer vom Arzt für das neugeborene Kind erstellten Bescheinigung) als männlich oder weiblich erfolgt, erweist sich diese Einordnung nachträglich aber als falsch, kann eine nachträgliche Berichtigung nach Maßgabe von § 47 PStG erfolgen.[116] 59

Lässt sich kein überwiegendes Geschlecht feststellen, können gesetzliche Regelungen, die ein bestimmtes Geschlecht voraussetzen, nicht angewendet werden.[117] 60

2. Transsexuelle. Nachdem das BVerfG[118] im Jahre 1978 festgestellt hatte, dass Art. 2 Abs. 2 i.V.m. Art. 1 Abs. 1 GG es gebieten, die Eintragung des männlichen Geschlechts eines Transsexuellen im Geburtenbuch jedenfalls dann zu berichtigen (was der BGH in der Ausgangsentscheidung verweigert hatte, Rn 62),[119] wenn es sich nach den medizinischen Erkenntnissen um einen irreversiblen Fall von Transsexualismus handelt (d.h. ein Mensch sich nach seiner seelischen Einstellung zwanghaft als Mann oder als Frau empfindet, obgleich er die Geschlechtsmerkmale des jeweils anderen Geschlechts aufweist) und eine geschlechtsanpassende 61

---

105 Zu den dabei entstehenden familienrechtlichen Fragen (Vater-Kind-Verhältnis) näher *Kirchmeier*, FamRZ 1998, 1281, 1282; *Quantius*, FamRZ 1998, 1145, 1147.
106 Bamberger/Roth/*Bamberger*, § 1 Rn 28.
107 Bamberger/Roth/*Bamberger*, § 1 Rn 29; MüKo/ *Leipold*, § 1923 Rn 15; Staudinger/*Habermann/ Weick*, § 1 Rn 23.
108 Palandt/*Heinrichs*, § 1 Rn 8; Soergel/*Fahse*, § 1 Rn 27.
109 In: Bamberger/Roth, § 1 Rn 30.
110 Vgl. zum geschlechtsspezifischen Diskriminierungsverbot auch Art. 3 Abs. 2 und 3 GG, Art. 141 EGV, die RL 75/117/EWG des Rates v. 10.2.1975 zur Angleichung der Rechtsvorschriften der Mitgliedstaaten über die Anwendung des Grundsatzes des gleichen Entgelts für Männer und Frauen, die RL 76/207/EWG des Rates v. 9.2.1976 – bzw. (einfachgesetzlich) § 611a.
111 Vgl. MüKo/*Schmitt*, § 1 Rn 56 – da es nach dem Stand der Erkenntnisse des historischen Gesetzgebers als selbstverständlich galt, dass die Geschlechtszugehörigkeit mit der Geburt durch die äußeren Geschlechtsmerkmale festgelegt würde und unveränderlich sei.
112 Vgl. KG NJW 1965, 1484; OLG Frankfurt NJW 1976, 1800.
113 AG München NJW-RR 2001, 1586.
114 Palandt/*Heinrichs*, § 1 Rn 10 – i.S.d. überwiegenden Geschlechtsmerkmale, Motive I, S. 26.
115 KG NJW 1965, 1084; LG Frankenthal FamRZ 1976, 214.
116 OLG Frankfurt NJW 1966, 407; LG Frankenthal FamRZ 1976, 214.
117 So KG JW 1931, 1495.
118 NJW 1979, 595.
119 BGHZ 57, 63 = NJW 1972, 330.

Operation durchgeführt worden ist, hat der Gesetzgeber das Gesetz über die Änderung der Vornamen und die Feststellung der Geschlechtszugehörigkeit in besonderen Fällen[120] erlassen, das die **nachträgliche Änderung der Geschlechtszugehörigkeit** (sog. große Lösung bzw. eine **Namensänderung** (sog. kleine Lösung) regelt.[121]

62 Vorangegangen war eine Entscheidung des BGH im Jahre 1971, dass dem Antrag, eine Geschlechtsänderung (im Falle eines männlichen Transsexuellen nach genitalverändernder Operation) im Geburtenbuch einzutragen, mangels ausdrücklicher gesetzlicher Grundlage nicht entsprochen werden könne.[122]

63 a) **Änderung der Feststellung der Geschlechtszugehörigkeit.** Nach § 8 TSG kann auf Antrag einer Person, die sich aufgrund ihrer sexuellen Prägung nicht mehr dem in ihrem Geburtseintrag angegebenen, sondern dem anderen Geschlecht zugehörig empfindet und die seit mindestens drei Jahren unter dem Zwang steht, ihre Vorstellungen zu leben, vom Amtsgericht im Verfahren der freiwilligen Gerichtsbarkeit festgestellt werden, dass sie als dem anderen Geschlecht zugehörig anzusehen ist (**große Lösung** – Änderung der Feststellung der Zugehörigkeit zu einem Geschlecht).[123] Dazu müssen die Voraussetzungen des § 1 Abs. 1 bis 2 TSG erfüllt sein, d.h. die Person muss grundsätzlich Deutscher sein und es muss mit hoher Wahrscheinlichkeit anzunehmen sein, dass sich ihr Zugehörigkeitsempfinden zum anderen Geschlecht nicht mehr ändern wird – sog. irreversibler Fall von Transsexualismus.

64 Die Person darf weiterhin nicht verheiratet sein. Sie muss zudem dauernd fortpflanzungsunfähig sein[124] und sich einem ihre äußeren Geschlechtsmerkmale verändernden operativen Eingriff unterzogen haben, durch den eine deutliche Annäherung an das Erscheinungsbild des anderen Geschlechts erreicht werden kann[125] (geschlechtsanpassende Operation nach dem Stand der medizinischen Wissenschaft).[126] Darüber ist im Verfahren der Freiwilligen Gerichtsbarkeit nach § 9 FGG ein Sachverständigengutachten einzuholen. In dem Antrag auf Änderung der Feststellung der Geschlechtszugehörigkeit sind grundsätzlich die Vornamen anzugeben, die der Antragsteller künftig führen will.

65 Das BVerfG hat einen Verstoß der (Alt-)Regelung des § 8 Abs. 1 Nr. 1 (i.V.m. § 1 Abs. 1 Nr. 3 TSG – zu letzterer Norm noch Rn 70) gegen Art. 3 Abs. 1 GG festgestellt (Erfordernis eines Mindestalters von 25 Jahren für eine Neufeststellung der Geschlechtszugehörigkeit), soweit einem Transsexuellen unter 25 Jahren trotz Durchführung einer geschlechtsumwandelnden Operation und Erfüllung der übrigen gesetzlichen Voraussetzungen wegen des Alterserfordernisses die personenstandsrechtliche Feststellung der Zugehörigkeit zum anderen Geschlecht verwehrt werden konnte.[127]

66 Von der Rechtskraft der Entscheidung an, dass der Antragsteller als dem anderen Geschlecht zugehörig anzusehen ist, richten sich nach § 10 TSG seine vom Geschlecht abhängigen Rechte und Pflichten nach dem (neuen) Geschlecht, soweit durch Gesetz nichts anderes bestimmt ist. Die Entscheidung lässt aber gemäß § 11 TSG das Rechtsverhältnis zwischen dem Antragsteller und seinen Kindern[128] (und seinen Eltern)[129] unberührt – bei angenommenen Kindern jedoch nur, soweit diese vor Rechtskraft der Entscheidung als Kind angenommen sind. Gleiches gilt im Verhältnis zu den Abkömmlingen dieser Kinder.

67 Die Geschlechtsumwandlung nach § 8 TSG führt zu einer **Änderung des Geschlechts im rechtlichen Sinne**. Folglich kann die Person nach vollzogener Geschlechtsumwandlung eine Person des anderen (d.h. ihres eigenen früheren) Geschlechts auch heiraten.[130]

68 Der Beschluss entfaltet auch bei einem (nachträglich festgestellten) Fehlen einer Antragsvoraussetzung Wirksamkeit.[131]

69 b) **Namensänderung.** Von der Änderung der Feststellung der Geschlechtszugehörigkeit (§§ 8 ff. TSG) zu unterscheiden ist die (bloße) der empfundenen Geschlechtszugehörigkeit entsprechende Änderung des

---

120 Transsexuellengesetz – TSG v. 10.9.1980 (BGBl I S. 1654).
121 Dazu näher *Schneider*, NJW 1992, 2940; *Sigusch*, NJW 1980, 2740; *Wille/Kröhn/Eicher*, FamRZ 1981, 418.
122 BGHZ 57, 63 = NJW 1972, 330.
123 MüKo/*Schmitt*, § 1 Rn 60.
124 Das Erfordernis der Fortpflanzungsunfähigkeit nach § 8 Abs. 1 Nr. 3 TSG ist selbst dann unverzichtbar, wenn die dafür notwendige Operation risikobehaftet ist, so OLG Hamm FamRZ 1983, 413.
125 Das Gesetz setzt aber weder eine künstliche Herstellung von männlichen Geschlechtsorganen noch einen Scheidenverschluss voraus, OLG Zweibrücken NJW 1992, 760; BayObLG NJW 1996, 792.
126 BayObLG NJW 1996, 791: Es reicht aus, wenn durch den operativen Eingriff in die Geschlechtsmerkmale eine deutliche Anpassung an das Erscheinungsbild des anderen Geschlechts erreicht wird.
127 BVerfG NJW 1982, 2061.
128 Insb. im Hinblick auf das ihm zustehende Sorgerecht, OLG Schleswig FamRZ 1990, 433.
129 Palandt/*Heinrichs*, § 1 Rn 11.
130 Bamberger/Roth/*Bamberger*, § 1 Rn 45.
131 Palandt/*Heinrichs*, § 1 Rn 11: Ein Verstoß gegen das Kriterium der Unverheiratetheit lässt die Ehe allerdings fortbestehen.

Vornamens mit korrespondierendem Vermerk in den Personenstandsbüchern nach den §§ 1 ff. TSG (sog. **kleine Lösung**).[132] Danach können – auch ohne geschlechtsanpassende Operation (i.S.v. § 8 Abs. 1 Nr. 4 TSG) – die Vornamen einer Person, die sich aufgrund ihrer transsexuellen Prägung nicht mehr dem in ihrem Geburtseintrag angegebenen, sondern dem anderen Geschlecht als zugehörig empfindet und die seit mindestens drei Jahren unter dem Zwang steht, ihren Vorstellungen entsprechend zu leben, durch Antrag beim Amtsgericht geändert werden. Voraussetzung dafür ist, dass die antragstellende Person grundsätzlich Deutscher ist und mit hoher Wahrscheinlichkeit anzunehmen ist, dass sich ihr Zugehörigkeitsempfinden zum anderen Geschlecht nicht mehr ändern wird.

Das BVerfG hat das (ursprünglich) zusätzlich in § 1 Abs. 1 Nr. 3 TSG normierte Erfordernis eines Mindestalters von 25 Jahren für eine Vornamensänderung als Verstoß gegen Art. 3 Abs. 1 GG und damit als verfassungswidrig qualifiziert.[133]   70

Die entsprechende Namensänderung lässt jedoch die Zugehörigkeit zu dem im Geburtseintrag angegebenen Geschlecht unberührt.[134] Sie kann auch von einem verheirateten Antragsteller beantragt werden.[135]   71

§ 2 Eintritt der Volljährigkeit

¹Die Volljährigkeit tritt mit der Vollendung des 18. Lebensjahres ein.

Die Norm dient der Ausfüllung aller Vorschriften, welche auf Voll- oder Minderjährigkeit Bezug nehmen. Namentlich tritt mit der Volljährigkeit unbeschränkte Geschäftsfähigkeit (vgl. § 106) einschließlich der unbeschränkten Ehemündigkeit (§ 1303) und Testierfähigkeit (§ 2247 Abs. 4) ein. Anwendungsprobleme bestehen nicht; das 18. Lebensjahr ist vollendet am Geburtstag bereits um 0 Uhr, weil der erste Lebenstag mitgerechnet wird, § 187 Abs. 2 S. 2.   1

§ 3 – 6 (weggefallen)

§ 7 Wohnsitz; Begründung und Aufhebung

(1) ¹Wer sich an einem Orte ständig niederlässt, begründet an diesem Orte seinen Wohnsitz.

(2) ¹Der Wohnsitz kann gleichzeitig an mehreren Orten bestehen.

(3) ¹Der Wohnsitz wird aufgehoben, wenn die Niederlassung mit dem Willen aufgehoben wird, sie aufzugeben.

Literatur: *Breidenbach,* „Wohnsitz", „gewöhnlicher Aufenthalt" und „Wohnort", StAZ 1959, 296; *Laube,* Wohnsitz und Staatsangehörigkeit als Anknüpfungspunkt im Internationalen Privatrecht, 1961; *Zepf,* Zur Frage des dienstlichen Wohnsitzes von Wehrpflichtigen, NZWehrR 1970, 18.

A. **Allgemeines**	1	1. Niederlassung	17
I. Normzweck	1	2. Domizilwille	19
II. Abgrenzungen	7	II. Mehrere Wohnsitze (Abs. 2)	23
B. **Regelungsgehalt**	13	III. Aufhebung des Wohnsitzes (Abs. 3)	24
I. Begründung des Wohnsitzes (Abs. 1)	14		

A. Allgemeines

I. Normzweck

Der Wohnsitz eines Menschen ist neben dem Namen und dem Alter ein Individualisierungsmerkmal. Der Wohnsitz ist örtlicher Anknüpfungspunkt zahlreicher rechtlicher Regelungen des materiellen und des Verfahrensrechts, sowohl im Zivilrecht als auch im öffentlichen Recht.   1

Der Wohnsitz ist im **bürgerlichen Recht** von Bedeutung für: §§ 132 Abs. 2, 269, 270, 773 Abs. 1 Nr. 2, 1786 Abs. 1 Nr. 5, 1944 Abs. 3, 1954 Abs. 3 BGB; Art. 26 Abs. 1 S. 1 Nr. 3 EGBGB.   2

---

[132] MüKo/*Schmitt,* § 1 Rn 59; Palandt/*Heinrichs,* § 1 Rn 12.
[133] BVerfG NJW 1993, 1517, dazu *Sachs,* JuS 1993, 862.
[134] MüKo/*Schmitt,* § 1 Rn 59; Palandt/*Heinrichs,* § 1 Rn 12.
[135] Palandt/*Heinrichs,* § 1 Rn 12.

3 Im **Handelsrecht** knüpfen die Vorschriften der §§ 106 Abs. 2, 162 Abs. 1 HGB an den Begriff des Wohnortes an, wobei Wohnort in diesem Falle dasselbe heißt wie Wohnsitz.

4 Im **Verfahrensrecht** wird insbesondere der **allgemeine Gerichtsstand** einer Person durch ihren **Wohnsitz** bestimmt (vgl. § 13 ZPO). Auch weitere Vorschriften knüpfen für die Bestimmungen der Zuständigkeiten hieran an (vgl. §§ 15 f. ZPO, §§ 36, 73 FGG, §§ 8, 11 StPO, § 14 UWG,[1] § 57 SGG, § 4 PstG, § 15 VerschG und § 6 UKlaG).

5 Im **öffentlichen Recht** knüpfen ebenfalls zahlreiche Regelungen, wie z.B. § 7 BVersG, § 11 LAG, §§ 1, 2 BVFG, § 2 Abs. 5 BKGG, § 218 Abs. 2 BEG, § 25 Abs. 1 StAG, § 6 SGB VIII, an den Wohnsitz i.S.d. § 7 an. Vielfach wird, wie z.B. im Melderecht, Wahlrecht, Pass- und Ausweisrecht, auf den durch objektive Gesichtspunkte bestimmten Begriff des Hauptwohnsitzes abgestellt.[2]

6 Im **Steuer- und Abgabenrecht** sowie im **Sozialrecht** wird gemäß § 8 AO und § 30 Abs. 3 SGB I darauf abgestellt, wo jemand eine Wohnung unter Umständen inne hat, die darauf schließen lassen, dass er die Wohnung beibehalten und benutzen wird (vgl. § 30 Abs. 3 S. 1 SGB I). Bei beiden Bestimmungen kommt es, anders als bei § 7, **nicht auf den Willen** der Person zur Wohnsitzbegründung und Unterhaltung an, so dass auch der zu rechtsgeschäftsähnlichen Handlungen grundsätzlich nicht fähige Minderjährige einen steuerrechtlich relevanten Wohnsitz ohne Einwilligung seiner gesetzlichen Vertreter begründen kann.[3]

II. Abgrenzungen

7 Vom Wohnsitz sind abzugrenzen in anderen Gesetzen geregelte Institute, die dem Wohnsitz ähnlich sind:

8 Die **Wohnung** bzw. der **Wohnort**, vgl. §§ 178, 180, 181 ZPO bzw. Artt. 2 Abs. 3, 4, 21, 22 Abs. 2, 76 Abs. 3 WG, Art. 8 ScheckG: Wohnung sind die Räume, in denen der Adressat tatsächlich wohnt. Wohnort ist der Ort, an dem jemand tatsächlich wohnt. In der Regel, aber nicht zwingend, sind der Wohnort und Wohnsitz identisch. Sie können auseinander fallen, wenn der Betroffene gegen seinen Willen (z.B. bei Strafgefangenen) an einem anderen Ort tatsächlich wohnt als dem Ort, an dem er den Willen zum Aufenthalt hat.

9 Der **Aufenthalt**, vgl. z.B. § 132 Abs. 2 S. 2 BGB, Art. 5 Abs. 2 und 3 EGBGB, §§ 20, 606 ZPO, § 65 FGG, § 30 Abs. 3 S. 2 SGB I, § 3 Nr. 3a VwVfG: Dieser ist ein rein tatsächliches Verhältnis, welches aber auch ein Verweilen von gewisser Dauer und Regelmäßigkeit voraussetzt. Aufenthalt kann dabei auch in einem räumlich weiter umfassten Gebiet (z.B. einem Kreis, Regierungsbezirk, Bundesland oder dem Staatsgebiet der Bundesrepublik) begründet sein.[4] Domizilwille ist dabei nicht erforderlich. **Gewöhnlicher, dauerhafter oder ständiger Aufenthalt** (vgl. § 5 Abs. 2 und 3 EGBGB, §§ 20, 606 ZPO, § 65 FGG, § 9 AO, § 30 Abs. 3 S. 2 SGB I und § 3 Abs. 1 Nr. 3a VwVfG) wird durch tatsächliches längeres Verweilen begründet.[5] Anders als bei der Begründung eines Wohnsitzes ist zur Begründung eines gewöhnlichen oder dauernden Aufenthalts ein rechtsgeschäftlicher Begründungswille nicht erforderlich;[6] Ausnahme: die Begründung eines ständigen Aufenthaltes i.S.v. § 1 WpflG, hier ist ein entsprechender Wille erforderlich.[7] Die vorübergehende Abwesenheit beseitigt einen gewöhnlichen oder ständigen Aufenthalt nicht,[8] auch nicht ein zweijähriger Klinikaufenthalt.[9] Ob eine zwangsweise Unterbringung, wie z.B. eine Strafhaft oder die Einweisung in eine Pflegeanstalt, einen gewöhnlichen Aufenthalt begründet, ist in Einzelfällen strittig und lässt sich nur aus dem Sinn und Zweck der jeweils einschlägigen Norm heraus entscheiden.

10 Der **dienstliche Wohnsitz** (Amtssitz) von Beamten, Soldaten und Notaren (vgl. z.B. § 10 Abs. 2 BNotO, §§ 9, 74 BBG) ist privatrechtlich nahezu bedeutungslos. Privatrechtliche Bedeutung hat insoweit nur noch der dienstliche Wohnsitz des Soldaten (vgl. dazu unten § 9).

11 Der **Sitz** und die **gewerbliche Niederlassung**: Juristische Personen und sonstige Personenvereinigungen haben keinen Wohnsitz, sondern einen **Sitz** (vgl. z.B. § 24 BGB, § 5 AktG, § 4a GmbHG). Dieser entspricht – abgesehen von der fehlenden Bestimmung zum Wohnen – dem Begriff des Wohnsitzes.

12 Die **gewerbliche Niederlassung** (vgl. z.B. §§ 269 Abs. 2, 270 Abs. 2 u. 3, 772 Abs. 1, 773 Abs. 1 Nr. 2 BGB, § 42 GewO, § 14 UWG, § 6 Abs. 1 UKlaG, § 21 ZPO) dient zur Verfolgung gewerblicher oder geschäftlicher Zwecke und setzt die auf gewisse Dauer ausgeführte Ausübung des Gewerbes oder Geschäftes in bestimmten Räumen voraus.[10]

---

1 UWG i.d.F. v. 9.7.2004 (BGBl I S. 1414).
2 Palandt/*Heinrichs*, § 7 Rn 5.
3 MüKo/*Schmitt*, § 7 Rn 33; Bamberger/Roth/*Bamberger*, § 7 Rn 5.
4 Bamberger/Roth/*Bamberger*, § 7 Rn 13; MüKo/*Schmitt*, § 7 Rn 13.
5 BGH NJW 1983, 2771.
6 BGH NJW 1993, 2047.
7 MüKo/*Schmitt*, § 7 Rn 15; Bamberger/Roth/*Bamberger*, § 7 Rn 13.
8 OLG Frankfurt NJW 1961, 1586.
9 BayObLG NJW 1993, 674.
10 MüKo/*Schmitt*, § 7 Rn 17.

B. Regelungsgehalt

Wohnsitz ist der Ort, an dem ein Mensch den räumlichen Schwerpunkt seiner Lebensverhältnisse hat. Die Begründung des Wohnsitzes geschieht durch tatsächliche Niederlassung, verbunden mit dem Willen, den Ort zum ständigen Schwerpunkt seiner Lebensverhältnisse zu machen.[11]

I. Begründung des Wohnsitzes (Abs. 1)

Zur Begründung eines Wohnsitzes ist die tatsächliche Niederlassung verbunden mit Domizilwillen erforderlich.

Beide Voraussetzungen müssen vorliegen. Die bloße Erklärung eines Niederlassungswillens genügt nicht, ebenso wenig genügt die reine tatsächliche Niederlassung, wenn sie ohne den Willen zur ständigen Niederlassung erfolgt.

Die Wohnsitzbegründung ist kein bloßer Realakt, da zu der tatsächlichen Niederlassung ein hierauf gerichteter Wille hinzutreten muss. Andererseits ist sie kein Rechtsgeschäft, weil der Wille sich nur auf die Niederlassung, nicht aber auch auf die Rechtsfolgen der Wohnsitzbegründung beziehen muss. Nach herrschender Auffassung ist die Wohnsitzbegründung daher als **rechtsgeschäftsähnliche Handlung** zu qualifizieren.[12]

1. Niederlassung. Die Niederlassung erfordert eine eigene Unterkunft, nicht notwendigerweise eine eigene Wohnung, vielmehr genügt auch das Bewohnen eines Hotelzimmers,[13] eines möblierten Zimmers oder einer behelfsmäßigen Unterkunft bei Verwandten oder Bekannten.[14] Die Mitbenutzung einer Wohnung genügt.[15] Ein Obdachloser hat jedoch mangels Unterkunft keinen Wohnsitz begründet.[16] Die Niederlassung muss „ständig", d.h. für eine gewisse Dauer angelegt sein. Sie darf nicht von vornherein nur vorübergehend sein. Insoweit entscheiden die Umstände des Einzelfalls. Einen Wohnsitz begründet auch, wer für eine Zeit den Mittelpunkt seiner Lebensverhältnisse an einen Ort verlegt, aber damit rechnet, seine Niederlassung bei Gelegenheit wieder aufgeben zu müssen. Der Aufenthalt an einem Ausbildungs- oder Studienort bedeutet jedoch in der Regel keine Wohnsitzbegründung.[17] Gleiches gilt für die Flucht in ein Frauenhaus oder einen Wechsel des Frauenhauses.[18]

Ort ist die polizeiliche Gemeinde, deren Grenzen nach dem jeweiligen Landesrecht zu bestimmen sind.[19] Bestehen in einer politischen Gemeinde mehrere Gerichtsbezirke, so ist die gerichtliche Zuständigkeit in dem Bezirk gegeben, für den eine Niederlassung begründet wurde.[20]

2. Domizilwille. Der Betroffene muss den **rechtsgeschäftlichen Willen** haben, den Ort ständig zum Schwerpunkt seiner Lebensverhältnisse zu machen. Dieser so genannte Domizilwille braucht nicht ausdrücklich erklärt zu sein, sondern kann sich aus den Umständen ergeben. Hierbei kann sich aus dem Verhalten der betreffenden Personen oder auch aus sonstigen Indizien auf einen entsprechenden Domizilwillen schließen lassen, wie z.B. die polizeiliche Anmeldung. Bei Niederlassung auf Dauer wird in der Regel der Wille gegeben sein, den Ort der Niederlassung zum Schwerpunkt der Lebensverhältnisse zu wählen; umgekehrt wird in der Regel bei einem von vornherein nur vorübergehend – wenn auch für einen längeren Zeitraum – geplanten Aufenthalt der Domizilwille fehlen, z.B. auch bei Aufenthalten zu Ausbildungszwecken.

Die Begründung des Wohnsitzes geschieht bei **Geschäftsunfähigen** und bei **beschränkt Geschäftsfähigen** durch den gesetzlichen Vertreter (vgl. hierzu auch §§ 8 und 11). Möglich ist aber auch die Wohnsitzbegründung durch einen rechtsgeschäftlichen Vertreter. Eine stillschweigende oder sich aus den Umständen ergebende Bevollmächtigung genügt dabei. Beispiele sind hierbei der Umzug der Ehefrau und der Kinder während der Kriegsgefangenschaft oder der Strafhaft des Ehemannes.[21]

Ordensangehörige begründen ihren Wohnsitz wie andere Personen auch. Entgegenstehende Ordenssatzungen sind für das staatliche Recht nicht bindend.[22] Ein gesetzliches Verbot, den Wohnsitz zu wechseln (wie früher z.B. § 101 Abs. 1 KO), steht der Wirksamkeit der Wohnsitzbegründung nicht entgegen; da der Betroffene jedoch aus seinem rechtswidrigen Tun keine Vorteile erlangen darf, gilt der alte Wohnsitz als weiter bestehend. **Ausländer** können nach § 7 AuslG in der Freizügigkeit eingeschränkt werden.

---

11 BayObLGZ 1985, 161.
12 BGHZ 7, 104, 109; Bamberger/Roth/*Bamberger*, § 7 Rn 17; MüKo/*Schmitt*, § 7 Rn 18, a.A. *Flume*, BGB AT Bd. 2, § 9 Anm. 2a; *Larenz/Wolf*, BGB AT, § 7 II.
13 BVerwG RZW 59, 94.
14 BGH NJW 1984, 971; BVerwGE 1986, 673.
15 MüKo/*Schmitt*, § 7 Rn 10; Bamberger/Roth/*Bamberger*, § 7 Rn 20.
16 BayObLGZ 85, 161.
17 BVerfG NJW 1990, 2194.
18 BGH NJW 1995, 1224; NJW-RR 1993, 4; anders bei längerfristigem Aufenthalt im Frauenhaus, vgl. OLG Nürnberg FamRZ 1994, 1104 u. OLG Karlsruhe NJW-RR 1995, 1220.
19 RGZ 67, 191, 194.
20 BVerwGE 5, 108.
21 KG NJW 1956, 264; BVerwG NJW 1959, 1053.
22 BayObLGZ 1960, 455.

22 Für **Verschollene** gilt der zuletzt bekannte Wohnsitz als fortbestehend, sofern nicht der Wille, ihn aufzugeben, erwiesen ist.[23]

II. Mehrere Wohnsitze (Abs. 2)

23 Abs. 2 stellt klar, dass eine Person einen Wohnsitz auch an mehreren verschiedenen Orten begründen kann. Dann besteht ein allgemeiner Gerichtsstand an mehreren Orten. Für jeden dieser Orte müssen allerdings die Voraussetzungen des Abs. 1 gegeben sein. Es muss also eine Niederlassung mit Domizilwillen für jeden dieser mehrfachen Wohnsitze bestehen. An einem solchen mehrfachen Domizilwillen wird es vielfach fehlen, wenn eine der Unterkünfte lediglich zu Ausbildungszwecken oder zur Berufsausbildung an einem anderen Ort bezogen wird.[24]

III. Aufhebung des Wohnsitzes (Abs. 3)

24 Die Aufhebung des Wohnsitzes ist der *actus contrarius* zur Begründung des Wohnsitzes und ist wie diese nach h.M.[25] eine **rechtsgeschäftsähnliche Handlung**, so dass auch auf sie die für Willenserklärungen geltenden Vorschriften analoge Anwendung finden. Hiernach kann auch die Aufhebung des Wohnsitzes durch Vertreter erfolgen. Voraussetzungen der Aufhebung des Wohnsitzes sind Aufgabewillen und tatsächliche Aufhebung der Niederlassung. Wie beim Begründungswillen muss sich die Absicht, die Niederlassung aufzugeben, manifestieren und äußerlich feststellbar sein.[26] Schlüssiges Verhalten genügt, wenn es eindeutig ist. Die bloß vorübergehende Abwesenheit reicht nicht aus.[27] Wer seinen Aufenthalt nur durch Zwang ändert (z.B. Strafgefangene,[28] unter Betreuung Stehende), hat nicht den Willen, seinen Wohnsitz aufzugeben.

25 Gesetzliche oder behördliche **Aufenthaltsgebote** führen nicht unmittelbar zu einer Aufhebung des Wohnsitzes; vielmehr endet der Wohnsitz erst dann, wenn infolge des Verbotes die Niederlassung tatsächlich aufgegeben wird. Der Aufhebungswille wird dabei durch das Verbot ersetzt.[29] Beides soll für eine Aufgabe der Niederlassung infolge von Ausweisung oder Abschiebung gelten.[30]

26 Die Aufhebung der Niederlassung ist ein tatsächliches Verhalten und damit unschwer feststellbar. Wer willentlich seine Niederlassung aufgibt, ohne eine neue zu begründen, wird **wohnsitzlos**. Anknüpfungspunkt ist dann der Aufenthalt (vgl. z.B. § 16 ZPO).

§ 8 Wohnsitz nicht voll Geschäftsfähiger

(1) ¹Wer geschäftsunfähig oder in der Geschäftsfähigkeit beschränkt ist, kann ohne den Willen seines gesetzlichen Vertreters einen Wohnsitz weder begründen noch aufheben.

(2) ¹Ein Minderjähriger, der verheiratet ist oder war, kann selbständig einen Wohnsitz begründen und aufheben.

A. Allgemeines 1
B. Regelungsgehalt 2
   I. Geschäftsunfähige oder in der Geschäftsfähigkeit beschränkte Personen (Abs. 1) ... 2
     1. Wohnsitzbegründung oder -aufhebung mit Willen des gesetzlichen Vertreters .. 3
     2. Wohnsitzbegründung oder -aufhebung durch die gesetzlichen Vertreter 5
     3. Wohnsitzbegründung oder -aufhebung bei Betreuung 7
   II. Verheiratete Minderjährige (Abs. 2) 9

A. Allgemeines

1 § 8 ergänzt die Regelungen des § 7. Wer geschäftsunfähig oder in der Geschäftsfähigkeit beschränkt ist, kann grundsätzlich einen Wohnsitz weder begründen noch aufheben. Eine Ausnahme macht das Gesetz in Abs. 2 lediglich für Minderjährige, die verheiratet sind oder waren. Andere in der Geschäftsfähigkeit beschränkte Personen bedürfen der Zustimmung ihres gesetzlichen Vertreters.

---

23 Staudinger/*Habermann/Weick*, § 7 Rn 22.
24 BGH LM § 7 Nr. 3; BVerwG NJW 1986, 673.
25 BGHZ 7, 104, 109; Bamberger/Roth/*Bamberger*, § 7 Rn 17; MüKo/*Schmitt*, § 7 Rn 18, a.A. *Flume*, BGB AT Bd. 2, § 9 Anm. 2a; *Larenz/Wolf*, BGB AT, § 7 II.
26 BGH NJW 1988, 713.
27 BayObLGZ 12 (1906), 238.
28 BayObLGZ 1951, 261 ff.
29 Staudinger/*Habermann/Weick*, § 7 Rn 24, MüKo/*Schmitt*, § 7 Rn 33.
30 Palandt/*Heinrichs*, § 7 Rn 12, MüKo/*Schmitt*, § 7 Rn 42 unter Verweis auf RGZ 15, 53, 60; a.A. Bamberger/Roth/*Bamberger*, § 7 Rn 26.

B. Regelungsgehalt

I. Geschäftsunfähige oder in der Geschäftsfähigkeit beschränkte Personen (Abs. 1)

Gemeint sind hier nicht volljährige Personen, unabhängig davon, ob sie gemäß § 106 beschränkt geschäftsfähig sind, sowie alle wegen krankhafter Störung der Geistestätigkeit i.S.v. § 104 Nr. 2 Geschäftsunfähigen.

1. Wohnsitzbegründung oder -aufhebung mit Willen des gesetzlichen Vertreters. Der in Abs. 1 unmittelbar geregelte Fall betrifft die Begründung oder Aufhebung des Wohnsitzes durch den nicht voll Geschäftsfähigen selbst. Da Wohnsitzbegründung und Wohnsitzaufhebung nach herrschender Meinung[1] als rechtsgeschäftsähnliche Handlungen eines darauf gerichteten und geäußerten Willens bedürfen, scheiden sie schon aus, wo der **Geschäftsunfähige** außerstande ist, einen entsprechenden (natürlichen) Willen zu bilden und auszuführen.[2] Dies gilt für nach dem Alter Geschäftsunfähige und für bestimmte Fälle von gemäß § 104 Nr. 2 BGB Geschäftsunfähigen.

Für **beschränkt Geschäftsfähige** ist im Einzelfall zu prüfen, ob die natürliche Handlungsfähigkeit vorliegt. Hinzukommen muss dann die Zustimmung des gesetzlichen Vertreters. Beim Minderjährigen steht sie dem Personensorgeberechtigten zu, i.d.R. also den Eltern, sonst dem Vormund, Pfleger oder Betreuer, zu dessen Aufgabenkreis die Wohnsitzbestimmung gehört (§§ 1696, 1629, 1793, 1896, 1902, 1909, 1915). Eine ausdrückliche Erklärung des gesetzlichen Vertreters ist nicht notwendig. Es genügt vielmehr auch eine konkludente Zustimmung.[3] Auf die Erklärung finden die §§ 182 ff. analoge Anwendung.

2. Wohnsitzbegründung oder -aufhebung durch die gesetzlichen Vertreter. In den Fällen, in denen der Geschäftsunfähige oder der in der Geschäftsfähigkeit Beschränkte **keine natürliche Handlungsfähigkeit** entwickeln kann, kann für ihn nur der gesetzliche Vertreter einen Wohnsitz begründen oder aufheben. Auch hier ist weitere Voraussetzung der Wille des gesetzlichen Vertreters zur Begründung einer ständigen Niederlassung und die Ausführung dieses Willens für den Vertretenen. Praktische Fälle sind die Begründung des Wohnsitzes durch den gesetzlichen Vertreter für sich selber und zugleich die Wohnsitzbegründung in Bezug auf das minderjährige Kind durch ihn (vgl. hierzu auch § 11). Ob der Aufenthalt nur von vorübergehender Dauer oder dauerhaft sein soll, entscheidet sich nach dem Willen des gesetzlichen Vertreters. Bei Einweisung eines Geisteskranken auf unabsehbare Zeit in eine Heilanstalt wird nach dem Willen seines Vormundes/Betreuers in der Regel dort ein Wohnsitz begründet;[4] anders bei nur vorübergehendem Aufenthalt.

Für die Frage der gerichtlichen Zuständigkeit ist bei Zweifeln an der Geschäftsfähigkeit des Betroffenen von der wirksamen Begründung oder Aufhebung des Wohnsitzes durch diesen auszugehen.[5]

3. Wohnsitzbegründung oder -aufhebung bei Betreuung. Ist der Betreute geschäftsfähig, gilt § 8 für ihn **nicht**. Er kann dann selbständig einen Wohnsitz begründen oder aufheben.

Besteht für den Betreuten ein Einwilligungsvorbehalt gemäß § 1903, bedarf er der Zustimmung des Betreuers. Ob der Betreuer bei der Wahl von Wohnsitzbegründung oder -aufhebung mitzuwirken hat, richtet sich nach dessen Aufgabenkreis (§§ 1896, 1902). Soweit hierzu auch die Wohnsitzbegründung gehört, hat er insoweit Vertretungsmacht und es bedarf seiner Zustimmung.[6] Nach dem Bayerischen Obersten Landesgericht soll es hierbei ausreichen, wenn der Betreuer zur Aufenthaltsbestimmung des Betreuten befugt ist.[7]

II. Verheiratete Minderjährige (Abs. 2)

Wer als Minderjähriger verheiratet ist oder war, bedarf zur Wohnsitzbegründung und -aufhebung nicht der Zustimmung des gesetzlichen Vertreters. Hiervon werden Minderjährige umfasst, die aufgrund einer Befreiung vom Alterserfordernis gemäß § 1303 Abs. 2 verheiratet sind oder waren. Abs. 2 greift auch dann ein, wenn der Minderjährige in einer aufhebbaren Ehe lebt.[8]

---

1 BGHZ 7, 104, 109; Bamberger/Roth/*Bamberger*, § 7 Rn 17; MüKo/*Schmitt*, § 7 Rn 18; a.A. *Flume*, BGB AT Bd. 2, § 9 Anm. 2a; *Larenz/Wolf*, BGB AT, § 7 II.
2 MüKo/*Schmitt*, § 8 Rn 5; Bamberger/Roth/ *Bamberger*, § 8 Rn 4.
3 BGHZ 7, 104 = NJW 1952, 1251; BayObLGZ 1984, 95 u. 97.
4 OLG Karlsruhe Rpfleger 1970, 202; OLG Köln JMBl NRW 1960, 131.
5 BGH NJW-RR 1988, 387.
6 BayObLG NJW-RR 1993, 460 = Rpfleger 1992, 435 (Abweichung von BayObLGZ 1985, 158).
7 BayObLGZ 1992, 123; ebenso *Klüsener/Rausch*, NJW 1993, 617, 619; Bamberger/Roth/*Bamberger*, § 8 Rn 6; a.A. BayObLGZ 1985, 158.
8 Palandt/*Heinrichs*, § 8 Rn 2.

§ 9 Wohnsitz eines Soldaten

(1) ¹Ein Soldat hat seinen Wohnsitz am Standort. ²Als Wohnsitz eines Soldaten, der im Inland keinen Standort hat, gilt der letzte inländische Standort.

(2) ¹Diese Vorschriften finden keine Anwendung auf Soldaten, die nur aufgrund der Wehrpflicht Wehrdienst leisten oder die nicht selbständig einen Wohnsitz begründen können.

A. Allgemeines	1	2. Standort	4
B. Regelungsgehalt	2	II. Ausnahmevorschrift des Abs. 2	6
I. Wohnsitz am Standort (Abs. 1)	2		
1. Begriff des Soldaten	3		

A. Allgemeines

1   § 9 begründet einen vom Willen des Betroffenen unabhängigen gesetzlichen Wohnsitz. Abs. 1 ist gemäß Abs. 2 nicht auf Soldaten, die lediglich aufgrund der Wehrpflicht Wehrdienst leisten, sowie nicht auf nicht voll Geschäftsfähige anwendbar. Auf Mitglieder der NATO-Streitkräfte ist Abs. 1 analog anzuwenden, soweit sich deren Wohnsitz nach deutschem Recht richtet.[1]

B. Regelungsgehalt

I. Wohnsitz am Standort (Abs. 1)

2   Da die von § 9 umfassten Berufs- und Zeitsoldaten keine freie Wahl des dienstlichen Wohnsitzes haben, bestimmt Abs. 1, dass der Wohnsitz für diese Soldaten an ihrem Standort ist. Abs. 1 S. 2 schließt einen daneben bestehenden gewählten weiteren Wohnsitz nicht aus.[2]

3   **1. Begriff des Soldaten.** Soldat ist, wer in einem Wehrdienstverhältnis steht. Nicht zu den Soldaten gehören Beamte und Angestellte der Bundeswehr ebenso wenig wie Angehörige des Bundesgrenzschutzes, da deren rechtliche Stellung derjenigen der Mitglieder der kasernierten Bereitschaftspolizei der Länder entspricht.[3]

4   **2. Standort.** Gesetzlicher Wohnsitz gemäß Abs. 1 ist der Standort, das heißt der Garnisonsort, in dem der Truppenteil, zu dem der Soldat gehört, seine regelmäßige Unterkunft hat.[4] Abkommandierungen führen lediglich zu einer vorübergehenden Dienstleistung bei einer anderen Einheit oder bei einem anderen Standort, so dass sie nicht zu einer Änderung des Wohnsitzes führen.[5] Soldaten, die keinem Truppenteil angehören, haben ihren Standort am Ort ihrer militärischen Dienststelle.

5   Fehlt ein inländischer Standort, wie z.B. bei Soldaten, die im Ausland eingesetzt sind, gilt als Wohnsitz der letzte inländische Standort (Abs. 1 S. 2). Bei Ausscheiden des Soldaten aus dem Dienstverhältnis endet auch der gesetzliche Wohnsitz nach § 9.[6]

II. Ausnahmevorschrift des Abs. 2

6   Abs. 1 gilt gemäß Abs. 2 nicht für Soldaten, die lediglich aufgrund der gesetzlich bestehenden Pflicht Wehrdienst leisten. Hierzu gehört gemäß § 1 Abs. 4 SoldG auch, wer im Rahmen der Reserve zu Wehrübungen einberufen ist.

7   Abs. 1 gilt ferner nicht für Soldaten, die gemäß § 8 – entweder wegen Minderjährigkeit oder aus sonstigen Gründen fehlender Geschäftsfähigkeit – selbständig einen Wohnsitz nicht begründen können.

§ 10 (weggefallen)

---

1 Palandt/*Heinrichs*, § 9 Rn 1; Bamberger/Roth/*Bamberger*, § 9 Rn 2.
2 RGZ 126, 8, 12; BVerwG MDR 1960, 1041 Nr. 106; LVG Oldenburg MDR 1958, 875.
3 Bamberger/Roth/*Bamberger*, § 9 Rn 2; MüKo/*Schmitt*, § 9 Rn 5 u. 6; Palandt/*Heinrichs*, § 9 Rn 1; a.A.: Soergel/*Fahse*, § 9 Rn 5; *Enneccerus/Nipperdey*, BGB AT Bd. 1 § 96 Fn 20.
4 Palandt/*Heinrichs*, § 9 Rn 1; Bamberger/Roth/*Bamberger*, § 9 Rn 3.
5 Bamberger/Roth/*Bamberger*, § 9 Rn 3; RG JW 1938, 234; OLG Dresden SeuffA 69, 209; OLG Colmar OLGZ 33, 386; BayObLGZ 21, 188; a.A. (für längere Abkommandierungen) Palandt/*Heinrichs*, § 9 Rn 1; Staudinger/*Habermann/Weick*, § 9 Rn 5.
6 Bamberger/Roth/*Bamberger*, § 9 Rn 3.

§ 11 Wohnsitz des Kindes

¹Ein minderjähriges Kind teilt den Wohnsitz der Eltern; es teilt nicht den Wohnsitz eines Elternteils, dem das Recht fehlt, für die Person des Kindes zu sorgen. ²Steht keinem Elternteil das Recht zu, für die Person des Kindes zu sorgen, so teilt das Kind den Wohnsitz desjenigen, dem dieses Recht zusteht. ³Das Kind behält den Wohnsitz, bis es ihn rechtsgültig aufhebt.

A. Allgemeines 1	2. Wohnsitz bei sonstigen Personen-
B. Regelungsgehalt 2	sorgeberechtigten (S. 2) 6
I. Wohnsitz des minderjährigen Kindes 2	II. Fortdauer des Wohnsitzes (S. 3) 8
1. Wohnsitz bei den Eltern (S. 1) 2	

A. Allgemeines

§ 11 bestimmt für minderjährige Kinder – gleich, ob ehelich oder nichtehelich – einen vom Wohnsitz der sorgeberechtigten Eltern abgeleiteten **gesetzlichen Wohnsitz**. Haben die zusammenlebenden Eltern mehrere Wohnsitze, so sind auch für das Kind mehrere Wohnsitze begründet. Steht keinem Elternteil das Personensorgerecht zu, so teilt das Kind den Wohnsitz desjenigen, dem die Personensorge zusteht. Das für das Kind zuständige Vormundschaftsgericht bestimmt sich nach dem Wohnsitz des § 11. Neben dem gesetzlichen Wohnsitz des § 11 kann gemäß §§ 7, 8 ein gewillkürter Wohnsitz begründet werden, z.B. wenn das Kind ständig in einem Internat lebt[1] oder wenn die Eltern es andauernd in eine Pflegefamilie geben.[2] 1

B. Regelungsgehalt

I. Wohnsitz des minderjährigen Kindes

1. Wohnsitz bei den Eltern (S. 1). Grundsätzlich teilt ein minderjähriges Kind gem. § 11 den Wohnsitz der Eltern. Sind beide Elternteile miteinander verheiratet oder aufgrund einer Sorgeerklärung gemäß § 1626a personensorgeberechtigt und leben sie zusammen, teilt das Kind den Wohnsitz der Eltern. Haben die gemeinschaftlich personensorgeberechtigten Eltern, weil sie geschieden sind oder getrennt leben, unterschiedliche Wohnsitze, besteht für das Kind bis zu einer Entscheidung gemäß § 1671 ein doppelter Wohnsitz.[3] Dies gilt auch dann, wenn das Kind erst nach der Trennung geboren wird.[4] Unerheblich ist, ob beide Elternteile einen früher bestehenden gemeinsamen Wohnsitz verlassen haben oder nur einer.[5] 2

Zuständiges Vormundschaftsgericht für das Kind ist bei einem Doppelwohnsitz das mit dem Fall zuerst befasste Gericht (§ 36 FGG).[6] Geben die Eltern nach der Aufhebung ihres Wohnsitzes das Kind auf Dauer in die Obhut eines Dritten, ist dort gemäß §§ 7, 8 ein gewillkürter Wohnsitz des Kindes begründet.[7] 3

Ist **nur ein Elternteil personensorgeberechtigt**, so bestimmt sich der Wohnsitz des Kindes nur nach dessen Wohnsitz. Hierunter fallen folgende Fallgestaltungen: 4
– Kinder, deren Eltern bei Geburt nicht miteinander verheiratet waren und keine Sorgerechtserklärung gem. § 1626a abgegeben haben;
– Kinder von Eltern, bei denen einem Elternteil die Ausübung des Sorgerechts gemäß § 1666 Abs. 1 entzogen wurde;
– Kinder, bei denen einem Elternteil nach Trennung oder Scheidung durch einstweilige Anordnung gemäß § 620 Abs. 1 Nr. 1 ZPO die elterliche Sorge gemäß §§ 1671, 1672 übertragen wurde;
– nach Tod oder Todeserklärung eines Elternteiles (§§ 1680, 1681).

Ein gewillkürter Wohnsitz gemäß §§ 7, 8 kann begründet werden, wenn der Elternteil längere Zeit damit einverstanden ist, dass das Kind bei dem anderen Elternteil wohnt. Hierfür genügt ein bloßes Dulden allerdings nicht. Vielmehr muss ein entsprechender Wille unzweideutig zum Ausdruck kommen.[8] 5

---

1 BayObLG NJW-RR 1989, 262.
2 OLG Köln FamRZ 1996, 859.
3 BGHZ 48, 228; BGH NJW 1967, 2253; 1984, 971; 1995, 1224.
4 KG NJW 1964, 1577.
5 BGH NJW-RR 1992, 258.
6 BGH NJW 1984, 971; NJW-RR 1990, 1282; 1992, 258.
7 OLG Zweibrücken DAVorm 1983, 862; OLG Düsseldorf MDR 1957, 607; BayObLG NJW-RR 1989, 262.
8 BGH NJW-RR 1992, 578; 1994, 322; OLG Düsseldorf FamRZ 1978, 621; OLG Karlsruhe NJW 1961, 271; Bamberger/Roth/*Bamberger*, § 11 Rn 2; Palandt/*Heinrichs*, § 11 Rn 4.

6   **2. Wohnsitz bei sonstigen Personensorgeberechtigten (S. 2).** Steht keinem Elternteil das Recht der Personensorge zu, teilt das Kind gem. S. 2 den Wohnsitz desjenigen, dem das Recht der Personensorge zusteht. Fälle sind die Entziehung oder Verwirkung des Rechts auf Personensorge gemäß § 1666 oder der Tod beider Elternteile. In diesen Fällen ist in der Regel die elterliche Sorge auf einen Vormund (§ 1773) oder von Teilen der Personensorge auf einen Pfleger (§§ 1909, 1672) übertragen. Das Kind leitet dann seinen Wohnsitz von dem Vormund oder Pfleger ab. Dies gilt unabhängig davon, wo das Kind tatsächlich seine Unterkunft hat, und selbst dann, wenn es bei seinen Eltern wohnt.[9]

7   Bei **Adoptivkindern** besteht der Wohnsitz des Kindes am Wohnsitz der Annehmenden (§ 1754). **Findelkinder** teilen den Wohnsitz ihres Vormundes (§§ 1791, 1800). Werden die Eltern des Findelkindes ermittelt, besteht ein Wohnsitz gemäß S. 1 am Wohnsitz der Eltern, allerdings ohne Rückwirkung.[10] Im Falle einer Adoption geht die elterliche Sorge gem. § 1754 auf den Annehmenden über, so dass das Kind dann den Wohnsitz des Annehmenden teilt.

II. Fortdauer des Wohnsitzes (S. 3)

8   Der vom Wohnsitz der Eltern abgeleitete Wohnsitz des Kindes bleibt bestehen, bis das Kind ihn rechtsgültig aufhebt. Erforderlich sind dazu gemäß § 7 Abs. 3 Aufgabewille und tatsächliche Aufhebung des Wohnsitzes.[11] Es genügt daher nicht, dass das Kind volljährig wird oder ein Elternteil stirbt.[12] Die Aufgabe des Wohnsitzes kann, wenn das Kind volljährig geworden ist, durch dieses selbst, in anderen Fällen nach § 8 durch den Personensorgeberechtigten erfolgen. Wird der Wohnsitz der Eltern ohne Begründung eines neuen aufgegeben, so bleibt gleichwohl der Wohnsitz des Kindes bestehen.[13] Gleiches gilt in den Fällen, in denen das Kind wegen verschiedener Wohnsitze der Elternteile einen Doppelwohnsitz hat und einer der Elternteile seinen Wohnsitz aufgibt, ohne einen neuen Wohnsitz zu begründen, oder stirbt.[14]

§ 12   Namensrecht

[1]Wird das Recht zum Gebrauch eines Namens dem Berechtigten von einem anderen bestritten oder wird das Interesse des Berechtigten dadurch verletzt, dass ein anderer unbefugt den gleichen Namen gebraucht, so kann der Berechtigte von dem anderen Beseitigung der Beeinträchtigung verlangen. [2]Sind weitere Beeinträchtigungen zu besorgen, so kann er auf Unterlassung klagen.

Literatur: *Ahrens*, Die Verwertung persönlichkeitsrechtlicher Positionen, 2002; *Baumbach/Hefermehl*, UWG, 22. Auflage 2001; *Bayreuther*, Gewerblicher und bürgerlicher Rechtsschutz des Vereinssymbols, WRP 1997, 820; *Beuter*, Die Kommerzialisierung des Persönlichkeitsrechts, 2000; *Beuthien/Schmölz*, Persönlichkeitsschutz durch Persönlichkeitsgüterrechte, 1999; *Blankenagel*, Das Recht, ein „Anderer" zu sein, DÖV 1985, 953; *Brandi/Dohrn*, Sukzessionsschutz bei der Veräußerung von Schutzrechten, GRUR 1983, 146; *Ernst*, Verträge rund um die Domain, MMR 2002, 714; *Fabricius*, Extensive Anwendung des § 12 BGB?, JZ 1972, 15; *Fezer*, Markenrecht, 3. Auflage 2001; *ders.*, Anm. zu BGH GRUR 1976, 311, GRUR 1976, 312; *ders.*, Anm. zu BGH GRUR 1976, 644, GRUR 1976, 647; *ders.*, Anm. zu BGH GRUR 1979, 564, GRUR 1979, 566; *ders.*, Liberalisierung und Europäisierung des Firmenrechts, ZHR 161 (1997), 52; *ders.*, Grundprinzipien und Entwicklungslinien im europäischen und internationalen Markenrecht, WRP 1998, 1; *ders.* Die Kennzeichenfunktion von Domainnamen, WRP 2000, 669; *Forkel*, Gebundene Rechtsübertragung, 1977; *ders.*, Lizenzen an Persönlichkeitsrechten durch gebundene Rechtsübertragung, GRUR 1988, 491; *ders.*, Zur Zulässigkeit beschränkter Übertragungen des Namensrechts, NJW 1993, 3181; *Fritze*, Namensfunktion nicht aussprechbarer Buchstabenfolgen als besondere Geschäftsbezeichnungen nach § 16 UWG, GRUR 1993, 538; *v. Gierke*, Buchstabenkombinationen als Unternehmenskennzeichen, WRP 2000, 877; *Goldmann/Rau*, Der Schutz von Buchstabenkombinationen als Unternehmenskennzeichen, GRUR 1999, 216; *Götting*, Persönlichkeitsrechte als Vermögensrechte, 1995; *Hefermehl*, Der namensrechtliche Schutz geschäftlicher Kennzeichen, in: FS Hueck 1959, S. 519; *Hoeren*, Anm. zu BGH MMR 2002, 382 – shell.de, MMR 2002, 386; *Jonas/Schmitz*, Neue Möglichkeiten bei der Kennzeichenmissbrauch? – Zur Einordnung von so genannten Vanity-Rufnummern, GRUR 2000, 183; *Kern*, Verwertung der Personalfirma im Insolvenzverfahren, BB 1999, 1717; *Klaka/Krüger*, Zur Problematik örtlich begrenzter Kennzeichenrechte, in: FS Gaedertz 1992, S. 299; *Kleespies*, Die Domain als selbständiger Vermögensgegenstand in der Einzelzwangsvollstreckung, GRUR 2002, 764; *Klippel*, Der zivilrechtliche Schutz des Namens, 1985; *Köhler*, Namensrecht und Firmenrecht, in: FS Köhler 1998, S. 494; *Koos*, Geldentschädigung bei Verletzung des postmortalen Würdeanspruchs, WRP 2003, 202; *ders.*, Der Name als Immaterialgut, GRUR 2004, 808; *ders.*, Die Domain als Vermögensgegenstand zwischen Sache und Immaterialgut, MMR 2004, 359; *Koppensteiner*,

---

9   Bamberger/Roth/*Bamberger*, § 11 Rn 5.
10 Bamberger/Roth/*Bamberger*, § 11 Rn 5; Palandt/ *Heinrichs*, § 11 Rn 7.
11 BayObLGZ 1979, 142.
12 OLG Hamm OLGZ 1971, 243; BayObLGZ 1982, 374.
13 BGHZ 48, 228, 236, 237; Bamberger/Roth/ *Bamberger*, § 11 Rn 6; a.A. MüKo/*Schmitt*, § 11 Rn 13; Palandt/*Heinrichs*, § 11 Rn 6.
14 BayObLG Rpfleger 1982, 378; Bamberger/Roth/ *Bamberger*, § 11 Rn 6; a.A. MüKo/*Schmitt*, § 11 Rn 13.

Namensrecht § 12

Österreichisches und Europäisches Wettbewerbsrecht, 1997; *Krings*, Der Schutz von Buchstabenkennzeichen, WRP 1999, 50; *Krüger*, Der Schutz des Pseudonyms, unter besonderer Berücksichtigung des Vornamens, UFITA 30 (1960), 269; *Kur*, Namens- und Kennzeichenschutz im Cyberspace, CR 1996, 590; *Loos*, Namensänderungsgesetz, 2. Auflage 1996; *Müller-Graff*, Unterlassungshaftung bei Fremdkennzeichenbezugnahme in Fernsprechbüchern – Teil I, GRUR 1987, 493; *Nauta*, Die Rechtsstellung des Lizenznehmers, ÖJZ 2003, 404; *Peukert*, Persönlichkeitsbezogene Immaterialgüterrechte?, ZUM 2000, 710; *Plaß*, Unternehmenskennzeichen im Wandel?, WRP 2001, 661; *Raschauer*, Namensrecht, 1978; *Reich*, Selbständige und unselbständige Stiftungen des privaten Rechtes nach dem Bürgerlichen Gesetzbuch, 1923; *Renck*, Kennzeichenrechte versus Domain-Names – Eine Analyse der Rechtsprechung, NJW 1999, 3587; *Sack*, Der wettbewerbliche Schutz gegen den Gebrauch des Namens verstorbener Persönlichkeiten zu Wettbewerbszwecken, WRP 1982, 615; *ders.*, Die eigenmächtige Werbung mit fremden Namen als Delikt, WRP 1984, 521; *K. Schmidt*, Gesellschaftsrecht, 4. Auflage 2002; *Schmitt*, WiB 1997, 1116; *Scholz*, Die Änderung der Gleichgewichtslage zwischen namensgleichen Unternehmen und das Recht auf die Namensmarke, GRUR 1996, 679; *Schricker*, Zum Schutz bildlicher Unternehmenskennzeichen, GRUR 1998, 310; *Siebert*, Persönlichkeitsrecht, Namensrecht, Zeichenrecht, 1959; *Steinbeck*, Die Verwertbarkeit der Firma und der Marke in der Insolvenz, NZG 1999, 133; *Ullmann*, Persönlichkeitsrechte in Lizenz?, AfP 1999, 209; *ders.*, Caroline v., Marlene D., Eheleute M. – ein fast geschlossener Kreis, WRP 2000, 1049; *Wachter*, Besprechung von Ebenroth/Boujong/Joost, Kommentar zum Handelsgesetzbuch, NotBZ 2002, 73; *Welzel*, Zwangsvollstreckung in Internet-Domains, MMR 2001, 131; *Wochner*, Die unselbständige Stiftung, ZEV 1999, 125; *Wulf*, Anm. zu OLG Frankfurt BB 2000, 320, GRUR 2000, 321; *Wüstenberg*, Das Namensrecht der Domainnamen, GRUR 2003, 109; *Zimmerling*, Anspruch auf Anrede mit dem Doktorgrad, MDR 1997, 224.

A. Allgemeines 1
  I. Begriff 1
  II. Funktionen des Namens 2
    1. Identitätsfunktion, Individualisierungsfunktion 2
    2. Zuordnungsfunktion 7
    3. Vermögensschützende Funktion 8
    4. Öffentliche Interessen 11
  III. Kennzeichenschutz außerhalb des BGB ... 12
    1. Markengesetz 12
    2. Firmenrecht 17
  IV. Rechtsnatur des Namensrechts 18
    1. Das Namensrecht als subjektives absolutes Recht 18
    2. Das Namensrecht als Persönlichkeits- und Immaterialgüterrecht 19
    3. Das Verhältnis des Namensrechts zum allgemeinen Persönlichkeitsrecht 27
  V. Pflicht zur Namensführung 28
  VI. Namensfeststellung, Namensberichtigung, Namensänderung 30
  VII. Räumliche Reichweite des Namensschutzes 47
B. Regelungsgehalt 49
  I. Schutzsubjekte 49
    1. Natürliche Personen 49
      a) Bürgerlicher Name 50
      b) Pseudonym, Künstlername, Spitzname 57
      c) Firma der Einzelkaufleute ... 65
    2. Juristische Personen, Rechtssubjekte ohne Rechtspersönlichkeit und Gebilde ohne Rechtsfähigkeit 66
      a) Ausdehnung des Anwendungsbereichs 66
      b) Juristische Personen 67
      c) Rechtssubjekte ohne Rechtspersönlichkeit und Gebilde ohne Rechtsfähigkeit 70
    3. Namensschutz von Ausländern ... 80
  II. Schutzobjekte 84
    1. Allgemeine Kriterien für den Schutz einer Bezeichnung als Name .. 84
      a) Unterscheidungskraft 84
      b) Verkehrsgeltung 87
      c) Freihaltebedürfnis 89
    2. Einzelfragen 90
      a) Bürgerlicher Name 90
      b) Firma und sonstige Geschäftsbezeichnungen 91
      c) Fantasiebezeichnung 92
      d) Umgangssprachliche, Sach-, Tätigkeits- und Gattungsbezeichnungen 94
      e) Zahlenkombinationen, Buchstabenkombinationen 96
      f) Herkunftsbezeichnung 98
      g) Schlagworte, Abkürzungen, Teile von Namen 99
      h) Telegrammadressen, Telefonnummern 105
      i) Domainnamen 107
      j) Bildzeichen 112
      k) Gebäudebezeichnungen ... 115
      l) Marken, Ausstattungen ... 117
      m) Wappen, Siegel, Embleme . 118
      n) Werbeslogans 121
  III. Entstehung, Erlöschen und Verkehrsfähigkeit des Namensrechts 122
    1. Entstehung 122
      a) Bürgerlicher Name 123
      b) Pseudonym 124
      c) Firma und andere Unternehmenskennzeichen 125
    2. Erlöschen 127
      a) Bürgerlicher Name 127
      b) Pseudonym 139
      c) Firma und andere Unternehmenskennzeichen 143
    3. Verkehrsfähigkeit von Namensrechten ... 149
      a) Übertragbarkeit und Gestattungsvertrag 149
        aa) Bürgerlicher Name 149
        bb) Firma 150
        cc) Domainnamen 151
        dd) Gestattungsvertrag ... 156
        ee) GmbH, OHG, KG 171
      b) Eigene Auffassung 172
      c) Insolvenz und Pfändung ... 179
        aa) Firma 179
        bb) Domains 185
        cc) Marken 187
  IV. Verletzungstatbestände 188
    1. Allgemeines 188
    2. Namensbestreitung (Namensleugnung) . 189
    2. Namensanmaßung 192
      a) Grundsatz 192
      b) Begriff des Namensgebrauchs .. 193
      c) Namensgebrauch zur Selbstbezeichnung 208
      d) Namensgebrauch zur Benennung eines Dritten 212

e) Unbefugter Namensgebrauch 215	V. Rechtsfolgen bei Verletzung des
aa) Allgemeines 215	Namensrechts 255
bb) Prioritätsgrundsatz 220	1. Allgemeines 255
cc) Gleichnamigkeit 226	2. Beseitigungsanspruch 260
dd) Interessenverletzung 234	3. Unterlassungsanspruch 265
(1) Allgemeines 234	4. Verwirkung 268
(2) Verwechslungsgefahr 244	VI. Verjährung 269
(3) Verwässerungsgefahr 250	VII. Schadensersatzanspruch 270
	VIII. Bereicherungsanspruch 271

A. Allgemeines

I. Begriff

1 Der Name ist ein **sprachliches Kennzeichen einer Person**, das dazu dient, die Person im Rechtsverkehr, geschäftlich als auch allgemein, ständig von anderen Personen zu unterscheiden.[1] Durch den Namen individualisiert sich eine Person in ihrer Umwelt; der Name ist Kennzeichen der Persönlichkeit des Namensträgers im Verhältnis zu seiner Umwelt und ist Repräsentation der Identität und Individualität der Person gegenüber ihrer Umwelt.[2] Der Name ist im Gegensatz zu anderen Arten von Kennzeichen, etwa der Marke, mithin unmittelbar **personenbezogen**. Als sprachliches Unterscheidungskennzeichen der Person, das Kennzeichen der Person, soll es nach hergebrachter Auffassung erforderlich sein, dass der Name aussprechbar, hörbar und schreibbar ist,[3] so dass durch seinen Klang eine bestimmte, unterscheidende Vorstellung von dem Namensträger erzeugt wird.[4] Auf nicht aussprechbare Buchstaben- oder Ziffernkombinationen sowie auf nicht wörtlich ausdrückbare Bildzeichen und Symbole kann unter Umständen § 12 analoge Anwendung finden (dazu Rn 96 f. zu Buchstaben- und Ziffernkombinationen und Rn 114 zu Bildzeichen).

II. Funktionen des Namens

2 **1. Identitätsfunktion, Individualisierungsfunktion.** In seiner **Identitätsfunktion** hat der Name die Funktion der Kennzeichnung und Unterscheidung der Person.[5] Der Name dient damit einerseits öffentlichen und gesellschaftlichen Interessen, das Individuum beziehungsweise die Einheit benennen und unterscheiden zu können.

3 Andererseits dient der Name den Interessen des Namensträgers selbst, indem er ihm die Identifizierung seiner selbst gegenüber anderen ermöglicht. Der Eigenname hat insoweit eine kommunikative Funktion.[6] In dieser von der Person ausgehenden Ausprägung der Namensfunktion als **Individualisierungsfunktion** steht die Eigenindividualisierung der Person im Vordergrund.[7]

4 Eine weiter gehende Frage ist, inwieweit sich die Individualisierungsfunktion auch auf den Schutz der Persönlichkeit im Hinblick auf **Beeinträchtigungen des Eigenwerts** des Namensträgers oder im Hinblick auf eine Benutzung des Namens zum Zweck der **Persönlichkeitsausnutzung** bezieht. Falls dies zu verneinen wäre, würde der Schutz des § 12 nur dort eingreifen, wo die Gefahr besteht, dass eine Identitätstäuschung im Verhältnis zu anderen Personen eintritt (**Namensanmaßung**) oder wo dem Namensträger der Gebrauch seines Namens als äußeres personales Unterscheidungszeichen streitig gemacht wird (**Namensbestreitung**). Anderenfalls könnte der Schutz des § 12 auch den Missbrauch eines fremden Namens zu Werbezwecken oder die Darstellung einer existierenden Person unter ihrem Namen in Romanen oder sonstigen darstellenden Werken erfassen.[8] *Schwerdtner* weist insoweit auf den Charakter des Namens als äußeres Kennzeichen einer Person zur Unterscheidung von anderen Personen hin und lehnt eine Erstreckung des Namensschutzes nach § 12 auf den Bereich des durch den Namen repräsentierten Eigenwertes der Person in der Öffentlichkeit ab, der ausschließlich durch den allgemeinen Persönlichkeitsschutz und durch die speziellen, die Persönlichkeit schützenden Normen abgedeckt werde.[9] Demgegenüber erkannte der BGH an, dass § 12 auch den durch den Namen repräsentierten Eigenwert der Person schützt,[10] und im Schrifttum wird der Namensschutz auch gegen die Namensbenutzung zum Zweck der Persönlichkeitsausnutzung herangezogen.[11]

---

1 Vgl. RGZ 91, 350, 352; 137, 213, 215; BGHZ 30, 7, 9 – Caterina Valente; 32, 103, 111.
2 BVerfG JZ 1982, 798; BVerfGE 97, 391; BVerfG v. 18.2.2004 – 1 BvR 193/97.
3 So *Hefermehl*, in: FS Hueck, S. 519, 520.
4 *Fezer*, Markenrecht, § 15 Rn 21.
5 Bamberger/Roth/*Bamberger*, § 12 Rn 3.
6 *Klippel*, S. 356.
7 Zur Unterscheidung zwischen Identitätsfunktion und Individualisierungsfunktion *Klippel*, S. 356.
8 Vgl. *Siebert*, Rn 4.
9 MüKo/*Schwerdtner*, § 12 Rn 4.
10 BGH NJW 1959, 525 – Gedenktafel.
11 Baumbach/*Hefermehl*, UWG, Allg. Rn 200; *Sack*, WRP 1982, 616, 616; *ders.*, WRP 1984, 521, 531 ff.; Soergel/*Heinrich*, § 12 Rn 172; *Siebert*, Rn 4 f. m.w.N. auf die ältere Rechtsprechung.

Die Sichtweise, wonach der Namensschutz den Namensträger nicht auch gegen eine Namensbenutzung zum Zwecke der Persönlichkeitsausnutzung oder gegen eine Beeinträchtigung des Eigenwerts schützt, erscheint zu eng. Sicher geht die Entwicklung des Namensschutzes historisch von einer eher öffentlich-rechtlichen Identitätsfunktion über eine auch von der Person selbst ausgehenden Eigenindividualisierungsfunktion aus; er unterlag und unterliegt aber – wie andere Ausflüsse des Persönlichkeitsschutzes, etwa die Marke oder der allgemeine zivilrechtliche Ehrschutz – Wandlungen. Zum einen entwickelt sich der Namensschutz, wie andere Aspekte der Persönlichkeit in Richtung eines umfassenden Immaterialgüterrechts, einhergehend mit einer Objektivierung des Rechtsguts (siehe dazu Rn 25, 172 ff.). Zum anderen erlangt der Name in einer Welt der modernen Kommunikationsmedien, die eine körperliche Präsenz der Agierenden zurückdrängen, neue Bedeutungen, die über die bloße Zuordnungsidentifikation zum Namensträger hinausgehen. Wo oft nur noch das sprachliche Kennzeichen der Person in rein „virtuellen" Kommunikationsräumen präsent ist, nimmt dieses gleichsam Stellvertreterfunktion für die körperliche Erscheinung des Namensträgers ein. Daraus folgt, dass sich Beeinträchtigungen des Namensrechts noch stärker auf die Person des Namensträgers, ihre Wertschätzung und Repräsentanz in der Gesellschaft auswirken, als dies zur Zeit der Entstehung des Namensschutzes im BGB der Fall war.

Der Namensschutz könnte unter diesem Gesichtspunkt auch auf Aspekte über das bloße engere Identitäts- und das Zuordnungsinteresse hinaus auf allgemeine Persönlichkeitsinteressen und wirtschaftliche Interessen auszudehnen sein (zu Letzteren näher Rn 9 f.). Das stellt keine normfremde **Erweiterung des Anwendungsbereichs** des § 12 auf den **nicht rein zeichengemäßen Gebrauch des Namens** dar, weil der Wortlaut der Vorschrift weit genug zu verstehen ist und nicht auf den zeichenmäßigen Gebrauch beschränkt ist.[12] Angesichts tiefgreifender Wandlungen im gesellschaftlichen Verständnis des Verhältnisses von Persönlichkeit und kommerziellen Interessen sowie der Bedeutung des Namens wäre allerdings auch eine Ausweitung des Anwendungsbereichs über einen enger verstandenen Wortlaut des § 12 hinaus gerechtfertigt. Auch wenn ein hinreichender weiterer Namensschutz neben § 12 über das allgemeine Persönlichkeitsrecht möglich scheint, sollte auch berücksichtigt werden, dass der Name als spezielle Ausdrucksform der Persönlichkeit in besonderem Maße Element eines kommerzialisierten Persönlichkeitsbereichs sein kann. Die Verortung dieses Vermögensrechtsschutzes des Namens sollte systematisch nicht im allgemeinen Persönlichkeitsrecht erfolgen, sondern im Kennzeichenrecht.

2. Zuordnungsfunktion. Der Name der natürlichen Person dient der Zuordnung der Person zu einer **Familie als sozialer Einheit**. Diese auch ordnungsrechtlich zu verstehende[13] Funktion des Namens steht im Spannungsfeld mit der Individualisierungsfunktion als persönlichkeitsrelevantem Selbstbestimmungsinteresse des Individuums. So führte die Eheschließung vor der Neuregelung durch das FamNamRG vom 16.12.1993[14] zum Verlust des Geburtsnamens eines Ehepartners. Durch die § 1355 Abs. 4 und die §§ 1617b, 1617c und 1618 im Hinblick auf den Kindesnamen ist die familiäre Zuordnungsfunktion erheblich zurückgedrängt,[15] wenn auch nicht gänzlich verdrängt worden.[16] Der Zuordnung zur sozialen Einheit Familie untergeordnet ist heute die Kennzeichnung der Blutsabstammung des Namensträgers.[17]

3. Vermögensschützende Funktion. Der Handelsname des Kaufmanns (Firma) sowie andere geschäftliche Bezeichnungen, wie Marken, Werktitel, Unternehmensbezeichnungen oder Sozietätsbezeichnungen, sind wirtschaftlich relevante Unternehmensbestandteile und werden als solche neben dem Schutz durch spezielle Vorschriften auch durch § 12 geschützt.

Darüber hinaus ist auch ein **vermögensschützender Aspekt** des Schutzes des bürgerlichen Namens einer Privatperson im Grundsatz anzunehmen. Der individuelle **Schutz der Persönlichkeit** hat allgemein zwei Seiten, eine **ideelle** und eine **kommerzielle**. Für das **allgemeine Persönlichkeitsrecht** wird dies zunehmend auch durch die Rechtsprechung angenommen.[18] Insbesondere dem Entschädigungsanspruch bei Verletzung des allgemeinen Persönlichkeitsrechts kommt neben einer Genugtuungs- und einer Präventionsfunktion eine Kompensationsfunktion zu, die an den vermögensrechtlichen Bestandteil der Persönlichkeit anknüpft. Dieser vermögensrechtliche Bereich der Persönlichkeit ist von Todes wegen übertragbar[19] und mag darüber

---

12 *Sack*, WRP 1984, 521, 531; a.A. zur Frage der Ausnutzung des Familiennamens zu Reklamezwecken *Klippel*, S. 409.
13 Vgl. BVerfG NJW 1988, 1577; Bamberger/Roth/*Bamberger*, § 12 Rn 4.
14 BGBl I S. 2054; zur Verfassungswidrigkeit des vor der Gesetzesänderung bestehenden Zustands BVerfG NJW 1991, 1602.
15 MüKo/*Schwerdtner*, § 12 Rn 5; Bamberger/Roth/*Bamberger*, § 12 Rn 4.
16 Soergel/*Heinrich*, § 12 Rn 3.
17 MüKo/*Schwerdtner*, § 12 Rn 4; Soergel/*Heinrich*, § 12 Rn 3.
18 Vgl. BGH NJW 2000, 2195 – Marlene Dietrich I; vgl. auch OLG München GRUR-RR 2002, 341, 342 – Marlene Dietrich nackt.
19 BGH NJW 2000, 2195, 2197 – Marlene Dietrich I.

hinaus auch rechtsgeschäftlich übertragbar sein (vgl. Rn 173). Das allgemeine Persönlichkeitsrecht würde sich im Zuge einer solchen **Kommerzialisierungstendenz**[20] zunehmend zu einem Immaterialgüterrecht entwickeln.[21] Das würde erst recht für das Namensrecht als spezielle abgrenzbare Ausprägung des Persönlichkeitsrechts gelten.

10 Der BGH[22] und das herrschende Schrifttum gehen bislang von der generellen **Unveräußerlichkeit** des Namensrechts aus (dazu näher Rn 149). Dies beruht vor allem auf der Vorstellung von der Höchstpersönlichkeit des Namens und der Rechte am Namen. Eine weiter gehende Kommerzialisierbarkeit des bürgerlichen Namens scheint demnach begrenzt. Wenn jedoch anzuerkennen ist, dass das allgemeine Persönlichkeitsrecht neben einem rein ideellen einen kommerziellen Aspekt hat, der die Persönlichkeit partiell zu einem Wirtschaftsgut macht, dann ist dies auch auf das Namensrecht zu übertragen. Auch der Name der Privatperson ist potenziell kommerziell verwertbar, nämlich dann, wenn ein Markt für die Namensverwertung existiert, insbesondere bei Personen, die im öffentlichen Interesse stehen. Das betrifft vor allem die Fallgruppe der **Ausnutzung des Reklamewerts** des Familiennamens. Ein anzunehmender kommerzieller Teilaspekt des Namens kann sich so zu einem neuen Immaterialgüterrecht entwickeln, das auch durch § 12 geschützt werden kann.

11 **4. Öffentliche Interessen.** Unterscheidungs- und Zuordnungsfunktion des Namens sind schließlich gesellschaftlich zu sehen.[23] Das führt dazu, dass keine vollständige Namensfreiheit herrscht.[24] Begründung, Beibehaltung und Führung des Namens berühren insoweit öffentliche Interessen.[25]

III. Kennzeichenschutz außerhalb des BGB

12 **1. Markengesetz.** Der Name ist eine Form des **Kennzeichens**. Das Kennzeichen im allgemeinen Sinne dient der Abgrenzung und Individualisierung nicht notwendig nur der Person, sondern auch seiner wirtschaftlichen Erscheinung oder der Produkte, die die Person oder ein Unternehmen im Wirtschaftsverkehr anbietet. Namens- und Kennzeichenbegriff überschneiden sich dabei. Die **Marke** ist als besonderes Kennzeichen zur Vermarktung eines Produktes im Wirtschaftsverkehr letztlich zum eigenständigen Wirtschaftsgut verselbstständigter Ausfluss des Persönlichkeitsrechts.[26] Mit der Marke verbindet die Umwelt wie mit dem Namen eine bestimmte Vorstellung von dem Produkt oder von dem Hersteller des Produktes. Sie ist daher wie der Name Manifestation des Standorts einer Einheit in seiner Umwelt, freilich als solche gelöst von der Person und über den bloßen hörbaren und schreibbaren Klang hinaus.[27] Eine mögliche Identifikation der Marke mit einem Unternehmen oder einer natürlichen oder juristischen Person ist Reflex der Identifikation der Marke mit dem Produkt, das unter der Marke vermarktet wird.

13 Marken, geschäftliche Bezeichnungen und geografische Herkunftsangaben werden durch das **Markengesetz** geregelt. Sie unterscheiden sich von Namen im Sinne des § 12 durch das Objekt der Bezeichnung: Während der Name eine Person bezeichnet, dienen solche Kennzeichen der Bezeichnung der Herkunft von Waren und Dienstleistungen und der Zuordnung zu einem bestimmten Unternehmen. Als reine Produktkennzeichen fallen die durch das Markengesetz geschützten Kennzeichen grundsätzlich zunächst nicht in den Anwendungsbereich des § 12.

14 Das gilt jedoch nicht pauschal für alle Fälle solcher Kennzeichen. Soweit ein markenrechtlich relevantes Kennzeichen **Namensfunktion** hat, weil der Verkehr es als Kennzeichen des Unternehmens oder der Person selbst ansieht,[28] ist der Namensschutz des § 12 mit seinen eigenen, vom Markenschutz abweichenden Tatbestandsvoraussetzungen tangiert. Der allgemeine Namensschutz ist auch berührt, wenn die Marke einen **Namen im Sinne des § 12** enthält oder aus Firmenbestandteilen oder Schlagworten mit Namensfunktion gebildet ist.[29]

15 Das **Verhältnis zwischen dem Namensschutz nach § 12 und dem markenrechtlichen Schutz** namensartiger Kennzeichen ist streitig. Während der BGH und die herrschende Meinung im Schrifttum annehmen, dass § 12 durch das Markengesetz im geschäftlichen Verkehr **verdrängt** wird, so dass entsprechende Kenn-

---

20 Vgl. dazu *Ullmann*, WRP 2000, 1049, 1052 f.; *Beuter*, Die Kommerzialisierung des Persönlichkeitsrechts, 2000.
21 *Koos*, WRP 2003, 202.
22 BGHZ 119, 237, 240 f. – Universitätsemblem.
23 BVerfG NJW 1988, 1577.
24 Vgl. Soergel/*Heinrich*, § 12 Rn 3.
25 Bamberger/Roth/*Bamberger*, § 12 Rn 6.
26 Vgl. zur persönlichkeitsrechtlichen Qualifikation in der frühen Rechtsprechung des Reichsgerichts RGZ 18, 28, 32 – Hoff; RGZ 51, 263, 267 – Mariani.
27 Vgl. auch *Fezer*, WRP 1998, 1, 12.
28 BGH GRUR 1959, 25, 26 – Triumph.
29 Baumbach/*Hefermehl*, UWG, Allg. Rn 178; Soergel/*Heinrich*, § 12 Rn 153.

zeichen durch § 12 nur außerhalb des geschäftlichen Verkehrs geschützt seien,[30] wird teilweise von einem **Nebeneinander** des markenrechtlichen und namensrechtlichen Schutzes ausgegangen.[31]

Dogmatisch liegt eine Anwendbarkeit des namensrechtlichen Schutzes auch auf markenrechtlich relevante namensartige Kennzeichen nahe, weil die Funktionen des Namensschutzes umfassend und nicht etwa beschränkt auf eine engere Identifikationsfunktion aufzufassen sind. Der Name ist umfassender Ausdruck der Persönlichkeit des Namensträgers und dient als solcher auch zur Individualisierung und persönlichen Entfaltung des Namensträgers in seiner Umwelt. Im geschäftlichen Verkehr manifestiert sich dies durch das Unternehmen.[32] Dem Markenrecht kommen gegenüber dem Namensrecht abweichende Funktionen zu. Ersteres ist nicht geeignet, bestimmte Schutzfunktionen des § 12, die insoweit auch im wirtschaftlichen Bereich bestehen, zu erfüllen. Deshalb ist insoweit **Anspruchskonkurrenz** anzunehmen. Das Namensrecht im geschäftlichen Verkehr hat eine zwar wirtschaftlich relevante, kommerziell bedeutsame Seite, die sich teilweise mit den Funktionen markenrechtlich erfasster Kennzeichen decken kann, etwa im Rahmen der Unterscheidungsfunktion, die sich über die Produktidentifizierung auf den hinter dem Produkt stehenden Hersteller erstrecken mag. Der eigentliche Persönlichkeitsschutz durch ein gegebenenfalls auch als Immaterialgüterrecht verstandenes Namensrecht (dazu Rn 25, 172) geht aber über die Funktionen der Marke als Herkunftsidentifikation und Produktidentifikation deutlich hinaus. Der Schutz der mit dem Namen verbundenen Persönlichkeit hat aber nicht nur im nicht geschäftlichen Verkehr seine Bedeutung, sondern gerade auch im Wirtschaftsverkehr.

2. Firmenrecht. Der namensrechtliche Schutz erfasst die Firma als Handelsnamen (§§ 17 ff. HGB), auch dann wenn sie nicht vom bürgerlichen Namen des Firmeninhabers abgeleitet ist. Nach § 37 Abs. 2 S. 1 HGB besteht ein Unterlassungsanspruch desjenigen, der in seinen Rechten dadurch verletzt wird, dass ein anderer eine Firma unbefugt gebraucht. Gemäß S. 2 bleiben nach sonstigen Vorschriften begründete Schadensersatzansprüche unberührt. Damit soll ein firmenrechtlich unzulässiger Gebrauch der Firma verhindert werden.[33] Die Vorschrift dient also nicht dem Schutz der Firma oder des Namens. Dasselbe gilt für § 30 HGB, der ebenfalls keinen materiellen Rechtsschutz des Namens oder der Firma bezweckt.[34] Die Anwendung des § 12 wird hierdurch nicht ausgeschlossen.

IV. Rechtsnatur des Namensrechts

1. Das Namensrecht als subjektives absolutes Recht. Die Rechtsnatur des Namensrechts ist seit langem streitig. Einigkeit besteht darüber, dass der Namensträger ein **subjektives Recht** am Namen genießt. Dieses subjektive Recht am Namen steht dem Namensträger gegen jedermann zu und ist daher ein **absolutes Recht**.[35] Es wird durch die Abwehransprüche des § 12 sowie als „sonstiges Recht" im Sinne des § 823 Abs. 1 geschützt. Die **Ausschlusswirkung** des Namens ist allerdings durch das Bestehen von Rechten Gleichnamiger erheblich gemindert. Auch einen Exklusivitätsschutz besonderer angeborener, etwa adliger oder berühmter Namen, der sich gegen das Namensrecht eines infolge Heirat Gleichnamigen durchsetzen könnte, gibt es nicht.[36]

2. Das Namensrecht als Persönlichkeits- und Immaterialgüterrecht. Uneinheitlich wird hingegen die Frage beantwortet, inwieweit das Namensrecht reines Persönlichkeitsrecht oder Immaterialgüterrecht ist. Besonders durch die Ausdehnung des Namensschutzes über den bürgerlichen Namen der natürlichen Person hinaus auf Unternehmensbezeichnungen gestaltet sich die genaue Qualifikation des Namensrechts als schwierig.[37] Verschiedene Lösungen sind denkbar, so könnte das Namensrecht als reines Persönlichkeitsrecht,[38] als Persönlichkeitsrecht mit vermögensrechtlichem Einschlag, als Immaterialgüterrecht mit persönlichkeitsrechtlichem Einschlag oder als reines Immaterialgüterrecht qualifiziert werden. Eine eindeutige Einordnung eines „Standardnamensrechts" in eine einzige der möglichen Kategorien erscheint schwerlich möglich und wenig sinnvoll, weil das Namensrecht, abhängig von der Kategorie des Namensträgers oder der konkreten durch die Stellung des Namensträgers in seiner Umwelt mitbestimmten Bedeutung seines Namens verschiedene Funktionen erfüllen kann, die entweder eher persönlicher oder eher vermögensrechtlicher Natur sind (Rn 21).

---

30 BGH NJW 2002, 2031, 2033 – shell.de; Palandt/Heinrichs, § 12 Rn 10; MüKo/Schwerdtner, § 12 Rn 110; Jauernig/Jauernig, § 12 Rn 7.
31 LG Düsseldorf NJW-RR 1998, 979, 984; Hefermehl, in: FS Hueck, S. 519, 534; Bamberger/Roth/Bamberger, § 12 Rn 10.
32 Hefermehl, in: FS Hueck, S. 519, 534.
33 Soergel/Heinrich, § 12 Rn 165; Bamberger/Roth/Bamberger, § 12 Rn 12.
34 Hefermehl, in: FS Hueck, S. 519, 528; Bamberger/Roth/Bamberger, § 12 Rn 12; MüKo/Schwerdtner, § 12 Rn 109.
35 BGHZ 8, 318, 319; Soergel/Heinrich, § 12 Rn 19; Erman/H.P.Westermann, § 12 Rn 2; Palandt/Heinrichs, § 12 Rn 2.
36 BVerfG v. 18.2.2004 – 1 BvR 193/97.
37 Vgl. Soergel/Heinrich, § 12 Rn 22.
38 Vgl. Larenz/Wolf, BGB AT, § 8 Rn 9: „Prototyp der Persönlichkeitsrechte".

Die Beantwortung der Frage nach der Rechtsnatur des Namensrechts oder verschiedener namensrechtlicher Elemente ist aber jedenfalls insoweit bedeutsam, als sie Aufschluss über die **Reichweite der Verkehrsfähigkeit** des Namens[39] und über das Verhältnis des Namensrechts zum **allgemeinen Persönlichkeitsrecht** geben kann.

20 **Vorherrschend** ist die Auffassung, das Namensrecht sei, soweit es die Privatsphäre des Namensträgers betreffe, ein **reines Persönlichkeitsrecht**, während es als **Immaterialgüterrecht** zu qualifizieren sei, soweit der Name Unternehmensbezeichnung sei.[40] Letzteres gelte für die **Firma** mit der Einschränkung, dass das Immaterialgüterrecht **persönlichkeitsrechtliche Elemente** enthalte, soweit der Name auf die Person des Gewerbetreibenden hinweise.[41] Für die **Unternehmensbezeichnung** der juristischen Person wird der Charakter des Namensrechts als uneingeschränkt vermögensrechtlich angesehen.[42] Dasselbe muss jedenfalls für den teilweise unter Berücksichtigung eines Vermarktungsinteresses anerkannten Namensschutz für **Gebäudebezeichnungen** gelten (dazu Rn 115).

21 Für die Frage der rechtlichen Qualifikation des Namensrechts gilt es zunächst festzuhalten, dass diese nicht für „das Namensrecht" einheitlich erfolgen kann. Die Rechtsnatur des Namensrechts in seinem konkreten Kontext wird bestimmt durch die Interessen, die durch § 12 geschützt werden, und damit durch die dem Namensrecht im Sinne des § 12 zukommenden möglichen Funktionen. So spielt es eine erhebliche Rolle, ob sich die Aufgaben des Namensrechts der natürlichen Person ausschließlich in einer Ordnungs- und Unterscheidungsfunktion erschöpfen[43] oder ob auch die Persönlichkeit in ihrer Individualität im gesellschaftlichen Leben und das Interesse der Person, seine Persönlichkeit wirtschaftlich zu verwerten oder nicht verwertet zu wissen, durch § 12 geschützt sind. Je nach den Interessen des Namensträgers kann das Namensrecht persönlichkeitsrechtlich oder vermögensrechtlich geprägt sein, eher höchstpersönliches Recht oder Immaterialgüterrecht mit mehr oder weniger starkem persönlichkeitsrechtlichem Einschlag sein.

22 Zweitens sollte die Diskussion über die Rechtsnatur oder die möglichen Elemente des Namensrechts nicht von einem strengen Gegensatz zwischen Persönlichkeitsrecht mit einem rein höchstpersönlichen, gleichsam ideellen Charakter und Immaterialgüterrecht mit einem rein vermögensrechtlichen, persönlichkeitsgelösten Charakter geprägt sein. Die Entwicklung des Persönlichkeitsrechts im bürgerlichen Recht hat sich längst den Wandlungen in der Gesellschaft angepasst, die **Kommerzialisierung persönlicher Lebensbereiche** ist weithin akzeptiert. Hiervor kann sich in verfassungsrechtlich und ethisch vorgegebenen Grenzen auch die Rechtsentwicklung nicht verschließen.[44] Eine Abgrenzung des Namensrechts als Persönlichkeitsrecht oder Immaterialgüterrecht danach, ob kommerziell verwertete oder verwertbare Positionen der Person betroffen sind, erscheint vor diesem Hintergrund nicht möglich. Weder schließt das Bestehen von Vermögensinteressen die Qualifikation des Namensrechts als Persönlichkeitsrecht aus, noch schließt das Bestehen reiner höchstpersönlicher Interessen die kumulative Existenz von vermögensrechtlichen Interessen und damit die mögliche Qualifikation als Immaterialgüterrecht aus.[45] Der herrschenden Meinung ist insoweit Recht zu geben, als anerkannt wird, dass ein namensrechtliches Immaterialgüterrecht einen mehr oder weniger ausgeprägten persönlichkeitsrechtlichen Charakter hat.

23 Andererseits kann allein ein **persönlichkeitsrechtlicher Charakter des Namensrechts**, insbesondere der natürlichen Person, nicht dagegen sprechen, dass das Namensrecht in nicht nur nicht unbedeutendem, sondern in gleichgewichtigem Maße vermögensrechtlich wie persönlichkeitsrechtlich geprägt ist. Soweit demnach traditionell von einem „höchstpersönlichen" Charakter oder allgemein von der Einordnung des Namensrechts in die Gruppe der Persönlichkeitsrechte auf seine mangelnde Verkehrsfähigkeit geschlossen wird,[46] erscheint diese Argumentation fragwürdig. „Das Namensrecht" als Ganzes ist nicht „höchstpersönlich"; es kann *insgesamt* nur ein gegebenenfalls mehr oder weniger kommerzialisierbares Persönlichkeitsrecht sein. Dies schließt jedoch nicht aus, dass das Namensrecht höchstpersönliche Elemente enthalten kann, die einer gesonderten Beurteilung unterliegen.

---

39 In diesem Sinne auch MüKo/*Schwerdtner*, § 12 Rn 39, der die Qualifikation im Übrigen für nicht hilfreich hält, weil sie nicht sachproblembezogen sei.
40 Vgl. Staudinger/*Weick*/*Habermann*, § 12 Rn 35 f.; Palandt/*Heinrichs*, § 12 Rn 2; Erman/ *H.P.Westermann*, § 12 Rn 2; MüKo/*Schwerdtner*, § 12 Rn 40; vgl. ausgehend von seiner Theorie der Immaterialgüterrechte auch *Fezer*, Markenrecht, § 15 Rn 106a; *ders.*, ZHR 161 (1997), 52, 55, 65. Danach ist das Firmenrecht ein Immaterialgüterrecht, das der Person als Wirtschaftssubjekt einen Freiheitsbereich zur wirtschaftlichen Betätigung zuordnet.
41 Baumbach/*Hefermehl*, UWG, Allg. Rn 182; vgl. *Fezer*, Markenrecht, § 15 Rn 24.
42 KG NJW 1961, 833; vgl. Staudinger/*Weick*/ *Habermann*, § 12 Rn 41 m.w.N.
43 So MüKo/*Schwerdtner*, § 12 Rn 39.
44 S. dazu *Beuter*, Die Kommerzialisierung des Persönlichkeitsrechts, Diss. Konstanz 2000, S. 65 ff.
45 Vgl. *Klippel*, S. 496 f.
46 Vgl. BGHZ 119, 237, 240 – Universitätsemblem.

Nicht sachgerecht erscheint es demgemäß, dem Namensrecht der natürlichen Person außerhalb des Bereichs der Unternehmensbezeichnungen pauschal die mögliche Qualifikation als Immaterialgüterrecht abzusprechen. Da auch persönlichkeitsrechtliche Positionen der natürlichen Person außerhalb des engeren Firmenrechts kommerzialisierbar sind, kann in den Grenzen der allgemein als möglich anerkannten Funktionen des Namensschutzes das Namensrecht immaterialgüterrechtliche Züge tragen. Die Unternehmensanhängigkeit des Namens ist daher für die Qualifikation nicht in erster Linie entscheidend, sondern der allgemeine vermögensrechtliche Kontext der Namensverwendbarkeit. Auch die natürliche Person kann über die firmenrechtliche Verwendung ihres Namens hinaus ihren Namen kommerziell verwerten; insoweit liegt eine Verselbständigung des Namensrechts von der Persönlichkeit der natürlichen Person und damit wenigstens teilweise ein Immaterialgüterrechtscharakter nahe.

Das Namensrecht stellt insoweit ein gleichsam **latentes Immaterialgüterrecht** der Person dar. Ein Immaterialgüterrecht ist es, soweit es sich von der Person verselbständigt hat und insoweit objektiviert ist.[47] Latentes Immaterialgüterrecht ist es, weil eine kommerzielle Verwertung des Namens der natürlichen Person nur dann in Betracht kommt, wenn hierfür ein Markt besteht: Der regelmäßig persönliche Name wird durch die Existenz eines Marktes für seine Verwertung zum Wirtschaftsgut.[48] Die Verselbständigung des zumindest bei der natürlichen Person persönlichkeitsrechtlich geprägten Namensrechts erfolgt durch Verknüpfung mit einem Produkt des kommerziellen Interesses,[49] etwa einer Ware, einer Institution, eines Events oder namentlich von der Vermarktung zugänglichen persönlichen Ereignissen von Personen öffentlichen Interesses. Vom Kennzeichen der Person wird der Name im kommerziellen Rahmen gleichsam zur **„Marke der Person"**. Der immaterialgüterrechtliche Aspekt des Namensrechts könnte entweder in ein einheitliches Namensrecht integriert werden oder als vom persönlichkeitsrechtlichen Namensrecht (Namenspersönlichkeitsrecht) getrenntes Namensimmaterialgüterrecht konstruiert werden[50] (zu dieser Frage im Zusammenhang mit der Verkehrsfähigkeit des Namensrechts Rn 174 f.).

Die beschriebene Entwicklung des Namensrechts zu einem Immaterialgüterrecht ist von besonderer Relevanz, soweit man den Schutzbereich des Namensrechts nach § 12 weit auffasst und den Namen insbesondere nicht nur auch als Ausdruck der Individualität des Namensträgers,[51] sondern in einem weiteren persönlichkeitsrechtlichen Sinne versteht, der über eine reine Unterscheidungsfunktion hinausgeht und auch weitere mit dem Namen verbundene Interessen erfasst. Vor allem wenn das Interesse des Namensträgers, dass sein Name nicht unbefugt zu kommerziellen Zwecken, insbesondere zu Werbezwecken verwendet wird, zum Schutzbereich des § 12 gehört (dazu näher Rn 4),[52] erlangt die Möglichkeit des Namensträgers, seinen Namen insoweit als Immaterialgüterrecht nutzen zu können, Bedeutung.

3. Das Verhältnis des Namensrechts zum allgemeinen Persönlichkeitsrecht. Soweit der Schutzbereich des § 12 eröffnet ist, geht der Namensschutz nach dieser Vorschrift dem Schutz im Rahmen des allgemeinen Persönlichkeitsrechts nach § 823 Abs. 1 vor.[53] Das entspricht dem herrschenden Verständnis vom Verhältnis zwischen den besonderen Persönlichkeitsrechten, zu denen das Namensrecht nach § 12 gehört, und dem allgemeinen Persönlichkeitsrecht.[54] Im Schutzbereich des § 12 kann aus dem allgemeinen Persönlichkeitsrecht kein weiter gehender Schutz des Namens hergeleitet werden.[55] Allerdings kann das allgemeine Persönlichkeitsrecht als sonstiges Recht im Sinne des § 823 Abs. 1 durch eine Handlung verletzt sein, die zwar nicht unmittelbar das nach § 12 geschützte Namensrecht beeinträchtigt, aber persönlichkeitsrechtliche Positionen in einem weiteren Belang verletzt.[56] Der Schutz des Namens als Ausdruck der Individualität und eigenen Persönlichkeit seines Trägers über die engere Zuordnungsfunktion hinaus wird als Frage des allgemeinen Persönlichkeitsrechts gesehen, wobei letztlich nicht der Name als solcher als verletzt gilt, sondern vermittelt durch die Namensverwendung die allgemeinen Persönlichkeitsinteressen des Namensträgers.

---

47 Vgl. *Forkel*, NJW 1993, 3181, 3182.
48 Vgl. für das allgemeine Persönlichkeitsrecht *Koos*, WRP 2003, 202, 203; ähnlich zuvor *Ullmann*, WRP 2000, 1049, 1052 f.
49 Vgl. zur Verknüpfung der persönlichkeitsrechtlichen Position mit einem der Person gegenüberzustellenden Gegenstand oder Gebilde als Voraussetzung der Verselbständigung *Forkel*, GRUR 1988, 491, 499.
50 So *Klippel*, 497 ff.
51 So Soergel/*Heinrich*, § 12 Rn 20, der allerdings den persönlichkeitsrechtlichen Aspekt gegenüber dem vermögensrechtlichen Aspekt im Hinblick auf einen von ihm angenommenen Vorrang der Identifikationsfunktion des Namens als „Kern des Namensrechts" in den Vordergrund stellt und keine immaterialgüterrechtliche Qualifikation des bürgerlichen Namens annimmt.
52 Vgl. *Sack*, WRP 1984, 521, 531 f.; Soergel/*Heinrich*, § 12 Rn 171.
53 BGHZ 30, 7, 11 – Caterina Valente; MüKo/*Schwerdtner*, § 12 Rn 40; Palandt/*Heinrichs*, § 12 Rn 2.
54 Vgl. zu den verschiedenen Auffassungen *Klippel*, S. 512 f.
55 MüKo/*Schwerdtner*, § 12 Rn 40.
56 BGHZ 30, 7, 11 – Caterina Valente; OLG Köln GRUR 1967, 319, 322 – Killer; vgl. auch *Klippel*, S. 513.

V. Pflicht zur Namensführung

28 Für den bürgerlichen Namen und den Handelsnamen besteht eine **öffentlich-rechtliche** Pflicht zur Namensführung. Diese Pflicht trifft gleichermaßen natürliche wie juristische Personen.[57] Nach § 111 Abs. 1 OWiG handelt ordnungswidrig, wer der zuständigen Behörde oder einem zuständigen Amtsträger gegenüber unrichtige Angaben über den **bürgerlichen Namen** macht, wobei sich die Verpflichtung auch auf die Vollständigkeit des Namens, einschließlich des zusammengesetzten Namens eines Ehegatten (vgl. § 1355 Abs. 4)[58] erstreckt, soweit es für eine zweifelsfreie behördliche Identitätsfeststellung auf die Vollständigkeit ankommt.[59] Eine öffentlich-rechtliche Namensführungspflicht folgt weiterhin aus den §§ 11, 12, 21, 37 PStG zur Namensbekundung in öffentlichen Registern[60] und aus dem Recht über die Änderung des Namens (Rn 30 ff.). Für den **Handelsnamen** ergibt sich die Pflicht zur Namensführung aus §§ 17, 29 HGB, §§ 15a, 15b GewO und § 79 AktG. Das **Pseudonym** wird von der Namensführungspflicht nicht erfasst.[61]

29 **Privatrechtlich** existiert **keine besondere Namensführungspflicht**. Grundsätzlich ist privatrechtlich niemand dazu verpflichtet, seine Identität bekannt zu geben.[62] Ausnahmsweise kann sich aus besonderen Vereinbarungen[63] oder aus Treu und Glauben die Pflicht ergeben, den Namen korrekt anzugeben. Ehegatten sind verpflichtet, den nach § 1355 Abs. 1 S. 1 einmal freiwillig bestimmten gemeinsamen **Ehenamen** zu führen. Ein Verstoß hiergegen soll ein Recht des anderen Ehegatten begründen, auf Herstellung der ehelichen Lebensgemeinschaft zu klagen.[64] Letzteres ist zweifelhaft, weil es sich bei § 1355 um eine Ordnungsvorschrift handelt, die nach der seit dem 1.4.1994 geltenden Neuregelung des Familiennamensrechts durch das FamNamRG zudem im Hinblick auf die Persönlichkeitsfreiheit der Ehegatten erheblich gelockert wurde. Aus dem noch vorhandenen Rest der ordnungsrechtlichen Beschränkung der Namensfreiheit der Ehegatten wird man ein entsprechendes subjektives Recht des Ehegatten nicht entnehmen können.[65] Der ordnungsrechtlichen Pflicht zur Führung des freiwilligen gemeinsamen Ehenamens entspricht die Pflicht der Kinder zur Führung des Ehenamens der Eltern (§ 1616).

VI. Namensfeststellung, Namensberichtigung, Namensänderung

30 Nach § 8 Abs. 1 NamÄndG erfolgt eine Feststellung des **Familiennamens** mit allgemeinverbindlicher Wirkung *ex tunc*[66] durch die oberste Landesbehörde. Die **Namensfeststellung** kann auf Antrag oder von Amts wegen erfolgen, wenn zweifelhaft ist, welchen Familiennamen der Betroffene berechtigterweise führt.[67] Ein bestehender Rechtsstreit über das Recht, den Namen zu führen, ist gem. § 8 Abs. 3 NamÄndG auf Verlangen der obersten Landesbehörde bis zur Feststellung des Namens auszusetzen.

31 Wenn eine von Anfang an unrichtige Namenseintragung im Personenstandsregister vorliegt, kommt das von der Namensfeststellung zu unterscheidende **Namensberichtigungsverfahren** in Betracht.[68]

32 Personennamen sind nach dem ordnungsrechtlichen **Prinzip der Namensunveränderlichkeit**[69] nicht der freien Disposition des Namensträgers zugänglich. Eine Änderung des Familiennamens wie des Vornamens ist daher nur durch Verwaltungsakt im Wege der **staatlichen Genehmigung** möglich. Maßgeblich sind für die Namensänderung und den Widerruf der Namensänderung die Bestimmungen des Gesetzes über die Änderung von Familiennamen und Vornamen vom 5.1.1938 (**NamÄndG**) in der Fassung von Art. 3 Nr. 4 Zweites Gesetz zur Änderung und Ergänzung des PStG vom 18.5.1957.[70] Spätere Änderungen und Ergänzungen dieses Gesetzes erfolgten durch Gesetz vom 29.8.1961,[71] durch das Zuständigkeitslockerungsgesetz vom 10.3.1975,[72] das Gesetz zur Neuregelung des Rechts der elterlichen Sorge vom 18.7.1979,[73] das Gesetz vom 12.9.1990[74] und das Gesetz vom 16.12.1997.[75] Weitere gesetzliche Grundlage ist die erste Durchführungsverordnung zum NamÄndG vom 7.1.1938[76] in der Fassung durch die Verordnung vom 18.4.1975.[77]

33 Zu nennen ist schließlich die nur für die Verwaltung verbindliche, faktisch aber als Ausdruck der im Bereich des NamÄndG allgemeinverbindlichen Anschauung[78] auch darüber hinaus bedeutsame Allgemeine

---

[57] BVerfG NJW 1988, 1577, 1578; RGZ 158, 156, 163.
[58] Soergel/*Heinrich*, § 12 Rn 17.
[59] Vgl. BVerfG NJW 1988, 1577, 1578.
[60] Vgl. BGHZ 44, 121, 129.
[61] Staudinger/*Weick*/*Habermann*, § 12 Rn 66.
[62] *Raschauer*, S. 248.
[63] BVerfG NJW 1988, 1577, 1578; Soergel/*Heinrich*, § 12 Rn 18.
[64] Soergel/*Heinrich*, § 12 Rn 18.
[65] So zur Rechtslage vor dem FamNamRG *Raschauer*, S. 249.
[66] Staudinger/*Weick*/*Habermann*, § 12 Rn 180 m.w.N.
[67] Zu den Einzelheiten Soergel/*Heinrich*, § 12 Rn 14 f.
[68] Siehe zu den Voraussetzungen BayObLG StAZ 1993, 387; Soergel/*Heinrich*, § 12 Rn 16.
[69] Dazu Staudinger/*Weick*/*Habermann*, § 12 Rn 148.
[70] BGBl I S. 518.
[71] BGBl I S. 1621.
[72] Art. 13 (BGBl I S. 685).
[73] BGBl I S. 1061.
[74] BGBl I 2002.
[75] Art. 14 § 10 KindRG (BGBl I S. 2942).
[76] RGBl I S. 12.
[77] BGBl I S. 967.
[78] MüKo/*Schwerdtner*, § 12 Rn 7 m.w.N.

§ 12 Namensrecht

Verwaltungsvorschrift zum Gesetz über die Änderung von Familiennamen und Vornamen (**NamÄndVwV**) vom 11.8.1980 i.d.F. vom 25.4.1986.[79]

Das NamÄndG ist auf **deutsche Staatsangehörige** und auf **Deutsche** i.S.d. Art. 116 GG sowie auf **Staatenlose** und **heimatlose Ausländer**,[80] **ausländische Flüchtlinge und Asylberechtigte** mit Wohnsitz oder gewöhnlichem Aufenthalt in der Bundesrepublik Deutschland anwendbar. **Namensänderungen** Deutscher **im Ausland** sind nach deutschem Recht grundsätzlich unbeachtlich.[81] Ein völkergewohnheitsrechtlicher Grundsatz, dass fremde Hoheitsakte innerhalb der Grenzen eines anderen Staates anzuerkennen wären, existiert nicht.[82] Die ausländische Namensänderung erlangt aber Wirksamkeit für den deutschen Rechtskreis, wenn der Namensträger die Staatsangehörigkeit des fremden Staates unter Verlust der deutschen Staatsangehörigkeit erlangt.[83] Diese Grundsätze gelten auch für Namensänderungen von deutschen **Doppelstaatlern**.[84] Namensänderungen, die in der ehemaligen **DDR** vorgenommen wurden, sind gültig, soweit sie nicht gegen den bundesdeutschen *ordre public* verstoßen.[85] Erfolgt eine Namensänderung nach dem NamÄndG für einen Ausländer, auf den es nicht anwendbar ist, so ist sie nichtig.[86] 34

Die Namensänderung ist ein mitwirkungsbedürftiger, rechtsgestaltender **Verwaltungsakt mit Doppelwirkung**, weil er für den Antragsteller begünstigend wirkt, für unmittelbar betroffene Familienmitglieder hingegen gegebenenfalls eine Belastung darstellt.[87] Eine Rückänderung des durch Verwaltungsakt geänderten Namens ist nur ausnahmsweise möglich.[88] Da der Gebrauch des geänderten Namens keine unbefugte Verwendung darstellt, können andere Träger des Namens nicht auf Unterlassung des Namensgebrauchs klagen.[89] 35

Der Verwaltungsakt der Namensänderung erfolgt nach § 1 NamÄndG nur auf **Antrag** zur unteren Verwaltungsbehörde (§ 5 NamÄndG). Die untere Verwaltungsbehörde ist für die Änderung lediglich des Vornamens **zuständig** (§ 11 NamÄndG), ansonsten ist die obere Verwaltungsbehörde (§ 6 NamÄndG) zuständig. Die örtliche Zuständigkeit bestimmt sich nach dem Wohnsitz oder gewöhnlichen Aufenthalt (§ 16 NamÄndG). Für die Änderung des Ehenamens ist der gemeinsame Antrag beider Ehegatten erforderlich.[90] Nach § 4 NamÄndG erstreckt sich die Namensänderung auch auf die unter elterlicher Sorge des Namensträgers stehenden Kinder. 36

Unter den **Begriff der Namensänderung** fällt neben dem vollständigen oder teilweisen Wechsel des Namens jede Änderung der Schreibweise des Namens, auch soweit sie nicht mit einer Änderung des Wortklangs verbunden ist.[91] Auch die Eindeutschung ausländischer Namen, insbesondere die im zweiten Weltkrieg durch das Reichsministerium des Inneren vorgenommene Eindeutschung der Familiennamen so genannter Volksdeutscher können im Einzelfall eine wirksame Namensänderung darstellen.[92] Die bloße Umschreibung des Namens in die lateinische Schreibweise (**Transkription** und **Transliteration**) ist keine Namensänderung. Auch die Hinzufügung von **Zusätzen** zur Vermeidung von Verwechslungen, etwa Ziffern oder Begriffen wie „senior" oder „geborene", stellt keine Namensänderung dar.[93] 37

Für die Namensänderung muss ein **wichtiger Grund** gegeben sein, der grundsätzlich im Zeitpunkt der letzten Verwaltungsentscheidung vorliegen muss.[94] Hierbei handelt es sich um einen verwaltungsgerichtlich voll überprüfbaren unbestimmten Rechtsbegriff.[95] Das Erfordernis des die freie Namensänderung einschränkenden Kriteriums eines wichtigen Grundes ist nach herrschender Auffassung **verfassungsgemäß**.[96] Eine Lockerung der Beschränkung einer freien Namensänderung erscheint aber unabhängig von dieser verfassungsrechtlichen Bewertung angesichts der Zurückdrängung der Ordnungsfunktion des Namens zugunsten der wachsenden Bedeutung des Namens als Ausdruck der persönlichen Individualität seines Trägers im Wege der Interessenabwägung bei der Entscheidung über den Namensänderungsantrag angemessen.[97] Zum Teil ist dies in den Regelungen des NamÄndVwV umgesetzt worden (siehe dazu auch Rn 40, 46). 38

---

79 Bundesanzeiger Nr. 78, abgedruckt bei *Loos*, S. 12 ff.
80 BVerwGE 40, 353.
81 BVerwGE 28, 29.
82 LG Wiesbaden StAZ 1966, 87.
83 OLG Hamm FamRZ 1976, 519, 520; Soergel/*Heinrich*, § 12 Rn 69.
84 Soergel/*Heinrich*, § 12 Rn 69 unter Verweis auf Art. 5 Abs. 1 S. 2 EGBGB, wonach die Rechtsstellung als Deutscher vorgeht.
85 MüKo/*Schwerdtner*, § 12 Rn 9; Staudinger/*Weick/Habermann*, § 12 Rn 152.
86 AG Hamburg StAZ 1969, 43; Soergel/*Heinrich*, § 12 Rn 69.
87 BVerwG NJW 1983, 1133; OVG Münster MDR 1970, 174; Staudinger/*Weick/Habermann*, § 12 Rn 155; Soergel/*Heinrich*, § 12 Rn 88.
88 OVG Rheinland-Pfalz StAZ 1983, 32.
89 BVerwG NJW 1960, 450, 451.
90 BVerwG NJW 1983, 1133; Soergel/*Heinrich*, § 12 Rn 156.
91 BVerwG StAZ 1981, 244; Staudinger/*Weick/Habermann*, § 12 Rn 175.
92 BayObLG NJW-RR 1987, 965.
93 Staudinger/*Weick/Habermann*, § 12 Rn 177.
94 Soergel/*Heinrich*, § 12 Rn 87, auch zu dem Fall, dass die Namensänderung erst mit Unanfechtbarkeit des Bescheids wirksam wird.
95 Soergel/*Heinrich*, § 12 Rn 87; Bamberger/Roth/*Bamberger*, § 12 Rn 31.
96 BGHZ 30, 132, 138.
97 So zu Recht Soergel/*Heinrich*, § 12 Rn 73; Staudinger/*Weick/Habermann*, § 12 Rn 159; vgl. auch *Blankenagel*, DÖV 1985, 953, 957 ff.

39 Bei der **Interessenabwägung** zur Feststellung des wichtigen Grundes für eine Namensänderung stehen sich das schutzwürdige Interesse des Antragstellers und die Interessen der Allgemeinheit an der Beibehaltung des bisherigen Namens gegenüber. Überwiegt das persönliche schutzwürdige Interesse des Namensträgers die Ordnungs- und Sicherheitsinteressen der Allgemeinheit, so liegt ein wichtiger Grund für die Namensänderung vor.[98] Die zu berücksichtigenden öffentlichen Interessen können von unterschiedlicher Intensität sein; insbesondere wenn der Umfang der beantragten Namensänderung gering ist, können öffentliche Interessen im konkreten Fall weithin zurücktreten.[99]

40 Der Begriff des wichtigen Grunds wird in Nr. 28 **NamÄndVwV** durch eine Begriffsbestimmung und in den Nr. 33 ff. NamÄndVwV durch einen nicht abschließenden Katalog praktisch wichtiger Fallgruppen **konkretisiert**. Die Funktion des Familiennamens zur Kennzeichnung der Familienzugehörigkeit und das öffentliche Interesse an einer Namensbeibehaltung sind nach Nr. 30 NamÄndVwV bei der Anwendung der Fallgruppen stets zu berücksichtigen.

41 Ein **wichtiger Grund** liegt in der nicht zu vernachlässigenden **Behinderung des Namensträgers** durch den Familiennamen. Das gilt etwa für ausländische Familiennamen, deren schwierige Schreibweise oder Aussprache den Namensträger behindern mag.[100] Inwieweit der **ausländische Klang eines Familiennamens** darüber hinaus einen wichtigen Grund für eine Namensänderung darstellen kann, ist eine Frage des Einzelfalls. Allein der Umstand, dass ein in Deutschland geborener und aufgewachsener Antragsteller einen fremdländisch klingenden Namen trägt, der in seinem persönlichen Umfeld zu ausländerfeindlich motivierten Belästigungen führt, soll grundsätzlich keinen hinreichend wichtigen Grund für eine Namensänderung darstellen.[101] Das erscheint zweifelhaft, weil es bei der Entscheidung über eine Namensänderung nicht um einen Widerstreit zwischen dem politischen Interesse an der Durchsetzung multikultureller Akzeptanz einerseits und der persönlichen Selbstentfaltung andererseits geht, sondern um die insoweit nur mit ordnungspolitischen Interessen abzuwägende Beseitigung faktisch vorhandener Belastungen.

42 Einen wichtigen Grund stellt es dar, wenn der Name seinen Träger nicht unerheblich in Ansehen und Ehre zu beeinträchtigen geeignet ist. Das kann etwa dann der Fall sein, wenn der Familienname **lächerlich** oder **anstößig** ist, wenn der Name im Zusammenhang mit einer Medienberichterstattung über eine Straftat steht[102] oder wenn die Unterscheidungskraft des Namens nicht mehr gegeben ist, namentlich bei sog. **Sammelnamen** (Schmidt, Meier, Müller).[103] Im letzteren Fall wird zudem auch ein öffentliches Interesse an der Namensänderung aus dem Gesichtspunkt der Unterscheidungsfunktion angenommen;[104] eine konkrete Verwechslungsgefahr braucht bei Sammelnamen nicht glaubhaft gemacht zu werden.[105]

Ein weiterer wichtiger Grund kann allein in der **gutgläubigen Führung des beantragten Namens** in der Vergangenheit liegen, so dass der beantragte Name bereits in öffentlichen Registern und Ausweispapieren und Zeugnissen erscheint.[106] Auch bei fehlender Gutgläubigkeit des Namensträgers kann die langjährige Führung des beantragten Namens im Einzelfall bedeutsam sein. Im Übrigen kommt das Namensfeststellungsverfahren nach § 8 NamÄndG in Betracht, in dem der Vertrauensschutz unberücksichtigt bleibt.[107]

43 Nach In-Kraft-Treten des § 1618 in der Fassung des Kindschaftsreformgesetzes vom 16.12.1997 am 1.7.1998, der die erweiterte Möglichkeit der Einbenennung eröffnet, haben die so genannten **Stiefkinderfälle** an Bedeutung verloren.[108] Zuvor stellte es einen wichtigen Grund für eine Namensänderung dar, wenn eine sorgeberechtigte Mutter wieder heiratete und einen neuen Ehenamen annahm.[109]

44 **Kein wichtiger Grund** für eine Namensänderung ist gegeben, wenn dem Antragsteller sein bisheriger Name unangenehm oder lästig ist.[110] Der Wunsch, durch eine Namensänderung eine Steigerung des eigenen

---

98 Vgl. BVerwGE 15, 183, 184; 31, 28, 33.
99 St. Rspr., vgl. BVerwGE 15, 26, 27; 183, 184; 22, 312, 313; BVerwG NJW 1981, 2713; MüKo/*Schwerdtner*, § 12 Rn 13; Soergel/*Heinrich*, § 12 Rn 72.
100 Vgl. Bamberger/Roth/*Bamberger*, § 12 Rn 31.
101 OVG Münster NJW 1990, 2216; vgl. auch VGH Kassel NJW-RR 1989, 771; MüKo/*Schwerdtner*, § 12 Rn 14; weiter dagegen BVerwGE 15, 183, 184; VGH Baden-Württemberg FamRZ 1989, 207; Soergel/*Heinrich*, § 12 Rn 74.
102 VG Münster FamRZ 1967, 347; MüKo/*Schwerdtner*, § 12 Rn 18.
103 Zu nur regional häufig vorkommenden Sammelnamen BVerwG NJW 1973, 1057.
104 BVerwGE 40, 359, 360; MüKo/*Schwerdtner*, § 12 Rn 15; Soergel/*Heinrich*, § 12 Rn 75 m.w.N.
105 Nr. 34 NamÄndVwV; vgl. BVerwG NJW 1973, 1057; anderes gilt auch nicht bei nur regional häufig vorkommenden Namen, MüKo/*Schwerdtner*, § 12 Rn 15; a.A. VG Münster StAZ 1978, 17, 18; Staudinger/*Weick*/*Habermann*, § 12 Rn 157 a.E.
106 Nr. 50 NamÄndVwV; BVerwG StAZ 1981, 277, 279.
107 Soergel/*Heinrich*, § 12 Rn 77; vgl. auch MüKo/*Schwerdtner*, § 12 Rn 19.
108 Bamberger/Roth/*Bamberger*, § 12 Rn 31 m.w.N.; vgl. zum Verhältnis des § 1618 zu 3 NamÄndG VG Düsseldorf NJW 1999, 1730; MüKo/*Schwerdtner*, § 12 Rn 24.
109 Eingehend zur Rechtslage vor dem Kindschaftsreformgesetz MüKo/*Schwerdtner*, § 12 Rn 20 ff.
110 Nr. 30 Abs. 3 NamÄndVwV.

Ansehens herbeizuführen,[111] ist ebenso wenig beachtlich wie das Interesse, einen Familiennamen vor dem Aussterben zu bewahren.[112]

Für die **Wahl des neuen Namens** ist maßgeblich, dass nicht eine neue Namensänderung zu erwarten ist. Insbesondere müssen Irreführungen und Namensverwechslungen sowie ein falscher Eindruck über die familiären Verhältnisse des Namensträgers vermieden werden. Restriktiv ist die Wahl eines **Künstlernamens** oder eines Adelsprädikats als neuer Name zu handhaben.[113] Auch Doppelnamen sind nur ausnahmsweise zu gestatten.[114] 45

Die Grundsätze zur Änderung von Familiennamen gelten gem. § 11 NamÄndG entsprechend für die Änderung von **Vornamen**. Auch insoweit ist ein wichtiger Grund für die Namensänderung erforderlich. Für die Interessenabwägung ist zu beachten, dass das öffentliche Interesse an einer Beibehaltung des bisherigen Vornamens geringer ist als das öffentliche Interesse an einer Beibehaltung des Familiennamens. 46

VII. Räumliche Reichweite des Namensschutzes

Der Namensschutz nach § 12 erstreckt sich grundsätzlich ohne territoriale Beschränkung auf das **gesamte Bundesgebiet**.[115] Darin unterscheidet er sich vom Firmenschutz nach § 37 Abs. 2 HGB, der örtlichen Beschränkungen unterliegt. Der Schutz von Namens- und Kennzeichenrechten, die in der ehemaligen DDR und im Bundesgebiet vor der Wiedervereinigung bestanden haben, erstreckt sich seit dem 3.10.1990 jeweils auf das gesamte neue Bundesgebiet.[116] Deshalb sind vor der Wiedervereinigung bestehende Schutzrechte im Hinblick auf die räumliche Schutzwirkung so zu behandeln, als hätte keine Trennung Deutschlands bestanden. Hieraus entstehende Kollisionsfälle lösen sich nach den Grundsätzen, die zum Recht der Gleichnamigen entwickelt wurden (dazu Rn 226 ff.).[117] 47

Der räumliche Geltungsbereich des Namensschutzes nach § 12 wird **in tatsächlicher Hinsicht begrenzt** durch die Reichweite der Kennzeichnungskraft des Namens im Verkehr. Das gilt für geschäftliche Kennzeichen im Hinblick darauf, dass diese ihre namensmäßige Unterscheidungskraft erst durch **Verkehrsgeltung** erlangen; der räumliche Schutzbereich beschränkt sich auf die Reichweite der Verkehrsgeltung.[118] Bedeutsam ist das insbesondere bei Hotel- oder Gaststättenbezeichnungen, deren Namensschutz regelmäßig – vorbehaltlich einer überörtlichen Bekanntheit etwa berühmter Gaststätten in Fremdenverkehrsorten[119] – auf den Ort der Niederlassung beschränkt ist;[120] allerdings gilt anderes bei Filialketten.[121] Die Schutzbereichsbegrenzung entfällt, wenn das Unternehmen schon im Zeitpunkt des Aufeinandertreffens der Kollisionsbezeichnungen sichtbar die Absicht verwirklicht hat, überörtlich tätig zu werden.[122] Soweit die **Verwechslungsgefahr** nach § 15 Abs. 2 MarkenG nur mit Rücksicht auf den örtlichen Tätigkeitsbereich des Kennzeicheninhabers anzunehmen ist, folgt hieraus eine effektive Begrenzung des räumlichen Schutzbereichs.[123] Eine **potenzielle Ausdehnung** des wirtschaftlichen Tätigkeitsbereichs in sachlicher oder räumlicher Hinsicht ist aber zu berücksichtigen.[124] Entsprechend wird der räumliche Schutzbereich durch die Schutzvoraussetzungen eines **schutzwürdigen Interesses** nach § 12 begrenzt. 48

B. Regelungsgehalt

I. Schutzsubjekte

1. Natürliche Personen. Schutzsubjekte des § 12 sind natürliche Personen als Namensträger. Jede Bezeichnung mit namensmäßiger Funktion, die die natürliche Person führt, ist grundsätzlich geschützt. In Betracht kommen der bürgerliche Name, das Pseudonym, der Ordensname sowie die Firma eines Einzelkaufmanns. 49

---

111 MüKo/*Schwerdtner*, § 12 Rn 15; Bamberger/Roth/*Bamberger*, § 12 Rn 31.
112 MüKo/*Schwerdtner*, § 12 Rn 19; a.A. Staudinger/*Weick*/*Habermann*, § 12 Rn 157.
113 MüKo/*Schwerdtner*, § 12 Rn 27 ff.
114 Soergel/*Heinrich*, § 12 Rn 75; MüKo/*Schwerdtner*, § 12 Rn 27 m.w.N.
115 St. Rspr., vgl. BGH GRUR 1955, 299, 300 – Koma; GRUR 1957, 550, 551 – tabu II; *Fezer*, Markenrecht, § 15 Rn 46; Soergel/*Heinrich*, § 12 Rn 33.
116 BGHZ 130, 134, 140 – Altenburger Spielkartenfabrik; OLG Stuttgart BB 1993, 382, 384; Staudinger/*Weick*/*Habermann*, § 12 Rn 351 f.; *Fezer*, Markenrecht, § 15 Rn 48.
117 Vgl. auch Brandenburgisches OLG OLG-NL 1998, 45, 46 f. – Templiner Puppenkiste, auch zur Nichtanwendbarkeit des kennzeichenrechtlichen Prioritätsgrundsatzes.
118 BGHZ 11, 214, 219 KfA; *Fezer*, Markenrecht, § 15 Rn 46; MüKo/*Schwerdtner*, § 12 Rn 159.
119 BGH GRUR 1957, 550, 552 – Tabu II.
120 Vgl. BGH NJW 1970, 1365 – Zum Treppchen.
121 Vgl. RG JW 1935, 1521 – Nordsee; *Klaka/Krüger*, in: FS Gaedertz S. 299, 300 f.
122 BGH NJW-RR 1993, 1065 – PicNic.
123 Soergel/*Heinrich*, § 12 Rn 33.
124 BGHZ 8, 387, 392 – Fernsprechnummer; *Fezer*, Markenrecht, § 15 Rn 47; MüKo/*Schwerdtner*, § 12 Rn 158 m.w.N.

50 **a) Bürgerlicher Name.** Unter den Namensschutz fällt zunächst vor allem der bürgerliche Name eines Menschen. Darunter versteht man eine Personenbezeichnung, die einen Menschen in seinen bürgerlichen, rechtlichen und gesellschaftlichen Beziehungen zu kennzeichnen bestimmt ist.[125] Der bürgerliche Name ist gesetzlich vorgeschrieben (Rn 28) und wird kraft Gesetzes erworben. Er besteht als zusammengesetzter Name aus einem oder mehreren Vornamen und dem Familiennamen. Nur dem Gesamtnamen kommt die volle Individualisierungsfunktion zu.[126]

51 Der **Familienname** dient der Zuordnung des Menschen zu einer bestimmten Familie[127] und wird durch Geburt (**Geburtsname** oder Abstammungsname) oder durch Eheschließung (**Ehename**) erworben. Gemäß § 1355 Abs. 1 S. 1 sollen die Ehegatten einen gemeinsamen Ehenamen führen, den sie gem. § 1355 Abs. 1 S. 2 führen. Ein Zwang zur Bestimmung eines gemeinsamen Ehenamens besteht aber nach In-Kraft-Treten des FamNamRG am 1.4.1994 nicht mehr. Unterbleibt die Bestimmung des gemeinsamen Ehenamens, so bleibt es nach § 1355 Abs. 1 S. 3 bei den zum Zeitpunkt der Eheschließung bestehenden Familiennamen der Ehegatten. Der gemeinsame Ehename bleibt vorbehaltlich einer abweichenden Erklärung des Betroffenen gegenüber dem Standesbeamten nach dem Tod des Ehegatten oder nach einer Ehescheidung grundsätzlich bestehen.[128] Die Regelung des § 1355 Abs. 2, wonach der Ehename aus einer früheren Heirat nach der Ehescheidung in der neuen Ehe nicht zum Ehenamen bestimmt werden kann, ist verfassungswidrig, weil es kein Recht auf Namensexklusivität des Geburtsnamensträgers gegenüber dem aus Heirat erworbenen Namensrecht gibt.[129]

52 Nach § 1355 Abs. 5 gilt bei Ehescheidung das **Prinzip der Namensfortführung**.[130] Ein familienrechtliches Recht der Namensaberkennung ist mit dem Übergang zum Zerrüttungsprinzip 1976 weggefallen. Nur in äußerst seltenen Einzelfällen kommt eine **Namensaberkennung** über §§ 12, 1004 aus dem Gesichtspunkt des Rechtsmissbrauchs in Betracht. Dazu ist die Beurteilung erforderlich, dass aus Zumutbarkeits- und Verwirkungsgrundsätzen das persönlichkeitsrechtlich geschützte Recht auf Namensfortführung hinter den Schutz vor Namensmissbrauch zurücktritt.[131] Der Namensschutz des § 12 bleibt auch nach Annahme des Namens des Ehegatten als gemeinsamer Ehename für den **Geburtsnamen** des annehmenden Ehegatten bestehen.[132]

53 Kinder können unabhängig von einer ehelichen oder unehelichen Abstammung gemäß § 1618 durch **Einbenennung** den Familiennamen einer Stiefelternfamilie erwerben. Durch die Einbenennung wird der neue Geburtsname des Kindes im Interesse der Namenskontinuität grundsätzlich **unwandelbar** fixiert, so dass sich das Kind einer Namensänderung nicht anschließen kann, die der sorgeberechtigte Elternteil nach Scheidung seiner Ehe nach § 1355 Abs. 5 S. 2 vorgenommen hat.[133] Möglich bleiben nur eine weitere Einbenennung sowie eine Namensänderung nach dem NamÄndG.

Entsprechendes wie für den Ehenamen gilt für den **Partnerschaftsnamen** nach § 3 LPartG; jedoch stellt die Regelung anders als § 1355 Abs. 1 S. 1 keine Sollregelung für gleichgeschlechtliche Lebenspartner dar.

54 Der **Vorname** einer natürlichen Person ist für sich allein nicht im Hinblick auf einen unbefugten Namensgebrauch geschützt; er genießt den Schutz des § 12 grundsätzlich nur als Teil des Gesamtnamens.[134] Es ist aber möglich, dass der Vorname insbesondere im Rahmen einer Verwendung als **Künstlername** (dazu auch Rn 57) eine eigenständige Individualisierungsfunktion erlangt hat, weil das Publikum mit dem Namen die Person des Trägers verbindet. Dann ist ein Schutz dieses Namens wie des Gesamtnamens zuzuerkennen.[135] Davon ist auch dann auszugehen, wenn der Vorname nicht für sich als Künstlername etabliert wird beziehungsweise von dem Träger aktiv angenommen wurde, sondern von der Öffentlichkeit aufgrund eines dauerhaften Gebrauchs, etwa in den Medien, mit dem ansonsten unter dem Gesamtnamen bekannten Künstler in Verbindung gebracht wird.[136] Auch dann ist aufgrund der **Verkehrsgeltung** eine faktische Individualisierungsfunktion des alleinigen Vornamens neben dem Gesamtnamen anzunehmen. Insoweit ist allerdings eine erhebliche Einprägung dieses Namensgebrauchs in der Öffentlichkeit zu fordern; die gelegentliche Nennung des Trägers

---

125 Staudinger/*Weick*/*Habermann*, § 12 Rn 3.
126 MüKo/*Schwerdtner*, § 12 Rn 41.
127 Staudinger/*Weick*/*Habermann*, § 12 Rn 3.
128 *Fezer*, Markenrecht, § 15 Rn 25.
129 BVerfG NJW 2004, 1155, 1156.
130 Palandt/*Heinrichs*, § 1355 Rn 12; zur Frage der Anwendung auf die Eheaufhebung s. AG Göttingen NJWE-FER 2001, 251 m.w.N.; Palandt/*Heinrichs*, § 1318 Rn 16.
131 OLG Braunschweig NJW 1979, 1463, 1464; AG Göttingen NJWE-FER 2001, 251, 252; MüKo/*Wacke*, § 1355 Rn 28; Bamberger/Roth/*Lohmann*, § 1355 Rn 23.
132 MüKo/*Schwerdtner*, § 12 Rn 43.
133 BGH NJW 2004, 1108, 1108 f.
134 Staudinger/*Weick*/*Habermann*, § 12 Rn 240; MüKo/*Schwerdtner*, § 12 Rn 44.
135 Staudinger/*Weick*/*Habermann*, § 12 Rn 240; *Fezer*, Markenrecht, § 15 Rn 26.
136 BGH NJW 1983, 1184 – Uwe; OLG München GRUR 1960, 394 – Romy; LG Düsseldorf NJW 1987, 1413 – Heino; a.A. *Fabricius*, JR 1972, 15, 16; MüKo/*Schwerdtner*, § 12 Rn 45.

§ 12 Namensrecht

mit dem Vornamen in Medien dürfte nicht ausreichen. Die Rechtsprechung nimmt den alleinigen Schutz des Vornamens unabhängig von der Häufigkeit des Namens an, wenn der Namensträger ein besonders berühmter Träger des Vornamens ist und der Vorname von nicht unerheblichen Verkehrskreisen als individualisierender Hinweis auf den Träger verstanden wird.[137]

Zum Familiennamen gehören nach Art. 109 Abs. 3 der Weimarer Reichsverfassung (vgl. zur Weitergeltung als einfaches Recht Art. 123 GG) grundsätzlich auch **Adelsbezeichnungen**, die allerdings nicht mehr durch Staatsakt im Wege der Verleihung erworben werden können.[138]   55

Der **Ordensname**, also ein vom eigentlichen Vornamen abweichender Vorname des Mitglieds eines geistlichen Ordens, ist nicht Bestandteil des bürgerlichen Namens,[139] kann jedoch in den Personalausweis und den Reisepass als zusätzlicher Name eingetragen werden.[140] Auch ein **Hofname**, der von einem Hofbesitzer seinem bürgerlichen Namen beigefügt wird, ist grundsätzlich nicht Bestandteil des bürgerlichen Namens. Im Wege der Namensänderung kann der Hofname unter bestimmten Voraussetzungen jedoch als Namensbestandteil dem bürgerlichen Namen hinzugefügt werden.[141] **Akademische Titel** und **Berufs- oder Dienstbezeichnungen** sind ebenfalls nicht Teil des bürgerlichen Namens,[142] aber gemäß tatsächlicher Übung eintragungsfähig für Personenstandsbücher und Personenstandsregister. Die Eintragung des Doktorgrads erfolgt nach § 1 Abs. 2 Nr. 3 PersAG beziehungsweise § 4 Abs. 1 Nr. 3 PassG. Der Träger eines Titels hat bei Bestreiten seines Rechts zur Führung des Titels ein auf § 12 analog gestütztes Klagerecht;[143] ein Anspruch auf Anrede mit dem Doktortitel besteht jedoch nicht.[144]   56

b) Pseudonym, Künstlername, Spitzname. Das Pseudonym, also ein angenommener **Deckname** oder ein angenommener Künstlername, wird grundsätzlich von § 12 geschützt.[145] Im künstlerischen Bereich entspricht die Verwendung von Künstlernamen einer jahrhundertealten Sitte. Bei entsprechender Unterscheidungskraft kann dem Pseudonym die gleiche **Individualisierungsfunktion** wie dem bürgerlichen Namen zukommen.[146] Auf die Form des Künstlernamens, insbesondere eine dem bürgerlichen Namen entsprechende Zweigliedrigkeit kommt es nicht an. Soweit auch der eingliedrige oder **abgekürzte Künstlername** hinreichende Unterscheidungskraft besitzt, ist er geschützt wie ein mehrgliedriges Pseudonym.[147] Grundsätzlich ist die Wahl des Pseudonyms frei. Den Namensschutz genießen gerade auch an sich als Namen für natürliche Personen unübliche Fantasienamen oder Fantasiebezeichnungen (dazu auch Rn 92); die Unüblichkeit der Namensschöpfung intensiviert gerade die Unterscheidungskraft des Namens. Da das Pseudonym aufgrund der Funktionsentsprechung dem gleichen Schutz wie der bürgerliche Name unterfallen kann, genießt der Träger eines solchen Pseudonyms den Namensschutz auch gegenüber dem Träger eines gleich lautenden bürgerlichen Namens (zum Unterlassungsanspruch des Trägers eines Pseudonyms Rn 189).[148]   57

Während ein Teil des Schrifttums und wohl auch das BVerfG annehmen, dass der Namensschutz des Pseudonyms regelmäßig keine besondere **Verkehrsgeltung** erfordert,[149] geht die wohl herrschende Meinung von einem solchen Erfordernis aus.[150] Verlangt wird dabei, dass das Pseudonym als Wahlname den bürgerlichen Namen kraft der Verkehrsgeltung weitgehend verdrängt hat,[151] woraus dann der Schutz des bürgerlichen Namens entsprechendes Schutzbedürfnis mit einer wenigstens analogen Anwendung des § 12 hergeleitet wird. Auch der **BGH** fordert eine Verkehrsgeltung des Pseudonyms. Der namensrechtliche Schutz setzt danach voraus, dass der Namensträger im Verkehr unter diesem Namen bekannt ist. Anderenfalls sei der Schutz gleich lautender bürgerlicher Namen beeinträchtigt, weil der Namensträger schon durch die einfache Ingebrauchnahme eines entsprechenden Pseudonyms die Grundsätze des Rechts der Gleichnamigen   58

---

137 LG München I ZUM 2000, 526, 529.
138 Vgl. RGZ 109, 243, 253; zu den Einzelheiten Bamberger/Roth/*Bamberger*, § 12 Rn 19; Staudinger/*Weick/Habermann*, § 12 Rn 5 ff.
139 Staudinger/*Weick/Habermann*, § 12 Rn 34; Soergel/*Heinrich*, § 12 Rn 4.
140 Vgl. § 1 Abs. 2 Nr. 4 PersAG und § 4 Abs. 1 Nr. 4 PassG.
141 Vgl. BVerwG StAZ 1970, 57 zum westfälischen Hofnamen; dazu Staudinger/*Weick/Habermann*, § 12 Rn 30.
142 BGHZ 38, 380, 382; BVerwGE 5, 291, 293; BGH NJW 1958, 2112 – Dentist, zu Berufsbezeichnungen; Staudinger/*Weick/Habermann*, § 12 Rn 31; vgl. *Zimmerling*, MDR 1997, 224.
143 Palandt/*Heinrichs*, § 12 Rn 38; Soergel/*Heinrich*, § 12 Rn 157.
144 MüKo/*Schwerdtner*, § 12 Rn 41.
145 H.M., a.A. *Raschauer*, S. 251; *Fabricius*, JR 1972, 15, 16.
146 RGZ 101, 226, 228 – Üssems Meisterakrobaten; BGHZ 30, 7, 9 – Caterina Valente; Soergel/*Heinrich*, § 12 Rn 119; Staudinger/*Weick/Habermann*, § 12 Rn 22 m.w.N.
147 Soergel/*Heinrich*, § 12 Rn 121; vgl. auch MüKo/*Schwerdtner*, § 12 Rn 48.
148 MüKo/*Schwerdtner*, § 12 Rn 49.
149 BVerfG NJW 1988, 1577, 1578; Soergel/*Heinrich*, § 12 Rn 120; RGRK/*Krüger-Nieland*, § 12 Rn 31; Palandt/*Heinrichs*, § 12 Rn 8.
150 Staudinger/*Weick/Habermann*, § 12 Rn 22; MüKo/*Schwerdtner*, § 12 Rn 47; *Klippel*, S. 467 f.
151 MüKo/*Schwerdtner*, § 12 Rn 47.

in Anspruch nehmen könne. Ein Nichtberechtigter könne so einem Unterlassungsanspruch des Trägers des entsprechenden bürgerlichen Namens durch die bloße Berufung auf den Aliasnamen ausweichen.[152]

59 Gerade beim Künstlernamen spielt aber über die Individualisierungsfunktion hinaus der hier vertretene Aspekt der Herausbildung des Namensrechts als **persönlichkeitsrechtliches Immaterialgüterrecht** (dazu Rn 25) eine bedeutende Rolle, weil der Künstlername gerade auch der **Vermarktung des Rufs als Künstler** auf dem Kunstmarkt dient. Insoweit besteht zudem eine Parallele zur Firma des Einzelkaufmanns, denn dort wird die Bezeichnung (auch) zur Bezeichnung eines bestimmten Tätigkeitsbereichs der Person verwendet.[153] Ein Künstlername kann deshalb in besonderem Maße als „Marke der Person" seines Trägers fungieren (vgl. Rn 25).

60 Zumindest *faktisch* erfordert der immaterialgüterrechtsartige Schutz des Künstlernamens die **wirtschaftliche Verwertbarkeit** des Namens. Diese setzt in der Tat eine gewisse Verbreitung und Bekanntheit voraus. Im Hinblick auf die eigentliche Individualisierungsfunktion des Pseudonyms ist jedoch eine besondere **Verkehrsgeltung** für den namensrechtlichen Schutz nicht zu verlangen, wenn es um die Schutzfähigkeit, also um die Frage geht, ob § 12 überhaupt anwendbar ist. Die Bejahung eines schutzwürdigen Interesses für einen Abwehranspruch nach § 12 erfordert allerdings eine gewisse Bekanntheit des Künstlernamens.[154] Sie ist allgemein auch für die Entstehung einer verstärkten Anbindung an den Decknamensträger im Hinblick auf den ideellen Persönlichkeitsschutz von Bedeutung (siehe auch Rn 142, 176).

61 Das Pseudonym kann auch bei Verwendung im **privaten Bereich** dem Schutz des § 12 unterfallen. Eine Trennung von beruflichem und privatem Bereich wird verbreitet für nicht möglich gehalten.[155] Ein einmal erworbener Künstlername wird nach Beendigung der künstlerischen Tätigkeit seines Trägers weiterhin geschützt.[156] Ist eine geschiedene Frau unter ihrem Ehenamen als Schriftstellerin bekannt geworden, so kann sie diesen Namen auch nach der Scheidung und einer erneuten Eheschließung als Künstlernamen weiterführen.[157]

62 Das Pseudonym ist vom so genannten **Inkognito** (Anonym) zu unterscheiden, das nicht durch § 12 geschützt wird. Hierunter fallen vor allem Gattungsbezeichnungen, unter denen jemand agiert, um die Person zu verschleiern. Der Autor etwa, der unter einem Inkognito (iudex, medicus etc.) Texte veröffentlicht, will gerade eine Individualisierung verhindern; somit kommt solchen Inkognitos keine Namensfunktion zu.[158] Es kann im Einzelfall allenfalls ein ursprüngliches Inkognito durch entsprechende Benutzung zum Pseudonym werden und als solches namensrechtlich geschützt sein.[159]

63 Eine besondere Stellung nehmen so genannte **Sammelpseudonyme** ein. Unter Sammelpseudonymen veröffentlichen verschiedene Autoren eines Verlags innerhalb einer bestimmten Romangattung. Da insoweit letztlich ein Kennzeichnung der Romangattung, also des vermarkteten Produktes, gegeben ist, nicht aber des einzelnen Autors, nähert sich das Sammelpseudonym der Marke an[160] und ist zumindest überwiegend immaterialgüterrechtlich zu beurteilen. Allerdings wird im Schrifttum die Auffassung vertreten, dass das Sammelpseudonym im Hinblick auf sämtliche beteiligten Autoren Individualisierungsfunktion haben kann.[161]

64 **Spitznamen**, die sich der Betroffene nicht selbst zugelegt hat, sondern die ihm vom Verkehr zugeordnet werden, sollen den Schutz des § 12 genießen, wenn zwischen dem Spitznamen und der mit dem Spitznamen bezeichneten Person ein Zuordnungszusammenhang besteht.[162] Ein Namensschutz des Spitznamens ist aber dann abzulehnen, wenn sich der Betroffene mit dem Spitznamen selbst nicht identifiziert, insbesondere bei Spott- und Schimpfnamen; Anhaltspunkte für eine Identifizierung mit dem Spitznamen kann die Eintragung einer dem Spitznamen entsprechenden Marke sein.[163]

65 **c) Firma der Einzelkaufleute.** Die Firma des Einzelkaufmanns und der Einzelkauffrau (§ 17 HGB) fällt stets unter den Schutz des § 12. Ihr registerrechtlich zulässiger Inhalt richtet sich nach § 19 Abs. 1 Nr. 1

---

152 BGH NJW 2003, 2978, 2979 – maxem.de.
153 *Raschauer*, S. 251.
154 Soergel/*Heinrich*, § 12 Rn 120.
155 OLG München GRUR 1961, 46, 47 – Schriftstellername; MüKo/*Schwerdtner*, § 12 Rn 48; Staudinger/*Weick/Habermann*, § 12 Rn 28; Bamberger/Roth/*Bamberger*, § 12 Rn 21; vgl. Soergel/*Heinrich*, § 12 Rn 120: für eine von der Verkehrsgeltung abhängige Differenzierung.
156 RGZ 101, 226, 231 – Üssems Meisterakrobaten; MüKo/*Schwerdtner*, § 12 Rn 48.
157 OLG München GRUR 1961, 46, 47 – Schriftstellername.
158 OLG Jena JW 1925, 1659; Soergel/*Heinrich*, § 12 Rn 122.
159 Staudinger/*Weick/Habermann*, § 12 Rn 25; MüKo/*Schwerdtner*, § 12 Rn 50.
160 OLG Hamm GRUR 1967, 260, 261 – Irene von Velden.
161 *Fromm/Nordemann*, Urheberrecht, 9. Aufl. 1998, § 10 Rn 3; Staudinger/*Weick/Habermann*, § 12 Rn 122; a.A. *Schricker*, Urheberrecht, 2. Aufl. 1999, § 10 Rn 4.
162 OLG Hamburg ZUM 2002, 148; LG Frankfurt/M. MMR 2004, 113 – mormonen.de.
163 LG Frankfurt/M. MMR 2004, 113 – mormonen.de.

HGB. Der namensrechtliche Schutz der Firma ist nicht davon abhängig, dass die Firma mit dem bürgerlichen Namen der natürlichen Person als Firmeninhaber übereinstimmt.[164] Vielmehr ist jede Firma, auch soweit sie als abgeleitete Firma den bürgerlichen Namen des Inhabers nicht enthält, Name im Sinne des § 12 (zum Verhältnis zum handelsrechtlichen Firmenschutz siehe Rn 17).[165] Das Namensrecht der Einzelkaufleute und ihr Firmenrecht stehen selbständig nebeneinander.[166]

2. Juristische Personen, Rechtssubjekte ohne Rechtspersönlichkeit und Gebilde ohne Rechtsfähigkeit. a) Ausdehnung des Anwendungsbereichs. Ursprünglich sollte sich der Schutz des § 12 nur auf natürliche Personen beziehen. Neben der Ausdehnung des Schutzbereichs des § 12 auf sämtliche Firmen der Einzelkaufleute (Rn 65) erfolgte bereits früh eine richterrechtliche **Erweiterung des Schutzbereichs** des § 12 auf Kennzeichen von juristischen Personen und Personenvereinigungen ohne Rechtspersönlichkeit, weil das Bedürfnis erkannt wurde, sämtliche Einheiten, die im Rechtsverkehr unter einem Namen oder einer Firma auftreten, im Hinblick auf ihr Unterscheidungsinteresse gleich zu behandeln.[167] Die Schutzbereichsausdehnung kann inzwischen als **gewohnheitsrechtlich** anerkannt angesehen werden.[168] § 12 ist damit zur **Generalklausel des gesamten Bezeichnungsrechts** geworden.[169] Auf das Vorliegen einer eigentlichen Verbandsstruktur dürfte es im Übrigen nicht ankommen; der Namensschutz knüpft richtigerweise rein funktionell an die **Teilnahme einer Einheit am Rechtsverkehr** an. Deshalb ist der Namensschutz *zumindest* bei Zuerkennung von (Teil-)Rechtsfähigkeit an andere Einheiten auf diese ohne weiteres in vollem Umfang auszudehnen (vgl. aber auch Rn 73). Nach herrschender Lehre handelt es sich bei der erweiternden Anwendung des § 12 um eine **Analogie**.[170]

b) Juristische Personen. Juristische Personen genießen Namensschutz nach § 12, weil sie ohne eine Firma oder ein anderweitiges Kennzeichen als Name nicht im Rechtsverkehr handeln können. Namensschutz kommt daher dem **eingetragenen Verein** zu, dessen grundsätzlich frei wählbarer[171] Name eine dem bürgerlichen Namen entsprechende Funktion hat.[172] Der Namensschutz § 12 erstreckt sich auf den vollen Vereinsnamen, der in der Vereinssatzung nach § 57 Abs. 1 bestimmt, in das Vereinsregister eingetragen wird und damit den Zusatz „eingetragener Verein" erhält (§ 65).[173] Namensschutz besteht für die Firma einer **Kapitalgesellschaft**, die Sach- oder Personenfirma sein kann. Der Namensschutz der Firma einer Kapitalgesellschaft besteht grundsätzlich so lange, wie die Gesellschaft als Rechtsperson existiert; die Gesellschaft hat aus dem Gesichtspunkt einer unbefugten Benutzung des Namens durch Dritte allerdings keine kennzeichenrechtlichen Ansprüche, wenn sie kein Unternehmen mehr betreibt.[174] Ebenso genießt die **BGB-Stiftung** als juristische Person den Schutz des § 12.[175]

Für die Anerkennung des Namensschutzes spielt es grundsätzlich keine Rolle, ob es sich um eine juristische Person des Privatrechts oder des **öffentlichen Rechts** handelt. Geschützt ist deshalb der Name einer Stadtgemeinde, wobei nach Auffassung der Rechtsprechung schon die Bezeichnung „Stadt" ohne Angabe des vollen Gemeindenamens Namensschutz nach § 12 genießt.[176] So versteht die Rechtsprechung die Bezeichnung „Stadttheater" nicht nur örtlich, sondern als Namensverwendung dergestalt, dass damit das Theater der Stadt als Namensträgerin gemeint ist.[177] Das wird auf andere Bezeichnungen übertragen, wie „Stadtapotheke",[178] „Kreisblatt"[179] sowie „Universität".[180] Als maßgeblich wird dabei angesehen, dass nach der Verkehrsauffassung eine irgendwie geartete Beziehung der Bezeichnung zur politischen Körperschaft gegeben ist.[181]

---

164 Anders noch RGZ 59, 284, 285 f.
165 BGHZ 11, 214 – KfA; 14, 155, 159 – Farina; Staudinger/*Weick/Habermann*, § 12 Rn 202; *Fezer*, Markenrecht, § 15 Rn 27.
166 *Köhler*, in: FS Fikentscher, S. 494, 496 f.; MüKo/*Schwerdtner*, § 12 Rn 53.
167 RGZ 74, 114, 115 – Verein für deutsche Schäferhunde; 78, 101, 102 – Gesangsverein Germania; BGHZ 14, 155, 159 – Farina; BGH GRUR 1953, 446 – Verein der Steuerberater; *Fezer*, Markenrecht, § 15 Rn 28 ff.; MüKo/*Schwerdtner*, § 12 Rn 51 ff.; Staudinger/*Weick/Habermann*, § 12 Rn 189 ff.; Soergel/*Heinrich*, § 12 Rn 29 ff., jeweils m.w.N.; a.A. jedoch *Fabricius*, JR 1972, 15, 17.
168 MüKo/*Schwerdtner*, § 12 Rn 52; Soergel/*Heinrich*, § 12 Rn 29.
169 *Fezer*, Markenrecht, § 15 Rn 22.
170 Vgl. Staudinger/*Weick/Habermann*, § 12 Rn 191 m.w.N.
171 Vgl. BayObLG NJW 1992, 2362, 2363.
172 RGZ 74, 114, 115 – Verein für deutsche Schäferhunde; MüKo/*Schwerdtner*, § 12 Rn 60.
173 Ausf. zum Namen des eingetragenen Vereins Soergel/*Heinrich*, § 12 Rn 123 ff.
174 BGH GRUR 1961, 420, 422 – Cuypers; *Fezer*, Markenrecht, § 15 Rn 30.
175 Soergel/*Heinrich*, § 12 Rn 30.
176 RGZ 101, 169, 171.
177 RGZ 101, 169, 171; *Fezer*, Markenrecht, § 15 Rn 32.
178 RG JW 1927, 117; in moderner Zeit wohl kaum noch aufrechtzuerhalten, vgl. Soergel/*Heinrich*, § 12 Rn 135; krit. mit beachtlichen Gründen insgesamt auch MüKo/*Schwerdtner*, § 12 Rn 68 f.
179 Erman/*H.P.Westermann*, § 12 Rn 16.
180 Soergel/*Heinrich*, § 12 Rn 135 m.w.N.
181 RGZ 101, 169, 171; Erman/*H.P.Westermann*, § 12 Rn 16; Soergel/*Heinrich*, § 12 Rn 135.

69 Eine Gemeinde kann auch Namensschutz an der **Bezeichnung einer ihrer Behörden** haben. Voraussetzung ist aber eine sichere Zuordnung der Behördenbezeichnung zu der betroffenen Gemeinde. Das ist im Fall der Verwendung der Behördenbezeichnung in einem örtlich gegliederten Telefonbuch immer der Fall, weil der Verkehr die entsprechende Zuordnung der dort aufgeführten Behördenbezeichnung zu der jeweiligen Gemeinde schon aufgrund des Standorts im Telefonbuch vornimmt.[182] Bei der Behördenbezeichnung einer Bundesbehörde wird man von einer grundsätzlichen Zuordnung zur Bundesrepublik Deutschland ausgehen müssen.[183] Einer Gemeinde kann **öffentlich-rechtlicher Namensschutz** analog § 12 zustehen, wenn ihr Name durch einen anderen öffentlichen Rechtsträger im Rahmen seines öffentlich-rechtlichen Wirkungsbereichs beeinträchtigt wird.[184]

70 **c) Rechtssubjekte ohne Rechtspersönlichkeit und Gebilde ohne Rechtsfähigkeit.** Rechtssubjekte, denen zwar Rechtsfähigkeit zukommt, nicht aber Rechtspersönlichkeit, genießen volle Namensrechtsfähigkeit. Die Begründung hierfür unterscheidet sich nicht von der Begründung der Namensrechtsfähigkeit juristischer Personen (Rn 67). Geschützt ist daher die Firma der **OHG** und der **KG** und zwar unabhängig davon, ob die Firma den Familiennamen wenigstens eines der Gesellschafter enthält.[185] Die Firma, Personenfirma wie Sachfirma, ist dabei stets der Name der Handelsgesellschaft.[186] Entsprechendes gilt für die Firma einer **Vorgesellschaft**, also der Vorstufe einer AG oder GmbH zwischen Gründung und Erlangung der Rechtspersönlichkeit durch Eintragung in das Handelsregister. Die Rechtsfähigkeit der Vorgesellschaft ist als Ausfluss der bereits körperschaftlichen Struktur des als Gesellschaft *sui generis* angesehenen Gebildes anerkannt. Die Firma der Vorgesellschaft ist nach § 15 MarkenG und ihr Name nach § 12 geschützt.[187] Wird der Name der Vorgesellschaft in der Firma der später eingetragenen Kapitalgesellschaft verwendet, dann genießt diese die Kennzeichenpriorität der Vorgesellschaft.[188] Wegen der Irreführungsgefahr nach § 3 UWG ist es erforderlich, dass die Vorgesellschaft mit einem das Gründungsstadium anzeigenden Zusatz firmiert.[189]

71 Da es auf die Rechtsfähigkeit des Namensträgers für den Namensschutz einer Einheit nach Auffassung der Rechtsprechung allgemein nicht ankommt, es vielmehr ausreicht, dass es sich um eine hinreichend abgegrenzte und dauerhaft verselbständigte **Organisationseinheit** handelt,[190] kommt geeigneten Einheiten auch ohne einen die (Teil-)Rechtsfähigkeit erreichenden Personifikationsgrad Namensschutz zu. Ob dabei räumliche und personelle Mittel zu einer besonderen Unternehmenseinheit zusammengefasst sind, ist unerheblich.[191] Erst recht ist der Bezeichnung einer **unselbständigen Stiftung** im Sinne einer treuhänderisch hergestellten Verselbständigung kennzeichnungsrechtlicher Schutz grundsätzlich zuzugestehen (vgl. aber auch Rn 73 f.).

72 Inwieweit **nichtrechtsfähigen Gebilden** nicht nur der Schutz nach § 16 UWG a.F., der inzwischen in § 15 MarkenG aufgegangen ist, zugestanden werden kann, sondern auch der **Schutz nach § 12**, ist **streitig**. Für früher als nicht rechtsfähig angesehene **Verbände** wurde ein namensrechtlicher Schutz nach § 12 mit der Begründung für möglich gehalten, dass man diesen schon aus den Namenspositionen der Mitglieder des Verbands herleiten könne.[192] Nach § 12 geschützt ist danach der Name der **Gesellschaft bürgerlichen Rechts**.[193] Das gilt nach der höchstrichterlichen Anerkennung der Rechtsfähigkeit der BGB-Gesellschaft[194] erst recht.

73 Auch andere **Gesamthandsgemeinschaften** können unter Umständen Namensschutz genießen, etwa eine **Erbengemeinschaft** und insbesondere die **Partenreederei** nach § 489 HGB.[195] Schließlich genießt auch

---

182 OLG Düsseldorf GRUR-RR 2003, 381, 381 – Straßenverkehrsamt.
183 Vgl. zu § 43 ABGB österreichischer OGH GRUR Int. 2000, 470, 471 – bundesheer.at; GRUR Int. 2003, 182, 184 – bundesheer.at II.
184 Vgl. BVerwGE 44, 351, 353 f.; *Fezer*, Markenrecht, § 15 Rn 32; Soergel/*Heinrich*, § 12 Rn 136; MüKo/*Schwerdtner*, § 12 Rn 70.
185 RGZ 114, 90, 93 – Neueurburg; a.A. noch RG MuW 1929, 220.
186 *Fezer*, Markenrecht, § 15 Rn 28.
187 BGHZ 120, 103, 107 – Columbus; Soergel/*Heinrich*, § 12 Rn 140.
188 *Fezer*, Markenrecht, § 15 Rn 31.
189 OLG Karlsruhe WRP 1993, 42, 43; *Fezer*, Markenrecht, § 15 Rn 31.
190 BGHZ 103, 171, 173 – Christophorus-Stiftung, zu § 16 UWG a.F., dazu *K.Schmidt*, in: Hopt/Reuter (Hrsg.), Stiftungsrecht in Europa, 2001, S. 175, 186, und *Koos*, Fiduziarische Person und Widmung, 2004, S. 214 f.; OLG Brandenburg OLG-NL 1998, 45 – Templiner Puppenkiste; vgl. auch BGHZ 120, 103, 106; RGZ 78, 101, 102 – Gesangsverein Germania; *Fezer*, Markenrecht, § 15 Rn 38; MüKo/*Schwerdtner*, § 12 Rn 53; Soergel/*Heinrich*, § 12 Rn 31.
191 BGHZ 103, 171, 173 – Christophorus-Stiftung, entgegen OLG Hamburg NJW-RR 1986, 1305, 1305 als Vorinstanz.
192 Vgl. OLG Hamburg NJW-RR 1986, 1305 – Christophorus-Stiftung.
193 Soergel/*Heinrich*, § 12 Rn 31; *Fezer*, Markenrecht, § 15 Rn 29; Staudinger/*Weick*/*Habermann*, § 12 Rn 196 m.w.N.
194 BGHZ 146, 341 ff.
195 Zur Gesamthandsstruktur der Partenreederei *K. Schmidt*, Gesellschaftsrecht, 4. Aufl. 2002, S. 1895 m.w.N.; vgl. auch Soergel/*Heinrich*, § 12 Rn 139.

ein **Verein ohne Rechtspersönlichkeit**,[196] einschließlich einer **Gewerkschaft** – auch hinsichtlich einer unterscheidungskräftigen oder mit Verkehrsgeltung ausgestatteten Namensabkürzung[197] – und einer politischen **Partei**,[198] den Namensschutz des § 12. Der Namensschutz politischer Parteien wird darüber hinaus durch § 4 Abs. 1 S. 1 PartG modifiziert und erweitert. Der Name einer später gegründeten Partei muss sich danach von dem Namen einer bereits bestehenden Partei deutlich unterscheiden. Dies gilt unabhängig davon, ob der Name der bestehenden Partei eine individualisierende Eigenheit oder Verkehrsgeltung hat.[199] Die Bezeichnung einer **Stiftung ohne Rechtspersönlichkeit** wird von der herrschenden Lehre hingegen aufgrund der Herleitung des Namensschutzes aus den namensrechtlichen Positionen der Mitglieder verbandsmäßiger Gebilde als nicht nach § 12 schutzfähig angesehen.[200]

Für **unselbständige Stiftungen** könnte man einen Namensrechtsschutz auf der Grundlage der herrschenden Begründung für die Zuerkennung des Namensschutzes an nichtrechtsfähige Verbände aus den Namensrechtspositionen des Stifters oder des Stiftungsträgers ableiten. Das kommt jedenfalls in Betracht, falls man fiduziarisch verfasste stiftungshafte Gestaltungen als wenigstens verbandsähnliche Personifikationen auffasst.[201] Der Namensschutz nach § 12 BGB sollte unabhängig davon im Hinblick auf die wirtschaftliche und soziale Bedeutung des Namens für ein im gesellschaftlichen Leben als Einheit auftretendes Gebilde gesehen werden. Es ist danach nicht angemessen, ihn lediglich von der namensrechtlichen Position der Stiftungsbeteiligten abzuleiten. Wenn ein Gebilde als soziale Einheit auftritt, so folgt daraus, dass jedenfalls die Grundlage für die Anerkennung eines gewissen Personifikationsgrades besteht, der auch durch die Rechtsordnung Anerkennung finden sollte.

Dabei ist der Schutz des Namens nicht als Ausfluss der Anerkennung als rechtsfähiges Gebilde zu sehen, sondern vielmehr bereits als Ausfluss der sozialen Realität eines Gebildes als einer einer (begrenzten) juristischen Personifizierung zugänglichen Einheit. Die Gründe, die dazu führen, ein an sich nur natürlichen Personen zustehendes Namensrecht aufgrund der sozialen Präsenz bestimmter anderer Gebilde zumindest analog auf juristische Personen zu erstrecken, gelten aufgrund der sozialen Realität unselbständiger Stiftungsgebilde auch für diese Gestaltungen. Der Namensschutz nach § 12 BGB ist allgemein allen mit persönlichen oder sachlichen Mitteln ausgestatteten Organisationseinheiten zuzugestehen, nicht nur Personenverbänden.

Weit darüber hinausgehend hat der BGH es sogar für möglich gehalten, dass nicht nur *personale* Einheiten und Verselbständigungen, zu denen auch Stiftungen aufgrund ihrer Ableitung aus dem Stifterwillen letztlich gehören, sondern auch „tote" Einheiten, namentlich **Gebäude**, Träger eines nach § 12 schutzfähigen Namens sein können, soweit ein, nicht notwendig wirtschaftliches, schutzwürdiges Interesse an einem Namensschutz gegeben ist (Rn 115).[202] Dabei geht es offensichtlich nicht um eine Frage des **Schutzobjektes**, sondern um das Schutzsubjekt, die **Trägerschaft des Namens**, die wiederum von der **Trägerschaft des Namensrechts** zu unterscheiden ist. Letztere ist nach Auffassung des BGH nach den Umständen des Einzelfalls zu entscheiden.[203] Konsequenterweise könnten damit auch Namen anderer materieller Gegenstände, Namen von Tierindividuen, sogar Namen von schöpferischen Leistungen analog § 12 geschützt werden. Unter Verweis auf diese Rechtsprechung hat das LG Düsseldorf den Namensschutz einer Fantasiebezeichnung einer Immobilie deshalb als nach § 12 geschützt angesehen, weil ein besonderes wirtschaftliches Interesse daran bestehe, eine Immobilie mit einer einprägsamen Bezeichnung zu versehen und sie unter dieser Bezeichnung zu vermarkten.[204] Diese Ausweitung des Schutzbereichs von § 12 ist mit der personenrechtlichen Verwurzelung des Namensrechts in § 12 nicht mehr in Einklang zu bringen und abzulehnen.[205] Der Name „löst" sich hier nicht etwa nur von der Person, wie dies etwa bei der Personenmarke der Fall war und auch bei der Firma der Fall ist; er wird von vornherein nicht mehr personenbezogen gesehen.

Die Anerkennung einer darüber hinausgehenden (Teil-)Rechtsfähigkeit ist jedenfalls maßgeblich für die Frage der **Namensrechtsfähigkeit** solcher Gebilde, also die Frage, inwieweit die Einheit selbst Trägerin des Namensrechts sein kann und dieses Recht selbst geltend machen kann. Fehlt es an einer eigenen Rechtsfähigkeit des Namensträgers, ist zwar der **Name** der Einheit als solcher geschützt, das **Recht am**

---

196 RGZ 78, 101, 102 – Gesangsverein Germania; Brandenburgisches OLG OLG-NL 1998, 45 – Templiner Puppenkiste.
197 BGHZ 43, 245, 257 – GdP.
198 OLG Frankfurt NJW 1952, 792, 794 – SPD; OLG Karlsruhe NJW 1972, 1810 – CDU; vgl. zur verfassungsrechtlichen Frage BVerfG DtZ 1991, 27 – DSU.
199 BGHZ 79, 265, 269.
200 *Reich*, S. 122; *Wochner*, ZEV 1999, 125, 130; Seifart/v. Campenhausen-*Hof*., Handbuch des Stiftungsrechts, 2. Aufl. 1999, § 36 Rn 100; offen gelassen von OLG Hamburg NJW-RR 1986, 1305, 1305 – Christophorus-Stiftung.
201 *Koos*, Fiduziarische Person und Widmung, 2004, S. 260 ff.
202 BGH GRUR 1976, 311, 312 – Sternhaus; *Fezer*, Markenrecht, § 15 Rn 37.
203 BGH GRUR 1976, 311, 312 – Sternhaus.
204 LG Düsseldorf GRUR-RR 2001, 311, 312.
205 *Fezer*, GRUR 1976, 312, 313; MüKo/*Schwerdtner*, § 12 Rn 100; Staudinger/*Weick/Habermann*, § 12 Rn 219.

Namen steht aber dem jeweiligen Rechtsträger zu, dessen entsprechend abgegrenzte Organisationseinheit den Namen trägt.[206]

78 Infolge der Anerkennung der **Rechtsfähigkeit von Gesamthandsgesellschaften**, insbesondere der Gesellschaft bürgerlichen Rechts und des Vereins ohne Rechtspersönlichkeit, sind solche Einheiten selbst Träger ihres Namensrechts. Das Namensrecht eines Rechtssubjektes ohne Rechtspersönlichkeit ist dabei nicht von den Namensrechtspositionen der Verbandsmitglieder abzuleiten, sondern allein mit der wirtschaftlichen und sozialen Bedeutung des Namens für das im gesellschaftlichen Leben als Einheit auftretende Gebilde zu erklären. Zwar können einer solchen Einheit Rechtspositionen nur insoweit zustehen, als sie mit dem Wesen des Rechtssubjektes vereinbar sind. Inwieweit einer rechtsfähigen Gesellschaft bürgerlichen Rechts oder einem Verein ohne Rechtspersönlichkeit selbst Persönlichkeitsrechte zustehen können, kann im Einzelnen fraglich sein. Gerade das Namensrecht ist aber ein Recht, das auch soweit es nicht ausschließlich im geschäftlichen Rahmen verwendet wird, mit der sozialen Realität der Einheit unmittelbar verbunden ist. Die Einheit bedarf aufgrund ihres Identitätsinteresses auch insoweit eines Namensrechts.

79 Bestand der Namensträger ursprünglich als nichtrechtsfähige Organisationseinheit und stand das Namensrecht damit dem Rechtsträger der Organisationseinheit zu, dann geht das Namensrecht ohne weiteres auf den Namensträger über, wenn dieser später Rechtsfähigkeit erlangt.[207]

80 **3. Namensschutz von Ausländern.** Ausländer genießen den Namensschutz des § 12. Das gilt unabhängig davon, ob ein inländischer Wohnsitz oder eine inländische Niederlassung gegeben ist und ob die PVÜ Anwendung findet oder ob Gegenseitigkeit verbürgt ist.[208] Die unbefugte Ingebrauchnahme des Kennzeichens muss im Inland erfolgen.[209] Die Frage, ob ein Ausländer ein Namensrecht oder ein Recht auf eine Geschäftsbezeichnung hat, ist eine Frage des Internationalen Privatrechts. Das **Personalstatut** (Art. 10 Abs. 1 EGBGB) ist maßgeblich für den bürgerlichen Namen, das **Gesellschaftsstatut** hingegen für Namen und Firmen von Gesellschaften. Die **Reichweite des Namensschutzes** im Inland richtet sich bei Ingebrauchnahme im Inland jedoch nach **deutschem Recht**; das ist Folge der Maßgeblichkeit des **Deliktsstatuts**.[210] Es ist dabei möglich, dass ein Ausländer durch den Inlandsschutz des Namens besser gestellt ist als durch den Namensschutz in seinem Heimatstaat.[211] Die Schutzreichweite geht niemals über den Schutzbereich des inländischen Rechts nach § 30 HGB, § 12 hinaus.[212] Ausländische Handelsnamen sind nicht lediglich als vollständige Firmenbezeichnungen geschützt, sondern auch als Firmenschlagworte, Firmenbestandteile, Firmenabkürzungen oder als sonstige Geschäftsbezeichnungen.[213]

81 Der Schutz der **Firma eines ausländischen Unternehmens** tritt ein, wenn das Unternehmen die Benutzung des Kennzeichens im Inland aufgenommen hat. Eine hinreichende **Benutzungsaufnahme** ist nicht schon bei Vorliegen der bloßen Absicht anzunehmen, das Kennzeichen im Inland zu benutzen. Das Kennzeichen muss andererseits nicht notwendig so in den inländischen Geschäftsverkehr eingedrungen sein, dass in den beteiligten Verkehrskreisen bereits eine gewisse Namensgeltung erlangt wurde[214] oder dass das Unternehmen bereits im Inland gegenüber der Marktgegenseite in Erscheinung getreten ist.[215] Es reicht aus, dass irgendeine, gegebenenfalls auch im Ausland erfolgende, Benutzungshandlung festzustellen ist, die auf eine dauerhafte **Ausdehnung der Geschäftstätigkeit** des bisher im Ausland tätigen Unternehmens auf das Inland schließen lässt.[216]

82 Eine solche Ausdehnung der Geschäftstätigkeit in das Inland kann sich insbesondere daraus ergeben, dass das Unternehmen im Inland **Warenlieferungen** vornimmt, aber auch bereits, wenn es nur **Wareneinkäufe** tätigt.[217] Dabei kommt es nicht darauf an, ob der Wareneinkauf eine besondere Öffentlichkeitswirkung hat, weil maßgeblich nicht die Bekanntheit der wirtschaftlichen Betätigung des Auslandsunternehmens im

---

206 Etwas missverständlich Brandenburgisches OLG OLG-NL 1998, 45, 45 – Templiner Puppenkiste, s. aber auch 46; vgl. auch die Erörterung in OLG Hamburg NJW-RR 1986, 1305, 1305 – Christophorus-Stiftung.
207 Vgl. Brandenburgisches OLG OLG-NL 1998, 45, 46 – Templiner Puppenkiste.
208 RGZ 117, 215, 218 – Eskimo Pie; BGHZ 8, 318, 319 – Pazifist; NJW 1971, 1522 – SWOPS.
209 Soergel/*Heinrich*, § 12 Rn 34; MüKo/*Schwerdtner*, § 12 Rn 160.
210 Vgl. Staudinger/*Weick/Habermann*, § 12 Rn 350 m.w.N.
211 *Fezer*, Markenrecht, § 15 Rn 49.
212 BGHZ 8, 318, 319 – Pazifist; 39, 220, 233 – Koh-n-nor; 75, 172 – Concordia I; NJW 1971, 1522 – SWOPS.
213 BGH GRUR 1973, 661, 662 – Metrix; *Fezer*, Markenrecht, § 15 Rn 49; MüKo/*Schwerdtner*, § 12 Rn 160.
214 BGHZ 75, 172 – Concordia I; GRUR 1969, 357, 359 – Siehl; MüKo/*Schwerdtner*, § 12 Rn 161.
215 BGH NJW 1971, 1522 – SWOPS.
216 BGH GRUR 1966, 267, 269 – White Horse; NJW 1971, 1522, 1524 – SWOPS; BGHZ 75, 172 – Concordia I.
217 BGHZ 75, 172 – Concordia I; MüKo/*Schwerdtner*, § 12 Rn 162; a.A. OLG Köln WRP 1978, 226, 228.

Inland ist, sondern allein die tatsächliche Aufnahme der Betätigung im Inland.[218] Eine Beschränkung des Firmenschutzes eines einkaufenden Auslandsunternehmens auf den Bestellbereich erfolgt aufgrund von Abgrenzungsproblemen, die sich hieraus ergeben würden, nicht.[219] Auch aus einer entsprechenden **Geschäftskorrespondenz** des Auslandsunternehmens kann sich die Benutzungsaufnahme im Inland ergeben.[220] Die Ingebrauchnahme des Kennzeichens durch ein **Tochterunternehmen** kann genügen. Mit dem Kennzeichen kann der Hinweis nur auf das Tochterunternehmen selbst verbunden sein; dann muss das Publikum den Namen aber jedenfalls auch auf das ausländische Mutterunternehmen beziehen.[221]

Nach Auffassung des EuGH stellt es keinen Verstoß gegen die Warenverkehrsfreiheit (Artt. 28, 30 EGV) dar, wenn sich ein inländischer Inhaber eines Kennzeichens gegenüber dem Unternehmen eines anderen Mitgliedstaates auf sein Kennzeichenrecht und auf eine bestehende Verwechslungsgefahr beruft und dadurch die Einfuhr von mit einem entsprechenden Kennzeichen versehenen Waren verhindert. Voraussetzung ist jedoch das Fehlen von wettbewerbsbeschränkenden Absprachen und von rechtlichen oder wirtschaftlichen Abhängigkeiten der Unternehmen, und die Kennzeichenrechte müssen unabhängig voneinander begründet worden sein.[222] Auch dann kann im Einzelfall in der Rechtsausübung aber noch eine verschleierte Handelsbeschränkung oder eine willkürliche Diskriminierung zu sehen sein.[223]

83

II. Schutzobjekte

1. Allgemeine Kriterien für den Schutz einer Bezeichnung als Name. a) Unterscheidungskraft. Wegen der Kennzeichnungsfunktion des Namens muss nach hergebrachter Auffassung eine Bezeichnung – unabhängig von einer möglichen Schutzbereichsausweitung des bürgerlich-rechtlich Namensschutzes – dazu geeignet sein, eine Person, ein Unternehmen, gegebenenfalls auch einen Gegenstand (siehe zum Schutz von Gebäudenamen aber Rn 76, 115) zu **individualisieren**. Die Bezeichnung muss also auf einen Namensträger, sei es eine natürliche oder juristische Person, eine rechtsfähige Einheit, eine dauerhaft abgesonderte Organisationseinheit oder gegebenenfalls einen Gegenstand, hinweisen. Die herrschende Auffassung verlangt daher eine aus der Natur der Bezeichnung folgende hinreichende **Unterscheidungskraft** der Bezeichnung oder bei deren Fehlen eine bestehende **Verkehrsgeltung** (siehe Rn 87).[224]

84

Nach hier vertretener Ansicht dürfen die Anforderungen an die Verknüpfung zwischen dem Namenssubjekt und der Bezeichnung nicht zu streng formuliert werden. Der Namensschutz geht nämlich über die bloße Zuordnungsidentifikation und Individualisierung hinaus (Rn 4 ff.). Der Name dient auch der **Verwirklichung der Persönlichkeit** und **wirtschaftlichen Interessen** im Zusammenhang mit der Kommerzialisierung von Persönlichkeitsaspekten. Daraus folgt zum einen, dass eine Bezeichnung auch nach dieser Auffassung auf den Namensträger in hinreichendem Maße hinweisen muss. Andererseits wird man bei Heranziehung dieser Auffassung zur Funktion des Namensschutzes die Voraussetzung einer Unterscheidbarkeit der Bezeichnung weniger streng zu fassen haben als bei Maßgeblichkeit der hergebrachten Auffassung.

85

Der **Unterscheidungskraft** einer Bezeichnung kommt nach allgemeiner Auffassung zentrale Bedeutung für die Zuerkennung des Namensschutzes zu, weil sie, konsequent im Hinblick auf die traditionell angenommenen Namensfunktionen, eine Bezeichnung zum individualisierenden und zuordnenden Kennzeichnungsmittel macht. So muss eine Bezeichnung in hinreichendem Ausmaße eine individualisierende Eigenart aufweisen, die die Verwirklichung der Namensfunktion ermöglicht.[225] Zur Feststellung der besonderen Eigenart der Bezeichnung ist auf den Sprachgebrauch abzustellen.[226] Wenn eine Bezeichnung im Sprachgebrauch nicht üblich ist in dem konkreten Zusammenhang, in dem sie verwendet wird, unüblich ist, ist hinreichend individualisierende Eigenart und damit die Unterscheidungskraft anzunehmen. Der Name muss seiner Art nach geeignet sein, Personen oder Gegenstände voneinander zu unterscheiden. Der Verkehr muss der Bezeichnung einen eindeutigen Hinweis auf den Namensträger entnehmen können.[227] Ist eine eindeutige Unterscheidungskraft aus der Natur der Bezeichnung gegeben, dann kommt es auf eine Verkehrsgeltung nicht an. Die **Verkehrsgeltung** ist aber Schutzvoraussetzung, wenn kein hinreichend unterscheidungskräftiges Kennzeichen vorliegt (zu den Einzelheiten im Folgenden Rn 87 ff.).

86

---

218 BGHZ 75, 172 – Concordia I; vgl. dazu aber auch MüKo/*Schwerdtner*, § 12 Rn 162 mit dem Hinweis auf die geringere Vermutung einer Dauerhaftigkeit des Einkaufs gegenüber dem Verkauf.
219 BGHZ 75, 172 – Concordia I; MüKo/*Schwerdtner*, § 12 Rn 162.
220 Soergel/*Heinrich*, § 12 Rn 34.
221 OLG Karlsruhe NJW-RR 1992, 876 – McChinese.
222 EuGH NJW 1976, 1578.
223 MüKo/*Schwerdtner*, § 12 Rn 164.

224 MüKo/*Schwerdtner*, § 12 Rn 71; Soergel/*Heinrich*, § 12 Rn 118; Staudinger/*Weick/Habermann*, § 12 Rn 207; *Fezer*, Markenrecht, § 15 Rn 40.
225 BGHZ 43, 245, 252; GRUR 1991, 157, 158 – Johanniter-Bier; BGHZ 124, 173 – römisch-katholisch.
226 BGH GRUR 1973, 265, 266 – Charme & Chic; 1976, 254, 255; *Krieger*, GRUR 1976, 255, 256.
227 *Fezer*, Markenrecht, § 15 Rn 40.

87 **b) Verkehrsgeltung.** Ist eine Bezeichnung nicht ihrer Art nach nicht geeignet, zur namensmäßigen Individualisierung zu dienen, vor allem weil sie dem allgemeinen Sprachgebrauch entspricht, eine Gattungsbezeichnung darstellt oder aus anderen Gründen nicht als Name gewertet wird, etwa im Falle von unaussprechbaren Buchstabenkombinationen (vgl. aber Rn 96 f.), dann kann sie gleichwohl dem Schutz des § 12 unterfallen, wenn sie sich im Verkehr als Bezeichnung mit namensmäßiger Funktion durchgesetzt hat. Die Bezeichnung wird dann wie ein Name behandelt. Zumeist wird dies für **Unternehmensbezeichnungen** bedeutsam sein; es kann aber auch eine solche Bezeichnung durch Verkehrsgeltung Namensfunktion im Sinne etwa eines **Pseudonyms** erlangen. Die Verkehrsgeltung einer Bezeichnung schließt ihre individualisierende Unterscheidungskraft ein.[228] Sie liegt vor, wenn die Bezeichnung von einem beachtlichen Teil der berührten Verkehrskreise als Hinweis auf ein bestimmtes Unternehmen oder allgemein auf einen bestimmten Namensträger verstanden wird. Die mit der Verkehrsgeltung verbundene Kennzeichnungskraft muss sich auf die Bezeichnung als solche beziehen, ohne dass es auf einen weiteren Zusatz ankommen darf.[229] Die Namensfunktion endet im Falle ihrer alleinigen Vermittlung durch eine Verkehrsgeltung, wenn die Verkehrsgeltung verloren geht. Eine nur vorübergehende Nichtbenutzung ist unschädlich (näher Rn 146).[230]

88 Die Eintragung der Bezeichnung als Marke steht dem Namensschutz nicht entgegen.[231] Die namensmäßige Verkehrsgeltung einer Bezeichnung kann sich aus ihrer **Verwendung als Marke** ergeben, auch wenn ihre Verkehrsdurchsetzung als Bezeichnung für eine bestimmte Ware allein nicht genügt.[232] Vielmehr muss ein nicht unbeträchtlicher Teil der maßgeblichen Verkehrskreise den Begriff als Bezeichnung nicht nur für eine bestimmte Ware, sondern für ein bestimmtes Unternehmen verstehen.[233] Das Warenzeichen genießt dann zugleich Kennzeichenschutz nach §§ 12, 15 MarkenG, der sich nicht nur gegen die firmenmäßige Benutzung, sondern auch gegen die markenrechtliche Benutzung eines jüngeren Zeichens durchsetzt.[234]

89 **c) Freihaltebedürfnis.** Für die Frage des namensrechtlichen Schutzes einer Bezeichnung ist stets ein Freihaltebedürfnis des Verkehrs zu berücksichtigen. Der originäre Namensschutz von Begriffen, die dem **allgemeinen Sprachgebrauch** entsprechen oder eine allgemeine **Herkunftsbezeichnung** darstellen, würde zu einer unangemessenen Monopolisierung führen, für die wegen der mangelnden Individualisierungskraft solcher Bezeichnungen kein hinreichendes schutzwürdiges Interesse des Verwenders besteht.[235] Das Freihaltebedürfnis stellt aber kein absolutes Hindernis des Namensschutzes dar. Soweit eine Bezeichnung unterscheidungskräftig ist, kann ihr die Namensschutzfähigkeit auch nicht unter Verweis auf ein besonderes, auch unter Berücksichtigung der künftigen Entwicklung sperrendes Freihaltebedürfnis verweigert werden.[236] Für nicht unterscheidungskräftige Bezeichnungen aus dem allgemeinen Sprachgebrauch besteht andererseits regelmäßig ein Freihaltebedürfnis; hier ist aber letztlich die mangelnde Unterscheidungskraft und nicht das Freihaltebedürfnis als solches der Grund für die Ablehnung eines originären Namensschutzes der Bezeichnung.[237] Das Freihaltebedürfnis wirkt sich dagegen unmittelbar auf die Anforderungen für die Bejahung einer hinreichenden Verkehrsgeltung aus. Ein höheres Freihaltebedürfnis des Verkehrs führt zu entsprechend strengeren Voraussetzungen für die Annahme und den Nachweis der Durchsetzung einer Bezeichnung im Verkehr.[238]

90 **2. Einzelfragen. a) Bürgerlicher Name.** Die Unterscheidungskraft und damit die Schutzreichweite sind im Bereich des bürgerlichen Namens vor allem bei so genannten **Sammelnamen** (Meier, Müller) problematisch. Hier ist eine eindeutige Zuordnung zum Namensträger allein anhand des Familiennamens nicht möglich.[239] Der aus Vornamen und Familiennamen zusammengesetzte bürgerliche Name hat dagegen als Kombination stärkere Unterscheidungskraft.[240] Ein im Namen enthaltener Hinweis auf die Zugehörigkeit zu einer Adelsfamilie steigert die natürliche Unterscheidungskraft eines Namens nur dann, wenn er bei den

---

228 *Fezer*, Markenrecht, § 15 Rn 44.
229 Baumbach/*Hefermehl*, UWG, Allg. Rn 187.
230 BGH GRUR 1957, 428, 429 – Bücherdienst; Baumbach/*Hefermehl*, UWG, Allg. Rn 187.
231 BGH GRUR 1955, 299, 300 – Koma.
232 Staudinger/*Weick*/*Habermann*, § 12 Rn 207.
233 BGH GRUR 1955, 299, 300 – Koma; GRUR 1959, 25, 27 – Triumph; vgl. auch MüKo/*Schwerdtner*, § 12 Rn 91 m.w.N.; zu den Anforderungen an den Bekanntheitsgrad BGH NJW 1997, 2379, 2380 – grau/magenta.
234 BGH GRUR 1959, 25, 26 f. – Triumph.
235 *Fezer*, Markenrecht, § 15 Rn 41.
236 BGHZ 30, 357, 370 ff. – Nährbier; GRUR 1964, 381, 383 – WKS Möbel; Baumbach/*Hefermehl*, UWG, Allg. Rn 194; *Fezer*, Markenrecht, § 15 Rn 50; anders noch BGHZ 8, 387, 389 – Fernsprechnummer; GRUR 1957, 547, 548 – tabu I; vgl. auch BGH GRUR 1963, 469 – Nola.
237 Vgl. BGH GRUR 1989, 449, 450 – Maritim.
238 BGHZ 30, 357, 371 – Nährbier; 34, 299, 305 – Almglocke; GRUR 1990, 681, 683 – Schwarzer Krauser; 1994, 905, 906 – Schwarzwald-Sprudel; Baumbach/*Hefermehl*, UWG, Allg. Rn 194; vgl. auch östOGH ÖBl. 1974, 139 – Wiener E-Mailmanufaktur.
239 Vgl. OLG Hamburg WRP 1955, 183.
240 Vgl. *Fezer*, Markenrecht, § 15 Rn 40.

beteiligten Verkehrskreisen einen erhöhten Bekanntheitsgrad erreichen kann.[241] Die fehlende Unterscheidungskraft eines Sammelnamens nimmt dem Namen aber nicht die Namenseigenschaft, sondern wirkt sich auf die Reichweite des Namensschutzes im Einzelfall aus.[242] Ein isolierter Schutz des Vornamens scheidet mangels Unterscheidungskraft grundsätzlich aus (siehe Rn 54).

b) Firma und sonstige Geschäftsbezeichnungen. Schutzobjekt des § 12 ist die handelsrechtliche **91 Firma**, und zwar beim Einzelkaufmann nicht nur, soweit sie mit dem bürgerlichen Namen übereinstimmt (siehe dazu auch Rn 65). Der Schutz der Firma setzt zum einen voraus, dass sie registerrechtlich zulässig ist.[243] Zum anderen muss sie die allgemeinen Anforderungen des § 12 erfüllen, sie muss also hinreichend unterscheidungskräftig sein. Insoweit stimmen die Voraussetzung des Schutzes nach § 12 mit § 18 HGB überein, wonach die Firma zur Kennzeichnung der Kaufleute geeignet sein und Unterscheidungskraft besitzen muss. Diese Anforderungen können sowohl Sach- als auch Personenfirmen erfüllen.

c) Fantasiebezeichnung. Unterscheidungskraft kann Fantasiebezeichnungen zukommen, die ein **Unternehmen** oder als **Wahlname** eine Privatperson (Rn 57) bezeichnen; insoweit können sie Namensfunktion erfüllen und nach § 12 geschützt sein. Das gilt für **Wortschöpfungen**, die keinerlei Sprachgebrauch entsprechen, sowie für als Bezeichnung verwendete, an sich nicht unterscheidungskräftige Begriffe, die im verwendeten Zusammenhang unüblich sind, aber unter Umständen auch für nicht frei erfundene Wörter, die in der Umgangssprache gleichwohl nicht gebräuchlich sind.[244] Solche Bezeichnungen können für sich allein hinreichend unterscheidungskräftig sein, so dass es auf eine Verkehrsgeltung nicht mehr ankommt.[245] Auch soweit ein Begriff verwendet wird, der an sich keine Unterscheidungskraft hat und auch nicht in unüblichem äußerem Zusammenhang steht, kann ein Namensschutz gegeben sein, wenn er mit anderen Begriffen, Wortbestandteilen[246] oder Eigennamen[247] **kombiniert** wird und dadurch Eigenart erlangt[248] oder wenn er verfremdet wird. Das gilt auch für einen Begriff aus der **Umgangssprache**, der in unüblicher[249] oder verfremdender Weise oder in einer Wortzusammensetzung verwendet wird (vgl. aber auch Rn 95).[250] Die Wortzusammensetzung darf dabei aber nicht ihrerseits im umgangssprachlichen Rahmen geläufig sein. Ebenso sind **fremdsprachliche Begriffe** und **Dialektbegriffe** als Namen geschützt, wenn sie im allgemeinen Sprachgebrauch nicht üblich sind oder in ungewöhnlichem Zusammenhang stehen.[251] Besonders bei Begriffen aus dem englischen Sprachraum wird man eine in bestimmten Geschäftsbereichen übliche allgemeine Anglisierung der Sprache zu berücksichtigen haben.

Die **Namensschutzfähigkeit** eines zunächst wegen seiner Ungewöhnlichkeit schutzfähigen Fantasienamens **93** kann infolge des Verlustes der Unterscheidungskraft **entfallen**, wenn die Bezeichnung zu allgemeinem Sprachgebrauch wird.[252] Dies scheidet aber so lange aus, wie ein rechtlich beachtlicher Teil der Verkehrskreise den Begriff noch als Hinweis auf den Namensträger auffasst.[253] Der Verlust der Namensschutzfähigkeit wird mit dem Verlust der Unterscheidungskraft oft auch deshalb nicht infrage kommen, weil inzwischen eine **Verkehrsgeltung** erlangt wurde.

d) Umgangssprachliche, Sach-, Tätigkeits- und Gattungsbezeichnungen. Die Unterscheidungskraft **94** und damit die Namensschutzfähigkeit fehlen allgemein bei Begriffen, für die ein **Freihaltebedürfnis** des Verkehrs besteht (siehe Rn 89). Das Entfallen des Namensschutzes stellt eine namensrechtliche Parallele zu den absoluten Schutzhindernissen des § 8 Abs. 2 MarkenG dar. Der BGH beurteilt die Namensschutzfähigkeit von **Unternehmenskennzeichen** in entsprechender Heranziehung der Schutzvoraussetzungen nach § 8

---

241 OLG München NJW-RR 1996, 1005 – Frankenberg; *Fezer*, Markenrecht, § 15 Rn 40.
242 Vgl. MüKo/*Schwerdtner*, § 12 Rn 72.
243 Soergel/*Heinrich*, § 12 Rn 142.
244 Vgl. BGH GRUR 1991, 472 – Germania.
245 BGH GRUR 1954, 331, 332 – Altpa; 1957, 281 – karo-as; OLG Karlsruhe WRP 1976, 254, 255 – ESTA; Soergel/*Heinrich*, § 12 Rn 145.
246 Vgl. OLG Hamm GRUR 1984, 890 – Chemitec.
247 OLG Köln WRP 1975, 373, 374 – Möbel-Franz; Soergel/*Heinrich*, § 12 Rn 145.
248 BGH GRUR 1957, 561, 562 – REI-Chemie; 1973, 265, 266 – Charme & Chic; 1976, 643 – Interglas; NJW 1977, 1587 – Terranova; OLG Köln WRP 1977, 733 – Transcommerce; OLG Frankfurt WRP 1982, 420 – Multicolor; OLG Oldenburg GRUR 1986, 477 – Video Land; OLG Hamburg GRUR 1986, 475 – Blitz-Blank.
249 Vgl. BGH GRUR 1955, 481, 482 – Hamburger Kinderstube; BGHZ 21, 66 – Hausbücherei; GRUR 1957, 29, 31 – Spiegel; 547, 548 – tabu I; 1973, 539, 540 – product-contact.
250 Soergel/*Heinrich*, § 12 Rn 145; *Fezer*, Markenrecht, § 15 Rn 41.
251 BGH NJW 1985, 741 – Consilia; OLG Hamm GRUR 1979, 784 – Splenterkotten; OLG Hamm GRUR 1990, 699 – petite fleur; vgl. auch BGH GRUR 1991, 472 – Germania.
252 BGH GRUR 1955, 95, 96 – Buchgemeinschaft; Soergel/*Heinrich*, § 12 Rn 145.
253 BGH GRUR 1977, 226, 227 – Wach- und Schließ; *Fezer*, Markenrecht, § 15 Rn 43.

Abs. 2 MarkenG.[254] Ein namensrechtlicher Schutz einer Bezeichnung scheidet aus, wenn es sich um eine **rein beschreibende Bezeichnung** handelt.

95 **Umgangssprachliche Wörter** können zwar durch ihre unübliche oder verfremdete Verwendung für sich unterscheidungskräftig sein (Rn 92), an die Zuerkennung des Namensschutzes sind wegen des Freihaltebedürfnisses aber strenge Anforderungen zu stellen. Regelmäßig **fehlt** umgangssprachlichen Bezeichnungen danach die **Unterscheidungskraft** und zwar auch dann, wenn sie mit anderen umgangssprachlichen Begriffen in nicht unüblicher Weise kombiniert werden. Das gilt auch für in der deutschen Umgangssprache gebräuchliche fremdsprachliche Begriffe.[255] Sprachübliche Wortkombinationen rein beschreibender Art haben keinen Namenscharakter.[256] Auch **Sachbezeichnungen** können ohne eine Verkehrsgeltung für sich nicht ohne weiteres als Namen geschützt werden, weil hieran regelmäßig ein Freihaltebedürfnis besteht. Nicht unterscheidungskräftig sind regelmäßig **Gattungsbezeichnungen**,[257] auch in allgemein gebräuchlich abgekürzter Form,[258] und **Tätigkeits- und Beschaffenheitsbegriffe**.[259]

96 **e) Zahlenkombinationen, Buchstabenkombinationen.** Reine **Zahlenkombinationen** sollen nach hergebrachter Auffassung zu § 12 grundsätzlich nicht aus sich heraus als Namen schutzfähig sein, sie können dann aber jedenfalls entsprechende Verkehrsgeltung erlangen und vom Verkehr einem bestimmten Unternehmen zugeordnet werden (näher zum Namensschutz von Fernsprechnummern Rn 106).[260] Entsprechendes wurde bislang von nicht aussprechbaren **Buchstabenkombinationen** angenommen, weil solche Kombinationen vom Verkehr allgemein nicht als Namen gewertet würden.[261] Die Abgrenzung zu den grundsätzlich originär als Namen geschützten Fantasiebezeichnungen wurde von der herrschenden Auffassung über die Unaussprechbarkeit der Buchstabenkombination vorgenommen (zu Namensabkürzungen auch Rn 99 ff.).[262]

97 Abweichend davon sollte die Möglichkeit einer originären namensrechtlichen Schutzfähigkeit auch von Buchstaben- und Zahlenfolgen oder Kombinationen aus Buchstaben und Zahlen nicht mehr ausgeschlossen werden.[263] Die Aussprechbarkeit einer Buchstaben- oder Ziffernfolge ist kein sachgerechtes Kriterium zur Abgrenzung unterscheidungskräftiger und deshalb originär als Namen geschützter Bezeichnungen von nur bei Feststellung einer Verkehrsgeltung geschützten Bezeichnungen. Das ergibt sich vor allem daraus, dass der Verkehr im modernen Sprachgebrauch prägnanten Abkürzungen und Ziffernfolgen durchaus originäre Namensfunktion beilegt.[264] Das gilt entgegen der Auffassung des BayObLG[265] auch für das @-Zeichen als Bestandteil einer Bezeichnung.[266]

98 **f) Herkunftsbezeichnung.** Differenzierend sind geografische Bezeichnungen und Herkunftsbezeichnungen zu beurteilen. Bloße **Ortsbezeichnungen** sind für sich allein regelmäßig nicht als Namen geschützt. Für solche Bezeichnungen besteht auch regelmäßig ein Freihaltebedürfnis des Verkehrs. Die Hinzufügung von auf den räumlichen Tätigkeitsbereich oder den Sitz des Unternehmens hindeutenden Ortsbezeichnungen zu einer Tätigkeits- oder Sachbezeichnung führt grundsätzlich nicht dazu, dass der Sachbezeichnung eine Unterscheidungskraft zukommt.[267] Eine Ausnahme wird aber bei Unternehmen gemacht, die traditionell ortsverbunden sind und bei denen der Verkehr nur mit einem einzigen Unternehmen dieser Benennung rechnet.[268] Hier ergibt sich die Unterscheidungskraft der Bezeichnung schon aus dem örtlich begrenzten

---

254 BGH Urt. v. 26.10.2000 – I ZR 117/98 – Windsurfing Chiemsee; vgl. auch OLG Hamburg NJWE-WettbR 1999, 261 – Windsurfing Chiemsee.
255 OLG Frankfurt NJW-RR 1986, 535, 535 – alta moda/haut couture.
256 Vgl. RGZ 172, 129, 130 – Fettchemie; BGH GRUR 1966, 495, 497 – Uniplast; 1976, 254, 255 – Management-Seminare; 1991, 556 – Leasing-Partner; 1992, 865 – Volksbank; OLG Hamburg GRUR 1987, 184 – Sicherheit + Technik.
257 RG MuW 1929, 343 – Deutsche Asbestwerke; BGHZ 11, 214, 217 – KfA; GRUR 1957, 428 – Bücherdienst; OLG Hamm BB 1972, 589 – Fundgrube; OLG Frankfurt GRUR 1991, 251 – Mitwohnzentrale; für die Bezeichnung „Dresdner Stollen" BGHZ 106, 101 – Dresdner Stollen I; GRUR 1990, 461, 462 – Dresdner Stollen II; anders zur Bezeichnung „Dresdner Stollen" dagegen OLG München NJW 1986, 387, 388; LG Leipzig GRUR 1994, 379 – Dresdner Butterstollen.
258 MüKo/*Schwerdtner*, § 12 Rn 81.
259 BGH GRUR 1988, 319, 320 – Video-Rent; GRUR 1996, 68, 69 – Cotton Line; OLG Frankfurt GRUR 1991, 251 – Mitwohnzentrale; sehr zweifelhaft dagegen LG Köln NJW-RR 1999, 629 – Zivildienst.de.
260 BGH NJW-RR 1990, 1127–4711; Bamberger/Roth/*Bamberger*, § 12 Rn 27.
261 BGHZ 43, 245, 253 – GdB; BGH GRUR 1976, 379, 381 – KSB; GRUR 1998, 165, 166 – RBB; Soergel/*Heinrich*, § 12 Rn 146.
262 MüKo/*Schwerdtner*, § 12 Rn 92.
263 So für Firmen auch Ebenroth/Boujong/Joost/Zimmer, Handelsgesetzbuch, 2001, § 18 Rn 28.
264 BGH GRUR 2001, 344, 344 f. – DB Immobilienfonds; *Fezer*, Markenrecht, § 15 Rn 122a, 124 (jeweils zu §§ 5, 15 MarkenG).
265 BayObLG NJW 2001, 2337, 2338.
266 *Wachter*, NotBZ 2002, 73.
267 BGH GRUR 1957, 426, 427 – Getränke Industrie; 1976, 254, 255 – Management-Seminare.
268 MüKo/*Schwerdtner*, § 12 Rn 94.

Tätigkeitsbereich des Unternehmens.[269] Das gilt namentlich für **Etablissements-Bezeichnungen**, wie insbesondere Hotel- und Gaststättennamen,[270] und Apothekenbezeichnungen[271] sowie für die Bezeichnungen von Lokalzeitungen.[272] In diesen Fällen kann die Verbindung einer für sich nicht unterscheidungskräftigen Sachbezeichnung mit einer für sich nicht unterscheidungskräftigen Ortsbezeichnung zu einer schutzfähigen Bezeichnung mit Namensfunktion führen.

g) Schlagworte, Abkürzungen, Teile von Namen. Für die originäre Schutzfähigkeit von im Verkehr verwendeten Schlagworten, Abkürzungen oder Namensteilen kommt es wie bei Firmennamen auf die **Unterscheidungskraft** der Bezeichnung an. Grundsätzlich sind auch solche unabhängig von dem Namen oder der Firma verwendeten **besonderen Geschäftsbezeichnungen** nach § 12 schutzfähig.[273] In der Regel ist für den Schutz von Gattungsbezeichnungen, umgangssprachlichen oder beschreibenden Begriffen, die als besondere Geschäftskennzeichen verwendet werden, eine besondere **Verkehrsgeltung** erforderlich. Insoweit gilt das zu diesen Bezeichnungen allgemein Gesagte (Rn 94 f.).[274]

99

Auch besonderen Geschäftsbezeichnungen in der Erscheinungsform nicht aussprechbarer den Namen oder die Firma abkürzender **Buchstabenkombinationen** (Rn 96 f.) soll nach hergebrachter Auffassung und früherer Rechtsprechung des BGH grundsätzlich mangels Unterscheidungskraft kein originärer Namensschutz zukommen; sie sind danach aber jedenfalls dann geschützt, wenn der Verkehr die Abkürzung als Hinweis auf das Unternehmen versteht.[275]

100

Entsprechendes gilt für aus Namens- bzw. Firmensilben zusammengestellte Schlagworte.[276] Ein in Alleinstellung herausgestellter **Namens-** oder **Firmenbestandteil** kann originären Namensschutz genießen, wenn der herausgestellte Namensteil Träger der Unterscheidungskraft und damit der Kennzeichenfunktion im Vergleich zu den nicht herausgestellten Namensteilen ist.[277]

101

Einem **Schlagwort** kann, auch wenn es **nicht Bestandteil einer Firma** ist, Namensschutz zukommen, wenn es für sich allein auf ein bestimmtes Unternehmen hinweist. Das betrifft namentlich aus einer Marke hergeleitete Schlagworte, die nicht Bestandteil der Firma sind und auch nicht originär als Namen aufgefasst werden können.[278] Hier kommt es darauf an, dass der Verkehr das Schlagwort als Hinweis nicht auf eine bestimmte Ware, sondern auf das Unternehmen auffasst.[279]

102

Inzwischen ist der BGH von der Auffassung abgerückt, nicht als Wort aussprechbaren Buchstabenkombinationen könne keine namensmäßige Unterscheidungskraft und damit kein originärer Kennzeichenschutz zukommen. Er geht nunmehr davon aus, dass die Verkehrsauffassung entsprechenden Kombinationen auch aufgrund der erheblichen Verbreitung solcher Bezeichnungen durchaus Namensfunktion beilegt.[280] Diese Beurteilung folgt auch aus einer zum Markenschutz kompatiblen Bewertung mit dem Erfordernis eines einheitlichen Kennzeichenschutzes und aus der Entwicklung der Firma zum vorwiegend vermögensrechtlich anzusehenden Immaterialgüterrecht.[281]

103

Der selbständige Namensschutz von Schlagworten, Buchstaben- oder Ziffernkombinationen ist von dem **abgeleiteten Schutz** solcher Bezeichnungen zu unterscheiden. Dieser besteht ohne Verkehrsgeltung, wenn die Abkürzung oder das Schlagwort Bestandteil des Namens oder der Firma ist oder sich aus dem Namen oder der Firma ableitet.[282] Dann kommt der abgeleiteten Bezeichnung die Priorität der Gesamtbezeichnung zu.[283]

104

---

269 Soergel/*Heinrich*, § 12 Rn 146.
270 BGH GRUR 1977, 165 – Park-Hotel; GRUR 1995, 507, 508 – City-Hotel.
271 OLG Karlsruhe WRP 1974, 422 – Stadtapotheke.
272 Vgl. BGH NJW-RR 1992, 1128 – Berliner Morgenpost.
273 Eingehend *Fezer*, Markenrecht, § 15 Rn 123 ff.; Soergel/*Heinrich*, § 12 Rn 143.
274 Beispiele sind etwa: RGZ 115, 401, 407; 171, 147, 154 – Salamander; 117, 215, 219 – Eskimo; BGH GRUR 1977, 503, 505 – Datenzentrale; GRUR 1990, 681, 683 – Schwarzer Krauser.
275 BGHZ 11, 214, 216 – KfA; BGH GRUR 1976, 379, 380 – KSB; GRUR 1998, 165, 166 – RBB; vgl. auch *Fritze*, GRUR 1993, 538, 539 zur tatrichterlichen Feststellung einer abweichenden Verkehrsauffassung.
276 BGH NJW-RR 1993, 1387 – Kowog; GRUR 1985, 461, 462 – Gefa/Gewa.
277 BGHZ 11, 214, 216 – KfA; 14, 155, 160 – Farina; GRUR 1957, 547, 548 – tabu I; MüKo/*Schwerdtner*, § 12 Rn 87.
278 RGZ 115, 401, 407; 171, 147, 154 – Salamander; 117, 215, 219 – Eskimo Pie; NJW 1956, 1713 – Meisterbrand; 1959, 2209 – Martinsberg.
279 BGH GRUR 1959, 25, 27 – Triumph; BGHZ 15, 107, 109 – Koma; MüKo/*Schwerdtner*, § 12 Rn 90 m.w.N.
280 BGH GRUR 2001, 344, 344 f. – DB m.w.N. zum Schrifttum; LG Düsseldorf NJW-RR 1999, 629, 630 – JPNW.
281 *Fezer*, Markenrecht, § 15 Rn 122a; Ebenroth/Boujong/Joost/*Zimmer*, Handelsgesetzbuch, 2001, § 18 Rn 28.
282 *Fezer*, Markenrecht, § 15 Rn 149.
283 BGH GRUR 1996, 68, 69 – COTTON LINE.

105 **h) Telegrammadressen, Telefonnummern.** Für den Namensschutz von Telegrammadressen wird grundsätzlich **Verkehrsgeltung** verlangt.[284] Der Schutz richtet sich dann nach den Grundsätzen über den Schutz von Geschäftsbezeichnungen;[285] er ist nicht davon abhängig, ob die Adresse einen bürgerlichen Namen oder eine Firma enthält.[286] Ist die Telegrammadresse Teil des Namens oder der Firma, kommt ihr ein von dem Namen oder der Firma **abgeleiteter Namensschutz** zu.[287]

106 Telefon- und Faxnummern genießen grundsätzlich keinen Namensschutz, weil sie nur im engen Telekommunikationsbereich im Hinblick auf eine Verbindungsherstellung Kennzeichnungsfunktion haben.[288] Es ist aber möglich, dass eine Fernsprechnummer als Ziffer für sich geeignet ist, auf ein bestimmtes Unternehmen zu verweisen, weil sie nicht nur als Telefonnummer verwendet wird, sondern zugleich als Schlagwort des Unternehmens. Wenn eine Ziffer insoweit Verkehrsgeltung besitzt, kann sie allgemein als besondere Geschäftsbezeichnung geschützt sein (vgl. Rn 96, etwa „4711" oder als Tel.-Nr. „01051").[289] So genannte **Vanity-Rufnummern**, bei denen Kennzeichen alphanumerisch in Telefonnummern umgesetzt sind, werden als solche nicht namensrechtlich geschützt, weil ihnen eine hinreichende Unterscheidungskraft fehlt.[290]

107 **i) Domainnamen.** Die Funktion des Domainnamens wird erstens im Sinne einer Internetadresse als rein technische **Registrierungs-** und **Adressierungsfunktion** gesehen. Zweitens wird dem Domainnamen zumeist auch **Namens-** und **Kennzeichnungsfunktion** zugeschrieben, soweit er als alphanumerisches Zeichen den registrierten Inhaber der Internetadresse von anderen Internetteilnehmern abzugrenzen bestimmt ist.[291] Eine **originäre Namensfunktion** erfordert jedoch zumindest, dass der Domainname entweder vom Namen abgeleitet, mit dem Namen des Domaininhabers identisch ist oder dass er für sich geeignet ist, auf einen bestimmten Domaininhaber namensmäßig hinzuweisen, also **Unterscheidungskraft** besitzt.[292] Dann kann der Namensschutz bereits durch Aufnahme der Benutzung des alphanumerischen Zeichens als Domainname entstehen. Darüber hinaus ist **Verkehrsgeltung** erforderlich. Letztlich handelt es sich insoweit um nichts anderes als um eine **besondere Verwendungsform** eines nach den jeweils einschlägigen Erwerbstatbeständen zustande gekommenen Namens- oder Unternehmenskennzeichenrechts und nicht etwa um ein besonderes „virtuelles" Kennzeichenrecht. In diesem Sinne kann der Schutz des § 12 bzw. der §§ 5, 15 MarkenG nach verbreiteter Auffassung auch den Bereich des Domainnamens betreffen.[293]

108 Davon ist die Frage der **Rechtsnatur** eines von einem bestehenden Kennzeichenrecht **unabhängigen Domainnamens** zu unterscheiden. Hier ist streitig, ob der Domainname ein selbständiges Vermögensrecht *sui generis* des Domaininhabers ist[294] oder ob insoweit ausschließlich eine relative Vertragsbeziehung zwischen dem Domaininhaber und dem DENIC vorliegt (zur Übertragung des Domainnamens nach dieser Lösung siehe Rn 178).[295] Das Bestehen eines Marktes handelbarer Domainnamen und der unter Umständen erhebliche Vermögenswert des Domainnamens sprechen dafür, in dem Domainnamen ein **selbständiges subjektives Vermögensrecht** mit absoluter Wirkung zu sehen. Dieses Recht ist jedoch weder nach § 12 noch nach dem MarkenG geschützt, sondern als **sonstiges Recht nach § 823 Abs. 1**.[296] Dagegen spricht noch nicht, dass der Domaininhaber für die Domaininnehabung auf die Mitwirkung seines Vertragspartners, des DENIC, angewiesen ist. Die aus der Vertragsbeziehung zwischen Domaininhaber und Registrierungsstelle

---

284 BGH GRUR 1955, 481, 484 – Hamburger Kinderstube; Soergel/*Heinrich*, § 12 Rn 152; MüKo/*Schwerdtner*, § 12 Rn 103.
285 Soergel/*Heinrich*, § 12 Rn 152; MüKo/*Schwerdtner*, § 12 Rn 103; Staudinger/*Weick/Habermann*, § 12 Rn 214, auch zu Fernschreibkennungen.
286 Staudinger/*Weick/Habermann*, § 12 Rn 214 m. Nachw. Zur älteren Rechtsprechung.
287 Soergel/*Heinrich*, § 12 Rn 152.
288 Vgl. BGHZ 8, 387, 388 f.
289 BGH NJW-RR 1990, 1127-4711; *Fezer*, Markenrecht, § 15 Rn 144; Soergel/*Heinrich*, § 12 Rn 160.
290 Vgl. VG Köln MMR 2001, 190, 191 f.
291 BGH NJW 2002, 2031 – shell.de; KG NJW 1997, 3321, 3322 – cc.de; OLG Hamm NJW-RR 1998, 909, 910 – krupp.de; KG GRUR-RR 2003, 370, 371 – Berlin Arena; OLG Karlsruhe CR 1999, 783, 784 – badwildbad.de; OLG München MMR 2001, 692, 693 – boos.de; a.A. LG Köln GRUR 1997, 377 – hürth.de; CR 1997 291 – pulheim.de; *Ingerl/Rohnke*, Markengesetz, 2. Aufl. 2003, Nach § 15 Rn 56; Soergel/*Heinrich*, § 12 Rn 152a; MüKo/*Schwerdtner*, § 12 Rn 201.
292 KG NJW 1997, 3321 – cc.de; OLG Hamburg NJW-RR 1999, 625, 626 – emergency.de; LG Mannheim GRUR 1997, 377 – heidelberg.de; Soergel/*Heinrich*, § 12 Rn 152a; *Ingerl/Rohnke*, Markengesetz, 2. Aufl. 2003, Nach § 15 Rn 57; vgl. auch *Fezer*, Markenrecht, § 3 Rn 320 – nur, wenn das Wortzeichen des Domainnamens dem Namen der Person, des Unternehmens oder der Stadt entspricht; vgl. auch ders., WRP 2000, 669, 673; *Kur*, CR 1996, 590, 590 f.
293 Vgl. auch *Welzel*, MMR 2001, 321, 323; für ein besonderes eigenständiges Kennzeichenrecht im Falle der ausschließlich auf den virtuellen Bereich begrenzten, namensunabhängigen Verwendung der Domain *Kleespies*, GRUR 2002, 764, 774.
294 *Fezer*, Markenrecht, § 3 Rn 301; *Koos*, MMR 2004, 359, 362 ff. zu den Konsequenzen.
295 BGH NJW 2002, 2031, 2035; *Ingerl/Rohnke*, Markengesetz, 2. Aufl. 2003, Nach § 15 Rn 37.
296 *Fezer*, Markenrecht, § 3 Rn 301 auch zur Unbeachtlichkeit eines Numerus clausus der Immaterialgüterrechte.

folgende Einschränkung der Rechtsmachtposition des Domaininhabers im Verhältnis zum Domainnamen dadurch, dass das DENIC die Innehabung des Domainnamens als Vertragsleistung gewährleistet, ist rein formeller Natur.[297]

So ist richtigerweise aufgrund der technischen Monopolstellung des DENIC ein Kontrahierungszwang anzunehmen[298] und man wird im Fall der Übertragung des Domainnamens auf einen Dritten ebenso von einem Zwang des DENIC auszugehen haben, den Eintritt des Dritten in die Vertragsbeziehung hinzunehmen. Zudem ist das DENIC nicht berechtigt, den Domainvertrag ordentlich zu kündigen. Daher kann es für die Annahme eines absolut geschützten Rechts nicht ausschlaggebend sein, dass das DENIC für eine Umregistrierung im Fall einer Verfügung über den Domainnamen mitwirken muss.[299] Auch ein Numerus clausus absoluter Herrschaftsrechte spielt in diesem Zusammenhang keine Rolle,[300] da zumindest im Bereich der Immaterialgüterrechte kein Bedürfnis für das Unterbinden der Entstehung absoluter Herrschaftsrechte besteht.[301]

109

Von der Rechtsprechung wird die **Registrierung** der Domain beim DENIC nicht als ausreichend für die Entstehung eines Ausschließlichkeitsrechts am Domainnamen angesehen.[302] Hierdurch wird kein Namensrecht einer als solchen nicht unterscheidungskräftigen Domainbezeichnung erzeugt. Daraus folgt, dass die Verwendung einer bloßen Gattungsbezeichnung in einer Domain einer Verwendung der Bezeichnung in einer anderen Internetadresse aus **namensrechtlichen Gründen** nicht entgegensteht.[303] Allerdings geht die Domainregistrierung mit der Entstehung der Internetpräsenz einher und markiert damit den Beginn der Namensbenutzung einer dem Namen entsprechenden Domainbezeichnung[304] – wenigstens, wenn eine tatsächliche Nutzung des registrierten Domainnamens beabsichtigt ist.[305]

110

Der **kennzeichenrechtliche Schutz** nach den §§ 5, 15 MarkenG verdrängt nach Auffassung des BGH den namensrechtlichen Schutz des § 12 im geschäftlichen Verkehr.[306]

111

j) Bildzeichen. Namensmäßiger Schutz kann zumindest Bildzeichen zukommen, die **als Wort ausgedrückt** werden können.[307] Voraussetzung für den namensmäßigen Schutz eines unterscheidungskräftigen Bildzeichens ist, dass es als solches namensmäßige **Hinweiskraft** auf eine bestimmte Person oder ein Unternehmen besitzt. Da Bildzeichen visuell wirken, wird überwiegend ausgeschlossen, dass auch unterscheidungskräftige, sprachlich ausdrückbare Bildzeichen ohne **Verkehrsgeltung** Namensschutz genießen können.[308]

112

Dagegen sollen nach verbreiteter Auffassung Bildzeichen und auch Farbzusammenstellungen, die nicht als Wort ausgedrückt werden können, niemals nach § 12 schutzfähig sein können.[309] Teilweise wird auf solche Bildzeichen § 12 analog angewendet.[310] Überwiegend wird hierfür ein originärer Namensschutz von Bildzeichen abgelehnt und eine **Verkehrsgeltung** gefordert. Davon weicht der BGH im Fall besonders geschützter **Wahrzeichen** ab, an denen Namensschutz bereits durch Ingebrauchnahme entsteht.[311]

113

Die Frage, ob ein originärer Namensschutz von Bildzeichen auch **ohne besondere Verkehrsgeltung** möglich ist, stellt sich in ähnlicher Weise wie bei nicht aussprechbaren Buchstaben- und Ziffernkombinationen (dazu Rn 97). Soweit der BGH dort von der Differenzierung zwischen aussprechbaren und nicht aussprechbaren Buchstabenkombinationen aufgrund der starken Verbreitung von Abkürzungen und Buchstabenkombinationen als Unternehmenskennzeichen und der damit verbundenen Akzeptanz solcher Bezeichnungsformen als namensmäßige Bezeichnungen abgeht,[312] mag fraglich sein, ob dies mit der gleichen Begründung auch für Bildzeichen und Farbkombinationen gelten kann. Man wird jedenfalls nicht ausschließen können, dass zumindest prägnanten **Bildzeichen** vom modernen, an Piktogramme und visuelle Signale gewöhnten Verkehr **originäre Namensfunktion** beigelegt wird.[313] Stellt man allgemein für die Zuerkennung eines Unternehmenskennzeichenschutzes ohne besondere Verkehrsgeltung auf eine abstrakte kennzeichenrechtliche

114

---

297 *Koos*, MMR 2004, 359, 361.
298 *Ernst*, MMR 2002, 714, 716; vgl. auch Palandt/*Heinrichs*, vor § 145 Rn 9.
299 *Koos*, MMR 2004, 359, 361
300 So aber *Kleespies*, GRUR 2002, 764, 766.
301 Vgl. schon *Forkel*, Gebundene Rechtsübertragungen, S. 67 ff.
302 Vgl. BGH NJW 2001, 2362, 2364 – mitwohnzentrale.de.
303 Palandt/*Heinrichs*, § 12 Rn 10; vgl. zu Grenzen nach §§ 1, 3 UWG OLG München NJW 2002, 2113.
304 *Wüstenberg*, GRUR 2003, 109, 113.
305 MüKo/*Schwerdtner*, § 12 Rn 202.
306 BGH NJW 2002, 2031, 2033 – shell.de.

307 RGZ 171, 147, 155 – Salamander; GRUR 1957, 281, 282 – karo-as; GRUR 1957, 287, 288 f. – Plasticummännchen; GRUR 1958, 393, 394 f. – Ankerzeichen; Erman/*H.P. Westermann*, § 12 Rn 15; Soergel/*Heinrich*, § 12 Rn 154.
308 MüKo/*Schwerdtner*, § 12 Rn 154; Soergel/*Heinrich*, § 12 Rn 154; a.A. Staudinger/*Weick/Habermann*, § 12 Rn 221; *Schricker* GRUR 1998, 310, 314.
309 BGHZ 14, 155, 160 – Farina; Soergel/*Heinrich*, § 12 Rn 154; MüKo/*Schwerdtner*, § 12 Rn 98.
310 Bamberger/Roth/*Bamberger*, § 12 Rn 28.
311 BGH NJW 1994, 2820, 2821 – Rotes Kreuz.
312 BGH GRUR 2001, 344, 344 f. m.w.N. zum Schrifttum.
313 *Schricker*, GRUR 1998, 310, 314.

Unterscheidungseignung statt auf eine namensmäßige Unterscheidungskraft ab, dann kann allgemein ein Namensschutz nach bloßer Ingebrauchnahme nicht generell ausscheiden.[314] Für bloße **Farben** und **Farbkombinationen** bleibt dies aber zweifelhaft; hier wird es deshalb bei dem Erfordernis einer Verkehrsgeltung bleiben müssen.

115 **k) Gebäudebezeichnungen.** Der BGH[315] und ein Teil der instanzgerichtlichen Rechtsprechung haben die Namensschutzfähigkeit von Gebäudebezeichnungen für möglich gehalten. Dies geschieht neuerdings ausdrücklich aufgrund der Annahme eines Bedürfnisses an der Vermarktung von Immobilien unter einem prägnanten Namen.[316] Der Name nähere sich der Marke als Produktkennzeichnung an und sei insoweit ein Immaterialgut. Die Auffassung ist aber wegen der völligen und anfänglichen Ablösung des Namensrechts von seinen personalen Wurzeln abzulehnen (Rn 76). Davon ist die Frage zu unterscheiden, ob das grundsätzlich personale Namensrecht so von der Person gelöst werden kann, dass es zumindest begrenzt verkehrsfähig und damit ein Immaterialgüterrecht ist.

116 Zu beachten ist, falls man die Schutzfähigkeit von Gebäudenamen anerkennt, jedenfalls auch ein **entgegenstehendes Interesse** der auf die Nutzbarkeit des Begriffs als Herkunftsbezeichnung angewiesenen Verkehrskreise, insbesondere, wenn die Gebäudebezeichnung mit einem Bauwerk verbunden ist, das als Wahrzeichen einer ganzen Region angesehen wird.[317]

117 **l) Marken, Ausstattungen.** Marken und Ausstattungen sind an sich nur Kennzeichen bestimmter Waren oder Dienstleistungen. Ihr Schutz bestimmt sich nach den Vorschriften des MarkenG. In den Bereich des Namensschutzes fallen Marken nur, wenn sie sich im Verkehr zu Kennzeichen von Unternehmen entwickelt haben;[318] ansonsten fehlt es an einer personalen Herkunftsfunktion. Die personale beziehungsweise unternehmensbezogene Herkunftsfunktion einer Marke kann insbesondere dann fehlen, wenn der Markeninhaber eine Vielzahl von ähnlich bekannten Produkten unter anderen Markenbezeichnungen vertreibt.[319] Der Namensschutz wird auch relevant, wenn die Marke oder die Ausstattung einen Namen enthält. Warengleichartigkeit ist dann nicht erforderlich.[320]

118 **m) Wappen, Siegel, Embleme.** Unterscheidungskräftige Vereinsembleme,[321] Wappen und Siegel[322] genießen zumindest analog § 12 originären Namensschutz, soweit ihnen Namensfunktion zukommt.[323] Auf eine Verkehrsgeltung kommt es im Grundsatz nicht an.[324] Für **Vereinsembleme** wird für den originären Namensschutz jedoch verlangt, dass das Emblem von vornherein symbolisch für den Verein steht, da eine allgemeine Monopolisierung etwa von Stadtsilhouetten, markanten Gebäuden oder die Tätigkeit eines Vereins charakterisierender Gegenstände vermieden werden soll.[325] Ein entgegenstehendes Interesse der auf die Nutzbarkeit des Begriffs als Herkunftsbezeichnung angewiesenen Verkehrskreise, insbesondere, wenn die Gebäudebezeichnung mit einem Bauwerk verbunden ist, das als Wahrzeichen einer ganzen Region angesehen wird,[326] ist zu berücksichtigen. Auch **Titelemblemen** von Presseorganen kann Namensschutz nach § 12 zukommen.[327]

119 **Wappen** stehen als eigenständige gewohnheitsrechtlich anerkannte absolute Kennzeichnungsrechte einer Person an sich neben dem Namen,[328] daher liegt methodisch eher eine analoge Anwendung des § 12 nahe.[329] Erfasst werden sowohl adelige als auch bürgerliche Wappen sowie Wappen von Körperschaften und Anstalten des öffentlichen Rechts.[330] Stadtwappen, die auf eine bestimmte Stadt als Wappenträger hinweisen, genießen den gleichen Schutz wie der Name.[331] Die Annahme eines Wappens ist mit Ausnahme

---

314 *Fezer*, Markenrecht, § 15 Rn 125, 143.
315 BGH GRUR 1976, 311, 312 – Sternhaus; *Fezer*, Markenrecht, § 15 Rn 37.
316 LG Düsseldorf GRUR-RR 2001, 311, 312.
317 Vgl. OLG Jena GRUR 2000, 435 – Wartburg.
318 BGH GRUR 1957, 87, 88 – Meisterbrand; 1959, 25, 26 – Triumph.
319 OLG Hamm GRUR 2003, 722, 722 – www.castor.de.
320 *Soergel/Heinrich*, § 12 Rn 153; *MüKo/Schwerdtner*, § 12 Rn 101.
321 Dazu *Bayreuther* WRP 1997, 820, 821.
322 *Staudinger/Weick/Habermann*, § 12 Rn 222.
323 BGH NJW 1994, 2820, 2821 – Rotes Kreuz.
324 Für Vereinsembleme BGH GRUR 1976, 644, 646 – Kyffhäuser, m. Anm. *Fezer*; zust. *MüKo/Schwerdtner*, § 12 Rn 104; *Staudinger/Weick/Habermann*, § 12 Rn 224; a.A. *Soergel/Heinrich*, § 12 Rn 154.
325 *Fezer*, Anm. zur Kyffhäuser-Entscheidung des BGH, GRUR 1976, 647, 648; *MüKo/Schwerdtner*, § 12 Rn 104.
326 Vgl. OLG Jena GRUR 2000, 435 – Wartburg.
327 Vgl. BGH GRUR 1979, 564, 568 – Metall-Zeitung; vgl. dazu *Fezer*, GRUR 1979, 566, 567 f.
328 Vgl. *v. Gierke*, Deutsches Privatrecht I, 1895, S. 730 f.
329 *Klippel*, S. 482; *Staudinger/Weick/Habermann*, § 12 Rn 222; vgl. *MüKo/Schwerdtner*, § 12 Rn 104.
330 RGZ 71, 262 – Aachener Stadtwappen; RG JW 1924, 1711; BGHZ 119, 237, 245 – Universitätsemblem.
331 BGHZ 14, 15, 19 – Frankfurter Römer; LG Berlin GRUR 1952, 253, 254 – Berliner Stadtwappen.

der Landeswappen und der kommunalen Wappen nicht geregelt und frei.[332] Bundes- und Landeswappen sind anders als kommunale Wappen zudem nach § 124 OWiG gegen unbefugte Benutzung geschützt. Zudem ist die öffentliche Verunglimpfung des Bundeswappens und des Wappens eines Bundeslandes nach § 90a StGB strafbar.

Das Wahrzeichen des **Roten Kreuzes** sowie das **Schweizer Wappen** sind nach § 125 OWiG geschützt. Die Rechtsprechung bezieht den Schutz nach § 12 nicht nur auf die Benutzung eines Wappens als eigenes Kennzeichen, sondern auch auf die Benutzung des Wappens zur Warenausstattung oder als Herkunftsbezeichnung durch einen Gewerbetreibenden.[333] Dabei ist erforderlich, dass der Eindruck erzeugt wird, der Träger des Wappens stehe selbst hinter der Verwendung des Wappens.[334] Der Schutz des § 12 scheidet aber aus, wenn die gewerbliche Wappenverwendung von ortsansässigen Unternehmen nur als Hinweis auf den Standort des Unternehmens oder als bloße Verzierung etwa von lokalen Andenken verstanden wird, ohne auf den Wappenträger hinzuweisen.[335]

n) Werbeslogans. Unterscheidungskräftige Werbeslogans können theoretisch Namensfunktion haben und dem Schutz des § 12 unterfallen, wenn sie im Verkehr als namensmäßige Kennzeichnung eines Unternehmens verstanden werden. In der Regel werden Werbesprüche jedoch nicht als namensmäßige Kennzeichnung verstanden. Dann kommt unter der Voraussetzung von Unterscheidungskraft[336] und Verkehrsgeltung als zusätzliches Unternehmenskennzeichen nur ein Schutz nach §§ 5 Abs. 2 S. 2, 15 MarkenG oder dem UWG sowie subsidiär außerhalb des wettbewerblichen Bereichs nach den Grundsätzen über den eingerichteten und ausgeübten Gewerbebetrieb[337] (§§ 823 Abs. 1, 1004) in Betracht.[338]

III. Entstehung, Erlöschen und Verkehrsfähigkeit des Namensrechts

1. Entstehung. Namensschutz nach § 12 und nach dem MarkenG entsteht nur für Namen, die weder gegen das Gesetz verstoßen noch sittenwidrig sind.[339] Die Ersitzung des Namensrechts ist ausgeschlossen (vgl. zur Vermutung der berechtigten Namensführung Rn 259).[340]

a) Bürgerlicher Name. Der Schutz des bürgerlichen Namens beginnt mit der Geburt (§ 1616), Eheschließung (§ 1355), Begründung der Lebenspartnerschaft (§ 3 Abs. 1 LPartG), Einbenennung (§ 1618) oder Adoption (§§ 1757, 1767 Abs. 2) kraft Gesetzes.

b) Pseudonym. Der namensrechtliche Schutz eines von Natur aus unterscheidungskräftigen Pseudonyms beginnt mit seiner **Benutzung**. Eine besondere **Verkehrsgeltung** ist nur erforderlich, wenn die ursprüngliche Unterscheidungskraft fehlt (vgl. aber auch Rn 58).[341] Allerdings ist der Bekanntheitsgrad des Trägers eines Künstlernamens für die Frage von Bedeutung, inwieweit ein Abwehranspruch wegen der Verletzung schutzwürdiger Interessen anzunehmen ist.[342] Die Schutzentstehung für den Künstlernamen ist entweder beschränkt auf bestimmte Wirkungsbereiche des Künstlers oder erstreckt sich auf sämtliche Lebensbereiche, so dass das Pseudonym insoweit vollständig die Funktion des bürgerlichen Namens einnehmen kann. Die Verkehrsfähigkeit wirkt sich hierauf aus. So kann im umfassender namensmäßiger Schutz, der dem bürgerlichen Namen entspricht, bei entsprechender Verkehrsgeltung aus einem zunächst nur im beruflichen Wirkungsbereich des Kunstschaffenden originär begründeten Namensschutz hervorgehen.

c) Firma und andere Unternehmenskennzeichen. Der namensrechtliche Schutz der Firma beginnt mit dem befugten **Gebrauch im geschäftlichen Verkehr**.[343] Auch die Firma einer **Vorgesellschaft** ist vom Zeitpunkt des Gebrauchs an geschützt;[344] die später eingetragene juristische Person kann sich dann auf

---

332 Soergel/*Heinrich*, § 12 Rn 155; Staudinger/*Weick/Habermann*, § 12 Rn 222.
333 RG JW 1924, 1711, 1712; anders noch RGZ 71, 262, 263 – Aachener Stadtwappen; vgl. BGHZ 119, 237, 244 f. – Universitätsemblem.
334 OLG Schleswig SchlHA 1972, 168; Soergel/*Heinrich*, § 12 Rn 155.
335 Soergel/*Heinrich*, § 12 Rn 155; vgl. auch MüKo/*Schwerdtner*, § 12 Rn 105.
336 Vgl. zur Unterscheidungskraft BGH NJW-RR 2000, 706, 706 – Partner with the Best.
337 Vgl. zum deliktischen Unternehmensschutz bei Beeinträchtigung des Werbewerts eines berühmten Kennzeichens BGH GRUR 1990, 711, 712–4711.
338 Soergel/*Heinrich*, § 12 Rn 159.
339 BGHZ 10, 197, 201.
340 Staudinger/*Weick/Habermann*, § 12 Rn 332.
341 BVerfG NJW 1988, 1577, 1578; OLG Köln VersR 2001, 861; Soergel/*Heinrich*, § 12 Rn 120; Palandt/*Heinrichs*, § 12 Rn 8; anders die h. M.: BGH NJW 2003, 2978, 2979 – maxem.de; Staudinger/*Weick/Habermann*, § 12 Rn 22; MüKo/*Schwerdtner*, § 12 Rn 47; *Klippel*, S. 467 f.
342 Soergel/*Heinrich*, § 12 Rn 120; Palandt/*Heinrichs*, § 12 Rn 8.
343 Palandt/*Heinrichs*, § 12 Rn 13; Bamberger/Roth/*Bamberger*, § 12 Rn 34.
344 BGH NJW 1993, 459, 460 – Columbus; MüKo/*Schwerdtner*, § 12 Rn 115; Bamberger/Roth/*Bamberger*, § 12 Rn 34; OLG München GRUR 1990, 697, 698.

die von der Vorgesellschaft erlangte Priorität berufen, soweit der Name auch in ihrer Firma verwendet wird.[345] Der Beginn des Schutzes mit Gebrauch der Bezeichnung muss entsprechend für den Schutz anderer unterscheidungskräftiger **Geschäftsbezeichnungen**, einschließlich Abkürzungen, nicht als Worte aussprechbarer **Buchstabenkombinationen** sowie **Bildzeichen** gelten (dazu Rn 99 ff., 112 ff.).[346] Unerheblich ist, ob die Benutzung nach oder vor der Aufnahme des Geschäftsbetriebs, im Rahmen eines Vorbereitungsstadiums erfolgt.[347] Voraussetzung ist aber eine hinreichende **Unterscheidungskraft** der Bezeichnung. Fehlt diese, so beginnt der Schutz erst mit der Erlangung der entsprechenden **Verkehrsgeltung**, die vorliegt, wenn ein nicht unbeträchtlicher Teil des einschlägigen Geschäftsverkehrs in dem Zeichen das Kennzeichen eines bestimmten Unternehmens erblickt (allgemein zur Verkehrsgeltung Rn 87).[348]

126 Es kommt nicht auf die im Handelsregister als Firma eingetragene Fassung einer Bezeichnung an, sondern auf die tatsächlich verwendete Bezeichnungsfassung.[349] Da die Feststellung einer von Hause aus unterscheidungskräftigen Bezeichnung, bei der es ausschließlich auf die Ingebrauchnahme ankommt, insbesondere bei Bildzeichen und nicht als Wort aussprechbaren Buchstabenzusammenstellungen problematisch sein kann, ist es praktisch empfehlenswert, zudem eine Verkehrsgeltung vorzutragen und zu beweisen.[350] Voraussetzung für den Beginn des namensrechtlichen Schutzes geschäftlicher Kennzeichen ist regelmäßig der Gebrauch der Bezeichnung auf dem Territorium der Bundesrepublik Deutschland.[351]

127 **2. Erlöschen. a) Bürgerlicher Name.** Ein **Verlust** des bürgerlichen Namens ist zu Lebzeichen grundsätzlich ausgeschlossen. Das ergibt sich wohl nicht zwingend aus der Höchstpersönlichkeit des Namensrechts (siehe dazu auch Rn 135), zumindest jedoch aus der Ordnungsfunktion des bürgerlichen Namens. Eine **Namensänderung** bleibt möglich, durch ihren Vollzug endet der Schutz des bisherigen Namens.

128 Nach traditioneller Sichtweise wird davon ausgegangen, dass das **Namensrecht** des bürgerlichen Namens **mit dem Tod des Namensträgers erlischt**.[352] Ein subjektiv geprägtes Alleinbestimmungsrecht der Witwe eines Verstorbenen zur Nennung des Namens des Verstorbenen ist nicht anzuerkennen,[353] zumindest soweit der Name mit Vor- und Familiennamen verwendet wird, weil insoweit nicht der Namensschutz der Witwe betroffen ist. Die Rechtsprechung hat schon früher eine gewisse Fortwirkung des Namensrechts als Ausschnitt des allgemeinen Persönlichkeitsrechts im Rahmen eines **postmortalen** Persönlichkeitsschutzes für möglich gehalten, und zwar in seinem ideellen wie in seinem kommerziellen Aspekt.[354]

129 Die **Durchsetzung** des nachwirkenden Namensrechts kommt den nahen Angehörigen des Namensträgers oder den von dem Namensträger dazu ermächtigten Personen zu. Da es insoweit an sich an einem existenten Rechtsträger fehlte,[355] nachdem höchstpersönliche Rechte als nicht vererbbar angesehen wurden, war zweifelhaft, ob es sich um eine Geltendmachung aus übergegangenem Recht des Verstorbenen oder um eine originäre Befugnis der Angehörigen handeln sollte. Zumeist wurde im Schrifttum eine **Wahrnehmungsberechtigung** nach §§ 189, 194, 77 Abs. 2 StGB oder analog § 22 S. 3 KUG angenommen.[356] Eine **Rechtsträgerschaft der Erben** wurde von der herrschenden Auffassung hingegen insgesamt ausgeschlossen.[357] Unberührt bleibt davon der indirekte Schutz im Zuge einer Geltendmachung von Verletzungen der eigenen mit dem Namensrecht des Verstorbenen deckungsgleichen Rechte der Hinterbliebenen.[358]

130 In der Entscheidung „**Marlene Dietrich**" des BGH zeichnet sich eine Fortentwicklung des postmortalen Namensschutzes ab: Danach ist zwischen dem **ideellen** Bestandteil und dem **vermögensrechtlichen** des Persönlichkeitsrechts zu unterscheiden.[359] Der BGH sieht aus Gründen des Persönlichkeitsschutzes ein

---

345 Staudinger/*Weick*/*Habermann*, § 12 Rn 198.
346 A.A. zu Letzteren MüKo/*Schwerdtner*, § 12 Rn 116.
347 MüKo/*Schwerdtner*, § 12 Rn 113.
348 BGHZ 11, 214, 217 – KfA; 43, 245, 252 – GdP; MüKo/*Schwerdtner*, § 12 Rn 114; Bamberger/Roth/ *Bamberger*, § 12 Rn 34.
349 RGZ 171, 321, 323 – CHEMPHAR; MüKo/ *Schwerdtner*, § 12 Rn 114.
350 MüKo/*Schwerdtner*, § 12 Rn 115.
351 BGHZ 34, 91, 96; MüKo/*Schwerdtner*, § 12 Rn 117.
352 BGHZ 8, 318, 324 – Pazifist; vgl. für die Schweiz Art. 31 I schwZGB.
353 OLG München NJW-RR 2001, 42 – Wolfgang-Hairich-Gesellschaft e.V.; vgl. dagegen BGHZ 8, 318, 320 – Pazifist.
354 BGH NJW 1990, 1986, 1987 – Emil Nolde; OLG München WRP 1982, 660, 661 – Cellular-Therapie; vgl. allgemein zu Persönlichkeitsaspekten im postmortalen Schutzbereich OLG Hamburg GRUR 1990, 1995, 1995 – Heinz Erhardt.
355 Zur Frage der Rechtszuordnung eines postmortalen Persönlichkeitsrechts nach dem Modell eines subjektlosen Rechts oder einer Teilrechtsfähigkeit des Verstorbenen vgl. MüKo/*Rixecker*, Anh. § 12 Rn 26.
356 Staudinger/*Weick*/*Habermann*, § 12 Rn 281; MüKo/*Schwerdtner*, § 12 Rn 120; vgl. BGHZ 50, 133; 139 f. – Mephisto; OLG Bremen NJW-RR 1995, 84, 84; noch strenger lehnt das schweizerische Bundesgericht jeden postmortalen Persönlichkeitsschutz im Sinne einer von den Angehörigen geltend zu machenden Verletzung der Persönlichkeit des Verstorbenen ab, dazu BG sic! 2003, 888, 891 – Obduktion.
357 A.A. wohl *Deutsch*/*Ahrens*, Deliktsrecht, 4. Aufl. 2002, Rn 208.
358 BGHZ 8, 318, 324 – Pazifist; NJW 1990, 1986, 1987 – Emil Nolde.
359 BGH NJW 2000, 2195, 2197 – Marlene Dietrich I.

Schutzbedürfnis nicht nur hinsichtlich des ideellen Bestandteils des Persönlichkeitsrechts nach dem Tode des Rechtsträgers, das mit einem Abwehrrecht befriedigt werden könnte, sondern auch des vermögensrechtlichen Bestandteils. Der Eingriff in **vermögensrechtliche Persönlichkeitsbestandteile** kann nur durch einen **Schadensersatzanspruch** gegen den Verletzer hinreichend abgewehrt werden.[360] Die vermögensrechtliche Persönlichkeitsrechtsposition sieht der BGH nicht als untrennbar mit dem Träger des ideellen Persönlichkeitsrechtsbestandteils verbunden an; er hält diese Rechtsposition grundsätzlich für **vererbbar**. Im Ergebnis stellt sich für diesen Bereich des postmortalen Persönlichkeitsschutzes die schwierige Problematik der **Rechtsträgerschaft** nicht; die Erben – nicht etwa grundsätzlich die nahen Angehörigen[361] – sind als Rechtsnachfolger des Verstorbenen Träger des vermögensrechtlichen Persönlichkeitsrechtsbereiches[362] (zur allgemeinen Frage der Übertragbarkeit auch unter Lebenden siehe Rn 173). Diese Rechtsträgerschaft der Erben sieht der BGH zu Recht als konstruktive Voraussetzung für die Annahme eines ersatzfähigen Verletzungsschadens.[363]

Gleichwohl ist die **Bindung** des vermögensrechtlichen Persönlichkeitsrechtsbestandteils an den ursprünglichen Träger des Persönlichkeitsrechts nach Auffassung des BGH nicht gänzlich aufgehoben. Der vermögensrechtliche Persönlichkeitsrechtsbestandteil soll den Erben nur so lange zustehen, wie ein ideeller Schutz des postmortalen Persönlichkeitsrechts anzunehmen ist. Da dieser regelmäßig **zeitlichen Begrenzungen** unterliegt,[364] folgt aus dieser Verbindung der Untergang des vermögensrechtlichen Bestandteils mit dem Ende des Nachwirkens der Persönlichkeit des Verstorbenen; es handelt sich um einen zeitlich gleichsam versetzten Rechtsuntergang. Daran wird zugleich deutlich, dass der BGH keine echte **vermögensrechtliche Verselbständigung** von Persönlichkeitsrechten um ihrer selbst willen erzielen will, sondern letztlich nur einen Schutz der auf den Verstorbenen bezogenen Persönlichkeitsinteressen mit dem Mittel der begrenzten Anerkennung einer Kommerzialisierung des Persönlichkeitsteilbereichs erreichen möchte. Es steht daher nicht die **Kompensation**, sondern die **Verletzungsabwehr durch vermögensrechtlichen Ausgleich**[365] und ähnlich wie im Bereich der Verletzung ideeller Persönlichkeitsinteressen Lebender[366] sicher die **Prävention** im Vordergrund.[367]

131

Eine freie Verwertbarkeit im Sinne eines unbeschränkten **positiven Benutzungsrechts** hinsichtlich des vererbten Bestandteils des Persönlichkeitsrechts ist wegen der vom BGH angenommenen untrennbaren Bindung an die Interessen des Verstorbenen[368] nicht gegeben. Daher ist die Entscheidung nur in ihrem Reflex für eine immaterialgüterrechtliche Begründung des Namensrechts heranziehbar.

132

Der **ideelle Rechtsbestandteil** eines Persönlichkeitsrechts **endet** danach mit dem **Tod**; insoweit ist nur eine Rechtsdurchsetzung in Prozessstandschaft durch die dazu berufenen Personen möglich. Der **vermögensrechtliche Bestandteil** wird hingegen **zeitlich begrenzt** weiter **existent** gehalten; seine Durchsetzung durch die Erben bewirkt unmittelbar einen postmortalen Schutz des vermögensrechtlichen Persönlichkeitsinteresses des Verstorbenen und mittelbar auch den Schutz seiner ideellen Persönlichkeits- und Würdeinteressen, soweit durch die Zwangskommerzialisierung auch der ideelle Bereich betroffen ist.

133

Über die Entscheidung „Marlene Dietrich" hinaus sollte man einen **vermögensrechtlichen** Bereich des Namensrechts als nach dem Tod des ursprünglichen Trägers grundsätzlich **unbegrenzt fortbestehend** anerkennen. Der modernen Entwicklung eines nicht per se verwerflichen Marktes für gewisse persönlichkeitsrechtliche Rechtspositionen entspricht es, wenn man die Existenz von mehr oder weniger verkehrsfähigen, verobjektivierten **Persönlichkeitsimmaterialgüterrechten**[369] anerkennt. Ein vererbliches Persönlichkeitsvermögensrecht sollte danach von dem ideellen Bereich der Persönlichkeit des Verstorbenen grundsätzlich abgekoppelt werden (anders im Rahmen von Verfügungen unter Lebenden, dazu Rn 174 f.).

134

Eine Notwendigkeit, den vermögensrechtlichen und grundsätzlich auch nach Auffassung des BGH begrenzt verkehrsfähigen Bestandteil des Persönlichkeitsrechts des Verstorbenen an den postmortalen ideellen

135

---

360 Vgl. BGH NJW 2000, 2196, 2198 und 2199 – Marlene Dietrich I.
361 BGH NJW 2000, 2195, 2199 – Marlene Dietrich I.
362 BGH NJW 2000, 2195, 2197 – Marlene Dietrich I; 2201, 2201 – Der blaue Engel; NJW 2002, 2317, 2318 – Marlene Dietrich II.
363 BGH NJW 2000, 2195, 2198 – Marlene Dietrich I.
364 BGH NJW 2000, 2195, 2199 – Marlene Dietrich I.
365 Vgl. die Vermögenszuordnungserwägungen des BGH NJW 2000, 2195, 2198 im Anschluss an *Götting*, S. 281; zum Ausgleichgedanken als schutzrechtlicher Aspekt *Ahrens*, S. 105.

366 Vgl. BGH NJW 1995, 224, 229 – erfundenes Exklusiv-Interview; NJW 1996, 373, 374 – Caroline von Monaco.
367 Vgl. *Koos*, WRP 2003, 202, 203.
368 BGH NJW 2000, 2195, 2199 – Marlene Dietrich I.
369 Vgl. zur Anerkennung von Persönlichkeitsimmaterialgüterrechten *Klippel*, S. 562; *Beuthien/Schmölz*, S. 32; *Ullmann*, AfP 1999, 209, 210 (freilich vorrangig zwecks Verstärkung des Schutzes gegen Verletzungen und weniger zwecks Schaffung eines verkehrsfähigen Wirtschaftsguts); dagegen etwa *Peukert*, ZUM 2000, 710, 713 f.

Persönlichkeitsschutz zu binden, besteht nicht. Das gilt gerade auch für das **Namensrecht** und damit zusammenhängende Rechtspositionen. Denn die Verbindung des bürgerlichen Namens mit dem Namensträger ist durchaus nicht so fest, wie mit dem Hinweis auf eine Höchstpersönlichkeit, gleichsam eher tautologisch, behauptet wird. In erster Linie ergibt sich die fehlende Entäußerbarkeit des bürgerlichen Namens aus **Ordnungsgesichtspunkten**[370] und allenfalls noch aus dem Interesse, den Namensträger von anderen Personen unterscheiden zu können. Letzteres Interesse ist bei einem verstorbenen Namensträger schon nach der Natur der Sache nicht mehr betroffen, da die Unterscheidbarkeit schon dadurch gegeben ist, dass der Namensträger verstorben ist. Ersteres Interesse entfällt bei einer jedenfalls auch behördlich als verstorben bekannten Person ebenfalls. Die Gründe, die einer vollständigen Namensentäußerung zu Lebzeiten entgegenstehen, bestehen im postmortalen Bereich nicht.

136 Richtigerweise ist jedenfalls der vermögensrechtliche Bestandteil des Namensrechts als **Namensimmaterialgüterrecht vererbbar**. Dieses Namensimmaterialgüterrecht endet weder mit dem Tod des ursprünglichen Namensträgers, noch endet es zeitlich konform mit dem Verblassen des postmortalen Würdeanspruchs. Es umfasst ein positives Benutzungsrecht der Erben und kann insbesondere weiter übertragen beziehungsweise durch die Erben lizenziert werden.[371] Wenn somit auch der ideelle Bereich des Namensrechts von dem kommerziellen Bereich abstrahiert ist, muss doch berücksichtigt werden, dass die Kommerzialisierung des Namensimmaterialgüterrechts nicht zur **Verletzung** der zeitlich begrenzt fortwirkenden **postmortalen Würdeinteressen** des Verstorbenen führen darf.

137 Während ein Namensimmaterialgüterrecht bei Lebenden auch bei Annahme einer gewissen Verkehrsfähigkeit nach dem Modell der so genannten gebundenen Rechtsübertragung mit einem „Mutterpersönlichkeitsrecht" verbunden bleiben mag (näher Rn 175), liegt es bei Verstorbenen konstruktiv nahe, die Begrenzung der vermögensrechtlichen Verwertbarkeit des Namensimmaterialgüterrechts aus der **Überlagerung mit dem ideellen postmortalen Persönlichkeitsschutz** herzuleiten. Aus diesem Gesichtspunkt können die insoweit wahrnehmungsbefugten Personen in Prozessstandschaft gegen eine gegebenenfalls ausufernde, die ideellen Interessen des Persönlichkeitsschutzes verletzende Ausübung der vermögensrechtlichen Namensrechtsposition durch die Träger des Namensimmaterialgüterrechts vorgehen.

138 Sind Erben und Wahrnehmungsbefugte identisch, so kann sich freilich aufgrund einer Konfusion eine Schutzlücke ergeben, die aber auch dann gegeben ist, wenn man der gemäßigten Lösung des BGH nach der Entscheidung „Marlene Dietrich" folgt. Denn hier können die zur Wahrnehmung ideeller Persönlichkeitsinteressen des Toten befugten Personen jedenfalls nicht zur Durchsetzung des postmortalen Würdeanspruchs gezwungen werden.[372] Mit dem Verblassen **des postmortalen Schutzes** ideeller Persönlichkeitsrechte wird das Namensimmaterialgüterrecht zunehmend frei von Begrenzungen der Verwertbarkeit.

139 **b) Pseudonym.** Der Schutz des Pseudonyms in der Erscheinungsform des **Künstlernamens** erlischt nicht automatisch mit dem Ende der Ausübung der künstlerischen Tätigkeit.[373] Wenn bei Annahme einer Trennbarkeit zwischen kunstschaffendem und privatem Bereich[374] (vgl. aber Rn 61) jedoch eine **erweiterte Verkehrsgeltung** erworben wurde, die den Schutz des Künstlernamens über den **kunstschaffenden Bereich** des Namensträgers hinaus auf sämtliche, auch weitere Lebensbereiche ausdehnt (vgl. zur grundsätzlichen originären Schutzfähigkeit Rn 57, 124), kann der erweiterte Schutz mit **Verlust dieser Verkehrsgeltung** entfallen; es bleibt dann aber weiterhin zumindest beim **originären Namensschutz** des Künstlernamens im eigentlichen kunstschaffenden Bereich, und zwar schon wegen der werksidentifizierenden Bedeutung des Künstlernamens (vgl. § 10 Abs. 1 UrhG).

140 Das Pseudonym kann mangels einer dem bürgerlichen Namen entsprechenden Pflicht zur Namensführung vom Decknamensträger **aufgegeben** werden. Der Schutz des Pseudonyms endet damit.

141 Mit dem **Tod des Namensträgers** dürfte der den Schutz des bürgerlichen Namens ersetzende Schutz des Pseudonyms regelmäßig erlöschen, soweit er parallel zum bürgerlichen Namen den **ideellen Persönlichkeitsbereich** des Decknamensträgers betrifft. Zwar kann das Pseudonym jederzeit aufgegeben werden und ist daher in weitaus geringerem Ausmaß als der bürgerliche Name mit der Person seines Trägers verbunden. Im Falle des Todes ist von einer solchen Namensaufgabe und damit von einer Aufgabe der mit der Decknamensführung zusammenhängenden ideellen Interessen des Decknamensträgers und einer Vererbung aber

---

370 Vgl. *Götting*, S. 103 f.
371 Vgl. in diesem Sinne österreichischer OGH v. 15.6.2000–4 Ob 85/00d, JBl. 2001, 54 – Radetzki, wo eine von den Rechtsnachfolgern des ursprünglichen Namensträgers einem Dritten eingeräumte „dinglich" wirkende Befugnis zum Gebrauch des Namens eines bereits 1858 Verstorbenen angenommen wird; dazu *Nauta*, ÖJZ 2003, 404, 406 f.
372 So zu Recht das schweizerische BG sic! 2003, 888, 891.
373 RGZ 101, 226, 231 – Üssems Meisterakrobaten; MüKo/*Schwerdtner*, § 12 Rn 48.
374 Soergel/*Heinrich*, § 12 Rn 120.

grundsätzlich nicht auszugehen; dann geht das entsprechend erweitert geschützte Pseudonym mit dem Tod seines Trägers unter.

Es erscheint allerdings möglich, dass der Namensträger in bestimmten Fällen über das Pseudonym **letztwillig verfügt** (zur Übertragbarkeit des Pseudonyms in Abgrenzung zum bürgerlichen Namen siehe Rn 176). Für die Fortgeltung und Vererbbarkeit des **vermögensrechtlichen Bereichs** gilt Entsprechendes wie beim bürgerlichen Namen (vgl. Rn 128 ff.). Eine Überlagerung des vermögensrechtlichen Namensbereichs durch einen postmortalen ideellen Persönlichkeitsschutz ist dabei anzunehmen, wenn der Deckname mit dem ideellen Persönlichkeitsbereich des Trägers hinreichend eng verbunden ist. Dazu wird man freilich eine verstärkte Verbindung des Decknamens mit dem Träger durch einen dauerhaften Gebrauch an Stelle des bürgerlichen Namens oder eine entsprechende Bekanntheit des Namensträgers unter dem Künstlernamen verlangen müssen (vgl. auch Rn 60).[375]

142

c) Firma und andere Unternehmenskennzeichen. Der namensrechtliche Schutz von Firmen und anderen Unternehmenskennzeichen juristischer Personen endet spätestens mit dem Ende der Rechtspersönlichkeit der juristischen Person. Der Schutz von Geschäftbezeichnungen rechtsfähiger Einheiten ohne Rechtspersönlichkeit endet mit der Auflösung beziehungsweise Beendigung der Einheit. Bei der Firma einer natürlichen Person endet der Namensschutz mit dem Tod des Trägers. Ausnahmsweise kann der Namensschutz unabhängig von dem Ende der Rechtssubjektseigenschaft bereits vorher entfallen, namentlich wenn das Unternehmen untergeht (dazu im Folgenden).[376]

143

Die längere **Nichtausübung** oder **Stilllegung des Betriebs** eines Unternehmens kann sich auf die Frage der für einen Anspruch wegen Namensanmaßung erforderlichen Interessenbeeinträchtigung auswirken, weil hier die **Verwechslungsgefahr** regelmäßig entfällt.[377] Daneben kommt auch eine **Verwirkung** des Namensschutzes in Betracht.[378] Danach liegen die Voraussetzungen eines Namensschutzes vor, die Geltendmachung von Abwehransprüchen scheitert aber an § 242. Eine Verwirkung kann zumindest nicht stets geltend gemacht werden, wenn eine längere Nichtausübung vorliegt, sondern allenfalls dann, wenn eine länger andauernde redliche Namensverwendung bei gleichzeitigem Nichteinschreiten gegen die Namensverwendung gegeben ist.[379] Schließlich soll sich die Nichtbenutzung, etwa als Folge einer längeren Stilllegung des Unternehmens auf die **Unterscheidungskraft** des Unternehmenskennzeichens auswirken. Der Verlust der Unterscheidungskraft führt dann zum Entfallen des namensrechtlichen Schutzes.[380] Diese Auffassung ist bei originär unterscheidungskräftigen Kennzeichen abzulehnen, weil die unterbleibende Ausübung des Rechts nicht die Natur des Schutzobjekts ändern kann.

144

Entgegen der herrschenden Auffassung ist nicht auf die Unternehmensstilllegung oder -unterbrechung abzustellen, sondern auf die zu einem **Verblassen der Identifikation** des Unternehmens mit der Bezeichnung führende länger andauernde oder endgültige Nichtbenutzung des Kennzeichens, sei es infolge der Stilllegung oder infolge einer willkürlichen Nichtbenutzung des Kennzeichens bei fortdauernder Betriebsausübung im Sinne einer **Aufgabe des Kennzeichens** sowie auf die Nichtbenutzung als Tatbestand des **Interessenwegfalls** für einen Abwehranspruch. Die Unternehmensaufgabe ist danach lediglich ein Indiz für das Vorliegen eines Tatbestands mit der Folge des Schutzwegfalls.

145

Zur Feststellung eines Entfallens des Namensschutzes verbieten sich feste zeitliche Maßstäbe. Es kommt vielmehr auf den **Einzelfall** an. Eine nur **vorübergehende Nichtbenutzung** des Kennzeichens oder **vorübergehende Stilllegung** des Betriebs für absehbare Zeit genügt regelmäßig nicht für den Verlust der Schutzfähigkeit,[381] es sei denn, darin wäre bereits die Aufgabe des Namensrechts zu erblicken. Da für eine Verwirkung des Namensrechts nicht in erster Linie die mangelnde Verwendung des Kennzeichens im Rahmen einer Unternehmensaktivität maßgeblich ist, sondern das dauerhafte Unterbleiben eines Einschreitens gegen eine Verwendung der Bezeichnung durch einen Dritten, spielt die Frage der Absehbarkeit einer Betriebswiederaufnahme insoweit jedenfalls keine Rolle. Sie ist aber bedeutsam für das Vorliegen einer Interessenbeeinträchtigung. Für die Frage, ob die Betriebsstilllegung nur vorübergehender Natur ist, kommt es auf die Verkehrsauffassung an.[382] Auch nach hier vertretener Auffassung ist eine freiwillige **endgültige Stilllegung** des Unternehmens als Hinweis auf eine Aufgabe des Unternehmenskennzeichens mit der Folge des Verlusts

146

---

375 Vgl. zur Verfestigung des Pseudonyms zu einem dem Familiennamen entsprechenden Namen *Klippel*, S. 474.
376 RGZ 170, 265, 273; RG GRUR 1943, 349, 350 – Wien-Berlin; BGH GRUR 1957, 428, 429 – Bücherdienst; BGH GRUR 1961, 420, 422 – Cuypers.
377 BGH GRUR 1961, 420, 422 – Cuypers; MüKo/ *Schwerdtner*, § 12 Rn 121.
378 BGH GRUR 1960, 137, 142 – Astra; Staudinger/ *Weick/Habermann*, § 12 Rn 342.
379 BGH GRUR 1961, 420, 424 f. – Cuypers; Staudinger/*Weick/Habermann*, § 12 Rn 336 ff.
380 Bamberger/Roth/*Bamberger*, § 12 Rn 35.
381 RGZ 170, 265, 274; BGH GRUR 1961, 420, 422 – Cuypers.
382 BGH GRUR 1961, 420, 422 – Cuypers m.w.N.

des Schutzobjektes des Namensschutzes anzusehen. Nach herkömmlicher Auffassung liegt in der freiwilligen Stilllegung jedenfalls ein Indiz für die Endgültigkeit der Betriebsaufgabe und damit für ein Entfallen der Verwechslungsgefahr.[383] Eine langjährige Betriebseinstellung, auch soweit sie nicht auf einer autonomen unternehmerischen Entscheidung, sondern auf **staatlichen Zwangsmaßnahmen** oder der Teilung Deutschlands beruhte, kann zum Verlust des Kennzeichenschutzes und der Priorität (dazu Rn 224) führen; die Priorität kann aber wieder aufleben, wenn der Name des Unternehmens aufgrund seiner Geltung oder Berühmtheit dem Verkehr in Erinnerung geblieben ist und dem neu eröffneten Unternehmen wieder zugeordnet wird.[384]

147 Die **Unterscheidungskraft** des Kennzeichens und damit die **originäre Namensschutzfähigkeit** können entfallen, wenn die ursprünglich unterscheidungskräftige Bezeichnung nachträglich zu einer **Beschaffenheits-, Gattungsbezeichnung**, einem **Gattungsnamen** oder einer **Systembezeichnung** wird.[385] Dafür kommt es darauf an, ob ein rechtlich beachtlicher Teil der maßgeblichen Verkehrskreise den Namen nicht mehr als namensmäßigen Hinweis auf ein bestimmtes Unternehmen auffasst.[386] Das kann insbesondere dadurch geschehen, dass ein bestimmtes Produkt eines Unternehmens eine solche Bekanntheit oder Verbreitung erlangt, dass der Verkehr die Unternehmenskennzeichen auf die gesamte Produktgattung anwendet.[387] Solange ein rechtlich beachtlicher Teil des Verkehrs allerdings die entstehende Gattungs- oder Beschaffenheitsbezeichnung auch noch als Herkunftsangabe versteht, ist eine Umwandlung mit einhergehendem Verlust der originären Schutzfähigkeit nicht anzunehmen.[388] Häufig wird in solchen Fällen zugleich eine **Verkehrsbekanntheit** entstanden sein, so dass für die Bezeichnung auch nach einer Umwandlung zur Gattungsbezeichnung Namensschutz besteht; doch beschränkt sich der Schutz dann auf die Unterbindung der Verwendung als **Namensbezeichnung** und erstreckt sich nicht auf die Verwendung zur Namens- oder Firmenbildung unter Hinzufügung unterscheidender Zusätze.[389]

148 Für den Namensschutz nicht unterscheidungskräftiger und damit nicht originär geschützter Bezeichnungen kommt es auf die **Verkehrsgeltung** an. Der ausschließlich auf der Verkehrsgeltung beruhende Namensschutz entfällt mithin, wenn die Verkehrsgeltung verloren geht.[390] Die lediglich **vorübergehend unterbleibende Verwendung der Bezeichnung** schadet dabei nach der Rechtsprechung nicht, wenn das Unternehmen in seinem wesentlichen Bestand erhalten bleibt und die Absicht und Möglichkeit besteht, sie innerhalb eines solchen Zeitraums fortzusetzen, dass die Einstellung noch als vorübergehende Unterbrechung erscheinen kann.[391] Richtigerweise muss es hier darauf ankommen, inwieweit die Unterbrechung oder Aufgabe der Verwendung einer Bezeichnung dazu geführt hat, dass kein wesentlicher Teil der maßgeblichen Verkehrskreise die Bezeichnung mehr mit dem ursprünglichen Namensträger in Verbindung bringt. Je stärker die Bezeichnung das Unternehmen geprägt hat und je intensiver die Bezeichnung in der Vergangenheit verwendet wurde, desto stärker **wirkt** die **Verkehrsgeltung** nach einer Unterbrechung oder Stilllegung **nach** und desto länger wird der Verkehr die Bezeichnung als Hinweis auf das Unternehmen auffassen.[392] Die **Beweislast** für einen Wegfall der Verkehrsgeltung trägt der Zweitbenutzer.[393]

149 **3. Verkehrsfähigkeit von Namensrechten. a) Übertragbarkeit und Gestattungsvertrag. aa) Bürgerlicher Name.** Der bürgerliche Name wird als grundsätzlich **nicht mit dinglicher Wirkung übertragbar** angesehen, weder zu Lebzeiten noch im Erbgang. Das wird zumeist aus der herkömmlich angenommenen Rechtsnatur des bürgerlichen Namens als höchstpersönliches Recht gefolgert,[394] teilweise aus der Ordnungsfunktion des bürgerlichen Namens, der nicht entäußerbar oder ohne weiteres veränderbar sein soll.[395] Entsprechendes wird allgemein für das **Pseudonym** vertreten, weil auch dieses als Ausfluss des

---

383 MüKo/*Schwerdtner*, § 12 Rn 121.
384 BGH NJW 2002, 3332, 3333 – Hotel Adlon; vgl. auch BGH GRUR 1997, 749, 752 – L'Orange; *Fezer*, Markenrecht, § 15 Rn 80.
385 Soergel/*Heinrich*, § 12 Rn 161; Staudinger/*Weick*/ *Habermann*, § 12 Rn 211; MüKo/*Schwerdtner*, § 12 Rn 123.
386 *Fezer*, Markenrecht, § 15 Rn 43.
387 Vgl. RGZ 69, 310, 311 – Liberty (ursprüngliches Unternehmenskennzeichen als Bezeichnung für eine bestimmte Gewebesorte); vgl. auch RGZ 56, 160 – Singer; 101, 407 – Simonsbrot; BGH GRUR 1959, 38, 40 – Buchgemeinschaft II.
388 Vgl. RGZ 100, 182, 184 – Gervais; BGH GRUR 1977, 226, 228 – Wach- und Schließ.
389 Soergel/*Heinrich*, § 12 Rn 161; *Fezer*, Markenrecht, § 15 Rn 43; vgl. auch BGH GRUR 1955, 95, 96 – Buchgemeinschaft I.
390 Baumbach/*Hefermehl*, UWG, Allg. Rn 188; MüKo/ *Schwerdtner*, § 12 Rn 124; Soergel/*Heinrich*, § 12 Rn 150.
391 BGH GRUR 1957, 428, 429 – Bücherdienst.
392 *Fezer*, Markenrecht, § 15 Rn 45; Soergel/*Heinrich*, § 12 Rn 150; MüKo/*Schwerdtner*, § 12 Rn 124.
393 *Fezer*, Markenrecht, § 15 Rn 45.
394 RGZ 87, 147, 149; BGH GRUR 1960, 490, 493 – Vogeler; 119, 237, 240 – Universitätsemblem; NJW 1993, 2236, 2237 – Decker; MüKo/*Schwerdtner*, § 12 Rn 128; Bamberger/Roth/*Bamberger*, § 12 Rn 40.
395 RG JW 1924, 164, 165; Staudinger/*Weick*/ *Habermann*, § 12 Rn 53.

allgemeinen Persönlichkeitsrechts betrachtet wird.[396] Anderes nimmt die herrschende Meinung nur beim **Sammelpseudonym** an (Rn 63). Auch ein dinglich wirkender **Verzicht** auf den bürgerlichen Namen wird nicht für möglich gehalten; allerdings wird dies für das Pseudonym nicht uneingeschränkt gelten können, weil insoweit keine Namensführungspflicht besteht und das frei gewählte Pseudonym nicht untrennbar mit dem Persönlichkeitsbereich des Trägers verbunden ist.

bb) Firma. Die Firma ist wegen des Zurücktretens der persönlichkeitsrechtlichen Bindung infolge der rein geschäftlichen Verwendung als Immaterialgut weitgehend anerkannt (Rn 20) und weithin **übertragbar und vererbbar**.[397] Wegen §§ 22, 23 HGB ist die Übertragung jedoch nur zusammen mit dem Geschäftsbetrieb möglich (**Akzessorietätsprinzip**).[398] Wegen der auch allgemein bei im geschäftlichen Bereich verwendeten Namen gegebenen Ablösung von der Person ist eine der Firma entsprechende Verkehrsfähigkeit allgemein bei **Unternehmenskennzeichen** und namentlich auch bei **Sozietätsbezeichnungen** anzunehmen (dazu auch Rn 165). Dabei spielt es keine Rolle, ob die Bezeichnung einen Personennamen enthält.[399] Überwiegend wird aber entsprechend der wegen § 23 HGB bei der Firma bestehenden Rechtslage wenigstens bei Bestehen einer Irreführungsgefahr eine an das Unternehmen gebundene Übertragbarkeit angenommen.[400] Das soll auch für **Domainnamen** gelten.[401]

150

cc) Domainnamen. Die **Übertragbarkeit** von Domainnamen ist **streitig**. Teilweise werden Domainnamen als frei übertragbare Rechte *sui generis* angesehen.[402] Andere Entscheidungen stellen eine Namensfunktion der Domain in den Vordergrund und verneinen die Übertragbarkeit der Domain, und zwar sowohl bei Bildung aus dem Familiennamen als auch bei einer davon unabhängigen Bildung.[403]

151

Es ist zu unterscheiden: Die Verwendung von Domainnamen kann, soweit sie individualisierend sind (dazu Rn 107), eine **besondere Verwendungsform des Namens oder Kennzeichens** sein,[404] bzw. ihre Verwendung kann eine das Namensrecht zur Entstehung bringende Handlung darstellen. Es geht dann letztlich aber ohnehin nicht um eine Übertragbarkeit eines „Domainnamensrechts", sondern um eine das allgemeine Namensrecht betreffende Frage der Übertragbarkeit. Die „dingliche Übertragbarkeit" des Domainnamens bestimmt sich dann nach der Übertragbarkeit der Namensform oder des Kennzeichens, dem er entspricht.

152

Soweit der **Domainname dem bürgerlichen Namen entspricht** und nicht als Kennzeichen von der Person des Namensträgers abgelöst ist, müsste eine Übertragbarkeit wegen der persönlichkeitsrechtlichen Verbindung den gleichen Einschränkungen unterliegen wie allgemein beim bürgerlichen Namen. Da die Verwendung des Namens im Rahmen eines Internetdomainnamens jedoch annähernd dieselbe Zuordnungswirkung zum Namensträger zeigt, sollte eine Übertragbarkeit des Domainnamens als von einem Namensrecht zu unterscheidendes absolutes Recht *sui generis* (dazu Rn 108) nicht wegen des Bestehens eines gleich lautenden Namensrechts beschränkt sein.

153

Anderenfalls kommt die Annahme einer „Übertragung" der Domain als besondere **schuldrechtliche Gestattung** (dazu Rn 156) der Verwendung des ihr entsprechenden Namens für die Verwendung im virtuellen Raum in Betracht. Das würde dann auch für Domains gelten, die Unternehmenskennzeichen entsprechen; da der Domainname kein besonderes, von dem Unternehmenskennzeichen abgelöstes Vermögensgut darstellen würde, würde eine „Übertragung" des Domainnamens als schuldrechtliche Gestattung der Kennzeichenverwendung anzusehen sein.

154

Vereinzelt wurde das strenge Dogma einer nicht möglichen Begründbarkeit dinglicher Rechtspositionen Dritter am bürgerlichen Namen kritisiert. Vor allem die Lehre von der **gebundenen Rechtsübertragbarkeit**[405] nimmt an, dass dinglich wirkende Rechtspositionen als an das Namensmutterrecht gebundene Tochterrechte begründet werden können. Es handelt sich dabei nicht um eine Übertragung unter Entäußerung von Teilbereichen des Namensrechts auf einen Dritten, sondern um eine gegenständlich wirkende beschränkte

155

---

396 Soergel/*Heinrich*, § 12 Rn 197.
397 Vgl. BGHZ 1, 241 – Piekfein; GRUR 1970, 528, 531 – Migrol; Staudinger/*Weick/Habermann*, § 12 Rn 53; MüKo/*Schwerdtner*, § 12 Rn 136.
398 Soergel/*Heinrich*, § 12 Rn 197 nimmt auch insoweit an, dass dabei keine echte Rechtsübertragung vorliegt. Die Firma stelle kein selbständiges Rechtsgut dar.
399 Staudinger/*Weick/Habermann*, § 12 Rn 53; a.A. offenbar OLG Saarbrücken NJWE-WettbR 1999, 284, 285 – H&K.
400 BGH GRUR 1959, 87, 89 – Fischl; Staudinger/ *Weick/Habermann*, § 12 Rn 53; Palandt/*Heinrichs*, § 12 Rn 16.

401 *Kleespies*, GRUR 2002, 764, 775.
402 LG Essen GRUR 2000, 453 – Pfändung einer Domain; vgl. auch LG Düsseldorf CR 2001, 468 f.; *Fezer*, Markenrecht, § 3 Rn 301; *Koos*, MMR 2004, 359, 362.
403 LG München I MMR 2000, 565, 566 – familienname.de; MMR 2001, 319, 320.
404 Insoweit ähnlich *Ingerl/Rohnke*, Markengesetz, 2. Aufl. 2003, Nach § 15 Rn 38; *Welzel*, MMR 2001, 321, 323.
405 Grundlegend *Forkel*, a.a.O.; *ders.*, NJW 1993, 2182, 2183; *Nauta*, ÖJZ 2003, 404, 407.

"Rechtsübertragung", die das Tochterrecht erst konstitutiv zur Entstehung bringt. Die fortbestehende Bindung des Tochterrechts an das Mutterrecht mit der Bindung an die konkreten Zwecke und Interessen der Beteiligten ermöglicht es, diese beschränkt immaterialgüterrechtliche Sichtweise mit der Notwendigkeit zu vereinen, dass zumindest der bürgerliche Name grundsätzlich unveräußerlich bleiben muss und dass Eingriffe eines dinglich berechtigten Dritten unveräußerliche Persönlichkeitsrechte des Namensträgers nicht einschränken dürfen. Die Auffassung hat sich bislang nicht durchsetzen können. Das Gleiche gilt für Auffassungen, die Namensrechte als Immaterialgüterrechte verstehen, die translativ übertragbar sind.[406]

156 **dd) Gestattungsvertrag.** Die hergebrachte Auffassung lässt nur eine **schuldrechtlich wirkende Gestattung der Ausübung der Namensrechte** zu.[407] Ein ausschließlich schuldrechtlich wirkender Gestattungsvertrag kommt auch in Betracht, soweit eine **Firma** nicht zusammen mit dem Geschäftsbetrieb übertragen wird.[408] Wenn man den **Domainnamen** nicht als gesondert übertragbares Recht ansieht und die Domainverwendung nur als besondere Verwendungsform des Gebrauchs eines Namensrechts betrachtet (Rn 154), liegt in der "Übertragung" der Domain letztlich nur eine auf den Internetverkehr beschränkte Gestattung des Namensrechts.

157 Der Namensträger verpflichtet sich im Fall eines Gestattungsvertrags schuldrechtlich, gegenüber dem Gestattungsempfänger von seinen Rechten aus § 12 keinen Gebrauch zu machen. Es handelt sich dabei um den Fall einer **obligatorischen Lizenz** in der Gestalt eines Gestattungsvertrags.[409] Darin liegt mittelbar die schuldrechtliche positive Einräumung von Nutzungsrechten am Namen, nicht aber eine Verfügung über das Namensrecht. Die Gestattung begründet keine originären oder abgeleiteten dinglichen Namensrechte des Gestattungsempfängers.[410]

158 Allerdings kann sich der Gestattungsempfänger auch Dritten gegenüber auf die **Namenspriorität** des Gestattenden berufen, ohne diese zu erwerben. Das folgt nicht aus einer dinglichen Wirkung der Gestattung, sondern aus einer Analogie zu § 986 Abs. 1.[411] Eine **eigene** ältere **Priorität** des Gestattungsnehmers kann aber anzunehmen sein, wenn der Gestattungsnehmer eine Anwaltssozietät ist, der der frühere Sozius unwiderruflich die Namensbenutzung als Sozietätsbezeichnung gestattet hat. Benutzt der ausgeschiedene Sozius seinen Namen ebenfalls als Bezeichnung seiner Kanzlei, muss er als Prioritätsjüngerer die Gefahr einer Verwechslung nach § 3 UWG durch geeignete Zusätze mildern.[412] In diesem Fall wird man von einer **firmenähnlichen Ablösung des Namens vom Namensträger** und einer Verdinglichung auszugehen haben, so dass der Grundsatz, dass keine originären Namensrechte entstehen, wenigstens hier nicht gilt (vgl. auch Rn 165). Weiterhin können dem Gestattungsnehmer gegebenenfalls eigene **Bereicherungsansprüche** gegen einen unberechtigt die Verwertung des Namens betreibenden Dritten zustehen; ein solcher Bereicherungsanspruch folgt nicht notwendig aus einer Übertragung des Persönlichkeitsrechts auf den Gestattungsnehmer, sondern letztlich aus dem wirtschaftlichen Zuweisungsgehalt einer rein schuldrechtlich wirkenden Exklusivgestattung, die auch die Befugnis des Gestattungsnehmers umfasst, Dritten die Benutzung gegen eine Vergütung zu gestatten.[413]

159 Ein schuldrechtlicher Anspruch des Gestattungsempfängers gegen den Namensträger, ihm gegenüber auf die Ausübung von Unterlassungs- und Schadensersatzansprüchen zu verzichten, ist **nicht abtretbar**. Die Abtretung des Anspruchs könnte nicht ohne Veränderung ihres Inhalts erfolgen und scheidet deshalb nach § 399 aus.[414] Die Rechtsprechung und der überwiegende Teil des Schrifttums nehmen jedoch die Möglichkeit einer **gewillkürten Prozessstandschaft** an. Voraussetzung dafür ist eine wirksame Ermächtigung des Prozessstandschafters zur gerichtlichen Geltendmachung der Ansprüche des Rechtsinhabers. Zudem muss ein eigenes schutzwürdiges Interesse des Ermächtigten festzustellen sein, das auch durch ein wirtschaftliches Interesse begründet werden kann.[415]

160 **Sukzessionsschutz** kommt dem schuldrechtlichen Gestattungsvertrag nach herrschender Auffassung nicht zu. Die schuldrechtliche Gestattung des Namensgebrauchs wirkt grundsätzlich nur zwischen den Vertragspartnern und bindet nicht den Rechtsnachfolger des Gestattenden. Im Bereich der einfachen Lizenz an

---

406 *Ullmann*, AfP 1999, 209, 209, 212; *Beuthien/ Schmölz*, S. 32 ff.; dagegen *Peukert*, ZUM 2000, 710, 712.
407 BGHZ 119, 237, 242 – Universitätsemblem.
408 BGH GRUR 1970, 528, 531 – Migrol; MüKo/ *Schwerdtner*, § 12 Rn 136.
409 Vgl. zum Begriff auch Soergel/*Heinrich*, § 12 Rn 197; *Koppensteiner*, § 42 Rn 8.
410 RGZ 87, 147, 149; BGHZ 119, 237, 242 – Universitätsemblem; vgl. auch OLG Zweibrücken GRUR 1978, 546; Staudinger/*Weick/Habermann*, § 12 Rn 49.
411 BGH GRUR 1957, 34, 35 – Hadef; 1985, 567, 567 – Hydair; NJW 1993, 2236, 2237 – Decker.
412 Vgl. BGH NJW 2002, 2093, 2095 – Vossius&Partner; Palandt/*Heinrichs*, § 12 Rn 17.
413 I.d.S. BGH GRUR 1987, 128, 128 – Nena.
414 BGHZ 119, 237, 240 – Universitätsemblem; MüKo/ *Schwerdtner*, § 12 Rn 129.
415 St. Rspr., zuletzt BGHZ 119, 237, 242 – Universitätsemblem; vgl. auch Baumbach/*Hefermehl*, UWG, Allg. Rn 230; Staudinger/*Weick/Habermann*, § 12 Rn 51; Bamberger/Roth/*Bamberger*, § 12 Rn 43; a.A. MüKo/*Schwerdtner*, § 12 Rn 139.

gewerblichen Schutzrechten wurde insbesondere vor In-Kraft-Treten des § 30 Abs. 5 MarkenG ein gewisser Sukzessionsschutz teilweise mit dem Rechtsgedanken des § 566 Abs. 1 BGB begründet.[416] Dies wurde vom BGH abgelehnt.[417] Es ist daher ohne Annahme einer Verfügungsmöglichkeit über das Namensrecht ein Sukzessionsschutz nach der Rechtsprechung nicht erzielbar.[418]

Dagegen hat der **österreichische OGH** im Hinblick auf ein Namensrecht angenommen, dass sich ein Gestattungsnehmer auch gegenüber den Erben des Gestattenden auf die Gestattung berufen kann. Diese können den Gebrauch des Namens, auf den sich die Gestattung bezieht, auch nicht aus eigenem Recht untersagen.[419] Das stellt eine **Verdinglichung** der im österreichischen wie im deutschen Recht traditionell als lediglich schuldrechtlich wirkend angesehenen namensrechtlichen Gestattung dar. 161

Ebenso wenig wie gegenüber Rechtsnachfolgern des Gestattenden soll die Namensgestattung allgemein Rechte des Gestattungsnehmers gegenüber **weiteren gleichnamigen Rechtsträgern** erzeugen können. Da nach herrschender Auffassung eine absolute Wirkung des Gestattungsvertrags ausscheidet, würde eine solche Erweiterung der Rechtsposition bei einer rein schuldrechtlichen Sichtweise einen unzulässigen Vertrag zulasten Dritter darstellen. Deshalb hat der Gestattungsnehmer nach herrschender Auffassung keine Abwehr- beziehungsweise **Ausschließungsrechte** gegenüber Dritten. Damit fehlt es auch an einem Schutz gegenüber weiteren Gestattungsnehmern.[420] Davon ist die Frage zu unterscheiden, ob gleichnamige Dritte oder Rechtsnachfolger des Gestattenden dem Gestattungsnehmer die Benutzung des Namens untersagen können. Für die Beantwortung dieser Frage kommt es darauf an, inwieweit der Gestattungsnehmer als gegenüber Dritten **Benutzungsberechtigter**, wenn auch nicht Abwehrberechtigter anzusehen ist (vgl. Rn 166). 162

Insoweit ist auf der Grundlage der herrschenden Ansicht zur Verkehrsfähigkeit des Namensrechts zu unterscheiden: Soweit die Gestattung des Namensgebrauchs den **kommerziellen Teil** des Persönlichkeitsrechts betrifft, wird man im Einklang mit der *Marlene-Dietrich*-Rechtsprechung des BGH (dazu Rn 130) von einem Übergang der Rechte auf die Erben des Namensträgers auszugehen haben. Es ist dann aber zu fragen, ob die Übertragbarkeit im Erbgang nicht auch die Übertragbarkeit durch Rechtsgeschäft unter Lebenden im Sinne einer dinglich wirkenden Gestattung bedeutet; dies lässt der BGH ausdrücklich offen.[421] Bejaht man die Frage, so wäre ein Schutz gegenüber Dritten schon wegen der dinglichen Wirkung der Gestattung gegeben. Auch wenn die **Erben** der wirtschaftlichen Bestandteile des Namensrechts nicht aus eigenem Namensrecht berechtigt sind, können sie als Rechtsnachfolger in das obligatorische Gestattungsrechtsverhältnis die **Namensgestattung** wie der Gestattende selbst im Rahmen der konkreten vertraglichen Vereinbarung **widerrufen**. Eine Höchstpersönlichkeit des Namensrechts steht dem Übergang der schuldrechtlichen Rechte und Pflichten aus dem Gestattungsvertrag nicht entgegen. Spätestens mit Erlöschen des nach Auffassung des BGH zeitlich begrenzten wirtschaftlichen Namensrechtsbestandteils[422] entfiele jedoch das Gestattungsschuldverhältnis automatisch. 163

Wenigstens soweit die Namensgestattung den **ideellen Namensbereich** betrifft, geht das Namensrecht nach hergebrachter Auffassung nicht auf die Erben über. Der Erfolg einer gegen den Gestattungsnehmer gerichteten Geltendmachung im Wege der **Prozessstandschaft** durch **Wahrnehmungsbefugte** hängt davon ab, ob der Gestattungsnehmer auch nach dem Tod des Gestattenden weiterhin als zur Namensbenutzung berechtigt anzusehen ist. Da der Vertragspartner insoweit ohne Rechtsnachfolger im Namensrecht weggefallen ist, **endet** an sich auch die vertraglich begründete **Berechtigung** des Gestattungsnehmers zur Namensbenutzung. Mangels Anerkennung einer dinglichen Wirkung der Gestattung mit Begründung oder Erwerb eines eigenen Namens(teil)rechts beim Gestattungsnehmer wäre dieser nicht mehr zum Namensgebrauch berechtigt und könnte an der Benutzung des Namens daran gehindert werden. Zu denken ist aber an einen „Bestandsschutz" des Gestattungsnehmers, der gegebenenfalls über § 242 zur unzulässigen Rechtsausübung wenigstens der Rechtsnachfolger des Gestattenden und wenigstens bei Unwiderruflichkeit der Namensgestattung führen könnte. Praktisch dürfte allerdings nur die kommerzielle Seite des Namensrechts Gegenstand des Gestattungsvertrages sein, so dass die mangelnde Rechtsträgerschaft hinsichtlich des ideellen Namensbestandteils 164

---

416 Vgl. dazu *Fezer*, Markenrecht, § 30 Rn 7; vgl. auch *Ingerl/Rohnke*, Markengesetz, 2. Aufl. 2003, § 30 Rn 8; *Brandi/Dohrn*, GRUR 1983, 146 ff.
417 BGH 1982, 411, 413 – Verankerungsteil; vgl. dazu *Hauser*, GRUR Int. 1983, 858, 858; krit. *Forkel*, NJW 1983, 1764.
418 Anders OLG Saarbrücken NJWE-WettbR 1999, 284, 286 – H&K mit dem Hinweis auf den Sukzessionsschutz als allg. für das Immaterialgüterrecht geltenden Rechtsgedanken.
419 Österreichischer OGH v. 15.6.2000 – 4 Ob 85/00d, JBl. 2001, 54 – Radetzki.
420 Palandt/*Heinrichs*, § 12 Rn 17; kritisch *Forkel*, NJW 1983, 1764.
421 BGH NJW 2000, 2195, 2198 – Marlene Dietrich, vgl. schon BGH GRUR 1987, 128, 129 – Nena.
422 Vgl. BGH NJW 2000, 2195, 2199 – Marlene Dietrich; anders offenbar österreichischer OGH v. 15.6.2000 – 4 Ob 85/00d, JBl. 2001, 54 – Radetzki, wo es um eine Gestattung hinsichtlich des Namensrechts eines 1858 Verstorbenen ging.

kaum eine Rolle spielen wird. Solange keine übermäßigen Eingriffe in die ideellen Persönlichkeitsinteressen gegeben sind (vgl. Rn 174), wird man von einer zunächst fortwirkenden Gestattung im Rahmen des kommerziellen Bereichs ausgehen können, die den Gestattungsnehmer Berechtigter bleiben lässt.

165 Der Sohn des namensgebenden ausgeschiedenen Sozius einer **Rechtsanwaltssozietät**, der der Namensgebrauch in der Sozietätsbezeichnung für sämtliche Fälle des Ausscheidens aus der Sozietät unwiderruflich gestattet wurde, kann den Fortgebrauch des Namens nach dem Tod des ausgeschiedenen Sozius auch dann nicht untersagen, wenn er am selben Ort eine eigene Rechtsanwaltskanzlei unter seinem gleich lautenden Namen eröffnet.[423] Dieses Ergebnis kann schon damit begründet werden, dass sich der Name in der Sozietätsbezeichnung als Firmenschlagwort aufgrund seiner **Firmenähnlichkeit** wie eine Firma vom Namensträger abgelöst hat und zu einem reinen **Immaterialgüterrecht** geworden ist, dessen dingliches Benutzungsrecht nach dem Ausscheiden des Namensträgers bei der Sozietät verbleibt („**Anwaltsfirma**"[424]).[425] Damit besteht im Ergebnis ein dinglicher Sukzessionsschutz.

166 Jedenfalls **zu Lebzeiten des gestattenden Namensträgers** ist, solange der Gestattungsvertrag besteht, eine **Berechtigung** des Gestattungsnehmers auch gegenüber gleichnamigen Dritten anzunehmen. Der Gestattungsnehmer kann seinerseits diesen zwar nicht die Benutzung ihres Namens verbieten, muss sich die Benutzung aber auch nicht verbieten lassen. Bei der unwiderruflichen Gestattung der Namensbenutzung in einer Sozietätsbezeichnung durch einen Sozius kann eine firmenähnliche Verdinglichung des Benutzungsrechts (vgl. Rn 166) in Betracht kommen, so dass sich auch eine entsprechende Prioritätsstellung des Gestattungsnehmers begründen lässt.[426]

167 Der Gestattungsvertrag ist grundsätzlich **nicht formbedürftig**. Der Vertragsschluss kann insbesondere schlüssig erfolgen,[427] etwa durch Duldung der Namensführung.[428] Ein Vertragsabschluss im Voraus ist möglich.[429] Die **Unwirksamkeit** des Gestattungsvertrags ergibt sich aus allgemeinen Grundsätzen. Daneben kann sich die Unwirksamkeit insbesondere aus einem Verstoß gegen § 5 UWG i.V.m. § 134 ergeben, wenn sich aus der Gestattung der Namensbenutzung die Gefahr einer Täuschung des Rechtsverkehrs ergibt.[430] Außerdem kann die Gestattung der Benutzung einer Firma eine zu ihrer Unwirksamkeit führende Umgehung des § 23 HGB darstellen.[431]

168 Sachliche, räumliche und zeitliche **Reichweite** des Gestattungsvertrags bestimmen sich nach seinem Inhalt.[432] Das betrifft vor allem die wichtige Frage der **Übertragbarkeit** der sich für den Gestattungsnehmer aus dem Gestattungsvertrag ergebenden **Benutzungsrechte** auf einen Dritten (vgl. zur Abtretung der Unterlassungsansprüche gegen den Namensrechtsträger Rn 159). Bei **entgeltlicher Gestattung** des Namensgebrauchs wird man regelmäßig davon auszugehen haben, dass eine Übertragung der sich aus dem Gestattungsvertrag ergebenden Rechte seitens des Namensträgers nicht ausgeschlossen sein soll.[433] In der Gestattung kann nach herrschender Meinung zugleich die Ermächtigung liegen, die Rechte des Namensträgers gerichtlich im Rahmen einer **Prozessstandschaft** geltend zu machen (Rn 159). Auch wenn dies im Ergebnis eine dingliche Namensübertragung gleichsam simulieren mag, stellt die mit der Gestattung kombinierte Ermächtigung doch eine zulässige Konstruktion dar.[434]

169 Der Gestattungsvertrag kann **auflösend bedingt** oder **zeitlich befristet** abgeschlossen werden. Auch eine **unwiderrufliche** Gestattung ist grundsätzlich möglich.[435] Ob eine **Befristung** vorliegt, ist durch Auslegung zu ermitteln. Die Gestattung der Verwendung des Familiennamens eines Sozius in der Bezeichnung einer Rechtsanwaltssozietät deutet vorbehaltlich einer gegenteiligen Absprache auf das Fehlen einer zeitlichen Begrenzung der Namensgestattung[436] hin. Aus dem Zusammenhang der Gestattung mit einer bestimmten Beziehung der Vertragspartner zueinander kann sich nach Treu und Glauben eine zeitliche Befristung der Gestattung auf das Ende des Rechtsverhältnisses ergeben.[437]

---

423 MüKo/*Schwerdtner*, § 12 Rn 130 m.w.N.; vgl. OLG München EWiR 1993, 225 m. Anm. *Ring*.
424 Vgl. *Ring*, EWiR 1993, 225, 226.
425 Vgl. auch OLG Hamm NJW-RR 1998, 1073; *Ring*, EWiR 1993, 226 (Goodwillerhalt für den Kanzleifortführer).
426 Vgl. BGH NJW 2002, 2093, 2095 – Vossius&Partner; Palandt/*Heinrichs*, § 12 Rn 17.
427 BayObLGZ 1986, 370; OLG München DB 1992, 2078, 2079.
428 RG JW 1924, 164, 165.
429 RG JW 1921, 824, 825.
430 BGHZ 1, 241, 246 – Piekfein; BGH NJW 2002, 2093, 2094 – Vossius&Partner; Staudinger/*Weick/Habermann*, § 12 Rn 57.
431 MüKo/*Schwerdtner*, § 12 Rn 136.
432 RGZ 76, 263, 265; JW 36, 923, 924 – Iduna.
433 Vgl. RG Gruchot 45, 74; MüKo/*Schwerdtner*, § 12 Rn 143.
434 A.A. MüKo/*Schwerdtner*, § 12 Rn 139.
435 RG JW 1924, 164, 165.
436 BGH NJW 2002, 2093, 2094 – Vossius&Partner.
437 RG JW 1936, 923, 924 – Iduna; BGH GRUR 1976, 644, 646 – Kyffhäuser; MüKo/*Schwerdtner*, § 12 Rn 141.

Bei der Gestattung der Namensbenutzung in einer Firma oder einer Geschäftsbezeichnung im Übrigen 170
ist vorbehaltlich besonderer Vereinbarungen regelmäßig von einer **unwiderruflichen** Gestattung auszugehen.[438] Soweit eine unwiderrufliche Gestattung gegeben ist, kann der Gestattungsvertrag gleichwohl **aus wichtigem Grund widerrufen** werden.[439] Ein wichtiger Grund für einen Widerruf wird wegen des engeren Benutzungsrahmens bei einer Firmenfortführung unter erheblich strengeren Voraussetzungen vorliegen als bei der Gestattung der Benutzung des bürgerlichen Namens.[440] Dasselbe muss allgemein für den Widerruf der Gestattung einer Verwendung des bürgerlichen Namens als Bestandteil eines firmenartigen Unternehmenskennzeichens gelten, weil an der Bezeichnung ein Immaterialgüterrecht entsteht, das insoweit zur Loslösung des Namens vom Träger des entsprechenden bürgerlichen Namens führt (siehe schon Rn 156).

ee) GmbH, OHG, KG. Eine GmbH ist berechtigt, den Namen eines **Gesellschafters**, der ihr die Führung 171
seines Namens in der Firma gestattet hat, auch nach dem Ausscheiden weiterzuführen, soweit sich keine abweichenden Vereinbarungen aus der Gestattung ergeben.[441] Für die OHG und die KG gilt insoweit wegen § 24 Abs. 2 HGB Abweichendes.[442]

b) Eigene Auffassung. Weiter gehend als Rechtsprechung und herrschende Auffassung im Schrifttum 172
sollte die je nach Art des Namens abgestuft weitgehende Verkehrsfähigkeit aller Namenstypen anerkannt werden und so zu einer **Anerkennung eines Immaterialgüterrechtscharakters** der Persönlichkeitsrechte, insbesondere des Namensrechts gelangt werden. Den ersten Schritt in diese Richtung hat der BGH mit seiner Unterscheidung zwischen vermögensrechtlichem und ideellem Bestandteil des Persönlichkeitsrechts bereits getan, freilich ohne zu einer wahren Abspaltung eines eigentlichen Persönlichkeitsimmaterialgüterrechts zu gelangen. Wenn man eine vermögensrechtliche Deutung der Persönlichkeitsrechte konsequent anerkennt, dann muss dies losgelöst von einem reinen Hilfscharakter einer solchen Deutung im Sinne einer „Prävention durch Kommerzialisierung" geschehen, die sich letztlich auf das Ziel eines ideellen Schutzes des Persönlichkeit beschränkt, aber nicht die Verkehrsfähigkeit eines persönlichkeitsrechtlichen Wirtschaftsguts bezweckt.

Das bedeutet insbesondere für die Anerkennung eines Namensimmaterialgüterrechts zweierlei: Erstens kann 173
sich die Verkehrsfähigkeit nicht auf die Vererblichkeit beschränken. Der BGH benötigte die Vererbbarkeit nur, weil es ihm darum ging, den postmortalen Persönlichkeitsschutz zu stärken, aber nicht, um eine Vermögensnachfolge in ein Persönlichkeitsimmaterialgüterrecht anzuerkennen. Es sollte demgegenüber auch eine Übertragbarkeit durch Rechtsgeschäft unter Lebenden anerkannt werden. Zweitens kann ein vermögensrechtliches Persönlichkeitsrecht nicht abhängig von der zeitlichen Reichweite des ideellen postmortalen Persönlichkeitsschutzes sein. Es spricht nichts dagegen, ein verkehrsfähiges Persönlichkeitsimmaterialgüterrecht auch nach dem Verblassen des ideellen Persönlichkeitsschutzinteresses als Wirtschaftsgut bestehen zu lassen, zumal ideelle Beeinträchtigungen dann ohnehin keine vom Recht zu berücksichtigende Rolle mehr spielen. Wenn der Verstorbene postmortal nicht mehr in seinen Persönlichkeitsinteressen geschützt ist, ist nicht ersichtlich, warum ein ererbtes Wirtschaftsgut, etwa das kommerzielle Recht am Namen, untergehen sollte.

Erkennt man die Prämisse einer theoretischen Abspaltung des Namensimmaterialgüterrechts von dem 174
ideellen Namensrecht an, so muss doch gewährleistet sein, dass, solange ein vom Recht geschützter ideeller Persönlichkeitsinteressenbereich besteht, dieser nicht missachtet wird. Dieser Aspekt und vor allem auch das Ordnungsinteresse, das mit dem bürgerlichen Zwangsnamen verbunden ist, stehen gegen eine unbeschränkte Verkehrsfähigkeit des bürgerlichen Namens. Der Namensträger kann sich nicht vollends seines Namens entledigen; in Betracht kommt also nur das Modell einer Abspaltung, bei der dem Namensträger sein Name erhalten bleibt, sonst wäre das Ordnungsinteresse verletzt. Sodann kann es dem lebenden Namensträger nicht verwehrt sein, seinen Namen weiterhin auch selbst kommerziell zu nutzen, weil dies Teil seines unveräußerlichen wirtschaftlichen Betätigungsrechts ist. Es geht also nicht an, von einer einfachen Abspaltung eines kommerziellen Bereichs und einer restlosen Übertragung dieses Bereichs auszugehen. Schließlich muss der Namensträger davor geschützt werden, dass eine ausufernde Verwertung des Namensimmaterialgüterrechts durch den Erwerber oder einen Dritterwerber in seine schutzwürdigen ideellen Persönlichkeitsinteressen eingreift.

---

438 Vgl. OLG München NZG 2000, 367 (Name in einer Sozietätsbezeichnung).
439 BGH GRUR 1970, 528, 533 – Migrol; OLG München NZG 2000, 367, 368; Palandt/*Heinrichs*, § 12 Rn 17; MüKo/*Schwerdtner*, § 12 Rn 144; vgl. aber Staudinger/*Weick/Habermann*, § 12 Rn 52; Bamberger/Roth/*Bamberger*, § 12 Rn 43.
440 MüKo/*Schwerdtner*, § 12 Rn 144.
441 BGHZ 58, 322, 326; Staudinger/*Weick/Habermann*, § 12 Rn 58.
442 Bamberger/Roth/*Bamberger*, § 12 Rn 40; a.A. teilweise MüKo/*Schwerdtner*, § 12 Rn 145; vgl. *Kern*, BB 1999, 1717, 1719, wonach § 24 Abs. 2 HGB auch auf Kapitalgesellschaften Anwendung finden soll.

175 Hier sind **zwei Modelle** möglich: Entweder man nimmt eine Übertragung eines Namensimmaterialgüterrechts an,[443] dessen Ausübung mit dem verbliebenen Namensrechtsbereich beim Namensträger kollidieren kann; hier kann der Namensträger aus eigenem Namenspersönlichkeitsrecht im Einzelfall gegen die Verwertung des übertragenen und nun fremden Namensimmaterialgüterrechts vorgehen. Oder man folgt dem Vorbild der von *Forkel* vorgeschlagenen gebundenen Rechtsübertragung[444] und versteht das Namensimmaterialgüterrecht als vom verbliebenen Namensrecht als Mutterrecht abhängiges Tochterrecht, das bei entsprechenden Überschreitungen letztlich über das Mutterrecht kontrollierbar bleibt. Letztere Konstruktion erscheint beim **bürgerlichen Namen** vorzugswürdig. Es ist weiter gehend davon auszugehen, dass sich das Namensimmaterialgüterrecht dann zu einem vollkommen unabhängigen Immaterialgüterrecht wandelt, wenn das Mutterrecht und sein postmortal nachwirkender Schutz entfallen. Denn hier fallen die Gründe für eine Bindung des Namensimmaterialgüterrechts weg, ohne dass Letzteres unterzugehen hätte (siehe Rn 135).

176 Das **Pseudonym** kann im Gegensatz zum bürgerlichen Namen auch, soweit es sich nicht um ein Sammelpseudonym handelt, verkehrsfähig sein,[445] ohne dass eine Bindung an ein beim ursprünglichen Namensträger verbleibendes Recht erforderlich ist. Hier ist der maßgebliche Gesichtspunkt, dass ein Ordnungsinteresse beim Wahlnamen nicht besteht. Wenn das Pseudonym frei angenommen werden kann, so kann es auch wieder aufgegeben werden. Die Bindung an den Namensträger ist hier von vornherein weiter gehend aufgelöst als beim bürgerlichen Namen; schon dies spricht für eine erleichterte Verkehrsfähigkeit.[446] Hinzu kommt, dass etwa der **Künstler- oder Autorenname** wie ein Unternehmenskennzeichen oft auf einen begrenzten beruflichen Lebensbereich beschränkt bleiben wird (Rn 59), wenn dies auch nicht notwendig so sein muss. Dann liegt die Anerkennung einer Ablösbarkeit umso näher. Es kommt hier auf den Einzelfall an, insbesondere, wie stark das Pseudonym mit der Person des Trägers verbunden ist (siehe bereits Rn 141). Bei **Pseudonymen von Urhebern veröffentlichter Werke** mag man zudem eine mittelbare Persönlichkeitsbindung aus der auf das Urheberpersönlichkeitsrecht bezogenen Individualisierung annehmen, die auch bei solchen Pseudonymen nur eine gebundene Rechtsübertragung als angemessen erscheinen lassen würde.

177 Bei **Unternehmenskennzeichen**, die nicht unter das gesetzlich festgelegte Akzessorietätsprinzip des § 23 HGB fallen, kann auf ein allgemeines Akzessorietätsprinzip verzichtet werden. Dies entspricht einer zustimmungswürdigen Tendenz, das Akzessorietätsprinzip zugunsten einer freien Übertragbarkeit von Zeichenrechten zu überwinden. So ist das Prinzip auch für Markenrechte abgeschafft worden. Einer Irreführungsgefahr kann hinreichend mit dem lauterkeitsrechtlichen Irreführungsschutz begegnet werden.[447]

178 **Domainnamen** sind im Sinne eines **subjektiven Rechts** *sui generis*, nicht als besondere Kennzeichen- oder Namensrechte, als solche frei **übertragbar** (vgl. aber Rn 107 ff.); wird jedoch durch die Domainübertragung ein begrenzt übertragbarer Namensrechtsbereich berührt – das kann vor allem der Fall sein, wenn die Domain mit dem nicht gewerblich verwendeten bürgerlichen Namen gleich lautend ist – kann der nur begrenzt veräußerliche Bereich der Persönlichkeitsinteressen eine Übertragbarkeit tangieren. Diese Überlagerung sollte die Verkehrsfähigkeit des Domainnamens als besonderes, nicht kennzeichenrechtliches Immaterialgüterrecht letztlich jedoch nicht ausschließen, weil der Zuordnungsanschein bei Domainnamen zumindest nicht in derselben Intensität gegeben ist wie bei anderen Namensverwendungen, etwa in einer Firma oder einem sonstigen Unternehmenskennzeichen.

179 **c) Insolvenz und Pfändung. aa) Firma.** Es ist streitig, ob der Insolvenzverwalter die nach § 22 HGB zur Firmenfortführung notwendige **Einwilligung** auch dann wirksam erteilen kann, wenn die Firma des Gemeinschuldners den Familiennamen des Einzelkaufmanns oder des Mitglieds der Personengesellschaft enthält. Zwar gehört die Firma nach Auffassung des BGH zur Insolvenzmasse; dabei komme es nicht darauf an, dass die Firma wegen § 23 HGB nicht der Pfändung unterliegt.[448] Enthält die Firma des **Einzelkaufmanns** jedoch dessen Familiennamen, so ist nach Ansicht der Rechtsprechung das persönlichkeitsrechtliche Interesse gegenüber den vermögensrechtlichen Interessen des Insolvenzgläubiger an der Verwertung der Firma höher zu bewerten.[449] Das Gleiche nimmt die Rechtsprechung an, wenn die Firma einer **Personengesellschaft** Namen von Gesellschaftern enthält.[450] Es ist also in diesen Fällen stets erforderlich, dass eine Zustimmung

---

443 Vgl. dazu *Klippel*, S. 497 ff., 532 ff.
444 Grundlegend *Forkel*, a.a.O.; *ders.*, NJW 1993, 2182, 2183; *Nauta*, ÖJZ 2003, 404, 407.
445 Vgl. schon *Raschauer*, S. 251, allerdings unter gänzlicher Herausnahme des Decknamens aus dem bürgerlich-rechtlichen Namensschutz.
446 A.A. *Soergel/Heinrich*, § 12 Rn 197, unter Hinweis darauf, dass der Verkehr den Künstlernamen als Hinweis auf den Künstler versteht.
447 *Hubmann/Götting*, Gewerblicher Rechtsschutz, 7. Aufl. 2002, § 45 Rn 17.
448 BGHZ 85, 221, 223; MüKo/*Schwerdtner*, § 12 Rn 147 m.w.N.
449 BGH GRUR 1960, 490, 493 – Vogeler.
450 OLG Düsseldorf NJW 1982, 1712, 1713; vgl. OLG Koblenz NJW 1992, 2101.

des namensgebenden Einzelkaufmanns oder der namensgebenden Gesellschafter zur Firmenveräußerung vorliegt.

Bei der insolvenzbedingten Veräußerung von **Kapitalgesellschaften** sowie der **GmbH & Co. KG** geht die Rechtsprechung hingegen davon aus, dass eine solche Zustimmung nicht erforderlich ist.[451] Der Grund für diese Differenzierung lag zunächst darin, dass in der Firma einer juristischen Person anders als in der Firma des Einzelkaufmanns oder der Personengesellschaft die Verwendung des Namens des Kaufmanns oder Gesellschafters keiner gesetzlichen Anordnung unterlag. Hier war daher kein Schutz des seinen Namen freiwillig zur Verfügung stellenden Gesellschafters erforderlich (sog. **Unausweichlichkeitstheorie**).[452] Nach der Neufassung der §§ 18, 19 HGB liegt die maßgebliche Begründung für eine Differenzierung allenfalls noch in der Zwischenschaltung einer juristischen Person als Firmeninhaberin.[453] Der namensgebende Gesellschafter kann allerdings die Zustimmung zur Verwendung seines Namens bei der Firmenbildung von seiner Zugehörigkeit zur Gesellschaft abhängig machen. 180

Die **Unterscheidung der Rechtsprechung** zwischen der Veräußerung der Firma des Einzelkaufmanns und der Personengesellschaft einerseits und der Firma juristischer Personen und der GmbH & Co. KG andererseits ist aus zwei Gründen **nicht aufrechtzuerhalten**:[454] 181

Zum einen ist zumal mit der Anerkennung der Rechtsfähigkeit der BGB-Außengesellschaft[455] auch von einer grundsätzlichen Rechtssubjektivität der Personenhandelsgesellschaften auszugehen, die nicht allein von der gesetzlichen Anordnung des § 124 HGB abhängt. Die Gesellschaft ist Trägerin des Unternehmens und des Firmenrechts; der Name hat sich von dem Namensgeber insoweit abgelöst und wird einem anderen Rechtssubjekt zugeordnet. Eine gegenüber der Kapitalgesellschaft abweichende Behandlung könnte daher allenfalls noch mit dem geringeren Verselbständigungsgrad der rechtsfähigen Personenvereinigung, namentlich einer wesensmäßigen Ausrichtung auf einen gegenüber der Kapitalgesellschaft eher kontinuierlichen Mitgliederbestand,[456] begründet werden. Dies bedeutete indes für die namensrechtliche Fragestellung eine **Überbewertung des strukturellen personenrechtlichen Einschlags** der Personengesellschaft, ohne dass ersichtlich wäre, warum der Gesellschafter hier im Hinblick auf das Namensrecht schutzwürdiger sein sollte als bei einem vollständig personifizierten Personenverband.[457] 182

Auch der BGH hat im Übrigen den personenrechtlichen Bezug gerade aus dem mittlerweile entfallenen Zwang zur Namensfirma und weniger aus der Organisationsstruktur der Personengesellschaft hergeleitet.[458] Schon die **Freiwilligkeit der Namensverwendung** in der Firma hebt danach einen personenrechtlich relevanten Bezug auf. Daran ändert auch die Wertung des § 24 Abs. 2 HGB nichts:[459] Maßgeblich ist, dass der Gesellschafter nicht verpflichtet war, seinen Namen zur Firmenbildung zur Verfügung zu stellen. Die Wertung des § 24 Abs. 2 HGB ist nicht auf die Frage der Verwertbarkeit der Firma in der Insolvenz übertragbar. Im Gegensatz zur von § 24 Abs. 2 HGB erfassten Situation des freiwilligen Ausscheidens des namensgebenden Gesellschafters hat sich der Gesellschafter in der Insolvenz gerade nicht von dem Unternehmen gelöst, sondern gehört der Haftungsgesamtheit im weiteren Sinne an. Er muss sich daher die Verwertung der unter freiwilliger Verwendung seines Namens gebildeten Namensfirma gefallen lassen. 183

Bedeutender ist **zum anderen** die notwendige Auswirkung einer **immaterialgüterrechtlichen Qualifikation der Firma** auch des Einzelkaufmanns und der Personenhandelsgesellschaft, die nach der Zulassung von Sachfirmen auch dieser Rechtssubjekte durch das Handelsrechtsreformgesetz von 1998 verstärkt wurde. Die Firma hat sich durch die Zuordnung zum Unternehmen von der Person des Namensträgers verselbständigt und 184

---

451 BGHZ 85, 221, 224; NJW 1990, 1605, 1606 f. – Brenner; vgl. auch österreichischer OGH ÖBl. 2002, 240.
452 Vgl. MüKo/*Schwerdtner*, § 12 Rn 147 f. m.w.N.
453 Vgl. Staudinger/*Weick/Habermann*, § 12 Rn 65.
454 Gegen die Rechtsprechung MüKo/*Schwerdtner*, § 12 Rn 152; Staudinger/*Weick/Habermann*, § 12 Rn 64; differenzierend Bamberger/Roth/*Bamberger*, § 12 Rn 41.
455 BGHZ 146, 341 ff.
456 In diesem Sinne *Schmitt*, WiB 1997, 1116, 1119; hiergegen *Steinbeck*, NZG 1999, 133, 138.
457 Vgl. Soergel/*Heinrich*, § 12 Rn 24, mit dem Hinweis darauf, dass von Seiten des „flüchtigen Verbrauchers" aus der Namensidentität weiterhin auf die Unternehmensbeteiligung des Namensgebers geschlossen werde, woraus sich die Persönlichkeitsverletzung ergebe. Doch würde der „flüchtige Verbraucher" nicht zwischen den Rechtsformen und ihren Strukturunterschieden differenzieren und falls dem bei der Personengesellschaft so wäre, auch bei der juristischen Person auf eine weitere Beteiligung des namensgebenden Gesellschafters an dem Unternehmen schließen; gegen die Annahme einer beachtlichen Zurechnungskontinuität bei Firmenfortführung zu Recht MüKo/*Schwerdtner*, § 12 Rn 152.
458 Vgl. BGH NJW 1990, 1605, 1607 – Brenner.
459 A.A. *Kern*, BB 1999, 1717, 1719, die aus der Möglichkeit der Sachfirmenbildung bei Personenhandelsgesellschaften auf eine Anwendung des § 24 Abs. 2 HGB auf Kapitalgesellschaften schließt und auch für diese eine Zustimmung des namensgebenden Gesellschafters verlangt.

ist daher, gebunden an das Unternehmen, verkehrsfähig. Das Interesse des Gemeinschuldners an der erneuten Verwendung seines bürgerlichen Namens in einer verwechselbaren Firma tritt gegenüber den Gläubigerinteressen zurück. Generell ist daher entgegen der noch herrschenden Rechtsprechung eine Zustimmung des Namensgebers zur Firmenveräußerung auch bei der Personengesellschaft und dem Einzelkaufmann nicht erforderlich. Darauf, ob die Zurverfügungstellung des Personennamens für die Firma als Verzicht des Namensträgers auf die künftige Geltendmachung des Namensrechts aufzufassen ist, kommt es nach dem Vorgesagten nicht an.[460]

185 **bb) Domains.** Für Domains, die Personennamen entsprechen, ist anzunehmen, soweit man eine gesonderte Verkehrsfähigkeit anerkennt, dass die Verwendung im geschäftlichen Bereich zur Ablösung von der Person des Namensträgers führt. Damit stehen jedenfalls persönlichkeitsrechtliche Gründe einer Veräußerung in der Insolvenz nicht entgegen. Auch hier ist jedoch die Unterscheidung zwischen dem Namensrecht als solchem, dessen Benutzung die Verwendung des Domainnamens ist, und dem Domainnamen als selbständigem Vermögensgegenstand, gegebenenfalls als subjektivem absolutem Recht *sui generis*, zu beachten (dazu Rn 107 ff.). Unabhängig davon, ob man das Recht am Domainnamen als von den Namens- und Kennzeichenrechten zu unterscheidendes subjektives Recht anerkennt oder nur als rein faktisch absolute Position des Domaininhabers im Rahmen einer relativen Rechtsbeziehung zum DENIC, ist der **Domainname in der Insolvenz grundsätzlich verwertbar**. Das sollte entsprechend der Situation bei den Namensfirmen auch für Namensdomains gelten, zumal die Zuordnungswirkung des Domainnamens aufgrund der besonderen Überlagerung mit einer rein technischen Adressfunktion zwar nicht fehlt, aber doch gegenüber einer Verwendung etwa in Druckwerken geringer ist.

186 Der registrierte Domainname kann unabhängig von zugleich bestehenden Namensrechten als selbständiger und übertragbarer Vermögensgegenstand nach § 857 ZPO **gepfändet** werden.[461] Dabei spielt es nach richtiger Auffassung keine Rolle, ob der Domainname dem bürgerlichen Namen des Schuldners entspricht; eine Verletzung des § 12 liegt in der Pfändung eines solchen Domainnamens nicht.[462] Der Namensträger kann sein Interesse an einer Domainverwendung unter Anlehnung oder Benutzung seines Namens unschwer durch geringe Modifikationen oder Zusätze bei der Domainnamensgestaltung verwirklichen, auch wenn der Domainname in seiner ursprünglichen Zusammensetzung verwertet wurde. Das steht im Einklang mit der Rechtsprechung des BGH, wonach die Registrierung eines Domainnamens als solche keine Namensbestreitung darstellen soll.[463] An die daneben mögliche Annahme einer Zuordnungsverwirrung wird man bei der Domainverwendung erhöhte Anforderungen stellen.

187 **cc) Marken.** Marken unterliegen auch dann der Verwertbarkeit in der Insolvenz des Markeninhabers sowie der Pfändbarkeit in der Einzelzwangsvollstreckung, wenn die Marke aus dem persönlichen Namen des Inhabers oder aus der Firma des Unternehmensinhabers gebildet ist.[464]

IV. Verletzungstatbestände

188 **1. Allgemeines.** Nach herkömmlicher herrschender Sichtweise sind in § 12 nur die Namensbestreitung und die Namensanmaßung geschützt, während andere Beeinträchtigungen des Namensrechts vor allem über die deliktischen Regeln zum Schutz des allgemeinen Persönlichkeitsrechts geschützt sind (vgl. aber auch Rn 4 ff.) zur funktionalen Erweiterung des Schutzbereichs des § 12).[465]

189 **2. Namensbestreitung (Namensleugnung).** Der Namensträger genießt Schutz des Gebrauchs seines Namens. Wird ihm sein Recht zum Namensgebrauch bestritten, so steht ihm ein Anspruch auf Beseitigung der Beeinträchtigung und bei Wiederholungsgefahr auf Unterlassung zu. Das gilt auch für das Pseudonym.[466] Nur dem Namensrechtsinhaber selbst, nicht dagegen den Familienangehörigen des Rechtsinhabers steht der Anspruch zu. Jedoch kann der **Ehegatte** einen eigenen Anspruch wegen Namensbestreitung auch gegen den anderen Ehegatten geltend machen, wenn die Beeinträchtigung in dem Bestreiten des Ehenamens oder

---

460 A.A. Bamberger/Roth/*Bamberger*, § 12 Rn 41; vgl. dagegen MüKo/*Schwerdtner*, § 12 Rn 152.
461 LG Essen GRUR 2000, 453; *Fezer*, Markenrecht, § 3 Rn 350; *Welzel*, MMR 2001, 131, 134; *Kleespies*, GRUR 2002, 764, 773.
462 A.A. LG München I MMR 2000, 565, 566 – familienname.de.
463 BGH NJW 2003, 2978, 2979 – maxem.de; ebenso österreichischer OGH MMR 2002, 452, 455 – graz2003.at.
464 *Fezer*, Markenrecht, § 29 Rn 30.
465 Bamberger/Roth/*Bamberger*, § 12 Rn 45.
466 MüKo/*Schwerdtner*, § 12 Rn 168.

in dem Bestreiten der Beibehaltung des Geburtsnamens nach der Eheschließung liegt.[467] Der Anspruch kann auch **gegen eine Behörde** bestehen.[468]

„**Gebrauch**" des Namens ist die Benutzung des Namens zur Kennzeichnung der eigenen Person im allgemeinen Umgang oder im geschäftlichen Verkehr.[469] Dazu gehört auch die Benutzung des eigenen Namens im Bereich des Internets als Domainname (Rn 107).[470] Eine **Namensbestreitung** bzw. **-leugnung** ist das Absprechen des Rechts des Berechtigten zum Gebrauch des eigenen Namens, das Infragestellen des Bestands des Namensrechts.[471] Die Namensbestreitung kann **ausdrücklich**, aber auch **schlüssig** geschehen. Letzteres wird etwa angenommen, wenn der Berechtigte nachhaltig mit falschem Namen benannt wird oder hartnäckig eine falsche Namensschreibweise oder Form verwendet wird.[472] Eine Nachhaltigkeit ist für ein Bestreiten jedoch nicht generell vorauszusetzen; schon ein einmaliges Bestreiten des Namensrechts kann im Einzelfall ausreichen.[473] Eine Namensbestreitung liegt aber nicht schon in der satirischen oder herabsetzenden Abwandlung des Namens.[474] Auch die **Registrierung** eines dem Namen gleich lautenden **Domainnamens** beim DENIC soll als solche keine Namensbestreitung begründen können.[475] In dem Innehaben einer Marke oder einer geschäftlichen Bezeichnung liegt keine Namensbestreitung.[476] Ausreichend ist das Bestreiten des Namensrechts gegenüber Dritten oder Behörden oder durch öffentliche Erklärung.[477]

Die Behauptung eines besonderen Interesses an der Durchsetzung des Anspruchs ist nicht erforderlich.[478] Es genügt bedingter Vorsatz; der Bestreitende muss keine kränkende Absicht haben.[479] Bei fahrlässiger Namensbestreitung besteht aber gegebenenfalls ein Anspruch auf Richtigstellung und Unterlassung.[480]

3. Namensanmaßung. a) Grundsatz. Benutzt ein anderer unbefugt den gleichen oder einen verwechslungsfähigen Namen wie der Namensträger und wird dadurch ein schutzwürdiges Interesse des Namensträgers verletzt, so hat der Namensträger, nicht dagegen ein Dritter, etwa der Ehegatte,[481] einen Anspruch auf Beseitigung der Beeinträchtigung und bei Wiederholungsgefahr auf Unterlassung. Die Führung des bürgerlichen Namens ist schon wegen der öffentlich-rechtlichen **Namensführungspflicht** grundsätzlich nicht unbefugt. Der Gebrauch des bürgerlichen Namens kann insoweit nicht über § 12 verhindert werden. Dagegen besteht für **geschäftliche Kennzeichen** nach geltendem Recht keine Pflicht zur Führung eines bestimmten Namens in der Firma eines Einzelkaufmanns oder einer Personengesellschaft, zulässig sind auch Sachfirmen.[482]

Soweit eine solche Pflicht ausscheidet, ist unter Heranziehung des **Prioritätsgrundsatzes** zu entscheiden: Das prioritätsjüngere gleiche oder verwechslungsfähige geschäftliche Kennzeichen hat bei Interessenverletzung des Inhabers des älteren Kennzeichens zu weichen. Voraussetzungen für eine Namensrechtsverletzung durch die Namensanmaßung sind die Rechtmäßigkeit der Namensführung durch den Verletzten, die Unbefugtheit des Namensgebrauchs durch den Verletzenden und die Verletzung schutzwürdiger Interessen des Verletzten.[483] Maßgeblich ist nach herkömmlicher auf einen engen Schutzbereich des § 12 ausgerichteten Auffassung (vgl. dazu Rn 4) die Erzeugung einer **Zuordnungsverwirrung, bzw. Identitätsverwirrung** durch den Namensgebrauch.[484]

b) Begriff des Namensgebrauchs. Die nach herrschender Meinung notwendige **Zuordnungsverwirrung** erfordert die Benutzung des gleichen Namens wie der berechtigte Namensträger. Dazu bedarf es einer Benutzung zur namens- oder kennzeichenmäßigen Bezeichnung einer Person, deren Leistungen oder Einrichtungen, eines Unternehmens oder dessen Produkte. Das ist dann der Fall, wenn die mit dem Namen benannte Person als die Person des Namensträgers angesehen wird;[485] bei einer auf der Namensbenutzung beruhenden

---

467 RGZ 108, 230, 231; vgl. Soergel/*Heinrich*, § 12 Rn 171; Staudinger/*Weick/Habermann*, § 12 Rn 244.
468 Staudinger/*Weick/Habermann*, § 12 Rn 245; MüKo/ *Schwerdtner*, § 12 Rn 169.
469 Bamberger/Roth/*Bamberger*, § 12 Rn 46.
470 Vgl. BGH NJW 2003, 2978, 2979 – maxem.de.
471 OLG Köln MMR 2001, 170, 171 – maxem.de.
472 Vgl. BVerwGE 44, 351, 355; Palandt/*Heinrichs*, § 12 Rn 18.
473 Staudinger/*Weick/Habermann*, § 12 Rn 248.
474 OLG Frankfurt GRUR 1982, 319, 320 – Lusthansa; KG NJW-RR 1997, 937, 939 – Telekom.
475 BGH NJW 2003, 2978, 2979 – maxem.de; ebenso österreichischer OGH MMR 2002, 452, 455 – graz2003.at; a.A. OLG Düsseldorf NJW-RR 1999, 626, 628 – ufa.de; Bamberger/Roth/*Bamberger*, § 12 Rn 46.
476 Vgl. OLG München NJW-RR 1996, 1005 – Frankenberg.
477 Staudinger/*Weick/Habermann*, § 12 Rn 246.
478 Staudinger/*Weick/Habermann*, § 12 Rn 248; Palandt/ *Heinrichs*, § 12 Rn 18.
479 MüKo/*Schwerdtner*, § 12 Rn 168; Bamberger/Roth/ *Bamberger*, § 12 Rn 46.
480 MüKo/*Schwerdtner*, § 12 Rn 168.
481 RG JW 1923, 132; MüKo/*Schwerdtner*, § 12 Rn 173.
482 Zur abweichenden Rechtslage vor In-Kraft-Treten des Handelsrechtsreformgesetzes 1998 Bamberger/ Roth/*Bamberger*, § 12 Rn 47.
483 *Fezer*, Markenrecht, § 15 Rn 55; MüKo/*Schwerdtner*, § 12 Rn 173.
484 BGHZ 91, 117, 120; NJW 1991, 1532, 1532; Staudinger/*Weick/Habermann*, § 12 Rn 255.
485 OLG Düsseldorf NJW-RR 1990, 293, 293.

fälschlichen Herkunftszuordnung eines Produkts oder Einrichtung zum Namensträger liegt eine mittelbare Zuordnungsverwirrung im Verhältnis zum wahren Urheber des Produkts oder Einrichtungsbetreiber vor.

194 Es wird aber jedenfalls auch als ausreichend angesehen, dass der Namensträger allgemein aufgrund der Namensbenutzung mit Produkten oder Einrichtungen in Verbindung gebracht wird, mit denen er nichts zu tun hat,[486] insbesondere wenn der falsche Eindruck erzeugt wird, dass der Namensträger dem Gebrauch seines Namens zugestimmt hat.[487] Der Tatbestand der Namensanmaßung wird von der herrschenden Auffassung auf den **zeichenmäßigen Gebrauch** des Namens reduziert.[488] Gebrauchshandlung können sowohl die ausdrückliche Nennung als auch andere Handlungen sein, die die Zuordnung zum Namensträger bewirken. Dass eine tatsächliche Verwechslung mit dem Namensträger stattfindet, ist nicht erforderlich.[489] Ist nur eine geringfügige Zuordnungsverwirrung gegeben, so reicht diese aus, wenn die berechtigten Interessen des Namensträgers in besonderem Maße beeinträchtigt werden (näher Rn 234 ff.).[490]

195 Der verwendete Name muss nicht identisch mit dem Namen des Namensträgers sein. Kleine vom flüchtigen Beobachter nicht beachtete Abweichungen etwa in der Schreibweise beseitigen die Namensübereinstimmung nicht.[491] Im Übrigen genügt eine hinreichende **Verwechslungsfähigkeit**. Dafür wird darauf abgestellt, ob dem Namen eine schwache Kennzeichnungskraft und damit ein enger Schutzbereich oder ob ihm eine starke Kennzeichnungskraft und damit ein erweiterter Schutzbereich zukommt. Je stärker die Kennzeichnungskraft des Namens, umso eher wird eine Namensrechtsverletzung bei Benutzung nur ähnlicher Namen angenommen.[492]

196 **Branchenverschiedenheit** schließt einen relevanten Namensgebrauch selbst bei Identität der Bezeichnung regelmäßig aus.[493] Es fehlt dann an einer Verwechslungsgefahr, so dass eine Interessenbeeinträchtigung nicht gegeben ist. Das gilt, schon wegen der Maßgeblichkeit der Wertpapierkennnummern für die Identifizierung börsennotierter Unternehmen, auch, wenn sich zwei gleichnamige branchenverschiedene Unternehmen auf dem Kapitalmarkt begegnen oder die Gefahr einer künftigen Kollision auf dem Kapitalmarkt besteht.[494]

197 Schon die Verwendung eines **schlagwortartigen Bestandteils** des Namens kann zur Annahme eines Namensgebrauchs ausreichen.[495] Die Verwechslungsgefahr kann sich auch aus der bloßen **klanglichen Ähnlichkeit** ergeben, wobei auf die konkrete **Sprechweise** des Verkehrs abzustellen ist. Deshalb kann eine Verwechslungsgefahr zwischen unterschiedlich geschriebenen Kennzeichen bestehen, die aufgrund besonderer Sprachgewohnheiten des Verkehrs, welche insbesondere durch die besondere Bekanntheit des verletzten Kennzeichens geprägt sein können, ähnlich klingend ausgesprochen werden.[496]

198 Die Verwendung eines **Familiennamens** ohne einen Vornamen wird als ausreichend angesehen, eine Namensrechtsverletzung jedes Trägers des Familiennamens darzustellen, und zwar unabhängig davon, auf welchen konkreten Träger die Namensverwendung abzielt.[497] Der Träger eines Familiennamens ist nach Auffassung der Rechtsprechung auch gegen die Verwendung seines Familiennamens unter Hinzufügung des Vornamens eines anderen Familienmitglieds geschützt.[498]

199 Der bloße **Vornamensgebrauch** kann Namensgebrauch sein, wenn dem Vornamen allein ausnahmsweise Namensschutz zukommt (vgl. Rn 54).

200 Die Reduktion des Schutzes des § 12 auf Fälle des zeichenmäßigen Gebrauchs des Namens ist zu eng. Die Funktionserweiterung und die zunehmende teilweise Wandlung auch des bürgerlichen Namens, erst recht gewisser Wahlnamen zu Vermögensgütern, aber auch der umfassende Schutz der namensmäßigen Persönlichkeitsrepräsentanz (Rn 5), sollte sich auch auf den Begriff des Namensgebrauchs auswirken. Daher sind zutreffenderweise auch gewisse nicht-zeichenmäßige Verletzungshandlungen erfasst, insbesondere wenn

---

486 BGH GRUR 1964, 38, 40 – Dortmund grüßt; Palandt/*Heinrichs*, § 12 Rn 21.
487 RGZ 74, 309, 311 – Graf Zeppelin; BGHZ 119, 236, 246 – Universitätsemblem; BGHZ 126, 209, 216 – Carrera, a.A. MüKo/*Schwerdtner*, § 12 Rn 188; keine Namensanmaßung, wenn nur der Eindruck eines namensrechtlichen Gestattungsvertrags erweckt wird.
488 Vgl. BGH GRUR 1958, 302, 302 f. – Lego; Staudinger/*Weick*/*Habermann*, § 12 Rn 255; MüKo/*Schwerdtner*, § 12 Rn 175; Bamberger/Roth/*Bamberger*, § 12 Rn 48.
489 Vgl. BGH NJW 1994, 245, 247 – römisch-katholisch.
490 BGH NJW 2003, 2978, 2979 – maxem.de.
491 Baumbach/*Hefermehl*, UWG, Allg. Rn 204; MüKo/*Schwerdtner*, § 12 Rn 176.
492 MüKo/*Schwerdtner*, § 12 Rn 177; Bamberger/Roth/*Bamberger*, § 12 Rn 48; vgl. BGH GRUR 1952, 35, 36 – Widia/Ardia; 1957, 561, 562 – REI-Chemie; 1960, 296, 297 – Reiherstieg.
493 BGH NJW 1993, 459, 460 f. – Columbus-International; OLG Hamburg GRUR 1994, 71, 73 f. – Appel; MüKo/*Schwerdtner*, § 12 Rn 178.
494 OLG Frankfurt GRUR 2000, 517, 518 – Jost; vgl. dazu *Wulf*, BB 2000, 321, 322 f.
495 BGH GRUR 1960, 550, 552 – Promonta.
496 BGH MMR 2004, 158, 159 – DONLINE.
497 RG JW 1925, 1632, 1633.
498 BGHZ 8, 318, 320 f. – Pazifist; BGH GRUR 1960, 490, 491; a.A. zu Recht MüKo/*Schwerdtner*, § 12 Rn 180; vgl. auch OLG München NJW-RR 2001, 42 – Wolfgang-Hairich-Gesellschaft e.V.

der berechtigte berühmte Namensträger in der Werbung im Zusammenhang mit Produkten genannt wird, ohne dass daraus auf eine Urheberschaft oder tatsächlich erfolgende Identifikation des Namensträgers mit dem beworbenen Produkt zu schließen ist, weil der Werbende sich dadurch die Prominenz und ihren wirtschaftlichen Wert in der Werbung aneignet.[499]

Der nach der herrschenden Auffassung eine Zuordnungsverwirrung erfordernde Namensgebrauch wird von der **bloßen Namensnennung** unterschieden. Bei Letzterer fehlt eine Zuordnungsverwirrung. Eine nach der herrschenden Meinung für § 12 unbeachtliche Namensnennung liegt vor, wenn der Name des berechtigten Namensträgers im Zusammenhang mit **ehrverletzenden oder unrichtigen Sachaussagen** genannt wird.[500] Eine Namensnennung in einem Werk der Prominentenenthüllungsliteratur ist danach nicht von § 12 erfasst. Erst recht gilt das für die Namensnennung im Zusammenhang mit wahren Tatsachen, so für die Benennung einer Behandlungsmethode mit dem Namen ihres tatsächlichen Erfinders.[501] Es können aber Ansprüche wegen einer allgemeinen Persönlichkeitsverletzung gegeben sein.[502]

Deshalb werden die Namensnennung auf einer Gefallenentafel,[503] auf einem Grabstein als verstorben,[504] in einem Telefonbuch[505] oder einem Branchenverzeichnis,[506] die korrekte oder verballhornende Verwendung von Aufklebern mit dem Namen des Namensträgers,[507] in Presseberichten[508] oder auf Wahlplakaten[509] nicht als Namensgebrauch angesehen, ebenso wenig die Veröffentlichung des Praxisschilds eines Rechtsanwalts namens „Killer" im Zusammenhang mit einem Zeitungsartikel über Namensänderungen und -zusätze mit der Überschrift „Hätten Sie Zutrauen zu einem Killer?".[510]

Auch die bloße Nennung eines Namens in der **Werbung**, ohne den Eindruck zu erwecken, dem Namensträger sei das Produkt irgendwie zuzurechnen, wird als nach § 12 unbeachtliche Namensnennung angesehen.[511] In solchen Fällen kommt aber jedenfalls eine Verletzung des **allgemeinen Persönlichkeitsrechts**[512] oder lauterkeitsrechtlicher Schutzpositionen[513] infrage.

Die Verwendung eines namensmäßig geschützten **Titelemblems einer Tageszeitung**, um auf einen redaktionellen Inhalt im Innern einer Zeitschrift hinzuweisen, ohne als Herkunftshinweis zu erscheinen, wird ebenfalls nicht als Namensgebrauch angesehen.[514]

Die Verwendung eines Namens in korrekter oder verballhornter Form im Rahmen von **Parodie oder Satire** wird grundsätzlich nicht als verbotener Namensgebrauch angesehen.[515] Eine bloße Namensnennung wurde deshalb in der Selbstbenennung des Sängers der Band „Die toten Hosen" mit dem Namen des Volkssängers „Heino", der von ihm satirisch parodiert wurde, gesehen.[516]

Die herrschende Auffassung erscheint zu eng, weil es keinen Unterschied machen dürfte, ob der Namensträger einem Produkt zugeordnet wird unter Erweckung des Eindrucks, er habe der Namensbenutzung ausdrücklich zugestimmt, oder ob er einer unrichtigen Tatsache zugeordnet wird. Maßgeblich sollte sein, ob eine irgendwie geartete Identifikation mit anderen Personen, Unternehmen, mit Einrichtungen, auch immateriellen Produkten oder Umständen angenommen werden kann. Daher liegt jedenfalls dann ein Namensgebrauch nach § 12 vor, wenn der Eindruck erweckt wird, der in der Werbung genannte Namensträger identifiziere sich mit dem beworbenen Produkt, auch soweit keine ausdrückliche Namensgestattung vorgetäuscht wird. Wenn bereits die bloße Namensnennung den Namensträger in einen falschen Tatsachenzusammenhang bringt, wie bei einer fälschlichen Nennung auf einer Gefallenentafel, ist nach hier vertretener Auffassung ebenfalls ein nach § 12 relevanter Namensgebrauch anzunehmen, weil der Namensträger bereits durch die Namensnennung der Tatsache zugeordnet wird. Ein sachlicher Unterschied zu einer Zuordnungsverwirrung bei Annahme, der Namensträger habe die Verwendung seines Namens zur Vermarktung von Produkten gestattet, liegt nicht vor. Auch in dem zweiten Fall ist nämlich keine auch nur mittelbare Identitätszuordnung zu einem anderen über die Zuordnung zu dessen Produkt anzunehmen.

---

499 *Sack*, WRP 1984, 521, 531 f.
500 RGZ 91, 350 – Weberlied; *Sack*, WRP 1984, 521, 529; Staudinger/*Weick*/*Habermann*, § 12 Rn 255.
501 OLG Stuttgart NJW-RR 1991, 1326.
502 OLG Bremen GRUR 1986, 838, 839; Soergel/*Heinrich*, § 12 Rn 178.
503 BGH NJW 1959, 525 – Gedenktafel.
504 Palandt/*Heinrichs*, § 12 Rn 22, vgl. dagegen RG DR 1939, 438, 439.
505 *Müller-Graff*, GRUR 1987, 493, 497.
506 Vgl. OLG Nürnberg NJW 1993, 796.
507 OLG Frankfurt NJW 1982, 648, 648 – Lusthansa; vgl. auch BGH GRUR 1986, 759, 760 – BMW.
508 Palandt/*Heinrichs*, § 12 Rn 20.
509 Soergel/*Heinrich*, § 12 Rn 178.
510 MüKo/*Schwerdtner*, § 12 Rn 193; a.A. OLG Köln GRUR 1967, 319, 320 – Killer.
511 BGHZ 30, 7, 10 – Caterina Valente.
512 Vgl. BGHZ 30, 7, 10 – Caterina Valente.
513 BGHZ 125, 91, 101.
514 Vgl. BGH GRUR 1979, 564, 565 f. – Metall-Zeitung (Verwendung ist „befugter Gebrauch"), dazu *Fezer*, GRUR 1979, 566, 568; Soergel/*Heinrich*, § 12 Rn 178.
515 Vgl. Staudinger/*Weick*/*Habermann*, § 12 Rn 267 ff.
516 LG Düsseldorf NJW 1987, 1413, 1414 – Heino; anders jedoch hinsichtlich der Werbung für die Konzerte der Band unter Nennung des Namens Heino.

207 Auch nach dieser Auffassung kann allerdings die bloße Namensnennung im mittelbaren oder unmittelbaren Zusammenhang mit **wahren Tatsachen** keinen Verstoß gegen § 12 darstellen. Denn eine Zuordnungs*verwirrung* auch in dem hier gebrauchten allgemeineren Sinne entsteht in diesem Falle nicht. Auch die verballhornende oder satirische Verwendung des Namens ist für § 12 nicht relevant, weil hier gerade keine Verfälschung des Persönlichkeitsbilds aufgrund der Namensnennung anzunehmen ist, da der Verkehr die Satire gerade nicht mit der Person des Namensträgers in Verbindung bringt. Die Grenze für bloße Namensnennungen, insbesondere im Zusammenhang mit zutreffenden Tatsachen ergibt sich aus dem aus dem allgemeinen Persönlichkeitsrecht folgenden Recht des Betroffenen auf **Namensanonymität**.[517]

208 **c) Namensgebrauch zur Selbstbezeichnung.** Wer sich selbst mit dem Namen einer anderen Person benennt, maßt sich den fremden Namen an. Dies kann durch aktive Selbstbezeichnung geschehen, aber auch durch bloße Duldung einer Benennung der eigenen Person mit dem fremden Namen durch andere. Dann muss der Verletzer die geduldete Benennung aber zurechenbar veranlasst haben.[518] Möglich ist dann jedoch eine Namensanmaßung in der Person des Benennenden.[519]

209 **Fälle** des Namensgebrauchs zur Selbstbezeichnung sind: das Erscheinenlassen eigener Produkte, Leistungen oder Meinungen als diejenigen des berechtigten Namensträgers, etwa wenn auf ein Wahlplakat der Name einer anderen Partei gesetzt wird, um eine Zurechnung des Plakats zu dieser Partei zu bewirken.[520] Ein Namensgebrauch zur Selbstbezeichnung ist auch die Anmeldung der Firma einer Personengesellschaft zum **Handelsregister**, während es bei der AG und der GmbH auf die Eintragung ankommt.[521] Auch die Anmeldung zum Fernmeldeverzeichnis kann eine Selbstbezeichnung darstellen.[522] Die erkennbar zu Parodiezwecken erfolgende Selbstbenennung mit dem Namen eines vom Handelnden parodierten Künstlers stellt mangels Zuordnungsverwirrung keinen Namensgebrauch dar.[523]

210 Die **Registrierung** oder der **Gebrauch** eines **Domainnamens**, der mit einem fremden Namen gleich lautend oder zumindest verwechslungsfähig ist, ist ebenfalls Namensgebrauch in der Erscheinungsform der Selbstbezeichnung (zur Interessenverletzung in diesen Fällen Rn 239 f.).[524] Das gilt auch für die Verwendung eines **Städte- oder Gemeindenamens** als Domainname.[525] Die Zuordnungsverwirrung ist bei der Namensverwendung als Domainname allerdings regelmäßig geringer, weil sich die Identität des Domaininhabers oft schon aus dem zu berücksichtigenden **Inhalt der zugehörigen Internetseite** ergibt.[526] Ein Namensselbstgebrauch ist auch die Verwendung eines fremden Namens in **Internetgesprächsräumen**, Diskussionsforen und Internetgemeinschaften, des Weiteren in **E-Mail-Adressen**. Hier wird jedoch oft eine kaum beachtliche Zuordnungsverwirrung anzunehmen sein, so dass es maßgeblich auf die Verletzung eines besonderen schutzwürdigen Interesses des Namensträgers im Einzelfall ankommt (näher Rn 240 f.).

211 Es genügt, dass der Eindruck erweckt wird, der Namensträger habe dem Gebrauch seines Namens zugestimmt oder sei Urheber eines Werks oder Produkts. Deshalb liegt ein Namensgebrauch vor, wenn der Name als Marke[527] oder Etablissementsbezeichnung,[528] in einem Werktitel[529] oder als Aufschrift auf Andenken verwendet wird, Letzteres, weil der Eindruck erweckt wird, dass der Namensträger der Produktion der Andenken mit seinem Namen zugestimmt hat.[530] Auch die Verwendung des Namens als Signatur eines Kunstwerks gehört hierhin.[531]

212 **d) Namensgebrauch zur Benennung eines Dritten.** Der von § 12 erfasste Namensgebrauch ist auch dann gegeben, wenn jemand mit dem fremden Namen eine dritte Person bezeichnet. Das ist etwa dann anzunehmen, wenn der der Ehefrau zustehende Name bei einer Hotelregistrierung durch den das Verhältnis verschleiernden Ehemann dessen Geliebter beigelegt wird.[532] Hier liegt zugleich ein Namensgebrauch zur

---

517 Vgl. BGH NJW 1994, 1281, 1282 und dazu BVerfG NJW 1994, 1784; NJW 1994, 1950; OLG Düsseldorf NJW-RR 1993, 1242; MüKo/*Schwerdtner*, § 12 Rn 197 und ausf. 203 ff.; Staudinger/*Weick/Habermann*, § 12 Rn 256.
518 RG JW 1930, 1722, 1723; Staudinger/*Weick/Habermann*, § 12 Rn 262.
519 MüKo/*Schwerdtner*, § 12 Rn 181.
520 OLG Karlsruhe NJW 1972, 1810, 1811 – CDU-Wahlplakate.
521 BGH GRUR 1957, 426, 428 – Getränke Industrie.
522 KG JW 1926, 2930.
523 LG Düsseldorf NJW 1987, 1413, 1414 – Heino.
524 BGH NJW 2002, 2031, 2033.
525 LG Mannheim NJW 1996, 2736, 2737 – heidelberg.de; LG Braunschweig NJW 1997, 2687, 2687.
526 BGH NJW 2003, 2978, 2979 – maxem.de; vgl. auch österreichischer OGH Urt. v. 20.5.2003 – 4Ob 47/03w – adnet.at II; GRUR Int. 2003, 260 – galtuer.at; aber auch OLG Düsseldorf WRP 2003, 1254, 1255 – solingen.info, mit dem Hinweis auf die verbleibende durch die Ausschlusswirkung der Domainregistrierung vermittelte Interessenbeeinträchtigung.
527 RGZ 74, 308, 310 – Graf Zeppelin.
528 RGZ 88, 421 ff.
529 Vgl. RG JW 1927, 1584, 1585.
530 Vgl. BGHZ 119, 236, 246 – Universitätssymbol.
531 BGHZ 107, 384, 390.
532 H.M., vgl. Staudinger/*Weick/Habermann*, § 12 Rn 264; Soergel/*Heinrich*, § 12 Rn 175; Palandt/*Heinrichs*, § 12 Rn 23; a.A. RGZ 108, 230, 233.

Selbstbezeichnung durch die Geliebte vor.[533] Entsprechendes gilt, wenn ein nichteheliches Kind von der Mutter mit dem Namen des Vaters benannt wird.[534]

Inwieweit die Benennung einer **fiktiven Figur** mit dem Namen eines realen Namensträgers ein Namensgebrauch im Sinne des § 12 ist, wird nicht einheitlich gesehen. Teilweise wird mangels Existenz einer am Rechtsleben teilnehmenden realen Person als Ziel der Namensbenennung eine Identitätstäuschung und Zuordnungsverwirrung abgelehnt.[535] In diesem Fall wird nur eine allgemeine Persönlichkeitsrechtsverletzung in Betracht gezogen. In der älteren Rechtsprechung und in einem Teil des Schrifttums wird dagegen angenommen, dass die Verwendung eines Namens zur Benennung einer Romanfigur oder einer in einem Theaterstück oder Filmwerk vorkommenden Figur eine Verletzung des § 12 darstellen kann, wenn der Eindruck erzeugt wird, dass die von dem Autor des Werks dargestellte Persönlichkeit mit dem Namensträger identisch ist; das setzt eine entsprechende Identifizierbarkeit voraus.[536] 213

Dieser Auffassung ist zuzustimmen, weil schon die Zuordnung des Namensträgers zu falschen Tatsachen, aber auch zu Lebens- und Persönlichkeitsbildern vom Schutz des § 12 erfasst werden sollte (Rn 206). Ein Namensgebrauch wird jedoch auch von dieser Auffassung nur dann angenommen, wenn eine Identitätstäuschung im Verhältnis zu der fiktiven Figur gegeben sein kann.[537] Wenn dagegen eine reale Persönlichkeit unter Namensnennung oder Nennung eines ähnlichen Namens dargestellt wird, nimmt auch diese Auffassung nur eine Verletzung des allgemeinen Persönlichkeitsrechts an. Als maßgeblich wird es angesehen, dass sich die Beeinträchtigung des Namens hier nicht aus einer Namensnennung ergibt, sondern aus der Darstellung seiner Persönlichkeit oder von Tatsachen seines Lebensbildes.[538] 214

e) Unbefugter Namensgebrauch. aa) Allgemeines. Der Namensgebrauch ist „unbefugt", wenn der Gebrauchende weder originär Berechtigter am Namen ist, noch aufgrund eines Gestattungsvertrages berechtigt ist, den Namen zu verwenden, ohne dass es auf Bösgläubigkeit ankäme.[539] Der Kläger muss den Namen seinerseits gegenüber dem Beklagten befugt gebrauchen.[540] Die Benutzung des eigenen **bürgerlichen Zwangsnamens** ist, auch soweit er nach einer Namensänderung geführt wird, nie unbefugt;[541] es können aber einzelne Benutzungshandlungen im Rahmen einer Interessenabwägung bei Kollision mit dem Namen eines anderen Trägers des gleichen Namens unbefugt sein (dazu Rn 226 ff.). 215

Auch die Verwendung des gesetzlich erworbenen **Handelsnamens** ist grundsätzlich kein unbefugter Namensgebrauch;[542] die Verwendung des eigenen bürgerlichen Namens in einer Firma oder als Kennzeichen steht dem Namensträger grundsätzlich frei, und zwar obwohl die Firmenbildung unter Verwendung des bürgerlichen Namens auch beim Einzelkaufmann nicht mehr gesetzlich vorgeschrieben ist.[543] Grenzen ergeben sich im geschäftlichen Verkehr aus dem **Lauterkeitsgebot** nach § 3 UWG.[544] Aus der Überschreitung dieser Grenzen kann sich vor allem die Pflicht des Namensträgers ergeben, den Namen im Geschäftsverkehr unter Hinzufügung von unterscheidenden Zusätzen zu führen. Dies ist außerhalb des geschäftlichen Verkehrs hingegen grundsätzlich nicht anzunehmen, so dass der Namensträger nicht etwa zur Beifügung seines Vornamens verpflichtet ist.[545] 216

Anderes kann sich für die Verwendung als **Domainname** auch in diesem Bereich, allerdings aus einer Interessenabwägung ergeben, weil die Registrierung eines Domainnamens zu einer wenigstens technischen Monopolisierung der konkreten Namensverwendung in der jeweiligen Schreibweise und Zusammensetzung im Internetverkehr führt. Dies, wie auch die Kollision einer Namensverwendung mit einem prioritätsälteren Wahlnamens- oder Kennzeichenrecht, bewirken die Unbefugtheit des Namensgebrauchs (zur Gleichnamigkeit Rn 229 ff.). 217

Gründe für eine mangelnde Befugnis können sich schließlich auch aus Irreführungsverboten des **Firmenrechts** (§ 18 Abs. 2 HGB) oder des **UWG**, etwa wenn die Verwendung des Namens als Domainname, Marke 218

---

533 Staudinger/*Weick*/Habermann, § 12 Rn 264.
534 Palandt/*Heinrichs*, § 12 Rn 23.
535 MüKo/*Schwerdtner*, § 12 Rn 195; Palandt/*Heinrichs*, § 12 Rn 23; vgl. auch Soergel/*Heinrich*, § 12 Rn 177.
536 RG HRR 1938 Nr. 1583 – Großschieber; RG JW 1939, 153, 154; Staudinger/*Weick*/Habermann, § 12 Rn 265.
537 Staudinger/*Weick*/Habermann, § 12 Rn 265.
538 Vgl. Soergel/*Heinrich*, § 12 Rn 177.
539 Staudinger/*Weick*/Habermann, § 12 Rn 282.
540 *Fezer*, Markenrecht, § 15 Rn 81; MüKo/*Schwerdtner*, § 12 Rn 207.
541 Bamberger/Roth/*Bamberger*, § 12 Rn 52; vgl. auch OVG Münster NJW 1993, 2132 – kein Namensschutz gegen die Erweiterung des Kreises berechtigter Namensträger durch hoheitliche Namensänderung.
542 RGZ 165, 271, 283; 170, 265, 270; GRUR 1952, 511, 512 – Urköl'sch; 1957, 342, 346 – Underberg; NJW-RR 1993, 934, 935 – Römer-GmbH; Staudinger/*Weick*/Habermann, § 12 Rn 283.
543 Vgl. BGH GRUR 1966, 623, 625 – Kupferberg.
544 BGHZ 10, 196, 201 – Dun-Europa; Staudinger/*Weick*/Habermann, § 12 Rn 284.
545 RG JW 1911, 572; Palandt/*Heinrichs*, § 12 Rn 25.

oder Firma eine Marktführerschaft oder Alleinstellung vortäuscht,[546] und aus dem allgemeinen **Deliktsrecht** (§§ 823, 824, 826)[547] ergeben.[548] Da die Gesamtrechtsordnung und nicht nur die speziellen namensrechtlichen Vorschriften über den unbefugten Namensgebrauch entscheidet, ist der Begriff „unbefugt" gleichbedeutend mit dem Begriff „widerrechtlich" des § 823 Abs. 1.[549] Auch ein nicht gegen die gesetzlichen Vorschriften verstoßender und damit nicht absolut unbefugter Namensgebrauch kann im Einzelfall **relativ unbefugt** sein, wenn sich dies aus einer **Verletzung schutzwürdiger Interessen** des berechtigten Namensträgers ergibt.[550]

219 Erkennt man ein **Domainrecht als Immaterialgüterrecht eigener Art** an (dazu Rn 108 f.), dann folgt daraus in einer Kollision zwischen einem Namensrecht und einem Domainnamen, der nicht einem eigenen Namens- oder Kennzeichenrecht seines Inhabers entspricht, dass dem Domaininhaber die Domain nicht ohne weiteres mit dem Hinweis auf ein für den Kläger bestehendes Namensrecht streitig gemacht werden kann, weil der Domaininhaber selbst kein Namensrecht an der Domainbezeichnung besitzt. Registrierung und Gebrauch der Domain sind dann aus dem Recht an einem Domainimmaterialgüterrecht legitimiert.[551] Der Konflikt mit bestehenden Namens- und Kennzeichenrechten Dritter ist entsprechend den zur Gleichnamigenkollision entwickelten Interessenabwägungsregeln zu lösen (vgl. Rn 229). Im Ergebnis führt das dazu, dass der Namensgebrauch im Internetverkehr in dieser Beziehung regelmäßig berechtigt ist; die Verwendung eines registrierten Domainnamens führt vorbehaltlich einer Interessenabwägung regelmäßig nicht zu einem unberechtigten Namensgebrauch.

220 **bb) Prioritätsgrundsatz.** In einer Konkurrenz zwischen zwei **Wahlnamen** ist der Gebrauch des im Zeitrang zurückstehenden Namens unbefugt (**Priorität**, vgl. § 6 MarkenG).[552] Es handelt sich um einen allgemeinen Grundsatz, der auch im Namensrecht aus der Natur der Sache folgt.[553] Priorität kommt einem Namen, einer Firma oder einer Geschäftsbezeichnung gegenüber einem identischen oder verwechslungsfähigen Namen oder Zeichen zu, wenn es **zuerst in Gebrauch** genommen wurde oder wenn es zuerst **Verkehrsgeltung** erlangt hat.[554] Bei einer Verwendung der Bezeichnung als **Domain** wird – anders als im Domainkonflikt Gleichnamiger (Rn 229) – für die Prioritätsbeurteilung nicht auf den Zeitpunkt der ersten Registrierung als Domain abgestellt.[555]

221 Handelt es sich um eine **ausländische Bezeichnung,** ist die Ingebrauchnahme im Inland maßgeblich.[556] Das gilt wegen Art. 36 S. 1 EGV auch für Firmen von Unternehmen aus anderen EU-Staaten.[557] Ist die ausländische Bezeichnung von sich aus schutzfähig, bedarf es keiner Verkehrsgeltung im Inland.[558]

222 Der Prioritätsvorrang eines Handelsnamens fällt nicht durch den **Wechsel der Rechtsform** des Trägers weg; es kommt nur darauf an, dass der identische Geschäftsbetrieb fortgeführt wird.[559] Bei einer **Umwandlung** bleibt die Priorität deshalb erhalten, wenn die prägenden Firmenbestandteile beibehalten werden und wenn die Gesellschafter identisch bleiben und sich an den Umwandlungsmaßnahmen beteiligen.[560]

223 Wenn der **Name wesentlich geändert** wird, geht seine Priorität verloren.[561]

224 Auch das **Ausscheiden des Namensträgers aus dem Konzern** soll zum Verlust der Priorität führen können.[562] Schließlich kann die Priorität infolge einer **langjährigen Einstellung des Betriebs** verloren gehen (vgl. Rn 146); sie kann jedoch wieder **aufleben**, wenn die Betriebseinstellung nicht auf einer autonomen unternehmerischen Entscheidung, sondern auf staatlichen Zwangsmaßnahmen aufgrund der Teilung Deutschlands beruhte und wenn der Name des Unternehmens aufgrund seiner Geltung oder Berühmtheit dem Verkehr in Erinnerung geblieben ist und dem neu eröffneten Unternehmen wieder zugeordnet wird („**Überbrückung der Priorität**").[563]

---

546 Vgl. KG KUR 1998, 115; vgl. allgemein bei Domainnamen (keine Namensdomain) auch BGH NJW 2001, 3262, 3265 – mitwohnzentrale.de.
547 MüKo/*Schwerdtner*, § 12 Rn 212.
548 Bamberger/Roth/*Bamberger*, § 12 Rn 52.
549 Soergel/*Heinrich*, § 12 Rn 179; MüKo/*Schwerdtner*, § 12 Rn 209; Palandt/*Heinrichs*, § 12 Rn 25; Staudinger/*Weick/Habermann*, § 12 Rn 282; a.A. Bamberger/Roth/*Bamberger*, § 12 Rn 52.
550 BGH GRUR 1960, 550, 552 – Promonta; *Fezer*, Markenrecht, § 15 Rn 81; Soergel/*Heinrich*, § 12 Rn 179.
551 *Koos*, MMR 2004, 359, 361 ff.
552 BGH GRUR 1953, 252, 254; NJW 1993, 453, 460 – Columbus.
553 *Fezer*, Markenrecht, § 15 Rn 82.
554 Vgl. BGH GRUR 1957, 29, 31.
555 Vgl. OLG Hamburg MMR 2004, 107, 108 – Ho-Bauberatung.de; LG Frankfurt/M. MMR 2004, 113 – mormonen.de.
556 BGH NJW 1971, 1522, 1524; GRUR 1973, 661, 662 – Metrix.
557 Soergel/*Heinrich*, § 12 Rn 184; vgl. auch EuGH GRUR Int 1994, 168, 170 – Quattro/Quadra.
558 BGH NJW 1971, 1522, 1524.
559 BGH NJW 1993, 459, 460 – Columbus.
560 BGH GRUR 1983, 182, 183 – Concordia-Uhren.
561 BGH GRUR 1973, 661, 662 – Metrix.
562 OLG Karlsruhe GRUR 1989, 270 – Heinkel; Palandt/*Heinrichs*, § 12 Rn 26; krit. *Canaris*, GRUR 1989, 711, 711.
563 BGH NJW 2002, 3332, 3333 – Hotel Adlon; vgl. auch BGH GRUR 1997, 749, 752 – L'Orange; *Fezer*, Markenrecht, § 15 Rn 80.

Namensrecht § 12

Auf die Priorität kann vertraglich verzichtet werden.[564] Der aufgrund eines **Gestattungsvertrags** (siehe Rn 156 ff.) Berechtigte kann sich auf die Priorität des Gestattenden berufen und zwar unabhängig davon, ob man nur eine rein schuldrechtlich wirkende Gestattung für möglich hält. Dies ergibt sich auch in letzterem Fall aus einer Anwendung des Rechtsgedankens des § 986 Abs. 1.[565] Im Übrigen kann sich der Rechtsnachfolger allgemein auf die Priorität berufen.[566] 225

cc) Gleichnamigkeit. Die Verwendung des eigenen Namens, die dem Namensträger grundsätzlich offen steht, ist unbefugt, wenn sie im Falle eines **Wahlnamens** mit einer prioritätsälteren Bezeichnung kollidiert. Ein unbefugter Gebrauch liegt auch vor, wenn ein **Missbrauch** durch Zurverfügungstellung des berühmten Namens zur Bildung einer verwechslungsfähigen Firma durch den Namensträger als Strohmann erfolgt.[567] Dasselbe gilt für den Gebrauch des eigenen Namens zwecks Ausnutzung des Rufs eines bekannten gleichnamigen Unternehmens.[568] In diesen Fällen kann auch dem an sich berechtigten Träger des Namens die entsprechende Namensbenutzung ganz untersagt werden, wenn aus der Namensverwendung auf eine Missbrauchsabsicht des Verwenders zu schließen ist, die eine einwandfreie Benutzung des Namens auch in Zukunft nicht erwarten lässt.[569] 226

Hat ein Unternehmen einen **geschützten Besitzstand** hinsichtlich einer Bezeichnung dadurch erworben, dass es die Bezeichnung zunächst in einem geschäftlichen Wirkungsbereich benutzt hatte, der sich mit dem Wirkungsbereich einer später konkurrierenden prioritätsälteren Bezeichnung nicht überschnitten hatte, dann kann die prioritätsältere Bezeichnung diesen redlich erworbenen Besitzstand nicht ohne weiteres verdrängen,[570] insbesondere, wenn der Träger der älteren Bezeichnung die spätere Kollision selbst durch ein Ausdehnen seines geschäftlichen Wirkungskreises hervorgerufen hat.[571] Grundsätzlich wird von dem Träger der prioritätsjüngeren Bezeichnung aus der **Pflicht zur Rücksichtnahme** verlangt, dass er erforderliche und zumutbare Maßnahmen, insbesondere durch Zusatz **unterscheidungskräftiger Zusätze**, ergreift, um eine **Verwechslungsgefahr zu mindern**;[572] diese Pflicht kann im Einzelfall jedoch den prioritätsälteren Namensträger treffen, wenn er die spätere Kollision selbst erzeugt hat;[573] gegebenenfalls muss er einen unvermeidlichen Rest von Verwechslungsgefahr hinnehmen.[574] 227

Die Berufung auf die Priorität kann insbesondere aus dem Gesichtspunkt der **Verwirkung** scheitern, wenn die prioritätsjüngere Bezeichnung über lange Zeit unbeanstandet gebraucht wurde[575] und deshalb eine **Gleichgewichtslage** entstanden ist. Dann kommt es nur noch auf eine **Abwägung** zwischen den beiderseitigen schutzwürdigen **Interessen** an.[576] Solange die Verwechslungsgefahr nicht erhöht wird, darf der berechtigte Träger der prioritätsjüngeren Unternehmensbezeichnung diese aus sachlich zwingendem Anlass auch in eine andere, möglicherweise ebenfalls verwechslungsfähige Bezeichnung ändern.[577] 228

Diese Grundsätze gelten auch bei der Kollision von einem **Domainnamen** mit einem Namens- oder Kennzeichenrecht. Hier besteht jedoch eine besondere Interessenlage, weil ein Domainname technisch bedingt weltweit nur einmal vergeben werden kann. Grundsätzlich stellt es keinen unbefugten Namensgebrauch dar, wenn der Träger des Namens seinen Namen im Wege einer Domainregistrierung benutzt. Bei der Kollision Gleichnamiger kommt es auch hier auf die **Priorität** als Gerechtigkeitsprinzip an,[578] und zwar unabhängig von der relativen Stärke der kollidierenden Rechte.[579] Maßgeblich ist der Zeitpunkt der Domainregistrierung. Bei der Verwendung eines bürgerlichen Namens, eines Pseudonyms oder eines Handelsnamens in einem Domainnamen führt deshalb der frühere Zeitpunkt der **Namensbenutzung als Domainname** zur Priorität. Es gilt der Grundsatz „first come, first serve",[580] der Namensträger muss sich grundsätzlich damit abfinden, dass 229

---

564 Staudinger/*Weick/Habermann*, § 12 Rn 290.
565 BGH NJW 1993, 2236, 2237 – Decker; NJW-RR 1994, 1003, 1004 – Virion.
566 BGH GRUR 1984, 378 – Hotel Krone; 1991, 393, 394 – Ott International; vgl. auch *Fezer*, Markenrecht, § 15 Rn 83 m.w.N.
567 BGHZ 14, 155, 161 – Farina; 1966, 343, 345 – Kupferberg; OLG Köln GRUR 1983, 787, 788 – Tina Farina.
568 BGH GRUR 1952, 511, 513 – Urköl'sch; GRUR 1968, 212, 213 – Hellige.
569 BGH GRUR 1952, 511, 513 – Urköl'sch.
570 Vgl. BGH GRUR 1958, 90 – Hähnel; NJW 1985, 741 – Consilia; NJW-RR 1993, 1065, 1066 – Pic Nic; vgl. auch Staudinger/*Weick/Habermann*, § 12 Rn 292.
571 BGH GRUR 1960, 33, 36 – Zamek; *Fezer*, Markenrecht, § 15 Rn 83.
572 BGH NJW-RR 1993, 934, 935 – Römer GmbH; Staudinger/*Weick/Habermann*, § 12 Rn 287; v. *Gamm*, Wettbewerbsrecht, 5. Aufl. 1987, Kap. 54 Rn 9.
573 Soergel/*Heinrich*, § 12 Rn 183.
574 BGH GRUR 1960, 33, 36 – Zamek; GRUR 1968, 212, 214 – Hellige.
575 BGH NJW 1985, 741, 742 – Consilia; NJW-RR 1991, 934, 936 – Johanniter; vgl. auch LG Düsseldorf MMR 2004, 111 – hudson.de.
576 Vgl. BGH GRUR 1971, 309, 311 – Zamek II.
577 BGH GRUR 1984, 378 – Hotel Krone.
578 BGH NJW 2002, 2031, 2034 – shell.de; vgl. aber OLG Oldenburg MMR 2004, 34 – schulenberg.de; dazu *Koos*, MMR 2004, 359, 364.
579 Vgl. BGH NJW 2002, 2096, 2098 – Vossius.
580 *Hoeren*, MMR 2002, 386, 387.

ein anderer Träger des gleichen Namens, sei es eines Handelsnamens oder eines bürgerlichen Namens, den Domainnamen in seiner konkreten Zusammensetzung und Schreibweise für sich „monopolisiert" hat. Es ist ihm dann zuzumuten, seine Domain unter Zusätzen oder anderen Modifikationen zu registrieren. Aus dieser das **schutzwürdige Interesse** des konkurrierenden Namensträgers betreffenden Monopolisierung folgt aber zugleich, dass das Ergebnis der Anwendung des Prioritätsgrundsatzes im Einzelfall durch eine **Interessenabwägung** zu korrigieren ist. Daraus kann sich ergeben, dass der Inhaber einer vorher registrierten Domain einem anderen Namensträger weichen muss und die Domain zur Registrierung durch diesen Namensträger freigeben muss. Es bleibt ihm dann unbenommen, einen Domainnamen gegebenenfalls unter Verwendung seines Namens, jedoch mit unterscheidenden Modifikationen in den Grenzen der technischen Verfügbarkeit zu registrieren.

230 Das Interesse des Inhabers eines **aus einem Pseudonym gebildeten Domainnamens** für eine private Internetseite musste nach Auffassung des BGH gegenüber dem Interesse des Trägers eines gleich lautenden bürgerlichen Namens an der Verwendung des Namens für eine Internetseite seiner Rechtsanwaltskanzlei schon deshalb weichen, weil der BGH für den Namensschutz eines Pseudonyms Verkehrsgeltung voraussetzt (siehe dazu Rn 58), die im konkreten Fall fehlte; der prioritätsältere Domainname war freizugeben.[581]

231 Aber auch, wenn dem Inhaber des zuvor registrierten Domainnamens ein **eigenes Namensrecht** an dem zur Domainbildung verwendeten – auch bürgerlichen – Namen zusteht, kann eine Interessenabwägung im Einzelfall dazu führen, dass der Gebrauch der Domain als Namensgebrauch trotz Priorität unbefugt ist. Das wird dann angenommen, wenn der konkurrierende Namensträger eine **überragende Bekanntheit** genießt und damit einen zu schützenden **Besitzstand** erworben hat, der die Priorität im Einzelfall zugunsten einer Interessenabwägung verdrängt.[582] Wenn der Verkehr aufgrund des überragenden Bekanntheitsgrads unter dem Domainnamen einen Internetauftritt des konkurrierenden Namensträgers erwartet, kann der Domaininhaber verpflichtet sein, seinen Namen als Domainnamen nur unter Hinzufügung unterscheidender Zusätze zu verwenden.[583]

232 Bei geringerem Interessenmissverhältnis kann in Erfüllung des Gebots der Rücksichtnahme zwischen Gleichnamigen auch bereits ein **klarstellender Hinweis** auf der entsprechenden Internetpräsenz ausreichen.[584] Im Einzelfall mag ein solcher Hinweis bei Verwechslungsgefahr eines Kennzeichens im Sinne des § 15 MarkenG als nicht ausreichend zu beurteilen sein, so dass auch von dem erstregistrierenden Domainbenutzer ein unterscheidungskräftiger Zusatz zu verlangen ist. Ein Umstand, der nach der Rechtsprechung eine entsprechende Beurteilung rechtfertigen kann, ist die lange Tradition des mit der einem prioritätsneuen Unternehmenskennzeichen entsprechenden Domain kollidierenden Unternehmenskennzeichens.[585]

233 Kommt es nicht nur auf eine bloße Zuordnungsverwirrung, sondern gerade darauf an, dem besser berechtigten Namensträger die Domainnutzung seines Namens in der konkreten, infolge der Vorregistrierung technisch gesperrten Art und Weise zu ermöglichen, so genügen bloße klarstellende Hinweise auf der Internetseite ebenfalls nicht. Der Domainnamensgebrauch unter Verletzung dieser Grundsätze ist unbefugt.

234 **dd) Interessenverletzung. (1) Allgemeines.** Der unbefugte Namens- oder Kennzeichengebrauch muss gegen die Interessen des Berechtigten verstoßen. Die Interessen des Berechtigten müssen **schutzwürdig** sein. Kollidieren verschiedene Interessen miteinander, muss eine **Interessenabwägung** erfolgen, deren Ergebnis das Zurücktreten eines der widerstreitenden Interessen ist.[586] Wenn eine besonders gravierende Interessenverletzung des Namensträgers festzustellen ist, reicht bereits eine nur geringe Zuordnungsverwirrung aus, um den Schutz des § 12 auszulösen.[587]

235 Im Falle eines **Sammelnamens** ist regelmäßig keine Interessenverletzung gegeben, weil eine eindeutige Zuordnung zu einem bestimmten Namensträger nicht feststellbar ist.[588] **Interessen jeglicher Art** werden geschützt; die Verletzung mag sich auf persönliche, ideelle, wirtschaftliche oder reine Affektionsinteressen beziehen.[589] Insbesondere eine Verwechslungsgefahr,[590] die Herstellung von Zusammenhängen familiärer, geschäftlicher oder sonstiger Art[591] oder die Identifizierung des Namensträgers mit ihm nicht genehmen

---

581 BGH NJW 2003, 2978, 2979 – maxem.de.
582 BGH NJW 2002, 2031, 2034 – shell.de; ebenso österreichischer OGH, Urt.v. 25.3.2003–4Ob 42/03 – rtl.at.
583 BGH NJW 2002, 2031, 2034 – shell.de.
584 BGH NJW 2002, 2096, 2097 – Vossius.
585 OLG Hamburg MMR 2004, 107, 108 – Ho-Bauberatung.de.
586 BGH GRUR 1958, 302, 303 – Lego; MüKo/ Schwerdtner, § 12 Rn 237.
587 BGH NJW 2003, 2978, 2979 – maxem.de.
588 Palandt/*Heinrichs*, § 12 Rn 28; Bamberger/ Roth/*Bamberger*, § 12 Rn 56; Staudinger/*Weick*/ *Habermann*, § 12 Rn 324.
589 BGHZ 8, 318, 322 – Pazifist; 43, 245, 255 – GdP; 124; 173, 181; NJW 1994, 245, 247 – römisch-katholisch.
590 BGHZ 29, 256, 264.
591 BGHZ 124, 173, 181.

Einrichtungen, politischen Aussagen oder Zielen[592] begründen eine Interessenverletzung. Ein öffentliches Interesse an der eindeutigen Zuordnung ist ausreichend.

Das kann sowohl bei einem unbefugten Gebrauch des bürgerlichen Namens als auch des **Pseudonyms** der Fall sein. Allerdings wird bei Pseudonymen, die ausschließlich im beruflichen Bereich geführt werden, ein beschränkter Schutzbereich angenommen, der sich jedoch in dem Maße erweitert, wie das Pseudonym durch Verkehrsgeltung umfassende Namensfunktion erlangt (zum Schutzumfang Rn 61). 236

Auch der Namensschutz **juristischer Personen** ist im Hinblick auf mögliche Interessenverletzungen funktionell, daneben auch räumlich beschränkt.[593] **Vereine** müssen es nicht hinnehmen, dass ihr Name als Bezeichnung für eine in dem früheren Vereinshaus eröffnete Gaststätte verwendet wird.[594] Politische Parteien haben ein schutzwürdiges Interesse daran, nicht auf Plakaten ihrem Programm widersprechende Tendenzen untergeschoben zu bekommen.[595] Das gilt allgemein, also auch für Wirtschaftsunternehmen, die durch Namensgleichheit mit einer politischen Partei und deren politischen Zielen in Verbindung gebracht werden. Eine Filmschauspielerin hat ein schutzwürdiges Interesse daran, nicht mit einem bestimmten Film in Verbindung gebracht zu werden, in dem sie nicht mitgewirkt hat.[596] 237

Es gilt eine **Geringfügigkeitsgrenze**.[597] Einerseits sind ganz geringfügige Interessen nicht berücksichtigungsfähig; andererseits ist die Frage der Schutzwürdigkeit angesichts des Ausmaßes eines betroffenen Interesses in der Zusammenschau mit kollidierenden Interessen zu bewerten. Schutzwürdige Interessen sind umso eher verletzt, je größer die räumlich-zeitliche Nähe der Namensbenutzung ist.[598] Das Interesse des Trägers eines **Personennamens**, nicht mit anderen Personen verwechselt zu werden oder zu einer fremden Familie zugehörig betrachtet zu werden, ist regelmäßig ausreichend.[599] 238

Liegt der störende Namensgebrauch in der Registrierung eines gleich lautenden **Domainnamens** durch einen nicht an der verwendeten Bezeichnung berechtigten Dritten, so kann sich eine besondere Erheblichkeit der Interessenverletzung auf Seiten des Namensträgers zudem gerade aus der mit der Registrierung des Domainnamens verbundenen faktischen Monopolisierung begründen (siehe Rn 229), weil der Namensträger insoweit an der ihm zustehenden Nutzung seines Namens dauerhaft gehindert wird.[600] 239

Es scheint allerdings fraglich, ob in Fällen der Domainkollisionen das Interesse eines Namensträgers an der Verwendung des Namens gerade in der konkreten Domaingestaltung schutzwürdig sein sollte. Bei einer Namensbenutzung als Forenname in **Internetdiskussionsräumen** und **Internetforen** ohne weitere ausdrückliche oder konkludente Behauptung der Namensträgerschaft wird eine Interessenverletzung zumeist ausfallen, weil erstens keine beachtliche Zuordnungsverwirrung erzeugt wird, da die Nutzer in solchen Foren nicht von einer Identität des Agierenden mit dem wahren Namensträger ausgehen und weil die Sperrwirkung der Forennamenregistrierung meist nur vorübergehender Natur ist. Anders kann es sein, wenn eine dauerhafte Registrierung des Nutzernamens stattfindet, weil auch dann eine Behinderung des rechtmäßigen Namensgebrauchs durch den Namensträger vorliegt. 240

Entsprechendes muss für die Registrierung des Namens als **E-Mail-Adresse** gelten. Wenigstens die Verwendung des zugunsten des Namensträgers freizugebenden Domainnamens in einer E-Mail-Adresse verletzt die Interessen des Namensträgers.[601] Eine Zuordnungsverwirrung ist bei der Namensverwendung als E-Mail-Adresse sehr gering. Gerade bei prominenten Namen kann sich jedoch eine faktische Sperrwirkung daraus ergeben, dass eine Vielzahl von Internetnutzern E-Mail-Adressen registrieren, die in unterschiedlichen Zusammensetzungen den Namen des Namensträgers enthalten, so dass dieser keine Möglichkeit mehr haben mag, seinen Namen als E-Mail-Adresse zu verwenden. Hier wird man im Einzelfall darauf abzustellen haben, ob eine dem Namensträger zumutbare E-Mail-Verwendung seines Namens noch möglich ist. Jedenfalls wenn faktisch alle Nutzungswege versperrt sind, weil jede zumutbare E-Mail-Adressen-Gestaltung bereits von anderen Nutzern registriert wurde, wird man dem Namensträger gegenüber einem Nutzer, der nicht Träger dieses Namens ist, ein berechtigtes Interesse an der Freigabe der E-Mail-Adresse nicht absprechen können. Ohne diese Sperrwirkung wird dagegen eine beachtliche Verletzung in solchen Fällen regelmäßig ausscheiden, weil die Zuordnungsverwirrung zu gering erscheint. 241

---

592 BGHZ 8, 318, 323 – Pazifist.
593 BGH GRUR 1957, 547, 548 f. – tabu I; Staudinger/ *Weick/Habermann*, § 12 Rn 322.
594 BGH NJW 1970, 1270 – Weserklause.
595 OLG Karlsruhe NJW 1972, 1810, 1811.
596 OLG München UFITA 30, 110, 112 – Romy.
597 OLG München MDR 1974, 577; vgl. BGH NJW 1991, 1532, 1534.
598 Bamberger/Roth/*Bamberger*, § 12 Rn 57.
599 Bamberger/Roth/*Bamberger*, § 12 Rn 57.
600 BGH NJW 2003, 2978, 2979 – maxem.de; vgl. auch OLG Düsseldorf WRP 2003, 1254, 1255 – solingen.info.
601 BGH NJW 2003, 2978, 2979 – maxem.de.

242 Wenn im Hinblick auf einen Personennamen ein Namensgebrauch vorliegt, wird regelmäßig auch eine Interessenverletzung festzustellen sein, so dass auch eine nur geringe Zuordnungsverwirrung ausreicht. Soweit die Verwendung eines **Familiennamens** ohne einen Vornamen ausreicht, um einen Namensgebrauch jedes Familienmitglieds, das den betreffenden Familiennamen trägt, darzustellen (dazu Rn 198), ist auch das Interesse jedes dieser Namensträger verletzt.[602] Der Träger eines Familiennamens soll nach Auffassung der Rechtsprechung auch gegen die Verwendung seines Familiennamens unter Hinzufügung eines anderen Vornamens geschützt sein.[603] Hier dürfte jedoch zumindest eine Interessenverletzung zu verneinen sein.[604] Der bloße **Vornamensgebrauch** kann Namensgebrauch sein, wenn dem Vornamen allein ausnahmsweise Namensschutz zukommt; dann ist regelmäßig auch eine Interessenverletzung anzunehmen.

243 Die Verletzung von im **Geschäftsverkehr** verwendeten Namen und Kennzeichen setzt eine regelmäßig allgemein **funktional beschränkte** Interessenverletzung voraus. Ausnahmsweise sollen nicht nur geschäftliche Interessen, sondern auch ideelle Interessen Berücksichtigung finden können.[605] Des Weiteren ist die Interessenverletzung auch **örtlich beschränkt** auf den – bei Unternehmensketten regelmäßig gegebenenfalls überörtlichen[606] – räumlichen Wirkungsbereich des Unternehmens[607] sowie **sachlich beschränkt** auf den sachlichen geschäftlichen Wirkungsbereich, wobei auch zukünftige Ausdehnungen der Wirkungsbereiche berücksichtigt werden, soweit diese konkret beabsichtigt sind und der Namensschutz bereits besteht.[608] Nur ein lebendes Unternehmen ist geschützt.[609] In Betracht kommt ein Interesse, nicht mit einem anderen Unternehmen verwechselt zu werden, eine Verwässerung eines berühmten Kennzeichens zu verhindern und nicht einer Rufschädigung ausgesetzt zu werden.[610]

244 **(2) Verwechslungsgefahr.** Während das Vorliegen einer Verwechslungsfähigkeit Tatbestandsmerkmal des Namensgebrauchs ist (Rn 195), ist die Verwechslungsgefahr ein Aspekt, der stets eine Interessenverletzung begründet. Es ist zwischen der Verwechslungsgefahr **im engeren und im weiteren Sinne** zu unterscheiden.[611] Eine Verwechslungsgefahr im engeren Sinne ist gegeben, wenn die maßgeblichen Verkehrskreise eine **Identität** der betroffenen Unternehmen annehmen. Im weiteren Sinne besteht eine Verwechslungsgefahr, wenn die maßgeblichen Verkehrskreise **Zusammenhänge** rechtlicher, organisatorischer, wirtschaftlicher oder personeller Art oder das Bestehen eines Gestattungsvertrags zwischen dem Namensträger und dem Verletzer vermuten.[612]

245 Es kommt für die Prüfung einer Verwechslungsgefahr auf den **Gesamteindruck** an, den die maßgeblichen Verkehrskreise im Verkehr nach Schriftbild, Klang und Sinngehalt haben.[613] Es sollte dabei auf das gemeinschaftsrechtliche Verbraucherleitbild eines durchschnittlich informierten, aufmerksamen und verständigen Durchschnittsverbrauchers abgestellt werden, soweit ein Wettbewerbszusammenhang besteht;[614] auch ansonsten sollte ein entsprechender Maßstab angelegt werden, insbesondere sollte der dem europäischen Verbraucherleitbild entsprechende normative, anstelle eines empirischen Ansatzes herangezogen werden.[615]

246 Verwechslungsgefahr ist gegeben, wenn nach diesem Maßstab eine Ähnlichkeit festzustellen ist.[616] Zu berücksichtigen ist der Umstand, dass übereinstimmende Merkmale erfahrungsgemäß eher erinnert werden als unterscheidende Merkmale.[617] Prägend sind regelmäßig die besonders kennzeichnungskräftigen Firmenbestandteile:[618] Auch nur durch einen Firmenbestandteil, der unterscheidungskräftig und geeignet ist, sich im Verkehr als schlagwortartige Unternehmensbezeichnung durchzusetzen, kann eine Verwechslungsgefahr begründet werden.[619] Eine besondere Fachkundigkeit der angesprochenen Verkehrskreise kann die Verwechslungsgefahr ausschließen,[620] das gilt aber nicht, wenn zugleich auch die Allgemeinheit angesprochen

---

602 RG JW 1925, 1632; Bamberger/Roth/*Bamberger*, § 12 Rn 57.
603 BGH GRUR 1960, 490, 491; a.A. zu Recht MüKo/*Schwerdtner*, § 12 Rn 180.
604 So auch Bamberger/Roth/*Bamberger*, § 12 Rn 57.
605 BGH LM Nr. 42; Palandt/*Heinrichs*, § 12 Rn 29; vgl. aber auch BGH GRUR 1976, 379, 381 – KSB; MüKo/*Schwerdtner*, § 12 Rn 241.
606 BGHZ 24, 238.
607 RGZ 171, 30, 34; BGHZ 11, 214, 221; 24, 238, 243; vgl. auch BGH NJW 1970, 1365.
608 BGHZ 8, 387, 392; 11, 214, 219; vgl. auch OLG Frankfurt GRUR 1995, 154, 154 – Börsen-Order-Service-System.
609 BGHZ 21, 66, 69.
610 Palandt/*Heinrichs*, § 12 Rn 29.
611 BGHZ 15, 107, 110.
612 BGH NJW-RR 1989, 1388 – Commerzbau; OLG Frankfurt GRUR 1989, 288 – Help.
613 EuGH GRUR Int. 1998, 56, 57 f. Rn 23 – Springende Raubkatze II; BGH GRUR 1998, 830, 835 – Les-Paul-Gitarren.
614 Vgl. auch Bamberger/Roth/*Bamberger*, § 12 Rn 61.
615 Vgl. dazu *Fezer*, WRP 2001, 989, 992, 998.
616 EuGH WRP 1999, 806, 809 Rn 25 – Lloyd Schuhfabrik; BGHZ 28, 320, 322 – Quick/Glück; BGH NJW-RR 1989, 808, 809 – Maritim; NJW 1999, 360, 362 – Lions; Bamberger/Roth/*Bamberger*, § 12 Rn 61.
617 MüKo/*Schwerdtner*, § 12 Rn 242.
618 Soergel/*Heinrich*, § 12 Rn 190.
619 BGH GRUR 1954, 457, 458 – Irus-Urus; 1988, 635, 635 – Grundcommerz; vgl. auch OLG Köln GRUR 1995, 508, 509 – Sports Life.
620 Vgl. BGH GRUR 1958, 606, 608 – Kronenmarke; OLG Hamm GRUR 2003, 722, 722 – CASTOR; Soergel/*Heinrich*, § 12 Rn 190.

wird. Der Annahme einer Verwechslungsgefahr im weiteren Sinne bei großer klanglicher Ähnlichkeit kann das Verständnis der maßgeblichen Verkehrskreise von der angegriffenen Bezeichnung als Familienname entgegenstehen.[621]

Die Verwechslungsgefahr ist umso eher zu verneinen, je entfernter die **sachlichen Geschäftsbereiche** der betroffenen Unternehmen voneinander sind und je größer der **örtliche Abstand** der Unternehmen zueinander ist. Bei großer Nähe sind geringere Anforderungen an die Bejahung der Verwechslungsgefahr zu stellen als bei größerer, vor allem sachlicher Entfernung der betroffenen Unternehmen. Die Ähnlichkeit der Bezeichnungen darf umso größer sein, je entfernter die Branchen voneinander liegen, in denen sich die Namensträger betätigen.[622] Eine relativ große Brachenverschiedenheit schließt umgekehrt eine Verwechslungsgefahr nicht zwingend aus, wenn sich die Bezeichnungen besonders weitgehend decken. Insoweit besteht eine Wechselwirkung zwischen dem Abstand der Geschäftsbereiche und dem Ähnlichkeitsgrad der Bezeichnung.[623] Zu berücksichtigen ist auch die Existenz weiterer ähnlich lautender Unternehmensbezeichnungen im Geschäftsbereich der Namensträger.[624] 247

Eine größere **Unterscheidungskraft** einer Bezeichnung hat zur Folge, dass eine Verwechslungsgefahr eher anzunehmen ist; bei geringer Unterscheidungskraft ist auch der Schutzbereich enger zu bemessen.[625] Wenn die Schutzfähigkeit der Bezeichnung nicht auf einer originären Unterscheidungskraft beruht, kommt es dementsprechend auf die Stärke der Verkehrsgeltung an.[626] Die Prüfung der Verwechslungsgefahr erstreckt sich dabei nur auf den Raum der Verkehrsgeltung.[627] Die Verwechslungsgefahr wird schließlich allgemein durch die Beifügung unterscheidungskräftiger Zusätze gemindert.[628] 248

Bei der Kollision eines **Domainnamens** mit einem Namen oder Kennzeichen kann die Verwechslungsgefahr durch unterscheidende Zusätze im Domainnamen,[629] klarstellende ausdrückliche Hinweise auf der Internetseite des Domaininhabers[630] oder auch allgemein durch den Inhalt der Internetseite gemindert sein. Ob schon der Umstand, dass die Internetpräsenz, die unter einem Domainnamen besteht, unbenutzt ist, die Interessenbeeinträchtigung entfallen lassen kann, ist fraglich.[631] Zumindest kann eine Interessenbeeinträchtigung in der faktischen Sperrung des Domainnamens zulasten des Namensträgers liegen (Rn 239). 249

(3) Verwässerungsgefahr. Berühmte Unternehmenskennzeichen sind besonders gegen Verwässerungsgefahr, also jede Beeinträchtigung ihrer Alleinstellung und Werbekraft geschützt.[632] Das bedeutet, dass eine Verwechslungsgefahr insoweit nicht Schutzvoraussetzung ist, so dass der Schutz auch gegen einen völlig branchenentfernten Verletzer geltend gemacht werden kann.[633] Soweit ein Schutz berühmter Unternehmenskennzeichen im Falle der Benennung eines Dritten mit dem Kennzeichen nicht nach § 12 angenommen wird, kommt eine Herleitung nach den Grundsätzen des eingerichteten und ausgeübten Gewerbebetriebs (§ 823 Abs. 1) in Betracht.[634] 250

Die Verwässerungsgefahr begründet die erforderliche **Interessenverletzung**. Dem Kennzeichen muss eine – nicht objektiv absolute[635] – **Alleinstellung** beziehungsweise **Einmaligkeit** zukommen, die sich auf den infrage stehenden Kollisionsbereich erstrecken muss.[636] Zudem bedarf es einer hieraus begründeten hinreichenden **Berühmtheit des Kennzeichens**. Dazu muss das Kennzeichen mit überragender Kennzeichenkraft ausgestattet sein und durch lange Benutzung und umfassende Werbung eine **überragende Verkehrsgeltung** erlangt haben. Der BGH verlangt einen Bekanntheitsgrad von mehr als 80% des Publikums,[637] während ein Bekanntheitsgrad von 68% in der Rechtsprechung nicht als ausreichend angesehen wird.[638] 251

Die **überragende Verkehrsgeltung kann fehlen**, wenn das Produkt, für das das Kennzeichen verwendet wird, nur einen sehr beschränkten Abnehmerkreis anspricht.[639] Verallgemeinerungsfähige Grenzen gibt es 252

---

621 BGH NJW 2003, 1044, 1046 f. – Kellogg's/Kelly.
622 St. Rspr. vgl. nur BGH GRUR 1977, 167, 168 – WESTERNSHOP; 1993, 404, 405 – Columbus.
623 BGH GRUR 1992, 329, 332 – AjS-Schriftenreihe; MüKo/*Schwerdtner*, § 12 Rn 254.
624 LG Hamburg BB 1969, 379 – Contitrade; Soergel/ *Heinrich*, § 12 Rn 190.
625 BGH GRUR 1973, 265, 266 – Charme & Chic; 1977, 503, 505 – Datenzentrale; 1988, 635, 636 – Grundcommerz.
626 Palandt/*Heinrichs*, § 12 Rn 30.
627 Soergel/*Heinrich*, § 12 Rn 190.
628 BGH GRUR 1993, 404, 405 – Columbus; OLG München GRUR 1993, 491, 492 – Personalhansa.
629 BGH NJW 2002, 2031, 2034 – Shell.
630 BGH NJW 2002, 2096, 2097 – Vossius.
631 Vgl. aber *Ingerl/Rohnke*, Markengesetz, 2. Aufl. 2003, Nach § 15 Rn 47.
632 LG München GRUR 1992, 76, 76 – Allianz; Staudinger/*Weick/Habermann*, § 12 Rn 307.
633 BGH NJW 1956, 591 – Magirus; GRUR 1966, 623, 624 – Kupferberg; OLG Frankfurt NJW-RR 1992, 940, 942 – Mercedes; Staudinger/*Weick/Habermann*, § 12 Rn 306.
634 *Fezer*, Markenrecht, § 15 Rn 78.
635 MüKo/*Schwerdtner*, § 12 Rn 259.
636 BGH NJW-RR 1990, 1127, 1127–4711; OLG Frankfurt NJW-RR 1992, 940, 942 – Mercedes.
637 BGH NJW 1991, 3218, 3219 – Avon.
638 OLG Hamburg 1987, 400, 401 f. – Pirelli.
639 OLG Hamm GRUR 2003, 722, 723 – www.castor.de.

insoweit nicht; die Frage, ob eine überragende Verkehrsgeltung vorliegt, ist je nach Einzelfall unterschiedlich zu beantworten.[640] Es genügt, wenn überragende Verkehrsgeltung im Inland gegeben ist; Weltgeltung ist nicht erforderlich.[641] Weiterhin muss als Voraussetzung der den Verwässerungsschutz rechtfertigenden besonderen Werbekraft des Kennzeichens eine **allgemeine Wertschätzung** des betreffenden Unternehmens vorliegen, ohne dass es jedoch auf konkrete Vorstellungen über die Güte der von dem Unternehmen hergestellten Produkte ankäme.[642] Die für die Bejahung der Verwässerungsgefahr erforderliche hinreichende Berühmtheit des Kennzeichens kann ausscheiden, wenn das Kennzeichen für eine Vielzahl unterschiedlicher Produkte verwendet wird.[643]

253 Der Schutz **bekannter Marken** greift bei unlauterer Ausnutzung oder Beeinträchtigung der Unterscheidungskraft oder Wertschätzung einer Marke hingegen bereits bei Bekanntheit des Kennzeichens ein (§§ 9 Abs. 1 Nr. 3; 14 Abs. 2 Nr. 3, 15 Abs. 3 MarkenG).[644] Die Vorschriften des MarkenG zum Bekanntheitsschutz von Marken und geschäftlichen Kennzeichen verdrängen den namensrechtlichen Verwässerungsschutz nicht.[645]

254 Bei einer **Kollision** zwischen einem Kennzeichen mit überragendem Bekanntheitsgrad und einem gleich lautenden Namens- oder Kennzeichenrecht eines anderen Trägers kann die überragende Bekanntheit das Überwiegen der Interessen im Rahmen der Interessenabwägung zwischen Gleichnamigen bewirken, so dass das kollidierende Zeichen oder der kollidierende Name als **Domainname** nur mit unterscheidenden Zusätzen gebraucht werden darf.[646]

V. Rechtsfolgen bei Verletzung des Namensrechts

255 **1. Allgemeines.** Aus der Verletzung des Namensrechts ergeben sich Unterlassungs- und Beseitigungsansprüche, daneben auch Ansprüche auf Schadensersatz wegen der Verletzung des Namensrechts als sonstiges Recht i.S.d. § 823 Abs. 1 sowie ausnahmsweise Bereicherungsansprüche nach § 812 Abs. 1 S. 1 Alt. 2. **Anspruchsinhaber** ist der Namensträger als **Verletzter**.

256 Liegt die Verletzung in dem unbefugten Gebrauch eines **Familiennamens**, nimmt die Rechtsprechung eine Klagebefugnis jedes Trägers des betroffenen Familiennamens an, unabhängig davon, auf welches konkrete Familienmitglied die Verletzung abzielt oder ob der Vorname beigefügt wird (dazu Rn 198, 292).

257 Die Ehefrau oder die Witwe kann gegen den unbefugten Gebrauch des Namens ihres Ehemannes vorgehen, weil insoweit auch ihr eigenes schutzwürdiges Interesse verletzt ist.[647] Wird einem Ehepartner das Recht bestritten, den gemeinsamen Ehenamen zu führen, dann soll nur der von dem Bestreiten betroffene Ehepartner klagebefugt sein.[648] Der Anspruch richtet sich auch gegen den anderen Ehepartner, wenn die Namensleugnung von diesem ausgeht. Ein Ehepartner, der den gemeinsamen Ehenamen führt, kann gegen den unbefugten Namensgebrauch seines Geburtsnamens klagen.[649]

258 Der schuldrechtlich aufgrund eines **Namensgestattungsvertrags** zum Namensgebrauch Berechtigte kann ermächtigt sein, das Namensrecht des Gestattenden in Prozessstandschaft geltend zu machen. Nach dem **Tod des Namensträgers** sind regelmäßig die nächsten Angehörigen des Verstorbenen hinsichtlich des aus dem postmortalen Persönlichkeitsschutz folgenden ideellen Namensschutzes wahrnehmungsbefugt. Der **vermögensrechtliche Bestandteil** des Namensrechts ist hingegen vererblich und kann von den Erben oder dem Testamentsvollstrecker im zeitlichen Rahmen der Nachwirkung des postmortalen Persönlichkeitsschutzes geltend gemacht werden (näher Rn 130 ff., 163 f.).

259 Den **Kläger** trifft die **Darlegungs- und Beweislast** für das Bestehen des Namens- beziehungsweise Kennzeichenrechts, gegebenenfalls für das Vorliegen von Verkehrsgeltung[650] sowie für die Tatsache der Verletzung des Rechts.[651] Der Nachweis eines lang andauernden unbeanstandeten Gebrauchs des Namens durch eine Familie führt zur Vermutung dafür, dass der Namensgebrauch rechtmäßig ist.[652] Grundsätzlich wird der Beweis über das Recht zur Führung des bürgerlichen Namens durch die Personenstandsbücher (§§ 60, 66

---

640 *Fezer*, Markenrecht, § 14 Rn 444.
641 BGH GRUR 1966, 623, 624 – Kupferberg.
642 BGH GRUR 1966, 623, 624 – Kupferberg; MüKo/*Schwerdtner*, § 12 Rn 262.
643 OLG Hamm GRUR 2003, 722, 723 – www.castor.de.
644 MüKo/*Schwerdtner*, § 12 Rn 257; Palandt/*Heinrichs*, § 12 Rn 31; Bamberger/Roth/*Bamberger*, § 12 Rn 66.
645 Baumbach/*Hefermehl*, UWG, Allg. Rn 138b; *Fezer*, Markenrecht, § 14 Rn 441; *Krings*, GRUR 1996, 623, 624; vgl. BGH NJW 1998, 3781, 3781 – Big Mac versus Mac Dog.
646 BGH NJW 2002, 2031, 2034 – Shell; vgl. aber auch LG Düsseldorf MMR 2004, 111 – hudson.de.
647 BGHZ 8, 318, 320; Palandt/*Heinrichs*, § 12 Rn 32.
648 MüKo/*Schwerdtner*, § 12 Rn 269; Staudinger/*Weick*/*Habermann*, § 12 Rn 269.
649 OLG München WRP 1982, 660, 662 – Cellular-Therapie.
650 MüKo/*Schwerdtner*, § 12 Rn 280.
651 RG JW 1937, 390 Nr. 1.
652 BayObLGZ 32, 330; 42, 91; Staudinger/*Weick*/*Habermann*, § 12 Rn 346; MüKo/*Schwerdtner*, § 12 Rn 279.

PStG) geführt, jedoch ist der Gegenbeweis zulässig. Wird auch auf Unterlassung geklagt, so muss der Kläger auch die insoweit erforderliche Wiederholungsgefahr beweisen,[653] es sei denn, diese wird im Falle eines Handelns in Wettbewerbsabsicht vermutet; hier obliegt dann dem **Beklagten** der Beweis, dass eine Wiederholungsgefahr ausnahmsweise ausgeschlossen ist.[654] Der Beklagte muss seine Befugnis beweisen, den gleichen oder einen verwechslungsfähigen Namen zu führen, insbesondere auch im Konflikt Gleichnamiger.[655] Der Beweis der mangelnden Befugnis des Beklagten zum Gebrauch des Namens des Klägers ist Letzterem nicht zumutbar.[656] Der Beweis, dass das bewiesene ursprünglich bestehende Recht des Beklagten zur Namensführung nachträglich erloschen ist, obliegt sodann dem Kläger.[657]

2. Beseitigungsanspruch. S. 1 gibt einen Anspruch auf Beseitigung der Beeinträchtigung des Namensrechts. Erforderlich ist also die Feststellung einer Beeinträchtigung als Folge der Namensbestreitung, der Namensanmaßung oder der diesen gegebenenfalls gleichzusetzenden Verletzungen des Namensrechts. Diese Beeinträchtigung ist nicht mit der Interessenverletzung gleichzusetzen (dazu Rn 234 ff.); maßgeblich ist der durch die Namensrechtsstörung herbeigeführte Zustand, auf dessen Beseitigung die Klage zu richten ist.[658] Bei **drohender Entstehung eines störenden Zustands** ist anstatt einer vorbeugenden Unterlassungsklage ausnahmsweise auch eine **vorbeugende Beseitigungsklage** zulässig.[659] Die Zulässigkeit der Beseitigungsklage als **Leistungsklage** schließt die Zulässigkeit einer Feststellungsklage mangels Rechtsschutzbedürfnisses aus.[660]

260

Bei einer **Namensbestreitung** ist die Beseitigung durch **Widerruf** des Bestreitens und Anerkennung des Namensrechts in der gleichen Art und Weise wie das Bestreiten vorzunehmen.[661] Ein öffentliches Bestreiten des Namensführungsrechts muss also ebenfalls öffentlich widerrufen werden, ein Bestreiten mittels Rundschreiben oder Rundmail auf dem entsprechenden Wege. Gegebenenfalls kann die Einwilligung in eine bestimmte Namensführung gegenüber der zuständigen Stelle verlangt werden.[662] Die Vollstreckung des Urteils erfolgt nach § 888 ZPO oder gegebenenfalls nach § 887 ZPO.[663]

261

Im Falle des unbefugten **Namensgebrauchs** geht die Klage auf Beseitigung der rechtswidrigen Einwirkung für die Zukunft,[664] wobei nur die Untersagung des Namensgebrauchs in der konkret benutzten Form in Betracht kommt[665] und nicht weiter als nötig gehen darf.[666] Ein völliges Verbot der Namensführung kommt ausnahmsweise in Betracht, wenn der Verletzer den fremden Namen in der Absicht gewählt hat, Verwechslungen herbeizuführen und den fremden Ruf auszunutzen.[667] Es sind Zustände, die die Namensanmaßung manifestieren, zu beseitigen; ansonsten liegt die Beseitigung in dem zukünftigen Nichtgebrauch des Namens, was einer Unterlassung entspricht.[668]

262

Die Registrierung einer unbefugt gebrauchten Firma im **Handelsregister** oder einer Marke im **Markenregister** ist zu löschen, der Klageantrag geht auf **Einwilligung in die Löschung**. Firmenaufkleber, Firmenschilder oder Signaturen sind zu entfernen.[669]

263

Erfolgt der Namensgebrauch durch **Registrierung** eines **Domainnamens** beim DENIC, so kann nach Auffassung des BGH der Verzicht des Domaininhabers gegenüber dem DENIC auf den Domainnamen verlangt werden, nicht hingegen die Übertragung des Domainnamens auf den Kläger.[670] Das folgt für § 12 schon aus der Beschränkung auf Unterlassung, Beseitigung und Schadensersatz; eine Verbesserung der Rechtsposition des Verletzten schuldet der Verletzer nicht.[671] Der Namensträger ist jedenfalls nicht automatisch auch der Berechtigte an der konkreten Domain und zwar auch nicht, falls die Domain als solche als absolutes Recht zu qualifizieren wäre (dazu Rn 108).[672] Nur eine Unterlassung, nicht aber ein Verzicht (Löschung) kommt in Betracht, wenn der Gebrauch des Domainnamens durch den Beklagten nur im geschäftlichen Bereich unbefugt ist.[673] Wenn die Interessenverletzung bereits durch Hinzufügung

264

---

653 MüKo/*Schwerdtner*, § 12 Rn 279.
654 Soergel/*Heinrich*, § 12 Rn 203; vgl. auch Bamberger/ Roth/*Bamberger*, § 12 Rn 79.
655 BGH WM 1957, 1152, 1153; Staudinger/*Weick/ Habermann*, § 12 Rn 348.
656 Soergel/*Heinrich*, § 12 Rn 198.
657 Staudinger/*Weick/Habermann*, § 12 Rn 348.
658 Staudinger/*Weick/Habermann*, § 12 Rn 326; Bamberger/Roth/*Bamberger*, § 12 Rn 70.
659 Vgl. BGH NJW 1993, 2873, 2875 – Triangle; MüKo/ *Schwerdtner*, § 12 Rn 274.
660 Bamberger/Roth/*Bamberger*, § 12 Rn 78.
661 Staudinger/*Weick/Habermann*, § 12 Rn 249.
662 Palandt/*Heinrichs*, § 12 Rn 33.
663 Staudinger/*Weick/Habermann*, § 12 Rn 250.
664 Palandt/*Heinrichs*, § 12 Rn 33.
665 Soergel/*Heinrich*, § 12 Rn 201; MüKo/*Schwerdtner*, § 12 Rn 275.
666 Soergel/*Heinrich*, § 12 Rn 201.
667 BGHZ 4, 96, 102 – Urköl'sch; GRUR 1968, 212, 213 – Hellige; Soergel/*Heinrich*, § 12 Rn 201.
668 Soergel/*Heinrich*, § 12 Rn 201; vgl. auch Bamberger/ Roth/*Bamberger*, § 12 Rn 70.
669 Vgl. BGHZ 107, 384, 390.
670 BGH NJW 2002, 2031, 2035 – Shell; Ingerl/Rohnke, Markengesetz, 2. Aufl. 2003, Nach § 15 Rn 144.
671 OLG Hamm CR 1998, 241, 243 – krupp.de.
672 Dazu *Koos*, MMR 2004, 359, 362.
673 BGH NJW 2002, 2096, 2098 – Vossius.

unterscheidender Zusätze beseitigt werden kann (dazu auch Rn 249), ist der Beseitigungsantrag hierauf zu richten.[674] Bei einem Namensgebrauch durch Verwendung eines Domainnamens kann auch schon die Aufnahme entsprechender Hinweise auf der Internetseite, die unter dem Domainnamen unterhalten wird, genügen.[675]

265 **3. Unterlassungsanspruch.** Voraussetzung für den Unterlassungsanspruch ist die **Wiederholungsgefahr**: Es muss die Besorgnis weiterer Beeinträchtigungen bestehen. Die Beurteilung der Wiederholungsgefahr ist im Wesentlichen Tatfrage und der Revision nur im Hinblick auf die Nachprüfung zugänglich, ob von den richtigen rechtlichen Gesichtspunkten ausgegangen wurde und keine wesentlichen Tatumstände außer Acht gelassen wurden.[676] Es gilt bei Handeln in Wettbewerbsabsicht eine tatsächliche Vermutung der Wiederholungsgefahr.[677] Auch im Übrigen besteht nach allgemeinen Grundsätzen eine Vermutung für eine Wiederholungsgefahr, wenn die widerrechtliche Benutzung eines Namens oder Kennzeichens erfolgt ist.[678] Die Vermutung der Wiederholungsgefahr ist nur unter strengen Anforderungen widerlegbar.[679]

266 Regelmäßig beseitigt die Abgabe einer **strafbewehrten Unterlassungserklärung** eine bestehende Wiederholungsgefahr.[680] Wiederholungsgefahr besteht immer, wenn der Verletzer bis zur letzten mündlichen Verhandlung auf dem Standpunkt der Rechtmäßigkeit seines Handelns beharrt.[681] Die Besorgnis weiterer Beeinträchtigung braucht nicht besonders begründet zu werden, wenn die Namensanmaßung eine Beeinträchtigung zur Folge hatte, weil die Fortsetzung der Anmaßung hier als Grund weiterer Beeinträchtigungen anzusehen ist.[682] Schon die **Erstbegehungsgefahr** im Sinne einer hinreichend nahe bevorstehenden Beeinträchtigung ist ausreichend.[683]

267 Die Führung des Namens kann grundsätzlich nur in der **konkret benutzten Form** untersagt werden.[684] Kann die Beeinträchtigung durch die Hinzufügung unterscheidungskräftiger Zusätze beseitigt werden, scheidet die Untersagung der Namensbenutzung aus; die Unterlassungsklage ist dann auf die Verwendung eines solchen Zusatzes zu richten; es bleibt grundsätzlich dem Verletzer überlassen, mit welchen geeigneten Zusätzen er die Verwechslungsgefahr beseitigen will.[685] Ein Verschulden ist nicht erforderlich. Die Strafbarkeit einer Handlung schließt den zivilrechtlichen Unterlassungsanspruch nicht aus.[686] Der Unterlassungsanspruch kann nur im Zusammenhang mit der Übertragung des Namens- bzw. Kennzeichenrechts abgetreten werden.[687]

268 **4. Verwirkung.** Die Geltendmachung der Ansprüche aus § 12 kann an einem Verwirkungseinwand scheitern. Die Verwirkung setzt voraus, dass zwischen der Geltendmachung des Anspruchs und dem erstmaligen Gebrauch des Namens- oder Kennzeichenrechts ein längerer Zeitraum liegt. Hinzutreten müssen Umstände, aus denen sich im Hinblick auf die späte Geltendmachung des Anspruchs ein Verstoß gegen Treu und Glauben ergibt. Der Verwirkungseinwand ist bei Überlagerung der privaten Interessen durch Interessen der Allgemeinheit, namentlich bei einer Irreführung der Allgemeinheit, ausgeschlossen.[688] Hier kommt es bei der vorzunehmenden Interessenabwägung auch auf die Abwägung zwischen den Allgemeininteressen und den privaten Interessen unter Berücksichtigung von Treu und Glauben an.[689]

VI. Verjährung

269 Der Anspruch aus der Verletzung des Namensrechts nach § 12 verjährt nach §§ 195, 199 Abs. 4 relativ nach drei Jahren und absolut nach zehn Jahren. Das Namensrecht selbst verjährt als absolutes Recht nicht.[690]

---

674 BGH LM Nr. 19; Palandt/*Heinrichs*, § 12 Rn 34; Bamberger/Roth/*Bamberger*, § 12 Rn 70.
675 BGH NJW 2002, 2096, 2097 – Vossius.
676 BGH NJW-RR 1994, 1001, 1002; MüKo/*Schwerdtner*, § 12 Rn 271.
677 BGH WM 1973, 118, 119; DB 1964, 259; Soergel/*Heinrich*, § 12 Rn 203.
678 Bamberger/Roth/*Bamberger*, § 12 Rn 71; vgl. OLG Köln NJW-RR 1994, 669, 669 f.
679 BGH GRUR 1957, 342, 347 – Underberg; NJW-RR 1994, 1001, 1002; NJW 1994, 1281, 1283; vgl. auch Soergel/*Heinrich*, § 12 Rn 203.
680 Bamberger/Roth/*Bamberger*, § 12 Rn 72.
681 BGH GRUR 1957, 342, 345 – Underberg; BGHZ 14, 155, 162 – Farina; OLG Frankfurt WRP 1976, 700, 702; MüKo/*Schwerdtner*, § 12 Rn 271.
682 Staudinger/*Weick/Habermann*, § 12 Rn 328; Erman/*H.P.Westermann*, § 12 Rn 31.
683 Vgl. BGH NJW 1953, 843; MüKo/*Schwerdtner*, § 12 Rn 271.
684 Palandt/*Heinrichs*, § 12 Rn 34.
685 BGH LM Nr. 19; Palandt/*Heinrichs*, § 12 Rn 34.
686 MüKo/*Schwerdtner*, § 12 Rn 271; vgl. BGH GRUR 1970, 558, 560 – Sanatorium.
687 OLG Koblenz WRP 1988, 258; MüKo/*Schwerdtner*, § 12 Rn 273.
688 BGH GRUR 1966, 267, 271 – White Horse; MüKo/*Schwerdtner*, § 12 Rn 284.
689 Bamberger/Roth/*Bamberger*, § 12 Rn 73.
690 Palandt/*Heinrichs*, § 12 Rn 35; Staudinger/*Weick/Habermann*, § 12 Rn 332; Bamberger/Roth/*Bamberger*, § 12 Rn 74.

VII. Schadensersatzanspruch

Das Namensrecht ist als absolutes Recht „sonstiges Recht" im Sinne des § 823 Abs. 1. Daneben kann bei Verletzung von im Geschäftsverkehr verwendeten Bezeichnungen auch ein Eingriff in den eingerichteten und ausgeübten Gewerbebetrieb vorliegen.[691] Bei schuldhafter Verletzung kann daher ein Anspruch auf Schadensersatz gegeben sein. Der Verschuldensmaßstab folgt aus § 276. Der Schadensersatzanspruch richtet sich nach § 249 Abs. 1 auf Naturalrestitution, mithin regelmäßig auf Beseitigung der Beeinträchtigung.[692] In Betracht kommt neben einer **konkreten Schadensberechnung** nach der Differenzhypothese auch eine **abstrakte Schadensberechnung**, die sich entweder entsprechend §§ 687 Abs. 2, 667 an einer angemessenen entgangenen Lizenzgebühr oder an dem Verletzergewinn orientiert.[693] Im Zusammenhang mit der abstrakten Schadensberechnungsmethode hat der Verletzte einen vorbereitenden **Anspruch auf Auskunftserteilung und Rechnungslegung**.[694] Bei schweren Verletzungen des Namensrechts als besonderes Persönlichkeitsrecht kommt auch ein Geldentschädigungsanspruch im Hinblick auf den immateriellen Schaden infrage.[695]

270

VIII. Bereicherungsanspruch

Neben einem Anspruch auf Schadensersatz kommt ein Anspruch auf Herausgabe der Bereicherung (§ 812 Abs. 1 S. 1 Alt. 2) in Betracht, der vor allem dann bedeutsam ist, wenn kein Verschulden festgestellt werden kann. Eine Pflicht zur Herausgabe des durch einen Eingriff Erlangten ist namentlich in Fällen gegeben, in denen ein fremder Name, insbesondere eines Prominenten, zu Werbezwecken ausgenutzt wurde. Insoweit liegt eine Bereicherung aus dem Gesichtspunkt eines Eingriffs in den Zuweisungsgehalt des Persönlichkeitsrechts vor; das entspricht einer vermögensrechtlichen Deutung des Persönlichkeitsrechts. Die Rechtsprechung unterstreicht den Aspekt des Eingriffs in die Befugnis des Rechtsträgers, selbst über Art und Umfang des Namensgebrauchs zu bestimmen, und stellt damit das eher ideelle persönlichkeitsrechtliche Recht der geistigen und wirtschaftlichen Selbstbestimmung unter freier Entfaltung der Persönlichkeit in den Vordergrund,[696] und zwar auf der Grundlage des **allgemeinen Persönlichkeitsrechts**.[697]

271

Eine Beeinträchtigung der Wertschätzung des Namensträgers oder eine Zuordnungsverwirrung ist auch nach der Rechtsprechung für die Begründung des Bereicherungsanspruchs nicht erforderlich.[698] Der Anspruch richtet sich auf Herausgabe des erlangten **Vermögensvorteils**, welcher sich grundsätzlich nach der Vergütung bestimmt, die der Verletzer bei vertragsgemäßer Benutzungsgestattung an den Namensträger hätte zahlen müssen. Insoweit handelt es sich um ersparte Aufwendungen.[699]

272

---

§ 13 Verbraucher[1]

[1]Verbraucher ist jede natürliche Person, die ein Rechtsgeschäft zu einem Zwecke abschließt, der weder ihrer gewerblichen noch ihrer selbständigen beruflichen Tätigkeit zugerechnet werden kann.

---

§ 14 Unternehmer[2]

(1) [1]Unternehmer ist eine natürliche oder juristische Person oder eine rechtsfähige Personengesellschaft, die bei Abschluss eines Rechtsgeschäfts in Ausübung ihrer gewerblichen oder selbständigen beruflichen Tätigkeit handelt.

(2) [1]Eine rechtsfähige Personengesellschaft ist eine Personengesellschaft, die mit der Fähigkeit ausgestattet ist, Rechte zu erwerben und Verbindlichkeiten einzugehen.

---

691 Soergel/*Heinrich*, § 12 Rn 195.
692 Bamberger/Roth/*Bamberger*, § 12 Rn 75.
693 BGH GRUR 1973, 375, 377 – Miss Petite; NJW 2000, 2195, 2201 – Marlene Dietrich; Staudinger/*Weick/Habermann*, § 12 Rn 327; MüKo/ *Schwerdtner*, § 12 Rn 295 ff.
694 BGH GRUR 1973, 375, 377 f. – Miss Petite; NJW 2000, 2195, 2201 – Marlene Dietrich; MüKo/ *Schwerdtner*, § 12 Rn 298; Bamberger/Roth/ *Bamberger*, § 12 Rn 76.
695 BGH GRUR 1967, 319, 323 – Killer; Palandt/ *Heinrichs*, § 12 Rn 36.
696 Vgl. BGHZ 20, 345, 350 – Paul Dahlke; 81, 75, 80 – Carrera.
697 Vgl. schon BGHZ 30, 7, 11 f. – Caterina Valente; vgl. auch Sack, WRP 1984, 521, 532.
698 BGHZ 81, 75, 80 – Carrera.
699 BGHZ 81, 75, 81 f. – Carrera; MüKo/*Schwerdtner*, § 12 Rn 301.
1 Amtlicher Hinweis: Diese Vorschriften dienen der Umsetzung der eingangs zu den Nummern 3, 4, 6, 7, 9 und 11 genannten Richtlinien.
2 Amtlicher Hinweis: Diese Vorschriften dienen der Umsetzung der eingangs zu den Nummern 3, 4, 6, 7, 9 und 11 genannten Richtlinien.

Literatur: *Blaurock*, Verbraucherkredit und Verbraucherleitbild in der Europäischen Union, JZ 1999, 801; *Dauner-Lieb*, Verbraucherschutz durch Ausbildung eines Sonderprivatrechts für Verbraucher, 1983; *Dick*, Das Verbraucherleitbild der Rechtsprechung: Der Einfluß von Verbraucherschutzkonzeptionen auf die Rechtsprechung am Beispiel der Rechtsprechung zur Verbraucherverschuldung und zur Verbraucherinformation, 1995; *ders.*, Der Verbraucher – Das Phantom in der opera des europäischen und deutschen Rechts?, JZ 1997, 167; *Drexl*, Die wirtschaftliche Selbstbestimmung des Verbrauchers: Eine Studie zum Privat- und Wirtschaftsrecht unter Berücksichtigung gemeinschaftsrechtlicher Bezüge, 1998; *Faber*, Elemente verschiedener Verbraucherbegriffe in EG-Richtlinien, zwischenstaatlichen Übereinkommen und nationalem Zivil- und Kollisionsrecht, ZEuP 1998, 854; *Hommelhoff*, Verbraucherschutz im System des deutschen und europäischen Vertragsrechts, 1996; *Kemper*, Verbraucherschutzinstrumente, 1994; *Medicus*, Wer ist ein Verbraucher?, in: FS Kitagawa 1992, S. 471; *ders.*, Schutzbedürfnisse (insbesondere der Verbraucherschutz) und das Privatrecht, JuS 1996, 761; *Meyer*, Das Verbraucherleitbild des Europäischen Gerichtshofes, WRP 1993, 215; *Micklitz*, Ein neues Kaufrecht für Verbraucher in Europa?, EuZW 1997, 229; *Pfeiffer*, Der Verbraucherbegriff als zentrales Merkmal im Europäischen Privatrecht, in: Schulte-Nölke/Schulze (Hrsg.), Europäische Rechtsangleichung und nationale Privatrechte, 1999, S. 21; *Preis*, Der persönliche Anwendungsbereich der Sonderprivatrechte, ZHR 158 (1994), 567; *Reich*, Zur Theorie des Europäischen Verbraucherrechts, ZEuP 1994, 381; *ders.*, Das Phantom „Verbraucher" (endlich!?) im Gral des BGB!, VuR 2000, 1; *Roth*, Europäischer Verbraucherschutz und BGB, JZ 2001, 475; *Schneider*, Der Begriff des Verbrauchers im Recht, BB 1974, 764; *Schünemann*, Mündigkeit versus Schutzbedürftigkeit – Legitimationsprobleme des Verbraucher-Leitbildes, in: FS Brandner 1976, S. 279; *Tilmann*, Der „verständige Verbraucher", in: FS Piper 1996, S. 481.

A. Allgemeines 1	2. Der bereichsspezifische Verbraucherbegriff und das Gemeinschaftsrecht 20
B. Regelungsgehalt 9	3. Die private Sphäre 27
I. Vereinheitlichung der Begrifflichkeiten der Verbraucherschutzvorschriften 9	4. Dual und Zweifelsfälle 31
II. Der Verbraucherbegriff (§ 13) 10	5. Abschluss eines Rechtsgeschäfts 35
1. Definition 10	III. Der Unternehmerbegriff (§ 14) 36
a) Verbraucher 10	IV. Die unmittelbare Anwendung der Schlüsselbegriffe 46
b) Abschluss eines Rechtsgeschäfts ... 12	
c) Gewerbliche Tätigkeit 17	

A. Allgemeines

1   Die §§ 13 und 14 sind als Legaldefinition durch Art. 2 Nr. 1 des am 27.6.2000 verkündeten Gesetzes über Fernabsatzverträge und andere Fragen des Verbraucherschutzrechts sowie zur Umstellung von Vorschriften auf Euro[3] (FernAbsG) als zentrale Begrifflichkeiten des bürgerlichen Rechts in das BGB aufgenommen worden. Der Gesetzgeber hat im Interesse einer **Einheit des Privatrechts** dadurch u.a. auch einen ersten wichtigen Schritt zu einer Integration des bisherigen Verbraucher-Sonderprivatrechts in das BGB[4] vollzogen, der sich mit dem SchuldRMoG fortgesetzt hat (**Verbraucherschutz als Teil des BGB**).[5] Das BGB wurde für Grundbegriffe des Verbraucherrechts geöffnet. Der Verbraucherschutz ist somit zu einem wesentlichen Schutzprinzip des bürgerlichen Rechts geworden: Das Verbraucherschutzrecht ist nicht länger Sonderprivatrecht, sondern Teil des allgemeinen Privatrechts.[6] Vor diesem Hintergrund stellt der **Verbrauchervertrag** (als Vertrag zwischen einem Unternehmer und einem Verbraucher) die typische Erscheinungsform des schuldrechtlichen Vertrags und der Verbraucherschutz einen schuldrechtsimmanenten allgemeinen Schutzgedanken dar.[7] Als im Verhältnis zum Unternehmer (§ 14) typischerweise unterlegene Marktgruppe schützt das BGB den Verbraucher in einer Vielzahl verbraucherschutzrechtlicher Sonderbestimmungen (Rn 6).

2   Die Rechtsfigur des Verbrauchers nach § 13 folgt der **europäischen Verbraucherschutzkonzeption**, wie sie in Art. 2 Haustürgeschäfterichtlinie,[8] Art. 1 Abs. 2 lit. a Verbraucherkreditrichtlinie[9] und Art. 2 Nr. 2 Fernabsatzrichtlinie (FARL)[10] bzw. Art. 2 lit. b Missbräuchliche-Klauseln-Richtlinie[11] zum Ausdruck kommt, wonach sich der Verbraucherbegriff nicht an der individuellen Schutzbedürftigkeit eines Vertragsschließenden im Einzelfall, sondern am **Vertragszweck** selbst orientiert. Dieses Konzept gilt (wie es für den früheren § 24a

---

3 BGBl I S. 897.
4 Zur Integration des Verbraucherrechts in das BGB *Brüggemeier/Reich*, BB 2001, 213.
5 MüKo/*Micklitz*, vor §§ 13, 14 Rn 1: „Seine Legitimation und Legitimität steht außer Frage".
6 So Palandt/*Heinrichs*, Einl. BGB Rn 1; a.A. *Bülow/Artz*, NJW 2000, 2049.
7 Palandt/*Heinrichs*, Einf. vor § 145 BGB Rn 13.
8 Richtlinie 85/577/EWG des Rates v. 20.12.1985 betreffend den Verbraucherschutz im Falle von außerhalb von Geschäftsräumen geschlossenen Verträgen (ABlEG Nr. L 372, S. 31).
9 Richtlinie 87/102/EWG des Rates v. 22.12.1986 zur Angleichung der Rechts- und Verwaltungsvorschriften der Mitgliedstaaten über den Verbraucherkredit (ABlEG Nr. L 42, S. 48), zuletzt geändert durch die Richtlinie 98/7/EWG des Europäischen Parlaments und des Rates v. 16.2.1998 (ABlEG Nr. L 101, S. 17).
10 Richtlinie 97/7/EG des Europäischen Parlaments und des Rates über den Verbraucherschutz bei Vertragsabschlüssen im Fernabsatz v. 20.5.1997 (ABlEG. Nr. L 144, S. 19).
11 Richtlinie 93/13/EWG v. 5.4.1993 über missbräuchliche Klauseln in Verbraucherverträgen (ABlEG Nr. L 95 v. 21.4.1993, S. 29).

AGBG [Verbraucherverträge] bereits schon seit der Umsetzung der Missbräuchliche-Klauseln-Richtlinie galt) nach § 13 für alle verbraucherschutzrechtlichen Sondergesetze, mithin auch für solche, die nicht auf einer Transformation des europäischen Sekundärrechts in das nationale Recht beruhen.

Eine **Ausnahme** gilt nur für das Fernunterrichtsschutzgesetz (FernUSG).[12] Dort verbleibt es bei den alten Begrifflichkeiten des „Teilnehmers" und des „Veranstalters" als Vertragspartner. Dies liegt darin begründet, dass beim Fernunterrichtsvertrag zwar typischerweise, nicht aber notwendigerweise[13] der Teilnehmer auch zugleich Verbraucher ist.

Im Übrigen definiert § 13 zugleich auch den **persönlichen Anwendungsbereich** von Verbraucherschutzgesetzen, die keine eigenen entsprechenden Regelungen mehr enthalten, beispielsweise § 312 Abs. 1 (früher § 1 Abs. 1 HaustürWG), § 312b Abs. 1 (früher § 1 Abs. 1 FernAbsG), § 481 (früher § 1 Abs. 2 TzWrG) oder § 491 (früher §§ 1 Abs. 1, 9 Abs. 2 VerbrKrG).

Im Rahmen der Verabschiedung des FernAbsG als Artikelgesetz hat sich der Gesetzgeber dafür entschieden, die zentralen Begriffe „Verbraucher" und „Unternehmer" im Allgemeinen Teil des BGB – im Ersten Abschnitt „Personen", Erster Titel „Natürliche Personen"[14] – in Gestalt einer **Legaldefinition** zu regeln. Damit hat das Verbraucherrecht eine symbolische Anerkennung durch den Gesetzgeber erfahren.[15]

Die Begriffsbestimmungen der §§ 13 und 14 gelangen immer dann zur Anwendung, wenn in den verbraucherschutzrechtlichen Sondervorschriften auf den Terminus „Verbraucher" oder „Unternehmer" Bezug genommen wird, so in den §§ 241a, 355, 356, 474, 655a und 661a sowie bei Haustürgeschäften (§ 312), Fernabsatzverträgen (§ 312b), Teilzeit-Wohnrechtverträgen (§ 481) oder Verbraucherdarlehensverträgen (§ 491) – nicht hingegen im Reisevertragsrecht (im Reisevertragsrecht ist der Leistungsempfänger zwar typischerweise auch ein Verbraucher, es gelangt aber auch dann zur Anwendung, wenn ausnahmsweise ein Unternehmer Reisender ist)[16] bzw. im FernUSG (Rn 3). Bei Letzterem ist eine Verwendung des Verbraucherbegriffs entbehrlich, da hier der Leistungsempfänger regelmäßig Verbraucher ist. Weiterhin können die §§ 13 f. auch im Zusammenhang mit § 1 Abs. 1 S. 2 ProdHG hinsichtlich der Abgrenzung des privaten vom beruflichen Bereich herangezogen werden.[17] Im Übrigen gilt die Definition des § 13 (ebenso wie jene des Unternehmers nach § 14) für den Verbraucher(Unternehmer)begriff in den §§ 449 Abs. 1 S. 1, 451a Abs. 2 und 3, 451g Abs. 1, 451h Abs. 1, 455 Abs. 3, 466 Abs. 1, 468 Abs. 2 S. 1, 472 Abs. 1 S. 2 und 475 HGB, § 2 Abs. 2 UWG neu, § 17 Abs. 2a BeurkG, § 2 UKlaG sowie § 1031 Abs. 5 ZPO.

Vgl. aber auch Art. 29a EGBGB (Verbraucherschutz für besondere Gebiete) mit seinem Verweis auf die EG-Verbraucherschutzrichtlinien (der allerdings ohne Verwendung des Verbraucherbegriffs auskommt).[18]

Als Folgeänderung war in diesem Kontext erforderlich, auch die Definition der **rechtsfähigen Personengesellschaft** aus ihrem früheren Standort in § 1059a Abs. 2 a.F. herauszunehmen und sie in die Definition des Unternehmers zu integrieren (§ 14 Abs. 2).

B. Regelungsgehalt

I. Vereinheitlichung der Begrifflichkeiten der Verbraucherschutzvorschriften

Die §§ 13 und 14 vereinheitlichen durch die Vorgabe von Legaldefinitionen einige Schlüsselbegriffe verbraucherschutzrechtlicher Regelungen, die den Verbraucher als eine im Verhältnis zum Unternehmer typischerweise unterlegene Marktgruppe durch eine Vielzahl von unterschiedlichen Vorschriften und Maßnahmen schützen.[19]

---

12 V. 24.8.1976 (BGBl I S. 2525), neugefasst durch Bekanntmachung v. 4.12.2000 (BGBl I S. 1670).
13 Vgl. etwa das Beispiel von *Bülow/Artz*, NJW 2000, 2049, 2050: Die Regelungen des FernUSG gelten etwa auch für den Vertrag des Arbeitgebers, der zugunsten seines Arbeitnehmers einen Fernunterrichtsvertrag abschließt (§ 328) mit der Folge, dass der Arbeitnehmer zwar nicht Teilnehmer, aber Lernender (§ 1 Abs. 1 Nr. 1 FernUSG) ist.
14 Wobei der Gesetzgeber bei Erlass des Fernabsatzgesetzes den bereits früher erfolgten Wegfall der Bestimmungen über die Todeserklärung in den §§ 13 ff. BGB a.F. nutzte, um die Definitionen „unterzubringen, als ob es sich bei dem Titel ‚Natürliche Personen' um einen Titel für die Sammlung von Definitionen handelte", so *Flume*, ZIP 2000, 1427. Im Übrigen sind Unternehmen oftmals juristische Personen. Die Zuordnung der Regelungen zum Abschnitt „Personen" hätte zumindest einen eigenen Titel „Verbraucher, Unternehmer" erfordert, zutreffend Palandt/ *Heinrichs*, § 13 Rn 1.
15 So zutr. *Tonner*, BB 2000, 1413, 1414.
16 BGH NJW 2002, 2238.
17 Palandt/*Heinrichs*, § 13 Rn 6.
18 Palandt/*Heinrichs*, § 13 Rn 6.
19 Palandt/*Heinrichs*, § 13 Rn 1.

II. Der Verbraucherbegriff (§ 13)

10 **1. Definition. a) Verbraucher.** Verbraucher ist jede (aber auch ausschließlich eine) natürliche Person (ohne Rücksicht auf ihren intellektuellen oder ökonomischen Status), die ein Rechtsgeschäft zu einem Zweck abschließt, der weder einer gewerblichen noch einer selbständigen beruflichen Tätigkeit zugerechnet werden kann (§ 13). Es muss sich also um ein zu privaten Zwecken vorgenommenes Rechtsgeschäft handeln. Auch eine GbR ist damit Verbraucher, sofern sie ein entsprechendes Rechtsgeschäft tätigt.[20] Der Verbraucherbegriff entspricht damit der Definition im früheren § 24a S. 1 AGBG.

11 Handelt für einen Verbraucher ein Unternehmer als dessen Vertreter, so finden gleichermaßen die verbraucherschutzrechtlichen Vorschriften Anwendung.[21]

12 **b) Abschluss eines Rechtsgeschäfts.** Die Anwendung des Verbraucherschutzrechts setzt den Abschluss eines „Rechtsgeschäfts" voraus, mithin eines solchen über den Erwerb von Gütern oder Dienstleistungen. Dienstleistungen sind in einem weiten (europarechtlichen) Sinne zu verstehen, womit auch Leistungen von Kreditgebern, Vermietern bzw. Versicherern davon erfasst werden.[22]

13 Damit fällt der **Arbeitsvertrag** (aufgrund der strukturellen Unterschiede, wonach der Arbeitnehmer seine Arbeitskraft anbietet, nicht jedoch Güter oder Dienstleistungen nachfragt) aus dem Anwendungsbereich des Verbraucherschutzrechts heraus – den Arbeitnehmerschutz gewährleistet das Arbeitsrecht als Sonderprivatrecht.

14 Das BAG[23] hat im Hinblick auf den **arbeitsrechtlichen Aufhebungsvertrag** die Nichtanwendbarkeit der §§ 312, 355 festgestellt.[24] Zum einen fehle das in § 312 geforderte Merkmal der Entgeltlichkeit (mithin die Begründung einer Schuld durch den Arbeitnehmer beim Abschluss des Aufhebungsvertrags). Zum anderen handele es sich bei den mündlichen Verhandlungen am Arbeitsplatz nicht um eine Haustürsituation.

15 Vgl. zudem die §§ 305 ff., die für Arbeitsverträge in § 310 Abs. 4 eine Einschränkung in der Anwendbarkeit erfahren.

16 **Beachte**: Auch Verträge über eine **vorweggenommene Erbfolge** oder **Zuwendungen zwischen Ehegatten** können i.d.R. **nicht** als Verbraucherverträge qualifiziert werden (selbst wenn einer der Vertragspartner Unternehmer i.S.v. § 14 ist).[25]

17 **c) Gewerbliche Tätigkeit.** Unter einer gewerblichen Tätigkeit ist eine kaufmännische oder sonstige selbständige, auf Dauer angelegte entgeltliche Tätigkeit zu verstehen, die sich als Beteiligung am allgemeinen Wirtschaftsverkehr darstellt und keinen freiberuflichen Charakter hat,[26] wobei es auf eine Gewinnerzielungsabsicht nicht ankommen soll.[27] Die Verwaltung eigenen Vermögens ist keine Teilnahme am freien Wirtschaftsverkehr und somit auch keine gewerbliche Tätigkeit.[28]

18 **Freiberufler** (z.B. Ärzte, Zahnärzte, Tierärzte, Rechtsanwälte, Steuerberater, Wirtschaftsprüfer oder Architekten) üben eine **selbständige berufliche Tätigkeit** aus, die nicht gewerblicher Natur ist und damit auch nicht dem Kaufmannsbegriff der §§ 1 ff. HGB unterfällt.[29] Sie sind aber wegen ihrer selbständigen beruflichen Tätigkeit „Unternehmer" i.S.d. § 14 Abs. 1.

19 **Juristische Personen** können nicht Verbraucher i.S.d. § 13 sein,[30] ebenso wenig wie Idealvereine und gemeinnützige Stiftungen,[31] die keine gewerblichen oder freiberuflichen Zwecke verfolgen. Sie können sich nicht auf verbraucherschutzrechtliche Vorschriften berufen.[32]

---

20 Umstritten, so aber BGH NJW 2002, 368; Bamberger/Roth/Schmidt-Räntsch, § 13 Rn 3; Palandt/Heinrichs, § 13 Rn 2; a.A. Fehrenbacher/Herr, BB 2002, 1006; Dauner-Lieb/Dötsch, DB 2003, 1666.
21 Böher, RNotZ 2003, 281.
22 Palandt/Heinrichs, § 13 Rn 3; § 312b Rn 10.
23 Urt. v. 27.11.2003 – 2 AZR 177/03.
24 Ebenso bereits LAG Brandenburg DB 2003, 1447; LAG Hamm DB 2003, 1443.
25 Grzwiwotz, FamRZ 2002, 963.
26 Zum Begriff des „freien Berufs" näher Ring, Wettbewerbsrecht der freien Berufe, S. 41 ff.; ders., Partnerschaftsgesellschaftsgesetz, Kommentar, 1997, § 1 PartGG Rn 6 ff.
27 So Baumbach/Hopt, HGB, § 1 Rn 2; Hopt, ZGR 1987, 145, 172 ff.; Roth, in: Koller/Roth/Morck, Handelsgesetzbuch, Kommentar, 3. Aufl. 2003, § 1 HGB Rn 10; Röhricht, in: Röhricht/v. Westphalen, Handelsgesetzbuch, Kommentar, 1998, vor §§ 1–7 HGB Rn 27; a.A. BGHZ 49, 258, 260; ebenso BGHZ 83, 382, 387; anders jedoch BGHZ 95, 155, 157 f.
28 Härting, Fernabsatzgesetz, Kommentar, 2000, Einl. FernAbsG Rn 50; Pfeiffer, NJW 1999, 169, 172.
29 So Baumbach/Hopt, HGB, § 1 Rn 3; Roth, in: Koller/Roth/Morck, a.a.O., § 1 HGB Rn 12 f.
30 Härting, a.a.O., Einl. FernAbsG Rn 50; Heinrichs, NJW 1996, 2190, 2191; Horn, in: Wolf/Horn/Lindacher, Gesetz zur Regelung des Rechts der Allgemeinen Geschäftsbedingungen, Kommentar, 4. Aufl. 1999, § 24a AGBG Rn 19; Ulmer, in: Ulmer/Brandner/Hansen, AGB-Gesetz, Kommentar, 8. Aufl. 1997, § 24a AGBG Rn 21.
31 EuGH NJW 2002, 205.
32 Palandt/Heinrichs, 60. Aufl. 2001, § 24a AGBG Rn 6.

2. Der bereichsspezifische Verbraucherbegriff und das Gemeinschaftsrecht.

Der Gesetzgeber gibt einen bereichsspezifischen Verbraucherbegriff vor. Verbraucher ist also auch eine Person, die einer **gewerblichen** oder **selbständigen beruflichen Tätigkeit** nachgeht, solange nicht das konkret in Rede stehende Rechtsgeschäft dieser Tätigkeit zuzurechnen ist.[33] Der Gesetzgeber verwirklicht mit dieser Begriffsbestimmung die Konzeption von Art. 2 Nr. 2 FARL, Art. 1 Abs. 2 lit. a Verbraucherkreditrichtlinie sowie Art. 2 Haustürgeschäfterichtlinie.

§ 13 ist jedoch **nicht deckungsgleich mit** dem **Richtlinienrecht**. Letzteres ist umfassender und schließt jene natürlichen Personen vom Verbraucherbegriff aus, die zu einem Zweck handeln, der ihrer beruflichen Tätigkeit zuzurechnen ist: Eine jegliche berufliche Zweckbestimmung, nicht nur die selbständig-berufliche (wie nach § 13), hindert damit also den persönlichen Anwendungsbereich. Infolgedessen ist der **Arbeitnehmer**, der zu abhängig-beruflichen (nicht zu selbständig-beruflichen, Rn 22) Zwecken Güter oder Dienstleistungen erwirbt (z.B. Arbeitskleidung oder einen Pkw für die Fahrt zur Arbeit kauft), nach deutschem Recht Verbraucher, nach europäischem Sekundärrecht nicht.[34]

Nach dem Richtlinienrecht hebt also jeder Bezug zu einer beruflichen Tätigkeit die Verbrauchereigenschaft auf, während § 13 **nur Rechtsgeschäfte für selbständige berufliche Zwecke** dem Verbraucherschutz entzieht.[35] Der deutsche Gesetzgeber schützt (über das Gemeinschaftsrecht hinausgehend) den Arbeitnehmer also auch dann, wenn er im Rahmen des Arbeitsverhältnisses tätig wird.[36] Der Verbraucherbegriff ist damit bewusst weit gefasst und nicht für bestimmte Vertragstypen reserviert – mithin ist auch der Arbeitnehmer „Verbraucher" i.S.v. § 13.[37] Diese mit § 13 getroffene Regelung ist trotz dieser Abweichung vom Gemeinschaftsrecht statthaft, da die Richtlinienvorgaben nach Art. 15 Verbraucherkreditrichtlinie, Art. 8 Haustürgeschäfterichtlinie oder Art. 8 Missbräuchliche-Klauseln-Richtlinie dem nationalen Gesetzgeber im Rahmen der Umsetzung weiter gehende Regelungen im Verbraucherschutzinteresse zubilligen (Option für eine Ausdehnung des Verbraucherschutzes).[38]

Umstritten ist allerdings, ob ein **Arbeitnehmer** auch in seiner Eigenschaft als solcher „Verbraucher" ist, mithin die verbraucherschutzrechtlichen Regelungen (bspw. § 310 Abs. 3 oder § 288 Abs. 2) auch im Arbeitsverhältnis anwendbar sind – er also beim Abschluss eines Arbeitsvertrags, dessen Änderung oder Aufhebung **Verbraucher**[39] (oder aber **Nichtverbraucher**)[40] ist. In der Literatur wird zwischen dem **absoluten** und dem **relativen Verbraucherbegriff** differenziert. Die Vertreter des absoluten Verbraucherbegriffs wollen jede Verbraucherschutznorm (losgelöst von ihrer Zweckrichtung) auf das Arbeitsverhältnis angewendet sehen,[41] wohingegen die Vertreter des relativen Verbraucherbegriffs Regelungen des Verbraucherschutzrechts nur auf Vertragsabschlüsse zwischen Arbeitnehmer und Arbeitgeber außerhalb des eigentlichen Arbeitsvertrages angewendet wissen wollen (bspw. im Falle eines Arbeitgeberdarlehens).[42]

Diese Fragestellung ist wohl differenziert zu beantworten:[43] Auch wenn die Verbrauchereigenschaft des Arbeitnehmers nicht infrage zu stellen ist, hat dies nicht zwingend zur Folge, dass im Arbeitsvertragsrecht

---

33 *Lorenz*, JuS 2000, 833, 839. *Flume* (ZIP 2000, 1427, 1428) weist zutreffend darauf hin, dass bei unbefangener Betrachtung des gesetzestechnisch „verunglückten" Wortlauts der Norm der „Verbraucher" offensichtlich eine Person ist, „die an sich eine gewerbliche oder selbständige berufliche Tätigkeit ausübt und die nur Verbraucher ist, wenn sie ein Rechtsgeschäft zu einem Zweck abschließt, der weder ‚ihrer' gewerblichen noch ‚ihrer' selbständigen beruflichen Tätigkeit zugerechnet werden kann", wohingegen es in der überwiegenden Zahl der Verbraucherschutzvorschriften um „Verbraucher" gehe, die weder eine gewerbliche noch eine selbständige berufliche Tätigkeit ausüben. Fazit nach *Flume* (a.a.O.): „Die Definition des § 13 BGB ist nach ihrem Wortlaut barer Unsinn. Danach wäre jeder Beteiligte eines Rechtsgeschäfts, das ihm nach dem von ihm verfolgten Zweck nicht für eine gewerbliche oder selbständige berufliche Tätigkeit zugerechnet werden kann, ein Verbraucher. Auch der private Verkäufer, der Schenker wie der Beschenkte, der private Vermieter, der private Auftraggeber wie der Beauftragte, selbst der Bürge könnte nach dem Wortlaut von § 13 BGB ‚Verbraucher' sein. Wie sehr hatte doch *Javolen* Recht mit seiner Warnung: ‚Omnis definitio est periculosa'".
34 *Bülow/Artz*, NJW 2000, 2049, 2050.
35 *Palandt/Heinrichs*, § 13 BGB Rn 3.
36 *Bamberger/Roth/Schmidt-Räntsch*, § 13 Rn 6; *Boemke*, BB 2002, 96, 97; *Lütcke*, Fernabsatzgesetz, Kommentar, 2002, § 312b BGB Rn 17.
37 So *Däubler*, NZA 2001, 1329, 1333 f.; ErfK/*Preis*, 4. Aufl. 2004, § 611 BGB Rn 208; *Hümmerich/Holthausen*, NZA 2002, 173; *Reinecke*, DB 2002, 583, 587; a.A. *Bauer/Kock*, DB 2002, 42, 44; *Berkowsky*, AuA 2002, 11, 15; *Henssler*, RdA 2002, 129, 133 ff.; *Lingemann*, NZA 2002, 181.
38 *Palandt/Heinrichs*, § 13 Rn 3.
39 So *Däubler*, NZA 2001, 1332; *Hümmerich*, AnwBl 2002, 671; *Reim*, DB 2002, 2434.
40 So *Annuß*, NJW 2002, 2844; *Bauer/Kock*, DB 2002, 42, 43 f.; *Rieble/Klumpp*, ZIP 2002, 2153; *Palandt/Heinrichs*, § 13 Rn 3; Soergel/*Pfeiffer*, § 13 Rn 44.
41 Vgl. etwa *Däubler*, NZA 2001, 1329, 1333; *Hümmerich/Holthausen*, NZA 2002, 173.
42 *Henssler*, RdA 2002, 129, 133 ff.
43 Vgl. auch ErfK/*Preis*, 4. Aufl. 2004, § 611 BGB Rn 208: „Die Differenzierung zwischen relativem und absolutem Verbraucherbegriff bringt keinen Erkenntnisfortschritt".

auf jede Form eines Rechtsgeschäfts (das ein Arbeitnehmer eingeht) Verbraucherschutzrecht zur Anwendung gelangt. Dies hat das BAG jüngst im Hinblick auf den Aufhebungsvertrag ausdrücklich konstatiert (Rn 14). Im Übrigen dürften wegen der strukturellen Unterschiede des Arbeitsvertrags mit Verträgen, die auf eine Güter- oder Dienstleistungsnachfrage zielen, arbeitsvertragliche Vereinbarungen weitgehend dem Anwendungsbereich des Verbraucherschutzrechts entzogen und dem Sonderprivatrecht „Arbeitsrecht" exklusiv zugewiesen sein (Rn 13). Auch *Preis*[44] vertritt die Auffassung, dass nur dort, wo kraft ausdrücklicher gesetzlicher Anordnung oder aus systematisch-teleologischen Gründen etwas anderes folgt, von einer Anwendung der Verbraucherschutzregeln im Arbeitsrecht abzusehen sei – weshalb „das Haustürwiderrufsrecht ... z.B. bei Aufhebungsverträgen deshalb keine Anwendung (findet), weil dieses Widerrufsrecht – ausweislich des Untertitels – nur für ‚besondere Vertriebsformen' gilt"[45] (zur zwischenzeitlich parallelen BAG-Judikatur vorstehende Rn 14).

25 **Existenzgründer** sind auch schon bei Aufnahme ihrer unternehmerischen Tätigkeit keine Verbraucher mehr[46] (*arg. e contrario* § 507).

26 Unstreitig unterfällt dem Verbraucherbegriff nicht ein **Unternehmer**, der sein bestehendes Unternehmen erweitert bzw. ein neues Unternehmen gründet[47] – zumal diese (analog § 344 HGB) von ihm vorgenommenen Rechtsgeschäfte im Zweifelsfalle seinem Unternehmen zuzurechnen sind.

27 **3. Die private Sphäre.** Die Anwendbarkeit von Verbraucherschutzrecht setzt nach § 13 voraus, dass eine natürliche Person zu privaten Zwecken ein Rechtsgeschäft abschließt, Letzteres also weder mit einer gewerblichen noch mit einer selbständigen beruflichen Tätigkeit in Verbindung steht (Bezogenheit auf die **private Sphäre**).[48] Zur privaten Sphäre zählen z.B. der private Haushalt, die Freizeit, der Urlaub, Sport oder die Gesundheitsvorsorge bzw. vergleichbare Vorsorgemaßnahmen (z.B. der Abschluss einer Unfall- oder Lebensversicherung),[49] darüber hinaus aber auch die Verwaltung oder Anlage des persönlichen Vermögens[50] (z.B. Geldanlage in Miethäusern oder Wertpapieren),[51] wodurch der Verbraucher auch nicht Unternehmer wird.[52] Letzteres gilt aber nur, soweit der Verbraucher Leistungen nachfragt. Tritt der Verbraucher hingegen als Anbieter (etwa als Vermieter einer Wohnung) in den Wettbewerb mit anderen unter Anbieten planmäßiger Leistungen gegen ein Entgelt ein, ist er „Unternehmer".[53]

28 Die Notwendigkeit einer Bezogenheit auf die private Sphäre hat zur Folge, dass Verträge eines **Kaufmanns** in Ausübung seiner gewerblichen Tätigkeit wie auch solche eines **Freiberuflers** im Rahmen seiner Berufsausübung dem Verbraucherschutzrecht nicht unterfallen.[54] Unternehmer, die außerhalb ihres gewerblichen oder beruflichen Tätigkeitskreises handeln, sind allerdings Verbraucher.

29 Übernimmt ein **GmbH-Geschäftsführer** eine Schuld der GmbH oder verbürgt er sich für eine solche, ist er Verbraucher.[55]

30 Ob die private oder die unternehmerische Sphäre betroffen wird, entscheidet sich nicht subjektiv nach dem inneren Willen der Handelnden. Entscheidend ist der durch Auslegung zu ermittelnde Inhalt des in Rede stehenden Rechtsgeschäfts unter Berücksichtigung der Begleitumstände.

31 **4. Dual use und Zweifelsfälle.** Schwierig kann eine Abgrenzung zwischen privater und unternehmerischer Sphäre bei Vertragsabschlüssen von Kaufleuten oder Freiberuflern hinsichtlich Gegenständen sein, die – wie etwa Kraftfahrzeuge – **sowohl beruflich als auch privat** genutzt werden sollen (sog. *dual use*).[56] Abzustellen ist auf die beabsichtigte überwiegende Nutzung.[57] Ist diese (bei *ex ante*-Betrachtung) privater Natur, sollen die verbraucherschutzrechtlichen Vorschriften zur Anwendung gelangen.[58] Auf jeden Fall soll in entspre-

---

44 ErfK/*Preis*, a.a.O., § 611 BGB Rn 208.
45 ErfK/*Preis*, a.a.O., § 611 BGB Rn 208; im Erg. ebenso *Bauer*, NZA 2002, 169, 171.
46 Umstr., so aber die h.M., vgl. etwa OLG Oldenburg NJW 2002, 641; Soergel/*Pfeiffer*, § 13 Rn 55; a.A. hingegen MüKo/*Micklitz*, § 13 Rn 41; Palandt/*Heinrichs*, § 13 Rn 3; *Prasse*, NZG 2002 354.
47 Palandt/*Heinrichs*, § 13 Rn 3.
48 *Härting*, a.a.O., Einl. FernAbsG Rn 51.
49 Palandt/*Heinrichs*, 60. Aufl. 2001, § 24a AGBG Rn 6.
50 *Ulmer*, in: Ulmer/Brandner/Hansen, a.a.O., § 24a AGBG Rn 25.
51 So *Pfeiffer*, NJW 1999, 169, 172 (zum früheren § 24a AGBG); Palandt/*Heinrichs*, § 14 Rn 3.
52 BGH NJW 2002, 368.
53 So Palandt/*Heinrichs*, § 14 Rn 2; a.A. Staudinger/*Schlosser*, 12. Aufl., § 24a AGBG Rn 29.
54 *Heinrichs*, NJW 1996, 2190, 2191; *Roth/Schulze*, RIW 1999, 924.
55 BGHZ 133, 71; BGH WM 2000, 1632 = NJW 2000, 3133; a.A. *Hänlein*, DB 2001, 1185, *Dauner-Lieb/Dötsch*, DB 2003, 1666.
56 Dazu näher *Härting*, a.a.O., Einl. FernAbsG Rn 54 ff.
57 I.d.S. Soergel/*Pfeiffer*, § 13 Rn 38; *Wendehorst*, DStR 2000, 1311.
58 Str., so aber *Heinrichs*, NJW 1996, 2190, 2191; *Wolf*, in: Wolf/Horn/Lindacher, a.a.O., § 24a AGBG Rn 2; *Pfeiffer*, NJW 1999, 169, 173: im Zweifel sei bei *dual use* kein Verbrauchergeschäft anzunehmen; vgl. auch Jauernig/*Jauernig*, § 13 Rn 3: bei *dual use* kein Verbrauchergeschäft; a.A. *v. Westphalen*, BB 1996, 2101: Verbrauchergeschäft bei *dual use*.

chenden Konstellationen die Auslegungsregel des § 344 Abs. 1 HGB (die im Übrigen auch nur Kaufleute und nicht auch Freiberufler erfasst) **keine** Anwendung finden.[59] *Härting*[60] plädiert zutreffend dafür, in **Zweifelsfällen**, d.h. wenn nicht zweifelsfrei eine überwiegend private oder gewerbliche bzw. freiberufliche Nutzung des Vertragsgegenstandes feststellbar ist, im Interesse eines wirksamen Verbraucherschutzes den Kunden immer als „Verbraucher" zu behandeln.[61]

Beachte: Formularmäßige Klauseln (**AGB**), in denen sich ein Unternehmer von seinem Vertragspartner bestätigen lässt, dieser sei gleichfalls „Unternehmer", sind nach § 309 Nr. 12 **unwirksam**.[62]

Beachte weiterhin: Sind an einem Vertrag als eine der Vertragsparteien zwei Personen beteiligt, von denen einer Verbraucher und der andere Unternehmer ist, steht allein dem Verbraucher gegenüber dem Vertragspartner bspw. das Widerrufsrecht nach § 312d Abs. 1 S. 1 zu[63] – allerdings mit der Folge, dass nach § 139 die Ausübung des verbraucherrechtlichen Widerrufsrechts im Zweifelsfalle zur Rückabwicklung des ganzen Vertrags führt.

Die **Beweislast** dafür, dass die Voraussetzungen des § 13 vorliegen, trägt derjenige, der sich auf den Schutz einer (Verbraucherschutz-)Norm beruft.[64]

5. Abschluss eines Rechtsgeschäfts. § 13 beschränkt den Anwendungsbereich der Norm auf vom Verbraucher „abgeschlossene" Rechtsgeschäfte. *Heinrichs*[65] hält diese Einschränkung für „verfehlt", vielmehr werde der Verbraucher auch geschützt, wenn er selbst nicht rechtsgeschäftlich handelt, sondern ihm eine unbestellte Sache zugesandt wird (§ 241a), ihm gegenüber der Eindruck einer Gewinnzusage vermittelt wird (§ 661a) oder er auf Informationen des Unternehmers angewiesen ist (z.B. nach § 312c bei Fernabsatzverträgen).

III. Der Unternehmerbegriff (§ 14)

Unternehmer ist – entsprechend dem EU-Recht als Gegenbegrifflichkeit zum Verbraucher (§ 13) ausgestaltet – nach § **14 Abs. 1** jede **natürliche** oder (in Ausdifferenzierung des früher in der Unternehmensdefinition nur allgemein verwendeten Begriffs der „Person" auch) **juristische Person** bzw. eine **rechtsfähige Personengesellschaft**, die bei Abschluss eines Rechtsgeschäfts in Ausübung ihrer gewerblichen oder selbständigen beruflichen Tätigkeit handelt.[66] D.h. jede natürliche oder juristische Person, die am Markt planmäßig und dauerhaft gegen Entgelt arbeitet, ist Unternehmer[67] – unabhängig davon, ob eine Gewinnerzielungsabsicht besteht oder nicht.[68]

Unternehmer i.S.d. § 14 sind damit auch gesetzliche Vermögensverwalter (bspw. Insolvenz- oder Nachlassverwalter bzw. Testamentsvollstrecker, deren Aufgabe in der Verwaltung eines Unternehmens besteht) bzw. gemeinnützige Vereine.

Dem Unternehmerbegriff unterfällt gleichermaßen ein **Strohmann**, der auf der Grundlage einer wirksamen Vereinbarung für einen Unternehmer tätig wird.[69]

Der Unternehmerbegriff entspricht der Definition im früheren § 24 S. 1 Nr. 1 AGBG.[70] und ersetzt im Verbraucherrecht den Begriff des Kaufmanns sowie jenen des Gewerbebetriebs (an dem das BGB anderenorts – z.B. in § 269 Abs. 2 – noch festhält).[71] Die Terminologie ist deckungsgleich mit dem Begriff des Erwerbsgeschäfts in § 1822 Nr. 3 und entspricht dem Unternehmensbegriff des § 84 HGB. Andererseits ist

---

59 Da die Regelung den Kaufmann in Zweifelsfällen zur Einhaltung der verschärften handelsrechtlichen Vorschriften verpflichten soll (*Baumbach/Hopt*, HGB, § 344 Rn 1; *Wagner*, in: Röhricht/v. Westphalen, a.a.O., § 344 HGB Rn 8), mithin einen Zweck verfolgt, der auf das Verbraucherschutzrecht nicht übertragbar ist, so *Härting*, a.a.O., Einl. FernAbsG Rn 56.
60 A.a.O., Einl. FernAbsG Rn 57.
61 A.A. *Heinrichs*, NJW 1996, 2190, 2191; Palandt/ *Heinrichs*, § 13 Rn 4; ebenso *v. Westphalen*, BB 1996, 2101.
62 Umstritten – so aber Palandt/*Heinrichs*, § 13 Rn 4; a.A. hingegen *Müller*, NJW 2003, 1974.
63 So zutr. Bamberger/Roth/*Schmidt-Räntsch*, § 13 Rn 8.
64 Palandt/*Heinrichs*, § 13 Rn 4.
65 Palandt/*Heinrichs*, § 13 Rn 5.
66 Der Gesetzgeber verkennt, dass die §§ 631 ff. den Begriff „Unternehmer" auch für „Private" verwenden, die die Herstellung eines Werks versprechen, *Flume*, ZIP 2000, 1427, 1428.
67 Palandt/*Heinrichs*, § 14 Rn 2 unter Bezugnahme auf *K. Schmidt*, Handelsrecht, 5. Aufl. 1999, § 9 IV.
68 *Faber*, ZEuP 1998, 854, 869; Soergel/*Pfeiffer*, § 14 Rn 13; *Ulmer/Brandner/Hensen*, a.a.O., § 24a AGBG Rn 16.
69 BGH NJW 2002, 2030: Der Strohmann ist nicht Verbraucher.
70 Allerdings werden in § 14 Abs. 1 – anders als im früheren § 24 S. 1 Nr. 1 AGBG – öffentlich-rechtliche Einrichtungen nur dann als „Unternehmer" qualifiziert, wenn sie rechtsfähig sind (was auf nichtrechtsfähige Eigenbetriebe kommunaler Gebietskörperschaften nicht zutrifft, weswegen diese folgerichtig auch nicht zur Einhaltung verbraucherschutzrechtlicher Bestimmungen verpflichtet sind): *Härting*, a.a.O., Einl. FernAbsG Rn 60.
71 Palandt/*Heinrichs*, § 14 Rn 1.

"Unternehmer" nach Maßgabe des Werkvertragsrechts (§§ 631 ff.) der Hersteller, d.h. der Auftragnehmer, der i.S.d. §§ 13 f. auch Verbraucher sein kann.[72] Damit erfasst der **weite Unternehmerbegriff** des § 14 Abs. 1 im Hinblick auf natürliche Personen Kaufleute (unabhängig von ihrer Handelsregistereintragung, mithin auch Kleingewerbetreibende), sonstige (nicht kaufmännische Klein-)Gewerbetreibende, Angehörige der freien Berufe und Landwirte.

40 Folgt man dem Rechtsgedanken des § 344 HGB (Rn 31), gelten Rechtsgeschäfte eines Unternehmers im Zweifelsfalle als unternehmerisch getätigt.[73] Der Unternehmerbegriff umfasst auch eine nebenberufliche unternehmerische Betätigung sowie Hilfs- und Nebengeschäfte, ungewöhnliche Verträge und vorbereitende bzw. abwickelnde Geschäfte[74] – ebenso branchenfremde Nebengeschäfte.[75]

41 Zum Problem des *dual use* siehe Rn 31.

Juristische Personen des **öffentlichen Rechts** sind dann „Unternehmer" i.S.v. § 14 Abs. 1, wenn sie sich gewerblich betätigen[76] und die Leistungsbeziehung nicht ausschließlich öffentlich-rechtlich organisiert ist. Damit sind Einrichtungen des öffentlichen Rechts (wie Eigenbetriebe der Gemeinden oder Schwimmbäder) Unternehmen i.S.v. § 14, sofern sie eine Leistung an den Bürger gegen Entgelt erbringen (es sei denn, die Leistungsbeziehung vollzieht sich ausschließlich auf öffentlich-rechtlicher Grundlage).[77]

42 § 14 Abs. 2 qualifiziert – tautologisch – eine Personengesellschaft, die mit der Fähigkeit ausgestattet ist, Rechte zu erwerben und Verbindlichkeiten einzugehen, als **rechtsfähige Personengesellschaft**.[78] § 14 Abs. 1 erklärt auch die rechtsfähige Personengemeinschaft[79] zum „Unternehmer". Damit unterfallen dem Unternehmerbegriff auch die offene Handelsgesellschaft (§ 124 Abs. 1 HGB), die Kommanditgesellschaft (§ 161 Abs. 2 i.V.m. § 124 Abs. 1 HGB), die Partnerschaftsgesellschaft (§ 7 Abs. 2 PartGG) sowie die Europäische Wirtschaftliche Interessenvereinigung (Art. 1 Abs. 2 EWIV-VO), die, obgleich sie keine juristischen Personen sind, Teilrechtsfähigkeit besitzen. Dies gilt gleichermaßen für die (Außen-)GbR,[80] nachdem der BGH am 29.1.2001 ihre (Teil-)Rechtsfähigkeit anerkannt hat, soweit sie durch ihre Teilnahme am Rechtsverkehr eigene Rechte und Pflichten begründet.[81] Eine in einem EU-Mitgliedstaat (nach dortigem Recht wirksam) gegründete Gesellschaft gilt auch nach einer Sitzverlegung nach Deutschland kraft Gemeinschaftsrecht (Artt. 43, 48 EGV) als **juristische Person ausländischen Rechts** fort.[82]

43 Der Gesetzgeber hat in § 14 Abs. 2 die Gesetzesformulierung des § 1059a Abs. 3 a.F. übernommen, nach der einer juristischen Person eine Personengesellschaft gleichsteht, die mit der Fähigkeit ausgestattet ist, Rechte zu erwerben und Verbindlichkeiten einzugehen (Legaldefinition „rechtsfähige Personengesellschaft"). Die in § 14 Abs. 2 getroffene Definition steht im Einklang mit den verbraucherschutzrechtlichen Vorgaben des europäischen Richtlinienrechts:[83] Art. 2 Nr. 3 FARL, Art. 1 Abs. 2 lit. b Verbraucherkreditrichtlinie, Art. 2 zweiter Spiegelstrich Haustürgeschäfterichtlinie, Art. 2 lit. c Missbräuchliche-Klauseln-Richtlinie sowie Art. 2 dritter Spiegelstrich Time-Sharing-Richtlinie.

44 Erstaunlich ist allerdings die Positionierung der Legaldefinition „Unternehmer" im Abschnitt „Natürliche Personen". Dies ist systemwidrig[84] und auch nicht durch die Verortung des Parallelbegriffs „Verbraucher" in § 13 erklärlich, da Unternehmer – wie dargelegt (Rn 36) – auch die juristische Person oder eine aus natürlichen wie juristischen Personen bestehende Personengemeinschaft sein kann.

45 § 14 beschränkt den Anwendungsbereich der Norm auf vom Unternehmer abgeschlossene Rechtsgeschäfte. *Heinrichs* hält diese Einschränkung für „verfehlt"[85] (zum Parallelproblem im Kontext mit dem Verbraucherbegriff siehe Rn 35) – dem Unternehmer werden nicht nur Verpflichtungen auferlegt, wenn er ein Rechtsgeschäft abschließt, sondern auch, wenn er ein solches vorbereitet (§ 241a bzw. § 312c bei Fernabsatzverträgen).

---

72 Palandt/*Heinrichs*, § 14 Rn 1.
73 *Faber*, ZEuP 1998, 854, 866; *Wolf*, in: Wolf/Horn/Lindacher, a.a.O., § 24a AGBG Rn 23; a.A. *Pfeiffer*, NJW 1999, 169, 172.
74 Palandt/*Heinrichs*, § 14 Rn 2.
75 MüKo/*Micklitz*, § 13 Rn 44.
76 Palandt/*Heinrichs*, 60. Aufl. 2001, § 24 AGBG Rn 4.
77 Palandt/*Heinrichs*, § 14 Rn 2.
78 *Flume* (ZIP 2000, 1427, 1428) weist darauf hin, dass der Begriff der „Rechtsfähigkeit", wenn er für die Personengesellschaft verwendet wird, nicht mehr besagt, „als dass die Gesamthand, das heißt die Gruppe, und nicht jedes Mitglied derselben der Beziehungspunkt der Rechtsbeziehungen ist"; *ders.*, BGB AT Bd. 1/1, S. 90: „Jede Personengemeinschaft ist mit dieser Fähigkeit ausgestattet, wenn die Gesellschafter dies wünschen".
79 Zur Diskussion über die Rechtsfähigkeit der Gesellschaft bürgerlichen Rechts (GbR) näher BGH NJW 1999, 3483; *Reiff*, NZG 2000, 281; *Ulmer*, ZGR 2000, 339.
80 A.A. HK-BGB/*Dörner*, §§ 13 f. Rn 4.
81 BGHZ 146, 341 = NJW 2001, 1056 (noch offen gelassen von BGHZ 142, 315), dazu *K. Schmidt*, NJW 2001, 993; *Gesmann-Nuissl*, WM 2001, 973.
82 Vgl. EuGH NJW 2002, 3614; BGH NJW 2003, 1461; a.A. BGH NJW 2002, 3539: Die Gesellschaft sei rechtsfähige Gesellschaft deutschen Rechts.
83 *Bülow/Artz*, NJW 2000, 2049, 2051.
84 *Flume*, ZIP 2000, 1427: „Ungereimtheit".
85 Palandt/*Heinrichs*, § 13 Rn 5.

IV. Die unmittelbare Anwendung der Schlüsselbegriffe

Der Gesetzgeber sah davon ab, die Regelungen der §§ 13 und 14 Abs. 1 dergestalt als Verweisungsnormen auszugestalten, dass diese auf die Begriffsdefinitionen des Unternehmers im früheren § 24 S. 1 Nr. 1 AGBG und des Verbrauchers im früheren § 24a S. 1 AGBG verwiesen. Obgleich diese Schlüsselbegriffe im BGB selbst bislang nicht eigenständig definiert waren, birgt die weitgehend inhalts- und wortgleiche Übernahme der früheren Definitionen des AGB-Gesetzes in die Regelung der §§ 13 und 14 Abs. 1 den Vorteil in sich, „dass in den einzelnen Verbraucherschutzgesetzen nicht auf andere Gesetze verwiesen werden (muss). Denn im BGB verwendete Schlüsselbegriffe können ohne derartige Verweisungen verwendet werden".[86] So gelangen die Begriffsdefinitionen der §§ 13 und 14 z.B. bei Haustürgeschäften (§ 312), Fernabsatzverträgen (§ 312b), Teilzeit-Wohnrechteverträgen (§ 481) oder Verbraucherdarlehensverträgen (§ 491) zur Anwendung.

46

§ 15 – 20 (weggefallen)

Titel 2. Juristische Personen
Untertitel 1. Vereine
Kapitel 1. Allgemeine Vorschriften

Vorbemerkungen zu §§ 21 ff.

Literatur: *Adams/Maßmann*, Vereinsreform in Deutschland, ZRP 2002, 128; *Arnold*, Die geplante Vereinsrechtsreform – Fortschritt oder Irrweg?, DB 2004, 2143; *Bethge*, Die Grundrechtsberechtigung juristischer Personen nach Art. 19 Abs. 3 Grundgesetz, 1985; *Blum/Ebeling*, Dynamische Verweisungen im Arbeits- und Verbandsrecht, in: FS Fenn 2000, S. 85; *Böckenförde*, Organ, Organisation, Juristische Person, in: FS H.-J. Wolff 1974, S. 269; *Büttner*, Identität und Kontinuität bei der Gründung juristischer Personen, 1967; *Ehses*, Die Gründerhaftung in der Vorgesellschaft, Eine Untersuchung von Vor-GmbH, Vor-AG, Vorverein und Vorgenossenschaft, 2000, S. 261; *Fiedler*, Konzernhaftung beim eingetragenen Verein, 1998; *Flume*, Gesellschaft und Gesamthand, ZHR, 136 (1972), 177; *ders.*, Körperschaftliche juristische Person und Personenverband, in: FS Kegel 1987, S. 147; *ders.*, Savigny und die Lehre von der juristischen Person, in: FS Wieacker 1978, S. 340; *Grundmann/Terner*, Vereinsrecht – ein Überblick, JA 2002, 689; *John*, Die organisierte Rechtsperson, 1977; *Kögler*, Arbeiterbewegung und Vereinsrecht, 1974; *Leist*, Untersuchungen zum inneren Vereinsrecht, 1904; *Müller-Freienfels*, Zur Lehre vom sogenannten Durchgriff bei juristischen Personen, AcP 156 (1957), 522; *Mummenhoff*, Gründungssysteme und Rechtsfähigkeit, 1979; *Ott*, Reform des privaten Vereinsrechts, ZRP 2002, 433; *Raiser*, Der Begriff der juristischen Person – Eine Neubesinnung, AcP 199 (1999), 104; *Reichert*, Handbuch des Vereins- und Verbandsrechts, 9. Auflage 2003; *Reuter*, Zur Abgrenzung von Vereins- und Gesellschaftsrecht, ZGR 1981, 364; *Rittner*, Die werdende juristische Person, 1973; *Sauter/Schweyer/Waldner*, Der eingetragene Verein, 17. Auflage 2001; *K.Schmidt*, Der bürgerlich-rechtliche Verein mit wirtschaftlicher Tätigkeit, AcP 182 (1982), 1; *ders.*, Die Abgrenzung der beiden Vereinsklassen, Rpfleger 1972, 286; *ders.*, Systemfragen des Vereinsrechts, ZHR 147 (1983), 43; *ders.*, Ultra-vires-Doktrin: tot oder lebendig? AcP 184 (1984), 529; *ders.*, Verbandszweck und Rechtsfähigkeit im Vereinsrecht – Eine Studie über Erwerb und Verlust der Rechtsfähigkeit nichtwirtschaftlicher und wirtschaftlicher Vereine, 1984; *Schwarz*, Europäisches Gesellschaftsrecht, 2000, Rn 1223; *Vollmer*, Der Europäische Verein, ZHR 157 (1993), 373; *Vormbaum*, Die Rechtsfähigkeit der Vereine im 19. Jahrhundert, 1976; *Wagner*, Der Europäische Verein, 2000; *Wiedemann*, Juristische Personen und Gesamthand als Sondervermögen, WM 1975, Beilage 4; *Wilhelm*, Rechtsform und Haftung bei der juristischen Person, 1981.

A. Juristische Personen	1	B. Verein	10
I. Begriff, Rechtsnatur und Arten juristischer Personen	1	I. Begriff und Rechtsnatur	10
II. Erwerb und Umfang der Rechtsfähigkeit	3	II. Vereinsfreiheit	11
1. Erwerb	3	III. Anwendungsbereich	13
2. Umfang der Rechtsfähigkeit	4	IV. Europäisches Vereinsrecht	18
3. Anerkennung ausländischer juristischer Personen	5	V. Erscheinungsformen	19
		VI. Vereinsrechtsreform	24
III. Handlungs- und Deliktfähigkeit juristischer Personen	6	C. Die fehlerhafte Gesellschaft	25
		I. Voraussetzungen der Anwendung	26
IV. Haftungsbeschränkung und Durchgriffshaftung	7	II. Unanwendbarkeit der Grundsätze	28
		III. Rechtswirkungen	30

---

[86] RegE, BT-Drucks 14/2648, S. 48.

Vor §§ 21 ff.   **Abschnitt 1 Personen**

A. Juristische Personen

I. Begriff, Rechtsnatur und Arten juristischer Personen

1 Bereits im Römischen Recht gab es Vereine als juristische Personen.[1] Das Verständnis der juristischen Person aus heutiger Sicht entwickelte sich jedoch erst im 19. Jahrhundert aus der Kontroverse romanistischer Fiktionstheorie und germanistischer Theorie von der realen Verbandspersönlichkeit.[2] Rechtsnatur und Begriff der juristischen Person sind streitig.[3] Heute wird überwiegend die Auffassung vertreten, dass die juristische Person eine zweckgebundene Organisation ist, in der Personen oder Sachen zusammengefasst sind und der die Rechtsordnung Rechtsfähigkeit verliehen und sie als Träger eigener Rechte und Pflichten verselbständigt hat.[4] In der Praxis ist der Theorienstreit bedeutungslos.[5] Es gibt juristische Personen des öffentlichen und des privaten Rechts. Sie unterscheiden sich durch den Entstehungstatbestand (Rechtsgeschäft/Hoheitsakt[6]) sowie das maßgebende Recht. **Juristische Personen des öffentlichen Rechts** sind namentlich der Staat (Bund, Länder), die in ihn eingegliederten Gebietskörperschaften (Gemeinden, Kreise), die Kirchen sowie die sonstigen öffentlich-rechtlichen Körperschaften, Anstalten und Stiftungen.[7] Die §§ 21 ff. sind auf die juristischen Personen des öffentlichen Rechts grundsätzlich nicht anwendbar; eine Ausnahme gilt kraft ausdrücklicher gesetzlicher Anordnung in § 89 für den in § 31. **Juristische Personen des Privatrechts** sind Vereine und Stiftungen sowie die in Spezialgesetzen geregelten AG, KGaA, GmbH, eG und VVaG.

2 Juristische Personen sind abzugrenzen von **Gesamthandgemeinschaften**. Gesamthandgemeinschaften sind die GbR, der sog. „nicht rechtsfähige", nicht eingetragene Verein, OHG, KG, EWIV, eheliche Gütergemeinschaft, Erbengemeinschaft und Partnerschaftsgesellschaft. Nach traditioneller Auffassung („Gesamthandtheorie") sind Träger der Rechte und Pflichten die Mitglieder der Gemeinschaft, nicht aber eine von ihnen begrifflich zu unterscheidende (juristische) Person; das Gesamthandsvermögen steht danach den Gesamthändern in gesamthänderischer Verbundenheit als Sondervermögen zu.[8] Die Gesamthänder können aber nicht über ihren Anteil an den einzelnen Vermögensgegenständen verfügen (§§ 719 Abs. 1, 1419 Abs. 1, 2033 Abs. 2). Demgegenüber sieht eine von *Flume* begründete Gegenansicht („Gruppenlehre") die Gesamthand als Zuordnungseinheit, die der juristischen Person angenähert und (teil-)rechtsfähig ist. Rechtsfähige Subjekte sind insofern die OHG, KG und EWIV sowie die Außen-GbR. Gleiches gilt für den nicht eingetragenen Verein (vgl. § 54 Rn 6 ff.). Keine rechtsfähigen Subjekte sind demgegenüber die eheliche Gütergemeinschaft und die Erbengemeinschaft (vgl. AnwK-BGB/*Heidel*, § 705 Rn 7, 82, 84).[9]

II. Erwerb und Umfang der Rechtsfähigkeit

3 **1. Erwerb.** Drei Systeme des Erwerbs der Rechtsfähigkeit bzw. Entstehung juristischer Personen sind gängig: (a.) Im System der freien Körperschaftsbildung entsteht das rechtsfähige Objekt, sobald die gesetzlichen Voraussetzungen für seine Gründung erfüllt sind; der Staat kontrolliert das nicht; Standardfälle sind der „nicht rechtsfähige Verein" und die GbR.[10] (b.) Das für die Praxis wesentliche System in Deutschland ist die **Erlangung der Rechtsfähigkeit durch Eintragung** (System der Normativbestimmungen): Die Rechtsfähigkeit wird dadurch anerkannt, dass bestimmte gesetzliche Anforderungen erfüllt sind und die Personen-Organisation in ein öffentliches Register eingetragen wird; das gilt in Deutschland zumal für den Idealverein (§ 21), die AG (§§ 23 ff. AktG), GmbH (§§ 1 ff. GmbHG), Genossenschaften (§§ 1 ff. GenG), KGaA (§§ 278 ff. AktG) sowie (mit Abweichungen) für die Stiftung (vgl. § 80 Rn 31 ff.). (c.) Nach dem Konzessionssystem erwirbt die Körperschaft ihre Rechtsfähigkeit durch staatliche Verleihung bzw. Genehmigung, über die nach pflichtgemäßem Ermessen zu entscheiden ist; dieses System gilt für den wirtschaftlichen Verein (§ 22) sowie den VVaG (§ 15 VVaG).

---

1 Kaser, Römisches Privatrecht, 17. Aufl. 2003, § 17 I.
2 Zum Theorienstreit im 19. Jahrhundert *H.J. Wolff*, Organschaft und juristische Person: Untersuchungen zur Rechtstheorie und zum öffentlichen Recht, 2 Bde., 1933/34, Neudruck 1968, S. 1–87; neuere Darstellung: *Wieacker*, in: FS Huber 1973, S. 339, 361 f.; *Wiedemann*, Gesellschaftsrecht, 6. Aufl. 2002, S. 112 ff.
3 Vgl. die Überblicke bei Staudinger/*Weick*, Einl. zu §§ 21 ff. Rn 3 ff.; MüKo/*Reuter*, vor § 21 Rn 1 ff.; *Flume*, BGB AT, Bd. 1/1, § 1.
4 BGHZ 25, 134, 144 = DB 1957, 747 = NJW 1957, 1433; Palandt/*Heinrichs*, vor §§ 21 ff. Rn 1; *Raiser*, AcP 199 (1999), 104; Bamberger/Roth/*Schwarz*, vor § 21 Rn 1.

5 *K. Schmidt*, GesR, 4. Aufl. 2002, § 8 II 1; Palandt/*Heinrichs*, vor § 21 Rn 1.
6 Ausnahmsweise kann eine juristische Person des Privatrechts auch auf einem Hoheitsakt beruhen, so die Deutsche Bundesstiftung Umwelt, Gesetz v. 18.7.1990 (BGBl I S. 1448).
7 Vgl. Staudinger/*Weick*, Einl. zu §§ 21 ff. Rn 19 f.
8 BGH DB 1988, 2560 = NJW 1988, 556; BAG DB 1989, 1973 = NJW 1989, 3034; BGH DB 1990, 1814 = NJW 1990, 1181; *Weber-Grellet*, AcP 182 (1982), 316.
9 BayObLG DNotZ 2003, 454 = NJW-RR 2003, 899; BGH DB 2002, 2527 = NJW 2002, 3389.
10 Vgl. Staudinger/*Weick*, Einl. zu §§ 21 ff. Rn 60; Bamberger/Roth/*Schwarz*, vor § 21 Rn 7.

2. Umfang der Rechtsfähigkeit. Die juristische Person des Privatrechts besitzt eine **umfassende, nicht auf Vermögensfähigkeit beschränkte Rechtsfähigkeit**, die der der natürlichen Person entspricht, soweit das jeweilige Recht bzw. die jeweilige Pflicht nicht eine natürliche Person als Träger voraussetzt.[11] Die Rechtsfähigkeit ist insbesondere nicht auf die Zwecke beschränkt, die nach Gesetz oder Satzung festgelegt worden sind (sog. *ultra-vires*-Lehre, die etwa im amerikanischen Zivilrecht gilt).[12] **Beispiele:** Die juristische Person kann Trägerin von Vermögensrechten und von Persönlichkeitsrechten[13] wie das Recht auf Namen,[14] Firma, Zeichenrechte, Urheber- und Erfinderrechte sein; sie kann Vollmachtträgerin sein; sie kann Mitglied in einem eingetragenen oder wirtschaftlichen Verein, einem nicht rechtsfähigen Verein, einer OHG oder Genossenschaft sein; sie kann Besitzerin und Eigentümerin sein; sie ist aktiv und passiv parteifähig sowie insolvenzfähig; sie ist erb- und vermächtnisfähig und kann Anspruch auf Prozesskostenhilfe haben; sie kann persönlich haftender Gesellschafter, Liquidator, Testamentsvollstrecker und Mitglied einer juristischen Person sein.[15] Demgegenüber kann sie nicht Trägerin von Rechten sein, die nach ihrem Sinn und Zweck nur einer natürlichen Person zustehen können: Zu nennen sind etwa familienrechtliche Positionen, die Rolle als Schiedsrichter oder als Nachlasspfleger sowie die Übernahme von bestimmten Funktionen bei juristischen Personen (sie kann nicht Vorstands- und Aufsichtsratsmitglied einer AG sein, §§ 76 Abs. 3 S. 1, 100 Abs. 1 S. 1 AktG, wohl aber Liquidator, § 256 Abs. 2 S. 3 AktG). Die juristische Person hat gemäß § 12 ein Recht am eigenen Namen[16] sowie, wenn auch beschränkt, ein allgemeines Persönlichkeitsrecht.[17] Die juristische Person ist grundrechtsfähig gemäß Art. 19 Abs. 3 GG: Grundrechte gelten für inländische juristische Personen, soweit sie ihrem Wesen nach auf diese anwendbar sind. Das BVerfG versteht das so, dass die materiellen Grundrechte dann einschlägig sind, wenn Bildung und Betätigung der juristischen Person „Ausdruck der freien Entfaltung der natürlichen Personen sind".[18]

3. Anerkennung ausländischer juristischer Personen. Vgl. dazu Rn 17 sowie den Anhang zu Art. 12 EGBGB Rn 3 ff.

III. Handlungs- und Deliktfähigkeit juristischer Personen

Die juristische Person kann nicht selbst, sondern nur durch natürliche Personen handeln. Bei der Frage des Handelns nach innen ist die innere Willensbildung einer juristischen Person angesprochen; diese vollzieht sich in den von Gesetz und Satzung vorgesehenen Gremien, beim Verein etwa Vorstand und Mitgliederversammlung. Handeln nach außen kann rechtsgeschäftlicher oder deliktischer Art sein. Insofern geht es um die Frage, welche Handlungen welcher Personen der juristischen Person zugerechnet werden – z.B. welche Erklärungen sie binden, welche Delikte sie ersatzpflichtig machen, welche Verfügungen über Gegenstände ihres Vermögens wirksam sind. Streitig ist, ob der „gesetzliche Vertreter" (§ 26 Abs. 2) die juristische Person wie einen Unmündigen vertritt und so die Handlungsfähigkeit begründet („**Vertretertheorie**") oder ob nach der „**Organtheorie**" (auch „reale Verbandstheorie") die Vertreter mit den „Organen" eines Lebewesens zu vergleichen sind: in den Handlungen ihrer Organe stelle sich die juristische Person unmittelbar dar.[19] Der BGB-Gesetzgeber hat den Theorienstreit offen gelassen. Bedeutung in der Praxis hat er kaum erlangt. Unabhängig vom Theorienstreit ist der juristischen Person nicht nur das rechtmäßige, sondern auch das rechtswidrige Verhalten ihrer Organe, die innerhalb ihres Wirkungskreises handeln, als eigenes Verhalten zuzurechnen (§ 31).

---

11 Allg. M., vgl. Bamberger/Roth/*Schwarz*, vor § 21 Rn 6; Palandt/*Heinrichs*, vor 21 Rn 8; Soergel/*Hadding*, vor § 21 Rn 22; MüKo/*Reuter*, vor § 21 Rn 12 f.; Staudinger/*Weick*, Einl. zu §§ 21 ff. Rn 23 ff.
12 Vgl. statt aller *K. Schmidt*, AcP 184 (1984), 529.
13 Vgl. zur Frage des Schmerzensgeldes zugunsten eines e.V. bei Verletzung des Persönlichkeitsrechts OLG München AfP 2003, 359.
14 Vgl. zum Namensrecht des Vereins und Fragen der Unterscheidbarkeit OLG Köln NJOZ 2001, 1763.
15 Vgl. Staudinger/*Weick*, Einl. zu §§ 21 ff. Rn 27 ff.; MüKo/*Reuter*, vor § 21 Rn 13; Bamberger/Roth/*Schwarz*, vor § 21 Rn 9 f.
16 Palandt/*Heinrichs*, vor § 21 Rn 9.
17 MüKo/*Reuter*, vor § 21 Rn 15; Staudinger/*Weick*, Einl. zu §§ 21 ff. Rn 31 ff.
18 BVerfGE 21, 362, 369; 61, 82, 101; vgl. Staudinger/*Weick*, Einl. zu §§ 21 ff. Rn 26; MüKo/*Reuter*, vor § 21 Rn 14; *Hesse*, Grundzüge des Verfassungsrechts der Bundesrepublik Deutschland, 20. Aufl. 1999, Rn 286; *Rupp-von Brünneck*, in: FS Arndt 1969, S. 349; *Ulsamer*, in: FS Geiger 1974, S. 199 ff.; *Oechsle*, Zur wesensmäßigen Anwendung der Grundrechte auf juristische Personen des Zivilrechts, 1970; *Achterberg*, in: GS Friedrich Klein 1977, S. 1 ff.
19 Vgl. allg. Staudinger/*Weick*, Einl. zu §§ 21 ff. Rn 52; Bamberger/Roth/*Schwarz*, vor § 21 Rn 11 f.; *Beuthien*, NJW 1999, 1142; für die Organtheorie *Hübner*, BGB AT, 1 Auflage, 1985, § 14 V 2b; MüKo/*Reuter*, § 26 Rn 11; *K. Schmidt*, GesR, 4. Aufl. 2002, § 10 I 2; *v. Gerke*, Die Genossenschaftstheorie und deutsche Rspr., 1887, S. 603 ff. und 620 ff.; *ders.*, Deutsches Privatrecht I 1899, § 67 I, S. 518 f.; für die Vertretertheorie: *v. Savigny*, System des heutigen Römischen Rechts, 1840, § 90, S. 282 f.; *Flume*, BGB AT, Bd. 1/2, § 11 I, S. 398 ff.

IV. Haftungsbeschränkung und Durchgriffshaftung

Die juristische Person ist gegenüber ihren Mitgliedern verselbständigt („**Trennungsgrundsatz**"). Daher begründet die juristische Person grundsätzlich beschränkte Haftung: Da das Verbandsvermögen von dem der Mitglieder unabhängig ist, haftet grundsätzlich nur dieses Vermögen. Die Rechtsgeschäfte, die die für die juristische Person handelnden gesetzlichen Vertreter eingehen, sind Geschäfte der juristischen Person. Sie sind nur dieser zuzurechnen und machen daher nur ihr Vermögen haftbar; die Mitglieder der juristischen Person und deren Organe haften grundsätzlich nicht mit dem eigenen Vermögen.[20] Die Mitglieder haften grundsätzlich nur bei Vorliegen eines besonderen Rechtsgrundes, der ihre persönliche Haftung vorsieht (z.B. Bürgschaft, Delikt, c.i.c. oder eine satzungsmäßige, freiwillig übernommene Sonderpflicht), was prinzipiell auch bei der Einmann-Gesellschaft gilt.[21]

Eine **Ausnahme gilt bei der sog. Durchgriffshaftung**: Der Gläubiger der juristischen Person kann unter besonderen Voraussetzungen durch diese durchgreifen und das Mitglied persönlich in Anspruch nehmen. Die ständige Rechtsprechung bejaht den Durchgriff zumal dann (vgl. Rn 9), wenn die Rechtsform der juristischen Person missbräuchlich verwendet wird oder wenn die Berufung auf die rechtliche Selbständigkeit der juristischen Person gegen Treu und Glauben verstößt.[22] Einzelheiten der Durchgriffshaftung sind sehr streitig.[23] Der BGH hat lange Zeit die Gesellschafterhaftung nach konzernrechtlichen Grundsätzen entwickelt.[24] Von diesem Konzept ist er inzwischen abgewichen.[25] Nunmehr bejaht er einen eigenständigen Anspruch der juristischen Person (in den entschiedenen Fällen handelte es sich jeweils um eine GmbH) auf Gewährleistung ihres Bestandes: Die Gesellschafter haften, wenn sie in das **Eigeninteresse der juristischen Person auf Bestandswahrung** in existenzvernichtender Weise eingreifen; die Gesellschafter müssten bei Eingriffen in das Vermögen der abhängigen GmbH angemessene Rücksicht auf deren Belange nehmen. Diese seien der Dispositionsfreiheit der Gesellschafter entzogen. Die Zulässigkeit von Eingriffen in die Geschicke der juristischen Person seien dadurch beschränkt, dass die Gesellschafter nicht in gläubigerschädigender Weise in den Bestand der juristischen Person eingreifen dürften. Alleingesellschafter oder einverständlich handelnde Gesellschafter haften den Gläubigern der juristischen Person für Nachteile, die dadurch entstehen, dass sie der GmbH das Vermögen entziehen, das diese zur Erfüllung ihrer Verbindlichkeiten benötigt.[26] Diese Rechtsprechung beschränkte sich in den bekannten Fällen bislang auf die GmbH. Wegen der gleichen Interessenlage hat sie aber u.a. für alle deutschen juristischen Personen entsprechend zu gelten. Sehr streitig ist die Frage der Anwendung der Rechtsprechung auf ausländische juristische Personen, die in das Inland ihren Verwaltungssitz verlegt haben.[27]

Weitere Fälle der Haftung: Vermögensvermengung (Sphärenvermischung) zwischen dem Vermögen der juristischen Person und dem ihrer Mitglieder;[28] Hervorrufen des Rechtsscheins persönlicher Haftung;[29] unlauteres Vorschieben der juristischen Person;[30] Rechtsform- bzw. Institutmissbrauch.[31] Nicht zur Durchgriffshaftung führt nach ständiger Rechtsprechung die Unterkapitalisierung der juristischen Person[32] sowie die bloße Eingliederung der juristischen Person in ihren Alleingesellschafter.[33]

---

20 Vgl. statt aller Staudinger/*Weick*, Einl. zu §§ 21 ff. Rn 8 und 61; Bamberger/Roth/*Schwarz*, vor § 21 Rn 13.

21 BGHZ 22, 226, 230 = DB 1957, 42 = NJW 1957, 181.

22 BGHZ 22, 226 = DB 1957, 42 = NJW 1957, 181; BGHZ 26, 31 = DB 1957, 1197 = JZ 1958, 369; BGHZ 54, 222 = DB 1970, 1874 = NJW 1970, 2015; BGHZ 61, 380 = DB 1974, 181 = NJW 1974, 134; BGHZ 78, 318 = DB 1981, 574 = NJW 1981, 522.

23 Vgl. die Überblicke bei Staudinger/*Weick*, Einl. zu §§ 21 ff. Rn 37; MüKo/*Reuter*, vor § 21 Rn 19; *K. Schmidt*, GesR, 4. Aufl. 2002, § 24 VI 2; Allg. *Flume*, BGB AT, Bd. 1/1, § 3.

24 BGHZ 122, 123 = DB 1993, 825 = NJW 1993, 1200 (TBB); BGHZ 115, 187 = DB 1991, 2176 = NJW 1991, 3142 (Video); BGHZ 107, 7 = DB 1989, 816 = NJW 1989, 1800 (Tiefbau); BGHZ 95, 330 = DB 1985, 2341 = NJW 1986, 188 (Autokran).

25 Begründet durch einen Beitrag des Vorsitzenden des BGH-Gesellschaftsrechtssenats *Röhricht*, in: FS 50 Jahre BGH, 2000, S. 83 ff.

26 BGHZ 149, 10 = DB 2001, 2338 = NJW 2001, 3622 (Bremer Vulkan); BGH NJW 2002, 3024 = DB 2002, 1875 (KBV).

27 *Eidenmüller*, ZIP 2002, 2233, 2242; *Paefgen*, DB 2003, 487; *Schanze/Jüttner*, AG 2003, 30, 34; *Forsthoff*, DB 2002, 2471; *Zimmer*, BB 2003, 1.

28 BGHZ 68, 312, 315 = DB 1977, 1246 = NJW 1977, 1449; BGHZ 125, 366, 368 = DB 1994, 1354 = NJW 1994, 1801; vgl. dazu auch MüKo/*Reuter*, vor § 21 Rn 32 ff.; *K. Schmidt*, GesR, 4. Aufl. 2002, § 9 IV 2.

29 BGHZ 22, 226, 230 = DB 1957, 42 = NJW 1957, 181.

30 BGHZ 54, 222 = DB 1970, 1874 = NJW 1970, 2015; BGHZ 68, 312 = DB 1977, 1246 = NJW 1977, 1449.

31 BGH WM 1979, 229; NJW-RR 1988, 1181.

32 BGHZ 68, 312 = DB 1977, 1246 = NJW 1977, 1449; BGHZ 90, 390; BAG NJW 1999, 740 = DB 1998, 2532 = GmbHR 1998, 1221; Ausnahme in der Rspr. BSG NJW 1984, 2117; in der Lit. vielfach befürwortet, vgl. z.B. die Darstellungen bei Hachenburg/*Ulmer*, GmbHG, 8. Aufl. 1997, Anh. § 30 Rn 1 ff., 35 ff., 50 ff.; Scholz/*Emmerich*, GmbHG, 9. Aufl. 2000/2002, § 13 Rn 81 ff.; Lutter/*Hommelhoff*, GmbHG, 16. Aufl. 2004, § 13 Rn 6 ff.

33 BGHZ 68, 312 = DB 1977, 1246 = NJW 1977, 1449.

B. Verein

I. Begriff und Rechtsnatur

Der Verein ist ein auf Dauer angelegter, körperschaftlich organisierter Zusammenschluss von Personen mit einem gemeinsamen Zweck.[34] Drei Merkmale kennzeichnen die körperschaftliche Organisation: der **Vereinsname**, die Vertretung durch einen **Vorstand** und die **Unabhängigkeit des Vereins vom Wechsel seiner Mitglieder**.[35] Praktische Bedeutung hat die Frage des Vereinsbegriffs nicht beim eingetragenen Verein nach § 21, sondern beim sog. „nicht rechtsfähigen", nicht eingetragenen Verein gemäß § 54 in Abgrenzung von der GbR (vgl. § 54 und AnwK-BGB/*Heidel*, § 705 Rn 89). Der rechtsfähige eingetragene und der „nicht rechtsfähige", nicht eingetragene Verein sind nach heute ganz herrschender Auffassung wesensgleich, dagegen von der Personengesellschaft wesensverschieden.[36] Dennoch ist die Grenzziehung zwischen dem nicht eingetragenen Verein und der GbR keine klare Trennungslinie. Die Abgrenzung knüpft an die obigen Begriffsmerkmale an, von denen die körperschaftliche Organisation und die Unabhängigkeit vom Mitgliederwechsel besonders wichtig sind. Die Abgrenzung kann man wegen der Möglichkeit von Mischformen und Überschneidungen[37] nicht begrifflich, sondern nur typologisch vornehmen.[38] Während die GbR ein Vertragsverhältnis unter bestimmten Personen ist, das grundsätzlich durch den Tod eines Gesellschafters erlischt, ist der Verein auf die Veränderlichkeit des Personenstandes angelegt; der Verein besitzt eine korporative Organisation. Deren Grundlage bildet die Mitgliederversammlung, die mit Mehrheitsprinzip abstimmt und einen Vorstand festlegt, der den Verein vertritt. Kein konstitutives Begriffs- und Abgrenzungsmerkmal des Vereins von der GbR ist die Rechtsfähigkeit, da von der ganz h.M. inzwischen die Rechtsfähigkeit der Außen-GbR anerkannt ist (vgl. AnwK-BGB/*Heidel*, § 705 Rn 6 ff.). Betreibt die Einheit ein Unternehmen, liegt eine Gesellschaft und kein Verein vor, und zwar auch bei körperschaftlicher Organisation.[39] Nicht maßgeblich für die Unterscheidung ist die Bezeichnung; es gibt viele Vereine, die sich als „Gesellschaft" bezeichnen (zur Namensgebung beim e.V. vgl. § 57 Rn 6 f.).

10

II. Vereinsfreiheit

Art. 9 Abs. 1 GG gewährleistet die Vereinsfreiheit, nach der „alle Deutschen das Recht (haben), Vereine und Gesellschaften zu bilden". Gemäß Art. 9 Abs. 2 GG sind Vereinigungen, „deren Zweck oder deren Tätigkeit den Strafgesetzen zuwiderlaufen oder die sich gegen die verfassungsmäßige Ordnung oder gegen den Gedanken der Völkerverständigung richten, ... verboten". Regelungen des öffentlichen Vereinsrecht finden sich im Vereinsgesetz.[40] Der grundrechtliche Schutz des Art. 9 Abs. 1 GG umfasst einerseits das Recht auf **freie Vereinsgründung** einschließlich des freien Beitritts zu einem Verein. Zudem schützt Art. 9 Abs. 1 GG mittelbar, i.V.m. Art. 19 Abs. 3 GG, den Verein selbst (**kollektive Vereinigungsfreiheit**), und zwar hinsichtlich Entstehung (Gründungsfreiheit), Bestehens nach innen und außen (interne und externe Bestandsfreiheit) sowie seiner autonomen Betätigung bzw. Gestaltung im Innen- und Außenverhältnis. Andererseits gewährleistet Art. 9 Abs. 1 GG auch die **negative Vereinigungsfreiheit**: das Recht, Vereinen fernzubleiben.[41]

11

Wesentlich ist die **Vereinsautonomie**, d.h. das Recht des Vereins, sich in freier Selbstbestimmung eine innere Ordnung zu geben.[42] Vereinsautonomie bedeutet aber nicht, dass keine Unterordnung unter staatliche Gerichte bestände. Der Rechtsweg zum Gericht kann für Rechtsbeziehungen des Vereins zu den Mitgliedern und der Mitglieder untereinander nicht ausgeschlossen werden, es sei denn, die Satzung bestimmt ein Schiedsgericht (vgl. § 25 Rn 3). Satzungsbestimmungen, die den Rechtsweg gegen Beschlüsse der Mitgliederversammlung ausschließen, ohne zugleich ein Schiedsverfahren vorzusehen, sind nichtig.[43] Im Hinblick auf die Vereinsautonomie gewinnt in jüngerer Zeit die Frage an Bedeutung, inwieweit die Vereinsautonomie

12

---

34 Vgl. *K. Schmidt*, GesR, 4. Aufl. 2002, § 23 I 1a; MüKo/*Reuter*, §§ 21, 22 Rn 1.
35 RGZ 60, 94, 96; 143, 212, 213; MüKo/*Reuter*, §§ 21, 22 Rn 1; *Flume*, BGB AT, Bd. 1/1, § 4 I.
36 *K. Schmidt*, GesR, 4. Aufl. 2002, § 25 I 2 a.
37 Vgl. *K. Schmidt*, GesR, 4. Aufl. 2002, § 25 I 2 b.
38 *K. Schmidt*, GesR, 4. Aufl. 2002, § 25 I 2b; Bamberger/Roth/*Schwarz*, § 25 Rn 5.
39 *K. Schmidt*, GesR, 4. Aufl. 2002, § 25 I 2b; *Flume*, BGB AT, Bd. 1/1, § 7 I; vgl. aber MüKo/*Reuter*, § 54 Rn 5 ff.
40 Gesetz zur Regelung des öffentlichen Vereinsrechts v. 5.8.1964 (BGBl I 1964 S. 593); vgl. dazu *Schnorr*, Öffentliches Vereinsrecht, 1965; *Reichert*, Rn 3034 ff.
41 Vgl. BVerfGE 13, 174, 175 = NJW 1961, 2251; 30, 227, 241 = NJW 1971, 1123; 50, 290, 353 f. = NJW 1979, 679; *Reichert*, Rn 3011 ff.; Dreier/*Bauer*, GG, 2. Aufl. 2004, Art. 9, Rn 46; *Ingo v. Münch*, GG, 3. Aufl. 1985, Art. 9, Rn 45; Jarass/*Pieroth*, GG, 6. Aufl. 2002, Art. 9, Rn 7; v. Mangoldt/Klein/ Starck/*Kemper*, Bonner GG, Art. 9 Rn 130 ff.
42 BVerfGE 50, 190, 354 = NJW 1979, 699; BVerfGE 80, 244 = NJW 1990, 37.
43 OLG Celle WM 1988, 495 m. Anm. *Grunewald*, RGZ 55, 326; 80, 189.

zugunsten mitglieder- und minderheitsschützender Erwägungen zu ergänzen ist bzw. diese umfasst (vgl. § 25 Rn 16 ff.).

III. Anwendungsbereich

13 Die §§ 21–53 gelten für alle rechtsfähigen Vereine. Weithin gelten sie auch für den nicht rechtsfähigen Verein (vgl. § 54 Rn 2). Für **Handelsgesellschaften**, Genossenschaften und den VVaG gelten die Sondergesetze AktG, GmbHG, GenG sowie VAG; nur soweit diese Lücken haben, kann man auf das Vereinsrecht zurückgreifen, etwa hinsichtlich der §§ 29, 30, 31 und 35. Beschränkt Anwendung finden die §§ 21 ff. auf die als Vereine organisierten politischen **Parteien**, für die das Parteiengesetz besondere Vorschriften normiert. Für die Abgrenzung des Anwendungsbereich des Parteiengesetzes ist dessen § 2 Abs. 1 S. 1 einschlägig: Eine Partei ist eine Vereinigung von Bürgern, „die ... auf die politische Willensbildung Einfluss nehmen und an der Vertretung des Volkes im Deutschen Bundestag oder einem Landtag mitwirken wollen, wenn sie nach dem Gesamtbild der tatsächlichen Verhältnisse ... eine ausreichende Gewähr für die Ernsthaftigkeit dieser Zielsetzung bieten".[44] Nur soweit das Parteiengesetz keine speziellen Vorschriften enthält, findet ergänzend das BGB Anwendung.

14 **Religiöse Vereine**, die Religionsgemeinschaften gemäß Art. 140 GG i.V.m. Art. 137 WRV sind, können ihre Angelegenheiten nach ihrem religiösen Selbstverständnis ordnen.[45] Die Religionsgemeinschaft wird als ein Personenverband definiert, der die Angehörigen eines Glaubensbekenntnisses (oder mehrerer verwandter Glaubensbekenntnisse) zu allseitiger Erfüllung der durch das gemeinsame Bekenntnis gestellten Aufgaben zusammenfasst.[46] Gemäß Art. 140 GG i.V.m. Art. 137 Abs. 4 WRV erwerben die Religionsgemeinschaften die Rechtsfähigkeit nach den allgemeinen Vorschriften des bürgerlichen Rechts; die Religionsgesellschaft ordnet und verwaltet gemäß Art. 137 Abs. 3 WRV ihre Angelegenheiten „selbständig innerhalb der Schranken des für alle geltenden Gesetzes. Sie verleiht ihre Ämter ohne Mitwirkung des Staates oder der bürgerlichen Gemeinde". Es ist nach ständiger Rechtsprechung anerkannt, dass bei Religionsgemeinschaften, die als e.V. organisiert sind, besondere Freiheiten bei Satzungsänderung, Auflösung, Rechtsstellung der Mitglieder einschließlich ihres Ausschlusses und Entsendung von kirchlichen Funktionsträgern gelten, die sonst nach der Vereinsautonomie nicht zulässig wären, da der religiöse Verein Teil einer Religionsgemeinschaft ist.[47]

15 Für **Altvereine der ehemaligen DDR** bestimmt Art. 231 § 2 EGBGB den Fortbestand rechtsfähiger Vereinigungen.[48]

16 Für Altvereine für die Zeit vor dem 1.1.1900 sind Artt. 163 ff. EGBGB zu beachten.[49]

17 **Ausländische Vereine**, die ihren Verwaltungssitz im Ausland haben, sind in Deutschland ohne weiteres rechtsfähig.[50] § 23 ermöglicht die Verleihung inländischer Rechtsfähigkeit. Im Inland *ipso iure* anzuerkennen sind auch in der EU gegründete juristische Personen, die ihren Verwaltungssitz in das Inland verlegen, selbst wenn ihre Gründung nicht den deutschen Gründungsvorschriften entspricht.[51] Auch ein nach keiner staatlichen Rechtsordnung verfasster ausländischer Verein kann u. U. in einem Rechtsstreit beteiligungsfähig sein.[52]

IV. Europäisches Vereinsrecht

18 Eine Integration zum „europäischen Verein" gibt es bislang nicht: Versuche der EU-Kommission sind nach den ersten Schritten der Vorlage einer Verordnung und einer Richtlinie versandet.[53]

---

44 Vgl. zu dem Begriff BVerfG NJW 1993, 3213; BVerwG NVwZ 1997, 66; BVerfGE 91, 262, 266 f.; vgl. dazu z.B. *Reichert*, Rn 2874 ff.
45 BayObLGZ 1987, 161, 170; BVerfG NJW 1991, 2623.
46 BVerfGE 99, 1, 3 = NJW 1999, 43.
47 BVerfG NJW 1991, 2623, 2625; OLG Köln NJW 1992, 1048; OLG Frankfurt NJW-RR 1997, 482; *Reichert*, Rn 2952 ff.
48 Vgl. allg. MüKo/*Reuter*, vor § 21 Rn 154 ff., dort auch zu den nicht rechtsfähigen DDR-Altvereinen, vgl. auch Art. 231 § 2 Abs. 2 EGBGB; vgl. OLG Brandenburg NJ 2002, 371.
49 Vgl. auch *Reichert*, Rn 2991.

50 BGHZ 53, 181, 183 = DB 1970, 441 = NJW 1970, 998; RGZ 92, 73, 76; BayObLGZ 1986, 61, 67 = NJW 1986, 3029.
51 EuGH NJW 2002, 3614; BGH NJW 2003, 1461.
52 BVerwG NJW 2004, 2768 = NVwZ 2004, 887
53 Vorschlag für eine Verordnung (EWG) des Rats über das Statut eines europäischen Vereins, KOM (91), 273 endg, ABlEG C 99 v. 21.4.1992, 1 ff.; Vorschlag der EG-Kommission vom 6.7.1993 für eine „Verordnung (EG) des Rats über das Statut des europäischen Vereins", KOM (93), 252 endg, ABlEG C 236 v. 31.8.1993, 1 ff., 14 ff. Richtlinien-Vorschlag; vgl. *Vollmer*, ZHR 157 (1993), 373; *Wagner*, Der europäische Verein, 2000; *Weisbrod*, Europäisches Vereinsrecht, 1995.

V. Erscheinungsformen

In Deutschland gibt es etwa eine halbe Million eingetragene Vereine[54] und eine unüberschaubare Zahl von nicht eingetragenen Vereinen. *Schmidt* weist darauf hin, dass man die **politische Dimension des Vereinsrechts** verkenne, wenn man „nur an wirtschafts- und sozialpolitisch minderbelangvolle Vereinigungen wie Ruderclubs, Trachten-, Karnevals-, Pudel- oder Beagle-Vereine" denke.[55] Einem ähnlichen Missverständnis unterlag schon der BGB-Gesetzgeber: Der SPD-Reichstagsabgeordnete *Stadthagen* bezeichnete das Vereinsrecht des BGB als das Recht der „Skat-, Kegel-, Sauf- und Rauchvereine".[56]

Schmidt nennt **exemplarisch folgende Tätigkeitsbereiche rechtsfähiger Vereine**: politische Gruppierungen; Bürgerinitiativen;[57] karitative Vereinigungen; Stiftungsvereine; Natur- und Denkmalschutzvereine; Sportvereine; Dachverbände der Sportorganisation; Automobilclubs; Forschungsinstitute oder Förderverbände für Forschungsinstitute; Technische Überwachungsvereine; Volkshochschulen; kulturelle Institutionen; gesellige Clubs; Traditionsvereine; Gewerkschaften; Wirtschaftsverbände, Verbraucherverbände und sonstige Interessenverbände; genossenschaftsartige Vereinigungen wie Einkaufsgemeinschaften, Handelsketten, Werbegemeinschaften, landwirtschaftliche Maschinenringe, Erzeugergemeinschaften oder Siedlergemeinschaften; genossenschaftliche Prüfungsverbände; Sparkassen; privatärztliche Abrechnungsstellen; betriebliche Sozialeinrichtungen; Werkarztzentren und Lohnsteuerhilfevereine.[58] Die Liste ließe sich verlängern.

Zahlen, die die **wirtschaftliche Bedeutung von Vereinen** indizieren, sind beispielsweise bekannt für den *ADAC* und den FC Bayern e.V.: Der *ADAC* hat rund 15 Mio. Mitglieder und Beitragseinnahmen von etwa einer halben Mrd. EUR, der Jahresüberschuss aus der gewöhnlichen Geschäftstätigkeit des Vereins betrug 2001 52 Mio. EUR, der Gesamtumsatz der wirtschaftlichen Geschäftsbetriebe des *ADAC* betrug 2001 721 Mio. EUR, der Jahresüberschuss 38 Mio. EUR. Der FC Bayern München hat rund 100.000 Mitglieder und erzielte im Geschäftsjahr 2000/2001 einen Umsatz von 174 Mio. EUR und einen Gewinn von 28,6 Mio. EUR.[59]

Typologisch ordnet man Vereine häufig nach Vereinsstrukturen ein. Gruppen sind beispielsweise der **Gesamtverein** (Verein mit Untergliederungen, die ihrerseits selbständige Vereine sein können) und der **Verbandsverein** (Verein als Vereinigung/Dachorganisation von anderen Vereinen oder sonstige Personen).[60]

Keine besondere „Rechtsform" sind die **gemeinnützigen Vereine** (vgl. Anhang zu § 21).

VI. Vereinsrechtsreform

Mit Recht ist darauf hingewiesen worden, dass das geltende Recht z.B. in Bezug auf die Vorstandskontrolle in Großvereinen „einige rechtspolitische bedenkliche Lücken auf(weist), die nicht ausschließlich durch Rechtsprechung und Wissenschaft geschlossen werden können"; Regulierungsbedarf wird genannt im Hinblick auf die Mitgliederversammlung, Rechnungslegung, Publizität und Abschlussprüfung.[61] Hintergrund des Reformbedarfs ist, dass die Großvereine wie die Automobilclubs, die Vereine der freien Wohlfahrtspflege, die technischen Vereine und die Vereine der Fußballlizenzligen (Profi-Fußball) nicht mehr dem Leitbild des ideellen Vereins entsprechen, das der Gesetzgeber bei der Schaffung des Vereinsrechts vor Augen hatte (vgl. Rn 19). Schon in den 1970er Jahren legte z.B. die FDP ein Verbändegesetz vor,[62] und die SPD-Fraktion schlug 1995 ein Gesetz „zur Verbesserung von Transparenz und Beschränkung von Machtkonzentration in der deutschen Wirtschaft" vor mit dem Ziel, Vereinsvorstände besser zu kontrollieren.[63] Die Regierungskommission Corporate Governance hat sich nach eigenen Angaben aus Zeitgründen außer Stande gesehen, zum Vereinsrecht Empfehlungen abzugeben, sie weist aber auf Diskussionsbedarf hin.[64]

Nunmehr arbeitet das Bundesjustizministerium an einem „Entwurf eines Gesetzes zur Änderung des Vereinsrechts". Obgleich dieser Entwurf noch nicht veröffentlicht, sondern bislang nur einigen Verbänden vorgelegt

---

54 *Kornblum*, NJW 2003, 3671.
55 *K. Schmidt*, GesR, 4. Aufl. 2002, § 23 I 2.
56 *Mugdan* I, S. 995.
57 Vgl. zur gemeinnützigen GmbH als Rechtsformalternative im Sport zum e.V. *Wengel/Kiel*, StuB 2002, Heft 2.
58 *K. Schmidt*, GesR, 4. Aufl. 2002, § 23 I 2.
59 Zahlen nach *Segna*, NZG 2002, 1048.
60 Vgl. Bamberger/Roth/*Schwarz*, vor § 21 Rn 29 ff.; Palandt/*Heinrichs*, vor § 21 Rn 19 ff.
61 *Segna*, NZG 2002, 1048; *Adams/Maßmann*, ZRP 2002, 128; dagegen: *Ott*, ZRP 2002, 433; vgl. *Segna*, DB 2003, 1311 zur Publizitätspflicht; dazu auch LG München I DB 2003, 1316.
62 RdA 1977, 235.
63 BT-Drucks 13/367, Gesetzentwurf v. 30.1.1995.
64 „Die Regierungskommission ist ... der Auffassung, daß rechtspolitischer Diskussionsbedarf vor allem hinsichtlich solcher Vereine besteht, die steuerliche Privilegien in Anspruch nehmen, Spenden einsammeln oder als Idealvereine im Rahmen des sog. Nebenzweckprivilegs als Wirtschaftsunternehmen tätig sind", *Baums* (Hrsg.), Bericht der Regierungskommission Corporate Governance 2001, S. 6.

wurde, ist er bereits auf massive Kritik gestoßen.[65] Der Entwurf hat das erklärte Ziel, das Vereinsrecht des BGB moderner zu gestalten, zu vereinfachen und den heutigen Bedürfnissen anzupassen.[66] Unter anderem ist vorgesehen, das Nebenzweckprivileg (vgl. § 21 Rn 32 ff.) in § 21 zu kodifizieren, die Vorschriften zum wirtschaftlichen und ausländischen Verein (§§ 22, 23) im BGB zu streichen und in § 54 für den nicht rechtsfähigen Verein anstatt auf das Recht der Gesellschaft (§§ 705 ff.) fortan auf das Recht des rechtsfähigen Vereins zu verweisen, soweit die Vorschriften nicht die Rechtsfähigkeit oder die Registereintragung des Vereins voraussetzen. Die vordringlich regelungsbedürftigen Probleme – Vorstandskontrolle, Publizität und Gläubigerschutz in Großvereinen – lässt der Entwurf jedoch unberücksichtigt, so dass die geäußerte Kritik berechtigt ist. Es bleibt abzuwarten, ob sich der Gesetzgeber diesen wichtigen Problemfeldern im Laufe des Gesetzgebungsverfahrens noch stellen wird. Andernfalls wird das Ziel der Gesetzesänderung, die Anpassung des Vereinsrechts an die heutigen Bedürfnisse, verfehlt werden.

C. Die fehlerhafte Gesellschaft

25 Im allgemeinen Vertragsrecht beseitigt die Nichtigkeit eines Vertrages dessen Rechtswirkungen. Das gilt nicht uneingeschränkt für Satzungen und Gesellschaftsverträge, wenn die Gesellschaft bzw. juristische Person aufgrund ihrer nichtigen Rechtsgrundlage – Satzung bzw. Gesellschaftsvertrag – vollzogen wurde. Nach der Lehre von der fehlerhaften Gesellschaft, die grundsätzlich allgemein anerkannt ist, wird die Gesellschaft bzw. juristische Person wegen des Vertrauens des Rechtsverkehrs in ihre Existenz und der mit der Rückabwicklung verbundenen Schwierigkeiten als wirksam betrachtet, jedoch mit der Möglichkeit der Gesellschafter, sie jederzeit für die Zukunft zu beenden.[67] Hintergrund ist der Gedanke, dass **eine verbandsrechtliche Organisation, die umfassend in Erscheinung getreten ist, nicht als inexistent angesehen werden kann und darf**, wenn im Innenverhältnis Leistungen erbracht bzw. entgegengenommen worden sind und die fehlerhafte Gesellschaft/juristische Person im Außenverhältnis am Rechtsverkehr teilgenommen hat. Die Annahme der Nichtigkeit *ex tunc* geriete in Konflikt mit nach Treu und Glauben berechtigten Erwartungen, die vom Rechtsverkehr der Wirksamkeit des Verbandes, ggf. über längere Zeit, entgegengebracht worden sind. Der Kernbestand dieser Lehre gilt als gewohnheitsrechtlich anerkannt.[68]

I. Voraussetzungen der Anwendung

26 Zur Anwendung der Lehre von der fehlerhaften Gesellschaft bedarf es einer **auf einer fehlerhaften Rechtsgrundlage** (Satzung oder Gesellschaftsvertrag) **in Vollzug gesetzten Gesellschaft bzw. juristischen Person**: fehlerhafter Gesellschaftsvertrag bzw. Satzung müssen auf ernst gemeinten Willenserklärungen beruhen.[69] Es genügt also nicht, dass zwischen Personen eine bloße Zusammenarbeit vorliegt, die nicht mindestens einen konkludenten Vertragsschluss bedeutet; fehlt es an einem solchen Vertragsschluss bzw. an einem rechtsgeschäftlichen Handeln aller Beteiligten, besteht nur eine tatsächliche Gemeinschaft zwischen den Beteiligten, die ggfs. nach Gemeinschaftsrecht zu beenden ist.[70] Die Abschlussmängel, für die die allgemeinen Unwirksamkeitsgründe gelten (vgl. AnwK-BGB/*Heidel*, § 705 Rn 131 ff., 159), müssen zur nicht nur teilweisen[71] anfänglichen Nichtigkeit der Rechtsgrundlage des Gründungsdokuments führen. Der Mangel darf nicht entfallen sein (z.B. gemäß §§ 311b Abs. 1 S. 2, 177 Abs. 1). Die so zustande gekommene Rechtsgrundlage der Gesellschaft/juristischen Person muss Grundlage für das Invollzugsetzen der Gesellschaft/juristischen Person gewesen sein. Voraussetzung für das Invollzugsetzen ist das Setzen von Rechtstatsachen, „an denen die Rechtsordnung nicht vorbeigehen kann".[72] Ob tatsächlich eine Invollzugsetzung vorliegt, ist mitunter schwierig zu beantworten. Mit der Tätigkeit der Gesellschaft muss begonnen worden sein,

---

[65] Stellungnahme des DAV v. 6.10.2004, abrufbar über „Jurion"; *Arnold*, DB 2004, 2143.
[66] Entwurf, Allgemeine Begründung, S. 11 (unveröffentlicht).
[67] Vgl. grundlegend *Weber*, Die Lehre von der fehlerhaften Gesellschaft, 1978, S. 94 ff.; *Wiesner*, Die Lehre von der fehlerhaften Gesellschaft, 1980, S. 103 ff.; *Ulmer*, in: FS Flume 1978, S. 301 ff.; MüKo/*Ulmer*, § 705 Rn 323 ff., *Hueck*, AcP 149 (1944), 1 ff.; *Goette*, DStR 1996, 266; BGHZ 3, 285 = DB 1952, 1008 = NJW 1952, 97; BGHZ 8, 157 = DB 1953, 39 = NJW 1953, 818; BGHZ 11, 190 = DB 1954, 16 = NJW 1954, 231; BGHZ 17, 160 = DB 1955, 553 = NJW 1955, 1067; BGHZ 26, 330 = DB 1958, 277 = NJW 1958, 668; BGHZ 44, 235 = DB 1965, 1903 = NJW 1966, 107; BGHZ 55, 5 = DB 1971, 189 = NJW 1971, 375; BGHZ 62, 20, 27 = DB 1974, 523 = NJW 1974, 498; BGHZ 62, 234, 241 = DB 1974, 1057 = NJW 1974, 1201; BGHZ 103, 1, 4 = DB 1988, 596 = NJW 1988, 1326; BGHZ 116, 37, 38 = DB 1992, 29 = NJW 1992, 505; BGH NJW 2002, 822.
[68] Staudinger/*Habermeier*, § 705 Rn 63; *Hartmann*, in: FS Schiedermair 1976, S. 257, 259.
[69] Staudinger/*Habermeier*, § 705 Rn 64.
[70] BGHZ 11, 190, 196 = DB 1954, 14; BGH NJW 1988, 1321; Palandt/*Heinrichs*, § 705 Rn 18; Bamberger/Roth/*Timm/Schöne*, § 705 Rn 84.
[71] Bamberger/Roth/*Timm/Schöne*, § 705 Rn 84; MüKo/*Ulmer*, § 705 Rn 330; Palandt/*Heinrichs*, § 705 Rn 17 f.
[72] Palandt/*Heinrichs*, § 705 Rn 18.

wofür auch Vorbereitungsgeschäfte genügen.[73] Vollzug ist jedenfalls zu bejahen, wenn die Gesellschaft **nach außen tätig** wurde, etwa durch Abschluss von Rechtsgeschäften mit Dritten.[74] Zweifelhaft ist das Invollzugsetzen, wenn die Beteiligten Vertrag/Satzung lediglich im Innenverhältnis vollzogen haben. U.E. wird man ein Invollzugsetzen nur verneinen können, wenn die Rückabwicklung noch leicht möglich ist, etwa weil Gesellschafterleistungen unverändert vorhanden sind.[75]

In Einzelheiten streitig ist die Frage, ob bzw. in welchem Maß die Grundsätze der fehlerhaften Gesellschaft anwendbar sind auf **fehlerhafte Vertragsänderungen, fehlerhaften Ein- und Austritt sowie fehlerhafte Anteilsübertragungen**.[76] In ständiger Rechtsprechung anerkannt hat der BGH die Anwendung der Grundsätze der fehlerhaften Gesellschaft auf fehlerhafte **Gewinnabführungs- und/oder Beherrschungsverträge**[77] – einschließlich Teilgewinnabführungsverträgen/atypisch stillen Gesellschaftsverträgen[78] –, und zwar auch bei der Aktiengesellschaft u. E. entgegen der bisher h. M.[79] unabhängig von der Eintragung im Handelsregister und der Zustimmung der Hauptversammlung nach §§ 293 und 294 AktG mit der Folge der Haftung nach §§ 302 f. und §§ 304 f. AktG, da die wirtschaftliche Wirkung des nichtigen, aber praktizierten Beherrschungsvertrages dem eines ordnungsgemäß zustande gekommenen entspricht, was für den Schutz der Gläubiger und Minderheitsaktionäre der vertraglich beherrschten Gesellschaft entscheidend ist.[80]

II. Unanwendbarkeit der Grundsätze

Die Grundsätze der fehlerhaften Gesellschaft sind unanwendbar, wenn der Anerkennung der fehlerhaften Gesellschaft gewichtige Interessen der Allgemeinheit oder besonders schützwürdiger Personen entgegenstehen.[81] Ein solcher klassischer Fall der Unanwendbarkeit ist der Verstoß von Gesellschaftsvertrag/Satzung gegen **§§ 134, 138**.[82] Auch in diesen Fällen soll die Nichtigkeit aber gegenüber gutgläubigen Dritten nicht geltend gemacht werden können; die Beteiligten sollen den Dritten gegenüber nach Rechtsscheinsgrundsätzen haften können.[83] Im Innenverhältnis ist die fehlerhafte Gesellschaft nach Bereicherungsrecht (§§ 812 ff.) abzuwickeln, wobei § 817 zu beachten ist, woran die Rückabwicklung häufig scheitern wird.[84] Unabwendbar sind die Grundsätze der fehlerhaften Gesellschaft auch bei Beteiligung von **Geschäftsunfähigen und beschränkt Geschäftsfähigen** (bei diesen freilich mit der Möglichkeit der Genehmigung der schwebend unwirksamen Erklärungen, §§ 108 Abs. 1, 184 mit Wirkung *ex tunc*).[85] Die Unabwendbarkeit der Grundsätze der fehlerhaften Gesellschaft gilt aber nur gegenüber dem Geschäftsunfähigen/beschränkt Geschäftsfähigen; im Verhältnis der übrigen Gesellschafter untereinander bleibt es bei den Regeln der fehlerhaften Gesell-

---

73 BGH NJW 2000, 3558; BGHZ 3, 285, 288 = DB 1952, 1008 = NJW 1952, 97; Staudinger/*Habermeier*, § 705 Rn 66.

74 RGZ 165, 193, 205; BGHZ 3, 285, 288 = NJW 1952, 97; BGHZ 13, 320 = NJW 1954, 1552; BGH NJW 1992, 1501, 1502 (Gesellschafter haben den Geschäftsführer unwidersprochen handeln lassen).

75 Vgl. BGHZ 13, 320, 321 = DB 1954, 597 = NJW 1954, 1562; RGZ 166, 51, 59; *Flume*, BGB AT, Bd. 1/1, § 2; *K. Schmidt*, AcP 186 (1986), 441 (nach dessen Auffassung bereits das Ingangsetzen einer verfassten Organisation genügt); einschr. Soergel/*Hadding*, § 705 Rn 75; *Hueck*, Das Recht der offenen Handelsgesellschaft, 4. Aufl. 1971, § 7 III 6; weiter gehend *Wiesner*, Die Lehre von der fehlerhaften Gesellschaft, 1980, S. 117 ff.

76 Vgl. Bamberger/Roth/*Timm/Schöne*, § 705 Rn 93 ff.; Palandt/*Heinrichs*, § 705 Rn 19.

77 BGHZ 103, 1,4 = DB 1988, 596; BGHZ 116, 37, 38 = DB 1992, 29 = NJW 1992, 505.

78 OLG Braunschweig NZG 2004, 126 = AG 2003, 686; OLG Bamberg NZG 2004, 129; BayObLGR 2004, 152; OLG Hamm NZG 2003, 228 = AG 2003, 520; OLG Stuttgart DB 2003, 764 = AG 2003, 533; OLG Frankfurt NZG 2004, 136; ähnlich BFH BFH/NV 1998, 1339, 1340 f.; differenzierend OLG Jena NZG 2004, 131 = DB 2003, 766.

79 Vgl. statt aller MüKo-AktG/*Altmeppen*, § 291 Rn 197 ff.

80 Ähnlich OLG Hamm und Stuttgart sowie BFH, a. a. O.; auf die Wirkung auf das Aktieneigentum stellt zu Recht ab BGHZ 153, 47 = ZIP 2003, 387 mit Anm. *Streit* = DB 2003, 544 mit Anm. *Heidel*.

81 BGHZ 155, 214 = DB 2003, 268 =NJW 2003, 1252.

82 BGHZ 62, 234, 241 = DB 1974, 1057 = NJW 1974, 1201; BGHZ 75, 214 = DB 1979, 2478 =NJW 1980, 638; BGHZ 97, 243 = DB 1986, 1389 = NJW 1987, 65 = WM 1986, 1524; BGH NJW-RR 1988, 1379; BGH NJW 1967, 39.

83 Bamberger/Roth/*Timm/Schöne*, § 705 Rn 37; Staudinger/*Habermeier*, § 705 Rn 68; MüKo/*Ulmer*, § 705 Rn 334, der bei Rn 343 den Rückgriff auf Rechtsscheinsgrundsätze für entbehrlich hält, die Haftung beruhe auf der in Vollzug gesetzten Gesellschaft als rechtsfähigem Personenverband.

84 Staudinger/*Habermeier*, § 705 Rn 68; MüKo/*Ulmer*, § 705 Rn 346; einschr. Soergel/*Hadding*, § 705 Rn 81, der für Liquidation bei Fehlerhaftigkeit nach § 134 votiert, mit Ausnahme des Falls, dass Sinn und Zweck des Verbots durch die Liquidation/Abwicklung berührt würden.

85 Allg.M., vgl. Bamberger/Roth/*Timm/Schöne*, § 705 Rn 88; Palandt/*Heinrichs*, § 705 Rn 18; Staudinger/*Habermeier*, § 705 Rn 69; BGH NJW 1992, 1503; BGHZ 17, 160, 167 = NJW 1955, 1067; BGHZ 38, 26, 29 = DB 1962, 1500 = NJW 1962, 2348; BGH NJW 1983, 748.

schaft.[86] Der Geschäftsunfähige/beschränkt Geschäftsfähige kann beispielsweise erbrachte Einlagen nach §§ 812 ff. kondizieren bzw. nach § 985 herausverlangen; er nimmt nicht am Verlust teil.[87] Sehr streitig ist die Gewinnbeteiligung des Geschäftsunfähigen/beschränkt Geschäftsfähigen im Hinblick auf die regelmäßig ausschließlich vorteilhaften Wirkungen.[88]

29 Der Anwendbarkeit der Grundsätze der fehlerhaften Gesellschaft steht es nicht entgegen, wenn ein Gesellschafter gemäß § 123 **anfechtbar den Gesellschaftsvertrag geschlossen** hat oder dieser gemäß §§ 355, 358 Abs. 2 unwirksam ist. Gleiches gilt im Fall der **sittenwidrigen Übervorteilung eines Gesellschafters**, die grundsätzlich nur zur Unwirksamkeit der sittenwidrigen Klausel führen soll.[89] Insofern soll der betroffene Gesellschafter ausreichend durch die Beendigung bzw. den Austritt aus der Gesellschaft mit Wirkung *ex nunc* und Schadensersatzansprüche gemäß §§ 826, 311 Abs. 2, 241 Abs. 2, 280 geschützt sein.[90]

III. Rechtswirkungen

30 Liegen die Voraussetzungen der fehlerhaften Gesellschaft vor, ist diese für die Vergangenheit und Gegenwart als voll wirksame Gesellschaft zu behandeln, und zwar sowohl für die Innen- als auch für die Außenbeziehungen.[91] Die Gesellschafter haben mithin alle Rechte und Pflichten, die sie bei einer wirksam gegründeten Gesellschaft/juristischen Person hätten. Insbesondere müssen sie ihre Beiträge leisten.[92] Der Mangel der fehlerhaften Gesellschaft kann aber jederzeit von jedem und gegen jeden Gesellschafter geltend gemacht werden, indem die Gesellschaft zum Zwecke ihrer Auflösung für die Zukunft außerordentlich fristlos gekündigt wird,[93] ggf. kommt auch eine Kündigung binnen angemessener Frist in Betracht.[94] Das bedeutet einen Ausschluss des Bereicherungsrechts, an dessen Stelle die Abwicklung der Gesellschaft nach den jeweiligen Liquidationsregeln tritt. Ausnahmsweise soll dem Kündigungsrecht die Treuepflicht der Gesellschafter (vgl. AnwK-BGB/*Heidel*, § 705 Rn 169 ff.) entgegenstehen können.[95]

§ 21 Nicht wirtschaftlicher Verein

¹Ein Verein, dessen Zweck nicht auf einen wirtschaftlichen Geschäftsbetrieb gerichtet ist, erlangt Rechtsfähigkeit durch Eintragung in das Vereinsregister des zuständigen Amtsgerichts.

Literatur: *Arnold*, Die geplante Vereinsrechtsreform – Fortschritt oder Irrweg? DB 2004, 2143; *Ballerstedt*, Mitgliedschaft und Vermögen beim rechtsfähigen Verein, in: FS Knur 1972, S. 1; *Balzer*, Die Umwandlung von Vereinen der Fußball-Bundesligen in Kapitalgesellschaften zwischen Gesellschafts-, Vereins- und Verbandsrecht, ZIP 2001, 175; *Beuthien*, Die Vorgesellschaft im Privatrechtssystem (Teil II), ZIP 1996, 360; *Blum/Ebeling*, Dynamische Verweisungen im Arbeits- und Verbandsrecht, in: Sportler, Arbeit und Statuten, H. Fenn zum 65. Geburtstag, hrsg. von Bepler, 2000; *Doberenz*, Betriebswirtschaftliche Grundlagen zur Rechtsformgestaltung professioneller Fußballklubs, 1980; *Eyles*, Die Auslagerung unternehmensübergreifender Aktivitäten auf rechtsfähige Vereine, NJW 1996, 1994; *Füllgraf*, Wieviel wirtschaftliche Betätigung im Idealverein?, DB 1981, 2267; *Hadding*, Zum Erlangen von Rechtsfähigkeit nach deutschem Zivilrecht, in: FS Kraft 1998, S. 137; *Heckelmann*, Der Idealverein als Unternehmer?, AcP 179 (1979), 1; *Hemmerich*, Möglichkeiten und

---

86 BGH NJW 1983, 748; differenzierend *Hueck*, Das Recht der offenen Handelsgesellschaft, 4. Aufl. 1971, § 7 I 2; MüKo/*Ulmer*, § 705 Rn 340, wonach es darauf ankommen soll, ob der Gesellschaftsvertrag trotz des Mangels Bestand haben soll, wofür insbesondere eine gesellschaftsvertragliche Fortsetzungsklausel spricht; nur anderenfalls gelten die Grundsätze der fehlerhaften Gesellschaft.
87 Erman/*Westermann*, § 705 Rn 76; MüKo/*Ulmer*, § 705 Rn 337; Bamberger/Roth/*Timm/Schöne*, § 705 Rn 88; *Ganssmüller*, DB 1955, 257, 260.
88 Vgl. einerseits *Ganssmüller*, DB 1955, 257, 260; *Flume*, BGB AT, Bd. I/1, § 13, 7; *Hueck*, Das Recht der offenen Handelsgesellschaft, 4. Aufl. 1971, § 7 III 4c; andererseits Soergel/*Hadding*, § 705 Rn 82; Erman/*Westermann*, § 705 Rn 76; MüKo/*Ulmer*, § 705 Rn 337; Bamberger/Roth/*Timm/Schöne*, § 705 Rn 88.
89 BGH WM 1975, 512, 514; OLG Stuttgart ZIP 2001, 692, 697; MüKo/*Ulmer*, § 705 Rn 340, Bamberger/Roth/*Timm/Schöne*, § 705 Rn 90; BGH NJW 2001, 2718; anders noch BGHZ 13, 320, 323 = NJW 1954, 1562; BGHZ 26, 330, 335 = NJW 1958, 668; BGHZ 55, 5, 9 = NJW 1971, 375.
90 MüKo/*Ulmer*, § 705 Rn 340; Soergel/*Hadding*, § 705 Rn 83; Bamberger/Roth/*Timm/Schöne*, § 705 Rn 90; Staudinger/*Habermeier*, § 705 Rn 70; *Hueck*, Das Recht der offenen Handelsgesellschaft, 4. Aufl. 1971, § 7 III 4d; *K. Schmidt*, AcP 186 (1986), 421, 445 f.
91 Ganz h.M., vgl. BGH NJW 1969, 1483; Erman/*Westermann*, § 705 Rn 73, 81; Soergel/*Hadding*, § 705 Rn 76; MüKo/*Ulmer*, § 705 Rn 342; Bamberger/Roth/*Timm/Schöne*, § 705 Rn 91.
92 BGHZ 26, 330, 335 = DB 1958, 277.
93 BGHZ 3, 285, 290 = DB 1952, 1008 = NJW 1952, 97; MüKo/*Ulmer*, § 705 Rn 339; *Hadding*, § 705 Rn 78; *Hueck*, Das Recht der offenen Handelsgesellschaft, 4. Aufl. 1971, § 7 III 1 b.
94 Palandt/*Heinrichs*, § 705 Rn 18.
95 Soergel/*Hadding*, § 705 Rn 78; Staudinger/*Habermeier*, § 705 Rn 67; *Hueck*, Das Recht der offenen Handelsgesellschaft, 4. Aufl. 1971, § 7 III 1b; Erman/*Westermann*, § 705 Rn 83; Bamberger/Roth/*Timm/Schöne*, § 705 Rn 92.

Grenzen wirtschaftlicher Betätigung von Idealvereinen, Diss. Heidelberg 1982; *Hornung,* Der wirtschaftliche Verein nach § 22 BGB, Diss. Göttingen 1972; *Hüttemann,* Wirtschaftliche Betätigung und steuerliche Gemeinnützigkeit, 1991; *Knauth,* Die Ermittlung des Hauptzwecks bei eingetragenen Vereinen, JZ 1979, 339; *Knauth,* Die Rechtsformverfehlung bei eingetragenen Vereinen mit wirtschaftlichem Geschäftsbetrieb, 1976; *Korinek/Krejci* (Hrsg.), Der Verein als Unternehmer, 1988; *Kornblum,* Bemerkungen zum e.V., NJW 2003, 3671; *Lehmann,* Die wettbewerbs- und bürgerlich-rechtlichen Grenzen der wirtschaftlichen Betätigung von Vereinen, WRP 1986, 63; *Lettl,* Wirtschaftliche Bestätigung und Umstrukturierung von Ideal-Vereinen, DB 2000, 1449; *Märkle/Alber/Gölle,* Der Verein im Zivil- und Steuerrecht, 11. Auflage 2004; *Menke,* Die wirtschaftliche Betätigung nichtwirtschaftlicher Vereine, 1998; *Petersen,* Das Vereinsrecht des BGB, Jura 2002, 683; *Reinhardt,* Die Abgrenzung zwischen Vereinen mit und ohne „wirtschaftlichen Geschäftsbetrieb", in: FS Paulick 1973, S. 3; *Reuter,* 100 Bände BGHZ: Vereins- und Genossenschaftsrecht, ZHR 151 (1987), 355; *ders.,* Die Verbände in der Privatrechtsordnung, in: Festgabe BGH II 2000, S. 213; *ders.,* Rechtliche Grenzen ausgegliederter Wirtschaftstätigkeit von Idealvereinen, ZIP 1984, 1052; *ders.,* Verbandszweck und Rechtsfähigkeit im Vereinsrecht, ZHR 151 (1987), 237; *Rittner,* Die werdende juristische Person, 1973; *Sachau,* Der nicht rechtsfähige Verein als Unternehmer eines Handelsgewerbes, ZHR 56 (1905), 444; *Sack,* Der „vollkaufmännische Idealverein", ZGR 1974, 147; *Schad,* Eingetragener Verein und Wirtschaftsverein, NJW 1998, 2411; *K. Schmidt,* Der bürgerlich-rechtliche Verein mit wirtschaftlicher Tätigkeit, AcP 182 (1982), 1; *ders.,* Die Abgrenzung der beiden Vereinsklassen, Rpfleger 1972, 286, 343; *ders.,* Sieben Leitsätze zum Verhältnis zwischen Vereinsrecht und Handelsrecht, ZGR 1975, 477; *ders.,* Systemfragen des Vereinsrechts, ZHR 147 (1983), 43; *ders.,* Verbandszweck und Rechtsfähigkeit im Vereinsrecht, 1984; *Schnorr,* Öffentliches Vereinsrecht, 1965; *Schwierkus,* Der rechtsfähige ideelle und wirtschaftliche Verein (§§ 21, 22 BGB), Diss. Berlin 1981; *Segna,* Publizitätspflicht eingetragener Vereine?, DB 2003, 1311; *Segna,* Bundesligavereine und Börse, ZIP 1997, 1901; *Sprengel,* Vereinskonzernrecht. Die Beteiligung von Vereinen an Unternehmensverbindungen, 1998; *Steding,* Zulässigkeit und Begrenzung des Einsatzes der GbR und des Vereins für wirtschaftliche Tätigkeit, NZG 2001, 721; *Steinbeck,* Vereinsautonomie und Dritteinfluss, 1999; *Stöber,* Handbuch zum Vereinsrecht, 9. Auflage 2004; *Ulmer,* Zu einer neuen Theorie der juristischen Person – zugleich Besprechung von: *Rittner,* Die werdende juristische Person, ZHR 140 (1976), 61. Siehe auch bei Vorbemerkungen zu §§ 21 ff.

A. Allgemeines 1	a) Volltypus des unternehmerisch tätigen Vereins 24
B. Regelungsgehalt 2	b) Verein mit unternehmerischer Tätigkeit an den Binnenmarkt seiner Mitglieder 27
I. Bestehen des Vereins 2	
1. Vereinsbegriff 3	
2. Vereinsgründung 4	
II. Nicht auf einen wirtschaftlichen Geschäftsbetrieb gerichteter Vereinszweck 15	c) Der genossenschaftlich tätige Verein 30
1. Vereinszweck 16	d) Nebenzweckprivileg („Nebentätigkeitsprivileg") 32
2. Unzulässige Zweckrichtung – der wirtschaftliche Geschäftsbetrieb 22	III. Eintragung im Vereinsregister 35
	Steuerlicher Anhang

A. Allgemeines

§ 21 regelt die Voraussetzung, unter denen ein nicht wirtschaftlicher Verein Rechtsfähigkeit erlangt, während § 22 die Erlangung der Rechtsfähigkeit des wirtschaftlichen Vereins betrifft. **1**

B. Regelungsgehalt

I. Bestehen des Vereins

Voraussetzung für die Eintragung ist das Bestehen eines Vereins. **2**

1. Vereinsbegriff. Der Verein ist ein auf Dauer angelegter, körperschaftlich organisierter Zusammenschluss von Personen mit einem gemeinsamen Zweck (vgl. vor § 21 Rn 10). **3**

2. Vereinsgründung. Die Gründung (Errichtung) eines Vereins besteht darin, dass sich die Gründer über den Inhalt der Satzung des Vereins (§ 25) einigen. **Gründer und damit Vereinsmitglied** können unbeschränkt geschäftsfähige natürliche Personen sein, ungeachtet ihrer Staatsangehörigkeit und eines Wohnsitzes im Inland. Besonderheiten sind bei der Beteiligung von Geschäftsunfähigen, beschränkt Geschäftsfähigen und unter Betreuung stehenden Personen zu beachten.[1] Gründer können auch juristische Personen und Personengesellschaften einschließlich der Außen-GbR und der EWIV sein.[2] Eheliche Gütergemeinschaft, Erbengemeinschaft und Bruchteilsgemeinschaft sollen nicht Gründungsbeteiligte sein können.[3] Vereinsgründer kann auch ein „nicht rechtsfähiger" Verein sein, denn er kann nach heute herrschender Auffassung als Teilnehmer **4**

---

1 Vgl. *Reichert,* Rn 57 ff.; *Sauter/Schweyer/Waldner,* Rn 10.
2 *Reichert,* Rn 56, 61 ff.
3 Soergel/*Hadding,* § 38 BGB Rn 5; *Sauter/Schweyer/Waldner,* Rn 11.

am Rechtsverkehr jede Rechtsposition einnehmen, soweit nicht spezielle rechtliche Gesichtspunkte entgegenstehen.[4] Die **Vereinsgründung ist nach h.M. ein Vertrag**, der die Satzung feststellt, also Vereinszweck, Name, Sitz und Verfassung festlegt, und damit den Verein ins Leben ruft sowie die mitgliedschaftlichen Rechte und Pflichten für die Gründer entstehen lässt.[5] Nach dieser Satzungsfeststellung, für die es keiner ausdrücklichen Gründungsvereinbarung bedarf,[6] können die Gründer die Satzung nur durch übereinstimmende Willenserklärung ändern.[7] Wollen die Gründer Rechtsfähigkeit durch Eintragung im Vereinsregister herbeiführen, müssen sie sich darüber einig sein.

5 An der Gründung müssen sich **mindestens zwei Personen** beteiligen. Soll der Verein in das Vereinsregister eingetragen werden, müssen sich gemäß §§ 56, 60 (vgl. § 56 Rn 2), an der Gründung mindestens sieben Gründer beteiligen.[8]

6 Solange der Verein noch nicht nach außen aufgetreten ist, sind die Rechtsgeschäfte zur Gründung nach allgemein bürgerlich-rechtlichen Grundsätzen anfechtbar und nichtig.[9] Nach Eintragung des Vereins in das Vereinsregister bzw. nach Tätigwerden des Vereins nach außen können Anfechtungs- und Nichtigkeitsgründe nach den Grundsätzen der fehlerhaften Gesellschaft nur mit *ex-nunc*-Wirkung geltend gemacht werden (vgl. vor § 21 Rn 29).[10]

7 Mit Satzungsfeststellung und Wahl des ersten Vereinsvorstands entsteht ein **„Vorverein"** als körperschaftlich organisierter Personenverband.[11] Der Vorverein, der gegen die Nichteintragung des Vereins als e.V. Rechtsmittel einlegen kann,[12] ist mit dem eingetragenen e.V. identisch („Identitätstheorie"); Rechte und Pflichten des Vorvereins gehen *ipso iure* auf den e.V. über, was auch für Verbindlichkeiten aus unerlaubter Handlung gilt.[13] Bei Grundstücken ist wegen der Identität keine Auflassung vom Vorverein an den e.V. erforderlich, sondern nur eine Grundbuchberichtigung.[14]

8 Kein Vorverein ist der nicht rechtsfähige Verein, der zunächst ohne Rechtsfähigkeit existiert und nachträglich mit satzungsändernder Mehrheit den Erwerb der Rechtsfähigkeit beschlossen hat („**unechter Vorverein**").[15]

9 Der Vorverein ist ein nicht rechtsfähiger Verein;[16] daher haften die Handelnden gemäß § 54 S. 2.[17]

10 Der Begriff des Handelnden ist eng auszulegen und betrifft nur den Vorstand, einen evtl. bestellten besonderen Vertreter (§ 30) sowie diejenigen Personen, die faktisch als solche Organmitglieder auftreten.[18] Nach h.M. erlischt die **Handelndenhaftung** wie im Recht der Kapitalgesellschaften mit Eintragung des e.V. im Vereinsregister. Diese Auffassung erscheint zutreffend; denn Zweck der Handelndenhaftung beim Vorverein ist, auf die Handelnden Druck zur raschen Anmeldung auszuüben. Diejenigen, die mit einem Vorverein kontrahieren, können nicht davon ausgehen, dass sie auf ewig Zugriff auf den Handelnden haben; vielmehr lassen sie sich bewusst auf Geschäftskontakte zu einer werdenden juristischen Person ein, deren Handelnde nur in der Übergangszeit zwischen Satzungsfeststellung und der Eintragung persönlich haften wollen. Ist der Druck der persönlichen Haftung zur Einreichung der Eintragung erledigt, besteht auch keine

---

4 BGH FGPrax 2001, 251 = NJW 2001, 3121; BGH NJW 2002, 1207, 1208; *Sauter/Schweyer/Waldner*, Rn 11; *Reichert*, Rn 62.
5 Bamberger/Roth/*Schwarz*, § 21 Rn 27; Staudinger/ *Weick*, § 21 Rn 18; Palandt/*Heinrichs*, § 25 Rn 3; vgl. auch RGZ 153, 267, 270; 165, 140, 143; BGHZ 47, 172, 179 = DB 1967, 855 = MDR 1967, 564; BayObLGZ 1977, 9.
6 Bamberger/Roth/*Schwarz*, § 21 Rn 27; Soergel/ *Hadding*, vor § 21 Rn 63.
7 OLG München NZG 1999, 780, 781.
8 Vgl. zu Besonderheiten, wenn juristische Personen als Gründer von natürlichen Personen beherrscht und repräsentiert werden, OLG Stuttgart Rpfleger 1983, 318 = MDR 1983, 840; OLG Köln NJW 1989, 173, 174.
9 Bamberger/Roth/*Schwarz*, § 21 Rn 28; BGHZ 47, 172, 180 = DB 1967, 855 = NJW 1967, 1268, 1271; MüKo/*Reuter*, § 21 Rn 60.
10 Bamberger/Roth/*Schwarz*, § 21 Rn 28; Staudinger/ *Weick*, § 21 Rn 19; Palandt/*Heinrichs*, § 21 Rn 9; *Reichert*, Rn 198 ff.

11 Palandt/*Heinrichs*, § 21 Rn 10; Bamberger/Roth/ *Schwarz*, § 21 Rn 30; *Sauter/Schweyer/Waldner*, Rn 14; *K. Schmidt*, GesR, 4. Aufl. 2002, § 24 II 1c, erwähnt das Erfordernis der Feststellung des ersten Vorstands nicht.
12 BayObLG NJW-RR 1991, 958 = BayObLGZ 1991, 52, 55; OLG Hamm OLG-RR 1995, 119; LG Bonn Rpfleger 2001, 432; Palandt/*Heinrichs*, § 21 Rn 10; *Reichert*, Rn 178.
13 RGZ 85, 256; BGHZ 17, 385, 387 = DB 1955, 664 = NJW 1955, 1229 (zur Genossenschaft); BGHZ 80, 129, 133 = DB 1981, 1032 = NJW 1981, 1373 (zur GmbH); Staudinger/*Weick*, § 21 Rn 31 ff.; Bamberger/Roth/*Schwarz*, § 21 Rn 36; Palandt/ *Heinrichs*, § 21 Rn 10.
14 BGHZ 45, 338, 348 = DB 1966, 853 = NJW 1966, 1311 zur GmbH; MüKo/*Reuter*, §§ 21, 22 Rn 81 f.
15 MüKo/*Reuter*, §§ 21, 22 Rn 82.
16 BayObLGZ 1972, 29 = MDR 1972, 513.
17 Vgl. allg. *Ehses*, a.a.O.
18 Soergel/*Hadding*, vor § 21 Rn 69; *Reichert*, Rn 94; Bamberger/Roth/*Schwarz*, § 21 Rn 34.

Veranlassung, den Gläubigern des Vorvereins neben dem Vorverein bzw. eingetragenen e.V. ein zusätzliches Sicherungsmittel durch die Handelndenhaftung zu geben.[19]

Abzulehnen sind Versuche, für den Verein bzw. seine Gründer eine **Differenzhaftung bzw. Verlustdeckungshaftung** zu konstruieren, ähnlich den GmbH-Vorschriften zur Haftung der Gesellschafter für die Differenz zwischen Vorbelastungen und Wert des Stammkapitals.[20] Entsprechende Auffassungen werden etwa vertreten von *Heinrichs* und *Reuter*.[21] Anders als Kapitalgesellschaften hat der e.V. aber keine gesetzlichen Mindestkapitalvorschriften, und Gläubiger, die mit einem werdenden e.V. kontrahieren, können daher nicht darauf vertrauen, dass der e.V. über ein bestimmtes gesetzliches Haftkapital verfügen wird.[22]

Der **Vorstand des Vorvereins** vertritt diesen. Seine Vertretungsmacht folgt aus § 26 i.V.m. der Satzung. Der Vorstand handelt im Namen des Vorvereins. Seine Vertretungsmacht ist grundsätzlich auf gründungsnotwendige Geschäfte und das Verwalten des schon eingebrachten Vermögens begrenzt, seine Vertretungsmacht kann aber erweitert werden bis zur sofortigen Aufnahme der Vereinstätigkeit.[23]

Der Vorverein ist aktiv und passiv **parteifähig**.[24] Das **Innenrecht** des Vorvereins entspricht grundsätzlich dem des e.V. Daher bestimmen sich beispielsweise Rechtsbeziehungen zwischen dem Vorverein und seinen Mitgliedern nach der Satzung. Bei entsprechender Vereinbarung kann der Vorverein eine Mitgliederversammlung bilden, die die Gründungssatzung mehrheitlich ändern kann. Das Vereinsvermögen des **Vorvereins** steht den Mitgliedern des Vorvereins als Gesamthandvermögen zu.[25]

Der Vorverein ist von der **Vorgründungsgesellschaft** (vgl. AnwK-BGB/*Heidel*, § 705 Rn 78 ff.) zu unterscheiden, diese ist eine GbR zur Vereinsgründung. Der Vorverein ist nicht identisch mit der Vorgründungsgesellschaft. Er ist nicht ihr Rechtsnachfolger, Rechte und Verbindlichkeiten der Vorgründungsgesellschaft gehen nicht auf den Vorverein über, es sei denn aufgrund ausdrücklicher Vereinbarung.[26]

II. Nicht auf einen wirtschaftlichen Geschäftsbetrieb gerichteter Vereinszweck

Der Vereinszweck eines nicht wirtschaftlichen Vereins darf nicht auf einen wirtschaftlichen Geschäftsbetrieb gerichtet sein.

1. Vereinszweck. Der gemeinsame Zweck ist konstituierendes Merkmal jeder Personenvereinigung (vgl. vor § 21 Rn 1 und 10; AnwK-BGB/*Heidel*, § 705 Rn 145).[27] **Vereinszweck kann grundsätzlich jeder erlaubte nicht wirtschaftliche Zweck sein** (vgl. zum wirtschaftlichen Zweck Rn 22 ff.). Die Gründer können den Vereinszweck frei bestimmen (Art. 9 Abs. 1 GG).[28] Der Vereinszweck muss in der Gründungssatzung angegeben sein; diese ist der Anmeldung beizufügen (§§ 57 Abs. 1, 59 Abs. 2 Nr. 1). Der Vereinszweck ist nicht nur Zielsetzung der Gründer, der durch den Zusammenschluss erreicht werden soll, sondern auch oberster Leitsatz („Lebensgesetz") des Vereins für die praktische Tätigkeit.[29] Ohne Zustimmung aller Mitglieder darf vom Vereinszweck mangels abweichender Satzungsbestimmung (§ 40) kein Vereinsorgan abweichen (§ 33 Abs. 1 S. 2). Der Zweck kennzeichnet das Wesen und die Individualität des jeweiligen Vereins.[30]

---

19 So im Erg. die h.M., vgl. Staudinger/*Weick*, § 54 Rn 70; Palandt/*Heinrichs*, § 54 Rn 13; MüKo/*Reuter*, §§ 21, 22 Rn 104; *Reichert*, Rn 96; OLG Celle NJW 1976, 806; differenzierend OLG Düsseldorf MDR 1984, 489 (Erlöschen nur, wenn bei Abschluss der Geschäfte die Eintragung bereits in die Wege geleitet war); für Fortbestehen der Haftung Bamberger/Roth/*Schwarz*, § 21 Rn 34; Soergel/*Hadding*, vor § 21 Rn 70, mit dem unzutr. Hinw. darauf, dass wegen der fehlenden Vorschriften beim Verein über Kapitalaufbringung und -erhaltung das Sicherungsinteresse des Gläubigers fortbestehe, „in der Person des Handelnden einen unbeschränkt haftenden Schuldner zu haben"; dabei wird verkannt, dass sich der Gläubiger gerade darauf einlässt, mit einer Person zu kontrahieren, die einen beschränkt haftenden Vertragspartner ohne Mindestkapital vertritt.
20 BGHZ 134, 333, 338 = DB 1997, 867 = NJW 1997, 1507, 1508.
21 Palandt/*Heinrichs*, § 21 Rn 10; MüKo/*Reuter*, § 21 Rn 84.

22 Vgl. Staudinger/*Weick*, § 21 Rn 32; Bamberger/Roth/*Schwarz*, § 21 Rn 35; *Reichert*, Rn 92; Soergel/*Hadding*, vor § 21 Rn 67, 74; OLG Hamm WM 1985, 644.
23 Bamberger/Roth/*Schwarz*, § 21 Rn 33; BGHZ 80, 129, 139 = DB 1981, 1032 = NJW 1981, 1373, 1375 zur Vor-GmbH; MüKo/*Reuter*, § 21 Rn 90 ff.; *Reichert*, Rn 89 ff.
24 *Reichert*, Rn 79.
25 Vgl. statt aller Bamberger/Roth/*Schwarz*, § 21 Rn 32.
26 Vgl. statt aller Bamberger/Roth/*Schwarz*, § 21 Rn 31; MüKo/*Reuter*, §§ 21, 22 Rn 79; Soergel/*Hadding*, vor § 21 Rn 64; BGHZ 91, 148, 151 = DB 1984, 1716 = NJW 1984, 2164 zur Vorgründungsgesellschaft einer Kapitalgesellschaft.
27 *K. Schmidt*, GesR, 4. Aufl. 2002, § 4 II I; Bamberger/Roth/*Schwarz*, § 21 Rn 7.
28 *Reichert*, Rn 403; Bamberger/Roth/*Schwarz*, § 21 Rn 7.
29 BGHZ 96, 245, 252 = DB 1986, 473 = NJW 1986, 1033; BayObLG NJW-RR, 2001, 1261.
30 RGZ 119, 184, 186.

17 **Verbotene Vereinszwecke** folgen aus Art. 9 Abs. 2 GG (Verstoß gegen verfassungsmäßige Ordnung oder den Gedanken der Völkerverständigung) sowie §§ 134 und 138.[31] Hinsichtlich des Vereinszwecks darf kein **Rechtsformzwang** für eine andere Vereinsform bestehen, und die Verwendung der Vereinsform für den gesetzten Zweck und die beabsichtigte Tätigkeit darf gesetzlich nicht ausgeschlossen sein.[32]

18 Die **Ermittlung des Vereinszwecks** ist im Hinblick auf die Registereintragung Aufgabe des Registergerichts (§ 12 FGG). Entscheidend für die Zweckermittlung ist der Inhalt der Satzung; das Registergericht darf jedoch die Eintragung versagen, wenn es zur Überzeugung gelangt, dass der wahre Vereinszweck in der Satzung verschleiert wird und der Verein z.B. nicht auf einen idealen, sondern auf einen wirtschaftlichen Zweck gerichtet ist, was aus § 43 Abs. 2 folgt.[33] Dabei kann das Registergericht aus Tatsachen (z.B. der Tätigkeit des Vereins) auf den eigentlichen Vereinszweck schließen; der tatsächlich verfolgte Zweck ist der maßgebende Vereinszweck.[34]

19 Hat das Registergericht Zweifel am Vereinszweck, kann es im Wege einer Amtshilfe Stellungnahmen Dritter einholen (z.B. der Landesbehörden nach § 22 oder der IHK gemäß § 9 Abs. 2 S. 2 VRV).[35] Werden die Zweifel nicht ausgeräumt, tragen die Vereinsgründer die objektive Beweislast für die Eintragungsvoraussetzungen.[36] Dies entbindet das Gericht freilich nicht von seiner Pflicht aus § 12 FGG, ggf. zunächst von Amts wegen für eine weitere Sachaufklärung Sorge zu tragen (vgl. § 60 Rn 2).

20 Übt der Verein einen unzulässigen Zweck aus, nimmt er etwa einen wirtschaftlichen Geschäftsbetrieb auf, droht eine **Amtslöschung** nach § 43 Abs. 2.[37] Nach der „Scientology"-Entscheidung hat die Verwaltungsbehörde beim Entzug der Rechtsfähigkeit **kein Ermessen**.[38] Ein subjektives öffentlich-rechtliches Recht Dritter auf Einschreiten der Verwaltungsbehörde soll nicht bestehen.[39] Unterlassungsansprüche von Wettbewerbern sollen ausgeschlossen sein.[40] Zur Frage, ob das Registergericht die Eintragung gemäß §§ 159, 142 FGG vom Amts wegen löschen kann, wenn das Registergericht nach der Eintragung den wahren Zweck erkennt, und zur Prüfungskompetenz vgl. § 60 Rn 2 ff.

21 Übt der Verein **mehrere Zwecke** aus, kommt es für die Entscheidung des Zwecks darauf an, was Haupt- und was Nebenzweck ist (vgl. Rn 32).

22 **2. Unzulässige Zweckrichtung – der wirtschaftliche Geschäftsbetrieb.** Wie der wirtschaftliche Geschäftsbetrieb abzugrenzen ist, ist seit In-Kraft-Treten des BGB umstritten. Vertreten worden sind eine objektive, subjektive und gemischt subjektiv-objektive Theorie.[41] Diese Theorien sind mehr und mehr obsolet geworden. Eine von *K. Schmidt* entwickelte Abgrenzung einer **teleologisch begründeten Typenbildung** hat die alten Theorien ersetzt.[42] Entscheidendes Abgrenzungskriterium ist, ob der Verein wie ein Unternehmer am Wirtschafts- und Rechtsverkehr teilnimmt. Dieser Abgrenzungsmethode hat sich die ganz h.M. angeschlossen.[43]

23 Danach gibt es **drei Grundtypen von wirtschaftlichen Vereinen**, die dem § 22 zuzuordnen sind, da ihr Vereinszweck auf einen wirtschaftlichen Geschäftsbetrieb gerichtet ist. Fällt ein Verein nicht unter einen der Typen des wirtschaftlichen Vereins, ist er nicht wirtschaftlich und damit nach § 21 grundsätzlich eintragungsfähig. Ein idealistischer Vereinszweck ist für die Eintragung weder erforderlich noch ausreichend.[44] Mit der negativen Ausgrenzung ist aber noch nicht gesagt, dass der Verein tatsächlich eintragungsfähig ist.

---

31 Vgl. zu Beispielen Bamberger/Roth/*Schwarz*, § 21 Rn 9; *Sauter/Schweyer/Waldner*, Rn 51 ff.
32 Vgl. *Reichert*, Rn 405.
33 Staudinger/*Weick*, § 21 Rn 20.
34 BayObLGZ 1983, 45, 48; BayObLG Rpfleger 1977, 19, 20; BayObLGZ 1983, 45, 48; Palandt/*Heinrichs*, § 21 Rn 6; Bamberger/Roth/*Schwarz*, § 21 Rn 8; Staudinger/*Weick*, § 21 Rn 20.
35 Vereinsregisterverordnung v. 10.2.1999 (BGBl I S. 147).
36 BayObLGZ 1983, 45; Palandt/*Heinrichs*, § 21 Rn 6; Staudinger/*Weick*, § 21 Rn 21.
37 Vgl. zu einem Fall der Löschung im Hinblick auf wirtschaftlichen Betrieb und damit verbundene Fragen der Beschwerdebefugnis LG Hanau NJW-RR 2002, 102.
38 BVerwG NJW 1998, 1166, 1168.
39 Dafür z.B. *Wagner*, NZG 1999, 469, 470 f.; dagegen z.B. *K. Schmidt*, AcP 182 (1982), 1, 50.
40 BGH NJW 1986, 3201.
41 Vgl. Staudinger/*Weick*, § 21 Rn 2 ff.; MüKo/*Reuter*, § 21 Rn 5; *Schwierkus*, a.a.O.; RGZ 83, 231; 88, 332; 133, 170; 154, 343; BGHZ 15, 315 = NJW 1955, 422; BGHZ 45, 395 = DB 1966, 1350 = NJW 1966, 2007.
42 *K. Schmidt*, Rpfleger 1972, 286 ff., 343 ff.; *ders.*, ZGR 1975, 477; *ders.*, AcP 182 (1982), 1; *ders.*, Rpfleger 1988, 45; *ders.*, Verbandszweck; *ders.*, GesR, 4. Aufl. 2002, § 23 III 2.
43 Ansätze schon bei BGHZ 45, 395 = DB 1966, 1350 = NJW 1966, 2007; Palandt/*Heinrichs*, § 21 Rn 2a ff.; MüKo/*Reuter*, §§ 21, 22 Rn 6 ff.; Bamberger/Roth/*Schwarz*, § 21 Rn 13 ff.; Soergel/*Hadding*, § 21 Rn 24 ff.; Staudinger/*Weick*, § 21 Rn 5 ff.; BVerwG NJW 1979, 2261; BayObLG Rpfleger 1978, 249 f.; OLG Düsseldorf Rpfleger 1979, 259 f.; BGHZ 85, 84, 88 = NJW 1983, 569; BayObLGZ 1978, 91; BayObLGZ 1985, 284 = ZMR 1985, 389; BayObLG NZG 1998, 606; OLG Düsseldorf NZG 1998, 273; NJW 1983, 2574; NJW-RR 1996, 989; OLG Schleswig NJW-RR 2001, 1478.
44 *K. Schmidt*, GesR, 4. Aufl. 2002, § 23 III 2 c.

Wirtschaftliche Zwecke schaden nämlich nicht, wenn sie nur **Nebenzweck** eines nicht wirtschaftlichen Vereins sind (vgl. Rn 32).

a) Volltypus des unternehmerisch tätigen Vereins. Solche Vereine weisen im Wesentlichen die Merkmale des **handelsrechtlichen Unternehmensbegriffs** (vgl. auch § 14) aus: Sie sind planmäßig und entgeltlich als Anbieter auf einem Markt tätig; auf ihre Gewinnerzielung oder Gewinnerzielungsabsicht kommt es nicht an.[45]

24

Als **Beispiele** hierfür werden genannt: Privatschulen, Bühnen, Reiseunternehmen, Sparkassen, gemeinsame Vermietung von Wohnungen, Wohnungsvermittlung, als Hotelagentur oder Unternehmensvermittlung tätiger Fremdenverkehrsverein, Lotterien veranstaltender Gewinnspielverein, zu kostendeckenden Preisen Lehrgänge anbietender Verein.[46] Weitere Beispiele: Abmahnvereine, Betrieb eines Krankenhauses, eines Altenwohnheimes oder anderer Pflegeeinrichtungen; entgeltliche Aufnahme in ein Erholungsheim auch von Nichtmitgliedern; Betrieb einer Schauspielbühne; Betrieb von Skiliften oder Seilbahnen; Angebot von Rettungsdiensten einschließlich Krankentransport; Betrieb einer Immobilienbörse; Bau von Wohnungen und Siedlerstellen für bedürftige Kreise; Dritte-Welt-Läden; betriebliche Unterstützungskasse der betrieblichen Altersversorgung, wenn neben dem sozialen Zweck eine wirtschaftliche Betätigung verfolgt wird, die an sich der Kontrolle durch das Bundesaufsichtsamt für das Versicherungswesen/Bafin unterliegt; Totalisatorenunternehmen eines Rennvereins.[47]

25

In dieser Fallgruppe ist die Behandlung der **Fälle streitig, in denen der Verein das Unternehmen nicht selbst betreibt**, sondern einer unternehmenstragenden Gesellschaft beitritt, diese als Tochtergesellschaft für sich arbeiten lässt oder sich in den Dienst eines Unternehmens stellt. Standardbeispiele sind der *ADAC* und der *Edeka*-Verband,[48] die Tochtergesellschaften haben und diese ggf. beherrschen. Verbreitet ist bei Sportvereinen auch die Ausgliederung der Lizenzsportabteilungen auf Kapitalgesellschaften (Borussia Dortmund KGaA,[49] Bayern München Fußball AG). Unter Kritik der Literatur[50] hat der BGH im exemplarischen Falle der *ADAC*-Rechtsschutzversicherungs AG entschieden, dass die Beherrschung einer AG nicht ausreiche, um einen Verein zu einem wirtschaftlichen zu machen; der BGH hat es zur Verneinung der Wirtschaftlichkeit genügen lassen, dass die Tochtergesellschaft von dem Verein organisatorisch getrennt ist; schon dann könne die Tätigkeit der Tochtergesellschaft dem Verein nicht zugerechnet werden; ein wirtschaftlicher Geschäftsbetrieb ist in einem solchen Fall nach dem BGH nicht einmal dann anzunehmen, wenn der Verein seine unternehmerische Tätigkeit auf eine neu gegründete Tochtergesellschaft ausgliedert und dieser alle ihm zur Verfügung stehenden Sicherheiten bietet.[51]

26

b) Verein mit unternehmerischer Tätigkeit an den Binnenmarkt seiner Mitglieder[52]. Ein solcher wirtschaftlicher Verein bietet einem aus seinen Mitgliedern bestehenden inneren Markt **planmäßig und dauerhaft Leistungen gegen Entgelt** an. Das Entgelt kann im Mitgliedsbeitrag enthalten sein.[53]

27

Bei diesem Typus besteht die Hauptschwierigkeit in der Abgrenzung der typischen geldwerten Vorteile einer Vereinsmitgliedschaft (Benutzung von Vereins-Sportanlagen etc.) von der Angebotstätigkeit des Vereins an einen Binnenmarkt (Vermietung von Sportplätzen gegen Vorlage einer Mitgliedskarte[54]). Die angebotenen **Leistungen** müssen typischerweise auch in einem äußeren Markt gegen Entgelt erworben werden können, sie dürfen **keinen mitgliedschaftlichen Charakter** haben, die Mitgliedschaftsverhältnis muss sich faktisch auf den Austausch einer Ware oder Dienstleistung gegen ein Entgelt beschränken.[55] Plastisch wird formuliert, das Vereinsmitglied müsse dem Verein als Kunden gegenübertreten.[56] Derartige wirtschaftliche Zwecke sind abzugrenzen vom nicht wirtschaftlichen Verein, der seinen Mitgliedern Leistungen in Verwirklichung seines idealen, nicht wirtschaftlichen Zwecks anbietet. In einem solchen Fall liegt keine unternehmerische Tätigkeit vor. Das ist z.B. der Fall bei einem Tennisverein, der seinen Mitgliedern Tennisplätze stundenweise gegen

28

---

45 *K. Schmidt*, GesR, 4. Aufl. 2002, § 23 III 3 a.
46 Beispiele nach *K. Schmidt*, GesR, 4. Aufl. 2002, § 23 III 3a; vgl. auch Palandt/*Heinrichs*, § 21 Rn 3.
47 Beispiele nach *Reichert*, Rn 120; vgl. auch die Beispiele bei Staudinger/*Weick*, § 21 Rn 16 ff.; MüKo/*Reuter*, §§ 21, 22 Rn 43 f.; Palandt/*Heinrichs*, § 21 Rn 8; Bamberger/Roth/*Schwarz*, § 21 Rn 17.
48 Vgl. auch die Fälle der angeblich nicht wirtschaftlichen Familienvereine *Spießhofer & Braun e.V.* sowie *Schickedanz e.V.* als Konzernspitzen der Triumph International-Gruppe bzw. der Quelle-Gruppe *K. Schmidt*, AcP 182 (1982), 1, 22.
49 Vgl. zur Frage „KGaA – die ideale Rechtsform für die Bundesliga?" *Arnold*, in: Beiträge zum Sportrecht, hrsg. von *Bepler*, 2000, S. 9 ff.
50 Vgl. statt aller *K. Schmidt*, GesR, 4. Aufl. 2002, § 23 III 3a; *Senga*, ZIP 1997, 1901; *Lettl*, DB 2000, 1449.
51 BGHZ 85, 84 = DB 1983, 491 = NJW 1983, 569.
52 *K. Schmidt*, GesR, 4. Aufl. 2002, § 21 III 3 b.
53 *K. Schmidt*, GesR, 4. Aufl. 2002, § 23 III 3b; *ders.*, AcP 182 (1982), 17.
54 *K. Schmidt*, GesR, 4. Aufl. 2002, § 23 III 3 b.
55 Palandt/*Heinrichs*, § 21 Rn 3a; Soergel/*Hadding*, § 21 Rn 28; Bamberger/Roth/*Schwarz*, § 21 Rn 18.
56 *K. Schmidt*, AcP 182 (1982), 1, 17; *ders.*, Rpfleger 1988, 45, 48.

Entgelt zur Verfügung stellt, oder wenn betriebliche Sozialeinrichtungen in der Rechtsform eines Vereins Werkskantinen, Pensions- oder Unterstützungskassen bzw. Büchereien zur Verfügung stellen.[57]

29 Folgende **Beispiele** solcher **wirtschaftlichen Vereine** werden genannt: arbeitsmedizinische Zentren; Abrechnungsstellen für Angehörige von Heilberufen; Auskunftsvereine; Buchclubs; Garagen- und Antennenvermietungsvereine; Gewinnsparvereine; Internetvereine zur Förderung privat betriebener Datenkommunikation, die Mitgliedern kostengünstige Zugangsmöglichkeiten zum Internet anbieten; Kapitalanlagevereine; Vereine von zum Notfalldienst verpflichteten Kassenärzten,[58] wenn durch Abendsprechstunden zusätzliche Patienten gewonnen werden; zentrale Abrechnungsstelle, die Körperschaften zur Gehaltsabrechnung, als Buchungsstelle oder für ähnliche Tätigkeiten unterhalten; Wasserbeschaffungs- und Entsorgungsvereine; Werbegemeinschaften; Wohnungsbauvereine; Wohnungsvermittlungsvereine; Car-Sharing-Vereine.[59] **Nicht wirtschaftlich** sollen sein: Lohnsteuerhilfevereine gemäß § 13 StBerG,[60] Haus- und Grundbesitzervereine; kassenärztliche Vereinigung, Warenhausverband, Vereine zum Betreiben von Werkskantinen, Vereine zum Betreiben eines Betriebsarztzentrums.[61]

30 **c) Der genossenschaftlich tätige Verein.** Eine genossenschaftliche Kooperation der Vereinsmitglieder liegt vor, wenn sie ihre eigene **Unternehmenstätigkeit** oder hierfür benötigte Einrichtungen ganz oder teilweise **auf einen Verein auslagern** und der so tätige genossenschaftsähnliche, wirtschaftliche Verein mittelbar oder unmittelbar die Anbietertätigkeit der Mitglieder fördert, also aktiv im Absatzprozess der Mitglieder eingeschaltet ist. Der genossenschaftliche Verein braucht eigene Leistung weder den Mitgliedern noch Außenstehenden anzubieten, es genügt, dass er gemeinschaftliche Einrichtungen zur Förderung des Geschäftsbetriebs seiner Mitglieder unterhält, ohne nach außen aufzutreten.[62] Demgegenüber sind Vereine, die sich nicht an unternehmerischen Aktivitäten ihrer Mitglieder beteiligen, sondern deren Interessen wahrnehmen, nicht wirtschaftlich.[63]

31 In Literatur und Rechtsprechung sind folgende **Beispiele** genossenschaftlicher, also wirtschaftlicher Vereine behandelt worden: Funktaxizentralen zur Vermittlung von Beförderungsverträgen; Zusammenschluss von Taxiunternehmern zur Koordinierung und Förderung des gemeinsamen Betriebs von Taxiunternehmen; Abfallentsorgungsverband, dessen Mitglieder Unternehmer sind und dem sie die ihnen obliegende Abfallentsorgung übertragen; Abrechnungsstellen für Angehörige der Heilberufe; Werbegemeinschaften von Gewerbetreibenden; Lotsengemeinschaften; Weide- und Landschaftspflegegemeinschaften zur Betreuung von Tieren der Mitglieder; Verbrauchereinkaufsringe; Vereine mit dem Hauptzweck, zugunsten seiner gewerblichen Mitglieder bei Herstellern günstige Einkaufskonditionen auszuhandeln; Vereine zur Verwaltung von Gebrauchsmustern; Rabattsparvereine; land- und forstwirtschaftliche Erzeugergemeinschaften.[64]

32 **d) Nebenzweckprivileg („Nebentätigkeitsprivileg").** Kein wirtschaftlicher, sondern ein nicht wirtschaftlicher Verein liegt vor, wenn der Geschäftsbetrieb im Rahmen der ideellen Zwecksetzung lediglich Nebenzweck ist.[65] Über dieses Prinzip herrscht Einigkeit. Es soll nach dem Reformentwurf des Bundesjustizministeriums künftig in § 21 kodifiziert werden (vgl. vor § 21 Rn 24).[66] Problematisch ist seine Konkretisierung. *K. Schmidt* bringt das Problem mit einem Beispiel auf den Punkt: Wenn ein Amateursportverein sonntags von den wenigen Schaulustigen ein Eintrittsgeld verlange, sträube sich das Rechtsgefühl nicht gegen die Eintragung als nicht wirtschaftlich; hieran ändere sich auch nichts, „wenn die Rückseite der Eintrittskarten als Werbefläche vermietet ist. Aber wie steht es, wenn derselbe Verein eine Lizenzsportabteilung mit Millionenumsätzen aufbaut, die außer den Eintrittskarten auch Fernsehrechte vergibt, Fanartikel verkauft usw.?"[67]

33 Nach einer verbreiteten Auffassung genügt es, dass die **wirtschaftliche Nebentätigkeit funktionell unter die nicht wirtschaftliche Haupttätigkeit untergeordnet** sein muss und der wirtschaftliche Nebenzweck

---

57 Bamberger/Roth/*Schwarz*, § 21 Rn 19; Palandt/*Heinrichs*, § 21 Rn 3 a.
58 Vgl. demgegenüber, aber bei anderem Sachverhalt, LG Bonn Rpfleger 2001, 600.
59 Beispiele nach *Reichert*, Rn 126 f.
60 BGH WM 1976, 458 = BB 1976, 621.
61 Beispiele nach Bamberger/Roth/*Schwarz*, § 21 Rn 21.
62 *Reichert*, Rn 129 f.; Bamberger/Roth/*Schwarz*, § 21 Rn 22; MüKo/*Reuter*, §§ 21, 22 Rn 34 f.; undeutlich BGHZ 45, 395, 397 = NJW 1996, 2007, wo nicht klar wird, ob der BGH zusätzlich das Kriterium der Teilnahme am Rechtsverkehr mit Dritten verlangt.
63 Palandt/*Heinrichs*, § 21 Rn 4; LG Frankfurt NJW 1996, 2039.
64 *Reichert*, Rn 131; vgl. auch Bamberger/Roth/*Schwarz*, § 21 Rn 23; Staudinger/*Weick*, § 21 Rn 16; MüKo/*Reuter*, §§ 21, 22 Rn 46 ff.
65 Einhellige M., vgl. Palandt/*Heinrichs*, § 21 Rn 5; RGZ 154, 351; BGHZ 85, 84, 93 = NJW 1983, 569.
66 Entwurf, Art. 1 Nr. 2, S. 3 (unveröffentlicht); vgl. auch *Arnold*, DB 2004, 2143, 2145.
67 *K. Schmidt*, GesR, 4. Aufl. 2002 § 23 III 3d; vgl. generell zum Nebenzweckprivileg *Reichert*, Rn 132 ff.; Palandt/*Heinrichs*, § 21 Rn 5; Soergel/*Hadding*, §§ 21, 22 Rn 33 ff.; Sauter/Schweyer/*Waldner*, Rn 47 ff.; Staudinger/*Weick*, § 21 Rn 12 ff.; MüKo/*Reuter*, §§ 21, 22 Rn 19 ff.

ein Hilfsmittel zur Erreichung des nicht wirtschaftlichen Zwecks ist.[68] Weiter gehend verlangen manche Autoren, der wirtschaftliche Geschäftsbetrieb müsse für die effektive Verfolgung des satzungsmäßigen nicht wirtschaftlichen Gesamtszwecks oder für ein funktionsfähiges Vereinsleben unentbehrlich sein;[69] eine derartig enge Auslegung widerspricht u.E. der vom Gesetzgeber des BGB vertretenen Auffassung, zu akzeptieren, dass Vereine, „die zweifellos als gemeinnützige, wohltätige, gesellige usw. anzusehen sind, ... ganz nebenbei auch einen wirtschaftlichen Geschäftsbetrieb haben".[70] Das Erfordernis der Unentbehrlichkeit ist also überzogen. Es genügt, dass die wirtschaftliche Nebentätigkeit „ganz nebenbei" betrieben wird, also der nicht wirtschaftlichen Haupttätigkeit des Vereins untergeordnet ist.

Heiß diskutiert wird die Grenze des Nebenzweckprivilegs am Beispiel der **Lizenzsportabteilungen der Bundesligavereine**, die nach Auffassung mancher Autoren den e.V. zum nach § 22 unzulässigen wirtschaftlichen Verein werden lassen und deren Ausgliederung als Kapitalgesellschaften manche Autoren als Gebot des Vereinsrechts ansehen.[71]

34

III. Eintragung im Vereinsregister

Die Eintragung im Vereinsregister (§§ 55 f.) ist konstitutiv – auch wenn wesentliche Eintragungsvoraussetzungen fehlen.[72] Mit der Eintragung im Vereinsregister (§§ 55 ff.) erlangt der Verein Rechtsfähigkeit. Bei wesentlichen Mängeln ist gemäß §§ 142, 159 FGG ein Löschungsverfahren einzuleiten (vgl. vor § 55 Rn 4).

35

Steuerlicher Anhang zu § 21: Gemeinnützigkeitsrecht des eingetragenen Vereins

Abgabenordnung (AO 1977) – Auszug:

Dritter Abschnitt:
Steuerbegünstigte Zwecke

AO 1977 § 51 | Allgemeines

[1]Gewährt das Gesetz eine Steuervergünstigung, weil eine Körperschaft ausschließlich und unmittelbar gemeinnützige, mildtätige oder kirchliche Zwecke (steuerbegünstigte Zwecke) verfolgt, so gelten die folgenden Vorschriften. [2]Unter Körperschaften sind die Körperschaften, Personenvereinigungen und Vermögensmassen im Sinne des Körperschaftsteuergesetzes zu verstehen. [3]Funktionale Untergliederungen (Abteilungen) von Körperschaften gelten nicht als selbständige Steuersubjekte.

AO 1977 § 52 | Gemeinnützige Zwecke

(1) [1]Eine Körperschaft verfolgt gemeinnützige Zwecke, wenn ihre Tätigkeit darauf gerichtet ist, die Allgemeinheit auf materiellem, geistigem oder sittlichem Gebiet selbstlos zu fördern. [2]Eine Förderung der Allgemeinheit ist nicht gegeben, wenn der Kreis der Personen, dem die Förderung zugute kommt,

---

68 *K. Schmidt*, GesR, 4. Aufl. 2002, § 23 III 3d; *Reichert*, Rn 133; BVerwG NJW 1998, 1166, 1168; OLG Celle Rpfleger 1992, 66, 67; OLG Düsseldorf Rpfleger 1998, 251; Palandt/*Heinrichs*, § 21 Rn 5; Staudinger/*Weick*, § 21 Rn 14; ähnlich BGHZ 85, 84, 93 = DB 1983, 491 = NJW 1983, 569, hier stellt der BGH darauf ab, ob die unternehmerischen Tätigkeiten „dem nicht wirtschaftlichen Hauptzweck zu- und untergeordnet und Hilfsmittel zu dessen Erreichung sind".
69 So *Reichert*, Rn 133; MüKo/*Reuter*, §§ 21, 22 Rn 19.
70 *Mugdan* I, S. 1997.

71 Vgl. *Knauth*, a.a.O.; *Flume*, BGB AT, Bd. 1/1, § 4 II 2; *Heckelmann*, AcP 179 (1979), 1 ff.; *Knauth*, JZ 1978, 339, 341 ff.; Staudinger/*Weick*, § 21 Rn 15; Palandt/*Heinrichs*, § 21 Rn 5; Steinbeck/*Menke*, NJW 1998, 2169; *dies.*, SpuRt 1998, 226; *Heermann*, ZIP 1998, 1249, 1256 f.; *Wagner*, NZG, 1999, 469; *Littel*, DB 2000, 1449; *Balzer*, ZIP 2001, 175; *Segna*, NZG 2002, 1048, 1051; *Fuhrmann*, SpuRt 1995, 12.
72 Vgl. Staudinger/*Weick* § 21 Rn 24 ff.; Palandt/*Heinrichs*, § 21 Rn 11; RGZ 81, 210; BGH NJW 1983, 993; BGH MDR 1984, 816 = WM 1984, 977, 979.

fest abgeschlossen ist, zum Beispiel Zugehörigkeit zu einer Familie oder zur Belegschaft eines Unternehmens, oder infolge seiner Abgrenzung, insbesondere nach räumlichen oder beruflichen Merkmalen, dauernd nur klein sein kann. ³Eine Förderung der Allgemeinheit liegt nicht allein deswegen vor, weil eine Körperschaft ihre Mittel einer Körperschaft des öffentlichen Rechts zuführt.

(2) ¹Unter den Voraussetzungen des Absatzes 1 sind als Förderung der Allgemeinheit anzuerkennen insbesondere:
1. die Förderung von Wissenschaft und Forschung, Bildung und Erziehung, Kunst und Kultur, der Religion, der Völkerverständigung, der Entwicklungshilfe, des Umwelt-, Landschafts- und Denkmalschutzes, des Heimatgedankens,
2. die Förderung der Jugendhilfe, der Altenhilfe, des öffentlichen Gesundheitswesens, des Wohlfahrtswesens und des Sports. Schach gilt als Sport,
3. die allgemeine Förderung des demokratischen Staatswesens im Geltungsbereich dieses Gesetzes; hierzu gehören nicht Bestrebungen, die nur bestimmte Einzelinteressen staatsbürgerlicher Art verfolgen oder die auf den kommunalpolitischen Bereich beschränkt sind,
4. die Förderung der Tierzucht, der Pflanzenzucht, der Kleingärtnerei, des traditionellen Brauchtums einschließlich des Karnevals, der Fastnacht und des Faschings, der Soldaten- und Reservistenbetreuung, des Amateurfunkens, des Modellflugs und des Hundesports.

AO 1977 § 53 Mildtätige Zwecke

¹Eine Körperschaft verfolgt mildtätige Zwecke, wenn ihre Tätigkeit darauf gerichtet ist, Personen selbstlos zu unterstützen,
1. die infolge ihres körperlichen, geistigen oder seelischen Zustands auf die Hilfe anderer angewiesen sind oder
2. deren Bezüge nicht höher sind als das Vierfache des Regelsatzes der Sozialhilfe im Sinne des § 28 des Zwölften Buches Sozialgesetzbuch; beim Alleinstehenden oder Haushaltsvorstand tritt an die Stelle des Vierfachen das Fünffache des Regelsatzes. Dies gilt nicht für Personen, deren Vermögen zur nachhaltigen Verbesserung ihres Unterhalts ausreicht und denen zugemutet werden kann, es dafür zu verwenden. Bei Personen, deren wirtschaftliche Lage aus besonderen Gründen zu einer Notlage geworden ist, dürfen die Bezüge oder das Vermögen die genannten Grenzen übersteigen. Bezüge im Sinne dieser Vorschrift sind
   a) Einkünfte im Sinne des § 2 Abs. 1 des Einkommensteuergesetzes und
   b) andere zur Bestreitung des Unterhalts bestimmte oder geeignete Bezüge,
die der Alleinstehende oder der Haushaltsvorstand und die sonstigen Haushaltsangehörigen haben. Zu den Bezügen zählen nicht Leistungen der Sozialhilfe, Leistungen zur Sicherung des Lebensunterhalts nach dem Zweiten Buch Sozialgesetzbuch und bis zur Höhe der Leistungen der Sozialhilfe Unterhaltsleistungen an Personen, die ohne die Unterhaltsleistungen sozialhilfeberechtigt wären, oder Anspruch auf Leistungen zur Sicherung des Lebensunterhalts nach dem Zweiten Buch Sozialgesetzbuch hätten. Unterhaltsansprüche sind zu berücksichtigen.

AO 1977 § 54 Kirchliche Zwecke

(1) ¹Eine Körperschaft verfolgt kirchliche Zwecke, wenn ihre Tätigkeit darauf gerichtet ist, eine Religionsgemeinschaft, die Körperschaft des öffentlichen Rechts ist, selbstlos zu fördern.

(2) ¹Zu diesen Zwecken gehören insbesondere die Errichtung, Ausschmückung und Unterhaltung von Gotteshäusern und kirchlichen Gemeindehäusern, die Abhaltung von Gottesdiensten, die Ausbildung von Geistlichen, die Erteilung von Religionsunterricht, die Beerdigung und die Pflege des Andenkens der Toten, ferner die Verwaltung des Kirchenvermögens, die Besoldung der Geistlichen, Kirchenbeamten und Kirchendiener, die Alters- und Behindertenversorgung für diese Personen und die Versorgung ihrer Witwen und Waisen.

AO 1977 § 55 | Selbstlosigkeit

(1) ¹Eine Förderung oder Unterstützung geschieht selbstlos, wenn dadurch nicht in erster Linie eigenwirtschaftliche Zwecke – zum Beispiel gewerbliche Zwecke oder sonstige Erwerbszwecke – verfolgt werden und wenn die folgenden Voraussetzungen gegeben sind:
1. Mittel der Körperschaft dürfen nur für die satzungsmäßigen Zwecke verwendet werden. Die Mitglieder oder Gesellschafter (Mitglieder im Sinne dieser Vorschriften) dürfen keine Gewinnanteile und in ihrer Eigenschaft als Mitglieder auch keine sonstigen Zuwendungen aus Mitteln der Körperschaft erhalten. Die Körperschaft darf ihre Mittel weder für die unmittelbare noch für die mittelbare Unterstützung oder Förderung politischer Parteien verwenden.
2. Die Mitglieder dürfen bei ihrem Ausscheiden oder bei Auflösung oder Aufhebung der Körperschaft nicht mehr als ihre eingezahlten Kapitalanteile und den gemeinen Wert ihrer geleisteten Sacheinlagen zurückerhalten.
3. Die Körperschaft darf keine Person durch Ausgaben, die dem Zweck der Körperschaft fremd sind, oder durch unverhältnismäßig hohe Vergütungen begünstigen.
4. Bei Auflösung oder Aufhebung der Körperschaft oder bei Wegfall ihres bisherigen Zwecks darf das Vermögen der Körperschaft, soweit es die eingezahlten Kapitalanteile der Mitglieder und den gemeinen Wert der von den Mitgliedern geleisteten Sacheinlagen übersteigt, nur für steuerbegünstigte Zwecke verwendet werden (Grundsatz der Vermögensbindung). Diese Voraussetzung ist auch erfüllt, wenn das Vermögen einer anderen steuerbegünstigten Körperschaft oder einer Körperschaft des öffentlichen Rechts für steuerbegünstigte Zwecke übertragen werden soll.
5. Die Körperschaft muss ihre Mittel grundsätzlich zeitnah für ihre steuerbegünstigten satzungsmäßigen Zwecke verwenden. Verwendung in diesem Sinne ist auch die Verwendung der Mittel für die Anschaffung oder Herstellung von Vermögensgegenständen, die satzungsmäßigen Zwecken dienen. Eine zeitnahe Mittelverwendung ist gegeben, wenn die Mittel spätestens in dem auf den Zufluss folgenden Kalender- oder Wirtschaftsjahr für die steuerbegünstigten satzungsmäßigen Zwecke verwendet werden.

(2) ¹Bei der Ermittlung des gemeinen Werts (Absatz 1 Nr. 2 und 4) kommt es auf die Verhältnisse zu dem Zeitpunkt an, in dem die Sacheinlagen geleistet worden sind.

(3) ¹Die Vorschriften, die die Mitglieder der Körperschaft betreffen (Absatz 1 Nr. 1, 2 und 4), gelten bei Stiftungen für die Stifter und ihre Erben, bei Betrieben gewerblicher Art von Körperschaften des öffentlichen Rechts für die Körperschaft sinngemäß, jedoch mit der Maßgabe, dass bei Wirtschaftsgütern, die nach § 6 Abs. 1 Nr. 4 Satz 4 und 5 des Einkommensteuergesetzes aus einem Betriebsvermögen zum Buchwert entnommen worden sind, an die Stelle des gemeinen Werts der Buchwert der Entnahme tritt.

AO 1977 § 56 | Ausschließlichkeit

¹Ausschließlichkeit liegt vor, wenn eine Körperschaft nur ihre steuerbegünstigten satzungsmäßigen Zwecke verfolgt.

AO 1977 § 57 | Unmittelbarkeit

(1) ¹Eine Körperschaft verfolgt unmittelbar ihre steuerbegünstigten satzungsmäßigen Zwecke, wenn sie selbst diese Zwecke verwirklicht. ²Das kann auch durch Hilfspersonen geschehen, wenn nach den Umständen des Falls, insbesondere nach den rechtlichen und tatsächlichen Beziehungen, die zwischen der Körperschaft und der Hilfsperson bestehen, das Wirken der Hilfsperson wie eigenes Wirken der Körperschaft anzusehen ist.

(2) ¹Eine Körperschaft, in der steuerbegünstigte Körperschaften zusammengefasst sind, wird einer Körperschaft, die unmittelbar steuerbegünstigte Zwecke verfolgt, gleichgestellt.

AO 1977 § 58 | Steuerlich unschädliche Betätigungen

¹Die Steuervergünstigung wird nicht dadurch ausgeschlossen, dass
1. eine Körperschaft Mittel für die Verwirklichung der steuerbegünstigten Zwecke einer anderen Körperschaft oder für die Verwirklichung steuerbegünstigter Zwecke durch eine Körperschaft des öffentlichen Rechts beschafft; die Beschaffung von Mitteln für eine unbeschränkt steuerpflichtige Körperschaft des privaten Rechts setzt voraus, dass diese selbst steuerbegünstigt ist,
2. eine Körperschaft ihre Mittel teilweise einer anderen, ebenfalls steuerbegünstigten Körperschaft oder einer Körperschaft des öffentlichen Rechts zur Verwendung zu steuerbegünstigten Zwecken zuwendet,
3. eine Körperschaft ihre Arbeitskräfte anderen Personen, Unternehmen oder Einrichtungen für steuerbegünstigte Zwecke zur Verfügung stellt,
4. eine Körperschaft ihr gehörende Räume einer anderen steuerbegünstigten Körperschaft zur Benutzung für deren steuerbegünstigte Zwecke überlässt,
5. eine Stiftung einen Teil, jedoch höchstens ein Drittel ihres Einkommens dazu verwendet, um in angemessener Weise den Stifter und seine nächsten Angehörigen zu unterhalten, ihre Gräber zu pflegen und ihr Andenken zu ehren,
6. eine Körperschaft ihre Mittel ganz oder teilweise einer Rücklage zuführt, soweit dies erforderlich ist, um ihre steuerbegünstigten satzungsmäßigen Zwecke nachhaltig erfüllen zu können,
7. a) eine Körperschaft höchstens ein Drittel des Überschusses der Einnahmen über die Unkosten aus Vermögensverwaltung und darüber hinaus höchstens 10 vom Hundert ihrer sonstigen nach § 55 Abs. 1 Nr. 5 zeitnah zu verwendenden Mittel einer freien Rücklage zuführt,
   b) eine Körperschaft Mittel zum Erwerb von Gesellschaftsrechten zur Erhaltung der prozentualen Beteiligung an Kapitalgesellschaften ansammelt oder im Jahr des Zuflusses verwendet; diese Beträge sind auf die nach Buchstabe a in demselben Jahr oder künftig zulässigen Rücklagen anzurechnen,
8. eine Körperschaft gesellige Zusammenkünfte veranstaltet, die im Vergleich zu ihrer steuerbegünstigten Tätigkeit von untergeordneter Bedeutung sind,
9. ein Sportverein neben dem unbezahlten auch den bezahlten Sport fördert,
10. eine von einer Gebietskörperschaft errichtete Stiftung zur Erfüllung ihrer steuerbegünstigten Zwecke Zuschüsse an Wirtschaftsunternehmen vergibt,
11. eine Körperschaft folgende Mittel ihrem Vermögen zuführt:
    a) Zuwendungen von Todes wegen, wenn der Erblasser keine Verwendung für den laufenden Aufwand der Körperschaft vorgeschrieben hat,
    b) Zuwendungen, bei denen der Zuwendende ausdrücklich erklärt, dass sie zur Ausstattung der Körperschaft mit Vermögen oder zur Erhöhung des Vermögens bestimmt sind,
    c) Zuwendungen aufgrund eines Spendenaufrufs der Körperschaft, wenn aus dem Spendenaufruf ersichtlich ist, dass Beträge zur Aufstockung des Vermögens erbeten werden,
    d) Sachzuwendungen, die ihrer Natur nach zum Vermögen gehören,
12. eine Stiftung im Jahr ihrer Errichtung und in den zwei folgenden Kalenderjahren Überschüsse aus der Vermögensverwaltung und die Gewinne aus wirtschaftlichen Geschäftsbetrieben (§ 14)

ganz oder teilweise ihrem Vermögen zuführt.

AO 1977 § 59 | Voraussetzung der Steuervergünstigung

¹Die Steuervergünstigung wird gewährt, wenn sich aus der Satzung, dem Stiftungsgeschäft oder der sonstigen Verfassung (Satzung im Sinne dieser Vorschriften) ergibt, welchen Zweck die Körperschaft verfolgt, dass dieser Zweck den Anforderungen der §§ 52 bis 55 entspricht und dass er ausschließlich und unmittelbar verfolgt wird; die tatsächliche Geschäftsführung muss diesen Satzungsbestimmungen entsprechen.

AO 1977 § 60 Anforderungen an die Satzung

(1) ¹Die Satzungszwecke und die Art ihrer Verwirklichung müssen so genau bestimmt sein, dass aufgrund der Satzung geprüft werden kann, ob die satzungsmäßigen Voraussetzungen für Steuervergünstigungen gegeben sind.

(2) ¹Die Satzung muss den vorgeschriebenen Erfordernissen bei der Körperschaftsteuer und bei der Gewerbesteuer während des ganzen Veranlagungs- oder Bemessungszeitraums, bei den anderen Steuern im Zeitpunkt der Entstehung der Steuer entsprechen.

AO 1977 § 61 Satzungsmäßige Vermögensbindung

(1) ¹Eine steuerlich ausreichende Vermögensbindung (§ 55 Abs. 1 Nr. 4) liegt vor, wenn der Zweck, für den das Vermögen bei Auflösung oder Aufhebung der Körperschaft oder bei Wegfall ihres bisherigen Zwecks verwendet werden soll, in der Satzung so genau bestimmt ist, dass aufgrund der Satzung geprüft werden kann, ob der Verwendungszweck steuerbegünstigt ist.

(2) ¹Kann aus zwingenden Gründen der künftige Verwendungszweck des Vermögens bei der Aufstellung der Satzung nach Absatz 1 noch nicht genau angegeben werden, so genügt es, wenn in der Satzung bestimmt wird, dass das Vermögen bei Auflösung oder Aufhebung der Körperschaft oder bei Wegfall ihres bisherigen Zwecks zu steuerbegünstigten Zwecken zu verwenden ist und dass der künftige Beschluss der Körperschaft über die Verwendung erst nach Einwilligung des Finanzamts ausgeführt werden darf. ²Das Finanzamt hat die Einwilligung zu erteilen, wenn der beschlossene Verwendungszweck steuerbegünstigt ist.

(3) ¹Wird die Bestimmung über die Vermögensbindung nachträglich so geändert, dass sie den Anforderungen des § 55 Abs. 1 Nr. 4 nicht mehr entspricht, so gilt sie von Anfang an als steuerlich nicht ausreichend. ²§ 175 Abs. 1 Satz 1 Nr. 2 ist mit der Maßgabe anzuwenden, dass Steuerbescheide erlassen, aufgehoben oder geändert werden können, soweit sie Steuern betreffen, die innerhalb der letzten zehn Kalenderjahre vor der Änderung der Bestimmung über die Vermögensbindung entstanden sind.

AO 1977 § 62 Ausnahmen von der satzungsmäßigen Vermögensbindung

¹Bei Betrieben gewerblicher Art von Körperschaften des öffentlichen Rechts, bei staatlich beaufsichtigten Stiftungen, bei den von einer Körperschaft des öffentlichen Rechts verwalteten unselbständigen Stiftungen und bei geistlichen Genossenschaften (Orden, Kongregationen) braucht die Vermögensbindung in der Satzung nicht festgelegt zu werden.

AO 1977 § 63 Anforderungen an die tatsächliche Geschäftsführung

(1) ¹Die tatsächliche Geschäftsführung der Körperschaft muss auf die ausschließliche und unmittelbare Erfüllung der steuerbegünstigten Zwecke gerichtet sein und den Bestimmungen entsprechen, die die Satzung über die Voraussetzungen für Steuervergünstigungen enthält.

(2) ¹Für die tatsächliche Geschäftsführung gilt sinngemäß § 60 Abs. 2, für eine Verletzung der Vorschrift über die Vermögensbindung § 61 Abs. 3.

(3) ¹Die Körperschaft hat den Nachweis, dass ihre tatsächliche Geschäftsführung den Erfordernissen des Absatzes 1 entspricht, durch ordnungsmäßige Aufzeichnungen über ihre Einnahmen und Ausgaben zu führen.

(4) ¹Hat die Körperschaft Mittel angesammelt, ohne dass die Voraussetzungen des § 58 Nr. 6 und 7 vorliegen, kann das Finanzamt ihr eine Frist für die Verwendung der Mittel setzen. ²Die tatsächliche Geschäftsführung gilt als ordnungsgemäß im Sinne des Absatzes 1, wenn die Körperschaft die Mittel innerhalb der Frist für steuerbegünstigte Zwecke verwendet.

AO 1977 § 64 | Steuerpflichtige wirtschaftliche Geschäftsbetriebe

(1) ¹Schließt das Gesetz die Steuervergünstigung insoweit aus, als ein wirtschaftlicher Geschäftsbetrieb (§ 14) unterhalten wird, so verliert die Körperschaft die Steuervergünstigung für die dem Geschäftsbetrieb zuzuordnenden Besteuerungsgrundlagen (Einkünfte, Umsätze, Vermögen), soweit der wirtschaftliche Geschäftsbetrieb kein Zweckbetrieb (§§ 65 bis 68) ist.
(2) ¹Unterhält die Körperschaft mehrere wirtschaftliche Geschäftsbetriebe, die keine Zweckbetriebe (§§ 65 bis 68) sind, werden diese als ein wirtschaftlicher Geschäftsbetrieb behandelt.
(3) ¹Übersteigen die Einnahmen einschließlich Umsatzsteuer aus wirtschaftlichen Geschäftsbetrieben, die keine Zweckbetriebe sind, insgesamt nicht 30 678 Euro im Jahr, so unterliegen die diesen Geschäftsbetrieben zuzuordnenden Besteuerungsgrundlagen nicht der Körperschaftsteuer und der Gewerbesteuer.
(4) ¹Die Aufteilung einer Körperschaft in mehrere selbständige Körperschaften zum Zweck der mehrfachen Inanspruchnahme der Steuervergünstigung nach Absatz 3 gilt als Missbrauch von rechtlichen Gestaltungsmöglichkeiten im Sinne des § 42.
(5) ¹Überschüsse aus der Verwertung unentgeltlich erworbenen Altmaterials außerhalb einer ständig dafür vorgehaltenen Verkaufsstelle, die der Körperschaftsteuer und der Gewerbesteuer unterliegen, können in Höhe des branchenüblichen Reingewinns geschätzt werden.
(6) ¹Bei den folgenden steuerpflichtigen wirtschaftlichen Geschäftsbetrieben kann der Besteuerung ein Gewinn von 15 vom Hundert der Einnahmen zugrunde gelegt werden:
1. Werbung für Unternehmen, die im Zusammenhang mit der steuerbegünstigten Tätigkeit einschließlich Zweckbetrieben stattfindet,
2. Totalisatorbetriebe,
3. Zweite Fraktionierungsstufe der Blutspendedienste.

AO 1977 § 65 | Zweckbetrieb

¹Ein Zweckbetrieb ist gegeben, wenn
1. der wirtschaftliche Geschäftsbetrieb in seiner Gesamtrichtung dazu dient, die steuerbegünstigten satzungsmäßigen Zwecke der Körperschaft zu verwirklichen,
2. die Zwecke nur durch einen solchen Geschäftsbetrieb erreicht werden können und
3. der wirtschaftliche Geschäftsbetrieb zu nicht begünstigten Betrieben derselben oder ähnlicher Art nicht in größerem Umfang in Wettbewerb tritt, als es bei Erfüllung der steuerbegünstigten Zwecke unvermeidbar ist.

AO 1977 § 66 | Wohlfahrtspflege

(1) ¹Eine Einrichtung der Wohlfahrtspflege ist ein Zweckbetrieb, wenn sie in besonderem Maß den in § 53 genannten Personen dient.
(2) ¹Wohlfahrtspflege ist die planmäßige, zum Wohle der Allgemeinheit und nicht des Erwerbs wegen ausgeübte Sorge für notleidende oder gefährdete Mitmenschen. ²Die Sorge kann sich auf das gesundheitliche, sittliche, erzieherische oder wirtschaftliche Wohl erstrecken und Vorbeugung oder Abhilfe bezwecken.
(3) ¹Eine Einrichtung der Wohlfahrtspflege dient in besonderem Maße den in § 53 genannten Personen, wenn diesen mindestens zwei Drittel ihrer Leistungen zugute kommen. ²Für Krankenhäuser gilt § 67.

AO 1977 § 67 | Krankenhäuser

(1) ¹Ein Krankenhaus, das in den Anwendungsbereich der Bundespflegesatzverordnung fällt, ist ein Zweckbetrieb, wenn mindestens 40 vom Hundert der jährlichen Pflegetage auf Patienten entfallen, bei

denen nur Entgelte für allgemeine Krankenhausleistungen (§§ 11, 13 und 26 der Bundespflegesatzverordnung) berechnet werden.

(2) ¹Ein Krankenhaus, das nicht in den Anwendungsbereich der Bundespflegesatzverordnung fällt, ist ein Zweckbetrieb, wenn mindestens 40 vom Hundert der jährlichen Pflegetage auf Patienten entfallen, bei denen für die Krankenhausleistungen kein höheres Entgelt als nach Absatz 1 berechnet wird.

AO 1977 § 67a Sportliche Veranstaltungen

(1) ¹Sportliche Veranstaltungen eines Sportvereins sind ein Zweckbetrieb, wenn die Einnahmen einschließlich Umsatzsteuer insgesamt 30 678 Euro im Jahr nicht übersteigen. ²Der Verkauf von Speisen und Getränken sowie die Werbung gehören nicht zu den sportlichen Veranstaltungen.

(2) ¹Der Sportverein kann dem Finanzamt bis zur Unanfechtbarkeit des Körperschaftsteuerbescheids erklären, dass er auf die Anwendung des Absatzes 1 Satz 1 verzichtet. ²Die Erklärung bindet den Sportverein für mindestens fünf Veranlagungszeiträume.

(3) ¹Wird auf die Anwendung des Absatzes 1 Satz 1 verzichtet, sind sportliche Veranstaltungen eines Sportvereins ein Zweckbetrieb, wenn
1. kein Sportler des Vereins teilnimmt, der für seine sportliche Betätigung oder für die Benutzung seiner Person, seines Namens, seines Bildes oder seiner sportlichen Betätigung zu Werbezwecken von dem Verein oder einem Dritten über eine Aufwandsentschädigung hinaus Vergütungen oder andere Vorteile erhält und
2. kein anderer Sportler teilnimmt, der für die Teilnahme an der Veranstaltung von dem Verein oder einem Dritten im Zusammenwirken mit dem Verein über eine Aufwandsentschädigung hinaus Vergütungen oder andere Vorteile erhält.

²Andere sportliche Veranstaltungen sind ein steuerpflichtiger wirtschaftlicher Geschäftsbetrieb. ³Dieser schließt die Steuervergünstigung nicht aus, wenn die Vergütungen oder andere Vorteile ausschließlich aus wirtschaftlichen Geschäftsbetrieben, die nicht Zweckbetriebe sind, oder von Dritten geleistet werden.

AO 1977 § 68 Einzelne Zweckbetriebe

Zweckbetriebe sind auch:
1. a) Alten-, Altenwohn- und Pflegeheime, Erholungsheime, Mahlzeitendienste, wenn sie in besonderem Maß den in § 53 genannten Personen dienen (§ 66 Abs. 3),
   b) Kindergärten, Kinder-, Jugend- und Studentenheime, Schullandheime und Jugendherbergen,
2. a) landwirtschaftliche Betriebe und Gärtnereien, die der Selbstversorgung von Körperschaften dienen und dadurch die sachgemäße Ernährung und ausreichende Versorgung von Anstaltsangehörigen sichern,
   b) andere Einrichtungen, die für die Selbstversorgung von Körperschaften erforderlich sind, wie Tischlereien, Schlossereien,
   wenn die Lieferungen und sonstigen Leistungen dieser Einrichtungen an Außenstehende dem Wert nach 20 vom Hundert der gesamten Lieferungen und sonstigen Leistungen des Betriebs – einschließlich der an die Körperschaften selbst bewirkten – nicht übersteigen,
3. a) Werkstätten für behinderte Menschen, die nach den Vorschriften des Dritten Buches Sozialgesetzbuch förderungsfähig sind und Personen Arbeitsplätze bieten, die wegen ihrer Behinderung nicht auf dem allgemeinen Arbeitsmarkt tätig sein können,
   b) Einrichtungen für Beschäftigungs- und Arbeitstherapie, in denen behinderte Menschen aufgrund ärztlicher Indikationen außerhalb eines Beschäftigungsverhältnisses zum Träger der Therapieeinrichtung mit dem Ziel behandelt werden, körperliche oder psychische Grundfunktionen zum Zwecke der Wiedereingliederung in das Alltagsleben wiederherzustellen oder die besonderen Fähigkeiten und Fertigkeiten auszubilden, zu fördern und zu trainieren, die für eine Teilnahme am Arbeitsleben erforderlich sind, und
   c) Integrationsprojekte im Sinne des § 132 Abs. 1 des Neunten Buches Sozialgesetzbuch, wenn mindestens 40 vom Hundert der Beschäftigten besonders betroffene schwerbehinderte Menschen im Sinne des § 132 Abs. 1 des Neunten Buches Sozialgesetzbuch sind,

Anhang zu § 21: AO 1977 — Gemeinnützigkeitsrecht des e.V.

4. Einrichtungen, die zur Durchführung der Blindenfürsorge und zur Durchführung der Fürsorge für Körperbehinderte unterhalten werden,
5. Einrichtungen der Fürsorgeerziehung und der freiwilligen Erziehungshilfe,
6. von den zuständigen Behörden genehmigte Lotterien und Ausspielungen, wenn der Reinertrag unmittelbar und ausschließlich zur Förderung mildtätiger, kirchlicher oder gemeinnütziger Zwecke verwendet wird,
7. kulturelle Einrichtungen, wie Museen, Theater, und kulturelle Veranstaltungen, wie Konzerte, Kunstausstellungen; dazu gehört nicht der Verkauf von Speisen und Getränken,
8. Volkshochschulen und andere Einrichtungen, soweit sie selbst Vorträge, Kurse und andere Veranstaltungen wissenschaftlicher oder belehrender Art durchführen; dies gilt auch, soweit die Einrichtungen den Teilnehmern dieser Veranstaltungen selbst Beherbergung und Beköstigung gewähren,
9. Wissenschafts- und Forschungseinrichtungen, deren Träger sich überwiegend aus Zuwendungen der öffentlichen Hand oder Dritter oder aus der Vermögensverwaltung finanziert. Der Wissenschaft und Forschung dient auch die Auftragsforschung. Nicht zum Zweckbetrieb gehören Tätigkeiten, die sich auf die Anwendung gesicherter wissenschaftlicher Erkenntnisse beschränken, die Übernahme von Projektträgerschaften sowie wirtschaftliche Tätigkeiten ohne Forschungsbezug.

Literatur: *Bischoff*, Die aktuelle Besteuerung von Vereinen, 2001; *Buchna*, Gemeinnützigkeit im Steuerrecht, 8. Auflage 2003; *Hübschmann/Hepp/Spitaler*, Kommentar zur AO, Loseblatt, §§ 51–68; *Klein*, Abgabenordnung, 8. Auflage 2003, §§ 51 ff., 2003; *Reichert*, Handbuch des Vereins- und Verbandsrechts, 9. Auflage 2003, S. 1347 ff.; *Sauter/Schweyer/Waldner*, Der eingetragene Verein, 17. Auflage 2001, S. 303 ff.; *Schauhoff* (Hrsg.), Handbuch der Gemeinnützigkeit, 2000; *Tipke/Kruse*, Kommentar zur AO und FGO, Loseblatt, §§ 51 ff. Die Finanzverwaltungen einiger Länder stellen Broschüren zur Verfügung, die aus Sicht der Verwaltung die wichtigsten Fragen zur Gemeinnützigkeit beantworten.[73]

A. Einleitung ... 36	4. Zeitnahe Mittelverwendung ... 63
B. Übersicht über die gesetzlichen Regelungen ... 39	VI. Ausschließlichkeit, § 56 AO ... 68
C. Vereinsgründung und Satzung ... 40	VII. Unmittelbarkeit (§ 57 AO) und Organisationsstruktur ... 69
I. Zivilrecht ... 40	D. Tatsächliche Geschäftsführung, § 59 letzter Hs. AO ... 72
II. Steuerrechtliche Besonderheiten ... 41	E. Anerkennung als gemeinnütziger e.V. ... 73
III. Formelle Anforderungen an die Satzung, §§ 59, 60 AO ... 42	F. Die steuerliche Behandlung von Geschäftsbereichen ... 75
IV. Die steuerbegünstigten Zwecke – inhaltliche Anforderungen an die Satzung ... 47	I. Ideeller Bereich ... 77
V. Selbstlosigkeit und Mittelverwendung, § 55 AO ... 53	II. Wirtschaftlicher Geschäftsbetrieb ... 78
1. Keine eigenwirtschaftlichen Zwecke ... 54	III. Zweckbetriebe, § 65 AO ... 84
2. Verwendung nur für satzungsmäßige Zwecke ... 55	IV. Vermögensverwaltung ... 88
	V. Steuerbescheide ... 89
3. Vergütung, Aufwandsentschädigung und Zuwendungen ... 58	G. Mittelbeschaffung durch Spenden ... 90
	H. Die Auflösung des gemeinnützigen e.V. ... 91

A. Einleitung

36 Der Gesetzgeber hat sich dafür entschieden, Einrichtungen, die dem **Wohle der Allgemeinheit dienen**, steuerlich zu begünstigen. Einrichtungen, die selbstlos das Gemeinwesen unterstützen, nehmen Aufgaben wahr, die in der Regel aus Steuergeldern finanziert werden, und entlasten damit die öffentlichen Kassen. Ihre Arbeit genauso wie eine eigenwirtschaftliche Betätigung zu besteuern, würde die zur Verfügung stehenden Mittel und die Bereitschaft, sich für das Gemeinwesen zu engagieren, schmälern.[74] Eine Steuervergünstigung kommt also letztlich der Allgemeinheit zugute.

37 Die folgende Darstellung bietet einen Überblick über die wichtigsten Regelungen zur Gemeinnützigkeit. Sie orientiert sich am „Lebenslauf" eines e.V. und behandelt die wichtigsten Gemeinnützigkeitsfragen von der Gründung über das Tagesgeschäft bis zur Auflösung des e.V.

38 Die Normen zur Steuerbefreiung gemeinnütziger Vereine sind **nicht in einem Gesetz zusammengefasst**; sie verteilen sich vielmehr auf die Abgabenordnung (AO), die die allgemeinen Voraussetzungen der Steuerbefreiung regelt, sowie auf die Einzelsteuergesetze (insb. KStG, GewStG, UStG), die vor allem regeln,

---

73 Z.B. für NRW: „Vereine und Steuern", zum Download unter http://php.buergercenter.nrw.de/lettershop/fm/Default.php.

74 Vgl. *Buchna*, S. 13.

wie sich die Steuerbefreiung innerhalb der einzelnen Steuerarten auswirkt. Aufgrund dieser Systematik sollen zunächst die allgemeinen Voraussetzungen der Gemeinnützigkeit erörtert werden.

B. Übersicht über die gesetzlichen Regelungen

Die allgemeinen Vorschriften zur Gemeinnützigkeit der **§§ 51 ff. AO** sind gemäß § 51 S. 1 AO anwendbar, wenn ein einzelnes Steuergesetz eine Steuervergünstigung gewährt, weil eine Körperschaft ausschließlich und unmittelbar gemeinnützige, mildtätige oder kirchliche Zwecke (steuerbegünstigte Zwecke) verfolgt. Die AO regelt die Voraussetzungen, unter denen eine in der AO selbst oder in einem anderen Steuergesetz enthaltene Steuervergünstigung in Anspruch genommen werden kann.[75] Die AO zählt die Körperschaften, denen eine Steuervergünstigung aufgrund ihrer steuerbegünstigten Tätigkeit gewährt werden kann, nicht auf, sondern verweist in § 51 S. 2 AO auf die im KStG genannten Körperschaften, Personenvereinigungen und Vermögensmassen. Gem. § 1 Abs. 1 Nr. 4 KStG ist der e.V. als sonstige juristische Person des privaten Rechts eine solche Körperschaft. Der e.V. wird steuerlich in **vier Tätigkeitsbereiche** aufgeteilt, nämlich den ideellen Bereich, die Vermögensverwaltung, den wirtschaftlichen Geschäftsbetrieb und den Zweckbetrieb, der ein Unterfall des wirtschaftlichen Geschäftsbetriebs ist. Während der ideelle Bereich der Besteuerung komplett entzogen ist und auch die Vermögensverwaltung und der Zweckbetrieb steuerbegünstigt werden, wird der wirtschaftliche Geschäftsbetrieb grundsätzlich als solcher voll besteuert.

C. Vereinsgründung und Satzung

I. Zivilrecht

Zivilrechtlich bestehen zwischen gemeinnützigem e.V. und dem „normalen" e.V. keine Unterschiede. Es gelten ohne Einschränkung die zivilrechtlichen Normen über Gründung, Haftung, Geschäftsführung und Vertretung, Mitgliederrechte, Rechtsfähigkeit, Liquidation usw. für den gemeinnützigen Verein ebenfalls. Um die Steuerbegünstigung zu erlangen, muss ein e.V. allerdings besondere Anforderungen erfüllen, die sich vor allem in den Bereichen Satzung, Geschäftsführung und Vermögensverwendung auswirken.

II. Steuerrechtliche Besonderheiten

§ 59 AO normiert die Voraussetzungen, unter denen einem e.V. Steuervergünstigungen gewährt werden. Aus dieser Vorschrift wird die zentrale Aufgabe der Satzung im Rahmen der Steuervergünstigung deutlich. Es genügt nicht, dass ein e.V. tatsächlich steuerbegünstigte Zwecke verfolgt, diese müssen bereits **in der Satzung niedergelegt** sein. Nur die in der AO genannten steuerbegünstigten Zwecke kommen als Vereinszweck in Betracht. Möchte der e.V. die Steuervergünstigungen in Anspruch nehmen, darf er keine anderen als die steuerbegünstigten, satzungsmäßigen Zwecke verfolgen. Zivilrechtlich sind hingegen alle erlaubten, nichtwirtschaftlichen Zwecke zulässig (vgl. § 21 Rn 16). Zudem muss steuerlich die tatsächliche Geschäftsführung mit der Satzung übereinstimmen. Auch wenn zivilrechtlich eine Diskrepanz zwischen tatsächlicher und in der Satzung vorgesehener Geschäftsführung möglicherweise keine weiteren Folgen nach sich zieht, gilt dies steuerlich nicht. Die beiden Bereiche Zivil- und Steuerrecht müssen deshalb immer getrennt betrachtet werden, da eine zivilrechtlich unschädliche Handlung steuerschädliche Wirkung haben kann.

III. Formelle Anforderungen an die Satzung, §§ 59, 60 AO

Erste Voraussetzung für die Steuerbegünstigung ist gem. § 59 AO, dass die Satzung die besonderen Anforderungen der AO erfüllt, und zwar in formeller und in inhaltlicher Sicht. Erfüllt die Satzung die **formellen** Anforderungen, ist die formelle Satzungsmäßigkeit zu bejahen.[76] Gem. § 60 AO müssen die Satzungszwecke, also die steuerbegünstigten Tätigkeiten, sowie die Art der Verwirklichung so genau bestimmt sein, dass das FA aufgrund der Satzung überprüfen kann, ob das satzungsmäßigen Voraussetzungen für die Steuerbefreiung vorliegen. Der Verein muss den von ihm verfolgten steuerbegünstigten Zweck **konkret darstellen**. Ein Verweis auf die Rechtslage mit der Feststellung, dass „gemeinnützige Zwecke i.S.d. § 52 AO verfolgt werden", oder eine einfache Aufzählung im Gesetz genannter steuerbegünstigter Zwecke genügt nicht.[77] Auch die Art und Weise, wie diese Zwecke verwirklicht werden sollen, muss möglichst konkret beschrieben werden. Besteht der Zweck z.B. in der Unterstützung der Krebsforschung, kann diese z.B. durch Vergabe von Forschungsstipendien oder Veranstaltung von Kongressen erfolgen; die Satzung müsste insoweit die Art der Unterstützung festlegen.

---

[75] Tipke/Kruse/*Tipke*, § 51 Rn 1.
[76] Zur Terminologie Klein/*Gersch*, AO, § 59 Rn 1, § 60 Rn 1.
[77] *Osterkorn*, DStR 2002, 16 (17).

43 Ein **abschließender Katalog** von Anforderungen für die formelle Satzungsmäßigkeit **existiert nicht**. Allerdings haben sich in der Rechtsprechung die folgenden Tendenzen entwickelt, die bei der Formulierung der Satzung berücksichtigt werden sollten, will man einen Streit mit der Finanzverwaltung vermeiden:[78] Je abstrakter und allgemeiner der Zweck beschrieben ist, desto konkreter muss die Art und Weise der Verwirklichung beschrieben werden,[79] damit das FA überprüfen kann, ob tatsächlich nur steuerbegünstigte Zwecke verfolgt werden. Dabei kann vom Verein nicht verlangt werden, dass er all diese Anforderung in der Satzung in einer Weise umsetzt, dass er seine zukünftige Tätigkeit schon bei der Gründung bis ins letzte Detail konkretisiert festlegt; es ist nicht nötig, dass das Vorliegen aller Voraussetzungen schon beim ersten Lesen abschließend beurteilt werden kann. Es genügt daher, dass sich diese aufgrund einer Auslegung aller Satzungsbestimmungen[80] bzw. einer „verständnisvollen Würdigung"[81] ermitteln lassen. Nimmt ein e.V. als Vereinszweck einen nicht steuerbegünstigten Zweck auf, verliert er seine Steuerbegünstigung. So hatte in einem vom BFH[82] entschiedenen Fall ein gemeinnütziger Verein in seine Satzung folgenden Passus aufgenommen: „Zur Erfüllung seiner Aufgaben kann er sich auch Einrichtungen anderer Rechtsformen bedienen oder solche Einrichtungen schaffen." Der BFH wertete diese Satzungsbestimmung jedoch nicht als Satzungszweck, sondern aufgrund des Kontextes als mögliche Modalität der Aufgabenwahrnehmung. Weiter stellt der BFH fest, dass ein e.V. die Gründung eines Nichtzweckbetriebs in der Satzung festschreiben könne, da die Satzung auch die Organisation der Körperschaft und die Befugnis ihrer Organe regele. Der e.V. kann so den Handlungsspielraum seines Vorstandes erweitern.

44 Um Schwierigkeiten wie im BFH-Fall zu vermeiden, müssen die Bereiche **„Vereinszweck" und „Verwirklichung" klar voneinander abgrenzbar** sein. Bestehen nach der Auslegung der Satzung Unklarheiten, gehen diese zulasten des e.V.[83] Eine nachträgliche Anpassung der Satzung an die steuerlichen Vorgaben ist sehr aufwändig, da für eine Satzungsänderung eine Dreiviertelmehrheit der Mitgliederversammlung benötigt wird und eine Anpassung des Vereinszwecks sogar einstimmig beschlossen werden muss (vgl. § 33 Rn 2 ff.). Die Gründungsmitglieder werden so dazu angehalten, sich schon vor Beginn der eigentlichen Arbeit über Formulierung der genauen Ziele sowie die materiellen und formellen Voraussetzungen ihrer steuerbegünstigten Tätigkeit klar zu werden.[84]

45 Im Anwendungserlass zur AO (AEAO) ist die folgende **Mustersatzung** enthalten.[85] Das Bundesministerium der Finanzen (BMF) hat sich in Form eines Schreibens an die Finanzverwaltung gewandt; der AEAO ist eine „Gesetzesanwendungsvorschrift". Er gibt die Auffassung der Verwaltung wieder, wie die Normen der AO zu interpretieren sind, setzt aber selbst kein Recht.[86]

Mustersatzung
für einen Verein

(nur aus steuerlichen Gründen notwendige Bestimmungen ohne Berücksichtigung der vereinsrechtlichen Vorschriften des BGB)

§ 1
Der ... (e.V.) mit Sitz in ... verfolgt ausschließlich und unmittelbar – gemeinnützige – mildtätige – kirchliche – Zwecke (nicht verfolgte Zwecke streichen) im Sinne des Abschnitts „Steuerbegünstigte Zwecke" der Abgabenordnung.

Zweck des Vereins ist ... (z.B. die Förderung von Wissenschaft und Forschung, Bildung und Erziehung, Kunst und Kultur, des Umwelt-, Landschafts- und Denkmalschutzes, der Jugend- und Altenhilfe, des öffentlichen Gesundheitswesens, des Sports, Unterstützung hilfsbedürftiger Personen).

Der Satzungszweck wird verwirklicht insbesondere durch ... (z.B. Durchführung wissenschaftlicher Veranstaltungen und Forschungsvorhaben. Vergabe von Forschungsaufträgen, Unterhaltung einer Schule, einer Erziehungsberatungsstelle, Pflege von Kunstsammlungen, Pflege des Liedgutes und des Chorgesanges, Errichtung von Naturschutzgebieten, Unterhaltung eines Kindergartens, Kinder-, Jugendheimes, Unterhaltung eines Altenheimes, eines Erholungsheimes, Bekämpfung des Drogenmissbrauchs, des Lärms, Errichtung von Sportanlagen, Förderung sportlicher Übungen und Leistungen).

---

78 Osterkorn, DStR 2002, 16 (17).
79 FG Rhl.-Pf. EFG 1994, 594; FG Düsseldorf EFG 1990, 2; Buchna, S. 179, BFH/NV 1992, 695.
80 BFH BStBl II 1984 S. 844; 1994 S. 794, 795.
81 BFH BStBl II 1984 S. 844.
82 BFH Urteil BStBl II 2003 S. 384 = BB 2003, 1216; Vorinstanz FG Berlin EFG 2002, 519 ff.
83 BFH/NV 1992, 695, 696.
84 Tipke/Kruse/Tipke, § 59 Rn 1.
85 BMF-Schreiben vom 24.9.1987 – IV A 5 – S 0062 –38/37 (BStBl I 1987 S. 664). Auszug aus der AEAO abgedruckt bei Buchna, Anhang 1. Weitere Mustersatzungen: Reichert, Rn 3266 ff.; Dauernheim, in: Arens/Rinck (Hrsg.), AnwaltFormulare Gesellschaftsrecht, 2. Aufl. 2005, § 8 Rn 36.
86 Tipke/Lang, Steuerrecht, 17. Aufl. 2002, § 5 Rn 23.

§ 2
Der Verein ist selbstlos tätig; er verfolgt nicht in erster Linie eigenwirtschaftliche Zwecke.

§ 3
Mittel des Vereins dürfen nur für die satzungsmäßigen Zwecke verwendet werden. Die Mitglieder erhalten keine Zuwendungen aus Mitteln des Vereins.

§ 4
Es darf keine Person durch Ausgaben, die dem Zweck der Körperschaft fremd sind, oder durch unverhältnismäßig hohe Vergütungen begünstigt werden.

§ 5
Bei Auflösung des Vereins oder bei Wegfall steuerbegünstigter Zwecke fällt das Vermögen des Vereins
a) an – den – die – das – ...
   (Bezeichnung einer juristischen Person des öffentlichen Rechts oder einer anderen steuerbegünstigten Körperschaft)
   – der – die – das – es unmittelbar und ausschließlich für gemeinnützige, mildtätige oder kirchliche Zwecke zu verwenden hat.
oder
b) an eine juristische Person des öffentlichen Rechts oder eine andere steuerbegünstigte Körperschaft zwecks Verwendung für ...
   (Angabe eines bestimmten gemeinnützigen, mildtätigen oder kirchlichen Zwecks, z.B. Förderung von Wissenschaft und Forschung, Bildung und Erziehung, der Unterstützung von Personen, die im Sinne von § 53 AO wegen ... bedürftig sind, Unterhaltung des Gotteshauses in ...).

Alternative zu § 5
Kann aus zwingenden Gründen der künftige Verwendungszweck jetzt noch nicht angegeben werden (§ 61 Abs. 2 AO), so kommt folgende Bestimmung über die Vermögensbindung in Betracht.
   Bei Auflösung des Vereins oder bei Wegfall steuerbegünstigter Zwecke ist das Vermögen zu steuerbegünstigten Zwecken zu verwenden.
   Beschlüsse über die künftige Verwendung des Vermögens dürfen erst nach Einwilligung des Finanzamts ausgeführt werden.

Die Verwendung der Mustersatzung ist **nicht vorgeschrieben**. Abweichungen von ihr ziehen so lange keine Konsequenzen nach sich, wie die gesetzlichen Anforderungen erfüllt sind.[87] Allerdings ist in der Praxis eine Orientierung an der Mustersatzung zweckmäßig, da sich die Finanzämter aus Gründen der Rechtssicherheit und des Vertrauensschutzes an ihre eigenen Vorgaben halten müssen.[88] Der e.V. kann die Finanzverwaltung darum bitten, die geplante Satzung (oder eine Satzungsänderung) auf die steuerlichen Anforderungen hin zu überprüfen. Er kann dann gegebenenfalls die von der Finanzverwaltung angeregten Änderungen aufnehmen.[89] Auch wenn die Finanzverwaltung von sich aus (bei einer der regelmäßigen Prüfungen des e.V.) entdeckt, dass die Satzung nicht allen steuerlichen Anforderungen gerecht wird, erkennt sie die Gemeinnützigkeit häufig nicht direkt ab, wenn die tatsächliche Geschäftsführung gemeinnützigkeitsrechtlichen Grundsätzen entspricht und der e.V. die aufgedeckten Satzungsmängel zeitnah beseitigt.[90]

IV. Die steuerbegünstigten Zwecke – inhaltliche Anforderungen an die Satzung

Die Satzung muss inhaltliche Anforderungen erfüllen, aus ihr muss hervorgehen, welchen steuerbegünstigten Zweck der e.V. verfolgen wird. Dazu zählen: gemeinnützige Zwecke (§ 52 AO), mildtätige Zwecke (§ 53 AO) und kirchliche Zwecke (§ 54 AO).

Gemeinnützig i.S.v. § 52 AO ist ein Zweck, wenn die Tätigkeit des e.V. die Allgemeinheit auf materiellem, geistigem oder sittlichem Gebiet selbstlos fördern soll. Die bedeutendsten gemeinnützigen Zwecke sind in § 53 Abs. 2 AO aufgeführt, z.B. die Förderung von Wissenschaft und Forschung, Kultur und Sport.[91] Der Anwendungserlass zur AO (AEAO; vgl. Rn 45), konkretisiert die allgemeinen Formulierungen in der AO anhand von Beispielen.[92] Auch die Anlage 1 zur EStDV enthält eine Aufzählung gemeinnütziger Zwecke, die zudem als „besonders förderungswürdig" anerkannt sind, was Voraussetzung für den Spendenabzug nach

---

[87] BFH/NV 1997, 732 (733); Tipke/Kruse/*Tipke*, § 60 Rn 2.
[88] Tipke/Kruse/*Tipke*, § 60 Rn 2.
[89] Musterbrief bei *Dauernheim*, in: Arens/Rinck (Hrsg.), AnwaltFormulare Gesellschaftsrecht, 2. Aufl. 2005, § 8 Rn 142.
[90] *Buchna*, S. 183.
[91] Zahlreiche Beispiele mit Erläuterungen bei *Reichert*, Rn 3178 ff.
[92] AEAO zu § 52; zu neu in die AEAO aufgenommenen Regelungen *Hüttemann*, FR 2002, 1337 (1338).

§ 10b EStG (vgl. Rn 90) ist.[93] Obwohl diese Liste unmittelbar nur beim Spendenabzug relevant ist, kann sie zur Auslegung des Begriffs der Gemeinnützigkeit herangezogen werden.[94]

49 Eine positive Definition des Begriffs **„Förderung der Allgemeinheit"** enthält die AO nicht. Finanzverwaltung und Finanzgerichten verbleibt bei der Auslegung ein Beurteilungsspielraum.[95] § 52 Abs. 1 S. 2 AO grenzt den Begriff „Allgemeinheit" lediglich zu fest abgeschlossenen Gruppen wie Familien oder Belegschaften ab und zu Gruppen, die wegen ihrer Merkmale dauernd nur klein sein können. Eine Beschränkung auf exklusive Kreise, z.B. Personen mit hohem Einkommen oder Vermögen, oder Sonderinteressen soll dadurch ausgeschlossen werden.[96] Schädlich sind dabei unter anderem Aufnahmeverfahren, die den Zugang zur Mitgliedschaft erschweren, z.B. das Erfordernis der einstimmigen Zustimmung der Mitgliederversammlung.[97] Auch hohe Aufnahmegebühren, Mitgliedsbeiträge und Umlagen sind kritisch zu überprüfen (Golfclubs u.Ä.).[98] Daher kann von einer Förderung der Allgemeinheit nur gesprochen werden, wenn grundsätzlich jedermann Zutritt zu der Körperschaft hat und die Mitglieder dadurch zumindest einen Ausschnitt aus der Gesamtbevölkerung repräsentieren.[99] Förderung der Allgemeinheit bedeutet nicht, dass jeder Bürger der Bundesrepublik gefördert wird; es genügt die Förderung auch einer kleineren Gruppe, solange die Ausschlusskriterien des § 52 Abs. 1 S. 2 AO nicht eingreifen.[100]

50 Ebenfalls steuerbegünstigt ist die Verfolgung **mildtätiger Zwecke (§ 53 AO)**. Dadurch sollen Personen in Notlagen selbstlos dabei unterstützt werden, ihre Notsituation erträglicher zu gestalten oder zu beseitigen.[101] Der Kreis der möglichen Begünstigten besteht aus zwei Personengruppen:
- zum einen Personen, die wegen ihres **körperlichen, geistigen oder seelischen Zustandes auf die Hilfe anderer angewiesen** sind (§ 53 S. 1 Nr. 1 AO), die also die Verrichtungen des täglichen Lebens nicht selbst vornehmen können oder dies nur unter Inkaufnahme unzumutbarer Belastungen könnten. Z.B. sind Einrichtungen wie Pflegeheime, Essen auf Rädern, die Betreuung Krebskranker oder die Hilfe in Katastrophenfällen als mildtätig anzusehen;[102]
- zum anderen **wirtschaftlich bedürftige** Personen, die nur über die in § 53 S. 1 Nr. 2 AO festgelegten – begrenzten – finanziellen Mittel verfügen. Anders als bei gemeinnützigen Zwecken nach § 52 AO ist eine Unterstützung der Allgemeinheit nicht erforderlich, so dass auch die Förderung eines abgeschlossenen Personenkreises als mildtätig einzustufen ist.[103] Die Finanzverwaltung erkennt aber die satzungsmäßige Unterstützung „hilfsbedürftiger Verwandter der Mitglieder, Gesellschafter Genossen oder Stifter" nicht an, da dabei nicht die mildtätigen Zwecke im Vordergrund stünden und kein selbstloses Handeln vorliege (AEAO Nr. 13 zu § 53 AO). Nach anderer Ansicht ist die Steuerbegünstigung nur zu versagen, wenn durch die Tätigkeit des e.V. eigene Unterhaltspflichten abgewendet werden sollen, so dass im Einzelnen die tatsächlichen Unterhaltspflichten zu überprüfen seien.[104] Eine gerichtliche Entscheidung ist hierzu noch nicht veröffentlicht. Der Ansicht der Finanzverwaltung ist zu folgen, da Unterhaltsleistungen grundsätzlich nicht steuermindernd geltend gemacht werden dürfen (§ 12 Nr. 1 u. 2 EstG), und zwar unabhängig davon, ob die Unterhaltsleistungen wegen einer gesetzlichen Verpflichtung, freiwillig oder aufgrund eines Vertrages erbracht werden.[105] Eine Differenzierung zwischen gesetzlich geschuldeten und sonstigen Unterhaltsleistungen ist nicht vorgesehen. Die Ausnahmen von dem Grundsatz, dass Unterhaltsleistungen steuerlich nicht geltend gemacht werden können, sind im EStG abschließend aufgezählt; eine steuerliche Berücksichtigung als mildtätige Leistung, die über die im EStG vorgesehenen Abzugsmöglichkeiten hinaus gewährt wird, würde eine Umgehung des Abzugsverbots bedeuten bzw. eine doppelte Berücksichtigung ermöglichen.

51 Da es für die Gewährung der Steuerbegünstigung keinen Unterschied macht, ob eine Körperschaft gemeinnützige oder mildtätige Zwecke verfolgt bzw., falls beide Zwecke verfolgt werden, welche Tätigkeit des e.V. welchem Zweck zuzuordnen ist, nehmen die Finanzämter die im Einzelfall oft schwierige Abgrenzung bei der Veranlagung in der Regel nicht vor.[106] Allerdings ist diese Abgrenzung in einigen steuerlichen

---

93 *Schneider/Krammer*, in: Littmann/Bitz/Pust, 2003 § 10b EStG Rn 21.
94 *Buchna*, S. 61.
95 *Spanner*, in: Hübschmann/Hepp/Spitaler, § 52 AO Rn 17.
96 BFH BStBl II 1979 S. 482, 484; 1998 S. 711, 712 = NJW 1997, 1462; Tipke/Kruse/*Tipke*, § 52 Rn 9.
97 *Reichert*, Rn 3218.
98 Ausf. bei Koch/Scholz/Baum/*Gersch*, AO, 5. Aufl. 1996, § 52 Rn 6.
99 BFH BStBl 1997 II S. 794 = BB 1998, 33; Koch/Scholz/Baum/*Gersch*, AO, 5. Aufl. 1996, § 52 Rn 6.
100 BFH BStBl 1979 II S. 482, 484.
101 *Reichert*, Rn 3210.
102 Weitere Bespiele bei *Reichert*, Rn 3212; *Buchna*, S. 87.
103 *Hüttemann*, FR 2002, 1337 (1338).
104 *Hüttemann*, FR 2002, 1337 (1338); Schauhoff/*ders.*, S. 226.
105 *Arndt*, in: Kirchhof/Söhn/Mellinghoff, EStG, § 12 Rn C 44–56a, krit. zur fehlenden Abzugsfähigkeit freiwillig begründeter Unterhaltspflichten Rn 45; *Nolde*, in: Herrmann/Heuer/Raupach, Einkommensteuer- und Körperschaftsteuergesetz, Loseblatt, § 12 EStG Rn 55, 75 ff.
106 Klein/*Gersch*, AO, § 53 Rn 2.

Fragen, z.B. bei Zweckbetrieben und der Behandlung von Spenden, von Bedeutung.[107] Den e.V. treffen Haftungsrisiken, wenn er seine Tätigkeiten falsch zuordnet und deswegen eine falsche Spendenbestätigung ausstellt (vgl. Rn 90 zur Haftung nach § 10b Abs. 4 S. 2 EStG).[108]

Nach § 54 AO ist auch die selbstlose Förderung **kirchlicher Zwecke** steuerlich begünstigt. Die Steuerbegünstigung wird nur für die Unterstützung von Religionsgemeinschaften in der Rechtsform einer öffentlich-rechtlichen Körperschaft gewährt (§ 54 Abs. 1 AO). Die kirchlichen Zwecke sind in § 54 Abs. 2 AO nicht abschließend aufgezählt; z.B. zählen auch Missions- und Erweckungsvereine hierzu.[109] Private Religionsgemeinschaften können hingegen nur insoweit unterstützt werden, als sie die Religion i.S.d. § 52 Abs. 2 Nr. 1 AO oder sonstige gemeinnützige Zwecke fördern.[110] Der AEAO zu § 54 sieht die Möglichkeit einer Anerkennung als gemeinnützige Körperschaft ausdrücklich vor.

V. Selbstlosigkeit und Mittelverwendung, § 55 AO

Alle steuerbegünstigten Zwecke müssen **selbstlos** verfolgt werden; die Satzung muss eine entsprechende Vorschrift enthalten (§ 59 S. 1 AO). Unter der Überschrift „Selbstlosigkeit" sind verschiedene Vorschriften zur **Verwendung der Vereinsmittel** und der Begünstigung von Vereinsmitgliedern und Dritten zusammengefasst. Der Begriff „Mittel" umfasst sämtliche Vermögenswerte, die im Eigentum und in der Verfügungsmacht des e.V. stehen und zur Erfüllung des satzungsmäßigen Zwecks geeignet sind.[111] Dazu zählen alle erzielten Einkünfte, Zuschüsse, Beiträge, Spenden sowie die Wirtschaftsgüter aller Tätigkeitsbereiche.[112]

1. Keine eigenwirtschaftlichen Zwecke. Der Verein darf **nicht in erster Linie eigenwirtschaftliche Zwecke** verfolgen.[113] Er darf also nicht vorrangig seine eigenen wirtschaftlichen Interessen oder die seiner Mitglieder verfolgen, vgl. AEAO Nr. 1 zu § 55 Abs. 1 Nr. 1.[114] Kritisch ist häufig die Einhaltung des Gebots der Selbstlosigkeit, wenn der e.V. seine Tätigkeit praktisch ausschließlich seinen Mitgliedern zugute kommen lässt und er darüber hinaus keine nennenswerten Aktivitäten zur Verfolgung des steuerbegünstigten Zwecks entfaltet. **Beispiel**: Die Mitglieder eines „Vereins zur Förderung des Luftsports" mieteten Flugzeuge zum ermäßigten Umsatzsteuersatz von 7% statt 16% vom e.V. (siehe Rn 87); der e.V., der selbst keine Flugzeuge besaß, mietete die Flugzeuge seinerseits bei einem Charterunternehmen an. Weitere Aktivitäten zur Förderung des Luftsports (Nachwuchsförderung etc.) fanden nicht statt.[115] Das Finanzgericht kam deshalb zu dem Schluss, dass letztlich die gesamte Aktivität des Vereins den Mitgliedern in Form des ermäßigten Mehrwertsteuersatzes zugute kommen sollte und der e.V. bzw. seine Mitglieder also eigennützige Zwecke verfolgten. Daher versagte das Finanzgericht die Gemeinnützigkeit und damit die Anwendung des ermäßigten Umsatzsteuersatzes.

2. Verwendung nur für satzungsmäßige Zwecke. § 55 Abs. 1 Nr. 1 S. 1 AO enthält eine der zentralen Vorschriften für die Mittelverwendung: Der e.V. darf seine Mittel **nur** für die **in der Satzung genannten Zwecke** verwenden. Nach dem eindeutigen Wortlaut der Vorschrift reicht es für die Steuervergünstigung nicht aus, steuerbegünstigte Zwecke zu unterstützen, solange diese nicht in der Satzung festgehalten sind. Möchte ein Verein seinen Tätigkeitsbereich erweitern, muss er deshalb überprüfen, ob diese Erweiterung noch mit der Satzung zu vereinbaren ist, sonst riskiert der e.V. den Verlust seiner Gemeinnützigkeit.

Für die Steuervergünstigung ist nicht nur beachtlich, für welchen Zweck die Mittel verwendet werden, sondern auch, aus welchem Tätigkeitsbereich sie **stammen** und in welchem Tätigkeitsbereich sie **eingesetzt** werden (zur Definition der Tätigkeitsbereiche Rn 77, 78, 84, 88). Grundsätzlich gilt, dass die im ideellen Bereich erwirtschafteten Mittel nur in diesem Bereich reinvestiert werden dürfen. Überschüsse, die im wirtschaftlichen Geschäftsbetrieb oder in anderen Bereichen anfallen, dürfen nur für die satzungsmäßigen Zwecke verwendet werden.[116] Die im steuerpflichtigen wirtschaftlichen Geschäftsbetrieb (vgl. Rn 78 ff.) erzielten Gewinne dürfen entweder dort verbleiben oder in den ideellen Bereich transferiert werden. Mittel, die aus dem ideellen Bereich stammen, dürfen hingegen grundsätzlich nicht einem wirtschaftlichen Geschäftsbetrieb zugeführt werden.[117] Aus der Buchhaltung muss deshalb eindeutig hervorgehen, welche Mittel in welchem Vereinsbereich verwendet werden.

---

107 *Reichert*, Rn 3211 zu den Unterschieden.
108 Klein/*Gersch*, AO, § 53 Rn 2.
109 *Reichert*, Rn 3218.
110 Tipke/Kruse/*Tipke*, § 52 Rn 2; ausf. *Fischer*, in: Hübschmann/Hepp/Spitaler, § 52 Rn 16–21 zur Förderung privater Religionsgemeinschaften.
111 *Buchna*, S. 98; BFH BStBl 1992 II S. 62.
112 Übersicht bei *Buchna*, S. 98.
113 Klein/*Gersch*, AO, § 55 Rn 2; Tipke/Kruse/*Tipke*, § 55 Rn 2; *Buchna*, S. 90.
114 BFH BStBl II 79 S. 482; 89 S. 670; 92 S. 62.
115 FG Köln EFG 2003, 422.
116 Tipke/Kruse/*Tipke*, § 55 Rn 8.
117 Tipke/Kruse/*Tipke*, § 55 Rn 8.

57 Der **Verlustausgleich** im wirtschaftlichen Geschäftsbetrieb mit Mitteln des ideellen Bereichs ist grundsätzlich steuerschädlich, AEAO Nr. 4 zu § 55 Abs. 1 Nr. 1.[118] Bei der Ermittlung des Verlusts ist der einheitliche wirtschaftliche Geschäftsbetrieb im Sinne des § 64 Abs. 2 AO maßgeblich; unterhält der e.V. mehrere wirtschaftliche Geschäftsbetriebe, sind deren Ergebnisse also zusammenzufassen. Nur unter engen Voraussetzung ist der Verlustausgleich steuerunschädlich möglich. Gemäß AEAO Nr. 6 zu § 55 Abs. 1 Nr. 1 muss der Verlust auf einer Fehlkalkulation beruhen, die Körperschaft innerhalb von zwölf Monaten die dem ideellen Bereich entnommenen Mittel wieder zuführen, und die Mittel dürfen nicht aus folgenden steuerbegünstigten Bereichen stammen: Zweckbetriebe, steuerbegünstigte Vermögensverwaltung oder andere Zuwendungen, die zur Förderung der steuerbegünstigten Zwecke der Körperschaft bestimmt sind.[119] Der Verlustausgleich kann auch durch die Gewährung eines betrieblichen Darlehens erfolgen, wobei Tilgung und Zinsen ausschließlich aus dem steuerpflichtigen wirtschaftlichen Geschäftsbetrieb stammen dürfen, vgl. AEAO Nr. 7 zu § 55 Abs. 1 Nr. 1. Ist der Verlust im wirtschaftlichen Geschäftsbetrieb durch Abschreibungen auf gemischt genutzte (im ideellen und wirtschaftlichen Bereich genutzte) Wirtschaftsgüter entstanden, ist dies unter den in AEAO Nr. 5 zu § 55 Abs. 1 Nr. 1 genannten Voraussetzungen ebenfalls steuerunschädlich.

58 **3. Vergütung, Aufwandsentschädigung und Zuwendungen.** Dass auch die **Mitglieder keine finanziellen Vorteile** aus der Tätigkeit des e.V. ziehen dürfen, legt § 55 Abs. 1 Nr. 1 S. 2 AO fest.[120] Danach dürfen die Mitglieder weder Gewinnanteile noch sonstige Zuwendungen aus den Mitteln der Körperschaft erhalten. Unter den Begriff der Zuwendung fallen wirtschaftliche Vorteile aller Art, die die Körperschaft den Mitgliedern unentgeltlich oder verbilligt durch den Einsatz ihrer Vermögenswerte gewährt.[121] Dies bedeutet nicht, dass Mitglieder für geleistete Tätigkeiten nicht entschädigt oder bezahlt werden dürfen; Vergütungen und sog. Aufwandsentschädigungen sind grundsätzlich zulässig. Gemäß § 3 Nr. 26 EStG sind Einnahmen aus der nebenberuflichen Tätigkeit für eine steuerbegünstigte Körperschaft bis zur Höhe von 1.848 EUR pro Jahr steuerfrei.[122]

59 Allerdings müssen sie eine **angemessene Höhe** haben. Übt ein Vorstandsmitglied seine Tätigkeit laut Satzung ehrenamtlich aus, erhält er aber eine hohe „Aufwandsentschädigung", die sich der Höhe nach an seiner (im entschiedenen Fall sehr gut bezahlten) beruflichen Tätigkeit orientiert, liegt ein Verstoß gegen das Gebot der Selbstlosigkeit vor.[123] Gleiches gilt, wenn ein Mitglied zwar eine der Satzung entsprechende Vergütung erhält, diese aber im Vergleich zur tatsächlich aufgewandten Zeit überhöht ist.[124] Zur Beurteilung der Angemessenheit der Vergütungen wird auf die Grundsätze der **Verdeckten Gewinnausschüttung** zurückgegriffen.[125] Der Begriff der Verdeckten Gewinnausschüttung ist gesetzlich nicht definiert. Nach allgemeiner Ansicht werden unter diesen Begriff Vermögensvorteile gefasst, die eine Kapitalgesellschaft ihren Gesellschaftern zuwendet, welche ein ordentlicher und gewissenhafter Geschäftsleiter einem Nichtgesellschafter unter sonst gleichen Voraussetzungen nicht zugewendet hätte.[126] Auf den e.V. übertragen bedeutet dies: Das Vorstandsmitglied erhält vom e.V. eine Vergütung, die höher ist als die Vergütung, die ein externer Dritter für die gleiche Dienstleistung erhalten hätte. Die verdeckte Gewinnausschüttung erhöht die Steuerlast des e.V., da die unangemessenen hohen Zahlungen das Einkommen nicht mindern, § 8 Abs. 3 S. 2 KStG.

60 Auch **Zuwendungen und Vergütungen an Dritte** sind grundsätzlich zulässig, doch dürfen diese nicht unverhältnismäßig hoch sein, § 55 Abs. 1 Nr. 3 Alt. 2 AO. Diese Vorschrift bezieht sich auf Nichtmitglieder sowie auf Mitglieder, die nicht in ihrer Eigenschaft als Mitglied tätig sind.[127] Für die Beurteilung der Angemessenheit gilt das zu § 55 Abs. 1 Nr. 1 S. 2 AO Gesagte entsprechend (vgl. Rn 58 f.).[128]

61 Die vorgenannten Grundsätze sollen verhindern, dass der e.V. insbesondere für die Geschäftsführer zum „Selbstbedienungsladen aus Spendengeldern" wird und die Mittel zur Verfolgung des steuerbegünstigten Zwecks geschmälert werden.[129] § 55 Abs. 1 Nr. 3 Alt. 1 AO überschneidet sich mit § 55 Abs. 1 Nr. 1 S. 1

---

118 Zum Verlustausgleich bei der Ausgliederung von Zweckbetrieben *Funnemann*, DStR 2002, 2013, 2015.
119 BFH BStBl II 1998 S. 711 = NJW 1997, 1462.
120 § 55 Abs. 1 Nr. 2 AO zur Rückzahlung von Kapitalanteilen gilt nur für Kapitalgesellschaften, vgl. Tipke/Kruse/*Tipke*, § 55 Rn 12.
121 Klein/*Gersch*, AO, § 55 Rn 15; FG München EFG 1996, 938.
122 Vgl. zur Aberkennung der Gemeinnützigkeit bei Verkürzung von Lohnsteuer und anderen Rechtsverstößen *Jansen*, FR 2002, 996, 998.
123 BFH/NV 2001, 1536, 1537 f.
124 Vgl. BFH/NV 2001, 1536, 1538 = DStRE 2001, 1301: 144.000 DM pro Jahr für 4 Tage Arbeit pro Monat!
125 BFH/NV 2001, 1536, 1538 m.w.N. zur BFH-Rspr. zur verdeckten Gewinnausschüttung; Tipke/Kruse/*Tipke*, § 55 Rn 10; Klein/*Gersch*, AO, § 55 Rn 15; *Fischer*, in: Hübschmann/Hepp/Spitaler, § 55 Rn 130.
126 Schmidt/*Heinicke*, EStG, 23. Aufl. 2004, § 20 Rn 61.
127 Tipke/Kruse/*Tipke*, § 55 Rn 10.
128 Klein/*Gersch*, AO, § 55 Rn 22.
129 Tipke/Kruse/*Tipke*, § 51 Rn 10; *Fischer*, in: Hübschmann/Hepp/Spitaler, § 55 Rn 117.

AO, da auch hier die Verwendung von Vereinsmitteln – egal woher sie stammen – für nicht satzungsmäßige Zwecke untersagt wird.[130]

Der **e.V. ist als Arbeitgeber** dazu verpflichtet, den Lohnsteuerabzug für seine Arbeitnehmer vorzunehmen, also die Lohnsteuer einzubehalten und abzuführen, §§ 38 Abs. 3 S. 1, 41a Abs. 1 EStG. Kommt er dieser Verpflichtung nicht nach, kann das zum Verlust der Gemeinnützigkeit führen. Dies gilt auch dann, wenn der Vereinsvorstand von diesem Versäumnis nichts wusste und diese Unkenntnis auf einem Organisationsverschulden (vgl. § 31 Rn 8 f.) beruht.[131]

4. Zeitnahe Mittelverwendung. Gem. § 55 Abs. 1 Nr. 5 S. 1 AO muss der Verein seine Mittel grundsätzlich zeitnah für seine steuerbegünstigten Zwecke verwenden. **Zeitnah** bedeutet, dass der e.V. die Mittel spätestens in dem auf das Jahr des Zuflusses der Mittel folgenden Kalenderjahr verwenden muss, § 55 Abs. 1 Nr. 5 S. 3 AO. Die Bildung von **Rücklagen** ist grundsätzlich unzulässig; Ausnahmen sehen die §§ 58 Nr. 6 u. 7 AO vor.[132] Die Bildung freier Rücklagen ist nur bis zu den in § 58 Nr. 7 Buchst. a AO genannten betragsmäßigen Höchstgrenzen möglich. Der e.V. darf demnach ein Drittel seiner Überschüsse aus der Vermögensverwaltung und darüber hinaus 10% seiner sonstigen zeitnah zu verwendenden Mittel der **freien Rücklage** zuführen.[133] Der e.V. darf gem. § 58 Nr. 6 AO Rücklagen bilden, soweit dies zur nachhaltigen Erfüllung seiner satzungsmäßigen Zwecke erforderlich ist. Insbesondere Vereine, deren Arbeit größere Anschaffungen, wie z.B. die Errichtung oder den Kauf von Gebäuden, erfordert, machen von der Möglichkeit der Rücklagenbildung Gebrauch. Möchte der e.V. z.B. ein Altenheim betreiben und zu diesem Zweck ein **Gebäude** anschaffen, darf er hierfür Rücklagen bilden, wenn auf andere Weise der mildtätige Zweck nachhaltig nicht erfüllt werden kann, sog. **zweckgebundene Rücklage**. Hierzu bedarf es eines Beschlusses der Mitgliederversammlung.[134] Noch bevor der e.V. die Rücklage bildet, muss er das zu finanzierende Projekt konkret bestimmen und einen Zeitplan zur Realisierung erstellen.[135] Diese zweckgebundene Rücklage muss auch in der Buchhaltung eindeutig ausgewiesen werden, um der Finanzverwaltung eine einfache Kontrolle zu ermöglichen.[136] Beispielsweise kann eine Rücklage gekennzeichnet werden als „Rücklage für den Bau eines Vereinshauses innerhalb der nächsten 3 Jahre".

Der e.V. kann eine Verlängerung der Frist des § 55 Abs. 1 Nr. 5 S. 3 AO nicht mit der Begründung erreichen, dass die Überlegungen zur Mittelverwendung noch nicht abgeschlossen seien.[137] Er muss deshalb seine zukünftigen Projekte so planen und die Einnahmen so kalkulieren, dass für alle Mittel **rechtzeitig ein passender Verwendungszweck** gefunden wird. Auch darf der e.V. Betriebsmittelrücklagen für periodisch wiederkehrende Ausgaben bilden, wie z.B. für Löhne, Gehälter und Mieten.[138] Nach einem Urteil des BFH,[139] dem sich inzwischen auch die Finanzverwaltung[140] angeschlossen hat, ist auch die Rücklagenbildung innerhalb eines wirtschaftlichen Geschäftsbetriebes zulässig – allerdings nur unter der engen Voraussetzung, dass „die Gewinnthesaurierung zur Sicherung der Existenz betriebswirtschaftlich notwendig" ist.[141]

Bestimmte Arten von Zuwendungen darf der e.V. seinem Vermögen zuführen, ohne dass für sie das Gebot der zeitnahen Verwendung gilt. Sie sind in **§ 58 Nr. 11 AO** aufgeführt. Dazu zählen unter anderem Zuwendungen von Todes wegen, soweit der Erblasser keine Verwendung für den laufenden Betrieb vorgeschrieben hat, und Zuwendungen aufgrund eines Spendenaufrufs, wenn erkennbar ist, dass sie zur Aufstockung des Vermögens verwendet werden sollen.

AEAO Nr. 27 zu § 55 sieht hierzu besondere Aufzeichnungspflichten vor. Aus der Bilanz[142] bzw. der Vermögensaufstellung des e.V. muss deutlich hervorgehen, wie am Ende des Wirtschaftsjahres noch vorhandene Mittel verwendet werden sollen. Sie müssen entweder dem Vermögen oder einer zulässigen Rücklage zugeordnet werden oder sie müssen als Mittel ausgewiesen werden, die im folgenden Wirtschaftsjahr für die satzungsmäßigen Zwecke verwendet werden. Falls Mittel nicht bereits im Jahr des Zuflusses verwendet werden, müssen sie gesondert in einer Nebenrechnung (Mittelverwendungsrechnung) aufgeführt werden.[143]

---

130 Tipke/Kruse/*Tipke*, § 51 Rn 10.
131 BFH BStBl II 2002 S. 169 = BB 2002, 289. Zu weiteren Fallgruppen, bei denen der Verlust der Gemeinnützigkeit wegen Verstoßes gegen die Rechtsordnung droht, *Jansen*, FR 2002, 996.
132 *Reichert*, Rn 3260; Tipke/Kruse/*Tipke*, § 55 Rn 8.
133 Vgl. zur Kapitalbeteiligungsrücklage gem. § 58 Nr. 7b AO mit Berechnung *Stahlschmidt*, FR 2002, 1109, 1112.
134 *Stahlschmidt*, FR 2002, 1109, 1110; *Reichert*, Rn 3263 mit Formulierungsvorschlag.
135 *Reichert*, Rn 3262; *Buchna*, S. 135 ff. mit Beispielen sowie S. 161, 163.
136 *Buchna*, S. 164.
137 BMF v. 15.2.2002 (BStBl 2002 I S. 267).
138 *Reichert*, Rn 3263 mit Berechnungsvorschlag.
139 BFH BStBl II 2002 S. 162, 163 = BB 1998, 2295.
140 BMF BStBl I 2002 S. 267.
141 Erläuterungen zu BFH BStBl II 2002 S. 162 = BB 1998, 2295 bei *Stahlschmidt*, FR 2002, 1109, 1112.
142 Ausf. Bilanz bei *Buchna*, S. 131.
143 Weiterführend *Buchna*, S. 125; zur Mittelverwendungsrechnung ausf. *Thiel*, DB 1992, 1900.

67 Siehe Rn 91 f. zum Grundsatz der Vermögensbindung (§ 55 Abs. 1 Nr. 4 AO).

VI. Ausschließlichkeit, § 56 AO

68 Aus der Satzung muss sich gem. § 59 S. 1 AO auch ergeben, dass **ausschließlich steuerbegünstigte Zwecke verfolgt** werden. Der e.V. darf nur seine steuerbegünstigten satzungsmäßigen Zwecke verfolgen (§ 56 AO). Gibt der e.V. sich eine Satzung, die nur einen ganz eng umrissenen Vereinszweck enthält bzw. die sich bei der Verfolgung des Vereinszwecks auf nur wenige Maßnahmen beschränkt, engt der e.V. seinen Handlungsspielraum von vornherein ein. Denn ein e.V. gefährdet seine Steuerbegünstigung, wenn er außerhalb der Satzung liegende Zwecke verfolgt, mögen diese auch steuerbegünstigt sein.[144] Stellt sich später heraus, dass die engen Grenzen der Satzung das Tagesgeschäft zu sehr behindern, ist eine aufwändige Erweiterung der Satzung nötig.

VII. Unmittelbarkeit (§ 57 AO) und Organisationsstruktur

69 Gem. § 57 Abs. 1 S. 1 AO verfolgt der e.V. seine satzungsmäßigen Zwecke unmittelbar, wenn er sie selbst verwirklicht. Der e.V. muss also **selbst tätig werden**.[145] Das Gesetz gibt dem e.V. aber die Möglichkeit, außenstehende Dritte, sog. Hilfspersonen, für sich handeln zu lassen, § 57 Abs. 1 S. 2 AO. Dies ist auch dann zulässig, wenn der e.V. die Handlungen durch seine Organe selbst ausführen könnte.[146] Der e.V. kann sich dritter, auch juristischer Personen,[147] bedienen.[148] Damit dem e.V. das Handeln der Hilfsperson wie eigenes Handeln zugerechnet werden kann, muss der e.V. immer die Fäden in der Hand halten: Die Hilfsperson muss dem e.V. Rechenschaft über all ihre Tätigkeiten und die verwendeten Mittel ablegen, und der e.V. muss seinerseits die Einhaltung der Vereinbarung kontrollieren und dies dokumentieren.[149]

70 § 58 Nr. 2 AO sieht eine Ausnahme vom Gebot der Unmittelbarkeit vor. Danach ist es unschädlich, wenn der e.V. einen Teil seiner Mittel einer anderen steuerbegünstigten Körperschaft zuwendet. Ein steuerbegünstigter Zweck kann also auch dadurch verfolgt werden, dass eine andere steuerbegünstigte Körperschaft mit dem gleichen Ziel unterstützt wird. Eine komplette Zuwendung der eigenen Mittel an eine andere steuerbegünstigte Körperschaft (§ 58 Nr. 1 AO) ist hingegen nur möglich, wenn dies ausdrücklich in der Satzung vorgesehen ist (z.B. bei Fördervereinen oder Spendensammelvereinen).[150]

71 Aus § 51 S. 3 AO ergibt sich, dass die einzelnen funktionellen Untergliederungen (Abteilungen) des e.V. **keine selbständigen Steuersubjekte** sind. Dies bedeutet, dass die Aktivitäten aller Abteilungen dem e.V. zugerechnet werden. Eine zivilrechtliche Verselbständigung der Abteilungen mit dem Ziel, die in den Gesetzen gewährten Freibeträge mehrfach zu nutzen, verhindert die Zurechnung nicht. So ist es steuerlich unerheblich, wenn ein Sportverein seine unterschiedlichen Sparten wie Tennis, Fußball und Volleyball in zivilrechtlich selbständige Vereine ausgliedert, soweit die ausgegliederte Abteilung weiter eng mit dem Hauptverein verzahnt bleibt und dem Hauptverein untergeordnet ist.[151] Unter welchen Voraussetzungen durch eine **regionale Untergliederung** mehrere Steuersubjekte entstehen, die jeweils die Freigrenzen und -beträge ausnutzen können, regelt ein Erlass des BMF. Die einzelnen Untergliederungen müssen unter anderem über eigene satzungsmäßige Organe verfügen, und ihre Satzungen müssen ebenfalls den gemeinnützigkeitsrechtlichen Vorschriften entsprechen.[152]

D. Tatsächliche Geschäftsführung, § 59 letzter Hs. AO

72 Die **tatsächliche Geschäftsführung** muss mit der Satzung übereinstimmen. Doch nicht nur für den e.V. kann eine Satzungsverletzung ernsthafte Konsequenzen haben: Ein Vorstandsmitglied kann sich wegen Untreue (§ 266 StGB) strafbar machen, wenn er ein gegen die Satzung verstoßendes Rechtsgeschäft abschließt. Der Vermögensnachteil kann nach der Rechtsprechung in der Gefahr der Aberkennung der Gemeinnützigkeit liegen.[153]

---

144 *Osterkorn*, DStR 2002, 16, 17.
145 *Fischer*, in: Hübschmann/Hepp/Spitaler, § 57 Rn 19.
146 Tipke/Kruse/*Tipke*, § 57 Rn 1.
147 Zu aktuellen Problemen bei Holding-Strukturen s. *Scherff*, DStR 2003, 727; zur Ausgliederung von Zweckbetrieben *Funnemann*, DStR 2002, 2013.
148 *Buchna*, S. 147.
149 *Funnemann*, DStR 2002, 2013 (2014 f.) m.w.N.
150 *Reichert*, Rn 3253.
151 Klein/*Gersch*, , § 51 Rn 6; Tipke/Kruse/*Tipke*, § 51 Rn 7.
152 BMF-Schreiben vom 18.10.1988 (BStBl 1988 I S. 443) mit weiteren Details.
153 OLG Hamm wistra 1999, 350.

E. Anerkennung als gemeinnütziger e.V.

Ein besonderes Anerkennungsverfahren ist in der AO **nicht vorgesehen**.[154] Das FA ist damit an die allgemeinen Vorschriften der AO gebunden und kann deshalb keinen Feststellungsbescheid mit dem Inhalt erlassen, dass ein e.V. als gemeinnützig anerkannt ist. Falls das FA zu der Auffassung gelangt, dass die Voraussetzungen der Steuervergünstigung nicht vorliegen, erlässt es einen Steuerbescheid (z.B. USt- oder KSt-Bescheid), aus dem die Steuerpflichtigkeit des e.V. hervorgeht.[155] Allerdings kann das FA dem neu gegründeten e.V. eine „vorläufige Bescheinigung" erteilen, damit er bereits bei Aufnahme seiner Tätigkeit die Steuervergünstigungen in Anspruch nehmen kann, AEAO Nr. 4 zu § 59. Das FA muss hierzu die **formelle Satzungsmäßigkeit** feststellen. Besonders wichtig ist diese Bescheinigung für Vereine, die auf Spendengelder angewiesen sind, da sie erst bei Vorliegen der vorläufigen Bescheinigung Zuwendungsbestätigungen erteilen kann (vgl. § 10b Abs. 4 EStG).[156] Insbesondere ein **neu gegründeter Verein** kann mangels Mitgliedern, die regelmäßig Mitgliedsbeiträge zahlen und den e.V. auf andere Weise unterstützen, auf Spenden angewiesen sein. Die Spenden dienen der „Anschubfinanzierung", und die Spendenbeschaffung ist möglicherweise die einzige Tätigkeit des neu gegründeten Vereins. Trotzdem kann bereits in diesem Stadium der e.V. als steuerbegünstigt anerkannt werden, wenn schon diese vorbereitenden Tätigkeiten ernsthaft auf die Erfüllung eines steuerbegünstigten Zwecks gerichtet sind. Die bloße Absicht, an einem unbestimmten Zeitpunkt in der Zukunft die Satzungszwecke zu verfolgen, genügt jedoch nicht. Die Vorbereitungshandlungen müssen also nachweisbar **zielgerichtet** durchgeführt werden.[157]

Das FA soll die Steuerbefreiung spätestens alle drei Jahre überprüfen, AEAO Nr. 7 S. 2 zu § 59. Es versendet in der Regel Fragebögen, um die tatsächliche Geschäftsführung zu überprüfen, und verlangt Aufzeichnungen über Einnahmen und Ausgaben sowie einen Geschäftsbericht.[158] Damit der e.V. belegen kann, dass er die Geschäfte in Übereinstimmung mit der Satzung führt, ist also eine **übersichtliche und vollständige Buchführung** unerlässlich, vgl. auch § 63 Abs. 3 AO. Der e.V. trägt nämlich die **Beweislast** für die tatsächlichen Voraussetzungen der Gemeinnützigkeit.[159]

F. Die steuerliche Behandlung von Geschäftsbereichen

Ob und wieweit eine bestimmte Tätigkeit eines Vereins steuerlich begünstigt ist, hängt von der Art der Tätigkeit ab. Steuerlich unterscheidet man **vier Tätigkeitsbereiche**: den ideellen Bereich, die Vermögensverwaltung, den wirtschaftlichen Geschäftsbetrieb sowie dessen Teilbereich Zweckbetrieb. Gem. § 64 Abs. 1 AO kann der gemeinnützige Verein sowohl steuerpflichtige als auch steuerbegünstigte Tätigkeitsbereiche nebeneinander haben. Ist also ein Teilbereich steuerpflichtig, bedeutet das nicht, dass die gesamte Tätigkeit des Vereins steuerpflichtig wird. Die Einzelsteuergesetze sehen für die unterschiedlichen Geschäftsbereiche **verschiedene Besteuerungsformen** vor: In Betracht kommen eine Steuerbefreiung, eine Steuerbegünstigung in Form eines ermäßigten Steuersatzes oder eine volle Steuerpflicht. Die folgende Darstellung geht vor allem auf die wichtigsten Steuerarten ein, nämlich Körperschaftsteuer (KSt), Gewerbesteuer (GewSt) und Umsatzsteuer (USt).[160]

Steuerlich erheblich ist auch, zu welchem Zeitpunkt die Voraussetzungen für die Steuerbefreiung vorliegen müssen. Dabei muss zwischen den einzelnen Steuerarten unterschieden werden: Um die Vergünstigungen bei KSt und GewSt zu erlangen, müssen die Voraussetzungen im **gesamten Veranlagungszeitraum** vorliegen.[161] Der e.V. muss also während des gesamten Veranlagungszeitraumes sicherstellen, dass sowohl seine Satzungsbestimmungen als auch seine tatsächliche Geschäftsführung den Anforderungen der AO entsprechen. Für die USt hingegen ist der Zeitpunkt der **Entstehung der Steuer** maßgeblich, also der Zeitpunkt der zu versteuernden Lieferung bzw. Leistung des Vereins.[162]

---

154 Klein/Gersch, AO, § 59 Rn 3; Tipke/Kruse/Tipke, vor § 51 Rn 6; Bischoff, B XIII Rn 252.
155 Tipke/Kruse/Tipke, vor § 51 Rn 6.
156 Bischoff, B XIII Rn 253.
157 Vgl. BFH BStBl II 2003 S. 930.
158 Tipke/Kruse/Tipke, vor § 51 Rn 6.
159 Tipke/Kruse/Tipke, vor § 51 Rn 6.
160 Zu weiteren Steuerarten Buchna, S. 443 ff.
161 Buchna, S. 377.
162 Buchna, S. 426.

I. Ideeller Bereich

77 Der ideelle Bereich ist **komplett der Besteuerung entzogen**; Einnahmen in diesem Bereich sind von allen Steuern befreit.[163] Eine gesetzliche Definition des ideellen Bereichs existiert nicht. Er lässt sich als „eigentlicher", engster Bereich der förderungswürdigen Tätigkeit umschreiben und muss zum wirtschaftlichen Geschäftsbetrieb einschließlich Zweckbetrieb und der Vermögensverwaltung abgegrenzt werden.[164] Der e.V. tritt im ideellen Bereich nicht als Unternehmer nach außen auf, so dass weder USt noch GewSt anfallen. Auch die Einkünfte aus Vermögensverwaltung sowie die sonstigen Überschüsse unterliegen nicht der KSt (zur Abgrenzung der Geschäftsbereiche vgl. Rn 78, 84, 88). Folgende Einnahmen sind dem ideellen Bereich zuzuordnen: Mitgliedsbeiträge, Spenden, Schenkungen, Erbschaften, Vermächtnisse, Zuschüsse aus öffentlichen Kassen wie Bund, Land und Gemeinden.[165]

II. Wirtschaftlicher Geschäftsbetrieb

78 Neben diesem steuerfreien Bereich unterhält praktisch jeder Verein einen steuerpflichtigen wirtschaftlichen Geschäftsbetrieb. Gem. § 14 S. 1 AO ist ein wirtschaftlicher Geschäftsbetrieb jede **„selbständige nachhaltige Tätigkeit**, durch die **Einnahmen** oder andere wirtschaftliche Vorteile erzielt werden und die über den Rahmen einer **Vermögensverwaltung hinausgeht"**. Eine Gewinnerzielungsabsicht ist nicht erforderlich (§ 14 S. 2 AO), so dass auch Tätigkeiten, die nur auf Kostendeckung gerichtet sind, zu diesem Bereich zählen. Diese Definition gilt für alle Steuerarten.[166] Eine Unterart des wirtschaftlichen Geschäftsbetriebs ist der steuerfreie Zweckbetrieb (§§ 65–68 AO, vgl. Rn 84; zur Abgrenzung von der Vermögensverwaltung vgl. Rn 88). Beispiele für den steuerpflichtigen wirtschaftlichen Geschäftsbetrieb sind:[167] selbstbewirtschaftete Vereinsgaststätten, Verkauf von Speisen und Getränken, Bandenwerbung, Veranstaltung von Straßenfesten und geselligen Treffen, stundenweise Vermietung von Sportplätzen an Nichtmitglieder, Verkauf von Trikots, Beteiligung an einer gewerblich tätigen Personengesellschaft.[168]

79 Die **Einzelsteuergesetze** legen fest, welche steuerlichen Folgen die Unterhaltung eines wirtschaftlichen Geschäftsbetriebs hat. Entgegen dem allgemeinen Grundsatz, dass wirtschaftliche Geschäftsbetriebe steuerpflichtig sind, können sie auch dessen Steuerbefreiung vorsehen (vgl. § 5 Abs. 1 Nr. 9 S. 3 KStG für selbstbewirtschaftete Forstbetriebe).[169]

80 Gem. § 5 Abs. 1 Nr. 9 S. 2 KStG, § 3 Nr. 6 S. 2 GewStG und § 12 Abs. 1 Nr. 8a S. 2 UStG sind die wirtschaftlichen Geschäftsbetriebe **von der Steuerbefreiung bzw. -vergünstigung ausgeschlossen**. Dies bedeutet, dass im Bereich des wirtschaftlichen Geschäftsbetriebs **kein Unterschied** zu steuerpflichtigen Körperschaften besteht. Der Umsatzsteuersatz ist im Bereich des wirtschaftlichen Geschäftsbetriebs nicht ermäßigt, § 12 II Nr. 8a S. 2 UStG. Allerdings sieht § 64 Abs. 3 AO eine Freigrenze für die KSt und GewSt vor. Überschreitet der Umsatz im wirtschaftlichen Geschäftsbetrieb 30.678 EUR pro Jahr (= Kalenderjahr, bei Körperschaften mit vom Kalenderjahr abweichenden Wirtschaftsjahr das Wirtschaftsjahr, AEAO Nr. 14 u. 22 zu § 64 Abs. 3) nicht, fällt keine KSt und GewSt an. Gem. § 64 Abs. 2 AO werden die Umsätze aller wirtschaftlichen Geschäftsbetriebe, die keine Zweckbetriebe (vgl. Rn 84) sind, zusammengezählt. Wird diese Grenze überschritten, ist der **gesamte** wirtschaftliche Geschäftsbetrieb körperschaft- und gewerbesteuerpflichtig. Hinzu kommen in dem Fall die Freibeträge in Höhe von 3.835 EUR bzw. 3.900 EUR aus § 24 KStG bzw. § 11 Abs. 1 S. 3 Nr. 2 GewStG.[170] Schöpft der e.V. in einem Geschäftsjahr die Freigrenze des § 64 Abs. 3 AO nicht aus, kann er den nicht genutzten Betrag nicht in das nächste Geschäftsjahr übertragen;[171] ein Rücktrag ist ebenfalls nicht möglich.

81 Ein e.V. kann die Freibeträge **nicht** dadurch mehrfach in Anspruch nehmen, dass er seine(n) wirtschaftliche(n) Geschäftsbetrieb(e) **auf mehrere selbständige Körperschaften aufteilt**, da dies als Missbrauch rechtlicher Gestaltungsmöglichkeiten im Sinne des § 42 AO gewertet wird, § 64 Abs. 4 AO. Steuerrechtlich gelten die wirtschaftlichen Geschäftsbetriebe deshalb auch nach der Aufteilung als **ein wirtschaftlicher Geschäftsbetrieb**, so dass die Freigrenze des § 64 Abs. 3 AO sowie die genannten Freibeträge **nur einmal** zur Verfügung stehen, § 42 Abs. 1 S. 2 AO. Diese Auf- oder Abspaltung wird nur dann nicht als Missbrauch der Gestaltungsmöglichkeiten angesehen, wenn der e.V. sie aus anderen Gründen als zur mehrfachen Ausnutzung der Freigrenzen durchgeführt hat und diese auch belegen kann. Als mögliche steuerunschädliche Motive

---

[163] Reichert, Rn 3272.
[164] Vgl. Reichert, Rn 3271.
[165] Reichert, Rn 3273; Buchna, S. 203 mit hilfreicher Übersicht über alle Tätigkeitsbereiche.
[166] Buchna, S 205.
[167] Zahlreiche weitere Beispiele bei Tipke/Kruse/Tipke, § 64 Rn 7; Reichert, Rn 3298.
[168] BFH BStBl II 2001 S. 449 = DB 2001, 1231.
[169] Klein/Gersch, AO, § 64 Rn 2.
[170] Tipke/Kruse/Tipke, § 64 Rn 18.
[171] FG Rheinland-Pfalz EFG 1997, 306.

kommen z.B. die Verfolgung unterschiedlicher steuerbegünstigter Zwecke in getrennten Körperschaften oder die Regionalisierung in Betracht.[172]

Im Bereich des wirtschaftlichen Geschäftsbetriebs besteht ein Spannungsverhältnis zu den Geboten der Selbstlosigkeit und der Ausschließlichkeit (vgl. Rn 53 ff., 68). Das **Gebot der Ausschließlichkeit** darf nicht so missverstanden werden, dass ein steuerpflichtiger wirtschaftlicher Geschäftsbetrieb immer die Steuervergünstigung des Vereins als Ganzes gefährdet. § 64 Abs. 1 AO sieht ausdrücklich vor, dass der Verein nur für den Bereich des wirtschaftlichen Geschäftsbetriebs (**„insoweit"**) seine Steuervergünstigung verliert. Dass der Verein steuerpflichtige Einnahmen und Umsätze hat, begründet keine zweckwidrige Verwendung der Mittel (vgl. Rn 55 ff.), die das Gebot der Selbstlosigkeit verletzt. Insofern können allerdings Probleme entstehen, wenn der steuerpflichtige Bereich dominierend wird. Dann kann der Eindruck entstehen, dass der Zweck des e.V. nicht mehr in der Verfolgung steuerbegünstigter Zwecke liegt, sondern dass der e.V. wie ein gewerbliches Unternehmen am Markt auftritt. Die Steuerbegünstigung entfällt dementsprechend, „wenn die wirtschaftliche Tätigkeit **bei einer Gesamtbetrachtung [dem e.V.] das Gepräge** gibt", AEAO zu § 55 Abs. 1 Nr. 1 S. 2.

Bei der Ermittlung des zu versteuernden Einkommens sind die Einnahmen und Ausgaben zu berücksichtigen, die dem Geschäftsbetrieb zuzuordnen sind, also durch ihn **veranlasst** sind. Ausgaben sind jedoch dann nicht zu berücksichtigen, wenn und soweit sie auch ohne den wirtschaftlichen Geschäftsbetrieb entstanden wären.[173]

III. Zweckbetriebe, § 65 AO

Viele gemeinnützige Vereine sind auf wirtschaftliche Geschäftsbetriebe zur Verfolgung ihres satzungsmäßigen Zwecks angewiesen. Zum Beispiel ist der Betrieb einer Werkstatt, in der Behinderte im Handwerk ausgebildet werden, sowie der Verkauf der Erzeugnisse ein wirtschaftlicher Geschäftsbetrieb. Wäre dieser jetzt voll steuerpflichtig, hätte der e.V. praktisch keinen Nutzen von den steuerlichen Vergünstigungen; im Ergebnis wäre er ein normaler gewerblicher Betrieb. Da diese Rechtsfolge nicht der Zielvorstellung des Gesetzes entspräche, sieht die AO den besonderen Tätigkeitsbereich **„Zweckbetrieb" als Unterkategorie des wirtschaftlichen Geschäftsbetriebs** vor. Gem. § 64 Abs. 1 AO verliert der Verein die Steuerbegünstigung nicht, *soweit* es sich bei dem wirtschaftlichen Geschäftsbetrieb um einen Zweckbetrieb handelt. Die in den Steuergesetzen angeordnete Steuerpflicht für wirtschaftliche Geschäftsbetriebe gilt also für Zweckbetriebe nicht. Da gerade durch Zweckbetriebe der im öffentlichen Interesse liegende steuerbegünstigte Zweck gefördert wird, muss dieser Bereich steuerfrei gestellt werden.

Die in § 65 AO genannten **Eigenschaften eines Zweckbetriebs** lassen sich wie folgt zusammenfassen: Der Zweckbetrieb ist ein „unentbehrlicher Hilfsbetrieb"[174] des Vereins; die wirtschaftliche Tätigkeit selbst und nicht nur die dadurch erzielten Einnahmen dienen dem in der Satzung festgelegten steuerbegünstigten Zweck (§ 65 Nr. 1 und 2 AO).[175] Kumulativ darf die Tätigkeit nicht weiter in den Wettbewerb mit vergleichbaren, nicht steuerbegünstigten Unternehmen eingreifen, als es zur Erfüllung des begünstigten Zwecks unvermeidbar ist (§ 65 Nr. 3 AO). Diese drittschützende Norm[176] schützt schon den potenziellen Wettbewerber.[177] In den §§ 66–67a AO werden die Besonderheiten für Zweckbetriebe der Wohlfahrtspflege, Krankenhäuser und sportliche Veranstaltungen genannt. § 68 AO zählt dann einzelne Zweckbetriebe auf („Zweckbetriebe sind auch ...").

In der Praxis ungeklärt war bis zu einer Entscheidung des BFH[178] das Verhältnis von § 68 AO zu § 65 Nr. 3 AO. Der BFH hat entschieden, dass § 68 AO dem § 65 AO vorgeht mit der Konsequenz, dass bei einem in § 68 AO genannten Zweckbetrieb eine über das für die Erfüllung des steuerbegünstigten Zwecks erforderliche Maß hinausgehende **Wettbewerbsbeeinträchtigung hinzunehmen** ist. Das FG hatte diese Frage in der Vorinstanz[179] ausdrücklich offen gelassen. Seiner Entscheidung lag die auch nach der Revision noch gültige Überlegung zugrunde, dass der Staat grundsätzlich zur Wettbewerbsneutralität verpflichtet sei und eine steuerlich Bevorzugung einzelner Wettbewerber nur dann gerechtfertigt sei, wenn das Interesse der Allgemeinheit an der Förderung des steuerbegünstigten Zwecks überwiegt. Der Gesetzgeber hat also abschließend entschieden, dass dies für die in § 68 AO genannten Zweckbetriebe der Fall ist.

---

172 Klein/*Gersch*, AO, § 64 Rn 10 ff.
173 BFH/NV 2003, 1391 = DStR 2003, 1616.
174 Vgl. Tipke/Kruse/*Tipke*, § 65 Rn 1.
175 BFH BStBl 1995 II S. 767.
176 BFH BStBl 1998 II S. 63 = DB 1998, 347.

177 BFH BStBl II 1998 S. 63; BMF BStBl I 2000 S. 1548.
178 BFH/NV 2003, 1458 = DB 2003, 2222 (Ls.).
179 FG Schleswig-Holstein EFG 2002, 739 (740).

87 Für die einzelnen Steuerarten ergeben sich folgende Konsequenzen: Sowohl Körperschaft- als auch Gewerbesteuer fallen in Zweckbetrieben *nicht* an. Umsätze sind nach allgemeinen Grundsätzen umsatzsteuerbar, allerdings nur mit dem **ermäßigten Steuersatz** von 7%, § 12 Abs. 2 Nr. 8a S. 1 UStG.

IV. Vermögensverwaltung

88 § 14 AO grenzt den wirtschaftlichen Geschäftsbetrieb von der Vermögensverwaltung ab. Dieser Bereich ist **nicht steuerpflichtig**. Gem. § 14 S. 3 AO liegt eine Vermögensverwaltung in der Regel dann vor, „wenn Vermögen genutzt, zum Beispiel Kapitalvermögen **verzinslich angelegt** oder **unbewegliches Vermögen vermietet oder verpachtet** wird". Vermögensverwaltung zeichnet sich dadurch aus, dass Vereinsvermögen Dritten zur Nutzung gegen Entgelt überlassen wird.[180] Beispiele für die Vermögensverwaltung sind: Verpachtung der Vereinsgaststätte, Überlassung von Patenten, Lizenzen und Know-how sowie Werberechten, Erträge aus Sparguthaben sowie Veräußerung von Wertpapieren.[181] Verpachtet der Verein seine zuvor selbst betriebene Vereinsgaststätte, ist die Vereinsgaststätte nicht mehr wirtschaftlicher Geschäftsbetrieb, sondern Vermögensverwaltung. Ein solcher Schritt wird steuerlich als „Betriebsaufgabe" gesehen. Diese Überführung in einen steuerfreien Bereich hat die Versteuerung des Aufgabegewinns zur Folge, vgl. § 13 KStG.[182]

V. Steuerbescheide

89 Es gibt keinen Steuerbescheid, der verbindlich für alle Steuerarten festlegt, dass ein e.V. als gemeinnützig anerkannt ist (vgl. Rn 73). Vielmehr ist den einzelnen Steuerbescheiden zu entnehmen, ob und in welchem Umfang die Finanzverwaltung dem e.V. eine Steuervergünstigung anerkennt. Ergeht z.B. ein Körperschaftsteuerbescheid über „0 EUR", so bedeutet dies, dass das FA von einer **Körperschaftsteuerpflicht** ausgeht. Dies ist korrekt im Rahmen des wirtschaftlichen Geschäftsbetriebs; aus dem Bescheid muss sich auch ergeben, dass das Finanzamt die entsprechende Freigrenze aus § 64 Abs. 3 AO bzw. den Freibetrag aus § 24 KStG berücksichtigt hat. Bezieht sich dieser Bescheid jedoch auf einen Zweckbetrieb, ist er rechtswidrig, da Zweckbetriebe von der Körperschaftsteuer befreit sind. Gegen diesen Bescheid ist der Einspruch bzw. im Weiteren die Anfechtungsklage zulässig, da der Verein bereits durch die Feststellung der Steuerpflicht beschwert ist. Eine Beschwer in Form einer Zahlungsverpflichtung ist also nicht erforderlich.[183]

G. Mittelbeschaffung durch Spenden

90 Spenden stellen neben den Mitgliedsbeiträgen in der Regel die wichtigste Einnahmequelle eines gemeinnützigen Vereins dar. Dabei haben Spenden sowohl für den Spender als auch für die bedachte Körperschaft Vorteile: Für den e.V. stellen Spenden **keine steuerpflichtige Einnahme** dar; der Spender wiederum kann unter bestimmten Voraussetzungen die Spenden (evtl. auch nur teilweise) **steuermindernd geltend machen**.[184] So sollen Steuerpflichtige zu privatem, uneigennützigem Handeln angeregt werden.[185] Diese steuerliche Begünstigung für den Spender kommt nur in Betracht, wenn der e.V. Zwecke verfolgt, die als „besonders förderungswürdig" anerkannt sind. Durch eine Änderung der EStDV wurde das Recht des Spendenabzugs mit Wirkung zum 1.1.2000 neu geregelt, siehe §§ 48–50 EStDV. Die Neuregelung enthält in der Anlage 1 zu § 48 Abs. 2 EStDV eine Aufzählung der als besonders förderungswürdig anerkannten steuerbegünstigten Zwecke.[186] Unter **Spenden** versteht man freiwillige und unentgeltliche Geld- und Sachzuwendungen (Ausgaben), die das geldwerte Vermögen des Zuwendenden mindern; es muss sich also um ein freiwilliges Vermögensopfer handeln.[187] Die Spende muss unentgeltlich, also ohne Gegenleistung, erfolgen; eine Spende darf also nicht ein verstecktes Entgelt für eine Leistung des e.V. sein.[188] Sachspenden werden dabei mit dem gemeinen Wert angesetzt.[189] Voraussetzung für den Spendenabzug ist weiterhin eine Spendenbestätigung, die die inhaltlichen und formellen Anforderungen des amtlichen Vordrucks erfüllen muss.[190] Beim Spendenabzug trägt der e.V. das Haftungsrisiko gem. § 10b Abs. 4 S. 2 EStG. Der **gutgläubige**

---

180 *Buchna*, S. 209.
181 Weitere Beispiele bei *Bischoff*, B IX Rn 182 ff.; *Reichert*, Rn 3276 ff.; *Buchna*, S. 209; Tipke/Kruse/ Tipke, § 64 Rn 11.
182 *Bischoff*, B IX Rn 198.
183 BFH BStBl II 1995 S. 134 = BB 1995, 498; 2000, 325 = BB 2000, 599; FG Schleswig-Holstein EFG 2002, 739.
184 Sehr ausf. Darstellung bei *Schneider*, DStZ 2000, 291 ff. (Behandlung von nat. Personen, Personengesellschaften, Körperschaften in EStG, KStG, GewStG). Zu den Abzugshöchstbeträgen ebenfalls *Buchna*, S. 328 ff.
185 BFH BStBl II 1993 S. 874 = NJW 1994, 1175; *Geserich*, in: Kirchhof/Söhn/Mellinghoff, EStG, § 10b Rn A 1; *Buchna*, S. 300.
186 Erläuterungen hierzu bei *Schneider*, DStZ 2000, 291 ff.; *Reichert*, Rn 3344 ff.; *Bischoff*, F III Rn 26 ff.; *Buchna*, S. 307 ff.
187 BFH BStBl II 1989 S. 879; 1991 S. 690; *Buchna*, S. 310; *Reichert*, Rn 3366.
188 *Reichert*, Rn 3340 ff.; *Buchna*, S. 311 f.
189 *Bischoff*, F I Rn 14.
190 *Reichert*, Rn 3359 ff.; *Bischoff*, F IV Rn 32 ff.; beide auch zu den Erleichterungen des Spendennachweises gem. § 50 II EStDV.

Spender genießt dabei Vertrauensschutz; auch wenn die Spendenbestätigung zu Unrecht ausgestellt wurde, z.B. weil der Spendenempfänger gar nicht steuerbegünstigt ist. Der e.V. haftet gem. § 10b Abs. 4 S. 2 EStG, wenn er vorsätzlich oder grob fahrlässig eine falsche Spendenbestätigung ausgestellt hat.[191]

H. Die Auflösung des gemeinnützigen e.V.

Die Vermögensverwendung für steuerbegünstigte Zwecke muss über den Bestand des Vereins hinaus in der Satzung geregelt werden. Gem. § 55 Abs. 1 Nr. 4 AO darf das Vermögen der Körperschaft nach ihrer Auflösung oder Aufhebung bzw. dem Wegfall des bisherigen Zwecks der steuerbegünstigten Körperschaft nur für steuerbegünstigte Zwecke verwendet werden. § 61 AO konkretisiert die Anforderungen an die **satzungsmäßige Vermögensbindung**. Die Satzung muss so genau bestimmt sein, dass aufgrund der Satzung überprüft werden kann, ob der beschlossene Verwendungszweck steuerbegünstigt ist, § 61 Abs. 1 AO. Die Satzung kann hierzu entweder den genauen Verwendungszweck festlegen oder, an welche (genau zu benennende) steuerbegünstigte Körperschaft das Vermögen übertragen werden soll.[192] Ein Verstoß gegen das Gebot der satzungsmäßigen Vermögensbindung zieht schwerwiegende Konsequenzen nach sich: Wegen einer nachträglichen Veränderung der Satzung mit der Folge, dass die Anforderungen an die satzungsmäßige Vermögensbindung nicht mehr erfüllt sind, gilt die Satzung **von Anfang an** als steuerlich nicht ausreichend, § 61 Abs. 3 S. 1 AO. Dadurch soll verhindert werden, dass steuerfrei angesammeltes Vermögen und Wertsteigerungen für nicht begünstigte Zwecke verwendet werden (z.B. durch Verteilung an die Mitglieder).[193] Es kommt zu einer **Nachversteuerung für die letzten zehn Jahre** vor der § 55 Abs. 1 Nr. 4 AO verletzenden Satzungsänderung. Dabei gilt die Satzungsänderung erst ab Eintragung in das Vereinsregister als steuerschädlich.[194] Die gleiche Folge hat es, wenn durch die tatsächliche Geschäftsführung das Gebot der satzungsgemäßen Vermögensbindung verletzt wird, § 63 Abs. 2 AO, also wenn das Vermögen an andere als in der Satzung bestimmte Körperschaften oder Personen verteilt wird.

91

Nach dem Wortlaut des § 61 Abs. 1 AO muss die **Satzung für alle Fälle des § 55 Abs. 1 Nr. 4 AO** eine **Klausel zur Mittelverwendung** enthalten. Dies soll nach einer Entscheidung des FG Hamburg für diejenigen Varianten nicht gelten, deren Verwirklichung so fern liegt, dass die Gründungsmitglieder hiermit vernünftigerweise nicht rechnen mussten.[195] Das FA hatte in dem der Entscheidung zugrunde liegenden Fall die Steuerbegünstigung abgelehnt, da die Satzung keine Bestimmung über die Vermögensverwendung bei Wegfall des bisherigen Vereinszwecks enthielt. Da es im vorliegenden Fall sehr unwahrscheinlich sei, dass der Vereinszweck jemals tatsächlich objektiv entfällt (Förderung der Systematischen und Vergleichenden Musikwissenschaft im In- und Ausland), müssten diese Varianten in der Satzung nicht berücksichtigt werden. U.E. geht diese Entscheidung zu weit. Das Gebot der satzungsmäßigen Vermögensbindung wurzelt in der Überlegung, dass steuerbegünstigt erworbenes Vermögen nur steuerbegünstigt eingesetzt werden darf, auch wenn eine andere Körperschaft das Vermögen übernimmt.[196] Ob die Erreichung des steuerbegünstigten Vereinszwecks sehr unwahrscheinlich ist, hat hiermit in der Sache nichts zu tun. Zudem ist bei den meisten gemeinnützigen Zwecken sehr unwahrscheinlich, dass sie erreicht werden (vgl. die Beispiel in § 52 Abs. 2 Nr. 1 AO). Man kann schwerlich abstrakt festgelegt, wann Zweckerreichung gegeben sein soll, z.B. wann es keiner Förderung der Kunst mehr bedarf, und welche Wahrscheinlichkeit genau genügen soll, damit die Zweckerreichung als unwahrscheinlich gilt.

92

§ 22 Wirtschaftlicher Verein

[1]Ein Verein, dessen Zweck auf einen wirtschaftlichen Geschäftsbetrieb gerichtet ist, erlangt in Ermangelung besonderer *reichs*gesetzlicher Vorschriften Rechtsfähigkeit durch staatliche Verleihung. [2]Die Verleihung steht dem Bundesstaate zu, in dessen Gebiet der Verein seinen Sitz hat.

Literatur: Siehe bei § 21 und bei Vorbemerkungen zu §§ 21 ff.

---

191 Ausf. auch zu anderen Fallgruppen *Reichert*, Rn 3369 ff. und *Bischoff*, F. VII Rn 45 ff.
192 *Buchna*, S. 184.
193 *Buchna*, S. 185; krit. wegen Verstoßes gegen das Übermaßverbot (massive Bestrafung, die bei anderen Verstößen nicht existiert) Tipke/Kruse/*Tipke*, § 61 Rn 3.
194 BFH DB 2001, 1538.
195 FG Hamburg DStRE 2003, 634 rkr.
196 *Fischer*, in: Hübschmann/Hepp/Spitaler, § 55 Rn 146.

A. Allgemeines 1	I. Voraussetzungen der Verleihung der
B. Regelungsgehalt 2	Rechtsfähigkeit 2
	II. Verfahren und Zuständigkeit 4

A. Allgemeines

1 Ist der Zweck eines Vereins auf einen wirtschaftlichen Geschäftsbetrieb gerichtet, erlangt er mangels Einschlägigkeit besonderer bundesgesetzlicher Vorschriften (AktG, GmbH, GenG, VAG) die Eintragung durch staatliche Verleihung. Diese ist nur zulässig, wenn es für die Vereinigung wegen besonderer Umstände unzumutbar ist, sich als AG, GmbH, VVaG oder Genossenschaft zu organisieren.[1] In der Praxis spielt die Konzessionierung nur eine ganz unbedeutende Rolle.[2] Daher sieht der Reformentwurf des Bundesjustizministeriums vor, § 22 aus dem BGB zu streichen (vgl. vor § 21 Rn 24).[3]

B. Regelungsgehalt

I. Voraussetzungen der Verleihung der Rechtsfähigkeit

2 Der Verein (vgl. vor § 21 Rn 10) muss auf einen wirtschaftlichen Geschäftsbetrieb gerichtet sein (vgl. § 21 Rn 22 ff.). Wirtschaftliche Vereine haben keinen Anspruch auf staatliche Verleihung der Rechtsfähigkeit. Ihnen steht nur ein Anspruch auf fehlerfrei ausgeübtes Ermessen zu.[4] Mindestvoraussetzung für die Verleihung ist, dass es dem Verein ausnahmsweise unzumutbar ist, auf die Vereinsformen des Handelsrechts verwiesen zu werden.

3 In der Praxis spielt der wirtschaftliche Verein nur eine Rolle, wo durch Gesetz oder Erlasse Verleihungen nach § 22 vorgesehen sind: bei Verwertungsgesellschaften und Lohnsteuerhilfeverein, Rabattsparverein und bei den im Marktstrukturgesetz und im Bundeswaldgesetz geregelten Erzeugergemeinschaften und -zusammenschlüssen.[5]

II. Verfahren und Zuständigkeit

4 Zuständig für die Verleihung sind regelmäßig höhere Verwaltungsbehörden, was sich nach Landesrecht bestimmt.[6] Das Verfahren richtet sich nach den Verwaltungsverfahrensgesetzen. Die Verleihungsbehörde prüft ähnlich wie ein Registergericht sämtliche Voraussetzungen, von denen die Erlangung der Rechtsfähigkeit abhängt. Die Verleihung ist ein begünstigender Verwaltungsakt. Hierdurch ändert sich nicht die Identität des Vorvereins, der mit dem rechtsfähigen wirtschaftlichen Verein identisch ist. Der Rechtsschutz richtet sich nach der VwGO.[7]

§ 23 Ausländischer Verein

[1]Einem Verein, der seinen Sitz nicht in einem Bundes*staate* hat, kann in Ermangelung besonderer *reichs*gesetzlicher Vorschriften Rechtsfähigkeit durch Beschluss des *Bundesrates* verliehen werden.

A. Allgemeines

1 § 23 hat in der Praxis kaum Bedeutung: Die Vorschrift betrifft nicht ausländische Vereine, die nach dem Recht ihres Sitzstaats rechtsfähig sind; denn eine solche Rechtsfähigkeit wirkt nach allgemeinen internationalprivatrechtlichen Grundsätzen automatisch im Inland.[1] § 23 betrifft auch nicht Vereine ausländischer Staatsangehöriger mit Verwaltungssitz in Deutschland, diese müssen die Rechtsfähigkeit nach §§ 21, 22 erwerben; im öffentlichen Vereinsrecht unterliegen solche Vereine zum Teil besonderen Vorschriften (vgl. § 14 VereinsG, §§ 19, 20 DVO VereinsG). Von § 23 betroffen sind nur nach dem Recht des Sitzstaates nicht rechtsfähige Vereine, die die Rechtsfähigkeit nach deutschem Recht anstreben. Als einen Fall der

---

1 BVerwG NJW 1979, 2265.
2 *K. Schmidt*, GesR, 4. Aufl. 2002, § 24 II 2 a.
3 Entwurf, Art. 1 Nr. 3, S. 3 (unveröffentlicht); vgl. auch *Arnold*, DB 2004, 2143.
4 Staudinger/*Weick*, 21 Rn 3; *K. Schmidt*, GesR, 4. Aufl. 2002, § 24 II 2b; differenzierend MüKo/*Reuter*, §§ 21, 22 Rn 74 f.
5 *K. Schmidt*, GesR, 4. Aufl. 2002, § 24 II 2b; Bamberger/Roth/*Schwarz*, § 22 Rn 5.

6 Vgl. die Übersichten bei Staudinger/*Weick*, § 22 Rn 8; MüKo/*Reuter*, §§ 21, 22 Nr. 72; Soergel/ *Hadding*, § 22 Rn 48.
7 Vgl. zum Verfahren Bamberger/Roth/*Schwarz*, § 22 Rn 7 ff.; Staudinger/*Weick*, § 22 Rn 5 f.; *Reichert*, Rn 207 ff.
1 BGHZ 53, 181, 183 = DB 1970, 441 = NJW 1970, 998; MüKo/*Reuter*, § 23 Rn 1; Palandt/*Heinrichs*, § 23 Rn 1; Bamberger/Roth/*Schwarz*, § 24 Rn 1.

Anwendung des § 23, der ansonsten zu einer rechtlichen Kuriosität herabgesunken sei, nennt *Reuter* den Fall der Anerkennung des wirtschaftlichen Vereins „Spießhofer und Braun" als Holding der Triumph-Gruppe mit Sitz in Liechtenstein.[2] Ebenso wie § 22 sieht der Reformentwurf des Bundesjustizministeriums vor, § 23 aus dem BGB zu streichen (vgl. vor § 21 Rn 24; § 22 Rn 1).[3]

B. Regelungsgehalt

Zuständig für die Verleihung ist gem. Art. 125, 129 Abs. 1 S. 1 GG der Bundesminister des Innern.[4] 2

§ 24 Sitz

[1]Als Sitz eines Vereins gilt, wenn nicht ein anderes bestimmt ist, der Ort, an welchem die Verwaltung geführt wird.

Literatur: *Grossfeld*, Die Anerkennung der Rechtsfähigkeit der juristischen Person, RabelsZ 31 (1967), 1; *Jaeger*, Die kollisionsrechtliche, fremdenrechtliche und europarechtliche Stellung der Idealvereine und ihrer Mitglieder, 1981; *v.d.Seipen*, Zur Bestimmung des effektiven Verwaltungssitzes im Internationalen Gesellschaftsrecht, IPRax 1986, 91. Siehe auch bei Vorbemerkungen zu §§ 21 ff.

A. Allgemeines

Der Sitz einer juristischen Person ist erheblich für den Gerichtsstand nach § 17 ZPO, die Zuständigkeit gem. 1 §§ 21, 22, 23, 25, 44, 45 Abs. 3, 55 Abs. 1, die Reichweite des Namensschutzes gem. § 57 Abs. 2 und das auf den Verein anzuwendende Recht.[1] Vgl. zur Frage, ob für die Anknüpfung im IPR der tatsächliche Sitz der Hauptverwaltung maßgebend ist, Anhang zu Art. 12 EGBGB Rn 30 ff. Vom Sitz des Vereins im Sinne des BGB zu unterscheiden ist der im Steuerrecht maßgebende Ort der Geschäftsleitung gemäß § 10 AO.[2]

B. Regelungsgehalt

§ 24 bestätigt, dass der Grundsatz der freien Sitzwahl gilt („wenn nichts anderes bestimmt ist").[3] Bis zur 2
Grenze des Missbrauchs (wofür ein Indiz ist, dass der Verein unter seinem satzungsmäßigen Sitz nicht erreichbar ist)[4] kann der Verein auch einen fiktiven Satzungssitz wählen, wogegen nicht der abweichende Regelungsgehalt des § 5 Abs. 2 AktG spricht (*argumentum e contrario*).

Der Sitz muss bestimmt, also eindeutig festgelegt werden, z.B. nach dem Namen einer politischen Gemeinde. 3
Daher scheidet es z.B. aus, den Vereinssitz nach dem jeweiligen Wohnort des 1. Vorsitzenden festzulegen.[5]

Sehr streitig, aber praktisch nicht besonders relevant ist die Frage, ob ein Verein einen Doppelsitz haben 4
kann.[6]

Rechtsfähige nicht wirtschaftliche und wirtschaftliche Vereine müssen den Sitz in der Satzung festlegen (§ 57 5
Abs. 1 für den Idealverein).

Ist kein satzungsmäßiger Sitz festgelegt oder ist die Festlegung unwirksam, bestimmt § 24 den Verwaltungs- 6
sitz als Vereinssitz. Als Sitz ist dann der Ort maßgebend, an dem Organe des Vereins, insbesondere der Vorstand, überwiegend tätig werden (z.B. Vereinsgeschäftsstelle).[7]

---

2 MüKo/*Reuter*, § 23 Rn 1.
3 Entwurf, Art. 1 Nr. 4, S. 3 (unveröffentlicht).
4 Staudinger/*Weick*, § 23 Rn 3; MüKo/*Reuter*, § 23 Rn 2.
1 BGHZ 53, 181, 183 = DB 1970, 441 = NJW 1970, 998.
2 Vgl. dazu *Tipke/Kruse*, AO, § 10 Rn 2; *Klein*, AO, 8. Aufl. 2003, § 10 Rn 2, § 11 Rn 3.
3 RG JW 1918, 305; BayObLGZ 1930, 104; Palandt/*Heinrichs*, § 24 Rn 2; Bamberger/Roth/*Schwarz*, § 24 Rn 4.

4 BayObLGZ 1987, 267; OLG Köln BB 1983, 1065; *Reichert*, Rn 391 f.; Bamberger/Roth/*Schwarz*, § 24 Rn 4.
5 Palandt/*Heinrichs*, § 24 Rn 2; MüKo/*Reuter*, § 24 Rn 5; *Sauter/Schweyer/Waldner*, Rn 66.
6 Bamberger/Roth/*Schwarz*, § 24 Rn 6; MüKo/*Reuter*, § 24 Rn 6 f.; Staudinger/*Weick*, § 24 Rn 10; *Reichert*, Rn 292; vgl. OLG Hamburg MDR 1972, 417.
7 Bamberger/Roth/*Schwarz*, § 24 Rn 7; Soergel/*Hadding*, § 24 Rn 2; MüKo/*Reuter*, § 24 Rn 2.

7 Die Verlegung des Vereinssitzes bedarf einer Satzungsänderung (vgl. §§ 71, 33 Abs. 2).[8] Vgl. zur Sitzverlegung eines deutschen Vereins ins Ausland und eines ausländischen Vereins ins Inland vor § 21 Rn 17.[9]

§ 25 Verfassung

[1]**Die Verfassung eines rechtsfähigen Vereins wird, soweit sie nicht auf den nachfolgenden Vorschriften beruht, durch die Vereinssatzung bestimmt.**

Literatur: *Ballerstedt*, Mitgliedschaft und Vermögen beim rechtsfähigen Verein, in: FS Knur 1972, S. 1; *Bartodziej*, Ansprüche auf Mitgliedschaft in Vereinen und Verbänden, ZGR 1991, 517; *Benecke*, Der Ausschluss aus dem Verein, WM 2000, 1173; *Beuthien*, Die richterliche Kontrolle von Vereinsstrafen und Vertragsstrafen, Beilage 12, BB 1968; *ders.*, Mehrheitsprinzip und Minderheitenschutz im Vereinsrecht, BB 1987, 6; *Beuthien/Gätsch*, Vereinsautonomie und Satzungsrechte Dritter, ZHR 156 (1992), 459; *Birk*, Der Aufnahmezwang bei Vereinen und Verbänden, JZ 1972, 343; *Bodmer*, Vereinsstrafe und Verbandsgerichtsbarkeit, 1989; *Buchberger*, Das Verbandsstrafverfahren deutscher Sportverbände, SpuRt 1996, 122 u. 157; *Fischer*, Der Ausschluß aus dem Verein, 1985; *Flume*, Die Vereinsstrafe, in: FS E. Bötticher 1969, S. 101; *Fuchs*, Satzungsautonomie und Aufnahmezwang nach dem GWB, NJW 1965, 1509; *Galperin*, Vereinsautonomie und Kontrahierungszwang im Koalitionsrecht, DB 1969, 704; *Gaumann*, Gewerkschaftsausschluss wegen Betriebsratskandidatur auf konkurrierender Liste, NJW 2002, 2155; *Gehrlein*, Die BGH-Rechtsprechung zur Überprüfung von Vereins- und Parteiausschlüssen, ZIP 1997, 1912; *Gerhard*, Verfassungsrechtliche Fragen des kartellrechtlichen Aufnahmezwangs, 1994; *Grundewald*, Vereinsaufnahme und Kontrahierungszwang, AcP 182 (1982), 181; *Grunewald*, Der Ausschluß aus Gesellschaft und Verein, 1987; *Grunewald*, Vereinsordnungen, ZHR 152 (1988), 242; *Habersack*, Die Mitgliedschaft – subjektives und „sonstiges" Recht, 1996; *Hadding*, Korporationsrechtliche und rechtsgeschäftliche Grundlagen des Vereinsrechts, in: FS Rob. Fischer 1979, S. 165; *Hadding/van Look*, Zur Ausschließung aus Vereinen des bürgerlichen Rechts, ZGR 1988, 270; *Heermann*, Die Geltung von Verbandssatzungen gegenüber mittelbaren Mitgliedern und Nichtmitgliedern, NZG 1999, 325; *Graf Kerssenbrock*, Der Rechtsschutz der Parteimitglieder vor Parteischiedsgerichten, 1994; *König*, Der Verein im Verein, 1992; *Kohler*, Mitgliedschaftliche Regelungen in Vereinsordnungen, 1992; *Küttner*, Aufnahmezwang für Gewerkschaften? NJW 1980, 968; *Leipold*, Richterliche Kontrolle vereinsrechtlicher Disziplinärmaßnahmen, ZGR 1985, 113; *Lohbeck*, Die Vereinsordnungen, MDR 1972, 381; *Lukes*, Der Satzungsinhalt beim e.V. und die Abgrenzung zu sonstigen Vereinsregelungen, NJW 1972, 112; *Meyer-Cording*, Die Vereinsstrafe, 1957, S. 46; *Möschel*, Monopolverband und Satzungskontrolle, 1978; *Nicklisch*, Der verbandsrechtliche Aufnahmezwang, JZ 1976, 105; *Nolte/Polzin*, Zum Aufnahmezwang für Verbände, NZG 2001, 980; *Ott*, Die Vereinssatzung, 1992; *Reichert*, Erstmalige Verhängung einer Vereinsstrafe durch ein Schiedsgericht als Vereinsorgan, SpuRt 2004, 50; *Reiling*, Übungsblätter Lernbeitrag Zivilrecht, Schadensersatz, Vertragsstrafe und Vereinsstrafe am Beispiel der Verletzung genossenschaftlicher Andienungspflichten, JA 2001, 866; *Reuter*, Die Verfassung des Vereins gemäß § 25 BGB, ZHR 148 (1984), 523; *ders.*, Grenzen der Verbandsstrafgewalt, ZGR 1980, 101; *ders.*, Probleme der Transferentscheidung im Fußballsport, NJW 1983, 649; *ders.*, Probleme der Mitgliedschaft beim Idealverein, ZHR 145 (1981), 273; *ders.*, Der Ausschluß aus dem Verein, NJW 1987, 2401; *Rieble*, Verbandsstrafenregelungen oder Vertragsstrafenregelungen bei Ausgestaltung von Strafen in Verein, Gesellschaft oder Genossenschaft (f), LMK 2003, 60; *Röhricht (Hrsg.)*, Sportgerichtsbarkeit, 1997; *Röhricht*, Verbandsrechtsprechung und staatl. Gerichtsbarkeit, Schriftenreihe Württembergischer Fußballverband e.V. Nr. 24 (1988), 82; *Schlosser*, Rechtsprechungsübersicht – Anforderungen an einen Vereinsausschluss, JuS 1998, 266; *ders.*, Rechtsprechungsübersicht – Aufnahmezwang für Verbände mit überragender Machtstellung, JuS 1999, 1081; *ders.*, Vereins- und Verbandsgerichtsbarkeit, 1972; *ders.*, Vereins- und Verbandsstrafgewalt, ZGR 1980, 101; *Schmidt, Uwe*, Die Mitgliedschaft im Verein, 1989; *Schockenhoff*, Der Grundsatz der Vereinsautonomie, AcP 193 (1993), 35; *Scholz/Hoppe*, Das Recht auf Aufnahme in Wirtschafts- und Berufsvereinigungen, in: FS Pfeiffer 1988, S. 785; *Schulze*, Mitgliedsausschluß aus einem wirtschaftlichen Verein am Beispiel der GEMA, NJW 1991, 3264; *Steinbeck*, Der Anspruch auf Aufnahme in einen Verein – dargestellt am Beispiel der Sportverbände, WuW 1996, 91; *van Look*, Vereinsstrafen als Vertragsstrafen, 1990; *ders.*, Individualschutz im Vereinsrecht, in: WM-Festgabe Hellner (WM-Sonderheft), 1994, 46; *Vieweg*, Normsetzung und -anwendung deutscher und internationaler Verbände, 1990; *Vogel*, Die Vereinssatzung, 6. Auflage 1991; *Weitnauer*, Vereinsstrafe, Vertragsstrafe und Betriebsstrafe, in: FS Rheinhardt 1972, S. 179; *Wendeling-Schröder*, Aktuelle Probleme der Rechtsprechung zum Gewerkschaftsausschluß, ZGR 1990, 107; *H.P. Westermann*, Die Verbandsgewalt und das allgemeine Recht, 1972; *ders.*, Zur Legitimität der Verbandsgerichtsbarkeit, JZ 1972, 537; *Wiedemann*, Richterliche Kontrolle privater Vereinsmacht, JZ 1968, 219; *Wolfrum*, Die innerparteiliche Ordnung nach dem Parteiengesetz, 1974; *Zöllner*, Zur Frage des Gewerkschaftsausschlusses, 1983. Siehe auch bei Vorbemerkungen zu §§ 21 ff.

---

8 Vgl. MüKo/*Reuter*, § 24 Rn 8; *Reichert*, Rn 393 f.; Palandt/*Heinrichs*, § 24 Rn 3; Bamberger/Roth/*Schwarz*, § 24 Rn 8, dort auch zu Fragen der Zuständigkeit der registerlichen Abwicklung sowie der Frage des Verlustes der Rechtsfähigkeit eines wirtschaftlichen Vereins bei Sitzverlegung in ein anderes Bundesland.

9 Vgl. auch *Reichert*, Rn 396 und 3153, 3153a; EuGH ZIP 2002, 2037 ff. = NJW 2002, 3614.

§ 25 Verfassung

A. Allgemeines 1
B. Regelungsgehalt 7
  I. Satzung 7
    1. Begriff und Inhalt 7
    2. Rechtsnatur und Auslegung der Satzung 9
    3. Satzungsmängel 13
    4. Die richterliche Inhaltskontrolle 16
    5. Vereinsgewohnheitsrecht 20
  II. Aufnahmeanspruch von Vereinsmitgliedern . 21
  III. Vereinsstrafen 28
    1. Zulässigkeit und gerichtliche Überprüfung 28
    2. Erscheinungsformen 38
    3. Voraussetzungen von Vereinsstrafen ... 39
      a) Grundlage in der Satzung .. 39
      b) Verschulden 40
      c) Grundsatz: Strafgewalt nur gegen Vereinsmitglieder 41
    4. Verfahren der Vereinsstrafverhängung 42
      a) Zuständigkeit 42
      b) Rechtliches Gehör und andere Grundsätze des Verfahrens .. 43
  IV. Vereinsausschluss 45

A. Allgemeines

Die Verfassung des rechtsfähigen Vereins wird durch die §§ 26–39 bestimmt. Von diesen sind gemäß § 40 die Vorschriften der §§ 27 Abs. 1 und 3, 28 Abs. 1, 32, 33 sowie 38 dispositiv. **Zum zwingenden Recht gehören auch ungeschriebene Rechtsgrundsätze** wie z.B. der Gleichbehandlungsgrundsatz der Mitglieder (vgl. § 35 Rn 3 sowie § 38 Rn 9)[1] oder die Treuepflicht (vgl. § 38 Rn 2, 16; vgl. auch AnwK-BGB/*Heidel*, § 705 Rn 169 ff.). § 25 ist die positivrechtliche Verankerung der Satzungsautonomie (vgl. Rn 16 sowie vor § 21 Rn 12). 1

Was unter „Verfassung eines rechtsfähigen Vereins" zu verstehen ist, ist streitig: das ganze Organisationsrecht des Vereins (Gesamtordnung) oder nur dessen Grundordnung? Die h.M. sieht die Verfassung als die Grundordnung an.[2] Das BGB geht davon aus, dass der Verein das Vereinsleben im Rahmen der Gesetze selbständig ordnet.[3] Dieses „Ordnen" beruht auf Beschlüssen im Einzelfall, aber auch auf allgemeinen Regeln, die unterschiedlichen Rechtsrang und Bedeutung haben (ähnlich wie staatliche Normierungen). Typisch für den Verein sind neben der Vereinsverfassung besondere Ordnungen und Geschäftsordnungen.[4] **Die entscheidende Frage ist, welche inhaltlichen Fragen durch die Mitglieder in der Satzung geregelt werden müssen.** Das sind im Kernbereich die des Vereinslebens bestimmenden Grundentscheidungen: die identitätsbestimmenden Regelungen (Zweck, Name, Sitz), Voraussetzungen und Folgen der Mitgliedschaft sowie Regelungen über Bildung, Bestellung und Wirkungskreis der Organe, ggf. der Ersatz einer Mitgliederversammlung durch eine Delegiertenversammlung.[5] 2

Die **Rechtsprechung** geht mit gutem Grunde über diesen Kernbereich weit hinaus: So haben RG und BGH in folgenden Angelegenheiten eine Regelung in der Satzung verlangt: (1.) **Zwangsweiser Ausschluss** von Mitgliedern und jede sonstige **Vereinsstrafe** einschließlich Kostenregelung für Vereinsstrafeverfahren;[6] eine satzungsmäßige Grundlage benötigt der Verein auch für die Mitteilung über den Ausschluss im Vereinsblatt; das Verfahren im Einzelnen kann außerhalb der Satzung, z.B. in einer Ehrengerichtsordnung, bestimmt sein. (2.) **Schiedsklauseln** (vgl. § 1066 ZPO) sind nur wirksam, wenn alle wesentlichen Punkte, zumal die Zusammensetzung des Schiedsgerichts und die Bestellung der Schiedsrichter satzungsförmig geregelt ist;[7] die nachträgliche Veränderung einer Vereinssatzung durch Einsetzung einer Schiedsklausel bindet jedenfalls die Mitglieder, die zugestimmt haben; ob auch dissentierende Mitglieder gebunden sind, da sie durch Nicht-Austritt auf den Schutz staatlicher Gerichte verzichtet haben, hat der BGH offen gelassen, ist aber u.E. zu verneinen, da Vereinsmitglieder einen Anspruch auf rechtmäßige Behandlung haben, was staatlichen 3

---

1 Vgl. auch Staudinger/*Weick*, § 35 Rn 13 ff.; *Reichert*, Rn 543 ff.
2 Bamberger/Roth/*Schwarz*, § 25 Rn 2; BGHZ 17, 172, 177 = NJW 1967, 1268; BGHZ 105, 306, 314 = DB 1989, 617 = NJW 1989, 1724; BGHZ 47, 172, 175 = DB 1967, 855 = NJW 1967, 1268; MüKo/*Reuter*, § 25 Rn 9; *Reuter*, ZHR 148 (1984), 525; *Grunewald*, ZHR 152 (1988), 247; Staudinger/*Weick*, § 25 Rn 2; a.A. früher die Rspr., RGZ 73, 187; Staudinger/*Coing*, 11. Aufl., § 25 Rn 1.
3 Vgl. die Motive in *Mugdan* I, S. 404, wonach § 25 den Grundsatz hervorhebt, dass „die Körperschaften ihren Rechtskreis durch eigene Satzung regeln können".
4 Staudinger/*Weick*, § 25 Rn 2.
5 Vgl. *K. Schmidt*, GesR, 4. Aufl. 2002, § 24 III 1; MüKo/*Reuter*, § 25 Rn 4; Soergel/*Hadding*, § 25 Rn 5; Bamberger/Roth/*Schwarz*, § 25 Rn 2; OLG Frankfurt ZIP 1985, 213.
6 RGZ 46, 150, 154 f.; 125, 338; 151, 229, 232; BGHZ 13, 5 = DB 1954, 325 = NJW 1954, 833; BGHZ 21, 370 f. = DB 1956, 1056 = NJW 1956, 1793; BGHZ 28, 131 = DB 1958, 1163 = NJW 1958, 1867; BGHZ 29, 352 = DB 1959, 428 = NJW 1959, 982; BGHZ 36, 105 = DB 1962, 26; BGHZ 47, 172 = DB 1967, 855 = NJW 1967, 1268; BGHZ 88, 314, 316 = DB 1984, 500 = NJW 1984, 1355.
7 BGHZ 88, 314, 316 = DB 1984, 500 = NJW 1984, 1355; OLG Hamm NJW-RR 1993, 1535.

Rechtsschutz umfasst, auf den sie nur ausdrücklich verzichten können;[8] eine Unterwerfung unter ein Vereinsschiedsgericht liegt nicht schon dann vor, wenn ein Mitglied einen verbandsrechtlich vorgeschriebenen Rechtsbehelf einlegt;[9] jedenfalls wenn Mitglieder nicht austreten können, weil sie auf die Mitgliedschaft angewiesen sind (vgl. allg. Rn 17 f.), bindet sie die ohne ihre Zustimmung eingeführte Schiedsklausel nicht.[10] (3.) Wenn es nach den Zielen eines Zuchtvereins für die Mitglieder entscheidend ist, welchen Inhalt das **Zuchtprogramm** hat und unter welchen Voraussetzungen Tiere im Zuchtbuch eingetragen werden, müssen diese Angelegenheiten in der Satzung geregelt werden.[11] (4.) Beim **Spitzenverband deutscher Kreditgenossenschaften** muss die Vereinssatzung Art und Höhe der Beitragspflicht und Regelungen dazu enthalten, welche Mitgliedsbanken einem Sicherungsfonds für den Fall der Krise von Mitgliedsinstituten welche Leistungen erbringen müssen.[12] (5.) Ermächtigung für Vorstand, beitragssäumige Mitglieder aus der Mitgliederliste streichen zu lassen.[13] (6.) Dopingregeln.[14] (7.) Beschränkung der Teilnahmemöglichkeit an Vereinsveranstaltungen.[15] (8.) Einführung einer Listenwahl anstelle einer Mehrheitswahl.[16]

4 Grund für das Erfordernis der Satzungsregelung solcher für das Vereinsleben und die Mitgliederrechte entscheidender Grundentscheidungen ist, dass § 25 und die Vereinssatzung dem **Schutz der Vereinsminderheit und der einzelnen Mitglieder** dient; diese sollen im Hinblick auf die wesentlichen Aspekte ihrer Rechtsstellung im Verein wissen, „was auf sie zukommt", und daher müssen diese wesentlichen Punkte in der Satzung enthalten sein – mit der Folge ihrer erschwerten Änderbarkeit nur in formalisierten Verfahren unter Beteiligung der Mitglieder.[17] Demgegenüber hält *Reuter* die Vereinsverfassung bzw. § 25 für ungeeignet zum Minderheitenschutz, da § 33 Abs. 1 S. 1 gemäß § 40 dispositiv sei; für *Reuter* ist die Vereinsverfassung bloße Grundordnung mit Integrationsfunktion, die „Offenheit für evolutionäre Tendenzen" erlangen müsse.[18] Dabei wertet *Reuter* aber zu gering, dass Vereinsmitglieder sich bei ihrem Beitritt bewusst für einen konkreten Verein mit bestimmter Satzung anschließen, um im Verein einen bestimmten Zweck zu erreichen. Das braucht nicht nur die Offenheit für evolutionäre Tendenzen, sondern Klarheit über Vereinsziel und die Mittel der Erreichung. Wenn davon abgewichen wird, sind die Grundlagen des Beitritts betroffen, die zum Schutz der Mitglieder nur unter den erschwerten Bedingungen der Satzungsänderung geändert werden können.

5 Soweit Vereinsorgane **Vereinsordnungen unterhalb der Satzung** erlassen, müssen diese von der Satzung gedeckt sein; die Gerichte können solche Ordnungen auf Satzungskonformität und Billigkeit prüfen.[19] Voraussetzung für den Erlass solcher Ordnungen unterhalb der Satzung ist, dass die Satzung derartigen Regelungen eine **eindeutige Rechtsgrundlage** bietet und das für den Erlass einzuhaltende **Verfahren** ordnet. Selbstverständliche Mindestvoraussetzung ist, dass alle Mitglieder von Vereinsordnungen Kenntnis nehmen können.[20] Vereinsordnungen unterhalb der Satzung können ohne Einhaltung der Vorschriften für die Satzungsänderung (§§ 33, 71) geändert werden.[21] Trifft der Verein in Vereinsordnungen Regeln, die nicht als Satzung erlassen sind, doch zu den in der Satzung zu regelnden Angelegenheiten gehören, oder verstoßen Regelungen in satzungsnachrangigen Vereinsordnungen gegen die Satzung, haben diese nachrangigen Ordnungen keine Geltung.[22]

6 Von Vereinsordnungen außerhalb der Satzung abzugrenzen sind **Geschäftsordnungen**, die sich dadurch unterscheiden, dass sie lediglich den Geschäftsgang von Vereinsorganen regeln.[23] Die Befugnis eines Vereinsorgans, sich selbst eine Geschäftsordnung zu geben, bedarf keiner Grundlage in der Satzung. Jedes Vereinsorgan hat seine Aufgaben selbstverantwortlich wahrzunehmen und demgemäß die Befugnis, sich organisationsintern eine Geschäftsordnung zu geben.[24] Geschäftsordnungen geben den Vereinsmitgliedern einen Anspruch auf Gleichbehandlung. Wenn die Geschäftsordnung dem nicht entgegensteht und ein

---

8 Vgl. gegen ähnliche Erwägungen im Aktienrecht nach dem Motto der Abstimmung mit den Füßen: „Wer seine Aktien nicht verkauft, verliert Anspruch auf Rechtsschutz", *Meilicke/Heidel*, DB 2004, 1479, 1484.
9 OLG München NJW-RR 2001, 711 = SpuRt 2001, 66.
10 BGH NJW 2000, 1713 zu dem § 1066 ZPO entsprechenden früheren § 1048 ZPO.
11 BGHZ 88, 314, 316 = DB 1984, 500 = NJW 1984, 1355.
12 BGHZ 105, 306 = DB 1989, 619 = NJW 1989, 1724; vgl. auch OLG München NJW-RR 1998, 966.
13 BGH WM 1989, 1698 = NJW-RR 1989, 1515.
14 OLG München NJW 1996, 2382.
15 OLG Celle WM 1988, 495.
16 BGH WM 1989, 366 = NJW 1989, 1212; vgl. auch BGH NJW 1974, 183.
17 *Grunewald*, ZHR 152 (1988), 242, 247, unter Berufung auf BGH WM 1984, 552; RdL1983, 317 = LM § 25 BGB Nr 22 sowie RG JW 1915, 1424; JW 1928, 2208; JW 1928, 2209; RGZ 73, 187; 125, 338, 340; 151, 229, 232; BGHZ 29, 352, 354; 36, 105, 114; BGH NJW 1956, 1793.
18 MüKo/*Reuter*, § 25 Rn 6 ff.
19 *K. Schmidt*, GesR, 4. Aufl. 2002, § 23 III 1a; Staudinger/*Weick*, § 25 Rn 4; MüKo/*Reuter*, § 25 Rn 10 ff.
20 Palandt/*Heinrichs*, § 25 Rn 6.
21 Palandt/*Heinrichs*, § 25 Rn 6; *Reichert*, Rn 319.
22 *Reichert*, Rn 313, 316.
23 Vgl. Palandt/*Heinrichs*, § 25 Rn 6; Bamberger/Roth/*Schwarz*, § 25 Rn 24; *Reichert*, Rn 333.
24 BGHZ 47, 172, 177 = DB 1967, 855 = NJW 1967, 1268; Palandt/*Heinrichs*, § 25 Rn 6; Bamberger/Roth/*Schwarz*, § 25 Rn 24; *Reichert*, Rn 335.

Beschluss mit der Mehrheit zustande kommt, die für den Erlass einer Geschäftsordnung erforderlich ist, kann das jeweilige Organ in einem Einzelfall die Geschäftsordnung durchbrechen. Der Verstoß gegen die Geschäftsordnung ist keine Satzungsverletzung und begründet auch keine Mängel eines gleichwohl gefassten Beschlusses. Diese können sich aber dadurch ergeben, dass sich in der Durchbrechung der Geschäftsordnung ein Verstoß gegen das Teilnahme-, Rede- oder Auskunftsrecht widerspiegelt.[25] Geschäftsordnungen dürfen nicht in Mitgliederrechte eingreifen.[26]

B. Regelungsgehalt

I. Satzung

1. Begriff und Inhalt. Satzung ist die vom Verein im Rahmen des zwingenden Rechts verbindlich festgelegte materielle Verfassung (Satzung im materiellen Sinn); diese ist von der Satzungsurkunde (Satzung im formellen Sinn) zu unterscheiden, die vielfach Vorschriften ohne Satzungs- bzw. Verfassungscharakter enthält.[27] Zum Inhalt dessen, was materiell in die Satzung gehört, vgl. Rn 2 ff.

Die Satzung darf unstreitig sog. **statische Verweisungen** auf andere Satzungen und ähnliche Normen in einer bestimmten Fassung enthalten; unzulässig sollen **dynamische Verweisungen** auf die in Bezug genommene Norm in der jeweiligen Fassung sein.[28] Typische Fälle dafür sind Verweise auf übergeordnete Verbandssatzungen. U.E. ist der Auffassung von der Unzulässigkeit dynamischer Verweisungen nicht zu folgen.[29] Für Unzulässigkeit spricht nicht das häufig angeführte Argument der Registereintragung (§§ 25, 71) beim e.V., da ja gerade auch die (dynamische) Verweisung in das Vereinsregister eingetragen wird. Auch das Gebot, die das Vereinsleben bestimmenden Grundentscheidungen in der Satzung zu regeln (vgl. Rn 2), spricht nicht für Unzulässigkeit; denn gerade die (dynamische) Verweisung auf eine Einbindung eines Vereins in eine übergeordnete andere Organisation (z.B. des DFB – Deutscher Fußball Bund – gemäß § 3.1 seiner Satzung in die FIFA) kann zu den den Verein kennzeichnenden Grundentscheidungen gehören, die die Vereinsmitglieder im Rahmen der Vereinsautonomie für den Verein in der Satzung festlegen. Grenze der zulässigen Verweisung ist u.E. lediglich, dass der Verein in seiner Satzung seine Regelungsmacht nicht vollständig auf den dritten Verfassungsgeber übertragen darf und dass er selbst in seiner eigenen Satzung das regeln muss, was einer ausdrücklichen satzungsmäßigen Grundlagen bedarf; ohne dynamische Verweisung feststehen müssen also der Mindestinhalt der Satzung (vgl. Rn 2) sowie die Angelegenheiten, in denen der Verein gegenüber seinen Mitgliedern weiter gehende Befugnisse in Anspruch nehmen können soll, als nach den §§ 26 ff. vorgesehen, insbesondere für Vertragsstrafen (vgl. Rn 3).

2. Rechtsnatur und Auslegung der Satzung. Die Rechtsnatur der Satzung ist schon seit In-Kraft-Treten des BGB streitig.[30] Mit der Eintragung der juristischen Person in das Register vollzieht sich eine Wandlung der Satzung, die der BGH im Anschluss an das RG so formuliert: „Sobald der Verein ins Leben getreten ist, gilt seine Satzung nicht mehr als Vertrag, sondern als seine Verfassung, der sich die Mitglieder unterworfen haben und die für sie kraft Korporationsrecht gilt."[31] Neben dieser sog. **modifizierten Normentheorie**, die Rechtsprechung und große Teile der Literatur vertreten,[32] werden vertreten die **Vertragstheorie** (wonach die Satzung rechtsgeschäftliche Qualität behält)[33] sowie die **Normentheorie** (nach der der Verein mit der Satzung objektives Recht setzt).[34] Die Bedeutung des Theorienstreits darf in der Praxis nicht überschätzt werden; das gilt jedenfalls für die Unterschiede zwischen der herrschenden modifizierten Normentheorie und der Normentheorie.[35] Es besteht Einverständnis, dass die Vorschriften über das Rechtsgeschäft nicht

---

25 *Reichert*, Rn 339 f.
26 BGHZ 47, 172, 178 = DB 1967, 855 = NJW 1967, 1268.
27 Palandt/*Heinrichs*, § 25 Rn 2; Bamberger/Roth/*Schwarz*, § 25 Rn 11.
28 Palandt/*Heinrichs*, § 25 Rn 2; Bamberger/Roth/*Schwarz*, § 25 Rn 6; MüKo/*Reuter*, vor § 21 Rn 120; BGHZ 128, 93, 100 = NJW 1995, 283, 285; OLG Hamm OLGZ 1987, 397 = NJW-RR 1988, 134; BGH NJW-RR 1989, 376.
29 So auch *Blum/Ebeling*, S. 85 ff., 109 ff.; vgl. auch *Heß*, Voraussetzungen und Grenzen eines autonomen Sportrechts, in: Aktuelle Rechtsfragen des Sports, 1999, S. 1 ff.
30 Vgl. *Mugdan* I, S. 403 f., wo es heißt, dass die „Privatwillenserklärungen" über die Gründung und Verfassung der juristischen Person zwar „rechtsgeschäftlicher, aber eigentümlicher Natur" sind.
31 BGHZ 21, 370, 373 = DB 1956, 1056 = NJW 1956, 1793 im Anschluss an RGZ 165, 140, 142 ff.
32 BGHZ 21, 370, 373 =DB 1956, 1056 = NJW 1956, 1793; BGHZ 47, 172, 179 f. = DB 1967, 855 NJW 1967, 1268; BGHZ 49, 396, 398 = DB 1968, 1122 = NJW 1968, 1431; BGHZ 105, 306 = DB 1989, 619 = NJW 1989, 1724; Staudinger/*Weick*, § 25 Rn 15; vgl. auch *K. Schmidt*, GesR, 4. Aufl. 2002, § 5 I 1c; *Flume*, BGB AT, Bd. 1/1, § 9 I.
33 Soergel/*Hadding*, § 25 Rn 11, 17.
34 MüKo/*Reuter*, § 25 Rn 17 ff.; Erman/*Westermann*, § 25 Rn 2.
35 Vgl. MüKo/*Reuter*, § 25 Rn 22.

schematisch auf die Satzung angewendet werden dürfen, sondern bei der Auslegung deren normähnlicher Charakter berücksichtigt werden muss.[36]

10 Für den von den Vereinsgründern geschlossenen Vertrag bestehen keine Formvorschriften, in der Praxis ist aber im Hinblick auf § 59 Abs. 2 Nr. 1 bzw. das Genehmigungsverfahren nach § 22 Schriftform bzw. Textform unentbehrlich (vgl. § 59 Rn 4).

11 Die Satzung muss aus sich heraus und einheitlich ausgelegt werden; außerhalb der Satzung liegende Umstände dürfen nur berücksichtigt werden, wenn deren Kenntnis allgemein bei allen Betroffenen erwartet werden kann.[37] Die **Auslegung** orientiert sich wesentlich am Zweck des Vereins und den berechtigten Interessen der Mitglieder, was negativ bedeutet, dass sich die Auslegung nicht an dem Willen oder den Interessen der Gründer orientiert.[38] Daher soll der Entstehungsgeschichte der Satzung keine Bedeutung zukommen.[39] Enthält die Satzung Lücken, sollen diese im Wege der ergänzenden Auslegung geschlossen werden können, wobei aber nur die in der Satzung selbst angelegten Regeln zu einem sinnvollen Ganzen ergänzt werden dürfen.[40] Positiv bedeutet das, dass für die Auslegung von Satzungsbestimmungen der Wortlaut maßgebend ist. Ausschlaggebend ist der allgemeine Sprachgebrauch, ggf. der durch die Fachsprache in einem bestimmten Lebensbereich festgelegte Sinn.[41] Gelten soll, was ein vernünftiger Mensch aus der jeweiligen Satzungsklausel entnehmen kann; was für das normale Vereinsmitglied nicht erkennbar ist, sondern erst durch juristische Beratung erschlossen werden muss, soll nicht Satzungsinhalt sein.[42] Die **teleologische Auslegung** muss an den objektiv bekannten Umständen anknüpfen. Einer **längeren vereinsinternen Übung** kann, insbesondere hinsichtlich von Fragen der Kompetenzverteilung, Bedeutung zukommen, zumal wenn sie sich in Beschlüssen der Mitgliederversammlung manifestiert hat.[43]

12 Die Satzungsauslegung ist eine Rechtsfrage und daher **revisibel** bzw. der Rechtsbeschwerde nach FGG zugänglich.[44]

13 **3. Satzungsmängel.** Selbst wenn Erklärungen von einzelnen Gründern unwirksam sind, ist die Satzung dennoch wirksam, sofern mindestens zwei wirksame Gründungserklärungen vorliegen.[45] Willensmängel können entgegen § 142 nur mit *ex-nunc*-Wirkung geltend gemacht werden.[46] § 139 ist nicht anwendbar.[47] Ist eine einzelne Satzungsbestimmung nichtig, kommt es für die Frage, ob die Satzung im Übrigen gültig bleibt, nicht auf den Willen der Gründer an, sondern es ist der objektive Inhalt der Satzung zu beurteilen und die Restgültigkeit zu bejahen, wenn die verbleibenden Bestimmungen als Regelung für ein geordnetes Vereinsleben ausreichen und den Belangen der Mitglieder gerecht werden.[48] An die Stelle der nichtigen Bestimmung treten die dispositiven Vorschriften des BGB; fehlen solche, muss das für Satzungsänderungen zuständige Organ unverzüglich die Lücke schließen; für die Übergangszeit ist, ggf. in Anlehnung an die Grundsätze des § 157 zur ergänzenden Vertragsauslegung, eine provisorische Regelung zu entwickeln.[49] Gesamtnichtigkeit ist anzunehmen, wenn sich die verbleibenden Satzungsbestimmungen nicht zu einer sinnvollen Ordnung des Vereinslebens ergänzen lassen[50] oder der Vereinszweck sitten- oder gesetzwidrig ist.[51] Bei Gesamtnichtigkeit der Satzung kommt die Regelung über die fehlerhafte Gesellschaft zur Anwendung (vgl. vor § 21 Rn 25 ff.).

---

36 Dissens z.B. zwischen Palandt/*Heinrichs*, § 25 Rn 3 und Bamberger/Roth/*Schwarz*, § 25 Rn 10, ob der Theorienstreit unergiebig ist oder praxisrelevant, das scheint mehr ein Streit um Worte zu sein, da im Erg. der Rechtsanwendung weithin Einigkeit besteht.
37 BGHZ 47, 172, 180 = DB 1967, 855 = NJW 1967, 1268; BGHZ 63, 282, 290 = DB 1975, 592 = NJW 1975, 771; BGHZ 96, 245, 250 = DB 1986, 473 = NJW 1986, 1083; BGHZ 113, 237, 240 = DB 1991, 906 = NJW 1991, 1727.
38 Palandt/*Heinrichs*, § 25 Rn 4; Staudinger/*Weick*, § 25 Rn 16; BGHZ 47, 172, 180 = DB 1967, 855 = NJW 1967, 1268.
39 BGHZ 47, 172, 180 = DB 1967, 855 = NJW 1967, 1268; BGHZ 96, 245, 250 = DB 1986, 473 = NJW 1986, 1083; Staudinger/*Weick*, § 25 Rn 16.
40 Vgl. BGH NJW-RR 1990, 226; OLG Düsseldorf GmbHR 1994, 245 (zur GmbH).
41 Staudinger/*Weick*, § 25 Rn 16.
42 BGHZ 47, 172, 175 = DB 1967, 855 = NJW 1967, 1268.
43 RG JW 1936, 2387; BAGE 93, 1 = NJW 2000, 1211; OLG Frankfurt WM 1985, 1466, 1468 = ZIP 1985, 213, 215.
44 BGHZ 96, 245, 250 = DB 1986, 473 = NJW 1986, 1033; BGH NJW 1997, 3368, 3369; Bamberger/Roth/*Schwarz*, § 25 Rn 14; Palandt/*Heinrichs*, § 25 Rn 4; *Reichert*, Rn 303.
45 Bamberger/Roth/*Schwarz*, § 25 Rn 13; Soergel/*Hadding*, § 25 Rn 29, 31.
46 Bamberger/Roth/*Schwarz*, § 25 Rn 13.
47 Staudinger/*Weick*, § 25 Rn 16, 19; Bamberger/Roth/*Schwarz*, § 25 Rn 13, *Reichert*, Rn 305.
48 BGHZ 47, 172, 180 = DB 1967, 855 = NJW 1967, 1268; Staudinger/*Weick*, § 25 Rn 19; *Reichert*, Rn 305; Bamberger/Roth/*Schwarz*, § 25 Rn 13.
49 Palandt/*Heinrichs*, § 25 Rn 5; Bamberger/Roth/*Schwarz*, § 25 Rn 13; vgl. auch BGH NJW-RR 1990, 226, 227.
50 Palandt/*Heinrichs*, § 25 Rn 5; Bamberger/Roth/*Schwarz*, § 25 Rn 13; KG NJW 1962, 1917; Staudinger/*Weick*, § 25 Rn 19.
51 Beispiele aus der Rspr. bei Palandt/*Heinrichs*, § 25 Rn 5.

Das von einer nichtigen Satzungsbestimmung betroffene Vereinsmitglied hat ein **Recht zum sofortigen Vereinsaustritt**, wenn die Unwirksamkeit für das Mitglied von so zentraler Bedeutung ist, dass ihm ein Verbleiben im Verein nicht zugemutet werden kann.[52]

Salvatorische Klauseln ändern nichts daran, dass die Frage der Gesamtnichtigkeit einer Satzung nach den allgemeinen Grundsätzen zu prüfen ist.[53]

4. Die richterliche Inhaltskontrolle. Im Rahmen der **Satzungs- bzw. Vereinsautonomie** (vgl. vor § 21 Rn 11) hat der Verein weitestgehende Freiheit, sich seine innere Ordnung zu geben; Schranken folgen aus den zwingenden Normen des Vereinsrechts (vgl. Rn 1), den öffentlich rechtlichen Vorschriften des Vereinsgesetzes (vgl. vor § 21 Rn 11) sowie aus §§ 134, 138 (vgl. § 21 Rn 17). Bei der Ausgestaltung der Organisation ist dem Verein weitgehend freie Hand gegeben. Es gibt grundsätzlich (vgl. aber Rn 17) **kein Gebot zur demokratischen Gestaltung der Vereinsverfassung**. Insbesondere soll es zulässig sein, dass die Satzung die Mitgliederversammlung zwar nicht abschafft, aber ihre Rechte weitgehend beschränkt, dem Vorstand eine übermächtige Stellung einräumt, Mehrfach-Stimmrechte vorsieht oder die Berufung von Vorstandsmitgliedern und Satzungsänderungen von der Zustimmung Dritter abhängig macht.[54] **Äußerste Grenzen** sind, (a.) dass über Angelegenheiten des Vereins nicht ausschließlich Personen entscheiden dürfen, auf deren Auswahl und Kontrolle die übrigen Vereinsmitglieder keinen Einfluss haben, (b.) dass den Vereinsorganen keine Willkür ermöglicht werden darf oder (c.) die Satzung den Verein nicht so stark unter fremden Einfluss bringen darf, dass er zu einer eigenen Willensbildung nicht mehr in der Lage ist oder unselbständiges Anhängsel eines außenstehenden Dritten wird.[55]

Anderes gilt für **Verbände mit einer wirtschaftlichen oder sozialen Machtstellung**, deren höchstes Organ die Mitglieder- oder Delegiertenversammlung sein muss und die ihre Verfassung demokratisch ausgestalten müssen.[56] Diese Sichtweise geht auf die Rechtsprechung des Reichsgerichts zurück. Dieses hat besondere Rechtsgrundsätze für Vereine entwickelt, deren Zugehörigkeit „geradezu eine Lebensfrage für die Mitglieder bildet".[57] Diesen Grundsatz hat das Reichsgericht weiterentwickelt auf Vereine von sozialer, wirtschaftlicher oder kultureller Bedeutung im „Volksganzen" oder eines nicht unerheblichen Volksteils („jedenfalls ... ausreichend"), wenn beim Ausschluss das Mitglied in wichtigen Lebensbeziehungen betroffen werde.[58] Der BGH hat diese Rechtsprechung erweitert und nicht nur auf „Monopolverbände" bezogen, sondern auch auf solche Vereine mit einer überragenden Machtstellung im wirtschaftlichen oder sozialen Bereich, bei dem die Mitgliedschaft für den Einzelnen aus beruflichen, wirtschaftlichen oder sozialen Gründen von erheblicher Bedeutung sei.[59]

Satzungen solcher Vereine, die eine wirtschaftliche oder soziale Machtstellung innehaben und bei denen das Mitglied auf die Mitgliedschaft angewiesen ist, unterliegen einer **richterlichen Inhaltskontrolle**.[60] Die Inhaltskontrolle stützt sich auf die Generalklauseln des BGH, zumal §§ 138, 826, 242 und § 315. Diese Kontrolle gilt in besonderem Maße für die Vereine mit Monopol- oder mit überragender Machtstellung;[61] sie betrifft aber grundsätzlich sämtliche Vereine.[62] Prüfungsmaßstab ist gemäß § 310 Abs. 4 nicht eine AGB-mäßige Kontrolle. Ein wichtiger Prüfungsmaßstab ist die Gleichbehandlung der Mitglieder.[63] Vereinsrechtliche Regelungen, die gegen § 242 verstoßen, sind unwirksam. Bei der Prüfung wird auf die **Angemessenheit der Regelung** abgestellt; die Justiz prüft, ob die Regelung den Interessenkonflikt zwischen Verein und Mitglied einseitig zugunsten des Verbandes entschieden hat; dabei findet eine **umfassende Interessenabwägung** statt, bei der auch zu berücksichtigen ist, ob ein Mitglied jederzeit aus dem Verein austreten kann, ohne dass seine Interessen hierdurch erheblich beeinträchtigt werden, oder aber das Mitglied auf die Mitgliedschaft beispielsweise zur Ausübung seines Berufs wesentlich angewiesen ist.[64]

---

52 *Reichert*, Rn 307; vgl. Hachenburg/*Ulmer*, GmbHG, 8. Aufl. 1992, § 2 Rn 87.
53 *Reichert*, Rn 308.
54 Palandt/*Heinrichs*, § 25 Rn 8.
55 Palandt/*Heinrichs*, § 25 Rn 8.
56 Palandt/*Heinrichs*, § 25 Rn 8; *Föhr*, NJW 1975, 617; *K. Schmidt*, ZRP 1977, 659; *Lessmann*, NJW 1978, 1545; *Göhner*, DVBl 1980, 1033.
57 RGZ 107, 386, 388.
58 RGZ 140, 23, 24; 147, 11, 15.
59 BGHZ 93, 151, 152 f. = DB 1985, 586 = NJW 1985, 1216; BGHZ 102, 265, 276 = DB 1988, 491 = NJW 1988, 552.
60 BGHZ 105, 306, 318 = DB 1989, 619 = NJW 1989, 1724.
61 BGHZ 63, 282, 290 = NJW 1975, 771; BGHZ 105, 306, 318 f. = DB 1989, 619 = NJW 1989, 1724.
62 Palandt/*Heinrichs*, § 25 Rn 9; *Reichert*, Rn 300, 615; OLG Frankfurt OLGZ 1981, 391, 392 = Rpfleger 1981, 310.
63 *Reichert*, Rn 543.
64 BGHZ 105, 306 = DB 1989, 619 = NJW 1989, 1724, 1726; zum Austritt Palandt/*Heinrichs*, § 25 Rn 9; Bamberger/Roth/*Schwarz*, § 25 Rn 30.

19 In der Praxis wichtig gewesen sind in jüngster Zeit auch Fälle der **Inhaltskontrolle im Verhältnis zu Nicht-Mitgliedern** vor allem im Berufssport.[65]

20 **5. Vereinsgewohnheitsrecht.** Die Verfassung des nicht rechtsfähigen Vereins kann sich zwar aus Gewohnheitsrecht erheben, da er keine geschriebene Verfassung zu haben braucht. Anders beim eingetragenen Verein: Gewohnheitsrecht kann seine geschriebene Satzung nicht ändern, da bei der Satzungsänderung ein förmliches Verfahren einzuhalten ist (vgl. § 33 Abs. 1 bzw. 2 i.V.m. § 71 Abs. 1). Möglich ist aber, dass ständige Übung (Observanz) bei der Auslegung der Satzung herangezogen wird (vgl. Rn 11) sowie zur Lückenausfüllung dient.[66]

II. Aufnahmeanspruch von Vereinsmitgliedern

21 Vereine sind grundsätzlich frei, Mitglieder aufzunehmen oder Bewerber abzuweisen (Art. 9 Abs. 1, 2 Abs. 1 GG). Das gilt grundsätzlich auch, wenn der Bewerber die satzungsmäßigen Voraussetzungen der Aufnahme erfüllt.[67]

22 Weithin unproblematische **Aufnahmeansprüche** können sich aber **aufgrund einer Selbstbindung des Vereins oder kraft Gesetzes** ergeben (vertragliche Bindung mit dem Bewerber; satzungsmäßige Bindung, bei bestimmten Voraussetzungen Mitglieder aufzunehmen; gesetzliche Verpflichtung zur Aufnahme z.B. gemäß § 54 GenG i.V.m. § 63b Abs. 1 GenG oder gemäß § 7 Abs. 1 Nr. 5 Tierzuchtgesetz). Darüber hinaus gibt es einen spezialgesetzlichen Aufnahmeanspruch für Wirtschafts- und Berufsvereinigungen sowie Gütezeichengemeinschaften gemäß § 20 Abs. 6 GWB. Der Aufnahmeanspruch ist vor den Zivilgerichten durch Leistungsklage auf Aufnahme in den Verein durchsetzbar.[68]

23 Darüber hinaus besteht bei **sozialmächtigen Vereinen**, die keine Monopolstellung innezuhaben brauchen, (vgl. Rn 17) eine Pflicht, Beitrittswilligen den Beitritt nicht ohne deren unbillige Benachteiligung und nur bei Vorliegen eines sachlich rechtfertigenden Grundes zu verwehren.[69] Die materiellen Voraussetzungen des Aufnahmezwangs werden unmittelbar aus Art. 9 Abs. 1 GG hergeleitet. Sie setzen eine Abwägung der beiderseitigen Interessen voraus. Eine kritische Frage ist immer, ob der Verein eine im Sinne der Rechtsprechung ausreichende wirtschaftliche und soziale Machtstellung besitzt. Eine solche ist nicht nur bei Wirtschafts- oder Berufsvereinigungen denkbar, und der Beitrittswillige muss kein Unternehmen sein. Eine überragende Machtstellung kann auch einem Verein auf örtlicher Ebene zukommen, der im regionalen Bereich einzigartig ist.[70]

24 Besondere Probleme ergeben sich, wenn Vereine **„Außenseiter"** von sich **fern halten** wollen, wie z.B. in den von der Rechtsprechung entschiedenen Fällen des Aufnahmeantrags eines NPD-Mitglieds zur Polizeigewerkschaft oder eines Maoisten zur IG-Metall.[71]

25 Der Bewerber macht seinen Aufnahmeanspruch durch **Leistungsklage** auf Aufnahme geltend.[72] Ausdrücklich vorgesehene vereinsinterne Rechtsschutzmittel muss er zuvor ausgeschöpft haben.[73] In dringenden Fällen ist eine einstweilige Verfügung auf vorläufige Mitgliedschaft denkbar.[74]

26 **Beispiele:** In der Rechtsprechung wurden **Aufnahmeansprüche bejaht** beim Deutschen Sportbund;[75] bei Landessportverbänden gegenüber einem Sportfachverband;[76] Stadtjugendring;[77] örtlicher Sportdachver-

---

65 Palandt/*Heinrichs*, § 25 Rn 9a; Bamberger/Roth/*Schwarz*, § 25 Rn 31 f.; *Reichert*, Rn 2819 ff.; EuGH NJW 1996, 505; BGHZ 142, 304 = NJW 1999, 3552; BGH NJW 2000, 1028; BAG NJW 1996, 1916.
66 *Reichert*, Rn 359.
67 RGZ 60, 94, 103; BGHZ 101, 193, 200 = DB 1987, 328 = NJW 1987, 2503; BGH NJW 1991, 1326; *Sauter/Schweyer/Waldner*, Rn 76; *Reichert*, Rn 643; *K. Schmidt*, GesR, 4. Aufl. 2002, § 24 V 2.
68 Vgl. zu allem aus der Rspr. BGHZ 29, 344 = NJW 1959, 880; BGHZ 127, 388 = DB 1995, 269 = NJW 1995, 462; *K. Schmidt*, GesR, 4. Aufl. 2002, § 24 V 2a; *Reichert*, Rn 648 ff.
69 BGHZ 63, 282, 285 = NJW 1975, 771; BGHZ 93, 151, 153 f. = DB 1985, 586 = NJW 1985, 1216; BGH NJW-RR 1986, 583; BGHZ 140, 74 = DB 1999, 423 = NJW 1999, 1326; vgl. *Reichert*, Rn 655 ff.; Bamberger/Roth/*Schwarz*, § 25 Rn 35 f.;
K. Schmidt, GesR, 4. Aufl. 2002, § 24 V 2; Palandt/*Heinrichs*, § 25 Rn 10.
70 BGH NJW 1999, 1326 = NZG 1999, 217; BGH NJW 1980, 186.
71 BGH NJW 1973, 35; BGHZ 93, 151 = NJW 1985, 1216; vgl. auch BGHZ 102, 265 = DB 1988, 491 = NJW 1988, 552; BGH NJW 1997, 3368, 3370.
72 *K. Schmidt*, GesR, 4. Aufl. 2002, § 24 IV 2c; *Reichert*, Rn 661.
73 RGZ 105, 127; BGHZ 47, 172, 174 = DB 1967, 855 = NJW 1967, 1268; BGHZ 101, 193, 1999 = DB 1988, 328 = NJW 1987, 2305.
74 OLG Düsseldorf NJW-RR 1998, 328.
75 BGHZ 62, 282, 283 = NJW 1975, 771.
76 BGH NJW 1986, 583; OLG Düsseldorf NJW-RR 1987, 503; OLG Stuttgart NZG 2001, 997.
77 LG Heidelberg MDR 1990, 625 = NJW 1991, 927.

ein;[78] Bergwacht des DRK;[79] grundsätzlich Gewerkschaften;[80] Arzt gegenüber einer Berufsorganisation der Ärzte, deren Mitgliedschaft Voraussetzung für die Zulassung bei Krankenkassen ist.[81]

Verneint wurde der Aufnahmeanspruch in folgenden Fällen: Politische Partei, örtlicher Anwaltverein, Mieterverein, Landespressekonferenz, Universitätsclub, Verband freier Berufe gegenüber einem Heilpraktikerverband, Wohnungsbaugenossenschaft, Verband der Zeitschriftengroßhändler gegenüber einem von einem Großverlag beherrschten Händler.[82] 27

III. Vereinsstrafen

1. Zulässigkeit und gerichtliche Überprüfung. Herrschender Auffassung entspricht es, dass die Vereinsautonomie die Befugnis zur Vereinsstrafgewalt umfasst.[83] Die Vereinsstrafe ist nach überwiegender Meinung keine Vertragsstrafe i.S.d. §§ 339 ff., sondern ein **eigenständiges verbandsrechtliches Institut**.[84] 28

Die Vereinsstrafgewalt wird aber nachhaltig angegriffen, insbesondere im Hinblick auf den von der früher h.M. vertretenen Ausschluss der **gerichtlichen Überprüfung der Strafgewalt**.[85] *Flume* beispielsweise kritisiert, die Rechtsordnung kenne „keine ,Unterwerfung' unter private Strafgewalt ... Was immer es mit der Vereinsstrafe auf sich hat, jedenfalls sind die Vereinsehrenstrafen darauf gerichtet, ein Unwerturteil über das Vereinsmitglied auszusprechen. Es ist eine bare Fiktion, dass sich das Mitglied durch den Beitritt zu dem Verein im Vorhinein betreffs seiner Ehe einer Vereinsgewalt unterwirft und dem Verein es überlässt, durch Ausübung der Vereinsgewalt über seine Ehre zu verfügen".[86] 29

Das Reichsgericht prüfte zunächst nur die Einhaltung der Satzungsbestimmungen zur Vereinsstrafe.[87] Später weitete es seine Prüfung auf eine auf grobe Verstöße bezogene Inhaltskontrolle einschließlich Überprüfung der Sittenwidrigkeit, Unbilligkeit und soziale Härte aus.[88] Der BGH blieb dieser Linie anfangs treu und überprüfte nur, ob die Strafe eine (nicht gesetz- oder sittenwidrige) satzungsmäßige **Ermächtigung** besaß, in einem satzungsmäßig vorgeschriebenen, fairen **Verfahren** verhängt wurde und als solche **nicht gesetz- oder sittenwidrig oder offenbar unbillig** ist.[89] Später stellte der BGH auch die Tatsachenermittlung der vereinsgerechtlichen Disziplinarverfahren unter die Nachprüfung der staatlichen Gerichte.[90] Darüber hinaus prüft die Rechtsprechung bei Vereinen, für die eine Aufnahmepflicht besteht (vgl. Rn 22), die Subsumtion unter die vereinsrechtlichen Strafnormen voll nach und überprüft in dem Zusammenhang auch die Strafzumessung.[91] Trotz berechtigter Forderungen in der Literatur, die für eine volle gerichtliche Überprüfung bei allen Vereinen,[92] beschränkt sich die Rechtsprechung ansonsten bislang auf die Prüfung, ob die Strafe willkürlich oder grob unbillig ist.[93] 30

Für diese Rechtsprechung wird angeführt, dass es „zur richtig verstandenen Vereinsautonomie" gehöre, dass die Vereine und nicht die staatliche Gewalt darüber entschieden, ob das Verhalten eines Mitglieds gegen die Ziele oder Interessen eines Vereins verstoße.[94] Derartige Auffassungen verkennen aber, dass die 31

---

78 BGH NJW 1999, 1326.
79 LG München NJW-RR 1993, 890.
80 BGHZ 93, 151, 152 = NJW 1985, 1216; BGHZ 102, 265, 267 = DB 1988, 491 = NJW 1988, 552; BGH NJW 1991, 485.
81 RGZ 106, 120.
82 Vgl. die Nachw. bei Bamberger/Roth/*Schwarz*, § 25 Rn 38 f.; *Reichert*, Rn 655; Palandt/*Heinrichs*, § 25 Rn 11.
83 RGZ 140, 23, 24; BGHZ 21, 370, 373 = NJW 1956, 1793; BGHZ 87, 337, 344 = NJW 1984, 918.
84 BGHZ 21, 370, 373 = NJW 1956, 1793; BGHZ 87, 337, 345 = NJW 1984, 918; BGH WM 2003, 292 = DB 2003, 498 = ZIP 2003, 343; Palandt/*Heinrichs*, § 25 Rn 12; Bamberger/Roth/*Schwarz*, § 25 Rn 42; a.A. Soergel/*Hadding*, § 25 Rn 38; *Grunewald*, Gesellschaftsrecht, 5. Aufl. 2002, S. 39; *Bötticher*, ZFA 1970, 3, 45.
85 *Bötticher*, ZFA 1980, 53; *Flume*, BGB AT, Bd. 1/1, § 9 IV.
86 *Flume*, BGB AT, Bd. 1/1, § 9 IV; *Grunewald*, a. a. O., S. 42 ff.; *Weitnauer*, in: FS Reinhardt, 1972, S. 179 ff.; Staudinger/*Weick*, vor §§ 21 ff. Rn 39.
87 RGZ 49, 150, 154 f.; 80, 189, 191.
88 RGZ 107, 386, 387; 140, 23, 24; 147, 11, 14.
89 BGHZ 21, 370 = DB 1956, 1056.
90 BGHZ 87, 337, 344 = DB 1983, 2300 = NJW 1984, 918; ebenso BGH NJW 1997, 3368; OLG Hamm NJW-RR 2001, 1480; OLG Hamm NJW-RR 2002, 389.
91 BGHZ 102, 265, 277 = DB 1988, 491 = NJW 1988, 552; BGHZ 128, 93, 100 = NJW 1995, 583; ähnlich BGH NJW 1991, 485; 1994, 43; 1995, 583, 587; WM 1990, 89; NJW 1997, 3368; OLG Frankfurt NJW-RR 2000, 1117, 1120; LG München SpuRt 1995, 161; LG Köln SpuRt 2003, 162; Staudinger/*Weick*, § 35 Rn 54 f.
92 Vgl. *Flume*, BGB AT, Bd. 1/1, § 9 IV; *Grunewald*, Gesellschaftsrecht, 5. Aufl. 2002, Rn 2; *Wiedemann*, Gesellschaftsrecht, 6. Aufl. 2002, § 3 III 3; Staudinger/*Weick*, vor §§ 21 ff. Rn 41; *Beuthien*, BB 1968, Beilage 12; *Gehrlein*, ZIP 1997, 1915; *Hadding/van Look*, ZGR 1988, 270; *Schlosser*, Vereins- und Verbandsgerichtsbarkeit, S. 99 ff.; *H.P.Westermann*, Verbandsstrafgewalt, S. 101 ff.; Erman/*Westermann*, § 25 Rn 5; *K. Schmidt*, GesR, 4. Aufl. 2002, § 24 IV 3 f.
93 BGHZ 47, 381 = DB 1967, 1217 = NJW 1967, 1657; BGHZ 75, 158 = NJW 1980, 443; BGHZ 87, 337, 345 = DB 1983, 2300 = NJW 1984, 918; BGH NJW 1997, 3368.
94 Palandt/*Heinrichs*, § 25 Rn 24; Bamberger/Roth/*Schwarz*, § 25 Rn 67; *Haas/Prokop*, JR 1998, 45.

Mitgliedschaft im Verein ein Privatrechtsverhältnis ist, das nach allgemeinen Grundsätzen des effektiven Rechtsschutzes grundsätzlich der Überprüfung durch Gerichte offen stehen muss; **in Privatrechtsverhältnissen kann es grundsätzlich keine gerichtsfreien Räume geben.**[95]

32 Bei der Überprüfung erscheinen allerdings **Beschränkungen erforderlich**. Sie betreffen zunächst Tatsachenentscheidungen des (Sport-)Schiedsrichters,[96] was unmittelbar einleuchtet: Hätte jedes samstägliche Bundesliga-Fußballspiel ein Nachspiel im Gerichtssaal, blieben bald die Zuschauer aus und der Zweck des Spiels wäre verfehlt. Daher kann eine nachträgliche Korrektur einer Tatsachenentscheidung eines Schiedsrichters nur ganz ausnahmsweise zulässig sein, und zwar bei spielentscheidenden offenkundigen Fehlern eines **Schiedsrichters**, die das Spielergebnis mit hoher Wahrscheinlichkeit beeinflusst haben.[97] Darüber hinaus gilt auch bei der gerichtlichen Überprüfung im Vereinsrecht das Prinzip des Rechtsschutzbedürfnisses und der Grundsatz *minima non curat praetor*.

33 *Flume* meint mit gutem Grund, dass folgende **Ordnungsmaßnahmen** „im allgemeinen Recht nicht relevant (sind) und insoweit auch nicht gerichtlicher Kontrolle (unterliegen)": disziplinarmäßige Sanktionen ohne vermögenswirksame Auswirkung und ohne damit verbundenes Unwerturteil gegenüber Ordnungswidrigkeiten bei der Teilnahme am Vereinsleben (wie Mahnung, Verwarnung oder Verweis), Verweisung von einer Veranstaltung, Sperre hinsichtlich der Benutzung von Anlagen oder Teilnahme an Vereinsveranstaltungen, geringfügige Bußgelder; für eine gerichtliche Überprüfung bestehe nur Anlass, wenn der Verein gesetzwidrige, sittenwidrige oder offenbar unbillige Entscheidungen getroffen habe und den Betroffenen durch die Entscheidung in seinem Persönlichkeitsrecht verletzt habe.[98]

34 Eine weitere Beschränkung betrifft die **Einschätzungsprärogative der Verbandsorgane**:[99] Die Vereinsstrafgewalt arbeitet vielfach mit ausfüllungsbedürftigen Begriffen wie „unsportliches Verhalten" (vgl. Rn 39).[100] Insoweit muss darauf Rücksicht genommen werden, dass bestimmte Entscheidungen von Vereinsorganen Ausdruck einer ideellen Einstellung oder als Anwendung spezieller Verhaltens- oder Spielregeln nicht ohne weiteres mit den Maßstäben des BGB gemessen werden können. Dieses Bewertungsvorrecht zu respektieren gebietet die Vereinsautonomie.

35 **Gegenstand der gerichtlichen Nachprüfung** ist die Vereinsstrafe mit dem Inhalt, wie sie vor dem zuständigen Vereinsorgan zustande gekommen ist; das **Nachschieben von Gründen** ist unzulässig, der Verein darf weder die Strafe noch den Sachverhalt auswechseln.[101] Etwas anderes soll nach einer älteren BGH-Entscheidung gelten im Falle offenbarer Unbilligkeit eines Vereinsausschlusses.[102] Diese Entscheidung ist zu kritisieren: Auf dem Prüfstand des staatlichen Gerichts steht die Entscheidung des Vereinsorgans. Dessen autonome Entscheidung über die Vereinsstrafe steht zur Überprüfung. Wenn der Entscheidung im Zivilprozess eine andere rechtliche oder tatsächliche Grundlage gegeben wird, als sie dem vor der Vereinsstrafe Betroffenen gegeben worden ist, wird seine Möglichkeit beschnitten, sich vor den Vereinsorganen gegen die Maßnahme und die Vorwürfe zu wehren.[103]

36 Nach einer bislang vereinzelt gebliebenen Entscheidung soll das Gericht die vom Verein verhängte Strafe **„zur Bewährung"** aussetzen können.[104]

37 Streitig ist die Zulässigkeit der Überprüfung von Vereinsstrafen statt durch ein staatliches Gericht durch ein **Schiedsgericht** (vgl. Rn 3).[105] Erhält ein so genanntes Schiedsgericht die Kompetenz zu erstmaliger Verhängung von Vereinsstrafen, ist es u.E. kein echtes Schiedsgericht nach §§ 1025 ff., 1066 ZPO, sondern ein normales Vereinsorgan.[106] Dies hat jüngst auch der BGH bestätigt.[107]

---

95 Staudinger/*Weick*, vor §§ 21 ff. Rn 41; MüKo/*Reuter*, § 25 Rn 53; *K. Schmidt*, GesR, 4. Aufl. 2002, § 24 V 3 f. (keine Rechtsschutzexklave).
96 Vgl. *Reichert*, Rn 1696.
97 *Reichert*, Rn 1697b.
98 *Flume*, BGB AT, Bd. 1/1, § 9 IV.
99 Vgl. dazu, mit Unterschieden im Einzelnen, Erman/*Westermann*, § 25 Rn 5; *K. Schmidt*, GesR, 4. Aufl. 2002, § 25 V 3 f.; *Hadding/van Look*, ZGR 1988, 270, 276; *Kübler*, Gesellschaftsrecht, 5. Aufl. 1999, § 33 IV 3d; *Gehrlein*, ZIP 1994, 856 f.; BGHZ 102, 265 = DB 1988, 491 = NJW 1988, 552; BGH NJW 1991, 485.
100 Derartige Klauseln werden bislang noch als ausreichende Grundlagen für Strafen angesehen, vgl. Erman/*Westermann*, § 25 Rn 8; vgl. zum „unsportlichen Verhalten" BGHZ 47, 381, 383 = DB 1967, 1217 = NJW 1967, 1657.
101 BGHZ 45, 314, 321 = NJW 1966, 1751; BGHZ 102, 265, 273 = DB 1988, 491 = NJW 1988, 552, 554; BGH NJW 1990, 40, 41; Bamberger/Roth/*Schwarz*, § 25 Rn 71; Palandt/*Heinrichs*, § 25 Rn 25; *Reichert*, Rn 1822 ff.
102 BGHZ 47, 381, 387 = DB 1967, 1217 = NJW 1967, 1657; zust. Bamberger/Roth/*Schwarz*, § 25 Rn 71; Palandt/*Heinrichs*, § 25 Rn 25.
103 Im Erg. ebenso *Reichert*, Rn 1824.
104 LG Köln SpuRt 2003, 162.
105 Palandt/*Heinrichs*, § 25 Rn 20; Erman/*Westermann*, § 25 Rn 6; *Reichert*, Rn 2530 ff.; MüKo/*Reuter*, § 25 Rn 58; *Röhricht*, Sportgerichtsbarkeit, S. 22 ff.
106 So auch *Reichert*, SpuRt 2004, 50, in Auseinandersetzung mit der Entscheidung des Sportschiedsgerichts Frankfurt, SpuRt 2003, 212.
107 BGH DB 2004, 2097, 2098.

2. Erscheinungsformen. In der Praxis übliche Mittel der Vereinsstrafgewalt sind die sog. Ehrenstrafen (der förmliche Verweis), die Geldstrafe, die zeitweilige oder dauernde Entziehung von Nutzungsrechten sowie der Ausschluss aus dem Verein (vgl. zu diesem Rn 45 ff.).[108] Sehr viel feiner gesponnen sind Ordnungsmittel bei Sportverbänden. Sie beginnen bei den Ordnungsmaßnahmen eines Schiedsrichters[109] und umfassen z.B.: Verwarnung, Verweis, Geldbuße, Platzverbot, Verbot der Ämterbekleidung oder Tätigkeitsverbot im Verbandsbereich, Spielverbot auf Dauer oder Zeit, Lizenzentzug, Ausschluss von der Benutzung von Vereinseinrichtungen, Aberkennung von Punkten, Versetzung in eine niedrigere Spielklasse, Ausschluss vom Verband auf Zeit oder auf Dauer, Entzug des aktiven oder passiven Wahlrechts für Vereinsämter, Verlust einer Organ- oder Ehrenstellung im Verein sowie Entzug des Stimmrechts.[110]

38

3. Voraussetzungen von Vereinsstrafen. a) Grundlage in der Satzung. Straftatbestände und angedrohte Strafe müssen in der Satzung festgelegt sein (vgl. Rn 3).[111] Für die Satzungsregeln zur Strafandrohung gilt der **Bestimmtheitsgrundsatz** entsprechend Art. 103 Abs. 2 GG,[112] dem aber Generalklauseln nicht entgegenstehen sollen: Als zulässig werden Tatbestände angesehen wie „unsportliches Verhalten", „Schädigung des Ansehens des Vereins", „Handlungen der Vereinsmitglieder, die die Ehre des Standes, des Vereins oder eines Vereinsmitglieds verletzen können", „wenn das Mitglied in grober Weise gegen die Grundsätze der geschriebenen oder ungeschriebenen Sportgesetze verstößt" sowie „vereinsschädigendes Verhalten" (vgl. Rn 34). Vereinsordnungen, die im Rang unterhalb der Satzung stehen (vgl. Rn 5), dürfen die Strafvorschriften konkretisieren, diese aber nicht erweitern oder zusätzliche Rechtsnachteile vorsehen.[113] Das strafbewehrte Verbot muss zum Zeitpunkt der Vornahme der Handlung schon bestanden haben.[114] Insofern sollen allerdings echte und unechte Rückwirkung zu unterscheiden sein und Besonderheiten bei der Anknüpfung an einen fortdauernden Zustand gelten.[115] Es gibt kein Verbot der doppelten Bestrafung mit Vereinsstrafe und öffentlicher Strafe.[116]

39

b) Verschulden. Eine Vereinsstrafe erfordert grundsätzlich Verschulden des Betroffenen.[117] Verschulden Dritter genügt nicht, § 278 ist nicht anwendbar.[118] Es gibt die Unschuldsvermutung.[119]

40

c) Grundsatz: Strafgewalt nur gegen Vereinsmitglieder. Der Verein darf grundsätzlich Vereinsstrafen nur gegen seine Mitglieder verhängen.[120] Nach seinem Ausscheiden aus dem Verein kann der Verein das ehemalige Mitglied nicht mehr für Vergehen während seiner Mitgliedschaft bestrafen. Das gilt auch, wenn das Mitglied während des Verfahrens aus dem Verein ausscheidet.[121] Strafgewalt besteht aber in der Zeit zwischen Austrittserklärung und Ausscheiden.[122] Gegen Nichtmitglieder können sich Vereinsstrafen jedoch richten, soweit sie Organe des Vereins oder der Mitgliedsgesellschaft sind.[123] Möglich ist, dass **Nichtmitglieder sich durch Vertrag der Strafgewalt des Vereins unterwerfen**[124] – eine Methode, die z.B. im Sport sehr verbreitet ist.[125] Z.B. von Landes- und Spitzenverbänden des Sports aufgestellte Sportordnungen erlangen auch ohne Satzungsrang für solche Sportler Bedeutung, die nicht Mitglieder des jeweiligen Verbandes

41

---

108 *K. Schmidt*, GesR, 4. Aufl. 2002, § 24 IV 3 a.
109 *Reichert*, Rn 1602; gegen Strafcharakter: *Leipold*, ZGR 1985, 113, 121; *van Look*, Vereinsstrafen, S. 123.
110 *Reichert*, Rn 1605.
111 RGZ 125, 340; 151, 232; BGHZ 47, 172, 175 ff. = DB 1967, 855 = NJW 1967, 1268; BGHZ 55, 381, 385 = DB 1971, 864 = NJW 1971, 879; BGH NJW 1984, 1355.
112 Bamberger/Roth/*Schwarz*, § 25 Rn 45.
113 BGHZ 47, 172, 178 = DB 1967, 855 = NJW 1967, 1268.
114 RGZ 125, 340; BGHZ 55, 381, 385 = NJW 1971, 379.
115 Vgl. Bamberger/Roth/*Schwarz*, § 25 Rn 46; RGZ 125, 338, 341 f.; BGH NJW 1971, 379, 881; OLG Celle NJW-RR 1989, 313, 315; *Reichert*, Rn 592 ff.
116 BGHZ 21, 370, 374 = NJW 1956, 1793; BGHZ 29, 352, 356 = DB 1959, 428 = NJW 1959, 982; dagegen in jüngerer Zeit wieder Kritik in der Lit. von *Reinhart*, SpuRt 2001, 45.
117 RGZ 148, 225, 234; 163, 200; OLG Frankfurt NJW-RR 1986, 133, 135; 2000, 1117, 1120; OLG Hamm NJW-RR 2002, 389, 390; MüKo/*Reuter*, § 25 Rn 45; Palandt/*Heinrichs*, § 25 Rn 14;
Soergel/*Hadding*, § 25 Rn 50; *Reichert*, Rn 1606 f.; Bamberger/Roth/*Schwarz*, § 25 Rn 27; Erman/*Westermann*, § 25 Rn 8, der darauf hinweist, dass das Verschulden im Hinblick auf die Wettkampfsperre wegen Dopingverstoßes gegen das im internationalen Bereich angewendete Prinzip der *strict liability* verstößt; *Reichert*, Rn 1607a f.; vgl., auch zur Frage des Verstoßes gegen den *ordre public*, OLG Frankfurt OLGR 2001, 195 = SpuRt 2001, 159.
118 MüKo/*Reuter*, § 25 Rn 45; Erman/*Westermann*, § 25 Rn 8; offen gelassen in BGH NJW 1972, 1892.
119 *Petri*, Unschuldsvermutung im Verbrauchstrafeverfahren, in: Sportler, Arbeit und Statuten, hrsg. von Bepler, 2000, S. 239 ff.
120 RGZ 51, 66, 67; 122, 266, 268; 143, 2; BGHZ 29, 352, 359 = DB 1959, 428 = NJW 1959, 982.
121 RGZ 122, 266, 268.
122 Palandt/*Heinrichs*, § 25 Rn 15.
123 Erman/*Westermann*, § 25 Rn 7.
124 BGHZ 128, 93 = NJW 1995, 563; vgl. dazu *Haas*, NJW 1995, 2146; *Pfister*, JZ 1995, 464; *Haas/Adolphsen*, NJW 1996, 2553.
125 Bamberger/Roth/*Schwarz*, § 25 Rn 50; BAG NJW 1980, 470 (Vorschriften über die Vertragsstrafe sind anwendbar); *Reichert*, Rn 1596 f.

sind, was auch für die in den Sportordnungen enthaltenen Sanktionskataloge für Regelverletzungen und der zu ihrer Durchsetzung unabdingbar erforderlichen inneren Disziplinargerichtsbarkeit gilt; unabdingbare Voraussetzung dafür ist, dass sich die jeweiligen Sportler oder sonstigen Dritten, die nicht Mitglieder sind und dennoch der Sanktionsgewalt des Vereins unterliegen sollen, jeweils durch rechtsgeschäftlichen Einzelakt den Regelungen des Vereins unterwerfen; dafür kommen nicht nur individuelle Vertragsschlüsse in Betracht, es genügen nach der ständigen Rspr. schon (1.) die Meldung des Dritten z.B. zu einem sportlichen Wettbewerb, der ausdrücklich nach der Disziplinarordnung des Vereins ausgeschrieben ist, und (2.) generelle Start- oder Spielerlaubnisse, bei deren Erhalt der Dritte (z.B. Sportler) verspricht, die vom Verein aufgestellten Regeln zu beachten und sich bei Verstoß den Sanktionen des Vereins zu unterwerfen.[126]

42 **4. Verfahren der Vereinsstrafenverhängung. a) Zuständigkeit.** Für die Verhängung der Vereinsstrafe zuständig ist gemäß § 32 im Zweifel die **Mitgliederversammlung**. Die Satzung kann die Strafgewalt anderen Organen übertragen, z.B. einem speziellen „Vereinsgericht".[127] Offene Fragen gibt es bei der Besetzung des Vereinsgerichts.[128] Einleitendes und entscheidendes Organ können teilweise personenidentisch sein. Sie dürfen sich derselben Sachbearbeiter zur Vorbereitung ihrer Entscheidungen bedienen.[129]

43 **b) Rechtliches Gehör und andere Grundsätze des Verfahrens.** Dem beschuldigten Vereinsmitglied müssen die gegen es gerichteten Vorwürfe so konkret angegeben werden, dass es sich gegen die Vorwürfe angemessen verteidigen kann.[130] Der Beschuldigte hat Anspruch auf umfassendes rechtliches Gehör, wofür allerdings die Gelegenheit zu schriftlicher Äußerung genügen soll.[131] Der Verein darf nur solche Tatsachen berücksichtigen, zu denen sich der Beschuldigte äußern konnte, dieser muss das belastende Material uneingeschränkt, auch durch Akteneinsicht, überprüfen können.[132] Gewährt der Verein das rechtliche Gehör nicht bzw. nicht ausreichend, ist die Vereinsstrafe nichtig.[133] Das beschuldigte Vereinsmitglied soll grundsätzlich keinen Anspruch auf Hinzuziehung eines Rechtsanwalts haben, es sei denn, der Verein ist anwaltlich vertreten.[134] Im Rahmen der dem Verein obliegenden Ermittlung der Grundlagen für eine zu verhängende Vereinsstrafe ist das betroffene Mitglied als Beschuldigter nicht zur Mitwirkung, insbesondere nicht zur Auskunft verpflichtet.[135] Ggf. bestehende Satzungsregeln oder in nachrangigen Verfahrensordnungen niedergelegte Regelungen zum Ablauf des vereinsgerichtlichen Verfahrens müssen eingehalten werden. Zumal bei schweren Vereinsstrafen bedarf es der vorherigen Abmahnung.[136] Der Beschuldigte ist nicht verpflichtet, sich selbst zu belasten.[137] Zudem gilt das Prinzip *ne bis in idem*.[138] Das Prinzip der Gleichbehandlung von ähnlichen Verstößen, die andere Mitglieder begangen haben, ist zu beachten.[139] Der Verein muss die Strafe begründen.[140]

44 Bevor das Vereinsmitglied um gerichtlichen Rechtsschutz nachsucht, muss es grundsätzlich die **vereinsrechtlichen Instanzen** ausschöpfen. Das gilt aber nicht, wenn der Verein den vereinsinternen Instanzen-Zug unzumutbar verzögert. Wer diesen ausschöpft, läuft nicht Gefahr, dass die damit verbundene Verzögerung einem gerichtlichen Antrag auf einstweiligen Rechtsschutz entgegensteht.[141]

---

126 BGHZ 128, 93 = NJW 1995, 583; OLG Hamm OLGR Hamm 2003, 100 = NJOZ 2003, 465; OLG München SpuRt 2001, 64 = NJW-RR 2001, 711.
127 BGHZ 90, 92 = DB 1984, 1138 = NJW 1984, 1884.
128 Vgl. Bamberger/Roth/*Schwarz*, § 25 Rn 55; Erman/*Westermann*, § 25 Rn 9; *Reichert*, Rn 1665a, 1669 ff.
129 BGH NJW 1967, 1657; OLG München MDR 1973, 405; BGHZ 102, 265, 271 = NJW 1988, 552.
130 BGH NJW 1990, 40, 41; OLG Karlsruhe NJW-RR 1998, 684.
131 BGHZ 29, 352, 355 = NJW 1959, 982.
132 Bamberger/Roth/*Schwarz*, § 25 Rn 53; *Reuter*, ZGR 1980, 101, 117; *Reichert*, Rn 1666 ff.
133 RGZ 171, 205, 208; *Reichert*, Rn 1666 ff. mit Beispielen der Verletzung.
134 BGHZ 55, 381, 390 = NJW 1971, 879; BGHZ 90, 92, 94 = DB 1984, 1138 = NJW 1984, 1884; mit gutem Grund weiter gehend *Reinicke*, NJW 1975, 2048; *Kirberger*, BB 1978, 1390.
135 BGH WM 2003, 292 = NZG 2003, 230.
136 LG Leipzig NZG 2002, 434.
137 BGH WM 2003, 292 = DB 2003, 498 = ZIP 2003, 343.
138 RGZ 51, 89.
139 BGHZ 47, 381, 385 = DB 1967, 1217 = NJW 1967, 1657.
140 RGZ 147, 11, 13; BGH NJW 1990, 40, 41; OLG Köln NJW-RR 1993, 891; OLG Düsseldorf MDR 1981, 843.
141 Erman/*Westermann*, § 25 Rn 9.

IV. Vereinsausschluss

Der Vereinsausschluss wird zwar häufig als Vereinsstrafe angesehen. *Flume* hat jedoch nachgewiesen, dass es keinen berechtigten Grund für den Verein gibt, ein Mitglied im Wege der Vereinsstrafe *cum infamia* aus dem Verein zu entfernen.[142] Diese Auffassung erscheint zutreffend. Die Befugnis jedes Verbandes, ein Mitglied aus wichtigem Grund auszuschließen, ist ein allgemein gesellschaftsrechtliches Institut, nicht aber ein Sonderinstitut der Vereinsstrafgewalt. 45

Ein Ausschluss aus dem Verein setzt einen **wichtigen Grund zum Ausschluss** voraus.[143] Dem Verein darf die weitere Fortsetzung der Mitgliedschaft mit dem betroffenen Vereinsmitglied nicht mehr zumutbar sein. Verschulden des Mitglieds ist nicht erforderlich.[144] Das Verschulden des Vereinsmitglieds kann aber ein Aspekt sein, der bei der Abwägung zu berücksichtigen ist, ob dem Verein die weitere Fortsetzung der Mitgliedschaft zuzumuten ist.[145] Ein Ausschluss aus wichtigem Grund bedarf keiner ausdrücklichen satzungsmäßigen Grundlage.[146] 46

Der Ausschluss aus einem Monopolverein oder einem Verein von überragender sozialer etc. Bedeutung (vgl. Rn 17 f.) setzt regelmäßig eine **Abmahnung** voraus.[147] 47

Der Ausschluss unterliegt – einschließlich der Prüfung des Ausschlussgrundes in tatsächlicher und rechtlicher Hinsicht sowie der Einhaltung von Verfahrensgarantien – der vollen **gerichtlichen Überprüfung**.[148] Vorläufiger Rechtsschutz ist denkbar.[149] 48

Schließt der Verein ein Mitglied als Vereinsstrafe aus dem Verein aus und stellt sich beispielsweise im Laufe der gerichtlichen Überprüfung heraus, dass die Voraussetzungen für einen strafweisen Ausschluss nicht gegeben sind, wohl aber möglicherweise die für eine Kündigung aus wichtigem Grund, muss sich der Verein daran festhalten lassen, dass er sein Mitglied per Vereinsstrafe aus dem Verein hinauswerfen wollte; er kann nicht subsidiär auf die Kündigung aus wichtigem Grunde zurückgreifen.[150] Ausschlussgründe, die dem ausschließenden Vereinsorgan unbekannt waren, sind bei der richterlichen Nachprüfung ebenso wenig zu berücksichtigen wie solche, die im vereinsrechtlichen Ausschlussverfahren nicht erörtert worden sind, oder die lange zurückliegen.[151] 49

Bei Unwirksamkeit des Vereinsausschlusses hat das zu Unrecht ausgeschlossene Mitglied einen **Schadensersatzanspruch** gegen den Verein.[152] Ein unwirksamer Ausschluss führt nicht zum Verlust der Mitgliedschaft, zum Verlust des Vereinsamtes nur dann, wenn die Voraussetzungen für eine Abberufung von diesen erfüllt sind und sie ausdrücklich ausgesprochen wurde.[153] 50

Beschlüsse, die die Mitgliederversammlung ohne das unwirksam ausgeschlossene Vereinsmitglied fasst, sind fehlerhaft (vgl. § 32 Rn 23).[154] 51

Sonderregelungen gibt es in §§ 10, 14 ParteienG für den Ausschluss aus einer politischen Partei. 52

Unter bestimmten Voraussetzungen denkbar sind Regelungen zur **freien Ausschließung** (Kündigung) aus dem Verein.[155] 53

---

142 *Flume*, BGB AT, Bd. 1/1, § 9 IV; ihm zust. *K. Schmidt*, GesR, 4. Aufl. 2002, § 24 V III c.
143 BGH NJW 1972, 1892; NJW 1990, 40; vgl. zum Vereinsausschluss und der Bedeutung der Religionsfreiheit LG Frankfurt NJW-RR 2003, 1436.
144 BGHZ 29, 352, 359 = NJW 1959, 982; BGH NJW 1972, 1892, 1893; 1973, 35, 36; Palandt/*Heinrichs*, § 25 Rn 27; Bamberger/Roth/*Schwarz*, § 25 Rn 78; Erman/*Westermann*, § 25 Rn 8; differenzierend *Reichert*, Rn 1623.
145 Erman/*Westermann*, § 39 Rn 4 im Anschluss an BGHZ 29, 352 = NJW 1959, 982.
146 Erman/*Westermann*, § 25 Rn 10; Palandt/*Heinrichs*, § 25 Rn 27; *K. Schmidt*, GesR, 4. Aufl. 2002, § 24 V 3c; BGH NJW 1990, 40; *Reuter*, NJW 1987, 2401; OLG Frankfurt NJW-RR 1991, 1276.
147 LG Leipzig NZG 2002, 434.
148 Erman/*Westermann*, § 25 Rn 10; Bamberger/Roth/*Schwarz*, § 25 Rn 79; *K. Schmidt*, GesR, 4. Aufl. 2002, § 24 V 3c; Palandt/*Heinrichs*, § 25 Rn 27.
149 LG Wiesbaden SpuRt 1994, 244; vgl. zum einstweiligen Rechtsschutz bei Ausschluss aus einem Monopol-Verein LG Leipzig NZG 2002, 434.
150 Erman/*Westermann*, § 25 Rn 10; a.A. *Reuter*, NJW 1987, 2401, 2406 f.
151 Erman/*Westermann*, § 25 Rn 10 m.w.N.
152 BGH NJW 1990, 2877.
153 Bamberger/Roth/*Schwarz*, § 25 Rn 82.
154 Bamberger/Roth/*Schwarz*, § 25 Rn 82; *Reichert*, Rn 1832; vgl. zum GmbH-Recht *Roewedder/Fuhrmann/Koppensteiner*, 4. Aufl. 2002, § 47 GmbHG Rn 125; *Scholz/K. Schmidt*, GmbHG, 9. Aufl. 2000/2002, § 45 Nr. 175; a.A. Soergel/*Hadding*, § 39 Rn 15 unter Bezugnahme auf BGHZ 31, 192, 195 = NJW 1960, 193 zur Genossenschaft; *Sauter/Schweyer/Waldner*, Rn 383, im Anschluss an RG Recht 1910 Nr. 204 zur Genossenschaft, was aber nicht übertragbar ist, da die entsprechende Norm des § 68 Abs. 4 GenG eine Sonderregelung für Genossenschaften ist, die keinen allg. Grundsatz für juristische Personen zum Ausdruck bringt.
155 *Reichert*, Rn 1612.

§ 26 Vorstand; Vertretung

(1) ¹Der Verein muss einen Vorstand haben. ²Der Vorstand kann aus mehreren Personen bestehen.

(2) ¹Der Vorstand vertritt den Verein gerichtlich und außergerichtlich; er hat die Stellung eines gesetzlichen Vertreters. ²Der Umfang seiner Vertretungsmacht kann durch die Satzung mit Wirkung gegen Dritte beschränkt werden.

Literatur: *Aden,* Wissenszurechnung in der Körperschaft, NJW 1999, 3098; *Barner,* Die Entlastung als Institut des Verbandsrechts, Diss. Berlin 1989; *Baumann,* Die Kenntnis juristischer Personen des Privatrechts von rechtserheblichen Umständen, ZGR 1973, 284; *Beuthien,* Gibt es eine organschaftliche Stellvertretung?, NJW 1999, 1142; *Bruggemeier,* Organisationshaftung, AcP 191 (1991), 33; *Danckelmann,* Vertretung und Geschäftsführung des rechtsfähigen Vereins durch einen mehrköpfigen Vorstand, NJW 1973, 735; *Eckardt,* Die Beendigung der Vorstands- und Geschäftsführerstellung in Kapitalgesellschaften, 1989; *Grunewald,* Auskunftserteilung und Haftung des Vorstands im bürgerlich-rechtlichen Verein, ZIP 1989, 962; *Grunewald,* Wissenszurechnung bei juristischen Personen, in: FS Beusch 1993, S. 301; *Hornung,* Der wirtschaftliche Verein nach § 22 BGB, Diss. Göttingen 1972; *Hüttinger,* Zur Regelung der Stellvertretung des Vorstands und zur Bestimmung des Einberufungsquorums für die Mitgliederversammlung in der Vereinssatzung, NotBZ 2001, 268; *Kirberger,* Zur Vertretung des eingetragenen Vereins bei mehrgliedrigem Vereinsvorstand, Rpfleger 1975, 277; *Klamroth,* Geschäftsführung und Vertretung beim eingetragenen Verein, DB 1972, 1953; *Lepke,* Zum Recht des Vereinsmitgliedes auf Auskunft außerhalb der Mitgliederversammlung, NJW 1966, 2099; *Linnenbrink,* Der Vorstand als Geschäftsführungsorgan des eingetragenen Vereins, SpuRt 2000, 55; *Lutter,* Zur Rechnungslegung und Publizität gemeinnütziger Spenden-Vereine, BB 1988, 489; *Michalski/Arends,* Zum Auskunftsrecht eines Vereinsmitglieds, NZG 1999, 780; *Mummenhoff,* Gründungssysteme und Rechtsfähigkeit, 1979; *Oestreich,* Der Vorstand und die fakultativen Organe im Verein, Rpfleger 2002, 67; *Säcker,* Probleme der Repräsentation in Großvereinen, 1986; *Säcker/Oetker,* Probleme der Repräsentation von Großvereinen, 1986; *Schilken,* Wissenszurechnung im Zivilrecht, 1983; *K. Schmidt,* Entlastung, Entlastungsrecht und Entlastungsklage des Geschäftsführers einer GmbH – Versuch einer Neuorientierung, ZGR 1978, 425; *ders.,* Rechtsprechungsübersicht – Entlastungsklage des Vereinsvorstands, JuS 1997, 658; *Schwarz,* Die Gesamtvertreterermächtigung, NZG 2001, 529; *ders.,* Die Mehrheitsvertretung des Vereinsvorstandes und deren Eintragung im Vereinsregister, Rpfleger 2003, 1; *ders.,* Die Publizität der Vertretungsmacht des Vorstands und der Liquidatoren eines Vereins, NZG 2002, 1033; *Ulmer,* Begründung von Rechten für Dritte in der Satzung einer GmbH, in: FS Werner 1984, S. 911. Siehe auch bei Vorbemerkungen zu §§ 21 ff.

A. Allgemeines 1	2. Satzungsmäßige Beschränkungen 5
B. Regelungsgehalt 2	3. Grenzen der Vertretungsmacht 8
I. Gesetzlicher Vorstand (Abs. 1 S. 1) ... 2	4. Vertretung durch Bevollmächtigte 9
II. Zusammensetzung des Vorstands 3	5. Vertretungsmacht beim mehrgliedrigen
III. Die Vertretungsmacht des Vorstands (Abs. 2) 4	Vorstand 10
1. Umfang der Vertretungsmacht 4	

A. Allgemeines

1 Jeder Verein muss einen Vorstand als unentbehrliches Element der körperschaftlichen Organisation haben. Es gilt das Prinzip der Drittorganschaft – zum Gegensatz zur Selbstorganschaft, bei dem Mitglieder einer Organisation in ihrer Gesamtheit Rechte und Pflichten für die Organisation begründen können (vgl. zur GbR AnwK-BGB/*Heidel,* § 709 Rn 3 f.). Dem Vorstand obliegt die Vertretung (§ 26) und die Geschäftsführung (§ 27) des Vereins. § 26 vermeidet eine Entscheidung im Streit zwischen Vertreter- und Organtheorie (vgl. vor § 21 Rn 6), indem dem Vorstand „die Stellung eines gesetzlichen Vertreters" gegeben wird, nicht aber als „der gesetzliche Vertreter" des Vereins definiert wird.

B. Regelungsgehalt

I. Gesetzlicher Vorstand (Abs. 1 S. 1)

2 Der Verein „muss einen Vorstand haben". Vorstand ist das Vereinsorgan, dem die **Vertretung des Vereins** gemäß Abs. 2 S. 1 obliegt. Dem gesetzlichen Vorstand gehört nur an, wer zur Vertretung des Vereins befugt ist.[1] Möglich ist, dass ein Verein einen „erweiterten" oder **„Gesamtvorstand"** hat, dem der engere geschäftsführende Vorstand gegenübersteht, dem die Vertretung nach außen obliegt, der aber intern an die Beschlüsse des Gesamtvorstands gebunden ist.[2] Die Satzung muss nicht nur in solchen Fällen eindeutig festlegen, wer Vorstand i.S.d. Gesetzes sein soll. Daher scheidet es beispielsweise aus, eine bedingte Vertretungs-

---

[1] BayObLGZ 1971, 266, 271; 1972, 286, 287; KG OLGZ 1978, 274; OLG Celle NJW 1969, 326; MüKo/*Reuter,* § 26 Rn 8; Erman/*Westermann,* § 26 Rn 1.

[2] BGHZ 69, 250 = DB 1977, 2090 = NJW 1977, 2310.

macht eines zweiten Vorsitzenden für den Fall der Verhinderung des ersten Vorsitzenden vorzusehen.[3] Eine solche Vertretungsregelung ist auch nicht ins Register eintragungsfähig (vgl. § 67 Rn 4). Sie kann aber möglicherweise so ausgelegt werden, dass beide Vorstandsmitglieder Einzelvertretungsbefugnis besitzen, von der der zweite Vorsitzende nach dem Innenverhältnis nur bei Verhinderung des ersten Vorsitzenden Gebrauch machen darf.[4] Nur die vertretungsberechtigten Vorstandsmitglieder sind in das Vereinsregister einzutragen (vgl. § 67 Rn 2).[5] Unvereinbar mit dem Prinzip organschaftlicher Vertretung soll es sein, einem Nichtvorstandsmitglied die allgemeine Befugnis einzuräumen, den Verein gemeinsam mit einem Vorstandsmitglied zu vertreten.[6]

II. Zusammensetzung des Vorstands

Die Zusammensetzung des Vorstands, zumal die Zahl der Vorstandsmitglieder, regelt die Satzung (§ 58 Nr. 3). Enthält die Satzung keine Vorschriften, besteht der Vorstand aus einer Person. Die persönlichen Voraussetzungen der Vorstandsmitgliedschaft legt die Satzung fest. Enthält sie keine Regelung, auch nicht konkludent, können auch Nichtmitglieder, beschränkt geschäftsfähige oder juristische Personen Vorstandsmitglied sein.[7] Soweit die Satzung persönliche Voraussetzungen festlegt, genügt im Zweifel deren Vorliegen im Zeitpunkt des Amtsantritts.[8] Die personengleiche Besetzung mehrerer Vorstandsämter (Personalunion) ist mangels entgegenstehender ausdrücklicher Satzungsbestimmungen zulässig.[9]

III. Die Vertretungsmacht des Vorstands (Abs. 2)

1. Umfang der Vertretungsmacht. Die Vertretungsmacht des Vereins ist grundsätzlich umfassend und unbeschränkt (Abs. 2 S. 1 Hs. 1 und S. 2). Der **Vertretungsmacht des Vorstands entzogen** ist aber die Änderung der **Vereinsverfassung** und insbesondere die Vornahme von in die Zuständigkeit der Mitgliederversammlung fallenden **Grundlagengeschäften**; beispielsweise darf der Vorstand den Verein nicht ohne die Zustimmung der Mitgliederversammlung zu Satzungsänderung, Vorstandsbestellung oder Vereinsauflösung verpflichten.[10] Anders als bei Kapitalgesellschaften umfasst die Vertretungsmacht nach h.M. nicht **Geschäfte, die für den Dritten erkennbar völlig außerhalb des Vereinszwecks liegen**.[11] Nach a.A. bedeutet ein solches Handeln außerhalb der Vertretungsmacht „nur" einen Missbrauch der Vertretungsmacht, so dass das Vorstandshandeln dem Verein nicht zugerechnet wird; die Voraussetzung des Missbrauchs ist erst erfüllt, wenn Vorstand und Vertretungspartner einverständlich zum Schaden des Vereins zusammenwirken; es genügt, dass der Vertragspartner die Unvereinbarkeit des Vertreterhandelns mit der internen Befugnis kennt oder kennen musste, so dass dem Vertragspartner der Einwand der unzulässigen Rechtsausübung (§ 242) entgegenzuhalten ist.[12] Vorzugswürdig erscheint die von der h.M. vertretene Sicht: Wer mit einem Verein kontrahiert, kennt die beschränkte, nicht wirtschaftliche Zwecksetzung, die fehlende Kapitalausstattung und die Gebundenheit des Vereinsvermögens wirtschaftlich zugunsten der Mitglieder; zudem weiß der Vertragspartner, dass der Vorstand nicht beliebig den Verein verpflichten darf, sondern nur im Interesse des Vereinszwecks. Wenn daher ein Geschäft außerhalb des Vereinszwecks liegt und der Vertragspartner das erkennen muss (§ 122 Abs. 2), darf er nicht auf den Bestand des Geschäfts vertrauen.

2. Satzungsmäßige Beschränkungen. Die Vertretungsmacht des Vorstands ist durch die Satzung beschränkbar (Abs. 2 S. 2). Die Beschränkung wirkt gegenüber einem Dritten nur, wenn sie diesem **bekannt oder im Vereinsregister eingetragen** ist (§§ 68, 70). Voraussetzung einer wirksamen Beschränkung ist, dass die Beschränkung eindeutig und hinreichend bestimmt und nicht nur eine interne Beschränkung der

---

3 Staudinger/*Weick*, § 26 Rn 2; Palandt/*Heinrichs*, § 26 Rn 3; BayObLG NJW-RR 1992, 802; OLG Celle NJW 1969, 326.
4 BayObLG NJW-RR 1992, 802; OLG Celle NJW 1969, 326; BayObLG NZG 2002, 438 = NJW-RR 2002, 456.
5 Erman/*Westermann*, § 26 Rn 1.
6 OLG Hamm DNotZ 1978, 292 und 295; Erman/*Westermann*, § 26 Rn 1; Palandt/*Heinrichs*, § 26 Rn 4; a.A. *Kirberger*, Rpfleger 1979, 5 und 48.
7 Palandt/*Heinrichs*, § 26 Rn 4; MüKo/*Reuter*, § 26 Rn 6 f.; Erman/*Westermann*, § 26 Rn 3; *Reichert*, Rn 1217 ff., dort auch zur streitigen Frage der Vorstandsbestellung von Personen mit Wohnsitz im Ausland im Hinblick auf die Frage, ob Nachweise verlangt werden können, dass sie jederzeit zur Durchführung ihrer Vorstandstätigkeit nach Deutschland einreisen können.
8 Palandt/*Heinrichs*, § 26 Rn 4.
9 Bamberger/Roth/*Schwarz*, § 26 Rn 9; Palandt/*Heinrichs*, § 26 Rn 4; Soergel/*Hadding*, § 26 Rn 7; Staudinger/*Weick*, § 26 Rn 4; OLG Düsseldorf NJW 1989, 894; a.A. LG Darmstadt Rpfleger 1983, 445; vgl. auch *Reichert*, Rn 740 und 1437 zur Personalunion in verschiedenen Organen und zwischen Vorstand und Geschäftsführer.
10 Bamberger/Roth/*Schwarz*, § 26 Rn 12; Soergel/*Hadding*, § 26 Rn 20.
11 RGZ 145, 314; BGH JZ 1953, 475 = BB 1953, 386; Palandt/*Heinrichs*, § 26 Rn 5; *Larenz/Wolf*, BGB AT, § 10 Rn 74 f.; Erman/*Westermann*, § 26 Rn 4; offen gelassen in BGH NJW 1980, 2799, 2800.
12 MüKo/*Reuter*, § 27 Rn 19; Bamberger/Roth/*Schwarz*, § 26 Rn 12; *Flume*, BGB AT, Bd. 1/1, § 10 II 2d; Staudinger/*Weick*, § 26 Rn 9.

Geschäftsführungsbefugnis ist. Vielmehr bedarf es einer Beschränkung der Vertretungsmacht im Außenverhältnis.[13] In der **Gerichtspraxis** schwanken die **Anforderungen an die Beschränkung**: Schon aus der Eigenart des Vereinszwecks soll sich der Schluss auf die Unzulässigkeit bestimmter Rechtsgeschäfte ergeben (vgl. Rn 4); Ressortabgrenzungen (vgl. § 27 Rn 15) sollen im Zweifel darauf hindeuten, dass das jeweilige Vorstandsmitglied allein im Rahmen seines Ressorts Vertretungsmacht besitzt.[14] Andererseits hat der BGH in einem Fall, in dem der Vorstand den Austritt aus einem Dachverband erklärte, obwohl die Vereinssatzung die Mitgliedschaft vorsah, die Austrittserklärung im Außenverhältnis als wirksam angesehen.[15] Kein Ausschluss der Vertretungsmacht für die Eintragung einer Grundschuld über 50.000 DM auf einem Vereinsgrundstück soll sich dadurch ergeben, dass der Vorstand bei Investitionsmaßnahmen über 50.000 DM an die Zustimmung der Mitgliederversammlung gebunden ist.[16]

6 Nach allgemeinen Grundsätzen ergibt sich ein Ausschluss von der Vertretungsmacht im Hinblick auf nach § 181 unzulässige **Insichgeschäfte**, für die die Satzung allerdings allgemein oder für eine bestimmte Art von Geschäften oder das Bestellungsorgan für den Einzelfall Befreiung erteilen kann.[17]

7 Überschreiten Vorstandsmitglieder die Vertretungsmacht (z.B. Vorstandsmitglieder handeln in nicht vertretungsberechtigter Zahl), ist der Verein nicht berechtigt und verpflichtet (§§ 177 f., 180), und das jeweilige Vorstandsmitglied trifft eine **Eigenhaftung** gemäß § 179.

8 **3. Grenzen der Vertretungsmacht.** Der Verein wird auch nicht verpflichtet, wenn der Vorstand seine Vertretungsmacht missbraucht, indem er kollusiv mit dem Vertragspartner zusammenwirkt.[18]

9 **4. Vertretung durch Bevollmächtigte.** Der Vorstand kann ohne weiteres sowohl Dritte als auch Einzelne seiner Mitglieder für bestimmte Handlungen bevollmächtigen. Eine Vollmacht darf aber nicht auf eine Übertragung der Organstellung hinauslaufen; die Vollmacht muss vielmehr sachlich beschränkt sein auf ein bestimmtes Geschäft oder eine bestimmte Art von Geschäften; eine Generalvollmacht ist nicht zulässig, da sie einer Übertragung der Organstellung gleichkäme.[19]

10 **5. Vertretungsmacht beim mehrgliedrigen Vorstand.** Beim mehrgliedrigen Vorstand bestimmt die Satzung, ob dem jeweiligen Vorstandsmitglied Einzel- oder Gesamtvertretungsmacht zusteht. Enthält die Satzung keine Regelung, gilt (anders als im Kapitalgesellschaftsrecht) nach h.M. nicht das Prinzip der Gesamtvertretung (§ 78 Abs. 2 S. 1 AktG, § 35 Abs. 2 S. 2 GmbHG, § 25 Abs. 1 S. 1 GenG), sondern das Prinzip der **Mehrheitsvertretung** (**Mehrheitsprinzip**), wonach der Verein durch die Mehrheit der Gesamtzahl oder die interne Beschlussmehrheit der Vorstandsmitglieder nach §§ 28 Abs. 1, 32 Abs. 3 vertreten wird, vgl. zur Vertretung bei der Registeranmeldung § 59 Rn 2.[20] Nach anderer Ansicht soll auch beim Verein das Prinzip der Gesamtvertretung gelten.[21] Für das Mehrheitsprinzip sprechen neben Praktikabilitätserwägungen die Parallelität zur Mehrheitsentscheidung nach § 28 Abs. 1. Auch der BGH neigt offenbar zum Mehrheitsprinzip.[22] Mehrheit ist die einfache Mehrheit der Gesamtzahl der an der Beschlussfassung beteiligten Vorstandsmitglieder, nicht aber der Gesamtzahl der Vorstandsmitglieder – insofern gilt auch hier die Parallele zu § 28 Abs. 1.[23]

11 Die Satzung kann von der gesetzlichen Mehrheitsvertretung **abweichende Regeln** vorsehen, insbesondere Gesamtvertretung durch sämtliche oder mehrere (bestimmte oder unbestimmte) Vorstandsmitglieder sowie

---

13 BGH NJW 1980, 2799; BGH NJW-RR 1996, 866; Palandt/*Heinrichs*, § 26 Rn 5; Bamberger/Roth/*Schwarz*, § 26 Rn 14; Staudinger/*Weick*, § 26 Rn 11.
14 RGRK/*Steffen*, § 26 Rn 5.
15 BGH NJW 1980, 2799; vgl. auch BGH NJW-RR 1996, 866.
16 BayObLG NJW-RR 2000, 41, krit. dazu Erman/*Westermann*, § 26 Rn 4.
17 BGHZ 33, 189, 191 = DB 1960, 1303 = NJW 1960, 2285; BGHZ 87, 59, 60 = DB 1983, 1192 = NJW 1983, 1676; BayObLGZ 1985, 189, 193; jeweils zur GmbH.
18 Vgl. *Reichert*, Rn 1459 ff.
19 BGHZ 34, 27, 31 = NJW 1961, 506; BGHZ 64, 72, 76 = DB 1975, 876 = NJW 1975, 1117, zur GmbH; OLG Hamm OLGZ 1978, 21, 24 = MDR 1978, 224; OLG München NJW-RR 1991, 893; *Reichert*, Rn 1444; Bamberger/Roth/*Schwarz*, § 27 Rn 19; Palandt/*Heinrichs*, § 26 Rn 7.
20 *Flume*, BGB AT, Bd. 1/1, § 10 II 2a; Palandt/*Heinrichs*, § 26 Rn 6; Soergel/*Hadding*, § 26 Rn 16; Bamberger/Roth/*Schwarz*, § 26 Rn 16; Staudinger/*Weick*, § 26 Rn 12; *K. Schmidt*, GesR, 4. Aufl. 2002, § 24 III 2; MüKo/*Reuter*, § 26 Rn 16 f.; Sauter/Schweyer/Waldner, Rn 231, allerdings mit gewissen Unterschieden, wonach zum Teil vertreten wird, dass die interne Beschlussmehrheit genügt, zum Teil die Vertretung durch die Mehrheit der Gesamtzahl der Mitglieder verlangt wird.
21 Staudinger/*Coing*, 12. Aufl., § 26 Rn 13; *Danckelmann*, NJW 1973, 735; *Reichert*, Rn 1402.
22 BGHZ 96, 245, 247 = NJW 1986, 1033, wo der BGH auf die Vertretung der Gesellschaft in vertretungsberechtigter Zahl abstellt.
23 Str., wie hier z.B. Staudinger/*Weick*, § 26 Rn 12.

Einzelvertretung durch ein, mehrere oder alle Vorstandsmitglieder. Vertretungsregeln sind in das Vereinsregister einzutragen (§ 64). Möglich und verbreitet ist eine unterschiedliche Regelung von Vertretungs- und Geschäftsführungsbefugnis (vgl. § 27 Rn 14 f.; vgl. zur GbR AnwK-BGB/*Heidel*, § 714 Rn 5).

§ 27 Bestellung und Geschäftsführung des Vorstands

(1) ¹Die Bestellung des Vorstands erfolgt durch Beschluss der Mitgliederversammlung.

(2) ¹Die Bestellung ist jederzeit widerruflich, unbeschadet des Anspruchs auf die vertragsmäßige Vergütung. ²Die Widerruflichkeit kann durch die Satzung auf den Fall beschränkt werden, dass ein wichtiger Grund für den Widerruf vorliegt; ein solcher Grund ist insbesondere grobe Pflichtverletzung oder Unfähigkeit zur ordnungsmäßigen Geschäftsführung.

(3) ¹Auf die Geschäftsführung des Vorstands finden die für den Auftrag geltenden Vorschriften der §§ 664 bis 670 entsprechende Anwendung.

Literatur: Siehe Literatur bei § 26 und bei Vorbemerkungen zu §§ 21 ff.

A. Allgemeines 1	2. Anwendung der §§ 664–670 16
B. Regelungsgehalt 2	3. Pflichten des Vorstands und Haftung für
I. Bestellung zum Vorstand (Abs. 1) ... 2	pflichtwidrige Geschäftsführung 19
II. Widerruf der Bestellung (Abs. 2) 7	IV. Entlastung 21
III. Geschäftsführung (Abs. 3) 14	
1. Vorstand als geschäftsführendes Organ . 14	

A. Allgemeines

§ 27 behandelt die Bestellung zum Vorstand und deren Widerruf und enthält Grundlegendes zur Geschäftsführung des Vorstands.   1

B. Regelungsgehalt

I. Bestellung zum Vorstand (Abs. 1)

Bestellungsorgan ist die Mitgliederversammlung, wenn die Satzung (§ 40) nichts anderes vorsieht, z.B.   2
Vorstandsergänzung durch Kooptation, Wahl durch ein Kuratorium, Bestellung durch einen Dritten oder Personalunion mit einer anderen juristischen Person.[1] Das darf aber, mit Ausnahme von religiösen Vereinen, nicht so weit gehen, dass dem Verein als Personenverband gar keine eigene Bedeutung mehr zukommt, er vielmehr nur noch eine Sonderabteilung eines Dritten ist. Der **Einfluss der Mitgliederversammlung** darf nicht völlig ausgeschaltet werden, ihr müssen zumindest wirksame Kontrollrechte verbleiben.[2] Vgl. zur Vorstandsfähigkeit § 26 Rn 3.

Die Bestellung ist ein **einseitiges empfangsbedürftiges Rechtsgeschäft** des bestellenden Organs gegenüber   3
dem Bestellten, für das es allerdings keiner besonderen Mitteilung bedarf, wenn der Bestellte anwesend ist.[3] Voraussetzung für die Bestellung ist deren Annahme durch den Bestellten.[4] Bedingte Bestellung zum Vorstandsmitglied ist nicht zulässig, wohl aber eine Verpflichtung des Bestellten im Innenverhältnis, nur zu handeln, wenn der z.B. erste Vorsitzende verhindert ist (vgl. Rn 15).

Spezielle Probleme gibt es beim **faktischen Vorstandsmitglied**, das nicht immer ein Strohmann sein muss.[5]   4

---

1 Palandt/*Heinrichs*, § 27 Rn 1; Staudinger/*Weick*, § 27 Rn 3 f.; Soergel/*Hadding*, § 27 Rn 7; OLG Köln NJW 1982, 1048, 1049.

2 Staudinger/*Weick*, § 27 Rn 4; Palandt/*Heinrichs*, § 27 Rn 1; MüKo/*Reuter*, § 27 Rn 16 ff.; vgl. auch BVerfGE 83, 341 = NJW 1991, 2623; noch kritischer Erman/*Westermann*, § 27 Rn 2 in der Auseinandersetzung mit OLG Frankfurt OLGZ 1981, 391, 392 = Rpfleger 1981, 310, da der Verein nicht zum Mittel der Durchsetzung der Sonderinteressen eines Dritten gemacht werden dürfe.

3 BGHZ 52, 316, 321 = NJW 1970, 33 (zur GmbH).

4 BGH NJW 1975, 2101; BayObLGZ 1981, 270, 277; Erman/*Westermann*, § 27 Rn 1; Soergel/*Hadding*, § 27 Rn 9; Staudinger/*Weick*, § 27 Rn 10.

5 Vgl. Bamberger/Roth/*Schwarz*, § 27 Rn 7; *Reichert*, Rn 1288 ff.; *Stein*, Das faktische Organ, 1984, S. 97 ff., 119 ff.; vgl. zur strafrechtlichen Verantwortlichkeit des faktischen GmbH-Geschäftsführers BGH NJW 2000, 2285; BayObLG NJW 1997, 1936; vgl. zur Pflicht zur Stellung eines Insolvenzantrags BGHSt 31, 118, 121 = NJW 1983, 240 (zur GmbH); BGH NJW 1988, 1789 (zur GmbH).

5   Zu unterscheiden von der organschaftlichen Bestellung zum Vorstand ist der Abschluss eines schuldrechtlichen Dienst- und insbesondere **Anstellungsvertrages**. Eines solchen bedarf es nur, wenn das schuldrechtliche Rechtsverhältnis nicht gemäß Abs. 3 ausschließlich nach Auftragsrecht geregelt sein soll.[6] Vorstandsmitglieder sind keine Arbeitnehmer des Vereins. Das Arbeitsverhältnis eines Arbeitnehmers endet im Zweifel, wenn dieser unter Abschluss eines neuen Dienstvertrages zum Vorstandsmitglied wird.[7]

6   Die **Zeitdauer der Bestellung** richtet sich nach der Satzung oder kann durch den Beschluss des bestellenden Organs bestimmt werden. Bestellungen auf Lebenszeit sollen grundsätzlich zulässig sein (Ausnahme Großverbände, vgl. vor § 21 Rn 24).[8] Möglich sind auch satzungsmäßige Festlegungen zur Beendigung (z.B. Vereinsmitgliedschaft, Zugehörigkeit zu einem Beruf). Die Amtszeit endet auch mit Tod und Geschäftsunfähigkeit. Das Vorstandsmitglied kann sein Amt durch Amtsniederlegung (Rücktritt) beenden, die eine einseitige empfangsbedürftige Willenserklärung ist, die gegenüber dem zuständigen Bestellungs- bzw. Abberufungsorgan zu erklären ist.[9]

II. Widerruf der Bestellung (Abs. 2)

7   Abs. 2 ist gemäß § 40 nicht dispositiv. Für den Widerruf ist das Organ zuständig, das das Vorstandsmitglied bestellt hat, es sei denn, die Satzung sieht etwas anderes vor. Die Mitgliederversammlung kann die Vorstandsmitgliedschaft auch widerrufen, wenn nach der Satzung ein anderes Organ oder ein Dritter für die Bestellung und den Widerruf zuständig ist.[10] Die Satzung kann den Widerruf entgegen der jederzeitigen freien Widerruflichkeit gemäß Abs. 2 S. 1 auf das **Vorliegen eines wichtigen Grundes** beschränken. Aus dem „insbesondere"-Satzteil folgt, dass der wichtige Grund so schwerwiegend sein muss, dass die weitere Tätigkeit des Vorstandsmitglieds für den Verein unzumutbar ist. Die Rechtsprechung formuliert, der Grund müsse von einigem Gewicht sein und eine ordnungsgemäße, das Wohl des Vereins fördernde Amtsführung unmöglich machen oder zumindest gefährden.[11]

8   Die Unfähigkeit nach Abs. 2 S. 2 braucht **keine dauernde** zu sein; sie darf aber nicht absehbar nur vorübergehend sein. Der wichtige Grund braucht nicht in der Person des Vorstands zu liegen, insbesondere braucht der Vorstand nicht pflichtwidrig oder schuldhaft gehandelt zu haben, und der Verein braucht auch keinen Schaden erlitten zu haben. Ein wichtiger Grund in der Sphäre des Vereins kann z.B. sein, den Vorstand zu verkleinern.[12] Die Rechtsprechung hatte mit folgenden **Beispielsfällen** zu tun:[13] strafbares Verhalten zum Nachteil des Vereins unabhängig vom Schaden; Steuerhinterziehung; Bestechlichkeit; unberechtigte Entnahme aus der Vereinskasse; Falschbuchung; Fälschung von Abrechnungsbelegen; unrichtige Bilanzerstellung; Ausnutzung der Vorstandsposition zu eigenen Zwecken; Geheimhaltung mitteilungsbedürftiger Tatsachen; fortlaufende Verletzung der Aufsichtspflicht; Unverträglichkeit bzw. persönliche Zerwürfnisse der Vorstandsmitglieder untereinander; Missachtung der Kompetenzordnung für Vorstandsmitglieder.

9   Bei **strafbarem Verhalten im privaten Bereich** soll ein wichtiger Grund regelmäßig nur gegeben sein, wenn dieses Rückschlüsse auf die charakterliche Unzuverlässigkeit erlaubt oder das Ansehen des Vereins erheblich schädigen kann.[14] Zu Unrecht wird vertreten, dass der **Vertrauensentzug durch die Mitgliederversammlung** kein wichtiger Grund für die Abberufung sei; u.E. gilt der Erst-recht-Schluss nach § 84 Abs. 3 S. 2 AktG: Wenn schon ein mit der aktienrechtlichen Unabhängigkeit ausgestatteter Vorstand bei Vertrauensentzug abberufen werden kann, gilt dies erst recht für den Vereinsvorstand, der keine derart selbständige Position wie der Vorstand einer AG innehat.[15]

10 Liegt kein wichtiger Grund vor, ist der Widerruf unwirksam. **§ 84 Abs. 3 S. 4 AktG**, dass der Widerruf bis zur rechtskräftigen Feststellung des Gegenteils wirksam ist, soll nach zweifelhafter h.M. nicht entsprechend gelten;[16] u.E. erscheint es zumindest bei größeren Vereinen und Großvereinen sowie Vereinen mit vom Nebenzweckprivileg (vgl. § 21 Rn 32) gedecktem wirtschaftlichem Geschäftsbetrieb in der Tat nahezu unerträglich, wenn u.U. jahrelang ungewiss ist, ob der Verein durch das abberufene Vorstandsmitglied rechtswirksam vertreten wird. Kautelarjuristisch kann in solchen Fällen nur eine Satzungsregelung nach

---

6   Vgl. zum Anstellungsvertrag *Reichert*, Rn 1238 ff.; MüKo/*Reuter*, § 27 Rn 2 ff.
7   BAG NJW 1996, 614.
8   Staudinger/*Weick*, § 27 Rn 13; MüKo/*Reuter*, § 27 Rn 23 f.
9   OLG Frankfurt Rpfleger 1978, 134; LG Flensburg NZG 2004, 582 = DB 2004, 1255 (zur AG – MobilCom); Soergel/*Hadding*, § 27 Rn 16; MüKo/*Reuter*, § 27 Rn 34 ff.
10 Palandt/*Heinrichs*, § 27 Rn 2.
11 OLG Karlsruhe NJW-RR 1998, 684.
12 OLG Düsseldorf NJW 1989, 172 zur GmbH; *Reichert*, Rn 1301.
13 Vgl. die Nachw. bei *Reichert*, Rn 1302.
14 *Reichert*, Rn 1302.
15 A.A. Bamberger/Roth/*Schwarz*, § 27 Rn 13 im Anschluss an OLG Köln GmbHR 1989, 79 zur GmbH.
16 BGH DB 1977, 84 = BB 1977, 273; Palandt/*Heinrichs*, § 27 Rn 2; Soergel/*Hadding*, § 27 Rn 19; a.A. *Sauter/Schweyer/Waldner*, Rn 270. Zweifel auch bei MüKo/*Reuter*, § 27 Rn 32.

dem Muster von § 84 Abs. 3 S. 4 AktG Sicherheit und Klarheit über die Vertretungsverhältnisse verschaffen und den in der Praxis unzulänglichen Schwebezustand vermeiden.

Als milderes Mittel gegenüber dem Widerruf wird die **Suspendierung** (vorläufige Amtsenthebung) allgemein für zulässig gehalten.[17]

Mit Zugang der (wirksamen) Widerrufserklärung **endet das Vorstandsamt** und damit die Geschäftsführungs- und Vertretungsbefugnis. Der **Anstellungsvertrag** des Vorstandsmitglieds und sein Vergütungsanspruch bleiben gemäß Abs. 2 S. 1 davon grundsätzlich unberührt, es sei denn, die Voraussetzungen für eine Kündigung des Anstellungsverhältnisses aus wichtigem Grund nach § 626 liegen vor oder § 627 ist anzuwenden.[18] Trotz des Widerrufs bedarf es einer ausdrücklichen Kündigung des Anstellungsverhältnisses, es sei denn, es ist etwas anderes vereinbart.[19] Die Kündigung des Anstellungsvertrages obliegt dem Organ, das auch für den Widerruf der Bestellung zuständig ist.[20]

Gegen die Abberufung ist **einstweiliger Rechtsschutz** zulässig; die Beschlussfassung der Mitgliederversammlung kann aber nicht verhindert werden.[21]

III. Geschäftsführung (Abs. 3)

1. Vorstand als geschäftsführendes Organ. Der Vorstand ist das geschäftsführende Organ des Vereins, sofern die Satzung nichts anderes bestimmt (§ 40). Beispielsweise kann die Satzung die Geschäftsführung einem anderen Organ, beispielsweise einem Gesamtvorstand, übertragen (vgl. § 26 Rn 2). **Falls die Satzung nichts anders bestimmt, entsprechen sich Umfang von Geschäftsführungsbefugnis und Vertretungsmacht.**[22] Daher soll ein Vorstandsmitglied mit Einzelvertretungsmacht nicht ohne weiteres pflichtwidrig handeln, wenn es einen in der Satzung nicht vorgesehenen Vorstandsbeschluss nicht befolgt, wonach sämtliche Geschäfte nur mit Zustimmung weiterer Vorstandsmitglieder durchgeführt werden dürfen.[23] Grund dafür ist, dass der Vorstand nicht über die in der Satzung festgelegten Vorstandsregeln hinweggehen darf, die zumindest eine Ermächtigung enthalten müsste. Die Satzung kann die Geschäftsführungsbefugnis so ausgestalten, dass sie ein Minus zur Vertretungsmacht ist. Dem Vorstand kann die Entscheidung bei Angelegenheiten der Vertretung aber nicht entzogen werden (vgl. § 26 Rn 9).

Verbreitet sind **Ressortaufteilungen** in Vereinsvorständen. Diese bedürfen einer satzungsmäßigen Grundlage, um die nicht für das Ressort zuständigen Vorstandsmitglieder im Verhältnis zum Verein von Haftung zu entlasten; ohne satzungsmäßige Ressortaufteilung bleibt es bei der Gesamtverantwortung der Vorstandsmitglieder.[24] Ob ein Vorstand Gesamtverantwortung trägt oder ob das einzelne Vorstandsmitglied nur für sein Ressort zuständig ist und lediglich Überwachungspflichten für die anderen Ressorts zu erfüllen hat, berührt ganz entscheidend die Grundstruktur der Verantwortlichkeit des Vorstands gegenüber den Mitgliedern und damit die Grundfeste der Vereinsorganisation.[25] Diese Frage hat nichts Erhebliches mit der anderen Frage zu tun, dass ein mehrköpfiger Vorstand selbstverständlich verpflichtet ist, sein Zusammenwirken nach pflichtgemäßem Ermessen zu ordnen; diese innere Ordnungsfunktion lässt die Verantwortlichkeit der Vorstandsmitglieder gegenüber dem Verein und seinen Mitgliedern unberührt.[26] Die interne Ressortaufteilung kann aber Einfluss auf die deliktische Verantwortlichkeit der Vorstandsmitglieder haben; in jedem Fall verbleiben dem nach der Ressortaufteilung nicht zuständigen Vorstandsmitglied Überwachungspflichten, die zum Eingreifen verpflichten können und insbesondere in finanziellen Krisensituationen zum Tragen kommen.[27]

2. Anwendung der §§ 664–670. Ebenso wie für die GbR (vgl. AnwK-BGB/*Heidel*, § 713 Rn 16 ff., dort allerdings mit dem ausdrücklichen Vorbehalt „soweit sich nicht aus dem Gesellschaftsverhältnis ein anderes ergibt") erklärt das Gesetz für den Verein die §§ 664–670 für entsprechend anwendbar. Daraus folgt insbesondere (a.) die Pflicht zur persönlichen Ausführung der Geschäftsführung gemäß **§ 664 Abs. 1**

---

17 Bamberger/Roth/*Schwarz*, § 27 Rn 13; BGHZ 90, 92 = NJW 1984, 1884; BayObLG OLGE 32, 330.
18 Palandt/*Heinrichs*, § 27 Rn 2; Bamberger/Roth/*Schwarz*, § 27 Rn 17.
19 BGH WM 1966, 968; krit. MüKo/*Reuter*, § 27 Rn 12.
20 BGHZ 113, 237 = DB 1991, 906 = NJW 1991, 1727 unter Verweis auf BGH WM 1990, 630 = NJW-RR 1990, 739 (Jacubowski) unter Aufgabe von BGHZ 47, 341, 344 = NJW 1967, 1711.
21 OLG Düsseldorf NJW 1989, 172; OLG Celle GmbHR 1981, 264; OLG Frankfurt WM 1982, 282, jeweils zur GmbH; entsprechend zum Verein Bamberger/Roth/*Schwarz*, § 27 Rn 15; *Reichert*, Rn 1319 a f.

22 BGHZ 119, 379, 381 = DB 1993, 219 = NJW 1993, 191.
23 BGHZ 119, 379, 381 = DB 1993, 219 = NJW 1993, 191.
24 RGZ 98, 98, 100 zur GmbH.
25 Wie hier im Erg. *Reichert*, Rn 1486.
26 A.A. MüKo/*Reuter*, § 27 Rn 40 zu Unrecht unter Berufung auf RGZ 98, 98, 100, da dort gerade die Verbindlichkeit einer internen Arbeitsteilung von Geschäftsführern ohne Satzungsgrundlage im Verhältnis zur GmbH verneint wird.
27 Vgl. BGHZ 133, 370, 376 ff. = NJW 1997, 130, 131 (zur GmbH).

S. 1, (b.) das Weisungsrecht der Mitgliederversammlung gegenüber dem Vorstand und seinen einzelnen Mitgliedern gemäß § 665 (dem Vorstand obliegt aber die Prüfung der formellen und materiellen Wirksamkeit der Beschlüsse vor ihrer Ausführung[28]), (c.) gemäß § 670 der Aufwendungsersatzanspruch (ein Entgelt für seine Tätigkeit kann der Vorstand aber nur auf Basis eines Dienstvertrages verlangen oder wenn die Satzung das vorsieht[29]) und (d.) Auskunfts- und Rechenschaftsverpflichtung in der Mitgliederversammlung gemäß §§ 666, 259[30] (zu dieser Auskunftspflicht gehört nach h.M. auch die Pflicht zu Buchführung und Rechnungslegung[31]).

17 Der Vorstand ist zudem der Mitgliederversammlung **auf Verlangen eines jeden einzelnen Mitglieds auskunftspflichtig**, jedenfalls sofern dies zur sachgemäßen Erledigung von Tagesordnungspunkten notwendig ist, was auch für den Vorstand eines Dachverbandes gilt; darüber hinaus steht den Vereinsmitgliedern nach der BGH-Rechtsprechung gemäß §§ 27 Abs. 2, 666 ein umfassendes Auskunftsrecht in der Mitgliederversammlung „über alle wesentlichen tatsächlichen und rechtlichen Verhältnisse des Vereins zu"; diese umfasst nicht nur i.S.d. § 131 AktG die „Beziehungen" zu verbundenen Unternehmen, sondern generell die Auskunft über Angelegenheiten von Tochtergesellschaften des Vereins, soweit diese „objektiv von so erheblicher wirtschaftlicher Bedeutung [sind], dass sie ... auch Angelegenheiten ... [des Vereins] selbst sind"; dieses umfassende Informationsrecht der Mitglieder findet seine Grenze nur an etwaigen vorrangigen berechtigten Geheimhaltungsinteressen entsprechend § 51a Abs. 2 GmbHG.[32]

18 Der Vorstand soll **Auskunftsbegehren einzelner Mitglieder außerhalb der Mitgliederversammlung** zurückweisen dürfen.[33] Daran wird aber mit gutem Grund Kritik geübt. Denn § 131 AktG, auf den man sich in diesem Zusammenhang vielfach stützt, ist nicht die einzige Vorschrift im Gesellschaftsrecht, die Auskunftsrechte regelt; beispielsweise garantiert § 52 GmbHG eine Pflicht zur unverzüglichen Auskunft über Angelegenheiten der Gesellschaft einschließlich Einsichtsrechten in Bücher und Schriften; auch das Auskunftsrecht des GbR-Gesellschafters geht weit über den § 131 AktG hinaus (vgl. AnwK-BGB/*Heidel*, § 713 Rn 18 f. und § 716 Rn 2 ff.). Die Beschränkung des Auskunftsrechts der Mitglieder in § 131 AktG erklärt sich aus der Verfassung der AG, die der Hauptversammlung keine umfassende Kompetenz einräumt, sondern den drei Organen Hauptversammlung, Vorstand und Aufsichtsrat jeweils wohltarierte Bereiche der Eigenverantwortung gibt. Daher ist § 131 AktG nicht eins zu eins auf den Verein zu übertragen (vgl. § 38 Rn 11). Zudem gibt es für die AGs kapitalmarktrechtliche Informationspflichten (vgl. insbesondere §§ 15, 21 f. WpHG). Vereinsmitglieder sind in zahlreichen Fällen auf Informationen des Vereins zur Wahrnehmung ihrer Mitgliederrechte angewiesen, und diese können für die Wahrnehmung ihrer rechtlichen und wirtschaftlichen Interessen unentbehrlich sein. Die verbreitete Vereinspraxis steht der angeblich h.M. entgegen, dass außerhalb von Mitgliederversammlungen keine Auskunft zu erteilen ist: Zahlreiche Vereine unterrichten ihre Mitglieder regelmäßig durch Rundschreiben und beantworten ganz bereitwillig auch außerhalb von Mitgliederversammlungen Auskunftsverlangen.[34]

19 **3. Pflichten des Vorstands und Haftung für pflichtwidrige Geschäftsführung.** Welche Pflichten der Vorstand im Einzelnen bei der Erfüllung seiner Geschäftsführungspflicht hat, richtet sich nach Gegenstand, Zweck und Größe des Vereins. Zur Ausfüllung des Pflichtenmaßstabs bietet sich eine Übertragung der Gedanken von § 93 Abs. 1 und 2 AktG an, wonach Vorstandsmitglieder bei ihrer Geschäftsführung die **Sorgfalt eines ordentlichen und gewissenhaften Geschäftsführers** anzuwenden haben. Dabei haften Vorstandsmitglieder grundsätzlich gemäß § 280 gegenüber dem Verein (nicht dem Mitglied) auf Schadensersatz für jede Pflichtverletzung bei allen Verschuldensarten; § 708 gilt nicht.[35] Die Rechtsprechung (im entschiedenen Fall der BFH) bestimmt demgemäß die persönliche Verantwortung jedes, auch eines ehrenamtlich und unentgeltlich tätigen Vorstandsmitglieds für die Abführung der vom Verein geschuldeten Steuern wie die Haftung eines GmbH-Geschäftsführers und wendet § 43 GmbHG einschließlich der gegenseitigen Überwachungspflicht mehrerer Vorstandsmitglieder entsprechend an.[36]

---

28 BGHZ 119, 379, 381 = DB 1993, 219 = NJW 1993, 191; Bamberger/Roth/*Schwarz*, § 27 Rn 19; Soergel/*Hadding*, § 27 Rn 22a; *Reichert*, Rn 1504.
29 BGH NJW-RR 1988, 745.
30 BGH NJW 1960, 1151; NJW 1962, 104; Staudinger/*Weick*, § 27 Rn 25; MüKo/*Reuter*, § 27 Rn 39.
31 MüKo/*Reuter*, § 27 Rn 39; KG NZG 1999, 779; *Lutter*, BB 1988, 489, 490 f.; vgl. zur Publizitätspflicht LG München I DB 2003, 1316 m. Anm. *Segna*, DB 2003, 1311.
32 LG Stuttgart NJW-RR 2001, 1478; BGHZ 152, 339 = NJW-RR 2003, 830; BGHZ 152, 339 = DB 2003, 442 = DStR 2003, 847 = NJW-RR 2003, 830; MüKo/*Reuter*, § 27 Rn 39; *Reichert*, Rn 885 f.
33 BGHZ NJW 1960, 1151; 1962, 104; *Lepke*, NJW 1966, 2099; *Lutter*, BB 1988, 489, 490; *Grunewald*, ZIP 1981, 962, 983; MüKo/*Reuter*, § 27 Rn 39.
34 *Reichert*, Rn 889.
35 BGH NJW-RR 1986, 572, 574.
36 BFH BB 1998, 1934 = NJW 1998, 3374; BFH NZG 2003, 734 zur Haftung nach der AO; vgl. BGHZ 133, 370, 376 = NJW 1997, 130 und BGH ZIP 2002, 261 zur Abführung von Sozialversicherungsbeiträgen bei der GmbH.

Gegen diese rigide Haftung wird zu Recht angeführt, dass sie dann nicht interessengerecht ist, wenn **Vor-** 20
standsmitglieder ehrenamtlich tätig sind. Die Rechtsprechung bejaht bei ehrenamtlich tätigen **Vereinsmitgliedern** eine Begrenzung der Verschuldenshaftung im Innenverhältnis nach den Grundsätzen des innerbetrieblichen Schadensausgleichs, wonach bei leichtester Fahrlässigkeit des Arbeitnehmers der Arbeitgeber den Schaden allein trägt, bei mittlerer Fahrlässigkeit der Schaden geteilt wird und nur bei grober Fahrlässigkeit und Vorsatz dem Arbeitnehmer die Entlastung regelmäßig untersagt wird.[37] Der BGH begründet seine Entscheidung zur Haftungsbeschränkung ehrenamtlich tätiger Vereinsmitglieder mit der Erwägung, dass die Begrenzung der Schadensersatzpflicht nicht nur im Interesse betroffener Vereinsmitglieder, sondern auch im Interesse der Vereine liege, die auf die Einsatzbereitschaft ehrenamtlich tätiger Mitglieder angewiesen seien. Während sich diese Rechtsprechung für „einfache" Mitglieder durchgesetzt hat,[38] entspricht sie für Vorstandsmitglieder noch nicht der Rechtspraxis, obwohl sie interessengerecht ist und in der Literatur viele Befürworter findet.[39]

IV. Entlastung

Anders als im Aktienrecht (§ 120 Abs. 1 AktG) und ebenso wie im Recht der GmbH[40] soll nach der 21
Rechtsprechung die Entlastung beim Verein neben der Billigung des Vorstandshandelns für die Dauer der Entlastungsperiode den **Verzicht auf alle Schadensersatzansprüche und Bereicherungsansprüche** (bzw. den Ausschluss von deren Geltendmachung) bedeuten, soweit diese bei sorgfältiger Prüfung erkennbar gewesen sind.[41] Kenntnismöglichkeiten von Rechnungsprüfern (Kassenprüfern) braucht sich die Mitgliederversammlung nicht zurechnen zu lassen.[42] Die Verzichtswirkung umfasst nicht solche Ansprüche, die aus den Rechenschaftsberichten und der Mitgliederversammlung zugänglich gemachten sonstigen Unterlagen nicht oder nur so unvollständig erkennbar sind, dass die Mitglieder die Tragweite der Entlastung nicht beurteilen können.[43] Hat die Mitgliederversammlung die Entlastung in Unkenntnis entgegenstehender Umstände beschlossen, entfallen die Entlastungswirkungen.[44] Die Auffassung der Rechtsprechung wird in der ganz herrschenden Literatur geteilt.[45]

Die **Richtigkeit dieser ganz h.M. erscheint sehr zweifelhaft**, in der Literatur ist sie aber nahezu ganz ohne 22
Widerspruch geblieben.[46] Eine ausdrückliche gesetzliche Normierung der Verzichtsfolge eines Entlastungsbeschlusses im Vereinsrecht gibt es nicht; schon daher erscheint es fragwürdig, mit dem Entlastungsbeschluss nur aufgrund einer ständigen Rechtsprechung so weitgehende Folgen zu verbinden wie den völligen Verzicht auf Schadensersatzansprüche – selbst in krassen Fällen der Schädigung nach § 826 oder § 823 Abs. 2 BGB i.V.m. § 266 StGB. Zudem ist die einzige Norm, die sich materiell mit der Entlastung befasst, § 120 Abs. 2 S. 2 AktG, dieser schließt alle Erwägungen von Verzicht, Präklusion und sonstigen Schadensersatz beschränkenden Wirkungen gerade aus. Die Gesetzesmaterialien deuten nicht darauf hin, dass der Gesetzgeber nur eine Spezialregelung für das Aktienrecht treffen wollte.[47] Gegen Verzichtswirkungen der Entlastung spricht auch der Verweis von Abs. 3 auf das Auftragsrecht: Will man im Auftragsverhältnis einen Verzicht begründen, bedarf es eines Verzichtsvertrages (§ 297), den man im Entlastungsbeschluss aber, wie weithin anerkannt, gerade nicht sehen kann.[48]

---

37 BGHZ 89, 153 = DB 1984, 552 = NJW 1984, 789; vgl. zum Arbeitsrecht BAG NJW 1995, 210; 1996, 1532; BAG AP Nr. 33, 42, 53, 61, 69, 74, 78, 80, 92, 93, 109 zu § 611.
38 OLG Saarbrücken VersR 1995, 832; LG Bonn NJW-RR 1995, 1435, 1436.
39 *K. Schmidt*, GesR, 4. Aufl. 2002, § 24 III 2d; Bamberger/Roth/*Schwarz*, § 27 Rn 20; Soergel/*Hadding*, § 27 Rn 23; a.A. MüKo/*Reuter*, § 27 Rn 39; Palandt/*Heinrichs*, § 27 Rn 4c; Brox/Walker, DB 1985, 1469.
40 BGH NJW 1959, 192 = GmbHR 1959, 69; BGHZ 97, 382 = DB 1986, 1449 = NJW 1986, 2250; Scholz/*K. Schmidt*, GmbHG, 9. Aufl. 2000/2002, § 46 Rn 93 ff.
41 BGHZ 24, 47, 54 = NJW 1957, 832; BGHZ 97, 382, 386 = DB 1986, 1449 = NJW 1986, 2250; BGH NJW 1957, 832, 833; 1987, 2430, 2431; NJW-RR 1988, 745, 748.
42 BGH NJW-RR 1988, 745, 749.
43 BGH NJW-RR 1988, 745, 748.
44 BGH NJW-RR 1988, 745, 748; LG Frankfurt NJW-RR 1998, 396, 397; MüKo/*Reuter*, § 27 Rn 43.
45 Bamberger/Roth/*Schwarz*, § 27 Rn 21; Palandt/*Heinrichs*, § 27 Rn 5; MüKo/*Reuter*, § 27 Rn 42 f.; Staudinger/*Weick*, § 27 Rn 27; *Reichert*, Rn 1536; *Flume*, BGB AT, Bd. 1/1, § 10 I 4; *K. Schmidt*, GesR, 4. Aufl. 2002, § 14 IV 2 (Präklusionsfolge der Vertrauenskundgebung); *Tellis*, ZHR 156 (192), 256; *Nägele/Nestel*, BB 2000, 1253, 1256; *Schönle*, ZHR 126 (1964), 199 ff.; *Sauter/Schweyer/Waldner*, Rn 289.
46 Für Ausnahme *Barner*, a.a.O., insb. S. 44 ff., 71 ff., 121.
47 Vgl. *Kropff*, Aktiengesetz, 1965, S. 167 f.
48 So aber der BGH, vgl. BGHZ 94, 324, 326 = DB 1995, 2290 = NJW 1986, 2250; BGHZ 97, 382, 384 = DB 1986, 1449 = NJW 1986, 2430; gegen Verzicht z.B. *K. Schmidt*, GesR, 4. Aufl. 2002, § 14 VI 2b; *Tellis*, ZHR 156 (1992), 256, 257.

23 Auch die in der Literatur bemühten Rechtskonstruktionen einer Verzichts- bzw. Präklusionswirkung der Entlastung im Hinblick auf Schadensersatzansprüche (*venire contra factum proprium*; Verwirkung, Gewohnheitsrecht) scheinen nicht tragfähig: Denn dass die Vereinsmitglieder den Vorstand mit der zufällig in der den Beschluss fassenden Mitgliederversammlung zusammengekommenen Mehrheit entlastet haben, bedeutet nicht, dass ein objektiv urteilendes Vereinsmitglied – auf das es als Beurteilungsmaßstab ankommt[49] – den Vorstand entlastet hätte; dieses objektive Mitglied hätte nämlich nur dann entlastet, wenn keine greifbaren Anhaltspunkte für Ersatzansprüche gegen das zu entlastende Organmitglied bestehen. Aus dem zufälligen Mehrheitsbeschluss lassen sich daher u.E. nach Treu und Glauben keine Schlüsse zulasten des Vereinsinteresses und -vermögens und zugunsten eines Vorstandsmitglieds ziehen, das den Verein geschädigt hat. Daher können u.E. grundsätzlich keine Verzichtswirkungen in den Entlastungsbeschluss hineininterpretiert werden.

24 Ob der Vorstand einen Anspruch auf Entlastung hat, ist streitig.[50] Ein Anspruch auf Entlastung, der auch klageweise durchsetzbar ist, kann sich jedenfalls aus der Satzung oder einem Vereinsbrauch ergeben.[51]

§ 28 Beschlussfassung und Passivvertretung

(1) ¹Besteht der Vorstand aus mehreren Personen, so erfolgt die Beschlussfassung nach den für die Beschlüsse der Mitglieder des Vereins geltenden Vorschriften der §§ 32, 34.

(2) ¹Ist eine Willenserklärung dem Verein gegenüber abzugeben, so genügt die Abgabe gegenüber einem Mitglied des Vorstands.

Literatur: Siehe bei § 26 und bei Vorbemerkungen zu §§ 21 ff.

A. Allgemeines	1	II. Passivvertretung (Abs. 2)	5
B. Regelungsgehalt	2	III. Wissenszurechnung	6
I. Beschlussfassung (Abs. 1)	2		

A. Allgemeines

1 § 28 regelt die Willensbildung im mehrgliedrigen Vorstand sowie die Passivvertretung, die Rückschlüsse auf die Wissenszurechnung zulässt.

B. Regelungsgehalt

I. Beschlussfassung (Abs. 1)

2 Die Beschlussfassung gilt für **jede Art der Willensbildung** im mehrgliedrigen Vorstand. Mangels abweichender Satzungsregeln (§ 40) gelten die Vorschriften über die Mitgliederversammlung (§§ 32, 34) entsprechend, also einschließlich des Grundsatzes von Zusammenkünften (Ausnahme: schriftliches Beschlussverfahren bei einstimmiger Zustimmung aller gemäß § 32 Abs. 2), Ladungspflicht unter Bezeichnung der Beschlussgegenstände (§ 32 Abs. 1 S. 2) sowie bei entsprechenden Satzungsvorschriften Beschlussfähigkeit. Enthält die Satzung von §§ 32, 34 abweichende Regelungen, entscheidet die Auslegung, ob diese entsprechend für den Vorstand gelten. Abweichungen des Satzungsinhalts von § 28 müssen den Verweis auf den zwingenden § 34 unberührt lassen.[1] Bei Beschlussfassung in einer Zusammenkunft entscheidet gemäß § 28 Abs. 1 i.V.m. § 32 Abs. 1 S. 3 die Mehrheit der erschienenen Mitglieder. Dabei werden Stimmenthaltungen und ungültige Stimmabgaben so wie Stimmverboten unterliegende Stimmen nicht berücksichtigt.

3 Ein ordnungsgemäßer **Vorstandsbeschluss** ist nach jetzt ganz h.M. nicht Voraussetzung für eine wirksame Vertretungshandlung im Außenverhältnis, sofern im Außenverhältnis Vorstandsmitglieder in der für die gesetzliche Vertretung erforderlichen Zahl mitgewirkt haben.[2]

---

49 Vgl. zum Aktienrecht *Hüffer*, AktG, 6. Aufl. 2004, § 131 Rn 12, und AnwK-AktR/*Heidel*, 2003, § 131 AktG Rn 34.
50 Bejahend *Flume*, BGB AT, Bd. 1/1, § 10 I 4; Erman/*Westermann*, § 27 Rn 8; a.A. BGHZ 94, 324 = NJW 1986, 129; OLG Celle NJW-RR 1994, 1545; OLG Köln NJW-RR 1997, 483; *K. Schmidt*, ZGR 1978, 425, 440; MüKo/*Reuter*, § 27 Rn 43; Staudinger/ *Weick*, § 27 Rn 27.
51 Staudinger/*Weick*, § 27 Rn 27; Palandt/*Heinrichs*, § 27 Rn 5; *Reichert*, Rn 1541b.
1 Bamberger/Roth/*Schwarz*, § 28 Rn 4; Palandt/ *Heinrichs*, § 28 Rn 1; MüKo/*Reuter*, § 28 Rn 2.
2 Palandt/*Heinrichs*, § 28 Rn 1; Bamberger/Roth/ *Schwarz*, § 28 Rn 6; Soergel/*Hadding*, § 28 Rn 16 und § 28 Rn 9; Staudinger/*Weick*, § 28 Rn 8 ff.; MüKo/*Reuter*, § 28 Rn 1; *Reichert*, Rn 1477; a.A. RGRK/*Steffen*, § 26 Rn 6; *Sauter/Schweyer/ Waldner*, Rn 232.

Mängel der Beschlussfassung machen den Beschluss nichtig; bei Verfahrensfehlern ist allerdings Voraussetzung der Nichtigkeit die Kausalität bzw. Relevanz des Fehlers für das Beschlussergebnis.[3]

II. Passivvertretung (Abs. 2)

Gemäß Abs. 2 ist jedes Vorstandsmitglied für die Entgegennahme von Willenserklärungen einzeln empfangsvertretungsberechtigt. Auf die **Kenntnis der anderen Mitglieder** von der Willenserklärung kommt es nicht an, auch wenn das Vorstandsmitglied die Willenserklärung vorsätzlich unterdrückt.[4] Von Abs. 2 ist aber nicht gedeckt, dass ein Vorstandsmitglied sich selbst eine Willenserklärung zugehen lässt, die dem Verein zugehen muss. Insbesondere kann das Vorstandsmitglied nicht die von ihm gegen den Verein erhobene Klage sich selbst zustellen lassen.[5] Nach ganz einheitlicher Auffassung gilt Abs. 2 entsprechend für gegenüber dem Verein abgegebene **geschäftsähnliche Handlungen** (z.B. Mahnung, Fristsetzung, Mängelrüge).[6]

III. Wissenszurechnung

Die große Mehrheit der Literatur und die Rechtsprechung wenden die Grundsätze des Abs. 2 auf **Wissenszustände aller Art** an: Soweit der subjektive Tatbestand einer gesetzlichen Vorschrift in der Person eines Vorstandsmitglieds (auch ehemaligen) erfüllt ist, gelten sie zugleich als in der Person des Vereins als erfüllt – unabhängig davon, ob das Vorstandsmitglied die Kenntnis in amtlicher oder privater Eigenschaft erlangt hat, ob es an der maßgebenden Rechtshandlung beteiligt gewesen ist oder von ihr gewusst hat.[7] Eine **Einschränkung** von diesen Grundsätzen wird gemacht, wenn für das Außenhandeln des Vereins ausnahmsweise statt des Vorstands eine anderes Organ (Mitgliederversammlung, Aufsichtsrat) zuständig ist. Dann ist das Wissen des Vereins erst anzunehmen, wenn der maßgebende Sachverhalt in einer Versammlung vorgetragen, die Mitglieder ordnungsgemäß geladen und in einer die Beschussfähigkeit begründenden Zahl zusammengetreten sind.[8] Trotz dieser Einschränkungen sehen einzelne Autoren die umfassende Wissenszurechnung kritisch.[9] Die Kritik wertet aber zu gering, dass der Verein wie jede juristische Person „die durch ihren Organteil vorhandene Kenntnis nicht bei einem Einzelgeschäft nach Belieben oder Zufall abstreifen" kann, da das Wissen eines Organs „das Wissen der Gesellschaft" ist[10] und der Inhalt eines Rechtsverhältnisses zwischen zwei Personen nicht davon abhängen kann, wie viele Menschen auf welcher Seite gehandelt haben, zumal nicht einzusehen ist, warum sich das durch ein Organ vertretene juristische Person nicht anrechnen lassen soll, wenn eines ihrer Organmitglieder in Kenntnis bestimmter Umstände ein Geschäft abgeschlossen oder nicht verhindert hat.

§ 29 Notbestellung durch Amtsgericht

[1]Soweit die erforderlichen Mitglieder des Vorstands fehlen, sind sie in dringenden Fällen für die Zeit bis zur Behebung des Mangels auf Antrag eines Beteiligten von dem Amtsgericht zu bestellen, das für den Bezirk, in dem der Verein seinen Sitz hat, das Vereinsregister führt.

---

3 Bamberger/Roth/*Schwarz*, § 29 Rn 7; Soergel/*Hadding*, § 28 Rn 10; vgl. zum Aktienrecht *Hüffer*, AktG, 6. Aufl. 2004, § 243 Rn 11 ff.; AnwK-AktR/*Heidel*, 2003, § 243 AktG Rn 9 f.

4 BGHZ 20, 149, 153 = NJW 1956, 869; Erman/*Westermann*, § 28 Rn 3; Bamberger/Roth/*Schwarz*, § 28 Rn 8; MüKo/*Reuter*, § 28 Rn 7.

5 Staudinger/*Weick*, § 28 Rn 13; RGZ 7, 404; vgl. zu ähnlicher Problematik bei der GmbH § 46 Nr. 8 GmbHG (Bestellung eines Vertreters der Gesellschaft in Prozessen, welche sie gegen den Geschäftsführer – aktiv oder passiv – zu führen hat); vgl. dazu jüngst OLG München GmbHR 2004, 584, wonach eine Klagezustellung bei unrichtiger Vertretung und deren Angabe auch keine Fristen wahrt dort auch zu Heilungsmöglichkeiten.

6 MüKo/*Reuter*, § 28 Rn 6; Bamberger/Roth/*Schwarz*, § 28 Rn 8.

7 RG JW 1985, 2044; RGZ 81, 433; BGH WM 1959, 81, 84; BGHZ 41, 282, 287 = WM 1964, 1367; BGHZ 109, 327, 331 = DB 1990, 931 = NJW 1990, 375; BGH NJW 1988, 1200; 1984, 1953, 1954; 1995, 2159, 2160; BAG WM 1985, 305, 307 = DB 1985, 237; BayObLG NJW-RR 1989, 910; ebenso Staudinger/*Weick*, § 28 Rn 14; Bamberger/Roth/*Schwarz*, § 28 Rn 9; Palandt/*Heinrichs*, § 28 Rn 2.

8 BGHZ NJW 1981, 166 für Aufsichtsrat; ebenso für Gesellschafterversammlung der GmbH BGH ZIP 1998, 1269; eine Ausnahme davon gilt freilich, wenn unabhängig davon alle Organmitglieder über die Kenntnis verfügen, BGH NJW 1990, 2411 (für Gesellschafterversammlung der GmbH).

9 Vgl. statt aller MüKo/*Reuter*, § 28 Rn 9 f.; Erman/*Westermann*, § 28 Rn 3; *Buck*, Wissen und juristische Person, Wissenszurechnung und Herausbildung zivilrechtlicher Organisationspflichten, 2001, S. 393 ff.

10 RG JW 1935, 2044.

Literatur: *Halm*, Bestellung eines Notvorstandes für politische Parteien nach § 29?, NJW 1973, 2012; *Kirberger*, Die Notwendigkeit der gerichtlichen Liquidatorenbestellung im Falle der Nachtragsliquidation einer wegen Vermögenslosigkeit gelöschten Gesellschaft oder Genossenschaft, Rpfleger 1975, 341; *Reiff*, Entziehung der Vertretungsbefugnis des einzigen Komplementärs einer KG, NJW 1964, 1940. Siehe auch bei Vorbemerkungen zu §§ 21 ff.

A. Allgemeines 1	II. Bestellungsverfahren 5
B. Regelungsgehalt 2	III. Wirkungen der Notbestellung 6
I. Voraussetzungen der Notbestellung 2	

A. Allgemeines

1 § 29 ermöglicht die Wiederherstellung der Handlungsfähigkeit des Vereins durch staatlichen Eingriff. Regelungsgrund ist die Stellung des Vorstands als ein zwingend notwendiges Vereinsorgan (vgl. § 26 Rn 1), dem nach der Satzung zur Beschlussfähigkeit ggf. mehrere Mitglieder angehören müssen (vgl. § 28 Rn 2). Ohne einen (beschlussfähigen) Vorstand ist der Verein nicht handlungsfähig und kann daher nicht am Rechtsverkehr teilnehmen.

B. Regelungsgehalt

I. Voraussetzungen der Notbestellung

2 Für das Fehlen der zur wirksamen Beschlussfassung oder Vertretung erforderlichen Vorstandsmitglieder genügen auf §§ 28, 34 oder 181 beruhende **Verhinderungsgründe** sowie die grundsätzliche Verweigerung der Geschäftsführung, nicht aber die Verweigerung in einem konkreten Fall oder Differenzen zwischen den Vorstandsmitgliedern. Zwar begründen ein Streit zwischen Vereinsmitgliedern und Personen des Vorstands oder Differenzen innerhalb des Vorstands nicht ein Einschreiten des Registergerichts durch Bestellung eines Notvorstands; das entspricht ganz h.M.[1] Anderes gilt aber dann, wenn der Vorstand durch rivalisierende Vorstandsmitglieder blockiert wird und nicht handlungsfähig ist.[2] Typische Verhinderungsgründe sind: Tod, Geschäftsunfähigkeit, Absetzung, Amtsniederlegung, Ablauf der Amtsdauer, Entziehung der Vertretungsbefugnis durch einstweilige Verfügung, längere Krankheit oder Abwesenheit.

3 Das Fehlen ist nur in einem **dringenden Fall** durch Notbestellung auszugleichen. Kein dringender Fall ist z.B., dass ein noch eingetragener Vorstand eine Mitgliederversammlung zur Neuwahl des Vorstands einberufen oder dass das Bestellungsorgan den Vorstand von § 181 befreien kann.[3] Der Verein darf durch eigene Maßnahmen das fehlende Vorstandsmitglied nicht rechtzeitig ersetzen können.[4] Streitig ist die Dringlichkeit, wenn nach § 57 ZPO ein Prozesspfleger bestellt werden kann. U.E. ist Dringlichkeit in dem Fall zu verneinen;[5] maßgebend ist, dass die Bestellung eines Notvorstands sehr viel tiefer in die Vereinsautonomie (vgl. § 21 Rn 11) eingreift als die bloße Bestellung eines Prozesspflegers. Daher ist die Bestellung eines Notvorstands nicht erforderlich, wenn es nur um die Führung eines Prozesses geht. Jedenfalls besteht kein Erfordernis zur Bestellung eines Notvorstands, wenn ein Pfleger nach § 57 ZPO bestellt ist, was auch für das Insolvenzverfahren gilt, jedenfalls wenn die Maßnahme, ggf. in Verbindung mit anderen gerichtlichen Verfügungen (z.B. Verfügungsverbot nach § 21 Abs. 2 Nr. 2 InsO) genügt, Schäden vom Verein abzuwenden.[6]

4 Voraussetzung für die Bestellung ist ein **„Antrag eines Beteiligten"**, wozu jedes Vereinsmitglied, jedes Vorstandsmitglied und jeder Gläubiger des Vereins gehören.[7] Ausnahmsweise soll das Gericht den Notvorstand auch ohne Antrag von Amts wegen bestellen können.[8] Diese Auffassung ist abzulehnen, da die

---

1 BayObLG Rpfleger 1983, 74; BayObLGZ 1998, 179, 184; OLG Frankfurt NJW 1966, 504; OLG Frankfurt OLGR 2001, 82; OLG Köln FGPrax 2002, 264, 265.
2 OLG Köln FGPrax 2002, 264, 266 (zum Fall einer Gewerkschaft); BayObLG Rpfleger 1983, 74; NJW-RR 1999, 1259, 1261.
3 *Reichert*, Rn 1263.
4 OLG Frankfurt DB 2001, 472; BayObLG DB 1995, 2364.
5 Ebenso *Kutzer*, ZIP 2000, 654; Erman/*Westermann*, § 29 Rn 2; vgl. die Motive zum BGB, dazu Staudinger/*Coing*, 11. Aufl., § 29 Rn 8; a.A. Staudinger/*Weick*, § 29 Rn 7; Palandt/*Heinrichs*, § 29 Rn 3; BayObLG NJW-RR 1999, 1259; OLG Zweibrücken ZIP 2001, 973 = NJW-RR 2001, 1057; Bamberger/Roth/*Schwarz*, § 29 Rn 6.
6 OLG Zweibrücken ZIP 2001, 973 = NJW-RR 2001, 1057 (zur GmbH).
7 Palandt/*Heinrichs*, § 29 Rn 4; Bamberger/Roth/*Schwarz*, § 7; MüKo/*Reuter*, § 29 Rn 13; Staudinger/*Weick*, § 29 Rn 8.
8 BayObLG NJW-RR 1989, 265 = BayObLGZ 1988, 410, 413; Soergel/*Hadding*, § 29 Rn 9; MüKo/*Reuter*, § 29 Rn 14; Bamberger/Roth/*Schwarz*, § 29 Rn 8.

Notbestellung immer einen Eingriff in die Vereinsautonomie darstellt (vgl. § 21 Rn 11), die nur in den gesetzlich vorgesehenen Fällen, d.h. bei Antrag eines Beteiligten, zulässig ist.

II. Bestellungsverfahren

Das Bestellungsverfahren richtet sich nach dem FGG. Zuständig ist gemäß § 3 Abs. 1 Nr. 1a RPflG der Rechtspfleger. Das Amtsgericht prüft, ob die Voraussetzungen des § 29 glaubhaft sind.[9] Es prüft den Sachverhalt von Amts wegen. Es hört ggf. noch vorhandene Vorstandsmitglieder sowie weitere Beteiligte nach § 12 FGG an und wählt nach **Ermessen** den Notvorstand aus.[10] Findet das Gericht keine geeignete und zur Übernahme des Amtes bereite Person, soll es den Antrag ablehnen können.[11] Pflichten zur Übernahme des Amtes haben die Mitglieder des Vereins nicht.[12] **Beschwerdeberechtigt** gegen die Bestellung des Notvorstands sind der Verein, die Mitglieder und die Vorstandsmitglieder.[13]

III. Wirkungen der Notbestellung

Der Umfang der Vertretungsmacht und die Dauer des Amtes richtet sich nach dem Bestellungsbeschluss, bei dem das Gericht die Notbestellung an die **satzungsmäßigen Anforderungen** anpassen muss; sieht diese Satzung z.B. Gesamtvertretung vor, darf u.E. das Registergericht dem von ihm Bestellten nicht Einzelvertretungsmacht verleihen.[14]

Das Registergericht soll den von ihm Bestellten von den **Beschränkungen des § 181** befreien dürfen, wenn die Satzung dieses ermöglicht.[15] U.E. fehlt für eine solche Anordnung die gesetzliche Grundlage, da nach § 29 das Gericht Vorstandsmitglieder nur „bestellen" darf. Die Befreiung vom Verbot des § 181 ist nicht Teil des Bestellungsbeschlusses, sondern ein über die Bestellung hinausgehender Eingriff in die Autonomie des Vereins, der einer gesetzlichen ausdrücklichen Grundlage bedürfte. Zudem bedeutet die Befreiung vom Verbot des § 181 eine Gefährdung des Gesellschaftsinteresses, da das von § 181 befreite Organ unweigerlich Interessenkonflikten ausgesetzt ist und somit der gerichtliche Befreiungsbeschluss die latente Gefahr der Schädigung der Gesellschaft auslöst. Eine solche Gefährdung zu ermöglichen sind allein die Vereinsmitglieder berufen.

Ebenso scheidet aus, § 29 als Grundlage für eine **isolierte Befreiung vom Wettbewerbsverbot** oder gar isolierte Einzelbefreiungen vorhandener Vorstandsmitglieder vom Verbot des Insichgeschäfts oder des Wettbewerbsverbots auszuweiten.

Die Bestellung wird erst wirksam, wenn der Bestellte das Amt annimmt.[16] Die Bestellung kann befristet sein; üblicherweise ist die Beschränkung bis zur nächsten Mitgliederversammlung angezeigt. Ist der Notvorstand nur für bestimmte Aufgaben wie z. B. eine Anmeldung zum Vereinsregister bestellt, endet sein Amt mit der Erfüllung dieser Aufgabe.[17] Sonst endet die Bestellung mit der Behebung des Mangels, wenn also die Mitgliederversammlung oder das sonstige Bestellungsorgan die erforderlichen Mitglieder des Vorstands selbst bestellt. Das Gericht kann den Notvorstand aus wichtigem Grund abberufen.[18] Die Bestellung wird gemäß §§ 67 Abs. 2, 64, 70, 68 (analog) von Amts wegen im Vereinsregister eingetragen.

Durch die Bestellung kommt zunächst nur ein Bestellungsverhältnis (Organstellung) zustande. Mit der Annahme des Amts als Notvorstand kann aber ein honorierungspflichtiges (§ 612) Dienstvertragsverhältnis mit dem Verein zustande kommen. Für dessen Regelung ist nicht das den Notvorstand bestellende Gericht zuständig, sondern das übliche Prozessgericht, da der Bestellungsbeschluss mangels einer gesetzlichen Ermächtigung nicht die Anstellung regeln darf.[19]

---

9 RGZ 105, 401; Soergel/*Hadding*, § 29 Rn 10; Bamberger/Roth/*Schwarz*, § 29 Rn 9; MüKo/*Reuter*, § 29 Rn 13; a.A. *Reichert*, Rn 1268, der Darlegung von Tatsachen genügen lässt.
10 BayObLGZ 1978, 248; 1980, 306, 309; BayObLG Rpfleger 1992, 1114.
11 OLG Hamm NJW-RR 1996, 996.
12 KG NJW-RR 2001, 900 zum GmbH-Gesellschafter.
13 BayObLG NJW-RR 1997, 289; OLG Schleswig NZG 2004, 669 = DB 2004, 1306 zur AG.
14 BayObLG Rpfleger 1992, 114; KG OLGZ 1965, 332; KG OLGZ 1968, 200, 207; MüKo/*Reuter*, § 29 Rn 18; Palandt/*Heinrichs*, § 29 Rn 7.
15 Palandt/*Heinrichs*, § 29 Rn 7; OLG Düsseldorf ZIP 2002, 481, 483 zur GmbH.
16 Bamberger/Roth/*Schwarz*, § 29 Rn 11; Palandt/*Heinrichs*, § 29 Rn 6; Staudinger/*Weick*, § 27 Rn 11 lässt für die Wirksamkeit schon die Bekanntgabe an den Bestellten genügen.
17 BayObLG, Beschl. v. 9.7.2004 – 3Z BR 012/04, abrufbar über Juris Web.
18 OLG Düsseldorf NJW-RR 1997, 1398; OLG Düsseldorf ZIP 2002, 481.
19 Sehr str., vgl. einerseits BayObLGZ 1973, 59, 62 f.; LG Hamburg MDR 1971, 298; a.A. MüKo/*Reuter*, § 30 Rn 15; Bamberger/Roth/*Schwarz*, § 29 Rn 15; Palandt/*Heinrichs*, § 29 Rn 9; BayObLG NJW-RR 1988, 1500; *Reichert*, Rn 1279.

§ 30 Besondere Vertreter

¹Durch die Satzung kann bestimmt werden, dass neben dem Vorstand für gewisse Geschäfte besondere Vertreter zu bestellen sind. ²Die Vertretungsmacht eines solchen Vertreters erstreckt sich im Zweifel auf alle Rechtsgeschäfte, die der ihm zugewiesene Geschäftskreis gewöhnlich mit sich bringt.

Literatur: *Barfuss*, Die Stellung besonderer Vertreter gem. § 30 BGB in der zivilprozessualen Beweisaufnahme, NJW 1977, 1273. Siehe auch bei Vorbemerkungen zu §§ 21 ff.

A. Allgemeines

1 § 30 soll insbesondere größeren Vereinen ermöglichen, sich eine differenzierte Vertretungsorganisation zu geben. Sie sollen unterhalb der Vorstandsebene ein zusätzliches Vereinsorgan schaffen können, das nur beschränkte Zuständigkeiten hat, für das der Verein aber nach § 31 haftungsrechtlich verantwortlich ist.

B. Regelungsgehalt

2 Voraussetzung der Bestellung eines besonderen Vertreters ist eine satzungsmäßige Grundlage. Nach streitiger, aber zutreffender Auffassung erfordert dies eine **formelle Satzungsvorschrift**, da der besondere Vertreter aufgrund bewusster Entscheidung des Satzungsgebers seinen Platz im Organgefüge bekommen soll. Zudem scheitern beim e.V. materielle Satzungserweiterungen, die nicht formell etabliert sind, am konstitutiven Eintragungserfordernis des § 71.¹ Genügend ist, dass sich die Notwendigkeit eines besonderen Vertreters aus dem Gesamtinhalt der Satzung und der daraus ersichtlichen Bezeichnung eines nicht schon durch den Vorstand zu erledigenden Geschäftskreises ergibt.²

3 Die **Vertretungsmacht** des besonderen Vertreters ist auf die für den Geschäftskreis gewöhnlichen Geschäfte beschränkt; weitere Einschränkungen bis hin zum Ausschluss der Vertretungsmacht sind durch die Satzung möglich.³

4 Für die Bestellung des besonderen Vertreters ist die **Mitgliederversammlung** zuständig. Denkbar ist auch eine satzungsmäßige Grundlage für seine Bestellung durch den Vorstand.⁴ Da für den Verein das Prinzip der Drittorganschaft gilt (vgl. § 26 Rn 1), kann besonderer Vertreter auch ein Nichtvereinsmitglied sein.

5 Der besondere Vertreter ist entsprechend § 64 im Vereinsregister einzutragen.⁵

6 Im Prozess ist der besondere Vertreter **Zeuge**, nicht Partei.⁶

§ 31 Haftung des Vereins für Organe

¹Der Verein ist für den Schaden verantwortlich, den der Vorstand, ein Mitglied des Vorstands oder ein anderer verfassungsmäßig berufener Vertreter durch eine in Ausführung der ihm zustehenden Verrichtungen begangene, zum Schadensersatz verpflichtende Handlung einem Dritten zufügt.

Literatur: *v. Bar*, Zur Struktur der Deliktshaftung von juristischen Personen, ihren Organen und ihren Verrichtungsgehilfen, in: FS Kitagawa 1992, S. 279; *v. Caemmerer*, Objektive Haftung, Zurechnungsfähigkeit und Organhaftung, in: FS Flume I 1978, S. 359; *Coing*, Die Vertretungsordnung juristischer Personen und deren Haftung gemäß § 31 BGB, in: FS R. Fischer 1979, S. 65; *Eisele*, Haftungsfreistellung von Vereinsmitgliedern und Vereinsorganen in nichtwirtschaftlichenschaftlichen Vereinen, 1998; *Franzke/Hansen*, Der Belegarzt – Stellung und Haftung im Verhältnis zum Krankenhausträger, NJW 1996, 737; *Helms*, Schadensersatzansprüche wegen Beeinträchtigung der Vereinsmitgliedschaft, 1998, 150; *Kleindiek*, Deliktshaftung und juristische Person, 1997; *Martinek*, Die Organhaftung nach § 31 BGB als allgemeines Prinzip der Haftung von Personenverbänden für ihre Repräsentanten, Diss. Berlin 1978; *ders.*, Repräsentantenhaftung, 1979; *Medicus*, Die Außenhaftung des Führungspersonals juristischer Personen im Zusammenhang mit Produktionsmängeln, GmbHR 2002, 809; *Nitschke*, Die Anwendbarkeit des im § 31 enthaltenen Rechtsgedankens auf alle Unternehmensträger, NJW 1969, 1737;

---

1 MüKo/*Reuter*, § 30 Rn 6; Erman/*Westermann*, § 30 Rn 2; Soergel/*Hadding*, § 30 Rn 5; a.A. RGRK/*Steffen*, § 30 Rn 5, der eine auf langer Übung oder betrieblicher Anordnung beruhende Stellung ausreichend sein lässt.
2 RGZ 117, 64; BGH NJW 1977, 2259; Erman/*Westermann*, § 30 Rn 2; Staudinger/*Weick*, § 30 Rn 3.
3 Erman/*Westermann*, § 30 Rn 4.
4 BayObLG Rpfleger 1999, 3332.
5 BayObLGZ 1981, 71 = NJW 1981, 2068; vgl. auch OLG Hamm OLGZ 1978, 21, 26; MüKo/*Reuter*, § 30 Rn 14; a.A. Soergel/*Hadding*, § 30 Rn 14; Erman/*Westermann*, § 30 Rn 3.
6 Palandt/*Heinrichs*, § 30 Rn 6; Bamberger/Roth/*Schwarz*, § 30 Rn 11; *Barfuß*, NJW 1977, 1273 f.; Soergel/*Hadding*, § 30 Rn 11; a.A MüKo/*Reuter*, § 30 Rn 15; *Reichert*, Rn 1572.

Röckrath, Die Haftung des Sportvereins als Veranstalter unter besonderer Berücksichtigung des Bergsports, SpuRt 2003, 189; *C. Schäfer*, Die Lehre vom fehlerhaften Verband, 2002; *Schmiedel*, Die sogenannte Organhaftung und die Gesellschaft bürgerlichen Rechts, in: FS Rödig 1978, S. 261; *Sellert*, Zur Anwendung der §§ 831, 31 BGB auf die Gesellschaft bürgerlichen Rechts, AcP 175 (1975), 77; *Ulmer*, Die höchstrichterlich „enträtselte" Gesellschaft bürgerlichen Rechts, ZIP 2001, 585; *ders.*, Die Lehre von der fehlerhaften Gesellschaft, in: FS Flume II 1978, S. 301; *ders.*, Unbeschränkte Gesellschafterhaftung in der Gesellschaft bürgerlichen Rechts, ZGR 2000, 339; *Ulmer/Steffek*, Grundbuchfähigkeit einer rechts- und parteifähigen GbR, NJW 2002, 330; *Waldner*, Anwendung des § 31 BGB auf die GbR – der vorletzte Schritt auf dem Weg zur oHG, NZG 2003, 620; *Westermann*, Haftung für fremdes Handeln, JuS 1961, 333, 382; *Wilhelm*, Rechtsform und Haftung bei der juristischen Person, 1981.

A. Allgemeines	1	III. „In Ausführung der ihm zustehenden Verrichtungen"	10
B. Regelungsgehalt	4	IV. Wer ist „Dritter"?	13
I. „Verfassungsmäßig berufener Vertreter" . . .	4	V. Gesamtschuld von Verein und Vertreter . . .	14
II. Wofür haftet der Verein?	8	VI. Darlegungs- und Beweislast	15

A. Allgemeines

§ 31 soll verhindern, dass sich juristische Person außerhalb vertraglicher Verhältnisse immer auf die Entlastungsmöglichkeit des § 831 berufen können. Der juristischen Person sind die Handlungen ihrer Organe als ihre eigenen Handlungen zuzurechnen, unabhängig von der Einordnung der Handelnden als Organ nach der Organtheorie oder als Vertreter nach der Vertretungstheorie (vgl. vor § 21 Rn 6, § 26 Rn 1). § 31 ist keine haftungsbegründende, sondern eine **haftungszuweisende Norm**.[1] Die Motive zum BGB begründen die Haftung des Vereins für seine Vertreter nach § 31 damit, „daß wenn eine Körperschaft durch die Vertretung die Möglichkeit gewinnt, im Rechtsverkehr handelnd aufzutreten, ihr auch angesonnen werden müsse, die Nachteile zu tragen, welche die künstlich gewährte Vertretung mit sich bringe, ohne daß sie in der Lage sei, Dritte auf den häufig unergiebigen Weg der Belangung des Vertreters zu verweisen"; daher sei die Körperschaft „für alle widerrechtlichen, zum Schadensersatz verpflichtenden Handlungen des Vertreters verantwortlich zu machen, sofern nur dieselben in Ausübung der Vertretungsmacht begangen sind".[2]

Die Satzung kann gemäß § 40 die **Haftung nach § 31 nicht abbedingen**. In Vertragsverhältnissen kann sich der Verein im Rahmen des gesetzlich Zulässigen von der Haftung nach § 31 freizeichnen. Möglich ist also ein **vertraglicher Haftungsausschluss** für Fahrlässigkeit, nicht aber für Vorsatz, da die Haftung auf § 276 Abs. 3, nicht aber auf § 278 S. 2 beruht.[3] Für formularmäßige Haftungsbeschränkungen gelten die §§ 307, 309 Nr. 7 und 8[4] sowie ggf. § 475.

§ 31 hat einen **umfassenden Anwendungsbereich**. Unmittelbar bzw. kraft ausdrücklicher Verweisung ist § 31 anwendbar auf den eingetragenen nicht wirtschaftlichen sowie den wirtschaftlichen und den ausländischen Verein, gemäß §§ 86 S. 1 und 89 Abs. 1 auf rechtsfähige Stiftungen des Privatrechts sowie juristischen Personen des öffentlichen Rechts. Anwendbar ist § 31 auch bei Delikten ausländischer Gesellschaften im Inland.[5] Zudem gilt § 31 für alle juristischen Personen (einschließlich Vorverein, Vor-GmbH, etc.), analog für OHG, KG, Partnerschaftsgesellschaft und Außen-GbR (vgl. AnwK-BGB/*Heidel*, § 705 Rn 19 und § 714 Rn 11), den nicht rechtsfähigen Verein (vgl. § 54 Rn 16) sowie (str.) für Sondervermögen unter Sonderverwaltung (wie Nachlass unter Testamentsvollstreckung und Insolvenzmasse hinsichtlich Handlungen des Insolvenzverwalters), nicht aber für die Erbengemeinschaft (str.), Eigentümergemeinschaft nach dem WEG sowie (str.) einzelkaufmännische Unternehmen.[6]

B. Regelungsgehalt

I. „Verfassungsmäßig berufener Vertreter"

Der Verein ist verantwortlich für den Schaden, den „der Vorstand, ein Mitglied des Vorstands oder ein anderer verfassungsmäßig berufener Vertreter" dem Dritten zufügt. Zum **„Vorstand"** und seinen Mitgliedern gehört neben dem Vertretungsorgan Vorstand gemäß § 26 auch ein ggf. in seiner Vertretungsmacht beschränkter

---

1 BGHZ 99, 298, 302 = NJW 1987, 1193, 1194; Palandt/*Heinrichs*, § 31 Rn 2; Erman/*Westermann*, § 31 Rn 1.
2 Motive I, S. 103 = *Mugdan* I, S. 409.
3 RGZ 157, 232; BGHZ 13, 198, 203 = NJW 1954; BGH NJW 1973, 456; 1193; Bamberger/Roth/*Schwarz*, § 32 Rn 25; Palandt/*Heinrichs*, § 31 Rn 4; Erman/*Westermann*, § 31 Rn 2.
4 Vgl. auch Staudinger/*Weick*, § 31 Rn 50.
5 OLG Köln NJW-RR 1998, 756.
6 Vgl., jeweils mit zahlr. Nachw. aus Rspr. und Lit., Palandt/*Heinrichs*, § 31 Rn 3; Erman/*Westermann*, § 31 Rn 1; Bamberger/Roth/*Schwarz*, § 31 Rn 2 f.; MüKo/*Reuter*, § 31 Rn 11 ff.; Staudinger/*Weick*, § 31 Rn 42 ff.; Jauernig/*Jauernig*, § 31 Rn 2.

„Gesamtvorstand" (vgl. § 26 Rn 2). Auch Notvorstand bzw. Notvorstands-Mitglied (§ 29) sind Vorstand i.S.d. Vorschrift. Bei Gesamtvertretung des Vorstands genügt das Verschulden eines Vertreters.[7]

5 Was **„ein anderer verfassungsmäßig berufener Vertreter"** ist, beantwortet die ständige Rechtsprechung und ganz herrschende Lehre nicht nur mit Blick auf § 30, sondern legt § 31 sehr weit und mit Analogieschlüssen aus und erstreckt die Vorschrift analog auf andere Körperschaften. Der Vertreter braucht weder Vertretungsmacht zu besitzen, noch braucht seine Bestellung eine satzungsmäßige Grundlage zu haben. Der Verein soll nämlich nicht entscheiden können, für wen er gemäß § 31, d.h. ohne Entlastungsmöglichkeit nach § 831 Abs. 1 S. 2, haften soll. Eine Leitentscheidung des BGH zu dieser Frage stammt aus den 1960er Jahren. Dort heißt es: „Verfassungsmäßig berufene Vertreter im Sinne des § 31 BGB sind nicht nur Personen, deren Tätigkeit in der Satzung der juristischen Person vorgesehen ist; auch brauchen sie nicht mit rechtsgeschäftlicher Vertretungsmacht ausgestattet zu sein. Es braucht sich auch nicht um einen Aufgabenbereich innerhalb der geschäftsführenden Verwaltungstätigkeit der juristischen Person zu handeln. Vielmehr genügt es, daß dem Vertreter durch die allgemeine Betriebsregelung und Handhabung **bedeutsame, wesensmäßige Funktionen der juristischen Person zur selbständigen, eigenverantwortlichen Erfüllung zugewiesen** sind, daß er also die juristische Person auf diese Weise repräsentiert".[8] Weisungsgebundenheit des Vertreters im Innenverhältnis ist unschädlich; es genügt das selbständige Auftreten des Vertreters nach außen.[9]

6 **Beispiele** anerkannter Vertreter: Filialleiter einer AG; Leiter einer Zweigwerft einer AG; technischer Betriebsleiter einer von einer AG betriebenen Fabrik; Leiter einer Warenhausfiliale einer GmbH; Filialleiter einer Kreditauskunftei; Vorsteher einer Weidgenossenschaft; weitgehend selbständiger und eigenverantwortlicher Leiter des innerbetrieblichen Transportwesens einer größeren KG; Grubenvorstand einer bergrechtlichen Gewerkschaft; Hauswirtschaftsleiter eines Altenheims; örtlicher Streikleiter einer Gewerkschaft; Chefarzt eines Krankenhauses; als Vertreter des Chefarztes eingesetzter Oberarzt; Filialleiter einer Bank oder Sparkasse; der Vorsitzende eines selbständigen Bezirksverbandes; der Leiter der Rechtsabteilung eines Presseverlages; Betriebsdirektor einer Kleinbahn; Filialleiter eines Selbstbedienungsladens oder eines Warenhauses; Sachbearbeiter, dem wichtige Angelegenheiten zur eigenverantwortlichen Erledigung übertragen sind; selbständiger Handelsvertreter im Außendienst, dem übergeordnete Aufgaben übertragen sind; Mitarbeiter der Presse, der über Veröffentlichungen zu entscheiden haben, die die Rechte Dritter verletzen können, auch bei Anzeigengeschäft; Prokurist, dem die selbständige Durchführung einer Baumaßnahme übertragen ist.[10]

7 Die Rechtsprechung ist bei der weiten Auslegung des Begriffs des „verfassungsmäßig berufenen Vertreters" nicht stehen geblieben. Sie wendet § 31 entsprechend an auf das schädigende Verhalten **anderer Vereinsorgane wie Mitgliederversammlung, Aufsichtsrat oder Disziplinarausschuss** – nicht aber auf Vereinsschiedsgericht und Vereinsschiedsrichter.[11] Der Personenkreis, für den zu haften ist, ist immer mehr von dem Begriff des verfassungsmäßig berufenen Vertreters gelöst und zu einer **Repräsentantenhaftung** entwickelt worden: Wer die juristische Person nach äußerem Eindruck eigenverantwortlich repräsentiert[12] (vgl. Rn 5), für den muss der Verein haften; der Verein soll die Verantwortung für die selbständige Wahrnehmung seiner Aufgaben durch die dazu in Verfolgung des satzungsmäßigen Zwecks ordnungsgemäß eingesetzte Person tragen.[13]

---

7 BGHZ 98, 148 = DB 1986, 2275 = NJW 1986, 2941.
8 BGHZ 49, 19, 21 = NJW 1968, 391; ähnlich BGH VersR 1962, 664; BAG NJW 1997, 3261; BGH NJW 1977, 2259; vgl. auch RGZ 91, 1, 3; RGZ 163, 21, 30; BGH NJW 1972, 334; 1998, 1854, 1856.
9 BGH NJW 1977, 2260; KG DB 1996, 2381.
10 Beispiele nach Staudinger/*Weick*, § 31 Rn 51 ff.; Bamberger/Roth/*Schwarz*, § 31 Rn 8; MüKo/*Reuter*, § 31 Rn 19 ff.; Palandt/*Heinrichs*, § 31 Rn 9, dort jeweils m.w.N.
11 Bamberger/Roth/*Schwarz*, § 31 Rn 9; Staudinger/ *Weick*, § 31 Rn 38; Palandt/*Heinrichs*, § 31 Rn 5;

Soergel/*Hadding*, § 31 Rn 11; offen gelassen in BGHZ 36, 296 = NJW 1962, 864; zu Recht krit., soweit die Organe nicht nach außen auftreten, MüKo/ *Reuter*, § 31 Rn 23.
12 BGHZ 49, 19, 21 = NJW 1968, 391.
13 Erman/*Westermann*, § 31 Rn 1, der sich dabei stützt auf BGH NJW 1977, 2259; 1984, 922 und OLG Nürnberg WM 1988, 120; vgl. zum Gedanken der Repräsentantenhaftung auch *Martinek*, Repräsentantenhaftung, S. 196 ff.; MüKo/*Reuter*, § 31 Rn 3 ff.

II. Wofür haftet der Verein?

Grundsätzliche Haftungsvoraussetzung ist, dass der „Vertreter" (vgl. Rn 4 ff.) eine „zum Schadensersatz verpflichtende Handlung" begangen hat. Der **Rechtsgrund der Schadensersatzpflicht ist unbeachtlich**; § 31 ist einschlägig bei Verletzung von (vor-)vertraglichen Pflichten (§§ 280 ff., 311), schuldlosen zum Schadensersatz verpflichtenden Handlungen (§§ 228, 231, 904), unerlaubten Handlungen (§§ 823 ff.) und Gefährdungshaftung (z.B. § 7 StVG). In Betracht kommen also alle Rechtsgründe, aus denen eine Schadensersatzpflicht erwachsen kann. Gehaftet wird nicht nur für aktives Tun, sondern auch für Unterlassen, wenn eine Rechtspflicht zum Handeln besteht (z.B. Verkehrssicherungspflicht oder Aufsichtspflicht).[14] Einen Fall des Verstoßes gegen **Verkehrssicherungspflichten** behandelt z.B. der BGH-Fall eines Sportvereins, der einem verletzten Kind haftet, wenn der Vorstandsvorsitzende den Sportplatz mähen lässt und damit jemanden betraut, der den eingesetzten Rasenmäher nicht bedienen darf.[15]

Darüber hinaus hat die Rechtsprechung die Haftung durch eine Pflicht des Vereins erweitert, für **Organisationsmängel** einzustehen. Die juristische Person müsse sich so organisieren, dass für alle wichtigen Aufgabengebiete ein verfassungsmäßiger Vertreter zuständig ist, der die wesentlichen Entscheidungen selbst trifft; entspricht die Organisation diesen Anforderungen nicht, müsse sich die juristische Person so behandeln lassen, als wäre der tatsächlich eingesetzte Verrichtungsgehilfe ein verfassungsmäßiger Vertreter.[16] Die Literatur kommt zwar zu ähnlichen Ergebnissen, votiert aber für eine analoge Anwendung des § 31.[17]

III. „In Ausführung der ihm zustehenden Verrichtungen"

Die schadensverursachende Handlung nimmt der „Vertreter" (vgl. Rn 4 ff.) in Ausführung der ihm zustehenden Verrichtungen nur vor, wenn ein innerer **sachlicher, nicht nur rein zufälliger und örtlicher Zusammenhang** zwischen seinem Aufgabenkreis (seiner amtlichen Eigenschaft)[18] und der schädigenden Handlung besteht.[19] Kein maßgebendes Kriterium ist, ob das Organ seine Vertretungsmacht überschritten hat. Fälle des Überschreitens der Vertretungsmacht sind gerade Standardfälle der Haftung nach § 31; der Vertreter handelt erst außerhalb der ihm zustehenden Verrichtungen, wenn er für einen Außenstehenden erkennbar außerhalb des Rahmens der ihm übertragenen Aufgaben handelt.[20]

Handelt **ein „Vertreter" für mehrere Vereine** oder sonstige Haftungsträger, haftet derjenige Haftungsträger, für den der „Vertreter" nach einer objektiven Sicht eines Außenstehenden gehandelt hat.[21] Über die Zuordnung wird man oft streiten können: Nach dem BGH soll z.B. eine juristische Person JP1, die ihr Vorstandsmitglied V in den Aufsichtsrat einer juristischen Person JP2 entsendet, nicht für das Verhalten von V nach § 31 haften, obwohl V im Aufsichtsrat dafür sorgt, die Interessen der JP1 zu bevorzugen und die JP2 zu schädigen; eine solche Haftung für eine „pflichtmäßige Wahrnehmung" des Amtes im Aufsichtsrat sei unvereinbar mit der unabhängigen und eigenverantwortlichen Rechtsstellung eines Aufsichtsratsmitglieds.[22] Diese Sichtweise des BGH übersieht, dass V aufgrund der Entsendung durch JP1 in den Aufsichtsrat der JP2 erkennbar in Erfüllung seiner „Verrichtungen" gegenüber JP1 handelt; JP1 muss daher u.E. für das Fehlverhalten des V einstehen.

Weitere **Beispiele** zur Ausführung der dem Vertreter „zustehenden Verrichtungen": Ein Bankfilialleiter nimmt unter Ausnutzung seiner Stellung betrügerische Handlungen zum Nachteil eines Kunden vor;[23] ein Bankfilialleiter verleitet einen Kunden durch Täuschung zur Darlehensgewährung an einen anderen Kunden, um dessen Schuldsaldo bei der Bank zu verringern;[24] ein Bürgermeister erschwindelt unter Vorlage gefälschter städtischer Unterlagen einen Kredit und verbraucht ihn für sich selbst;[25] ein Gesamtvertreter tritt als alleinvertretungsberechtigt auf und begeht unerlaubte Handlungen;[26] ein Gesamtvertreter täuscht die

---

14 MüKo/*Reuter*, § 31 Rn 29; Soergel/*Hadding*, § 31 Rn 14; Staudinger/*Weick*, § 31 Rn 4 ff.; Bamberger/Roth/*Schwarz*, § 31 Rn 10 f.

15 BGH BB 1991, 1453 = NJW-RR 1991, 668; vgl. auch BGH NJW-RR 1991, 281 zu Pflichten des Luftsportvereins gegenüber seinen Mitgliedern.

16 Zusammenfassung der Rspr. bei Palandt/*Heinrichs*, § 31 Rn 7; vgl. aus der Rspr. BGHZ 24, 200, 213 = NJW 1957, 315; BGH NJW 1980, 2810; RGZ 157, 235; BGHZ 13, 198, 203; 39, 124, 129 f. = DB 1963, 478 = NJW 1963, 902.

17 *Larenz*, BGB AT, 7. Aufl. 1989, S. 164 ff.; *Larenz/Wolf*, BGB AT, § 10 Rn 92; Soergel/*Hadding*, 31 Rn 18; MüKo/*Reuter*, § 31 Rn 7 f.; *Hassold*, JuS 1982, 583.

18 BGH NJW 1980, 115.

19 BGHZ 49, 19, 23 = NJW 1968, 391; BGHZ 98, 148 = DB 1986, 2275 = NJW 1986, 2941; BGH NJW 1972, 335; 1977, 2259, 2260; 1980, 115, 116; vgl. schon RGZ 94, 318, 320; 104, 286, 288; 117, 61, 65.

20 BGHZ 98, 148 = DB 1986, 2275 = NJW 1986, 2941; BGHZ 99, 298 = NJW 1987, 1193; BGH NJW 1980, 115.

21 OLG Frankfurt OLGZ 1985, 112 = WRP 1985, 33.

22 BGHZ 90, 381, 398 = DB 1984, 1188 = NJW 1984, 1893.

23 BGH NJW 1977, 2259.

24 BGH NJW-RR 1990, 484.

25 BGH NJW 1980, 115.

26 BGH NJW 1952, 537, 538.

Verbindlichkeit einer allein von ihm abgegebenen Willenserklärung vor,[27] Haftung einer Taxivereinigung e.V. für den Schaden, der durch Untreue seines ersten Vorsitzenden in Zusammenhang mit der Übertragung einer Taxikonzession entstanden ist.[28]

IV. Wer ist „Dritter"?

13 Dritter kann jede außerhalb des Vereins stehende Person oder Personengemeinschaft sowie jedes Vereinsmitglied oder Mitglied eines Vereinsorgans sein, nicht hingegen ein Vereinsorgan als solches. Vereinsmitglieder können den Verein nach § 31 z.B. haftbar machen, wenn der Verein durch seine Vertreter gegenüber dem Mitglied eine sich aus Satzung oder Mitgliedschaftsverhältnis ergebende Pflicht schuldhaft verletzt hat.[29] Schadensersatzansprüche können den Vereinsmitgliedern gegen den Verein auch nach § 823 Abs. 1, § 826 i.V.m. § 31 zustehen, wenn der Verein einem Mitglied gegenüber schuldhaft eine sich aus der Satzung oder dem Mitgliedschaftsverhältnis ergebende Pflicht verletzt.[30]

V. Gesamtschuld von Verein und Vertreter

14 Der „Vertreter" (vgl. Rn 4 ff.) kann regelmäßig persönlich in die Verantwortung genommen werden und haftet dann neben dem Verein mit wechselseitigen Ausgleichspflichten.[31]

VI. Darlegungs- und Beweislast

15 Der geschädigte Dritte muss grundsätzlich darlegen und beweisen, dass er durch den „Vertreter", den er ggf. nicht namentlich benennen muss, geschädigt worden ist.[32] Nimmt der Verein ein Organmitglied in Anspruch, muss er dessen objektive Pflichtverletzung und den Schaden darlegen und beweisen. Das Organmitglied muss demgegenüber darlegen und beweisen, dass ihn kein Verschulden trifft oder dass der Schaden auch bei pflichtgemäßem Alternativverhalten eingetreten wäre (vgl. § 93 Abs. 2 AktG).

§ 32 Mitgliederversammlung; Beschlussfassung

(1) ¹Die Angelegenheiten des Vereins werden, soweit sie nicht von dem Vorstand oder einem anderen Vereinsorgan zu besorgen sind, durch Beschlussfassung in einer Versammlung der Mitglieder geordnet. ²Zur Gültigkeit des Beschlusses ist erforderlich, dass der Gegenstand bei der Berufung bezeichnet wird. ³Bei der Beschlussfassung entscheidet die Mehrheit der erschienenen Mitglieder.

(2) ¹Auch ohne Versammlung der Mitglieder ist ein Beschluss gültig, wenn alle Mitglieder ihre Zustimmung zu dem Beschluss schriftlich erklären.

Literatur: *Adams/Maßmann*, Vereinsreform in Deutschland, ZRP 2002, 128; *Eichler*, Probleme des Vereinsrechts aus Sicht der Registergerichte, Rpfleger 2004, 196; *Happ*, Stimmbindungsverträge und Beschlußfassung, ZGR 1984, 168; *Keilbach*, Das Erfordernis einfacher Mehrheit in Vereinssatzungen, DNotZ 1998, 597; *ders.*, Fragen des Vereinsregisters, DNotZ 2001, 671; *Kölsch*, Die Form der Einberufung der Mitgliederversammlung eines eingetragenen Vereins, Rpfleger 1985, 137; *Morlok*, Mitgliederentscheid und Mitgliederbefragung, ZRP 1996, 447; *Noack*, Fehlerhafte Beschlüsse in Gesellschaften und Vereinen, 1989; *Ott*, Reform des privaten Vereinsrechts?, ZRP 2002, 433; *Reuter*, Die Verfassung des Vereins gem. § 25 BGB, ZHR 148 (1984), 523; *Säcker/Oetker*, Probleme der Repräsentation von Großvereinen, 1986; *K. Schmidt*, Die Beschlußanfechtungsklage bei Vereinen und Personengesellschaften, in: FS Stimpel 1985, S. 217; *Schwarz*, Die Mehrheitsvertretung des Vereinsvorstandes und deren Eintragung im Vereinsregister, Rpfleger 2003, 1; *Segna*, Vereinsreform, NZG 2002, 1048; *Trouet*, Auswirkungen der BGH-Rechtsprechung auf die Stimmmehrheit nach Vereinsrecht, NJW 1983, 2865. Siehe auch bei Vorbemerkungen zu §§ 21 ff.

---

27 BGHZ 98, 148 = DB 1986, 2275 = NJW 1986, 2941.
28 OLG Frankfurt zfs 2002, 272.
29 BGHZ 90, 92, 95 = DB 1984, 1138 = NJW 1984, 1884; BGHZ 110, 323 = NJW 1990, 2877, 2878; vgl. auch OLG München NJW 1988, 1030; OLG Hamm NJW-RR 1993, 1179.
30 Vgl. BGHZ 90, 92 = DB 1984, 1138 = NJW 1984, 1884; BGHZ 110, 323 = NJW 1990, 2877; vgl. anschaulich SchlHOLG SchlHA 2002, 258; OLG Hamm SpuRt 2003, 166.
31 Vgl. MüKo/*Reuter*, § 31 Rn 43 f.; Bamberger/Roth/*Schwarz*, § 31 Rn 26; Staudinger/*Weick*, § 31 Rn 49; Palandt/*Heinrichs*, § 31 Rn 15; Erman/*Westermann*, § 31 Rn 9.
32 Bamberger/Roth/*Schwarz*, § 31 Rn 27; MüKo/*Reuter*, § 31 Rn 42.

A. Allgemeines	1	III. Beschlussfassung der Mitgliederversammlung	16
B. Regelungsgehalt	2	1. Versammlungsleitung	17
I. Zuständigkeit der Mitgliederversammlung (Abs. 1)	3	2. Beschlussfähigkeit	18
1. Gesetzliche Regelung	3	3. Stimmabgabe	19
2. Abweichende Gestaltung	6	4. Mehrheit	20
II. Einberufung	8	IV. Beschlussmängel	22
1. Zuständigkeit	9	1. Vorliegen eines Mangels	22
2. Form	11	2. Beruhensfrage	24
3. Ort und Zeit	12	3. Verfahrensrechtliche Geltendmachung	25
4. Tagesordnung	13	V. Beschlussfassung ohne Versammlung (Abs. 2)	26

A. Allgemeines

§ 32 BGB ist die zentrale Norm für die Willensbildung im Verein. Abs. 1 S. 1 regelt die Zuständigkeit der Mitgliederversammlung und deren grundsätzliches Verhältnis zu den anderen Vereinsorganen. Abs. 1 S. 2 und 3 befassen sich mit der Einberufung und der Abstimmungsmehrheit. Gegenstand von Abs. 2 ist die Wirksamkeit von Beschlussfassungen außerhalb der Mitgliederversammlung. 1

B. Regelungsgehalt

Die Mitgliederversammlung (auch Haupt-, General-, Vollversammlung oder Konvent) ist nicht die Summe der Vereinsmitglieder. Sie ist die Gesamtheit derjenigen Mitglieder, die auf eine ordnungsgemäße Einberufung[1] hin erschienen sind. 2

I. Zuständigkeit der Mitgliederversammlung (Abs. 1)

1. Gesetzliche Regelung. Nach Abs. 1 S. 1 hat die Mitgliederversammlung die Angelegenheiten des Vereins zu besorgen. Das Gesetz postuliert die Mitgliederversammlung damit als das oberste Entscheidungsorgan des Vereins.[2] Die Entscheidung geschieht durch Beschlussfassung des Plenums. 3

Der Mitgliederversammlung kommt grundsätzlich eine **Allzuständigkeit** für die innere Organisation des Vereins zu; ihre Zuständigkeit wird gesetzlich vermutet.[3] Ausdrücklich zugewiesene Aufgaben sind die Bestellung und Kontrolle des Vorstandes sowie etwaiger anderer Vereinsorgane (§ 27), Satzungsänderungen (§ 33), die Entscheidung über die Vereinsauflösung (§ 41) sowie die Bestimmung von Anfallberechtigten (§ 45) und Liquidatoren (§ 48). **Ausnahmen** von der Zuständigkeitsvermutung bestehen, wenn diese gesetzlich oder durch die Satzung angeordnet sind. So obliegt etwa nach § 26 Abs. 2 dem Vorstand die Vertretung des Vereins nach außen. Die Vertretungsbefugnis des Vorstands wird durch § 32 nicht berührt;[4] die Mitgliederversammlung kann dem Vorstand bzgl. der Geschäftsführung aber gemäß §§ 27 Abs. 3, 665 Weisungen erteilen. 4

Ferner kann die Mitgliederversammlung durch Satzungsänderung neue Organe schaffen und ihnen Funktionen zuweisen (sog. **Kompetenz-Kompetenz**).[5] Sind diese handlungsunfähig, ist die Mitgliederversammlung ersatzweise zuständig; das gilt gemäß § 29 indes nicht für eine Handlungsunfähigkeit des Vorstands. 5

2. Abweichende Gestaltung. Nach § 40 ist § 32 dispositiv; die Aufgabenbereiche der Mitgliederversammlung können daher sowohl erweitert als auch beschnitten werden. Eine völlige Abschaffung der Mitgliederversammlung ist jedoch ausgeschlossen,[6] zumal die zwingenden Vorschriften der §§ 36, 37, 41 ihre Existenz voraussetzen. Indes ist es nach allgemeiner Ansicht zulässig, durch Satzung die Mitgliederversammlung durch eine **Vertreterversammlung** zu ersetzen. Von dieser Möglichkeit wird in Großvereinen regelmäßig Gebrauch gemacht.[7] Voraussetzung dafür ist, dass die Satzung eindeutig die Bestellung und Zusammensetzung der Delegiertenversammlung regelt.[8] Für den nichtrechtsfähigen Verein ist allerdings anerkannt, dass 6

---

1 BGHZ 59, 369, 373 = NJW 1973, 235; Staudinger/Weick, § 32 Rn 8; ähnlich Bamberger/Roth/Schwarz, § 32 Rn 2.
2 A.A. wohl K. Schmidt, GesR, 4. Aufl. 2002, § 24 III 3a: die Gesamtheit der Mitglieder, da diese gemäß § 32 Abs. 2 auch ohne Versammlung Beschlüsse fassen kann.
3 Staudinger/Weick, § 32 Rn 4.
4 LG Frankfurt Rpfleger 1970, 103; Staudinger/Weick, § 32 Rn 2.
5 BGHZ 84, 209, 213 f. = DB 1982, 2025 = NJW 1984, 1038; Soergel/Hadding, § 32 Rn 5; Bamberger/Roth/Schwarz, § 32 Rn 4; Reichert, Rn 742.
6 Vgl. RGZ 137, 308 f. zur Gesellschafterversammlung der GmbH; Erman/Westermann, § 32 Rn 1; MüKo/Reuter, § 32 Rn 1.
7 Erman/Westermann, § 32 Rn 1; vgl. OLG Frankfurt WM 1985, 1466 (Gewerkschaftstag).
8 Sauter/Schweyer/Waldner, Rn 216 ff.; Segna, NZG 2002, 1048, 1049; Palandt/Heinrichs, § 32 Rn 1; MüKo/Reuter, § 32 Rn 7 ff.

diesbezügliche Satzungslücken durch Gewohnheitsrecht oder entsprechende Anwendung der gesetzlichen Vorschriften zur Mitgliederversammlung geschlossen werden können.[9] Anstelle der Mitgliederversammlung kann stets die Gesamtheit der Mitglieder tätig werden (Abs. 2).

7   Die allgemeine Zuständigkeit der Mitgliederversammlung für Vereinsangelegenheiten umfasst auch **vereinsinterne Streitigkeiten** zwischen anderen Organträgern. Das hat zur Folge, dass Vereinsmitglieder zur Rüge der Satzungsverletzung durch ein Organ nicht ohne weiteres Feststellungsklage erheben können. Zuvor ist ein Mitgliederversammlungsbeschluss herbeizuführen.[10]

II. Einberufung

8   Die ordnungsgemäße Beschlussfassung der Mitgliederversammlung setzt nach Abs. 1 S. 2 voraus, dass diese zuvor einberufen wurde. Bis auf das Erfordernis der Bekanntgabe der Tagesordnung sind die verfahrensmäßigen und inhaltlichen Anforderungen an eine wirksame Einberufung gesetzlich nicht geregelt.

9   **1. Zuständigkeit.** Die Einberufung erfolgt grds. durch den **Vorstand**, sofern die Satzung kein anderes Einberufungsorgan bestimmt (§ 58 Nr. 4). Sie bedarf eines ordnungsgemäßen Vorstandsbeschlusses[11] oder jedenfalls eines Tätigwerdens von Vorstandsmitgliedern in der für die gesetzliche Vertretung vorgesehenen Zahl.[12] Zuständig ist der Vorstand i.S.v. § 26, nicht der erweiterte Vorstand.[13] Beim e.V. ist der eingetragene Vorstand auch noch nach Ablauf seiner Amtszeit zuständig;[14] dies folgt aus dem Rechtsgedanken von § 68 bzw. aus § 121 Abs. 2 S. 2 AktG analog. In der Liquidation erfolgt die Einberufung gemäß § 48 Abs. 2 durch die Liquidatoren. Unter den Voraussetzungen von § 37 Abs. 2 S. 1 kann auch eine Einberufung durch Vereinsmitglieder erfolgen (vgl. § 37 Rn 6). Die Kollision von Einberufungen des Vorstandes und der gerichtlich zur Einberufung ermächtigten Mitglieder kann wegen Verwirrung der Mitglieder zur Unwirksamkeit beider Einladungen führen.[15]

10 Eine **Pflicht zur Einberufung** besteht in den durch die Satzung bestimmten Fällen, ferner, wenn das Interesse des Vereins dies erfordert oder auf Verlangen einer qualifizierten Minderheit (siehe § 36 Rn 2 f.; § 37 Rn 5). Mit dem Recht zur Einberufung ist das Recht verbunden, die Versammlung zu verschieben oder abzusagen.[16] In letzterem Falle sind die in einer gleichwohl abgehaltenen Mitgliederversammlung getroffenen Beschlüsse unwirksam.[17]

11 **2. Form.** Die Satzung soll gemäß § 58 Nr. 4 die Form der Einberufung regeln, wobei die vorgesehenen Ladungsformen eindeutig zu bezeichnen sind.[18] Anerkannte **Einberufungsformen** sind Rundschreiben, Zeitungsveröffentlichungen wie ein Vereinsblatt oder Aushänge; grundsätzlich zulässig sind auch mündliche Einladungen. Entscheidend ist, dass für die Mitglieder die Möglichkeit rechtzeitiger Kenntnisnahme gewährleistet ist.[19] Die Satzung darf auch alternative Einberufungsformen vorsehen, wenn das die Kenntnisnahmemöglichkeit nicht erschwert.[20] **Notwendige Adressaten** sind dementsprechend sämtliche Mitglieder des Vereins, auch die nur fördernden Mitglieder.[21] Soll die Einberufung durch eine Tageszeitung verbreitet werden, hat die Satzung diese konkret zu benennen;[22] eine „ortsüblichen Bekanntmachung" als Einberufungsform ist zu unbestimmt.[23] Die tatsächlich gewählte Ladungsart hat der in der Satzung vorgesehenen Form genau zu entsprechen; eine Abweichung führt zur Nichtigkeit der Einberufung und damit auch zur Nichtigkeit der getroffenen Mitgliederversammlungsbeschlüsse (siehe Rn 23). Die in der Satzung vorgesehene schriftliche Einladung wird nicht gewahrt durch Bekanntmachung in den „Vereins-News" oder per

---

9 BGH WM 1985, 1468; OLG Frankfurt Rpfleger 1973, 54; Palandt/*Heinrichs*, § 32 Rn 1.
10 BGHZ 49, 396, 398 = DB 1968 = 1122 = NJW 1968, 1131; Palandt/*Heinrichs*, § 32 Rn 1.
11 BayObLGZ 1963, 15, 18; OLG Schleswig NJW 1960, 1862; KG OLGZ 1978, 272, 276; Palandt/*Heinrichs*, § 32 Rn 2; Bamberger/Roth/*Schwarz*, § 32 Rn 9.
12 KG OLGZ 1978, 272; *Sauter/Schweyer/Waldner*, Rn 157; Bamberger/Roth/*Schwarz*, § 32 Rn 9; Soergel/*Hadding*, § 32 Rn 8.
13 KG OLGZ 1978, 272; Palandt/*Heinrichs*, § 32 Rn 2.
14 BayObLGZ 1985, 24, 26 f.; 1988, 410, 412; BayObLG Rpfleger 1995, 465 = NJW-RR 1996, 991; LG Aurich Rpfleger 1987, 116; Palandt/*Heinrichs*, § 32 Rn 2; Bamberger/Roth/*Schwarz*, § 32 Rn 9; Soergel/*Hadding*, § 32 Rn 8.
15 OLG Stuttgart Rpfleger 2004, 106, 107; *Reichert*, Rn 778; krit. *Waldner*, Rpfleger 2004, 108, 109.
16 RGZ 166, 129, 133; OLG Hamm OLGZ 1981, 24, 25; Palandt/*Heinrichs*, § 32 Rn 2; Bamberger/Roth/*Schwarz*, § 32 Rn 10.
17 KG NJW 1988, 3159, 3161; Bamberger/Roth/*Schwarz*, § 32 Rn 10.
18 OLG Hamm OLGZ 1965, 65; OLG Stuttgart NJW-RR 1986, 995; Palandt/*Heinrichs*, § 32 Rn 3.
19 *Kölsch*, Rpfleger 1985, 137; Palandt/*Heinrichs*, § 32 Rn 3; Bamberger/Roth/*Schwarz*, § 32 Rn 11 f.
20 OLG Stuttgart Rpfleger 1978, 578; NJW-RR 1986, 995; Kölsch, Rpfleger 1985, 137.
21 LG Bremen Rpfleger 1990, 262; *Reichert*, Rn 858; Bamberger/Roth/*Schwarz*, § 32 Rn 11.
22 OLG Hamm OLGZ 1965, 65; LG Bremen Rpfleger 1992, 304; Palandt/*Heinrichs*, § 32 Rn 3.
23 OLG Zweibrücken Rpfleger 1985, 31; Palandt/*Heinrichs*, § 32 Rn 3; Bamberger/Roth/Schwarz, § 32 Fn 24.

E-Mail.[24] Individuelle Einladungen gelten als wirksam, wenn sie an die letztbekannte Postanschrift gerichtet sind, auch wenn der Adressat unbekannt verzogen ist.[25]

3. Ort und Zeit. Die Ladung muss Ort und Zeit der Mitgliederversammlung eindeutig[26] und rechtzeitig ankündigen. Werden zwei Mitgliederversammlungen mit verschiedenen Versammlungsorten oder -zeiten in der Weise einberufen, dass die Einladungen den Mitgliedern gleichzeitig zugehen, sind beide Einladungen wegen Verwirrung der Mitglieder unwirksam; bei zeitlich versetztem Zugang ist diejenige Einladung wirksam, die den Mitgliedern zuerst zugeht.[27] Es ist die satzungsgemäß vorgesehene Frist bzw. bei Fehlen einer Fristbestimmung eine angemessene Ladungsfrist einzuhalten.[28] Weder die Frist aus § 123 Abs. 1 AktG (ein Monat) noch die aus § 51 Abs. 1 S. 2 GmbHG (eine Woche) sind entsprechend anzuwenden; die angemessene Frist bestimmt sich nach den Umständen des Einzelfalls.[29] Die Frist beginnt, wenn mit der Kenntnismöglichkeit aller, d.h. auch des letzten geladenen Mitglieds, zu rechnen ist.[30] Versammlungsort und -zeit stehen mangels Satzungsbestimmung im Ermessen des einberufenden Organs, solange es eine zumutbare Wahl trifft.[31] Die Versammlung braucht nicht am Vereinssitz stattzufinden,[32] auch wenn dies regelmäßig der geeignete Ort ist.[33] Ist die Versammlungszeit auf einen Sonn- oder Feiertag bestimmt, darf der Sitzungsbeginn nicht vor 11.00 Uhr liegen.[34] Ein Versammlungstermin in der Hauptferienzeit kann unangemessen sein und damit zur Nichtigkeit der gefassten Beschlüsse führen, wenn dieser Termin ohne besondere Dringlichkeit angesetzt wurde und der Vorstandsvorsitzende zuvor schriftlich erklärt hatte, grundsätzlich keine Mitgliederversammlungen in den Schulferien abzuhalten.[35] Eine Eventualeinladung ist nur auf Grundlage einer entsprechenden Satzungsbestimmung zulässig (dazu Rn 18, 23).

4. Tagesordnung. Die Einladung hat den Gegenstand der anstehenden Beschlussfassung zu bezeichnen, Abs. 1 S. 2. Das zur Einberufung zuständige Organ legt die Tagesordnung fest. Die Ankündigung der Tagesordnung in der Einladung ist ein **Wirksamkeitserfordernis** für die Beschlüsse der Mitgliederversammlung. Obgleich § 32 gemäß § 40 grundsätzlich abbedungen werden kann, ist eine Angabe der Tagesordnung in der Einladung gemäß Abs. 1 S. 2 stets zwingend. Die Bekanntmachungspflicht dient dem Informationsinteresse der Mitglieder. Daher muss die Tagesordnung hinreichend konkret gefasst sein, um den Mitgliedern die Entscheidung über ihre Teilnahme und die notwendige Vorbereitungen zu ermöglichen.[36] Der Wortlaut von Anträgen muss aber grundsätzlich nicht vorab mitgeteilt werden.[37]

Ist eine **Satzungsänderung** vorgesehen, muss diese genau bezeichnet oder ein Änderungsentwurf beigefügt werden;[38] zumindest muss sich aus den Umständen der Tagesordnung die geplante Änderung konkret erschließen lassen.[39] Ein Tagesordnungspunkt „Feststellung des Kassenvoranschlags" ermöglicht nicht die Beschlussfassung über eine Beitragsfestsetzung; die „Ergänzungswahl zum Vorstand" eröffnet nicht dessen Abwahl.[40] Sieht die Tagesordnung allgemein gehaltene Punkte wie „Verschiedenes" oder „Antrag" vor, ist eine Beschlussfassung ausgeschlossen.[41]

Wenn die Satzung dies vorsieht, ist die **nachträgliche Ergänzung** der Tagesordnung um Dringlichkeitsanträge grundsätzlich möglich. Eine derartige, von Abs. 1 S. 2 abweichende Satzungsgestaltung setzt stets voraus, dass hinreichend bestimmt ist, unter welchen Voraussetzungen und bis zu welchem Zeitpunkt Dringlichkeitsanträge zulässig sind. Dies gilt in besonderem Maße, wenn der Dringlichkeitsantrag eine Satzungsänderungen betrifft. Obwohl § 32 gemäß § 40 dispositiv ist, gebietet der Schutzgedanke des Gesetzes, dass die geplante Satzungsänderung den Mitgliedern noch so rechtzeitig vor dem Zusammentritt der Versammlung mitgeteilt wird und ihnen genügend Zeit bleibt, sich auf den neuen Beratungsstoff sachgerecht vorzubereiten. Reicht die Zeit für die Wahrung einer solchen Nachfrist, deren Länge sich nach den Umständen

---

24 AG Elmshorn NJW-RR 2001, 25; Palandt/*Heinrichs*, § 32 Rn 3.
25 BayObLGZ 1988, 170, 177; *Reichert*, Rn 861.
26 *Reichert*, Rn 777 f.
27 OLG Stuttgart Rpfleger 2004, 106 ff. mit krit. Anm. *Waldner*; erstinstanzlich LG Stuttgart NZG 2003, 880, 881 f.
28 *K. Schmidt*, GesR, 4. Aufl. 2002, § 24 III 3 b; *Sauter/Schweyer/Waldner*, Rn 172.
29 Bamberger/Roth/*Schwarz*, § 32 Rn 13.
30 BGHZ 100, 264, 267 = DB 1987, 1829 = NJW 1987, 2580 (zur GmbH); OLG Frankfurt NJW 1974, 189; Palandt/*Heinrichs*, § 32 Rn 3.
31 OLG Frankfurt OLGZ 1982, 418 = NJW 1983, 398 zur WEG.
32 OLG Frankfurt OLGZ 1984, 333; Bamberger/Roth/*Schwarz*, § 32 Rn 14.
33 *Sauter/Schweyer/Waldner*, Rn 173; *K. Schmidt*, GesR, 4. Aufl. 2002, § 24 III 3 b.
34 BayObLG NJW-RR 1987, 1362; OLG Schleswig NJW-RR 1987, 1362.
35 BayObLGZ 2004, Nr. 37.
36 BGHZ 64, 301, 304 f. = NJW 1975, 1559; BGHZ 88, 119 = NJW 1987, 1811, 1812; BayObLG NJW 1973, 1086; OLG Köln WM 1990, 1068, 1070; OLG Zweibrücken Rpfleger 2002, 314.
37 BayObLG NJW 1973, 1086; Bamberger/Roth/*Schwarz*, § 32 Rn 15.
38 OLG Schleswig NJW-RR 2002, 760 = NZG 2002, 438.
39 BayObLGZ 1972, 29 = Rpfleger 1972, 132.
40 OLG Köln OLGZ 1984, 401 = Rpfleger 1984, 470.
41 KG OLGZ 1974, 400.

des Einzelfalles richtet, nicht aus, ist die Satzungsänderung auf einer gesonderten Mitgliederversammlung zu beraten.[42] Eine verspätete Unterrichtung ist unschädlich, wenn bei Erscheinen sämtlicher Mitglieder diese stillschweigend auf eine Rüge verzichten.[43] Eine Heilung tritt indes nicht ein, wenn die Mitglieder zufällig, inoffiziell oder gerüchteweise von dem neuen Tagesordnungspunkt erfahren.[44]

III. Beschlussfassung der Mitgliederversammlung

16 Die Beschlussfassung hat grundsätzlich in einer Versammlung der Mitglieder zu erfolgen, Abs. 1 S. 1. Der Beschluss ist nach richtiger Auffassung kein Vertrag, sondern ein **Akt körperschaftlicher Willensbildung**.[45]

17 **1. Versammlungsleitung.** Die Mitgliederversammlung leitet der **Vorstandsvorsitzende** bzw. die in der Satzung bestimmte Person. Bei deren Nichterscheinen kann die Versammlung einen anderen Versammlungsleiter bestimmen.[46] Der Versammlungsleiter wahrt die Ordnung und den planmäßigen Versammlungsablauf; er kann die Redezeit begrenzen, störende Mitglieder oder Gäste der Versammlung verweisen und die Versammlung schließen; letztere Entscheidung ist selbst dann bindend, wenn die Tagesordnung noch nicht vollständig abgehandelt ist.[47]

18 **2. Beschlussfähigkeit.** Der Versammlungsleiter stellt die Beschlussfähigkeit der Versammlung fest. Das **notwendige Quorum** folgt aus der Satzung; enthält diese keine Regelungen, ist die Mitgliederversammlung – vorbehaltlich einer ordnungsgemäßen Einberufung – schon bei Anwesenheit eines Mitglieds beschlussfähig.[48] Die Satzung kann vorsehen, dass nach Feststellung der Beschlussunfähigkeit in der folgenden Versammlung ein geringeres oder gar kein Quorum gelten soll. Die Einladung zur 2. Versammlung kann mit Hinweis auf die betreffende Satzungsbestimmung bereits als Eventualeinladung mit der zur 1. Versammlung verbunden werden.[49]

19 **3. Stimmabgabe.** Die Stimmabgabe des Mitglieds ist eine **empfangsbedürftige Willenserklärung** unter Anwesenden,[50] die mit der Wahrnehmung durch den Versammlungsleiter oder die anderen Mitglieder wirksam wird.[51] Gemäß §§ 32 Abs. 1 S. 3, 38 S. 2 ist das Stimmrecht persönlich auszuüben; bei juristischen Personen geschieht dies durch das zuständige Organ, sofern die Satzung nicht die Abstimmung durch Bevollmächtigte gestattet.[52] Hat ein Mitglied mehrere Stimmen, kann es sie auch uneinheitlich abgeben.[53] Die **Nichtigkeit oder Anfechtung** der Stimmabgabe bestimmt sich nach den allgemeinen Regeln über die Wirksamkeit von Willenserklärungen. Deshalb ist die Stimme eines Geschäftsunfähigen nach § 105 nichtig; ein Minderjähriger kann hingegen regelmäßig wirksam abstimmen, wenn dessen Erziehungsberechtigte ihre Einwilligung zur Mitgliedschaft erteilt haben.[54] Eine unwirksam abgegebene Stimme ist wie eine Stimmenthaltung zu behandeln, d.h. die gilt als nicht abgegeben. Der Verstoß gegen eine grundsätzlich zulässige Stimmrechtsabsprache führt nicht zur Unwirksamkeit der abredewidrig abgegebenen Stimme.[55]

20 **4. Mehrheit.** Für die Beschlussfassung genügt grundsätzlich die **Mehrheit der erschienenen Mitglieder**, Abs. 1 S. 3. Zur Änderung der Satzung oder zur Vereinsauflösung bedarf es jedoch gemäß §§ 33 Abs. 1 S. 1, 41 S. 2 einer 3/4-Mehrheit der erschienenen Mitglieder, zur Änderung des Vereinszwecks gar der Zustimmung aller Mitglieder, § 33 Abs. 1 S. 2. Diese Regelungen sind gemäß §§ 40, 41 S. 2 dispositiv und sind daher abweichenden Gestaltungen durch die Satzung zugänglich. Als Abstimmungsmehrheit gilt die **absolute Mehrheit** der abgegebenen Stimmen;[56] Stimmenthaltungen sind ebenso wie die Stimmen nicht erschienener Mitglieder nicht zu berücksichtigen. Abweichende Satzungsgestaltungen sind möglich.[57] Einer absoluten Mehrheit bedarf es jedoch auch dann, wenn die Satzung eine Beschlussfassung durch „einfache"

---

42 BGHZ 99, 119, 122 ff. = NJW 1987, 1811.
43 BGH NJW 1973, 235; OLG Frankfurt ZIP 1985, 221.
44 OLG Frankfurt ZIP 1985, 221.
45 BGHZ 52, 316, 318 = DB 1969, 2028 = NJW 1970, 33; OLG Frankfurt WM 1985, 1466, 1488; Bamberger/Roth/*Schwarz*, § 32 Rn 21; Erman/ *Westermann*, § 32 Rn 2; *K. Schmidt*, GesR, 4. Aufl. 2002, § 15 I 2.
46 BayObLGZ 1972, 329 = Rpfleger 1973, 20.
47 BayObLGZ 1989, 298; KG OLGZ 1990, 316.
48 RGZ 82, 388; Soergel/*Hadding*, § 32 Rn 29; Palandt/ *Heinrichs*, § 32 Rn 6.
49 BGH NJW-RR 1989, 376; BayObLG NJW-RR 2002, 1612 = NZG 2002, 1069; LG Bremen Rpfleger 1999, 132; AG Elmshorn NJW-RR 2001, 25; *Kölsch*, Rpfleger 1985, 137.
50 BGHZ 14, 264, 267 = NJW 1954, 1563; BGH NJW 2002, 3629.
51 BayObLGZ 1995, 407 = NJW-RR 1996, 524.
52 OLG Hamm NJW-RR 1990, 532.
53 RGZ 137, 319 zur GmbH; Palandt/*Heinrichs*, § 32 Rn 8; a.A. Staudinger/*Weick*, § 32 Rn 20; MüKo/ *Reuter*, § 32 Rn 38 ff.; *Sauter/Schweyer/Waldner*, Rn 200; *Reichert*, Rn 906.
54 KG OLG 15, 324; Soergel/*Hadding*, § 32 Rn 26.
55 RGZ 165, 78 zur AG; Palandt/*Heinrichs*, § 32 Rn 8.
56 BGHZ 83, 35, 36 = DB 1982, 1051 = NJW 1982, 1585; OLG Köln NJW-RR 1994, 1547 = SpuRt 1994, 241; zum Erfordernis einer absoluten Mehrheit BGH NJW 1974, 183; WM 1975, 1041; *Keilbach*, DNotZ 1997, 846, 864.
57 BGH NJW 1987, 2430.

Mehrheit vorsieht.[58] Mögliche abweichende Gestaltungen der Abstimmungsart durch die Satzung sind z.B. die Gestattung von Stimmhäufungen,[59] von Block- oder von Listenwahl.[60]

Stets muss eine Chancengleichheit aller Bewerber bestehen; sie kann durch einen parteiischen Versammlungsleiter oder durch die Gestaltung der Stimmzettel verletzt sein.[61] Der Versammlungsleiter entscheidet in Ermangelung einer Satzungsbestimmung über den **Abstimmungsmodus**. Durch Widerspruch kann die Mitgliederversammlung die Entscheidung über die Abstimmungsart an sich ziehen. Eine Pflicht zur geheimen Abstimmung besteht auch auf Antrag nicht.[62] Bei der Stimmenzählung darf der Versammlungsleiter die sog. Subtraktionsmethode verwenden, wenn diese nach den Umständen des Einzelfalls geeignet erscheint.[63] Ob die Beschlussfassung ggf. zu protokollieren ist, bleibt nach § 58 Nr. 4 grundsätzlich der Satzung überlassen. Für den e.V. ist jedoch nach richtiger Ansicht aufgrund der Vorschriften über die Eintragung zum Vereinsregister für zahlreiche Fälle eine **schriftliche Dokumentation** der Beschlussfassung zu fordern (dazu § 58 Rn 7).

IV. Beschlussmängel

1. Vorliegen eines Mangels. Es gelten andere Regeln als im Aktien- oder Genossenschaftsrecht. Deren Sonderregelungen in §§ 241 ff. AktG, § 51 GenG sind weder direkt noch analog anzuwenden.[64] Die Differenzierung zwischen Anfechtbarkeit und **Nichtigkeit** kennt das Vereinsrecht nicht. Ein Beschluss, der an einem erheblichen Fehler leidet, ist stets und ohne weiteres nichtig. Das ist grundsätzlich bei Verstoß gegen eine zwingende Gesetzesvorschrift oder gegen die Satzung der Fall.[65] Bei Verletzung nur untergeordneter Verfassungsvorschriften bedarf es zur Nichtigkeit des Widerspruchs eines betroffenen Mitglieds binnen angemessener Frist.[66]

Ein **Beschluss ist grundsätzlich nichtig**: bei fehlerhafter Einladung, wenn sie ohne ordnungsgemäßen Vorstandsbeschluss[67] oder von einem unzuständigen Organ ausgesprochen wurde.[68] Das Gleiche gilt bei Nichteinladung eines Teils der Mitglieder,[69] bei verwirrender Kollision mit einer zeitgleichen weiteren Einladung[70] oder mangels ordnungsgemäßer Mitteilung der Tagesordnung nach Abs. 1 S. 2.[71] Ebenfalls ohne Widerspruch nichtig sind die auf eine unzulässige Eventualeinberufung hin gefassten Beschlüsse[72] oder solche, die ohne ein unwirksam ausgeschlossenes Mitglied gefasst wurden[73] oder bei denen Nichtmitglieder mitgestimmt haben.[74] Wird Letzteres durch ein Mitglied im Prozess behauptet, so hat der Verein darzulegen und ggf. zu beweisen, dass kein Nichtberechtigter mitgestimmt hat.[75] Nichtig ist auch der ein Sonderrecht i.S.v. § 35 beeinträchtigende Beschluss, sofern der Rechtsinhaber nicht zumindest schlüssig seine Zustimmung erklärt. Ein Beschluss ist **nur auf Widerspruch nichtig** bei Nichteinladung eines einzelnen Mitglieds[76] oder bei Verletzung der vorgesehenen Ladungsfrist.[77]

---

58 BayObLG FGPrax 1996, 73 = DB 1996, 386; Palandt/*Heinrichs*, § 32 Rn 7; krit. *Keilbach*, DNotZ 1998, 597.
59 BGHZ 106, 67, 72 f. = NJW 1989, 1090.
60 BGHZ 106, 193 = NJW 1989, 1150; BGH NJW 1989, 1213; BayObLG NJW-RR 2001, 537 = Rpfleger 2001, 242.
61 BGH WM 1985, 1474; OLG Frankfurt ZIP 1985, 225.
62 BGH NJW 1970, 46; Palandt/*Heinrichs*, § 32 Rn 7.
63 BGHZ 152, 63 = DB 2003, 1169 = NJW 2002, 3629 = ZIP 2003, 437 zur Wohnungseigentümerversammlung.
64 BGHZ 59, 369, 371 f. = DB 1973, 178 = NJW 1973, 235; BGH NJW 1971, 679; 1975, 2101; OLG Hamm NJW-RR 1997, 989 = SpuRt 1999, 67; Palandt/*Heinrichs*, § 32 Rn 9; Soergel/*Hadding*, § 32 Rn 14; *Keilbach*, DNotZ 2001, 671, 680 f.; a.A. *K. Schmidt*, GesR, 4. Aufl. 2002, § 15 II 3; *Richert*, NJW 1957, 1543 ff.
65 BGHZ 59, 369, 372 = DB 1973, 178 = NJW 1973, 235; BGH NJW 1971, 679; 1975, 2101.
66 KG OLGZ 1971, 480, 483 f. = Rpfleger 1971, 396; LG Bremen Rpfleger 1990, 466; Staudinger/*Weick*, § 32 Rn 27; Soergel/*Hadding*, § 32 Rn 18; *Sauter/Schweyer/Waldner*, Rn 213; *Keilbach*, DNotZ 2001, 671, 681.
67 BayObLGZ 1963, 15, 18; OLG Schleswig NJW 1960, 1862; KG OLGZ 1978, 272, 276, krit. *Reichert*, Rn 771.
68 BayObLG 1989, 298; vgl. auch BGHZ 18, 334, 335 f. = NJW 1955, 1917 zur Genossenschaft; BGHZ 87, 1, 2 ff. = DB 1983, 1248 = NJW 1983, 1677 zur GmbH.
69 BGHZ 59, 369, 373 = DB 1973, 178 = NJW 1973, 235; BayObLG NJW-RR 1997, 289 = FGPrax 1996, 232.
70 OLG Stuttgart Rpfleger 2004, 106, 107; *Reichert*, Rn 778.
71 BayObLG Rpfleger 1979, 196; OLG Zweibrücken FGPrax 2002, 80 = NZG 2002, 436.
72 BayObLG NJW-RR 2002, 1612 = Rpfleger 2003, 90.
73 Bamberger/Roth/*Schwarz*, § 25 Rn 82; *Reichert*, Rn 1832.
74 BGHZ 49, 209, 211 = DB 1968, 1406 = NJW 1968, 543.
75 BGHZ 49, 209, 211 = DB 1968, 1406 = NJW 1968, 543.
76 KG OLGZ 1971, 480; LG Gießen Rpfleger 1998, 523.
77 KG OLGZ 1971, 480; LG Gießen Rpfleger 1998, 523; BayObLG NJW-RR 1997, 289 = FGPrax 1996, 232.

24 **2. Beruhensfrage.** In allen Fällen tritt jedoch dann keine Nichtigkeit ein, wenn der Beschluss nicht auf dem Fehler beruht. Der Verein, der sich auf die Wirksamkeit und Satzungsmäßigkeit des Beschlusses beruft, ist hinsichtlich der streitigen Tatsachen darlegungs- und beweisbelastet; er hat somit das behauptete Beruhen zu widerlegen.[78] Ein nichtiger Beschluss wird gemäß § 141 geheilt durch Bestätigung der Beschlussfassung in ordnungsgemäßer Form.[79] Betrifft die verletzte Gesetzes- oder Satzungsbestimmung nur den Schutz einzelner Mitglieder, wird der Mangel geheilt, wenn die betroffenen Mitglieder zustimmen.[80]

25 **3. Verfahrensrechtliche Geltendmachung.** Das betroffene Mitglied hat den zur Nichtigkeit führenden Verstoß zunächst erschöpfend durch die **vereinsinternen Rechtsbehelfe** geltend zu machen;[81] diese haben regelmäßig aufschiebende Wirkung.[82] Eine Klage kann nur in Ausnahmefällen entsprechend § 315 Abs. 3 S. 2 sofort erhoben werden, etwa wegen lebenswichtiger Interessen.[83] Das Recht zur Geltendmachung des Mangels kann nach sechs Monaten verwirkt sein.[84] Nach Erschöpfung des vereinsinternen Rechtsweges kann die Nichtigkeit durch **Feststellungsklage** gemäß § 256 ZPO geltend gemacht werden,[85] die gegen den Verein zu richten ist.[86] Die Klage ist wegen Rechtsmissbrauchs unzulässig, wenn das klagende Mitglied dem Beschluss in Kenntnis des Verstoßes zugestimmt hat.[87] Der Kläger trägt die Beweislast für den behaupteten Nichtigkeitsgrund;[88] der Verein ist hingegen bzgl. der Nichtberuhensfrage beweisbelastet (siehe Rn 24). Die Wirkung des Urteils hängt von der Art des Ausspruchs ab. Ein abweisendes Urteil wirkt nur *inter partes* während ein Ausspruch der Nichtigkeit neben dem Verein für und gegen alle Mitglieder wirkt.[89]

V. Beschlussfassung ohne Versammlung (Abs. 2)

26 Nach Abs. 2 ist eine Beschluss bei schriftlicher Zustimmung aller Mitglieder auch dann gültig, wenn er ohne Mitgliederversammlung zustande gekommen ist. Daraus ist abzuleiten, dass an Stelle der Mitgliederversammlung stets die Gesamtheit der Mitglieder tätig werden kann. Dies kann durch sog. **Online-Versammlungen** geschehen. Die Möglichkeit solcher Versammlungen kann durch entsprechende Satzungsbestimmungen eröffnet werden.[90] Analog Abs. 2 besteht die Möglichkeit auch ohne satzungsrechtliche Grundlage, sofern alle Mitglieder ihre Zustimmung erklären.[91]

§ 33 Satzungsänderung

(1) ¹Zu einem Beschluss, der eine Änderung der Satzung enthält, ist eine Mehrheit von drei Vierteln der erschienenen Mitglieder erforderlich. ²Zur Änderung des Zweckes des Vereins ist die Zustimmung aller Mitglieder erforderlich; die Zustimmung der nicht erschienenen Mitglieder muss schriftlich erfolgen.

(2) ¹Beruht die Rechtsfähigkeit des Vereins auf Verleihung, so ist zu jeder Änderung der Satzung staatliche Genehmigung oder, falls die Verleihung durch den *Bundesrat* erfolgt ist, die Genehmigung des *Bundesrates* erforderlich.

Literatur: *Beuthien*, Mehrheitsprinzip und Minderheitenschutz im Vereinsrecht, BB 1987, 6; *ders.*, Besonderer Minderheitenschutz in genossenschaftlichen Prüfungs- und Interessenverbänden, DB 1997, 361; *Beuthien/Gätsch*, Vereinsautonomie und Satzungsrechte Dritter, ZHR 156 (1992), 459; *Flume*, Vereinsautonomie und kirchliche oder religiöse Vereinsfreiheit und das Vereinsrecht, JZ 1992, 238; *Haas*, Zur Einführung von Schiedsklauseln durch Satzungsänderungen in Vereinen, ZGR 2001, 325; *Häuser/van Look*, Zur Änderung des Zwecks beim eingetragenen Verein, ZIP 1986, 749; *Heermann*, Die Ausgliederung von Vereinen auf Kapitalgesellschaften, ZIP 1998, 1249; *Lindemeyer*, Zur Unwirksamkeit eines durch die

---

[78] BGHZ 49, 209 = DB 1968, 1406 = NJW 1968, 543; BGHZ 59, 369, 375 = DB 1973, 178 = NJW 1973, 235; BGH DB 1998, 124 = NJW 1998, 684; BayObLG NJW-RR 1996, 289 = FGPrax 1996, 232; OLG Köln OLGZ 1984, 401, 403; OLG Zweibrücken NZG 2002, 436, 437 = Rpfleger 2002, 315.
[79] BGHZ 49, 209 = DB 1968, 1406 = NJW 1968, 543; BGHZ 59, 369, 373 = DB 1973, 178 = NJW 1973, 235; OLG Zweibrücken NZG 2002, 436, 437 = Rpfleger 2002, 315; Soergel/*Hadding*, § 32 Rn 16.
[80] OLG Frankfurt, OLGZ 1984, 11 zur GmbH; Palandt/*Heinrichs*, § 32 Rn 10; *Keilbach*, DNotZ 2001, 671, 682.
[81] KG NJW 1988, 3159; vgl. auch BGHZ 47, 172 = NJW 1967, 1268; BGHZ 49, 396 = NJW 1968, 1131.
[82] BayObLGZ 1988, 170.
[83] Palandt/*Heinrichs*, § 25 Rn 19.
[84] OLG Hamm NJW-RR 1997, 989.
[85] OLG Celle NJW-RR 1994, 1547 = SpuRt 1994, 241.
[86] LG Frankfurt NJW-RR 1998, 28.
[87] Vgl. BayObLG NJW-RR 1992, 910 zu § 25 WEG.
[88] BGHZ 49, 209, 212 f. = DB 1968, 1406 = NJW 1968, 543.
[89] BGH NJW-RR 1992, 1209.
[90] *Schwarz*, MMR 2003, 23; dieser auch zur Möglichkeit einer Online-Präsenz-Hauptversammlung im Aktienrecht; vgl. dazu auch *Noack*, NZG 2003, 241, 247 ff.
[91] Palandt/*Heinrichs*, § 32 Rn 1; *Erdmann*, MMR 2000, 526.

Mitgliederversammlung eines Vereins gefaßten Beitragserhöhungsbeschlusses und zur gerichtlichen Geltendmachung der Unwirksamkeit, BB 1997, 227; *Steinbeck*, Vereinsautonomie und Dritteinfluss, 1999. Siehe auch bei Vorbemerkungen zu §§ 21 ff.

A. Allgemeines	1	2. Abgrenzung	3
B. Regelungsgehalt	2	3. Änderungsmehrheit	4
I. Satzungsänderung	2	II. Änderung des Vereinszwecks	5
1. Anwendungsbereich	2	III. Wirksamwerden	7

A. Allgemeines

Das Erfordernis einer qualifizierten Mehrheit für Satzungsänderungen gemäß Abs. 1 S. 1 schützt das Mitspracherecht der Minderheit bei substanziellen Veränderungen des Vereins.[1] Noch stärker kommt der **Minderheitenschutz** in Abs. 1 S. 2 zum Ausdruck, der zur Änderung des Vereinszwecks, d.h. des Wesens des Vereins, eine Zustimmung aller Mitglieder verlangt. Abs. 2 trägt dem Konzessionssystem Rechnung (siehe dazu vor § 21 Rn 3), so dass Satzungsänderungen in den betreffenden Fällen erst *ex nunc* mit der staatlichen Genehmigung wirksam werden.[2] Abs. 2 soll nach dem Reformentwurf des Bundesjustizministeriums als Folge der geplanten Streichung der §§ 22, 23 aufgehoben werden (vgl. vor § 21 Rn 24; § 22 Rn 1; § 23 Rn 1).[3]

B. Regelungsgehalt

I. Satzungsänderung

1. Anwendungsbereich. Das Quorum von drei Vierteln der erschienenen Mitglieder nach Abs. 1 S. 1 gilt für **jede Änderung** der Satzung, gleich, ob sie materieller oder rein formeller Natur ist. Das folgt aus dem Gesetzeswortlaut, der das notwendige Quorum ohne Differenzierung nach der Qualität der Änderung verlangt. Demzufolge ist Änderung nach richtiger Ansicht jede Abänderung des Satzungstexts.[4] Bei nicht beurkundeten Satzungen ist anlässlich jeder Beschlussfassung auf eine Satzungsberührung zu achten. Als Änderungen gelten neben Veränderungen bestehender Teile auch Ergänzungen wie etwa die Einführung einer Schiedsgerichtsordnung[5] oder von Vereinsstrafen.[6] Auch als Satzungsänderungen einzustufen sind redaktionelle Bereinigungen, zumal sie im Einzelfall kaum von Sinnveränderungen abzugrenzen sind.[7] Diese bedürften im Vereinsrecht stets der Entscheidung durch die Mitgliederversammlung. Anderes gilt u.U. im Aktienrecht, wo die Hauptversammlung dem Aufsichtsrat die Befugnis zur redaktionellen Bereinigungen bzw. Fassungsänderungen der Satzung gemäß § 179 Abs. 1 S. 2 AktG übertragen kann.

2. Abgrenzung. Satzungsänderungen sind von sog. Satzungsdurchbrechungen und faktischen Satzungsänderungen zu unterscheiden. **Satzungsdurchbrechungen** sind satzungswidrige Einzelfallbeschlüsse, d.h. Beschlüsse der Mitgliederversammlung, die für eine bestimmte Einzelmaßnahme die satzungsmäßig bestimmten Anforderungen missachten, ohne die Satzung selbst zu ändern.[8] Eine solche „Ausnahme von der Regel" ist selbst dann unzulässig, wenn sie mit satzungsändernder 3/4-Mehrheit beschlossen wird.[9] **Faktische Satzungsänderungen** sind, anders als Satzungsdurchbrechungen, keine Mitgliederversammlungsbeschlüsse, sondern Kompetenzüberschreitungen anderer Organe, etwa des Vorstands, durch die faktisch satzungswidrige Zustände geschaffen werden.[10] Auch wenn die geschaffenen Zustände in der Regel nach außen hin gemäß §§ 26 Abs. 2, 31 den Verein binden, sind sie keine Satzungsänderungen im eigentlichen Sinne.

---

1 MüKo/*Reuter*, § 33 Rn 1; Bamberger/Roth/*Schwarz*, § 33 Rn 1.
2 Bamberger/Roth/*Schwarz*, § 33 Rn 1; MüKo/*Reuter*, § 33 Rn 29.
3 Entwurf, Art. 1 Nr. 5b), S. 3 (unveröffentlicht).
4 BayObLG Rpfleger 1976, 56; Palandt/*Heinrichs*, § 33 Rn 1; Bamberger/Roth/*Schwarz*, § 33 Rn 3; Staudinger/*Weick*, § 33 Rn 10; *K. Schmidt*, DB 1987, 556, 559; vgl. auch BGHZ 18, 205, 207 = NJW 1955, 1717 zur GmbH; a.A. Sauter/Schweyer/*Waldner*, Rn 133; *Reichert*, Rn 409 ff.; Soergel/*Hadding*, § 33 Rn 3: nur bei materiellen Änderungen.
5 RGZ 88, 395, 401; Staudinger/*Habermann*, § 71 Rn 2; *Haas*, ZGR 2001, 325, 338 ff.
6 BGHZ 47, 172 = DB 1967, 855 = NJW 1967, 1268; Bamberger/Roth/*Schwarz*, § 33 Rn 3; vgl. auch OLG Hamm NJW-RR 2002, 389 ff. = SpuRt 2002, 115.
7 So BayObLGZ 1975, 435, 438; NJW 1978, 282, 286; Staudinger/*Weick*, § 33 Rn 10; MüKo/*Reuter*, § 33 Rn 1; a.A. RGRK/*Steffen*, § 33 Rn 1.
8 Vgl. BGHZ 32, 17, 19 = NJW 1960, 866; BGHZ 123, 15, 19 = DB 1993, 1713 = NJW 1993, 2246 jeweils zur GmbH; Staudinger/*Weick*, § 33 Rn 9; MüKo/*Reuter*, § 33 Rn 10.
9 Sauter/Schweyer/*Waldner*, Rn 134; Palandt/*Heinrichs*, § 33 Rn 1.
10 Vgl. BGHZ 83, 122, 130 = NJW 1982, 1703 zur AG.

4 **3. Änderungsmehrheit.** Die Satzungsänderung bedarf gemäß Abs. 1 S. 1 einer 3/4-Mehrheit der anwesenden Mitglieder; die Bestimmung der Mehrheit und der Begriff der anwesenden Mitglieder richten sich nach den allgemeinen Grundsätzen (vgl. § 32 Rn 20). Gemäß § 40 kann die Satzung **abweichende Regelungen** zur Satzungsänderung treffen. Die Satzung kann daher abweichende Mehrheiten vorsehen oder gar die Kompetenz zu Satzungsänderungen einem anderen Organ zuschreiben.[11] Die Satzung kann Satzungsänderungen auch von der Zustimmung einzelner Mitglieder[12] oder eines Dritten abhängig machen, Letzteres gilt insbesondere für religiös ausgerichtete Vereine.[13] Ihre Grenze findet die Gestaltungsfreiheit hingegen dort, wo die Satzungsautonomie aufgegeben wird. Unzulässig ist es daher selbst bei religiösen Vereinen, über ein bloßes Vetorecht hinaus einem außenstehenden Dritten die Satzungsänderungskompetenz zu übertragen.[14]

II. Änderung des Vereinszwecks

5 Der Zweck des Vereins kann nach Abs. 1 S. 2 nur mit Zustimmung aller Vereinsmitglieder geändert werden. Der Vereinszweck ist der in der Satzung zum Ausdruck kommende **oberste Leitsatz** der Vereinstätigkeit.[15] Eine Änderung ist nur die grundsätzliche Neuorientierung der Vereinsziele. Gleichgültig ist, ob dies nur geschieht, weil dem ursprünglichen Vereinszweck die Grundlage entzogen wurde.[16] Keine Änderungen sind hingegen Zweckergänzungen, Zweckeinschränkungen[17] oder die Anpassung der Ziele an den Wandel der Zeit,[18] solange die grundlegende Leitidee beibehalten wird. Gleichwohl bedürfen solche Änderungen einer Anpassung der Satzung mit dem dafür notwendigen Quorum. Zur Gemeinnützigkeit des Vereins und der damit verbundenen steuerrechtlichen Problematik siehe Anhang zu § 21.

6 Die zur Zweckänderung notwendige **Zustimmung** aller Mitglieder kann auch **konkludent** erklärt werden, etwa durch Hinnahme einer mehrheitlich beschlossenen Änderung.[19] Das Einstimmigkeitserfordernis kann gemäß § 40 durch eine eindeutige Satzungsbestimmung abbedungen werden. Es bleibt indes bei der Regelung des Abs. 1 S. 2, wenn die Satzung nur für Satzungsänderungen ein geringeres als das gesetzliche Quorum festschreibt.[20] Einer einstimmigen Zustimmung sämtlicher Mitglieder bedarf es neben der Zweckänderung auch bei einem **Rechtsformwechsel** gemäß § 275 UmwG oder wenn unter Beibehaltung des Vereinszwecks sämtliche Mitglieder ausgewechselt werden.[21] Vorbehaltlich einer abweichenden Satzungsbestimmung müssen grundsätzlich auch bei der Schaffung von Sonderrechten i.S.v. § 35 alle Mitglieder zustimmen, da ein Einschnitt in das Recht auf mitgliedschaftliche Gleichbehandlung vorliegt (siehe § 35 Rn 3 und § 38 Rn 9).

III. Wirksamwerden

7 Sowohl Satzungs- als auch Zweckänderung bedürfen gemäß Abs. 2 zu ihrer Wirksamkeit **staatlicher Genehmigung**, sofern die Rechtsfähigkeit des Vereins auf staatlicher Verleihung beruht. Diese Regelung gilt folglich für wirtschaftliche und ausländische Vereine nach §§ 22, 23 (vgl. § 22 Rn 2 ff., § 23 Rn 1) sowie u.U. für altrechtliche Vereine.[22] Für den e.V. sind die Änderungen hingegen nach § 71 Abs. 1 S. 1 in das Vereinsregister einzutragen; die **Eintragung** wirkt sowohl im Verhältnis zu Dritten als auch zu den Mitgliedern **konstitutiv**.[23] Für die Eintragung gelten die allgemeinen Regeln (siehe dazu § 71 Rn 2 ff.). Beim nichtrechtsfähigen Verein, für den Abs. 1 analog gilt, ist die Satzungsänderung unmittelbar mit Beschlussfassung wirksam.[24]

---

11 BayObLGZ 1987, 161, 170; Palandt/*Heinrichs*, § 33 Rn 2; Soergel/*Hadding*, § 33 Rn 6, 16; Sauter/Schweyer/*Waldner*, Rn 125; a.A. *K. Schmidt*, GesR, 4. Aufl. 2002, § 5 I 3b; differenzierend *Reichert*, Rn 746; Bamberger/Roth/*Schwarz*, § 33 Fn 16: Übertragung muss stets widerruflich sein.

12 BayObLGZ 1975, 435.

13 BVerfGE 83, 341, 359 f. = NJW 1991, 2623; OLG Frankfurt OLGZ 1982, 309; KG OLGZ 1974, 385; Staudinger/*Weick*, § 33 Rn 8; *Reichert*, Rn 429.

14 BVerfGE 83, 341, 360 = NJW 1991, 2623; OLG Frankfurt NJW 1983, 2576; Palandt/*Heinrichs*, § 33 Rn 2; Soergel/*Hadding*, § 33 Rn 7.

15 BGHZ 96, 245, 251 f. = DB 1986, 473 = NJW 1986, 1083; BayObLG Rpfleger 2001, 307 = NJW-RR 2001, 1260; ähnlich Palandt/*Heinrichs*, § 33 Rn 3; Bamberger/Roth/*Schwarz*, § 33 Rn 7; *Häuser/van Look*, ZIP 1986, 749, 754.

16 BGHZ 49, 175, 179 = DB 1968, 391 = NJW 1968, 545; BayObLG NJW-RR 2001, 307 = NJW-RR 2001, 1260; Soergel/*Hadding*, § 33 Rn 9.

17 LG Bremen Rpfleger 1989, 415; Bamberger/Roth/*Schwarz*, § 33 Rn 8.

18 BayObLG NJW-RR 2001, 1260 = Rpfleger 2001, 307; Palandt/*Heinrichs*, § 33 Rn 3; *K. Schmidt*, BB 1987, 556, 558.

19 BGHZ 16, 143, 150 f. = NJW 1955, 457; BGHZ 23, 122, 129 = NJW 1957, 497; BGHZ 25, 311, 316 = DB 1957, 1097 = NJW 1957, 1800.

20 OLG Köln NJW-RR 1996, 1180; Bamberger/Roth/*Schwarz*, § 33 Rn 12.

21 BGH NJW 1980, 2707; vgl. bereits BGH NJW 1955, 381, 386; Soergel/*Hadding*, § 33 Rn 10; *Reichert*, Rn 415.

22 KG Rpfleger 2004, 417 = OLG-NL 2004, 101.

23 BGHZ 23, 122, 128 = NJW 1957, 497; BFH BStBl II 2001 S. 518 = NJW-RR 2002, 318; OLG Köln NJW 1964, 1575; Staudinger/*Habermann*, § 71 Rn 1.

24 MüKo/*Reuter*, § 33 Rn 28.

| § 34 | **Ausschluss vom Stimmrecht** |

¹Ein Mitglied ist nicht stimmberechtigt, wenn die Beschlussfassung die Vornahme eines Rechtsgeschäfts mit ihm oder die Einleitung oder Erledigung eines Rechtsstreits zwischen ihm und dem Verein betrifft.

Literatur: Siehe bei Vorbemerkungen zu §§ 21 ff. sowie bei § 32.

A. Allgemeines	1	1. Subjektiver Anwendungsbereich	3
B. Regelungsgehalt	2	2. Objektiver Anwendungsbereich	4
I. Reichweite des Verbots	2	II. Rechtsfolgen	5

A. Allgemeines

Der Ausschluss nach § 34 dient zum einen der Vermeidung von **Interessenkollisionen** der betroffenen Mitglieder bei der Stimmabgabe und zum anderen dem Schutz des Vereins sowie der anderen Mitglieder vor einer treuwidrigen Stimmrechtsausübung des betroffenen Mitglieds. Der Stimmrechtsausschluss ist gemäß § 40 **zwingend** und kann durch die Satzung erweitert,[1] nicht aber eingeschränkt werden. 1

B. Regelungsgehalt

I. Reichweite des Verbots

Das Verbot betrifft seinem Wortlaut nach Rechtsgeschäfte und Rechtsstreite zwischen Mitglied und Verein. Ein Mitstimmen des betroffenen Mitglieds wäre ein **Insichgeschäft** oder jedenfalls eine vergleichbare Konstellation und soll daher vermieden werden. 2

1. Subjektiver Anwendungsbereich. Der Ausschluss gilt unmittelbar für die Stimmabgabe in der Mitgliederversammlung im wirtschaftlichen und im nichtwirtschaftlichen Verein sowie analog für den nichtrechtsfähigen Verein.[2] Die Vorschrift wird auf die Mitglieder anderer Vereinsorgane, insbesondere des Vorstands, entsprechend angewendet.[3] Vergleichbare Wertungen wie in § 34 finden sich in anderen gesellschaftsrechtlichen Vorschriften, vgl. § 136 Abs. 1 AktG, § 47 Abs. 4 GmbHG, § 43 Abs. 6 GenG, § 25 Abs. 5 WEG. Analog wird der Stimmrechtsausschluss aus § 34 auf die GbR, OHG und KG,[4] die Erben- und Bruchteilsgemeinschaft,[5] den Gläubigerausschuss[6] und auf öffentlich-rechtliche Körperschaften[7] angewendet. Trotz der vielfach analogen Anwendung des § 34 und ähnlichen Sondervorschriften besteht **kein allgemeiner Rechtsgrundsatz**, wonach ein Interessenwiderstreit im Gesellschaftsrecht stets zum Stimmrechtsverlust führt.[8] 3

2. Objektiver Anwendungsbereich. In der Sache betrifft das Verbot sowohl ein- als auch zweiseitige **Rechtsgeschäfte** wie auch geschäftsähnliche Handlungen (z.B. Mahnung, Fristsetzung).[9] Neben Rechtsstreitigkeiten hat das Mitglied auch kein Stimmrecht in Fällen des **„Richtens in eigener Sache"**. Das sind etwa Beschlüsse über seine Inanspruchnahme auf Schadensersatz[10] oder die Verhängung einer Vereinsstrafe,[11] über das Mitglied betreffende Weisungen an den Vorstand;[12] über seinen Vereinsausschluss 4

---

1 Soergel/*Hadding*, § 34 Rn 10; Bamberger/Roth/*Schwarz*, § 34 Rn 12; *Reichert*, Rn 930 f. mit Beispielen.
2 MüKo/*Reuter*, § 34 Rn 4; Soergel/*Hadding*, § 34 Rn 2; Bamberger/Roth/*Schwarz*, § 34 Rn 2.
3 Palandt/*Heinrichs*, § 34 Rn 1; MüKo/*Reuter*, § 34 Rn 4; Soergel/*Hadding*, § 34 Rn 2; *Ulmer*, NJW 1982, 2288, 2289.
4 RGZ 136, 236, 245; 162, 370, 372; Bamberger/Roth/*Schwarz*, § 34 Rn 2.
5 BGHZ 34, 367, 371 = NJW 1961, 1299; BGHZ 56, 47, 52 = DB 1971, 910 = NJW 1971, 1265, 1267.
6 BGH ZIP 1985, 423.
7 BVerwG DÖV 1970, 353.
8 BGHZ 56, 47, 53 = DB 1971, 910 = NJW 1971, 1265; BGHZ 68, 107, 109 = DB 1977, 715 = NJW 1977, 850; BGHZ 80, 69, 71 = DB 1981, 931 = NJW 1981, 1512; BGHZ 97, 28 = DB 1986, 853 = NJW 1986, 2051; Palandt/*Heinrichs*, § 34 Rn 3; Soergel/*Hadding*, § 34 Rn 2.
9 BGH NJW 1991, 172, 173.
10 BGHZ 97, 28 = DB 1986, 853 = NJW 1986, 2051; BGHZ 108, 21 = NJW 1989, 2694, jeweils zur GmbH; Palandt/*Heinrichs*, § 34 Rn 2.
11 *K. Schmidt*, GesR, 4. Aufl. 2002, § 21 II 2a bb; MüKo/*Reuter*, § 34 Rn 14; Soergel/*Hadding*, § 34 Rn 7; Bamberger/Roth/*Schwarz*, § 34 Rn 8; a.A. Palandt/*Heinrichs*, § 34 Rn 3.
12 BGHZ 68, 107, 112 = DB 1977, 715 = NJW 1977, 850 (zur GmbH); Soergel/*Hadding*, § 34 Rn 4.

aus wichtigem Grund[13] oder seine Abberufung als Organmitglied aus wichtigem Grund.[14] Keinem Stimmrechtsausschluss unterliegt das Mitglied bei seiner eigenen Bestellung zum Organmitglied[15] oder seiner Abwahl ohne besonderen Grund.[16] Das Stimmverbot gilt grundsätzlich nicht bei Rechtsgeschäften mit nahen Angehörigen oder mit Gesellschaften, an denen das Mitglied beteiligt ist,[17] es sei denn, das Mitglied ist mit der Gesellschaft wirtschaftlich identisch oder beherrscht diese.[18]

II. Rechtsfolgen

5 Der Ausschluss gemäß § 34 bewirkt nur ein Verbot, bei den betreffenden Beschlussfassungen **mitzustimmen**. Eine Teilnahme an der beschließenden Versammlung und der dem Beschluss vorangehenden Diskussion ist dem Mitglied jedoch unbenommen. Ein Verstoß gegen § 34 führt nicht zur Nichtigkeit des Beschlusses, wenn der Verein beweist, dass die ungültige Stimme keinen Einfluss auf das Abstimmungsergebnis gehabt hat,[19] vgl. zur Nichtigkeit von Mitgliederversammlungsbeschlüssen § 32 Rn 22 ff.

§ 35 Sonderrechte

¹Sonderrechte eines Mitglieds können nicht ohne dessen Zustimmung durch Beschluss der Mitgliederversammlung beeinträchtigt werden.

Literatur: Siehe bei Vorbemerkungen zu §§ 21 ff. und bei § 32.

A. Allgemeines	1	2. Rechtsinhaber		3
B. Regelungsgehalt	2	3. Beispiele		4
I. Sonderrechte	2	II. Beeinträchtigung		5
1. Begriff	2			

A. Allgemeines

1 § 35 schützt den Sonderrechtsinhaber vor **unfreiwilligen Rechtsbeeinträchtigungen** durch die Versammlungsmehrheit. Die Vorschrift bietet einen nachhaltigen Schutz, da gemäß § 40 abweichende Satzungsbestimmungen unzulässig sind. § 35 bildet einen **allgemeinen gesellschaftsrechtlichen Grundsatz** und gilt daher auch für andere juristische Personen des Privatrechts[1] sowie für Personengesellschaften.[2]

B. Regelungsgehalt

I. Sonderrechte

2 **1. Begriff.** Ein Sonderrecht ist eine auf der Vereinsmitgliedschaft beruhende, über die allgemeine Rechtsstellung der Mitglieder hinausreichende Rechtsposition, die auf satzungsmäßiger Grundlage als **unentziehbares Recht** ausgestaltet ist.[3] Maßgeblich für das Vorliegen dieser Voraussetzungen, insbesondere für die unentziehbare Ausgestaltung des zuerkannten Rechts, ist die Auslegung der Satzung.[4] Abzugrenzen sind Sonderrechte zum einen von Drittgläubigerrechten, die dem Mitglied unabhängig von seiner Mitgliedschaft aus einem Rechtsgeschäft mit dem Verein zustehen. Zum anderen sind Rechtspositionen keine Sonderrechte,

---

13 BGHZ 86, 177, 179 = DB 1983, 381 = NJW 1983, 938; BayObLG NJW-RR 1986, 1499, 1500; OLG Düsseldorf GmbHR 1989, 468, 469, jeweils zur GmbH; Bamberger/Roth/*Schwarz*, § 34 Rn 8.
14 BGHZ 9, 157, 178 = NJW 1953, 780; BGH WM 1990, 677, 678, jeweils zur GmbH; MüKo/*Reuter*, § 34 Rn 14; Bamberger/Roth/*Schwarz*, § 34 Rn 8; *Reichert*, Rn 928; a.A. OLG Köln NJW 1968, 992; Palandt/*Heinrichs*, § 34 Rn 3; Staudinger/*Weick*, § 34 Rn 16; Sauter/Schweyer/*Waldner*, Rn 202.
15 BGHZ 18, 205, 210 = NJW 1955, 1717; BGHZ 51, 209, 215 = DB 1969, 299 = NJW 1969, 841 zur GmbH; BGH NJW 2002, 3704, 3707 zur WEG; a.A. Soergel/*Hadding*, § 34 Rn 5 Fn 24.
16 BayObLG NJW-RR 1986, 1499; OLG Düsseldorf GmbHR 1989, 468, 469.
17 Vgl. jedoch *Reichert*, Rn 931 zu satzungsmäßig erweiterten Stimmverboten.
18 BGHZ 56, 47, 53 f. = NJW 1971, 1265, 1267; BGHZ 68, 107, 110 = NJW 1977, 850; BGHZ 80, 69, 71 = DB 1981, 931 = NJW 1981, 1512; Soergel/*Hadding*, § 34 Rn 7 f.
19 RGZ 106, 263; Palandt/*Heinrichs*, § 34 Rn 2.
1 RGZ 165, 129; BGH NJW-RR 1989, 542 für die GmbH; BGHZ 15, 177, 181 = NJW 1955, 178 zur eG; Soergel/*Hadding*, § 35 Rn 2; Palandt/*Heinrichs*, § 35 Rn 4; Bamberger/Roth/*Schwarz*, § 35 Rn 2; teils a.A. MüKo/*Reuter*, § 35 Rn 2 f. zur AG.
2 Soergel/*Hadding*, § 35 Rn 2; Palandt/*Heinrichs*, § 35 Rn 4; Bamberger/Roth/*Schwarz*, § 35 Rn 2.
3 RGZ 104, 255; BGH NJW 1969, 131; 1974, 1996, 1997.
4 OLG Hamm ZIP 2001, 1916; vgl. auch BGH NJW 1969, 131; WM 1981, 438 f., jeweils zur GmbH.

die Bestandteil der allgemeinen Mitgliedschaft sind, auch wenn sie durch die Satzung unentziehbar ausgestaltet sind.[5]

2. Rechtsinhaber. Träger eines Sonderrechts i.S.d. § 35 können nur ein **Vereinsmitglied** oder eine Gruppe von Mitgliedern sein. Das Recht wird begründet durch eine entsprechende Satzungsbestimmung; wegen der Abweichung vom Grundsatz der mitgliedschaftlichen Gleichbehandlung[6] müssen grundsätzlich alle Vereinsmitglieder zustimmen. Der Zustimmung aller Mitglieder bedarf es nicht, wenn etwa die Gründungssatzung die Schaffung von Sonderrechten mit satzungsändernder Mehrheit vorsieht[7] oder das Sonderrecht seiner Natur nach ungeeignet ist, die Rechte anderer Mitglieder zu beeinträchtigen, wie z.B. die Ernennung zum Ehrenvorsitzenden.[8] Vorbehaltlich einer abweichenden satzungsmäßigen Gestaltung erlischt das Recht mit dem Ende der Mitgliedschaft.

3. Beispiele. Beispiele für Sonderrechte sind ein unentziehbares oder vererbliches allgemeines Mitgliedschaftsrecht,[9] ein Mehrfachstimmrecht, die Mitgliedschaft im Vorstand,[10] ein Ehrenvorsitz, ein Vorschlags- oder Bestellungsrecht für ein Vereinsorgan,[11] ein Veto- oder Zustimmungsrecht bei Mitgliederversammlungsbeschlüssen,[12] ein besonderes Nutzungsrecht für Vereinseinrichtungen,[13] ein Recht auf Beitragsbefreiung bzw. Ermäßigung[14] oder auf bevorzugte Vermögensverteilung bei Auflösung des Vereins.[15]

II. Beeinträchtigung

§ 35 verbietet jede auch nur mittelbare, nachteilige Einwirkung des Vereins auf das Sonderrecht oder dessen Ausübung.[16] Indes genügt eine bloße Möglichkeit der Beeinträchtigung nicht; sie muss die **zwangsläufige Folge** der Vereinsmaßnahme sein. Beeinträchtigende Maßnahmen können ein Mitgliederversammlungsbeschluss oder z.B. auch ein Handeln des Vorstands sein. § 35 führt zur Unwirksamkeit eines beeinträchtigenden Beschlusses, wenn der Rechtsinhaber dem Beschluss nicht ausdrücklich oder durch schlüssiges Verhalten zustimmt oder den Beschluss nachträglich gemäß §§ 184 Abs. 1, 182 Abs. 1 genehmigt. Verweigert das sonderberechtigte Mitglied seine Zustimmung, hat es bei schuldhafter Rechtsverletzung einen **Schadensersatzanspruch** gegen den Verein, wobei § 278 Anwendung findet.[17] Daneben kann der Sonderrechtsinhaber auf Feststellung der Nichtigkeit eines beeinträchtigenden Beschlusses (siehe § 32 Rn 23) und daneben auf Feststellung des uneingeschränkten Weiterbestehens seines Rechts klagen.[18]

§ 36 Berufung der Mitgliederversammlung

[1]Die Mitgliederversammlung ist in den durch die Satzung bestimmten Fällen sowie dann zu berufen, wenn das Interesse des Vereins es erfordert.

Literatur: Siehe bei Vorbemerkungen zu §§ 21 ff. und bei § 32.

A. Allgemeines

§ 36 befasst sich neben § 37 mit der Einberufung der Mitgliederversammlung und deren Anlass. Aus § 40 folgt der zwingende Charakter der Vorschrift. Da § 36 als unabdingbare Norm die **Existenz der Mitgliederversammlung** voraussetzt, kann die Satzung diese nicht abschaffen.[1] Die Ersetzung der Mitgliederversamm-

---

5 BGHZ 84, 209, 218 = NJW 1984, 1038; KG NJW 1962, 1917; Soergel/*Hadding*, § 35 Rn 6.
6 Dazu BGHZ 47, 381, 386; BGH NJW 1954, 953; 1960, 2142.
7 Bamberger/Roth/*Schwarz*, § 35 Rn 5; vgl. auch Hachenburg/*Ulmer*, GmbHG, 8. Aufl. 1992, § 5 Rn 163.
8 Soergel/*Hadding*, § 35 Rn 9; Bamberger/Roth/*Schwarz*, § 35 Rn 5; *Reichert*, Rn 556.
9 Bamberger/Roth/*Schwarz*, § 35 Rn 7.
10 BGH NJW 1969, 131 zur GmbH.
11 BGH NJW-RR 1989, 542.
12 BayObLGZ 1975, 435, 439; BayObLG NJW 1980, 1756.
13 RG HRR 1931 Nr. 98; Palandt/*Heinrichs*, § 35 Rn 1.
14 LG Wiesbaden NJW 1975, 1033.
15 RGZ 136, 185, 190; Bamberger/Roth/*Schwarz*, § 35 Rn 7.
16 RG Warneyer 1918, Nr. 133; Palandt/*Heinrichs*, § 35 Rn 5; Bamberger/Roth/*Schwarz*, § 35 Rn 8; Soergel/*Hadding*, § 35 Rn 16.
17 RG JW 1930, 3473, 1938, 1329; Palandt/*Heinrichs*, § 35 Rn 5.
18 RG Warneyer 1918, Nr. 133; Bamberger/Roth/*Schwarz*, § 35 Rn 10.
1 Vgl. RGZ 137, 308 f. zur Gesellschafterversammlung der GmbH; Erman/*Westermann*, § 32 Rn 1; MüKo/*Reuter*, § 32 Rn 1.

lung durch eine Delegiertenversammlung ist gleichwohl möglich und insbesondere bei Großvereinen auch sinnvoll (siehe § 32 Rn 6).

B. Regelungsgehalt

2 § 36 begründet die Pflicht des zuständige Organs zur Einberufung der Mitgliederversammlung. Das verpflichtete Einberufungsorgan ist regelmäßig der Vorstand (siehe § 32 Rn 9). Die Einberufungspflicht besteht in den gemäß § 58 Nr. 4 in der Satzung bezeichneten Fällen.[2] Daneben muss das zuständige Organ eine **außerordentliche Mitgliederversammlung** einberufen, wenn das Vereinsinteresse dies erfordert, d.h. wenn eine für den Verein grundlegende Entscheidung ansteht.[3] Da § 36 gemäß § 40 unabdingbar ist, darf die Satzung die Möglichkeit außerordentlicher Mitgliederversammlungen nicht durch Eingrenzung des notwendigen Vereinsinteresses einschränken.

3 Die Einberufungspflicht besteht gegenüber dem Verein, nicht gegenüber den einzelnen Mitgliedern. Das hat zur Folge, dass ein einzelnes Mitglied eine nach § 36 notwendige Einberufung grundsätzlich nicht einklagen kann.[4] Die Mitglieder können die Einberufung nur nach § 37 Abs. 1 u. 2 dann gerichtlich durchsetzen, wenn sie die Voraussetzungen eines Minderheitsverlangens erfüllen (siehe § 37 Rn 2 f.). Etwas anderes gilt, wenn die Satzung den einzelnen Mitgliedern ausdrücklich einen klagbaren Anspruch auf Einberufung der Mitgliederversammlung gewährt. Aus einer schuldhaften Pflichtverletzung der Einberufungspflicht kann dem Verein gegen das Einberufungsorgan ein **Schadensersatzanspruch** erwachsen.

§ 37 Berufung auf Verlangen einer Minderheit

(1) ¹Die Mitgliederversammlung ist zu berufen, wenn der durch die Satzung bestimmte Teil oder in Ermangelung einer Bestimmung der zehnte Teil der Mitglieder die Berufung schriftlich unter Angabe des Zweckes und der Gründe verlangt.

(2) ¹Wird dem Verlangen nicht entsprochen, so kann das Amtsgericht die Mitglieder, die das Verlangen gestellt haben, zur Berufung der Versammlung ermächtigen; es kann Anordnungen über die Führung des Vorsitzes in der Versammlung treffen. ²Zuständig ist das Amtsgericht, das für den Bezirk, in dem der Verein seinen Sitz hat, das Vereinsregister führt. ³Auf die Ermächtigung muss bei der Berufung der Versammlung Bezug genommen werden.

Literatur: Siehe bei Vorbemerkungen zu §§ 21 ff., bei § 32 sowie bei § 38.

A. Allgemeines 1	2. Quorum 3
B. Regelungsgehalt 2	II. Einberufungspflicht 5
I. Voraussetzungen 2	III. Gerichtliche Durchsetzung 6
1. Formelle Anforderungen 2	

A. Allgemeines

1 § 37 regelt das **Minderheitsrecht** auf Einberufung der Mitgliederversammlung. Es dient dem Schutz der Minderheit und ist daher gemäß § 40 unabdingbar; nach Abs. 1 kann die Satzung jedoch das für das Initiativrecht notwendige Quorum festlegen. Da § 37 einen **allgemeinen Grundsatz** des Vereinsrechts bildet, ist die Vorschrift entsprechend auf eine statt der Mitgliederversammlung eingerichtete Delegiertenversammlung anzuwenden.[1] § 37 gilt auch analog für den nicht rechtsfähigen Verein.[2]

---

2 Dazu eingehend *Reichert*, Rn 781.
3 BGHZ 99, 119 = NJW 1987, 1811; Soergel/*Hadding*, § 36 Rn 4; *Reichert*, Rn 782.
4 Palandt/*Heinrichs*, § 36 Rn 1; MüKo/*Reuter*, § 36 Rn 4; RGRK/*Steffen*, § 36 Rn 3; a.A. früher RGZ 79, 409, 411.

1 KG JW 1930, 1224; OLG Frankfurt OLGZ 1973, 137, 139; MüKo/*Reuter*, § 37 Rn 14.
2 KG OLGZ 1971, 480; LG Heidelberg NJW 1975, 1661; Soergel/*Hadding*, § 37 Rn 2; MüKo/*Reuter*, § 37 Rn 16.

B. Regelungsgehalt

I. Voraussetzungen

1. Formelle Anforderungen. Gemäß Abs. 1 müssen die einberufungswilligen Mitglieder ihr Verlangen schriftlich sowie unter Angabe des Einberufungszwecks und der Gründe stellen. Sie brauchen ihr Verlangen zur Wahrung der **Schriftform** nicht mit einem gemeinsamen Schriftsatz geltend zu machen; einzelne gleich lautende Erklärungen sind ausreichend[3] und können gemäß § 126 Abs. 3 grundsätzlich auch in elektronischer Form abgegeben werden. Die notwendige **Angabe des Zwecks** entspricht der Bekanntgabe der Tagesordnung durch das Einberufungsorgan nach § 32 Abs. 1 S. 2 (siehe § 32 Rn 13 ff.). Etwaige Beschlussanträge müssen noch nicht ausformuliert sein.[4] Das Minderheitsverlangen kann auch analog § 37 darauf gerichtet sein, einen bestimmten Punkt auf die Tagesordnung einer schon angesetzten Mitgliederversammlung zu setzen.[5] Als **Gründe** sind die tatsächlichen und rechtlichen Erwägungen anzugeben, die die Einberufung geboten erscheinen lassen.[6] Schreibt die Satzung eine Einberufung vor, bedarf es außer dem Verweis auf die einschlägige Satzungsbestimmung keiner weiteren Begründung. Bei der Einberufung einer außerordentlichen Mitgliederversammlung haben die Mitglieder das besondere Interesse des Vereins nach § 36 Alt. 2 konkret zu begründen.[7]

2. Quorum. Das Verlangen hat nur dann verbindlichen Charakter, wenn es von der **erforderlichen Mitgliederzahl** erhoben worden ist. Nach Abs. 1 folgt das notwendige Quorum aus der Satzung oder liegt mangels Satzungsbestimmung bei 10% der Mitglieder. Der Minderheitenschutz gebietet es, der **sätzungsmäßigen Ausgestaltung** des Quorums Grenzen zu setzen. Eine Verringerung des notwendigen Quorums unter 10% ist ohne weiteres zulässig. Der Schutzzweck der Norm verbietet es hingegen, das Quorum auf 50% oder einen noch höheren Mitgliederanteil anzuheben, da das Minderheitenrecht aus § 37 sonst zum Mehrheitsverlangen umgestaltet würde.[8] Die Festlegung des Quorums durch absolute Zahlen statt durch Prozentsätze oder Bruchteile ist dann unzulässig, wenn nach den Umständen des Einzelfalls die Gefahr bestünde, dass bei sinkenden Mitgliederzahlen die Mehrheitsgrenze überschritten werden könnte.[9]

Streitig ist, ob nicht schon die gesetzliche Schwelle von 10% die **Obergrenze** eines zulässigen Quorums bildet, wie dies ausdrücklich bei den Parallelvorschriften in § 122 Abs. 1 AktG, § 50 Abs. 1 GmbHG, § 45 Abs. 1 GenG der Fall ist.[10] Da Abs. 1 aber im Gegensatz zu den Parallelnormen die gesetzliche Quote nicht als Maximalquorum definiert und bereits die Protokolle zum BGB die Abweichung vom Genossenschaftsrecht betonten,[11] ist eine satzungsmäßige Erschwerung des Verlangens zulässig, sofern das festgesetzte Quorum das Minderheitenrecht nicht aushöhlt.[12] Noch zulässig ist die Festsetzung der erforderlichen Mitgliederzahl auf 20%;[13] ein höheres Quorum erscheint hingegen angesichts des Schutzzwecks der Norm bedenklich.

II. Einberufungspflicht

Das ordnungsgemäß erhobene Einberufungsverlangen verpflichtet das satzungsmäßige Einberufungsorgan zur Anberaumung einer Mitgliederversammlung. Das Einberufungsorgan, in der Regel der Vorstand (siehe § 32 Rn 9), hat ein **formelles Prüfungsrecht** hinsichtlich der Voraussetzungen von Abs. 1. Ein materielles Prüfungsrecht steht ihm indes grundsätzlich nicht zu. So darf der Vorstand z.B. prüfen, ob das Verlangen auf Einberufung einer außerordentlichen Mitgliederversammlung als Grund ein angebliches Vereinsinteresse (§ 36 Alt. 2) vorträgt, nicht aber, ob der vorgetragene Grund die Einberufung auch trägt. Aus sachlichen

---

3 OLG Frankfurt OLGZ 1979, 137, 140; Bamberger/Roth/*Schwarz*, § 37 Rn 5; MüKo/*Reuter*, § 37 Rn 4.
4 Vgl. OLG Köln WM 1959, 1402 f. zur AG; Soergel/*Hadding*, § 37 Rn 8; Bamberger/Roth/*Schwarz*, § 37 Rn 5.
5 OLG Hamm MDR 1973, 929; Palandt/*Heinrichs*, § 37 Rn 2; Erman/*Westermann*, § 37 Rn 5; Staudinger/*Weick*, § 37 Rn 17.
6 Soergel/*Hadding*, § 37 Rn 8; Staudinger/*Weick*, § 37 Rn 4; Bamberger/Roth/*Schwarz*, § 37 Rn 5.
7 Staudinger/*Weick*, § 37 Rn 4.
8 BayObLG NJW-RR 2001, 1479; KG NJW 1962, 1917; OLG Stuttgart NJW-RR 1986, 995; *Sauter/Schweyer/Waldner*, Rn 159; Staudinger/*Weick*, § 37 Rn 3.
9 OLG Stuttgart NJW-RR 1986, 995; Palandt/*Heinrichs*, § 37 Rn 2; MüKo/*Reuter*, § 37 Rn 2.
10 So Soergel/*Hadding*, § 37 Rn 5; MüKo/*Reuter*, § 37 Rn 3; wohl auch Bamberger/Roth/*Schwarz*, § 37 Rn 4.
11 Prot. I, S. 534.
12 BayObLG NJW-RR 2001, 1479 = MDR 2001, 948; OLG Stuttgart NJW-RR 1986, 995; *Reichert*, Rn 791; *Wagner*, ZZP 105 (1992), 294, 297; so bereits *v. Tuhr*, BGB AT Bd. 1, S. 507; *Oertmann*, BGB, 1908, § 37 Anm. 5.
13 BayObLG NJW-RR 2001, 1479 = MDR 2001, 948; Palandt/*Heinrichs*, § 37 Rn 1.

Gesichtspunkten kann der Vorstand die Einberufung nur verweigern, wenn das Verlangen **offensichtlich rechtsmissbräuchlich** ist.[14]

III. Gerichtliche Durchsetzung

6 Die Mitglieder können ihr Verlangen erst gerichtlich durchsetzen, wenn sie zuvor den **vereinsinternen Weg** beschritten haben und das Einberufungsorgan das Verlangen zurückgewiesen hat oder diesem nicht unverzüglich i.S.v. § 121, d.h. ohne schuldhaftes Zögern, nachgekommen ist.[15] Die gerichtliche Geltendmachung geschieht nicht im Wege der Klage, sondern im **FGG-Verfahren**. Sachlich und örtlich zuständig ist nach Abs. 2 S. 2 das Amtsgericht, das für den Bezirk des Vereinssitzes das Vereinsregister führt. Funktionell zuständig ist der Rechtspfleger, § 3 Nr. 1a RPflG. Der Antrag kann nach § 11 FGG schriftlich oder zur Niederschrift der Geschäftsstelle gestellt werden und ist gegen den Verein, nicht gegen das verweigernde Organ, zu richten.[16] Das Gericht prüft, ob die formellen Voraussetzungen des Verlangens vorliegen und ob dieses nicht ausnahmsweise rechtsmissbräuchlich ist.[17] Eine weiter gehende sachliche Prüfung findet nicht statt. Das Gericht soll nach § 160 S. 1 FGG, sofern dies ausnahmsweise nicht untunlich ist, den Vorstand anhören und entscheidet durch Beschluss. Dabei steht dem Gericht trotz der Formulierung „kann" in Abs. 2 S. 1 **kein Ermessen** zu.[18] Ein stattgebender Beschluss ermächtigt die antragstellenden Mitglieder an Stelle des sonst zuständigen Vereinsorgans zur Einberufung der begehrten Mitgliederversammlung (siehe aber § 32 Rn 9, 23). Die gerichtliche Entscheidung kann durch sofortige Beschwerde gemäß § 160 S. 2 FGG i.V.m. § 11 RPflG angegriffen werden. Das Rechtsmittel hat nach § 24 Abs. 1 FGG grundsätzlich keine aufschiebende Wirkung, so dass die erfolgreichen Antragsteller durch die Rechtsmitteleinlegung nicht an der Durchführung der Versammlung gehindert sind. Etwas anderes gilt jedoch, wenn das Beschwerdegericht gemäß § 24 Abs. 3 FGG im Wege der einstweiligen Anordnung die Vollziehung der angefochtenen Entscheidung aussetzt. Die Kosten der infolge des Verlangens bzw. der Ermächtigung durchgeführten Mitgliederversammlung trägt der Verein.[19]

§ 38 Mitgliedschaft

¹Die Mitgliedschaft ist nicht übertragbar und nicht vererblich. ²Die Ausübung der Mitgliedschaftsrechte kann nicht einem anderen überlassen werden.

Literatur: *Beuthien/Ernst*, Die Gesellschaft des bürgerlichen Rechts als Mitglied einer eingetragenen Genossenschaft, ZHR 156 (1992), 227; *Eisele*, Haftungsfreistellung von Vereinsmitgliedern und Vereinsorganen in nichtrechtsfähigen Vereinen, 1998; *Götz/Götz*, Die Haftung des Vereins gegenüber dem Mitglied, JuS 1995, 106; *Habersack*, Die Mitgliedschaft – subjektives oder „sonstiges" Recht, 1996; *Hadding*, Verfügungen über Mitgliedschaftsrechte, in: FS Steindorff 1990, S. 31; *Helms*, Schadensersatzansprüche wegen Beeinträchtigung der Vereinsmitgliedschaft, 1998; *Lettl*, Der vermögensrechtliche Zuweisungsgehalt der Mitgliedschaft beim Ideal-Verein, AcP 203 (2003), 149; *Michalski/Arends*, Zum Auskunftsrecht eines Vereinsmitglieds, NZG 1999, 780; *Reuter*, Ausschluß des Vereinsmitglieds als vereinsrechtliche Disziplinarmaßnahme – „Hansa-Art", EWiR 1997, 1063; *K. Schmidt*, Die Vereinsmitgliedschaft als Grundlage von Schadensersatzansprüchen, JZ 1991, 157. Siehe auch bei § 21 und bei § 25.

A. Allgemeines 1	4. Ende der Mitgliedschaft 8
B. Regelungsgehalt 2	II. Mitgliederrechte 9
I. Mitgliedschaft 2	1. Gleichbehandlungsgrundsatz 9
1. Mitgliedsfähigkeit 3	2. Mitverwaltungsrechte 10
2. Erwerb der Mitgliedschaft 4	3. Auskunftsrecht 11
a) Beitrittsmängel 5	4. Vorteilsrechte 13
b) Eintritt ohne Vertragsschluss ... 6	5. Rechtsausübung 14
3. Übertragbarkeit 7	III. Mitgliederpflichten 15

---

[14] Soergel/*Hadding*, § 37 Rn 10; *Sauter/Schweyer/Waldner*, Rn 165; *Reichert*, Rn 801; *Wagner*, ZZP 105 (1992), 294, 297; a.A. Staudinger/*Weick*, § 37 Rn 5: die Frage des Rechtsmissbrauchs sei der gerichtlichen Entscheidung nach § 37 Abs. 2 vorbehalten.

[15] Soergel/*Hadding*, § 37 Rn 15; Bamberger/Roth/*Schwarz*, § 37 Rn 9.

[16] BayObLG NJW-RR 1986, 1499; Palandt/*Heinrichs*, § 37 Rn 4; MüKo/*Reuter*, § 37 Rn 8.

[17] KG JW 1935, 3636; Palandt/*Heinrichs*, § 37 Rn 4; Bamberger/Roth/*Schwarz*, § 37 Rn 9.

[18] Staudinger/*Weick*, § 37 Rn 12; Erman/*Westermann*, § 37 Rn 3.

[19] *Reichert*, Rn 826; *Wagner*, ZZP 105 (1992), 294, 305.

A. Allgemeines

§ 38 regelt die Mitgliedschaft im Verein. Aus der Vorschrift folgt die dem Grunde nach **höchstpersönliche Rechtsnatur**[1] der Mitgliedschaft. Sie ist nach S. 1 weder übertragbar noch vererblich, und gemäß S. 2 kann auch die Ausübung der Mitgliedschaftsrechte nicht übertragen werden. Freilich sind abweichende Gestaltungen der Mitgliedschaft und der Rechtsausübung durch die Satzung möglich, da § 38 nach § 40 abbedungen werden kann.

B. Regelungsgehalt

I. Mitgliedschaft

Die Mitgliedschaft ist die **Gesamtrechtsstellung** einer Person infolge der organisatorischen Eingliederung in den Verband und umfasst die **Summe der Rechte und Pflichten** des Mitglieds gegenüber dem Verein. Aus § 38 folgt die persönliche Rechtsnatur der Mitgliedschaft, was sie zum subjektiven Recht[2] sowie zum sonstigen Recht i.S.v. § 823 Abs. 1 macht.[3] Aus der Mitgliedschaft folgt ein **wechselseitiges Treueverhältnis** zwischen Verein und Mitglied, dessen Intensität je nach Struktur und Zweck des Vereins variiert[4] (dazu Rn 16).

1. Mitgliedsfähigkeit. Vereinsmitglied können natürliche und juristische Personen sein. Daneben sind auch eine OHG oder KG mitgliedsfähig, da diese Personengesellschaften nach §§ 105, 124, 161 HGB im Außenverhältnis wie juristische Personen behandelt werden. Das Gleiche gilt nach neuer Lesart auch für die **Außen-GbR**[5] (vgl. AnwK-BGB/*Heidel*, § 705 Rn 21). Ebenfalls mitgliedsfähig ist der nichtrechtsfähige Verein,[6] nicht aber die Erbengemeinschaft, eheliche Gütergemeinschaft oder die Bruchteilsgemeinschaft, denen es an der notwendigen rechtlichen Selbständigkeit fehlt.[7]

2. Erwerb der Mitgliedschaft. Die Mitgliedschaft wird originär durch Teilnahme an der Gründung oder später durch Beitritt erworben (zur Gründung siehe § 21 Rn 4 ff.). Der Beitritt ist ein **Vertrag** zwischen Verein und künftigem Mitglied, der gemäß §§ 145 ff. durch die Beitrittserklärung und deren Annahme in Form der Vereinsaufnahme geschlossen wird.[8] Die Satzung soll nach § 58 Nr. 1 Bestimmungen über den Ein- und Austritt von Mitgliedern enthalten. Sie kann die Aufnahme über die bloße Annahmeerklärung hinaus von nachfolgenden Formalitäten wie der Aushändigung einer Mitgliedskarte abhängig machen.[9] Wenn die Satzung eine sog. Probemitgliedschaft vorsieht, muss sie neben dem Ein- und Austritt der Probemitglieder auch deren Beitragspflicht regeln.[10]

a) Beitrittsmängel. Die allgemeinen Vorschriften über die **Wirksamkeit** von Willenserklärungen und Rechtsgeschäften sind auf den Vereinsbeitritt teilweise modifiziert anzuwenden. Sowohl das potenzielle Mitglied als auch der Verein können die Mitgliedschaft an Bedingungen gemäß § 158 knüpfen. Das kann seitens des Mitglieds etwa die Einräumung eines Sonderrechts oder einer Organstellung sein[11] oder seitens eines religiösen Vereins die Zustimmung einer kirchlichen Stelle.[12] Der Beitrittswillige darf nicht gemäß § 104 geschäftsunfähig sein. Minderjährige bedürfen zum Beitritt gemäß §§ 107, 108 der Zustimmung ihrer Erziehungsberechtigten.[13] Der Vertrag kann grundsätzlich durch **schlüssiges Verhalten** zustande

---

1 *Reichert*, Rn 476 ff.; Palandt/*Heinrichs*, § 38 Rn 3.
2 Bamberger/Roth/*Schwarz*, § 38 Rn 2; *Reichert*, Rn 473; *K. Schmidt*, GesR, 4. Aufl. 2002, § 19 I 3b; *Lutter*, AcP 180 (1980), 84, 101 f.; *Habersack*, Die Mitgliedschaft – subjektives und sonstiges Recht, 1996, S. 21 ff.
3 BGHZ 110, 323, 327 = NJW 1990, 2877; MüKo/*Reuter*, § 38 Rn 16; *Reichert*, Rn 473; *K. Schmidt*, JZ 1991, 157 ff.
4 BGHZ 110, 323 ff. = NJW 1990, 2877, 2878 f.; *Lutter*, AcP 180 (1980), 84, 110; Erman/*Westermann*, § 38 Rn 1; Soergel/*Hadding*, § 38 Rn 19; Palandt/*Heinrichs*, § 38 Rn 1.
5 BGHZ 146, 341 = DB 2001, 423 = NJW 2001, 1056; *Reichert*, Rn 620, 62; Erman/*Westermann*, § 38 Rn 5; Bamberger/Roth/*Schwarz*, § 38 Rn 6; a.A. zur Mitgliedsfähigkeit der GbR noch OLG Köln NJW 1988, 173; LG Bonn NJW 1988, 1596.
6 BGHZ 148, 291 = DB 2001, 1983 = NJW 2001, 3121 = FGPrax 2001, 251; BGH NJW 2002, 1207, 1208 = ZIP 2002, 614; *Reichert*, Rn 620, 62.
7 Bamberger/Roth/*Schwarz*, § 38 Rn 6; Soergel/*Hadding*, § 38 Rn 5; vgl. auch *Sauter/Schweyer/Waldner*, Rn 11.
8 BGHZ 28, 131, 134 = NJW 1958, 1867; BGHZ 101, 193, 196 = DB 1988, 328 = NJW 1987, 2503; BayObLG NJW 1972, 1323.
9 BGHZ 101, 193, 197 = DB 1988, 328 = NJW 1987, 2503; AG Duisburg NZG 2002, 1072; Erman/*Westermann*, § 38 Rn 4; Palandt/*Heinrichs*, § 38 Rn 4.
10 BayObLG NJW-RR 2001, 326, 327.
11 RG JW 1938, 3229; BayObLG DB 1973, 2518; Soergel/*Hadding*, § 38 Rn 9; Bamberger/Roth/*Schwarz*, § 38 Rn 11.
12 OLG Köln NJW 1992, 1048; Palandt/*Heinrichs*, § 38 Rn 4.
13 Zu satzungsmäßigen Anforderungen an die Aufnahme Minderjähriger OLG Hamm NJW-RR 2000, 42.

kommen;[14] dies ist jedoch nur zulässig, solange die Satzung keine Form für den Mitgliedschaftserwerb bezeichnet hat.[15] Eine Annahme der Beitrittserklärung ohne Erklärung gegenüber dem Antragenden nach § 151 S. 1 ist hingegen nicht möglich.[16] Die Aufnahme eines **Minderjährigen** kann von einer Mithaftung der gesetzlichen Vertreter für die Beitragspflicht abhängig gemacht werden, wenn deren Kenntnisnahme von der Übernahme einer eigenen Verpflichtung sichergestellt ist.[17] Nichtigkeits- oder Anfechtungsgründe können wie beim Gesellschaftsverhältnis grundsätzlich nur mit *ex-nunc*-Wirkung geltend gemacht werden.[18] Die Anfechtungserklärung oder das Berufen auf einen Dissens haben daher die Wirkung einer Austrittserklärung nach § 39.[19] Die Gültigkeit der Stimmabgabe des Mitglieds bei Beschlüssen und sonstigen Abstimmungen bleibt von dem fehlerhaften Beitritt unberührt, sofern ihr nicht derselbe Fehler anhaftet.[20]

6 **b) Eintritt ohne Vertragsschluss.** Die Satzung kann abweichend von S. 1 vorsehen, dass die Mitgliedschaft durch **Erbfolge** auf die Rechtsnachfolger der verstorbenen Mitglieder übergeht;[21] die Vererblichkeit der Mitgliedschaft kann auch als Sonderrecht gemäß § 35 eingeräumt werden (siehe § 35 Rn 4). Für religiöse Vereine ist zudem anerkannt, dass die Satzung bestimmte kirchliche Funktionsträger als **„geborene" Vereinsmitglieder** einsetzen kann, ohne dass es ihrer Beitrittserklärung bedarf.[22] Die Mitgliedschaft kann schließlich durch **Umwandlungsvorgänge** entstehen. Bei einer Verschmelzung durch Aufnahme oder durch Neugründung werden die Mitglieder des übertragenden Vereins mit Registereintragung gemäß §§ 20 Abs. 1 Nr. 3 Hs. 1, 38 Abs. 2 UmwG zu Mitgliedern des aufnehmenden bzw. des neuen Vereins. Ist jedoch auf eine Verschmelzung das UmwG nicht anwendbar wie z.B. beim nichtrechtsfähigen Verein,[23] muss die Mitgliedschaft im aufnehmenden oder neuen Verein durch Aufnahmevertrag begründet werden.[24]

7 **3. Übertragbarkeit.** S. 1 schließt eine Übertragbarkeit der Mitgliedschaft aus. Damit sind zugleich nach §§ 851, 857 ZPO die **Pfändbarkeit** sowie die **Verpfändbarkeit** (§§ 1273 Abs. 1, 1274 Abs. 2) und die Bestellung eines **Nießbrauchrechts** (§§ 1068 Abs. 1, 1069 Abs. 2) ausgeschlossen. Ebenso wie die Vererblichkeit (dazu Rn 6) kann die Satzung abweichend von § 36 S. 1 die Mitgliedschaft übertragbar ausgestalten.[25] Dabei kann der Kreis der zulässigen Erwerber eingegrenzt werden.[26] Wird die Mitgliedschaft übertragen, so gehen sämtliche damit verbundenen Rechte und Pflichten, auch etwaige Sonderrechte nach § 35, mit über.[27] Das gilt jedoch nicht für die **Organstellung** des Übertragenden.[28] Einzelne Rechte und Pflichten können wegen der Personenbezogenheit der Mitgliedschaft und dem damit verbundenen Abspaltungsverbot vorbehaltlich einer abweichenden Satzungsbestimmung nicht isoliert übertragen werden.[29]

8 **4. Ende der Mitgliedschaft.** Nach § 38 endet die Mitgliedschaft als personenbezogene Rechtsstellung grundsätzlich mit dem Tod des Mitglieds (zur vererblichen Ausgestaltung vgl. Rn 6). Daneben endet die Mitgliedschaft durch Austritt gemäß § 39 oder durch Ausschluss (dazu § 25 Rn 45 ff.). Auch wenn das Mitglied eine satzungsmäßig geforderte Eigenschaft verliert, kann die Mitgliedschaft je nach Satzungsgestaltung enden[30] oder zumindest ruhen.[31]

---

14 BGHZ 105, 306, 312 = DB 1989, 619 = NJW 1989, 1724; Palandt/*Heinrichs*, § 38 Rn 4.
15 AG Duisburg NZG 2002, 1072.
16 BGHZ 101, 193, 196 = DB 1988, 328 = NJW 1987, 2503; Bamberger/Roth/*Schwarz*, § 38 Rn 11; *Reichert*, Rn 624.
17 OLG Hamm NJW-RR 2000, 42 = Rpfleger 2000, 70; Palandt/*Heinrichs*, § 58 Rn 5.
18 MüKo/*Reuter*, § 38 Rn 36; Soergel/*Hadding*, § 38 Rn 10; Palandt/*Heinrichs*, § 38 Rn 4; *Walter*, NJW 1975, 1033; zu den Ausnahmen s. *Reichert*, Rn 639.
19 Bamberger/Roth/*Schwarz*, § 38 Rn 12; Erman/ *Westermann*, § 38 Rn 3; Staudinger/*Weick*, § 21 Rn 19; RGRK/*Steffen*, § 25 Rn 8.
20 Erman/*Westermann*, § 38 Rn 3.
21 BGH WM 1980, 1286; Staudinger/*Weick*, § 38 Rn 3.
22 OLG Hamm NJW-RR 1995, 119 = FGPrax 1995, 86; Erman/*Westermann*, § 38 Rn 3; Palandt/*Heinrichs*, Einf. v. § 21 Rn 17; unzulässig aber für weltliche Vereine: BayObLG DB 1973, 2518; *Reichert*, Rn 623.
23 Zur Anwendbarkeit des UmwG eingehend *Reichert*, Rn 2246 ff., 2267.
24 Vgl. BAG ZIP 1989, 1012, 1019; Bamberger/Roth/ *Schwarz*, § 38 Rn 9; *Reichert*, Rn 622, 2271b.
25 RGZ 100, 2; Bamberger/Roth/*Schwarz*, § 38 Rn 33; Erman/*Westermann*, § 38 Rn 2.
26 Bamberger/Roth/*Schwarz*, § 38 Rn 33; Soergel/ *Hadding*, § 38 Rn 27.
27 *Reichert*, Rn 482; vgl. auch Hachenburg/*Raiser*, GmbHG, 8. Aufl. 1992, § 14 Rn 22.
28 *Reichert*, Rn 482.
29 Soergel/*Hadding*, § 38 Rn 28; *K. Schmidt*, GesR, 4. Aufl. 2002, § 19 III 4, S. 560 ff.; *Reichert*, Rn 476 ff.
30 BVerfG FamRZ 1989, 1047; BGH LM § 25 Nr. 17; OLG Celle NJW-RR 1989, 313; Bamberger/Roth/ *Schwarz*, § 38 Rn 16.
31 BayObLG Rpfleger 1980, 15; Palandt/*Heinrichs*, § 38 Rn 5; *Reichert*, Rn 715.

II. Mitgliederrechte

1. Gleichbehandlungsgrundsatz. Alle Mitglieder haben grundsätzlich gemäß dem vereinsrechtlichen Gleichbehandlungsgebot die gleichen Rechte und Pflichten.[32] Jedes Mitglied hat gegenüber dem Verein das Recht, gemäß der geltenden vereinsrechtlichen Bestimmungen behandelt[33] und nicht ohne sachlichen Grund ungünstiger gestellt zu werden als die anderen Mitglieder.[34] Für Verletzungen des Gleichbehandlungsgebots durch den Vorstand haftet der Verein gegenüber den betroffenen Mitgliedern nach § 31[35] (siehe auch § 31 Rn 13). Das Gleichbehandlungsgebot ist nicht berührt, wenn ordnungsgemäß verliehene **Sonderrechte** ausgeübt werden (vgl. § 35 Rn 3).

2. Mitverwaltungsrechte. Die allgemeinen Mitgliedschaftsrechte ergeben sich aus dem Gesetz der Satzung oder aus Mitgliederversammlungsbeschlüssen. Dazu gehören zunächst die aus §§ 32 Abs. 1, 38 folgenden Organschafts- oder Mitverwaltungsrechte, die das Mitglied zur Teilnahme an Mitgliederversammlungen, zur Ausübung des Rede- und Stimmrechts sowie zur aktiven wie passiven Teilnahme an Vereinswahlen berechtigen.

3. Auskunftsrecht. Zur Wahrnehmung der Mitverwaltungsrechte hat das Mitglied gegen den Verein bei Darlegung eines berechtigten Interesses jedenfalls in der Mitgliederversammlung ein Auskunftsrecht.[36] Nach richtiger Ansicht können Mitglieder unter Umständen auch **außerhalb der Mitgliederversammlung** einen Auskunftsanspruch haben.[37] Zwar sind die Auskunftsansprüche aus §§ 131, 132 AktG, §§ 51a, 51b GmbHG wegen des grundsätzlich anders gelagerten vermögensrechtlichen Hintergrunds nicht auf den Verein übertragbar, sieht man von wirtschaftlich orientierten Großvereinen wie etwa Fußballbundesliga-Vereinen ab. Ein besonderes schützenswertes Informationsinteresse kann aber gerade auch außerhalb einer Versammlung bestehen, z.B. wenn eine Vereinsminderheit nach § 37 eine außerordentliche Mitgliederversammlung herbeiführen will, aber die zur Berechnung des Quorums notwendige Mitgliederzahl nicht kennt[38] (vgl. § 37 Rn 3 f.).

Neben dem Auskunftsrecht steht den Mitgliedern das Recht auf **Einsicht** in die Vereinsunterlagen zu, wenn sie gegenüber dem Verein ein berechtigtes Interesse darlegen.[39] Ferner kann das Mitglied die Aushändigung eines Satzungsexemplars verlangen und braucht sich nicht auf die beim Registergericht hinterlegte Satzung verweisen zu lassen.[40] Das Stimmrecht, nicht aber das Recht auf Teilnahme an der Versammlung, kann für bestimmte Beschlussfassungen nach § 34 ausgeschlossen sein (siehe § 34 Rn 5). Das Mitglied hat nach Maßgabe von § 37 ein Recht auf Beteiligung an einem Minderheitsverlangen (dazu § 37 Rn 2 ff.).

4. Vorteilsrechte. Die Mitgliedschaft umfasst daneben auch Wert- oder Vorteilsrechte, d.h. eine Berechtigung auf bestimmungsgemäße Benutzung der Vereinseinrichtungen und Teilhabe an den Vorteilen aus der Verfolgung des Vereinszwecks. Die **Nutzungsrechte** können durch die Satzung selbst oder eine Benutzungsordnung des Vereins beschränkt sein.[41] Die Mitgliedschaft umfasst jedoch weder einen Anteil am Vereinsvermögen noch eine Beteiligung am Gewinn.[42]

5. Rechtsausübung. Gemäß S. 2 kann das Mitglied die Ausübung der mit der Mitgliedschaft verbundenen Rechte nicht übertragen. Die Rechte sind persönlich auszuüben, und eine **Stellvertretung** ist dem Grunde nach unzulässig. Handelt es sich bei dem Mitglied um eine juristische Person oder eine Personengesellschaft, übt es seine Rechte durch die zuständigen Organe aus (vgl. § 32 Rn 19). Dies gilt als eigenständige Ausübung i.S.v. S. 2.[43] Der Grundsatz persönlicher Rechtsausübung gilt auch für **Minderjährige**, insbesondere für ihr Stimmrecht. Zur Rechtsausübung bedürfen sie regelmäßig nicht der Zustimmung ihrer Erziehungsberechtigten, da ihnen im Zweifel mit der Zustimmung zum Vereinsbeitritt zugleich auch die Zustimmung zur

---

[32] RGZ 73, 191.
[33] BGHZ 110, 323, 327 = NJW 1990, 2877; Bamberger/Roth/*Schwarz*, § 38 Rn 18.
[34] RGZ 49, 198; 112, 124; *Sauter/Schweyer/Waldner*, Rn 335.
[35] BGHZ 90, 92, 95 = DB 1984, 1138 = NJW 1984, 1884; BGHZ 110, 323, 327 = NJW 1990, 2877; *Sauter/Schweyer/Waldner*, Rn 335a; krit. *K. Schmidt*, JZ 1991, 157, 160; *Götz/Götz*, JuS 1995, 106.
[36] BayObLG NJW 1972, 1377, 1378; KG NJW-RR 1999, 1486 = NZG 1999, 779; *Grunewald*, ZIP 1989, 962, 963; Soergel/*Hadding*, § 38 Rn 17.
[37] *Reichert*, Rn 889; *Michalski/Arends*, NZG 1999, 780; vgl. auch BGHZ 152, 339 = DB 2003, 442 = ZIP 2003, 345; a.A. insb. KG NJW-RR 1999, 1486 = NZG 1999, 779; LG Stuttgart NJW-RR 2001, 1478.
[38] *Reichert*, Rn 889.
[39] LG Mainz BB 1989, 812; Palandt/*Heinrichs*, § 38 Rn 1a; *Sauter/Schweyer/Waldner*, Rn 336.
[40] LG Karlsruhe Rpfleger 1987, 164; *Sauter/Schweyer/Waldner*, Rn 336.
[41] BGH NJW-RR 1992, 507; *Sauter/Schweyer/Waldner*, Rn 340.
[42] Palandt/*Heinrichs*, § 38 Rn 1a; Bamberger/Roth/*Schwarz*, § 38 Rn 20; *Sauter/Schweyer/Waldner*, Rn 340; *Lettl*, AcP 203 (2003), 149.
[43] OLG Hamm NJW-RR 1990, 532, 533 = Rpfleger 1991, 24; Staudinger/*Weick*, § 38 Rn 4.

Ausübung der Mitgliedschaftsrechte erteilt wurde.[44] Die Erziehungsberechtigten können indes diese Einwilligung widerrufen und das Stimmrecht für den Minderjährigen ausüben. Dem steht S. 2 nicht entgegen, da die Stimmrechtsausübung durch gesetzliche Vertreter regelmäßig zulässig ist, soweit sich nicht aus der Satzung oder dem Vereinszweck etwas anderes ergibt.[45] Für die Rechtsausübung durch einen **Bevollmächtigten**, insbesondere durch ein Nichtmitglied, gilt das nicht. Sie muss ausdrücklich durch die Satzung zugelassen sein;[46] die Satzung kann die Möglichkeit der Bevollmächtigung zulässigerweise auf eine Vertretung durch andere Vereinsmitglieder beschränken.[47]

III. Mitgliederpflichten

15 Die aus der Mitgliedschaft erwachsenden Pflichten sind gesetzlich nicht geregelt. Sie sind durch die Satzung auszugestalten. Nach § 58 Nr. 2 ist die Festlegung der **Beitragspflicht** Soll-Inhalt der Satzung (zur Beitragspflicht siehe § 58 Rn 4). Neben Geldleistungen kann die Satzung den Mitgliedern als besondere Form der Beitragspflicht auch auferlegen, zur Förderung des Vereinszwecks bestimmte Handlungen zu tun oder zu unterlassen, Dienstleistungen zu erbringen[48] oder in bestimmtem Umfang für die Vereinsschulden zu haften.[49] Hier gilt ebenso wie bei den Mitgliederrechten der Grundsatz der **Gleichbehandlung** aller Mitglieder. Eine Satzungsbestimmung, die eine periodisch zu erfüllende Beitragspflicht der Mitglieder festschreibt, ist keine Rechtsgrundlage für die Erhebung von **Umlagen**; eine derartige Nachschussverpflichtung zur Abdeckung eines besonderen Finanzbedarfs des Vereins besteht nur auf hinreichend bestimmter Satzungsgrundlage.[50] Sonderpflichten können daher nur mit Zustimmung des Mitglieds eingefordert werden. Die Satzung kann den Mitgliedern auch **Mitverwaltungspflichten** auferlegen.[51] Der Anspruch auf ausstehende Mitgliederbeiträge ist verwirkt, wenn der Verein diese sechs Jahre lang nicht eingefordert hat und das Mitglied mangels vereinsmäßiger Leistungen nach den Umständen darauf vertrauen durfte, keine Beiträge zu schulden.[52]

16 Zudem entstehen aus der Mitgliedschaft wechselseitige **Treuepflichten** sowohl zwischen dem Mitglied und dem Verein als auch zwischen den einzelnen Mitgliedern.[53] Diese auch als passive Förderungspflicht oder Loyalitätspflicht bezeichnete Verpflichtung ist weit reichender als der allgemeine Grundsatz von Treu und Glauben aus § 242 BGB und richtet sich nach dem Vereinszweck, der inneren Geschlossenheit des Vereins und dem Grad der persönlichen Bindung durch die Mitgliedschaft. Das Mitglied ist jedenfalls verpflichtet, alles zu unterlassen, was dem Vereinszweck schadet; bloße Kritik an der Vereinspolitik oder den Vereinsorganen führt jedoch nie zu einem Treuepflichtverstoß.[54] Die vereinsrechtliche Treuepflicht gibt dem Verein die innere Berechtigung zu Sanktionen gegenüber dem Mitglied, etwa zu Vereinsstrafen oder zum Ausschluss.

17 Die **Haftung** des Mitglieds gegenüber dem Verein für Verletzungen seiner Mitgliedschaftspflichten ist gerichtet auf Schadensersatz wegen Pflichtverletzung nach § 280 Abs. 1.[55] Umgekehrt haftet der Verein dem Mitglied für Pflichtverletzungen über § 31 (siehe dazu § 31 Rn 13). Schäden, die bei Ausübung von Vorteilsrechten an Vereinseinrichtungen entstehen, hat das Mitglied nur dann zu ersetzen, wenn die Benutzungsordnung das festlegt; dabei gehen Unklarheiten zulasten des Vereins.[56]

---

44 KG OLGE 1915, 324; Staudinger/*Weick*, § 38 Rn 5; Soergel/*Hadding*, § 38 Rn 26; *Sauter/Schweyer/Waldner*, Rn 345; *Reichert*, Rn 875.
45 Soergel/*Hadding*, § 38 Rn 20; Palandt/*Heinrichs*, § 38 Rn 3; *Sauter/Schweyer/Waldner*, Rn 345; *Reichert*, Rn 875.
46 OLG Hamm NJW-RR 1990, 532, 533 = Rpfleger 1991, 24; MüKo/*Reuter*, § 38 Rn 67; Soergel/*Hadding*, § 38 Rn 20; Erman/*Westermann*, § 38 Rn 2; Bamberger/Roth/*Schwarz*, § 38 Rn 23; a.A. Palandt/*Heinrichs*, § 38 Rn 3, wonach eine derartige Regelung mit dem Charakter des Idealvereins unvereinbar sei.
47 Vgl. BGHZ 52, 316, 318 = DB 1969, 2028 zur GmbH; Soergel/*Hadding*, § 38 Rn 28; *Reichert*, Rn 900.
48 *K. Schmidt*, GesR, 4. Aufl. 2002, § 20 II 1b bb; Soergel/*Hadding*, § 38 Rn 21a; *Reichert*, Rn 580.

49 RGRK/*Steffen*, § 38 Rn 10; *Sauter/Schweyer/Waldner*, Rn 347; BAG, DB 2003, 47 = NJW 2003, 161.
50 OLG München NJW-RR 1998, 966 = SpuRT 1999, 206; *Reichert*, Rn 596; Staudinger/*Habermann*, § 58 Rn 3; *Müller*, MDR 1992, 924 f.; *Beuthien*, BB 1987, 6, 10.
51 Dazu *Reichert*, Rn 598 f.; Soergel/*Hadding*, § 38 Rn 22.
52 AG Berlin-Charlottenburg NZG 2003, 94.
53 *K. Schmidt*, GesR, 4. Aufl. 2002, § 20 IV 1; Bamberger/Roth/*Schwarz*, § 38 Rn 27 f.; *Sauter/Schweyer/Waldner*, Rn 348; *Lutter*, ZHR 162 (1998), 164 ff.
54 Eingehend *Sauter/Schweyer/Waldner*, Rn 348; *Reichert*, Rn 608 ff.
55 BGH LM GG 9 Nr. 6; Palandt/*Heinrichs*, § 38 Rn 1b; Bamberger/Roth/*Schwarz*, § 38 Rn 29.
56 KG MDR 1985, 230; Palandt/*Heinrichs*, § 38 Rn 1b; Bamberger/Roth/*Schwarz*, § 38 Rn 20.

| § 39 | **Austritt aus dem Verein** |

(1) ¹Die Mitglieder sind zum Austritt aus dem Verein berechtigt.

(2) ¹Durch die Satzung kann bestimmt werden, dass der Austritt nur am Schluss eines Geschäftsjahrs oder erst nach dem Ablauf einer Kündigungsfrist zulässig ist; die Kündigungsfrist kann höchstens zwei Jahre betragen.

Literatur: *v. Bernuth*, Austritt aus dem Arbeitgeberverband, NJW 2003, 2215; *Oetker*, Das private Vereinsrecht als Ausgestaltung der Koalitionsfreiheit, RdA 1999, 96; *Reize*, Der Austritt aus Gewerkschaft und Arbeitgeberverband, NZA 1999, 70; *K. Schmidt*, Rechtsprechungsübersicht – Anforderungen an den Vereinsausschluss, JuS 1998, 266. Siehe auch bei § 21 sowie bei § 25.

A. Allgemeines	1	2. Austrittsfrist	4
B. Regelungsgehalt	2	3. Fristlose Kündigung	5
I. Austritt	2	II. Rechtsfolgen des Austritts	6
1. Anforderungen an die Austrittserklärung	3		

A. Allgemeines

Abs. 1 sichert dem Mitglied das Recht, die Mitgliedschaft zu beenden. Als Ausgleich des Mehrheitsprinzips soll sich das Mitglied durch rechtsgestaltenden Akt kurzfristig der Einwirkung der Vereinsmehrheit entziehen können.[1] Aus § 40 folgt die **zwingende Natur** der Vorschrift. Über Abs. 2 hinaus ist eine satzungsmäßige Beschränkung oder Erschwerung des Austrittsrechts unzulässig;[2] Gleiches gilt für den Ausschluss durch einen gesonderten Vertrag.[3] § 39 ist entsprechend für körperschaftlich organisierte nichtrechtsfähige Vereine anzuwenden.[4] Beim Versicherungsverein wird § 39 durch die Sondervorschriften der §§ 165, 189 VVG auf Gegenseitigkeit eingeschränkt.[5] Nicht gesetzlich geregelt ist das Recht des Vereins, ein Mitglied auszuschließen (dazu § 25 Rn 45 ff.).

B. Regelungsgehalt

I. Austritt

Der Austritt bedarf einer **Austrittserklärung**, d.h. einer einseitigen empfangsbedürftigen Willenserklärung des Mitglieds. Die Austrittserklärung wird gemäß §§ 130, 28 Abs. 2 wirksam durch Zugang an ein Mitglied des Vereinsvorstands oder an das in der Satzung bestimmte sonstige Vereinsorgan. Die Erklärung ist unwiderruflich,[6] kann aber mit Zustimmung des Vereins zurückgenommen werden, wenn der Austritt z.B. wegen einzuhaltender Fristen noch nicht wirksam ist.[7]

1. Anforderungen an die Austrittserklärung. Die Austrittserklärung ist grundsätzlich **formlos**[8] und kann daher auch konkludent, etwa durch Rückgabe des Mitgliedsbuchs, erklärt werden.[9] Gemäß § 58 Nr. 1 soll die Satzung Bestimmungen über den Austritt enthalten (siehe § 58 Rn 3). Die Satzung kann für die Austrittserklärung die einfache **Schriftform** vorsehen, für die im Zweifel § 127 gilt.[10] Strengere Formanforderungen wie z.B. der Austritt durch eingeschriebenen Brief oder ein Begründungszwang[11] sind unzulässig und binden das Mitglied nicht.[12] Ist Schriftform gefordert, so wird diese gemäß § 127 Abs. 2 S. 1 auch durch ein Telegramm oder Telefax gewahrt[13] (siehe ferner § 127 Rn 16 ff.). **Sachliche Erschwerungen** des Austritts durch die Satzung sind ebenfalls unwirksam. Dies gilt etwa für ein Austrittsverbot nach

---

1 BGHZ 48, 207, 210 = DB 1967, 1498 = NJW 1967, 2303; Erman/*Westermann*, § 39 Rn 1; Staudinger/*Weick*, § 39 Rn 1.
2 BGH LM § 39 BGB Nr. 2; LG München I NJW 1987, 847.
3 RGZ 71, 388, 390; 88, 395, 398; Bamberger/Roth/*Schwarz*, § 39 Rn 1; *Reichert*, Rn 665.
4 BGH NJW 1979, 2304; MüKo/*Reuter*, § 39 Rn 2 f. Bamberger/Roth/*Schwarz*, § 39 Rn 1.
5 BAG ZIP 1998, 1451 = DB 1998, 213; Bamberger/Roth/*Schwarz*, § 39 Rn 1; Palandt/*Heinrichs*, § 39 Rn 1.
6 OLG Hamm NJW 2000, 523 = NVwZ 2000, 352; Palandt/*Heinrichs*, § 39 Rn 1.
7 *Sauter/Schweyer/Waldner*, Rn 85.
8 RGZ 78, 134, 137; BayObLGZ 1986, 528, 533.
9 OLG Hamm NJW 2000, 523 = NVwZ 2000, 352; bereits RG Recht 1912, Nr. 541.
10 BGH NJW-RR 1996, 866; BayObLGZ 1986, 528.
11 Ein wichtiger Grund kann indes bei Mischformen zwischen nichtrechtsfähigem Verein und Gesellschaft gefordert werden, BGH LM § 39 BGB Nr. 11; Palandt/*Heinrichs*, § 39 Rn 1.
12 BGH NJW-RR 1996, 866; BayObLGZ 9, 39, 42; Palandt/*Heinrichs*, § 39 Rn 2; *Reichert*, Rn 685.
13 BGH NJW-RR 1996, 866; *Reichert*, Rn 673.

Einleitung eines Vereinsstrafverfahrens[14] oder solange fällige Beiträge oder Schulden nicht gezahlt sind.[15] Ein Austrittsrecht besteht auch bei einer Mitgliedschaft auf Lebenszeit.[16]

2. Austrittsfrist. Die Satzung kann **Kündigungsfristen** vorsehen. Gemäß Abs. 2 sind Satzungsregelungen zulässig, die den Austritt nur am Schluss eines Geschäftsjahres oder nach Ablauf einer Kündigungsfrist von maximal zwei Jahren zulassen. Weiter gehende Satzungsgestaltungen sind unwirksam.[17] Sie führen jedoch nicht zum ersatzlosen Wegfall der zu lang bemessenen Frist; vielmehr gilt in diesen Fällen die gesetzlich vorgesehene Zweijahresfrist aus Abs. 2 S. 2.[18] Der nicht fristgerecht erklärte Austritt ist als Austritt zum nächstzulässigen Termin zu werten, ohne dass es einer wiederholten Austrittserklärung bedarf.[19] Ausnahmen von Abs. 2 gelten für **Gewerkschaften**. Wegen Art. 9 Abs. 3 GG ist eine Kündigungsfrist von zwei Jahren unwirksam. Abweichend von Abs. 2 S. 2 darf die Frist maximal sechs Monate betragen.[20] § 10 Abs. 2 S. 3 PartG, wonach Mitglieder politischer Parteien jederzeit zum sofortigen Austritt berechtigt sind, ist auf Gewerkschaften nicht analog anzuwenden.[21]

3. Fristlose Kündigung. Ungeachtet einer Fristbestimmung für die ordentliche Kündigung kann die Mitgliedschaft im Verein wie jedes Dauerschuldverhältnis aus wichtigem Grund stets mit sofortiger Wirkung gekündigt werden.[22] Ein **wichtiger Grund** ist anzunehmen, wenn die Einhaltung der satzungsmäßigen Kündigungsfrist unter Berücksichtigung aller Umstände des Einzelfalls für das austrittswillige Mitglied als unzumutbar erscheint. Dies ist z.B. zu bejahen bei einer rückwirkenden Beitragserhöhung um 300%[23] oder einer nicht nachvollziehbar begründeten Beitragserhöhung um 25%.[24] An sich ist eine ordnungsgemäß beschlossene Beitragserhöhung oder eine maßvolle Kostenumlage[25] aber kein wichtiger Grund.[26] Ebenso wenig kann z.B. ein Mitglied des Mietervereins wegen Erwerbs der zuvor gemieteten Wohnung außerordentlich kündigen, da der Grund aus dem Risikobereich des Kündigenden stammt[27] (vgl. allgemein AnwK-BGB/ *Krebs*, § 314 Rn 22).

II. Rechtsfolgen des Austritts

Der Austritt beendet die Mitgliedschaft im Verein. Die Beendigung tritt mit dem Wirksamwerden der Austrittserklärung ein. Wenn keine Kündigungsfrist bestimmt ist oder bei außerordentlicher Kündigung wird die Austrittserklärung bereits mit ihrem Zugang wirksam. Im Übrigen scheidet das Mitglied durch ordentliche Kündigung mit Ablauf der in der Satzung vorgesehenen Frist aus dem Verein aus. Ein Abfindungsanspruch steht dem ausscheidenden Mitglied nicht zu.[28] Die vor dem Austritt entstandenen und fällig gewordenen Ansprüche und Pflichten bleiben weiterhin bestehen. Werden vor dem Austritt entstandene Beitragspflichten erst nach Austritt fällig, braucht das ausscheidende Mitglied diese nicht mehr zu bezahlen.[29] Von der Beendigung ist das **Ruhen der Mitgliedschaft** abzugrenzen. Bei ruhender Mitgliedschaft kann das Mitglied seine Mitgliedschaftsrechte nicht ausüben oder wegen Vereinspflichten in Anspruch genommen werden. Gleichwohl ist es aber aufgrund der fortbestehenden Mitgliedschaft zur gerichtlichen Geltendmachung der Unwirksamkeit von Satzungsbestimmungen oder Mitgliederversammlungsbeschlüssen berechtigt.[30]

---

14 RGZ 108, 160; 122, 268; Soergel/*Hadding*, § 39 Rn 6; Palandt/*Heinrichs*, § 39 Rn 2.
15 Bamberger/Roth/*Schwarz*, § 39 Rn 5; *Reichert*, Rn 686.
16 RGZ 78, 134, 136; Soergel/*Hadding*, § 39 Rn 2; *Reichert*, Rn 665.
17 RGZ 108, 160, 162; Bamberger/Roth/*Schwarz*, § 39 Rn 4.
18 RG JW 1937, 3236; MüKo/*Reuter*, § 39 Rn 7; Soergel/*Hadding*, § 39 Rn 4.
19 Bamberger/Roth/*Schwarz*, § 39 Rn 4; *Reichert*, Rn 682.
20 BGH NJW 1981, 340; AG Hamburg NJW 1987, 2380; Palandt/*Heinrichs*, § 39 Rn 3; *Reize*, NZA 1999, 70.
21 Palandt/*Heinrichs*, § 39 Rn 3; Soergel/*Hadding*, § 39 Rn 3; Bamberger/Roth/*Schwarz*, § 39 Rn 4; a.A. AG Ettenheim NJW 1985, 979.
22 RGZ 130, 375, 378; BGHZ 9, 157, 162 = NJW 1953, 780; BGH NJW 1954, 953; BGH LM § 39 BGB Nr. 2; LG Itzehoe NJW-RR 1989, 1531; Palandt/*Heinrichs*, § 39 Rn 3.
23 LG Hamburg NJW-RR 1999, 1708; Palandt/*Heinrichs*, § 39 Rn 3.
24 AG Nürnberg Rpfleger 1988, 109; Bamberger/Roth/*Schwarz*, § 39 Rn 7.
25 Eine Umlage darf nur auf hinreichend bestimmter Satzungsgrundlage erhoben werden, *Reichert*, Rn 596.
26 LG Aurich Rpfleger 1987, 115, 116; AG Essen DWW 1961, 119; Soergel/*Hadding*, § 39 Rn 5.
27 Palandt/*Heinrichs*, § 39 Rn 3; Bamberger/Roth/*Schwarz*, § 39 Rn 7; a.A. AG Wiesbaden NJW-RR 1999, 1242.
28 OLG Hamburg BB 1980, 122; Palandt/*Heinrichs*, § 39 Rn 4; *Lettl*, AcP 203 (2003), 149.
29 BGHZ 48, 207, 211 = DB 1967, 1498 = NJW 1967, 2303; BGH NJW 1984, 489, 490 (zur GmbH); Soergel/*Hadding*, § 39 Rn 8; *Reichert*, Rn 683 f.
30 BayObLGZ 1979, 351, 357; LG Hamburg NJW 1992, 440; Bamberger/Roth/*Schwarz*, § 39 Rn 8; *Reichert*, Rn 716.

§ 40 Nachgiebige Vorschriften

¹Die Vorschriften des § 27 Abs. 1, 3, des § 28 Abs. 1 und der §§ 32, 33, 38 finden insoweit keine Anwendung, als die Satzung ein anderes bestimmt.

§ 40 legt die Grenzen der **Satzungsautonomie** fest. Die bezeichneten Vorschriften sind dispositiv. Zu den jeweils zulässigen Gestaltungsmöglichkeiten siehe § 27 Rn 2, 14 f., § 28 Rn 2; § 32 Rn 6 f., § 33 Rn 4 ff. und § 38 Rn 4 ff. Die nicht aufgeführten vereinsrechtlichen Vorschriften sind zwingendes Recht und daher keiner abweichenden Satzungsgestaltung zugänglich. Jedoch sehen etliche der zwingenden Vorschriften einen satzungsmäßigen **Gestaltungsrahmen** vor, wie etwa §§ 26 Abs. 2 S. 2, 27 Abs. 2 S. 2, 30 S. 1, 37 Abs. 1, 39 Abs. 2. 1

§ 41 Auflösung des Vereins

¹Der Verein kann durch Beschluss der Mitgliederversammlung aufgelöst werden. ²Zu dem Beschluss ist eine Mehrheit von drei Vierteln der erschienenen Mitglieder erforderlich, wenn nicht die Satzung ein anderes bestimmt.

Literatur: *Ballerstedt*, Mitgliedschaft und Vermögen beim rechtsfähigen Verein, in: FS Knur 1972, S. 1; *Balzer*, Die Umwandlung von Vereinen der Fußball-Bundesligen in Kapitalgesellschaften zwischen Gesellschafts-, Vereins- und Verbandsrecht, ZIP 2001, 175; *Bayer*, Die liquidationslose Fortsetzung rechtsfähiger Idealvereine, Diss. Mainz 1984; *Beitzke*, Mitgliedslose Vereine, in: FS Wilburg 1965, S. 19; *ders.*, Pflegschaften für Handelsgesellschaften und juristische Personen, in: FS Ballerstedt 1975, S. 185; *Böttcher*, Die Beendigung des rechtsfähigen Vereins, Rpfleger 1988, 169; *Christiansen*, Über die reale Seite der Verbände, 1998; *Drobnig/Becker/Remien*, Verschmelzung und Koordinierung von Verbänden, 1991; *Düfz*, Tendenzaufsicht im Vereinsrecht, in: FS Herschel 1982, S. 55; *Flume*, Die Vereinsautonomie und ihre Wahrnehmung durch die Mitglieder hinsichtlich der Selbstverwaltung der Vereinsangelegenheiten und der Satzungsautonomie, in: FS Coing, Bd. 2, 1982, S. 97; *ders.*, Vereinsautonomie und kirchliche oder religiöse Vereinigungsfreiheit und das Vereinsrecht, JZ 1992, 238; *Grziwotz*, Die Liquidation von Kapitalgesellschaften, Genossenschaften und Vereinen, DStR 1992, 1404; *Grunewald*, Austrittsrechte als Folge von Mischverschmelzungen, in: FS Boujong 1996, S. 175; *Hadding/Hennrichs*, Zur Verschmelzung unter Beteiligung rechtsfähiger Vereine nach dem neuen Umwandlungsgesetz, in: FS Boujong 1996, S. 203; *Heermann*, Die Ausgliederung von Vereinen auf Kapitalgesellschaften, ZIP 1998, 1249; *Heller*, Die vermögenslose GmbH, 1989; *Hemmerich*, Die Ausgliederung bei Idealvereinen, BB 1983, 26; *Hennrichs*, Zum Formwechsel und zur Spaltung nach dem neuen Umwandlungsgesetz, ZIP 1995, 796; *ders.*, Formwechsel und Gesamtrechtsnachfolge bei Umwandlungen, 1996; *Hönn*, Die konstitutive Wirkung der Löschung von Kapitalgesellschaften, ZHR 138 (1974), 50; *Hüffer*, Das Ende der Rechtspersönlichkeit von Kapitalgesellschaften GS Schultz 1987, S. 99; *Ihrig*, Verschmelzung und Spaltung ohne Gewährung neuer Anteile?, ZHR 160 (1996), 317; *Katschinski*, Die Verschmelzung von Vereinen, 1999; *Kollhosser*, Der Verzicht des rechtsfähigen Vereins auf seine Rechtsfähigkeit, ZIP 1984, 1434; *Lettl*, Das Wertrecht der Mitgliedschaft beim Idealverein, 1999; *Mayer*, Die Umstrukturierung von Bundesligavereinen zur Vorbereitung des Börsengangs, in: FS Widmann 2000, S. 67; *Mummenhoff*, Gründungssysteme und Rechtsfähigkeit, 1979; *Neumayer-Schulz*, Die Verschmelzung von rechtsfähigen Vereinen, DStR 1996, 872; *Oetker*, Der Wandel vom Ideal- zum Wirtschaftsverein, NJW 1991, 385; *Planker*, Das Vereinsverbot in der verwaltungsgerichtlichen Rechtsprechung, NVwZ 1998, 113; *Reichert*, Handbuch des Vereins- und Verbandsrechts, 9. Auflage 2003; *Reuter*, Probleme der Mitgliedschaft beim Idealverein, ZHR 145 (1981), 273; *ders.*, Verbandszweck und Rechtsfähigkeit im Vereinsrecht, ZHR 151 (1987), 237; *ders.*, Fehlerhafte Fusionen von politischen Parteien im Vorfeld der Wiedervereinigung Deutschlands, DZWiR 1994, 265; *Sauter/Schweyer/Waldner*, Der eingetragene Verein, 17. Auflage 2001; *H. Schmidt*, Zur Vollbeendigung juristischer Personen, 1989; *K. Schmidt*, Verbandszweck und Rechtsfähigkeit im Vereinsrecht, 1984, S. 287; *ders.*, Ultra-vires-Doktrin: tot oder lebendig?, AcP 184 (1984), 529; *ders.*, Zur Löschung unrechtmäßig eingetragener Vereine, JR 1987, 117; *ders.*, Erlöschen eines eingetragenen Vereins durch Fortfall aller Mitglieder?, JZ 1987, 394; *ders.*, Fehlerhafte Verschmelzung und allgemeines Verbandsrecht, ZGR 1991, 373; *Steinbeck*, Vereinsautonomie und Dritteinfluss – dargestellt an den Verbänden des Sports, 1999; *Stöber*, Handbuch zum Vereinsrecht, 9. Auflage 2004; *Wimmer*, Gründung und Beendigung von juristischen Personen, DStR 1995, 1838, 1878.

A. Allgemeines 1	5. Eintritt eines satzungsmäßig bestimmten Ereignisses 10
I. Die Beendigung des Vereins im Überblick . 1	6. Auflösung durch Hoheitsakt aufgrund des öffentlichen Vereinsrechts, § 3 VereinsG, Art. 9 Abs. 2 GG 11
1. Auflösung 2	
2. Entziehung der Rechtsfähigkeit 3	
3. Sofortige Vollbeendigung (Erlöschen des Vereins) 5	7. Auflösung wegen Grundrechtsverwirkung durch Entscheidung des BVerfG, § 39 Abs. 2 BVerfGG 12
II. Auflösung 6	
1. Beschluss der Mitgliederversammlung, § 41 6	8. Verlust aller Mitglieder bzw. Untätigkeit des Vereins 13
2. Eröffnung des Insolvenzverfahrens, § 42 . 7	III. Entziehung der Rechtsfähigkeit (Wegfall der Eigenschaft als juristische Person) 14
3. Sitzverlegung ins Ausland 8	
4. Ablauf der satzungsmäßig bestimmten Zeit 9	

D. Eckardt 171

1. Entziehung der Rechtsfähigkeit durch Verwaltungsakt, § 43	14	4. Aufgabe der Vereinstätigkeit	23
2. Verzicht auf die Rechtsfähigkeit	15	5. Umwandlung (Verschmelzung, Spaltung, Rechtsformwechsel)	24
3. Löschung des Vereins im Vereinsregister, §§ 159, 142 FGG	16	a) Verschmelzung	25
		b) Spaltung, Formwechsel	27
4. Entziehung der Rechtsfähigkeit wegen Unterschreitung der Mindestmitgliederzahl, § 73	17	**B. Regelungsgehalt**	28
		I. Auflösung durch Beschluss der Mitgliederversammlung (S. 1)	28
IV. Vollbeendigung (Erlöschen)	18	1. Recht der Mitglieder zur Selbstauflösung	28
1. Abschluss der Liquidation, §§ 47, 49	19	2. Kompetenz	29
2. Anfall des Vereinsvermögens an den Fiskus, § 46	20	II. Beschlussfassung (S. 2)	30
		III. Wirkung	31
3. Verlust aller Mitglieder	21	**C. Weitere praktische Hinweise**	32

A. Allgemeines

I. Die Beendigung des Vereins im Überblick

1 Die §§ 41–53 regeln die Beendigung des e.V. Sowohl begrifflich als auch hinsichtlich der Rechtsfolgen sind dabei **drei Erscheinungsformen der Beendigung** zu unterscheiden: zunächst die **Auflösung** (vgl. §§ 41, 42, 45, 50, 74 Abs. 1 u. 2; dazu Rn 2), die nach ihrem Zweck auf die vollständige Beendigung der Existenz des Vereins abzielt, und die **Entziehung der Rechtsfähigkeit** (vgl. §§ 43, 44 Abs. 2, 45, 50, 74 Abs. 1 u. 3; dazu Rn 3), die nach ihrem Zweck nur die Eigenschaft des Vereins als juristische Person beenden soll. Gemeinsam haben die Auflösung und die Entziehung der Rechtsfähigkeit aber die beiden wichtigsten Beendigungsfolgen: sie führen nur im Fall des Anfalls an den Fiskus (§ 46) die Existenz des Vereins sogleich zu einem vollständigen Ende, lassen im Übrigen aber übereinstimmend die Existenz des Vereins als Rechtssubjekt (d.h. als juristische Person im Fall der Auflösung, als nicht rechtsfähige Personenvereinigung i.S.v. § 54 im Fall der Entziehung der Rechtsfähigkeit) zunächst unberührt; zugleich überführen beide Beendigungsformen den e.V. *ex lege* in das Liquidationsstadium (§§ 47 ff.), aus dem nur – oder immerhin – ein Fortsetzungsbeschluss der Mitglieder wieder herausführt. Unter beiden Aspekten unterscheiden sich Auflösung und Entziehung der Rechtsfähigkeit damit von dem **Erlöschen (der Vollbeendigung) des Vereins** (dazu Rn 5), das jegliche Existenz der Personenvereinigung sogleich und ohne vorherige Liquidation beendet.

2 **1. Auflösung.** Aufgelöst wird der Verein nach dem Gesetz durch Beschluss der Mitgliederversammlung (§ 41) und durch Eröffnung des Insolvenzverfahrens (§ 42, siehe Rn 7, § 42 Rn 34). Dem stehen gleich der Eintritt bestimmter Umstände, an die die Satzung die Auflösungsfolge geknüpft hat (insbesondere Zeitablauf, Rn 9), die Sitzverlegung ins Ausland (Rn 8) sowie die Auflösung durch Hoheitsakt aufgrund des öffentlichen Vereinsrechts (Rn 11) oder durch Beschluss des BVerfG (Rn 12). Die Auflösung des Vereins führt in der Regel dazu, dass die Personenvereinigung als werbender Verein endet. Fällt das Vermögen ausnahmsweise an den Fiskus (§ 46), so erlischt der Verein sogleich; andernfalls findet regelmäßig (nicht zwingend, siehe § 47 Rn 8 ff.) die Liquidation statt (§§ 47–53). Während der Dauer des sich an die Auflösung eines eingetragenen Vereins anschließenden Liquidationsverfahrens und für dessen Zwecke bleibt die Identität des Verbands unberührt; es entsteht der sog. Liquidationsverein, der nach wie vor juristische Person ist und sich von dem werbenden Verein allein durch den nurmehr auf Abwicklung gerichteten Vereinszweck unterscheidet (§ 47 Rn 12). Während des Liquidationsverfahrens kann die Auflösung grundsätzlich rückgängig gemacht werden, indem die Fortsetzung des Vereins beschlossen wird (§ 47 Rn 15 ff.); damit findet zugleich das Liquidationsverfahren sein Ende. Einen Sonderfall bildet die Auflösung durch Eröffnung des Insolvenzverfahrens (§ 42): Auch hier bleibt der Verein als juristische Person zunächst bestehen (§ 42 Rn 34); jedoch findet die Liquidation nach Maßgabe des Insolvenzrechts statt und nicht nach §§ 47 ff.

3 **2. Entziehung der Rechtsfähigkeit.** Durch die Entziehung der Rechtsfähigkeit des e.V. in den Fällen der §§ 43, 44 Abs. 2 (Rn 14, § 43 Rn 2 ff.) **entfällt** mit der Bestandskraft des die Rechtsfähigkeit entziehenden Verwaltungsakts (§ 44 Rn 2) entgegen der missverständlichen Begrifflichkeit des Gesetzes nicht die dem Verein als Verband zukommende Rechtssubjektivität (vgl. § 54 Rn 4), sondern – mit Wirkung *ex nunc* – nur die nach §§ 21 ff. erlangte **Eigenschaft als juristische Person**.[1] Das Gleiche gilt, wenn der Verein auf die „Rechtsfähigkeit" **verzichtet** (Rn 15), wenn der Verein gem. §§ 159, 142 FGG **im Vereinsregister gelöscht** wird (Rn 16) oder wenn die „Rechtsfähigkeit" gem. § 73 wegen **Unterschreitung der Mindestmitgliederzahl** entzogen wird (Rn 17, § 73 Rn 2). Das Vereinsvermögen fällt mit der Erfüllung des jewei-

---

[1] Bamberger/Roth/*Schwarz*, vor § 41 Rn 6; MüKo/*Reuter*, § 41 Rn 1 f.; *K. Schmidt*, Verbandszweck, S. 14 ff.; Soergel/*Hadding*, § 43 Rn 2, 7.

ligen Tatbestands dem oder den Anfallberechtigten an (§ 45 Abs. 1). Sofern das Vereinsvermögen an den Fiskus fällt (§ 46), ist der Verein sogleich erloschen; andernfalls tritt die an sich mit dem ursprünglichen Vereinszweck fortbestehende und nur ihre Rechtsform ändernde Personenvereinigung grundsätzlich (nicht zwingend, siehe § 47 Rn 8 ff.) in die Liquidation (§ 47 Rn 4). Der Verband bleibt dabei unter Wahrung seiner Identität zunächst als nicht rechtsfähiger (Liquidations-)Verein i.S.v. § 54 bestehen, d.h. alle Vereinsmitgliedschaften bleiben unberührt, das Vereinsvermögen wird *ipso iure* zum Gesamthandsvermögen der Mitglieder des Liquidationsvereins.[2] Auch als i.S.v. § 54 „nicht rechtsfähiger", d.h. nicht mehr als juristische Person anzusehender Verein ist der Vereinszweck nach der Entziehung der Rechtsfähigkeit freilich notwendig allein auf Liquidation gerichtet (§ 47 Rn 10).

Anders als im Fall der Auflösung (Rn 2, § 47 Rn 13) bleibt ein e.V., der seine Eigenschaft als juristische Person durch Entziehung der Rechtsfähigkeit oder Verzicht auf dieselbe verloren hat, nicht bis zur Beendigung der Liquidation mit verändertem Zweck als i.e.S. rechtsfähiger Liquidationsverein bestehen: Der e.V. hat die Eigenschaft als juristische Person auf Dauer eingebüßt, und er behält diese Eigenschaft auch nicht für die Dauer des Liquidationsverfahrens und für dessen Zwecke.[3] Wiederum im Unterschied zur Situation bei der Auflösung kann der Verein sich nach dem Wegfall der Eigenschaft als juristische Person auch nicht mehr als rechtsfähiger Verein i.S.v. §§ 21 ff. fortsetzen (§ 47 Rn 16); hierfür bedürfte es vielmehr der erneuten Eintragung im Vereinsregister bzw. der erneuten Verleihung der Rechtsfähigkeit. Gelingt es, den Entziehungsgrund zu beseitigen und die Aufhebung der Entziehungsverfügung zu erwirken, so können die Mitglieder den Verein jedoch in einen werbenden e.V. zurückverwandeln, indem sie seine Fortsetzung beschließen; in gleicher Weise kann die Umwandlung in eine andere Gesellschaftsform oder das Fortbestehen des Vereins als werbender nicht rechtsfähiger Verein i.S.v. § 54 beschlossen werden.[4]

3. Sofortige Vollbeendigung (Erlöschen des Vereins). Sofortiges Erlöschen des Vereins ohne Liquidation tritt ein, wenn gem. § 46 das **Vermögen dem Fiskus anfällt** (Rn 19, § 46 Rn 2), sei es gemäß Satzung, Vereinsbeschluss oder Gesetz. Das Gleiche gilt nach Ansicht der Rechtsprechung, wenn **alle Mitglieder fortfallen** (Rn 20) oder wenn die Vereinstätigkeit tatsächlich aufgegeben wird (Rn 22). Zum sofortigen Erlöschen des Vereins führen schließlich die Einziehung des Vermögens eines kraft Hoheitsakts aufgelösten Vereins (Rn 11) und die Verschmelzung nach Maßgabe des Umwandlungsgesetzes (Rn 17). Von der sofortigen Vollbeendigung des Vereins ist die Vollbeendigung nach Durchführung und Abschluss der Liquidation (Rn 18, § 47 Rn 21) zu unterscheiden.

II. Auflösung

1. Beschluss der Mitgliederversammlung, § 41. Den wichtigsten Auflösungstatbestand bildet der in § 41 geregelte Auflösungsbeschluss der Mitgliederversammlung. Hierdurch wird der Verein aufgelöst und tritt, soweit nicht das Vermögen an den Fiskus fällt (§ 46), in das Liquidationsstadium ein (§ 47 ff.). Siehe im Einzelnen unten Rn 28 ff.

2. Eröffnung des Insolvenzverfahrens, § 42. Durch die Eröffnung des Insolvenzverfahrens wird der Verein aufgelöst, besteht jedoch als juristische Person weiter und wird – abweichend von den §§ 47 ff. – nach Maßgabe der besonderen Bestimmungen des Insolvenzrechts liquidiert. Vgl. im Einzelnen § 42 Rn 1, 34, § 47 Rn 6, 31.

3. Sitzverlegung ins Ausland. Die Sitzverlegung in das Ausland (Satzungs- und Verwaltungssitz) bewirkt einen Wechsel des Personalstatuts.[5] Dieser führt nicht nur (*ipso iure*) zum Verlust der Rechtsfähigkeit nach deutschem Recht,[6] sondern ist nach h.M.[7] zugleich als Auflösungsbeschluss gem. § 41 für das Inland auszulegen, ggf. verbunden mit einer Neugründung im Ausland und unter dortigem Recht; dies zieht – in Ermangelung einer satzungsmäßigen Vermögensübertragung an den Auslandsverein – am alten Sitzort Anfall (§ 45 f.) und Liquidation (§§ 47 ff.) nach sich.

---

2 Erman/*Westermann*, § 43 Rn 4; Soergel/*Hadding*, § 43 Rn 7, § 45 Rn 10.
3 Bamberger/Roth/*Schwarz*, vor § 41 Rn 6; *K. Schmidt*, GesR, 4. Aufl. 2002, § 24 VII 2b; *ders.*, Verbandszweck, S. 291, 301 f., 303; Soergel/*Hadding*, vor § 41 Rn 4, 8, § 42 Rn 9, § 43 Rn 1, § 47 Rn 1; a.A. (zu § 42 BGB a.F.) BGH ZIP 2001, 889 ff., dazu EWiR 2001, 683 (*Eckardt*); *Reichert*, Rn 2080.
4 Soergel/*Hadding*, § 43 Rn 7.

5 Vgl. BGHZ 97, 269, 271; BayObLGZ 1992, 113, 116; *Stöber*, Rn 870.
6 Vgl. Bamberger/Roth/*Schwarz*, vor § 41 Rn 8; Staudinger/*Großfeld*, Int. GesR, 13. Bearb. 1998, Rn 605 ff.; Palandt/*Heinrichs*, § 24 Rn 4; *Sauter/Schweyer/Waldner*, Rn 399; *Stöber*, Rn 870.
7 *Grziwotz*, DStR 1992, 1404; *Reichert*, Rn 3153; Soergel/*Hadding*, vor § 41 Rn 6; Staudinger/*Weick*, § 41 Rn 8; vgl. auch § 6 Abs. 3 VRV sowie zur GmbH auch BayObLGZ 1992, 113, 116; OLG Hamm NJW 1998, 615.

9   **4. Ablauf der satzungsmäßig bestimmten Zeit.** Die Vereinssatzung kann einen Endtermin des Vereins bestimmen (vgl. § 74 Abs. 2 S. 1). Mit Zeitablauf ist der Verein aufgelöst und tritt, soweit nicht das Vermögen an den Fiskus fällt (§ 46), in das Liquidationsstadium ein (§ 47 ff.).

10 **5. Eintritt eines satzungsmäßig bestimmten Ereignisses.** Auch eine satzungsmäßige auflösende Bedingung (§ 158 Abs. 2) wird für zulässig gehalten,[8] ebenso eine Satzungsklausel des Inhalts, dass der Verein unter bestimmten Voraussetzungen automatisch aufgelöst ist, ohne dass es noch eines Auflösungsbeschlusses nach § 41 bedarf.[9] Mit Bedingungseintritt ist der Verein aufgelöst und tritt, soweit nicht Vermögensanfall an den Fiskus erfolgt (§ 46), in das Liquidationsstadium ein (§ 47 ff.).

11 **6. Auflösung durch Hoheitsakt aufgrund des öffentlichen Vereinsrechts, § 3 VereinsG, Art. 9 Abs. 2 GG.** Ein Vereinsverbot nach öffentlichem Vereinsrecht wird durch Verwaltungsakt (§ 35 VwVfG) verhängt, wenn der Verein den Tatbestand des Art. 9 Abs. 2 GG erfüllt, d.h. nach seinem Zweck oder nach seiner Tätigkeit den Strafgesetzen zuwiderläuft oder sich gegen die Verfassung oder den Gedanken der Völkerverständigung richtet (§ 3 VereinsG). Das Verbot führt zur Auflösung des Vereins, darüber hinaus aber, wenn die Verbotsbehörde – wie nach dem gesetzlichen Regelfall – die Einziehung des Vereinsvermögens anordnet, unmittelbar zum Erlöschen des Vereins (§§ 3 Abs. 1 S. 2, 11 Abs 2 S. 3 VereinsG).[10] Mit der Unanfechtbarkeit der Anordnung erwirbt der Einziehungsbegünstigte (Bund oder Land) das Vereinsvermögen als Sondervermögen (§ 11 VereinsG), aus dem in erster Linie die Vereinsgläubiger zu befriedigen sind (§ 13 VereinsG). Soweit ausnahmsweise von der Einziehungsanordnung abgesehen wird, ist der Verein zu liquidieren (§§ 47 ff.); in diesem Fall kann die Verbotsbehörde abweichend von § 48 Abs. 1 die Liquidatoren ernennen (§ 11 Abs. 4 VereinsG).

12 **7. Auflösung wegen Grundrechtsverwirkung durch Entscheidung des BVerfG, § 39 Abs. 2 BVerfGG.** Der Verein kann aufgelöst werden, wenn ein Spruch des BVerfG die Grundrechtsverwirkung gem. Art. 18 GG feststellt (§ 39 Abs. 2 BVerfGG). Für das Verfahren gelten §§ 13 Nr. 1, 36–41 BVerfGG. Wird das Vermögen des Vereins in diesem Fall zugunsten gemeinnütziger Einrichtungen eingezogen, so erlischt der Verein ohne weiteres, insbesondere ohne Liquidation.[11] Zur Auflösung politischer Parteien vgl. Art. 21 Abs. 2 GG, §§ 13 Nr. 2, 43–47 BVerfGG, §§ 32 ff. PartG.

13 **8. Verlust aller Mitglieder bzw. Untätigkeit des Vereins.** Entgegen der Auffassung der bisherigen Praxis ist in Übereinstimmung mit der im Vordringen begriffenen Lehre auch in den Fällen des Wegfalls aller Vereinsmitglieder sowie der andauernden Einstellung der Vereinstätigkeit anzunehmen, dass dies lediglich die Auflösung des Vereins zur Folge hat und nicht dessen sofortige Vollbeendigung (Rn 20).

III. Entziehung der Rechtsfähigkeit (Wegfall der Eigenschaft als juristische Person)

14 **1. Entziehung der Rechtsfähigkeit durch Verwaltungsakt, § 43.** Der durch staatliche Verleihung rechtsfähige Wirtschaftsverein (§ 22) verliert seine Rechtsfähigkeit durch Widerruf der Verleihung. Zu den Voraussetzungen im Einzelnen siehe § 43 Rn 2 ff., zu den Rechtsfolgen oben Rn 3.

15 **2. Verzicht auf die Rechtsfähigkeit.** Ein Verzicht des Vereins auf die Rechtsfähigkeit, d.h. auf die Eigenschaft als juristische Person, ist als Minus zum Auflösungsbeschluss möglich. Für den Verzichtsbeschluss gelten, wenn die Satzung hierfür keine besonderen Bestimmungen enthält, im Hinblick auf den gebotenen Minderheitenschutz die gesetzlichen und satzungsmäßigen Voraussetzungen für die Auflösung (§ 41) entsprechend.[12] Rechtsfolge des Verzichts auf die Eigenschaft als juristische Person ist nach nunmehr h.M. gerade nicht die Auflösung (mit den weiteren Folgen Anfall, § 45, und Liquidation, §§ 47 ff.), sondern die identitätswahrende Umwandlung in einen nicht rechtsfähigen Verein i.S.v. § 54.[13] Auch die Regelung der inneren Organisation des Vereins, insbesondere die Satzung, gelten für den Verein in diesem Fall weiter.[14]

---

8 Soergel/*Hadding*, vor § 41 Rn 9; Staudinger/*Weick*, § 41 Rn 6; s.a. BGH WM 1980, 1286 f.; a.A. *Reuter*, ZHR 145 (1981), 273, 282 ff.
9 LG Bremen Rpfleger 1996, 72; Soergel/*Hadding*, vor § 41 Rn 9; a.A. Erman/*Westermann*, § 41 Rn 6; Staudinger/*Weick*, § 41 Rn 7: zusätzlich Beschluss der Mitgliederversammlung erforderlich.
10 Vgl. BVerwG NJW 1989, 993; *Planker*, NVwZ 1998, 113 ff.
11 Soergel/*Hadding*, vor § 41 Rn 17.
12 Vgl. RG JW 1936, 2063; BayObLGZ 1959, 152, 158 f.; Bamberger/Roth/*Schwarz*, vor § 41 Rn 13; *Bayer*, S. 42 ff.; Erman/*Westermann*, § 42 Rn 7; *Kollhosser*, ZIP 1984, 1434, 1436; *Stöber*, Rn 764 f.; Soergel/*Hadding*, vor § 41 Rn 8; a.A. MüKo/*Reuter*, §§ 43, 44 Rn 3 f.; *Sauter/Schweyer/Waldner*, Rn 401: beim nichtwirtschaftlichen Verein satzungsändernde Mehrheit analog § 33 erforderlich.
13 Bamberger/Roth/*Schwarz*, vor § 41 Rn 13; *Bayer*, S. 208 ff.; *Kollhosser*, ZIP 1984, 1434 f., 1437 f.; *Reichert*, Rn 2106 f.; Soergel/*Hadding*, vor § 41 Rn 8; a.A. *Sauter/Schweyer/Waldner*, Rn 401; Staudinger/*Weick*, § 41 Rn 19: Liquidation erforderlich.
14 *Bayer*, S. 167 ff.; Soergel/*Hadding*, vor § 41 Rn 8.

3. Löschung des Vereins im Vereinsregister, §§ 159, 142 FGG.
Die Amtslöschung eines fehlerhaft eingetragenen Vereins gem. § 57 BGB, §§ 159, 142 FGG kommt in Betracht, wenn eine **Eintragung wegen Mangels einer wesentlichen Voraussetzung unzulässig** war. Erforderlich ist eine Verletzung zwingenden Rechts; die Verletzung von reinen Sollvorschriften ist unschädlich. Eine Amtslöschung analog §§ 159, 142 FGG findet ebenfalls statt im Fall von **Gründungsmängeln**, die einen (wirksamen) fehlerhaften Verein (§ 21 Rn 6) entstehen lassen.[15] Die Löschung lässt jedenfalls die für die Eigenschaft als juristische Person konstitutive Registereintragung entfallen. Nach wohl h.M. (vgl. auch § 47 Rn 10) führt dies nicht zwangsläufig zugleich zur Auflösung des Vereins (mit den weiteren Folgen Anfall, § 45, und Liquidation, §§ 47 ff.), sondern zur identitätswahrenden Umwandlung in einen nicht rechtsfähigen Verein i.S.v. § 54.[16] Auch die Regelung der inneren Organisation des Vereins, insbesondere die Satzung, gelten für den Verein in diesem Fall weiter.

4. Entziehung der Rechtsfähigkeit wegen Unterschreitung der Mindestmitgliederzahl, § 73.
Die für die Eintragung erforderliche Mindestmitgliederzahl von sieben (§ 56) braucht nicht auf Dauer vorzuliegen. Hat der Verein jedoch nur noch ein oder zwei Mitglieder, so hat das Registergericht nach Maßgabe von § 73 auf Antrag, notfalls von Amts wegen einzuschreiten und dem Verein die „Rechtsfähigkeit", d.h. die Eigenschaft als juristische Person zu entziehen. Die Entziehung führt zum Anfall des Vereinsvermögens gem. § 45 und, sofern Anfallberechtigter nicht der Fiskus ist, zur Liquidation (§ 47). Siehe dazu weiter § 73 Rn 2 f.; zum Verlust aller Mitglieder siehe Rn 20.

IV. Vollbeendigung (Erlöschen)

Mit dem Begriff der Vollbeendigung wird das vollständige Ende der rechtlichen Existenz des Verbandes bezeichnet (Rn 1, 5, § 47 Rn 21). Sie kommt nur bzw. erst dann in Betracht, wenn es kein Vereinsvermögen (mehr) gibt, das im Interesse der Anfallberechtigten der geordneten Abwicklung durch Liquidation gem. §§ 47 ff. zuzuführen wäre.

1. Abschluss der Liquidation, §§ 47, 49.
Der regelmäßige Fall der Vollbeendigung des Vereins ist der nach ordnungsgemäßer Durchführung der Liquidation und durchgeführter Schlussverteilung erreichte Zustand (§ 47 Rn 21): Ist das liquidierbare Vermögen restlos verteilt und bestehen weder realisierbare Außenstände noch ein sonstiges (vermögensbezogenes) Abwicklungsbedürfnis, so erlischt der Verband, und zwar nach h.M. schon vor der (als rein deklaratorisch verstandenen) Eintragung im Vereinsregister (§ 47 Rn 20).

2. Anfall des Vereinsvermögens an den Fiskus, § 46.
Gehört der Beendigungstatbestand zwar zu denjenigen, in denen ein Anfall des Vereinsvermögens stattfindet (§ 45 Abs. 1), erfolgt der Anfall jedoch gem. § 45 Abs. 3 an den Fiskus, so erwirbt dieser das Vereinsvermögen im Ganzen aufgrund Gesamtrechtsnachfolge (§ 46). Der Verein wird hierdurch sogleich vermögenslos, so dass es der Durchführung eines Liquidationsverfahrens gleichfalls nicht mehr bedarf.

3. Verlust aller Mitglieder.
Verliert der (werbende) Verein durch Tod, Austritt oder aus anderen Gründen alle seine Mitglieder, so hat dies nach der Rechtsprechung dessen **sofortiges Erlöschen ohne Liquidation** zur Folge. Die Abwicklung des vorhandenen Vermögens obliegt dann nicht einem (ggf. nach § 29 bestellten) Liquidator; vielmehr muss vom Gericht ein Pfleger (§ 1913) bestellt werden, der folgerichtig im Interesse der an der Vermögensabwicklung Beteiligten handelt, nicht als Vertreter des Vereins. § 49 Abs. 2 gelte nicht, der Verein sei weder vermögens- noch insolvenzfähig und könne auch nicht durch Fortsetzungsbeschluss fortgesetzt werden.[17] Dies überzeugt jedoch nicht: Wenngleich der Ausfall der Mitgliederversammlung ein dauerhaftes Dasein nach körperschaftsrechtlichen Grundsätzen zweifellos ausschließt, hindert er jedoch – wie das Beispiel der Kapitalgesellschaft zeigt – nicht das vorübergehende Dasein zum Zweck der Liquidation. Im Hinblick auf die nach der Rechtsprechung ermöglichte willkürliche Vollbeendigung unter Umgehung eines Insolvenzverfahrens erscheint deshalb die Auffassung vorzugswürdig, dass der Austritt aller Mitglieder zwar

---

15 In diesem Fall ist die Auflösung und Liquidation allerdings zwingend, vgl. Bamberger/Roth/*Schwarz*, vor § 41 Rn 9, vor § 55 Rn 6 f.; MüKo/*Reuter* § 41 Rn 83.

16 Bamberger/Roth/*Schwarz*, vor § 41 Rn 12; *Bayer*, S. 2, 207 f.; Soergel/*Hadding*, vor § 41 Rn 14; *K. Schmidt*, JR 1987, 177, 178 f.; *Oetker*, NJW 1991, 385, 389 f.; unklar *Reichert*, Rn 2104 einerseits, Rn 2392 andererseits; a.A. Palandt/*Heinrichs*, § 41 Rn 1, vor § 55 Rn 2; MüKo/*Reuter*, § 41 Rn 83; Staudinger/*Weick*, § 41 Rn 2: Auflösung und Liquidation.

17 BGHZ 19, 51, 57; BAG ZIP 1986, 1482 = JZ 1986, 421 m. Anm. *K. Schmidt*, JZ 1987, 394; BVerwG NJW 1997, 474, 476; OLG Köln NJW-RR 1996, 989; 1999, 336; Palandt/*Heinrichs*, § 41 Rn 2; Staudinger/*Weick*, § 41 Rn 11; ebenso § 4 Abs. 2 Nr. 1 VRV.

als **Auflösungstatbestand**, aber nicht als Beseitigung des Rechtssubjekts aufzufassen ist. Die Abwicklung erfolgt danach, sofern ein Insolvenzgrund vorliegt, im Insolvenzverfahren, im Übrigen im Wege der gewöhnlichen Liquidation durch den Vorstand als den geborenen Liquidator; gibt es auch kein Vorstandsmitglied mehr, so greift § 29 ein.[18]

22 Der Verein bleibt auch nach h.M. jedenfalls so lange existent, wie wenigstens ein Mitglied an der Mitgliedschaft festhält. Das mit dem Antrag auf Löschung eines Vereins wegen Wegfalls sämtlicher Mitglieder befasste Gericht hat nach § 12 FGG die zur Feststellung der Tatsachen erforderlichen Ermittlungen von Amts wegen vorzunehmen. Kann aufgrund der vom Registergericht angestellten Ermittlungen nicht mit der erforderlichen Sicherheit festgestellt werden, dass sämtliche Mitglieder des Vereins – sei es durch Austritt oder auf andere Weise – weggefallen sind oder dass die Zahl der Mitglieder unter drei herabgesunken ist, muss die Anmeldung der Auflösung des Vereins sowie der Löschungsantrag des Vereinsvorstandes zurückgewiesen werden.[19] Verliert der Verein das letzte Mitglied erst während des Liquidationsverfahrens, so geht auch die h.M. von einem Fortbestand des Vereins aus.[20]

23 **4. Aufgabe der Vereinstätigkeit.** Wenn der Verein sich über einen längeren Zeitraum aus Interesselosigkeit der Mitglieder nicht mehr betätigt oder den **Vereinszweck tatsächlich aufgegeben** hat, gilt das Gleiche wie im Fall des Wegfalls aller Mitglieder (Rn 21); ebenso wie dort ist deshalb streitig, ob der Verein sofort vollbeendet wird oder lediglich aufgelöst ist.[21]

Weder Erlöschen noch Auflösung tritt allerdings bei **Erreichen oder Unmöglichwerden des Vereinszwecks** ein; vielmehr kann die Mitgliederversammlung sich auch für eine Zweckänderung entscheiden.[22] Bis zu einem Beschluss darüber reduziert sich der Vereinszweck auf die Verwaltung des vorhandenen Vermögens.[23] Selbst wenn die Satzung die Zweckerreichung als auflösende Bedingung formuliert, ist aus Gründen der Rechtssicherheit ein (feststellender) Auflösungsbeschluss erforderlich.[24] In diesem Fall wird man aber grundsätzlich die Mitglieder für verpflichtet halten müssen, einer Auflösung zuzustimmen.

24 **5. Umwandlung (Verschmelzung, Spaltung, Rechtsformwechsel).** Seit In-Kraft-Treten des Umwandlungsgesetzes 1995 stehen auch für den (eingetragenen[25]) Verein verschiedene Formen der Umwandlung – d.h. der Verschmelzung (§§ 2–122 UmwG), des Formwechsels (§§ 190–304 UmwG) und der Spaltung (§§ 123–173 UmwG) unter vollständiger oder teilweiser Gesamtrechtsnachfolge und einer identitätswahrenden Umwandlung – zur Verfügung (nicht aber gem. § 175 UmwG die Vermögensübertragung i.S.v. §§ 17–189 UmwG).

25 **a) Verschmelzung.** So kann ein e.V. nach § 3 Abs. 1 Nr. 4 UmwG sowohl übertragender als auch aufnehmender Rechtsträger im Rahmen einer Verschmelzung sein; möglich ist hiernach auch die Verschmelzung mehrerer bestehender Vereine auf einen hierdurch neu zu gründenden e.V. Die Verschmelzung führt zum liquidationslosen Erlöschen des übertragenden Vereins; der übernehmende Rechtsträger tritt im Wege der Gesamtrechtsnachfolge in sämtliche Rechtsbeziehungen des übertragenden Vereins ein (vgl. §§ 2, 20 Abs. 1 Nr. 1, 2 UmwG).[26] Die Einzelübertragung aller Vermögenswerte und Verbindlichkeiten, wie sie nach früherem Recht erforderlich war, ist nunmehr entbehrlich. Problematischer ist die Verschmelzung eines e.V. mit Kapitalgesellschaften oder Personenhandelsgesellschaften, da der Verein hier nur als übertragender Rechtsträger in Betracht kommt und unter dem Aspekt des Formwechsels nur der Weg in eine Kapitalgesellschaft oder Genossenschaft möglich ist, §§ 99 Abs. 2, 149 Abs. 2, 272 Abs. 1 UmwG.[27]

26 Zu unterscheiden ist die Verschmelzung nach dem UmwG von der **vereinsrechtlichen Verschmelzung**, die auch nach dem In-Kraft-Treten des UmwG zulässig geblieben ist.[28] Sie steht allen Vereinen offen, denen die Verschmelzung nach dem UmwG verschlossen ist, also vor allem dem nicht rechtsfähigen (Dauer-)Verein

---

18 *Beitzke*, in: FS Ballerstedt 1975, S. 185, 192 ff.; *ders.*, in: FS Wilburg 1965, S. 19, 24; ihm folgend *Flume*, BGB AT Bd. 1/2, S. 186; *K. Schmidt*, JZ 1987, 394 ff., 399; ebenso *Böttcher*, Rpfleger 1988, 169, 172; *Erman/Westermann*, § 42 Rn 7; *H. Schmidt*, S. 25 ff., 51; *Reichert*, Rn 2074; *Reuter*, ZHR 151 (1987), 355, 391; MüKo/*Reuter*, § 41 Rn 4; Soergel/*Hadding*, vor § 41 Rn 11.
19 OLG Frankfurt Rpfleger 1992, 28 f.
20 Vgl. KG WM 1968, 738.
21 Vgl. BGH WM 1965, 1132; 1976, 686; Soergel/*Hadding*, vor § 41 Rn 12; Staudinger/*Weick*, § 41 Rn 12.
22 Soergel/*Hadding*, vor § 41 Rn 21.
23 BGHZ 49, 175, 179.
24 Soergel/*Hadding*, vor § 41 Rn 21; Staudinger/*Weick*, § 41 Rn 7; abw. *Flume*, BGB AT Bd. 1/2, S. 1979 f.
25 Nicht für den nicht rechtsfähigen Verein i.S.v. § 54, *Reichert*, Rn 2246.
26 Vgl. *Hadding/Hennrichs*, in: FS Boujong 1996, S. 203 ff. m.w.N.; *Reichert*, Rn 2247 ff.; ausf. *Hennrichs*, Formwechsel und Gesamtrechtsnachfolge bei Umwandlungen, 1996, passim.
27 Vgl. *Katschinski*, S. 88 f.; *Lutter*, UmwG, 3. Aufl. 2004, § 99 Rn 19; MüKo/*Reuter*, § 41 Rn 25 ff.
28 BAG ZIP 1989, 1012, 1019; *Reichert*, Rn 2267. Zur Durchführung der vereinsrechtlichen Verschmelzung vgl. im Einzelnen *Reichert*, Rn 2268 ff.

i.S.v. § 54, dem Vorverein als nicht rechtsfähigem Verein auf Zeit, dem aufgelösten nicht rechtsfähigen Verein sowie im Einverständnis der Verleihungsbehörde auch dem nach § 23 konzessionierten Verein, jedoch kaum auch dem rechtsfähigen Wirtschaftsverein.

b) Spaltung, Formwechsel. § 123 UmwG erlaubt schließlich die **Spaltung** eines e.V. auf mehrere übernehmende oder hierbei neu zu gründende Rechtsträger, durch die der e.V. erlischt, sowie eine **Abspaltung** durch Übertragung von Teilen des Vereinsvermögens auf eine oder mehrere aufnehmende oder neu gegründete Rechtsträger unter Bestehenbleiben des übertragenden e.V. sowie schließlich eine **Ausgliederung** durch Übertragung von Vermögensteilen auf bestehende oder neu gegründete Rechtsträger, an denen dann der übertragende e.V. Mitgliedschaftsrechte erwirbt. Zuletzt ist jetzt auch der **Formwechsel** eines e.V. möglich, jedoch nur in eine Kapitalgesellschaft oder Genossenschaft (§ 373 UmwG).

B. Regelungsgehalt

I. Auflösung durch Beschluss der Mitgliederversammlung (S. 1)

1. Recht der Mitglieder zur Selbstauflösung. Der grundgesetzlich geschützten Freiheit der Vereinsbildung korrespondiert ein gleichfalls in Art. 9 Abs. 1 GG verfassungsrechtlich verankertes Recht der Mitglieder zur Vereinsauflösung. Vor diesem Hintergrund regelt S. 1 das Selbstauflösungsrecht des Vereins durch einen Beschluss der Mitgliederversammlung als **Akt der Vereinsautonomie**. Selbst wenn die Satzung vorsieht, dass der Verein bei Erreichen oder Unmöglichwerden des Vereinszwecks ohne weiteres aufgelöst wird, bedarf es für den Eintritt dieser Wirkung noch eines besonderen Beschlusses der Mitgliederversammlung (Rn 23).

2. Kompetenz. Als Akt der Vereinsautonomie ist die **Zuständigkeit der Mitgliederversammlung** für den Auflösungsbeschluss zwingend, wobei die Einzelheiten durch die Satzung zu regeln sind.[29] Die satzungsmäßige **Bindung des Auflösungsbeschlusses an zusätzliche Erfordernisse**, insbesondere die Zustimmung bestimmter Mitglieder, ist als eine besondere Form der Stimmrechtsgestaltung grundsätzlich zulässig, wenn und soweit das Selbstauflösungsrecht der Mitglieder und die Selbständigkeit des Vereins im Kern unberührt bleiben. **Kumulative Zustimmungsvorbehalte** zugunsten einzelner Mitglieder als deren Sonderrecht (§ 35),[30] anderer Vereinsorgane (insbesondere des Vorstands)[31] wie auch zugunsten Dritter[32] sind danach unproblematisch, weil die entscheidende Initiative zur Auflösung bei der Mitgliederversammlung bleibt und notfalls immer noch durch Satzungsänderung das dem Willen der Mitgliederversammlung entgegenstehende Hindernis beseitigt werden kann. Bedenken begegnet jedoch die **Schaffung alternativer Auflösungskompetenzen**, die eine Auflösung an der Mitgliederversammlung vorbei möglich machen: Wenngleich auch hier die Mitgliederversammlung ihr Auflösungsmonopol durch Satzungsänderung wiederherstellen kann, könnte sie doch – anders als beim bloßen Zustimmungsvorbehalt zugunsten Dritter – womöglich vor vollendete Tatsachen gestellt werden. Dies darf deshalb weder zugunsten anderer Vereinsorgane noch für Außenstehende zugelassen werden.[33]

II. Beschlussfassung (S. 2)

Für die Beschlussfassung durch die Mitgliederversammlung gelten grundsätzlich keine Besonderheiten gegenüber den allgemeinen Grundsätzen (§ 32 Rn 16 ff.). Die Versammlung muss ordnungsgemäß einberufen worden sein (§ 32 Rn 8 ff.); hierbei ist die Vereinsauflösung als Gegenstand der Beratung und Beschlussfassung besonders anzukündigen (§ 32 Rn 13 ff.). Die Satzung kann den Modus der Stimmenberechnung wie auch das zu erreichende Quorum frei bestimmen;[34] fehlt eine Satzungsbestimmung, gilt die **Dreiviertelmehrheit** nach S. 2. Als deren Sonderrecht (§ 35) kann die Wirksamkeit von der Zustimmung bestimmter Mitglieder abhängig gemacht werden. Der Auflösungsbeschluss muss die Anforderungen an eine Satzungsänderung erfüllen (einschließlich der Registereintragung, § 71), wenn er einen in der Satzung vorgesehenen Endtermin ändert.

---

29 Vgl. BayObLG NJW 1980, 1756, 1757; OLG Stuttgart NJW-RR 1986, 995, 996; *Flume*, in: FS Coing II 1982, S. 97, 106 f.; *Reichert*, Rn 2055; Soergel/*Hadding*, § 41 Rn 3; *Steinbeck*, S. 119.
30 BayObLG NJW 1980, 1756; Soergel/*Hadding*, § 41 Rn 3.
31 KG OLGZ 1968, 200, 206.
32 BVerfGE 83, 341, 360; BayObLG NJW 1980, 1756; differenzierend *Reichert*, Rn 2057; *Steinbeck*, S. 121 ff.; a.A. OLG Stuttgart NJW-RR 1986, 995, 996; MüKo/*Reuter*, § 41 Rn 12; Soergel/*Hadding*, § 41 Rn 3; *Staudinger/Weick*, § 41 Rn 6; für GmbH auch RGZ 169, 65, 80 f.
33 OLG Stuttgart NJW-RR 1986, 995 f.
34 Soergel/*Hadding*, § 41 Rn 4.

III. Wirkung

31 Das Wirksamwerden des Auflösungsbeschlusses führt in der Regel dazu, dass die Personenvereinigung als werbender Verein endet. Fällt das Vermögen ausnahmsweise an den Fiskus (§ 46), so erlischt der Verein sogleich; andernfalls findet regelmäßig (nicht zwingend, siehe § 47 Rn 8 ff.) die Liquidation statt (§§ 47–53). Während der Dauer des sich an die Auflösung eines e.V. anschließenden Liquidationsverfahrens und für dessen Zwecke bleibt die Identität des Verbands unberührt; es entsteht der sog. Liquidationsverein, der nach wie vor juristische Person ist und sich vom werbenden Verein allein durch den nurmehr auf Abwicklung gerichteten Vereinszweck unterscheidet (§ 47 Rn 12). Während des Liquidationsverfahrens kann die Auflösung grundsätzlich rückgängig gemacht werden, indem die Fortsetzung des Vereins beschlossen wird (§ 47 Rn 10, 15 ff.); damit findet zugleich das Liquidationsverfahren sein Ende.

C. Weitere praktische Hinweise

32 Die Auflösung ist nach § 74 Abs. 1 in das Vereinsregister einzutragen (§ 74 Rn 1, 5), doch wirkt die Eintragung, soweit der Beschluss nicht mit einer Satzungsänderung (§ 71) verbunden ist (z.B. weil er mit der satzungsmäßigen Mindestlebensdauer kollidiert), lediglich deklaratorisch.[35] Ein kraft Verleihung rechtsfähiger Verein bedarf zur Auflösung keiner Zustimmung durch die Konzessionsbehörde; die Auflösung ist ihr jedoch anzuzeigen. Eine Anzeigepflicht des Vorstands besteht auch gegenüber der Finanzbehörde (§§ 137, 34 Abs. 1 AO).

§ 42 Insolvenz

(1) [1]Der Verein wird durch die Eröffnung des Insolvenzverfahrens aufgelöst. [2]Wird das Verfahren auf Antrag des Schuldners eingestellt oder nach der Bestätigung eines Insolvenzplans, der den Fortbestand des Vereins vorsieht, aufgehoben, so kann die Mitgliederversammlung die Fortsetzung des Vereins beschließen. [3]Durch die Satzung kann bestimmt werden, dass der Verein im Falle der Eröffnung des Insolvenzverfahrens als nicht rechtsfähiger Verein fortbesteht; auch in diesem Falle kann unter den Voraussetzungen des Satzes 2 die Fortsetzung als rechtsfähiger Verein beschlossen werden.

(2) [1]Der Vorstand hat im Falle der Zahlungsunfähigkeit oder der Überschuldung die Eröffnung des Insolvenzverfahrens zu beantragen. [2]Wird die Stellung des Antrags verzögert, so sind die Vorstandsmitglieder, denen ein Verschulden zur Last fällt, den Gläubigern für den daraus entstehenden Schaden verantwortlich; sie haften als Gesamtschuldner.

Literatur: *Aldermann*, Lizenzfußball und Nebenzweckprivileg, 1996; *Andres*, Die rechtlichen Auswirkungen der Insolvenz des Vereins auf den Spielbetrieb und den Spieler, in: Grunsky (Hrsg.), Der Sportverein in der wirtschaftlichen Krise, 1990, S. 35; *Bayer*, Die liquidationslose Fortsetzung rechtsfähiger Idealvereine, Diss. Mainz 1984; *Böttcher*, Die Beendigung des rechtsfähigen Vereins, Rpfleger 1988, 169; *Grunsky* (Hrsg.), Der Sportverein in der wirtschaftlichen Krise, 1990; *Gutsche*, Die Organkompetenzen im Insolvenzverfahren, 2003; *Gutzeit*, Die Vereinsinsolvenz unter besonderer Berücksichtigung des Sportvereins, Diss. Bonn 2003; *Haas*, Die Haftung des Vereinsvorstandes bei Insolvenzverschleppung, SpuRt 1999, 1; *ders.*, Die Auswirkungen der Insolvenz auf die Teilnahmeberechtigung des Sportvereins am Spiel- und Wettkampfbetrieb, NZI 2003, 177; *Habersack*, Die Mitgliedschaft – subjektives und sonstiges Recht, 1996; *Häsemeyer*, Insolvenzrecht, 3. Auflage 2003; *Insolvenzrechts-Handbuch*, hrsg. v. Gottwald (InsRHdb.), 2. Auflage 2001; *Kaiser*, Die Behandlung von Spielerwerten in der Handelsbilanz und im Überschuldungsstatus im Profifußball, DB 2004, 1109; *Kölner Schrift zur Insolvenzordnung*, hrsg. v. Uhlenbruck, 2. Auflage 2000; *Kreissig*, Der Sportverein in Krise und Insolvenz, 2004; *H.-F. Müller*, Der Verband in der Insolvenz, 2002; *Noack*, Gesellschaftsrecht (Sonderband I zu Kübler/Prütting, Kommentar zur Insolvenzordnung), 1999; *Pfister*, Auswirkungen des Insolvenzverfahrens auf die Verbandsmitgliedschaft, SpuRt 2002, 103; *Reichert*, Rechtsfragen beim Konkurs von Sportvereinen mit Profi- und Amateurabteilungen, in: Grunsky (Hrsg.), Der Sportverein in der wirtschaftlichen Krise, 1990, S. 16; *Uhlenbruck*, Konkursrechtliche Probleme des Sportvereins, in: FS Merz 1992, S. 581; *Walker*, Zur Zulässigkeit von Insolvenzklauseln in den Satzungen der Sportverbände, KTS 2003, 169; *Wentzel*, Auswirkungen des Insolvenzverfahrens auf das Vereinsregister, Rpfleger 2001, 334; *Wertenbruch*, Der Lizenzspieler als Gläubigersicherheit im Konkurs des Vereins der Fußball-Bundesliga, ZIP 1993, 1292; *Windel*, Zur persönlichen Haftung von Organträgern für Insolvenzverschleppungsschäden, KTS 1991, 477. **Kommentare zur InsO:** *Braun*, 2. Auflage 2004; *Frankfurter Kommentar* (FK-InsO), 3. Auflage 2002; *Heidelberger Kommentar* (HK-InsO), 3. Auflage 2003; *Jaeger*, 2004; *Kübler/Prütting*, Loseblatt, Stand 2004; *Münchener Kommentar* (MüKo-InsO), 2002; *Nerlich/Römermann*, Loseblatt, Stand 2004; *Smid*, 2. Auflage 2001; *Uhlenbruck*, 12. Auflage 2003. Siehe auch die Literatur bei § 41.

---

35 Zur Anmeldung und Eintragung der Auflösung vgl. *Böttcher*, Rpfleger 1988, 169, 171.

A. Allgemeines	1	**B. Regelungsgehalt**	34
I. Die Neufassung des § 42 durch das Insolvenzrechtsreformgesetz	1	I. Auflösung des Vereins durch Eröffnung des Insolvenzverfahrens (Abs. 1 S. 1)	34
II. Überblick zum Vereinsinsolvenzrecht	4	II. Fortsetzung des Vereins trotz Eröffnung des Insolvenzverfahrens (Abs. 1 S. 2, 3)	37
1. Die Insolvenzfähigkeit	4	1. Fortsetzung als rechtsfähiger Verein kraft Beschlusses der Mitgliederversammlung (Abs. 1 S. 2)	38
2. Der Verein als Insolvenzschuldner	5		
3. Die Insolvenzgründe	6		
4. Der Insolvenzantrag	10	2. Fortsetzung als nicht rechtsfähiger Verein kraft Satzungsbestimmung (Abs. 1 S. 3)	39
5. Das Eröffnungsverfahren	11		
6. Die Eröffnung des Insolvenzverfahrens	12	III. Antragspflicht (Abs. 2 S. 1)	43
a) Der Eröffnungsbeschluss	12	IV. Schadensersatzpflicht (Abs. 2 S. 2)	45
b) Wirkungen der Eröffnung des Insolvenzverfahrens für das Vereinsvermögen (Insolvenzmasse)	13	1. Haftung des Vorstands	45
		2. Rechtsnatur	46
		3. Umfang der Haftung	47
c) Die Rechtsstellung des Insolvenzverwalters	16	4. Schadensersatzpflicht gegenüber dem Verein	48
d) Die Rechtsstellung der Vereinsgläubiger im Insolvenzverfahren	18	**C. Weitere praktische Hinweise**	50
		I. Zivilprozessuale Fragen der Vereinsinsolvenz	50
7. Die Rechtsstellung des Vereins im Insolvenzverfahren	20	1. Prozessführung durch den Insolvenzverwalter	50
a) Auflösung des Vereins	20		
b) Stellung der Vereinsorgane	21	2. Bei Verfahrenseröffnung anhängige Prozesse	51
c) Wirkungen der Eröffnung des Insolvenzverfahrens auf die Mitgliedschaft	26		
		II. Zwangsvollstreckungsmaßnahmen durch Vereinsgläubiger	53
8. Die Beendigung des Insolvenzverfahrens	27		
9. Die Insolvenz des Profisportvereins	29		

A. Allgemeines

I. Die Neufassung des § 42 durch das Insolvenzrechtsreformgesetz

§ 42 wurde im Zuge der Insolvenzrechtsreform zum 1.1.1999 geändert. Nach der Neufassung von Abs. 1 S. 1 führt die Eröffnung des Insolvenzverfahrens, die auch noch während der Liquidation des Vereins zulässig und ggf. geboten ist (§ 47 Rn 30), zur **Auflösung des e.V.** (vgl. für die übrigen Personen- und Kapitalgesellschaften die Parallelvorschriften des § 131 Abs. 1 Nr. 3 HGB, § 262 Abs. 1 Nr. 3 AktG, § 60 Abs. 1 Nr. 4 GmbHG, § 101 GenG, § 728 BGB, zum nicht rechtsfähigen Verein i.S.v. § 54 siehe Rn 4, § 54 Rn 43) und damit nicht mehr – wie jedenfalls nach dem bisherigen Wortlaut der Bestimmung – zum Verlust der Rechtsfähigkeit (Rn 34). Das Insolvenzverfahren ist ein **Liquidationsverfahren eigener Art** mit dem Ziel der Vollabwicklung des Vereinsvermögens; § 47 Hs. 2 stellt deshalb klar, dass sich das Insolvenzverfahren und die vereinsrechtliche Liquidation nach §§ 47 ff. ausschließen und dass das Insolvenzverfahren als das speziellere Verfahren den Vorrang genießt. Die insolvenzmäßige Abwicklung wird ausschließlich von dem Insolvenzverwalter betrieben (Rn 16, § 47 Rn 31), und zwar zunächst durch Verwertung des bei Verfahrenseröffnung vorhandenen Aktivvermögens und die Verteilung der dadurch erzielten baren Masse an die Insolvenzgläubiger. Sofern der Verein nach Abschluss des Insolvenzverfahrens noch Vermögen hat, beendet der Verwalter die Liquidation nach Maßgabe des § 199 Abs. 2 InsO (Rn 27, § 47 Rn 6, 31).

Für die Fälle der Einstellung des Insolvenzverfahrens auf Antrag des Insolvenzschuldners (§§ 212, 213 InsO) und der Aufhebung des Insolvenzverfahrens nach der Bestätigung eines Insolvenzplans, der den Fortbestand des Vereins vorsieht (§ 258 InsO), räumt § 42 Abs. 1 S. 2 n.F. (Rn 38) der Mitgliederversammlung das Recht ein, die **Fortsetzung des Vereins** zu beschließen (wiederum entsprechend der Rechtslage bei den Handelsgesellschaften, vgl. § 144 HGB, § 274 Abs. 2 AktG, § 60 Abs. 1 Nr. 4 GmbHG, § 117 GenG). Durch die Vereinssatzung kann zudem bestimmt werden, dass der Verein im Fall der Eröffnung des Insolvenzverfahrens als nicht rechtsfähiger Verein i.S.v. § 54 fortbesteht (§ 42 Abs. 1 S. 3 Hs. 1, siehe Rn 39); unter den Voraussetzungen des S. 2 kann aber in diesem Fall sogar die Fortsetzung als e.V. beschlossen werden. Diese Vorschrift gewährleistet mithin in ihren beiden Alternativen, dass die Vereinsmitglieder nach ihrer freien Entscheidung in anderer Rechtsform die Vereinsziele fortsetzen und die Vereinstraditionen aufrechterhalten können;[1] sie schützt damit zugleich die Vereinsautonomie (Art. 9 GG).

In § 42 Abs. 2 S. 1 wird nunmehr – wiederum entsprechend der Rechtslage bei den Handelsgesellschaften, vgl. § 64 Abs. 1 GmbHG, § 93 Abs. 2 AktG, § 130a Abs. 1 HGB und § 99 GenG – ausdrücklich klargestellt,

---

[1] Stellungnahme BRat, BT-Drucks 12/3803, S. 124 Nr. 15.

dass der Vorstand nicht nur im Falle der Überschuldung, sondern auch bei Zahlungsunfähigkeit eine **Verpflichtung zur Stellung des Insolvenzantrags** trifft; damit ist der Vereinsvorstand einem deutlich erhöhten Risiko ausgesetzt, Schadensersatz leisten zu müssen, da er nach der unverändert gebliebenen Regelung des § 42 Abs. 2 S. 2 den Gläubigern gegenüber für die schuldhafte Verzögerung der Antragsstellung verantwortlich ist.

II. Überblick zum Vereinsinsolvenzrecht

4 **1. Die Insolvenzfähigkeit.** Der **rechtsfähige Verein** ist als juristische Person nach § 11 Abs. 1 S. 1 InsO **insolvenzfähig**. Das Gleiche gilt gem. § 11 Abs. 1 S. 2 InsO für den **nicht rechtsfähigen Verein i.S.v. § 54** (§ 54 Rn 43) und, da auf diesen ebenfalls das Recht des nicht rechtsfähigen Vereins (§ 54) Anwendung findet, auch für den **fehlerhaften Verein**. Ebenso wie bei der fehlerhaften Gesellschaft hängt die Insolvenzfähigkeit des fehlerhaften Vereins allerdings im Einzelfall von seinem Außenverhältnis, das heißt seiner Eintragung im Vereinsregister, seiner Invollzugsetzung sowie seiner Bildung von Vereinsvermögen ab.[2] Grundsätzlich kann und muss auch über das Vermögen des **nicht (mehr) werbenden Vereins** das Insolvenzverfahren eröffnet werden, wenn ein Insolvenzgrund vorliegt: Befindet sich der Verein im **Abwicklungsstadium**, so bleibt die Insolvenzeröffnung gem. § 11 Abs. 3 InsO zulässig, solange die Verteilung des Vereinsvermögens noch nicht abgeschlossen ist (siehe § 47 Rn 30). Ist ein Verein nach § 141a FGG **gelöscht** worden, so ist er allerdings grundsätzlich nicht mehr existent und als solcher nicht mehr insolvenzfähig, allerdings nur unter der zusätzlichen Voraussetzung, dass er auch vermögenslos ist (§ 47 Rn 19).

5 **2. Der Verein als Insolvenzschuldner.** Insolvenzschuldner ist der Verein als solcher, d.h. ihm und nicht seinen Mitgliedern kommen die im Gesetz dem Insolvenzschuldner zugewiesenen Rechte und Pflichten zu, die von seinen Organen (Vorstand bzw. Liquidatoren) wahrgenommen werden (Rn 22).

6 **3. Die Insolvenzgründe.** Für das Insolvenzverfahren über das Vermögen eines Vereins gelten die allgemeinen Eröffnungsgründe, d.h. drohende Zahlungsunfähigkeit, Zahlungsunfähigkeit und Überschuldung (§§ 17–19 InsO). Gemäß § 17 InsO liegt **Zahlungsunfähigkeit** vor, wenn der Verein nicht mehr in der Lage ist, die fälligen Zahlungsverpflichtungen zu erfüllen.[3] Nach § 17 Abs. 2 S. 2 InsO wird dies dann widerleglich vermutet,[4] wenn der Verein seine **Zahlungen eingestellt** hat. Zahlungseinstellung ist jedes nach außen hervortretende Verhalten des Schuldners, in dem sich nach der Verkehrsanschauung die Tatsache dokumentiert, dass er nicht in der Lage ist, seine fälligen Zahlungsverpflichtungen zu erfüllen; hierfür kann bereits die Nichterfüllung einer einzigen Forderung genügen, wenn diese der Höhe nach nicht unerheblich ist.[5] Das Antragsrecht wegen Zahlungsunfähigkeit steht jedem Vorstandsmitglied zu, ungeachtet einer Beschränkung seiner Vertretungsmacht i.S.d. § 26 Abs. 2 S. 2 bzw. einer internen Ressortverteilung.

7 **Drohende Zahlungsunfähigkeit** nach § 18 InsO liegt vor, wenn der Verein voraussichtlich nicht in der Lage sein wird, die bestehenden Zahlungspflichten im Zeitpunkt der Fälligkeit zu erfüllen. Die Beurteilung dieser Frage verlangt eine zeitraumbezogene Betrachtung der künftigen Zahlungsfähigkeit. Grundlage der hierzu erforderlichen Prognose ist ein Finanz- oder Liquiditätsplan, in dem die Entwicklung der finanziellen Lage bis zum Zeitpunkt der Fälligkeit aller rechtlich bestehenden Verbindlichkeiten abzubilden ist und dessen Vorlage das Insolvenzgericht nach Zulassung des Insolvenzantrags ggf. von dem Antragsteller verlangen wird.[6] Eine **Antragspflicht** hat der Gesetzgeber für diese Fälle nicht vorgesehen, um eine freie Sanierung im Vorfeld der Überschuldung und Zahlungsunfähigkeit nicht unnötig zu erschweren. Damit die Insolvenzgläubiger den Verein nicht unter Druck setzen kann, kann die „drohende Zahlungsunfähigkeit" nur von diesem selbst geltend gemacht werden, nicht dagegen von einem Gläubiger. Nach § 18 Abs. 3 InsO kann ein Mitglied eines mehrgliedrigen Vereinsvorstands den Antrag auf Eröffnung des Insolvenzverfahrens wegen drohender Zahlungsunfähigkeit nur dann allein stellen, wenn ihm eine alleinige Vertretungsbefugnis zukommt.

8 Der Eröffnungsgrund der **Überschuldung** liegt nach § 19 Abs. 2 InsO vor, „wenn das Vermögen des Schuldners die bestehenden Verbindlichkeiten nicht mehr deckt (S. 1). Bei der Bewertung des Vermögens des Schuldners ist jedoch die Fortführung des Unternehmens zugrunde zu legen, wenn diese nach den Umständen

---

2 *Reichert*, Rn 75.
3 Vgl. im Einzelnen *Burger/Schellberg*, BB 1995, 261 f.; Braun/*Kind*, § 17 Rn 4; *Harz*, ZInsO 2001, 193, 196 f.; InsRHdb/*Uhlenbruck*, § 6 Rn 4; Jaeger/ *H.-F. Müller*, § 17 Rn 6 ff.; MüKo-InsO/*Eilberger*, § 17 Rn 2; Nerlich/Römermann/*Mönning*, § 17 Rn 4.
4 So die Gesetzesbegr. zu §§ 20, 21 RegE; a.A. Jaeger/ *H.-F. Müller*, § 17 Rn 28: nur Indiz.

5 Vgl. im Einzelnen BGHZ 149, 178, 184 f.; Jaeger/ *H.-F. Müller*, § 17 Rn 28 ff.; *Kirchhof*, in: Kölner Schrift, S. 285, 286 Rn 5; Kübler/Prütting/*Pape*, § 17 Rn 18.
6 Vgl. im Einzelnen FK-InsO/*Schmerbach*, § 18 Rn 4; InsRHdb/*Uhlenbruck*, § 6 Rn 10; Jaeger/ *H.-F. Müller*, § 18 Rn 26 f.; MüKo-InsO/*Drukarzcyk*, § 18 Rn 32 ff.; *Uhlenbruck*, InVo 1999, 333 f.; *Vallender*, MDR 1998, 280 f.

überwiegend wahrscheinlich ist (S. 2)." Bei einem (rechtsfähigen) **nicht wirtschaftlichen Verein,** wie z.B. dem eingetragenen Sportverein ohne wirtschaftliche Nebentätigkeit, tritt Überschuldung danach bereits im Falle einer einfachen rechnerischen Überschuldung i.S.v. S. 1 der Bestimmung ein.[7] Denn die Regelung des § 19 Abs. 2 S. 2 InsO, wonach bei der Bewertung des Vermögens des Schuldners die Fortführung des Unternehmens zugrunde zu legen ist, kommt bei einem Verein, der ausschließlich nicht wirtschaftliche Zwecke verfolgt, nicht in Betracht. Danach ist der Verein ohne wirtschaftliche Nebentätigkeit insolvent, wenn der Zeitwert des Aktivvermögens die Verbindlichkeiten nicht mehr deckt. Die Feststellung der rechnerischen Überschuldung erfolgt aufgrund der Überschuldungsbilanz, einer einfachen Gegenüberstellung der Aktiva und Passiva unter Ansatz der Liquidationswerte, also derjenigen Werte, die sich bei einer Einzelveräußerung im Zuge einer Zerschlagung des Unternehmens für jeden einzelnen Gegenstand erzielen ließen.[8]

Beim (rechtsfähigen) **wirtschaftlichen Verein** im Sinne des § 22, der Inhaber eines Unternehmens ist, sowie demjenigen nicht wirtschaftlichen Verein nach § 21, der im Rahmen des Nebentätigkeitsprivilegs ein Unternehmen betreibt (z.B. dem Profisportverein),[9] schreibt das Gesetz nun eine zweistufige Überschuldungsprüfung vor: In einer (ersten) Überschuldungsbilanz wird wiederum durch eine Gegenüberstellung des Aktiv- und Passivvermögens ermittelt, ob das schuldnerische Unternehmen rechnerisch überschuldet ist (§ 19 Abs. 2 S. 1 InsO). Als Aktiva setzt man hierbei wiederum die jeweiligen Liquidationswerte an, also diejenigen Werte, die sich bei der Einzelveräußerung im Zuge einer Zerschlagung des schuldnerischen Unternehmens für jeden einzelnen Gegenstand erzielen liessen. Ergibt sich hierbei eine rechnerische Überschuldung, so ist gem. S. 2 des § 19 Abs. 2 InsO eine Fortführungsprognose anzustellen, d.h. zu fragen, ob eine Fortführung des Unternehmens überwiegend wahrscheinlich ist. Gelangt man auf der zweiten Stufe zu einem positiven Resultat, so wirkt sich dieses auf die erste Stufe dergestalt aus, dass der Überschuldungsbilanz jetzt nicht mehr die niedrigeren Liquidationswerte, sondern die höheren Fortführungswerte (Going-concern-Werte) zugrunde gelegt werden. Man ermittelt also den bei einer Veräußerung des gesamten Unternehmens zu erzielenden wirklichen Unternehmenswert einschließlich der stillen Reserven und des *Goodwill*.[10]

4. Der Insolvenzantrag. Gem. § 13 Abs. 1 InsO wird das Insolvenzverfahren nicht von Amts wegen, sondern nur auf einen formlosen, aber kostenpflichtigen (vgl. § 61 GKG) Antrag hin eröffnet. **Antragsberechtigt** sind nach § 13 Abs. 1 S. 2 InsO der Insolvenzschuldner (sog. Eigenantrag) und alle Insolvenzgläubiger i.S.v. §§ 38, 39 InsO (sog. Fremdantrag). Gemäß § 15 Abs. 1 Hs. 1 InsO ist zur Stellung des Eigenantrags einer juristischen Person **jedes Mitglied des Vertretungsorgans** berechtigt. Antragsberechtigt sind danach die Mitglieder des Vereinsvorstands bzw. die Liquidatoren des Vereins. Soweit die Vorstandsmitglieder eines mehrgliedrigen Vereinsvorstands den Insolvenzantrag nicht gemeinschaftlich stellen, ist nach § 15 Abs. 2 S. 2 InsO das Vorliegen des Eröffnungsgrundes glaubhaft zu machen und die übrigen Vorstandsmitglieder sind entsprechend § 15 Abs. 2 S. 2 InsO zu hören. Ist der Verein zahlungsunfähig oder überschuldet, so sind die Vorstandsmitglieder (bzw. Liquidatoren, §§ 48 Abs. 2, 53) zur Vermeidung einer persönlichen Haftung **zur Antragstellung verpflichtet,** § 42 Abs. 2 (Rn 43). Der Eröffnungsantrag kann durch eine Erklärung gegenüber dem Insolvenzgericht so lange **zurückgenommen** werden, wie der Eröffnungsbeschluss noch nicht wirksam geworden oder der Antrag noch nicht rechtskräftig abgewiesen worden ist.

5. Das Eröffnungsverfahren. Der Insolvenzantrag leitet das sog. Insolvenzeröffnungsverfahren ein, in dem das Insolvenzgericht **prüft,** ob ein zulässiger Insolvenzantrag (Rn 10) vorliegt, ob ein Eröffnungsgrund (Rn 6 ff.) gegeben ist und ob genügend Insolvenzmasse (§ 35 InsO) vorhanden ist, um die Verfahrenskosten zu decken (Rn 12). Da die Prüfung der Eröffnungsvoraussetzungen einige Zeit in Anspruch nehmen kann, sieht das Gesetz vor, dass das Insolvenzgericht **vorläufige Sicherungsmaßnahmen** (§§ 21 ff. InsO) anordnen kann, um dadurch eine Schmälerung der Insolvenzmasse durch den Insolvenzschuldner, die Insolvenzgläubiger oder Dritte zu verhindern; in Betracht kommt vor allem die Bestellung eines **vorläufigen Insolvenzverwalters** (§§ 21 Abs. 2 Nr. 1, 22 Abs. 1 InsO) unter gleichzeitiger Anordnung eines allgemeinen Verfügungsverbots (§§ 21 Abs. 2 Nr. 2, 24 Abs. 1 InsO). Die Anordnung solcher Sicherungsmaßnahmen führt, wie ein Umkehrschluss aus § 42 ergibt, noch nicht zur Auflösung des Vereins, lässt also sein Fortbestehen als werbender Verein unberührt.

---

7 Erman/*Westermann*, § 42 Rn 5; *Gutzeit*, S. 27 f.; MüKo/*Reuter*, § 42 Rn 7; a.A. *Reichert*, Rn 2016, der nicht zwischen den verschiedenen Vereinstypen differenziert.

8 Vgl. *H.-P. Müller/Haas*, Kölner Schrift, S. 1799 Rn 7 ff.; Uhlenbruck/*Hirte*, § 19 Rn 6 ff.; InsRHdb/*Uhlenbruck*, § 6 Rn 13 ff.

9 Vgl. MüKo/*Reuter*, § 42 Rn 7.

10 Vgl. im Einzelnen *Drukarczyk*, in: FS Moxter 1994, S. 1231 ff.; *Drukarczyk/Schüler*, Kölner Schrift, S. 95, 119 Rn 63 ff.; *Harz*, ZInsO 2001, 193, 198 ff.; *Höffner*, BB 1999, 198 ff., 252 ff.; Jaeger/*H.-F. Müller*, § 19 Rn 24 ff., 32 ff.; *Möhlmann*, DStR 1998, 1843 ff.; *Wengel*, DStR 2001, 1769 ff.

12 **6. Die Eröffnung des Insolvenzverfahrens. a) Der Eröffnungsbeschluss.** Ist der Insolvenzantrag zulässig, liegt ein Eröffnungsgrund vor und reicht das Vermögen des Vereins voraussichtlich aus, um die Verfahrenskosten zu decken, so beschließt das Insolvenzgericht die **Eröffnung des Insolvenzverfahrens** (§§ 27 ff. InsO). Im Eröffnungsbeschluss ernennt das Insolvenzgericht zugleich den Insolvenzverwalter (§§ 27 Abs. 1, 56 ff. InsO) und bestimmt sowohl den Berichts- als auch den Prüfungstermin (§ 29 InsO). Der Eröffnungsbeschluss ist sofort öffentlich bekannt zu machen und dem Insolvenzschuldner sowie dessen Gläubigern (Insolvenzgläubigern) und Schuldnern besonders zuzustellen (§ 30 Abs. 1 S. 1, Abs. 2 InsO). Die Geschäftsstelle des Insolvenzgerichts übermittelt dem Vereinsregistergericht eine Ausfertigung des Eröffnungsbeschlusses (§ 31 Nr. 1 InsO), damit dieses die Eröffnung des Insolvenzverfahrens von Amts wegen in das **Vereinsregister** eintragen kann (§ 75 Rn 1, 3). Gegen den Eröffnungsbeschluss kann der Verein, vertreten durch den Vorstand bzw. den Liquidator, mit sofortiger Beschwerde vorgehen. Reicht das Vereinsvermögen voraussichtlich nicht aus, um die Kosten des Insolvenzverfahrens (§ 54 InsO) zu decken und wird auch nicht ein entsprechender Geldbetrag vorgeschossen, so wird der Insolvenzantrag von Amts wegen **mangels Masse abgewiesen** (§ 26 Abs. 1 InsO).

13 **b) Wirkungen der Eröffnung des Insolvenzverfahrens für das Vereinsvermögen (Insolvenzmasse).** Die Eröffnung des Insolvenzverfahrens führt nicht zum Verlust der Rechts-, Geschäfts-, Partei- und Prozessfähigkeit; der Insolvenzschuldner bleibt zudem auch weiterhin Rechtsträger seines Vermögens, der nunmehrigen Insolvenzmasse (Rn 14), und Schuldner seiner Verbindlichkeiten. Die **Verwaltungs- und Verfügungsbefugnis** über sein insolvenzbefangenes Vermögen und damit prozessual auch die **Prozessführungsbefugnis** (Rn 50) geht jedoch auf den **Insolvenzverwalter** über (Rn 16). Verfügungen der Vereinsorgane über Gegenstände der Insolvenzmasse sind dieser gegenüber nunmehr grundsätzlich absolut **unwirksam** (§ 81 Abs. 1 S. 1 InsO), Rechte an den Gegenständen der Insolvenzmasse können grundsätzlich nicht mehr wirksam erworben werden (§ 91 Abs. 1 InsO) und Leistungen an den Verein befreien dessen (Dritt-)Schuldner nur dann, wenn dieser zur Zeit der Leistung von der Eröffnung des Insolvenzverfahrens nicht positiv wusste (§ 82 S. 1 InsO). Wurde dem Verein bereits in der Eröffnungsphase ein allgemeines Verfügungsverbot auferlegt und ein vorläufiger Insolvenzverwalter bestellt (Rn 11), so treten die beschriebenen Wirkungen bereits zu diesem Zeitpunkt ein (§§ 22 Abs. 1 S. 1, 24 Abs. 2 InsO; § 240 S. 2 ZPO).

14 Zur **Insolvenzmasse** eines Vereins i.S.d. § 35 InsO zählt nicht nur das gesamte Vermögen, das diesem zur Zeit der Eröffnung des Verfahrens gehörte, sondern auch das sog. Neuvermögen, das der Verein während des Verfahrens erlangt. Eine Ausnahme nach § 36 Abs. 1 InsO für Vermögensgegenstände, die nicht der Zwangsvollstreckung unterliegen, ist nach richtiger, wenngleich sehr umstrittener Auffassung bei juristischen Personen nicht gegeben.[11] Entgegen der immer noch h.M. kann in der Insolvenz der juristischen Personen auch nicht durch **Freigabe von Massegegenständen** insolvenzfreies Vermögen geschaffen werden; für die Anerkennung sog. massefreien Vermögens eines insolventen Verbands, das den Anteilseignern oder Mitgliedern zur Disposition verbleibt, ist unter der Geltung der InsO kein Raum.[12]

15 Zweifellos fallen sämtliche **Beiträge** der Vereinsmitglieder in die Insolvenzmasse, sofern sie für die Zeit vor Eröffnung des Insolvenzverfahrens nachzuentrichten sind.[13] Umstritten ist jedoch, ob die Beitragspflicht auch nach Eröffnung des Insolvenzverfahrens fortbesteht; die h.M. verneint die Frage, sofern nicht die Satzung dies ausdrücklich bestimmt.[14]

16 **c) Die Rechtsstellung des Insolvenzverwalters.** Der Insolvenzverwalter erlangt mit der Eröffnung des Insolvenzverfahrens die **Verwaltungs- und Verfügungsbefugnis** über das schuldnerische Vermögen, die jetzige Insolvenzmasse i.S.d. § 35 InsO (Rn 14). Dieses Verfügungsrecht über die zur Insolvenzmasse gehörenden Vermögensgegenstände soll ihn in die Lage versetzen, den Insolvenzzweck, nämlich die gleichmäßige

---

11 So aber Nerlich/Römermann/*Andres*, § 35 Rn 3; Soergel/*Hadding*, § 42 Rn 8 f.; vgl. auch BGH ZIP 1996, 842; wie hier *Henckel*, ZIP 1991, 133, 135; InsRHdb/*Klopp/Kluth*, § 25 Rn 37; *H.-F. Müller*, S. 29 ff.; MüKo/*Reuter*, § 42 Rn 10; *K. Schmidt*, Wege zum Insolvenzrecht der Unternehmen, 1990, S. 75 f.
12 So namentlich *K. Schmidt*, GesR, 4. Aufl. 2002, § 11 VI 4b bb; *ders.*, ZGR 1998, 633, 637 f.; *ders.*, ZIP 2000, 1913, 1920; ferner HK-InsO/*Eickmann*, § 80 Rn 10; MüKo/*Reuter*, § 42 Rn 10; *H.-F. Müller*, S. 25 ff., 38 ff., 45; a.A. aber die immer noch h.M., vgl. OLG Naumburg ZIP 2000, 976, 977; *Henssler*, ZInsO 1999, 121, 127; InsRHdb/*Klopp/Kluth*, § 27 Rn 8; Kübler/Prütting/*Lüke*, § 80 Rn 62; MüKo-InsO/*Lwowski*, § 35 Rn 113; *Noack*, Rn 281; *Runkel*, in: FS Uhlenbruck 2000, S. 315, 317; Smid/*Smid*, § 80 Rn 35.
13 InsRHdb/*Uhlenbruck*, § 93 Rn 41.
14 *Gutzeit*, S. 117 ff.; MüKo/*Reuter*, § 42 Rn 5; *Stöber*, Rn 220; Uhlenbruck/*Hirte*, § 11 Rn 221; ebenso zur KO BGHZ 96, 253, 255; *Andres*, in: Grunsky (Hrsg.), Sportverein in der Krise, S. 49; a.A. *Medicus*, EWiR 1986, 113 f.; differenzierend *Reichert*, Rn 2039: Fortbestehen der Beitragspflicht (nur) für „Mehrspartenverein" mit mehreren Abteilungen.

Befriedigung aller Gläubiger des Insolvenzschuldners, zu verwirklichen. Zu seinen Hauptpflichten zählt in diesem Zusammenhang, das Vermögen, das er bei der Eröffnung des Insolvenzverfahrens vorfindet (sog. **Ist-Masse**), in die Insolvenzmasse i.S.d. § 35 InsO (sog. **Soll-Masse**) zu überführen, indem er die Ist-Masse von schuldnerfremden Vermögensgegenständen bereinigt, im Gegenzug aber durch die Gegenstände komplettiert, die sich im Zeitpunkt der Verfahrenseröffnung noch nicht in der Ist-Masse befanden, rechtlich aber zur Soll-Masse gehören; hierzu gehört auch die Geltendmachung von Anfechtungsansprüchen gem. §§ 129 ff. InsO. Der Insolvenzverwalter **haftet** nach §§ 60 f. InsO allen Beteiligten persönlich für die ordnungsgemäße Erfüllung seiner Amtspflichten und die Erfüllung der von ihm für die Masse eingegangenen Verbindlichkeiten. Für amtsbezogene Delikte des Insolvenzverwalters haftet analog § 31 BGB auch die Insolvenzmasse.[15]

Im Gegensatz zum Regelinsolvenzverfahren, bei dem die Verwaltungs- und Verfügungsbefugnis mit der Verfahrenseröffnung nach § 80 Abs. 1 InsO vom Verein auf den Insolvenzverwalter übergeht (Rn 16, 21), bleibt der Vereinsvorstand im Fall der **Eigenverwaltung** selbst verwaltungs- und verfügungsbefugt (vgl. § 270 Abs. 1 S. 1 InsO). An die Stelle des Insolvenzverwalters tritt ein Sachwalter, dessen Hauptaufgabe in der Beaufsichtigung der Vereinsorgane besteht (vgl. § 270 Abs. 3 S. 1 InsO). Die gerichtliche Anordnung der Eigenverwaltung wird in Betracht kommen, wenn in besonders gelagerten Fällen die speziellen Kenntnisse und Fähigkeiten der Vereinsorgane für die Abwicklung des Vereinsvermögens unentbehrlich sind und diese besonderen Kenntnisse und Fähigkeiten weder durch Dritte noch durch den Vereinsvorstand im Wege seiner Auskunfts- und Mitwirkungspflichten (Rn 22 f.) ausreichend vermittelt werden können und zugleich anzunehmen ist, dass die Vereinsorgane keine wesentliche Schuld am Eintritt der Insolvenz tragen. Gem. § 270 Abs. 1 S. 2 InsO gelten für das Verfahren der Eigenverwaltung die Vorschriften über das Regelinsolvenzverfahren, soweit nicht der Umstand, dass dem Insolvenzschuldner die Verwaltungs- und Verfügungsbefugnis über die Insolvenzmasse belassen wird, eine abweichende Regelung erfordert.

d) Die Rechtsstellung der Vereinsgläubiger im Insolvenzverfahren. Entsprechend dem das gesamte Insolvenzverfahren beherrschenden **Grundsatz der gleichmäßigen Gläubigerbefriedigung** (*par condicio creditorum*) dient die Insolvenzmasse (Rn 14) der gemeinschaftlichen Befriedigung der Insolvenzgläubiger (§ 38 InsO), denen die Insolvenzmasse deshalb haftungsrechtlich zugewiesen ist. Nach der Legaldefinition des § 38 InsO sind alle diejenigen Personen Insolvenzgläubiger, die einen zur Zeit der Eröffnung des Insolvenzverfahrens begründeten persönlichen Vermögensanspruch gegen den Schuldner haben. Die Insolvenzgläubiger können ihre Insolvenzforderungen nur noch nach den Vorschriften des Insolvenzverfahrens verfolgen (§§ 87, 174 ff. InsO); etwa bereits anhängige Prozesse werden unterbrochen (Rn 51). Vollstreckungshandlungen eines Insolvenzgläubigers werden mit der Verfahrenseröffnung unwirksam, wenn sie im letzten Monat vor dem Antrag auf Eröffnung des Insolvenzverfahrens erfolgt sind (Rn 54), und sind während der Dauer des Insolvenzverfahrens weder in die Insolvenzmasse noch in das sonstige Vermögen des Insolvenzschuldners zulässig (Rn 54).

Ansprüche der Vereinsmitglieder, die aus einem von der Mitgliedschaft unabhängiges Verkehrsgeschäft entstehen, die sog. Drittforderungen, sind im Insolvenzverfahren keine nachrangigen Forderungen (vgl. § 39 InsO), sondern zu behandeln wie die übrigen Vereinsverbindlichkeiten.[16] Richtiger Ansicht nach gilt dies auch für Forderungen eines Vereinsmitgliedes gegen seinen Verein, die aus der Verletzung eines Mitgliedschaftsrechts durch den Verein bzw. durch ein Vereinsorgan resultieren.[17]

7. Die Rechtsstellung des Vereins im Insolvenzverfahren. a) Auflösung des Vereins. Nach der Neufassung von Abs. 1 S. 1 führt die Eröffnung des Insolvenzverfahrens, die auch noch während der Liquidation des Vereins zulässig ist, zur **Auflösung** (auch) des rechtsfähigen Vereins (Rn 34, siehe allg. § 41 Rn 2) und damit **nicht mehr** – wie jedenfalls nach dem bisherigen Wortlaut der Bestimmung – **zum Verlust der Rechtsfähigkeit** (dazu siehe allg. § 41 Rn 3). Zur Möglichkeit eines **Fortsetzungsbeschlusses** siehe Rn 37.

b) Stellung der Vereinsorgane. Die Eröffnung des Insolvenzverfahrens lässt die organschaftliche Stellung des im Zeitpunkt der Eröffnung des Insolvenzverfahrens im Amt befindlichen **Vorstands** unberührt; die Vorstandsmitglieder behalten also ihre bisherige Organstellung und werden nicht zu Liquidatoren.[18] Eine wichtige Einschränkung seiner Tätigkeit erfährt der Vereinsvorstand durch den **Übergang der Verwaltungs- und Verfügungsbefugnis** nach § 80 Abs. 1 InsO auf den Insolvenzverwalter (Rn 16), da der Vorstand jetzt den Verein nicht mehr bei Angelegenheiten der Vermögensverwaltung vertreten kann. Der Vereinsvorstand behält allerdings seine alleinige Entscheidungskompetenz im sog. insolvenzfreien Bereich, in den die internen

---

15 Vgl. *Eckardt*, KTS 1997, 411 ff.
16 Vgl. MüKo/*Reuter*, § 50 Rn 3; Soergel/*Hadding*, § 50 Rn 3.
17 *Gutzeit*, S. 123 ff.; *Habersack*, S. 219 f.
18 *Reichert*, Rn 2041.

Maßnahmen der Vereinsverwaltung fallen;[19] dazu gehören etwa die Aufnahme oder der Ausschluss von Vereinsmitgliedern und die Vorbereitung und Durchführung von Mitgliederversammlungen. Der Vorstand vertritt den Verein in vereinsinternen Angelegenheiten sowohl außergerichtlich als auch gerichtlich. Die Erteilung einer Generalvollmacht an den Insolvenzverwalter in der Form, dass dieser sämtliche mitgliedschaftlichen bzw. organschaftlichen Angelegenheiten regeln kann, ist nicht möglich.[20]

22 Das Fortbestehen des Vorstandsamts hat zur Folge, dass die Vorstandsmitglieder – d.h. sofern die Vereinssatzung die Gesamtvertretung anordnet, jedes einzelne Vorstandsmitglied – als gesetzliche Vertreter des Vereins die **dem Verein als Insolvenzschuldner obliegenden Rechte und Pflichten im Insolvenzverfahren** wahrzunehmen haben. So ist im Falle einer Anhörung des Schuldners nach § 10 Abs. 2 InsO der Vereinsvorstand zu hören. Des Weiteren hat der Vorstand im Prüfungstermin zu den angemeldeten Forderungen Stellung zu nehmen und sie eventuell zu bestreiten, § 176 InsO. Er nimmt für den Verein nach § 4 InsO i.V.m. § 171 ZPO sämtliche Zustellungen entgegen. Er hat gemäß § 74 Abs. 1 S. 2 InsO an Gläubigerversammlungen teilzunehmen, kann für den Gemeinschuldner einen Insolvenzplan nach § 218 Abs. 1 S. 1 InsO vorlegen bzw. ist zur beratenden Mitwirkung nach § 218 Abs. 3 berechtigt, sofern der Insolvenzverwalter den Insolvenzplan aufstellt.[21] Der Vorstand vertritt den Verein als Schuldner bei sämtlichen Rechtsbehelfen, welche nach der Insolvenzordnung möglich sind. Er kann z.B. die sofortige Beschwerde gegen die Abweisung der Verfahrenseröffnung mangels Masse nach § 34 Abs. 1 InsO, gegen die Eröffnung des Insolvenzverfahrens nach § 34 Abs. 2 InsO und gegen die Verfahrenseinstellung mangels Masse nach § 216 Abs. 1 InsO i.V.m. § 207 InsO einlegen. Nach § 270 Abs. 1 InsO ist er schließlich berechtigt, unter der Aufsicht eines Sachwalters die Insolvenzmasse zu verwalten und zu verfügen, wenn das Insolvenzgericht in dem Beschluss über die Eröffnung des Insolvenzverfahrens die Eigenverwaltung anordnet (Rn 17).

23 Besondere Bedeutung hat in diesem Zusammenhang die Verpflichtung des Vorstands, sämtliche **Auskunfts- und Mitwirkungspflichten des Vereins** im Insolvenzverfahren nach den §§ 97, 101 Abs. 1 S. 1 InsO wahrzunehmen.[22] Der Verein ist nach § 97 Abs. 1 S. 1 InsO verpflichtet, dem Insolvenzgericht, dem Insolvenzverwalter, dem Gläubigerausschuss und auf Anordnung des Insolvenzgerichts auch der Gläubigerversammlung über alle das Verfahren betreffenden Verhältnisse Auskunft zu geben. Die Auskunftspflicht erstreckt sich auf seine Vermögensverhältnisse, das Gläubiger und Schuldnerverzeichnis, die Ursachen der Krise, evtl. Anfechtungsklagen, etwaiges Auslandsvermögen und sonstige Sachverhalte, die direkt oder indirekt die Vermögensverhältnisse betreffen. Sie erfasst darüber hinaus sämtliche Gegenstände und Sachen, also auch die unpfändbaren, gepfändeten und sicherungsübereigneten Gegenstände, sowie alle abgetretenen Forderungen, Vertragsverhältnisse und bestehende Schulden. Erfüllt wird die Auskunftspflicht nach § 101 Abs. 1 S. 1, 2, Abs. 2 InsO durch die Mitglieder des Vorstands, soweit sie nicht früher als zwei Jahre vor dem Antrag auf Eröffnung des Insolvenzverfahrens aus ihrer Stellung ausgeschieden sind (§ 101 Abs. 1 S. 2, Abs. 2 InsO). Eine inhaltsgleiche Auskunftspflicht besteht gem. § 22 Abs. 2 S. 3 InsO dem vorläufigen Insolvenzverwalter im Insolvenzeröffnungsverfahren (Rn 11) gegenüber; die Vorschriften der §§ 97, 98, 101 Abs. 1 S. 1 u. S. 2, Abs. 2 InsO sind insoweit analog anwendbar.

24 Ebenso wie der Vereinsvorstand bleibt auch die **Mitgliederversammlung** nach Eröffnung des Insolvenzverfahrens für die vereinsinternen Angelegenheiten entscheidungsbefugt, sofern diese nicht als Maßnahmen der Vermögensverwaltung vom Insolvenzverwalter zu besorgen oder im Insolvenzverfahren abzuwickeln sind.[23] In diesen Grenzen kann die Mitgliederversammlung z.B. auch noch nach Eröffnung des Insolvenzverfahrens die Satzung ändern, etwa betreffend die Person des Anfallberechtigten nach § 45[24] oder die Vereinsfortsetzung nach § 42 Abs. 2 S. 3. Als vereinsinterne Maßnahmen bleibt die Mitgliederversammlung auch für Angelegenheiten des Vereinsordnungsrechts zuständig, also z.B. den Ausschluss von Vereinsmitgliedern und die Verhängung der in der Satzung vorgesehenen Sanktionen.[25] Der Insolvenzverwalter hat keine Befugnis zur Teilnahme an der Mitgliederversammlung und an der Willensbildung der Versammlung.[26]

25 Die Eröffnung des Insolvenzverfahrens berührt an sich die Zuständigkeit der Mitgliederversammlung für die **Entlastung des Vorstands** nicht. Da der Verein nach § 80 Abs. 1 InsO jedoch nicht mehr über ihm zustehende Ansprüche verfügen kann, muss der Insolvenzverwalter den Verzicht nicht gegen sich gelten lassen. Die Entscheidung über die Entlastung der Vorstände kann somit zumindest nicht ohne Billigung des Verwalters erfolgen; sofern der Insolvenzverwalter der Entlastung nicht zustimmt, ist er durch einen

---

[19] *Reichert*, Rn 2041.
[20] Vgl. BGHZ 64, 72, 74; *Reichert*, Rn 2045.
[21] *Reichert*, Rn 2042.
[22] LG Düsseldorf KTS 1961, 191; *Reichert*, Rn 2042.
[23] *Stöber*, Rn 853.
[24] *Stöber*, Rn 853.
[25] *Reichert*, Rn 2040.
[26] *Reichert*, Rn 869 (s. aber auch Rn 858: der Verwalter müsse immer dann eingeladen werden, wenn Gegenstände zur Abstimmung gelangen, die nach § 80 Abs. 1 InsO den Verwaltungsbereich des Insolvenzverwalters berühren).

gegenteiligen Entlastungsbeschluss der Mitgliederversammlung nicht daran gehindert, die Ansprüche gegen die Organe geltend zu machen.[27]

c) Wirkungen der Eröffnung des Insolvenzverfahrens auf die Mitgliedschaft. Auch die Vereinsmitgliedschaft bleibt von der Eröffnung des Insolvenzverfahrens unberührt,[28] sofern nicht die Vereinssatzung etwas anders regelt, § 58 Nr. 1. Umgekehrt führt auch die Eröffnung des Insolvenzverfahrens über das Vermögen eines Vereinsmitglieds nicht zur Beendigung der Mitgliedschaft.[29] Die Mitglieder können in diesem Falle ihre Mitgliedschaft nur außerordentlich kündigen, wobei die Eröffnung des Insolvenzverfahrens selbst keinen wichtigen Grund darstellt.[30] Grundsätzlich kann der insolvente Verein jedoch nach Eröffnung des Insolvenzverfahrens keine neuen Mitgliedschaften mehr begründen.[31] Ist der Insolvenzverein selbst Mitglied eines anderen Vereins bzw. Verbandes, so wird auch diese Mitgliedschaft durch die Eröffnung des Insolvenzverfahrens nicht betroffen.[32] Zur Beitragspflicht siehe Rn 15.

8. Die Beendigung des Insolvenzverfahrens. Mit dem Vollzug der Schlussverteilung beschließt das Insolvenzgericht die **Aufhebung des Verfahrens**, § 200 Abs. 1 InsO. Der Insolvenzverwalter hat die etwa vorhandene restliche Masse nach § 199 S. 2 InsO an die Anfallberechtigten i.S.d. §§ 45, 46[33] herauszugeben. Dem Grundsatz der Vollliquidation entsprechend, dauert das Amt des Insolvenzverwalters regelmäßig so lange an, wie nach § 199 S. 2 InsO noch Vereinsvermögen zu verteilen ist und die Existenz des Vereins noch nicht beendet ist. Ist die Fortsetzung des Vereins nach § 42 Abs. 1 S. 3 Hs. 1 beschlossen worden (Rn 39), so endet das Amt des Insolvenzverwalters bereits mit der Befriedigung der Gläubiger. Ein **Liquidationsverfahren** schließt sich in keinem Fall mehr an das Insolvenzverfahren an: In § 47 Hs. 2 ist nunmehr ausdrücklich geregelt, dass das Vereinsvermögen, welches nicht an den Fiskus fällt, einer Liquidation nur dann unterliegt, „soweit" nicht das Insolvenzverfahren eröffnet ist; dadurch wird klargestellt, dass sich das Insolvenzverfahren und die vereinsrechtliche Liquidation nach §§ 47 ff. im Grundsatz ausschließen und dass das Insolvenzverfahren als das speziellere Verfahren den Vorrang genießt (Rn 1, § 47 Rn 6, 31).

Die **Einstellung mangels Masse** gemäß § 207 Abs. 1 S. 1 InsO erfolgt, wenn sich nach der Eröffnung des Verfahrens herausstellt, dass die Masse nicht ausreicht, um die Kosten des Verfahrens zu decken. Sie führt nicht zu einer Rückumwandlung des aufgelösten in den werbenden Verein; vielmehr bleibt der Verein infolge der Eröffnung des Insolvenzverfahrens aufgelöst.[34] Die Fortsetzungsregelung des § 42 Abs. 1 S. 2 setzt eine Einstellung wegen Wegfalls des Eröffnungsgrunds i.S.d. §§ 212 f. InsO voraus; sie gilt also für die Einstellung mangels Masse nicht. Dass die Fortsetzung des masselosen Vereins auch nicht nach § 42 Abs. 1 S. 3 möglich ist, ergibt sich aus dem Verweis des § 42 Abs. 1 S. 3 Hs. 2 auf § 42 Abs. 1 S. 2 und damit auf die Regelungen nach §§ 212 f. InsO.

9. Die Insolvenz des Profisportvereins. Auf die Besonderheiten, die sich bei der praktisch immer bedeutsamer werdenden Insolvenz des Profisportvereins ergeben, kann hier nicht ausführlich eingegangen werden.[35] Prinzipiell wird der Spielbetrieb des Profisportvereins insolvenzrechtlich nicht anders behandelt als jedes andere von einem unternehmerisch tätigen Insolvenzschuldner betriebene Unternehmen; die Entscheidung über Fortsetzung oder Einstellung des Spielbetriebs obliegt daher dem (vorläufigen wie endgültigen) Insolvenzverwalter und nicht mehr dem Vereinsvorstand.[36] Ebenso hat der Verwalter die alleinige Entscheidungskompetenz über die **Freigabe** einzelner Spieler aus laufenden Verträgen.[37] Zu einer Verdrängung der Entscheidungskompetenz des Vorstands kommt es schließlich auch im Bereich des reinen **Amateursports**, in dem die Spieler ausschließlich in ihrer Eigenschaft als Vereinsmitglieder am Spielbetrieb teilnehmen.[38] Der Insolvenzverwalter kann zwar den Spielbetrieb der Amateure nicht dem Grunde nach verbieten, weil er den Amateuren gegenüber nicht in der Position eines Arbeitgebers auftreten kann. Er kann jedoch die Durchführung des Amateursportbetriebes insoweit unterbinden, als er eine notwendige

---

27 *Grunsky*, in: Grunsky (Hrsg.), Sportverein, S. 20; *Reichert*, Rn 1537, 2040.
28 BGHZ 96, 253, 255 ff.
29 *Stöber*, Rn 168.
30 *Reichert*, Rn 2039.
31 *Reichert*, Rn 2039; *Stöber*, Rn 137.
32 *Reichert*, Rn 2039.
33 Nicht, wie der insoweit missverständliche Wortlaut des § 199 S. 2 InsO vermuten lassen würde, an die Mitglieder, vgl. Begr. RegE-InsO, BT-Drucks 12/2443, S. 187.
34 Vgl. Uhlenbruck/*Uhlenbruck*, § 207 Rn 18.

35 Dazu *Aldermann*, a.a.O.; *Andres* und *Reichert* in: Grunsky (Hrsg.), Sportverein, S. 16 bzw. S. 35; *Gutzeit*, a.a.O.; *Haas*, SpuRt 1999, 1; *ders.*, NZI 2003, 177; *Kaiser*, DB 2004, 1109; *Kreissig*, a.a.O.; *Pfister*, SpuRt 2002, 103; *Uhlenbruck*, in: FS Merz 1992, S. 581; *Walker*, KTS 2003, 169; *Wertenbruch*, ZIP 1993, 1292.
36 Vgl. *Reichert*, in: Grunsky (Hrsg.), Sportverein, S. 19; *Uhlenbruck*, in: FS Merz 1992, S. 581, 588 f.
37 *Andres*, in: Grunsky (Hrsg.), Sportverein, S. 39; *Gutzeit*, S. 224 ff.; str.
38 Ebenso *Andres*, in: Grunsky (Hrsg.), Sportverein, S. 39.

finanzielle Unterstützung verweigert. Dass nur die Profiabteilung und nicht die Amateurabteilung vom Insolvenzbeschlag erfasst wird, wie gelegentlich vertreten wird,[39] ist mit dem geltenden Insolvenzrecht, das eine Aufspaltung in massezugehörige und nicht massezugehörige Vermögensteile des Insolvenzschuldners nicht kennt, unvereinbar; auch über die Fortsetzung des Vereins nach § 42 Abs. 1 S. 2 und 3 kann nur in seiner Gesamtheit beschlossen werden.[40]

30 Wenn dem **vorläufigen Insolvenzverwalter** die Verwaltungs- und Verfügungsbefugnis über das Vereinsvermögen eingeräumt wurde (vgl. Rn 11), ist er nach § 22 Abs. 1 S. 2 Nr. 2 InsO allerdings grundsätzlich verpflichtet, den Spielbetrieb bis zur Entscheidung über die Eröffnung des Insolvenzverfahrens fortzuführen. Eine Ausnahme besteht nur dann, wenn das Insolvenzgericht die Stilllegung des Spielbetriebs verfügt, um eine erhebliche Minderung der Masse zu vermeiden. Auch nach erfolgter Verfahrenseröffnung hat der **Insolvenzverwalter** den Spielbetrieb nach § 80 InsO fortzusetzen, und zwar bis zur Gläubigerversammlung.[41] Der Vereinsvorstand kann die Fortführung des Spielbetriebes nur insofern beeinflussen, als er nach § 158 Abs. 2 S. 2 InsO die Stilllegung des Unternehmens vor dem Berichtstermin per Antrag verhindern kann.[42] Im Berichtstermin entscheidet die **Gläubigerversammlung** dann nach § 157 InsO, ob der Spielbetrieb fortgeführt oder eingestellt werden soll, bzw. alternativ auf Grundlage eines Insolvenzplanes, ob der Verein als Schuldner den Spielbetrieb selbst fortführt, § 230 Abs. 1 S. 1 InsO.

31 Das Recht zur **Teilnahme der Mannschaften am sportlichen Wettbewerb** ist grundsätzlich pfändbar und unterfällt dem Insolvenzbeschlag, weil und soweit es von Rechts wegen übertragbar ist und für die Übertragung üblicherweise Geldbeträge gezahlt werden.[43] Die u.U. erforderlichen **Mannschaftslizenzen** zur Teilnahme am Sportwettbewerb bestehen in der Regel trotz Insolvenz des Vereins fort. Sofern die Statuten keine „Insolvenzklausel" enthalten, d.h. Bestimmungen, welche die Konsequenzen der Eröffnung des Insolvenzverfahrens für die Mannschaftslizenz regeln, bedeutet dies, dass die Mannschaftslizenzen von der Insolvenzeröffnung unberührt bleiben. Die Insolvenz des Vereins beendet also die Zugehörigkeit zu einer bestimmten Verbandsklasse nicht automatisch, so dass der Insolvenzverein unter der Leitung des Insolvenzverwalters als Ligamitglied zeitweise fortgeführt werden kann.[44] Dies gilt auch, wenn nach der Verbandssatzung nur rechtsfähige Vereine Mitglieder des Verbandes sein können. Soweit in der Literatur ohne Begründung die Ansicht vertreten wurde, wenn die Verbandssatzung vorsehe, dass Verbandsmitglieder nur rechtsfähige Vereine sein könnten, so erlösche die sportliche Qualifikation mit der Verfahrenseröffnung,[45] wurden hierbei bereits nach der früheren Gesetzesfassung (Rn 34) die Rechtswirkungen des § 49 Abs. 2 nicht berücksichtigt;[46] dies gilt erst recht, seitdem der Verein durch die Eröffnung des Insolvenzverfahrens nurmehr aufgelöst wird und seine „Rechtsfähigkeit" und damit die Eigenschaft als juristische Person behält (Rn 1, 34).

32 Der Verlust der Mannschaftslizenz kann sich deshalb allenfalls als Folge von speziellen **„Insolvenzklauseln"** ergeben, die mittlerweile ganz überwiegend Einzug in die Verbandsstatuten erhalten haben; danach kann der Verband entweder den Lizenzvertrag aus wichtigem Grunde mit sofortiger Wirkung kündigen, wenn über das Vermögen eines Bundesligisten das Insolvenzverfahren eröffnet oder ein Antrag auf Einleitung des Insolvenzverfahrens mangels Masse abgelehnt wurde, oder die Lizenz erlischt sogar *ipso iure*, wenn der Verein sich auflöst oder seine Rechtsfähigkeit, aus welchen Gründen auch immer, verliert. Richtiger Ansicht nach[47] sind entsprechende Verbandsregelungen nach dem In-Kraft-Treten der Insolvenzordnung allerdings für unwirksam zu erachten, weil dies dem grundlegenden gesetzgeberischen Zweck des Insolvenzverfahrens, die Möglichkeit der Erhaltung des Unternehmens zu schaffen, völlig zuwiderliefe. Dies dürfte jedenfalls im Ergebnis auch die Auffassung des BGH[48] sein, der im Jahr 2001 im Hinblick auf § 119 InsO Bedenken

---

39 *Andres*, in: Grunsky (Hrsg.), Sportverein, S. 37 f.; *Reichert*, ebd. S. 16.
40 Vgl. *Gutzeit*, S. 183; ebenso (noch zur KO) Jaeger/Weber, KO, 8. Aufl. 1973, § 213 Rn 13; *Uhlenbruck*, in: FS Merz 1992, S. 581, 588 m. Fn 27.
41 *Andres*, in: Grunsky (Hrsg.), Sportverein, S. 38; Uhlenbruck/*Hirte*, § 11 Rn 221; *Uhlenbruck*, in: FS Merz 1992, S. 581, 588.
42 *Noack*, Rn 692; Uhlenbruck/*Hirte*, § 11 Rn 221.
43 BGH ZIP 2001, 889 ff. = EWiR 2001, 683 (*Eckardt*) = LM KO § 32 Nr. 15 (*Stürner/Breyer*); *Haas*, NZI 2003, 177 ff.; Jaeger/*Henckel*, § 35 Rn 63.
44 BGH ZIP 2001, 889 ff.
45 *Reichert*, in: Grunsky (Hg.), Sportverein, S. 24; *Uhlenbruck*, in: FS Merz 1992, S. 581, 587.
46 BGH ZIP 2001, 889 ff.

47 *Pfister*, SpuRt 2002, 103 f.; anders für den Lizenzentzug nach § 9a Nr. 2a des DFB-Lizenzspielerstatuts Uhlenbruck/*Hirte*, § 11 Rn 221; *Wertenbruch*, ZIP 1993, 1292, 1293; dazu ausf. *Gutzeit*, S. 213 ff.; *Haas*, NZI 2003, 177 ff.; *Walker*, KTS 2003, 169 ff.
48 BGH ZIP 2001, 889 ff.; s. allg. zu Lösungsklauseln für den Insolvenzfall auch *Berger*, Kölner Schrift, S. 499, 509 ff.; *Bruns*, ZZP 110 (1997), 305 ff.; *Gerhardt*, AcP 200 (2000), 426, 437 ff.; *Kübler*, Prütting/*Tintelnot*, § 119 Rn 15 ff.; MüKo-InsO/*Huber*, § 119 Rn 28 ff.; *Pape*, Kölner Schrift, S. 531, 569 ff.; *Pilgram*, Ökonomische Analyse der bundesdeutschen InsO, 1999, S. 130 ff.; umfassend *Schwörer*, Lösungsklauseln für den Insolvenzfall, 2000, S. 74 ff. und passim.

gegen die Zulässigkeit der entsprechenden Verbandsregelungen der Zweiten Basketball-Bundesliga geäußert hat, allerdings ohne diese näher zu begründen.

Die Geltendmachung einer „Aus- und Weiterbildungsentschädigung" (**Transfersumme**) ist auch für einen Insolvenzverein unproblematisch möglich und führt dazu, dass die Aus- und Weiterbildungsentschädigung Bestandteil der Insolvenzmasse wird; dies gilt richtiger Ansicht nach unabhängig davon, ob der Insolvenzverein den Spielbetrieb fortsetzt.[49]

B. Regelungsgehalt

I. Auflösung des Vereins durch Eröffnung des Insolvenzverfahrens (Abs. 1 S. 1)

Die Eröffnung des Insolvenzverfahrens löst den Verein auf (Abs. 1 S. 1) und versetzt den Verein in den Abwicklungszustand,[50] führt aber nicht mehr – wie nach dem bis zum 1.1.1999 geltenden Wortlaut der Bestimmung – zum Verlust der „Rechtsfähigkeit", d.h. der Eigenschaft als juristischer Person.[51] Bereits zur bisherigen Fassung der Bestimmung wurde allerdings verbreitet angenommen, dass die Eröffnung des Konkursverfahrens nicht zum Verlust der Rechtsfähigkeit, sondern nur zur Auflösung des Vereins führe; der gegenteilige Wortlaut sei als bloßes Redaktionsversehen unbeachtlich.[52] Die Praxis kam zu demselben Ergebnis, in dem sie über eine analoge Anwendung des § 49 Abs. 2 die Rechtsfähigkeit des Vereins als fortbestehend ansah, soweit der Abwicklungszweck dies erfordere; zudem sei davon auszugehen, dass die Rechtsfolgen des Verlustes der Rechtsfähigkeit nach § 42 a.F. und der Auflösung des Vereins nach § 41 dieselben seien, mithin dass das Vereinsvermögen nach § 49 Abs. 1 an die in der Satzung bestimmte Person falle bzw. die Personenvereinigung nach § 47 zu liquidieren sei.[53] Die „Rechtsfähigkeit", verstanden i.S.d. Eigenschaft als juristische Person, verliert der Verein erst mit seinem Erlöschen, d.h. wenn die Verteilung des Vereinsvermögens beendet ist (§ 47 Rn 21).

Im Gegensatz zu den Bestimmungen für die Handelsgesellschaften, bei denen kein persönlich haftender Gesellschafter eine natürliche Person ist (§ 262 Abs. 1 Nr. 4 AktG, § 60 Abs. 1 S. 5 GmbHG, § 131 Abs. 2 Nr. 1, für die GmbH & Co. KG aus § 131 Abs. 2 Nr. 1 HGB, § 81a Nr. 1 GenG), hat das Gesetz für den eingetragenen Verein bewusst von einer entsprechenden gesetzlichen Regelung für die **Abweisung mangels Masse** nach § 26 Abs. 1 InsO abgesehen. Dennoch scheint § 31 InsO davon auszugehen, dass für im Vereinsregister eingetragene Schuldner die Abweisung des Eröffnungsbeschlusses deren Auflösung bewirke.[54] Aus § 31 InsO kann jedoch nicht die gesetzliche Grundlage für die Auflösung eines eingetragenen Vereins oder gar für seine Löschung im Vereinsregister hergeleitet werden, da die Bestimmung lediglich die Informationspflicht des Insolvenzgerichts an das Registergericht über die Abweisung mangels Masse regelt. Mangels Auflösungstatbestandes ist daher vom Fortbestand des eingetragenen Vereins auszugehen.[55] Folgerichtig kommt in diesem Fall erst recht keine Löschung des vermögenslosen nicht wirtschaftlichen Vereins von Amts wegen analog § 141a Abs. 1 S. 2 FGG in Betracht.[56] Die Abweisung mangels Masse wird dem Registergericht auch nicht nach § 31 Nr. 2 InsO mitgeteilt und demgemäß von diesem auch nicht gem. § 75 im Vereinsregister eingetragen;[57] es erfolgt lediglich eine Eintragung in das Schuldnerverzeichnis gem. § 26 Abs. 2 InsO. Die Gläubiger können die Ablehnung der Insolvenzeröffnung mangels Masse durch Vorschussleistung auf die Verfahrenskosten abwenden (§ 26 Abs. 1 S. 2 InsO) und ihre **Vorschusszahlung**

---

[49] *Andres*, in: Grunsky (Hrsg.), Sportverein, S. 47; *Wertenbruch*, ZIP 1993, 1294.
[50] *Reichert*, Rn 2041; allg. zu juristischen Personen Jaeger/*Ehricke*, § 11 Rn 11 ff.; *K. Schmidt*, GesR, 4. Aufl. 2002, § 11 V 4.
[51] MüKo/*Reuter*, § 42 Rn 8; Soergel/*Hadding*, § 42 Rn 1; Staudinger/*Weick*, § 49 Rn 16 f.; Uhlenbruck/*Hirte*, § 11 Rn 219; allg. zu juristischen Personen Jaeger/*Ehricke*, § 11 Rn 11 ff.; *K. Schmidt*, GesR, 4. Aufl. 2002, § 11 V 4; *ders.*, AcP 174 (1974), 67 ff.; Scholz/*K. Schmidt*, GmbHG, 9. Aufl. 2000/2002, § 69 Rn 11 ff.; a.A. Erman/*Westermann*, § 42 Rn 4, der nach wie vor vom Verlust der Rechtsfähigkeit ausgeht.
[52] *Böttcher*, Rpfleger 1988, 169, 172; Erman/ *Westermann*, 9. Aufl., § 42 Rn 1; Jaeger/*Weber*, KO, 8. Aufl. 1973, § 213 Rn 19; *K. Schmidt*, KTS 1984, 345, 368 f.; MüKo/*Reuter*, 3. Aufl., § 42 Rn 1; Soergel/*Hadding*, 12. Aufl., § 49 Rn 11; wohl auch Staudinger/*Weick*, 13. Bearb., § 49 Rn 17.
[53] BGHZ 96, 253, 254; BGH ZIP 2001, 889 ff.; BAG ZIP 2001, 129 m. Anm. *Reuter*, DZWiR 2001, 242; ebenso RGRK/*Steffen*, § 42 Rn 3.
[54] So wohl auch die Gesetzesmotive, vgl. Begr. zu RegE § 38: „Im Einführungsgesetz zur InsO soll dagegen vorgesehen werden, dass die Abweisung mangels Masse auch dann zur Auflösung führt, wenn der Schuldner ein Verein ist. Die Mitteilungspflicht nach Nummer 2 der neuen Vorschrift besteht daher auch in diesen Fällen". Die vorgesehene Regelung im EGInsO ist unterblieben.
[55] FK-InsO/*Schmerbach*, § 26 Rn 86 f.; Jaeger/ *Schilken*, § 26 Rn 41 f.; MüKo-InsO/*Haarmeyer*, § 26 Rn 48; Nerlich/Römermann/*Mönning*, § 26 Rn 52; *Stöber*, Rn 861; Uhlenbruck/*Hirte*, § 11 Rn 220; a.A. *Noack*, Rn 691; InsRHdb/*Uhlenbruck*, § 16 Rn 10.
[56] So aber InsRHdb/*Uhlenbruck*, § 5 Rn 11; wie hier *Stöber*, Rn 856, 860; FK-InsO/*Schmerbach*, § 26 Rn 86 ff.
[57] A.A. *Wentzel*, Rpfleger 2001, 334, 335.

von den gemäß § 42 Abs. 2 S. 2 verpflichteten **Vorstandsmitgliedern persönlich erstattet** verlangen, § 26 Abs. 3 S. 1 InsO (Rn 49).

36 Eine **Einstellung des (eröffneten) Verfahrens mangels Masse** ändert nichts an der bereits eingetretenen Auflösungswirkung (Rn 28). Wird der Eröffnungsbeschluss jedoch **aufgehoben**, so gilt die Auflösung des Vereins als nicht eingetreten;[58] gem. § 34 Abs. 3 S. 3 InsO bleiben die bereits erfolgten Rechtshandlungen des Insolvenzverwalters allerdings wirksam.

II. Fortsetzung des Vereins trotz Eröffnung des Insolvenzverfahrens (Abs. 1 S. 2, 3)

37 Der aufgelöste Verein kann grundsätzlich nicht mehr in werbender Tätigkeit fortgesetzt werden. Im Fall der Auflösung des Vereins durch die Eröffnung des Insolvenzverfahrens (§ 42 Abs. 1 S. 1) ermöglichen jedoch § 42 Abs. 1 S. 2 und 3 unter bestimmten Voraussetzungen die Fortsetzung des Vereins und damit auch die Weiterführung der Vereinstradition.

38 **1. Fortsetzung als rechtsfähiger Verein kraft Beschlusses der Mitgliederversammlung (Abs. 1 S. 2).** Die Mitgliederversammlung kann nach § 42 Abs. 1 S. 2 die **Fortsetzung als rechtsfähiger Verein** beschließen, wenn entweder das Insolvenzverfahren auf Antrag des Vereins als Insolvenzschuldner wirksam **eingestellt** worden ist (nachdem der Verein den Wegfall des Eröffnungsgrundes glaubhaft gemacht hat, § 212 InsO, oder die Zustimmung sämtlicher Insolvenzgläubiger beigebracht hat, die ihre Forderungen angemeldet haben, § 213 InsO) oder das Insolvenzverfahren nach Bestätigung eines Insolvenzplanes, der den Fortbestand des Vereins vorsieht, wirksam **aufgehoben** worden ist (§ 258 InsO). Eine Satzungsregelung, die im Falle der Eröffnung des Insolvenzverfahrens die Fortsetzung des Vereins als nicht rechtsfähiger Verein i.S.v. § 54 bestimmt, hindert die Vereinsorgane nicht daran, im Falle der Aufhebung oder Einstellung des Insolvenzverfahrens gleichwohl die Fortsetzung als e.V. zu beschließen (§ 42 Abs. 1 S. 3 Hs. 2). Gemäß § 32 Abs. 1 S. 3 reicht für einen Fortsetzungsbeschluss der Mitgliederversammlung die einfache Mehrheit aus, weil und soweit sich hier keine hiervon abweichende Regelung aus dem Gesetz (§ 42 Abs. 1 S. 2) bzw. der Satzung ergibt.[59] Der Fortsetzungsbeschluss nach Abs. 1 S. 2 bedarf zu seiner Wirksamkeit **nicht** der **Eintragung in das Vereinsregister** analog § 75.[60]

39 **2. Fortsetzung als nicht rechtsfähiger Verein kraft Satzungsbestimmung (Abs. 1 S. 3).** Nach der Neuregelung des § 42 Abs. 1 S. 3 kann der rechtsfähige Verein nach Beendigung des Insolvenzverfahrens unter den Voraussetzungen des S. 2 (i.V.m. §§ 212 f. InsO, siehe Rn 38) auch als nicht rechtsfähiger Verein i.S.v. § 54 fortbestehen, sofern dies die Vereinssatzung vorsieht. Eines zusätzlichen Beschlusses durch die Mitgliederversammlung bedarf es nicht mehr.[61] Im Falle einer Fortsetzungsklausel beginnt die werbende Existenz des Vereins als nicht rechtsfähiger Fortsetzungsverein i.S.v. § 54 nicht schon mit der Eröffnung des Insolvenzverfahrens, sondern erst mit der Aufhebung des Insolvenzverfahrens und der Löschung des e.V. im Vereinsregister; es kommt also auch in diesem Fall (siehe allg. § 47 Rn 8 f.) nicht zu einer „Doppelexistenz" des Vereins.[62]

40 Der nicht rechtsfähige Fortsetzungsverein ist mit dem rechtsfähigen Insolvenzverein **identisch**.[63] Dies bedeutet nicht nur, dass das Vereinsvermögen ohne gesonderten Übertragungsakt zum Vermögen des nicht rechtsfähigen Fortsetzungsvereins wird, sondern auch, dass die Vereinsmitglieder ohne weiteres Mitglieder des nicht rechtsfähigen Fortsetzungsvereins werden und die Organmitglieder, insbesondere die Mitglieder des Vorstands, ihre Funktionen im nicht rechtsfähigen Fortsetzungsverein behalten.[64] Nach Beendigung des Insolvenzverfahrens hat der Insolvenzverwalter dem nicht rechtsfähigen Fortsetzungsverein das Restvermögen analog § 199 S. 2 InsO herauszugeben (siehe Rn 27). Infolge der Rechtsidentität ist der nicht rechtsfähige Fortsetzungsverein allerdings bereits Inhaber der Vermögensgegenstände, so dass es einer Rechtsübertragung nicht mehr bedarf.

41 Die Rechtsidentität führt außerdem dazu, dass die vormals gegen den rechtsfähigen Verein gerichteten **Ansprüche** bestehen bleiben und sich nunmehr gegen den nicht rechtsfähigen Fortsetzungsverein richten. Die Gläubiger können nach der Aufhebung des Insolvenzverfahrens gemäß § 202 Abs. 1 InsO wegen

---

58 MüKo/*Reuter*, § 42 Rn 12; Soergel/*Hadding*, § 42 Rn 6; Staudinger/*Weick*, § 42 Rn 7.
59 Bamberger/Roth/*Schwarz*, § 42 Rn 5; Erman/ *Westermann*, § 42 Rn 4; Palandt/*Heinrichs*, § 42 Rn 1; Soergel/*Hadding*, § 42 Rn 10b; a.A. *Gutzeit*, S. 93 ff.
60 *Noack*, Rn 694; anders für die GmbH Baumbach/ *Schulze-Osterloh*, GmbHG, 17. Aufl. 2000, § 60 Rn 47; Lutter/*Hommelhoff*, GmbHG, 16. Aufl. 2004, § 60 Rn 30.

61 Bamberger/Roth/*Schwarz*, § 42 Rn 6 m. Fn. 11; a.A. Erman/*Westermann*, § 42 Rn 3; Palandt/*Heinrichs*, § 42 Rn 1.
62 Vgl. MüKo/*Reuter*, § 42 Rn 5 f.; *Stöber*, Rn 859; a.A. *Gutzeit*, S. 98 ff.; *Reichert*, Rn 2233.
63 Bamberger/Roth/*Schwarz*, § 42 Rn 6; MüKo/*Reuter*, § 42 Rn 9; *Reichert*, Rn 2235.
64 *Stöber*, Rn 857; *Reichert*, Rn 2235.

ihrer restlichen, nicht befriedigten Forderungen im Wege der Einzelvollstreckung auf das Vermögen des Fortsetzungsvereins zurückgreifen. Vor dem Hintergrund der gesetzgeberischen Absicht, mit der InsO das Modell einer Vollliquidation der juristischen Person im Wege des Insolvenzverfahrens zur Geltung zu bringen (Rn 1, § 47 Rn 6, 31), wird die Vorschrift des § 42 Abs. 1 S. 3 zu Recht als inkonsequent kritisiert.[65] Die Vereinsmitglieder müssen sich bei dem Fortsetzungsbeschluss darüber im Klaren sein, dass sich die Fortsetzung zumindest in finanzieller Hinsicht nur lohnt, wenn zu erwarten ist, dass sämtliche Gläubiger des vormals rechtsfähigen Vereins bereits im Insolvenzverfahren befriedigt worden sind bzw. auf die Einzelvollstreckung in das Vermögen des Fortsetzungsvereins verzichten werden. Andernfalls wird auch bei dem nicht rechtsfähigen Fortsetzungsverein sogleich Überschuldung eintreten und zur Vermeidung der persönlichen Inanspruchnahme nach § 54 S. 2 (§ 54 Rn 20 ff.) zu einem Antrag auf Eröffnung des Insolvenzverfahrens zwingen.

Von der Fortsetzungsregelung des § 42 Abs. 1 S. 3 Hs. 1 sind die **wirtschaftlichen Vereine i.S.d. § 22 ausgeschlossen**, da der wirtschaftliche Verein im Gegensatz zum nicht wirtschaftlichen Verein über kein nicht rechtsfähiges Korrelat verfügt;[66] möchten die Mitglieder des wirtschaftlichen Vereins also ihre Vereinstradition fortführen, sind sie zu einer Neugründung gezwungen, mithin der erneuten Prüfung im Konzessionsverfahren unterworfen. Für den insolventen e.V. ist die Fortsetzung als nicht rechtsfähiger Verein i.S.v. § 54 ausgeschlossen, sofern die Eigenschaft als juristische Person nach der Satzung die notwendige Voraussetzung für den Zusammenschluss und die Zweckverfolgung des Vereins ist und der Verein auch nicht seinen Satzungszweck durch gesonderten Beschluss i.S.d. § 33 Abs. S. 2 anpasst.[67]

III. Antragspflicht (Abs. 2 S. 1)

Gemäß § 15 Abs. 1 Hs. 1 InsO ist zur Stellung des Eigenantrags einer juristischen Person jedes Mitglied des Vertretungsorgans berechtigt (Rn 10). **Antragsberechtigt** sind danach die Mitglieder des Vereinsvorstands bzw. die Liquidatoren des Vereins. Ebenso wie bei allen anderen juristischen Personen und Gesellschaften ohne Rechtspersönlichkeit, bei denen kein persönlich haftender Gesellschafter eine natürliche Person ist, ist nach § 42 Abs. 2 S. 1 auch der Vorstand eines Vereins im Falle der Zahlungsunfähigkeit bzw. Überschuldung des Vereins **zur Stellung des Insolvenzantrags verpflichtet**. Wie sich aus der Formulierung der Haftungsvoraussetzungen in § 42 Abs. 2 S. 2 ergibt, ist der Antrag des Vereinsvorstands ohne schuldhafte Verzögerung, also **unverzüglich** (§ 121 Abs. 1 S. 1) zu stellen. Dies bedeutet primär, dass die für die Gesellschaftsinsolvenz angeordnete Dreiwochenfrist (§ 64 Abs. 1 GmbHG, § 92 Abs. 2 AktG, § 130a Abs. 1 S. 3 HGB, § 99 GenG) hier nicht gilt,[68] schließt aber eine sinnvollerweise zu gewährende gewisse Überlegungsfrist nicht aus.[69]

Die Antragsverpflichtung trifft jedes einzelne **Vorstandsmitglied** ungeachtet der Ressortverteilung innerhalb des Vereinsvorstands. Sofern das Finanzressort in zulässiger Weise auf andere Mitglieder des Vereinsvorstands übertragen wurde, trifft jedes einzelne Vorstandsmitglied die Verantwortung dafür, notfalls Einblick in die Belange des fremden Ressorts zu nehmen und im Falle einer erkennbaren krisenhaften Entwicklung darauf hinzuwirken, dass die erforderliche wirtschaftliche Selbstprüfung (Rn 45) in die Gesamtverantwortung zurückgeholt wird.[70] Eine bei mehrköpfiger Vertretung vereinbarte interne Geschäftsaufteilung bzgl. der Zuständigkeit für die Vereinsfinanzen entbindet die einzelnen Vorstandsmitglieder also nicht von der eigenen Verantwortung für die rechtzeitige Antragstellung. Befindet sich der Verein in der Liquidation, sind die Liquidatoren nach §§ 48 Abs. 2, 42 Abs. 2, 53 anstelle der Vorstandsmitglieder zur Stellung des Insolvenzantrags verpflichtet.[71] Das Gleiche gilt für einen faktischen Vereinsvorstand, sei es, dass er aufgrund eines tatbestandlich vorliegenden, aber unwirksamen Bestellungsakts mit Duldung der übrigen Vereinsorgane die Aufgaben und Befugnisse des Vorstands ausübt,[72] sei es, dass er ohne fehlerhaften Bestellungsakt lediglich faktisch die Aufgaben der Geschäftsleitung übernimmt.[73] Der nach Eintritt der Insolvenzreife ausgeschiedene Vorstand hat zwar kein Recht mehr, den Antrag auf Insolvenzeröffnung zu stellen, kann

---

65 MüKo/*Reuter*, § 42 Rn 9; s.a. Erman/*Westermann*, § 42 Rn 5.
66 Vgl. *Bayer*, S. 22.
67 Soergel/*Hadding*, § 42 Rn 9.
68 So die h.M., Erman/*Westermann*, § 42 Rn 6; MüKo/*Reuter*, § 42 Rn 13; Palandt/*Heinrichs*, § 42 Rn 2; Soergel/*Hadding*, § 42 Rn 11; Staudinger/*Weick*, § 42 Rn 4; a.A. *Haas*, SpuRt 1999, 1, 3.
69 Vgl. *Noack*, Rn 68; Uhlenbruck/*Hirte*, § 11 Rn 220.
70 Vgl. Soergel/*Hadding*, § 42 Rn 11; *Haas*, SpuRt 1999, 1, 2 f.; für die GmbH auch BGH NJW 1994, 2149, 2150.
71 MüKo/*Reuter*, § 42 Rn 13; Soergel/*Hadding*, § 42 Rn 11.
72 *Haas*, SpuRt 1999, 1, 2; *Reichert*, Rn 1295.
73 Vgl. zur GmbH BGH WM 1988, 756, 757 f.; *Weimar*, GmbHR 1997, 473, 479; Scholz/*K. Schmidt*, GmbHG, 9. Aufl. 2000/2002, § 64 Rn 2; Lutter/*Hommelhoff*, GmbHG, 16. Aufl. 2004, § 64 Rn 49; a.A. *Gutzeit*, S. 34 ff.; *Haas*, SpuRt 1999, 1, 3; vgl. auch *ders.*, DStR 1998, 1359, 1360 (zur GmbH).

sich andererseits durch die Amtsniederlegung aber auch nicht gänzlich den sich aus § 42 Abs. 2 ergebenden Pflichten entziehen; vielmehr ist er regelmäßig verpflichtet, entweder vor seinem Ausscheiden den Antrag zu stellen oder zumindest darauf hinzuwirken, dass sein Nachfolger den Antrag stellt.[74]

IV. Schadensersatzpflicht (Abs. 2 S. 2)

45 **1. Haftung des Vorstands.** Wird die Stellung des Antrags **versäumt** bzw. **verzögert**,[75] so haftet der Vorstand gemäß § 42 Abs. 2 den Vereinsgläubigern gegenüber auf **Schadensersatz**. Der Schadensersatzanspruch nach § 42 Abs. 2 S. 2 stellt einen gewissen Ausgleich dafür dar, dass die Vereinsgläubiger wegen fehlender Buchführungs- und Bilanzierungspflichten sowie fehlenden Haftungskapitals der Insolvenz des Vereins vergleichsweise schutzlos ausgeliefert sind. Er setzt unstreitig ein **Verschulden** des säumigen Vorstands voraus.[76] Fahrlässige Unkenntnis der objektiven Insolvenzreife kann sich insbesondere darin äußern, dass der Vereinsvorstand die Erstellung einer Überschuldungsbilanz trotz deutlicher Anhaltspunkte für den Eintritt einer wirtschaftlichen Krise versäumt. Denn der Vereinsvorstand ist genauso wie der Geschäftsführer einer GmbH zur regelmäßigen Überprüfung der finanziellen Lage des Vereins verpflichtet und hat sich bei Anzeichen einer krisenhaften Entwicklung einen Überblick über den Vermögensstand zu verschaffen.[77] Unkenntnis eines Vorstandsmitglieds wegen fehlenden Einblicks in die Geschäftsführung anderer Ressorts befreit dabei grundsätzlich nicht (siehe Rn 44). Die **Beweislast** für das persönliche Verschulden des aus § 42 Abs. 2 in Anspruch genommenen Vorstandsmitglieds trifft den Geschädigten.[78]

46 **2. Rechtsnatur.** Die Bestimmung des § 42 Abs. 2 stellt entgegen der h.M. kein **Schutzgesetz** i.S.v. § 823 Abs. 2 dar, so dass der Anspruch seiner Rechtsnatur nach auch nicht deliktisch ist; vielmehr haftet der Vorstand den Gläubigern unmittelbar aus § 42 Abs. 2 i.V.m. §§ 249 ff.[79] Ein besonderer **Straftatbestand** der Insolvenzverschleppung, wie ihn das Gesetz etwa für den GmbH-Geschäftsführer nach § 84 Abs. 1 Nr. 2 GmbHG oder für den Vorstand der Aktiengesellschaft nach § 401 Abs. 1 Nr. 2 AktG vorsieht, existiert jedoch nicht. Eine persönliche Haftung des Vereinsvorstands kommt schließlich ebenso wie bei einem GmbH-Geschäftsführer in der Form der Vertreter-Eigenhaftung aus *culpa in contrahendo* – jetzt § 311 Abs. 2 u. 3 – wegen der mangelnden Aufklärung über die Insolvenzreife in Betracht,[80] wird allerdings wegen der zuletzt wieder strengeren Interpretation der Haftungsvoraussetzungen durch den BGH[81] im Ergebnis zumeist scheitern. Die unterlassene Aufklärung der Vertragspartner über die Insolvenzreife des Vereins kann zudem eine deliktische Haftung des Vereinsvorstands nach § 826 und § 823 Abs. 2 i.V.m. § 263 StGB begründen, sofern der Vereinsvorstand mit einer besonderen Schädigungsabsicht gehandelt hat.

47 **3. Umfang der Haftung.** Der Umfang der Haftung aus § 42 Abs. 2 S. 2 entspricht dem Haftungsumfang des GmbH-Geschäftsführers bei der Insolvenzverschleppung (§ 64 GmbHG).[82] Die Schadensersatzverpflichtung besteht dem Grunde nach gegenüber sämtlichen Gläubigern, und zwar unabhängig davon, ob sie ihre Forderung vor oder nach Eintritt der Überschuldung bzw. Zahlungsunfähigkeit des Vereins erworben haben.[83] Der Höhe nach wird jedoch ebenso wie bei den Gläubigern einer GmbH zwischen den vertraglich mit dem Verein verbundenen Gläubigern differenziert: Den sog. **Altgläubigern**, die ihre vertragliche Forderung vor Eintritt der Insolvenzreife erworben haben, ist lediglich derjenige Schaden zu ersetzen, der durch die Reduzierung der Haftungsmasse nach Eintritt der Insolvenzreife verursacht wurde. Dieser Schaden errechnet sich aus der Differenz zwischen der Quote, die dem Altgläubiger zustehen würde,

---

74 *Reichert*, Rn 1547; vgl. zur GmbH ferner BGH NJW 1952, 554; Scholz/*K.Schmidt*, GmbHG, 9. Aufl. 2000/2002, § 64 Rn 7.

75 Beantragt der Vorstand die Insolvenzeröffnung *zu früh*, ohne Erfolg versprechende Alternativen geprüft zu haben, kommt allenfalls eine Haftung gegenüber dem Verein (Rn 48), nicht dagegen gegenüber den Gläubigern in Betracht.

76 OLG Köln WM 1998, 1043; Erman/*Westermann*, § 42 Rn 6; *Haas*, SpuRt 1999, 1, 4; MüKo/*Reuter*, § 42 Rn 10; *Reichert*, Rn 1944; Soergel/*Hadding*, § 42 Rn 12; Staudinger/*Weick*, § 42 Rn 10.

77 *Haas*, SpuRt 1999, 1, 3; Soergel/*Hadding*, § 42 Rn 12; InsRHdb/*Uhlenbruck*, § 7 Rn 13; zur GmbH etwa BGH GmbHR 1994, 539, 545; BGH NJW-RR 1995, 669; Scholz/*K. Schmidt*, GmbHG, 9. Aufl. 2000/2002, § 64 Rn 10.

78 Uhlenbruck/*Hirte*, § 11 Rn 220; vgl. auch BGHZ 126, 181, 199 (zur GmbH).

79 Bamberger/Roth/*Schwarz*, § 42 Rn 13; *Gutzeit*, S. 45 ff.; Staudinger/*Weick*, § 42 Rn 10; Palandt/*Thomas*, § 823 Rn 2; für deliktische Qualifikation dagegen die h.M., vgl. OLG Köln WM 1998, 1043; Erman/*Westermann*, § 42 Rn 6; *Haas*, SpuRt 1999, 1, 4; MüKo/*Reuter*, § 42 Rn 10; Soergel/*Hadding*, § 42 Rn 12; i.E. auch Palandt/*Heinrichs*, § 42 Rn 4; *Reichert*, Rn 1944.

80 *Uhlenbruck*, in: FS Merz 1992, S. 581, 583 Fn 9; differenzierend *Gutzeit*, S. 73 ff.

81 Vgl. BGH ZIP 1991, 1140, 1141; BGH GmbHR 1994, 539, 540; s. dazu die Kommentierung zu § 311.

82 OLG Köln NJW-RR 1998, 678; Erman/*Westermann*, § 42 Rn 6; *Haas*, SpuRt 1999, 1, 4; *Noack*, Rn 687; *Uhlenbruck*, in: FS Merz 1992, S. 581, 583; dazu s. etwa *Windel*, KTS 1991, 477 ff., 509 f.

83 Staudinger/*Weick*, § 42 Rn 10; vgl. zur GmbH auch BGHZ 29, 100, 104.

sofern der Vorstand den Insolvenzantrag rechtzeitig gestellt hätte, und der im Insolvenzverfahren tatsächlich erzielten Quote (Quotenschaden).[84] Dieser Anspruch kann zudem gemäß § 92 InsO während der Dauer des Insolvenzverfahrens von dem einzelnen Gläubiger nicht geltend gemacht werden (Sperrwirkung); vielmehr ist die Einziehung der Forderung dem Insolvenzverwalter übertragen (Konzentrationswirkung).[85] Die sog. **Neugläubiger** haben demgegenüber seit der Entscheidung des BGH vom 6.6.1994[86] einen Anspruch auf Ersatz des vollen Schadens, den sie dadurch erlitten haben, dass sie bei Vertragsabschluss auf die Solvenz des Vereins vertraut haben;[87] dieser Anspruch unterfällt auch nicht der Beschränkung des § 92 InsO, weil er nicht auf einer Schmälerung der Insolvenzmasse beruht.[88] Schließt ein Vertragspartner in Kenntnis der finanziellen Situation eines zum Vertragsabschlusszeitpunkt insolvenzreifen Vereins mit diesem Verein einen Vertrag ab, so fällt er nicht in den Schutzbereich des Abs. 2 S. 2 Hs. 1: Er ist bewusst das finanzielle Risiko eingegangen und hat somit kein schutzwürdiges Vertrauen in Anspruch genommen.[89] Mehrere Antragspflichtige haften als **Gesamtschuldner** (§ 840 BGB); eine abweichende interne Aufgabenverteilung entlastet den einzelnen Organwalter nicht (Rn 44 f.).

4. Schadensersatzpflicht gegenüber dem Verein. § 42 Abs. 2 regelt nur die Insolvenzverschleppungshaftung gegenüber den Vereinsgläubigern, nicht gegenüber dem Verein oder einzelnen Vereinsmitgliedern als solchen. Sofern der Vereinsvorstand die Stellung des Insolvenzantrags trotz bestehender Insolvenzreife versäumt, kann er auch **gegenüber dem Verein** schadensersatzpflichtig werden. Neben einer deliktischen Haftung des Vereinsvorstands aus § 826, die über die objektive Verletzung der Verpflichtung zur Insolvenzantragstellung hinaus den Schädigungsvorsatz voraussetzt, kommt insbesondere die Haftung wegen schuldhafter Verletzung der Pflichten aus dem korporationsrechtlichen Organverhältnis wie auch aus dem Anstellungsverhältnis gem. § 27 Abs. 3 i.V.m. §§ 280 Abs. 1, 311 Abs. 1 in Betracht;[90] sie greift ein, wenn der Verein durch die Verletzung der Antragspflicht einen Schaden erleidet, indem z.B. eine Sanierungschance vertan wird oder die Sanierungsbedingungen sich verschlechtern. Der Vereinsvorstand kann dem Verein überdies aufgrund einer **verfrühten Insolvenzantragstellung** aus §§ 280 Abs. 1, 27 Abs. 3 zum Schadensersatz verpflichtet sein.[91] Sämtlichen Schadensersatzansprüchen gegen den Vereinsvorstand ist gemein, dass sie als interne Schadensersatzansprüche des Vereins in die Insolvenzmasse fallen und damit die Insolvenzmasse vergrößern.[92]

Ob die **Beweislastumkehr** nach § 93 Abs. 2 S. 2 AktG, § 34 Abs. 2 S. 2 GenG auch auf die interne Haftung des Vereinsvorstands angewendet werden kann, der die rechtzeitige Stellung des Insolvenzantrags versäumt hat, ist umstritten.[93] Der Anspruch aus §§ 280 Abs. 1, 27 Abs. 3 verjährt nach der regelmäßigen Verjährungsfrist des § 195. Überdies trifft den Vorstand die Pflicht zur **Erstattung** eines von einem Gläubiger geleisteten **Vorschusses auf die Kosten des Insolvenzverfahrens** (§ 26 Abs. 3 InsO);[94] hier ergibt sich die Beweislastumkehr zulasten des Vorstands unmittelbar aus dem Gesetz (§ 26 Abs. 3 S. 2 InsO).

C. Weitere praktische Hinweise

I. Zivilprozessuale Fragen der Vereinsinsolvenz

1. Prozessführung durch den Insolvenzverwalter. Der Verein hat mit dem Verwaltungs- und Verfügungsrecht (Rn 13, 16) auch die Prozessführungsbefugnis hinsichtlich des zur Insolvenzmasse gewordenen Vereinsvermögens verloren. Klagen mit Bezug zur Insolvenzmasse sind deshalb nicht mehr gegen den (durch seinen Vorstand vertretenen) Verein, sondern gegen den insoweit in gesetzlicher Prozessstandschaft für die Insolvenzmasse handelnden Insolvenzverwalter („Rechtsanwalt X als Verwalter im

---

84 Vgl. Erman/*Westermann*, § 42 Rn 7; InsRHdb/*Haas*, § 92 Rn 54; *Haas*, SpuRt 1999, 1, 4; Soergel/*Hadding*, § 42 Rn 12; zur GmbH vgl. BGHZ 29, 100, 102 ff.; BGH NJW 1998, 3277; OLG Düsseldorf, ZIP 1985, 876, 881; *Dauner-Lieb*, ZGR 1998, 617, 623; *Goette*, DStR 1998, 1308, 1313.
85 Vgl. zur GmbH BGH ZIP 1998, 776 ff.; Braun/*Kroth*, § 92 Rn 8; InsRHdb/*Haas*, § 92 Rn 70.
86 BGHZ 126, 181, 194; dazu etwa *Bork*, ZGR 1995, 505 ff.; *Hirte*, NJW 1995, 1202 ff. (zur GmbH).
87 So für den Verein auch OLG Köln, NJW-RR 1998, 686 ff.; Bamberger/Roth/*Schwarz*, § 42 Rn 10; Erman/*H.P. Westermann*, § 42 Rn 7; *Haas*, SpuRt 1999, 1, 4; Palandt/*Heinrichs*, § 42 Rn 2; *Reichert*, Rn 1943 f.; Soergel/*Hadding*, § 42 Rn 12; auch insoweit für Beschränkung auf den Quotenschaden demgegenüber MüKo/*Reuter*, § 42 Rn 14.
88 BGH ZIP 1998, 776 ff.; a.A. *K. Schmidt*, ZGR 1998, 634, 665 ff.; *ders.*, NZI 1998, 9 ff.
89 OLGR Hamm 2001, 265 f.
90 Vgl. Jaeger/*Weber*, KO, 8. Aufl. 1973, § 213 Rn 6; MüKo/*Reuter*, § 42 Rn 15; RGRK/*Steffen*, § 42 Rn 4; Soergel/*Hadding*, § 42 Rn 11 f.; Staudinger/*Weick*, § 42 Rn 10; Uhlenbruck/*Hirte*, § 11 Rn 220.
91 *Noack*, Rn 688.
92 Vgl. *Uhlenbruck*, in: FS Merz 1992, S. 581, 583 m. Fn 9.
93 *Noack*, Rn 688; dafür *Stöber*, Rn 289; *Reichert*, Rn 1781.
94 Zur Anwendbarkeit auf den Vereinsvorstand s. HK-InsO/*Kirchhof*, § 26 Rn 39; Uhlenbruck/*Hirte*, § 26 Rn 52.

Insolvenzverfahren über das Vermögen des Y e.V.") zu richten.[95] Trotzdem ist der allgemeine Gerichtsstand des Insolvenzverwalters in dieser Eigenschaft nach § 19a ZPO nicht sein Wohnsitz, sondern der Sitz des Insolvenzgerichts. Insolvenzgläubiger (Rn 18) können allerdings überhaupt nicht mehr Klage erheben (§ 87 InsO), sondern sind auf das Feststellungsverfahren nach §§ 174 ff. InsO verwiesen; insoweit kann es erst und nur dann zu einem Prozess über das Bestehen der Insolvenzforderung kommen, wenn sie im Feststellungsverfahren durch den Verwalter oder einen Mitgläubiger bestritten worden ist.

51 **2. Bei Verfahrenseröffnung anhängige Prozesse.** Gem. § 240 S. 1 ZPO wird ein durch oder gegen den Verein geführter Prozess mit Eröffnung des Insolvenzverfahrens über das Vermögen des Vereins unterbrochen, wenn er die Insolvenzmasse betrifft. Entsprechendes gilt, wenn die Verwaltungs- und Verfügungsbefugnis über das Vermögen des Vereins auf einen vorläufigen Insolvenzverwalter nach den §§ 21 Abs. 2 Nr. 1, 2, 22 Abs. 1 S. 1, 24 Abs. 2 InsO übergeht. In beiden Fällen verliert der Verein also nicht nur seine Verwaltungs- und Verfügungsbefugnis (Rn 13, 16), sondern zugleich seine Prozessführungsbefugnis. Die Unterbrechungswirkung betrifft jedes anhängige Klageverfahren einschließlich des Mahn-, Arrest-, Kostenfestsetzungs- und Beschwerdeverfahrens sowie des Verfahrens betreffend eine einstweilige Verfügung, das steuerrechtliche Streitverfahren und den Verwaltungsprozess. Nicht erfasst wird dagegen das selbständige Beweisverfahren, das Streitwertfestsetzungsverfahren, das Verfahren betreffend die Prozesskostenhilfe, das Zwangsvollstreckungsverfahren, das schiedsrichterliche Verfahren und grundsätzlich auch die Verfahren der freiwilligen Gerichtsbarkeit.[96]

52 Die Unterbrechung währt so lange, bis das Verfahren nach den für das Insolvenzverfahren geltenden Vorschriften entweder aufgenommen oder beendet wird. Hinsichtlich der (Wieder-)Aufnahme des Verfahrens differenziert das Gesetz danach, ob der Rechtsstreit für oder gegen den Verein anhängig war: § 85 InsO bestimmt, dass Rechtsstreitigkeiten über das zur Insolvenzmasse gehörende Vermögen, die zur Zeit der Eröffnung des Insolvenzverfahrens *für* den Insolvenzschuldner anhängig waren – also die **Aktivprozesse des Vereins**, sog. Teilungsmassestreit –, in der Lage, in der sie sich befinden, vom Insolvenzverwalter oder, wenn dieser ablehnt, vom Insolvenzschuldner bzw. dessen Gegner aufgenommen werden können. Rechtsstreitigkeiten, die zur Zeit der Eröffnung des Insolvenzverfahrens *gegen* den Insolvenzschuldner anhängig waren, können sowohl vom Insolvenzverwalter als auch vom Gegner **aufgenommen** werden, wenn sie bei Erfolg des Gegners eine Verminderung der Insolvenzmasse zur Folge hätten (§ 86 InsO), also vor allem im Fall der Aussonderung eines Gegenstandes aus der Insolvenzmasse (§ 47 InsO). Außer den in § 86 InsO genannten Passivprozessen werden auch diejenigen Gerichtsverfahren durch die Eröffnung des Insolvenzverfahrens unterbrochen, die eine Insolvenzforderung i.S.v. §§ 38 f. zum Gegenstand haben. Ein solcher Prozess kann aber, wie sich aus §§ 87, 174 ff. InsO ergibt, nicht wieder aufgenommen werden; meldet der Insolvenzgläubiger seine Forderung aber zur Tabelle an und wird sie im Prüfungstermin bestritten, so kann der Insolvenzgläubiger den Klageantrag auf Feststellung des Anspruchs zur Tabelle ändern und den unterbrochenen Rechtsstreit gegen den Widersprechenden aufnehmen (§ 184 S. 2 InsO).

II. Zwangsvollstreckungsmaßnahmen durch Vereinsgläubiger

53 Im **Insolvenzeröffnungsverfahren** gibt § 21 Abs. 2 Nr. 3 InsO dem Insolvenzgericht, das den Antrag auf Eröffnung des Insolvenzverfahrens zugelassen hat, die Möglichkeit, Maßnahmen der Zwangsvollstreckung gegen den Insolvenzschuldner zu untersagen oder einstweilen einzustellen, soweit nicht unbewegliche Gegenstände betroffen sind. Die Anordnung eines Vollstreckungsverbots bezüglich unbeweglicher Vermögensgegenstände fällt demgegenüber in den Zuständigkeitsbereich des Vollstreckungsgerichts, das nach § 30d Abs. 4 ZVG die Zwangsversteigerung eines Grundstücks auf Antrag des vorläufigen Insolvenzverwalters einzustellen hat, wenn dieser glaubhaft macht, dass die einstweilige Einstellung zur Verhütung nachteiliger Veränderungen in der Vermögenslage des Insolvenzschuldners erforderlich ist.

54 Das **eröffnete Insolvenzverfahren** verdrängt demgegenüber als Verfahren der Gesamtvollstreckung *ipso iure* die Einzelvollstreckung. Die Vereinsgläubiger dürfen deshalb, soweit sie Insolvenzgläubiger sind, während der Verfahrensdauer weder in die Insolvenzmasse noch in das sonstige Vermögen des Schuldners vollstrecken (§ 89 Abs. 1 InsO). Die Wirksamkeit eines bereits vor der Eröffnung des Verfahrens durch Zwangsvollstreckung erlangten Pfändungspfandrechts an einer beweglichen Sache oder einer Zwangshypothek an einem Grundstück bleibt vom Verbot der Vollstreckung während des Verfahrens (§ 89 Abs. 1 InsO) unberührt. Das Pfändungspfandrecht oder die Zwangshypothek geben dem Gläubiger im Verfahren die Stellung eines absonderungsberechtigten Gläubigers (§§ 50 Abs. 1, 165 ff. InsO). Hat der Gläubiger das

---

[95] Vgl. dazu BGHZ 88, 331, 333; ausf. Jaeger/*Henckel*, KO, 9. Aufl. 1977, § 6 Rn 54 ff.; Uhlenbruck/ *Uhlenbruck*, § 80 Rn 67 ff.

[96] Vgl. Uhlenbruck/*Uhlenbruck*, § 85 Rn 17 ff.

Sicherungsrecht allerdings erst im letzten Monat vor dem Antrag auf Eröffnung des Insolvenzverfahrens oder gar erst in der Zeit zwischen Antrag und Eröffnung erlangt, so wird ihm die erlangte Rechtsposition mit der Verfahrenseröffnung wieder genommen, denn § 88 InsO erklärt Sicherungen, die in dem genannten Zeitraum an Gegenständen der Insolvenzmasse durch Zwangsvollstreckung erlangt worden sind, für unwirksam. Eine durch Zwangsvollstreckungsmaßnahmen im zweiten oder dritten Monat vor der Verfahrenseröffnung erlangte Sicherung oder Befriedigung unterliegt als sog. inkongruente Deckung erleichtert der Insolvenzanfechtung nach § 131 InsO.[97] Gläubiger von Forderungen, die nach der Verfahrenseröffnung durch eine Rechtshandlung des Insolvenzverwalters begründet worden sind (Massegläubiger), werden durch das Insolvenzverfahren selbstverständlich weder an einer Klage gegen den Insolvenzverwalter noch an einer Vollstreckung in die Insolvenzmasse gehindert (vorbehaltlich des § 210 InsO).

§ 43 Entziehung der Rechtsfähigkeit

(1) ¹Dem Verein kann die Rechtsfähigkeit entzogen werden, wenn er durch einen gesetzwidrigen Beschluss der Mitgliederversammlung oder durch gesetzwidriges Verhalten des Vorstands das Gemeinwohl gefährdet.

(2) ¹Einem Verein, dessen Zweck nach der Satzung nicht auf einen wirtschaftlichen Geschäftsbetrieb gerichtet ist, kann die Rechtsfähigkeit entzogen werden, wenn er einen solchen Zweck verfolgt.

(3) (weggefallen)

(4) ¹Einem Verein, dessen Rechtsfähigkeit auf Verleihung beruht, kann die Rechtsfähigkeit entzogen werden, wenn er einen anderen als den in der Satzung bestimmten Zweck verfolgt.

Literatur: *Abel*, Die aktuelle Entwicklung der Rechtsprechung zu neueren Glaubens- und Weltanschauungsgemeinschaften, NJW 1999, 331; *Böttcher*, Die Beendigung des rechtsfähigen Vereins, Rpfleger 1988, 169; *Loose/Schwägerl*, Werben von Mitgliedern durch angeblich karitativ tätige eingetragene Vereine, BayVBl 1990, 577; *Menke*, Die wirtschaftliche Betätigung nichtwirtschaftlicher Vereine, 1998; *Müller-Laube*, Zur vereinsrechtlichen Behandlung entgeltlicher Tätigkeiten religiöser Vereine, JZ 1998, 788; *Mummenhoff*, Gründungssysteme und Rechtsfähigkeit, 1979; *Oetker*, Der Wandel vom Ideal- zum Wirtschaftsverein, NJW 1991, 385; *Planker*, Das Vereinsverbot in der verwaltungsgerichtlichen Rechtsprechung, NVwZ 1998, 113; *K. Schmidt*, Verbandszweck und Rechtsfähigkeit im Vereinsrecht, 1984; *ders.*, Zur Löschung unrechtmäßig eingetragener Vereine, JR 1987, 117; *ders.*, Erlöschen des vereinsrechtlichen Vereins durch Fortfall aller Mitglieder?, JZ 1987, 394; *ders.*, Eintragung „religiöser Wirtschaftsvereine", NJW 1988, 2574; *ders.*, Zur Amtslöschung unrechtmäßig eingetragener Vereine, NJW 1993, 1225; *ders.*, Entziehung der Rechtsfähigkeit bei unrechtmäßig eingetragenen Wirtschaftsvereinen, NJW 1998, 1124; *Steinbeck*, Vereinsautonomie und Dritteinfluss – dargestellt an den Verbänden des Sports, 1999. Siehe auch die Literatur bei § 41.

A. Allgemeines	1	II. Entziehung der Rechtsfähigkeit wegen Verfolgung eines wirtschaftlichen Zwecks (Abs. 2)	5
B. Regelungsgehalt	2	III. Entziehung der auf Verleihung beruhenden Rechtsfähigkeit (Abs. 4)	8
I. Entziehung der Rechtsfähigkeit wegen Gefährdung des Gemeinwohls (Abs. 1)	2	IV. Das Entziehungsermessen	10
1. Gesetzwidriger Beschluss der Mitgliederversammlung	2	V. Folgen der Entziehung der Rechtsfähigkeit	11
2. Gesetzwidriges Verhalten des Vorstands	3	C. Weitere praktische Hinweise	12
3. Gefährdung des Gemeinwohls	4		

A. Allgemeines

Die Bestimmung bezweckt die aus Sicherheitsgründen erforderliche Einschränkung der Vereinsfreiheit, vor allem gegen die Verfolgung wirtschaftlicher Zwecke in der Form des eingetragenen Idealvereins (Abs. 2), ohne hierfür freilich rechtssichere Tatbestandsvoraussetzungen zu nennen, zudem in einem unklaren Konkurrenzverhältnis zu den öffentlich-rechtlichen Bestimmungen des VereinsG über das Vereinsverbot.[1] Nach h.M. bestehen die Eingriffsmöglichkeiten des privaten und des öffentlichen Vereinsrechts nach wie vor nebeneinander, so dass insbesondere die Regelung über die Entziehung der Rechtsfähigkeit nach § 43 nicht durch das (zur Auflösung des Vereins führende) Vereinsverbot nach § 3 VereinsG derogiert wird.[2] Die Gründe für die privatrechtliche Entziehung der Rechtsfähigkeit werden in § 43 abschließend aufgezählt.

1

---

97 BGHZ 136, 309 ff.; BGH ZIP 2000, 898; Uhlenbruck/*Hirte*, § 131 Rn 20 f.
1 Vgl. Staudinger/*Weick*, § 43 Rn 1; *K. Schmidt*, NJW 1991, 1225, 1226.

2 Vgl. Soergel/*Hadding*, § 43 Rn 3; Staudinger/*Weick*, § 43 Rn 1; a.A. *Mummenhoff*, S. 67 ff.; rechtspolitische Kritik auch bei *K. Schmidt*, Verbandszweck, S. 236 ff.

B. Regelungsgehalt

I. Entziehung der Rechtsfähigkeit wegen Gefährdung des Gemeinwohls (Abs. 1)

1. Gesetzwidriger Beschluss der Mitgliederversammlung. Die Entziehung der Rechtsfähigkeit wegen eines gesetzwidrigen Beschlusses der Mitgliederversammlung setzt an sich nur einen objektiven (nicht notwendig schuldhaften) Gesetzesverstoß voraus; dass es sich hierbei um Vorschriften zum Schutz gewichtiger Allgemeininteressen handeln muss, ist im Ergebnis aber wohl unzweifelhaft.[3]

2. Gesetzwidriges Verhalten des Vorstands. Die Entziehung der Rechtsfähigkeit wegen gesetzwidrigen Verhaltens des Vorstands setzt voraus, dass der Vorstand sich in Angelegenheiten des Vereins objektiv rechtswidrig verhalten hat; Rechtsverstöße aus seiner Privatsphäre sind unschädlich.[4] Dem Tun oder Unterlassen des Vorstands steht das Verhalten jedes Vereinsorgans gleich, das dem Verein zurechenbar ist (§ 31 Rn 4 ff.).

3. Gefährdung des Gemeinwohls. Der rechtswidrige Beschluss der Mitgliederversammlung oder das rechtswidrige Verhalten des Vereinsvorstands muss das Gemeinwohl gefährden. Dieser unbestimmte Rechtsbegriff ist nur schwer in rechtsstaatlich befriedigender Weise zu konkretisieren.[5] Anerkannt ist lediglich, dass Verstöße gegen privatrechtliche Bestimmungen keinen Gemeinwohlverstoß von hinreichender Relevanz bedeuten können, und auch minder gewichtige Verstöße gegen Bestimmungen des öffentlichen Rechts sind nicht ausreichend.[6]

II. Entziehung der Rechtsfähigkeit wegen Verfolgung eines wirtschaftlichen Zwecks (Abs. 2)

Nach Abs. 2 kann einem e.V., der nach seiner Satzung Idealverein ist, die Rechtsfähigkeit auch dann entzogen werden, wenn er als Hauptzweck einen **wirtschaftlichen Zweck** (§ 21 Rn 22 ff.) verfolgt. Da die Bestimmungen über Idealvereine in vergleichsweise geringem Maße auf die Belange der Vereinsgläubiger Rücksicht nehmen, muss der Staat darüber wachen, dass ein Verein sich nicht unter der Tarnung als Idealverein in einen wirtschaftlichen Verein verwandelt, als welcher er die Rechtsfähigkeit nur durch Konzessionierung hätte erlangen können.

Voraussetzung für den Entzug der Rechtsfähigkeit ist, dass der Verein entgegen seiner überwiegend idealen satzungsmäßigen Zwecksetzung tatsächlich i.S.d. § 22 **auf einen wirtschaftlichen Geschäftsbetrieb gerichtet** ist. Maßgebend für die Anwendung des Abs. 2 ist der tatsächliche Zustand; auf die formelle Beibehaltung des idealen Ziels kommt es nicht an,[7] ebenso wenig auf eine Umgehungsabsicht. Die Entziehung der Rechtsfähigkeit kommt deshalb insbesondere auch dann in Betracht, wenn religiöse oder weltanschauliche Lehren zum Vorwand für die Verfolgung rein wirtschaftlicher Zwecke dienen.[8] Entscheidend ist, ob sich der eingetragene Verein nach seinem gesamten Gebaren und tatsächlichen Erscheinungsbild unternehmerisch betätigt und die mit einer solchen Tätigkeit typischerweise verbundenen Risiken eingeht. Leistungen, die der Verein in Verfolgung seines satzungsgemäßen nicht wirtschaftlichen Zweckes, jedoch in entgeltlicher Form seinen Mitgliedern gegenüber erbringt, rechtfertigen nur dann die Annahme eines wirtschaftlichen Geschäftsbetriebs i.S.v. Abs. 2, wenn diese Leistungen unabhängig von mitgliedschaftlichen Beziehungen üblicherweise auch von anderen angeboten werden.[9] Der Verein muss seinen Zweck jedoch in einen wirtschaftlichen Zweck ändern; die Verfolgung eines anderen als des satzungsmäßig vorgesehenen idealen Zwecks genügt nicht.[10] Ebenso wenig schädlich ist die Verfolgung eines wirtschaftlichen Nebenzwecks (sog. **Nebenzweckprivileg**); die wirtschaftliche Betätigung muss vielmehr den Hauptzweck des Vereins ausmachen.[11]

---

3 Richtiger Ansicht nach folgt dies aus der zusätzlich erforderlichen Gemeinwohlgefährdung (vgl. Staudinger/Weick, § 43 Rn 3); nach a.A. bereits aus der gebotenen einschränkenden Interpretation des Merkmals der Gesetzeswidrigkeit (MüKo/Reuter, §§ 43, 44 Rn 2; RGRK/Steffen, § 43 Rn 2; Soergel/Hadding, § 43 Rn 3).
4 Staudinger/Weick, § 43 Rn 4.
5 Krit. auch MüKo/Reuter, §§ 43, 44 Rn 2; Staudinger/Weick, § 43 Rn 5.
6 Staudinger/Weick, § 43 Rn 5.
7 Staudinger/Weick, § 43 Rn 6.
8 So (zu „Scientology") BVerwG NJW 1993, 2496; BVerwG NJW 1998, 1166; VGH Mannheim NJW 1996, 3358; dazu Abel, NJW 1997, 426; ders., NJW 2001, 410; K. Schmidt, NJW 1998, 1124; Müller-Laube, JZ 1998, 788; vgl. zum Problem des Profisports in Idealvereinen noch Balzer, ZIP 2001, 175 ff.
9 So (zu „Scientology") BVerwG NJW 1998, 1166; zust. Soergel/Hadding, § 43 Rn 4.
10 Staudinger/Weick, § 43 Rn 8.
11 Soergel/Hadding, § 43 Rn 4; gegen die Anwendbarkeit von § 43 Abs. 2 auf sog. Abmahnvereine aus diesem Grund K. Schmidt, Verbandszweck, S. 270 ff., 276; MüKo/Reuter, §§ 43, 44 Rn 3.

Streitig ist, ob die Möglichkeit, dem Verein die Rechtsfähigkeit nach Abs. 2 zu entziehen, in den unter diese Bestimmung fallenden Fällen die Möglichkeit der **Amtslöschung nach §§ 159, 142 f. FGG** (danach kann das Registergericht von Amts wegen eine Eintragung löschen, die bewirkt worden ist, obgleich sie wegen Mangels einer wesentlichen Voraussetzung unzulässig war, § 41 Rn 16) verdrängt. Dies wird von der h.M. angenommen, mit der Folge, dass die Amtslöschung nach Maßgabe des FGG nur mehr dann in Betracht kommt, wenn die Eigenschaft als Wirtschaftsverein bereits aus der Satzung des Vereins erkennbar wird (sog. „offener Eintragungsmangel" bzw. „offene Rechtsformverfehlung"); in den übrigen Fällen – sog. „verdeckter Eintragungsmangel" bzw. „verdeckte Rechtsformverfehlung" – geht dagegen die Entziehung der Rechtsfähigkeit nach Abs. 2 vor. Der Anwendungsbereich des Amtslöschungsverfahrens in Bezug auf die Vereinsklassenabgrenzung nach den §§ 21 f. beschränkt sich deshalb auf den Fall, dass bereits bei der Eintragung aus der Satzung hervorgegangen ist, dass der Zweck des Vereins auf einen wirtschaftlichen Geschäftsbetrieb gerichtet ist. Wird der Verein hingegen nach seiner Eintragung über den zulässigen Umfang des Nebenzweckprivilegs hinaus unternehmerisch tätig, kommt nur das Verwaltungsverfahren nach den §§ 43 Abs. 2, 44 in Betracht.[12] Nach der Gegenmeinung sind demgegenüber die Eingriffsmöglichkeiten nach dem FGG und nach §§ 43 f. parallel anwendbar, so dass in den Fällen des Abs. 2 immer auch eine Amtslöschung durch das Registergericht in Betracht kommt;[13] diese Auffassung hätte immerhin den Vorzug, der sonst drohenden Gefahr negativer Kompetenzkonflikte entgegenzuwirken, wenn sowohl das Registergericht als auch die Verwaltungsbehörde ein Eingreifen der jeweils anderen Seite für geboten halten.

III. Entziehung der auf Verleihung beruhenden Rechtsfähigkeit (Abs. 4)

Abs. 4 verfolgt denselben Zweck wie Abs. 2 (Rn 5) für diejenigen Vereine, die eine Konzession nach §§ 22 f. erhalten haben. Dies betrifft vor allem diejenigen inländischen Vereine, deren satzungsmäßiger Zweck auf einen **wirtschaftlichen Geschäftsbetrieb** gerichtet ist (§ 22); bei diesen gilt die Verleihung der Rechtsfähigkeit als juristische Person – vorbehaltlich dessen nur mit Zustimmung der Aufsichtsbehörde (§ 33 Abs. 2) zulässiger Änderung – nur für den in der Satzung bestimmten Zweck. Da die Konzession nach den §§ 22, 23 nur nach Bedürfnis erteilt wird, muss verhindert werden, dass die tatsächliche Aktivität des Vereins von der bei der Prüfung zugrunde gelegten Tätigkeit abweicht; andernfalls droht die Bedürfniskontrolle leer zu laufen.

Dem gleichgestellt sind diejenigen Vereine, die noch vor In-Kraft-Treten des BGB die **Rechtsfähigkeit kraft Verleihung nach Landesrecht** erworben haben, sowie diejenigen Vereine, die ihren Sitz nicht im Inland haben (§ 23), Letztere jeweils unabhängig davon, ob sie nach ihrer Satzung einen idealen oder einen wirtschaftlichen Zweck verfolgen. Da durch Abs. 4 die Beschränkung der Vereinstätigkeit auf den im Verwaltungsverfahren festgelegten Zweck gewährleistet werden soll, bildet jede Änderung der Zweckverfolgung, auch durch bloß tatsächliche Änderung der wirtschaftlichen Betätigung, einen Grund für die Entziehung der Rechtsfähigkeit.[14]

IV. Das Entziehungsermessen

Unter den Voraussetzungen des § 43 verliert der Verein die Rechtsfähigkeit nicht *ipso iure*, es bedarf vielmehr des konstitutiven staatlichen Akts der Entziehung (§ 44 Rn 2).[15] Nach h.M. hat die Verwaltungsbehörde – dem Wortlaut („kann") der Vorschrift entsprechend – einen **Ermessensspielraum i.S.v. § 22 S. 1 VwVfG** bei der Frage, ob im Einzelfall der Entzug der Rechtsfähigkeit mit der Folge der Liquidation geboten ist.[16] Die Behörde hat deshalb das Interesse der Allgemeinheit, insbesondere der Gläubiger, an der Entziehung der Rechtsfähigkeit gegen das Interesse des Vereins und seiner Mitglieder am Fortbestehen des Vereins abzuwägen; zugleich ist insbesondere das Verhältnismäßigkeitsgebot zu beachten. Dies führt gerade in den Fällen des Abs. 1 zu einer weiteren Reduzierung des Anwendungsbereichs der Vorschrift (siehe Rn 2 ff.),

---

[12] So BayObLGZ 1978, 87, 89; BayObLGZ 1984, 283, 287; KG NJW-RR 1993, 187; OLG Hamm DB 1993, 89; OLG Zweibrücken NJW-RR 2004, 35; *Kopp*, NJW 1989, 2497, 2503; *Menke*, S. 58 ff.; MüKo/*Reuter*, §§ 43, 44 Rn 3; Palandt/*Heinrichs*, § 21 Rn 3; Soergel/*Hadding*, § 43 Rn 2; Staudinger/*Weick*, § 43 Rn 7.

[13] So insbes. *K. Schmidt*, Verbandszweck, S. 236 ff.; *ders.*, Rpfleger 1986, 169, 170; *ders.*, Rpfleger 1988, 45, 50; *ders.*, JR 1987, 177, 178; *ders.*, NJW 1993, 1225 ff.; *ders.*, GesR, 4. Aufl. 2002, § 24 VII 2a bb; ebenso *Böttcher*, Rpfleger 1988, 169, 170; *Oetker*, NJW 1991, 385, 387 ff.; *Reichert*, Rn 1457.

[14] Erman/*Westermann*, § 43 Rn 3; Soergel/*Hadding*, § 43 Rn 6.

[15] BVerwG NJW 1998, 1166; a.A. *K. Schmidt*, NJW 1998, 1124 ff.

[16] VG Hamburg NJW 1996, 3363; BayVGH NJW-RR 1987, 830; BayObLG Rpfleger 1986, 528; *Böttcher*, Rpfleger 1988, 169, 170; Soergel/*Hadding*, § 43 Rn 6; Staudinger/*Weick*, § 43 Rn 13; a.A. MüKo/*Reuter*, §§ 43, 44 Rn 11: lediglich Beurteilungsspielraum der Behörde hinsichtlich des unbestimmten Rechtsbegriffs „Gefährdung des Gemeinwohls"; einschr. auch BVerwG NJW 1998, 1166: Ermessensspielraum nur für atypische Fälle.

vor allem, was das Gewicht und die Hartnäckigkeit des Gesetzesverstoßes angeht.[17] Die Entziehung der Rechtsfähigkeit muss, wenn ihre tatbestandlichen Voraussetzungen vorliegen, jedoch allemal die Regel bleiben.[18]

V. Folgen der Entziehung der Rechtsfähigkeit

11 Durch die Entziehung der Rechtsfähigkeit des e.V. **entfällt** mit der Bestandskraft des die Rechtsfähigkeit entziehenden Verwaltungsakts (§ 44 Rn 2) mit Wirkung *ex nunc* die nach §§ 21 ff. erlangte **Eigenschaft als juristische Person** (§ 41 Rn 3). Das Vereinsvermögen fällt mit der Erfüllung des jeweiligen Tatbestands dem oder den Anfallberechtigten an (§ 45 Abs. 1). Sofern das Vereinsvermögen an den Fiskus fällt (§ 46), ist der Verein sogleich erloschen; andernfalls tritt die an sich mit dem ursprünglichen Vereinszweck fortbestehende und nur ihre Rechtsform ändernde Personenvereinigung grundsätzlich (nicht zwingend, siehe § 47 Rn 8 ff.) in die Liquidation (§ 47 Rn 4). Der Verband bleibt dabei unter Wahrung seiner Identität zunächst als **nicht rechtsfähiger (Liquidations-)Verein i.S.v. § 54** bestehen, d.h. alle Vereinsmitgliedschaften bleiben unberührt, das Vereinsvermögen wird *ipso iure* zum Gesamthandsvermögen der Mitglieder des Liquidationsvereins. Auch als i.S.v. § 54 „nicht rechtsfähiger", d.h. nicht mehr als juristische Person anzusehender Verein ist der Vereinszweck nach der Entziehung der Rechtsfähigkeit freilich notwendig allein auf Liquidation gerichtet (§ 47 Rn 10, 12 ff.). Im Unterschied zur Situation bei der Auflösung kann der Verein sich nach dem Wegfall der Eigenschaft als juristische Person auch nicht mehr als rechtsfähiger Verein i.S.v. §§ 21 ff. fortsetzen (§ 47 Rn 16); hierfür bedürfte es vielmehr der erneuten Eintragung im Vereinsregister bzw. der erneuten Verleihung der Rechtsfähigkeit. Gelingt es, den Entziehungsgrund zu beseitigen und die Aufhebung der Entziehungsverfügung zu erwirken, so können die Mitglieder den Verein jedoch in einen werbenden e.V. zurückverwandeln, indem sie seine Fortsetzung beschließen (§ 41 Rn 4, § 47 Rn 16).

C. Weitere praktische Hinweise

12 Die Entziehung der Rechtsfähigkeit ist nach § 74 Abs. 1 in das Vereinsregister einzutragen (§ 74 Rn 1, 5). Die Eintragung ist nicht lediglich deklaratorisch. Sie kann ggf. nach § 78 erzwungen werden.

§ 44 Zuständigkeit und Verfahren

(1) ¹Die Zuständigkeit und das Verfahren bestimmen sich in den Fällen des § 43 nach dem Recht des Landes, in dem der Verein seinen Sitz hat.

(2) ¹Beruht die Rechtsfähigkeit auf Verleihung durch den *Bundesrat*, so erfolgt die Entziehung durch Beschluss des *Bundesrates*.

A. Allgemeines	1	II. Entziehung der Rechtsfähigkeit bei	
B. Regelungsgehalt	2	Auslandsverein (Abs. 2)	3
I. Zuständigkeit und Verfahren (Abs. 1)	2		

A. Allgemeines

1 § 44 regelt als Begleitvorschrift zu § 43 das bei der Entziehung der Rechtsfähigkeit zu beobachtende Verfahren.

B. Regelungsgehalt

I. Zuständigkeit und Verfahren (Abs. 1)

2 Unter den Voraussetzungen des § 43 verliert der Verein die Rechtsfähigkeit nicht *ipso iure*, es bedarf vielmehr des konstitutiven staatlichen Akts der Entziehung; hierbei handelt es sich um einen (**privatrechtsgestaltenden**) **Verwaltungsakt** i.S.v. § 35 S. 1 VwVfG.[1] Zur Entziehung der Rechtsfähigkeit befugt ist allein die zuständige Verwaltungsbehörde.[2] Die **zuständige höhere Verwaltungsbehörde** und das anzuwendende

---

17 Vgl. MüKo/*Reuter*, §§ 43, 44 Rn 2; Soergel/*Hadding*, § 43 Rn 6.
18 BVerwG NJW 1998, 1166 (sub 2.); zust. *K. Schmidt*, NJW 1998, 1124, 1125; Soergel/*Hadding*, § 43 Rn 6.

1 Soergel/*Hadding*, § 43 Rn 2.
2 BVerwG NJW 1998, 1166; a.A. *K. Schmidt*, NJW 1998, 1124 ff.

Verfahrensrecht werden ausschließlich durch das Landesrecht bestimmt;[3] örtlich zuständig ist gemäß Abs. 1 sowie § 3 Abs. 1 Nr. 3b VwVfG der Länder die Behörde, in deren Bezirk der Verein seinen Sitz (vgl. § 24) hat. Die Entscheidung wirkt jedoch im gesamten Bundesgebiet in gleicher Weise. Die Behörde **ermittelt den Sachverhalt von Amts wegen**; hierbei muss sie den Verein, vertreten durch den Vorstand, vor Erlass der Entziehungsverfügung **anhören** (§§ 24, 28 VwVfG). Die Entziehungsverfügung kann mit aufschiebender Wirkung (§ 80 Abs. 1 S. 2 VwGO) durch Widerspruch und Anfechtungsklage vor dem Verwaltungsgericht angegriffen werden (§§ 42 Abs. 1, 68, 80 VwGO).

II. Entziehung der Rechtsfähigkeit bei Auslandsverein (Abs. 2)

Abs. 2 betrifft die Zuständigkeit für die Entziehung der Rechtsfähigkeit bei einem ausländischen Verein i.S.v. § 23. An die Stelle des in Abs. 2 genannten Bundesrats ist gemäß Artt. 125, 129 GG der Bundesminister des Innern getreten.[4]

3

§ 45 Anfall des Vereinsvermögens

(1) ¹Mit der Auflösung des Vereins oder der Entziehung der Rechtsfähigkeit fällt das Vermögen an die in der Satzung bestimmten Personen.

(2) ¹Durch die Satzung kann vorgeschrieben werden, dass die Anfallberechtigten durch Beschluss der Mitgliederversammlung oder eines anderen Vereinsorgans bestimmt werden. ²Ist der Zweck des Vereins nicht auf einen wirtschaftlichen Geschäftsbetrieb gerichtet, so kann die Mitgliederversammlung auch ohne eine solche Vorschrift das Vermögen einer öffentlichen Stiftung oder Anstalt zuweisen.

(3) ¹Fehlt es an einer Bestimmung der Anfallberechtigten, so fällt das Vermögen, wenn der Verein nach der Satzung ausschließlich den Interessen seiner Mitglieder diente, an die zur Zeit der Auflösung oder der Entziehung der Rechtsfähigkeit vorhandenen Mitglieder zu gleichen Teilen, anderenfalls an den Fiskus des Bundesstaats, in dessen Gebiet der Verein seinen Sitz hatte.

Literatur: *Scherl*, Die Auseinandersetzung bei Sparkassenzweckverbänden, 1998; *Steinbeck,* Vereinsautonomie und Dritteinfluss – dargestellt an den Verbänden des Sports, 1999, S. 118. Siehe auch die Literatur bei § 41.

A. Allgemeines 1	III. Die Bestimmung des Anfallberechtigten . . . 10
B. Regelungsgehalt 3	1. Bestimmung durch Satzung (Abs. 1) . . . 10
I. Anfallstatbestände: Auflösung oder Entziehung der Rechtsfähigkeit (Abs. 1) . . . 3	2. Bestimmung durch die Mitgliederversammlung (Abs. 2) 11
II. Anfall des Vermögens 6	3. Bestimmung durch das Gesetz (Abs. 3) . 12
1. Vermögens- und Persönlichkeitsrechte . . 6	a) Selbstnütziger Verein 12
2. Rechtswirkungen des Anfalls 7	b) Fremdnütziger Verein 13
a) Gesamtrechtsnachfolge 8	IV. Ablehnung des Anfalls 14
b) Schuldrechtlicher Anspruch auf den Liquidationsüberschuss 9	V. Änderung der Bestimmung des Anfallberechtigten 15

A. Allgemeines

Die Vorschrift trifft Bestimmungen über den **Anfall** des Vereinsvermögens nach Auflösung (§ 41 Rn 2, 6 ff.) oder der Entziehung der Rechtsfähigkeit (§§ 43, 73, siehe § 41 Rn 3, 14 ff., § 43 Rn 11) und die Bestimmung des **Anfallberechtigten**. Sie regelt damit eine wichtige **Prämisse für den Übergang des Vereins in das Liquidationsstadium**; denn die Liquidation ist gem. § 47 (nur) unter der Voraussetzung durchzuführen, dass ein Anfall des Vereinsvermögens stattfindet, und zwar bei einer anderen Person als dem Fiskus. Insofern besteht ein **unauflöslicher Zusammenhang zwischen § 45 und § 47**: Die Liquidation ist nur eine Einrichtung zur Bewältigung der Probleme des Anfalls i.S.v. § 45 (vgl. § 47 Rn 1) und scheidet jedenfalls aus, wenn kein Anfall stattfindet; allenfalls mag man umgekehrt trotz des Anfalls die liquidationslose Fortsetzung des Vereins für zulässig halten, sei es *ex lege*, sei es aufgrund entsprechenden Fortsetzungsbeschlusses (§ 47 Rn 8 ff.).

1

---

3 Übersicht über die in den Ländern zuständigen Behörden bei MüKo/*Reuter*, §§ 43, 44 Rn 13 m. Fn 29; *Reichert*, Rn 2086; Staudinger/*Weick*, § 44 Rn 3.

4 Vgl. die Entscheidung der Bundesregierung v. 17.2.1953 zu Art. 10 EGBGB (BGBl I S. 43).

2   Unter dem Anfall des Vereinsvermögens versteht das Gesetz grundsätzlich – anders als im Sonderfall des § 46 (Rn 8, § 46 Rn 2) – nicht den Erwerb des Vereinsvermögens im Wege der Gesamtrechtsnachfolge; vielmehr wird lediglich ein **Anspruch des Berechtigten gegen den Verein** auf Verschaffung des Überschusses nach Bezahlung der Schulden begründet (Rn 9). Anfallberechtigt ist diejenige Person, der das Vermögen des Vereins nach dessen Auflösung oder Entziehung der Rechtsfähigkeit zusteht. Der Anfallberechtigte wird vorrangig durch die Satzung bestimmt, hilfsweise durch ein Vereinsorgan, insbesondere die Mitgliederversammlung, oder durch das Gesetz. Wenn der Verein als nicht rechtsfähiger Verein i.S.v. § 54 fortgesetzt wird, tritt er an die Stelle der Mitglieder; wegen der Identität des Vermögensträgers erübrigt sich ein Anfall (Rn 4).

B. Regelungsgehalt

I. Anfallstatbestände: Auflösung oder Entziehung der Rechtsfähigkeit (Abs. 1)

3   Nach dem Wortlaut der Bestimmung setzt der Anfall des Vereinsvermögens voraus, dass der Verein durch Beschluss der Mitgliederversammlung **aufgelöst** (§ 41 Rn 2, 6, 28 ff.) oder ihm die **Rechtsfähigkeit entzogen** (§ 41 Rn 3, 14 ff., § 43 Rn 11) worden ist. Die Vorschrift ist zudem analog auf diejenigen Beendigungstatbestände anzuwenden, die zwar auf die Vollbeendigung des Vereins abzielen, diese aber nicht sogleich herbeiführen (z.B. **Zeitablauf** (§ 41 Rn 10), **Bedingungseintritt** (§ 41 Rn 9) oder **Gründungsmängel** (§ 41 Rn 16)); denn in diesen Fällen bedarf es gleichfalls einer Liquidation des Vereinsvermögens. Darüber hinaus ist § 45 jedoch nach h.M. im Fall der **Auflösung** des Vereins durch Wegfall aller Mitglieder – hier findet keine Liquidation nach § 47 statt, vielmehr wird der Verein durch einen nach § 1913 zu bestellenden Pfleger abgewickelt (§ 41 Rn 13, 20) – entsprechend anwendbar.[1]

4   Die Vorschrift ist jedoch **nicht anwendbar** aufgrund ausdrücklicher Regelung bei einer Insolvenz (§ 42) sowie in denjenigen Fällen, in denen der Verein zwar seine Eigenschaft als juristische Person verliert, jedoch als werbender nicht rechtsfähiger Verein i.S.v. § 54 unter Wahrung seiner Identität fortbesteht, wie z.B. beim Verzicht auf die Rechtsfähigkeit (§ 41 Rn 15) oder bei einer Fortsetzungsklausel bzw. einem Fortsetzungsbeschluss (§ 47 Rn 8 ff., 15 ff.).[2]

5   Die Vorschrift gilt entsprechend für den **nicht eingetragenen Verein**.[3] Ebenso sind in Ermangelung einer anderweitigen Regelung die §§ 45–47 entsprechend anwendbar, wenn eine **juristische Person des öffentlichen Rechts** aufgelöst wird.[4]

II. Anfall des Vermögens

6   **1. Vermögens- und Persönlichkeitsrechte.** § 45 regelt an sich nur den Anfall des **Vermögens** des Vereins, nicht das rechtliche Schicksal der dem Verein zustehenden **Persönlichkeitsrechte** (insb. Namen, Firma). Diese Persönlichkeitsrechte gehen mit dem Verein unter, sofern sie mit dem Vereinsvermögen in keinerlei Zusammenhang stehen oder ihnen kein messbarer wirtschaftlicher Wert zukommt; andernfalls stehen sie wie das Vermögen dem Anfallberechtigten zu.[5] Wenn die Fortsetzung des Vereins als nicht rechtsfähiger Verein i.S.v. § 54 beschlossen wird, gehen die Persönlichkeitsrechte in jedem Fall ohne weiteres auf den fortgesetzten n.e.V. über.[6]

7   **2. Rechtswirkungen des Anfalls.** Die Art und Weise des „Anfalls" unterscheidet sich grundlegend danach, wer anfallberechtigt ist.

8   **a) Gesamtrechtsnachfolge.** Fällt das Vereinsvermögen an den **Fiskus** (§ 46), tritt *ipso iure* ein **sofortiger und vollständiger Übergang aller Rechte und Pflichten** auf den Fiskus ein und der Verein wird sogleich vollbeendet (siehe dazu § 41 Rn 5, 19, § 47 Rn 21); insoweit bezeichnet „Anfall" eine Gesamtrechtsnachfolge nach dem Modell des Erbrechts. Unerheblich ist in diesem Fall, ob der Fiskus sein Anfallrecht auf eine entsprechende Satzungsbestimmung (Abs. 1), einen Beschluss der Mitgliederversammlung (Abs. 2) oder auf Gesetz (Abs. 3) stützt. Gleichgestellt sind die Körperschaften, Stiftungen und Anstalten des öffentlichen

---

[1] BGHZ 19, 51, 57; OLG Köln NJW-RR 1996, 989; BAG ZIP 1986, 1482 = JZ 1986, 421 m. Anm. *K. Schmidt*, JZ 1987, 394; Erman/*Westermann*, § 45 Rn 1.

[2] MüKo/*Reuter*, §§ 45–47 Rn 6; Soergel/*Hadding*, § 45 Rn 3; Staudinger/*Weick*, § 45 Rn 16.

[3] Bamberger/Roth/*Schwarz*, § 45 Rn 2; Soergel/*Hadding*, § 45 Rn 1.

[4] RGZ 130, 169, 177 f.; BGH WM 1996, 1968, 1970; Erman/*Westermann*, § 45 Rn 1; Soergel/*Hadding*, § 45 Rn 1; eingehend *Scherl*, a.a.O.

[5] Vgl. Soergel/*Hadding*, § 45 Rn 4; Staudinger/*Weick*, § 45 Rn 1; s.a. BGHZ 85, 221, 223 (zur Veräußerung der Namensfirma einer GmbH durch den Insolvenzverwalter); in der Begr. krit. MüKo/*Reuter*, §§ 45–47 Rn 2.

[6] Bamberger/Roth/*Schwarz*, § 45 Rn 4.

Rechts, aber nur für den Fall, dass sie über Art. 85 EGBGB kraft Landesrechts im Rahmen des Abs. 3 an die Stelle des Fiskus treten und nicht, wenn ihre Anfallberechtigung auf Abs. 1 oder 2 beruht.

b) Schuldrechtlicher Anspruch auf den Liquidationsüberschuss. In **allen anderen Fällen** – also auch dann, wenn eine Körperschaft, Stiftung oder Anstalt des öffentlichen Rechts nicht über Art. 85 EGBGB in Verbindung mit Landesrecht, sondern durch die Satzung oder nach § 45 Abs. 2 durch die Mitgliederversammlung bzw. ein anderes Vereinsorgan zum Anfallberechtigten bestimmt worden ist – erfolgt zunächst die Liquidation (§§ 47–52) des Vereinsvermögens; „Anfall" bezeichnet hier lediglich einen Anspruch auf „Ausantwortung" des Vermögensrestes, der nach der Befriedigung der Gläubiger aus dem Vereinsvermögen noch verbleibt (vgl. §§ 49 Abs. 1 S. 1, 53). Eine Gesamtrechtsnachfolge findet also in diesem Fall nicht statt; der Anfallberechtigte hat einen **schuldrechtlichen Anspruch** gegen den Liquidationsverein auf Übertragung des Liquidationsüberschusses.[7] Der Anfallberechtigte haftet als solcher den Vereinsgläubigern nicht für die Vereinsverbindlichkeiten, da die Vorschriften über die Liquidation eine abschließende Regelung zur Sicherstellung der Ansprüche der Gläubiger darstellen.[8] Der **Anspruch auf den Liquidationsüberschuss** entsteht erst, wenn die nach Ablauf des Sperrjahres (§ 51) bekannten Gläubiger befriedigt oder sichergestellt sind (§ 52). Siehe dazu im Einzelnen § 49 Rn 8).

III. Die Bestimmung des Anfallberechtigten

1. Bestimmung durch Satzung (Abs. 1). Die Bestimmung des Anfallberechtigten ist grundsätzlich Sache des Vereins, namentlich im Wege einer ausdrücklichen Satzungsbestimmung. Die Satzung kann selbst unmittelbar festlegen, welchen konkreten Personen das Vereinsvermögen bei Auflösung oder Entziehung der Rechtsfähigkeit anfällt. Sie kann auch für den Fall, dass ein Anfallberechtigter wegfällt oder den Anfall zurückweist (Rn 14), einen Ersatzanfallberechtigten bestimmen. Die Satzung kann die Bestimmung ferner der Mitgliederversammlung überlassen (Abs. 2, Rn 11), nicht aber im Hinblick auf die Vereinsautonomie einem außen stehenden Dritten.[9]

2. Bestimmung durch die Mitgliederversammlung (Abs. 2). Die Satzung kann aber auch der Mitgliederversammlung das Bestimmungsrecht einräumen (Abs. 2 S. 1) oder das Vermögen unmittelbar dem als nicht rechtsfähigen Verein i.S.v. § 54 fortlebenden Verband zuweisen.[10] Eine Satzungsregelung gemäß Abs. 2 ist im Hinblick auf den steuerrechtlichen Grundsatz der Vermögensbindung zwingend erforderlich, falls der Verein einen steuerbegünstigten Zweck verfolgt (§§ 55 Abs. 1 Nr. 4, 61 AO). Schweigt die Satzung, so entspricht es dem überpersönlichen Zweck eines Idealvereins, dass die Mitgliederversammlung das Vereinsvermögen durch Beschluss einer öffentlichen Stiftung oder Anstalt zuweisen kann, wenn diese Verwendung des Vereinsvermögens nach Ansicht der Mitgliederversammlung dem Vereinszweck am besten gerecht wird; der Idealverein kann demgemäß auch ohne satzungsmäßige Ermächtigung einen entsprechenden Beschluss fassen (Abs. 2 S. 2).[11] Die Mitgliederversammlung kann aber in Ermangelung einer weiter gehenden satzungsmäßigen Ermächtigung nur eine öffentliche Stiftung oder Anstalt zum Anfallberechtigten bestimmen; hierzu gehören alle Arten von juristischen Personen des öffentlichen Rechts einschließlich der Körperschaften.[12] Die gleiche Befugnis hat die Mitgliederversammlung auch dann, wenn die statuarisch bestimmten Anfallberechtigten vor dem Anfall wegfallen oder den Anfall zurückweisen (Rn 14).[13] Beim konzessionierten Verein ist das Erfordernis einer satzungsmäßigen Ermächtigung jedoch zwingend. Liegt eine statuarische Bestimmung vor, so kommt eine Bestimmung des Anfallberechtigten durch die Mitgliederversammlung nicht in Betracht.

3. Bestimmung durch das Gesetz (Abs. 3). a) Selbstnütziger Verein. Sofern weder eine entsprechende Satzungsbestimmung (Abs. 1) vorliegt noch die Möglichkeit besteht, den Anfallberechtigten durch Beschluss der Mitgliederversammlung zu bestimmen (Abs. 2), so unterscheidet das Gesetz für die weiteren Rechtsfolgen danach, ob es sich um einen „selbstnützigen" Verein handelt, der nach der Satzung allein den Interessen seiner Mitglieder zu dienen bestimmt ist, oder um einen fremdnützigen Verein. „Selbstnützig" sind

---

[7] KG OLGZ 1968, 200; Erman/*Westermann*, § 45 Rn 1; MüKo/*Reuter*, §§ 45–47 Rn 4; Soergel/*Hadding*, § 45 Rn 3; Staudinger/*Weick*, § 45 Rn 5.

[8] Vgl. RGZ 92, 77, 82; Bamberger/Roth/*Schwarz*, § 45 Rn 11; Erman/*Westermann*, § 45 Rn 1; MüKo/*Reuter*, §§ 45–47 Rn 5.

[9] Soergel/*Hadding*, § 45 Rn 5; Staudinger/*Weick*, § 45 Rn 11; ausf. *Steinbeck*, S. 118 ff.

[10] Erman/*Westermann*, § 45 Rn 3; § 47 Rn 2.

[11] Vgl. Erman/*Westermann*, § 45 Rn 4.

[12] Bamberger/Roth/*Schwarz*, § 45 Rn 7; Palandt/*Heinrichs*, § 45 Rn 2; Staudinger/*Weick*, § 45 Rn 13; a.A. MüKo/*Reuter*, §§ 45–47 Rn 7, der sich gegen die Ausdehnung auf Körperschaften ausspricht; auf die öffentlich-rechtliche oder privatrechtliche Qualifikation komme es dagegen nicht an; vgl. ferner Soergel/*Hadding*, § 45 Rn 6: auch privatrechtliche juristische Personen, die öffentliche Aufgaben wahrnehmen.

[13] Staudinger/*Weick*, § 45 Rn 17; *Reichert*, Rn 2188.

außer den wirtschaftlichen Vereinen i.S.v. § 22 auch solche nichtwirtschaftlichen Vereine, deren Vermögen allein der Zweckverfolgung im Interesse der einzelnen Mitglieder zu dienen bestimmt ist; hiervon ist i.d.R. auszugehen, wenn der Verein keine gemeinnützigen, mildtätigen oder kirchlichen Zwecke i.S.v. § 51 ff. AO verfolgt.[14] Bei selbstnützigen Vereinen fällt das Vermögen zu gleichen Teilen an die im Zeitpunkt der Auflösung oder Entziehung der Rechtsfähigkeit vorhandenen Vereinsmitglieder (Abs. 3 Fall 1). Bei unbekanntem Mitgliederbestand sind die Mitglieder gemäß § 50 Abs. 1 zu ermitteln (§ 50 Rn 7). Wenn die Mitglieder nicht zu ermitteln sind oder wenn sämtliche Mitglieder wegfallen oder den Anfall zurückweisen (Rn 14), ist entsprechend der für fremdnützige Vereine angeordneten Rechtsfolge (Rn 13) die Staatskasse anfallberechtigt, damit das Vereinsvermögen nicht herrenlos wird.[15]

13 **b) Fremdnütziger Verein.** Bei einem nicht selbstnützigen, insbesondere fremdnützigen Verein fällt das Vereinsvermögen an den Fiskus desjenigen Bundeslandes, in dem der Verein seinen Sitz (§ 24) hatte (Abs. 3 Fall 2). Das Landesrecht kann anstelle des Fiskus eine Körperschaft, Stiftung oder Anstalt des öffentlichen Rechts als Anfallberechtigten bestimmen (Art. 85 EGBGB). Hat der Verein Sitze in mehreren Bundesländern (§ 24 Rn 4), so fällt das Vermögen den entsprechenden Ländern zu gleichen Teilen an (§§ 46, 1936 Abs. 1 S. 2), bei einem Vereinssitz außerhalb Deutschlands (§ 23) dem Bundesfiskus (§§ 46, 1936 Abs. 2).[16]

IV. Ablehnung des Anfalls

14 Der Anfallberechtigte kann, sofern es sich nicht um den Fiskus handelt (§ 46 Rn 2), den Anfall ablehnen.[17]

V. Änderung der Bestimmung des Anfallberechtigten

15 Durch eine anderweitige Bestimmung der Person des Anfallberechtigten kann dem zunächst bestimmten Anfallberechtigten sein Recht jederzeit wieder entzogen werden,[18] auch noch nach Eintritt ins Liquidationsverfahren.[19] Ebenso kann eine zunächst unterbliebene Bestimmung nachgeholt werden.[20]

§ 46 Anfall an den Fiskus

[1]Fällt das Vereinsvermögen an den Fiskus, so finden die Vorschriften über eine dem Fiskus als gesetzlichem Erben anfallende Erbschaft entsprechende Anwendung. [2]Der Fiskus hat das Vermögen tunlichst in einer den Zwecken des Vereins entsprechenden Weise zu verwenden.

Literatur: Siehe bei § 41.

A. Allgemeines 1	II. Feststellung des Anfalls 3
B. Regelungsgehalt 2	III. Verwendung des angefallenen Vermögens
I. Gesamtrechtsnachfolge des Staates in das Vereinsvermögen (S. 1) 2	(S. 2) 4

A. Allgemeines

1 Die Vorschrift regelt die **Rechtsfolgen des Anfalls beim Fiskus**. Die Anfallberechtigung des Fiskus kann sich aus einer Bestimmung der Vereinssatzung (§ 45 Abs. 1) oder aufgrund eines Beschlusses der Mitgliederversammlung (§ 45 Abs. 2) oder aufgrund Gesetzes (§ 45 Abs. 3) ergeben; ob der Bundes- oder Landesfiskus berufen ist, ergibt sich aus der jeweiligen Rechtsgrundlage (zu § 45 Abs. 3 siehe insoweit § 45 Rn 13). Gleichgestellt sind die Körperschaften, Stiftungen und Anstalten des öffentlichen Rechts, die über Art. 85 EGBGB kraft Landesrechts im Rahmen des § 45 Abs. 3 an die Stelle des Fiskus treten. Die §§ 45–47 sind zudem entsprechend anwendbar, wenn eine juristische Person des öffentlichen Rechts aufgelöst wird (§ 45 Rn 5).

---

14 *Reichert*, Rn 2187; Staudinger/*Weick*, § 45 Rn 16.
15 MüKo/Reuter, §§ 45–47 Rn 8; Soergel/*Hadding*, § 45 Rn 8; Staudinger/*Weick*, § 45 Rn 17; *Reichert*, Rn 2188.
16 Staudinger/*Weick*, § 45 Rn 18.
17 Erman/*Westermann*, § 45 Rn 3; Soergel/*Hadding*, § 45 Rn 11.
18 KG JW 1935, 3636, 3638; OLG Karlsruhe JW 1936, 3266; Erman/*Westermann*, § 45 Rn 2; *Reichert*, Rn 2189; Soergel/*Hadding*, § 45 Rn 9; Staudinger/*Weick*, § 45 Rn 8, 14; zur GmbH auch RGZ 169, 65, 82.
19 RG JW 1935, 3636; Erman/*Westermann*, § 45 Rn 2.
20 Soergel/*Hadding*, § 45 Rn 9.

B. Regelungsgehalt

I. Gesamtrechtsnachfolge des Staates in das Vereinsvermögen (S. 1)

Unabhängig vom Grund des Anfalls wird der Fiskus in materieller und formeller Hinsicht als Gesamtrechtsnachfolger in das Vereinsvermögen behandelt (§ 45 Rn 8), der damit zugleich in die Schulden des Vereins einzutreten hat (§§ 46 S. 1, 1936 Abs. 1 S. 1, 1922, 1967).[1] Die Haftung des Fiskus ist grundsätzlich unbeschränkt (§ 1967), wenngleich nach erbrechtlichen Vorschriften (z.B. §§ 1975 ff.) auf das angefallene Vereinsvermögen beschränkbar.[2] Der Fiskus hat aber keine Möglichkeit zur Ausschlagung gem. § 1942 Abs. 2.[3] Eines Liquidationsverfahrens bedarf es daher in den Fällen, in denen der Anfall an den Fiskus stattfindet, nicht mehr; die Existenz des Vereins endet vielmehr ohne weiteres mit dem Anfall an den Fiskus (Vollbeendigung). Ansprüche gegen den Fiskus können erst nach Feststellung seines Anfallrechts durch das Nachlassgericht (Rn 3) geltend gemacht werden (§§ 1966, 1964). Gegenüber dem Grundbuchamt hat der Fiskus den Anfall des Vereinsvermögens durch Erbschein (Rn 3) nachzuweisen.

II. Feststellung des Anfalls

Da der Fiskus auch formell als Erbe zu behandeln ist, erfolgt die Feststellung seines Anfallrechts durch das Nachlassgericht (§ 1964).[4] Der Nachweis des Anfallrechts, insbesondere gegenüber dem Grundbuchamt, erfolgt demgemäß durch Erbschein.[5] Zuständig für die Feststellung des Anfallrechts ist das Amtsgericht desjenigen Ortes, an dem der e.V. seinen Sitz hatte (§§ 72 f. FGG).[6] Ist das Anfallrecht des Fiskus zweifelhaft, kann das Nachlassgericht gem. § 1960 die notwendigen Maßnahmen zur Sicherung des Vereinsvermögens veranlassen, insbesondere einen Pfleger bestellen.

III. Verwendung des angefallenen Vermögens (S. 2)

Der Fiskus und die anfallberechtigten juristischen Personen des öffentlichen Rechts haben das Vereinsvermögen gem. S. 2 „tunlichst" in einer den Zwecken des Vereins entsprechenden Weise zu verwenden. Als öffentlich-rechtliche Auflage[7] löst die Verwendungspflicht des S. 2 keine Klagemöglichkeit für Privatpersonen aus, die an einer Verwendung des Vereinsvermögens in einer den Zwecken des Vereins entsprechenden Weise ein persönliches Interesse haben.[8]

§ 47 Liquidation

[1]Fällt das Vereinsvermögen nicht an den Fiskus, so muss eine Liquidation stattfinden, sofern nicht über das Vermögen des Vereins das Insolvenzverfahren eröffnet ist.

Literatur: *Bayer*, Die liquidationslose Fortsetzung rechtsfähiger Idealvereine, Diss. Mainz 1984; *Böttcher*, Die Beendigung des rechtsfähigen Vereins, Rpfleger 1988, 169; *Grziwotz*, Die Liquidation von Kapitalgesellschaften, Genossenschaften und Vereinen, DStR 1992, 1404; *Heller*, Die vermögenslose GmbH, 1989; *Hönn*, Die konstitutive Wirkung der Löschung von Kapitalgesellschaften, ZHR 138 (1974), 50; *Hüffer*, Das Ende der Rechtspersönlichkeit von Kapitalgesellschaften, in: GS Schultz 1987, S. 99; *Reuter*, Verbandszweck und Rechtsfähigkeit im Vereinsrecht, ZHR 151 (1987), 237; *Scherl*, Die Auseinandersetzung bei Sparkassenzweckverbänden, 1998; *H. Schmidt*, Zur Vollbeendigung juristischer Personen, 1989; *K. Schmidt*, Liquidationszweck und Vertretungsmacht der Liquidatoren, AcP 174 (1974), 55; *ders.*, Zur Gläubigersicherung im Liquidationsrecht der Kapitalgesellschaften, Genossenschaften und Vereine, ZIP 1981, 1; *ders.*, Ultra-vires-Doktrin: tot oder lebendig? – Bemerkungen zur Organvertretungsmacht, AcP 184 (1984), 529; *ders.*, Verbandszweck und Rechtsfähigkeit im Vereinsrecht, 1984; *Wimmer*, Gründung und Beendigung von juristischen Personen, DStR 1995, 1838, 1878. Siehe auch die Literatur bei § 41 und § 42.

---

1 Prot. I, S. 547; Staudinger/*Weick*, § 46 Rn 1.
2 Bamberger/Roth/*Schwarz*, § 46 Rn 3; MüKo/*Reuter*, §§ 45–47 Rn 9; Soergel/*Hadding*, § 46 Rn 2; *Reichert*, Rn 2114; a.A. *Sauter/Schweyer/Waldner*, Rn 407; Palandt/*Heinrichs*, § 46 Rn 4: wegen §§ 2011, 1994 Abs. 1 S. 2 bzw. § 780 Abs. 2 ZPO hafte der Fiskus stets nur mit dem übernommenen Vermögen.
3 Prot. I, S. 547; BGH WM 1996, 1968; Erman/*Westermann*, § 46 Rn 1; Staudinger/*Weick*, § 46 Rn 1.
4 Staudinger/*Weick*, § 46 Rn 4.
5 Vgl. OLG Hamm OLGZ 1966, 109; Staudinger/*Weick*, § 46 Rn 4.
6 Vgl. Staudinger/*Weick*, § 46 Rn 4.
7 Bamberger/Roth/*Schwarz*, § 46 Rn 4; Soergel/*Hadding*, § 46 Rn 3; Staudinger/*Weick*, § 46 Rn 5; a.A. *Reichert*, Rn 2116.
8 Erman/*Westermann*, § 46 Rn 2; Palandt/*Heinrichs*, § 46 Rn 4; Soergel/*Hadding*, § 46 Rn 3; i.E. auch Bamberger/Roth/*Schwarz*, § 46 Rn 4: ungenügende Bestimmtheit der gesetzlichen Verpflichtung; a.A. MüKo/*Reuter*, §§ 45–47 Rn 10; Staudinger/*Weick*, § 46 Rn 2: Eröffnung des Verwaltungsrechtswegs (§ 40 VwGO).

A. Allgemeines	1	V. Die Vollbeendigung des Vereins nach durchgeführter Liquidation	19
B. Regelungsgehalt	2	1. Beendigung der Liquidation	19
I. Bedeutung der Liquidation	2	2. Konstitutive oder deklaratorische Löschung im Vereinsregister nach erfolgter Liquidation?	20
II. Stattfinden der Liquidation	4		
1. Liquidationsauslösungstatbestände (Hs. 1)	4	3. Wirkungen der Vollbeendigung	21
2. Liquidation nach durchgeführtem Insolvenzverfahren (Hs. 2)	6	VI. Die Nachtragsliquidation	22
		C. Weitere praktische Hinweise	23
3. Liquidationszwang als Folge der Auflösung und der Entziehung der Rechtsfähigkeit?	8	I. Auf die Liquidation bezogene Registeranmeldungen	23
		II. Der Liquidationsverein im Zivilprozess	24
4. Die Abwicklung des nicht rechtsfähigen Vereins i.S.v. § 54	11	1. Prozessführung während des Liquidationsverfahrens	24
III. Der Liquidationsverein	12	2. Prozessführung nach Abschluss der Liquidation	26
1. Identität zwischen werbendem Verein und Liquidationsverein	12	III. Liquidation und Zwangsvollstreckung	29
2. Das Organisationsrecht des Liquidationsvereins	14	IV. Zum Verhältnis von Liquidation und Insolvenzverfahren	30
IV. Die Fortsetzung des werbenden Vereins	15	1. Die Insolvenz des Liquidationsvereins	30
1. Die Fortsetzungsmöglichkeit	15	2. Verdrängung des Liquidationsverfahrens durch die insolvenzmäßige Abwicklung	31
2. Beseitigung des Beendigungsgrunds	16		
3. Fortsetzung aufgrund Beschlusses der Mitgliederversammlung	17		
4. Fortsetzung aufgrund Satzungsbestimmung	18		

A. Allgemeines

1 Mit dem Ziel, die Rechte der Vereinsgläubiger zu sichern und die Gewähr für eine angemessene Überleitung des Vermögens auf die Anfallberechtigten zu schaffen,[1] untersagt § 47 (i.V.m. §§ 49 ff.) die ungeordnete Verteilung des Vereinsvermögens an die anfallberechtigten Privatpersonen i.S.v. § 45 Abs. 1 und verpflichtet den Verein zur Durchführung eines geregelten Abwicklungsverfahrens, sofern nicht die Fortsetzung des Vereins beschlossen wird.

B. Regelungsgehalt

I. Bedeutung der Liquidation

2 Als Liquidation bezeichnet das Gesetz die Abwicklung des Vereinsvermögens. Sie wird durch eine grundlegende **Änderung des Vereinszwecks** gekennzeichnet: Vereinszweck ist nunmehr kraft Gesetzes die Liquidation, d.h. die Beendigung der laufenden Geschäfte, die Verwertung des Vermögens, die Erfüllung der bestehenden Verpflichtungen des Vereins und die Übertragung des Restvermögens an die Anfallberechtigten (§ 49 Abs. 1).[2] Nach dem Gesetz ist die Liquidation ausschließlich auf das **Vereinsvermögen** bezogen; soweit die Abwicklung einer komplexen Vereinsorganisation eine über die Liquidation des Vermögens hinausgehende Tätigkeit erfordert, ist dies – wenngleich es in der Praxis häufig von den Liquidatoren mit erledigt wird – nicht eigentlich Aufgabe der Liquidatoren.[3] Hieraus folgt zugleich, dass die Liquidation unterbleibt bzw. endet, wenn verwertbares Vermögen nicht vorhanden ist (Rn 19, § 51 Rn 5); denn die organisatorische Abwicklung allein rechtfertigt das Stattfinden des Liquidationsverfahrens nicht.[4]

3 Die Vorschrift gilt entsprechend für den **nicht rechtsfähigen Verein i.S.v. § 54** (Rn 11). Ebenso sind in Ermangelung einer anderweitigen Regelung die §§ 45–47 entsprechend anwendbar, wenn eine **juristische Person des öffentlichen Rechts** aufgelöst wird.[5]

---

[1] Motive I, S. 112 f.
[2] Vgl. BGHZ 96, 253, 255; Bamberger/Roth/*Schwarz*, § 49 Rn 3; Soergel/*Hadding*, § 49 Rn 1; Staudinger/*Weick*, § 47 Rn 3.
[3] *Reichert*, Rn 2117.
[4] *Reichert*, Rn 2119.
[5] RGZ 130, 169, 177 f.; BGH WM 1996, 1968, 1970; Erman/*Westermann*, § 45 Rn 1; Soergel/*Hadding*, § 45 Rn 1; eingehend *Scherl*, a.a.O.

II. Stattfinden der Liquidation

1. Liquidationsauslösungstatbestände (Hs. 1). Nach dem Gesetz findet die Liquidation statt, wenn 4
das Vermögen des Vereins gem. § 45 Abs. 1 **„angefallen"** ist, und zwar gerade nicht dem Fiskus – weil anderenfalls der Fiskus gem. § 46 im Wege der Gesamtrechtsnachfolge Rechte und Verbindlichkeiten des Vereins übernähme (§ 45 Rn 8, § 46 Rn 2) und für eine Liquidation weder Anlass noch Raum wäre –, sondern einer oder mehreren anderen (privaten) Personen (§ 47 Hs. 1). Ein einschlägiger, den Anfall auslösender **Beendigungstatbestand** ist nach dem Gesetzeswortlaut nur in zwei Fällen gegeben, nämlich im Fall der Auflösung durch Beschluss seiner Mitglieder (§ 41) sowie im Fall der Entziehung der Rechtsfähigkeit (§§ 43, 73). §§ 45, 47 ff. sind zudem analog auf diejenigen Beendigungstatbestände anzuwenden, die zwar auf die Vollbeendigung des Vereins abzielen, diese aber nicht sogleich herbeiführen (z.B. Zeitablauf, § 41 Rn 9, Bedingungseintritt, § 41 Rn 10, oder Gründungsmängel, § 41 Rn 16); denn in diesen Fällen bedarf es gleichfalls einer Liquidation des Vereinsvermögens. Über den Gesetzeswortlaut hinaus muss nach seinem Sinn und Zweck das Liquidationsverfahren ferner eröffnet sein, wenn der Verein seine aktive Tätigkeit einstellt (§ 41 Rn 13), wenn der Verein seinen Sitz ins Ausland verlegt (§ 41 Rn 8) oder wenn der Verein im Verfahren nach §§ 159, 142 FGG von Amts wegen gelöscht wird (§ 41 Rn 16). In allen diesen Fällen kommt es zum Anfall des Vereinsvermögens bei dem oder den Anfallberechtigten, und es hängt von der **Person des Anfallberechtigten** ab, ob ein Liquidationsverfahren nachfolgen muss: Fällt das Vereinsvermögen dem **Fiskus** an (§§ 45 Abs. 3), so gewährleistet § 46 eine den Interessen der Gläubiger gerecht werdende Abwicklung. Handelt es sich jedoch um eine oder mehrere Privatpersonen, so bedarf es besonderer Vorkehrungen sowohl zum Schutz der Gläubiger als auch zur Wahrung der berechtigten Interessen der Anfallberechtigten. Diese Vorkehrungen werden durch die Ausgestaltung des Abwicklungsverfahrens gem. §§ 47 ff. getroffen.

Im Fall der Auflösung des Vereins durch **Wegfall aller Mitglieder** findet nach h.M. **keine Liquidation** 5
nach § 47 statt, vielmehr wird der Verein durch einen nach § 1913 zu bestellenden Pfleger abgewickelt (§ 41 Rn 20). Eine Liquidation nach §§ 47 ff. findet ebenso wenig statt aufgrund ausdrücklicher Regelung im Fall der Insolvenz (Rn 6) sowie in denjenigen Fällen, in denen der Verein zwar seine Eigenschaft als juristische Person verliert, jedoch als werbender nicht rechtsfähiger Verein i.S.v. § 54 unter Wahrung seiner Identität fortbesteht, wie z.B. beim Verzicht auf die Rechtsfähigkeit (§ 41 Rn 15) oder bei einer Fortsetzungsklausel bzw. einem Fortsetzungsbeschluss (Rn 15 ff., § 41 Rn 4).

2. Liquidation nach durchgeführtem Insolvenzverfahren (Hs. 2). Nach durchgeführtem Insolvenz- 6
verfahren schließt sich in keinem Fall mehr ein Liquidationsverfahren an: Das Insolvenzverfahren ist ein **Liquidationsverfahren eigener Art** mit dem Ziel der Vollabwicklung des Vereinsvermögens.[6] Folgerichtig ist in § 47 Hs. 2 nunmehr ausdrücklich geregelt, dass das Vereinsvermögen einer Liquidation nur unterliegt, „soweit" nicht das Insolvenzverfahren eröffnet ist; dadurch wird klargestellt, dass sich das Insolvenzverfahren und die vereinsrechtliche Liquidation nach § 47 ff. ausschließen und dass das Insolvenzverfahren als das speziellere Verfahren den Vorrang genießt.[7] Die insolvenzmäßige Abwicklung wird ausschließlich von dem Insolvenzverwalter betrieben (§ 42 Rn 27), und zwar zunächst durch Verwertung des bei Verfahrenseröffnung vorhandenen Aktivvermögens und die Verteilung der dadurch erzielten baren Masse an die Insolvenzgläubiger. Rechte und Pflichten des Insolvenzschuldners nimmt der Vorstand, in einem erst während der Liquidation eröffneten Insolvenzverfahren die Liquidatoren wahr. Sofern der Verein nach Abschluss des Insolvenzverfahrens noch Vermögen hat, beendet der Verwalter die Liquidation nach Maßgabe des § 199 Abs. 2 InsO, d.h. er gibt das Restvermögen an die Anfallberechtigten i.S.d. §§ 45, 46 heraus (§ 42 Rn 27).

Entgegen einer verbreiteten Ansicht[8] bedeutet dies, dass der **Insolvenzverwalter** den Verein nach Maßgabe 7
von § 199 S. 2 InsO **bis zur Löschungsreife abzuwickeln hat**, nicht etwa muss im Anschluss an das Insolvenzverfahren bzw. parallel dazu eine außergerichtliche Liquidation stattfinden.[9] Insolvenzfreies Vermögen, das der Verfügungsmacht des Insolvenzverwalters entzogen ist, kann es nach richtiger Ansicht beim Verein

---

6 Vgl. *K. Schmidt*, GesR, 4. Aufl. 2002, § 24 VII 3b cc.
7 So auch die Gesetzesbegründung, BT-Drucks 12/3803, S. 76.
8 MüKo/*Reuter*, § 42 Rn 2; zust. *Gutzeit*, S. 132 ff.; allgemein zu juristischen Personen *Henckel*, ZIP 1991, 133, 134; *ders.*, in: FS Merz 1992, S. 197, 203; *Runkel*, in: FS Uhlenbruck 2000, S. 315, 317; *Tetzlaff*, ZIP 2001, 10, 19; zur KO/GesO auch noch BGH NJW 1996, 2035, 2036; ZIP 1998, 515, 516.
9 Vgl. Soergel/*Hadding*, § 42 Rn 9; allg. zu juristischen Personen *Haas*, Insolvenzrechts-Handbuch, hrsg. v. Gottwald, 2. Aufl. 2001, § 91 Rn 9; *Hirte*, ZInsO 2000, 127, 133; *H.-F. Müller*, Der Verband in der Insolvenz, 2002, S. 13 ff.; *K. Schmidt*, Wege zum Insolvenzrecht der Unternehmen, 1989, S. 99 ff., *ders.*, GmbHR 1994, 829, 830 f.; *ders.*, Kölner Schrift zur Insolvenzordnung, hrsg. v. Uhlenbruck, 2. Aufl. 2000, S. 1199, 2108; *ders.*, GesR, 4. Aufl. 2002, S. 335 ff.; *Uhlenbruck*, ZIP 1996, 1641, 1646 f.; Uhlenbruck/*Hirte*, InsO, 2003, § 11 Rn 18 ff.; s.a. die Gesetzesbegründung zur InsO, BT-Drucks 12/2443, S. 10, 109, u. BT-Drucks 12/7302, S. 155.

nicht geben (§ 42 Rn 14). Zwar gibt es für den Verein, anders als für Kapitalgesellschaften (§ 141a FGG), keine Bestimmung über die Zwangslöschung für den Fall, dass das Insolvenzverfahren durchgeführt worden ist und keine Anhaltspunkte für das Vorliegen von Restvermögen gegeben sind; dies aber wohl nur, weil der Gesetzgeber die h.M. zugrunde legte, wonach hier – anders als bei Kapitalgesellschaften, für die die Lehre vom Doppeltatbestand vorherrscht – mit Abschluss der Liquidation die Vollbeendigung des Vereins auch ohne Eintragung im Register eintrete (siehe dazu Rn 20).

8 **3. Liquidationszwang als Folge der Auflösung und der Entziehung der Rechtsfähigkeit?** Die Auflösung des e.V. und der Verlust der Eigenschaft als juristische Person bewirkten, wenn nicht das Vereinsvermögen an den Fiskus falle oder aus einem anderen Grund sofortige Vollbeendigung eintrete (siehe zu diesen Fällen § 41 Rn 5, 18 ff.), nach früher h.M. **zwingend den Eintritt des Vereins in das Liquidationsverfahren**;[10] bestritten war lediglich, ob sich zu diesem Zweck *ipso iure* ein besonderer „Liquidationsverein" (mit für die Zwecke des Abwicklungsverfahrens fortbestehender Rechtsfähigkeit[11]) von dem als nicht rechtsfähigem Verein i.S.v. § 54 fortbestehenden ursprünglichen e.V. abspalte oder ob die Fortsetzung des nach Abspaltung des Liquidationsvereins verbliebenen nicht rechtsfähigen Vereins einen Fortsetzungsbeschluss voraussetze.[12] Eine Ausnahme vom Liquidationszwang sollte danach nur dann in Betracht kommen, wenn der Verein nach der Auflösung oder der Entziehung der Rechtsfähigkeit kraft Satzungsbestimmung oder Beschlusses der Mitgliederversammlung als nicht rechtsfähiger Idealverein i.S.v. § 54 weiter bestehe.[13]

9 Heute wird jedoch mit Recht überwiegend angenommen, § 47 enthalte nur das Gebot, im Falle der Verteilung des Vereinsvermögens nach Liquidationsregeln vorzugehen, dagegen **keinen Liquidationszwang**; der Gesetzgeber habe damit lediglich ausgesprochen, dass jede Verteilung des Vereinsvermögens an andere Personen als den Fiskus (also an Vereinsmitglieder oder Dritte) nur im Wege eines Liquidationsverfahrens stattfinde.[14]

10 Die weiteren Konsequenzen dieser Konzeption unterscheiden sich danach, ob der Anfall i.S.v. § 45 infolge Auflösung oder infolge Entziehung der Rechtsfähigkeit eingetreten ist: Der aufgelöste Verein (§ 41 Rn 2, 6 ff.) kann danach durch Fortsetzungsbeschluss wieder in einen werbenden e.V. (Rn 15) oder durch Umwandlungsbeschluss in einen wirtschaftlichen Verein, eine GmbH u.Ä. verwandelt werden.[15] Ist dem Verein die „Rechtsfähigkeit", also die Eigenschaft als juristische Person entzogen worden (§ 41 Rn 3, 14 ff.), so ist er – wenngleich unter Wahrung seiner Identität – zunächst *ipso iure* zum nicht rechtsfähigen Liquidationsverein mutiert und kann gleichfalls nur durch Fortsetzungsbeschluss wieder in den werbenden Zustand zurückversetzt werden; denn es ist nicht zu rechtfertigen, ihn ohne weiteres, insbesondere ohne Willensbekundung der Mitglieder, als werbenden nicht rechtsfähigen (Dauer-)Verein i.S.v. § 54 mit all seinen vor allem haftungsrechtlichen Unterschieden (siehe § 54 Rn 16 ff., insb. Rn 19 zur Mitgliederhaftung beim wirtschaftlichen Verein) fortbestehen zu lassen.[16]

11 **4. Die Abwicklung des nicht rechtsfähigen Vereins i.S.v. § 54.** Beim nicht rechtsfähigen Verein i.S.v. § 54 (n.e.V.) ist streitig, ob die Abwicklung nach den vereinsrechtlichen Vorschriften durch Liquidation analog § 47[17] oder aber nach den Regeln über die Auseinandersetzung der GbR analog § 730[18] zu

---

10 Vgl. zuletzt noch (*obiter*) BGHZ 96, 253, 256; ausf. dazu *Reuter*, ZHR 151 (1987), 237, 238 f., 255 f.; MüKo/*Reuter*, § 41 Rn 2.
11 BGH MDR 1958, 756.
12 Vgl. zu dieser „Abspaltungstheorie" etwa Erman/*Westermann*, § 41 Rn 7; *Flume*, BGB AT Bd. 1/2, § 6 I, S. 181 f.; MüKo/*Reuter*, § 41 Rn 2; Palandt/*Heinrichs*, § 47 Rn 5; *Sauter/Schweyer/Waldner*, Rn 408; Staudinger/*Weick*, § 41 Rn 16, § 47 Rn 1.
13 Vgl. MüKo/*Reuter*, § 41 Rn 1 ff., §§ 45–47 Rn 1; Staudinger/*Weick*, § 41 Rn 16, § 47 Rn 1.
14 Grundlegend *Bayer*, S. 181 ff., 220 ff.; *K. Schmidt*, Verbandszweck, S. 293 ff., 296; *ders.*, GesR, 4. Aufl. 2002, § 24 VII 3b bb; zust. Bamberger/Roth/*Schwarz*, vor § 41 Rn 3 f., § 47 Rn 1; *Reichert*, Rn 2052; Soergel/*Hadding*, vor § 41 Rn 4, § 47 Rn 1; i.E. auch *Oetker*, NJW 1991, 385, 390.
15 *K. Schmidt*, Verbandszweck, S. 303 ff.; Soergel/*Hadding*, vor § 41 Rn 4.
16 So aber *Bayer*, S. 71 ff., 75 ff., 212 ff.; *K. Schmidt*, Verbandszweck, S. 299 ff., 296; Soergel/*Hadding*, vor § 41 Rn 4; wie hier Bamberger/Roth/*Schwarz*, vor § 41 Rn 6, sowie verschiedene höchstrichterliche Äußerungen zum Verlust der Rechtsfähigkeit nach § 42 Abs. 1 a.F., wonach die Rechtsfolgen des Verlustes der Rechtsfähigkeit und der Auflösung des Vereins dieselben seien, mithin das Vereinsvermögen nach § 49 Abs. 1 an die in der Satzung bestimmte Person falle bzw. die Personenvereinigung nach § 47 zu liquidieren sei (so BGHZ 96, 253, 254; BGH ZIP 2001, 889 ff.; BAG ZIP 2001, 129 m. Anm. *Reuter*, DZWiR 2001, 242).
17 Bamberger/Roth/*Schwarz*, § 54 Rn 34; *Habscheid*, AcP 155 (1954/55), 373, 411; MüKo/*Reuter*, §§ 45–47 Rn 12, § 54 Rn 42, 58; Palandt/*Heinrichs*, § 54 Rn 14; *Reichert*, Rn 2528; *K. Schmidt*, GesR, 4. Aufl. 2002, § 25 II 2c; *Schöpflin*, Der nichtrechtsfähige Verein, 2003, S. 512; Staudinger/*Weick*, § 54 Rn 84; sympathisierend auch BGHZ 50, 325, 329.
18 RG WarnR 1920 Nr. 199; Soergel/*Hadding*, § 54 Rn 9; Erman/*Westermann*, § 54 Rn 18.

erfolgen hat. Der wesentliche Unterschied zwischen den Abwicklungsregeln besteht darin, dass die vereinsrechtliche Liquidation grundsätzlich zwingend (Rn 8 ff.), die gesellschaftsrechtliche Abwicklung dagegen satzungsdispositiv ist; zudem erhalten nach §§ 731, 734 regelmäßig die Vereinsmitglieder den Überschuss, ohne dass es auf eine entsprechende Satzungsregelung oder auf den Vereinszweck i.S.d. § 45 Abs. 3 ankäme. Richtigerweise muss die entsprechende Anwendung der Vereinsvorschriften auf den n.e.V. (§ 54 Rn 2) auch den Liquidationszwang einschließen: Da den Gläubigern auch beim n.e.V., abgesehen von § 54 S. 2, in den Regel nur das Vereinsvermögen haftet (§ 54 Rn 16 f.), besteht zum Schutz der Gläubiger das gleiche Bedürfnis für die Liquidation wie beim e.V. Die Verteilung des Liquidationsüberschusses einer GbR und eines n.e.V. sind zudem nicht vergleichbar: Die Gesellschafter können mit unterschiedlichen Anteilen an dem Vermögen der Gesellschaft beteiligt sein und erhalten folglich nach § 734 den Überschuss entsprechend ihrem verhältnismäßigen Anteil am Gewinn. Die Vereinsmitglieder bilden das Vermögen hingegen durch Zahlung von Beiträgen, die nicht zur Erwirtschaftung eines Gewinns, sondern zur Verwirklichung des Vereinszwecks erbracht werden. Die Verteilung eines evtl. Überschusses erfolgt zu gleichen Teilen, sofern die Satzung nichts Abweichendes bestimmt.

III. Der Liquidationsverein

1. Identität zwischen werbendem Verein und Liquidationsverein. Der Liquidationsverein ist als Rechtssubjekt mit dem werbenden Verein identisch; diese Aussage des § 49 Abs. 2 ist trotz dessen missverständlichen Wortlauts keine Fiktion, sondern gesetzliche Anordnung der Rechtsfolge, dass der Liquidationsverein keiner Neugründung bedarf, vielmehr die Grundlage seines Daseins und seine Organisation ohne weiteres dem aufgehobenen Verband zu entnehmen hat.[19] Geändert hat sich lediglich der **Vereinszweck**, der unter Verdrängung des ursprünglichen satzungsmäßigen Zwecks des werbenden Verbands nunmehr allein in der Abwicklung des Vereinsvermögens besteht.[20]

Demgemäß ist der aus einem e.V. entstandene Liquidationsverein nicht nur, wie eine lange herrschende Meinung[21] unter Hinweis auf den Wortlaut des § 49 Abs. 2 annahm, „teilrechtsfähig" – d.h. nur insoweit fähig, Träger von Rechten und Pflichten zu sein, als diese dem Liquidationszweck dienen[22] –, sondern **uneingeschränkt rechtsfähig**,[23] und zwar als nicht rechtsfähiger Verein i.S.v. § 54 in den Fällen der Entziehung der Rechtsfähigkeit (vgl. Rn 8 ff., § 41 Rn 3, 14 ff.), als fortbestehende juristische Person in den Fällen der Auflösung (vgl. Rn 8 ff., § 41 Rn 2, 6 ff.). Dieses Ergebnis ist nicht nur – da das deutsche Recht eine „*ultra-vires*-Lehre" nicht kennt – dogmatisch konsistent, sondern entspricht auch allein praktischen Notwendigkeiten, da infolge der Vielzahl potenzieller Abwicklungsgeschäfte nicht immer wieder geprüft werden kann, ob das einzelne Geschäft vom Liquidationszweck noch gedeckt ist oder nicht. Dem an sich gerechtfertigten Anliegen, eine weitere werbende Tätigkeit des Vereins zu verhindern, kann besser dadurch Rechnung getragen werden, dass man einem offensichtlich liquidationsfremden Rechtsgeschäft nach den Grundsätzen über den Missbrauch der Vertretungsmacht (vgl. § 48 Rn 8) die Anerkennung versagt.[24]

2. Das Organisationsrecht des Liquidationsvereins. Da der Eintritt in das Liquidationsverfahren an der Identität des Vereins nichts ändert, gilt auch die dem werbenden Verein gegebene Organisationsverfassung fort, insbesondere seine Satzung.[25] Durch den Liquidationszweck verdrängt werden jedoch alle Bestimmungen, die die Verfolgung des ursprünglichen Vereinszwecks voraussetzen und regeln. Dies wird insbesondere für einen Großteil der den Mitgliedern eingeräumten Rechte gelten, während die aus der Mitgliedschaft folgenden Verpflichtungen grundsätzlich fortbestehen; jedoch haben die Mitglieder – ebenso wie die Organe (vgl. zu den Vorstandsmitgliedern/Liquidatoren § 49 Rn 1 f.) – statt des ursprünglichen werbenden Zwecks nunmehr den Liquidationszweck zu fördern. Die Beitragspflicht erlischt mit Eintritt in das Liquidationsverfahren,[26] selbstverständlich unbeschadet der Verpflichtung, rückständige Beiträge zu

---

19 Staudinger/*Weick*, § 49 Rn 16.
20 Ganz h.M., vgl. BGHZ 96, 253, 255; Bamberger/Roth/*Schwarz*, § 49 Rn 3; Soergel/*Hadding*, § 49 Rn 1; anders *K. Schmidt*, GesR, 4. Aufl. 2002, § 11 V 4c: Zweck des werbenden Verbands wird durch Liquidationszweck nur überlagert.
21 Vgl. BGHZ 1, 325, 329; BGH NJW-RR 1986, 394; Palandt/*Heinrichs*, § 49 Rn 4; Erman/*Westermann*, § 49 Rn 5; RGRK/*Steffen*, § 49 Rn 4.
22 Dies sollte zur Folge haben, dass der Liquidationsverein z.B. nicht mehr Erbe werden könne (BayObLGZ 1918/19, 192, 196), dass ihm kein Unterlassungsanspruch wegen Ehrverletzung und Kreditgefährdung mehr zustehen könne (RG JW 1936, 2351) oder dass seine tarifvertraglichen Bindungen erlöschen würden (BAGE 23, 46 = AP TVG § 2 Nr. 28 m. abl. Anm. *Wiedemann*; BAG NZA 1987, 246).
23 MüKo/*Reuter*, § 41 Rn 85, § 49 Rn 11 f.; *Reichert*, Rn 2121; *K. Schmidt*, AcP 174 (1974), 55, 67 f.; *ders.*, Verbandszweck, S. 294 f., 298 f.; *ders.*, AcP 184 (1984), 529, 533 ff.; Staudinger/*Weick*, § 49 Rn 17; Soergel/*Hadding*, § 49 Rn 11.
24 *Reichert*, Rn 2121; Soergel/*Hadding*, § 49 Rn 13.
25 *Reichert*, Rn 2123.
26 Vgl. RG HRR 1937, Nr. 429; BGHZ 96, 253, 255 ff.; MüKo/*Reuter*, § 49 Rn 3; *Reichert*, Rn 2124.

erbringen;[27] auch kann die Satzung vorsehen, dass die Mitglieder noch die Abwicklung mit Beiträgen zu fördern haben.[28] Gegenstandslos werden auch die Bestimmungen der Satzung über den Eintritt neuer Mitglieder, da der Liquidationsverein keine neuen Mitglieder mehr aufnehmen kann.[29] Der Austritt von Mitgliedern bleibt möglich, selbst wenn der Verein dadurch alle Mitglieder verliert; anders als jedenfalls nach der Praxis beim werbenden Verein (siehe § 41 Rn 20) führt dies im Hinblick auf § 49 Abs. 2 auch nicht zum sofortigen Erlöschen des Vereins.[30]

IV. Die Fortsetzung des werbenden Vereins

15 **1. Die Fortsetzungsmöglichkeit.** Solange die Liquidation nicht durch vollständige Verteilung des Vereinsvermögens ihren Abschluss gefunden hat, kann der aufgelöste Verein durch einen Fortsetzungsbeschluss in den werbenden Zustand zurückversetzt werden, sofern auch der Eintritt in das Liquidationsstadium auf einem Entschluss der Vereinsorgane beruht (also nicht, wenn die Liquidation gegen den Willen des Vereins – etwa durch Verbot von staatlicher Seite – herbeigeführt worden ist). Diese Option ist zwar nur in § 42 Abs. 1 S. 2 und 3 ausdrücklich ausgesprochen (siehe § 42 Rn 37); sie besteht jedoch immer dann, wenn und solange der Verein sich im Liquidationsstadium befindet, also nicht bei sofortiger Vollbeendigung ohne Liquidation oder bei Anfall an den Fiskus. Die Wiederaufnahme der werbenden Tätigkeit kann ungeachtet der bisherigen Rechtsform grundsätzlich sowohl als rechtsfähiger (eingetragener) oder als i.S.v. § 54 nicht rechtsfähiger Verein geschehen. Der wirtschaftliche Verein i.S.v. § 22 nimmt allerdings im Fall der Fortsetzung zwingend eine handelsrechtliche Gesellschaftsform an.

16 **2. Beseitigung des Beendigungsgrunds.** Der Grund, der zur Liquidation geführt hat, muss für die Fortsetzung beseitigt werden, widrigenfalls die Fortsetzungsoption entfällt. Wurde also die Rechtsfähigkeit entzogen und ist die Einziehung des Vereinsvermögens nicht aufgehoben bzw. zurückgenommen, so kommt nur eine Fortsetzung als nicht rechtsfähiger Verein i.S.v. § 54 infrage; erst mit einer Löschung von Amts wegen kann der aus diesem Grunde in Liquidation befindliche Verein als eingetragener Verein reaktiviert werden. Der nach Maßgabe des VereinsG verbotene Verein darf auch dann nicht fortgesetzt werden, wenn von einer Vermögenseinziehung abgesehen wurde (vgl. § 8 VereinsG, §§ 13 Nr. 1, 36 ff. BVerfGG). War die Rechtsfähigkeit wegen gesetzwidrigen Verhaltens entzogen, darf der Verein auch nicht als nicht eingetragener Verein i.S.v. § 54 die verbotene Tätigkeit fortführen.

17 **3. Fortsetzung aufgrund Beschlusses der Mitgliederversammlung.** Die Fortsetzung, die den Verein aus einem Liquidationsverein wieder in den werbenden Verein zurückverwandelt, muss grundsätzlich durch die Mitgliederversammlung beschlossen werden. Die für die Fortsetzung erforderliche Beschlussmehrheit ist umstritten. Richtigerweise ist nach dem Beendigungsgrund zu differenzieren: Ergab sich der Beendigungsgrund aus der Satzung, so liegt in dem Fortsetzungsbeschluss zugleich eine Satzungsänderung, so dass die satzungsändernde Mehrheit (regelmäßig also eine Dreiviertelmehrheit, § 33 Abs. 1 S. 1) erforderlich ist; beruhte die Beendigung dagegen auf einem Beschluss der Mitgliederversammlung, so gilt die hierfür anderweitigen Regelung aber wiederum der Dreiviertelmehrheit ist, § 41 S. 2).[31] Wird mit dem Fortsetzungsbeschluss zugleich der ursprüngliche Vereinszweck geändert, so bedarf es der Einstimmigkeit (§ 33 Abs. 1 S. 2). Mitgliedern, die mit der Fortsetzung nicht einverstanden sind, steht ein außerordentliches Austrittsrecht zu, soweit mit einer Fortsetzung als nicht eingetragener Verein die persönliche Haftung verbunden wäre (vgl. § 54 Rn 19 zur Mitgliederhaftung beim wirtschaftlichen Verein).

18 **4. Fortsetzung aufgrund Satzungsbestimmung.** Die Entscheidung, den Verein bei Verlust der Rechtsfähigkeit fortzusetzen, kann auch bereits in der Satzung getroffen sein, vgl. § 42 Abs. 1 S. 3. Diese Satzungsbestimmung greift dann ein, sobald die Fortsetzung zulässig ist. Sie kann die Mitglieder zur Zustimmung zu einem ausdrücklichen (z.B. von der Finanzbehörde zur Klärung verlangten) Fortsetzungsbeschluss verpflichten.

---

27 BGHZ 96, 253, 255 ff.
28 BGHZ 96, 253, 255 ff.; MüKo/*Reuter*, § 49 Rn 3.
29 BGH NJW-RR 1995, 1237; *Reichert*, Rn 2124; Soergel/*Hadding*, § 49 Rn 9.
30 OLG Köln OLGZ 1968, 200, 206 f.; *Reichert*, Rn 2127a; Staudinger/*Weick*, § 49 Rn 16; anders BGH DB 1965, 1665.

31 MüKo/*Reuter*, § 49 Rn 10; Soergel/*Hadding*, vor § 41 Rn 23; Staudinger/*Weick*, § 49 Rn 21; a.A. (immer Dreiviertelmehrheit) KG JW 1935, 3636; Palandt/*Heinrichs*, § 41 Rn 7; in der Begründung abweichend auch LG Frankenthal Rpfleger 1955, 106: immer einfache Mehrheit; stets für satzungsändernde Mehrheit dagegen *K. Schmidt*, Verbandszweck, S. 305 ff.; Erman/*Westermann*, § 41 Rn 7.

V. Die Vollbeendigung des Vereins nach durchgeführter Liquidation

1. Beendigung der Liquidation. Die Bestimmungen der § 47 ff. sind allein auf Vermögensliquidation ausgerichtet. Daher ist die Liquidation beendet, wenn der Verein **vermögenslos** ist, d.h. vor allem nach der Schlussverteilung des verwertbaren Aktivvermögens an die Anfallberechtigten (§ 49 Rn 7). Danach kann die Liquidation auch vor Ablauf der Jahresfrist des § 51 enden, wenn kein verteilungsfähiges Vermögen mehr vorhanden ist (§ 51 Rn 5). Das Vorhandensein von Vermögensgegenständen ohne geldwerte Verwertungsmöglichkeit (z.B. Geschäftspapieren) hindert die Beendigung der Liquidation nicht,[32] auch nicht das Vorhandensein nichtvermögensrechtlicher Ansprüche.[33] Umgekehrt führt die Verteilung des (restlichen) Vereinsvermögens an die Anfallberechtigten dann nicht die Vermögenslosigkeit (und mit ihr die Beendigung der Liquidation und das Erlöschen des Vereins) herbei, wenn die Verteilung einen bekannten Gläubiger übergangen hat oder unter Verstoß gegen §§ 50–52 erfolgte; denn in diesem Fall erwachsen dem Verein verwertbare Bereicherungsansprüche auf Rückgewähr gegen die Anfallberechtigten, so dass die Vermögenslosigkeit eine lediglich scheinbare ist (§ 51 Rn 5, § 53 Rn 3).

2. Konstitutive oder deklaratorische Löschung im Vereinsregister nach erfolgter Liquidation? Die Beendigung der Liquidation ist im Vereinsregister einzutragen (vgl. § 74 sowie §§ 3, 4 Abs. 2 Nr. 2 VRV). Nach traditioneller und immer noch herrschender Auffassung[34] führt jedoch bereits der Abschluss der Liquidation durch restlose Verteilung aller Aktiva ohne weiteres zur Vollbeendigung des Vereins und damit zu seinem Erlöschen als selbständigem Rechtssubjekt; die nachfolgende Löschung im Vereinsregister sei **rein deklaratorisch**. Dem ist jedoch entgegenzuhalten, dass die Vermögenslosigkeit ein unscharfes und nicht selten schnellen Änderungen unterworfenes Kriterium darstellt, an das die weit reichende Rechtsfolge der Vollbeendigung nicht geknüpft werden sollte. Daher ist im Interesse der Rechtsklarheit die zum Kapitalgesellschaftsrecht entwickelte **Lehre vom Doppeltatbestand**[35] auch für den Verein vorzugswürdig, d.h. die Vollbeendigung des Vereins setzt neben der Vermögenslosigkeit auch die **konstitutive Löschungseintragung** im Vereinsregister voraus.[36] Für die Praxis ist gleichwohl bis auf weiteres von der traditionellen Auffassung auszugehen; dem folgt deshalb auch diese Kommentierung.

3. Wirkungen der Vollbeendigung. Mit Ende der Liquidation und, jedenfalls nach herrschender Auffassung, bereits vor deren Eintragung im Register (Rn 20) ist der Verein vollbeendet. Er ist dann **nicht mehr existent**, es kann jetzt insbesondere **kein Fortsetzungsbeschluss** mehr gefasst werden.[37] Etwaige steuerliche Aufbewahrungspflichten treffen grundsätzlich die Liquidatoren.[38] Zu den **Auswirkungen auf anhängige Prozesse** siehe Rn 26.

VI. Die Nachtragsliquidation

Stellt sich nach Abschluss der Liquidation heraus, dass wider Erwarten noch Vermögenswerte vorhanden sind, so ist die Liquidation als sog. Nachtragsliquidation fortzuführen; hierfür lebt die (vermeintlich) erloschene Rechts- und Parteifähigkeit des Liquidationsvereins (Rn 24) wieder auf.[39] Die praktisch häufigste Fallgruppe entsteht durch das unvermutete „Auftauchen" durchsetzbarer Ansprüche gegen Vereinsmitglieder oder Dritte, darunter die Bereicherungsansprüche gegen die Anfallberechtigten bei verfrühter oder nicht ordnungsgemäßer Verteilung zulasten noch nicht befriedigter Gläubiger (§ 51 Rn 5, § 53 Rn 2 f.). Nachtragsliquidation tritt nach h.M. auch dann ein, wenn beim Verein zwar materiell keine Vermögenswerte mehr vorhanden sind, aber eine Mitwirkung des Vereins zur Beseitigung formaler Rechtspositionen (z.B. Löschungen im Grundbuch) oder bei sonstigen der Abwicklung dienenden Maßnahmen (Durchführung einer steuerlichen Betriebsprüfung, Entgegennahme von zuzustellenden Schriftstücken) erforderlich ist.[40] Zuständig

---

32 Bamberger/Roth/*Schwarz*, § 49 Rn 13; Palandt/ *Heinrichs*, § 52 Rn 4.
33 Soergel/*Hadding*, § 49 Rn 14.
34 RGZ 109, 387, 391; 149, 293, 296; BGHZ 48, 303, 307; 53, 264, 266; 74, 212, 213; OLG Düsseldorf NJW 1966, 1034, 1035; ebenso *Heller*, S. 128 ff.; *Hönn*, ZHR 138 (1974), 50 ff.; Palandt/*Heinrichs*, § 52 Rn 4; *Reichert*, Rn 2208; *H. Schmidt*, S. 169 ff.; Soergel/*Hadding*, § 49 Rn 14; Staudinger/*Weick*, § 49 Rn 20.
35 Vgl. etwa BGH NJW-RR 1988, 477; ZIP 1994, 1685; OLG Stuttgart ZIP 1986, 647, 648; Jaeger/ Schilken, InsO, 2004, § 26 Rn 47 f.; *K. Schmidt*, GesR, 4. Aufl. 2002, § 11 V 6; *ders.*, GmbHR 1988, 209 ff.; Scholz/*K. Schmidt*, GmbHG, 9. Aufl. 2000/ 2002, § 60 Rn 56 ff.; Uhlenbruck/*Hirte*, InsO, 2003, § 11 Rn 110, § 26 Rn 44.
36 Vgl. Bamberger/Roth/*Schwarz*, § 49 Rn 12; MüKo/ *Reuter*, § 41 Rn 13, § 49 Rn 17; *K. Schmidt*, GesR, 4. Aufl. 2002, § 11 V 6; *ders.*, GmbHR 1988, 209 ff.
37 Bamberger/Roth/*Schwarz*, vor § 41 Rn 20, § 49 Rn 13.
38 S. *Reichert*, Rn 2213.
39 BGHZ 53, 26, 266; Bamberger/Roth/*Schwarz*, § 49 Rn 16; *Reichert*, Rn 2220.
40 Bamberger/Roth/*Schwarz*, § 49 Rn 16; Soergel/ *Hadding*, § 49 Rn 15; im Hinblick auf den auf Vermögensabwicklung beschränkten Zweck der Liquidation (Rn 2) ist das aber zweifelhaft.

sind grundsätzlich die bisherigen Liquidatoren. Sofern in den bereits erfolgten Abschlusshandlungen der früheren Liquidatoren eine konkludente Niederlegung des Amtes zu sehen ist[41] oder wenn die Beendigung der Liquidation bereits zum Vereinsregister angemeldet wurde, müssen die Nachtragsliquidatoren nach §§ 48 Abs. 1 S. 1, 29 als Notabwickler bestellt werden.

C. Weitere praktische Hinweise

I. Auf die Liquidation bezogene Registeranmeldungen

23 Die **Liquidatoren sowie der Umfang ihrer Vertretungsmacht** sind durch den bisherigen Vorstand in vertretungsberechtigter Zahl zum Vereinsregister anzumelden (§ 76 Abs. 2 S. 1 und 2), was in der Regel zusammen mit der Anmeldung der Auflösung des Vereins geschieht. Der Anmeldung der durch Beschluss der Mitgliederversammlung gestellten Liquidatoren ist eine (unbeglaubigte) Abschrift des Beschlusses, der Anmeldung einer Bestimmung über die Beschlussfassung der Liquidatoren eine Abschrift der die Bestimmung enthaltenden Urkunde beizufügen (§ 76 Abs. 2 S. 3). Die Anmeldepflicht des Vorstands besteht unabhängig davon, ob die bisherigen Vorstandsmitglieder als Liquidatoren berufen sind oder ob andere Personen anzumelden sind. Auch die **Beendigung der Liquidation** ist im Vereinsregister einzutragen (vgl. § 74 sowie §§ 3, 4 Abs. 2 Nr. 2 VRV). Vgl. im Übrigen die Kommentierung zu §§ 74, 76.

II. Der Liquidationsverein im Zivilprozess

24 **1. Prozessführung während des Liquidationsverfahrens.** Der Liquidationsverein ist nach wie vor als juristische Person uneingeschränkt rechtsfähig (Rn 13); ihm steht deshalb auch unproblematisch nach wie vor die **volle Partei- und Beteiligtenfähigkeit** in einem gerichtlichen Verfahren zu. Da der Liquidationsverein mit dem werbenden Verein identisch ist (Rn 12), bleiben **anhängige Prozesse** von dem Eintritt des Vereins in das Liquidationsstadium grundsätzlich **unberührt**.[42] Dementsprechend ist der Eintritt in das Liquidationsverfahren im Zivilprozess auch kein Unterbrechungsgrund entsprechend § 240 ZPO; anders ist dies nur dann, wenn der Verein zeitweise ohne gesetzlichen Vertreter ist (§§ 241, 246 ZPO), insbesondere weil die bisherigen Vorstandsmitglieder nicht Liquidatoren werden und die Bestellung von Liquidatoren sich verzögert.[43] Auch der **Gerichtsstand** des Vereins bleibt unverändert, zumal der Sitz des Vereins im Liquidationsstadium nicht mehr verändert werden kann.

25 Anhängige Aktiv- oder Passivprozesse sind unter dem Aspekt der Abwicklung der laufenden Geschäfte (§ 49 Abs. 1, siehe § 49 Rn 3) von den Liquidatoren **fortzuführen**, wenn sie einen vermögensrechtlichen Streitgegenstand haben;[44] sie können unter derselben Voraussetzung auch neu anhängig gemacht werden, wenn dies zur Vermeidung von Vermögensnachteilen zweckmäßig erscheint. Zu beenden (ggf. durch kostenpflichtige Klagerücknahme gem. § 269 ZPO, notfalls durch Klageverzicht oder Anerkenntnis) ist jedoch ein Prozess, in dem es lediglich um die Kreditwürdigkeit oder die Ehre des Vereins geht.[45]

26 **2. Prozessführung nach Abschluss der Liquidation.** Ebenso wie die Rechtsfähigkeit endet auch die **Parteifähigkeit** (erst) mit der **Vollbeendigung** des Vereins, d.h. dann, wenn tatsächlich sämtliches Vermögen verteilt ist (Rn 19 ff.); der förmliche Abschluss der Liquidation ist dagegen für sich genommen unerheblich.[46] Mit der Vollbeendigung des Vereins erlischt dieser als Rechts- wie auch (vgl. § 50 Abs. 1 ZPO) als Prozesssubjekt. Dies bedeutet nicht nur, dass **keine neuen Prozesse** für oder gegen ihn anhängig gemacht werden können; vielmehr werden nach der Rechtsprechung des BGH auch die unter seiner Beteiligung **bereits anhängigen Aktiv- und Passivprozesse** grundsätzlich **ohne weiteres unzulässig**, die nach wie vor für oder gegen ihn erhobene Klage ist, wenn nicht Erledigung der Hauptsache erklärt wird, kostenpflichtig abzuweisen.[47]

---

41 Vgl. Soergel/*Hadding*, § 51 Rn 15.
42 RGZ 134, 91, 94; BGH WM 1964, 152, 153; BAG NJW 1988, 2637; BGHZ 74, 212, 213 m. Anm. *Theil*, JZ 1979, 567; Musielak/*Weth*, ZPO, § 50 Rn 18; *Reichert*, Rn 1719, 2163; Soergel/*Hadding*, § 49 Rn 4.
43 *Reichert*, Rn 2122.
44 RG HRR 1936, Nr. 1100; BGHZ 74, 212, 213 m. Anm. *Theil*, JZ 1979, 567; *Reichert*, Rn 1719, 2163; Soergel/*Hadding*, § 49 Rn 4.
45 RG HRR 1936, Nr. 1100; RG JW 1936, 2551; KG JW 1936, 672; Palandt/*Heinrichs*, § 49 Rn 2; *Reichert*, Rn 2163; Soergel/*Hadding*, § 49 Rn 4 .
46 Vgl. BGH NJW 1982, 238; 1988, 1321, 1322; 1996, 2035; BAG NJW 1988, 2638; BFH NJW 1990, 2647, 2648; Musielak/*Weth*, ZPO, § 50 Rn 18; *Reichert*, Rn 1719, 2122.
47 BGH WM 1976, 686; BGHZ 74, 212, 213 m. abl. Anm. *Theil*, JZ 1979, 567; BGH NJW 1983, 883, 884; 1988, 1321, 1322; *Reichert*, Rn 1719; Staudinger/*Weick*, § 49 Rn 20; a.A. insb. das BAG, vgl. BAGE 36, 125, 128 f. = JZ 1982, 372 m. zust. Anm. *Theil*; *Bork*, JZ 1991, 841, 848, 850; MüKo *Reuter*, § 49 Rn 18 f.; Musielak/*Weth*, ZPO, § 50 Rn 18; *K. Schmidt*, GesR, 4. Aufl. 2002, § 11 V 6c; Soergel/*Hadding*, § 49 Rn 14; s.a. OLG Koblenz ZIP 1998, 967: keine Vermögenslosigkeit im Hinblick auf bedingten Kostenerstattungsanspruch der beklagten Partei.

Dies gilt jedoch nicht, wenn gerade darum gestritten wird, ob noch Vermögenswerte vorhanden sind; 27
vermögensrechtliche **Aktivprozesse** führt der Verein deshalb grundsätzlich fort.[48] Etwas anderes soll auch
dann gelten, wenn **nichtvermögensrechtliche Ansprüche gegen den Verein** geltend gemacht werden, z.B.
der Zeugnisanspruch eines Arbeitnehmers oder dessen Klage auf Feststellung der Unwirksamkeit einer
Kündigung.[49] Für die Dauer der **Nachtragsliquidation** lebt auch die Parteifähigkeit des Liquidationsvereins
uneingeschränkt wieder auf (Rn 22).

Generell ist der (Liquidations-)Verein für die **Dauer des Streits um seine Parteifähigkeit** als parteifähig 28
zu behandeln.[50] Zur Geltendmachung seiner Parteifähigkeit kann der Verein auch Rechtsmittel einlegen; das
Rechtsmittelgericht muss, falls es die Parteifähigkeit gleichfalls verneint, das Rechtsmittel als unbegründet
zurückweisen, nicht als unzulässig.[51] Einer auf den Wegfall der Parteifähigkeit gestützten Erledigungs-
erklärung des Gegners kann der Verein widersprechen und Klageabweisung beantragen.[52]

III. Liquidation und Zwangsvollstreckung

Während des Liquidationsverfahrens sind Vollstreckungsmaßnahmen gegen den Verein unproblematisch 29
zulässig. Nach der Vollbeendigung ist die Einleitung oder Fortführung eines Vollstreckungsverfahrens
unzulässig,[53] aber natürlich – mangels Vollstreckungssubstrats – auch sinnlos.

IV. Zum Verhältnis von Liquidation und Insolvenzverfahren

1. Die Insolvenz des Liquidationsvereins. Der Liquidationsverein ist – unabhängig davon, ob als e.V. 30
oder als nicht rechtsfähiger Verein i.S.v. § 54 – gem. § 11 Abs. 3 InsO in gleicher Weise **insolvenzfähig** wie
der werbende e.V., solange die Verteilung des Vereinsvermögens noch nicht abgeschlossen ist (§ 42 Rn 4,
§ 54 Rn 43). Dies gilt jedoch nicht, wenn die Auflösung auf den Austritt oder Wegfall sämtlicher Mitglieder
zurückzuführen ist; die Abwicklung erfolgt in diesem Fall, sofern erforderlich, durch einen nach § 1913
zu bestellenden Pfleger (Rn 5, § 41 Rn 20). Nur für den Fall, dass sich der Verein bei Austritt sämtlicher
Mitglieder bereits im Liquidationsstadium befindet, fingiert § 49 Abs. 2 ausnahmsweise die Fortgeltung der
Insolvenzfähigkeit (§ 41 Rn 20). Ist ein Verein **im Vereinsregister gelöscht** worden, so ist er grundsätzlich
nicht mehr existent und als solcher nicht mehr insolvenzfähig, nach der Lehre vom Doppeltatbestand
allerdings nur unter der zusätzlichen Voraussetzung, dass er auch vermögenslos ist (Rn 20). In der Liquidation
sind die Liquidatoren nach §§ 48 Abs. 2, 42 Abs. 2, 53 anstelle der Vorstandsmitglieder zur Stellung des
Insolvenzantrags verpflichtet, sobald sich erweist, dass das Vermögen des Liquidationsvereins nicht zur
Befriedigung aller Gläubiger ausreicht.[54]

2. Verdrängung des Liquidationsverfahrens durch die insolvenzmäßige Abwicklung. Ist das Insol- 31
venzverfahren – sei es über das Vermögen des werbenden Vereins, sei es über das Vermögen des Liquidationsvereins – einmal eröffnet, so verdrängen die Bestimmungen der InsO über die insolvenzmäßige Abwicklung
die Regelungen der §§ 47 ff. über die vereinsrechtliche Liquidation (Rn 6). Hieraus folgt zugleich, dass
der Insolvenzverwalter den Verein nach Maßgabe von § 199 S. 2 InsO bis zur Löschungsreife abzuwickeln
hat, nicht etwa muss im Anschluss an das Insolvenzverfahren bzw. parallel dazu eine außergerichtliche
Liquidation stattfinden (Rn 6, § 42 Rn 27).

---

48 RGZ 134, 91, 94; BGH WM 1986, 145; VersR 1991, 121; NJW-RR 1995, 1237; BAG NJW 1988, 2637, 2638; MüKo/*Reuter*, § 49 Rn 18; Musielak/*Weth*, ZPO, § 50 Rn 18; *Reichert*, Rn 1719; *K. Schmidt*, GesR, 4. Aufl. 2002, § 11 V 6c.
49 BAGE 36, 125, 128 f.; Musielak/*Weth*, ZPO, § 50 Rn 18; weiter gehend Soergel/*Hadding*, § 49 Rn 14: nichtvermögensrechtliche Ansprüche ohne Rücksicht auf die Parteirolle; vgl. auch BGH WM 1965, 1132; NJW-RR 1995, 1237, 1238.
50 Sog. Zulassungsstreit, vgl. *Reichert*, Rn 1719; allg. BGHZ 24, 91, 94; BGH NJW 1993, 2943, 2944; Musielak/*Weth*, ZPO, § 50 Rn 15.
51 BGHZ 24, 91, 94; 74, 212, 214 f.
52 BGH NJW-RR 1986, 394.
53 OLG Düsseldorf NJW 1966, 1034, 1035.
54 Vgl. MüKo/*Reuter*, § 42 Rn 13; Soergel/*Hadding*, § 42 Rn 11.

§ 48 Liquidatoren

(1) ¹Die Liquidation erfolgt durch den Vorstand. ²Zu Liquidatoren können auch andere Personen bestellt werden; für die Bestellung sind die für die Bestellung des Vorstands geltenden Vorschriften maßgebend.

(2) ¹Die Liquidatoren haben die rechtliche Stellung des Vorstands, soweit sich nicht aus dem Zwecke der Liquidation ein anderes ergibt.

(3) ¹Sind mehrere Liquidatoren vorhanden, so ist für ihre Beschlüsse Übereinstimmung aller erforderlich, sofern nicht ein anderes bestimmt ist.

Literatur: *Grziwotz*, Die Liquidation von Kapitalgesellschaften, Genossenschaften und Vereinen, DStR 1992, 1404; *K. Schmidt*, Liquidationszweck und Vertretungsmacht der Liquidatoren, AcP 174 (1974), 55; *ders.*, Ultra-vires-Doktrin: tot oder lebendig? – Bemerkungen zur Organvertretungsmacht, AcP 184 (1984), 529; *Schwarz*, Die Publizität der Vertretungsmacht des Vorstands und der Liquidatoren eines Vereins, NZG 2002, 1033; *ders.*, Die Mehrheitsvertretung des Vereinsvorstandes und deren Eintragung im Vereinsregister, Rpfleger 2003, 1. Siehe auch die Literatur bei § 41.

A. Allgemeines 1	1. Die Geschäftsführungsbefugnis der Liquidatoren 7
B. Regelungsgehalt 2	2. Die Vertretungsbefugnis der Liquidatoren ... 8
I. Auswahl der Liquidatoren (Abs. 1) 2	3. Willensbildung und Vertretung bei Vorhandensein mehrerer Liquidatoren (Abs. 3) 9
1. Kontinuität des Vorstandsamts im Liquidatorenamt 2	a) Die Willensbildung der Liquidatoren ... 9
2. Bestimmung der Liquidatoren durch die Satzung 3	b) Die Außenvertretung des Liquidationsvereins 10
3. Bestimmung der Liquidatoren durch die Mitgliederversammlung 4	IV. Die Beendigung des Liquidatorenamts 11
4. Bestimmung eines Notliquidators durch das Amtsgericht 5	1. Amtsniederlegung 11
II. Die Rechtsstellung der Liquidatoren (Abs. 2)	6	2. Abberufung 12
III. Geschäftsführung und Vertretung 7	V. Die Haftung der Liquidatoren 13
	C. Weitere praktische Hinweise 14

A. Allgemeines

1 Nicht anders als der werbende Verein bedarf auch der abzuwickelnde Verein eines Organs zur Wahrnehmung der anfallenden Geschäftsführungs- und Vertretungsaufgaben. Diese Aufgabe übernehmen die Liquidatoren. § 48 regelt die **Auswahl** der Liquidatoren (Abs. 1), deren **Rechtsstellung** (Abs. 2) und deren **Beschlussfassung** (Abs. 3). Leitend ist der Gedanke, so wenig wie möglich in die Organisationsstruktur des Vereins einzugreifen. Zu den **Aufgaben** des Liquidators vgl. § 49 Rn 2 ff.).

B. Regelungsgehalt

I. Auswahl der Liquidatoren (Abs. 1)

2 **1. Kontinuität des Vorstandsamts im Liquidatorenamt.** In Ermangelung besonderer Satzungsbestimmungen (Rn 3) werden die Mitglieder des bei Eintritt der Liquidation vorhandenen **Vorstands** (§ 26) gem. Abs. 1 S. 1 ohne besonderen Bestellungsakt zu Liquidatoren des Vereins („**geborene Liquidatoren**"); zugleich wird die entsprechende Anwendung der Vorschriften über die Vorstandsbestellung (§§ 27 Abs. 1, 29) angeordnet. Insofern besteht eine korporationsrechtliche **Verpflichtung der bisherigen Vorstandsmitglieder**, das Liquidatorenamt wahrzunehmen;[1] dieser können sie sich nur durch Amtsniederlegung (Rn 11) entziehen. Eine Recht auf Bestellung zum Liquidator trotz gegenteiliger Satzungsbestimmung haben die bisherigen Vorstandsmitglieder (selbstverständlich) nicht.

3 **2. Bestimmung der Liquidatoren durch die Satzung.** Die Satzung kann aber auch eigenständige Bestimmungen über die zu Liquidatoren zu bestellenden Personen enthalten („**gekorene Liquidatoren**"). Anstelle der Vorstandsmitglieder können auf diese Weise auch „andere Personen" bestellt werden (Abs. 1 S. 2 Hs. 1). Zulässig ist selbstverständlich auch eine „gemischte" Zusammensetzung aus bisherigen Vorstandsmitgliedern und „anderen Personen". Fähig, das Amt des Liquidators auszuüben, sind Vereinsmitglieder ebenso wie Nichtmitglieder, insbesondere externe „Abwicklungsexperten".[2] Zu Liquidatoren können auch

---

[1] MüKo/*Reuter*, § 48 Rn 1; Staudinger/*Weick*, § 48 Rn 1; a.A. *Reichert*, Rn 2129.

[2] MüKo/*Reuter*, § 48 Rn 1.

Personengesellschaften oder juristische Personen bestellt werden.[3] Die zu bestellenden Personen müssen in der Satzung bereits bestimmt bezeichnet sein; bloße Bestimmbarkeit genügt nicht.[4] Die Bestellung als solche kann auch durch die Satzung nicht einem Dritten übertragen werden,[5] jedoch kann eine entsprechende Satzungsbestimmung als Benennungsrecht auszulegen sein mit der Folge, dass die Mitgliederversammlung bei der Bestellung grundsätzlich hieran gebunden ist.[6]

3. Bestimmung der Liquidatoren durch die Mitgliederversammlung. Hat der Verein im Moment des Eintritts in das Liquidationsverfahren keinen Vorstand oder lehnt die durch die Satzung zum Liquidator bestimmte Person die Annahme des Amts ab, so muss die Mitgliederversammlung oder das an ihrer Stelle satzungsmäßig bestimmte Vereinsorgan die Bestellung vornehmen, d.h. die erforderliche Zahl von Liquidatoren wählen.[7] Für die Wahl ist in Ermangelung abweichender Satzungsbestimmung die einfache Mehrheit der Stimmen erforderlich und ausreichend.[8] Der Vorgeschlagene kann sich, sofern er Vereinsmitglied ist, an der Abstimmung beteiligen.[9]

4. Bestimmung eines Notliquidators durch das Amtsgericht. Ist ein ordnungsgemäßer Liquidator nicht vorhanden, so kann das Amtsgericht dem Liquidationsverein in dringenden Fällen auf Antrag einen Notliquidator bestellen (§§ 48 Abs. 2, 29).[10] Antragsberechtigt ist jedes Vereinsmitglied, jeder Vereinsgläubiger sowie die amtierenden oder ausgeschiedenen Liquidatoren (sofern eines von mehreren vorgesehenen Liquidatorenämtern vakant ist). Das Gericht entscheidet ohne Bindung an etwaige Vorschläge des Antragstellers nach pflichtgemäßem Ermessen, wie viele Liquidatoren bestellt werden, welchen Aufgabenkreis sie erhalten und für welchen Zeitraum sie tätig werden sollen. Die Bestellung kann von einer Vergütungszusage des Vereins oder des Antragstellers abhängig gemacht werden, gegebenenfalls auch von der Leistung eines entsprechenden Vorschusses.[11] Werden mehrere Notliquidatoren bestellt, so legt das Gericht fest, ob sie zur Allein- oder Kollektivvertretung berufen sind. Der Bestellte ist zur Annahme des Amts verpflichtet, ohne hierzu jedoch gezwungen werden zu können.[12] Einen Notliquidator kann nur das Gericht wieder abberufen.[13]

II. Die Rechtsstellung der Liquidatoren (Abs. 2)

Da die Liquidatoren die rechtliche Stellung eines Vorstands haben (§ 48 Abs. 2), ist bei ihnen, ebenso wie hinsichtlich der Mitglieder des Vorstands (§ 27 Rn 5), zwischen der durch die Bestellung erlangten korporationsrechtlichen Organstellung und dem zu Grunde liegenden schuldrechtlichen Anstellungsverhältnis (Auftrags- oder Dienstvertragsverhältnis) zu unterscheiden.[14] Wird die Liquidation durch die bisherigen Vorstandsmitglieder durchgeführt (Rn 2), so erfährt ihre entsprechende Rechtsstellung durch den Übergang in das Liquidationsstadium keine Veränderung; das organschaftliche Vorstandsverhältnis wandelt sich in ein organschaftliches Liquidatorenverhältnis, das Anstellungsverhältnis bleibt unberührt.[15] Bei neu bestellten Liquidatoren werden diese Rechtsverhältnisse mit der Übernahme des Amts neu begründet. Eine Vergütung oder Aufwandsentschädigung erhält der Liquidator in diesem Fall nur, wenn sich dies aus der Satzung[16] bzw. – im Falle der Bestellung eines Notliquidators – aus dem gerichtlichen Bestellungsbeschluss ergibt oder wenn er dies vor der Übernahme des Amts mit dem (ordnungsgemäß vertretenen) Verein vereinbart hat.

---

3 *Reichert*, Rn 2130; MüKo/*Reuter*, § 48 Rn 2; Soergel/*Hadding*, § 48 Rn 3.
4 *Reichert*, Rn 2131; a.A. Soergel/*Hadding*, § 48 Rn 2.
5 *Reichert*, Rn 2131; vgl. auch RGZ 145, 99, 104 (zur GmbH); a.A. LG Siegen Rpfleger 1964, 267; LG Hildesheim NJW 1965, 2400; LG Krefeld Rpfleger 1968, 17; Soergel/*Hadding*, § 48 Rn 2; *Stöber*, Rn 252.
6 *Reichert*, Rn 2131.
7 *Reichert*, Rn 2132.
8 *Reichert*, Rn 2132.
9 *Reichert*, Rn 2132.
10 BayObLGZ 1955, 288, 290 (zur GmbH); BayObLGZ 1976, 126, 129; *Reichert*, Rn 2134; Soergel/*Hadding*, § 48 Rn 4; Staudinger/*Weick*, § 48 Rn 2.
11 *Reichert*, Rn 2134.
12 Vgl. BayObLGZ 1996, 129, 131; OLG Hamm NJW-RR 1996, 996, 997; *Reichert*, Rn 2134.
13 *Reichert*, Rn 2136; Soergel/*Hadding*, § 29 Rn 16; vgl. auch BayObLGZ 1978, 243, 250; BayObLG Rpfleger 1987, 250, 251; anders die h.M. zur GmbH, vgl. Scholz/*K. Schmidt*, GmbHG, 9. Aufl. 2000/2002, § 66 Rn 42.
14 *Reichert*, Rn 2135.
15 *Reichert*, Rn 2129; Soergel/*Hadding*, § 48 Rn 1.
16 *Reichert*, Rn 2129.

III. Geschäftsführung und Vertretung

1. Die Geschäftsführungsbefugnis der Liquidatoren. Den Liquidatoren obliegt im Rahmen des Liquidationszwecks (vgl. § 47 Rn 2, 12, § 49 Rn 1) gleich dem Vorstand die Geschäftsführung des Vereins. Die Mitgliederversammlung kann den Liquidatoren weder die Liquidationsaufgabe entziehen noch ihnen Weisungen erteilen, schon weil die Liquidatoren gem. § 53 den Gläubigern gegenüber haftungsrechtlich einzustehen haben.[17]

2. Die Vertretungsbefugnis der Liquidatoren. Der Aufgabenbereich und damit die Geschäftsführungsbefugnis wird durch die Liquidationszweck begrenzt (Rn 7, § 47 Rn 2, 12, § 49 Rn 1). **Ebenso wenig wie die Rechtsfähigkeit** des Liquidationsvereins (§ 47 Rn 13) ist deshalb jedoch zugleich die **Vertretungsbefugnis** der Liquidatoren **durch den Liquidationszweck beschränkt**; vielmehr sind Geschäftsführungsbefugnis (Innenverhältnis) und Vertretungsmacht (Außenverhältnis) richtiger Ansicht nach zu trennen.[18] Geschäfte, die dem Liquidationszweck offensichtlich zuwiderlaufen, können allerdings nach den Grundsätzen des **Missbrauchs** der Vertretungsmacht dem Verein gegenüber unwirksam sein.[19] Zu beachten sind zudem **satzungsmäßige Beschränkungen** der Vertretungsbefugnis, und zwar sowohl solche Beschränkungen, die an sich den Vorstand des werbenden Vereins betrafen und für die personenidentischen Liquidatoren ohne weiteres fortgelten, als auch speziell die für die Liquidationsfall satzungsmäßig vorgesehenen Beschränkungen (Rn 10), jeweils unter der Voraussetzung der **Eintragung** im Vereinsregister (§§ 64, 76 Abs. 1 S. 2, Abs. 2 S. 2, siehe dazu § 76 Rn 2).

3. Willensbildung und Vertretung bei Vorhandensein mehrerer Liquidatoren (Abs. 3). a) Die Willensbildung der Liquidatoren. Die Liquidatoren müssen – in Abweichung von dem für die Beschlussfassung des Vereinsvorstands geltenden Mehrheitsprinzip (§§ 28 Abs. 1, 32 Abs. 1 S. 3) – ihre Beschlüsse **grundsätzlich einstimmig** fassen, sofern nicht ein anderes bestimmt ist (§ 48 Abs. 3). Eine abweichende Bestimmung kann insbesondere die Satzung vorsehen, so etwa, dass auch die Liquidatoren ihre Beschlüsse nach dem Mehrheitsprinzip fassen oder dass bei Vorhandensein von zwei Liquidatoren die Stimme eines von ihnen, etwa des bisherigen Vorstandsvorsitzenden, den Ausschlag gibt. Ausreichend ist auch ein Beschluss der Mitgliederversammlung über eine abweichende Beschlussfassung, der anlässlich der Auflösung des Vereins oder der Bestellung der Liquidatoren vorgenommen worden ist, weil die zulässige „anderweitige Bestimmung" nicht auf eine Satzungsänderung abzielt.[20] Von der Grundregel des § 48 Abs. 3 abweichende Bestimmungen über die Beschlussfassung der Liquidatoren bedürfen allerdings zu ihrer Wirksamkeit der Eintragung im Vereinsregister (§§ 64, 76 Abs. 1 S. 2, Abs. 2, siehe § 76 Rn 2).

b) Die Außenvertretung des Liquidationsvereins. Die Regeln über die Willensbildung der Liquidatoren (Rn 9) bestimmen nach h.M. auch die **Aktivvertretung** des Liquidationsvereins nach außen, wenn mehrere Liquidatoren vorhanden sind: Sofern „nichts anderes bestimmt ist" (§ 48 Abs. 3), ist die Mitwirkung aller Liquidatoren erforderlich, es gilt also das Prinzip der Gesamtvertretung.[21] Eine abweichende Bestimmung – insb. Mehrheitsgeschäftsführung und -vertretung (vgl. § 26 Rn 4 ff., 10, § 28 Rn 2 ff.) oder Einzelgeschäftsführung und -vertretung – liegt insbesondere dann vor, wenn die **Satzung** etwas anderes besagt (vgl. §§ 40, 28 Abs. 1); jedoch gilt eine satzungsgemäße Erweiterung der Vertretungsmacht des Vorstandes, wie z.B. die Gestattung des Selbstkontrahierens (§ 181), nicht ohne weiteres auch für die Liquidation.[22] Anders als für den Vorstand (§ 28 Abs. 1) kann nach h.M. auch ein **Beschluss der Mit-**

---

17 MüKo/*Reuter*, § 48 Rn 3; Soergel/*Hadding*, § 48 Rn 5, § 49 Rn 1; a.A. Staudinger/*Weick*, § 48 Rn 3 f.
18 Bamberger/Roth/*Schwarz*, § 49 Rn 12; MüKo/*Reuter*, § 49 Rn 9; *K. Schmidt*, GesR, 4. Aufl. 2002, § 11 V 4d; *ders.*, AcP 174 (1974), 55, 67 ff.; *ders.*, AcP 184 (1984), 529, 533; *Reichert*, Rn 2138; Soergel/*Hadding*, §§ 48 Rn 5, 49 Rn 3, 13; Staudinger/*Weick*, § 49 Rn 14 f.; a.A. (keine Vertretungsbefugnis für Geschäfte, die nicht dem Liquidationszweck dienen, aber nur, wenn Vertragspartner dies erkennen musste, jew. vom Verein zu beweisen) die bislang h.M., vgl. RGZ 146, 376, 377; RG JW 1936, 2651; BGH NJW 1984, 982; Erman/*Westermann*, § 49 Rn 2, 5; *Grziwotz*, DStR 1992, 1404, 1405; Palandt/*Heinrichs*, §§ 48, 49 Rn 3.
19 *Reichert*, Rn 2138; Soergel/*Hadding*, § 49 Rn 13; Staudinger/*Weick*, § 49 Rn 15; vgl. zur GmbH auch BayObLG GmbHR 1985, 392; 1986, 269; Scholz/*K. Schmidt*, GmbHG, 9. Aufl. 2000/2002, § 70 Rn 3; *K. Schmidt*, AcP 174 (1974), 55, 75.
20 *Reichert*, Rn 2138.
21 OLGR Hamburg 1998, 109, 110 f.; *Schwarz*, Rpfleger 2003, 1, 6; MüKo/*Reuter*, § 48 Rn 4; Palandt/*Heinrichs*, § 48 Rn 1; Soergel/*Hadding*, § 48 Rn 6; teilweise abweichend *Reichert*, Rn 2138 f.: Fortgeltung der bisherigen Vertretungsordnung im Fall des § 48 Abs. 1 S. 1.
22 BayObL Rpfleger 1985, 301; BayObLGZ 1987, 153; OLG Hamburg OLGR 1998, 109, 110 f.; LG Berlin Rpfleger 1987, 250; Soergel/*Hadding*, § 48 Rn 5; a.A. für Vorstandsmitglieder als „geborene" Liquidatoren *Reichert*, Rn 2140.

gliederversammlung eine abweichende Bestimmung treffen.[23] Gilt danach Gesamtvertretung, so müssen nicht notwendig alle Liquidatoren gemeinschaftlich handeln; es genügt, dass sie einen der Liquidatoren zum Alleinhandeln ermächtigen. Ist dem Verein gegenüber eine Willenserklärung abzugeben (**Passivvertretung**), so besteht ohnehin Einzelvertretungsmacht, d.h. es genügt der Zugang bei einem Liquidator (§§ 48 Abs. 2, 28 Abs. 2).

IV. Die Beendigung des Liquidatorenamts

1. Amtsniederlegung. Der Liquidator kann sein Amt jederzeit – jedoch nicht zur „Unzeit" (entsprechend § 671 Abs. 2)[24] – mit sofortiger Wirkung niederlegen; eines wichtigen Grundes hierfür bedarf es nicht.[25] Die Erklärung ist im Regelfall dem Verein gegenüber abzugeben, d.h. gegenüber den übrigen Liquidatoren; legt der einzige (verbliebene) Liquidator sein Amt nieder, so genügt aber auch die Abgabe der Erklärung gegenüber den Vereinsmitgliedern bzw., wenn es auch an solchen fehlt, dem Gericht.[26] Ist der Liquidator aus dem Anstellungsverhältnis zur Durchführung der Liquidation verpflichtet, macht er sich durch die Amtsniederlegung schadensersatzpflichtig (§ 280 Abs. 1); an deren korporationsrechtlicher Zulässigkeit und Wirksamkeit ändert dies aber nichts.

11

2. Abberufung. Ebenso wie die Mitglieder des Vorstands können die Liquidatoren, auch die „geborenen" (Abs. 1 S. 1), von der Mitgliederversammlung, **abberufen** werden (§§ 48 Abs. 2, 27 Abs. 2 S. 1); einen Notliquidator kann jedoch nur das Gericht wieder abberufen (Rn 5). Eines wichtigen Grundes für die Abberufung bedarf es im Allgemeinen[27] nicht, selbst wenn die Satzung (§ 27 Abs. 2 S. 2) dies für den Vorstand vorsieht; denn die entsprechende Anwendbarkeit der Vorschriften über den Vorstand (§ 48 Abs. 2) findet ihre Grenze am Liquidationszweck, der hier verlangt, dass das Liquidationsverfahren nicht mit dem Streit über das Vorliegen eines wichtigen Abberufungsgrundes belastet wird.[28] Der Abberufungsbeschluss bedarf lediglich der einfachen Mehrheit in der Mitgliederversammlung.

12

V. Die Haftung der Liquidatoren

Die Liquidatoren haften dem **Verein** ggf. gem. § 280 Abs. 1 wegen Verletzung ihrer Pflichten aus dem organschaftlichen Rechtsverhältnis (§§ 48 Abs. 2, 27 Abs. 3, siehe Rn 6) und dem Anstellungsverhältnis (Rn 6). **Dritten** gegenüber haften die Liquidatoren für Pflichtverletzungen über §§ 823 ff. hinaus nach § 53 persönlich (§ 53 Rn 1, 6); hinzu tritt die Haftung des Vereins nach § 31.

13

C. Weitere praktische Hinweise

Die Liquidatoren sind gemäß § 76 Abs. 1 **im Vereinsregister einzutragen**; das Gleiche gilt für eine von § 48 Abs. 3 abweichende Regelung der Beschlussfassung sowie der Vertretungsmacht der Liquidatoren (§§ 76 Abs. 1 S. 2, 76 Abs. 2 S. 2). Zur Anmeldung der Änderung verpflichtet ist bei Erstanmeldung der Vorstand (§ 76 Abs. 2), bei Änderungen sind es die Liquidatoren. Gerichtlich bestellte Liquidatoren (§ 29) werden von Amts wegen eingetragen (§ 76 Abs. 3). Siehe im Einzelnen § 76 Rn 1 ff. Zur **Rechtsstellung des Liquidationsvereins im Zivilprozess** siehe § 47 Rn 24.

14

---

23 *Reichert*, Rn 2138 f.; *Sauter/Schweyer/Waldner*, Rn 411; Soergel/*Hadding*, § 48 Rn 6; Staudinger/*Weick*, § 48 Rn 5; a.A. MüKo/*Reuter*, § 48 Rn 4; *Stöber*, Rn 834: die Willensbildung auch im Liquidationsstadium gehöre zu den satzungsmäßig zu regelnden Grundentscheidungen.
24 Soergel/*Hadding*, § 48 Rn 1.
25 BayObLG NJW-RR 1994, 617; *Reichert*, Rn 2137; Soergel/*Hadding*, § 48 Rn 6; *Stöber*, Rn 845; vgl. auch BayObLG WM 1982, 1288, 1290 f.; 1982, 1291, 1292.
26 *Reichert*, Rn 2137.
27 Anders, wenn dem Liquidator ein Sonderrecht (§ 35) auf dieses Amt zusteht, *Reichert*, Rn 2136; Soergel/*Hadding*, § 48 Rn 3.
28 MüKo/*Reuter*, § 48 Rn 1; *Reichert*, Rn 2136; Soergel/*Hadding*, § 48 Rn 3.

§ 49 Aufgaben der Liquidatoren

(1) ¹Die Liquidatoren haben die laufenden Geschäfte zu beendigen, die Forderungen einzuziehen, das übrige Vermögen in Geld umzusetzen, die Gläubiger zu befriedigen und den Überschuss den Anfallberechtigten auszuantworten. ²Zur Beendigung schwebender Geschäfte können die Liquidatoren auch neue Geschäfte eingehen. ³Die Einziehung der Forderungen sowie die Umsetzung des übrigen Vermögens in Geld darf unterbleiben, soweit diese Maßregeln nicht zur Befriedigung der Gläubiger oder zur Verteilung des Überschusses unter die Anfallberechtigten erforderlich sind.

(2) ¹Der Verein gilt bis zur Beendigung der Liquidation als fortbestehend, soweit der Zweck der Liquidation es erfordert.

Literatur: *K. Schmidt*, Liquidationszweck und Vertretungsmacht der Liquidatoren, AcP 184 (1984), 55; *ders.*, Ultra-vires-Doktrin: tot oder lebendig? – Bemerkungen zur Organvertretungsmacht, AcP 184 (1984), 529. Siehe auch die Literatur bei § 41.

A. Allgemeines 1	3. Umsetzung des Vereinsvermögens in Geld 5
B. Regelungsgehalt 2	4. Befriedigung der Gläubiger 6
I. Aufgaben der Liquidatoren (Abs. 1) 2	5. Ausantwortung des Überschusses 7
1. Übersicht 2	6. Abrechnung 10
2. Beendigung laufender Geschäfte 3	II. Fortbestehen als Liquidationsverein (Abs. 2) 11

A. Allgemeines

1 Das Liquidationsverfahren dient der Vermögensabwicklung, nämlich dazu, das Vereinsvermögen „in Geld umzusetzen", die Gläubiger zu befriedigen und den Liquidationsüberschuss „den Anfallberechtigten auszuantworten" (vgl. § 49 Abs. 1 S. 1); dem korrespondiert der nunmehr auf Abwicklung gerichtete **Zweck des Liquidationsvereins** (§ 47 Rn 2, 12). Diesem geänderten Zweck entsprechend regelt § 49 Abs. 1 die **Aufgaben** der Liquidatoren im Innenverhältnis zum Verein; zur **Vertretungsmacht** nach außen vgl. § 48 (§ 48 Rn 8 ff.). Abs. 2 behandelt den **Fortbestand des Vereins** während des Liquidationsverfahrens (siehe Rn 11 und § 47 Rn 12 ff.).

B. Regelungsgehalt

I. Aufgaben der Liquidatoren (Abs. 1)

2 **1. Übersicht.** Abs. 1 bestimmt die im Innenverhältnis zum Liquidationsverein bestehenden Geschäftsführungsaufgaben der Liquidatoren und den zwingenden Mindestumfang ihrer Geschäftsführungsbefugnisse.[1] Ebenso wie für die Liquidatoren einer Kapitalgesellschaft oder Genossenschaft (vgl. § 268 Abs. 1 AktG, § 70 GmbHG, § 88 GenG) besteht die Aufgabe der Liquidatoren des e.V. deshalb darin, die laufenden Geschäfte des Vereins zu beendigen, Außenstände einzuziehen, das (übrige) Vereinsvermögen möglichst vorteilhaft in Geld umzusetzen, die Gläubiger zu befriedigen und einen etwa vorhandenen Überschuss an die Anfallberechtigten auszukehren. Die Liquidatoren erledigen die Geschäftsführung nach pflichtgemäßem Ermessen; einer Absegnung der Abwicklungsstrategie durch die Mitgliederversammlung bedarf es nicht, auch nicht bei komplexen Organisationen.[2]

3 **2. Beendigung laufender Geschäfte.** Die Liquidatoren haben „die laufenden Geschäfte zu beendigen" (§ 48 Abs. 1 S. 1). Der Begriff **„laufende Geschäfte"** ist weit auszulegen; er umfasst alles, was erforderlich ist, um den Eintritt von Vermögensnachteilen zu verhindern.[3] Sowohl zur Beendigung schwebender Geschäfte als auch zur bestmöglichen Verwertung des vorhandenen Vereinsvermögens können die Liquidatoren deshalb auch **neue Geschäfte** eingehen (Abs. 1 S. 2); dadurch wird zugleich die – vorübergehende – **Fortführung eines wirtschaftlichen Geschäftsbetriebs** gestattet, wenn und soweit die einzelne Maßnahme für die Verwertung des Vereinsvermögens von Vorteil und Bestandteil einer auf Abwicklung gerichteten Strategie ist.[4] Unzulässig ist jedoch die Neubegründung oder Aufrechterhaltung von Rechtsbeziehungen, die

---

1 Bamberger/Roth/*Schwarz*, § 49 Rn 6; Soergel/Hadding, § 49 Rn 1 f.; Staudinger/*Weick*, § 49 Rn 2.
2 MüKo/*Reuter*, § 49 Rn 2; a.A. *Reichert*, Rn 2161.
3 RGZ 72, 236, 240; RGZ 146, 376, 378; Bamberger/Roth/*Schwarz*, § 49 Rn 7; MüKo/*Reuter*, § 49 Rn 2; *Reichert*, Rn 2163.
4 LG Köln MittRhNotK 1980, 55, 56; MüKo/*Reuter*, § 49 Rn 2; *Reichert*, Rn 2161 ff.; vgl. auch RG JW 1938, 3180, 3184.

den inzwischen weggefallenen **Zwecken des werbenden Vereins** dienen.[5] Geschäfte, deren Beendigung nicht möglich ist oder die vermögensrechtlich neutral sind, werden bis zur Vollbeendigung des Vereins fortgeführt.[6] Zu **Rechtsstreitigkeiten** siehe § 47 Rn 25.

Besondere **Befugnisse im Verhältnis zu Dritten**, wie sie etwa dem Insolvenzverwalter eingeräumt sind, verschafft der Eintritt in das Liquidationsstadium den Liquidatoren nicht. Vertragliche Beziehungen, auch Dauerschuldverhältnisse, bestehen deshalb bis zu einer ordentlichen Kündigung bzw. einverständlichen Aufhebung unverändert fort; eine außerordentliche Kündigungsmöglichkeit besteht in der Liquidation nicht. Handelt es sich um einen Verein mit einem bedeutenden wirtschaftlichen Geschäftsbetrieb, so besteht trotz des Fehlens einer § 270 Abs. 1 AktG, § 71 GmbHG, § 89 S. 2 GenG entsprechenden ausdrücklichen Gesetzesregelung eine organschaftliche Pflicht der Liquidatoren, eine **Eröffnungsbilanz** zu erstellen.[7] Stichtag für die Eröffnungsbilanz ist der Tag des Eintritts in das Abwicklungsstadium, also etwa der Tag der Beschlussfassung über die Auflösung.

3. Umsetzung des Vereinsvermögens in Geld. Die Liquidatoren sind grundsätzlich verpflichtet, die offenen Forderungen des Vereins (auch die Forderungen gegen Vereinsmitglieder, einschließlich der rückständigen Beiträge (§ 47 Rn 14)[8]) notfalls zwangsweise einzuziehen und das übrige Vereinsvermögen in Geld umzusetzen (§ 49 Abs. 1 S. 1). Das Vereinsvermögen und das vom Verein betriebene Unternehmen samt Firma können ohne weiteres auch im Ganzen veräußert werden.[9] Von der Einziehung der Außenstände und der Liquidierung des Vereinsvermögens kann abgesehen werden, wenn diese Maßnahmen zur Befriedigung der Gläubiger oder zur Verteilung des Überschusses unter die Anfallberechtigten nicht erforderlich sind (Abs. 1 S. 3). Bei der Annahme dieser Voraussetzungen, deren Vorliegen überdies von den Liquidatoren zu beweisen ist,[10] ist freilich Zurückhaltung geboten, da den Gläubigern die Leistung so zu erbringen ist, wie sie geschuldet war, und auch den Anfallberechtigten in der Regel an der Übertragung von Geld und nicht an einem Anfall von erst noch zu verwertenden Gegenständen oder Ansprüchen gegen Dritte gelegen ist. In der Regel kann auf die Versilberung des Vereinsvermögens deshalb nur verzichtet werden, wenn und soweit die Gläubiger bereit sind, im Vermögen des Liquidationsvereins befindliche Gegenstände *in natura* als Leistung an Zahlungs statt anzunehmen, und die Anfallberechtigten mit einer Naturalteilung des (verbleibenden) Vereinsvermögens ausdrücklich einverstanden sind.[11] Unabhängig vom Einverständnis der Anfallberechtigten kann die Mitgliederversammlung, solange sie über das Recht der Anfallberechtigten disponieren kann (§ 45 Rn 15), die Verteilung des Restvermögens in Natur anordnen.

4. Befriedigung der Gläubiger. Die wichtigste Aufgabe der Liquidatoren und eigentliches Ziel des Liquidationsverfahrens ist die Befriedigung der Vereinsgläubiger (§ 49 Abs. 1 S. 1 am Ende). Durch **Erfüllung** (ggf. durch Aufrechnung oder sonstige Erfüllungssurrogate) zu befriedigen sind alle den Liquidatoren bekannten Forderungen, soweit sie fällig und nicht streitig sind; andere Forderungen sind zu **sichern** (§ 52). Vor der Erfüllung dieser Aufgabe darf die Liquidation nicht beendet werden, es sei denn, das Vereinsvermögen ist erschöpft; in diesem Fall haben die Liquidatoren zur Vermeidung ihrer persönlichen Inanspruchnahme (§ 53) freilich die Verpflichtung, die Eröffnung des Insolvenzverfahrens zu beantragen (§ 48 Abs. 2 i.V.m. § 42 Abs. 2 S. 1, siehe § 42 Rn 43 ff., § 47 Rn 30, § 53 Rn 5 ff.).[12] Auch wenn kein Insolvenzverfahren stattfindet, sind die **Gläubiger gleichmäßig zu befriedigen**, wenn die Mittel nicht zur vollständigen Befriedigung aller Gläubiger ausreichen;[13] wird dies von den Liquidatoren nicht beachtet, kann dies, soweit Steuerschulden betroffen sind, zu ihrer persönlichen Haftung nach § 69 i.V.m. § 34 AO führen. Auch **eigene Forderungen** können und müssen die Liquidatoren durch Entnahme aus der Vereinskasse selbst befriedigen; da es sich um die Erfüllung einer Verbindlichkeit handelt, steht § 181 nicht entgegen.[14]

5. Ausantwortung des Überschusses. Bleibt nach der Befriedigung der Vereinsgläubiger ein Überschuss, so ist dieser an die Anfallberechtigten (§ 45) zu übertragen. Voraussetzung hierfür ist, dass das

---

5 *Reichert*, Rn 2163; Soergel/*Hadding*, § 49 Rn 3.
6 Vgl. zur Fortführung des schuldrechtlichen Teils eines Tarifvertrages MüKo/*Reuter*, § 49 Rn 10; Soergel/*Hadding*, § 49 Rn 3; Staudinger/*Weick*, § 49 Rn 4; a.A. BAGE 23, 46, 48 f.
7 *Reichert*, Rn 2160.
8 BGHZ 96, 253, 255 f.
9 Erman/*Westermann*, § 49 Rn 1; MüKo/*Reuter*, § 49 Rn 8; Soergel/*Hadding*, § 49 Rn 5; vgl. BGHZ 75, 352, 356 zur GmbH; einschr. Staudinger/ *Weick*, § 49 Rn 7: nur mit Zustimmung der Mitgliederversammlung.

10 BGH WM 1977, 617, 618.
11 Vgl. BGH WM 1977, 617, 618; MüKo/*Reuter*, § 49 Rn 4; *Reichert*, Rn 2161, 2165, 2170; Soergel/ *Hadding*, § 49 Rn 6; Staudinger/*Weick*, § 49 Rn 10.
12 Vgl. MüKo/*Reuter*, § 42 Rn 13; Soergel/*Hadding*, § 42 Rn 11.
13 BGHZ 53, 71, 74; BFH BStBl 1984 II, 776, 778; 1985 II, 702, 704; *Reichert*, Rn 2166.
14 *Reichert*, Rn 2166; vgl. zur GmbH auch Scholz/ *K. Schmidt*, GmbHG, 9. Aufl. 2000/2002, § 70 Rn 8; a.A. OLG Düsseldorf ZIP 1989, 917.

sog. Sperrjahr (§ 51) abgelaufen ist (vgl. § 51 Rn 7). Sind mehrere Anfallberechtigte vorhanden, ist das verbleibende Vereinsvermögen an diese zu verteilen, in der Regel durch Barzahlung oder Überweisung nach vorheriger Umsetzung des Restvermögens in Geld (Rn 5); dies geschieht durch die Liquidatoren, soweit sich der Verteilungsmaßstab aus Gesetz (§ 45 Abs. 3 Alt. 1) oder Satzung ergibt, ist im Übrigen jedoch Sache der Anfallberechtigten.[15] Erfolgt eine Auskehr *in natura*, sind Einzelübertragungen nach allgemeinen vermögensrechtlichen Grundsätzen (insb. §§ 398 ff., 873 ff., 929 ff.) erforderlich.

8 Der **Anspruch auf den Liquidationsüberschuss entsteht** erst, wenn die nach Ablauf des Sperrjahres (§ 51) bekannten Gläubiger befriedigt oder sichergestellt sind (§ 52).[16] Vor diesem Zeitpunkt besteht noch keine Anwartschaft, sondern lediglich eine Erwerbsaussicht auf den Überschuss;[17] denn während des Liquidationsverfahrens kann sowohl die Bestimmung des Anfallberechtigten geändert (§ 45 Rn 15) als auch der Liquidationsverein durch Fortsetzungsbeschluss der Mitgliederversammlung als werbender Verein fortgesetzt werden (§ 47 Rn 8, 15 ff.). Der schuldrechtlich Anfallberechtigte kann den Anspruch auch zurückweisen (§ 45 Rn 14). Der Anspruch auf den Liquidationsüberschuss verjährt nach Maßgabe von §§ 195, 199 mit Ablauf von drei vollen Kalenderjahren, beginnend mit dem Schluss desjenigen Jahres, in dem das Sperrjahr gem. § 51 ablief und (!) der Anfallberechtigte von dem Anfall Kenntnis erlangen musste.[18] Soweit Vereinsmitglieder als Anfallberechtigte infrage kommen, kann die Satzung die Verjährungsfrist verkürzen und/oder eine Ausschlussfrist für die Anmeldung des Anspruchs festsetzen.[19]

9 Gläubiger, deren **Befriedigung unterblieben** ist, erlangen einen Schadensersatzanspruch gem. § 53, wenn die Liquidatoren das Vereinsvermögen unter Verletzung der §§ 50–52 an die Anfallberechtigten verteilt haben; daneben kommt die Pfändung des dem Verein erwachsenen Bereicherungsanspruchs in Betracht (§ 53 Rn 2 f.).

10 **6. Abrechnung.** Neben der Übertragung des Restvermögens sind die Liquidatoren grundsätzlich aus ihrer Organstellung noch zur Schlussrechnung gegenüber dem Verein (in der Regel der Mitgliederversammlung) verpflichtet (§§ 48, 27 Abs. 3, 666).[20]

II. Fortbestehen als Liquidationsverein (Abs. 2)

11 Nach § 49 Abs. 2 gilt der Verein bis zur Beendigung der Liquidation als fortbestehend, soweit der Zweck der Liquidation es erfordert. In dieser Formulierung kommt die Vorstellung des historischen Gesetzgebers zum Ausdruck, dass der Verein an sich als Rechtssubjekt mit der Auflösung fortfalle. Zum heutigen Verständnis siehe § 47 Rn 12 ff.

§ 50 Bekanntmachung

(1) ¹Die Auflösung des Vereins oder die Entziehung der Rechtsfähigkeit ist durch die Liquidatoren öffentlich bekannt zu machen. ²In der Bekanntmachung sind die Gläubiger zur Anmeldung ihrer Ansprüche aufzufordern. ³Die Bekanntmachung erfolgt durch das in der Satzung für Veröffentlichungen bestimmte Blatt, in Ermangelung eines solchen durch dasjenige Blatt, welches für Bekanntmachungen des Amtsgerichts bestimmt ist, in dessen Bezirk der Verein seinen Sitz hatte. ⁴Die Bekanntmachung gilt mit dem Ablauf des zweiten Tages nach der Einrückung oder der ersten Einrückung als bewirkt.

(2) ¹Bekannte Gläubiger sind durch besondere Mitteilung zur Anmeldung aufzufordern.

Literatur: *K. Schmidt*, Zur Gläubigersicherung im Liquidationsrecht der Kapitalgesellschaften, Genossenschaften und Vereine, ZIP 1981, 1. Siehe auch die Literatur bei § 41.

A. Allgemeines	1	II. Öffentliche Bekanntmachung (Abs. 1)	4
B. Regelungsgehalt	2	III. Aufforderung bekannter Gläubiger (Abs. 2)	6
I. Publizierung der Beendigung des Vereins	2		

---

15 *Grziwotz*, DStR 1992, 1404, 1405; *Reichert*, Rn 2192; *Sauter/Schweyer/Waldner*, Rn 418.
16 RGZ 169, 65, 82 f.; BGH NJW 1965, 969, 971; MüKo/Reuter, §§ 45–47 Rn 4; *Reichert*, Rn 2190; a.A. Soergel/*Hadding*, § 45 Rn 10.
17 Bamberger/Roth/*Schwarz*, § 45 Rn 11; MüKo/Reuter, §§ 45–47 Rn 4; a.A. Soergel/*Hadding*, § 45 Rn 10; *Reichert*, Rn 2190.
18 Vgl. *Reichert*, Rn 2191; a.A. Bamberger/Roth/*Schwarz*, § 45 Rn 11: 30 Jahre.
19 KG JW 1937, 2979, 2980; *Reichert*, Rn 2191.
20 Erman/*Westermann*, § 49 Rn 4; *Reichert*, Rn 2195.

A. Allgemeines

Die Liquidatoren haben im Interesse der Vereinsgläubiger die Auflösung des Vereins oder die Entziehung der Rechtsfähigkeit öffentlich bekannt zu machen, wobei zugleich die Gläubiger des Vereins zur Anmeldung ihrer Ansprüche aufzufordern sind (Abs. 1). Bekannte Gläubiger haben Anspruch auf eine individuelle Aufforderung (Abs. 2). Die Bekanntmachung ist Voraussetzung für den Beginn des Sperrjahrs gem. § 51. Sie hat aber keine Ausschlusswirkung; Vereinsgläubiger, die ihre Ansprüche nicht anmelden, verlieren diese nicht, riskieren aber, mit der nach Ablauf des Sperrjahrs vorzunehmenden Verteilung des Vermögens und der nachfolgenden Vollbeendigung des Vereins (§ 41 Rn 18, § 47 Rn 19) ihren Schuldner zu verlieren (§ 51 Rn 11, § 53 Rn 4).

B. Regelungsgehalt

I. Publizierung der Beendigung des Vereins

Die Liquidatoren sind – in vertretungsberechtigter Anzahl (§ 48 Rn 10)[1] – sowohl dem Verein als auch den betroffenen Gläubigern gegenüber zur Publizierung der Beendigung des Vereins verpflichtet. Die Publizierung darf auch dann nicht unterbleiben, wenn die Liquidatoren der Ansicht sind, der Verein habe keine Gläubiger. Unterlassen die Liquidatoren die Bekanntmachung oder ist diese mangelhaft, so stellt dies nicht allein dem Verein gegenüber eine Verletzung der (organschaftlichen bzw. sich aus dem Auftrags- oder Anstellungsverhältnis ergebenden) Pflichten der Liquidatoren dar, sondern auch den Gläubigern gegenüber, weshalb sich die Liquidatoren auch diesen gegenüber schadensersatzpflichtig machen (§ 53). Bei fehlender Publizierung läuft überdies keine Sperrfrist (§ 51), so dass auch die Verteilung des restlichen Vereinsvermögens unter den Anfallberechtigten nicht zulässig ist und Bereicherungsansprüche des Vereins gegen die Anfallberechtigten auslöst (§ 49 Rn 8, § 53 Rn 2). Wird das Vereinsvermögen an die Anfallberechtigten verteilt, ohne dass den Gläubigern gem. § 50 Gelegenheit gegeben worden ist, ihre Forderungen anzumelden und Befriedigung zu erlangen, so ist die Liquidation nicht beendet, denn der dem Verein insoweit zustehende Bereicherungsanspruch gegen den Anfallberechtigten ist „noch vorhandenes" Vereinsvermögen (§ 51 Rn 9 f., § 53 Rn 2 f.).

Die Verpflichtung der Liquidatoren (Rn 2) zur Bekanntmachung der Beendigung des Vereins setzt voraus, dass der Verein in das **Liquidationsstadium** eingetreten ist, sei es durch Auflösung (§ 41), Entziehung der Rechtsfähigkeit (§ 43) oder einen anderen Beendigungsgrund (vgl. § 41 Rn 1 ff., § 47 Rn 1). Die Bestimmung greift dagegen – schon mangels Deckung für die Kosten der Bekanntmachung – nicht, wenn das Vereinsvermögen dem Fiskus angefallen ist oder wenn der Verein vermögenslos ist und die Vollbeendigung durch Löschung im Register (§ 47 Rn 19) bevorsteht; das Interesse der Gläubiger, die Vermögenslosigkeit in Zweifel ziehen zu können, bevor das Registergericht den Verein löscht, muss deshalb zurückstehen.[2] **Gegenstand der Bekanntmachung** ist gem. Abs. 1 S. 1 die Tatsache der Beendigung und die Mitteilung des abstrakten Beendigungsgrunds (Auflösung bzw. Entziehung der Rechtsfähigkeit), nicht die der Beendigung zugrunde liegenden tatsächlichen Umstände. Mit der Bekanntmachung der Beendigung ist die Aufforderung zur Anmeldung der Ansprüche zu verbinden (Abs. 1 S. 2). Ferner sind Name und Anschrift des Liquidationsvereins, ggf. auch der Liquidatoren, anzugeben.[3]

II. Öffentliche Bekanntmachung (Abs. 1)

Die Bekanntmachung geschieht regelmäßig durch öffentliche Bekanntmachung. Diese erfolgt in dem durch die Satzung bestimmten Blatt (Abs. 1 S. 3), wobei es sich um ein allgemein zugängliches Publikationsorgan handeln muss, also z.B. eine der am Vereinssitz erscheinenden Tageszeitungen, nicht jedoch die den Gläubigern nicht zugängliche Vereinszeitschrift.[4] In Ermangelung eines in der Satzung für Veröffentlichungen bestimmten Blatts hat die Veröffentlichung ersatzweise im Blatt für öffentliche Bekanntmachungen des Amtsgerichts zu geschehen, in dessen Bezirk der Vereinssitz (§ 24) liegt (Abs. 1 S. 3 Hs. 2). Das Bekanntmachungsblatt des Amtsgerichts des Vereinssitzes ist selbst bei einer bezirksübergreifenden Zuständigkeit eines Amtsgerichts als zentrales Registergericht nach § 55 Abs. 2 maßgebend.[5] Erforderlich ist zwar – ebenso wie bei der e.G. (§ 82 Abs. 2 GenG), jedoch anders als bei den Kapitalgesellschaften (§ 267 S. 2 AktG, § 65

---

1 MüKo/*Reuter*, § 50 Rn 1; Soergel/*Hadding*, § 50 Rn 1.
2 Bamberger/Roth/*Schwarz*, § 50 Rn 1; *Reichert*, Rn 2153; *Stöber*, Rn 839; ebenso zur GmbH BayObLG WM 1982, 1288, 1290; OLG Hamm OLGZ 1987, 59, 65; a.A. MüKo/*Reuter*, § 50 Rn 1; Palandt/*Heinrichs*, §§ 50–52 Rn 1.
3 Soergel/*Hadding*, § 50 Rn 1.
4 *Reichert*, Rn 2154.
5 Bamberger/Roth/*Schwarz*, § 50 Rn 2; Soergel/*Hadding*, § 50 Rn 2; *Reichert*, Rn 2154; *Sauter/Schweyer/Waldner*, Rn 376; a.A. MüKo/*Reuter*, § 50 Rn 2.

Abs. 2 S. 1 GmbHG) – lediglich eine einmalige Bekanntmachung, jedoch ist deren Wiederholung zulässig und kann zumindest bei Vereinen mit nicht ganz unbedeutendem wirtschaftlichem Geschäftsbetrieb nach pflichtgemäßem Ermessen auch geboten sein.[6]

5 Die öffentliche Bekanntmachung muss **unverzüglich**, d.h. ohne schuldhaftes Zögern (§ 121 Abs. 1 S. 1) nach der Auflösung bzw. Entziehung der Rechtsfähigkeit erfolgen,[7] und zwar auch dann, wenn die Liquidatoren alle Gläubiger zu kennen meinen und nach Abs. 2 informieren oder wenn sie umgekehrt davon ausgehen, es seien keine Gläubiger mehr vorhanden. Sie gilt mit dem Ablauf des zweiten Tages nach der Einrückung (§ 187 Abs. 1)[8] in das in Betracht kommende Blatt (Rn 4) als bewirkt (Abs. 1 S. 4); dies gilt auch dann, wenn eine weitere Bekanntmachung vorgenommen wird. Mit dem Wirksamwerden der Bekanntmachung beginnt das Sperrjahr zu laufen (§ 51).

III. Aufforderung bekannter Gläubiger (Abs. 2)

6 Die den Liquidatoren bekannten Gläubiger des Vereins sind individuell durch **besondere Mitteilung** zur Anmeldung aufzufordern (Abs. 2). Diese bedarf an sich nicht der Schriftform, kann also auch mündlich oder in einer anderen geeignet erscheinenden Form (etwa per E-Mail) erklärt werden, soweit der Zugang beim Gläubiger sichergestellt ist; im Hinblick auf die gravierenden Konsequenzen unterlassener Bekanntmachung (Rn 1) ist hier freilich Nachlässigkeit nicht am Platze.

7 Ein Gläubiger ist dann **bekannt**, wenn der von ihm geltend gemachte Anspruch wenigstens einem der Liquidatoren dem Grunde nach – einschließlich der Person des Anspruchsinhabers – und, soweit es sich um eine Geldforderung handelt, der ungefähren Höhe nach positiv bekannt ist.[9] Unerheblich ist jedoch, ob die Liquidatoren den geltend gemachten Anspruch als begründet anerkennen; es genügt, dass sich aus den Behauptungen des potenziellen Gläubigers oder aus anderen Quellen substantielle Anhaltspunkte für das Bestehen des Anspruchs ergeben.[10] Die Aufforderungspflicht besteht grundsätzlich auch dann, wenn es sich bei den Gläubigern um **Vereins- oder Vorstandsmitglieder** im Hinblick auf Drittgläubigeransprüche, oder Ansprüche aus dem Mitgliedschaftsverhältnis (§ 38 Rn 9 ff.) handelt. Die **Anfallberechtigten** gehören nicht zu den Gläubigern i.S.d. §§ 50, 52;[11] sind von einer Vielzahl von Anfallberechtigten einige unbekannt, soll aber eine Verpflichtung zur öffentlichen Bekanntmachung entsprechend Abs. 1 entstehen.[12]

§ 51 Sperrjahr

[1]Das Vermögen darf den Anfallberechtigten nicht vor dem Ablauf eines Jahres nach der Bekanntmachung der Auflösung des Vereins oder der Entziehung der Rechtsfähigkeit ausgeantwortet werden.

Literatur: *Böttcher*, Die Beendigung des rechtsfähigen Vereins, RPfleger 1988, 169; *Grziwotz*, Die Liquidation von Kapitalgesellschaften, Genossenschaften und Vereinen, DStR 1992, 1404; *K. Schmidt*, Zur Gläubigersicherung im Liquidationsverfahren der Kapitalgesellschaften, Genossenschaften und Vereine, ZIP 1981, 1; *Vomhof*, Die Haftung des Liquidators der GmbH, 1988. Siehe auch die Literatur bei § 41.

A. Allgemeines ... 1	III. Verfahren nach Ablauf des Sperrjahrs ... 7
B. Regelungsgehalt ... 2	1. Verteilung an die Anfallberechtigten ... 7
I. Sperrjahr ... 2	2. Befriedigung nachträglich auftretender Gläubiger ... 8
II. Wirkungen ... 3	3. Gläubigeransprüche nach Abschluss der Verteilung ... 9
1. Verteilungssperre ... 3	
2. Eintragungssperre ... 5	
3. Keine Befriedigungssperre ... 6	

---

6 MüKo/*Reuter*, § 50 Rn 1; Staudinger/*Weick*, § 50 Rn 2.
7 *Reichert*, Rn 2155; Soergel/*Hadding*, § 50 Rn 1; vgl. auch RGZ 145, 99, 103 f.
8 Bsp.: Ablauf des Mittwoch, wenn Einrückung am Montag.
9 MüKo/*Reuter*, § 50 Rn 5; *Reichert*, Rn 2157 f.; *K. Schmidt*, ZIP 1981, 1, 2; Soergel/*Hadding*, § 50 Rn 3; Staudinger/*Weick*, § 50 Rn 2; vgl. (zur GmbH) auch RG JW 1930, 2943; RGZ 92, 77, 80.
10 Vgl. *Reichert*, Rn 2157; *K. Schmidt*, ZIP 1982, 1, 2 f.; Soergel/*Hadding*, § 50 Rn 3.
11 LG Berlin NJW 1958, 1874; MüKo/*Reuter*, § 50 Rn 3; Soergel/*Hadding*, § 50 Rn 3; Staudinger/*Weick*, § 50 Rn 2.
12 LG Berlin NJW 1958, 1874 m. i.E. zust. Anm. *Kubisch* NJW 1959, 48; Bamberger/Roth/*Schwarz*, § 45 Rn 8, § 50 Rn 2; MüKo/*Reuter*, § 50 Rn 3; *Reichert*, Rn 2156; Staudinger/*Weick*, § 50 Rn 2.

A. Allgemeines

Die Vorschrift regelt das sog. **Sperrjahr**. Während des Sperrjahres bleibt das Vereinsvermögen in der Verwaltung der Liquidatoren und darf nicht an die Anfallberechtigten ausgehändigt werden. Zweck des Sperrjahres ist wie bei den korrespondierenden Vorschriften des § 272 AktG, § 73 GmbHG, § 90 GenG der **Schutz bisher unbekannter Gläubiger**: ihnen soll Gelegenheit gegeben werden, ihre Ansprüche anzumelden, bevor ihnen das Vermögen des Vereins, das zunächst zu ihrer Befriedigung bestimmt ist, durch Verteilung endgültig entzogen wird.

B. Regelungsgehalt

I. Sperrjahr

Das Sperrjahr beginnt gem. § 50 Abs. 1 S. 4 mit Wirksamwerden der (ersten) Bekanntmachung (§ 50 Rn 5) Für die Berechnung gelten die §§ 187 Abs. 1, 188 Abs. 2.

II. Wirkungen

1. Verteilungssperre. Während des Sperrjahres bleibt das Vereinsvermögen in der Verwaltung der Liquidatoren und darf nicht an die Anfallberechtigten ausgehändigt werden. Das Sperrjahr ist auch dann einzuhalten, wenn die Existenz weiterer, noch nicht befriedigter oder gesicherter Gläubiger unwahrscheinlich ist.[1] Die Vorschrift ist zwingend, abweichende Satzungsbestimmungen oder Beschlüsse der Mitgliederversammlung sind wirkungslos und binden die Liquidatoren nicht.[2]

Die **Pflicht der Liquidatoren zur Einhaltung des Sperrjahres** besteht dem Verein und den Gläubigern gegenüber; Liquidatoren, die hiergegen verstoßen, machen sich schadensersatzpflichtig, und zwar dem Verein gegenüber gem. § 280 Abs. 1 wegen Pflichtverletzung innerhalb des organschaftlichen Rechtsverhältnisses und des Anstellungsverhältnisses (vgl. § 48 Rn 6), den Gläubigern gegenüber nach § 53 (§ 53 Rn 1, 5). Da § 51 kein absolutes oder relatives Veräußerungsverbot darstellt, wird die **dingliche Wirksamkeit der Übertragungsgeschäfte** zugunsten der Anfallberechtigten durch den Verstoß gegen §§ 50, 51 grundsätzlich nicht berührt; jedoch können sie wegen kollusiven Zusammenwirkens von Liquidatoren und Anfallberechtigten zulasten der Gläubiger nach § 138 Abs. 1 nichtig sein.[3] Gegenüber drohender Verletzung des § 51 haben die Gläubiger analog § 1004 einen **vorbeugenden Unterlassungsanspruch**, der auch im Wege der einstweiligen Verfügung durchgesetzt werden kann (§ 53 Rn 8).

2. Eintragungssperre. Vor Ablauf des Sperrjahres darf die Beendigung der Liquidation grundsätzlich nicht im Vereinsregister eingetragen werden.[4] Jedoch wird die Sperrfrist obsolet, wenn sich ihr Schutzzweck durch vollständige Verteilung des Vereinsvermögens erledigt hat; ebenso wie in diesem Fall die Liquidation überhaupt unterbleiben kann (§ 47 Rn 19), kann die Beendigung der Liquidation auch vor Ablauf der Sperrfrist eingetragen werden, wenn die Liquidatoren versichern, dass kein geldwertes Vermögen mehr vorhanden ist und keine Prozesse mehr anhängig sind.[5] Die Auskehrung des gesamten Vereinsvermögens an den Anfallberechtigten ohne die gesetzlich vorgeschriebene Bekanntmachung und demzufolge ohne Abwarten des Sperrjahrs bewirkt die **Fortdauer der Liquidation** trotz scheinbarer Beendigung, denn der dem Verein insoweit zustehende Bereicherungsanspruch gegen den Anfallberechtigten ist „noch vorhandenes" Vereinsvermögen, dessen Existenz die Vollbeendigung ausschließt (§ 47 Rn 19).[6]

3. Keine Befriedigungssperre. Das Sperrjahr bezieht sich auf die **Verteilung des Restvermögens** an die Anfallberechtigten, nicht auf die Ansprüche der Gläubiger; fällige **Forderungen der Gläubiger** können und müssen deshalb selbstverständlich auch während des Sperrjahres erfüllt werden (siehe aber § 47 Rn 30, § 49 Rn 6 zur Insolvenzantragspflicht für den Fall, dass das Vermögen des Liquidationsvereins nicht mehr zur Befriedigung aller Gläubiger ausreicht).

---

1 *Reichert*, Rn 2172.
2 *Reichert*, Rn 2172.
3 Vgl. BGH NJW 1973, 1695; MüKo/*Reuter*, § 51 Rn 2; *Reichert*, Rn 2172; Soergel/*Hadding*, § 51 Rn 2.
4 *Reichert*, Rn 2172.
5 *Böttcher*, Rpfleger 1988, 169, 175; *Grziwotz*, DStR 1992, 1404; *Reichert*, Rn 2119, 2173; *Sauter/Schweyer/Waldner*, Rn 408; vgl. auch BGH NJW 1982, 239; KG DR 1941, 2130.
6 OLG Düsseldorf DB 2004, 924 = FGPrax 2004, 132.

III. Verfahren nach Ablauf des Sperrjahrs

1. Verteilung an die Anfallberechtigten. Nach Ablauf des Sperrjahres darf das Restvermögen des Vereins den Anfallberechtigten übertragen werden, soweit es nicht zur Befriedigung oder Sicherstellung angemeldeter oder bekannt gewordener Gläubiger (§ 52) zu verwenden ist; erst jetzt wird damit auch der Anspruch des Anfallberechtigten fällig.[7] Zu den Einzelheiten der Verteilung vgl. § 49 Rn 7 ff.

2. Befriedigung nachträglich auftretender Gläubiger. Melden Gläubiger sich auf die allgemeine Aufforderung nach § 50 Abs. 1 oder auf die besondere Mitteilung nach § 50 Abs. 2 hin nicht, so büßen sie ihre Forderungen nicht etwa ein. Auch der Ablauf des Sperrjahres als solcher bewirkt keinerlei Ausschlusswirkung gegen die Gläubiger; soweit noch Vermögen vorhanden ist, müssen diese vielmehr auch nach Ablauf der Sperrfrist noch befriedigt werden.[8] Meldet sich ein Gläubiger nach Ablauf der Sperrfrist, so darf mit der Verteilung des Restvermögens an die Anfallberechtigten deshalb nicht fortgefahren werden, solange der Gläubiger nicht befriedigt oder gemäß § 52 sichergestellt ist.

3. Gläubigeransprüche nach Abschluss der Verteilung. Wird an die Anfallberechtigten mehr als der „wahre Überschuss" verteilt, so dass Gläubiger unberücksichtigt bleiben, entsteht im Umfang der Mehrleistung grundsätzlich ein Bereicherungsanspruch des Vereins (§ 53 Rn 2); denn zulasten bekannter Gläubiger kann es, wie sich aus § 52 Abs. 1 ergibt, keine ordnungsgemäße Verteilung des Überschusses geben. Soweit die Liquidation offiziell bereits beendet ist, können die Gläubiger analog § 273 Abs. 4 AktG beim Gericht die Bestellung von (Nachtrags-)Liquidatoren beantragen und alsdann, zwecks Zugriffs auf den Bereicherungsanspruch, gegen diese vorgehen.

Das Gleiche gilt, wenn die Verteilung unter Verletzung von §§ 50, 51 vorgenommen wurde, weil die Bekanntmachung unterblieben ist oder fehlerhaft war oder weil das Sperrjahr nicht abgewartet wurde. Deshalb leistet der Verein in diesen Fällen ohne Rechtsgrund an die Anfallberechtigten; die Gläubiger können die Bereicherungsansprüche des Vereins pfänden und sich überweisen lassen (§ 53 Rn 3). Außerdem haften die Liquidatoren sowohl dem Verein (§ 280 Abs. 1) als auch den Gläubigern (§ 53) auf Schadensersatz (Rn 4, § 53 Rn 6).

Ein Bereicherungsanspruch – und damit auch das Bedürfnis für eine derartige Nachtragsabwicklung – entsteht allerdings nicht, wenn die Mehrleistung im Einklang mit den §§ 50–52 erfolgt ist. Unbekannte Gläubiger, die erst nach ordnungsgemäßer Verteilung des (scheinbaren) Liquidationsüberschusses an die Anfallberechtigten auf den Plan treten, müssen den ersatzlosen Wegfall ihres Schuldners hinnehmen und gehen leer aus (siehe § 53 Rn 4).

§ 52 Sicherung für Gläubiger

(1) [1]Meldet sich ein bekannter Gläubiger nicht, so ist der geschuldete Betrag, wenn die Berechtigung zur Hinterlegung vorhanden ist, für den Gläubiger zu hinterlegen.

(2) [1]Ist die Berichtigung einer Verbindlichkeit zur Zeit nicht ausführbar oder ist eine Verbindlichkeit streitig, so darf das Vermögen den Anfallberechtigten nur ausgeantwortet werden, wenn dem Gläubiger Sicherheit geleistet ist.

Literatur: *K. Schmidt*, Zur Gläubigersicherung im Liquidationsverfahren der Kapitalgesellschaften, Genossenschaften und Vereine, ZIP 1981, 1; *Vomhof*, Die Haftung des Liquidators der GmbH, 1988. Siehe auch die Literatur bei § 41.

A. Allgemeines	1	2. „Bekannter Gläubiger"	3
B. Regelungsgehalt	2	II. Verpflichtung zur Sicherheitsleistung	
I. Verpflichtung zur Hinterlegung (Abs. 1)	2	(Abs. 2)	4
1. Bürgerlichrechtliche Zulässigkeit der Hinterlegung	2	**C. Weitere praktische Hinweise**	5

---

7 Staudinger/*Weick*, § 51 Rn 4.

8 RGZ 124, 210, 213; Bamberger/Roth/*Schwarz*, § 51 Rn 4; *Reichert*, Rn 2172 ff.; *Vomhof*, S. 127 f.

A. Allgemeines

Die Bestimmung regelt die Erfüllung bzw. Sicherung einzelner Forderungen, die den Liquidatoren nach Grund und Höhe – nicht notwendig hinsichtlich der Person des Gläubigers – zwar **bekannt** sind, deren normale Befriedigung jedoch gegenwärtig nicht möglich ist. Analog zu den Bestimmungen des § 272 Abs. 2 und 3 AktG, § 73 Abs. 2 GmbHG, § 90 Abs. 2 GenG werden die Liquidatoren zur Sicherstellung dieser (unbekannten) Gläubiger verpflichtet, damit die Schlussverteilung und damit der Abschluss der Liquidation nicht unnötig verzögert wird.

B. Regelungsgehalt

I. Verpflichtung zur Hinterlegung (Abs. 1)

1. Bürgerlichrechtliche Zulässigkeit der Hinterlegung. Die **Hinterlegung** der geschuldeten Leistung findet statt, wenn sich ein den Liquidatoren bekannter Gläubiger (Rn 3) nicht meldet und die Hinterlegung nach bürgerlichem Recht zulässig ist. Die **bürgerlichrechtliche Zulässigkeit** der Hinterlegung ist gegeben, wenn der Verein hinterlegungsfähige Gegenstände schuldet und ein Hinterlegungsgrund vorliegt. **Hinterlegungsfähig** sind Geld, Wertpapiere oder sonstige Urkunden sowie Kostbarkeiten (vgl. § 372 S. 1); ist der Anspruch auf eine nicht hinterlegungsfähige Sache gerichtet, so können die Liquidatoren die Sache gem. § 383 versteigern und sodann den Erlös hinterlegen.[1] Ein **Hinterlegungsgrund** liegt vor, wenn der Gläubiger sich – was sich bei Holschulden schon aus einer hinreichend konkret gefassten Aufforderung gem. § 50 ergeben kann[2] – in **Annahmeverzug** befindet (§ 372 S. 1), wenn der Verein aus einem anderen in der Person des Gläubigers liegenden Grund seine Verbindlichkeit nicht oder nicht mit Sicherheit erfüllen kann (§ 372 S. 2 Alt. 1, z.B. Fehlen eines gesetzlichen Vertreters, unbekannter Aufenthalt) oder wenn der Verein schuldlos im Ungewissen über die Person des Gläubigers ist (§ 372 S. 2 Alt. 2, z.B. bei (mehrfacher) Forderungsabtretung bzw. -pfändung oder Erbfolge). Liegen die Voraussetzungen des § 372 vor, so haben die Liquidatoren die Forderung gem. § 49 Abs. 1 durch Hinterlegung unter Verzicht auf das Rücknahmerecht (§ 376 Abs. 2 Nr. 1) zu erfüllen.[3]

2. „Bekannter Gläubiger". Als ungeschriebenes Tatbestandsmerkmal setzt die Verpflichtung zur Hinterlegung voraus, dass die **Forderung den Liquidatoren** – d.h. mindestens einem von ihnen[4] – dem Grunde nach, bei Geldforderungen außerdem der Höhe nach **im Wesentlichen bekannt** ist. Auch Forderungen, deren Bestand und Höhe von den Liquidatoren bestritten wird, verpflichten zur Sicherstellung, es sei denn, die Liquidatoren durften nach pflichtgemäßem Ermessen berechtigtermaßen die Nichtexistenz der behauptete Forderung annehmen.[5] Ist das Bestehen einer Forderung nach Grund und Höhe substantiiert dargetan, so ist sie in dieser Höhe sicherzustellen; nicht etwa ist dem noch eine eigene Prüfung und ggf. Schätzung der Liquidatoren voranzustellen.[6] Eingeklagte Forderungen sind demgemäß in der Regel in voller Höhe sicherzustellen. Unerheblich ist, ob die Forderung während oder nach Ablauf des Sperrjahres (§ 51) angemeldet worden ist. „Bekannt" ist ein Gläubiger aber – anders als bei § 50 Abs. 2 – auch dann, wenn die Liquidatoren nur die Forderung, nicht aber die Person des Gläubigers bekannt ist; dies ergibt sich aus Abs. 1 i.V.m. § 372 S. 2 Alt. 2, der eine Ungewissheit über die Person des Gläubigers gerade voraussetzt.[7]

II. Verpflichtung zur Sicherheitsleistung (Abs. 2)

Die Sicherstellung des Gläubigers findet in Form der Sicherheitsleistung statt, wenn die Berichtigung der Verbindlichkeit zurzeit nicht ausführbar ist oder wenn die Verbindlichkeit streitig ist (Abs. 2). Die Berichtigung der Forderung ist zurzeit **nicht ausführbar**, wenn die Verbindlichkeit (aufschiebend) bedingt oder befristet ist; das Gleiche gilt für künftige Forderungen aus Dauerschuldverhältnissen sowie Zug-um-Zug-Leistungen, bei denen der Gläubiger vorleistungs- oder mitwirkungspflichtig ist, dieser Verpflichtung aber nicht nachkommt. Sicherheit ist grundsätzlich auch dann zu leisten, wenn die **Forderung nach Grund oder Höhe streitig** ist; erforderlich ist jedoch im gleichen Sinne wie bei Abs. 1, dass der **Gläubiger**

---

1 *Reichert*, Rn 2176.
2 Vgl. Soergel/*Hadding*, § 52 Rn 2; großzügiger offenbar MüKo/*Reuter*, § 52 Rn 2; *Reichert*, Rn 2177; Staudinger/*Weick*, § 52 Rn 2.
3 MüKo/*Reuter*, § 52 Rn 2; *Reichert*, Rn 2177; Soergel/*Hadding*, § 52 Rn 2; für e.G. auch BGHZ 43, 51, 61; anders die h.M. zur GmbH, vgl. Scholz/*K. Schmidt*, GmbHG, 9. Aufl. 2000/2002, § 73 Rn 10: Verzicht auf das Rücknahmerecht nur nach Ermessen.
4 *Reichert*, Rn 2175.
5 *Reichert*, Rn 2175; Soergel/*Hadding*, § 52 Rn 3.
6 *K. Schmidt*, ZIP 1981, 1, 2; Soergel/*Hadding*, § 52 Rn 3; anders offenbar *Reichert*, Rn 2175; für e.G. auch BGHZ 43, 51, 61.
7 MüKo/*Reuter*, § 52 Rn 1; *Reichert*, Rn 2175; *K. Schmidt*, ZIP 1981, 1, 2; Soergel/*Hadding*, § 52 Rn 1; vgl. zur GmbH auch RG JW 1930, 2043 m. Anm. *Bing*; a.A. Staudinger/*Weick*, § 52 Rn 4, der in diesem Fall Abs. 2 i.V.m. § 232 anwenden will.

den Liquidatoren „bekannt" ist (Rn 3). Soweit die Liquidatoren die Verbindlichkeit nach Absatz 1 durch Hinterlegung erfüllen können, ist ein Vorgehen nach Absatz 2 unzulässig; denn die Liquidatoren sind in erster Linie zur Erfüllung verpflichtet, die sich nur durch Hinterlegung unter Ausschluss des Rücknahmerechts erreichen lässt, nicht aber durch Sicherheitsleistung.[8] Die Sicherheitsleistung erfolgt durch Hinterlegung von Geld oder Wertpapieren bzw. durch Verpfändung beweglicher Sachen (§ 232 Abs. 1), hilfsweise durch Einbringung einer selbstschuldnerischen Bürgschaft (§§ 232 Abs. 2, 239 Abs. 2), insbesondere einer Bankbürgschaft.

C. Weitere praktische Hinweise

5   Ein durchsetzbarer Anspruch der einzelnen Gläubiger auf Hinterlegung oder Sicherheitsleistung wird durch § 52 nicht begründet;[9] jedoch haben die Gläubiger gegenüber drohender Verletzung des § 52 analog § 1004 einen **vorbeugenden Unterlassungsanspruch**, der auch im Wege der einstweiligen Verfügung durchgesetzt werden kann (§ 53 Rn 8). Darüber hinaus begründet die vorzeitige Verteilung des Vereinsvermögens Schadensersatzansprüche der Gläubiger gegen die Liquidatoren (§ 53) sowie Bereicherungsansprüche des Vereins gegen den oder die Empfänger (§ 53 Rn 2). Forderungen, deren Existenz den Liquidatoren **unbekannt** ist und die auch nicht auf die gem. § 50 zu erlassende Aufforderung hin angemeldet werden, bleiben dagegen unberücksichtigt und berechtigen auch nicht zu späteren Bereicherungs- oder Schadensersatzansprüchen (§ 53 Rn 4).

§ 53 Schadensersatzpflicht der Liquidatoren

[1]Liquidatoren, welche die ihnen nach dem § 42 Abs. 2 und den §§ 50 bis 52 obliegenden Verpflichtungen verletzen oder vor der Befriedigung der Gläubiger Vermögen den Anfallberechtigten ausantworten, sind, wenn ihnen ein Verschulden zur Last fällt, den Gläubigern für den daraus entstehenden Schaden verantwortlich; sie haften als Gesamtschuldner.

Literatur: *K. Schmidt*, Zur Gläubigersicherung im Liquidationsverfahren der Kapitalgesellschaften, Genossenschaften und Vereine, ZIP 1981, 1; *Vomhof*, Die Haftung des Liquidators der GmbH, 1988. Siehe auch die Literatur bei § 41 und § 42.

A. Allgemeines	1	B. Regelungsgehalt	5
I. Außenhaftung der Liquidatoren gegenüber übergangenen Gläubigern	1	I. Haftungsvoraussetzungen	5
II. Bereicherungsansprüche übergangener Gläubiger	2	II. Rechtsfolgen	6
1. Ansprüche bei Verstoß gegen §§ 50–52	2	1. Schadensersatz	6
2. Ansprüche bei Beachtung der §§ 50–52	4	2. Unterlassung	8
		C. Weitere praktische Hinweise	9

A. Allgemeines

I. Außenhaftung der Liquidatoren gegenüber übergangenen Gläubigern

1   Das BGB unterscheidet für den Fall von Pflichtverletzungen der Liquidatoren zwischen den Ansprüchen des Vereins (**Innenhaftung**) und solchen der Gläubiger (**Außenhaftung**): Grundsätzlich stehen die Liquidatoren nur zum Verein in einer Rechtsbeziehung, die ihnen besondere haftungsbewehrte Rechtspflichten auferlegt. Ansprüche des Vereins gegen die Liquidatoren können sich im Fall einer Pflichtverletzung aus dem organschaftlichen Rechtsverhältnis bzw. dem Anstellungsverhältnis ergeben (§ 48 Abs. 2 i.V.m. § 27 Abs. 3 bzw. § 280 Abs. 1);[1] sie schützen die Interessen der Gläubiger nur mittelbar über eine Erhöhung der Haftungsmasse. § 53 regelt demgegenüber den **Ausnahmefall unmittelbarer Außenhaftung** der Liquidatoren gegenüber den Gläubigern; dem liegt die Annahme zugrunde, in den in § 53 genannten Fällen – Verletzung der den Liquidatoren nach dem § 42 Abs. 2 und den §§ 50–52 obliegenden Verpflichtungen – bestehe ein besonders schutzwürdiges Interesse der Gläubiger an wirksamer Inhaftungnahme der Liquidatoren. Bei § 53 handelt es sich um einen Spezialfall des § 823 Abs. 2 im Hinblick auf die sonach als drittschützend aner-

---

[8] MüKo/*Reuter*, § 52 Rn 3; Soergel/*Hadding*, § 52 Rn 3; a.A. *K. Schmidt*, ZIP 1981, 1, 3; Staudinger/*Weick*, § 52 Rn 4, im Anschluss an die h.M. zur GmbH, wonach ein Wahlrecht zwischen Hinterlegung und Sicherheitsleistung bestehe.

[9] Soergel/*Hadding*, § 52 Rn 4; a.A. Staudinger/*Weick*, § 52 Rn 3.

[1] Vgl. *Reichert*, Rn 2202.

kannten Bestimmungen der §§ 42 Abs. 2, 50–52 und damit um einen seiner Rechtsnatur nach **deliktischen Schadensersatzanspruch**.[2]

II. Bereicherungsansprüche übergangener Gläubiger

1. Ansprüche bei Verstoß gegen §§ 50–52. Von dem in § 53 angesprochenen Schadensersatzanspruch ist die Möglichkeit zu unterscheiden, dass die Vereinsgläubiger im Fall der Verletzung der §§ 50–52 **aus ungerechtfertigter Bereicherung gegen den Begünstigten** vorgehen. Ein unmittelbarer Bereicherungsanspruch eines Gläubigers scheitert indes schon daran, dass der Anfallberechtigte hier nicht auf Kosten des Gläubigers, sondern auf Kosten des Liquidationsvereins etwas erlangt hat; insofern kommt ohnehin allenfalls der Liquidationsverein selbst als Bereicherungsgläubiger in Betracht.[3] In der Tat haftet ein Anfallberechtigter, der unter Verstoß gegen §§ 50–52 befriedigt worden ist, hiernach **dem Verein gegenüber** nach § 812 Abs. 1 S. 1 Alt. 1 auf Rückgewähr des gesetzwidrig Erlangten: Wird das Restvermögen vor Ablauf des Sperrjahres an die Anfallberechtigten verteilt, obwohl noch unbekannte Gläubiger zu befriedigen sind, so haben die Anfallberechtigten in anteiliger Höhe der offenen Forderungen durch Leistung des Liquidationsvereins etwas ohne rechtlichen Grund erlangt.[4] Der an sich gegebene Ausschlusstatbestand des § 814 wird dabei im Gläubigerschutzinteresse teleologisch reduziert, da seine Anwendung dem Zweck des § 51 widerspricht.[5] War der Begünstigte Vereinsmitglied, so hat der Verein gegen ihn einen Rückgewähranspruch auf körperschaftsrechtlicher Grundlage (mit der Konsequenz, dass eine Berufung auf Entreicherung nicht möglich ist).[6] Der Verteilung des Liquidationsüberschusses an die Anfallberechtigten unter Verstoß gegen §§ 50–52 steht der Fall gleich, dass ein Gläubiger unberücksichtigt geblieben ist, obwohl seine Forderung den Liquidatoren bekannt war; denn da solche Gläubiger mit ihren Forderungen nicht ausgeschlossen werden, gehen sie den Anfallberechtigten auch nach Ablauf des Sperrjahres vor.[7]

Die Auskehrung des gesamten Vereinsvermögens an den Anfallberechtigten ohne die gesetzlich vorgeschriebene Bekanntmachung der Auflösung bzw. ohne Abwarten des Sperrjahrs bewirkt danach zugleich die **Fortdauer der Liquidation** trotz scheinbarer Beendigung, denn der dem Verein insoweit zustehende Rückgewähranspruch gegen den Anfallberechtigten ist „noch vorhandenes" Vereinsvermögen, dessen Existenz die Vollbeendigung ausschließt (§ 47 Rn 19, § 51 Rn 5).[8] Der Gläubiger kann dann den Rückgewähranspruch des Vereins gegen den Anfallberechtigten pfänden und sich zur Einziehung überweisen lassen.[9] Unterbleibt dies, so ist der Rückgewähranspruch im Wege einer Nachtragsliquidation (§ 49 Rn 22) zu realisieren und das Erlangte sodann zugunsten der Vereinsgläubiger zu verteilen.[10]

2. Ansprüche bei Beachtung der §§ 50–52. Sind die Bestimmungen der §§ 50–52 beachtet worden, geht der verspätet auf den Plan tretende Gläubiger endgültig leer aus; denn auch die Realisierung eines Bereicherungsanspruchs des Vereins scheidet in diesem Fall nach ganz h.M. schon deshalb aus, weil der Begünstigte mit Rechtsgrund erworben hat.[11]

B. Regelungsgehalt

I. Haftungsvoraussetzungen

Die Eröffnung der unmittelbaren Außenhaftung der Liquidatoren setzt voraus, dass die Liquidatoren entweder ihrer Verpflichtung zur rechtzeitigen Stellung des Antrags auf Eröffnung des Insolvenzverfahrens nicht genügt haben (§§ 48 Abs. 2, 42 Abs. 2, siehe § 42 Rn 43 ff.), die Bekanntmachung und Gläubigeraufforderung nicht rechtzeitig vorgenommen haben (§ 50) oder Vereinsvermögen an die Anfallberechtigten

---

2 Vgl. Bamberger/Roth/*Schwarz*, § 53 Rn 1; MüKo/*Reuter*, § 53 Rn 3; *Reichert*, Rn 2197; *K. Schmidt*, ZIP 1981, 1, 7; Staudinger/*Weick*, § 53 Rn 7.

3 Bamberger/Roth/*Schwarz*, § 53 Rn 4; *K. Schmidt*, ZIP 1981, 1, 6; MüKo/*Reuter*, § 51 Rn 3; Palandt/*Heinrichs*, § 53 Rn 3; *Reichert*, Rn 2203; Soergel/*Hadding*, § 51 Rn 4; Staudinger/*Weick*, § 51 Rn 5; vgl. zur GmbH auch RGZ 124, 210, 213 f.; RG JW 1930, 2943; a.A. RGZ 92, 77, 82; OLG Düsseldorf DB 2004, 924 = FGPrax 2004, 132; LG Braunschweig MDR 1956, 352; Staudinger/*Weick*, § 51 Rn 2, § 53 Rn 5: bei wissentlichem Verstoß Bereicherungsanspruch des Gläubigers (entspr. § 822).

4 OLG Düsseldorf DB 2004, 924 = FGPrax 2004, 132; *K. Schmidt*, ZIP 1981, 1, 6; MüKo/*Reuter*, § 51 Rn 2; *Reichert*, Rn 2204; Soergel/*Hadding*, § 51 Rn 3, § 53 Rn 2; vgl. zur GmbH auch RGZ 92, 77, 82 f.; RGZ 109, 387, 391 f.; RGZ 124, 210, 215.

5 MüKo/*Reuter*, § 51 Rn 2; Soergel/*Hadding*, § 51 Rn 3.

6 *Reichert*, Rn 2204; vgl. zur Genossenschaft auch BGH ZIP 1999, 928; 1999, 1173, 1175.

7 MüKo/*Reuter*, § 51 Rn 3; Soergel/*Hadding*, § 51 Rn 4; vgl. zur GmbH auch BAGE 36, 125, 130.

8 OLG Düsseldorf DB 2004, 924 = FGPrax 2004, 132.

9 Bamberger/Roth/*Schwarz*, § 53 Rn 4; *Reichert*, Rn 2197, 2204; Soergel/*Hadding*, § 51 Rn 3.

10 Bamberger/Roth/*Schwarz*, § 53 Rn 4; *Reichert*, Rn 2204; zur GmbH auch BAGE 36, 125, 130.

11 RGZ 124, 210, 213 f.; *Reichert*, Rn 2203.

ausgekehrt haben, ohne zuvor alle bekannten Gläubiger befriedigt (§ 49), die Sperrfrist (§ 51) beachtet und alle bekannten Forderungen durch Hinterlegung oder Sicherheitsleistung erfüllt bzw. gesichert zu haben (§ 52). Sie erfordert nach der ausdrücklichen Bestimmung des Hs. 2 ein schuldhaftes Handeln (Vorsatz oder einfache Fahrlässigkeit) des Liquidators.

II. Rechtsfolgen

6 **1. Schadensersatz.** Der Anspruch ist auf Ersatz des durch die Verletzung der §§ 42 Abs. 2, 50–52 entstandenen Schadens gerichtet, muss i.d.R. also die Verkürzung der individuellen Quote ausgleichen. Der Schaden errechnet sich mithin grundsätzlich aus der Differenz zwischen der Befriedigungsquote, die dem Gläubiger zustehen würde, sofern die Liquidatoren ihre Pflichten aus §§ 42 Abs. 2, 50–52 erfüllt hätten, und der bei der Liquidation bzw. im Insolvenzverfahren tatsächlich erzielten Befriedigung (**Quotenschaden**).[12] Dieser Anspruch kann zudem, wenn über das Vermögen des Vereins das Insolvenzverfahren eröffnet wird, gemäß § 92 InsO während der Dauer des Insolvenzverfahrens von dem einzelnen Gläubiger nicht geltend gemacht werden (Sperrwirkung); vielmehr ist die Einziehung der Forderung dem Insolvenzverwalter übertragen (Konzentrationswirkung). Ebenso wie im Fall der Haftung der Vorstandsmitglieder nach § 42 Abs. 2 (§ 42 Rn 47) sind die sog. Neugläubiger in der Insolvenz nicht auf den Quotenschaden beschränkt, sondern haben einen Anspruch auf Ersatz des vollen Schadens, den sie dadurch erlitten haben, dass sie bei Vertragsabschluss auf die Solvenz des Vereins vertraut haben; dieser Anspruch unterfällt auch nicht der Beschränkung des § 92 InsO, weil er nicht auf einer Schmälerung der Insolvenzmasse beruht (§ 42 Rn 47). Mehrere Liquidatoren haften als **Gesamtschuldner** (§§ 421 ff.); im Innenverhältnis sind sie nach dem Grad ihres Verschuldens verpflichtet.

7 Der Umstand, dass dem Verein in den Fällen, in denen unter Verstoß gegen §§ 50–52 Ausschüttungen vorgenommen wurden, regelmäßig **Bereicherungsansprüche** auf Rückgewähr des Erlangten gegen den Empfänger zustehen (Rn 3), berührt den Anspruch gegen die Liquidatoren nach Grund und Höhe an sich nicht;[13] denn die Alternative, einen Schadensersatzanspruch gegen die Liquidatoren nur insoweit zu gewähren, als der Gläubiger auch durch Vollstreckung in den Bereicherungsanspruch des Vereins keine Befriedigung erlangt,[14] schränkt den Rechtsschutz der Gläubiger der Intention der Bestimmung zuwider über Gebühr ein.

8 **2. Unterlassung.** Einen einklagbaren Anspruch auf Einhaltung der in §§ 50–52 vorgeschriebenen Kautelen haben die Gläubiger nicht. Da es sich bei § 53 um einen deliktischen Anspruch handelt (Rn 1), kann jedoch im Wege der **vorbeugenden Unterlassungsklage** analog § 1004 erreicht werden, dass den Liquidatoren bei drohender Verletzung der §§ 50–52 die Vermögensauskehr untersagt wird.[15] Die Klage kann sowohl gegen **die Liquidatoren persönlich**[16] als auch gegen den **Verein**[17] gerichtet werden. Der vorbeugende Unterlassungsanspruch kann zudem durch **einstweilige Verfügung** gegen die Liquidatoren geltend gemacht werden;[18] gegen den Verein kann auch ein **dinglicher Arrest** erwirkt werden.[19]

C. Weitere praktische Hinweise

9 Insbesondere wenn der Gläubiger schon einen Titel gegen den Verein erwirkt hatte, wird es sich in der Regel empfehlen, den (behaupteten) Bereicherungsanspruch des Vereins gegen den entgegen §§ 50–52 befriedigten Anfallberechtigten (Rn 2 f.) pfänden und sich zur Einziehung überweisen zu lassen; denn die Voraussetzungen des Bereicherungsanspruchs sind – insbesondere im Hinblick auf das womöglich schwer nachzuweisende Verschulden gem. § 53 a.E. – in der Regel leichter nachzuweisen als die des Schadensersatzanspruchs.

---

12 MüKo/*Reuter*, § 53 Rn 3; Soergel/*Hadding*, § 53 Rn 4; a.A. Bamberger/Roth/*Schwarz*, § 53 Rn 2.

13 Bamberger/Roth/*Schwarz*, § 53 Rn 3; Palandt/ *Heinrichs*, § 53 Rn 1; i.E. auch *K. Schmidt*, ZIP 1981, 1, 9, der § 426 Abs. 2 entsprechend anwenden will.

14 Erman/*Westermann*, § 53 Rn 4; MüKo/*Reuter*, § 53 Rn 3; *Reichert*, Rn 2198, 2204; Soergel/*Hadding*, § 53 Rn 4; Staudinger/*Weick*, § 53 Rn 5.

15 Ganz h.M., s. zum Pro und Contra ausf. *Vomhof*, S. 39 ff.

16 Bamberger/Roth/*Schwarz*, § 53 Rn 4; MüKo/*Reuter*, § 51 Rn 1, § 53 Rn 1; *Reichert*, Rn 2200; *K. Schmidt*, ZIP 1981, 1, 4 f.; Soergel/*Hadding*, § 51 Rn 3, § 53 Rn 2; Staudinger/*Weick*, § 53 Rn 7.

17 Bamberger/Roth/*Schwarz*, § 53 Rn 4; a.A. insoweit Soergel/*Hadding*, § 53 Rn 2, weil die §§ 50–52 nur Organpflichten aufstellten.

18 Bamberger/Roth/*Schwarz*, § 53 Rn 4; MüKo/*Reuter*, § 53 Rn 1; *Reichert*, Rn 2200; *K. Schmidt*, ZIP 1981, 1, 4 f.; Soergel/*Hadding*, § 53 Rn 2.

19 Bamberger/Roth/*Schwarz*, § 53 Rn 4; *Reichert*, Rn 2200; ausf. *Vomhof*, S. 43 ff., 56, 192.

§ 54 Nicht rechtsfähige Vereine

¹Auf Vereine, die nicht rechtsfähig sind, finden die Vorschriften über die Gesellschaft Anwendung. ²Aus einem Rechtsgeschäft, das im Namen eines solchen Vereins einem Dritten gegenüber vorgenommen wird, haftet der Handelnde persönlich; handeln mehrere, so haften sie als Gesamtschuldner.

Literatur: *Backhaus*, Der nicht eingetragene Verein im Rechtsverkehr – ein Beitrag zur Rechtssubjektslehre im Zivilrecht und im Verfahrensrecht, 2001; *Ballerstedt*, Mitgliedschaft und Vermögen beim rechtsfähigen Verein, in: FS Knur 1972, S. 1; *Bayer*, Die liquidationslose Fortsetzung rechtsfähiger Idealvereine, 1984; *Bergmann*, Die fremdorganschaftlich verfasste Offene Handelsgesellschaft, Kommanditgesellschaft und BGB-Gesellschaft als Problem des allgemeinen Verbandsrechts, 2002; *Dauner-Lieb*, Unternehmen in Sondervermögen, 1998; *Fabricius*, Relativität der Rechtsfähigkeit, 1963; *Faisst*, Zur Geschichte, Entwicklung und Zukunft des nichtrechtsfähigen Idealvereins nach deutschem Bürgerlichem Gesetzbuch, Diss. Tübingen 1986; *Flume*, Der nichtrechtsfähige Verein, ZHR 148 (1984), 503; *Gutzeit*, Die Vereinsinsolvenz unter besonderer Berücksichtigung des Sportvereins, Diss. Bonn 2003; *Habersack*, Die Mitgliedschaft – subjektives und „sonstiges" Recht, 1996; *Habscheid*, Der nicht rechtsfähige Verein zwischen juristischer Person und Gesellschaft, AcP 155 (1956), 375; *Hüffer*, Die Gesamthandsgesellschaft in Prozeß, Zwangsvollstreckung und Konkurs, in: FS Stimpel 1985, S. 165; *John*, Die organisierte Rechtsperson, 1977; *Jung*, Zur Partei- und Grundbuchfähigkeit nichtrechtsfähiger Vereine, NJW 1986, 157; *Katschinski*, Verschmelzung der Vereine, 1999; *Kempfler*, Nicht rechtsfähige Vereine aktiv parteifähig?, NZG 2002, 411; *Kertess*, Die Haftung des für einen nichtrechtsfähigen Verein Handelnden gemäß § 54 S. 2 BGB, Diss. Göttingen 1982; *Konzen*, Grundbuchfähigkeit eines nichtrechtsfähigen Vereins, JuS 1989, 20; *Morlok/Schulte-Trux*, Staatstragend, aber nicht grundbuchfähig? Zur Grundbuchfähigkeit politischer Parteien, NJW 1992, 2058; *Mummenhoff*, Gründungssysteme und Rechtsfähigkeit, 1979; *Nitschke*, Die körperschaftlich strukutierte Personengesellschaft, 1970; *Nußbaum*, Der nichtrechtsfähige Verein im Prozeß und Konkurse, ZZP 34 (1905), 107; *Ott*, Zur Grundbuchfähigkeit der GbR und des nicht eingetragenen Vereins, NJW 2003, 1223; *Reiff*, Die Haftungsverfassung nichtrechtsfähiger unternehmenstragender Verbände, 1996; *Reuter*, Zur Abgrenzung von Vereins- und Gesellschaftsrecht, ZGR 1981, 364; *ders.*, Der nichtrechtsfähige wirtschaftliche Verein, in: FS Semler 1993, S. 931; *ders.*, Persönliche Haftung für Schulden des nichtrechtsfähigen Idealvereins, NZG 2004, 217; *Schlarmann*, Die Rechtsprechung des BGH zu Publikumspersonengesellschaften, BB 1979, 192; *K. Schmidt*, Zur Stellung der OHG im System der Handelsgesellschaften, 1972; *ders.*, Systemfragen des Vereinsrechts, ZHR 147 (1983), 43; *ders.*, Verbandszweck und Rechtsfähigkeit im Vereinsrecht, 1984; *ders.*, Die Partei- und Grundbuchfähigkeit nichtrechtsfähiger Vereine, NJW 1984, 2249; *ders.*, Eintragungsfähige und eintragungsunfähige Vereine, Rpfleger 1988, 45; *ders.*, Die Außengesellschaft: rechts- und parteifähig, NJW 2001, 993; *Schöpflin*, Der nichtrechtsfähige Verein, 2003; *Th. Schulz*, Die Parteifähigkeit nicht rechtsfähiger Vereine im Zivilprozeß, 1992; *ders.*, Die Parteifähigkeit nicht rechtsfähiger Vereine, NJW 1990, 1893; *Staake*, § 54 BGB: Mitgliederhaftung im nicht eingetragenen Verein, JA 2004, 94; *Stoltenberg*, Rechtsfähigkeit des nicht rechtsfähiger Vereine, MDR 1989, 494; *Teubner*, Organisationsdemokratie und Verbandsverfassung, 1978; *Vogt*, Der Zusammenhang von Vermögensbindung, persönlicher Haftung und Liquidationsgebot bei Gesellschaften, 1999; *Wieacker*, Zur Theorie der juristischen Person des Privatrechts, in: FS E.R. Huber 1973, S. 339. Siehe auch die Literatur bei § 41 und § 42.

A. Allgemeines 1	b) Anwendbarkeit von S. 1 i.V.m.
I. Die gesetzliche Regelung 1	§§ 708 ff. auf den wirtschaftlichen
II. Anwendung des Vereinsrechts auf den nicht	n.e.V. 19
eingetragenen Idealverein 2	3. Die Haftung des Handelnden (S. 2) 20
III. Der n.e.V. als Rechtssubjekt und	a) Grundgedanken 20
Vermögensträger 3	b) Person des Handelnden 23
IV. Anwendung des Gesellschaftsrechts auf	c) Person des Dritten 25
den nicht konzessionierten wirtschaftlichen	d) Rechtsfolgen 26
Verein 6	IV. Die Beendigung des n.e.V. 29
B. Regelungsgehalt 8	**C. Weitere praktische Hinweise** 32
I. Kennzeichen des nichteingetragenen Vereins 8	I. Die Parteifähigkeit des n.e.V. im
II. Gründung und Organisationsrecht des n.e.V. 11	Zivilprozess 32
III. Die Haftungsverfassung des n.e.V. 16	1. Die traditionelle Auffassung 32
1. Die Haftung des n.e.V. mit dem	2. Die moderne Lehre 35
Vereinsvermögen 16	3. Praktische Konsequenzen 37
2. Die persönliche Haftung der	II. Der n.e.V. in der Zwangsvollstreckung . . . 40
Vereinsmitglieder (S. 1) 17	III. Der n.e.V. im Insolvenzverfahren 43
a) Unanwendbarkeit von S. 1 i.V.m.	IV. Die Grundbuchfähigkeit des n.e.V. 47
§§ 708 ff. auf den Idealverein 17	

A. Allgemeines

I. Die gesetzliche Regelung

Dem rechtlichen Gebilde des ohne eigene Rechtspersönlichkeit bestehenden nicht eingetragenen Vereins (n.e.V.) hat der Gesetzgeber im BGB nur eine einzige Bestimmung gewidmet, welche ihrem Wortlaut nach vor allem die Vorschriften über die GbR und damit die **§§ 705 ff. für anwendbar** erklärt (S. 1). Indes sind auch Vereine ohne eigene Rechtspersönlichkeit in der Regel körperschaftlich organisiert, d.h. auf eine Verselbständigung der Vereinigung gegenüber ihren Mitgliedern angelegt, während die GbR jedenfalls nach ihrer gesetzlichen Grundkonzeption dem Prinzip der Selbstorganschaft gemäß organisiert ist, einstimmiges Handeln aller Gesellschafter erfordert und auch das Ausscheiden eines Gesellschafters nicht überdauert. Die gesetzliche Regelung führt deshalb dazu, dass auf einen formell organisierten, offenen und durch einen Gesamtnamen individualisierten Personenzusammenschluss gesetzliche Bestimmungen angewendet werden sollen, die auf einen informell organisierten, geschlossenen und durch die Person konkreter Mitglieder individualisierten Personenzusammenschluss zugeschnitten sind.[1] **Hintergrund der Gesetzesfassung** war die Absicht des historischen Normgebers, politisch suspekte Vereine wie vor allem politische Parteien und Gewerkschaften zur Eintragung zu veranlassen und sie damit einer präventiven Kontrolle durch die Verwaltungsbehörden nach § 61 Abs. 2 und § 43 Abs. 3 a.F., dem sog. verschleierten Konzessionssystem, zu unterziehen; sie motivierte den Gesetzgeber, den strukturellen Unterschied zwischen dem Verein und einer GbR zu ignorieren. Die gesetzgeberische Absicht ist mindestens unzeitgemäß, im Hinblick auf Art. 9 GG wohl sogar verfassungsrechtlich bedenklich, da der einfache Gesetzgeber verpflichtet ist, für den – unter den Schutz des Art. 9 GG fallenden – n.e.V. eine seiner Struktur adäquate rechtliche Ausgestaltung bereitzustellen: Der n.e.V. ist eben nicht, wie das RG einmal formulierte, „eine Gesellschaft, welche nach Art der juristischen Person korporativ organisiert ist";[2] er ist vielmehr überhaupt keine Gesellschaft. Überdies belastet die in S. 2 vorgesehene Haftung der Vereinsvertreter in sachwidriger Weise ein typisches Handeln im Fremdinteresse mit beträchtlichen persönlichen Risiken.

II. Anwendung des Vereinsrechts auf den nicht eingetragenen Idealverein

2 Rechtsprechung und Literatur **lehnen die Anwendung der gesellschaftsrechtlichen Vorschriften** auf den n.e. Idealverein schon seit längerem **als überholt ab**; S. 1 ist für das Recht der n.e. Idealvereine nach dem Grundsatz *cessante ratione legis cessat lex ipsa* gewissermaßen außer Kraft getreten.[3] Nach heutigem Verständnis sind deshalb – entgegen dem Gesetzeswortlaut – auf Idealvereine ohne durch Eintragung erlangte eigene Rechtspersönlichkeit regelmäßig gerade nicht die Vorschriften über die GbR, sondern die **Bestimmungen des Vereinsrechts über den als juristische Person bestehenden Idealverein entsprechend anwendbar** mit Ausnahme derjenigen Vorschriften, die gerade die Eigenschaft als juristische Person voraussetzen.[4] Insbesondere ist, wie schon seit langem anerkannt ist, die Haftung der Mitglieder für das (vertragliche wie außervertragliche) Verhalten der Vereinsrepräsentanten auf das Vereinsvermögen beschränkt (Rn 17). Unanwendbar, weil sie die Eigenschaft als juristische Person voraussetzen, bleiben insbesondere die Publizitätsvorschriften der §§ 68 ff.

III. Der n.e.V. als Rechtssubjekt und Vermögensträger

3 Erhebliche weitere Impulse erhielt die beschriebene Entwicklung in der allerjüngsten Vergangenheit durch die Rechtsprechung des Bundesgerichtshofs[5] zur (Außen-)GbR, wonach diese Rechts- und Parteifähigkeit besitzt, soweit sie durch Teilnahme am Rechtsverkehr eigene Rechte und Pflichten begründet (siehe § 705 Rn 6 ff., Anhang zu § 705 Rn 1 ff.). Als gesichertes Ergebnis richterlicher Rechtsfortbildung zugrunde zu legen ist danach die Annahme, dass die GbR damit zwar noch nicht juristische Person ist, wohl aber Rechtssubjekt, und mithin – insofern ganz wie die juristische Person – selbst und losgelöst von ihren Gesellschaftern als Zurechnungsendpunkt von materiellrechtlichen wie prozessualen Rechten und Pflichten anzusehen ist. Dies muss auch **Konsequenzen für die Behandlung des n.e.V.** haben – zwar nicht im Hinblick auf die Verweisung des S. 1 in das Recht der GbR,[6] die, wie gesehen (Rn 2), auf den n.e.V. gar nicht mehr angewandt wird, sondern aufgrund eines Erst-recht-Schlusses: Auch wenn es in der Rechtswirklichkeit in zunehmender Zahl Personalgesellschaften gibt, bei denen die körperschaftlichen die personalistischen Elemente überwiegen, ist die körperschaftliche Verfassung und damit die Abstraktion des Verbands von seinen Mitgliedern immer noch als Strukturmerkmal des Vereins anzusehen (siehe vor §§ 21 ff. Rn 10).[7] Ist aber der Typus des n.e.V. von einem tendenziell größeren Maß an Verselbständigung gekennzeichnet als die GbR, so ist es nicht zu vertreten, ihn mit einem geringeren „Maß an Rechtsfähigkeit" auszustatten.

---

1 MüKo/*Reuter*, § 54 Rn 1; vgl. zur Entwicklung der rechtspolitischen Kritik *Flume*, ZHR 148 (1984), 503, 507; *Schöpflin*, S. 64 ff.; dazu wiederum abl. *Bergmann*, S. 351 ff.
2 So aber jetzt wieder *Bergmann*, S. 351 ff. und passim.
3 So treffend MüKo/*Reuter*, § 54 Rn 4.
4 Vgl. BGHZ 50, 325, 329; BGH NJW 1979, 2304 f.; OLG Frankfurt ZIP 1985, 213; Bamberger/Roth/*Schwarz*, § 54 Rn 11; Erman/*Westermann*, § 54 Rn 1; MüKo/*Reuter*, vor § 21 Rn 52, § 54 Rn 2; Palandt/*Heinrichs*, § 54 Rn 1; *Reichert*, Rn 2475; *K. Schmidt*, GesR, 4. Aufl. 2002, § 25 II 1a; *Schöpflin*, S. 68 f., 233 ff.; nur in der Begr. abw. z.B. *Bergmann*, S. 345 ff., 413 ff.: Anwendbarkeit der §§ 21–53 kraft gesellschaftsvertraglicher Disposition.
5 BGH, Urt. v. 29.1.2001 = BGHZ 146, 341 ff. („ARGE Weißes Ross"); ferner BGHZ 148, 291 ff.; 151, 204 ff.; BGH NJW 2002, 1207; 2003, 1043, 1044; BB 2003, 2706.
6 So aber *K. Schmidt*, NJW 2001, 993, 1002 f.; Soergel/*Hadding*, § 54 Rn 16.
7 Vgl. *Schöpflin*, S. 154 ff.

Im Einklang mit dem inzwischen anerkannten Verständnis der GbR ist deshalb die Fähigkeit, selbst und losgelöst von den Mitgliedern Zurechnungsendsubjekt aller Rechte und Pflichten zu sein, nicht erst mit dem Eintritt der (Voll-)Rechtsfähigkeit durch Registereintragung bzw. Verleihung zuzuerkennen. Die staatliche Kontrolle durch das Registergericht bzw. die Verleihungsbehörde, die Gesamthand und juristische Person im deutschen Recht unterscheidet, ist danach nur noch für die Eigenschaft als juristische Person unerlässlich. Damit ist das Vereinsvermögen des n.e.V. nicht mehr, wie nach traditioneller Ansicht, als Gesamthandsvermögen (§§ 54 S. 1, 718, 719) ein Sondervermögen der lediglich unter der Kollektivbezeichnung des Vereins auftretenden Vereinsmitglieder.[8] Vielmehr kommt dem n.e.V. eine **eigene Rechtssubjektivität** zu; der n.e.V. selbst ist daher **Träger von Rechten und Pflichten**.[9] Als Ergebnis eines hundertjährigen Rechtsfortbildungsprozesses bezeichnet die einst rhetorisch gemeinte, zum Festhalten am Gesetzeswortlaut mahnende Frage: „Der nichtrechtsfähige Verein auf dem Wege zur Rechtsfähigkeit?",[10] heute das geltende Recht: Der nicht eingetragene Idealverein ist aktiv und passiv parteifähig (Rn 32), grundbuch- (Rn 47) und insolvenzfähig (Rn 43), er ist vermögensfähig und folgerichtig auch wechsel- und scheckfähig,[11] erbfähig,[12] namensrechtsfähig,[13] markenrechtsfähig[14] und fähig zur Mitgliedschaft in einer juristischen Person,[15] einer GbR[16] oder einem anderen nicht eingetragenen Verein[17] und schließlich kontofähig.[18]

Demgemäß bedeutet der Begriff „nicht rechtsfähiger Verein" i.S.v. § 54 nur noch, dass der Verein weder durch Eintragung in das Vereinsregister (§ 21) noch durch staatliche Verleihung (§§ 22, 23) seine „Rechtsfähigkeit" erworben hat und damit **keine juristische Person** ist. „Rechtsfähig" aber ist er gleichwohl, so dass hier der **Begriff des „nicht eingetragenen Vereins" (n.e.V.)** zur Kennzeichnung des in § 54 angesprochenen Typus vorgezogen wird.[19] Der Begriff ist zugegebenermaßen gleichfalls nicht vollständig präzise, da er auch wirtschaftliche (§ 22) und ausländische (§ 23) Vereine nicht erfasst, die die Eigenschaft als juristische Person durch Konzessionierung erlangt haben und nicht im Vereinsregister eingetragen werden; im Hinblick auf die praktische Seltenheit dieser Tatbestände ist dies aber eher hinzunehmen als die weitere Tradierung des grob missverständlich gewordenen Begriffs des „nicht rechtsfähigen" Vereins.

IV. Anwendung des Gesellschaftsrechts auf den nicht konzessionierten wirtschaftlichen Verein

Anders als oben (für den Idealverein) dargestellt verfährt die heutige Praxis und h.M. mit dem (seltenen) **nicht konzessionierten wirtschaftlichen Verein**:[20] Im Unterschied zur Rechtslage beim nicht eingetragenen Idealverein sei der auf Verhinderung der freien Körperschaftsbildung gerichtete Zweck des Sonderrechts des „nicht rechtsfähigen" Vereins für den wirtschaftlichen Verein nicht gegenstandslos geworden; vielmehr hätten sich die gesetzlichen Vorbehalte gegen die freie Körperschaftsbildung sogar inzwischen verstärkt, da der moderne Gesetzgeber jedenfalls im Falle des Betriebs größerer Unternehmen die Sicherung sozial verantwortungsbewussten Verhaltens (Publizität, Mitbestimmung) anstrebe. Hier sei die **Verweisung auf**

---

8 BGHZ 50, 325, 329; RGZ 143, 212, 213, 215; OLG Düsseldorf MDR 1993, 1020; *Beuthien/Ernst*, ZHR 156 (1992), 227, 232 ff.; Erman/*Westermann*, § 54 Rn 8; *Habscheid*, AcP 155 (1956), 375, 400; *Jung*, NJW 1986, 157 ff.; Staudinger/*Weick*, § 54 Rn 9, 74; ebenso noch nach der Entscheidung des BGH v. 29.1.2001, BGHZ 146, 341, etwa *Heil*, NZG 2001, 300, 302; *Schöpflin*, S. 83 ff.

9 Bamberger/Roth/*Schwarz*, § 54 Rn 13; *K. Schmidt*, GesR, 4. Aufl. 2002, § 8 III 2a, 3, 4c, § 25 II 1b; *ders.*, NJW 2001, 993, 1002 f.; *Flume*, ZHR 136 (1972), 177 ff.; *ders.* ZHR 148 (1984), 503 ff., 506; *Mummenhoff*, S. 229; MüKo/*Reuter*, § 54 Rn 14 f.; Palandt/*Heinrichs*, § 54 Rn 2; *Reichert*, Rn 2441 ff.; Soergel/*Hadding*, § 54 Rn 16.

10 *Teutsch*, BayZ 1910, 153.

11 So zutr. Erman/*Westermann*, § 54 Rn 8; MüKo/*Reuter*, § 54 Rn 18; *Reichert*, Rn 2466e; Soergel/*Hadding*, § 54 Rn 19 i.V.m. Rn 16; a.A. noch RGZ 112, 124, 125; RG JW 1980, 544, 55; OLG Koblenz MDR 1988, 424; *Schöpflin*, S. 333 ff.

12 *Reichert*, Rn 2502; *K. Schmidt*, GesR, 4. Aufl. 2002, § 25 II 1a; Soergel/*Hadding*, § 54 Rn 17; Staudinger/*Weick*, § 54 Rn 77 i.V.m. 74; (nur) für den n.e. Idealverein auch MüKo/*Reuter*, § 54 Rn 19; a.A. *Schöpflin*, S. 328 ff.

13 RGZ 78, 101, 102 ff.; BayObLG EWiR 1987, 15; OLG Frankfurt NJW 1952, 792, 794; *Schöpflin*, S. 318 ff.; Soergel/*Hadding*, § 12 Rn 31.

14 *Fezer*, Markenrecht, 3. Aufl. 2001, § 7 MarkenG Rn 41; a.A. *Schöpflin*, S. 321 ff.

15 *Reichert*, Rn 62; *Schöpflin*, S. 338 ff.; Soergel/*Hadding*, § 38 Rn 5.

16 MüKo/*Ulmer*, § 705 Rn 68; *Schöpflin*, S. 340 ff.; Soergel/*Hadding*, § 705 Rn 25.

17 *Reichert*, Rn 2492; *Schöpflin*, S. 340 ff.; Soergel/*Hadding*, § 54 Rn 16.

18 *Reichert*, Rn 2466d.

19 So auch Soergel/*Hadding*, § 54 Rn 1; *K. Schmidt*, GesR, 4. Aufl. 2002, § 25 II 1a, 2d; krit. *Schöpflin*, S. 19.

20 Zur Abgrenzung von idealem und wirtschaftlichem Vereinszweck vgl. allg. § 21 Rn 22 ff. sowie ausf. *Reiff*, S. 76 ff. m.w.N.; *Schöpflin*, S. 151 ff., 188 ff.; Soergel/*Hadding*, § 54 Rn 2 ff.; schon im Ansatz gegen die Möglichkeit eines i.S.v. § 54 „nichtrechtsfähigen" wirtschaftlichen Vereins allerdings *K. Schmidt*, Zur Stellung der OHG, S. 229 ff.; *ders.*, GesR, 4. Aufl. 2002, § 25 I 2 b.

das Recht der GbR deshalb zu respektieren;[21] der *telos* der Unterscheidung zwischen nichtwirtschaftlichem und wirtschaftlichem Verein liegt insofern darin, dass bei wirtschaftlichen Vereinen besondere Vorschriften zum Schutz der Gläubiger und des Rechtsverkehrs erforderlich sind, die in den §§ 21 ff. nicht enthalten sind.[22] Beim nicht konzessionierten wirtschaftlichen Verein ist deshalb im Ergebnis trotz körperschaftlicher Verfassung in weitem Umfang auf die gesellschaftsrechtlichen Vorschriften zurückzugreifen, weil sie besser als die §§ 21 ff. auf einen wirtschaftlichen Verband zugeschnitten sind. Sofern der nicht konzessionierte wirtschaftliche Verein ein Handelsgewerbe als Hauptzweck führt, ist er gar nicht als (den Bestimmungen über die GbR unterliegender) Verein, sondern als OHG zu behandeln.[23] In jedem Fall ergibt sich hieraus als praktisch wichtigste Konsequenz die **persönliche Außenhaftung der Vereinsmitglieder** für die im Namen des Vereins begründeten Verbindlichkeiten (Rn 19).

7 Die gesamtschuldnerische Außenhaftung der Mitglieder gilt auch für solche nicht rechtsfähigen wirtschaftlichen Vereine, die sich – vergleichbar einer Vorgesellschaft zu einer Kapitalgesellschaft – im Gründungsstadium zu einem e.V. befinden und als werdende juristische Personen betrachtet werden können (**Vorvereine**). Auch auf einen im Gründungsstadium befindlichen, nicht rechtsfähigen kommunalen Zweckverband kann bei Teilnahme am Privatrechtsverkehr je nach dem Grad der körperschaftlichen Verselbständigung das Recht des nichtrechtsfähigen wirtschaftlichen Vereins (Rn 6) Anwendung finden.[24] Die Vorgesellschaften einer GmbH, AktG oder einer e.G. sind jedoch nicht i.S.v. § 54 „nicht rechtsfähige" (Wirtschafts-)Vereine, sondern Gesellschaften *sui generis*.[25] Schon wegen der gesetzlichen Verweisung auf das Recht der GbR ist eine Übertragung des für die gescheiterte Vorgesellschaft entwickelten Prinzips der Verlustdeckungshaftung als anteilige Innenhaftung der Gründer[26] auf den gescheiterten wirtschaftlichen Vorverein kein Raum.[27]

B. Regelungsgehalt

I. Kennzeichen des nichteingetragenen Vereins

8 Ob ein Verein oder eine GbR gegründet werden soll, ist durch Auslegung der Gründungsvereinbarung festzustellen. Wichtigstes **Abgrenzungskriterium** des n.e.V. von der Personengesellschaft ist seine körperschaftliche Struktur und die Unabhängigkeit vom Mitgliederwechsel: Der n.e.V. ist ebenso wie der e.V. eine auf Dauer eingerichtete Verbindung einer größeren Anzahl von Personen, welche zur Erreichung eines bestimmten Zweckes einen Gesamtnamen führt und auf einen wechselnden Mitgliederbestand angelegt ist.[28] Diese korporationsrechtliche Verfassung führt dazu, dass der nicht eingetragene Idealverein dem e.V. wesensgleich ist und der GbR als wesensverschieden gegenübersteht;[29] immerhin sind **Zwischenformen** möglich, auf die teilweise Vereins-, teilweise Gesellschaftsrecht anzuwenden ist.[30] Liegt danach ein „Verein" vor, so unterscheidet sich der n.e.V. vom „rechtsfähigen Verein" allein durch das Fehlen der Eintragung im Register (Rn 5).

9 **Untergliederungen eines Vereins** können die Rechtsform eines n.e.V. haben, wenn sie auf Dauer Aufgaben nach außen im eigenen Namen durch eine eigene, dafür handlungsfähige Organisation wahrnehmen. Danach muss die Untergliederung eine körperschaftliche Verfassung besitzen, einen Gesamtnamen führen, vom Wechsel ihrer Mitglieder unabhängig sein und neben ihrer unselbständigen Tätigkeit für den Hauptverein Aufgaben auch eigenständig wahrnehmen.[31] Nicht erforderlich ist, dass Zweck und Organisation der Untergliederung in einer von dieser beschlossenen Satzung festgelegt sind; sie können sich auch aus der Satzung des Hauptvereins ergeben.[32]

---

21 Vgl. BGHZ 22, 240, 244; Erman/*Westermann*, § 54 Rn 3; *Flume*, ZHR 148 (1984) 503, 517 f.; MüKo/*Reuter*, vor § 21 Rn 78 ff., § 54 Rn 5 ff., 21, 25, 28, 35 f., 40; *Nitschke*, S. 115 ff.; *Schöpflin*, S. 194 ff., 201 f.; Soergel/*Hadding*, § 54 Rn 3.
22 *Mummenhoff*, S. 92 ff.; *K. Schmidt*, Verbandszweck, S. 92 ff.
23 Vgl. *Bergmann*, S. 370 ff.; *Reiff*, S. 83 ff.; *Schöpflin*, S. 188 ff.
24 BGHZ 146, 190 ff.
25 BGHZ 20, 281, 285; 51, 30, 32; Bamberger/Roth/*Schwarz*, § 54 Rn 4; Staudinger/*Weick*, § 54 Rn 4.
26 Vgl. BGHZ 134, 333, 338; BSG DStR 2000, 744.
27 BGHZ 146, 190 ff.
28 Vgl. RGZ 78, 101, 103 f.; BGHZ 42, 210, 216; 43, 316, 319; 50, 325, 328 f.; Palandt/*Heinrichs*, § 54 Rn 1; *Schöpflin*, S. 154 ff.; Soergel/*Hadding*, § 54 Rn 1.
29 Vgl. *K. Schmidt*, GesR, 4. Aufl. 2002, § 25 I 1; Palandt/*Heinrichs*, § 54 Rn 1; eingehend zur Abgrenzung *Schöpflin*, S. 154 ff.
30 BGH NJW 1979, 2304; BGH LM § 39 BGB Nr. 11; dazu *Reuter*, ZGR 1981, 364 ff.; *K. Schmidt*, GesR, 4. Aufl. 2002, § 25 II 2; *Schöpflin*, S. 182 ff.; Soergel/*Hadding*, § 54 Rn 5.
31 Vgl. BGHZ 73, 275, 278; BGH LM ZPO § 50 Nr. 25; BGHZ 90, 331, 332 f.; 109, 15, 16 f.; BAGE 63, 302, 308.
32 BGHZ 90, 331, 333 f.

Einzelfälle: Die Rechtsprechung hat als „nicht rechtsfähige" Vereine i.S.v. § 54 angesehen: politische Parteien (§ 3 PartG),[33] deren regionale Untergliederungen[34] und Ortsverbände,[35] Parlamentsfraktionen,[36] Arbeitgeberverbände und Gewerkschaften,[37] Freiwillige Feuerwehren[38] und Kleingärtnervereine,[39] Ordensniederlassungen[40] ebenso wie Studentenverbindungen,[41] Waldinteressengemeinschaften,[42] Handelssyndikate,[43] bis hin zu Gesangvereinen,[44] Kegel- oder Skatclubs.[45] *Keine* nicht rechtsfähigen Vereine, sondern Gesellschaften sind z.B. eine Hausbaugemeinschaft, die nur die Errichtung einer bestimmten Anzahl von Bauten bezweckt und keinen Mitgliederwechsel vorsieht,[46] oder eine Laborgemeinschaft von Ärzten.[47]

II. Gründung und Organisationsrecht des n.e.V.

Kennzeichen des n.e.V. ist es, dass er auf Dauer nicht in das Vereinsregister eingetragen werden soll; dies unterscheidet ihn vom Vorverein, der gerade nicht auf längere Dauer angelegt ist, sondern anstrebt, durch Eintragung oder Konzessionierung zur juristischen Person zu werden. Die **Gründung** erfolgt formlos[48] und ohne registergerichtliche Mitwirkung durch Einigung der (mindestens drei)[49] Gründungsmitglieder auf die Errichtung einer Körperschaft, die nach der Absicht der Gründer nicht die Eigenschaft als juristische Person erlangen soll.[50] Der Sitz des n.e.V. befindet sich analog § 24 am Ort der tatsächlichen Verwaltung.[51]

Die Gründer müssen sich ferner auf einen Vereinszweck und den Inhalt der (entgegen dem Wortlaut von § 25 auch hier maßgebenden) **Satzung** einigen.[52] Ausdrückliche Vorschriften über einen etwa erforderlichen Satzungsinhalt gibt es nicht; jedoch muss die Satzung den Vereinszweck, den Namen sowie ein Mindestmaß an körperschaftlicher Organisation durch einen von der Mitgliederschaft getrennten Vorstand festlegen, ggf. auch die Pflichten der Mitglieder wie insbesondere die Beitragspflicht (§ 58 Nr. 2).[53] Soweit die Satzung darüber hinaus Bestimmungen über die Organisation des Vereins enthält, gelten diese; **Satzungslücken** können durch entsprechende Anwendung der §§ 21 ff. geschlossen werden.[54] Im Falle von Satzungsmängeln finden die Grundsätze der fehlerhaften Gesellschaft Anwendung.[55] Satzungsänderungen sind (anders als nach § 71 Abs. 1) mit der Beschlussfassung wirksam. Die Satzung kann durch schlüssiges Verhalten der Mitglieder geändert werden.[56]

Der n.e.V. ist gleich dem e.V. körperschaftlich organisiert. Die notwendigen Organe sind Vorstand und Mitgliederversammlung. Während die Handlungsorganisation des nicht rechtsfähigen wirtschaftlichen Vereins durch das gesellschaftsrechtliche Prinzip der Selbstorganschaft gekennzeichnet ist,[57] folgt die Organisation des n.e. Idealvereins dem vereinsrechtlichen Grundsatz der Mehr- oder Drittorganschaft (vgl. § 26 Rn 1, 3). Für den **Vorstand** des n.e. Idealvereins gelten deshalb hinsichtlich Bestellung, Willensbildung, Geschäftsführung und Vertretung die §§ 26–29 entsprechend.[58] Auch Nichtmitglieder können zu Vorstandsmitgliedern bestellt werden. Die Vorschriften über den Auftrag sind – sofern die Satzung nicht etwas anderes vorschreibt – entsprechend anwendbar (§§ 27 Abs. 3, 40). Für die Haftung gilt statt §§ 54 S. 1, 708 der Verschuldensmaßstab des § 276.[59] Der Umfang der Vertretungsmacht kann auch konkludent beschränkt

---

33 Von den größeren Parteien bilden die CSU und FDP jew. einen e.V., SPD, CDU und Bündnis 90/Die Grünen sind n.e.V., *Schöpflin*, S. 144 Fn 11.
34 BGHZ 73, 275, 277 f.; OLG Karlsruhe OLGZ 1978, 226; s.a. Rn 9.
35 OLG Bamberg NJW 1982, 895; LG Frankfurt NJW 1979, 1661; a.A. LG Bonn NJW 1976, 810; s.a. Rn 9.
36 OLG München NJW 1989, 910, 911; OLG Schleswig NVwZ-RR 1996, 103; BayVGH NJW 1988, 2754.
37 RGZ 76, 25, 27; BGHZ 42, 210, 211; 50, 325, 327.
38 BFHE 182, 195, 197.
39 BSGE 17, 211.
40 RGZ 97, 122, 123; 113, 125, 127.
41 RGZ 78, 134, 135; OLG Koblenz NJW-RR 1993, 697.
42 BGHZ 25, 311, 313 f.
43 RGZ 82, 294, 295.
44 RGZ 78, 101.
45 AG Grevenbroich NJW-RR 2001, 967.
46 BGH WM 1961, 884.
47 FG Münster EFG 1981, 143.
48 *Reichert*, Rn 2474; *Schöpflin*, S. 147, 223; Soergel/*Hadding*, § 54 Rn 7. Zum Erfordernis des Rechtsbindungswillens, insb. bei der Gründung durch konkludentes Verhalten, vgl. *Schöpflin*, S. 147 f., 223.
49 *Reichert*, Rn 65, 67; *Schöpflin*, S. 147; a.A. Soergel/*Hadding*, § 25 Rn 20.
50 Ausf. *Schöpflin*, S. 146 ff.
51 Vgl. *Schöpflin*, S. 246; Staudinger/*Weick*, § 54 Rn 10.
52 *Schöpflin*, S. 220 ff.
53 Vgl. *Schöpflin*, S. 147, 159 ff., 220, 298 ff.; Soergel/*Hadding*, § 54 Rn 7, § 25 Rn 3, 18.
54 Vgl. BayObLGZ 1990, 71, 75; OLG Frankfurt WM 1985, 1466, 1467; Erman/*Westermann*, § 54 Rn 6; *K. Schmidt*, GesR, 4. Aufl. 2002, § 25 II 2; *Schöpflin*, S. 233 ff.; einschr. Staudinger/*Weick*, § 54 Rn 30 ff.: grds. Anwendbarkeit von Gesellschaftsrecht.
55 *Schöpflin*, S. 226 ff.
56 BGHZ 16, 143, 150 f.; 23, 122, 129; OLG Frankfurt ZIP 1985, 213, 215 f.; Bamberger/Roth/*Schwarz*, § 54 Rn 30; *Reuter*, ZHR 148 (1984), 523, 548 ff.; Soergel/*Hadding*, § 54 Rn 13.
57 Vgl. m.w.N. MüKo/*Reuter*, § 54 Rn 21.
58 BayObLGZ 1990, 71, 75; Bamberger/Roth/*Schwarz*, § 54 Rn 31; MüKo/*Reuter*, § 54 Rn 20; Palandt/*Heinrichs*, § 54 Rn 6; *Schöpflin*, S. 246 ff.; Soergel/*Hadding*, § 54 Rn 12 ff.; Staudinger/*Weick*, § 54 Rn 32 ff.
59 RGZ 143, 212, 214 f.; Bamberger/Roth/*Schwarz*, § 54 Rn 31; *Schöpflin*, S. 256 ff.; Soergel/*Hadding*, § 54 Rn 14; Staudinger/*Weick*, § 54 Rn 28.

werden, weil mangels Eintragung die Publizitätswirkungen der §§ 70, 68 nicht gelten.[60] Entsprechend § 29 kann ein Notvorstand bestellt werden.[61]

14 Mitglied eines n.e.V. können natürliche und juristische Personen, Personengesellschaften und andere n.e.V. werden.[62] Andere Personen als die Gründer können die Mitgliedschaft nur durch Eintritt in den Verein erwerben; hierüber entscheidet in Ermangelung einer Satzungsbestimmung die Mitgliederversammlung (analog § 32 Abs. 1 S. 1). Das **Mitgliedschaftsverhältnis** (§ 38 Rn 1 f. 4, 9 ff.) besteht jeweils zwischen dem einzelnen Mitglied und dem Verein. Während sich die einzelnen mitgliedschaftlichen Rechte und Pflichten beim nicht rechtsfähigen wirtschaftlichen Verein im Grundsatz nach Gesellschaftsrecht richten,[63] entsprechen sie beim n.e. Idealverein denen im e.V.; dies gilt auch für die vereinsrechtlichen Sanktionen bis hin zum Vereinsausschluss.[64] Der kurzfristige Austritt eines Mitglieds kann entsprechend § 39 nicht durch die Satzung ausgeschlossen oder über den Bereich des § 39 Abs. 2 hinaus erschwert werden.[65] Mit dem Mitgliedschaftsverhältnis zum Verein entstehen daneben auch besondere Rechtsbeziehungen zwischen den Vereinsmitgliedern untereinander.[66] Da der n.e.V. mit eigener Rechtssubjektivität ausgestattet ist, ist der Verein selbst und nicht die Mitglieder Inhaber der einzelnen Vermögensgegenstände. Ein Vereinsmitglied hat keinen Anteil am Vereinsvermögen und keine vermögensrechtliche Mitgliedschaft; daher findet beim Ein- oder Austritt auch keine Anwachsung von Anteilen statt[67] und das ausscheidende Vereinsmitglied hat keinen Anspruch auf ein Auseinandersetzungsguthaben oder eine Abfindung gem. § 738 Abs. 1 S. 2.[68] Wie der e.V. unterliegt der nicht eingetragene Idealverein der zwingenden Liquidation analog §§ 47 ff., so dass – anders als im Fall der dispositiven Liquidation der GbR – eine Verteilung des Vereinsvermögens vor Befriedigung der Gläubiger unzulässig ist (§ 47 Rn 11). Sieht die Satzung ausdrücklich Gewinnberechtigungen und/oder Abfindungsansprüche vor, so wird der Verein zum wirtschaftlichen Verein.[69]

15 Für die **Mitgliederversammlung** eines n.e.V. gelten die zwingenden Normen der §§ 32, 33 Abs. 1 ebenso wie die dispositiven Normen der §§ 34–37 entsprechend.[70] Es gilt deshalb die Grundzuständigkeit der Mitgliederversammlung als dem obersten Organ des Vereins; sie ist für alle Angelegenheiten zuständig, die nicht dem Vorstand oder einem anderen Vereinsorgan zugewiesen sind (§ 32 Abs. 1 S. 1). An die Stelle des Einstimmigkeitsgrundsatzes (§§ 54 S. 1, 709 Abs. 1) tritt der Mehrheitsgrundsatz (§ 32 Abs. 1 S. 3). Eine Beschlussfassung ohne ordnungsgemäße Berufung der Mitgliederversammlung ist unwirksam (§ 32 Abs. 1 S. 2). Für die Ermächtigung der Minderheit zur Einberufung der Mitgliederversammlung ist entsprechend § 37 Abs. 2 das Amtsgericht zuständig, in dessen Bezirk der n.e.V. seinen Sitz hat.[71] Soweit der n.e.V. gemäß § 40 von den Vorschriften der §§ 32 f. abweichen kann, ist die (schriftliche oder mündlich verabredete) Satzung maßgeblich, wenn sie Regelungen über die Mitgliederversammlung enthält; andernfalls können sich entsprechende ungeschriebene Satzungsbestimmungen auch aus einer einschlägigen Vereinsübung ergeben.[72]

---

60 Bamberger/Roth/*Schwarz*, § 54 Rn 31; MüKo/*Reuter*, § 54 Rn 23; Palandt/*Heinrichs*, § 54 Rn 6; Soergel/*Hadding*, § 54 Rn 14.
61 LG Berlin NJW 1970, 1047, 1048; Bamberger/Roth/*Schwarz*, § 54 Rn 31; MüKo/*Reuter*, § 29 Rn 2 f.; *Schöpflin*, S. 258 ff.; Soergel/*Hadding*, § 54 Rn 14; a.A. RGZ 147, 121, 124.
62 *Schöpflin*, S. 276.
63 Vgl. MüKo/*Reuter*, § 54 Rn 40 m.w.N.
64 MüKo/*Reuter*, § 54 Rn 39; *Schöpflin*, S. 291 ff., 295 ff.; Soergel/*Hadding*, § 54 Rn 11; Staudinger/*Weick*, § 54 Rn 44 f.
65 RGZ 143, 1, 3 f.; MüKo/*Reuter*, § 54 Rn 39; *Reuter*, ZGR 1981, 364 ff.; Soergel/*Hadding*, § 54 Rn 10; grds. auch BGH NJW 1979, 2304, 2305; a.A. aber *Flume*, ZHR 148 (1984), 503, 533.
66 Bamberger/Roth/*Schwarz*, § 54 Rn 32; *Lutter*, AcP 180 (1980), 84, 122 ff.; *K. Schmidt*, GesR, 4. Aufl. 2002, § 19 III 1; *Reichert*, Rn 475.
67 Bamberger/Roth/*Schwarz*, § 54 Rn 15; Soergel/*Hadding*, § 54 Rn 20; a.A. Palandt/*Heinrichs*, § 54 Rn 7.
68 RGZ 113, 125, 135; BGHZ 50, 325, 329; AG Grevenbroich NJW-RR 2001, 967; Bamberger/Roth/*Schwarz*, § 54 Rn 15, 32; MüKo/*Reuter*, § 54 Rn 69 i.V.m. § 38 Rn 30; Soergel/*Hadding*, § 54 Rn 10, 20; einschr. *Schöpflin*, S. 281 ff.
69 OLG Stuttgart, OLGZ 1971, 465, 467; MüKo/*Reuter*, §§ 21, 22 Rn 39 ff.; *K. Schmidt*, AcP 182 (1982), 1, 21.
70 OLG Frankfurt WM 1985, 1466, 1467, 1470; BAG AP § 54 BGB Nr. 4; Bamberger/Roth/*Schwarz*, § 54 Rn 31; *Reichert*, Rn. 2485 ff.; *Schöpflin*, S. 264 ff.; Soergel/*Hadding*, § 54 Rn 3.
71 LG Heidelberg NJW 1975, 1661; Bamberger/Roth/*Schwarz*, § 54 Rn 31; MüKo/*Reuter*, § 37 Rn 6; *Schöpflin*, S. 269 ff.; Soergel/*Hadding*, § 37 Rn 3, § 54 Rn 13; a.A. RG JW 1935, 3636, 3638.
72 *Schöpflin*, S. 266.

III. Die Haftungsverfassung des n.e.V.

1. Die Haftung des n.e.V. mit dem Vereinsvermögen. Nach der modernen Lehre ist der n.e.V. eigenständiges, von seinen Mitgliedern abstrahiertes Rechtssubjekt (Rn 3) und deshalb auch selbst Vertragspartner und Schuldner der wirksam im Namen des n.e.V. begründeten Verbindlichkeiten. Der n.e.V. haftet folglich unproblematisch und ohne Rücksicht auf den jeweiligen Mitgliederbestand mit dem Vereinsvermögen auf Erfüllung, für Vertragsverletzungen und im Rahmen gesetzlicher Schuldverhältnisse für Verschulden seiner Organe und verfassungsmäßigen Vertreter nach § 31 (i.V.m. § 280 Abs. 1), für Verschulden sonstiger Erfüllungsgehilfen nach § 278 (i.V.m. § 280 Abs. 1), im deliktischen Bereich nach §§ 823 Abs. 1, 31 für Organisationspflichtverletzungen sowie gem. § 831.[73] Ebenso kann der n.e.V. aus gesetzlichen Vorschriften, insbesondere gesetzlichen Schuldverhältnissen (z.B. §§ 677 ff., 812 ff.) zur Herausgabe oder zum Schadens- oder Aufwendungsersatz verpflichtet sein. Eine Haftung aus Gefährdungshaftung kann den n.e.V. aufgrund seiner Eigenschaft als Halter, z.B. i.S.v. § 7 StVG, § 833 BGB treffen. Die Haftungsverfassung des n.e. Idealvereins entspricht damit derjenigen des e.V. (vgl. dazu § 31 Rn 8 ff.). Allerdings gelangt auch die herkömmliche Gesamthandsdoktrin nunmehr durch Interpretation der Vertretungsregeln und Anwendung der §§ 31, 831, 278 zu diesem Ergebnis; die Mitglieder haften danach jedenfalls primär nur noch als Gesamthänder mit dem Gesamthandsvermögen.[74]

2. Die persönliche Haftung der Vereinsmitglieder (S. 1). a) Unanwendbarkeit von S. 1 i.V.m. §§ 708 ff. auf den Idealverein. Für die moderne Lehre, wonach der n.e.V. ein eigenständiges Rechts- und Haftungssubjekt bildet, ergibt sich ohne weiteres, dass die Vereinsmitglieder jedenfalls grundsätzlich nicht persönlich für die Vereinsverbindlichkeiten haften. Denn hiernach bedarf nicht der Ausschluss, sondern die Begründung einer kumulativen Mitgliederhaftung der besonderen Rechtfertigung; diese scheitert jedoch regelmäßig, weil es für die Mitgliederhaftung an einem allgemeinen Haftungstatbestand fehlt.[75] In entsprechender Anwendung der Vorschriften des Vereinsrechts nach §§ 21 ff. wird jedoch heute, dem Wortlaut des § 54 S. 1 zuwider, auch von der Rechtsprechung und den Vertretern der traditionellen Ansicht angenommen, dass auch beim nicht eingetragenen Idealverein die **persönliche Haftung der Mitglieder ausgeschlossen** ist;[76] dies wird damit begründet, dass die Vertretungsmacht des Vorstands durch die Satzung dahin beschränkt werden könne (und i.d.R. beschränkt werde), dass die Mitglieder eben nicht persönlich haften, und eine gesetzliche Bestimmung über die persönliche Mitgliederhaftung nicht existiere.[77]

Die Frage hat freilich dadurch eine neue Dimension erhalten, dass die nunmehr ganz h.M. für die Haftung der Gesellschafter der GbR für die Gesellschaftsschulden analog § 128 HGB der **Akzessorietätstheorie** folgt.[78] Denn dies stellt die bisherige Begründung für den Ausschluss der Mitgliederhaftung beim Idealverein, die Verbindlichkeiten des Vereins seien mangels einer Norm nach Art des § 128 HGB nicht auf die Mitglieder zu erstrecken, zumindest infrage. Dementsprechend wurde die persönliche Mitgliederhaftung vielfach zwar nicht befürwortet, wohl aber für schwer vermeidbar gehalten.[79] In einer Entscheidung aus dem Jahr 2003[80] hat der BGH trotzdem an dieser Rechtsprechung festgehalten, zwar ohne Begründung, aber im Ergebnis mit Recht,[81] da die Argumentation, mit der die akzessorische Haftung der Gesellschafter bei der GbR begründet wird, auf den nicht eingetragenen Idealverein nicht passt:[82] Dieser lässt, anders als die GbR, vor der Auflösung keine Entnahmen und Vermögensverteilung an die Mitglieder zu und verlangt nach der Auflösung analog §§ 47 ff. die Liquidation mit zwingend vorrangiger Befriedigung der Gläubiger (§ 47 Rn 11); es besteht also nicht die Gefahr, dass die Mitglieder das Gesamthandsvermögen unter sich aufteilen und den Gläubigern einen leeren „Mantel" hinterlassen. Anders als bei der GbR ist im Fall des nichtrechtsfähigen Idealvereins schließlich nicht erst die Zahlungsunfähigkeit, sondern (wie beim rechtsfähigen Verein) bereits die Überschuldung Insolvenzgrund und begründet die (haftungsbewehrte)

---

73 Bamberger/Roth/*Schwarz*, § 54 Rn 18; Soergel/*Hadding*, § 54 Rn 22; Staudinger/*Weick*, § 54 Rn 71; *K. Schmidt*, GesR, 4. Aufl. 2002, § 25 II 2c.

74 Erman/*Westermann*, § 54 Rn 14; *Schöpflin*, S. 394 f., 397 ff.; a.A. noch RGZ 134, 242, 244.

75 Bamberger/Roth/*Schwarz*, § 54 Rn 19; *Fabricius*, S. 193 f.; *Reuter*, NZG 2004, 217, 219 ff.; MüKo/*Reuter*, § 54 Rn 47, 52; *K. Schmidt*, GesR, 4. Aufl. 2002, § 25 III 2a, b; *ders.*, Zur Stellung der OHG, S. 208 ff.; Soergel/*Hadding*, § 54 Rn 24.

76 RGZ 62, 63, 65; 90, 173, 176 f.; 143, 212, 213; BGHZ 50, 325, 329; BGH NJW 1979, 2304, 2306; BGHZ 142, 315, 318 ff.; BGH NJW-RR 2003, 1265; OLG Hamm, WM 1985, 644 f.; OLG Schleswig NVwZ-RR 1996, 103; Erman/*Westermann*, § 54 Rn 12; *Schöpflin*, S. 400 ff., 431 ff., 746 f.; Staudinger/*Weick*, § 54 Rn 50 f.; a.A. *Flume*, ZHR 148 (1984), 503, 519.

77 Vgl. BGH NJW 1979, 2304, 2306; s. aber jetzt BGHZ 142, 315, 318 ff.

78 BGH NJW 1999, 3483; dazu ausf. AnwK-BGB/*Heidel*, § 705 Rn 6, 18, 19, § 714 Rn 6, 11, 13 ff.

79 *Dauner-Lieb*, DStR 2001, 359, 361; *Westermann*, NZG 2001, 289, 295.

80 BGH NJW-RR 2003, 1265.

81 Vgl. *K. Schmidt*, GesR, 4. Aufl. 2002, § 25 III 2a; *Reuter*, NZG 2004, 217, 219 ff.; MüKo/*Reuter*, § 54 Rn 47, 52; *Schöpflin*, S. 431 ff.

82 Vgl. *Reuter*, NZG 2004, 217, 219 ff.

Antragspflicht der Verantwortlichen (Rn 45). Die **Rechtsfortbildung**, als die sich der Ausschluss der Mitgliederhaftung in Wahrheit darstellt,[83] erweist sich daher nach wie vor als teleologisch wohlbegründet, und ebenso ist es die nunmehr aufgetretene Verschiedenbehandlung mit der GbR.

19 b) Anwendbarkeit von S. 1 i.V.m. §§ 708 ff. auf den wirtschaftlichen n.e.V. Eine **persönliche Haftung der Mitglieder** entsteht nur, wenn der n.e.V. wirtschaftliche Zwecke i.S.v. § 22 verfolgt. Denn **bei einem wirtschaftlichen n.e.V.**, der sich den Anforderungen und Prüfungen entzieht, welche mit der Gründung einer Kapitalgesellschaft, Genossenschaft oder mit der staatlichen Verleihung nach § 22 verbunden sind, und damit auch der gesicherten Aufbringung eines hinreichenden Gesellschaftsvermögens entgeht, ist die persönliche Haftung aus Gründen des Gläubigerschutzes unentbehrlich.[84] Die persönliche Haftung folgt hier konstruktiv häufig schon daraus, dass der n.e.V. mit wirtschaftlichem Hauptzweck ein kaufmännisches Handelsgewerbe betreibt und deshalb eine oHG ist oder jedenfalls oHG-Recht unterliegt (Rn 6). Wenn der n.e.V. kein kaufmännisches Unternehmen betreibt, haftet das Vereinsmitglied gem. S. 2 wie ein Gesellschafter einer GbR, d.h. nach der Akzessorietätstheorie für alle rechtsgeschäftlichen wie gesetzlichen Verbindlichkeiten des Vereins analog § 128 HGB persönlich und unbeschränkt mit dem Privatvermögen.[85]

20 3. Die Haftung des Handelnden (S. 2). a) Grundgedanken. Nach S. 2 haftet derjenige, der im Namen des n.e.V. ein Rechtsgeschäft mit einem Dritten eingeht, aus diesem Rechtsgeschäft persönlich, und zwar auch dann, wenn der Verein selbst aufgrund einer wirksamen Vereinsverbindlichkeit haftet.[86] Im Unterschied zur Handelndenhaftung bei den Vorgesellschaften (vgl. § 11 Abs. 2 GmbHG, § 41 Abs. 1 S. 2 AktG), die den Gläubiger lediglich in der kurzen Zeitspanne zwischen Errichtung und Eintragung der Gesellschaft schützen und haftungsbewehrt für eine zügige Eintragung sorgen soll, ist die vereinsrechtliche Handelndenhaftung auf Dauer angelegt; sie erlischt auch nicht, wenn der Verein später eingetragen wird.[87]

21 Sinn und Zweck dieser Vorschrift ist es jedenfalls auch, dem Geschäftspartner eines n.e.V. außer dem Vereinsvermögen, dessen Aufbringung und Erhaltung gesetzlich nicht gesichert ist, das Privatvermögen des Handelnden als **Haftungsmasse** zugänglich zu machen. Ein willkommener Nebeneffekt besteht insofern darin, dass die Handelndenhaftung zu einer Vergrößerung der Haftungsmasse und damit mittelbar zur Erhöhung der Bonität des Vereins führt. Vor allem aber hat die Haftung des Handelnden für den Rechtsverkehr die Funktion, die fehlende Bereitschaft zur **Offenlegung der Vertretungsverhältnisse in den Formen der Registerpublizität** durch die persönliche Verantwortlichkeit der Vertreter kompensieren und dadurch mittelbar die Eintragung und mit ihr die Transparenz der Vertretungsverhältnisse zu fördern.[88]

22 Ein **Ausschluss der Handelndenhaftung** durch die Satzung des n.e.V. ist nicht möglich; erforderlich ist vielmehr eine individuelle und ausdrückliche Vereinbarung mit dem Geschäftsgegner.[89] Insoweit sind strenge Anforderungen zu stellen, so dass ein stillschweigender Haftungsausschluss im Allgemeinen nicht in Betracht kommt; er folgt jedenfalls noch nicht daraus, dass kein Beteiligter die persönliche Haftung des Handelnden gewollt oder auch nur erwogen hat.[90] Für politische Parteien ist die Handelndenhaftung durch § 37 PartG ausgeschlossen; dies ist für die als n.e.V. organisierten Parlamentsfraktionen entsprechend anwendbar,[91] ebenso wohl für Gewerkschaften.[92]

23 b) Person des Handelnden. Entscheidend für die Eigenschaft als Handelnder i.S.v. S. 2 ist das **Agieren im Namen des Vereins**. Die Haftung trifft nach h.M. nur, aber zugleich immer denjenigen, der eine

---

83 Vgl. *K. Schmidt*, GesR, 4. Aufl. 2002, § 25 II 1a; *Schöpflin*, S. 444 f.
84 BGHZ 22, 240, 244; 146, 190, 201; MüKo/*Reuter*, § 54 Rn 49; Palandt/*Heinrichs*, § 54 Rn 12; *K. Schmidt*, GesR, 4. Aufl. 2002, § 25 III 2b, S. 447; *ders.*, Zur Stellung der OHG, S. 212 ff.; *Schöpflin*, S. 449 ff.; *Reiff*, S. 79 ff., 94; Soergel/*Hadding*, § 54 Rn 25.
85 Vgl. BGHZ 146, 190, 201; zur GbR s. BGHZ 146, 341, 358 f.; 142, 315, 318, und eingehend AnwK-BGB/*Heidel*, § 705 Rn 6, 8, 19, § 714 Rn 6, 11, 13 ff.
86 A.A. *Kertess*, S. 73 ff., 108 ff., 140, der die Bestimmung teleologisch uminterpretiert: es handele sich um Dritthaftung wegen Inanspruchnahme besonderen Vertrauens (§ 311 Abs. 3), bezogen auf die ordnungsgemäße Vertretung des n.e.V.
87 Staudinger/*Weick*, § 54 Rn 70; a.A. MüKo/*Reuter*, §§ 21, 22 Rn 105, § 54 Rn 59; differenzierend OLG Düsseldorf MDR 1984, 489: nur solche Rechtsgeschäfte, bei deren Abschluss die Eintragung bereits eingeleitet war.
88 Vgl. Prot. II, S. 458, VI, S. 207; BGH NJW-RR 2003, 1265; *Bergmann*, S. 436 ff., 442 f.; MüKo/*Reuter*, § 54 Rn 46, 50, 58; Soergel/*Hadding*, § 54 Rn 26; ausf. zum Diskussionsstand *Schöpflin*, S. 467 ff. m.w.N.
89 RGZ 82, 294, 299; BGH NJW 1957, 1186; Bamberger/Roth/*Schwarz*, § 54 Rn 27; MüKo/*Reuter*, § 54 Rn 67; Palandt/*Heinrichs*, § 54 Rn 13; *Reichert*, Rn 2520; *Schöpflin*, S. 498 ff.; *K. Schmidt*, GesR, 4. Aufl. 2002, § 25 III 3e; Soergel/*Hadding*, § 54 Rn 30; Staudinger/*Weick*, § 54 Rn 61.
90 Vgl. RG JW 1937, 392, 393; BGH NJW 1957, 1186; *Schöpflin*, S. 499 f.
91 OLG Schleswig NVwZ-RR 1996, 103.
92 *Kertess*, S. 30 f.; MüKo/*Reuter*, § 54 Rn 48; a.A. *Schöpflin*, S. 504 f.

rechtsgeschäftliche Erklärung erkennbar im Namen des Vereins abgegeben hat, d.h. ausdrücklich oder konkludent für den n.e.V. auftritt. Da die Bestimmung den Gläubiger schützen soll, greift sie gerade auch dann ein, wenn der Handelnde oder der Gläubiger nicht gewusst hat, dass es sich um einen n.e.V. handelt.[93] Abweichend vom Handelndenbegriff des § 11 Abs. 2 GmbHG, § 41 Abs. 1 S. 2 AktG, der nur die eigentlichen Organwalter erfasst, ist die Handelndenhaftung beim n.e.V. unabhängig davon, ob der Betreffende Vorstandsmitglied bzw. verfassungsmäßiger Vertreter (§ 31 Rn 4 ff.) war oder wenigstens als solcher auftrat,[94] ja sogar, ob er überhaupt Vereinsmitglied ist,[95] d.h. erfasst wird auch jeder individuell bevollmächtigte nichtorganschaftliche Vertreter.[96] Unerheblich ist auch, ob der Handelnde zur Vertretung des Vereins berechtigt gewesen ist und durch sein Handeln den Verein wirksam verpflichtet hat.[97] In Betracht kommt deshalb sogar – insofern verdrängt als *lex specialis* die Handelndenhaftung nach S. 2 die strukturell parallele Haftung nach § 179 Abs. 1 – ein Vertreter ohne Vertretungsmacht.[98] Die Weglassung des Zusatzes „e.V." beim Abschluss eines Vertrages begründet aber keine Rechtsscheinhaftung gemäß S. 2.[99] Die Handelndenhaftung setzt volle Geschäftsfähigkeit des Handelnden voraus. § 179 Abs. 3 S. 2 ist analog anzuwenden.[100]

Als Handelnder i.S.v. S. 2 gilt nur, wer für den Verein **nach außen** im Namen des Vereins tätig wird. Deshalb ist jemand, der nur intern oder mittelbar an dem eigentlichen Außengeschäft mitwirkt, z.B. durch Bevollmächtigung, Weisungserteilung, Zustimmung oder Genehmigung des Vertretergeschäfts, kein Handelnder.[101] Deshalb soll im Fall der Gesamt- oder Mehrheitsvertretung nur der nach außen Auftretende von der Handelndenhaftung erfasst werden, während die übrigen Vertreter trotz ihrer Mitwirkung an der konkreten Willensbildung verschont bleiben.[102] Ist ein Dritter vom Vorstand zur Vornahme eines Rechtsgeschäfts im Namen des Vereins bevollmächtigt worden, so haftet dieser nach S. 2 (Rn 23), nicht der Vorstand.[103]

c) **Person des Dritten.** Die Handelndenhaftung beschränkt sich auf privatrechtliche Geschäfte mit „Dritten", erfasst also grundsätzlich **nicht Handlungen gegenüber Vereinsmitgliedern**.[104] Auch ein Vereinsmitglied kann den Schutz dieser Bestimmung jedoch dann in Anspruch nehmen, wenn es das Rechtsgeschäft mit dem Verein als echtes Drittgläubigergeschäft, d.h. ohne unmittelbaren Bezug zu seiner mitgliedschaftsrechtlichen Beziehung zu dem Verein und seiner Stellung in demselben, abschließt.[105]

d) **Rechtsfolgen.** Die Vorschrift begründet ein **akzessorisches gesetzliches Schuldverhältnis** zwischen Handelndem und Dritten, dessen Inhalt sich aus dem abgeschlossenen Vertrag ergibt; die Haftung tritt neben eine eventuelle Haftung des Vereins aus dem vorgenommenen Rechtsgeschäft.[106] Der Handelnde haftet nicht nur auf Schadensersatz, sondern schuldet ggf. die Vertragserfüllung, soweit die geschuldete Leistung nicht

---

93 RG JW 1926, 2907, 2908; *Reichert*, Rn 2513; *Schöpflin*, S. 483 f.; Soergel/*Hadding*, § 54 Rn 27.
94 So aber Staudinger/*Weick*, § 54 Rn 60 f.
95 MüKo/*Reuter*, § 54 Rn 54; Soergel/*Hadding*, § 54 Rn 27; Staudinger/*Weick*, § 54 Rn 59.
96 Vgl. RGZ 77, 429, 430; RG JW 1926, 2907, 2908; BGH NJW 1957, 1186; MüKo/*Reuter*, § 54 Rn 54; Erman/*Westermann*, § 54 Rn 16; *Reichert*, Rn 2513 f.; *Schöpflin*, S. 479 f.; a.A. Staudinger/*Weick*, § 54 Rn 60 f.
97 Palandt/*Heinrichs*, § 54 Rn 13.
98 RGZ 77, 429, 430; RGZ 82, 294, 296 f.; BGH NJW 1957, 1186; BGH NJW-RR 2003, 1265; LG Frankfurt DB 1976, 2058, 2059; RGRK/*Steffen*, § 54 Rn 21; *Schöpflin*, S. 486 ff.; Soergel/*Hadding*, § 54 Rn 26, 28.
99 OLG Celle NJW-RR 1999, 1052.
100 Soergel/*Hadding*, § 54 Rn 27; Staudinger/*Weick*, § 54 Rn 66.
101 BGH NJW 1957, 1186, 1187; OLG Schleswig NVwZ-RR 1996, 103; Bamberger/Roth/*Schwarz*, § 54 Rn 23; *Kertess*, S. 100 ff.; MüKo/*Reuter*, § 54 Rn 54; *Reichert*, Rn 2513; *K. Schmidt*, GesR, 4. Aufl. 2002, § 25 III 3b; Soergel/*Hadding*, § 54 Rn 28; a.A. noch RGZ 55, 302, 303 f.; RGZ 70, 296, 301 f.; *Schöpflin*, S. 478 f.; für aktive Mitwirkungshandlungen auch Erman/*Westermann*, § 54 Rn 16.
102 BGH NJW 1957, 1186; a.A. Staudinger/*Weick*, § 54 Rn 60.
103 A.A. RGZ 82, 294, 298; *Schöpflin*, S. 478 f., 481 f.; Soergel/*Hadding*, § 54 Rn 28; Staudinger/*Weick*, § 54 Rn 60 („groteske Ergebnisse"); dagegen ausf. *Kertess*, S. 120 ff.
104 *Reuter*, NZG 2004, 217, 219 f.; *ders.*, in MüKo, § 54 Rn 59 i.V.m. § 68 Rn 3; *Kertess*, S. 139 f. m.w.N.; für den Regelfall auch OLG Frankfurt NZG 2002, 1071 f.: ein Vereinsmitglied kann dann nicht „Dritter" sein, wenn es nach Mitgliederzahl, Größe und Struktur des Vereins dessen Vertretungs- sowie Vermögensverhältnisse kennt und dem Verein somit nicht als Außenstehender gegenübersteht; offen BGH NJW-RR 2003, 1265; a.A. Erman/*Westermann*, § 54 Rn 16.
105 Bamberger/Roth/*Schwarz*, § 54 Rn 24; Soergel/*Hadding*, § 54 Rn 27; *Reichert*, Rn 2516; *Schöpflin*, S. 484 f.; wohl auch BGH NJW-RR 2003, 1265.
106 Erman/*Westermann*, § 54 Rn 16; MüKo/*Reuter*, § 54 Rn 46, 66; Soergel/*Hadding*, § 54 Rn 26, 29; *Kertess*, S. 169 ff.; a.A. Bergmann, S. 413 ff., 438 ff.; Beuthien, ZIP 1996, 305 ff.: subsidiäre Haftung, der sich der Handelnde dadurch entziehen kann, dass er dem Gläubiger die Rechtsverfolgung gegen den von ihm repräsentierten Verband ermöglicht.

höchstpersönlich von dem Verein erbracht werden muss.[107] Aufgrund der Akzessorietät seiner Haftung kann der Handelnde der Inanspruchnahme auch Einwendungen und Einreden des n.e.V. entgegenhalten.[108]

27 Die Handelndenhaftung umfasst ferner sämtliche **Sekundäransprüche**, auch soweit sie auf von anderen Vereinsmitgliedern begangenen Pflichtverletzungen beruhen.[109] Die Haftung wegen *culpa in contrahendo*, d.h. aus einem **vorvertraglichen Schutzpflichtverhältnis** (§§ 311 Abs. 2, 241 Abs. 2, 280 Abs. 1), steht der vertraglichen Haftung gleich.[110] Überwiegend abgelehnt wird dagegen eine Haftung aus Geschäftsführung ohne Auftrag und aus ungerechtfertigter Bereicherung.[111]

28 Handeln mehrere für den Verein, so richtet sich ihre Haftung wie auch der interne Ausgleich gem. S. 2 Hs. 2 nach den Bestimmungen über die **Gesamtschuld** (§§ 421 ff.).[112] Zwischen dem Handelnden und dem parallel haftenden Verein besteht keine Gesamtschuld, vielmehr hat der Handelnde, wenn er im Rahmen seiner Geschäftsführungsbefugnis oder aufgrund eines Auftrags bzw. einer berechtigten GoA tätig geworden ist, gegenüber dem Verein einen Anspruch auf Freistellung bzw. Aufwendungsersatz nach § 670 (i.V.m. §§ 675, 677, 683).[113]

IV. Die Beendigung des n.e.V.

29 Auch beim n.e.V. vollzieht sich das Ende des Verbands in der Regel in zwei Schritten: Der Auflösung – eine Beendigung des n.e.V. durch Entziehung der Rechtsfähigkeit wie beim e.V. scheidet naturgemäß aus – folgt ein Abwicklungsstadium (Liquidation), mit dessen Abschluss der Verein beendet ist. Die **Auflösungsgründe** beim n.e.V. sind dieselben wie beim e.V.,[114] also Zeitablauf, Erreichen oder Unmöglichwerden des Vereinszwecks, Eintritt eines satzungsgemäßen Auflösungsereignisses, Beschluss der Mitgliederversammlung (analog § 41), Insolvenz des Vereins (analog § 42 Abs. 1), Sitzverlegung ins Ausland, Wegfall sämtlicher Mitglieder und schließlich das Vereinsverbot nach § 3 VereinsG (§ 41 Rn 6 ff.). Entsprechend dem Vereinsrecht fällt das Vermögen an die in der Satzung oder durch Beschluss der Mitgliederversammlung bestimmten Personen; fehlt eine entsprechende Bestimmung, so erfolgt bei selbstnützigen Vereinen der **Anfall** an die Mitglieder, sonst an den Fiskus (analog § 45).[115]

30 Anders als die GbR lässt der nicht eingetragene Idealverein (wie der rechtsfähige) vor der Auflösung keine Vermögensverteilung an die Mitglieder zu, sondern unterliegt wie der e.V. analog §§ 47 ff. der **Liquidation** mit zwingend vorrangiger Befriedigung der Gläubiger (§ 47 Rn 11). Soweit keine Verbindlichkeiten vorhanden sind und der Verein über kein Vermögen verfügt, erübrigt sich eine Liquidation. Mit Abschluss der Verteilung durch das Liquidationsverfahren ist der Verein vermögenslos und **(voll-)beendet**, d.h. erloschen. Bis zur Vollbeendigung hat die Mitgliederversammlung aber auch die Möglichkeit, die Fortsetzung des aufgelösten Vereins zu beschließen, wenn der Auflösungstatbestand beseitigt ist. Durch den Fortsetzungsbeschluss verwandelt sich der Verband wieder in einen werbenden, aktiven n.e.V.

31 Wird der n.e.V. durch Konzessionierung oder Eintragung in das Vereinsregister zum rechtsfähigen Verein, so bleibt seine Identität gewahrt, lediglich sein Bestehen als nicht rechtsfähiger Verein wird beendet; dementsprechend gehen das Vermögen und die Verbindlichkeiten des n.e.V. ohne weiteres auf den rechtsfähigen Verein über.[116] Eine Umwandlung des n.e.V. nach Maßgabe der Tatbestände des UmwG (vgl. § 41 Rn 24 ff.) kommt dagegen nicht in Betracht, da der n.e.V. nicht zu den enumerativ aufgezählten Rechtsträgern gehört, die nach § 3 UmwG an einer Verschmelzung beteiligt sein können.[117] Die in § 191 Abs. 2 UmwG genannten Zielrechtsformen sind jedoch über den Umweg des Erwerbs der Rechtsfähigkeit auch für den n.e.V.

---

107 Bamberger/Roth/*Schwarz*, § 54 Rn 25; *K. Schmidt*, GesR, 4. Aufl. 2002, § 25 III 3c; Soergel/*Hadding*, § 54 Rn 29.
108 Bamberger/Roth/*Schwarz*, § 54 Rn 25; *Reichert*, Rn 2519; *K. Schmidt*, GesR, 4. Aufl. 2002, § 25 III 3d; Soergel/*Hadding*, § 54 Rn 29; a.A. Staudinger/*Weick*, § 54 Rn 67.
109 LG Münster VersR 1998, 1516; Bamberger/Roth/*Schwarz*, § 54 Rn 24; Palandt/*Heinrichs*, § 54 Rn 13; Staudinger/*Weick*, § 54 Rn 64; einschr. MüKo/*Reuter*, § 54 Rn 65; Soergel/*Hadding*, § 54 Rn 27.
110 Vgl. BGH NJW 1957, 1186; Bamberger/Roth/*Schwarz*, § 54 Rn 24; MüKo/*Reuter*, § 54 Rn 64; Staudinger/*Weick*, § 54 Rn 64; zweifelnd Soergel/*Hadding*, § 54 Rn 27 a.E., weil die Haftung wegen vorvertraglicher Schutzpflichtverletzung nicht „aus einem Rechtsgeschäft" hervorgehe.
111 Soergel/*Hadding*, § 54 Rn 27; *Kertess*, S. 129 f.; a.A. MüKo/*Reuter*, § 54 Rn 65.
112 Vgl. Soergel/*Hadding*, § 54 Rn 31; Staudinger/*Weick*, § 54 Rn 68.
113 Bamberger/Roth/*Schwarz*, § 54 Rn 26; *Kertess*, S. 181 ff.; *Reichert*, Rn 2522; *Schöpflin*, S. 490 f., 493 f.; Soergel/*Hadding*, § 54 Rn 29, 31.
114 Palandt/*Heinrichs*, § 54 Rn 14; *Reichert*, Rn 2526; *Schöpflin*, S. 507 f.; Soergel/*Hadding*, § 54 Rn 8.
115 *Bayer*, S. 138; *Schöpflin*, S. 509; einschr. *Reichert*, Rn 2527 f.; Soergel/*Hadding*, § 54 Rn 9; Staudinger/*Weick*, § 54 Rn 84: Anwendbarkeit von § 45 Abs. 3 nur, wenn keine Mitglieder mehr vorhanden oder zu ermitteln sind.
116 MüKo/*Reuter*, §§ 21, 22 Rn 4 ff.; *Reichert*, Rn 82, 236; *K. Schmidt*, GesR, 4. Aufl. 2002, § 24 II 3; *Schöpflin*, S. 513; Soergel/*Hadding*, vor § 21 Rn 71 ff.
117 *Schöpflin*, S. 513.

erreichbar. Falls einem wirtschaftlichen n.e.V. die Konzessionierung versagt wird, hat er die Möglichkeit, sich durch eine entsprechende Satzungsänderung in eine OHG umzuwandeln und auf dieser Grundlage die Umwandlung nach dem UmwG vorzunehmen.

C. Weitere praktische Hinweise

I. Die Parteifähigkeit des n.e.V. im Zivilprozess

1. Die traditionelle Auffassung. Nach § 50 Abs. 2 ZPO ist der n.e.V. **passiv parteifähig**, kann also zulässigerweise verklagt werden. Schon immer konnte der n.e.V. deshalb **sämtliche Prozesshandlungen eines Beklagten** vornehmen,[118] z.B. im Prozess aufrechnen,[119] Widerklage – auch als Zwischenfeststellungsklage – erheben,[120] Prozessvergleiche abschließen, Rechtsmittel einlegen oder auch Vollstreckungsgegenklage – nicht aber Drittwiderspruchsklage – erheben.[121] Jedoch legt die Bestimmung des § 50 Abs. 2 ZPO zugleich den Umkehrschluss nahe, dass es hierbei sein Bewenden haben solle, die **aktive Parteifähigkeit** dem n.e.V. also gerade versagt bleiben müsse; eine entsprechende Regelungsabsicht hat der historische Gesetzgeber zudem ausdrücklich bekundet. Auf dieser Grundlage müssen die Mitglieder des n.e.V. also grundsätzlich den Aktivprozess selbst als (materiellrechtlich) notwendige Streitgenossen gem. § 62 Abs. 1 Alt. 2 ZPO führen,[122] so dass schon die Nichtbeteiligung oder das versehentliche Nichtaufführen eines Vereinsmitglieds die Klage unzulässig macht. Ob den hieraus resultierenden erheblichen, oftmals gar unüberwindlichen praktischen Schwierigkeiten dadurch ausgewichen werden kann, dass einzelne Mitglieder bei übertragbaren Ansprüchen den Prozess als gewillkürter Prozessstandschafter führen und auf Leistung an den Verein klagen, ist streitig;[123] im Hinblick auf das erforderliche schutzwürdige Eigeninteresse unzulässig ist jedenfalls die Prozessstandschaft eines externen Treuhänders. Häufig bleibt deshalb nur die treuhänderische (materiellrechtliche) Übertragung des Anspruchs, sei es an den Vorstand, sei es an einen Dritten; ob Ersteres bereits in der Satzung erfolgen kann, ist allerdings zweifelhaft.[124]

In rechtsfortbildender Korrektur des Gesetzes hat die Rechtsprechung gleichwohl schon seit längerem für die in Form eines n.e.V. organisierten **Gewerkschaften** auch die aktive Parteifähigkeit bejaht. Als Grund für diese Ausnahme wird angeführt, im Gegensatz zu sonstigen privaten n.e.V. seien die Gewerkschaften Träger zahlreicher öffentlicher Funktionen, weswegen sie eine Sonderstellung einnähmen. Das Grundgesetz habe in Art. 9 Abs. 3 das korporative Daseins- und Betätigungsrecht der zur Wahrung und Förderung der Arbeits- und Wirtschaftsbeziehungen gebildeten Vereinigungen unter den Schutz der Verfassung gestellt und damit die besondere Bedeutung dieser Koalitionen in der Sozialordnung anerkannt. Dem verfassungsrechtlichen Schutz des Art. 9 Abs. 3 GG dürfe sich das Verfahrensrecht nicht versagen. Es müsse vielmehr den Gewerkschaften die Möglichkeit eröffnen, die Gerichte zum Schutz gegen zivilrechtlich unerlaubte Störungen ihrer Organisationen und ihrer Tätigkeit anzurufen.[125]

Die Rechtsprechung hat es jedoch immer, zuletzt im Urteil des BGH vom 6.10.1989, abgelehnt, **allgemein die aktive Parteifähigkeit eines n.e.V.** anzuerkennen.[126] Die Regelung des § 50 Abs. 2 ZPO mit der Versagung der aktiven Parteifähigkeit für den n.e.V. sei klar und eindeutig. Bloße Zweckmäßigkeitserwägungen würden zu einer Gewährung der aktiven Parteifähigkeit *contra legem* nicht ausreichen. Auch eine an Art. 5 und 9 GG orientierte verfassungskonforme Auslegung des § 50 ZPO müsse hier nicht zur aktiven Parteifähigkeit führen; den Mitgliedern eines n.e.V. würde der Rechtsschutz weder versagt noch

---

118 Vgl. *Jung*, NJW 1986, 157, 159; MüKo-ZPO/*Lindacher*, § 50 Rn 43 f.; *Schöpflin*, S. 360 ff.
119 Musielak/*Weth*, ZPO, § 50 Rn 27; Stein/Jonas/*Bork*, ZPO, 21. Aufl. 1992 ff., § 50 Rn 23.
120 RGZ 74, 371, 375; Musielak/*Weth*, ZPO, § 50 Rn 27; Stein/Jonas/*Bork*, ZPO, 21. Aufl. 1992 ff., § 50 Rn 23; *K. Schmidt*, GesR, 4. Aufl. 2002, § 25 IV 1 a.
121 Musielak/*Weth*, ZPO, § 50 Rn 27; Stein/Jonas/*Bork*, ZPO, 21. Aufl. 1992 ff., § 50 Rn 23.
122 Musielak/*Weth*, ZPO, § 50 Rn 27; *Reichert*, Rn 2451; *Schöpflin*, S. 366; Thomas/Putzo/*Reichold/Hüßtege*, ZPO, § 50 Rn 8.
123 Bejahend OLG Frankfurt NJW 1952, 792; LG Bonn NJW 1957, 1883; *Habscheid*, AcP 155 (1956), 376, 412 ff.; Thomas/Putzo/*Reichold/Hüßtege*, ZPO, § 50 Rn 8; abl. RGZ 57, 90, 92; BGHZ 42, 210, 213 f.; OLG München MDR 1955, 33; OLG Celle NJW 1989, 2477; *Reichert*, Rn 2451; *Schöpflin*, S. 367 ff.
124 Bejahend OLG Frankfurt NJW 1952, 792; *Reichert*, Rn 2451; *Schöpflin*, S. 370 f.; abl. BGHZ 42, 210, 213 f.
125 BGHZ 42, 210, 216 ff.; 50, 325, 327 ff.; ebenso entschied das BVerfG für den Verfassungsgerichtsprozess, vgl. BVerfGE 17, 319, 329; einschr. BGH LM ZPO § 50 Nr. 25 (betr. Untergliederung einer Gewerkschaft); ausf. dazu *Schöpflin*, S. 378 ff.
126 BGHZ 42, 210, 211; 109, 15, 17 f.; OLG München NJW 1969, 617, 618; BAG NZA 1990, 615, 616 f.; zust. *Flume*, ZHR 148 (1948), 503, 511 f.; *K. Schmidt*, Verbandszweck, S. 52 ff.; *ders.*, NJW 1984, 2249 ff.; so auch nach der Anerkennung der Parteifähigkeit der GbR noch *Kempfler*, NZG 2002, 411, 413 f.; *Reichert*, Rn 2449 ff.; *K. Schmidt*, GesR, 4. Aufl. 2002, § 25 IV 1b; *Schöpflin*, S. 362 ff.;Thomas/Putzo/*Reichold/Hüßtege*, ZPO, § 50 Rn 8.

in unzumutbarer Weise erschwert, da sie die Möglichkeit hätten, in ihrer Gesamtheit Klage zu erheben. Im Übrigen dürfe nicht außer Acht gelassen werden, dass der Gesetzgeber seit der Gewährung der aktiven Parteifähigkeit für Gewerkschaften die ZPO mehrfach geändert und es dabei offensichtlich nicht für nötig gehalten habe, allen n.e.V. die aktive Parteifähigkeit zuzuerkennen. Bei dieser Situation folge aus den Grundsätzen der Rechts- und Gesetzesbindung der rechtsprechenden Gewalt (Art. 20 Abs. 3 GG), dass eine richterliche Rechtsfortbildung in Bezug auf die aktive Parteifähigkeit des „normalen" n.e.V. nicht in Betracht komme.

35 **2. Die moderne Lehre.** Schon seit längerem mehrten sich im Schrifttum die Stimmen, die auch im Zivilprozess die Anerkennung der aktiven **Parteifähigkeit eines jeden n.e. Idealvereins** forderten.[127] Nachdem der Bundesgerichtshof in seiner Entscheidung vom 29.1.2001[128] im Wege richterlicher Rechtsfortbildung die Parteifähigkeit der (Außen-)GbR anerkannt hat (siehe AnwK-BGB/*Heidel*, Anhang zu § 705 Rn 1 ff.), hat diese Ansicht erst recht Oberwasser bekommen; argumentiert wird zumeist mit der Verweisung des S. 1 auf das Recht der GbR, die durch die Änderung der Rechtsprechung zur Parteifähigkeit der GbR eine entsprechende Korrektur der Rechtsprechung zur mangelnden Parteifähigkeit des n.e.V. nach sich ziehen müsse.[129] Auch in der obergerichtlichen Rechtsprechung hat diese Auffassung jetzt Gefolgschaft gefunden: In einem Rechtsstreit zwischen einem eingetragenen Mehrspartensportverein und einer seiner Abteilungen bejahte das Kammergericht die aktive Parteifähigkeit der Abteilung des Sportvereins, wenn die Satzung vorsehe, dass die einzelnen Abteilungen zur Berufung eines eigenen Vorstandes, zur eigenständigen Haushaltsführung und zur Vertretung des Gesamtvereins bei Aufnahme und Ausschluss von Mitgliedern berechtigt seien.[130]

36 Der modernen Lehre ist zu folgen – nicht wegen der Verweisung des S. 1 auf das Recht der GbR, die im Hinblick auf die strukturelle Verschiedenheit von n.e.V. und GbR ja sonst auch allgemein für obsolet gehalten wird (Rn 2), sondern aufgrund eines Erst-recht-Schlusses: Die **körperschaftliche Verfassung** und damit die Abstraktion des Verbands von seinen Mitgliedern ist immer noch als Strukturmerkmal des Vereins anzusehen, der Typus des n.e.V. deshalb von einem tendenziell größeren Maß an Verselbständigung gekennzeichnet als die GbR. Es ist deshalb nicht angemessen, ihm die Parteifähigkeit abzusprechen, sie der (Außen-)GbR aber zu gewähren; die Vorschriften der anderen Verfahrensordnungen, die dem n.e.V. sämtlichst die volle Parteifähigkeit zuerkennen (vgl. § 61 Nr. 2 VwGO, § 70 Nr. 2 SGG, § 58 Abs. 2 FGO, § 10 ArbGG), bestätigen dies. **Methodisch** stellt § 50 Abs. 1 u. 2 ZPO schließlich bei weitem nicht das unüberwindliche Hindernis dar, als welches er von der traditionellen Auffassung gesehen wird;[131] § 50 Abs. 2 ZPO regelt gerade nicht ausdrücklich, dass der n.e.V. keine volle Parteifähigkeit (i.S.v. Abs. 1) genieße, sondern *geht lediglich davon aus*, dass dies so sei, und regelt unter dieser Prämisse – um die Vereinsgläubiger nicht rechtlos zu stellen – positiv die passive Parteifähigkeit. Diese Prämisse entspricht heute nicht mehr der Rechtslage: Der nicht eingetragene Idealverein ist richtigerweise schon kraft richterlicher Rechtsfortbildung rechtsfähig (Rn 3 f.) und folgerichtig nach § 50 Abs. 1 ZPO aktiv und passiv parteifähig. § 50 Abs. 2 ZPO läuft deshalb heute insoweit schlicht leer, ohne selbst durch eine richterliche Rechtsfortbildung – die dann *contra legem* wäre – derogiert werden zu müssen.

37 **3. Praktische Konsequenzen.** Der n.e. Idealverein kann nach der hier vertretenen Auffassung unter seinem eigenen Namen klagen und verklagt werden, jeweils vertreten durch den Vorstand kraft organschaftlicher **Vertretungsmacht** analog § 26 Abs. 2 S. 1; einer besonderen Bevollmächtigung des Vorstands bedarf es nicht.[132] Nach § 253 Abs. 2 Nr. 1 Alt. 1 ZPO muss der Verein als Prozesspartei im Aktiv- wie Passivprozess in der Klageschrift so klar bezeichnet werden, dass dem Prozessgericht die ihm kraft Amtes obliegende Identifizierung der Parteien mit der gebotenen Eindeutigkeit möglich ist. Hierfür genügt es, wenn in der Klageschrift der **Name des n.e.V.** bezeichnet wird; die zusätzliche Nennung der Mitglieder ist grundsätzlich

---

127 *Bayer*, S. 122 ff.; Erman/*Westermann*, § 54 Rn 9; *Fabricius*, S. 206 ff.; *Habscheid*, AcP 155 (1956), 375, 411 ff.; *ders.*, ZZP 78 (1965), 236, 237; *Lindacher*, ZZP 90 (1977), 131, 140; MüKo-ZPO/*Lindacher*, § 50 Rn 37; *Schulz*, NJW 1990, 1893; Soergel/*Hadding*, § 54 Rn 33; Staudinger/*Weick*, § 54 Rn 20; *Stoltenberg*, MDR 1989, 495; (nur) für n.e.V. mit idealem Zweck auch MüKo/*Reuter*, § 54 Rn 12 ff.; Wieczorek/*Hausmann*, ZPO, 3. Aufl. 1994 ff., § 50 Rn 50; vermittelnd RGRK/*Steffen*, § 54 Rn 19: für solche n.e.V., die wegen der großen Mitgliederzahl oder des raschen Mitgliederwechsels zur Individualisierung ihrer Mitglieder im Rechtsstreit nicht oder nur unter großen Schwierigkeiten in der Lage sind.
128 BGHZ 146, 341 ff.
129 Vgl. Bamberger/Roth/*Schwarz*, § 54 Rn 31; *Hartmann*, NJW 2001, 2577, 2578; *Jauernig*, NJW 2001, 2231, 2232; Musielak/*Weth*, ZPO, § 50 Rn 29; Palandt/*Heinrichs*, § 54 Rn 7, 10; *K. Schmidt*, NJW 2001, 993, 1002; Zöller/*Vollkommer*, ZPO, § 50 Rn 41.
130 KG MDR 2003, 1197; vgl. ferner AG Witzenhausen NJW-RR 2003, 614.
131 Vgl. zuletzt *Schöpflin*, S. 372: „eindeutige objektive Aussage des Gesetzes".
132 Soergel/*Hadding*, § 54 Rn 33.

nicht erforderlich.[133] Der n.e.V. kann damit genauso verklagt werden, wie er im Rechtsverkehr auftritt. Eine ungenaue oder unvollständige Bezeichnung bei einer Klage gegen den n.e.V. schadet nicht, wenn die Identität der Partei durch Auslegung zu ermitteln ist. Der jeweilige Kläger muss die Existenz und Parteifähigkeit des n.e.V. schlüssig darlegen und ggf. beweisen.[134]

Der n.e.V. ist folgerichtig gem. § 52 ZPO **prozessfähig**, weil er sich durch das ihm zugerechnete Handeln seiner Organe, der geschäftsführungs- und vertretungsberechtigten Vorstandsmitglieder, rechtsgeschäftlich verpflichten kann (Rn 16). Im Prozess **handlungsfähig** ist der n.e.V. indes nur durch die vertretungsberechtigten Vorstandsmitglieder;[135] hierüber wacht das Gericht von Amts wegen (§ 56 Abs. 1 ZPO). Die Bezeichnung der gesetzlichen Vertreter ist in der ZPO aber nicht konstitutiv, sondern nur eine Sollbestimmung (§ 130 BGB), deren Nichtbeachtung – abgesehen vom Risiko der nicht ordnungsgemäßen Zustellung (Rn 39) – keine unmittelbaren prozessualen Konsequenzen hat; sie kann deshalb nachgeholt werden. Die gesamtvertretungsberechtigten Organmitglieder eines rechts- und parteifähigen n.e.V. (Rn 13, 37) können im Prozess nur einheitliche Anträge stellen. Bestehen bleibende **Zweifel an der ordnungsgemäßen Vertretung des n.e.V.** gehen sowohl im Aktiv- wie im Passivprozess des n.e.V. zulasten der jeweils klagenden Partei; letztlich muss also der jeweilige Kläger das Vorliegen einer ordnungsgemäßen Vertretung beweisen. Auch wenn ein n.e.V. verklagt wird, trifft den Kläger folglich die **Darlegungslast** hinsichtlich der ordnungsgemäßen Vertretung des n.e.V. Ist es dem Kläger jedoch nicht möglich, die von ihm behauptete Vertretungsregelung näher zu substantiieren, so trifft den beklagten n.e.V. insofern eine „**sekundäre Darlegungslast**".

38

Der allgemeine Gerichtsstand des n.e.V. wird durch dessen **Sitz** (§ 17 ZPO, § 24 BGB) bestimmt.[136] In Ermangelung besonderer Satzungsbestimmungen ist gem. § 17 Abs. 1 S. 2 ZPO, § 24 BGB der Gerichtsstand dort, wo die **Verwaltung** geführt wird, also dort, wo die grundlegenden Entscheidungen der Vereinsleitung in laufende Geschäftsführungsakte umgesetzt werden. Die Zustellung der Klageschrift sowie die Zustellungen im Verfahren erfolgen, soweit nicht gem. § 172 ZPO an den Prozessbevollmächtigten zuzustellen ist, an den Vertreter des n.e.V. (Rn 38). Auf der Grundlage der Parteifähigkeit des n.e.V. kann man bei mehreren Vertretern § 170 Abs. 3 ZPO anwenden, so dass die Zustellung an einen der Vertreter genügt. Soweit der n.e.V. selbst zulässigerweise als Partei klagt oder verklagt wird, sind die **Mitglieder als Zeugen** zu vernehmen, sofern sie nicht zugleich vertretungsberechtigte Vorstandsmitglieder sind;[137] zwingt man die Mitglieder dagegen mit der traditionellen Auffassung, selbst zu klagen, sind sie Partei und können nicht Zeugen sein.[138] Da der n.e.V. als solcher, dessen Identität selbst bei einem völligen Austausch aller Mitglieder nicht verändert wird, Träger der Rechte und Pflichten ist, hat das Ausscheiden oder der Neueintritt eines Mitglieds keine Auswirkungen auf den Prozess.[139] Soweit der n.e.V. selbst zulässigerweise als Partei klagt oder verklagt wird, ist Auftraggeber des anwaltlichen Vertreters nur der Verein und nicht die einzelnen Mitglieder; damit ist die **Erhöhungsgebühr** nach § 7 RVG nicht anwendbar.[140]

39

II. Der n.e.V. in der Zwangsvollstreckung

Der n.e.V. ist als verselbständigtes Rechtssubjekt (Rn 3) sowohl Schuldner der Gesellschaftsforderungen als auch Rechtsträger des Vereinsvermögens. Der gegen den n.e.V. aufgrund seiner (unstreitigen) passiven Parteifähigkeit (§ 50 Abs. 2, siehe Rn 32) erlangte Titel ist unmittelbar gegen den Verein[141] vollstreckbar (§ 735 ZPO), und zwar auch nach dessen Auflösung bis zur Beendigung der Liquidation.[142] Im Vollstreckungsverfahren ist deshalb der n.e.V. auch als solcher **Vollstreckungsschuldner**, so dass nach § 750 ZPO ein Titel gegen ihn sowohl ausreichend als auch – vorbehaltlich des § 736 ZPO (Rn 41) – erforderlich ist. Die **Bezeichnung** des n.e.V. im Titel muss eindeutig sein; hierfür gelten die gleichen Anforderungen wie an die Parteibezeichnung im Prozess (Rn 37). Die **Prüfung** der Identität der als Titelschuldnerin bezeichneten GbR mit dem Eigentümer oder Rechtsinhaber des in Aussicht genommenen Vollstreckungsobjekts obliegt wie immer dem jeweils zuständigen Vollstreckungsorgan. Der **Wechsel im Mitgliederbestand** ist wie im Prozess (Rn 39) auch vollstreckungsrechtlich unbeachtlich: Ohne dass es noch einer Titelumschreibung

40

---

133 Anders nach der traditionellen Konzeption, vgl. *Reichert*, Rn 2450; *Schöpflin*, S. 365.
134 Soergel/*Hadding*, § 54 Rn 33.
135 *Reichert*, Rn 2459.
136 *Reichert*, Rn 2454.
137 Vgl. MüKo/*Reuter*, § 54 Rn 24; *Reichert*, Rn 2459; Soergel/*Hadding*, § 54 Rn 32 a.E.
138 *Reichert*, Rn 2453.
139 *Reichert*, Rn 2459; s. a. RGZ 57, 90, 93; *Schöpflin*, S. 366 f.; Stein/Jonas/*Bork*, ZPO, 21. Aufl. 1992 ff., § 50 Rn 26, zur i.E. übereinstimmenden Behandlung der Frage nach der traditionellen Lehre.

140 Vgl. OLG München AnwBl 1994, 471; *Reichert*, Rn 2459.
141 § 735 ZPO spricht zwar lediglich von einer Vollstreckung „in das Vermögen" des n.e.V., jedoch ist man sich mit Recht einig, dass nichtvermögensrechtliche Ansprüche, etwa auf Handlungen/Unterlassungen, ebenfalls erfasst werden, vgl. MüKo-ZPO/*Heßler*, § 735 Rn 4; Musielak/*Lackmann*, ZPO, § 735 Rn 1; *Schöpflin*, S. 384; Stein/Jonas/*Münzberg*, ZPO, 21. Aufl. 2002 ff., § 735 Rn 3.
142 Musielak/*Lackmann*, ZPO, § 735 Rn 1.

analog § 727 ZPO bedürfte, kann unmittelbar in das Vereinsvermögen vollstreckt werden; der n.e.V. kann also die Vollstreckung nicht dadurch verzögern, dass er nach Titelerlass neue Mitglieder aufnimmt. Der Klage auf Titelumschreibung analog § 731 ZPO bedarf es jedoch, wenn der Neueingetretene bereits nach der bisherigen Grundbuchpraxis (Rn 47) als Gesamthandseigentümer im Grundbuch ausgewiesen ist und die Identität des n.e.V. mit dem im Titel als Schuldner genannten Verein nicht anders zu klären ist.

41 Zur Zwangsvollstreckung in das Vereinsvermögen genügt ein solcher gegen den Verein als Prozesssubjekt erstrittener Titel, ist aber nach h.M. nicht zwingend erforderlich; denn in das Vereinsvermögen kann analog § 736 ZPO auch vollstreckt werden, wenn ein **Titel gegen alle Vereinsmitglieder persönlich** – ggf. unter Verurteilung zu einer auf das Vereinsvermögen beschränkten Haftung – ergangen ist.[143] Der Vorstellung von der Eigenschaft des n.e.V. als eigenständigem Rechts- und Prozesssubjekt entspricht es freilich, anzunehmen, dass der n.e.V. nicht nur verklagt werden kann, sondern muss, da eine Klage gegen die Gesamtheit der Mitglieder mangels Passivlegitimation für die Vereinsverbindlichkeit unbegründet ist.[144] Aus einem Titel gegen den n.e.V. kann wegen der Verschiedenheit der Rechtssubjekte (Rn 3, 36) wie auch der haftenden Vermögensmassen weder unmittelbar noch im Wege der Titelumschreibung in das Privatvermögen eines Mitglieds vollstreckt werden.[145] Auch wenn der n.e.V. während eines Rechtsstreits wegen **Vollbeendigung** wegfällt (Rn 30), kann, da die Mitglieder bzw. sonstigen Anfallberechtigten nicht Rechtsnachfolger des n.e.V. sind, der Titel nicht nach § 727 ZPO für oder gegen sie umgeschrieben werden. Aus Sicherheitsgründen sollte deshalb in der Regel der nach S. 2 akzessorisch mithaftende Handelnde mitverklagt werden (Rn 20 ff.); dies nicht in Betracht gezogen und dem Mandanten vorgeschlagen zu haben, wird in aller Regel eine anwaltliche Pflichtverletzung darstellen. Erlangt der n.e.V. infolge Eintragung die Eigenschaft als e.V., so ändert er doch nicht seine Identität; der Titel muss deshalb nicht umgeschrieben werden.[146]

42 Die **Zustellungen** im Vollstreckungsverfahren richten sich nach den zum Prozess angesprochenen Grundsätzen (Rn 39), d.h. grundsätzlich genügt gem. § 170 Abs. 3 ZPO die Zustellung an ein Vorstandsmitglied. Soweit es für die Geldvollstreckung in bewegliche Sachen und die Herausgabevollstreckung auf den **Gewahrsam des Vollstreckungsschuldners** ankommt, muss deshalb der n.e.V. als Vollstreckungsschuldner selbst Gewahrsam haben, den er durch die geschäftsführungs- und vertretungsberechtigten Vorstandsmitglieder als seine Organe (Rn 13) ausübt. Als Vollstreckungsschuldner ist der n.e.V. auch als solcher z.B. zur **Abgabe einer eidesstattlichen Versicherung** (§ 807 ZPO) verpflichtet, und zwar wiederum handelnd durch seine Organe, d.h. die vertretungsberechtigten Gesellschafter. Ist der n.e.V. **Drittschuldner** in der Zwangsvollstreckung gegen einen Gläubiger des n.e.V., so muss der Pfändungs- und Überweisungsbeschluss wie bei den Zustellungen im Prozess und in der Zwangsvollstreckung gegen den n.e.V. analog § 170 Abs. 3 ZPO (Rn 39) nur noch einem der vertretungsberechtigten Vorstandsmitglieder zugestellt werden.

III. Der n.e.V. im Insolvenzverfahren[147]

43 Nach § 11 Abs. 1 S. 2 InsO kann ein Insolvenzverfahren über das Vermögen des n.e.V. eröffnet werden. Damit wird, wie bereits in § 213 KO, die **Insolvenzfähigkeit** des n.e.V. als Personenvereinigung anerkannt. Bereits zu Zeiten der Konkursordnung hatte sich auch die Auffassung durchgesetzt, dass der Konkurs eines n.e.V. als Verbandskonkurs zu verstehen ist.[148] Dieses Verständnis ist durch § 11 Abs. 1 S. 2 InsO bestätigt worden, indem der n.e.V. den juristischen Personen gleichgestellt wird. Insolvenzschuldner ist demgemäß der n.e.V. als solcher, und zwar nicht als Gruppe der gesamthänderisch verbundenen Mitglieder, sondern als eigenständiger Rechtsträger des Vereinsvermögens (Rn 3);[149] damit ist die Identität zwischen dem Vermögensträger im materiell-rechtlichen Sinne und dem Insolvenzschuldner wieder hergestellt. **Insolvenzmasse** ist demgemäß nicht mehr das gesamthänderisch gebundene gemeinschaftliche Vermögen der Mitglieder, sondern das Vereinsvermögen des rechtsfähigen n.e.V. selbst, und zwar nach § 35 InsO das gesamte Vermögen, welches dem n.e.V. zur Zeit der Eröffnung des Verfahrens gehört sowie dasjenige, welches er während des Verfahrens erlangt.

44 Das **Eröffnungsverfahren** ebenso wie das eigentliche **Insolvenzverfahren** folgen danach mit nur geringen Abweichungen den gleichen Prinzipien wie im Fall des e.V. (siehe § 42 Rn 1 ff.). Als Eröffnungsgrund

---

143 Bamberger/Roth/*Schwarz*, § 54 Rn 38; MüKo-ZPO/*Hessler*, § 735 Rn 17; *Reichert*, Rn 2461; *K. Schmidt*, GesR, 4. Aufl. 2002, § 25 IV 2; *Schöpflin*, S. 383; Soergel/*Hadding*, § 54 Rn 32, 34; Stein/Jonas/*Bork*, 21. Aufl. 1992 ff., § 50 Rn 21; Zöller/*Vollkommer*, ZPO, § 50 Rn 36.
144 *Fabricius*, S. 196, 205; MüKo/*Reuter*, § 54 Rn 22.
145 RGZ 13, 212, 216; Musielak/*Lackmann*, ZPO, § 735 Rn 2; *Schöpflin*, S. 383; Soergel/*Hadding*, § 54 Rn 35.
146 BGHZ 17, 385, 387; BGH WM 1987, 115, 116; Musielak/*Lackmann*, ZPO, § 735 Rn 3.
147 Nachw. zur Lit. s. insoweit bei § 42.
148 Jaeger/*Weber*, § 213 Rn 20.
149 Vgl. InsRHdb/*Haas*, § 93 Rn 44; Jaeger/*Weber*, § 213 Rn 20; *Noack*, Rn 697; Nerlich/Römermann/*Mönning*, § 11 Rn 47; *Reichert*, Rn 2463; *Schöpflin*, S. 388 f.; Soergel/*Hadding*, § 54 Rn 35.

kommt im Fall des n.e.V. neben der (drohenden) Zahlungsunfähigkeit nach §§ 17, 18 InsO insbesondere auch die Überschuldung nach § 19 InsO in Betracht;[150] denn gem. § 19 Abs. 1 und Abs. 3 InsO ist die Überschuldung Eröffnungsgrund auch bei Gesellschaften ohne Rechtspersönlichkeit, bei denen kein persönlich haftender Gesellschafter eine natürliche Person ist, mithin auch im Fall des (nichtwirtschaftlichen) n.e.V., bei dem eine persönliche Haftung der Vereinsmitglieder entgegen dem Wortlaut des § 54 gleichfalls nicht besteht (Rn 17 ff.). Die Insolvenzreife schon wegen Überschuldung (statt erst wegen Zahlungsunfähigkeit) berücksichtigt, dass mangels Identifizierbarkeit des Vereins mit seinen wechselnden Mitgliedern anders als bei der Personengesellschaft nicht die persönliche Leistungsfähigkeit der Mitglieder, sondern allein das Vereinsvermögen die Kreditwürdigkeit bestimmt.[151]

Ebenso wie beim e.V. trifft den Vorstand des n.e.V. analog § 42 Abs. 2 S. 1 eine haftungsbewehrte **Verpflichtung zur Stellung des Insolvenzantrags** bei Vorliegen der Zahlungsunfähigkeit oder der Überschuldung.[152] Weil der n.e.V. nicht anders als der e.V. körperschaftlich organisiert ist, ist anzunehmen, dass auch beim n.e.V. der Insolvenzantrag von jedem einzelnen Vorstandsmitglied gestellt werden kann.[153] Dass der Vereinsvorstand analog § 42 Abs. 2 S. 1 zur Stellung des Antrags verpflichtet ist, bedeutet, dass er im Falle der Insolvenzverschleppung den Gläubigern gegenüber analog § 42 Abs. 2 S. 2 haften muss.[154] Denn da ebenso wie beim e.V. die Haftung grundsätzlich auf das Vereinsvermögen beschränkt ist, dürfen die Gläubiger des n.e.V. nicht schlechter gestellt werden als die Gläubiger des e.V., bei dem die Haftungsbeschränkung aufgrund seiner Eigenschaft als juristischer Person immanent ist. Ferner ist der Vorstand dem Verein gegenüber analog § 27 Abs. 3 zur rechtzeitigen Stellung des Insolvenzantrags verpflichtet.[155]

45

Analog § 42 Abs. 1 S. 1 wird der n.e.V. ohne gesonderten Vereinsbeschluss **mit Eröffnung des Insolvenzverfahrens aufgelöst**. Die Eröffnung des Insolvenzverfahrens versetzt den n.e.V. gleich dem e.V. in den Abwicklungszustand.[156] Ebenso wie beim e.V. besteht die Organisation des n.e.V. nach der Eröffnung des Insolvenzverfahrens zunächst fort. Rechte und Obliegenheiten des Insolvenzschuldners nimmt der Vorstand und in einem erst während der Liquidation eröffneten Insolvenzverfahren (vgl. § 47 Rn 30) der Liquidator wahr.[157] Die Handelndenhaftung nach § 54 S. 2 wird im Insolvenzverfahren analog § 93 InsO vom Insolvenzverwalter durchgesetzt.[158] Sofern der Verein nach Abschluss des Insolvenzverfahrens noch Vermögen hat, beendet der Verwalter die Liquidation nach Maßgabe des § 199 Abs. 2 InsO, d.h. er gibt das Restvermögen an die Anfallberechtigten i.S.d. §§ 45, 46 heraus (§ 42 Rn 27). In analoger Anwendung des § 42 Abs. 1 S. 2 ist es aber auch möglich, den n.e.V. bei Einstellung nach §§ 212, 213 InsO bzw. bei Aufhebung des Insolvenzverfahrens nach § 258 InsO durch gesonderten Beschluss als solchen fortzusetzen.

46

IV. Die Grundbuchfähigkeit des n.e.V.

Nach der traditionellen Auffassung und der bisherigen Praxis der Grundbuchämter ist der n.e.V. – insofern ebenso wie die GbR, deren zwischenzeitlicher Anerkennung als eigenständiges Rechtssubjekt zum Trotz – nicht grundbuchfähig. In das Grundbuch ist er als **Gesamthandsgemeinschaft** unter dem **Namen aller Mitglieder** (mit dem Zusatz „als Mitglieder des n.e.V. XY") einzutragen (§ 47 GBO).[159] Da sich dies bei größeren Vereinen mit ständigem Mitgliederwechsel praktisch nicht verwirklichen lässt, bleibt als Ausweg nur die Eintragung eines satzungsmäßig oder durch Mitgliederbeschluss berufenen **Treuhänders**[160] oder einer eigens gegründeten Kapitalgesellschaft (AG, GmbH), deren Anteile von dem Verein gehalten werden. Eine Ausnahme macht man nur für die politischen (Gesamt-)Parteien in der Rechtsform eines n.e.V.[161] Die neuere Lehre, die den n.e.V. als rechtsfähiges Rechtssubjekt und Vermögensträger ansieht,

47

---

150 Vgl. FK-InsO/*Schmerbach*, § 19 Rn 3; HK-InsO/*Kirchhof*, § 19 Rn 3; InsRHdb/*Haas*, § 93 Rn 43; Nerlich/Römermann/*Mönning*, § 19 Rn 14; *Schöpflin*, S. 389.
151 *Kertess*, S. 9 ff.
152 InsRHdb/*Haas*, § 93 Rn 43; MüKo/*Reuter*, § 42 Rn 13; *Reichert*, Rn 2463; sogar für unmittelbare Anwendung *Noack*, Rn 685; *Schöpflin*, S. 389.
153 Vgl. *Delhaes*, Der Insolvenzantrag, 1994, S. 118; Jaeger/*Weber*, KO, 8. Aufl. 1973, § 213 Rn 21.
154 InsRHdb/*Haas*, § 93 Rn 43; MüKo/*Reuter*, § 42 Rn 10.
155 Vgl. *Uhlenbruck*, in: FS Merz 1992, S. 571, 584; Jaeger/*Weber*, § 213 Rn 21.
156 Jaeger/*Weber*, § 213 Rn 19.
157 Jaeger/*Weber*, § 213 Rn 20.
158 Vgl. Jaeger/*Henckel*, § 38 Rn 47; Uhlenbruck/*Hirte*, § 93 Rn 8; a.A. InsRHdb/*Haas*, § 93 Rn 44.
159 RGZ 127, 309, 311 f.; BGHZ 43, 316, 320; BayObLG Rpfleger 1985, 102; OLG Zweibrücken NJW-RR 1986, 181; OLG Zweibrücken NJW-RR 2000, 749; DNotI-Gutachten, DNotI-Report 1996, 84; *Konzen*, JuS 1989, 20; *Schöpflin*, S. 346 ff.; auch *K. Schmidt*, GesR, 4. Aufl. 2002, § 25 II 1b; *ders.*, NJW 1984, 2249, der trotz der materiellen Eigentümerstellung den n.e.V. wegen seiner fehlenden Registerpublizität aus Gründen des formellen Grundbuchrechts für nicht eintragungsfähig hält.
160 BGHZ 43, 316, 320; OLG Frankfurt NJW 1952, 792; *K. Schmidt*, GesR, 4. Aufl. 2002, § 25 II 1b.
161 OLG Koblenz NJW-RR 2000, 749; *Kempfler*, NJW 2000, 3763; *Morlok/Schulte-Trux*, NJW 1992, 2058, 2060; anders für Bezirksverband OLG Zweibrücken NJW-RR 1986, 181.

lässt demgegenüber die Grundbucheintragung des n.e.V. unter seinem Vereinsnamen zu.[162] In der Tat sollte angesichts der praktischen Notwendigkeit, dem als Rechtssubjekt und Vermögensträger anerkannten n.e.V. (Rn 3) Grunderwerb zu ermöglichen, nun auch dessen Grundbuchfähigkeit anerkannt werden: Ist der n.e.V. als solcher fähig, **Rechtsträger** zu sein, dann spricht die Funktion des Grundbuchs, den Rechtsinhaber zuverlässig zu verlautbaren, zweifellos für und nicht gegen die Eintragung des n.e.V. Die mangelnde Registerpublizität lässt sich ersetzen durch Vorlage von Nachweisen in der Form des § 29 GBO; zudem ist nicht einzusehen, warum die Rechtssicherheit hier strengere Anforderung an die eindeutige Bezeichnung des betroffenen Rechtssubjekts stellen sollte als etwa im Prozess und im Insolvenzverfahren. Zu vermeiden gilt es nicht zuletzt eine nicht gerechtfertigte **Schlechterstellung zu den Vorgesellschaften** (Vor-GmbH, Vor-AG), die als grundbuchfähig anerkannt sind.

Kapitel 2. Eingetragene Vereine

Vorbemerkungen zu §§ 55–79

Literatur: *Arnold*, Die geplante Vereinsrechtsreform – Fortschritt oder Irrweg?, DB 2004, 2143; *Demharter*, Vereinsregisterverordnung und Änderungen registerrechtlicher Vorschriften, FGPrax 1999, 84; *Eichler*, Probleme des Vereinsrechts aus Sicht der Registergerichte, Rpfleger 2004, 196; *Keilbach*, Fragen des Vereinsregisters, DNotZ 2001, 671; *Oetker*, Der Wandel vom Ideal- zum Wirtschaftsverein, NJW 1991, 385; *K. Schmidt*, Zur Löschung unrechtmäßig eingetragener Vereine, JZ 1987, 177; *ders.*, Erlöschen eines eingetragenen Vereins durch Fortfall der Mitglieder?, JZ 1987, 394; *ders.*, Eintragungsfähige und eintragungsunfähige Vereine, Rpfleger 1988, 45; *ders.*, Zur Amtslöschung unrechtmäßig eingetragener Wirtschaftsvereine, NJW 1993, 1225; *Schwarz*, Die Publizität der Vertretungsmacht des Vorstands und der Liquidatoren eines Vereins, NZG 2002, 1033; *ders.*, Die Mehrheitsvertretung des Vereinsvorstands und deren Eintragung im Vereinsregister, Rpfleger 2003, 1; *Segna*, Publizitätspflicht eingetragener Vereine?, DB 2003, 1311; *Wentzel*, Auswirkungen des Insolvenzverfahrens auf das Vereinsregister, Rpfleger 2003, 334. Siehe auch bei Vorbemerkungen zu §§ 21 ff. und bei § 21.

A. Allgemeines	1	I. Eintragung in das Vereinsregister	2
B. Regelungsgehalt	2	II. Registerverfahren	3

A. Allgemeines

1 Die §§ 55–79 regeln die verfahrensrechtlichen Belange des Idealvereins. Sie bestimmen die Voraussetzungen und die Durchführung von Eintragungen in das **Vereinsregister** von der Vereinsgründung über spätere Änderungen bis hin zur Auflösung des Vereins. Zweck des Vereinsregisters ist die Herstellung von **Publizität**, d.h. die Unterrichtung der Öffentlichkeit über die Verhältnisse des Vereins.[1] Diese wird gewährleistet durch das jedermann zustehende Einsichtsrecht nach § 79 (siehe § 79 Rn 2 ff.). Die §§ 55–79 werden ergänzt durch die Vorschriften der Vereinsregisterverordnung (VRV),[2] die durch das Bundesministerium für Justiz auf Grundlage von § 55a Abs. 7 erlassen wurde.

B. Regelungsgehalt

I. Eintragung in das Vereinsregister

2 Die in das Vereinsregister einzutragenden Tatsachen folgen grundsätzlich aus dem Gesetz: Zu jedem Verein sind gemäß § 64 dessen Name und Sitz, der Tag der Satzungserrichtung, die Vorstandsmitglieder sowie deren Vertretungsmacht (dazu § 70 Rn 1) in das Vereinsregister aufzunehmen. Einzutragen sind ferner Änderungen des Vorstands (§ 67) oder der Satzung (§ 71), die Eröffnung des Insolvenzverfahrens (§ 75), die Liquidatoren (§ 76), die Vereinsauflösung sowie die Entziehung der Rechtsfähigkeit (§ 74). Die Struktur des Registerblattes und der Standort der verschiedenen Eintragungen folgt aus § 3 VRV. Die Eintragung ist

---

[162] Bamberger/Roth/*Schwarz*, § 54 Rn 16; Erman/*Westermann*, § 54 Rn 8; *Habscheid*, AcP 155 (1956), 375, 402; *Morlok/Schulte-Trux*, NJW 1992, 2058; MüKo/*Reuter*, § 54 Rn 16 ff.; *Ott*, NJW 2003, 1223; Palandt/*Heinrichs*, § 54 Rn 8; RGRK/*Steffen*, § 54 Rn 16; Soergel/*Hadding*, § 54 Rn 18; Staudinger/*Weick*, § 54 Rn 80; *Stoltenberg*, MDR 1989, 497.

[1] BGHZ 87, 59, 61 f. = DB 1983, 1192 = NJW 1983, 1676; BGH NJW 1989, 295, 299; BayObLGZ 1987, 449, 452; MüKo/*Reuter* § 55 Rn 1.

[2] Verordnung über das Vereinsregister und andere Fragen des Registerrechts v. 10.2.1999 (BGBl I S. 147 ff.), in Kraft getretenen am 28.2.1999; teilweise abgedruckt bei *Sauter/Schweyer/Waldner*, S. 383 ff.; ferner *Demharter*, FGPrax 1999, 84 ff. mit einem Überblick.

nur für die Erlangung der Rechtsfähigkeit nach § 21 und für Satzungsänderungen nach § 71 Abs. 1 S. 1 konstitutiv (dazu § 21 Rn 35, § 71 Rn 1); im Übrigen haben die Eintragungen nur eine deklaratorische Wirkung.[3] Der Erhalt der Rechtsfähigkeit von DDR-Vereinen durch sog. Registrierung ist nach Maßgabe von § 22 Abs. 1 VereinigungsG/DDR nicht von der tatsächlichen Eintragung abhängig, wenn ein Antrag auf Registrierung gestellt und eine Urkunde erteilt wurde.[4]

II. Registerverfahren

Das Registerverfahren ist ein Verfahren der **Freiwilligen Gerichtsbarkeit**.[5] Neben den allgemeinen Verfahrensvorschriften in §§ 1–34 FGG finden die besonderen Vorschriften für Vereinssachen in §§ 159–162 FGG Anwendung sowie über die Verweisung des § 159 FGG auch die Vorschriften zum Handelsregister nach §§ 127–130, 132–139, 142, 143 FGG. Zu beachten ist der nach § 12 FGG im FGG-Verfahren geltende Amtsermittlungsgrundsatz. Gemäß § 3 Nr. 1a RPflG sind die Vereinssachen grundsätzlich dem **Rechtspfleger** übertragen. Der Amtsrichter entscheidet bei Vorlage durch den Rechtspfleger gemäß § 5 RPflG sowie über die Rechtsbehelfe gegen Entscheidungen des Rechtspflegers;[6] die nach dem Reformentwurf vorgesehene Vereinslöschung wegen Gemeinwohlgefährdung gemäß § 43 Abs. 2 BGB-E soll nach § 15 RPflG-E dem Richter vorbehalten bleiben (vgl. vor § 21 Rn 24).[7] Über das Rechtsmittel der Beschwerde entscheidet gemäß § 19 Abs. 2 FGG das Landgericht.

3

Entspricht die Anmeldung nicht den gesetzlichen Anforderungen, ist diese nach § 60 durch das Registergericht zurückzuweisen, gleich, ob eine Muss- oder Soll-Vorschrift verletzt ist (im Einzelnen § 60 Rn 2 ff.). Gleichwohl vorgenommene, rechtswidrige **Registereintragungen** sind grundsätzlich gültig[8] und **unanfechtbar**.[9] Die Beseitigung von Registereintragungen ist nur im **Amtslöschungsverfahren** nach §§ 159, 142 FGG möglich. Gleichwohl eingelegte, unzulässige Rechtsbehelfe sind jedoch regelmäßig als Löschungsanregung auszulegen und stets zu bescheiden.[10] Die Amtslöschung ist vorzunehmen, wenn die Eintragung wegen Mangels einer wesentlichen Voraussetzung unzulässig war, § 142 Abs. 1 S. 1 FGG. Ein Verstoß gegen eine vereinsrechtliche Vorschrift kann grundsätzlich nur zur Amtslöschung führen, wenn es sich um eine **wesentliche Sachvorschrift** handelt (§§ 21, 26 Abs. 1, 57 Abs. 1, 59 Abs. 1, 73); diese kennzeichnet der Gesetzeswortlaut durch die Fassung in Mussform.[11] Nicht zur Löschung führt hingegen der Verstoß gegen eine bloße **Ordnungsvorschrift** (§§ 56, 57 Abs. 2, 58, 59 Abs. 2, 3), die als Sollvorschrift gefasst sind.[12] Die Amtslöschung führt zu einer Vernichtung der Eintragung mit *ex-nunc*-Wirkung.[13] Zur Auswirkung der Unzuständigkeit des Gerichts auf die Wirksamkeit der Eintragung siehe § 55 Rn 3 f.

4

---

3 Staudinger/*Habermann*, § 55 Rn 7 f.; Palandt/*Heinrichs*, vor § 55 Rn 1; Bamberger/Roth/*Schwarz*, vor § 55, Rn 3; *Keilbach*, DNotZ 2001, 670, 671.
4 OLG Brandenburg NJ 2002, 371, 372; *Sauter/Schweyer/Waldner*, Rn 30; a.A. KG NJ 2001, 551.
5 Eingehend zum FGG-Verfahren in Vereinssachen *Reichert*, Rn 2275 ff.; *Sauter/Schweyer/Waldner*, Rn 424 ff.
6 Zu den verschiedenen Rechtsbehelfen *Reichert*, Rn 2307 ff.
7 Entwurf, Art. 4 Nr. 3, S. 8 (unveröffentlicht).
8 BGH NJW 1983, 993, RGZ 81, 206, 210; Soergel/*Hadding*, vor § 55 Rn 5; Bamberger/Roth/*Schwarz*, vor § 55 Rn 6.
9 BGH NJW 1988, 1840; BayObLG NZG 2000, 98; *Reichert*, Rn 2308.
10 BayObLG NJW-RR 1993, 698; OLG Düsseldorf Rpfleger 1999, 29 (zur GmbH); *Sauter/Schweyer/Waldner*, Rn 449. Gegen einen die Anregung ablehnenden Bescheid ist das Rechtsmittel der Beschwerde eröffnet, wenn Beschwerdebefugnis nach § 20 FGG vorliegt, dazu *Sauter/Schweyer/Waldner*, a.a.O.
11 MüKo/*Reuter*, § 55 Rn 3; Bamberger/Roth/Schwarz, vor § 55 Rn 7; *K. Schmidt*, GesR, 4. Aufl. 2002, § 24 II 1 a.
12 BayObLGZ 1971, 266, 269; Staudinger/*Habermann*, Vorbem. zu § 55 Rn 7; *Reichert*, Rn 2384.
13 RGZ 81, 206, 208 ff.; 165, 140, 144; KG Rpfleger 1962, 292; Palandt/*Heinrichs*, vor § 55 Rn 2.

| § 55 | Zuständigkeit für die Registereintragung |

(1) ¹Die Eintragung eines Vereins der in § 21 bezeichneten Art in das Vereinsregister hat bei dem Amtsgericht zu geschehen, in dessen Bezirk der Verein seinen Sitz hat.
(2) ¹Die Landesjustizverwaltungen können die Vereinssachen einem Amtsgericht für die Bezirke mehrerer Amtsgerichte zuweisen.

Literatur: Siehe bei Vorbemerkungen zu §§ 21 ff. und bei Vorbemerkungen zu §§ 55-79.

A. Allgemeines 1	II. Örtliche Zuständigkeit 3
B. Regelungsgehalt 2	III. Sachliche und funktionelle Zuständigkeit .. 4
I. Gesetzliche Zuständigkeit 2	IV. Sitzverlegung 5

A. Allgemeines

1   Abs. 1 regelt die **gerichtliche Zuständigkeit** für die Eintragung von Idealvereinen i.S.v. § 21 in das Vereinsregister. Der Inhalt der Eintragung bestimmt sich nach § 64 (siehe dort Rn 2 f.); die Voraussetzungen der Eintragung richten sich nach den §§ 56–59, 77. Zur Wirkung der Eintragung siehe § 21 Rn 35. Abs. 2 ermächtigt die Landesjustizverwaltung, die Zuständigkeit für Vereinssachen abweichend von dem Grundsatz in Abs. 1 für mehrere Amtsgerichtsbezirke zu bündeln. Von dieser Ermächtigung haben Baden-Württemberg, Berlin, Bremen, Hamburg, Nordrhein-Westfalen und Rheinland-Pfalz Gebrauch gemacht.[1]

B. Regelungsgehalt

I. Gesetzliche Zuständigkeit

2   Gemäß Abs. 1 ist die Registereintragung von demjenigen Amtsgericht vorzunehmen, in dessen Bezirk der Verein seinen Sitz hat. Damit ist den Amtsgerichten die **sachliche Zuständigkeit** zum Führen von Vereinsregistern zugewiesen. Abs. 1 bestimmt zudem, dass sich die **örtliche Zuständigkeit** des Registergerichts nach dem Ort des Vereinssitzes (§ 24) richtet. Örtlich zuständig ist damit grundsätzlich das Amtsgericht, in dessen Bezirk der Verein seine Verwaltung führt (siehe zum Ort des Vereinssitzes § 24 Rn 2 ff.). **Funktionell zuständig** für die Registereintragung ist der Rechtspfleger, dem gemäß § 3 Nr. 1a RPflG sämtliche Vereinssachen übertragen sind.

II. Örtliche Zuständigkeit

3   Nimmt ein örtlich unzuständiges Gericht die Registereintragung vor, ist diese gemäß § 7 FGG gleichwohl wirksam.[2] Trotz Wirksamkeit begründet die fehlende örtliche Zuständigkeit aber einen **wesentlichen Eintragungsmangel**, so dass die Eintragung durch das Registergericht gemäß §§ 142, 159 FGG mit *ex-nunc*-Wirkung von Amts wegen gelöscht werden kann[3] (zur Amtslöschung siehe vor § 55 Rn 4).

III. Sachliche und funktionelle Zuständigkeit

4   Nach herrschender und richtiger Auffassung ist die gesetzliche Wertung des § 7 FGG nicht auch auf die Fälle sachlicher Unzuständigkeit zu übertragen, da dem der klare Wortlaut des § 7 FGG entgegensteht.[4] Daher ist die Eintragung durch ein sachlich unzuständiges Gericht **unwirksam**. Das gilt grundsätzlich auch für die Fälle funktioneller Unzuständigkeit, z.B. bei eigenmächtiger Eintragung durch einen Geschäftsstellenbeamten. Wird die Eintragung abweichend von § 3 Nr. 1a RPflG durch einen **Richter** durchgeführt, ist diese wirksam, da ein richterliches Handeln anstelle des funktionell zuständigen Rechtspflegers gemäß § 8 RPflG stets unschädlich ist.

---

1 Baden-Württemberg: VO v. 23.12.1958 (GVBl 1959 S. 3); Berlin: VO v. 4.12.1972 (GVBl 2301); Bremen: VO v. 17.12.1986 (GBl. 315); Hamburg: Allg. Verf. v. 24.2.1938 (Slg. Bereinigten hamb. LandesR II 301); Nordrhein-Westfalen: VO v. 28.4.1963 (GVBl 195), i.d.F. v. 20.11.1978 (GVBl 603); Rheinland-Pfalz: VO v. 23.5.1972 (GVBl 202) i.d.F. v. 22.11.1985 (GVBl 267); vgl. im Einzelnen MüKo/*Reuter*, § 55 Rn 7; *Reichert*, Rn 2277.

2 BayObLG NJW-RR 1996, 938; *Reichert*, Rn 140.
3 Soergel/*Hadding*, § 55 Rn 5; MüKo/*Reuter*, § 55 Rn 4, 6; *Sauter/Schweyer/Waldner*, Rn 27; a.A. Erman/*Westermann*, § 55 Rn 2.
4 BGHZ 24, 47, 51 = NJW 1957, 832; MüKo/*Reuter*, § 55 Rn 4, 6; Bamberger/Roth/*Schwarz*, § 55 Rn 2; a.A. Soergel/*Hadding*, vor § 55 Rn 4; *Habscheid*, NJW 1966, 1787, 1791.

IV. Sitzverlegung

Eine durch Satzungsänderung zu beschließende Sitzverlegung ist in das Vereinsregister einzutragen. 5
Zuständig für die Eintragung ist nicht, wie früher häufig vertreten, das Gericht des bisherigen Sitzes.[5] Nach
§ 6 Abs. 1 VRV (vgl. zur VRV vor § 55 Rn 1) hat das Gericht des bisherigen Sitzes die Anmeldung der
Sitzverlegung an das **Gericht des neuen Sitzes** weiterzuleiten, das die Sitzverlegung nach Prüfung (Vorliegen
einer ordnungsgemäßen Satzungsänderung, Voraussetzungen des § 57 Abs. 2) einträgt und die übermittelten
sonstigen Vereinseintragungen ohne weitere Nachprüfung übernimmt.[6] Die Regelung des § 6 VRV ist an
§ 13h Abs. 2 HGB, § 45 Abs. 2 AktG angelehnt.

§ 55a Elektronisches Vereinsregister

(1) [1]Die Landesregierungen können durch Rechtsverordnung bestimmen, dass und in welchem Umfang das Vereinsregister in maschineller Form als automatisierte Datei geführt wird. [2]Hierbei muss gewährleistet sein, dass
1. die Grundsätze einer ordnungsgemäßen Datenverarbeitung eingehalten, insbesondere Vorkehrungen gegen einen Datenverlust getroffen sowie die erforderlichen Kopien der Datenbestände mindestens tagesaktuell gehalten und die originären Datenbestände sowie deren Kopien sicher aufbewahrt werden,
2. die vorzunehmenden Eintragungen alsbald in einen Datenspeicher aufgenommen und auf Dauer inhaltlich unverändert in lesbarer Form wiedergegeben werden können,
3. die nach der Anlage zu § 126 Abs. 1 Satz 2 Nr. 3 der Grundbuchordnung gebotenen Maßnahmen getroffen werden.

[3]Die Landesregierungen können durch Rechtsverordnung die Ermächtigung nach Satz 1 auf die Landesjustizverwaltungen übertragen.

(2) [1]Die Führung des Vereinsregisters auch in maschineller Form umfasst die Einrichtung und Führung eines Verzeichnisses der Vereine sowie weiterer, für die Führung des Vereinsregisters erforderlicher Verzeichnisse.

(3) [1]Das maschinell geführte Vereinsregister tritt für eine Seite des Registers an die Stelle des bisherigen Registers, sobald die Eintragungen dieser Seite in den für die Vereinsregistereintragungen bestimmten Datenspeicher aufgenommen und als Vereinsregister freigegeben worden sind. [2]Die entsprechenden Seiten des bisherigen Vereinsregisters sind mit einem Schließungsvermerk zu versehen.

(4) [1]Eine Eintragung wird wirksam, sobald sie in den für die Registereintragungen bestimmten Datenspeicher aufgenommen ist und auf Dauer inhaltlich unverändert in lesbarer Form wiedergegeben werden kann. [2]Durch eine Bestätigungsanzeige oder in anderer geeigneter Weise ist zu überprüfen, ob diese Voraussetzungen eingetreten sind. [3]Jede Eintragung soll den Tag angeben, an dem sie wirksam geworden ist.

(5) [1]Die zum Vereinsregister eingereichten Schriftstücke können zur Ersetzung der Urschrift auch als Wiedergabe auf einem Bildträger oder auf anderen Datenträgern aufbewahrt werden, wenn sichergestellt ist, dass die Wiedergaben oder die Daten innerhalb angemessener Zeit lesbar gemacht werden können. [2]Bei der Herstellung der Bild- oder Datenträger ist ein schriftlicher Nachweis über ihre inhaltliche Übereinstimmung mit der Urschrift anzufertigen.

(6) [1]Wird das Vereinsregister in maschineller Form als automatisierte Datei geführt, so kann die Datenverarbeitung im Auftrag des zuständigen Amtsgerichts auf den Anlagen einer anderen staatlichen Stelle oder auf den Anlagen einer juristischen Person des öffentlichen Rechts vorgenommen werden, wenn die ordnungsgemäße Erledigung der Registersachen sichergestellt ist. [2]Die Landesregierungen werden ermächtigt, durch Rechtsverordnung zu bestimmen, dass die Daten des bei einem Amtsgericht in maschineller Form geführten Vereinsregisters an andere Amtsgerichte übermittelt und dort auch zur Einsicht und zur Erteilung von Ausdrucken bereitgehalten werden, wenn dies der Erleichterung des Rechtsverkehrs dient und mit einer rationellen Registerführung vereinbar ist; die Landesregierungen können durch Rechtsverordnung die Ermächtigung auf die Landesjustizverwaltungen übertragen.

---

5 So noch OLG Oldenburg MDR 1993, 79 f.; OLG Schleswig NJW-RR 1994, 1404; OLG Hamm 1963, 254; Erman/*Westermann*, 10. Aufl., § 55 Rn 2.

6 *Reichert*, Rn 2278; *Sauter/Schweyer/Waldner*, Rn 68; *Keilbach*, DNotZ 2001, 670, 673.

§ 55a

(7) ¹Das Bundesministerium der Justiz wird ermächtigt, durch Rechtsverordnung mit Zustimmung des Bundesrates nähere Vorschriften zu erlassen über die Einzelheiten der Einrichtung und Führung des Vereinsregisters, auch soweit es maschinell geführt wird.

Literatur: Siehe bei Vorbemerkungen zu §§ 21 ff. und bei Vorbemerkungen zu §§ 55–79.

A. Allgemeines	1	I. Umstellung des Registers	2
B. Regelungsgehalt	2	II. Registerführung	4

A. Allgemeines

1 Die rein verfahrensrechtliche Vorschrift dient der Erleichterung und Beschleunigung des Registerverfahrens. Sie ermächtigt die Landesregierungen zur Umstellung der Vereinsregister auf **EDV**, ohne sie dazu zu verpflichten. § 55a wurde zusammen mit § 79 Abs. 2–10 durch das Registerverfahrensbeschleunigungsgesetz (RegVBG)[1] eingeführt und ist zum 21.12.1993 in Kraft getreten. Parallelvorschriften für das Grundbuch und das Handelsregister sind §§ 126 ff. GBO und § 8a HGB. Auf Grundlage von Abs. 7 hat das BMJ die am 28.2.1999 in Kraft getretene VRV erlassen (vgl. vor § 55 Rn 1). Diese enthält ergänzende Vorschriften über das EDV-Register in den §§ 18 ff. VRV. In einigen Bundesländern finden sich weitere ergänzende Bestimmungen.[2]

B. Regelungsgehalt

I. Umstellung des Registers

2 Die Umstellung des Vereinsregisters auf EDV bedarf gemäß Abs. 1 S. 1 einer **Rechtsverordnung** der Landesregierung bzw. der Landesjustizverwaltung, wenn die Ermächtigung gemäß Abs. 1 S. 3 auf diese übertragen wurde. Die Umstellung kann zeitlich gestaffelt und auf bestimmte Teile des Registers beschränkt sein[3] und sich nach dem örtlichen Rationalisierungsbedarf sowie den technischen und finanziellen Möglichkeiten der Länder richten.[4] Über den Wortlaut des Abs. 1 S. 1 hinaus sind die Länder auch berechtigt, den bereits vorhandenen Registerbestand in die maschinelle Form zu überführen.[5] Gemäß § 22 VRV hat das Registergericht zu entscheiden, ob es das nach § 19 VRV maschinell geführte Registerblatt durch Neufassung (§ 23 VRV) oder durch Umstellung (§ 24 VRV) anlegt. Auch wenn das Vereinsregister im Übrigen in Papierform weitergeführt wird, kann gemäß § 2 Abs. 3 S. 2 VRV für das Namensverzeichnis (§ 8 VRV), d.h. die alphabetische Auflistung der eingetragenen Vereine, die maschinelle Form gewählt werden.

3 Aus § 55a Abs. 1 S. 2 Nr. 1–3 BGB i.V.m. § 126 Abs. 1 S. 2 Nr. 3 GBO ergeben sich die an eine EDV-Umstellung zu stellenden **Sicherheitsanforderungen**. Der Schutz vor Datenverlusten muss die nachhaltige Sicherung der Datenbestände zumindest tagesaktuell gewährleisten. Die über § 126 Abs. 1 S. 2 Nr. 3 GBO in Bezug genommene Anlage zur GBO schreibt Schutzmaßnahmen gegen Einwirkungsversuche von außen vor durch die dort im Einzelnen aufgelisteten Kontrollen des Datenverkehrs und der Datenspeicherung. Die **Wirksamkeit der Umstellung** auf EDV tritt nach Abs. 3 für jede Seite des Registers ein, deren Daten in die dafür bestimmte Datenbank aufgenommen und als Vereinsregister freigegeben werden. Daraus folgt, dass die Umstellung für jeden Verein einzeln und nicht einheitlich für den ganzen Gerichtsbezirk erfolgt.[6]

II. Registerführung

4 Nach Umstellung auf EDV bestimmt sich das Wirksamwerden der Eintragungen nach Abs. 4. Anstatt der gemäß §§ 159, 130 FGG sonst maßgeblichen Unterzeichnung der Eintragung erklärt Abs. 4 S. 1 die **Eintragung** mit wiedergabefähiger Aufnahme in die Datenbank für wirksam. Die sich gemäß Abs. 4 S. 2 und 3 anschließende Überprüfung der Eintragung und ihre Datierung sind keine Wirksamkeitsanforderungen;[7] sie dienen der Sicherheit und Nachvollziehbarkeit der Registerführung. Zum Register eingereichte **Schriftstücke** können gemäß Abs. 5 S. 1 durch Aufnahme in einen Bild- oder Datenträger ersetzt werden, sofern sie kurzfristig wieder lesbar gemacht werden können. Gemäß Abs. 4 S. 2 ist die Übereinstimmung mit der Urschrift

---

1 Gesetz v. 20.12.1993 (BGBl I S. 2182).
2 Für Nordrhein-Westfalen: Verfügung v. 22.7.1999 (JMBl NRW 1999, 208); für Baden-Württemberg: Verfügung v. 6.12.1999, Justiz 2000, 33.
3 Palandt/*Heinrichs*, § 55a Rn 2; Bamberger/Roth/ *Schwarz*, § 55a Rn 2.
4 MüKo/*Reuter*, § 55a Rn 2; BT-Drucks 12/5553, S. 100.
5 MüKo/*Reuter*, § 55a Rn 2.
6 Palandt/*Heinrichs*, § 55a Rn 4; Bamberger/Roth/ *Schwarz*, § 55a Rn 3.
7 Palandt/*Heinrichs*, § 55a Rn 5; Erman/*Westermann*, § 55a Rn 3; Staudinger/*Weick*, § 55a Rn 8; *Reichert*, Rn 2337m.

zu dokumentieren. Das sonst nach § 7 Abs. 4 VRV zu jedem Registerblatt zu führende **Handblatt** kann nach § 26 S. 2 VRV vernichtet werden. Im Übrigen werden die Registerakten auch nach einer EDV-Umstellung wie bisher geführt, §§ 26, 7 VRV.

Das zuständige Amtsgericht kann nach Abs. 6 S. 1 die **Datenverarbeitung** des in maschineller Form geführten Vereinsregisters durch andere staatliche Stellen oder eine juristische Person des öffentlichen Rechts vornehmen lassen. Das beauftragte **externe Rechenzentrum** übernimmt damit nicht die Führung des Vereinsregisters, sondern verrichtet nur technische Hilfstätigkeiten. Nach Abs. 6 S. 2 können die Länder durch Rechtsverordnungen vorsehen, dass die EDV-Register anderen Amtsgerichten zugänglich gemacht werden, damit diese zur Erleichterung des Rechtsverkehrs Registereinsicht gewähren oder Ausdrucke erteilen können. Zum Recht auf Einsicht und auf Abschrift beim EDV-Register siehe § 79 Rn 4 ff.

§ 56 Mindestmitgliederzahl des Vereins

¹Die Eintragung soll nur erfolgen, wenn die Zahl der Mitglieder mindestens sieben beträgt.

Literatur: Siehe bei Vorbemerkungen zu §§ 21 ff. und bei Vorbemerkungen zu §§ 55–79.

A. Allgemeines

Die Regelung dient ebenso wie § 73 Abs. 1 dem Zweck, das Vereinsregister von unbedeutenden Vereinen freizuhalten. Sie soll für die Willensbildung ein Mindestmaß an Meinungsvielfalt gewährleisten.[1] § 56 ist eine Ordnungsvorschrift (vgl. vor § 55 Rn 4).

B. Regelungsgehalt

Die Mitgliederzahl bei Eintragung bestimmt sich grundsätzlich nach der Anzahl der Unterschriften der Satzung, die gemäß § 59 Abs. 2, 3 der Anmeldung beigefügt ist. Sind Gründungsmitglieder natürliche sowie von diesen **beherrschte juristische Personen**, ist für § 56 nur auf die Anzahl der natürlichen Personen abzustellen[2] (vgl. zur Mitgliedsfähigkeit § 38 Rn 3). Die Mindestzahl von sieben Gründungsmitgliedern gilt auch für **Dachverbände**, deren Mitgliedsvereine ihrerseits zahlreiche Mitglieder haben. Denn es ist die Personenmehrheit des Dachverbandes und nicht die der Mitgliedervereine maßgeblich.[3] Eine Ausnahme gilt jedoch für **religiöse Vereine**, die aufgrund ihrer verfassungsrechtlichen Stellung aus Artt. 4, 140 GG i.V.m. Art. 137 WRV auch von weniger als sieben Mitgliedern gegründet werden können.[4] Dessen ungeachtet müssen an der Gründung **zumindest zwei Mitglieder** beteiligt sein, da es sonst an der für den Verein wesentlichen Personenmehrheit fehlt.[5]

Bei einem **Verstoß** gegen die Voraussetzung des § 56 hat das Amtsgericht den Eintragungsantrag nach § 60 zurückzuweisen. Kommt es dennoch zur Eintragung, ist diese trotz des Verstoßes gegen § 56 wirksam. Das gilt selbst dann, wenn die Eintragung durch **Täuschung** des Gerichts erschlichen wurde.[6] Eine entgegen § 56 vorgenommene Eintragung leidet nicht unter einem zur Amtslöschung nach §§ 159, 142 FGG führenden wesentlichen Mangel, da es sich bei § 56 nur um eine Ordnungsvorschrift handelt.[7]

---

1 Erman/*Westermann*, § 56 Rn 1.
2 OLG Köln NJW 1989, 173 f.; OLG Stuttgart OLGZ 1983, 307; Palandt/*Heinrichs*, § 56 Rn 1; Soergel/ *Hadding*, § 56 Rn 2.
3 KG NJ 2001, 551; LG Hamburg Rpfleger 1981, 198; Palandt/*Heinrichs*, § 56 Rn 1; Soergel/*Hadding*, § 56 Rn 2; Staudinger/*Habermann*, § 56 Rn 2; a.A. LG Mainz MDR 1978, 312.
4 OLG Hamm NJW-RR 1997, 1397 zu den fünf Diözesen der Katholischen Kirche in NRW; ebenso Palandt/*Heinrichs*, § 56 Rn 1; Bamberger/Roth/ *Schwarz*, § 56 Rn 3; Erman/*Westermann*, § 56 Rn 1;

a.A. MüKo/*Reuter*, § 56 Rn 2; *Sauter/Schweyer/ Waldner*, Rn 8 Fn 1; *v. Campenhausen*, NJW 1990, 887, 888.
5 Palandt/*Heinrichs*, § 56 Rn 1; Soergel/*Hadding*, § 56 Rn 1; Staudinger/*Habermann*, § 56 Rn 2.
6 BGH NJW 1983, 993; Soergel/*Hadding*, § 56 Rn 1; MüKo/*Reuter*, § 56 Rn 1; Staudinger/*Habermann*, § 56 Rn 1.
7 MüKo/*Reuter*, § 56 Rn 1; Bamberger/Roth/*Schwarz*, § 56 Rn 4; Staudinger/*Habermann*, § 56 Rn 1; Soergel/*Hadding*, § 56 Rn 1.

§ 57 Mindesterfordernisse an die Vereinssatzung

(1) ¹Die Satzung muss den Zweck, den Namen und den Sitz des Vereins enthalten und ergeben, dass der Verein eingetragen werden soll.

(2) ¹Der Name soll sich von den Namen der an demselben Orte oder in derselben Gemeinde bestehenden eingetragenen Vereine deutlich unterscheiden.

Literatur: Siehe bei § 25 und bei Vorbemerkungen zu §§ 55–79.

A. Allgemeines 1	1. Unterscheidbarkeit (Abs. 2) 5
B. Regelungsgehalt 2	2. Namenswahrheit 6
I. Allgemeine Anforderungen 2	3. Beispiele 7
II. Vereinsname 4	

A. Allgemeines

1 § 57 legt den für die Eintragung in das Vereinsregister notwendigen Mindestinhalt der Satzung fest (allgemein zur Satzung § 25 Rn 7 ff.). Abs. 1 ist eine wesentliche Sachvorschrift, deren Nichtbeachtung zur Amtslöschung der Eintragung nach §§ 159, 142 FGG führt; Abs. 2 ist hingegen eine bloße Ordnungsvorschrift (vgl. vor § 55 Rn 4).

B. Regelungsgehalt

I. Allgemeine Anforderungen

2 Gemäß **Abs. 1** ist in der Satzung der **Zweck des Vereins** anzugeben (zum Begriff siehe § 21 Rn 16 ff. und § 33 Rn 5). Das verfolgte Vereinsziel muss erkennbar sein. Die Zweckangabe soll ermöglichen, den Verein als Idealverein (§ 21) oder als wirtschaftlichen Verein (§ 22) einzustufen.[1] Zur **Gemeinnützigkeit** und den damit verbundenen steuerrechtlichen Problemen siehe Anhang zu § 21. Weiterhin ist gemäß Abs. 1 auch der **Vereinssitz** anzugeben (dazu § 24 Rn 2 ff.). Die Satzung muss zudem den **Willen zur Rechtsfähigkeit** durch Eintragung in das Vereinsregister erkennen lassen. Fehlt eine Satzungsklausel zur Eintragungsabsicht, kann dieser Mangel auch noch nach Eintragung durch einen entsprechenden Beschluss der Mitgliederversammlung geheilt werden.[2]

3 Zur Überprüfbarkeit der Anforderungen des § 57, muss der Satzungstext in **Schrift- oder jedenfalls Textform**[3] fixiert sein. Das folgt unmittelbar aus der Ordnungsvorschrift des § 59 Abs. 2 Nr. 1, wonach die Satzung beim Vereinsregister in Ur- und Abschrift eingereicht werden soll, und wird auch von § 9 Abs. 4 VRV vorausgesetzt, der eine lesbare Fassung der Satzung verlangt. Bei Nichtbeachtung hat das Registergericht den Eintragungsantrag nach § 60 zurückzuweisen; es handelt sich jedoch insofern nur um eine Ordnungsvorschrift (vgl. vor § 55 Rn 4). Ferner ist die Satzung grundsätzlich in **deutscher Sprache** einzureichen,[4] da das Vereinsregister gemäß § 8 FGG i.V.m. § 184 GVG auf Deutsch geführt wird. Dabei ist Deutsch gleichbedeutend mit Hochdeutsch.[5] Die Satzung kann aber auch in einer deutschen Mundart[6] oder in einer Fremdsprache verfasst sein, wenn daneben ein hochdeutsches Satzungsexemplar mit eingereicht wird.[7]

---

1 MüKo/*Reuter*, § 57 Rn 1; Soergel/*Hadding*, § 57 Rn 2; *Reichert*, Rn 402.
2 MüKo/*Reuter*, § 57 Rn 5; Staudinger/*Habermann*, § 57 Rn 3; Soergel/*Hadding*, § 57 Rn 3; Bamberger/Roth/*Schwarz*, § 57 Rn 5.
3 Palandt/*Heinrichs*, §§ 57/58 Rn 1; wohl ebenso *Sauter/Schweyer/Waldner*, Rn 33; *Reichert*, Rn 293 ff.; vgl. auch RGZ 73, 187, 192 f. a.A. Bamberger/Roth/*Schwarz*, § 57 Rn 3, nach dessen Ansicht die Satzung keiner Form bedarf.
4 Palandt/*Heinrichs*, §§ 57/58 Rn 1.
5 BGH NJW 2003, 671; Palandt/*Heinrichs*, §§ 57, 58 Rn 1.
6 Insbesondere in sorbischer Sprache: Einigungsvertrag, Anlage III Kapitel III Abschnitt III Nr. 1r, sowie § 6 Sorbengesetz v. 31.3.1999 (Sächs. GVBl 1999 S. 116).
7 LG Düsseldorf Rpfleger 1999, 334 (zur GmbH); *Sauter/Schweyer/Waldner*, Rn 35; ebenso Palandt/*Heinrichs*, §§ 57, 58 Rn 1; Bamberger/Roth/*Schwarz*, § 57 Rn 3, jeweils zu plattdeutschen Satzungen; a.A. LG Osnabrück Rpfleger 1965, 304.

II. Vereinsname

Gemäß Abs. 1 ist in der Satzung der Vereinsname anzugeben. Der Verein darf grundsätzlich nur einen Namen haben.[8] Eine Ausnahme gilt, wenn er im Rahmen des Nebenzweckprivilegs eine übernommene Firma weiterführt[9] (vgl. zum Nebenzweckprivileg § 21 Rn 32 ff.). Den Namen kann der Verein grundsätzlich frei wählen.[10]

1. Unterscheidbarkeit (Abs. 2). Abs. 2 verlangt, dass sich der Name von den am selben Ort oder in derselben Gemeinde bereits eingetragenen Vereinen deutlich unterscheidet. Die Ordnungsvorschrift soll im öffentlichen Interesse der Verwechslungsgefahr mit anderen Vereinen vorbeugen. Dabei gilt der **Prioritätsgrundsatz**.[11] Vereinsnamen sind trotz gleichen Namensstamms nicht verwechselungsfähig, wenn ein Namensbestandteil mit ausreichender Unterscheidungskraft hinzutritt und die Verwechslungsgefahr bei korrekter Namensführung in den potenziellen Interessentengruppen gering ist.[12] Verletzt der gewählte Name trotz fehlender Verwechslungsgefahr das nach § 12 geschützte Namensrecht eines anderen Vereins, stellt dies kein Eintragungshindernis dar. Denn dem Registergericht fehlt insofern die Prüfungskompetenz.[13]

2. Namenswahrheit. Ferner wird der Grundsatz der freien Namenswahl eingeschränkt durch das Gebot der Namenswahrheit analog § 18 Abs. 2 HGB. Danach sind keine Namen zu wählen, die **ersichtlich** geeignet sind, über Verhältnisse irrezuführen, die für die angesprochenen Verkehrskreise **wesentlich** sind, wie etwa über dessen Zweck, Größe oder Bedeutung.[14] Die 1998 in § 18 Abs. 2 HGB neu eingeführten Kriterien „ersichtlich" und „wesentlich" schränken die Kontrollbefugnis des Registergerichts weiter ein, wodurch die ältere Rechtsprechung teilweise obsolet wird.[15] Unerheblich ist, ob eine Täuschung beabsichtigt wird.[16] Irreführend ist ein Name regelmäßig z.B. dann, wenn dieser dem Publikum die unzutreffende Annahme nahe legt, es handele sich um eine öffentliche oder öffentlich überwachte Einrichtung.

3. Beispiele. Im Einzelnen **können irreführend sein:** der Name *„International chamber of commerce"* für einen Verein, der keine Verbindung zu staatlichen Stellen oder Wirtschaftsorganisationen hat;[17] *„Aktionsgemeinschaft der deutschen Rechtsanwälte"* für einen Verein mit unbedeutender Mitgliederzahl;[18] *„Ärztlicher Arbeitskreis"*, wenn nur 1/3 der Mitglieder Ärzte sind;[19] *„gemeinnützig"* für einen Verein, der für seine Leistungen über den Selbstkosten liegende Gegenleistungen fordert,[20] siehe zur Gemeinnützigkeit Anhang zu §§ 21–79. Ferner können ggf. die Bezeichnungen *„Kammer"*,[21] *„Fachverband"*,[22] *„Landesarbeitsgemeinschaft"*[23] oder eine nicht mit dem Gründungsdatum übereinstimmende Jahreszahl[24] täuschend sein. Der Name *„Gemeinde"*[25] kann irreführen, wenn er keinen klarstellenden oder beschränkenden Zusatz (z.B. *„griechische"*)[26] erhält. Das Gleiche gilt insbesondere an Hochschulorten für die Namensbezeichnung *„Institut"*.[27] Der Namensbestandteil *„Stiftung"* soll unbedenklich für eine als Verein organisierte Parteistiftung sein;[28] er ist hingegen täuschend, wenn ein Verein ausschließlich von Mitgliedsbeiträgen lebt und keiner öffentlichen Kontrolle unterliegt.[29] Unbedenklich sind der Namesbestandteil *„Akademie"* für Einrichtungen der Aus- und Weiterbildung[30] oder *„Anwalt des Kindes"*, wenn Kindesinteressen wahrgenommen wer-

---

8 RGZ 85, 397, 399; Palandt/*Heinrichs*, §§ 57, 58 Rn 2; MüKo/*Reuter*, § 58 Rn 1.
9 KG JW 1932, 62; MüKo/*Reuter*, § 57 Rn 1; Bamberger/Roth/*Schwarz*, § 57 Rn 6.
10 BayObLGZ 1971, 329, 331 = NJW 1972, 957; Soergel/*Hadding*, § 57 Rn 2; *Reichert*, Rn 363.
11 *Reichert*, Rn 372; Bamberger/Roth/*Schwarz*, § 57 Rn 10.
12 LG Bonn Rpfleger 1996, 463; Bamberger/Roth/*Schwarz*, § 57 Rn 10.
13 BGHZ 8, 318, 321 = NJW 1953, 577; BayObLGZ 1986, 370; BayObLG NJW-RR 1993, 184, 185; OLG Jena NJW-RR 1994, 698, 699; Staudinger/*Habermann*, § 57 Rn 5; *Reichert*, Rn 372; *Keilbach*, DNotZ 2001, 670, 674 (h.M.); a.A. MüKo/*Reuter*, § 57 Rn 7; Soergel/*Hadding*, § 57 Rn 12.
14 BayObLGZ 1992, 168 f. = NJW-RR 1993, 184; OLG Düsseldorf NJW-RR 1996, 989; OLG Hamm NJW-RR 1999, 1710; OLG Frankfurt NJW-RR 2002, 176; Palandt/*Heinrichs*, §§ 57, 58 Rn 2; Soergel/*Hadding*, § 57 Rn 2.
15 So auch Palandt/*Heinrichs*, §§ 57, 58 Rn 2.
16 OLG Hamm OLGZ 1978, 428, 431; 1981, 433, 434; Soergel/*Hadding*, § 57 Rn 2.
17 OLG Stuttgart WRP 1996, 945 = NJWE-WettbR 1996, 197.
18 OLG Hamm OLGZ 1978, 428.
19 OLG Karlsruhe OLGZ 1982, 385.
20 BGH GRUR 1981, 670.
21 OLG Frankfurt OLGZ 1974, 332; LG Dresden WRP 2000, 662.
22 OLG Frankfurt BB 1966, 262; LG Bremen Rpfleger 1989, 202.
23 BayObLG NJW-RR 1993, 184 = Rpfleger 1992, 397.
24 BayObLG NJW 1972, 957; KG OLGZ 1983, 272.
25 LG Bonn Rpfleger 1997, 205.
26 BayObLGZ 1982, 278, 282.
27 BGH NJW-RR 1987, 735; BayObLG NJW-RR 1990, 1125, 1126; OLG Frankfurt NJW-RR 2002, 459 = DB 2001, 1664.
28 OLG Frankfurt NJW-RR 2002, 176.
29 BayObLG NJW 1973, 249; OLG Köln NJW-RR 1997, 1531 = NZG 1998, 35, 36.
30 OLG Düsseldorf NJW-RR 2003, 262; nicht aber ohne Lehrtätigkeit: OLG Bremen NJW 1972, 164.

den.[31] Schließlich sind geografische Namenszusätze wie „*Euro*" oder „*European*",[32] „*Deutsch*"[33] oder eine Stadtname[34] unbedenklich, wenn sich nicht konkrete Anhaltspunkte für eine Täuschungseignung ergeben. Solche Anhaltspunkte bestehen, wenn ein geografischer Bezug tatsächlich vollkommen fehlt oder ein unbedeutender lokaler Verein damit über seine Größe oder seine überregionalen Verbindungen irreführt.[35]

§ 58 Sollinhalt der Vereinssatzung

¹Die Satzung soll Bestimmungen enthalten:
1. über den Eintritt und Austritt der Mitglieder,
2. darüber, ob und welche Beiträge von den Mitgliedern zu leisten sind,
3. über die Bildung des Vorstands,
4. über die Voraussetzungen, unter denen die Mitgliederversammlung zu berufen ist, über die Form der Berufung und über die Beurkundung der Beschlüsse.

Literatur: Siehe bei Vorbemerkungen zu §§ 21 ff. und bei § 25.

A. Allgemeines 1	III. Bildung des Vorstandes (Nr. 3) 5
B. Regelungsgehalt 2	IV. Einberufung der Mitgliederversammlung
I. Eintritt und Austritt (Nr. 1) 3	(Nr. 4) 6
II. Beitragspflicht (Nr. 2) 4	

A. Allgemeines

1 § 58 ergänzt § 57 und regelt, welche Anforderungen bei der Registereintragung an den Inhalt der Satzung zu stellen sind. Ebenso wie § 57 Abs. 2 ist § 58 eine Sollvorschrift und damit eine registerrechtliche Ordnungsbestimmung. Die Vorschrift berechtigt zur Zurückweisung des Eintragungsantrags nach § 60. Eine wider § 58 vorgenommene Eintragung ist jedoch rechtsbeständig und kann nicht im Wege der Amtslöschung nach §§ 159, 142 FGG beseitigt werden (vgl. vor § 55 Rn 4).

B. Regelungsgehalt

2 Die gemäß § 58 zu regelnden Punkte müssen **hinreichend bestimmt** sein, wobei teilweise unklar ist, in welcher Ausführlichkeit dies zu geschehen hat bzw. wann ein Antrag auf Eintragung zurückzuweisen ist.

I. Eintritt und Austritt (Nr. 1)

3 Nach § 58 Nr. 1 soll die Satzung den Ein- und Austritt der Mitglieder regeln und damit die §§ 38, 39 ergänzen. Sie soll festlegen, ob ein **besonderes Aufnahmeverfahren** vorgesehen ist[1] oder ob sich der Vereinsbeitritt schlicht durch eine Beitrittserklärung und deren Annahme vollzieht. Die **Form** des Eintritts bedarf keiner Regelung, da der Beitritt im Zweifel formfrei möglich ist.[2] Enthält die Satzung aber Vorschriften über eine bestimmte Form des Mitgliedschaftserwerbs, so ist eine Begründung durch schlüssiges Verhalten ausgeschlossen.[3] Zum Eintritt siehe § 38 Rn 4 ff.; zum Austritt § 39 Rn 2 ff.

---

31 OLG Hamburg NJW-RR 1991, 1005 = MDR 1991, 439.
32 OLG Hamm NJW-RR 1999, 1710, 1711 = DB 1999, 2002.
33 BGH NJW-RR 1987, 1178.
34 OLG Stuttgart NJW-RR 2001, 755: Großstadt als Namensbestandteil eines Vereins der Nachbargemeinde.
35 OLG Hamm OLGZ 1982, 303, 305, LG Tübingen Rpfleger 1995, 258; LG Bremen Rpfleger 1994, 362; LG Hagen Rpfleger 1971, 428.

1 BayObLG NJW-RR 2001, 326; NJW 1972, 1323; LG Münster MDR 1974, 309; Palandt/*Heinrichs*, §§ 57, 58 Rn 4; Bamberger/Roth/*Schwarz*, § 58 Rn 3; MüKo/*Reuter*, § 58 Rn 2.
2 BayObLG NJW 1972, 1323; OLG Hamm OLGZ 1965, 66; AG Duisburg NZG 2002, 1072; Palandt/*Heinrichs*, §§ 57, 58 Rn 4; Erman/*Westermann*, § 58 Rn 2.
3 AG Duisburg NZG 2002, 1072.

II. Beitragspflicht (Nr. 2)

Die Satzung soll gemäß § 58 Nr. 2 zur Vereinsmitgliedschaft ferner bestimmen, ob und welche **Beiträge** die Mitglieder an den Verein zu leisten haben (siehe zur Beitragspflicht auch § 38 Rn 15). Aus der Vorschrift folgt, dass die Vereinsmitgliedschaft beitragsfrei ausgestaltet sein kann.[4] Der Verein hat nur dann das Recht zur Beitragserhebung, wenn die Satzung dies vorsieht.[5] Die Auffassung, dass sich dieses Recht ohne ausdrückliche Satzungsbestimmung allein aus dem **Vereinszweck** ergeben kann, ist abzulehnen, da der Vereinszweck nur ein abstraktes Ziel festsetzt und damit als Anspruchsgrundlage zu unbestimmt ist.[6] Eine konkrete Bezifferung der zu entrichtenden Beiträge ist nicht notwendig;[7] die Satzung kann hierfür auf einen Beschluss der Mitgliederversammlung oder eines anderen Vereinsorgans verweisen.[8] **Rückwirkende Beitragserhöhungen** sind nur auf Grundlage einer ausdrücklichen Satzungsbestimmung zulässig.[9] Das gilt auch für die Erhebung eines 13. Monatsbeitrags, für die die Festlegung einer monatlichen Beitragspflicht nicht ausreicht.[10] Die Satzung kann den Mitgliedern als Beitrag statt oder neben Geldleistungen auch die Verrichtung von **Dienst- oder Werkleistungen** auferlegen.[11] Das darf nicht zur Umgehung zwingender arbeitsrechtlicher Schutznormen führen.[12] Der Verein ist bei der Beitragsfestsetzung stets an den Grundsatz der **Gleichbehandlung** aller Mitglieder gebunden.[13] Auch **Umlagen** kann der Verein nur aufgrund einer ermächtigenden Satzungsbestimmung erheben; die Berufung auf die allgemeine Betragspflicht ist unzureichend.[14] Dabei müssen Art und Umfang jedoch nicht im Einzelnen bestimmt zu sein.[15] Die Beitragspflicht endet mit Eröffnung des Insolvenzverfahrens;[16] siehe zur Eröffnung des Insolvenzverfahrens § 42 Rn 12 ff.

4

III. Bildung des Vorstandes (Nr. 3)

Die Satzung soll nach § 58 Nr. 3 die Bildung des Vorstands regeln. Es sind eindeutige Festlegungen zur Zusammensetzung zu treffen. Bestimmt die Satzung **eine Mindest- oder Höchstzahl**, kann die Bestimmung der konkreten Vorstandsmitgliederzahl einem anderen Organ, insbesondere der Mitgliederversammlung, überlassen werden.[17] Unzulässig ist es, wenn die Satzung die Bildung des Vorstandes der Mitgliederversammlung überlässt, ohne eine Größenordnung festzulegen.[18] Ist entgegen § 58 Nr. 3 keine Regelung zur Anzahl der Vorstände getroffen, gilt die gesetzliche Bestimmung des § 26 Abs. 1 S. 1, so dass der Vorstand aus einer Person besteht.[19] Zur Bestellung und der Vertretungsmacht der Vorstände siehe § 26 Rn 4 ff. und § 27 Rn 2 ff.

5

IV. Einberufung der Mitgliederversammlung (Nr. 4)

Nach § 58 Nr. 4 soll die Satzung Bestimmungen über die Voraussetzungen und die Form der Einberufung der Mitgliederversammlung sowie über die Beurkundung der Beschlüsse enthalten. Durch die in der Satzung zu bezeichnenden **Einberufungsvoraussetzungen** werden die in §§ 36, 37 vorgesehenen Einberufungsfälle ergänzt (siehe § 32 Rn 10, § 36 Rn 2, § 37 Rn 4). Die Festlegung der **Einberufungsform** kann die Satzung nicht dem Ermessen des Vorstands überlassen.[20] Hinsichtlich der zulässigen Satzungsgestaltungen der Einberufungsform vgl. die Grundsätze bei § 32 Rn 8 ff.

6

---

4 Auch dies soll die Satzung positiv bestimmen, MüKo/*Reuter*, § 58 Rn 3.
5 OLG Hamm DB 1976, 93.
6 *Reichert*, Rn 585; a.A. die h.M.: Palandt/*Heinrichs*, §§ 57, 58 Rn 5; Soergel/*Hadding*, § 58 Rn 3; Erman/*Westermann*, § 58 Rn 2; Bamberger/Roth/*Schwarz*, § 58 Rn 4, jeweils ohne schlüssige Beispiele anzuführen, bei denen die Beitragspflicht bereits aus dem Vereinszweck folgen soll.
7 BGH NJW 1995, 2981.
8 BGHZ 105, 306, 316 = DB 1989, 619 = NJW 1989, 1724; OLG Hamm DB 1976, 93; Staudinger/*Habermann*, § 58 Rn 3; Soergel/*Hadding*, § 58 Rn 3; MüKo/*Reuter*, § 58 Rn 2; *Beuthien*, BB 1987, 10; a.A. Erman/*Westermann*, § 58 Rn 2, der eine satzungsmäßige Festlegung verlangt.
9 LG Hamburg NJW-RR 1999, 1708; Palandt/*Heinrichs*, §§ 57, 58 Rn 5.
10 OLG München NJW-RR 1998, 966; Bamberger/Roth/*Schwarz*, § 58 Rn 4.
11 BAG DB 2003, 47; AG Grevenbroich NJW 1991, 2646; *K. Schmidt*, GesR, 4. Aufl. 2002, § 20 II 1b bb, S. 568; Soergel/*Hadding*, § 38 Rn 21a; *Reichert*, Rn 580.
12 BAG NJW 1996, 143, 151; Palandt/*Heinrichs*, §§ 57, 58 Rn 5.
13 LG Bonn DB 1992, 879; Palandt/*Heinrichs*, §§ 57, 58 Rn 5.
14 BGHZ 105, 306, 311 = DB 1989, 619 = NJW 1989, 1724; OLG München NJW-RR 1998, 966; Staudinger/*Habermann*, § 58 Rn 3; *Müller*, MDR 1992, 924 f.; *Beuthien*, BB 1987, 6, 10.
15 Staudinger/*Habermann*, § 58 Rn 3; *Müller*, MDR 1992, 924 f.
16 BGHZ 96, 253, 255 = DB 1986, 474 = NJW 1986, 1604 f.
17 BayObLGZ 1969, 33, 36; BayObLG NZG 2002, 438 f.; LG Gießen MDR 1984, 312; MüKo/*Reuter*, § 58 Rn 4; Erman/*Westermann*, § 58 Rn 3.
18 Staudinger/*Habermann*, § 58 Rn 5; MüKo/*Reuter*, § 58 Rn 4; Soergel/*Hadding*, § 58 Rn 4; a.A. LG Gießen MDR 1984, 312; Palandt/*Heinrichs*, §§ 57, 58 Rn 6; Bamberger/Roth/*Schwarz*, § 58 Rn 6.
19 Staudinger/*Habermann*, § 58 Rn 5.
20 OLG Hamm OLGZ 1965, 66; AG Elmshorn NJW-RR 2001, 25; Soergel/*Hadding*, § 58 Rn 6.

7 Vielfach wird vertreten, der Verein sei bei seiner Satzungsgestaltung hinsichtlich der **Beurkundung** der Beschlüsse mangels einer ausdrücklichen gesetzlichen Regelung frei und könne daher ganz von einer Protokollierung absehen.[21] Dem ist für den e.V. zu widersprechen, da das Gesetz im Zusammenhang mit der Eintragung in das Vereinsregister teils ausdrücklich, teils implizit eine schriftliche oder jedenfalls lesbare Fassung zahlreicher Beschlüsse fordert,[22] vgl. §§ 33 Abs. 2, 67 Abs. 1 S. 2, 71 Abs. 1 S. 3, 74 Abs. 2 S. 2, 76 Abs. 2 S. 2 und § 17 Abs. 1 UmwG. Zumindest für Beschlüsse in den vorgenannten Fällen bedarf es daher einer Beurkundung. Die Satzung braucht hingegen keine Bestimmung über die Mitteilung des Ergebnisses einer schriftlichen Beschlussfassung zu enthalten.[23] Sieht die Satzung ein vom Protokollführer zu unterschreibendes Beschlussprotokoll vor, muss dieser ausdrücklich als „Protokollführer" unterschreiben.[24]

§ 59 Anmeldung zur Eintragung

(1) ¹Der Vorstand hat den Verein zur Eintragung anzumelden.

(2) ¹Der Anmeldung sind beizufügen:
1. die Satzung in Urschrift und Abschrift,
2. eine Abschrift der Urkunden über die Bestellung des Vorstands.

(3) ¹Die Satzung soll von mindestens sieben Mitgliedern unterzeichnet sein und die Angabe des Tages der Errichtung enthalten.

Literatur: Siehe bei § 21 und bei Vorbemerkungen zu §§ 55–79.

A. Allgemeines .... 1 I. Zuständigkeit (Abs. 1) 2
B. Regelungsgehalt .... 2 II. Beizufügende Unterlagen (Abs. 2 und 3) ... 4

A. Allgemeines

1 § 59 regelt die Formalien der Anmeldung zur Eintragung. Abs. 1 bestimmt das zur Antragstellung zuständige Organ. Die Abs. 2 und 3 haben die der Anmeldung beizufügenden Unterlagen zum Gegenstand und sollen dem Registergericht die nach §§ 56–58 vorzunehmenden Nachprüfungen ermöglichen. Aus der Fassung als Muss-Vorschrift folgt, dass Abs. 1 eine wesentliche Sachvorschrift ist, deren Nichtbeachtung ggf. das Amtslöschungsverfahren nach §§ 159, 142 FGG eröffnet. Als Sollvorschriften handelt es sich hingegen bei Abs. 2 und 3 um bloße Ordnungsbestimmungen (vgl. vor § 55 Rn 4). § 59 wird ergänzt durch § 77, wonach die Anmeldung mittels öffentlich beglaubigter Erklärung zu bewirken ist.

B. Regelungsgehalt

I. Zuständigkeit (Abs. 1)

2 Gemäß Abs. 1 hat der Vorstand die Anmeldung zur Eintragung vorzunehmen. Die Norm ist eine zwingende Zuständigkeitsregelung. Umstritten ist, ob die Erstanmeldung bei einem **mehrgliedrigen Vorstand** von sämtlichen Vorständen vorzunehmen ist[1] oder ob Abs. 1 nur die Mitwirkung von Vorstandsmitgliedern in vertretungsberechtigter Zahl erfordert.[2] Der BGH hat mit Recht ausgesprochen, dass jedenfalls die Eintragung einer Satzungsänderung (§ 71) nur die Anmeldung durch Vorstandsmitglieder in vertretungsberechtigter Zahl verlangt.[3] Das ist auch für die Ersteintragung anzunehmen. Denn für diese sind keine strengeren Anforderungen zu stellen als für alle übrigen Rechtshandlungen des Vereins, zumal eine vereinsrechtliche Parallelvorschrift zu § 36 Abs. 1 AktG, §§ 7 Abs. 1, 78 GmbHG, §§ 11, 157 GenG, die eine Gesamtvertretung

---

21 MüKo/*Reuter*, § 58 Rn 6; Staudinger/*Habermann*, § 58 Rn 8; Soergel/*Hadding*, § 58 Rn 7; Palandt/*Heinrichs*, §§ 57, 58 Rn 7; Bamberger/Roth/*Schwarz*, § 58 Rn 7.
22 Ebenso *Reichert*, Rn 1109; *Sauter/Schweyer/Waldner*, Rn 127.
23 OLG Köln NJW-RR 1994, 1547; Erman/*Westermann*, § 58 Rn 4.
24 OLG Hamm NJW-RR 1997, 484; Palandt/*Heinrichs*, §§ 57, 58 Rn 7.

1 LG Bonn NJW-RR 1995, 1515; Rpfleger 2001, 432; MüKo/*Reuter*, § 59 Rn 3; Palandt/*Heinrichs*, § 59 Rn 1; Erman/*Westermann*, § 59 Rn 1; Soergel/*Hadding*, § 59 Rn 3; Bamberger/Roth/*Schwarz*, § 59 Rn 3; *Winkler*, in: Keidel/Kuntze/Winkler, 15. Aufl. 2003, FGG, § 159 Rn 18; *Reichert*, Rn 142.
2 BayObLG NJW-RR 1991, 958; OLG Hamm NJW-RR 2000, 698, 699; LG Schwerin Rpfleger 1997, 264; LG Bremen NJW 1949, 345; AG Mannheim Rpfleger 1979, 179; *Stöber*, Handbuch, Rn 1018; *Sauter/Schweyer/Waldner*, Rn 15; *K. Schmidt*, GesR, 4. Aufl. 2002, § 23 II 2b aa und § 24 II 1a; *Kirberger*, ZIP 1986, 346, 349.
3 BGHZ 96, 245, 248 f. = NJW 1986, 1033 f.

verlangt, gerade nicht existiert. Ebenfalls anders als z.B. im Genossenschaftsrecht (vgl. § 6 GenRegVO) ist beim Verein die **gewillkürte Stellvertretung** bei der Anmeldeerklärung zulässig; die Anmeldung durch einen Bevollmächtigten setzt eine öffentlich beglaubigte Vollmacht voraus.[4] Antragsteller im Verfahren auf Eintragung ist der Vorverein[5] (vgl. zum Vorverein § 21 Rn 7 ff.). Für die Form der Anmeldung gilt § 77 (siehe dort Rn 3).

Abs. 1 begründet trotz des missverständlichen Wortlauts keine öffentlich-rechtliche Pflicht des Vorstands zur Anmeldung, zumal § 59 im Katalog des § 78 der mit Zwangsgeld durchsetzbaren Vorstandspflichten fehlt.[6] Vielmehr obliegt es der Entschlussfreiheit des Vereins, ob er die mit der Eintragung verbundene Rechtsfähigkeit erwerben will. Hat sich der Verein dafür entschieden und die Eintragungsabsicht gemäß § 57 Abs. 1 in der Satzung verankert, ist der Vorstand dem Verein gegenüber zur Antragstellung verpflichtet.[7] Kommt der Vorstand seiner Verpflichtung nicht nach, muss die Mitgliederversammlung notfalls nach Abs. 2 vorgehen und den Vorstand abberufen,[8] vgl. zum Widerruf der Bestellung § 27 Rn 7 ff., vgl. ferner zur Schadensersatzpflicht des Vorstands wegen Schlechterfüllung § 27 Rn 19 ff.

II. Beizufügende Unterlagen (Abs. 2 und 3)

Der Anmeldung sollen gemäß Abs. 2 Nr. 1 u. 2 die **Satzung in Ur- und Abschrift** sowie Urkundsabschriften über die Vorstandsbestellung beigefügt werden. Hat der Verein besondere Vereinsorgane wie z.B. ein Kuratorium, sind auch insofern Abschriften der Bestellungsurkunden beizufügen.[9] Die Abschriften müssen bei Einreichung nicht bereits öffentlich beglaubigt sein.[10] Die Satzung soll nach Abs. 3 von mindestens sieben Vereinsmitgliedern unterschrieben sein und zudem den Errichtungstag benennen. Dies dient dem Nachweis der Mindestmitgliederzahl nach § 56. Aus den Forderungen von Abs. 2 Nr. 1 und Abs. 3 ist abzuleiten, dass die Satzung der **Schrift- oder zumindest der Textform** bedarf (dazu § 57 Rn 3, dort auch zu den Folgen eines Verstoßes gegen die Ordnungsvorschrift; siehe ferner vor § 55 Rn 4). Das Registergericht gibt die mit einem Eintragungsvermerk versehene Urschrift der Satzung gemäß § 66 Abs. 2 S. 1 zurück. Die Abschriften beglaubigt das Gericht und nimmt sie zu den Registerakten, §§ 66 Abs. 2 S. 2, 7 Abs. 3 VRV.

§ 60 Zurückweisung der Anmeldung

(1) ¹Die Anmeldung ist, wenn den Erfordernissen der §§ 56 bis 59 nicht genügt ist, von dem Amtsgericht unter Angabe der Gründe zurückzuweisen.

(2) (weggefallen)

Literatur: Siehe bei Vorbemerkungen zu §§ 55–79.

A. Allgemeines	1	I. Prüfungsumfang	2
B. Regelungsgehalt	2	II. Verfahren und Kosten	4

A. Allgemeines

Gegenstand des § 60 ist die gerichtliche Prüfung bei der Erstanmeldung des Vereins. Der Wortlaut der Norm verpflichtet das Registergericht zur Zurückweisung der Anmeldung, wenn die Voraussetzungen der §§ 56–59 nicht vorliegen. Daraus folgt zum einen, dass die vorzunehmende Prüfung jedenfalls die §§ 56–59 umfasst, und zum anderen, dass die Verstöße gegen wesentliche Sachvorschriften und bloße Ordnungsvorschriften (vgl. zur Unterscheidung vor § 55 Rn 4) das Gericht gleichermaßen zur Zurückweisung des Antrags verpflichten.[1] § 60 findet gemäß § 71 Abs. 2 bei der Eintragung von Satzungsänderungen entsprechende Anwendung.

---

4 Palandt/*Heinrichs*, § 59 Rn 1; Bamberger/Roth/*Schwarz*, § 59 Rn 3; MüKo/*Reuter*, § 59 Rn 4; *Reichert*, Rn 143.
5 BayObLG NJW-RR 1991, 958; Erman/*Westermann*, § 59 Rn 1; Bamberger/Roth/*Schwarz*, § 59 Rn 2.
6 Palandt/*Heinrichs*, § 59 Rn 1; Staudinger/*Habermann*, § 59 Rn 2; MüKo/*Reuter*, § 59 Rn 1; Bamberger/Roth/*Schwarz*, § 59 Rn 2; *Reichert*, Rn 136.
7 MüKo/*Reuter*, § 59 Rn 1; *Reichert*, Rn 136 f.
8 OLG Frankfurt NJW 1966, 504; Palandt/*Heinrichs*, § 59 Rn 1; Soergel/*Hadding*, § 59 Rn 2; Bamberger/Roth/*Schwarz*, § 59 Rn 2.
9 BayObLGZ 1984, 1, 3 = MDR 1984, 489; Staudinger/*Habermann*, § 59 Rn 1.
10 Staudinger/*Habermann*, § 59 Rn 6; Bamberger/Roth/*Schwarz*, § 59 Rn 6; *Reichert*, Rn 152.
1 BayObLG NJW-RR 1992, 802; KG OLG-NL 2001, 205, 210; Palandt/*Heinrichs*, § 60 Rn 1; Erman/*Westermann*, § 60 Rn 2.

B. Regelungsgehalt

I. Prüfungsumfang

2 Über den Wortlaut des § 60 hinaus ist das Registergericht berechtigt und verpflichtet, den einzutragenden Verein über die explizit genannten §§ 56–59 hinaus einer **allgemeinen Rechtmäßigkeitskontrolle** zu unterziehen.[2] So kann das Amtsgericht die Anmeldung z.B. zurückweisen, wenn der Vereinszweck gegen §§ 134, 138 BGB verstößt,[3] wenn der Zweck auf einen wirtschaftlichen Geschäftsbetrieb gerichtet ist (vgl. § 21 Rn 22 ff.),[4] wenn der Vereinsname irreführt (vgl. § 57 Rn 6 f.) oder wenn der Verein nach öffentlichem Vereinsrecht (vgl. Art. 9 Abs. 2 GG, §§ 3 ff. VereinsG) unerlaubt ist.[5] Wie bereits unter Rn 1 festgestellt, ist dabei ohne Bedeutung, ob die verletzte Norm eine Sach- oder Ordnungsvorschrift ist. Hat das Gericht Bedenken gegen die Richtigkeit der mit der Anmeldung vorgetragenen Umstände, ist es nach § 12 FGG von Amts wegen zur weiteren Sachaufklärung verpflichtet.[6]

3 Nicht von der gerichtlichen Prüfungskompetenz umfasst sind hingegen etwaige **Rechtsgefährdungen Dritter**. Verletzt der gewählte Name z.B. trotz fehlender Verwechslungsgefahr das nach § 12 geschützte Namensrecht eines anderen Vereins, stellt dies kein Eintragungshindernis dar.[7] Ferner darf das Gericht die Anmeldung nur wegen des Verstoßes gegen zwingende Rechtsvorschriften zurückweisen; es ist zur Zurückweisung nicht befugt, wenn es die Satzung lediglich für unzweckmäßig, unklar oder redaktionell überarbeitungsbedürftig hält.[8] Denn eine derartige **Zweckmäßigkeitskontrolle** wäre ein unzulässiger Eingriff in die verfassungsmäßig durch Art. 9 Abs. 1 GG geschützte **Satzungsautonomie** des Vereins.[9] Ist die vorgelegte Satzung aber derart unübersichtlich, dass ihr Inhalt nicht sicher festzustellen und damit auch nicht auf ihre Rechtmäßigkeit überprüfbar ist (z.B. bei einer aus mehreren aufeinander Bezug nehmenden Fragmenten bestehenden Satzung), kann das Registergericht die Eintragung von der Vorlage einer **fortlaufend lesbaren Fassung** abhängig machen, vgl. § 9 Abs. 4 VRV.

II. Verfahren und Kosten

4 Über die Eintragung des Vereins entscheidet gemäß § 3 Nr. 1a RPflG der Rechtspfleger (vgl. zur gerichtlichen Zuständigkeit vor § 55 Rn 3, § 55 Rn 2 ff.). Trotz des Wortlauts von § 60 ist die Anmeldung bei Feststellung eines Gesetzesverstoßes nicht zwangsläufig zurückzuweisen. Ist der Mangel behebbar (z.B. beim Fehlen von Abschriften nach § 59 Abs. 2), hat das Gericht zunächst gemäß § 9 Abs. 3 VRV eine **Zwischenverfügung** zu erlassen und eine Frist zur Behebung des Eintragungshindernisses zu setzen.[10] Wird die Anmeldung zurückgewiesen, ist gegen die Entscheidung das Rechtsmittel der sofortigen Beschwerde nach § 11 Abs. 1 RPflG, §§ 160a Abs. 1, 19, 22 FGG eröffnet. Beschwerdebefugt nach § 20 Abs. 2 FGG ist der durch den Vorstand vertretene **Vorverein**[11] (vgl. zum Vorverein § 21 Rn 7 ff.). Wird der Verein hingegen trotz eines Gesetzesverstoßes eingetragen, ist die Eintragung wirksam und unanfechtbar; jedoch kommt ggf. eine Amtslöschung gemäß §§ 159, 142 FGG in Betracht (siehe vor § 55 Rn 4).

5 Bei Aufnahme in das Vereinsregister entsteht die **Beurkundungsgebühr** nach §§ 86 Abs. 1, 38 Abs. 2 Nr. 7 KostO. Das Amtsgericht hat die Eintragung des Vereins gemäß § 159 Abs. 2 FGG der zuständigen Verwaltungsbehörde mitzuteilen, wenn Anhaltspunkte dafür bestehen, dass es sich um einen Ausländerverein oder

---

2 BGH NJW 1952, 1216; BayObLGZ 1963, 15, 17; OLG Köln NJW 1992, 1048; NJW-RR 1994, 1547, 1548; Soergel/*Hadding*, § 60 Rn 2; Staudinger/*Habermann*, § 60 Rn 3; *K. Schmidt*, GesR, 4. Aufl. 2002, § 24 II 1 d.

3 BGH NJW 1952, 1216; OLG Köln NJW 1992, 1048; LG Bonn Rpfleger 1995, 302; LG Lübeck WM 1990, 601; Erman/*Westermann*, § 60 Rn 2; Staudinger/*Habermann*, § 60 Rn 3 m.w.N.

4 BGHZ 45, 395, 398 = DB 1966, 1350; OLG Hamm Rpfleger 1997, 166, 167; LG Bonn Rpfleger 2001, 600; unschädlich ist ein wirtschaftlicher Nebenzweck: OLG Schleswig NJW-RR 2001, 1478 = DB 2001, 1609, 1610; zur Abgrenzung *Steding*, NZG 2001, 721, 725 ff.

5 BayObLGZ 1981, 289, 294; LG Hamburg NJW-RR 1991, 892, LG Bremen MDR 1974, 134; Soergel/*Hadding*, § 60 Rn 3; MüKo/*Reuter*, § 60 Rn 3; Staudinger/*Habermann*, § 60 Rn 3; Bamberger/Roth/*Schwarz*, § 60 Rn 2.

6 BayObLGZ 1977, 76, 78 f.; MüKo/*Reuter*, § 60 Rn 1; Soergel/*Hadding*, § 60 Rn 2; *Reichert*, Rn 158.

7 BGHZ 8, 318, 321 = NJW 1953, 577; BayObLGZ 1986, 370; BayObLG NJW-RR 1993, 184, 185; OLG Jena NJW-RR 1994, 698, 699; Staudinger/*Habermann*, § 57 Rn 5; *Reichert*, Rn 372; *Keilbach*, DNotZ 2001, 670, 674 (h.M.); a.A. MüKo/*Reuter*, § 57 Rn 7; Soergel/*Hadding*, § 57 Rn 12.

8 OLG Köln NJW 1989, 173, 174; NJW-RR 1994, 1547, 1548; OLG Hamm NJW-RR 1995, 119; Staudinger/*Habermann*, § 60 Rn 1.

9 OLG Köln NJW 1989, 173, 174; NJW-RR 1994, 1547, 1548.

10 BayObLGZ 1969, 33, 36; BayObLG Rpfleger 1971, 352; BayObLG NZG 2002, 438; OLG Düsseldorf OLGR 2000, 147, 149; OLG Köln NJW-RR 1994, 1547; MüKo/*Reuter*, § 60 Rn 4; *Reichert*, Rn 175 ff.; *K. Schmidt*, GesR, 4. Aufl. 2002, § 24 II 4.

11 BayObLG NJW-RR 1991, 958; NJW-RR 2001, 1479; Palandt/*Heinrichs*, § 60 Rn 1; Soergel/*Hadding*, § 60 Rn 5; Erman/*Westermann*, § 59 Rn 1; Bamberger/Roth/*Schwarz*, § 60 Rn 4; a.A. MüKo/*Reuter*, § 60 Rn 4: der Vorstand selbst.

um eine Einrichtung eines ausländischen Vereins nach §§ 14, 15 VereinsG handelt. Die **Mitteilungspflicht** des § 159 Abs. 2 FGG trat mit Wirkung zum 1.6.1998 an die Stelle der damals aufgehobenen §§ 61–63,[12] die eine Mitwirkung der Verwaltungsbehörde beim Verfahren auf Eintragung in das Vereinsregister vorsahen. Die Verwaltungsbehörde konnte nach § 61 Abs. 2 a.F. wegen Verstoßes gegen das öffentliche Vereinsrecht Einspruch gegen die Registereintragung erheben.[13]

§§ 61 – 63   (weggefallen)

§ 64   Inhalt der Vereinsregistereintragung

¹Bei der Eintragung sind der Name und der Sitz des Vereins, der Tag der Errichtung der Satzung, die Mitglieder des Vorstands und ihre Vertretungsmacht anzugeben.

Literatur: Siehe bei Vorbemerkungen zu §§ 55–79.

A. Allgemeines

§ 64 bestimmt die vom Gericht in das Vereinsregister einzutragenden Angaben. Die Vorschrift wurde zuletzt 2001 durch das ERJuKoG neu gefasst.[1] Entgegen des irreführenden Wortlauts handelt es sich bei § 64 um eine **Ordnungsvorschrift**.[2] Daher ist die Eintragung grundsätzlich auch dann wirksam, wenn die in § 64 genannten Angaben nicht eingetragen sind (vgl. vor § 55 Rn 4). Das gilt jedoch nicht für **Name** und **Sitz** (vgl. § 57 Abs. 1), die als **Minimalangaben** zur Individualisierung des Vereins nötig sind. Ohne diese beiden Angaben liegt eine sog. **Nichteintragung**, d.h. keine Eintragung im Rechtssinne vor.[3] Das hat zur Folge, dass die konstitutive Wirkung der Eintragung nach § 21 nicht eintritt, der Verein also nicht rechtsfähig wird. 1

B. Regelungsgehalt

Neben Name und Sitz benennt § 64 als **weitere einzutragende Tatsachen** den Tag der Satzungserrichtung (vgl. § 59 Abs. 3), die Mitglieder des Vorstandes (vgl. §§ 26 Abs. 1 S. 2, 59 Abs. 2 Nr. 2) und ihre Vertretungsmacht (vgl. § 26 Abs. 2 S. 2; § 3 S. 3 Nr. 3 VRV). Nach der durch das ERJuKoG (vgl. Rn 1) geänderten Gesetzesfassung sind hinsichtlich der **Vertretungsmacht** nicht nur etwaige Beschränkungen nach § 26 Abs. 2 S. 2 oder von § 28 Abs. 1 abweichende Beschlussfassungsgestaltungen anzugeben (so noch § 64 S. 2 a.F.). Nunmehr ist die Vertretungsmacht auch dann einzutragen, wenn sie dem gesetzlichen Normalfall entspricht.[4] Zu den verschiedenen Gestaltungsmöglichkeiten der Vertretungsmacht siehe § 26 Rn 4 ff. und § 28 Rn 2 ff.[5] In formeller Hinsicht ist ferner nach §§ 159, 130 FGG das Eintragungsdatum anzugeben, die Eintragung durch den zuständigen Beamten zu unterschreiben und dem Antragsteller die Eintragung bekannt zu machen. Mit Ablauf des nach § 130 FGG mit anzugebenden Tages der Eintragung beginnt die Rechtsfähigkeit des Vereins.[6] Weitere Formalia der Eintragung folgen aus §§ 9 ff. VRV (zur VRV vgl. vor § 55 Rn 1). 2

Über § 64 hinaus können grundsätzlich keine weiteren Tatsachen, etwa auf **Wunsch des Antragstellers**, eingetragen werden,[7] da das Vereinsregister übersichtlich zu halten ist. Allerdings ist § 64 dahin gehend **extensiv** 3

---

12 Justizmitteilungsgesetz vom 18.6.1997, Art. 11 (BGBl I S. 1430); dazu *Sauter/Schweyer/Waldner*, Rn 25; *Keilbach*, DNotZ 2001, 670, 672 f.
13 Vgl. Staudinger/*Habermann*, § 61 Rn 4 ff.
1 Gesetz über elektronische Register und Justizkosten für Telekommunikation v. 10.12.2001 (BGBl I S. 3422); nach neuer Rechtslage ist die Vertretungsmacht auch beim Fehlen besonderer Beschränkungen stets einzutragen; zu den Änderungen eingehend *Schwarz*, NZG 2002, 1033 ff.; *ders.*, Rpfleger 2003, 1 ff.
2 Staudinger/*Habermann*, § 64 Rn 1; MüKo/*Reuter*, § 64 Rn 1.
3 Erman/*Westermann*, § 64 Rn 1; Soergel/*Hadding*, § 64 Rn 1; MüKo/*Reuter*, § 64 Rn 1.

4 Palandt/*Heinrichs*, §§ 64–66 Rn 2a; *Schwarz*, NZG 2002, 1033, 1034 ff.; *ders.*, Rpfleger 2003, 1.
5 Eingehend zu den jeweils notwendigen Registereintragungen *Schwarz*, Rpfleger 2003, 1, 2 ff.
6 Soergel/*Hadding*, § 64 Rn 5; Staudinger/*Habermann*, § 64 Rn 9: der Beginn der Rechtsfähigkeit richtet sich nach § 187.
7 BayObLG NJW-RR 1992, 802, 803; MüKo/*Reuter*, § 64 Rn 4; Palandt/*Heinrichs*, §§ 64–66 Rn 3; Soergel/*Hadding*, § 64 Rn 3; Staudinger/*Habermann*, § 64 Rn 6 ff.; Bamberger/Roth/*Schwarz*, § 64 Rn 3; a.A. *Reichert*, Rn 187 unter Bezug auf BGH NJW 1992, 1452, 1453 f. zum Handelsregister.

auszulegen, dass alle Tatsachen eintragungsfähig sind, welche die satzungsgemäßen Vertretungsverhältnisse offen legen,[8] z.B. die Bestellung eines besonderen Vertreters nach § 30,[9] die Einräumung der Einzelvertretung oder sonstige Ausgestaltung der Vertretungsmacht bei einem mehrgliedrigen Vorstand[10] oder die Befreiung vom Verbot des § 181.[11] Nicht einzutragen ist hingegen die **Vereinssatzung** selbst; sie wird gemäß § 66 Abs. 2 S. 2 in Abschrift zur Registerakte genommen.

§ 65 Namenszusatz

[1]Mit der Eintragung erhält der Name des Vereins den Zusatz „eingetragener Verein".

Literatur: Siehe bei Vorbemerkungen zu §§ 55–79.

1 Der Zusatz „eingetragener Verein" bzw. „e.V." wird mit der Eintragung *ipso iure* zum Bestandteil des Vereinsnamens. Aus § 65 erwächst eine **Verpflichtung des Vereins**, den Zusatz im Rechtsverkehr zu führen; das Führen einer fremdsprachlichen Entsprechung ist selbst bei einem fremdsprachigen Vereinsnamen unzureichend.[1] Verletzt der Verein wiederholt die Verpflichtung aus § 65, kann dies für den Verein zur **Haftung** nach § 826 und für den nach außen hin Handelnden zur Rechtsscheinhaftung analog § 54 S. 2 führen[2] (vgl. § 54 Rn 20 ff.). Ein einmaliger Verstoß vermag die Rechtsscheinhaftung jedoch noch nicht zu begründen.[3]

§ 66 Bekanntmachung

(1) [1]Das Amtsgericht hat die Eintragung durch das für seine Bekanntmachungen bestimmte Blatt zu veröffentlichen.

(2) [1]Die Urschrift der Satzung ist mit der Bescheinigung der Eintragung zu versehen und zurückzugeben. [2]Die Abschrift wird von dem Amtsgericht beglaubigt und mit den übrigen Schriftstücken aufbewahrt.

Literatur: Siehe bei Vorbemerkungen zu §§ 55–79.

A. Allgemeines 1	I. Veröffentlichung und Benachrichtigung ... 2
B. Regelungsgehalt 2	II. Registerrechtliche Behandlung der Satzung . 3

A. Allgemeines

1 § 66 regelt einerseits die gerichtliche Pflicht zur Bekanntmachung der Registereintragung (Abs. 1) und andererseits die weitere Verfahrensweise mit der gemäß § 59 Abs. 2 Nr. 1 eingereichten Ur- und Abschrift der Satzung (Abs. 2). § 66 ist eine **Ordnungsvorschrift**, so dass ihre Nichtbeachtung die konstitutive Wirkung der Eintragung nicht berührt (vgl. vor § 55 Rn 4). Die Nichtbeachtung seitens des Amtsgericht kann ggf. zu einem **Amtshaftungsanspruch** des Vereins gemäß Art. 34 GG i.V.m. § 839 BGB führen.[1]

---

8 Palandt/*Heinrichs*, §§ 64–66 Rn 3; Soergel/*Hadding*, § 64 Rn 3; Bamberger/Roth/*Schwarz*, § 64 Rn 3.
9 BayObLGZ 1981, 71 = NJW 1981, 2068; OLG Hamm OLGZ 1978, 21, 26; MüKo/*Reuter*, § 64 Rn 4.
10 BGHZ 69, 250, 253 = DB 1977, 2090 = NJW 1977, 2310; OLG Düsseldorf Rpfleger 1982, 477; Staudinger/*Habermann*, § 64 Rn 6; Sauter/Schweyer/*Waldner*, Rn 26.
11 BGHZ 87, 59, 61 = NJW 1983, 1676 zur GmbH; LG Ravensburg Rpfleger 1990, 26; Soergel/*Hadding*, § 64 Rn 5; Bamberger/Roth/*Schwarz*, § 64 Rn 3.
1 KG JW 1930, 3777; Palandt/*Heinrichs*, §§ 64–66 Rn 2; *Sauter/Schweyer/Waldner*, Rn 58.
2 Staudinger/*Habermann*, § 65 Rn 1; Soergel/*Hadding*, § 65 Rn 2; MüKo/*Reuter*, § 65 Rn 2; *Sauter/Schweyer/Waldner*, Rn 27.
3 OLG Celle NJW-RR 1999, 1052; Erman/*Westermann*, § 65 Rn 1.
1 MüKo/*Reuter*, § 66 Rn 1; Soergel/*Hadding*, § 66 Rn 3; Staudinger/*Habermann*, § 66 Rn 1; Bamberger/Roth/*Schwarz*, § 66 Rn 1.

B. Regelungsgehalt

I. Veröffentlichung und Benachrichtigung

Nach Abs. 1 zu veröffentlichen sind nur der Name und Sitz des Vereins, die Registernummer und der Tag der Eintragung (§ 14 VRV; zur VRV vgl. vor § 55 Rn 1).[2] Über § 14 VRV hinaus erscheint die Veröffentlichung nicht notwendig. Denn jedermann kann sich über die übrigen, nach § 64 eintragungsbedürftigen Tatsachen Kenntnis verschaffen durch Einsicht in das Vereinsregister nach § 79 Abs. 1. Zumal kann jedermann eine Bescheinigung gemäß § 162 FGG einholen, dass weitere Registereintragungen nicht vorhanden bzw. dass bestimmte Eintragungen nicht erfolgt sind. Neben der Veröffentlichung hat das Registergericht die Eintragung gemäß §§ 159, 130 Abs. 2 FGG dem Antragsteller bekannt zu geben. Die Benachrichtigung richtet sich nach § 13 VRV. Die bereits vorgenommene Eintragung ist unanfechtbar (siehe vor § 55 Rn 4).

II. Registerrechtliche Behandlung der Satzung

Die nach § 59 Abs. 2 Nr. 1 bei der Anmeldung mit einzureichende Satzungsurschrift ist gemäß Abs. 2 S. 1 mit einem Eintragungsvermerk versehen an den Verein zurückzugeben. Der Eintragungsvermerk ergeht gemäß § 89 Abs. 3 KostO kostenfrei. Die ebenfalls nach § 59 Abs. 2 Nr. 1 mit einzureichende Satzungsabschrift wird gemäß Abs. 2 S. 2, § 7 Abs. 3 VRV vom Registergericht beglaubigt und zur Registerakte genommen. Wird das Register als **EDV-Register** geführt, kann die Satzungsabschrift gemäß § 55a Abs. 5 S. 1 durch Aufnahme in einen Bild- oder Datenträger ersetzt werden, sofern sie kurzfristig wieder lesbar gemacht werden kann.

§ 67 Änderung des Vorstands

(1) ¹Jede Änderung des Vorstands ist von dem Vorstand zur Eintragung anzumelden. ²Der Anmeldung ist eine Abschrift der Urkunde über die Änderung beizufügen.

(2) ¹Die Eintragung gerichtlich bestellter Vorstandsmitglieder erfolgt von Amts wegen.

Literatur: Siehe bei § 26 und bei Vorbemerkungen zu §§ 55–79.

A. Allgemeines	1	I. Anzumeldende Änderungen	2
B. Regelungsgehalt	2	II. Eintragung	4

A. Allgemeines

§ 67 sowie die §§ 68–70 befassen sich mit der Änderung des Vorstands und deren Auswirkungen. Regelungsgegenstand von § 67 ist die Anzeigepflicht bei Änderung des Vorstands (Abs. 1) und die Eintragung gerichtlich bestellter Vorstände (Abs. 2). Die vorzunehmende Eintragung hat nur **deklaratorischen Charakter**,[1] ist aber für die negative Publizität des Vereinsregisters nach § 68 von Bedeutung (dazu § 68 Rn 1 ff.; zu Änderungen der Satzung vgl. § 71 Rn 1 ff.).

B. Regelungsgehalt

I. Anzumeldende Änderungen

Gemäß Abs. 1 S. 1 ist jede Änderung des Vorstands zur Eintragung anzumelden. Vorstand im Sinne der Vorschrift ist der **gesetzliche Vorstand** nach § 26 Abs. 2,[2] hingegen nicht die Mitglieder eines nicht vertretungsbefugten erweiterten Vorstands (vgl. zum Vorstandsbegriff § 26 Rn 2 ff.). Die Anmeldungspflicht des § 67 gilt auch für die besonderen Vertreter gemäß § 30.[3] Mitteilungsbedürftig sind alle **Veränderungen im Personalbestand** des Vorstands, also sowohl die Neubestellung als auch das Ausscheiden aus dem Vorstandsamt, gleich, aus welchem Grund.[4] Da nur Änderungen anmeldepflichtig sind, ist die Wiederbestellung

---

2 *Reichert*, Rn 204a; a.A. Erman/*Westermann*, § 66 Rn 1: sämtliche nach § 64 einzutragenden Tatsachen.
1 BayObLG NJW-RR 1997, 289; MüKo/*Reuter*, § 67 Rn 1; Soergel/*Hadding*, § 67 Rn 1; Erman/ *Westermann*, § 67 Rn 1; *K. Schmidt*, GesR, 4. Aufl. 2002, § 23 II 2b bb.

2 Vgl. KG Recht 1929, Nr. 1454; *Reichert*, Rn 1350; Bamberger/Roth/*Schwarz*, § 67 Rn 2.
3 Erman/*Westermann*, § 67 Rn 1; Staudinger/ *Habermann*, § 67 Rn 1; MüKo/*Reuter*, § 67 Rn 1; Soergel/*Hadding*, § 67 Rn 4.
4 Dazu *Reichert*, Rn 1350 ff.

des bisherigen Vorstands nicht eintragungsbedürftig.[5] Auch nicht unter Abs. 1 S. 1 fallen Änderungen der **Vertretungsbefugnis**. Eine explizite Pflicht zur Anmeldung solcher Änderungen, wie sie z.B. nach § 81 Abs. 1 AktG, § 28 Abs. 1 S. 1 GenG vorgesehen ist, ordnet das Vereinsrecht nicht an. Da Änderungen der Vertretungsbefugnis aber regelmäßig einer Satzungsänderung bedürfen (vgl. § 26 Rn 10 f.), folgt die Anmeldungspflicht in diesen Fällen aus § 71 Abs. 1 S. 1;[6] zudem lässt sich das Eintragungserfordernis von Änderungen des Vertretungsmachtumfangs aus §§ 70, 68 ableiten,[7] da die Vorschriften den guten Glauben Dritter vor nicht eingetragenen Änderungen schützen.

3 Die **Anmeldung** erfolgt durch den Vorstand in vertretungsberechtigter Zahl; dies ist seit einer klärenden Entscheidung des BGH zur Anmeldung einer Satzungsänderung allgemein anerkannt[8] (vgl. zur Erstanmeldung § 59 Rn 2). Zuständig ist nicht der ausgeschiedene, sondern der zur Zeit der Anmeldung schon vertretungsberechtigte, neu bestellte Vorstand.[9] Die Form des § 77 ist zu beachten. Das Registergericht kann die Anmeldung durch Festsetzung eines Zwangsgeldes nach § 78 Abs. 1 BGB i.V.m. §§ 159, 132 ff. FGG erzwingen (siehe § 78 Rn 2 f.).

II. Eintragung

4 Das Registergericht prüft die Ordnungsmäßigkeit der Anmeldung und die Rechtmäßigkeit der angemeldeten Vorstandsänderung.[10] Zu dieser Prüfung dient die nach Abs. 1 S. 2 einzureichende Bestellungsurkunde. Den gerichtlich bestellten Notvorstand trägt das Gericht gemäß §§ 67 Abs. 2, 29 von Amts wegen ein. Die Änderung der Eintragung richtet sich nach § 11 VRV (zur VRV vgl. vor § 55 Rn 1). Gegen die Zurückweisung der Eintragung findet die einfache Beschwerde gemäß § 19 FGG statt.

§ 68 Vertrauensschutz durch Vereinsregister

[1]Wird zwischen den bisherigen Mitgliedern des Vorstands und einem Dritten ein Rechtsgeschäft vorgenommen, so kann die Änderung des Vorstands dem Dritten nur entgegengesetzt werden, wenn sie zur Zeit der Vornahme des Rechtsgeschäfts im Vereinsregister eingetragen oder dem Dritten bekannt ist. [2]Ist die Änderung eingetragen, so braucht der Dritte sie nicht gegen sich gelten zu lassen, wenn er sie nicht kennt, seine Unkenntnis auch nicht auf Fahrlässigkeit beruht.

Literatur: Siehe bei § 26 und bei Vorbemerkungen zu §§ 55–79.

A. Allgemeines	1	2. Tatbestandvoraussetzungen	3
B. Regelungsgehalt	2	3. Bestehende Eintragungen	4
I. Negative Publizität (S. 1)	2	II. Eingetragene Änderungen (S. 2)	5
1. Fehlende Eintragung	2		

A. Allgemeines

1 Die Vorschrift soll dafür Sorge tragen, dass gutgläubige Dritte keine Nachteile durch unbekannte Veränderungen der Vertretungsverhältnisse im Verein erleiden. Dies erreicht das Gesetz durch einen beschränkten Vertrauensschutz bzgl. des im Vereinsregister eingetragenen Vorstandes. Der Schutz des § 68 wird gemäß § 70 auch auf den Umfang der Vertretungsmacht und die Beschlussfassung des Vorstands erstreckt. Es gilt der Grundsatz der sog. **negativen Publizität** des Vereinsregisters, vgl. § 15 Abs. 1 HGB zum Handelsregister.

---

5 MüKo/*Reuter*, § 67 Rn 1; Soergel/*Hadding*, § 67 Rn 4; *Reichert*, Rn 1352.
6 Vgl. BGHZ 18, 303, 306 f. = NJW 1955, 1916; *Reichert*, Rn 1353.
7 So wohl auch Palandt/*Heinrichs*, §§ 68–70 Rn 4.
8 BGHZ 96, 245, 247 f. = DB 1986, 473 = NJW 1986, 1033; BayObLGZ 1991, 53 = NJW-RR 1991, 958, 959; Palandt/*Heinrichs*, §§ 67–70 Rn 1; Staudinger/*Habermann*, § 67 Rn 3; *K. Schmidt*, GesR, 4. Aufl.
2002, § 23 II 2b aa und § 24 II 1a; früher a.A. OLG Hamm OLGZ 1980, 389; nunmehr aber wie hier: OLG Hamm NJW-RR 2000, 698, 699.
9 OLG Frankfurt OLGZ 1983, 385 f.; OLG Zweibrücken GmbHR 1999, 479; Soergel/*Hadding*, § 67 Rn 6; Bamberger/Roth/*Schwarz*, § 67 Rn 4; *Reichert*, Rn 1354.
10 Zur Prüfung des Registergerichts s. im Einzelnen *Reichert*, Rn 1355 ff.

B. Regelungsgehalt

I. Negative Publizität (S. 1)

1. Fehlende Eintragung. Die aus § 68 folgende negative Publizität bedeutet, dass Dritte allein negativ darauf vertrauen können, dass Vertretungsverhältnisse, die nicht im Vereinsregister eingetragen sind, **nicht gelten**. Das kommt in S. 1 zum Ausdruck, wonach einem Dritten, der ein Rechtsgeschäft mit einem bisherigen Vorstand vornimmt, nicht eingetragene Änderungen der Vertretungsverhältnisse nicht entgegengehalten werden können.

2. Tatbestandvoraussetzungen. Dritter im Sinne der Vorschrift sind nicht nur Außenstehende, sondern ist jeder, der nicht unmittelbar selbst (sei es als Vorstand, Liquidator oder besonderer Vertreter) Gegenstand der Eintragung ist.[1] Dritte können somit auch Vereinsmitglieder sein,[2] da das Vereinsregister auch ihrem Schutz dient und sie nicht allein auf vereinsinterne Informationsquellen verwiesen sind. Der Begriff des **Rechtsgeschäfts** ist aufgrund des Schutzzwecks der Norm weit auszulegen – darunter fallen neben Rechtsgeschäften im engeren Sinne auch geschäftsähnliche Handlungen und Prozesshandlungen.[3] § 68 gilt hingegen nicht für Delikte, da es bei diesem an einem zu schützenden Vertrauen fehlt.[4] Der Dritte ist nur geschützt, wenn er **gutgläubig** ist, d.h. wenn er gemäß S. 1 die Änderungen bei Vornahme des Rechtsgeschäfts nicht kannte. Die Gutgläubigkeit wird nur durch positive Kenntnis ausgeschlossen; bloßes Kennenmüssen ist nicht ausreichend.[5] Ebenso wenig setzt der Vertrauensschutz voraus, dass der Dritte zuvor Einblick in das Vereinsregister genommen hat.[6] Die Beweislast für eine positive Kenntnis des Dritten trägt der Verein.[7]

3. Bestehende Eintragungen. § 68 schützt nur das Vertrauen auf das Schweigen des Registers und nicht auch umgekehrt das Vertrauen auf die Richtigkeit bestehender Eintragungen. Eine derartige **positive Publizität**, wie sie § 892 für das Grundbuch und § 15 Abs. 3 HGB in gewissem Umfang[8] für das Handelsregister vorsehen, kennt das Vereinsrecht nicht. So schützt die Norm nicht das Vertrauen auf eine von Anfang an **unrichtige Registereintragung**.[9] Aus dem Rechtsgedanken von § 68 sowie aus § 121 Abs. 2 S. 2 AktG analog folgt aber, dass der noch eingetragene Vorstand, dessen Bestellung ungültig oder dessen Amtszeit bereits abgelaufen ist, zur Einberufung der Mitgliederversammlung befugt bleibt.[10]

II. Eingetragene Änderungen (S. 2)

Wurden die Änderungen der Vertretungsverhältnisse in das Vereinsregister eingetragen, wirken sie grundsätzlich gegen jeden. Der Dritte braucht die eingetragene Änderung gemäß S. 2 dennoch nicht gegen sich gelten lassen, wenn er die Änderung nicht kannte, ohne dass dies auf Fahrlässigkeit beruht. Anders als bei der negativen Publizität nach S. 1 schadet hier somit ein **Kennenmüssen** und lässt den Vertrauensschutz entfallen.[11] Die Eintragung bewirkt zudem eine **Umkehr der Beweislast**, so dass der Dritte zu beweisen hat, dass seine Unkenntnis nicht auf Fahrlässigkeit beruht.[12] Von einer unverschuldeten Unkenntnis ist z.B. auszugehen, wenn sich der Dritte unmittelbar vor Abschluss des Rechtsgeschäfts ein Registerzeugnis nach § 69 vorlegen lässt.[13]

---

1 Staudinger/*Habermann*, § 68 Rn 6; Bamberger/Roth/*Schwarz*, § 68 Rn 3.
2 Soergel/*Hadding*, § 68 Rn 7; Staudinger/*Habermann*, § 68 Rn 6; Palandt/*Heinrichs*, §§ 68–70 Rn 3; Bamberger/Roth/*Schwarz*, § 68 Rn 3; a.A. MüKo/*Reuter*, § 68 Rn 3; vgl. auch Baumbach/*Hopt*, HGB, § 15 Rn 7.
3 OLG Frankfurt Rpfleger 1978, 134; Soergel/*Hadding*, § 68 Rn 6; Staudinger/*Habermann*, § 68 Rn 7; MüKo/*Reuter*, § 68 Rn 2.
4 BGH DB 1985, 1338, 1339 = WM 1985, 570; Soergel/*Hadding*, § 68 Rn 6; Staudinger/*Habermann*, § 68 Rn 7; MüKo/*Reuter*, § 68 Rn 2.
5 Staudinger/*Habermann*, § 68 Rn 2; Bamberger/Roth/*Schwarz*, § 68 Rn 3; a.A. Erman/*Westermann*, § 68 Rn 3; der annimmt, dass auch fahrlässige Unkenntnis schadet.
6 Staudinger/*Habermann*, § 68 Rn 2; Bamberger/Roth/*Schwarz*, § 68 Rn 3; MüKo/*Reuter*, § 68 Rn 4.
7 MüKo/*Reuter*, § 68 Rn 1; Staudinger/*Habermann*, § 68 Rn 2.
8 Im Einzelnen Baumbach/*Hopt*, HGB, § 15 Rn 16 ff. m.w.N.
9 BayObLG Rpfleger 1983, 71; Palandt/*Heinrichs*, §§ 68–70 Rn 2.
10 BayObLGZ 1985, 24, 26 f.; 1988, 410, 412; BayObLG Rpfleger 1995, 465; LG Aurich Rpfleger 1987, 116; Palandt/*Heinrichs*, § 32 Rn 2; Bamberger/Roth/*Schwarz*, § 32 Rn 9; Soergel/*Hadding*, § 32 Rn 8.
11 Bamberger/Roth/*Schwarz*, § 68 Rn 6; Palandt/*Heinrichs*, §§ 68–70 Rn 2.
12 Staudinger/*Habermann*, § 68 Rn 3; Erman/*Westermann*, § 68 Rn 4.
13 Palandt/*Heinrichs*, §§ 68–70 Rn 5; Staudinger/*Habermann*, § 69 Rn 3; Bamberger/Roth/*Schwarz*, § 68 Rn 6; MüKo/*Reuter*, § 69 Rn 2.

§ 69 Nachweis des Vereinsvorstands

¹Der Nachweis, dass der Vorstand aus den im Register eingetragenen Personen besteht, wird Behörden gegenüber durch ein Zeugnis des Amtsgerichts über die Eintragung geführt.

Literatur: Siehe bei § 26 und bei Vorbemerkungen zu §§ 55–79.

A. Allgemeines

1 Die Vorschrift eröffnet die Option, statt der Originalurkunde ein Legitimationszeugnis des Amtsgerichts vorzulegen, und soll den **Verkehr mit Behörden** erleichtern.

B. Regelungsgehalt

2 Das Legitimationszeugnis bezieht sich über den Wortlaut des § 69 hinaus auch auf den **Umfang der Vertretungsmacht**.[1] Mit dem Legitimationszeugnis kann z.B. gegenüber dem Grundbuchamt die Vertretungsmacht des Vorstands nachgewiesen werden, da es sich dabei um eine öffentliche Urkunde i.S.d. § 29 Abs. 2 GBO handelt.[2] Das Legitimationszeugnis ist nur eine **widerlegbare, rein deklaratorische Bestätigung**; eine tatsächlich nicht erfolgte Bestellung des Vorstands wird dadurch nicht fingiert. § 69 findet grundsätzlich keine Anwendung im **rechtsgeschäftlichen Verkehr** mit Privatpersonen. Ein privater Geschäftspartner kann sich aber statt der Bestellungsurkunde auch ein Legitimationszeugnis nach § 69 vorlegen lassen, um hinsichtlich der Vertretungsmacht vom Gutglaubensschutz des § 68 S. 2 zu profitieren (siehe § 68 Rn 5).

§ 70 Beschränkung der Vertretungsmacht; Beschlussfassung

¹Die Vorschriften des § 68 gelten auch für Bestimmungen, die den Umfang der Vertretungsmacht des Vorstands beschränken oder die Beschlussfassung des Vorstands abweichend von der Vorschrift des § 28 Abs. 1 regeln.

Literatur: Siehe bei § 26 und bei Vorbemerkungen zu §§ 55–79.

1 Die Vorschrift erstreckt den **Vertrauensschutz** des § 68 auf dem Dritten unbekannte Änderungen des Vertretungsmachtumfangs und etwaige von § 28 Abs. 1 abweichende Beschlussfassungsregelungen. Zum Umfang des Vertrauensschutzes siehe § 68 Rn 2 ff. § 70 setzt eine **Registereintragung** von Änderungen der Vertretungsbefugnis voraus. Da eine Pflicht zur Anmeldung solcher Änderungen für den Verein – anders als z.B. nach § 81 Abs. 1 AktG oder § 28 Abs. 1 S. 1 GenG – nicht explizit aus dem Gesetz folgt, ist sie aus den §§ 70, 68 abzuleiten[1] (vgl. § 67 Rn 2). Ist eine Änderung der Vertretungsbefugnis nicht in das Vereinsregister eingetragen und war sie dem Dritten auch nicht positiv bekannt, kann sie ihm gemäß §§ 70, 68 S. 1 nicht entgegengehalten werden. War die Änderung aber eingetragen und hätte der Geschäftspartner des Vereins davon durch Registereinsicht Kenntnis nehmen können, muss er die Änderung gegen sich gelten lassen.[2]

§ 71 Änderungen der Satzung

(1) ¹Änderungen der Satzung bedürfen zu ihrer Wirksamkeit der Eintragung in das Vereinsregister. ²Die Änderung ist von dem Vorstand zur Eintragung anzumelden. ³Der Anmeldung ist der die Änderung enthaltende Beschluss in Urschrift und Abschrift beizufügen.

(2) ¹Die Vorschriften der §§ 60, 64 und des § 66 Abs. 2 finden entsprechende Anwendung.

Literatur: Siehe bei § 25 und bei Vorbemerkungen zu §§ 55–79.

---

1 MüKo/*Reuter*, § 69 Rn 1; Staudinger/*Habermann*, § 69 Rn 1.
2 KG Recht 1929, Nr. 2492; Staudinger/*Habermann*, § 69 Rn 4; Erman/*Westermann*, § 69 Rn 1; Soergel/ *Hadding*, § 69 Rn 2; MüKo/*Reuter*, § 69 Rn 1.

1 So wohl auch Palandt/*Heinrichs*, §§ 68–70 Rn 4.
2 OLG Köln BB 1999, 1186; Bamberger/Roth/ *Schwarz*, § 70 Rn 3.

Änderungen der Satzung § 71

- A. Allgemeines 1
- B. Regelungsgehalt 2
  - I. Anmeldung 2
    1. Zuständigkeit des Vorstands 2
    2. Formalien der Anmeldung 3
  - II. Eintragung 4
    1. Gerichtliche Prüfung 4
    2. Inhalt der Eintragung 5
    3. Wirkung der Eintragung 6

A. Allgemeines

§ 71 befasst sich mit der Eintragung von Änderungen der Satzung in das Vereinsregister (zur Änderung der Satzung siehe § 33 Rn 2 f.). Aus Abs. 1 S. 1 folgt die **konstitutive Wirkung** der Eintragung.[1] Die Zuständigkeit des Vorstands zur Anmeldung der Änderung nach Abs. 1 S. 2 und die Pflicht zur Einreichung von Ur- und Abschrift des betreffenden Mitgliederversammlungsbeschlusses gemäß Abs. 1 S. 3 entsprechen den Anforderungen bei der Ersteintragung nach § 59 Abs. 1, 2 Nr. 1. Nach Abs. 2 finden zudem die Bestimmungen zur Ersteintragung über die gerichtliche Prüfung (§ 60), die erforderlichen Registereintragungen (§ 64) und über die weitere Verfahrensweise mit den einzureichenden Urkunden (§ 66 Abs. 2) entsprechende Anwendung. Zur Änderung des Vorstands (vgl. § 67 Rn 1 ff.). 1

B. Regelungsgehalt

I. Anmeldung

1. Zuständigkeit des Vorstands. Gemäß Abs. 1 S. 2 hat der Vorstand die Satzungsänderungen anzumelden. Bei einem **mehrgliedrigen Vorstand** ist die Anmeldung durch Vorstandsmitglieder in vertretungsberechtigter Zahl erforderlich und ausreichend; dies ist seit einer klärenden Entscheidung des BGH einhellige Auffassung.[2] Das Gleiche gilt bei der Anmeldung von Änderungen des Vorstands (§ 67 Rn 3) und nach richtiger Ansicht auch bei der Erstanmeldung (§ 59 Rn 2). Betrifft die einzutragende Satzungsänderung die **Bildung des Vorstands** und sind auf Grundlage der noch nicht eingetragenen Änderung bereits neue Vorstände gewählt, sind diese, anders als bei § 67, nicht zur Anmeldung befugt (vgl. § 67 Rn 3). Denn da die Eintragung nach Abs. 1 S. 1 im Gegensatz zu Fällen des § 67 nicht bloß deklaratorisch, sondern **konstitutiv** wirkt, sind die auf Grundlage der Änderung neu ernannten Vorstände vor Eintragung noch nicht im Amt.[3] Wenn die alten Vorstände bereits aus ihrem Amt geschieden sind, ist konsequenterweise zur Anmeldung der Satzungsänderung ein Notvorstand gemäß §§ 29, 67 Abs. 2 zu bestellen. 2

2. Formalien der Anmeldung. Die Anmeldung hat der Form des § 77 zu entsprechen. Ihr sind gemäß Abs. 1 S. 3 der die Satzung ändernde Mitgliederversammlungsbeschluss in Ur- und Abschrift beizufügen (zur Beurkundungspflicht siehe § 58 Rn 7). Mit der eingereichten Ur- und Abschrift verfährt das Amtsgericht gemäß §§ 71 Abs. 2, 66 Abs. 2 (vgl. § 66 Rn 3). Das Registergericht kann die Anmeldung durch Festsetzung eines Zwangsgeldes nach § 78 Abs. 1 BGB i.V.m. §§ 159, 132 ff. FGG erzwingen (siehe § 78 Rn 2 f.). 3

II. Eintragung

1. Gerichtliche Prüfung. Gemäß §§ 71 Abs. 2, 60 hat das Registergericht die Anmeldung auf ihre Ordnungsmäßigkeit und die Satzungsänderung anhand der nach Abs. 1 S. 3 eingereichten Unterlagen auf ihre Rechtmäßigkeit hin zu überprüfen. Dem Gericht steht dabei eine umfassende Prüfungskompetenz zu (vgl. § 60 Rn 2 f.). Prüfungsgegenstand ist nicht nur der geänderte Teil, sondern die gesamte Satzung unter Berücksichtigung der Änderung.[4] 4

2. Inhalt der Eintragung. Satzungsänderungen, die nach §§ 64, 67, 70 eintragungspflichtige Tatsachen betreffen, sind ihrerseits eintragungspflichtig.[5] Das folgt für § 64 aus der Verweisung des Abs. 2 und 5

---

1 BGHZ 23, 122, 128 = NJW 1957, 497; BFH NJW-RR 2002, 318; OLG Köln NJW 1964, 1575; Staudinger/*Habermann*, § 71 Rn 1; Erman/*Westermann*, § 71 Rn 1; *Keilbach*, DNotZ 2001, 670, 671.

2 BGHZ 96, 245, 247 f. = DB 1986, 473 = NJW 1986, 1033; BayObLGZ 1991, 53 = NJW-RR 1991, 958, 959; Palandt/*Heinrichs*, § 71 Rn 2; Soergel/*Hadding*, § 71 Rn 3; Staudinger/*Habermann*, § 71 Rn 2; *K. Schmidt*, GesR, 4. Aufl. 2002, § 23 II 2b aa und § 24 II 1a; *Kirberger*, ZIP 1986, 346.

3 BayObLGZ 1910, 81; OLG Bremen NJW 1955, 1925; MüKo/*Reuter*, § 71 Rn 6; Staudinger/*Habermann*, § 71 Rn 2; Soergel/*Hadding*, § 71 Rn 3; Palandt/*Heinrichs*, § 71 Rn 2; a.A. *Richert*, DRiZ 1957, 17.

4 BayObLGZ 1984, 293; 1992, 16, 18; OLG Köln NJW-RR 1993, 223; OLG Celle NJW-RR 1995, 1273; Palandt/*Heinrichs*, § 71 Rn 2; Erman/*Westermann*, § 71 Rn 2.

5 BGHZ 18, 303, 306 = NJW 1955, 1916; BGH WM 1987, 1100, 1101 (zur GmbH); Staudinger/*Habermann*, § 71 Rn 8; Soergel/*Hadding*, § 71 Rn 6.

für Änderungen des Vorstands gemäß § 67 sowie den Umfang der Vertretungsmacht aus § 3 S. 3 Nr. 3 VRV. Früher war umstritten, in welchem **Umfang** sonstige Satzungsänderungen einzutragen waren.[6] Nach § 3 S. 3 Nr. 4 VRV gilt nunmehr für sonstige Satzungsänderungen, dass die Angabe der geänderten Satzungsvorschrift und des Gegenstands der Änderung genügt.[7]

3. Wirkung der Eintragung. Wie bereits unter Rn 2 festgestellt, wirkt die Eintragung der Satzungsänderung in das Vereinsregister **konstitutiv**. Daraus folgt, dass bereits vorher auf Grundlage der geänderten Satzungsbestimmung durchgeführte Beschlüsse oder sonstige Rechtshandlungen erst mit Eintragung der Änderung wirksam werden.[8] Möglich ist eine Satzungsänderung, die erst nach Eintragung zu einem genau bezeichneten, baldigen Zeitpunkt in Kraft tritt.[9]

§ 72 Bescheinigung der Mitgliederzahl

¹Der Vorstand hat dem Amtsgericht auf dessen Verlangen jederzeit eine von ihm vollzogene Bescheinigung über die Zahl der Vereinsmitglieder einzureichen.

Literatur: Siehe bei § 26 und bei Vorbemerkungen zu §§ 55–79.

§ 72 soll es dem Registergericht im Hinblick auf §§ 33, 37 Abs. 2, 73 ermöglichen, die Mitgliederzahl des Vereins zu überprüfen.[1] Die einzureichende Bescheinigung hat nur die aktuelle Zahl der Mitglieder zu benennen und muss vom Vorstand in vertretungsberechtigter Zahl unterzeichnet sein.[2] Die Angabe der Mitgliedernamen oder sogar ein ausführliches **Mitgliederverzeichnis** kann nicht gefordert werden.[3] Bei einer Weigerung des Vorstands kann das Registergericht die Vorlage der Bescheinigung durch Auflegung eines Zwangsgeldes erzwingen, §§ 78 Abs. 1, 72 BGB i.V.m. §§ 159, 132 ff. FGG.

§ 73 Unterschreiten der Mindestmitgliederzahl

(1) ¹Sinkt die Zahl der Vereinsmitglieder unter drei herab, so hat das Amtsgericht auf Antrag des Vorstands und, wenn der Antrag nicht binnen drei Monaten gestellt wird, von Amts wegen nach Anhörung des Vorstands dem Verein die Rechtsfähigkeit zu entziehen.

(2) (weggefallen)

Literatur: Siehe bei Vorbemerkungen zu §§ 21 ff. und bei Vorbemerkungen zu §§ 55–79.

A. Allgemeines

Ebenso wie die §§ 56, 59 Abs. 2 dient Abs. 1 dazu, das Vereinsregister von ganz unbedeutenden Vereinen freizuhalten. Im Vergleich zur Erstanmeldung gilt aber eine andere Mindestmitgliederzahl. Während die Anmeldung zur Ersteintragung schon wegen einer Unterschreitung der Anzahl von sieben Mitgliedern nach §§ 60, 56 zurückzuweisen ist, soll gemäß Abs. 1 nur ein Herabsinken auf weniger als drei Mitglieder zum Entzug der Rechtsfähigkeit führen. Die strengeren Anforderungen für den Rechtsentzug sind dadurch begründet, dass die hoheitliche Beseitigung eines schon existierenden Vereins der vergleichsweise stärkere Eingriff in die Vereinigungsfreiheit nach Art. 9 Abs. 1 GG ist. Die Dreimonatsfrist in Abs. 1 dient dem Zweck, dem Verein das Abwenden des Rechtsentzugs durch Aufnahme neuer Mitglieder zu ermöglichen.[1]

---

6 Dazu Palandt/*Heinrichs*, § 71 Rn 4 f.; MüKo/*Reuter*, § 71 Rn 2; Staudinger/*Habermann*, § 71 Rn 8; Soergel/*Hadding*, § 71 Rn 6.
7 Zum Ganzen *Sauter/Schweyer/Waldner*, Rn 144 mit Beispielen.
8 OLG München NJW-RR 1998, 966; Erman/*Westermann*, § 71 Rn 1; Palandt/*Heinrichs*, § 71 Rn 1; *Reichert*, Rn 457.
9 MüKo/*Reuter*, § 71 Rn 2; Erman/*Westermann*, § 71 Rn 3; Palandt/*Heinrichs*, § 71 Rn 1; *Reichert*, Rn 431; *Sauter/Schweyer/Waldner*, Rn 139a; *Ziegler*, Rpfleger 1984, 320, 321; a.A. LG Bonn Rpfleger 1984, 192; Staudinger/*Habermann*, § 71 Rn 1.

1 Soergel/*Hadding*, § 72 Rn 1; Staudinger/*Habermann*, § 72 Rn 1.
2 Staudinger/*Habermann*, § 72 Rn 1; MüKo/*Reuter*, §§ 72, 73 Rn 1.
3 Staudinger/*Habermann*, § 72 Rn 2; Erman/*Westermann*, § 72 Rn 1.

1 Staudinger/*Habermann*, § 73 Rn 2; MüKo/*Reuter*, § 73 Rn 2; Soergel/*Hadding*, § 73 Rn 2; Bamberger/Roth/*Schwarz*, § 73 Rn 2; Erman/*Westermann*, § 73 Rn 1.

B. Regelungsgehalt

Der Entzug der Rechtsfähigkeit erfolgt nicht *ipso iure*, sondern bedarf einer **gerichtlichen Verfügung** gemäß § 160a Abs. 2 FGG. Etwas anderes gilt nur beim **Wegfall sämtlicher Mitglieder**, wodurch der Verein automatisch erlischt.[2] Das Gericht hat bei Zweifeln über die Mitgliederzahl den Sachverhalt gemäß § 12 FGG von Amts wegen aufzuklären und kann zu diesem Zwecke etwa eine Mitgliederbescheinigung nach § 72 einholen. Der Vereinsvorstand ist verpflichtet, bei Unterschreiten der Mindestmitgliederzahl eine entsprechende Verfügung zu beantragen. Bei Vorliegen des Antrags hat das Gericht die Rechtsentziehung ohne weiteres auszusprechen.[3] Ein Antrag des Vorstands kann jedoch nicht gemäß § 78 erzwungen werden. Kommt der Vorstand seiner Verpflichtung nicht nach, ist das Gericht nach Ablauf von drei Monaten und nach Anhörung des Vorstands grundsätzlich von Amts wegen zum Rechtsentzug verpflichtet. Die Dreimonatsfrist beginnt analog §§ 159 Abs. 1, 132 Abs. 1 S. 1 mit **Kenntnis des Gerichts**[4] von der Unterschreitung der Mitgliederzahl. Trotz des eindeutigen Wortlauts des § 73 kann ein Rechtsentzug bei **verfassungskonformer Auslegung** im Lichte von Art. 9 Abs. 1 GG unter Umständen unverhältnismäßig sein. Das ist z.B. der Fall, wenn der Vorstand im Rahmen der Anhörung glaubhaft macht, dass sich die Mitgliederzahl in näherer Zukunft wieder erhöhen wird.[5] Ist kein Vorstand vorhanden, hat das Gericht analog § 29 einen **Notvorstand** zu bestellen, um die Anhörung nach Abs. 1 und die Bekanntmachung des Entzugs gemäß § 160a Abs. 2 S. 1 zu ermöglichen.[6]

Über den Rechtsentzug nach § 73, § 160a Abs. 2 FGG entscheidet gemäß § 3 Nr. 1a RPflG der Rechtspfleger. Die gerichtliche Verfügung ist gemäß § 160a Abs. 2 S. 1 FGG dem Vereinsvorstand bekannt zu geben. Gegen die Entscheidung ist das Rechtsmittel der sofortigen Beschwerde nach §§ 160a Abs. 2 S. 2, 22 Abs. 1 FGG eröffnet; der Rechtsentzug wird erst mit Rechtskraft der Entscheidung wirksam, § 160a Abs. 2 S. 3 FGG. Der Entzug der Rechtsfähigkeit führt zur Liquidation des Vereinsvermögens nach § 47, sofern sich aus der Satzung ergibt, dass der Verein nur in rechtsfähiger Form Bestand haben soll.[7] Vgl. zum Entzug der Rechtsfähigkeit durch die Verwaltungsbehörde die Kommentierung zu § 43.

§ 74 Auflösung

(1) ¹Die Auflösung des Vereins sowie die Entziehung der Rechtsfähigkeit ist in das Vereinsregister einzutragen. ²Im Falle der Eröffnung des Insolvenzverfahrens unterbleibt die Eintragung.

(2) ¹Wird der Verein durch Beschluss der Mitgliederversammlung oder durch den Ablauf der für die Dauer des Vereins bestimmten Zeit aufgelöst, so hat der Vorstand die Auflösung zur Eintragung anzumelden. ²Der Anmeldung ist im ersteren Falle eine Abschrift des Auflösungsbeschlusses beizufügen.

(3) ¹Wird dem Verein aufgrund des § 43 die Rechtsfähigkeit entzogen, so erfolgt die Eintragung auf Anzeige der zuständigen Behörde.

Literatur: *Eichler*, Der eingetragene Verein – Praxisprobleme des Registergerichts, Rpfleger 2004, 196; *Friedrich*, Grundlagen und ausgewählte Probleme des Vereinsrechts, DStR 1994, 61, 100.

A. Allgemeines 1	2. Eintragung von Amts wegen (Abs. 1 S. 1) 8
B. Regelungsgehalt 4	3. Bekanntmachung 9
I. Inhalt der Eintragung (Abs. 1) 4	III. Wirkung der Eintragung 10
II. Verfahren 5	
1. Eintragung auf Antrag („Anmeldung", Abs. 2) 6	

---

2 BGHZ 19, 51, 57 = NJW 1957, 138; BGH DB 1965, 1665; BAG DB 1986, 2686 f. = ZIP 1986, 1483; BVerfG NJW 1997, 474, 476; OLG Köln NJW-RR 1999, 336; Soergel/*Hadding*, § 73 Rn 2; a.A. *Reichert*, Rn 2073 ff., 2097.
3 Bamberger/Roth/*Schwarz*, § 73 Rn 2; MüKo/*Reuter*, § 73 Rn 2; Soergel/*Hadding*, § 73 Rn 3.
4 A.A. Staudinger/*Habermann*, § 73 Rn 2: ab dem Tag des Herabsinkens. Dies würde jedoch bei späterer Kenntnis des Gerichts zur Verkürzung oder gar zum Wegfall der Dreimonatsfrist führen, was mit dem Normzweck unvereinbar ist.
5 MüKo/*Reuter*, § 73 Rn 2; Soergel/*Hadding*, § 73 Rn 2; Staudinger/*Habermann*, § 73 Rn 2.
6 BayObLG NJW-RR 1989, 765, 766; Palandt/*Heinrichs*, §§ 72, 73 Rn 2; Erman/*Westermann*, § 73 Rn 1; MüKo/*Reuter*, § 73 Rn 3; *Reichert*, Rn 2098.
7 *Reichert*, Rn 2104; vgl. auch Palandt/*Heinrichs*, §§ 72, 73 Rn 2; Bamberger/Roth/*Schwarz*, § 73 Rn 4.

A. Allgemeines

1 Abs. 1 bestimmt die Eintragungspflicht in den Fällen der Auflösung (§ 41 Rn 2, 6 ff.) und des **Verlusts der Rechtsfähigkeit als juristischer Person** (§ 41 Rn 3, 14 ff.; § 43 Rn 11), ausgenommen die in § 75 geregelte Eröffnung des Insolvenzverfahrens (Abs. 1 S. 2) und die Auflösung nach dem Vereinsgesetz (§§ 3, 7 Abs. 2 VereinsG). Der Eintritt der Liquidation wird durch Anmeldung der Liquidatoren nach § 76 angemeldet.

2 Streitig ist, ob die (vom Wortlaut der §§ 74–76 nicht erfasste) durch Beendigung der Liquidation eingetretene **Vollbeendigung des Vereins** oder das Erlöschen des Vereins eingetragen werden kann[1] oder analog § 74 Abs. 1 GmbHG, § 273 AktG sogar (mit der der Erzwingungsoption nach § 78) angemeldet und eingetragen werden muss;[2] folgt man der Lehre vom Doppeltatbestand, wonach das Erlöschen der juristischen Person außer der Vermögenslosigkeit auch die Löschung im Register voraussetzt (§ 47 Rn 20), so ist Letzteres allerdings zwingend.

3 Das **Verfahren zur weiteren registertechnischen Abwicklung des Vereins** ist in der Vereinsregisterverordnung vom 10.2.1999 (VRV)[3] geregelt. Nach Beendigung der Liquidation kann das Registerblatt geschlossen werden, sei es nach Anmeldung und Eintragung des Beendigungsgrundes (§ 4 Abs. 2 S. 1 Nr. 2 VRV) oder wenn seit mindestens einem Jahr von der Eintragung der Auflösung an keine weitere Eintragung erfolgt und eine schriftliche Anfrage des Registergerichts bei dem Verein unbeantwortet geblieben ist (§ 4 Abs. 2 S. 3 VRV). Die liquidationslose Beendigung des Vereins führt unmittelbar zur Schließung des Registerblatts (§ 4 Abs. 2 S. 1 Nr. 1 VRV). Ist ein Registerblatt zu Unrecht geschlossen worden, so wird die Schließung rückgängig gemacht (§ 4 Abs. 3 VRV).

B. Regelungsgehalt

I. Inhalt der Eintragung (Abs. 1)

4 Eingetragen wird lediglich der abstrakte **Beendigungsgrund** als Rechtsfolge – also die Auflösung, der Entzug bzw. der Verlust der Rechtsfähigkeit als juristischer Person –, aber nicht die jeweiligen tatsächlichen Gründe hierfür. Anders ist dies lediglich im Fall der Insolvenzeröffnung, die nach § 75 als solche eingetragen wird (und nicht die durch sie bewirkte Auflösung).

II. Verfahren

5 Verfahrensrechtlich ist zu unterscheiden, aus welchem Grund die Eigenschaft als juristische Person weggefallen bzw. die Beendigung eingetreten ist.

6 **1. Eintragung auf Antrag („Anmeldung", Abs. 2).** Die Auflösung auf **Beschluss der Mitgliederversammlung** (§ 41 Rn 28 ff.) oder infolge **Satzungsbestimmung** (insbesondere wegen Zeitablaufs, vgl. § 41 Rn 9) kann verfahrensrechtlich nur aufgrund einer Anmeldung, d.h. auf Antrag des Vorstands eingetragen werden (Abs. 2 S. 1). Als Minus zur Auflösung ist auch der **Verzicht auf die Rechtsfähigkeit** (§ 41 Rn 15) auf Antrag einzutragen. Soweit der zugrunde liegende Auflösungsbeschluss der Mitgliederversammlung zugleich eine Satzungsänderung herbeiführt – etwa weil damit die satzungsmäßig bestimmte Lebensdauer des Vereins verkürzt wird –, bedarf es zu seiner Wirksamkeit nicht nur der nach § 33 Abs. 1 S. 1 vorgeschriebenen Mehrheit, sondern auch der Eintragung nach § 71 (Rn 10). Der Beschluss der Mitgliederversammlung ist in jedem Fall in der für die Beurkundungen der Versammlungsbeschlüsse vorgesehenen Form (vgl. § 59 Rn 5) nachzuweisen.

7 Obwohl das Amt des Vorstands durch die Auflösung bereits erloschen ist, trifft ihn in den genannten Fällen nach Abs. 2 S. 1 eine nachwirkende öffentlich-rechtliche **Verpflichtung zur Antragstellung**; kommt der Vorstand dieser Verpflichtung nicht nach, so kann er mit Zwangsgeld (§ 78) dazu angehalten werden. Zum Zwecke der Antragstellung ist ggf. auch ohne entsprechenden Antrag analog § 29 ein Notvorstand zu bestellen (vgl. auch § 73 Rn 2). Ist das Amt des Vorstands erloschen, aber bereits ein Liquidator bestellt, kann und muss dieser zusammen mit seinem Amt auch die Auflösung anmelden (§ 76 Rn 5).

8 **2. Eintragung von Amts wegen (Abs. 1 S. 1).** Von Amts wegen erfolgt die Eintragung der **Entziehung der Rechtsfähigkeit**, und zwar im Fall des § 73 ohne weiteres mit Wirksamkeit des Entziehungsbeschlusses (Abs. 1 S. 1), in den Fällen des § 43 und des § 7 Abs. 2 VereinsG auf Anzeige der Behörde, die die Entziehung

---

[1] OLG Düsseldorf NJW 1966, 1034; LG Hannover Rpfleger 1967, 174; LG Siegen Rpfleger 1991, 115 m. Anm. *Meyer-Stolte*; Soergel/*Hadding*, § 74 Rn 2.
[2] So zutr. die h.L., vgl. Staudinger/*Habermann*, § 74 Rn 3; MüKo/*Reuter*, §§ 74, 75 Rn 5; *Friedrich*,

DStR 1994, 61, 64; einschr. *Reichert*, Rn 2211: nicht nach § 78 erzwingbar.
[3] BGBl I S. 147.

ausgesprochen hat (Abs. 3). Analog § 74 ist auch im Fall des **Mitgliederwegfalls** die Auflösung von Amts wegen einzutragen.[4]

3. Bekanntmachung. Das Registergericht veranlasst nicht die öffentliche Bekanntmachung der Beendigung. Die Bekanntmachung herbeizuführen ist vielmehr gem. § 50 Abs. 1 S. 1 **Pflicht der Liquidatoren**. In den Fällen der §§ 3 Abs. 4, 7 Abs. 1 VereinsG erfolgt die Bekanntmachung durch die zuständige Verwaltungsbehörde.

III. Wirkung der Eintragung

Die Eintragungen wirken grundsätzlich nur **deklaratorisch**, ändern also nichts an der materiellen Rechtslage. Bei einem zugleich satzungsändernden Auflösungsbeschluss der Mitgliederversammlung (§ 41 Rn 28 ff.) ist die Eintragung der Satzungsänderung allerdings wegen § 71 konstitutiv.

§ 75 Eröffnung des Insolvenzverfahrens

¹Die Eröffnung des Insolvenzverfahrens ist von Amts wegen einzutragen. ²Das Gleiche gilt für
1. die Aufhebung des Eröffnungsbeschlusses,
2. die Bestellung eines vorläufigen Insolvenzverwalters, wenn zusätzlich dem Schuldner ein allgemeines Verfügungsverbot auferlegt oder angeordnet wird, dass Verfügungen des Schuldners nur mit Zustimmung des vorläufigen Insolvenzverwalters wirksam sind, und die Aufhebung einer derartigen Sicherungsmaßnahme,
3. die Anordnung der Eigenverwaltung durch den Schuldner und deren Aufhebung sowie die Anordnung der Zustimmungsbedürftigkeit bestimmter Rechtsgeschäfte des Schuldners,
4. die Einstellung und die Aufhebung des Verfahrens und
5. die Überwachung der Erfüllung eines Insolvenzplans und die Aufhebung der Überwachung.

Literatur: *Wentzel*, Auswirkungen des Insolvenzverfahrens auf das Vereinsregister, Rpfleger 2001, 334.

A. Allgemeines 1	3. Bestellung und Abberufung eines vorläufigen Insolvenzverwalters (S. 2 Nr. 2) 5
B. Regelungsgehalt 2	
I. Verfahren 2	
II. Eintragungspflichtige Entscheidungen des Insolvenzgerichts 3	4. Anordnung und Aufhebung der Eigenverwaltung (S. 2 Nr. 3) 6
1. Eröffnung des Insolvenzverfahrens (S. 1) 3	5. Einstellung und Aufhebung des Verfahrens (S. 2 Nr. 4) 7
2. Aufhebung des Eröffnungsbeschlusses (S. 2 Nr. 1) 4	6. Überwachung des Insolvenzplans (S. 2 Nr. 5) 8

A. Allgemeines

§ 75 ist zum 1.1.1999 an die zum gleichen Zeitpunkt in Kraft getretene InsO angepasst worden und bestimmt die bei **Insolvenz des Vereins** vorzunehmenden Eintragungen. Keine Eintragung erfolgt im Fall der Ablehnung der Insolvenzeröffnung mangels Masse, da sie das Bestehen des Vereins nicht unmittelbar berührt (§ 42 Rn 12, 35).

B. Regelungsgehalt

I. Verfahren

Die Eintragungen im Fall der Insolvenz des Vereins erfolgen **von Amts wegen**. Grundlage der Eintragung sind die durch die Geschäftsstelle des Insolvenzgerichts von Amts wegen veranlassten Mitteilungen; hierbei kann es sich, auch wenn die InsO durchweg von „Ausfertigungen" spricht, auch um beglaubigte Abschriften handeln, da sie den jeweiligen Normzweck in gleicher Weise erfüllen. Die Eintragungen im Vereinsregister werden dem Vorstand bzw. den Liquidatoren analog § 16 Abs. 1 FGG mitgeteilt. Die Eintragungen im Vereinsregister werden als solche nicht öffentlich bekannt gemacht; es erfolgt lediglich eine Bekanntmachung

---

4 *Böttcher*, Rpfleger 1998, 169, 172; *Reichert*, Rn 2075;
a.A. Soergel/*Hadding*, § 74 Rn 6: Löschung nach
§§ 159, 142 f. FGG.

der zugrunde liegenden Beschlüsse des Insolvenzgerichts. Zur Entbehrlichkeit des Hinweises auf die amtswegige Eintragung vgl. § 10 Abs. 4 S. 4 VRV.

II. Eintragungspflichtige Entscheidungen des Insolvenzgerichts

3 **1. Eröffnung des Insolvenzverfahrens (S. 1).** Die Eröffnung des Insolvenzverfahrens erfolgt durch Beschluss des Insolvenzgerichts gem. § 27 InsO. Die Entscheidung wird öffentlich bekannt gemacht (§ 30 Abs. 1 InsO); dem Registergericht, dem durch die Geschäftsstelle des Insolvenzgerichts von Amts wegen eine Beschlussausfertigung übermittelt wird (§ 31 Nr. 1 InsO), obliegt sodann die Eintragung im Vereinsregister.

4 **2. Aufhebung des Eröffnungsbeschlusses (S. 2 Nr. 1).** Die Aufhebung des Eröffnungsbeschlusses (§ 34 InsO) lässt den Auflösungsgrund wegfallen (§ 42 Rn 36). Die Aufhebung wird wiederum öffentlich bekannt gemacht und dem Registergericht mitgeteilt (§§ 34 Abs. 3 S. 2, 200 Abs. 2 S. 3, 31 InsO); dieses vollzieht sodann die Eintragung im Vereinsregister.

5 **3. Bestellung und Abberufung eines vorläufigen Insolvenzverwalters (S. 2 Nr. 2).** Öffentlich bekannt zu machen (§ 23 Abs. 1 S. 1 InsO), dem Registergericht mitzuteilen (§ 23 Abs. 2 InsO) und im Vereinsregister einzutragen ist ferner stets die Bestellung eines „starken" vorläufigen Insolvenzverwalters mit Verwaltungs- und Verfügungsbefugnis (§ 22 InsO); der nicht verwaltungs- und verfügungsbefugte sog. „schwache" Insolvenzverwalter ist nur einzutragen, wenn – was allerdings absolut die Regel ist – zusätzlich ein Zustimmungsvorbehalt i.S.v. § 21 Abs. 2 Nr. 2 InsO angeordnet ist. Die Aufhebung einer solchen Anordnung ist gleichfalls mitzuteilen und einzutragen. Die übrigen in § 21 InsO vorgesehenen Sicherungsmaßnahmen sollten zwar, wenn – wie z.B. bei einem besonderen Verfügungsverbot hinsichtlich einzelner Vermögensgegenstände des Vereins – der Rechtsverkehr für die praktische Wirksamkeit des Verbots hiervon Kenntnis erlangen muss, öffentlich bekannt gemacht werden; sie werden jedoch dem Registergericht nicht mitgeteilt und deshalb auch nicht eingetragen.

6 **4. Anordnung und Aufhebung der Eigenverwaltung (S. 2 Nr. 3).** Die Eigenverwaltung durch die Organe des (gleichwohl durch die Verfahrenseröffnung aufgelösten) Vereins kann nach §§ 271 ff. InsO angeordnet werden; sie ist dem Registergericht nach §§ 270 Abs. 1, 31 InsO (Anordnung im Eröffnungsbeschluss) bzw. § 271 InsO (nachträgliche Anordnung) mitzuteilen. Der Verein wird dann weiter durch den Vorstand bzw. die Liquidatoren vertreten. Mitteilungs- und eintragungspflichtig ist auch die Anordnung, dass bestimmte Rechtshandlungen an die Zustimmung eines Sachwalters gebunden werden (§ 277 InsO). Die Aufhebung der Eigenverwaltung ist gleichfalls mitzuteilen und einzutragen (§ 272 InsO).

7 **5. Einstellung und Aufhebung des Verfahrens (S. 2 Nr. 4).** Dem Registergericht mitzuteilen (§§ 215 Abs. 1 S. 3, 200 Abs. 2 S. 3, 31 InsO) und im Vereinsregister einzutragen ist ferner die Einstellung des Verfahrens nach §§ 207 ff. InsO, unabhängig vom Einstellungsgrund. Das Gleiche gilt für die Aufhebung des Verfahrens nach erfolgter Schlussverteilung (§§ 200 Abs. 2 S. 3, 31 InsO).

8 **6. Überwachung des Insolvenzplans (S. 2 Nr. 5).** Endet das Verfahren mit einem Insolvenzplan, so ist eine vom Gericht angeordnete Überwachung der Erfüllung dem Registergericht mitzuteilen (§§ 267 Abs. 3 S. 1, 31 InsO) und im Vereinsregister einzutragen. Mitgeteilt und eingetragen wird auch die Aufhebung einer derartigen Maßnahme (§ 268 Abs. 2 S. 2 InsO). Das Gleiche gilt für die in § 267 Abs. 2 InsO genannten Modalitäten der Überwachung, darunter vor allem eine im Insolvenzplan ggf. vorgesehene Beschränkung des Verfügungsrechts gem. § 263 InsO. Die übrigen Details des Insolvenzplans werden nicht eingetragen.

§ 76 Eintragung der Liquidatoren

(1) ¹Die Liquidatoren sind in das Vereinsregister einzutragen. ²Das Gleiche gilt von Bestimmungen, welche die Beschlussfassung der Liquidatoren abweichend von der Vorschrift des § 48 Abs. 3 regeln.

(2) ¹Die Anmeldung hat durch den Vorstand, bei späteren Änderungen durch die Liquidatoren zu erfolgen. ²Bei der Anmeldung ist der Umfang der Vertretungsmacht der Liquidatoren anzugeben. ³Der Anmeldung der durch Beschluss der Mitgliederversammlung bestellten Liquidatoren ist eine Abschrift des Beschlusses, der Anmeldung einer Bestimmung über die Beschlussfassung der Liquidatoren eine Abschrift der die Bestimmung enthaltenden Urkunde beizufügen.

(3) ¹Die Eintragung gerichtlich bestellter Liquidatoren geschieht von Amts wegen.

Literatur: *Eichler,* Der eingetragene Verein – Praxisprobleme des Registergerichts, Rpfleger 2004, 196; *Schwarz,* Die Publizität der Vertretungsmacht des Vorstands und der Liquidatoren eines Vereins, NZG 2002, 1033; *ders.,* Die Mehrheitsvertretung des Vereinsvorstandes und deren Eintragung im Vereinsregister, Rpfleger 2003, 1.

A. Allgemeines	1	II. Anmeldepflichtige Personen (Abs. 2, 3)	4
B. Regelungsgehalt	2	III. Rechtsfolgen	6
I. Inhalt der Eintragung (Abs. 1)	2		

A. Allgemeines

Die Bestimmung regelt die (deklaratorische) **Eintragung der Person und der Beschlussfassung der** 1
Liquidatoren analog zur Eintragung des Vorstands eines werbenden Vereins (§§ 64, 67): Zwar gewährleistet § 48 Abs. 1 S. 1 im Regelfall die personelle Kontinuität der für den Verein handlungsbefugten Personen. Jedoch verleiht die Liquidation dem Vorstand sowohl einen anderen Namen als auch eine andere Aufgabe. Es besteht deshalb ein Interesse der Öffentlichkeit an der Information über den Eintritt der Liquidation (die allein durch die Eintragung der Liquidatoren registermäßig verlautbart wird) und die nunmehr handlungsbefugten Personen. Auch die Bestimmungen über die Registerpublizität werden hierauf entsprechend angewandt. Die Eintragung kann nach § 78 erzwungen werden.

B. Regelungsgehalt

I. Inhalt der Eintragung (Abs. 1)

Eingetragen werden die **Liquidatoren.** Unerheblich ist, ob dies die bisherigen Vorstandsmitglieder sind, die 2
nach § 48 Abs. 1 mit der Auflösung ohne weiteres zu Liquidatoren geworden sind (§ 48 Rn 2), oder ob es sich um andere Personen handelt. Einzutragen sind die Person des oder der Liquidatoren, die Vertretungsmacht und ggf. die Abweichungen vom Einstimmigkeitsgrundsatz des § 48 Abs. 3 bei der Beschlussfassung (Abs. 1, 2 S. 2). Unter der gem. Abs. 2 S. 2[1] einzutragenden Vertretungsmacht versteht das Gesetz – ebenso wie nach § 64 für den Vorstand des werbenden Vereins – sowohl die dem gesetzlichen Regelfall entsprechende als auch die davon abweichende **personelle** (gesetzliche Gesamtvertretung i.S.v. § 48 Abs. 3 oder eine davon abweichende Regelung) **und sachliche** (unbeschränkte oder gem. § 26 Abs. 2 S. 2 durch die Satzung beschränkte) **Vertretungsmacht.**[2] Eingetragen werden in Spalte 3 des Registerblatts unter Buchstabe a die allgemeine Vertretungsregelung und unter Buchstabe b die Liquidatoren mit Namen, Vornamen, Wohnort, Geburtsdatum und, soweit zweckmäßig, auch besondere Vertretungsbefugnisse sowie die Änderung dieser Eintragungen unter kurzer Angabe des Grundes (§ 3 S. 3 Nr. 3 VRV).

Die Anmeldung der **Beendigung der Liquidation** und damit der Vollbeendigung des rechtsfähigen Vereins 3
durch die Liquidatoren ist nicht ausdrücklich vorgeschrieben, aber gleichfalls möglich. Erzwungen werden kann sie nach h.M. nicht (§ 74 Rn 2); im Verhältnis zum Verein sind die Liquidatoren aber wohl nachwirkend zur Eintragung verpflichtet. Die Anmeldepflicht besteht auch dann, wenn ein verteilungsfähiges Vermögen nicht vorhanden ist.[3]

II. Anmeldepflichtige Personen (Abs. 2, 3)

Voraussetzung der Eintragung ist die **Anmeldung**; nur im Fall der §§ 48 Abs. 2, 29 (§ 48 Rn 5) erfolgt eine 4
Eintragung von Amts wegen. Obwohl dieser seine Organstellung schon mit Eintritt des Beendigungsgrunds verloren hat, trifft den **Vorstand** des werbenden Vereins als solchen nach Abs. 2 S. 1 eine nachwirkende öffentlich-rechtliche Verpflichtung (sowie naturgemäß eine korrespondierende zivilrechtliche Vertretungsmacht) zur Antragstellung;[4] kommt der Vorstand dieser Verpflichtung nicht nach, so kann er mit Zwangsgeld (§ 78) dazu angehalten werden. Erforderlich und ausreichend sind die Erklärungen einer vertretungsberechtigten Zahl von Vorstandsmitgliedern (siehe § 48 Rn 8 ff.). Nach Abs. 2 S. 3 sind der Anmeldung der durch Beschluss der Mitgliederversammlung bestellten Liquidatoren eine (unbeglaubigte) Abschrift des Beschlusses sowie der Anmeldung einer Bestimmung über die Beschlussfassung der Liquidatoren eine Abschrift der die Bestimmung enthaltenden Urkunde beizufügen.

---

[1] I.d.F. durch Art. 2 ERJuKoG v. 10.12.2001, BGBl I S. 3422.
[2] Vgl. *Schwarz,* NZG 2002, 1033, 1037 ff.
[3] BayObLG WM 1982, 1288, 1290; *Reichert,* Rn 2143.
[4] LG Köln MittRhNotK 1979, 171; *Böttcher,* Rpfleger 1988, 169, 171; Palandt/*Heinrichs,* §§ 74–76 Rn 2; *Reichert,* Rn. 2142; Soergel/*Hadding,* § 76 Rn 2; a.A. *Buchberger,* Rpfleger 1991, 24, 25: nur die ersten Liquidatoren.

5 Spätere Änderungen melden die **Liquidatoren** an (Abs. 2 S. 1). Sind die Liquidatoren anstelle des bereits vor dem Auflösungsbeschluss ausgeschiedenen Vorstands bestellt, so kann und muss auch die erste Anmeldung durch die Liquidatoren selbst vorgenommen werden.[5]

III. Rechtsfolgen

6 Da die Rechtsstellung der Liquidatoren der des Vorstands beim werbenden Verein entspricht (vgl. § 48 Rn 6 ff.), finden die Vorschriften über die **Publizität des Vereinsregisters** (§§ 68, 70) entsprechende Anwendung.[6] Der gutgläubige Dritte darf also insbesondere darauf vertrauen, dass die durch andere Liquidatoren ersetzten, im Vereinsregister aber noch eingetragenen Vorstandsmitglieder den Liquidationsverein vertreten und dass eine nicht eingetragene Beschränkung der Vertretungsbefugnis auch nicht existiert.

§ 77 Form der Anmeldungen

¹Die Anmeldungen zum Vereinsregister sind von den Mitgliedern des Vorstands sowie von den Liquidatoren mittels öffentlich beglaubigter Erklärung zu bewirken.

Literatur: Siehe bei § 21 und bei Vorbemerkungen zu §§ 55–79.

A. Allgemeines	1	I. Mitglieder des Vorstands	2
B. Regelungsgehalt	2	II. Öffentliche Beglaubigung	3

A. Allgemeines

1 § 77 gilt für **sämtliche Anmeldungen** zum Vereinsregister, also für die Erstanmeldung zum Vereinsregister nach § 59 Abs. 1, für spätere Anmeldungen von Änderungen des Vorstands (§ 67 Abs. 1 S. 1) oder der Satzung (§ 71 Abs. 1 S. 2) sowie für die Anmeldung der Vereinsauflösung (§ 74 Abs. 2 S. 1) und die Anmeldung der Liquidatoren (§ 76 Abs. 2 S. 1). Die Form dient als Grundlage für eine ordnungsgemäße Registerführung, ebenso wie die Parallelvorschrift des § 12 Abs. 1 HGB für das Handelsregister und § 29 Abs. 1 GBO für das Grundbuch. Da § 77 Ordnungsvorschrift ist, kann das Registergericht die Eintragung nach § 60 wegen Nichteinhaltung der Form verweigern; erfolgt die Eintragung gleichwohl, ist diese wirksam, unanfechtbar und auch eine Amtslöschung nach §§ 159, 142 FGG ausgeschlossen (vgl. vor § 55 Rn 4).

B. Regelungsgehalt

I. Mitglieder des Vorstands

2 Bei einem **mehrgliedrigen, nicht nur gesamtvertretungsberechtigten Vorstand** bedarf die Anmeldung nach richtiger Auffassung weder bei der Ersteintragung noch bei späteren Eintragungen der Mitwirkung sämtlicher Vorstände; stets ist die Anmeldung durch Vorstandsmitglieder in vertretungsberechtigter Zahl ausreichend (siehe § 59 Rn 2, § 67 Rn 3, § 71 Rn 2). Dies ist für spätere Eintragungen seit einer klärenden Entscheidung des BGH inzwischen allgemein anerkannt,[1] jedoch hinsichtlich der Ersteintragung immer noch umstritten[2] (vgl. § 59 Rn 2, § 67 Rn 3). Die Anmeldung kann auch von einem Bevollmächtigten vorgenommen werden.[3] Statt des Vorstands können gemäß § 76 Abs. 2 S. 1 die **Liquidatoren** anmeldepflichtig sein,

---

[5] OLG Hamm OLGZ 1990, 257, 259 = NJW-RR 1990, 532 = Rpfleger 1990, 369; MüKo/*Reuter*, §§ 74, 75 Rn 2; *Reichert*, Rn 2142; a.A. *Buchberger*, Rpfleger 1991, 24, 25.

[6] Allg.M., vgl. *Reichert*, Rn 2149; Soergel/*Hadding*, § 76 Rn 2; Staudinger/*Habermann*, § 76 Rn 3.

[1] BGHZ 96, 245, 247 f. = NJW 1986, 1033; BayObLGZ 1991, 53 = NJW-RR 1991, 958, 959; Palandt/*Heinrichs*, § 77 Rn 1; Bamberger/Roth/*Schwarz*, § 77 Rn 2; Staudinger/*Habermann*, § 67 Rn 3; Soergel/*Hadding*, § 71 Rn 3; *Kirberger*, ZIP 1986, 346; früher a.A. OLG Hamm OLGZ 1980, 389; vgl. nunmehr aber OLG Hamm NJW-RR 2000, 698, 699.

[2] Wie hier: BayObLG NJW-RR 1991, 958; OLG Hamm NJW-RR 2000, 698, 699; LG Schwerin Rpfleger 1997, 264; LG Bremen NJW 1949, 345; AG Mannheim Rpfleger 1979, 179; *Stöber*, Handbuch, Rn 1018; *Sauter/Schweyer/Waldner*, Rn 15; *K. Schmidt*, GesR, 4. Aufl. 2002, § 23 II 2b aa und § 24 II 1a; *Kirberger*, ZIP 1986, 346, 349; a.A. LG Bonn NJW-RR 1995, 1515; Rpfleger 2001, 432; MüKo/*Reuter*, § 59 Rn 3; Palandt/*Heinrichs*, § 59 Rn 1; Erman/*Westermann*, § 59 Rn 1; Soergel/*Hadding*, § 59 Rn 3; Bamberger/Roth/*Schwarz*, § 59 Rn 3; *Winkler*, in: Keidel/Kuntze/Winkler, 15. Aufl. 2003, FGG, § 159 Rn 18; *Reichert*, Rn 142.

[3] Staudinger/*Habermann*, § 77 Rn 2; MüKo/*Reuter*, § 77 Rn 2; Erman/*Westermann*, § 77 Rn 1.

wenn sie nicht bereits durch den Vorstand zur Eintragung in das Vereinsregister angemeldet wurden (vgl. § 76 Rn 5).

II. Öffentliche Beglaubigung

Die Anmeldungen sind in Form der öffentlichen Beglaubigung i.S.v. § 129 zu erklären, d.h. die Anmeldung ist schriftlich abzufassen und die Unterschrift bzw. das Handzeichen des oder der Erklärenden sind von einem Notar zu beglaubigen (vgl. § 129 Rn 9 ff.). Bei Anmeldung durch einen Bevollmächtigten ist auch die Vollmacht in öffentlich beglaubigter Form vorzulegen.[4] Die öffentliche Beglaubigung kann gemäß § 129 Abs. 2 durch eine notarielle Beurkundung ersetzt werden.

§ 78 Festsetzung von Zwangsgeld

(1) ¹Das Amtsgericht kann die Mitglieder des Vorstands zur Befolgung der Vorschriften des § 67 Abs. 1, des § 71 Abs. 1, des § 72, des § 74 Abs. 2 und des § 76 durch Festsetzung von Zwangsgeld anhalten.

(2) ¹In gleicher Weise können die Liquidatoren zur Befolgung der Vorschriften des § 76 angehalten werden.

Literatur: Siehe bei § 26 und bei Vorbemerkungen zu §§ 55–79.

A. Allgemeines 1	I. Voraussetzungen 2
B. Regelungsgehalt 2	II. Festsetzung 3

A. Allgemeines

Die Vorschrift bietet dem Registergericht die Möglichkeit, den Vorstand sowie nach Abs. 2 auch die Liquidatoren durch Auferlegung eines Zwangsgeldes zur Befolgung ihrer registerrechtlichen Pflichten zu zwingen. Die Zielsetzung zeigt, dass das Zwangsgeld **reines Beugemittel** und keine Strafe ist. Daher kommt bei Uneinbringlichkeit des Zwangsgeldes eine Ersatzfreiheitsstrafe nach § 43 StGB nicht in Betracht.[1] Eine Freiheitsentziehung ist zudem schon nach Art. 104 Abs. 2 S. 1 GG ausgeschlossen, da die Entscheidungen im vereinsrechtlichen Registerverfahren regelmäßig kein Richter, sondern gemäß § 3 Nr. 1a RPflG der Rechtspfleger trifft.

B. Regelungsgehalt

I. Voraussetzungen

Das Registergericht ist nur in den ausdrücklich in § 78 benannten Fällen zur Auferlegung eines Zwangsgeldes befugt.[2] Somit ist der Einsatz des gerichtlichen Beugemittels z.B. unzulässig, wenn der Vorstand sich weigert, den Verein zur Ersteintragung anzumelden (§ 59 Abs. 1) oder bei der Ersteintragung sämtliche, den gesetzlichen Anforderungen entsprechenden Unterlagen vorzulegen (vgl. §§ 57–59). Ferner kommt ein Zwangsgeld bei einer Weigerung des Vorstands in Betracht, wegen Unterschreitung der Mindestmitgliederzahl die Entziehung der Rechtsfähigkeit zu beantragen (§ 73 Abs. 1).[3] Einer **analogen Anwendung** des § 78 in diesen Fällen steht der bei hoheitlichen Eingriffen, insbesondere bei Strafen und Ordnungsmitteln, geltende Gesetzesvorbehalt nach Artt. 20 Abs. 3, 103 Abs. 2 GG entgegen.

---

4 KGJ 26, A 232; Palandt/*Heinrichs*, § 77 Rn 1; Staudinger/*Habermann*, § 77 Rn 2; MüKo/*Reuter*, § 77 Rn 2; Erman/*Westermann*, § 77 Rn 1.

1 MüKo/*Reuter*, § 78 Rn 2; Staudinger/*Habermann*, § 78 Rn 2; Soergel/*Hadding*, § 78 Rn 2.

2 OLG Hamm OLGZ 1979, 1, 2; LG Hof DNotZ 1974, 609; MüKo/*Reuter*, § 78 Rn 2; Bamberger/Roth/Schwarz, § 78 Rn 2; *Reichert*, Rn 2356.

3 *Reichert*, Rn 2356; Bamberger/Roth/*Schwarz*, § 78 Rn 2 jeweils mit weiteren Beispielen.

II. Festsetzung

3 Gemäß Art. 6 Abs. 1 EGStGB ist das Zwangsgeld auf mindestens 5 EUR bis maximal 1.000 EUR zu bestimmen. Das Verfahren über die Festsetzung des Zwangsgeldes ist geregelt in §§ 159 Abs. 1 S. 2, 127, 132–139 FGG. Das Zwangsgeld richtet sich unmittelbar gegen die konkret anmeldepflichtigen Personen.[4] Wegen des Zwangsgeldes kann daher nicht in das Vereinsvermögen vollstreckt werden.[5]

§ 79 Einsicht in das Vereinsregister

(1) ¹Die Einsicht des Vereinsregisters sowie der von dem Verein bei dem Amtsgericht eingereichten Schriftstücke ist jedem gestattet. ²Von den Eintragungen kann eine Abschrift gefordert werden; die Abschrift ist auf Verlangen zu beglaubigen. ³Werden die Schriftstücke nach § 55a Abs. 5 aufbewahrt, so kann eine Abschrift nur von der Wiedergabe gefordert werden. ⁴Die Abschrift ist auf Verlangen zu beglaubigen. ⁵Eine Einsicht in das Original ist nur gestattet, wenn ein berechtigtes Interesse an der Einsicht darin dargelegt wird.

(2) ¹Die Einrichtung eines automatisierten Verfahrens, das die Übermittlung der Daten aus dem maschinell geführten Vereinsregister durch Abruf ermöglicht, ist zulässig, sofern sichergestellt ist, dass
1. der Abruf von Daten die nach Absatz 1 zulässige Einsicht nicht überschreitet und
2. die Zulässigkeit der Abrufe auf der Grundlage einer Protokollierung kontrolliert werden kann.

(3) ¹Der Nutzer ist darauf hinzuweisen, dass er die übermittelten Daten nur zu Informationszwecken verwenden darf. ²Die zuständige Stelle hat (z.B. durch Stichproben) zu prüfen, ob sich Anhaltspunkte dafür ergeben, dass die nach Satz 1 zulässige Einsicht überschritten oder übermittelte Daten missbraucht werden.

(4) ¹Die zuständige Stelle kann einen Nutzer, der die Funktionsfähigkeit der Abrufeinrichtung gefährdet, die nach Absatz 3 Satz 1 zulässige Einsicht überschreitet oder übermittelte Daten missbraucht, von der Teilnahme am automatisierten Abrufverfahren ausschließen; dasselbe gilt bei drohender Überschreitung oder drohendem Missbrauch.

(5) ¹Zuständige Stelle ist die Landesjustizverwaltung. ²Örtlich zuständig ist die Behörde, in deren Bezirk das betreffende Amtsgericht liegt. ³Die Zuständigkeit kann durch Rechtsverordnung der Landesregierung abweichend geregelt werden. ⁴Sie kann diese Ermächtigung durch Rechtsverordnung auf die Landesjustizverwaltung übertragen.

Literatur: Siehe bei Vorbemerkungen zu §§ 55–79.

A. Allgemeines 1	2. Abschrift 3
B. Regelungsgehalt 2	II. EDV-Register 4
I. Recht auf Einsicht und Abschrift 2	1. Grundsätzliches 4
1. Akteneinsicht 2	2. Online-Zugriff 5

A. Allgemeines

1 § 79 gewährleistet die **Öffentlichkeit des Vereinsregisters** durch ein umfassendes Recht auf Einsicht und Abschrift sowie den Abruf von Daten aus **EDV-Vereinsregistern**. Die Vorschrift wird durch § 162 FGG (Negativbescheinigung) sowie durch die Verfahrensvorschriften der §§ 16, 17, 31–36 VRV ergänzt (zum VRV siehe vor § 55 Rn 1). § 79 wurde 1993 durch das RegVBG[1] im Zusammenhang mit der Einführung des EDV-Registers (§ 55a) wesentlich erweitert. Damals wurden Abs. 1 S. 3–5, Abs. 2–10 neu eingeführt. Das ERJuKoG[2] bildete 2001 den § 79 erneut um, beseitigte das 1993 eingeführte Genehmigungsverfahren für Online-Abrufe (Abs. 3–10 a.F.) und führte ein **generelles Online-Einsichtsrecht** mit Verbotsvorbehalt für Missbrauchsfälle ein.

---

4 LG Lübeck SchlHA 1984, 115; Staudinger/
  Habermann, § 78 Rn 4; MüKo/Reuter, § 78 Rn 1;
  Erman/Westermann, § 78 Rn 1.
5 Staudinger/Habermann, § 78 Rn 4; Soergel/
  Hadding, § 78 Rn 2; MüKo/Reuter, § 78 Rn 1;
  Erman/Westermann, § 78 Rn 1.

1 Registerverfahrensbeschleunigungsgesetz v.
  20.12.1993 (BGBl I S. 2182).
2 Gesetz über elektronische Register und Justizkosten
  für Telekommunikation v. 10.12.2001 (BGBl I
  S. 3422).

B. Regelungsgehalt

I. Recht auf Einsicht und Abschrift

1. Akteneinsicht. Das Einsichtsrecht nach Abs. 1 S. 1 steht **jedermann** zu. Der Interessent kann nicht auf eine mündliche Unterrichtung aus den Akten verwiesen werden.[3] Das Recht umfasst gemäß § 16 Abs. 1 S. 1 VRV die Einsicht in das **Vereinsregister**, in die vom Verein eingereichten **Schriftstücke** sowie in das **Namensverzeichnis** (§ 8 VRV), d.h. das alphabetische Register aller angemeldeten Vereine. Die Einsicht ist jederzeit ohne vorherige Anmeldung während der Dienststunden auf der Geschäftsstelle des Registergerichts möglich, vgl. § 16 Abs. 1 S. 1 VRV. Ein **berechtigtes Interesse** an der Einsichtnahme, wie dies § 34 FGG allgemein für die Einsicht in Gerichtsakten fordert, ist nach Abs. 1 S. 1 nicht erforderlich. Zur Einsichtnahme in andere Teile der Registerakten ist jedoch nach § 16 Abs. 1 S. 2 VRV ein berechtigtes Interesse glaubhaft zu machen, sofern der Einsichtswillige nicht Beauftragter einer inländischen Behörde oder ein inländischer Notar ist. § 16 Abs. 1 S. 2 VRV betrifft z.B. die nicht seitens des Vereins eingereichten Schriftstücke wie Mitgliedereingaben oder gerichtliche Verfügungen.[4] Ein berechtigtes Interesse liegt vor bei jedem vernünftigerweise gerechtfertigten Interesse auch nur tatsächlicher, wirtschaftlicher oder wissenschaftlicher Art, das sich grundsätzlich nicht auf vorhandene Rechte zu stützen braucht.[5] Zur Einsichtnahme in Schriftstücke, die nach § 55a Abs. 5 aufbewahrt werden, siehe Rn 4. Für die Einsicht in das Vereinsregister werden gemäß § 90 KostO **keine Gebühren** erhoben.

2. Abschrift. Neben dem Einsichtsrecht verschafft Abs. 1 S. 2 jedermann einen Anspruch auf wahlweise einfache oder beglaubigte Abschrift der Registereintragungen. Die Fertigung von Abschriften richtet sich nach § 17 VRV. Zudem hat jeder einen Anspruch auf eine sog. **Negativbescheinigung** (auch Negativattest) gemäß § 162 FGG, d.h. die ausdrückliche gerichtliche Bescheinigung über das Nichtvorhandensein bestimmter Registereintragungen. Eine Abschrift der Eintragungen des Vereinsregisters sowie die Negativbescheinigung kann ohne Nachweis eines berechtigten Interesses verlangt werden. Werden indes Abschriften der eingereichten **Schriftstücke** begehrt, gelten die allgemeinen Grundsätzen des FGG-Verfahrens nach § 34 Abs. 1 FGG, so dass ein berechtigtes Interesse glaubhaft zu machen ist.[6] Die **Gebühren** für unbeglaubigte und beglaubigte Abschriften richten sich nach §§ 89 Abs. 1, 80, 73 Abs. 1 Nr. 1, 2 KostO, die Gebühren für eine Negativbescheinigung nach §§ 89 Abs. 2, 80, 33 KostO.

II. EDV-Register

1. Grundsätzliches. § 31 VRV regelt die Art und Weise der Einsicht in das maschinell geführte Register; diese wird durch ein **Datensichtgerät** oder durch Einsicht in einen **aktuellen oder chronologischen Ausdruck** gewährt. Wenn von § 55a Abs. 5 Gebrauch gemacht ist, d.h. wenn eingereichte Schriftstücke auf Bild- oder anderen Datenträgern gespeichert wurden, beschränkt sich das Einsichts- und Abschriftsrecht grundsätzlich auf die Wiedergabe der gespeicherten Daten (Abs. 1 S. 3). Eine Einsicht oder Abschrift der eingereichten **Originale** kann nur nach Darlegung eines besonderen Interesses verlangt werden, Abs. 1 S. 5, § 34 Abs. 1 FGG. Das gilt auch für geschlossene Registerblätter.[7] Dies sind die Seiten des früheren Registers, die bereits in das maschinelle Register übertragen worden sind, vgl. § 55a Abs. 3 S. 2. Ein berechtigtes Interesse besteht z.B., wenn der Antragsteller berechtigte Zweifel an der Richtigkeit oder Vollständigkeit der wiedergegebenen Daten glaubhaft macht.[8] Beim maschinell geführten Register tritt an die Stelle der Abschrift der **Ausdruck** und an Stelle der beglaubigten Abschrift der **amtliche Ausdruck**, vgl. § 32 VRV. Für die Ausdrucke gelten die Gebührenregelungen gemäß §§ 89 Abs. 1, 80, 73 Abs. 2 Nr. 1, 2 KostO.

2. Online-Zugriff. Abs. 2 bis 5 ermöglichen ein automatisiertes Datenübermittlungsverfahren auf Abruf, d.h. den Online-Zugriff auf das Vereinsregister, sofern ein derartiges Register bei dem betreffenden Amtsgericht eingerichtet ist. Die Regelungen entsprechen den Parallelvorschriften über das Handelsregister (§ 9a HGB) und über das Grundbuch (§ 133 GBO). Das Abrufverfahren wird im Einzelnen geregelt durch die §§ 33–36 VRV. Der Online-Zugriff ermöglicht den vom Ausdruck abzugrenzenden **Abdruck** der Daten, § 39 Abs. 1 S. 4 VRV. Für den Abruf von Daten gilt die Gebührenregelung des § 7b JVKostO.

---

3 OLG Hamm JMBl NRW 1955, 95; *Reichert*, Rn 2339; *Sauter/Schweyer/Waldner*, Rn 426.
4 *Reichert*, Rn 2340.
5 BayObLGZ 1997, 315; BayObLG FGPrax 1997, 32; OLG Frankfurt NJW-RR 1997, 581; *Bassenge/Herbst/Roth*, FGG/RpflG, 10. Aufl. 2004, § 34 Rn 5.
6 Bamberger/Roth/*Schwarz*, § 79 Rn 2; *Sauter/Schweyer/Waldner*, Rn 427; wohl ebenso MüKo/*Reuter*, § 79 Rn 2; Soergel/*Hadding*, § 79 Rn 3; Staudinger/*Habermann*, § 79 Rn 2.
7 *Reichert*, Rn 2339.
8 Palandt/*Heinrichs*, § 79 Rn 1; MüKo/*Reuter*, § 79 Rn 2; Staudinger/*Habermann*, § 79 Rn 5.

6　Die Einrichtung des automatisierten Verfahrens muss nach Abs. 2 gewährleisten, dass nur ein Datenabruf im Rahmen des Einsichtsrechts möglich ist und die Zulässigkeit der Abrufe aufgrund einer Protokollierung zu kontrollieren ist (§ 36 VRV). Der Online-Zugriff darf nur zu **Informationszwecken** genutzt werden, worauf der Nutzer gemäß Abs. 3 S. 1 hingewiesen werden muss. Die Einhaltung des zulässigen Nutzungsrahmens ist stichprobenartig zu kontrollieren (Abs. 3 S. 2). Die Kontrolle obliegt gemäß Abs. 5 der Landesjustizverwaltung, kann durch Rechtsverordnung aber abweichend zugewiesen werden. Bei Gefährdung der Funktionsfähigkeit der Abrufeinrichtung, bei Überschreitung des Nutzungsrahmens, bei Datenmissbrauch oder wenn eine Nutzungsüberschreitung oder ein Datenmissbrauch drohen, kann die Kontrollbehörde dem betreffenden Nutzer gemäß Abs. 4 S. 1 den künftigen Online-Zugriff verwehren.

7　Eine **Gefährdung der Funktionsfähigkeit** des Online-Registers liegt z.B. in der Übertragung von Computerviren[9] oder in dem übermäßigen, technisch nicht mehr vertretbaren Gebrauch durch einen Nutzer.[10] Eine **Überschreitung des Nutzungsrahmens** liegt etwa vor, wenn der gesamte Datenbestand des Registers zum Zwecke einer späteren gewerblichen Nutzung in Konkurrenz zum Handelsregister abgerufen wird[11] oder wenn sich der Nutzer durch Überwindung von Schutzmaßnahmen unberechtigten Zugriff auf Daten verschafft, die vom Einsichtsrecht nach Abs. 1 S. 1 nicht umfasst sind. Ein **Datenmissbrauch** liegt z.B. in der Nutzung der abgerufenen Daten zu einer unerlaubten Werbung.[12] Unabhängig vom künftigen Zugriffsausschluss kommt ggf. eine Strafbarkeit gemäß §§ 202a, 303a, 303b StGB in Betracht.

Untertitel 2. Stiftungen

§ 80　Entstehung einer rechtsfähigen Stiftung

(1) ¹Zur Entstehung einer rechtsfähigen Stiftung sind das Stiftungsgeschäft und die Anerkennung durch die zuständige Behörde des Landes erforderlich, in dem die Stiftung ihren Sitz haben soll.

(2) ¹Die Stiftung ist als rechtsfähig anzuerkennen, wenn das Stiftungsgeschäft den Anforderungen des § 81 Abs. 1 genügt, die dauernde und nachhaltige Erfüllung des Stiftungszwecks gesichert erscheint und der Stiftungszweck das Gemeinwohl nicht gefährdet.

(3) ¹Vorschriften der Landesgesetze über kirchliche Stiftungen bleiben unberührt. ²Das gilt entsprechend für Stiftungen, die nach den Landesgesetzen kirchlichen Stiftungen gleichgestellt sind.

Literatur: *Andrick/Suerbaum*, Stiftung und Aufsicht, 2001; *Andrick/Suerbaum*, Stiftung und Aufsicht, mit Nachtrag: Das modernisierte Stiftungsrecht, (Stand: September 2002), 2002; *Arens/Rinck*, AnwaltsFormulare Gesellschaftsrecht. Schriftsätze, Verträge, Erläuterungen, 2. Auflage 2005; *Badelt* (Hrsg.), Handbuch der Nonprofit Organisation, 2. Auflage 1999; *Berndt*, Stiftung und Unternehmen; 7. Auflage 2003; *Bertelsmann Stiftung* (Hrsg.), Stiftungen im Zentrum einer neuen Balance – Private Investitionen in das Gemeinwohl, 2001; *Buchna*, Gemeinnützigkeit im Steuerrecht, 8. Auflage 2003; *Bundesverband Deutscher Stiftungen*, Die Errichtung einer Stiftung, 5. Auflage 2002; *Bundesverband Deutscher Stiftungen* (Hrsg.), Bürgerstiftungen in Deutschland – Entstehung.Struktur.Projekte.Netzwerke (Forum Deutscher Stiftungen Bd. 15), 2002; *Bundesverband Deutscher Stiftungen*, Verzeichnis Deutscher Stiftungen, 2000; Bund-Länder-Arbeitsgruppe (beim Bundesjustizministerium) Stiftungsrecht, Bericht vom 19.1.2002; *Hennerkes/Schiffer*, Stiftungsrecht – Gutes tun und Vermögen sichern – privat und im Unternehmen, 3. Auflage 2001; *Hopt/Reuter* (Hrsg.), Stiftungsrecht in Europa, 2001; *IDW* (Hrsg.), Stiftungen – Rechnungslegung, Kapitalerhaltung, Prüfung und Besteuerung, 1997; *Mecking/Schindler/Steinsdörfer*, Stiftung und Erbe, 3. Auflage 1997 (Materialien aus dem Stiftungszentrum, Heft 21); *Roggencamp*, Public Private Partnership. Entstehung und Funktionsweise kooperativer Arrangements zwischen öffentlichem Sektor und Privatwirtschaft, 1999; *Sauter/Schweyer/Waldner*, Der eingetragene Verein, 17. Auflage 2001; *Schauhoff* (Hrsg.), Handbuch der Gemeinnützigkeit – Verein – Stiftung – GmbH, 2000; *Schiffer*, Der Unternehmensanwalt, 1997; *ders.*, Die Stiftung in der anwaltlichen Praxis, 2003; *Schiffer/v. Schubert*, Recht, Wirtschaft und Steuern im E-Business, 2002; *Schiffer/Rödl/Rott*, Haftungsgefahren in Unternehmen, 2004; *Schindler*, Die Familienstiftung, 1975; *Schindler/Steinsdörfer*, Treuhänderische Stiftungen, 6. Auflage 1998; *Schwintek*, Vorstandskontrolle in rechtsfähigen Stiftungen bürgerlichen Rechts – Eine Untersuchung zu Pflichten und Kontrolle von Leitungsorganen im Stiftungsrecht – insbesondere in Unternehmensträgerstiftungen, 2001; *Seifart/v. Campenhausen* (Hrsg.), Handbuch des Stiftungsrechts, 2. Auflage 1999; *Soergel/Neuhoff*, Stiftungen, §§ 80–88 BGB, Sonderdruck aus: Soergel: Kommentar zum Bürgerlichen Gesetzbuch (13. Auflage), Band 1: Allgemeiner Teil 1 (Stand Frühjahr 2000), 2001; *Steffek*, Die Anforderung an das Stiftungsgeschäft von Todes wegen, 1996; *Stengel*, Kommentar zum Hessischen Stiftungsgesetz, 2. Auflage 2000; *Stifterverband für die deutsche Wissenschaft* (Hrsg.), Mehr Innovation – Thesen und Empfehlungen zur Zukunft von Public Private Partnerships in der Wissenschaft, 2002; *Stifterverband für die Deutsche Wissenschaft* (Hrsg.), Private internationale Hochschulen – Profile und Bewertungen, 2002 (erweiterter Sonderdruck aus Wirtschaft & Wissenschaft, 1. Quartal 2002); *Vogel/Stratmann*, Public Private Partnership in der Forschung. Neue

---

[9] Bamberger/Roth/*Schwarz*, § 79 Rn 9; RegE, BT-Drucks 14/6855 S. 18 zu § 9a HGB.
[10] Palandt/*Heinrichs*, § 79 Rn 3.
[11] BGHZ 108, 32, 35 ff. = NJW 1989, 2818; OLG Köln NJW-RR 2001, 1255; Palandt/*Heinrichs*, § 79 Rn 3.
[12] Palandt/*Heinrichs*, § 79 Rn 3.

Formen der Kooperation zwischen Wissenschaft und Wirtschaft, 2000; *von Löwe*, Familienstiftung und Nachlassgestaltung, 1999; *Wachter*, Stiftungen – Zivil- und Steuerrecht in der Praxis, 2001.

A. Allgemeines ... 1
  I. Die Stiftung – Eine besondere juristische Person ... 1
  II. Lebenssachverhalte ... 4
  III. Statistisches ... 7
  IV. Verwirrungen und Klarstellungen ... 10
  V. „Konkurrenzen": Stiftungs-GmbH etc. ... 13
  VI. Neues Stiftungszivilrecht ... 21
  VII. Landesstiftungsgesetze ... 27
  VIII. Stifterwille ... 28
B. Regelungsgehalt ... 31
  I. Stiftungsgeschäft und zuständige Anerkennungsbehörde ... 31
  II. Anerkennung ... 33
  III. Vor-Stiftung? ... 39
  IV. Dauernde und nachhaltige Erfüllung des Stiftungszwecks ... 43
  V. Gemeinwohlkonforme Allzweckstiftung ... 44
  VI. Destinatäre ... 46
  VII. Stiftungsformen ... 51
    1. Allgemein privatnützige Stiftungen ... 51
    2. Familienstiftungen ... 53
    3. Unternehmensverbundene Stiftungen ... 60
      a) Zulässigkeit ... 60
      b) Selbstzweckstiftungen? ... 63
      c) Unternehmensnachfolge mit Stiftungen ... 64
    4. Steuerbefreite Stiftungen ... 74
    5. Bürgerstiftungen ... 84
    6. Kulturstiftungen ... 87
    7. Public Private Partnership ... 88
    8. Verbrauchsstiftungen ... 91
    9. Kommunale Stiftungen ... 92
    10. Kirchliche Stiftungen ... 93
C. Weitere praktische Hinweise ... 94
  I. Pflichtteilsrecht ... 94
  II. Stiftungsreife ... 97
  III. Stiftungsaufsicht ... 100
  IV. Die unselbständige/treuhänderische Stiftung ... 118
  V. Trusts ... 122
  VI. Ausländische Stiftungen ... 127

A. Allgemeines

I. Die Stiftung – Eine besondere juristische Person

Die Stiftung ist eine **besondere Rechtsform**, über die selbst unter Juristen oft Unkenntnis herrscht oder Missverständnisse bestehen. Sie wird im BGB und den Landesstiftungsgesetzen[1] nicht definiert. Eine Stiftung wird jedoch allgemein als eine von einem Stifter oder von mehreren Stiftern geschaffene Institution verstanden, die die Aufgabe hat, mit Hilfe des ihr gewidmeten Vermögens den festgelegten Stiftungszweck dauernd zu verfolgen.[2] Sie ist in ihrer im BGB geregelten **Grundform** als **selbständige Stiftung** des Privatrechts eine juristische Person ohne Eigentümer, Gesellschafter oder Mitglieder und ist als eine einem oder mehreren Zwecken gewidmete Zusammenfassung von vermögenswerten Gegenständen (Grundstockvermögen) auf Dauer angelegt (zur sog. Verbrauchsstiftung siehe Rn 91). Es werden insbesondere **Förderstiftungen** (Förderung bestimmter Zwecke) und **Trägerstiftungen** (z.B. Träger einer Krankenanstalt) unterschieden.

1

Das Grundstockvermögen der Stiftung darf grundsätzlich nicht angegriffen werden, es ist in seinem Bestand zu erhalten („**Grundsatz der Vermögenserhaltung**", siehe § 81 Rn 51 ff.), denn die Stiftung besteht eben nur aus diesem Vermögen.[3] Die Verbrauchsstiftung ist eine seltene Ausnahme.[4]

2

Die Stiftung ist in ihrer Grundform **eine wertneutrale, steuerpflichtige juristische Person des Privatrechts**, die – wie andere Rechtsformen (in der Praxis insb. Vereine und GmbHs, Paradebeispiel: Robert Bosch Stiftung GmbH) auch – gemeinnützig im Sinne der §§ 51 ff. AO sein kann, aber es nicht sein muss (siehe Rn 74 ff.). Körperschafts-/Gesellschaftsrecht und Steuerrecht sind als zwei gesonderte Rechtsgebiete auch bei der Stiftung zu trennen!

3

II. Lebenssachverhalte

Stiftungen sind nach aktueller Praxis nicht nur Instrumente zur Umverteilung materieller Werte von einem Einzelnen in den öffentlichen Bereich. Stiftungen sind auch Institutionen aus der Mitte unserer Gesellschaft, mit deren Hilfe Bürger versuchen, im Sinne des Gemeinwohls Wandel zu bewirken.[5] Das entscheidende Stichwort ist hier die **Bürgergesellschaft**,[6] in der die Stiftungen heute zunehmend ihre Rolle finden. Der Fall der gemeinnützigen Stiftung vermögender Privatpersonen ist vor diesem Hintergrund zwar derjenige, der in der Öffentlichkeit am bekanntesten ist, aber Stiftungen werden zur Vermögenssicherung und Erbfolge

4

---

1 Die aktuellen Texte der Landesstiftungsgesetze finden sich auf der Homepage des Bundesverbandes Deutscher Stiftungen, Berlin: www.stiftungen.org.
2 S. etwa in Seifart/v. Campenhausen/ v. Campenhausen, S. 2; sehr ausf. zu dem Begriff Soergel/*Neuhoff*, vor § 80 Rn 1 ff.
3 S. etwa Palandt/*Heinrichs*, § 80 Rn 5; *Berndt*, S. 60.
4 *Schiffer*, Die Stiftung in der anwaltlichen Praxis, S. 60 f.
5 S. dazu auch *von Arnim*, ZRP 2002, 223.
6 S. dazu den Tagungsband zur 57. Jahrestagung 2001 des Bundesverbandes Deutscher Stiftungen („Auf dem Weg zur Bürgergesellschaft – Die Rolle der Stiftungen").

nach wie vor gerade auch unternehmensbezogen gegründet (siehe auch Rn 60 ff.).[7] Stiftungen kommen für die **Erbfolgegestaltung** vor allem als Familienstiftungen, als gemeinnützige Stiftungen und als mildtätige Stiftungen in Betracht.[8]

Die Lebenssachverhalte, die mit Stiftungen verbunden sind, sind vielfältig.[9] Eines haben aber alle diese Lebenssachverhalte gemeinsam: Sie betreffen jeweils die Bereiche Wirtschaft, Recht, Steuern und menschliche Aspekte und erfordern deshalb eine wertende Gesamtbetrachtung[10] von Stifter und Berater.

5 **Drei Hauptmotive** für die Errichtung von Stiftungen lassen sich identifizieren, die einzeln oder auch kombiniert auftreten können: Gemeinnützige und mildtätige Motive vielfältiger Art, dazu der Wunsch, die Selbständigkeit eines (Familien-)Unternehmens aufrechtzuerhalten, die Unternehmensnachfolge zu sichern, das eigene Lebenswerk oder das Werk, das von der Familie über viele Generationen aufgebaut wurde, zu erhalten und schließlich der Wunsch nach einer langfristigen finanziellen Absicherung der Familie.

6 Stiftungen werden heute überwiegend von **vermögenden Privatpersonen** errichtet, die ihr Vermögen nach ihrem Tod für einen guten Zweck arbeiten lassen wollen und so ihre Erbfolge zumindest teilweise „gemeinnützig" gestalten, um „der Gesellschaft etwas zurückzugeben".[11] Stiftungen werden zunehmend aber **auch** aus dem **unternehmerischen Mittelstand** heraus – etwa auch von erfolgreichen Start-up-Unternehmern[12] – zur Vermögenssicherung und Unternehmensnachfolgeregelung[13] unternehmensbezogen errichtet. Nach einer Untersuchung des Instituts für Mittelstandsforschung, Bonn, stehen bis 2007 (gerechnet ab 2002) 355.000 von den insgesamt über 2 Mio. Unternehmen in Deutschland mit mehr als 50.000 EUR Jahresumsatz zur Unternehmensübertragung an.[14] In etwa 50% aller Fälle ist in der Praxis kein Familienmitglied bereit, die Unternehmensnachfolge anzutreten.[15] Nach Angaben der Europäischen Kommission[16] gehen nahezu 10% der Konkursanträge auf eine schlecht vorbereitete Erbfolge zurück und gefährden 30.000 Unternehmen sowie 300.000 Arbeitsplätze jährlich. Überwiegend handelt es sich um Familienunternehmen, d.h. um Unternehmen, die von einer oder mehreren Familien beherrscht werden, die die familiäre Verbundenheit und die von der oder den Familien aufgestellten Prinzipien als tragende Elemente ihrer unternehmerischen Tätigkeit betrachten.[17]

III. Statistisches

7 Im Jahre 2003 wurden in Deutschland 784 rechtsfähige Stiftungen bürgerlichen Rechts gegründet.[18] Das sind 5 Stiftungen weniger als 2002. Vor dem „Boomjahr" 2001 (829 Stiftungen) gab es im Durchschnitt nur 500 bis 650 neue Stiftungen pro Jahr. Hinzu treten die Gründungen von unselbständigen Stiftungen, Stiftungen öffentlichen Rechts, Stiftungsvereinen und Stiftungsgesellschaften.

8 Auf etwa 100 GmbHs kommt in Deutschland statistisch eine Stiftung.[19] Es gibt gegenwärtig in Deutschland über 11.000 selbständige Stiftungen nach den §§ 80 ff., wobei die ganz überwiegende Zahl der Stiftungen (geschätzt: fast 11.000) gemeinnützig ist. Diese Stiftungen haben in 2001 etwa 18 Mrd. EUR verteilt. Das Gesamtvermögen der gemeinnützigen/mildtätigen Stiftungen wird auf mindestens 50 Mrd. EUR geschätzt. Die gemeinnützigen Stiftungen ihrerseits machen allenfalls etwa 2% aller gemeinnützigen Körperschaften in Deutschland aus. Unternehmensverbundene Stiftungen gibt es zurzeit wohl etwa 200 bis 300 in Deutschland.[20] Diese Zahlenangabe erscheint schon wegen der traditionellen Publizitätsscheue deutscher mittelständischer Unternehmen wenig verlässlich. Familienstiftungen soll es etwa 550 in Deutschland geben,

---

7 S. etwa *Nietzer/Stadie*, NJW 2000, 3457 ff.
8 Ausf. dazu *Mecking/Schindler/Steinsdörfer*, Stiftung und Erbe, 3. Aufl. 1997; Seifart/v. Campenhausen/ *Hof*, S. 106 ff.; *Wachter*, S. 17 ff.; *Schiffer*, Die Stiftung in der anwaltlichen Praxis, S. 208 ff.; *Schiffer/Kotz*, ZErB 2004, 115 ff.
9 Einen Überblick „Zur Situation der Stiftungen in Deutschland" gibt Hopt/Reuter/*Mecking*, S. 33; *Schiffer*, NJW 2004, 2497 ff.
10 Zur Frage der Stiftungsethik (Leitlinien für die Stiftungspraxis) s. Themenheft Deutsche Stiftungen (Mitteilungen des Bundesverbandes Deutscher Stiftungen) 01/1999.
11 Anschauliche Beispiele finden sich etwa bei *Martin/ Wiedemeier*, Stiftungsideen, 2000, und bei *Stiftung Rheinland-Pfalz für Kultur (Hrsg.)*, Freude am Stiften – Stiftungskultur in Rheinland-Pfalz.
12 Schiffer/v. Schubert/*Schiffer*, S. 691.
13 S. etwa *Nietzer/Stadie*, NJW 2000, 3457; *Götz*, NWB F. 2, 7329; *Schiffer*, Stiftungen in der anwaltlichen Praxis, S. 211 ff.
14 Handelsblatt vom 16.10.2002, R. 3.
15 *Mario Ohoven* (Bundesverband mittelständische Wirtschaft), Bonner Generalanzeiger v. 23.1.2001, 20.
16 ABlEG Nr. C 2045 (23.7.1994, Mitteilung der Kommission zur Überleitung von Unternehmen), 2 f.
17 *Schiffer*, Der Unternehmensanwalt, S. 161 f.
18 Bundesverband Deutscher Stiftungen: www.stiftungsstatistiken.de.
19 Zu den Zahlen siehe *Schiffer*, Die Stiftung in der anwaltlichen Praxis, S. 35 f. m.w.N.
20 S. Bericht der Bund-Länderarbeitsgruppe beim Bundesjustizministerium Stiftungsrecht, S. 48. S. etwa auch *Berndt*, S. 479 ff.

wobei auch diese Zahl umstritten ist.[21] Die unselbständigen/treuhänderischen Stiftungen sind ungezählt. Allgemein wird in Fachkreisen angenommen, dass deren Zahl sehr hoch ist, weil sie sich besonders leicht errichten lassen.

Etwa 60% der deutschen Stiftungen verfügen über ein Stiftungsvermögen von bis zu 0,5 Mio. EUR und 0,5% der Stiftungen verfügen über ein solches von über 250 Mio. EUR.[22] Für die 4.538 Stiftungen, die dazu gegenüber dem Bundesverband Deutscher Stiftungen Angaben gemacht haben, lässt sich ein Gesamtvermögen von über 30 Mrd. EUR ermitteln.

IV. Verwirrungen und Klarstellungen

Die **Bezeichnung „Stiftung"** wird in der Praxis nicht nur für Stiftungen im eigentlichen Sinne verwandt, sondern etwa **auch für Vereine oder Gesellschaften mit beschränkter Haftung**.[23] Diese eher verwirrende Verwendung des Schlagwortes „Stiftung" in der Firma einer GmbH ist zulässig, wenn die Gesellschaft ein einem bestimmten Zweck gewidmetes Vermögen verwaltet.[24] So muss etwa auch ein Stiftungs-Verein[25] anders als ein „normaler" gemeinnütziger Verein über eine kapitalartige Vermögensausstattung oder jedenfalls über eine gesicherte Anwartschaft darauf verfügen, damit eine dem Wesen einer Stiftung entsprechende Aufgabenerfüllung zumindest über einen gewissen Zeitraum sichergestellt ist. Verfolgt ein Verein seinen Zweck alleine mit Mitgliedsbeiträgen und/oder Spenden, darf er sich nicht „Stiftung" nennen.

Für Verwirrung auch in der wissenschaftlichen Diskussion und bei potenziellen Stiftern führt auch immer wieder, dass in dem Begriff Stiftung der Gedanke der Gemeinnützigkeit mitzuschwingen scheint,[26] wurden doch in früheren Zeiten Stiftungen meist als **„gute Werke"** errichtet.[27] Oft trugen sie den Zusatz „fromm" oder „mild". Die rechtsfähige Stiftung ist entgegen manchem Missverständnis und Vorurteil aber eine wertneutrale, steuerpflichtige juristische Person, die – wie andere Rechtsformen (in der Praxis insb. Vereine und GmbHs, Paradebeispiel: Robert Bosch Stiftung GmbH) auch – gemeinnützig im Sinne der §§ 51 ff. AO sein kann, es aber nicht sein muss. Körperschaftsrecht und Steuerrecht sind als zwei gesonderte Rechtsgebiete auch bei den Stiftungen zu trennen! Sofern eine Stiftung unmittelbar oder mittelbar unternehmerisch tätig ist, kann sie sich den Gesetzmäßigkeiten des Wirtschaftslebens, wie insbesondere der Steuerpflicht, nicht entziehen.

Die Stiftung ist **weder** ein **Steuersparansatz noch** ein **Allheilmittel** zur Regelung der **Unternehmensnachfolge** im Mittelstand. Die Stiftung ist eine spezielle Rechtsfigur für spezielle Fälle. Dabei muss ein Stifter bestimmte persönliche Qualifikationen erfüllen, die sich als „Stiftungsreife" bezeichnen lassen (siehe Rn 97 ff.). Auch ein Unternehmer muss wie jeder andere Stifter mit seiner Familie vor allem gewillt sein, zu akzeptieren, dass mit der Stiftung eine eigenständige, von seinem zukünftigen Willen unabhängige juristische Person ins Leben gerufen wird, der das erforderliche Stiftungsvermögen dauerhaft übertragen wird. Die einmal genehmigte Stiftung genießt mit ihrem jeweiligen spezifischen Stiftungszweck staatlichen Bestandsschutz – und zwar auch gegenüber dem Stifter.

V. „Konkurrenzen": Stiftungs-GmbH etc.

Die Widmung von Vermögen zu einem dauerhaften Zweck kann nicht nur über eine Stiftung erfolgen.[28] Die Alternativformen (Verein, GmbH und AG) dürfen sich dann als Stiftung bezeichnen, wenn sie ein einem bestimmten Zweck gewidmetes Vermögen verwalten (siehe Rn 97 ff.), insoweit also einer Stiftung entsprechen.

Die GmbH ist die in Deutschland am weitesten verbreitete Gesellschaftsform.[29] Da eine GmbH zur Erreichung jedes beliebigen Zwecks errichtet werden kann, kann sie auch für einen gemeinnützigen und/oder mildtätigen Zweck errichtet werden. Die **Stiftungs-GmbH**[30] ist relativ weit verbreitet. Das gilt

---

21 S. Bericht der Arbeitsgruppe, S. 46 („535 Familienstiftungen") und dort Anhang 9; Bundesverband Deutscher Stiftungen, Verzeichnis Deutscher Stiftungen, 2000, A 27 (Stiftungsschwerpunkte „Familie und Unternehmen": 596 Stiftungen).
22 *Bundesverband Deutscher Stiftungen*, Verzeichnis Deutscher Stiftungen, 2000, S. XI.
23 S. auch *Berndt*, S. 60. Auf diese Ersatzformen wird in Rn 14 gesondert eingegangen.
24 OLG Stuttgart NJW 1964, 1231 = GmbHR 1964, 116.
25 S. *Sauter/Schweyer/Waldner*, S. 45.

26 S. auch *Berndt*, S. 59, 60.
27 So auch *Bundesverband Deutscher Stiftungen*, Die Errichtung einer Stiftung, S. 13.
28 Anschaulich etwa: *Wochner*, Die Roten Seiten zum Magazin Stiftung & Sponsoring, 02/1999; *Wachter*, S. 201 ff.; *Berndt*, S. 578 ff.
29 *Hansen*, GmbHR 1999, 24 ff.
30 Ausf. *Wengel/Kiel*, StuB 2002, 952 ff.; *Schlüter*, GmbHR 2002, 535 ff. zum Steuerrecht der gemeinnützigen GmbH siehe *Grabau*, DStR 1994, 1032.

auch für die Stiftungs-AG.[31] Besonders hinzuweisen ist auf den Grundsatz der Satzungsstrenge[32] und die Möglichkeit der sog. kleinen AG. Die **Stiftungs-AG** ist deshalb ganz selten, weil das AktG wesentlich weniger Gestaltungsfreiheit als das GmbHG gibt. So leitet bei der AG der Vorstand die Gesellschaft nach § 76 Abs. 1 AktG in eigener Verantwortung, wohingegen die Gesellschafter einer GmbH einen starken Einfluss auf die Geschäftsführung der Gesellschaft nehmen können.

15 Es soll ca. 150 **Stiftungsvereine**[33] in Deutschland geben,[34] die nicht mit den „normalen" gemeinnützigen Vereinen zu verwechseln sind,[35] von denen es hunderttausende gibt. Der Stiftungs-Verein muss anders als diese über eine kapitalartige Vermögensausstattung oder jedenfalls über eine gesicherte Anwartschaft darauf verfügen, damit eine dem Wesen einer Stiftung entsprechende Aufgabenerfüllung zumindest über einen gewissen Zeitraum sichergestellt ist. Verfolgt ein Verein seinen Zweck alleine mit Mitgliedsbeiträgen und/oder Spenden, darf er sich nicht „Stiftung" nennen. Die Privatautonomie des Vereinsrechts und die Vereinsautonomie[36] eröffnen einen großen Gestaltungsspielraum.

16 Eine **Stiftung** zeichnet sich vor allem durch ihre **Stetigkeit („Ewigkeitstendenz")** aus. Wesentliche Merkmale der Stiftung sind zudem (siehe Rn 1), dass sie keine Mitglieder/Gesellschafter hat, dass ihr Vermögen einem bestimmten Zweck dient, dass sie – außer im Fall der treuhänderischen Stiftung – staatlich anerkannt werden muss, um als juristische Person zu entstehen, dass sie grundsätzlich der staatlichen (Dauer-)Aufsicht unterliegt (siehe Rn 100 ff.), dass Satzungsänderungen nur unter engen Voraussetzungen erfolgen können, dass durch das neue Stiftungssteuerrecht bestimmte Steuervorteile nur für Stiftungen bestehen. Vor allem § 58 Nr. 5 AO gilt nur für Stiftungen. Die GmbH, die Aktiengesellschaften und der eingetragene Verein als Rechtsformen haben im Gegensatz zur Stiftung Mitglieder/Gesellschafter. Sie sind auf einen vorübergehenden Zeitraum angelegt, unterliegen keiner staatlichen Daueraufsicht, Satzungsänderungen können problemlos durch die jeweiligen Mitglieder/Gesellschafter beschlossen werden.

17 Die Stetigkeit der Stiftung durch die **„Verewigung des Stifterwillens"** kann wegen mangelnder Flexibilität zugleich ihr Nachteil sein; da ist gegebenenfalls gestalterisch gegenzusteuern.[37] Die grundsätzlich vorteilhafte Flexibilität der Alternativformen ist in Sachen Kontinuität allerdings deren Nachteil. Entscheidend ist nicht der (damalige) Wille des oder der „Stifter". Entscheidend sind der aktuelle Wille und die jeweiligen Vorstellungen der Gesellschafter/Mitglieder. Eine dauerhafte Vermögensbindung und Zweckverfolgung im Sinne der „Gründer" ist nicht garantiert.

18 „Stiftungen" im Sinne einer Vermögensverselbständigung unter eigenständiger Organisation (mit einer Aufsichtsbehörde!!) zu einem auf Dauer angelegten Zweck können **am ehesten** über die Rechtsform der **rechtsfähigen Stiftung** des Privatrechts vollzogen werden. Die genannten Ersatzformen sind nur „Lösungen zweiter Klasse", die versuchen, den Stiftungsansatz künstlich zu imitieren.[38] Soll über die der Alternativformen dennoch die Verstetigung des „Gründerwillens" und die dauerhafte Verfolgung des gewählten Zwecks erreicht werden, ist ausgefeilte und aufwändige juristische Vertragstechnik erforderlich, um die typischen Merkmale dieser Organisationsformen „zu unterdrücken". Die Zahl der Mitglieder ist langfristig bewusst klein zu halten. Die Mitgliedschaftsrechte, Geschäftsanteile und Aktien sollten nur treuhänderisch übertragen werden, wobei sicherzustellen ist, dass sie unveräußerlich und nicht vererblich sind. Satzungsänderungen und Zweckänderungen sind durch Einstimmigkeitserfordernisse und/oder Genehmigungserfordernisse (Beirat/Stiftungsrat) zu erschweren. Auch dann hat der „Stifter" aber keine wirkliche Sicherheit, denn beispielsweise können Satzungen zumindest einstimmig geändert werden.

19 Auch die **Dauertestamentsvollstreckung** kann eine Alternative zu einer Stiftung sein. Auch sie läuft lange und lässt sich nach § 2210 S. 1 auf 30 Jahre und ggf. nach § 2210 S. 2 auch auf einen längeren Zeitraum erstrecken. Je größer die Zahl der Erben, je schutzbedürftiger ein Erbe, je komplizierter der Nachlass ist, je weniger einträchtig die Erben vermutlich sein werden, desto näher liegt der Gedanke an die Einsetzung eines Testamentsvollstreckers.[39] Sofern bei dem plötzlichen Ableben des Erblassers der vorgesehene Erbe beispielsweise die Unternehmerfunktion voraussichtlich nicht voll wird wahrnehmen können, bietet sich die Dauertestamentsvollstreckung an. Der Testamentsvollstrecker übernimmt zeitlich begrenzt die Unternehmensführung oder die Ausübung des Stimmrechts für eine Gesellschaftsbeteiligung.

---

31 S. *Wachter*, S. 217.
32 § 23 Abs. 5 AktG.
33 S. *Wochner*, Beilage zu Stiftung & Sponsoring 02/1999, 3 ff.; *Wachter*, S. 226 ff.
34 *Wachter*, S. 226.
35 S. *Sauter/Schweyer/Waldner*, S. 45.
36 S. nur *Sauter/Schweyer/Waldner*, S. 22 ff.; *Wachter*, S. 226 ff.
37 S. *Schiffer*, Die Stiftung in der anwaltlichen Praxis, S. 221 ff.
38 Zur steuerlichen Vorteilhaftigkeit der Stiftung als Rechtsform für gemeinnützige Zwecke s. *Schiffer/Swoboda*, StuB 2001, 317.
39 Anschaulich zur Testamentsvollstreckung bei der Unternehmensnachfolge: *Lorz/Kirchdörfer*, Die Unternehmensnachfolge, 2002, S. 79 ff.

Neben den damit verbunden rechtlichen Schwierigkeiten und Bedenken[40] sprechen grundsätzlich auch betriebswirtschaftliche Erwägungen gegen eine Dauertestamentsvollstreckung im unternehmerischen Bereich. Der Leiter/Geschäftsführer eines Unternehmens muss ein „Profi" mit entsprechender Führungs- und Branchenerfahrung sein. Er benötigt gänzlich andere Qualifikationen als sie von einem Testamentsvollstrecker typischerweise verlangt werden. Sinnvoll erscheint es allenfalls, dass ein Testamentsvollstrecker zur Überwachung der Geschäftsführung tätig wird. Aber auch in einem solchen Fall benötigt er entsprechende Spezialkenntnisse und -erfahrungen etwa als Beirats- oder Aufsichtsratsmitglied. Insgesamt erscheint hier ein entsprechend besetzter Beirat[41] wesentlich sinnvoller.

VI. Neues Stiftungszivilrecht

Die „Politik" entdeckte die Stiftung vor geraumer Zeit – nicht zuletzt angesichts der zunehmend leeren öffentlichen Kassen. Zunächst wurden das Stiftungssteuerrecht (siehe Rn 74 ff.) und das Spendenrecht[42] reformiert. Sodann wurde die Reform des Stiftungszivilrechts intensiv diskutiert, und auch die politischen Parteien taten sich mit unterschiedlich gelungenen Vorschlägen hervor.[43]

Für das neue Recht wurde ein sehr pragmatischer und praxisnaher Ansatz ohne wesentliche materielle Änderungen gewählt.[44] Die Neuregelung im BGB,[45] die ab dem 1.9.2002 gilt, stärkt vor allem die Stifterfreiheit, indem sie durch eine bundeseinheitliche Regelung die rechtlichen Anforderungen für die Errichtung einer Stiftung transparenter und einfacher gestaltet. Der Gesetzgeber hat die bewährten Grundlagen des Deutschen Stiftungsrechts gestärkt. Er hat den Wunsch mancher nach zusätzlicher Regulierung des Stiftungsrechts ausdrücklich nicht erfüllt. Die **breit gefächerten Möglichkeiten für Stiftungsgestaltungen** einschließlich der Familienstiftung (siehe Rn 53 ff.) und der Unternehmensverbundenen Stiftung (siehe Rn 60 ff.) sind mit dem neuen Gesetz gesichert.[46] Die von verschiedenen Seiten vorgebrachten Vorbehalte u.a. gegenüber unternehmensverbundenen Stiftungen sind ins Leere gegangen und sollten damit endgültig überholt sein.[47] Der Gesetzgeber hat den Stiftern mit dem neuen Recht – nach wie vor – eine große Freiheit gelassen und ihnen nicht etwa Vorgaben für eine bestimmte interne Struktur ihrer Stiftung gegeben. Die breit gefächerten Möglichkeiten für Stiftungsgestaltungen sind mit dem neuen Gesetz gesichert.

Ausdrücklich wird in dem Entwurf auch klargestellt, dass die Rechtsfähigkeit der Stiftung anzuerkennen ist, wenn die gesetzlichen Voraussetzungen erfüllt sind. Es ist also ein **Recht auf die Errichtung von Stiftungen** festgeschrieben worden. Der Begriff der „Genehmigung" einer Stiftung wurde durch „Anerkennung" ersetzt, um das Stiftungsrecht von „obrigkeitsstaatlichem Muff" zu befreien. Das ist durchaus auch als Aufforderung an die Stiftungsbehörden gemeint.

Dem Stifterwillen wird besonderes Gewicht beigemessen. Das sieht man u.a. daran, dass im Rahmen der Stifterfreiheit für Stiftungen alle gemeinwohlkonformen Zwecke zulässig sind. Ausdrücklich festgehalten wird die Wichtigkeit des Stifterwillens u.a. in § 87.

Der vorrangig zuständige Bundesgesetzgeber hat, wie das neue Stiftungszivilrecht zeigt, von seiner Befugnis, die Satzungsinhalte privatrechtlicher Stiftungen zu regeln, ganz bewusst nur in begrenztem Umfange Gebrauch gemacht. Damit ergeben sich für die einzelne Stiftung deren stiftungsrechtlich bedeutsame Regelungen im Wesentlichen aus ihrer Stiftungssatzung (Stiftungsverfassung). Unter Beachtung des für die betreffende Stiftung geltenden Landesstiftungsgesetzes kann ein Stifter eine konkret **auf seine Wünsche zugeschnittene Stiftungssatzung** bindend festlegen.

Bei der Gestaltung einer Stiftungsverfassung (Stiftungssatzung) ist nach wie vor zwischen dem **notwendigen und dem möglichen Inhalt** zu unterscheiden (siehe § 81 Rn 15 f.). Letztlich lässt sich für jedes konkrete Stiftungsprojekt eine maßgeschneiderte Satzung entwerfen. Es besteht ein breiter Gestaltungsspielraum für den Stifter. Der BGH hat das einmal sehr deutlich und plastisch wie folgt umschrieben:

---

40 S. nur *Lorz/Kirchdörfer*, a.a.O., S. 82 ff. mit zahlreichen Praxisbeispielen.
41 *Arens/Rinck/Schiffer*, § 16 Rn 18 ff.
42 Einen Überblick gibt *Jost*, DB 2000, 1248 ff.
43 S. z.B. *Dietlein/ Miehl*, ZRP 2000, 72 ff.; *Wachter*, S. 264 ff.; *Bundesverband Deutscher Stiftungen* (Hrsg.); Ein modernes Stiftungsprivatrecht zur Förderung und zum Schutz des Stiftungsgedankens; *Pluskat*, DStR 2002, 915 ff.
44 S. die hilfreiche Synopse von altem und neuem Recht bei *Schwarz*, DStR 2002, 1767, 1771 ff.
45 Näher dazu *Nissel*, Das neue Stiftungsrecht, 2002; *Schiffer*, Die Stiftung in der anwaltlichen Praxis, S. 75 ff.; *Andrick/Suerbaum*, NJW 2002, 2905; *Lex*, Stiftung & Sponsoring, 04/2002, S. 15; *Schwarz*, DStR 2002, 1718 ff. und 1767 ff.
46 Deutsche Stiftungen (Mitteilungen des Bundesverbandes Deutscher Stiftungen) 02/2002, 1; s.a. *Schiffer*, BB 42/2002, Die erste Seite (Kommentar); s.a. Palandt/*Heinrichs*, vor § 80 Rn 11 m.w.N. unter Hinweis auf *Schiffer/v. Schubert*, DB 2000, 437.
47 *Schiffer*, ZSt 2003, 252 ff.

"Der Grundsatz der Autonomie räumt dem Stifter vielfältige Möglichkeiten ein, die Stiftung so auszugestalten, wie es seinen Vorstellungen und Interessen entspricht. Grenzen sind der Gestaltungsfreiheit nur gezogen, wo aus Gründen des öffentlichen Interesses Mindestanforderungen an das Stiftungsgeschäft zu stellen sind und die Privatrechtsordnung einem Rechtsgeschäft die Anerkennung versagen muß, etwa weil es gegen ein gesetzliches Verbot oder gegen die guten Sitten verstößt (BGHZ 70, 313, 324 f. = NJW 1978, 943)."[48]

Das gilt nach dem neuen, ganz bewusst liberalen und offenen Stiftungsrecht erst recht.

VII. Landesstiftungsgesetze

27 Mit dem neuen Bundesstiftungsrecht im BGB sind die Voraussetzungen für das Entstehen einer rechtsfähigen Stiftung bundeseinheitlich im BGB geregelt. Neben dem neuen Stiftungszivilrecht im BGB gelten weiterhin die verschiedenen Landesstiftungsgesetze, soweit nicht im BGB eine vorrangige materiellrechtliche Regelung getroffen wurde,[49] was insbesondere bei der Regelung der Anerkennung von Stiftungen der Fall ist. Die Landesstiftungsgesetze werden aktuell überarbeitet.[50] Dazu haben *Hüttemann* und *Rawert* einen **Modellentwurf eines Landesstiftungsgesetzes** vorgelegt.[51] Die aktuellen Landesstiftungsgesetze findet man u.a. auf der Internetseite des Bundesverbandes Deutscher Stiftungen (www.stiftungen.org). Als beispielhaft sei hier das Landesstiftungsgesetz von Rheinland-Pfalz vom 12.5.2004 (LT-Drucks 14/3129) hervorgehoben.

VIII. Stifterwille

28 Welche **Zwecke** eine Stiftung wie und mit welcher **Organisation** verfolgen soll, wird auch nach dem neuen Stiftungsrecht in dem Stiftungsgeschäft einschließlich der damit der Stiftung gegebenen Stiftungssatzung abschließend festgelegt. Der Stiftungszweck bestimmt sich mithin (abgesehen von dem Erfordernis der Gemeinwohlkonformität, siehe Rn 44 ff.) letztlich **ausschließlich nach dem Willen des Stifters**. Nichts anderes gilt für die Organisation der Stiftung, wenn man einmal davon absieht, dass sie auch nach dem neuen Stiftungsrecht zumindest über einen (Ein-Personen-)Vorstand verfügen muss. Nach der Anerkennung durch die Aufsichtsbehörden sind der Stiftungszweck und die Stiftungsorganisation grundsätzlich der Disposition des Stifters und der von ihm gewählten Stiftungsorgane entzogen. Die Stiftungssatzung bindet die Stiftungsorgane und deren Mitglieder.

29 Anders als bei sonstigen Körperschaften wie etwa einem Verein oder einer GmbH ist bei der Stiftung **kein Personenverband** als Rechtsträger gegeben. Eine Stiftung hat keine Gesellschafter oder Mitglieder. Das Schicksal einer Stiftung wird deshalb nicht wie dasjenige eines Vereins von dem Willen einer solchen Personenmehrheit bestimmt, es hängt vielmehr von dem in der Stiftungssatzung wiedergegebenen **Stifterwillen** ab,[52] dessen Einhaltung und Beachtung die Stiftungsaufsicht zu überwachen hat, soweit das nicht schon durch geeignete Satzungsvorschriften und eine geeignete Organisation der Stiftung ausdrücklich sichergestellt ist.[53] So heißt es beispielsweise in § 5 des neuen Hessischen Stiftungsgesetzes vom 26.11.2002 wörtlich:

„Die Stiftungsorgane haben die Stiftung so zu verwalten, dass eine Verwirklichung des Stiftungszweckes unter Berücksichtigung des erkennbaren oder mutmaßlichen Willens des Stifters auf Dauer nachhaltig gewährleistet erscheint."

Der Stifterwille ist also der **Maßstab für das Handeln der Stiftungsorgane**. Er ist **das oberste Prinzip des Stiftungsrechts**.[54] Er bindet deshalb die Stiftungsorgane und wird von der Stiftungsaufsicht überwacht.[55] Die Stiftung ist die Vollstreckerin des Stifterwillens. Er manifestiert sich ausdrücklich und vorrangig in der Stiftungssatzung und dem Stiftungsgeschäft oder zeigt sich nur als hypothetischer (mutmaßlicher) Wille.[56] Mit der Anerkennung der Stiftung wird der Stifterwille verselbständigt, d.h. auch dem künftigen Einfluss des Stifters entzogen, und objektiviert.[57] Auf einen etwaigen späteren (subjektiven) geänderten Willen des Stifters kommt es damit nicht mehr an.[58] Die grundlegende Bedeutung des Stifterwillens wird etwa auch in § 87 betont.

---

48 BGH NJW 1987, 2364, 2366.
49 Palandt/*Heinrichs*, vor § 80 Rn 13; *Hüttemann/Rawert*, ZIP 2002, 2019.
50 S. dazu etwa *Richter*, ZEV 2003, 314; *Schwintek*, Stiftung & Sponsoring, 01/2004, 19; *Schindler/Lewitzki*, Stiftung & Sponsoring, 01/2004, 23.
51 ZIP 2002, 2019 ff.
52 *Andrick/Suerbaum*, Stiftung und Aufsicht, 2002, S. 54.; Seifart/v. Campenhausen/*Hof*, S. 23 (Rn 17); *Schiffer*, Die Stiftung in der anwaltlichen Praxis, S. 49, 88, 113, 230.
53 *Andrick/Suerbaum*, Stiftung und Aufsicht, 2002, S. 55 unter ausdr. Hinweis auf OVG-NRW, NVwZ-RR 1996, 425, 426.
54 So ausdr. *Wachter*, S. 5; deutlich auch BVerfG NJW 1978, S. 581; BGH NJW 1987, 2364, 2366.
55 Beispiel: § 10 HessStiftG.
56 S. nur § 5 HessStiftG.
57 *Wachter*, S. 38.
58 BGH NJW 1987, 2364 ff.; Seifart/v. Campenhausen/*Hof*, S. 157.

Der **mutmaßliche (hypothetische) Stifterwille** ist, falls ein ausdrücklicher Stifterwillen zu einem Punkt nicht feststellbar ist, erforderlichenfalls aus den Umständen in Zusammenhang mit dem formbedürftigen (= Schriftform) Stiftungsgeschäft einschließlich Stiftungssatzung zu ermitteln und **auszulegen**.[59]

In einem ersten Schritt ist bei der Ermittlung des mutmaßlichen Stifterwillens festzustellen, wie die Erklärung (des Stifters) unter Berücksichtigung aller maßgebenden Umstände auszulegen ist.[60] Dabei dürfen Umstände außerhalb der Urkunde (Stiftungsgeschäft und Stiftungsverfassung) nur berücksichtigt werden, soweit sie bewiesen sind.[61] In einem zweiten Schritt ist zu prüfen, ob die ausgelegte Erklärung der Form genügt.[62] Dabei folgt die Rechtsprechung der sog. **Andeutungstheorie**, d.h. der aus Umständen außerhalb der Urkunde ermittelte (Stifter-)Wille muss in der Urkunde einen – wenn auch (nur) unvollkommenen – Ausdruck, eine Andeutung gefunden haben.[63]

B. Regelungsgehalt

I. Stiftungsgeschäft und zuständige Anerkennungsbehörde

Zur Entstehung einer rechtsfähigen Stiftung des Privatrechts ist nach Verabschiedung des neuen Stiftungszivilrechts neben dem Stiftungsgeschäft (§ 81) die Anerkennung (früher: Genehmigung) durch die zuständige Behörde in dem Bundesland erforderlich, in dessen Gebiet die Stiftung ihren Sitz haben soll.

Die zuständige Anerkennungsbehörde ergibt sich aus den Landesstiftungsgesetzen. In der Regel ist es das Regierungspräsidium.

II. Anerkennung

Der Gesetzgeber hat den bisherigen Akt der Genehmigung einer Stiftung in Anerkennung umbenannt,[64] um dem Gedanken des Obrigkeitsstaates zu begegnen, der in dem Begriff Genehmigung steckt und nicht mehr zeitgemäß ist. Die Stiftung ist nach Abs. 2 anzuerkennen ("**Recht auf Stiftung**"), wenn das Stiftungsgeschäft den Anforderungen des § 81 Abs. 1 genügt, die nachhaltige Erfüllung des Stiftungszwecks gesichert erscheint und der Stiftungszweck das Gemeinwohl nicht gefährdet (siehe Rn 44 ff.).

Das **Anerkennungsverfahren** wird eröffnet durch einen **Antrag** des Stifters, seines Vertreters oder seiner Erben bei der zuständigen Anerkennungsbehörde (§ 81 Abs. 2 S. 2). Bei der Stiftung von Todes wegen ist ein Antrag verzichtbar. Der Antrag wird in diesem Fall nach dem BGB ersetzt durch die Verpflichtung des Nachlassgerichts, die Anerkennung einzuholen (§ 83). Mehrere Stifter müssen den Antrag gemeinsam stellen.

Die Anerkennung ist ein **landesrechtlicher Verwaltungsakt**. Im Anerkennungsverfahren prüft die Behörde, ob die gesetzlichen Anforderungen an eine selbständige Stiftung bürgerlichen Rechts nach dem BGB und dem betreffenden Landesstiftungsgesetz gegeben sind. Die Anerkennungsbehörde hat nur noch einen Spielraum bei der Beurteilung hinsichtlich der Frage der „Gemeinwohlgefährdung" und bei der Prognoseentscheidung zur angemessenen Vermögensausstattung der Stiftung.[65] Stiftungen mit einer zu geringen Vermögensausstattung werden grundsätzlich nicht anerkannt (Prognoseentscheidung, Rn 43).

Eine von der zuständigen Behörde anerkannte Stiftung ist auch bei Mängeln des Stiftungsgeschäfts so lange rechtsfähig, bis die Anerkennung mit Wirkung *ex nunc*[66] zurückgenommen ist.[67]

Der bei der Stiftungserrichtung vor allem in Stiftungsgeschäft (§ 81) und Stiftungsverfassung/-satzung (§ 85) manifestierte Wille des Stifters (**Stifterwille**) ist das Maß aller Dinge und bindet die Organe der Stiftung; seine Einhaltung wird auch von der Stiftungsaufsicht überwacht (siehe Rn 28 ff.).

Bei etwaigen Problemen mit der Anerkennung einer Stiftung empfiehlt es sich trotz des Rechtsanspruchs auf Anerkennung, gemeinsam mit der Anerkennungsbehörde eine Lösung zu suchen oder auch die Stiftung in dem Bezirk einer „offeneren" Anerkennungsbehörde zu errichten. Rechtsstreitigkeiten sind auch in diesem Bereich eher langwierig, aufwändig und wenig ergiebig. Bestehen aus Sicht der Stiftungsbehörde Unklarheiten oder Mängel etwa hinsichtlich des Stiftungsgeschäftes oder der Stiftungssatzung, so kann sie diese im Laufe des Anerkennungsverfahrens aufklären und beseitigen lassen. Sinnvollerweise werden der Stifter

---

59 Zu den Auslegungsfragen und -grundsätzen bei formbedürftigen Willenserklärungen s. etwa Palandt/*Heinrichs*, § 133 Rn 19.
60 BGHZ 80, 250; 86, 47.
61 Palandt/*Heinrichs*, § 133 Rn 29.
62 S. etwa BGH NJW 2000, 1569.
63 BGH NJW 2000, 1569 m.w.N.
64 S. dazu etwa *Schwarz*, DStR 2002, 1719.
65 Wie hier *Schwarz*, DStR 2002, 1720.
66 BVerwG NJW 1969, 339.
67 Palandt/*Heinrichs*, § 80 Rn 2.

und sein Berater ihre jeweiligen Entwürfe mit der Anerkennungsbehörde und ggf. der Finanzverwaltung im Vorhinein abklären, denn die Usancen der Behörden sind unterschiedlich.

III. Vor-Stiftung?

39 Ob es eine Vor-Stiftung ähnlich dem Vor-Verein gibt, ist **umstritten**. Zwischen der Antragstellung und der Anerkennung einer selbständigen Stiftung kann einige Zeit vergehen. Nehmen der Stifter oder künftige Stiftungsorgane bereits während dieser „Schwebezeit" irgendwelche Rechtshandlungen für die noch nicht anerkannte Stiftung vor, mieten sie etwa Büroräume an oder tätigen Anschaffungen für den künftigen Stiftungsbetrieb, so sehen manche darin Handlungen einer Vor-Stiftung.[68] Diese soll für entsprechende Rechtshandlungen gegenüber den Gläubigern einzustehen haben und die künftige Stiftung entsprechend den für den Vor-Verein entwickelten Grundsätzen wirksam verpflichten.

40 Dieser Ansicht widersprechen weite Teile der Literatur.[69] In der Tat gibt es einen wesentlichen Unterschied: Anders als die selbständige Stiftung müssen Vereine, Genossenschaften und Kapitalgesellschaften zum Zeitpunkt der Rechtskrafterlangung die gesetzlichen Voraussetzungen[70] vorweisen. Sie sind damit faktisch gegründet. Diese faktische Gründung ist Voraussetzung für die Erlangung der Rechtspersönlichkeit und rechtfertigt die Annahme, dass bei diesen Rechtsformen ein handlungsfähiges Rechtsgebilde auch schon vor der förmlichen Rechtskrafterlangung bestanden hat. Dort ist deshalb die Annahme eines Vor-Vereins etc. sachlich gerechtfertigt.

41 Der Ansatz einer Vor-Stiftung ist **abzulehnen**. Eine rechtsfähige Stiftung entsteht nicht in einem allmählichen Prozess, sondern vielmehr „mit einem Schlag" durch Anerkennung (§ 80). Eine zumindest gewisse Vermögensverselbständigung, wie sie bei Vor-Gesellschaften regelmäßig vorliegt, findet im Vorfeld einer Stiftungserrichtung ebenfalls nicht statt.[71] Der Stifter ist erst nach Anerkennung der Stiftung zur Übertragung des zugesicherten Vermögens verpflichtet (§ 82 S. 1). Auch sonstige Rechte, zu deren Übertragung ein Abtretungsvertrag genügt, gehen erst mit der Genehmigung auf die Stiftung über (§ 82 S. 2). Bis zu diesem Zeitpunkt kann der Stifter das Stiftungsgeschäft jederzeit frei widerrufen (§ 81 Abs. 2 S. 1).

42 Als pragmatische Lösung kann der Stifter ggf. etwaige Vorgeschäfte im Stiftungsgeschäft berücksichtigen. Das ist bis zur Anerkennung der Stiftung möglich (arg. § 81 Abs. 2 S. 1). Bei der Stiftung von Todes wegen können Vor-Geschäfte von einem Testamentsvollstrecker bzw. Pfleger wahrgenommen werden.

IV. Dauernde und nachhaltige Erfüllung des Stiftungszwecks

43 Die dauernde und nachhaltige Erfüllung des Stiftungszwecks muss zum Schutz des Rechtsverkehrs für die Anerkennungsbehörde gesichert erscheinen. Das Gesetz geht davon aus, dass Stiftungen grundsätzlich auf „**ewig**" angelegt sind; es schließt aber nicht aus, dass Stiftungen zu einem **zeitlich begrenzten Zweck** errichtet werden (Beispiel: Wiederherstellung einer historischen Kirche; siehe auch Rn 91).

Nur mit einer ausreichenden Vermögensausstattung ist die Erfüllung des Stiftungszwecks gewährleistet (siehe § 81 Rn 43 ff.). In ihre Prüfung hat die Anerkennungsbehörde etwaige Zustiftungen und sonstige Zuwendungen an die Stiftung einzubeziehen, die mit hinreichender Sicherheit zu erwarten sind, denn das Gesetz fordert eine **Prognoseentscheidung** („gesichert erscheint").

V. Gemeinwohlkonforme Allzweckstiftung

44 Es gilt der Grundsatz der „Zulässigkeit der gemeinwohlkonformen Allzweckstiftung".[72] Die h.M. versteht diesen Grundsatz traditionell und aktuell dahin, dass **jeder Stiftungszweck zulässig** ist, der **nicht das Gemeinwohl gefährdet**.[73] So sagt es jetzt ausdrücklich auch das Gesetz in § 80 Abs. 2. Eine Uneigennützigkeit der Stiftung oder gar eine aktive Gemeinwohlförderung durch die Stiftung ist nicht erforderlich. Dennoch wird in der rechtswissenschaftlichen Diskussion entgegen dem klaren Wortlaut und Sinn des § 80 Abs. 2 teilweise auch ein anderer Begriff der Gemeinwohlkonformität vertreten, wonach eine Gemeinwohlförderung durch jede Stiftung erforderlich sein soll.[74] Dieser Ansatz ist spätestens mit dem neuen Stiftungsrecht und

---

68 S. nur Palandt/*Heinrichs*, § 80 Rn 2 m.w.N.; LG Heidelberg NJW-RR 1991, 969; Erman/*Werner*, vor § 80 Rn 22.
69 Etwa Bertelsmann Stiftung/*Hof*, S. 958; MüKo/*Reuter*, § 80 Rn 24; Soergel/*Neuhoff*, § 80 Rn 16; *Schiffer*, Die Stiftung in der anwaltlichen Praxis, S. 125 f.
70 Ausreichende Anzahl an Gründungsmitgliedern, erforderliche Kapitalausstattung.
71 So auch Staudinger/*Rawert*, § 80 Rn 42.
72 S. nur Palandt/*Heinrichs*, § 80 Rn 6; s.a. Seifart/ v. Campenhausen/*Hof*, S. 26 ff., S. 367 ff.
73 Etwa Palandt/*Heinrichs*, § 80 Rn 6; *Berndt*, S. 71; *Andrick*, Stiftung & Sponsoring, 06/2002, 23, 25.
74 S. MüKo/*Reuter*, §§ 80, 81 Rn 20.

der gründlichen Vorarbeit der Bund-Länder-Arbeitsgruppe Stiftungsrecht überholt. Es ist auch streng darauf zu achten, dass Gemeinwohlkonformität nicht mit Gemeinnützigkeit[75] verwechselt wird.[76]

Eine **Gemeinwohlgefährdung** ist gegeben, wenn die Erfüllung des Stiftungszwecks Gesetze verletzt oder er im Widerspruch zu Grundentscheidungen der Rechts- oder Verfassungsordnung steht.[77] Gemeinwohlgefährdung überschneidet sich als Gesetzesverletzung mit der rechtlichen Unmöglichkeit (§ 87). Mit Rücksicht auf die grundrechtlich geschützte und im Stiftungszivilrecht ausdrücklich betonte Stiftungs- und Stifterfreiheit (§ 80 Abs. 2) ist der unbestimmte Rechtsbegriff des Gemeinwohls eng auszulegen.[78]

VI. Destinatäre

Eine Stiftung hat keine Mitglieder oder Gesellschafter. Sie hat nur **Nutzer**, allgemein Destinatäre genannt. Destinatäre sind also diejenigen natürlichen oder juristische Personen, denen die Vorteile der Stiftung (Stiftungsleistungen) zugute kommen sollen. Wer Destinatär einer Stiftung ist, wird generell durch den Stiftungszweck und konkret durch eine entsprechende Regelung in der Stiftungssatzung sowie die Entscheidung des zuständigen Organs innerhalb der Stiftung bestimmt. Es können sowohl einzelne Personen, bestimmte Personenkreise oder die Allgemeinheit bzw. Öffentlichkeit als Destinatäre eingesetzt werden. Bei echten Familienstiftungen (siehe Rn 53 ff.) werden die Familienmitglieder des Stifters oder bestimmte Mitglieder der Familie als Destinatäre bestimmt.

Bei der Bestimmung der Destinatäre ist der Stifter frei, allerdings soll ein (jedoch nirgendwo gesetzlich niedergelegter) **angeblicher Grundsatz der „Unzulässigkeit der Stiftung für den Stifter"** gelten.[79] Begründet wird er damit, dass bei der Stiftungserrichtung aus Sicht des Stifters die Uneigennützigkeit dessen Handelns zu fordern sei. Ob dieser Forderung der Uneigennützigkeit des Stiftungszwecks zu folgen ist, erscheint indessen zweifelhaft. Man betrachte nur das Beispiel der durchaus eigennützigen Familienstiftung, die auch nach dem neuen Stiftungszivilrecht zweifelsfrei und unbeschränkt zulässig ist (siehe Rn 53). Entscheidend darf nur sein, dass eine Stiftung nach dem Grundsatz der gemeinwohlkonformen Allzweckstiftung" nicht das Gemeinwohl gefährdet (siehe Rn 44 ff.). So sagt es § 80 Abs. 2. Eine Uneigennützigkeit oder gar eine aktive Gemeinwohlförderung ist demnach nicht erforderlich, auch wenn sich dieses Vorurteil hartnäckig hält.

Der eigentliche Gedanke hinter dem angeblichen Grundsatz der „Unzulässigkeit der Stiftung für den Stifter" dürfte denn auch eher darin liegen, dass der Stifter sich durch die Stiftung des dieser gewidmeten Vermögens entäußert, es in die unabhängige Körperschaft Stiftung entlässt. Dieses Vermögen bildet losgelöst vom Stifter gemäß den von ihm vorgegebenen Regeln nach der staatlichen Anerkennung die Stiftung. Folglich kann es anders als etwa bei dem Alleingesellschafter einer GmbH keinen absoluten Einfluss des Stifters geben, aufgrund dessen er die besagten Regeln beliebig aufhebt. Der Stifter muss vielmehr die Grenzen des Stiftungsrechts einhalten. Mithin ist das Schlagwort von der „Unzulässigkeit einer Stiftung für den Stifter" eher verwirrend, als dass es größere Erkenntnis fördert. Typischerweise errichtet ein Stifter eine Stiftung aber grundsätzlich auch für sich, da sie ja einen von ihm gewählten Zweck verfolgen soll. Es ist im Einzelfall sehr genau zu prüfen, ob die Grenzen des Stiftungszivilrechts und ggf. des Stiftungssteuerrechts eingehalten werden. Schlagworte helfen da zur rechtlichen Bewertung nicht weiter.

Gegen den Begründungsansatz der angeblich erforderlichen Uneigennützigkeit einer Stiftung spricht auch § 58 Nr. 5 AO. Zwischenzeitlich hat der Gesetzgeber dort sogar für gemeinnützige Stiftungen ausdrücklich anerkannt, dass solche Stiftungen bis zu einem Drittel ihres Einkommens verwenden dürfen, um in angemessener Weise den Stifter und seine nächsten Angehörigen zu unterhalten, ihre Gräber zu pflegen und ihr Andenken zu ehren, ohne dass die Steuervergünstigung (Steuerbefreiung) hierdurch ausgeschlossen wird (§ 58 Nr. 5 AO). Das ist ein klarer Fall der (teilweisen) Eigennützigkeit, der nach dem Gesetz im Übrigen nicht auf den Notfall beschränkt ist.

Die Destinatäre sind weder Mitglieder noch Gesellschafter der Stiftung. Damit haben sie **grundsätzlich auch keine** „Mitgliedschaftsrechte", wie insbesondere **Verwaltungs- oder Kontrollbefugnisse**. Dem Stifter ist es aber unbenommen, in geeigneten Fällen den Destinatären in der Stiftungssatzung entsprechende Rechte einzuräumen. Er kann die Stellung der Destinatäre durch Organisations- und Verwaltungsbestimmungen in der Stiftungssatzung deutlich stärken. So kann er ihnen z.B. einklagbare Ansprüche auf Stiftungsleistungen einräumen oder bestimmte Verwaltungs- und Kontrollrechte (z.B. ein Recht zur Einsichtnahme in die Bücher

---

75 Die ja eben auch gesondert in der AO geregelt ist.
76 Ebenso etwa *Schwarz*, ZEV 2003, 306, 307, Fn 11.
77 Sog. Republikanerfall, der über drei Instanzen lief: VG Düsseldorf NVwZ 1994, 811 f.; OVG Münster NVwZ 1996, 913 ff.; BVerwG NJW 1998, 2545 ff.; krit. zu diesem Urteil Hopt/Reuter/*Reuter*, S. 139 ff.; verteidigend: *Andrick*, Stiftung & Sponsoring, 06/2002, 23, 25.
78 VG Düsseldorf NVwZ 1994, 811, 812 f.; Bamberger/Roth/*Schwarz*, § 87 Rn 2; Staudinger/*Rawert*, § 87 Rn 7.
79 Ausf. dazu Soergel/*Neuhoff*, vor § 80 Rn 70.

der Stiftung) übertragen. Hierfür kann der Stifter die Destinatäre auch zu einem eigenen Stiftungsorgan, einem Kuratorium etwa, zusammenschließen und diesem Organ konkrete Verwaltungsbefugnisse und/oder etwa die Überwachung des Stiftungsvorstandes übertragen.

VII. Stiftungsformen

51 **1. Allgemein privatnützige Stiftungen.** Bevor sogleich einige Stiftungesarten mit einem besonderen Zweck und/oder einer speziellen Ausrichtung angesprochen werden, bleibt festzuhalten, dass eine Stiftung keines dieser (beispielhaften) Zwecke und auch keine dieser Ausrichtungen haben muss. Bis zur Grenze der Gemeinwohlgefährdung (siehe Rn 44) darf sie **jeden beliebigen privatnützigen Zweck** verfolgen und jede beliebige privatnützige Ausrichtung haben. Sie muss insbesondere nicht eine Familienstiftung, eine Unternehmensverbundene Stiftung oder gar wegen Gemeinnützigkeit steuerbefreite Stiftung sein. Das wird in der Praxis nicht selten verkannt – etwa von der Finanzverwaltung, die mit Blick auf die Erbersatzsteuer eine Stiftung „gerne" als Familienstiftung sieht und andere Möglichkeiten ausschließt. Das Gesetz kennt hier keine Zweckvorgaben (mehr), wie man sie früher leider vereinzelt im Landesstiftungsrecht fand, wonach z.B. Unternehmensverbundene Stiftungen nicht genehmigungsfähig sein sollten.[80]

52 **Praxisbeispiel** für eine **allgemein privatnützige Stiftung**: eine Stiftung, die als potenzielle Destinatäre nur die „Mitglieder" einer bestimmten Einrichtung oder eines bestimmten Unternehmens hat. Eine solche Stiftung ist nicht unternehmensverbunden und dient nicht einer Familie. Sie dient aber ersichtlich auch nicht der Allgemeinheit, weshalb sie nicht wegen Gemeinnützigkeit steuerbefreit ist (siehe Rn 76).

53 **2. Familienstiftungen.** Die Familienstiftung[81] ist keine eigene Stiftungsart, sondern eine **Unterform der rechtsfähigen Stiftung des Privatrechts**. In der Debatte zur Reform des Stiftungssteuerrechts wurde insbesondere in dem von Bündnis 90/Die Grünen vorgelegten Gesetzesentwurf, der dem Vernehmen nach maßgeblich von *Rawert* „beeinflusst" wurde, der Gedanke vertreten, eine Familienstiftung längstens für 30 Jahre zuzulassen, und zwar mit Fortsetzungsmöglichkeit durch zustimmenden Beschluss aller Begünstigten.[82] Dieser Gedanke setzte sich bei der Reform des Stiftungszivilrechts nicht durch. Er ist auch systemfremd für das Stiftungsrecht. Stiftungen sind, wenngleich sie auf Zeit möglich sind (siehe Rn 91), dennoch grundsätzlich auf ewig angelegt.[83]

54 Familienstiftungen werden vor allem **im Unternehmensbereich** eingesetzt. Über eine Familienstiftung kann die von der Familie unabhängige Sicherung der Zukunft des Unternehmens bei gleichzeitiger finanzieller Versorgung der Familienangehörigen erreicht werden.

55 Eine **einheitliche Definition** für die **Familienstiftung** gibt es bisher in den einschlägigen Gesetzen leider **nicht**. Die Besonderheit einer Familienstiftung liegt aber jedenfalls darin, dass sie nach ihrem Stiftungszweck in erster Linie – oder jedenfalls wesentlich – den Interessen einer oder mehrerer Familien dient. Es gibt allerdings zwischenzeitlich „alte" Familienstiftungen mit über 1.000 potenziellen Destinatären. Bei diesen stellt sich schon wegen der Größe des Destinatärkreises die offensichtliche Frage, ob hier überhaupt noch von einer Familienstiftung im eigentlichen Sinne gesprochen werden kann. Das herkömmliche Verständnis einer Familienstiftung stößt hier jedenfalls an Grenzen. Auch der Gesetzgeber geht bei der Familienstiftung offensichtlich von einer Kleinfamilie aus, gewährt er doch bei der Erbersatzsteuer den doppelten Freibetrag nach § 16 Abs. 1 Nr. 2 ErbStG (§ 15 Abs. 2 S. 3 ErbStG), legt also eine „Regelfamilie" mit zwei Kindern zugrunde. Welchen Umfang die Familienförderung haben muss, ist auch unabhängig von diesem Aspekt beinahe schon „traditionell" umstritten.[84] Diese Frage wird zudem für das Stiftungszivilrecht anders beantwortet als für das Stiftungssteuerrecht. Spätestens daraus ergeben sich vor allem im Zusammenhang mit der Erbersatzsteuer erhebliche Probleme (siehe Rn 58).

56 Die Familienstiftung als Stiftung des privaten Rechts ist (bisher) in den einzelnen **Landesstiftungsgesetzen**, im Erbschaftsteuergesetz und im Außensteuergesetz unterschiedlich definiert. Allen Definitionen gemeinsam ist das Erfordernis der Begünstigung einer oder mehrerer Familien. Welchen Umfang diese Begünstigung zu haben hat, legen die einzelnen Gesetze allerdings in unterschiedlicher Weise fest.[85] Die Art und Weise der Familienbegünstigung ist ebenfalls nicht in allen Gesetzen gleich definiert. So wird in den stiftungsrechtlichen, d.h. zivilrechtlichen Definitionen zumeist schon eine immaterielle Begünstigung als ausreichend angesehen,

---

[80] S. *Hennerkes/Schiffer*, BB 1992, 1940 ff.
[81] Grundlegend: *Schindler*, a.a.O.; s.a. *Sorg*, Stiftung und Sponsoring, 02/2000, 14; ausf. etwa: *von Löwe*, a.a.O.; Sorgel/*Neuhoff*, vor § 80 Rn 57 ff.
[82] *Sorg*, Stiftung und Sponsoring, 02/2000, 14, 16.
[83] Seifart/v. Campenhausen/*Hof*, S. 99 m.w.N.
[84] S. schon bei *Schindler*, S. 21 ff.; s.a. *Schiffer*, NJW 2004, 2497, 2498 f.
[85] Näher dazu *Schiffer*, Die Stiftung in der anwaltlichen Praxis, S. 51 ff.

im Steuerrecht hingegen auch ein materieller Vorteil gefordert. Frühere Einschränkungen der „Genehmigungsfähigkeit" von Familienstiftungen in den Landesstiftungsgesetzen sind durch das neue Stiftungsrecht im BGB überholt und obsolet.[86]

Außerhalb des Steuerrechts entscheidet die Einordnung als Familienstiftung vor allem darüber, ob und in welchem Umfang die jeweilige Stiftung der staatlichen **Stiftungsaufsicht** unterliegt. So entfällt beispielsweise bei der Familienstiftung nach dem Stiftungsgesetz Baden-Württemberg (§ 13 Abs. 1 und 3 StiftG Ba-Württ.) die ansonsten für die Stiftung geltende Verpflichtung, bestimmte Rechtsgeschäfte der Stiftung im Voraus anzuzeigen. Der Gesetzgeber vertraut auf die Kontrolle durch die von der Stiftung begünstigte Familie, da sich die Familienstiftungen – auch nach den Erfahrungen der Behörden – in aller Regel korrekt verhalten. Das rechtfertigt grundsätzlich auch eine großzügige Aufsichtsführung.[87] Da das BGB mit seinem neuen Stiftungsrecht die Frage der Stiftungsaufsicht nicht regelt, vielmehr die Stiftungsaufsicht weiterhin in den Landesstiftungsgesetzen geregelt ist, haben die dortigen Definitionen der Familienstiftung insoweit weiterhin ihre rechtliche Bedeutung.[88] 57

Bei einer deutschen (echten) Familienstiftung fällt alle 30 Jahre die sog. **Erbersatzsteuer** an (§ 1 Abs. 1 Nr. 4 ErbStG), wobei das Gesetz zwei selbständig zu besteuernde Vermögensteile fingiert. Im Ergebnis führt das zu einer Steuerbelastung der Stiftung, wie sie anfallen würde, wenn der Nachlass alle 30 Jahre auf zwei natürliche Personen der Steuerklasse I verteilt würde (§ 15 Abs. 2 S. 3 ErbStG). Die Erbersatzsteuer kann im Übrigen bei einer Verzinsung von 5,5% pro Jahr in 30 gleichen Jahresbeträgen entrichtet werden (§ 24 ErbStG). Die sich auf diese Weise ergebende jährliche Steuerlast ist in etwa mit der Belastung durch die frühere Vermögensteuer (Steuersatz: 0,6%) vergleichbar. 58

Für den Bereich des **Steuerrechts**[89] ist, wenngleich die Finanzverwaltung das bestreitet, nach der hier vertretenen Ansicht für die Einstufung als Familienstiftung zu fordern, dass den begünstigten Familienangehörigen (Destinatären) mindestens 75% der laufenden Bezüge und des bei der Auflösung der Stiftung anfallenden Vermögens zugesagt sind (sog. „Löwenanteilstheorie").[90] Die Finanzverwaltung setzt diese Grenze, um zu den Steuerfolgen für Familienstiftungen, d.h. insbesondere zu der **Ersatzerbschaftsteuer**[91] zu gelangen, auf bis zu 25% herab (R 2. Abs. 2 ErbStR). Der BFH hat sich in einem Urteil vom 10.12.1997[92] mit der steuerlichen Einstufung einer Stiftung als Familienstiftung befasst. Dem Urteil lag allerdings ein besonderer Sachverhalt zugrunde.[93] Die Rechtslage ist also höchstrichterlich noch nicht abschließend geklärt. 59

3. Unternehmensverbundene Stiftungen. a) Zulässigkeit. Nach der Zweckrichtung und den Motiven des Stifters sind zwei Grundtypen der unternehmensverbundenen Stiftung zu unterscheiden:[94] Die **Unternehmensträgerstiftung** betreibt das Unternehmen unmittelbar selbst. Diese Stiftungsform ist wenig praktikabel und hat sich deshalb in der Praxis nicht durchgesetzt und soll deshalb hier nicht näher betrachtet werden.[95] Hält eine Stiftung eine Beteiligung an einer Personen- oder Kapitalgesellschaft, so bezeichnet man sie als **Beteiligungsträgerstiftung** (auch „Kapitalfondsträger-Stiftung" genannt[96]). Diese Form der unternehmensverbundenen Stiftung ist bei richtiger Gestaltung in speziellen Fällen durchaus praktikabel.[97] Die Beteiligungsträgerstiftung ist alleinige Gesellschafterin oder Mitgesellschafterin. Das Unternehmen wird als Personen- oder Kapitalgesellschaft betrieben, so dass das Unternehmen den Vorschriften für diese Rechtsformen unterfällt,[98] weshalb auch die **erforderliche Flexibilität des Unternehmens** selbst grundsätzlich erhalten bleiben kann. 60

---

86 Wie hier etwa Palandt/*Heinrichs*, § 80 Rn 8; *Hüttemann/Rawert*, ZIP 2002, 2019.
87 S. auch *Berndt*, S. 168; *Sorg*, Stiftung & Sponsoring, 02/2000, 14.
88 Wie hier Palandt/*Heinrichs*, § 80 Rn 8.
89 S. zur Abgrenzung im Steuerrecht vor allem die rechtsmethodischen sauberen Ausführungen von *Jülicher*, StuW 1995, 71 ff. und 1999, 363 ff.
90 Ähnlich *Meincke*, ErbStG, 14. Auflage 2004, § 1 ErbStG Rn 17 f. und § 15 ErbStG Rn 22.
91 § 1 Abs. 1 Nr. 4; § 9 Abs. 1 Nr. 4 ErbStG.
92 BStBl II 1998 S. 114 ff.
93 BFH, a.a.O., S. 116, rechte Spalte in der Mitte. Das wird in der Literatur wohl nicht hinreichend gewürdigt, s. etwa *Jülicher*, StuW 1999, 363, 364; *Schiffer*, Die Stiftung in der anwaltlichen Praxis, S. 54 ff.

94 Ebenso *Wachter*, S. 124; *Berndt*, S. 522 ff., unterscheidet zusätzlich „Funktionsträger-Stiftungen und Anstaltsträger-Stiftungen".
95 *Lex*, ZSt 2003, 178 (Editorial) scheint diese Form der Stiftung aufgrund des neuen Körperschaftsteuersystems aber durchaus positiv zu sehen.
96 *Berndt*, S. 523 f.
97 *Schiffer*, Die Stiftung in der anwaltlichen Praxis, S. 211 ff.
98 Schon deshalb wird, anders als wohl *Rawert* (ZEV 1999, 294, 295) meint, hier nicht die angebliche „frappierende Regelungslosigkeit" der Rechtsform Stiftung ausgenutzt; wie hier etwa *Schwintek*, ZRP 1999, 25, 29. *Rawert* hat sich nach In-Kraft-Treten des neuen Stiftungszivilrechts inzwischen insoweit der h.M. angeschlossen: *Rawert*, in: Kötz/Rawert/Schmidt/Walz (Hrsg.), Non Profit Law Yearbook 2003, 2004, S. 1 ff.

61 Eine Beteiligungsträgerstiftung kann zur Nachfolgegestaltung[99] als Dotationsquelle für durchaus verschiedene Zwecke, als Familientreuhänder oder auch als Führungsinstrument für das Unternehmen dienen. Dabei werden die genannten Aufgaben in der Praxis typischerweise miteinander kombiniert. Bekannte gegenwärtige und vormalige (!) Beispiele von Stiftungen und Stiftungskonstruktionen im Unternehmensbereich sind die *Breuninger Stiftung*, die *Peter Klöckner-Stiftung*, die *Sedus Stiftung* und die *Vorwerk Elektrowerke Stiftung & Co. KG*. Zu nennen sind natürlich auch *Aldi, Lidl, Würth* und *Bertelsmann*.

62 Die h.M. bejahte auch schon vor dem neuen Stiftungszivilrecht insbesondere die Zulässigkeit der unternehmensverbundenen **Beteiligungsträgerstiftung**.[100] Echte Probleme in der Praxis konnte die Bund-Länder-Arbeitsgruppe nicht feststellen.[101] Die bis zum neuen Stiftungszivilrecht bestehende „aufgeregte" Diskussion über die Zulässigkeit der unternehmensverbundenen Stiftung ist mit dem neuen Stiftungszivilrecht überholt und erledigt.[102] Einzelne echte oder unechte (= angebliche) Missbrauchsfälle,[103] die in der Fachdiskussion immer wieder betont worden sind, bestätigen als Ausnahmen die Regel auch nur und sprechen bei genauer Betrachtung nicht gegen die h.M. Unechte Missbrauchsfälle (Motto: „Das wollen wir *de lege ferenda* nicht!") sind kein Argument gegen das gerade bekräftigte Gesetzesrecht. Echte Missbrauchsfälle (Motto: „Das ist tatsächlich *de lege lata* rechtlich unzulässig!") sind über das geltende Recht zu lösen, denn das erlaubt naturgemäß Missbräuche gerade nicht.

63 **b) Selbstzweckstiftungen?** Die sog. Unternehmensselbstzweckstiftung, die ausschließlich der Unternehmenserhaltung dient, ist umstritten. In der Praxis dürfte diese Stiftungsform in der (reinen) etwa von *Hüttemann*[104] und *Rawert*[105] kritisierten Form tatsächlich kaum bis gar nicht vorkommen. Typisch sind vielmehr Mischzwecke (siehe Rn 61). Auch eine (vorgeblich) reine Unternehmensselbstzweckstiftung erschöpfte sich streng genommen nicht nur in der (kritisierten) Unternehmensperpetuierung an sich, sondern erhielte das Unternehmen für Dritte wie etwa die Arbeitnehmer aufrecht.[106] Die hier neuerdings angestrengte Diskussion erscheint deshalb für die Praxis wenig ergiebig.

64 **c) Unternehmensnachfolge mit Stiftungen.** Die Stiftung als **Gestaltungsinstrument** bei der Regelung der Unternehmensnachfolge ist ein oft behandeltes Thema.[107] Im unternehmerischen Bereich hat die selbständige Stiftung in der Tat erhebliche Vorteile gegenüber den klassischen erbrechtlichen Instrumenten zur Regelung der **Unternehmensnachfolge und Vermögenssicherung**.[108] Dem Stifter ist im Idealfall durch eine spezifische Stiftungsgestaltung die Möglichkeit gegeben, das Familienunternehmen zu erhalten, die Zerschlagung des Unternehmens durch die Erben zu vermeiden sowie die Fortführung des Unternehmens in der Familie zu sichern, der Unternehmerfamilie als solcher weiterhin Sinn zu geben und damit die Grundlage der Familie zu sichern. Das ist möglich, weil die Organe der Stiftung an den in der Stiftungssatzung festgeschriebenen Willen des Stifters gebunden sind. Das „garantiert" die Stiftungsaufsichtsbehörde, denn die Aufhebung der Stiftung sowie jede Zweckänderung der Stiftung bedürfen ihrer Zustimmung (§ 87). Diese wird die Zustimmung nur dann erteilen, wenn eine geforderte Satzungsänderung dem tatsächlichen oder mutmaßlichen Willen des Stifters entspricht (§ 85 Rn 4 f.).[109]

65 Wenn ein Unternehmer, wie es einmal *Hans L. Merkle* gesagt hat, die „**Nutzung** des von ihm **erwirtschafteten Produktionskapitals als Treuhandaufgabe** sieht",[110] dann perpetuiert ein Unternehmer mit einer unternehmensverbundenen Stiftung nichts anderes als diese Treuhandaufgabe zum Wohle der Allgemeinheit.[111] Dabei ist es ein erfreulicher Befund, dass sich Unternehmen, in die eine unternehmensverbundene

---

99 S. etwa *Nietzer/Stadie*, NJW 2000, 3457 ff.; *Götz*, NWB F. 2, 7329. Näher dazu Rn 64 ff.
100 S. etwa die Vorauflagen von *Palandt* bei § 80 BGB (vor 62. Aufl.).
101 Bericht der Bund-Länder-Arbeitsgruppe Stiftungsrecht vom 19.1.2001, S. 52.
102 *Schiffer*, ZSt 2003, 252.
103 S. dazu auch *Schwarz*, ZEV 2003, 306, 310 f.
104 *Hüttemann*, ZHR 167 (2003), S. 35 ff., 61.
105 *Rawert*, in: Kötz/Rawert/Schmidt/Walz (Hrsg.), Non Profit Law Yearbook 2003, 2004, S. 1, 6 ff.; s.a. Erman/*Werner*, vor § 80 Rn 20, 25.
106 Seifart/v. Campenhausen/*Hof*, S. 168 f. m.w.N.; *Schiffer*, ZSt 2003, 252 ff.
107 Beispiele: „Stiftung als Instrument der Unternehmensnachfolge", Handelsblatt v. 8.11.2000; „Sein Wille geschehe – Stiftung als Unternehmensnachfolge",

Finance 06/2002, 54 f.; Arbeitskreis „Unternehmensnachfolge" des Instituts der Wirtschaftsprüfer; *Flämig*, DB-Beilage 22/1978; *Hennerkes/Schiffer*, BB 1992, 1940 ff.; *Franke/Herrmann*, ZfbF 46 (7/8/1994), 582 ff.; *Turner/Doppstadt*, DStR 1996, 1448 ff.; *Berndt*, NWB F 18, 3505 ff.; *Schmitt/Götz*, INF 1997, 11 ff.; *Verstl*, DStR 1997, 674 ff.; *Rawert*, Jahrbuch der Fachanwälte für Steuerrecht 1999/2000, 2000, 622 ff.; *Schwarz*, BB 2001, 2381 ff.; *Schiffer*, DSWR 2003, 24 ff.
108 Ausf. *Schiffer*, Die Stiftung in der anwaltlichen Praxis, S. 211 ff.
109 *Schiffer*, Die Stiftung in der anwaltlichen Praxis, S. 142.
110 Zitiert nach *Flämig*, DB-Beilage 22/1978, 12.
111 So ausdr. *Flämig*, DB-Beilage 22/1978, 12.

Stiftung eingebunden ist, hinsichtlich der Kapitalrendite von Börsenunternehmen praktisch nicht unterscheiden.[112]

Der Stifter kann durch eine Stiftung sehr lange **über seinen Tod hinaus auf die Unternehmensfortführung Einfluss nehmen**, was die besondere Attraktivität der unternehmensverbundenen Stiftung ausmacht. Darin liegen aber gleichzeitig auch grundsätzliche Problem entsprechender Stiftungsgestaltungen, denn es kann die erforderliche Flexibilität der Gestaltung verloren gehen.[113]

Eine Stiftung kann sich **an jeder Art von Gesellschaft**, d.h. etwa auch an einer Gesellschaft bürgerlichen Rechts **beteiligen**. Sie kann persönlich haftende Gesellschafterin einer Offenen Handelsgesellschaft oder Kommanditgesellschaft (Stiftung & Co. KG[114]) werden, aber auch Kommanditistin[115] einer Kommanditgesellschaft.[116] Sie eignet sich auch als Gestaltungsansatz für **Mitarbeiterbeteiligungsmodelle**[117] oder kann als Reaktion auf *Basel II* als „**Familienbank**" eingesetzt werden.[118] Mit einer Stiftung lässt sich das Vermögen eines Unternehmens über die Generationen gezielt zusammenhalten und aufbauen. Das (Grundstock-)Vermögen muss bei einer unternehmensverbundenen Stiftung „im Unternehmen" verbleiben, kann also nicht etwa an die Unternehmerfamilie gehen. Die Stiftung wird damit zur „Familienbank". Dadurch wird erstens die Eigenkapitalquote verbessert. Zweitens sinkt damit automatisch der Kreditbedarf. Drittens steigt dadurch die Kreditwürdigkeit.

Eine Änderung gegenüber der früheren Rechtslage hat sich bei der **Publizität** für die **Stiftung & Co. KG** ergeben,[119] was hier besonders erwähnt werden soll, weil gerade mittelständische Unternehmen (fälschlicherweise?) als recht publizitätsscheu gelten.[120] Auf Klage der Europäischen Kommission hat der EuGH mit Urt. v. 22.4.1999 (Rs. C-272/97)[121] die Bundesrepublik Deutschland verurteilt, die sog. GmbH & Co. Richtlinie unverzüglich in deutsches Recht umzusetzen. Schon knapp vor dem Urteil ist das Umsetzungsgesetz vorgelegt worden.[122] Am 28.7.1999 hat die Bundesregierung einen überarbeiteten Gesetzesentwurf verabschiedet, der am 13.8.1999 veröffentlicht[123] und am 16.12.1999 vom Bundestag verabschiedet worden ist; der Bundesrat hat am 4.2.2000 zugestimmt. Betroffen ist entgegen früheren Äußerungen aus der „Politik" auch die Stiftung & Co. KG.[124] Das wäre, wie der Bundesjustizminister seinerzeit betonte, nach der EG-GmbH & Co.-Richtlinie an sich nicht erforderlich.[125] Ob in einer solchen Publizität tatsächlich ein Nachteil liegt, ist zu bezweifeln. Zweifel an der Vereinbarung der Richtlinie mit dem Gemeinschaftsrecht hat das LG Essen geäußert, dem die Publizitätspflicht wohl zu weit geht.[126] Publizität wird in modernen Unternehmen indessen sinnvollerweise als Marketinginstrument genutzt. Ähnlich wie bei einem Börsengang dieser Aspekt im Zusammenhang mit der Frage nach der sog. „Börsenreife" behandelt wird, ist es eine Frage der **„Stiftungsreife"** (siehe Rn 97 ff.) des Stifters und des Nachfolgegründers, ob die Publizität der Stiftung & Co. KG positiv verstanden und aufgegriffen wird.

Immer wieder diskutiert wird die Kombination einer Familienstiftung mit einer gemeinnützigen Stiftung (sog. **Doppelstiftung**).[127] Das Modell der Doppelstiftung kombiniert die Vorteile einer Unternehmensverbundenen Stiftung mit den Steuervorteilen einer Gemeinnützigen Stiftung.[128]

Eine selbständige Stiftung kann auch als Holding und Konzernspitze dienen.[129] Der Ausgleich/die Harmonisierung zwischen Stiftungsrecht und Konzernrecht lässt sich gestalterisch lösen.[130]

---

112 Zu diesem Befund kommt *Herrmann*, Unternehmenskontrolle durch Stiftungen, 1996, S. 194.
113 S. etwa die Zusammenfassung zu den bekannten betriebswirtschaftlichen Grenzen von Stiftungsgestaltungen bei *Verstl*, DStR 1997, 674 ff.
114 Ausf. *Hennerkes/Binz*, Steuerberaterjahrbuch 1984/85, 107 ff.; *Weimar/Geitzhaus/Delp*, BB 1986, 1999 ff.; *Schulze zur Wiesche*, WpG 1988, 128 ff.; *Nietzer/Stadie*, NJW 2000, 3457 ff.
115 S. *Roll/Grochut*, WiB 1995, 743 ff.; *Korte*, WiB 1996, 672 ff. (gemeinnützige Stiftung).
116 Ausf. etwa: *Hennerkes/Binz/Sorg*, DB 1986, 2217 ff. und 2269 ff.; *Weimar/Delp*, NWB, F. 18, 2909 ff.: *Goerdeler*, NJW 1992, 1487 ff.; *Götz*, INF 1997, 619 ff. und 652 ff.; *Schiffer*, Die Stiftung in der anwaltlichen Praxis, S. 45 ff., 56 ff. und 211 ff.
117 *Schiffer*, Die Stiftung in der anwaltlichen Praxis, S. 224 f.
118 *Schiffer*, Die Stiftung in der anwaltlichen Praxis, S. 225 ff.
119 S. schon *Schiffer/v. Schubert* DB 2000, 437, 440.
120 Zu den „Gefahren der Publizität" s. etwa: *Weimar/Reeh*, DB 1988, 1637 ff.
121 GmbHR 1999, 535 ff.
122 S. etwa *Heni*, DStR 1999, 912, 914.
123 BR-Drucks 458/99; s. dazu *Stuckert*, StuB 1999, 816 ff.
124 *Ernst*, DStR 1999, 903, 904; Begründung zu dem Gesetzesentwurf, S. 23.
125 S. etwa bei *Hennerkes/Schiffer*, BB 1992, 1940, 1943.
126 LG Essen ZIP 2003, 31 ff.; GmbHR 2003, 298 (Vorlage zum EuGH); s. dazu auch *Naujok*, GmbHR 2003, 263 ff.
127 Näher zur Doppelstiftung etwa: *Berndt*, S. 521; *Schnitger*, ZEV 2001, 104 ff.
128 So etwa auch *Schnitger*, ZEV 2001, 106.
129 *Schwintowski*, NJW 1991, 2736 ff.
130 S. dazu *Schwintowski*, NJW 1991, 2740 ff.; *Kohl*, NJW 1992, 1922 ff. (auch mit krit. Hinweisen).

71 Die finanziellen Möglichkeiten der Unternehmerfamilien reichen gerade in Zeiten neuer wirtschaftlicher Herausforderungen nur bedingt aus, um das erforderliche **Unternehmenskapital** zur Verfügung zu stellen. Ab Ende der 80er-Jahre haben sich daher zahlreiche Unternehmerfamilien dazu entschlossen, mit ihren Unternehmen an die Börse zu gehen, um die Kapitalbasis für ihr Unternehmen zu verbreitern. Unternehmen, die in Form einer Stiftungskonstruktion gestaltet sind, ist das jedenfalls auf direktem Weg verschlossen. Da gegenwärtig allein der Aktiengesellschaft und der Kommanditgesellschaft auf Aktien der direkte Zugang zum Kapitalmarkt möglich ist, besteht für unternehmensverbundene Stiftungen, die nicht an einem Unternehmen in einer der genannten Rechtsformen beteiligt sind, keine unmittelbare Möglichkeit der Kapitalbeschaffung über die Börse. Die Umwandlung einer Stiftung in eine andere Rechtsform ist ausgeschlossen (siehe § 87 Rn 23 ff.).

72 Aber auch hier lassen sich Gestaltungen etwa über Tochtergesellschaften, die an die Börse gehen, oder über die Gestaltung einer Kommanditgesellschaft auf Aktien (KGaA) finden, um eine Kapitalbeschaffung am **Kapitalmarkt** zu ermöglichen. Es können auch von einem stiftungsgetragenen Unternehmen **Anleihen** ausgegeben werden.[131] Auch so können Mittel über den Kapitalmarkt generiert werden. So hat die Würth-Gruppe bereits 1987 erfolgreich eine Auslandsanleihe i.H.v. 75 Mio. CHF platziert. In der Folgezeit hat sie mehrere weitere Anleihen am Kapitalmarkt platzieren können. Die Würth-Gruppe, bestehend aus einer GmbH und zwei GmbH & Co. KGs mit jeweiligen Tochterunternehmen, wird von fünf Familienstiftungen getragen.[132]

73 Im Unternehmensbereich kann eine **gemeinnützige Stiftung** auch über die bereits angesprochene Möglichkeit der Doppelstiftung hinaus eine sinnvolle Rolle spielen und gleichzeitig der Allgemeinheit dienen. Unternehmenseinkünfte können z.B. dem eventuellen Wunsch der Familie entsprechend ganz oder teilweise gemeinnützigen Zwecken zugeführt werden, was durchaus zugleich als positiver Marketingeffekt für das Unternehmen genutzt werden kann (Motto: „Tue Gutes und rede drüber."). Dadurch kann im Interesse der Gemeinschaft als Vorbild auch zur Nachahmung angeregt werden.

74 **4. Steuerbefreite Stiftungen.** Gemeinnützige Stiftungen oder andere Stiftungen, die sonstige steuerbegünstigte Zwecke im Sinne der **§§ 51 ff. AO** verfolgen,[133] sind nach den einschlägigen Steuergesetzen beinahe vollständig von den betreffenden Steuern befreit – etwa nach § 5 Abs. 1 Nr. 9 S. 1 KStG von der Körperschaftsteuer. Die Befreiung von der Körperschaftsteuer ist neben der Möglichkeit zum Empfang steuerlich abzugsfähiger Zuwendungen (vgl. § 10b EStG, § 9 Nr. 3 KStG, § 9 Nr. 5 GewStG) der wichtigste steuerliche Vorteil der Gemeinnützigkeit. Weitere Steuervergünstigungen wegen Gemeinnützigkeit bestehen bei der Gewerbesteuer (§ 3 Nr. 6 S. 1 GewStG), der Umsatzsteuer (§ 12 Abs. 2 Nr. 8a UStG) sowie im Bereich der Grundsteuer (§ 3 Abs. 1 Nr. 3b GrStG) und Erbschaft- und Schenkungsteuer (§ 13 Abs. 1 Nr. 16b ErbStG).

75 Es handelt sich also auch bei der gemeinnützigen Stiftung nicht um eine besondere Rechtsform, sondern vielmehr um eine Stiftung, der Steuerbefreiungen gewährt werden, weil sie bestimmte steuerrechtliche Vorgaben einhält.[134] Die Steuerbefreiung setzt voraus, dass eine Stiftung nach ihrer Satzung und tatsächlichen Geschäftsführung ausschließlich und unmittelbar gemeinnützige, mildtätige oder kirchliche Zwecke verfolgt.

76 **Gemeinnützige Zwecke** (§ 52 AO) verfolgt eine Stiftung, wenn ihre Tätigkeit darauf gerichtet ist, die **Allgemeinheit** (!) auf materiellem, geistigem oder sittlichem Gebiet selbstlos zu fördern.[135] Beispiele: Förderung von Wissenschaft und Forschung, Bildung[136] und Erziehung, Kunst und Kultur, der Religion, der Völkerverständigung, des Umweltgedankens, der Jugend- und Altenhilfe, des Sports und des Wohlfahrtswesens. **Keine Förderung der Allgemeinheit** im Sinne des Gemeinnützigkeitsrechts ist dann mehr gegeben, wenn der Kreis der Personen, denen die Förderung durch die Stiftung zugute kommt, geschlossen ist. Ein solcher geschlossener Kreis ist etwa bei einer Familie oder der Belegschaft eines Unternehmens gegeben – aber auch, wenn die betreffenden Personen nach ihrer Abgrenzung, vor allem nach räumlichen oder beruflichen Merkmalen, dauernd nur einen kleinen Kreis bilden. Beispiel: Errichtet ein Unternehmen oder

---

131 S. schon *Schiffer/v. Schubert*, BB 2002, 265, 266.
132 S. etwa *Schiffer*, Die Stiftung in der anwaltlichen Praxis, S. 47.
133 Ausf. *Schauhoff*, a.a.O.; *Buchna*, a.a.O.; zum neuen Stiftungssteuerrecht s. *Schiffer/Swoboda*, StuB 2001, 317 ff.
134 „Gemeinnützige" Stiftungen genießen in der Bevölkerung eine ganz besondere Wertschätzung, ausf. dazu *Schäfers*, Stiftung & Sponsoring, 4/2000, 30 ff., zu einer vom Zentralinstitut für kirchliche Stiftungen (Zks) in Mainz/Wiesbaden in Auftrag gegebenen Repräsentativ-Erhebung, die das Institut für Markt- und Politikforschung („dimap"), Bonn, durchgeführt hat.
135 Zur „Nichtanerkennung der Gemeinnützigkeit wegen durch Stiftungsgeschäft übergegangener Verpflichtungen" s. *Berndt*, Stiftung & Sponsoring 05/1999, 16.
136 Zum Thema „Stiftungen und Universitäten" s. *Göring*, Stiftung & Sponsoring, 06/1999, 13; *Zimmerli*, (Interview) Stiftung & Sponsoring, 06/2000, 3.

der Unternehmer eine gemeinnützige Stiftung, kann er damit nicht etwa – ausschließlich – seine Belegschaft fördern, zu fördern ist die Allgemeinheit, zu der aber natürlich auch die Belegschaftsmitglieder gehören können. Eine solche gemeinnützige Stiftung bietet für das Unternehmen die Möglichkeit einer positiven Öffentlichkeitsarbeit – etwa im Sinne eines Mäzenatentums des Unternehmers, das dieser über die Stiftung ausführt.

Zunehmend diskutiert werden die Möglichkeiten der Auslagerung und Ausgliederung/Ausgründung von Aktivitäten aus steuerbefreiten Stiftungen (**Outsourcing**). Hier wird zum Teil stiftungsrechtliches und stiftungssteuerrechtliches Neuland beschritten.[137]   77

Die „**gemeinnützige Familienstiftung**" hat der Gesetzgeber in § 58 Nr. 5 AO erfunden (siehe Rn 49). Bei jeder gemeinnützigen Stiftung sollte dieser Aspekt – und sei es als Notfallvorsorge – mit dem potenziellen Stifter erörtert werden.   78

Mildtätige Zwecke (§ 53 AO) verfolgt eine Stiftung, wenn ihre Tätigkeit darauf gerichtet ist, Personen selbstlos zu unterstützen, die infolge ihres körperlichen, geistigen oder seelischen Zustandes oder auch aufgrund ihrer wirtschaftlichen Situation (näher § 53 Nr. 2 AO) auf die Hilfe anderer angewiesen sind. Hier ist die Leistung der Stiftung also nicht an die Allgemeinheit gerichtet, sondern an einzelne Personen oder Personenkreise, die auch aus der Familie und/oder dem Unternehmen des Stifters stammen können.   79

Eine **Familienstiftung** kann zwar nicht gemeinnützig sein, wohl aber **mildtätig**, wenn sie den mildtätigen Zweck selbstlos unmittelbar und ausschließlich verfolgt.[138] Nicht selbstlos tätig ist nach wohl h.M.[139] eine Stiftung (nur) zur Unterstützung des Stifters und seiner Verwandten.[140] Der neue zu den §§ 51–68 AO geänderte Anwendungserlass zur Abgabenordnung (AEAO)[141] besagt genau dies und geht sogar noch weiter. Nach Nr. 3 AEAO zu § 53 AO kann eine Körperschaft, zu deren Satzungszwecken die Unterstützung von hilfsbedürftigen Verwandten der Mitglieder, Gesellschafter, Genossen und Stifter gehört, nicht als steuerbegünstigt anerkannt werden. Bei einer derartigen Körperschaft stehe nicht die Förderung mildtätiger Zwecke, sondern die Förderung der Verwandtschaft im Vordergrund. Die Tätigkeit sei entgegen § 53 AO nicht selbstlos. § 58 Nr. 5 AO stehe dem als Ausnahmevorschrift von dem Gebot der Selbstlosigkeit nicht entgegen.[142]   80

Auch bei einer mildtätigen Stiftung soll allerdings die Begrenzung der Unterstützung auf bedürftige Verwandte im Sinne einer „**mildtätigen Familienstiftung**" dennoch zulässig sein, wenn durch die Unterstützung keine gesetzlichen Unterhaltspflichten nach §§ 1601 ff. umgangen werden.[143]   81

Eine Stiftung kann auch mehreren Zwecken (gleichzeitig) dienen. Sie kann also durchaus **gleichzeitig gemeinnützig und mildtätig** sein. So finden sich in der Praxis etwa unternehmensnahe oder unternehmensverbundene Stiftungen, die einem gemeinnützigen Zweck (z.B. Förderung der Allgemeinheit durch Förderung der Wissenschaft) und einem mildtätigen Zweck (z.B. Unterstützung von Mitarbeitern in Not gem. § 53 AO) dienen.   82

Mildtätig und gleichzeitig gemeinnützig kann auch ein und derselbe Zweck sein, beispielsweise der Zweck, Speiseanstalten für mittellose Personen zu unterhalten; der darin liegende **wirtschaftliche Geschäftsbetrieb** steht als Zweckbetrieb (§ 65 AO) der Steuerbefreiung nicht entgegen, da nur auf diese Weise der steuerbegünstigte Zweck verfolgt werden kann und ein Wettbewerb mit privaten Gaststätten ausgeschlossen ist.[144]   83

5. Bürgerstiftungen. Mit dem zur Vererbung anstehenden Vermögen der Nachkriegsgeneration gewinnt gegenwärtig nicht nur traditionelles soziales Engagement an Bedeutung, sondern auch etwas, das man als bürgerschaftliches Engagement beschreiben kann. **Bürger** setzen sich **vor Ort** konkret für ihr Gemeinwesen ein. Eine Auswirkung dieses Engagements vor Ort sind die sog. Bürgerstiftungen,[145] die in den letzten Jahren errichtet worden sind. Bürgerstiftungen lassen sich definieren als „Stiftungen von Bürgern für Bürger zur Förderung sozialer, kultureller oder ökologischer Zwecke in einem geographisch begrenzten, lokalen oder regionalen Raum". Bürgerstiftungen sind damit eine **Sonderform der steuerbefreiten Stiftung**.   84

---

137 Näher dazu *Schiffer*, in: Weitz u.a. (Hrsg.), Rechtshandbuch für Stiftungen, 2004 ff., Kap. 6.4.
138 Seifart/v. Campenhausen/*Pöllath*, S. 772.
139 Seifart/v. Campenhausen/*Pöllath*, S. 772.
140 S. aber § 58 Nr. 5 AO, s. dazu Rn 49.
141 BStBl 2002 I S. 867 ff.
142 Krit. *Schiffer*, Die Stiftung in der anwaltlichen Praxis, S. 160 f.
143 *Kümpel*, in: Weitz u.a. (Hrsg.), Rechtshandbuch für Stiftungen, 2004 ff., Kap. 3/3.1 (S. 16).
144 Klein/*Gersch*, Abgabenordnung, 8. Aufl. 2003, § 53 AO Rn 4.

145 Ausf. dazu *Bundesverband Deutscher Stiftungen* (Hrsg.), Bürgerstiftungen in Deutschland: Entstehung. Struktur.Projekte.Netzwerke; *Bundesverband Deutscher Stiftungen* (Hrsg.) Bürgerstiftungen in Deutschland – Porträts Deutscher Bürgerstiftungen; *Schmied*, Die Roten Seiten zum Magazin Stiftung & Sponsoring 04/2002; *Bertelsmann Stiftung* (Hrsg.), Handbuch Bürgerstiftungen, 2. Aufl. 2004; Deutsche Stiftungen (Mitteilungen des Bundesverbandes Deutscher Stiftungen), 2/1999: Themenheft Bürgerstiftungen – Eine alte Idee wird neu entdeckt.

85 Stifter sind vielfach Bürger mit einem durchaus überschaubaren Vermögen, die ihrerseits nicht unbedingt eine eigene Stiftung errichten würden, andererseits aber dieser modernen Form der Unterstützung des Gemeinwohls, die etwa neben die bekannten Service-Clubs[146] tritt, aufgeschlossen gegenüber stehen. Die Bürgerstiftung ist so gesehen eine Fortentwicklung der aus den **USA** bekannten *„community foundations"* (Stichwort: „Stiftung für Dich und mich"). In aller Regel sind die Bürgerstiftungen operativ tätig. Neben den Geld-Spendern leisten die Zeit-Spender einen ganz wichtigen Beitrag zur Arbeit der Bürgerstiftungen. Der Gedanke ist erfolgreich. Das zeigt sich auch darin, dass über **das „reine" Modell** der „Stiftung von Bürgern für Bürger" hinaus sich auch große Institutionen diesem Gedanken anschließen und Stiftungen errichten, die um Zustiftungen werben und die sie Bürgerstiftungen nennen. Ein Beispiel ist die *Sparkasse Bonn*, die eine Bürgerstiftung initiiert hat.[147]

86 Die z.T. geführte **Diskussion**, welche Art von Stiftung sich den (nur) Bürgerstiftung nennen dürfe,[148] scheint bei genauer Betrachtung überflüssig, wenn nicht im Einzelfall ein echter Missbrauch vorliegt, denn bei der Bezeichnung „Bürgerstiftung" handelt es sich nur um ein Schlagwort. Aus der Bezeichnung sind keine rechtlichen und/oder steuerlichen Folgerungen abzuleiten.

87 **6. Kulturstiftungen.** Gemeinnützige Stiftungen sind heute auch vermehrt ein Thema im Kulturbereich[149] u.a. im Zusammenhang mit der Frage der Museums- und Ausstellungsfinanzierung.[150] Auch dort ist angesichts der weitgehend leeren öffentlichen Kassen ein neues, wirtschaftliches Denken und Handeln erforderlich. Die öffentliche Hand wird wegen steigender Finanznot zunehmend weniger in der Lage sein, den Kulturbetrieb zu finanzieren. Mithin sind Finanzmittel aus dem Privat- und dem Unternehmensbereich gefragt.

88 **7. Public Private Partnership.** Angesichts der zunehmend leeren öffentlichen Kassen gewinnt das Public Private Partnership (PPP)[151] zunehmend an Bedeutung. Unter dem Schlagwort PPP werden sehr **verschiedene Arten der Kooperation und Zusammenarbeit** von öffentlicher Verwaltung und Privatpersonen bei der Erfüllung öffentlicher Aufgaben zusammengefasst.[152]

89 Nicht erst seit der vielfach zitierten PISA-Studie ist das Thema Bildung im Lande der „Dichter und Denker" ein besonderes Thema. Der Bildungsmisere wollen u.a. zahlreiche private Initiativen an den Hochschulen[153] und den Schulen[154] entgegenwirken. **Stiftungen** werden hier als Weg aus der staatlichen Abhängigkeit diskutiert.[155] Will man allerdings eine Stiftung mit Erträgen ausstatten, die auf absehbare Zeit die Unabhängigkeit einer Hochschule oder Schule sicherstellen, so dürften angesichts des Finanzbedarfs einer solchen Einrichtung durchaus mehrere Milliarden EUR kein unsinniger Betrag sein. Solche Beträge sind ersichtlich utopisch. Eine Förderstiftung beispielsweise oder auch eine Hochschule in der Rechtsform einer Stiftung können dennoch sinnvoll sein, wenn das Gesamtkonzept stimmt. Praxisbeispiel: „Wissenschaftliche Hochschule für Unternehmensführung (WHU) – Otto Beisheim-Hochschule" mit der Trägerstiftung „Stiftung Wissenschaftliche Hochschule für Unternehmensführung",[156] die durch zahlreiche weitere Initiativen und Personen unterstützt wird.[157]

90 Bereiche für PPP sind neben Schule und Hochschule etwa die Forschung und auch Baudienstleistungen. Typischerweise werden hier, wenn nicht nur ein loses Netzwerk gewählt wird, Kooperationsverträge zwischen den Partnern[158] geschlossen, es ist aber auch durchaus denkbar, dass die Partner eine **Gesellschaft**[159] oder eine **Stiftung**[160] errichten – beispielsweise als Basisfinanzierung für ein gemeinsames Projekt. Eine solche Stiftung wird häufig gemeinnützig sein – etwa im Themenbereich Wissenschaft oder Ausbildung –, muss es

---

146 *Lions, Rotary, Round Table, Zonta* etc.
147 www.buergerstiftung-bonn.de.
148 S. www.die-deutschen-buergerstiftungen.de (definierte Merkmale und Gütesiegel).
149 Einen guten Überblick gibt: *Beauftragter der Bundesregierung für Angelegenheiten der Kultur und Medien* (Hrsg.), Kulturstiftungen – Ein Handbuch für die Praxis; s. etwa auch *Mecking*, Kultur & Recht 12/2000, C 2.2, 1. und *ders.*, Kulturpolitische Mitteilungen IV/97, 31.
150 *Boochs*, NWB F 3, 10525; *Zimmer* (Hrsg.), Das Museum als Nonprofit-Organisation, 1996.
151 *Roggencamp*, Public Private Partnership; *Späth/Michels/Schily* (Hrsg.), Das PPP-Prinzip; *Stifterverband für die deutsche Wissenschaft* (Hrsg.), Public Private Partnership; *Vogel/Stratmann*, Public Private Partnership in der Forschung.
152 S. nur *Becker*, ZRP 2002, 303.

153 *Stifterverband für die Deutsche Wissenschaft e.V.* (Hrsg.), Private internationale Hochschulen; *ders.*, Reformuniversitäten; Deutsche Stiftungen (Mitteilungen des Bundesverbandes Deutscher Stiftungen), 3/2002: Themenheft Stiftung und Hochschule – Formeln für Erfolg und Lehre?
154 *Hohlmeier* (Interview), Stiftung & Sponsoring 6/2002, 3; *Gottfried*, Stiftung & Sponsoring, 6/2002, 30.
155 S. dazu die Beiträge etwa von *Sandberg, Herfurth/Kirmse, Müller-Böling* und *Baumanns*, in: Deutsche Stiftungen 3/2002; *Battis/Grigoleit*, ZRP 2002, 65.
156 www.whu.edu.
157 Z.B. Stiftung in Praxi, Stiftung Pro Futura (whu).
158 *Becker*, ZRP, 2002, 303, 306.
159 *Becker*, ZRP 2002, 303, 305.
160 S. dazu etwa *Mecking*, KA 7–99, 883.

aber nicht. So kann sich im Einzelfall die Problematik des wirtschaftlichen Geschäftsbetriebes stellen, der die Gemeinnützigkeit ausschließt.

8. Verbrauchsstiftungen. Die Stiftung ist in ihrer Grundform als eine einem oder mehreren Zwecken gewidmete Zusammenfassung von vermögenswerten Gegenständen auf Dauer angelegt. Folglich gilt der (stiftungsrechtliche) Grundsatz der Vermögenserhaltung. Man kann es plastisch ausdrücken: Die Stiftung ist das Vermögen, dieses ist grundsätzlich zu erhalten (Rn 2). Davon gibt es aber Ausnahmen.[161] Diese Ausnahmefälle kennzeichnet man mit dem Stichwort „Verbrauchsstiftung".[162] Der für die Praxis wichtigste Fall dürfte hier der der Gestattung des Verbrauchs des Stiftungsvermögens durch den Stifter gemäß Satzung und/ oder Stiftungsgeschäft sein. Beispiel: Verbrauchsstiftung zum Wiederaufbau eines historischen Gebäudes.

91

9. Kommunale Stiftungen. Kommunale Stiftungen[163] dienen Zwecken im Aufgabenbereich einer kommunalen Körperschaft. Nicht selten sind Vermögensmassen, die den Gemeinden und Gemeindeverbänden zugeordnet sind und dabei kommunalen Zwecken dienen, als Stiftungen gestaltet.

92

10. Kirchliche Stiftungen. Kirchliche Stiftungen[164] können privatrechtlich oder öffentlich-rechtlich organisiert sein. In jedem Fall gehören diese Stiftungen zum Ordnungsbereich einer Kirche und sind in deren Organisation eingegliedert. Kirchliche Stiftungen sind vor allem ortskirchliche und Pfründestiftungen.

93

C. Weitere praktische Hinweise

I. Pflichtteilsrecht

Das Pflichtteilsrecht bei Stiftungen ist in der Praxis ein besonderes Thema. Nicht eben selten wird in der Beratungspraxis die Frage gestellt, ob durch eine Stiftung Pflichtteilsansprüche vermieden werden.[165] Die Antwort auf die Frage nach dem Pflichtteil war **ursprünglich** in der Tat **umstritten**. So wurde angenommen, bei Familienstiftungen (!) stünde den enterbten gesetzlichen Erben kein Pflichtteilsrecht zu, wenn sie durch die Stiftung als Destinatäre begünstigt sind und die zu erwartenden Zahlungen der Stiftung in angemessener Zeit die Summe des Pflichtteils erreichen.[166] Dem kann jedoch nicht gefolgt werden, hängen doch die Leistungen der Stiftung erst noch von einer Entscheidung des Stiftungsvorstandes ab. Typischerweise wird in den Stiftungssatzungen sogar ausdrücklich betont, dass die Destinatäre keine Ansprüche gegen die Stiftung auf irgendwelche Zahlungen haben. Die (künftigen) Zahlungen sind deshalb grundsätzlich zunächst nur als Erwartung einzustufen und eben nicht als ein (Pflichtteils-)Anspruch. Zudem erscheint das geforderte Merkmal „angemessener Zeitraum" als zu unkonkret, um eine praktikable Abgrenzung zu ermöglichen. Die völlig h.M. bejaht denn auch Pflichtteils- und Pflichtteilsergänzungsansprüche der enterbten Erben gegen eine letztwillig bedachte oder lebzeitig beschenkte Stiftung.[167] Die Grundlage dafür ist, dass Pflichtteilsergänzungsansprüche nach §§ 2325, 2329 Abs. 1 eine Schenkung (i.S.v. § 516) des Erblassers an den in Anspruch genommenen Dritten voraussetzen. Erforderlich ist also eine Zuwendung, die die Stiftung aus dem Vermögen des Gebers bereichert, wobei beide Seiten darüber einig sind, dass die Zuwendung unentgeltlich erfolgt.[168]

94

Das OLG Dresden[169] hatte 2002 in einem besonderen Fall (**Dresdner Frauenkirche**) einen Anspruch aus Pflichtteilsrecht gegen eine gemeinnützige Stiftung verneint und angenommen, der Erblasser habe der Stiftung nichts i.S.d. §§ 2325, 2329 geschenkt, sondern ihr nur Durchgangsvermögen treuhänderisch gebunden zugewandt, welches die Stiftung wirtschaftlich nicht habe bereichern können. Dem und der damit kurzzeitig entstandenen Verwirrung ist der **BGH** der h.M. folgend unter Hinweis insbesondere auf den **Zweck der Pflichtteils(ergänzungs)bestimmungen** ausdrücklich entgegengetreten.[170] Die §§ 2325, 2329 sollen eine Aushöhlung des Pflichtteilsrechts durch lebzeitige Rechtsgeschäfte des Erblassers verhindern. Ohne den

95

---

161 Ausf. dazu *Carstensen*, in: IDW (Hrsg.), Stiftungen – Rechnungslegung, S. 61, 77 ff.; s.a. Seifart/ v. Campenhausen/*Hof*, S. 239; *Wachter*, S. 33.
162 Noch weiter gehend mit guten Gründen für die generelle Zulässigkeit der Verbrauchsstiftung *Wallenhorst*, DStR 2002, 984, 985 f.
163 Näher dazu Seifart/v. Campenhausen/ *v. Campenhausen*, S. 497 ff.
164 Näher dazu Seifart/v. Campenhausen/ *v. Campenhausen*, S. 473 ff.
165 Näher dazu etwa *Asche*, Stiftung & Sponsoring, 03/ 2001, 23; *Schiffer*, Die Stiftung in der anwaltlichen Praxis, S. 42.
166 *Steffek*, Die Anforderung an das Stiftungsgeschäft von Todes wegen, 1996, S. 39.
167 S. etwa Seifart/v. Campenhausen/*Hof*, S. 106; *Berndt*, S. 102; *Rawert/Katschinski*, ZEV 1996, 161; *Asche*, Stiftung & Sponsoring, 03/2001, 23; *Schiffer*, Die Stiftung in der anwaltlichen Praxis, S. 42.
168 Allg. M.: BGHZ 59, 132, 135; Palandt/*Edenhofer*, § 2325 Rn 7.
169 NJW 2002, 3181; Krit. *Schiffer*, DStR 2003, 14, 15 m.w.N.
170 BGH NJW 2004, 1598 ff.; näher zu dem Urteil *Schiffer*, NJW 2004, 1565 ff.

Schutz der §§ 2325, 2329 liefe das Pflichtteilsrecht Gefahr, seine materielle Bedeutung weitgehend zu verlieren, da der Erblasser es über lebzeitige Schenkungen in der Hand hätte, Nachlass und Pflichtteilsansprüche zu schwächen.[171] Auch die Verfolgung gemeinnütziger ideeller Zwecke kann eine solche Verschiebung nicht rechtfertigen. Aus der Sicht des Pflichtteilsberechtigten sei der Erfolg einer Schenkung und einer Spende zu Stiftungszwecken wirtschaftlich identisch.[172] Beides sei im Ergebnis nichts anderes als der Versuch, auf diese Weise einen erheblichen Teil des Nachlassvermögens zum Nachteil des Pflichtteilsberechtigten an einen anderen weiterzuleiten. Dass im Einzelfall die Motive durchaus anerkennenswert sein mögen und die als gemeinnützig gedachte Vermögensverschiebung im allgemeinen Interesse liegen kann, sei für die damit einhergehende Pflichtteilsverkürzung ohne Belang.

96 Potenzielle Spender (§ 2325) sowie auch potenzielle Spendenempfänger (§ 2329) und deren Berater müssen auch zukünftig zumindest bei größeren Spenden das etwaige Pflichtteilsproblem vorweg klären. Zur Pflichtteilsvermeidung bleibt auch in solchen Fällen nur der Weg über Erb- oder **Pflichtteilsverzichtsverträge** nach §§ 2346 ff., die ggf. mit entsprechenden Abfindungen verbunden werden, oder über eine ausreichende (letztwillige) Begünstigung der Pflichtteilsberechtigten.

II. Stiftungsreife

97 Damit die Stiftung ihr satzungsmäßiges Ziel erreicht, müssen der Stifter und die Organmitglieder bestimmte persönliche Qualifikationen erfüllen, die – in Anlehnung an den Begriff der **Börsenreife** bei der Aktiengesellschaft – mit „Stiftungsreife"[173] bezeichnet werden können. Ein Unternehmer, der mit seinem Unternehmen an die Börse gehen will, muss nicht nur eine Vision und eine „Geschichte", die Fantasie zulässt, haben, sondern vorher der ihn begleitenden Bank und der Öffentlichkeit seine „Börsenreife" nachweisen. Dazu gehört u.a., dass er gewillt ist, neue Aktionäre als Partner zu akzeptieren und deren Belange angemessen zu berücksichtigen. Er muss insbesondere zu einer ausreichenden Publizität und Öffentlichkeitsarbeit bereit sein, anderenfalls wird der Markt seinem Börsengang keinen Erfolg bescheren. Der Markt kontrolliert die an der Börse eingeführte Aktiengesellschaft.

98 Der Stifter muss entsprechend gewillt sein, zu akzeptieren, dass er mit der Stiftung eine eigenständige, von seinem Willen zukünftig **unabhängige, juristische Person** ins Leben ruft, mit der Folge, dass er nach der Stiftungserrichtung nicht mehr frei über das gestiftete Vermögen verfügen kann und dass er in seinem Handeln ebenso an die Stiftungssatzung gebunden ist wie jedes andere Stiftungsorgan auch. Bei einer gemeinnützigen Stiftung sollte der Stifter zudem erkennen, dass ihm mit der Stiftung ein wirkungsvolles, staatlich geschütztes Instrument zur Verwirklichung seiner individuellen Ziele zur Verfügung gestellt wird, das weit mehr darstellt als ein bloßes Steuersparmodell.

99 Die meisten Stifter sind erfahrungsgemäß bereit, diese Kriterien zu erfüllen. Es ist letztlich die Aufgabe der Stiftungsberater, den Stiftern das hierzu erforderliche Wissen zu vermitteln. Der Stiftungsberater muss seinen Mandanten umfassend über die möglichen Folgen der Stiftungserrichtung aufklären, damit keine falschen Erwartungen entstehen, die später enttäuscht werden und die zu einer Missachtung der Stiftungssatzung führen können.

III. Stiftungsaufsicht

100 Der Stifterwille ist (beinahe) das Maß aller Dinge im Stiftungsrecht (Rn 28 ff.). Die Stiftungsaufsicht[174] ist der **„Garant des Stifterwillens"** und der Stiftungsautonomie. Stiftungsaufsicht ist Ländersache. Sie ist in den Bundesländern im Einzelnen unterschiedlich ausgestattet, und wird aktuell mit den neuen Landesstiftungsgesetzen (Rn 27) überarbeitet, ist aber überall auf eine reine Rechtsaufsicht beschränkt.[175] Sie betrifft also nicht Fragen der Zweckmäßigkeit. In Fragen der Zweckmäßigkeit ihres Vorgehens zur Erreichung des Stiftungszweckes sind der Stifter und die Stiftungsorgane frei von staatlicher Aufsicht.

101 Die **Rechtsaufsicht** der Stiftung durch die Stiftungsbehörde umfasst „nur" die Überwachung der Einhaltung von Gesetz und Stiftungssatzung, durch die der Stifterwille manifestiert ist. Es besteht keine Aufsicht bei fachlichen Fragen (Fachaufsicht), d.h. die Stiftungsorgane sind hinsichtlich ihrer Entscheidung über die Art und Weise der Verwaltung der Stiftung grundsätzlich frei.

---

171 S. AnwK-BGB/*Bock*, § 2325 Rn 1; BGHZ 116, 167, 174.

172 *Rawert*, NJW 2002, 3151, 3153; s.a. *Mugdan*, Materialien zum BGB V. Band, S. 7633.

173 Ausf. *Schiffer/Bach*, Stiftung & Sponsoring, 04/1999, 16 und 05/1999, 21; *Schiffer/v. Schubert*, DB 2000, 437; dem dort entwickelten Ansatz ausdr. folgend *Wachter*, S. 32.

174 Ausf. dazu *Hof*, Stiftung & Sponsoring, 01/2003, 21 ff.

175 Näher dazu *Andrick/Suerbaum*, S. 51 ff.

In der Praxis kommt es hier mitunter zu **Abgrenzungsproblemen**. So ist etwa die Rechtmäßigkeit wirtschaftlicher Entscheidungen der Stiftungsorgane nicht nur an den Gesetzen, sondern auch an den abstrakt formulierten Satzungsregelungen des Stifters zu messen. Beispiele solcher Entscheidungen sind die Frage der Büroeinrichtung des Stiftungsvorstandes, die Einstellung einer Vollzeitsekretärin anstelle einer Teilzeitkraft oder die Frage der Vergütung des Stiftungsvorstandes. 102

In vielen Stiftungssatzungen hat der Stifter abstrakt und unbestimmt festgelegt, dass die Verwaltung der Stiftung „sparsam und wirtschaftlich" zu erfolgen habe. Auch in diesen Fällen darf die Aufsichtsbehörde nicht ihre eigene Einschätzung zur Sparsamkeit und Wirtschaftlichkeit an die Stelle der Einschätzung der Stiftungsorgane setzen. Auch hier bleibt die Behörde auf die Rechtsaufsicht beschränkt. 103

Nach den einzelnen Stiftungsgesetzen der Länder lassen sich verschiedene **Erscheinungsformen** der Stiftungsaufsicht unterscheiden. Die Spannbreite reicht von Hamburg, das den Umfang der Stiftungsaufsicht dem Ermessen der Stiftungsbehörde anheim stellt,[176] bis zu den juristisch im Detail ausgefeilten Regelungen etwa in dem Stiftungsgesetz von Baden-Württemberg.[177] 104

Nach der Rechtsprechung des Bundesverwaltungsgerichts[178] darf die Stiftungsaufsicht **nicht zum Durchsetzen öffentlicher Interessen** gegenüber der Stiftung missbraucht werden. Öffentliche Interessen können vielmehr nur dann und insoweit als Maßstab für die Stiftungsaufsicht dienen, wenn sie als solche in dem Stiftungszweck und dem Stifterwillen erkennbar aufgenommen worden sind. 105

Ausgehend von diesem Grundgedanken wird in einigen Landesstiftungsgesetzen für rein privatnützige Stiftungen, d.h. insbesondere für **Familienstiftungen**, die in den einzelnen Bundesländern durchaus unterschiedlich definiert sind (Rn 56), auf staatliche Aufsicht und Kontrolle unter Hinweis auf mangelndes Interesse der Allgemeinheit an der Führung privater Zwecke ausdrücklich verzichtet (Rn 57); zum Teil gilt das auch für private Stiftungen, die nicht Familienstiftungen sind.[179] 106

Damit die Stiftungsaufsichtsbehörde die Einhaltung der gesetzlichen Anforderungen und des Stifterwillens sicherstellen kann, werden ihnen in den Landesstiftungsgesetzen verschiedene rechtliche Instrumente, die sich in **präventive** Aufsichtsmaßnahmen[180] und in **repressive Aufsichtsmaßnahmen**[181] unterteilen lassen, an die Hand gegeben. Zu nennen sind insbesondere: präventive Aufsichtsmaßnahmen wie Informationspflichten, Auskunftsansprüche und Genehmigungsvorbehalte; repressive Aufsichtsmaßnahmen sind die Beanstandung des Vorgehens der Stiftungsorgane, die Anordnung bestimmter Maßnahmen der Stiftungsorgane, die Ersatzvornahme und die Abberufung von Organmitgliedern. 107

Damit die Stiftungsbehörden ihrer Aufsichtspflicht überhaupt wirkungsvoll nachkommen können, bestehen nach den einzelnen Landesstiftungsgesetzen **Informationspflichten** der Stiftung und **Informationsansprüche** der Stiftungsaufsichtsbehörde. Der Behörde steht es im Rahmen der einschlägigen landesgesetzlichen Regelungen grundsätzlich frei, wie sie sich von der Stiftung die für die Aufsicht erforderlichen Informationen verschafft. Wichtig zu wissen ist in diesem Zusammenhang, dass die einzelnen Gesetze Regelungen dazu treffen, welche Auskunftspflichten der Stiftungsorgane gegenüber den Stiftungsbehörden bestehen. So ist etwa grundsätzlich in den Landesgesetzen festgelegt, dass eine Jahresrechnung mit einer Vermögensübersicht und mit einem Bericht über die Erfüllung des Stiftungszwecks von den Stiftungsorganen der Stiftungsaufsichtsbehörde vorzulegen ist. 108

Ein gänzlich anderes Instrument zur Durchsetzung der Rechtsaufsicht der Stiftungsbehörde sind die **in den Landesstiftungsgesetzen** für verschiedene wesentliche Rechtsgeschäfte der Stiftungen vorgesehenen **Genehmigungsvorbehalte**. So sollen insbesondere risikoreiche und mit dem Stiftungszweck unvereinbare Geschäfte verhindert werden. 109

Die **Genehmigungsvorbehalte**, die über die Landesstiftungsgesetze hinaus auch intern **in der Stiftungssatzung** zugunsten des internen Aufsichtsorgans (Stiftungsrat) für den Stiftungsvorstand festgelegt werden können, ähneln damit stark dem aus der Gestaltung von Gesellschaftsverträgen im Unternehmensbereich bekannten Zustimmungskatalog, wonach die Geschäftsführung für entsprechende Geschäfte der Zustimmung des Aufsichts- und Kontrollorgans (Aufsichtsrat, Beirat) bedarf.[182] Die interne Kontrollkompetenz des Stiftungsrates kann der Stifter so ausgestalten, dass der Stiftungsrat den Vorstand gerade **auch in fachlichen Fragen** beaufsichtigt. Eine **externe Prüfung** der Verwaltung der Stiftung könnte beispielsweise auch im Wege der Prüfung der Jahresrechnung durch einen **Wirtschaftsprüfer** erfolgen, wenn das das 110

---

176 § 8 Abs. 1 HambAusfG zum BGB.
177 §§ 8 ff. Bad.-Württ. StiftG. S. die Erleichterungen für Familienstiftungen in § 13 Abs. 1 Bad.-Württ. StiftG.
178 BVerwGE 40, 437 ff.; Seifart/v. Campenhausen/*Hof*, S. 279.
179 S. nur *Berndt*, S. 168.
180 Ausf. dazu *Andrick/Suerbaum*, S. 140 ff.
181 Ausf. dazu *Andrick/Suerbaum*, S. 181 ff.
182 S. dazu etwa Arens/Rinck/*Schiffer*, § 16 Rn 10, 72 am Beispiel eines freiwilligen Unternehmensbeirats.

Landesstiftungsgesetz oder die Stiftungssatzung fordert oder der Stiftungsrat nach der Satzung entsprechend beschließen kann.

111 Bis zur Erteilung der etwaig erforderlichen Genehmigung ist das betreffende Rechtsgeschäft durch die Stiftungsaufsichtsbehörde schwebend unwirksam. Wird die Genehmigung erteilt, wirkt sie auf den Zeitpunkt der Vornahme des Geschäfts zurück. Für **Familienstiftungen** gelten solche Genehmigungsvorbehalte allerdings regelmäßig nicht oder nur eingeschränkt (Rn 57). Bei den Familienstiftungen gehen die Landesgesetzgeber von dem Grundsatz aus, dass es Sache der Familie, d.h. der durch die Stiftung begünstigten Familienmitglieder ist, in eigenem Interesse die Einhaltung des Stifterwillens und der Stiftungssatzung zu überwachen.

112 Die Aufsichtsmittel sind hier nicht im Einzelnen zu erläutern, die folgenden Punkte mögen jedoch als Orientierungshilfe dienen: Für die Praxis ist vor allem als wesentlich zu vermerken, dass die Eingriffe der Behörde in jedem Fall nur unter den einzelnen, jeweils in den betreffenden Landesstiftungsgesetzen genannten Voraussetzungen und unter Beachtung des **Grundsatzes der Verhältnismäßigkeit** zur Anwendung kommen dürfen. Bei Verletzung ihrer Amtspflichten im Zusammenhang mit der Stiftungsaufsicht haftet die Stiftungsbehörde wie alle öffentlichen Behörden nach den Grundsätzen der Amtshaftung.[183] Gegen Maßnahmen der Stiftungsaufsicht besteht **verwaltungsgerichtlicher Rechtsschutz**.[184]

113 In der Praxis[185] kontrollieren die Behörden vor allem die Einhaltung der für die betreffende Stiftung jeweils einschlägigen landesrechtlichen Regelung und die in der Satzung enthaltenen Rechtsregelungen. Sie stellen auf diese Weise die Einhaltung des Stifterwillens sicher.

114 Die einzelnen **landesrechtlichen Regelungen** zur Ausübung der Rechtsaufsicht sind aber durchaus unterschiedlich. Nach § 11 Abs. 4 des saarländischen Stiftungsgesetzes n.F. ist beispielsweise eine Prüfung der Stiftungsverwaltung (nur) bei Vorliegen eines wichtigen Grundes vorgesehen. Die Handhabung der Stiftungsaufsicht hängt überdies wesentlich von der spezifischen (Rechts-)Auffassung der jeweiligen Behörde ab.[186] Stellt die Behörde Verstöße gegen gesetzliche Vorschriften oder Satzungsregelungen fest, so hat sie unverzüglich Maßnahmen zu ergreifen, die die Erhaltung der Stiftung oder etwa die Rückerlangung unzulässig verwendeten Stiftungsvermögens sicherstellen. Sie wird das betreffende rechtswidrige Verhalten beanstanden und die Beanstandung gegebenenfalls mit der Ankündigung weiter gehender aufsichtsrechtlicher Maßnahmen – etwa der Androhung eines Zwangsgeldes – verbinden. Als zusätzliches Mittel steht der Stiftungsaufsichtsbehörde nach den unterschiedlichen Landesrechten in geeigneten Fällen regelmäßig die Aufhebung der beanstandeten Maßnahme zu. Erfüllen die Stiftungsorgane ihre Verpflichtungen nicht, so kann die Behörde die erforderlichen Maßnahmen unter Setzung einer angemessenen Frist anordnen. Wird die Maßnahme auch dann nicht vorgenommen, so hat die Behörde die Möglichkeit der Ersatzvornahme, d.h., sie kann die Maßnahme selbst durchführen oder durch Dritte durchführen lassen.

115 Für den Fall, dass ein entsprechend wichtiger Grund in der Person eines Stiftungsorganmitglieds vorliegt, sehen die meisten Landesstiftungsgesetze die Möglichkeit vor, dieses **Organmitglied abzuberufen**. Ein wichtiger Grund wird jedoch in der Regel nur in Fällen grober Pflichtverletzung oder der Unfähigkeit zu ordnungsgemäßer Geschäftsführung gegeben sein. Eine **grobe Pflichtverletzung** liegt etwa dann vor, wenn der Betreffende seine Kompetenzen in schwerwiegender Weise und mehrfach missbraucht, die Vermögensinteressen der Stiftung grob vernachlässigt oder sich beharrlich weigert, den Stiftungszweck zu erfüllen. Beispiele: Die Unfähigkeit zur ordnungsgemäßen Geschäftsführung ist gegeben, wenn das betreffende Organmitglied dauerhaft schwer erkrankt oder für einen längeren Zeitraum ortsabwesend ist. Hohes Alter allein rechtfertigt die Abberufung dagegen nicht; hier sollte der Stifter in der Stiftungsverfassung durch Festschreibung einer Altersgrenze Vorsorge treffen. Mangelnde Eignung und mangelnde Vertrauenswürdigkeit hingegen können allerdings die Unfähigkeit zur ordnungsgemäßen Geschäftsführung begründen. Liegt ein entsprechender wichtiger Grund bei einem Organmitglied vor, so hat die Aufsichtsbehörde keine Wahl, sie muss das Organmitglied abberufen.

116 Um in **Eilfällen** eine Reaktion der Stiftungsbehörde zu ermöglichen, gewähren einige Stiftungsgesetze auch die Möglichkeit, einem Organmitglied die Ausübung seiner Funktionen auf Zeit zu untersagen. Nach richtiger Auffassung obliegt wegen des Grundsatzes der Verhältnismäßigkeit bei der Stiftungsaufsicht die Bestellung des Nachfolgers eines abberufenen Organmitgliedes in erster Linie den Organen der Stiftung entsprechend der Stiftungssatzung und erst dann der Aufsichtsbehörde, falls dieser Weg in angemessener Frist nicht zum Erfolg führt. Für den Fall, dass sich ein abberufenes Organmitglied schadensersatzpflichtig gemacht hat, besteht nach einigen Landesstiftungsgesetzen die Möglichkeit, dass die Aufsichtsbehörde diese Ansprüche

---

[183] S. nur *Andrick/Suerbaum*, S. 170 f.
[184] Ausf. *Andrick/Suerbaum*, S. 198 ff.
[185] Anschauliche Praxisberichte geben: *Peiker*, Stiftung & Sponsoring, 02/2000, 8 (Frankfurt/M.); *Schönfeld*, Stiftung & Sponsoring, 02/2000, 6 (Detmold); *Pfeifer*, Stiftung & Sponsoring, 03/1999, 6 (Düsseldorf).
[186] S. dazu *Hennerkes/Schiffer/Fuchs*, BB 1995, 209.

für die Stiftung auf deren Kosten gerichtlich geltend macht, sofern dies nicht die Stiftungsorgane innerhalb einer angemessenen Frist tun.

Reichen die übrigen Befugnisse der Aufsichtsbehörde nicht aus, um eine rechtmäßige Verwaltung der Stiftung durchzusetzen, besteht nach einigen Landesstiftungsgesetzen die Möglichkeit, dass die Behörde ausnahmsweise sog. **Beauftragte oder Sachwalter** bestellt.[187] Da in diesen Fällen ganz besonders die Gefahr besteht, dass die Rechtsaufsicht der Stiftungsbehörde in eine Zweckmäßigkeitsaufsicht umschlägt, ist eine entsprechende Anordnung der Stiftungsaufsichtsbehörde allerdings in der Regel unverhältnismäßig, d.h. nur ganz ausnahmsweise zulässig.

IV. Die unselbständige/treuhänderische Stiftung

Die unselbständige, treuhänderische Stiftung[188] unterscheidet sich von der Stiftung des Privatrechts dadurch, dass sie keine juristische Person ist. Der Stifter überträgt vielmehr einer bereits bestehenden – natürlichen oder juristischen – Person als Treuhänderin Vermögenswerte zur Verfolgung des von ihm vorgegebenen Stiftungszwecks. Dieser **Treuhänder** kann natürlich auch eine (selbständige) Stiftung sein. Die möglichen Zwecke für eine treuhänderische Stiftung sind dieselben wie bei der rechtsfähigen Stiftung des Privatrechts. Sie hat eben nur keine eigene Rechtspersönlichkeit und benötigt nicht zwingend eine eigene Organisation, sondern kann gegebenenfalls auf die des Treuhänders zurückgreifen. Dabei kann und sollte der unselbständigen Stiftung ein eigener Name – etwa zur Erinnerung an den Stifter – gegeben werden.

Weder die Vorschriften des BGB noch die Landesstiftungsgesetze finden auf diese rein schuldrechtliche Form der Stiftung Anwendung. Ihre Errichtung erfordert **kein staatliches Anerkennungsverfahren.** Auch eine unselbständige Stiftung **kann** etwa wegen Mildtätigkeit oder Gemeinnützigkeit **steuerbefreit** sein. Dabei ist die Gemeinnützigkeit des Trägers der unselbständigen Stiftung nicht erforderlich. Es ist hier jedoch in Stiftungsgeschäft und Satzung der unselbständigen Stiftung die Gemeinnützigkeit festzulegen und festzuhalten, dass die Mittel nur für die vom Stifter festgelegten steuerbegünstigten Zwecke verwendet werden können. Hier wird in der Regel eine sehr genaue Abstimmung des Stiftungszwecks mit dem Aufgabenbereich des vorgesehenen Trägers/Treuhänders erforderlich sein. Das spricht dafür, eine treuhänderische Stiftung bereits **zu Lebzeiten** zu **errichten** (siehe auch § 83 Rn 26 f.). Die unselbständige Stiftung unterliegt **keiner staatlichen Aufsicht**. Im Fall der Steuerbefreiung wacht **aber** natürlich die **Finanzverwaltung** über die Einhaltung der einschlägigen Steuervorschriften (insb. §§ 51 ff. AO).

Der Stifter überträgt der von ihm gewählten Person seines Vertrauens die von ihm dem Stiftungszweck gewidmeten Vermögenswerte unter der Auflage (**Schenkung unter Auflage oder auch Zweckschenkung**), sie entsprechend zu verwenden, oder vereinbart mit der betreffenden Person direkt ein Treuhandverhältnis. Für das Treuhandverhältnis gilt Auftragsrecht (§§ 662 ff.). Der Stiftungsträger wird (treuhänderisch) Eigentümer der Vermögenswerte. Die Einzelheiten wird der Stifter mit dem Stiftungsträger aushandeln und in einer „Stiftungssatzung" festhalten, die man richtigerweise als **„Organisationsvertrag"** bezeichnen sollte.

Bei der **Auswahl des Stiftungsträgers (Treuhänders)** für die unselbständige Stiftung ist besondere Sorgfalt anzuwenden. Die Auswahl einer juristischen Person vor allem des öffentlichen Rechts hat den Vorteil, dass diese anders als natürliche Personen zumindest potenziell unsterblich ist. In der Regel werden daher als Stiftungsträger bereits bestehende selbständige Stiftungen, Gesellschaften, Vereine oder auch Universitäten oder Gemeinden gewählt. Zu nennen ist in diesem Zusammenhang vor allem der Stifterverband in Essen.

V. Trusts

Dem deutschen Recht ist die Rechtsfigur des Trust[189] fremd. Trust-Rechtsverhältnisse sind äußerst **vielschichtig** und zudem in den einzelnen Ländern entsprechend deren Rechtstradition unterschiedlich geregelt und ausgestaltbar. Trusts findet man vorwiegend im angloamerikanischen Rechtsraum. Unterschieden werden Trusts vor allem in solche, die in letztwilligen Verfügungen angeordnet werden (*testamentary trusts*), und in solche, die durch Rechtsgeschäft unter Lebenden errichtet werden (*intervivos trusts*). Besonders beliebt für die Trust-Gründung sind die britischen Kanalinseln Guernsey und Jersey, empfohlen werden aber auch Gibraltar, Zypern, die Bahamas oder die Cayman-Islands. Auch das liechtensteinische Recht kennt Trust-Gestaltungen.

---

187 Näher dazu *Andrick/Suerbaum*, S. 191 ff.
188 Ausf. dazu *Schindler/Steinsdörfer*, Treuhänderische Stiftungen, 6. Aufl. 1998 (Materialien aus dem Stiftungszentrum 18/1998); *Schiffer*, Erbfolgebesteuerung, 2001, S. 173 ff.

189 Näher dazu *Siemers*, ZEV 1998, 459; *Seibold*, IStR 1994, 16, *ders.*, IStR 1993, 545; *Bredow/Reich*, WiB 1995, 775; *v. Oertzen*, IStR 1995, 149; *Schiffer*, Die Stiftung in der anwaltlichen Praxis, S. 237 ff.

123 Die britischen Kanalinseln **Guernsey** und **Jersey** sollen hier beispielhaft näher betrachtet werden. Sie haben – und das macht sie für viele attraktiv – ihre eigene Steuerhoheit und erheben weder Schenkung- und Erbschaftsteuer, noch Umsatzsteuer oder Kapitalertragsteuer. Die „Inländer" müssen lediglich eine niedrige Einkommensteuer abführen. Diese Steuer gilt auch für auf den Inseln verwaltete Trusts – seien sie von Ausländern oder Inländern. Ausländer sind dagegen (im Übrigen) grundsätzlich nicht steuerpflichtig. Den Steuerprivilegien droht allerdings nach der gegenwärtigen Diskussion zum Thema **„Steuerdumping"** innerhalb der EU die Abschaffung.

124 Zur Errichtung eines Trust genügt im Wesentlichen ein **schuldrechtlicher Treuhandvertrag** mit einem **Treuhänder (Trustee)**, in der Regel einem Rechtsanwalt vor Ort oder auch einer dortigen, entsprechend spezialisierten Bank. Hier wird die Abhängigkeit des Trust von bestimmten Personen ähnlich wie bei der unselbständigen, treuhänderischen Stiftung deutlich. Ein Trust und dessen Errichter sind letztlich von der Vertrauensperson, dem Trustee, abhängig. Der Trustee ist für das Trust-Vermögen und die „Ausschüttungen" an die Begünstigten (beneficiaries) aufgrund des Vertrages mit dem Errichter verantwortlich. Anders als eine Stiftung ist ein Trust also keine juristische Person. Die Errichtung eines Trust dauert in der Regel nicht länger als etwa vier Wochen. Dabei kann der Errichter für Dritte anonym bleiben. Pauschale Aussagen zu den Kosten lassen sich kaum machen.

125 Ein Trust mit Sitz und Geschäftsleitung im Ausland *kann* in Deutschland beschränkt körperschaftsteuerpflichtig sein. Der **Bundesfinanzhof** hat in einem Grundlagenurteil aus dem Jahre 1992[190] zur Rechtsnatur von Trusts entschieden, dass ein Trust eine körperschaftsteuerpflichtige Vermögensmasse sein *kann*, wobei die Vermögensmasse als „selbständiges, einem bestimmten Zweck dienendes Sondervermögen, das aus dem Vermögen des Widmenden ausgeschieden ist und dem eigene Einkünfte zufließen" definiert wird. Damit ähnelt ein Trust tatsächlich der Stiftung, ohne allerdings beispielsweise deren Grad an Unabhängigkeit von bestimmten Personen zu erlangen. Ein Trust mit Sitz und Geschäftsleitung im Ausland *kann* in Deutschland im Hinblick auf das besagte BFH-Urteil zudem steuerrechtlich als (ausländische) Familienstiftung i.S.d. deutschen Außensteuerrechts einzustufen sein. Dabei soll nach Ansicht des Bundesfinanzhofes dem in Deutschland unbeschränkt steuerpflichtigen Errichter des Trust das Trust-Einkommen unabhängig von seiner Bezugsberechtigung im Verhältnis zu dem Trust zuzurechnen sein. Damit verlieren Trust-Gestaltungen ersichtlich viel von ihrem steuerlichen Reiz.

126 Seit 1999 werden Vermögensübertragungen auf „Trusts" entgegen der früheren Rechtslage (!) von der **Erbschaft-/Schenkungsteuer** erfasst (§§ 3 Abs. 2 Nr. 1, 4 und 7 Abs. 1 Nr. 8 u. 9 ErbStG). Einschlägige Steuersparmodelle sind also überholt.

Erbersatzsteuer dürfte allerdings **nicht** anfallen, da die diesbezügliche Ausnahmevorschrift für Familienstiftungen nach den allgemeinen Rechtsgrundsätzen eng auszulegen, d.h. nicht auf Trusts auszudehnen ist.

VI. Ausländische Stiftungen

127 Auch ausländische Stiftungen sind alternative Ansätze zu der Wahl einer Stiftung nach deutschem Recht. Das gilt unabhängig davon, dass auch die Gemeinnützigkeit deutscher Stiftungen nicht an der Staatsgrenze endet,[191] d.h., es können auch gemeinnützige Zwecke im Ausland verwirklicht werden. Besonders „beliebt" sind in der Praxis die sehr einfach zu errichtenden und grundsätzlich verschwiegenen Stiftungen in Liechtenstein,[192] die allerdings zunehmend auch bei einzelnen Steuerhinterziehungsfällen genannt werden. Zunehmend wichtig in der Beratungspraxis ist auch das österreichische Stiftungsrecht geworden.[193]

128 Nach § 15 **Außensteuergesetz** (AStG) sind Vermögen und Einkommen auch einer Familienstiftung, die Geschäftsleitung und Sitz außerhalb Deutschlands hat, dem Stifter zuzurechnen, wenn er in Deutschland unbeschränkt steuerpflichtig ist, ansonsten anteilig den unbeschränkt steuerpflichtigen Personen, die bei der Stiftung bezugs- und anfallberechtigt sind (Destinatäre). Die durch die ausländische Stiftung gewollte steuerliche Abschottungswirkung gegenüber der deutschen Finanzverwaltung wird durch diese steuerliche Zurechnung also insoweit durchbrochen, wenn die Beteiligten in Deutschland einen Wohnsitz oder ihren gewöhnlichen Aufenthalt haben. Familienstiftungen im Sinne des Außensteuerrechts sind solche, bei denen der Stifter, seine Angehörigen oder seine Abkömmlinge zu mehr als der Hälfte bezugs- oder anfallberechtigt sind. Unter bestimmten Voraussetzungen sind auch unternehmensverbundene Stiftungen als Familienstiftungen einzustufen (siehe § 15 Abs. 3 AStG). Zugerechnet werden den Betreffenden nach dem Gesetzeswortlaut

---

[190] BFH BStBl II 1993, S. 388.
[191] *v. Oertzen*, Stiftung und Sponsoring, 01/1998, 33.
[192] *Hennerkes/Schiffer*, S. 168 ff.
[193] *Wachter*, DStR 2000, 474, 1037. S. aber Schweiz: *Degen*, Stiftung & Sponsoring, 03/1998, 37; Italien: *Hüttemann*, Stiftung & Sponsoring, 02/2000, 29; Niederlande: *v. Ijsselmuiden/Schreiber*, Stiftung & Sponsoring, 02/1998, 34; Schweden: *Surmatz*, Stiftung & Sponsoring, 01/2000, 30; Stiftungsrecht in Europa (Rechtsvergleich): *Baumanns*, Stiftung & Sponsoring, 04/2000, 22.

lediglich Vermögen und Einkommen der Familienstiftung. Auswirkungen hat das Außensteuergesetz damit nach dem Auslaufen der Vermögensteuer bis zu deren etwaiger Wiedereinführung zunächst nur noch auf die Besteuerung des Einkommens (Einkommen- und Körperschaftsteuer). Die Errichtung einer Familienstiftung im Ausland ist also demnach gegenwärtig kein legales Steuersparmodell für die Besteuerung des Einkommens eines („inländischen") Stifters und seiner Familie.

Jenseits der Einkommensbesteuerung bietet eine „ausländische" Stiftung für einen „inländischen" Stifter und seine Familie die Möglichkeit, die **Erbersatzsteuer** (Rn 58 f.) einzusparen. Das können im Einzelfall ganz erhebliche Beträge sein. Es sind aber in jedem Einzelfall die Steuergesetze am Sitz der Stiftung zu beachten. Die hier möglicherweise anfallenden Steuern sind jedoch z.B. bei der Errichtung in der „Steueroase" Liechtenstein so gering, dass sie zu vernachlässigen sind. 129

Unabdingbare Voraussetzung für die gewünschte Steuerersparnis ist, dass die Familienstiftung weder ihren **Sitz** noch ihre **Geschäftsleitung** in Deutschland hat. Hier wird in der Praxis häufig übersehen,[194] dass aufgrund einer ungeschickten Handhabung der Leitung der ausländischen Familienstiftung sich deren Geschäftsleitung sehr leicht unabsichtlich nach Deutschland verlagern kann. 130

§ 81 Stiftungsgeschäft

(1) [1]Das Stiftungsgeschäft unter Lebenden bedarf der schriftlichen Form. [2]Es muss die verbindliche Erklärung des Stifters enthalten, ein Vermögen zur Erfüllung eines von ihm vorgegebenen Zweckes zu widmen. [3]Durch das Stiftungsgeschäft muss die Stiftung eine Satzung erhalten mit Regelungen über
1. den Namen der Stiftung,
2. den Sitz der Stiftung,
3. den Zweck der Stiftung,
4. das Vermögen der Stiftung,
5. die Bildung des Vorstands der Stiftung.

[4]Genügt das Stiftungsgeschäft den Erfordernissen des Satzes 3 nicht und ist der Stifter verstorben, findet § 83 Satz 2 bis 4 entsprechende Anwendung.

(2) [1]Bis zur Anerkennung der Stiftung als rechtsfähig ist der Stifter zum Widerruf des Stiftungsgeschäfts berechtigt. [2]Ist die Anerkennung bei der zuständigen Behörde beantragt, so kann der Widerruf nur dieser gegenüber erklärt werden. [3]Der Erbe des Stifters ist zum Widerruf nicht berechtigt, wenn der Stifter den Antrag bei der zuständigen Behörde gestellt oder im Falle der notariellen Beurkundung des Stiftungsgeschäfts den Notar bei oder nach der Beurkundung mit der Antragstellung betraut hat.

Literatur: Siehe bei § 80.

A.	Allgemeines	1	VII. Das Stiftungsvermögen	43
B.	Regelungsgehalt	4	1. Vermögensausstattung	43
I.	Stiftungsgeschäft	4	2. Größe des Stiftungsvermögens	45
II.	Die Stiftungssatzung	15	3. Zustiftungen	49
III.	Sitz	17	4. Vermögenserhaltungsgrundsatz	51
IV.	Der Name der Stiftung	19	5. Vermögensumschichtung	57
V.	Stiftungszweck	22	C. Weitere praktische Hinweise	60
VI.	Organe	24	I. Vermögensverwaltung	60
	1. Stiftungsvorstand	25	1. Maßstäbe	60
	2. Geschäftsführer	28	2. Anlageformen	65
	3. Kontrollorgan – Stiftungsrat	29	3. Anlagegrundsätze	66
	4. Haftung von Stiftung und Organmitgliedern	40	II. Mittelbeschaffung	68
			III. Stiftungsmanagement	70

A. Allgemeines

Voraussetzung für die Anerkennung einer rechtsfähigen Stiftung des Privatrechts ist das Stiftungsgeschäft des Stifters, das **regelmäßig unter Lebenden** erfolgt (§ 83 Rn 26 f.). Das Stiftungsgeschäft ist ein einseitiges Rechtsgeschäft, d.h. eine einseitige nicht empfangsbedürftige Willenserklärung.[1] Die Regelungen über 1

---

[194] BFH BStBl II 1991, S. 154; vgl. auch Nieders. FG, EFG 1970, 316; *Schiffer*, Stiftung & Sponsoring 05/1998, 22 ff.

[1] *Schiffer*, Die Stiftung in der anwaltlichen Praxis, S. 88.

Willenserklärungen (Geschäftsfähigkeit, Willensmängel etc.) finden Anwendung. Das Stiftungsgeschäft bedarf der **Schriftform**.

2 Bei dem Stiftungsgeschäft ist zwischen einem solchen unter Lebenden und dem **Stiftungsgeschäft von Todes wegen** (§ 83 Rn 2 ff.) zu unterscheiden. In den meisten Fällen wird eine Stiftung zu Lebzeiten des Stifters errichtet. Der Stifter ruft durch Vorgabe des Stiftungszwecks und durch Übertragung von Vermögen auf die Stiftung die Stiftung ins Leben. Durch dieses Stiftungsgeschäft und die Satzung drückt er seinen **Stifterwillen** aus, der über die Stiftungssatzung für die Stiftung auch nach seinem Tode bestimmend bleibt (Grundsatz der Maßgeblichkeit des Stifterwillens; § 80 Rn 28 ff.).

3 Sowohl natürliche Personen als auch juristische Personen können **Stifter** sein. Auch rechtsfähige Stiftungen können wiederum rechtsfähige Stiftungen, d.h. „Unterstiftungen" errichten, soweit sie dadurch nicht ihr Stiftungsvermögen (= zu erhaltendes Grundstockvermögen, siehe § 80 Rn 1 f.) angreifen. In jedem Fall muss der Stifter unbeschränkt geschäftsfähig sein.

B. Regelungsgehalt

I. Stiftungsgeschäft

4 Das Stiftungsgeschäft muss der Stifter nicht höchstpersönlich vornehmen, er kann sich durch einen Bevollmächtigten **vertreten lassen**. Auch mehrere Stifter können die Stiftung gemeinsam in einer Urkunde oder durch gesonderte Erklärungen errichten. Das Stiftungsgeschäft ist grundsätzlich **bedingungsfeindlich**, denn jede Unsicherheit über die Existenz der Stiftung muss im Interesse des Rechtsverkehrs vermieden werden. Nicht möglich wäre also beispielsweise die Errichtung einer Stiftung für den Fall des Eintritts eines (un-)bestimmten Ereignisses (Beispiel: Errichtung einer Stiftung unter der Bedingung, dass ein Enkel des Stifters geboren wird).

5 **Auflagen** (Fall der „Beschenkung der Stiftung unter einer Auflage") und **Fristen** in einem Stiftungsgeschäft sind nur statthaft, wenn sie den Bestand der Stiftung, d.h. insbesondere deren Vermögensausstattung (Rn 43 f.), nicht berühren.[2]

6 Eine **Auflage** vermindert das der Stiftung zugewendete Vermögen von Anfang an. Darüber besteht, nachdem das FG München dazu eine unhaltbare andere Auffassung vertreten hatte,[3] durch ein deutlich die Auffassung des FG München zurückweisendes Urteil des BFH[4] Einigkeit. Verbindlichkeiten, die in Ausführung des Stiftungsgeschäftes auf die Stiftung übergehen, so betont der BFH, mindern von vornherein das der Stiftung zugewendete Vermögen. Der zur Erfüllung derartiger Ansprüche notwendige Teil des Vermögens steht den satzungsmäßigen Zwecken der Stiftung von Anfang an nicht zur Verfügung. Die Erfüllung derartiger Ansprüche stellt, wie der BFH ausdrücklich betont, keinen Verstoß gegen die Gebote der Selbstlosigkeit und Ausschließlichkeit dar. **Zulässige Auflagen** sind etwa der Vorbehalt von Nießbrauch-, Wohn- und anderen Nutzungsrechten bei der Vermögensübertragung auf die Stiftung (Vermögensausstattung), die Übernahme/ „Übergabe" von Verbindlichkeiten, Hypotheken, Rentenzahlungsverpflichtungen etc. Eine Auflage darf das Stiftungsvermögen nicht soweit reduzieren, dass realistischerweise der Stiftungszweck nicht mehr dauerhaft erfüllt werden kann. In einem solchen Fall ist die Stiftung nicht anerkennungsfähig.

7 Nach Abs. 1 S. 1 bedarf das Stiftungsgeschäft unter Lebenden der **schriftlichen Form** nach § 126. Nach § 126a kann die Schriftform durch die **elektronische Form** ersetzt werden. Die Stiftungsurkunde ist in Schriftform eigenhändig durch Namensunterschrift oder mittels notariell beglaubigten Handzeichens zu unterzeichnen. Das Stiftungsgeschäft kann auch im Wege der notariellen Beurkundung erfolgen (Abs. 2 S. 3). Mitunter wird suggeriert, dass das Stiftungsgeschäft notariell beurkundet werden sollte.[5] Das ergibt sich aus dem Gesetz aber gerade nicht.

8 Die **einfache Schriftform** soll nach wohl herrschender Ansicht sogar dann genügen, wenn im Stiftungsgeschäft die Übertragung von Grundstücken oder von Geschäftsanteilen an einer GmbH auf die Stiftung vorgesehen ist, denn die Sonderformvorschriften für die Übertragung von Grundstücken und GmbH-Anteilen gelten nur für Verträge – also nicht für einseitige Erklärungen wie ein Stiftungsgeschäft.[6] Dafür spricht, dass das stiftungsrechtliche Anerkennungsverfahren dieselbe Richtigkeitsgewähr wie die ansonsten erforderliche notarielle Form bietet. Das ist jedoch umstritten. Nach anderer Ansicht[7] soll die Schriftform in diesen Fällen nicht genügen. Dem ist aus den besagten Gründen nicht zu folgen.

---

2 Ausf. etwa *Berndt*, S. 108 ff.
3 FG München EFG 1995, 650.
4 BFH BStBl II 1998 S. 758.
5 *Wachter* (Notar!), S. 8 ff.

6 Seifart/v. Campenhausen/*Hof*, S. 95 m.w.N.; MüKo/ *Reuter*, § 81 Rn 1; *Berndt*, S. 100 unter Hinw. auf OLG Schleswig DNotZ 1996, 770.
7 Palandt/*Heinrichs*, § 81 Rn 4; *Wachter*, S. 9; *Schwarz*, DStR 2002, 1721 ff.

Stiftungsgeschäft § 81

Das **Stiftungsgeschäft** hat einen bestimmten **Mindestinhalt** (Abs. 1 S. 2). Der Stifter muss verbindlich 9 erklären, dass ein bestimmter Teil seines Vermögens auf Dauer der Erfüllung eines oder mehrerer von ihm vorgegebener Zwecke gewidmet wird (Vermögensausstattung, Grundstockvermögen) und dass er eine selbständige Stiftung errichten will. Bei Zweifeln am Stiftungsgeschäft ist die Stiftungsbehörde zu Lebzeiten des Stifters gehalten, ihn zur Präzisierung zu veranlassen.

In den Stiftungsgesetzen der Länder wurden bisher die Anforderungen aus dem BGB präzisiert und ergänzt. 10 Einige Bundesländer hatten mit bis zu 12 Einzelpunkten einen umfangreichen Katalog von Anforderungen an das Stiftungsgeschäft und die Stiftungssatzung aufgestellt.[8] Diese Kataloge sind nun durch die vier Punkte des Abs. 1 S. 3 ersetzt. Die betreffenden Ländervorschriften sind durch das neue Stiftungszivilrecht obsolet geworden.[9] Sie sind außer Kraft gesetzt worden, soweit sie die materiellrechtlichen Voraussetzungen der Anerkennung einer Stiftung regeln.

In der Praxis wurden hier bisher mögliche Zweifelsfragen dadurch umgangen, dass in dem Stiftungsgeschäft 11 auf die jeweils beigefügte Stiftungsverfassung Bezug genommen und die Stiftungsverfassung ausdrücklich zum Bestandteil des Stiftungsgeschäfts erklärt wurde. Es ist für die Praxis anzuraten, auch künftig unter dem neuen Stiftungszivilrecht, auf die beigefügte Stiftungsverfassung/-satzung in dem Stiftungsgeschäft ausdrücklich Bezug zu nehmen, um etwaige Zweifelsfragen zu vermeiden.

Eine Stiftung ist grundsätzlich auf ewig angelegt. Die **Umgestaltung der** von ihm gewählten **Stiftungskon-** 12 **struktion** und -konzeption kann der Stifter u.U. auch nach der Anerkennung durch eine Änderung der Stiftungssatzung erreichen (§ 85 Rn 4 ff.; § 87 Rn 7 ff.). Nur bis zur Erteilung der Anerkennung der Stiftung kann der Stifter das Stiftungsgeschäft formfrei (!) **widerrufen** (Abs. 2 S. 1). Widerruft er das Stiftungsgeschäft tatsächlich, so ist die Entstehung der Stiftung ausgeschlossen. Hat der Stifter bereits bei der zuständigen Stiftungsbehörde wegen der Anerkennung nachgesucht, so kann der Widerruf nur der Behörde gegenüber erklärt werden (Abs. 2 S. 2). Bei mehreren Stiftern macht im Zweifel der Widerruf nur eines Stifters das Stiftungsgeschäft im Ganzen in analoger Anwendung von § 139 unwirksam.[10] Der Erbe/die Erben des Stifters, auf den/die das Widerrufsrecht nach § 1922 übergeht, ist/sind zum Widerruf nicht berechtigt, wenn der Stifter den Antrag bei der zuständigen Behörde gestellt oder, im Falle der notariellen Beurkundung des Stiftungsgeschäfts, den Notar bei oder nach der Beurkundung mit der Antragstellung betraut hat (Abs. 2 S. 3). Ein Stifter kann sich nur mit schuldrechtlicher, nicht aber mit dinglicher Wirkung verpflichten, sein Widerrufsrecht nicht auszuüben (str.).

Ist die Anerkennung einer Stiftung einmal erfolgt, kann das Stiftungsgeschäft nicht mehr widerrufen, sondern 13 nur noch **wegen Irrtums, Täuschung oder Drohung angefochten** werden.[11] Solche Fälle sind allerdings kaum praxisrelevant. Seine Anfechtungserklärung hat der Stifter an die Stiftung zu richten. Für die Stiftung ist dann ggf. ein Pfleger durch das Amtsgericht zu bestellen, der die Frage der rechtsgültigen Anfechtung des Stiftungsgeschäftes im Wege der Feststellungsklage klären lassen kann. Ein angefochtenes Stiftungsgeschäft wird als von Anfang an nichtig angesehen. Die Stiftung als Organisation und Körperschaft wird durch die Anfechtung nach richtiger Ansicht jedoch nicht in ihrem Bestand berührt.[12] Faktisch wird das Erreichen des Stiftungszwecks in einem solchen Fall allerdings regelmäßig unmöglich werden, da die wirksame Anfechtung den Anspruch der Stiftung gegen den Stifter auf Übertragung des Stiftungsvermögens hemmt. Die Stiftung ist dann von der Anerkennungsbehörde richtigerweise nach § 87 Abs. 1 aufzuheben.

Fehlt dem Stiftungsgeschäft die vorgeschriebene Form, verstößt das Stiftungsgeschäft gegen gesetzliche 14 Vorschriften, ist es sittenwidrig oder ist gar der Stifter geschäftsunfähig, so ist das Stiftungsgeschäft ebenfalls **nichtig**, und zwar mit denselben Folgen wie bei der wirksamen Anfechtung.

II. Die Stiftungssatzung

Bei der Gestaltung einer Stiftungssatzung ist zwischen dem notwendigen und dem möglichen Inhalt zu 15 unterscheiden.[13] **Notwendig und zwingend** für eine Stiftungsverfassung (Arg. aus Abs. 1 S. 3) sind zunächst Angaben zu Namen, Sitz, Zweck und Vermögen der Stiftung. Außerdem muss in der Satzung zur Leitung der Stiftung zumindest die Bildung des Vorstands geregelt sein. **Daneben** kann eine Stiftungssatzung zahlreiche **weitere Regelungen** enthalten. Das neue Stiftungszivilrecht gibt hier eine noch größere Gestaltungsfreiheit als das bisherige (§ 80 Rn 22). Durch Regelungen in der Stiftungssatzung können vor allem die Wege zur Erreichung des Stiftungszwecks näher konkretisiert werden, Vorgaben zur Art und Weise der Vermögensverwaltung der Stiftung (Rn 60 ff.) gegeben und neben dem Vorstand weitere Organe für die Stiftung

---

8 S. bei *Schwarz*, DStR 2002, 1720.
9 Palandt/*Heinrichs*, vor § 80 Rn 13; Rawert/ *Hüttemann*, ZIP 2002, 2019.
10 Palandt/*Heinrichs*, § 81 Rn 12 a.E.
11 MüKo/*Reuter*, § 83 Rn 7.
12 MüKo/*Reuter*, § 80 Rn 2.
13 S. a. *Berndt*, S. 122 ff.; *Wachter*, S. 21 ff.

(Rn 16) festgelegt werden. Es besteht ein weiter Gestaltungsspielraum und es lässt sich für jedes konkrete Stiftungsprojekt eine maßgeschneiderte Satzung entwerfen. Eine Standardsatzung gibt es nicht. Jeder Fall ist anders und benötigt einen „Maßanzug" in Form einer spezifischen Satzung.

16 Im Regelfall ist es vor allem bei Stiftungen mit einem größeren Vermögen sinnvoll, in der Satzung neben dem Vorstand (Rn 25 ff.) als weiteres Organ einen **Stiftungsrat** (Rn 29 ff.), auch Stiftungsbeirat genannt, zu bestimmen, dem die Beratung und Beaufsichtigung des Stiftungsvorstands sowie – nach dem Tod des Stifters – die Bestellung des Stiftungsvorstands zugewiesen wird. Sogar in der Wirtschaftspresse wurde schon vor Jahren[14] eine Kontrolle der Stiftungsvorstände gefordert. Daneben kann dann ein Freundes-, Förder- und sonstiger Beraterkreis treten. Dieser wird oftmals als **„Kuratorium"** oder **„Fachbeirat"** bezeichnet. Er ist kein Organ der Stiftung.

III. Sitz

17 Über die ihm freistehende **Wahl** des Sitzes der Stiftung hat der Stifter die Möglichkeit, das für die Stiftung einschlägige Landesstiftungsgesetz zu wählen. Als Sitz der Stiftung galt nach § 80 S. 3 a.F., wenn nicht ein anderes bestimmt war, der Ort, an welchem die Verwaltung geführt wird. Eine solche ausdrückliche Regelung zum Sitz der Stiftung enthält das neue Recht nicht mehr. Es gilt jedoch nach wie vor, dass der Ort, an dem die Verwaltung der Stiftung geführt werden soll, in der Regel der Stiftungssitz wird.[15]

18 Der Rechtssitz, nach dem sich gemäß § 80 Abs. 1 die für die Anerkennung der Rechtsfähigkeit der Stiftung zuständige Behörde ergibt, und der Verwaltungssitz können auseinander fallen.[16] Das spielte nach altem Recht vor allem dann eine Rolle, wenn sich ein Stifter für die „Anerkennung" seiner Stiftung ein „stiftungsfreundliches" Bundesland[17] beispielsweise zur Errichtung einer unternehmensverbundenen Stiftung suchen wollte, der nach altem Recht einige Skepsis entgegengebracht wurde (§ 80 Rn 62).

IV. Der Name der Stiftung

19 Bei der Wahl des Namens ihrer Stiftung[18] gelten nicht die strengen Regelungen zur Wahl der Firmierung für ein Unternehmen. Der Stifter ist bei der Wahl des Namens der Stiftung grundsätzlich **frei**. Eine gesetzlich geschützte Firma oder ein anderweitig geschützter Name dürfen allerdings nicht verletzt werden. Durch den Namen der Stiftung kann insbesondere deren Zwecksetzung umrissen werden (Beispiel: „Studienstiftung des deutschen Volkes").

20 Davon zu unterscheiden ist die **Firmierung einer Gesellschaft**, an der eine unternehmensverbundene Stiftung beteiligt ist (Bsp.: Stiftung & Co. KG).

In Ausnahmefällen kann eine Stiftung kraft Gewerbebetriebs[19] selbst Kaufmann sein (§ 1 Abs. 1 HGB). Dann hat sie eine Firma zu führen (§§ 18, 30 HGB), die Unterscheidungskraft besitzen muss und nicht irreführend sein darf.[20]

21 Um die **Erinnerung an den Stifter wachzuhalten**, kann auch dessen Name in den Namen der Stiftung aufgenommen werden. Ein prominentes Beispiel hierfür ist die „Dr. Mildred Scheel Stiftung". Etwas weniger bekannt sein dürfte die „Ingeborg Schmidt Gedächtnis-Stiftung", die aber ebenfalls ein typisches Beispiel darstellt. Ebenso kann der Stifter aber auch den Namen eines erinnerungswürdigen Vorfahren oder verstorbenen Kindes wählen (Beispiel: „Isabel Zachert Stiftung").

V. Stiftungszweck

22 Der Zweck einer Stiftung entspricht in seiner Funktion dem Unternehmensgegenstand eines Gewerbebetriebes und ist von entsprechender Wichtigkeit. Der Stiftungszweck bezeichnet die spezifischen, der Stiftung vom Stifter zugedachten Aufgaben und kann nach dem Tod des Stifters faktisch kaum noch oder nur sehr schwer geändert werden (§ 87 Rn 7 ff.). Vor allem durch die Formulierung des Stiftungszwecks legt der Stifter seinen Stifterwillen verbindlich nieder.

---

14 Wirtschaftswoche vom 7.6.1991, S. 150 („Stiftungen: Wer kontrolliert da wen? Unangefochtene Macht – In stiftungseigenen Unternehmen kann das Management oft schalten und walten, wie es will – manchmal, bis es nicht mehr geht."); *Schwintek*, a.a.O., hat das sehr gründlich untersucht.
15 RegE, BT-Drucks 14/8765, S. 10; wie hier *Schwarz*, DStR 2002, 1718, 1722.
16 *Hennerkes/Schiffer*, BB 1992, 1940, 1941; *Schwarz*, DStR 1718, 1722.
17 S. dazu *Hennerkes/Schiffer/Fuchs*, BB 1995, 209, 210, 211.
18 S. a. *Berndt*, S. 126 f.
19 Der handelsrechtliche Begriff des Gewerbebetriebs ist von dem des wirtschaftlichen Geschäftsbetriebs i.S.d. § 14 AO zu unterscheiden!
20 Ausf. dazu *Berndt*, S. 149 ff.

Die gesetzlichen Vorschriften enthalten keine besonderen Voraussetzungen für die Zulässigkeit von Stiftungszwecken. Allerdings darf die Stiftung nicht gegen bestehende Gesetze verstoßen und nicht das Gemeinwohl gefährden. Bei Einhaltung dieser Grenzen kann eine Stiftung an sich beliebige private wie öffentliche Zwecke verfolgen (§ 80 Rn 44 ff.).

VI. Organe

Die konkrete Ausgestaltung der Organisation einer Stiftung richtet sich zunächst nach deren jeweiligem Stiftungszweck, insbesondere aber auch nach der Vermögensausstattung der Stiftung. Die **spezifische Organisation** muss den zu erwartenden Erträgen und dem tatsächlichen Geschäftsumfang entsprechen. Sie divergiert z.B. deutlich im Fall einer kleinen Familienstiftung zur Versorgung der Familiengrabstätte und im Fall einer unternehmensbezogenen Familienstiftung, die in Bezug auf ein großes (Familien-)Unternehmen errichtet wird.

1. Stiftungsvorstand. Das unverzichtbare Organ einer Stiftung ist deren Vorstand.[21] Seine Größe und Funktion richten sich nach der konkreten Geschäftstätigkeit der Stiftung. Davon hängt insbesondere auch ab, ob er ehrenamtlich, nebenamtlich oder hauptamtlich mit entsprechender Vergütung tätig wird. Nach dem BGB hat der Vorstand die Stellung eines **gesetzlichen Vertreters** der Stiftung, d.h., er vertritt die Stiftung gerichtlich und außergerichtlich. Die Vertretungsberechtigung kann in der Satzung wie bei einem Unternehmen als Einzelvertretungsmacht oder als Gesamtvertretungsberechtigung mehrerer Vorstandsmitglieder ausgestaltet werden. Die Aufsichtsbehörde stellt im Bedarfsfall für den Vorstand eine **Vertretungsbescheinigung** aus, die den Vorstand im Rechtsverkehr legitimiert.

Die **Geschäftsführungsbefugnis**, d.h. die Befugnisse des Vorstands im Innenverhältnis zur Stiftung und etwaigen weiteren Stiftungsorganen, kann, ebenso wie wir es vor allem aus dem Unternehmensbereich kennen, in der Satzung, im Anstellungsvertrag oder auch in einer Geschäftsordnung für die Vorstandsmitglieder detailliert geregelt werden. So kann der Stifter etwa bestimmte Geschäfte der Geschäftsführungsbefugnis des Vorstands entziehen oder das Erfordernis der vorherigen Zustimmung, beispielsweise des Stiftungsrats, für solche Geschäfte festlegen oder dem Stiftungsrat die Befugnis erteilen, in einer Geschäftsordnung für den Vorstand entsprechende Regeln festzulegen.

Ihre Grenze findet diese Regelungsmacht des Stifters darin, dass die Organstellung des Vorstands und die Funktionsfähigkeit der Stiftung nicht ausgehöhlt werden dürfen.

Ist der Stiftungsvorstand rechtlich oder tatsächlich nicht in der Lage, seine Funktion auszuüben, beispielsweise weil er durch den Wegfall einzelner Vorstandsmitglieder beschlussunfähig geworden ist, so kann das für den Sitz der Stiftung zuständige Amtsgericht in dringenden Fällen einen **Notvorstand** bestellen (§ 86 Rn 3).

2. Geschäftsführer. Es ist zulässig, „unter" dem Vorstand einen Geschäftsführer für die „Alltagsgeschäfte" der Stiftung zu bestellen (siehe auch § 86 Rn 8). Das ist vor allem bei größeren Stiftungen üblich und geschieht in der Regel aufgrund einer entsprechenden Satzungsbestimmung durch den Vorstand, der ggf. die Zustimmung eines etwaigen Stiftungsrats einholen muss. Der Geschäftsführer leitet seine Befugnisse aus denen des Vorstands ab und ist in dessen Bereich vertretend tätig. Die Funktionsfähigkeit des Vorstands darf durch eine solche Geschäftsführerbestellung nicht tangiert werden. Der Vorstand hat in seinem Zuständigkeitsbereich das abschließende Entscheidungsrecht.

3. Kontrollorgan – Stiftungsrat. Die (freiwilligen) Kontrollorgane bei einer Stiftung ähneln dem Aufsichtsrat bei der Aktiengesellschaft und dem Beirat bei sonstigen Gesellschaften.[22] Sie werden als Stiftungsrat, Verwaltungsrat, Kuratorium oder auch als Beirat bezeichnet. Die Begriffsverwendung ist leider nicht einheitlich. Der Stiftungsrat ist regelmäßig zuständig für die vorherige Zustimmung zu bestimmten wesentlichen Geschäften des Stiftungsvorstands („**Zustimmungskatalog**"), für die Entlastung des Vorstands, die Jahresrechnung, die Prüfung der **Wirtschaftspläne** und die Prüfung der Haushalts- und Wirtschaftsführung sowie die Beratung des Vorstands.[23] Fachlich versierte und „prominente" Mitglieder des Stiftungsrats können einen guten Ansatz für eine erfolgreiche Öffentlichkeitsarbeit der Stiftung darstellen. Ein „Frühstücksdirektoriumskollegium" sollte allerdings vermieden werden.

---

21 Ausf. zum Stiftungsvorstand *Schwintek*, S. 96 ff.
22 Ausf. zur Vorstandskontrolle *Schwintek*, insb. S. 350 ff.; zu dem Parallelfall des freiwilligen Unternehmensbeirats s. Arens/Rinck/*Schiffer*, § 16.
23 Ausf. zum Verhältnis zwischen Stiftungsvorstand und fakultativem Kontrollorgan *Kilian*, Die Roten Seiten zum Magazin Stiftung & Sponsoring, 05/2002.

30 Sowohl für die Tätigkeit des Vorstands als auch des Stiftungsrats werden üblicherweise **Geschäftsordnungen** verabschiedet. Sie werden entweder vom Stifter oder von den Organen erlassen. Als sinnvoll hat sich dabei herausgestellt, dass der Stiftungsrat die Geschäftsordnung für den von ihm zu kontrollierenden Vorstand entweder selbst festlegt oder jedenfalls dadurch auf deren Inhalt Einfluss nimmt, dass sie seiner Anerkennung bedarf.

31 In jedem Fall sollte die Geschäftsordnung innerhalb des vom Stifter mit der Stiftungsverfassung vorgegebenen Rahmens abänderbar sein, um sie geänderten Anforderungen anpassen zu können, die sich z.B. aus einem erhöhten oder verringerten Verwaltungs-/„Geschäfts"-Volumen der Stiftung ergeben. Von einer starren Geschäftsordnung ist grundsätzlich abzuraten. Sie würde die erforderliche Flexibilität der Gesamtkonstruktion unnötig beschränken. Eine **flexibel gestaltete** Geschäftsordnung für den Vorstand und/oder den Stiftungsrat ist – ähnlich wie die aus dem unternehmerischen Bereich bekannten Geschäftsordnungen – ein gutes Instrument zur Fernsteuerung der Verwaltung der Stiftung.

32 Neben natürlichen Personen können auch juristische Personen **Mitglieder von Stiftungsorganen** sein. Letztere sind ebenso wie die Stiftung vom Ansatz her „unsterblich". Juristische Personen sollten jedoch nur in besonderen Ausnahmefällen ernannt werden – etwa wenn der Stifter auf den besonderen Sachverstand einer Organisation für seine Stiftung Wert legt (Beispiel: „Greenpeace" als Fachorganisation für Umweltschutz). Einem solchen Bestreben kann der Stifter aber regelmäßig sinnvoller dadurch Rechnung tragen, dass er in der Satzung bestimmte Anforderungen an die fachliche oder sonstige Qualifikation der Organmitglieder festlegt. Die Mitgliederzahl für die einzelnen Organe bestimmt sich im konkreten Einzelfall nach dem Zweck der Stiftung und dem Umfang der Geschäftstätigkeit der Organe. Mit weniger als drei Personen ist eine funktionierende Stiftungsratstätigkeit grundsätzlich nicht möglich.

33 Entweder **beruft** der Stifter **die Organmitglieder** selbst oder es berufen die in der Satzung festgelegten Personen/Instanzen.[24] In der Regel bestellt der Stifter jedenfalls die ersten Organmitglieder. Er kann sich selbst oder auch engen Vertrauten die Mitgliedschaft in den Organen zeitlich befristet oder auf Lebenszeit vorbehalten. Er kann sich auch vorbehalten, die Besetzung bestimmter Positionen durch letztwillige Verfügung zu regeln. Es ist in jedem Fall zu beachten, dass die Eigenständigkeit der Stiftung als juristische Person erhalten bleibt und die Stiftung nicht lediglich als „verlängerter Arm" des Stifters oder seiner Vertrauten erscheint. Das würde der Anerkennung der Stiftung entgegenstehen. Spätere Neu- oder Wiederbestellungen von Organmitgliedern kann der Stifter sich ebenfalls selbst vorbehalten.

34 Für die Zeit **nach dem Tod des Stifters** dürfte es regelmäßig sinnvoll sein, dass der **Stiftungsrat** die Mitglieder des Vorstands bestimmt. Für den Stiftungsrat selbst empfiehlt sich zur Wahrung und Betonung der Autonomie dieses Kontrollorgans die **Kooptation**, d.h. die Selbstergänzung durch einstimmigen oder jedenfalls mehrheitlich gefassten Beschluss. Der Stifter kann Neu- oder Wiederbestellungen aber auch dritten Personen, wie etwa seinen Erben, juristischen Personen, Inhabern bestimmter Ämter oder bestimmten Personengruppen überlassen. In der Praxis ist die Mischung mehrerer der vorstehend angesprochenen Bestellungsverfahren häufig.

35 Eine **Personalunion** von Mitgliedern verschiedener Organe einer Stiftung ist grundsätzlich zu **vermeiden**, um eine möglichst ungehinderte Ausübung der verschiedenen Organfunktionen – insbesondere der Kontrollfunktion des Stiftungsrats – zu gewährleisten und etwaige **Interessenkonflikte** zu vermeiden. In der Praxis wird hier bedauerlicherweise oft recht unkritisch verfahren.

36 Die Stiftungsverfassung sollte diese Fragen einschließlich der der **Vergütung** der Organmitglieder (ehrenamtlich[25] oder entgeltlich? Höhe der Vergütung?[26] Sitzungsgelder? etc.) detailliert regeln. Dabei kann es auch sinnvoll sein, dass in der Stiftungsverfassung je nach Zweck der Stiftung die Mitgliedschaft im Vorstand oder Stiftungsrat an bestimmte berufliche Qualifikationen oder Erfahrungen oder auch an bestimmte Ämter (z.B. IHK-Präsident; Vorsitzender des örtlichen Tierschutzvereins) gebunden wird. Der (potenzielle) Stifter sollte sich jedoch darüber im Klaren sein, dass er durch solche Festlegungen **Fehlbesetzungen** nicht verhindern kann, sie u.U. etwa bei der Koppelung an bestimmte Ämter sogar heraufbeschwören mag. Die jeweiligen, den hinzutretenden Stiftungsrat auswählenden verbleibenden bisherigen Stiftungsratsmitglieder werden bei verantwortungsbewusster Amtsführung regelmäßig besser wissen, mit welcher **Qualifikation** zur Ergänzung des Stiftungsorgans welche Person geeignet ist. Das gilt zunehmend mit fortschreitendem Zeitablauf nach dem Tod des Stifters. Kein noch so vorausplanender Stifter kann über Jahrzehnte in die Zukunft schauen.

---

24 Ausf. zur Bestellung der Organmitglieder in einer Stiftung: *Werner*, Stiftung & Sponsoring, 02/2000, 19 ff.

25 Badelt/*Badelt*, S. 433 ff.; zu den rechtlichen Aspekten des Ehrenamtes s. *Menges*, Die Roten Seiten zum Magazin Stiftung & Sponsoring, 02/2000.

26 Ausf. zur Frage der Angemessenheit der Organbezüge *Herfurth/Dehesselles*, Stiftung & Sponsoring, 01/2000, 22 ff. und 02/2000, 17 ff.

Die Satzung einer Stiftung sollte daher hinsichtlich der Qualifikation von Mitgliedern der Stiftungsorgane sinnvollerweise grundsätzlich nur sog. **Sollvorschriften** enthalten, von denen im Einzelfall begründet abgewichen werden kann. Etwas anderes mag gelten, wenn der Stifter die Organmitgliedschaft eines Juristen für erforderlich hält, den er als eine Art Justitiar der Stiftung und als „Garant" für ein „geordnetes" Stiftungsleben ansieht.

Organmitglieder können theoretisch auf Lebenszeit bestimmt werden. Das ist jedoch in aller Regel nicht sinnvoll. Üblich ist jedenfalls eine **Höchstaltersbegrenzung**. Größere Flexibilität bietet die von vornherein begrenzte Amtsdauer der Organmitglieder, wie wir sie etwa für den Vorstand und die Aufsichtsratsmitglieder einer Aktiengesellschaft kennen. Die Stiftungsverfassung sollte überdies eine Regelung dazu enthalten, dass und wie oft die Wiederbestellung von Organmitgliedern zulässig ist. Von sich aus kann sowohl ein Mitglied des Vorstands als auch des Stiftungsrats sein Amt grundsätzlich jederzeit niederlegen, es sei denn, aus der Satzung oder dem Anstellungsvertrag ergibt sich ausnahmsweise etwas anderes. Keinesfalls darf die Niederlegung zur Unzeit erfolgen. Auch durch die ernennende Instanz kann das einzelne Organmitglied abberufen werden. Die Einzelheiten ergeben sich wiederum aus der Stiftungssatzung und etwaigen Anstellungsverträgen.

Die meisten Stiftungsgesetze sehen überdies in schwerwiegenden Fällen (vor allem bei grober Pflichtverletzung oder etwa bei Unfähigkeit zur Amtsführung wegen schwerer Krankheit) die Möglichkeit der **Abberufung** von Organmitgliedern durch die Stiftungsaufsicht vor.[27] Ein einmaliges Versagen des Organmitgliedes reicht hierzu in der Regel aber nicht aus.

Das Verhältnis zwischen der Stiftung und ihren Organmitgliedern bestimmt sich nach den vereinbarten **Anstellungsmodalitäten**. Insbesondere bei kleineren Stiftungen wird die Tätigkeit regelmäßig ehrenamtlich erfolgen. Jedenfalls bei größeren Stiftungen und bei unternehmensverbundenen Stiftungen ist jedoch eine professionelle Führung der Stiftung erforderlich. Die Anstellungsmodalitäten von Vorstands- und Stiftungsratsmitgliedern sind hier in der Praxis denen von Geschäftsführern/Vorständen und Beirats-/Aufsichtsratsmitgliedern in gewerblichen Unternehmen zumindest angenähert.

4. Haftung von Stiftung und Organmitgliedern. Das Thema der Haftung von Stiftungsorganen und deren Mitgliedern[28] wird in der Praxis trotz der generellen Haftungsverschärfung durch die Rechtsprechung und das Gesetz zur Kontrolle und Transparenz im Unternehmensbereich (KonTraG) noch immer unterschätzt. Die Stiftung haftet gegenüber Dritten nach §§ 86, 31 zwingend für jeden Schaden, den ein Stiftungsorgan oder ein Organmitglied in Ausführung der ihm übertragenen Aufgaben schuldhaft verursacht (**Außenhaftung**). Grundsätzlich kann die Stiftung Rückgriff gegenüber den betreffenden Organmitgliedern nehmen (**Innenhaftung**), wobei diese auch für leicht fahrlässige Nicht- oder Schlechterfüllung haften. Allerdings kann in der Stiftungssatzung der Rückgriff auf Fälle von Vorsatz und grober Fahrlässigkeit beschränkt werden.

Ansprüche der Stiftung gegen Mitglieder vertretungsberechtigter Organe können von der Stiftungsaufsicht im Namen und auf Kosten der Stiftung geltend gemacht werden.[29] Es liegt nahe, dass die Stiftungsbehörde i.d.R. entsprechend vorgehen wird, wenn die Frage ihrer etwaigen Haftung auch nur im Raume steht. Nach § 839 Abs. 1 S. 2 scheidet ein Amtshaftungsanspruch bei wohl allenfalls infrage stehendem fahrlässigem Verhalten der Aufsichtsbehörde nämlich aus, soweit die Stiftung ihr pflichtwidrig handelndes Organmitglied in Anspruch nehmen kann. Das ist von der Aufsichtsbehörde zu prüfen und notfalls durchzusetzen. Im Verhältnis zum Stifter können Amtspflichten insoweit in Betracht kommen, als die Behörde ihm die Überwachung der Einhaltung seines Stifterwillens garantieren muss oder Beratungsfunktionen ihm gegenüber wahrgenommen hat und daraus für ihn selbst ein Schaden entsteht. Wie die Stiftungsaufsicht in einem konkreten Fall tatsächlich reagieren wird, lässt sich kaum vorhersagen.

Wegen der verhältnismäßig eingeengten und oft auch unpraktikablen Haftungsbeschränkungsmöglichkeiten ist die Versicherungsdeckung in der Praxis ein wichtiges Thema. Entsprechende Policen (**D & O-Policen**) werden seit einer Reihe von Jahren auch in Deutschland von verschiedenen in- und ausländischen Versicherern angeboten. Ob die Versicherer wirklich passende Angebote für den nicht eben häufigen Spezialfall „Stiftung" unterbreiten können, ist im Einzelfall sehr genau zu prüfen. Nach den Erfahrungen des Verfassers sind hier durchaus Zweifel angebracht. Sorgfältig zu prüfen bleiben in jedem Einzelfall der Deckungsumfang der Policen (Ausschlüsse, Rückwärtsversicherung, Nachhaftung etc.) sowie die Angemessenheit

---

27 Ausf. dazu *Werner*, Stiftung & Sponsoring, 03/2000, 15 ff.
28 Ausf. *Schiffer*, Die Stiftung in der anwaltlichen Praxis, S. 103 ff.; s. dazu im Zusammenhang mit dem KonTraG auch *Schüller*, Die Roten Seiten zum Magazin Stiftung & Sponsoring, 03/2002; allg.: *Spiegel*, Die Roten Seiten zum Magazin Stiftung & Sponsoring, 02/1998; allg. *Schiffer/Rödl/Rott* (Hrsg.), Haftungsgefahren in Unternehmen, 2004.
29 So ausd. Seifart/v. Campenhausen/*Hof*, S. 228.

der Deckungssumme. Versicherte Personen sind typischerweise sämtliche Organe. Auch grob fahrlässiges Verhalten wird gedeckt, erst bei Vorsatz scheitert die Versicherungslösung.

VII. Das Stiftungsvermögen

1. Vermögensausstattung. Damit die Organe der Stiftung den Stiftungszweck verwirklichen können, bedürfen sie eines **ausreichenden Stiftungsvermögens**,[30] das aus Finanzmitteln, Sachen und Rechten bestehen kann. Die h.M. sieht in der Vermögensausstattung ein Rechtsgeschäft *sui generis*, auf das die Vorschriften des Schenkungsrechts entsprechend anzuwenden sind.[31]

Umstritten ist, ob die Schenkungsvorschriften auch zugunsten des Stifters anzuwenden sind,[32] was insbesondere wesentlich für ein etwaiges **Rückforderungsrecht** ist. Die (ausreichende) Vermögensausstattung ist eine Grundlage für die Anerkennung der Stiftung, die zu einer besonders intensiven Vermögensbindung führt (Grundsatz der Vermögenserhaltung; Rn 51 ff.). Die Stiftung besteht nur aus dem Vermögen. Die Regeln des Stiftungszivilrechts gehen als Spezialregeln denen des Schenkungsrechts vor. Diese Zusammenhänge kommen deutlich in der Einordnung der Vermögensausstattung als Vertrag *sui generis* zum Ausdruck. Ein schenkungsrechtliches Rückforderungsrecht ist von daher grds. abzulehnen, wenn die Stiftung ihre Tätigkeit aufgenommen hat. Sie kann dann nicht mehr auf diese Weise wieder „aufgelöst" werden. Das entspricht der Rechtslage bei der Bedingung (siehe Rn 4).

2. Größe des Stiftungsvermögens. Zur Verwirklichung des Stiftungszwecks muss das Vermögen der Stiftung erhalten bleiben. Es darf grundsätzlich nicht zur Erfüllung des Stiftungszwecks verbraucht werden. Man spricht von dem **Grundsatz der Vermögenserhaltung**. Ausnahmsweise kann der Stifter aber auch den Verbrauch des Vermögens in der Satzung anordnen („Verbrauchsstiftungen", siehe § 80 Rn 91).

Eine für die Erfüllung des Stiftungszwecks **angemessene Vermögensausstattung** wird allseits für erforderlich gehalten. Es ist jedoch nirgendwo gesetzlich geregelt, um welche Mindestausstattung es sich handeln muss. Der Gedanke einer festen Mindestkapitalausstattung für Stiftungen ist zu Recht verworfen worden. Zu groß sind in der Praxis die Unterschiede zwischen den einzelnen Stiftungen. Es besteht damit in jedem Einzelfall für die Vermögensausstattung der Stiftung ein erheblicher Ermessensspielraum. Die Anerkennungsbehörde hat eine **Prognoseentscheidung** zu treffen (§ 80 Abs. 2: „gesichert erscheint"). Dabei sind auch künftige Zuwendungen zu berücksichtigen, soweit diese mit einer gewissen Sicherheit zu erwarten sind.[33] Ein Beispielsfall dafür ist die Bürgerstiftung (dazu § 80 Rn 84 ff.), die typischerweise mit einem kleinen Vermögen startet. Die Beantwortung der Frage nach der ausreichenden Vermögensausstattung hängt vorrangig vom jeweiligen Stiftungszweck und von der konkreten Praxis der einzelnen Stiftungsbehörden ab. Letztere ist bisher aber durchaus unterschiedlich.

Für unternehmensverbundene Stiftungen wird man zum gegenwärtigen Zeitpunkt wohl sagen müssen, dass grundsätzlich jedenfalls ein **„Mindest(start)kapital"** in Höhe von 40.000 EUR erforderlich ist. Verschiedene Stiftungsbehörden fordern allerdings deutlich niedrigere oder höhere Mindestbeträge. Nach einer Untersuchung aus dem Jahre 1994[34] liegen z.B. für unternehmensverbundene Familienstiftungen die geforderten Beträge zwischen 10.000 EUR (Regierungspräsident Darmstadt) und 250.000 EUR (Chemnitz und Dessau). Eine solche Diskrepanz, die sich auch aus einer unterschiedlichen Vertrautheit mit dem Thema Stiftung ergeben haben dürfte, wird sich aktuell bei einer solchen Umfrage wohl nicht mehr ergeben. Durch die Diskussion zum neuen Stiftungszivilrecht und durch die Neuregelung im BGB haben sich die Kenntnisse zum Thema Stiftungen auch in der Stiftungsverwaltung deutlich verbessert und untereinander angepasst. Überwiegend trifft man dort aktuell auf ganz vorzügliche Fachleute, die sich dem Thema mit großem Einsatz und Interesse widmen.

In der Tat ist es im Übrigen kaum sinnvoll, für **kleinere Vermögen** eine eigenständige Stiftung zu gründen. Derartige Stiftungen werden kaum in der Lage sein, aus ihrem Vermögen ausreichende Erträge zu erwirtschaften, um ihren Zweck umzusetzen und die Stiftung mit Leben zu erfüllen. Für solche Fälle bietet sich vielmehr die Möglichkeit einer **Zustiftung** zu einer anderen Stiftung oder die Möglichkeit einer steuerlich günstigeren gemeinnützigen **unselbständigen/treuhänderischen Stiftung** (§ 80 Rn 118 ff.) an. Anders wird man die Angelegenheit aber wohl bewerten müssen, wenn zunächst zu Lebzeiten eine Stiftung

---

[30] S. etwa *Lex*, Stiftung & Sponsoring, 05/1999, 3.; *Schindler*, Stiftung & Sponsoring, 02/2001, 21 („Erhaltung der Leistungskraft von Stiftungen"); *Doppstadt/Koss/Toepler*, Vermögen von Stiftungen – Bewertung in Deutschland und den USA, 2002.

[31] S. nur *Schwarz*, DStR 2002, 1721 m.w.N.

[32] Zum Streitstand s. etwa bei *Schwarz*, DStR 2002, 1721.

[33] RegE, BT-Drucks 14/8765, S. 8.

[34] *Hennerkes/Schiffer/Fuchs*, BB 1995, 209 (DM-Beträge gerundet umgerechnet in EUR).

mit relativ geringem Vermögen errichtet wird, um der Stiftung später durch letztwillige Verfügung ein größeres Vermögen zukommen zu lassen (§ 83 Rn 26).

3. Zustiftungen. Zustiftungen[35] sind **Zuwendungen** des Stifters oder von dritter Seite an eine bestehende Stiftung, die dem Stiftungszweck dienen und dem Stiftungsvermögen zufließen sollen. Zustiftungen können auch in Form von Erbeinsetzungen und Vermächtnissen erfolgen. Eine Stiftung durfte zumindest bisher an sich bei ihrer Errichtung grundsätzlich nicht auf Zustiftungen angewiesen sein. In der Praxis fanden sich allerdings auch bisher durchaus Fälle, in denen eine Stiftung mit einem an sich zu geringen Vermögen anerkannt wurde, wenn sie belegen konnte, dass ihr ausreichend Zustiftungen zufließen würden. Nunmehr hat die Anerkennungsbehörde eine entsprechende Prognoseentscheidung vorzunehmen (§ 80 Rn 43), so dass diese Problematik im Zusammenhang mit Zustiftungen überholt ist. Ob eine Stiftung Zustiftungen annehmen darf, richtet sich nach dem Stifterwillen (§ 80 Rn 28 ff.). In der Stiftungssatzung sollte deshalb die Möglichkeit der Annahme von Zustiftungen ausdrücklich und eindeutig vorgesehen werden.

Anders als Zustiftungen in das Vermögen einer gemeinnützigen Stiftung unterliegen **Spenden** an eine solche dem **Gebot der zeitnahen Mittelverwendung** nach § 55 Abs. 1 Nr. 5 AO. Zustiftungen, die dem Stiftungsvermögen zuzuführen sind und deshalb nicht diesem Gebot unterliegen, sollten deshalb ausdrücklich als Zustiftungen bezeichnet werden, damit erst gar kein Missverständnis aufkommen kann. Zustiftungen sind allerdings anders als Errichtungsdotationen (§ 10b Abs. 1a EStG) und Spenden steuerlich nicht begünstigt.[36]

4. Vermögenserhaltungsgrundsatz. Die anhaltende Diskussion um die Bedeutung des Grundsatzes der Erhaltung des Stiftungsvermögens[37] hat, nachdem das Thema lange Zeit kaum behandelt wurde,[38] *Carstensen* mit seinen einschlägigen Veröffentlichungen[39] Mitte der 90er Jahre angestoßen. Grundlegend hat sich dazu aus stiftungsrechtlicher Sicht *Hüttemann* geäußert.[40] Für die zur Einhaltung dieses, wie auch immer exakt zu definierenden Grundsatzes verpflichteten Stiftungsorgane ist die Situation nicht ganz einfach. Sie finden zahlreiche divergierende Landesstiftungsgesetze, unterschiedliche Meinungen und müssen bei der Anlage des Stiftungsvermögens nicht nur den Stifterwillen sowie das die Stiftung betreffende Stiftungsrecht beachten, sondern auch das Stiftungssteuerrecht, wenn die Stiftung gemeinnützig und damit steuerbefreit ist. Über alledem schwebt für die Organmitglieder zudem das Damoklesschwert der **Haftung** bei einem schuldhaften Verstoß (Rn 40 ff.).

Die **Landesstiftungsgesetze** enthalten überwiegend Vorschriften, wonach das Stiftungsvermögen in seinem Bestand ungeschmälert zu erhalten ist.[41] Meistens kann danach die Stiftungsaufsichtsbehörde aber Ausnahmen von diesem Grundsatz zulassen, wenn der **Stifterwille** anders nicht zu verwirklichen ist und der Bestand der Stiftung auch in diesem Fall für angemessene Dauer gewährleistet ist.[42] Manche Bundesländer lassen auch die Möglichkeit zu, in der Stiftungssatzung eine von dem Grundsatz abweichende Regelung vorzusehen.[43] Den Stiftungsorganen bleibt demnach nichts anders übrig, als sich im Einzelfall mit Hilfe ihrer Berater exakt zu orientieren, welcher konkreten Rechtsgrundlage sie wie da zu dienen haben.

Grund für die **Ausnahmebestimmungen** in den Landesstiftungsgesetzen ist die ebenso richtige wie grundlegende Erwägung, dass nach dem Grundsatz der Stifterfreiheit, der durch das neue Stiftungszivilrecht bekanntlich weiter gestärkt worden ist, für die Frage der Vermögenserhaltung in erster Linie der Wille des Stifters und dessen Regelungen in der Stiftungssatzung entscheidend sein müssen,[44] denn oberster Grundsatz für die Errichtung und die Verwaltung der Stiftung ist der Stifterwille (§ 80 Rn 28 ff.).

Lex beispielsweise hat richtigerweise betont,[45] dass unter **Stiftungsvermögen** verschiedene Vermögensmassen zu verstehen sind, nämlich das Anfangsvermögen, das der Stifter bei Errichtung der Stiftung in diese eingebracht hat, und das Grundstockvermögen oder Stiftungskapital, das aus dem Anfangsvermögen zuzüglich der nach dem Willen des Stifters, des Spenders oder der Stiftungsorgane hinzuzurechnenden Vermögenswerte besteht, und schließlich auch das jeweilige aktuelle Nettovermögen der Stiftung. Es gibt also drei denkbare Vermögensmassen, die wir als Stiftungsvermögen verstehen. In seinem Bestand zu erhalten

---

35 S. zu Zustiftungen etwa auch *Wachter*, S. 31 f.; Seifart/v. Campenhausen/*Hof*, S. 233; Erman/*Werner* vor § 80 Rn 27.
36 Ausf. *Schiffer*, Die Stiftung in der anwaltlichen Praxis, S. 152 ff., 167, 169 f.
37 Ausf. dazu *Wachter*, Rote Seiten zum Magazin Stiftung & Sponsoring, 06/2002.
38 S. aber *Seifart*, BB 1987, 1889.
39 *Carstensen*, Vermögensverwaltung, 2. Aufl. 1996; *Carstensen*, WPg 1996, 781.
40 *Hüttemann*, in: FS Flume 1998 S. 59 ff.
41 Nachweise bei *Wachter*, Rote Seiten zum Magazin Stiftung & Sponsoring, 06/2002, 2; siehe zu den LStiftG unter www.stiftungen.org.
42 Nachw. bei *Wachter*, S. 3.
43 Nachw. bei *Wachter*, S. 3.
44 Ausf. *Hüttemann*, in: FS Flume 1998 S. 59 ff.
45 *Lex*, Stiftung & Sponsoring 05/1999, 3, 6.

ist, wie u.a. *Lex* erläutert und begründet,[46] das **Grundstockvermögen (Stiftungskapital)**. Dieses ist nach dem Stifterwillen in seinem Wert oder seiner Leistungskraft zu erhalten.

55 Vor allem durch Preis- und Marktentwicklungen oder durch äußere Einflüsse wie Unwetter kann ein vollständiger oder teilweiser (unvermeidbarer) **Verlust der Vermögenssubstanz** der Stiftung drohen.[47] Die Stiftungsorgane werden in angemessenem Umfang (Maßstab: ordentlicher Kaufmann[48]) Vorsorge treffen müssen, also etwa das Stiftungsvermögen in angemessenem Umfang gegen Naturkatastrophen versichern. Sicherungsgeschäfte wie etwa Optionsgeschäfte zur Sicherung des Kursverlustes von Aktien sollen schon aufgrund der damit verbundenen Kosten in der Regel nicht vorzunehmen sein.[49]

56 Bezweifelt wird, ob sich aus dem Vermögenserhaltungsgrundsatz für die Stiftungsorgane die Pflicht[50] ergeben kann, das Vermögen der Stiftung umzustrukturieren/umzuschichten.[51] Hat ein Stifter seine Stiftung beispielsweise mit Vermögenswerten ausgestattet, deren Marktwert kontinuierlich sinkt, soll die Veräußerung dieser Teile des Stiftungsvermögens und die damit verbundene Realisierung des Wertverlusts in der Regel nicht geboten sein. Etwas anderes soll aber dann gelten können, wenn der fortschreitende Vermögensverlust ersichtlich die langfristige Ertragskraft der Stiftung und damit deren Existenz gefährdet. Solchen pauschalen Vorschlägen für (angebliche) Rechtsgrundsätze kann nicht absolut gefolgt werden, denn entscheidend für eine etwaige Umschichtungspflicht beispielsweise ist allein der tatsächlich geäußerte oder hilfsweise der hypothetische **Stifterwille** (§ 80 Rn 30). An diesem haben sich die Stiftungsorgane auszurichten. Der Stifter sollte den Stiftungsorganen die Angelegenheit erleichtern und seinen Willen klar und deutlich in der Satzung äußern.

57 **5. Vermögensumschichtung.** Zu der Frage der Zulässigkeit von Umschichtungen des Stiftungsvermögens, d.h. **Veränderungen in der Zusammensetzung des zu erhaltenden Vermögens**, enthalten die Landesstiftungsgesetze überwiegend keine Regelung. Das Stiftungsgesetz von Rheinland-Pfalz besagt ausdrücklich, dass Vermögensumschichtungen nach den Regeln einer ordnungsgemäßen Wirtschaftsführung zulässig sind, wenn sie der dauernden und nachhaltigen Verwirklichung des Stiftungszwecks oder der Steigerung der Stiftungsleistung dienlich sind.[52]

58 **Umschichtungen** sind dennoch, falls sich aus der Satzung nicht etwas anderes ergibt, nach herrschender Ansicht **grundsätzlich zulässig**,[53] denn Zweck des Bestandsschutzes des Stiftungsvermögens ist es, die Ertragskraft der Stiftung und so die langfristige Verwirklichung des Stiftungszwecks zu gewährleisten. Vermögensumschichtungen sind demnach grundsätzlich zulässig, wenn und soweit die Ertragskraft des Stiftungsvermögens erhalten bleibt oder erhöht wird. Deshalb kann auch die konkrete Vermögensausstattung der Stiftung durch den Stifter mit bestimmten Vermögensgegenständen wesentlich für die Beantwortung der Frage sein, ob im konkreten Fall eine Vermögensumschichtung zulässig ist. Wer beispielsweise eine unternehmensverbundene Stiftung mit Aktien seines Unternehmens ausstattet, wird deren Verkauf auch bei einem Kursverlust zumindest nach seinem hypothetischen Stifterwillen gerade nicht wollen. Um Missverständnisse zu vermeiden, sollte der Stifter in der Stiftungssatzung ausdrücklich festlegen, ob und in welchem Umfang Vermögensumschichtungen bei seiner Stiftung zulässig sein sollen.

59 Die Behandlung etwaiger, bei einer Vermögensumschichtung erzielter **Buchgewinne** ist umstritten. Sie sollen, weil sie keine Erträge sind, dem zu erhaltenden Vermögen („Grundstock") zufließen.[54] Dieser Streit lässt sich bei genauer Betrachtung nicht pauschal lösen. Der entscheidende Maßstab ist auch hier einmal mehr der **Stifterwille**, er bestimmt die Reichweite des Vermögenserhaltungsgrundsatzes.

---

46 A.a.O.
47 Zur insb. bilanziellen Behandlung von Wertverlusten im Stiftungsvermögen s. *Schauhoff*, DStR 2004, 471 ff.
48 Wie hier etwa *Schauhoff*, DStR 1998, 704.
49 So *Wachter*, Rote Seiten zum Magazin Stiftung & Sponsoring, 06/2002, 3.
50 Davon zu unterscheiden ist die Frage nach einer etwaigen Haftung der Stiftungsorgane, s. Rn 40 ff.
51 So *Wachter*, Rote Seiten zum Magazin Stiftung & Sponsoring, 06/2002, 3; zur Vermögensumschichtung s. Rn 57 ff.
52 § 14 Abs. 1 und 3 StiftG Rheinland-Pfalz.
53 S. nur Seifart/v. Campenhausen/*Hof*, S. 249; *Wachter*, Rote Seiten zum Magazin Stiftung & Sponsoring, 06/2002, 3 f.
54 Strittig, so aber *Wilkes*, Stiftung & Sponsoring, 03/2000, 20; a.A. *Lex*, Stiftung & Sponsoring 05/1999, 3. 6, der Umschichtungsgewinne nicht dem zu erhaltenden Grundstockvermögen zuschlagen, sondern in eine Rücklage einstellen will, die wie eine freie Rücklage nach § 58 Nr. 7a AO zu behandeln ist; ebenso *Koppenhöfer*, Stiftung & Sponsoring, 02/2000, 24.

C. Weitere praktische Hinweise

I. Vermögensverwaltung

1. Maßstäbe. Das BGB enthält keinerlei Vorschriften über die Anlage von Stiftungsvermögen. Einige Stiftungsgesetze enthalten Vorschriften zur Vermögensverwaltung durch Stiftungen[55] – im Übrigen ist der Stifterwille auch hier maßgebend.[56] Der Stifter hat auch zu diesem Punkt **weitgehende Gestaltungsfreiheit**. Eine Stiftungssatzung sollte Vorgaben zur Verwaltung des Stiftungsvermögens enthalten, die einerseits den Stiftungsorganen eine Leitlinie geben (Welches Risiko dürfen wir eingehen?) und andererseits wegen der naturgemäß nicht absehbaren Zukunft eine hinreichende Flexibilität ermöglichen.

In der Praxis stößt man immer wieder auf das **Vorurteil**, das Vermögen einer Stiftung sei mündelsicher anzulegen. Tatsächlich war bis Ende 1995 im bayerischen Stiftungsgesetz bestimmt, dass Stiftungen ihr Vermögen nur in **mündelsicheren Wertpapieren** anlegen dürfen. Eine andere Anlageform war nur mit Genehmigung der Stiftungsaufsichtsbehörde zulässig. Im Interesse einer Stärkung der Selbstverwaltung der Stiftungen und einer Entlastung der Stiftungsaufsichtsbehörden wurde diese Beschränkung bei der Anlage des Stiftungsvermögens ersatzlos aufgehoben. Es gibt heute auch anderweitig keine entsprechenden Regelungen oder Vorschriften mehr. Stiftungen sind heute in der Anlage ihres Vermögens unter Beachtung des Stifterwillens grundsätzlich frei.

Da der Stiftungszweck grundsätzlich dauernd und nachhaltig zu erfüllen ist, wird allerdings der „Grundsatz einer sicheren und ertragbringenden Vermögensanlage" behauptet.[57] **Spekulationsgeschäfte** sollen deshalb regelmäßig ausgeschlossen sein.[58] Ob dem wirklich so ist, muss bezweifelt werden, denn dieser Grundsatz nähert sich bedenklich dem „gerade" erst aufgegebenen Grundsatz von der mündelsicheren Anlage. *Schindler* formuliert es denn auch deutlich anders[59] und betont: „Für Stiftungen gilt wie für Unternehmen und Privatpersonen die Zielvorschrift, dass der Ertrag unter den Nebenzielen Erhaltung der Leistungskraft und angemessenes Risiko zu maximieren ist."[60] Ähnlich hat etwa auch schon *Seifart* die Erwirtschaftung möglichst hoher Beträge auch für gemeinnützige Stiftungen betont.[61]

Die Einzelheiten sind **umstritten**. Richtig ist, dass bei der Anlage des Stiftungsvermögens in jedem Einzelfall abzuwägen ist zwischen einer möglichen Steigerung der Erträge und den damit verbundenen Risiken für die Substanz des Stiftungsvermögens. Im Zweifel soll dabei mit Blick auf die „Tätigkeitstendenz" der Stiftung (§ 80 Rn 1, 16, 91) der langfristige Erhalt des Stiftungsvermögens Vorrang vor einer Verbesserung der Ertragskraft haben.[62] Diese pauschale Aussage übersieht den Vorrang des Stifterwillens und die sich daraus ergebenden Konsequenzen. Gefragt ist der konkreter Maßstab im Einzelfall. Ist ein **Stifterwille** festgelegt oder erkennbar, ergibt sich daraus im Einzelfall der Maßstab; er hat Vorrang vor den Bestandserhaltungsgrundsätzen der Stiftungsgesetze.[63] **Beispiele:** Ein Stifter, der ein Depot hochspekulativer Aktien auf eine Stiftung mit dem ausdrücklichen Hinweis im Stiftungsgeschäft überträgt, in einer solchen Anlage sähe er langfristig die größten Chancen für eine erfolgreiche Vermögensmehrung, wird wohl kaum eine Art mündelsichere Anlage vorgeben wollen.[64] Gleiches gilt etwa für einen Stifter, der mit einem entsprechenden ausdrücklichen Hinweis eine Holding mit einem Bündel von Tochtergesellschaften überträgt, deren Bestand unter seiner bisherigen Leitung immer wieder durch Zukäufe und Veräußerungen und in seinem Marktwert gewechselt hat.[65]

Ist im Einzelfall ein Stifterwille nicht festgelegt und auch nicht erkennbar, ist auch im Stiftungsrecht der **Maßstab des ordentlichen Kaufmanns** anwendbar.[66] Es ist kein Grund ersichtlich, von diesem bewährten Grundsatz gerade für Stiftungen abzuweichen.

---

55 *Wachter*, Rote Seiten zum Magazin Stiftung & Sponsoring, 06/2002; Übersicht: Seifart/v. Campenhausen/Hof, S. 239; *Spiegel*, Rote Seiten zum Magazin Stiftung & Sponsoring, 03/2000.
56 Wie hier und ausf. *Hüttemann*, in: FS Flume 1998 S. 59, 68 f.; s. a. *Henß*, ZSt 2004, 83, 87 f.
57 *Wachter*, Rote Seiten zum Magazin Stiftung & Sponsoring, 06/2002, 5; Seifart/v. Campenhausen/Hof, S. 245.
58 *Wachter*, Rote Seiten zum Magazin Stiftung & Sponsoring, 06/2002, 5.
59 *Schindler*, Stiftung & Sponsoring, 02/2001, 21.
60 Aktuell und ausf. dazu *Schindler*, DB 2003, 297 ff.
61 *Seifart*, BB 1997, 1889, 1895.
62 *Wachter*, Rote Seiten zum Magazin Stiftung & Sponsoring, 06/2002, 5.
63 So auch *Schindler*, DB 2003, 300.
64 *Wachter*, Rote Seiten zum Magazin Stiftung & Sponsoring, 06/2002, 9 scheint – ohne nähere Begründung! – eine solche Vorgabe des Stifters trotz des Vorranges des Stifterwillens als unzulässig ansehen zu wollen. Wie hier aber etwa *Schindler*, DB 2003, 300.
65 *Schiffer*, Stiftung & Sponsoring, 06/2002, 28.
66 Wie hier *Schauhoff*, DStR 1998, 704.

65 **2. Anlageformen.** Die Frage, welche Anlageformen im Einzelfall zulässig oder sachgerecht sind, ist ebenfalls nicht generell zu beantworten.[67] Dies gilt vor allem für die sich immer weiter entwickelnden modernen Kapitalanlagen. Die Ansichten dazu, was eine im konkreten Fall nach dessen Spezifika hinreichend sichere und ausreichend ertragbringende Anlage ist, werden nicht nur von Fall zu Fall, sondern auch je nach Typus der handelnden Personen sehr divergieren. Auch die Kraft des Faktischen wirkt hier mit. Nicht jederzeit und in jedem Umfang werden zudem die an sich gewünschten Anlageformen für einen Stiftungsvorstand verfügbar sein. Auch die Möglichkeiten einer etwa angestrebten Risikostreuung wechseln mit der Marktsituation. Sie hängen außerdem von Art und Umfang des Stiftungsvermögens ab. Entscheidender Maßstab für die Beurteilung, ob eine Anlage entsprechend der aufzustellenden periodenübergreifenden Liquiditätsplanung hinreichend sicher und ertragbringend ist, ist auch hier der Wille des jeweiligen Stifters.

66 **3. Anlagegrundsätze.** Da die **Verwaltung des Stiftungsvermögens** nach alledem vom Gesetzgeber nur in Grundzügen geregelt ist, kann ein Stifter von der ihm auf diese Weise gewährten Freiheit Gebrauch machen und die gesetzlichen Rahmenbestimmungen mit seinen eigenen Vorstellungen über die Anlage des von ihm gewidmeten Stiftungsvermögens ausfüllen und dazu **Anlagegrundsätze aufstellen**.[68] So kann er etwaige Unklarheiten bei der Frage nach der zulässigen Vermögensanlage vermeiden und gleichzeitig Haftungsrisiken der Organmitglieder ausschließen. Um den Stiftungsorganen nicht die für deren zukünftige Tätigkeit auch nach dem Tod des Stifters erforderliche Flexibilität zu nehmen, sollte der Stifter in der Stiftungssatzung oder in außerhalb der Satzung gesondert gefassten Anlagerichtlinien,[69] die flexibler angepasst werden können, nur allgemeine Grundsätze und Leitlinien vorgeben. Negativbeispiel: „Die Anlage des Stiftungsvermögens darf nur in Schweizer Franken erfolgen." Hier sollte allenfalls eine Soll-Regelung vorgegeben werden, die begründete Ausnahmen zulässt. Eine praxiserprobte **Grundregel** ist, dass die Verwaltung des Stiftungsvermögens ausschließlich nach sachlichen Gesichtspunkten und Erwägungen zu erfolgen hat. Jede auch nur potenzielle Interessenkollision etwa von Stiftungsorganmitgliedern sollte vermieden werden. Das kann als unveränderbar in der Satzung geregelt werden.

67 Vorschriften zur Vermögensanlage in der Stiftungssatzung und auch Anlagerichtlinien können allerdings die jeweiligen **gesetzlichen Rahmenbedingungen** zur Verwaltung des Stiftungsvermögens nicht aufheben, beseitigen oder erweitern, sondern nur konkretisieren. Wesentlich ist dann natürlich die erfolgreiche Umsetzung der Richtlinien durch den Stiftungsvorstand, der sich dazu zumindest bei größeren Vermögen der Hilfe von Profis bedienen wird. Die Betreuung von Stiftungen durch Banken ist denn auch ein zunehmend diskutiertes Thema.[70] Ganz besonders wichtig ist hier ein aussagekräftiges **Controlling** durch die Stiftung.

II. Mittelbeschaffung

68 „**Fundraising**" ist das moderne Stichwort, unter dem das Thema Mittelbeschaffung für steuerbefreite Stiftungen diskutiert wird.[71] Es wird versucht, Mittel für die Stiftungsarbeit einzusammeln über Einzelspenden, Förderstiftungen und Unternehmen (Achtung! Steuerliche Abgrenzung: Spenden – Sponsoring[72]). Direct-Mailing, Spendenwerbung per Telefon und das gezielte persönliche Ansprechen gewünschter Fundraising-Partner sind wesentliche Wege der Mittelbeschaffung. Was aus Sicht der Stiftung einfach nur **Sponsoring** ist, ist aus der der Partner-Unternehmen der Stiftung „Sales Promotion". Unerlässlich für die erfolgreiche Mittelbeschaffung ist eine Gesamtstrategie, bei der heute regelmäßig erfahrene Spezialisten beraten.

69 Ein vor allem bei Außenprüfungen gemeinnütziger Stiftungen immer wieder auftauchendes und ggf. die Steuerbefreiung gefährdendes Problem ist die **Frage der (steuerlichen) Angemessenheit des Aufwandes für die Mittelbeschaffung**.[73] Als **Faustregel** kann gelten, dass Werbe- und Verwaltungsausgaben von 35% der Gesamtausgaben als noch angemessen angesehen werden. Eine Größenordnung von mehr als 50% dürfte,

---

[67] S. dazu etwa *Funken*, Stiftung & Sponsoring, 02/2002, 24 ff., der aus der Sicht eines Bankers für nachhaltige Anlageformen plädiert.
[68] Näher *Wachter*, Rote Seiten zum Magazin Stiftung & Sponsoring, 06/2002, 5.
[69] Ein ausf. Beispiel für Anlagerichtlinien mit Kommentaren zu verschiedenen Anlageformen gibt *Wachter*, Rote Seiten zum Magazin Stiftung & Sponsoring, 06/2002, 6 ff.
[70] S. dazu *Czempiel/Pfeifer/Preuss*, Vermögen & Steuern 06/2002, 17 ff.

[71] Ausf. *Kiefer*, Die Roten Seiten zum Magazin Stiftung & Sponsoring, 06/2001; *Boochs*, Die Roten Seiten zum Magazin Stiftung & Sponsoring, 02/2001 (Sponsoring).
[72] Der sog. Sponsoringerlass (BMF-Schreiben v. 9.7.1997, IV B 2 – S 2144–118/97, DStR 1997, 1206) gibt leider nur bedingt praxistaugliche Kriterien; ausf. zu Sponsoring und Steuerrecht *Thiel*, DB 1998, 842 ff.
[73] *Geserich*, DStR 2001, 604 ff. m. zahlr. Nachw. zum Stand der Diskussion.

auch wenn der BFH keine allgemeine Obergrenze aufgestellt hat,[74] jedenfalls überzogen sein; in einem solchen Fall fehlt die abgabenrechtliche Selbstlosigkeit.[75]

III. Stiftungsmanagement

Der Begriff **Management** war vor allem im Zusammenhang mit gemeinnützigen Stiftungen bis vor nicht allzu langer Zeit noch gar nicht en vogue. Es ist ein Verdienst vor allem des Bundesverbandes Deutscher Stiftungen[76] und einiger engagierte Streiter für das Thema,[77] das geändert zu haben. Strategische Projektarbeit, Projektauswahl, Projektmanagement, Personalentwicklung und Ressourcenmanagement, Kooperation von Stiftungen, Netzwerke als Instrument von Projektarbeit sind hier wichtige Begriffe.[78]

Kostenrechnung ist nicht nur etwas für die Wirtschaft. Zunehmend wird auch erkannt, dass eine professionelle Kostenrechnung zumindest für größere Stiftungen unerlässlich ist zur Planung und Kontrolle der „Unternehmung" Stiftung, zu einem effizienten „Berichtswesen" und ganz allgemein zur Steuerung einer Stiftung.[79] Sie bildet die Basis eines effektiven Stiftungs-Controllings. Der konkreten Evaluation und der Qualitätssicherung in der Stiftungspraxis wird erfreulicherweise zunehmend mehr Aufmerksamkeit gewidmet.[80] Um eine langfristig erfolgreiche Stiftungstätigkeit sicherzustellen, reicht es nicht, einfach nur die Mittelverwendung zu dokumentieren und zu kontrollieren. Es sind sinnvollerweise Nützlichkeitsstandards, Durchführungsstandards (einschließlich Fairnessstandards) und Genauigkeitsstandards zu erarbeiten.

Zu einer **professionellen Stiftungsverwaltungsarbeit** gehört nicht zuletzt auch eine gute Öffentlichkeitsarbeit für die einzelnen Projekte der Stiftung im Speziellen[81] und für die jeweilige Stiftung im Allgemeinen.[82]

Die **Rechnungslegung** bei Stiftungen[83] dient den Stiftungsorganen und der Finanzverwaltung, aber auch der Stiftungsaufsicht als Informationsquelle und im Rahmen ihrer jeweiligen Aufgaben als Entscheidungsgrundlage. In den einzelnen Landesstiftungsgesetzen finden sich üblicherweise einschlägige Vorschriften. Außerdem finden sich Vorschriften im BGB (§§ 86, 27 Abs. 3, 259, 260, 660), im Handelsrecht (§§ 238 ff. HGB) und in der Abgabenordnung (§§ 140, 141, 63 Abs. 3 AO). Eine Stiftung kann sich auch freiwillig oder nach ihrer Satzung einer Prüfung durch einen Wirtschaftsprüfer oder eine sonstige anerkannte Prüfungseinrichtung unterwerfen. Sie kann dann natürlich auch freiwillig den Prüfungsbericht der Stiftungsaufsichtsbehörde vorlegen. In der Praxis regen die Anerkennungsbehörden bei Errichtung größerer Stiftungen nicht selten an, eine Prüfungspflicht in der Satzung festzuschreiben, um so auch die Stiftungsaufsicht etwa bei unternehmensverbundenen Stiftungen zu erleichtern. Das sollte nicht etwa als „Gängelung" verstanden werden. Die Prüfungspflicht ist jedenfalls bei größeren Stiftungen regelmäßig eine sinnvolle Grundlage für eine erfolgreiche Stiftungsarbeit; dabei ist jedoch auch der Grundsatz der sparsamen Verwaltung zu beachten. Kleinere Stiftungen werden sich kaum eine entgeltliche Prüfung leisten können – auch nicht zur Erleichterung der Stiftungsaufsicht.

Der Hauptfachausschuss (HFA) des Instituts der Wirtschaftsprüfer in Deutschland (**IDW**) hat, weil die **Wirtschaftsprüfer** Stiftungen zunehmend als Klientel entdeckt haben, am 25.2.2000 eine Stellungnahme zur Rechnungslegung und Prüfung von Stiftungen vorgelegt.[84] Bedauerlicherweise kommt es aber dennoch immer wieder vor, dass Prüfer die **Besonderheiten bei Stiftungen** nicht kennen oder verkennen, ja sogar, dass ihnen die „IDW-Grundsätze" unbekannt sind. Besonders problematisch erscheint die Frage der Bestandserhaltung des Stiftungsvermögens im Rahmen der Rechnungslegung[85] und der Prüfung. Ein wichtiger Punkt in diesem Zusammenhang ist die streitträchtige Frage der Bewertung des Stiftungsvermögens.[86]

---

74 *Geserich*, DStR 2001, 606.
75 S. BFH, BFH/NV 1999, 1089 und 1999, 1055 sowie DStR 1998, 1674.
76 S. etwa das Themenheft „Stiftungsverwaltungen – Institutionen, Inhalte, Perspektiven", Deutsche Stiftungen – Mitteilungen des Bundesverbandes Deutscher Stiftungen, 02/2002.
77 S. insb. *Weger*, Die Roten Seiten zum Magazin Stiftung & Sponsoring, 02/1999; *Rüegg-Stürm/ Schnieper/Lang*, Stiftung & Sponsoring, 03/2004, 5 ff.
78 S. etwa *Weger*, Die Roten Seiten zum Magazin Stiftung & Sponsoring, 04/2000.
79 Ausf. *Sandberg*, Die Roten Seiten zum Magazin Stiftung & Sponsoring, 01/2001.
80 Ausf. *Beywl/Henze/Mäder/Speer*, Die Roten Seiten zum Magazin Stiftung & Sponsoring, 02/2002.
81 S. dazu etwa *Hamann*, Stiftung & Sponsoring, 05/2002, 16 f.

82 Badelt/*Scheuch*, S. 241 ff.
83 Näher dazu *Koss*, Rechnungslegung von Stiftungen, 2003; *Walter/Golpayegani*, DStR 2000, 701; s. a. das Themenheft „Rechnungslegung", Deutsche Stiftungen – Mitteilungen des Bundesverbandes Deutscher Stiftungen, 02/2000; *Gronemann*, Die Roten Seiten zum Magazin Stiftung & Sponsoring, 05/2000; *Jahn*, Stiftung & Sponsoring, 03/2004, 14 ff. (IAS/IFRS).
84 S. IDW RS HFA 5, IDW-Nachrichten 2000, 129 = WPg 2000, 391; IDW PS 740, IDW-Nachrichten 2000, 142 = WPg 2000, 385.
85 Dazu *Spiegel*, Die Roten Seiten zum Magazin Stiftung & Sponsoring, 03/2000.
86 Dazu *Merl/Koss*, Die Roten Seiten zum Magazin Stiftung & Sponsoring, 05/1998; *Schauhoff*, DStR 2004, 471 ff.

§ 82 Übertragungspflicht des Stifters

¹Wird die Stiftung als rechtsfähig anerkannt, so ist der Stifter verpflichtet, das in dem Stiftungsgeschäft zugesicherte Vermögen auf die Stiftung zu übertragen. ²Rechte, zu deren Übertragung der Abtretungsvertrag genügt, gehen mit der Anerkennung auf die Stiftung über, sofern nicht aus dem Stiftungsgeschäft sich ein anderer Wille des Stifters ergibt.

Literatur: Siehe bei § 80.

A. Allgemeines

1 Die Vorschrift stellt den **Vermögenserwerb** der Stiftung **vom Stifter** sicher. Das ist grundlegend, denn die Stiftung besteht „nur" aus dem Stiftungsvermögen (Grundstockvermögen; § 80 Rn 1). Wenn die Stiftung durch die Anerkennung entstanden ist, erwirbt sie deshalb zugleich einen Anspruch auf Übertragung des ihr von dem Stifter durch das Stiftungsgeschäft zugesicherten Stiftungsvermögens (S. 1). Eine Rückwirkung auf den Zeitpunkt der Vornahme des Stiftungsgeschäfts findet nur statt, wenn sie vom Stifter gewollt ist.[1]

B. Regelungsgehalt

2 Da die einzelnen Vermögensgegenstände nicht qua Gesetz wie etwa im Erbfall (§ 1922) übergehen, hat der Stifter die zugesagten Vermögensgegenstände (Geld, Immobilien, Wertpapiere etc.) nach **S. 1** grundsätzlich jeweils über die gesetzlich vorgesehenen einzelnen **Übertragungsakte** (§§ 929 ff., 873 etc.) zu übertragen.

3 Eine **Ausnahme** besteht nach **S. 2**. Danach gehen **Rechte**, zu deren Übertragung der Abtretungsvertrag (§§ 398, 413) genügt, ausnahmsweise kraft Gesetzes mit der Anerkennung der Stiftung als rechtsfähig auf diese über, sofern sich nicht aus dem Stiftungsgeschäft ein anderer Wille des Stifters ergibt. Rechte in diesem Sinne sind insb. Forderungen, Urheber- und Patentrechte.

4 Die Vorschrift gilt auch, wenn die Stiftung erst nach dem Tod des Stifters als rechtsfähig anerkannt wird (§ 84).

C. Weitere praktische Hinweise

5 Nicht ganz unumstritten ist, ob eine **Haftung des Stifters** für den Zeitraum zwischen der Einreichung des Antrags auf Anerkennung der Stiftung und der Anerkennung in Betracht kommt, wenn er währenddessen anderweitige Verfügungen über das im Stiftungsgeschäft zugesicherte Vermögen trifft. Diese Haftung des Stifters ist mit der h.M.[2] zu bejahen, denn das Stiftungsvermögen ist grundlegend für die Stiftung und das Verfügungsrisiko liegt beim Stifter. Er hat es in der Hand, ob er trotz Zusage im Stiftungsgeschäft noch über das Vermögen verfügt. Es besteht zudem eine bedingungsähnliche Bindung, die durch den Antrag auf Anerkennung der Stiftung begründet wird. Würde man eine Haftung hier verneinen, hätte das zur Folge, dass die Behörde ggf. eine Stiftung als rechtsfähig anerkennt, der das ihr zugesagte Vermögen von vornherein nicht mehr zugeführt werden kann. Die §§ 160 ff. sind hier analog anzuwenden. Nach Anerkennung der Stiftung kann diese, wenn der Stifter, ohne gegenüber der Behörde sein Stiftungsgeschäft nach § 81 Abs. 2 S. 1 widerrufen (siehe § 81 Rn 12) zu haben, über das im Stiftungsgeschäft zugesagte Vermögen verfügt hat, analog § 160 Schadensersatz verlangen.

6 Der Stiftungsvorstand, der den Anspruch auf Vermögensübertragung geltend zu machen hat, hat ggfs. auch den Schadensersatz geltend zu machen, falls er nicht eine eigene Haftung für schuldhaftes Unterlassen gewärtigen will (zur Haftung von Stiftungsorganen siehe § 81 Rn 40 ff.).

7 Entsprechend den vorstehenden Erwägungen zum etwaigen Schadensersatzanspruch der Stiftung sind **Zwischenverfügungen** des Stifters über Rechte im Sinne von S. 2 analog § 161 unwirksam.

8 Die Vermögensübertragung ist zwar eine Zuwendung, aber **keine Schenkung**,[3] denn sie erfolgt nicht freigebig, sondern als zwingende Voraussetzung der Stiftungserrichtung und zwingende Folge des Stiftungsgeschäfts. Auf die Haftung des Stifters sind die §§ 519 ff. dennoch entsprechend anzuwenden, wenn die Stiftung ihre Tätigkeit noch nicht aufgenommen hat (vgl. § 81 Rn 43 ff.).[4]

---

1 Bamberger/Roth/*Schwarz*, § 83 Rn 3.
2 Seifart/v. Campenhausen/*Hof*, § 7 Rn 41; MüKo/ *Reuter*, § 83 Rn 4; a.A.: *Flume*, BGB AT Bd. 1/ 2 1983, § 4 V 3, S. 139.
3 Palandt/*Heinrichs*, § 82 Rn 1 unter Hinw. auf *Medicus*, in: FS Heinrichs 1998, S. 381.
4 Palandt/*Heinrichs*, § 82 Rn 1 m.w.N.

§ 83 Stiftung von Todes wegen

¹Besteht das Stiftungsgeschäft in einer Verfügung von Todes wegen, so hat das Nachlassgericht dies der zuständigen Behörde zur Anerkennung mitzuteilen, sofern sie nicht von dem Erben oder dem Testamentsvollstrecker beantragt wird. ²Genügt das Stiftungsgeschäft nicht den Erfordernissen des § 81 Abs. 1 Satz 3, wird der Stiftung durch die zuständige Behörde vor der Anerkennung eine Satzung gegeben oder eine unvollständige Satzung ergänzt; dabei soll der Wille des Stifters berücksichtigt werden. ³Als Sitz der Stiftung gilt, wenn nicht ein anderes bestimmt ist, der Ort, an welchem die Verwaltung geführt wird. ⁴Im Zweifel gilt der letzte Wohnsitz des Stifters im Inland als Sitz.

Literatur: Siehe bei § 80.

A. Allgemeines ... 1	5. Treuhänderische Stiftung ... 19
B. Regelungsgehalt ... 2	a) Erbin oder Vermächtnisnehmerin ... 19
I. Stiftungsgeschäft von Todes wegen ... 2	b) Steuerliches ... 20
II. Unvollständiges Stiftungsgeschäft ... 6	C. Weitere praktische Hinweise ... 24
III. Antragstellung ... 9	I. Kein Widerruf ... 24
IV. Stiftungssitz ... 10	II. Verbindung mit einem Stiftungsgeschäft
V. Stiftung als letztwillig Bedachte ... 11	unter Lebenden ... 25
1. Erbenstellung ... 11	III. Stiften von Todes wegen oder zu Lebzeiten? ... 26
2. Vermächtnis ... 16	IV. Auslegung letztwilliger Stiftungsgeschäfte ... 28
3. Auflage ... 17	V. Steuerhinweise ... 29
4. Testamentsvollstreckung ... 18	

A. Allgemeines

Die Vorschrift regelt die Errichtung einer Stiftung durch letztwillige Verfügung des Stifters. Das Stiftungsgeschäft gliedert sich wie bei der Stiftungserrichtung unter Lebenden in einen organisationsrechtlichen Teil (Satzung) und einen vermögensrechtlichen Teil (Vermögenszuwendung). „Private" Stiftungen kommen für die Erbfolgegestaltung vor allem als Familienstiftungen, als gemeinnützige Stiftungen und als mildtätige Stiftungen in Betracht.[1] Auch treuhänderische Stiftungen können (wirtschaftlich) Erben sein. Eine zukünftige Stiftung kann im Rahmen der gesetzlichen Fiktion in § 84 (sog. „Städel-Paragraph")[2] ebenfalls letztwillig bedacht werden.

B. Regelungsgehalt

I. Stiftungsgeschäft von Todes wegen

Das Stiftungsgeschäft von Todes wegen erfolgt als **Testament** oder **Erbvertrag**. Es gelten die erbrechtlichen Vorschriften (Testierfähigkeit, Formvorschriften etc.). In Deutschland gilt über Art. 14 Abs. 1 S. 1 GG der Grundsatz der Testierfreiheit mit Einschränkungen durch das Pflichtteilsrecht und (wirtschaftlich betrachtet) zusätzlich durch das Erbschaftsteuerrecht. Das gilt auch für Stiftungen. Es gibt kein Sondererbrecht für Stiftungen. Auch eine Stiftung unterliegt dem Pflichtteilsrecht (siehe § 80 Rn 94 ff.).

Das letztwillige Stiftungsgeschäft muss eine ausreichende Vermögenszuwendung enthalten (zu den erbrechtlichen Ansätzen siehe sogleich Rn 11 ff.). Die Stellvertretung ist beim Stiftungsgeschäft von Todes wegen nach den erbrechtlichen Grundsätzen ausgeschlossen. Anders als bei der Stiftungserrichtung zu Lebzeiten genügt eine (verlässliche) Aussicht auf eine künftige ausreichende Mittelausstattung hier grds. nicht.[3]

Die rechtsfähige Stiftung des Privatrechts entsteht auch bei einem Stiftungsgeschäft von Todes wegen formal erst mit der Anerkennung. Die Anerkennung gilt jedoch für die Zuwendungen des Stifters/Erblassers **rückwirkend** als schon vor dessen Tode entstanden (§ 84).

Für die **Anfechtung** des Stiftungsgeschäfts von Todes wegen gelten die §§ 2078 ff.[4] **Eine Ausschlagung** der Stiftung als Erbin oder Vermächtnisnehmerin scheidet schon *de facto* aus, denn das würde ihr die Existenzgrundlage nehmen; die Annahme der Erbschaft ist Geschäftsgrundlage für das Stiftungsgeschäft.[5]

---

1 Ausf. dazu *Mecking/Schindler/Steinsdörfer*, a.a.O.; Seifart/v. Campenhausen/*Hof*, S. 106 ff.; *Wachter*, S. 17 ff.; *Schiffer/Kotz*, ZErB 2004, 115 ff.
2 S. *Wachter*, S. 20.
3 Bamberger/Roth/*Schwarz*, § 83 Rn 2 und vor § 80 Rn 8.
4 Bamberger/Roth/*Schwarz*, § 83 Rn 7.
5 Bamberger/Roth/*Schwarz*, § 83 Rn 7.

II. Unvollständiges Stiftungsgeschäft

6 Genügt das Stiftungsgeschäft nicht den Erfordernissen des § 81 Abs. 1 S. 3, geht der Gesetzgeber jetzt nach S. 2 von einem **heilbaren Rechtsmangel** aus,[6] d.h. die Stiftungsbehörde muss unter Beachtung des Stifterwillens (§ 80 Rn 28 ff.) der Stiftung eine Satzung geben oder eine unvollständige Satzung ergänzen.

7 Das ist konsequent, gilt doch für letztwillige Verfügungen die vom BGH entwickelte sog. **Andeutungstheorie**,[7] wonach dem letzten Willen auch bei einer nur geringen Andeutung in der Verfügung mit Blick auf die Unwiederholbarkeit der Erklärung des Erblassers wenn eben möglich zur Geltung verholfen wird. Eine solche Satzungsergänzung wird indessen dennoch nur in Betracht kommen, wenn im Stiftungsgeschäft/ in der letztwilligen Verfügung der Stifter/Erblasser den Stiftungszweck eindeutig angibt und zugleich eine verbindliche Vermögenszusage macht.[8] Zumindest diese beiden **Grundelemente** sind **unverzichtbar**.[9] Sie lassen sich nicht nur andeuten und dann ergänzen. Es reicht beispielsweise nicht aus, diese beiden zentralen Elemente einfach nur und ohne weiteres in einer maschinenschriftlich abgefassten Satzung als Anlage zu dem handschriftlichen Testament festzulegen. Es sollte deshalb vorsorglich in jedem Fall besonders darauf geachtet werden, dass der Erblasser in seinem Testament unmittelbar selbst seinen Stifterwillen formgültig mit den wesentlichen Merkmalen festlegt, die eine Stiftung kennzeichnen (siehe § 81 Rn 9), wie das LG Berlin umfassend noch zu der alten Rechtslage forderte.[10]

8 Der Stifter kann seiner letztwilligen Verfügung unter den genannten Voraussetzungen die von ihm **vorgesehene Satzung** der Stiftung **beifügen**, anstatt etwa den Testamentsvollstrecker mit der Fertigung einer Satzung gemäß der letztwilligen Verfügung zu beauftragen. Regelmäßig wird das sinnvoll sein, da der Stifter ja seinen konkreten Willen umsetzen will. Sinnvollerweise wird der Stifter zudem den Testamentsvollstrecker ausdrücklich bevollmächtigen, etwaige Mängel des Stiftungsgeschäftes bzw. der Stiftungssatzung durch entsprechende Änderungen und Ergänzungen zu beheben.

III. Antragstellung

9 Der Erbe oder der Testamentsvollstrecker hat bei der Stiftungsbehörde den Antrag auf Anerkennung der Stiftung zu stellen. Fehlt ein Antrag, ist nach S. 1 das **Nachlassgericht von Amts wegen** verpflichtet, das Stiftungsgeschäft von Todes wegen der Behörde zur Anerkennung anzuzeigen. Diese Amtspflicht des Nachlassgerichts soll gewährleisten, dass eine Anerkennung durch die zuständige Behörde nicht mangels Kenntnis unterbleibt.[11] Der Anerkennungsantrag kann auch von einem Nachlasspfleger gestellt werden. Die für die Anerkennung der Stiftung zuständige Behörde kann die Stiftung auch ohne Antrag eines Beteiligten anerkennen, wenn sie von dem Stiftungsgeschäft Kenntnis erhält, denn es besteht kein Antragserfordernis.[12]

IV. Stiftungssitz

10 Der Sitz der letztwilligen Stiftung ist in S. 3 und 4 für den Fall geregelt, dass in der Satzung die sich nach § 81 Abs. 1 S. 3 erforderliche Angabe des Sitzes fehlt. Als Sitz der Stiftung gilt danach der Ort, an dem die Verwaltung geführt wird. Im Zweifel, etwa bei noch fehlender Büroorganisation, gilt der letzte Wohnsitz des Stifters im Inland als Sitz der Stiftung. So wird berücksichtigt, dass gerade ältere Stifter nicht immer ihren inländischen Wohnsitz als Ruhestandswohnsitz beibehalten.[13] Typischerweise wird der letzte Wohnsitz des Erblassers als Sitz der Stiftung jedenfalls dem mutmaßlichen Stifterwillen entsprechen.

V. Stiftung als letztwillig Bedachte

11 **1. Erbenstellung.** Eine Stiftung tritt als Erbin ggf. gemeinsam mit weiteren (Mit-)Erben (Erbengemeinschaft) die **Gesamtrechtsnachfolge** nach dem Erblasser an und haftet damit auch für etwaige Verbindlichkeiten. Sie kann als Mitglied einer **etwaigen Erbengemeinschaft** deren Auflösung fordern und im Wege der Zwangsversteigerung betreiben (§§ 2042 Abs. 2, 753). Um unsinnige Auseinandersetzungen und Streitereien zu vermeiden, sollte der Erblasser grundsätzlich im Wege einer Teilungsanordnung bestimmen, wer welche Nachlassgegenstände erhält.

12 Eine letztwillige Zuwendung an eine bereits bestehende Stiftung ist eine **Zustiftung** (siehe § 81 Rn 49 ff., wenn der Erblasser nichts anderes verfügt. In der Stiftungssatzung sollte vorgesehen sein, dass die Stiftung Zustiftungen annehmen darf.

---

6 RegE, BT-Drucks 14/8765, S. 11.
7 Näher dazu etwa: *Weirich*, Erben und Vererben, 5. Aufl. 2004, S. 65 ff.; BGHZ 286, 41; 94, 36; s. a. § 80 Rn 30.
8 RegE, BT-Drucks 14/8765, 11; Rechtsausschuss, BT-Drucks 14/8894, S. 11.
9 *Schwarz*, DStR 2002, 1723.
10 S. LG Berlin FamRZ 2001, 450 noch zur alten Rechtslage.
11 MüKo/*Reuter*, § 83 Rn 7.
12 Bamberger/Roth/*Schwarz*, § 83 Rn 7.
13 Bamberger/Roth/*Schwarz*, § 83 Rn 10.

Eine Stiftung kann auch als **Nacherbin** eingesetzt werden. Grundsätzlich tritt die Nacherbfolge mit dem Tod des Vorerben ein (§ 2106). Nicht übersehen werden darf allerdings, dass die Einsetzung eines Nacherben nach Ablauf von 30 Jahren nach dem Erbfall unwirksam wird (§ 2109 Abs. 1 S. 1). Die Nacherbschaft bleibt jedoch dann auch nach dem Ablauf der Frist wirksam (§ 2109 Abs. 1 S. 2), wenn die Nacherbfolge für den Fall angeordnet ist, dass in der Person des Vorerben oder des Nacherben ein bestimmtes Ereignis (Beispiele: Tod des Vorerben, die Wiederheirat des Vorerben) eintritt und derjenige, in dessen Person das Ereignis eintreten soll, zur Zeit des Erbfalls lebt (§ 2109 Abs. 1 S. 2 Nr. 1), und wenn dem Vorerben oder einem Nacherben für den Fall, dass ihm ein Bruder oder eine Schwester geboren wird, der Bruder oder die Schwester als Nacherbe bestimmt ist (§ 2109 Abs. 1 S. 2 Nr. 1). Gehört ein Grundstück oder ein Recht an einem solchen zur Erbschaft, ist das Recht der Stiftung als Nacherbin in das Grundbuch einzutragen (§ 51 GBO). 13

Eine Stiftung als **Vorerbin** einzusetzen, wird regelmäßig keinen Sinn machen, ist aber anders als *Wachter*[14] und wohl auch *Hof*[15] meinen, nicht etwa per se ausgeschlossen (siehe auch Rn 31 ff.). Eine bereits errichtete Stiftung kann ein Vermögen sehr wohl als Vorerbin nutzen. Voraussetzung ist, dass sie in ihrer Zweckerfüllung nicht davon abhängig ist, d.h. ohne die Vorerbschaft über ein Vermögen verfügt, das die nachhaltige Erfüllung des Stiftungszwecks sicherstellt. Eine Stiftung bei ihrer Errichtung von Todes wegen nur als Vorerbin mit Vermögen auszustatten, wird regelmäßig nicht ausreichen, erscheint aber immerhin bei einem entsprechend zeitlich begrenzten Stiftungszweck nicht ausgeschlossen. 14

Unter Beachtung dieser Zusammenhänge kann eine Stiftung auch als **Ersatzerbin** eingesetzt werden. 15

2. Vermächtnis. Eine Stiftung kann auch als Vermächtnisnehmerin eingesetzt werden. Sie wird dann zwar nicht Rechtsnachfolgerin des Erblassers, erwirbt aber mit dem Erbfall einen **Anspruch gegen den oder die Erben** auf Herausgabe des vermachten Gegenstandes (§ 2174). Die Annahme und die etwaige Ausschlagung des Vermächtnisses erfolgen gegenüber dem Beschwerten, in der Regel dem Erben. Durch das Vermächtnis kann der Erblasser der Stiftung einen ganz bestimmten Gegenstand zuwenden, aber bei einem Wahlvermächtnis (§ 2154) und einem Gattungsvermächtnis (§ 2155) die „Auswahl" des Gegenstandes auch einem Dritten oder dem Bedachten übertragen. Das mag es in problematischen Einzelfällen der Familie des Erblassers/Stifters erleichtern, die Vermögensübertragung auf die Stiftung innerlich zu akzeptieren. Wenn der Erblasser den Zweck der Zuwendung hinreichend bestimmt hat, kann er sogar die Bestimmung der konkreten Leistung an die Stiftung ebenfalls dem Beschwerten oder einem Dritten überlassen (Zweckvermächtnis, § 2156). Ist ein Grundstück Gegenstand des Vermächtnisses, haftet der Beschwerte im Zweifel nicht für die Lastenfreiheit des Grundstücks von Grunddienstbarkeiten, beschränkten persönlichen Dienstbarkeiten oder Reallasten (§ 2182 Abs. 3). 16

3. Auflage. Der Erblasser kann eine bereits existierende Stiftung letztwillig auch mit einer Auflage bedenken, die Stiftung hat dann allerdings **kein Recht, die Leistung zu fordern** (§§ 1940, 2192 ff.). Dennoch ist die Auflage für den Erben oder Vermächtnisnehmer bindend. Die Vollziehung einer Auflage (§ 2194 S. 1) können Erben, Miterben und diejenigen verlangen, denen der Wegfall des mit der Auflage zunächst Beschwerten unmittelbar zustatten kommen würde, wie zum Beispiel der Nacherbe oder Ersatzerbe. Außerdem kann auch der in einem solchen Fall sinnvollerweise einzusetzende Testamentsvollstrecker die Vollziehung der Auflage verlangen (§ 2208 Abs. 2). Liegt die Vollziehung einer Auflage im öffentlichen Interesse, was bei einer Auflage zugunsten einer gemeinnützigen Stiftung regelmäßig der Fall sein dürfte,[16] kann auch die zuständige Behörde die Vollziehung der Auflage verlangen (§ 2194 S. 2), die nicht etwa mit der Stiftungsbehörde identisch ist, sondern nach Landesrecht durch das jeweilige AGBGB bestimmt wird.[17] 17

4. Testamentsvollstreckung. Ist kein Testamentsvollstrecker bestellt, die Stiftung aber zur Erbin bestimmt worden, wird vom Nachlassgericht nach Eröffnung des Testamentes ein so genannter **Nachlasspfleger** als gesetzlicher Vertreter der zu errichtenden Stiftung bestimmt (§ 1960).[18] Ist die Stiftung nur Miterbin oder Vermächtnisnehmerin, so reicht die Bestellung eines Pflegers nach § 1913. Hierzu sollte es ein Stifter nicht kommen lassen. Er sollte nicht die Möglichkeit versäumen, durch die Einsetzung eines Testamentsvollstreckers seiner Wahl auf die Umsetzung seines Stiftungsprojektes nach seinem Tode einzuwirken. 18

5. Treuhänderische Stiftung. a) Erbin oder Vermächtnisnehmerin. Auch treuhänderische (unselbständige) Stiftungen (siehe § 80 Rn 188 ff.) können wirtschaftlich Erben oder Vermächtnisnehmer sein. Da 19

---

14 *Wachter*, S. 17.
15 Seifart/v. Campenhausen/*Hof*, S. 107 („prinzipiell").
16 Wie hier *Wachter*, S. 19.
17 Palandt/*Edenhofer*, § 2194 Rn 2.
18 *Mecking/Schindler/Steinsdörfer*, S. 21; Seifart/v. Campenhausen/*Hof*, S. 108.

sie keine eigene rechtliche Persönlichkeit bilden, wird in ihrem Fall der Treuhänder Erbe oder Vermächtnisnehmer, der dann erbrechtlich per Auflage und/oder aufgrund des Treuhandvertrages verpflichtet wird bzw. ist, den zugewendeten Vermögenswert „für" die Stiftung zu verwenden.

20 **b) Steuerliches.** Erbschaftsteuerlich wird die unselbständige Stiftung als **Zweckzuwendung** nach § 1 Abs. 3 und § 8 ErbStG behandelt.[19] Eine Zweckzuwendung ist eine Zuwendung von Todes wegen oder eine freigebige Zuwendung unter Lebenden, die mit der Auflage verbunden ist, zugunsten eines bestimmten Zwecks verwendet zu werden, oder die von der Verwendung zugunsten eines bestimmten Zwecks abhängig ist, soweit hierdurch die Bereicherung des Erwerbers gemindert wird. Eine Zweckzuwendung ist nur gegeben, wenn die Zweckbindung zu einer Minderung der Bereicherung des Erwerbers führt.[20] Eine Bereicherungsminderung fehlt, wenn die Erfüllung des Zwecks im eigenen Interesse des Beschwerten liegt (§ 10 Abs. 9 ErbStG). Daher mindert beispielsweise die Auflage an eine Stiftung, das ihr Zugesagte satzungsgemäß zu verwenden, die Bereicherung nicht. Steuerschuldner bei der Zweckzuwendung ist nach § 20 Abs. 1 ErbStG der mit der Ausführung der Zuwendung Beschwerte. Der Gesetzgeber geht dabei von der Annahme aus, dass der Beschwerte den zur Zweckerfüllung aufzuwendenden Betrag um die Steuerschuld kürzen darf, was mangels anderer ausdrücklicher Anordnung, die möglich ist, im Zweifelsfall durch Auslegung der Zweckzuwendung zu entnehmen ist.[21]

21 Da sich treuhänderische Stiftungen mangels Erfordernis der Anerkennung durch den Staat deutlich schneller errichten lassen als rechtsfähige Stiftungen, sind sie auch ein probates Mittel, noch kurz vor Ablauf der **24-Monats-Frist** aus **§ 29 Abs. 1 Nr. 4 S. 1 ErbStG** in den Genuss der dortigen **Steuerbefreiung** zu gelangen.

22 Nach *Meincke*[22] sollen unter Stiftungen i.S.d. § 23 ErbStG aber nur rechtsfähige Stiftungen verstanden werden; eine Begründung gibt er dafür nicht. Diese Ansicht von *Meincke* überzeugt nicht. Das ergibt sich insbesondere aus folgenden Erwägungen:

Die treuhänderische Stiftung fällt ebenso wie die rechtsfähige Stiftung in den Anwendungsbereich des „Gesetzes zur weiteren steuerlichen Förderung von Stiftungen". Zur Klärung verschiedener Zweifel aus der Praxis[23] hat der damalige Bundesminister der Finanzen Hans Eichel unter dem Datum des 21.3.2000 an den Stifterverband für die Deutsche Wissenschaft in Essen insb. wie folgt geschrieben:[24] „Der zusätzliche Abzugsrahmen für Zuwendungen an Stiftungen soll entgegen Ihrer Annahme für alle steuerbegünstigten Stiftungen im Sinne der Abgabenordnung gelten, also auch für die nicht rechtsfähigen gemeinnützigen Stiftungen. Durch die Beschränkung auf Stiftungen des privaten Rechts sollen lediglich die Stiftungen des öffentlichen Rechts von der besonderen Steuervergünstigung ausgegrenzt werden."

Die Ausweitung des Anwendungsbereiches des § 29 Abs. 1 Nr. 4 S. 1 ErbStG war gerade auch Bestandteil des vom Bundesfinanzminister angesprochenen „Gesetzes zur weiteren steuerlichen Förderung von Stiftungen".[25] Es ist deshalb mit dem Schreiben des Bundesfinanzministers kein Grund ersichtlich, warum die Steuerprivilegierung das § 29 ErbStG nicht auch für treuhänderische Stiftungen gelten soll.

23 Auch zu der mit der alten Fassung insoweit identischen Fassung des § 29 ErbStG waren unabhängig davon verschiedene Autoren aus der Finanzverwaltung ohne weiteres und ohne Begründung der Auffassung, dass „inländische Stiftungen" im Sinne der Vorschrift sowohl rechtsfähige Stiftungen (§ 1 Abs. 1 Nr. 4 KStG) als auch nicht rechtsfähige (treuhänderische) Stiftungen (§ 1 Abs. 1 Nr. 5 KStG) sind.[26] Das überzeugt, denn in beiden Fällen handelt es sich um Stiftungen, d.h. entsprechend gesonderte Vermögensmassen, die gleichermaßen der Steuerpflicht unterliegen. Das Steuerrecht unterscheidet hier ganz bewusst und ausdrücklich nicht nach der Frage der zivilrechtlichen Rechtsfähigkeit, wie gerade § 1 Abs. 1 KStG zeigt, sondern stellt gerade rechtsfähige und nicht rechtsfähige Stiftungen steuerlich gleich. In § 29 ErbStG ist auch nur von „inländischen Stiftungen" und nicht etwa nur von rechtsfähigen Stiftungen die Rede.

---

19 *Wachter*, S. 188.
20 *Meincke*, ErbStG, 14. Aufl. 2004, § 8 ErbStG Rn 7.
21 *Meincke*, ErbStG, 14. Aufl. 2004, § 8 ErbStG Rn 10.
22 *Meincke*, ErbStG, 13. Aufl. 2003, § 29 ErbStG Rn 13; differenzierender in der jetzigen 14. Aufl. 2004.
23 *Schiffer*, DStR 2004, 1031, 1033.
24 IV C6 – S 0171–54/00; s. dazu auch *Schindler*, BB 2000, 2077, 2078.
25 *Schiffer*, DStR 2004, 1031, 1033; s.a. FinVerw ZEV 2003, 329 f.
26 *Thiel/Eversberg*, DB 1991, 118, 125; *Troll*, DB 1991, 672, 673.

C. Weitere praktische Hinweise

I. Kein Widerruf

Das Stiftungsgeschäft von Todes wegen kann nur unter den besonderen erbrechtlichen Voraussetzungen widerrufen werden (§§ 2153 ff.).[27] Ein Widerruf des Erben ist ausgeschlossen, denn § 81 Abs. 2 S. 3 gilt nur für das Stiftungsgeschäft unter Lebenden.[28]

II. Verbindung mit einem Stiftungsgeschäft unter Lebenden

Das Stiftungsgeschäft von Todes wegen kann mit einem Stiftungsgeschäft unter Lebenden verbunden werden.[29] Soll beispielsweise eine von beiden Ehegatten durch Erbvertrag errichtete Stiftung nach dem Tode des erstversterbenden Ehegatten entstehen, nimmt jeder Ehegatte ein Stiftungsgeschäft sowohl unter Lebenden wie von Todes wegen vor, nämlich Ersteres unter der Bedingung, dass der andere Ehegatte, Letzteres unter der Bedingung, dass er selbst als Erster verstirbt.[30]

III. Stiften von Todes wegen oder zu Lebzeiten?

Stifter „verschenken" bei einer Stiftung von Todes wegen die Möglichkeit, maßgeblichen und **aktiven Einfluss** auf „ihre" Stiftung und deren Arbeit zu nehmen.[31] Deutlich sinnvoller ist es in der Regel, die Stiftung bereits zu Lebzeiten mit einem vergleichsweise geringen Vermögen zu errichten und das Vermögen der Stiftung durch Zustiftungen von Todes wegen aufzustocken. Auf diese Weise behalten die Stifter zu Lebzeiten die finanzielle Absicherung durch ihr eigenes Vermögen und erhalten gleichzeitig die Gelegenheit, die Stiftung in ihren Gründungsjahren – sei es als Vorstands- oder Stiftungsratsmitglied – wesentlich mitzugestalten und die Stiftung über den Text der Stiftungsverfassung hinaus deutlich zu prägen. Zu Lebzeiten der Stifter lässt sich vor allem auch eine etwaig erforderliche Änderung der Stiftungssatzung, sei es zur Anpassung an geänderte Verhältnisse oder zur Korrektur eventueller Fehlvorstellungen, leichter bei den Stiftungsbehörden durchsetzen.

Wirklich wichtig ist auch, dass ein Stifter zu seinen Lebzeiten die **Leitungspersonen** auswählen und anleiten kann, die die Stiftung verwalten. Gerade die ersten Stiftungsvorstände und Stiftungsräte prägen das Bild und die Kultur einer Stiftung für die Nachfolger. Wollen die Stifter nicht selbst konkret in der Stiftung tätig werden und so Maßstäbe setzen, können sie jedenfalls die geeigneten Persönlichkeiten bestimmen und deren Wirken verfolgen. Wählen Stifter den Weg über ein Anstiften zu Lebzeiten und ein Zustiften von Todes wegen, können sie zu Lebzeiten mit ihrer Stiftung „üben". Allerdings genießt eine Zustiftung bei der steuerbefreiten Stiftung **nicht dieselbe Steuerprivilegierung** wie die Errichtungsdotation (§ 10b Abs. 1a EStG).[32] Auch im Bereich der Familienstiftung ist das Modell bedenkenswert. Auf diese Weise kann flexibel auf steigende Versorgungsbedürfnisse der Familie reagiert werden, allerdings ist hier die steuerliche Benachteiligung von Zustiftungen zu beachten.[33]

IV. Auslegung letztwilliger Stiftungsgeschäfte

Bei der Auslegung eines letztwilligen Stiftungsgeschäfts ist nach h.M.[34] zwischen der Satzung und der letztwilligen Vermögenszuwendung zu unterscheiden. Die Satzung ist nach den allgemeinen Regeln (§§ 133, 157) auszulegen; für die letztwillige Vermögenszuwendung gelten die Auslegungsregelungen des Erbrechts.[35] Für Satzungsergänzungen und -änderungen durch den Testamentsvollstrecker oder die Aufsichtsbehörde gelten auch die §§ 133, 157.[36]

---

27 BGHZ 70, 313; Bamberger/Roth/*Schwarz*, § 83 Rn 8.
28 Bamberger/Roth/*Schwarz*, § 83 Rn 8 m.w.N.
29 Bamberger/Roth/*Schwarz*, § 83 Rn 2.
30 BGHZ 70, 313, 321.
31 Ausf. dazu *Schiffer*, Die Stiftung in der anwaltlichen Praxis, S. 91 ff.
32 Näher dazu *Schiffer*, Die Stiftung in der anwaltlichen Praxis, S. 152 ff. Diesen Umstand kritisiert nachdrücklich etwa *Mecking*, Deutsche Stiftungen – Mitteilungen des Bundesverbandes Deutscher Stiftungen, 02/2002, S. 77, 83.
33 S. *Schiffer*, a.a.O., S. 152 f.; s.a. § 81 Rn 50.
34 MüKo/*Reuter*, § 83 Rn 7; Palandt/*Heinrichs*, § 85 Rn 2; Bamberger/Roth/*Schwarz*, § 83 Rn 7.
35 A.A. Soergel/*Neuhoff* § 83 Rn 1.
36 Seifart/v. Campenhausen/*Hof*, § 7 Rn 71 f.

V. Steuerhinweise

29 Die Besteuerung der Stiftung erfolgt nach den allgemeinen Grundsätzen und Regeln.[37] In gleich lautenden **Ländererlassen** vom 31.7.2002[38] sind wesentliche Anpassungen und Ergänzungen bei den bisherigen Erbschaftsteuer-Hinweisen vorgenommen worden.[39] Betroffen sind: die Übernahme der Schenkungsteuer durch den Schenker in den Fällen des § 25 ErbStG, der wirtschaftliche Zusammenhang von Schulden und Lasten mit steuerbefreiten Vermögensgegenständen, nach § 13a ErbStG begünstigte Erwerbe durch Schenkung unter Lebenden, die Zusammenrechnung mit früheren Erwerben beim Verzicht auf Renten oder Nutzungsrechte, die Tarifbegrenzung nach § 19a ErbStG bei Zusammenrechnung, die Anrechnung ausländischer Erbschaftsteuer, die Stundung nach § 25 ErbStG in Sonderfällen, Forderungen und Schulden bei Beteiligung an einer Personengesellschaft und die Ermittlung und Aufteilung des Wertes des Betriebsvermögens von Personengesellschaften und Anpassung des Bodenrichtwerts an abweichende Grundstücksmerkmale. Diese Neuerungen können sich natürlich auch im Zusammenhang mit Stiftungen auswirken.

30 Die sog. **„Vererbung von Verlusten"** ist ein gestalterisches Dauerthema, das leider von recht unwägbarer Rechtsprechung begleitet wird.[40] Der BFH hat dazu betreffend Stiftungen jedenfalls folgende Grundsätze aufgestellt: Ein vom Erblasser mangels positiver Einkünfte nicht ausgeglichener Verlust ist bei der Veranlagung des Erben für das Jahr des Erbfalls zu berücksichtigen.[41] Der Verlustausgleich bei der Veranlagung des Erben findet auch dann statt, wenn es sich bei dem Erben um eine steuerbefreite Stiftung handelt.[42] Die steuerbefreite Stiftung kann solche Verluste also mit anderweitigen steuerpflichtigen Einkünften aus wirtschaftlichem Geschäftsbetrieb verrechnen.[43] In seiner Urteilsbegründung spricht sich der BFH dabei ganz allgemein für die Möglichkeit der Vererblichkeit von Verlusten auch bei einer Stiftung aus, beschränkt dies also nicht etwa auf gemeinnützige Stiftungen.[44]

31 Im Fall der **Vorerbschaft und Nacherbschaft** ergeben sich steuerlich zwei Erbfälle, so dass eine **Doppelbesteuerung** stattfindet. Aus steuerlicher Sicht ist diese Gestaltung deshalb möglichst zu vermeiden.

32 Über § 29 Abs. 1 Nr. 4 ErbStG („Erlöschen der Steuer wegen Weitergabe an gemeinnützige Stiftung") kann ein Erbe ggf. steuerliche Vorteile durch den Weg in die Gemeinnützigkeit auch noch nach dem Erbfall erlangen. Der Gesetzgeber gibt ihm dafür eine Frist von 24 Monaten.

33 Das sog. **Berliner Testament**, bei dem in einem 1. Schritt der überlebende Ehegatte zum Erben eingesetzt wird und sodann in einem 2. Schritt als dessen Erben die Abkömmlinge oder eben auch eine Stiftung eingesetzt werden, ist nicht zu empfehlen. Es ist nicht pflichtteilsfest und führt zu einer steuerlichen Doppelbelastung bei den Vermögenswerten, die vom Erblasser über den ersten Erben an den späteren Erben gehen.

34 Besteht der Nachlass bei einer nicht steuerbefreiten Stiftung überwiegend aus Barvermögen, ist auch das nach gegenwärtiger Rechtslage wegen der (noch) **unterschiedlichen steuerlichen Bewertung von Vermögenswerten** steuerlich nachteilig. Barvermögen wird zu 100% angesetzt und besteuert. Aktien und Wertpapiere werden ähnlich nachteilig mit dem Wert ihres Kurses zum Zeitpunkt des Erbfalls besteuert.[45] Der Erblasser kann Barvermögen und Wertpapiere umwandeln, indem er Immobilien kauft und überträgt, die in der Regel nach dem Bedarfswertverfahren (noch) günstiger bewertet und besteuert werden.[46] Auch die Übertragung von Betriebsvermögen ist steuerlich gemäß §§ 13a, 19a ErbStG begünstigt.[47]

35 In einem Erlass vom 5.11.2003 hat das Bayerische Staatsministerium der Finanzen[48] im Einvernehmen mit den obersten Finanzbehörden der anderen Bundesländer die Ansicht vertreten, die Erbschaftsteuerbefreiung nach § 13 Abs. 1 Nr. 16b ErbStG entfalle bei Einsetzung einer **gemeinnützigen Stiftung als Vorerbin** vor anderen Personen (Beispiel: Abkömmlinge des Erblassers). Für die Gewährung der Steuerbefreiung fehle es an der „Bindung" des zugewandten Vermögens i.S.v. § 55 Abs. 1 Nr. 1 AO. Da nur der einmalige Vermögensübergang auf die Stiftung der Erbschaftsteuer unterliege, müsse die „Bindung" gerade hinsichtlich des zugewendeten Vermögens bestehen. In der Fachwelt dürfte dieser Erlass auf Erstaunen stoßen.[49] Er findet **keine Stütze in den gesetzlichen Vorschriften** und dürfte letztlich auf einem Fehlverständnis

---

37 *Schiffer*, Die Stiftung in der anwaltlichen Praxis, S. 145 ff., 206 ff.
38 BStBl I 2002 S. 668 ff.
39 Ausf. dazu *Christoffel*, Erbfolgebesteuerung, 2003, S. 16 ff. und 35 ff.
40 S. zu der leider wechselhaften Rspr. etwa die Urteilsanm. von *Rettig*, BB 2002, 31 f.; *Schiffer*, StuB 2001, 923; 1999, 1102 u. 997.
41 BFH BStBl II 1972 S. 621 ff.; BFH BB 2002, 29 ff.
42 BFH BB 2002, 29 ff.
43 So ausdr. BFH BB 2002, 31.
44 BFH BB 2002, 31.
45 S. dazu *Schiffer*, Die Stiftung in der anwaltlichen Praxis, S. 207.
46 S. dazu etwa *Lorz/Kirchdörfer*, Unternehmensnachfolge, 2002, S. 3.
47 Näher dazu etwa *Lorz/Kirchdörfer*, a.a.O., S. 34 ff.
48 Az. 34–S3812–044–37478/03, ZEV 2004, 65.
49 S. etwa *Söffing/Thoma*, BB 2004, 855 ff.

beruhen. In ihrer oben skizzierten Argumentation scheint die Finanzverwaltung § 55 Abs. 1 Nr. 4 AO (Grundsatz der Vermögensbindung) mit § 55 Abs. 1 Nr. 1 AO zu verwechseln, der „nur" die satzungsmäßige Zweckverwendung der Mittel der Stiftung betrifft, auf den sich die Finanzverwaltung aber zum Thema Vermögensbindung beruft. Das „Grundstockvermögen" und die „Einlagen" der Stifter sind keine Mittel im Sinne des § 55 Abs. 1 Nr. 1 AO. Zuwendungen als Vorerbschaft sind deshalb in aller Regel keine Mittel im Sinne der Vorschrift. Es ist daher nicht nachvollziehbar, was die Finanzverwaltung mit ihrer Begründung meint. Aus § 13 Abs. 1 Nr. 16b ErbStG ergibt sich auch weder dem Wortlaut noch dem Sinn der Vorschrift nach als Voraussetzung für die Steuerbefreiung, dass das Vermögen der Stiftung dauerhaft verbleiben muss.

Es ist auch unerfindlich, wie die Finanzverwaltung zu der Ansicht gelangt, dass im **Vor-/Nacherbfall** nur der Vermögensübergang auf die Stiftung (= Vorerbfall) der Erbschaftsteuer unterliegt. Auch mit dem Nacherbfall liegt ein nach § 1 Abs. 1 Nr. 1 i.V.m. § 6 ErbStG steuerbarer Vorgang vor. Eine Besteuerung ist in der von der Finanzverwaltung angesprochenen Fallkonstellation also sichergestellt. Für die steuerbefreite Stiftung ist die Vorerbschaft im Übrigen wirtschaftlich vorteilhaft, weil sie bis zum Nacherbfall die Erträge aus der Vorerbschaft erhält und zusätzlich für ihre satzungsmäßigen Zwecke einsetzt (§ 55 Abs. 1 Nr. 1 AO). Auch von daher läuft der dies verhindernde Erlass der klaren Intention des Gesetzgebers, Zuwendungen an gemeinnützige Stiftungen durch Steuerbefreiung zu fördern, zuwider und ist unverständlich. Die Finanzverwaltung sollte ihren Erlass noch einmal überdenken. So wie er bisher vorliegt, ist er weder verständlich noch im Gesetz fundiert. In der Praxis schafft er damit unnötige Verwirrung.

§ 84 Anerkennung nach Tod des Stifters

¹Wird die Stiftung erst nach dem Tode des Stifters als rechtsfähig anerkannt, so gilt sie für die Zuwendungen des Stifters als schon vor dessen Tod entstanden.

Literatur: Siehe bei § 80.

A. Allgemeines 1
B. Regelungsgehalt 2
C. Weitere praktische Hinweise 6
  I. Zwischenzeitliche Verfügungen 6
  II. Steuerliche Privilegierung ab wann? 10

A. Allgemeines

Die rechtsfähige Stiftung des Privatrechts entsteht auch bei einem Stiftungsgeschäft von Todes wegen formal erst mit der Anerkennung (§ 83). Die Stiftung gilt jedoch für die Zuwendungen des Stifters/Erblassers über § 84 **rückwirkend als schon vor dessen Tode entstanden**. Die Vorschrift fingiert also das Bestehen der Stiftung als juristische Person für den Fall, dass der **Stifter vor Anerkennung der Stiftung stirbt** und dass sie von ihm schon vor dessen Tod durch Verfügung von Todes wegen oder durch Rechtsgeschäft unter Lebenden Zuwendungen erhalten hat. So wird dem Stifter entgegen § 1923 auch die Erbeinsetzung der künftigen Stiftung ermöglicht.

B. Regelungsgehalt

Die Vorschrift gilt sowohl **für Stiftungen unter Lebenden** (= Stifter stirbt nach lebzeitigem Stiftungsgeschäft) als auch **für Stiftungen von Todes wegen**.¹ Über die gesetzliche Fiktionswirkung gelten die Vermögensübertragungsansprüche und/oder letztwilligen Verfügungen aus dem Stiftungsgeschäft nach § 82 S. 1 als von dem Tode des Stifters entstanden. § 84 gilt nach seinem klaren Wortlaut und Sinn nur für Zuwendungen, d.h. nicht für sonstige rechtliche Beziehungen zwischen Stifter und Stiftung (z.B. etwaige Schadensersatzforderungen der Stiftung). § 84 ist entsprechend anwendbar für Stiftungen, die im Ausland errichtet worden sind.²

Soweit der Stifter der Stiftung Vermögen **außerhalb seines Stiftungsgeschäfts zuwendet** (Rechtsgeschäft, Schenkung), soll die gesetzliche Fiktion nicht greifen, weil eine Vorstiftung abzulehnen sei.³ Zwar ist eine Vorstiftung in der Tat abzulehnen (siehe § 80 Rn 41), der besagten Meinung ist aber dennoch nicht zu folgen,⁴ denn der Gesetzeswortlaut ist eindeutig. Er spricht nur allgemein von „Zuwendungen des Stifters"

---

1 BayObLG NJW-RR 1991, 523 f.
2 BayObLG NJW 1965, 1428.
3 Bamberger/Roth/*Schwarz*, § 84 Rn 2 m.w.N.
4 Wie hier Palandt/*Heinrichs*, § 84 Rn 1 und Soergel/ *Neuhoff*, § 84 Rn 3.

und nicht etwa von Zuwendungen im Rahmen des Stiftungsgeschäfts o.Ä. Auch Sinn und Zweck der Vorschrift sprechen dafür, sie so wie hier zu verstehen. Es geht darum, der Stiftung vom Stifter zugedachtes Vermögen zur Erfüllung des Stiftungszwecks zukommen zu lassen. Dabei ist unerheblich, ob der Stifter die betreffenden Zuwendungen über das Stiftungsgeschäft eingeleitet hat oder ob er sie über ein daneben laufendes Rechtsgeschäft (Schenkungszusage) eingeleitet hat.

4 Bei einem **Stiftungsgeschäft unter Lebenden** gilt der Anspruch auf das im Stiftungsgeschäft zugesagte Vermögen nach § 84 als schon vor dem Tod des Stifters entstanden, aber auch dann müssen Vermögensgegenstände – anders als Rechte im Sinne von § 82 S. 2 – einzeln übertragen werden (§ 82 Rn 2 ff.). Rechte gem. § 82 S. 2 sind nach § 84 bereits als Rechte der Stiftung anzusehen.[5]

5 Für **letztwillige Verfügungen Dritter** zugunsten der noch nicht anerkannten Stiftung gilt § 84 nach seinem Wortlaut und Sinn ebenfalls **nicht**. Im Zweifel sind sie als Nacherbeneinsetzung (§ 2101) oder Vermächtnis (§ 2178) anzusehen.[6]

C. Weitere praktische Hinweise

I. Zwischenzeitliche Verfügungen

6 Im Erbfall sind bei § 84 aus Sicht der Stiftung bei zwischenzeitlichen Verfügungen Dritter (zu Zwischenverfügungen des Stifters siehe § 82 Rn 5 ff.) drei Fälle zu unterscheiden:[7]

7 **Erstens:** Bei einem Stiftungsgeschäft unter Lebenden oder einer sonstigen Zuwendung des Stifters an die Stiftung gilt über § 84 der Anspruch auf das vom Stifter der Stiftung Zugewendete als schon vor dem Tod des Stifters entstanden. Hat ein **Erbe** über diese Vermögensgegenstände verfügt, wird er über § 84 nachträglich zum Nichtberechtigten, denn die Verfügungen sind gegenüber der Stiftung unwirksam. Die h.M. lehnt die analoge Anwendung des § 184 Abs. 2 auf Verfügungen des Scheinerben ab.[8]

8 **Zweitens:** Bei einem Stiftungsgeschäft von Todes wegen sind Verfügungen über die einzelnen zugewendeten Vermögensgegenstände und die Rechte im Sinne von § 82 S. 2 der – insoweit – **Scheinerben** ebenfalls unwirksam (§ 1922).

9 **Drittens:** Hat der Erblasser die Stiftung nur mit einem **Vermächtnis** bedacht, greift § 84 nicht. Der Beschwerte ist verfügungsberechtigt und der Stiftung gegenüber lediglich gemäß § 2174 zur Leistung verpflichtet.

II. Steuerliche Privilegierung ab wann?

10 Im Streit war bisher die Kardinalfrage, ob sich die **Steuerbefreiung** einer rechtsfähigen Stiftung gemäß § 5 Abs. 1 Nr. 9 KStG i.V.m. §§ 51 ff. AO auch auf Einkünfte erstreckt, die bei einer Errichtung der Stiftung durch Verfügung von Todes wegen im Zeitraum zwischen dem Todestag des Stifters und der Erstellung der Stiftungsurkunde erzielt wurden. Das FG Düsseldorf hatte sich mit einem solchen Fall der Stiftungserrichtung von Todes wegen zu befassen.[9] Der BFH hat zu einem entsprechenden Lebenssachverhalt zwischenzeitlich auch geurteilt,[10] so dass die Rechtsfrage nach der auch steuerlichen Rückwirkung als geklärt anzusehen ist. Beide Gerichte haben entschieden, dass eine den gemeinnützigkeitsrechtlichen Vorschriften entsprechende Satzung der Stiftung auch steuerrechtlich auf den Tag nach dem Todestag der Stifterin zurückwirkt.[11] Die zivilrechtliche Vorschrift des § 84 zur Entstehung einer Stiftung schlägt auf das Steuerrecht durch, denn sie schafft den Steuertatbestand „Stiftung". Die Frage der etwaigen Steuerbefreiung für diesen Steuertatbestand wiederum richtet sich nach den entsprechenden Steuervorschriften, die erfüllt sein müssen.

---

5 Bamberger/Roth/*Schwarz*, § 84 Rn 2.
6 Palandt/*Heinrichs*, § 84 Rn 1.
7 S. a. Bamberger/Roth/*Schwarz*, § 84 Rn 3.
8 Staudinger/*Rawert*, § 84 Rn 7; Bamberger/Roth/ *Schwarz*, § 84 Rn 4; a.A. MüKo/*Reuter*, § 84 Rn 4 (differenzierend).
9 Urt. v. 20.3.2003 – 15 K 5912/00 K, ZEV 2003, 259 f. S. zu der Problematik auch *Schiffer*, DStR 2004, 1031, 1032 f.
10 BFH, Urt. v. 17.9.2003 – I R 85/02, www.bundesfinanzhof.de, Vorinst. Hess. FG v. 17.9.2002 – 4 K 2859/02, EFG 2003, 569.
11 Das war bis dahin umstritten, ausf. *Schiffer*, DStR 2004, 1031, 1032.

§ 85 Stiftungsverfassung

¹Die Verfassung einer Stiftung wird, soweit sie nicht auf Bundes- oder Landesgesetz beruht, durch das Stiftungsgeschäft bestimmt.

Literatur: Siehe bei § 80.

A. Allgemeines 1	III. Satzungsänderungen 4
B. Regelungsgehalt 2	IV. Sonderfall: Zweckänderung 7
I. Vorrang des BGB 2	V. Satzungsänderung durch Stiftungsbehörde .. 11
II. Regelungsschwerpunkt in der Satzung ... 3	C. Weitere praktische Hinweise 12

A. Allgemeines

Vor allem in der Verfassung einer Stiftung manifestiert sich der Stifterwille, der die Grundlage für die Stiftung und deren Handeln ist (§ 80 Rn 28 ff.). Die Verfassung bestimmt sich nach Bundes- oder Landesrecht und nach dem Stiftungsgeschäft (zum Verhältnis von Bundes- und Landesrecht siehe § 80 Rn 27). Die Terminologie ist nicht einheitlich. Im engeren Sinne versteht man unter einer Stiftungsverfassung die Satzung der Stiftung. § 85 verwendet einen **weiten Begriff** für die Verfassung der Stiftung und fasst darunter alle Rechtsgrundlagen der Stiftung (Stiftungsgeschäft einschließlich Satzung, Landesrecht und Bundesrecht). 1

B. Regelungsgehalt

I. Vorrang des BGB

Soweit vertreten wird, § 85 ermögliche dem Landesgesetzgeber, die Verfassungen der Stiftungen mit Sitz im jeweiligen Bundesland allgemeinverbindlich festzulegen,[1] kann man dem nach Verabschiedung des neuen Stiftungszivilrechts im BGB nicht mehr folgen, denn durch das neue Recht ist ein **Vorrang des Bundesstiftungsrechts** gegenüber dem Landesstiftungsrecht festgeschrieben worden.[2] 2

II. Regelungsschwerpunkt in der Satzung

Die Satzung der Stiftung ist das **Kernstück** der Stiftungsverfassung i.w.S. Sie hat Normcharakter und bestimmt sich nach dem gesamten Inhalt des Stiftungsgeschäfts,[3] wobei typischerweise der Schwerpunkt der Regelungen in der eigentlichen Satzung festgeschrieben wird. Es ist zwischen dem notwendigen und dem möglichen Inhalt der Stiftungssatzung zu unterscheiden (siehe § 81 Rn 15 ff.; siehe dort auch zur **Satzungsgestaltung**). Notwendig und zwingend für eine Stiftungsverfassung (§ 81 Abs. 1 S. 3) sind nach BGB zunächst Angaben zu Namen, Sitz, Zweck und Vermögen und Vorstand der Stiftung. Etwaige weitere zwingende Anforderungen nach Landesstiftungsrecht sind mit dem neuen Stiftungszivilrecht unzulässig geworden.[4] Zahlreiche weitere Regelungen sind fakultativ. Das neue Stiftungszivilrecht gibt hier eine große Gestaltungsfreiheit (Satzungsautonomie).[5] 3

III. Satzungsänderungen

Satzungsänderungen bedürfen als besonders grundlegendes Ereignis für eine Stiftung der **Anerkennung durch die Aufsichtsbehörde**.[6] Sämtliche Landesgesetze lassen Satzungsänderungen nur unter besonderen Voraussetzungen zu. Die Änderung muss von den zuständigen Stiftungsorganen beschlossen worden und in der Satzung ausdrücklich vorgesehen oder wegen wesentlicher Änderungen der bestehenden Bedingungen unumgänglich notwendig sein, um die (weitere) Tätigkeit der Stiftung entsprechend dem Stifterwillen zu ermöglichen. 4

Wesentlicher **Maßstab** auch für die Zulässigkeit einer Satzungsänderung ist der **Stifterwille** (zum Maßstab des Stifterwillens siehe § 80 Rn 28 ff.). Ein Stifter ist daher sehr gut beraten, wenn er, um eine Anpassung an geänderte wirtschaftliche Rahmenbedingungen zu ermöglichen, in der Verfassung der unternehmensverbundenen Stiftung ausdrücklich entsprechende Änderungen der Stiftungsverfassung zulässt und, wenn möglich, Beispielsfälle nennt („Eine Änderung der Stiftungsverfassung ist insbesondere zulässig, wenn ..."). 5

---

1 So Bamberger/Roth/*Schwarz*, § 85 Rn 1 unter Verweis auf eine Fundstelle aus der Zeit weit vor dem Erlass des neuen Stiftungszivilrechts.
2 S. Palandt/*Heinrichs*, vor § 80 BGB Rn 13; s.a. § 80 Rn 27.
3 RGZ 158, 185, 188.
4 Palandt/*Heinrichs*, vor § 80 BGB Rn 13.
5 Ausf. zur Satzungsgestaltung *Schiffer*, Stiftungen in der anwaltlichen Praxis, S. 96 ff.
6 Ausf. Andrick/Suerbaum, S. 144 ff.

Außerdem sollte der Stifter in der Verfassung ausdrücklich feststellen, in welchem Verfahren und mit welchen Mehrheiten die Stiftungsorgane hierüber zu beschließen haben. Die Anerkennung der Änderung liegt im Ermessen der Aufsichtsbehörde, die darauf achten wird, dass der Stifterwille bestmöglich verwirklicht wird.

6 Relativ häufig sind in der Praxis Satzungsänderungen zur **Umgestaltung der Organisation der Stiftung**. Beispielsweise dann, wenn sich die vom Stifter vorgesehene Organisation als nicht tragfähig erweist, etwa weil sich die Stiftung anders als erwartet nicht allein durch ehrenamtliche Kräfte führen lässt. Seltener sind solche Organisationsänderungen im Bereich der unternehmensverbundenen Stiftungen. Hier ist die Organisation in Anlehnung an weithin übliche Gestaltungen anderer Rechtsformen für Unternehmungen durch Einsatz eines Vorstandes und eines kontrollierenden Stiftungsrates in der Regel praktikabel gestaltet. Auch in diesen Fällen sollten allerdings vor allem die Satzungsregelungen zur Besetzung der Organe flexibel gestaltet sein. Es ist beispielsweise auch hier wenig hilfreich, bestimmte persönliche Eigenschaften der Organmitglieder als zwingende Anforderungen in der Satzung festzuschreiben. (Negatives Beispiel: „Ein Stiftungsratsmitglied muss ein langjähriger Mitarbeiter des Familienunternehmens sein".) Findet sich in dem Unternehmen keine – auch fachlich – geeignete Persönlichkeit, so wäre die rein formale Erfüllung der Satzungsregelung sicher ein schlechter Dienst für das Unternehmen. Auf eine entsprechende Satzungsregelung sollte daher möglichst verzichtet werden, jedenfalls aber sollte sie Ausnahmen zulassen. Sie wäre also etwa als Soll-Regelung abzufassen.

IV. Sonderfall: Zweckänderung

7 Ein Sonderfall der Änderung der Stiftungssatzung ist die Änderung des Zwecks der Stiftung. Nach der Anerkennung der Stiftungssatzung durch die Stiftungsbehörde ist die **Änderung des Stiftungszwecks grundsätzlich ausgeschlossen**. Der Stiftungszweck hat für die Stiftungsorganisation, Vermögensbindung und die tägliche Arbeit der Stiftung grundlegende Bedeutung. Seine Änderung darf daher nur unter besonderen Voraussetzungen zulässig sein und muss im Einklang mit dem in der Satzung ausdrücklich geäußerten oder mutmaßlichen Willen des Stifters erfolgen. Die Zweckänderung muss entweder in der Stiftungsverfassung ausdrücklich zugelassen werden oder es müssen sich die bei der Errichtung der Stiftung für die Stiftung maßgebenden Verhältnisse wesentlich geändert haben. Einzelheiten in diesem Bereich sind nicht abschließend geklärt, so dass sich für die Praxis vorsorglich eine **abgestufte Vorgehensweise** empfiehlt.

8 Zunächst kann der Stifter den **Stiftungszweck** – wenn möglich – **thematisch weit fassen** und ihn auf diese Weise so flexibel gestalten, dass die Stiftungsorgane innerhalb dieses Zwecks zumindest den Schwerpunkt verlagern können. Dabei ist jedoch zu beachten, dass ein weiter Stiftungszweck typischerweise ein größeres Grundstockvermögen für die Stiftung erfordert als ein enger Stiftungszweck.

9 Überdies kann der Stifter **Ersatzzwecke** festlegen. Dieser Ansatz ist allerdings etwas zweischneidig, da der Stifter kaum voraussehen kann, welcher Ersatzzweck nach mehreren Jahrzehnten sinnvoll ist.

10 Schließlich kann der Stifter in der **Satzung** eine **Zweckänderungsklausel** aufnehmen, wonach bei wesentlicher Änderung der für die Stiftung maßgebenden Verhältnisse der Zweck der Stiftung geändert werden kann. Dabei wird er zur Erläuterung sinnvollerweise einige denkbare Fälle angeben, in denen *insbesondere* die Zweckänderung zulässig sein soll.

V. Satzungsänderung durch Stiftungsbehörde

11 Nach § 87 hat überdies die Stiftungsbehörde, falls die Erfüllung des Stiftungszwecks unmöglich geworden oder das Gemeinwohl gefährdet ist (dazu § 80 Rn 44 ff.; § 87 Rn 7 ff.), die Möglichkeit, den Zweck der Stiftung zu ändern.

C. Weitere praktische Hinweise

12 Nach der ständigen Rechtsprechung des BGH kann die Satzung einer Stiftung im gerichtlichen **Revisionsverfahren** frei nachgeprüft werden,[7] nicht aber der sonstige Inhalt des Stiftungsgeschäfts.[8] Entscheidend für die Auslegung einer Stiftungssatzung ist der Stifterwille, wie er ausdrücklich in dem Stiftungsgeschäft objektiviert formuliert wird[9] oder jedenfalls hypothetisch angedeutet wird (§ 80 Rn 28 ff.).

13 Der Stifter kann nicht die (bindende) Auslegung der Satzung den Stiftungsorganen oder der Aufsichtsbehörde unter Ausschluss der gerichtlichen Kontrolle übertragen,[10] denn die Aufsichtsbehörde wäre im erstgenannten Fall an die Auslegung der Satzung durch die Stiftungsorgane gebunden und hätte entgegen der ihr gesetzlich

---

[7] S. etwa BGH NJW 1994, 184, 185.
[8] BGHZ 70, 313, 321.
[9] BGHZ 99, 344, 347 f.; BGH NJW 1994, 184, 185.
[10] So aber Palandt/*Heinrichs*, § 85 Rn 2 unter Hinw. auf RGZ 100, 230, 234 f.

zugewiesenen Kontrollkompetenz tatsächlich insoweit keine Kontrollmöglichkeit mehr.[11] Im zweitgenannten Fall wäre die Stiftung als juristische Person einer Fremdbestimmung ausgeliefert,[12] was schon aufgrund der **Selbstverwaltungskompetenz** und der Autonomie der Stiftung ausgeschlossen ist.

§ 86 Anwendung des Vereinsrechts

[1]Die Vorschriften der §§ 23 und 26, des § 27 Abs. 3 und der §§ 28 bis 31, 42 finden auf Stiftungen entsprechende Anwendung, die Vorschriften des § 27 Abs. 3 und des § 28 Abs. 1 jedoch nur insoweit, als sich nicht aus der Verfassung, insbesondere daraus, dass die Verwaltung der Stiftung von einer öffentlichen Behörde geführt wird, ein anderes ergibt. [2]Die Vorschriften des § 28 Abs. 2 und des § 29 finden auf Stiftungen, deren Verwaltung von einer öffentlichen Behörde geführt wird, keine Anwendung.

Literatur: Siehe bei § 80.

A. Allgemeines 1	II. Besonderer Vertreter 8
B. Regelungsgehalt 2	III. Verwaltung durch eine öffentliche Behörde . 9
I. Stiftungsvorstand 2	IV. Insolvenz einer Stiftung 10
1. Zusammensetzung, Bestellung und	V. Nach dem Recht des Sitzstaates nicht
Abberufung 2	rechtsfähige ausländische Stiftungen 20
2. Vertretung und Geschäftsführung 4	C. Weitere praktische Hinweise 21
3. Mehrpersonenvorstand 7	

A. Allgemeines

Nach § 86 sind **einzelne Vorschriften des Vereinsrechts** auf die rechtsfähige Stiftung **entsprechend anwendbar**. Es handelt sich um diejenigen zum ausländischen Verein (§ 23), zu Vorstand und Vertretung (§ 26) sowie zur Geschäftsführung (§ 27 Abs. 3), zu Beschlussfassung und Passivvertretung (§ 28), zur Notbestallung des Vorstands (§ 29), zum Besonderen Vertreter (§ 30), zur Haftung des Vereins für die Organe (§ 31) und zur Insolvenz (§ 42). § 28 Abs. 2 und § 29 finden keine Anwendung auf Stiftungen, deren Verwaltung von einer öffentlichen Behörde geführt wird.

B. Regelungsgehalt

I. Stiftungsvorstand

1. Zusammensetzung, Bestellung und Abberufung. Eine Stiftung muss einen Vorstand haben (§§ 86, 26 Abs. 1 S. 1). Soweit deren **Satzung** die Bestellung oder Abberufung des Vorstandes nicht regelt (zur Regelung in der Satzung siehe § 81 Rn 33 ff.), gilt das **gesetzliche Stiftungsrecht**. So kann etwa eine Abberufung nach Landesstiftungsrecht erfolgen.[1] Der Stiftungsvorstand kann aus mehreren Personen bestehen (§§ 86, 26 Abs. 1 S. 2). Ein Stifter kann sich selbst oder auch engste Vertraute und sonstige Dritte zum Vorstand bestellen.[2]

In **Eilfällen** kann über §§ 86, 29 auf Antrag eines Beteiligten das jeweilige Amtsgericht einen **Stiftungsnotvorstand** bestellen, wenn der Vorstand oder einzelne Vorstandsmitglieder ständig fehlen, vorübergehend fehlen oder an der Wahrnehmung der Geschäftsführung tatsächlich gehindert sind (Beispiele: dauernde Abwesenheit, Geschäftsunfähigkeit, wirksame Abberufung, Fall des § 181[3]). Untätigkeit des Vorstandes ist nach h.M. aber kein tragfähiger Grund für eine Notbestellung.[4] In einem solchen Fall können der Stiftung allerdings Schadensersatzansprüche gegen den untätigen Vorstand zustehen.[5] Antragsberechtigt sind alle, deren Rechtsstellung durch die Bestellung unmittelbar beeinflusst wird, d.h. insbesondere die (potenziellen) Destinatäre (§ 80 Rn 51 ff.) der Stiftung, die Gläubiger der Stiftung und die Stiftungsaufsicht.[6]

---

11 Seifart/v. Campenhausen/*Hof*, S. 115; Bamberger/Roth/*Schwarz*, § 85 Rn 2 m.w.N.
12 Seifart/v. Campenhausen/*Hof*, S. 115; Bamberger/Roth/*Schwarz*, § 85 Rn 2 m.w.N.
1 Beispiel: § 15 HessStiftG.
2 Seifart/v. Campenhausen/*Hof*, S. 202.
3 OLG Frankfurt NJW 1966, 504.
4 Seifart/v. Campenhausen/*Hof*, S. 200.
5 Ausf. zur Organhaftung bei der Stiftung *Schiffer*, Die Stiftung in der anwaltlichen Praxis, S. 103 ff.; s. a. § 81 Rn 40 ff.
6 Bamberger/Roth/*Schwarz*, § 86 Rn 3.

4 **2. Vertretung und Geschäftsführung.** Der Stiftungsvorstand vertritt die Stiftung als Vorstand als **gesetzlicher Vertreter** gerichtlich und außergerichtlich (§§ 86, 26 Abs. 2 S. 1). Seine aktive Vertretungsmacht ist grundsätzlich unbeschränkt. Nach §§ 86, 28 Abs. 2 ist jedes Vorstandsmitglied passiv vertretungsbefugt. Im Stiftungsgeschäft oder der Satzung kann die Befreiung von § 181 ermöglicht und/oder festlegt werden. Selbstkontrahieren ist nach § 181 auch erlaubt, wenn das Rechtsgeschäft ausschließlich in der Erfüllung einer Verbindlichkeit besteht.[7]

5 Die Vertretungsmacht kann nach §§ 86, 26 Abs. 2 S. 2 durch die Satzung mit Wirkung gegen (gutgläubige) Dritte beschränkt werden.[8] Nach der wohl noch h.M. ergibt sich die Beschränkung der Vertretungsmacht im Übrigen schon aus dem Stiftungszweck.[9] Zur Sicherheit des Rechtsverkehrs müssen solche Beschränkungen der Vertretungsmacht allerdings in der Satzung eindeutig geregelt sein und dürfen ihr nicht erst durch Auslegung des Stiftungszwecks entnommen werden können.[10] Auch zur Absicherung der Mitglieder des Stiftungsvorstandes sollten die betreffenden Regelungen in der Stiftungssatzung eindeutig sein.

6 Mangels anderer Regelung in der Stiftungsverfassung sind für die Geschäftsführung des Stiftungsvorstandes nach §§ 86, 27 Abs. 3 die für den Auftrag geltenden Vorschriften der **§§ 664–670 entsprechend** anzuwenden. Die Geschäftsführung umfasst insbesondere die ordnungsgemäße Vermögensverwaltung (§ 81 Rn 60 ff.) und die Verwendung der Erträge zur Erfüllung des Stiftungszwecks. Typischerweise wird die Stiftungssatzung hierzu nähere Regelungen enthalten. Die Organmitglieder haften der Stiftung für Pflichtverletzungen (§ 81 Rn 40 ff.). Nach § 86 findet die Organhaftung des § 31 auf die Stiftung entsprechende Anwendung.

7 **3. Mehrpersonenvorstand.** Bei einem mehrgliedrigen Stiftungsvorstand gilt das Mehrheitsprinzip (§§ 86, 28 Abs. 1, 32). Nach S. 1 kann § 28 Abs. 1 aber durch eine anders lautende Regelung in der Stiftungssatzung ersetzt werden. Schreibt die Satzung nicht etwas anderes vor, wird die Stiftung nach wohl h.M. durch die Mehrheit der Vorstandsmitglieder vertreten.[11] Jedes Stiftungsorgan, d.h. auch der Vorstand, kann ein oder mehrere Organmitglieder dazu ermächtigen, eine dem Beschluss entsprechende Willenserklärung abzugeben.

II. Besonderer Vertreter

8 In der **Stiftungssatzung** können neben dem Vorstand **für gewisse Geschäfte** besondere Vertreter (**Geschäftsführer**, § 81 Rn 28) bestellt werden (§§ 86, 30). Die Vertretungsmacht eines solchen Vertreters erstreckt sich im Zweifel auf alle Rechtsgeschäfte, die der ihm zugewiesene Geschäftskreis typischerweise beinhaltet. Enthält die Satzung keine abweichende Regelung, ist ein besonderer Vertreter nach denselben Regeln zu bestellen, die für den Vorstand gelten.[12] Zur Sicherstellung der ordnungsgemäßen Verwaltung der Stiftung kann die Stiftungsaufsichtsbehörde bei entsprechenden **landesrechtlichen Vorschriften** einen besonderen Vertreter bestellen.[13] In entsprechend dringenden Fällen kann für einen besonderen Vertreter nach h.M. über § 29 ein **Notvertreter** bestellt werden.[14]

III. Verwaltung durch eine öffentliche Behörde

9 Die Verwaltung einer rechtsfähigen Stiftung des Privatrechts kann, **wenn dies der Stifter angeordnet hat**, durch eine öffentliche Behörde erfolgen (S. 2). Die Vorschriften des § 28 Abs. 2 und § 29 finden auf solche Stiftungen keine Anwendung, denn eine solche Stiftung ist organisatorisch mit der öffentlichen Verwaltung verbunden, so dass u.U. eine kritische[15] Gemengelage von allgemeinem Stiftungsrecht und öffentlichem Organisationsrecht entstünde.[16] Schädigen Beamte eine unter öffentlicher Verwaltung stehende Stiftung, richtet sich die Haftung nach § 839, Art. 34 GG.[17]

---

7 Bamberger/Roth/*Schwarz*, § 86 Rn 3.
8 Palandt/*Heinrichs*, § 86 Rn 1.
9 BGH NJW 1957, 708; Palandt/*Heinrichs*, § 86 Rn 1; a.A. Staudinger/*Rawert*, § 86 Rn 8.
10 MüKo/*Reuter*, § 86 Rn 7; Seifart/v. Campenhausen/*Hof*, S. 193.
11 S. die Verweisung: §§ 28 Abs. 1, 32 Abs. 1 S. 3; MüKo/*Reuter*, § 86 Rn 8; Bamberger/Roth/*Schwarz*, § 86 Rn 4; Seifart/v. Campenhausen/Hof, S. 193.

12 Bamberger/Roth/*Schwarz*, § 86 Rn 6.
13 Beispiel: § 16 HessStiftG („Beauftragter").
14 Seifart/v. Campenhausen/*Hof*, S. 197; Bamberger/Roth/*Schwarz*, § 86 Rn 8; a.A. Soergel/*Neuhoff*, § 86 Rn 10.
15 S. MüKo/*Reuter*, § 86 Rn 1.
16 Bamberger/Roth/*Schwarz*, § 86 Rn 8.
17 RGZ 161, 288, 294 f.; MüKo/*Reuter*, § 86 Rn 10.

IV. Insolvenz einer Stiftung

Als juristische Person des Privatrechts ist die rechtsfähige Stiftung **insolvenzfähig** (§ 11 Abs. 1 S. 1 InsO) und zwar auch dann, wenn sie fehlerhaft, aufgelöst, aufgehoben oder nach dem Umwandlungsgesetz umgewandelt ist.[18] Hinsichtlich der **Insolvenzgründe** der §§ 16–19 InsO ergeben sich für die Stiftung keine Besonderheiten. Stiftungsrechtliche Besonderheiten wie die Zusammenlegung, Zulegung und die „Umwandlung" des Stiftungszwecks sind zu beachten. Besonderheiten für die Insolvenz der selbständigen Stiftung ergeben sich auch aus dem Fehlen eines zentralen Stiftungsregisters, was zunächst die Bestimmung des für den Insolvenzantrag zuständigen Eröffnungsgerichts erschwert.

Zur **Insolvenzmasse** der Stiftung gehören neben ihrem Grundstockvermögen vor allem auch grundstockerhöhende Zustiftungen und laufende Zuwendungen. Es besteht allerdings keine Verpflichtung, Zustiftungen oder Zuwendungen zu erbringen, die erst nach Eröffnung des Insolvenzverfahrens fällig geworden sind.

Unselbständige Stiftungsvermögen, die von einer selbständigen Stiftung in Trägerschaft verwaltet werden, gehören nur dann zur Insolvenzmasse, wenn sie Folge einer Schenkung unter Auflage sind. Liegt dagegen ein Treuhandvertrag vor, kann der Stifter die Aussonderung des unselbständigen Stiftungsvermögens verlangen. Nach Beendigung des Insolvenzverfahrens fällt das etwaig verbliebene Restvermögen an die nach der Stiftungssatzung und/oder nach Stiftungsrecht vorgesehenen Personen.

Durch die Eröffnung des Insolvenzverfahrens wird die Stiftung aufgelöst (§§ 86, 42), gilt aber für die Zwecke des Insolvenzverfahrens als fortbestehend. Die entsprechende Anwendung des § 42 Abs. 1 S. 3 InsO, wonach eine Fortsetzung der selbständigen (rechtsfähigen) Stiftung als nicht rechtsfähige unselbständige Stiftung beschlossen werden kann, ist nicht unproblematisch, da sich die beiden Rechtsformen in ihrer Organisationsstruktur und in ihren rechtlichen Grundlagen erheblich unterscheiden.

Die gerichtliche **Abweisung der Insolvenzeröffnung** wegen Masselosigkeit führt nicht wie sonst üblich zu einer Auflösung des Rechtsträgers (vgl. § 26 InsO) durch Löschung des Registereintrags (§ 141a FGG), die Stiftung ist vielmehr von der Stiftungsaufsichtsbehörde wegen Unmöglichkeit der Zweckerreichung aufzuheben (§ 87 Abs. 1). Das Stiftungsrecht lässt aber eine Reaktivierung der Stiftung nach Abweisung des Insolvenzverfahrens wegen Masselosigkeit zu, wenn durch Zustiftungen die Erreichung des Stiftungszwecks wieder möglich wird. Wird der Eröffnungsbeschluss nach §§ 6 Abs. 1, 34 Abs. 2 und Abs. 3 InsO aufgehoben, erlangt die Stiftung mit der Rechtskraft dieser Entscheidung wieder die volle Rechtsfähigkeit.[19]

Nach §§ 86, 42 Abs. 2 S. 1 hat der **Vorstand** bei Zahlungsunfähigkeit oder Überschuldung der Stiftung die **Pflicht**, das Insolvenzverfahren **zu beantragen**. Verzögert er die Antragstellung, haftet er den Gläubigern unmittelbar gesamtschuldnerisch auf Schadensersatz (§ 42 Abs. 2 S. 2). Neben dem Vorstand als gesetzlichem Vertreter der selbständigen Stiftung kann auch die **Stiftungsaufsichtsbehörde** zur Mitwirkung an der Stellung des Insolvenzantrags verpflichtet sein, denn sie ist Garant des satzungsmäßigen Stifterwillens. Außerdem obliegt ihr eine Schutzpflicht gegenüber der Allgemeinheit, die sich auch in zahlreichen Eingriffsbefugnissen außerhalb des Insolvenzverfahrens äußert. Da für den Stiftungsvorstand keine ausdrücklichen gesetzlichen Zahlungsbeschränkungen bei Zahlungsunfähigkeit oder Überschuldung bestehen und den Mitgliedern des Vorstands bei Zuwiderhandlung auch keine Strafe droht, wie dies bei Personen- oder Kapitalgesellschaften der Fall ist, kommt einem präventiven und begleitenden Handeln der Stiftungsaufsicht hier in der Praxis eine besondere Bedeutung zu.

Eine **Antragsrücknahme** (§ 13 Abs. 2 InsO) kann grundsätzlich nur durch das Organmitglied erfolgen, das den Antrag gestellt hat. Nur ausnahmsweise kann auch die Stiftungsaufsicht den Antrag zurücknehmen. Damit wird dem öffentlichen Interesse an dem Bestand der Stiftung Rechnung getragen. Bei der Stiftungsaufsicht ist die Gefahr gering, dass sie bewusst zum Nachteil der Gläubiger entscheidet.

Auch **ausländische Stiftungen** sind in Deutschland *ipso jure* rechtsfähig. Gegen sie kann ein Insolvenzverfahren unter den Voraussetzungen des § 102 Abs. 3 EGInsO eröffnet werden.

Der **Stifter** ist grundsätzlich nicht an dem Insolvenzverfahren zu beteiligen, es sei denn in seiner etwaigen Funktion als Mitglied des Stiftungsvorstands oder falls er als Gläubiger eigene Rechte gegen die Stiftung geltend macht.

Da die **Destinatäre** keine originären mitgliedschaftlichen oder organschaftlichen Rechte haben, wirken auch sie an einem Insolvenzverfahren „ihrer" Stiftung nicht als solche mit, sondern allenfalls als etwaige

---

18 Näher dazu *Schiffer*, Die Stiftung in der anwaltlichen Praxis, S. 133 ff., s. dort auch zu der nachfolgenden Darstellung m.w.N.

19 Seifart/v. Campenhausen/*Hof*, S. 358.

Organmitglieder. Satzungsmäßige Leistungen der Stiftung an die Destinatäre sind nachrangige Insolvenzforderungen (§ 39 Abs. 1 Nr. 4 InsO), die erst entstehen, wenn der Vorstand dem betreffenden Destinatär eine ausdrückliche Mittelzusage erteilt hat oder wenn – ausnahmsweise – die Satzung diese Zuwendung abschließend regelt. Im Übrigen sind diese Leistungen in einem Insolvenzverfahren grundsätzlich anfechtbar.

V. Nach dem Recht des Sitzstaates nicht rechtsfähige ausländische Stiftungen

20 Diese Vorschrift hat **kaum** eine praktische **Bedeutung**. Sie bezieht sich nur auf Stiftungen, die ihren Sitz im Ausland haben und die nach dem Recht des Sitzstaates nicht rechtsfähig sind. Solche Stiftungen sind insoweit mit einem ausländischen Verein nach § 23 (siehe dort) zu vergleichen, der durch die Genehmigung des Bundesministers des Innern die Rechtsfähigkeit erlangen kann.[20]

C. Weitere praktische Hinweise

21 § 84 Abs. 3 S. 4 AktG, wonach der **Widerruf der Bestellung zum Vorstandsmitglied** so lange wirksam ist, bis seine Unwirksamkeit rechtskräftig festgestellt ist, ist im Stiftungsrecht nicht entsprechend anwendbar.[21]

22 Solange es noch kein **Stiftungsregister** gibt, lassen sich die im Vereinsrecht geltenden Grundsätze der §§ 68 ff. nicht auf die Stiftung übertragen.[22]

23 **Stiftungen mit einem wirtschaftlichen Geschäftsbetrieb** können nach h.M. entgegen dem Grundsatz der rechtsgeschäftlichen Unbeschränkbarkeit der Vertretungsmacht bei Handelsgesellschaften[23] **Vertretungsbeschränkungen** nach Eintragung in das Handelsregister Dritten gegenüber geltend machen.[24]

24 Schreibt die Stiftungssatzung zur **Beschlussfähigkeit des Stiftungsvorstandes** mindestens „**die Hälfte der Mitglieder**" des Organs vor, zählen im Zweifel nach dem so in der Satzung erklärten Stifterwillen auch die Organmitglieder mit, denen die Stiftungsaufsichtsbehörde die Wahrnehmung ihrer Pflichten einstweilen untersagt hat,[25] denn sie bleiben bis zu ihrer etwaigen Abberufung Organmitglieder, obwohl sie gehindert sind, ihre Geschäfte als Organmitglieder auszuüben. Das aber hat mit der Frage, welche Mehrheitserfordernisse in der Satzung festgelegt sind, nichts zu tun. Etwas anders gilt, wenn die Satzung für die erforderliche Mehrheit auf die „stimmberechtigten" Mitglieder abstellt.

25 Eine generelle Befugnis Dritter oder auch der Organmitglieder einer Stiftung, Beschlüsse des Organs im eigenen Namen **gerichtlich überprüfen** zu lassen, gibt es nicht. Auf die Ungültigkeit eines Vorstandsbeschlusses kann sich nur berufen, wen der Beschluss in seinen organschaftlichen Rechten beeinträchtigt.[26] Die Voraussetzungen des § 256 ZPO sind zu beachten.

§ 87 Zweckänderung; Aufhebung

(1) ¹Ist die Erfüllung des Stiftungszwecks unmöglich geworden oder gefährdet sie das Gemeinwohl, so kann die zuständige Behörde der Stiftung eine andere Zweckbestimmung geben oder sie aufheben.

(2) ¹Bei der Umwandlung des Zweckes soll der Wille des Stifters berücksichtigt werden, insbesondere soll dafür gesorgt werden, dass die Erträge des Stiftungsvermögens dem Personenkreis, dem sie zustatten kommen sollten, im Sinne des Stifters erhalten bleiben. ²Die Behörde kann die Verfassung der Stiftung ändern, soweit die Umwandlung des Zweckes es erfordert.

(3) ¹Vor der Umwandlung des Zweckes und der Änderung der Verfassung soll der Vorstand der Stiftung gehört werden.

Literatur: Siehe bei § 80.

---

20 Bamberger/Roth/*Schwarz*, § 86 Rn 10.
21 BGH BB 1977, 263 f.
22 Bamberger/Roth/*Schwarz*, § 86 Rn 3 m.w.N. (str.).
23 S. § 126 Abs. 2 HGB, § 82 Abs. 1 AktG, § 37 Abs. 2 GmbHG, § 27 Abs. 2 GenG.
24 Bamberger/Roth/*Schwarz*, § 86 Rn 3 a.E. m.w.N. (str.).
25 BGH NJW 1994, 184, 185; Bamberger/Roth/*Schwarz*, § 86 Rn 4. Missverständlich Palandt/*Heinrichs*, § 86 Rn 1 unter Hinw. auf eben diese BGH-Entscheidung.
26 BGH NJW 1994, 184, 185.

§ 87 Zweckänderung; Aufhebung

A. Allgemeines	1	C. Weitere praktische Hinweise	12
B. Regelungsgehalt	2	I. Gerichtliche Überprüfung	12
I. Unmöglichkeit der Erfüllung des Stiftungszwecks	2	II. Weitere Auflösungsgründe	13
		III. Sonstige Eingriffe	14
II. Zweckumwandlung und Aufhebung	7	IV. Gesellschaftsrechtliche Umwandlung	23
III. Subsidiarität	11	V. Unselbständige Stiftungen	28

A. Allgemeines

Über § 87 hat die Stiftungsbehörde, falls die Erfüllung des Stiftungszwecks unmöglich geworden oder das Gemeinwohl gefährdet ist (siehe dazu § 80 Rn 44 ff.), die Möglichkeit, den Zweck der Stiftung zu ändern (**Zweckumwandlung**). Vor einer solchen Änderung soll sie den Vorstand der Stiftung hören (Abs. 3). Außerdem hat sie bei der Zweckänderung die Absicht des Stifters tunlichst zu berücksichtigen und insbesondere dafür Sorge zu tragen, dass die Erträge des Stiftungsvermögens dem vom Stifter vorgesehenen Personenkreis erhalten bleiben. Alternativ kann die Stiftungsbehörde die **Aufhebung** der Stiftung verfügen. Die Landesstiftungsgesetze enthalten ggf. weitere Möglichkeiten (siehe sogleich Rn 14 ff.), wie etwa die „Zusammenlegung" von Stiftungen,[1] die ggf. als mildere Maßnahmen anzuwenden sind. 1

B. Regelungsgehalt

I. Unmöglichkeit der Erfüllung des Stiftungszwecks

Für einen Zwangseingriff der Stiftungsbehörde nach § 87 muss die Erfüllung des Stiftungszwecks unmöglich geworden sein oder sie muss das Gemeinwohl gefährden. Das Tatbestandsmerkmal „**Unmöglichkeit der Zweckerreichung**" entspricht dem der „Unmöglichkeit" im Leistungsstörungsrecht.[2] § 87 umfasst sowohl die nachträgliche als auch entgegen dem Wortlaut *(„ist ... geworden")* nach h.M. auch die anfängliche Unmöglichkeit.[3] 2

War der Stiftungszweck schon **anfänglich unmöglich**, hat aber die Behörde die Stiftung dennoch als rechtsfähig anerkannt, ist diese als juristische Person entstanden, die Zweckerreichung bleibt aber natürlich unmöglich. Die Rechtsprechung ist jedenfalls für eine entsprechende Anwendung des § 87.[4] Das überzeugt nach Sinn und Zweck der Vorschrift. 3

Die Unmöglichkeit kann **tatsächlicher oder rechtlicher Art** sein. Beispiele für eine tatsächliche Unmöglichkeit sind die endgültige Zweckerfüllung, der endgültige (Total-)Verlust des Stiftungsvermögens oder auch der Wegfall der Destinatäre. Ein Beispiel für eine rechtliche Unmöglichkeit ist das Verbot der Zweckerfüllung. 4

Die nur **vorübergehende, zeitweilige und eine nur teilweise Unmöglichkeit** der Zweckerreichung genügen nicht als Voraussetzung für die Zwangsmaßnahmen nach § 87. Beispiele:[5] Vorübergehend steht kein Destinatär zur Verfügung, Wegfall einer von mehreren bedachten Sozialeinrichtungen. 5

Mitunter wurde jedenfalls vor Erlass des neuen Stiftungszivilrechts erwogen, § 87 (Aufhebung) auch bei sog. **Rechtsformverfehlungen** anzuwenden.[6] Gemeint waren etwa die Fälle, dass die Stiftungsbehörde eine wirtschaftliche (= unternehmensverbundene) Stiftung oder Unterhaltsstiftung „zu Unrecht" als rechtsfähig anerkannt hatte oder sich eine Stiftung zu einer solchen Stiftung entwickelt hatte. Zumindest unter dem neuen Stiftungszivilrecht ist § 87 auf solche Fälle jedoch (jedenfalls) nicht (mehr) anzuwenden. Solche Stiftungen sind nun zweifelsfrei zulässig (§ 80 Rn 49, 60 ff.). Die Grenze für mögliche Stiftungszwecke bildet alleine die Gemeinwohlgefährdung (§ 80 Rn 44 f.). Die als rechtsfähig anerkannte Stiftung genoss aber nach früherem Recht wohl auch Bestandsschutz, andernfalls wäre in die grundrechtlich geschützte (und vom neuen Recht betonte, siehe etwa § 80 Abs. 2) Stifterfreiheit eingegriffen worden.[7] 6

---

1 Beispiele: Art. 16 BayStiftG; § 9 HessStiftG.
2 MüKo/*Reuter*, § 87 Rn 3; Bamberger/Roth/*Schwarz*, § 87 Rn 2.
3 MüKo/*Reuter*, § 87 Rn 4 m.w.N.; Bamberger/Roth/*Schwarz*, § 87 Rn 2.
4 BVerwG NJW 1969, 339.
5 Bamberger/Roth/*Schwarz*, § 87 Rn 2.
6 MüKo/*Reuter*, § 87 Rn 6 (differenzierend).
7 Seifart/v. Campenhausen/*Hof*, S. 346 f.; Bamberger/Roth/*Schwarz*, § 87 Rn 2 a.E.

II. Zweckumwandlung und Aufhebung

7 Bei der **Zweckumwandlung** (= **Zweckänderung**) soll der Wille des Stifters berücksichtigt werden. Der Stifterwille (§ 80 Rn 28 ff.; § 85 Rn 7 ff.) ist auch hier der grundlegende Maßstab für die Stiftung. Insbesondere ist in diesem Zusammenhang Sorge zu tragen, dass die Erträge des Stiftungsvermögens weiterhin dem bisher nach dem Stiftungszweck und dem Willen des Stifters bedachten Personenkreis zufließen (Abs. 2 S. 1). Weitere Satzungsbestimmungen außer dem Zweck der Stiftung darf die Behörde nur ändern, soweit das zur Erfüllung des geänderten Stiftungszwecks erforderlich ist (Abs. 2 S. 2).

8 Bei einer Zweckänderung besteht die Gefahr, dass diese steuerlich als Neuerrichtung gewertet wird – etwa bei einer Familienstiftung, deren Zweck in einen anderen (schlichten) privatnützigen Zweck geändert wird.[8]

9 Nach Abs. 3 soll der **Stiftungsvorstand** vor einer Zweckumwandlung und der Änderung der Stiftungsverfassung **gehört werden**. Wegen § 28 VwVfG ist die Vorschrift als **Mussvorschrift** auszulegen und anzuwenden.[9] Lebt der Stifter noch, muss auch er gehört werden.[10]

10 Ebenso wie bei der Errichtung hat die Stiftungsaufsichtsbehörde auch bei der **Auflösung** einer Stiftung mitzuwirken. Entweder verfügt sie hoheitlich die Beendigung der Stiftung und hebt sie auf,[11] wenn die Voraussetzungen des Abs. 1 vorliegen, oder sie genehmigt einen entsprechenden Auflösungsbeschluss der Stiftungsorgane (sogleich Rn 19). Die **Aufhebung** einer Stiftung durch staatlichen Hoheitsakt ist nur als *ultima ratio* zulässig (Grundsatz der Verhältnismäßigkeit).

III. Subsidiarität

11 Durch die **Zwangsmaßnahmen des § 87** greift die Stiftungsbehörde in die grundrechtlich geschützte und durch das neue Stiftungszivilrecht noch betonte (§ 80 Abs. 2) Stifterfreiheit ein. Die Zweckänderung und die Aufhebung der Stiftung sind deshalb nur unter den engen Voraussetzungen des Abs. 1 zulässig. Sie sind **gegenüber Maßnahmen der Stiftungsorgane nach der Stiftungssatzung subsidiär**, denn die Stiftungssatzung manifestiert den Stifterwillen. Entsprechende Maßnahmen der Stiftungsbehörde sind mithin nur zulässig, wenn eine Satzungsänderung nicht durchführbar oder zur Wiederherstellung einer funktionstüchtigen Stiftung nicht geeignet ist.[12]

C. Weitere praktische Hinweise

I. Gerichtliche Überprüfung

12 Maßnahmen nach § 87 können im Wege der **Anfechtungsklage** verwaltungsgerichtlich überprüft werden.[13] Rechtsbehelfe haben aufschiebende Wirkung; die Stiftung bleibt bis zur rechtskräftigen Entscheidung über die Aufhebungsverfügung uneingeschränkt rechtsfähig.[14]

II. Weitere Auflösungsgründe

13 Weitere mögliche Auflösungsgründe sind:[15] die Eröffnung des Insolvenzverfahrens (§§ 86, 42), der Eintritt einer auflösenden Bedingung, der entsprechende Beschluss des zuständigen Stiftungsorgans,[16] die Aufhebung nach Landesrecht, der Eintritt eines Endtermins oder die vollständige Erfüllung des Stiftungszwecks, der Widerruf oder die Rücknahme der Anerkennung der Stiftung. Der bloße (teilweise) Vermögensverfall führt hingegen grundsätzlich nicht zu einer Aufhebung der Stiftung, solange die Verluste absehbar durch Erträge des Restvermögens wieder ausgeglichen werden können. Der Stifter ist frei, in der **Satzung** zusätzlich Auflösungsgründe mit Genehmigung durch die Aufsichtsbehörde festzulegen.[17]

---

8 S. *Schiffer*, Die Stiftung in der anwaltlichen Praxis, S. 155 ff.
9 Seifart/v. Campenhausen/*Hof*, S. 180, 360; Bamberger/Roth/*Schwarz*, § 87 Rn 3.
10 Seifart/v. Campenhausen/*Hof*, S. 360 f.; Bamberger/Roth/*Schwarz*, § 87 Rn 3.
11 Seifart/v. Campenhausen/*Hof*, S. 360; Palandt/*Heinrichs*, § 87 Rn 2.
12 Palandt/*Heinrichs*, § 87 Rn 1.
13 Seifart/v. Campenhausen/*Hof*, S. 363; Bamberger/Roth/*Schwarz*, § 87 Rn 3.
14 OLG Hamm NJW-RR 1995, 120 f.
15 Seifart/v. Campenhausen/*Hof*, S. 351 ff.; Bamberger/Roth/*Schwarz*, § 87 Rn 5.
16 OLG Koblenz NZG 2002, 135.
17 Seifert/v. Campenhausen/*Hof*, S. 357.

III. Sonstige Eingriffe

Die **Landesstiftungsgesetze** eröffnen nach entsprechendem Beschluss der Stiftungsorgane statt der Maßnahmen nach § 87 mit Zustimmung der Stiftungsaufsichtsbehörde oder durch Anordnung der Behörde verschiedene **mildere „Umwandlungsmaßnahmen"** für eine Stiftung als eine Aufhebung:[18] die Zusammenlegung, die Zulegung und die Umwandlung einer privatrechtlichen Stiftung in eine öffentlich-rechtliche Stiftung. Steuerlich sind „Umwandlungen" nach den allgemeinen Grundsätzen zu beurteilen.[19]

Eine **Zusammenlegung** ist – vergleichbar der Verschmelzung zur Neugründung im Umwandlungsrecht – die Zusammenfassung mehrerer Stiftungen mit gleichem oder ähnlichem Zweck zu einer neuen Stiftung.[20] Die Stiftungen gehen als solche unter und es entsteht eine neue Stiftung. Deren (neue) Satzung erlässt die Stiftungsbehörde in Abstimmung mit den Organen der Stiftungen.

Davon ist die bloße Zusammenfassung mehrerer Stiftungen unter einer gemeinsamen Stiftungsverwaltung zu unterscheiden, die die Rechtsfähigkeit und den Fortbestand der einzelnen Stiftungen durch die gemeinsame Stiftungsverwaltung nicht berührt. Für eine Zusammenlegung ist in aller Regel erforderlich, dass bei allen beteiligten Stiftungen die Erreichung des Stiftungszwecks unmöglich geworden ist (arg. § 87).[21]

Es ist also nicht etwa zulässig, eine Stiftung, der die Zweckerreichung unmöglich geworden ist, und eine Stiftung zusammenzulegen, bei der kein Aufhebungsgrund vorliegt.[22] Die durch die Zusammenlegung entstandene neue Stiftung bedarf einer **neuen Satzung mit einem neuen Zweck**, der aus den ursprünglichen Zwecken abzuleiten ist (arg. § 87 Abs. 2). Das Vermögen der zusammengelegten Stiftungen geht an sich im Wege der **Einzelrechtsnachfolge** auf die neue Stiftung über, wofür je nach Regelung in den Stiftungssatzungen die Zustimmung der Anfallberechtigten (§ 88) erforderlich ist. Die Landesstiftungsgesetze sehen, um hier Probleme im Interesse der Stiftungen zu vermeiden, jedoch vielfach eine Gesamtrechtsnachfolge vor.[23]

Bei einer **Zulegung** wird das Vermögen einer oder mehrerer dann aufzulösender Stiftungen unter entsprechender dortiger Satzungs- und Zweckänderung auf eine bereits bestehende Stiftung übertragen, d.h. mit dieser vereinigt.[24] Sie gibt ihre eigene Rechtspersönlichkeit auf und wird fortan von der anderen Stiftung mit verwaltet. Dabei müssen sich die Stiftungen in ihren Zwecksetzungen zumindest ähneln. Dieser Vorgang ist der Verschmelzung zur Aufnahme im Umwandlungsrecht vergleichbar. Voraussetzung ist regelmäßig die beiderseitige Unmöglichkeit der Erreichung des Stiftungszwecks.

Entscheidend ist auch in allen diesen Fällen der **Stifterwille**, denn er gibt der Stiftung ihr Existenzrecht.[25] Entspricht die Zweckänderung, Zusammenlegung oder Zulegung nicht dem zumindest hypothetischen Stifterwillen, ist nach § 87 BGB grundsätzlich nur **Aufhebung** zulässig, da dann angenommen werden muss, dass der Stifter alle anderen Maßnahmen nicht gewollt hat.[26] Dem Stifterwillen kann dann nicht Rechnung getragen werden, weshalb die Stiftung als *ultima ratio* aufzuheben ist.

Voraussetzung für einen **Auflösungsbeschluss der Stiftungsorgane** ist, dass dieser entweder nach dem Landesstiftungsrecht oder nach der betreffenden Stiftungssatzung überhaupt zulässig ist. Ist in der Satzung die Aufhebung der Stiftung bei Eintritt bestimmter Auflösungsgründe (etwa Zeitablauf oder vollständige Erfüllung der Stiftungszwecke) vorgesehen, so stellt das nach der Satzung zuständige Stiftungsorgan das Vorliegen des betreffenden Aufhebungsgrundes fest. Die Aufsichtsbehörde prüft sodann unter dem Aspekt der Rechtsaufsicht, ob diese Feststellung richtig ist.

Ist nach dem Willen des Stifters in der Stiftungssatzung oder dem Stiftungsgeschäft die **Aufhebung der Stiftung** ausdrücklich oder stillschweigend **untersagt**, so bleibt zur Beendigung der Stiftung nur der Weg einer staatlichen Aufhebung durch eine entsprechende Verfügung der Stiftungsbehörde. Die wesentlichen Aufhebungsgründe sind die Insolvenz, die Unmöglichkeit der Zweckerfüllung und die Fälle der Gesetzwidrigkeit sowie die Gefährdung des Gemeinwohls.

Die **Rechtsfolgen des Erlöschens der Stiftung** mit der Folge des Verlustes der Rechtsfähigkeit sind **unterschiedlich**, je nachdem, ob in der Stiftungssatzung ein Anfallberechtigter benannt ist oder nicht.[27] In den Satzungen steuerbefreiter Stiftungen ist regelmäßig bestimmt, welcher steuerbegünstigten Person das

---

18 Ausf. *Wachter*, S. 244 ff.; s. die aktuellen LStiftG unter www.stiftungen.org.
19 Ausf. Seifart/v. Campenhausen/*Pöllath*, S. 748 f.
20 Seifart/v. Campenhausen/*Hof*, S. 359; Staudinger/*Rawert*, § 87 Rn 10.
21 Der theoretisch auch mögliche Fall der beiderseitigen Gemeinwohlgefährdung ist in der Praxis zu vernachlässigen.
22 So auch *Wachter*, S. 245.
23 Nachweise bei *Wachter*, S. 245.
24 Seifart/v. Campenhausen/*Hof*, S. 359; Staudinger/*Rawert*, § 87 Rn 11.
25 Bamberger/Roth/*Schwarz*, § 87 Rn 3; s.a. § 80 Rn 28 ff.
26 BVerwG 1991, 713.
27 *Wachter*, S. 240.

Liquidationsvermögen zufällt.[28] Der Rechtsübergang erfolgt im Rahmen einer Liquidation (§ 88 S. 3 i.V.m. §§ 47 bis 53). Die Anfallberechtigten haben einen schuldrechtlichen Anspruch auf Auskehrung des nach der Liquidation verbleibenden Überschusses.[29] Ist in der Stiftungssatzung kein Anfallberechtigter genannt, so ist der Fiskus Anfallberechtigter (§ 88 S. 2). Dann findet eine Gesamtrechtsnachfolge statt (§§ 88 S. 2, 46 i.V.m. §§ 1936, 1942 Abs. 2, 1964, 1966, 2011 und 1994 Abs. 1 S. 2).[30]

22 Bei der **Auflösung einer steuerbegünstigten Körperschaft** darf das Vermögen nur für steuerbegünstigte Zwecke verwendet werden (§ 55 Abs. 1 Nr. 4 AO), weshalb grundsätzlich in der Satzung bestimmt sein muss, welcher steuerbegünstigten Person das Liquidationsvermögen zufällt (§§ 61 Abs. 1, 55 Abs. 1 Nr. 4 AO; Ausnahme: § 61 Abs. 2 AO). Ausländische Körperschaften können nicht wirksam als Anfallberechtigte benannt werden.[31]

IV. Gesellschaftsrechtliche Umwandlung

23 Die Umwandlung einer Stiftung ist auch nach den Vorschriften des Umwandlungsgesetzes (§ 1 Abs. 1 und 2 UmwG) möglich.[32] Da eine Stiftung keine Anteilsinhaber oder Mitglieder hat, sondern nur aus Vermögen besteht, sind die Umwandlungsmöglichkeiten nach dem Umwandlungsgesetz aber **beschränkt**. Eine Stiftung kann nur an solchen Umwandlungsvorgängen beteiligt sein, bei denen die Gegenleistung für die Vermögensübertragung auf der Ebene des übertragenden Rechtsträgers erfolgt, denn eine Gegenleistung auf der Ebene von Gesellschaftern/Mitgliedern ist unmöglich. Eine Stiftung kann vor allem nicht an einer Auf- oder Abspaltung, bei einer Verschmelzung oder bei einem Formwechsel beteiligt sein.

24 Es bleibt einer Stiftung also nur die **Ausgliederung**,[33] denn dabei kommt es „nur" zu einem Aktivtausch. Im Übrigen ist eine Stiftung kein umwandlungsfähiger Rechtsträger. Auch bei der Ausgliederung kann sie nur als übertragender und nicht als übernehmender Rechtsträger beteiligt sein (§ 161 UmwG). Eine Ausgliederung zur Aufnahme kann nur auf eine Personenhandels- oder Kapitalgesellschaft, und eine Ausgliederung zur Neugründung nur auf eine Kapitalgesellschaft erfolgen. Abgesehen von stiftungszivilrechtlichen Grenzen,[34] die sich insbesondere aus dem Stifterwillen, der Stiftungssatzung und vor allem dem Stiftungszweck ergeben, kann das gesamte Vermögen einer Stiftung Gegenstand der Ausgliederung sein, ohne dass auch nur ein Teil des Vermögens bei der Stiftung bleiben muss.[35] Die rechtstechnischen Einzelheiten zu der Ausgliederung im Fall einer Stiftung gibt das Gesetz in §§ 161 ff. UmwG.

25 Bringt eine Stiftung einen Betrieb (Teilbetrieb, Mitunternehmeranteil) nach dem UmwStG steuerbegünstigt in eine Kapitalgesellschaft (§ 20 UmwStG) oder eine Personengesellschaft (§ 24 UmwStG) ein oder spaltet ihn durch Ausgliederung ab, so bleiben die Anteile an der aufnehmenden oder ggf. neu entstehenden Gesellschaft bei der Stiftung. Das ist stiftungszivilrechtlich regelmäßig als ein Fall der **Vermögensumschichtung** zu sehen.

26 Die Ausgliederung eines Unternehmens(teils) aus dem Vermögen der Stiftung (Hauptfall: **Outsourcing**[36]) hat zur Konsequenz, dass die Stiftung nicht mehr selbst Inhaberin des Unternehmens ist (Fall der Unternehmensträgerstiftungen), sondern insoweit zur Beteiligungsträgerstiftung wird, d.h. nur noch an dem das Unternehmen betreibenden Rechtsträger beteiligt ist. Frühestens nach Abschluss des Vorgangs kann die Stiftung die Anteile veräußern oder zuwenden, was in aller Regel dann mit steuerlicher Gewinnrealisierung erfolgt.[37] *Wachter*[38] empfiehlt, dass im Interesse der dauerhaften Erfüllung des Stiftungszwecks die Stiftung im Fall einer Ausgliederung über maßgeblichen Einfluss auf die Unternehmensführung des aufnehmenden Rechtsträgers verfügen sollte. Nicht übersehen werden darf dabei allerdings bei einer steuerbefreiten Stiftung die Problematik des wirtschaftlichen Geschäftsbetriebs[39] und ggf. auch Probleme mit der Selbstlosigkeit und der unmittelbaren Zweckverfolgung.[40]

---

28 §§ 61 Abs. 1, 55 Abs. 1 Nr. 4 AO; gemeinnützigkeitsrechtlicher Grundsatz der Vermögensbindung; s.a. § 88 S. 1.
29 *Wachter*, S. 240 f.
30 S.a. *Wachter*, S. 241.
31 OFD Hannover, Verf. v. 17.2.2000, S 0180-1- StO 214/S 2729-326 – StH 233, DB 2000, 597; *Wachter*, S. 86.
32 Ausf. dazu *Wachter*, S. 243 ff., 247 ff.; *Schiffer*, Die Stiftung in der anwaltlichen Praxis, S. 129 ff.
33 Widmann/Mayer/*Schwarz*, § 124 UmwG Rn 2.3.2.2; Seifart/v. Campenhausen/*Pöllath*, S. 748 ff.
34 S. dazu Widmann/Mayer/*Rieger*, § 161 UmwG Rn 270 ff.
35 Widmann/Mayer/*Rieger*, Umwandlungsrecht, 2002 (Loseblatt), § 161 UmwG Rn 44.
36 S. dazu *Schiffer*, in: Weitz u.a. (Hrsg.), Rechtshandbuch für Stiftungen, 2004 Kap. 6.4.
37 Seifart/v. Campenhausen/*Pöllath*, S. 749.
38 *Wachter*, S. 244.
39 S. dazu *Schiffer*, Die Stiftung in der anwaltlichen Praxis, S. 181 ff. und 189.
40 S. dazu *Schiffer*, Die Stiftung in der anwaltlichen Praxis, S. 180 f.

Die dem Formwechsel im Umwandlungsrecht vergleichbare Möglichkeit, eine privatrechtliche Stiftung durch einen Verwaltungsakt **in eine öffentlich-rechtliche Stiftung umzuwandeln**, besteht in Rheinland-Pfalz (§ 20 Abs. 1 RhpfStiftG). 27

V. Unselbständige Stiftungen

Ob § 87 auf die unselbständige Stiftung anwendbar ist, ist umstritten. Die h.M. lehnt die Anwendung ab.[41] Für die h.M. sprechen die grundlegenden Unterschiede zwischen selbständiger und unselbständiger Stiftung. Außerdem begründen die Landesstiftungsgesetze nur die Zuständigkeit der Aufsichtsbehörde für rechtsfähige Stiftungen. Es sind deshalb hier die allgemeinen Regeln des Schuld- und Erbrechts anzuwenden.[42] 28

§ 88 Vermögensanfall

[1]Mit dem Erlöschen der Stiftung fällt das Vermögen an die in der Verfassung bestimmten Personen. [2]Fehlt es an einer Bestimmung der Anfallberechtigten, so fällt das Vermögen an den Fiskus des Landes, in dem die Stiftung ihren Sitz hatte, oder an einen anderen nach dem Recht dieses Landes bestimmten Anfallberechtigten. [3]Die Vorschriften der §§ 46 bis 53 finden entsprechende Anwendung.

Literatur: Siehe bei § 80.

A. Allgemeines 1
B. Regelungsgehalt 2
C. Weitere praktische Hinweise 7

A. Allgemeines

Die Vorschrift gilt für **alle Fälle der Auflösung** und bestimmt dafür den Anfallberechtigten des Stiftungsvermögens. Primär wird der Anfallberechtigte in der Satzung bestimmt. Subsidiär ist nach S. 2 der Fiskus des Landes anfallberechtigt, in welchem die Stiftung ihren Sitz hatte, oder eine andere nach Landesrecht bestimmte Person (Beispiel: Gemeinde).[1] S. 2 der Vorschrift wurde durch das neue Stiftungszivilrecht eingefügt (vgl. § 45 Abs. 3). Die Einzelheiten zur Abwicklung ergeben sich aus einer entsprechenden Anwendung der einschlägigen vereinsrechtlichen Vorschriften (§§ 46–53). 1

B. Regelungsgehalt

Eine Stiftung erlischt nicht automatisch, sondern verliert ihre Rechtsfähigkeit durch staatlichen Akt (= Aufhebung nach § 87 sowie alle sonstigen Beendigungsfälle, vgl. dazu bei § 87. 2
Die Stiftung verliert mit dem Erlöschen ihre **Rechtsfähigkeit**.

Die in der Satzung genannten Anfallberechtigten erhalten schuldrechtliche Ansprüche auf Vermögensübertragung gegen die Stiftung. Es ist ein **Liquidationsverfahren** nach §§ 47–53 durchzuführen, wobei gem. §§ 88, 49 Abs. 2 die Rechtsfähigkeit der Stiftung bis zur Beendigung der Liquidation fortbesteht.[2] Zu übertragen ist der Liquidationsüberschuss (§§ 88, 47). Ein Anfallberechtigter kann analog §§ 1942, 1953 ausschlagen;[3] das Vermögen fällt dann an den nächsten Berechtigten. 3

Der Stifter kann in der **Satzung** die Stiftungsorgane oder die Aufsichtsbehörde ermächtigen, den oder die Anfallberechtigten zu bestimmen, sofern die Satzung den Zweck angibt, für den das Vermögen nach Stiftungsauflösung verwendet werden soll, oder sich der in Betracht kommende Personenkreis aus dem Stiftungszweck ergibt.[4] Die Anfallberechtigten müssen nicht dem Kreis der Destinatäre angehören. 4

Erwirbt der Landesfiskus oder die nach Landesrecht bestimmte Person, erfolgt der Vermögensanfall ohne Liquidation, sondern gem. §§ 88, 46 im Wege der **Gesamtrechtsnachfolge**. Der Fiskus kann gem. §§ 88, 46, 5

---

41 Bamberger/Roth/*Schwarz*, § 87 Rn 4; Seifart/ v. Campenhausen/*Hof*, S. 544; a.A. Palandt/ *Heinrichs*, vor § 80 Rn 10.
42 RGZ 105, 305, 397; Staudinger/*Rawert*, vor § 80 Rn 171.
1 S. z.B. Art. 17, 29, 30 Bay StiftG; § 23 HessStiftG; § 9 NdsStiftG; § 15 NRW StiftG. Achtung: Die anstehenden Änderungen der LStiftG sind zu beachten (www.stiftungen.org).

2 Bamberger/Roth/*Schwarz*, § 88 Rn 5 m.w.N.; einschr. OLG Koblenz NZG 2002, 135 f. (Liquidationsstiftung mit auf Durchführung der Liquidation beschränktem Zweck).
3 LG Mainz NZG 2002, 738; Palandt/*Heinrichs*, § 88 Rn 1.
4 Seifart/v. Campenhausen/*Hof*, S. 354.

1942 Abs. 2 das angefallene Vermögen nicht ausschlagen, sondern ist gem. §§ 88 S. 3, 46 S. 2 bundesrechtlich „tunlichst" verpflichtet, das Stiftungsvermögen nach dem in der Satzung festgelegten Stiftungszweck zu verwenden.

6 Handelt es sich um eine etwa wegen Gemeinnützigkeit steuerbefreite Stiftung, gilt der **steuerrechtliche Grundsatz der Vermögensbindung** (§ 55 Abs. 1 Nr. 4 i.V.m. § 55 Abs. 3 AO). Danach ist u.a. bei Auflösung oder Aufhebung der Stiftung oder bei Wegfall ihres bisherigen Zwecks das Stiftungsvermögen weiterhin nur für steuerbegünstigte Zwecke zu verwenden (§ 55 Abs. 1 Nr. 4 AO).[5] Die Stiftungssatzung sollte deshalb eine entsprechende konkretisierende Anfallregelung enthalten, die eine entsprechende Organisation oder jedenfalls einen entsprechenden gemeinnützigen Zweck für die Vermögensverwendung nennt.

C. Weitere praktische Hinweise

7 Es ist umstritten, ob eine vormals selbständige Stiftung bei Verlust ihrer Rechtsfähigkeit als **unselbständige (treuhänderische) Stiftung** weiterbestehen kann.[6] Die Stiftung wird aufgrund des Primates des Stifterwillens (§ 80 Rn 28 ff.) nur ganz ausnahmsweise als unselbständige Stiftung weiterbestehen können, nämlich dann, wenn sich das aus dem zumindest hypothetischen Stifterwillen ergibt. Deutlich ist das etwa, wenn die Satzung als Anfallberechtigten den Treuhänder einer unselbständigen Stiftung vorsieht.[7]

8 Vor dem Hintergrund der aktuellen Schwierigkeit, Vermögen nachhaltig erfolgreich anzulegen, was regelmäßig zu erheblich schwankenden und schwindenden Einnahmen einer Stiftung führt, kann bei beispielsweise gleichzeitiger Zusage einer Stiftung, ein Projekt dauerhaft zu finanzieren,[8] das Thema Insolvenz für eine Stiftung aktuell werden (§ 86 Rn 10 ff.).

Untertitel 3. Juristische Personen des öffentlichen Rechts

§ 89 Haftung für Organe; Insolvenz

(1) ¹Die Vorschrift des § 31 findet auf den Fiskus sowie auf die Körperschaften, Stiftungen und Anstalten des öffentlichen Rechts entsprechende Anwendung.

(2) ¹Das Gleiche gilt, soweit bei Körperschaften, Stiftungen und Anstalten des öffentlichen Rechts das Insolvenzverfahren zulässig ist, von der Vorschrift des § 42 Abs. 2.

Literatur: Siehe bei § 80.

A. Allgemeines 1	III. Abgrenzung von privatrechtlicher und hoheitlicher Tätigkeit 8
B. Regelungsgehalt 3	C. Weitere praktische Hinweise 9
I. Haftungsträger 3	
II. Haftungsbereich 5	

A. Allgemeines

1 Nach Abs. 1 der Vorschrift haften der **Fiskus und Personen des öffentlichen Rechts** (Körperschaften, Stiftungen und Anstalten) entsprechend § 31 (siehe dort) für den Schaden, den ihre verfassungsgemäßen Vertreter durch eine in Ausrichtung der ihnen zustehenden Verrichtungen begangene, zum Schadensersatz verpflichtende Handlung einem Dritten zugefügt haben. Die Voraussetzungen und die Grundlagen der Haftung sind die gleichen wie in § 31 (siehe dort).

2 Die Regelung in Abs. 2 (**Insolvenzantragspflicht**, § 42 Abs. 2) hat nur geringe praktische Bedeutung, da das Insolvenzverfahren über das Vermögen des Bundes oder eines Landes unzulässig ist (§ 12 Abs. 1 Nr. 1 InsO). Für Gemeinden und andere öffentlich-rechtliche Körperschaften gilt Entsprechendes (Art. 28 GG). Für die anderen juristischen Personen des öffentlichen Rechts gilt § 11 InsO, wonach die Insolvenz grundsätzlich zulässig ist.[1]

---

5 *Schiffer*, Die Stiftung in der anwaltlichen Praxis, S. 133, 179 f.
6 Dafür: Soergel/*Neuhoff*, § 88 Rn 1; dagegen: Seifart/v. Campenhausen/*Hof*, S. 520.
7 Staudinger/*Rawert*, § 88 Rn 5.

8 Zu einem Beispielsfall aus der Praxis s. *Schiffer*, Stiftung & Sponsoring, 06/2002, 28 ff.
1 Achtung: Ausnahmeregelung des § 12 Abs. 1 Nr. 2 InsO beachten.

B. Regelungsgehalt

I. Haftungsträger

Haftungsträger nach Abs. 1 kann zunächst der Fiskus sein. **Fiskus** bezeichnet den Staat (= Bund und Länder) als Privatrechtssubjekt. Haftungsträger können aber auch alle juristischen Personen des öffentlichen Rechts sein, d.h. insb. Gebietskörperschaften (z.B. Gemeinden, Landkreise), sonstige **Körperschaften** (z.B. Steuerberater- und Rechtsanwaltskammern), rechtsfähige Anstalten (z.B. Bundesbank) und Stiftungen (z.B. Preußischer Kulturbesitz).

Die Vorschrift nennt auch Stiftungen als juristische Personen des öffentlichen Rechts.[2] Unterscheidungsmerkmale zur rechtsfähigen Stiftung des Privatrechts nach den §§ 80 ff. werden allerdings nicht angegeben.[3] **Stiftungen des öffentlichen Rechts** haben die Grundmerkmale (Stiftungszweck, Stiftungsvermögen, Stiftungsorganisation) mit der Stiftung des Privatrechts gemeinsam, sind jedoch in das System der staatlichen Verwaltung (Stichwort: mittelbare Staatsverwaltung) eingegliedert. Sie erfüllen öffentliche Aufgaben (Beispiele: Stiftung Preußischer Kulturbesitz, Stiftung Bundeskanzler-Adenauer-Haus).

II. Haftungsbereich

Abs. 1 ist wie § 31 eine **Zurechnungsnorm** (siehe § 31 Rn 1), die die Existenz einer Schadensersatznorm voraussetzt. Die Vorschrift in Abs. 1 stellt juristische Personen des öffentlichen Rechts und des Privatrechts im Zivilrecht haftungsrechtlich gleich. Haben die gesetzlichen Vertreter einem Dritten also in Ausübung eines öffentlichen Amtes (hoheitlich) schuldhaft Schaden zugefügt, greifen §§ 89, 31 und auch §§ 278, 831 (sonstige Personen) nicht. Es gilt vielmehr Art. 34 GG i.V.m. § 839 (siehe dort). Die juristische Person des öffentlichen Rechts haftet bei hoheitlichem Handeln, unabhängig davon, ob ein Beamter im staatshaftungsrechtlichen Sinne oder eine sonstige Person gehandelt hat. Die Haftung der juristischen Person schließt nach Art. 34 GG die Haftung des Handelnden grundsätzlich aus.

Die **verfassungsmäßig berufenen Vertreter** (siehe § 31 Rn 4 ff.) leiten ihre Funktion unmittelbar aus den betreffenden Organisationsnormen ab.[4] Unerheblich ist, ob der Handelnde ein Beamter im staatshaftungsrechtlichen Sinne ist. Es ist aber zu unterscheiden, ob der Handelnde **Organperson** ist, d.h. Vorstand oder verfassungsmäßig berufener Vertreter, oder ob eine **sonstige Personen** tätig geworden sind. Vertreter ist hier nicht i.S.d. §§ 164 ff. gemeint.[5] Der Begriff des **verfassungsmäßig berufenen Vertreters** ist wie bei § 31 weit auszulegen, weshalb auf die dortige Kommentierung verwiesen wird. Er umfasst alle Personen, denen durch „satzungsgemäße" Organisationsnormen der juristischen Person bestimmte, eigenverantwortlich zu erledigende Aufgaben übertragen worden sind.[6] Darunter können Bedienstete der juristischen Person unter § 31 fallen, wenn ihnen aufgrund allgemeiner Betriebsregelung oder auch nur aufgrund der Handhabung (!) bedeutsame wesensmäßige Funktionen zur selbständigen Erfüllung überlassen sind und sie so die juristische Person repräsentieren (**Repräsentantenhaftung**).[7]

In Ausführung der ihm zustehenden Verrichtung (siehe § 31 Rn 10 ff.) muss der verfassungsmäßig berufene Vertreter gehandelt haben. Bei Handlungen jenseits des Wirkungskreises der betreffenden juristischen Person des öffentlichen Rechts ist eine Zurechnung nach § 89 ausgeschlossen.[8] Davon zu unterscheiden sind bloße Überschreitungen oder ein Missbrauch der Vertretungsmacht; in diesen Fällen kann § 89 greifen.[9] Beispielsweise hat eine Gemeinde für Betrugshandlungen ihres Bürgermeisters bei einer rechtsgeschäftlichen Betätigung für die Gemeinde grundsätzlich auch dann deliktisch einzustehen, wenn die Täuschung gerade darin bestand, die nach der Gemeindeordnung fehlende rechtliche Verbindlichkeit der allein vom Bürgermeister abgegebenen Erklärungen vorzuspiegeln.[10]

---

[2] Näher dazu Seifart/v. Campenhausen/v. Campenhausen, S. 443 ff.
[3] S. § 2 StiftG Rheinland Pfalz; § 2 Hess StiftG; § 17 StiftG Bad.-Württ.
[4] RGZ 157, 237, 240; 162, 167 f.
[5] Jauernig/*Jauernig*, § 88 Rn 4.
[6] S. nur Palandt/*Heinrichs*, § 89 Rn 4.
[7] BGH NJW 1968, 391 ff.; 1987, 2925 ff.
[8] BGHZ 20, 126; BGH NJW 1986, 2940 ff.
[9] Ausf. Bamberger/Roth/*Schwarz*, § 89 Rn 11.
[10] BGH NJW 1986, 2939 ff.

III. Abgrenzung von privatrechtlicher und hoheitlicher Tätigkeit

8 Zwischen privatrechtlicher und hoheitlicher Tätigkeit der juristischen Person ist nicht nach den verfolgten Zielen oder den Inhalten der wahrgenommenen Aufgaben abzugrenzen.[11] Entscheidend ist vielmehr, dass die Verwaltung grundsätzlich wählen darf, ob sie eine konkrete Aufgabe mit den Mitteln des öffentlichen oder des privaten Rechts erfüllen will, es sei denn, besondere Rechtssätze oder die Eigenart der öffentlichen Aufgabe stehen dem entgegen.[12] Abzustellen ist deshalb auf die konkrete **Form des Tätigwerdens** im jeweiligen Einzelfall.[13] Obwohl die Abgrenzung im Einzelfall ersichtlich schwierig ist, weil häufig ein ambivalentes Verhalten vorliegt, ist dieser Ansicht zu folgen, denn sie wird der erforderlichen Abgrenzung nach dem Inhalt der jeweiligen Lebenssachverhalte am besten gerecht. Es ist im Einzelfall eine Wertung vorzunehmen, die sich an Sachzusammenhang und Zweck des Verwaltungshandelns orientiert. Führt das nicht zu einer eindeutigen Zuordnung, gilt für typisch öffentlich-rechtliche Aufgaben eine Vermutung, dass öffentlich-rechtlich gehandelt wird.[14]

C. Weitere praktische Hinweise

9 Ist die handelnde Person **kein Organ** im Sinne der Vorschrift, haftet die juristische Person nach § 278 i.V.m. einem vertraglichen Ersatzanspruch, wenn der Handelnde als **Erfüllungsgehilfe** anzusehen ist. Für einen **Verrichtungsgehilfen** haftet die juristische Person aus § 831.

10 Dazu, wer verfassungsmäßig berufener Vertreter im Sinne der Vorschrift ist, ist eine umfangreiche Rechtsprechung ergangen, auf deren Nachweis hier bewusst verzichtet werden soll.[15] Es gilt die **Faustregel**: Wer nach außen vertritt, ist grundsätzlich auch Organ (siehe aber Rn 6), weshalb hier die typischen Fälle wie Bürgermeister, Chefarzt und Polizeipräsident nicht näher zu belegen sind, sondern beispielhaft nur einige auf den ersten Blick nicht ganz typische Fälle (– = kein Organ i.S.d. Vorschrift):[16] angestellter Stadtbaumeister (–),[17] Gemeindebeamter des Liegenschaftsamtes mit allgemeiner Vertragsabschlussvollmacht,[18] Intendant des Stadttheaters,[19] Oberförster,[20] Oberschleusenmeister bei einer Wasserstraße erster Ordnung,[21] Sparkassendirektor mit rein technischen Aufgaben (–),[22] Stationsarzt (–),[23] Treuhänder der Autobahnen für die Bundesrepublik,[24] Vorstände der Landesbau- und Wasserbauämter hinsichtlich der Verkehrssicherungspflicht.[25]

11 Nach Privatisierung des Bahnverkehrs und der Postdienstleistungen (in Deutsche Bahn AG, Deutsche Post AG, Deutsche Telekom AG) ist § 31 unmittelbar anwendbar.[26]

12 Die juristische Person ist verpflichtet, ihren Tätigkeitsbereich so zu organisieren, dass für alle wichtigen Aufgabenbereiche ein verfassungsmäßiger Vertreter zuständig ist, welcher die wesentlichen Entscheidungen selbst trifft (Lehre vom **Organisationsmangel**, dazu § 31 Rn 9).[27] Ist nicht entsprechend organisiert, muss sich die juristische Person so behandeln lassen, als sei der Bedienstete, der im betreffenden Fall tatsächlich tätig geworden ist, verfassungsgemäßer Vertreter i.S.d. § 89.[28]

---

11 BGH NJW 1973, 460 ff. m.w.N.
12 BGH NJW 1973, 460 ff.; 1985, 197 ff.
13 Wie hier Bamberger/Roth/*Schwarz*, § 89 Rn 7; a.A. MüKo/*Reuter*, § 89 Rn 12, 15 (Sonderrollentheorie).
14 Wie hier Bamberger/Roth/*Schwarz*, § 89 Rn 7.
15 S. dazu insb. Palandt/*Heinrichs*, § 89 Rn 5 f.
16 S. insb. Bamberger/Roth/*Schwarz*, § 89 Rn 12.
17 Str., Bamberger/Roth/*Schwarz*, § 89 Rn 12 m.w.N.
18 BGH NJW 1992, 1099 ff.
19 Bamberger/Roth/*Schwarz*, § 89 Rn 12.
20 BGH VersR 1965, 1055 ff.
21 OLG Celle VersR 1961, 1143 f.
22 RGZ 131, 239, 247 f.
23 OLG Bamberg NJW 1959, 816 ff.
24 BGH NJW 1952, 617 ff.
25 BGH NJW 1952, 1090 ff.
26 Bamberger/Roth/*Schwarz*, § 89 Rn 12 a.E.
27 Palandt/*Heinrichs*, § 31 Rn 7.
28 BGH VersR 1965, 1055 ff.

Abschnitt 2
Sachen und Tiere

Vorbemerkung zu §§ 90–103

In den §§ 90–103 trifft der Gesetzgeber Definitionen und Grundregeln zu **Rechtsobjekten,** d.h. Gegenständen im technischen Sinne, mithin Sachen (§ 90), aber auch unkörperlichen Gegenständen wie Forderungen, Immaterialgüterrechten und sonstigen Vermögensrechten, die in Gestalt subjektiver Rechte natürlichen oder juristischen Personen bzw. (teilrechtsfähigen) Personenvereinigungen zugeordnet werden.[1] 1

Allein an Sachen kann Besitz i.S.d. §§ 854 ff., Eigentum i.S.d. §§ 903 ff. bzw. – grundsätzlich – ein anderes dingliches Recht bestehen. 2

§ 90 Begriff der Sache

[1]Sachen im Sinne des Gesetzes sind nur körperliche Gegenstände.

Literatur: *Bydlinski,* Der Sachbegriff im elektronischen Zeitalter, AcP 198 (1998), 287; *Costede,* Der Eigentumswechsel beim Einbau von Sachgesamtheiten, NJW 1977, 2340; *Häde,* Das Recht der öffentlichen Sachen, JuS 1993, 113; *Harms/Ahorn,* Sachen, Bestandteile, Zubehör, Jura 1982, 404; *König,* Software (Computerprogramme) als Sache und deren Erwerb als Sachkauf, NJW 1993, 3121; *Kort,* Software – eine Sache?, DB 1994, 1505; *Müller-Hengstenberg,* Computersoftware ist keine Sache, NJW 1994, 3128; *Oertmann,* Zum Rechtsproblem der Sachgesamtheit, AcP 136 (1932), 98; *Papier,* Recht der öffentlichen Sachen, 3. Auflage 1998; *Wieacker,* Sachbegriff, Sacheinheit und Sachzuordnung, AcP 148 (1943), 57.

A. Allgemeines	1		ff) Anatomie	50
B. Regelungsgehalt	5		gg) Obduktionen	52
I. Sachen als körperliche Gegenstände	5		hh) Transplantationen	58
1. Die Körperlichkeit des Gegenstandes	7		4. Urkunden	67
a) Energien u.Ä. sowie Allgemeingüter	12		II. Arten von Sachen	75
b) Rechte, Immaterialgüter und Geisteswerke	15		1. Mobilien und Immobilien	76
			a) Grundstücke	77
c) Sach- und Rechtsgemeinschaften	16		b) Bewegliche Sachen	80
d) Software	18		2. Einzelsachen und Sachgesamtheiten	85
2. (Lebende) Tiere	21		3. Einfache und zusammengesetzte Sachen	92
3. Der menschliche Körper	22		4. Vertretbare und nichtvertretbare Sachen	96
a) Der Körper des lebenden Menschen	23		5. Verbrauchbare und nichtverbrauchbare Sachen	97
b) Mit dem menschlichen Körper nicht fest verbundene künstliche Körperteile	26		6. Teilbare und unteilbare Sachen	98
			7. Hauptsachen und Nebensachen	99
c) Mit dem menschlichen Körper fest verbundene künstliche Körperteile	27		III. Exkurs: Verkehrsunfähigkeit von Sachen	100
			1. Allgemeingüter	101
d) Natürliche Körperteile	31		a) Die freie Luft	104
e) Leichen und Leichenteile	38		b) Das freie Wasser	108
aa) Das postmortale besondere Persönlichkeitsrecht	41		c) Der Strand	115
			d) Meeresboden	118
bb) Das Totensorgerecht	44		2. Öffentliche Sachen	122
cc) Der Leichnam als „herrenlose Sache"	47		a) Dem Gemeingebrauch gewidmete Sachen	124
			b) Verwaltungsvermögen	125
dd) Das Aneignungsrecht des Friedhofsträgers nach Ablauf der Ruhezeit der Totenehrung	48		3. Res sacrae u.Ä.	129
			4. Friedhöfe und Grabdenkmäler	136
ee) Modalitäten der Bestattung	49			

A. Allgemeines

§ 90 trifft eine **Legaldefinition** des Begriffs der Sache: Sachen i.S.d. BGB sind nur **körperliche Gegenstände.** 1

Als Oberbegriff geht § 90 vom Tatbestandsmerkmal **Gegenstand** aus, der keine gesetzliche Definition erfahren hat und in einer Reihe von Vorschriften im Kontext mit Verfügungen[1] bzw. schuldrechtlichen 2

---

1 HK-BGB/*Dörner,* vor §§ 90–103 Rn 1.

1 Vgl. etwa §§ 135, 161, 185, 747, 816 oder 2040 – als Verfügungsobjekt.

Verpflichtungen[2] mit unterschiedlichem Sinngehalt Erwähnung findet. Gegenstand ist ein individualisierbares vermögenswertes (allerdings nicht unbedingt körperliches) Objekt der natürlichen Welt.[3] Zum Begriff „Gegenstand" zählt alles, was **Objekt von Rechten** sein kann[4] (Rechtsobjekte wie Verfügungsobjekte),[5] mithin neben Sachen auch unkörperliche Gegenstände, wie bspw. Forderungen, Immaterialgüterrechte und sonstige Vermögensrechte. Der Gegenstandsbegriff umfasst hingegen **nicht** Persönlichkeits- oder Familienrechte.[6]

3 Die Definition der Sache in § 90 findet (mit sachgebotenen Abweichungen)[7] für das gesamte **BGB** und **HGB** (ebenso wie für das **Strafrecht**)[8] Anwendung – **nicht** hingegen für andere Gesetze, wie z.B. die ZPO (vgl. allerdings zum Zwangsvollstreckungsrecht die §§ 808 ff., 883 ff. ZPO) sowie landesrechtliche Vorschriften, selbst wenn diese nach In-Kraft-Treten des BGB erlassen wurden.[9] Für das **öffentliche Recht** erfolgt eine (ggf. auch unabhängige) Begriffsbestimmung in Anlehnung an § 90, bspw. müssen öffentliche Sachen (zum Begriff Rn 124 ff.) keine Sachqualität i.S.v. § 90 aufweisen;[10] das **Steuerrecht** hingegen bestimmt den Sachbegriff eigenständig nach Maßgabe des steuerrechtlichen Normzwecks.[11]

4 Der Sachbegriff des BGB ist maßgeblich dafür, woran Eigentum (i.S.d. §§ 903 ff.) bzw. beschränkte dingliche Rechte erlangt oder Besitz (§ 854) innegehabt werden kann.[12]

B. Regelungsgehalt
I. Sachen als körperliche Gegenstände

5 Sachen sind nach dem engeren Sachbegriff, den das BGB im Unterschied zu älteren Gesetzen (vgl. bspw. § 265 ZPO),[13] die unter Sachen alle Rechtsobjekte verstehen, verwendet, gemäß § 90 (ohne Differenzierung zwischen beweglicher und unbeweglicher bzw. einfacher und zusammengesetzter Sache) nur **körperliche Gegenstände** (Körperlichkeit eines Gegenstandes als Kriterium seiner Sachqualität),[14] wenn auch das BGB – ungenau – an anderer Stelle (bspw. im Kontext mit § 119 Abs. 2) unter „Sache" auch unkörperliche Gegenstände erfasst und nur im Sachenrecht den in § 90 gewählten Sprachgebrauch strikt einhält.[15] Allerdings bestehen dingliche Rechte (d.h. Eigentum nach § 903 und beschränkte dingliche Rechte) sowie Besitz (§ 854) nur an Sachen, hingegen nicht an nichtkörperlichen Gegenständen. Das Erfordernis der **Körperlichkeit** lässt sich letztlich darauf zurückführen, dass eine Sache als Gegenstand von Eigentum und Besitz für den Menschen beherrschbar sein muss.[16]

6 Die Sache als körperlicher Gegenstand (zum Abgrenzbarkeits- und Beherrschbarkeitserfordernis siehe Rn 7 ff.) muss im Raum sinnlich wahrnehmbar sein und nach natürlicher Anschauung als Einheit erscheinen (Sachen als unpersönliche körperliche Stücke der Außenwelt).[17]

7 **1. Die Körperlichkeit des Gegenstandes.** Körperlich ist ein Gegenstand nach natürlicher Anschauung[18] (mithin als naturwissenschaftlicher Substanzbegriff oder als philosophisch fundierter Sachbegriff)[19] dann, wenn er im Raum abgrenzbar (**Abgrenzbarkeitserfordernis**) und durch den Menschen beherrschbar ist (**Beherrschbarkeitserfordernis**) – entweder durch seine eigene körperliche (naturbedingte) Begrenzung oder dadurch, dass er in einem Behältnis eingefasst ist, bzw. durch sonstige künstliche Mittel, bspw. eine Eintragung in einer Karte oder einen Grenzstein.[20] Erforderlich ist also, dass der Gegenstand

---

2 Bspw. in den §§ 119 Abs. 2, 256, 260, 273, 281, 292, 433, 453, 581, 743 ff., 2149, 2374 Abs. 2 – als Objekt schuldrechtlicher Verpflichtungen.
3 Soergel/*Mühl*, vor § 90 Rn 2; *Wieacker*, AcP 148 (1943), 57, 65.
4 Palandt/*Heinrichs*, Überbl. v. § 90 Rn 2.
5 Erman/*Michalski*, vor § 90 Rn 2.
6 So Palandt/*Heinrichs*, Überbl. v. § 90 Rn 2.
7 Palandt/*Heinrichs*, § 90 Rn 4; Staudinger/*Dilcher*, § 90 Rn 3. Bspw. werden zahlreiche schuldrechtliche Vorschriften (die auf den Sachbegriff Bezug nehmen) auch auf Sach- und Rechtsgesamtheiten (wie Unternehmen – RGZ 70, 220, 223 ff.) bzw. nichtkörperliche Gegenstände (z.B. Energie, RGZ 67, 229, 232) zumindest entsprechend angewendet: Bamberger/Roth/*Fritzsche*, § 90 Rn 1.
8 Das insbesondere im Zusammenhang mit § 242 (Diebstahl) bzw. § 246 StGB (Unterschlagung) dem Sachbegriff des § 90 folgt (RGRK/*Kregel*, § 90 Rn 28) – mit der Folge, dass Elektrizität (dazu Rn 12 keine Sache im strafrechtlichen Sinne darstellt (Staudinger/*Dilcher*, § 90 Rn 4).
9 So RGZ 51, 101, 105.
10 Staudinger/*Dilcher*, § 90 Rn 4.
11 Staudinger/*Dilcher*, § 90 Rn 4.
12 Bamberger/Roth/*Fritzsche*, § 90 Rn 1.
13 Der Sachbegriff des § 265 ZPO umfasst auch Rechte – Stein/Jonas/*Schumann*, ZPO, § 265 Rn 11. Demhingegen beschränkt sich die Begrifflichkeit der „körperlichen Sache" in § 808 Abs. 1 ZPO nur auf Mobilien – so Staudinger/*Dilcher*, Vorbem. zu §§ 90 ff. Rn 12.
14 Staudinger/*Dilcher*, § 90 Rn 1.
15 Palandt/*Heinrichs*, Überbl. v. § 90 Rn 1.
16 Bamberger/Roth/*Fritzsche*, § 90 Rn 5.
17 Staudinger/*Dilcher*, Vorbem. zu §§ 90 ff. Rn 8.
18 Motive III, S. 33.
19 Staudinger/*Dilcher*, Vorbem. zu §§ 90 ff. Rn 8.
20 Palandt/*Heinrichs*, § 90 Rn 1.

Begriff der Sache § 90

in den Dimensionen von Mikrokosmos und Makrokosmos seine Grenze findet.[21] Körperlichkeit setzt keine Wahrnehmbarkeit durch den Tastsinn (d.h. Greifbarkeit) voraus.[22]

Nicht erforderlich ist ein **bestimmter Aggregatzustand**,[23] womit unter den Sachbegriff neben festen Körpern auch Flüssigkeiten und Gase fallen können. Aber nicht alles, was einer sinnlichen Wahrnehmung zugänglich ist, kann als „Sache" qualifiziert werden; vielmehr ist für die Qualifikation der Körperlichkeit eines Gegenstandes primär auf die bei Laien vorherrschende **Verkehrsanschauung** abzustellen[24] und nicht auf den letzten Stand der physikalischen Wissenschaft.[25] — 8

Der Sachbegriff setzt **nicht zwingend Verkehrsfähigkeit** voraus,[26] weshalb auch öffentliche Sachen (Rn 124 ff.) und *res sacrae* (Rn 132 ff.) dem Sachbegriff unterfallen. Sie unterliegen damit grundsätzlich den privatrechtlichen Regelungen über Sachen, sofern sich aus ihrer öffentlich-rechtlichen Zweckbestimmung nichts anderes ergibt.[27] — 9

Verwenden Regelungen außerhalb des dritten Buches des BGB den Sachbegriff (bspw. in § 119 Abs. 2, § 434, § 598 oder § 607 BGB), ist aufgrund der Umstände des Einzelfalles zu entscheiden, ob sie auch auf unkörperliche Gegenstände angewendet werden können.[28] — 10

Fazit: Eine Sache i.S.v. § 90 kann als jedes in räumlicher Abgrenzung für sich bestehende und im Verkehrsleben als selbständig anerkannte Stück der beherrschbaren Materie definiert werden.[29] — 11

a) Energien u.Ä. sowie Allgemeingüter. Aus dem Sachbegriff fallen mangels Körperlichkeit heraus: **Energien**,[30] gleich, in welcher Form (wie Elektrizität,[31] selbst „wenn sie in einem Akku gefangen wird",[32] Fernwärme[33] und Strahlenenergie, ungeachtet der uneingeschränkten Zulässigkeit schuldrechtlicher Energiebelieferungsverträge[34] – nicht hingegen die zur Energiegewinnung erforderlichen Stoffe),[35] **Strahlen** (d.h. nicht verbrauchsgerichtete weitergeleitete Energie, unabhängig davon, ob diese auf menschliche Handlungen zurückführbar ist oder nicht),[36] **Wärme** und **Schallwellen** und die **Allgemeingüter** (dazu noch Rn 103 ff.), d.h. Licht,[37] freie Luft und fließendes (d.h. nicht gefasstes) Wasser, Grundwasser,[38] die Meere sowie gefallener Schnee,[39] da sie dem Abgrenzbarkeitserfordernis nicht genügen. — 12

Langlaufloipen sind demnach gleichermaßen keine Sachen.[40] — 13

Befinden sich Wasser oder Gas (mithin flüssige oder gasförmige Substanzen) hingegen in Flaschen oder anderen Behältnissen, sind sie „Sachen" i.S.v. § 90, da im Raum abgegrenzt und auch beherrschbar (Rn 7).[41] Dann ist allerdings eine Differenzierung zwischen zwei Sachen (Behältnis und Inhalt) erforderlich.[42] — 14

b) Rechte, Immaterialgüter und Geisteswerke. Nicht dem Sachbegriff des § 90 unterfallen somit (als unkörperliche Gegenstände) auch Rechte,[43] Immaterialgüter (Zuordnungsrechte an geistigen Gütern: Immaterialgüterrechte wie die Firma, der Name nach § 12, das Patent, das Gebrauchs- oder Geschmacksmuster, — 15

---

21 Larenz/Wolf, BGB AT, § 20 II.
22 Staudinger/Dilcher, § 90 Rn 1; a.A. Bamberger/Roth/Fritzsche, § 90 Rn 6; Erman/Michalski, § 90 Rn 2; MüKo/Holch, § 90 Rn 6.
23 Staudinger/Dilcher, Vorbem. zu §§ 90 ff. Rn 8.
24 Staudinger/Dilcher, Vorbem. zu §§ 90 ff. Rn 8.
25 RGZ 87, 43, 45; Palandt/Heinrichs, § 90 Rn 1.
26 Motive III, S. 25 ff.; MüKo/Holch, § 90 Rn 25 ff.; Soergel/Mühl, vor § 90 Rn 32 ff.; Staudinger/Dilcher, Vorbem. zu § 90 Rn 27 ff.
27 Vgl. Staudinger/Dilcher, Vorbem. zu § 90 Rn 27 ff.
28 Palandt/Heinrichs, § 90 Rn 4.
29 RGZ 87, 43, 45; Staudinger/Dilcher, § 90 Rn 1.
30 RGZ 56, 403; 67, 229; 86, 12, 13; MüKo/Holch, § 90 Rn 20; Palandt/Heinrichs, § 90 Rn 1; RGRK/Kregel, § 90 Rn 13; Soergel/Mühl, § 90 Rn 2 – wohingegen andere Rechtsordnungen der Elektrizität Sachqualität beimessen, dazu Staudinger/Dilcher, § 90 Rn 12 – bspw. Art. 528 des französischen Code Civile, Art. 814 des italienischen Codice Civile bzw. Art. 713 des schweizerischen ZGB.
31 Weshalb strafrechtlich (dazu bereits Rn 3) eine spezialgesetzliche Strafandrohung in § 248c StGB erforderlich war.
32 Bamberger/Roth/Fritzsche, § 90 Rn 6: „Dann ist nur das Behältnis Sache, die Energie als solche bleibt ungreifbar".
33 OLG Frankfurt NJW 1980, 2532.
34 Staudinger/Dilcher, § 90 Rn 11. Energie als „Gegenstand" (soweit beherrschbar), da sie dann Gegenstand von Rechtsgeschäften ist – BGH NJW 1969, 1903; 1979, 1304; Bamberger/Roth/Fritzsche, § 90 Rn 24.
35 Staudinger/Dilcher, § 90 Rn 9: die fossilen Brennstoffe (Kohle, Erdöl und Erdgas), aber auch Kernbrennstoffe – *nicht* hingegen fließendes Wasser (dazu noch Rn 110 ff.) bzw. freie Luft (Rn 106 ff.) und Sonnenstrahlen (der Verwendung der beiden zuletzt genannten Energieträger stehen auch keine rechtlichen Schranken entgegen).
36 Staudinger/Dilcher, § 90 Rn 13.
37 Palandt/Heinrichs, § 90 Rn 2.
38 BayObLG NJW 1965, 974; Palandt/Heinrichs, § 90 Rn 1.
39 RGRK/Kregel, § 90 Rn 12.
40 So BayObLG NJW 1980, 132; MüKo/Holch, § 90 Rn 8; offen gelassen von BGH NJW-RR 1989, 673.
41 MüKo/Holch, § 90 Rn 6; Palandt/Heinrichs, § 90 Rn 6.
42 Zutr. Bamberger/Roth/Fritzsche, § 90 Rn 7.
43 So ist bspw. auch eine mit einem Grundstück verbundene Gerechtigkeit, die nach § 96 als Grundstücksbestandteil gilt, Teil einer Sache: RGZ 83, 198, 200.

die Kennzeichenrechte nach § 1 MarkenG oder das Urheberrecht) und Geisteswerke[44] (auch wenn diese Gegenstand rechtlicher Herrschaft sein können).[45] Ist ein Geisteswerk (als absolutes Recht nach Urheberrecht oder Patentrecht geschützt) hingegen verkörpert, erfasst der Sachbegriff des § 90 allein die Verkörperung selbst (bspw. das Buch als Gegenstand).

16 **c) Sach- und Rechtsgemeinschaften.** Ebenfalls nichtkörperliche Gegenstände sind als Vermögensrechte: **Rechtsgesamtheiten** (i.S. der einer Person zugeordneten Einheiten von Sachen und anderen Gegenständen) – insbesondere das **Vermögen,** d.h. alle geldwerten Güter und Rechte einer Person, (wovon das Sonderregelungen unterworfene **Sondervermögen** wie das Gesellschaftsvermögen [§§ 718 ff.], das Gesamt-, Sonder- und Vorbehaltsgut bei der Gütergemeinschaft [§§ 1416 ff.], das Kindesvermögen [§§ 1638 f.] oder der Nachlass [§ 1922] zu unterscheiden sind[46])[47] als Gegenstand schuldrechtlicher Verpflichtungen (das allerdings nur im Rahmen einer Gesamtrechtsnachfolge nach § 1922 übergehen, nicht aber Gegenstand von Verfügungen sein kann)[48] und das **Unternehmen** (bzw. der Gewerbebetrieb)[49] als Sach- und Rechtsgesamtheit.[50]

17 Weiterhin stellen der **Kundenstamm**[51] bzw. **Know-how** oder **Goodwill** (als den Wert eines Unternehmens prägende Kriterien) mangels Verkörperung keine „Sache" dar; es handelt sich dabei aber um „sonstige immaterielle Gegenstände" (wenngleich an ihnen kein Sonderrechtsschutz besteht).[52]

18 **d) Software.** Dieser Grundsatz gilt auch für Software (ebenso für sonstige Daten und Informationen): Der Datenträger selbst (als Transportmittel des Programms)[53] oder der Arbeitsspeicher eines Computers unterfällt dem Sachbegriff[54] (ebenso der Datenträger **mit** Programm oder sonstigen Daten),[55] wohingegen das Programm als „Auslöser elektrischer Impulse"[56] das Geisteswerk (Immaterialgut) als **Nicht-Sache** darstellt.[57] Auch der Urheberrechtsschutz (§§ 2 Abs. 1 Nr. 1, 69a ff. UrhG) spricht gegen den Sachcharakter von Software. Im Übrigen macht eine Verkörperung von Computerprogrammen,[58] sonstigen Dateien[59] und Informationen[60] auf einem Datenträger Erstere selbst nicht zu Sachen.[61] Mangels eigener Verkörperung sind Daten und reine Informationen keine Sachen, weshalb auch bei einem Datenverlust im PC bei Stromausfall kein Schadensersatz verlangt werden kann.[62] Software und Bedienungshandbuch bilden beim Vertrieb aber eine Sachgesamtheit[63] (dazu noch Rn 87 ff.).

19 Damit unterfallen dem Sachbegriff **nicht** Computerdaten[64] und Computerprogramme[65], wohingegen ihre Verkörperung auf einem Datenträger „Sache" ist.[66]

20 Etwas anderes ist die Anwendung von Kaufrecht (einschließlich des Gewährleistungsrechts) auf den Verkauf von Computerprogrammen, „weil der Vorgang wirtschaftlich betrachtet einem Sachkauf ähnelt".[67] Beim Überspielen eines Computerprogramms auf eine Festplatte finden bspw. die Vorschriften über den Sachkauf (auch ohne Übergabe eines Datenträgers) entsprechende Anwendung.[68]

---

44 BGHZ 44, 288, 294 – Apfel-Madonna: Nachbildung einer gemeinfreien Skulptur.
45 Staudinger/*Dilcher*, Vorbem. zu §§ 90 ff. Rn 9.
46 Bamberger/Roth/*Fritzsche*, § 90 Rn 22.
47 MüKo/*Holch*, § 90 Rn 34; Soergel/*Mühl*, vor § 90 Rn 10 f.; Staudinger/*Dilcher*, Vorbem. zu §§ 90 ff. Rn 21.
48 Bamberger/Roth/*Fritzsche*, § 90 Rn 22: Wovon § 1085 S. 1 für die Bestellung eines Nießbrauchs an einem Vermögen ausgeht.
49 RGZ 70, 224.
50 Erman/*Michalski*, vor § 90 Rn 7; Palandt/*Heinrichs*, § 90 Rn 2; Staudinger/*Dilcher*, Vorbem. zu §§ 90 ff. Rn 23 ff.
51 OLG Nürnberg MDR 1979, 144: er ist als immaterielles Gut zu qualifizieren.
52 Bamberger/Roth/*Fritzsche*, § 90 Rn 28.
53 Staudinger/*Dilcher*, § 90 Rn 2.
54 BGHZ 102, 135, 144. Vgl. auch *Bydlinski*, AcP 198 (1998), 287, 307.
55 Bamberger/Roth/*Fritzsche*, § 90 Rn 26.
56 Staudinger/*Dilcher*, § 90 Rn 2.
57 Das Programm kann auch nicht deshalb als Sache qualifiziert werden, weil es ohne Verkörperung nicht existent wäre: so zutr. *Redeker*, NJW 1992, 1739; a.A. *König*, NJW 1993, 3121; *ders.*, Das Computerprogramm im Recht, 1991, Rn 269 ff.; *Marty*, BB 1991, 432; vgl. zudem BGH NJW 1993, 2436, 2437 f.
58 *Müller/Hengstenberg*, NJW 1994, 3128; Staudinger/*Dilcher*, § 90 Rn 2.
59 LG Konstanz NJW 1996, 2662.
60 *Mehrings*, NJW 1993, 3102, 3103.
61 Bamberger/Roth/*Fritzsche*, § 90 Rn 26.
62 LG Konstanz NJW 1996, 2662.
63 BGH NJW 1993, 461, 462.
64 LG Konstanz NJW 1996, 2662.
65 *Bormann/Bormann*, DB 1991, 2641; *Junker*, NJW 1993, 824; *Redeker*, NJW 1992, 1739; a.A. *König*, NJW 1993; 3121.
66 So BGHZ 102, 135, 144; BGH NJW 1993, 2436; OLG Karlsruhe, NJW 1996, 200.
67 Bamberger/Roth/*Fritzsche*, § 90 Rn 27: „dies ist grundsätzlich sachgerecht, betrifft aber die Frage, welche schuldrechtlichen Vorschriften man auf einen wirtschaftlichen Leistungsaustausch anwenden kann".
68 BGHZ 109, 97.

Begriff der Sache § 90

2. (Lebende) Tiere. (Lebende) Tiere, die durch besondere Gesetze geschützt werden, sind nach § 90a **keine** 21
Sachen, wenngleich auf sie die für Sachen geltenden Vorschriften entsprechend anzuwenden sind, soweit
nicht ein anderes bestimmt ist. Damit stehen (lebende) Tiere im Ergebnis Sachen allerdings weitgehend
gleich.[69]

3. Der menschliche Körper

Literatur: *Behl*, Organtransplantation, DRiZ 1980, 342; *Carstens*, Das Recht der Organtransplantation, Diss. Frankfurt/
M. 1978; *ders.*, Organtransplantation, ZRP 1979, 282; *Deutsch*, Die rechtliche Seite der Transplantation, ZRP 1982, 174;
Forkel, Verfügungen über Teile des menschlichen Körpers, JZ 1974, 593; *Görgens*, Künstliche Teile im menschlichen
Körper, JR 1980, 140; *Gropp*, Ersatz- und Zusatzimplantat, JR 1985, 181; *Schünemann*, Die Rechte am menschlichen
Körper, 1985; *Toellner* (Hrsg.), Organtransplantation – Beiträge zu ethischen und juristischen Fragen, 1991; *Zenker*,
Ethische und rechtliche Probleme der Organtransplantation, in: FS Bockelmann 1979, S. 481.

Der Körper eines lebenden Menschen (als Träger von Rechten und Pflichten nach § 1 und damit Rechtssub- 22
jekt)[70] wird ebenso wie der (zur Bestattung vorgesehene) Leichnam eines Verstorbenen (wenngleich Letzteres
umstritten ist) nach der Verkehrsanschauung **nicht als Sache qualifiziert**.[71]

a) Der Körper des lebenden Menschen. Der Körper des lebenden Menschen (einschließlich seiner 23
ungetrennten Teile und seiner Bestandteile) ist nicht als Sache zu qualifizieren, womit an ihm auch **kein
Eigentum** besteht.[72]

Andererseits steht dem (lebenden) Menschen an seinem Körper eine Rechtsmacht zu, die jener des Ei- 24
gentümers im Verhältnis zu dessen Sachen gleichkommt.[73] Diese Rechtsmacht beruht auf dem **Recht am
eigenen Körper als besonderem Persönlichkeitsrecht**,[74] das seine Grundlage in Art. 1 Abs. 1 i.V.m. Art. 2
Abs. 1 GG findet und dessen Schutz über die nach § 823 Abs. 1 geschützten absoluten Rechtsgüter insoweit
hinausreicht, als es auch „die Grundlage für die Beachtlichkeit postmortaler Anordnungen des Verstorbenen
und für die Beschränkungen des Sachenrechts bei einer Bestimmung der Rechtslage des Leichnams bildet".[75]

Beachte: Ein Verpflichtungsgeschäft über die Darbietung eines menschlichen Körpers (bspw. als Modell – 25
vgl. dazu aktuell die Ausstellung „Körperwelten") ist nur in den Grenzen der guten Sitten nach § 138
zulässig.[76]

b) Mit dem menschlichen Körper nicht fest verbundene künstliche Körperteile. Anders verhält es 26
sich mit heraus- bzw. abnehmbaren **künstlichen Körperteilen** (reinen Hilfsmitteln, die nicht in den Körper
organisch einbezogen sind) – bspw. Brillen, Kontaktlinsen, Hörgeräten, künstlichen Gebissen oder Prothesen
bzw. Perücken, die als **Sachen** i.S.v. § 90 anzusehen sind (an denen auch ein Eigentumsvorbehalt möglich
ist).[77] Für mit dem menschlichen Körper nicht fest verbundene künstliche Körperteile gelten nach § 811
Nr. 12 ZPO **besondere Pfändungsschutzvorschriften**.

c) Mit dem menschlichen Körper fest verbundene künstliche Körperteile. Künstliche Körperteile 27
sind solche Ersatzstücke, die unter Einsatz organischer Vorgänge in die Körperfunktionen ihres Trägers
einbezogen werden und mit dem Zeitpunkt der Einfügung in den menschlichen Körper ihre Sacheigenschaft
verlieren, womit sie – wie natürliche Körperteile – vom besonderen Persönlichkeitsrecht am eigenen Körper
(Rn 25) erfasst werden.[78]

Mit der Implantation ist auch ein **Herzschrittmacher**[79] Teil des menschlichen Körpers geworden,[80] da **fest** 28
mit dem menschlichen Körper verbundene künstliche Körperteile wie der Körper des lebenden Menschen zu
beurteilen sind.[81] Die Implantate verlieren ihre Sacheigenschaft. Das Eigentum an ihnen geht verloren.[82]

---

69 Palandt/*Heinrichs*, Überbl. v. § 90 Rn 1.
70 Arg.: Weil mit dem menschlichen Geist, d.h. der Persönlichkeit untrennbar verbunden und diesem zugeordnet, so *Taupitz*, NJW 1995, 745.
71 Staudinger/*Dilcher*, § 90 Rn 14: „weil Sache i.S.d. § 90 nur sein kann, was der Person gegenübersteht"; a.A. *Brunner*, NJW 1953, 1173.
72 *Forkel*, JZ 1974, 594; RGRK/*Kregel*, § 90 Rn 2; *Taupitz*, JZ 1992, 1089.
73 Palandt/*Heinrichs*, § 90 Rn 3.
74 So Soergel/*Mühl*, § 90 Rn 3; Staudinger/*Dilcher*, § 90 Rn 14; *Taupitz*, JZ 1992, 1091.
75 Staudinger/*Dilcher*, § 90 Rn 14.
76 Staudinger/*Dilcher*, § 90 Rn 14 – mit einer Vollstreckbarkeit nach § 888 ZPO.

77 Vgl. § 4 der Verordnung über die orthopädische Versorgung Unfallverletzter vom 18.7.1973 (BGBl I S. 871).
78 Erman/*Michalski*, § 90 Rn 7; Soergel/*Mühl*, § 90 Rn 4; Staudinger/*Dilcher*, § 90 Rn 18; einschr. *Schünemann* (Die Rechte am menschlichen Körper, 1985, S. 128 f.): Nur bei dauerhaftem Verbleib des Implantats im Körper.
79 Dazu näher *Ilgner*, Der Schrittmacher als Rechtsobjekt, Diss. Osnabrück 1990.
80 LG Mainz MedR 1984, 200; a.A. *Brandenburg*, JuS 1984, 47; *Gropp*, JR 1985, 183.
81 Vgl. MüKo/*Holch*, § 90 Rn 29.
82 *Laufs/Reiling*, NJW 1994, 775; MüKo/*Holch*, § 90 Rn 21 f.; Palandt/*Heinrichs*, § 90 Rn 3.

29 Werden künstliche Körperteile (bspw. ein Herzschrittmacher oder ein künstliches Hüftgelenk) zu Lebzeiten wieder „ausgetauscht", erlangen sie mit der Abtrennung wieder Sachqualität und stehen **analog § 953** im Eigentum des früheren Trägers, der über sie frei verfügen kann (da ggf. vor der Einpflanzung an ihnen bestehende Rechte Dritter mit der Explantation nicht wiederaufgelebt sind).[83]

30 Während mit dem menschlichen Körper fest verbundene künstliche Körperteile vor dem Tod Bestandteil des Schutzgutes „Körper" sind, haben die Erben nach dem Tod an diesen Sachen ein **Aneignungsrecht**, das allerdings nur mit Zustimmung der Angehörigen ausgeübt werden darf[84] – „man könnte auch sagen, die künstlichen Körperteile waren Teil des Körpers und sind daher nun ein Teil der Leiche".[85]

31 **d) Natürliche Körperteile.** Sachen sind gleichermaßen (allerdings nach nicht unumstrittener,[86] wohl aber weit überwiegender Auffassung[87]) auch natürliche Körperteile und Bestandteile nach ihrer **Trennung** vom Körper (es sei denn, diese ist nur vorübergehender Natur)[88] – z.B. (gespendetes) Blut,[89] Sperma,[90] Haare, Goldplomben, gezogene Zähne, ein herausoperierter Blinddarm oder eine herausoperierte Galle bzw. Organspenden,[91] vgl. zu Letzterem das Gesetz über die Spende, Entnahme und Transplantation von Organen,[92] das die Organentnahme regelt (dazu noch Rn 58 ff.). Folge ist, dass sich das besondere Persönlichkeitsrecht des Betroffenen an seinem ganzen Körper im Augenblick der Trennung in Sacheigentum am abgetrennten Körperteil umwandelt[93] (unabhängig davon, ob diese gewollt oder ungewollt erfolgt und ob die Trennung zugunsten eines bestimmten Destinatärs erfolgen soll oder nicht), da das besondere Persönlichkeitsrecht mit dem menschlichen Körper als solchem untrennbar verknüpft ist und sich nach der Trennung eines verselbständigten Teils desselben nicht an diesem fortsetzen kann.[94]

32 Mit der Trennung wandelt sich die Herrschaft des Menschen über seinen Körper – entsprechend § 953 – *ipso facto* in Eigentum um (gesetzlicher Eigentumserwerb des früheren Rechtsträgers),[95] womit das Eigentum am getrennten Körperteil vollen Eigentumsschutz genießt.[96]

33 Der Eigentümer des abgetrennten Körperteils kann unmittelbar darüber frei verfügen – d.h. einen Dritten (dem bspw. das Organ eingepflanzt werden soll) damit bedenken, aber auch einem Dritten, der das Körperteil aufbewahren soll, das Eigentum daran verschaffen oder diesem gestatten, frei über das Körperteil selbst weiter zu verfügen.

34 Wird der abgetrennte Körperteil (beim Spender selbst oder auch bei einem Dritten) wieder eingepflanzt, endet seine Sachqualität (ggf. mit korrespondierenden Ausgleichsansprüchen wegen des Eigentumsverlustes). Der abgetrennte Körperteil wird (ohne Rücksicht auf die bloß medizinische Frage einer ggf. bestehenden Unverträglichkeit) wieder **Körperbestandteil**.[97]

---

83 So Staudinger/*Dilcher*, § 90 Rn 18.
84 LG Mainz MedR 1984, 199, 200; *Brandenburg*, JuS 1984, 47, 48; Palandt/*Heinrichs*, Überbl. v. § 90 Rn 11; Palandt/*Edenhofer*, § 1922 Rn 44.
85 Bamberger/Roth/*Fritzsche*, § 90 Rn 31.
86 Vgl. etwa *Forkel* (JZ 1974, 595), der ein fortgesetztes besonderes Persönlichkeitsrecht (dazu Rn 25) bei für bestimmte Empfänger vorgesehenen Organspenden annimmt. Ebenso *Jansen* (Die Blutspende aus zivilrechtlicher Sicht, Diss. Bochum 1978, S. 85 ff.) bei einer Bluttransfusion Mensch zu Mensch; bzw. *Schünemann* (Die Rechte am menschlichen Körper, 1985, S. 89 ff.), der trotz Trennung ein das Sachenrecht überlagerndes Persönlichkeitsrecht annimmt, auf das aber verzichtet werden kann, womit allein noch eine sachenrechtliche Beurteilung des Körperteils in Rede steht. Krit. zudem *Laufs/Reiling*, NJW 1994, 774; *Taupitz*, NJW 1995, 745.
87 BGHZ 124, 54 = NJW 1994, 127; Erman/*Michalski*, § 90 Rn 5; Staudinger/*Dilcher*, § 90 Rn 14 f. – arg.: hier wird das besondere Persönlichkeitsrecht (Rn 25) von sachenrechtlichen Regeln verdrängt.
88 HK-BGB/*Dörner*, § 90 Rn 3.
89 Dazu *Jansen*, Die Blutspende aus zivilrechtlicher Sicht, Diss. Bochum 1978.
90 Vgl. hingegen etwa BGHZ 124, 52 = NJW 1994, 127: Wird Sperma, das der Spender hat einfrieren lassen, um sich für eine unvorhergesehene Unfruchtbarkeit die Möglichkeit zu erhalten, eigene Nachkommen zu haben, durch das Verschulden eines anderen vernichtet, dann steht dem Spender unter dem Gesichtspunkt der Körperverletzung ein Anspruch auf Schmerzensgeld zu; a.A.: konserviertes Sperma sei nach der Trennung als Sache zu qualifizieren mit der Konsequenz, dass das Recht des Spenders an seinem Körper in Sacheigentum am abgetrennten Sperma sich umgewandelt habe, so MüKo/*Holch*, § 90 Rn 21; Palandt/*Heinrichs*, § 90 Rn 3.
91 Vgl. auch *Carstens*, Das Recht der Organtransplantation, Diss. Frankfurt/M. 1978; *J. Maier*, Der Verkauf von Körperorganen, 1991; *Schäfer*, Rechtsfragen zur Verpflanzung von Körper- und Leichenteilen, Diss. Münster 1961; *Tress*, Die Organtransplantation aus zivilrechtlicher Sicht, Diss. Mainz 1972.
92 Transplantationsgesetz – TPG vom 5.11.1997 (BGBl I S. 2631).
93 So die h.M.: *Ennecerus/Nipperdey*, § 121 II 1; RGRK/*Kregel*, § 90 Rn 4; MüKo/*Holch*, § 90 Rn 21; Palandt/*Heinrichs*, § 90 Rn 3; Staudinger/*Dilcher*, § 90 Rn 15; *Taupitz*, JZ 1992, 1089, 1092.
94 Staudinger/*Dilcher*, § 90 Rn 15.
95 MüKo/*Holch*, § 90 Rn 21; Palandt/*Heinrichs*, § 90 Rn 3; RGRK/*Kregel*, § 90 Rn 4; Soergel/*Mühl*, § 90 Rn 4; *Taupitz*, AcP 191 (1991), 208.
96 Staudinger/*Dilcher*, § 90 Rn 16.
97 Staudinger/*Dilcher*, § 90 Rn 17.

Etwas anderes gilt dann, wenn die getrennten Körperteile oder die zur Transplantation entnommenen Organe zur Bewahrung von Körperfunktionen oder zur späteren Wiederverwendung im eigenen Körper bestimmt sind[98] (bspw. im Falle einer Eigenblutspende bzw. auch bei konserviertem Sperma[99]). Dann gehören sie weiterhin (d.h. auch während des Zeitraums der Trennung) zum Schutzgut „Körper".[100]

Vgl. zur Zulässigkeit einer Organentnahme aus dem Körper eines lebenden Spenders zwecks Transplantation die Regelungen der §§ 7 ff. TPG (zum TPG noch Rn 60 ff.).

Verpflichtungsgeschäfte (i.S.v. Verträgen *sui generis*) über abgetrennte Körperteile (auch über eine künftige Abtrennung oder eine Transplantation am lebenden Körper – bspw. bei einer Nierentransplantation oder einer Knochenmarksübertragung) sind in den Grenzen des § 138 (wobei vor allem der Aspekt der Entgeltlichkeit problematisch sein kann) zulässig,[101] sofern sie keinen Erfüllungszwang enthalten.[102] Entsprechende Verträge beinhalten die Einwilligung in eine Verletzung der körperlichen Integrität. Letztere kann allerdings auch im Rahmen einer einfachen Einwilligung (des [Organ-] Spenders) erfolgen.

e) Leichen und Leichenteile

Literatur: *Albrecht*, Die rechtliche Zulässigkeit postmortaler Transplantationsentnahme, Diss. Marburg 1986; *Bieler*, Persönlichkeitsrecht, Organtransplantationen und Totenfürsorge, JR 1976, 224; *Brunner*, Theorie und Praxis im Leichenrecht, NJW 1953, 1173; *Carstens*, Das Recht der Organtransplantation, Diss. Frankfurt/M. 1978; *Deutsch*, Die rechtliche Seite der Transplantation, ZRP 1982, 174; *Dotterweich*, Die Rechtsverhältnisse an Goldplomben in den Kieferknochen beerdigter Leichen, JR 1953, 174; *Eichholz*, Die Transplantation von Leichenteilen aus zivilrechtlicher Sicht, NJW 1968, 2272; *Engler*, Todesbegriff und Leichnam als Element des Totenrechts, Diss. Trier 1979; *Forkel*, Verfügungen über Teile des menschlichen Körpers, JZ 1974, 593; *Gaedke*, Handbuch des Friedhofs- und Bestattungsrechts, 8. Auflage 2000; *Görgens*, Künstliche Teile im menschlichen Körper, JR 1980, 140; *Gropp*, Ersatz- und Zusatzimplantation, JR 1985, 181; *Henninger*, Todesdefiniton und Organtransplantation im Recht, Diss. Würzburg 1972; *Hilchenbach*, Die Zulässigkeit von Transplantatentnahmen vom toten Spender aus zivilrechtlicher Sicht, Diss., Heidelberg 1973; *Ilgner*, Der Schrittmacher als Rechtsobjekt, Diss. Osnabrück 1990; *Koebel*, Das Fortwirken des Persönlichkeitsrechts nach dem Tode, NJW 1958, 936; *Kolhaas*, Organentnahmeverbot durch letztwillige Verfügung, DMW 1968, 1612; *ders.*, Zivilrechtliche Probleme der Transplantation von Leichenteilen, DMW 1969, 290; *ders.*, Rechtsfolgen bei Transplantationseingriffen, NJW 1970, 1224; *Kramer*, Rechtsfragen der Organtransplantation, Diss. München 1987; *Linck*, Gesetzliche Regelung von Sektionen und Transplantationen, JZ 1973, 759; *J. Maier*, Der Verkauf von Körperorganen, 1991; *Peuster*, Eigentumsverhältnisse an Leichen und ihre transplantationsrechtliche Relevanz, Diss. Köln 1971; *Reimann*, Die postmortale Organentnahme als zivilrechtliches Problem, in: FS Küchenhoff 1972, S. 341; *Schünemann*, Rechte am menschlichen Körper, 1985; *Strätz*, Zivilrechtliche Aspekte der Rechtsstellung des Toten unter besonderer Berücksichtigung der Transplantation, 1971; *Toellner* (Hrsg.), Organtransplantation – Beiträge zu ethischen und juristischen Fragen, 1991; *Trockel*, Das Recht zur Vornahme einer Organtransplantation, MDR 1969, 811; *Westermann*, Das allgemeine Persönlichkeitsrecht nach dem Tode seines Trägers, FamRZ 1969, 561; *Zenker*, Ethische und rechtliche Probleme der Organtransplantation, in: FS Bockelmann 1979, S. 481.

Im Zusammenhang mit dem Leichnam stellt sich zunächst die Frage nach der **Bestimmung des Todeszeitpunkts**,[103] wobei nach h.A. auf den **Hirntod** abzustellen ist (dazu § 1 Rn 23), der dann eingetreten ist, wenn auf dem Elektroenzephalogramm (EEG) irreversibel die Nulllinie angezeigt wird.[104] Auch bei einer maschinellen Aufrechterhaltung von Körperfunktionen (zu Transplantationszwecken) nach Ende der Hirntätigkeit (d.h. bei irreversibel beendeter Hirntätigkeit) liegt kein Leben im Rechtssinne mehr vor.[105]

Leichen oder Leichenteile (als materielle Substanz des toten Körpers) werden dann als **Sache** i.S.v. § 90 qualifiziert (da sie i.S. der Begriffsbestimmung „Sache" einen räumlich abgegrenzten und beherrschbaren Gegenstand bilden – **Sachcharakter des Leichnams**),[106] wenn und soweit sie zulässigerweise zu medizinischen oder anderen wissenschaftlichen Zwecken Verwendung finden. Auch die **Asche eines Verstorbenen** (nach einer Feuerbestattung) ist dem Leichnam gleichzustellen,[107] womit ihr Sachqualität zukommt. Dies gilt gleichermaßen für solche Leichen, die – wie bspw. historische Skelettfunde aus der Steinzeit,[108] Mumien oder Moorleichen – aus bestimmten Gründen, meist durch Zeitablauf, nicht mehr als sterbliche Hülle einer

---

98 BGHZ 124, 52 = NJW 1994, 127; krit. dazu *Taupitz*, NJW 1995, 745; vgl. *Nixdorf*, VersR 1995, 740.
99 BGHZ 124, 52, 54 = NJW 1994, 127.
100 Palandt/*Heinrichs*, § 90 Rn 3; a.A. *Schwab/Prütting*, Sachenrecht, 31. Aufl. 2004, Rn 5: alle abgetrennten Körperteile seien Sachen, für die § 953 analog gelte.
101 Staudinger/*Dilcher*, § 90 Rn 16.
102 Umfassend *Müller*, Die kommerzielle Nutzung menschlicher Körpersubstanzen, 1997.
103 Dazu *Funk*, Der Todeszeitpunkt als Rechtsbegriff, MDR 1992, 182; *Schreiber*, Kriterien des Hirntodes, JZ 1983, 593.
104 So Palandt/*Heinrichs*, § 1 Rn 3; Soergel/*Fahse*, § 1 Rn 12; Staudinger/*Dilcher*, § 90 Rn 19.
105 So Soergel/*Fahse*, § 1 Rn 12; Staudinger/*Dilcher*, § 90 Rn 19. Vgl. differenzierend aber auch MüKo/*Leipold*, § 1922 Rn 12.
106 So LG Detmold NJW 1958, 265; ebenso MüKo/*Holch*, § 90 Rn 23; Palandt/*Heinrichs*, Überbl. v. § 90 Rn 11; Staudinger/*Dilcher*, § 90 Rn 20; a.A. *Lehmann* (Postmortaler Persönlichkeitsrechtsschutz, Diss. Bonn 1973, S. 64 ff.): Die Leiche als Rückstand der Persönlichkeit.
107 RGZ 154, 269, 274.
108 MüKo/*Holch*, § 90 Rn 31.

Persönlichkeit angesehen werden[109] und daher nicht mehr einem Pietätgefühl zugänglich sind.[110] An ihnen besteht (sofern sie nicht der Totenehrung unterliegen) auch uneingeschränktes Eigentum.[111]

40 Der **Leichnam** eines Verstorbenen als Sache steht andererseits in niemandes Eigentum,[112] weshalb er auch nicht Teil des Nachlasses ist (und damit im Eigentum der Erben stünde).[113] Er ist mithin als eine dem Rechtsverkehr entzogene **herrenlose Sache** zu qualifizieren. Für die Dauer der Totenehrung bestimmen sich daher die über den toten Körper zulässigen Dispositionen nach **nichtvermögensrechtlichen Regeln**,[114] d.h. eine Aneignung an der Leiche ist so lange nicht möglich, wie diese noch die Persönlichkeit des Verstorbenen repräsentiert.[115]

41 **aa) Das postmortale besondere Persönlichkeitsrecht.** Für die Dauer der Totenehrung setzt sich am Leichnam das am (lebenden) Körper bestandene **besondere Persönlichkeitsrecht** (vergleichbar der Fortwirkung des allgemeinen Persönlichkeitsrechts nach dem Tode) fort[116] mit der Folge, dass nichtvermögensrechtliche Willensbekundungen des Verstorbenen über das seinen Leichnam betreffende Verfahren (ebenso wie Anordnungen über die Unterlassung einer künstlichen Lebensverlängerung im Rahmen einer **Patientenverfügung** oder die Gestattung bzw. das Verbot einer Organentnahme) zu respektieren sind.[117]

42 Das besondere Persönlichkeitsrecht des Verstorbenen (d.h. der **postmortale Persönlichkeitsschutz**) wird (im Gleichklang mit dem Personenkreis, dem das Totensorgerecht obliegt – dazu Rn 46 ff.) primär von einer noch zu Lebzeiten vom Verstorbenen bestimmten Person[118] für diesen ausgeübt,[119] sekundär (d.h. mangels einer entsprechenden Bestimmung) von den nächsten Angehörigen des Verstorbenen.[120]

43 Das (zunächst fortbestehende) postmortale besondere Persönlichkeitsrecht **erlischt** mit dem (nicht generell fixierbaren) Zeitpunkt der Beendigung der Totenehrung.[121] Ein absolutes (i.S.v. objektives) Kriterium für die Beendigung des postmortalen besonderen Persönlichkeitsrechts (sowie des Totensorgerechts, Rn 46 ff.) bilden die in den Friedhofssatzungen normierten (und verlängerbaren) **Mindestruhezeiten**,[122] nach deren Ablauf die sachenrechtlichen Regeln wieder uneingeschränkte Geltung beanspruchen.

44 **bb) Das Totensorgerecht.** Des Weiteren wird die Rechtslage um den Leichnam auch stark vom (in § 2 des Gesetzes über die Feuerbestattung vom 15.5.1934[123] (Feuerbestattungsgesetz) eine verallgemeinerungsfähige Grundlage findenden)[124] Totensorgerecht (verstanden als Berechtigung, Bestimmungen über den Leichnam zu treffen)[125] bestimmt.

45 Inhaber des Totensorgerechts ist (wiederum) primär derjenige, den der Verstorbene formlos dazu bestimmt hat,[126] sekundär (gewohnheitsrechtlich)[127] die nahen Angehörigen[128] (die, sofern sie gleichrangig berechtigt sind, nur einstimmige Entscheidungen treffen können) – wobei jedoch stets der durch das postmortale Persönlichkeitsrecht geschützte Wille des Verstorbenen Entscheidungen des Totensorgeberechtigten verdrängt. Das **Totensorgerecht endet** – vergleichbar dem postmortalen besonderen Persönlichkeitsrecht – mit dem (nicht generell fixierbaren) Zeitpunkt der Beendigung der Totenehrung (dazu bereits Rn 45).

46 Während der Dauer des postmortalen besonderen Persönlichkeitsrechts und jener des Totensorgerechts bestehen (aufgrund dieser nichtvermögensrechtlichen Rechtssituation, allerdings auch wegen grundlegender sittlicher Bedenken) keine **Eigentumsrechte am Leichnam** – wohingegen Besitz (§ 854 Abs. 1) des Totensorgeberechtigten zwecks Durchführung der Bestattung möglich ist.[129]

---

109 HK-BGB/*Dörner*, § 90 Rn 3.
110 Palandt/*Heinrichs*, Überbl. v. § 90 Rn 11.
111 Soergel/*Mühl*, § 90 Rn 5; Staudinger/*Dilcher*, § 90 Rn 23.
112 A.A. *Brunner*, NJW 1953, 1173.
113 Palandt/*Heinrichs*, Überbl. v. § 90 Rn 11; Palandt/*Edenhofer*, § 1922 Rn 44.
114 Staudinger/*Dilcher*, § 90 Rn 20.
115 Bamberger/Roth/*Fritzsche*, § 90 Rn 32.
116 So OLG München, NJW-RR 1994, 925; Staudinger/*Dilcher*, § 90 Rn 20.
117 Staudinger/*Dilcher*, § 90 Rn 20.
118 Abl., dass durch formlose Willensbekundung einer Person eine tatsächliche Rechtspflicht auferlegt werden kann, *Gaedke*, Handbuch des Friedhofs- und Bestattungsrechts., S. 121 f., in Anknüpfung an erbrechtliche Kategorien einer Pflichtenauferlegung durch Auflagen.
119 BGH NJW-RR 1992, 834; BGHZ 15, 249 259.
120 *Taupitz*, JZ 1992, 1094.
121 BGHZ 107, 384, 392; Staudinger/*Dilcher*, § 90 Rn 20.
122 MüKo/*Holch*, § 90 Rn 23; Staudinger/*Dilcher*, § 90 Rn 23.
123 RGBl I S. 380 – das Gesetz gilt aber u.a. nicht mehr in Baden-Württemberg, Bayern, Berlin, Bremen, Hamburg, Mecklenburg-Vorpommern bzw. Rheinland-Pfalz.
124 So Staudinger/*Dilcher*, § 90 Rn 21.
125 Dazu näher MüKo/*Holch*, § 90 Rn 23.
126 BGH NJW-RR 1992, 834; Palandt/*Heinrichs*, vor § 90 Rn 11.
127 BGH NJW-RR 1992, 834.
128 Staudinger/*Dilcher*, § 90 Rn 21.
129 So zutr. Staudinger/*Dilcher*, § 90 Rn 22.

cc) Der Leichnam als „herrenlose Sache". Konstatiert man somit trotz des Sachcharakters des Leichnams, dass an ihm keine Eigentumsrechte bestehen, gelangt die h.M. zur Qualifikation des Leichnams als **herrenlose Sache**,[130] an der **kein Aneignungsrecht** (auch nicht aufgrund des Totensorgerechts) besteht.[131]

dd) Das Aneignungsrecht des Friedhofsträgers nach Ablauf der Ruhezeit der Totenehrung. Nach Ablauf der Ruhezeit der Totenehrung (Rn 45) leben die sachenrechtlichen Grundsätze wieder auf mit der Folge, dass nunmehr ein Aneignungsrecht des Friedhofsträgers (nicht jedoch des Totensorgeberechtigten bzw. des Erben) am Leichnam auflebt, das mit dem Abräumen der Grabstätte ausgeübt wird.[132] Es entsteht Eigentum des widmungsberechtigten Friedhofsträgers an ggf. noch vorhandenen Gebeinen, das nunmehr zwar keiner Begrenzung mehr durch das postmortale besondere Persönlichkeitsrecht (Rn 43 ff.) bzw. Totensorgerecht (Rn 46 ff.), wohl aber durch den Widmungszweck erfährt. „Demnach muss mit den Gebeinen beim Abräumen eines Grabes in einer dem Widmungszweck entsprechenden Weise verfahren werden ...; häufig dient dazu ein sog. Beinhaus".[133]

ee) Modalitäten der Bestattung. Jedermann kann (aufgrund des postmortalen besonderen Persönlichkeitsrechts – Rn 43 ff.) schon zu Lebzeiten die **Modalitäten seiner Bestattung** formlos selbst bestimmen, da es sich nicht um eine letztwillige Verfügung im technischen Sinne handelt[134] (sofern er nicht eine Feuerbestattung wünscht, die nach § 4 Feuerbestattungsgesetz der Schriftform bedarf), wobei allerdings im Falle einer Nichtbeachtung dieser Anordnung i.d.R. eine spätere Änderung entsprechend dem Wunsch des Verstorbenen der Grundsatz der Wahrung der Totenruhe entgegensteht.[135] Fehlt eine Anordnung über die Modalitäten der Bestattung, wird diese durch die Totensorgeberechtigten (hilfsweise durch die zuständige Verwaltungsbehörde) bestimmt.[136]

ff) Anatomie. Jedermann kann (im Rahmen einer Verpflichtung *sui generis*)[137] anordnen (auch vertraglich, wobei entsprechende unentgeltliche Verträge nicht gegen § 138 verstoßen), dass sein Körper nach dem Tode der Anatomie zur Verfügung gestellt werden soll, wogegen die Totensorgeberechtigten (unter Berufung auf ihr Pietätgefühl) nicht angehen können.[138] Hingegen kann nicht der Totensorgeberechtigte aus eigenem Entschluss heraus den Leichnam der Anatomie überlassen, da seine Rechtsposition diese Befugnis nicht umfasst.[139]

Die Anatomie erlangt aufgrund der Anordnung des Verstorbenen **kein Aneignungsrecht**. „Vielmehr hat der Verstorbene die Anatomie kraft der Fortwirkung seines Persönlichkeitsrechts am Körper mit der Befugnis ausgestattet, den Leichnam vom derzeitigen Besitzer herauszuverlangen, um ihn für Zwecke der Forschung und der Lehre zu verwenden".[140] Die Anatomie wird damit nicht Eigentümer des Leichnams, sondern erlangt eine (durch den Verstorbenen selbstbestimmte) **Berechtigung eigener Art** an der Leiche – mit der korrespondierenden Verpflichtung, den Leichnam nach Durchführung der anatomischen Zweckbestimmung würdig zu bestatten.[141]

---

130 Vgl. etwa Erman/*Schmidt*, § 90 Rn 8; Palandt/*Heinrichs*, vor § 90 Rn 11, Staudinger/*Dilcher*, § 90 Rn 22. „Herrenlosigkeit" als „Fall des zeitweise durch vorrangige andere Berechtigungen auf Null reduzierten Eigentümerrechts".
131 Umstritten, so aber RGRK/*Kregel*, § 90 Rn 5; Staudinger/*Dilcher*, § 90 Rn 22 – arg.: die Argumente gegen Eigentümerbefugnisse am Leichnam (postmortales besonderes Persönlichkeitsrecht [Rn 43 ff.] und Totensorgerecht [Rn 46 ff.]) sprechen gleichermaßen auch gegen ein Aneignungsrecht; a.A. LG Köln MDR 1948, 365: Aneignungsrecht der Erben.
132 Staudinger/*Dilcher*, § 90 Rn 23.
133 Staudinger/*Dilcher*, § 90 Rn 23.
134 RGZ 100, 172; 108, 217; 154, 269; Soergel/*Mühl*, § 90 Rn 7; Staudinger/*Dilcher*, § 90 Rn 24.
135 RGZ 108, 217, 220; 154, 269, 275.
136 Staudinger/*Dilcher*, § 90 Rn 24.
137 Auf die Staudinger/*Dilcher* (§ 90 Rn 25) unter Bezugnahme auf *Eichholz* (NJW 1968, 2275) die Regelungen des Vermächtnisrechts analog anwenden will.
138 Umstritten, so aber Staudinger/*Dilcher*, § 90 Rn 25: „Andererseits wird die zwangsweise Durchsetzung der Herausgabepflicht auszuschließen sein"; a.A. *Gaedke*, Handbuch des Friedhofs- und Bestattungsrechts, S. 122.
139 Umstritten, so aber *Forkel*, JZ 1974, 597; Staudinger/*Dilcher*, § 90 Rn 25; a.A. *Bieler*, JR 1976, 226; *Gaedke*, Handbuch des Friedhofs- und Bestattungsrechts, S. 118.
140 Staudinger/*Dilcher*, § 90 Rn 25.
141 Staudinger/*Dilcher*, § 90 Rn 25.

52 **gg) Obduktionen.** Aufgrund entsprechender AGB des Krankenhausaufnahmevertrags[142] kann auf vertraglicher Grundlage eine Obduktion des Leichnams durchgeführt werden,[143] ohne dass ein Widerspruchsrecht des Totensorgeberechtigten besteht.[144]

53 Hat der Verstorbene hingegen ausdrücklich eine **Obduktion verboten**, geht dieser Wille aufgrund seines postmortalen besonderen Persönlichkeitsrechts (Rn 43 ff.) dem Sektionsinteresse des Krankenhauses vor, es sei denn, dieses hätte ein besonderes berechtigtes Interesse.

54 Hat der Verstorbene weder in eine Obduktion ausdrücklich eingewilligt noch eine solche verboten, muss der Totensorgeberechtigte in eine Sektion (nur dann) einwilligen, wenn das Krankenhaus ein berechtigtes Interesse geltend machen kann.[145]

55 Auf **gesetzlicher Grundlage** kann eine Obduktion – ohne Einwilligung und auch ohne Berücksichtigung eines entgegenstehenden Willens des Verstorbenen – bspw. erfolgen nach Maßgabe
– der §§ 87 ff. StPO (Leichenschau, Leichenöffnung) oder
– des § 26 Abs. 3 S. 2 Infektionsschutzgesetz[146] (innere Leichenschau).

56 Die Obduktion erfasst den Leichnam als „herrenlose Sache" (Rn 49) und macht ihn zum Gegenstand einer Untersuchung, nach deren Ende eine ordnungsgemäße (würdige) Bestattung stattzufinden hat.

57 Ist im Vorfeld einer Obduktion eine Exhumierung erforderlich, ist auch dazu grundsätzlich die Zustimmung des Totensorgeberechtigten erforderlich,[147] es sei denn, diese erfolgt nach Maßgabe des Strafprozessrechts, vgl. § 87 Abs. 4 StPO.[148]

58 **hh) Transplantationen.** Die Problematik der Transplantation von Organen aus einem nach Eintritt des Hirntods noch maschinell versorgten Körper als Spender mit dem Ziel, diese in den lebenden Körper eines Kranken einzupflanzen (**postmortale Transplantation**),[149] regelt als Problem einer Nachwirkung des Persönlichkeitsrechts eines Verstorbenen (Recht am eigenen Körper) das Gesetz über die Spende, Entnahme und Transplantation von Organen.[150]

59 Das TPG normiert sowohl die Organentnahme bei lebenden (§ 7) als auch bei verstorbenen Organspendern (§§ 3 bis 6), wobei der Organspende eines Verstorbenen ein Vorrang eingeräumt ist. Steht eine solche Organspende zur Verfügung, ist eine Lebendspende grundsätzlich unzulässig (§ 7 Abs. 1 S. 1 Nr. 3 TPG).

60 Zur Vermeidung von Missbräuchen trifft das Gesetz eine Verpflichtung zur organisatorischen Trennung von Organentnahme, Organvermittlung und Organverpflanzung (§§ 3–6, 8–11 TPG). Eine Organentnahme setzt den irreversiblen Gesamthirntod (d.h. den nicht mehr behebbaren Ausfall von Großhirn, Kleinhirn und Hirnstamm) voraus, der von zwei dafür befähigten Ärzten unabhängig voneinander nach Maßgabe des jeweils geltenden Standes der medizinischen Wissenschaft (der nach § 16 Abs. 1 TPG von der Bundesärztekammer in Richtlinien fixiert werden kann) festgestellt werden muss. Der Beachtung der Richtlinie der Bundesärztekammer kommt eine Vermutungswirkung zu, dass der Stand der Erkenntnisse der medizinischen Wissenschaft eingehalten wurde.

61 Voraussetzung für eine Organentnahme ist eine (i.d.R. schriftlich abzugebende) Einwilligung des Spenders (§ 3 Abs. 1 Nr. 1 TPG). Diese Erklärung kann (als rechtsgeschäftsähnliche Handlung) ab dem vollendeten 16. Lebensjahr (ein Widerspruch gegen eine Organentnahme bereits ab vollendetem 14. Lebensjahr) wirksam abgegeben werden (§ 2 Abs. 2 S. 3 TPG). Für diesen Fall ist eine Entnahme zulässig, da die Einwilligung Ausdruck des Selbstbestimmungsrechts des Spenders ist, über seinen Körper auch nach seinem Tod noch selbstverantwortlich zu bestimmen.[151] Eine Beschränkung der Einwilligung auf bestimmte Organe ist zulässig (§ 2 Abs. 2 S. 2 TPG), eine Beschränkung hingegen auf bestimmte Organempfänger umstritten.[152]

62 Hat ein potenzieller Organspender einer Entnahme hingegen widersprochen – eine einmal erteilte Einwilligung kann nämlich jederzeit widerrufen werden[153] – ist die Organentnahme unzulässig (§ 3 Abs. 2 Nr. 1 TPG).

---

142 Die *nicht* als unwirksame, weil „überraschende Klauseln" i.S.v. § 305c zu qualifizieren sind, so BGH NJW 1990, 2313, 2315.
143 Da ein sinnvoller Zusammenhang zwischen Krankenhausaufnahme und Sektionsfallklausel, insbesondere zur Klärung haftungsrechtlicher Fragen, besteht, Staudinger/*Dilcher*, § 90 Rn 26.
144 Umstritten, so aber Staudinger/*Dilcher*, § 90 Rn 26: Vorrang des vertraglich niedergelegten Willens des Verstorbenen; a.A. *Franzki*, MedR 1991, 223, 226.
145 OLG Hamm VersR 1983, 1131; Staudinger/*Dilcher*, § 90 Rn 26.
146 Vom 20.7.2000 (BGBl I S. 1045).
147 LG Detmold NJW 1958, 268.
148 Staudinger/*Dilcher*, § 90 Rn 26.
149 *Linck*, ZRP 1975, 240; *Strätz*, Zivilrechtliche Aspekte der Rechtsstellung des Toten, S. 40 ff.
150 Transplantationsgesetz – TPG v. 5.11.1997 (BGBl I S. 2631) – zur Verfassungsmäßigkeit des Gesetzes: BVerfG NJW 1999, 3399.
151 BGHZ 29, 33, 36; *Walter*, FamRZ 1998, 205; *Weber/Lejeune*, NJW 1994, 2392, 2396.
152 *Walter*, FamRZ 1998, 205.
153 Bamberger/Roth/*Fritzsche*, § 1 Rn 40.

Begriff der Sache § 90

Verboten ist eine Organentnahme kraft vermuteter Zustimmung oder aufgrund einer Einwilligung, die sich aus den Bedingungen der Krankenhausaufnahme ergibt.[154] 63

Nur wenn keine Einwilligung des Toten vorliegt, können andere Personen (bspw. Angehörige) einer Organentnahme zustimmen oder dieser widersprechen. 64

Gemäß §§ 2 Abs. 2 und 4 Abs. 3 TPG kann der Verstorbene zu Lebzeiten das Recht zur Wahrnehmung der Entscheidung über eine Organspende auf eine Vertrauensperson übertragen, die an seiner Stelle die Entscheidung über eine Organentnahme treffen soll. Die Person muss zu diesem Zeitpunkt volljährig sein. 65

Fehlt eine ausdrückliche Erklärung des Verstorbenen und ist von ihm auch kein Sachwalter bestimmt worden (oder erklärt sich ein solcher nicht), sind die nächsten Angehörigen des Verstorbenen (§ 4 Abs. 2 S. 1 TPG bestimmt insoweit die Reihenfolge; § 4 Abs. 2 S. 6 TPG stellt diesen volljährige Personen gleich, die dem Verstorbenen bis zu seinem Tode in besonderer persönlicher Verbundenheit offenkundig nahe gestanden haben) als Sachwalter (des über den Tod fortwirkenden Persönlichkeitsrechts) zur Erklärung (Zustimmung oder Widerspruch) berufen, denen eine Entscheidung nach dem mutmaßlichen Willen des Verstorbenen obliegt bzw. (sofern ein solcher nicht feststellbar ist) eine eigene ethisch verantwortliche Ermessensentscheidung.[155] 66

4. Urkunden. Urkunden als körperliche Gegenstände unterfallen dem Sachbegriff, womit die Zwangsvollstreckung grundsätzlich den Vorgaben der §§ 808 Abs. 2, 821 ff. ZPO nach den Vorschriften über die Vollstreckung in das bewegliche Vermögen folgt. 67

Verkörpern Urkunden auch Rechte (bspw. **Wertpapiere i.e.S.**), besteht an ihnen neben Besitz und Eigentum auch ein Recht, das den Urkundeninhaber zur Rechtsausübung berechtigt. So geht bei **Inhaberpapieren** nach der Übertragung des Eigentums an der Urkunde gemäß §§ 929 ff. zugleich auch das in der Urkunde verbriefte Recht auf den neuen Eigentümer der Urkunde über. Dies gilt gleichermaßen bei **Orderpapieren**, wenn die Übertragung der Urkunde nach Maßgabe der Regelungen über Indossamente erfolgt.[156] 68

Bei Wertpapieren i.e.S. bewirkt eine Zerstörung der Urkunde nicht den Untergang des verbrieften Rechts. Vielmehr ist nur die Rechtsausübung ausgeschlossen. Der Rechtsinhaber kann aber die Ausstellung einer neuen Urkunde verlangen. 69

Erlischt das in der Urkunde verbriefte Recht durch Erfüllung, besteht die Sacheigenschaft der Urkunde fort, die im Eigentum des letzten Berechtigten verbleibt.[157] 70

Bei anderen Urkunden, die ein Recht verbriefen – bspw. bei **Hypotheken-, Grundschuld- und Rentenschuldbriefen** – steht dem Inhaber des Rechts das Eigentum an der Urkunde zu (wobei ggf. für einen Rechtsübergang auch noch eine Urkundenübergabe erforderlich ist, vgl. etwa § 1154). Nach § 952 Abs. 2 erstreckt sich das Recht eines Dritten an der Forderung auf die Urkunde, womit selbständige Verfügungen über die Urkunde nicht statthaft sind. 71

Obgleich dem **Schuldschein** kein Wertpapiercharakter zukommt, gelten für ihn (unabhängig davon, ob er mit schuldbegründender Wirkung oder bloß zur Beweissicherung ausgestellt wurde) nach § 952 Abs. 1 die gerade genannten Grundsätze gleichermaßen.[158] 72

Dem **Kfz-Brief** (und dem Anhängerbrief, § 25 StVZO) als Nicht-Wertpapier[159] (der auch nicht als öffentliche Sache zu qualifizieren ist, dazu noch Rn 125 ff.) kommt eine Ausweisfunktion als Berechtigungsnachweis gegenüber der Kfz-Zulassungsstelle zu,[160] weshalb analog § 952 das Eigentum am Brief als Urkunde jenem am PKW folgt.[161] 73

Demhingegen handelt es sich bei **Pässen** und **sonstigen Personalausweispapieren**, die allein der Personenidentifikation dienen, um öffentliche Sachen[162] (dazu noch Rn 125 ff.), die im Eigentum der Bundesrepublik 74

---

154 So zutr. *Deutsch*, NJW 1998, 777, 778; Bamberger/Roth/*Fritzsche*, § 1 Rn 40.
155 So Bamberger/Roth/*Fritzsche*, § 1 Rn 41.
156 Staudinger/*Dilcher*, § 90 Rn 5.
157 Staudinger/*Dilcher*, § 90 Rn 5.
158 Staudinger/*Dilcher*, § 90 Rn 7.
159 BGH NJW 1970, 653; 1978, 1854.
160 Staudinger/*Dilcher*, § 90 Rn 7.
161 BGHZ 88, 11, 13; 34, 122, 134; Soergel/*Mühl*, Rn 2; Staudinger/*Gursky*, § 952 Rn 9; Staudinger/
Dilcher, § 90 Rn 7; a.A. Erman/*Hefermehl* (§ 952 Rn 2), wonach dem Kfz-Brief lediglich eine zulassungsrechtliche Aufgabe zukommt, die keine Ausstrahlung auf das Privatrecht zeitigt. Gleichermaßen soll auch der *Pferdepass* analog § 952 im Eigentum des Pferdeeigentümers stehen, so LG Karlsruhe, NJW 1980, 789; Staudinger/*Dilcher*, § 90 Rn 7; a.A. Palandt/*Bassenge*, § 952 Rn 4.
162 Staudinger/*Dilcher*, § 90 Rn 8.

Deutschland stehen (vgl. etwa § 1 Abs. 3 Hs. 2 PassG), weshalb eine Verpfändung dieser Papiere unwirksam ist.[163]

II. Arten von Sachen

75 Der allgemein gehaltene Sachbegriff des § 90 kann in unterschiedlicher Weise konkretisiert werden. Der Gesetzgeber selbst hat in § 91 eine Definition der „vertretbaren Sachen", in § 92 der „verbrauchbaren Sachen", in § 97 Abs. 1 eine Differenzierung zwischen „Hauptsache" und „Zubehör" und in § 243 Abs. 1 der „Gattungssache" (der die Speziessache gegenübersteht) getroffen.[164]

76 **1. Mobilien und Immobilien.** Die Differenzierung zwischen beweglichen Sachen (**Mobilien**) und unbeweglichen Sachen (**Immobilien oder Grundstücken**), die auf das germanische Recht zurückzuführen ist,[165] wird vom BGB[166] vorausgesetzt und daher keiner Regelung zugeführt. Sie ist insoweit bedeutsam, als Verfügungen über Mobilien rechtlich anders ausgestaltet sind als Verfügungen über Immobilien.

77 **a) Grundstücke.** Grundstücke (i.S.d. §§ 873 ff., 925 ff.) werden definiert als abgrenzbare Teile der Erdoberfläche, die im Bestandsverzeichnis eines Grundbuchblattes als selbständige Einheit unter einer besonderen Nummer eingetragen (§ 3 Abs. 1 GBO)[167] oder nach § 3 Abs. 5 GBO gebucht worden sind[168] – einschließlich ihrer Bestandteile i.S.d. §§ 93 ff.[169]

78 Auch nicht-wesentliche Bestandteile eines Grundstückes verlieren für die Dauer ihrer Verbindung ihren Charakter einer beweglichen Sache.[170]

79 Das **Erbbaurecht** wird gemäß § 11 Abs. 1 S. 1 ErbbauVO einem Grundstück gleichgestellt – ebenso wie nach den §§ 1, 7 WEG das **Wohnungseigentum** und nach § 30 Abs. 3 S. 2 WEG das **Wohnungserbbaurecht** (sowie nach Artt. 63 und 67 EGBGB nach Landesrecht als Immobiliarrechte ausgestaltete Rechte, wie bspw. das Bergwerkseigentum und Abbaurechte).

80 **b) Bewegliche Sachen.** Unter Mobilien (vgl. dazu §§ 929 ff.) sind hingegen all jene Sachen zu verstehen, die weder Grundstücke, den Grundstücken gleichgestellt noch wesentliche Grundstücksbestandteile sind.[171]

81 Zu den beweglichen Sachen zählen auch jene, die i.S.d. § 95 nur vorübergehend mit dem Grund und Boden verbunden worden sind.

82 Im Gebäudegrundbuch eingetragene Gebäude sind wegen Art. 233 §§ 4 Abs. 1, 2b Abs. 4 EGBGB keine beweglichen Sachen.[172]

83 Bewegliche Sachen werden z.T. von Rechtsnormen, die an die Unbeweglichkeit einer Sache anknüpfen (z.B. §§ 1120 ff.) dann erfasst, wenn sie abgetrennte Erzeugnisse, Bestandteile oder Zubehör der unbeweglichen Sache sind – womit sie dann nach § 865 ZPO (als bewegliche Sachen) auch der Zwangsvollstreckung in das unbewegliche Vermögen unterworfen sind. **Aber**: Auch noch ungetrennte Früchte einer unbeweglichen Sache können nach §§ 810 sowie 824 ZPO Gegenstand der Mobiliarvollstreckung sein.[173]

84 Schiffe und Luftfahrzeuge, die ins Schiffsregister bzw. in die Luftfahrzeugrolle eingetragen sind, behandeln das Schiffsregistergesetz (SchRG) sowie § 870a ZPO und die §§ 162 ff. ZVG bzw. § 99 Luftregistergesetz (LuftRG), das entsprechende Luftfahrzeuge eingetragenen Schiffen gleichstellt, wie Grundstücke. Die Übereignung von nicht ins Schiffsregister eingetragenen Schiffen vollzieht sich nach den Sondervorschriften der §§ 929a und 932a. Die Zwangsversteigerung von Luftfahrzeugen beurteilt sich nach den §§ 171a ff. ZVG.

85 **2. Einzelsachen und Sachgesamtheiten.** Der Sachbegriff des § 90 setzt eine konkrete einheitliche oder zusammengesetzte Einzelsache voraus. Nur diese kann Zuordnungsobjekt des Sachenrechts sein.[174]

---

163 Vgl. AG Heilbronn NJW 1974, 2182 – Verpfändung eines gültigen Personalausweises. Gleichermaßen stellt eine Einbehaltung dieser Papiere eine sittenwidrige Freiheitsberaubung dar, so LG Baden-Baden NJW 1978, 1750. Nach Staudinger/*Dilcher* (§ 90 Rn 8) ist eine kurzfristige Einbehaltung des Ausweises zur privaten Besucherkontrolle hingegen statthaft.
164 Bamberger/Roth/*Fritzsche*, § 90 Rn 10.
165 *Wieling*, Sachenrecht, Bd. 1, 4. Aufl. 2001, § 2 III 8.
166 Vgl. auch die §§ 864, 865 ZPO, die auf „unbewegliches Vermögen" abstellen.
167 RGZ 84, 265, 270.
168 Demhingegen stellt der „natürliche Grundstücksbegriff" auf die einheitliche Bewirtschaftung von Grundstücken ab, Bamberger/Roth/*Fritzsche*, § 90 Rn 11.
169 HK-BGB/*Dörner*, § 90 Rn 5; Jauernig/*Jauernig*, vor § 90 Rn 2; Palandt/*Heinrichs*, vor § 90 Rn 3; Palandt/*Bassenge*, vor § 873 Rn 1.
170 Vgl. RGZ 158, 369.
171 RGZ 55, 284; 78, 51.
172 OLG Naumburg VIZ 2000, 557, 558; Bamberger/Roth/*Fritzsche*, § 90 Rn 11.
173 Staudinger/*Dilcher*, Vorbem. zu §§ 90 ff. Rn 26.
174 Bamberger/Roth/*Fritzsche*, § 90 Rn 16.

Begriff der Sache § 90

Unter einer **Sachgesamtheit** versteht man mehrere selbständige Sachen,[175] die im Verkehr unter einer einheitlichen Bezeichnung zusammengefasst werden[176] und deren Wert und Funktionsfähigkeit durch ihre Vollständigkeit und funktionelle Verbindung mitbestimmt wird[177] (d.h. deren Wert als Gesamtheit viel höher als jener der Einzelsachen ist), bspw. ein Warenlager (vgl. dazu § 92 Abs. 2), eine Briefmarkensammlung, eine Bibliothek, eine Einbauküche oder eine Software, die mit dem zur Nutzung erforderlichen Bedienungshandbuch als Sachgesamtheit verkauft wird.[178] Sachgesamtheiten kennt das Gesetz (bspw. in § 92 Abs. 2 oder § 1035) als Inbegriff, misst ihnen allerdings keine allzu große (sachenrechtliche) Bedeutung zu.[179] Aufgrund des Spezialitätsgrundsatzes muss nämlich über jede der Sachgesamtheit zugehörige Sache einzeln verfügt werden,[180] wenngleich Sachgesamtheiten oft Gegenstand schuldrechtlicher Verpflichtungen sind. 86

Beachte: In prozessualer Hinsicht kommt keine Herausgabeklage bzw. **keine Klage auf Übereignung eines Sachinbegriffs** unter seiner Sammelbezeichnung in Betracht. Vielmehr sind alle der Sachgesamtheit zugehörigen Einzelsachen „in geeigneter Form zu benennen".[181] 87

Zu den Sachgesamtheiten zählen auch **Komplementärsachen** (bspw. Teile einer Sitzgarnitur[182] bzw. die Einzelschuhe bei einem Paar).[183] Bei einer Beschädigung ist der Schädiger verpflichtet, die Aufwendung zu tragen, die zur Wiederherstellung des funktionellen Zusammenhanges erforderlich ist, womit der BGH im Kontext mit § 823 Abs. 1 einen Verletzungsschutz für die organisatorische Sacheinheit anerkennt.[184] 88

Obgleich die Sachgesamtheit selbst Objekt einer schuldrechtlichen Verpflichtung sein kann,[185] ist Verfügungsobjekt aufgrund des sachenrechtlichen Spezialitätsgrundsatzes[186] nur die Einzelsache, aus der sich die Sachgesamtheit zusammensetzt.[187] Es ist jedoch statthaft, die dingliche Einigung unter der Sammelbezeichnung für die Sachgesamtheit vorzunehmen.[188] 89

Einzelsachen, deren Vorliegen sich nach der Verkehrsanschauung bestimmt (also nach den Gesichtspunkten der Körperlichkeit und Abgegrenztheit, Rn 7) können als natürliche Einheiten[189] (i.S. physischer Kohärenz,[190] bspw. ein Stein, Getreidekorn oder ein Tier)[191] in Erscheinung treten oder wenn eine natürliche Mehrheit von Sachen nach der Verkehrsanschauung als besonders bezeichneter und bewerteter einheitlicher Gegenstand angesehen wird[192] (z.B. ein Getreide- oder Sandhaufen)[193] bzw. in Gestalt einer zusammengesetzten Sache, in der mehrere fremde selbständige Sachen solcherart aufgegangen sind, dass sie als Bestandteile ihre Selbständigkeit verloren haben[194] (feste Verbindung von Einzelsachen, wenn sich das Ganze auch nach natürlicher Anschauung als eine Einheit darstellt).[195] 90

Allein bei Grundstücken wird hinsichtlich der Einheitlichkeit der Sache **nicht** auf die Verkehrsanschauung abgestellt, sondern eine rechtliche Bewertung vorgenommen, da das Grundstück als Sache erst durch katastermäßige Vermessung und Grundbucheintragung zur Entstehung gelangt.[196] 91

3. Einfache und zusammengesetzte Sachen. Der Differenzierung zwischen einfachen und zusammengesetzten Sachen kommt bei den Bestandteilen der §§ 93 ff. und der §§ 946 ff. sowie in der Judikatur zu den Weiterfresser-Schäden Bedeutung zu.[197] 92

Unter einer **zusammengesetzten Sache** versteht man eine solche, bei der mehrere (leicht individualisierbare) bewegliche Sachen zu einer neuen Sache zusammengefügt werden, aber noch als körperlich abgrenzbare 93

---

175 BGHZ 18, 226.
176 OLG Celle NJW-RR 1994, 1305.
177 RGRK/*Kregel* § 90 Rn 15; Staudinger/*Dilcher*, Vorbem. zu § 90 Rn 15; BGHZ 76, 216, 219 = NJW 1980, 1518 – Urkundenbestand eines Archivs.
178 BGH NJW 1993, 461, 462.
179 Bamberger/Roth/*Fritzsche*, § 90 Rn 16.
180 Was aber auch unter der Bezeichnung der Sachgesamtheit geschehen kann, da nach § 929 S. 1 „die Bestimmtheit der zu übereignenden Sachen ausreicht", Bamberger/Roth/*Fritzsche*, § 90 Rn 16.
181 Bamberger/Roth/*Fritzsche*, § 90 Rn 16.
182 OLG Celle NJW-RR 1994, 1305.
183 Staudinger/*Dilcher*, Vorbem. zu § 90 Rn 15.
184 BGHZ 76, 216, 220 f. = NJW 1980, 1518. Dabei ist anhand des konkret in Rede stehenden Einzelfalls zu entscheiden, ob bspw. bei der Beschädigung des Bezugstoffes bloß hinsichtlich eines Teils einer Sitzgruppe der Neubezug aller Teile verlangt werden kann, OLG Celle NJW-RR 1994, 1305.
185 Palandt/*Heinrichs*, Überbl. v. § 90 Rn 5.
186 Wovon lediglich das Pachtkreditgesetz eine Ausnahme macht. Danach ist die globale Verpfändung des einem Pächter eines landwirtschaftlichen Grundstücks gehörenden Inventars an ein Pachtkreditinstitut statthaft.
187 BGHZ 76, 216. Davon macht – trotz des Wortlauts des § 1035 – auch die Nießbrauchsbestellung keine Ausnahme.
188 Staudinger/*Dilcher*, Vorbem. zu §§ 90 ff. Rn 17: ebenso kann der Besitz an Einzelsachen durch einen einheitlichen Akt übertragen werden.
189 RGZ 69, 119.
190 Staudinger/*Dilcher*, Vorbem. zu § 90 Rn 13.
191 Beispiele nach Palandt/*Heinrichs*, Überbl. v. § 90 Rn 5.
192 BGHZ 102, 135, 149.
193 Palandt/*Heinrichs*, Überbl. v. § 90 Rn 5.
194 BGHZ 18, 226.
195 Palandt/*Heinrichs*, Überbl. v. § 90 Rn 5 – was nach RGZ 87, 45 auch bei einer nur losen, leicht lösbaren Verbindung der Teile der Fall sein kann.
196 Staudinger/*Dilcher*, Vorbem. zu § 90 Rn 13.
197 Bamberger/Roth/*Fritzsche*, § 90 Rn 12.

Teile (d.h. austauschbare Einzelsachen) in der neuen Sache vorhanden sind (bspw. Computer, Fahrzeuge, Möbel oder Gebäude). Ob die körperlich abgegrenzten Teile noch Gegenstand besonderer Rechte sein können (d.h. ob an ihnen noch isoliert Eigentum besteht), beurteilt sich nach den §§ 93 ff., 946 ff.

94 **Einfache Sachen** sind hingegen solche, die sich nicht aus individualisierbaren oder abgrenzbaren Bestandteilen zusammensetzen,[198] wie bspw. Grundstücke, Steine, Pflanzen oder Erzeugnisse aus Porzellan, Glas oder sonstigen Rohstoffen, die einen Guss zulassen (wie Geschirr oder Vasen). Nach der Verkehrsanschauung werden zu den einfachen Sachen auch Mengensachen[199] (Rn 97) bzw. natürliche Sacheinheiten[200] (bspw. ein Sack Kartoffeln oder ein Kieshaufen) gezählt.

95 Unter **Mengensachen** versteht man Sachen, die nur in größeren Quantitäten für den Wirtschaftsverkehr bedeutsam sind, weshalb den gleichwohl vorhandenen Einzelsachen kein rechtserheblicher wirtschaftlicher Wert zukommt. Vor diesem Hintergrund erachtet die Verkehrsanschauung nur größere abgeteilte Mengen (bspw. einen Zentner Kartoffeln) als Sacheinheit.[201]

96 **4. Vertretbare und nichtvertretbare Sachen.** Unter vertretbaren Sachen sind nach § 91 bewegliche Sachen (Rn 82 ff.) zu verstehen, die im Verkehr nach Zahl, Maß oder Gewicht bestimmt zu werden pflegen.

97 **5. Verbrauchbare und nichtverbrauchbare Sachen.** Verbrauchbare Sachen sind nach § 92 Abs. 1 bewegliche Sachen (Rn 82 ff.), deren bestimmungsgemäßer Gebrauch im Verbrauch oder in der Veräußerung besteht. Als verbrauchbar gelten gemäß § 92 Abs. 2 auch solche beweglichen Sachen, die zu einem Warenlager oder zu einem sonstigen Sachinbegriff gehören, dessen bestimmungsgemäßer Gebrauch in der Veräußerung der einzelnen Sachen besteht.

98 **6. Teilbare und unteilbare Sachen.** Eine Sache ist entsprechend § 752 S. 1 dann teilbar, wenn sie sich ohne Wertminderung in gleichartige Teile (mehrere neue Sachen) zerlegen lässt – was im Falle von Auseinandersetzungen (bspw. bei der Gemeinschaft, §§ 741 ff., nicht jedoch im Sachenrecht) bedeutsam wird,[202] bspw. Baumstämme, (unbebaute) Grundstücke oder Mengensachen[203] (Rn 97).

99 **7. Hauptsachen und Nebensachen.** Eine Differenzierung zwischen Hauptsachen und Nebensachen trifft bspw. § 97 hinsichtlich des Zubehörs oder § 947 Abs. 2 beim Eigentumsverlust durch Verbindung. Die Abgrenzung beurteilt sich nach der Verkehrsanschauung.[204]

III. Exkurs: Verkehrsunfähigkeit von Sachen

100 In einer Reihe von Fällen sind Sachen aufgrund ihrer Beschaffenheit oder aber auch aus Rechtsgründen (bspw. durch eine Zweckwidmung) dem Verkehr ganz oder teilweise entzogen (sog. Verkehrsunfähigkeit von Sachen),[205] wenngleich das BGB selbst keine Differenzierung zwischen verkehrsfähigen und verkehrsunfähigen i.S.v. dem Privatrechtsverkehr entzogenen Sachen trifft.[206]

101 **1. Allgemeingüter.** Unter Allgemeingütern sind solche zu verstehen, die aufgrund ihrer natürlichen Beschaffenheit einer Beherrschung durch den Menschen unzugänglich sind und damit nicht Objekt von Rechten sein können (**privatrechtliche Verkehrsunfähigkeit**, bspw. die freie Luft (nicht jedoch der davon zu unterscheidende Raum über der Grundstücksfläche, auf den sich gemäß § 905 S. 1 das Recht des Grundstückseigentümers erstreckt), fließendes Wasser oder das Meer,[207] der Meeresstrand sowie der Meeresboden.

102 Allgemeingüter sind wegen des Abgrenzbarkeitserfordernisses (Rn 7) des BGB-Sachbegriffs **keine Sachen** i.S.d. BGB. Erst mit der Entnahme – bspw. von Wasser – aus dem jeweiligen Allgemeingut entsteht eine Sache.

103 Daher können zwar am Wasserlauf, nicht jedoch am fließenden Wasser private Rechte begründet werden.

104 **a) Die freie Luft.** Freier Luft fehlt mangels Beherrschbarkeit die Sachqualität. Erst durch die private Entnahme freier Luft (die keinen rechtlichen Restriktionen unterworfen ist) mit Einschluss in ein Behältnis erfolgt eine Aneignung, wodurch Luft zum Gegenstand des Privatrechtsverkehrs werden kann.[208]

---

198 Bamberger/Roth/*Fritzsche*, § 90 Rn 13; MüKo/ Holch, § 93 Rn 3; a.A. Jauernig/*Jauernig*, § 93 Rn 1.
199 *Wieling*, Sachenrecht, Bd. 1, 4. Aufl. 2001, § 2 II 2a dd; a.A. Bamberger/Roth/*Fritzsche*, § 90 Rn 14: Mengensachen als zusammengesetzte Sachen i.w.S.
200 Palandt/*Heinrichs*, § 93 Rn 2.
201 Staudinger/*Dilcher*, Vorbem. zu § 90 Rn 14.
202 Palandt/*Heinrichs*, Überbl. v. § 90 Rn 4.
203 Bamberger/Roth/*Fritzsche*, § 90 Rn 17.
204 Palandt/*Heinrichs*, Überbl. v. § 90 Rn 6.
205 Palandt/*Heinrichs*, Überbl. v. § 90 Rn 7.
206 Zu verkehrsunfähigen Sachen näher *Friedrichs*, Verkehrsfähige Sachen im heutigen Recht, Gruchot 64, 676; *ders.*, Bürgerliches und öffentliches Sachenrecht, AöR 40, 257.
207 Palandt/*Heinrichs*, Überbl. v. § 90 Rn 8.
208 Staudinger/*Dilcher*, Vorbem. zu § 90 Rn 28..

Begriff der Sache § 90

Fehlt freier Luft auch die Sachqualität des BGB, kann sie rechtserheblich – vor allem zu Zwecken des 105
Luftverkehrs (der nach § 1 Abs. 1 LuftVG grundsätzlich frei ist) – genutzt werden mit der Folge, dass die
Rechte des Grundstückseigentümers nach § 905 am Raum über seinem Grundstück dergestalt eingeschränkt
sind, dass er gegen einen ordnungsgemäßen Überflug rechtlich nicht angehen kann.[209]

Weiterhin kann die aus der natürlichen Windbewegung resultierende Energie (Windenergie) bspw. für den 106
Betrieb von Windrädern frei genutzt werden.[210]

Demhingegen ist es nach dem BImSchG grundsätzlich (d.h. mit der ausnahmsweisen Zulässigkeit im Falle 107
einer Genehmigung nach den §§ 4 ff. BImSchG) verboten, die freie Luft zum Abtransport schädlicher
Emissionsstoffe (i.S.v. § 3 Abs. 3 BImSchG) zu nutzen.

b) Das freie Wasser. Freiem Wasser – d.h. sowohl Meerwasser als auch Grundwasser[211] – fehlt die 108
Sachqualität des BGB.[212]

Bei **Binnengewässern** erfolgt eine Differenzierung zwischen fließendem und stehendem Wasser.[213] Ste- 109
hendes Wasser, bspw. in Teichen, ist beherrschbar, weshalb an ihm als Sache Eigentum begründet werden
kann.[214]

Umstritten ist hingegen bei fließendem Binnenwasser, ob nur das Gewässerbett oder auch die fließende Welle 110
eigentumsfähig ist.[215]

Das Eigentum am Gewässerbett als BGB-Sacheigentum[216] resultiert aus Art. 89 GG und dem nach Art. 65 111
EGBGB vorbehaltenen Eigentum (vgl. zur besonderen Rechtslage in Baden-Württemberg Art. 32 LWasserG). Demhingegen hat der BGH[217] nur die fließende Welle über dem Flussbett (entsprechend § 905) als
eigentumsfähig (im Eigentum des Bodeneigentümers stehend) erachtet, was von der h.A. in der Literatur (da
es dem Wasser an der Sachqualität fehle) zu Recht abgelehnt wird.[218]

Für eine **Wasserentnahme** zwecks Eigentumsbegründung ist (mit einer Ausnahme für das offene Meer) 112
sowohl für das Oberflächen- und Grundwasser im Binnenland als auch für Küstengewässer eine öffentlichrechtliche Erlaubnispflicht nach den §§ 22 ff. WHG[219] bzw. nach dem Landeswasserrecht erforderlich, es sei
denn, es handelt sich um eine Maßnahme im Rahmen des Gemeingebrauchs[220] oder Anliegergebrauchs.

Eine **Stoffeinleitung** (z.B. von Abwasser) in freies Wasser ist nach Maßgabe der §§ 2 ff. WHG sowie des 113
Landeswasserrechts einer öffentlich-rechtlichen Erlaubnispflicht unterworfen.[221]

Wird das freie Oberflächenwasser in anderer Weise genutzt (z.B. durch Schifffahrt oder Baden), bestehen 114
ggf. bürgerlich-rechtliche Restriktionen – ggf. gelten auch die Regeln des Gemeingebrauchs.[222]

c) Der Strand. Das Eigentum am Strand von **Binnengewässern** bestimmt sich nach dem Grundstückseigen- 115
tum, das nach Art. 89 GG bzw. Art. 65 EGBGB (vorbehaltenes Landesrecht) am Gewässerbett begründet
wird.[223]

Am **Meeresstrand** (verstanden als Fläche zwischen der Niedrigwasserlinie und dem durch den Beginn des 116
Graswuchses gekennzeichneten höchsten Flutstand) besteht „gemeines Eigentum" des Staates, allerdings
kein BGB-Grundstückseigentum,[224] womit eine private Aneignung des Strandes ausgeschlossen ist[225] –
nicht jedoch eine andere private Nutzung des Strandes als öffentliche Sache (Rn 124 ff.) im Rahmen des
Gemeingebrauchs[226] bzw. einer Sondernutzung.[227] Ein Strand gewordener Grundstücksteil bleibt Sache.[228]

---

209 Dazu näher AnwK-BGB/*Ring*, § 905 Rn 2.
210 Staudinger/*Dilcher*, Vorbem. zu § 90 Rn 28.
211 BayObLG NJW 1965, 973: Am Grundwasser besteht keine Verfügungsbefugnis gemäß § 905 (a.A. noch BGHZ 69, 1, 4), so BVerfGE 58, 300, 333; entsprechend nunmehr auch BGHZ 84, 223, 226.
212 Anders, bspw. eine von der Wasserfläche eines Hafens bedeckte Grundfläche (wenn Abgrenzbarkeit), OVG Schleswig NVwZ-RR 1999, 717, 718.
213 So Staudinger/*Dilcher*, Vorbem. zu § 90 Rn 29.
214 RGRK/*Kregel*, § 90 Rn 12.
215 Staudinger/*Dilcher*, Vorbem. zu § 90 Rn 29.
216 BGH NJW 1967, 1368.
217 BGHZ 28, 34, 38.
218 Erman/*Michalski*, § 90 Rn 4; RGRK/*Kregel*, § 90 Rn 12; Soergel/*Mühl*, § 90 Rn 33; Staudinger/*Dilcher*, Vorbem. zu § 90 Rn 29.
219 Vom 23.9.1986 (BGBl I S. 1529, 1654).
220 Allerdings überschreitet eine Flusswasserentnahme durch ein Saugrohr für industrielle Zwecke den Gemeingebrauch, so BGHZ 28, 34, 43.
221 Vgl. zur großen Zahl völkerrechtlicher Abkommen in diesem Bereich Staudinger/*Dilcher*, Vorbem. zu § 90 Rn 29.
222 Staudinger/*Dilcher*, Vorbem. zu § 90 Rn 29.
223 Staudinger/*Dilcher*, Vorbem. zu § 90 Rn 30.
224 So BGHZ 44, 27, 30.
225 Staudinger/*Dilcher*, Vorbem. zu § 90 Rn 30.
226 VG Schleswig-Holstein SchlHAnz 1973, 124.
227 BGHZ 44, 27, 32.
228 OLG Schleswig NJW 2001, 1073.

117 Wird ein ehemaliger Strand trockengelegt, wird dieser herrenlos. Er unterliegt nach § 928 Abs. 2 i.V.m. Art. 190 EGBGB der Aneignung durch den Bund, sobald er durch Vermessung und Eintragung Festland geworden ist.[229]

118 **d) Meeresboden.** Am Meeresboden besteht **kein privatrechtliches Eigentum.**[230] Der Meeresgrund ist aufgrund der Entschließung der Generalversammlung der Vereinten Nationen vom 17.12.1970 als „common heritage of mankind" einer privaten Aneignung entzogen.[231]

119 Im Hinblick auf die staatlich beanspruchte Hoheitszone besteht bei einer **wirtschaftlichen Ausbeutung des Meeresbodens** ein öffentlich-rechtliches Nutzungsrecht nach Maßgabe des Genfer Abkommens über den Festlandssockel von 1958. Insoweit gilt in Deutschland das Gesetz vom 24.7.1964[232] und vom 25.6.1969.[233] Danach ist die Gewinnung von Bodenschätzen im deutschen Festlandssockel genehmigungspflichtig.[234]

120 Art. 2 des Genfer Abkommens über die Hohe See von 1958 gestattet die freie Nutzung des Meeresbodens zur **Verlegung von Kabeln** und **Pipelines**.

121 Nach dem Gesetz zur vorläufigen Regelung des Tiefseebergbaus vom 16.8.1980[235] und vom 12.2.1982[236] werden auch außerhalb der staatlichen Hoheitszone staatliche Abbaugenehmigungen erteilt – solche anderer Staaten werden anerkannt.[237]

2. Öffentliche Sachen

Literatur: *Hede*, Das Recht der öffentlichen Sachen, JuS 1993, 113; *Höfling*, Grundzüge des öffentlichen Sachenrechts, JA 1987, 605; *Papier*, Recht der öffentlichen Sachen, 2. Auflage 1984; *Stern*, Die öffentliche Sache, VVDStRL 21 (1964), 183; *Weber*, Die öffentliche Sache, VVDStRL 21 (1964), 145.

122 Unter öffentlichen Sachen sind – unabhängig von der Sachdefinition des BGB[238] – die dem **Gemeingebrauch gewidmeten Sachen** und das **Verwaltungsvermögen** zu verstehen,[239] mithin Gegenstände, die einer öffentlich-rechtlichen Zweckbestimmung unterworfen werden. Die Eigenschaft als öffentliche Sache wird durch **Widmung** (sofern diese nicht nachgewiesen werden kann, begründet die **unvordenkliche Verjährung** eine Vermutung für eine Widmung) und **Indienststellung begründet** und durch **Entwidmung** und **Außerdienststellung** (bzw. Einziehung) **aufgehoben** (womit wieder uneingeschränkt die bürgerlich-rechtlichen Regelungen zur Anwendung gelangen).[240] Öffentliche Sachen unterfallen grundsätzlich den privatrechtlichen Vorschriften über Sachen, sofern sich aus der öffentlich-rechtlichen Zweckbestimmung nichts anderes ergibt.[241] Jedenfalls macht eine Widmung zu öffentlichen Zwecken die Sache nicht zu einer *res extra commercium*.[242] Für öffentliche Sachen kann aber (ausnahmsweise) landesrechtlich **öffentliches Eigentum** (als vom Privatrecht zu unterscheidende zweite Form des Eigentums) geschaffen werden mit der Folge, dass dann die Regelungen des BGB keine Anwendung mehr finden.[243]

123 **Öffentliches Eigentum** besteht in Hamburg nach § 4 WegeG vom 4.4.1961[244] an staatseigenen öffentlichen Wegen[245] und gemäß § 4a DeichG vom 29.4.1964[246] an Hochwasserschutzanlagen;[247] in Baden-Württemberg nach § 4 WasserG vom 26.7.1976[248] am Bett von Gewässern erster Ordnung.

124 **a) Dem Gemeingebrauch gewidmete Sachen.** Dem Gemeingebrauch gewidmete Sachen – bspw. öffentliche Wege, Flüsse oder der Meeresstrand – stehen im **privaten Eigentum** (meist öffentlich-rechtlicher

---

229 BGH NJW 1989, 2467; Staudinger/*Dilcher*, Vorbem. zu § 90 Rn 30.
230 BGHZ 44, 27, 30.
231 Dazu *Eitel*, Völkerrecht und Meeresnutzung, JZ 1980, 41; *Graf Vitzhum*, Der Rechtsstatus des Meeresbodens, 1972, S. 156 ff.
232 BGBl I S. 492.
233 BGBl I S. 561.
234 Soergel/*Mühl*, § 90 Rn 33; Staudinger/*Dilcher*, Vorbem. zu § 90 Rn 31: „Dasselbe gilt für den bei der Aufteilung der Nordsee durch Vertrag vom 28.1.1971 (BGBl II 1972 S. 88) der Bundesrepublik als Hoheitsbereich zugesprochenen Teil des Nordseebodens, und zwar auch außerhalb des Festlandssockels".
235 BGBl I S. 1457.
236 BGBl I S. 136.
237 *Lauff*, Die Verträge zum Tiefseebergbau und die faktische Aufteilung der Welt, NJW 1982, 2700; Staudinger/*Dilcher*, Vorbem. zu § 90 Rn 31.
238 Soergel/*Mühl*, § 90 Rn 43; Staudinger/*Dilcher*, Vorbem. zu § 90 Rn 32: weshalb als öffentliche Sachen auch Gegenstände angesehen werden können, denen die bürgerlich-rechtliche Sachqualität fehlt.
239 Palandt/*Heinrichs*, Überbl. v. § 90 Rn 14.
240 Staudinger/*Dilcher*, Vorbem. zu § 90 Rn 34.
241 BGH NJW 1989, 1351; Staudinger/*Dilcher*, Vorbem. zu § 90 Rn 27 ff.
242 So BGH NJW 1990, 899, 900: historisches Hamburger Stadtsiegel; OLG Schleswig, NJW 2001, 1073, 1074: Strand; Bamberger/Roth/*Fritzsche*, § 90 Rn 8.
243 BVerfG NJW 1976, 1835; BVerwGE 27, 132.
244 GVBl S. 117.
245 Vgl. dazu BVerfGE 42, 20, 32.
246 GVBl S. 79.
247 Dazu BVerfGE 24, 367, 386.
248 GVBl S. 369.

Körperschaften, aber auch Privater[249]), das jedoch aufgrund der öffentlich-rechtlichen Zweckbestimmung beschränkt[250] und seines wesentlichen Inhalts entkleidet ist.[251] Eine Überlagerung des Privateigentums an einer öffentlichen Sache durch den öffentlich-rechtlichen Widmungszweck ist ohne gesetzliche Anordnung nicht möglich[252] (**Theorie vom modifizierten Privateigentum**).[253]

b) Verwaltungsvermögen. Sachen im Verwaltungsvermögen (insbesondere öffentliche Einrichtungen, wie bspw. Schulen und Verwaltungsgebäude oder Kasernen) als Sachen i.S.d. BGB dienen durch ihren Gebrauch **unmittelbar** öffentlichen Verwaltungszwecken[254] und sind, soweit ihre Zweckbestimmung dies erfordert, einer Veräußerung entzogen.[255]

Am Verwaltungsvermögen besteht **modifiziertes Privateigentum** mit der Folge, dass die Berechtigung nach BGB durch die öffentlich-rechtliche Zweckbindung der Sache überlagert wird.[256] Die Zivilrechtsordnung gelangt nur insoweit zur Anwendung, als ihre Folgen nicht im Widerspruch zur öffentlich-rechtlichen Zweckbindung stehen. Dadurch kann bspw. ein Reisepass nicht verpfändet werden.[257] Auf öffentliche Sachen finden die §§ 93–95 **keine Anwendung.**[258]

Vom **Verwaltungsvermögen** ist das **Finanzvermögen** zu unterscheiden, das nur **mittelbar** durch seinen Vermögenswert oder seine Erträge öffentlichen Verwaltungszwecken dient und daher in vollem Umfang den Vorgaben des Privatrechts unterworfen ist.[259]

Beschränkungen bestehen nur im Falle einer Zwangsvollstreckung (in das Finanzvermögen) gegen öffentlich-rechtliche Körperschaften, Anstalten und Stiftungen nach § 882a ZPO oder § 170 VwGO bzw. gegen Gemeinden gemäß Art. 15 Nr. 3 EGZPO.[260]

3. Res sacrae u.Ä.

Literatur: *Forsthoff*, Res sacrae, AöR 31, 209; *Goerlich*, Zwangsvollstreckung und Kirchengut, in: FS Martens 1987, S. 557; *Müller-Vollbehr*, Res sacrae und Sprachgebrauch, NVwZ 1991, 142.

Dem Gottesdienst (religiösen Kult) einer anerkannten oder als öffentlich-rechtliche Körperschaft i.S.v. Art. 140 GG i.V.m. Art. 137 Abs. 5 WRV privilegierten Glaubensgemeinschaft gewidmete Sachen (Res sacrae) – wie Kirchengebäude und kirchliche Gerätschaften (einschließlich der Glocken)[261] – sind regelmäßig als eine Gruppe innerhalb der **öffentlichen Sachen** (Rn 124 ff.) zu qualifizieren,[262] an denen privatrechtliches Eigentum besteht,[263] die jedoch aufgrund ihrer **Widmung** (durch die Kirche bzw. Religionsgemeinschaft und den Sacheigentümer) für eine religiöse Zweckbestimmung (Weiheakt) weitgehend dem privaten Rechtsverkehr entzogen sind.[264]

Der Umfang des Ausschlusses privater Befugnisse des Sacheigentümers bestimmt sich oft aus alten Vorschriften (Stadtrechten bzw. in ehemals preußischen Gebieten aus §§ 160 ff. II ALR) bzw. Gewohnheitsrecht.[265] Art. 133 EGBGB bestimmt, dass für Kirchenstühle die landesrechtlichen Vorschriften fortgelten. D.h. bei im Kirchengebrauch stehenden Sachen können auch vorkonstitutionelle Altwidmungen für eine Überlagerung des Privateigentums ausreichen.[266]

In der Folge kann ein Eigentümer, der einer entsprechenden Widmung zugestimmt hat, die Sache auch nicht mehr herausverlangen – grundsätzlich auch dann nicht mehr, wenn er sich bei der Erklärung seiner Zustimmung eine andere Zweckbestimmung vorbehalten hatte.[267]

---

249 A.A. hinsichtlich des Meeresstrandes LG Kiel SchlHA 1975, 86.
250 Wolff/*Bachof*, Verwaltungsrecht I, 9. Aufl. 1974, § 57: öffentlich-rechtliche Dienstbarkeit als Duldungspflicht des privaten Eigentums.
251 Palandt/*Heinrichs*, Überbl. v. § 90 Rn 12; dazu näher AnwK-BGB/*Ring*, § 903 Rn 24.
252 BVerwG NJW 1980, 2538, 2540; 1994, 144, 145.
253 VG Köln NJW 1991, 2584, 2585; Bamberger/Roth/*Fritzsche*, § 90 Rn 8.
254 BGH NJW 1995, 1492.
255 BGHZ 33, 230.
256 Staudinger/*Dilcher*, Vorbem. zu § 90 Rn 33.
257 AG Heilbronn NJW 1974, 2182.
258 Staudinger/*Dilcher*, Vorbem. zu § 90 Rn 33.
259 Palandt/*Heinrichs*, Überbl. v. § 90 Rn 13; Wolff/*Bachhof*, Verwaltungsrecht III, 4. Aufl. 1978, § 164 III.
260 Vgl. dazu *Dagtoglou*, Die Zwangsvollstreckung gegen den Fiskus, die Gemeinden und die sonstigen Personen des öffentlichen Rechts, VerwArch 50, 165.
261 OVG Rheinland-Pfalz DVBl 1956, 624; VGH München NJW 1980, 1973.
262 BayObLGZ 1967, 93; *Schlink*, NVwZ 1987, 633; Staudinger/*Dilcher*, Vorbem. zu § 90 Rn 31.
263 RGZ 107, 367; Palandt/*Heinrichs*, Überbl. v. § 90 Rn 9.
264 BayObLGZ 1967, 93, 97.
265 Vgl. etwa OVG Koblenz, DVBl 1956, 626, wonach es einer Kommune als Eigentümerin von Kirchenglocken verwehrt ist, deren Gebrauch gegenüber der Kirchengemeinde verbindlich festzulegen.
266 BVerwGE 87, 115, 123; BayOLG JZ 1981, 190.
267 BayObLGZ 1980, 381.

132 Die Anerkennung als öffentliche Sache mit den daraus resultierenden Konsequenzen beurteilt sich nach staatlichem Recht (und nicht nach ggf. davon abweichendem Kirchenrecht) – weshalb bspw. den Res sacrae kein Schutz nach § 882a ZPO (dazu Rn 131) gewährt wird.[268] Allerdings hat der Staat bei seiner Anerkennung der Fragestellung, wann eine Widmung zur Res sacrae anzunehmen ist und welche Zweckbindung damit verbunden ist, der staatsfreien Eigenständigkeit der Kirchen in ihrem Kernbereich kirchlicher Betätigung Rechnung zu tragen.[269]

133 Aufgrund der Widmung ist es unerheblich, in wessen Eigentum die Res sacrae stehen. Rechtsgeschäfte und Verfügungen nach Maßgabe des Privatrechts sind **unwirksam**, sofern sie der Widmung widersprechen, und **wirksam**, wenn sie sich im Einklang mit dieser befinden.[270]

134 Ein Gegenstand verliert durch **Entwidmung** und Außerdienststellung seine Eigenschaft als Res sacrae. Eine Entwidmung durch den Eigentümer ohne Zustimmung der widmungsbegünstigten Glaubensgemeinschaft ist nicht möglich.[271] Auch staatlicherseits kann nur durch Gesetz oder durch Verwaltungsakt aufgrund ausdrücklicher besonderer gesetzlicher Ermächtigung eine einseitige Entwidmung ausgesprochen werden[272] – wofür eine allgemein erteilte Enteignungsermächtigung **nicht** ausreicht.[273]

135 Jedoch kann nicht das gesamte Vermögen der Kirchen als „öffentliche Sache" qualifiziert werden. So unterliegt bspw. kirchliches Verwaltungsvermögen regelmäßig keiner öffentlich-rechtlichen Zweckbestimmung[274] (Rn 133). Kirchliche Krankenhäuser und Altenheime unterfallen im vollen Umfang dem Privatrecht.[275]

136 **4. Friedhöfe und Grabdenkmäler.** Gemeindliche wie kirchliche Friedhöfe sind als öffentliche Sachen zu qualifizieren mit der Folge, dass Friedhofsgrundstücke nur insoweit nach bürgerlichem Recht zu beurteilen sind, als der Widmungszweck (d.h. die Zweckbindung Begräbnis) nicht entgegensteht.[276]

137 Bei **kirchlichen Friedhöfen** bestimmt sich der Umfang der Widmung und die mit der Indienststellung geschaffene Zweckbindung ebenso wie eine Entwidmung entsprechend den Grundsätzen bei den Res sacrae[277] (Rn 132 ff.) unter Berücksichtigung des Brauchtums.[278]

138 Bei **gemeindlichen Friedhöfen** erfolgt die Widmung zur Wahrnehmung der öffentlichen Aufgabe Totenbestattung mit korrespondierender Gewährung eines allgemeinen Bestattungsanspruchs.[279]

139 Die Benutzung eines Begräbnisplatzes vollzieht sich auf (gemeindlichen wie kirchlichen) Friedhöfen nach Maßgabe der anstaltlichen Nutzungsordnung (Anstaltsordnung des Friedhofs),[280] wobei die Benutzung kirchlicher Friedhöfe Kirchenmitgliedern vorbehalten werden kann.[281] § 9 Abs. 1 des Feuerbestattungsgesetzes vom 15.5.1934[282] ordnet für gemeindliche Friedhöfe einen **Benutzungszwang** i.S. einer gemeinsamen Bestattung an, der dem sittlichen Empfinden des weit überwiegenden Teils der Bevölkerung zu entsprechen hat.[283]

140 **Sondernutzungsrechte** an besonderen Grabstellen können eingeräumt werden[284] oder aufgrund alten Rechts fortbestehen.[285]

141 Die Regelungen in der Anstaltsordnung eines Friedhofs treffen im Interesse der öffentlichen Aufgabenstellung einer würdigen Totenbestattung Vorgaben über die Ausgestaltung der Grabplätze.[286] Die Vorgaben

---

268 Staudinger/*Dilcher*, Vorbem. zu § 90 Rn 35.
269 *Maunz/Dürig*, Grundgesetz, Art. 140 Rn 9; Staudinger/*Dilcher*, Vorbem. zu § 90 Rn 35.
270 Vgl. RGZ 31, 217, 219 f.; 107, 365.
271 BayObLGZ 1980, 381, 389.
272 BayObLGZ 1967, 100.
273 Staudinger/*Dilcher*, Vorbem. zu § 90 Rn 36.
274 *Müller/Vollbehr*, NVwZ 1991, 142.
275 Staudinger/*Dilcher*, Vorbem. zu § 90 Rn 35.
276 RGZ 100, 214; RG DR 1941, 1319.
277 Staudinger/*Dilcher*, Vorbem. zu § 90 Rn 37.
278 BGH NJW 1954, 1483.
279 Staudinger/*Dilcher*, Vorbem. zu § 90 Rn 37. Lehnt allerdings ein Friedhofsbenutzer (unter Berufung auf seine Glaubensüberzeugung) die Bestattung seiner Angehörigen auf einem (nahe gelegenen) kommunalen Friedhof ab und verlangt er eine Bestattung auf einem konfessionellen Friedhof, ist es ihm zuzumuten, sich den Regeln zu unterwerfen, die dort (als Ausfluss der allgemeinen Glaubensüberzeugung) gelten; BVerwG NJW 2004, 2844.
280 BGHZ 25, 200, 208; BVerwGE 25, 364, 365.
281 Staudinger/*Dilcher*, Vorbem. zu § 90 Rn 38.
282 RGBl I S. 380.
283 So Hessischer StGH NJW 1968, 1924.
284 Staudinger/*Dilcher*, Vorbem. zu § 90 Rn 38.
285 BGHZ 25, 200, 208.
286 Vgl. allerdings BVerwG DöV 1964, 200, wonach ein generelles Verbot schwarzer polierter Grabsteine in einer Friedhofsordnung nicht zulässig ist. Allerdings ist es dem Friedhofsträger nicht verboten, Vorschriften über die Gestaltung zu erlassen, die durch die allgemeinen Friedhofszwecke nicht gefordert, aber mit ihnen vereinbar sind, wenn sie durch einen legitimen Zweck gedeckt sind und die Rechte der Friedhofsbenutzer nicht in einem Maße beschränken, das außer Verhältnis zu Gewicht und Bedeutung des verfolgten Zwecks steht, BVerwG NJW 2004, 2844.

der Anstaltsordnung können auch nachträglich noch geändert werden,[287] bspw. ein einmal vereinbarter Gebührensatz für eine Verlängerung eines Erbbegräbnisses.[288]

Während der Totenehrung unterliegt der **Leichnam** als Inhalt des Grabes nicht den Regelungen über Sachen (Rn 42) – danach steht er (im Rahmen des Widmungszwecks) im Eigentum des Friedhofseigentümers.[289]

142

Korrosionsbeständige **Grabbeigaben** verbleiben nach § 95 im Eigentum des Gebers und sind diesem (soweit bekannt) beim Abräumen eines Grabes zurückzugewähren – widrigenfalls gilt § 984 (Schatzfund).[290]

143

Obwohl **Grabdenkmäler** (ebenso wie anderer dauerhafter Grabschmuck) Gegenstand privater Rechte sind[291] – sie verbleiben nach dem Aufstellen gemäß § 95 im Eigentum des Aufstellenden[292] (wohingegen der Besitz an der Grabstelle dem Friedhofseigentümer[293] bzw. dem durch die Widmung Begünstigten zusteht[294]) –, genießen sie nach § 811 Nr. 13 ZPO auch gegenüber dem Werklohnanspruch des Werkunternehmers Pfändungsschutz.[295] Überdies verstoßen Rechtsgeschäfte, die dem Ziel der Totenehrung widersprechen, nach § 138 gegen die guten Sitten.[296]

144

§ 90a Tiere

¹Tiere sind keine Sachen. ²Sie werden durch besondere Gesetze geschützt. ³Auf sie sind die für Sachen geltenden Vorschriften entsprechend anzuwenden, soweit nicht etwas anderes bestimmt ist.

Literatur: *Lorz*, Tier = Sache?, MDR 1989, 201; *ders.*, Gesetz zur Verbesserung der Rechtsstellung des Tieres im bürgerlichen Recht, MDR 1990, 1057; *Mühe*, Gesetz zur Verbesserung der Rechtsstellung des Tieres im bürgerlichen Recht, NJW 1990, 2238; *Pütz*, Zur Notwendigkeit der Verbesserung der Rechtsstellung des Tieres im bürgerlichen Recht, ZRP 1989, 171; *Schmidt*, Sind Hunde Plastiktüten?, JZ 1989, 790.

A. Allgemeines	1	II. Der Schutz von Tieren (S. 2)	5
B. Regelungsgehalt	3	III. Die Rechtsfolge nach S. 3	7
I. Tiere sind keine Sachen (S. 1)	3	IV. Exkurs: Pflanzen	10

A. Allgemeines

Mit der durch Gesetz zur Verbesserung der Rechtsstellung des Tieres vom 20.8.1990¹ (zusammen mit § 251 Abs. 2 S. 2 und § 903 S. 3) neu eingeführten Regelung des § 90a (Tiere)² folgte der Gesetzgeber der Überlegung, dass Tiere als schmerzempfindsame Lebewesen und Mitgeschöpfe einer Sache nicht formal gleichgestellt werden dürfen, sondern der Mensch ihnen gegenüber zu Schutz und Fürsorge verpflichtet sei, was auch im BGB statuatorisch seinen Niederschlag finden soll. Damit bekennt sich der Gesetzgeber zu einem (bereits dem Tierschutzgesetz 1986) zugrunde liegenden ethisch fundierten Tierschutz.³ Der Gesetzgeber nimmt somit Abschied von der römisch-rechtlichen Tradition einer Zweiteilung der Rechtsobjekte in körperliche und unkörperliche Gegenstände und schafft durch die Herausnahme der Tiere aus dem Begriff der körperlichen Gegenstände eine neue, dritte, gesetzlich eigenständige sachenrechtliche Gegenstandskategorie.⁴

1

Wenn aber nach S. 3 die für Sachen geltenden Vorschriften auf Tiere entsprechende Anwendung finden, bringt die Regelung gegenüber einer unmittelbaren Anwendung keine große Änderung gegenüber dem früheren Rechtszustand, weshalb *Heinrichs* die Norm des § 90a zu Recht – und im Unterschied zur

2

---

287 Staudinger/*Dilcher*, Vorbem. zu § 90 Rn 38.
288 BGHZ 25, 200, 209.
289 Staudinger/*Dilcher*, Vorbem. zu § 90 Rn 39 – der im Rahmen des Abräumens alter Gräber der Erde wieder entnommene Gebeine in gebührender Weise aufzubewahren hat, was gleichermaßen im Falle des Abräumens eines Urnengrabs für die der Erde entnommene Urne mit der Asche gilt.
290 So Staudinger/*Dilcher*, Vorbem. zu § 90 Rn 39.
291 So dazu Faber, NJW 1956, 1480; *Ganschezian-Finck*, NJW 1956, 1481.
292 Staudinger/*Dilcher*, Vorbem. zu § 90 Rn 14; a.A. LG Koblenz NJW 1956, 949: Grabdenkmals als *res extra commercium*, dazu jedoch krit. *Faber*, NJW 1956, 1480, 1481.
293 RG JW 1936, 399.
294 Staudinger/*Dilcher*, Vorbem. zu § 90 Rn 40.
295 Umstritten, so LG Verden DGVZ 1990, 31; LG Stuttgart DGVZ 1991, 59; *Wacke*, DGVZ 1986, 161; a.A. OLG Köln OLGZ 1993, 113 = JuS 1993, 514; LG Wiesbaden NJW-RR 1989, 575; LG Braunschweig NJW-RR 2001, 715.
296 Staudinger/*Dilcher*, Vorbem. zu § 90 Rn 40.
1 BGBl I S. 1762. Dazu näher *Mühe*, NJW 1990, 2238.
2 Dazu krit. *Braun*, JZ 1993, 7: „evidente Torheit"; *Pütz*, ZRP 1989, 171; *K. Schmidt*, JZ 1989, 780.
3 BT-Drucks 11/7369, S. 1.
4 Staudinger/*Dilcher*, § 90a Rn 2 – die „nicht besonders glücklich zu nennen" sei. „Der ursprüngliche Plan, die Novelle als § 103a (ohne S. 1) zur Schlussvorschrift eines dann ‚Sachen, Tiere' überschriebenen Abschnitts mit dem Titel ‚Tiere' zu machen, wäre korrekter gewesen".

Staatszielbestimmung „Tierschutz" nach Art. 20a GG (dem bei verfassungsrechtlichen Abwägungen eine grundsätzliche Gleichwertigkeit mit anderen Verfassungsgütern zukommt)[5] – im Ergebnis als „eine gefühlige Deklamation ohne wirklich rechtlichen Inhalt"[6] oder *Medicus* sie als „Begriffskosmetik"[7] qualifiziert. Die Norm kann somit allenfalls als „ethisches Postulat" gewertet werden und erweist sich letztlich als Fremdkörper im BGB.[8] Jedenfalls wertet § 90a Tiere nicht als Rechtssubjekte auf.

B. Regelungsgehalt

I. Tiere sind keine Sachen (S. 1)

3   Gemäß S. 1 sind Tiere keine Sachen i.S.v. § 90, wenngleich S. 3 (Rn 7 ff.) die Konsequenz vermeidet, dass die Vorschriften über Sachen auf Tiere unanwendbar wären. Wegen ihrer fehlenden Vernunftbegabung sind Tiere damit also Rechtsobjekte (und nicht Rechtssubjekte)[9] – andererseits aber auch keine „Sachen sui generis"[10] (was einer Missachtung des gesetzgeberischen Willens – Rn 1 – gleichkäme).[11] Das Gesetz geht (in Abgrenzung zu lebloser Materie und lebenden Pflanzen) nach allgemeinem Sprachgebrauch und der Verkehrsauffassung von einem **biologischen Tierbegriff**[12] aus – womit Beschränkungen der Begrifflichkeit, die bspw. auf eine Schmerzempfindlichkeit als Notwendigkeit des Tierbegriffs[13] abstellen oder nur Tiere höherer Art vom Geltungsbereich des § 90a erfasst sehen wollen, nicht in Betracht gezogen werden können.[14]

4   Dem Tierbegriff unterfallen die **Embryonen lebendgebärender Tiere** (die – mangels körperlicher Abgegrenztheit – das rechtliche Schicksal des Muttertiers teilen) sowie (befruchtete) Tiereier, ebenso wenig wie Tierkadaver (die als Sachen zu qualifizieren sind).[15]

II. Der Schutz von Tieren (S. 2)

5   Tiere werden nach S. 2 durch besondere Gesetze geschützt.[16] S. 2 stellt somit eine Vorschrift dar, die wie § 903 S. 2 völlig überflüssig ist, da die Tierschutzgesetze ohnehin gelten.[17] „Besondere Gesetze" sind bspw. das Bundestierschutzgesetz (BTierSchG) vom 18.8.1986,[18] das Gesetz über Naturschutz und Landschaftspflege (Bundesnaturschutzgesetz – BNatSchG) vom 25.3.2002,[19] die Bundesartenschutzverordnung vom 18.9.1989,[20] die Bundeswildschutzverordnung vom 25.10.1985,[21] das Bundesjagdgesetz (BJagdG) vom 29.9.1976,[22] Regelungen des Tierseuchen- und Schlachtrechts sowie Jagd- und Fischereigesetze der Länder, aber auch § 251 Abs. 2 S. 2 (wonach die aus der Heilbehandlung eines verletzten Tieres entstandenen Aufwendungen nicht bereits dann unverhältnismäßig sind, wenn sie dessen Wert erheblich übersteigen) und § 903 S. 2[23] (wonach der Eigentümer eines Tieres bei der Ausübung seiner Befugnisse die besonderen Vorschriften zum Schutz der Tiere zu beachten hat) bzw. § 765a Abs. 1 S. 2 ZPO oder § 811c Abs. 1 ZPO.

6   Ist ein Tier durch „besondere Gesetze" nicht ausdrücklich besonders geschützt, resultiert auch aus S. 2 kein besonderer Schutz.[24] Zwecks Wahrung der Rechtsordnung sind Tierschutzgesetze (auch wenn dies in S. 2 nicht so klar zum Ausdruck gebracht wird) auch bei der Anwendung der Normen des allgemeinen Zivilrechts zu berücksichtigen.[25]

---

5 Dazu *Obergfell*, NJW 2002, 2296.
6 Palandt/*Heinrichs*, § 90a Rn 1.
7 *Medicus*, BGB AT, Rn 1178a.
8 Bamberger/Roth/*Fritzsche*, § 90a Rn 1.
9 MüKo/*Holch*, § 90a Rn 3.
10 Jauernig/*Jauernig*, § 90a Rn 1.
11 Bamberger/Roth/*Fritzsche*, § 90a Rn 3.
12 Staudinger/*Dilcher*, § 90a Rn 3.
13 Vgl. Ansätze hierzu in RegE, BT-Drucks 11/7369, S. 1.
14 *Lorz*, MDR 1990, 1058, Staudinger/*Dilcher*, § 90a Rn 3.
15 Staudinger/*Dilcher*, § 90a Rn 4.
16 Eine Regelung, deren Streichung der Rechtsausschuss des Bundesrats empfohlen hatte: BR-Drucks 380/1/89 v. 8.9.1989, S. 2.
17 Bamberger/Roth/*Fritzsche*, § 90a Rn 5.
18 I.d.F. der Neubekanntmachung v. 25.5.1999 (BGBl I S. 1105, 1818).
19 BGBl I S. 1193.
20 BGBl I S. 1677.
21 BGBl I S. 2040.
22 BGBl I S. 2849.
23 A.A. Bamberger/Roth/*Fritzsche*, § 90a Rn 5: Die Norm schützt in erster Linie die wirtschaftlichen Interessen des Tierhalters.
24 Bamberger/Roth/*Fritzsche*, § 90a Rn 5; „das etwa einen Autofahrer zu gefährlichen Aktionen zwänge, um ein Tier nicht zu überfahren", AG Schorndorf, NJW-RR 1993, 356.
25 So zutreffend Bamberger/Roth/*Fritzsche*, § 90a Rn 5.

III. Die Rechtsfolge nach S. 3

Allerdings finden auf Tiere nach S. 3 die für Sachen geltenden Vorschriften entsprechende Anwendung, "soweit nicht ein anderes bestimmt ist". Der Vorrang, der Sondervorschriften für Tiere (bspw. §§ 98, 251 Abs. 2 S. 2, 833 f., 903 S. 2 oder 960 ff.) eingeräumt wird, ist eine überflüssige Klarstellung.[26] Diese Vorschriften sind aber gleichermaßen bei der Anwendung allgemeiner zivilrechtlicher Vorschriften zu berücksichtigen, weshalb man insofern „die Signalfunktion des § 90a nicht unterschätzen" sollte.[27]

Nach der **Verweisungsanalogie** (als Gesetzesanalogie *sui generis* wegen des Fehlens einer Gesetzeslücke) des S. 3[28] muss im Hinblick auf sachenrechtliche Vorschriften untersucht werden, ob sie entsprechend auf Tiere angewendet werden können. Obgleich Tiere also keine Sachen sind (S. 1, Rn 3), bleiben sie Rechtsobjekte[29] und können damit Gegenstand von Verpflichtungs- und Verfügungsgeschäften sein. Folglich sind bspw. § 885 Abs. 2 ZPO auf Tiere, die sich auf einem zu räumenden Grundstück befinden, oder § 7 StVG[30] beim Kfz-Betrieb im Falle ihrer Verletzung anwendbar.[31]

Beachte: Trotz des strafrechtlichen Analogieverbots nach Art. 103 Abs. 2 GG ändert § 90a nichts an der Strafbarkeit des Diebstahls (§ 242 StGB) oder der Beschädigung (§ 303 StGB) von Tieren.[32]

IV. Exkurs: Pflanzen

Die gleichermaßen nicht der leblosen Materie zuzurechnenden Pflanzen unterfallen nicht § 90a und sind als **Sachen** zu qualifizieren – meist (da sie i.d.R. für ihr Gedeihen Erdreich benötigen) sind sie als **wesentliche Grundstücksbestandteile** zu qualifizieren (womit sie dem Recht der unbeweglichen Sachen unterworfen sind), es sei denn, es handelt sich um Topfpflanzen oder Pflanzen, die nach § 95 nur zu einem vorübergehenden Zweck mit Grund und Boden verbunden worden sind.[33]

Dilcher[34] weist auf das Dilemma hin, dass eine an ethischen Geboten orientierte Achtung und Fürsorge gegenüber Pflanzen ausgerichtete Aufhebung ihrer Sacheigenschaft durch Umwandlung des Bewuchses der Grundstücksoberfläche in eine Art sonderrechtsfähige Scheinbestandteile als neue Kategorie des bürgerlichen Rechts für den Grundstücksverkehr untragbare Unsicherheiten mit sich brächte (praktische Undurchführbarkeit).

§ 91   Vertretbare Sachen

¹Vertretbare Sachen im Sinne des Gesetzes sind bewegliche Sachen, die im Verkehr nach Zahl, Maß oder Gewicht bestimmt zu werden pflegen.

A. Begriffsbestimmung 1	B. Beispielsfälle vertretbarer und unvertretbarer Sachen 11
I. Maßgeblichkeit der Verkehrsanschauung ... 6	
II. Bedeutung der Differenzierung 8	

A. Begriffsbestimmung

Vertretbare Sachen sind nach der Definitionsnorm des § 91 **bewegliche Sachen**, die im Verkehr nach Zahl, Maß oder Gewicht bestimmt zu werden pflegen – d.h., wenn sie sich von anderen Sachen derselben Art nicht durch irgendwelche ausgeprägten Individualisierungsmerkmale abheben und daher (nach regelmäßiger Anschauung) ohne weiteres austauschbar sind[1] (d.h. diese ersetzen können oder durch diese ersetzbar sind; meist Mengensachen und nicht Einzelstücke),[2] bspw. bei Serienprodukten oft eine neue (nicht hingegen eine schon gebrauchte) Sache.[3]

---

26 MüKo/*Holch*, § 90a Rn 10; a.A. *Lorz*, MDR 1990, 1057.
27 Bamberger/Roth/*Fritzsche*, § 90a Rn 6.
28 Staudinger/*Dilcher*, § 90a Rn 5.
29 Bamberger/Roth/*Fritzsche*, § 90a Rn 3.
30 LG Köln NJW-RR 1998, 320.
31 Bamberger/Roth/*Fritzsche*, § 90a Rn 6.
32 Loslösung der strafrechtlichen Begrifflichkeit von jener des Zivilrechts: *Graul*, JuS 2000, 215; *Küper*, JZ 1993, 435 (eigener strafrechtlicher Sachbegriff – Tiere als lebende Sachen); Palandt/*Heinrichs*, § 90a Rn 1; a.A. *Braun*, JuS 1992, 761; *Leitenstorfer*, JuS 1993, 616 und Staudinger/*Dilcher*, § 90a Rn 5: „Die Grenzen entsprechender Anwendung sind strafrechtlich bei Diebstahl und Sachbeschädigung erreicht, weil hier das Analogieverbot entgegensteht".
33 So zutr. Staudinger/*Dilcher*, § 90a Rn 7.
34 Staudinger/*Dilcher*, § 90a Rn 5.
1 BGH NJW 1966, 2307; 1971, 1793, 1794; 1985, 2403; MüKo/*Holch*, § 91 Rn 1.
2 Staudinger/*Dilcher*, § 91 Rn 2.
3 RGRK/*Kregel*, § 91 Rn 5; Staudinger/*Dilcher*, § 91 Rn 1.

2 Auch bei der Gattungssache (§ 243) kommt es nicht auf besondere individuelle Merkmale an. Im Unterschied zur Gattungsschuld, bei der die Festlegung der relevanten Gattung der Parteidisposition unterliegt, beurteilt sich die **Vertretbarkeit einer Sache** nach einem allein objektiven Maßstab[4] mit der Folge, dass im Rahmen des § 91 Parteivereinbarungen unbeachtlich sind[5] (Rn 6). Gattungsschulden werden allerdings regelmäßig durch die Leistung vertretbarer, Stückschulden durch die Leistung nicht-vertretbarer Sachen erfüllt.[6]

3 Vertretbare Sachen sind nicht nur solche, die bereits vorhanden sind. Vielmehr fallen darunter auch künftig erst noch herzustellende Sachen (wenn die Sache nach ihrer Herstellung – unmaßgeblich ist hingegen der Herstellungsstoff – eine vertretbare ist) – arg. § 651.[7]

4 Die Begrifflichkeit „Vertretbarkeit" verwendet das Gesetz allerdings auch in anderem Zusammenhang, bspw. in § 887 ZPO (Vertretbare Handlungen). Im Falle der Leistung durch Dritte nach § 267 wird dies in der Literatur als „vertretbare Leistung" bezeichnet.

5 Umgekehrt ist eine Sache damit dann **nicht vertretbar**, wenn sie auf die Wünsche des Bestellers ausgerichtet ist und daher für den Unternehmer anderweitig nur schwer oder gar nicht abgesetzt werden kann.[8]

I. Maßgeblichkeit der Verkehrsanschauung

6 Das Gesetz legt ein objektives Verständnis der Vertretbarkeit zu Grunde.[9] Maßgeblich ist als objektive Grundlage die vom Parteiwillen unabhängige **Verkehrsanschauung**. Eine Parteivereinbarung spielt diesbezüglich keine Rolle,[10] d.h. eine vertretbare Sache wird nicht dadurch, dass die Parteien aufgrund ihrer Dispositionsfreiheit eine nach der Verkehrsauffassung vertretbare Sache „im Vertragszusammenhang" gewollt als nicht vertretbare Sache behandeln (was ihnen unbenommen ist), zu einer unvertretbaren.[11]

7 **Beachte aber**: Knüpfen Normen an eine nur der Gattung nach bestimmte Sache an (wie bspw. §§ 243, 300 Abs. 2, 524 Abs. 2, 2182 Abs. 1 bzw. § 2183), kommt es auf das vertraglich Vereinbarte (bzw. einseitig Bestimmte) – d.h., ob der Leistungsgegenstand individuell bzw. nach allgemeinen Merkmalen bestimmt worden ist – und nicht auf die Vertretbarkeit bzw. Unvertretbarkeit der Sache an:[12] vertretbare Sache als Gesellschaftsbeitrag (§ 706 Abs. 2 S. 1).

II. Bedeutung der Differenzierung

8 Die Differenzierung zwischen vertretbaren und nicht vertretbaren Sachen gewinnt bspw. beim Werklieferungsvertrag (§ 651 S. 3), beim Sachdarlehen (§ 607), der Anweisung (§ 783) oder bei der unechten (unregelmäßigen) Verwahrung (§ 700) Bedeutung – ebenso bei kaufmännischen Orderpapieren (§ 363 HGB) oder beim Lagergeschäft (§ 419 Abs. 1 HGB).

9 Bei vertretbaren Sachen ist im Falle des Verlusts oder der Zerstörung Schadensersatz im Wege der Naturalrestitution nach § 249 S. 1 durch die Lieferung einer anderen gleichartigen Sache möglich (weil die Sachen nach der Verkehrsanschauung austauschbar sind und daher ein wirtschaftliches Interesse des Gläubigers gerade am Erhalt der beschädigten Sache regelmäßig nicht besteht)[13] – wohingegen dies bei unvertretbaren Sachen regelmäßig nicht möglich ist.[14]

10 Im **Zivilprozessrecht** gewinnt die Differenzierung Bedeutung im Zusammenhang mit § 592 ZPO (Urkundenprozess), § 794 Nr. 5 ZPO (vollstreckbare Urkunde) sowie § 884 ZPO (Zwangsvollstreckung durch Wegnahme).

B. Beispielsfälle vertretbarer und unvertretbarer Sachen

11 Als **vertretbare Sachen** kommen bspw. die folgenden in Betracht: Bierflaschen,[15] Briefmarken, (deutsche) Eichenfurnierrundhölzer,[16] Einzelexemplare eines Buches, Fertigbauteile, Geld[17] (§ 783 – bei **Geldscheinen** wird die Individualisierungsnummer von der Verkehrsanschauung ignoriert,[18] bei **Münzen** erfolgt erst gar

---

4 Bamberger/Roth/*Fritzsche*, § 91 Rn 5.
5 Jauernig/*Jauernig*, § 91 Rn 1; MüKo/*Holch*, § 91 Rn 1; Palandt/*Heinrichs*, § 91 Rn 1.
6 Bamberger/Roth/*Fritzsche*, § 91 Rn 5; MüKo/*Holch*, § 91 Rn 7; Soergel/*Mühl*, § 91 Rn 4.
7 RGRK/*Kregel*, § 91 Rn 2; Staudinger/*Dilcher*, § 91 Rn 1.
8 BGH NJW 1971, 1793.
9 Palandt/*Heinrichs*, § 91 Rn 1.
10 MüKo/*Holch*, § 91 Rn 1.
11 Erman/*Michalski*, § 91 Rn 3; Soergel/*Mühl*, § 91 Rn 4; Staudinger/*Dilcher*, § 91 Rn 5 f.
12 So Staudinger/*Dilcher*, § 91 Rn 6.
13 MüKo/*Holch*, § 91 Rn 6; Staudinger/*Dilcher*, § 91 Rn 4.
14 BGH NJW 1985, 2413.
15 BGH MDR 1956, 154.
16 BFH BB 1986, 647.
17 Palandt/*Heinrichs*, § 91 Rn 2. Hingegen sind Buchgeld (Giralgeld, dazu *Schmidt*, JuS 1984, 738) bzw. Computergeld als unkörperliche Gegenstände zu qualifizieren, Staudinger/*Dilcher*, § 91 Rn 7.
18 MüKo/*Holch*, § 91 Rn 3.

Vertretbare Sachen § 91

keine Individualisierung durch Nummern;[19] auch ausländische Geldzeichen und Münzsonderprägungen sind als vertretbare Sachen zu qualifizieren[20]), (neue) Kraftfahrzeuge,[21] Maschinen (gewöhnlicher Art und üblicher Beschaffenheit),[22] Serienmaschinen, Transportbeton,[23] Vervielfältigungsgegenstände (von Druckschriften oder Tonträgern), (Handels-)Ware aus Serienanfertigung, sofern sie ungebraucht ist (bspw. Serienmöbel – auch dann, wenn sie nach den Wünschen des Bestellers oder nach Muster angefertigt wurden[24] oder einen vom Besteller gewünschten Bezugsstoff erhalten),[25] Werkzeuge, sogar Windkraftanlagen,[26] Wärmepumpen,[27] Wein (in seiner durch Rebsorte, Lage, Jahrgang und Qualitätsstufe bestimmten Gattung),[28] Wertpapiere (bspw. Aktien)[29] oder Ziegelsteine – darüber hinaus Naturerzeugnisse wie Kartoffeln oder Getreide.[30]

Wie aufgezeigt (Bezugsstoff bei Serienmöbeln, Rn 11) ändert sich an der Vertretbarkeit grundsätzlich auch dann nichts, wenn Waren aus einer Serienproduktion an individuelle Kundenwünsche angepasst werden.[31] Etwas anderes gilt nur dann, wenn die (individuellen) Anpassungen nicht ohne weiteres im Serienprogramm des Herstellers vorgesehen oder nicht ohne weiteres reproduzierbar sind. Dann handelt es sich um individuelle Sachen.[32] 12

Ist die veränderte Ware auf dem Markt unabsetzbar, spricht dies gegen ihre Vertretbarkeit.[33] Umgekehrt spricht der Umstand, dass eine veränderte Sache in den Produktionslisten eines oder mehrerer Hersteller geführt wird, für deren Vertretbarkeit.[34] 13

Unvertretbar sind hingegen (außer den vorbenannten Sachen, sofern sie ausnahmsweise doch individuelle Merkmale aufweisen), etwa folgende Sachen: bewegliche Sachen, die Grundstücksbestandteile geworden sind[35] (bspw. ein Zaun),[36] Bier einer bestimmten Brauerei (im Verhältnis zu jenem einer anderen Brauerei),[37] Eigentumswohnungen,[38] Einbauküchen[39] (umstritten, da sie grundsätzlich aus Serienbestandteilen und damit aus vertretbaren Sachen bestehen[40] – anders ggf. die Sachgesamtheit „fertige Einbauküche"),[41] Grundstücke (arg.: die Lage als Charakteristikum eines Grundstücks gegenüber anderen mit der Folge, dass auch identisch geschnittene, gleichgroße Grundstücksparzellen in einem Baugebiet nicht vertretbar sind),[42] gebrauchte Kraftfahrzeuge[43] oder sonstige gebrauchte Sachen,[44] Kunstwerke, (individuelle) Laden- und Hoteleinrichtungen,[45] Maschinen (die für einen bestimmten Raum oder Betrieb angepasst wurden),[46] Maßkleidung,[47] nach Maß speziell gefertigte Möbel,[48] Prospekte (und sonstiges Werbematerial, das auf die Bedürfnisse eines bestimmten Unternehmens abstellt)[49] bzw. Tiere (sofern sie nicht in Massen verkauft werden),[50] Waren- und Getränkeautomaten (als Gegenstand von Mietverträgen)[51] oder die Sonderanfertigung eines Serienmotorrades.[52] 14

Fritzsche[53] weist darauf hin, dass die Vertretbarkeit (bspw. im Zusammenhang mit § 651) auch davon abhängig sein kann, „in welcher Eigenschaft man eine Sache gerade betrachtet". So ist bspw. eine Vereinbarung über die Herstellung von Reise- oder Hotelprospekten sowie von Versandhauskatalogen als Werklieferungsvertrag über unvertretbare Sachen zu qualifizieren,[54] wohingegen eine Serienanfertigung von Möbeln für ein Handelsunternehmen vertretbare Sachen erfasst.[55] 15

---

19 Staudinger/*Dilcher*, § 91 Rn 7.
20 So *Paefgen*, JuS 1992, 192.
21 OLG München DAR 1964, 189.
22 RGZ 45, 64.
23 BGH NJW 1996, 836.
24 BGH NJW 1971, 1793.
25 OLG Karlsruhe BB 1988, 1209.
26 FG Flensburg WM 2000, 2112, 2113.
27 OLG Hamm NJW-RR 1986, 477.
28 BGH NJW 1985, 2403.
29 Palandt/*Heinrichs*, § 91 Rn 2.
30 Bamberger/Roth/*Fritzsche*, § 91 Rn 6.
31 BGH NJW 1971, 1794 – Serienmöbel; OLG Hamm NJW-RR 1986, 477 – Wärmepumpe; OLG Karlsruhe NJW-RR 1988, 1400 – Auswahl eines Bezugsstoffs für Möbel.
32 Bamberger/Roth/*Fritzsche*, § 91 Rn 7.
33 BGH NJW 1966, 2307; 1971, 1793, 1794.
34 OLG Hamm, NJW-RR 1986, 477; Bamberger/Roth/*Fritzsche*, § 91 Rn 7.
35 Palandt/*Heinrichs*, § 91 Rn 3.
36 LG Weiden NJW-RR 1997, 1108.
37 RG JW 1913, 540.
38 BGH NJW 1995, 588.
39 BGH NJW-RR 1990, 787.
40 So Bamberger/Roth/*Fritzsche*, § 91 Rn 9; a.A. Palandt/*Heinrichs*, § 91 Rn 3.

41 Einbauküche aus Werbeprospekt (die gekauft wird wie abgebildet): vertretbare Sache; anders die individuell angefertigte (OLG Zweibrücken NJW-RR 1989, 84) oder angepasste Einbauküche, die durch den Einbau unvertretbar wird, Bamberger/Roth/*Fritzsche*, § 91 Rn 9.
42 Palandt/*Heinrichs*, § 91 Rn 3.
43 OLG München DAR 1964, 189.
44 RGRK/*Kregel*, § 91 Rn 5; Staudinger/*Dilcher*, § 91 Rn 1.
45 BGH NJW 1994, 663.
46 RGZ 45, 74.
47 Staudinger/*Dilcher*, § 91 Rn 1.
48 RGZ 107, 340.
49 BGH NJW 1966, 2307; vgl. auch BGH DB, 1981, 313 (Zündholzwerbebriefe mit Firmenaufdruck).
50 Soergel/*Mühl*, § 91 Rn 2.
51 OLG Celle OLGR Celle 1996, 32.
52 LG Hamburg ZIP 1994, 290.
53 Bamberger/Roth/*Fritzsche*, § 91 Rn 9.
54 BGH NJW 1966, 2307; OLG Hamm NJW-RR 1996, 1530 - arg.: Die einzeln hergestellten Prospekte können später nur vom Besteller (und von sonst niemandem) abgesetzt werden.
55 BGH NJW 1971, 1793, 1794.

§ 92 Verbrauchbare Sachen

(1) ¹Verbrauchbare Sachen im Sinne des Gesetzes sind bewegliche Sachen, deren bestimmungsmäßiger Gebrauch in dem Verbrauch oder in der Veräußerung besteht.

(2) ¹Als verbrauchbar gelten auch bewegliche Sachen, die zu einem Warenlager oder zu einem sonstigen Sachinbegriff gehören, dessen bestimmungsmäßiger Gebrauch in der Veräußerung der einzelnen Sachen besteht.

A. Allgemeines	1	2. Im Rechtssinne verbrauchbare Sachen	6
B. Regelungsgehalt	3	II. Sachinbegriffe als verbrauchbare Sachen	9
I. Begriffsbestimmung	3	III. Rechtsfolgen des Verbrauchs	11
1. Tatsächlich verbrauchbare Sachen	4		

A. Allgemeines

1 Der praktische Bedeutungsgehalt der aus dem gemeinen Recht übernommenen Definition des § 92 (Verbrauchbare Sachen) ist für das Schuldrecht relativ gering – vgl. aber zum einen die §§ 706 Abs. 2, 1814 S. 2, 2116 Abs. 1 S. 2, 2325 Abs. 2 sowie zum anderen die §§ 1067, 1075 Abs. 2, 1084 und 1086 S. 2 (die Nutzungsrechte an verbrauchbaren Sachen zu Verbrauchsrechten machen, indem sie den Nutzungsberechtigten zum Eigentümer der verbrauchbaren Sache erklären und dem Sacheigentümer dafür als Ausgleich einen Wertersatzanspruch gewähren).[1]

2 Verbrauchbare Sachen unterliegen den allgemeinen sachenrechtlichen Vorschriften und können auch Zubehör (i.S.v. § 97) sein bzw. unter Eigentumsvorbehalt veräußert oder sicherungsübereignet werden.[2] Die Abnutzung einer Sache durch den Gebrauch (zum Gebrauch bestimmte Sache) führt noch nicht dazu, dass sie i.S.d. § 92 verbrauchbar ist.[3] Eine Sache (bspw. Geld) kann sowohl verbrauchbar i.S.v. § 92 als auch vertretbar i.S.v. § 91 sein, ohne dass dies zwingend wäre.[4]

B. Regelungsgehalt

I. Begriffsbestimmung

3 Verbrauchbare Sachen sind nach § 92 **bewegliche Sachen**, deren bestimmungsgemäßer Gebrauch in dem Verbrauch oder in der Veräußerung besteht. Entscheidend ist die **objektive Zweckbestimmung**.[5] Die Regelung des § 92 Abs. 1 enthält eine Definition der **objektiv** (d.h. nach der Zweckbestimmung, die ihnen die Verkehrsauffassung zumisst) **verbrauchbaren Sachen** und differenziert zwischen **tatsächlich verbrauchbaren Sachen** (Abs. 1 Alt. 1, Rn 4 f.) und **im Rechtssinne verbrauchbaren Sachen** (Abs. 1 Alt. 2, Rn 6 ff.). Zudem qualifiziert Abs. 2 **Sachinbegriffe** als verbrauchbare Sachen (Rn 9 f.).

4 **1. Tatsächlich verbrauchbare Sachen.** Tatsächlich verbrauchbare Sachen (d.h. Verbrauchbarkeit in einem engeren Sinne) i.S.v. Abs. 1 Alt. 1 sind solche, bei denen im (auch bestimmungsgemäßen) Gebrauchsakt der Verbrauch (durch Zerstörung oder erhebliche Entwertung der Sache) eingeschlossen ist (im Gebrauch liegt der Verbrauch), bspw. Arzneimittel, Brennmaterial, Heizmaterial, Körperpflegemittel oder Lebensmittel[6] (Nahrungs- und Genussmittel), Reinigungsmittel, Tinte, Toner und Treibstoffe, **nicht** jedoch Kleidungsstücke, Möbel oder Teppiche, da diese durch den Gebrauch zwar abgenutzt, aber nicht verbraucht werden (die Sache als solche mithin zurückbleibt). Dabei ist eine Abgrenzung zwischen den beiden Konstellationen manchmal schwierig, da nach der Verkehrsauffassung auch nur einmal benutzbare Sachen (wie bspw. ein Papiertaschentuch) verbrauchbar sind[7] – vergleichbar ist die Benutzung entwerteter Sachen (z.B. Briefmarken).[8]

5 Nachdem die Sache tatsächlich verbraucht worden ist, ist sie körperlich (mehr oder weniger) nicht mehr als solche vorhanden.[9]

6 **2. Im Rechtssinne verbrauchbare Sachen.** Im Rechtssinne verbrauchbare Sachen i.S.v. Abs. 1 Alt. 2 sind solche, die zur Veräußerung bestimmt sind, als Sachen selber hingegen keinen eigenen Gebrauchswert

---

1 Bamberger/Roth/*Fritzsche*, § 92 Rn 1.
2 MüKo/*Holch*, § 92 Rn 7; Staudinger/*Dilcher*, § 92 Rn 4.
3 MüKo/*Holch*, § 92 Rn 3, Staudinger/*Dilcher*, § 92 Rn 1.
4 Staudinger/*Dilcher*, § 92 Rn 2.
5 Palandt/*Heinrichs*, § 92 Rn 1.
6 Palandt/*Heinrichs*, § 92 Rn 1 – zu denen auch Tiere gehören, RGZ 79, 248.
7 *Wieling*, Sachenrecht, Bd. 1, 4. Aufl. 2001, § 2 II 7.
8 Bamberger/Roth/*Fritzsche*, § 92 Rn 5 – bei denen allerdings die Grenze zur 2. Alt. fließend ist.
9 Bamberger/Roth/*Fritzsche*, § 92 Rn 5.

haben, wie bspw. Geld oder Wertpapiere (sofern sie sich als Geldsurrogate darstellen),[10] einschließlich der bloß einmal verwertbaren kleinen Inhaberpapiere nach § 807 (wie Eintritts- oder Fahrkarten), **nicht** jedoch Grundstücke. Ob auch Wertpapiere, die der Kapitalanlage dienen, unter Abs. 1 Alt. 2 fallen, ist umstritten,[11] dürfte jedoch zu verneinen sein, da sie nicht in erster Linie zur Veräußerung bestimmt sind und damit nicht als Geldsurrogate qualifiziert werden können.[12]

Bei im Rechtssinne verbrauchbaren Sachen führt der Verbrauch nicht zu einer endgültigen Wertvernichtung, sondern nur zu einem Wertverlust beim Verbraucher, weshalb sich der Gebrauchswert in ihrer Veräußerbarkeit erschöpft.[13] Dabei kommt es nicht darauf an, ob die (konkrete) Sache tatsächlich veräußert wird. Entscheidend ist vielmehr, ob dies ihr „bestimmungsgemäßer Gebrauch" sein könnte.[14]

Der BGH[15] hat entschieden, dass der schenkweise Erlass einer Geldforderung wie die Schenkung einer verbrauchbaren Sache qualifiziert werden könne.

II. Sachinbegriffe als verbrauchbare Sachen

Als verbrauchbar gelten nach der gesetzlichen Fiktion des Abs. 2 auch **subjektiv verbrauchbare Sachen**, mithin bewegliche Sachen, die zu einem Warenlager oder zu einem sonstigen **Sachinbegriff** (dazu näher § 90 Rn 87 ff.) gehören, dessen bestimmungsgemäßer Gebrauch (also entsprechend dem nach Abs. 1 unerheblichen Willen des Berechtigten) in der Veräußerung der einzelnen Sachen besteht (Verbrauchbarkeit der Einzelsache, die zum veräußerungsbestimmten Sachinbegriff gehört; hingegen resultiert aus Abs. 2 nicht die Verbrauchbarkeit des Sachinbegriffs selbst).[16] Mithin kann jede bewegliche Sache dadurch zur verbrauchbaren Sache werden, dass der Berechtigte sie einer zur Veräußerung bestimmten Sachgesamtheit zuordnet (also dem Verbrauchszweck unterordnet) – „selbst wenn es sich um ein Unikat handelt".[17] Die Benennung des Warenlagers stellt die gesetzliche Hervorhebung eines entsprechenden Sachinbegriffs dar.[18] Im Unterschied zu Abs. 1 entscheidet hier nicht die objektive Zweckbestimmung (Rn 3), sondern der **Wille des Berechtigten**.[19] Mithin ist entscheidend, welchen Zweck der Berechtigte mit dem Sachinbegriff verfolgt, dem die veräußerte Sache zugehörig ist.[20]

Als verbrauchbare Sachen i.S.v. Abs. 2 können somit der Warenbestand eines Groß- oder Einzelhändlers (Kleider in einem Warenhaus)[21] oder Schlachtvieh eines Fleischers[22] angesehen werden – nicht jedoch Wertpapiere in einem Fonds.[23]

III. Rechtsfolgen des Verbrauchs

Verbrauchbarkeit einer Sache wird bei Einräumung eines Nutzungsrechts an einer entsprechenden Sache bedeutsam. Der Nutzungsberechtigte ist bei verbrauchbaren Sachen regelmäßig zum Verbrauch der Sache berechtigt. Er muss später jedoch für den Verbrauch Wertersatz leisten. Dies gilt bspw. für den Nießbrauch an verbrauchbaren Sachen, wobei der Nießbraucher zwar Eigentümer wird, nach Beendigung des Nießbrauchs aber Wertersatz für die verbrauchten Sachen nach den §§ 1067, 1075 Abs. 2, 1084 und 1086 S. 2 zu leisten hat (vergleichbar zudem § 706 Abs. 2 [verbrauchbare Sachen als Gesellschafterbeitrag], § 1814 S. 2 und § 2116 Abs. 1 S. 2 [Hinterlegung von Inhaberpapieren, die zu den verbrauchbaren Sachen zählen] bzw. § 2325 Abs. 2 S. 1 [Wertansatz verbrauchbarer, geschenkter Sachen beim Pflichtteilsergänzungsanspruch]).

Verbrauchbare Sachen (eines Warenlagers) können zur Sicherheit übereignet werden.[24] An ihnen kann auch ein Eigentumsvorbehalt vereinbart werden.[25]

---

10 Palandt/*Heinrichs*, § 92 Rn 2. Die Börsengängigkeit soll ein Wertpapier noch nicht zu einer verbrauchbaren Sache i.S.v. § 92 Abs. 1 Alt. 2 machen, so Staudinger/*Dilcher*, § 92 Rn 2; a.A. RGRK/*Kregel*, § 92 Rn 3.
11 Bejahend: RGRK/*Kregel*, § 92 Rn 3; a.A. die h.A. in der Literatur, vgl. Erman/*Michalski*, § 92 Rn 2b; Soergel/*Mühl*, § 92 Rn 1; Staudinger/*Dilcher*, § 92 Rn 2.
12 So zutr. Bamberger/Roth/*Fritzsche*, § 92 Rn 7.
13 Bamberger/Roth/*Fritzsche*, § 92 Rn 6.
14 Staudinger/*Dilcher*, § 92 Rn 2.
15 BGHZ 98, 226 = NJW 1987, 122.
16 Staudinger/*Dilcher*, § 92 Rn 3.
17 Bamberger/Roth/*Fritzsche*, § 92 Rn 8; Soergel/*Mühl*, § 92 Rn 16.
18 Staudinger/*Dilcher*, § 92 Rn 3.
19 Palandt/*Heinrichs*, § 92 Rn 3.
20 Staudinger/*Dilcher*, § 92 Rn 3.
21 RGRK/*Kregel*, § 92 Rn 4.
22 RGZ 79, 246, 248.
23 Soergel/*Mühl*, § 92 Rn 1; Staudinger/*Dilcher*, § 92 Rn 2.
24 BGHZ 28, 16, 19; Staudinger/*Dilcher*, § 92 Rn 4.
25 RGRK/*Kregel*, § 92 Rn 7; Soergel/*Mühl*, § 92 Rn 3.

§ 93 Wesentliche Bestandteile einer Sache

¹Bestandteile einer Sache, die voneinander nicht getrennt werden können, ohne dass der eine oder der andere zerstört oder in seinem Wesen verändert wird (wesentliche Bestandteile), können nicht Gegenstand besonderer Rechte sein.

Literatur: *Bernhard*, Probleme des Bestandteils- und Zubehörbegriffs im deutschen bürgerlichen Recht, Diss. München 1978; *Börner*, Das Wohnungseigentum und der Sachbegriff des Bürgerlichen Rechts, in: FS Dölle 1963, S. 201; *Gaul*, Sachenrechtsordnung und Vollstreckungsordnung im Konflikt, NJW 1989, 2509; *Hurst*, Das Eigentum an Heizungsanlagen, DNotZ 1984, 66 und 140; *Kauke*, Versuch einer dogmatischen Grundlegung der Bestandteilslehre des BGB, Diss. Göttingen 1964; *Michaelis*, Voraussetzungen und Auswirkungen der Bestandteilseigenschaft, in: FS Nipperdey I 1965, S. 553; *Otte*, Wesen, Verkehrsanschauung, wirtschaftliche Betrachtungsweise – ein Problem der §§ 93, 119 II, 459 und insbes. 950 BGB, JuS 1970, 154; *Spyriades*, Zur Problematik der Sachbestandteile, 1966; *Thümmel*, Abschied vom Stockwerkseigentum, JZ 1980, 125.

A. Allgemeines 1	1. Wesentliche Bestandteile 33
B. Regelungsgehalt 5	2. Nicht-wesentliche Bestandteile 51
I. Bestandteile 6	VI. Einzelfälle (Rechtsprechungsübersicht zu
II. Wesentlichkeit des Bestandteils 16	den §§ 93 ff.) 53
III. Die einheitliche (zusammengefügte) Sache . 30	1. Wesentliche Bestandteile 53
IV. Nicht-wesentliche Bestandteile 32	2. Nicht-wesentliche Bestandteile 54
V. Rechtsfolgen 33	

A. Allgemeines

1 Nach den Regelungen der §§ 93 ff. teilen eine Sache und ihre wesentlichen Bestandteile ein **einheitliches rechtliches Schicksal**. Sie finden ihren wirtschaftlichen Zweck und damit ihren Wert nur in der von ihnen gebildeten Einheit.[1] Manche Sachen gewinnen ihren besonderen Wert erst durch das Zusammenfügen oder das Zusammenwirken mehrerer Bestandteile.[2] Die Regelungen verfolgen das bei der Auslegung der Normen zu berücksichtigende **Ziel** (i.S.v. wirtschaftlichen Überlegungen des historischen Gesetzgebers),[3] dass eine nutzlose Zerstörung wirtschaftlicher Werte durch eine Trennung der Bestandteile voneinander verhindert werden soll.

2 Allerdings kann der Fortschritt der wirtschaftlichen Entwicklung und eine Veränderung der wirtschaftlichen Verhältnisse insofern Bedeutung erlangen,[4] „dass ein zu früherer Zeit als wesentlich angesehener Bestandteil wegen heute bestehender Ersatzmöglichkeiten nicht mehr als wesentlich gilt".[5]

3 Die rechtlichen Konsequenzen aus den §§ 93 ff. ziehen die §§ 946 ff. (d.h. die Regelungen über den originären Eigentumserwerb durch Verbindung, Vermischung und Verarbeitung), wenn eine zunächst selbständige Sache wesentlicher Bestandteil einer anderen Sache wird. Weiterhin sind die §§ 93 ff. für die Zwangsvollstreckung (bspw. in Grundstücke und ihre Bestandteile) bedeutsam.

4 § 93 definiert den Begriff des wesentlichen Bestandteils einer Sache (und erklärt wesentliche Bestandteile für rechtlich unselbständig), § 94 dehnt den Kreis wesentlicher Bestandteile im Falle eines Grundstücks oder Gebäudes aus (ohne *lex specialis* für Grundstücke gegenüber § 93 zu sein),[6] wohingegen § 95 eine Einschränkung hinsichtlich solcher Sachen herbeiführt, die nur zu einem vorübergehenden Zweck mit dem Grund und Boden verbunden sind. § 96 fingiert Rechte, die mit dem Eigentum an einem Grundstück verbunden sind, als Bestandteile des Grundstücks. Von Sachen, die wesentliche oder unwesentliche Bestandteile sind, ist das Zubehör (§§ 97 ff.) zu unterscheiden.

---

1 RGZ 69, 120; BGHZ 20, 154 = NJW 1956, 945.
2 Bamberger/Roth/*Fritzsche*, § 93 Rn 2.
3 Motive III, S. 41; vgl. auch RGZ 69, 117, 120; BGHZ 20, 154, 157 = NJW 1956, 945; BGH NJW 1985, 2413, 2415.
4 BGHZ 18, 226, 232.
5 Palandt/*Heinrichs*, § 93 Rn 1.
6 RGZ 150, 26 – „wesentliche Bestandteile" an Grundstücken können auch nach § 93 beurteilt werden, bspw. stationäre (d.h. mit dem Grundstück nicht fest verbundene) Maschinen: so Staudinger/*Dilcher*, § 93 Rn 5.

B. Regelungsgehalt

Bestandteile einer Sache, die voneinander nicht getrennt werden können, ohne dass der eine oder der andere zerstört (physische oder wirtschaftliche Vernichtung) oder in seinem Wesen verändert wird (**Legaldefinition** wesentlicher Bestandteil), können nach § 93 nicht Gegenstand besonderer Rechte, also nicht sonderrechtsfähig sein. Wesentliche Bestandteile sind also solche Sachteile, denen **keine Sonderrechtsfähigkeit** zukommt. Mit § 93, der auch die tatsächlichen Voraussetzungen für wesentliche Bestandteile bestimmt, erfolgt ein **Schutz der Sacheinheit** – nicht als Eigenwert, sondern aufgrund des **Werts der Sachteile**.[7]

I. Bestandteile

Bestandteil einer beweglichen oder unbeweglichen Sache (Sachbestandteil, der keine Definition erfahren hat) sind nach dem allgemeinen Sprachgebrauch[8] körperliche Gegenstände, die entweder von Natur aus eine Einheit bilden oder durch Verbindung untereinander ihre Selbständigkeit dergestalt verloren haben, dass sie für die Dauer der Verbindung als ein Ganzes (d.h. als eine einheitliche Sache) erscheinen.[9] Sachbestandteil kann daher sowohl ein Teil einer natürlichen Sacheinheit[10] als auch ein Teil einer zusammengesetzten Sache sein, die durch ihre Verbindung untereinander ihre Selbständigkeit verloren haben.[11]

Hingegen kommt **mehreren Einzelsachen keine Bestandteilseigenschaft** i.S.d. §§ 93 ff. zu – sie können aber Teil einer Sachgesamtheit sein oder zueinander im Verhältnis von Hauptsache und Zubehör (§§ 97 ff.) stehen.[12]

Bestandteile können grundsätzlich nur **körperliche Gegenstände** sein. Davon statuiert § 96 insoweit eine Ausnahme, als Rechte (als unkörperliche Gegenstände) beim Vorliegen der tatbestandlichen Voraussetzungen gesetzlich als Grundstücksbestandteile fingiert werden.

Das Tatbestandsmerkmal „wesentlicher Bestandteil" setzt das Vorhandensein einer Sache voraus, die überhaupt Bestandteile hat, was nur bei einer **zusammengesetzten Sache** oder einer **natürlichen Sacheinheit** (Mengensache) der Fall ist – wohingegen eine „Sache aus einem Guss" keine Bestandteile haben kann.[13]

Beachte zudem: Nach § 12 Abs. 1 ErbbauVO ist ein aufgrund des Erbbaurechts errichtetes Bauwerk **Bestandteil des Erbbaurechts**.[14]

Gemäß § 9 BBergG sind Schächte und technische Anlagen eines Bergwerks **Bestandteile des Bergwerkeigentums**[15] (und nicht des Grundstücks).[16]

Regelmäßig teilt ein Bestandteil das rechtliche Schicksal der Sache.[17]

An Bestandteilen, die nicht wesentlicher Bestandteil (geworden) sind, können bereits vor der Trennung dingliche Rechte begründet werden. Im Zusammenhang mit einem solchen Sonderrecht sind Bestandteile dann wie selbständige Sachen zu behandeln.[18]

Für die Beurteilung der Frage, ob ein Sache Bestandteil, Zubehör (§ 97) oder selbständige Sache innerhalb einer Sachgesamtheit ist, muss auf die **Verkehrsauffassung** bzw. hilfsweise auf eine **natürliche Betrachtungsweise**[19] unter Zugrundelegung eines technisch-wirtschaftlichen Standpunktes (und ggf. auch regionaler Beurteilungen, vgl. zu Einbauküchen Rn 53, Fn 112)[20] abgestellt werden,[21] wobei Art und beabsichtigte Dauer der Verbindung, der Anpassungsgrad der bisher selbständigen Sachen aneinander und ihr wirtschaftlicher Zusammenhang Berücksichtigung finden.[22] Änderungen der wirtschaftlichen Lage oder der technische Fortschritt können die Beurteilung demnach dergestalt ändern, dass ein vormals als wesentlich qualifizierter Bestandteil als ersetzbar und damit unwesentlich qualifiziert wird.[23] Hilfreich ist die Frage: Hat ein Bestandteil noch einen Wert, der auch in der Gesamtsache erkennbar ist?[24] Deshalb stellen die Wurzeln

---

7 Staudinger/*Dilcher*, § 93 Rn 3.
8 OLG Saarbrücken VersR 1996, 97.
9 RGZ 63, 171, 173.
10 RGZ 63, 418; 67, 32.
11 RGZ 63, 418; 69, 120; 87, 46.
12 RGZ 69, 117, 120 f.; Bamberger/Roth/*Fritzsche*, § 93 Rn 4.
13 So Bamberger/Roth/*Fritzsche*, § 93 Rn 6; MüKo/ *Holch*, § 93 Rn 3; a.A. RGZ 87, 43, 45.
14 Staudinger/*Dilcher*, § 93 Rn 12: Ausnahme vom Grundsatz, dass Sachen nur Bestandteile anderer Sachen sein können. Aber: Der Heimfallanspruch des Grundstückseigentümers ist wesentlicher Bestandteil des Grundstücks, so BGH WM 1980, 938.
15 Ebenso wie ggf. Halden abgebauter Mineralien, so BGHZ 17, 223, 232.
16 RGZ 161, 203, 206.
17 OLG Frankfurt/M. NJW 1982, 654; Palandt/ *Heinrichs*, § 93 Rn 2.
18 RGZ 158, 362, 369.
19 RGZ 158, 362, 370: hilfsweise ist die Entscheidung des Richters maßgeblich, wie an seiner Stelle jeder vernünftige und unbefangene Beurteiler die Dinge sehen würde.
20 BGH NJW-RR 1990, 586, 587.
21 BGHZ 20, 154, 157 = NJW 1956, 945; BGHZ 102, 135 = NJW 1988, 406.
22 RGZ 158, 362, 370; Palandt/*Heinrichs*, § 93 Rn 2.
23 Bamberger/Roth/*Fritzsche*, § 93 Rn 5.
24 Staudinger/*Dilcher*, § 93 Rn 6.

eines Baumes nach der Verkehrsauffassung keine Bestandteile dar.[25] Die Kosten der Trennung spielen aber nur im Verhältnis zum Wert des Bestandteils eine Rolle.[26]

15 Indiziell spricht für eine Bestandteileigenschaft eine feste Verbindung (die bei bloßer Verschraubung nicht angenommen werden kann)[27] mit der anderen Sache (auch wenn nach der Verkehrsauffassung, der maßgebliche Bedeutung zukommt, ggf. ein Bestandteil nur bei loser oder lösbarer Verbindung angenommen werden kann),[28] ebenso wie eine endgültige (und nicht lediglich vorübergehende – arg.: § 95) Verbindung.

II. Wesentlichkeit des Bestandteils

16 Ein Bestandteil ist dann als **wesentlich** (und damit als sonderrechtsunfähig) anzusehen, wenn bei natürlicher wirtschaftlicher Betrachtungsweise[29] unter Berücksichtigung der jeweiligen Verkehrsanschauung[30] infolge einer Trennung der abgetrennte oder zurückbleibende Bestandteil (nicht die Gesamtsache) zerstört (Rn 19) oder dergestalt in seinem Wesen verändert würde (ohne Rücksicht darauf, ob einer der Bestandteile durch eine Sache von gleicher oder ähnlicher Bedeutung ersetzt werden könnte),[31] dass er in der bisherigen Art (und sei es auch erst wieder in Verbindung mit einer anderen Sache) wirtschaftlich genutzt werden kann[32] (Rn 20). Dann genießt die Sacheinheit Schutz – die Bestandteile sind nicht sonderrechtsfähig. Ist dies nicht der Fall, können die Bestandteile – als nicht-wesentliche Bestandteile – Gegenstand von Sonderrechten sein.[33]

17 Ob der Bestandteil für die Gesamtsache hingegen besonders wichtig ist oder nicht, ist für die Frage der Wesentlichkeit unerheblich.[34]

18 „Unwesentliche Bestandteile" zusammengesetzter Sachen sind – *arg. e contrario* – ohne Zerstörung oder Wesensänderung trennbar und somit auch sonderrechtsfähig.[35]

19 **Zerstörung** kann in mehreren Formen auftreten: Durch physische Vernichtung[36] (wohingegen eine leichte Beschädigung oder die bloße Gefahr einer Beschädigung bei der Trennung[37] keine Zerstörung bedeutet[38]), aber auch durch eine praktische Werteinbuße,[39] die ein Bestandteil mit der Trennung dadurch erleidet, dass die Abtrennung des Bestandteils (unabhängig von der Person des Kostenträgers) höhere Kosten verursacht, als dies im Vergleich zum verbleibenden Gewinn vertretbar erscheint.[40]

20 Eine **Wesensveränderung des abgetrennten Teils**[41] (dessen Wesen in seiner Funktion liegt) ist dann anzunehmen (wobei es keine Rolle spielt, ob der Bestandteil vor der Trennung zur Restsache in einer festen Verbindung stand),[42] wenn nach der Trennung keine seiner Verwendung in der früher zusammengesetzten Sache vergleichbare Nutzungsmöglichkeit – ggf. auch durch Zusammenführung mit einer neuen Sache, womit das Wesen des Bestandteils (anders als der Sachbegriff) wirtschaftlich zu bestimmen ist[43] – mehr für sie besteht.[44]

---

25 Staudinger/*Dilcher*, § 93 Rn 7; a.A. LG Itzehoe NJW-RR 1995, 978.
26 LG Flensburg WM 2000, 2112, 2113.
27 RGZ 158, 362, 374; BGHZ 20, 154, 156 = NJW 1956, 945.
28 RGZ 67, 30, 34; 69, 117, 121: bei besonderer Anpassung an die Rechtssache.
29 BGHZ 36, 46, 50; 61, 80.
30 BGHZ 36, 50.
31 RGZ 58, 342; 69, 158.
32 BGHZ 18, 226; 61, 80.
33 Staudinger/*Dilcher*, § 93 Rn 14.
34 BGHZ 18, 226, 229 = NJW 1955, 1793. „Insoweit ist der Rückgriff auf die natürliche Betrachtungsweise und die Verkehrsauffassung, die Anhaltspunkte für die Anwendung des § 93 ergeben sollen, fragwürdig, da Definition und Wortwahl des § 93 einer natürlichen Betrachtungsweise zuwiderlaufen": Bamberger/Roth/*Fritzsche*, § 93 Rn 8.
35 Staudinger/*Dilcher*, § 93 Rn 33 f.
36 Bspw. i.d.R. die Lösung von Plakaten an einer Litfaßsäule (BayObLG NJW 1981, 1053; OLG Oldenburg, NJW 1982, 1166) oder die Zerlegung geklebter Gesamtsachen wie Netzstecker oder Netzteile, wodurch zumindest das Gehäuse zerstört wird (Bamberger/Roth/*Fritzsche*, § 93 Rn 11).
37 OLG Köln NJW 1991, 2570.
38 H.M. – vgl. nur RGRK/*Kregel*, § 93 Rn 26. Eine „starke Beschädigung" soll nicht als Zerstörung, sondern als Wesensveränderung zu qualifizieren sein – umstritten, so aber Soergel/*Mühl*, § 93 Rn 7; a.A. *Enneccerus/Nipperdey*, § 125 II 1.
39 BGHZ 20, 159, 162 = NJW 1956, 159; BGHZ 61, 80, 83 = NJW 1973, 1454.
40 Staudinger/*Dilcher*, § 93 Rn 15 – die Abtrennung eines Bestandteils muss also ohne besondere Kosten und Aufwendungen möglich sein.
41 Dazu BGHZ 18, 226, 229 = NJW 1955, 1793; BGHZ 20, 159, 162 = NJW 1956, 788; BGH NJW-RR 1990, 586.
42 RGZ 63, 171, 173.
43 RGRK/*Kregel*, § 93 Rn 27.
44 Staudinger/*Dilcher*, § 93 Rn 16.

Wesentliche Bestandteile einer Sache § 93

Unbeachtlich soll (anders als bei § 94 Abs. 2) hingegen sein, ob es infolge der Trennung zu einer Veränderung des wirtschaftlichen Zwecks bzw. der Einsetzbarkeit der Gesamtsache gekommen ist.[45] Dies kann bspw. angenommen werden, wenn der Bestandteil nach der Trennung nur noch Schrottwert hat.[46] 21

Eine **Wesensveränderung der (verbleibenden) Bestandteile der Restsache** (durch die Wegnahme des abgetrennten Teils) liegt dann vor, wenn keine Möglichkeit besteht, den weggenommenen Teil wirtschaftlich sinnvoll zu ersetzen[47] (sog. **Ersetzbarkeitslehre**).[48] 22

Werden daher aus einem Fabrikgebäude Serienmaschinen entfernt, ist hinsichtlich der verbleibenden Bestandteile der Restsache nicht vom Begriff „Fabrik", sondern vom Begriff „Gebäude" auszugehen, das durch die Wegnahme keine Wesensveränderung erleidet.[49] Allein im Falle speziell angefertigter und eingepasster Maschinen in einem Fabrikgebäude kann somit von einer wesentlichen Bestandteilseigenschaft ausgegangen werden.[50] 23

Von der Sonderrechtsfähigkeit serienmäßig hergestellter Bestandteile ist insoweit für **kleinere Serienteile** (wie Schrauben und Hebel im Verhältnis zur Maschine oder eines einzelnen Rades in einem Getriebe zur Restmaschine oder dem restlichen Getriebe) eine **Ausnahme** zu machen, als es Bestandteile gibt, deren Wesen in solcher Weise durch den Zweck bestimmt ist, die praktische Verwendbarkeit der einheitlichen Sache mehr oder weniger zu ermöglichen, dass sie, nachdem sie in das Ganze eingefügt worden sind, für eine allgemeine Betrachtung überhaupt kein eigenes Wesen mehr haben: Ihr Zweck geht durch den Einbau vollständig im Ganzen auf. Sie sind daher als wesentliche Bestandteile zu qualifizieren[51] und damit nicht sonderrechtsfähig. 24

Wesentlich ist also etwa ein Bestandteil nicht deshalb, weil er für eine Sache besonders wichtig ist.[52] Eine nur unerhebliche Wertminderung infolge der Trennung ist ohne Belang.[53] 25

Hinsichtlich der Frage der Wesentlichkeit ist nicht jene der betreffenden Bestandteile für die Gesamtsache maßgeblich,[54] sondern, ob bei einer Zerlegung der Gesamtsache **einer der Teile** – nicht aber notwendig jeder Teil der Gesamtsache – eine beträchtliche **Wertminderung** erleiden würde.[55] 26

Für das Erfordernis der Wesentlichkeit eines Bestandteils ist eine **feste Verbindung** weder notwendig noch ausreichend,[56] ebenso wie eine **vorübergehende Trennung** die Eigenschaft „wesentlicher Bestandteil" wieder entfallen lässt.[57] 27

Im Falle **zusammengesetzter Sachen** sind solche Bestandteile „wesentlich", die infolge des Einbaus vollständig im Ganzen aufgehen und für eine allgemeine Betrachtung keine Bedeutung mehr haben.[58] Umgekehrt sind Bestandteile dann „unwesentlich", wenn sie trotz Einbaus ihr eigenes Wesen und ihre Natur behalten.[59] Ggf. kann eine zusammengesetzte Sache bei einfacher Austauschbarkeit aller Teile überhaupt keine wesentlichen Bestandteile aufweisen.[60] 28

Eine Sache verliert ihre Sonderrechtsfähigkeit, sobald sie wesentlicher Bestandteil einer anderen geworden ist (vgl. die §§ 946 ff.). Ein wesentlicher Bestandteil gewinnt umgekehrt seine Sacheigenschaft (und damit 29

---

45 BGHZ 61, 80, 81 = NJW 1973, 1454 – weshalb der Motor kein wesentlicher Bestandteil eines Kfz darstellt, da nach ihrer Trennung sowohl der Motor als auch das Kfz unabhängig voneinander wieder benutzt werden können. Folglich ist auch ein Fertighaus, das jederzeit wieder demontiert und an einem anderen Ort wiedererrichtet werden kann, nach § 93 kein wesentlicher Grundstücksbestandteil (LG Bochum DGVZ 1988, 156; AG Recklinghausen DGVZ 1988, 156) – ggf. aber nach § 94 Abs. 1.
46 BGHZ 61, 80, 83 = NJW 1973, 1454; BGH NJW-RR 1990, 586.
47 BGHZ 18, 226, 228; Staudinger/*Dilcher*, § 93 Rn 17.
48 Kritisch dazu *Michaelis*, in: FS Nipperdey 1965, S. 553, 561 ff.; *Pinger*, JR 1973, 463.
49 Ständige Judikatur seit RGZ 67, 30, 34 f.; 69, 117, 121; 130, 264, 266; BGHZ 20, 154, 157 = NJW 1956, 948 – wodurch ein Eigentumsvorbehalt an Serienmaschinen möglich ist, so Staudinger/*Dilcher*, § 93 Rn 17.
50 Staudinger/*Dilcher*, § 93 Rn 17.
51 BGHZ 20, 154, 157 = NJW 1956, 945; RGRK/*Kregel*, § 93 Rn 25; Staudinger/*Dilcher*, § 93 Rn 18: Damit wolle der BGH die Sonderrechtsfähigkeit auf solche Serienteile beschränken, deren wirtschaftlicher Wert noch in einem angemessenen Verhältnis zum Wert der Gesamtsache stehe. Die geringe Größe könne aber nicht maßgeblich sein – weshalb „z.B. kleinste, aber wertvolle elektronische Bauteile serienmäßiger Herstellung weiterhin sonderrechtsfähig" bleiben.
52 Palandt/*Heinrichs*, § 93 Rn 3.
53 OLG Köln NJW 1991, 2570; Palandt/*Heinrichs*, § 93 Rn 3.
54 BGHZ 18, 226, 229.
55 Staudinger/*Dilcher*, § 93 Rn 14.
56 Palandt/*Heinrichs*, § 93 Rn 3.
57 Palandt/*Heinrichs*, § 93 Rn 3 – eine andere Beurteilung ist jedoch geboten, wenn eine Wiedervereinigung der getrennten Stücke ungewiss ist, so RG Gruchot 64, 97: kein wesentlicher Bestandteil mehr.
58 BGHZ 20, 154 = NJW 1956, 945 – bspw. Schrauben und Hebel einer Maschine: so Palandt/*Heinrichs*, § 93 Rn 3.
59 BGHZ 20, 154, 157 = NJW 1956, 945: bspw. ein in ein Hochfrequenzgerät eingebautes Messinstrument.
60 Palandt/*Heinrichs*, § 93 Rn 3.

seine Sonderrechtsfähigkeit) durch Trennung wieder zurück (sofern diese ohne Zerstörung möglich ist), vgl. §§ 547a Abs. 1, 997 Abs. 1, 1049 Abs. 2, 2125 Abs. 2.

III. Die einheitliche (zusammengefügte) Sache

30 In der Regel entsteht die Verbindung durch menschliches Zusammenfügen vorhandener Sachen zu einer neuen Einheit, wobei nach der Verkehrsauffassung (bzw. hilfsweise nach natürlicher Betrachtungsweise) zu bestimmen ist, ob dabei eine „einheitliche Sache" entstanden ist.[61] Für die notwendige Festigkeit einer einheitlichen Sache sprechen chemophysikalisch geschaffene (z.B. durch Schweißen oder Mauern) bzw. (nicht ohne weiteres lösbare) mechanische Verbindungen (bspw. Bolzen oder Schrauben) oder die Wirkung der Schwerkraft;[62] **nicht** jedoch eine bloß funktionale (oder sprachliche) Zusammenfassung von Einzelsachen unter eine gemeinsame Zweckbestimmung bzw. vorübergehend gewollte Zusammenfügungen.[63] Die Bestandteilseigenschaft einer einheitlichen Sache besteht bis zu deren Zerstörung oder der endgültigen (Wieder-) Ablösung des Bestandteils mit der Folge, dass eine nur vorübergehende Abtrennung des Bestandteils die Bestandteilseigenschaft nicht aufhebt.[64]

31 Eine einheitliche Sache weist dann noch Bestandteile (i.S. erkennbarer körperlicher Gegenstände) auf, wenn diese nach der Verkehrsauffassung bzw. hilfsweise bei natürlicher Betrachtungsweise (auch mit Schwierigkeiten) in den früheren Zustand zurückversetzt werden können – was bei aufgetragener Farbe, Verbindungsmaterial (z.B. Mörtel oder Kitt) oder mittels chemischer Reduktionsprozesse nicht möglich ist.[65]

IV. Nicht-wesentliche Bestandteile

32 Die Definition wesentlicher Bestandteile in § 93 begründet im Umkehrschluss die Existenz nicht-wesentlicher Bestandteile einer Sache (auch „einfache Bestandteile" genannt),[66] mithin jener Bestandteile, die nach § 93 bzw. § 94 nicht als den wesentlichen Bestandteilen zugehörig definiert werden. Nicht-wesentliche Bestandteile sind **sonderrechtsfähig**.[67] Die Differenzierung zwischen wesentlichen und nicht-wesentlichen Bestandteilen entspricht nicht jener zwischen Haupt- und Nebensachen (dazu § 90 Rn 101).

V. Rechtsfolgen

33 **1. Wesentliche Bestandteile.** Wesentliche Bestandteile können nach der zwingenden Vorschrift[68] des § 93 „nicht Gegenstand besonderer (dinglicher) Rechte sein" (**fehlende Sonderrechtsfähigkeit**), da sie ihren wirtschaftlichen Zweck und in der Folge ihren Wert i.d.R. nur im Zusammenhang mit den von ihnen gebildeten Sachen haben können.[69] Damit kann an wesentlichen Bestandteilen kein gesondertes Eigentum und kein sonstiges dingliches Recht bestehen.[70] Dies hat zur Folge, dass **dingliche Rechtsgeschäfte** über wesentliche Bestandteile ebenso wie eine Übereignung nach § 825 ZPO[71] **nichtig** sind,[72] weil an wesentlichen Bestandteilen weder Sondereigentum[73] noch beschränkte dingliche Rechte[74] begründet werden können. Trotz § 1030 Abs. 2 ist damit ein auf eine Wohnung in einem Gebäude beschränkter Nießbrauch nach § 95 unzulässig.[75]

34 Eine Verfügung über wesentliche Bestandteile ist allerdings dann zulässig, wenn sie unter der **aufschiebenden Bedingung** (§ 158 Abs. 1) ihrer Abtrennung von der Gesamtsache (sofern bei Bedingungseintritt die Wirksamkeitsvoraussetzungen der Verfügung noch erfüllt sind) erfolgt[76] – aufschiebend bedingte Verfügung.[77]

---

61 RGRK/*Kregel*, § 93 Rn 9 und 11; Staudinger/*Dilcher*, § 93 Rn 8; a.A. Soergel/*Mühl*, § 93 Rn 1, wonach wirtschaftliche Gesichtspunkte ausschlaggebend sein sollen.
62 Staudinger/*Dilcher*, § 93 Rn 8.
63 Staudinger/*Dilcher*, § 93 Rn 9.
64 RGRK/*Kregel*, § 93 Rn 22; Staudinger/*Dilcher*, § 93 Rn 11.
65 Staudinger/*Dilcher*, § 93 Rn 10.
66 So MüKo/*Holch*, § 93 Rn 28 f.
67 RGZ 69, 117; 158, 362, 369; Soergel/*Mühl*, § 93 Rn 27; Staudinger/*Dilcher*, § 93 Rn 33.
68 RGZ 62, 410.
69 Motive III, S. 41.
70 MüKo/*Holch*, § 93 Rn 16 ff.; Staudinger/*Dilcher*, § 93 Rn 22 ff.
71 BGHZ 104, 298; a.A. *Gaul*, NJW 1989, 2509. Zulässig soll es auch sein, durch den Zuschlagsbeschluss eine schuldrechtliche Verpflichtung des Erstehers zu begründen, wesentliche Bestandteile an jenen herauszugeben, der den Bestandteil von der Versteigerung ausschließen ließ, RGZ 150, 22, 25.
72 So RGZ 60, 319; 164, 200; ggf. können entsprechende Rechtsgeschäfte aber in die Einräumung eines Aneignungsrecht nach § 140 umgedeutet werden, so Palandt/*Heinrichs*, § 93 Rn 4.
73 BGH MDR 1970, 576.
74 Staudinger/*Dilcher*, § 93 Rn 23.
75 BayObLGZ 1979, 361, 364.
76 Staudinger/*Dilcher*, § 93 Rn 23.
77 Auch in Gestalt einer Aneignungsgestattung zugunsten eines Dritten, der sich wesentliche Bestandteile einer Sache aneignen darf, Staudinger/*Wiegand*, § 956 Rn 9.

Wesentliche Bestandteile einer Sache § 93

Im Rahmen der **Zwangsvollstreckung** ist nach § 808 Abs. 1 ZPO eine gesonderte Pfändung wesentlicher Bestandteile im Rahmen einer selbständigen Mobiliarvollstreckung ausgeschlossen; wesentliche Bestandteile unterfallen vielmehr der Immobiliarvollstreckung nach § 865 ZPO. 35

Bei der Auflassung eines Grundstücks kann ein Eigentumsübergang im Hinblick auf wesentliche Bestandteile nicht ausgeschlossen werden.[78] 36

Eine Ausnahme zu § 93 findet sich in § 96 (Rechte als Bestandteile).

Beachte: Das WEG statuiert in § 3 Abs. 1 (Vertragliche Einräumung von Sondereigentum) eine weitere Ausnahmeregelung, wonach das Miteigentum (§ 1008) an einem Grundstück durch Vertrag der Miteigentümer in der Weise beschränkt werden kann, dass jedem der Miteigentümer – abweichend von § 93 – **Sondereigentum** an einer bestimmten Wohnung oder an nicht zu Wohnzwecken dienenden Räumen in einem auf dem Grundstück errichteten oder zu errichtenden Gebäude eingeräumt wird (womit die im Sondereigentum stehenden Räume als selbständige Sachen qualifiziert werden können).[79] **Wohnungseigentum** ist nach § 1 Abs. 2 WEG das **Sondereigentum** an einer Wohnung in Verbindung mit dem Miteigentumsanteil an dem gemeinschaftlichen Eigentum, zu dem es gehört; **Teileigentum** ist das **Sondereigentum** an nicht zu Wohnzwecken dienenden Räumen eines Gebäudes in Verbindung mit dem Miteigentumsanteil am gemeinschaftlichen Eigentum, zu dem es gehört. 37

Eine weitere **Ausnahme** zu § 93 bilden das Wohnungserbbaurecht bzw. Teilerbbaurecht nach § 30 WEG sowie das Dauerwohn- oder Dauernutzungsrecht nach § 31 WEG als dingliche Sonderrechte,[80] weiterhin § 12 Abs. 1 ErbbauVO (Bestandteile von Rechten). 38

§ 810 ZPO gestattet auch die Pfändung ungeteilter Früchte, womit Verstrickung eintritt. Hinsichtlich des Pfändungspfandrechts begründet § 810 ZPO eine Ausnahmeregel gegenüber § 93 (die ein Pfandrecht an einem wesentlichen Bestandteil ermöglicht).[81] 39

Zum Sondereigentum an Gebäuden in den neuen Bundesländern vgl. Art. 231 §§ 4 und 5 EGBGB. 40

Vgl. zudem landesrechtliche Vorschriften nach Artt. 65 (Wasserrecht), 66 EGBGB (Deich- und Sielrecht). 41

Aufgrund nach In-Kraft-Treten des BGB weiter geltenden Landesrechts kann nach Art. 182 EGBGB **Stockwerkseigentum** bzw. nach Art. 181 EGBGB **Kellereigentum** fortbestehen. 42

§ 1 des Gesetzes zur Sicherung der Düngemittel- und Saatgutversorgung vom 19.1.1949[82] ermöglicht die Begründung eines gesetzlichen Pfandrecht an zum Verkauf bestimmten ungetrennten Früchten der nächsten Ernte (als wesentlichen Bestandteilen) – nicht jedoch an Wirtschaftsfrüchten.[83] 43

An wesentlichen Bestandteilen können Immaterialgüterrechte – Urheber- oder Patentrechte[84] – bestehen, was § 93 nicht ausschließt, der auf Sachenrechte beschränkt ist.[85] 44

Im Versicherungsrecht sind hinsichtlich der Abgrenzung der Gebäude- von der Hausratsversicherung nicht die §§ 93 ff., sondern versicherungsrechtliche Maßstäbe zugrunde zu legen.[86] 45

Andererseits sind **schuldrechtliche Vereinbarungen** über wesentliche Bestandteile statthaft,[87] bspw. wenn diese (durch spätere Trennung von der Hauptsache) selbständige Sachen werden sollen.[88] 46

Sofern die Voraussetzungen von § 865 vorliegen, wird Teilbesitz an wesentlichen Bestandteilen anerkannt.[89] 47

Nach den §§ 946 ff. erlöschen an einer Sache, die wesentlicher Bestandteil einer anderen wird, alle an ihr bestehenden Rechte (ohne Rücksicht darauf, ob die Beteiligten ggf. etwas anderes wollen),[90] bspw. 48

---

78 KG OLGZ 1980, 198.
79 Staudinger/*Dilcher*, § 93 Rn 25.
80 Staudinger/*Dilcher*, § 93 Rn 25.
81 Staudinger/*Dilcher*, § 93 Rn 25; a.A. Baumbach/Lauterbach/*Hartmann*, ZPO, § 810 Rn 1: Anwartschaft auf das Pfandrecht bis zur Trennung der Frucht.
82 WiGBl 1949, S. 8 i.d.F. des Gesetzes v. 30.7.1951 (BGBl I S. 476).
83 BGHZ 41, 6, 7.
84 RGZ 108, 129; 130, 242, 245; allerdings besteht *kein* Patentschutz für wesentliche Bestandteile von Grundstücken, da eine Patentfähigkeit von Grundstücken ausgeschlossen ist, so RG DR 1941, 1963.
85 Soergel/*Mühl*, § 93 Rn 24; Staudinger/*Dilcher*, § 93 Rn 27.
86 OLG Köln NJW-RR 2000, 697; 1993, 861.
87 BGH NJW 2000, 504 – bspw. der Verkauf einer fest mit dem Grundstück verbundenen Halle oder von Holz auf dem Stamm: Palandt/*Heinrichs*, § 93 Rn 4. Zur Begründung obligatorischer Rechte, die sich nur auf den wesentlichen Bestandteil beziehen: RG JW 1904, 139.
88 Erman/*Michalski*, § 93 Rn 15; MüKo/*Holch*, § 93 Rn 20.
89 RGZ 108, 269, 272 – arg.: Besitz als tatsächliche Sachherrschaft (§ 854 Abs. 1) – kein Sonderrecht. Umstritten ist allerdings die Möglichkeit einer Ersitzung auf der Grundlage von Teilbesitz am wesentlichen Bestandteil, bejahend Soergel/*Mühl*, § 93 Rn 23; a.A. Staudinger/*Dilcher*, § 93 Rn 28: die Ersitzung verstoße gegen § 93 und § 937, wonach Eigentum nur an der gesamten Sache entstehen könne.
90 Palandt/*Heinrichs*, § 93 Rn 4.

ein Eigentumsvorbehalt des Verkäufers, sobald die von ihm gelieferte Sache wesentlicher Bestandteil der Hauptsache wird.[91]

49 Werden gleichwertige bewegliche Sachen zu wesentlichen Bestandteilen einer einheitlichen Sache zusammengefügt, entsteht nach § 947 Abs. 1 Miteigentum der früheren Sacheigentümer.

50 **Prozessuales**: Da die Eigenschaft als wesentlicher Bestandteil von der Verkehrsauffassung abhängig ist (Rn 14), kann darüber (sofern die Verkehrsauffassung nicht feststeht) Beweis erhoben werden.[92] Eine Beweiserhebung ist dann entbehrlich, wenn das Gericht den fraglichen Verkehrskreisen angehört und daher die Frage selbst beantworten kann.[93]

51 **2. Nicht-wesentliche Bestandteile.** Nicht-wesentliche Bestandteile – für die zunächst (ohne dass eine gesetzliche Regelung erfolgt ist) die Rechtslage sich nach jener der gesamten Sache beurteilt, der sie angehören,[94] – können Gegenstand besonderer dinglicher Rechte sein. Sie sind also **sonderrechtsfähig**. Infolgedessen kann an ihnen Sondereigentum oder Eigentumsvorbehalt begründet werden.[95] Begründete Sonderrechte bestehen auch dann fort, wenn der nicht-wesentliche Bestandteil mit anderen Sachen zusammengefügt wird – ohne als wesentlicher Bestandteil in der Gesamtsache aufzugehen.[96] Der Eigentümer des nicht-wesentlichen Bestandteils kann dann auch wieder Trennung seines nicht-wesentlichen Bestandteils von der zusammengesetzten Sache verlangen – es sei denn, ein Dritter hätte bei Weiterveräußerung der zusammengesetzten Sache nach Maßgabe der §§ 932 ff. gutgläubig auch an dem nicht-wesentlichen Bestandteil Eigentum erworben. An nicht-wesentlichen Bestandteilen kann rechtsgeschäftlich auch ein Pfandrecht begründet werden.[97]

52 Nicht-wesentliche Bestandteile beweglicher Sachen sind im Rahmen der **Zwangsvollstreckung** nicht pfändbar. Der Eigentümer eines nicht-wesentlichen Bestandteils einer zusammengesetzten Sache kann im Zuge einer Zwangsvollstreckung gegen den Eigentümer der zusammengesetzten Sache Drittwiderspruchsklage nach § 771 ZPO erheben, da ihm ein die Veräußerung hinderndes Recht zur Seite steht.[98] Andererseits kann ein Gläubiger des Bestandteileigentümers dessen Abtrennungs- oder Herausgabeanspruch gegen den Eigentümer einer zusammengesetzten Sache pfänden und sich zur Einziehung überweisen lassen (Pfändungs- und Überweisungsbeschluss, §§ 929, 935 ZPO).

Nach § 865 Abs. 2 ZPO ist die Pfändung von Grundstückszubehör unzulässig – weshalb (erst recht) die Pfändung von (ungetrennten nicht-wesentlichen) Grundstücksbestandteilen ausgeschlossen ist.[99]

VI. Einzelfälle (Rechtsprechungsübersicht zu den §§ 93 ff.)

53 **1. Wesentliche Bestandteile.** Als wesentliche Bestandteile einer Sache (§ 93) bzw. eines Grundstücks oder Gebäudes (§ 94) wurden von der Rechtsprechung anerkannt: Anbau eines Gebäudes,[100] Anschlussrohre, Antennen (die der Eigentümer eingefügt hat, § 94 Abs. 2),[101] (in ein Gebäude besonders eingepasster) Aufzug,[102] Be- und Entlüftungsanlagen (in Gaststätten),[103] Betriebseinrichtungen,[104] Beleuchtungsanlagen,[105] Bierausschankanlage,[106] Bodenbelag,[107] Bootssteg,[108] Bremstrommel eines LKW,[109] Dach-

---

91 RGZ 63, 422.
92 *Bergmann/Stretz*, NJW 1992, 1726, 1729.
93 Bamberger/Roth/*Fritzsche*, § 93 Rn 18.
94 RGZ 158, 362, 369; Soergel/*Mühl*, § 93 Rn 27; Staudinger/*Dilcher*, § 93 Rn 34.
95 RGZ 69, 117, 120; MüKo/*Holch*, § 93 Rn 29; Staudinger/*Dilcher*, § 93 Rn 34.
96 RGRK/*Kregel*, § 93 Rn 47; Staudinger/*Dilcher*, § 93 Rn 34.
97 RGZ 69, 117, 120.
98 RGZ 144, 236.
99 RGRK/*Kregel*, § 93 Rn 48; Staudinger/*Dilcher*, § 93 Rn 36.
100 BGH NJW 1987, 744.
101 BGH NJW 1975, 388.
102 RGZ 90, 200.
103 OLG Hamm NJW-RR 1986, 376.
104 OLG Schleswig MDR 1995, 1212: bei spezieller Anfertigung und Einfassung.
105 RGZ 58, 341; es sei denn, der Beleuchtungskörper musste nicht besonders eingepasst werden, RG Warn 1917, 264.
106 OLG Schleswig WM 1994, 1639: bei eingebauter Sonderanfertigung.
107 LG Köln NJW 1979, 1608; AG Karlruhe NJW 1978, 2602: Teppichboden, der im Auftrag des Eigentümers zugeschnitten und verlegt wurde (a.A. LG Oldenburg VersR 1988, 1285: bei bewohnbarem Untergrund). Dies gilt entsprechend für einen Linoleumbelag, Palandt/*Heinrichs*, § 93 Rn 5. Auf eine Abnutzung des Bodenbelags kommt es nicht an, RG JW 1935, 418.
108 BGH LM § 891 BGB Nr. 3: wesentlicher Bestandteil des Grundstücks, von der er angelegt wurde.
109 OLG Hamm MDR 1984, 842 – arg.: gebrauchte Bremstrommeln können keiner sinnvollen Nutzung mehr zugeführt werden.

§ 93 Wesentliche Bestandteile einer Sache

gebälk,[110] Drainagenanlage,[111] Einbauküche,[112] Einbaumöbel,[113] Einbruchmeldeanlage,[114] Fahrgestelle,[115] Fenster (und Rahmen),[116] Fertiggarage,[117] Gewächshaus,[118] (einzelne Blätter nicht gebundener) Handelsbücher,[119] Häuserhälfte auf ungeteiltem Grundstück,[120] Heizungsanlage,[121] (elektrischer) Herd,[122] Holzfertighaus,[123] (Kfz-)Karosserie,[124] Kies,[125] (elektrische) Leitungen,[126] Maschinenanlage (eines wasserkraftbetriebenen Elektrizitätswerks),[127] Motorblock (im Verhältnis zum Gesamtmotor),[128] Notstromaggregat,[129] Pavillonaufbau,[130] (Einzelkomponenten eines komplett gekauften) PC,[131] Schiffsmotor,[132] Scheiben einer Thermopanverglasung,[133] Schwimmbecken,[134] Sichtschutzzaun,[135] Slipanlage (einer Werft),[136] Spundwand,[137] Squash-Court,[138] Tiefgarage (unter zwei Grundstücken),[139] (festverklebter) Wandteppich,[140] Warmwasserbereiter,[141] (häusliche) Wasch- und Badeanlage[142] sowie Wurzeln und Zweige von Pflanzen.[143]

2. Nicht-wesentliche Bestandteile. Nicht als wesentlicher Bestandteil einer Sache (§ 93) bzw. eines Grundstücks oder Gebäudes (§ 94) und damit als sonderrechtsfähig wurden von der Judikatur angesehen: ein (eingebautes) Autotelefon (im Verhältnis zum Kfz),[144] Baracken,[145] die Bedienungsanleitung (eines PC[146] oder eines sonstigen technischen Geräts), ein Bett (im Schlafzimmer, wenn auf Sockeln montiert und mit Stromkabeln verbunden),[147] (Verhältnis) Bild zu Rahmen,[148] Betriebseinrichtungen,[149] Bierausschankanlage,[150] Brikettieranlage (einer Schreinerei zur Verarbeitung von Sägemehl im Verhältnis zur Heizungsanlage),[151] (mehrere funktionsmäßig verbundene, aber isoliert lauffähige) Computerprogramme,[152] Daten (oder Programme auf PC-Festplatten oder sonstigen überschreibbaren Datenträgern[153] – wobei nach hier vertretener Auffassung Daten bereits die Sacheigenschaft i.S.v. § 90 fehlt [§ 90 Rn 18 ff.]), Einbauküche,[154] Ein-

54

---

110 RGZ 62, 250.
111 BGH DB 1984, 113.
112 Bei Spezialanfertigung (OLG Zweibrücken NJW-RR 1989, 84), besonderer Einfassung (BFH DB 1971, 656) und Einbau bei ursprünglicher Herstellung (OLG Nürnberg MDR 1973, 758). *Beachte zudem:* In Deutschland besteht eine regionale Differenzierung dahin gehend, dass in Norddeutschland auch bei nachträglichem Einbau eine dauernde Einfügung beabsichtigt ist (vgl. etwa BGH NJW-RR 1990, 586; OLG Celle NJW-RR 1989, 913), während in Süd- und Westdeutschland die Einbauküche beim Umzug eher mitgenommen wird (OLG Karlsruhe NJW-RR 1988, 459; OLG Düsseldorf NJW-RR 1994, 1039).
113 OLG Köln NJW-RR 1991, 1077, 1081: bei Sonderanfertigung.
114 OLG Hamm NJW-RR 1988, 923.
115 OGHZ 2, 389, 393; Erman/*Michalski*, § 93 Rn 6.
116 LG Lübeck NJW 1986, 2514: Eine Trennung von Innen- und Außenseiten von Fensterscheiben als Bestandteilen ist auch bei Thermopanverglasung nicht möglich.
117 BFH NJW 1979, 392; a.A. FG Bremen NJW 1977, 606.
118 BGH LM § 94 BGB Nr. 16: bei Stahlkonstruktion.
119 KG Rpfleger 1972, 441.
120 BGH LM § 93 BGB Nr. 14.
121 BGHZ 53, 326; auch nachträglich eingebaute Zentralheizung in einem Wohngebäude; in einer Fabrik, OLG Hamm MDR 1975, 488; in einer Schule, BGH NJW 1979, 712; Wärmepumpe, BGH NJW-RR 1990, 158. Heizkörper und Ventile einer Heizungsanlage, FG Dessau, EFG 2000, 188. Dazu näher auch *Hurst*, DNotZ 1984, 77 und 140.
122 BGHZ 40, 272; BGH NJW 1953, 1180.
123 LG Konstanz ZIP 1981, 512.
124 OLG Stuttgart NJW 1952, 145.
125 OLG Landshut NJW-RR 1990, 1037: der auf einer Parkfläche aufgebracht wurde.
126 RG JW 1932, 1199. Wohingegen Versorgungsleitungen und Hausanschlüsse grundsätzlich § 95 unterfallen.
127 BayObLG Rpfleger 1999, 86.
128 BGHZ 18, 226 = NJW 1955, 1793; BGHZ 61, 80 = NJW 1973, 1454.
129 BGH NJW 1987, 3178.
130 BGH NJW 1978, 1311.
131 OLG München NJW-RR 1992, 1269.
132 Bei normalen Motorschiffen, RGZ 152, 91, 98; BGHZ 26, 225, 227 = NJW 1958, 475 (unter der Geltung des Schiffregistergesetzes [dazu § 90 Rn 86] nach § 94 Abs. 2 wesentlicher Bestandteil des Schiffes, da zur Herstellung eingefügt, womit daran ein Eigentumsvorbehalt ausgeschlossen ist); krit. dazu *Graue*, BB 1959, 1283 (der für Zubehör plädiert); a.A. auch nicht OLG Stettin LZ 1931, 1098 – Segelschiffshilfsmotor (nicht-wesentlicher Bestandteil) bzw. OLG Köln JW 1936, 466 – Motor eines Schiffskahns.
133 LG Lübeck NJW 1986, 2514.
134 BGH NJW 1983, 567.
135 LG Hannover NJW-RR 1987, 208: sofern ins Erdreich eingelassen.
136 OVG Bremen NJW-RR 1986, 955, 957.
137 BGH NJW 1984, 2569.
138 OLG München OLGZ 1989, 335.
139 BGH NJW 1982, 955: einheitliches Bauwerk.
140 OLG Hamm VersR 1984, 673.
141 BGHZ 40, 272.
142 OLG Braunschweig NdsRpfl. 1955, 193.
143 LG Itzehoe NJW-RR 1995, 978.
144 OLG Köln MDR 1993, 1177.
145 BGHZ 8, 1, 5: Behelfsheim (arg.: § 95).
146 Dazu zur *Megede*, NJW 1989, 2580, 2581.
147 OLG Köln NJW-RR 1991, 1077, 1082.
148 Erman/*Michalski*, § 93 Rn 16.
149 LG Aachen NJW-RR 1987, 272: Bäckerei.
150 OLG Celle MDR 1998, 463: soweit sie in einer Gaststätte jederzeit wieder entfernt werden kann.
151 Bamberger/Roth/*Fritzsche*, § 93 Rn 15.
152 BGH NJW-RR 1991, 953, 954.
153 Dazu näher *Lehmann/Köhler/Fritzsche*, Rechtsschutz und Verwertung von Computerprogrammen, 2. Aufl. 1993, XIII Rn 7.
154 OLG Karlsruhe NJW-RR 1986, 19; 1988, 459.

baumöbel,[155] Elektromotor (einer Förderanlage),[156] (reale) Flächenteile eines Grundstücks[157] sowie Straßen und Wege[158] (da durch das Ziehen von Grenzlinien diese jederzeit wieder in verschiedene Teile zerlegt werden können, ohne dass ihr Wesen dadurch irgendwie verändert würde),[159] Gastank,[160] Grab- und Grenzsteine,[161] Kegelbahnanlage,[162] (alte) Kfz-Teile (sofern sie aufgrund serienmäßiger Herstellung ersetz- und wiederverwendbar sind),[163] Kirchenglocke,[164] Kristallspiegel (im Schrank einer Gaststätte),[165] Ladegerät auf einem Schlepper,[166] Maschinen,[167] Matratzen (mit Lattenrost),[168] Messgeräte (aus Serienproduktion oder mit Kompatibilität zu Produkten unterschiedlicher Hersteller),[169] (serienmäßig hergestellte Kfz-) Motoren,[170] Motor (eines Förderbandes),[171] (zusätzlicher) Ölbrenner (an einer Kohlezentralheizung),[172] (Kfz-)Räder und andere serienmäßig hergestellte Kfz-Teile,[173] (Bus-)Reifen[174] und (Kfz-)Reifen sowie Sitze,[175] Sandkasten,[176] Schalter (eines Heizkissens),[177] Schaukel,[178] Schiffsradaranlage,[179] Schrankwand,[180] Schubladen (eines Schrankes),[181] (Bus-)Sitze,[182] Standardsoftware (im Verhältnis zu Standardhardware),[183] eine Statue,[184] (lose verlegter) Teppichboden[185] oder (leicht abmontierbare bzw. auswechselbare) Werkzeuge (wie bspw. Bohrer).[186]

§ 94 Wesentliche Bestandteile eines Grundstücks oder Gebäudes

(1) ¹Zu den wesentlichen Bestandteilen eines Grundstücks gehören die mit dem Grund und Boden fest verbundenen Sachen, insbesondere Gebäude, sowie die Erzeugnisse des Grundstücks, solange sie mit dem Boden zusammenhängen. ²Samen wird mit dem Aussäen, eine Pflanze wird mit dem Einpflanzen wesentlicher Bestandteil des Grundstücks.

(2) ¹Zu den wesentlichen Bestandteilen eines Gebäudes gehören die zur Herstellung des Gebäudes eingefügten Sachen.

Literatur: *Costede*, Der Eigentumswechsel beim Einbau von Sachgesamtheiten, NJW 1977, 2340; *Danter*, Die Sicherungsübereignung von Windkraftanlagen als Scheinbestandteil eines fremden Grundstücks, WM 2002, 105; *Eichler*, Der unentschuldigte Überbau – BGHZ 41, 157, JuS 1965, 479; *Gaul*, Sachenrechtsordnung und Vollstreckungsordnung im Konflikt, NJW 1989, 2509; *Hodes*, Bauen unter Inanspruchnahme fremden Eigentums, NJW 1964, 2382; *Hurst*, Das Eigentum an Heizungsanlagen, DNotZ 1984, 66 und 140; *Klempt*, Eigentumsverhältnisse beim nicht entschuldigten Überbau, JZ 1969, 223; *Knütel*, Gegenstände im Grenzgelände – Zur Reichweite des § 94 Abs. 1 BGB, in: FS Medicus 1999, 259; *Ludwig*, Grenzüberbau bei Wohnungs- und Teileigentum, DNotZ 1983, 411; *Moritz*, Teppichboden als wesentlicher Bestandteil

---

155 BFH NJW 1977, 648: wenn sie beim Auszug demontiert mitgenommen und an anderer Stelle wieder aufgebaut werden kann; OLG Düsseldorf, OLGZ 1988, 115: aus serienmäßigen Teilen bestehende Schrankwand; OLG Schleswig NJW-RR 1988, 1459: vom Mieter angeschaffte Einbaumöbel (arg.: § 95).
156 OLG Köln NJW 1991, 2570.
157 BayObLG 24, 294; RG DJZ 1910, 1353.
158 RG JW 1910, 813.
159 Palandt/*Heinrichs*, § 93 Rn 3.
160 LG Gießen NJW-RR 1999, 1538.
161 Palandt/*Heinrichs*, § 93 Rn 6 – arg.: i.d.R. Scheinbestandteile.
162 BGH LM § 93 BGB Nr. 2.
163 OLG Karlsruhe MDR 1955, 413.
164 BGH NJW 1984, 2277.
165 LG Bonn NJW 1990, 1360, 1361.
166 OLG Hamburg BB 1957, 1246.
167 Meist handelt es sich bei Maschinen in einem Fabrikgebäude noch nicht einmal um „wesentliche Bestandteile", RG JW 1932, 1198; Palandt/ *Heinrichs*, § 93 Rn 7, es sei denn, Maschine und Gebäude sind in ihrer Bauart aufeinander abgestimmt und bilden eine Einheit, RGZ 69, 121. Es kommt weder auf eine wesentliche Bedeutung der Maschine für das Unternehmen (RGZ 130, 266) noch darauf an, ob die Maschine mit einem eigenen Fundament versehen oder in einem eigenen Gebäude untergebracht ist (RG JW 1912, 129).
168 AG Esslingen NJW-RR 1987, 750.
169 BGHZ 20, 154, 158 = NJW 1956, 945: bei serienmäßiger Herstellung oder Verwendbarkeit für Apparate unterschiedlicher Hersteller.
170 BGHZ 18, 226, 229 = NJW 1955, 1793: bei Serienherstellung (Serienmotor); Austauschmotor, BGHZ 61, 80, 81 f. = NJW 1973, 1454; abl. *Pinger*, JR 1973, 473.
171 OLG Köln NJW 1991, 2570.
172 OLG Celle BB 1958, 134; OLG Stuttgart MDR 1959, 37.
173 OLG Karlsruhe MDR 1955, 413; OLG Stuttgart NJW 1952, 145; a.A. OLG Düsseldorf NZV 1994, 432.
174 BayObLG NVwZ 1986, 511.
175 OLG Bamberg MDR 1951, 29; OLG Stuttgart NJW 1952, 145.
176 BGH NJW 1992, 1101.
177 RGZ 130, 242, 245.
178 BGH NJW 1992, 1101.
179 LG Hamburg MDR 1958, 923.
180 OLG Schleswig NJW-RR 1988, 1459.
181 Jauernig/*Jauernig*, § 93 Rn 2.
182 BayObLG NVwZ 1986, 511.
183 OLG Koblenz NJW-RR 1994, 1206; offen gelassen von BGHZ 102, 135 = NJW 1988, 406.
184 OLG Frankfurt NJW 1982, 653: im Garten aufgestelltes Bronzerelief.
185 LG Hamburg NJW 1979, 721: auch bei passendem Zuschnitt.
186 RGZ 157, 244, 245; BGHZ 20, 154, 158 = NJW 1956, 945.

des Gebäudes, JR 1980, 55; *Peters*, Wem gehören die Windkraftanlagen auf fremdem Grund und Boden?, WM 2002, 110; *Thamm*, Der Untergang des Eigentumsvorbehalts wegen wesentlicher Bestandteilseigenschaft eines Grundstücks/Gebäudes, BB 1990, 866; *Thümmel*, Abschied vom Stockwerkseigentum, JZ 1980, 125; *Weimar*, Gebäude als Scheinbestandteile, BlGBW 1960, 308; *Woite*, Eigentumsverhältnisse beim unentschuldigten Grenzüberbau, MDR 1961, 895.

A. Allgemeines 1	1. Der Gebäudebegriff des Abs. 2 29
B. Regelungsgehalt 11	2. Die Einfügung zur Herstellung 31
I. Wesentliche Bestandteile eines Grundstücks (Abs. 1) 11	3. Rechtsfolgen der Einfügung 39
1. Die feste Verbindung 13	4. Beispielsfälle „wesentlicher Bestandteile" i.S.v. Abs. 2 40
2. Der Gebäudebegriff 17	III. Sonderfälle (Bestandteile mehrerer Grundstücke) 44
3. Sonstige mit Grund und Boden fest verbundene Sachen 20	1. Überbau 44
4. Erzeugnisse 22	2. Kommunemauer 46
5. Samen und Pflanzen 25	3. Bootssteg 49
II. Wesentliche Bestandteile von Gebäuden (Abs. 2) 26	

A. Allgemeines

Die Regelung des § 94, die einige Bestandteile eines Grundstücks (bei denen die Voraussetzungen des Akzessionsprinzips zutreffen) zu wesentlichen Bestandteilen erklärt,[1] zielt auf die Schaffung klarer Rechtsverhältnisse.[2] Der am Erwerb eines Grundstücks Interessierte soll durch bloßen Augenschein (und ohne Prüfung der Tatbestandsmerkmale des § 93) feststellen können, was zum Grundstück gehört.[3] Insoweit wird der Begriff des wesentlichen Bestandteils für Grundstücke konkretisiert, indem dieser auch erweitert wird.[4] 1

Weiterhin entscheidet § 94 darüber, ob einzelne Sachen der Mobiliar- oder der Immobiliarzwangsvollstreckung unterworfen sind.[5] 2

Neben der sachenrechtlichen Zuordnung erlangt § 94 auch im Schuldrecht (bspw. für § 438 Abs. 1 Nr. 2, Abs. 2 bzw. § 634a Abs. 1 Nr. 2) sowie im Investitionszulagenrecht[6] Bedeutung. 3

Wenngleich Parteivereinbarungen an den gesetzlichen Vorgaben des § 94 nichts zu ändern vermögen, kommt es doch bei Abs. 2 (ebenso wie bei § 95, dort Rn 13) auf die **(subjektive) Willensrichtung** desjenigen an, der eine Sache mit einer anderen verbindet.[7] 4

§ 94 ist **nicht *lex specialis*** gegenüber § 93. Daher können Bestandteile von Grundstücken und Gebäuden, die § 94 nicht als wesentliche Grundstücksbestandteile qualifiziert, über § 93 gleichwohl als wesentliche Bestandteile anzusehen sein.[8] 5

Hinsichtlich Gegenständen, die nach § 94 zu wesentlichen Bestandteilen erklärt worden sind, erübrigt sich aber eine Prüfung der tatbestandlichen Voraussetzungen des § 93, womit § 94 gegenüber § 93 eine eigenständige Bedeutung (wenngleich auch nicht den Charakter eines Spezialtatbestandes für Grundstücksbestandteile)[9] zukommt.[10] Eine Sache kann daher zugleich sowohl nach § 93 als auch nach § 94 „wesentlicher Bestandteil" sein.[11] 6

Für einen Gegenstand, der nach § 94 wesentlicher Bestandteil ist, resultieren die **Rechtsfolgen** aus § 93. 7

Auch auf das **Erbbaurecht** findet § 94 Anwendung mit der Folge, dass Bestandteile des Erbbaurechts gemäß § 12 Abs. 2 ErbbauVO nicht zugleich Grundstücksbestandteile sind; sie werden dies erst mit Erlöschen des Erbbaurechts (§ 12 Abs. 3 ErbbauVO).[12] 8

Bei In-Kraft-Treten des BGB noch bestehendes Keller-[13] und Stockwerkseigentum, bspw. Art. 62 BayAGBGB (als Ausnahme zu § 94), ist nach Artt. 181 f. EGBGB bestehen geblieben.[14] 9

---

1 Staudinger/*Dilcher*, § 94 Rn 1.
2 BGH NJW 1979, 712.
3 Palandt/*Heinrichs*, § 94 Rn 1.
4 Erman/*Michalski*, § 94 Rn 1; Soergel/*Mühl*, § 94 Rn 1; Staudinger/*Dilcher*, § 94 Rn 2.
5 Bamberger/Roth/*Fritzsche*, § 94 Rn 1.
6 BFHE 122, 385, 386.
7 Palandt/*Heinrichs*, § 94 Rn 1.
8 RGZ 62, 248, 250; Bamberger/Roth/*Fritzsche*, § 94 Rn 1.
9 Staudinger/*Dilcher*, § 94 Rn 2.
10 RGZ 63, 416, 418.
11 RGZ 62, 248, 251.
12 Staudinger/*Dilcher*, § 94 Rn 3.
13 Staudinger/*Dilcher*, § 93 Rn 25.
14 Näher *Thümmel*, JZ 1980, 125. Zur Möglichkeit einer Neubegründung von Stockwerkseigentum *Pause*, NJW 1990, 807; *Reithmann*, NJW 1992, 649.

10 **Beachte**: Das Sachenrechtsbereinigungsgesetz (Art. 231 §§ 4 und 5 EGBGB) unternimmt den Versuch einer Integration des in den neuen Bundesländern noch bestehenden Sondereigentums in das alte Recht der Bundesrepublik Deutschland.

B. Regelungsgehalt

I. Wesentliche Bestandteile eines Grundstücks (Abs. 1)

11 Abs. 1 normiert eine **Erläuterung** und eine **Erweiterung** des Begriffs „wesentlicher Bestandteil" bei Grundstücken: Zu den wesentlichen Bestandteilen eines Grundstücks gehören entsprechend dem römisch-rechtlichen Grundsatz „*superficies solo cedit*" die mit dem Grund und Boden fest verbundenen Sachen, insbesondere Gebäude sowie die Erzeugnisse des Grundstücks, solange sie mit dem Boden zusammenhängen (so Abs. 1 S. 1) – unabhängig davon, durch wen die Verbindung hergestellt wurde und ob dies in berechtigter oder unberechtigter Weise geschah.[15]

12 Da zu den wesentlichen Bestandteilen eines Grundstücks auch Gebäude zählen, regelt Abs. 2 (Rn 26 ff.) die wesentlichen Bestandteile von Gebäuden.

13 **1. Die feste Verbindung.** Die Frage, ob eine feste Verbindung (im Unterschied zu einer leicht lösbaren Verbindung)[16] gegeben ist, ist Tatfrage[17] und beurteilt sich nach der **Verkehrsauffassung**.[18] Eine feste Verbindung setzt voraus, dass die Trennung Schwierigkeiten bereitet,[19] bspw. zur physischen Zerstörung oder erheblichen Beschädigung (des abzulösenden Teils bzw. des verbleibenden Grundstücks) oder zu einer Wesensveränderung der mit dem Grundstück verbundenen Sache (i.S.v. § 93) führt,[20] bzw. wenn die Trennung nur mit einem im Verhältnis zum Wert der Bestandteile unverhältnismäßigen Aufwand an Kosten und Mühen möglich ist.[21] Ggf. können beide Möglichkeiten (Zerstörung oder starke Beschädigung einerseits, verhältnismäßig erhebliche Kosten und Mühen andererseits) auch zusammen vorliegen.[22] Bereits die Schwerkraft (d.h. das Eigengewicht) kann für die Annahme einer festen Verbindung ausreichend sein,[23] was bspw. bei Fertighäusern angenommen wird[24] (die auf ein festes Fundament zu setzenden, vorgefertigten Bauelemente sind zunächst noch selbständige Sachen, die erst mit dem Einbau der Leitungssysteme zu wesentlichen Bestandteilen der neuen Sache i.S.v. § 93 werden),[25] ebenso bei Fertiggaragen[26] bzw. einer 7 x 23 qm großen und 22 m hohen Anlage.[27]

14 Eine feste Verbindung erfolgt regelmäßig durch eine (wenigstens teilweise) Einfügung in den Boden,[28] eine bloße Berührung des Bodens (bspw. Kies auf einem Parkplatz)[29] reicht dann aus, wenn eine spätere Trennung Schwierigkeiten bereiten würde. **Unzureichend** ist hingegen i.d.R. eine **bloß mechanische Verbindung** der Sache mit dem Boden.[30]

15 Mehrere bewegliche Sachen, die bereits mit ihrer Zusammenführung ihre rechtliche Selbständigkeit verloren haben,[31] aber als Einheitssache mit dem Grund und Boden verbunden werden sollen, werden erst mit der Verbindung der zusammengesetzten Sache mit dem Grundstück zu Grundstücksbestandteilen.[32]

16 **Beachte**: **Versorgungsleitungen** auf nicht dem Versorgungsunternehmen gehörenden Grund und Boden sind als Scheinbestandteile und somit als Zubehör des Betriebsgrundstücks des Versorgungsunternehmens zu qualifizieren[33] – was gleichermaßen für Erdölfernpipelines gilt.[34] Verlaufen Versorgungsleitungen

---

15 BGH BB 1957, 166.
16 Dazu RG HRR 1932 Nr. 700.
17 RGZ 158, 362, 374.
18 Palandt/*Heinrichs*, § 94 Rn 2.
19 Staudinger/*Dilcher*, § 94 Rn 6: Schwierigkeiten, die über das bloße Ergreifen von Vorsichtsmaßnahmen hinausgehen.
20 Palandt/*Heinrichs*, § 94 Rn 2; Staudinger/*Dilcher*, § 94 Rn 6.
21 RG WarnR 1932 Nr. 114; OLG Frankfurt NJW 1982, 653, 654; RGRK/*Kregel*, § 94 Rn 4.
22 RG WarnR 1932 Nr. 114.
23 Vgl. BFH NJW 1979, 392; Soergel/*Mühl*, § 94 Rn 9.
24 OLG Karlsruhe ZIP 1983, 330, 331; LG Konstanz ZIP 1981, 512.
25 Staudinger/*Dilcher*, § 94 Rn 9.
26 BFH NJW 1979, 392; OLG Düsseldorf BauR 1982, 164, 165.
27 OLG Düsseldorf ZIP 1998, 701.
28 Bspw. durch ein Fundament (BGHZ 104, 298, 300), *nicht* aber durch ein einfaches Einführen von Pfählen und Stangen in den Boden, so RGRK/*Kregel*, § 94 Rn 4.
29 LG Landshut NJW-RR 1990, 1037.
30 Bspw. bloß angeschraubte Maschinen (RG JW 1909, 159), ein bloßes „Anzementieren" (RG JW 1912, 128) oder ein Verlegen von Gleisen (RG JW 1928, 1730).
31 Staudinger/*Dilcher*, § 94 Rn 7.
32 RGZ 132, 346.
33 H.M., vgl. etwa BGHZ 37, 353, 356; Staudinger/*Dilcher*, § 94 Rn 8; a.A. noch RGZ 168, 288, 290: Wasserrohre als wesentliche Grundstücksbestandteile i.S.v. § 94 Abs. 1.
34 Dazu Olzen, BB 1978, 1340.

hingegen auf Grundstücken des Versorgungsunternehmens, handelt es sich um wesentliche Bestandteile i.S.v. Abs. 1.[35] Dies soll gleichermaßen für einen privaten Abwasserkanal gelten.[36]

2. Der Gebäudebegriff. Abs. 1 S. 1 benennt beispielhaft Gebäude als „mit Grund und Boden festverbundene Sachen". 17

Unter den Begriff des **Gebäudes** (gleichermaßen bedeutsam für die Ausnahmeregeln in § 95 Abs. 1 S. 2 und Abs. 2) fallen Häuser und andere Bauwerke[37] (bspw. Blockhäuser mit festem Fundament),[38] mithin jeder Baukörper (ohne Berücksichtigung der konkreten Nutzungsart – die allgemeine Zweckbestimmung als Bauwerk ist maßgeblich),[39] d.h. auch Betonfertiggaragen,[40] Brücken,[41] Fertiggaragen,[42] ein Gewächshaus aus Stahlkombination,[43] Mauern, Papillonaufbauten,[44] Tiefgaragen,[45] Toilettenhäuschen,[46] Windkraftanlagen[47] bzw. (fest installierte) Zäune.[48] Unter diesen allgemeinen Gebäudebegriff fallen auch Bauwerke, die bei Berücksichtigung des § 95 (nur vorübergehender Zweck) als bewegliche Sachen gelten.[49] 18

Beachte: Nicht alle Gebäude sind stets mit dem Grundstück fest verbunden, bspw. leichte Fertigbauten wie Holzhütten für Gartenwerkzeuge.[50] 19

3. Sonstige mit Grund und Boden fest verbundene Sachen. Sonstige, d.h. nicht dem Gebäudebegriff unterfallende, mit Grund und Boden fest verbundene Sachen (und damit, vorbehaltlich § 95, wesentliche Grundstücksbestandteile) sind bspw. Bäume[51] (und andere Pflanzen),[52] eine Berghalde (auf einem Bergbaugrundstück),[53] ein (80 cm in den Boden eingegrabener) Betonhöcker,[54] zum Bootssteg siehe Rn 49, Drainageanlagen,[55] Einfriedungsmauern, Fernleitungen,[56] Fundamente aller Art,[57] Gasometer,[58] Getreidereinigungs- und Getreideaufbereitungsanlagen (auf Spezialfundamenten verankert),[59] Grenzstein (der vom Eigentümer angebracht wurde),[60] Kies (der zur Erstellung einer Parkfläche aufgebracht wurde),[61] Mülltonnenschränke,[62] (verlegte) Pflastersteine,[63] Rohrleitungen (die im Grundstück verlegt und vom Erdreich verdichtet sind),[64] (im Boden eingelassenes und einbetoniertes) Schwimmbecken,[65] ein Turbinenhaus,[66] das Wasserleitungssystem in kommunalen Straßen und Grundstücken[67] sowie Tore und Zäune.[68] 20

Demhingegen hat die Judikatur eine **wesentliche Bestandteilseigenschaft verneint** bei Fossilienfunden,[69] einem (aus dem Boden aufgrabbaren oder im Gebäude sich befindlichen) Gastank,[70] einem (auf dem Grundstück aufgestellten) Kunstwerk,[71] Sandkasten und Schaukel,[72] Versorgungsleitungen aller Art,[73] Wasserzählern (die von der Gemeinde ohne Übereignung überlassen wurden)[74] oder (regelmäßig auch) Windkraftwerken.[75] 21

4. Erzeugnisse. Wesentliche Bestandteile des Grundstücks nach Abs. 1 S. 1 sind auch die „Erzeugnisse" (solange sie mit dem Boden zusammenhängen).[76] Als Erzeugnisse (die Begrifflichkeit ist enger als jene der „Frucht" i.S.v. § 99) sind **natürliche Boden- und Pflanzenprodukte**, wie bspw. Getreide, Holz auf dem 22

---

35 So RGRK/*Kregel*, § 94 Rn 8; Soergel/*Mühl*, § 94 Rn 31; Staudinger/*Dilcher*, § 94 Rn 8.
36 BGH NJW 1968, 2331: Grundstücksbestandteil.
37 Palandt/*Heinrichs*, § 94 Rn 3.
38 BGHZ 104, 298 = NJW 1988, 2789.
39 Staudinger/*Dilcher*, § 94 Rn 4.
40 BFH NJW 1979, 392: selbst wenn sie nicht fest mit dem Boden verankert sind.
41 OLG Karlsruhe, NJW 1991, 926.
42 Bamberger/Roth/*Fritzsche*, § 94 Rn 7.
43 BGH LM § 94 Rn 16.
44 BGH NJW 1978, 1311.
45 BGH NJW 1982, 756.
46 OLG München NJW-RR 1996, 654, 655.
47 Dazu *Ganter*, WM 2002, 105.
48 LG Hannover NJW-RR 1987, 208.
49 Erman/*Michalski*, § 94 Rn 8.
50 Bamberger/Roth/*Fritzsche*, § 94 Rn 7.
51 BGHZ 20, 85, 97 = NJW 1956, 748; OLG Düsseldorf NJW-RR 1997, 856.
52 BGH NJW 1992, 1101, 1102.
53 OVG Münster NuR 1985, 286.
54 BGH NJW 1978, 1311.
55 BGH DB 1984, 113.
56 BGHZ 37, 353, 358 – die im Falle einer Verlegung in einem fremden Grundstück allerdings grundsätzlich § 95 unterfallen, so Palandt/*Heinrichs*, § 94 Rn 3 – dazu noch nachstehend § 95 Rn 43 ff.
57 BGH NJW 1978, 1311.
58 RG WarnR 1932, 114.
59 OLG Düsseldorf ZIP 1998, 701.
60 Bamberger/Roth/*Fritzsche*, § 94 Rn 8; a.A. Palandt/*Heinrichs*, § 94 Rn 6 - arg.: § 95.
61 LG Landshut NJW-RR 1990, 1031.
62 BGH NJW 1992, 1101, 1102.
63 OLG Hamm JP 1998, 322.
64 OLG München OLGR 1995, 2.
65 BGH NJW 1983, 567.
66 OLG Karlsruhe OLGZ 1989, 341.
67 RGZ 168, 290.
68 LG Hannover NJW-RR 1987, 208.
69 BVerwG NJW 1997, 1172 – arg.: § 19a Denkmalschutzgesetz Rheinland-Pfalz als vorrangige Sonderregelung gegenüber §§ 93 f.
70 LG Gießen NJW-RR 1999, 1538.
71 BGH NJW 1982, 653, 654: Bildstock.
72 BGH NJW 1992, 1101, 1102 - arg.: § 95.
73 Bamberger/Roth/*Fritzsche*, § 94 Rn 9.
74 BayVerfGH NVwZ 1982, 368.
75 LG Flensburg WM 2002, 2112, 2113.
76 Staudinger/*Dilcher*, § 94 Rn 11.

Stamm⁷⁷ oder Obst (aber auch Unkraut),⁷⁸ zu verstehen.⁷⁹ Erzeugnisse können so lange nicht Gegenstand besonderer Rechte sein, als sie noch mit dem Boden zusammenhängen (z.B. keine Übereignung von Holz auf dem Stamm).⁸⁰ Die §§ 953 ff. (Erwerb von Erzeugnissen und sonstigen Bestandteilen einer Sache) regeln den Eigentumserwerb an Erzeugnissen.

23 Unter die Begrifflichkeit „Erzeugnisse" fallen hingegen **nicht** Teile der Substanz, die den Grund und Boden ausmacht (**unmittelbare Bodenbestandteile**), wie z.B. Kies, Lehm, Sand, Steine, Torf oder Ton.⁸¹ Letztere können als unmittelbare Substanzteile des Grundstücks (schon von Natur aus) nicht Gegenstand besonderer dinglicher Rechte sein,⁸² da sie vom Grundstück rechtlich nicht getrennt werden können.⁸³

24 Wird Sand hingegen abgebaut oder aus dem Erdreich herausgebaggert, verselbständigt er sich von der Erdmasse und erlangt eigenständige Sachqualität, womit er mit der Ablagerung auf einem anderen Grundstück (durch feste Verbindung mit der Erdoberfläche) zu dessen wesentlichem Bestandteil werden kann.⁸⁴

25 **5. Samen und Pflanzen. Samen** (als Keim künftiger Bodenerzeugnisse) wird nach Abs. 1 S. 2 (bereits) mit dem Aussäen (und nicht erst mit dem Anwurzeln),⁸⁵ eine **Pflanze** mit dem Einpflanzen „wesentlicher Bestandteil des Grundstücks" – ohne Rücksicht darauf, wer eingesät oder eingepflanzt hat (wobei allerdings für Pflanzen von Gärtnereien und Baumschulen die Regelung des § 95 eingreifen kann)⁸⁶ und ob der Samen keimt oder die Pflanze Wurzeln schlägt.⁸⁷ Damit tritt ihre **Sonderrechtsunfähigkeit** ein. Entwickeln sich aus dem Samen Pflanzen, sind sie dem Grundstück, auf dem sie an die Oberfläche treten, zugehörig.⁸⁸

II. Wesentliche Bestandteile von Gebäuden (Abs. 2)

26 Abs. 2 trifft eine **Erweiterung** des Begriffs „wesentlicher Bestandteil", indem zu den wesentlichen Bestandteilen eines **Gebäudes** auch die zur Herstellung des Gebäudes eingefügten Sachen gehören (die damit auch wesentliche Bestandteile des Grundstücks nach Abs. 1 S. 1 sind); es sei denn, es handelt sich um selbständige Sachen (die nach der Verkehrsanschauung nicht Bestandteil einer zusammengesetzten Sache werden können⁸⁹, bspw. auch eine Kirchenglocke in einer Kapelle)⁹⁰ oder solche, die nur zu einem vorübergehenden Zweck in das Gebäude eingefügt worden sind (§ 95 Abs. 2).

27 Wenn ein Gebäude nach Abs. 1 S. 1 selbst wesentlicher Bestandteil eines Grundstücks ist, sind seine wesentlichen Bestandteile nach Maßgabe des Abs. 2 zugleich solche des Grundstücks.⁹¹

28 Abs. 2 gelangt – über seinen Wortlaut hinaus – auch auf **Bestandteile sonstiger Bauwerke** zur Anwendung⁹² (bspw. Brücken).

29 **1. Der Gebäudebegriff des Abs. 2.** Der Gebäudebegriff nach Abs. 2 umfasst – über jenen des Abs. 1 S. 1 (Rn 17 ff.) hinausgehend – auch Bauwerke, die aufgrund von § 95 (Verbindung oder Einfügung nur zu vorübergehenden Zwecken) bzw. weil eine feste Verbindung mit Grund und Boden fehlt, nicht wesentlicher Grundstücksbestandteil i.S.v. Abs. 1 S. 1 sind.⁹³

30 Abs. 2 findet **analoge Anwendung** auf **Schiffe**, die im Schiffsregister eingetragen sind. Dies wird damit begründet, dass dem Schiffsregister in weitem Umfang dieselben Funktionen zukommen wie dem Grundbuch.⁹⁴ **Umstritten** ist, ob eine analoge Anwendung auch für **eingetragene Luftfahrzeuge** in Betracht kommt.⁹⁵

31 **2. Die Einfügung zur Herstellung.** Eingefügt zur Herstellung des Gebäudes sind – unabhängig vom Zeitpunkt (bspw. bereits bei Gebäudeerrichtung oder erst später, nachträglich im Rahmen einer Reparatur)⁹⁶ und

---

77 RGZ 80, 232.
78 *Schmid*, NJW 1988, 29.
79 Palandt/*Heinrichs*, § 94 Rn 3.
80 Staudinger/*Dilcher*, § 94 Rn 11.
81 MüKo/*Holch*, § 94 Rn 11; Palandt/*Heinrichs*, § 94 Rn 3.
82 So MüKo/*Holch*, § 94 Rn 5.
83 Palandt/*Heinrichs*, § 94 Rn 3; Soergel/*Mühl*, § 94 Rn 9.
84 Staudinger/*Dilcher*, § 94 Rn 14.
85 Palandt/*Heinrichs*, § 94 Rn 4.
86 Staudinger/*Dilcher*, § 94 Rn 12.
87 RGRK/*Kregel*, § 94 Rn 11.
88 OLG Düsseldorf OLGZ 1978, 190, 191; *Schmid*, NJW 1988, 28, 30.
89 Bspw. Türschlüssel, Staudinger/*Dilcher*, § 94 Rn 20.
90 BGH NJW 1984, 2277.
91 Palandt/*Heinrichs*, § 94 Rn 5.
92 OLG Karlsruhe NJW 1991, 926; MüKo/*Holch*, § 94 Rn 13; Soergel/*Mühl*, § 94 Rn 19; Staudinger/*Dilcher*, § 94 Rn 4.
93 Palandt/*Heinrichs*, § 94 Rn 5.
94 Vgl. BGHZ 26, 225, 228 = NJW 1958, 475; mit der Folge, dass der Motor eines im Schiffsregister eingetragenen Schiffes (anders als der eines Kfz, Bamberger/Roth/*Fritzsche*, § 94 Rn 23) „wesentlicher Bestandteil" des Schiffes ist, Palandt/*Heinrichs*, § 94 Rn 5.
95 So Palandt/*Heinrichs*, § 94 Rn 5; a.A. *Schmid/Burgk/Schölermann*, WM 1990, 1143.
96 RG JW 1932, 1197.

dem Grund (bspw. auch im Zuge eines An- oder Umbaus oder einer Renovierung)[97] der Einfügung – all jene Sachen, ohne die das Gebäude (Rn 29) nach der Verkehrsanschauung als noch nicht fertig gestellt anzusehen wäre.[98] Als zur Herstellung eingefügt kommen neben Baumaterialien[99] auch das Fundament oder Aufbauten, die nach der Verkehrsauffassung zusammen erst das Gebäude bilden,[100] in Betracht. Darüber hinaus (d.h. über die zur eigentlichen Fertigstellung des Gebäudes erforderlichen Sachen) können auch Einrichtungs- und sonstige Ausstattungsgegenstände „eingefügt" worden sein.[101] Dies ist dann der Fall, wenn sie dem Baukörper entweder besonders angepasst wurden (und aus diesem Grunde mit ihm eine Einheit bilden)[102] oder dem Bauwerk ein besonderes Gepräge geben.[103] Es kann sogar die Prägung eines einzelnen, das Gebäude seinerseits prägenden Raums ausreichend sein.[104]

Ob die eingefügten Sachen zur Herstellung des Gebäudes „erforderlich" waren oder ob sie reiner Luxus sind, ist unerheblich.[105]

32

Die Einfügung setzt weder eine feste Verbindung (objektive Festigkeit der Verbindung)[106] voraus, da es hinsichtlich Abs. 2 nicht auf die Art der Verbindung, sondern auf ihren Zweck ankommt,[107] noch muss die beabsichtigte Verbindung schon vollständig hergestellt worden sein.[108] Ein räumlicher Zusammenhang mit dem Gebäude sowie eine Anpassung des Gegenstands an das Gebäude reichen aus,[109] womit Dachziegel, Fensterflügel oder Türen als „wesentliche Bestandteile" des Gebäudes qualifiziert werden können.[110] Werden **Sachgesamtheiten** eingebaut, werden die einzelnen Teile bereits mit ihrer Einfügung „wesentlicher Bestandteil", die Fertigstellung der Gesamtanlage muss nicht zugewartet werden.[111]

33

Das Tatbestandsmerkmal „zur Herstellung des Gebäudes" stellt zum einen subjektiv auf den Willen des Einfügenden ab,[112] zum anderen objektiv auf die angestrebte wirtschaftliche Funktion des Gebäudes.[113]

34

Die Bestimmung erfolgt also nicht nur nach technischen Gesichtspunkten. Vielmehr ist eine natürliche wirtschaftliche Betrachtungsweise zugrunde zu legen unter Mitberücksichtigung der Verkehrsauffassung und der Umstände des Einzelfalles.[114] Hilfreich ist hier die Frage: Waren die Sachen zur Fertigstellung des Bauwerks als solches erforderlich?[115]

35

Unzureichend ist es allerdings, wenn die Sache lediglich auf das Grundstück verbracht und für den Einbau vorbereitet[116] bzw. nur probeweise eingefügt wird,[117] Platten nur an das Gebäude angefügt werden,[118] provisorisch eingehängte Türen (die noch einer Anpassung für den endgültigen Einbau

36

---

97 BGHZ 53, 324, 326 = NJW 1970, 895.
98 BGH NJW 1979, 712; 1984, 2277; 1992, 1162; Jauernig/*Jauernig*, § 94 Rn 3; MüKo/*Holch*, § 94 Rn 13; Soergel/*Mühl*, § 94 Rn 22.
99 BGH NJW-RR 1991, 343, 344.
100 BGH NJW 1978, 1311.
101 Bamberger/Roth/*Fritzsche*, § 94 Rn 17.
102 RGZ 67, 30, 34; 130, 264, 266.
103 RGZ 90, 198, 201; BGHZ 53, 324, 325 = NJW 1970, 895; BGH NJW 1987, 2277, 2278; 3178; BGH NJW-RR 1990, 586, 587.
104 So BGH LM § 93 Rn 2; MüKo/*Holch*, § 94 Rn 24.
105 RGZ 90, 198, 201; 150, 22, 26.
106 RGRK/*Kregel*, § 94 Rn 16.
107 So BGHZ 36, 46, 50; BGH NJW 1978, 1311.
108 Palandt/*Heinrichs*, § 94 Rn 7 – unter Bezugnahme auf RGZ 62, 250: Gebälk des Dachstuhls ist auch schon vor der Verankerung im Mauerwerk „wesentlicher Bestandteil"; OLG Naumburg, OLGZ 28, 16: Mit der Einsetzung von Türen und Fenstern zwecks Einpassung werden sie zum „wesentlichen Bestandteil", auch wenn sie kurzfristig nochmals herausgenommen werden (anders – vorübergehendes probeweises Einsetzen – LG Konstanz NJW-RR 1997, 499).
109 Soergel/*Mühl*, § 94 Rn 22; Staudinger/*Dilcher*, § 94 Rn 20.
110 RGZ 60, 421, 423; 150, 22, 27.
111 Umstritten, so aber Palandt/*Heinrichs*, § 94 Rn 7 für den Fall einer Heizungsanlage; a.A. *Costede*, NJW 1977, 2340.
112 RGZ 158, 362, 376.
113 RGZ 50, 241, 244; 90, 198, 200; a.A. eine engere Auffassung des § 94 Abs. 2 (Herstellung des reinen Baukörpers), so RG JW 1911, 574; ebenso RGRK/*Kregel*, § 94 Rn 14. Differenzierend Staudinger/*Dilcher*, § 94 Rn 22: Es komme darauf an, ob das Gebäude auf eine bestimmte Verwendung speziell ausgerichtet sei oder als unterschiedlichen Zwecken dienen kann. „Nur im ersteren Falle verdient der Rechtsverkehr Vertrauensschutz dahin, dass die zur Zweckerreichung eingefügten Sachen dieselbe Rechtslage aufweisen wie der Baukörper selbst, sie also dessen wesentliche Bestandteile geworden sind" – unter Bezugnahme auf *Thamm*, BB 1990, 867. Bei einem Gebäude mit Eignung für verschiedene Verwendungszwecke ist *Dilcher* (a.a.O.) der Auffassung, dass für eine bestimmte Nutzungsweise aufgestellte Maschinen *nicht* zur Herstellung des Gebäudes eingefügt und damit nicht wesentliche Bestandteile des Gebäudes geworden sind: Serienmaschinen und genormte Raumausstattungen seien selbständige Sachen oder nicht-wesentliche Bestandteile.
114 Bamberger/Roth/*Fritzsche*, § 94 Rn 16.
115 RGZ 90, 198, 200; BGH NJW 1984, 2277, 2278; MüKo/*Holch*, § 94 Rn 13; RGRK/*Kregel*, § 94 Rn 13.
116 RG Warn 1915 Nr. 6 – vgl. aber auch BGH NJW 1979, 712, wonach ein Heizkessel bereits dann zum „wesentlichen Bestandteil" wird, wenn er an die Stelle in einem Rohbau verbracht wird, der nach den baulichen und betrieblichen Erfordernissen für ihn bestimmt ist.
117 Soergel/*Mühl*, § 94 Rn 23.
118 BGHZ 36, 46, 51.

bedürfen)[119] oder Türen (probeweise) zur Überprüfung der Ordnungsgemäßheit der Handwerksleistung eingehängt werden.[120] Allerdings soll es ausreichen, wenn ein Gewächshaus auf das dafür vorgesehene Fundament aufgesetzt wird.[121] Andererseits sind Sachen (Türen) selbst dann „eingefügt", wenn sie komplett eingepasst sind, später aber noch einmal zwecks Einbaus von Schlössern oder zum Lackieren entfernt werden.[122]

37 Ob ein Gebäude im vorbeschriebenen Sinne als „fertig gestellt" anzusehen ist, beurteilt sich unter Berücksichtigung seiner Beschaffenheit und seines Zwecks[123] mit der Folge, dass sowohl die Teile, die für die Herstellung notwendig sind,[124] als auch „überflüssiger Zierrat" wesentlicher Bestandteil werden können.[125]

38 **Beachte**: Ausstattungen und Einrichtungen werden nach Abs. 2 aber nur dann wesentlicher Bestandteil, wenn eine besondere Anpassung an den Baukörper erfolgt ist (aufgrund deren sie mit diesem eine Einheit bilden)[126] bzw. wenn sie dem Gebäude ein bestimmtes Gepräge oder eine besondere Eigenart verleihen.[127]

39 **3. Rechtsfolgen der Einfügung.** Wird die Sache zur Herstellung des Gebäudes eingefügt, gehört sie zu den „wesentlichen Bestandteilen" des Gebäudes und verliert ihre Selbständigkeit.

40 **4. Beispielsfälle „wesentlicher Bestandteile" i.S.v. Abs. 2.** Die Judikatur hat als „wesentliche Bestandteile" i.S.v. Abs. 2 folgende Gegenstände anerkannt: (vom Eigentümer montierte) Antenne[128] (oder Satellitenschüssel),[129] Aufzüge,[130] Außenjalousien (sofern maßgefertigt und in die Fassade integriert),[131] Bade- und Waschanlagen in Wohnhäusern[132] und Hotels,[133] Dach(-Gebälk),[134] Einbauküchen,[135] (nicht nur auf Putz montierte) Einbruchmeldeanlage,[136] (Be- und) Entlüftungsanlagen (in Gaststätten),[137] Fenster und Rahmen,[138] Heizungsanlagen,[139] Kletterwand an einer Sporthalle,[140] Kompressoranlage,[141] Küchenherd,[142] Legehennenbatterie (in einem Stallgebäude),[143] Leitungen (bspw. eigene Strom- und Rohrleitungen),[144] Licht- und Tonanlagen (einer Diskothek),[145] Markise (einer Schneiderei),[146] Maschinenanlage (eines wasserkraft-

---

119 LG Konstanz NJW-RR 1997, 499.
120 RG WarnR 1915 Rn 6.
121 BGH NJW 1978, 1311: Einfügung i.s.v. § 94 Abs. 2.
122 OLG Naumburg OLGZ 28 (1914), 15, 16. Vgl. auch BGH NJW 1979, 712: am endgültigen Platz aufgestellter Heizkessel, der noch nicht vollständig angeschlossen ist.
123 BGHZ 53, 324.
124 RGZ 90, 201; 150, 26.
125 Palandt/*Heinrichs*, § 94 Rn 6.
126 BGH NJW 1984, 2277.
127 BGHZ 53, 324; BGH NJW 1987, 3178; zudem Palandt/*Heinrichs*, § 94 Rn 6.
128 BGH NJW 1975, 688; nach Bamberger/Roth/*Fritzsche* (§ 94 Rn 20) „mittlerweile eher zweifelhaft, da ein Haus nach der Verkehrsanschauung wegen der Möglichkeit eines Kabelanschlusses auch ohne Antenne fertig gestellt sein kann".
129 Bamberger/Roth/*Fritzsche*, § 94 Rn 20.
130 RGZ 90, 198, 200; LG Freiburg MDR 1957, 419.
131 VG Karlsruhe VBlBB 1989, 468.
132 BGHZ 40, 272, 275 = NJW 1964, 399.
133 RG WarnR 1933 Nr. 21.
134 RGZ 62, 248, 250.
135 OLG Celle NJW-RR 1989, 913, 914: besondere Einbauküche. Wenn Gebäudewand Rückwand der Kücheneinrichtung bildet (BFH DB 1971, 656) bzw. in Bauplänen schon vorgesehen ist (OLG Nürnberg MDR 1973, 758). Speziell hergestellte Einbauküche (OLG Hamm FamRZ 1991, 89); hufeisenförmig angelegte Küche (OLG Zweibrücken NJW-RR 1989, 84); Raumteiler (OLG Köln NJW-RR 1991, 1077, 1082; LG Stuttgart Justiz 1988, 102). Etwas anderes soll für serienmäßig hergestellte Einbauküchen gelten (vgl. OLG Frankfurt ZMR 1988, 136); vgl. zudem die Berücksichtigung regionaler Differenzen in der Verkehrsauffassung bei Einbauküchen aus Serienproduktion BGH NJW-RR 1990, 586, 587 bzw. 914. „Wesentlicher Bestandteil" in Norddeutschland (OLG Hamburg MDR 1978, 138). „Kein wesentlicher Bestandteil" in Baden (OLG Karlsruhe NJW-RR 1986, 19; 1988, 459, 460), Nordrhein-Westfalen (OLG Düsseldorf NJW-RR 1994, 1039; OLG Hamm NJW-RR 1989, 333; OLG Köln NJW-RR 1993, 861), ebenso OLG Frankfurt ZMR 1988, 136; OLG Saarbrücken VersR 1996, 97; OLG Zweibrücken Rpfleger 1993, 169.
136 OLG Hamm NJW-RR 1988, 923.
137 Nur in großstädtischen Hotels, OLG Stuttgart NJW 1958, 1685. Vgl. auch OLG Hamm NJW-RR 1986, 376. In Stallgebäuden, OLG Oldenburg NdsRpfl. 1970, 113.
138 LG Lübeck NJW 1986, 2514, 2515.
139 In Wohnhäusern (BGH NJW 1953, 1180; BGH NJW-RR 1990, 158, 159; BayObLG NZM 2000, 516); auch in renovierten Altbauten (BGHZ 53, 324, 325 f. = NJW 1970, 895) und für mehrere Gebäude (dann ist die Heizungsanlage „wesentlicher Bestandteil" des Gebäudes, in dem sie steht, BGH NJW 1979, 2391); in einem Gästehaus (OLG Stuttgart BB 1966, 1737); in einem Kino (LG Bochum MDR 1966, 48); in einem Fabrikgebäude (OLG Hamm BB 1975, 176); in einer Schule (BGH NJW 1979, 712); Bestandteile der Heizungsanlage (BGH NJW 1953, 1180 – angeschlossene Heizkörper). Beachte: Hingegen fehlt einer zusätzlichen Heizungsanlage die Bestandteilseigenschaft, so OLG Celle NJW 1958, 632; OLG Stuttgart MDR 1959, 37.
140 BGH NJW-RR 1989, 1045, 1047.
141 OLG Jena OLGR 1996, 73.
142 BGHZ 40, 272, 275 = NJW 1958, 475.
143 Bamberger/Roth/*Fritzsche*, § 94 Rn 20.
144 RG JW 1932, 1199.
145 OLG Frankfurt OLGR 1998, 241.
146 FG Brandenburg EFG 1998, 777, 778.

§ 94 Wesentliche Bestandteile eines Grundstücks oder Gebäudes

betreibenden Elektrizitätswerks),[147] Notstromaggregat,[148] Rolltreppen,[149] sanitäre Einrichtungen,[150] Squash-Court (in Squash-Halle),[151] Teppichboden (Bodenbelag),[152] Wärmepumpen,[153] Warmwasseraufbereitungsanlagen[154] bzw. ein Waschtisch.[155]

Beachte: Der **Elektrizitätshauptabnahmezähler** steht (als Abschluss des äußeren Leitungsnetzes – dazu bereits Rn 16) im Eigentum des Versorgungsunternehmens[156] (das Leitungsnetz innerhalb des Hauses dient nicht der Herstellung des Gebäudes[157] – wenn auch im Mauerwerk verlegte Leitungen wesentlicher Bestandteil nach § 93 Abs. 1 sein können),[158] und auch der Wasserzähler wird als selbständige Sache qualifiziert.[159] 41

Die Judikatur hat etwa die Qualifikation folgender Gegenstände als „wesentlicher Bestandteil" **abgelehnt**: Beleuchtungskörper,[160] Dampferzeugungsanlage,[161] Datenkabel (über Putz und in Wand- bzw. Elektroführungsschächten lose verlegt),[162] Firmenschilder, Glocke einer Kapelle,[163] Kegelbahn,[164] Kletterwand (an einem Wohnhaus),[165] Klimageräte,[166] Kühlanlage (einer Gaststätte),[167] Maschinen in einem Fabrikgebäude,[168] Möbel (sofern nur aufgestellt und leicht wiederabbaubar),[169] Sauna (in Rasterbauweise),[170] Schallschutzverkleidung (eines Diskothekenfensters),[171] Schankanlage einer Gaststätte,[172] Schrankwand,[173] Terrassenüberdachung (eines Wohnhauses),[174] (öffentliche) Versorgungsleitungen[175] bzw. Wandbehänge.[176] 42

Aufgrund der Gleichstellung von Schiffen mit Immobilien infolge des Schiffsregistergesetzes (dazu bereits § 90 Rn 86; zu eingetragenen Luftfahrzeugen vgl. § 90 Rn 86) findet Abs. 2 auch auf Schiffe Anwendung[177] mit der Folge, dass bei Motorschiffen der Motor zur Herstellung eingefügt wird und damit wesentlicher Bestandteil des Schiffes ist,[178] ebenso wie der Anker und die Ankerkette.[179] Kein wesentlicher Bestandteil ist hingegen die Schiffswinde eines Bergungsschiffes.[180] 43

III. Sonderfälle (Bestandteile mehrerer Grundstücke)

1. Überbau. Hinsichtlich des Überbaus auf ein Nachbargrundstück gelten nach § 912[181] aufgrund der vorzunehmenden Differenzierungen folgende Grundsätze: 44
– Beim **unentschuldigten Überbau** wird das grenzüberschreitende Bauwerk lotrecht geteilt,[182] womit es bei der Regelung des Abs. 1 S. 1 verbleibt.[183]

---

147 RGZ 69, 117, 121; BayObLG Rpfleger 1999, 86.
148 In Hotels, BGH NJW 1987, 3178.
149 BFH BB 1971, 300.
150 In Wohnhäusern und Hotels, RGRK/*Kregel*, § 94 Rn 52.
151 OLG München WM 1989, 384.
152 Bei Zuschnitt und loser Verlegung: LG Köln NJW 1979, 1608; LG Frankenthal VersR 1978, 1106; LG Oldenburg VersR 1988, 1285; LG Hamburg NJW 1979, 721; AG Karlsruhe NJW 1978, 2602; *anders* Linoleum: OLG München SeuffA 74 Nr. 157: keine Bestandteilseigenschaft. Vgl. zudem MüKo/*Holch*, § 94 Rn 18b; Palandt/*Heinrichs*, § 94 Rn 8.
153 BGH NJW-RR 1990, 158: außerhalb des Hauses befindliche Wärmepumpe einer Heizungsanlage.
154 In Privathäusern (BGHZ 40, 272, 275 = NJW 1964, 399), Hotels (LG Freiburg MDR 1957, 419) und Betrieben (OLG Hamm BB 1975, 176).
155 OLG Braunschweig ZMR 1956, 80.
156 Staudinger/*Dilcher*, § 94 Rn 25.
157 RGZ 61, 24; 83, 67.
158 Staudinger/*Dilcher*, § 94 Rn 25.
159 BayVerfGH NVwZ 1982, 369.
160 RG JW 1917, 809: Hotel; OLG Köln HRR 1932 Nr. 1029: Kino.
161 BGH WM 1987, 47: selbst bei Verwendung der Hälfte des Dampfes für die Heizung.
162 BFH DStRE 2000, 253, 254.
163 BGH NJW 1984, 2277, 2278.
164 BGH LM § 94 BGB Nr. 2.
165 BGH NJW-RR 1989, 1045, 1047.
166 BFH BB 1977, 1084: selbst wenn mit Rohren verbunden.
167 OLG Hamm NJW-RR 1986, 376, 377.
168 Auch bei fester Verbindung (RG JW 1912, 129) bzw. wenn sie für den Gewerbebetrieb eine besondere Bedeutung haben (RGZ 130, 266) – arg.: Gebäude und Maschinen sind nicht nur in der konkreten Kombination nutzbar, OLG Düsseldorf NJW-RR 1987, 563, 564; Bamberger/Roth/*Fritzsche*, § 94 Rn 21.
169 BGH NJW-RR 1989, 1045, 1047: Bar in einem Wohnhaus; OLG Köln NJW-RR 1991, 1077, 1082: Bett, selbst wenn es auf einem Sockel montiert und mit Strom- und Telefonkabel verbunden ist; OLG Köln NJW-RR 1991, 1077, 1083: Eckschrank; OLG Düsseldorf DNotZ 1987, 108: Raumteiler aus Serienteilen.
170 AG Ludwigsburg DGVZ 1991, 95.
171 BFH BB 1977, 1289.
172 OLG Celle MDR 1998, 463.
173 OLG Schleswig NJW-RR 1988, 1459; es sei denn, die Schrankwand wird eingepasst und zwischen ihr und der Wand besteht ein räumlicher Zusammenhang, OLG Köln NJW-RR 1991, 1077.
174 OLG Saarbrücken NJW-RR 1993, 36, 37.
175 Bamberger/Roth/*Fritzsche*, § 94 Rn 21.
176 RGLZ 1919, 857.
177 Staudinger/*Dilcher*, § 94 Rn 27.
178 BGHZ 26, 225, 229.
179 LG Hamburg MDR 1955, 413.
180 OLG Schleswig-Holstein SchlHA 1954, 253.
181 Dazu näher AnwK-BGB/*Ring*, § 912 Rn 24 ff..
182 Ständige Judikatur, vgl. etwa BGHZ 27, 204, 207; 41, 177, 179; 57, 245, 248.
183 Staudinger/*Dilcher*, § 94 Rn 16.

– Beim **entschuldigten Überbau** erlangt der Eigentümer des Stammgrundstücks das Eigentum am grenzüberschreitenden Teil des Bauwerks[184] (arg.: § 95 Abs. 1 S. 2 analog), womit der Erhaltung der Eigentumseinheit ein Vorrang vor Abs. 1 S. 1 eingeräumt wird.[185] Die Eigentumsverhältnisse am überbauten Grundstück bleiben unverändert.[186]

45 Die vorbeschriebenen Ausführungen gelten gleichermaßen für den **Eigengrenzüberbau**[187] (d.h. die Konstellation, dass Identität in der Person des Eigentümers des Stammgrundstücks und des überbauten Grundstücks besteht) sowie den Fall einer nachträglichen Grundstücksteilung, infolge deren ein bereits errichtetes Gebäude von der neu fixierten Grundstücksgrenze durchschnitten wird.[188]

46 **2. Kommunemauer.** Im Falle der Errichtung einer Kommunemauer,[189] die ganz oder teilweise auf dem Nachbargrundstück steht, erfolgt dieselbe Differenzierung wie beim Überbau (Rn 44):
– unentschuldigter Überbau: lotrechte Teilung;[190]
– entschuldigter Überbau: Eigentum des Errichtenden.[191]

47 Diese Grundsätze gelten gleichermaßen bei einer Einbeziehung der Mauer in ein auf dem Nachbargrundstück bereits stehendes Bauwerk:
– unentschuldigte Einbeziehung der Mauer: lotrechte Teilung;[192]
– entschuldigte Einbeziehung der Mauer: Eigentum des Eigentümers des Nachbargrundstücks.

48 Im Falle einer Nutzung der Kommunemauer durch beide Nachbarn entsteht **Miteigentum**, und zwar ohne Rücksicht darauf, ob die Mauer entschuldigt oder schuldhaft auf dem Nachbargrundstück errichtet worden ist.[193] Im Falle des Abrisses oder der Zerstörung des Gebäudes bestehen die Eigentumsverhältnisse an der Kommunemauer (Rn 46) fort,[194] doch erwirbt derjenige **Alleineigentum** an der Mauer, der sie als Erster wieder errichtet.[195]

49 **3. Bootssteg.** Ein vom eigenen Grundstück aus in einen fremden Wasserlauf hinausgebauter Bootssteg ist nach Abs. 1 wesentlicher Bestandteil des Ufergrundstücks.[196]

§ 95 Nur vorübergehender Zweck

(1) ¹Zu den Bestandteilen eines Grundstücks gehören solche Sachen nicht, die nur zu einem vorübergehenden Zweck mit dem Grund und Boden verbunden sind. ²Das Gleiche gilt von einem Gebäude oder anderen Werk, das in Ausübung eines Rechts an einem fremden Grundstück von dem Berechtigten mit dem Grundstück verbunden worden ist.

(2) ¹Sachen, die nur zu einem vorübergehenden Zwecke in ein Gebäude eingefügt sind, gehören nicht zu den Bestandteilen des Gebäudes.

Literatur: *Brüning*, Die Sonderrechtsfähigkeit von Grundstücksbestandteilen – Ein zivilrechtliches Problem bei der Privatisierung kommunaler Leistungsnetze, VIZ 1997, 398; *Flatten*, Bau des Nießbrauchers auf fremdem Grundstück, BB 1965, 1211; *Goecke/Gamon*, Windkraftanlagen auf fremdem Grund und Boden, WM 2000, 1309; *Lauer*, Scheinbestandteile als Kreditsicherheit, MDR 1986, 889; *Lebek*, Eigentum an Mietereinbauten – Sicherung der Scheinbestandseigenschaft, NZM 1998, 747; *Noack*, Zur Mobiliarvollstreckung in Gebäude als bewegliche körperliche Sachen, ZMR 1982, 97; *Schulze*, Das Eigentum an Versorgungsanlagen bei der Mitbenutzung fremder Grundstücke, Rpfleger 1999, 167; *Siebenhaar*, Die Zeitbauten des § 95 Abs. 1 S. 1 BGB, AcP 160 (1960), 156; *Stieper*, Die Scheinbestandteile, 2002; *Weimar*, Rechtsfragen bei Gebäuden als Scheinbestandteilen, MDR 1971, 902.

---

184 H.M., vgl. etwa BGHZ 43, 127; 110, 298, 300.
185 Staudinger/*Dilcher*, § 94 Rn 16.
186 Soergel/*Baur*, § 912 Rn 25.
187 RGZ 160, 166, 177; BGH NJW 1990, 1791.
188 Dazu BGHZ 64, 333.
189 Dazu näher AnwK-BGB/*Ring*, § 921 Rn 27 ff.
190 BGHZ 91, 282.
191 BGHZ 57, 245, 248.
192 BGHZ 27, 204, 207; 43, 127, 129; 57, 245, 249.
193 BGHZ 27, 197, 201; 43, 127, 129.
194 BGHZ 43, 127, 131; 57, 245, 249.
195 OLG Köln NJW-RR 1993, 87.
196 So BGH MDR 1967, 749; ebenso Staudinger/*Dilcher*, § 94 Rn 19: „Die Auffassung des BGH verdient den Vorzug, weil der Steg untrennbar ist"; a.A. OLG Schleswig SchlHA 1991, 11: Differenzierung – hinsichtlich des über dem Festland verlaufenden Teils des Bootsstegs gelte § 94 Abs. 1, der über dem Wasser liegende Teil unterfalle § 95 Abs. 1 S. 2.

A. Allgemeines 1	Ausübung eines Rechts an einem fremden
B. Regelungsgehalt 11	Grundstück" (Abs. 1 S. 2) 33
I. Die Verbindung zu einem vorübergehenden	III. Insbesondere: Versorgungsleitungen 43
Zweck (Abs. 1 S. 1 und Abs. 2) 12	IV. Scheinbestandteile von Gebäuden (Abs. 2) . 51
II. Die Verbindung eines Gebäudes (oder	V. Rechtsfolgen 52
anderen Werks) mit dem Grundstück „in	C. Beweislast 54

A. Allgemeines

Abs. 1 S. 1 und Abs. 2 verweigern Sachen (Gebäuden), die nur zu einem **vorübergehenden Zweck** mit dem Grund und Boden verbunden (bzw. entsprechend in Gebäude eingefügt) worden sind, den Charakter eines Grundstücksbestandteils, da es unbillig wäre, auch für sie die hinsichtlich eines wesentlichen Bestandteils verknüpften Rechtsfolgen eintreten zu lassen,[1] womit die §§ 93 und 94 eine Einschränkung erfahren.[2] Entsprechend verbundene oder eingefügte Sachen sind weder wesentliche Bestandteile[3] noch einfache (nicht-wesentliche) Grundstücksbestandteile, sondern bloße **Scheinbestandteile**,[4] behalten also ihre rechtliche Selbständigkeit (wobei es unerheblich ist, ob eigentlich auch die tatbestandsmäßigen Voraussetzungen der §§ 93 oder 94 vorliegen).[5] 1

Scheinbestandteile sind **bewegliche Sachen** und sonderrechtsfähig, womit sie sowohl einem Eigentumserwerb nach den §§ 929 ff. zugänglich sind[6] als auch der Mobiliarzwangsvollstreckung unterliegen.[7] I.d.R. scheidet auch eine Qualifikation als Zubehör aus, da Letzteres nach § 97 Abs. 1 neben einer rechtlichen Selbständigkeit auch zur Voraussetzung hat, dass die bewegliche Sache „dem wirtschaftlichen Zweck der Hauptsache zu dienen bestimmt" ist, Scheinbestandteile aber gerade nur „zu einem vorübergehenden Zweck" mit Grund und Boden verbunden (bzw. in ein Gebäude eingefügt) worden sind.[8] 2

Zu den Bestandteilen eines Grundstücks gehören nach Abs. 1 S. 2 gleichermaßen nicht solche Sachen, die in **Ausübung eines Rechts an einem fremden Grundstück** von dem Berechtigten mit dem Grundstück verbunden worden sind, wenn nur eine vorübergehende Verbindung erfolgt, da die Verbindung zweckbestimmt sich an der Dauer des Rechts orientiert.[9] 3

Ein **Eigentumsvorbehalt** begründet nicht die Anwendbarkeit von § 95.[10] Dies liegt darin begründet, dass die Ausübung des Eigentumsvorbehalts im für die rechtliche Beurteilung maßgeblichen Normalfall nicht die Anwendung des § 95 erwarten lässt.[11] 4

An den rechtlichen Konsequenzen der Qualifikation einer Sache als Scheinbestandteil i.S.v. § 95 vermag auch der öffentliche Glaube des Grundbuchs nach § 892 nichts zu ändern.[12] 5

An einem Scheinbestandteil eines Grundstücks (als beweglicher Sache) ist voller Besitz (und nicht nur Teilbesitz am Grundstück) möglich.[13] 6

Die Kündigung eines **Grundstücksmietvertrags** erfasst nicht einen vom Mieter auf dem Grundstück errichteten Scheinbestandteil (bspw. eine Baracke).[14] 7

Beachte: § 12 Abs. 1 ErbbauVO statuiert für aufgrund des **Erbbaurechts** errichtete Gebäude eine **Sonderregelung**: Es wird fingiert, dass die Verbindung des Gebäudes mit dem Boden dieses **nicht** zum Grundstücksbestandteil werden lässt. Die Gebäudeteile sind Bestandteil des Erbbaurechts. § 12 Abs. 2 ErbbauVO schafft in entsprechender Anwendung des § 95 die Möglichkeit der Begründung von Scheinbestandteilen. 8

Bestandteile von zu **Wohn- oder Teileigentum** gehörenden Räumen sind nach Maßgabe der §§ 93 und 94 bzw. 95 Bestandteile oder Scheinbestandteile des Wohnungs- oder Teileigentums,[15] was gleichermaßen für 9

---

1 Staudinger/*Dilcher*, § 95 Rn 1.
2 RGZ 153, 231, 234.
3 *Noack*, ZMR 1982, 97, 99.
4 Palandt/*Heinrichs*, § 95 Rn 1; Staudinger/*Dilcher*, § 95 Rn 2.
5 RGZ 109, 128, 129; Staudinger/*Dilcher*, § 95 Rn 3.
6 BGH NJW 1987, 774.
7 AG Pirna DGVZ 1999, 63.
8 Was es aber nicht ausschließt, dass ein Scheinbestandteil Zubehör einer anderen Sache (als jener, dessen Scheinbestandteil sie ist) ist, so RGRK/*Kregel*, § 95 Rn 48; Staudinger/*Dilcher*, § 95 Rn 2.
9 Staudinger/*Dilcher*, § 95 Rn 1.
10 Ein bestehender Eigentumsvorbehalt lässt auch keinen Schluss auf den Willen des Erwerbs zu einer nur vorübergehenden Verbindung oder Einfügung zu, so RGZ 62, 410; 63, 416, 422; BGHZ 26, 225, 231; selbst dann nicht, wenn der Erwerber als Mieter der Hauptsache gehandelt hat, Staudinger/*Dilcher*, § 95 Rn 5.
11 BGHZ 53, 324, 327.
12 RGZ 61, 188, 194.
13 RGZ 59, 8, 10.
14 BGHZ 92, 70, 73.
15 Soergel/*Mühl*, § 95 Rn 25.

das Wohnungs- und Teilerbbaurecht gilt (so § 30 Abs. 3 S. 2 WEG).[16] Dauerwohn- und Dauernutzungsrechte nach § 31 WEG lassen aber Abs. 1 S. 2 zur Anwendung gelangen.[17]

10 Bestandteile des **Bergwerkeigentums** sind aufgrund der entsprechenden Anwendung der Grundstücksvorschriften nach § 9 Abs. 1 BBergG auch Bergbauanlagen und Bergbaumaschinen mit der Folge, dass bei einer Verbindung der Anlagen oder Maschinen mit dem Boden diese nach Abs. 1 S. 2 als Scheinbestandteile zu qualifizieren sind.[18] Die Frage, ob eine auf Dauer angelegte oder nur eine vorübergehende Verbindung vorgesehen ist, beurteilt sich nach der Lebensdauer der Anlage oder der Maschine in Relation zur Dauer des projizierten Abbaubetriebs.[19]

B. Regelungsgehalt

11 Zu den Bestandteilen eines **Grundstücks** gehören nach Abs. 1 S. 1 solche Sachen nicht, die nur zu einem vorübergehenden Zweck mit dem Grund und Boden verbunden sind – was gleichermaßen von einem Gebäude oder einem sonstigen Werk gilt, das in Ausübung eines Rechts an einem fremden Grundstück von dem Berechtigten mit dem Grundstück verbunden worden ist (so Abs. 1 S. 2). Sachen die nur zu einem vorübergehenden Zweck in ein **Gebäude** eingefügt worden sind, gehören gemäß Abs. 2 nicht zu den Bestandteilen des Grundstücks. Damit differenziert § 95 (wie § 94) in zwei Absätzen zwischen Scheinbestandteilen von Grundstücken und von Gebäuden.

I. Die Verbindung zu einem vorübergehenden Zweck (Abs. 1 S. 1 und Abs. 2)

12 Bei Scheinbestandteilen von Grundstücken trifft Abs. 1 in S. 1 eine allgemeine Regel und in S. 2 eine besondere Regel für Gebäude und andere Werke (Rn 33 ff.).

13 Eine Verbindung zu einem „vorübergehenden Zweck" i.S.v. Abs. 1 S. 1 setzt voraus, dass der Wegfall der Verbindung nach dem erwarteten normalen Verlauf der Dinge[20] von vornherein nach dem inneren **Willen des Verbindenden**,[21] mithin einem subjektiven Maßstab (der mit dem nach außen in Erscheinung tretenden Verhalten vereinbar[22] ist und dergestalt klar hervortritt[23]),[24] beabsichtigt ist:[25] Absicht einer späteren Rückgängigmachung der Verbindung, auch wenn diese erst Jahre später erfolgen soll.[26] Unzureichend ist allerdings eine Vorstellung der Beteiligten, dass eine Trennung nicht ganz ausgeschlossen sein soll[27] (bzw. das Wissen, dass die verbundene Sache infolge Zeitablaufs abgenutzt sein wird[28]) oder nach der Natur des Zwecks sicher war.[29]

14 Dem Willen des Verbindenden zur späteren Rückgängigmachung soll dann keine Bedeutung zukommen, wenn **objektive Gründe,** bspw. aus dem der Verbindung oder Einfügung zugrunde liegenden Rechtsverhältnis[30] (nicht hingegen eine späterhin enttäuschte Erwartungshaltung künftigen Eigentumserwerbs)[31] bzw. die

---

16 Staudinger/*Dilcher*, § 95 Rn 20.
17 So Staudinger/*Dilcher*, § 95 Rn 20.
18 Staudinger/*Dilcher*, § 95 Rn 21.
19 RG JW 1935, 418; RGZ 153, 231, 235; auch ein langlebiges Gut kann aber nur bis zur Erschöpfung des Vorkommens Verwendung finden, was für eine dauernde Zwecksetzung spricht, so OLG Kassel JW 1934, 2715; Soergel/*Mühl*, § 95 Rn 8; Staudinger/*Dilcher*, § 95 Rn 21.
20 BGH NJW 1970, 895.
21 BGHZ 54, 208; BGH NJW 1968, 2331; Soergel/*Mühl*, § 95 Rn 2.
22 BGHZ 92, 70, 73 = NJW 1984, 2878; BGHZ 104, 298, 301 = NJW 1988, 2789; BGH NJW 1996, 916, 917; BGH VIZ 1999, 582, 583.
23 Kritisch zu BGH NJW 1992, 1101 (Kinderschaukel als Scheinbestandteil wegen der Verbindung mit Grund und Boden nur für die „Dauer des Bedarfs spielender Kinder") Staudinger/*Dilcher*, § 95 Rn 4.
24 RGZ 153, 231, 236. Nach Staudinger/*Dilcher* (§ 95 Rn 4) soll jedoch auch eine massive Bebauung der Anerkennung eines „vorübergehenden Zwecks" nicht zwingend entgegenstehen.
25 Nach KG JW 1936, 673 soll selbst die Verpflichtung, eine Anlage auf dem Grundstück zu errichten, den Willen zu einem „vorübergehenden Zweck" nicht ausschließen; anders hingegen, wenn die Verbindung oder Einfügung auf einer Instandhaltungsverpflichtung beruht, so RG JW 1937, 2265; RGRK/*Kregel*, § 95 Rn 21; Staudinger/*Dilcher*, § 95 Rn 5.
26 RG JW 1935, 418: unzureichend.
27 BGHZ 26, 225, 230. Auch im Falle eines über 60 Jahre bestehenden Bauwerks spricht die Dauer gegen eine „Verbindung zum vorübergehenden Zweck", OLG Köln NJW-RR 1991, 99.
28 RG JW 1935, 418.
29 RGZ 63, 421.
30 Das für den Fall der Vertragsbeendigung eine Übernahme der Sache durch den Grundstückseigentümer regelt (RGZ 63, 416, 421; BGH DB 1964, 368) oder wonach der Vertragspartner (Pächter, Mieter) eine Beseitigungsverpflichtung hinsichtlich Verbindungen oder Einfügungen eingegangen ist (LG Köln ZMR 1957, 264). Die bloße (und vorhersehbare und nicht beabsichtigte) Möglichkeit einer vorzeitigen Kündigung des Rechtsverhältnisses bleibt bei der Beurteilung, ob ein „vorübergehender Zweck" beabsichtigt ist, außen vor, RGZ 153, 231, 237.
31 BGHZ 92, 70, 74 – arg.: eine bloße Erwartungshaltung begründet kein entsprechendes Rechtsverhältnis, so Staudinger/*Dilcher*, § 95 Rn 5.

Nur vorübergehender Zweck § 95

Beschaffenheit der verbundenen oder eingefügten Sache[32] für eine dauernde Verbindung (bzw. Einfügung der Sache) sprechen.[33] Wenn ein Grundstückseigentümer vor Eigentumsübergang eine Sache einfügt, wird davon auszugehen sein, dass dies auch dann nicht zu einem „vorübergehenden Zweck" geschehen ist, wenn im Erwerbsvertrag ein vertragliches Rücktrittsrecht eingeräumt ist.[34]

Bei **Sand**, der nach Ansicht des BGH[35] bei der Zweckbestimmung „Kinderspiel(möglichkeit)" als Scheinbestandteil qualifiziert wird, kann dies richtigerweise[36] nur für die oberen Schichten gelten, da eine kostengünstige Trennung der unteren, auf dem Boden ruhenden Sandschichten oft ausgeschlossen sein dürfte. 15

Ein entsprechender Wille des Verbindenden vermag auch Scheinbestandteile am **eigenen Grundstück** zu begründen[37] – d.h., dass auch der Eigentümer eigene Sachen zu einem „nur vorübergehenden Zweck" mit **seinem Grundstück** als „Scheinbestandteile" verbinden kann[38] (die alsdann Scheinbestandteile werden, bspw. Gerüste oder Tribünen,[39] aber auch unterirdische Öltanks einer Tankstelle[40] oder die Verbindung gemieteter oder geliehener Sachen mit dem eigenen Grundstück[41]). 16

Ein entsprechender **Wille des Verbindenden** nur zu einem „vorübergehenden Zweck" wird regelmäßig dann anzunehmen sein, wenn dieser in Ausübung eines zeitlich nur begrenzten (privatrechtlichen oder öffentlich-rechtlichen) Nutzungsrechts[42] (befristete schuldrechtliche Nutzungsvereinbarung)[43] die Verbindung vornimmt[44] (vor allem auch dann, wenn der Grundstückseigentümer die Entfernung bei Vertragsende nicht verhindern kann,[45] bspw. als Pächter[46] oder Mieter,[47] insbesondere dann, wenn die Verbindung oder Einfügung allein den Zwecken des Pächters oder Mieters zu dienen bestimmt ist[48] (selbst wenn es sich um Massivbauten auf einem fremden Grundstück handelt).[49] Dann spricht eine entsprechende Vermutung für den Willen zur „nur vorübergehenden Verbindung,[50] es sei denn, der Pächter hat den Willen, die Sache auch nach Vertragsende auf dem Grundstück zu belassen.[51] Auch Bauten eines GbR-Gesellschafters auf einem von ihm in die Gesellschaft eingebrachten Grundstück[52] bzw. Verbindungen oder Einfügungen beim Kauf auf Probe (§§ 454 f.) sind (vor Eintritt der aufschiebenden Bedingung der Billigung)[53] zu einem „vorübergehenden Zweck" erfolgt. 17

Ist dem Grundstückseigentümer (Vermieter oder Verpächter) hingegen vertraglich ein Wahlrecht[54] bzw. gar ein Übernahmerecht im Hinblick auf die verbundenen oder eingefügten Sachen eingeräumt worden, können die verbundenen bzw. eingefügten Sachen wesentliche Bestandteile werden.[55] 18

Dies gilt auch dann, wenn der entsprechende Nutzungsvertrag gegen die Entschädigungspflicht nach § 552 Abs. 2 verstößt[56] bzw. die Parteien eine **ausdrückliche Vereinbarung** getroffen hatten, dass die Einfügung nur zu „vorübergehenden Zwecken" erfolge.[57] Hat ein Mieter eine Sache in der später enttäuschten Erwartung einer Erbbaurechtsbestellung eingefügt, so geschah dies gleichermaßen nicht zu „vorübergehenden Zwecken"[58] – ebenso, wenn die Lebensdauer der eingefügten Sache die voraussichtliche Nutzungsdauer oder die Dauer der Nutzungsvereinbarung nicht übersteigt.[59] 19

Eine Verbindung oder Einfügung i.S.v. § 95 setzt voraus, dass durch **menschliche Tätigkeit** eine vorher selbständige Sache (und nicht etwa Bodenbestandteile) mit dem Grundstück verbunden oder in ein Gebäude eingefügt wird.[60] 20

---

32 Bspw. weil die verbundene oder eingefügte Sache von geringerer Lebensdauer ist als das Nutzungsrecht, so Staudinger/*Dilcher*, § 95 Rn 5; a.A. OLG München HRR 1938 Nr. 364 – Maschineneinrichtungen. Ist die perspektivische Lebensdauer der verbundenen oder eingefügten Sache hingegen länger als die reguläre Laufzeit des Berechtigungsverhältnisses (selbst wenn relativ kurze Kündigungsfristen gelten), kann ggf. ein „vorübergehender Zweck" angenommen werden, Staudinger/*Dilcher*, § 95 Rn 7.
33 So Staudinger/*Dilcher*, § 95 Rn 5.
34 Bamberger/Roth/*Fritzsche*, § 95 Rn 4.
35 NJW 1992, 1101.
36 So Staudinger/*Dilcher*, § 95 Rn 6.
37 Staudinger/*Dilcher*, § 95 Rn 4.
38 Staudinger/*Dilcher*, § 95 Rn 10.
39 RG WarnR 1910 Nr. 154.
40 OLG Düsseldorf VersR 1993, 316.
41 BGH NJW 1962, 1498; Staudinger/*Dilcher*, § 95 Rn 10.
42 Bspw. ein Gestattungsvertrag, der jeweils nur um ein Jahr verlängert wird, OVG Bremen NJW-RR 1986, 955.
43 BGH NJW-RR 1990, 411, 412.
44 Palandt/*Heinrichs*, § 95 Rn 3.
45 BGH NJW 1985, 789; BGHZ 104, 298, 301 = NJW 1988, 2789.
46 Dazu RGZ 158, 394, 400; BGHZ 104, 298, 301 = NJW 1988, 2789.
47 Vgl. dazu BGH NJW 1987, 2702.
48 OLG Köln ZMR 156, 80.
49 BGHZ 8, 1; 5; 10, 171, 175; 92, 70, 74.
50 LG Köln ZMR 1957, 264; Erman/*Michalski*, § 95 Rn 3; Staudinger/*Dilcher*, § 95 Rn 4.
51 BGHZ 104, 298, 301 = NJW 1988, 2789.
52 BGH NJW 1959, 1487.
53 OLG Dresden OLGE 13, 311.
54 OLG Hamburg OLGR 1999, 362.
55 BGH JZ 1958, 362; Staudinger/*Dilcher*, § 95 Rn 5. Vgl. auch *Lebek*, NZM 1998, 747, 748.
56 BGH NJW-RR 1999, 160.
57 BFH NJW 1987, 2702.
58 BGH MDR 1961, 591.
59 RGZ 153, 231, 235; Staudinger/*Dilcher*, § 95 Rn 6 f.
60 Staudinger/*Dilcher*, § 95 Rn 6.

21 Die Judikatur hat einen „**vorübergehenden Zweck**" bspw. **in folgenden Fällen bejaht**: Ausstellung,[61] Baracken eines Mieters[62] bzw. zur Unterbringung von Besatzungstruppen,[63] Behelfsheim,[64] Bootshaus (des Pächters),[65] Bootssteg,[66] Fertighäuser (deren Verlagerung an einen anderen Ort bereits im Zeitpunkt ihrer Aufstellung beabsichtigt ist),[67] (massives) Gartenhaus (auf gepachtetem Gartengrundstück nebst späterem Anbau),[68] Gebäude, das ein Gesellschafter zur Nutzung in die Gesellschaft eingebracht hat,[69] Grabstein (auf öffentlichem Friedhof, der nicht satzungsgemäß in das Eigentum des Friedhofsträgers übergeht),[70] (historischer) Grenzstein,[71] Hütten (die von Mietern oder [Jagd-]Pächtern errichtet werden),[72] Kauf auf Probe vor Bedingungseintritt,[73] Maschinen (mit Anlagen) zur Ausbeutung begrenzter Bodenschätze,[74] Mobilhome (auf einem Campingplatz),[75] Sandkasten und Schaukel,[76] Slipanlage einer Werft,[77] Einbau eines Tresors im Mauerwerk durch einen Mieter[78] bzw. Windkraftanlage[79] oder Wohnwagen, Wohnmobile bzw. Mobilhome[80] (auf einem Pachtgrundstück bzw. einem Campingplatz – nebst auf festem Fundament stehendem Anbau[81]).

22 **Abgelehnt** wurde hingegen ein beabsichtigter „vorübergehender Zweck" bei vom Mieter gepflanzten Sträuchern und Bäumen,[82] bei Baumschulbeständen und auch bei Gärtnereien[83] (es sei denn, es handelt sich um zum Verkauf bestimmte Pflanzen, die als Scheinbestandteile zu qualifizieren sind)[84] sowie immer dann, wenn der Verbindende die Verbindung in der Absicht vornahm, die Sache dem Eigentümer nach Ablauf des Nutzungsverhältnisses (entgültig) zu überlassen.[85] Bei Plakaten (an Litfaßsäulen) scheidet § 95 deshalb aus, weil diese im Nachhinein nicht abgelöst, sondern überklebt werden.[86]

23 Keine Verbindung zu einem „vorübergehenden Zweck" wird auch bei Lieferungen unter **Eigentumsvorbehalt** angenommen[87] (vor allem bei Vorbehalt in AGB).[88]

24 Eine **massive Bauweise** mag dies zwar indizieren; aber erst wenn die Bauweise einen solchen Schluss darauf zulässt, dass ein Bauwerk letztlich dem Grundstückseigentum zufallen soll, ist ein beabsichtigter „vorübergehender Zweck" zu verneinen.[89]

25 Dies gilt gleichermaßen bei einer entsprechenden **Vereinbarung** der Parteien, wenn diese von vornherein eine Verständigung darüber getroffen hatten, dass der Grundstückseigentümer die Sache nach Beendigung des Nutzungsverhältnisses übernehmen soll[90] oder ihm ein entsprechendes Wahlrecht eingeräumt worden ist.[91]

26 Kommt es zu einer **Vereinigung des Eigentums am Grundstück mit** jenem an einem **Scheinbestandteil** in einer Person, ist der Schluss auf einen Wegfall des Willens zur bloß „vorübergehenden Verbindung" statthaft,[92] aber nicht zwingend,[93] da sich aus dem Willen des Eigentümers auch hier etwas anderes ergeben kann.[94]

27 Es spielt für den „vorübergehenden Zweck" keine Rolle, wer die Verbindung oder Einfügung vorgenommen hat,[95] ob die verbundene oder eingefügte Sache dem Zweck des Grundstücks oder Gebäudes zu dienen

---

61 LG Düsseldorf NJW 1988, 345.
62 BGH NJW 1981, 2564; BGHZ 92, 70, 73. Vgl. für Anbauten OLG Köln NJWE-MietR 1996, 199.
63 RG LZ 1931, 1063.
64 BGHZ 8, 1, 5 = NJW 1953, 137; OLG Hamburg MDR 1951, 736.
65 OLG Naumburg NJ 2001, 652.
66 OLG Schleswig SchlHA 1991, 11.
67 Staudinger/*Dilcher*, § 95 Rn 11.
68 BGH NJW 1987, 774.
69 BGH NJW 1959, 1487.
70 OLG Köln OLGZ 1993, 113; LG Braunschweig NJW-RR 2001, 715; BGH NJW 1977, 1392, 1393.
71 OLG Frankfurt NJW 1984, 2303.
72 BGHZ 92, 70; BGH NJW 1996, 916.
73 OLG Dresden OLGE 13, 311.
74 RGZ 153, 231, 235.
75 OLG Koblenz MDR 1999, 1059.
76 BGH NJW 1992, 1101, 1102: nur für die Dauer des Bedarfs spielender Kinder des Eigentümers. Krit. Bamberger/Roth/*Fritzsche*, § 95 Rn 6; Staudinger/*Dilcher*, § 95 Rn 4.
77 OVG Bremen NJW-RR 1986, 955, 956: die aufgrund Nutzungsvereinbarung auf dem Ufergrundstück steht.
78 OLG Jena JW 1933, 924.
79 LG Flensburg WM 2000, 2112: unter der Vorraussetzung, dass die Nutzungsdauer der Anlage länger ist als die Vertragslaufzeit. Zu Windkraftanlagen näher *Goecke/Gamon*, WM 2000, 1309; *Ganter*, WM 2002, 105; *Peters*, WM 2002, 110, 115 ff.
80 Bamberger/Roth/*Fritzsche*, § 95 Rn 6.
81 Der Sachbestandteil ist, OLG Koblenz MDR 1999, 1059, 1066; AG Neuwied DGVZ 1996, 141.
82 OLG Düsseldorf, NJW-RR 1999, 160.
83 RG Gruchot 59, 111.
84 RGZ 66, 88, 89; 105, 213, 215; LG Bayreuth DGVZ 1985, 42.
85 BGHZ 8, 1, 7; BGH NJW 1996, 916.
86 BayObLG NJW 1981, 1053.
87 BGHZ 53, 324, 327 = NJW 1970, 895 – arg.: Im Regelfall sei hier die Berufung auf den Eigentumsvorbehalt nicht zu erwarten.
88 Bamberger/Roth/*Fritzsche*, § 95 Rn 7; Erman/*Michalski*, § 95 Rn 1.
89 BGHZ 8, 1 6; 92, 70.
90 BGHZ 104, 298 = NJW 1998, 2789.
91 BGH LM § 95 BGB Nr. 5 und 15.
92 RGZ 97, 102, 105; BGH NJW 1980, 771.
93 RGRK/*Kregel*, § 95 Rn 26; Staudinger/*Dilcher*, § 95 Rn 9.
94 Bamberger/Roth/*Fritzsche*, § 95 Rn 8; MüKo/*Holch*, § 95 Rn 10.
95 RGRK/*Kregel*, § 95 Rn 1; Soergel/*Mühl*, § 95 Rn 3.

geeignet ist oder unter Verletzung des Berechtigungsverhältnisses (bspw. unter Verstoß gegen die Vorgaben eines Miet- oder Pachtvertrages) erfolgt ist.[96]

Gegen einen beabsichtigten „vorübergehenden Zweck" sprechen folgende Umstände: Die Nutzungsdauer der Sache ist kürzer als die Laufzeit des vertraglichen Nutzungsrechts;[97] nach Ablauf der Miet(Pacht)Zeit ist eine automatische Verlängerung derselben beabsichtigt;[98] bzw. der Verbindende hat in der Erwartung gehandelt, er werde später Eigentümer des Grundstücks[99] oder Erbbauberechtigter.[100]

Bei **militärischen Anlagen** ist zu differenzieren: Während rein militärische Anlagen (Kampfbunker) unabhängig von der Massivität ihrer Bauweise immer einem „nur vorübergehenden Zweck" dienen[101] (wobei auch Abs. 1 S. 2 zur Anwendung gelangen kann),[102] gilt für Bunker der Zivilverteidigung (Luftschutzbunker) etwas anderes,[103] hier fehlt es an einer „nur vorübergehenden Verbindung" mit dem Grundstück.

Für ins **Schiffsregister eingetragene Schiffe** (die nach § 94 Abs. 2 beurteilt werden,[104] § 94 BGB Rn 43) gilt § 95 gleichermaßen.[105]

Es ist auf den **Willen im Zeitpunkt der Verbindung** abzustellen.[106] Daher kann die Eigenschaft als Bestandteil – ohne das Hinzutreten weiterer Umstände – durch eine **nachträgliche Zweckänderung** weder begründet[107] noch aufgehoben werden.[108] In der Konsequenz kann ein Scheinbestandteil nur dann wesentlicher Bestandteil eines Grundstücks werden, wenn der Grundstückseigentümer und der Sacheigentümer sich in Verfolgung des Zwecks, die Sache dauerhaft mit dem Grundstück zu verbinden,[109] über den Eigentumsübergang einigen[110] (bzw. wenn die Änderung der Zweckbestimmung zumindest als Willensbekundung für Dritte eindeutig erkennbar ist)[111] oder wenn der Grundstückseigentümer aufgrund eines anderen Erwerbsaktes Eigentum am Scheinbestandteil erlangt.[112] Dies gilt *vice versa* für den Fall der Umwandlung eines wesentlichen Bestandteils in einen Scheinbestandteil.[113]

Kann festgestellt werden, dass die Verbindung oder Einfügung zu einem „vorübergehenden Zweck" erfolgt ist, liegt – ohne Rücksicht auf die Art des Einbaus – ein **Scheinbestandteil** vor (selbst wenn im Übrigen die tatbestandlichen Voraussetzungen des § 93 bzw. des § 94 gegeben sind).[114]

II. Die Verbindung eines Gebäudes (oder anderen Werks) mit dem Grundstück „in Ausübung eines Rechts an einem fremden Grundstück" (Abs. 1 S. 2)

Gemäß Abs. 1 S. 2 sind Gebäude (verstanden – entsprechend § 94 – als jeder Baukörper)[115] und andere Werke (d.h. vom Menschen geschaffene Einrichtungen,[116] wie bspw. Anbauten an bestehende Gebäude,[117] Anlagen einer U-Bahn,[118] Schienenanlagen,[119] Stauwehre[120] oder Zäune,[121] *nicht* jedoch Pflanzen[122] oder Sandhaufen[123]) dann **keine Grundstücksbestandteile**, wenn sie vom Inhaber eines Rechts an einem fremden Grundstück in Ausübung dieses Rechts mit dem Grundstück verbunden werden.

Als „Recht an einem fremden Grundstück" i.S.v. Abs. 1 S. 2, das dem Verbindenden tatsächlich zustehen muss (weshalb eine irrtümliche Annahme der Innehabung unzureichend ist),[124] sind vor allem **dingliche**

---

96 Staudinger/*Dilcher*, § 95 Rn 8.
97 RGZ 153, 231; LG Flensburg WM 2000, 2112.
98 OLG Köln NJW 1961, 461.
99 RGZ 106, 148; BGH DNotZ 1973, 472.
100 BGH NJW 1961, 1251: Errichtung eines Mauerbaus mit Zustimmung des Eigentümers.
101 BGH NJW 1956, 1273: Westwallbunker.
102 Staudinger/*Dilcher*, § 95 Rn 12.
103 BGH LM § 95 BGB Nr. 16: Luftschutzbunker für Kriegs- und Friedenszeiten; BGH MDR 1971, 997. Vgl. für einen Luftschutzstollen BGH NJW 1960, 1003.
104 Staudinger/*Dilcher*, § 95 Rn 13.
105 RGZ 152, 91, 97; BGHZ 26, 225, 231.
106 Palandt/*Heinrichs*, § 95 Rn 4.
107 BGHZ 23, 57, 60; BGH NJW 1959, 1487.
108 BGHZ 37, 353, 359; BGH NJW 1987, 774.
109 BGH NJW 1980, 771.
110 So BGHZ 23, 57, 60; BGH NJW 1987, 774.
111 BGHZ 27, 57, 59 f. = NJW 1957, 457; BGH NJW 1987, 774; MüKo/*Holch*, § 95 Rn 9 f.; Soergel/*Mühl*, § 95 Rn 6; Staudinger/*Dilcher*, § 95 Rn 9.
112 Zu den Folgen nachträglicher Zweckänderung näher MüKo/*Holch*, § 95 Rn 9; RGRK/*Kregel*, § 95 Rn 25; Staudinger/*Dilcher*, § 95 Rn 9.
113 Palandt/*Heinrichs*, § 95 Rn 4.
114 RGZ 109, 129; Staudinger/*Dilcher*, § 95 Rn 8.
115 Soergel/*Mühl*, § 95 Rn 20 und ihm folgend Staudinger/*Dilcher,* § 95 Rn 14, wobei darunter aber auch alle wesentlichen Bestandteile nach § 93 BGB fallen.
116 Staudinger/*Dilcher*, § 95 Rn 14.
117 OLG Köln WuM 1996, 269.
118 Bamberger/Roth/*Fritzsche*, § 95 Rn 11; MüKo/*Holch*, § 95 Rn 19.
119 RG JW 1908, 196.
120 RG HRR 1928 Nr. 2078.
121 KG OLGE 20, 37; OLG Hamm OLGR 2000, 5.
122 Staudinger/*Dilcher*, § 95 Rn 8.
123 Bamberger/Roth/*Fritzsche*, § 95 Rn 11: „weil es insoweit an dem für ein Werk notwendigen Mindestmaß an Herstellung aufgrund von Regeln der Technik oder der Erfahrung fehlt", so RGZ 60, 138, 139 f.
124 Soergel/*Mühl*, § 95 Rn 22.

Rechte[125] (nicht jedoch obligatorische Rechte wie Miete oder Pacht),[126] bspw. das Erbbaurecht (wobei jedoch aufgrund des Erbbaurechts geschaffene Bauwerke nach § 12 Abs. 1 S. 1 ErbbauVO Bestandteil des Erbbaurechts und nach dessen Erlöschen gemäß § 12 Abs. 3 ErbbauVO Bestandteil des Grundstücks werden, Rn 8), der Nießbrauch[127] oder eine Grunddienstbarkeit[128] zu verstehen, darüber hinaus aber auch die Befugnis der Deutschen Post AG zur Verlegung von Fernmeldekabeln in öffentlichen Wegen.[129] Wenn die Errichtung eines Bootsstegs auf der Grundlage einer (unwiderruflichen) altrechtlichen Dienstbarkeit erfolgt, soll Abs. 1 S. 2 hingegen nicht zur Anwendung gelangen.[130]

35 „Recht[e] an einem fremden Grundstück" können aber auch **öffentlich-rechtlich gewährte Rechte** (Befugnisse) sein,[131] bspw. (ausnahmsweise, da andere Sondernutzungen, z.B. jene der Straßen, dem Privatrecht folgen) ein Sondernutzungsrecht (dem eine Benutzungsvereinbarung nach § 31 PersBefG mit dem Straßenbaulastträger zugrunde liegt) des Straßenbahnunternehmens, Schienen in öffentlichen Wegen zu verlegen,[132] oder die Ausübung eines Staurechts an einem am fremden Wasserlauf errichteten Stauwerk (nach Maßgabe der §§ 2, 3 Abs. 1 Nr. 2 und 8 WHG).[133]

36 Abs. 1 S. 2 setzt ein Recht an einem **fremden Grundstück** voraus – was bspw. die Anwendung der Norm auf eine Verbindung des Grundstückseigentums aufgrund einer Eigengrunddienstbarkeit ausschließt.[134] Die Ausübung eines Rechts setzt dessen Bestand voraus, womit ein erst künftig zu begründendes Recht nicht ausreicht.[135]

37 **Berechtigter** in Ausübung eines entsprechenden Rechts ist nicht nur der Rechtsinhaber selbst, sondern auch derjenige, dem durch den Rechtsinhaber (bspw. durch Vermietung oder Verpachtung) die Rechtsausübung überlassen worden ist.[136]

38 Durch die Verbindung einer Sache mit einem auf einem Grundstück stehenden Gebäude wird die Sache wesentlicher Bestandteil des Gebäudes und es erfolgt zugleich eine Verbindung mit dem Grundstück selbst.[137]

39 Abs. 1 S. 2 gelangt **entsprechend** zur Anwendung auf den rechtmäßigen[138] und den rechtswidrigen, aber entschuldigten Überbau.[139] Da die §§ 912 ff. nicht die Frage regeln, wer Eigentümer des Überbaus ist, beurteilt sich dies nach den §§ 93 bis 95 unter Berücksichtigung der Wertung des § 912.[140] D.h., wenn beim Überbau nach § 912 ein Duldungsanspruch gegen den Nachbarn besteht, ist auf den Überbau nicht § 94 Abs. 1 anzuwenden. Der hier übergebaute Gebäudeteil ist vielmehr nach Abs. 1 S. 2 Scheinbestandteil des Grundstücks, auf dem er sich befindet.[141] Folglich ist er nach §§ 93, 94 Abs. 2 wesentlicher Bestandteil des Gebäudes, zu dem er gehört[142] und mit dem Gesamtgebäude dann nach § 94 Abs. 1 wesentlicher Bestandteil des Grundstücks, auf dem das Gebäude hauptsächlich steht.[143]

40 Zur (halbscheidigen Giebel- oder) Kommunmauer (Nachbarwand) näher AnwK-BGB/*Ring*, § 921 Rn 27 ff.

41 Eine Verbindung wird „in Ausübung des Rechts an einem fremden Grundstück" vorgenommen, wenn sie der Rechtsinhaber bei tatsächlichem Bestehen des Rechts (wobei ein Irrtum über das Bestehen oder Nichtbestehen des Rechts dem Verbindenden schadet)[144] selbst vornimmt oder veranlasst.[145] Ein späterer

---

125 Palandt/*Heinrichs*, § 95 Rn 5; Staudinger/*Dilcher*, § 95 Rn 15.
126 Selbst dann nicht, wenn ein Pächter das Grundstück vom Nießbraucher gepachtet hat (Staudinger/*Dilcher*, § 95 Rn 15) oder ein Mieter in der Erwartung, Erbbaurechtsberechtigter zu werden, das Bauwerk errichtet (BGH NJW 1961, 1251).
127 RGZ 106, 49, 50; BGH LM § 95 BGB Rn 2.
128 OLG Köln NJW-RR 1993, 892, 893.
129 BGHZ 125, 56. Zu sonstigen Versorgungsleitungen: BGH NJW 1980, 771.
130 OLG München ZMR 1997, 568; a.A. Bamberger/Roth/*Fritzsche*, § 95 Rn 12, da § 95 Abs. 1 S. 2 nicht auf den „vorübergehenden Zweck" abstelle.
131 BGH NJW 1980, 771; Staudinger/*Dilcher*, § 95 Rn 16; bspw. das Requisitionsrecht einer Besatzungsmacht (Bau von Wohnungen auf requirierten Grundstücken), LG Köln NJW 1955, 1797.
132 Dazu OLG Hamburg HRR 1933 Nr. 1919; RGRK/*Kregel*, § 95 Rn 37; Staudinger/*Dilcher*, § 95 BGB Rn 17.
133 Staudinger/*Dilcher*, § 95 Rn 17.
134 So Soergel/*Mühl*, § 95 Rn 22; Staudinger/*Dilcher*, § 95 Rn 18; a.A. RGRK/*Kregel*, § 95 Rn 32, der § 95 Abs. 1 S. 2 hier entsprechend anwenden will.
135 Staudinger/*Dilcher*, § 95 Rn 18.
136 BGH LM § 95 BGB Nr. 2; Palandt/*Heinrichs*, § 95 Rn 5.
137 RGZ 106, 51.
138 RGZ 169, 175; dazu näher AnwK-BGB/*Ring*, § 912 Rn 25.
139 BGHZ 27, 197, 204; 41, 177; dazu näher AnwK-BGB/*Ring*, § 912 Rn 26 ff.
140 Bamberger/Roth/*Fritzsche*, § 95 Rn 13.
141 BGHZ 110, 298, 300 = NJW 1990, 1791; BVerwG VIZ 2000, 88, 90; Staudinger/*Dilcher*, § 95 Rn 15.
142 BGHZ 110, 298, 300 = NJW 1990, 1791.
143 Bamberger/Roth/*Fritzsche*, § 95 Rn 13.
144 BGH MDR 1961, 591; MüKo/*Holch*, § 95 Rn 17; Staudinger/*Dilcher*, § 95 Rn 18.
145 Bamberger/Roth/*Fritzsche*, § 95 Rn 15.

Wegfall des Rechts schadet hingegen nicht. Problematisch ist, ob ein künftiges Entstehen des Rechts (bspw. durch Eintragung) ausreicht, wenn das Recht bereits bestellt worden ist.[146]

Abs. 1 S. 2 gelangt hingegen nicht bei einer **hoheitlichen Inanspruchnahme** eines Grundstücks zur Anwendung.[147]

III. Insbesondere: Versorgungsleitungen

§ 95 erfasst regelmäßig Versorgungsleitungen in fremden Grundstücken[148] (ebenso gemietete Energie- und Wasserverbrauchszähler).[149]

Wenn die Versorgungsleitung aufgrund öffentlich-rechtlicher Befugnisse (z.B. nach § 8 AVBV oder § 9 Abs. 1 GBBerG), bspw. bei Fernmeldeleitungen[150] oder Gas- und Wasserleitungen,[151] in fremde Grundstücke verlegt wurde, gelangt Abs. 1 S. 2 (dazu bereits Rn 34) zur Anwendung.

Sollten die Voraussetzungen des Abs. 1 S. 2 nicht erfüllt sein, wird die Versorgungsleitung regelmäßig nur zu einem „vorübergehenden Zweck" eingefügt worden sein.[152]

Hausanschlüsse unterfallen gleichermaßen § 95.[153] Nach § 10 AVBV stehen sie (ebenso wie **Wasserzähler**)[154] im Eigentum des Versorgungsunternehmens.

Kabelverteilerkästen und **Transformatorenstationen** sind lediglich Scheinbestandteile der Grundstücke, auf denen sie sich befinden – und im Übrigen Zubehör der Elektrizitätsversorgungsanlage (die im Eigentum des Elektrizitätsversorgungsunternehmens steht).[155]

§ 95 gelangt auch bei der Verlegung einer Versorgungsleitung auf dem eigenen Grundstück entsprechend dem Rechtsgedanken des § 13 Abs. 2 S. 2 EnWG zur Anwendung.[156]

Sollte dies nicht der Fall sein, kann aus dem Leitungsnetz als wesentlichem Bestandteil durch Übereignung unter Zweckänderung ein **Scheinbestandteil** werden, bspw. im Falle einer Privatisierung des Abwasserbetriebs.[157]

Problematisch ist auch das Verhältnis von § 95 zu den **Leitungssammelkanälen** in den neuen Bundesländern.[158]

IV. Scheinbestandteile von Gebäuden (Abs. 2)

Sachen, die nur zu einem vorübergehenden Zweck in ein Gebäude eingefügt sind, gehören nach Abs. 2 (der die Regelung des Abs. 1 S. 1 für Scheinbestandteile von Gebäuden wiederholt)[159] nicht zu den Bestandteilen des Gebäudes. Dies gilt bspw. für Telefonanlagen (die ein Mieter eingefügt hat),[160] Teppichböden (die ein Mieter verlegt hat)[161] oder auch einen Tresor (den ein Mieter eingebaut hat).[162]

V. Rechtsfolgen

Scheinbestandteile bleiben – selbst dann, wenn sie tatsächlich unbeweglich sind – **bewegliche** Sachen im Rechtssinne.[163] Folglich gelten für ihre Übereignung die §§ 929 ff. Ein gutgläubiger Erwerb vollzieht sich nach den §§ 932 ff.[164] Die Bestellung eines Nießbrauchs richtet sich nach § 1032, die Verpfändung nach den §§ 1204 ff.[165]

---

146 So BGH MDR 1961, 591; MüKo/*Holch*, § 95 Rn 20; Soergel/*Mühl*, § 95 Rn 19; Staudinger/ *Dilcher*, § 95 Rn 18. Bamberger/Roth/*Fritzsche*, § 95 Rn 15 plädiert dafür, in der Phase zwischen Einigung und Eintragung (bzw. eines anderen Wirksamkeitserfordernisses) auf § 95 Abs. 1 S. 1 abzustellen.
147 BGH LM § 95 BGB Rn 16; Palandt/*Heinrichs*, § 95 Rn 5.
148 RGZ 87, 43, 51; 168, 288, 290; BGHZ 37, 353, 358; Palandt/*Heinrichs*, § 95 Rn 6; *Schulze*, Rpfleger 1999, 168.
149 Staudinger/*Dilcher*, § 95 Rn 4 und § 94 Rn 25.
150 BGHZ 125, 56.
151 BGHZ 37, 353, 362; BGH NJW 1980, 771.
152 BGHZ 138, 266, 272; BGH NJW 1980, 771. Vgl. auch *Brüning*, VIZ 1997, 398. Etwas anderes soll für Abwasserleitungen gelten, so BGH NJW 1968, 2331; a.A. Palandt/*Heinrichs*, § 95 Rn 6: „aber wohl überholt".
153 Palandt/*Heinrichs*, § 95 Rn 6.
154 Dazu BayVerfG NVwZ 1982, 368.
155 Bamberger/Roth/*Fritzsche*, § 95 Rn 14.
156 *Brüning*, VIZ 1997, 398, 400; *Schulze*, Rpfleger 1999, 168, 171.
157 *Brüning*, VIZ 1997, 398, 402, Palandt/*Heinrichs*, § 95 Rn 6.
158 Näher *Böhringer*, VIZ 1998, 605.
159 Bamberger/Roth/*Fritzsche*, § 95 Rn 16.
160 LG Mannheim JW 1937, 3305.
161 MüKo/*Holch*, § 95 Rn 13.
162 OLG Jena JW 1933, 924; Staudinger/*Dilcher*, § 95 Rn 16.
163 RGZ 55, 284; 59, 20; 87, 51; 97, 103 – arg.: Sachen die nicht grundbuchfähig sind, könnten nicht als unbewegliche Sachen (worunter nur Grundstücke und deren Bestandteile fallen) qualifiziert werden.
164 BGHZ 23, 57; BGH NJW 1987, 774.
165 MüKo/*Holch*, § 95 Rn 24; Staudinger/*Dilcher*, § 95 Rn 22.

53 Scheinbestandteile unterfallen im Rahmen der Zwangsvollstreckung folglich der Mobiliarvollstreckung – ggf. kann wegen ihrer Zubehöreigenschaft aber § 865 ZPO zur Anwendung gelangen, womit die Mobiliarvollstreckung unzulässig ist.[166]

C. Beweislast

54 Aufgrund des Ausnahmetatbestandscharakters von § 95 (zu § 93 und § 94) trägt derjenige die Beweislast, der sich (gegen den äußeren Anschein) auf die Ausnahmesituation des § 95 beruft.[167] Allerdings spricht ggf. zugunsten desjenigen, der beweispflichtig ist, eine **tatsächliche Vermutung** (Anscheinsbeweis),[168] bspw. im Falle der Verbindung einer Sache durch einen Mieter (oder einen sonstigen schuldrechtlich oder dinglich Berechtigten).[169] Nach *Fritzsche*[170] wird eine entsprechende Vermutung nicht bereits schon durch die massive Bauart eines Gebäudes bzw. durch eine lange Verweildauer entkräftet; vielmehr erst dann, wenn der Verbindende bei der Verbindung die Absicht hatte (bspw. belegt durch den schuldrechtlichen Nutzungsvertrag, wonach nach Ablauf der Vertragszeit das Bauwerk gegen Zahlung einer Ablösung oder aber auch unentgeltlich), die Sache nach Vertragsbeendigung in das Eigentum des Grundstückseigentümers (Vermieters oder Verpächters) übergehen zu lassen.[171] Die Beurteilung, ob eine Sache Scheinbestandteil ist, stellt eine Rechtsfrage dar und ist damit einer revisionsgerichtlichen Überprüfung zugänglich.[172]

§ 96 Rechte als Bestandteile eines Grundstücks

¹Rechte, die mit dem Eigentum an einem Grundstück verbunden sind, gelten als Bestandteile des Grundstücks.

A. Allgemeines 1
B. Regelungsgehalt 4
I. „Rechte" 4
II. Rechtsfolgen 10

A. Allgemeines

1 § 96 stellt durch eine **rechtliche Fiktion** Rechte, die mit einem Grundstück verbunden sind, Grundstücksbestandteilen (die nur Sachen sein können) gleich (**Gleichstellung von Rechten mit Grundstücksbestandteilen – als sonderrechtsfähige Bestandteile**) mit dem Ziel, vor allem die hypothekarische Haftung nach den §§ 1120 ff. auf die mit dem Grundstück verbundenen Rechte auszudehnen.[1] Damit erfolgt für entsprechende Rechte keine Änderung ihrer Qualität,[2] da sie nicht zu wesentlichen Grundstücksbestandteilen (mithin Sachen oder Sachteilen) werden[3] – weshalb entsprechende Mängel gewährleistungsrechtlich als Rechtsmängel (und nicht als Sachmängel des Grundstücks) zu qualifizieren sind.[4] Etwas anderes gilt dann, wenn für bestimmte (auch § 96 unterfallende) Rechte aus anderen Vorschriften folgt, dass sie untrennbar mit dem Grundstück verbunden und somit sonderrechtsunfähig sind.[5]

2 Die Rechte nach § 96 können gemäß § 9 GBO (Eintragung subjektiv-dinglicher Rechte auf Antrag) auf dem Grundbuchblatt desjenigen Grundstücks vermerkt werden, dessen Eigentümer sie zustehen.[6]

3 Beachte die Sonderregelung des § 2a HöfeO, wonach bestimmte, einem Hof dienende Rechte „Bestandteile des Hofes" sind.[7]

---

166 Staudinger/*Dilcher*, § 95 Rn 22.
167 So RGZ 158, 362, 375; Palandt/*Heinrichs*, § 95 Rn 1.
168 Jauernig/*Jauernig*, § 95 Rn 2.
169 BGHZ 8, 1, 5 = NJW 1953, 137; BGHZ 92, 70, 74 = NJW 1984, 2878; BGH NJW 1996, 916; VIZ 1998, 583.
170 Bamberger/Roth/*Fritzsche*, § 95 Rn 17.
171 So auch MüKo/*Holch*, § 95 Rn 13.
172 RG HRR 1942 Nr. 257; Staudinger/*Dilcher*, § 95 Rn 23.
1 RGZ 83, 198, 200; Palandt/*Heinrichs*, § 96 Rn 1; Soergel/*Mühl*, § 96 Rn 4.
2 Staudinger/*Dilcher*, § 96 Rn 1.
3 RGZ 74, 401, 402 f. Denen sie nur dann ähneln, wenn sie vom Grundeigentum nicht getrennt werden können, Bamberger/Roth/*Fritzsche*, § 96 Rn 1.
4 RGZ 93, 198, 200; 93, 71, 73; Erman/*Michalski*, § 96 Rn 3; Staudinger/*Dilcher*, § 96 Rn 1.
5 Bspw. Dienstbarkeiten (zugunsten des herrschenden Grundstücks) und Reallasten (zugunsten des jeweiligen Grundstückseigentümers): RGZ 93, 71, 73; RGRK/*Kregel*, § 96 Rn 13; Staudinger/*Dilcher*, § 96 Rn 1.
6 Bamberger/Roth/*Fritzsche*, § 96 Rn 8; MüKo/*Holch*, § 96 Rn 6.
7 MüKo/*Holch*, § 96 Rn 3a.

B. Regelungsgehalt
I. „Rechte"

Rechte i.S.v. § 96 sind vor allem die (dem jeweiligen Grundstückseigentümer zustehenden) **subjektiv-dinglichen Rechte**[8] (die dem Eigentümer eines herrschenden Grundstücks als solchem an einem anderen Grundstück zustehen), wobei sich eine subjektive Verdinglichung auch aus öffentlich-rechtlichen Normen ergeben kann.[9] Erfasst werden bspw. Grunddienstbarkeiten (§ 1018)[10] und (zugunsten des jeweiligen Eigentümers eines anderen Grundstücks bestellte) Reallasten (§ 1105 Abs. 2),[11] dingliche Vorkaufsrechte nach § 1094 Abs. 2[12] (wenn sie nach den §§ 1105 Abs. 2, 1024 Abs. 2 zugunsten des jeweiligen Eigentümers eines anderen Grundstücks bestellt worden sind, einschließlich des Anwartschaftsrechts auf Eintragung einer entsprechenden Belastung[13]),[14] der Erbbauzinsanspruch nach § 9 ErbbauVO,[15] weiterhin der Heimfallanspruch des Grundstückseigentümers nach § 3 ErbbauVO[16] (bzw. ein Zustimmungsvorbehalt nach § 5 ErbbauVO),[17] das Jagdrecht nach § 3 Abs. 1 S. 2 BJagdG,[18] eine mit einem Grundstück verbundene Abdeckereigerechtigkeit[19] bzw. Realverbandsanteile an einer niedersächsischen Forstgenossenschaft.[20] Des Weiteren unterfallen § 96 auch Benutzungsrechte nach § 921,[21] das Notwegrecht (§ 912 Abs. 1),[22] die Notwegrente (§ 917 Abs. 2)[23] und das Recht auf Duldung des Überbaus (§ 912 Abs. 1)[24] sowie die Überbaurente nach §§ 912 Abs. 2 S. 1, 913 Abs. 1.[25]

Anwartschaftsrechte auf Erwerb der vorgenannten subjektiv dinglichen Rechte unterfallen gleichermaßen § 96.[26]

Rechte i.S.v. § 96 können auch solche des **Landesrechts** sein, sofern das Recht dem Eigentümer als solchem zusteht und mit dem Grundeigentum untrennbar verbunden ist,[27] was jeweils durch Auslegung der in Rede stehenden Vorschrift festzustellen ist, bspw. ein nach Artt. 181 und 184 EGBGB fortbestehendes rheinisches Kellerrecht auf fremdem Grundstück,[28] ein Brandversicherungsanspruch nach hamburgischem Landesrecht,[29] Fischereirechte, sofern sie nach Landesrecht dem jeweiligen Gewässereigentümer zustehen,[30] Forstnutzungsrechte am Genossenschaftsforst[31] und sonstige Forstrechte[32] sowie Mitgliedschaftsrechte an einer öffentlich-rechtlichen Waldgenossenschaft,[33] Realgemeindeanteile (am Wald) eines Bauernhofs,[34] ein vor In-Kraft-Treten des BGB verliehenes Staurecht, das Bestandteil eines Mühlengrundstücks ist,[35] bzw. Wassernutzungsrechte in Abhängigkeit von ihrem jeweiligen Inhalt.[36]

---

[8] RGZ 140, 107, 111; RGRK/*Kregel*, § 96 Rn 5; Staudinger/*Dilcher*, § 96 Rn 2.
[9] Bamberger/Roth/*Fritzsche*, § 96 Rn 2.
[10] RGZ 93, 71, 73; BGH NJW 1994, 2947, 2949; BayObLG NJW-RR 1990, 1043; OLG Köln NJW-RR 1993, 982; OLG Dresden VIZ 1997, 244. Nach OLG Stuttgart (NJW-RR 1990, 569) soll eine Grunddienstbarkeit mit Zugangs- bzw. Parkplatzrechten Bestandteil aller begünstigten Wohnungseigentumsrechte sein.
[11] RGZ 104, 316, 318; BayObLGZ 90, 212; MüKo/*Holch*, § 96 Rn 2.
[12] RGZ 104, 316, 319. Wobei ein am Erbbauberechtigten zusammen mit der Erbbaurechtsbestellung eingeräumtes dingliches Vorkaufsrecht am Grundstück Bestandteil des Erbbaurechts ist, OLG Frankfurt Rpfleger 1960, 181.
[13] OLG Köln OLGZ 1968, 453, 455 f.
[14] Palandt/*Heinrichs*, § 96 Rn 1.
[15] BFH NJW 1991, 3176.
[16] BGH ZIP 1980, 652, 654; OLG Düsseldorf DNotZ 1974, 177.
[17] OLG Hamm NJW-RR 1993, 1106, 1108.
[18] Umstritten, so aber Palandt/*Heinrichs*, § 96 Rn 2; MüKo/*Holch*, § 96 Rn 3; vgl. auch BFH NJW 1975, 1145; a.A. RGRK/*Kregel*, § 96 Rn 3. Die Problematik liegt darin, dass § 3 Abs. 1 S. 1 BJagdG das Jagdrecht als untrennbar mit dem Eigentum an Grund und Boden auszeichnet, wohingegen § 3 Abs. 1 S. 3 BJagdG die Aussage trifft, dass das Jagdrecht als selbständiges Recht nicht begründet werden kann.
[19] RGZ 83, 200.
[20] OLG Braunschweig NdsRpfl. 1990, 7.
[21] RGZ 160, 166, 177; Erman/*Hagen*, § 96 Rn 1. Staudinger/*Roth*, § 921 Rn 12 spricht sich für eine analoge Anwendung von § 96 aus.
[22] Staudinger/*Dilcher*, § 96 Rn 2; allerdings ist umstritten, ob es sich überhaupt um ein selbständiges Recht handelt, vgl. dazu RGRK/*Kregel*, § 96 Rn 4.
[23] Palandt/*Heinrichs*, § 96 Rn 2; Staudinger/*Dilcher*, § 96 Rn 2.
[24] RGZ 160, 166, 177.
[25] Umstritten, so aber Staudinger/*Dilcher*, § 96 Rn 2: Streitig ist, ob es sich dabei um selbständige Rechte i.S.v. § 96 BGB handelt; RGRK/*Kregel*, § 96 Rn 4.
[26] OLG Köln OLGZ 1968, 453, 455; MüKo/*Holch*, § 96 Rn 2.
[27] Bamberger/Roth/*Fritzsche*, § 96 Rn 4.
[28] RGZ 56, 258, 260; KG JW 1933, 1334.
[29] FG Hamburg EFG 1984, 79; nicht jedoch nach hessischem Landesrecht, so FG Hessen VersR 1978, 856.
[30] BGHZ 122, 93, 99 ff., 102 ff.; BGH NVwZ-RR 1998, 522; Staudinger/*Dilcher*, § 96 Rn 6.
[31] OLG Braunschweig NdsRpfl. 1990, 7.
[32] BFH DStR 1969, 671 Nr. 453.
[33] VGH Mannheim AgrarR 1983, 70.
[34] OLG Celle NdsRpfl. 1961, 34.
[35] LG Hildesheim NdsRpfl. 1965, 275.
[36] BGH MDR 1961, 924.

7 Weitere Rechte i.S.v. § 96 nach **öffentlichem Recht** (z.T. noch Altrechte aus der Zeit vor dem In-Kraft-Treten des BGB) sind Patronatsrechte,[37] das (preußische) Apothekenprivileg[38] (vor 1810, als mit dem Eigentum am Grundstück verbundenes Recht), das auch unter der Geltung des Apothekengesetzes (ApothG) fortbesteht, da § 27 Abs. 1 ApothG zugunsten des Inhabers des Privilegs eine Betriebserlaubnis fingiert,[39] bzw. Waldnutzungsrechte.[40]

8 Kennzeichnendes Merkmal dieser subjektiv-dinglichen Rechte ist es, dass sie dem Eigentümer des herrschenden Grundstücks hinsichtlich eines anderen Grundstücks zustehen.[41]

9 Die Judikatur hat hingegen in folgenden Fällen die Eigenschaft als **Recht i.S.v. § 96 verneint**, da die Rechte nicht dem Eigentümer als solchem, sondern als Person zustehen[42] (d.h. nicht zwingend, sondern allenfalls zufällig mit dem Eigentum am Grundstück verbunden sind):[43] bei der Auflassungsvormerkung zugunsten des jeweiligen Eigentümers eines anderen Grundstücks,[44] bei einer Eigentümerhypothek,[45] bei einem Anspruch des Eigentümers auf einen beim Hypothekengläubiger gebildeten Amortisationsfonds zur Tilgung der hypothekarisch gesicherten Schuld,[46] einem Anspruch auf Brandversicherungsleistung nach § 97 VVG,[47] Brennrechten (nach dem Brantweinmonopolgesetz, da das Brennrecht nur eine steuerliche Bevorzugung, nicht jedoch als selbständiger Vermögensgegenstand zu qualifizieren ist),[48] einem Entschädigungsanspruch nach der KriegsschädenVO 1940,[49] der Milchreferenzmenge (Milchkontingente),[50] einer Abgeltung für die Aufgabe der Milcherzeugung,[51] Miteigentumsanteilen an einem Wegegrundstück[52] bzw. einem schuldrechtlichen Rübenlieferungsrecht.[53]

II. Rechtsfolgen

10 Rechte i.S.v. § 96 sind dann **sonderrechtsunfähige „wesentliche Bestandteile"** des Grundstücks, wenn sie – wie die subjektiv dinglichen Rechte (Rn 4) – nicht vom Grundstückseigentum getrennt werden können. Ist eine Trennung möglich, werden sie wie **einfache Bestandteile** behandelt[54] (die i.d.R. gleichwohl das Schicksal des Grundstücks teilen – „die Unterscheidung gilt daher als praktisch bedeutungslos"[55]). Sind sie sonderrechtsunfähig, folgen sie dem Grundstückseigentum im Falle seiner Übertragung.[56]

11 Die rechtliche Fiktion des § 96 macht Rechte, die mit dem Eigentum an einem Grundstück verbunden sind, jedoch nicht zu Sachen.[57]

§ 97 Zubehör

(1) ¹Zubehör sind bewegliche Sachen, die, ohne Bestandteile der Hauptsache zu sein, dem wirtschaftlichen Zwecke der Hauptsache zu dienen bestimmt sind und zu ihr in einem dieser Bestimmung entsprechenden räumlichen Verhältnis stehen. ²Eine Sache ist nicht Zubehör, wenn sie im Verkehr nicht als Zubehör angesehen wird.

(2) ¹Die vorübergehende Benutzung einer Sache für den wirtschaftlichen Zweck einer anderen begründet nicht die Zubehöreigenschaft. ²Die vorübergehende Trennung eines Zubehörstücks von der Hauptsache hebt die Zubehöreigenschaft nicht auf.

Literatur: *Brüning*, Die Sonderrechtsfähigkeit von Grundstücksbestandteilen – ein zivilrechtliches Problem bei der Privatisierung kommunaler Leistungsnetze, VIZ 1997, 389; *Siebert*, Zubehör des Unternehmens und Zubehör des Grundstücks, in: FS Giesecke 1958, S. 59; *Weimar*, Das Zubehör und seine Rechtslage, MDR 1980, 907; *Witt*, Das Pfandrecht am Inventar des landwirtschaftlichen Betriebs, Diss. Hohenheim, 1974.

---

37 So Motive III, S. 60.
38 Zur historischen Entwicklung BVerfGE 7, 377, 387 ff.
39 Dazu Staudinger/*Dilcher*, § 96 Rn 4.
40 BayObLG RdL 1981, 209, 210.
41 Palandt/*Heinrichs*, § 96 Rn 2.
42 Bamberger/Roth/*Fritzsche*, § 96 Rn 5.
43 Bamberger/Roth/*Fritzsche*, § 96 Rn 6.
44 RGZ 128, 246, 248.
45 Staudinger/*Dilcher*, § 96 Rn 5; a.A. *Hirsch*, ArchBürgR 25, 252.
46 RGZ 104, 68, 73; Soergel/*Mühl*, § 96 Rn 4.
47 BFH BB 1986, 723.
48 RG HRR 1932 Nr. 1157; BGH LM § 96 BGB Rn 1.
49 BGHZ 18, 128, 137 = NJW 1955, 1516.
50 BGHZ 114, 277 = NJW 1991, 3280; BGHZ 135, 292 = NJW 1998, 78.
51 VG Stade WM 1987, 1312.
52 BayObLGZ 1987, 121, 128.
53 BGHZ 111, 110 = NJW 1991, 1723; vgl. zudem MüKo/*Holch*, § 96 Rn 2 ff.; RGRK/*Kregel*, § 96 Rn 8; Soergel/*Mühl*, § 96 Rn 1 ff.
54 Palandt/*Heinrichs*, § 96 Rn 1.
55 Bamberger/Roth/*Fritzsche*, § 96 Rn 7; Erman/*Michalski*, § 96 Rn 2.
56 OLG Dresden VIZ 1997, 244, 246.
57 Palandt/*Heinrichs*, § 96 Rn 1.

Zubehör § 97

A. Allgemeines	1	5. Das notwendige räumliche Verhältnis zwischen Zubehör und Hauptsache	44
B. Regelungsgehalt	5	6. Die Bedeutung der Verkehrsanschauung (Abs. 1 S. 2)	46
I. Der Begriff des Zubehörs (Abs. 1 S. 1)	5	II. Rechtsfolgen der Zubehöreigenschaft	51
1. Die bewegliche Sache	10	III. Aufhebung der Zubehöreigenschaft	62
2. Die Notwendigkeit einer Hauptsache	15	IV. Scheinzubehör und Nebensachen	63
3. Die Zweckbestimmung	22	V. Einzelbeispiele aus der Judikatur	65
a) Die Widmung	26	1. Zubehöreigenschaft	65
b) Die Widmung auf Dauer	30	2. Nicht-Zubehör	67
4. Der dienende Charakter des Zubehörs	39		

A. Allgemeines

In § 97 erfolgt für das gesamte Privatrecht eine Definition des Begriffs **Zubehör**, der in § 98 teilweise in den Erläuterungen für landwirtschaftliches und gewerbliches Zubehör erweitert wird. Damit können bewegliche Sachen zu einer anderen Hauptsache, wenn sie nicht deren Bestandteile sind, in einem bestimmten wirtschaftlichen Zusammenhang stehen. Diese gesetzliche Begriffsbestimmung kann nicht durch Parteivereinbarung geändert werden, sofern das Gesetz nicht selbst auf den Parteiwillen abstellt.[1]   **1**

Sonderbestimmungen (mit einem von § 97 abweichenden Inhalt) finden sich zudem in § 3 S. 2 HöfeO, der (in Erweiterung des § 98) eine Bestimmung des Hofzubehörs trifft, und in § 478 HGB hinsichtlich des Schiffszubehörs. Eine weitere eigenständige Definition trifft § 9 des Kabelpfandgesetzes.[2]   **2**

Daneben (und unabhängig vom BGB-Zubehörsbegriff) trifft § 4 Abs. 4 Nr. 3 FStrG einen **öffentlich-rechtlichen Zubehörsbegriff** für das Straßenzubehör – etwa Verkehrszeichen und die Bepflanzung (die nach BGB Sachbestandteile sind).[3]   **3**

Die Definition des Zubehörs in § 97 stellt den Zubehörsbegriff auf eine **objektive Grundlage** und trennt diesen von jenem des Bestandteils.[4]   **4**

B. Regelungsgehalt

I. Der Begriff des Zubehörs (Abs. 1 S. 1)

Zubehör sind nach Abs. 1 S. 1 **bewegliche Sachen** (auch Scheinbestandteile),[5] wenn und solange[6] sie – ohne Bestandteile der Hauptsache zu sein[7] – dem wirtschaftlichen Zweck der Hauptsache zu dienen bestimmt sind *und* zu ihr in einem dieser Bestimmung entsprechenden räumlichen Verhältnis stehen. Mithin sind unter Zubehör **rechtlich selbständige bewegliche Sachen** zu verstehen (die den Vorschriften über bewegliche Sachen, insbesondere den §§ 929 ff., unterfallen).   **5**

Zubehör teilt nur ausnahmsweise dann das rechtliche Schicksal der Hauptsache, wenn dies gesetzlich angeordnet ist, bspw. nach § 314 (Veräußerungs- und Belastungsverpflichtung), § 498 Abs. 1 (Wiederverkauf), § 926 Abs. 1 (Grundstücksveräußerung), §§ 1031, 1062 (Nießbrauch), § 1096 S. 2 (Vorkaufsrecht), § 1932 (Voraus des Ehegatten) bzw. § 2164 Abs. 1 (Vermächtnis).   **6**

Die **Hauptbedeutung** des Zubehörs liegt in der Erstreckung der Haftung für Grundpfandrechte, vgl. §§ 1120 ff., ergänzt durch § 865 ZPO, §§ 20 Abs. 2, 21 Abs. 1 ZVG.[8]   **7**

Beachte: Die Beweislast dafür, dass eine Sache Zubehör ist (mithin dem wirtschaftlichen Zweck einer Hauptsache zu dienen bestimmt ist und damit zu dieser auch in einem Über-Unterordnungsverhältnis steht), trägt derjenige, der sich auf die Zubehöreigenschaft beruft.[9] Umgekehrt trägt derjenige, der leugnet, dass das Grundstückszubehör im Eigentum des Grundstückseigentümers steht, dafür die Beweislast[10] – ebenso   **8**

---

1 Soergel/*Mühl*, § 97 Rn 5; Staudinger/*Dilcher*, § 97 Rn 3.
2 Vom 31.3.1925 (RGBl I S. 37).
3 Staudinger/*Dilcher*, § 97 Rn 3.
4 Staudinger/*Dilcher*, § 97 Rn 2.
5 Wobei allerdings problematisch sein kann, ob eine „vorübergehende Verbindung" i.S.v. § 95 nicht einer „dauerhaften Zweckbindung" i.S.v. § 97 widerspricht, Staudinger/*Dilcher*, § 97 Rn 4. Scheinbestandteile können auch immer Zubehör einer anderen Sache (als der, deren Scheinbestandteile sie sind) sein, RGZ 55, 281, 284.
6 BGH NJW 1969, 2135; 1984, 2277.
7 Fraglich ist, ob der nicht wesentliche Bestandteil einer Sache Zubehör einer anderen Sache sein kann, bejahend OLG Köln NJW 1961, 461: Fernsprechanlage als nicht-wesentlicher Bestandteil des Fernsprechnetzes *und* Zubehör eines Fabrikgrundstücks; a.A. die h.M., vgl. etwa RGZ 55, 281, 284; Soergel/*Mühl*, § 97 Rn 9; Staudinger/*Dilcher*, § 97 Rn 4 – arg.: Wortlaut des § 97 Abs. 1 S. 1 BGB: „bewegliche Sache".
8 Bamberger/Roth/*Fritzsche*, § 97 Rn 1.
9 Staudinger/*Dilcher*, § 97 Rn 34.
10 RG JW 1911, 707.

wie jener, der eine nur vorübergehende Zweckbindung oder eine andere Qualifikation nach der Verkehrsanschauung behauptet[11] – wobei keine Vermutung für den Fortbestand einer früher einmal vorhandenen Verkehrsanschauung besteht.[12]

9 Wer sich also auf die Zubehöreigenschaft einer beweglichen Sache beruft, muss die Tatbestandsmerkmale nach Abs. 1 S. 1 und Abs. 2 S. 2 beweisen, wohingegen derjenige, der die Zubehöreigenschaft bestreitet, die Tatbestandsmerkmale von Abs. 1 S. 2 und Abs. 2 S. 1 zu beweisen hat.[13]

10 **1. Die bewegliche Sache.** Dem Begriff des Zubehörs unterfallen nur bewegliche Sachen (nicht hingegen Grundstücke und Grundstücksbestandteile[14] und – mangels Sachqualität – auch nicht Rechte [aller Art],[15] die nur dann gemäß § 96 als Bestandteile des Grundstücks gelten, wenn sie mit dem Grundeigentum verbunden sind,[16] dazu § 96 Rn 4) bzw. sonstige Immaterialgüter oder der Goodwill eines Unternehmens.[17]

11 **Beachte**: Nur ganz ausnahmsweise können Regelungen, die den Terminus „Zubehör" verwenden, auf Rechte analog anwendbar sein.[18]

12 Ein **Sachinbegriff** (Sachgesamtheit, dazu § 90 Rn 87 ff.) kann dann als Zubehör (i.S. einer beweglichen Sache) qualifiziert werden, wenn dessen Voraussetzungen bei allen zum Inbegriff gehörenden Sachen vorliegen.[19] Vgl. auch § 98, der für das Inventar ausdrücklich die Zubehöreigenschaft vorsieht.

13 Für den Begriff des Zubehörs macht es keinen Unterschied, ob die bewegliche Sache im Eigentum des Hauptsacheeigentümers steht oder in **fremdem Eigentum**[20] (bspw. weil sie gestohlen oder unter Eigentumsvorbehalt geliefert wurde[21]). Dies wird argumentativ aus § 1120 (bzw. § 55 Abs. 2 ZVG) hergeleitet,[22] der im Hinblick auf den Hypothekenverband feststellt, dass dieser sich auf das Zubehör des Grundstücks mit Ausnahme der Zubehörstücke erstreckt, „welche nicht in das Eigentum des Eigentümers des Grundstücks gelangt sind".

14 **Verbrauchbare Sachen** (i.S.v. § 92) können „Zubehör" sein, da es der Zubehöreigenschaft nicht entgegensteht, dass das Zubehörstück nur einmal benutzt werden kann,[23] bspw. Baumaterial (das auf dem Baugrundstück lagert),[24] Heizölvorräte eines Wohnhauses,[25] Kohlevorräte einer Ziegelei[26] oder Materialreserven eines Unternehmens.[27]

15 **2. Die Notwendigkeit einer Hauptsache.** Die Zubehöreigenschaft setzt zwingend das Vorhandensein einer dem Zubehör zugeordneten Hauptsache voraus. Hauptsache kann entweder ein **Grundstück** oder eine **andere bewegliche Sache** sein,[28] Rechte hingegen nur dann, wenn sie dem Grundstücksrecht (wie das Erbbaurecht, das Wohnungseigentumsrecht oder die Rechte nach Art. 63 EGBGB) gleichgestellt sind.[29] Nach § 98 können Sachen auch Zubehör eines Gebäudes sein. Da dieses aber i.d.R. Grundstücksbestandteil ist (§§ 94 Abs. 1, 95), ist das Gebäudezubehör dann rechtlich meist auch Grundstückszubehör.[30]

16 Was Haupt- und was Nebensache ist, beurteilt sich wie folgt: Im Falle **mehrerer Sachen** ist Hauptsache jene, der der wirtschaftliche Schwerpunkt zukommt[31] (nicht hingegen sind die quantitative Größe, das Wertverhält-

---

11 Staudinger/*Dilcher*, § 97 Rn 34.
12 RG JW 1914, 460.
13 BGH NJW-RR 1990, 586, 588; Bamberger/Roth/*Fritzsche*, § 97 Rn 22; Soergel/*Mühl*, § 97 Rn 36; Staudinger/*Dilcher*, § 97 Rn 34.
14 RGZ 87, 43, 50.
15 RGZ 83, 54, 56; BGHZ 111, 110, 116 = NJW 1990, 1723; BGHZ 135, 292 = NJW 1998, 78; Palandt/*Heinrichs*, § 97 Rn 2; Soergel/*Mühl*, § 97 Rn 11 – ebenso wenig, wie der Wohnungseigentümeranteil an der Instandhaltungsrücklage; a.A. *Röll*, NJW 1996, 937, 938, der die Instandhaltungsrücklage nach § 21 Abs. 5 Nr. 4 WEG gemäß § 97 analog als Zubehör qualifiziert.
16 Staudinger/*Dilcher*, § 97 Rn 6.
17 OLG Karlsruhe, WM 1989, 1229: Arztpraxis.
18 Vgl. BGHZ 111, 110, 116 = NJW 1990, 1723: Rübenlieferungsrechte im Verhältnis zum Betrieb (nicht zu einer einzelnen Ackerfläche).
19 BGH BB 1965, 473; Erman/*Michalski*, § 97 Rn 2a; RGRK/*Kregel*, § 97 Rn 11; Staudinger/*Dilcher*, § 97 Rn 7; a.A. Bamberger/Roth/*Fritzsche*, § 97 Rn 3: „Jedoch kann bei einer Tankstelle die Antwort für eine dem Eigentümer der Hauptsache gehörende Hebebühne anders ausfallen als für eine gemietete Zapfsäule", ebenso MüKo/*Holch*, § 97 Rn 4; Palandt/*Heinrichs*, § 97 Rn 2; Soergel/*Mühl*, § 97 Rn 7: Sachgesamtheiten können nicht Zubehör sein.
20 RGZ 53, 350.
21 Da der Vorbehaltskäufer (der mit einer Rückforderung aufgrund des vorbehaltenen Eigentums des Vorbehaltsverkäufers nicht rechnet) die ihm unter Vorbehalt gelieferte Sache auf Dauer der Hauptsache widmet, BGHZ 58, 309, 313.
22 Vgl. Palandt/*Heinrichs*, § 97 Rn 2.
23 RGZ 66, 358; 77, 36, 38: Kohlevorräte einer Fabrik.
24 BGHZ 58, 309. Bzw. Heizöl im Tank, LG Braunschweig ZMR 1986, 120.
25 OLG Braunschweig ZMR 1986, 120.
26 RGZ 77, 38.
27 RGZ 66, 358; 83, 84, 285.
28 Nicht jedoch eine Arztpraxis als Hauptsache und dem Goodwill als Zubehör, OLG Karlsruhe, WM 1989, 1229.
29 Palandt/*Heinrichs*, § 97 Rn 3.
30 Bamberger/Roth/*Fritzsche*, § 97 Rn 6.
31 Staudinger/*Dilcher*, § 97 Rn 8: mit der Folge, dass nach RG DR 1942, 137 ein wertvoller Bagger Zubehör einer wertlosen Kiesgrube sein kann.

nis oder die räumliche Ausdehnung, maßgeblich).[32] Bei mehreren Grundstücken ist jenes Hauptsache, das Mittelpunkt der Bewirtschaftung ist.[33] Ist zu entscheiden, ob ein Grundstück oder eine Immobilie Hauptsache ist, gebührt der Immobilie immer ein Vorrang (arg. § 98).[34] Im Falle von Baumaterialien ist das zu bebauende Grundstück (nicht jedoch das noch unfertige Gebäude) Hauptsache.[35]

Sachbestandteile (bspw. ein Haus) können Hauptsache sein[36] mit der Folge, dass das Zubehör dann zugleich auch Zubehör des Grundstücks ist.[37] **17**

Demhingegen **können Sach- und Rechtsgesamtheiten** (dazu § 90 Rn 87 ff.) **kein Zubehör haben**,[38] mithin nicht als Hauptsache in Betracht kommen, was gleichermaßen für Sachen hinsichtlich eines Unternehmens als Rechtsgesamtheit gilt.[39] D.h., ein Unternehmen kann nicht Hauptsache i.S.v. § 97 sein. **18**

Bei Gewerbebetrieben (d.h. einem Unternehmen als Nicht-Sache i.S.v. § 90, das kein Zubehör i.S.v. § 97 haben kann) ist der wirtschaftlich-betriebstechnische Unternehmensschwerpunkt für die Beantwortung der Frage, was Hauptsache ist, maßgeblich. Daher kann das Unternehmenszubehör (i.S.d. Inventars eines Gewerbebetriebs) ebenso wie andere Rechts- und Sachgesamtheiten entsprechend § 98 Nr. 1 Zubehör des Betriebsgrundstücks (oder anderer dem Unternehmer gehöriger Einzelsachen) sein.[40] Voraussetzung dafür ist, dass das Grundstück für eine entsprechende Nutzung nach seiner objektiven Beschaffenheit dauernd eingerichtet ist[41] *und* der wirtschaftliche Schwerpunkt des Unternehmens auf dem Grundstück liegt.[42] Betreibt das Unternehmen das Gewerbe allerdings auf fremdem Grund, helfen diese Überlegungen nicht weiter. Doch wird dann auch der Zweck des § 97 (Rn 7) nicht passen. Hier kann § 311c analog zur Anwendung gelangen.[43] **19**

Eine Sache kann auch **Zubehör mehrerer Hauptsachen** sein,[44] auch wenn die Sachen, die die Hauptsache bilden, verschiedenen Eigentümern gehören.[45] Erfolgt dann eine Veräußerung nach § 926 (Zubehör des Grundstücks), kann hinsichtlich des Zubehörs Miteigentum der Eigentümer der Hauptsache zur Entstehung gelangen.[46] **20**

Auch ein dem **Grundeigentum gleichgestelltes Recht** – wie bspw. das Erbbaurecht (wobei allerdings nach § 12 ErbbauVO ein aufgrund dieses Rechts errichtetes Bauwerk „Bestandteil" des Erbbaurechts wird, mithin nicht dessen Zubehör sein kann), das Wohnungseigentum oder das (nach Art. 67 EGBGB landesrechtliche) Bergwerkseigentum[47] – können ausnahmsweise Hauptsache sein.[48] Ein Zubehör an Rechten existiert ansonsten nicht.[49] **21**

3. Die Zweckbestimmung. Das Zubehör muss (im weitesten Sinne) dem **wirtschaftlichen Zweck** der Hauptsache (die nicht zwingend gewerblich genutzt zu werden braucht, sofern sie auch nur überhaupt nutzbar ist[50] – Entbehrlichkeit einer unmittelbaren Erwerbsbezogenheit)[51] zu dienen bestimmt sein (**wirtschaftliche Zweckbindung** als objektive Bestimmung des Zubehörbegriffs – Subordinationsverhältnis des Zubehörs **22**

---

32 BGHZ 20, 159, 162 f. = NJW 1956, 788; MüKo/*Holch*, § 97 Rn 10.
33 OLG Stettin JW 1932, 1581.
34 So RGZ 87, 43, 49; Staudinger/*Dilcher*, § 97 Rn 8.
35 RGZ 84, 284, 285; RGRK/*Kregel*, § 97 Rn 18; Staudinger/*Dilcher*, § 97 Rn 17.
36 BGHZ 62, 49.
37 RGZ 89, 63.
38 Palandt/*Heinrichs*, § 97 Rn 3; RGRK/*Kregel*, § 97 Rn 7.
39 Umstritten, in diesem Sinne aber MüKo/*Holch*, § 97 Rn 12; RGRK/*Kregel*, § 97 Rn 7; Soergel/*Mühl*, § 97 Rn 15. Ggf. können die Sachen allerdings Zubehör des Unternehmensgrundstücks (Grundstückszubehör) sein, so OLG Köln NJW 1961, 461.
40 Palandt/*Heinrichs*, § 97 Rn 3; wobei die Judikatur aber bspw. entschieden hat, dass der Kraftfahrzeugpark eines Speditionsunternehmens regelmäßig nicht Zubehör des Betriebsgrundstücks ist (BGHZ 85, 234) und bei einem Tiefbauunternehmen gleichermaßen auch nicht die Gerätschaften, die auf den verschiedenen Baustellen eingesetzt werden (BGHZ 124, 380).
41 BGHZ 62, 49; 124, 380, 392.
42 BGHZ 85, 234.
43 So Bamberger/Roth/*Fritzsche*, § 97 Rn 7; MüKo/*Holch*, § 97 Rn 13.
44 Vgl. OLG Stettin JW 1932, 1581; ebenso Staudinger/*Dilcher*, § 97 Rn 9: bspw. eine Maschine, die Zubehör mehrerer landwirtschaftlicher Grundstücke ist.
45 OLG Breslau OLGE 35, 291.
46 Erman/*Michalski*, § 97 Rn 12; Staudinger/*Dilcher*, § 97 Rn 9.
47 BGHZ 17, 223, 232 = NJW 1955, 1184.
48 Soergel/*Mühl*, § 97 Rn 12; Staudinger/*Dilcher*, § 97 Rn 12.
49 Staudinger/*Dilcher*, § 97 Rn 12; mit der Folge, dass der Schuldschein nicht Zubehör der Forderung ist, so RGRK/*Kregel*, § 97 Rn 6.
50 Weshalb Schrott oder Brachland kein Zubehör sein können, Bamberger/Roth/*Fritzsche*, § 97 Rn 9.
51 Eine gewerbliche Nutzung ist nicht erforderlich, womit auch eine Nutzung zu Wohnzwecken oder kirchlichen Zwecken ausreicht; weshalb bspw. auch eine Orgel (RG JW 1910, 466) oder eine Glocke Zubehör einer Kirche sein können, BGH NJW 1984, 2277. Vgl. hinsichtlich einer Alarmanlage als Wohnungszubehör OLG München MDR 1979, 934; a.A. OLG Hamm NJW-RR 1988, 923: wesentlicher Bestandteil nach § 94 Abs. 2.

zu einer Hauptsache).[52] Ausreichend ist auch eine entsprechende Zweckbestimmung hinsichtlich einzelner Bestandteile der Hauptsache mit der Folge, dass – wenn ein Grundstück eine **unterschiedliche Nutzung** (privat und geschäftlich) erfährt – dem Grundstück für jeden Nutzungszweck unterschiedliches Zubehör zugeordnet ist.[53]

23 Zubehör kann nur auf den Zweck einer **fertigen Hauptsache** ausgerichtet sein[54] (wenngleich auch Baumaterial Zubehörcharakter zukommen kann, das dann aber – noch nicht dem in Herstellung begriffenen Gebäude, sondern – dem Baugrundstück zu Bebauungszwecken zugeordnet ist).[55] Zumindest muss die Hauptsache so weit hergestellt sein, dass sie bereits einen wirtschaftlichen Zweck erfüllen kann.[56]

24 **Zum Verkauf bestimmte Waren- und Produktvorräte** stellen (ebenso wenig wie Rohstoffe und Halbfertigwaren, die nach einer Be- oder Verarbeitung veräußert werden sollen)[57] **kein Zubehör** des Betriebsgrundstücks dar, da sie nicht dem wirtschaftlichen Zweck des Betriebsgrundstücks dienen, sondern diesem gleichgewichtig gegenüberstehen.[58]

25 Nach Einstellung eines Gewerbebetriebs oder einer sonstigen Nutzung kommt eine Zubehöreigenschaft nicht mehr in Betracht.[59]

26 **a) Die Widmung.** Die Zweckbestimmung einer dauernden Unterordnung der Zubehörssache unter die Hauptsache wird durch den Parteiwillen festgelegt und setzt somit eine entsprechende **Widmung** voraus. Diese ist nicht als Rechtsgeschäft, sondern als bloße **Rechtshandlung** (geschäftsähnliche Handlung)[60] zu qualifizieren (mit der Folge, dass für ihre Vornahme natürliche Willensfähigkeit ausreicht, mithin Geschäftsfähigkeit nicht erforderlich ist).[61] Widmen kann jeder, der das Zubehör berechtigt in ein wirtschaftliches Unterordnungsverhältnis zur Hauptsache setzen kann,[62] d.h. nicht nur der Eigentümer, sondern auch ein Pächter, Mieter oder ein Eigenbesitzer i.S.v. § 872.[63]

27 Die Zweckbestimmung i.S.d. Widmung erfolgt regelmäßig durch ein schlüssiges Handeln des tatsächlichen Benutzers der Hauptsache,[64] unabhängig von dem Grad der Eignung der Sache für den ins Auge gefassten Zweck.[65]

28 Die **Zubehöreigenschaft entsteht** durch eine entsprechende Widmung, auf die erstmalige tatsächliche Benutzung kommt es nicht an.[66] Sobald die Widmung erfolgt ist, entscheidet allerdings nicht mehr der Parteiwille darüber, ob eine Sache Zubehör sein soll oder nicht.[67]

29 Ein Widerruf der Widmung ist möglich, wenn der Benutzer der Hauptsache beschließt, dass die Sache nicht mehr (oder nur noch vorübergehend) dem wirtschaftlichen Zweck der Hauptsache dienen soll.[68]

30 **b) Die Widmung auf Dauer.** Nach Abs. 2 S. 1 begründet die „vorübergehende Benutzung" einer Sache für den wirtschaftlichen Zweck einer anderen nicht die Zubehöreigenschaft mit der Folge, dass die Zubehöreigenschaft eine **dauernde** (und nicht nur eine vorübergehende) **Unterordnung** (dazu noch Rn 31 ff.) unter den wirtschaftlichen Zweck der Hauptsache erfordert.[69] Dies bestätigt Abs. 2 S. 2, wonach eine nur vorübergehende Trennung von Haupt- und Nebensache die Zubehöreigenschaft nicht beendet.

31 Daraus folgt, dass das Zubehör dem Zweck der Hauptsache **auf Dauer** zu dienen bestimmt sein muss.[70]

---

52 Staudinger/*Dilcher*, § 97 Rn 13.
53 BGHZ 85, 234, 237; Palandt/*Heinrichs*, § 97 Rn 4.
54 Staudinger/*Dilcher*, § 97 Rn 17.
55 So RGZ 86, 326, 330; 89, 61, 65: Maschinen sind noch kein Zubehör eines erst im Rohbau errichteten Fabrikgebäudes. Vgl. auch BGHZ 58, 309, 311 hinsichtlich noch nicht fertig montierter Heizkörper in einem Rohbau.
56 BGH NJW 1969, 36; Palandt/*Heinrichs*, § 97 Rn 5.
57 KG JW 1934, 435.
58 RGZ 66, 90; 86, 329; Palandt/*Heinrichs*, § 97 Rn 5.
59 BGH NJW 1996, 835; Bamberger/Roth/*Fritzsche*, § 97 Rn 9.
60 Staudinger/*Dilcher*, § 97 Rn 20.
61 Umstritten, so aber Bamberger/Roth/*Fritzsche*, § 97 Rn 13; Erman/*Michalski*, § 97 Rn 5; Palandt/*Heinrichs*, § 97 Rn 6; RGRK/*Kregel*, § 97 Rn 14; Soergel/*Mühl*, § 97 Rn 25.
62 Staudinger/*Dilcher*, § 97 Rn 20.
63 BGH NJW 1969, 2135: Dessen Pflicht zur Herausgabe des Zubehörs. Seine rechtskräftige Verurteilung zur Herausgabe und die Einleitung der Zwangsvollstreckung aus dem Titel führen noch nicht zur Änderung der Widmung.
64 BGH NJW 1969, 2135; ggf. auch eines Mieters oder Pächters, wobei deren Handlungen i.d.R. aber eine „Widmung auf Dauer" (Rn 30 ff.) fehlen dürfte, da sich bei ihnen die Zweckbestimmung regelmäßig auf die Zeit ihrer Nutzungsmöglichkeiten erstrecken wird, so zutr. Palandt/*Heinrichs*, § 97 Rn 6.
65 BGH NJW-RR 1990, 586.
66 RGZ 66, 356; Palandt/*Heinrichs*, § 97 Rn 6.
67 Staudinger/*Dilcher*, § 97 Rn 13.
68 BGH NJW 1969, 2135, 2136; 1984, 2277, 2278; Bamberger/Roth/*Fritzsche*, § 97 Rn 13.
69 Staudinger/*Dilcher*, § 97 Rn 18; vgl. etwa OLG Köln MDR 1993, 1177: Ein zeitweilig in einem Geschäftswagen eingebautes Autotelefon ist nicht „Zubehör".
70 Palandt/*Heinrichs*, § 97 Rn 7.

Bedeutsam ist dabei auch die Person des Widmenden: Widmet eine nur schuldrechtlich nutzungsbefugte Person (wie der Mieter oder Pächter), erfolgt nach Abs. 2 S. 1 regelmäßig nur eine „vorübergehende Unterordnung".[71]

Der Notwendigkeit einer dauerhaften Unterordnung der Zubehörsache steht nicht entgegen, dass entweder die Hauptsache[72] oder die Zubehörsache[73] von nur **begrenzter Lebenszeit** ist. Umgekehrt reicht es bei langlebigen Sachen für die Zubehöreigenschaft aus, dass sie sich für eine „gewisse Dauer" der Hauptsache unterordnet[74] und nicht von Anfang an eine Aufschiebung des Unterordnungsverhältnisses beabsichtigt war.[75]

Umgekehrt hebt gemäß Abs. 2 S. 2 die „vorübergehende Trennung" eines Zubehörstücks von der Hauptsache – bspw. zu Reparaturzwecken[76] – die Zubehöreigenschaft nicht auf.

Dies hat zur Folge, dass Scheinbestandteile (i.S.v. § 95) von der Regelung des § 97 nicht erfasst werden[77] – ebenso wenig Werkzeugformen, die nach der Beendigung eines Auftrags in das Eigentum des Kunden übergehen sollen.[78] Bei Mietern oder Pächtern, die eine Sache nur in Ausübung eines zeitlich begrenzten Nutzungsrechts innehaben, spricht eine **Vermutung** (vergleichbar § 95 Abs. 2, wonach Sachen, die zu einem nur vorübergehenden Zweck in ein Gebäude eingefügt sind, nicht zu den Bestandteilen des Gebäuden gehören) dafür, dass sie nur eine „vorübergehende Verbindung" beabsichtigen.[79] D.h., die von diesem Personenkreis eingefügten Sachen stellen in aller Regel kein Grundstückszubehör dar.[80] Etwas anderes gilt nur dann, wenn der Mieter oder der Pächter im Nachhinein das Grundstückseigentum erwirbt: Nunmehr dienen seine Sachen, auch ohne äußeren Widmungsakt (Rn 26 f.), Grundstückszwecken.[81]

Der **Eigentumsvorbehalt** eines Lieferanten steht (im Unterschied zu einer nur auf Probe gelieferten Sache, die noch nicht Zubehör wird)[82] der Zubehöreigenschaft (mithin einer dauerhaften Widmung durch den Käufer) nicht entgegen.[83]

Eine nur „vorübergehende Benutzung" i.S.v. Abs. 2 S. 1 hat die Judikatur bspw. in folgenden Fällen angenommen: bei einem (jederzeit wieder entfernbaren) Autotelefon,[84] einer (vom Mieter angeschafften) Beleuchtung,[85] bei aufgrund Kauf auf Probe gelieferten Sachen[86] bzw. einer Stofftragetasche (beim Einkauf).[87] Abgelehnt wurde eine nur „vorübergehende Benutzung" bei noch nicht fertig montierten Heizkörpern in einem Rohbau.[88]

Die **Beweislast** liegt bei demjenigen, der den Ausnahmetatbestand einer nur „vorübergehenden Benutzung" behauptet.[89]

4. Der dienende Charakter des Zubehörs. Ein dienender Charakter des Zubehörs ist dann anzunehmen, wenn dieses (aufgrund einer an der Verkehrsanschauung orientierten wirtschaftlichen Betrachtungsweise) die zweckentsprechende Verwendung der Hauptsache (die bereits dergestalt vorhanden ist, dass sich mit ihr ein wirtschaftlicher Zweck verwirklichen lässt) – und sei es auch nur durch die Gewährung mittelbarer Vorteile[90] – fördert oder ermöglicht.[91] Die Zubehöreigenschaft ist also nicht davon abhängig, dass das Zubehör zwingend zur Benutzung der Hauptsache erforderlich ist.[92] Es reicht auch aus, wenn das Zubehör nur dem wirtschaftlichen Zweck einzelner Bestandteile der Hauptsache dient.[93]

---

71 BGH BB 1971, 1123. Vgl. zudem OLG Düsseldorf NJW-RR 1991, 1130: Werkzeugformen, die ein kunststoffverarbeitender Betrieb einsetzt, um Kunststoffflaschen herzustellen als Nicht-Zubehör (i.S.v. §§ 97, 98), wenn über Amortisationsverträge vereinbart wurde, dass Eigentum und Besitz an den Formen nach Auftragsbeendigung an den Kunden des Betriebs übergehen.
72 OLG Kassel JW 1934, 2715.
73 RGRK/*Kregel*, § 97 Rn 29; Staudinger/*Dilcher*, § 97 Rn 19.
74 RGRK/*Kregel*, § 97 Rn 13; Staudinger/*Dilcher*, § 97 Rn 19.
75 RGZ 62, 410, 411.
76 KG OLGE 6, 213.
77 BGH NJW 1962, 1498.
78 OLG Düsseldorf NJW-RR 1991, 1130; Palandt/*Heinrichs*, § 97 Rn 7.
79 BGH NJW 1984, 2277; bspw. fest eingebaute Maschinen in einem gepachteten Gebäude, die nach Beendigung des Pachtverhältnisses wieder entfernt werden sollen, BGH DB 1971, 2113 (weil dem Verpächter nach Beendigung des Pachtverhältnisses nur ein wahlweises Übernahmerecht eingeräumt worden ist). Oder vom Mieter angebrachte Lampen, OLG Bamberg OLGZ 14, 8.
80 So RGRK/*Kregel*, § 97 Rn 30; Soergel/*Mühl*, § 97 Rn 27.
81 RGZ 132, 321, 324.
82 Erman/*Michalski*, § 97 Rn 7.
83 BGHZ 58, 309, 314 = NJW 1972, 1187; BGHZ 35, 85, 87 = NJW 1961, 1349; Staudinger/*Dilcher*, § 97 Rn 18.
84 Vgl. Bamberger/Roth/*Fritzsche*, § 97 Rn 15.
85 OLG Bamberg OLGZ 14, 8, 9.
86 Erman/*Michalski*, § 97 Rn 7.
87 OLG Düsseldorf NJW-RR 1994, 735, 737.
88 Zubehör des Grundstücks, BGHZ 58, 309, 312 f. = NJW 1972, 1187.
89 RGZ 47, 201.
90 OLG Stettin JW 1932, 1581.
91 Palandt/*Heinrichs*, § 97 Rn 4.
92 LG Berlin DGVZ 1977, 156; Bamberger/Roth/*Fritzsche*, § 97 Rn 11; MüKo/*Holch*, § 97 Rn 15.
93 Bspw. einem Stockwerk eines Gebäudes, RGZ 48, 207, 208; 89, 61, 63.

40 Ggf. kann Inventar (das einem gewerblichen Betrieb auf Dauer dienen soll) auch schon vor Fertigstellung des Betriebsgebäudes als „Zubehör" zu qualifizieren sein.[94]

41 Die dienende Funktion des Zubehörs im Verhältnis zur Hauptsache (Unterordnung unter den wirtschaftlichen Zweck der Hauptsache) kommt durch ein **Über-Unterordnungsverhältnis** zwischen Hauptsache und Zubehör zum Ausdruck[95] (Abhängigkeitsverhältnis), auch wenn die Unterordnung des Zubehörs unter den Hauptsachezweck – wie bspw. bei einer Materialreserve[96] (nicht jedoch bei einer Rohstoffreserve für den laufenden Betrieb, da hier eine Unterordnung gegenüber dem Betriebsgrundstück wegen Gleichwertigkeit fehlt;[97] ebenso bei Fertigprodukten eines Betriebs[98]) – erst künftig beabsichtigt ist.[99]

42 Eine Unterordnung des Zubehörs ist dann anzunehmen, wenn es zur Förderung des wirtschaftlichen Zwecks der Hauptsache Verwendung findet, indem es diesem zumindest mittelbar – wenn nicht ausschließlich, so doch zumindest auch – dient.[100]

43 Eine grundsätzliche Eignung des Zubehörs für den Einsatzzweck ist nicht erforderlich, da die subjektive Widmung (Rn 26) über den Charakter der Zubehöreigenschaft entscheidet.[101] Ein tatsächlich zweckentsprechender Einsatz des Zubehörs ist (bei tatsächlicher Eignung, dem wirtschaftlichen Zweck der Hauptsache zu dienen) bei entsprechender Widmung nicht erforderlich.[102]

44 **5. Das notwendige räumliche Verhältnis zwischen Zubehör und Hauptsache.** Zwischen Zubehör und Hauptsache muss ein – gemäß der Zweckbestimmung, dem wirtschaftlichen Zweck der Hauptsache zu dienen – entsprechendes räumliches Verhältnis bestehen (mithin eine tatsächliche Stellung des Zubehörs in den Dienst der Hauptsache).[103] Mit der Begründung dieses notwendigen räumlichen Verhältnisses gelangt die Zubehöreigenschaft erst zur Entstehung,[104] da das Zubehör ansonsten seine dienende Funktion gegenüber der Hauptsache nicht wahrnehmen kann.

45 Das Näheverhältnis setzt nicht voraus, dass eine körperliche Verbindung der beiden Sachen erfolgt[105] oder dass sich das Grundstückszubehör auf dem in Rede stehenden Grundstück befindet;[106] es reicht vielmehr aus, dass aufgrund der örtlichen Belegenheit des Zubehörs eine Benutzung für die Zwecke der Hauptsache (Zweckbestimmung) möglich ist,[107] auch wenn sich die Zubehörsache auf einem anderen (ggf. sogar auf einem fremden) Grundstück befindet.[108] Insoweit ist eine erhebliche Distanz zwischen Zubehör und Hauptsache dem Zubehörcharakter nicht abträglich,[109] was bspw. beim Leitungsnetz von Versorgungsunternehmen zum Tragen kommt (das als Zubehör des Betriebsgrundstücks qualifiziert wird, § 95 Rn 43 ff.).[110] Gleiches gilt für auf anderen Grundstücken stehende Hilfsgebäude[111] oder Anschlussgleise eines Betriebs.[112]

46 **6. Die Bedeutung der Verkehrsanschauung (Abs. 1 S. 2).** Nach Abs. 1 S. 2 ist eine Sache dann nicht Zubehör, wenn sie im Verkehr nicht als Zubehör angesehen wird. D.h., auch wenn alle vorab dargestellten Voraussetzungen einer Zubehöreigenschaft (Über-Unterordnungsverhältnis) vorliegen sollten, kann eine Sache gleichwohl nicht als Zubehör qualifiziert werden, wenn die Verkehrsanschauung dem – in Zweifelsfällen – entgegensteht.

47 Unter der **Verkehrsanschauung** ist die Auffassung zu verstehen, die sich allgemein oder in dem in Rede stehenden Verkehrsgebiet gebildet hat und in den Lebens- und Geschäftsgewohnheiten der Beteiligten auch ihren nach außen hin in Erscheinung tretenden Ausdruck findet.[113] Vor diesem Hintergrund kann (aufgrund

---

[94] BGH NJW 1969, 36.
[95] Unterordnung des Zubehörs unter die Hauptsache, RGZ 86, 326, 329; BGHZ 85, 234.
[96] Bspw. Kohlevorräte (RGZ 77, 36, 38) oder Heizölvorräte (LG Braunschweig ZMR 1986, 120).
[97] RGZ 86, 326, 329; Soergel/*Mühl*, § 97 Rn 23; Staudinger/*Dilcher*, § 97 Rn 16.
[98] RGRK/*Kregel*, § 97 Rn 23; Staudinger/*Dilcher*, § 97 Rn 16 – arg.: nur noch vorübergehende Verbindung mit dem Betriebsgrundstück.
[99] Staudinger/*Dilcher*, § 97 Rn 15.
[100] Staudinger/*Dilcher*, § 97 Rn 14.
[101] BGH NJW-RR 1990, 586, 588; Bamberger/Roth/*Fritzsche*, § 97 Rn 12; MüKo/*Holch*, § 97 Rn 15 und 19; a.A. OLG Karlsruhe NJW-RR 1986, 19, 20.
[102] Wenngleich einem entsprechenden Einsatz Indizwirkung zukommt, Bamberger/Roth/*Fritzsche*, § 97 Rn 12; MüKo/*Holch*, § 97 Rn 19.
[103] Staudinger/*Dilcher*, § 97 Rn 21.
[104] RG JW 1909, 159; Palandt/*Heinrichs*, § 97 Rn 8.

[105] Da dadurch i.d.R. Bestandteileigenschaft begründet wird, schlösse dies eine Zubehöreigenschaft sogar aus, Staudinger/*Dilcher*, § 97 Rn 21.
[106] RGZ 87, 50.
[107] Palandt/*Heinrichs*, § 97 Rn 8; weshalb auch Anschlussgleise (RG Warn 1930, 49), auf einem Nachbargrundstück errichtete Hilfsgebäude (RGZ 55, 284) oder auf einem fremden Grundstück verlegte Gas-, Wasser- oder Elektrizitäts(versorgungs)leitungen „Zubehör" sind (BGHZ 37, 353; BGH NJW 1980, 771).
[108] RGZ 130, 364, 367; BGH MDR 1965, 561.
[109] RGZ 151, 40, 46; Staudinger/*Dilcher*, § 97 Rn 21.
[110] Dazu RGZ 168, 288, 290; BGHZ 37, 353, 356 = NJW 1962, 1817; BGH NJW 1980, 771, 772.
[111] RGZ 55, 284, 285.
[112] RG WarnR 1930 Nr. 49.
[113] Vgl. RGZ 77, 244; BGHZ 101, 186 = NJW 1987, 2812; OLG Köln NJW 1961 461; Palandt/*Heinrichs*, § 97 Rn 9.

geografischer Unterschiede in Deutschland) die Qualifikation einer (nicht speziell eingepassten) Einbauküche als Zubehör eines Wohnhauses in bestimmten Gegenden an einer entsprechenden Verkehrsauffassung scheitern[114] (Rn 65, Fn 160). Der **Beurteilungsmaßstab** ist damit ein **objektiver**, wodurch vertragliche Vereinbarungen über die Zubehöreigenschaft an einer Zuordnung nichts ändern können.[115] Die Verkehrsanschauung findet in verschiedener Hinsicht **Grenzen**:[116] So kommt es in personeller Hinsicht auf die Lebens- und Geschäftsverhältnisse der Beteiligten an.[117] Gleichermaßen sind lokale Begrenzungen der Verkehrsanschauung möglich,[118] ebenso wie diese einem Wandlungsprozess im Laufe der Zeit unterworfen ist,[119] wodurch auch unterschiedliche (d.h. entgegengesetzte) Entscheidungen der Gerichte nicht gerade selten sind.[120]

Beachte: Unter Beweislastgesichtspunkten hat derjenige die Verkehrsanschauung (als Ausnahmetatbestand, Rn 46) zu beweisen, der sich auf sie als Ausnahme, die eine Nicht-Zubehöreigenschaft statuiert, beruft.[121] Dieser muss eine bestimmte Verkehrsanschauung behaupten und dafür geeignete Beweismittel benennen.[122] Die Beweiserhebung über die Verkehrsanschauung bedarf grundsätzlich der Einholung eines Sachverständigengutachtens in Gestalt einer demoskopischen Umfrage. Das Bestehen einer Verkehrsanschauung kann allerdings Gegenstand fachlicher Erfahrung sein, die eine Beweiserhebung dann entbehrlich macht, wenn das Gericht über eigene Sachkunde verfügt.[123] 48

Beachte weiter: Da auch ein Wandel in der Verkehrsanschauung möglich ist, kann diese dann u.U. nicht den Feststellungen lang zurückliegender gerichtlicher Entscheidungen entnommen werden.[124] 49

Unter diesem Gesichtspunkt sind **Möbel** – anders als ggf. Einbauküchen[125] – nach der Verkehrsanschauung **kein Zubehör** einer Wohnung.[126] 50

II. Rechtsfolgen der Zubehöreigenschaft

Zubehör kann **sonderrechtsfähig** sein, mithin also grundsätzlich auch ohne die Hauptsache übertragen und belastet werden. 51

Da das Zubehör gleichzeitig aber in einem engen wirtschaftlichen Zusammenhang mit der Hauptsache steht, **teilt** es im Zweifel deren **rechtliches Schicksal** – was der Gesetzgeber in einer Reihe von Vorschriften so angeordnet hat, bspw. im Zusammenhang mit **Verpflichtungsgeschäften** in **§ 311c**, wonach, wenn sich jemand zur Veräußerung oder Belastung einer Sache verpflichtet, sich diese Verpflichtung im Zweifel (d.h. als Auslegungsregel) auch auf das „Zubehör" der Sache erstreckt – Zusammengehörigkeit von Hauptsache und Zubehör mit korrespondierender grundsätzlich rechtlicher Gleichbehandlung von Zubehör und Hauptsache. 52

Vgl. zudem **§ 457 Abs. 1** (wonach der Wiederverkäufer verpflichtet ist, dem Wiederkäufer den gekauften Gegenstand nebst Zubehör herauszugeben), **§ 1096 S. 2** (wonach sich das Vorkaufsrecht im Zweifel auf das mit dem Grundstück verkaufte Zubehör erstreckt) sowie **§ 2164 Abs. 1** (Erstreckung des Vermächtnisses im Zweifel auf das zur Zeit des Erbfalls vorhandene Zubehör). Nach § 1932 Abs. 1 S. 1 gebühren dem Ehegatten außer dem Erbteil u.a. die zum ehelichen Haushalt gehörenden Gegenstände, soweit sie nicht Zubehör eines Grundstücks sind, als Voraus. 53

Im Rahmen von **Verfügungsgeschäften** kann der Erwerber eines Grundstücks gemäß § 926 Abs. 1 (Erstreckung der Grundstücksveräußerung auf das Zubehör) am Grundstückszubehör Eigentum erwerben, ohne dass es der Übergabe des beweglichen Zubehörs bedürfte[127] – was jedoch nur für dem Veräußerer gehörende Zubehörstücke gilt,[128] wohingegen an in fremdem Eigentum stehendem Zubehör sich der Eigentumsübergang gemäß § 926 Abs. 2 nach Maßgabe der §§ 932 ff. vollzieht. Eine Entsprechung findet dieser Regelungsgehalt in den §§ 1031, 1062 für den Nießbrauch, in § 1093 für die beschränkt persönliche Dienstbarkeit sowie in § 11 ErbbauVO für das Erbbaurecht. 54

Die praktisch wohl bedeutendste Zubehörsregel ist **§ 1120** (Erstreckung der Hypothek auf das Zubehör, soweit es im Eigentum des Grundstückseigentümers steht[129] – vgl. zudem die korrespondierende Zwangsvollstreckungsvorschrift des § 865 ZPO, Rn 59). Zubehörstücke können nach Maßgabe der §§ 1121 und 55

---

114 Bamberger/Roth/*Fritzsche*, § 97 Rn 17.
115 MüKo/*Holch*, § 97 Rn 2.
116 Staudinger/*Dilcher*, § 97 Rn 23.
117 RGZ 77, 241, 244.
118 Vgl. etwa Prot. III, S. 19.
119 Staudinger/*Dilcher*, § 97 Rn 23.
120 Beispiele bei Staudinger/*Dilcher*, § 97 Rn 24; vgl. etwa nur die unterschiedliche Einschätzung von Einbauküchen in der Judikatur, dazu bereits § 94 Rn 40, Fn 135.
121 BGH NJW-RR 1990, 586; OLG Nürnberg MDR 2002, 815.
122 BGH NJW 1992, 3224.
123 Vgl. BGH NJW 1992, 3224, 3226.
124 BGH NJW 1992, 3224, 3226; Bamberger/Roth/ *Fritzsche*, § 97 Rn 23.
125 Palandt/*Heinrichs*, § 97 Rn 9.
126 OLG Düsseldorf DNotZ 1987, 108.
127 RGZ 97, 102, 107; Staudinger/*Dilcher*, § 97 Rn 30.
128 OLG Düsseldorf DNotZ 1993, 342.
129 Jedoch werden Anwartschaftsrechte des Eigentümers auf Erwerb von Zubehörstücken von der hypothekarischen Haftung mit erfasst, BGHZ 35, 85.

1122 Abs. 2 von der Haftung frei werden. Werden Zubehörstücke zur Sicherheit übereignet, ändert sich an der Zubehöreigenschaft – wenn keine Entwidmung stattfindet – nichts.[130]

56 § 1120 findet über den Verweis in § 1192 für die Grundschuld und in § 1199 für die Rentenschuld entsprechende Anwendung.

57 Vgl. zudem § 31 Schiffsregistergesetz (Zubehör an eingetragenen Schiffen) und § 103 BinnSchG sowie § 31 Luftfahrzeugregistergesetz (wonach die pfandrechtliche Haftung sogar nur vorübergehend eingebautes Zubehör erfasst).[131]

58 Zubehör im Rahmen der Zwangsvollstreckung ist nach § 97 bzw. § 98 zu verstehen.[132]

59 Die **Zwangsvollstreckung** in bewegliche Sachen, die Grundstückszubehör sind und im Eigentum des Grundstückseigentümers stehen, erfolgt gem. § 865 Abs. 1 ZPO nicht nach den Regeln über die Mobiliarzwangsvollstreckung, sondern gemäß § 865 Abs. 2 ZPO i.V.m. §§ 1120 ff. werden die Sachen von der Immobiliarzwangsvollstreckung des Grundstücks erfasst, dessen Zubehör sie sind.[133]

60 Eine **Grundstücksbeschlagnahme** erfasst nach § 20 Abs. 1 ZVG das dem Grundstückseigentümer gehörende Zubehör (vgl. hinsichtlich land- und forstwirtschaftlicher Erzeugnisse § 21 Abs. 1 ZVG). Die Zwangsversteigerung erfasst nach § 55 Abs. 2 ZVG auch Dritten gehörende Zubehörstücke, wenn sie sich im Besitz des Schuldners befinden und der berechtigte Dritte sein Recht nicht nach § 37 Nr. 5 ZVG geltend macht.

61 Vgl. zur Zwangsverwaltung die §§ 146 Abs. 1, 148 Abs. 1 ZVG (mit entsprechender Anwendung der Vorschriften über die Zwangsversteigerung).[134]

III. Aufhebung der Zubehöreigenschaft

62 Die rechtliche Qualifikation einer Sache als „Zubehör" entfällt, wenn eine der vorgenannten Voraussetzungen der Zubehöreigenschaft (mithin objektive Aufhebungsgründe, Rn 5 ff.) **auf Dauer** (d.h. nicht nur vorübergehend, vgl. § 97 Abs. 2 S. 1 [Rn 30 ff.], weshalb eine nur „vorläufige" Betriebseinstellung mit beabsichtigter Wiedereröffnung des Betriebs als Hauptsache das Zubehörverhältnis nur unterbricht, nicht aber beendet[135]) **wegfällt**,[136] bspw. durch eine dauernde räumliche Trennung des Zubehörs von der Hauptsache[137] (womit Widmung und Indienststellung enden),[138] durch eine Widmungsänderung[139] oder durch eine dauernde (nicht hingegen eine bspw. insolvenzbedingte vorübergehende)[140] Betriebseinstellung (wenn das Zubehör dem Betrieb diente).[141] Die **(Sicherungs-)Übereignung des Zubehörs**[142] führt hingegen allein ebenso wenig wie eine Verurteilung des tatsächlichen Besitzers einer Zubehörsache zur Aufhebung der Zubehöreigenschaft.[143] Auch ein bloßer Aufhebungswille allein vermag die Zubehöreigenschaft nicht zu beenden.[144]

IV. Scheinzubehör und Nebensachen

63 Unter **Scheinzubehör** sind nur scheinbar den Zubehörtatbestand erfüllende Sachen zu verstehen, die aber bspw. nur vorübergehend dem Zweck der Hauptsache zu dienen bestimmt sind (Rn 30 ff.), oder solche Sachen, die nach der Verkehrsauffassung (Rn 46 ff.) nicht als Zubehör verstanden werden.[145]

64 **Nebensachen** – mithin Sachen, die ohne die Hauptsache nicht gekauft oder bestellt worden wären bzw. (im Kontext mit § 947 Abs. 2) die ohne Beeinträchtigung der praktischen Verwertbarkeit des Ganzen fehlen können[146] – stellen **kein Zubehör** dar.[147]

---

130 BGH NJW 1987, 1266, 1267; Staudinger/*Dilcher*, § 97 Rn 31.
131 Erman/*Michalski*, § 97 Rn 15; Staudinger/*Dilcher*, § 97 Rn 31.
132 OLG Oldenburg NJW 1952, 671.
133 RGZ 59, 87; Staudinger/*Dilcher*, § 97 Rn 33.
134 Staudinger/*Dilcher*, § 97 Rn 33: „Die Erweiterung des § 55 Abs. 2 ZVG auf Zubehör, das im Eigentum eines Dritten steht, greift hier allerdings nicht Platz".
135 RGZ 77, 36, 40; Staudinger/*Dilcher*, § 97 Rn 26; wohingegen eine Betriebseinstellung auf 99 Jahre zur Beendigung des Zubehörverhältnisses führt, so RG WarnR 1934 Nr. 56. Die Entwidmung einer Kapelle führt zur Beendigung der Zubehöreigenschaft der Kirchenglocke, BGH NJW 1984, 2278.
136 BGH NJW 1984, 2277.
137 Palandt/*Heinrichs*, § 97 Rn 10.
138 Staudinger/*Dilcher*, § 97 Rn 26.
139 Dauerhaft anderweitige Widmung, BGH NJW 1969, 2135, 2136; 1984, 2277, 2278. Vgl. auch BGH WM 1993, 168: ausgelagertes Inventar verliert die Zubehöreigenschaft, wenn die Auslagerung mit dem Ziel seiner gesonderten Verwertung erfolgt ist.
140 RGZ 69, 88; 77, 36, 39.
141 RGRK/*Kregel*, § 97 Rn 35.
142 So BGH NJW 1979, 2514; 1987, 1266.
143 BGH NJW 1979, 2514; 1987, 1266, 1267.
144 Staudinger/*Dilcher*, § 97 Rn 26.
145 So Staudinger/*Dilcher*, § 97 Rn 27.
146 BGHZ 20, 159, 167.
147 Staudinger/*Dilcher*, § 97 Rn 27.

V. Einzelbeispiele aus der Judikatur

1. Zubehöreigenschaft. Die Rechtsprechung hat etwa eine **Zubehöreigenschaft bejaht** bei einer 65 Abraumhalde (eines Bergwerkseigentums),[148] einer Alarmanlage,[149] Anschlussgleisen eines Fabrikgrundstücks,[150] einer Apothekeneinrichtung,[151] einem Autotelefon,[152] einem Bagger;[153] Baumaterial auf dem Baugrundstück,[154] Baugerät,[155] einer Bedienungsanleitung,[156] einer Bierausschankanlage,[157] einer Büroeinrichtung,[158] dem Container eines Zugfahrzeugs,[159] einer Einbauküche,[160] (Gastwirtschafts-)Einrichtungen,[161] dem Erdaushub eines Grundstücks,[162] (Kraft-)Fahrzeugen[163] (wobei ein Fuhrpark nur dann Grundstückszubehör ist, wenn der wirtschaftliche Schwerpunkt des Unternehmens gerade auf diesem Grundstück liegt),[164] einem Gastank (im Erdreich des Grundstücks),[165] einem Handtuchspender (Rollenhalter und Sammelkörbe im Verhältnis zu Hygienepapier),[166] Heizvorräten,[167] Kabelverteilerkästen (und Transformatorenstationen im Verhältnis zur Elektrizitätsversorgungsanlage des Energieversorgungsunternehmens),[168] einer Kirchenglocke und Kirchenorgel,[169] einer Kühlanlage,[170] (Fernversorgungs-)Leitungen,[171] Maschinen,[172] Verpackungsmaterial,[173] Satellitenempfangsanlagen,[174] einer Sauna,[175] der Schankanlage (einer Gaststätte),[176] einem Schwimmbecken (nebst Filter- und Heizanlage),[177] einer Speiseeismaschine (in einer Bäckerei),[178] Versorgungsleitungen (im Verhältnis zu Klär-, Kraft- und Wasserwerken, sofern sie nicht Bestandteile des Grundstücks sind, in dem sie verlegt sind),[179] einer Waschmaschine (in einem Mehrfamilienhaus),[180] einem Schaukasten (eines Ladens),[181] Theaterrequisiten (eines Theatergebäudes)[182] bzw. einem Zuchthengst.[183]

Zur Behandlung von **Einbauküchen** (die auch unter § 94 Abs. 2 fallen können) siehe bereits Fn 120 und 66 § 94 Rn 40, Fn 35.

---

148 BGHZ 17, 223, 231 = NJW 1955, 1186.
149 OLG München MDR 1979, 934 – in einer Eigentumswohnung; a.A. OLG Hamm NJW-RR 1988, 923: wesentlicher Bestandteil i.S.v. § 94 Abs. 2. Vgl. zu einer Alarmanlage in einem PKW OLG Düsseldorf, NZV 1996, 196.
150 RG WarnR 1930, Nr. 49.
151 RG WarnR 1909, Nr. 491.
152 Bamberger/Roth/*Fritzsche*, § 97 Rn 18; a.A. OLG Köln NJW-RR 1994, 51.
153 RG DR 1942, 138: eines Kiesgewinnungsbetriebes (selbst dann, wenn der Bagger sich nicht auf dem Grundstück selbst befindet).
154 BGHZ 58, 309.
155 OLG Hamm MDR 1985, 495: wenn es sich auf dem für das Baugeschäft eingerichteten Grundstück befindet.
156 Bamberger/Roth/*Fritzsche*, § 97 Rn 18.
157 OLG Celle OLGZ 1980, 13: in einer Gastwirtschaft.
158 Palandt/*Heinrichs*, § 97 Rn 12: eines gewerblichen Betriebs, wenn das Grundstück auf eine entsprechende Benutzung dauerhaft eingerichtet ist. Vgl. BayObLG OLGE 24, 250 (Fabrikgebäude) bzw. LG Mannheim DB 1976, 2206 (Verwaltungsgebäude).
159 FG München EFG 1976, 255, 256.
160 BGH NJW-RR 1990, 586: soweit es sich nicht um einen Bestandteil des Gebäudes handelt (s. § 94 Rn 40, Fn 135). Im Übrigen sind regionale Auffassungen zu berücksichtigen, OLG Hamm NJW-RR 1989, 333; OLG Düsseldorf NJW-RR 1994, 1039.
161 BGHZ 62, 49: wenn das Grundstück auf eine entsprechende dauernde Benutzung hin eingerichtet ist.
162 Bamberger/Roth/*Fritzsche*, § 97 Rn 18.
163 PKW eines Baubetriebes, OLG Hamm JMBl NRW 1953, 244; Hotelomnibus (auch wenn noch andere als Hotelgäste befördert werden), RGZ 47, 197, 200; 157, 40, 48; Lieferfahrzeug von (Fabrik- oder Handels-)Unternehmen, BGH WM 1980, 1384. Hingegen wurde die Zubehöreigenschaft *verneint* bei Fahrzeugen eines Speditions- oder Transportunternehmens, BGHZ 85, 234, 237 – arg.: Fahrzeuge operieren außerhalb des Betriebsgeländes, was gleichermaßen für Baugerät (Fn 155 u. 185) gilt, bspw. einen Baukran (OLG Koblenz MDR 1990, 49) oder sonstige Baumaschinen (BGH NJW 1994, 864), die an unterschiedlichen Stellen eingesetzt werden.
164 Staudinger/*Dilcher*, § 97 Rn 14.
165 LG Gießen NJW-RR 1999, 1538.
166 OLG Düsseldorf GRUR 1985, 391.
167 OLG Düsseldorf NJW 1966, 1714: bspw. an Öl oder Kohle.
168 Bamberger/Roth/*Fritzsche*, § 97 Rn 18.
169 RG JW 1910, 466; RGZ 90, 346, 348; BGH NJW 1984, 2277, 2278.
170 OLG Hamm NJW-RR 1986, 376: einer Gaststätte.
171 BGHZ 37, 353, 357; BGH NJW 1980, 771: Zubehör des Grundstücks des Versorgungsunternehmens, es sei denn, die Leitungen sind *Bestandteil* der Grundstücke, in denen sie liegen (dazu § 95 Rn 43 ff.).
172 BGH NJW 1979, 2514; selbst vor ihrer Inbetriebnahme, BGH NJW 1994, 864. Etwas anderes gilt dann (d.h. fehlende Zubehöreigenschaft), wenn das betreffende Grundstück nicht dauerhaft für einen entsprechenden Gewerbebetrieb eingerichtet ist (BGHZ 62, 49) bzw. wenn Maschinen ausschließlich auf Baustellen eingesetzt werden (BGH NJW 1994, 864).
173 RG Gruchot 53, 899.
174 LG Nürnberg-Fürth DGVZ 1996, 123.
175 LG Aschaffenburg DGVZ 1998, 158; AG Ludwigsburg DGVZ 1991, 95.
176 OLG Celle OLGZ 80, 13, 14.
177 AG Betzdorf DGVZ 1998, 189.
178 LG Kassel MDR 1959, 487.
179 Bamberger/Roth/*Fritzsche*, § 97 Rn 18.
180 LG Dortmund MDR 1965, 740; vgl. zudem AG Elmshorn DGVZ 1986, 191: Waschmaschine und Wäschetrockner eines Cafés.
181 OLG Marienwerder JW 1932, 2097.
182 KG OLGE 30, 3028.
183 AG Oldenburg DGVZ 1980, 94: Zubehör eines Reiterhofs.

67 **2. Nicht-Zubehör.** Die Judikatur hat bspw. eine **Zubehöreigenschaft verneint** bei einem Autotelefon,[184] Baugerät,[185] Beständen eine Baumschule,[186] Beleuchtungsgeräten,[187] Bier einer Brauerei,[188] Bodenbelag,[189] Büroeinrichtung (in einer Villa),[190] Garten (im Verhältnis zur Wohnung),[191] Kfz-Brief (im Verhältnis zum Fahrzeug),[192] Ladeneinrichtung (im Geschäftshaus),[193] Möbeln,[194] Nebenstellensprechanlage,[195] Reisegepäck (im Auto),[196] Rohstoffen,[197] einer Schrankwand,[198] Speisen und Getränken einer Gastwirtschaft,[199] (im Garten aufgestellte) Statue[200] bzw. allen, für den Verkauf bestimmte Waren,[201] (im Kfz speziell für eine Reise mitgeführtem) Werkzeug[202] bzw. Ziegeln einer Ziegelei.[203]

68 Steht die Zubehöreigenschaft **verbrauchbarer Sachen** in Rede, ist immer deren „dauerhafte Unterordnung" unter den wirtschaftlichen Zweck der Hauptsache zu prüfen. Dann kommt ggf. eine Zubehöreigenschaft in folgenden Fällen in Betracht: (auf dem Baugrundstück lagerndes) Baumaterial,[204] Heizölvorrat (eines zu beheizenden Wohn- oder sonstigen Gebäudes),[205] Kohlevorrat (einer Ziegelei)[206] oder Materialvorräte (einer Fabrik).[207] Eine Zubehöreigenschaft scheidet hingegen aus bei Rohstoffen und Halbfertigprodukten (die nach Be- oder Verarbeitung veräußert werden sollen)[208] bzw. bei (zum Verkauf bestimmten) Waren und Produkten.[209]

§ 98 Gewerbliches und landwirtschaftliches Inventar

¹Dem wirtschaftlichen Zwecke der Hauptsache sind zu dienen bestimmt:
1. bei einem Gebäude, das für einen gewerblichen Betrieb dauernd eingerichtet ist, insbesondere bei einer Mühle, einer Schmiede, einem Brauhaus, einer Fabrik, die zu dem Betrieb bestimmten Maschinen und sonstigen Gerätschaften,
2. bei einem Landgut das zum Wirtschaftsbetrieb bestimmte Gerät und Vieh, die landwirtschaftlichen Erzeugnisse, soweit sie zur Fortführung der Wirtschaft bis zu der Zeit erforderlich sind, zu welcher gleiche oder ähnliche Erzeugnisse voraussichtlich gewonnen werden, sowie der vorhandene, auf dem Gut gewonnene Dünger.

Literatur: *Reischl*, Kreditsicherung durch Grundpfandrechte – Ausgewählte Probleme bei der Modernisierung landwirtschaftlicher Betriebe, AgrarR 1997, 277.

A. Allgemeines 1	III. Inventar eines Landguts 23
B. Regelungsgehalt 7	1. Das Landgut 25
I. Die Hauptsache 7	2. Landwirtschaftliches Inventar 28
II. Inventar eines gewerblichen Betriebsgebäudes (gewerbliches Inventar) 10	a) Gerät 29
1. Die dauernde Einrichtung 13	b) Vieh 31
2. Maschinen und sonstige Gerätschaften . 16	c) Landwirtschaftliche Erzeugnisse . . . 33
	d) Dünger 35

---

184 OLG Köln NJW-RR 1994, 51: eines Geschäftswagens.
185 BGHZ 62, 49: sofern es sich nicht auf einem für ein Baugeschäft eingerichteten Grundstück befindet (sondern z.B. auf einem Lagerplatz, OLG Koblenz BB 1989, 2138).
186 RGZ 66, 88, 90 – arg.: zur Veräußerung bestimmt, weshalb die räumliche Nähe zur Hauptsache nur vorübergehender Natur ist.
187 OLG Bamberg OLGZ 14, 9: wenn Mieter sie nur für vorübergehende (Nutzungs-)Dauer angeschafft haben.
188 OLG Kiel SeuffA 67, Nr. 146.
189 Palandt/*Heinrichs*, § 97 Rn 11 – arg.: Linoleumbodenbelag als Bestandteil.
190 OLG München OLGE 29, 244.
191 LG Hagen MDR 1948, 147.
192 LG Aachen DAR 1958, 267.
193 OLG Braunschweig HRR 1939 Nr. 869.
194 OLG Düsseldorf DNotZ 1987, 108: wegen entgegenstehender Verkehrsanschauung, § 97 Abs. 1 S. 2.
195 OLG Köln NJW 1961, 461: wegen entgegenstehender Verkehrsanschauung, § 97 Abs. 1 S. 2.
196 BGH VersR 1962, 557.
197 Palandt/*Heinrichs*, § 97 Rn 12: für Fabrikgrundstück.
198 OLG Düsseldorf OLGZ 1988, 115.
199 OLG Rostock OLGE 31, 309, 311.
200 OLG Frankfurt NJW 1982, 653: Bronzerelief.
201 RGZ 66, 88, 90: Verkaufsbestände einer Baumschule; RG JW 1934, 435.
202 AG Freiburg VersR 1980, 964.
203 OLG Dresden OLGE 14, 106, 108.
204 BGHZ 58, 309 = NJW 1972, 1187.
205 OLG Braunschweig ZMR 1986, 120; OLG Düsseldorf NJW 1966, 1714.
206 RGZ 77, 36, 38.
207 RGZ 66, 356, 358; 84, 284, 285.
208 RGZ 86, 326, 329; Palandt/*Heinrichs*, § 97 Rn 5; Staudinger/*Dilcher*, § 97 Rn 16.
209 RGZ 66, 88, 90; 142, 379, 382; RGRK/*Kregel*, § 97 Rn 23.

A. Allgemeines

§ 98 erleichtert die Anwendung der allgemeinen Zubehörsregelung des § 97 im Hinblick auf gewerbliches und landwirtschaftliches Inventar dadurch, dass die konkrete Zwecksetzung zum Ausgangspunkt für die Bestimmung des Zubehörs gemacht wird.[1] Die Norm dient – historisch betrachtet – nur der Klarstellung, dass § 97 auch für gewerbliches und landwirtschaftliches Inventar gilt[2] – „und ist somit im Wesentlichen überflüssig".[3] Der Eingangssatz „Dem wirtschaftlichen Zweck der Hauptsache ... zu dienen bestimmt" trifft zwar eine zwingende Festlegung. Die genannten Gegenstände werden dann jedoch nicht als Zubehör festgelegt. Systematisch setzt § 98 nämlich voraus, dass ansonsten alle Tatbestandsmerkmale des Inventars nach § 97 erfüllt sind.[4]

Die Norm spiegelt in ihrer kasuistischen Aufzählung des Inventars den tradierten (veralteten, allerdings auch nicht erschöpfenden[5]) „technisch-wirtschaftlichen Entwicklungsstand in der zweiten Hälfte des 19. Jahrhunderts" wider:[6] Inventar von gewerblichen Betriebsgebäuden, d.h. Mühle, Schmiede, Brauhaus etc. (Nr. 1, Rn 10 ff.) und von Landgütern (Nr. 2, Rn 23 ff.) sind immer dem wirtschaftlichen Zweck der Hauptsache zu dienen bestimmt. Der historische Gesetzgeber ging davon aus, dass Wert und Nutzbarkeit eines Grundstücks wesentlich von der fortwährenden Verbindung des Inventars mit diesem abhängig sind.[7] § 98 soll den Wert erhalten, der gerade in der Verbindung beweglicher Sachen als Zubehör zu einem gewerblichen oder landwirtschaftlichen Grundstück zu sehen ist.[8]

Eine Erweiterung des Anwendungsbereichs durch § 98 gegenüber § 97 kann dann erfolgen,[9] wenn (im Einzelfall) eine dem Zweck der Hauptsache nicht zu dienen bestimmte Sache ausnahmsweise nach der ausdrücklichen Regelung des § 98 als Zubehör zu qualifizieren ist.[10]

§ 3 HöfeO trifft eine von § 98 abweichende Begriffsbestimmung des Zubehörs, die vor allem für die Erbfolge bedeutsam ist.[11]

Die Definition des § 98 ist jedoch stets für die **Zwangsvollstreckung** maßgeblich.[12]

§ 98 differenziert zwischen zwei unterschiedlichen Tatbeständen für gewerbliches (Nr. 1) und landwirtschaftliches Inventar (Nr. 2), wobei die Aufzählungen in der Norm nicht abschließend sind.[13]

B. Regelungsgehalt

I. Die Hauptsache

Die Hauptsache (der das Zubehörstück auf Dauer zu dienen bestimmt sein muss) ist nach § 98 entweder ein **gewerbliches Betriebsgebäude** (Nr. 1) oder ein **Landgut** (Nr. 2). Der gewerbliche oder landwirtschaftliche Betrieb muss hinsichtlich des wirtschaftlichen Schwerpunktes des Betriebs auf dem entsprechenden Grundstück liegen[14] mit der Folge, dass entsprechende Betriebe, die „keinen in einem eigenen Gebäude oder Grundstück verkörperten Mittelpunkt haben", kein Zubehör im Rechtssinne haben können.[15] Andererseits wird ein Grundstück nicht allein durch den Umstand, dass von dort aus der Betrieb geführt wird, zur Hauptsache für das Inventar.[16]

---

1 So Staudinger/*Dilcher*, § 98 Rn 1.
2 Motive III, S. 66; RGZ 67, 30, 33; Jauernig/*Jauernig*, § 98 Rn 7; MüKo/*Holch*, § 98 Rn 1; Soergel/*Mühl*, § 97 Rn 1; a.A. RGZ 47, 197, 199: § 98 ordne (unabhängig von § 97) bestimmte Sachen stets als Zubehör gewerblicher oder landwirtschaftlicher Hauptsachen zu, wodurch der Zubehörbegriff teilweise erweitert werde.
3 Bamberger/Roth/*Fritzsche*, § 98 Rn 1.
4 RGZ 69, 152; Palandt/*Heinrichs*, § 98 Rn 1; RGRK/*Kregel*, § 98 Rn 1. Insb. muss auch das gewerbliche bzw. landwirtschaftliche Zubehörstück dem Zweck der Hauptsache „auf Dauer" zu dienen bestimmt sein; umstritten, so aber OLG Düsseldorf NJW-RR 1991, 1130; Soergel/*Mühl*, § 98 Rn 2; Staudinger/*Dilcher*, § 98 Rn 2; a.A. Erman/*Michalski*, § 98 Rn 6.
5 RGZ 66, 356, 358; 77, 36, 38 (Kohlevorräte auf einem Ziegeleigrundstück als Zubehör): Damit kann auch in § 98 nicht genannten Gegenständen Zubehöreigenschaft zukommen.
6 Palandt/*Heinrichs*, § 98 Rn 1.
7 Vgl. Motive III, S. 66.
8 BGHZ 62, 49, 51 = NJW 1974, 269; BGHZ 85, 234, 237 = NJW 1983, 746; BGHZ 124, 380, 392 = NJW 1994, 864.
9 Umstritten, so aber Staudinger/*Dilcher*, § 98 Rn 3; a.A. Motive III, S. 67: § 98 BGB bezwecke „übrigens nicht eine Erweiterung, sondern nur eine Verdeutlichung des Zubehörbegriffs. Wohnte ihm ... eine selbständige Bedeutung bei, so würde seine Anwendung nicht selten zu unrichtigen Ergebnissen führen".
10 Vgl. dazu RG JW 1901, 184; der auf einem Landgut gewonnene Dünger (sofern er für den Verkauf bestimmt ist) würde nämlich nicht unter § 97 BGB fallen, Staudinger/*Dilcher*, § 98 Rn 3.
11 Bamberger/Roth/*Fritzsche*, § 98 Rn 18.
12 OLG Oldenburg NJW 1952, 671; MüKo/*Holch*, § 98 Rn 21; Staudinger/*Dilcher*, § 98 Rn 16.
13 RGZ 47, 197, 199; Palandt/*Heinrichs*, § 98 Rn 1.
14 BGHZ 85, 234 = NJW 1983, 740.
15 OLG Dresden OLGZ 13, 314, Palandt/*Heinrichs*, § 98 Rn 2.
16 BGHZ 124, 380 = NJW 1994, 864; BGHZ 85, 234, 237 = NJW 1983, 746.

8 Das Gebäude (das für den entsprechenden gewerblichen Betrieb dauernd eingerichtet ist) ist also stets als Hauptsache anzusehen, ohne dass es auf das Wertverhältnis zwischen Zubehör und Gebäude ankommt;[17] der Wert des Inventars kann also auch höher als der Gebäudewert sein.

9 Ein **gewerblicher Betrieb** hat (ohne Rückgriff auf die Voraussetzungen eines Gewerbebetriebs nach HGB oder GewO) eine planmäßige Tätigkeit zur Voraussetzung, die Einnahmen erschließen soll und wofür eine ständige Einrichtung erforderlich ist[18] – unabhängig davon, ob es sich um Betriebs(Fabrik)gebäude (zur Warenproduktion) bzw. um Gebäude eines Dienstleistungsbetriebs (bspw. eines Krankenhauses, Gasthauses oder Theaters)[19] oder Handelsbetriebs (etwa eines Einzelhandelsgeschäfts[20] bzw. einer Apotheke[21]) handelt.

II. Inventar eines gewerblichen Betriebsgebäudes (gewerbliches Inventar)

10 Dem wirtschaftlichen Zwecke der Hauptsache sind nach **Nr. 1** bei einem Gebäude zu dienen bestimmt, das für einen gewerblichen Betrieb dauernd eingerichtet ist, insbesondere bei einer Mühle, einer Schmiede, einem Brauhaus, einer Fabrik, die zu dem Betrieb bestimmten Maschinen und sonstigen Gerätschaften.

11 Die Einrichtung des Gebäudes für den **dauernden**[22] (d.h. zunächst zeitlich unbegrenzten[23] und nicht nur zeitweise an den Bedürfnissen des aktuellen Besitzers eingerichteten[24]) **gewerblichen Betrieb** (Rn 13 ff.) hat zur Voraussetzung, dass das Gebäude (bzw. zumindest ein Teil desselben)[25] nach seiner konkreten Bauweise, Aufteilung, Gliederung oder Ausstattung auf den (wenn auch erst noch einzurichtenden)[26] Betrieb ausgerichtet ist.[27] Es reicht allerdings aus, wenn Gebäude und Gewerbebetrieb durch ihre sonstige bauliche Beschaffenheit dergestalt verbunden sind, dass sie sich nach der Verkehrsauffassung als „wirtschaftliche Einheit" darstellen (für die das Gebäude besonders eingerichtet ist).[28] Fehlt eine entsprechende, der objektiven Beschaffenheit nach dauernde Eignung der Einrichtung für einen Gewerbebetrieb, ist Nr. 1 tatbestandsmäßig nicht erfüllt.[29]

12 Fraglich ist, was für den Fall gilt, dass das Gebäude ohne weiteres für einen anderen Gewerbebetrieb nutzbar ist. Auch dann soll Nr. 1 erfüllt sein,[30] da sich die tatsächlichen Verhältnisse seit In-Kraft-Treten der historischen Formulierung insoweit geändert haben, als Gewerbebetriebe häufiger in Insolvenz gehen oder ihren Standort wechseln und eine Vielzahl von Fabrik- und Ladengebäuden sich auch ohne umfassenden Umbau für unterschiedlichste Produktionsfirmen sowie Handel und Dienstleistung als tauglich erweisen.[31] Daraus folgt, dass bei einer unterschiedlichen Gebäudenutzbarkeit letztlich das Erfordernis einer dauernden Widmung durch den derzeitigen Eigentümer maßgeblich ist.[32]

13 **1. Die dauernde Einrichtung.** Die dauernde Einrichtung für einen gewerblichen Betrieb setzt entweder voraus, dass das Gebäude nach Bauart oder Einteilung auf einen bestimmten Gewerbebetrieb abstellt oder dass das Gebäude mit dem Betriebsgegenstand nach der Verkehrsanschauung so verbunden ist, dass es als eine für diesen dauernd eingerichtete wirtschaftliche Einheit erscheint.[33]

14 Unerheblich ist, ob ohne eine bauliche Änderung auch eine andere gewerbliche Nutzung des Gebäudes möglich wäre[34] bzw. ob der Wert des Inventars höher ist als jener des Gebäudes.[35]

15 Die Judikatur hat bspw. eine „dauernde Einrichtung eines Gebäudes für einen Gewerbebetrieb" **in folgenden Fällen bejaht**: Apotheken,[36] Bäckereien,[37] Cafés,[38] Gaswerke,[39] Gastwirtschaften,[40] Hotels,[41] Kondi-

---

17 RGZ 87, 43, 46; RGRK/*Kregel*, § 98 Rn 2; Staudinger/*Dilcher*, § 98 Rn 4.
18 Staudinger/*Dilcher*, § 98 Rn 4.
19 So Staudinger/*Dilcher*, § 98 Rn 5.
20 OLG Marienwerder JW 1932, 2097.
21 RG WarnR 1909 Nr. 491.
22 Fehlt die Dauerhaftigkeit der Einrichtung des Betriebs, sind dem Betrieb dienende Geräte kein Zubehör, BGHZ 62, 49.
23 RGRK/*Kregel*, § 98 Rn 5.
24 RG JW 1909, 485.
25 RGZ 48, 207, 209; z.B. Konditoreieinrichtung als Zubehör eines mehrgeschossigen Wohnhauses (OLG Jena JW 1933, 924) bzw. Einrichtung einer Fremdenpension (die nur einen Teil des Hauses ausmacht) als Zubehör (OLG München LZ 1927, 189).
26 RGZ 89, 61, 64.
27 Staudinger/*Dilcher*, § 98 Rn 6.
28 BGHZ 62, 49, 50 f. = NJW 1974, 269; BGHZ 124, 380, 392 = NJW 1994, 864.
29 BGHZ 62, 49, 50 f. = NJW 1974, 269.
30 OLG Köln NJW-RR 1997, 751; a.A. *Eickmann*, EWiR 1997, 217.
31 Bamberger/Roth/*Fritzsche*, § 98 Rn 6: „Insoweit wäre § 98 kaum noch anwendbar, wollte man eine spezielle Ausrichtung auf einen ganz bestimmten Gewerbebetrieb verlangen", ebenso MüKo/*Holch*, § 98 Rn 9a.
32 Bamberger/Roth/*Fritzsche*, § 98 Rn 6.
33 BGHZ 62, 49, 50 = NJW 1974, 269; BGHZ 124, 380, 392 = NJW 1994, 864.
34 OLG Köln NJW-RR 1987, 751.
35 RGZ 87, 43, 49.
36 RG WarnR 1909, Nr. 491.
37 OLG Rostock SeuffA 65 Nr. 157.
38 OLG Frankfurt HRR 1932 Nr. 2235.
39 Bamberger/Roth/*Fritzsche*, § 98 Rn 7.
40 RGZ 47, 197, 200; 48, 207, 208.
41 OLG München OLGE 27, 177.

toreien,[42] Kraftwerke,[43] Metzgereien,[44] Molkereien,[45] Pensionen,[46] Sägewerke,[47] Schlossereien,[48] Wasserwerke[49] und Ziegeleien.[50]

2. Maschinen und sonstige Gerätschaften. Dem wirtschaftlichen Zweck des Gewerbebetriebs dienen nach Nr. 1 die zu dem Betrieb bestimmten und sonstigen Gerätschaften.

Maschinen (ohne Rücksicht darauf, in wessen Eigentum sie stehen und ob ein Berechtigter oder ein Nichtberechtigter sie eingebracht hat)[51] sind **Zubehör** i.S.v. Nr. 1,[52] wenn sie nicht ausnahmsweise „wesentlicher Bestandteil" des Gebäudes (i.S.v. § 94 Abs. 2) sind. Unter **sonstigen Gerätschaften** werden solche verstanden, die dem Gewerbebetrieb nur im weiteren Sinne dienen.[53]

Das entsprechende Zubehör muss (obgleich das Gebäude für den gewerblichen Betrieb dauernd eingerichtet zu sein hat, Rn 13 ff.) nicht dem Zweck der Hauptsache auf Dauer dienen.[54]

Die Judikatur hat etwa in folgenden Fällen „**gewerbliches Inventar**" **bejaht**: Brikettierpresse (eines Schreiners),[55] Büroeinrichtungen,[56] Dekorationen und Vergnügungsgegenstände (eines Restaurants),[57] Flaschen (und Versandkisten),[58] Kleiderschränke (für Arbeitnehmer),[59] Registrierkassen[60] bzw. Speiseeismaschinen (einer Bäckerei).[61] **Verneint** wurde die Zubehöreigenschaft hingegen für Waren aller Art, die für den Verkauf bestimmt waren,[62] ebenso für Tiere.[63]

Problematisch ist die Beurteilung von Kraftfahrzeugen und mobilen Maschinen, da bei ihnen die für Nr. 1 erforderliche Verknüpfung mit dem Betriebszweck eines Grundstücks nicht stets anzunehmen ist, sondern vom jeweiligen Betriebszweck abhängt.[64] Die Rechtsprechung hat z.B. eine Zubehöreigenschaft angenommen bei Baugeräten auf dem Betriebsgrundstück eines Baugeschäfts,[65] Fahrzeugen, die auf dem Grundstück für die Vorhaltung, Lagerung sowie den An- und Abtransport der produktionsnotwendigen Rohstoffe und der Betriebserzeugnisse Verwendung finden,[66] den Fahrzeugpark einer Fabrik oder eines Handelsunternehmens[67] bzw. Mietfahrzeugen (die von einem Grundstück aus vermietet werden).[68] Hingegen wurde die Zubehöreigenschaft verneint bei dem Fahrzeugpark eines Speditions- und Transportunternehmens,[69] einem mobilen Baukran (im Hinblick auf das Lagergrundstück)[70] bzw. – generell – bei Maschinen und Geräten, die das Unternehmen regelmäßig oder typischerweise außerhalb des Grundstücks einsetzt.[71]

Beachte: (Äußere) **Versorgungsleitungen** (zu inneren Versorgungsleitungen bereits § 95 Rn 43 ff.) von Versorgungsunternehmen (auf fremden Grundstücken) sind Zubehör des Unternehmensgrundstücks; verlaufen sie auf eigenen Grundstücken des Versorgungsunternehmens, sind sie hingegen Bestandteil.[72]

---

42 OLG Jena JW 1933, 924.
43 Bamberger/Roth/*Fritzsche*, § 98 Rn 7.
44 OLG Hamburg OLGE 24, 247.
45 Bamberger/Roth/*Fritzsche*, § 98 Rn 7.
46 OLG München LZ 1927, 189.
47 RGZ 69, 85, 87.
48 OLG Oldenburg OLGE 12, 10.
49 Bamberger/Roth/*Fritzsche*, § 98 Rn 7.
50 BGH NJW 1969, 36.
51 Staudinger/*Dilcher*, § 98 Rn 7.
52 Bspw. Baugeräte auf einem Baugrundstück (OLG Hamm MDR 1985, 494), Kleiderschränke für Arbeitnehmer (OLG Hamm Recht 1932 Nr. 636), Schreibmaschinen (im Büro, LG Eisenach JW 1925, 1924) bzw. Speiseeismaschinen in einer Bäckerei (LG Kassel MDR 1959, 487).
53 Palandt/*Heinrichs*, § 98 Rn 3; bspw. Büroeinrichtungen (LG Mannheim BB 1976, 1152), die Dekoration eines Restaurants (RGZ 47, 199), Flaschen und Versandkisten (BayObLGZ 12, 15), Gasthauseinrichtungen (RGZ 48, 207, 209), Registrierkassen (OLG Kiel JW 1933, 1422) bzw. Waren, die zum Versand hergestellt wurden (BayObLGZ 12, 314); *nicht* jedoch der Kassenbestand (OLG Dresden OLGE 30, 329).
54 Staudinger/*Dilcher*, § 98 Rn 7; insoweit gilt also das Dauererfordernis des § 97 BGB, Soergel/*Mühl*, § 98 Rn 2.
55 Bamberger/Roth/*Fritzsche*, § 98 Rn 10: zur Verarbeitung von Spänen und Sägemehl.
56 LG Mannheim BB 1976, 1152, 1153; LG Berlin DGVZ 1977, 156; LG Freiburg BB 1979, 1672; LG Mannheim MDR 1979, 49.
57 RGZ 47, 197, 199.
58 BayObLGZ 1912, 314, 315.
59 OLG Hamm Recht 1932 Nr. 636.
60 OLG Kiel JW 1933, 1422.
61 LG Kassel MDR 1959, 487.
62 AG Viechtach DGVZ 1989, 29.
63 RGZ 69, 85, 87; Staudinger/*Dilcher*, § 98 Rn 8: die eher § 97 unterfallen.
64 Bamberger/Roth/*Fritzsche*, § 98 Rn 11.
65 OLG Hamm MDR 1985, 494: sofern das Grundstück den wirtschaftlichen und betriebstechnischen Mittelpunkt des Betriebs darstellt.
66 BGHZ 85, 234 = NJW 1983, 740: Elektrokarren und Gabelstapler.
67 BGH WM 1980, 1383, 1384: mit dem Bedarfsgüter des Unternehmens angeliefert und Erzeugnisse des Unternehmens ausgeliefert werden.
68 Bamberger/Roth/*Fritzsche*, § 98 Rn 11.
69 BGHZ 85, 234, 239 = NJW 1983, 746: hinsichtlich des Grundstücks mit Verwaltungssitz des Unternehmens.
70 OLG Koblenz BB 1989, 2138.
71 BGHZ 124, 380 = NJW 1994, 864.
72 Dazu näher RGZ 87, 43, 49; BGHZ 37, 353, 356.

22 Auch dem **Verbrauchszähler** kommt Zubehöreigenschaft zu: entweder des Betriebsgrundstücks des Versorgungsunternehmens oder des Abnehmergrundstücks.[73]

III. Inventar eines Landguts

23 Dem wirtschaftlichen Zweck der Hauptsache sind nach **Nr. 2** bei einem Landgut zu dienen bestimmt (**landwirtschaftliches Inventar**) das zum Wirtschaftsbetrieb bestimmte (mithin dauerhaft gewidmete) Gerät und Vieh, die landwirtschaftlichen Erzeugnisse, soweit sie zur Fortführung der Wirtschaft bis zu der Zeit erforderlich sind, zu welcher gleiche oder ähnliche Erzeugnisse voraussichtlich gewonnen werden, sowie der vorhandene, auf dem Gut gewonnene Dünger. Damit regelt Nr. 2 die **Zubehöreigenschaft des landwirtschaftlichen Inventars**.

24 Unter den Zubehörsbegriff des Gutsinventars nach Nr. 2 fallende Gegenstände werden unter dem Begriff des Inventars auch von den §§ 582 ff. (Verpachtung eines Grundstücks mit Inventar) erfasst, ebenso wie sie vom Registerpfand nach § 1 Pachtkreditgesetz erfasst werden,[74] wohingegen das Hofzubehör nach § 3 HöfeO (insbesondere im Hinblick auf die Erbfolge) eine abweichende Bestimmung erfährt.[75] Allerdings gilt auch hinsichtlich der Zwangsvollstreckung in Hofzubehör der Zubehörsbegriff des § 98.[76]

25 **1. Das Landgut.** Unter Landgut (heute: Bauernhof) ist jede zum selbständigen Betrieb der Landwirtschaft – d.h. Ackerbau und Viehzucht sowie Forstwirtschaft und Fischereiwirtschaft (wobei eine Spezialisierung auf *eine* landwirtschaftliche Betriebsart ausreicht, bspw. eine Geflügelfarm oder reine Forst- und Fischereiwirtschaften[77])[78] – geeignete und eingerichtete Betriebseinheit (landwirtschaftlicher Betrieb) zu verstehen,[79] ohne dass (anders als nach § 2312)[80] auf dem Landgut heutzutage neben den Betriebsgebäuden auch noch ein Wohngebäude vorhanden sein muss.[81]

26 Landgut ist damit – im Unterschied zu § 585 – **nicht** ein einzelnes landwirtschaftliches Grundstück[82] – wohl aber bspw. auch die Konstellation, dass eigene Grundstücke zusammen mit angepachtetem Land eine wirtschaftsfähige Betriebseinheit bilden.[83]

27 Nicht-landwirtschaftliche Nebenbetriebe (wie bspw. eine Mühle) sind für den Begriff des „Landguts" unschädlich.[84]

28 **2. Landwirtschaftliches Inventar.** Beim landwirtschaftlichen Inventar als Zubehör kommt es im Hinblick auf die Zubehöreigenschaft nicht auf den Wert des einzelnen Zubehörstück an – ebenso wenig wie es darauf ankommt, wem das Zubehörstück gehört.[85] Bei der Bestimmung zum Betrieb des landwirtschaftlichen Betriebs kommt es aber wieder auf die dauerhafte Bestimmung an.[86]

29 **a) Gerät.** Unter das zum landwirtschaftlichen Wirtschaftsbetrieb bestimmte Gerät fallen alle Betriebsmittel, mithin bspw. ein Ackerwagen, eine Sense, der Traktor, ein Schlepper,[87] der Pflug, eine Dreschmaschine, Mobiliar, das den auf dem Landgut beschäftigten Personen (mithin dem Betriebspersonal) zu dienen bestimmt ist, oder Büroeinrichtungsgegenstände. Weiterhin auch Berieselungsanlagen,[88] **nicht** jedoch Einrichtungsgegenstände in den Räumlichkeiten des landwirtschaftlichen Personals.[89]

30 Nr. 2 soll Zweifel bei Arbeitsgerätschaften beheben, die (auch bzw. sogar vor allem) außerhalb des Betriebsgrundstücks bei der Feld- und Waldarbeit eingesetzt werden.[90]

---

73 Staudinger/*Dilcher*, § 98 Rn 9.
74 Staudinger/*Dilcher*, § 98 Rn 16.
75 Staudinger/*Dilcher*, § 98 Rn 16.
76 So OLG Oldenburg NJW 1952, 671.
77 Staudinger/*Dilcher*, § 98 Rn 16.
78 OLG Braunschweig JW 1932, 2456; Staudinger/*Dilcher*, § 98 Rn 10; a.A. OLG Celle JW 1932, 2456.
79 OLG Rostock OLGZ 1929, 211; Palandt/*Heinrichs*, § 98 Rn 4. Die von BGHZ 98, 375 zu § 2312 vertretene Definition des Begriffs „Landgut" im Kontext mit dem Nachlass – als ein zum dauerhaften Betrieb der Landwirtschaft geeignetes und bestimmtes Grundstück, das zu einem erheblichen Teil dem Lebensunterhalt seines Inhabers dient – ist enger und stellt auf den Regelungsgehalt des § 2312 ab. Sie gilt für § 98 nicht, Palandt/*Heinrichs*, a.a.O.
80 Dazu BGHZ 98, 375, 377 = NJW 1987, 951.
81 So zutr. Palandt/*Heinrichs*, § 98 Rn 4; Staudinger/*Dilcher*, § 98 Rn 10 - arg.: rasche Sicherung der Beweglichkeit des Betriebsinhabers; a.A. OLG Rostock OLGE 29, 211; Erman/*Michalski*, § 98 Rn 4; Soergel/*Mühl*, § 98 Rn 14.
82 RGRK/*Kregel*, § 98 Rn 10.
83 So OLG Stettin JW 1932, 1581; Staudinger/*Dilcher*, § 98 Rn 10.
84 Bamberger/Roth/*Fritzsche*, § 98 Rn 13.
85 Staudinger/*Dilcher*, § 98 Rn 15: Es reicht aus, wenn das Zubehörstück im Eigentum des Pächters steht.
86 Bamberger/Roth/*Fritzsche*, § 98 Rn 14.
87 AG Varel DGVZ 1962, 48.
88 RGRK/*Kregel*, § 98 Rn 12.
89 OLG Königsberg HRR 1941 Nr. 924.
90 So *Reischl*, AgrarR 1997, 277, 279 f.; zweifelhaft, so Bamberger/Roth/*Fritzsche*, § 98 Rn 15.

b) Vieh. Vieh ist dann zum Wirtschaftsbetrieb bestimmt, wenn es zur Arbeitsleistung (Arbeitstiere, auch Wachhunde[91]) oder zur Gewinnung landwirtschaftlicher Erzeugnisse – wie Milch, Wolle oder Eier – bzw. zu Zuchtzwecken (Nutztiere[92] und Zuchttiere[93]) gehalten wird.[94] So stellen bspw. Rinder[95] und Zuchthengste[96] Zubehör eines landwirtschaftlichen Betriebs dar. **Mastvieh** ist grundsätzlich Zubehör,[97] verliert aber seine Zubehöreigenschaft, wenn es zum endgültigen Verkauf bestimmt wird[98] (womit sich seine Widmung ändert). D.h., Vieh, das zur Veräußerung bestimmt ist, verliert mit Erreichen der Veräußerungsreife seine Zubehöreigenschaft.[99] Weiterhin sind auch Tiere, die dem persönlichen Gebrauch des Betriebsinhabers dienen, kein Zubehör des Landguts.[100]

§ 90a (Tiere) ändert an der Zuordnung von Tieren als Zubehör eines Landguts als Hauptsache nichts.[101]

c) Landwirtschaftliche Erzeugnisse. Landwirtschaftliche Erzeugnisse sind dann Zubehör i.S.v. Nr. 2, wenn sie zur Fortführung der Wirtschaft (d.h. der Gewinnung neuer Produkte, also gleicher oder ähnlicher Erzeugnisse, bspw. Saatgut und Viehfutter)[102] erforderlich sind – wobei es keine Rolle spielt, ob die landwirtschaftlichen Erzeugnisse aus der eigenen Produktion stammen oder hinzugekauft wurden.[103]

Landwirtschaftliche Erzeugnisse, die zum Verkauf bestimmt sind, verlieren ihre Zubehöreigenschaft,[104] da es nicht ausreicht, dass der aus der Veräußerung erzielte Erlös zur Fortführung des Betriebs Verwendung findet.[105]

d) Dünger. Auf dem Gut gewonnener (d.h. selbst produzierter) Dünger ist nach dem Wortlaut der Nr. 2 auch dann Zubehör, wenn er zur Fortführung des landwirtschaftlichen Betriebes nicht erforderlich ist.[106] Im Umkehrschluss und entsprechend der gesetzgeberischen Intention[107] ist zugekaufter Dünger kein Zubehör i.S.v. Nr. 2, ggf. kommt ihm aber Zubehöreigenschaft nach § 97 zu.[108]

§ 99 Früchte

(1) ¹Früchte einer Sache sind die Erzeugnisse der Sache und die sonstige Ausbeute, welche aus der Sache ihrer Bestimmung gemäß gewonnen wird.
(2) ¹Früchte eines Rechts sind die Erträge, welche das Recht seiner Bestimmung gemäß gewährt, insbesondere bei einem Recht auf Gewinnung von Bodenbestandteilen die gewonnenen Bestandteile.
(3) ¹Früchte sind auch die Erträge, welche eine Sache oder ein Recht vermöge eines Rechtsverhältnisses gewährt.

Literatur: *Möhring*, Der Fruchterwerb nach geltendem Recht, insbesondere bei einem Wechsel des Nutzungsberechtigten, Diss. Köln 1955; *Schnorr v. Carolsfeld*, Soziale Ausgestaltung des Erwerbs von Erzeugnissen, AcP 145, 27.

A. Allgemeines 1	3. Einwirkungsberechtigung 20
B. Regelungsgehalt 8	4. Raubbau u.Ä. 21
I. Unmittelbare Sachfrüchte (Abs. 1) 10	5. Ausnahmen 22
1. Erzeugnisse einer Sache 12	II. Unmittelbare Rechtsfrüchte (Abs. 2) . . . 23
2. Sonstige bestimmungsgemäße Ausbeute 17	III. Mittelbare Sach- und Rechtsfrüchte (Abs. 3) 37

---

[91] Erman/*Michalski*, § 98 Rn 5.
[92] Bspw. Milchkühe, OLG Augsburg OLGE 37, 212.
[93] OLG Dresden OLGE 2, 342; KG OLGE 15, 327.
[94] Palandt/*Heinrichs*, § 98 Rn 4.
[95] AG Itzehoe DGVZ 1993, 61.
[96] AG Oldenburg DGVZ 1980, 93.
[97] RGZ 142, 382.
[98] AG Neuwied DGVZ 1975, 63; MüKo/*Holch*, § 98 Rn 19.
[99] RGZ 142, 379, 382; auch nur vorübergehend auf dem Landgut vorhandenes Vieh, das zur Veräußerung ansteht, begründet keine Zubehöreigenschaft, RGZ 163, 104, 106.
[100] Staudinger/*Dilcher*, § 98 Rn 12.
[101] Staudinger/*Dilcher*, § 98 Rn 12.
[102] Erman/*Michalski*, § 98 Rn 7; Soergel/*Mühl*, § 98 Rn 18; Staudinger/*Dilcher*, § 98 Rn 13.
[103] RG JW 1920, 553: eine Eigenproduktion wird nicht gefordert; MüKo/*Holch*, § 98 Rn 19; Palandt/*Heinrichs*, § 98 Rn 4.
[104] RGZ 143, 33, 39.
[105] RG DNotZ 1933, 441; Staudinger/*Dilcher*, § 98 Rn 13.
[106] Palandt/*Heinrichs*, § 98 Rn 4.
[107] Motive III, S. 23.
[108] RGRK/*Kregel*, § 98 Rn 15; Soergel/*Mühl*, § 98 Rn 20; Staudinger/*Dilcher*, § 98 Rn 14.

A. Allgemeines

1 In § 99 erfolgt eine (aus einer kombiniert wirtschaftlichen und naturorientierten Beurteilung[1] abgeleitete) **Definition** des Begriffs „Früchte" (einer Sache oder eines Rechts) als bestimmungsgemäßer Ertrag einer Sache oder eines Rechts,[2] der in einer Vielzahl von Vorschriften (die sich mit Früchten befassen) bedeutsam ist, bspw. in den §§ 953 ff. (Eigentumserwerb) bzw. den §§ 581 ff., 1030 ff. (Nutzungsrecht des Pächters und des Nießbrauchers) oder im Zusammenhang mit der Nachlassverwaltung (§ 2038 Abs. 2 S. 2) und der Vorerbschaft (§ 2133).

2 Keine Regelung erfährt in § 99 hingegen die Frage der **Fruchtverteilung**, mithin das Recht zum Fruchtbezug und der Eigentumserwerb an den Früchten.[3]

3 Wer Eigentümer von Früchten an einer Sache ist, bestimmt sich nach den §§ 953–957.

4 Da § 100 unter dem Begriff der Nutzungen die Früchte (einer Sache oder eines Rechts) sowie die Gebrauchsvorteile zusammenfasst (**Nutzungen als Oberbegriff**), beinhaltet eine Nutzungsherausgabe – bspw. nach den §§ 818 Abs. 1, 987 ff., 2020 bzw. 2184 – auch eine Verpflichtung zur Herausgabe der Früchte, wobei der zur Fruchtherausgabe Verpflichtete nach § 102 Ersatz der Gewinnungskosten verlangen kann.[4]

5 Die §§ 101, 102 regeln die Frage der Verteilung der Früchte beim Wechsel des Fruchtziehungsberechtigten und die Tragung der Lasten ihrer Gewinnung.

6 Der Fruchtbegriff nach § 99 ist nicht deckungsgleich mit jenem gemäß § 810 ZPO. Unter Letzteren fällt bspw. nicht die (nach § 99 zu beurteilende) nicht in Sacherzeugnissen bestehende Ausbeute, die aus der Sache bestimmungsgemäß gewonnen wird, bzw. schlagreifes Holz im Wald.[5]

7 Verwenden Vorschriften des Landesrechts die Begrifflichkeit „Frucht", ist dafür die in § 99 getroffene Definition nicht maßgeblich.[6]

B. Regelungsgehalt

8 § 99 differenziert zwischen **unmittelbaren Sachfrüchten** in Gestalt der organischen Erzeugnisse und der sonstigen bestimmungsgemäßen Ausbeute (Abs. 1 Rn 10 ff.) und **unmittelbaren Rechtsfrüchten** (Abs. 2 Rn 23 ff.) – beide Formen werden (wegen der unmittelbaren Gewinnung) auch als **natürliche Früchte** bezeichnet[7] – einerseits sowie **mittelbaren** (wegen ihrer mittelbaren Gewinnung) **Sach- und Rechtsfrüchten** (Abs. 3 Rn 37 ff.), auch **juristische oder Zivilfrüchte** genannt, andererseits.

9 Sachfrüchte können zugleich Früchte eines an dieser Sache bestehenden Rechts sein.[8]

I. Unmittelbare Sachfrüchte (Abs. 1)

10 Unmittelbare Sachfrüchte nach Abs. 1 sind sowohl die Erzeugnisse der Sache (Alt. 1 Rn 12 ff.) als auch die sonstige Ausbeute, welche aus der Sache ihrer Bestimmung gemäß gewonnen wird (Alt. 2 Rn 17 ff.).

11 Voraussetzung ist somit, dass die Sache ihrer Natur nach überhaupt geeignet ist, Erzeugnisse abzuwerfen oder ausgebeutet zu werden,[9] was bei **Geld nicht** der Fall ist.[10]

12 **1. Erzeugnisse einer Sache.** Unter Erzeugnissen der Sache (Alt. 1) sind alle natürlichen (organischen) Tier- (§ 90a S. 3) und Bodenprodukte[11] (ohne Berücksichtigung, ob die Gewinnung einen Arbeitsaufwand voraussetzt oder im Rahmen einer geordneten Wirtschaftsführung erfolgt ist oder nicht)[12] zu verstehen,[13] wie

---

1 Staudinger/*Dilcher*, § 99 Rn 3: dieser weite Umfang des Fruchtbegriffs wird z.B. an anderer Stelle wieder korrigiert, z.B. in § 581 bzw. § 993 (Beschränkung auf ein den Grundsätzen der Wirtschaftlichkeit entsprechendes Maß).
2 Womit § 99 auf Unternehmenserträge allenfalls analog angewendet werden kann, so Bamberger/Roth/*Fritzsche*, § 99 Rn 2.
3 Staudinger/*Dilcher*, § 99 Rn 1.
4 Staudinger/*Dilcher*, § 99 Rn 1: „Dies bedeutet jedoch nicht, daß Früchte nur den Reinertrag darstellen, der sich nach Abzug der Gewinnungskosten vom Wert des Rohertrages ergibt".
5 Staudinger/*Dilcher*, § 99 Rn 5.
6 Staudinger/*Dilcher*, § 99 Rn 5; a.A. Bamberger/Roth/*Fritzsche*, § 99 Rn 17: Ob § 99 maßgeblich sei, müsse durch Auslegung des einschlägigen Landesrechts unter Berücksichtigung des Entstehungszeitpunkts entschieden werden.
7 Die Erstreckung der Begrifflichkeit auf § 99 Abs. 2 qualifiziert Bamberger/Roth/*Fritzsche*, § 99 Rn 3 als „historisch überkommene Begriffsverwirrung".
8 MüKo/*Holch*, § 99 Rn 6; Staudinger/*Dilcher*, § 99 Rn 12.
9 Bamberger/Roth/*Fritzsche*, § 99 Rn 3.
10 LG Frankfurt/M. WuM 1988, 307.
11 Bodenprodukte durch Aussaat oder Einpflanzung von Pflänzchen: Staudinger/*Dilcher*, § 99 Rn 6. Vgl. zudem RG JW 1938, 2030; BGH NJW-RR 1989, 673, 674.
12 Staudinger/*Dilcher*, § 99 Rn 6.
13 Palandt/*Heinrichs*, § 99 Rn 2.

bspw. Bäume,[14] organischer Dünger, Eier, Kälber, Milch, Obst, Pflanzen oder Wolle, aber auch Fohlen, Kälber, Küken, Lämmer und sonstiger Nachwuchs von Muttertieren.[15] Erzeugnisse einer Sache sind mithin vielfach das, was auch nach dem natürlichen Sprachgebrauch dem Fruchtbegriff unterfällt, sofern das Erzeugnis nur (bei Fortbestand der Muttersache[16] bei der Trennung Erzeugnis der Muttersache) war (arg.: Wortlaut §§ 953 ff.: „Erzeugnissen und sonstigen Bestandteilen").[17]

Auch eine bestimmungsgemäße Gewinnung ist nicht erforderlich[18] (Fruchtgewinnung im Rahmen wirtschaftlicher Erzeugung), d.h. es kommt nicht darauf an, ob die Fruchtgewinnung aus einer bestimmungsgemäßen oder aus einer übermäßigen Bewirtschaftung der Muttersache resultiert[19] (Holz als „Frucht", wenn es infolge Windbruchs anfällt, durch Kahlschlag gewonnen wird oder von noch tragbaren Obstbäumen herrührt).[20] Dies liegt letztlich darin begründet, dass der Gesetzgeber, wenn er eine übermäßige Fruchtziehung verhindern will, dies gesetzlich an anderer Stelle (bspw. durch eine Beschränkung der einem Nichteigentümer eingeräumten Fruchtziehungsbefugnis nach §§ 581 Abs. 1, 993 oder § 2133) normiert.[21]

In Abgrenzung zu Alt. 2 (Rn 17 ff.) kann von einem Erzeugnis der Sache aber nur dann ausgegangen werden, wenn es die Sachsubstanz der Muttersache nicht zerstört. Erforderlich ist also, dass auch im Nachgang weitere gleichartige Produkte immer wieder aus der Muttersache gewonnen werden können.[22]

Es spielt für Abs. 1 keine Rolle, ob das Erzeugnis mit der Muttersache noch verbunden ist (d.h. zusammenhängt) oder bereits getrennt ist[23] (was allerdings bei Rechtsfolgenormen bedeutsam sein kann, bspw. §§ 101 Nr. 1, 592, 953 ff., 998, 1120 oder § 1212).

Nicht (mehr) als Früchte i.S.v. Abs. 1 sind aufgrund einer Verarbeitung der Erzeugnisse gewonnene Folgeprodukte zu qualifizieren.[24]

2. Sonstige bestimmungsgemäße Ausbeute. Den Erzeugnissen der Sache gleichgestellt ist die **sonstige Ausbeute** (Alt. 2, meist anorganische Bodenbestandteile), wie z.B. Eis (eines Teiches), Lehm, Marmor, Kies, Kohle, Mineralwasser oder Sand, Schiefer oder Torf[25] (Sachcharakter der Ausbeute i.S. einer teleologischen Einschränkung des Wortsinns),[26] sofern sie aus der Sache ihrer **Bestimmung gemäß** (ohne Erzeugnis zu sein) gewonnen wird. Dies setzt eine Gewinnung in naturgemäßer oder verkehrsüblicher Weise (bzw. entsprechend der Absicht des Fruchtziehungsberechtigten) voraus,[27] wobei eine Sache auch eine wechselnde Bestimmung haben kann.[28]

Die Leistung einer **Brandversicherung** ist nicht „aufgrund einer bestimmungsgemäßen Ausbeute" erlangt.[29] § 590 regelt für die Pacht und § 1037 für den Nießbrauch Grenzen für eine „bestimmungsgemäße Ausbeute". In aller Regel geht bei einer entsprechenden Ausbeute die Sachsubstanz der Muttersache wegen der Entnahme teilweise verloren, ohne dass die Muttersache aber völlig untergeht.[30] Dem Begriff der Ausbeute soll nicht verbrauchter Deponieraum[31] (arg.: aus dem Grundstück werde nichts gewonnen, dieses werde lediglich i.S. eines Gebrauchsvorteils genutzt) bzw. (auf einem Grundstück erzeugte) Energie[32] (wegen ihres fehlenden Sachcharakters) unterfallen.

Im Falle von **Mineralien** ist gemäß § 3 BBergG darauf abzustellen, ob diese dem Grundstückseigentümer gehören oder (aufgrund Bergrechts) nicht.[33]

---

14 RGZ 80, 229, 232; 109, 190, 192: wenn sie auf natürlicher Fortpflanzung beruhen und mit dem Boden verwurzelt sind; auch unbefugt geschlagene Bäume sind „Erzeugnisse" (Staudinger/*Dilcher*, § 99 Rn 6), ebenso aufgrund Unwetters gefallenes Holz (RG JW 1938, 203).
15 Bamberger/Roth/*Fritzsche*, § 99 Rn 4: „organisch vom Tier abgetrennte Teile".
16 Womit das Fleisch geschlachteter Tiere nicht „Erzeugnis" ist, Staudinger/*Dilcher*, § 99 Rn 6.
17 RGRK/*Kregel*, § 99 Rn 8; Staudinger/*Dilcher*, § 99 Rn 6.
18 Staudinger/*Dilcher*, § 99 Rn 6.
19 Vgl. Motive III, S. 69; Erman/*Michalski*, § 99 Rn 4; MüKo/*Holch*, § 99 Rn 3; Palandt/*Heinrichs*, § 99 Rn 2 – vgl. zudem § 1039 Abs. 1: „Übermaßfrüchte".
20 Bamberger/Roth/*Fritzsche*, § 99 Rn 5; Staudinger/*Dilcher*, § 99 Rn 6.
21 Bamberger/Roth/*Fritzsche*, § 99 Rn 5.
22 Bamberger/Roth/*Fritzsche*, § 99 Rn 4: womit das Fleisch eines Schlachttiers oder Abbauprodukte eines Grundstücks keine „Erzeugnisse", sondern „Ausbeute" sind.
23 MüKo/*Holch*, § 99 Rn 2.
24 Staudinger/*Dilcher*, § 99 Rn 6.
25 Palandt/*Heinrichs*, § 99 Rn 2; Staudinger/*Dilcher*, § 99 Rn 7.
26 Prot. III; S. 3324; Staudinger/*Dilcher*, § 99 Rn 9; a.A. Erman/*Michalski*, § 99 Rn 5.
27 RGZ 94, 259, 261; RG JW 1909, 451; MüKo/*Holch*, § 99 Rn 4; Soergel/*Mühl*, § 99 Rn 8.
28 Staudinger/*Dilcher*, § 99 Rn 7: bspw. ein landwirtschaftliches Grundstück, das später zur Kiesgewinnung genutzt wird.
29 OLG Düsseldorf NJW-RR 1997, 604.
30 Bamberger/Roth/*Fritzsche*, § 99 Rn 6.
31 Bamberger/Roth/*Fritzsche*, § 99 Rn 7; OLG Koblenz, NJW 1994, 463, 464 erwägt hingegen eine Analogie.
32 Palandt/*Heinrichs*, § 99 Rn 2; Soergel/*Mühl*, § 99 Rn 9; Staudinger/*Dilcher*, § 99 Rn 9; a.A. Erman/*Michalski*, § 99 Rn 5.
33 Bamberger/Roth/*Fritzsche*, § 99 Rn 6.

20 **3. Einwirkungsberechtigung.** Die notwendige Bestimmung kann auch durch andere Einwirkungsberechtigte als den Eigentümer (bspw. durch einen Pächter) getroffen werden,[34] wobei ein Verstoß des Pächters gegen ein Bestimmungsveränderungsverbot nach § 583 (Pächterpfandrecht am Inventar) bzw. entsprechend ein Nießbrauchsverstoß gegen § 1037 (Umgestaltungsverbot) hinsichtlich der verbotswidrigen Ausbeute nicht dazu führt, dass diese nunmehr eine „bestimmungswidrige" i.S.v. § 91 Abs. 1 würde.[35]

21 **4. Raubbau u.Ä.** Auch durch Raubbau oder zur Unzeit gewonnene Produkte sind als „Früchte" i.S.v. Abs. 1 zu qualifizieren,[36] weshalb es auf die Wirtschaftlichkeit der Ausbeute nicht ankommt.[37] Voraussetzung ist allerdings, dass die Sachsubstanz (der Muttersache) nicht verletzt wird (Notwendigkeit einer Sacherhaltung).[38] Folglich stellt das Fleisch eines Schlachttiers keine Sachfrucht dar.[39]

22 **5. Ausnahmen.** Dem Begriff der unmittelbaren Sachfrucht nach Abs. 1 unterfallen nicht ein **Schatz** (i.S.v. § 984) oder ein anderer Fund auf einem Grundstück, da der unmittelbaren Sachfrucht als Ausbeute Sachcharakter zukommen muss und Grundstücke grundsätzlich nicht dem Schatzfund dienen,[40] bzw. auf einem Grundstück erzeugte Elektrizität oder andere Energien[41] (vgl. bereits § 90 Rn 12 ff.) – arg.: Energien werden nicht „aus der Sache" gewonnen.[42]

II. Unmittelbare Rechtsfrüchte (Abs. 2)

23 Unmittelbare Rechtsfrüchte nach Abs. 2 sind die Erträge, welche ein Recht seiner Bestimmung gemäß gewährt (**Erträgnisse eines Rechts** bzw. Erträge aus fruchtbringenden Rechten), insbesondere bei einem Recht auf Gewinnung von Bodenbestandteilen die gewonnenen Bestandteile. Diese Erträge können also in Sachen oder Rechten bestehen, die ihrerseits selbständig und als eigener Leistungsgegenstand neben dem Stammrecht existent sind (aus dem sie hervorgegangen sind, bspw. ein „Recht auf Gewinnung von Bodenbestandteilen").[43]

24 Bei den unmittelbaren Rechtsfrüchten muss es sich um Teilleistungen handeln, die der Rechtsverkehr als vom (fruchtbringenden) Stammrecht Verschiedenes qualifiziert.[44] Die Rechtsfrucht ist also dadurch gekennzeichnet, dass sie sich als Anspruch auf Teilleistungen vom Stammrecht (das dieses vermöge seines Bestehens aus sich selbst als Erträge hervorbringt)[45] unterscheidet.[46]

25 Ein Recht ist also dann „fruchtbringend", wenn es entsprechend seinem Inhalt unmittelbar auf die Gewinnung von Erträgen (die im Rechtsverkehr als etwas vom Stammrecht Verschiedenes angesehen werden) durch den Rechtsinhaber gerichtet ist. Widrigenfalls werden aufgrund des Rechtsverhältnisses Leistungen erbracht, die als Früchte i.S.v. Abs. 3 (Rn 37 ff.) zu qualifizieren sind.[47]

26 Das **Stammrecht**, das dergestalt auf die Gewinnung von Erträgen gerichtet ist, kann **dinglicher oder obligatorischer Natur** sein, wobei es keine Rolle spielt, ob seine Rechtsgrundlage im privaten oder im öffentlichen Recht liegt.[48]

27 Rechtsfrüchte resultieren – anders als Erträgnisse (Rn 21), aber ebenso wie die Ausbeute (Rn 17) – nur aus einem **bestimmungsgemäßen Ertrag**, der von dem Inhalt abhängt, was – sofern dieses gesetzlich nicht geregelt ist – sich aus der Parteivereinbarung bzw. hilfsweise nach der Verkehrsüblichkeit bestimmt.[49] Es schadet aber nichts, wenn die Fruchtziehung auf Dauer die Sachsubstanz erschöpft (vgl. bspw. die Gewinnungsrechte hinsichtlich Bodenbestandteilen).

28 Sachfrüchte i.S.v. Abs. 1 (Rn 10 ff.) können dann Rechtsfrüchte gemäß Abs. 2 sein, wenn sie von einem Pächter oder einem Nießbraucher auf der Grundlage seines Pachtrechts (§ 581) oder seines Nießbrauchrechts (§ 1030 BGB) gewonnen werden.[50]

---

34 So Staudinger/*Dilcher*, § 99 Rn 7; a.A. KG OLGE 6, 217.
35 So RGRK/*Kregel*, § 99 Rn 10; Soergel/*Mühl*, § 99 Rn 8; Staudinger/*Dilcher*, § 99 Rn 7.
36 So die h.M., vgl. etwa Palandt/*Heinrichs*, § 99 Rn 2.
37 Staudinger/*Dilcher*, § 99 Rn 8.
38 Staudinger/*Dilcher*, § 99 Rn 8.
39 Palandt/*Heinrichs*, § 99 Rn 2.
40 Staudinger/*Dilcher*, § 99 Rn 9.
41 Staudinger/*Dilcher*, § 99 Rn 9.
42 Soergel/*Mühl*, § 99 Rn 9; a.A. Erman/*Michalski*, § 99 Rn 5.
43 Bamberger/Roth/*Fritzsche*, § 99 Rn 9.
44 Bamberger/Roth/*Fritzsche*, § 99 Rn 9; RGRK/*Kregel*, § 99 Rn 10; Soergel/*Mühl*, § 99 Rn 10; Staudinger/*Dilcher*, § 99 Rn 11.
45 RGZ 80, 208, 209.
46 Bamberger/Roth/*Fritzsche*, § 99 Rn 9.
47 Staudinger/*Dilcher*, § 99 Rn 10.
48 BSG MDR 1982, 698; Bamberger/Roth/*Fritzsche*, § 99 Rn 9.
49 Bamberger/Roth/*Fritzsche*, § 99 Rn 12.
50 Palandt/*Heinrichs*, § 99 Rn 3.

Früchte § 99

Die Judikatur hat bspw. **in folgenden Fällen unmittelbare Rechtsfrüchte obligatorischer Natur** angenommen: bei Erträgen von Pächtern,[51] bei einer Aktie die Dividende,[52] beim Bergwerkseigentum die geförderte Kohle,[53] bei einer verzinslichen Forderung die Zinsen,[54] bei einem GmbH-Anteil der Gewinn[55] (bzw. Dividenden einer Kapitalgesellschaft),[56] beim Jagdrecht die Jagdbeute,[57] bei einem Leibrentenvertrag (§ 759) die Einzelleistungen[58] bzw. bei einer Realverbandsmitgliedschaft (Waldgenossenschaft) die zugeteilten Holzmengen und Überschüsse.[59] 29

Als **unmittelbare Rechtsfrüchte dinglicher Natur** können der Nießbrauch[60] bzw. die Reallast[61] gelten. 30

Weiterhin bestehen auch **unmittelbare Rechtsfrüchte auf öffentlich-rechtlicher Grundlage**, bspw. laufende Rentenleistungen aus der gesetzlichen Rentenversicherung[62] – arg.: Möglichkeit einer Differenzierung zwischen dem unverjährbaren Anspruch auf Versicherungsleistungen als solchen und verjährbaren Ansprüchen auf einzelne monatliche Rentenleistungen). 31

Hingegen wird bspw. das Vorliegen **unmittelbarer Rechtsfrüchte verneint** beim Recht des Aktionärs auf Bezug neuer Aktien (arg.: kein bestimmungsgemäßer Ertrag des Aktienrechts, sondern auf einem Hauptversammlungsbeschluss beruhend) bzw. Kursgewinnen beim Aktienverkauf;[63] ebenso beim Stimmrecht (da zum Rechtsinhalt gehörend),[64] Gehaltsansprüchen aus Dienstvertrag (wegen fehlendem Stammrecht)[65] bzw. Liquidationsanteilen im Falle einer Vereins- oder Gesellschaftsauflösung (arg.: Gegenwert für das Stammrecht).[66] Früchte aufgrund des Eigentums an einer Sache fallen nicht unter Abs. 2, sondern unter Abs. 1.[67] 32

Nach einer in der Literatur vertretenen Auffassung[68] ist der **Unternehmensertrag analog Abs. 1 und 2** „Frucht" der Rechts- und Sachgesamtheit „Unternehmen",[69] wohingegen der BGH eine Fruchtqualität ablehnt[70] (da der Unternehmensgewinn Gebrauchsvorteil sei). 33

Auch unmittelbare Rechtsfrüchte sind nur solche Erträge, „welche das Recht seiner Bestimmung nach gewährt": Erfordernis eines bestimmungsgemäßen Ertrags, dessen Umfang nach dem Inhalt des Rechts festzulegen ist,[71] wenngleich auch aufgrund der Gewinnung der Erträge die Sachsubstanz nicht auf Dauer unberührt gelassen bleiben muss.[72] 34

Abs. 2 stellt beispielhaft besonders die „bei einem Recht auf Gewinnung von Bodenbestandteilen ... gewonnenen Bestandteile" heraus (die sowohl Sachfrüchte i.S.v. Abs. 1 als auch Rechtsfrüchte nach Abs. 2 sein können). 35

Aber: Zählen die „bei einem Recht auf Gewinnung von Bodenbestandteilen ... gewonnenen Bestandteile" als Sachausbeute zu den Früchten (sofern damit der Sachbestimmung – Rn 17 – nicht widersprochen wird), stellen sie **keine Rechtserträgnisse** dar (und unterfallen damit nicht dem Fruchtbegriff), wenn eine unwirtschaftliche Gewinnung vorgenommen worden sein sollte – arg.: Ein Recht ist seinem Inhalt nach 36

---

51 RG JW 1938, 3040, 3041.
52 OLG Bremen, DB 1970, 1436. Zudem BGHZ 58, 316, 320 = NJW 1972, 1755; BGHZ 78, 177, 188 = NJW 1981, 115; BGH NJW-RR 1987, 989.
53 RG JW 1938, 3040, 3042.
54 Zinsen als Früchte der Kapitalforderung (so Erman/Michalski, § 99 Rn 7; RGRK/Kregel, § 99 Rn 12; Soergel/Mühl, § 99 Rn 15; Staudinger/Dilcher, § 99 Rn 13), wohingegen Verzugszinsen § 99 Abs. 3 (Rn 38) unterfallen (Staudinger/Dilcher, § 99 Rn 13). Vgl. auch BGHZ 81, 8, 13: Zinszuschlag nach dem LAG als „Nutzung" i.S.v. § 100 BGB. A.A. MüKo/Holch, § 99 Rn 5: Gelddarlehenszins als mittelbare Sachfrucht.
55 BGH NJW 1995, 1027; BGHZ 78, 177, 188 = NJW 1981, 115.
56 Erman/Michalski, § 99 Rn 7.
57 BGHZ 112, 392, 398 = NJW 1991, 1421; OLG Nürnberg, VersR 1969, 620.
58 RGZ 80, 208, 209; 67, 204, 210.
59 BGHZ 94, 306, 309 = NJW 1986, 1042.
60 KG NJW 1964, 1808.
61 Bamberger/Roth/Fritzsche, § 99 Rn 10.
62 BSG NJW 1982, 698.
63 OLG Bremen DB 1970, 1436 – arg.: dies stellt keinen bestimmungsgemäßen Ertrag der Aktien dar.
64 Staudinger/Dilcher, § 99 Rn 13.
65 RGZ 69, 59, 64.
66 Erman/Michalski, § 99 Rn 8; Staudinger/Dilcher, § 99 Rn 12.
67 Erman/Michalski, § 99 Rn 8; Staudinger/Dilcher, § 99 Rn 10.
68 A.A.: unmittelbare Anwendung von § 100, vgl. etwa KG OLGE 24, 139; BayObLG OLGE 36, 282.
69 MüKo/Holch, § 99 Rn 3; Palandt/Heinrichs, § 99 Rn 3; Soergel/Mühl, § 99 Rn 3. Vgl. auch OLG München, OLGE 38, 146: Der aus dem Gewerbebetrieb fließende Ertrag sei den Früchten zuzurechnen, wenngleich der auch § 99 nicht ausdrücklich erwähnt werde. RGRK/Kregel, § 99 Rn 4 qualifiziert hingegen den Unternehmensertrag als „Unternehmensfrucht": unmittelbare Anwendung von § 99 Abs. 2 BGB.
70 BGH WM 1992, 442, 443; Staudinger/Dilcher, § 99 Rn 11.
71 Staudinger/Dilcher, § 99 Rn 12; weshalb ein übermäßiger Holzeinschlag durch den Nießbraucher § 99 Abs. 2 nicht unterfällt, ebenso wenig wie ein Liquidationsanteil, der bei einer Vereins- oder Gesellschaftsauflösung auf die Vereinsmitglieder bzw. Gesellschafter entfällt, Erman/Michalski, § 99 Rn 8.
72 Staudinger/Dilcher, § 99 Rn 12: Erschöpfung eines Steinbruchs durch einen normalen Wirtschaftsbetrieb, gleichwohl sind die Erträge „Rechtsfrüchte" i.S.v. § 99 Abs. 2.

III. Mittelbare Sach- und Rechtsfrüchte (Abs. 3)

37 Mittelbare Sach- und Rechtsfrüchte sind nach Abs. 3 auch jene Erträge (genauer: der Lohn i.S. einer Gegenleistung für die Überlassung von Erträgen oder der Nutzung an andere),[74] die eine Sache oder ein Recht vermöge eines (auf Nutzung oder Gebrauch gerichteten)[75] Rechtsverhältnisses gewährt.

38 Das Rechtsverhältnis i.S.v. Abs. 3 (das sich nicht nur auf Sachen, sondern auch auf fruchtbringende Früchte bezieht)[76] kann sowohl **vertraglich** begründet werden (bspw. als Miet- oder Pachtvertrag)[77] als auch ein **gesetzliches Schuldverhältnis** (z.B. hinsichtlich der Überbaurente nach § 912) sein.[78] So werden bspw. Verzugszinsen auf der Grundlage eines Rechtsverhältnisses gezahlt.[79] Nur soweit es vertraglicher Natur ist, muss es auf die Nutzung oder den Gebrauch des Rechts bzw. der Sache gerichtet sein.[80]

39 So stellen insbesondere wiederkehrende Gegenleistungen für die Überlassung einer Sache wie bspw. der Mietzins (bei der Vermietung von Mietshäusern)[81] bzw. der Pachtzins (bei der Verpachtung eines Betriebs),[82] Entgelte für einen Nießbrauch[83] oder die Überbaurente nach den §§ 912 Abs. 2, 913[84] (im Falle eines überbauten Grundstücks; hingegen nicht eine ausgezahlte Brandversicherungssumme),[85] eine Enteignungsentschädigung,[86] der Kaufpreis[87] (arg.: dabei handelt es sich nicht um Erträge, sondern um Surrogate)[88] oder Tilgungsbeträge für ein Darlehen[89] **mittelbare Sachfrüchte** dar.[90]

40 Die Lizenzgebühr für eine Patentüberlassung (oder die sonstige Benutzung eines Immaterialgüterrechts)[91] ist z.B. eine **mittelbare Rechtsfrucht**,[92] da Immaterialgüterrechte fruchtbringende Rechte i.S.v. Abs. 3 darstellen[93] – ebenso wie Verzugszinsen zu den Früchten nach Abs. 3[94] zählen (arg.: sie werden für die nicht rechtzeitige Leistungserbringung bzw. Erfüllung der Forderung gewährt) und gleichermaßen auch Zinszuschläge nach § 250 Abs. 2 LAG[95] oder ein Entgelt, das der Gläubiger einer verzinslichen Forderung für die Bestellung eines Nießbrauchs an einer Forderung (§ 1076) vom Nießbraucher erhält.[96]

---

73 Staudinger/*Dilcher*, § 99 Rn 12.
74 So zutreffend Staudinger/*Dilcher*, § 99 Rn 14; folglich ist weder der Kaufpreis noch eine Enteignungsentschädigung „mittelbare Frucht" i.S.v. § 99 Abs. 3 (Erman/*Michalski*, § 99 Rn 10), da Letztere an die Stelle der Sache tritt.
75 BGHZ 115, 157 = NJW 1991, 2836.
76 Motive III, S. 70 – bspw. im Falle ihrer Verpachtung.
77 RGZ 67, 378, 380; 138, 69, 72; auch über bewegliche Sachen, RGZ 105, 409; Staudinger/*Dilcher*, § 99 Rn 15.
78 Erman/*Michalski*, § 99 Rn 9; Staudinger/*Dilcher*, § 99 Rn 15.
79 BGHZ 81, 8, 13 = NJW 1981, 2350; Soergel/*Mühl*, § 99 Rn 16.
80 Bamberger/Roth/*Fritzsche*, § 99 Rn 13. Vgl. auch BGHZ 115, 157 = NJW 1991, 2836 – arg.: gesetzliche Schuldverhältnisse sind nämlich meist nicht auf Nutzung gerichtet, sondern können allenfalls an sie anknüpfen.
81 RGZ 105, 408, 409; 138, 69, 72; BGH NJW 1986, 1340, 1341.
82 RGZ 79, 116, 119; BGHZ 63, 365.
83 RGZ 67, 378, 380.
84 Wegen der Grundstücksnutzung, so Erman/*Michalski*, § 99 Rn 9; Palandt/*Heinrichs*, § 99 Rn 4; Staudinger/*Dilcher*, § 99 Rn 10; a.A. Jauernig/*Jauernig*, § 99 Rn 3: mittelbare Rechtsfrucht – arg.: Anknüpfung an die Duldungspflicht nach § 912 Abs. 1.
85 BGHZ 115, 157, 159 = NJW 1991, 2836 – arg.: die Brandversicherungssumme ist kein Sachertrag, sondern Surrogat; OLG Düsseldorf NJW-RR 1997, 604.
86 Erman/*Michalski*, § 99 Rn 10.
87 Staudinger/*Dilcher*, § 99 Rn 14.
88 Bamberger/Roth/*Fritzsche*, § 99 Rn 14.
89 MüKo/*Holch*, § 99 Rn 5a.
90 Palandt/*Heinrichs*, § 99 Rn 4.
91 Jauernig/*Jauernig*, § 99 Rn 3; Palandt/*Heinrichs*, § 99 Rn 4; Staudinger/*Dilcher*, § 99 Rn 16.
92 Beispiel nach Palandt/*Heinrichs*, § 99 Rn 4.
93 Staudinger/*Dilcher*, § 99 Rn 16.
94 BGHZ 81, 8, 13 = NJW 1981, 2350; Soergel/*Mühl*, § 99 Rn 16; Staudinger/*Dilcher*, § 99 Rn 15; a.A. Erman/*Michalski*, § 99 Rn 8; Palandt/*Heinrichs*, § 99 Rn 3.
95 BGHZ 81, 8, 13 f. = NJW 1981, 2350; Soergel/*Mühl*, § 99 Rn 16.
96 Bamberger/Roth/*Fritzsche*, § 99 Rn 15; MüKo/*Holch*, § 99 Rn 10.

§ 100 Nutzungen

¹Nutzungen sind die Früchte einer Sache oder eines Rechts sowie die Vorteile, welche der Gebrauch der Sache oder des Rechts gewährt.

A. Allgemeines	1	I. Der Begriff der Nutzung	4
B. Regelungsgehalt	4	II. Der Wert von Gebrauchsvorteilen	18

A. Allgemeines

In § 100 erfolgt eine **Legaldefinition** des Begriffs Nutzungen, der in einer Vielzahl von Vorschriften (die sich mit der Herausgabe von Nutzungen befassen) bedeutsam ist, bspw. in §§ 347 S. 2, 487 Abs. 4, 2020 f. sowie 818 Abs. 1 bzw. 987 ff. (Nutzungsherausgabe). Darüber hinaus findet der Nutzungsbegriff des § 100 bspw. Verwendung in den §§ 256, 292, 302, 379, 446, 584b, 745, 820, 1030, 1039, 1213 f., 1283, 1698, 1803, 2111, 2133, 2184, 2379 f. BGB, §§ 13, 16, 33 WEG, §§ 4, 9, 863 ZPO, §§ 10, 56, 150d, 152, 155 ZVG, §§ 18, 20, 24 KostO bzw. Artt. 164, 232 § 2a EGBGB. 1

Der Begriff der Nutzung erfasst als **Oberbegriff** sowohl die Früchte (§ 99: einer Sache oder eines Rechts) als auch die Gebrauchsvorteile (einer Sache oder eines Rechts). 2

Beachte: Denjenigen, der sich auf einen an die Nutzungseigenschaft anknüpfenden Tatbestand beruft, trifft hinsichtlich der Nutzungseigenschaft die Beweislast. Andererseits trifft den Schuldner die Beweislast für nicht herausgabepflichtige Anteile, die auf Investitionen des Schuldners bzw. dessen Leistung (Rn 20) beruhen.[1] 3

B. Regelungsgehalt

I. Der Begriff der Nutzung

Nutzungen sind nach § 100 die Früchte einer Sache oder eines Rechts (Sach- und Rechtsfrüchte) sowie die Vorteile, welche der Gebrauch einer Sache oder eines Rechts gewährt. 4

Der Nutzungsbegriff umfasst somit außer **Früchten** (i.S.v. § 99) auch **Gebrauchsvorteile** (Rn 7 ff.) einer Sache oder eines Rechts.[2] Eine Sache oder ein Recht „gebraucht" derjenige, der die durch die Innehabung verbundenen Rechte ausübt.[3] Den Gegensatz zum Gebrauch bildet der Verbrauch.[4] 5

Für den Nutzungstatbestand spielt es keine Rolle, ob die Nutzung zu einem Gewinn oder zu einem Verlust geführt hat.[5] 6

Unter **Gebrauchsvorteilen** versteht man die aus dem Gebrauch einer Sache oder eines Rechts erlangten (natürlichen) Vorteile infolge der Ausübung der durch die Innehabung verbundenen Rechte (bedeutsam vor allem bei solchen Sachen, die aufgrund ihrer natürlichen Beschaffenheit keine unmittelbaren Sachfrüchte i.S.v. § 99 Abs. 1 tragen),[6] bspw. Häuser oder Kraftfahrzeuge. Somit zählen zum **Gebrauchsvorteil einer Sache** etwa das Bewohnen eines Hauses als Grundstücksnutzung,[7] das Bewohnen einer Eigentumswohnung[8] oder eines Raumes,[9] aber auch nur die (bloße) Benutzung eines Dachbodens[10] oder einer Garage[11] bzw. eines Kfz,[12] das Reiten eines Pferdes[13] (aber auch eine mit diesem erlangte Siegerprämie)[14] bzw. die Nutzungsmöglichkeit eines Instruments.[15] 7

Umstritten ist hingegen die Frage, ob gewonnene Energie als Gebrauchsvorteil aus einer Energiegewinnungsanlage (z.B. einem Kraftwerk oder auch einem Windrad) zu qualifizieren ist.[16] 8

---

1 BGH NJW 1995, 2627, 2628; Bamberger/Roth/Fritzsche, § 100 Rn 13.
2 Palandt/Heinrichs, § 100 Rn 1.
3 Palandt/Heinrichs, § 100 Rn 1.
4 Bamberger/Roth/Fritzsche, § 100 Rn 4.
5 BGH DB 1966, 738, 739.
6 Staudinger/Dilcher, § 100 Rn 1: wie Häuser, Räume, Möbel oder Kraftfahrzeuge.
7 BGH NJW 1986, 1340; 1990, 3274, 3275; 1992, 892.
8 OLG Zweibrücken NJW 1992, 1902, 1903.
9 BGH NJW 1995, 2627.
10 LG Saarbrücken WuM 1998, 31.
11 BGH NJW 1986, 1340, 1341.
12 OLG Köln VersR 1993, 109.
13 BGHZ 79, 232 = NJW 1981, 865.
14 Bamberger/Roth/Fritzsche, § 100 Rn 6; Staudinger/Dilcher, § 100 Rn 2.
15 Wieling, Sachenrecht, Bd. 1, 4. Aufl. 2001 § 2 X 3.
16 So MüKo/Holch, § 100 Rn 3: sofern sie sich auf ein Wassernutzungsrecht bezieht und nicht § 99 Abs. 2 unterfällt; Staudinger/Dilcher, § 100 Rn 4; a.A. Soergel/Mühl, § 100 Rn 9: bei Energie handele es sich „weder (um eine) Frucht noch (um eine) Nutzung".

9   Gebrauchsvorteile von Geld sind bspw. Zinsen, die ein Treuhänder aus weiterzuleitenden durchlaufenden Geldern zieht[17] oder die aus einem rechtsgrundlos erlangten Geldbetrag resultieren,[18] weiterhin aber auch Zinsersparnisse aus rechtsgrundlos erlangtem Kapital[19] bzw. die Tilgung eigener Schulden durch rechtsgrundlos erlangtes Kapital.[20]

10 **Gebrauchsvorteile von Rechten** sind vom vertraglich bzw. gesetzlich geregelten Inhalt des Rechts abhängig.[21] Die Judikatur hat bspw. folgende Gebrauchsvorteile von Rechten anerkannt: Grundstücksbenutzung (aufgrund eines dinglichen Wohnrechts),[22] Jagdausübung (auf einem Grundstück)[23] bzw. die Stimmrechtsausübung durch einen Gesellschafter[24] oder einen Wohnungseigentümer.[25]

11 Die Qualifikation des Gebrauchsvorteils wird **in folgenden Fällen verneint**, da nicht jeder Vorteil auch zugleich Gebrauchsvorteil ist:[26] aus Verbrauch, Veräußerung oder sonstiger rechtsgeschäftlicher Verwertung (*lucrum ex negotiatione*) bzw. Belastung erlangte Vorteile,[27] da die Erträge hier nicht als Vorteile aus dem Gebrauch, sondern als Vorteile aus der Sache selbst gezogen werden, bspw. Kursgewinne aus Wertpapierverkäufen,[28] ebenso der Verbrauch vorhandener Energie (bzw. die Nutzung von Wasserkraft).[29]

12 Vorteile, die aus der **rechtsgeschäftlichen Verwertung** einer Sache (bspw. deren Veräußerung oder Belastung) gezogen werden,[30] oder **Kursgewinne** infolge eines Wertpapierverkaufs[31] sind keine Gebrauchsvorteile, da nicht Vorteile aus der Sache, sondern mittels der Sache gewonnene Vorteile.[32]

13 Der Gebrauchsvorteil einer Sache muss aus dem Sachbesitz oder einer sonstigen tatsächlichen Nutzungsmöglichkeit gezogen werden, d.h., nicht jeder aus einer Sache gewonnene Vorteil ist Gebrauchsvorteil i.S.v. § 100.[33]

14 Unerheblich ist, ob der Gebrauchsvorteil aus einer regulären Rechtsausübung resultiert[34] oder aber im Widerstreit zur Rechtsordnung gezogen wird[35] (bspw. die Nutzung eines gestohlenen Gegenstandes).

15 Bei einem Grundstück mit darauf errichtetem **Gewerbebetrieb** (Unternehmen als Sach- und Rechtsgesamtheit) ist Gebrauchsvorteil der Betriebsgewinn, reduziert um den Unternehmerlohn:[36] Gewinne, die auf die persönliche Leistung oder auf die persönlichen Fähigkeiten des die Sache Gebrauchenden zurückzuführen sind, sind nicht in den Nutzungen eingeschlossen.[37]

16 Gebrauchsvorteile können sowohl vermögensrechtlicher als auch immaterieller Natur sein.[38]

17 Was aus der **Verwertung einer Sache** erzielt wird[39] (auch der Vorteil, der durch einen Verbrauch erzielt wird),[40] stellt **keine Nutzung** dar.[41] Auch ist das, was als wesentlicher Bestandteil zu einer Sache kommt, keine Nutzung derselben.[42]

II. Der Wert von Gebrauchsvorteilen

18 Der Wert von Gebrauchsvorteilen (die ggf. herauszugeben sind) orientiert sich an ihrem **objektiven Wert**[43] in Gestalt einer objektiven Nutzungsmöglichkeit (Gebrauchsvorteil) – d.h. er ist regelmäßig errechenbar über die Höhe des üblichen Miet- oder Pachtzinses,[44] sofern die Herausgabenorm dem nicht entgegensteht und überhaupt herausgabefähige Nutzungen vorhanden sind[45] (wobei der objektive Nutzwert, nicht der vereinbarte Miet- oder Pachtzins maßgeblich ist).[46]

---

17 BSG NZS 1997, 575, 577.
18 BGH NJW 1997, 933, 935.
19 RGZ 151, 123, 127; BGH NJW 1962, 1148, 1149.
20 BGHZ 138, 160 = NJW 1999, 2354.
21 Bamberger/Roth/*Fritzsche*, § 100 Rn 8.
22 BGH NJW-RR 1988, 1093, 1095.
23 Bamberger/Roth/*Fritzsche*, § 100 Rn 8.
24 RGZ 118, 266, 269.
25 KG OLGZ 1979, 290, 293.
26 Staudinger/*Dilcher*, § 100 Rn 2.
27 Bamberger/Roth/*Fritzsche*, § 100 Rn 9; Palandt/*Heinrichs*, § 100 Rn 1.
28 OLG Bremen DB 1970, 1436; RGRK/*Kregel*, § 100 Rn 4.
29 Arg.: kein Gebrauchsvorteil, weil nicht auf der Benutzung einer Sache beruhend, so Bamberger/Roth/*Fritzsche*, § 100 Rn 9; Staudinger/*Dilcher*, § 100 Rn 4; a.A. Soergel/*Mühl*, § 99 Rn 9.
30 RG WarnR 1915 Nr. 70.
31 OLG Bremen DB 1970, 1436.
32 RGRK/*Kregel*, § 100 Rn 4; Staudinger/*Dilcher*, § 100 Rn 3.
33 RG JW 1915, 324; Staudinger/*Dilcher*, § 100 Rn 2.
34 RGZ 118, 266, 268.
35 Staudinger/*Dilcher*, § 100 Rn 2.
36 BGH NJW 1978, 1578; ebenso BGH DB 1956, 63; BB 1962, 535.
37 BGH NJW 1992, 892; BGHZ 7, 208, 218 = NJW 1952, 1410.
38 MüKo/*Holch*, § 100 Rn 3; Palandt/*Heinrichs*, § 100 Rn 1: bspw. die Benutzung eines unter Naturschutz stehenden Grundstücks, auf dem nicht gebaut werden darf; a.A. OLG Hamburg MDR 1953, 614.
39 Bspw. Gewinne aus Aktienverkäufen (oder das Bezugsrecht auf neue Aktien, da es nicht aus dem Gebrauch der Aktien fließt), OLG Bremen DB 1970, 1436.
40 Soergel/*Mühl*, § 100 Rn 5.
41 Palandt/*Heinrichs*, § 100 Rn 1.
42 Staudinger/*Dilcher*, § 100 Rn 1.
43 BGH NJW 1995, 2627, 2628.
44 BGH NJW 1998, 1707; NJW-RR 1998, 803, 805.
45 BGH NJW 2002, 60, 61.
46 LG Köln ZMR 1967, 201.

Andererseits kann sich aus der einschlägigen Herausgabenorm auch ergeben, dass nur die durch die Nutzungsdauer eingetretene Wertminderung, d.h. der Wertverzehr, herauszugeben ist, bspw. bei der Rückabwicklung von Kaufverträgen.[47]

Die Herausgabe erstreckt sich nicht auf (anteilige) Vorteile, die nicht auf der Beschaffenheit einer Sache oder eines Rechts, sondern nur auf **persönlichen Leistungen oder Fähigkeiten**[48] bzw. Investitionen[49] des Gebrauchenden beruhen, da diese Aspekte schon nicht dem Nutzungsbegriff unterfallen.[50]

Es kommt nicht auf einen durch den Gebrauch tatsächlich entstandenen Gewinn oder Verlust an.[51]

Umstritten ist die Frage, ob **Nutzungen eines Gewerbebetriebs** oder eines Unternehmens als unmittelbare Sach- oder Rechtsfrüchte der Sach- und Rechtsgesamtheit „Unternehmen" nach § 99 Abs. 1[52] oder Abs. 2[53] analog zu qualifizieren sind oder als deren Gebrauchsvorteile i.S.v. § 100.[54] *Fritzsche*[55] meint zu Recht, dass die Kontroverse sich in Grenzen hält, da die Rechtsfolgennormen regelmäßig ohnehin an den Oberbegriff der Nutzungen anknüpfen.[56]

Als **Gebrauchsvorteil eines Unternehmens** ist bspw. der aus Sachen oder Rechten des Unternehmens als Sach- und Rechtsgesamtheit gezogene **Gewinn** zu qualifizieren, sofern erst der Herausgabepflichtige das Unternehmen eingerichtet hat.[57] Ein Gewinn ist aber selbst dann nicht in vollem Umfang zurückzugewähren, wenn tatsächlich ein Unternehmen überlassen wurde[58] – „daran fehlt es, wenn lediglich Räume und Inventar zum Betrieb eines Unternehmens überlassen werden, so dass dann nur die Gebrauchsvorteile der Räume und Gerätschaften zu ersetzen sind".[59]

Vorteile, die von Sachen herrühren, die nur im Zusammenhang mit einem Betrieb einen Vorteil zeitigen (z.B. Maschinen in einem Betrieb), berechnen sich nach dem Wert des Gebrauchsvorteils, aus dem damit verursachten Mehrertrag, reduziert um den persönlichen Leistungsanteil des Betreibers.[60]

Ggf. ist aber (aufgrund des für die Herausgabe einer Nutzung maßgebenden Rechtsgrundsatzes)[61] nur eine zeitanteilige Wertminderung i.S. eines Werteverzehrs zu ersetzen, bspw. im Falle eines Rücktritts wegen Sachmangels[62] oder der Rückabwicklung eines nicht zustande gekommenen Kaufvertrags.[63]

Bei der Vermietung einer Sache durch den Besitzer beschränkt sich der Anspruch des Eigentümers nach § 988 (Nutzungen des unentgeltlichen Besitzers) auf die tatsächlich gezogene Miete.[64]

Eine Berücksichtigung von Vorteilen, die auf **wertsteigernden Investitionen** des Schuldners beruhen, findet nicht statt.[65]

Aus einem Recht resultiert dann ein Gebrauchsvorteil, wenn das zugrunde liegende Recht nicht an einer Sache besteht (oder auf einen Gebrauch der Sache ausgerichtet ist), da dies einen „Gebrauchsvorteil an einer Sache" darstellen würde.[66]

Es gibt auch **Gebrauchsvorteile ohne Vermögenswert**,[67] bspw. das Stimmrecht[68] (als Gebrauchsrecht des in der Aktie verbrieften Mitgliedschaftsrechts) oder die Benutzung eines unter Naturschutz stehenden (nicht bebaubaren) Grundstücks als Gebrauchsvorteil.[69]

Der Schuldner trägt die **Beweislast**.[70] So hat bspw. der Besitzer, der in ihm überlassene Räume investiert und diese vermietet hat, gegenüber dem Nutzungsherausgabeanspruch des Eigentümers den nicht herauszugebenden Investitionsverkehrswert zu beweisen.

---

47 BGHZ 115, 47, 54 = NJW 1991, 2484 (Wandelung); BGH NJW 1995, 2159, 2161 (Schadensersatz wegen Nichterfüllung); BGH NJW 1986, 250, 252 (nicht zustande gekommener Kaufvertrag).
48 BGHZ 7, 208, 218 = NJW 1952, 1410; BGH NJW 1992, 892.
49 BGHZ 109, 179 = NJW 1990, 447; BGH NJW 1995, 2627, 2628.
50 Bamberger/Roth/*Fritzsche*, § 100 Rn 10.
51 BGH DB 1966, 739.
52 In diesem Sinne Soergel/*Mühl*, § 99 Rn 3.
53 So die h.L., vgl. MüKo/*Holch*, § 100 Rn 9; Palandt/*Heinrichs*, § 99 Rn 3.
54 So zwischenzeitlich die ständige Judikatur, vgl. etwa BGH NJW 1978, 1578.
55 Bamberger/Roth/*Fritzsche*, § 100 Rn 11: Für Ersteres spreche die natürliche Betrachtungsweise (d.h. möglicherweise die Verkehrsauffassung), für Letzteres das formale Argument, dass das Unternehmen weder als Sache noch als Recht zu qualifizieren ist.
56 Ebenso MüKo/*Holch*, § 100 Rn 9; Soergel/*Mühl*, § 99 Rn 3.
57 BGH DB 1956, 63; BGHZ 63, 365 = NJW 1975, 638; BGHZ 109, 179 = NJW 1990, 447.
58 BGHZ 7, 208, 218 = NJW 1952, 1416.
59 Bamberger/Roth/*Fritzsche*, § 100 Rn 12 unter Bezugnahme auf BGH NJW 1984, 2937, 2938.
60 Staudinger/*Dilcher* § 100 Rn 5.
61 Palandt/*Heinrichs*, § 100 Rn 2.
62 BGHZ 115, 47.
63 BGHZ NJW 1996, 250.
64 BGH NJW 2002, 60.
65 BGHZ 109, 179, 191 = NJW 1990, 447; BGH NJW 1992, 892 Staudinger/*Dilcher* § 100 Rn 5.
66 Staudinger/*Dilcher*, § 100 Rn 7.
67 MüKo/*Holch*, § 100 Rn 8.
68 RGZ 118, 266, 268; Soergel/*Mühl*, § 100 Rn 3.
69 Palandt/*Heinrichs*, § 100 Rn 1; a.A. OLG Hamburg MDR 1953, 613, 614.
70 BGH NJW 1995, 2627.

§ 101 Verteilung der Früchte

¹Ist jemand berechtigt, die Früchte einer Sache oder eines Rechts bis zu einer bestimmten Zeit oder von einer bestimmten Zeit an zu beziehen, so gebühren ihm, sofern nicht ein anderes bestimmt ist:
1. die in § 99 Abs. 1 bezeichneten Erzeugnisse und Bestandteile, auch wenn er sie als Früchte eines Rechts zu beziehen hat, insoweit, als sie während der Dauer der Berechtigung von der Sache getrennt werden,
2. andere Früchte insoweit, als sie während der Dauer der Berechtigung fällig werden; bestehen jedoch die Früchte in der Vergütung für die Überlassung des Gebrauchs oder des Fruchtgenusses, in Zinsen, Gewinnanteilen oder anderen regelmäßig wiederkehrenden Erträgen, so gebührt dem Berechtigten ein der Dauer seiner Berechtigung entsprechender Teil.

A. Allgemeines 1	1. Unmittelbare Sachfrüchte 10
B. Regelungsgehalt 4	2. Andere Früchte 13
I. „Sofern nicht ein anderes bestimmt ist" ... 6	3. Regelmäßig wiederkehrende Erträge ... 14
II. Die tatsächliche Ziehung der Nutzungen ... 7	IV. Eigentumserwerb und Regelung der
III. Die Verteilung der Früchte 8	Früchteverteilung 16

A. Allgemeines

1 § 101 regelt – entsprechend der verwendeten Terminologie („gebühren") – die **schuldrechtliche Ausgleichspflicht** hinsichtlich der Verteilung der Früchte, die während einer laufenden Wirtschaftsperiode angefallen sind, zwischen mehreren aufeinander folgenden Berechtigten (**Regelung der Früchteverteilung**),[1] wenn das Recht, Sach- oder Rechtsfrüchte zu ziehen, vom ursprünglichen Rechtsinhaber auf einen Nachfolger übergegangen ist (**Wechsel in der Fruchtziehungsberechtigung**). Geregelt wird bspw. die Ausgleichspflicht zwischen Veräußerer und Erwerber, zwischen Verpächter und Pächter bzw. zwischen Erblasser, Vorerbe und Nacherbe,[2] zwischen Eigentümer und Nießbraucher[3] oder zwischen Eigentümer und Besitzer (nach § 993 Abs. 2), nicht jedoch der Eigentumserwerb (nach §§ 953 ff.) an den Früchten selbst.[4]

2 Aus § 101 folgt allerdings nicht, wem die gezogenen Früchte rechtlich, d.h. im Verhältnis zu Dritten, gehören (was Regelungsgehalt der §§ 953 ff. für Sachen ist), sondern (auch für das Steuerrecht maßgeblich)[5] wie die Früchte (im Innenverhältnis) der nacheinander fruchtziehungsberechtigten Personen aufzuteilen sind. § 101 normiert insoweit die vorerwähnte (Rn 1) schuldrechtliche Ausgleichspflicht[6] dergestalt, dass dem im Innenverhältnis Berechtigten unmittelbar ein Ausgleichsanspruch gegen den Fruchtzieher eingeräumt wird.[7]

3 Die Regelung folgt grundsätzlich römisch-rechtlichen Grundsätzen (wonach auf den Zeitpunkt der Trennung abgestellt wurde, d.h., wenn die Trennung erst nach Übergang des Nutzungsrechts auf den Nachfolger erfolgte, so gebührten diesem auch die Früchte); mit einer Ausnahme in Nr. 2 hinsichtlich regelmäßig wiederkehrender Erträge, die gemeinrechtlichen Grundsätzen folgen: „Wer sät, der mäht".[8]

B. Regelungsgehalt

4 Ist jemand berechtigt,[9] die Früchte einer Sache oder eines Rechts bis zu einem bestimmten Zeitpunkt oder von einer bestimmten Zeit an zu ziehen (und sind Früchte tatsächlich auch gezogen worden),[10] so gebühren ihm nach § 101, sofern nicht ein anderes bestimmt ist:
– die in § 99 Abs. 1 bezeichneten Erzeugnisse und Bestandteile (mithin die Früchte als Erzeugnisse der Sache und die sonstige Ausbeute, welche aus der Sache ihrer Bestimmung gemäß gewonnen wird), auch wenn er sie als Früchte eines Rechts zu beziehen hat, insoweit, als sie während der Dauer der Berechtigung von der Sache getrennt werden (Nr. 1);

---

1 Wobei eine „Verteilung" im eigentlichen Sinn des Wortes jedoch nicht stattfindet, Staudinger/*Dilcher*, § 101 Rn 1.
2 BGHZ 81, 8, 13 f. = NJW 1981, 2350; MüKo/*Holch*, § 101 Rn 4; Palandt/*Heinrichs*, § 101 Rn 1.
3 RGZ 80, 311, 316.
4 Palandt/*Heinrichs*, § 101 Rn 1.
5 BFH BB 1992, 410, 411.
6 BFH BB 1992, 410; MüKo/*Holch*, § 101 Rn 2; Soergel/*Mühl*, § 101 Rn 2; Staudinger/*Dilcher*, § 101 Rn 5.
7 BGH NJW 1995, 1027, 1029.
8 Staudinger/*Dilcher*, § 101 Rn 2.
9 An einer Berechtigung fehlt es bspw. nach dem Erwerb von eigenen Gesellschaftsanteilen durch eine Kapitalgesellschaft, da das Gewinnbezugsrecht aus eigenen Anteilen ruht und der Gewinn unmittelbar den anderen Gesellschaftern zufällt, BGH NJW 1998, 1314.
10 BGH NJW 1995, 1027, 1029.

andere Früchte insoweit, als sie während der Dauer der Berechtigung fällig werden. Bestehen jedoch die Früchte in der Vergütung für die Überlassung des Gebrauchs oder des Fruchtgenusses in Zinsen, Gewinnanteilen oder anderen regelmäßig wiederkehrenden Erträgen, so gebührt dem Berechtigten ein der Dauer seiner Berechtigung entsprechender Teil (Nr. 2).

Dem Berechtigten nach § 101 steht ein **schuldrechtlicher Anspruch auf Herausgabe der Früchte** zu, die sein Vorgänger oder Nachfolger erworben hat, sofern die Früchte diesem (nach dem Regelungsgehalt der Norm) nicht gebühren.[11]

I. „Sofern nicht ein anderes bestimmt ist"

Die schuldrechtliche Ausgleichspflicht (Fruchtverteilung) nach § 101 gelangt nur mangels abweichender anderweitiger Bestimmung in einer Sonderregelung (vgl. Wortlaut: „sofern nicht ein anderes bestimmt ist", d.h. subsidiär) zur Anwendung. Eine abweichende anderweitige Bestimmung kann sich ergeben aus:[12]
- Gesetz – bspw. § 987 Abs. 2 (Nichtziehung von Nutzungen nach Eintritt der Rechtshängigkeit, vgl. aber auch § 993 Abs. 2, der hinsichtlich der Haftung des redlichen Besitzers bestimmt, dass für die Zeit, für welche dem Besitzer die Nutzungen verbleiben, auf ihn § 101 Anwendung findet), § 1039 (für den Nießbraucher), § 1214 (für den Nutzpfandgläubiger) sowie die §§ 2111 und 2133 (für den Vorerben); aber auch, da § 101 dispositiv ist,[13] aus
- Rechtsgeschäft (z.B. Vertrag)[14] oder
- Testament (bzw. in sonstiger Weise durch Verfügung von Todes wegen).[15]

II. Die tatsächliche Ziehung der Nutzungen

§ 101 setzt voraus, dass die Nutzungen tatsächlich gezogen worden sind. Unzureichend ist, dass die Nutzungen hätten gezogen werden können.[16] Die Regelung erfasst also nicht „die zu ziehenden Früchte". Dies kann sich allerdings aus Sondervorschriften ergeben,[17] bspw. nach § 987 Abs. 2, der eine Erstattungspflicht auch im Hinblick auf **nicht gezogene Früchte** statuiert.

III. Die Verteilung der Früchte

Die Regelung differenziert hinsichtlich der Verteilung der Früchte zwischen unmittelbaren Sachfrüchten (§ 99 Nr. 1 Rn 10 ff.), anderen Früchten (§ 99 Nr. 2 Hs. 1 Rn 13) sowie regelmäßig wiederkehrenden Erträgen (§ 99 Nr. 2 Hs. 2 Rn 14 f.).

Die der Früchteverteilung nach § 101 spiegelbildlich gegenüberstehende **Lastenverteilung** ist in § 103 geregelt, entspricht Ersterer jedoch nicht ganz.

1. Unmittelbare Sachfrüchte. Bei ummittelbaren Sachfrüchten i.S.v. § 99 Abs. 1 ist nach Nr. 1 der **Zeitpunkt der Trennung** maßgeblich. D.h., **grundsätzlich** gebühren nach Nr. 1 die in § 99 Abs. 1 bezeichneten Erzeugnisse und Bestandteile – die sog. **natürlichen Früchte** – demjenigen, der zur Zeit ihrer Trennung Bezugsberechtigter ist. Es spielt somit keine Rolle, zu welchem Zeitpunkt und durch wen die Trennung erfolgt ist. Genauso wenig ist es von Bedeutung, wer die Früchte gesät hat.[18]

Dies gilt kraft ausdrücklicher gesetzlicher Anordnung („auch wenn er sie als Früchte eines Rechts zu beziehen hat") auch dann, wenn unmittelbare Sachfrüchte dem Berechtigten der Rechtsfrüchte zustehen.[19]

Etwas anderes gilt nur dann, wenn die Trennung nach Beendigung der Berechtigungsperiode erfolgt, bspw. nach Ablauf der Pachtzeit. Erntet der Pächter nach Beendigung des Pachtverhältnisses, findet Nr. 1 auf ihn keine Anwendung. Ggf. hilft ihm dann noch der Wertersatzanspruch nach § 596a (Ersatzpflicht bei vorzeitigem Pachtende) weiter. Danach hat der Verpächter dem Pächter, wenn das Pachtverhältnis im Laufe eines Pachtjahres endet, den Wert der noch nicht getrennten, jedoch nach den Regeln einer ordnungsgemäßen Bewirtschaftung vor dem Ende des Pachtjahres zu trennenden Früchte (unter angemessener Berücksichtigung des Ernterisikos) zu ersetzen.

---

11 Staudinger/*Dilcher*, § 101 Rn 5.
12 Palandt/*Heinrichs*, § 101 Rn 1.
13 Bamberger/Roth/*Fritzsche*, § 101 Rn 7.
14 BGH NJW 1995, 1027, 1028, 1998, 1314, 1315; Erman/*Michalski*, § 101 Rn 5.
15 RG JW 1913, 193; Palandt/*Heinrichs*, § 101 Rn 1; Staudinger/*Dilcher*, § 101 Rn 7.
16 BGH NJW 1995, 1027.
17 Staudinger/*Dilcher*, § 101 Rn 1.
18 Staudinger/*Dilcher*, § 101 Rn 3: dies gilt für Früchte nach § 99 Abs. 1 auch dann, wenn der Bezugsberechtigte sie als Früchte i.S.v. § 99 Abs. 2 beanspruchen kann.
19 Bamberger/Roth/*Fritzsche*, § 101 Rn 4.

13   **2. Andere Früchte.** Bei allen anderen Früchten als den natürlichen Früchten nach § 99 Abs. 1 (Rn 10), bspw. jenen nach § 99 Abs. 2 (sofern sie keine natürlichen Früchte sind) und jenen nach § 99 Abs. 3, bestimmt Nr. 2 Hs. 1, dass grundsätzlich der **Zeitpunkt der Fälligkeit** maßgeblich ist[20] (**Fälligkeitsprinzip**). D.h., sie gebühren immer demjenigen, der im Fälligkeitszeitpunkt (der durch § 101 keine Modifikation erfährt)[21] berechtigt ist.

14   **3. Regelmäßig wiederkehrende Erträge.** Vom Grundsatz „Die Früchte gebühren dem, der im Zeitpunkt der Trennung Bezugsberechtigter ist" (**Fälligkeitsprinzip, Rn 13**) macht Nr. 2 Hs. 2 eine **Ausnahme** für Früchte, die in der Vergütung für die Überlassung des Gebrauchs (bspw. Miete) oder des Fruchtgenusses (z.B. Pacht), in Zinsen, Gewinnanteilen (vor allem von Gesellschaftern) oder anderen, regelmäßig wiederkehrenden Erträgen (wobei nur die Erträge selbst regelmäßig wiederkehren müssen, wohingegen die Höhe variieren kann, weshalb bspw. auch Dividenden dazu zählen)[22] bestehen. Die Verteilung erfolgt (unabhängig von ihrer Fälligkeit) *pro rata* (d.h. zeitanteilig) nach der Berechtigungsdauer. Auch Rentenzahlungen fallen darunter.[23] Der Fruchtziehungsberechtigte hat einen Ausgleichsanspruch in Höhe der tatsächlich angefallenen Früchte.[24] Für die Anwendung des § 101 spielt der Zeitpunkt des Gewinnverwendungsbeschlusses keine Rolle.[25]

15   Bei regelmäßig wiederkehrenden Erträgen erfolgt also nach § 99 Nr. 2 Hs. 2 eine Teilung nach Maßgabe der Berechtigungsdauer (*pro rata temporis*), was bspw. für Gewinnanteile,[26] Kapitalzins, Pacht oder Ratenzahlungen gilt.[27]

IV. Eigentumserwerb und Regelung der Früchteverteilung

16   Der Eigentumserwerb an den getrennten Früchten hat in § 101 (als nur schuldrechtlich wirkender Regelung für das Innenverhältnis) – der allein das schuldrechtliche Verhältnis sukzessiv Fruchtziehungsberechtigter untereinander festlegt[28] – **keine Regelung** erfahren.

17   Der Eigentumserwerb vollzieht sich hinsichtlich **unmittelbarer Früchte** nach Maßgabe der §§ 953 ff. (Erwerb von Erzeugnissen und sonstigen Bestandteilen).

18   Obgleich der Eigentumserwerb an **mittelbaren Früchten** (§ 99 Abs. 3) im BGB keine Regelung erfahren hat, fallen diese – nach allgemeinen Regeln – demjenigen zu, der nach dem zugrunde liegenden Rechtsverhältnis Anspruchsgläubiger ist,[29] mithin dem Vermieter oder Verpächter hinsichtlich Mietzins- und Pachtzinszahlungen,[30] dem Nießbraucher im Hinblick auf die Mietzinszahlungen (die aus dem Mietverhältnis des Grundstücks resultieren, das seinen Nießbrauch erfasst).[31] Geht die Berechtigung zur Fruchtziehung über, stehen mittelbare Früchte ab dem Zeitpunkt des Rechtserwerbs dem neuen Rechtsinhaber zu.[32]

§ 102   Ersatz der Gewinnungskosten

[1]Wer zur Herausgabe von Früchten verpflichtet ist, kann Ersatz der auf die Gewinnung der Früchte verwendeten Kosten insoweit verlangen, als sie einer ordnungsmäßigen Wirtschaft entsprechen und den Wert der Früchte nicht übersteigen.

A. Allgemeines 1	I. Sonderregelungen hinsichtlich der
B. Regelungsgehalt 7	Ersatzpflicht für ungetrennte Früchte 7
	II. Umfang der Ersatzpflicht nach § 102 9

---

20 RGRK/*Kregel*, § 101 Rn 9; Staudinger/*Dilcher*, § 101 Rn 3.
21 BFH BB 1992, 410, 411.
22 RGZ 88, 42, 46; zum Verkauf von Aktien mit Gewinnanteilsscheinen näher RGRK/*Kregel*, § 101 Rn 11; Soergel/*Mühl*, § 101 Rn 8; Staudinger/*Dilcher*, § 101 Rn 4.
23 So Bamberger/Roth/*Fritzsche*, § 101 Rn 6.
24 RG JW 1913, 913.
25 BGH NJW 1995, 1027, 1028.
26 BGH NJW 1995, 1027.
27 Beispiele nach Palandt/*Heinrichs*, § 101 Rn 2.
28 BGH WM 1992, 516, 518.
29 Staudinger/*Dilcher*, § 101 Rn 6.
30 Motive III, S. 74.
31 RGZ 80, 311, 316.
32 So Erman/*Michalski*, § 101 Rn 6; Soergel/*Mühl*, § 101 Rn 1; Staudinger/*Dilcher*, § 101 Rn 6.

A. Allgemeines

Die Früchte sollen nach § 102 als Ausdruck des Gerechtigkeitsgefühls[1] demjenigen gebühren, der die aufgewandten Kosten ihrer Gewinnung zu tragen hatte. Dies entspricht der Billigkeit.[2]

Vor diesem Hintergrund bestimmt die dispositive[3] Vorschrift des § 102 als Anspruchsgrundlage folgende **Ersatzverpflichtung für getrennte Früchte** (Sach- wie Rechtsfrüchte i.S.v. § 99 Abs. 1 und 2): Derjenige, der zur Herausgabe von Früchten verpflichtet ist (was sich auf rechtsgeschäftlicher Grundlage, mithin Vertrag, oder gesetzlich nach Maßgabe der §§ 101, 292 Abs. 2, 346 Abs. 1, 446, 818 Abs. 1, 987 ff., 2020, 2023 Abs. 2 oder 2184 ergibt),[4] kann Ersatz der auf die Gewinnung der Früchte verwendeten Kosten (die bereits schon getrennt sind)[5] insoweit verlangen, als sie einer ordnungsgemäßen Wirtschaft entsprechen und den Wert der Früchte nicht übersteigen (**Ersatzanspruch wegen der Gewinnungskosten** – der allerdings nur dann geltend gemacht werden kann, wenn eine Herausgabepflicht wegen Sachen „gerade weil sie Früchte sind" besteht).[6] § 102 gilt auch im Verhältnis von Vor- und Nacherbe.[7]

Der Anspruchsberechtigte nach § 101 kann seinen Erstattungsanspruch auch schon *vor* Herausgabe der Früchte geltend machen.[8]

§ 102 statuiert einen **selbständigen Anspruch** (vgl. den Wortlaut: „verlangen") und keine bloße Einrede.[9] Andererseits begründet der Kostenerstattungsanspruch auch ein Zurückbehaltungsrecht (d.h. eine Einrede) nach den §§ 273, 274, wenn die Herausgabe der Früchte verlangt wird.[10] Kostenerstattung kann bereits schon vor Erhebung des Herausgabeanspruchs verlangt werden. Der Herausgabegläubiger ist nämlich gleichermaßen durch § 273 geschützt.[11]

Verzichtet der Fruchtziehungsberechtigte auf die Früchte, lässt dies den Anspruch nach § 102 unberührt.[12]

Anstelle des Ersatzanspruchs wegen der Gewinnungskosten nach § 102 ist allerdings auch eine Aufrechnung (§ 387) mit den Gewinnungskosten statthaft,[13] die jedoch erklärt werden muss[14] (womit keine Saldierung, wie bei § 812 erfolgt).[15] Voraussetzung für die Aufrechnungslage ist jedoch Gleichartigkeit, d.h., die herauszugebenden Früchte müssen (wie der Ersatzanspruch nach § 101) in Geld bestehen.[16]

B. Regelungsgehalt

I. Sonderregelungen hinsichtlich der Ersatzpflicht für ungetrennte Früchte

Eine entsprechende Ersatzpflicht für **ungetrennte Früchte** statuieren **Sondervorschriften** (d.h. Konstellationen, in denen ein Wechsel in der Nutzungsberechtigung eintritt, ohne dass hinsichtlich der Früchte eine Herausgabepflicht angeordnet wird), bspw. § 596a, wonach einen Pächter grundsätzlich eine Ersatzpflicht bei vorzeitigem Pachtende hinsichtlich des Wertes der noch nicht getrennten Früchte trifft, bzw. § 998, wonach bei der Herausgabe eines landwirtschaftlichen Grundstücks der Eigentümer dem Besitzer zum Ersatz der Kosten verpflichtet ist, die Letzterer auf die noch nicht getrennten Früchte verwendet hat. Vgl. zudem § 1055 Abs. 2 sowie § 2130 Abs. 1.[17]

Vgl. weiterhin § 818 Abs. 3, wonach die Verpflichtung zur Herausgabe von Nutzungen (nach Bereicherungsrecht) ausgeschlossen ist, soweit der Empfänger nicht mehr bereichert ist. Damit können alle mit dem Bereicherungsvorgang adäquat verbundenen Aufwendungen bzw. (zumindest) alle im Vertrauen auf den Rechtsbestand des Erwerbs gemachten Aufwendungen zum Abzug gebracht werden.[18]

---

1 Bamberger/Roth/*Fritzsche*, § 102 Rn 1.
2 Palandt/*Heinrichs*, § 102 Rn 2.
3 Was in der Praxis allerdings keine Rolle spielt, vgl. MüKo/*Holch*, § 102 Rn 7.
4 Staudinger/*Dilcher*, § 102 Rn 2.
5 Da ansonsten keine Herausgabepflicht besteht, so Bamberger/Roth/*Fritzsche*, § 102 Rn 4.
6 Soergel/*Mühl*, § 102 Rn 1; Staudinger/*Dilcher*, § 102 Rn 2.
7 BGH NJW-RR 1986, 1069, 1070.
8 Palandt/*Heinrichs*, § 102 Rn 1; Erman/*Michalski*, § 102 Rn 3; da es dem Verpflichteten zumutbar ist, sich gegen den Anspruch auf sein Zurückbehaltungsrecht zu berufen, so Staudinger/*Dilcher*, § 102 Rn 3.
9 RG JW 1938, 3042; RGRK/*Kregel*, § 102 Rn 5; Soergel/*Mühl*, § 102 Rn 2; Palandt/*Heinrichs*, § 102 Rn 1.
10 Staudinger/*Dilcher*, § 102 Rn 3.
11 Erman/*Michalski*, § 102 Rn 3; MüKo/*Holch*, § 102 Rn 6; Palandt/*Heinrichs*, § 102 Rn 1; Staudinger/*Dilcher*, § 102 Rn 3.
12 So *Wieling*, Sachenrecht, Bd. 1, 4. Aufl. 2001 § 2 X 4b; einschränkend Bamberger/Roth/*Fritzsche*, § 102 Rn 9: „Das ist nur insoweit richtig, als ein einseitiger Verzicht den Herausgabeanspruch nicht zum Erlöschen bringt, vgl. § 397 BGB".
13 BGH NJW-RR 1986, 1069, 1070: Verrechnung.
14 MüKo/*Holch*, § 102 Rn 6.
15 Bamberger/Roth/*Fritzsche*, § 102 Rn 9.
16 BGH MDR 1962, 556.
17 Nach BGH NJW-RR 1986, 1069 trägt der Vorerbe die Kosten der Fruchtgewinnung.
18 Staudinger/*Dilcher*, § 102 Rn 6.

II. Umfang der Ersatzpflicht nach § 102

9 Der Anspruch nach § 102 umfasst die **Fruchtgewinnungskosten**, worunter neben Geldausgaben alle vermögenswerten Leistungen fallen (sofern ihnen nur ein unmittelbarer Vermögenswert zukommt), sofern diese die Fruchtziehung ermöglicht haben bzw. bei dieser selbst angefallen sind.

10 Die Ersatzpflicht nach § 102 umfasst die Kosten für eine Bezahlung fremder Arbeitskraft (aber auch den Wert der Arbeitsleistung von eigenen Angestellten[19] oder Angehörigen[20]), ebenso die Kosten der Gewinnung von Rohstoffen (einschließlich der Herstellungs- und Erhaltungskosten für Grubenbauten[21] oder für den Abraumvorrat[22]). Weiterhin unterfallen den Gewinnungskosten[23] die Kosten für Düngung, Ernte, Feldbestellung, Saatgut, Unkraut- und Schädlingsbekämpfung sowie der Wert der persönlichen Arbeitsleistung des Herausgabepflichtigen[24] (losgelöst von der Frage, ob die Arbeitskraft durch die Fruchtziehung tatsächlich anderweitig gewinnbringend hätte eingesetzt werden können).[25]

11 Nach *Dilcher*[26] sind den Fruchtgewinnungskosten solche Kosten gleichzustellen, die zur Erhaltung der Früchte aufgewendet werden (**Fruchterhaltungskosten**).[27]

12 Der Umfang der Ersatzpflicht ist jedoch (aus Billigkeitsgründen) insoweit „gedeckelt", als die zu ersetzenden Kosten einer „ordnungsgemäßen Wirtschaft" entsprechen müssen (was nach der Verkehrsanschauung zu bestimmen ist)[28] und den Wert der (gewonnenen) Früchte als Obergrenze nicht übersteigen dürfen. Der Herausgabeberechtigte soll dadurch vor einer Kostenbelastung geschützt werden, die in keinem Verhältnis mehr zum Nutzen steht.[29]

13 **Beweispflichtig** (für die Gewinnungskosten und) für den Wert der Früchte ist derjenige, der den Ersatzanspruch geltend macht.[30]

14 Hingegen trifft die gesetzliche Regelung des § 102 keine Differenzierung zwischen notwendigen und (bloß) nützlichen Verwendungen bzw. zwischen einer gutgläubigen oder einer bösgläubigen Fruchtziehung.

15 Im Falle eines **Untergangs der Früchte vor Herausgabe** ist der Ersatzanspruch wegen bereits getätigter Gewinnungskosten nach § 102 ausgeschlossen.[31]

16 **Beachte**: Sonderregelungen hinsichtlich der **Erstattung der Gewinnungskosten für noch nicht getrennte Früchte** bestehen nach den §§ 592, 998, 1055 Abs. 2 bzw. 2130 Abs. 2.

17 Im Falle einer bereicherungsrechtlichen Herausgabepflicht sind die Fruchtgewinnungskosten im Rahmen der Saldotheorie zu berücksichtigen,[32] „auch dort sollte man § 102 BGB berücksichtigen".[33]

§ 103 Verteilung der Lasten

¹Wer verpflichtet ist, die Lasten einer Sache oder eines Rechts bis zu einer bestimmten Zeit oder von einer bestimmten Zeit an zu tragen, hat, sofern nicht ein anderes bestimmt ist, die regelmäßig wiederkehrenden Lasten nach dem Verhältnis der Dauer seiner Verpflichtung, andere Lasten insoweit zu tragen, als sie während der Dauer seiner Verpflichtung zu entrichten sind.

---

19 BGHZ 131, 220 = NJW 1996, 921; Soergel/*Mühl*, § 102 Rn 3.
20 Bamberger/Roth/*Fritzsche*, § 102 Rn 5.
21 RG JW 1938, 3040, 3042.
22 BFH BB 1979, 249.
23 Beispiele nach Bamberger/Roth/*Fritzsche*, § 102 Rn 5.
24 BGH BB 1962, 535; Palandt/*Heinrichs*, § 102 Rn 1; Staudinger/*Dilcher*, § 102 Rn 4.
25 Bamberger/Roth/*Fritzsche*, § 102 Rn 5; MüKo/*Holch*, § 102 Rn 4; Palandt/*Heinrichs*, § 102 Rn 1; a.A. RGRK/*Kregel*, § 102 Rn 2; Soergel/*Mühl*, § 102 Rn 3; Staudinger/*Dilcher*, § 102 Rn 4.
26 Staudinger/*Dilcher*, § 102 Rn 4; vgl. auch Erman/*Michalski*, § 102 Rn 2.
27 A.A. KG OLGZ 22, 273: Kosten des Umbaus eines Mietshauses.
28 Staudinger/*Dilcher*, § 102 Rn 5: womit auch objektiv nicht notwendige Kosten – sofern sie nicht Ausdruck eines wirtschaftlich unvernünftigen Verhaltens sind – erstattungsfähig sein können.
29 Bamberger/Roth/*Fritzsche*, § 102 Rn 7.
30 Staudinger/*Dilcher*, § 102 Rn 5.
31 Staudinger/*Dilcher*, § 102 Rn 5: wenngleich gegen einen Ersatzanspruch nach den §§ 989, 990 wegen untergegangener Früchte ein Abzug der Gewinnungskosten zulässig sein soll; ebenso RG JW 1938, 3040, 3042 – arg.: Da der ursprüngliche Herausgabeanspruch bereits um diesen Betrag geringer gewesen sei, könne der Ersatzanspruch nicht höher sein.
32 Vgl. nur MüKo/*Lieb*, § 818 Rn 54 ff.
33 Bamberger/Roth/*Fritzsche*, § 102 Rn 10.

A. Allgemeines	1	1. Regelmäßig wiederkehrende Lasten	12
B. Regelungsgehalt	5	2. Andere Lasten	16
I. Der Begriff der „Lasten"	6	III. Die anderweitige Bestimmung	17
II. Die Lastenverteilung	11		

A. Allgemeines

In (nicht vollständiger) Anlehnung[1] an § 101 (Regelung der Früchteverteilung bei einem Wechsel des Ausübungsberechtigten) statuiert § 103 eine schuldrechtlich wirkende (dispositive) Regelung[2] für das **Innenverhältnis**[3] im Falle eines Wechsels des Berechtigten hinsichtlich der **Lastenverteilung** im Hinblick auf das Verhältnis zwischen Vorgänger und Nachfolger in der Verpflichtung: Wer verpflichtet ist, die Lasten einer Sache oder eines Rechts bis zu einer bestimmten Zeit oder von einer bestimmten Zeit an zu tragen (was aus der Rechtsgrundlage der Last zu ermitteln ist),[4] hat – „sofern nicht ein anderes bestimmt ist" (mithin für den Regelfall) – die regelmäßig wiederkehrenden Lasten nach dem Verhältnis der Dauer seiner Verpflichtung, andere Lasten insoweit zu tragen, als sie während der Dauer seiner Verpflichtung zu entrichten sind. Der Nutzungsberechtigte einer Sache soll also auch deren Kosten tragen. Eine abweichende Lastenverteilung kann sowohl aus rechtsgeschäftlicher Vereinbarung (mithin Vertrag[5] oder letztwilliger Verfügung) bzw. spezialgesetzlicher Regelung (bspw. §§ 436 Abs. 1, 446, 535 Abs. 1 S. 3, 581 Abs. 2, 586a, 995 S. 2, 1047, 2126, 2185 oder 2379 f. BGB bzw. § 56 S. 2 ZVG[6]) resultieren.

1

Entgegen dem Wortlaut der Norm gewährt § 103 unmittelbar einen **Ausgleichsanspruch**.[7]

2

Die Frage, wer die Lasten im **Außenverhältnis** (gegenüber ihrem Gläubiger) zu tragen hat, bestimmt sich nach der Rechtsgrundlage der Last.[8]

3

In den §§ 446 Abs. 1 S. 2 und 581 Abs. 2 finden sich gesetzliche Anknüpfungspunkte für eine Anwendung des § 103.[9]

4

B. Regelungsgehalt

§ 103 differenziert zwischen regelmäßig wiederkehrenden Lasten (Rn 12 ff.), bei denen hinsichtlich der Lasten**verteilung** eine Verteilung nach dem Verhältnis der Dauer der beiderseitigen Verpflichtung vorgesehen ist, und in unbestimmten Abständen wiederkehrenden (d.h. anderen) Lasten (Rn 16), bei denen die Lastenverteilung sich an der Fälligkeit orientiert.

5

I. Der Begriff der „Lasten"

Unter dem Begriff „Lasten" (den das Gesetz voraussetzt, aber nicht definiert) versteht man die auf einer Sache oder einem Recht liegende **Verpflichtung zu Leistungen** (nicht hingegen dingliche Belastungen),[10] die aus der Sache oder dem Recht zu entrichten sind und den Nutzungswert mindern,[11] mithin **Leistungspflichten** (des **Zivilrechts** oder des **öffentlichen Rechts,** insbesondere Steuern[12]), die in entsprechender Weise den Eigentümer, Besitzer oder Rechtsinhaber als solchen treffen.[13] Lasten mindern also den Nutzen der Sache oder des Rechts.[14]

6

Lasten eines Grundstücks, die zu Leistungen aus diesem verpflichten und dementsprechend dessen Nutzungswert mindern, sind in privatrechtlicher Hinsicht (**privatrechtliche Grundstückslasten**) bspw. Zinsen auf Grundschulden und Hypothekenforderungen,[15] Leistungen aufgrund einer Reallast oder einer Rentenschuld bzw. eine Notwege- oder Überbaurente nach §§ 917 Abs. 2, 912 Abs. 2.[16]

7

---

1 Allein zwischen § 101 Nr. 2 und § 103 besteht Übereinstimmung, Staudinger/*Dilcher*, § 103 Rn 3.
2 Staudinger/*Dilcher*, § 103 Rn 1.
3 OLG Hamm NJW-RR 1996, 911, 912 will den Rechtsgedanken auch auf das Außenverhältnis anwenden.
4 RGRK/*Kregel*, § 103 Rn 1.
5 Vgl. zu Vertragsregelungen hinsichtlich der Tragung von Erschließungskosten BGH NJW 1982, 1178.
6 Dazu näher BGHZ 95, 118 = NJW 1985, 2717.
7 Bamberger/Roth/*Fritzsche*, § 103 Rn 9; MüKo/*Holch*, § 103 Rn 2.
8 BGH NJW 1981, 2127; MüKo/*Holch*, § 103 Rn 3; RGRK/*Kregel*, § 103 Rn 1; Staudinger/*Dilcher*, § 103 Rn 1.
9 So Staudinger/*Dilcher*, § 103 Rn 1.
10 Bamberger/Roth/*Fritzsche*, § 103 Rn 3.
11 RGZ 66, 318; OLG Hamm NJW 1989, 839; Palandt/*Heinrichs*, § 103 Rn 1.
12 BGH NJW 1980, 2465.
13 RGZ 66, 316, 318; BGH NJW 1980, 2465, 2466; Staudinger/*Dilcher*, § 103 Rn 5.
14 Palandt/*Heinrichs*, § 103 Rn 1; Staudinger/*Dilcher*, § 103 Rn 5.
15 BGH NJW 1986, 2438, 2439; nicht jedoch Grundpfandrechte als solche, RGZ 66, 316, 318; a.A. Soergel/*Mühl*, § 103 Rn 3.
16 Bamberger/Roth/*Fritzsche*, § 103 Rn 4.

8   Als **öffentlich-rechtliche Grundstückslasten** kommen z.B. Erschließungs(Anlieger)beiträge, Deichlasten, Grundsteuer,[17] Schullasten bzw. Straßenreinigungskosten in Betracht, als **öffentlich-rechtliche Lasten beweglicher Sachen** bspw. die Kfz-Steuer bzw. Pflichtversicherungsprämien.[18]

9   Unter den Begriff der Lasten fallen hingegen **nicht subjektiv dingliche Rechte** (bspw. der Nießbrauch, die Grunddienstbarkeit oder das Vorkaufsrecht), da sie nicht zu einer Leistung aus dem Grundstück verpflichten, sondern nur die Eigentümerstellung einschränken.[19] Weiterhin sind keine Lasten, da sie vom Verpflichteten in Person (und nicht in seiner Eigenschaft als Eigentümer zu entrichten sind)[20] Benutzungsgebühren für eine Inanspruchnahme öffentlicher Einrichtungen,[21] Bürgersteigausbaukosten,[22] öffentlich-rechtliche Handlungspflichten (bzw. Auflagen) aufgrund Verwaltungsakt,[23] allgemeine Verkehrssicherungspflichten[24] (wie bspw. die Streupflicht)[25] bzw. Verwaltungsgebühren.

10 Als **Lasten eines Rechts** kommen die Verpflichtungen eines Erbbauberechtigten[26] bzw. die Gebühren zur Erhaltung von Immaterialgüterrechten in Betracht.[27]

II. Die Lastenverteilung

11 Hinsichtlich der Lastenverteilung differenziert § 103 zwischen regelmäßig wiederkehrenden Lasten (Rn 12 ff.) und anderen Lasten (Rn 16).

12 **1. Regelmäßig wiederkehrende Lasten.** Die Verteilung regelmäßig wiederkehrender Lasten – wie bspw. auf privatrechtlicher Grundlage Hypotheken- und Grundschuldzinsen, § 1047 (Lastentragung beim Nießbrauch), Beiträge zur Erhaltung von Immaterialgüterrechten (bspw. eines Patent-, Gebrauchs- oder Geschmacksmusterrechts), Sachversicherungsprämien[28] oder auf öffentlich-rechtlicher Grundlage Grundsteuern[29] und vergleichbare Abgabepflichten[30] – erfolgt (vorbehaltlich einer abweichenden Regelung) bei einem Wechsel der Berechtigung durch Teilung nach der Dauer der Berechtigung (*pro rata temporis*). Die Höhe regelmäßig wiederkehrender Lasten muss nicht unbedingt gleich bleiben[31] (und kann bspw. vom Basiszinssatz der EZB abhängig sein).[32]

13 Unter die Begrifflichkeit der „regelmäßig wiederkehrenden Lasten" fallen hingegen nicht die Unterhaltungs- und Bewirtschaftungskosten einer Sache.[33]

In **§ 436 Abs. 1** (öffentliche Lasten von Grundstücken) findet sich eine (insoweit) § 103 verdrängende[34] **Sonderregelung** hinsichtlich der **Erschließungs- und Anliegerbeiträge**. Soweit nicht anders vereinbart, ist der Verkäufer eines Grundstücks verpflichtet, Erschließungsbeiträge und sonstige Anliegerbeiträge für die Maßnahmen zu tragen, die bis zum Tage des Vertragsschlusses bautechnisch begonnen sind, unabhängig vom Zeitpunkt des Entstehens der Beitragsschuld.

14 Im Zuge einer ergänzenden Vertragsauslegung kann – im Falle, dass öffentlich-rechtliche Vorschriften wegen des Eigentumswechsels eine Lastenerstattung und Lastenneufestsetzung gegenüber dem neuen Eigentümer vorsehen – eine Belastung des früheren Eigentümers gerechtfertigt sein.[35]

15 Im **Außenverhältnis** hat derjenige die Lasten für eine Abrechnungsperiode zu tragen, der im Zeitpunkt des Fälligwerdens der Last berechtigt ist. Allerdings kann er von seinem Rechtsvorgänger anteilige Erstattung für die Periode vor dem Rechtsübergang verlangen.[36]

16 **2. Andere Lasten.** Andere Lasten, die nicht regelmäßig wiederkehren,[37] mithin außerordentliche (nicht notwendigerweise aber einmalige) Lasten – wie bspw. Deichlasten, Einkommensteuer, die nach § 16 EStG bei der Aufgabe oder Veräußerung eines Gewerbebetriebs anfällt (Veräußerungsgewinne),[38] Anlieger- und

---

17 BGH NJW 1980, 2465, 2466.
18 Näher Bamberger/Roth/*Fritzsche*, § 103 Rn 4.
19 MüKo/*Holch*, § 103 Rn 7; Staudinger/*Dilcher*, § 103 Rn 7.
20 Beispiel nach Bamberger/Roth/*Fritzsche*, § 103 Rn 5.
21 MüKo/*Holch*, § 103 Rn 7.
22 BGH NJW 1981, 2122.
23 RGZ 129, 10, 12.
24 OLG Köln VersR 1998, 605.
25 BGH NJW 1990, 111, 112.
26 Staudinger/*Dilcher*, § 103 Rn 5.
27 Z.B. Patentgebühren, Soergel/*Mühl*, § 103 Rn 4.
28 OLG Düsseldorf NJW 1973, 146, aber umstritten. Vgl. zudem MüKo/*Holch*, § 103 Rn 6; Palandt/*Heinrichs*, § 103 Rn 3; Soergel/*Mühl*, § 103 Rn 4; Staudinger/*Dilcher*, § 103 Rn 6.
29 BGH VIZ 1999, 40, 43.
30 Palandt/*Heinrichs*, § 103 Rn 3; bspw. auch Versicherungsbeiträge für eine Pflichtbrandversicherung, so OLG Königsberg SeuffA 59 Nr. 198.
31 Staudinger/*Dilcher*, § 103 Rn 6.
32 RGZ 88, 42, 46; MüKo/*Holch*, § 103 Rn 9.
33 Staudinger/*Dilcher*, § 103 Rn 6.
34 Palandt/*Heinrichs*, § 103 Rn 2.
35 BGH NJW 1986, 2438.
36 Bamberger/Roth/*Fritzsche*, § 103 Rn 7; MüKo/*Holch*, § 103 Rn 8.
37 BGH NJW 1980, 2465, 2466.
38 BGH NJW 1980, 2465.

Erschließungsbeiträge[39] (die nach der Schuldrechtsreform allerdings in § 436 Abs. 1 eine Sonderregelung erfahren haben, Rn 13), Leistungen im Umlegungs- oder Flurbereinigungsverfahren[40] bzw. Patronatslasten[41] – sind im Zweifel von dem zur Zeit ihrer Fälligkeit Verpflichteten endgültig zu tragen.[42]

III. Die anderweitige Bestimmung

§ 103 gelangt zur Anwendung, „sofern nicht ein anderes bestimmt ist". Mithin ist eine anderweitige Bestimmung der Lastenverteilung statthaft, entweder
– durch Rechtsgeschäft[43] (aufgrund Vertrags) oder auch
– auf gesetzlicher Grundlage (bspw. nach den §§ 995 S. 2, 1047, 2126, 2185 bzw. 2379 S. 2).[44]

17

---

39 BGH NJW 1994, 2283; der Käufer trägt Anliegerbeiträge nach der Übergabe, wenn sie dann erst fällig werden, BGH NJW 1982, 1278. In diesem Zusammenhang kommt jedoch abweichenden rechtsgeschäftlichen Vereinbarungen (Rn 17) eine besondere Bedeutung zu, BGH NJW 1988, 2099. Ein Pächter hat die Anliegerbeiträge nur dann zu tragen, wenn dies so vereinbart worden ist, OLG Celle OLGZ 1984, 109.
40 MüKo/*Holch*, § 103 Rn 10; Palandt/*Heinrichs*, § 103 Rn 4.
41 RGZ 70, 263, 264.
42 BGH NJW 1982, 1278; 1994, 2283. Für Lasten des Gemeinschaftseigentums, die *vor* dem Zuschlag des ersteigerten Wohnungseigentums anfallen, soll der Ersteher nicht haften – selbst dann nicht, wenn die Rechnungslegung erst nach dem Zuschlag erfolgt ist, BGHZ JZ 1986, 191 m. krit. Anm. *Weitnauer*, S. 193; gleichermaßen abl.: Staudinger/*Dilcher*, § 103 Rn 7: fehlende Fälligkeit, weshalb die Entscheidung gegen das Fälligkeitsprinzip des § 103 verstoße.
43 Vgl. dazu näher *Mieder*, NJW 1984, 2662.
44 Staudinger/*Dilcher*, § 103 Rn 2.

Abschnitt 3
Rechtsgeschäfte

Titel 1. Geschäftsfähigkeit

§ 104 Geschäftsunfähigkeit*

Geschäftsunfähig ist:
1. wer nicht das siebente Lebensjahr vollendet hat,
2. wer sich in einem die freie Willensbestimmung ausschließenden Zustand krankhafter Störung der Geistestätigkeit befindet, sofern nicht der Zustand seiner Natur nach ein vorübergehender ist.

Literatur: *Baetge,* Anknüpfung der Rechtsfolgen bei fehlender Geschäftsfähigkeit, IPRax 1996, 185; *Canaris,* Verstöße gegen das verfassungsrechtliche Übermaßverbot im Recht der Geschäftsfähigkeit und im Schadensersatzrecht, JZ 1987, 993; *ders.*: Zur Problematik von Privatrecht und verfassungsrechtlichem Übermaßverbot, JZ 1988, 494; *Günther,* Anmerkung zu OLG Frankfurt FamRZ 2000, 603, 604 f.; *Habermeyer/Saß,* Voraussetzungen der Geschäfts(un-)fähigkeit – Anmerkungen aus psychopathologischer Sicht, MedR 2003, 543; *Habersack,* Das neue Gesetz zur Beschränkung der Haftung Minderjähriger, FamRZ 1999, 1; *Knothe,* Die Geschäftsfähigkeit der Minderjährigen in geschichtlicher Entwicklung, Diss. 1983; *Musielak,* Die Beweislastregelung bei Zweifeln an der Prozessfähigkeit, NJW 1997, 1736; *Ramm,* Drittwirkung und Übermaßverbot, JZ 1988, 489; *Reimann,* Der Minderjährige in der Gesellschaft – Kautelarjuristische Überlegungen aus Anlass des Minderjährigenhaftungsbeschränkungsgesetzes, DNotZ 1999, 179; *Wieser,* Verstößt § 105 BGB gegen das verfassungsrechtliche Übermaßverbot?, JZ 1988, 493; *Zimmermann,* Juristische und psychiatrische Aspekte der Geschäfts- und Testierfähigkeit, BWNotZ 2000, 97.

A. Allgemeines 1	B. Regelungsgehalt 13
I. Geschäftsfähigkeit 1	I. Kinder bis zum siebten Lebensjahr (Nr. 1) . 13
1. Grundsätzliches 1	II. Störung der Geistestätigkeit (Nr. 2) 14
2. Ehegeschäftsfähigkeit, Testierfähigkeit . . 2	1. Krankhafte Störung der Geistestätigkeit . 15
3. Anwendbarkeit der §§ 104 ff. 4	2. Dauerzustand 17
4. Relative und partielle Geschäftsunfähigkeit 5	3. Vermutung für die Geschäftsfähigkeit . . 18
5. Guter Glaube an die Geschäftsfähigkeit . 9	III. Rechtsfolgen 22
6. Geschäftsfähigkeit und Betreuungsrecht . 10	1. Nichtigkeit 22
7. Vertretung bei fehlender Geschäftsfähigkeit 11	2. Prozess- und Verfahrens(un)fähigkeit . . . 23
	C. Weitere praktische Hinweise 24

A. Allgemeines

I. Geschäftsfähigkeit

1. Grundsätzliches. §§ 104–113 regeln die Folgen des gänzlichen (§§ 104 f.) oder teilweisen **Fehlens** **1** **der Geschäftsfähigkeit**. Geschäftsfähigkeit ist die Fähigkeit, Rechtsgeschäfte in eigener Person wirksam vorzunehmen;[1] sie setzt die Rechtsfähigkeit voraus, welche auch Geschäftsunfähigen unbeschränkt zusteht, und wird nach den Regeln des Prozessrechts ggf. durch die Prozessfähigkeit (vgl. Rn 23) ergänzt. Mit der Inhaberschaft und der Zuständigkeit hinsichtlich bestimmter Rechte hat sie nichts zu tun.[2] Das BGB geht grundsätzlich von der vollen Geschäftsfähigkeit aus und regelt in den §§ 104 ff. nur Ausnahmefälle. Dabei folgt es einem **Stufenmodell**: Bei Geschäftsunfähigkeit und bei vorläufigen Zuständen, die der Geschäftsunfähigkeit vergleichbar sind, tritt Nichtigkeit einer tatbestandlich etwa abgegebenen Willenserklärung ein. Bei beschränkter Geschäftsfähigkeit (zwischen Vollendung des siebten und des achtzehnten Lebensjahres, §§ 2, 106) hängt die Wirksamkeit der Erklärung davon ab, ob sie lediglich einen rechtlichen Vorteil für den Erklärenden mit sich bringt. Zu § 105a siehe dort. Ergänzend regelt § 131 den Zugang einer Erklärung an nicht (voll) Geschäftsfähige (vgl. § 105 Rn 5).

2. Ehegeschäftsfähigkeit, Testierfähigkeit. Die §§ 104–113 beinhalten allgemeine Regeln über die **2** Geschäftsfähigkeit. Außerhalb des Allgemeinen Teils sind **speziell** geregelt namentlich die sog. **Ehegeschäftsfähigkeit** (§ 1304) und die **Testierfähigkeit** (§ 2229 Abs. 4, abweichende Formulierung). Es

---

* Für wertvolle Vorarbeiten und Diskussionsbeiträge zur Kommentierung der §§ 2, 104–113 danke ich Frau Ass. *Johanna Stremnitzer* und Herrn Wiss. Mitarbeiter Rechtsanwalt *Michael Schauer,* Heidelberg.

1 *Knothe,* S. 2 m.w.N.
2 Vgl. OLG Frankfurt NJW-RR 1990, 968.

handelt sich jeweils um Geschäftsfähigkeit hinsichtlich gegenständlich abgegrenzter Angelegenheiten, die neben den allgemeinen Regeln über die Geschäftsfähigkeit von besonderer praktischer Relevanz sind.

Dies erlangt nach h.M.[3] Bedeutung für das **Eherecht** im Zusammenhang mit der sog. **partiellen Geschäfts(un)fähigkeit** (Rn 5): § 1304 stellt dem Wortlaut nach einen impliziten Verweis auf die §§ 104 f. dar („Wer geschäftsunfähig ist, ..."), ist aber nicht so zu lesen, dass nur der nach §§ 104 f. voll Geschäftsfähige heiraten könne. Das wäre verfassungsrechtlich bedenklich (Art. 6 Abs. 1 GG). Vielmehr verlangt § 1304 lediglich die Fähigkeit, im Lebensbereich der Ehe einen Willen frei und unbeeinflusst von der ggf. vorliegenden geistigen Störung zu bilden und nach dieser Einsicht zu handeln.[4] **Methodisch** handelt es sich um einen Fall verfassungskonformer Auslegung; dass eine solche Auslegung aus zivilrechtlicher Sicht möglich ist, folgt aus der systematischen Stellung des § 1304 im Familienrecht und aus dem Gedanken teleologischer Reduktion.

Bei der **Testierfähigkeit** (§ 2229 Abs. 4) arbeitet das Gesetz nicht mit einem Verweis auf §§ 104 f., wohl aber mit den sachlich weithin gleichbedeutenden Kriterien der krankhaften Störung der Geistestätigkeit, der Geistesschwäche und der Bewusstseinsstörung (näher AnwK-BGB/*Beck*, § 2229 Rn 10 f.). Die Testierfähigkeit setzt die Vorstellung des Testierenden voraus, dass er ein Testament errichtet und welchen Inhalt die darin enthaltenen Verfügungen aufweisen. Er muss sich ein Urteil über die persönliche und wirtschaftliche Tragweite seiner Anordnungen bilden können, und zwar frei von Einflüssen Dritter.[5] Sie ist von besonderer praktischer Bedeutung, weil eine wirksame Wiederholung letztwilliger Verfügungen nach dem Tode des Erblassers naturgemäß unmöglich ist (Vermutungen und Prozessuales Rn 18, 24). Bei einseitigen Verfügungen von Todes wegen kommt es auf die Testierfähigkeit an, bei Erbverträgen auf die allgemeine Geschäftsfähigkeit (§ 2275 Abs. 1);[6] doch ist es unschädlich, wenn in einem Erbvertragsfall zwar irrig die Testierfähigkeit geprüft wird, die festgestellten Tatsachen aber auch einen Schluss auf die Geschäftsfähigkeit zulassen.[7]

3 Weitere formell abgrenzbare Stufen, etwa für gerade volljährig Gewordene, gibt es nicht; doch bleiben die **allgemeinen Vorschriften** zu beachten, namentlich §§ 138 und 355, und § 1629a beschränkt die Haftung für Schulden, die zur Zeit der Minderjährigkeit entstanden sind. Die Einführung dieser Vorschrift[8] erfolgte aus verfassungsrechtlichen Gründen (AnwK-BGB/*Kaiser*, § 1629a Rn 1).[9] Wurde noch vor einigen Jahren primär diskutiert, ob das Grundgesetz nicht eine Erweiterung der rechtsgeschäftlichen Handlungsmöglichkeiten von Jugendlichen verlange,[10] prägen heute die Fälle volkswirtschaftlich und sozial nicht mehr tragbarer Überschuldung auch junger Erwachsener die Debatte (vgl. § 138 Rn 71 f.). Die wirtschaftlichen Grundlagen solcher Überschuldung werden oftmals bereits zur Zeit der Minderjährigkeit gelegt (etwa: unökonomischer Gebrauch von Mobiltelefonen). Maßstab muss die **Sicherung tatsächlicher („materieller") Privatautonomie** sein: Systematische Grundwertungen des BGB verlangen es, Volljährige an ihren Entscheidungen festzuhalten, soweit diese Entscheidungen tatsächlich privatautonom getroffen wurden (*pacta sunt servanda*). Fehlte es hingegen an solcher Autonomie, so bleibt zu bewerten, welche Einflüsse zulasten des Vertragspartners welche Einschränkungen rechtsgeschäftlicher Bindung bewirken können. A maiore ad minus ist jedenfalls kein Bedürfnis dafür erkennbar, den formellen Minderjährigenschutz zu relativieren.

Das BGB kennt – in Abweichung von historischen[11] und ausländischen Modellen – keine Emanzipation oder *venia aetatis*: Niemand kann vor Erreichen der Volljährigkeitsgrenze insgesamt für unbeschränkt geschäftsfähig erklärt werden. Wohl aber gibt es eine Teilgeschäftsfähigkeit, die aus der Genehmigung zur Aufnahme bestimmter wirtschaftlicher Aktivitäten resultiert (§§ 112 f.).

4 **3. Anwendbarkeit der §§ 104 ff.** Auf andere Fragen als die Wirksamkeit von Willenserklärungen finden §§ 104 ff. keine, jedenfalls keine direkte Anwendung (vgl. auch § 107 Rn 4).[12] Der **unmittelbare Besitz**

---

3 BVerfG NJW 2003, 1382, 1383 m.w.N.
4 Ausf. BVerfG, a.a.O.; LG Osnabrück StAZ 2001, 176, 176 f.
5 St. Rspr., vgl. etwa BayObLG FamRZ 1996, 566, 567 f.
6 Vgl. BayObLG FamRZ 2002, 62, 63; NJW-RR 1996, 1289; Rpfleger 1982, 286.
7 BayObLG FamRZ 2002, 62, 63; NJW-RR 1996, 1289; Rpfleger 1982, 286.
8 Verbunden mit der Änderung von § 723 Abs. 1 (Einfügung des S. 3 Nr. 2: Kündigungsrecht mit Erreichen der Volljährigkeit). Da das Altvermögen keinen Bestandsschutz genießt, soll ein Abfindungsausschluss für den Fall der Ausübung dieses Kündigungsrechts zulässig sein, *Reimann*, DNotZ 1999, 207; a.A. *Habersack*, FamRZ 1999, 7.
9 Zur Neuregelung vgl. *Reimann*, DNotZ 1999, 180 f.; *Habersack*, FamRZ 1999, 1 f.; zu § 723 Abs. 1 S. 2 Nr. 3 vgl. MüKo/*Ulmer*, § 723 Rn 38–45.
10 Vgl. für eine Grundsatzkritik namentlich an § 105 *Canaris*, JZ 1987, 996 ff., mit Reaktionen von *Ramm*, JZ 1988, 490 f., und *Wieser*, JZ 1988, 493 f., sowie Schlusswort von *Canaris*, JZ 1988, 496 ff.
11 Vgl. *Knothe*, a.a.O.
12 Zu Besonderheiten im Anwendungsbereich des Geschäftsfähigkeitsrechts und zu Fällen analoger Anwendung vgl. Staudinger/*Knothe* (2004), Vorbem. zu §§ 104–115 Rn 31 ff.

ist eine tatsächliche Situation; für ihn kommt es folglich allein auf den natürlichen Willen an, (vgl. AnwK-BGB/*Hoeren*, § 854 Rn 5).[13] Eine Analogie wird diskutiert für **§ 833**: Das Halten eines Tieres sei wegen der Haftung nicht lediglich rechtlich vorteilhaft.[14] Ohne Zweifel besteht eine Regelungslücke; doch ist diese eher durch eine analoge Anwendung der §§ 827 f. zu füllen, da § 833 den Tatbeständen deliktischer Verschuldenshaftung näher steht als rechtsgeschäftlichem Handeln.[15]

4. Relative und partielle Geschäftsunfähigkeit. Das gesetzliche System ist nach traditioneller Auffassung auch insoweit starr, als es keine „**relative Geschäftsunfähigkeit**" für bestimmte schwierige Geschäfte gibt. Eine Abgrenzung nach dem Schwierigkeitsgrad des Geschäfts ist schon deswegen nicht möglich, weil sie Rechtsunsicherheit erzeugen würde, aber auch deswegen, weil ein Ausschluss der freien Willensbestimmung regelmäßig die ganze Persönlichkeit betrifft.[16] Hingegen soll eine „**partielle Geschäftsunfähigkeit**" für bestimmte Arten von Rechtsgeschäften möglich sein. Die Rechtsprechung spricht von einem „gegenständlich begrenzten Kreis von Angelegenheiten"[17] oder von einem „bestimmten Gebiet".[18] Die Unterscheidung zwischen relativer und partieller Geschäftsunfähigkeit wird damit begründet, dass es bei der Geschäftsfähigkeit vorrangig auf das **Willensmoment** und weniger auf die intellektuellen Fähigkeiten ankomme.[19] Sie ist dennoch zweifelhaft, denn sie findet keine Stütze im Gesetz, ermöglicht keine sichere Abgrenzung[20] und geht im Wesentlichen auf **problematische Einzelfälle** zurück.

Partielle Geschäfts- und Prozessunfähigkeit (vgl. Rn 23) wurde von der Rechtsprechung z.B. bejaht im Falle krankhafter Querulanz,[21] für ein Scheidungsverfahren, das in dem krankhaften Eifersuchtswahn des Klägers seine Grundlage hatte,[22] für Angelegenheiten, die mit einem Eheprozess zusammenhingen,[23] oder in dem Fall, in dem ein hochbetagter, nicht haftpflichtversicherter Anwalt aufgrund der Schockwirkung einer Fristversäumung sein Verhalten in der weiteren Prozessführung nicht seinen Erkenntnissen gemäß bestimmen konnte;[24] in neuerer Zeit bei einem von Wahnideen bezüglich seiner früheren Gesellschafterstellung in einer wegen Vermögenslosigkeit gelöschten GmbH beherrschten Beschwerdeführer[25] und in einem „Telefonsex"-Fall.[26] Die Identifikation solcher Einzelfälle kann ähnliche Rechtsunsicherheit schaffen wie die Annahme einer „relativen Geschäftsunfähigkeit". Zwar wurde zuweilen darauf abgehoben, dass ein „Schlüsselerlebnis" die Geschäftsunfähigkeit bezüglich gewisser Angelegenheiten bei den Betroffenen ausgelöst habe,[27] doch stellt der BGH auch in den neueren Entscheidungen damit keine klaren Abgrenzungskriterien auf und hält die Fälle partieller Geschäfts- bzw. Prozessunfähigkeit damit konturenlos. Weiterhin führt die Annahme partieller Geschäftsunfähigkeit zu Abgrenzungsproblemen bei **Drogenabhängigkeit**, etwa Alkoholismus: Einerseits bewirkt Trunksucht als solche keine (allgemeine) Geschäftsunfähigkeit (Rn 16; § 105 Rn 4), andererseits soll partielle Geschäftsunfähigkeit vorliegen, wenn das Denken einer Person nur noch um den Alkohol kreist, die Person aber nicht fähig ist, diesen ihren Zustand verständig zu würdigen.[28]

Anzuerkennen ist, dass bestimmte Geschäfte *ex post* **nur** dann zugunsten des Betroffenen für unwirksam erklärt werden können, wenn man §§ 104, 105 Abs. 1 eingreifen lässt. Eine Lösung aller problematischen Fälle etwa über § 138 ist nicht möglich und angesichts der generalklauselartigen Weite dieser Vorschrift auch nicht wünschenswert. Andererseits darf Zurückhaltung namentlich bei der Annahme von Sittenwidrigkeit nicht zu einer Aufweichung der Geschäftsfähigkeitsregeln führen, die sich in besonderer Weise am Kriterium der **Rechtssicherheit** orientieren müssen. Für die dogmatische Bewältigung der sog. Ehegeschäftsfähigkeit genügt eine systematische und teleologische Auslegung des § 1304, ohne dass darin eine Bestätigung der

---

13 OLG Düsseldorf FamRZ 1999, 652, 653.
14 *A.Staudinger/R.Schmitt*, Jura 2000, 347, 349; *Früh*, JuS 1995, 701, 706.
15 MüKo/*Wagner*, § 833 Rn 30.
16 Statt aller BGH NJW 1953, 1342.
17 Vgl. BGH NJW 1970, 1680, 1681.
18 BayObLG NJW 1992, 2100, 2101; NJW-RR 1988, 1416 (jeweils auch: „Wirkungskreis").
19 Vgl. nur BayObLG FamRZ 1989, 664, 665; NJW-RR 1988, 1416, 1416.
20 Vgl. AG Rottweil FamRZ 1990, 626, 627: Die Ehegeschäftsfähigkeit (§§ 2 ff. EheG, vgl. jetzt § 1304) könne nicht vorliegen bei Personen, die in ihrer Geistestätigkeit krankhaft gestört seien, obwohl diese „bestimmte schwierige rechtliche Beziehungen" (nämlich die Ehe) verstandesmäßig nicht erfassen könnten. Dass die genannte „Schwierigkeit" nach der höchstrichterlichen Rechtsprechung nichts mit einer relativen Geschäftsunfähigkeit zu tun hat, sondern es sich bei der Ehe um einen „gegenständlich abgegrenzten Kreis von Angelegenheiten" handelt, stellt BayObLG FamRZ 1997, 294, 295 m.w.N. klar.
21 RG HRR 1934, Nr. 42.
22 RG JW 1912, Nr. 33.
23 BGHZ 18, 184, 186 = NJW 1955, 1714; RGZ 162, 223, 229.
24 Vgl. BGHZ 30, 112, 116 ff.
25 BayObLG DB 2003, 1565, 1566.
26 Offen BGH NJW-RR 2002, 1424 = CR 2003, 338; nachdem der BGH § 138 verneint hatte, war dies mit Hilfe des Arguments der „emotionalen Abhängigkeit" anscheinend der einzige Weg, eine Abweisung der Klage auf das horrende Verbindungsentgelt von über DM 108.000 (!) zu ermöglichen.
27 BGHZ 18, 186, 188; 30, 112, 118.
28 BayObLG FamRZ 1991, 608, 609; vgl. Rn 16.

Lehre von der „partiellen Geschäftsunfähigkeit" läge (Rn 2). Die Überforderung in bestimmten Lebensbereichen ist richtigerweise so weit als möglich mit den Mitteln des **Betreuungsrechts**[29] zu bewältigen; die rechtzeitige Anordnung eines Einwilligungsvorbehalts (§ 1903) ermöglicht hier sachgerechte Lösungen, bevor zu einer ergebnisorientierten Korrektur gegriffen werden muss.

8 Befindet sich eine Person in einem dauernden, die freie Willensbestimmung ausschließenden Zustand krankhafter Störung der Geistestätigkeit, so ist sie trotzdem geschäftsfähig, wenn sie in einem sog. **lichten Augenblick** (*dilucidum intervallum*, vgl. C. 6, 22, 9) handelt (vgl. § 105 Rn 2).

9 **5. Guter Glaube an die Geschäftsfähigkeit.** Guter Glaube an die Geschäftsfähigkeit wird **nicht geschützt**. Liegt eine Beschränkung der Geschäftsunfähigkeit vor, so kommt es auf eine etwa abweichende Vorstellung des Geschäftsgegners nicht an (Schutz des nicht oder nicht voll Geschäftsfähigen geht vor Vertrauensschutz). Dies gilt selbst dann, wenn der Erklärende sich wahrheitswidrig für (voll) geschäftsfähig ausgegeben hat. Diese Grundregel folgt aus der Entscheidung des BGB für ein System formaler Abstufungen in der Zulassung zum Rechtsverkehr und dient damit zugleich der **Rechtssicherheit**. Soweit § 105a im Ergebnis den Erklärungsempfänger begünstigt (dort Rn 26), beruht dies nicht auf einer Relativierung des Grundsatzes vom Vorrang des Geschäftsunfähigenschutzes. Zur Rechtslage nach § 15 HGB siehe § 105 Rn 9.

10 **6. Geschäftsfähigkeit und Betreuungsrecht.** Nach der Vorstellung des Reformgesetzgebers zum Betreuungsrecht haben Geschäftsfähigkeit und Betreuung nichts miteinander zu tun. Dem folgt die Rechtsprechung.[30] Diese Vorstellung beruht auf der richtigen Zielsetzung des BtG, den Betroffenen mehr Autonomie zu verschaffen. Sie ist jedoch weithin **praxisfremd**, soweit Betreuung angeordnet ist.[31] Dies gilt jedenfalls in den Fällen des Einwilligungsvorbehaltes, wenn es also nicht nur darum geht, den Betreuten zu unterstützen, sondern auch darum, ihn vor sich selbst zu schützen (vgl. AnwK-BGB/*Heitmann*, § 1903 Rn 2). Der Schutz einer Person vor den Folgen unbedacht abgegebener Erklärungen ist nach dem System des BGB zunächst auf der Ebene zu prüfen, ob diese Person überhaupt wirksam einen rechtsgeschäftlichen Willen bilden konnte. Sieht das Vormundschaftsgericht Anlass, den Betreuten unter Einwilligungsvorbehalt zu stellen, so liegt es zumindest nahe, die Geschäftsfähigkeit zu überprüfen. Dies entspricht notarieller Praxis bei der Abfassung von Testamenten. Eine **tatsächliche Vermutung** für die Geschäftsunfähigkeit von Betreuten sollte jedoch aus zweierlei Gründen **nicht** angenommen werden. Erstens bestehen grundsätzliche Bedenken gegen diese Rechtsfigur, weil sie die Darlegungs- und Beweislast *praeter legem* verschiebt. Konkret sieht das Gesetz, zweitens, die Geschäftsfähigkeit als Regelfall an (Rn 1, 18); gerade dieses Verhältnis darf nicht umgekehrt werden. Für die rechtsberatende Praxis empfiehlt es sich aber schon aus Gründen der Haftung, jedenfalls bei unter Einwilligungsvorbehalt stehenden Betreuten die Möglichkeit einer Geschäftsunfähigkeit zu thematisieren und den Mandanten auf die spezifischen Risiken eines Vertragsabschlusses (usw.) mit solchen Personen hinzuweisen.

11 **7. Vertretung bei fehlender Geschäftsfähigkeit.** Die Schutzwirkung der §§ 104–113 wird ergänzt durch die gesetzlichen Grenzen der **Vertretung** des Kindes: Auch die gesetzlichen Vertreter können nicht unbeschränkt für das Kind handeln. Bestimmte Geschäfte sind von der Vertretung ganz ausgeschlossen, weil der Gesetzgeber Interessenkollisionen sieht, §§ 1629 Abs. 2 S. 1, 1795 sowie 181; andere unterliegen aufgrund ihrer besonderen Tragweite oder Gefährlichkeit Genehmigungserfordernissen nach §§ 1643, 1821 f. Im ersten Fall ist ein Ergänzungspfleger zu bestellen (der seinerseits nach §§ 1915, 1795, 1837 einer vormundschaftsgerichtlichen Genehmigung bedürfen kann), im zweiten ist eine familiengerichtliche[32] Genehmigung einzuholen.[33] Vgl. dazu die Kommentierung dieser Vorschriften.

12 Die Notwendigkeit entsprechender **Genehmigungen** wirkt auch auf das Minderjährigenrecht zurück: Es besteht eine gewisse Tendenz dazu, Geschäfte des Minderjährigen selbst für rechtlich nicht nachteilig i.S.d. § 107 zu erklären, um ein Vertretungserfordernis und damit ggf. den Mehraufwand für Pflegerbestellung bzw. gerichtliche Genehmigung zu vermeiden. Diese Tendenz kommt Bedürfnissen der Praxis entgegen, gefährdet punktuell aber den Minderjährigenschutz (vgl. insb. § 107 Rn 7, 30 f.). Sie ist umso kritischer zu sehen, als die neuere Rechtsprechung des BGH den Anwendungsbereich der genannten Vorschriften bereits erheblich eingeschränkt hat: § 181 soll nicht gelten in bestimmten Fällen der Personenidentität ohne Interessenkollision, wenn nämlich in einem festumrissenen Rechtsbereich eine Interessenkollision bereits abstrakt undenkbar

---

29 Entsprechend verweist BGH NJW 1970, 1680, 1681, auf die Möglichkeit, einen Pfleger zu bestellen.
30 Für die Testierfähigkeit OLG Oldenburg FamRZ 2000, 834, 835.
31 Zum Problem ausf. MüKo/*Schwab*, § 1896 Rn 23 ff.
32 Bis 1997 war auch insoweit das Vormundschaftsgericht zuständig.
33 Zu § 1822 s. den Überblick bei *Klüsener*, Rpfleger 1993, 133–140; auch *Reimann*, DNotZ 1999, 184–187.

ist.[34] Das soll u.a. bei Insichgeschäften der Fall sein, die dem Vertretenen lediglich einen rechtlichen Vorteil bringen.[35] An der Abgrenzbarkeit dieser Kategorie zweifelnde Stimmen[36] haben sich bislang nicht durchsetzen können. Vielmehr hat der BGH diese teleologische Reduktion auf das Vertretungsverbot nach §§ 1629 Abs. 2 S. 1, 1795 ausgedehnt.[37] Damit ist der „rechtliche Vorteil", von dem das Gesetz lediglich in § 107 für die vom Minderjährigen selbst vorgenommenen Geschäfte spricht, sowohl für §§ 1629 Abs. 2 S. 1, 1795 Abs. 1 als auch für § 181 i.V.m. §§ 1629 Abs. 2 S. 1, 1795 Abs. 2 relevant geworden, also für die Vertretungsfälle. Sowie man den rechtlichen Vorteil bejaht, fallen die Beschränkungen der Vertretung weg: beim Handeln des Minderjährigen selbst, weil der gesetzliche Vertreter gar keine Zustimmung nach § 107 erklären muss, beim Handeln des Vertreters wegen der teleologischen Reduktion der soeben genannten Normen.

B. Regelungsgehalt

I. Kinder bis zum siebten Lebensjahr (Nr. 1)

Kinder bis zum siebten Lebensjahr sind geschäftsunfähig. Das siebte Lebensjahr ist vollendet mit Beginn des siebten Geburtstags um 0 Uhr, § 187 Abs. 2 S. 2.

II. Störung der Geistestätigkeit (Nr. 2)

Nr. 2 verlangt einen Zustand krankhafter Störung der Geistestätigkeit, der überdies nicht vorübergehend sein darf; nicht krankhafte oder lediglich vorübergehende Störungen fallen unter § 105 Abs. 2 (dort Rn 4), so dass für die Abgabe der Erklärung identische Rechtsfolgen eintreten (vgl. auch Rn 17). Dies gilt nicht im Fall des § 131, so dass Zugang einer Erklärung beim nur vorübergehend in seiner Geistestätigkeit Beeinträchtigten nach allgemeinen Regeln (namentlich § 130) möglich ist (§ 105 Rn 5).

1. Krankhafte Störung der Geistestätigkeit. Eine krankhafte Störung der Geistestätigkeit setzt nach verbreiteter Definition das Vorliegen einer irgendwie gearteten geistigen Anomalie voraus.[38] Dabei wird nicht danach unterschieden, ob Geisteskrankheit oder Geistesschwäche vorliegt.[39] Jedenfalls muss die Störung den **Ausschluss der freien Willensbestimmung** zur Folge haben. Das ist dann der Fall, wenn der Betroffene nicht die Fähigkeit besitzt, seine Entscheidungen von vernünftigen Erwägungen abhängig zu machen, sondern fremden Einflüssen oder unkontrollierten Trieben folgt.[40] Es kommt also darauf an, ob sich die (vorliegende) Geistesstörung auf die **Willensbildung** und auf die **Fähigkeit** auswirkt, **nach zutreffend gewonnenen Einsichten zu handeln**.[41] Indizien hierfür können wirtschaftlich völlig unsinnige Handlungen sein.[42] Mit einem niedrigen Intelligenzquotienten allein kann Geschäftsunfähigkeit i.S.d. Nr. 2 nicht begründet werden.[43] Hingegen kann sie auch bei hohen intellektuellen Fähigkeiten vorliegen, wenn der Betroffene nicht in der Lage ist, seine Entscheidungen von vernünftigen Erwägungen abhängig zu machen.[44] Bloße Willensschwäche oder leichte Beeinflussbarkeit schließen die Möglichkeit freier Willensbildung ebenfalls nicht aus.[45] Auch bei der **Altersdemenz** (vgl. Rn 19) kommt es darauf an, ob die geminderte geistig-seelische Leistungsfähigkeit die Freiheit des Willensentschlusses beeinträchtigt.[46]

Alkoholismus allein bewirkt keine dauerhafte Störung der Geistestätigkeit.[47] Anders verhält es sich dann, wenn das Denken eines völlig krankheitsuneinsichtigen Alkoholikers nur noch um den Alkohol

---

[34] Nachw. und Kritik zur Judikatur bei Jauernig/*Jauernig*, § 181 Rn 7; ausf. *Schubert*, WM 1978, 290, 293 ff.
[35] BGHZ 59, 236, 240.
[36] Jauernig/*Jauernig*, § 181 Rn 7 a.E.
[37] BGH NJW 1989, 2542, 2543 (zu §§ 1629 Abs. 2, 1795 Abs. 2, 181); BGHZ 94, 232, 235 = NJW 1985, 2407 = Rpfleger 1985, 293 (zu §§ 1629 Abs. 2, 1795 Abs. 2, 181); BGH NJW 1975, 1885, 1886 = JZ 1976, 66 (zu § 1795 Abs. 1 Nr. 1).
[38] MüKo/*Schmitt*, § 104 Rn 10; ausf. Staudinger/*Knothe* (2004), § 104 Rn 5 ff.
[39] BayObLG Rpfleger 1987, 20, 20; BGH WM 1965, 895, 896 (zu §§ 6, 104 Nr. 2 BGB a.F.).
[40] Vgl. etwa BayObLG Rpfleger 1987, 20 f. Ältere ausf. Definition (mit der problematischen Kategorie der Verkehrsauffassung) in RGZ 162, 223, 228.
[41] Vgl. BGH NJW 1996, 918, 919; mit der probl. Kategorie der „Tragweite" arbeitet BGH NJW 1961, 261.
[42] Das Lehrbuchbeispiel des Erwerbs teurer Bücher durch Analphabeten kommt auch in der Praxis vor: BGH NJW 1996, 918, 919.
[43] OLG Köln MDR 1975, 1017; OLG Düsseldorf VersR 1996, 1493: ein Ausschluss der freien Willensbestimmungsfähigkeit kommt erst bei einem IQ von weniger als 60 in Betracht.
[44] OLG Frankfurt NJW-RR 1992, 763, 764.
[45] BGH WM 1972, 972.
[46] BayObLG FamRZ 2003, 391; ausf. OLG Düsseldorf FamRZ 1998, 1064, 1065 f.
[47] BayObLG NJW 2003, 216, 219 m.w.N.

kreist;[48] ebenso dann, wenn die Trunksucht entweder Folge einer Geisteskrankheit ist (dann kommt es freilich auf die Trunksucht möglicherweise nicht an) oder wenn sie ihrerseits einen Persönlichkeitsabbau verursacht hat, der den Wert einer Geisteskrankheit oder Geistesschwäche erreicht.[49] Zur Abgrenzung von nur vorübergehender Störung der Geistestätigkeit durch Alkohol vgl. § 105 Rn 4. Leiten starke Entzugserscheinungen das Verhalten, so kommt gleichfalls § 105 Abs. 2 infrage (dort Rn 4).

Andere Süchte unterfallen denselben Kriterien; neben illegalen Drogen ist auch an Spielsucht[50] und Ähnliches zu denken. In diesen Fällen liegt es nahe, mit der Rechtsfigur der partiellen Geschäftsunfähigkeit zu arbeiten (vgl. aber Rn 6); auch die Anwendung des § 105 Abs. 2 kommt in Betracht.[51]

17 **2. Dauerzustand.** Der die freie Willensbildung ausschließende Zustand darf in Abgrenzung zu § 105 Abs. 2 nicht nur vorübergehender Natur sein. Es muss sich also um einen Dauerzustand handeln. Dieser ist nicht gegeben bei in Abständen periodisch eintretenden kurzzeitigen Störungen[52] oder im Falle eines lichten Augenblicks (vgl. § 105 Rn 2). Für die Annahme einer nur vorübergehenden krankheitsbedingten Störung genügt jedoch nicht schon deren Heilbarkeit, wenn sich die Heilungsphase über einen längeren Zeitraum erstreckt.[53] Relevant wird die Unterscheidung zwischen vorübergehenden und dauerhaften Zuständen für die Frage des Zugangs von Willenserklärungen (vgl. Rn 14) und im Prozess für die Prozess(un)fähigkeit, da diese gem. §§ 51, 52 ZPO vom Vorliegen der Geschäfts(un)fähigkeit gem. § 104 abhängt (vgl. auch Rn 23).[54]

18 **3. Vermutung für die Geschäftsfähigkeit.** Die **volle Geschäftsfähigkeit** wird – als Regelfall – vermutet.[55] Praktisch besonders bedeutsam ist die **Vermutung** für die **Testierfähigkeit** (Rn 2); die Feststellungslast trifft regelmäßig[56] denjenigen, der aus der Testierunfähigkeit[57] eine Unwirksamkeit des Testaments herleiten will.[58] Erforderlich ist volle Überzeugung des Gerichts.[59] Diese Vermutung schützt zumeist Testamentserben bzw. Vermächtnisnehmer vor den gesetzlichen Erben und sichert damit die **Testierfreiheit**. Auf der anderen Seite besteht das Risiko, dass bereits nicht mehr Testierfähige unter dem Einfluss derjenigen Personen, die Zugang zu ihnen haben und von deren Zuwendung sie abhängig sind, wohlüberlegte Verfügungen (oder auch eine bewusste Entscheidung für die gesetzliche Erbfolge) revidieren. In solchen Fällen besteht nur noch der Anschein der Testierfähigkeit; auch dies ist bei der Aufstellung und Anwendung von Vermutungen zu bedenken. Geschäfts- und Testierfähigkeit – es macht insoweit keinen Unterschied, ob beispielsweise verkauft oder vermacht wird – bereiten durch die steigende Lebenserwartung und die darauf beruhende Zunahme von Altersdemenz und ähnlichen Erkrankungen statistisch mehr Probleme als früher; diese Probleme sind in Orientierung am Grundsatz der Privatautonomie, der formellen wie der materiellen, zu lösen, nicht mit Blick auf rechtspolitische Kategorien wie diejenige der Altersdiskriminierung.

19 Geschäfts- und Testierunfähigkeit müssen **positiv festgestellt** werden. Die Rechtsprechung stellt hierfür ausgesprochen hohe Anforderungen auf, die auch für die Kautelarpraxis von Bedeutung sind.[60] Das bloße

---

48 Nach BayObLG FamRZ 1991, 608, 609, ein Fall partieller Geschäftsunfähigkeit; wohl unzutr.: Wer nur noch an Alkohol denkt, denkt an nichts mehr verantwortlich und bedarf des Schutzes vor sich selbst, weswegen von voller Geschäftsunfähigkeit auszugehen ist.
49 BayObLG NJW 2003, 216, 219: erforderlich ist der Nachweis eines hirnorganischen Psychosyndroms als Folge chronischen Alkoholmissbrauchs.
50 Vgl. OLG Hamm VersR 2003, 998, 1001; ausf. OLG Karlsruhe, Urt. v. 16.4.1999–10 U 120/98 – JURIS-Dok.-Nr. KORE 583239900, S. 11 f.
51 § 105 Abs. 2 zugunsten eines Spielsüchtigen bejaht von OLG Hamm VersR 2003, 998, 1001.
52 So für einen akuten schizophrenen Schub BGHZ 70, 252, 260.
53 Staudinger/*Knothe* (2004), § 104 Rn 12; wochenlange Bewusstlosigkeit nach schwerer Hirnverletzung: OLG München MDR 1989, 361, 361, mit bemerkenswerter, wenngleich rechtsfolgenorientierter Begründung; zum Ganzen krit. *Habermeyer/Saß*, MedR 2003, 545: bei chronischen Erkrankungen, deren Symptome durch langfristige medikamentöse Behandlung unterdrückt werden können, sei allein § 105 Abs. 2 anwendbar.
54 Interessant dazu OLG München MDR 1989, 361.
55 Das wurde früher auch (*e contrario*) mit dem Institut der Entmündigung begründet (vgl. nur BayObLG Rpfleger 1987, 20, 21), folgt aber auch nach Abschaffung dieses Instituts aus dem Ausnahmecharakter der Geschäftsunfähigkeit (vgl. OLG Düsseldorf FamRZ 1998, 1064, LS 1).
56 Eine Ausnahme nimmt BayObLG FamRZ 1996, 1438, 1439 = NJW-RR 1996, 1160 für den Fall an, dass ein testierunfähig Gewordener zu einer Zeit, zu der er bereits testierunfähig gewesen sein könnte, ein bis dahin noch unvollständiges Schriftstück zu einem Testament ergänzt hat und der Zeitpunkt dieser Ergänzung nicht klar ist. Hier begründe § 2247 Abs. 5 S. 1 eine Feststellungslast in der Person dessen, der sich auf die Wirksamkeit des Testaments berufe.
57 Ebenso für die Unfähigkeit, Geschriebenes zu lesen (§ 2247 Abs. 4), BayObLG FamRZ 1985, 742, 743.
58 Statt aller OLG Frankfurt NJW-RR 1996, 1159.
59 BayObLG FamRZ 1998, 515, 516; OLG Köln NJW-RR 1991, 1285, 1286; BayObLG NJW-RR 1991, 1287.
60 Vgl. instruktiv und ausf. *Th. Zimmermann*, BWNotZ 2000, 97 m.w.N.

Vorliegen seniler Demenz[61] soll nicht genügen, ebenso wenig paranoide Wahnvorstellungen, wenn diese sich nämlich nicht auf potenzielle Erben beziehen.[62] Regelmäßig ist ein **Sachverständigengutachten** erforderlich; auf die Aussagen medizinischer Laien – auch solche des beurkundenden Notars – kommt es hingegen nicht an.[63] Bei ungewöhnlich rapidem Krankheitsverlauf kann es daher angezeigt sein, einen Sachverständigen zum Geschäftsabschluss hinzuzuziehen. Als Sachverständige kommen im Regelfall Ärzte für Neurologie und Psychiatrie infrage,[64] daneben auch andere dem Gericht bekannte Ärzte, die aufgrund ihrer Ausbildung und praktischen Erfahrung geistige Erkrankungen zu beurteilen vermögen.[65] Ist die Testierfähigkeit eines noch Lebenden zu beurteilen, so muss der Sachverständige den Probanden im Regelfall selbst untersuchen.[66] Oft ist die Geschäftsfähigkeit freilich retrospektiv zu beurteilen.[67]

Das Gutachten muss es dem Richter – nach allgemeinen Regeln – ermöglichen, sich ein **eigenes Bild** von der Richtigkeit der Schlüsse zu machen, die der Sachverständige gezogen hat. Die bloße Diagnose, gestützt lediglich auf die Aussage, eine Verständigung mit dem Probanden sei nicht möglich, genügt nicht;[68] ebenso wenig ein Gutachten, das die Diagnose offen lässt und nicht darlegt, wie sich die Erkrankung auf die Willensbildung des Betroffenen auswirkt,[69] oder die Aussage, es liege eine hochgradige Minderung der geistig-seelischen Leistungsfähigkeit des Betroffenen vor.[70]

20

Die Rechtsprechung, in sich durchaus homogen, wird angesichts verschiedener Faktoren künftig möglicherweise zu **überprüfen** sein. Mag die jetzige Generation von Senioren mehrheitlich noch in intakten Familien gelebt haben und im Falle der Altersdemenz von Angehörigen gepflegt werden, wird der Anteil außerhäuslicher Pflege ebenso zunehmen wie die Rate familiärer Konfliktsituationen. Die Versuchung, spezifische Belastungen am Ende des Lebens zur Bereicherung im Wege letztwilliger Verfügungen und – weniger auffällig – Zuwendungen unter Lebenden auszunutzen, nimmt statistisch zu. In diesem Lichte wirkt eine Vermutung dafür, der Wille sei unbeeinflusst gebildet worden, in **Grenzfällen** kontraproduktiv. Sicher diesen Grenzfällen zuzuordnen sind die Paranoia-Fälle: Abstrakt mag die Unterscheidung zwischen auf den Erben bezogenen und sonstigen Wahnvorstellungen überzeugen. Sieht man sich aber die konkret entschiedenen Fälle an, so fragt sich doch, ob man Erblassern prinzipiell Testierfähigkeit zusprechen will, die meinen, von im eigenen Haus lebenden imaginären Personen bestohlen zu werden und dergleichen mehr. Hat ein Erblasser letztwillig verfügt, lange bevor Zweifel an seiner Geschäftsfähigkeit auftreten, so spiegelt diese Verfügung regelmäßig seine soziale und gesundheitliche **Normalsituation** wider. Ebenso kann die gesetzliche Erbfolge – wie vom Gesetzgeber konzipiert – als durchaus sinnvolle Nachfolgeregelung angesehen worden sein, gerade in ungestörten Familienverhältnissen. Überzogene Anforderungen an die Feststellung der Geschäfts- oder Testierunfähigkeit im hohen Alter gefährden den Fortbestand solcher Nachfolgeregelungen; sie stellen sich in gewisser Weise als Ausdruck einer übertrieben formell verstandenen Privatautonomie dar.

21

III. Rechtsfolgen

1. Nichtigkeit. Die Folgen der Geschäftsunfähigkeit regelt im Grundsatz **§ 105 (Nichtigkeit)**. Für sog. Geschäfte des täglichen Lebens fingiert § 105a (siehe dort) ausnahmsweise Gültigkeit. Daneben müssen nach **§ 131 Abs. 1** Willenserklärungen grundsätzlich dem gesetzlichen Vertreter zugehen. Bei der Verjährung ist **§ 210 Abs. 1** zu beachten. Liegt ein Gesamtschuldverhältnis vor, kann die Geschäftsunfähigkeit eines Gesamtschuldners nach § 139 zur Gesamtnichtigkeit des Vertrages führen.[71]

22

2. Prozess- und Verfahrens(un)fähigkeit. Weitere Folge der Geschäftsunfähigkeit ist das Fehlen der **Prozessfähigkeit**, §§ 51, 52 ZPO (vgl. auch Rn 17). Ein Sonderproblem stellt insoweit das Verhältnis der für Geschäfts- und Prozessfähigkeit geltenden Vermutungen dar: Üblicherweise wird im Falle eines *non liquet* einerseits, auf materiellrechtlicher Ebene, Geschäftsfähigkeit vermutet, andererseits auf prozessualer Prozessunfähigkeit.[72] Das ist widersprüchlich; in Abwesenheit einer besonderen Regelung durch die ZPO vermag eher die Ansicht zu überzeugen, auch die Prozessfähigkeit sei zu vermuten.[73] **Verfahrenshandlungen** eines

23

---

61 Vgl. BayObLG FamRZ 1996, 566, 568. Ausf. zur Beurteilung von Demenzerkrankungen OLG Düsseldorf FamRZ 1998, 1064, 1065 f.
62 BayObLG FamRZ 2000, 701, 702 f. = NJW-RR 2000, 6; BayObLG FamRZ 2002, 497, 498: Abgrenzung zu § 2078 Abs. 2.
63 Zum Notar etwa OLG Frankfurt NJW-RR 1996, 1159. Vgl. *Günther*, FamRZ 2000, 604 f. m.w.N. (auch zu § 11 BeurkG und unter Hinweis auf Haftungsrisiken für den Notar); zahlr. prakt. Hinw. bei *Th. Zimmermann*, BWNotZ 2000, 99 f. m.w.N.
64 BayObLG FamRZ 2002, 497, 498.
65 Vgl. BayObLG FamRZ 1996, 566, 568; BayObLG Rpfleger 1987, 20, 21.
66 BayObLG FamRZ 1996, 566, 568 (auch zu Ausnahmen).
67 *Günther*, FamRZ 2000, 604.
68 BayObLG Rpfleger 1987, 20, 21.
69 BayObLG NJW 1992, 2100, 2101.
70 BayObLG FamRZ 2001, 35.
71 OLG Karlsruhe NJW-RR 1991, 947, 948 (Darlehensvertrag).
72 Vgl. etwa BGH NJW 2000, 289, 290.
73 *Musielak*, NJW 1997, 1739 ff.

Geschäftsunfähigen in Verfahren der **Freiwilligen Gerichtsbarkeit** sind grundsätzlich unzulässig.[74] In Vormundschafts-, Familien-, Betreuungs- und Unterbringungssachen regeln jedoch die §§ 59, 66, 70a FGG das Beschwerderecht und die Verfahrensfähigkeit der Beteiligten ohne Rücksicht auf deren Geschäftsfähigkeit.

C. Weitere praktische Hinweise

24 Nach allgemeinen Grundsätzen hat derjenige, der sich auf die Geschäftsunfähigkeit beruft, entsprechende Tatsachen darzulegen und zu **beweisen**.[75] Umgekehrt muss der Gegner das Vorhandensein eines von ihm behaupteten lichten Augenblicks (Rn 8, § 105 Rn 2) beweisen, wenn ein Zustand nach Nr. 2 feststeht (vgl. auch § 105a Rn 35).[76] Im Falle der von Amts wegen zu prüfenden Prozessfähigkeit gilt zunächst dasselbe Regel-Ausnahme-Prinzip wie bei der Geschäftsfähigkeit: Die Darlegungs- und Beweislast hinsichtlich der Voraussetzungen der Prozessunfähigkeit trifft diejenige Partei, die sich darauf beruft. Im Gegensatz zur Geschäftsfähigkeit muss das Gericht allerdings von Prozessunfähigkeit ausgehen, wenn es nach Erschöpfung aller erschließbaren Erkenntnisquellen nicht zu seiner Überzeugung feststellt, dass Prozessfähigkeit vorliegt (vgl. Rn 23).

25 **Kollisionsrechtlich** ist das Staatsangehörigkeitsstatut (Art. 7 EGBGB) für die allgemeine Geschäftsfähigkeit maßgeblich, nach h.M. nicht nur für die Voraussetzungen, sondern auch für die Rechtsfolgen bei Fehlen der Geschäftsfähigkeit. Die besonderen Geschäftsfähigkeiten hingegen richten sich nach dem jeweiligen Geschäftsstatut.[77]

§ 105 Nichtigkeit der Willenserklärung

(1) ¹Die Willenserklärung eines Geschäftsunfähigen ist nichtig.

(2) ¹Nichtig ist auch eine Willenserklärung, die im Zustand der Bewusstlosigkeit oder vorübergehender Störung der Geistestätigkeit abgegeben wird.

Literatur: *Canaris,* Verstöße gegen das verfassungsrechtliche Übermaßverbot im Recht der Geschäftsfähigkeit und im Schadensersatzrecht, JZ 1987, 993; *ders.,* Zur Problematik von Privatrecht und verfassungsrechtlichem Übermaßverbot, JZ 1988, 494; *Habermeyer/Saß,* Voraussetzungen der Geschäfts(un-)fähigkeit – Anmerkungen aus psychopathologischer Sicht, MedR 2003, 543; *Kohler,* Geschäftsunfähigkeit und wechselseitiger Bereicherungsausgleich, NJW 1989, 1849; *Ramm,* Drittwirkung und Übermaßverbot, JZ 1988, 489; *K. Schmidt,* Ein Lehrstück zu § 15 Abs. 1 HGB, JuS 1991, 1002; *Wieser,* Verstößt § 105 BGB gegen das verfassungsrechtliche Übermaßverbot?, JZ 1988, 493.

A. Regelungsgehalt 1	III. Rechtsfolgen 5
I. Geschäftsunfähigkeit (Abs. 1) 1	B. Weitere praktische Hinweise 15
II. Bewusstlosigkeit und vorübergehende Störung der Geistestätigkeit (Abs. 2) 3	

A. Regelungsgehalt

I. Geschäftsunfähigkeit (Abs. 1)

1 Nach Abs. 1 sind, soweit nicht § 105a eingreift, alle Willenserklärungen eines Geschäftsunfähigen **nichtig** (näher Rn 5, vgl. auch § 104 Rn 3, 22).[1] Mit dem Begriff der Geschäftsunfähigkeit nimmt Abs. 1 namentlich Bezug auf § 104.

2 Die Voraussetzungen des Abs. 1 liegen – über den Normtext hinaus – dann nicht vor, wenn der an sich Geschäftsunfähige in einem sog. **lichten Augenblick** (*dilucidum intervallum,* vgl. C 6, 22, 9) handelt; die dann abgegebene Willenserklärung ist wirksam.[2] Es handelt sich hierbei um Phasen zeitweiligen Abklingens

---

74 BayObLG DB 2003, 1565 m.w.N.
75 BGH NJW 1972, 681, 683.
76 BGH NJW 1988, 3011.
77 Vgl. *Baetge,* IPRax 1996, 185, 186 ff. m.w.N. (gegen OLG Düsseldorf IPRax 1996, 199 f. = FamRZ 1995, 1066: Wirkungsstatut für die Folgen).

1 Zu gelegentlich geäußerten Bedenken hinsichtlich der Verfassungsmäßigkeit vgl. *Canaris,* JZ 1987, 996 ff., mit Reaktionen von *Ramm,* JZ 1988, 490 f., und *Wieser,* JZ 1988, 493 f., sowie Schlusswort von *Canaris,* JZ 1988, 496 ff.
2 BGH WM 1956, 1184, 1186; MüKo/*Schmitt,* § 104 Rn 13.

einer an sich dauerhaften psychischen Erkrankung.[3] Für ein solches lichtes Intervall trägt nach allgemeinen Regeln derjenige die Feststellungslast, der Rechte aus dem Geschäft herleitet.[4]

II. Bewusstlosigkeit und vorübergehende Störung der Geistestätigkeit (Abs. 2)

Gem. Abs. 2 ist eine Willenserklärung auch dann **nichtig**, wenn sie in einem **vorübergehenden Zustand psychischer Störung** abgegeben wurde.

Im Falle völliger **Bewusstlosigkeit** (Alt. 1) ist schon die Abgabe einer Willenserklärung unmöglich, weil es am Handlungswillen fehlt. Es wird daher vertreten, dass die erste Alternative des Abs. 2 Zustände unterhalb der Schwelle der völligen Bewusstlosigkeit erfasse, in denen die Erkenntnis über Inhalt und Wesen der vorgenommenen Handlung ausgeschlossen sei (**„Bewusstseinstrübung"**).[5] Entsprechende Anwendungsfälle sind selten, neuere Rechtsprechung dazu ebenso.[6] Der Begriff der Bewusstlosigkeit ist jedenfalls aus systematischen Gründen relevant, um zu verdeutlichen, dass für die von Abs. 2 Alt. 2 erfassten psychischen Beeinträchtigungen eine besondere Schwere erforderlich ist.

Die **vorübergehende Störung der Geistestätigkeit** i.S.d. Abs. 2 Alt. 2 muss nach ganz h.M. wie bei § 104 Nr. 2 krankhafter Natur sein und den Ausschluss der freien Willensbestimmung beim Betroffenen zur Folge haben.[7] In Abgrenzung zu § 104 Nr. 2 darf es sich jedoch nur um vorübergehende Zustände handeln (§ 104 Rn 17). Eine vorübergehende Störung der Geistestätigkeit ist namentlich der **Alkoholrausch**, sofern der Zustand des Handelnden einer Bewusstlosigkeit gleichkommt (siehe Rn 3).[8] Es genügt mithin nicht, dass der Erklärende hochgradig alkoholisiert ist. Vielmehr muss substantiiert werden, dass die freie Willensbestimmung vollständig **ausgeschlossen** war;[9] dies ist jedenfalls dann zu verneinen, wenn wenige Stunden nach Abgabe der Erklärung keine Ausfallerscheinungen erkennbar sind.[10] **Alkoholismus** (dazu § 104 Rn 16) als solcher ist unerheblich; freilich kann die freie Willensbestimmung etwa dann fehlen, wenn starke Entzugserscheinungen vorliegen und der Kranke annehmen darf, er werde bei Abgabe der Erklärung vom Vertragspartner weiteren Alkohol erhalten.[11] In solchen Fällen ist jedoch auch an § 138 Abs. 2 zu denken. Zu anderen Suchtmitteln vgl. § 104 Rn 16.

III. Rechtsfolgen

Sowohl im Fall des Abs. 1 als auch im Fall des Abs. 2 ist eine abgegebene **Willenserklärung nichtig**, d.h. *ab initio* und nicht nur schwebend unwirksam. Eine Heilungsmöglichkeit sieht das Gesetz nicht vor; fallen die Voraussetzungen des § 105 später weg, so muss der Erklärende das Geschäft neu vornehmen (vgl. § 141), dieses wird *ex nunc* wirksam. Wegen der Folge des Abs. 1 kann der **Geschäftsunfähige** nur durch seinen **gesetzlichen Vertreter** am Rechtsverkehr teilnehmen. Für die Entgegennahme von Willenserklärungen folgt das aus der Vorschrift des § 131.

Diese setzt Geschäftsunfähigkeit voraus, so dass **Zugang einer Erklärung** beim gem. Abs. 2 nur vorübergehend in seiner Geistestätigkeit Beeinträchtigten gem. § 130 möglich ist. Dies gilt jedoch nur für verkörperte, nicht auch für mündliche Willenserklärungen;[12] in letzterem Fall ist ein Zugang zumindest dann zu verneinen, wenn für den Erklärenden erkennbar war, dass der Adressat sich in einem Zustand des Abs. 2 befindet und ihm deshalb die Möglichkeit zur Kenntnisnahme fehlt.[13]

---

3 Staudinger/*Knothe* (2004), § 104 Rn 13; krit. *Habermeyer/Saß*, MedR 2003, 545: bei chronischen Erkrankungen, deren Symptome durch langfristige medikamentöse Behandlung unterdrückt werden können, sei allein Abs. 2 anwendbar.
4 Für ein Testament BayObLG FamRZ 1990, 801, 803 m. krit. Anm. *Rüßmann*, a.a.O., S. 803 f. Die Entscheidung lässt jedoch einen entscheidenden Punkt nicht klar erkennen: ob die Feststellungslast das lichte Intervall (so der Leitsatz) oder nur dessen ernsthafte Möglichkeit betreffen soll.
5 BGH WM 1972, 972, der bei einem Alkoholrausch zwischen „Bewusstseinstrübung" und vorübergehender Störung der Geistestätigkeit unterscheidet; Staudinger/*Knothe* (2004), § 105 Rn 12.
6 Vgl. Staudinger/*Knothe* (2004), § 105 Rn 12 m.w.N.
7 Staudinger/*Knothe* (2004), § 105 Rn 13 m.w.N.
8 Bewusstlosigkeit i.S.v. Abs. 2 Alt. 1 ohne nähere Begründung bejaht bei einer BAK von 3,4‰ OLG Nürnberg NJW 1977, 1496; BGH VersR 1967, 341, 342 prüft nur eine vorübergehende Störung der Geistestätigkeit: die freie Willensbestimmung sei bei einem BAK von 2‰ regelmäßig noch nicht ausgeschlossen; vgl. auch BGH WM 1972, 972.
9 BGH WM 1972, 972.
10 OLG Köln NJW-RR 2002, 620, 622. *In casu* ging es überdies um die Frage, ob der Inhaber einer Kreditkarte dem Kreditkartenunternehmen vorhalten kann, dieses habe im Valutaverhältnis gezahlt, obwohl die Geschäftsunfähigkeit rechtzeitig mitgeteilt worden sei; zu diesem Problem im Rahmen der AGB-Kontrolle BGH NJW 1990, 2880, 2881 (der Inhaber ist leistungspflichtig); dazu *Meder*, NJW 1994, 2597, 2598. Zu den AGB von Kreditinstituten vgl. Rn 10.
11 BAG NJW 1996, 2593, 2594; BGH WM 1972, 972, 973.
12 H.M., vgl. Jauernig/*Jauernig*, § 130 Rn 12 m.w.N.
13 *Larenz/Wolf*, BGB AT, § 26 Rn 36.

7   Die **gesetzliche Vertretung** eines gem. § 104 Nr. 1 geschäftsunfähigen Kindes steht gem. § 1629 Abs. 1 S. 1 grundsätzlich dessen **sorgeberechtigten Eltern** zu (vgl. auch § 107 Rn 2). Für volljährige Geschäftsunfähige i.S.d. § 104 Nr. 2 wird gem. § 1896 Abs. 1 S. 1 ein **Betreuer** bestellt. Dieser ist in seinem Aufgabenkreis gesetzlicher Vertreter des Betreuten, § 1902 (vgl. dort). Die Geschäftsunfähigkeit des Betreuten erfordert die Bestellung eines Betreuers für alle Rechtsgeschäfte, damit die Teilnahme des Betreuten am Rechtsverkehr gewährleistet ist.[14]

Der Vertretung sind gesetzliche Grenzen gesetzt, vgl. dazu § 104 Rn 11; für den Betreuer folgt dies aus § 1908i Abs. 1. **Höchstpersönliche Rechtsgeschäfte**, bei denen Vertretung nicht möglich ist, bleiben dem Geschäftsunfähigen verwehrt (vgl. jedoch zur Ehegeschäftsfähigkeit § 104 Rn 2).

8   Eine im Zustand des Abs. 2 geschlossene **Ehe** ist gem. § 1314 Abs. 2 Nr. 1 aufhebbar.

9   Einen **guten Glauben an die Geschäftsfähigkeit** kennt das BGB nicht (§ 104 Rn 9).

Ausnahmsweise könnte man mit Blick auf **§ 6 Abs. 2 S. 1 GmbHG, § 15 HGB** annehmen, dass der Rechtsverkehr geschützt wird, wenn ein **GmbH-Geschäftsführer** aufgrund **Geisteskrankheit** (*ipso iure*) die Vertretungsbefugnis verliert, die GmbH es aber versäumt, die Beendigung seines Amtes eintragen zu lassen (§ 39 Abs. 1 GmbHG). Der BGH hat jedoch klargestellt, dass Vertretungsmacht und Fähigkeit zu wirksamem rechtsgeschäftlichem Handeln auch insoweit zu **trennen** sind; der Rechtsverkehr kann sich nach § 15 Abs. 1 HGB daher nur auf den Fortbestand der Geschäftsführerstellung verlassen, nicht auch auf die Geschäftsfähigkeit des Geschäftsführers, mag diese auch ihrerseits Voraussetzung der Organstellung sein. Die Gesellschaft muss sich daher Erklärungen des Geschäftsführers allenfalls nach **allgemeinen Rechtsscheinsgrundsätzen** entgegenhalten lassen, wenn nämlich die Gesellschafter angesichts einer ihnen erkennbaren Geschäftsunfähigkeit gleichwohl untätig geblieben sind.[15]

10   Den Rechtsfolgen des § 105 kann sich ein Kreditinstitut nicht entziehen, indem es dem Kunden durch **AGB** das **Risiko seiner eigenen Geschäftsunfähigkeit aufbürdet**.[16] Hat die Bank eine wegen Geschäftsunfähigkeit **nichtige Anweisung** ausgeführt, erwächst ihr hieraus kein Bereicherungsanspruch gegen den Anweisenden.[17]

11   Aufgrund des Trennungs- und Abstraktionsprinzips ist die Nichtigkeit für Grundgeschäft und Erfüllungsgeschäft gesondert zu beurteilen. Die sog. **Fehleridentität** ist keine Durchbrechung, sondern eine Bestätigung dieses Grundsatzes: Sind beide Geschäfte vom „selben" Mangel betroffen, etwa Geschäftsunfähigkeit bei Vornahme des Kausalgeschäfts wie beim dinglichen Vollzug, so tritt die Nichtigkeit dennoch jeweils deswegen ein, weil der Mangel gerade das zu prüfende Geschäft betrifft; es verhält sich nicht etwa so, dass das eine Geschäft das andere infizierte. Abzulehnen ist eine Aufweichung des Abstraktionsgrundsatzes über § 139; der Grundsatz verlangt es, Grundgeschäft und Erfüllung gerade nicht als einheitliches Rechtsgeschäft im Sinne dieser Norm zu betrachten.

12   Betrifft die Nichtigkeit nach § 105 nur das Grundgeschäft (Schulbeispiel: Alkoholrausch lediglich bei Abschluss des Kaufvertrages, Übereignung im nüchternen Zustand), so hat die **Rückabwicklung** nach allgemeinen Regeln über die **Leistungskondiktion** zu erfolgen, § 812 Abs. 1 S. 1 Alt. 1. Vereinzelt wird in Zweifel gezogen, ob sich der geschäftsunfähige Bereicherungsschuldner auf den Entreicherungseinwand (§ 818 Abs. 3) berufen kann. Die Rechtsprechung wendet zutreffend § 818 Abs. 3 an; weder greife die sog. Saldotheorie ein,[18] noch komme eine verschärfte Haftung nach § 819 Abs. 1 in Betracht.[19] Dem ist schon deswegen zu folgen, weil sonst der Schutz des Geschäftsunfähigen vor sich selbst unterlaufen würde. Vgl. auch § 107 Rn 53.

13   Die Vorschriften über **gesetzliche Ansprüche** sind einerseits so auszulegen, dass der **Schutz des Geschäftsunfähigen** nicht konterkariert wird; andererseits können Sinn und Zweck dieser Ansprüche auch Lösungen zu seinen Lasten erzwingen. Streitig ist namentlich, ob nach Weggabe einer Sache durch einen Geschäftsunfähigen Ersitzung eintreten kann oder ob eine Leistungskondiktion[20] auch nach Ablauf der Ersitzungsfrist in

---

14 Staudinger/*Knothe* (2004), Vorbem. zu §§ 104–115 Rn 25; zum Verhältnis von Geschäftsunfähigkeit und Betreuung vgl. Staudinger/*Knothe* (2004), § 105 Rn 10.

15 BGH NJW 1991, 2566, 2567, gegen die Vorinstanz OLG München JR 1991, 245 f.: § 15 Abs. 1 HGB; zu Folgefragen *K. Schmidt*, JuS 1991, 1005.

16 Hier: Keine Haftung aus Überziehungskredit; zutr. BGH NJW 1991, 2414 ff., gegen die Vorinstanz (OLG Köln NJW 1991, 848, 849).

17 BGH JR 1991, 327, 328 m. Anm. *Schwark*, S. 328 f.: keine Leistung des Anweisenden.

18 BGH NJW 1994, 2021, 2022 m.w.N.; zu der zumindest missverständlichen Entscheidung BGH NJW 1988, 3011, 3011 vgl. *Kohler*, NJW 1989, 1849 ff.

19 KG NJW 1998, 2911, mit Ausführungen zur – geringen – Darlegungslast hinsichtlich der Entreicherung.

20 Unstreitig scheidet eine Nichtleistungskondiktion aus; sonst verbliebe der Ersitzung insoweit kaum noch ein Anwendungsbereich.

Betracht kommt. Die besseren Argumente sprechen hier für die Ersitzbarkeit: §§ 937 ff. haben eine subsidiäre Befriedungsfunktion für den Rechtsverkehr dort, wo sofortiger gutgläubiger Erwerb nicht möglich ist. Diese Funktion besteht auch dort, wo der gesetzliche Vertreter des Geschäftsunfähigen es versäumt hat, dessen Ansprüche geltend zu machen; hier muss das Bestehen von Ersatzansprüchen im Innenverhältnis genügen.[21]

Der gesetzlich niedergelegte Schutz des nicht (voll) Geschäftsfähigen genießt Vorrang vor den Regeln über die **fehlerhafte Gesellschaft** (näher § 107 Rn 20).[22] Die §§ 104 ff. finden demnach ebenso Anwendung wie §§ 107 ff., und zwar auch auf den Fall, dass die Erklärung auf das Ausscheiden aus der Gesellschaft gerichtet ist und ihre Nichtigkeit auf Abs. 2 beruht: Wer – nach Abs. 2 unwirksam – eine solche Erklärung abgibt, bleibt Gesellschafter.[23] Bei **Arbeits- und sonstigen Dienstverhältnissen** müssen die Rechtsfolgen der §§ 104 ff. unter Berücksichtigung eines wirksamen Schutzes des Geschäftsunfähigen eingeschränkt werden, insbesondere findet bei bereits erbrachter Leistung durch den Geschäftsunfähigen keine Rückabwicklung gem. §§ 812 ff. statt.[24]

B. Weitere praktische Hinweise

Abs. 1 stellt eine Einwendung gegen die Wirksamkeit eines Rechtsgeschäfts dar. Folglich trägt derjenige, der sich auf die Geschäftsunfähigkeit des Erklärenden (vgl. § 104 Rn 24, § 105a Rn 35) oder darauf beruft, dass sich der Erklärende bei Abgabe der Erklärung in einem in Abs. 2 genannten Zustand befunden hat, dafür die **Beweislast**.

Zum **Kollisionsrecht** vgl. § 104 Rn 25.

§ 105a Geschäfte des täglichen Lebens

[1]Tätigt ein volljähriger Geschäftsunfähiger ein Geschäft des täglichen Lebens, das mit geringwertigen Mitteln bewirkt werden kann, so gilt der von ihm geschlossene Vertrag in Ansehung von Leistung und, soweit vereinbart, Gegenleistung als wirksam, sobald Leistung und Gegenleistung bewirkt sind. [2]Satz 1 gilt nicht bei einer erheblichen Gefahr für die Person oder das Vermögen des Geschäftsunfähigen.

Literatur: *Baldus/Böhr*, Alte Kameraden: Das außergewöhnliche Testament, Jura 2001, 34; *Casper*, Geschäfte des täglichen Lebens – kritische Anmerkung zum neuen § 105a BGB, NJW 2002, 3425; *Heim*, Gesetzgeberische Modifizierung der Auswirkungen der Geschäftsunfähigkeit Volljähriger beim Vertragsschluss, JuS 2003, 141; *Joussen*, Die Rechtsgeschäfte des Geschäftsunfähigen – der neue § 105a BGB, ZGS 2003, 101; *Lipp*, Die neue Geschäftsfähigkeit Erwachsener, FamRZ 2003, 721; *Löhnig/Schärtl*, Zur Dogmatik des § 105a BGB, AcP 204 (2004), 25; *Pawlowski*, Willenserklärungen und Einwilligungen in personenbezogene Eingriffe, JZ 2003, 66; *Scherer*, Eine neue Norm im Recht der Geschäfts(un)fähigkeit – Auslegung und dogmatische Einordnung des § 105a BGB, StudZR 2004, 85.

A. Allgemeines 1	IV. Keine Gefahr für Person oder Vermögen (S. 2) 24
B. Regelungsgehalt 2	V. Rechtsfolgen 26
I. Volljähriger Geschäftsunfähiger .. 2	C. Weitere praktische Hinweise und
II. Geschäft des täglichen Lebens 5	rechtspolitischer Ausblick 35
III. Geringwertige Mittel; Bewirken von Leistung und Gegenleistung 14	

A. Allgemeines

Die Einfügung des § 105a im Jahre 2002 hat erhebliches dogmatisches Aufsehen erregt,[1] weil die Norm als prinzipieller **Systembruch** interpretiert werden könnte: Sie scheint das Prinzip zu durchbrechen, dem zufolge die Willenserklärung eines Geschäftsunfähigen rechtlich folgenlos ist. Die Problematik ist nicht ganz neu, sondern war in ähnlicher Form bereits im Betreuungsrecht zu finden: Bereits vor Einführung des § 105a sah § 1903 Abs. 3 S. 2 eine Privilegierung sog. Geschäfte des täglichen Lebens vor.[2] Mit Aufnahme in den Allgemeinen Teil und hier in das Recht der Geschäftsfähigkeit stellen sich jedoch grundsätzliche Fragen. Leitbild für deren Lösung muss sein, dass der Gesetzgeber die Prinzipien des bisherigen Rechts,

---

21 Näher (auch zum Menzelbilder-Fall) MüKo/*Baldus*, § 937 Rn 36 f.
22 MüKo/*Schmitt*, § 105 Rn 58 ff.
23 So BGH NJW 1992, 1503, 1504 für einen vorübergehend in seiner Geistestätigkeit gestörten Kommanditisten.

24 Näher MüKo/*Schmitt*, § 105 Rn 52 ff.
1 Umfassend jetzt *Scherer*, StudZR 2004, 85–109.
2 Systematische Parallelen sind jedoch zweifelhaft, s. Rn 7.

namentlich die Orientierung am Schutz des Geschäftsunfähigen, nicht aufgeben wollte. Für die Auslegung ist von Fällen auszugehen, in denen ein Geschäftsunfähiger, praktisch betrachtet, überhaupt sinnvoll am Rechtsverkehr teilnehmen kann: Nicht derjenige taugt zum **interpretatorischen Leitbild**, der wegen der Schwere seiner Erkrankung in einer psychiatrischen Einrichtung leben muss, sondern beispielsweise der von Geburt an geistig Behinderte, der in einer beschützenden Werkstatt arbeitet, oder der altersverwirrte Mensch, der sein früher selbstbestimmtes Leben im vertrauten Umfeld fortsetzen möchte. Danach lässt sich annehmen, dass trotz diverser System- und Sinnwidrigkeiten im Einzelnen die Grundsätze der §§ 104 ff. unangetastet bleiben. Im Übrigen bleibt zu hoffen, dass die Vorschrift aufgrund geringer praktischer Bedeutung nicht zu weiterer Verwirrung der Dogmatik führt.

B. Regelungsgehalt

I. Volljähriger Geschäftsunfähiger

2 Im Rahmen der Voraussetzungen des § 105a ist die **Geschäftsunfähigkeit** nach § 104 Nr. 2 zu bestimmen,[3] die **Volljährigkeit** nach § 2. Dass die Volljährigkeit überhaupt geeignet ist, die rechtsgeschäftliche Handlungssphäre eines Geschäftsunfähigen zu erweitern, folgt erst aus § 105a.

3 Der nach § 104 Nr. 1 **geschäftsunfähige Minderjährige** unter sieben Jahren ist **nicht** gemeint, weil der Reformgesetzgeber die soziale Emanzipation Behinderter fördern, nicht Kinder in den Geschäftsverkehr integrieren wollte. Auch für eine analoge Anwendung besteht kein Raum; die Altersgrenze von sieben Jahren ist niedrig genug.[4] Gleiches gilt für den noch nicht achtzehnjährigen Geschäftsunfähigen, denn das Minderjährigenrecht kennt eine eigene Schutzkonzeption, die nicht gestört werden soll; deshalb findet auch bei Geschäften zwischen einem volljährigen und einem minderjährigen Geschäftsunfähigen ausschließlich Minderjährigenrecht Anwendung, was die Erklärungen des Jüngeren angeht.[5]

4 Bei den **weiteren Tatbestandsmerkmalen** fragt sich jeweils, ob sie **subjektiv** oder **objektiv** zu verstehen sind. „Subjektiv" meint hier nicht die konkreten Wünsche des Geschäftsunfähigen, auf die vernünftigerweise nicht abgestellt werden kann, da er ja geschäftsunfähig ist, sondern seinen persönlichen Lebenszuschnitt; „objektiv" die Sicht Dritter, wobei jedoch weder ein Vertrauensschutz für den konkreten Dritten noch ein allgemeiner Verkehrsschutz konstruiert werden darf, der die Grundentscheidung des Gesetzes für den Minderjährigenschutz unterläuft.

Im Einzelnen verlangt § 105a außer Geschäftsunfähigkeit und Volljährigkeit das Vorliegen eines Geschäfts des täglichen Lebens (Rn 5 ff.), die Möglichkeit, dieses Geschäft mit geringwertigen Mitteln zu bewirken (Rn 14 ff.), und die Bewirkung von Leistung und Gegenleistung (Rn 21 ff.).

II. Geschäft des täglichen Lebens

5 Wie das Geschäft des täglichen Lebens zu bestimmen ist, ist streitig. Der verbreitete Rekurs auf die Verkehrsauffassung[6] führt sachlich nicht weiter.[7] Legt man freilich das Gesetz nach den üblichen Methoden aus, so zeigen sich Widersprüchlichkeiten, die in der Norm selbst angelegt sind und ein sinnvolles Verständnis erschweren.

6 Nach dem Wortlaut („täglich") könnte man annehmen, dass **besonders häufig vorkommende Geschäfte**[8] gemeint seien (für jedermann oder doch für den konkreten Geschäftsunfähigen). Dann wären aber Anschaffungen wie die eines Putzeimers ausgeschlossen; solche Objekte kosten zwar wenig und werden ständig gebraucht, aber nur selten werden sie neu gekauft – ein merkwürdiges Ergebnis.[9] „Täglich" könnte sich weiterhin auf den **„täglichen Bedarf"** beziehen. Dann wären auch Objekte wie der Putzeimer erfasst; man gerät aber in Abgrenzungsprobleme: Kann der Geschäftsunfähige selbst bestimmen, welche Güter er „täglich" benötigt, etwa an Lebensmitteln? Diese Frage wird man verneinen müssen, da er ja geschäftsunfähig ist und bleibt, so dass eine objektivierte, aber nicht statistisch-pauschalierende Sicht erforderlich ist, für die wiederum keine allgemeinen Kriterien existieren.[10] Das zeigt sich namentlich bei solchen Gütern, derer man

---

3 Zur nach § 105 Abs. 2 unwirksamen Willenserklärung vgl. Rn 38 (keine Analogie).
4 Vgl. MüKo/*Schmitt*, § 105a Rn 1 f., gegen *Pawlowski*, JZ 2003, 72.
5 *Joussen*, ZGS 2003, 102.
6 Vgl. nur die Materialien: BT-Drucks 14/9266, S. 43 li. Sp.
7 Teils kritisch auch *Scherer*, StudZR 2004, 91.
8 In diesem Sinne (Deutung als Alltagsgeschäft) *Casper*, NJW 2002, 3426.
9 Beispiel von *Scherer*, StudZR 2004, 94.
10 Lässt man sich hier einmal auf die Verkehrsauffassung ein (so etwa *Scherer*, StudZR 2004, 95 f.), dann kommt man zu der Frage, ob vom Geschäftsunfähigen mehr Planung verlangt werden kann als von manchen Geschäftsfähigen (*Scherer*, a.a.O., mit dem plastischen Beispiel, dass jemand ein Brötchen mehr kauft, als er essen kann).

nicht physisch bedarf (Rn 12). Nicht ohne Grund ist nach alldem streitig, ob der Bedarf tatsächlich bestehen muss („wirklicher Bedarf")[11] oder nicht.[12]

In systematischer Hinsicht fällt auf, dass § 105a im Weiteren gesondert von geringwertigen Mitteln spricht sowie (S. 2) eine Sonderregel für den Fall aufstellt, dass eine erhebliche Gefahr für das Vermögen bestehe. Ökonomische Kriterien füllen also das Tatbestandsmerkmal „Geschäft des täglichen Lebens" nicht aus. Ebenfalls systematisch ließe sich nach Parallelbegriffen im BGB oder seiner Auslegung fragen. Nahe liegt der **Rekurs auf § 1903 Abs. 3 S. 2**; diese Norm aber meint den geschäftsfähigen Betreuten (die Anordnung der Betreuung tangiert die Anwendbarkeit des § 105 nicht),[13] setzt also einen höheren Grad an Fähigkeit zur Selbstbestimmung voraus und hat damit einen anderen Anwendungsbereich. Das spricht gegen eine Übertragung der zu § 1903 Abs. 3 S. 2 entwickelten Grundsätze.[14]

Untauglich ist auch eine Orientierung am **„Bargeschäft des täglichen Lebens"**;[15] diese *praeter legem* entwickelte Kategorie schützt den Geschäftspartner, hilft also nicht bei der Bewältigung einer spezifisch im Interesse des Geschäftsunfähigen erlassenen Norm. Vielmehr kommt es nach Ziel und Zweck des § 105a darauf an, was erforderlich ist, um die rechtsgeschäftliche Handlungsfreiheit des Geschäftsunfähigen zu erweitern und solcherart seine Integration zu fördern, ohne dass er sich selbst oder schutzwürdigen Interessen Dritter schaden kann. Bereits diese Formulierung zeigt freilich den nicht auflösbaren **Zielkonflikt** hinter § 105a: Wenn man einmal das strenge System des Geschäftsunfähigenschutzes durchbricht, so muss differenzierend entschieden werden, wo die Folgen einer rechtsgeschäftlichen Entscheidung nunmehr den Geschäftsunfähigen selbst treffen sollen und wo man das Risiko dem Geschäftsgegner auferlegt; Letzteres ist nach wie vor die Regel, und entsprechend **eng** sind die problematisch formulierten Tatbestandsmerkmale der Ausnahmevorschrift auszulegen, als welche § 105a verstanden werden muss.

Nahe läge teleologisch eine Anknüpfung an die **Vermögensverhältnisse** und **Lebensgewohnheiten** des jeweiligen Geschäftsunfähigen: Er könnte so weiterleben, wie er beispielsweise vor Eintritt einer Altersdemenz gelebt hat. Damit würden privatautonom getroffene, wirtschaftlich im Zweifel vernünftige Entscheidungslinien verlängert. Demnach wären solche Geschäfte gemeint, die zum üblichen Lebensstil des Betroffenen gehören und sein Vermögen nicht nennenswert mindern. Diesem Kriterium steht jedoch entgegen, dass es Personen gibt, die bereits bei Erreichen der Volljährigkeit geschäftsunfähig sind und deren Lebensstil bereits zu diesem Zeitpunkt auch nicht durch sachgerechte familiäre Entscheidungen geprägt war; weiterhin, dass Vermögensverhältnisse sich verändern können, so dass neue Entscheidungen erforderlich sind. (Für beide Konstellationen bietet das Modell eines vollständigen Fehlens der Geschäftsfähigkeit, kombiniert mit einer Betreuerbestellung, deutlich bessere Lösungen.) Daher kann der übliche Lebensstil zu Zeiten der Geschäftsfähigkeit lediglich, aber immerhin im Einzelfall Indizien für das „tägliche Leben" geben (Rn 11).

Es geht auch nicht um besonders **„einfache"** Geschäfte, wenngleich dies – simplifiziert – ein Grundgedanke der Regelung ist: Der Geschäftsunfähige soll Geschäfte wirksam vornehmen können, die auch er versteht. Dieses Kriterium ist nämlich keiner präzisen Abgrenzung zugänglich. Es lässt sich aber konkretisieren. So verdient aus teleologischer Sicht der in der Rechtsprechung[16] zur Frage der Geringwertigkeit (Rn 14 ff.) erwogene Maßstab des **„Nachdenkens und Abwägens"** Beachtung: § 105a soll nur solche rechtsgeschäftlichen Entscheidungen erfassen, die eines intellektuellen Abwägungsprozesses (objektiv) nicht bedürfen (denn diesen Prozess kann der Geschäftsunfähige ja gerade nicht leisten). Demnach fielen unter „Geschäft des täglichen Lebens" solche Geschäfte, die weder wegen des absoluten Gewichts der vom Geschäftsunfähigen zu erbringenden Gegenleistung noch wegen des Preis-Leistungs-Verhältnisses (was Wertlosigkeit des Erworbenen einschließt) noch wegen etwaiger Folgeprobleme[17] besonderes Nachdenken erfordern. Dieses Kriterium hat den Vorteil, dass es an die spezifischen Erkenntnismöglichkeiten des Geschäftsunfähigen anknüpft und den in der Norm angelegten inneren Widerspruch zwischen prinzipieller Unfähigkeit, eine sachgerechte Entscheidung zu treffen, und Wirksamkeit des Rechtsgeschäfts mildert.

Damit ist ein für alle Fälle passendes Kriterium nicht ersichtlich. Aus teleologischer Sicht sollte der Richter aber dahin kommen, dass der Geschäftsunfähige nur solche Geschäfte nach § 105a tätigen kann, bei denen er sich selbst nach der Natur der zu treffenden Entscheidung nicht schaden kann (was eine Unwirksamkeit nach S. 2 nicht ausschließt). Dies wird regelmäßig dann der Fall sein, wenn es lediglich darum geht, einen früher privatautonom bestimmten Lebensstil ohne wesentliche Änderungen fortzuführen

---

11 So etwa *Scherer*, StudZR 2004, 95 f.
12 *Lipp*, FamRZ 2003, 726.
13 Zum Verhältnis von Geschäftsunfähigkeit und Betreuung vgl. Staudinger/*Knothe* (2004), § 105 Rn 10.
14 Näher *Scherer*, StudZR 2004, 92 f.

15 Besonders weit geht *Lipp*, FamRZ 2003, 727 für § 1903 Abs. 3 S. 2 (regelmäßig seien alle Bargeschäfte des Betreuten genehmigungsfrei). Das lässt sich jedenfalls nicht auf § 105a übertragen.
16 LG Gießen FamRZ 2003, 459 f.
17 Vgl. *Scherer*, StudZR 2004, 97: Reparatur, Entsorgung usw.

(der Altersdemente kauft gewohnheitsmäßig jeden Samstag die gleiche Art und Menge an Lebensmitteln, die er schon immer zu kaufen pflegte). Im Zweifel wird der Richter den Einzelfall zu bewerten haben, und zwar im Lichte der **Grundentscheidung** der §§ 104 ff. für den Schutz des Geschäftsunfähigen vor sich selbst. Kein Entscheidungskriterium ist hingegen der Verkehrsschutz, wie aus derselben systematischen Überlegung erhellt.

12 Die insoweit mithin erhebliche Gewöhnlichkeit des Geschäfts ist **subjektiv** zu bestimmen. Wer immer schon täglich Champagner trank, soll diesen Brauch nicht wegen § 105 S. 1 missen müssen (vorbehaltlich des Tatbestandsmerkmals der „geringwertigen Mittel" und des S. 2: Gesundheitsgefährdung); für andere mag es beim Bier bleiben. Ebenso ist nicht auf Konzerte der örtlichen Blaskapelle beschränkt, wer zeit seines Lebens in die Philharmonie ging: Solange man noch weiß, ob man Mozart oder Mahler hören möchte (sicher ein Grenzfall unter dem Aspekt des „Nachdenkens und Abwägens"), braucht man sich nicht auf Marschmusik verweisen zu lassen. Das folgt aus dem Regelungszweck, dem Betroffenen ein gewisses Maß an Selbstgestaltung seiner Lebensverhältnisse zu ermöglichen. Dies erfordert ein Absehen von statistischen Üblichkeiten. Sonst könnte der altersdemente Rechtshistoriker nicht einmal wöchentlich ins Museum gehen, wenn der Durchschnittsbürger sich anders verhält.[18] Es kommt auch nicht auf Entscheidungen des etwa bestellten Betreuers an.[19]

13 **Ungeklärt** ist damit nicht nur, ob man im Zustand der Geschäftsunfähigkeit den Zuschnitt seines täglichen Lebens ändern kann, sondern auch, wie Rechtssicherheit für den Geschäftsgegner hergestellt werden kann: Der Wirt, der den Gast nicht kennt, weiß nicht, ob dieser üblicherweise Bier oder Champagner wünscht. Das aber ist hinzunehmen im Lichte des Prinzips, dass keinerlei vertragliche Ansprüche hat, wer mit Geschäftsunfähigen kontrahiert; der Nachrang des Verkehrsschutzes gilt sogar bei beschränkt Geschäftsfähigen und erst recht dort, wo die Fähigkeit zur Selbstbestimmung auf ein Minimum reduziert ist. Hingegen besteht keine solche Rechtsunsicherheit in dem – praktisch häufigen – Fall des Geschäftsunfähigen, der im vertrauten sozialen Umfeld (Laden in der Nachbarschaft, Stammkneipe usw.) tätig wird: Ihn und seine üblichen Wünsche kennt man, und so lange deren Maß nicht überschritten ist, bewegen sich beide Parteien in derjenigen Sphäre, an die das Gesetz denkt.

III. Geringwertige Mittel; Bewirken von Leistung und Gegenleistung

14 Bei der **Geringwertigkeit der Mittel** spricht S. 2 systematisch dafür, in S. 1 einen **objektiven Maßstab** anzulegen: Gefahren für das individuelle Vermögen sind ausdrücklich erst dort erfasst. Also droht das tägliche Glas Champagner am Erfordernis einer objektiv verstandenen Geringwertigkeit zu scheitern (und beim wenig Betuchten sicher an S. 2). Dagegen bestehen aber Bedenken: Kriterien für die Ausfüllung dieser Kategorie sind nicht ersichtlich. Stellt man auf **statistische Durchschnittswerte** ab, wie es die Gesetzesbegründung will („das durchschnittliche Preis- und Einkommensniveau"),[20] so könnte der finanziell gut ausgestattete Geschäftsunfähige seinen üblichen Lebenszuschnitt doch nicht selbständig fortführen. Dass das Gesetz ihm aber ebendies ermöglichen will (nicht hingegen „sozialen Ausgleich" anstrebt), ergibt sich teleologisch: Die Geringwertigkeit ist so lange subjektiv zu bestimmen, als die Grenze der Vermögensgefährdung nicht erreicht ist; für S. 1 kommt es also nicht auf eine objektive Betrachtung an, sondern darauf, was der konkrete Geschäftsunfähige sich ohne Gefährdung der **Substanz seines Vermögens** leisten kann.[21] Soweit der historische Gesetzgeber seine abweichende Vorstellung mit der „Sicherheit des Rechtsverkehrs" begründet, greift er systemwidrig auf Verkehrsschutzkriterien zurück, die in den §§ 104 ff. keinen Platz finden;[22] hier setzen sich Systematik und Telos gegen die – nach allgemeinen Regeln nachrangige – subjektiv-historische Auslegung durch.[23]

15 In diesem subjektivierenden Sinn lässt sich auch das Kriterium des Nachdenkens und Abwägens verstehen (Rn 10): Man mag durchaus davon ausgehen, was üblicherweise Anlass zum Abwägen ist.[24] Hat aber im

---

18 Hier zeigt sich zugleich die Nutzlosigkeit der Konstruktion einer Verkehrsauffassung: Sachgerechte Ergebnisse erzielte man hier allenfalls, wenn man die Bevölkerung in Gruppen einteilte, welchen der „Verkehr" mehr oder weniger Freude an Museen zuwiese. Dies führte zu ähnlich ergebnisorientierter Kategorienbildung wie früher nach der „objektiven Theorie" zu § 459 BGB a.F.
19 Diese sind für den geschäftsfähigen Betreuten bereits über §§ 1903 Abs. 1 S. 2, 110 geregelt. Anders *Pawlowski*, JZ 2003, 68 ff.: § 105a sei in teleologischer Reduktion lediglich auf vom Betreuer überlassene Mittel zu beziehen. Dies nähme dem § 105a sein systematisches Störpotenzial, bedeutete aber u.a., dass überhaupt nur betreute Geschäftsunfähige von der Norm profitieren könnten, wiewohl sie im Allgemeinen Teil steht. Vgl. *Löhnig/Schärtl*, AcP 204 (2004), 30.
20 BT-Drucks 14/9266, S. 43 re. Sp.
21 Für 1903 ist die Berücksichtigung der individuellen Verhältnisse des Betreuten bei der „Geringfügigkeit" h.L.; vgl. *Lipp*, FamRZ 2003, 727 m.w.N. Fn 87; s. MüKo/*Schwab*, § 1903 Rn 46.
22 Zutr. *Scherer*, StudZR 2004, 98.
23 A.A. *Joussen*, ZGS 2003, 103 (der Sinn und Zweck anders bestimmt als hier vertreten).
24 Vgl. nochmals LG Gießen FamRZ 2003, 459.

konkreten Fall der nunmehr Geschäftsunfähige niemals abgewogen, ob er 5 EUR mehr oder weniger bezahlen solle, wenn in der Philharmonie Mozart gespielt wurde, so entspricht es gerade dem Ziel des Gesetzes, ihm auch weiterhin den von ihm bevorzugten Musikgenuss zu ermöglichen (zumal ihm im Wesentlichen die Möglichkeit fehlt, das gesparte Geld wirksam anderweitig einzusetzen). Man kann also von einer statistischen Üblichkeit des unbedachten oder reflektierten Ausgebens ausgehen, muss diesen gedanklichen Ausgangspunkt aber ggf. anhand der persönlichen Umstände korrigieren. Erwägungen der Rechtssicherheit spielen wiederum keine Rolle.

Jedenfalls kommt es auf die **konkret geforderte Gegenleistung** an, nicht auf einen Durchschnittspreis, obwohl diese Gegenleistung mit der vom Geschäftsunfähigen erlangten Leistung nicht wirksam vertraglich verbunden ist (dazu sogleich Rn 21 ff.). Das Verb „können" meint also nicht die abstrakte Möglichkeit, eine Leistung für geringen Aufwand zu bekommen, sondern die konkrete. Sonst träten die Rechtsfolgen der Norm auch hinsichtlich überteuerter Leistungen ein, was gerade angesichts der Geschäftsunfähigkeit des Leistungsempfängers zu verhindern ist. 16

Eine Spezialfrage der Geringwertigkeit ist die, ob dem Geschäftsunfähigen eine gewisse **Vorratshaltung** erlaubt werden soll. Die Summe in sich sinnvoller Geschäfte kann sinnlos sein.[25] Hier mag die Üblichkeit eine Grenze indizieren;[26] im Zweifel ist von den teleologischen Kriterien wiederum am ehesten das des Nachdenkens und Abwägens hilfreich (legt man einen solchen Vorrat üblicherweise ohne solche Reflexion an?),[27] und ergänzend ist auf den gewohnten Lebenszuschnitt abzustellen: Wer sich mit 50 Konservendosen im Keller sicherer fühlt, muss durchaus nicht geschäftsunfähig sein, und wenn er geschäftsunfähig wird, so ist nicht einzusehen, warum er nicht weiterhin 50 Dosen vorrätig halten darf. Anders bei veränderten Wünschen, zumal diese auch auf eine weitere Einschränkung der Fähigkeit zur Selbstbestimmung hindeuten können. 17

Verallgemeinert: Kauft jemand **mehrere Objekte** auf einmal, so bestimmt sich die Geringwertigkeit zwar nach dem **Gesamtpreis**.[28] Auch der Erwerb mehrerer gleichartiger Objekte kann jedoch von § 105a erfasst sein, wenn deren allmählicher Verbrauch den Tatbestandsmerkmalen im Übrigen entspricht; anders nach dem oben erörterten Kriterium des „täglichen Lebens" bei Mengen, die eine solche Nutzung zweifelhaft erscheinen lassen, und zwar unabhängig vom Preis: 20 Konservenbüchsen mögen den Haushalt des Geschäftsunfähigen bereichern, 20 Zahnbürsten nicht. 18

Sonderprobleme der Bestimmung des Wertverhältnisses stellen sich bei **Schenkungen**. Schenkt der Geschäftsunfähige, so wird er nicht zur Befriedigung eines ökonomisch verstandenen Bedarfs tätig; aus der Perspektive der vom Gesetzgeber ins Auge gefassten typischen Fälle könnte man also, wenn man aus diesen Fällen allein den Normzweck ableitete, eine teleologische Reduktion erwägen.[29] Die Folge wäre, dass nur bei Bestellung eines Betreuers Schenkungen möglich wären, nämlich durch diesen.[30] Man wird jedoch differenzieren müssen: Hat der Großvater seinem Enkelkind schon immer Plätzchen angeboten, so gehört es in Zeiten der Altersdemenz gerade zu seiner weiteren Integration in sein soziales Umfeld, dass er dies auch weiterhin tun kann. Allgemeine Regeln erzwingen also kein generelles Schenkungsverbot; kleine Geschenke können durchaus zu dem Alltag gehören, der dem Geschäftsunfähigen ermöglicht werden soll. 19

Wird umgekehrt der Geschäftsunfähige **selbst beschenkt**, spricht einiges dafür, größere Summen zwar nicht deshalb vom Anwendungsbereich der Norm auszuschließen, weil die Mittel nicht geringwertig seien: Die Geringwertigkeit bezieht sich auf das „Tätigen" durch den Geschäftsunfähigen, und dieser gibt bei einer Schenkung nichts hin. Wohl aber gehören solche Geschäfte nicht zum täglichen Leben,[31] und zwar auch nach dem noch am ehesten tauglichen Kriterium des Nachdenkens und Abwägens: Bei größeren Zuwendungen muss man erwägen, ob man diese annehmen sollte, weil die Frage nahe liegt, welche Interessen der Schenkende verfolgt. Das Nachdenken bezieht sich hier also auch auf den außerrechtlichen Sinn des Geschäfts; bedenkt man die grundsätzliche Skepsis des BGB gegenüber unentgeltlichen Zuwendungen, so unterliegt der Geschäftsunfähige als Beschenkter denselben Regeln wie als Schenkender. Namentlich lassen sich die minderjährigenrechtlichen Regeln über den rechtlichen Vorteil (§ 107) nicht auf den völlig anders gearteten Schutzmechanismus der §§ 104–105a übertragen. 20

Das Gesetz sagt anders als in § 110 zunächst nicht „bewirkt", sondern „das mit geringwertigen Mitteln **bewirkt werden kann**". Es geht an dieser Stelle also nicht um ein Verbot von Kreditgeschäften, sondern 21

---

25 Vgl. zu § 1903 Abs. 3 S. 2 bereits *Baldus/Böhr*, Jura 2001, 34 ff.
26 Vgl. *Casper*, NJW 2002, 3426.
27 *Scherer*, StudZR 2004, 98.
28 So auch *Joussen*, ZGS 2003, 103; vgl. für § 1903 Abs. 3 S. 2 bereits *Baldus/Böhr*, Jura 2001, 37.
29 So – ohne methodische Einordnung – wohl *Lipp*, FamRZ 2003, 727.
30 So in der Tat *Lipp*, FamRZ 2003, 727, ohne Erörterung des Falles, dass kein Betreuer bestellt ist.
31 Vgl. das Beispiel bei *Scherer*, StudZR 2004, 103.

um die quantitative Bestimmung der Gegenleistung. Dennoch kann der Geschäftsunfähige das Bier in seiner Stammkneipe nicht anschreiben lassen, weil § 105a *zusätzlich* verlangt, dass Leistung und Gegenleistung bewirkt sind; insoweit besteht eine Parallele zu § 110. Das Bewirken in diesem Sinne scheitert nicht an der Unfähigkeit, einen rechtsgeschäftlichen Willen zu bilden (sonst liefe die Norm leer).[32] Wie bei § 110 geht es darum, dass der Geschäftsunfähige den ihn treffenden Vermögensnachteil spürt, wohingegen er die aus einem Kreditgeschäft resultierenden Nachteile oftmals nicht realisieren würde.

22 Möglich ist es also, das Bier zu trinken, aber nicht zu bezahlen; dann ist der Leistende auf gesetzliche Ansprüche verwiesen. Insoweit steht im Falle des § 105a der unvorsichtige Geschäftspartner, der keine Vorkasse verlangt, so, wie nach allgemeinen Regeln jeder, der mit einem nicht (voll) Geschäftsfähigen kontrahiert. Hingegen genießt den Schutz einer Wirksamkeitsfiktion, wer erst kassiert, sofern er dann auch selbst leistet; damit sind immerhin Bereicherungsansprüche und namentlich die Problematik der Saldotheorie ausgeschlossen.

23 Problematisch ist die Fallgestaltung, in welcher der **Geschäftspartner** auf Vorkasse **nicht leistet** (etwa übereignet): Da seine Leistung nicht bewirkt ist, greift allein § 105 Abs. 1 ein; er muss also auch nicht leisten. Dem Geschäftsunfähigen steht dann lediglich ein Bereicherungsanspruch zu. Dessen typische Schwäche (§ 818 Abs. 3) könnte dazu verleiten, einen paravertraglichen Leistungsanspruch in der Person des Geschäftsunfähigen zu konstruieren, etwa über § 242. Dies wäre aber system- und zweckwidrig: Das Gesetz will das als wirksam behandeln, was bereits geschehen ist, nicht eine Parallelordnung zum Vertragsrecht schaffen (namentlich mit weiteren Pflichten zulasten des Geschäftsunfähigen, siehe Rn 28 ff.). Häufig wird der Geschäftsgegner auch um den Zustand des anderen wissen, so dass die §§ 819 Abs. 1, 818 Abs. 4 eingreifen.

IV. Keine Gefahr für Person oder Vermögen (S. 2)

24 S. 2 bezieht sich auf den Fall, dass ein Geschäft zwar den üblichen Lebensverhältnissen des Betroffenen entspricht und auch mit geringwertigen Mitteln bewirkt werden kann, die Fiktion seiner Wirksamkeit (Rn 26) im Ergebnis aber dennoch zu gefährlich wäre. Hier finden jedenfalls **subjektive Kriterien** Anwendung. Eine erhebliche Gefahr für die Person eines Alkoholikers liegt schon im Erwerb eines einzigen Glases Bier (freilich wäre die Gefahr unmittelbar nicht größer, tränke er das Bier *cum causa*). Eine erhebliche Gefahr für das Vermögen eines Armen kann auch im Erwerb objektiv geringwertiger Gegenstände liegen; freilich wird hier kaum ein Fall zu finden sein, in dem nicht schon S. 1 zu verneinen wäre.

25 Hinsichtlich der **Gesundheitsgefährdung** mag die gesetzliche Konstruktion insoweit schlüssig sein, als ein rechtskundiger Gastwirt das Bier nicht ausschenken wird, wenn er weiß, dass auch ein Bewirken der Gegenleistung keine Wirksamkeitsfiktion herbeiführte; damit aber öffnet sich wiederum das Feld des Bereicherungsrechts, weitere Wirksamkeitshindernisse sind in solchen Fällen denkbar (§ 138!), und im Übrigen dürfte der rechtskundige Gastwirt, der sich tatsächlich von solchen Erwägungen leiten lässt, selten anzutreffen sein. Für die **Vermögensgefährdung** sieht es nicht viel besser aus. So mag S. 2 gut gemeint sein, kann aber auf wenig praktische Bedeutung hoffen.

V. Rechtsfolgen

26 Rechtsfolge des § 105a ist, dass der Vertrag als wirksam „gilt". Dies ist technisch als **Fiktion** zu lesen; das Gesetz beseitigt nicht die Geschäftsunfähigkeit, sondern es sieht über sie hinweg. Die Ausdrücke „geschlossen" und „vereinbart" meinen den rechtlich an sich folgenlosen faktischen „Konsens", der allein innerhalb des § 105a Bedeutung erlangt. Insoweit liegt eine gewisse Klarstellung in der Konstruktion als Fiktion. Das bedeutet insbesondere: Durch § 105a tritt keine Wirksamkeit der Willenserklärung ein, sondern lediglich die Fiktion eines wirksamen **Vertragsschlusses**.[33] Die Konstruktion (Irrelevanz einer Prämisse aufgrund Fiktion des Ergebnisses) ist bestenfalls atypisch (fingiert wird normalerweise etwas kontrafaktisch, Rechtsfolgen hingegen kann das Gesetz anordnen), aber jedenfalls bleibt die Willenserklärung unwirksam.

27 Daraus folgt: § 105a schafft keine **relative Geschäftsfähigkeit** (dazu § 104 Rn 5), ebenso wenig eine **partielle** (§ 104 Rn 5 f.). Selbst wenn man als Geschäfte des täglichen Lebens die „einfachen" (in welchem Sinne auch immer) qualifiziert, tritt doch auch durch § 105a keine Wirksamkeit der Willenserklärung ein. Eine partielle Geschäftsfähigkeit scheitert an derselben Erwägung sowie daran, dass die infrage kommenden Geschäfte nicht gegenständlich abgrenzbar sind. In jedem Fall kann der Geschäftsunfähige unter § 105a nicht mehr wirksam erklären als sonst auch. Vielmehr bezieht die Wirksamkeitsfiktion sich auf einen Kreis von Geschäften, der mit den allgemeinen Kategorien der Geschäftsfähigkeit weder erfasst werden kann

---

32 Vgl. *Casper*, NJW 2002, 3426.

33 Vgl. noch *Joussen*, ZGS 2003, 103 f. („juristisches Neuland", „juristisches Vakuum").

noch muss. Allenfalls mag man eine (dogmatisch vorbildlose) „partielle Wirksamkeitsfiktion mit relativen Elementen" annehmen.[34]

Ungeklärte Probleme bietet die Rechtsfolgenseite einerseits hinsichtlich der **Wirksamkeit des Verfügungsgeschäfts**, andererseits bezüglich etwaiger **Sekundäransprüche**. Anders als im Minderjährigenrecht hilft die Kategorie des rechtlichen Vorteils nicht weiter, wenn man dem Geschäftsunfähigen rechtsbeständigen Erwerb sichern will. Vielmehr ist zu fragen, ob die Begriffe „Geschäft" und „wirksam" auch das Erfüllungsgeschäft meinen. Der Wortlaut steht dem nicht entgegen,[35] System, Sinn und Zweck legen eine positive Antwort nahe:[36] Würde der Geschäftsunfähige nicht Eigentümer, so könnte der Geschäftsgegner vindizieren.[37] Soll aber das Geschäft auf Seiten des Geschäftsunfähigen Wirkungen entfalten, so muss dies auch für den Geschäftsgegner gelten, denn eine einseitige Möglichkeit der Rückabwicklung würde der Position des Geschäftsunfähigen im alltäglichen Rechtsverkehr gerade schaden. Es erwerben also beide wirksam; dies entspricht auch der systematischen Einordnung der §§ 104 ff. im Allgemeinen Teil: Die Regeln über Verpflichtungs- und Verfügungsgeschäfte werden im Regelfall gleichermaßen durch den Schutz der nicht voll Geschäftsfähigen beeinflusst, es gibt keine Bereichsausnahmen, aber auch keine Auflösung des Trennungs- und Abstraktionsprinzips. 28

Verschiedentlich wird der Versuch unternommen, dem Geschäftsunfähigen **Sekundäransprüche** zukommen zu lassen. Solche Ansprüche setzen Wirksamkeit des Vertrages voraus; es fragt sich also wieder, wie weit die Wirksamkeitsfiktion reicht. Der Wortlaut ist wiederum indifferent; der historische Gesetzgeber wollte weiter gehende Ansprüche auch in der Person des Geschäftsunfähigen nicht entstehen lassen;[38] systematisch und teleologisch fragt sich, ob das Gesetz den Geschäftsunfähigen oder den Geschäftsgegner nur von Rückabwicklungsansprüchen freistellen oder umfassend Vertragswirkungen herbeiführen will. 29

Wenn das Ziel die – beschränkte – Teilnahme am Rechtsverkehr ist, so meint dies den vertraglichen Rechtsverkehr; außervertragliche Ansprüche hat der Geschäftsunfähige ohnehin. Daher ließe sich begründen, warum der Geschäftsgegner, welcher immerhin das Entgelt behalten darf, nicht auch den vertraglicher Sonderverbindung korrespondierenden Sekundäransprüchen ausgesetzt sein soll. 30

Wie aber verhielte es sich – immer im skizzierten Denkmodell – mit Ansprüchen **gegen** den Geschäftsunfähigen? Die fiktive Behandlung der Abrede als wirksam ließe sich in dieser Optik wie folgt weiterdenken: Das durch § 105a in Bezug genommene Modell ist ein symmetrisches, und das Gesetz weist dem Geschäftsunfähigen Risiken lediglich unter der Prämisse zu, dass die Voraussetzungen des § 105a erfüllt sind, namentlich die Alltäglichkeit, welche die Situation für den Geschäftsunfähigen überschaubar macht, und die Geringwertigkeit, welche sein Risiko begrenzt. Zum anderen kennt dieses Risiko auch eine – praktisch entscheidende – rechtliche Grenze darin, dass vertraglich konstruierte Haftung ebenso wie deliktische üblicherweise Verschulden voraussetzt, das in der Person des Geschäftsunfähigen nach allgemeinen Regeln nicht gefunden werden kann. 31

Ein solches Ergebnis ist jedoch unerwünscht, da seine Konstruktion dem Schutz des Geschäftsunfähigen jedenfalls im Ansatz zuwiderliefe. Daher wird bisweilen halbseitige Wirksamkeit (Ansprüche nur zugunsten des Geschäftsunfähigen) konstruiert,[39] was jedoch systematischen Zweifeln begegnet: Das BGB kennt prinzipiell kein *negotium claudicans*, sondern lässt Geschäfte beidseitig wirksam oder unwirksam sein.[40] 32

Insgesamt spricht mehr dafür, jeden vertraglichen Sekundäranspruch auszuschließen. Sonst käme man, über den Rückabwicklungsausschluss hinaus, zu einer insgesamt paravertraglichen Struktur, die vom Gesetzgeber jedenfalls subjektiv nicht gewollt war und die auch nicht erforderlich ist: Vor Einführung des § 105a war der Geschäftsunfähige auch nur außervertraglich geschützt, und dieser Schutz wurde in der Vergangenheit als ausreichend angesehen. 33

---

34 So das Ergebnis der gründlichen Analyse von *Scherer*, StudZR 2004, 101–105.
35 Sofern man „bewirken" nicht auf das Erfüllungsgeschäft bezieht und daraus ableitet, die Norm meine allein das Verpflichtungsgeschäft. Dazu besteht jedoch schon deswegen kein Anlass, weil „bewirken" gar nicht technisch im Sinne eines nach allgemeinen Regeln wirksamen Aktes verstanden werden kann (Rn 21 ff.). Unerheblich ist, dass das Gesetz von „einem" Vertrag spricht: *Casper*, NJW 2002, 3428; *Joussen*, ZGS 2003, 105.
36 So die h.L.; anders MüKo/*Schmitt*, § 105a Rn 19.
37 Anders nur bei Annahme einer dauernden Vindikationssperre. Damit freilich legte man dem § 105a ohne Not die Konsequenz bei, Eigentum und Besitz dauerhaft zu trennen; das aber ist dem BGB fremd, und zwar auch nach Einführung des § 241a (vgl. *Casper*, NJW 2002, 3427 f.).
38 BT-Drucks 14/9266, S. 43 re. Sp.
39 Vgl. *Casper*, NJW 2002, 3427.
40 Im Minderjährigenrecht wird dies möglich durch konsequente Durchführung des Abstraktionsprinzips: Weil die verschiedenen Erfüllungsakte rechtlich gegenüber dem Grundgeschäft, wie auch untereinander, selbständig sind, kann für jedes Geschäft gesondert entschieden werden, was der Minderjährigenschutz verlangt. Die abweichende römische Vorstellung vom „hinkenden Geschäft" beruht auch darauf, dass seinerzeit nicht so strikt getrennt wurde.

34 Ein Ausweg liegt darin, in § 105a zusätzlich hineinzulesen, Leistung und Gegenleistung müssten *ordnungsgemäß* bewirkt sein.[41] Das ist als **teleologische Reduktion** möglich und stimmt mit der systematischen Klarstellung überein, welche beispielsweise § 433 Abs. 1 S. 2 n.F. mit sich bringt: Mangelhafte Leistung und Nichtleistung sind lediglich zwei Varianten der Pflichtverletzung, die Grundunterscheidung des Gesetzes ist hingegen die zwischen ordnungsgemäßer Leistung und Pflichtverletzung. Das Ergebnis bei nicht ordnungsgemäß bewirkter Leistung ist nach diesem Ansatz wiederum Nichtigkeit des Geschäfts; die Rückabwicklung folgt dann allgemeinen Regeln.

C. Weitere praktische Hinweise und rechtspolitischer Ausblick

35 Die **Beweislast** für die Voraussetzungen des **S. 1** trifft nach allgemeinen Regeln den, der sich auf die Vorschrift beruft, so etwa den Geschäftsgegner, der das Entgelt nicht zurückzahlen will, aber auch den Geschäftsunfähigen, der die gekaufte Sache behalten möchte.

Die letztgenannte Konstellation deutet darauf hin, dass es jedenfalls eine praktische Anwendung der Vorschrift geben könnte: Ohne § 105a müsste der Geschäftsunfähige beweisen, punktuell geschäftsfähig gewesen zu sein, nämlich in einem „lichten Augenblick" (§ 105 Rn 2) gehandelt zu haben; ein Beweis, der sowohl schwierig als auch sozial **unerwünscht** sein kann (etwa wegen der Notwendigkeit, medizinische Details offen zu legen). Stehen aber die Voraussetzungen des § 105a fest, so entfällt die Notwendigkeit (und die Möglichkeit),[42] auf den „lichten Augenblick" zurückzugreifen: Der Handelnde war geschäftsunfähig, auch im Zeitpunkt des streitgegenständlichen Geschäfts, das Gesetz legt seinem Handeln aber dennoch Wirksamkeit bei.

Das Vorliegen der Voraussetzungen des **S. 2** muss derjenige beweisen, der sich auf den Ausschluss der Wirkungen nach dieser Vorschrift beruft.

36 Wünschenswert ist eine baldige **Streichung** der Norm als bestenfalls überflüssig, jedenfalls systemwidrig und praxisfern. Solange sie existiert, bleibt sie so zu **interpretieren**, dass das gesetzliche Regelungssystem im Übrigen nicht beschädigt wird. **Analogiefähig** ist sie nicht, weil sie gesetzestechnisch und dem Regelungskonzept nach von allgemeinen Vorschriften abweicht und an deren Stelle eine bereits in sich schwerlich nachvollziehbare punktuelle Sonderregel setzt.

37 Eine entsprechende Anwendung des § 105a (oder des § 1903 Abs. 3 S. 2) auf **beschränkt** Geschäftsfähige kommt nicht in Betracht. Das spezifische Regelungsziel dieser Ausnahmevorschriften, die Bewegungsfreiheit des Betroffenen in alltäglichen Angelegenheiten zu erweitern, passt nicht; im Gegenteil verlangt der Erziehungsauftrag der Eltern es, auch beispielsweise den Kauf von Süßigkeiten in kleinen Mengen ihrer Zustimmung im Einzelfall unterwerfen zu können. Hinzu kommen die dargestellten Verständnisprobleme, die bei einer Ausdehnung auf andere Sachverhalte nur größer werden könnten.

38 Ebenso ist eine direkte oder analoge Anwendung auf die nach **§ 105 Abs. 2** nichtige Willenserklärung abzulehnen.[43] Wer – etwa im Alkoholrausch – Geschäfte tätigt, die typologisch unter § 105a fallen könnten,[44] ist rechtstechnisch nicht geschäftsunfähig i.S.d. § 105a. Die damit allenfalls denkbare Analogie scheitert bereits am Fehlen einer (planwidrigen) Lücke: Der Betrunkene oder anderweitig Berauschte soll keineswegs an den Geschäftsverkehr herangeführt werden. Seinem Bedürfnis nach sozialer Integration und Selbstbestimmung ist dadurch Rechnung zu tragen, dass seine Sucht bekämpft wird und (jedenfalls) der aktuelle Rauschzustand vergeht, nicht durch weitere Aufweichungen der Geschäftsfähigkeitsregeln.

---

41 Näher *Joussen*, ZGS 2003, 104.
42 Grundsätzlich anders verwertet Jauernig/*Jauernig*, § 105a Rn 3, die Lehre vom „lichten Augenblick": Alle für § 105a relevanten Fälle seien mit dieser Rechtsfigur erklärbar. Das überzeugt *de lege ferenda* durchaus, ändert aber nichts am konstruktiven gegenseitigen Ausschluss der beiden Tatbestände: § 105a für Geschäftsunfähige (Wortlaut), lichter Augenblick für punktuell Geschäftsfähige.
43 Dafür (mit der Begründung, in beiden Fällen sei die freie Willensbestimmung ausgeschlossen) *Lipp*, FamRZ 2003, 725.
44 *Lipp* erwähnt eine Taxifahrt oder den Kauf von Zigaretten. Gerade beim Taxifahren stellt sich jedoch die Frage, ob derart typischerweise teure Dienstleistungen von Volltrunkenen tatsächlich nach den zu § 105a entwickelten Kriterien in Anspruch genommen werden – oder ob lediglich andere, hier nicht erhebliche Erwägungen für die Begünstigung des Taxifahrens sprechen (etwa die alkoholbedingte Fahruntüchtigkeit des Kunden).

§ 106 Beschränkte Geschäftsfähigkeit Minderjähriger

¹Ein Minderjähriger, der das siebente Lebensjahr vollendet hat, ist nach Maßgabe der §§ 107 bis 113 in der Geschäftsfähigkeit beschränkt.

A. Allgemeines

Die Norm erlangt Bedeutung primär als Voraussetzung der §§ 107–113.¹ Seit der Abschaffung der Vormundschaft über Volljährige durch das BtG gibt es keine volljährigen beschränkt Geschäftsfähigen mehr. Wohl aber ordnet § 1903 Abs. 1 S. 2 die entsprechende Anwendung der §§ 108–113 für den unter Einwilligungsvorbehalt stehenden Betreuten an.² 1

B. Regelungsgehalt

Die beschränkte Geschäftsfähigkeit **beginnt** mit der Vollendung des siebten Lebensjahres, also am siebten Geburtstag um 0 Uhr, § 187 Abs. 2 S. 2, und **endet** mit Ablauf des letzten Tages des siebzehnten Lebensjahres, §§ 2, 188 Abs. 2 Hs. 2, 187 Abs. 2 S. 2. 2

Die beschränkte Geschäftsfähigkeit hat zur **Folge**, dass der Minderjährige selbst **Rechtsgeschäfte wirksam** vornehmen kann, sofern die **Einwilligung** (§ 183) seines gesetzlichen Vertreters vorliegt, § 107. Fehlt die Einwilligung, so hängt die Wirksamkeit eines vom Minderjährigen abgeschlossenen Vertrags von der Genehmigung des gesetzlichen Vertreters ab, vgl. § 108; ein einseitiges Rechtsgeschäft des Minderjährigen ist grundsätzlich unwirksam, vgl. § 111. Daneben hat der gesetzliche Vertreter weiterhin die Möglichkeit, in Ausübung seiner Vertretungsmacht gem. § 1629 Abs. 1 Rechtsgeschäfte mit Wirkung für und gegen den Minderjährigen abzuschließen.³ 3

Ausnahmsweise ist der Minderjährige **unbeschränkt geschäftsfähig**, soweit ihm nämlich das konkrete Rechtsgeschäft **lediglich** einen **rechtlichen Vorteil** bringt (oder neutral ist, vgl. § 107 Rn 13), **§ 107**,⁴ und unter den Voraussetzungen der **§§ 112, 113**.⁵ Konsequenterweise ist in diesen Bereichen ein wirksames Handeln des gesetzlichen Vertreters für den Minderjährigen ausgeschlossen, da kein Schutzbedürfnis besteht⁶ – bei § 107 von Anfang an nicht, bei §§ 112, 113 nicht mehr (vgl. § 112 Rn 1).⁷ 4

Ob eine dem Minderjährigen gegenüber abgegebene Willenserklärung wirksam wird, bestimmt sich gem. **§ 131 Abs. 2** spiegelbildlich zu § 107; es kommt mithin darauf an, ob die Erklärung dem Minderjährigen lediglich einen rechtlichen Vorteil bringt oder eine Einwilligung des Vertreters vorliegt (vgl. § 131 Rn 10 ff.). 5

Bei der Verjährung einer Forderung gegen einen Minderjährigen ist **§ 210** zu beachten.

Eine beschränkte **Prozessfähigkeit** des Minderjährigen gibt es nicht; nur bei unbeschränkter (Teil-) Geschäftsfähigkeit in den Fällen der §§ 112, 113 besteht auch eine auf diese Bereiche beschränkte Prozessfähigkeit, § 52 ZPO. Aus der aus § 107 folgenden unbeschränkten Geschäftsfähigkeit des Minderjährigen für rechtlich vorteilhafte Geschäfte folgt keine Prozessfähigkeit für das konkrete vorteilhafte Geschäft,⁸ denn dies würde gem. § 52 ZPO voraussetzen, dass der Minderjährige sich selbständig durch Verträge verpflichten kann; gerade das kann er i.R.v. § 107 aber nicht. 6

Die Zulässigkeit von **Verfahrenshandlungen** Minderjähriger im **Verfahren der Freiwilligen Gerichtsbarkeit** bestimmt sich nach bürgerlichem Recht.⁹ Beschränkt Geschäftsfähige müssen daher grundsätzlich durch ihren gesetzlichen Vertreter vertreten werden, § 107.¹⁰ Im Übrigen vgl. § 104 Rn 23.

---

1 Zu Sonderregelungen für Minderjährige im Familien- und Erbrecht vgl. MüKo/*Schmitt*, § 106 Rn 5, 6.
2 Vgl. dazu MüKo/*Schwab*, § 1903 Rn 3, 42 f.
3 *Medicus*, BGB AT, Rn 583; Staudinger/*Knothe* (2004), § 106 Rn 5.
4 Planck/*Flad*, § 107 I.; Jauernig/*Jauernig*, § 106 Rn 2.
5 *Larenz/Wolf*, BGB AT, § 25 Rn 62 f.
6 Jauernig/*Jauernig*, § 106 Rn 3; a.A. für § 107 v. Thur, BGB AT Bd. 2, § 59 V (S. 344); für §§ 112, 113 *Larenz/Wolf*, BGB AT, § 25 Rn 70 m.w.N.
7 Zu §§ 112, 113 vgl. *Enneccerus/Nipperdey*, BGB AT Bd. 2, S. 935 f.
8 Jauernig/*Jauernig*, § 106 Rn 3.
9 BayObLG DB 2003, 1565 m.w.N.
10 BGHZ 35, 1, 4; hiernach sollen die beschränkt Geschäftsfähigen aber in dem Rahmen allein Anträge stellen und Rechtsmittel einlegen können, in dem sie nach bürgerlichem Recht das Recht haben, „gewisse Rechtshandlungen selbständig vorzunehmen".

C. Weitere praktische Hinweise

7 Wer sich auf die beschränkte Geschäftsfähigkeit des Erklärenden beruft, trägt hierfür die **Beweislast**. Angesichts der hierfür festgelegten Altersgrenzen wird dies höchstens bei Jugendlichen problematisch sein, die keine zuverlässigen Ausweispapiere besitzen. Ist der Zeitpunkt der Abgabe der Erklärung streitig, so ist derjenige beweispflichtig, der sich darauf beruft, dass die Abgabe noch während der Minderjährigkeit des Erklärenden erfolgt ist.[11]

8 Zum **Kollisionsrecht** vgl. § 104 Rn 25.

---

§ 107 Einwilligung des gesetzlichen Vertreters

¹Der Minderjährige bedarf zu einer Willenserklärung, durch die er nicht lediglich einen rechtlichen Vorteil erlangt, der Einwilligung seines gesetzlichen Vertreters.

Literatur: W. *Bayer*, Lebensversicherung, Minderjährigenschutz und Bereicherungsausgleich, VersR 1991, 129; *Braun*, Gutgläubiger Erwerb vom Minderjährigen gem. §§ 107, 932 BGB?, Jura 1993, 459; *Fielenbach*, Können Minderjährige aus zivilrechtlicher Sicht bedenkenlos schwarzfahren?, NZV 2000, 358; *Fomferek*, Der Schutz des Vermögens Minderjähriger, 2002; *Hagemeister*, Grundfälle zu Bankgeschäften mit Minderjährigen, JuS 1992, 839 und 924; *Harder*, Minderjährige Schwarzfahrer, NJW 1990, 857; *Jauernig*, Noch einmal: Die geschenkte Eigentumswohnung – BGHZ 78, 28, JuS 1982, 576; *Klüsener*, Grundstücksschenkung durch die Eltern, Rpfleger 1981, 258; *Köhler*, Grundstücksschenkung an Minderjährige – ein „lediglich rechtlicher Vorteil"?, JZ 1983, 225; *Lange*, Schenkungen an beschränkt Geschäftsfähige und § 107, NJW 1955, 1339; *Maultzsch*, Die „fehlerhafte Gesellschaft": Rechtsnatur und Minderjährigenschutz, JuS 2003, 544; *Metz*, Bankgeschäfte mit Jugendlichen, VuR 1993, 69; *Reimann*, Der Minderjährige in der Gesellschaft – Kautelarjuristische Überlegungen aus Anlass des Minderjährigenhaftungsbeschränkungsgesetzes, DNotZ 1999, 179; *C. Schäfer*, Die Lehre vom fehlerhaften Verband, Habil.-Schr. 2002; *Schreiber*, Erfüllung durch Leistung an Minderjährige, Jura 1993, 666; *Stacke*, Der minderjährige Schwarzfahrer: Sind wirklich Tür und Tor geöffnet?, NJW 1991, 875; *Stürner*, Der lediglich rechtliche Vorteil, AcP 173 (1973), 402; *Ultsch*, Schenkung des gesetzlichen Vertreters an Minderjährige: Gesamtbetrachtung oder konsequente Einhaltung des Trennungsprinzips?, Jura 1998, 524; *Weth*, Zivilrechtliche Probleme des Schwarzfahrens in öffentlichen Verkehrsmitteln, JuS 1998, 795; *Winkler von Mohrenfels*, Der minderjährige Schwarzfahrer – AG Hamburg NJW 1987, 448, und AG Köln NJW 1987, 447, JuS 1987, 692.

A. Allgemeines 1	dd) Erfüllungsannahme 24
B. Regelungsgehalt 5	ee) Eigentumserwerb 25
I. Lediglich rechtlicher Vorteil 5	(1) Wohnungseigentum 28
1. Allgemeines 5	(2) Erwerb vom gesetzlichen Vertreter 30
2. Rechtlich ausschließlich vorteilhafte Geschäfte 8	(3) Belastetes Eigentum 32
3. Neutrale Geschäfte 13	ff) Sonderproblem: Der minderjährige Schwarzfahrer 40
4. Rechtlich nachteilige Geschäfte	gg) Bankgeschäfte 45
a) Rechtliche Nachteile vermögensrechtlicher Art 14	b) Rechtliche Nachteile nicht vermögensrechtlicher Art 46
aa) Gesellschaftsvertrag 15	II. Einwilligung 47
bb) Lebensversicherungsverträge .. 21	III. Rückabwicklung bei fehlender Einwilligung 53
cc) Familien- und erbrechtliche Abreden 22	

A. Allgemeines

1 § 107 ist die **Zentralnorm** des Minderjährigenrechts. Die Vorschrift verlangt systematisch die Unterscheidung zweier Grundsituationen: Ist die Willenserklärung rechtlich lediglich vorteilhaft (dazu Rn 5 ff.), so wird sie ohne Mitwirkung des gesetzlichen Vertreters wirksam. Ansonsten ist regelmäßig eine solche Mitwirkung erforderlich, als **Einwilligung** (vorherige Zustimmung, §§ 107, 183) oder **Genehmigung** (nachträgliche Zustimmung, §§ 108 f., 184), es sei denn, es liege ein Sonderfall vor (§§ 110, 112 f.). Strengere Regeln gelten für einseitige Rechtsgeschäfte § 111.

Das Gesetz geht pauschalierend davon aus, dass Personen im Alter von sieben bis siebzehn Jahren nicht mit hinreichender Sicherheit sinnvolle von ungünstigen Geschäften unterscheiden können; es bindet daher alle Erklärungen, die eine Abwägung von Nutzen und Nachteil verlangen, an eine **Mitwirkungshandlung** der gesetzlichen Vertreter, also derjenigen Personen, die auch sonst für das Wohl und die Erziehung des Minderjährigen verantwortlich sind (§ 1629; näher Rn 3).

---

11 OLG Saarbrücken NJW 1973, 2065.

Gesetzliche Vertreter sind nach § 1629 Abs. 1 regelmäßig die Eltern als Gesamtvertreter (S. 2), soweit sie sorgeberechtigt sind; vgl. weiterhin namentlich §§ 1671 f. für den Fall des Getrenntlebens und §§ 1626a ff. für den Fall, dass die Eltern nicht miteinander verheiratet sind. Konflikte zwischen den Gesamtvertretern löst äußerstenfalls das Familiengericht durch Übertragung der Sorge in der fraglichen Angelegenheit auf einen von ihnen, §§ 1628, 1629 Abs. 1 S. 3. Ungeklärt ist, in welchem Maße Vereinbarungen über das Sorgerecht oder dessen Ausübung zulässig sind.[1] § 1629 Abs. 2 (daneben § 181, vgl. § 1795 Abs. 2) begründet Grenzen der Vertretung, § 1643 Abs. 1 Genehmigungserfordernisse (§ 104 Rn 11). Weitere Schranken und Besonderheiten: §§ 1638 ff.

Wenn das Gesetz vom „gesetzlichen Vertreter" spricht, bedeutet dies nicht, dass in dessen Zustimmung die Abgabe einer Erklärung läge, die anschließend dem Minderjährigen nach § 1629 Abs. 1 zugerechnet würde, und der Minderjährige selbst keine rechtserhebliche Erklärung abgäbe. Vielmehr ist die Willenserklärung des Vertreters **Wirksamkeitsvoraussetzung** für die eigene Erklärung des Minderjährigen; wo der voll Geschäftsfähige lediglich den Tatbestand der Willenserklärung setzen (§§ 116 ff.) und die allgemeinen Wirksamkeitsvoraussetzungen beachten muss (namentlich §§ 134, 138 und ggf. § 125), bedarf der beschränkt Geschäftsfähige dieser zusätzlichen Erklärung, welche nur der gesetzliche Vertreter abgeben kann.

§ 107 meint unmittelbar nur rechtsgeschäftliches Handeln des Minderjährigen. Auf **geschäftsähnliche Handlungen** findet die Norm analoge Anwendung, da insoweit eine planwidrige Regelungslücke besteht und die *ratio* übertragbar ist (vgl. auch § 104 Rn 4). Für **Realakte** hingegen wird darauf abgestellt, ob der Minderjährige über ausreichende natürliche Einsichts- und Urteilsfähigkeit verfügt, so namentlich bei **ärztlichen Heileingriffen** einschließlich der Entbindung des Arztes von seiner Schweigepflicht. Dazu muss der Minderjährige den Eingriff in seine körperliche Unversehrtheit erkennen und imstande sein, dessen Tragweite und die Auswirkungen seiner Entscheidung zu übersehen.[2] Verwandte Probleme stellen sich beim **Schwangerschaftsabbruch**.[3] Keine bloßen Realakte sind **datenschutzrechtlich** relevante Maßnahmen, weil diese jedenfalls das allgemeine Persönlichkeitsrecht berühren.[4]

B. Regelungsgehalt

I. Lediglich rechtlicher Vorteil

1. Allgemeines. Auslegungsschwierigkeiten bereitet die Wendung „durch die er nicht lediglich einen rechtlichen Vorteil erlangt", bisweilen paraphrasiert als „lediglich rechtlicher Vorteil". Diese Paraphrase ist insofern irreführend, als es nicht um die Abwesenheit sonstiger Vorteile geht, sondern darum, dass die Vorteilhaftigkeit des Geschäfts **allein** unter rechtlichen, nicht auch unter anderen, namentlich ökonomischen Aspekten zu beurteilen ist. Folgt man dieser – ganz herrschenden – Deutung,[5] so ergibt sich der Grundsatz, dass alle Geschäfte rechtlich nicht lediglich vorteilhaft sind, aus denen (auch) der Minderjährige zu einer Leistung verpflichtet wird, unabhängig davon, ob diese Leistung wertvoller ist als die Leistungen, zu denen die andere Seite eventuell verpflichtet ist, oder nicht. Auch günstige Verträge, etwa der Kauf einer Sache zu niedrigem Preis, bringen einen rechtlichen Nachteil für den Minderjährigen mit sich und sind daher zustimmungspflichtig.

Es besteht im Ergebnis Einigkeit über die ausschließliche rechtliche Vorteilhaftigkeit bestimmter Geschäfte, ebenso darüber, dass bestimmte andere Geschäfte zustimmungspflichtig sind (Rn 8 ff.). Schwierigkeiten resultieren aber daraus, dass die Wendung „durch ... erlangt" nicht eindeutig erkennen lässt, ob nur das Geschäft gemeint ist, auf das sich die Erklärung unmittelbar bezieht (beispielsweise eine Übereignung an den Minderjährigen), oder auch Veränderungen der Rechtslage, die lediglich **mittelbar** auf diesem Geschäft beruhen (beispielsweise Lasten, die mit dem Eigentum verbunden sind, vgl. Rn 27 ff.). Die Unterscheidung mittelbar/unmittelbar ist auch hier von begrenztem Wert; sie ermöglicht eine Trennung evidenter von zweifelhaften Fällen, nicht aber eine klare Kategorienbildung.[6] Insbesondere lässt sich

---

1 Vgl. *Reimann*, DNotZ 1999, 200 f.; MüKo/*P. Huber*, § 1626 Rn 13 ff.
2 BayObLG Rpfleger 1985, 192 f.; BGH NJW 1972, 335, 337; 1959, 811.
3 Überzeugend OLG Hamm NJW 1998, 3424 f.; vgl. noch AG Schlüchtern NJW 1998, 832 f.; AG Celle NJW 1987, 2307, 2308.
4 Zum Problem *Körner*, VuR 2002, 380, 381 (Urteilsanm. zu OLG Bremen VuR 2002, 379).
5 Für die Gegenposition mit zahlr. Nachw. *Stürner*, AcP 173 (1973), 402–449 (Thesen: 417). In Wahrheit stehe hinter einem Teil der probl. Differenzierungen in Rspr. und Lit. eine wirtschaftliche Betrachtungsweise; besser sei es, das legitimerweise auf Rechtssicherheit angelegte Kriterium des rechtlichen Nachteils insoweit ökonomisch zu reduzieren, als (bei typisierender Betrachtung) generell ungefährliche Geschäfte zustimmungsfrei gestellt werden sollten. Argumente hiergegen wiederum bei *Köhler*, JZ 1983, 227 f. (namentlich zu Problemen der Typisierung und zur Bedeutung nichtvermögensrechtlicher Aspekte).
6 *Stürner*, AcP 173 (1973), 402–449 *passim*; *Köhler*, JZ 1983, 226 f.

nicht immer ohne Wertungswiderspruch zwischen Fällen unterscheiden, in denen das Gesetz selbst eine bestimmte Rechtsfolge an das Geschäft knüpft, und solchen, bei denen ein Zusammenhang zwischen mehreren Geschäften wirtschaftlich bzw. durch den Parteiwillen hergestellt wird. Daher haben sich einige problematische **Fallgruppen** gebildet (Rn 27 ff.). Eine Rückführung aller zu den verschiedenen Fallgruppen entwickelten Lösungen auf ein einheitlich angewandtes Kriterium ist nicht möglich.[7]

7 Die rechtliche Vorteilhaftigkeit von **Grundgeschäft** und **Erfüllungsgeschäft** ist stets getrennt zu prüfen. Die neuere[8] Rechtsprechung verfährt nicht immer so;[9] vor allem dort nicht, wo sonst die Gefahr bestünde, dass nach § 181[10] zur Erfüllung eines – isoliert betrachtet, unproblematischen – Schenkungsversprechens ohne Kontrolle Dritter ein für den Minderjährigen ungünstiges Vollzugsgeschäft durchgeführt werden kann (Rn 30 f., § 104 Rn 12). Durchbrechungen des Trennungsprinzips sind aber im Ansatz abzulehnen, zumal eine „Gesamtbetrachtung" auch dazu führen könnte, Nachteile unter Berufung auf Vorteile aus dem jeweils anderen Geschäft für unerheblich zu erklären. Das Interesse an einem umfassenden Schutz des beschränkt Geschäftsfähigen ist durch **schutzzweckorientierte Auslegung** des Gesetzes hinsichtlich jedes einzelnen Geschäfts zu wahren, nicht durch eine „Gesamtbetrachtung".[11]

8 **2. Rechtlich ausschließlich vorteilhafte Geschäfte.** Rechtlich lediglich vorteilhaft sind zunächst, auf der Ebene der Verpflichtungsgeschäfte, Willenserklärungen, die auf den Abschluss eines **Schenkungsvertrages** an den Minderjährigen gerichtet sind. Zweifelhaft ist die These, Nebenpflichten aus Schenkungsvertrag seien stets unschädlich;[12] hinter dieser Aussage steht eine ökonomische Regelannahme, die sich aus dem Sinn des § 107 kaum begründen lässt und auch rechtstatsächlich nicht zu überzeugen vermag: Es kann wirtschaftlich sinnvoller sein, vor Ort günstig zu kaufen, als sich eine an entferntem Ort befindliche Ware schenken zu lassen; solche Abwägungen soll aber gerade nicht der Minderjährige selbst treffen.

9 Nachteilig ist die sog. **gemischte Schenkung**, eben weil sie ein Gegenleistungselement enthält; doch liegt eine reine, nicht gemischte Schenkung vor, wenn das Schenkungsobjekt **dinglich belastet** ist (vgl. Rn 32 ff.). Keine Gegenleistung liegt weiterhin in sog. **Rückholklauseln** (etwa im vertraglich vorbehaltenen Rücktritt):[13] Hier gibt der Minderjährige nichts im Gegenzug für die Zuwendung, sondern es kann hinsichtlich der einseitig erfolgten Zuwendung lediglich ein Rückabwicklungsschuldverhältnis begründet werden, nicht anders als in den gesetzlich vorgesehenen Fällen (§§ 527–534).

10 Außer der Schenkung ist kaum ein Verpflichtungsgeschäft denkbar, das allein den Vertragspartner belasten könnte. Dass unvollkommen zweiseitige Typenverträge im Einzelfall rein einseitig ausgestaltet wären, ist kaum je anzutreffen. Sicher rechtlich nachteilig ist das **Darlehen**.[14] Bei einer Bürgschaft zugunsten des Minderjährigen stünden Regressnormen (etwa § 774) entgegen, und jedenfalls könnte der Minderjährige selbst die zu sichernde Forderung nicht ohne rechtlichen Nachteil begründet haben. **Dienstverträge** mit **Rechtsanwälten** kann der Minderjährige auch dann nicht selbständig abschließen, wenn er für das betreffende Verfahren prozessfähig ist.[15]

11 Auf der Ebene der Erfüllung sind in sich nicht nachteilig die Übereignung und die Forderungsabtretung an den Minderjährigen;[16] zur Problematik des durch § 362 Abs. 1 eintretenden Anspruchsverlusts vgl. Rn 24, zu derjenigen der Belastung von Grundstücken Rn 32 ff.

12 Bei den geschäftsähnlichen Handlungen ist zustimmungsfrei die **Mahnung**,[17] weil sie dem Gläubiger nur Vorteile bringt. Anders sind – erst recht nach neuem Schuldrecht – Erklärungen des Gläubigers zu beurteilen, die ihm zwar einen Rechtsbehelf eröffnen, aber andere, bisher bestehende Positionen entfallen lassen, etwa den Anspruch auf die Primärleistung. Das gilt namentlich für den Rücktritt (§§ 323, 326 Abs. 5) und für das Verlangen von Schadensersatz statt der Leistung (§ 281 Abs. 4). Im Einzelnen kann es darauf ankommen, ob noch ein *ius variandi* des von der Pflichtverletzung Betroffenen besteht;[18] wenn nicht, so liegt ein rechtlicher Nachteil vor.

---

7 Vgl. nochmals *Stürner*, AcP 173 (1973), 402–449 passim.
8 Für eine getrennte Betrachtung noch BGHZ 15, 168, 170; aufgegeben, vgl. BGHZ 78, 28, 34 = NJW 1981, 109.
9 BGH NJW 1985, 2407, 2408; BGHZ 78, 28, 34 = NJW 1981, 109; BGH NJW 1975, 1885, 1886; vgl. noch (ohne neue Argumente) OLG Hamm NJW-RR 2001, 437.
10 Parallel: § 1795 Abs. 1 Nr. 1.
11 Vgl. *Jauernig*, JuS 1982, 577 f.
12 So *H. Lange*, NJW 1955, 1340 für Kosten des Transports, der Verpackung usw.
13 Zu gesellschaftsrechtlich erheblichen Fällen vgl. *Reimann*, DNotZ 1999, 192 f.
14 OLG Düsseldorf FamRZ 1995, 1066, 1067, auch zu §§ 181, 1795, 1629 Abs. 2.
15 Vgl. AG Münster NVwZ 1994, 728 (für einen minderjährigen Asylbewerber); OLG Hamm FamRZ 2002, 1127 (zu § 59 FGG).
16 OLG Stuttgart FamRZ 1992, 1423.
17 OLG Köln FamRZ 1998, 1194, 1195.
18 Problematisch für bestimmte Rechtsbehelfe nach § 437 BGB, Art. 3 RL 99/44/EG; vgl. vorerst *Baldus*, Binnenkonkurrenz kaufrechtlicher Sachmängelansprüche nach Europarecht, 1999, S. 109.

3. Neutrale Geschäfte. § 107 erfasst nicht die sog. neutralen Geschäfte, bei denen die Rechtssphäre des Minderjährigen weder positiv noch negativ berührt wird; diese sind nach dem Schutzzweck der Norm zustimmungsfrei. Das soll beispielsweise für den Fall gelten, dass der Minderjährige eine **fremde Sache** an einen Gutgläubigen **veräußert**.[19] Hiergegen bestehen konstruktiv und auch dem Ergebnis nach Bedenken: Eine Wirksamkeit der Verfügung nach § 932 käme mangels Geschäftsfähigkeit nicht infrage, wenn der Minderjährige Eigentümer wäre, denn einen guten Glauben an die (volle) Geschäftsfähigkeit kennt das BGB nicht. Anders soll es sich verhalten, wenn zusätzlich das Eigentum fehlt. In dieser Lage setzt sich der Minderjährige überdies Ersatzansprüchen des bisherigen Eigentümers aus, wenn ein Dritter von ihm gutgläubig erwirbt. Sinnvoller ist es daher, in dieser Konstellation bereits die Gutglaubensvorschriften teleologisch zu reduzieren, jedenfalls aber das Geschäft als nachteilig zu qualifizieren.[20] Damit bleibt für die Kategorie des „rechtlich neutralen Geschäfts" im Wesentlichen § 165 (vgl. dazu § 179 Abs. 3 S. 2), der auch in der Wertung einleuchtet: Niemand wird gezwungen, ausgerechnet einen beschränkt Geschäftsfähigen zum Stellvertreter zu bestellen.

4. Rechtlich nachteilige Geschäfte. a) Rechtliche Nachteile vermögensrechtlicher Art. Rechtliche Nachteile vermögensrechtlicher Art können zunächst im unmittelbar geschlossenen Geschäft selbst liegen. Das betrifft, wie ausgeführt, **jede vertragliche Pflicht**, gleich ob Haupt- oder Nebenpflicht, Leistungs- oder Schutzpflicht (Rn 5 f.; zu Grenzfällen Rn 26 ff.).

aa) Gesellschaftsvertrag. Ein Vertrag mit oft besonders komplexen Pflichten ist der Gesellschaftsvertrag. Minderjährige, namentlich die eigenen Kinder, daran zu beteiligen, kann namentlich aus steuerlichen[21] oder erbrechtlichen (§ 2325 Abs. 3) Gründen gewollt sein. Wegen der mannigfachen Risiken für den nicht voll Geschäftsfähigen haben die Genehmigungserfordernisse aber gerade hier ihren Sinn; umso schwieriger kann es sein, die Interessen aller Beteiligten zu einem sinnvollen Ausgleich zu bringen.[22] Zu § 1822 sind im Folgenden nur ausgewählte Fragen zu erwähnen (vgl. im Übrigen AnwK-BGB/*Fritsche*, § 1822 Rn 19 ff.).

Bei der **Gründung** einer Gesellschaft mit den eigenen Kindern ist ebenso wie bei der Aufnahme Minderjähriger in eine Gesellschaft, an der auch die Vertretungsberechtigten beteiligt sind, die Mitwirkung eines **Ergänzungspflegers** (bei mehreren Minderjährigen: eines Pflegers für jeden Minderjährigen[23]) erforderlich, §§ 1629 Abs. 2, 1795 Abs. 2, 181.[24] **Genehmigungserfordernisse** resultieren namentlich aus § 1822 Nr. 3, der insoweit sowohl Personen- als auch Kapitalgesellschaften meint.[25] Die hiernach erforderliche Genehmigung für den Erwerb eines Kommanditanteils kann erteilt werden, wenn das Verlustrisiko des Minderjährigen sich auf den Wert des Anteils beschränkt, der ihm schenkweise zugewandt wurde.[26] Der Testamentsvollstrecker kann nur insoweit für den minderjährigen Erben tätig werden, als die gesellschaftsrechtlichen Verpflichtungen sich auf den Nachlass beschränken, eine darüber hinausgehende persönliche Haftung hingegen nicht in Betracht kommt.[27]

Ist der Minderjährige einmal wirksam Gesellschafter geworden und gehört auch der gesetzliche Vertreter der Gesellschaft an, so soll § 181 einer Vertretung des Minderjährigen bei **Gesellschafterbeschlüssen** regelmäßig nicht im Wege stehen. Das leitet der BGH daraus her, dass gewöhnliche Gesellschafterbeschlüsse nicht dem Austragen individueller Gegensätze dienen, sondern der verbandsinternen Willensbildung, also letztlich aus Erwägungen zur Struktur des Gesellschaftsvertrages.[28] Auch Genehmigungserfordernisse nach § 1822 Nr. 3 bestehen nicht; vielmehr erfasst die zum Beitritt erteilte Genehmigung anschließend alle Folgebeschlüsse;[29] Besonderheiten können sich ergeben bei Vertragsänderungen und Umwandlungsmaßnahmen.[30]

---

19 Solche Fälle werden selten entschieden; vgl. etwa LG Köln NJW-RR 1991, 868 m. Bespr. *K. Schmidt*, JuS 1991, 855, und *Th. Paefgen*, JuS 1992, 192, 193 f. (problematisch war der gute Glaube).
20 Näher *Braun*, Jura 1993, 459 f.
21 Vgl. *Reimann*, DNotZ 1999, 189.
22 Vgl., namentlich zur kautelarjuristischen Seite, *Reimann*, DNotZ 1999, 179–208.
23 LAG Berlin GmbHR 1999, 181, 182 m.w.N.
24 MüKo/*Ulmer*, § 705 Rn 69 zu Ausn.; *Reimann*, DNotZ 1999, 182 ff., 190, S. 183 zu der str. Frage, ob für mehrere minderjährige stille Gesellschafter die Bestellung eines Ergänzungspflegers genügt.
25 *Reimann*, DNotZ 1999, 184 ff., 190 f.; MüKo/*Wagenitz*, § 1822 Rn 17.
26 OLG Bremen NJW-RR 1999, 876, 877 (eine Nachschusspflicht war ausgeschlossen).
27 *Reimann*, DNotZ 1999, 183 f.
28 BGHZ 65, 93, 95 ff.
29 Vgl. *Reimann*, DNotZ 1999, 198; in ihrer Offenheit unklar die Formulierung des LG Wuppertal NJW-RR 1995, 152, 152 (zu einer Grundschuldbestellung), die Genehmigung zum Eintritt in die Gesellschaft umfasse „die Zustimmung des Vormundschaftsgerichts mindestens zu denjenigen Geschäften, die Zweck der Gesellschaft sind". Überschreitungen des Gesellschaftszwecks können als solche schwerlich von der Prüfung und Genehmigung gedeckt sein.
30 Näher *Reimann*, DNotZ 1999, 198 f.

18 Die Gesellschaft selbst unterliegt im Außenverhältnis **keinen** besonderen Beschränkungen daraus, dass Minderjährige an ihr beteiligt sind, weder für die Beteiligung an weiteren Gesellschaften[31] noch für die Bestellung von Sicherheiten;[32] Genehmigungen können, wie erörtert, allein im Vorfeld erforderlich sein. Das ist systemkonform und kommt – im Minderjährigenrecht nicht selbstverständlich – dem Rechtsverkehr entgegen (vgl. auch § 112 Rn 6). Grenzen dieser Genehmigungsfreiheit folgen ebenfalls aus dem System des Minderjährigenschutzes: mangels Genehmigung (schwebend) unwirksame Gesellschaftsverträge genügen nicht, und für Geschäfte der Gesellschaft, die sich auf das persönliche Vermögen des Minderjährigen auswirken können, bedarf es jedenfalls gesonderter Genehmigung, ggf. mit der weiteren Folge des § 139.[33]

19 Das **Ausscheiden** des beschränkt Geschäftsfähigen **aus der Gesellschaft** verlangt nur in bestimmten Fällen eine Genehmigung nach **§ 1822 Nr. 3**: Veräußerung eines Erwerbsgeschäfts umfasst die vollständige Veräußerung aller Beteiligungen an einer Personengesellschaft, weiterhin die Veräußerung eines Anteils an einer Kapitalgesellschaft, die sich als Veräußerung des gesamten Unternehmens darstellt.[34] Kündigung und Auflösung der Gesellschaft sind hingegen genehmigungsfrei,[35] erforderlich ist jedoch die Mitwirkung des gesetzlichen Vertreters bzw. Ergänzungspflegers, §§ 107, 1643, 1795, 181.

20 Ist an einer Gesellschaft ein nicht (voll) Geschäftsfähiger beteiligt, ohne dass die nach §§ 107, 1909, 1822 Nr. 3 usw. erforderlichen Genehmigungen vorliegen, so setzt sich der Minderjährigenschutz gegen die Regeln über die **fehlerhafte Gesellschaft**,[36] also gegen das Kontinuitätsinteresse von Mitgesellschaftern und Gläubigern, durch.[37] Die Konstruktion im Einzelnen ist streitig, doch besteht Einigkeit darüber, dass einerseits die Gesellschaft jedenfalls unter den anderen Gesellschaftern nach allgemeinen Regeln wirksam entstanden ist, andererseits der nicht voll Geschäftsfähige keinen Pflichten aus dem Gesellschaftsverhältnis unterliegt – sei es, weil er gar nicht Mitglied ist,[38] sei es, weil er lediglich von den aus der Mitgliedschaft resultierenden Belastungen freigestellt wird.[39] Umstritten ist, ob ein fehlerhaftes Ausscheiden des Minderjährigen aus der Gesellschaft entgegen den allgemeinen Grundsätzen bis zur rückwirkenden Erteilung der erforderlichen Genehmigungen vorläufig als wirksam zu behandeln ist; begründet wird dies mit dem Schutzbedürfnis des Minderjährigen.[40]

21 bb) **Lebensversicherungsverträge.** Lebensversicherungsverträge fallen unter § 1822 Nr. 5, und zwar unabhängig von Kündigungsrechten[41] und ohne die Möglichkeit einer Teilwirksamkeit (§ 139) oder Umdeutung (§ 140);[42] zur Genehmigung nach § 108 Abs. 3; § 1829 Abs. 3 vgl. § 182 Rn 3.

22 cc) **Familien- und erbrechtliche Abreden.** Rechtlich nachteilig sein können auch familien-[43] und erbrechtliche Abreden, für die teilweise besondere Genehmigungserfordernisse bestehen.[44]

23 Nachteile werden angenommen etwa bei der unentgeltlichen Übertragung eines Erbanteils (wegen der persönlichen Haftung für etwaige Nachlassverbindlichkeiten), und zwar auch dann, wenn der Minderjährige zu einer geringeren Quote bereits Erbe ist, weil die Haftungsquote im Innenverhältnis dann zunimmt.[45]

24 dd) **Erfüllungsannahme.** Zweifelhaft ist die Einordnung der Erfüllungsannahme durch den Minderjährigen: Wie auch immer man die Erfüllung konstruieren mag,[46] ist doch ihre Rechtsfolge nach § 362 Abs. 1 der Untergang des Leistungsanspruchs. Daher kann ein – an sich lediglich vorteilhafter – Erfüllungsakt, etwa

---

31 BGH NJW 1971, 375, 376 (Beteiligung einer KG, der minderjährige Kommanditisten angehörten, an einer stillen Gesellschaft).

32 OLG Schleswig NJW-RR 2002, 737, 738 = NotBZ 2002, 108 (Fortführung der vorgenannten Entscheidung für die Bestellung einer Grundschuld am Grundstück einer GbR; unter Bezug auf die neue Rspr. zur Rechtsfähigkeit der GbR).

33 Vgl. *St. Schreiber*, Anm. zu OLG Schleswig (NJW-RR 2002, 737, 738 = NotBZ 2002, 108), NotBZ 2002, 109 f.

34 MüKo/*Wagenitz*, § 1822 Rn 18.

35 Näher *Reimann*, DNotZ 1999, 204 f.

36 Dazu *K. Schmidt*, Gesellschaftsrecht, 4. Aufl. 2002, § 6 I. 1 ff.; neuestens *Maultzsch*, JuS 2003, 544–548.

37 Gegen die h.M. mit lesenswerter Begründung *C. Schäfer*, S. 269–278.

38 So die Rspr. seit BGHZ 17, 160, 167, und die h.L., etwa MüKo/*Ulmer*, § 705 Rn 338, 337; weitere Nachw. bei *Maultzsch*, JuS 2003, 549.

39 So etwa *K. Schmidt*, JuS 1990, 517, 520 ff.; *ders.*, Gesellschaftsrecht, 4. Aufl. 2002, § 6 III 3c cc.

40 So MüKo/*Ulmer*, § 705 Rn 370 m.w.N. zum Meinungsstand.

41 AG Hamburg NJW-RR 1994, 721 m.w.N.

42 Vgl. BGHZ 28, 78, 83 f.; *W. Bayer*, VersR 1991, 131; AG Hamburg NJW-RR 1994, 721, 722: bei kürzerer Laufzeit wäre im Zweifel die Prämie höher gewesen.

43 Für den von einer Minderjährigen abgeschlossenen Gütertrennungsvertrag OLG Hamburg FamRZ 1988, 1167 ff.

44 Zu § 2347 Abs. 1 vgl. BGH NJW 1978, 1159; auch zu § 1829 Abs. 3: Nach dem Tode des Erblassers könne der Verzichtende nicht mehr genehmigen, weil die mit dem Tod des Erblassers eintretende Erbfolgeregelung sonst nicht auf hinreichend fester Grundlage stehe. Vgl. auch AnwK-BGB/*Ullrich*, § 2347 Rn 5.

45 LG Deggendorf MittBayNot 1999, 285, 286. Zu den §§ 2078 ff. vgl. *Joussen*, ZEV 2003, 181 ff.

46 Vgl. dazu den Überblick in MüKo/*Wenzel*, § 362 Rn 5–10.

die Übereignung der geschuldeten Sache an den Minderjährigen, zugleich rechtsbeeinträchtigend wirken. Die h.M. arbeitet hier mit einer Trennung von Eigentumserwerb und Erfüllung: Der Minderjährige erwerbe jedenfalls Eigentum, Erfüllung hingegen trete – mangels „Empfangszuständigkeit" – nur dann ein, wenn die Leistung an den gesetzlichen Vertreter oder mit dessen Zustimmung an den Minderjährigen bewirkt werde.[47] Praktische Konsequenz dieser Auffassung ist, dass der Schuldner erneut leisten muss, aber mit einem Bereicherungsanspruch auf das Geleistete gegen den Minderjährigen aufrechnen kann; er trägt damit das Risiko zwischenzeitlicher Entreicherung des beschränkt Geschäftsfähigen. Vertretbar scheint es auch, bereits die Übereignung selbst als nachteilig zu qualifizieren, soweit sie nach § 362 Abs. 1 Erfüllungswirkung hat.

ee) Eigentumserwerb. Probleme stellen sich auch dann, wenn die Erfüllung den Minderjährigen in eine Rechtsposition bringt, die ihrerseits mit rechtlichen Nachteilen verbunden ist, namentlich in die des Eigentümers. Hier differenziert die h.M. in mehrfacher Weise, zunächst zwischen Lasten, die rechtlich allein das **Objekt** treffen (etwa Grundpfandrechten), und solchen, die auch **persönliche Verpflichtungen** mit sich bringen. Persönlichen Charakters sind etwa die Reallast (§ 1108), die Überbau- (§ 913 Abs. 1) und die Notwegrente (§ 917 Abs. 2). Hingegen sind dingliche Verwertungsrechte nicht geeignet, das Vermögen des Minderjährigen über den Bestand des erworbenen Objekts (typischerweise eines Grundstücks) hinaus zu gefährden; sie sollen daher keinen rechtlichen Nachteil begründen (Rn 26). Bei Altenteilsvereinbarungen kommen dingliche und persönliche Lasten bisweilen zusammen (vgl. auch AnwK-BGB/*Otto*, § 1093 Rn 9; a.a.O./*Reetz*, § 1105 Rn 73 ff.).[48]

Für **Grundpfandrechte** sagt die Judikatur bisweilen ausdrücklich, dass es auf das Verhältnis zwischen Grundstückswert und Belastung nicht ankomme: Auch bei Überlastung des Grundstücks mit solchen Rechten sei der Eigentumserwerb rechtlich lediglich vorteilhaft, da der Minderjährige nur die Zwangsvollstreckung in das Grundstück zu befürchten habe.[49]

Weiterhin wird differenziert zwischen Nachteilen aus dem **Erwerb** der Position und solchen aus deren **Innehabung**;[50] Letztere sei als rechtsgeschäftsneutraler Tatbestand für § 107 unerheblich. Daher seien unschädlich die Belastung des Eigentums mit einem Nießbrauch, wann und durch wen auch immer bestellt, denn die Pflichten gegenüber dem Nießbraucher träfen kraft Gesetzes den Eigentümer als solchen; ebenso umgekehrt der Erwerb von Nießbrauch, weil die Pflichten gegenüber dem Eigentümer nicht aus dem Erwerbstatbestand resultierten.[51] Diese auf das Reichsgericht[52] zurückgehende Argumentation lässt sich auf alle gesetzlichen Schuldverhältnisse im Sachenrecht übertragen.[53] Hingegen sollen die Rechtsfolgen der Vertragsübernahme nach § 566 (ggf. in Verbindung mit Verweisungsnormen) erwerbsbezogen sein und folglich einen Nachteil i.S.d. § 107 darstellen.[54]

(1) Wohnungseigentum. Die Unterscheidung zwischen erwerbsbezogenen Nachteilen und solchen, die aus der Position als solcher resultieren, zwingt zu Differenzierungen beim unentgeltlichen Erwerb von Wohnungseigentum: Sofern den Erwerber lediglich die im WEG allgemein niedergelegten Pflichten treffen, soll der Erwerb zustimmungsfrei sein; anders bei rechtsgeschäftlichen Erweiterungen, sofern sie „nicht unerheblich" sind.[55] „Unerhebliche" Verschärfungen der Pflichten eines Wohnungseigentümers sollen also außer Betracht bleiben. An „nicht unerheblichen" Verschärfungen nennt der BGH (über § 22 WEG hinausgehende) Wiederaufbaupflichten[56] und Einschränkungen der Aufrechnung, der Geltendmachung von Zurückbehaltungsrechten und der Abtretung.[57]

Dieses Kriterium ist nicht nur **unscharf**; es provoziert außerdem die Frage, warum man nicht in gleicher Weise beim **Normalfall** des Grundeigentums differenziert. Nicht einsichtig ist auch, warum der Eintritt in die Pflichten aus der Gemeinschaftsordnung kein für § 107 erheblicher Nachteil sein soll, zumal eine Gemeinschaftsordnung nach § 10 WEG nicht existieren muss: Nach der Rechtsprechung handelt es sich um eine „bloße Ausgestaltung" des WEG, freilich unter Begründung zusätzlicher Pflichten.[58] Der Sache

---

47 Überblick bei *K. Schreiber*, Jura 1993, 666 f.
48 Minderjährigenrechtlich ist die Unterscheidung auch insoweit relevant, als der BGH trotz der Übernahme persönlicher Verpflichtungen dazu tendiert, eine reine, nicht etwa eine gemischte Schenkung anzunehmen, BGHZ 107, 156, 160 (nicht zu § 107).
49 BayObLG Rpfleger 1979, 179.
50 Jauernig/*Jauernig*, § 107 Rn 5.
51 Jauernig/*Jauernig*, § 107 Rn 5 m.w.N. (auch zur abweichenden finanzgerichtlichen Rspr.; der zit. Entscheidung BFH NJW 1981, 141, 142 folgt jetzt FG Rh.-Pfalz, Urt. v. 21.7.2000–3 K 2661/98 –

JURIS-Dok.-Nr. STRE 200170928, S. 7; aus der neueren Rspr. vgl. weiterhin OLG Celle MDR 2001, 931, 932.
52 RGZ 148, 321, 324.
53 So zutr. (wenngleich selbst a.A.) *H. Lange*, NJW 1955, 1340.
54 Jauernig/*Jauernig*, § 107 Rn 4.
55 BGHZ 78, 28, 32 = NJW 1981, 109.
56 Fortgeführt in BayObLG DNotZ 1988, 505, 506 f.
57 BGHZ 78, 28, 32 = NJW 1981, 109.
58 OLG Celle NJW 1976, 2214, 2214 f.

nach wird also ein **Geringfügigkeitskriterium** angewandt, das mit der beispielsweise für Kaufverträge (zutreffend) angenommenen Erheblichkeit jeglicher Leistungspflicht unvereinbar ist und klare Abgrenzungen nicht ermöglicht. Im praktischen Ergebnis wird zumeist doch ein rechtlicher Nachteil vorliegen, weil dieselbe Judikatur schuldrechtliche Pflichten aus dem Verwaltervertrag durchaus unter § 107 subsumiert (obwohl die Verwalterbestellung als solche von §§ 20, 26 ff. WEG vorgegeben ist).[59] Inwieweit namentlich die gesamtschuldnerische Haftung für künftige Verpflichtungen der Wohnungseigentümer aus dem Verwaltervertrag einen rechtlichen Nachteil darstelle, ist freilich höchstrichterlich nicht abschließend entschieden; der soeben zitierten Entscheidung[60] und einem gleichfalls bejahenden Vorlagebeschluss des BayObLG steht gegenüber, dass der BGH[61] und nunmehr auch das BayObLG[62] diese Frage offen lassen; für die Anwendung des § 107 hat sich jüngst das OLG Hamm ausgesprochen.[63]

30 **(2) Erwerb vom gesetzlichen Vertreter.** Eine typische Konstellation ist die, dass ein Grundstück oder Grundstücksrecht dem Minderjährigen nicht von einem Dritten geschenkt wird, sondern vom gesetzlichen Vertreter selbst. Hier ist die Rechtsprechung in besonderem Maße darum bemüht, zur Wirksamkeit des Geschäfts zu gelangen, und zwar auch in problematischen Fällen. Dafür ist § 181 letzter Hs. von Bedeutung: Das Verbot des Selbstkontrahierens gilt nicht, wenn eine Verbindlichkeit erfüllt werden soll. Wollen also die Eltern dem Kind ein Grundstück oder Wohnungseigentum zuwenden, das mit Grundpfandrechten überlastet ist oder persönliche Verpflichtungen mit sich bringt, so ermöglicht § 181 dies für den Fall, dass eine Schenkung zugrunde liegt: Die Schenkung als solche kann nicht nachteilig sein (Rn 8), unterliegt also keinen Wirksamkeitsbedenken nach § 107. Selbst wenn nun die Übereignung als nachteilig anzusehen ist (so nach h.M. jedenfalls bei Begründung persönlicher Verpflichtungen), können die Eltern sie dennoch vollziehen, ohne dass das Familiengericht oder ein Ergänzungspfleger einzuschalten wären.

31 Der BGH[64] hält deswegen eine „**Gesamtbetrachtung**" von Grund- und Erfüllungsgeschäft für geboten und prüft mithin die rechtliche Nachteiligkeit auch der Schenkung selbst. Das hat eine Vielzahl von Fragen aufgeworfen.[65] Sinnvoller erscheint es, bei einer strikten Trennung von Grund- und Erfüllungsgeschäft zu bleiben und den Vorbehalt im letzten Hs. des § 181 einengend auszulegen, das Verbot des Selbstkontrahierens also auszubauen: § 181 steht in systematischem Zusammenhang mit dem Minderjährigenrecht; die Anwendung dieser Norm darf dem in § 107 Angeordneten nicht zuwiderlaufen. Die Erfüllung einer Verbindlichkeit ist mithin dann als unzulässiges Insichgeschäft anzusehen, wenn durch die Erfüllung dem vertretenen Minderjährigen rechtliche Nachteile i.S.d. § 107 drohen.[66]

32 **(3) Belastetes Eigentum.** Nicht selten kommt es vor, dass geschenktes **Grund- oder Wohnungseigentum** mit einem beschränkten dinglichen Recht (typischerweise Nießbrauch) **belastet wird**, sei es, dass dieses vor[67] oder bei Übertragung durch den beschenkten Minderjährigen bestellt wird, dass sich der Zuwendende das Recht bei der Eigentumsübertragung vorbehält oder dass die Zuwendung mit einer Verpflichtung zur Bestellung des Rechts verknüpft ist. Die Rechtsprechung kommt in allen drei Konstellationen zu der Auffassung, es liege kein rechtlicher Nachteil vor, bisweilen unter ausdrücklichem Hinweis darauf, **Gleichbehandlung** sei geboten;[68] sie behandelt all diese Fälle im Ergebnis also ebenso wie die Konstellation, dass die Belastung bereits auf dem Grundeigentum ruhte, als dieses übertragen wurde.

33 Der Vorbehalt soll zustimmungsfrei sein, weil der Minderjährige weder vorhandenes Vermögen aufgeben noch eine neue Belastung auf sich nehmen müsse, damit der Vertrag zustande komme;[69] ebenso die Bestellung einer Hypothek[70] oder Grundschuld[71] durch den Minderjährigen beim Eigentumswechsel. Unerheblich soll dabei sein, ob die Grundschuldbestellung der Sicherung einer gestundeten Restkaufpreisforderung des Verkäufers oder der Sicherung der Kaufpreisfinanzierung durch einen Dritten dient;[72] wenn die Grundschuld

---

59 OLG Celle NJW 1976, 2214, 2215. Vgl. (von anderer Warte) die Kritik bei *Jahnke*, NJW 1977, 960, 961 (Anm. zu OLG Celle a.a.O.).
60 OLG Celle NJW 1976, 2214, 2215.
61 BGHZ 78, 28, 32 f. = NJW 1981, 109 m.w.N. zur meist bejahenden älteren Rspr.
62 BayObLG DNotZ 1988, 505, 507.
63 OLG Hamm Rpfleger 2000, 449 f.
64 BGHZ 78, 28, 34 = NJW 1981, 109; Nachw. zu älteren Entscheidungen in ders. Richtung bei *Klüsener*, Rpfleger 1981, 259.
65 Vgl. die Übersicht bei *Klüsener*, Rpfleger 1981, 261–264.
66 So auch schon *Jauernig*, JuS 1982, 578; *ders.*, JuS 1994, 721, 723; zust. *Ultsch*, Jura 1998, 524, 528.
67 Bewilligt der Beschenkte als Nichtberechtigter, so wird die Eintragungsbewilligung nach § 185 Abs. 2 S. 1 Alt. 2 mit seiner Eintragung als Eigentümer wirksam.
68 So BayObLG Rpfleger 1979, 179, für Nießbrauchsvorbehalt und vorherige Bestellung des Nießbrauchs durch den Beschenkten als Nichtberechtigten.
69 BayObLG NJW 1967, 1912, 1913.
70 RGZ 108, 356, 363 ff.
71 BayObLG NJW-RR 1992, 328, 329 (im Anschluss an RGZ 108, 356 und m.w.N. zur ganz h.M., die dieser Linie folgt).
72 BayObLG NJW-RR 1992, 328, 329.

den Erwerbspreis nicht übersteigt, sogar, ob mit der Grundschuld überhaupt Mittel für die Kaufpreisfinanzierung oder für andere Zwecke beschafft werden sollen;[73] die letztgenannte Entscheidung betont immerhin die Notwendigkeit eines – offenbar zeitlich verstandenen – engen Zusammenhangs zwischen Eigentumserwerb und Belastung.[74]

Die Verpflichtung zu einer (späteren) Belastung des Eigentums mit einem dinglichen Recht soll nicht unter § 1821 Abs. 1 Nr. 1 und 4 fallen, weil diese Normen nur bereits vorhandenes Grundvermögen schützten, nicht auch erst zu erwerbendes;[75] ebenso wenig sei § 1822 Nr. 5 (hier: 3. Var.) einschlägig, da die Verpflichtung zur Nießbrauchsbestellung nicht zur Entrichtung wiederkehrender Leistungen verpflichte.[76]

Unabhängig von der Reihenfolge der Bestellungsakte wird also jeweils darauf abgehoben, dass dem Minderjährigen **vor allen** Transaktionen das dingliche Vollrecht nicht zustand, und mit dieser Begründung eine familiengerichtliche Genehmigung für nicht erforderlich erklärt. Diese Argumentation wirkt einigermaßen **begrifflich**; allein bereits das RG legte Wert darauf, dass die Begründung eine systematische und teleologische sei,[77] wenngleich ein gewisses Unbehagen aus dem weiteren Hinweis erhellt, nach der „Verkehrsauffassung" sei maßgeblich die Mehrung des Grundvermögens durch die Übereignung, „nicht die Betrachtung, dass sich das Rechtsgeschäft aus dem Erwerb des Eigentums und der Begründung der Hypothek zusammensetzt".[78] Es bleibt festzuhalten, dass die Rechtsprechung ausgerechnet bei Grundstücken besondere Großzügigkeit an den Tag legt.[79] 34

Dogmatisch nicht mehr haltbar, wenngleich ausdrücklich aus der Rechtsprechung zum Vorbehaltsnießbrauch entwickelt ist ein vereinzelt gegangener weiterer Schritt: Hat der Schenker sich vorbehalten, das Grundeigentum nach (!) der Umschreibung noch mit Grundpfandrechten zu belasten, so sei er allein, nicht der beschenkte Minderjährige, bewilligungsbefugt nach §§ 13, 19 GBO; auf einen unmittelbaren Zusammenhang mit dem Schenkungsvollzug komme es nicht an.[80] 35

Kontrovers behandelt wird in der neueren Judikatur das Zusammentreffen von **Nießbrauch** und **Vermietung** des Grundstücks, wenn beispielsweise einem Minderjährigen das an einen Dritten vermietete Grundstück unter Nießbrauchvorbehalt übertragen wird. Das OLG Celle[81] hat im Jahre 2001 einen Vorstoß dahin gehend unternommen, eine persönliche Belastung des Minderjährigen aus Mietvertrag nach Ablauf des Nießbrauchs dem Anwendungsbereich des § 107 zu entziehen: Der Nachteil resultiere „aus der Eigentümerstellung, nicht aus einer persönlichen Verpflichtung als Erwerber"; außerdem sei er wegen des Kündigungsrechts aus § 1056 Abs. 2 „auf ein Minimum reduziert". Es wird also ausdrücklich ein Geringfügigkeitskriterium mit einer Verschiebung in der Unterscheidung nach Positions- und Erwerbsbezug kombiniert; dieser Kunstgriff unterstreicht, dass die Verschiebung geeignet wäre, weitere Türen zu öffnen: Wenn der Eintritt in den Mietvertrag nach § 566 (§ 571 a.F.) nicht erwerbsbezogen ist, dann verbleibt kaum ein Tatbestand, von dem man noch sagen könnte, er knüpfe an den Erwerbsakt und nicht an die dadurch erreichte Stellung an. Die Unterscheidung würde mithin *ad absurdum* geführt. Entsprechend hat für einen insoweit parallel gelagerten Fall das BayObLG[82] lapidar auf die persönliche Verpflichtung aus Mietvertrag verwiesen und einen rechtlichen Nachteil bejaht; § 1056 Abs. 2 vermöge hieran nichts zu ändern, da vor der Kündigung eben doch eine Bindung bestehe. Das ist, wenn man die Unterscheidung von positionsbezogener und erwerbsbezogener Belastung für grundsätzlich tragfähig hält, in der Tat erforderlich. Die weitere Konsequenz ist dann, dass das Bestehen des Mietvertrages einen rechtlichen Nachteil bereits zu dem Zeitpunkt begründet, in dem zwischen minderjährigem Eigentümer und Mieter noch ein Nießbraucher steht. Der mögliche künftige Eintritt des Eigentümers in den Mietvertrag (§§ 1056 Abs. 1, 566) entfaltet mithin eine Vorwirkung; das ist mit Blick auf den Schutzzweck des § 107 konsequent. Inwieweit sonstige künftige Nachteile für § 107 erheblich sein können, ist damit nicht entschieden. 36

Im Ergebnis wird der Erwerb **schuldrechtlich** belasteter Positionen regelmäßig als rechtlich **nachteilig** qualifiziert, derjenige von **dinglich** belasteten regelmäßig **nicht**. Das wird heute ebenso selten ausdrücklich gesagt wie früher;[83] die Unterscheidung ist konstruktiv nachvollziehbar, wenngleich wirtschaftlich bisweilen kein Unterschied besteht: Dingliche Lasten sind nicht schlechthin stärker als obligatorische, sondern sie 37

---

73 BGH NJW 1998, 453, 453 (gegen die Vorinstanz).
74 BGH NJW 1998, 453, 453.
75 So BGHZ 24, 372, 374 f. (unter Bezug auf die „hier notwendige[n] wirtschaftliche[n] Beurteilung" und *obiter* auch für Grundpfandrechte).
76 BGHZ 24, 372, 377.
77 RGZ 108, 356, 363.
78 RGZ 108, 356, 364.
79 Vgl. *Stürner*, AcP 173 (1973), 408.
80 OLG Frankfurt Rpfleger 1981, 19, 20; dagegen zutr. *Just*, JZ 1998, 120, 124 f.
81 OLG Celle MDR 2001, 931, 932.
82 BayObLG NJW 2003, 1129, 1129; unter unnötigem Hinweis auf die Gesamtbetrachtungslehre des BGH (§ 566 knüpft an den dinglichen Rechtserwerb an) und ohne Erwähnung der abweichenden Entscheidung des OLG Celle.
83 Vgl. freilich bereits *H. Lange*, NJW 1955, 1340 ff. (mit durchgängiger Kritik am Dinglichkeitskriterium).

gewinnen ihren Nutzen für den Berechtigten aus dem Umstand, dass er auf die Sache selbst zugreifen kann – und nicht auf die Person des Vollrechtsinhabers. Konsequent durchhalten ließe sich dieser Ansatz der Rspr. freilich nur, wenn man die im 3. Buch anzutreffenden gesetzlichen Schuldverhältnisse (etwa das zwischen Eigentümer und Nießbraucher oder Finder) nicht als obligatorisch, sondern als sachenrechtlich einordnete.[84]

38 Die dargestellten Differenzierungen leuchten nur teilweise ein. Sie sind aber nicht ohne erhebliche Konsequenzen zu vermeiden. Ein Abstellen nur auf den Erwerbserfolg, unter Ausblendung der Frage nach der erworbenen Position ruhender Lasten, verbietet sich nach dem Schutzzweck der Norm. Dogmatisch scheint es auf den ersten Blick einfacher, auch diejenigen Nachteile einzubeziehen, die lediglich aus der Innehabung der einmal erworbenen Rechtsposition resultieren; auch diese lassen sich als „durch" die Willenserklärung erlangt begreifen. Damit stellen sich aber weitere Abgrenzungsprobleme, denn beispielsweise aus der Verletzung von Pflichten aus Nießbrauch können weitere Ansprüche folgen. Im Ergebnis wäre kaum ein Erwerbsakt zustimmungsfrei; überdies bewirkte § 1643 i.V.m. §§ 1821 f. für die gesetzlichen Vertreter bisweilen ihrerseits ein Genehmigungserfordernis. Hier liegt ein wesentlicher Grund für die Versuche, innerhalb des § 107 zu differenzieren: Eine Zunahme der aufwendigen Genehmigungsverfahren lässt sich am einfachsten an der Wurzel verhindern.

39 Im Kern fragt sich also, wie man die **Rolle der gesetzlichen Vertreter im System des Minderjährigenschutzes bewertet**. Ausgehend von § 1643 lässt sich vertreten, angesichts der Tragweite und Gefährlichkeit bestimmter Geschäfte – namentlich über Grundstücksrechte – seien Verzögerungen und Belastungen von Transaktionen mit Minderjährigen gesetzlich zumindest in Kauf genommen, weil die Integrität des Kindesvermögens über der rechtsgeschäftlichen Handlungsfreiheit des Minderjährigen selbst, seiner gesetzlichen Vertreter und Vertragspartner stehe. Dafür spricht, dass die gesetzlichen Vertreter auch von **Eigeninteressen** geleitet sein können, die keine Anerkennung in §§ 1627 Abs. 1 S. 1, 1629 Abs. 1 S. 1 finden; so dann, wenn die Übertragung von Vermögensgütern auf den Minderjährigen primär der Vermeidung steuer- oder haftungsrechtlicher Nachteile für die gesetzlichen Vertreter oder Dritte dient. § 1697a[85] spricht von den berechtigten Interessen der Beteiligten, stellt aber das Wohl des **Kindes** in den Vordergrund; § 107 erklärt sich auch aus Recht und Pflicht der Eltern, ihr Sorgerecht auszuüben.[86] In diesem Lichte erfasst eine am Schutzzweck des § 107 orientierte weite Auslegung des „durch" die Willenserklärung eintretenden rechtlichen Nachteils[87] auch diejenigen Lasten, die den Inhaber einer Rechtsposition als solchen treffen; dann mag das Familien- bzw. Vormundschaftsgericht beurteilen, ob im Einzelfall dem Kindeswohl gedient ist. Im Ergebnis bedeutet dies, dass **im Zweifelsfall Zustimmungsbedürftigkeit anzunehmen** ist.[88] Die Belastung der Beteiligten durch das Genehmigungsverfahren wird regelmäßig nur bei **größeren Transaktionen** eintreten; alltägliche Zuwendungen vor allem beweglicher Sachen sind vom Katalog der §§ 1821 f. nicht erfasst.

40 **ff) Sonderproblem: Der minderjährige Schwarzfahrer.** Der statistisch wohl wichtigste Problemfall ist der minderjährige Schwarzfahrer.[89] Die Rechtsprechung hatte sich wiederholt mit der Frage zu befassen, ob von Minderjährigen aufgrund der jeweiligen Beförderungsbedingungen ein sog. **erhöhtes Beförderungsentgelt** verlangt werden kann. Das ist im Ergebnis zu bejahen: Der Anspruch auf ein erhöhtes Beförderungsentgelt setzt nach wohl herrschender Meinung unabhängig davon, ob sich der Anspruch im Einzelfall aus Rechtsverordnung oder AGB-Vertragsstrafenregelung ergibt, einen Vertragsschluss nach allgemeinen Regeln voraus;[90] dieser bringt einen rechtlichen Nachteil mit sich, nämlich die Pflicht, überhaupt ein Entgelt zu

---

84 Im Kern handelt es sich um ein Problem des Auseinanderfallens von innerem und äußerem System. Das deutlichste Beispiel für diese Art von Problemen im 3. Buch ist das Eigentümer-Besitzer-Verhältnis, bei dem es sich anerkanntermaßen sachlich, dem inneren System nach, um Schuldrecht handelt.

85 Die Vorschrift bringt einen Rechtsgedanken zum Ausdruck, der ebenso für die vormundschaftsgerichtliche Genehmigung gilt, vgl. *Reimann*, DNotZ 1999, 187 f.

86 Vgl. *Stürner*, AcP 173 (1973), 418; *Köhler*, JZ 1983, 226.

87 Das ist das Grundanliegen von *H. Lange*, NJW 1955, 1339; als „durchaus einleuchtend" anerkannt (und lediglich als inkonsequent durchgeführt bemängelt) auch in der Grundsatzkritik von *Stürner*, AcP 173 (1973), 414 f.

88 So auch (auf der Basis einer primär sorgerechtlichen Betrachtungsweise) *Köhler*, JZ 1983, 228.

89 Zur Lösung des Problems schlägt *Staudinger* neuerdings eine gesetzliche Sonderregelung vor, die die Verkehrsunternehmen zur Erhebung eines erhöhten Beförderungsentgelts berechtigt. Dabei sollen die §§ 827, 828 BGB entsprechende Anwendung finden. Vgl. http://www.munlv.nrw.de/sites/arbeitsbereiche/verbraucherschutz/pdf/dokumentationfahrgastrecht_final-04.pdf. Allg. zu Maßnahmen gegen das Schwarzfahren zuletzt *Schauer/Wittig*, JuS 2004, 107 ff.

90 Vgl. dazu *Stacke*, NJW 1991, 875; *Fielenbach*, NZV 2000, 359 (m.w.N.), der generell einen Vertragsschluss als Voraussetzung annimmt, da eine Rechtsverordnung nicht das BGB außer Kraft setzen könne. Als Rechtsverordnungen kommen in Betracht die „Verordnung über Allgemeine Beförderungsbedingungen für den Straßen- und Busverkehr sowie für den Linienverkehr mit Kraftfahrzeugen" v. 27.2.1970 (VOAllgBefBed), dort § 9, oder die Eisenbahn-Verkehrsordnung

entrichten. Damit ist die Einwilligung des gesetzlichen Vertreters erforderlich. Diese wird oftmals konkludent durch Hingabe eines Fahrscheins oder Überlassen von Fahrgeld an den Minderjährigen erteilt sein, womit ein Anspruch auf das erhöhte Beförderungsentgelt gegeben ist.[91]

Verbreitet ist die Auffassung, die **Einwilligung** zur Benutzung öffentlicher Verkehrsmittel gelte im Zweifel **nicht für Schwarzfahrten**.[92] In der Tat wäre es missverständlich, eine rechtsgeschäftliche Einwilligung gerade in die regelwidrige Nutzung öffentlicher Verkehrsmittel anzunehmen. Bezugspunkt der Einwilligung ist ein Rechtsgeschäft, kein faktisches Tun (§ 182 Rn 1, 8), schon gar nicht ein solches, das sich lediglich als nachvertragliche Pflichtverletzung darstellt. Der atypische Fall, dass jemand sein Kind zum Schwarzfahren anhält, gehört ins Strafrecht.

Vielmehr geht es zivilrechtlich um die Frage, ob sich die Einwilligung in den Abschluss eines Beförderungsvertrages so deuten lässt, dass der Einwilligende jedenfalls damit einverstanden ist, dass der Minderjährige einen Beförderungsvertrag schließt; für den Fall der Nichtentrichtung des geschuldeten Fahrpreises ggf. auch mit der Entrichtung eines erhöhten Beförderungsentgelts. Der schwarzfahrende Minderjährige kontrahiert nach allgemeinen Regeln, indem er einsteigt (*protestatio facto contraria*). Damit tut er das, was der Erziehungsberechtigte ihm erlaubt hat: er kontrahiert. Die Einwilligung kann zwar nach allgemeinen Regeln unter eine Bedingung gestellt werden; diese ist wirksam, soweit sie vom objektiven Empfängerhorizont des Minderjährigen erkennbar ist (was regelmäßig unterstellt werden kann). Eine solche Bedingung kann aber nicht die sein, den Vertrag auch innerlich zu wollen (weil es darauf rechtsgeschäftlich nicht ankommt) oder ihn ohne Pflichtverletzung durchzuführen (weil dies nach dem Zeitpunkt des Vertragsschlusses liegt). Wer seinem Kind das Busfahren im physischen Sinne erlaubt, der erlaubt ihm die Vornahme der Handlungen, welche als Vertragsschluss verstanden werden müssen; und die weiter gehende, ausdrückliche oder konkludente Aussage, die Fahrt müsse auch bezahlt werden, ist eine Ermahnung zu vertragstreuem Verhalten, keine Einschränkung der Einwilligung. Daher kann im Ergebnis der verbreiteten Meinung nicht gefolgt werden, die Einwilligung stehe unter der Bedingung, dass der Minderjährige unverzüglich einen Fahrschein erwerbe.[93]

Die Annahme einer bedingten Einwilligung verkennt im Ergebnis auch den vom Minderjährigenrecht bezweckten Schutzgedanken. Der Minderjährige soll nicht um jeden Preis vor rechtlichen Nachteilen geschützt werden. Durch die Einwilligung der Eltern zur Benutzung öffentlicher Verkehrsmittel haben die Eltern die Verantwortung für die negativen Rechtsfolgen des Rechtsgeschäfts übernommen. Dazu zählt die Pflicht, das vertraglich geschuldete Entgelt zu bezahlen und ggf. Schadensersatzforderungen wegen Vertragsverletzung zu begleichen oder das erhöhte Beförderungsentgelt zu entrichten. Gerade bei letzterem dürfte der Schutzgedanke nicht maßgebend sein, da das erhöhte Beförderungsentgelt auf einen überschaubaren Umfang (derzeit 40 EUR) begrenzt ist und in der Regel ohnehin von den Eltern gezahlt wird. Im Gegenteil: Allein die hier vertretene Auffassung wird dem im Minderjährigenrecht verwurzelten **Erziehungsgedanken** gerecht. Für den Minderjährigen ist es wenig einsichtig, wenn ihm seine Eltern aufgeben, nicht schwarzzufahren, im Falle tatsächlichen Schwarzfahrens aber gleichwohl keine Sanktion erfolgt.

Abgesehen davon würde der Minderjährige unter Zugrundelegung der Gegenauffassung sämtliche vertraglichen Ansprüche gegen das Verkehrsunternehmen verlieren. Welche negativen Rechtsfolgen dies für den Minderjährigen mit sich bringt, wird besonders deutlich, wenn sich die Schwächen des Deliktsrechts verwirklichen: Rutscht der Minderjährige etwa aufgrund glatten Bodens in dem Verkehrsmittel aus und verletzt sich dabei schwer, kann sich das Verkehrsunternehmen aber hinsichtlich seiner Angestellten exkulpieren, so könnte der Minderjährige, jedenfalls nach BGB, keinerlei Schadensersatzansprüche gegenüber dem Verkehrsunternehmen geltend machen. Der Minderjährige wäre also bei schwerwiegenden Beeinträchtigungen (insbesondere) seiner Gesundheit schutzlos gestellt, wohingegen ein Schutz bezüglich geringwertiger Vermögensgüter gegeben wäre. Dass dies nicht im Sinne des Minderjährigenrechts ist, liegt auf der Hand.

gg) Bankgeschäfte. Bankgeschäfte von Jugendlichen bereiten Schwierigkeiten vor allem, seit spezielle Girokonten für sie angeboten werden. Girokonten, auch unentgeltlich geführte und solche, die nur auf Guthabenbasis bestehen, eine Überziehung also ausschließen, sind schon deswegen rechtlich nicht lediglich vorteilhaft für den Kunden, weil ihn zumindest Nebenleistungs- und Schutzpflichten treffen, beginnend

---

(EVO) v. 8.9.1938, dort § 12. Daneben ist auch die Verwendung von AGB in Form besonderer Beförderungsbedingungen möglich; insoweit handelt es sich um eine vereinbarte Vertragsstrafe.

[91] Zum selben Ergebnis kommt das AG Köln NJW 1987, 447, unter Berufung auf Treu und Glauben; *Stacke*, NJW 1991, 875 ff.; *Weth*, JuS 1998, 795 ff.

[92] So AG Jena NJW-RR 2001, 1469; AG Bergheim NJW-RR 2000, 202, 203; AG Wolfsburg NJW-RR 1990, 1142; im Erg. wie hier a.A. AG Köln NJW 1987, 447. Zum Problem sowie zu denkbaren Lösungswegen etwa über § 110 vgl. *Winkler v. Mohrenfels*, JuS 1987, 693; *Harder*, NJW 1990, 858 ff.; *Fielenbach*, NZV 2000, 358 ff.

[93] So AG Hamburg NJW 1987, 448, 448.

bei der Einhaltung von Kündigungsfristen; darüber hinaus sprechen gute Gründe dafür, ein Entgelt für die Bank darin zu sehen, dass diese den sog. „Bodensatz" auf dem Konto für ihre Zwecke einsetzen kann.[94] Erst recht nachteilig sind Verfügungen über das Konto, Abhebungen – auch am Automaten – ebenso wie Überweisungen (auch als selbständige Überweisungsverträge nach §§ 676a–c n.F.),[95] weil sie den Erfüllungsanspruch des Inhabers berühren (Rn 24), weiterhin alle Kreditgeschäfte im weitesten Sinne, namentlich unter Einschluss der Finanzierungshilfen i.S.d. § 499. Für **Sparkonten** gelten vor allem[96] insoweit Besonderheiten, als § 808 bei Vorlage der Urkunde **Liberationswirkung** zugunsten des auszahlenden Kreditinstituts entfaltet; nach richtiger Ansicht hilft diese Vorschrift über den Mangel der Geschäftsfähigkeit jedoch nicht hinweg.[97] Entsprechend restriktiv hat sich 1995 das Bundesaufsichtsamt für das Kreditwesen geäußert.[98] Vgl. jeweils auch § 110 Rn 4 und § 113 Rn 6.

46 **b) Rechtliche Nachteile nicht vermögensrechtlicher Art.** Rechtliche Nachteile nicht vermögensrechtlicher Art liegen in der Einwilligung in die Speicherung und Verarbeitung von Daten.[99]

II. Einwilligung

47 Der **gesetzliche Vertreter** ist in seiner **Entscheidung** darüber, ob er die Einwilligung erteilt, **frei**; er hat sich primär am Wohl des Kindes zu orientieren, auch soweit er keinen Ausschluss- oder Genehmigungsregeln unterliegt (Maßstab des § 1697a; Rn 41). Ansprüche des Minderjährigen oder gar des potenziellen Geschäftsgegners auf Einwilligung bestehen nicht. Maßstab: § 1666.

48 Liegt ein Nachteil vor, so kann die erforderliche Einwilligung **individuell** oder als **Generaleinwilligung** erteilt werden.

49 Die **Einwilligung** ist Willenserklärung und wird nach deren allgemeinen Regeln ausgelegt. Dies gilt namentlich für die Frage nach der Reichweite einer Einwilligung, die sich nicht ausdrücklich auf das fragliche Geschäft bezieht: Hier ist der objektive Empfängerhorizont maßgeblich, je nach der Person des Erklärungsgegners der des Minderjährigen oder der des Dritten. Daher ist es beispielsweise Fallfrage, ob die Erlaubnis zum Erwerb des Führerscheins zugleich die Anmietung eines bestimmten Mietwagens zu bestimmten Konditionen deckt.[100]

50 Die Rechtsfigur der **Generaleinwilligung** begegnet keinen prinzipiellen konstruktiven Bedenken: Solange vom objektiven Empfängerhorizont aus der Umfang der Einwilligung erkennbar ist, sind die allgemeinen Regeln über Willenserklärungen beachtet. Wohl aber ergeben sich inhaltliche Grenzen aus systematischen und teleologischen Erwägungen. Systematisch ist der Unterschied zur „freien Verfügung" zu wahren, die das Gesetz nur unter den Voraussetzungen des § 110 zulässt. Teleologisch muss gesichert sein, dass der gesetzliche Vertreter und nicht der Minderjährige beurteilt, ob ein Geschäft abgeschlossen werden soll oder nicht, mag dieses Geschäft auch generisch und nicht individuell bezeichnet sein. Man spricht daher vom „beschränkten Generalkonsens". Dieser trägt nur solche Geschäfte, die nach dem **objektiven Empfängerhorizont** von der Einwilligung des gesetzlichen Vertreters umfasst sind. Ob der gesetzliche Vertreter ein bestimmtes individuelles Geschäft gewollt hat oder nicht, ist nach allgemeinen Regeln nur insoweit erheblich, als dies in der Erklärung des beschränkten Generalkonsenses zum Ausdruck kommt; etwaige Divergenzen zwischen Wille und Erklärung sind auch hier nach den Anfechtungsregeln zu lösen.

51 Danach erfasst der Generalkonsens hinsichtlich der Benutzung öffentlicher Verkehrsmittel entgegen der wohl h.M. jegliche Benutzung öffentlicher Verkehrsmittel, unabhängig davon, ob der Minderjährige jeweils den erforderlichen Fahrausweis erwirbt (und entwertet) oder nicht (siehe Rn 42 ff.). Relevant für die Frage, ob ein Generalkonsens vorliegt, ist allein der Zeitpunkt des Vertragsschlusses und damit das Einsteigen in das Verkehrsmittel. Für den Generalkonsens kann insoweit nichts anderes gelten als für eine individuell erteilte Einwilligung. Spätere Vertragsverletzungen des Minderjährigen durch Unterlassen des Fahrausweiserwerbs oder der Entwertung sind daher irrelevant. Die Wirksamkeit der konkludent erteilten Einwilligung durch

---

94 Vgl., auch zum Folgenden, *Hagemeister*, JuS 1992, 839 f. Auch zur rechtstatsächlichen Seite *Metz*, VuR 1993, 69.
95 Vgl. *Fomferek*, S. 69–74.
96 Für Bayern ist noch Art. 109 BayAGBGB zu beachten, dem zufolge Minderjährige bei öffentlichen Sparkassen Geld ohne Zustimmung des gesetzlichen Vertreters einlegen dürfen.
97 Näher *Hagemeister*, JuS 1992, 927 f.; nicht überzeugend die a.A. in OLG Düsseldorf WM 1971, 231, 232 f. (entschieden für den Fall eines Geschäftsunfähigen).
98 Verlautbarung zum Thema Bankgeschäfte mit Minderjährigen vom 22.3.1995, abgedruckt in ZIP 1995, 691–695.
99 Vgl. LG Bremen VuR 2002, 378, 379; OLG Bremen VuR 2002, 379, 380; beide m. Anm. *Körner*, S. 380 ff.
100 Vgl. (konkret verneinend und mit der Senkung des Volljährigkeitsalters kaum noch praktisch) BGH NJW 1973, 1790 f. (nur bestimmte Fahrzeuge, nur bei hinreichendem Versicherungsschutz).

Überlassung von Geldmittel kann auch nicht von dem Erwerb eines Fahrausweises durch den Minderjährigen abhängig gemacht werden[101] oder unter Ausnahme des Schwarzfahrens erklärt werden (vgl. Rn 43 f.).

Die Einwilligung in die Anmietung einer **eigenen Wohnung** erfasst lediglich solche Geschäfte, die mit der Nutzung der Wohnung im Zusammenhang stehen, nicht hingegen beliebige andere Aktivitäten.[102]

III. Rückabwicklung bei fehlender Einwilligung

Fehlt es an einer erforderlichen Einwilligung (und auch an einer Genehmigung, § 108, oder einem sonstigen Wirksamkeitstatbestand), so richtet sich die **Rückabwicklung** erbrachter Leistungen nach allgemeinen Regeln des Bereicherungsrechts. Eine Einschränkung gilt freilich für die sog. Saldotheorie: Die an den Minderjährigen erbrachten Leistungen werden nicht zu seinen Lasten mit dem von ihm Geleisteten saldiert. Wie auch immer diese Theorie generell zu beurteilen sei,[103] findet sie jedenfalls keine Anwendung auf Minderjährige.[104] Nur soweit dennoch zu saldieren ist, also außerhalb der §§ 104 ff., geht bei Versicherungsverträgen der (faktisch) gewährte Versicherungsschutz als der Prämie gleichwertige Gegenleistung in den Saldo ein;[105] dies folgt aus dem Charakter des Versicherungsvertrags als Risikogeschäft.

§ 108 Vertragsschluss ohne Einwilligung

(1) ¹Schließt der Minderjährige einen Vertrag ohne die erforderliche Einwilligung des gesetzlichen Vertreters, so hängt die Wirksamkeit des Vertrags von der Genehmigung des Vertreters ab.

(2) ¹Fordert der andere Teil den Vertreter zur Erklärung über die Genehmigung auf, so kann die Erklärung nur ihm gegenüber erfolgen; eine vor der Aufforderung dem Minderjährigen gegenüber erklärte Genehmigung oder Verweigerung der Genehmigung wird unwirksam. ²Die Genehmigung kann nur bis zum Ablauf von zwei Wochen nach dem Empfang der Aufforderung erklärt werden; wird sie nicht erklärt, so gilt sie als verweigert.

(3) ¹Ist der Minderjährige unbeschränkt geschäftsfähig geworden, so tritt seine Genehmigung an die Stelle der Genehmigung des Vertreters.

Literatur: *Norpoth/Dittberner*, Die Genehmigung nach § 108 Abs. 3 BGB – immer eine empfangsbedürftige Willenserklärung?, JA 1996, 642.

A. Allgemeines 1	II. Aufforderung zur Genehmigung (Abs. 2) .. 6
B. Regelungsgehalt 2	1. Aufforderung 6
I. Genehmigung durch den gesetzlichen Vertreter (Abs. 1) 2	2. Rechtsfolgen 7
1. Fehlende Einwilligung 2	III. Erlangung unbeschränkter Geschäftsfähigkeit (Abs. 3) 14
2. Genehmigung 3	C. Weitere praktische Hinweise 19

A. Allgemeines

§ 108 zieht die systematischen Konsequenzen aus dem Unterschied zwischen Einwilligung und Genehmigung (§§ 182 ff.): Fehlt eine nach § 107 erforderliche Einwilligung, so bleibt die Erklärung des beschränkt Geschäftsfähigen unwirksam. Möglich ist aber, dass sie durch spätere Genehmigung rückwirkend (§ 184 Abs. 1) wirksam wird. Diese **schwebende Unwirksamkeit** ist also kein Zustand zwischen Wirksamkeit und Unwirksamkeit, sondern eine Unwirksamkeit, deren Besonderheit lediglich darin liegt, dass sie später (*ex tunc*) beseitigt werden kann. Die Parteien sind an den Vertrag **nicht gebunden**.[1] Sie können sich von ihren Erklärungen jedoch nur im Rahmen der §§ 108 f. lösen und müssen sich im Wirksamkeitsfall[2] als von Anfang

---

101 So aber offensichtlich Palandt/*Heinrichs*, § 107 Rn 9.
102 Etwa die Nutzung eines Fitnessstudios: AG Siegen FamRZ 1990, 1046, 1047.
103 MüKo/*Lieb*, § 818 Rn 111.
104 Vgl. LG Waldshut-Tiengen VersR 1985, 937, 939 (unter Rekurs auf allg. Billigkeitserwägungen); LG Hamburg NJW 1988, 215, 216; AG Hamburg NJW-RR 1994, 721, 723.
105 Sehr str.; wie hier LG Waldshut-Tiengen VersR 1985, 937, 939; LG Hamburg, Urt. v. 1.10.1985 – 18 T 177/85 – n.v.; anders AG Waldshut-Tiengen VersR 1985, 937, 938 f.; LG Hamburg, Urt. v. 11.6.1987 – 2 S 199/86, NJW 1988, 215, 216; AG Hamburg NJW-RR 1994, 721, 723. Zur Problematik näher *W. Bayer*, VersR 1991, 131 f.

1 Missverständlich Jauernig/*Jauernig*, § 108 Rn 1; präzisierend Staudinger/*Knothe*, (2004), § 108 Rn 4, der die „Bindungswirkung" darauf bezieht, dass sich die Parteien nicht einseitig vom Vertrag lösen können.
2 Deshalb spricht auch § 109 nicht gegen die hier vertretene Konstruktion; s. dort Rn 1.

an gebunden behandeln lassen. Wie generell bei schwebender Unwirksamkeit können Probleme der Kollision mit Zwischenverfügungen auftreten (dazu § 184 Rn 13 ff.).

Zwischen dem Minderjährigen und dem anderen Teil besteht also ein atypisches Rechtsverhältnis, welches für die Parteien zunächst keinerlei Pflichten begründet; für den Minderjährigen folgt das schon daraus, dass zur Begründung eines mit Pflichten verbundenen Sonderverhältnisses die Mitwirkung seines gesetzlichen Vertreters erforderlich ist. Die sich aus diesem Rechtsverhältnis ergebenden **Rechtspositionen** der Parteien sind **vererblich**.[3]

Die §§ 108, 109 sehen einen Mechanismus vor, der die Interessen beider Parteien möglichst zügig zum Ausgleich bringen soll. Auf einseitige Rechtsgeschäfte des Minderjährigen findet nicht § 108, sondern § 111 Anwendung (zu Ausnahmen vgl. dort Rn 3 f.).

B. Regelungsgehalt
I. Genehmigung durch den gesetzlichen Vertreter (Abs. 1)

2 **1. Fehlende Einwilligung.** § 108 bezieht sich nur auf Geschäfte, die § 107 unterfallen, also nicht bereits als rechtlich lediglich vorteilhaft wirksam sind („erforderliche"). Rechtsfolge der **fehlenden Einwilligung** ist gem. Abs. 1 zunächst eine im Grundsatz zeitlich unbegrenzte[4] (zum Rechtsmissbrauch vgl. Rn 18) schwebende Unwirksamkeit (Rn 1); im Falle der Genehmigungserteilung endgültige Wirksamkeit („hängt ... ab"). Abs. 2 stellt jedoch sicher, dass der andere Teil den Schwebezustand beenden kann, nämlich durch Aufforderung zur Erklärung; diese setzt einen Fristenmechanismus in Gang (vgl. Rn 11). Weiterhin ermöglicht Abs. 2 die Revision einer bereits im Innenverhältnis von Vertreter und Minderjährigem abgegebenen Erklärung.

3 **2. Genehmigung.** Die Genehmigung ist Gestaltungserklärung, nach h.M. also bedingungs- und befristungsfeindlich (vgl. dazu ausführlich § 182 Rn 32 ff.); ebenso ihre Verweigerung. Der gesetzliche Vertreter muss mithin ohne entsprechende Einschränkungen genehmigen, sonst bleibt es bei der schwebenden Unwirksamkeit. Stirbt der Minderjährige, so geht die Genehmigungsbefugnis auf seinen (unbeschränkt geschäftsfähigen) Erben über (andernfalls auf dessen gesetzlichen Vertreter), arg. e. Abs. 3. Die Genehmigungsbefugnis des gesetzlichen Vertreters hingegen ist nicht vererblich, da das Gesetz nur bestimmten Personen die Vertretung des Mündels erlaubt (vgl. § 182 Rn 14. Die Genehmigung unterliegt, von ihrer streitigen Natur als Gestaltungsrecht abgesehen, in allen Punkten den allgemeinen Regeln über Willenserklärungen. Mithin ist Schweigen keine Genehmigung,[5] konkludente Erklärung hingegen möglich.

4 Dogmatisch nicht haltbar ist die gelegentlich anzutreffende Meinung, der zufolge (nur) bei **konkludenter Genehmigung zusätzlich** erforderlich sein soll, dass der Genehmigende mit dem Bestehen einer schwebenden Unwirksamkeit (allgemeiner: mit der Genehmigungsbedürftigkeit) zumindest **rechnet**.[6] Eine solche Einschränkung widerspricht allgemeinen Regeln und stellt sich als Relikt der Willenstheorie dar; das Erklärungsbewusstsein ist kein notwendiger Bestandteil der Willenserklärung.[7] Maßgeblich ist allein, ob die Erklärung sich vom objektiven Empfängerhorizont aus als Genehmigung darstellte und der Erklärende dies hätte erkennen können.[8] War dies der Fall, vom Erklärenden aber nicht intendiert, so stehen wiederum nach allgemeinen Regeln die Anfechtungsregeln (§ 119 Abs. 1 Alt. 1) zur Verfügung. Darüber hinaus findet auch dann keine Zurechnung auch eines objektiv als Erklärung zu verstehenden Verhaltens statt, wenn dem konkreten Erklärungsgegner das Fehlen des Erklärungsbewusstseins klar war.[9] Vgl. § 182 Rn 22. Aus dem besonderen Schutzbedürfnis Minderjähriger folgt nichts Abweichendes, denn genehmigen kann immer nur ein Volljähriger (etwa nach Abs. 3 der ehemals Minderjährige selbst).

5 Die Genehmigung nach Abs. 1 kann sowohl im **Außenverhältnis**, gegenüber dem Dritten, als auch im **Innenverhältnis** zum Minderjährigen erklärt werden (arg. e Abs. 2 S. 1 Hs. 1). Die zweite Möglichkeit wurde erst im Laufe des Gesetzgebungsverfahrens eingefügt, um den Vertragspartner zu schützen (noch der Zweite Entwurf enthielt die ausdrückliche Regelung, dass die Genehmigung nur dem anderen Vertragspartner gegenüber erklärt werden könne).[10]

---

3 Staudinger/*Knothe* (2004), § 108 Rn 4; MüKo/ *Schmitt*, § 108 Rn 27.
4 BGHZ 81, 90, 93.
5 BGH JurBüro 1986, 545, 548.
6 So offensichtlich BGH NJW 2004, 59, 61; unklar BGH NJW 2002, 2863, 2864; zur Genehmigung durch den volljährig Gewordenen gem. Abs. 3 auch OLG Düsseldorf FamRZ 1995, 1066, 1068; LG Ravensburg VuR 1987, 99, 100.

7 BGHZ 91, 324, 329.
8 Zutr. BGH NJW 2002, 2325, 2327 (letzter Absatz).
9 Vgl. für minderjährigenrechtliche Fälle etwa OLG Hamm NJW-RR 1992, 1186; AG und LG Waldshut-Tiengen VersR 1985, 937, 938, 939.
10 Vgl. *Jakobs/Schubert*, Die Beratung des BGB, Teil 1, 1985 S. 495 ff., 571, 574.

II. Aufforderung zur Genehmigung (Abs. 2)

1. Aufforderung. Die Aufforderung ist **geschäftsähnliche Handlung**, weil ihre Rechtsfolgen kraft Gesetzes eintreten, auch wenn der Auffordernde keinen entsprechenden Willen gebildet haben sollte.[11] Sie unterliegt also den Regeln über Willenserklärungen in entsprechender Anwendung. Demnach ist sie empfangsbedürftig, muss also dem gesetzlichen Vertreter gegenüber erklärt werden; in den Fällen des Abs. 3 (Rn 14 ff.) gegenüber dem volljährig Gewordenen.[12] Stirbt der Minderjährige, so ist sie seinem Erben gegenüber zu erklären (vgl. Rn 3).

Die Aufforderung bedarf auch bei Formbedürftigkeit des Vertrages **keiner Form**.[13] Da sie die Rechtslage einseitig verändert (vgl. Rn 7), finden auch auf die Aufforderung die Regeln über Gestaltungsrechte (entsprechende) Anwendung. Namentlich kann sie weder bedingt noch befristet abgegeben werden; allein der gesetzliche Fristenmechanismus des Abs. 2 bindet die Parteien. Das Aufforderungsrecht ist vererblich (vgl. Rn 1); das folgt auch aus seiner Vergleichbarkeit mit anderen Gestaltungsrechten.[14]

2. Rechtsfolgen. Rechtsfolge der Aufforderung ist zunächst, dass der Minderjährige ab sofort nicht mehr tauglicher Adressat einer Genehmigung oder der Verweigerung einer solchen ist (Abs. 2 S. 1); weiterhin, dass eine zuvor im Innenverhältnis abgegebene Erklärung ihre Wirksamkeit verliert (Abs. 2 S. 2). Die **zeitliche Reihenfolge** bestimmt sich nach den allgemeinen Regeln über den Zugang von Willenserklärungen (vgl. §§ 130 ff.; direkt für die Genehmigung oder Verweigerung, entsprechend für die Aufforderung als geschäftsähnliche Handlung): Geht dem Geschäftsgegner (arg. aus der Unerheblichkeit einer Erklärung „dem Minderjährigen gegenüber") eine Genehmigung oder Verweigerung zu, so kann er nicht mehr auffordern. Hingegen ist unerheblich, wann dem gesetzlichen Vertreter eine Aufforderung zugeht, die vor Zugang einer Genehmigung oder Verweigerung beim Auffordernden abgegeben worden ist. Dies folgt aus dem Zweck der Aufforderung: Der Geschäftsgegner darf auffordern, solange er im Unklaren über die Haltung des gesetzlichen Vertreters ist; es liegt am gesetzlichen Vertreter, seine Entscheidung zu beschleunigen; überdies gewinnt er durch die Aufforderung neue Handlungsfreiheit, ist also nicht belastet (Rn 12; zu § 109 vgl. Rn 1).

Der Wirksamkeitsverlust nach Abs. 2 S. 2 ist insoweit mit dem Gestaltungsdogma vereinbar, als in der Möglichkeit einer Aufforderung durch den Geschäftsgegner weder eine Befristung noch eine rechtsgeschäftliche Bedingung liegt. Vielmehr stellt das Gesetz selbst die Wirksamkeit der Gestaltungserklärung unter den Vorbehalt, dass rechtzeitig zur Erklärung aufgefordert wird.

Bei einem Geschäft zwischen **zwei Minderjährigen** bedarf der Auffordernde, sofern seine ursprüngliche Willenserklärung wirksam war, seinerseits nicht (gem. § 107 analog) einer Zustimmung seines gesetzlichen Vertreters für die Aufforderung: Das Geschäft ist bereits (schwebend) unwirksam, „verlieren" kann der Geschäftspartner nur die Chance zur Genehmigung; sofern es nach § 108 zu endgültiger Unwirksamkeit kommt, stellt dies keinen zusätzlichen Rechtsnachteil dar.

Der gesetzliche Vertreter ist in seiner Entscheidung frei; weder dem Minderjährigen (Grenze: Kindeswohl, § 107 Rn 47) noch dem Geschäftsgegner steht ein Anspruch auf Genehmigung (oder auch Verweigerung der Genehmigung) zu.

Nach Abs. 2 S. 2 ist der **Schwebezustand** zwei Wochen nach Zugang (§§ 130 ff. entsprechend) der Aufforderung jedenfalls **beendet**: Entweder es liegt eine (unbedingte, unbefristete, auch ansonsten uneingeschränkte, Rn 3 Genehmigung vor; dann ist das genehmigungsbedürftige Rechtsgeschäft wirksam (§ 184 Abs. 1). In allen anderen Fällen tritt endgültige Unwirksamkeit ein, sei es, weil der gesetzliche Vertreter tatsächlich die Genehmigung verweigert hat, sei es, weil dieses Faktum fingiert wird („gilt als verweigert").

Die **Frist des Abs. 2** ist nur in eingeschränktem Maße **dispositiv**: Der Vertragsgegner kann sie einseitig verlängern, weil die Verlängerung nur ihn belastet. Eine Verkürzung hingegen kann er weder einseitig noch lediglich im Konsens mit dem Minderjährigen erreichen, da die Mindestfrist dem gesetzlichen Vertreter Raum für Überlegungen gibt (und somit auch im wohlverstandenen Interesse des Minderjährigen

---

11 BGHZ 145, 343, 346 f.; MüKo/*Schmitt*, § 108 Rn 26.
12 *Flume*, BGB AT Bd. 2, § 13, 7 c. cc.; *Norpoth/Dittberner*, JA 1996, 643.
13 Staudinger/*Knothe* (2004), § 108 Rn 13; MüKo/*Schmitt*, § 108 Rn 26.
14 Zur Vererbbarkeit von Gestaltungsrechten s. AnwK-BGB/*Kroiß*, § 1922 Rn 10, 13.

besteht).¹⁵ Anderweitige Abkürzungen des Schwebezustandes – etwa durch Fristsetzung – sind nicht möglich.¹⁶

12 In allen Fällen wird unerheblich, was vor der Aufforderung zwischen Minderjährigem und gesetzlichem Vertreter verhandelt worden ist, Abs. 2 S. 1. Diese Regelung gibt dem gesetzlichen Vertreter eine **weitere Überlegungsmöglichkeit**, obwohl er bereits eine Gestaltungserklärung abgegeben hatte. Das Risiko einer von der ersten Entscheidung abweichenden Erklärung des Vertreters muss der Auffordernde tragen, weil er selbst den Mechanismus des Abs. 2 in Gang gesetzt hat, weil ihm kein Anspruch auf eine bestimmte Entscheidung des gesetzlichen Vertreters zusteht und weil ihm jedenfalls Rechtssicherheit in kurzen Fristen verschafft wird. Einschränkungen dieser Risikoverteilung nach der Lehre, es gebe kein „Reurecht" (vgl. § 119 Rn 22, sind für § 108 daher nicht angezeigt.

13 Streitig ist, ob Abs. 2 **analoge Anwendung** auf den Fall findet, dass die erforderliche **Einwilligung vorliegt**. Dafür wird angeführt, dass auch die Wirksamkeit des Vertrages ungewiss sein könne.¹⁷ Richtigerweise ist eine analoge Anwendung abzulehnen, denn die dem § 108 immanente Schwebelage besteht nicht bei einem Vertrag, der gem. § 107 mit der erforderlichen Einwilligung geschlossen wurde.¹⁸ Der Vertragspartner kann sich nur im Wege der Feststellungsklage Klarheit über die Wirksamkeit des Vertrages verschaffen. Unterlässt es der gesetzliche Vertreter, dem Vertragspartner auf entsprechende Aufforderung hin Auskunft über das Vorliegen der Einwilligung zu erteilen, kommt ein Schadensersatzanspruch des Vertragspartners gegen den gesetzlichen Vertreter aus § 826 in Betracht;¹⁹ eine Haftung des Minderjährigen gem. §§ 280 Abs. 1, 241 Abs. 2, 278 ist nur dann denkbar, wenn der Vertrag durch die zuvor erteilte Einwilligung wirksam ist.²⁰

III. Erlangung unbeschränkter Geschäftsfähigkeit (Abs. 3)

14 Nach Abs. 3 kann der volljährig gewordene Minderjährige selbst genehmigen (Parallelvorschrift: **§ 1829 Abs. 3** bei Unwirksamkeit eines Vertrages mangels familiengerichtlicher Genehmigung gem. §§ 1643, 1821, 1822). Diese Rechtsfolge ergäbe sich sonst aus allgemeinen Regeln: Nach Erreichen der Volljährigkeit ist es nicht mehr Aufgabe des gesetzlichen Vertreters, über die Sinnhaftigkeit auch zuvor abgeschlossener Geschäfte zu befinden. Ebenfalls aus allgemeinen Regeln ergibt sich die Behandlung einer konkludenten Genehmigung: Für diese bedarf es ebenso wenig eines Erklärungsbewusstseins wie in sonstigen Fällen; wohl aber kann eine konkludente Genehmigung nicht angenommen werden, wenn das Erklärungsbewusstsein fehlte und der Empfänger dies wusste (vgl. Rn 4). Ausführlich zur konkludenten Genehmigung eines Versicherungsvertrags durch den volljährig Gewordenen siehe § 182 Rn 20 ff.; zu derjenigen einer Grundschuldbestellung soll die Abgabe einer Zweckerklärung genügen.²¹

Vereinzelt ist Abs. 3 in der Rechtsprechung auch auf einen nach § 181 genehmigungsbedürftigen Vertrag angewandt worden.²²

15 Zweifelhaft ist, ob der nunmehr Volljährige die **Genehmigung** auch **sich selbst gegenüber** erteilen kann, ob sie also – in Abweichung von allgemeinen Regeln – nicht empfangsbedürftig ist.²³ Das erscheint bei konsequenter Anwendung der Parallele zu Abs. 1 denkbar (er steht nunmehr eben an Stelle seines früheren gesetzlichen Vertreters, und dieser kann nach Abs. 1 die Genehmigung im Innenverhältnis erklären, Rn 5). Andererseits würde damit die Natur der Genehmigung verändert, welche im Normalfall Empfangsbedürftigkeit verlangt, vgl. § 130 Abs. 1 S. 1 („einem anderen gegenüber", § 184 Rn 2).²⁴

Die Gerichte prüfen diese Möglichkeit der Eigengenehmigung nicht. Zuweilen erscheint zwar die Formel, der Volljährige müsse „zu erkennen geben", dass der Vertrag wirksam sein solle,²⁵ es folgt jedoch keine weitere Klarstellung, wem gegenüber (sich selbst?).

16 Maßgeblich ist bei Abs. 3 das Zusammenspiel von subjektiv-historischer und objektiv-teleologischer Auslegung: Abs. 1 wurde um die Möglichkeit der Genehmigung im Innenverhältnis erweitert, um den Ver-

---

15 Ausnahmsweise kann die Ausschöpfung der zweiwöchigen Frist gegen Treu und Glauben verstoßen, vgl. *v. Tuhr*, BGB AT Bd. 2, § 59 VI 2 a.
16 Anders *v. Tuhr*, BGB AT Bd. 2, § 59 VI 2a: der andere Teil soll den Vertrag mit dem Minderjährigen unter der Bedingung schließen können, dass die Genehmigung des Vertreters innerhalb einer bestimmten Frist erfolgt – ein Vorgehen nach Abs. 2 wäre in diesem Fall nicht erforderlich; dagegen auch Staudinger/*Knothe* (2004), § 108 Rn 17.
17 Jauernig/*Jauernig*, § 108 Rn 3.
18 Staudinger/*Knothe* (2004), § 108 Rn 15; MüKo/*Schmitt*, § 108 Rn 24.
19 *v. Tuhr*, BGB AT Bd. 2, § 59 VI 2 a.
20 Vgl. Staudinger/*Knothe* (2004), § 108 Rn 15; MüKo/*Schmitt*, § 108 Rn 25.
21 LG Wuppertal NJW-RR 1995, 152, 153, ebenfalls zu § 108 Abs. 3.
22 BGHZ 110, 363, 368 = NJW 1990, 1721 = FamRZ 1990, 860; ebenso MüKo/*Schramm*, § 181 Rn 42; Jauernig/*Jauernig*, § 181 Rn 14.
23 So *Norpoth/Dittberner*, JA 1996, 647; Staudinger/*Knothe* (2004), § 108 Rn 21.
24 *Norpoth/Dittberner*, JA 1996, 644.
25 LG Mainz VersR 1967, 945, 946.

tragspartner des Minderjährigen zu schützen, und dabei wurden die Konsequenzen für Abs. 3 anscheinend übersehen (vgl. Rn 5). Würde aber eine sonstigen Dritten (oder niemandem) gegenüber kundbar gewordene Genehmigung genügen,[26] so träte in zahlreichen Fällen Vertragswirksamkeit mit dem 18. Geburtstag ein, etwa durch Weiterbenutzung einer Sache, ohne dass dies dem Minderjährigen auch nur bewusst wäre und ohne dass es einen Empfängerhorizont gäbe, von dem aus sich die Genehmigungswirkung bestimmen ließe. Daraus ist hergeleitet worden, **§ 144** (Bestätigung eines anfechtbaren Rechtsgeschäfts) sei **analog** anzuwenden, auf Erklärung wie Verweigerung der Genehmigung nach Abs. 3:[27] Beide Erklärungen wären nicht empfangsbedürftig. Diese Lösung ordnet die Erklärung bruchlos in das System des Vertragsschlussrechts ein[28] und wahrt gleichzeitig den in den §§ 107 ff. intendierten Minderjährigenschutz: Die Bestätigung ist nach h.M. eine nicht empfangsbedürftige Erklärung; zum Schutz des Erklärenden sind jedoch an die Annahme einer Bestätigung durch konkludentes Verhalten strenge, auch nach objektiven Kriterien zu bestimmende Anforderungen zu stellen (vgl. § 144 Rn 8).[29] Auch das schützenswerte Interesse des Vertragspartners, zu wissen, woran er ist, steht dieser Lösung nicht entgegen; dieser kann sich auch nach erfolgter Eigengenehmigung durch Aufforderung des Volljährigen Klarheit verschaffen, arg. e. Abs. 3 i.V.m. Abs. 2 S. 1 Hs. 2.

Die praktische Bedeutung der Eigengenehmigung ist jedoch eher gering einzuschätzen: In den praktisch wichtigen Fällen der (Eigen-)Genehmigung durch konkludentes Verhalten werden die erwähnten strengen Voraussetzungen selten erfüllt sein. Denn auch bei Anwendung der rechtsverkehrsfreundlichen Regeln über die sog. Erklärungsfahrlässigkeit (vgl. Rn 4) stellt sich in den von der Rechtsprechung entschiedenen Fällen zur empfangsbedürftigen Genehmigungserklärung bei weitem nicht jedes konkludente Verhalten als Genehmigung dar, vgl. § 182 Rn 18 ff.

Fehlt eine Genehmigung, so soll es **rechtsmissbräuchlich** sein, „wenn jemand über einen langen Zeitraum (hier: zehn Jahre) an einem schwebend unwirksamen Vertrag festhält und sich erst dann darauf beruft, wenn dieser für ihn Nachteile bringt"[30] (vgl. auch § 182 Rn 23). Diese Formulierung ist zum einen – wie stets bei § 242 – nur auf Ausnahmefälle zu beziehen, weil sonst die Rechtssicherheit litte. Zum anderen wird ein in diesem Sinne rechtsmissbräuchliches Verhalten oft genug zugleich den Erklärungsinhalt einer konkludenten Genehmigung aufweisen (vgl. Rn 4); dann steht die Tür zu einer Lösung nach allgemeinen Regeln offen.

C. Weitere praktische Hinweise

Die Darlegungs- und **Beweislast** für eine erfolgte Einwilligung oder Genehmigung, auch durch den Minderjährigen nach Abs. 3, trägt nach allgemeinen Regeln derjenige, der sich auf die Wirksamkeit des Vertrages beruft. Die Verweigerung der Genehmigung muss derjenige beweisen, der die *endgültige* Unwirksamkeit des Vertrages geltend macht. Daher trifft den ehemals Minderjährigen die Beweislast, der behauptet, eine von ihm – unstreitig – nach Aufforderung erklärte Genehmigung (Abs. 3) sei ins Leere gegangen, weil sein gesetzlicher Vertreter dem Vertragspartner gegenüber bereits vor dessen Aufforderung die Verweigerung der Genehmigung erklärt habe (Abs. 2 S. 1 Hs. 2).[31] Die Aufforderung hat derjenige zu beweisen, der sich auf ihre Wirkungen (andauernder oder wiederhergestellter Schwebezustand) beruft; wer sich auf die Wirksamkeit des Vertrages durch eine nach Aufforderung erteilte Genehmigung beruft, muss den Zeitpunkt der Aufforderung und die Einhaltung der daran anknüpfenden zweiwöchigen Erklärungsfrist beweisen.[32]

---

26 Unklar insoweit *Diederichsen*, Die Anfängerübung im Bürgerlichen Recht, 3. Aufl. 1996, S. 41.
27 So *Norpoth/Dittberner*, JA 1996, 645 f.
28 Ausf., auch zur methodologischen Seite, *Norpoth/Dittberner*, JA 1996, 645–648.
29 BGHZ 110, 220, 222: nur wenn jede andere den Umständen nach einigermaßen verständliche Deutung des Verhaltens ausscheide, könne ein Verhalten als konkludent erklärte Bestätigung gewertet werden; MüKo/*Mayer-Maly/Busche*, § 144 Rn 5: es genügt nur ein dem Anfechtungsgegner erkennbares Verhalten.

30 LG Wuppertal NJW-RR 1995, 152, red. Leitsatz, vgl. S. 153 (*obiter*); im Anschluss an BGH LM § 1829 BGB Nr. 3 = FamRZ 1961, 216, 217.
31 BGH NJW 1989, 1728, 1729 = FamRZ 1989, 476; *Baumgärtel/Laumen*, § 108 Rn 3.
32 *Baumgärtel/Laumen*, § 108 Rn 48: derjenige, der sich auf die Unwirksamkeit des Vertrages berufe, müsse den fruchtlosen Fristablauf beweisen; unklar Staudinger/ *Knothe* (2004), § 108 Rn 23.

§ 109 Widerrufsrecht des anderen Teils

(1) ¹Bis zur Genehmigung des Vertrags ist der andere Teil zum Widerruf berechtigt. ²Der Widerruf kann auch dem Minderjährigen gegenüber erklärt werden.

(2) ¹Hat der andere Teil die Minderjährigkeit gekannt, so kann er nur widerrufen, wenn der Minderjährige der Wahrheit zuwider die Einwilligung des Vertreters behauptet hat; er kann auch in diesem Falle nicht widerrufen, wenn ihm das Fehlen der Einwilligung bei dem Abschluss des Vertrags bekannt war.

Literatur: *Wilhelm*, Aufforderung zur Erklärung über die Genehmigung eines schwebend unwirksamen Geschäfts und Widerruf des Geschäfts, NJW 1992, 1666.

A. Allgemeines 1	C. Weitere praktische Hinweise 7
B. Regelungsgehalt 2	

A. Allgemeines

1 Die Vorschrift schützt den **Geschäftsgegner** des Minderjährigen in der Schwebezeit bis zur Erteilung oder Verweigerung der Genehmigung (§ 108): Der Entscheidungsfreiheit des Genehmigungsbefugten entspricht seine Freiheit, sich von der eigenen Erklärung wieder zu lösen (Abs. 1), abgestuft nach Schutzwürdigkeit (Abs. 2). § 109 durchbricht damit im Sinne der negativen Privatautonomie die potenzielle Bindung an den – schwebend unwirksamen –Konsens. Dogmatisch folgt hieraus nicht, dass es „schwebende Wirksamkeit" gäbe (vgl. § 108 Rn 1): Der Vertrag ist und bleibt unwirksam, sofern er nicht genehmigt wird. Der Widerruf nach § 109 entzieht der Genehmigung ihr Substrat, sie geht, wenn sie nach dem Widerruf erklärt wird, ins Leere. Beseitigt wird durch den Widerruf also nicht eine Art von Teilwirksamkeit, sondern lediglich die Möglichkeit, künftig Wirksamkeit herbeizuführen.

B. Regelungsgehalt

2 Der **Widerruf** nach Abs. 1 ist einseitige empfangsbedürftige Willenserklärung und unterliegt den für diese geltenden allgemeinen Regeln. Er ist – als *actus contrarius* zu Angebot und Annahme – dem Minderjährigen gegenüber zu erklären, und entgegen der allgemeinen Regel des § 131 Abs. 2 genügt für seine Wirksamkeit auch der **Zugang gegenüber dem Minderjährigen**, Abs. 1 S. 2.[1]

3 Aus dem unter Rn 1 Gesagten folgt, dass der gesetzliche Vertreter nur bis zum Zugang eines Widerrufs genehmigen kann. Umgekehrt besteht mit Zugang der Genehmigung beim Geschäftsgegner keine Unsicherheit und damit kein Widerrufsrecht mehr. Im immerhin denkbaren Fall gleichzeitigen Zugangs von Genehmigung und Widerruf bleibt es bei der Unwirksamkeit; dies ergibt sich jedenfalls aus dem Rechtsgedanken des § 108 Abs. 1.

4 Ist hingegen die **Genehmigung** lediglich im **Innenverhältnis** dem Minderjährigen zugegangen (was der Dritte typischerweise nicht weiß), so kann nicht verlangt werden, dass der Dritte erst eine Aufforderung nach § 108 Abs. 2 erklärt und dadurch den Schwebezustand wiederherstellt, nur um anschließend nach § 109 widerrufen zu können;[2] vielmehr steht ihm die Widerrufsmöglichkeit sogleich offen.[3] Dies setzt allerdings im Hinblick auf § 108 Abs. 2 voraus, dass der Vertragspartner den Widerruf dem gesetzlichen Vertreter gegenüber erklärt und nicht, wie nach Abs. 1 S. 2 möglich, dem Minderjährigen gegenüber.[4]

5 Ein **Widerrufsrecht** des Vertragspartners besteht auch dann, wenn der Minderjährige den Vertrag mit Mitteln erfüllen könnte, die ihm vom gesetzlichen Vertreter gem. **§ 110** überlassen wurden. Zwar beinhaltet § 110 letztlich bereits eine Einwilligung des gesetzlichen Vertreters (§ 110 Rn 1), so dass ein Genehmigungserfordernis wie bei §§ 108, 109 nicht besteht.[5] Es ist jedoch allein dem Minderjährigen überlassen, ob er durch das Bewirken der Leistung die Wirksamkeit des Vertrages herbeiführen will oder nicht; aus der Sicht des Vertragspartners ist die Situation somit vergleichbar mit der der §§ 108, 109.[6]

6 § 109 nimmt dem Genehmigungsbefugten die Entscheidung nur insoweit aus der Hand, als der **Geschäftsgegner schutzwürdig** ist. Die Schutzwürdigkeit liegt regelmäßig in seiner Unkenntnis von der Minderjährigkeit

---

1 Staudinger/*Knothe* (2004), § 109 Rn 5.
2 So aber MüKo/*Schmitt*, § 109 Rn 9, auch zu dem von manchen erhobenen Vorwurf des *venire contra factum proprium*.
3 Vgl. *Wilhelm*, NJW 1992, 1667.
4 Näher – auch zur Gesetzgebungsgeschichte – *Wilhelm*, NJW 1992, 1666 f.
5 Deshalb gegen ein Widerrufsrecht Soergel/*Hefermehl*, § 110 Rn 7.
6 So auch MüKo/*Schmitt*, § 110 Rn 34.

begründet, arg. e Abs. 2. Volljährigkeit ist zwar kein tauglicher Gegenstand guten Glaubens (§ 104 Rn 9), wohl aber begründet Unkenntnis der realen Sachlage ein Widerrufsrecht.

Das Gesetz kommt dem Geschäftsgegner jedoch insoweit entgegen, als es das Widerrufsrecht bei Kenntnis von der Minderjährigkeit nicht generell entfallen lässt. Vielmehr darf auch widerrufen, wer vom Minderjährigen über das Vorliegen einer Einwilligung gem. § 107 getäuscht worden ist (Hs. 1), und zwar erfolgreich (Hs. 2). Insoweit wird also der Minderjährige mit den Folgen eigenen Handelns belastet, und zwar als Sanktion für Vorsatz.

Abs. 2 meint nur **positive Kenntnis**; fahrlässige Unkenntnis schließt das Widerrufsrecht nicht aus.[7]

C. Weitere praktische Hinweise

Wer sich auf die Unwirksamkeit des Vertrages aufgrund eines wirksam erklärten Widerrufs beruft, trägt dafür die **Beweislast**.[8] Ist der Zeitpunkt einer – unstreitig erfolgten – Genehmigung unklar, so hat der Widerrufende auch zu beweisen, dass die Genehmigung nach dem Widerruf erfolgt ist.[9] Die Kenntnis des Vertragspartners von der Minderjährigkeit (Abs. 2 Hs. 1) und vom Fehlen der Einwilligung (Abs. 2 Hs. 2) hat derjenige zu beweisen, der sich auf die Unwirksamkeit des Widerrufs beruft. Demgegenüber trägt der Widerrufende die Beweislast dafür, dass der Minderjährige wahrheitswidrig das Vorliegen einer Einwilligung behauptet hat.[10]

7

§ 110 Bewirken der Leistung mit eigenen Mitteln

¹Ein von dem Minderjährigen ohne Zustimmung des gesetzlichen Vertreters geschlossener Vertrag gilt als von Anfang an wirksam, wenn der Minderjährige die vertragsmäßige Leistung mit Mitteln bewirkt, die ihm zu diesem Zweck oder zu freier Verfügung von dem Vertreter oder mit dessen Zustimmung von einem Dritten überlassen worden sind.

Literatur: *Hagemeister*, Grundfälle zu Bankgeschäften mit Minderjährigen, JuS 1992, 839, 924; *Hofmann*, Der Vereinsbeitritt Minderjähriger, Rpfleger 1986, 5; *Kunkel*, Das junge Konto – Minderjährigenschutz im Rahmen des Girovertrages, Rpfleger 1997, 1; *Leenen*, Die Heilung fehlender Zustimmung gemäß § 110 BGB, FamRZ 2000, 863; *Nierwetberg*, Der „Taschengeldparagraph" (§ 110 BGB) im System des Minderjährigenrechts, Jura 1984, 127; *Schilken*, Die Bedeutung des „Taschengeldparagraphen" bei längerfristigen Leistungen, FamRZ 1978, 642; *Vortmann*, Bankgeschäfte mit Minderjährigen, WM 1994, 965.

A. Allgemeines 1
B. Regelungsgehalt 3
C. Weitere praktische Hinweise 16

A. Allgemeines

Die **systematische Einordnung** von § 110 ist streitig. Nach herrschender Meinung handelt es sich um einen **besonderen Anwendungsfall der Generaleinwilligung nach § 107**. Danach liegt die Einwilligung konkludent in der Überlassung oder Belassung der Mittel. „Ohne Zustimmung" heißt, in Einfügung eines ungeschriebenen Tatbestandsmerkmals, „ohne ausdrückliche" Zustimmung;[1] die Frage nach der Anwendung des § 110 ist dann im Wesentlichen die Frage nach der Auslegung des Vertreterhandelns. Was der genaue Gegenstand der konkludenten Einwilligung sei, wird unterschiedlich bestimmt.[2]

1

Die Gegenmeinung betont, dass die Wirksamkeit des Vertrages nach § 110 von Gesetzes wegen eintrete.[3] § 110 regele allein die Wirksamkeit des Verpflichtungsgeschäfts; das der Erfüllung dienende Verfügungsgeschäft sei mit den Worten „die vertragsmäßige Leistung ... bewirkt" in Bezug genommen.

---

7 Jauernig/*Jauernig*, § 109 Rn 2; Staudinger/*Knothe* (2004), § 109 Rn 3.
8 H.M., BGH NJW 1989, 1728, 1729; *Baumgärtel/Laumen*, § 109 Rn 1 m.w.N.
9 BGH NJW 1989, 1728, 1729; *Baumgärtel/Laumen*, Handbuch der Beweislast im Privatrecht, 2. Aufl. 1991, § 109 Rn 1; Staudinger/*Knothe* (2004), § 109 Rn 7; MüKo/*Schmitt*, § 109 Rn 18.
10 *Baumgärtel/Laumen*, Handbuch der Beweislast im Privatrecht, 2. Aufl. 1991, § 109 Rn 2 m.w.N.

1 Das RG (RGZ 74, 234, 235) formuliert: „im allgemeinen (...) erklärt" sowie „auch ohne besondere Zustimmung". Aus der neueren Rspr. s. AG Waldshut-Tiengen VersR 1985, 937, 938; AG Hamburg NJW-RR 1994, 721, 722.
2 Zum Ganzen ausf. Staudinger/*Knothe* (2004), § 110 Rn 2, 3.
3 Krit. Diskussion der h.M. m.w.N. bei *Nierwetberg*, Jura 1984, 127–133; *Leenen*, FamRZ 2000, 864 ff. (S. 865 zum Einwilligungsgegenstand).

Eine Wirksamkeit des Verfügungsgeschäfts könne sich aus §§ 107 f. ergeben, nicht aus § 110; vielmehr setze § 110 die Wirksamkeit der Erfüllung tatbestandlich voraus.[4]

2 § 110 umfasst nur Verträge eines Minderjährigen, die zu ihrer Wirksamkeit der Einwilligung oder Genehmigung des gesetzlichen Vertreters bedürfen, §§ 107, 108. Zur Anwendbarkeit des § 109 vgl. dort Rn 5. Die Vorschriften über das Erfordernis einer familiengerichtlichen Genehmigung gem. §§ 1643 Abs. 1, 1821, 1822 finden auch im Fall des § 110 Anwendung, denn die Wirksamkeit des Vertrages – wie auch immer konstruiert – beruht letztendlich auf einer **Einwilligung des gesetzlichen Vertreters**[5] (vgl. auch Rn 9 und 14).

B. Regelungsgehalt

3 Der Minderjährige muss die **vertragsmäßige Leistung bewirken**. Das Wort „bewirkt" wird im Sinne einer tatsächlich und vollständig erfolgten Leistung gedeutet; die Voraussetzungen sind dieselben wie bei § 362 Abs. 1, nur kann § 110 nicht von der „geschuldeten" Leistung sprechen (vielmehr von der „vertragsmäßigen"), weil der Vertrag bis zur Bewirkung der Leistung schwebend unwirksam ist.[6] Stehen also Leistungen des Minderjährigen noch aus, greift § 110 nicht ein.

4 Die Wirksamkeit des Vertrages tritt erst dann ein, wenn der Minderjährige die vereinbarte Leistung **vollständig erbringt**; **Teilleistungen** führen grundsätzlich nicht zu einer Teilwirksamkeit des Vertrages, dieser bleibt vielmehr schwebend unwirksam, § 108. § 110 stellt somit sicher, dass der Minderjährige **keine Kreditgeschäfte** tätigt.

Eine Ausnahme von diesem Grundsatz macht die h.M. für **Dauerschuldverhältnisse**, sofern auch die vereinbarte **Gegenleistung** des Vertragspartners **teilbar** ist und § 139 nicht entgegensteht.[7]

5 Das ist bei einem **Mietvertrag** zu bejahen für die monatlich zu erbringende Kaltmiete;[8] die Vorauszahlung der Nebenkosten fällt hingegen nicht in den Anwendungsbereich des § 110, da – sofern nicht eine pauschale Warmmiete vereinbart ist – die monatlichen Abschlagszahlungen keine Leistung i.S.d. § 110 darstellen, sondern lediglich eine Sicherheitsleistung, welche mit der Gesamtforderung am Ende des Abrechnungszeitraums verrechnet wird. Die Wirksamkeit der Verpflichtung zur Zahlung der Nebenkosten richtet sich vielmehr nach § 107. Es kommt also darauf an, ob der Nebenkostenverbrauch des Minderjährigen von der Einwilligung des gesetzlichen Vertreters gedeckt war; hierfür ist auf den objektiven Empfängerhorizot abzustellen (vgl. § 107 Rn 49, wobei im konkreten Fall der allgemeine Lebensstandard des Minderjährigen ein Indiz sein kann.

6 Bei **Versicherungsverträgen** ist zwischen den einzelnen Versicherungsarten zu unterscheiden,[9] gegebenenfalls ist auch das Erfordernis einer familiengerichtlichen Genehmigung nach §§ 1643 Abs. 1, 1822 Nr. 5 zu beachten (AnwK-BGB/*Fritsche*, § 1822 Rn 24).[10] Der **Vereinsbeitritt** eines Minderjährigen soll schon deshalb nicht durch die monatliche Beitragszahlung gem. § 110 teilwirksam werden, weil der Verein nicht aufgrund des Vertrages zur Leistung verpflichtet ist, sondern aufgrund der Satzung[11] (vgl. auch Rn 9).

7 Die weit verbreiteten **„Handy-Verträge"** fallen nicht in den Anwendungsbereich des § 110, da die Mobilnetzbetreiber in der Praxis keine Mobilfunkverträge mit Minderjährigen abschließen; Vertragspartner sind regelmäßig die Eltern. Sollte dennoch direkt mit dem Minderjährigen kontrahiert werden, gilt – sofern der Minderjährige keine „prepaid"-Karte erwirbt – das Gleiche wie bei den Nebenkosten: die monatliche Vorauszahlung ist lediglich Abschlagszahlung, und im Rahmen des § 107 ist problematisch, ob die Einwilligung der Eltern ein Geschäft abdeckt, dessen zukünftig entstehende Kosten nicht überschaubar sind.

11)Teilbarkeit der Leistung und damit Teilwirksamkeit mit Bezahlung des monatlichen Beitrags wurde z.B. bejaht bei dem **Fitnessstudiovertrag** einer Minderjährigen.[12]

---

4 *Nierwetberg*, Jura 1984, 131; *Leenen*, FamRZ 2000, 863; Jauernig/*Jauernig*, § 110 Rn 2 (gegen RGZ 74, 234, 235).
5 Für den Versicherungsvertrag z.B. AG Hamburg NJW-RR 1994, 721, 722; AG Waldshut-Tiengen VersR 1985, 937, 938; MüKo/*Schmitt*, § 110 Rn 16; ausf. *Schilken*, FamRZ 1978, 645, der allerdings nach Sinn und Zweck des § 1822 Nr. 5 unterscheidet.
6 *Leenen*, FamRZ 2000, 864; Staudinger/*Knothe* (2004), § 110 Rn 9.
7 MüKo/*Schmitt*, § 110 Rn 13; Staudinger/*Knothe* (2004), § 110 Rn 10 m.w.N.
8 Ohne Differenzierung MüKo/*Schmitt*, § 110 Rn 14; Staudinger/*Knothe* (2004), § 110 Rn 10, der jedoch bei Mietverträgen eine Generaleinwilligung nach § 107 befürwortet, um das bei § 110 ungünstige Ergebnis zu vermeiden, dass der Minderjährige gegen den Vermieter keinen Anspruch auf (zukünftige) Überlassung der Wohnung hat.
9 Ausf. MüKo/*Schmitt*, § 110 Rn 15 f.; *Schilken*, FamRZ 1978, 643.
10 Fehlt diese, so kann ein Lebensversicherungsvertrag auf den Todes- oder Erlebensfall nicht über § 139 für die Zeit nach Eintritt der Volljährigkeit als wirksam angesehen werden, vgl. BGHZ 28, 78, 83; AG Hamburg NJW-RR 1994, 721, 722.
11 Str., vgl. *Hofmann*, Rpfleger 1986, 7; a.A. Staudinger/*Knothe* (2004), § 110 Rn 7.
12 AG Siegen FamRZ 1991, 1046, 1047.

Auf das von einem Minderjährigen eröffnete **Girokonto** (vgl. § 107 Rn 45) soll § 110 analog anwendbar sein, wenn die auf dem Girokonto eingezahlten Beträge dem Minderjährigen zu diesem oder zu dem mit der Abhebung verfolgten Zweck oder zur freien Verfügung überlassen wurden.[13]

Der Begriff der Mittel umfasst nicht nur Bargeld, sondern **jeden Vermögensgegenstand**; nicht jedoch die menschliche Arbeitskraft.[14] Aus diesem Grunde ist § 110 nicht anwendbar auf einen Vereinsbeitritt des Minderjährigen, der die Verpflichtung zur Erbringung immaterieller Leistungen mit sich bringt.[15] Auch dem Minderjährigen bewilligte Sozialhilfeleistungen sind als Mittel i.S.d. § 110 verstanden worden.[16] Bei Bewirkung der Leistung mit Mitteln, die der gesetzliche Vertreter dem Minderjährigen unter Verstoß gegen § 1644 überlassen hat, treten die Wirkungen des § 110 nicht ein (vgl. auch Rn 14).[17]

Überlassen sein können Mittel vom gesetzlichen Vertreter selbst oder von Dritten; im letzteren Fall greift § 110 nur ein, wenn eine Zustimmung des Vertreters vorlag (zu den erfassten Zwecken siehe Rn 11). Der Begriff „Zustimmung" ist hier nicht im Sinne der §§ 182 ff. zu lesen, da die Überlassung nicht Willenserklärung, sondern Realakt ist; wie bei der rechtsgeschäftlichen Zustimmung kommt es freilich auf die zeitliche Reihenfolge insoweit nicht an, als auch die faktisch bereits erfolgte Überlassung noch „genehmigt" werden kann.

Der „**Zweck**" i.S.d. § 110 ist die – nach allgemeinen Auslegungsregeln – vom gesetzlichen Vertreter konkret gestattete Leistungsbewirkung. Die „**freie Verfügung**" ist nicht unbeschränkt zu verstehen, weil sonst die Grenze zwischen § 107 und § 110 nicht mehr gezogen werden könnte und das Gesetz es dem gesetzlichen Vertreter nicht gestattet, sich von der Ausübung seines Sorgerechts zu dispensieren. Überlässt also der Vertreter dem Minderjährigen Mittel ohne jegliche Zweckbestimmung, so ist nach allgemeinen Regeln vom **objektiven Empfängerhorizont des Minderjährigen** aus zu bestimmen, ob ein bestimmtes Geschäft noch erfasst ist; dies ist zutreffend verneint worden für den (heimlich erfolgten) Erwerb einer Spielzeugwaffe.[18] Auf einen guten oder bösen Glauben des Geschäftsgegners kommt es auch hier nicht an; ebenso wenig wird er über § 819 gegen eine Rückabwicklung geschützt.[19]

Ergibt sich im Einzelfall auch nach den Maßstäben des objektiven Empfängerhorizontes, dass der gesetzliche Vertreter keinerlei Grenzen ziehen wollte oder gar, dass er ein dem Minderjährigen schädliches Geschäft individuell akzeptierte, so ist das Geschäft bereits nach §§ 107 f. wirksam. Die dann regelmäßig vorliegende Verletzung der Aufsichtspflicht führt nicht zu einer Begrenzung der rechtsgeschäftlichen Handlungsfreiheit des Minderjährigen; dass Sanktionen gegen den gesetzlichen Vertreter indiziert sind, berührt nicht die Wirksamkeit des konkreten Geschäfts. Nach allgemeinen Regeln kann es in diesem Fall dem Geschäftsgegner auch nicht schaden, wenn er irrig vom Fehlen einer Zustimmung ausging;[20] freilich bleiben §§ 242, 826 zu beachten.

Ob sich das Einverständnis der gesetzlichen Vertreter auch auf **Surrogate** und **Folgegeschäfte** bezieht, ist Auslegungsfrage. Für den klassischen Fall eines Loskaufes hat das Reichsgericht zutreffend entschieden, dass die Einwilligung in das Lottospielen nicht auch jede Gewinnverwendung deckt:[21] Sofern der gesetzliche Vertreter die Möglichkeit eines Gewinnes überhaupt ernstlich bedacht hat, wird er sich im Zweifel die Entscheidung darüber reservieren wollen, was mit den ggf. erheblichen Vermögenszuflüssen aus einem solchen Gewinn zu geschehen habe. Dies ergibt sich auch aus dem Sorgerechtsbezug des Minderjährigenrechts (§ 107 Rn 1 f., 47).

Eine Einschränkung folgt aus § 1641: Da die Eltern in Vertretung des Minderjährigen keine Schenkungen machen dürfen, können sie ihm auch im Rahmen des § 110 nicht die Mittel für eine von diesem vorzunehmende Schenkung überlassen;[22] Ausnahme: § 1641 S. 2.

Aus der Überlassung der Mittel folgt **keine Teilgeschäftsfähigkeit** des Minderjährigen; gem. § 52 ZPO wird er somit auch nicht (teil-)prozessfähig, auch nicht für das konkrete Geschäft.[23]

---

13 *Hagemeister*, JuS 1992, 840; *Vortmann*, WM 1994, 966; *Kunkel*, Rpfleger 1997, 6.
14 Vgl. MüKo/*Schmitt*, § 110 Rn 19 f.; Staudinger/*Knothe* (2004), § 110 Rn 12 auch mit Nachw. zur Gegenmeinung; Jauernig/*Jauernig*, § 110 Rn 4.
15 *Hofmann*, Rpfleger 1986, 6.
16 AG Siegen FamRZ 1991, 1046, 1047.
17 Jauernig/*Jauernig*, § 1644 Rn 1; MüKo/*Schmitt*, § 110 Rn 21.
18 AG Freiburg NJW-RR 1999, 637, 637 f.
19 AG Freiburg NJW-RR 1999, 637, 638.
20 *Plus est in re quam in existimatione* (die Realität gilt mehr als die Vorstellung): vgl. grundsätzlich *Wacke*, Tijdschrift voor Rechtsgeschiedenis 64 (1996), 309–357.
21 RGZ 74, 234, 236.
22 OLG Stuttgart FamRZ 1969, 39, 40.
23 Staudinger/*Knothe* (2004), § 110 Rn 16; MüKo/*Schmitt*, § 110 Rn 3.

C. Weitere praktische Hinweise

16 Die **Beweislast** für die Voraussetzungen des § 110 trägt nach allgemeinen Regeln derjenige, der sich auf die Wirksamkeit des Vertrages beruft.[24]

§ 111 Einseitige Rechtsgeschäfte

[1]Ein einseitiges Rechtsgeschäft, das der Minderjährige ohne die erforderliche Einwilligung des gesetzlichen Vertreters vornimmt, ist unwirksam. [2]Nimmt der Minderjährige mit dieser Einwilligung ein solches Rechtsgeschäft einem anderen gegenüber vor, so ist das Rechtsgeschäft unwirksam, wenn der Minderjährige die Einwilligung nicht in schriftlicher Form vorlegt und der andere das Rechtsgeschäft aus diesem Grunde unverzüglich zurückweist. [3]Die Zurückweisung ist ausgeschlossen, wenn der Vertreter den anderen von der Einwilligung in Kenntnis gesetzt hatte.

A. Allgemeines 1	II. Fehlende Schriftform der Einwilligung und
B. Regelungsgehalt 2	unverzügliche Zurückweisung (S. 2) 6
I. Fehlende Einwilligung des gesetzlichen	III. Ausschluss der Zurückweisung (S. 3) 11
Vertreters (S. 1) 2	C. Weitere praktische Hinweise 13

A. Allgemeines

1 Bei einseitigen Rechtsgeschäften ist die Interessenlage anders als bei Verträgen und Gesamtakten: Es gibt keinen Konsens mit dem Geschäftsgegner; dieser hat nicht zu erkennen gegeben, dass er das Geschäft will. Wohl aber kann das Geschäft Interessen des Geschäftsgegners einseitig berühren. Das gilt namentlich für Gestaltungserklärungen. Folglich sieht das Gesetz die grundsätzliche Unwirksamkeit einseitiger Rechtsgeschäfte vor (S. 1) und stellt für den Fall, dass eine Einwilligung vorliegt, Regeln auf, die einen Schwebezustand wie bei Verträgen ausschließen (S. 2 und 3).

B. Regelungsgehalt

I. Fehlende Einwilligung des gesetzlichen Vertreters (S. 1)

2 **Einseitige Rechtsgeschäfte** sind alle, die nicht als Vertrag oder Gesamtakt qualifiziert werden können; auf geschäftsähnliche Handlungen findet die Norm entsprechende Anwendung. Erforderlich ist die **Einwilligung** wie bei § 107 dann, wenn aus der Erklärung nicht lediglich rechtliche Vorteile resultieren. Damit sind namentlich alle Rechtsgeschäfte erfasst, die ein bestehendes Vertragsverhältnis so umgestalten, dass der Minderjährige Rechte verliert, etwa den Anspruch auf die Primärleistung beim Rücktritt. Ob er auf der anderen Seite seine Rechtssphäre erweitert (etwa indem die Erklärung weitere Rechtsbehelfe eröffnet), bleibt auch hier außer Betracht.

3 **Zweifelhaft** ist die **Anwendbarkeit** des § 111 auf empfangsbedürftige Willenserklärungen, wenn der **Geschäftsgegner** mit der Vornahme des Geschäfts ohne die erforderliche Einwilligung **einverstanden** ist. Nach h.M. sollen dann – anstelle des § 111 – §§ 108 f. analog anwendbar sein.[1] Diese Analogie setzt zunächst eine planwidrige Lücke voraus.[2] Die Lücke entsteht dann, wenn man § 111 insoweit teleologisch reduziert: Wer sich auf ein Geschäft mit einem Minderjährigen einlässt, obwohl er weiß, dass die Einwilligung fehlt, begibt sich freiwillig des besonderen Schutzes aus § 111. Da das Gesetz sich zu dieser regelungsbedürftigen Konstellation nicht äußert, ist die Lücke auch planwidrig. Die *ratio* der §§ 108 f. ist dann leicht übertragbar: Auf bewusst eingegangene Geschäfte mit beschränkt Geschäftsfähigen passen im Zweifel die Regeln über schwebende Unwirksamkeit.

4 Einseitige Willenserklärungen sollen **auch dann nicht** unter § 111 fallen, wenn sie nach dem Parteiwillen zu einer **Geschäftseinheit** i.S.d. **§ 139** verbunden sind; dies aus denselben Gründen, die für eine Anwendung des § 108 auf den Fall sprechen, dass der Geschäftsgegner sich bewusst auf ein ohne Einwilligung erklärtes einseitiges Rechtsgeschäft einlässt[3] (Rn 3).

---

24 MüKo/*Schmitt*, § 110 Rn 36; Staudinger/*Knothe* (2004), § 110 Rn 17.
1 BGHZ 110, 363, 370 = NJW 1990, 1721 = FamRZ 1990, 860; für eine direkte Anwendung der §§ 108 f. Staudinger/*Knothe* (2004), § 111 Rn 4; MüKo/*Schmitt*, § 111 Rn 8 m.w.N.
2 Zu den Voraussetzungen der Analogie näher zuletzt *Börsch*, JA 2000, 117 ff.
3 BGHZ 110, 363, 370 = NJW 1990, 1721 = FamRZ 1990, 860: Vollmacht und nach § 181 schwebend unwirksamer Vertrag.

Einseitige Rechtsgeschäfte § 111

Das **bloße Vorliegen der Einwilligung** genügt bei empfangsbedürftigen Willenserklärungen nur dann, wenn entweder der Geschäftsgegner im Innenverhältnis zum Minderjährigen das Fehlen einer schriftlichen Einwilligung nicht rügt (S. 2) oder die Einwilligung dem Geschäftsgegner im Außenverhältnis, direkt vom gesetzlichen Vertreter, bekannt gemacht worden war (S. 3).

II. Fehlende Schriftform der Einwilligung und unverzügliche Zurückweisung (S. 2)

S. 2 gibt dem Geschäftsgegner die Möglichkeit, sich Klarheit über die Haltung des gesetzlichen Vertreters zu verschaffen. Im Zweifelsfall, wenn der Minderjährige **keine schriftliche Einwilligung** vorzulegen vermag, muss der Geschäftsgegner sich gegen das Geschäft entscheiden und es **zurückweisen**. Die Zurückweisung ist Willenserklärung, sie kann (entsprechend § 109 Abs. 1 S. 2, vgl. dort Rn 2 sowohl dem Minderjährigen als auch dem gesetzlichen Vertreter gegenüber abgegeben werden.[4]

Das Gesetz arbeitet hier nicht mit einer schwebenden Unwirksamkeit, weil diese Rechtsunsicherheit schaffen würde; die Rechtsstellung des Geschäftsgegners ist gegenüber dem Normalfall dennoch erweitert, weil einseitige Erklärungen zu ihrer Wirksamkeit normalerweise keiner Zurückweisungsmöglichkeit in der Person des Erklärungsgegners unterliegen. Für Gestaltungserklärungen folgt dies bereits aus ihrer Natur als Ausdruck einseitiger Gestaltungsmacht.

Die Zurückweisung muss **unverzüglich** erfolgen; vgl. zu diesem Maßstab § 121 Rn 9 ff.

Die von S. 2 geforderte **schriftliche Form** der Einwilligung bestimmt sich nach § 126. Zweifelhaft ist, ob § 126 Abs. 3 (**elektronische Form**) eingreift. Ausdrücklich ist die elektronische Form nicht ausgeschlossen.[5] Nach Sinn und Zweck des § 111 kann dem Geschäftsgegner jedoch nicht zugemutet werden, beispielsweise mit nach Hause zu nehmen und dort zu lesen oder auch, sich auf eine unmittelbar an seine E-Mail-Adresse elektronisch übermittelte Nachricht des gesetzlichen Vertreters zu verlassen: Die technischen Unwägbarkeiten solcher Verfahren sind zwar durch das Signaturgesetz zumindest gemildert (vgl. § 126a). Doch verfolgt § 111 das Ziel, dem Geschäftsgegner eine unverzügliche (Rn 7) Entscheidung zu ermöglichen. Eine solche ist ihm nur möglich, wenn ihm die Einwilligung unmittelbar, ohne Vermittlung elektronischer Medien, zugänglich ist. Die elektronische Form mag im Massengeschäft Rationalisierungswirkungen haben; § 111 meint primär Situationen individuellen Zweifels.

Im Einzelfall kann sich freilich aus den Umständen etwas anderes ergeben. Kündigt der Minderjährige z.B. einen elektronisch geschlossenen Vertrag über eine elektronisch zu erbringende Dienstleistung und fügt die Einwilligung seines Vertreters in elektronischer Form bei, so setzt sich der Vertragspartner bei Zurückweisung der Kündigung wegen Nichteinhaltung der Form dem Vorwurf des Selbstwiderspruchs aus.

Weiterhin muss die Zurückweisung gerade auf dem Fehlen einer schriftlichen Einwilligung **beruhen** („aus diesem Grunde"); sonstige Gründe kann der Geschäftsgegner nicht anführen, denn es steht nicht ihm zu, sondern dem gesetzlichen Vertreter, die Zweckmäßigkeit des Geschäfts zu beurteilen, zumal das Geschäft seine Interessen auch negativ berühren kann.

Hat der Minderjährige (oder ein Dritter) die schriftliche Einwilligung **gefälscht**, so besteht keine Einwilligung i.S.d. S. 2. Sie kann mithin auch nicht „vorgelegt" werden, und das Misstrauen hinsichtlich des vom Minderjährigen beabsichtigten Geschäfts ist berechtigt. Weist also der Geschäftsgegner die Erklärung des Minderjährigen mit der Begründung zurück, die Einwilligung sei nicht echt, so bewegt er sich nach Wortlaut und Sinn im Rahmen des S. 2; die Vorlage einer schriftlichen, aber nicht authentischen Erklärung genügt nicht.

III. Ausschluss der Zurückweisung (S. 3)

S. 3 bezeichnet eine Situation, in welcher der Geschäftsgegner nicht im Unklaren sein kann, weil er die Einwilligung bereits kennt. Zulässig ist die Erklärung einer Einwilligung unmittelbar gegenüber dem (künftigen) Geschäftsgegner nach § 182 Abs. 1.

Das Gesetz spricht nicht von einer Form; es genügt mithin, soweit nicht strengere Vorschriften eingreifen, die formfreie Erklärung, vgl. § 125 S. 1. Dieser Unterschied zu S. 2 erklärt sich aus dem unterschiedlichen Grad an Vertrauen, der dem Minderjährigen und der dem gesetzlichen Vertreter entgegengebracht werden kann.

Für die Unwirksamkeit nach § 111 kennt das Gesetz keinen Heilungstatbestand.

---

[4] Staudinger/*Knothe* (2004), § 111 Rn 11 m.w.N.

[5] Anders anscheinend Jauernig/*Jauernig*, § 111 Rn 5 (Ausschluss), § 126 Rn 12.

C. Weitere praktische Hinweise

13 Die **Beweislast** für die Wirksamkeit des Rechtsgeschäfts trifft nach allgemeinen Regeln denjenigen, der Rechte aus ihm herleiten will. Ist also unklar, ob der Minderjährige beispielsweise wirksam gekündigt hat, so muss er dartun, dass die Einwilligung vorlag (S. 1), dass sie in schriftlicher Form vorgelegt wurde (S. 2) bzw. dass der Dritte in Kenntnis gesetzt worden war (S. 3). Bestehen Zweifel an der Echtheit der in schriftlicher Form vorgelegten Einwilligung (vgl. Rn 10), so muss der Minderjährige auch die Echtheit beweisen; diese fällt in seinen Risikobereich.

Hingegen obliegt dem Dritten der Beweis der unverzüglichen Zurückweisung aus dem in S. 2 genannten Grund. Bleibt nach diesen Grundsätzen die wirksame Vornahme des einseitigen Rechtsgeschäfts, namentlich einer Gestaltungserklärung, unbewiesen, so besteht der Rechtszustand, den der Minderjährige beeinflussen wollte (etwa: Vertragsbindung), unverändert fort.

---

§ 112 Selbständiger Betrieb eines Erwerbsgeschäfts

(1) ¹Ermächtigt der gesetzliche Vertreter mit Genehmigung des Vormundschaftsgerichts den Minderjährigen zum selbständigen Betrieb eines Erwerbsgeschäfts, so ist der Minderjährige für solche Rechtsgeschäfte unbeschränkt geschäftsfähig, welche der Geschäftsbetrieb mit sich bringt. ²Ausgenommen sind Rechtsgeschäfte, zu denen der Vertreter der Genehmigung des Vormundschaftsgerichts bedarf.

(2) ¹Die Ermächtigung kann von dem Vertreter nur mit Genehmigung des Vormundschaftsgerichts zurückgenommen werden.

Literatur: *Brehm/Overdick*, Teilgeschäftsfähigkeit gem. §§ 112, 113 BGB, JuS 1992, Lernbogen S. 89; *Weimar*, Die partielle Geschäftsfähigkeit des Handelsmündigen, DB 1964, 1509.

A. Allgemeines 1	III. Vormundschaftsgerichtliche Genehmigung . 6
B. Regelungsgehalt 3	IV. Rechtsfolgen 11
I. Erwerbsgeschäft 3	C. Weitere praktische Hinweise 19
II. Ermächtigung 5	

A. Allgemeines

1 Das BGB kennt – anders als ausländische Rechtsordnungen und als das römische Recht – keine generelle Emanzipation oder *venia aetatis* (dazu Rn 2). Die Altersgrenzen werden strikt durchgehalten. §§ 112, 113 betreffen lediglich Sonderbereiche, die teilweise risikobehaftet sein können, und sind schon deswegen eng auszulegen (vgl. weiterhin Rn 2). In diesen Bereichen, also partiell, besteht **volle Geschäftsfähigkeit** (Wortlaut: „für solche Rechtsgeschäfte unbeschränkt geschäftsfähig"). Daraus folgt, dass insoweit keine gesetzliche Vertretung besteht und § 1629a den Minderjährigen nicht schützt (relevant für § 112). **§ 112** meint **selbständige** („Handelsmündigkeit"), **§ 113 unselbständige** Tätigkeiten (zum selbständigen Handelsvertreter vgl. § 113 Rn 1). Selbständigkeit in diesem Sinn verlangt die nicht nur vorübergehende Leitung des Erwerbsgeschäfts durch den Minderjährigen in eigener Person.[1]

2 § 112 hat durch die **Herabsetzung des Volljährigkeitsalters** auf 18 Jahre, aber auch durch sonstige Veränderungen **an praktischer Bedeutung verloren**. Wo sich – namentlich in Familienbetrieben – die Notwendigkeit rechtlich selbständigen Handelns stellt, wird häufig die Volljährigkeit schon erreicht sein. Ein erheblicher Anteil der Minderjährigen besucht noch die Schule, ist damit vorrangig beschäftigt und erwirbt typischerweise dort einen Teil der Voraussetzungen für spätere Geschäftstätigkeit. Zugleich ist die **Prognose hinreichender Reife** bei Personen unter 18 Jahren schwieriger als bei der früher dominierenden Gruppe der 18- bis 20-Jährigen. Die steigende **Komplexität des Wirtschaftslebens** tut ein Übriges: Der 20-Jährige im Kolonialwarenladen seines kriegsgefangenen Vaters konnte sich selbst ökonomisch weniger gefährden, als es heute der 16-jährige Betreiber eines Internet-Startup kann. Hinzu kommt die Gefährdung anderer, die hier – in **Abweichung** vom sonstigen System des Minderjährigenschutzes – rechtliche Bedeutung erlangt (Rn 6 f.). Auch mit Blick auf diese ökonomisch-sozialen Veränderungen nimmt die neuere Rechtsprechung sogar den gerade volljährig Gewordenen in stärkerem Maße als schutzbedürftig wahr.[2] All dies relativiert

---

[1] Staudinger/*Knothe* (2004), § 112 Rn 5; MüKo/*Schmitt*, § 112 Rn 8.

[2] Zusammenfassender Nachw. zu den Bürgschaftsfällen MüKo/*Habersack*, § 765 Rn 23.

die Tragweite des § 112, der sich historisch als Nachklang der römischen *venia aetatis* darstellt, also der vorzeitigen amtlichen Volljährigerklärung von Personen, die nach allgemeinen Regeln – in einer einfacher strukturierten Ökonomie – 25 Jahre hätten alt sein müssen, um ihr Vermögen selbständig zu verwalten. Die Normen sind auch daher **restriktiv** auszulegen.

B. Regelungsgehalt

I. Erwerbsgeschäft

Erwerbsgeschäft kann nach allgemeinen Regeln jede berufsmäßig ausgeübte und auf Gewinnerzielung gerichtete selbständige Tätigkeit sein. Das im Handelsrecht umstrittene[3] Merkmal der Erlaubtheit der Tätigkeit ist jedenfalls kein spezifisches Erfordernis des Minderjährigenrechts: Ist die Tätigkeit gesetz- oder sittenwidrig, so scheitern die vom Minderjährigen abgeschlossenen Rechtsgeschäfte bereits an §§ 134, 138.

Der Minderjährige kann ein Erwerbsgeschäft auch mit anderen zusammen in Form einer **Personengesellschaft** betreiben.[4] Das Gesetz geht davon aus, dass die Risiken hier nicht größer sein können als bei einzelkaufmännischer Tätigkeit.[5] In diesem Fall verliert er jedoch das ihm sonst bei Eintritt der Volljährigkeit zustehende Kündigungsrecht, § 723 Abs. 1 S. 5. Die **Geschäftsführung** einer **Kapitalgesellschaft** hingegen kann er auch bei Vorliegen einer entsprechenden Ermächtigung **nicht** übernehmen, weil die nach § 112 noch verbleibenden Grenzen seiner rechtsgeschäftlichen Befugnisse der Handlungsfähigkeit der juristischen Person schaden könnten. Daher schließt § 6 Abs. 2 S. 1 GmbHG (Parallelnorm: § 76 Abs. 3 AktG) eine Bestellung zum GmbH-Geschäftsführer aus.[6]

II. Ermächtigung

Die Ermächtigung ist eine an den Minderjährigen gerichtete Willenserklärung. Eine Erklärung (auch) gegenüber Dritten ist unschädlich, entscheidend ist aber – in Abweichung von § 131 Abs. 2 – **Zugang beim Minderjährigen**, denn dieser muss sich auf die Rechtslage einstellen können, wohingegen ein guter Glaube des Dritten an die partielle Geschäftsfähigkeit des Minderjährigen nach allgemeinen Regeln nicht geschützt wird (siehe aber Rn 11).

Die Besonderheit der Ermächtigung liegt in dem **Erfordernis vormundschaftsgerichtlicher Genehmigung** (insoweit begründet § 1643 keine Zuständigkeit des Familiengerichts); mit dieser öffentlich-rechtlichen „Genehmigung" ist abweichend von § 184 Abs. 1 auch die vorherige Zustimmung des Gerichts gemeint. Hingegen entfaltet eine nach der Ermächtigung des gesetzlichen Vertreters erfolgte Genehmigung keine Rückwirkung; die Ermächtigung wird daher nur für die Zukunft wirksam.[7]

Dasselbe Genehmigungserfordernis besteht für die **Rücknahme der Erlaubnis** (Abs. 2).

III. Vormundschaftsgerichtliche Genehmigung

Die **Genehmigung ist** dann **zu erteilen, wenn** der Minderjährige **über seine Jahre hinaus gereift** ist, sich daher im Rechts- und Erwerbsleben schon im Wesentlichen wie ein Volljähriger benehmen kann und zu prognostizieren ist, dass er dies auch tun wird; es ist auf dieser Grundlage zu prüfen, ob er die zum selbständigen Betrieb des beabsichtigten Erwerbsgeschäfts erforderlichen **Eigenschaften, Kenntnisse und Fähigkeiten** hat, ob er gewillt und in der Lage ist, die mit dem Geschäft verbundenen **Verantwortungen und Verpflichtungen dritten Personen und der Allgemeinheit gegenüber zu erfüllen**, und ob ihn nicht etwa sonstige tatsächliche Gründe daran hindern, sich in der gebotenen Weise um das Geschäft zu kümmern.[8]

Es kommt also nicht allein auf die **Interessen** des Minderjährigen an, sondern auch auf diejenigen **Dritter**. Das ist, gemessen an den §§ 104–111, atypisch, im Sinne des Geschäftsverkehrs aber sinnvoll. Will man Konflikte mit dem Grundsatz vermeiden, dass ein guter Glaube an die volle Geschäftsfähigkeit nicht geschützt wird, so muss man die legitimen Interessen der potenziellen Geschäftspartner **bei Ermächtigung und Genehmigung** umfassend berücksichtigen: Wer zur Teilnahme am Geschäftsverkehr zugelassen wird, der muss in solcher Weise teilnehmen können, dass Zweifel an der Reichweite seiner Ermächtigung nicht den Geschäftspartner treffen (und damit einen vorsichtigen Kontrahenten vom Vertragsschluss abhalten; Rn 11 f.). Dann aber ist der **Minderjährigenschutz** in die Zulassung **vorzuverlegen**.

---

3 Nachw. zum Meinungsstand bei *Baumbach/Hopt*, HGB, § 1 Rn 21.
4 MüKo/*Schmitt*, § 112 Rn 6 m.w.N.; zu Problemen bei der Vornahme von nach Abs. 1 S. 2 ausgenommenen Rechtsgeschäften in der Gesellschaft vgl. Staudinger/*Knothe* (2004), § 112 Rn 11.
5 Staudinger/*Knothe* (2004), § 112 Rn 3.
6 Näher OLG Hamm FamRZ 1992, 1169, 1170.
7 Staudinger/*Knothe* (2004), § 112 Rn 8.
8 OLG Köln FamRZ 195, 93, 94.

8 **Unschädlich** ist es, wenn der Minderjährige zur Führung des Geschäfts **technischer Unterstützung Dritter** bedarf, sofern diese Abhängigkeit von Dritten in der Person eines Volljährigen ebenso bestehen könnte (etwa: Fehlen einer bestimmten Fahrerlaubnis; Unterstützung im kaufmännischen Bereich durch Wirtschaftsprüfer und Steuerberater).[9]

9 Eine **Doppelbelastung** durch **Schule und Geschäft** soll dann unbedenklich sein, wenn der Geschäftsbetrieb den persönlichen Einsatz des Minderjährigen nur in seiner Freizeit erfordert.[10] Eine solche Situation wird nur selten vorliegen, wenn man in Rechnung stellt, dass die Träger der elterlichen Sorge auf eine der Begabung des Minderjährigen entsprechende Schulbildung sowie darauf hinzuwirken haben, dass die Möglichkeiten der gewählten Schulbildung umfassend genutzt werden. Die Versuchung, sich dem Geschäft zu widmen und nicht der Vor- und Nachbereitung des Schulunterrichts, also die Ausdehnung der „Freizeit" zum Schaden der eigenen Bildung, kann nur bei sehr überschaubaren Geschäften ausgeschlossen werden; ebenso die Versuchung, in Zeiten hoher schulischer Belastung das Geschäft nachlässig zu führen. **Im Zweifel hat** – namentlich im Interesse des Minderjährigen selbst – **die Schule Vorrang**, so dass die Genehmigung zu verweigern ist. Das gilt in besonderem Maße für den noch schulpflichtigen Minderjährigen, sofern denn vor Abschluss des zehnten Schuljahres die sonstigen Voraussetzungen des § 112 vorliegen sollten.

10 Zur Prüfung der erwähnten Punkte muss das **Vormundschaftsgericht** den Minderjährigen selbst und seine Angehörigen ggf. **persönlich anhören** sowie von seinen Ausbildern jedenfalls Stellungnahmen einholen.[11] Die Prüfung bezieht sich auch darauf, ob der Minderjährige möglicherweise als Strohmann vorgeschoben wird, so dass Risiken für ihn weniger aus eigener Überforderung durch das Geschäft denn vielmehr aus Entscheidungen der gesetzlichen Vertreter resultieren können.[12]

IV. Rechtsfolgen

11 Welche Rechtsgeschäfte der **Geschäftsbetrieb „mit sich bringt"**, soll nach der **Verkehrsauffassung** zu beurteilen sein.[13] Dieses Kriterium ist (auch hier) unscharf; auch eine aussagekräftige neuere Kasuistik existiert nicht.[14]

Verwandt ist die Formulierung, die Rechtsgeschäfte müssten **„mit dem erlaubten Geschäftskreis eng zusammenhängen"**.[15] Eine schärfere Abgrenzung ist schwierig, weil § 112 gerade auf die Einräumung unternehmerischer **Entscheidungsfreiheit** zielt. Wenn man dem Minderjährigen einmal erlaubt, selbständig tätig zu werden, dann muss im Zweifel auch er wissen, was dem Geschäft dienlich sein kann. Die „Verkehrsauffassung" besagt dann negativ: Was evident nicht zum Geschäft gehört, sondern privaten Charakters ist, darüber soll der Minderjährige mit niemandem selbständig kontrahieren können. In der Sache wird also durch den Rekurs auf die Verkehrsauffassung dasselbe erreicht wie mit einer Gutglaubensnorm. Da niemand glauben kann, der minderjährige Fahrradhändler brauche eine Kreuzfahrt in die Karibik zu geschäftlichen Zwecken, wird im Ergebnis das Reisebüro nicht geschützt, das ihm eine solche Kreuzfahrt vermittelt. Ist er aber im Radrennsport geschäftlich tätig, etwa aufgrund eigener sportlicher Kontakte, kann nicht nur die Fahrt zu einer Fachmesse, sondern auch die zur Tour de France oder zu einem Mountainbikerennen in der Karibik erfasst sein. Hinter der „Verkehrsauffassung" steht hier eine **Risikozuweisung** hinsichtlich des einzelnen Geschäfts. Für diese lassen sich allgemeine Kriterien schwerlich aufstellen, lediglich die genannte Zweifelsregel. Das hieraus resultierende Risiko für den Minderjährigen ist systembedingt und im **Vorfeld** aufzufangen, nämlich durch sorgfältige Prüfung der Genehmigungsvoraussetzungen (Rn 7 ff.). Dort sind auch die Interessen Dritter und der Allgemeinheit zu berücksichtigen, nach hier vertretener Auffassung eben deswegen, weil später ein Gutglaubensschutz hinsichtlich des Umfangs der Geschäftsfähigkeit aus Gründen des Minderjährigenschutzes nicht zugelassen werden kann.

12 In der **Wertung** schließt sich das geltende Minderjährigenrecht damit an seine **römischen Wurzeln** an: Die *venia aetatis* wurde einerseits nur zurückhaltend gewährt, andererseits war dem vorzeitig für volljährig Erklärten die Berufung auf minderjährigenrechtliche Rechtsbehelfe ganz abgeschnitten. Wenn das BGB eine partielle *venia* ermöglicht, dann muss für Zweifel über deren Tragweite dasselbe Prinzip gelten; erst recht angesichts der geringen Zahl der Fälle, in denen für § 112 wirklich Bedarf besteht. Schutzwürdigkeitsüberlegungen, erst recht punktuelle, sollten hingegen nicht im – intransparenten – Gewand der Verkehrsauffassung erscheinen.

---

9 Vgl. OLG Köln FamRZ 195, 93, 94.
10 Vgl. OLG Köln FamRZ 195, 93, 94.
11 Vgl. OLG Köln FamRZ 195, 93, 94.
12 Vgl. OLG Köln FamRZ 195, 93, 94: Abgabe der eidesstattlichen Versicherung nach § 294 ZPO durch die Eltern.

13 Maßgeblich soll die konkrete Gestalt des Geschäftsbetriebs sein, vgl. Staudinger/*Knothe* (2004), § 112 Rn 10; MüKo/*Schmitt*, § 112 Rn 15.
14 Vgl. BGHZ 83, 76, 80 zu § 1456 BGB.
15 *Brehm/Overdick*, JuS 1992, L 89 (90) m.w.N.

Eindeutig **nicht erfasst** ist dem Wortlaut nach nur die **Geschäftsaufgabe**.[16] Freilich wird man jedenfalls bei **dauerhaften Verlusten** dem Minderjährigen einen Anspruch auf Zustimmung zur Einstellung des Geschäftsbetriebes geben müssen: So weit die Ermächtigung nicht reicht, so weit bleibt der gesetzliche Vertreter verantwortlich und hat die Vermögenssorge zum Wohle des Kindes auszuüben (§ 1627 Abs. 1), erst recht mit Blick darauf, dass § 1629a den von § 112 geregelten Bereich nicht erfasst, dem Minderjährigen also dauerhafte Belastungen drohen. 13

Über seinen **Erwerb aus dem Geschäftsbetrieb** kann der Minderjährige verfügen, aber nur zu geschäftlichen Zwecken. Verfügungen zu anderen Zwecken sind nach allgemeinen Regeln genehmigungsbedürftig. 14

Im Übrigen schließt **Abs. 1 S. 2** durch Verweisung auf §§ 1643, 1821 f. bestimmte Geschäfte aus, namentlich den Geldkredit (bei Bestehen einer Vormundschaft gelten §§ 1821 f. unmittelbar, also nicht nur die in § 1643 genannten Fälle). Insoweit bleibt der Minderjährige beschränkt geschäftsfähig. 15

Hingegen sieht das Gesetz **keine Einschränkungen** der Ermächtigung **durch den gesetzlichen** Vertreter vor. Diese Typisierung liegt nicht nur im Interesse des Rechtsverkehrs (guter Glaube an die volle Geschäftsfähigkeit wird nicht geschützt), sondern auch des Minderjährigen selbst: Mit ihm kontrahieren wird nur, wer sich auf die Wirksamkeit der abzuschließenden Geschäfte verlassen kann. 16

Im Umfang der Geschäftsfähigkeit tritt auch **Prozessfähigkeit** ein (§ 52 ZPO), ebenso **Verfahrensfähigkeit** für Verfahren der Freiwilligen Gerichtsbarkeit (vgl. dazu § 106 Rn 6). 17

Auch nach dem Umfang der Geschäftsfähigkeit beurteilt sich die **Anwendbarkeit des HGB**. Unanwendbar sind dementsprechend die Regeln über den Scheinkaufmann, wenn es an einer wirksamen Ermächtigung fehlt, weil der Minderjährigenschutz Vorrang vor dem Verkehrsschutz genießt. 18

C. Weitere praktische Hinweise

Wer sich auf die Voraussetzungen des Abs. 1 beruft, hat diese **zu beweisen**; ebenso trifft denjenigen die Beweislast, der eine Rücknahme der Ermächtigung nach Abs. 2 behauptet. 19

§ 113 Dienst- oder Arbeitsverhältnis

(1) ¹Ermächtigt der gesetzliche Vertreter den Minderjährigen, in Dienst oder in Arbeit zu treten, so ist der Minderjährige für solche Rechtsgeschäfte unbeschränkt geschäftsfähig, welche die Eingehung oder Aufhebung eines Dienst- oder Arbeitsverhältnisses der gestatteten Art oder die Erfüllung der sich aus einem solchen Verhältnis ergebenden Verpflichtungen betreffen. ²Ausgenommen sind Verträge, zu denen der Vertreter der Genehmigung des Vormundschaftsgerichts bedarf.

(2) ¹Die Ermächtigung kann von dem Vertreter zurückgenommen oder eingeschränkt werden.

(3) ¹Ist der gesetzliche Vertreter ein Vormund, so kann die Ermächtigung, wenn sie von ihm verweigert wird, auf Antrag des Minderjährigen durch das Vormundschaftsgericht ersetzt werden. ²Das Vormundschaftsgericht hat die Ermächtigung zu ersetzen, wenn sie im Interesse des Mündels liegt.

(4) ¹Die für einen einzelnen Fall erteilte Ermächtigung gilt im Zweifel als allgemeine Ermächtigung zur Eingehung von Verhältnissen derselben Art.

Literatur: *Feller*, Die Rücknahme oder Beschränkung der „Ermächtigung" des gesetzlichen Vertreters eines Minderjährigen nach § 113 Abs. 2 BGB, FamRZ 1961, 420; *Hagemeister*, Grundfälle zu Bankgeschäften mit Minderjährigen, JuS 1992, 839, 924; *Vortmann*, Bankgeschäfte mit Minderjährigen, WM 1994, 965.

A. Allgemeines 1
B. Regelungsgehalt 2
C. Weitere praktische Hinweise 9

---

16 Dazu Staudinger/*Knothe* (2004), § 112 Rn 10.

A. Allgemeines

1 § 113 ergänzt § 112 für **unselbständige** Tätigkeiten.[1] Eine Sonderstellung nimmt der selbständige Handelsvertreter ein, für ihn ist sowohl § 112 als auch § 113 anwendbar.[2]

B. Regelungsgehalt

2 Die **Ermächtigung** versteht sich ebenso wie in § 112 (vgl. dort Rn 5); die Genehmigung des Vormundschaftsgerichts ist jedoch nur für bestimmte Verträge erforderlich (**Abs. 1 S. 2**). Auch kann die Ermächtigung **eingeschränkt** werden (**Abs. 2**), denn dem Minderjährigen tritt nicht der Rechtsverkehr insgesamt gegenüber, sondern der Dienstberechtigte, der sich auf den Umfang der Ermächtigung einstellen kann. Eine **Rücknahme** der Ermächtigung ist ebenfalls ohne Genehmigung des Vormundschaftsgerichts möglich (Abs. 2), da die Aufgabe einer abhängigen Beschäftigung überschaubarere Risiken mit sich bringt als die Einstellung eines Geschäfts. Einschränkung und Rücknahme der Ermächtigung unterliegen jedoch (so wie auch eine Verweigerung) der allgemeinen Schranke des § 1666.

3 Streitig ist, **wem gegenüber** Rücknahme und nachträgliche Einschränkung der Ermächtigung zu erklären sind. Das BAG[3] betrachtet allein den Minderjährigen als tauglichen Adressaten. Nach a.A. kommt auch der Dienstberechtigte in Betracht.[4]

4 „**Dienst oder Arbeit**" meint heute im Wesentlichen Arbeitsverträge. Entscheidend ist der Erwerbszweck. Auch öffentlich-rechtliche Beschäftigungsverhältnisse kommen in Betracht.[5] Ausbildungsverhältnisse sind nicht erfasst, da bei diesen der pädagogische Zweck im Vordergrund steht.[6]

5 **Rechtsfolge** ist wie bei § 112 eine partiell **unbeschränkte Geschäftsfähigkeit**. Deren Umfang ist präziser bestimmt, punktuell dabei weiter als bei selbständiger Tätigkeit.

Gestattet wird ein Arbeitsverhältnis der „**Art**" nach. Typischerweise wird die Ermächtigung sich auf ein bestimmtes Verhältnis beziehen; auch wenn dies nicht der Fall ist, liegt jedoch Geschäftsfähigkeit bereits für den Abschluss des Vertrages vor, der dieses Verhältnis begründet. Damit trägt das Gesetz der Erwägung Rechnung, dass Eltern typischerweise eine bestimmte berufliche Orientierung des Kindes im Allgemeinen für richtig oder falsch halten werden, nicht primär abhängig etwa von der Person des Arbeitgebers (mögen solche Erwägungen auch einfließen). Die Zweifelsregel in **Abs. 4** unterstreicht nochmals diese generelle Tragweite der Ermächtigung: Will der gesetzliche Vertreter seine Ermächtigung auf ein bestimmtes Verhältnis beschränken, so muss er sich so ausdrücken, dass daran keine Zweifel bestehen können.

6 Praktische Schwierigkeiten ergeben sich bei der Frage, welche Rechtsgeschäfte die Erfüllung der sich aus dem Arbeitsverhältnis ergebenden Verpflichtungen betreffen.[7] Grundsätzlich gilt: Da § 113 nicht auf die Einräumung unternehmerischer Freiheit zielt, gibt es hier **keine** Zweifelsregel zugunsten der Zustimmungsfreiheit (vgl. § 112 Rn 11).

Die **Eröffnung eines Girokontos** durch den Minderjährigen ist nach § 113 wirksam, wenn sie zur Entgegennahme von Lohn- und Gehaltszahlungen erfolgt.[8] Damit sind jedoch nicht alle Verfügungen über das Konto von § 113 gedeckt; im Einzelfall ist darauf abzustellen, ob ein enger Sachzusammenhang mit dem Arbeitsverhältnis besteht.[9]

7 **Vormündern** räumt das Gesetz weniger Entscheidungsspielraum ein als anderen gesetzlichen Vertretern (typischerweise also den Eltern), **Abs. 3**.

8 Zur **Prozessfähigkeit** vgl. § 112 Rn 17.

---

1 A.A. MüKo/*Schmitt*, § 113 Rn 8; Palandt/*Heinrichs*, § 113 Rn 2, die das Merkmal der Unselbständigkeit für entbehrlich erachten; für das Erfordernis der Unselbständigkeit dagegen mit Begründung Staudinger/*Knothe* (2004), § 113 Rn 6.
2 BAG NJW 1964, 1641, 1642.
3 BAG BB 2000, 567, 568.
4 *Feller*, FamRZ 1961, 421 ff.
5 OVG Münster NJW 1962, 758, 758 (nur LS): § 113 analog für Wehrdienst als Zeitsoldat; anders der obligatorische Wehr- oder Zivildienst, der übergeordneten staatlichen und gesellschaftlichen Interessen dient; BVerwG DVBl 1996, 1143, 1144: § 113 analog für Eintritt in den Bundesgrenzschutz.
6 Staudinger/*Knothe* (2004), § 113 Rn 7 m.w.N.
7 Vgl. zu Einzelfällen Staudinger/*Knothe* (2004), § 113 Rn 15.
8 *Vortmann*, WM 1994, 966; *Hagemeister*, JuS 1992, 842 m.w.N.
9 *Vortmann*, WM 1994, 966, 967; *Hagemeister*, JuS 1992, 842.

C. Weitere praktische Hinweise

Wer sich auf die Geschäftsfähigkeit nach § 113 beruft, hat dessen Voraussetzungen zu **beweisen**. Ebenso hat derjenige, der sich auf die Rücknahme oder Einschränkung der Ermächtigung nach Abs. 2 beruft, diese zu beweisen. Wer entgegen Abs. 4 behauptet, die Ermächtigung sei nur für einen einzelnen Vertrag erteilt worden, ist hierfür beweispflichtig.[10]

§ 114, 115 (weggefallen)

Titel 2. Willenserklärung

Vorbemerkungen zu §§ 116–144

Literatur: *Bartholomeyczik*, Die subjektiven Merkmale der Willenserklärung, in: FS Picker 1967, S. 51; *Basse*, Das Schweigen als rechtserhebliches Verhalten im Vertragsrecht, 1986; *Brehmer*, Willenserklärung und Erklärungsbewußtsein, JuS 1986, 440; *ders.*, Wille und Erklärung, 1992; *Brox*, Fragen der rechtsgeschäftlichen Privatautonomie, JZ 1966, 761; *Bydlinski*, Privatautonomie und objektive Grundlagen des verpflichtenden Rechtsgeschäftes, 1967; *ders.*, Erklärungsbewußtsein und Rechtsgeschäft, JZ 1975, 1; *Canaris*, Die Vertrauenshaftung im deutschen Privatrecht, 1971; *Ebert*, Schweigen im Vertrags- und Deliktsrecht, JuS 1999, 754; *Eisenhardt*, Zum subjektiven Tatbestand der Willenserklärung, JZ 1986, 875; *Fabricius*, Schweigen als Willenserklärung, JuS 1966, 1; *Flume*, Rechtsgeschäft und Privatautonomie, in: FS zum 43. Juristentag, Bd. I 1960, S. 135; *Gudian*, Fehlen des Erklärungsbewußtseins, AcP 169 (1969), 232; *Hanau*, Objektive Elemente im Tatbestand der Willenserklärung, AcP 165 (1965), 220; *Hepting*, Erklärungswille, Vertrauensschutz und rechtsgeschäftliche Bindung, in: FS der Rechtswissenschaftlichen Fakultät zur 600-Jahr-Feier der Universität zu Köln 1988, S. 209; *Hübner*, Zurechnung statt Fiktion einer Willenserklärung, in: FS Nipperdey, Bd. I 1965, S. 373; *Kellmann*, Grundprobleme der Willenserklärung, JuS 1971, 609; *Lobinger*, Rechtsgeschäftliche Verpflichtung und autonome Bindung, 1999; *Schermaier*, Die Bestimmung des wesentlichen Irrtums von den Glossatoren bis zum BGB, 2000; *Schmidt-Salzer*, Subjektiver Wille und Willenserklärung, JR 1969, 281; *Schwerdtner*, Schweigen im Rechtsverkehr, Jura 1988, 443; *Singer*, Geltungsgrund und Rechtsfolgen der fehlerhaften Willenserklärung, JZ 1989, 1030; *ders.*, Selbstbestimmung und Verkehrsschutz im Recht der Willenserklärungen, 1995; *Ulrici*, Geschäftsähnliche Handlungen, NJW 2003, 2053; *Wieser*, Zurechenbarkeit des Erklärungsinhalts, AcP 184 (1984), 40; *ders.*, Wille und Verständnis bei der Willenserklärung, AcP 189 (1989), 112.

A. Begriff der Willenserklärung 1	II. Erklärung 10
B. Elemente der Willenserklärung 4	C. Abgrenzung der Willenserklärung von
I. Wille 5	ähnlichen Handlungen 14

A. Begriff der Willenserklärung

Die Willenserklärung ist notwendiger Bestandteil jedes Rechtsgeschäfts. Sie ist gleichsam der kleinste Baustein der Rechtsgeschäftslehre. Damit bildet sie einen zentralen Begriff oder einen **Schlüsselbegriff** des Allgemeinen Teils des Bürgerlichen Rechts.[1] Trotzdem fehlt eine Legaldefinition. Der Begriff der Willenserklärung wird vom Gesetz lediglich vorausgesetzt. Die §§ 116 ff. regeln allerdings die Wirksamkeitsvoraussetzungen einer Willenserklärung in vielfältiger Weise. Aus diesen Vorschriften lässt sich mittelbar die Definition ableiten.

Danach ist die Willenserklärung eine **private Willensäußerung**, die auf die **Erzielung einer Rechtsfolge** gerichtet ist und die diese Rechtsfolge deshalb herbeiführt, weil sie gewollt und von der Rechtsordnung anerkannt wird.[2] Sie besteht, wie es schon der Begriff besagt, aus den beiden wesentlichen Bestandteilen der Erklärung (Willensäußerung) und des zugrunde liegenden Willens (Wille zur Herbeiführung eines rechtlichen Erfolges). Die private Willensäußerung wird dadurch zur Willenserklärung, dass der Äußernde seinen Willen mitteilt, seine rechtliche Lage zu ändern.[3] Dieses begriffsnotwendige Merkmal der Willenserklärung wird in der Literatur häufig als Rechtsfolgewille[4] oder als Geschäftswille[5] bezeichnet (vgl. dazu noch Rn 8).

---

10 *Baumgärtel/Laumen*, Handbuch der Beweislast im Privatrecht, 2. Aufl. 1991, § 113 Rn 3; Staudinger/ *Knothe* (2004), § 113 Rn 31.
1 Vgl. HKK/*Schermaier*, §§ 116–124 Rn 1.
2 Vgl. Motive I, S. 126 = *Mugdan* I, S. 421; Soergel/ *Hefermehl*, vor § 116 Rn 2; Jauernig/*Jauernig*, vor § 116 Rn 2; HK-BGB/*Dörner*, vor § 116 Rn 1; Erman/*Palm*, vor § 116 Rn 1.

3 HKK/*Schermaier*, §§ 116–124 Rn 1.
4 So etwa *Larenz/Wolf*, BGB AT, § 22 Rn 3; Palandt/ *Heinrichs*, vor § 116 Rn 4; vgl. auch HK-BGB/ *Dörner*, vor § 116 Rn 6.
5 So etwa Soergel/*Hefermehl*, vor § 116 Rn 6; Erman/ *Palm*, vor § 116 Rn 4; *Brox*, BGB AT, Rn 86; vgl. auch HK-BGB/*Dörner*, vor § 116 Rn 6.

Der Rechtsfolge- oder Geschäftswille ist allerdings nur ein Bestandteil des erforderlichen Willens, zu dem außerdem der Handlungswille und der Erklärungswille oder das Erklärungsbewusstsein gehören. Gerade im Hinblick auf das letztgenannte Merkmal des Erklärungsbewusstseins wird indessen diskutiert, ob es eine Wirksamkeitsvoraussetzung der Willenserklärung ist oder ob bereits der zurechenbare äußere Tatbestand einer Willenserklärung entsprechende Rechtsfolgen auslöst (vgl. dazu Rn 7).[6]

3   Stimmt die Erklärung nicht mit dem zugrunde liegenden Willen überein, kommt es für die Rechtsfolgen eines solchen Willensmangels darauf an, ob dem äußeren Tatbestand der Erklärung oder dem inneren Tatbestand des Willens der Vorrang einzuräumen ist. Vor dem In-Kraft-Treten des BGB gab es dazu zwei entgegengesetzte Theorien. Die sog. **Willenstheorie** sah den Geltungsgrund der Willenserklärung im Willenselement; danach sollte jede Willenserklärung unwirksam sein, die nicht durch einen entsprechenden Willen des Erklärenden gedeckt war.[7] Die sog. **Erklärungstheorie** sah demgegenüber den Geltungsgrund der Willenserklärung in dem Vertrauenstatbestand, den der Erklärende durch seine Erklärung geschaffen hatte; danach sollte er selbst dann an die Erklärung gebunden sein, wenn der entsprechende Wille in Wirklichkeit fehlte.[8] Der Gesetzgeber des BGB hat sich nicht für eine der beiden Theorien entschieden, sondern in den §§ 116 ff. einen **Ausgleich der betroffenen Interessen** vorgenommen (näher dazu § 119 Rn 1 f.). Auch die neuere sog. **Geltungstheorie** will einen Ausgleich herbeiführen, indem sie den Geltungsgrund für den Eintritt der gewollten Rechtsfolgen im Zusammenwirken von Wille und Erklärung sieht.[9]

B. Elemente der Willenserklärung

4   Die Willenserklärung besteht aus zwei Grundelementen. Das **innere Element** – der subjektive Tatbestand – ist der innere Wille des Erklärenden, einen rechtlichen Erfolg herbeizuführen. Das **äußere Element** – der objektive Tatbestand – ist die Kundgabe des Willens. Nicht der bloße Wille allein, sondern erst der geäußerte, kundgegebene Wille bewirkt den Rechtserfolg.[10]

I. Wille

5   Der Wille als inneres Element oder subjektiver Tatbestand der Willenserklärung wird herkömmlicherweise in **drei Unterelemente** aufgegliedert. Dabei handelt es sich um den Handlungswillen, den Erklärungswillen oder das Erklärungsbewusstsein und den Geschäftswillen oder Rechtsfolgewillen.[11] Diese Unterteilung entspricht den psychologischen Erkenntnissen zur Zeit der Redaktion des BGB.[12] Jedes Unterelement steht für ein Problem der Zurechnung und damit der Risikozuweisung.[13]

6   Der **Handlungswille** bezeichnet das Bewusstsein, überhaupt eine Handlung vorzunehmen. Daran fehlt es beispielsweise bei reinen Reflexbewegungen oder bei Handlungen unter Hypnose. Ein bewusster Willensakt liegt ebenfalls nicht vor, wenn die Handlung durch äußere, unwiderstehliche Gewalt – *vis absoluta* – unmittelbar erzwungen wird, indem dem „Erklärenden" z.B. bei der Unterschrift die Hand geführt wird. Ohne Handlungswillen fehlt es bereits am Tatbestand einer Willenserklärung.[14] Die unbewusste Handlung wird dem „Erklärenden" nicht zugerechnet. Geschützt wird sein Vertrauen, nicht dasjenige des Empfängers, es liege eine Willenserklärung vor. Eine vergleichbare Wertung enthält § 105 Abs. 2, dem zufolge eine im Zustand der Bewusstlosigkeit abgegebene Willenserklärung nichtig ist.[15] Handelt der Erklärende nicht unter unwiderstehlichem Zwang, sondern unter psychischem Druck – *vis compulsiva* –, fehlt der Handlungswille

---

6   Vgl. nur BGHZ 91, 324, 327 ff. = BGH NJW 1984, 2279 f.; BGHZ 109, 171, 177 = BGH NJW 1990, 454, 456; 1995, 953; Staudinger/*Dilcher*, 12. Aufl., Vorbem. zu § 116 Rn 21; Jauernig/*Jauernig*, vor § 116 Rn 6; RGRK/*Krüger-Nieland*, vor § 116 Rn 1, 5 ff., 29 ff.

7   Vgl. *Brox*, BGB AT, Rn 379; Palandt/*Heinrichs*, vor § 116 Rn 2; MüKo/*Kramer*, vor § 116 Rn 4; Erman/*Palm*, vor § 116 Rn 1; *Larenz/Wolf*, BGB AT, § 24 Rn 26, § 35 Rn 1; näher zu der im Wesentlichen auf Elementen der „Willenstheorie" basierenden, maßgeblich von *Savigny* entwickelten Irrtumslehre Staudinger/*Dilcher*, 12. Aufl., § 119 Rn 5; MüKo/*Kramer*, § 119 Rn 2; HKK/*Schermaier*, §§ 116–124 Rn 53.

8   Vgl. *Brox*, BGB AT, Rn 380; Palandt/*Heinrichs*, vor § 116 Rn 2; MüKo/*Kramer*, vor § 116 Rn 4, § 119 Rn 5; Erman/*Palm*, vor § 116 Rn 1; *Larenz/Wolf*, BGB AT, § 24 Rn 27 f.

9   So etwa *Larenz/Wolf*, BGB AT, § 24 Rn 29 ff.; vgl. auch Soergel/*Hefermehl*, vor § 116 Rn 7.

10 *Brox*, BGB AT, Rn 83.

11 HK-BGB/*Dörner*, vor § 116 Rn 3; Soergel/*Hefermehl*, vor § 116 Rn 6; Jauernig/*Jauernig*, vor § 116 Rn 3; RGRK/*Krüger-Nieland*, vor § 116 Rn 2; *Brox*, BGB AT, Rn 84; *Larenz/Wolf*, BGB AT, § 24 Rn 2 ff.; vgl. Staudinger/*Dilcher*, 12. Aufl., Vorbem. zu § 116 Rn 16, 22, der den zum Geschäftswillen gehörenden Rechtsfolgewillen gesondert aufführt.

12 Erman/*Palm*, vor § 116 Rn 2; *Brox*, BGB AT, Rn 84; *Larenz/Wolf*, BGB AT, § 24 Rn 2; näher dazu HKK/*Schermaier*, §§ 116–124 Rn 10.

13 HK-BGB/*Dörner*, vor § 116 Rn 3.

14 HK-BGB/*Dörner*, vor § 116 Rn 4; Erman/*Palm*, vor § 116 Rn 2; *Larenz/Wolf*, BGB AT, § 24 Rn 3 ff.

15 Erman/*Palm*, vor § 116 Rn 2.

nicht. Die aufgrund des psychischen Drucks abgegebene Willenserklärung kann der Erklärende gem. § 123 Abs. 1, 2. Fall anfechten, wenn die Drohung widerrechtlich ist (vgl. dazu § 123 Rn 74 ff.).

Unter dem **Erklärungswillen** oder **Erklärungsbewusstsein** versteht man das Bewusstsein, rechtsgeschäftlich zu handeln. Der Erklärende muss sich bewusst sein, dass sein Handeln irgendeine rechtserhebliche, nämlich auf die Erzielung von Rechtsfolgen gerichtete Erklärung darstellt. Daran fehlt es im Schulfall der **„Trierer Weinversteigerung"**. Dort hebt der Ortsunkundige die Hand, um einem Bekannten zuzuwinken; er weiß nicht, dass er damit ein höheres Gebot abgibt.[16] Andere Beispiele sind das Unterschreiben eines Kaufangebots in der irrigen Meinung, es handele sich um ein Dankschreiben,[17] oder die bloße Tatsachenmitteilung einer Sparkasse, sie habe eine Bürgschaft übernommen, die als Angebot auf den Abschluss eines Bürgschaftsvertrages gem. §§ 765, 766 ausgelegt wird.[18] In der Lehre war umstritten, ob das Erklärungsbewusstsein zum Tatbestand der Willenserklärung gehört und sein Fehlen deshalb bereits das Vorliegen einer Willenserklärung ausschließt oder ob das fehlende Erklärungsbewusstsein zu einer fehlerhaften und in unmittelbarer oder analoger Anwendung des § 119 Abs. 1, 2. Fall (Inhaltsirrtum) angefochten werden kann.[19] Nach der Rechtsprechung und der heute herrschenden Literatur handelt es sich trotz fehlenden Erklärungsbewusstseins um eine – normativ zugerechnete – Willenserklärung, wenn der Erklärende bei Anwendung der im Verkehr erforderlichen Sorgfalt hätte erkennen und vermeiden können, dass seine ausdrückliche oder konkludente Äußerung nach Treu und Glauben und der Verkehrssitte (§§ 133, 157) als Willenserklärung aufgefasst werden durfte, und wenn der Empfänger sie auch tatsächlich so verstanden hat.[20] Muss sich der Handelnde sein Verhalten nach diesen Grundsätzen als Willenserklärung zurechnen lassen, kann er sie gem. § 119 Abs. 1, 2. Fall anfechten (vgl. dazu § 119 Rn 33).

7

Bei dem **Geschäftswillen** oder **Rechtsfolgewillen** handelt es sich um den Willen, mit der Erklärung eine bestimmte Rechtsfolge herbeizuführen. Er unterscheidet sich vom Erklärungswillen oder Erklärungsbewusstsein dadurch, dass er auf die Herbeiführung nicht irgendeiner Rechtsfolge, sondern eines ganz bestimmten rechtsgeschäftlichen Erfolgs gerichtet sein muss.[21] Der Rechtsfolgewille setzt allerdings nicht voraus, dass der Erklärende eine detaillierte Vorstellung hat, wie der angestrebte wirtschaftliche Erfolg rechtstechnisch verwirklicht wird. Es genügt vielmehr, dass dieser Erfolg als rechtlich gesichert und anerkannt gewollt ist.[22] Damit reicht eine „Parallelwertung in der Laiensphäre".[23] Die notwendige Übereinstimmung zwischen Geschäftswille und Erklärung fehlt z.B., wenn der Erklärende statt des Verkaufsangebots ein Schenkungsangebot oder ein Kaufangebot zu einem höheren als dem gewollten Preis abgibt. Dann kann er unter den weiteren Voraussetzungen des § 119 Abs. 1, 1. Fall anfechten (vgl. dazu § 119 Rn 40 ff.).

8

Ein Bestandteil des Rechtsfolgen- oder Geschäftswillens ist der **Rechtsbindungswille**.[24] Er fehlt bei reinen Gefälligkeitshandlungen im außerrechtlichen familiären, freundschaftlichen oder gesellschaftlichen Bereich. Keine Vertragsbeziehungen begründet etwa die Einladung zu einem Essen oder einer Party oder ein sog. „gentleman's agreement".[25] Ob im konkreten Einzelfall – z.B. bei einer Lotto-Tippgemeinschaft[26] – der Rechtsbindungswille vorliegt oder nicht, ist durch Auslegung entsprechend den §§ 133, 157 zu ermitteln.[27]

9

II. Erklärung

Der innere Wille führt erst dann zu dem erstrebten Erfolg, wenn er nach außen hin erklärt wird. Diese **Kundgabehandlung** ist das zweite, äußere Element des Begriffs der Willenserklärung, der objektive Tatbestand. Erforderlich ist ein äußerlich erkennbares Verhalten, welches erkennbar den Willen zum Ausdruck bringt, dass der Handelnde eine bestimmte Rechtsfolge herbeiführen will.[28]

10

---

16 Vgl. dazu Gudian, AcP 169 (1969), 232; Staudinger/Dilcher, 12. Aufl., Vorbem. zu § 116 Rn 26; MüKo/Kramer, § 119 Rn 92.
17 Erman/Palm, vor § 116 Rn 3.
18 BGHZ 91, 324, 327 ff. = BGH NJW 1984, 2279 f.; vgl. ferner das Beispiel einer konkludenten Erklärung ohne Erklärungsbewusstsein in BGHZ 109, 171, 177 f. = BGH NJW 1990, 454, 456.
19 Vgl. dazu nur die ausf. Darstellung und die Nachw. bei MüKo/Kramer, § 119 Rn 92 ff.; vgl. auch HKK/Schermaier, §§ 116–124 Rn 11; Erman/Palm, vor § 116 Rn 3.
20 So etwa BGHZ 91, 324, 329 f. = BGH NJW 1984, 2279, 2280; BGHZ 109, 171, 177 = BGH NJW 1990, 454, 456; 1995, 953; BGHZ 149, 129, 136 = NJW 2002, 362, 365; HK-BGB/Dörner, vor § 116 Rn 5;

Palandt/Heinrichs, vor § 116 Rn 17; Erman/Palm, vor § 116 Rn 3; Brox, BGB AT, Rn 85; Larenz/Wolf, BGB AT, § 24 Rn 8, jew. m.w.N.
21 HK-BGB/Dörner, vor § 116 Rn 6; Erman/Palm, vor § 116 Rn 4; Larenz/Wolf, BGB AT, § 24 Rn 9 ff.
22 BGH NJW 1993, 2100, Palandt/Heinrichs, vor § 116 Rn 4; Erman/Palm, vor § 116 Rn 4.
23 Larenz/Wolf, BGB AT, § 24 Rn 12.
24 Staudinger/Dilcher, 12. Aufl., Vorbem. zu § 116 Rn 22; Soergel/Hefermehl, vor § 116 Rn 19.
25 Soergel/Hefermehl, vor § 116 Rn 28; Palandt/Heinrichs, vor § 116 Rn 4.
26 Vgl. BGH NJW 1974, 1705.
27 Soergel/Hefermehl, vor § 116 Rn 17.
28 Erman/Palm, vor § 116 Rn 5; Brox, BGB AT, Rn 88; Larenz/Wolf, BGB AT, § 24 Rn 14.

11 Eine **ausdrückliche Willenserklärung** (direkte, unmittelbare Willenserklärung) lässt den Geschäftswillen des Erklärenden unmittelbar erkennen, weil sie diesen Willen direkt in Wort und Schrift – auch auf elektronischem Wege – zum Ausdruck bringt. Einer Auslegung unter Heranziehung der Begleitumstände (vgl. dazu § 133 Rn 31) bedarf es regelmäßig nicht.[29]

12 Häufig wird der Geschäftswille nicht ausdrücklich erklärt, sondern es ergibt sich erst aus den Begleitumständen, dass ein bestimmtes menschliches Verhalten auf die Herbeiführung einer bestimmten Rechtsfolge gerichtet ist. Eine solche **konkludente Willenserklärung** (schlüssige, stillschweigende, indirekte, mittelbare Willenserklärung) zeichnet sich dadurch aus, dass das Verhalten des Erklärenden – beispielsweise ein Kopfnicken – für sich allein betrachtet keinen eindeutig bestimmten Sinn hat. Im Zusammenhang mit anderen Umständen lässt sich aber auf einen derartigen Sinn schließen. So ist das Kopfnicken gegenüber dem Nachbarn beim Spazierengehen ein Gruß, während es als Reaktion auf ein Kaufangebot die Annahme dieses Angebots bedeutet.[30] Ein anderes Beispiel ist die vorbehaltlose Entgegennahme einer Leistung, die als Einverständnis mit den vorher übersandten Geschäftsbedingungen des Leistenden verstanden werden kann.[31] Entscheidend ist stets die **Auslegung des Verhaltens** unter Berücksichtigung der gesamten Begleitumstände und der Verkehrssitte (vgl. dazu § 133 Rn 29 ff.).[32]

13 Grundsätzlich keine (konkludente) Willenserklärung ist das bloße **Schweigen**.[33] Wer nichts tut, erklärt grundsätzlich auch nichts. Das bloße Schweigen hat im Rechtsverkehr nur ausnahmsweise Erklärungswert, und zwar dann, wenn gesetzliche Regelungen das vorsehen, wenn die Parteien eine solche Wirkung vereinbart haben oder wenn der Schweigende nach Treu und Glauben (§ 242) zur Erklärung verpflichtet war. Beispiele für die **gesetzliche Anordnung** eines Erklärungswerts finden sich einerseits in den §§ 108 Abs. 2 S. 2, 177 Abs. 2 S. 2 Hs. 2, 415 Abs. 2 S. 2 und 451 Abs. 1 S. 2 (Schweigen bis zum Ablauf einer bestimmten Frist als Ablehnung) und andererseits in den §§ 416 Abs. 1 S. 2, 455 S. 2, 516 Abs. 2 S. 2 und 1943 Hs. 2 sowie in den §§ 99 Abs. 3 S. 2 und 102 Abs. 2 S. 2 BetrVG (Schweigen bis zum Ablauf einer bestimmten Frist als Zustimmung). In gleicher Weise können die **Parteien vereinbaren**, dass das Schweigen bis zum Ablauf einer bestimmten Frist eine Ablehnung oder Zustimmung bedeutet („beredtes Schweigen").[34] Bei der Zusendung unbestellter Waren ist die Sonderregelung des § 241a zu beachten, der zufolge keine Ansprüche des Unternehmers gegen den Kunden begründet werden.[35] Schließlich kann das Schweigen aufgrund eines **Handelsbrauchs** (§ 346 HGB) oder nach **Treu und Glauben** unter Berücksichtigung der **Verkehrssitte** (§ 242) ausnahmsweise als Willenserklärung und zwar speziell als Annahmeerklärung zu werten sein, wenn den Schweigenden eine konkrete Rechtspflicht traf zu widersprechen.[36] So sieht die Rechtsprechung insbesondere in dem Schweigen auf ein endgültiges Angebot, das aufgrund einverständlicher und alle wichtigen Punkte betreffender Vorverhandlungen ergeht, in der Regel eine stillschweigende Annahme, sofern nicht nach den Umständen des Einzelfalls eine solche ausgeschlossen sein sollte.[37] Ein weiterer wichtiger Anwendungsfall dieser Grundsätze ist das **Schweigen auf ein kaufmännisches Bestätigungsschreiben** (vgl. dazu § 147 Rn 9 f.).

C. Abgrenzung der Willenserklärung von ähnlichen Handlungen

14 Die Willenserklärung als private, auf die Erzielung einer Rechtsfolge gerichtete Willensäußerung ist einerseits von den **Realakten** und andererseits von den **geschäftsähnlichen Handlungen** abzugrenzen. Diese Abgrenzung hat Bedeutung für die (analoge) Anwendbarkeit der Vorschriften über Rechtsgeschäfte und Willenserklärungen.

15 **Realakte** sind rein tatsächliche menschliche Handlungen, die ohne einen Mitteilungs- oder Kundgabezweck vorgenommen werden und an die das Gesetz ohne Rücksicht auf das Gewollte eine Rechtsfolge knüpft.[38] In dieser Unabhängigkeit der Rechtsfolge vom Gewollten und im fehlenden Mitteilungs- oder Kundgabezweck liegt der Unterschied zur Willenserklärung. Bemalt beispielsweise jemand eine fremde Leinwand, so wird er ohne einen entsprechenden Willen und sogar gegen seinen Willen gem. § 950 Eigentümer der Leinwand.

---

29 Erman/*Palm*, vor § 116 Rn 6; *Larenz/Wolf*, BGB AT, § 24 Rn 15.
30 *Larenz/Wolf*, BGB AT, § 24 Rn 18.
31 BGH NJW 1963, 1248.
32 Vgl. BGH NJW 1963, 1248; 1990, 1655, 1656; MüKo/*Kramer*, vor § 116 Rn 23; Erman/*Palm*, vor § 116 Rn 7.
33 BGH NJW 1981, 43, 44; 2002, 3629, 3630; HK-BGB/*Dörner*, vor § 116 Rn 2; Soergel/*Hefermehl*, vor § 116 Rn 32; Palandt/*Heinrichs*, vor § 116 Rn 7; *Larenz/Wolf*, BGB AT, § 24 Rn 20; vgl.
BGH NJW 2000, 2667, 2668; Erman/*Palm*, vor § 116 Rn 8.
34 HK-BGB/*Dörner*, vor § 116 Rn 2; Erman/*Palm*, vor § 116 Rn 8.
35 Vgl. dazu AnwK-SchuldR/*Krebs*, § 241a Rn 6 ff.
36 BGH NJW 1981, 43, 44; 1995, 1281; 1996, 919, 921; Palandt/*Heinrichs*, vor § 116 Rn 9; Erman/*Palm*, vor § 116 Rn 11.
37 So etwa BGH NJW 1995, 1281 m.w.N.
38 *Brox*, BGB AT, Rn 94; *Hübner*, BGB AT, Rn 697; *Larenz/Wolf*, BGB AT, § 22 Rn 20.

Wegen dieses entscheidenden Unterschiedes sind die Vorschriften über Rechtsgeschäfte auf Realakte weder direkt noch analog anwendbar.[39]

Geschäftsähnliche Handlungen stehen den Willenserklärungen näher als Realakte. Es handelt sich um Willensäußerungen oder Mitteilungen, an die das Gesetz unmittelbar und stets Rechtsfolgen anknüpft, ohne dass diese vom Äußernden gewollt sein müssen.[40] Hauptbeispiele sind die Mahnung gem. § 286 Abs. 1 und die Mängelrüge des Kaufmanns gem. § 377 Abs. 1 HGB.[41] Zwar tritt auch hier, wie bei den Realakten, die gesetzlich vorgesehene Rechtsfolge unabhängig vom Willen des Äußernden ein. Die stärkere Vergleichbarkeit mit Willenserklärungen folgt aber daraus, dass es sich um Willenskundgaben oder zumindest um Mitteilungen mit einem Kundgabezweck handelt. Deshalb werden in vielen Fällen die Vorschriften über Rechtsgeschäfte und Willenserklärungen, und zwar vor allem die §§ 104 ff. (Geschäftsfähigkeit), 116 ff. (Willensmängel) und 164 ff. (Stellvertretung), wegen der Vergleichbarkeit der Interessenlagen für anwendbar gehalten.[42]

§ 116 Geheimer Vorbehalt

¹Eine Willenserklärung ist nicht deshalb nichtig, weil sich der Erklärende insgeheim vorbehält, das Erklärte nicht zu wollen. ²Die Erklärung ist nichtig, wenn sie einem anderen gegenüber abzugeben ist und dieser den Vorbehalt kennt.

Literatur: *Holzhauer*, Dogmatik und Rechtsgeschichte der Mentalreservation, in: FS Gmür 1983, S. 119; *Preuß*, Geheimer Vorbehalt, Scherzerklärung und Scheingeschäft, Jura 2002, 815; *Wacke*, Mentalreservation und Simulation als antizipierte Konträrakte bei formbedürftigen Geschäften, in: FS Medicus 1999, S. 651.

A. Allgemeines 1	II. Beachtlichkeit des erkannten Vorbehalts
B. Regelungsgehalt 3	(S. 2) 7
I. Unbeachtlichkeit des geheimen Vorbehalts	III. Abgrenzungen 11
(S. 1) 3	C. Weitere praktische Hinweise 14

A. Allgemeines

§ 116 ist die erste der drei Vorschriften, welche die Rechtsfolgen eines **bewussten Abweichens von Wille und Erklärung** regeln. Im Unterschied zu § 117 kommt ihr aber, wie auch § 118, weder eine nennenswerte praktische Bedeutung zu, noch kann sie als gelungen bezeichnet werden.

Die Vorschrift regelt den eher theoretischen Fall, dass jemand absichtlich etwas erklärt, was er insgeheim in Wirklichkeit gar nicht gelten lassen will.[1] Außerdem bestimmt S. 1 aus heutiger Sicht[2] nur eine Selbstverständlichkeit, nämlich die Bindung des Erklärenden an das bewusst Erklärte. Der geheime Vorbehalt – die **Mentalreservation** – ist unbeachtlich, weil es gegen Treu und Glauben verstieße und den Rechtsverkehr erheblich beeinträchtigen würde, wenn der Erklärende sich auf das berufen könnte, was er dem anderen gerade absichtlich verborgen hat.[3] Nichtig ist eine empfangsbedürftige Willenserklärung dagegen, wenn der Erklärungsempfänger den geheimen Vorbehalt des Erklärenden kennt und deshalb nicht schutzwürdig ist. Diese Regelung des S. 2 wird teilweise als rechtspolitisch fragwürdig oder verfehlt kritisiert.[4] Die Kritik ändert allerdings nichts an der Geltung des S. 2. Sie eignet sich daher nicht als Argument gegen eine analoge Anwendung des S. 2 auf nicht empfangsbedürftige Willenserklärungen. Vielmehr kommt es entscheidend auf die Vergleichbarkeit der Interessenlagen an (näher Rn 7).

---

39 *Larenz/Wolf*, BGB AT, § 22 Rn 22; *Soergel/Hefermehl*, vor § 116 Rn 23; *MüKo/Kramer*, vor § 116 Rn 33; vgl. BGHZ 4, 10, 34 f. = NJW 1952, 738; 1953, 1506, 1507.
40 *Ulrici*, NJW 2003, 2053; *Brox*, BGB AT, Rn 95; *Larenz/Wolf*, BGB AT, § 22 Rn 14; *MüKo/Kramer*, vor § 116 Rn 35.
41 Vgl. die Überblicke zu weiteren geschäftsähnlichen Handlungen bei *Ulrici*, NJW 2003, 2053; *MüKo/Kramer*, vor § 116 Rn 35.
42 Näher dazu *Ulrici*, NJW 2003, 2053, 2054 ff. m.w.N.; vgl. auch *MüKo/Kramer*, vor § 116 Rn 36 f.; *Larenz/Wolf*, BGB AT, § 22 Rn 17 f.
1 Vgl. *Soergel/Hefermehl*, § 116 Rn 2; *MüKo/Kramer*, § 116 Rn 1.
2 Zur (Un-)Vereinbarkeit mit der Willenstheorie *MüKo/Kramer*, § 116 Rn 1 ff.; *HKK/Schermaier*, §§ 116–124 Rn 34.
3 *HKK/Schermaier*, §§ 116–124 Rn 30; vgl. *Larenz/Wolf*, BGB AT, § 35 Rn 6; *Erman/Palm*, § 116 Rn 2.
4 *MüKo/Kramer*, § 116 Rn 9; *Soergel/Hefermehl*, § 116 Rn 2.

B. Regelungsgehalt

I. Unbeachtlichkeit des geheimen Vorbehalts (S. 1)

3 **Anwendbar** ist S. 1 auf **Willenserklärungen jeder Art**. Die Vorschrift unterscheidet nicht danach, ob es sich um empfangsbedürftige oder nicht empfangsbedürftige, schriftliche oder mündliche, ausdrückliche oder konkludente[5] Willenserklärungen handelt. Neben Verträgen erfasst sie einseitige Rechtsgeschäfte wie die Auslobung, die Genehmigung, die Kündigung und testamentarische Verfügungen.[6] Analog anwendbar ist sie bei **geschäftsähnlichen Handlungen** wie z.B. bei einer Verzeihung oder einer Mahnung.[7] Auf das **Motiv** des geheimen Vorbehalts kommt es nicht an; die Nichtigkeitsfolge des S. 1 greift selbst bei „Notlügen" ein, wenn der Erklärende z.B. einen Schwerkranken schonen oder beruhigen will.[8] Schließlich gilt die Vorschrift auch im **öffentlichen Recht**.[9]

4 **Geheim** ist der Vorbehalt, wenn der Erklärende dem Adressaten seiner Erklärung bewusst vorenthält, dass er den Rechtserfolg in Wirklichkeit gar nicht will, den er herbeizuführen erklärt hat.[10] Das Fehlen des Verpflichtungswillens (Geschäftswillens) darf in der Erklärung keinen Ausdruck gefunden haben und auch nicht aus den Begleitumständen im Wege der objektiven Auslegung nach dem Empfängerhorizont zu ermitteln sein; anderenfalls läge bereits keine Willenserklärung vor (vgl. vor § 116 Rn 8 f.). Bei einer empfangsbedürftigen Willenserklärung kommt es auf den Erklärungsempfänger an, bei einer nicht empfangsbedürftigen Willenserklärung auf denjenigen, in dessen Person die Wirkungen der Erklärung eintreten sollen. Der Vorbehalt bleibt daher geheim, wenn ihn lediglich ein unbeteiligter Dritter kennt.[11]

5 Bei der **Stellvertretung** müssen verschiedene Konstellationen unterschieden werden. Gibt der Stellvertreter im Rahmen seiner Vertretungsmacht eine Willenserklärung ab, bei der er sich insgeheim vorbehält, das Erklärte nicht zu wollen, ist der Vorbehalt gem. §§ 166 Abs. 1, 116 S. 1 unbeachtlich. Will der Vertreter das im Namen des Vertretenen abgeschlossene Geschäft als eigenes Geschäft, ergibt sich die Unbeachtlichkeit dieses geheimen Vorbehalts unmittelbar aus S. 2. Im umgekehrten Fall, in dem der Vertreter das Geschäft im eigenen Namen abschließt und sich insgeheim vorbehält, für den Vertretenen handeln zu wollen, folgt die Unbeachtlichkeit des Vorbehalts aus § 164 Abs. 2.[12] Um einen Fall der Kollusion handelt es sich schließlich, wenn der Vertreter und der Dritte das Geschäft einverständlich nur zum Schein abschließen und diesen Vorbehalt vor dem Vertretenen geheim halten. Dann können sie sich dem gutgläubigen Vertretenen gegenüber später nicht auf die Nichtigkeit des Geschäfts berufen; S. 2 findet entsprechende Anwendung.[13]

6 Diskutiert wird schließlich die Behandlung **bewusst mehrdeutiger Willenserklärungen**. Sie sollen vorliegen, wenn jemand eine Erklärung deshalb mehrdeutig formuliert, um später eine der möglichen Rechtsfolgen nicht gegen sich gelten zu lassen. Hier ist je nach dem Ergebnis der objektiven Auslegung zu differenzieren. Hat die Erklärung objektiv mehr als nur eine Bedeutung und geht der Empfänger von einer anderen als der vom Erklärenden insgeheim gewollten Bedeutung aus, liegt ein versteckter Dissens vor, so dass gem. § 155 kein Vertrag zustande kommt. Ist die Erklärung dagegen nach objektiven Maßstäben eindeutig, muss der Erklärende sich daran gem. S. 1 festhalten lassen.[14]

II. Beachtlichkeit des erkannten Vorbehalts (S. 2)

7 Nach seinem Wortlaut gilt S. 2 nur für **empfangsbedürftige** Willenserklärungen. Kennt der Erklärungsgegner den Vorbehalt, ist die Erklärung nichtig. Darüber hinaus kommt die analoge Anwendung der Vorschrift auf **nicht empfangsbedürftige** Willenserklärungen in Betracht, soweit eine planwidrige Regelungslücke besteht und die Interessenlage vergleichbar ist. Ein derartiger Regelungsbedarf liegt vor, wenn die nicht empfangsbedürftige Willenserklärung bei einem bestimmten Personenkreis ein rechtserhebliches Verhalten hervorrufen soll. Nimmt ein solcher Adressat die rechtserhebliche Handlung in Kenntnis des geheimen Vorbehalts vor, ist er nach der Wertung des S. 2 ebenso wenig schutzbedürftig wie der Adressat einer

---

[5] Vgl. OLG Hamburg NStZ 1991, 587, 588.
[6] OLG Frankfurt OLGZ 1993, 461, 466 = FamRZ 1993, 858, 860.
[7] Vgl. MüKo/*Kramer*, § 116 Rn 4; HK-BGB/*Dörner*, § 116 Rn 2.
[8] Vgl. MüKo/*Kramer*, § 116 Rn 4; HKK/*Schermaier*, §§ 116–124 Rn 36 m.w.N.
[9] So bereits RGZ 147, 36, 40; vgl. für den öffentlich-rechtlichen Vertrag heute §§ 59 Abs. 1, 62 S. 2 VwVfG.
[10] Soergel/*Hefermehl*, § 116 Rn 1.
[11] Vgl. BGH NJW 1966, 1915, 1916; BayObLG DtZ 1992, 284, 285; Staudinger/*Dilcher*, 12. Aufl., § 116 Rn 3; MüKo/*Kramer*, § 116 Rn 5; Erman/*Palm*, § 116 Rn 5.
[12] MüKo/*Kramer*, § 116 Rn 6; Bamberger/Roth/*Wendland*, § 116 Rn 4.
[13] Vgl. RGZ 134, 33, 37; BGH NJW 1999, 2882 f.; Soergel/*Hefermehl*, § 116 Rn 5; MüKo/*Kramer*, § 117 Rn 20; RGRK/*Krüger-Nieland*, § 116 Rn 3.
[14] Staudinger/*Dilcher*, 12. Aufl., § 116 Rn 4; Soergel/*Hefermehl*, § 116 Rn 6; MüKo/*Kramer*, § 116 Rn 6; Erman/*Palm*, § 116 Rn 8; Bamberger/Roth/*Wendland*, § 116 Rn 5.

empfangsbedürftigen Willenserklärung.¹⁵ Danach ist eine **Auslobung** entsprechend S. 2 gegenüber einem Bösgläubigen nichtig.¹⁶ Dagegen ist die Vorschrift auf ein **Testament** nicht anzuwenden, weil es die Rechtsfolgen nach dem Tod des Erblassers gegenüber jedermann regelt und deshalb als Ganzes verbindlich sein muss.¹⁷ Auf die **Eheschließung** ist S. 2 wegen § 1314 Abs. 2 unanwendbar.¹⁸ Bei **amtsempfangsbedürftigen** Willenserklärungen kommt es nicht auf die Kenntnis des Beamten an; auch hier findet die Vorschrift keine Anwendung.¹⁹

Die erforderliche **Kenntnis** liegt vor, wenn der Erklärungsempfänger den Vorbehalt gem. S. 1 bei Zugang der empfangsbedürftigen Willenserklärung positiv kennt. Das bloße Kennenmüssen i.S.d. § 122 Abs. 2 genügt nicht. Entsprechendes gilt bei einer nicht empfangsbedürftigen Willenserklärung für die Personen, an die sie sich richtet.²⁰

Bezieht sich die Kenntnis des Erklärungsempfängers vom geheimen Vorbehalt nur auf einen Teil der Willenserklärung, beurteilt sich die Wirkung der **Teilnichtigkeit** nach § 139.²¹

Bei der **Stellvertretung** kommt es gem. § 166 Abs. 1 darauf an, ob der Vertreter den geheimen Vorbehalt kennt. Die Kenntnis des Vertretenen ist hingegen grundsätzlich unbeachtlich. Wird die Willenserklärung mehreren Vertretern gegenüber abgegeben, genügt es gem. § 166 Abs. 1 für die Anwendung des S. 2, dass nur ein Vertreter den Vorbehalt kennt.²²

III. Abgrenzungen

Das **Scheingeschäft** (§ 117 Abs. 1) und der durchschaute geheime Vorbehalt stimmen in ihren Voraussetzungen insoweit überein, als beide Parteien wissen, dass die abgegebene Erklärung in Wirklichkeit nicht gewollt ist. Im Unterschied zu S. 2 setzt § 117 Abs. 1 aber nicht die bloße Kenntnis, sondern das Einverständnis – den Konsens – beider Parteien voraus.²³

Während der Erklärende bei der Mentalreservation seinen Vorbehalt geheim halten und den Adressaten täuschen will, geht er bei der **Scherzerklärung** (§ 118) davon aus, der Adressat werde den Mangel der Ernstlichkeit erkennen. Deshalb spricht man hier teilweise vom „guten Scherz" oder „gutwilligen Scherz" im Unterschied zum „bösen Scherz", der nach § 116 zu beurteilen ist. Im ersten Fall ist die Willenserklärung nichtig, allerdings verbunden mit der Verpflichtung zum Ersatz des negativen Interesses (§§ 118, 122 Abs. 1). Im zweiten Fall ist die Erklärung gem. S. 1 wirksam; misslingt der „böse Scherz" aber, ist die Erklärung nichtig, ohne dass der Erklärende zum Schadensersatz verpflichtet ist (S. 2).²⁴

Wird der Erklärende durch eine **Drohung** (§ 123 Abs. 1) zur Abgabe einer Willenserklärung bestimmt und weiß der Drohende, dass der Bedrohte sie insgeheim nicht abgeben will, ist diese Erklärung bereits gem. S. 2 nichtig. Eine solche erzwungene Erklärung muss nicht mehr gem. § 123 Abs. 1 angefochten werden.²⁵ Die Nichtigkeit schützt den Erklärenden grundsätzlich besser als die bloße Anfechtbarkeit.²⁶

C. Weitere praktische Hinweise

Wer sich darauf beruft, dass eine unter geheimem Vorbehalt abgegebene Willenserklärung gem. S. 2 nichtig ist, trägt die Darlegungs- und **Beweislast**. Er muss sowohl den geheimen Vorbehalt als auch die diesbezügliche Kenntnis des Erklärungsgegners darlegen und beweisen.²⁷

---

15 *Preuß*, Jura 2002, 815, 818; Bamberger/Roth/ Wendland, § 116 Rn 6.
16 Staudinger/*Dilcher*, 12. Aufl., § 116 Rn 8; Soergel/ *Hefermehl*, § 116 Rn 7; Palandt/*Heinrichs*, § 116 Rn 5; Jauernig/*Jauernig*, § 116 Rn 4; Erman/*Palm*, § 116 Rn 3; Bamberger/Roth/Wendland, § 116 Rn 6; a.A. MüKo/*Kramer*, § 116 Rn 11.
17 Vgl. OLG Frankfurt OLGZ 1993, 461, 466 f. = FamRZ 1993, 858, 860; LG Köln DtZ 1993, 215; Erman/*Palm*, § 116 Rn 3; *Preuß*, Jura 2002, 815, 818; a.A. Jauernig/*Jauernig*, § 116 Rn 4; *Wacke*, in: FS Medicus 1999, S. 651 ff.
18 Palandt/*Heinrichs*, § 116 Rn 5.
19 BayObLG DtZ 1992, 284, 285 f.; Soergel/*Hefermehl*, § 116 Rn 7; Erman/*Palm*, § 116 Rn 6.
20 Staudinger/*Dilcher*, 12. Aufl., § 116 Rn 9; Bamberger/Roth/Wendland, § 116 Rn 6.
21 MüKo/*Kramer*, § 116 Rn 16; Soergel/*Hefermehl*, § 116 Rn 8.
22 MüKo/*Kramer*, § 116 Rn 15, 16; Soergel/*Hefermehl*, § 116 Rn 8.
23 Palandt/*Heinrichs*, § 116 Rn 6; MüKo/*Kramer*, § 116 Rn 13; Soergel/*Hefermehl*, § 116 Rn 11.
24 Jauernig/*Jauernig*, § 116 Rn 3; MüKo/*Kramer*, § 116 Rn 8, § 118 Rn 8; Soergel/*Hefermehl*, § 116 Rn 11.
25 Jauernig/*Jauernig*, § 116 Rn 4; MüKo/*Kramer*, § 116 Rn 14; vgl. Soergel/*Hefermehl*, § 116 Rn 11; a.A. RGRK/*Krüger-Nieland*, § 116 Rn 5: nur Anfechtbarkeit wegen des durch § 123 eröffneten Wahlrechts des Bedrohten.
26 Staudinger/*Dilcher*, 12. Aufl., § 116 Rn 10.
27 BGH LM Nr. 5 zu § 117; MüKo/*Kramer*, § 116 Rn 17; Soergel/*Hefermehl*, § 116 Rn 9.

§ 117 Scheingeschäft

(1) ¹Wird eine Willenserklärung, die einem anderen gegenüber abzugeben ist, mit dessen Einverständnis nur zum Schein abgegeben, so ist sie nichtig.

(2) ¹Wird durch ein Scheingeschäft ein anderes Rechtsgeschäft verdeckt, so finden die für das verdeckte Rechtsgeschäft geltenden Vorschriften Anwendung.

Literatur: *Kallimopoulos*, Die Simulation im bürgerlichen Recht, 1966; *Michaelis*, Scheingeschäft, verdecktes Geschäft und verkleidetes Geschäft im Gesetz und in der Rechtspraxis, in: FS Wieacker 1978, S. 444; *Preuß*, Geheimer Vorbehalt, Scherzerklärung und Scheingeschäft, Jura 2002, 815; *Wacke*, Mentalreservation und Simulation als antizipierte Kontrarakte bei formbedürftigen Geschäften, in: FS Medicus 1999, S. 651; *Wurster*, Das Scheingeschäft bei Basissachverhalten, DB 1983, 2057.

A. Allgemeines	1	2. Nichtigkeitsfolge	13
B. Regelungsgehalt	5	3. Drittschutz	16
I. Anwendungsbereich	5	III. Verdecktes Geschäft (Abs. 2)	21
II. Scheingeschäft (Abs. 1)	9	IV. Abgrenzungen	25
1. Voraussetzungen	9	C. Weitere praktische Hinweise	30

A. Allgemeines

1 Unter den Vorschriften zum bewussten Abweichen von Wille und Erklärung hat § 117 die größte praktische Bedeutung. Danach ist eine empfangsbedürftige Willenserklärung nichtig, wenn sie mit dem Einverständnis des Empfängers nur zum Schein abgegeben wird (Abs. 1). Dieses **Einverständnis** der Beteiligten, nur nach außen hin den Eindruck eines wirksamen Geschäfts erwecken zu wollen, charakterisiert das **Scheingeschäft** – die **Simulation**. Es unterscheidet das Scheingeschäft zugleich vom geheimen Vorbehalt gem. § 116 (vgl. § 116 Rn 11). Daraus ergibt sich die Definition des Scheingeschäfts gem. § 117: Die Parteien wollen ein bestimmtes Ziel durch den bloßen Schein eines wirksamen Rechtsgeschäfts erreichen, die mit dem betreffenden Rechtsgeschäft verbundenen Rechtswirkungen aber nicht eintreten lassen.[1] Verdeckt das Scheingeschäft ein anderes Rechtsgeschäft – das **dissimulierte Geschäft** –, gilt jenes, sofern seine Wirksamkeitsvoraussetzungen vorliegen (Abs. 2).

2 Die Funktion des § 117 besteht darin, den Tatbestand des Scheingeschäfts zu benennen und vor allem die Rechtsfolgen klarzustellen. Das gilt sowohl für die **Nichtigkeit des Scheingeschäfts** gem. Abs. 1 als auch für die **Geltung des verdeckten Geschäfts** gem. Abs. 2. Diese Rechtsfolgen ergeben sich bereits aus der Anwendung des allgemeinen Grundsatzes *„falsa demonstratio non nocet"*, als dessen Ausprägung § 117 anzusehen ist.[2] Danach schadet die objektive Mehrdeutigkeit einer Bezeichnung oder eine Falschbezeichnung nicht, wenn der Empfänger die Erklärung so versteht und gelten lassen will, wie sie der Erklärende gemeint hat (näher zu diesem Grundsatz § 133 Rn 46). Im Fall des Scheingeschäfts versteht keine Partei die Erklärung der anderen Partei so, als sei sie auf die Erzielung einer bestimmten Rechtsfolge gerichtet, also mit Rechtsfolgewillen (Geschäftswillen, Rechtsbindungswillen; näher dazu vor § 116 Rn 8 f.) abgegeben.[3] Da demnach, entgegen dem Wortlaut des Abs. 1, keine Partei eine Willenserklärung abgibt, kann das Scheingeschäft kein wirksames Rechtsgeschäft sein. Schlagwortartig wird auch formuliert, die Nichtgeltung der Erklärung werde zum Geschäftsinhalt.[4] Dass die Falschbezeichnung nicht schadet, bestätigt Abs. 2: Statt des „falsch erklärten" Scheingeschäfts gilt das „wirklich gewollte" verdeckte Geschäft.[5]

3 „Klassisches" Beispiel[6] des Scheingeschäfts ist der sog. **Schwarzkauf**: Die Parteien eines Grundstückskaufvertrages geben bei der notariellen Beurkundung einen niedrigeren als den vereinbarten Kaufpreis an, um Grunderwerbsteuern sowie Notariats- und Gerichtsgebühren zu sparen.[7] Ähnliche steuerliche Gründe

---

[1] BGHZ 36, 84, 87; BGH NJW 1980, 1572; 1982, 569; 1995, 727; 1999, 351; BAG NJW 1993, 2767.
[2] HKK/*Schermaier*, §§ 116–124 Rn 44; Bamberger/Roth/*Wendtland*, § 117 Rn 1; HK-BGB/*Dörner*, § 117 Rn 1; *Larenz/Wolf*, BGB AT, § 35 Rn 21; *Preuß*, Jura 2002, 815, 819; vgl. *Coester-Waltjen*, Jura 1990, 362, 364; vgl. bereits Motive I, S. 192 = *Mugdan* I, S. 458: „Die Nichtigkeit ergibt sich schon aus dem Grundsatze, daß nur der wirkliche Wille rechtserzeugende Kraft hat".
[3] Vgl. Staudinger/*Dilcher*, 12. Aufl., § 117 Rn 5; MüKo/*Kramer*, § 117 Rn 1; Soergel/*Hefermehl*, § 117 Rn 1; Palandt/*Heinrichs*, § 117 Rn 1; vgl. auch BGHZ 45, 376, 379.
[4] *Medicus*, BGB AT, Rn 594.
[5] *Larenz/Wolf*, BGB AT, § 35 Rn 34; Bamberger/Roth/*Wendtland*, § 117 Rn 2; *Preuß*, Jura 2002, 815, 820.
[6] Vgl. zu weiteren Anwendungsfällen MüKo/*Kramer*, § 117 Rn 3, 6; RGRK/*Krüger-Nieland*, § 117 Rn 6; Staudinger/*Dilcher*, 12. Aufl., § 117 Rn 9 ff.
[7] Vgl. etwa RGZ 78, 115; 104, 102; 119, 332, 334; 129, 150, 152; BGHZ 89, 41, 43; BGH NJW-RR 1991, 613, 615; OLG Hamm BB 1989, 651; Staudinger/*Dilcher*, 12. Aufl., § 117 Rn 25; Jauernig/

hat es, wenn beim Verkauf eines GmbH-Anteils ein Teil des Kaufpreises als Beratungshonorar vereinbart wird.[8] Ein vergleichbares Scheingeschäft liegt vor, wenn der Verkäufer eines Grundstücks den notariellen Vertrag deshalb zu dem niedrigeren Kaufpreis abschließt, weil er von einem interessierten Dritten eine zusätzliche Schwarzgeldzahlung erhalten soll und der Käufer davon weiß.[9] Anders als in den „klassischen" Fällen des zu niedrig beurkundeten Grundstückspreises kommt es auch vor, dass die Parteien den Kaufpreis zu hoch angeben, um dem Käufer über eine Drittfinanzierung des Kaufpreises Barmittel zu verschaffen.[10]

Der **Zweck** des Scheingeschäfts muss allerdings nicht zwingend darin bestehen, gesetzliche Gebote, Verbote oder Beschränkungen zu umgehen oder Dritte zu schädigen.[11] Das Geschäft kann auch auf anderen, nicht per se zu missbilligenden wirtschaftlichen oder persönlichen Beweggründen beruhen. Unabhängig davon betrifft ein Scheingeschäft häufig die **Interessen Dritter**, weil sie im Vertrauen auf dessen Wirksamkeit bestimmte Dispositionen getroffen haben.[12] Den Schutz solcher gutgläubiger Dritter regelt § 117 nicht. Der Drittschutz gehört daher zu den diskutierten Folgeproblemen des Scheingeschäfts (näher dazu Rn 16 ff.). 4

B. Regelungsgehalt

I. Anwendungsbereich

§ 117 ist gem. Abs. 1 nur auf **empfangsbedürftige** Willenserklärungen (oder besser Schein-Willenserklärungen, vgl. Rn 2) anwendbar. Eine analoge Anwendung auf nicht empfangsbedürftige Willenserklärungen scheidet aus, weil es keinen Erklärungsempfänger gibt, der mit dem Scheincharakter des Erklärten einverstanden sein könnte.[13] § 117 gilt daher z.B. nicht für Testamente.[14] 5

Bei **Erklärungen vor Behörden** ist zu unterscheiden. Keine Anwendung findet § 117 nach den obigen Grundsätzen auf amtsempfangsbedürftige Willenserklärungen, weil der jeweils handelnde Bedienstete nicht für die Behörde mit dem Scheincharakter der Erklärung einverstanden sein kann. Die Behörde ist lediglich formalrechtliche Adressatin der Erklärung.[15] Deshalb kann z.B. die Aufgabe des Grundstückseigentums gem. § 928 Abs. 1 oder der Verzicht des Finders auf den Eigentumserwerb gem. § 976 Abs. 1 nicht als Scheingeschäft nichtig sein.[16] Anwendbar ist § 117 dagegen bei zusammengesetzten Rechtsgeschäften, die aus (mindestens) einer empfangsbedürftigen Willenserklärung und einer staatlichen Mitwirkungshandlung bestehen. Wird die Willenserklärung nur zum Schein abgegeben, ist sie, anders als der staatliche Mitwirkungsakt, nichtig. Erklärt z.B. der Grundstückseigentümer die Auflassung (§ 925) bloß zum Schein, führt das gem. Abs. 1 (nur) zur Nichtigkeit der Auflassung. Die Eintragung des Schein-Erwerbers in das Grundbuch ist hingegen als behördlicher Mitwirkungsakt wirksam, so dass ein gutgläubiger Erwerb gem. §§ 891 ff. stattfinden kann. Wegen der unwirksamen Auflassung macht die wirksame Eintragung das Grundbuch unrichtig.[17] Im Übrigen gilt § 117 auch für **öffentlich-rechtliche Verträge** (§§ 59 Abs. 1, 62 S. 2 VwVfG).[18] 6

Auf Schein-**Prozesshandlungen** ist § 117 nicht anwendbar, weil es im Prozessrecht einen derartigen Unwirksamkeitsgrund nicht gibt. Vereinbaren die Parteien, einen Rechtsstreit nur zum Schein auszutragen, fehlt das Rechtsschutzbedürfnis für die Klage, die deshalb unzulässig ist.[19] Das aufgrund eines solchen vorgetäuschten Streits ergangene Urteil ist trotzdem wirksam. Die Vereinbarung der Parteien erstreckt sich indessen regelmäßig auch darauf, dass aus einem solchen Urteil nicht vollstreckt werden soll. Diese 7

Jauernig, § 117 Rn 5; RGRK/*Krüger-Nieland*, § 117 Rn 22; Erman/*Palm*, § 117 Rn 18; *Brox*, BGB AT, Rn 403; *Larenz/Wolf*, BGB AT, § 35 Rn 20; *Medicus*, BGB AT, Rn 595; *Coester-Waltjen*, Jura 1990, 362, 364 f.; *Preuß*, Jura 2002, 815, 819.
8 BGH NJW 1983, 1843, 1844; *Medicus*, BGB AT, Rn 595.
9 BGH NJW-RR 1998, 950.
10 OLG Koblenz NJW-RR 2002, 194.
11 Vgl. etwa RGZ 90, 273, 277; 95, 160, 162; BGH DB 1962, 1689; *Larenz/Wolf*, BGB AT, § 35 Rn 19.
12 HKK/*Schermaier*, §§ 116–124 Rn 38.
13 Soergel/*Hefermehl*, § 117 Rn 2; Erman/*Palm*, § 117 Rn 2; Bamberger/Roth/*Wendtland*, § 117 Rn 3.
14 OLG Düsseldorf FamRZ 1969, 677; BayObLG FamRZ 1977, 347, 348; OLG Frankfurt OLGZ 1993, 461, 467 = FamRZ 1993, 858, 860; Staudinger/*Dilcher*, 12. Aufl., § 117 Rn 7; Palandt/*Heinrichs*, § 117 Rn 2; RGRK/*Krüger-Nieland*, § 117 Rn 23; Erman/*Palm*, § 117 Rn 2; dagegen für die Anwendbarkeit des § 117 auf die Annahme der Erbschaft mit der Begründung, dass sie empfangsbedürftig ist, MüKo/*Kramer*, § 117 Rn 2.
15 Palandt/*Heinrichs*, § 117 Rn 2; MüKo/*Kramer*, § 117 Rn 7; Erman/*Palm*, § 117 Rn 2; Bamberger/Roth/*Wendtland*, § 117 Rn 4; Staudinger/*Dilcher*, 12. Aufl., § 117 Rn 7; anders für den Fall, dass die Erklärung gegenüber der Behörde oder einem anderen abzugeben ist, Soergel/*Hefermehl*, § 117 Rn 2; Jauernig/*Jauernig*, § 117 Rn 2; a.A. *Pohl*, AcP 177 (1977), 63.
16 Erman/*Palm*, § 117 Rn 2; Bamberger/Roth/*Wendtland*, § 117 Rn 4.
17 MüKo/*Kramer*, § 117 Rn 7; Erman/*Palm*, § 117 Rn 2; Bamberger/Roth/*Wendtland*, § 117 Rn 5; *Larenz/Wolf*, BGB AT, § 35 Rn 22; vgl. Staudinger/*Dilcher*, 12. Aufl., § 117 Rn 8; Soergel/*Hefermehl*, § 117 Rn 2.
18 Staudinger/*Dilcher*, 12. Aufl., § 117 Rn 22.
19 Vgl. dazu etwa Musielak/*Foerste*, ZPO, vor § 253 Rn 7; Zöller/*Greger*, ZPO, vor § 253 Rn 9, 18.

Vereinbarung ist im Wege der Erinnerung (§ 766 ZPO)[20] oder der Vollstreckungsabwehrklage (§ 767 ZPO analog)[21] geltend zu machen.[22]

8 Der Anwendung des § 117 können vorrangige **Spezialregelungen** entgegenstehen. Das betrifft z.B. die Anerkennung der Vaterschaft (§ 1598) und die Eheschließung (§§ 1310 ff. und 1313 ff.).[23]

II. Scheingeschäft (Abs. 1)

9 **1. Voraussetzungen.** Das Charakteristikum des Scheingeschäfts ist das **Einverständnis** der Parteien, dass sie ein bestimmtes Ziel durch den bloßen Schein eines wirksamen Rechtsgeschäfts erreichen, die mit dem betreffenden Rechtsgeschäft verbundenen Rechtswirkungen aber nicht eintreten lassen wollen (siehe Rn 1). Die Parteien müssen einverständlich einen bestimmten, in Wirklichkeit nicht vorhandenen **Rechtsfolgewillen** (Geschäftswillen, Rechtsbindungswillen; näher dazu vor § 116 Rn 8 f.) vortäuschen. Die einverständliche Falschbezeichnung von **Tatsachen** wie etwa eine Fehldatierung unterfällt daher nicht § 117, sofern das Geschäft im Übrigen ernsthaft gewollt war.[24]

10 Das Einverständnis über den Scheincharakter ist eine **subjektive Tatbestandsvoraussetzung** des Abs. 1. Deshalb bedarf es insoweit keiner rechtsgeschäftlichen Vereinbarung, sondern es genügt ein rein tatsächlicher Konsens.[25] Dieser muss allerdings bei **allen Beteiligten** vorliegen. Handelt es sich um eine Willenserklärung, die mehreren gegenüber abzugeben ist, und kennt nur einer der gemeinschaftlich handelnden Erklärungsempfänger (z.B. einer der BGB-Gesellschafter im Fall des § 709 Abs. 1) den Scheincharakter nicht, greift Abs. 1 nicht ein; die Erklärung ist wirksam.[26] Müssen die Erklärungsempfänger dagegen nicht gemeinschaftlich handeln, liegt ein Scheingeschäft nur im Verhältnis zu dem Empfänger vor, der an der Scheinabrede beteiligt ist. Über die Nichtigkeit im Verhältnis zu den anderen Empfängern ist gem. § 139 zu entscheiden.[27]

11 Lässt sich eine Partei bei Abgabe oder Empfang der Willenserklärung vertreten (§ 164 Abs. 1 oder 3), hängt die Nichtigkeitsfolge davon ab, ob der **Vertreter** mit dem Scheincharakter einverstanden ist. Denn es kommt gem. § 166 Abs. 1 auf seine Kenntnis der subjektiven Tatbestandsmerkmale an.[28] Im Fall eines **Zusammenwirkens von Vertreter und Vertragspartner** kann sich Letzterer allerdings nicht auf die Nichtigkeit gem. Abs. 1 berufen. Hatte er mit dem Vertreter vereinbart, die Scheinabrede vor dem Vertretenen geheim zu halten, handelt es sich wertungsmäßig um die gleiche Situation wie bei einem geheimen Vorbehalt des Vertragspartners, so dass die Simulationsabrede gegenüber dem Vertretenen entsprechend § 116 unbeachtlich ist. Insoweit genügt ein bloßes einverständliches Zusammenwirken, ohne dass eine Schädigung des Vertretenen bezweckt sein muss (Kollusion; vgl. dazu noch Rn 20).[29] Bei einer **Gesamtvertretung** schadet bereits die Kenntnis nur eines Vertreters.[30] Setzt eine Partei keinen Abschlussvertreter, sondern lediglich einen **Verhandlungsbevollmächtigten** ein, so kann ihr sein Wissen vom Scheincharakter des Vertrages nicht gem. § 166 Abs. 1 analog zugerechnet werden. Die nach Abs. 1 erforderliche Willensübereinstimmung der Vertragschließenden ist eine Konkretisierung der negativen Kehrseite der Privatautonomie.[31] Deshalb fehlt es an der Vergleichbarkeit der Interessenlagen, die es erlauben würde, die erforderliche Willensübereinstimmung in analoger Anwendung des § 166 Abs. 1 durch eine bloße Wissenszurechnung zu ersetzen.[32]

12 Scheingeschäfte werden häufig abgeschlossen, um Dritte wie das Finanzamt, den Notar oder die Gläubiger eines Vertragspartners über den wahren Inhalt des Geschäfts zu täuschen. Eine solche **Täuschungsabsicht** gehört aber nicht zum Tatbestand des Abs. 1 (vgl. oben Rn 4).[33] Ihr Vorliegen allein begründet auch noch keine Vermutung für ein Scheingeschäft.[34]

---

20 Vgl. Musielak/*Lackmann*, ZPO, § 766 Rn 6.
21 Vgl. Zöller/*Herget*, ZPO, § 767 Rn 12, Stichwort „Vereinbarungen".
22 Staudinger/*Dilcher*, 12. Aufl., § 117 Rn 19 f.; Bamberger/Roth/*Wendtland*, § 117 Rn 6.
23 Erman/*Palm*, § 117 Rn 5; vgl. dazu auch MüKo/*Kramer*, § 117 Rn 5.
24 Vgl. BGH WM 1986, 1179, 1181; *Kallimopoulos*, S. 71 ff.; MüKo/*Kramer*, § 117 Rn 4; RGRK/*Krüger-Nieland*, § 117 Rn 4; Bamberger/Roth/*Wendtland*, § 117 Rn 8.
25 RGZ 134, 33, 37; BGH NJW 1999, 2882; BGHZ 144, 331, 333 = NJW 2000, 3127, 3128.
26 Bamberger/Roth/*Wendtland*, § 117 Rn 9; vgl. OLG Celle NJW 1965, 399, 400; Staudinger/*Dilcher*, 12. Aufl., § 117 Rn 12; RGRK/*Krüger-Nieland*, § 117 Rn 2; Erman/*Palm*, § 117 Rn 4.
27 Bamberger/Roth/*Wendtland*, § 117 Rn 9; vgl. Soergel/*Hefermehl*, § 117 Rn 3.
28 Vgl. BGHZ 1, 181, 184; Erman/*Palm*, § 117 Rn 4.
29 BGH NJW 1999, 2882 f. m.w.N.; HKK/*Schermaier*, §§ 116–124 Rn 46.
30 BGH NJW 1996, 663, 664; 1999, 2882.
31 Vgl. *Kallimopoulos*, S. 21; vgl. auch MüKo/*Kramer*, § 117 Rn 1.
32 BGHZ 144, 331, 334 = NJW 2000, 3127, 3128; vgl. *Preuß*, Jura 2002, 815, 819; vgl. auch *Thiessen*, NJW 2001, 3025, 3026, der zusätzlich auf die Begrenzung durch den Formzwang (notarielle Beurkundung gem. § 311b Abs. 1 S. 1) abstellt.
33 RGZ 90, 273, 277; 95, 160, 162; Soergel/*Hefermehl*, § 117 Rn 8; Erman/*Palm*, § 117 Rn 4.
34 BGH DB 1962, 1689; Erman/*Palm*, § 117 Rn 4.

2. Nichtigkeitsfolge. Liegen die Voraussetzungen des Abs. 1 vor, ist das simulierte Rechtsgeschäft ohne weiteres **nichtig**. Die Nichtigkeit muss nicht etwa durch eine Anfechtung geltend gemacht werden. Bei einem entsprechenden Rechtsschutzinteresse kann der Betroffene eine Feststellungsklage (§ 256 ZPO) erheben.[35] Der Beteiligte des Scheingeschäfts kann eine bereits erbrachte Leistung grundsätzlich kondizieren.[36] Die Sperre des § 815, 2. Fall (treuwidrige Verhinderung des Erfolgseintritts) greift nur bei Vorliegen besonderer Umstände ein, wenn z.B. der Rückfordernde den wirtschaftlichen Erfolg des Vertrages durch ein eigenes, ihm zurechenbares Verhalten vereitelt hat und er sich deshalb auf die Nichtigkeit beruft.[37] Die Nichtigkeit des Scheingeschäfts wirkt aber nicht nur zwischen den Vertragspartnern, sondern gegenüber jedermann (**absolut**).[38] Etwas anderes kann bei Willenserklärungen gelten, die gegenüber mehreren Empfängern abzugeben sind (siehe oben Rn 10).

Die Nichtigkeitsfolge des Abs. 1 gilt uneingeschränkt auch für das Innenverhältnis der Schein-Gesellschafter, die einen **Gesellschaftsvertrag** simuliert haben. Trotz Eintragung der Gesellschaft in das Handelsregister greifen die Grundsätze über die fehlerhafte Gesellschaft nicht ein, weil die Parteien ihre Rechtsbeziehungen übereinstimmend gerade nicht nach gesellschaftsrechtlichen Grundsätzen regeln wollten.[39] Im Außenverhältnis ist die Berufung auf Abs. 1 nach der Eintragung dagegen ausgeschlossen.[40] Bei Kapitalgesellschaften kann die Nichtigkeit simulierter **Beitritts- und Gründungserklärungen** nach deren Eintragung ebenfalls nicht mehr geltend gemacht werden. Die Eintragung solcher Erklärungen erzeugt einen Rechtsschein, auf den sich die Öffentlichkeit und vor allem künftige Gläubiger und Aktionäre unbedingt verlassen können müssen.[41] **Wertpapierrechtliche Erklärungen** können gem. Abs. 1 nichtig sein.[42] Gegenüber einem gutgläubigen Erwerber scheidet die Berufung auf die Nichtigkeit jedoch aus.[43]

Arbeitsverhältnisse können ebenfalls als Scheingeschäfte nichtig sein. So werden z.B. aus sozialversicherungsrechtlichen Gründen Arbeitsverhältnisse mit Ehegatten oder nahen Verwandten nur zum Schein abgeschlossen.[44] Die Parteien wandeln ein bisheriges freies Dienstverhältnis zum Schein in ein Arbeitsverhältnis um, damit sie von dem in absehbarer Zeit erfolgenden Betriebsübergang gem. § 613a erfasst wird.[45] Der wahre Inhaber eines Betriebes, dem die erforderliche gewerbe- oder handwerksrechtliche Genehmigung (Konzession) fehlt, stellt einen Konzessionsinhaber zum Schein als Arbeitnehmer ein, um den Anschein zu erwecken, als führe dieser die Geschäfte (dazu § 134 Rn 175 f.). Die Grundsätze des fehlerhaften Arbeitsverhältnisses[46] finden hier keine Anwendung, weil die Parteien übereinstimmend keine arbeitsrechtlichen Beziehungen begründen wollten (vgl. die vorige Rn zur fehlerhaften Gesellschaft). Die Simulation betrifft nur einen Teil des Arbeitsvertrages, wenn die Parteien im schriftlichen Vertrag eine tatsächlich nicht zu erbringende Arbeitszeit angeben, um eine übertarifliche Vergütung zu verschleiern. Hier führt Abs. 1 dazu, dass der Arbeitnehmer seine Leistung nur während der wirklich gewollten, vereinbarten Arbeitszeit erbringen muss;[47] entgegen der Regel des § 139 ergreift die Nichtigkeit bloß diesen Teil des Arbeitsverhältnisses.

3. Drittschutz. Die Nichtigkeit des Scheingeschäfts kann durchaus im **Interesse eines Dritten** liegen. Das gilt etwa für einen Gläubiger, dem durch eine nur zum Schein erfolgte Veräußerung ein mögliches Pfändungsobjekt entzogen werden soll. Ein solcher Dritter kann sich schlicht auf die gegenüber jedermann wirkende Nichtigkeit des Scheingeschäfts gem. Abs. 1 berufen und gegebenenfalls eine Feststellungsklage gem. § 256 ZPO erheben (vgl. gerade Rn 13).[48] Außerdem hat er Schadensersatzansprüche gegen die Erklärenden, wenn das Scheingeschäft die Voraussetzungen der §§ 823, 826 erfüllt. Für einen darüber hinausgehenden Schutz besteht kein Bedarf.[49]

Im umgekehrten Fall vertrauen Dritte auf die Wirksamkeit des nur zum Schein abgeschlossenen Rechtsgeschäfts und treffen entsprechende Dispositionen. Nicht selten bezwecken die Erklärenden gerade solche

---

35 RGRK/*Krüger-Nieland*, § 117 Rn 13; Erman/*Palm*, § 117 Rn 6.
36 Jauernig/*Jauernig*, § 117 Rn 4; vgl. BGHZ 29, 6, 11; BGH NJW 1976, 237, 238; 1980, 451; 1999, 2892.
37 Näher dazu *Keim*, JuS 2001, 636 ff.
38 Staudinger/*Dilcher*, 12. Aufl., § 117 Rn 17; Soergel/*Hefermehl*, § 117 Rn 15; Palandt/*Heinrichs*, § 117 Rn 7; Jauernig/*Jauernig*, § 117 Rn 4; Bamberger/Roth/*Wendtland*, § 117 Rn 17.
39 BGH NJW 1953, 1220; BGHZ 11, 190, 191; MüKo/*Kramer*, § 117 Rn 3.
40 Staudinger/*Dilcher*, 12. Aufl., § 117 Rn 15; Palandt/*Heinrichs*, § 117 Rn 7; Erman/*Palm*, § 117 Rn 6.
41 Vgl. BGHZ 21, 378, 382; Soergel/*Hefermehl*, vor § 116 Rn 63; Staudinger/*Dilcher*, 12. Aufl., § 117 Rn 15; MüKo/*Kramer*, § 117 Rn 3, § 119 Rn 21; Erman/*Palm*, § 117 Rn 6.
42 Vgl. Baumbach/*Hefermehl*, Art. 17 WG Rn 42.
43 Staudinger/*Dilcher*, 12. Aufl., § 117 Rn 15; Erman/*Palm*, § 117 Rn 6.
44 Vgl. etwa BAG NZA 1996, 249; BSGE 74, 275, 276 ff.; ErfK/*Rolfs*, § 7 SGB IV Rn 26.
45 Vgl. BAG NJW 2003, 2930, 2931.
46 Dazu etwa BAG AP Nr. 20 zu § 812 BGB; AP Nr. 70 zu § 2 ArbGG 1979; ErfK/*Preis*, § 611 BGB Rn 16 ff.; MünchArbR/*Richardi*, § 46 Rn 56 ff.
47 BAG AP Nr. 1 zu § 117 BGB; ErfK/*Preis*, § 611 BGB Rn 385.
48 Vgl. dazu RGRK/*Krüger-Nieland*, § 117 Rn 20.
49 MüKo/*Kramer*, § 117 Rn 19; Erman/*Palm*, § 117 Rn 7; vgl. *Larenz/Wolf*, BGB AT, § 35 Rn 32 f.

Täuschungen anderer (vgl. bereits Rn 3). Den **Schutz gutgläubiger Dritter** hat der Gesetzgeber des BGB indessen bewusst nicht geregelt. Er war der Auffassung, dass die allgemeinen und besonderen Vorschriften zum Gutglaubensschutz ausreichten.[50] Dem sind die Praxis und die wohl herrschende Lehre gefolgt.[51] Danach gibt es, anders als etwa im österreichischen Recht gem. § 916 Abs. 2 ABGB, keinen allgemeinen Schutz gutgläubiger Dritter gegen die Benachteiligung durch Scheingeschäfte.[52]

18 Der notwendige Schutz wird jedoch weit gehend durch besondere Regelungen zum Gutglaubensschutz gewährleistet.[53] So finden die Schutzvorschriften des **gutgläubigen Erwerbs** Anwendung, wenn der Dritte eine Sache von einem Veräußerer erwirbt, der seinerseits die Sache nur zum Schein erworben hat und deshalb gar nicht Eigentümer geworden ist. Hier wird der gutgläubige Dritte durch die §§ 932 ff., 892 f. geschützt.[54] Bei einer nur zum Schein erfolgten Verpfändung oder Nießbrauchsbestellung an einer beweglichen Sache schützt ihn § 1207 oder § 1032. Die Schutzbestimmungen der §§ 405, 413 greifen ein, wenn der Dritte eine scheinbare Forderung oder ein anderes scheinbares Recht unter Urkundenvorlage gutgläubig erwirbt. In entsprechender Anwendung dieser Vorschriften genießt der gutgläubige Erwerber einer Briefhypothek den gleichen Schutz.[55] Weitere Regelungen zum Schutz des Vertrauens gutgläubiger Dritter enthalten § 171 (Scheinvollmacht) und § 109.[56]

19 Dient das Scheingeschäft einverständlich der Schädigung des Dritten, so können ihm **Schadensersatzansprüche** vor allem aus § 823 Abs. 2 i.V.m. § 263 StGB und aus § 826 zustehen.[57] Danach kann er verlangen, so gestellt zu werden, als sei er nicht getäuscht worden (vgl. § 249 S. 1). Hatte das Scheingeschäft den Zweck, die Erfüllung einer Verbindlichkeit zu vereiteln, kann der Anspruch gegen den scheinbaren Erwerber auf Erfüllung gerichtet sein.[58]

20 Schließlich wird diskutiert, ob und wann der gutgläubige Dritte gegen die Berufung auf den Scheincharakter und damit auf die Nichtigkeit des Geschäfts die **Einrede der Arglist** erheben kann. Sie soll z.B. dem Vertretenen zustehen, wenn der Vertreter und der Geschäftsgegner kollusiv zusammengewirkt haben, um den Vertretenen zu schädigen.[59] Hier hat indessen die analoge Anwendung des § 116 Vorrang vor der allgemeinen Arglisteinrede. Die Vereinbarung, die Scheinabrede vor dem Vertretenen geheim zu halten, entspricht wertungsmäßig einem geheimen Vorbehalt des Vertragspartners (vgl. dazu bereits oben Rn 11). Kommt die Absicht hinzu, den Vertretenen zu schädigen, ist das Geschäft wegen Missbrauchs der Vollmacht (**Kollusion**) gem. § 138 nichtig (vgl. § 138 Rn 116; § 164 Rn 85).[60] Auch in anderen Fallgestaltungen kommt die allgemeine Arglisteinrede erst dann in Betracht, wenn der gutgläubige Dritte nicht durch die gerade angesprochenen anderen Vorschriften oder Schadensersatzansprüche geschützt wird.[61]

III. Verdecktes Geschäft (Abs. 2)

21 Abs. 2 stellt klar, dass ein Rechtsgeschäft nicht allein deshalb unwirksam ist, weil die Parteien es durch ein anderes Rechtsgeschäft verdeckt haben[62] oder weil sie damit einen Dritten täuschen und beispielsweise eine Steuerhinterziehung ermöglichen wollten.[63] Das dissimulierte Geschäft ist vielmehr **grundsätzlich wirksam**.[64] Im Einzelnen hängt die Wirksamkeit stets davon ab, ob das Verhalten der Parteien die dafür geltenden objektiven wie subjektiven Voraussetzungen erfüllt. Daher ist Abs. 2 nicht nur eine Ausprägung des *falsa-demonstratio*-Grundsatzes (siehe Rn 2),[65] sondern auch *lex specialis* im Verhältnis zu § 140.[66]

---

50 Vgl. Motive I, S. 193 = *Mugdan* I, S. 459; Prot. I, S. 97 = *Mugdan* I, S. 711.
51 Näher dazu HKK/*Schermaier*, §§ 116–124 Rn 41, 46.
52 MüKo/*Kramer*, § 117 Rn 21; *Larenz/Wolf*, BGB AT, § 35 Rn 28; vgl. Erman/*Palm*, § 117 Rn 8; Bamberger/Roth/*Wendtland*, § 117 Rn 17; a.A. *Flume*, BGB AT Bd. 2, § 20, 2c; ihm im Ansatz zust. HKK/*Schermaier*, §§ 116–124 Rn 46.
53 Dazu und zum Folgenden MüKo/*Kramer*, § 117 Rn 20; *Larenz/Wolf*, BGB AT, § 35 Rn 32 f.; Erman/*Palm*, § 117 Rn 9; Soergel/*Hefermehl*, § 117 Rn 16; RGRK/*Krüger-Nieland*, § 117 Rn 18; Jauernig/*Jauernig*, § 117 Rn 4.
54 Vgl. etwa BayObLG NJW-RR 1998, 946.
55 RGZ 90, 273, 279; ausf. zur Rechtsscheinshaftung auf der Grundlage des § 405 *Canaris*, Die Vertrauenshaftung im deutschen Privatrecht, 1971, S. 85 ff.
56 Erman/*Palm*, § 117 Rn 9; vgl. Palandt/*Heinrichs*, § 117 Rn 7.
57 *Larenz/Wolf*, BGB AT, § 35 Rn 33; RGRK/*Krüger-Nieland*, § 117 Rn 17; Erman/*Palm*, § 117 Rn 8; *Coester-Waltjen*, Jura 1990, 362, 365.
58 Vgl. RGZ 95, 160, 162; RGRK/*Krüger-Nieland*, § 117 Rn 17.
59 Erman/*Palm*, § 117 Rn 10; vgl. RGZ 134, 33, 37; Soergel/*Hefermehl*, § 117 Rn 15; vgl. auch die weiteren Nachw. zur Rspr. des RG bei RGRK/*Krüger-Nieland*, § 117 Rn 19.
60 Vgl. BGH NJW 1999, 2882, 2883.
61 Ähnlich RGRK/*Krüger-Nieland*, § 117 Rn 19.
62 RG JW 1938, 2837; Staudinger/*Dilcher*, 12. Aufl., § 117 Rn 23; Erman/*Palm*, § 117 Rn 17.
63 Vgl. BGH NJW 1983, 1843, 1844; Palandt/*Heinrichs*, § 117 Rn 8.
64 Bamberger/Roth/*Wendtland*, § 117 Rn 21.
65 Vgl. MüKo/*Kramer*, § 117 Rn 22, der auf die Beachtlichkeit des „wirklichen Willens" gem. § 133 abstellt.
66 Staudinger/*Dilcher*, 12. Aufl., § 117 Rn 23; Bamberger/Roth/*Wendtland*, § 117 Rn 21.

Subjektiv setzt Abs. 2 den **übereinstimmenden Willen** der Parteien voraus, an Stelle des Scheingeschäfts ein anderes Rechtsgeschäft vorzunehmen. In Bezug auf das dissimulierte Geschäft muss der Rechtsfolgewille also, anders als beim simulierten Geschäft (vgl. Rn 1, 9 f.), tatsächlich vorliegen.[67] Das unterscheidet die Fälle des Abs. 2 vom reinen Scheingeschäft, bei dem die Parteien gar keine Rechtsveränderung wollen.[68]

Objektiv kommt es in den meisten Fällen auf die Einhaltung von **Formvorschriften** oder das Vorhandensein **behördlicher Genehmigungen** an. Zu prüfen ist, neben der Erfüllung anderer einschlägiger Voraussetzungen, ferner, ob das verdeckte Geschäft gegen ein gesetzliches Verbot (§ 134) oder gegen die guten Sitten (§ 138) verstößt.[69] Ein solcher Verstoß gegen § 134 liegt z.B. vor, wenn ein konzessionsloser Dritter mit einem Konzessionsinhaber einen Scheinarbeitsvertrag abschließt, um zu verdecken, dass er in Wirklichkeit gewerblich tätig wird (vgl. Rn 5 und § 134 Rn 175 f.).

Im „klassischen" Anwendungsfall des **Schwarzkaufs** ist der zu einem niedrigeren Preis beurkundete Grundstückskaufvertrag als Scheingeschäft gem. Abs. 1 nichtig (vgl. Rn 3). Da der einverständlich gewollte, tatsächlich vereinbarte höhere Kaufpreis nicht beurkundet wird, ist der verdeckte Grundstückskaufvertrag gem. §§ 311b Abs. 1 S. 1, 125 S. 1 nichtig.[70] Der Formmangel wird allerdings durch die Eintragung des Erwerbers in das Grundbuch gem. § 311b Abs. 1 S. 2 geheilt.[71] Bis zu diesem Zeitpunkt kann der Veräußerer eine bereits erklärte Auflassung kondizieren.[72] Gleiches gilt grundsätzlich für andere bereits erbrachte Leistungen.[73] Eine Auflassungsvormerkung sichert auch bei späterer Heilung des Formmangels gem. § 311b Abs. 1 S. 2 grundsätzlich nicht den mündlich vereinbarten Auflassungsanspruch.[74] Im Unterschied dazu gilt der allgemeine Grundsatz der *falsa demonstratio*, wenn die Parteien den Kaufpreis **irrtümlich** beim Notar falsch angegeben haben. Da in diesem Fall die Funktionen des § 311b Abs. 1 S. 1 nicht vereitelt werden, gilt der Vertrag als zum wirklichen Kaufpreis formwirksam abgeschlossen.[75]

IV. Abgrenzungen

Das wesentliche Merkmal eines Scheingeschäfts, das es von ähnlichen Gestaltungsformen unterscheidet (vgl. zur Abgrenzung vom geheimen Vorbehalt bereits Rn 1 sowie § 116 Rn 11), ist das **Einverständnis** der Parteien, dass das zum Schein abgeschlossene Geschäft gerade **keine Rechtswirkungen** haben soll.[76] Sie täuschen einverständlich einen bestimmten, tatsächlich **nicht bestehenden Rechtsfolgewillen** vor (siehe Rn 9). Demnach liegt kein Scheingeschäft vor, wenn die Beteiligten den Eintritt der Rechtsfolgen selbst wollen und nur der damit regelmäßig verbundene wirtschaftliche oder sonstige tatsächliche Erfolg nicht bei ihnen eintreten soll.[77] Ein Rechtsgeschäft ist daher nicht gem. Abs. 1 nichtig, wenn die Parteien nur die steuerrechtlichen, nicht aber die zivilrechtlichen Folgen eintreten lassen wollen. Eine vertragliche Regelung kann nicht gleichzeitig steuerrechtlich als gewollt und zivilrechtlich als Scheingeschäft qualifiziert werden.[78] Diesen, heute im Wesentlichen allgemein anerkannten Grundsätzen zufolge fallen Treuhand-, Strohmann- und Umgehungsgeschäfte nicht unter Abs. 1, weil die Parteien die rechtlichen Konstruktionen ernsthaft wollen. Sie können ihre praktischen Ziele nur erreichen, wenn sie die mit der jeweiligen Erklärung verbundenen Rechtsfolgen anstreben.[79]

Ein **Treuhandgeschäft** (fiduziarisches Geschäft) liegt vor, wenn eine Person einer anderen Person Vermögensgegenstände „zu treuen Händen" übereignet, so dass die andere Person zwar im Außenverhältnis Eigentümerin der Vermögensgegenstände wird, im Innenverhältnis zwischen den Beteiligten aber verpflichtet ist, die Interessen der bisherigen Eigentümerin in Bezug auf die übereigneten Gegenstände wahrzunehmen

---

67 Vgl. BGH MDR 1958, 593; NJW 1983, 1843, 1844; Erman/*Palm*, § 117 Rn 16; Bamberger/Roth/ *Wendtland*, § 117 Rn 20.
68 RGRK/*Krüger-Nieland*, § 117 Rn 21.
69 Vgl. BGH MDR 1958, 593; NJW 1983, 1843, 1844; Staudinger/*Dilcher*, 12. Aufl., § 117 Rn 23, 26, 27; Erman/*Palm*, § 117 Rn 16.
70 Vgl. BGH NJW 1969, 1628, 1629; vgl. zur Rückabwicklung auch BGH NJW 1980, 451 f.
71 Vgl. RGZ 104, 102, 105; 129, 150, 152.
72 Vgl. RGZ 108, 329, 333; 117, 287, 290; 119, 163, 167.
73 Vgl. BGH NJW 1999, 2892 ff.; *Keim*, JuS 2001, 636 ff.
74 BGHZ 54, 56, 62 ff.; vgl. auch *Wacke*, DNotZ 1995, 507.
75 MüKo/*Kramer*, § 117 Rn 24; Erman/*Palm*, § 117 Rn 11, 18.
76 Vgl. z.B. BGHZ 21, 378, 382; BGH NJW 1984, 2350; WM 1984, 1249; BAG NJW 1993, 2767.
77 *Larenz/Wolf*, BGB AT, § 35 Rn 25.
78 Vgl. BGHZ 67, 334, 338; BGH NJW 1993, 2609, 2610; NJW-RR 1993, 367; MüKo/*Kramer*, § 117 Rn 12.
79 Vgl. etwa BGHZ 21, 378, 382; 36, 84, 88; BGH NJW 1993, 2609; NJW 1998, 597, 599; BB 2002, 1562, 1563; BAG NJW 1993, 2767; HK-BGB/ *Dörner*, § 117 Rn 4; Soergel/*Hefermehl*, § 117 Rn 9; Palandt/*Heinrichs*, § 117 Rn 4; Jauernig/*Jauernig*, § 117 Rn 3; MüKo/*Kramer*, § 117 Rn 12; RGRK/ *Krüger-Nieland*, § 117 Rn 8, 9, 10; Erman/*Palm*, § 117 Rn 12 f.; *Coester-Waltjen*, Jura 1990, 362, 365; *Preuß*, Jura 2002, 815, 819; Bamberger/Roth/ *Wendtland*, § 117 Rn 11; vgl. auch Staudinger/ *Dilcher*, 12. Aufl., § 117 Rn 9; *Larenz/Wolf*, BGB AT, § 35 Rn 25, 26.

und ihr die Gegenstände nach einer bestimmten Zeit oder unter bestimmten Voraussetzungen wieder zurückzuübereignen.[80] Solche Geschäfte können z.B. dazu dienen, die Gegenstände für den Treugeber zu verwalten (Verwaltungstreuhand) oder eine Forderung des Treunehmers zu sichern (Sicherungsübereignung). Da die Rechtsfolge der Eigentumsübertragung gewollt ist und der Treugeber bloß „wirtschaftlicher Eigentümer" bleiben soll, greift Abs. 1 nicht ein.[81] Um ein **Scheingeschäft** handelt es sich nur dann, wenn das Treuhandgeschäft vorgetäuscht wird. Das hängt z.B. davon ab, ob die Parteien davon ausgehen, dass bereits der bloße Schein einer Eigentumsübertragung den Gläubiger des scheinbaren Treugebers von Vollstreckungsmaßnahmen in die betreffenden Gegenstände abhält (Scheingeschäft) oder ob sie eine wirksame Übereignung für nötig halten (Treuhandgeschäft).[82] Im letztgenannten Fall ist noch ein Verstoß gegen § 134 oder § 138 zu prüfen.[83]

27 Ein Unterfall des fiduziarischen Geschäfts ist das **„Strohmanngeschäft"**. Bei der Vornahme eines Rechtsgeschäfts tritt der Geschäftsherr (Hintermann) nicht persönlich auf, sondern schiebt einen „Strohmann" (oder eine „Strohfrau") vor. Der „Strohmann" handelt zwar im eigenen Namen und damit rechtlich nicht als Stellvertreter, aber für Rechnung und im Interesse des Geschäftsherrn und damit wirtschaftlich für diesen. Im Innenverhältnis ist der „Strohmann" dem Hintermann – etwa aufgrund eines Auftrages oder Geschäftsbesorgungsvertrages – zur Übereignung der erworbenen Gegenstände verpflichtet. Beispiele sind der Erwerb von Geschäftsanteilen oder die Ersteigerung von Kunstwerken auf einer Auktion,[84] aber auch die „Strohmanngründung" einer GmbH nach altem Recht, als es noch nicht die Einmann-GmbH gab.[85] Auch in diesen Fällen greift Abs. 1 nicht ein, weil die Parteien anstreben, dass der „Strohmann" aus dem mit dem Dritten abgeschlossenen Geschäft unmittelbar berechtigt und verpflichtet wird. Das gilt sogar dann, wenn der Dritte weiß, wem das Geschäft zugute kommen soll.[86] Zu prüfen ist im Einzelfall aber ein Verstoß gegen § 134 oder § 138. Um ein gem. Abs. 1 nichtiges **Scheingeschäft** handelt es sich dagegen, wenn der Dritte sich unmittelbar an den Hintermann halten soll und das „Strohmanngeschäft" daher vorgetäuscht wird. An der unmittelbaren Berechtigung und Verpflichtung des „Strohmannes" soll es z.B. fehlen, wenn dieser bei einer Darlehensgewährung nur eingeschaltet wird, um die Bardepotpflicht zu umgehen.[87] Keine echte „Strohfrau" soll eine 20-jährige Schülerin sein, die eine Versicherungsgesellschaft anstelle ihres Vaters als Handelsvertreterin einstellt, wenn vereinbarungsgemäß allein der Vater für die Gesellschaft tätig wird.[88]

28 Um ein **Umgehungsgeschäft** handelt es sich, wenn die Parteien zur Verwirklichung des von einer zwingenden Rechtsnorm missbilligten Erfolgs eine andere rechtliche Gestaltung wählen, die von der Norm nicht erfasst zu sein scheint (siehe § 134 Rn 80 ff.).[89] Da die Parteien den (missbilligten) Rechtserfolg ernsthaft erreichen wollen, ist ein Umgehungsgeschäft kein Scheingeschäft i.S.d. Abs. 1.[90] Die Nichtigkeit kann sich aber aus einem Verstoß gegen § 134 oder § 138 ergeben (näher § 134 Rn 84 f.). Stellt z.B. ein konzessionsloser Dritter einen anderen als Arbeitnehmer ein, um den Anschein zu erwecken, der Konzessionsinhaber führe die Geschäfte, ist das damit verbundene, verdeckte Umgehungsgeschäft gem. Abs. 2 i.V.m. § 134 nichtig (siehe § 134 Rn 176).

29 In der Praxis werden nicht selten freie Dienstverträge, freie Mitarbeiterverträge oder Werkverträge abgeschlossen, obwohl die Parteien in Wirklichkeit ein Arbeitsverhältnis anstreben und das Vertragsverhältnis auch so durchführen. Diese **vorsätzlich falsche Rechtsformenwahl** hat den Zweck, die Anwendung der Kosten verursachenden arbeitsrechtlichen und vor allem der sozialversicherungsrechtlichen Vorschriften zu vermeiden.[91] Hier handelt es sich weder um ein Schein- noch um ein Umgehungsgeschäft. Ein Scheingeschäft scheidet aus, weil beide Parteien den Rechtsbindungswillen zur Begründung eines Vertragsverhältnisses mit den Hauptleistungspflichten Tätigkeit gegen Entgelt haben. Es gibt keine zwei Geschäfte, einen simulierten Dienst- und einen dissimulierten Arbeitsvertrag, sondern nur einen Arbeitsvertrag, den die Parteien als Dienstvertrag bezeichnet haben, um die Anknüpfung weiterer, insbesondere sozialversicherungsrechtlicher Rechtsfolgen zu vermeiden. Bei derartigen falschen juristischen Qualifikationen greift nicht § 117 ein,

---

80 *Larenz/Wolf*, BGB AT, § 35 Rn 26; RGRK/ *Krüger-Nieland*, § 117 Rn 9.
81 MüKo/*Kramer*, § 117 Rn 13; Erman/*Palm*, § 117 Rn 12; Bamberger/Roth/*Wendtland*, § 117 Rn 12.
82 MüKo/*Kramer*, § 117 Rn 13; Erman/*Palm*, § 117 Rn 12; Bamberger/Roth/*Wendtland*, § 117 Rn 13.
83 MüKo/*Kramer*, § 117 Rn 13; Erman/*Palm*, § 117 Rn 12.
84 *Larenz/Wolf*, BGB AT, § 35 Rn 27; RGRK/ *Krüger-Nieland*, § 117 Rn 10.
85 BGHZ 21, 378 ff.; OLG Karlsruhe NJW 1971, 619 f.
86 BGH NJW 1980, 1572, 1573; 1995, 727; OLG Köln NJW 1993, 2623; MüKo/*Kramer*, § 117 Rn 14; Erman/*Palm*, § 117 Rn 13; Bamberger/Roth/ *Wendtland*, § 117 Rn 14.
87 BGH NJW 1980, 1573; vgl. Erman/*Palm*, § 117 Rn 13.
88 BAG NJW 1993, 2767.
89 Vgl. BGHZ 85, 39, 46; BAG NJW 1999, 2541.
90 MüKo/*Kramer*, § 117 Rn 17; Erman/*Palm*, § 117 Rn 14; Bamberger/Roth/*Wendtland*, § 117 Rn 16; vgl. RGRK/*Krüger-Nieland*, § 117 Rn 8.
91 Vgl. zur sog. Scheinselbständigkeit statt vieler nur ErfK/*Preis*, § 611 BGB Rn 119 ff. und Schaub/ *Schaub*, Arbeitsrechts-Handbuch, § 8 Rn 6 ff., jew. m.w.N.

sondern die richtige Einordnung als Arbeitsverhältnis erfolgt durch Auslegung des Parteiwillens (§§ 133, 157) anhand der von der Rechtsprechung festgelegten Merkmale des Arbeitnehmer-Begriffs.[92] Ein Umgehungsgeschäft liegt ebenfalls nicht vor, weil die Parteien nicht den von einer zwingenden Rechtsnorm missbilligten Erfolg durch eine andere rechtliche Gestaltung erreichen wollen. Der gewollte rechtliche Erfolg, Arbeitsleistung gegen Entgelt, kann gerade durch den Abschluss eines Arbeitsvertrages herbeigeführt werden.[93]

C. Weitere praktische Hinweise

Die Darlegungs- und **Beweislast** für den **Scheincharakter** des Geschäfts trägt derjenige, der sich auf die Nichtigkeit nach Abs. 1 beruft.[94] Er muss Tatsachen darlegen und im Bestreitensfall beweisen, die darauf schließen lassen, dass die Parteien den nach außen bekundeten Rechtsfolgewillen nur vorgetäuscht haben. Diese Tatsachen müssen geeignet sein, den gesetzlichen Regelfall zu entkräften, dass abgeschlossene Verträge grundsätzlich auch ernst gemeint sind.[95] Insoweit genügt es beispielsweise nicht, dass ein Dienstvertrag relativ kurz vor einer drohenden Insolvenz in einen Arbeitsvertrag umgewandelt worden ist. Der „insolvenznahe" Zeitpunkt der Umwandlung kann lediglich Bestandteil einer Gesamtwürdigung sein, um den Scheincharakter des Arbeitsvertrages festzustellen.[96] Der Nachweis einer Täuschungsabsicht allein begründet ebenfalls noch keine Vermutung für ein Scheingeschäft.[97]   30

Geht es dagegen um die **Wirksamkeit des verdeckten Geschäfts**, trifft die Darlegungs- und Beweislast die Partei, die Rechte aus dem Geschäft herleiten will.[98]   31

§ 118	Mangel der Ernstlichkeit

¹Eine nicht ernstlich gemeinte Willenserklärung, die in der Erwartung abgegeben wird, der Mangel der Ernstlichkeit werde nicht verkannt werden, ist nichtig.

Literatur: *Preuß*, Geheimer Vorbehalt, Scherzerklärung und Scheingeschäft, Jura 2002, 815; *Tscherwinka*, Die Schmerzerklärung gem. § 118 BGB, NJW 1995, 308; *Weiler*, Wider die Schmerzerklärung, NJW 1995, 2608.

A. Allgemeines	1	III. Rechtsfolgen	10
B. Regelungsgehalt	3	IV. Abgrenzungen	14
I. Anwendungsbereich	3	C. Weitere praktische Hinweise	16
II. Voraussetzungen	6		

A. Allgemeines

§ 118 regelt mit der sog. **Scherzerklärung** einen praktisch wenig bedeutsamen[1] Sonderfall des bewussten Abweichens von Wille und Erklärung. Der Erklärende verhält sich zwar so, dass objektiv der Tatbestand einer Willenserklärung vorliegt; in Wirklichkeit will er aber gar keine Willenserklärung abgeben und erwartet auch, dass dieser Mangel der Ernstlichkeit erkannt wird. Es handelt sich also um eine Erklärung, in welcher das Fehlen des Geschäftswillens nicht hinreichend zum Ausdruck gekommen ist, trotzdem aber erkannt werden soll.[2] Dagegen liegt schon gar keine Willenserklärung vor, wenn der Mangel der Ernstlichkeit für jedermann klar zu Tage tritt, weil der Erklärende nicht einmal den **Anschein einer Willenserklärung** setzen will. § 118 erfasst keine Erklärungen, die z.B. auf der Theaterbühne, zu Unterrichtszwecken oder im Rahmen eines Gesellschaftsspiels abgegeben werden und daher offenkundig nicht auf die Herbeiführung einer Rechtsfolge abzielen (vgl. zu diesem Merkmal der Willenserklärung vor § 116 Rn 9).[3]   1

---

92 Näher dazu *Lampe*, RdA 2002, 18 ff., insb. 26 f.; vgl. auch *Hohmeister*, NZA 2000, 408 f.; *Keller*, NZA 1999, 1311, 1312.
93 *Hohmeister*, NZA 2000, 408, 409; a.A. *Keller*, NZA 1999, 1311, 1312 f.
94 Vgl. BGH NJW 1988, 2597, 2599; 1991, 1617, 1618; 1999, 3481 f.; BAG NZA 1996, 249; NJW 2003, 2930, 2931.
95 Vgl. BGH NJW 1999, 3481.
96 BAG NJW 2003, 2930, 2931.
97 BGH DB 1962, 1689; Erman/*Palm*, § 117 Rn 4.

98 MüKo/*Kramer*, § 117 Rn 18; Erman/*Palm*, § 117 Rn 19; Bamberger/Roth/*Wendtland*, § 117 Rn 22; vgl. BGH NJW 1991, 1617.
1 Vgl. Jauernig/*Jauernig*, § 118 Rn 1; Erman/*Palm*, § 118 Rn 1; HKK/*Schermaier*, §§ 116–124 Rn 48; *Coester-Waltjen*, Jura 1990, 362, 364.
2 Bamberger/Roth/*Wendtland*, § 118 Rn 1; vgl. Soergel/*Hefermehl*, § 118 Rn 1.
3 *Larenz/Wolf*, BGB AT, § 35 Rn 15; vgl. Soergel/*Hefermehl*, § 118 Rn 1; Bamberger/Roth/*Wendtland*, § 118 Rn 1; *Preuß*, Jura 2002, 815, 818.

2   Eine Scherzerklärung i.S.d. § 118 ist nichtig. Diese **Rechtsfolgenanordnung** stellt eine gegen den Gedanken des Verkehrsschutzes verstoßende, systemwidrige **Ausnahme** dar.[4] Der Erklärende irrt darüber, dass der Erklärungsgegner den Mangel der Ernstlichkeit erkennt. Trotzdem verweist ihn das Gesetz, anders als bei anderen Irrtümern (§§ 119 f.), nicht auf die unverzügliche (§ 121) Anfechtung seiner Erklärung, sondern bürdet stattdessen dem Erklärungsgegner ein erhöhtes „Verständnisrisiko" auf.[5] Eine gewisse Rechtfertigung findet § 118 lediglich darin, dass der Erklärende, anders als in den Fällen der §§ 119 f., von vornherein keine Geltung des Geschäfts wollte und deshalb ein Wahlrecht zwischen der Anfechtung und der Aufrechterhaltung des Geschäfts nicht angemessen erscheint. Außerdem hat der Erklärungsgegner, der auf die Wirksamkeit der Erklärung vertraut hat und vertrauen durfte, gem. § 122 einen Anspruch auf Ersatz seines Vertrauensschadens (vgl. dazu Rn 10 und § 122 Rn 3, 9 ff.).[6]

B. Regelungsgehalt

I. Anwendungsbereich

3   § 118 ist auf **Willenserklärungen jeglicher Art** anwendbar. Die Vorschrift unterscheidet nicht nach empfangsbedürftigen und nicht empfangsbedürftigen oder schriftlichen und mündlichen Erklärungen. Sie gilt z.B. auch für ein Testament[7] und sogar für notariell beurkundete Willenserklärungen.[8] Im letztgenannten Fall kann die Berufung auf die Nichtigkeit aber im Einzelfall nach Treu und Glauben (§ 242) ausgeschlossen sein (dazu Rn 12). Auf **geschäftsähnliche Handlungen** ist § 118 entsprechend anwendbar.[9]

4   Einen besonderen Anwendungsfall bildet das sog. **misslungene Scheingeschäft**. Es liegt vor, wenn der Erklärende annimmt, der Erklärungsempfänger werde die mangelnde Ernstlichkeit seiner Erklärung erkennen und zum Schein darauf eingehen, der Empfänger die Erklärung in Wirklichkeit aber ernst nimmt. Dann findet nicht § 117, sondern § 118 Anwendung.[10]

5   Die Anwendung des § 118 kann durch vorrangige **Spezialregelungen** ausgeschlossen sein. Beispiele sind die Anerkennung der Vaterschaft (§ 1598) und die Eheschließung (§§ 1310 ff. und 1313 ff.).[11]

II. Voraussetzungen

6   § 118 setzt zunächst voraus, dass objektiv der **Tatbestand einer Willenserklärung** vorliegt. Soll die Äußerung dagegen offenkundig nicht einmal einen Erklärungsschein setzen, greifen die §§ 118 und 122 nicht ein (siehe Rn 1).

7   Der Erklärende darf die Willenserklärung **nicht ernst gemeint** haben. Ihm muss der Wille gefehlt haben, die erklärte Rechtsfolge herbeizuführen. Als **Motiv** der mangelnden Ernstlichkeit kommt entgegen der gängigen Bezeichnung nicht bloß ein Scherz („Jux und Tollerei") in Betracht, sondern auch Ironie, Prahlsucht, spöttische Übertreibungen, Höflichkeit oder reißerische Reklame.[12] Politische Erklärungen können ebenfalls von § 118 erfasst werden.[13] Streitig ist die Anwendung des § 118 auf solche Willenserklärungen, die – wie z.B. eine Kündigung – in einem Zustand der Provokation oder in einer Situation von Demütigung und subjektiv empfundenem Druck abgegeben werden („Schmerzerklärungen").[14] Hier kommt es darauf an, ob der Erklärende im konkreten Einzelfall tatsächlich davon ausgehen konnte, der Erklärungsgegner werde den Mangel der Ernstlichkeit erkennen. Daran wird es in solchen außergewöhnlichen, emotional „aufgeladenen" Situationen im Regelfall fehlen, oder der Erklärende wird zumindest erhebliche Beweisprobleme haben (vgl. zur Beweislast Rn 16).[15]

---

4   Palandt/*Heinrichs*, § 118 Rn 2.
5   MüKo/*Kramer*, § 118 Rn 1; vgl. HKK/*Schermaier*, §§ 116–124 Rn 48; HK-BGB/*Dörner*, § 118 Rn 1.
6   MüKo/*Kramer*, § 118 Rn 1.
7   Staudinger/*Dilcher*, 12. Aufl., § 118 Rn 1; MüKo/*Kramer*, § 118 Rn 2; Erman/*Palm*, § 118 Rn 1; Bamberger/Roth/*Wendtland*, § 118 Rn 2; vgl. zum Testament RGZ 104, 320, 322.
8   Vgl. BGH NJW 2000, 3127, 3128.
9   Bamberger/Roth/*Wendtland*, § 118 Rn 3.
10 Vgl. BGH NJW 2000, 3127, 3128; OLG München NJW-RR 1993, 1168, 1169; *Thiessen*, NJW 2001, 3025, 3026; Palandt/*Heinrichs*, § 118 Rn 2; MüKo/*Kramer*, § 118 Rn 9; Bamberger/Roth/*Wendtland*, § 118 Rn 3; HK-BGB/*Dörner*, § 118 Rn 3; vgl. bereits Motive I, S. 193 f. = *Mugdan* I, S. 459; Prot. I, S. 98 = *Mugdan* I, S. 712.
11 Erman/*Palm*, § 118 Rn 1; vgl. MüKo/*Kramer*, § 118 Rn 3.
12 Erman/*Palm*, § 118 Rn 2; vgl. Staudinger/*Dilcher*, 12. Aufl., § 118 Rn 2; Bamberger/Roth/*Wendtland*, § 118 Rn 5.
13 Soergel/*Hefermehl*, § 118 Rn 5.
14 Für die Anwendung des § 118 *Tscherwinka*, NJW 1995, 309 f.; Palandt/*Heinrichs*, § 118 Rn 2; für die Anwendung auf „wütende Erklärungen" auch Soergel/*Hefermehl*, § 118 Rn 5; gegen die Anwendung auf „Schmerzerklärungen" *Weiler*, NJW 1995, 2608 f.; *Medicus*, BGB AT, Rn 598; HKK/*Schermaier*, §§ 116–124 Rn 50.
15 Diese Beweisprobleme räumt *Tscherwinka*, NJW 1995, 309, der die „Schmerzerklärung" in die Diskussion gebracht hat, selbst ein.

§ 118 setzt allerdings nicht voraus, dass die mangelnde Ernstlichkeit objektiv erkennbar war.[16] Es genügt vielmehr, wenn der Erklärende **subjektiv** der Ansicht ist, der Erklärungsgegner werde die **fehlende Ernstlichkeit erkennen**. Zunächst wird bei objektiver Erkennbarkeit des „Scherzes" zumeist bereits gar keine Willenserklärung vorliegen (vgl. Rn 1). Außerdem wäre die Regelung des § 122 Abs. 2 teilweise sinnlos, der zufolge der Erklärungsgegner keinen Schadensersatz gem. § 122 Abs. 1 verlangen kann, wenn er den Grund der Nichtigkeit gem. § 118, also den Mangel der Ernstlichkeit, kannte oder kennen musste.[17]

Die **Erwartung** des Erklärenden, dass die fehlende Ernstlichkeit erkannt werde, muss uneingeschränkt bestehen. Er darf nicht damit rechnen, dass seine Erklärung vielleicht doch ernst genommen werden könnte.[18] Will er dem Erklärungsgegner sogar die Wirksamkeit vorspiegeln, handelt es sich regelmäßig um einen geheimen Vorbehalt (sog. „böser Scherz"; vgl. § 116 Rn 12), der nach § 116 zu beurteilen ist.[19]

III. Rechtsfolgen

Eine nicht ernstlich gemeinte Willenserklärung i.S.d. § 118 ist von Anfang an **nichtig**, und zwar ohne weiteres und grundsätzlich gegenüber jedermann.[20] Der Erklärende ist dem Empfänger oder dem sonst durch die Scherzerklärung Betroffenen gem. § 122 Abs. 1 zum **Ersatz des Vertrauensschadens** (näher dazu § 122 Rn 9 ff.) verpflichtet. Die Ersatzpflicht hängt nicht von einem Verschulden des Erklärenden ab. Sie tritt allerdings gem. § 122 Abs. 2 (näher dazu § 122 Rn 14 f.) nicht ein, wenn der Empfänger oder Betroffene den Mangel der Ernstlichkeit kannte oder infolge von Fahrlässigkeit nicht kannte.

Erkennt der Erklärende nach Abgabe der Scherzerklärung, dass der Empfänger sie wider Erwarten ernst nimmt, muss er diesen nach Treu und Glauben (§ 242) **unverzüglich aufklären**. Tut er das nicht, wird zwar aus dem „guten" nicht rückwirkend ein „böser", nach § 116 Abs. 1 unbeachtlicher Scherz (vgl. dazu § 116 Rn 4, 12),[21] weil der geheime Vorbehalt bereits bei Abgabe der Erklärung vorliegen muss. Das Unterlassen der gebotenen Aufklärung ist aber eine (weitere) konkludente Willenserklärung mit dem Inhalt, dass die bisher scherzhaft gemeinte Willenserklärung nun doch gelten soll (vgl. zur Wirkung des Schweigens als Willenserklärung vor § 116 Rn 13). Der Erklärende kann sich daher nicht mehr auf die ursprünglich fehlende Ernstlichkeit der Erklärung berufen.[22]

Darüber hinaus wird vertreten, die **Einrede der Arglist** (§ 242) stehe einer Berufung auf die mangelnde Ernstlichkeit entgegen, wenn die Scherzerklärung notariell **beurkundet** worden ist (vgl. zur Anwendbarkeit des § 118 Rn 3) und die Urkunde Täuschungszwecken dienen soll.[23] Entgegen dieser allgemeinen Formulierung erfordert der Gedanke von Treu und Glauben allerdings stets eine Einzelfallbetrachtung, so dass dem Erklärenden die Berufung auf die mangelnde Ernstlichkeit bei beurkundeten Verträgen nicht generell verwehrt ist.[24] Außerdem scheidet § 118 im Regelfall schon tatbestandlich aus, weil der Erklärende kaum in der Erwartung handeln kann, der Empfänger oder Betroffene werde den Mangel der Ernstlichkeit erkennen, wenn er die (beurkundete) Erklärung gleichzeitig zu Täuschungszwecken einsetzen will.[25] Soll der Erklärungsgegner glauben, die Scherzerklärung sei ernst gemeint, handelt es sich um einen unbeachtlichen geheimen Vorbehalt gem. § 116 S. 1 und die Erklärung ist wirksam (vgl. Rn 9).

Bei bestimmten Willenserklärungen wird die Nichtigkeitsfolge aus Gründen des besonderen **Verkehrsschutzes** eingeschränkt (vgl. auch § 117 Rn 5 ff.). Danach ist die Berufung auf die von Anfang an bestehende Nichtigkeit ausgeschlossen für Beitritts- und Zeichnungserklärungen nach deren Eintragung sowie für ge-

---

16 So aber *Bailas*, Das Problem der Vertragsschließung und der vertragsbegründende Akt, 1962, S. 60 f.; *Pawlowski*, BGB AT, Rn 476, 476a; vgl. auch OLG München NJW-RR 1993, 1168, 1169.
17 MüKo/*Kramer*, § 118 Rn 4; Bamberger/Roth/ *Wendtland*, § 118 Rn 2; vgl. Soergel/*Hefermehl*, § 118 Rn 7; Palandt/*Heinrichs*, § 118 Rn 2; Erman/ *Palm*, § 118 Rn 2; *Larenz/Wolf*, BGB AT, § 35 Rn 16; Staudinger/*Dilcher*, 12. Aufl., § 118 Rn 3; *Coester-Waltjen*, Jura 1990, 362, 364.
18 Staudinger/*Dilcher*, 12. Aufl., § 118 Rn 3.
19 Soergel/*Hefermehl*, § 118 Rn 6; Bamberger/Roth/ *Wendtland*, § 118 Rn 5.
20 Staudinger/*Dilcher*, 12. Aufl., § 118 Rn 4; Bamberger/Roth/*Wendtland*, § 118 Rn 6.
21 Für diese Begründung *Flume*, BGB AT Bd. 2, § 20, 3; *Medicus*, BGB AT, Rn 604; MüKo/*Kramer*, § 118 Rn 8.
22 *Larenz/Wolf*, BGB AT, § 35 Rn 17; Erman/*Palm*, § 118 Rn 2; Bamberger/Roth/*Wendtland*, § 118 Rn 7; *Coester-Waltjen*, Jura 1990, 362, 364; *Preuß*, Jura 2002, 815, 819; vgl. auch Soergel/*Hefermehl*, § 118 Rn 6; Palandt/*Heinrichs*, § 118 Rn 2.
23 Vgl. RGZ 168, 204, 206; OLG München NJW-RR 1993, 1168, 1169; Palandt/*Heinrichs*, § 118 Rn 2; RGRK/*Krüger-Nieland*, § 118 Rn 2; vgl. auch MüKo/*Kramer*, § 118 Rn 7; Erman/Palm, § 118 Rn 1; Soergel/*Hefermehl*, § 118 Rn 8.
24 BGH NJW 2000, 3127, 3128, *Thiessen*, NJW 2001, 3025, 3027.
25 Bamberger/Roth/*Wendtland*, § 118 Rn 8.

sellschaftsbegründende Erklärungen nach In-Vollzug-Setzung der Gesellschaft. Bei wertpapierrechtlichen Erklärungen scheidet sie gegenüber gutgläubigen Erwerbern aus.[26]

IV. Abgrenzungen

14 Die Scherzerklärung gem. § 118 unterscheidet sich vom **Scheingeschäft** gem. § 117 dadurch, dass der Erklärende zwar annimmt, der Empfänger werde die mangelnde Ernstlichkeit der Erklärung erkennen, diesbezüglich aber kein Einverständnis (Konsens) besteht. Sind sich die Parteien über die mangelnde Ernstlichkeit einig, greift § 117 ein (gelungenes Scheingeschäft).[27] Dagegen findet § 118 Anwendung, wenn der Erklärende erwartet, der Empfänger werde die Scherzerklärung als solche erkennen und zum Schein auf das Geschäft eingehen, dieser die Erklärung in Wirklichkeit aber ernst nimmt (misslungenes Scheingeschäft; siehe Rn 4).

15 Erwartet der Erklärende nicht, dass die mangelnde Ernstlichkeit erkannt wird, oder soll der Empfänger oder Betroffene sogar glauben, die Erklärung sei ernst gemeint, handelt es sich nicht um eine Scherzerklärung gem. § 118, sondern um einen **geheimen Vorbehalt** gem. § 116 (vgl. Rn 9, 12). Erkennt der Gegner wider Erwarten die mangelnde Ernstlichkeit, ist die Willenserklärung nach § 116 S. 2 nichtig.[28]

C. Weitere praktische Hinweise

16 Die Darlegungs- und **Beweislast** für das Vorliegen einer Scherzerklärung obliegt demjenigen, der sich auf die Nichtigkeit gem. § 118 beruft. Er muss alle Tatsachen und Umstände darlegen und im Bestreitensfall beweisen, aus denen sich nachvollziehbar schließen lässt, dass der Erklärende seine Erklärung nicht ernst gemeint hat und dass er erwartet hat, der Empfänger oder Betroffene werde den Mangel der Ernstlichkeit erkennen.[29] Nach der allgemeinen Lebenserfahrung sind z.B. „derbe Bekräftigungen im Wirtshaus" regelmäßig nicht ernst gemeint und werden auch nicht so verstanden.[30] Macht jemand einen übertrieben hohen Ersatzanspruch geltend und erwidert der in Anspruch Genommene, er werde ein noch weit höheres Abstandsgeld zahlen, liegt darin im Regelfall bloß eine spöttische Übertreibung.[31] Der Beweis fällt umso schwerer, je weniger sich die mangelnde Ernstlichkeit aus objektiven Umständen ergibt.[32] Sehr schwer dürfte er zu führen sein bei Willenserklärungen in emotional besonders „aufgeladenen" Situationen („Schmerzerklärungen"; dazu Rn 7).[33]

§ 119 Anfechtbarkeit wegen Irrtums

(1) ¹Wer bei der Abgabe einer Willenserklärung über deren Inhalt im Irrtum war oder eine Erklärung dieses Inhalts überhaupt nicht abgeben wollte, kann die Erklärung anfechten, wenn anzunehmen ist, dass er sie bei Kenntnis der Sachlage und bei verständiger Würdigung des Falles nicht abgegeben haben würde.

(2) ¹Als Irrtum über den Inhalt der Erklärung gilt auch der Irrtum über solche Eigenschaften der Person oder der Sache, die im Verkehr als wesentlich angesehen werden.

Literatur: *Adams,* Irrtümer und Offenbarungspflichten im Vertragsrecht, AcP 186 (1986), 453; *A. Birk,* § 119 BGB als Regelung für Kommunikationsirrtümer, JZ 2002, 446; *Borges,* Verträge im elektronischen Geschäftsverkehr. Vertragsabschluß, Beweis, Form, Lokalisierung, anwendbares Recht, 2003; *Brandhofer,* Nachträgliche Kaufpreisanpassung wegen gemeinschaftlichen Irrtums über den Ertragswert einer vom Bauträger erworbenen Immobilie in den neuen Bundesländern, NZBau 2002, 78; *Brauer,* Der Eigenschaftsirrtum, 1941; *Brehm,* Zur automatisierten Willenserklärung, in: FS Niederländer 1991, S. 233; *Clemens,* Die elektronische Willenserklärung, NJW 1985, 1998; *Flesch,* Mängelhaftung und Beschaffenheitsirrtum beim Kauf, 1994; *Flume,* Eigenschaftsirrtum und Kauf, 1948, Neudruck 1975; *Fröhlich,* Die Anfechtung wegen Eigenschaftsirrtums beim Kauf, 1984; *Heiermann,* Der Kalkulationsirrtum des Bieters beim Bauvertrag, BB 1984, 1836; *Heun,* Die elektronische Willenserklärung, CR 1994, 595; *Jahr,* Geltung des Gewollten und Geltung des Nicht-Gewollten – Zu Grundfragen des Rechts empfangsbedürftiger Willenserklärungen, JuS 1989, 249; *Kimmelmann/Winter,*

---

[26] Staudinger/*Dilcher,* 12. Aufl., § 118 Rn 6; MüKo/ *Kramer,* § 118 Rn 3, § 119 Rn 20, 21, 26; Erman/ *Palm,* § 118 Rn 1.
[27] Vgl. Staudinger/*Dilcher,* 12. Aufl., § 118 Rn 5; Bamberger/Roth/*Wendtland,* § 118 Rn 4.
[28] Vgl. Soergel/*Hefermehl,* § 118 Rn 2, 6.
[29] Bamberger/Roth/*Wendtland,* § 118 Rn 8; vgl. MüKo/ *Kramer,* § 118 Rn 11; RGRK/*Krüger-Nieland,* § 118 Rn 3; Erman/*Palm,* § 118 Rn 5.
[30] Soergel/*Hefermehl,* § 118 Rn 9.
[31] OLG Rostock OLGE 1940, 273; Soergel/*Hefermehl,* § 118 Rn 9.
[32] Vgl. MüKo/*Kramer,* § 118 Rn 6; *Coester-Waltjen,* Jura 1990, 362, 364; vgl. auch OLG Celle WM 1988, 1436, 1437 (zum „praktisch blinden" Unterschreiben einer Bürgschaftserklärung).
[33] Vgl. *Tscherwinka,* NJW 1995, 309.

E-Commerce: Keine Herausforderung für das BGB! – AG Butzbach, NJW-RR 2003, 54; *Kindl*, Der Kalkulationsirrtum im Spannungsfeld von Auslegung, Irrtum und unzulässiger Rechtsausübung, WM 1999, 2198; *Köhler*, Die Problematik automatisierter Rechtsvorgänge, insbesondere von Willenserklärungen, AcP 182 (1982), 126; *Kramer*, Bundesgerichtshof und Kalkulationsirrtum: Ein Plädoyer für eine rechtsvergleichende Öffnung im Irrtumsrecht, in: 50 Jahre Bundesgerichtshof, Festgabe aus der Wissenschaft, 2000, Bd. I, S. 57; *Lessmann*, Irrtumsanfechtung nach § 119 BGB, JuS 1969, 478 und 525; *Loewenheim*, Irrtumsanfechtung bei Allgemeinen Geschäftsbedingungen, AcP 180 (1980), 433; *Mayer-Maly*, Rechtsirrtum und Rechtsunkenntnis als Probleme des Privatrechts, AcP 170 (1970), 133; *ders.*, Bemerkungen zum Irrtum über den Wert, in: FS Pedrazzini 1990, S. 343; *ders.*, Bemerkungen zum Kalkulationsirrtum, in: FS Ostheim 1990, S. 189; *G. Müller*, Zur Beachtlichkeit des einseitigen Eigenschaftsirrtums beim Spezieskauf, JZ 1988, 381; *Pawlowski*, Die Kalkulationsirrtümer: Fehler zwischen Motiv und Erklärung, JZ 1997, 741; *Raape*, Sachmängelhaftung und Irrtum beim Kauf, AcP 150 (1950), 481; *Schermaier*, Europäische Geistesgeschichte am Beispiel des Irrtumsrechts, ZEuP 1998, 60; *Schlachter*, Irrtum, Dissens und kaufrechtliche Gewährleistungsansprüche, JA 1991, 105; *Schmidt-Rimpler*, Eigenschaftsirrtum und Erklärungsirrtum, in: FS Lehmann 1956, Bd. I, S. 211; *Singer*, Geltungsgrund und Rechtsfolgen der fehlerhaften Willenserklärung, JZ 1989, 1030; *ders.*, Selbstbestimmung und Verkehrsschutz im Recht der Willenserklärungen, 1995; *ders.*, Der Kalkulationsirrtum – ein Fall für Treu und Glauben?, JZ 1999, 342; *Vehslage*, Elektronisch übermittelte Willenserklärungen, AnwBl 2002, 86; *Wasmuth*, Wider das Dogma vom Vorrang der Sachmängelhaftung gegenüber der Anfechtung wegen Eigenschaftsirrtums, in: FS Piper 1996, S. 1083; *H. Westermann*, Einheit und Vielfalt der Wertungen in der Irrtumslehre, JuS 1964, 169; *Wieling*, Der Motivirrtum ist unbeachtlich! Entwicklung und Dogmatik des Irrtums im Beweggrund, Jura 2001, 577; *Wieser*, Der Kalkulationsirrtum, NJW 1972, 708; *Wurm*, Blanketterklärung und Rechtsscheinshaftung, JA 1986, 577.

A. Allgemeines ... 1	b) Verlautbarungsirrtum ... 43
B. Regelungsgehalt ... 5	c) Identitätsirrtum ... 45
I. Anwendungsbereich ... 6	d) Rechtsfolgenirrtum ... 49
1. Allgemeines ... 6	e) Kalkulationsirrtum ... 52
2. Vorrangige Spezialregelungen ... 11	f) Irrtum über die Sollbeschaffenheit ... 60
3. Weitere Ausschlussgründe ... 20	4. Irrtum über eine verkehrswesentliche Eigenschaft der Person oder Sache –
4. Abweichende Sonderwertungen ... 23	„Eigenschaftsirrtum" (Abs. 2) ... 62
II. Beachtlicher Irrtum ... 26	a) Begriff ... 62
1. Allgemeines ... 26	b) Eigenschaft ... 63
2. Irrtum in der Erklärungshandlung – „Erklärungsirrtum" (Abs. 1, 2. Fall) ... 30	c) Verkehrswesentlichkeit ... 66
a) Begriff ... 30	d) Verkehrswesentliche Eigenschaften einer Person ... 69
b) Elektronische und automatisierte Willenserklärungen ... 31	e) Verkehrswesentliche Eigenschaften einer Sache ... 72
c) Handeln ohne Erklärungsbewusstsein ... 33	III. Kausalität des Irrtums für die Abgabe der Willenserklärung ... 75
d) „Unterschriftsirrtum" ... 34	IV. Rechtsfolgen ... 78
e) Übermittlungsfehler ... 39	C. Weitere praktische Hinweise ... 79
3. Irrtum über den Inhalt der Erklärung – „Inhaltsirrtum" (Abs. 1, 1. Fall) ... 40	
a) Begriff ... 40	

A. Allgemeines

Während die §§ 116–118 verschiedene Fälle des bewussten Abweichens von Wille und Erklärung erfassen, ist § 119 die erste der Vorschriften, welche die Rechtsfolgen eines **Irrtums** im Sinne eines **unbewussten Abweichens von Wille und Erklärung** (§§ 119 Abs. 1, 120) und bestimmter **Fehler bei der Willensbildung** (§§ 119 Abs. 2, 123) regeln.[1] Da hier der Erklärende nicht bewusst, sondern irrtumsbedingt etwas anderes als das erklärt, was er in Wirklichkeit erklären will, ist er schutzwürdiger als in den Fällen der §§ 116, 117 und 118. Stellte man ausschließlich auf die **Interessen des Irrenden** und darauf ab, dass die Privatautonomie dem Einzelnen die Gestaltung seiner Rechtsverhältnisse grundsätzlich allein nach seinem Willen ermöglichen soll,[2] müsste jede Willenserklärung unwirksam sein, die nicht durch einen entsprechenden Willen des Erklärenden gedeckt wird.[3] Zu diesem Ergebnis kam auch die sog. Willenstheorie, die den Geltungsgrund für die Willenserklärung im Willenselement sah.[4] Den Interessen des Irrenden stehen indessen die Interessen des Rechtsverkehrs im Allgemeinen und die **Interessen des Erklärungsempfängers** im Besonderen gegenüber. Da der Empfänger am Irrtum des Erklärenden regelmäßig nicht beteiligt ist und ihn nicht erkennen kann, legt es das Verkehrsinteresse nahe, dass der Erklärende grundsätzlich das Risiko eines Irrtums zu tragen hat. Eine solche Risikoverteilung entspräche der Verantwortung, die der Einzelne für seine Handlungen

1

---

1 Vgl. *Brox*, BGB AT, Rn 389; vgl. auch *Larenz/Wolf*, BGB AT, § 35 Rn 1.
2 Vgl. dazu etwa *Flume*, BGB AT Bd. 2, § 1, 1; *Medicus*, BGB AT, Rn 174 ff.
3 *Medicus*, BGB AT, Rn 737; vgl. *Larenz/Wolf*, BGB AT, § 35 Rn 1.
4 Vgl. *Brox*, BGB AT, Rn 379; MüKo/*Kramer*, vor § 116 Rn 4; Erman/*Palm*, vor § 116 Rn 1; *Larenz/*

Wolf, BGB AT, § 24 Rn 26, § 35 Rn 1; näher zu der im Wesentlichen auf Elementen der „Willenstheorie" basierenden, maßgeblich von *Savigny* entwickelten Irrtumslehre Staudinger/*Dilcher*, 12. Aufl., § 119 Rn 5; MüKo/*Kramer*, § 119 Rn 2; HKK/*Schermaier*, §§ 116–124 Rn 53.

im Rechtsverkehr tragen muss, gleichsam als Kehrseite der Freiheit zur Rechtsgestaltung, welche die Privatautonomie gewährt.[5] Nach der sog. Erklärungstheorie, die den Geltungsgrund für die Willenserklärung in dem Vertrauenstatbestand sah, den der Erklärende durch seine Erklärung geschaffen hatte, wurde er selbst dann an die Erklärung gebunden, wenn der entsprechende Wille in Wirklichkeit fehlte.[6]

2 § 119 schlägt einen **Mittelweg** zwischen diesen Positionen ein und berücksichtigt beide Interessen.[7] Danach sind ausnahmsweise nur die in Abs. 1 und 2 sowie die ergänzend in § 120 geregelten Arten von Irrtümern beachtlich (zu den in § 123 geregelten weiteren Fällen siehe dort). Weitere Voraussetzung ist, dass der Irrende die Willenserklärung ohne den Irrtum und bei verständiger Würdigung des Falles nicht abgegeben haben würde. Ein solcher beachtlicher Irrtum führt nicht zur Nichtigkeit der Willenserklärung, sondern lediglich zu ihrer Anfechtbarkeit. Will der Erklärende nicht an die Erklärung gebunden sein, muss er sie unverzüglich (§ 121 Abs. 1 S. 1) durch eine Erklärung gem. § 143 anfechten, um sie rückwirkend zu vernichten (§ 142 Abs. 1). Hatte der Anfechtungsgegner oder Betroffene auf die Gültigkeit der Willenserklärung vertraut, muss der Anfechtende ihm gem. § 122 den daraus entstehenden Schaden ersetzen.

3 In § 119 hat der Gesetzgeber zwei völlig verschiedene Arten von Irrtümern für beachtlich erklärt. Nach **Abs. 1** sind **defekte Willenserklärungen** anfechtbar, deren objektiver Erklärungsgehalt aufgrund eines Fehlers bei der Willensäußerung vom zugrunde liegenden Willen des Erklärenden abweicht. Die Vorschrift sanktioniert das schutzwürdige Interesse des Erklärenden, nur dann an selbst gestaltete Rechtsfolgen gebunden zu werden, wenn sein entsprechender Wille unverfälscht in der Erklärung zum Ausdruck kommt.[8] Die Regelung wird unter Verkehrsschutzgesichtspunkten kritisiert.[9]

4 Darüber hinaus können nach **Abs. 2** ausnahmsweise solche Willenserklärungen angefochten werden, die auf einer bestimmten **Fehlvorstellung von der Wirklichkeit** beruhen, welche sich beim Erklärenden im Vorfeld der Willenserklärung gebildet hat. Derartige Motivirrtümer oder „Realitätsirrtümer"[10] sind grundsätzlich unbeachtlich, weil sie in der Risikosphäre des Erklärenden liegen.[11] Die Regelung des Abs. 2 wird sowohl wegen der Einordnung der danach beachtlichen Irrtümer und der Abgrenzungsprobleme als auch unter dem Gesichtspunkt der Risikotragung weit gehend als missglückt angesehen.[12]

B. Regelungsgehalt

5 Die Anfechtbarkeit nach § 119 setzt zunächst die **Anwendbarkeit** der Vorschrift voraus (dazu Rn 6 ff.). Außerdem muss ein beachtlicher Irrtum i.S.d. Abs. 1 oder 2 vorliegen, also ein Irrtum in der Erklärungshandlung („**Erklärungsirrtum**" gem. Abs. 1, 2. Fall; dazu Rn 30 ff.), ein Irrtum über den Inhalt der Erklärung („**Inhaltsirrtum**" gem. Abs. 1, 1. Fall; dazu Rn 40 ff.) oder ein Irrtum über eine verkehrswesentliche Eigenschaft der Person oder Sache („**Eigenschaftsirrtum**" gem. Abs. 2; dazu Rn 62 ff.). Beachtlich ist ferner ein **Übermittlungsfehler**, den § 120 einem Erklärungsirrtum gem. Abs. 1, 2. Fall gleichstellt (vgl. § 120 Rn 1). Schließlich muss der Irrtum für die Abgabe der Willenserklärung kausal geworden sein („**verständige Kausalität**" gem. Abs. 1 a.E.; dazu Rn 75 ff.). Liegen die genannten Voraussetzungen vor, ist die Willenserklärung **anfechtbar** (dazu Rn 78).

I. Anwendungsbereich

6 **1. Allgemeines.** Nach dem Wortlaut ist § 119 zunächst auf alle privatrechtlichen **Willenserklärungen** anwendbar. Die Vorschrift unterscheidet nicht danach, ob es sich um empfangsbedürftige oder nicht empfangsbedürftige und um ausdrückliche oder konkludente Willenserklärungen handelt.[13] Anfechtbar ist

---

5 *Medicus*, BGB AT, Rn 737; vgl. *Larenz/Wolf*, BGB AT, § 35 Rn 1.
6 Vgl. *Brox*, BGB AT, Rn 380; MüKo/*Kramer*, vor § 116 Rn 4, § 119 Rn 5; Erman/*Palm*, vor § 116 Rn 1; *Larenz/Wolf*, BGB AT, § 24 Rn 27 f.
7 Näher zur Entstehungsgeschichte des § 119 und der darin enthaltenen vermittelnden Lösung HKK/*Schermaier*, §§ 116–124 Rn 55 ff.; Staudinger/*Dilcher*, 12. Aufl., § 119 Rn 6 ff.; MüKo/*Kramer*, § 119 Rn 6; vgl. auch *Schermaier*, ZEuP 1998, 60 ff.; *Singer*, JZ 1989, 1030 ff.; *H. Westermann*, JuS 1964, 169, 170 ff.
8 Vgl. HK-BGB/*Dörner*, § 119 Rn 1; MüKo/*Kramer*, § 119 Rn 7.
9 Soergel/*Hefermehl*, § 119 Rn 2; MüKo/*Kramer*, § 119 Rn 8 f.

10 So die Bezeichnung von HK-BGB/*Dörner*, § 119 Rn 1.
11 *Brox*, BGB AT, Rn 418; *Larenz/Wolf*, BGB AT, § 36 Rn 2 ff., 35 ff.; Staudinger/*Dilcher*, 12. Aufl., § 119 Rn 45; HK-BGB/*Dörner*, § 119 Rn 1; HKK/*Schermaier*, §§ 116–124 Rn 60 ff.
12 Vgl. zur Kritik etwa *Medicus*, BGB AT, Rn 767; Soergel/*Hefermehl*, § 119 Rn 2; MüKo/*Kramer*, § 119 Rn 10; HKK/*Schermaier*, §§ 116–124 Rn 62 ff. und 73 ff.
13 RGZ 134, 195, 197; BGHZ 11, 1, 5; HK-BGB/*Dörner*, § 119 Rn 3; Soergel/*Hefermehl*, § 119 Rn 7; Palandt/*Heinrichs*, § 119 Rn 4; RGRK/*Krüger-Nieland*, § 119 Rn 13; Erman/*Palm*, § 119 Rn 22.

auch eine einseitige Willenserklärung wie eine Tilgungsbestimmung,[14] eine Bürgschaftserklärung[15] oder die Zustimmung zur Vertragsübernahme bei einem Mieterwechsel.[16]

Da **Schweigen** grundsätzlich keine Willenserklärung ist (vgl. vor § 116 Rn 13), kommt eine Anfechtbarkeit nur dann in Betracht, wenn es aufgrund gesetzlicher Vorschriften oder gewohnheitsrechtlich ausnahmsweise als Willenserklärung gilt. Insoweit ist zu unterscheiden. Gilt das Schweigen innerhalb einer bestimmten Frist als **Ablehnung** einer Genehmigung (z.B. §§ 108 Abs. 2 S. 2, 177 Abs. 2 S. 2, 415 Abs. 2 S. 2), finden die Anfechtungsregeln keine Anwendung. Die Beseitigung der (fingierten) Ablehnung durch eine Anfechtung würde nur zu deren Beseitigung, aber nicht zur Zustimmung führen, die infolge des Fristablaufs auch nicht mehr erklärt werden könnte.[17] Dagegen kommt die analoge Anwendung der Anfechtungsregeln in Betracht, wenn das Schweigen innerhalb einer bestimmten Frist als **Zustimmung oder Billigung** fingiert wird (z.B. §§ 416 Abs. 1 S. 2, 455 S. 2, 516 Abs. 2 S. 2, §§ 75h, 91a, 362 Abs. 1 HGB). Könnte der Schweigende hier nicht anfechten, entstünde ein Wertungswiderspruch, weil er stärker gebunden würde als der Erklärende, dem die Anfechtung offen steht. Danach kann eine Anfechtung der durch das Schweigen fingierten Erklärung gem. § 119 analog allerdings lediglich auf einen Irrtum über Tatsachen und nicht über die Rechtsfolgen des Schweigens gestützt werden (vgl. zum Rechtsfolgenirrtum noch Rn 49 ff.).[18] Im **Handelsrecht** (z.B. §§ 75h, 91a, 362 Abs. 1 HGB; Schweigen auf ein kaufmännisches Bestätigungsschreiben) wird eine Anfechtungsmöglichkeit wegen der besonderen Sorgfaltspflicht des Kaufmanns (§ 347 HGB) und des bei Handelsgeschäften damit korrespondierenden erhöhten Vertrauens- und Verkehrsschutzinteresses regelmäßig ausscheiden.[19]

Wegen der Vergleichbarkeit der Interessenlagen findet § 119 auf **geschäftsähnliche Handlungen** wie z.B. Mahnungen oder Verzeihungen grundsätzlich entsprechende Anwendung.[20] Unanwendbar ist die Vorschrift dagegen bei **Realakten**.[21]

Die §§ 119 ff. sind auf **Prozesshandlungen** mangels ihres rechtsgeschäftlichen Charakters ebenfalls grundsätzlich nicht anwendbar. Willensmängel müssen hier ausschließlich nach prozessualen Grundsätzen beurteilt werden.[22] Etwas anderes gilt, soweit die Prozesshandlung zugleich ein materiell-rechtliches Rechtsgeschäft ist (sog. „Doppelnatur"). Danach kann z.B. die Erklärung zum Abschluss eines Prozessvergleichs wegen eines Willensmangels angefochten werden, weil er der h.M. zufolge gleichzeitig ein Vergleich i.S.d. § 779 ist (näher zur Anfechtbarkeit des Vergleichs Rn 12; vgl. ferner zur Anfechtbarkeit des Schiedsvertrags Rn 13). Die rückwirkende Vernichtung der Willenserklärung führt zur Nichtigkeit des materiell-rechtlichen Vergleichs, die gem. § 139 analog auf den Prozessvergleich durchschlägt.[23]

Im **öffentlichen Recht** sind die §§ 119 ff. auf Vertragserklärungen bei öffentlich-rechtlichen Verträgen gem. §§ 59 Abs. 1, 62 VwVfG entsprechend anzuwenden. Gleiches gilt für verwaltungsrechtliche Erklärungen von Bürgern gegenüber Behörden. Dagegen finden die §§ 119 ff. keine Anwendung auf Verwaltungsakte.[24] Die gleichen Grundsätze gelten für die Anfechtbarkeit von Willenserklärungen im Sozialrecht.[25]

2. Vorrangige Spezialregelungen. Die Anwendbarkeit des § 119 auf die Anfechtung privatrechtlicher Willenserklärungen kann durch vorrangige Spezialregelungen ausgeschlossen oder modifiziert werden. Solche Regelungen finden sich zunächst im **Familien- und Erbrecht**. Beispiele sind § 1314 Abs. 2 Nr. 2

---

14 BGHZ 106, 163 = BGH NJW 1989, 1792.
15 BGH NJW 1995, 190.
16 BGH NJW 1998, 531, 532.
17 Medicus, BR, Rn 53; HK-BGB/*Dörner*, § 119 Rn 3; vgl. Hanau, AcP 165 (1965), 224; Palandt/*Heinrichs*, § 119 Rn 4.
18 Medicus, BR, Rn 54; HK-BGB/*Dörner*, § 119 Rn 3; Palandt/*Heinrichs*, vor § 116 Rn 12, § 119 Rn 4; vgl. Erman/*Palm*, § 119 Rn 23; grundsätzlich gegen eine Anwendung der §§ 119 ff. Staudinger/*Dilcher*, 12. Aufl., § 119 Rn 81; RGRK/*Krüger-Nieland*, § 119 Rn 13; Bamberger/Roth/*Wendtland*, § 119 Rn 3; vgl. auch BGH NJW 1969, 1711; 1972, 45.
19 Vgl. *Flume*, BGB AT Bd. 2, § 21, 9c; *Kramer*, Jura 1984, 235, 249; MüKo/*Kramer*, § 119 Rn 73 sowie Rn 65 ff. speziell zur Anfechtung beim Schweigen auf ein kaufmännisches Bestätigungsschreiben; ähnlich wegen des Zwecks der genannten HGB-Vorschriften Medicus, BR, Rn 58; ähnlich auch Erman/*Palm*, § 119 Rn 10; vgl. ferner LG Tübingen JZ 1997, 312.
20 *Ulrici*, NJW 2003, 2053, 2054 f.; Palandt/*Heinrichs*, § 119 Rn 4; Bamberger/Roth/*Wendtland*, § 119 Rn 3;

a.A. Staudinger/*Dilcher*, 12. Aufl., § 119 Rn 82; vgl. zu Ausnahmefällen OLG Bamberg WM 1997, 1283, 1287; *Stewing/Schütze*, BB 1989, 2130.
21 Palandt/*Heinrichs*, § 119 Rn 4; Bamberger/Roth/*Wendtland*, § 119 Rn 3.
22 BGHZ 12, 284, 285; 20, 198, 205 = BGH NJW 1956, 990; BGHZ 80, 389, 392; BVerwG NJW 1980, 135, 136; 1997, 2897; Palandt/*Heinrichs*, § 119 Rn 6; MüKo/*Kramer*, § 119 Rn 41; Erman/*Palm*, § 119 Rn 2.
23 Vgl. BGHZ 28, 171, 174; BGH WM 1983, 825; NJW 1999, 2804; Hanseatisches OLG ZMR 1996, 266; Erman/*Palm*, § 119 Rn 2; Bamberger/Roth/*Wendtland*, § 119 Rn 4.
24 Palandt/*Heinrichs*, § 119 Rn 6; MüKo/*Kramer*, § 119 Rn 42, 44; Erman/*Palm*, § 119 Rn 3; Bamberger/Roth/*Wendtland*, § 119 Rn 6; OVG Rheinland-Pfalz DVBl 1984, 281; VGH Baden-Württemberg NJW 1985, 1723.
25 Vgl. MüKo/*Kramer*, § 119 Rn 43; Bamberger/Roth/*Wendtland*, § 119 Rn 5.

(Eheschließung), § 1600c Abs. 2 (Anerkennung der Vaterschaft), §§ 2078, 2080, 2281, 2283 (letztwillige Verfügungen), §§ 1949, 1950 (Annahme der Erbschaft), § 1956 (Versäumung der Ausschlagungsfrist) und § 2308 (Ausschlagung der Erbschaft oder des Vermächtnisses). Einige familienrechtliche Erklärungen wie z.B. die Erklärung über die Wahl des Familiennamens (vgl. § 1355) können nicht wegen Irrtums angefochten werden.[26]

12 Bei einem **Vergleich** ist die Anfechtung der Willenserklärungen ausgeschlossen, soweit beide Parteien über einen Umstand irren, den sie im Vergleichsvertrag als feststehend zugrunde gelegt haben. Für einen solchen Fall ordnet § 779 Abs. 1 die Unwirksamkeit des Vergleichs an. Ausgeschlossen ist die Anfechtung ferner, wenn sich eine Partei über einen umstrittenen oder ungewissen Umstand geirrt hat, zu dessen Erledigung der Vergleich gerade abgeschlossen wurde. In den übrigen Fällen kann eine Partei ihre Willenserklärung zum Vergleichsabschluss gem. § 119 anfechten (vgl. zur Anfechtung des Prozessvergleichs Rn 9).[27]

13 Die Willenserklärung zum Abschluss eines **Schiedsvertrags** kann nicht wegen eines Irrtums über wesentliche Eigenschaften in der Person des Schiedsrichters angefochten werden. Insoweit wird Abs. 2 durch die Regelungen der §§ 1036 f. ZPO zur Ablehnung des Schiedsrichters verdrängt. In anderen Fällen ist die Anfechtung nach § 119 grundsätzlich eröffnet.[28]

14 Die Erklärungen zum Abschluss von **Versicherungsverträgen** können nur insoweit nach § 119 angefochten werden, als nicht die spezielleren Vorschriften der §§ 16 ff. VVG eingreifen.[29]

15 Die Anfechtung nach Abs. 2 wegen eines Irrtums über eine verkehrswesentliche Eigenschaft der Kaufsache ist, wie schon nach früherem Recht, ausgeschlossen, soweit es sich um einen **Sachmangel** handelt. Der zutreffenden h.M. zufolge verdrängen die §§ 437 ff. als speziellere Regelungen diese Anfechtungsmöglichkeit, nicht aber diejenige nach Abs. 1 oder § 123.[30] Die Spezialität der §§ 437 ff. gegenüber Abs. 2 folgt zum einen daraus, dass § 438 Abs. 1 Nr. 3 für Gewährleistungsansprüche bei beweglichen Sachen kürzere Verjährungsfristen vorsieht als § 121 Abs. 1 für den Ausschluss des Anfechtungsrechts (vgl. dazu § 121 Rn 4 f.). Die Einräumung einer Anfechtungsmöglichkeit widerspräche dem Zweck des § 438 Abs. 1 Nr. 3, im Verkehrsinteresse eine schnelle Abwicklung der Ansprüche wegen Mängeln der Kaufsache zu garantieren. Zum anderen würde die Zulassung der Anfechtung das Nacherfüllungsrecht des Verkäufers unterlaufen. Insoweit wird die bereits zu den §§ 459 ff. a.F. vertretene Auffassung durch ein zusätzliches Argument verstärkt.[31]

16 Dem zufolge gilt der Ausschluss des Abs. 2 zunächst für den **Käufer** nach Gefahrübergang, weil die §§ 437 ff. gem. § 434 Abs. 1 S. 1 ab diesem Zeitpunkt eingreifen. Darüber hinaus muss die Anfechtungsmöglichkeit des Käufers konsequenterweise auch schon vor Gefahrübergang ausgeschlossen sein, um das sachwidrige Ergebnis zu vermeiden, dass dem Käufer wegen eines Sachmangels vor der Übergabe der mangelhaften Sache weiter gehende Rechte zustehen als danach.[32] Außerdem darf es dem Käufer, dessen Irrtum über die Mangelfreiheit auf grober Fahrlässigkeit beruht, nicht möglich sein, den Ausschluss der Sachmängelhaftung (§ 442 Abs. 1 S. 2) durch eine Anfechtung zu unterlaufen.[33]

17 Schließlich darf der **Verkäufer** nicht die Möglichkeit erhalten, sich durch eine Anfechtung seiner Gewährleistungspflicht nach den §§ 437 ff. zu entziehen. Deshalb kann er nicht gem. Abs. 2 anfechten, wenn er sich über eine Eigenschaft der Kaufsache geirrt hat, deren Fehlen oder Vorhandensein ein Mangel i.S.d. § 434

---

26 Vgl. OLG Stuttgart NJW-RR 1987, 455; BayObLG NJW 1993, 337; NJW-RR 1998, 1015; Palandt/ *Heinrichs*, § 119 Rn 5; MüKo/*Kramer*, § 119 Rn 14; Erman/*Palm*, § 119 Rn 13; Bamberger/Roth/ *Wendtland*, § 119 Rn 7.
27 Staudinger/*Dilcher*, 12. Aufl., § 119 Rn 85, 90; Erman/*Palm*, § 119 Rn 14; Bamberger/Roth/ *Wendtland*, § 119 Rn 12.
28 Soergel/*Hefermehl*, § 119 Rn 75; Erman/*Palm*, § 119 Rn 16; Bamberger/Roth/*Wendtland*, § 119 Rn 12; vgl. BGHZ 17, 7, 8; BGH BB 1967, 97; NJW-RR 1995, 725.
29 Erman/*Palm*, § 119 Rn 17; Bamberger/Roth/ *Wendtland*, § 119 Rn 6; vgl. BGH VersR 1986, 1089, 1090; NJW-RR 1995, 725, 726; HK-BGB/*Dörner*, § 119 Rn 2; Palandt/*Heinrichs*, § 119 Rn 5; MüKo/ *Kramer*, § 119 Rn 16.
30 Vgl. etwa RGZ 61, 171, 175 f.; BGHZ 34, 32, 34; 60, 319, 320 f.; 63, 369, 376 = BGH NJW 1975, 970;
1988, 2597, 2598; JZ 1996, 102 f.; AnwK-BGB/ *Büdenbender*, § 437 Rn 104 ff.; *Brox*, BGB AT, Rn 422; *Medicus*, BGB AT, Rn 775; HK-BGB/ *Dörner*, § 119 Rn 2; Palandt/*Heinrichs*, § 119 Rn 28; MüKo/*Kramer*, § 119 Rn 33: Erman/*Palm*, § 119 Rn 19; Bamberger/Roth/*Wendtland*, § 119 Rn 8; *Coester-Waltjen*, Jura 1990, 362, 367; *Schlachter*, JA 1991, 105, 109 f.; a.A. etwa HKK/*Schermaier*, §§ 116–124 Rn 76 ff. m.w.N.
31 AnwK-SchuldR/*Büdenbender*, § 437 Rn 26.
32 Bamberger/Roth/*Wendtland*, § 119 Rn 8; vgl. AnwK-SchuldR/*Büdenbender*, § 437 Rn 26; *Schlachter*, JA 1991, 105, 109 f.; nur einschr. für den Ausschluss bereits vor Gefahrübergang BGHZ 34, 32, 34 ff.; Erman/*Palm*, § 119 Rn 19.
33 *Medicus*, BGB AT, Rn 775; MüKo/*Kramer*, § 119 Rn 35.

ist. Führt das Fehlen oder Vorhandensein dieser Eigenschaft dagegen zu einer besseren als der vereinbarten Qualität der Sache und erhöht ihren Wert, ist die Anfechtung nach Abs. 2 nicht ausgeschlossen.[34]

Wegen der Gleichstellung von Sach- und Rechtsmängeln gelten die Grundsätze über den Vorrang der §§ 437 ff. gegenüber Abs. 2 ebenso in Bezug auf **Rechtsmängel**.[35] Außerdem sind sie gleichermaßen auf das Verhältnis des Abs. 2 zur Sach- und Rechtsmängelhaftung bei **Werk- und Mietverträgen** (§§ 633 ff., §§ 536 ff.) anzuwenden.[36] Schließlich besteht ein entsprechender Vorrang im **UN-Kaufrecht**.[37]

Die Anfechtungsmöglichkeiten wegen Irrtums nach § 119 und wegen Täuschung oder Drohung nach § 123 schließen sich nicht gegenseitig aus, weil sie unterschiedliche Voraussetzungen und Rechtsfolgen haben.[38] Ob eine Anfechtung nach § 123 zugleich eine solche nach § 119 enthält, ist durch Auslegung zu ermitteln (vgl. dazu § 143 Rn 8).

3. Weitere Ausschlussgründe. Da es sich bei den §§ 119 ff. um dispositives Recht handelt, können die Parteien ihre Anwendung **vertraglich abbedingen**. Ein Ausschluss in AGB verstößt allerdings regelmäßig gegen § 307 Abs. 2 Nr. 1.[39]

Aus dem gleichen Grund kann der Berechtigte auf sein Anfechtungsrecht verzichten. Der **Verzicht** kann nicht erst ab Kenntnis des Irrtums, sondern schon vor dem Vorliegen eines Anfechtungsgrundes erklärt werden.[40] Ein Verzicht in AGB wird, wie der Ausschluss des Anfechtungsrechts, regelmäßig gegen § 307 Abs. 2 Nr. 1 verstoßen (vgl. vorige Rn). Die wirksame Vereinbarung eines Gewährleistungsausschlusses ist in der Regel so auszulegen, dass sie zugleich einen Ausschluss der Anfechtung gem. Abs. 2 enthält, weil sonst die erstrebte Risikobeschränkung wirtschaftlich nicht erreicht würde (vgl. zum Verhältnis der Sach- und Rechtsmängelhaftung zur Anfechtung gem. Abs. 2 bereits Rn 15 f.).[41] Ein Sonderfall des Verzichts ist die **Bestätigung** des anfechtbaren Rechtsgeschäfts gem. § 144 (vgl. § 144 Rn 2).

Nach allgemeinen Grundsätzen kann das Anfechtungsrecht gem. § 242 durch **Verwirkung**[42] erlöschen.[43] Ein Verstoß gegen Treu und Glauben in der Form des **widersprüchlichen Verhaltens** liegt vor, wenn der Anfechtende sich auf die Nichtigkeit gem. § 142 Abs. 1 berufen will, obwohl der Anfechtungsgegner diejenigen Vertragsbedingungen akzeptiert, die der Anfechtende ohne den Willensmangel vereinbart hätte. Die §§ 119, 120 räumen dem Anfechtungsberechtigten kein „**Reurecht**" ein (vgl. § 142 Rn 11).

4. Abweichende Sonderwertungen. In bestimmten Rechtsgebieten gelten besondere Wertungen, welche die Möglichkeit der Irrtumsanfechtung ausschließen oder sie in ihren Wirkungen beschränken. So können im **Arbeitsrecht** zwar die zum Abschluss eines Arbeitsvertrages führenden Willenserklärungen gem. § 119 angefochten werden.[44] Hat der Arbeitnehmer aber bereits die ihm vom Arbeitgeber zugewiesene Arbeit aufgenommen und ist das Arbeitsverhältnis damit in Vollzug gesetzt worden, wirkt die Anfechtung wegen der Rückabwicklungsschwierigkeiten (§§ 812 ff.) entgegen § 142 Abs. 1 grundsätzlich nicht zurück (keine *ex tunc*-Wirkung). Stattdessen hat sie die kündigungsähnliche Wirkung einer Auflösung des Arbeitsverhältnisses für die Zukunft (*ex-nunc*-Wirkung; näher dazu § 142 Rn 8). Dagegen scheidet die Irrtumsanfechtung von Willenserklärungen zu Tarifverträgen wegen der normativen Wirkung des Tarifvertrages von vornherein aus. Anfechtbar können lediglich die Willenserklärungen zum Abschluss eines Vorvertrages zu einem Tarifvertrag sein.[45]

Vergleichbare Sonderwertungen wie im Arbeitsrecht gelten im **Gesellschaftsrecht**. Da bereits in Vollzug gesetzte Gesellschaftsverträge und Beitrittserklärungen erhebliche Drittwirkungen haben, können die entspre-

---

34 BGH NJW 1988, 2597, 2598; MüKo/*Kramer*, § 119 Rn 34; Erman/*Palm*, § 119 Rn 19; Bamberger/Roth/ Wendtland, § 119 Rn 9; Coetser-Waltjen, Jura 1990, 362, 367 f.; Schlachter, JA 1991, 105, 110 f. vgl. AG Coburg NJW 1993, 938.

35 Brors, WM 2002, 1780, 1781; Palandt/*Heinrichs*, § 119 Rn 28; a.A. Bamberger/Roth/*Wendtland*, § 119 Rn 11.

36 Medicus, BGB AT, Rn 776; Otto, JuS 1985, 852; Palandt/*Heinrichs*, § 119 Rn 28; MüKo/*Kramer*, § 119 Rn 37, 38; Erman/*Palm*, § 119 Rn 19; Bamberger/Roth/Wendtland, § 119 Rn 10; a.A. etwa für den Mietvertrag Palandt/*Weidenkaff*, § 536 Rn 12; Emmerich, NZM 1998, 692, 694 f.

37 Palandt/*Heinrichs*, § 119 Rn 28; MüKo/*Kramer*, § 119 Rn 36; Erman/*Palm*, § 119 Rn 19; Bamberger/ Roth/Wendtland, § 119 Rn 10.

38 Erman/*Palm*, § 119 Rn 18; Bamberger/Roth/ Wendtland, § 119 Rn 14.

39 Palandt/*Heinrichs*, § 119 Rn 3; Bamberger/Roth/ Wendtland, § 119 Rn 3; vgl. BGH NJW 1983, 1671 f.; OLG München BauR 1986, 579, 580; MüKo/*Kramer*, § 119 Rn 144.

40 Soergel/*Hefermehl*, § 119 Rn 73; MüKo/*Kramer*, § 119 Rn 144; Erman/*Palm*, § 119 Rn 6.

41 BGH BB 1967, 96; BGHZ 63, 369, 376 f. = NJW 1975, 970; Soergel/*Hefermehl*, § 119 Rn 73; MüKo/ *Kramer*, § 119 Rn 144; Erman/*Palm*, § 119 Rn 6; anders BGH NJW 1979, 160, 161; OLG Stuttgart NJW 1989, 2547.

42 Näher zur Verwirkung Anwk-BGB/*Krebs*, § 242 Rn 99 ff.

43 MüKo/*Kramer*, § 119 Rn 144; Erman/*Palm*, § 119 Rn 7.

44 BAG AP Nr. 3 zu § 119 BGB.

45 BAG NJW 1977, 318; MüKo/*Kramer*, § 119 Rn 25.

chenden Willenserklärungen grundsätzlich ebenfalls nur mit *ex-nunc*-Wirkung angefochten werden (näher dazu § 142 Rn 9).

25 Im **Wertpapierrecht** kommt dem Gedanken des Verkehrsschutzes besondere Bedeutung zu. Die Umlauffähigkeit von Inhaber- und Orderpapieren muss gewährleistet werden. Deshalb kann der Irrende die Anfechtbarkeit seiner Erklärung auf einem derartigen umlauffähigen Papier – vor allem auf einem Wechsel – einem gutgläubigen Erwerber nur entgegenhalten, wenn sich die Anfechtbarkeit aus dem Papier selbst ergibt (vgl. §§ 796, 364 Abs. 2 HGB, Artt. 16 Abs. 2, 17 WG, Artt. 21, 22 ScheckG).[46]

II. Beachtlicher Irrtum

26 **1. Allgemeines.** Ein Irrtum i.S.d. § 119 setzt zunächst eine **unbewusste Fehlvorstellung von der Wirklichkeit** voraus. Dabei kann es sich um eine unbewusst unrichtige oder um die fehlende Vorstellung von einem Sachverhalt handeln.[47] Demnach scheidet eine Anfechtung gem. § 119 mangels Irrtums von vornherein aus, wenn der Erklärende bewusst die Möglichkeit in Kauf nimmt, dass seine Vorstellung unrichtig oder lückenhaft ist.[48] An einer unbewussten Fehlvorstellung und damit an einem zur Anfechtung berechtigenden Irrtum fehlt es grundsätzlich ferner dann, wenn der Erklärende den Inhalt der Erklärung gar nicht zur Kenntnis nimmt und z.B. eine Urkunde bewusst ungelesen unterzeichnet (näher dazu Rn 35).[49] Weiß der Erklärende sogar positiv, dass Wille und Erklärung nicht übereinstimmen, gelten anstelle des § 119 die §§ 116, 117.[50]

27 Die unbewusste Fehlvorstellung von der Wirklichkeit muss dazu führen, dass **Wille und Erklärung auseinander fallen**.[51] Deshalb muss zunächst der Inhalt der Willenserklärung ermittelt werden. Das geschieht durch ihre **Auslegung** gem. §§ 133, 157. Bei einer empfangsbedürftigen Willenserklärung wie einem Vertragsangebot kommt es darauf an, wie der Empfänger die Erklärung verstehen konnte (vgl. dazu § 133 Rn 41 f.). Kannte er den wahren Willen des Erklärenden oder musste er ihn bei zumutbarer Sorgfalt erkennen, gilt nicht das irrtümlich Erklärte, sondern das wirklich Gewollte. In diesem Fall scheidet eine Anfechtung des Erklärenden nach § 119 aus, weil Wille und Erklärung nicht auseinander fallen.[52] Gleiches gilt im Fall der „*falsa demonstratio*", also der übereinstimmenden irrtümlichen Falschbezeichnung durch beide Parteien (vgl. dazu § 133 Rn 46).[53] Die Auslegung der Willenserklärungen geht ihrer Anfechtung vor.[54]

28 Bei einem Vertrag kann die Auslegung zu dem Ergebnis führen, dass die entsprechenden beiderseitigen Willenserklärungen – Angebot und Annahme – inhaltlich objektiv gar nicht in allen Punkten übereinstimmen. Keine Abgrenzungsprobleme zur Anfechtung entstehen, wenn die Parteien von der Diskrepanz wussten und deshalb ein **offener Dissens** gem. § 154 vorliegt (vgl. dazu § 154 Rn 1 f.). Haben die Parteien dagegen geglaubt, sie hätten sich geeinigt, handelt es sich zwar um einen Irrtum. Dieser **versteckte Dissens** gibt aber keiner Partei ein Anfechtungsrecht nach § 119. Er ist vielmehr allein nach § 155 zu behandeln (vgl. dazu § 155 Rn 1). Denn der Irrtum jeder Partei bezieht sich nicht auf den Inhalt der eigenen Willenserklärung, sondern auf denjenigen der Willenserklärung der anderen Partei. Im Gegensatz zu einem solchen versteckten Dissens setzt die Anfechtbarkeit einer Vertragserklärung voraus, dass die Auslegung nach dem objektiven Empfängerhorizont (vgl. dazu § 133 Rn 41 f.) einen anderen als den gewollten Erklärungsinhalt ergibt und dass aufgrund dieser Auslegung beide Erklärungen inhaltlich übereinstimmen.[55] Demnach kommt es für die Abgrenzung wiederum entscheidend auf die Auslegung an.[56] Sie geht auch hier der Anfechtung vor.[57]

---

46 Palandt/*Heinrichs*, § 119 Rn 5; MüKo/*Kramer*, § 119 Rn 26 f.; Bamberger/Roth/*Wendtland*, § 119 Rn 17.
47 Palandt/*Heinrichs*, § 119 Rn 9; Erman/*Palm*, § 119 Rn 31; Bamberger/Roth/*Wendtland*, § 119 Rn 17; vgl. BAG NJW 1960, 2211; BGH WM 1983, 447; LG Frankfurt/M. NJW-RR 1997, 1273; HK-BGB/*Dörner*, § 119 Rn 4; RGRK/*Krüger-Nieland*, § 119 Rn 1.
48 BGH NJW 1951, 705; 1969, 184; Palandt/*Heinrichs*, § 119 Rn 9; Erman/*Palm*, § 119 Rn 31.
49 BGH NJW 1968, 2102; HK-BGB/*Dörner*, § 119 Rn 5; Palandt/*Heinrichs*, § 119 Rn 9; vgl. LG Memmingen NJW 1975, 451; LG Köln WM 1986, 821; OLG Köln VersR 2000, 243 f.; Erman/*Palm*, § 119 Rn 35.
50 HK-BGB/*Dörner*, § 119 Rn 5.
51 Vgl. LG Frankfurt/M. NJW-RR 1997, 1273; HK-BGB/*Dörner*, § 119 Rn 4; Palandt/*Heinrichs*, § 119 Rn 7.
52 BGH NJW-RR 1995, 859; *Brox*, BGB AT, Rn 407 f.; HK-BGB/*Dörner*, § 119 Rn 4; Palandt/*Heinrichs*, § 119 Rn 7; Jauernig/*Jauernig*, § 119 Rn 2; Erman/*Palm*, § 119 Rn 4; Bamberger/Roth/*Wendtland*, § 119 Rn 18; vgl. Staudinger/*Dilcher*, 12. Aufl., § 119 Rn 6; Soergel/*Hefermehl*, § 119 Rn 6, 17; RGRK/*Krüger-Nieland*, § 119 Rn 24.
53 Erman/*Palm*, § 119 Rn 5; Bamberger/Roth/*Wendtland*, § 119 Rn 18; vgl. Soergel/*Hefermehl*, § 119 Rn 19; MüKo/*Kramer*, § 119 Rn 58; RGRK/*Krüger-Nieland*, § 119 Rn 20 ff.
54 *Brox*, BGB AT, Rn 412; Erman/*Palm*, § 119 Rn 4.
55 Vgl. BGH BB 1967, 476; Palandt/*Heinrichs*, § 119 Rn 8; MüKo/*Kramer*, § 119 Rn 61; Bamberger/Roth/*Wendtland*, § 119 Rn 19.
56 Palandt/*Heinrichs*, § 119 Rn 8.
57 *Brox*, BGB AT, Rn 412; Erman/*Palm*, § 119 Rn 5.

Anfechtbarkeit wegen Irrtums § 119

Kein Irrtum i.S.d. § 119 ist der sog. **Empfängerirrtum**. Obwohl der Erklärende seine Willenserklärung 29 fehlerfrei abgibt, versteht sie der Empfänger falsch. Eine Anfechtung gem. § 119 kommt, vorbehaltlich eines Dissenses, erst in Betracht, wenn der Empfänger das Angebot in dem von ihm missverstandenen Sinn annimmt und damit seine Annahmeerklärung mit einem Irrtum behaftet ist.[58]

2. Irrtum in der Erklärungshandlung – „Erklärungsirrtum" (Abs. 1, 2. Fall). a) Begriff. Nach Abs. 1, 30 2. Fall kann der Erklärende seine Willenserklärung anfechten, wenn er bei ihrer Abgabe eine Erklärung dieses Inhalts überhaupt nicht abgeben wollte. Der zur Anfechtung berechtigende Fehler passiert bei der **Kundgabe des Willens**, bei der Erklärungshandlung. Deshalb wird er als Irrtum in der Erklärungshandlung, Irrtum im Erklärungsakt, Erklärungsirrtum, Irrung oder Abirrung bezeichnet.[59] Dem Erklärenden misslingt die Äußerung seines Willens, indem er objektiv etwas anderes erklärt, als dasjenige, was er subjektiv erklären wollte. Äußerer Erklärungstatbestand und Erklärungswille stimmen nicht überein. Der Erklärende verschreibt, verspricht, vertippt, verklickt oder vergreift sich.[60] Der Irrtum passiert „durch die Hand", nicht „im Kopf". Der Erklärende benutzt ein Erklärungszeichen, das er gar nicht benutzen will.[61]

b) Elektronische und automatisierte Willenserklärungen. Für einen solchen Erklärungsirrtum macht es 31 keinen Unterschied, ob sich der Erklärende auf einer Schreibmaschine vertippt und das fehlerhafte schriftliche Angebot mit der falschen Preisangabe an seinen Vertragspartner schickt, ob er sich in gleicher Weise bei der Abfassung einer E-Mail oder einer SMS vertippt und sie auf elektronischem Wege an seinen Vertragspartner sendet, oder ob er sich beim Ausfüllen eines Online-Formulars im Rahmen einer Internet-Auktion vertippt oder verklickt. Derartige **Eingabefehler** bei **elektronischen Willenserklärungen** (vgl. zur elektronischen Form § 126 Rn 46 ff.) berechtigen zur Anfechtung nach Abs. 1, 2. Fall.[62]

Von den elektronischen werden die **automatisierten Willenserklärungen** unterschieden. Sie stammen in die- 32 ser Form nicht unmittelbar vom Erklärenden, sondern werden aufgrund eines Datenverarbeitungsprogramms (Computerprogramms) erstellt. Beispiele sind Kontoauszüge, Abrechnungen über den Verbrauch von Wasser, Strom oder Erdgas[63] oder Zinsberechnungen.[64] Beruht der Fehler einer solchen rechnergefertigten Erklärung auf einer **Fehleingabe** der Person, die den Rechner bedient, handelt es sich, wie bei anderen Formen des Vertippens oder Verschreibens, um einen Erklärungsirrtum gem. Abs. 1, 2. Fall. Beruht der Fehler in der Erklärung dagegen auf der Verwendung **fehlerhaften Datenmaterials** oder auf einem **fehlerhaften Programm**, ist er der Erklärung selbst vorgelagert und einem Motivirrtum vergleichbar, der nicht zur Anfechtung berechtigt.[65] Derartige Fehler in der Vorbereitungsphase der automatisierten Willenserklärung begründen nur ausnahmsweise einen gem. Abs. 1, 2. Fall beachtlichen Erklärungsirrtum, wenn sie unverändert in die Erklärung eingegangen sind.[66] Außerdem kann eine Anfechtung gem. § 123 in Betracht kommen, wenn das fehlerhafte Datenmaterial auf vorsätzlich falschen Angaben des Erklärungsempfängers – z.B. in einem Versicherungsantrag – beruht.[67]

c) Handeln ohne Erklärungsbewusstsein. Um einen besonderen Fall des Erklärungsirrtums handelt es 33 sich, wenn der Erklärende **ohne Erklärungsbewusstsein** gehandelt hat. Im Schulfall der „Trierer Weinversteigerung" hebt der Ortsunkundige die Hand, um einem Bekannten zuzuwinken; er weiß nicht, dass er damit ein höheres Gebot abgibt.[68] Andere Beispiele sind das Unterschreiben eines Kaufangebots in der irrigen Meinung, es handele sich um ein Dankschreiben,[69] oder die bloße Tatsachenmitteilung einer Sparkasse, sie

---

58 *Medicus*, BGB AT, Rn 749; Palandt/*Heinrichs*, § 119 Rn 8a; Bamberger/Roth/*Wendtland*, § 119 Rn 20.
59 Erman/*Palm*, § 119 Rn 33; MüKo/*Kramer*, § 119 Rn 46.
60 RGZ 66, 427, 429; Staudinger/*Dilcher*, 12. Aufl., § 119 Rn 11; HK-BGB/*Dörner*, § 119 Rn 6; Soergel/*Hefermehl*, § 119 Rn 11; Palandt/*Heinrichs*, § 119 Rn 10; Jauernig/*Jauernig*, § 119 Rn 6; RGRK/*Krüger-Nieland*, § 119 Rn 19; MüKo/*Kramer*, § 119 Rn 46; Erman/*Palm*, § 119 Rn 33; Bamberger/Roth/*Wendtland*, § 119 Rn 22; *Brox*, BGB AT, Rn 413; *Larenz/Wolf*, BGB AT, § 36 Rn 12; *Medicus*, BGB AT, Rn 746.
61 Vgl. *Brox*, BGB AT, Rn 414.
62 Bamberger/Roth/*Wendtland*, § 119 Rn 28; vgl. BGHZ 149, 129, 138 = NJW 2002, 363, 365; OLG Hamm NJW 1993, 2321; OLG München NJW 2003, 367; AG Bad Homburg NJW-RR 2002, 1282; Jauernig/*Jauernig*, § 119 Rn 6.

63 Bamberger/Roth/*Wendtland*, § 119 Rn 29.
64 Vgl. LG Frankfurt/M. NJW-RR 1997, 1273.
65 LG Frankfurt/M. NJW-RR 1997, 1273; *Brehm*, in: FS Niederländer 1991, S. 233; *Medicus*, BGB AT, Rn 256; Palandt/*Heinrichs*, § 119 Rn 10; Erman/*Palm*, § 119 Rn 33; Bamberger/Roth/*Wendtland*, § 119 Rn 29; vgl. LG Frankfurt/M. NJW-RR 1988, 1331; AG Frankfurt/M. NJW-RR 1990, 116; *Köhler*, AcP 182 (1982), 126, 134 ff.
66 *Medicus*, BGB AT, Rn 256; Palandt/*Heinrichs*, § 119 Rn 10; Erman/*Palm*, § 119 Rn 33; vgl. OLG Hamm NJW 1993, 2321; AG Bad Homburg NJW-RR 2002, 1282; MüKo/*Kramer*, § 119 Rn 46.
67 *Köhler*, AcP 182 (1982), 126, 135; Bamberger/Roth/*Wendtland*, § 119 Rn 29.
68 Vgl. dazu *Gudian*, AcP 169 (1969), 232; Staudinger/*Dilcher*, 12. Aufl., Vorbem. zu § 116 Rn 26; MüKo/*Kramer*, § 119 Rn 92.
69 Erman/*Palm*, vor § 116 Rn 3.

habe eine Bürgschaft übernommen, die als Angebot auf den Abschluss eines Bürgschaftsvertrages gem. §§ 765, 766 ausgelegt wird.[70] Ist dem Erklärenden die Äußerung objektiv zurechenbar (vgl. dazu § 133 Rn 44), handelt es sich trotz des fehlenden Erklärungsbewusstseins um eine Willenserklärung (vgl. dazu vor § 116 Rn 7). Da der Erklärende eine Willenserklärung dieses Inhalts überhaupt nicht abgeben wollte, ist sie gem. Abs. 1, 2. Fall anfechtbar.[71]

34 **d) „Unterschriftsirrtum".** Bei der **Unterzeichnung ungelesener Urkunden** oder dem „Unterschriftsirrtum"[72] sind neben dem gerade erörterten Fall des fehlenden Erklärungsbewusstseins (der Unterzeichnende weiß nicht, dass er überhaupt eine Willenserklärung abgibt; vgl. dazu die vorige Rn) weitere Fallgestaltungen zu unterscheiden. Sie können die Anfechtbarkeit wegen Erklärungsirrtums oder wegen Inhaltsirrtums begründen oder überhaupt nicht zur Anfechtbarkeit führen.[73] Soweit diese zum Teil recht feinen Differenzierungen entscheidend von subjektiven Merkmalen abhängen, stellen sich in der Praxis allerdings Beweisprobleme.

35 Nimmt der Erklärende den Inhalt der Urkunde überhaupt nicht zur Kenntnis, obwohl er weiß, dass es sich um eine Urkunde handelt, und macht sich damit bewusst keine Vorstellung über den Inhalt der Urkunde, fehlt es von vornherein an einer unbewussten Fehlvorstellung und damit an einem beachtlichen Irrtum (vgl. Rn 26). Unterzeichnet der Erklärende die Urkunde **bewusst ungelesen** – „blind" –, weil er z.B. Analphabet ist oder die Sprache nicht beherrscht, in der die Erklärung verfasst ist, kann er seine in der Urkunde verkörperte Erklärung mangels eines Irrtums i.S.d. Abs. 1 nicht anfechten.[74] Eine Anfechtung wegen eines Erklärungsirrtums soll jedoch ausnahmsweise in Betracht kommen, wenn die Urkunde einen Inhalt hatte, mit dem der Unterzeichnende unter keinen Umständen rechnen konnte.[75]

36 Macht sich der Erklärende eine **falsche Vorstellung** vom Inhalt der Urkunde, die er ungelesen unterschreibt, kann er seine darin verkörperte Willenserklärung je nach der Ursache der Fehlvorstellung wegen Erklärungs- oder wegen Inhaltsirrtums anfechten. Ein Erklärungsirrtum gem. Abs. 1, 2. Fall liegt vor, wenn die Fehlvorstellung auf einem **Fehler bei der Erklärungshandlung** beruht.[76] Beispiele sind die Verwechslung zweier Urkunden und die Unterzeichnung einer vom Erklärenden selbst oder nach seinem Diktat fehlerhaft verfassten Urkunde ohne nochmalige Kontrolle des Inhalts.[77] Ein weiteres Beispiel ist die Unterzeichnung einer notariellen Urkunde, wenn der Erklärende eine vom Notar nachträglich eingefügte Klausel bei der Verlesung überhört hat.[78] Gleiches gilt für den Fall, dass der Erklärende ungelesen die Geltung der zwischenzeitlich geänderten AGB seines Vertragspartners akzeptiert, weil er glaubt, deren Inhalt von früheren Verträgen zu kennen.[79]

37 Ein Inhaltsirrtum gem. Abs. 1, 1. Fall (näher dazu Rn 40 ff.) liegt vor, wenn die Fehlvorstellung über den Inhalt der Urkunde **andere Ursachen** hat. Ein solcher Irrtum kann etwa vorliegen, wenn der Erklärende

---

70 BGHZ 91, 324, 327 ff. = BGH NJW 1984, 2279 f.; vgl. ferner das Beispiel einer konkludenten Erklärung ohne Erklärungsbewusstsein in BGHZ 109, 171, 177 f. = BGH NJW 1990, 454, 456.

71 MüKo/*Kramer*, § 119 Rn 95; Bamberger/Roth/*Wendtland*, § 119 Rn 23; vgl. BGHZ 91, 324, 329 f. = BGH NJW 1984, 2279, 2280; BGHZ 109, 171, 177 = BGH NJW 1990, 454, 456; 1995, 953; BGHZ 149, 129, 136 = NJW 2002, 362, 365; BAG NJW 1987, 2101, 2102; OLG Nürnberg WM 1990, 928, 930; OLG Hamm BB 1992, 2177; OLG Dresden WM 1999, 949, 951; *Bydlinski*, JZ 1975, 1, 5; *Medicus*, BGB AT, Rn 607; *Larenz/Wolf*, BGB AT, § 36 Rn 17; für einen Inhaltsirrtum gem. § 119 Abs. 1, 1. Fall HK-BGB/*Dörner*, § 119 Rn 13; Soergel/*Hefermehl*, vor § 116 Rn 49; ohne die Einordnung als Erklärungs- oder Inhaltsirrtum allgemein für die Anfechtbarkeit gem. § 119 Abs. 1 *Brox*, BGB AT, Rn 137; Erman/*Palm*, vor § 116 Rn 3, § 119 Rn 24; gegen die Annahme einer Willenserklärung, aber für eine Anfechtung analog § 119 Staudinger/*Dilcher*, 12. Aufl., Vorbem. zu § 116 Rn 26, 80, § 119 Rn 12, 81; gegen die Annahme einer Willenserklärung und die Notwendigkeit einer Anfechtung *Canaris*, Anm. zu BGH v. 7.6.1984, NJW 1984, 2281 f.; RGRK/*Krüger-Nieland*, § 119 Rn 10, unentschieden allerdings a.a.O., vor § 116 Rn 34.

72 So etwa *Larenz/Wolf*, BGB AT, § 36 Rn 77; *Medicus*, BGB AT, Rn 752.

73 Vgl. MüKo/*Kramer*, § 119 Rn 47 ff.; Bamberger/Roth/*Wendtland*, § 119 Rn 24 ff.

74 HK-BGB/*Dörner*, § 119 Rn 5; Palandt/*Heinrichs*, § 119 Rn 9; MüKo/*Kramer*, § 119 Rn 50; Erman/*Palm*, § 119 Rn 25; Bamberger/Roth/*Wendtland*, § 119 Rn 24; vgl. BGH NJW 1968, 2102, 2103; 1995, 190, 191; BAGE 22, 424; OLG Köln VersR 2000, 243, 244; LG Memmingen NJW 1975, 451, 452; LG Köln NJW 1986, 821, 822.

75 Staudinger/*Dilcher*, 12. Aufl., § 119 Rn 22; Soergel/*Hefermehl*, § 119 Rn 13; Erman/*Palm*, § 119 Rn 35; Bamberger/Roth/*Wendtland*, § 119 Rn 24.

76 Vgl. BGH NJW 1995, 190 f.; LG Köln VersR 1989, 1265; LG Krefeld NJW-RR 1998, 1522; Palandt/*Heinrichs*, § 119 Rn 9.

77 *Flume*, BGB AT Bd. 2, § 23, 2b; Erman/*Palm*, § 119 Rn 35; Bamberger/Roth/*Wendtland*, § 119 Rn 25; dagegen für einen Inhaltsirrtum MüKo/*Kramer*, § 119 Rn 52.

78 BGHZ 71, 260, 262 f. = BGH NJW 1978, 1480.

79 *Loewenheim*, AcP 180 (1980), 433, 445; MüKo/*Kramer*, § 119 Rn 52; vgl. Soergel/*Hefermehl*, § 119 Rn 14; Palandt/*Heinrichs*, § 119 Rn 9; dagegen für einen Inhaltsirrtum Bamberger/Roth/*Wendtland*, § 119 Rn 26.

Anfechtbarkeit wegen Irrtums § 119

irrtümlich davon ausgeht, dass die Urkunde lediglich vorausgegangene Verhandlungen bestätigt.[80] Er kommt ferner in Betracht, wenn der Erklärende einem Dritten – insbesondere seinem Vertragspartner – die Formulierung der Urkunde überlässt und sie im Vertrauen darauf, dass sie den Inhalt der vorherigen Verhandlungen korrekt wiedergibt, ohne nochmalige Kontrolle unterschreibt.[81] Betraut er allerdings eine auf seiner Seite stehende Person mit der Ausformulierung, kann ihm die Anfechtung wie bei einer Blankounterschrift aus Gründen des Verkehrsschutzes verwehrt sein (vgl. dazu die folgende Rn 38).[82]

Leistet der Erklärende eine **Blankounterschrift** und füllt der Blankettnehmer anschließend das Blankett abredewidrig aus, liegen zwar grundsätzlich die Voraussetzungen eines Erklärungsirrtums gem. Abs. 1, 2. Fall vor. Da der Unterschreibende aber damit rechnen muss, dass das Blankett falsch ausgefüllt werden kann, wenn er es freiwillig aus der Hand gibt, trägt er dieses Missbrauchsrisiko. Deshalb ist ihm die Anfechtung gegenüber einem gutgläubigen Dritten nach dem Rechtsgedanken des § 172 Abs. 2 verwehrt.[83] Hat er das Blankett dagegen nicht freiwillig weitergegeben, sondern hat es sich ein Dritter widerrechtlich verschafft und ausgefüllt, gelten die Regelungen des Handelns ohne Vertretungsmacht (§§ 177 ff.; vgl. § 126 Rn 24).[84]   38

e) Übermittlungsfehler. Unterläuft der Fehler bei der Willensäußerung nicht dem Erklärenden selbst, sondern einer zur **Übermittlung** eingeschalteten Person oder Einrichtung, folgt die Anfechtbarkeit aus § 120. Dabei handelt es sich um einen Sonderfall des Erklärungsirrtums (vgl. § 120 Rn 1).   39

3. Irrtum über den Inhalt der Erklärung – „Inhaltsirrtum" (Abs. 1, 1. Fall). a) Begriff. Nach Abs. 1, 1. Fall kann der Erklärende seine Willenserklärung anfechten, wenn er bei ihrer Abgabe über ihren Inhalt im Irrtum war. Anders als beim Erklärungsirrtum geschieht der Fehler nicht bei der Kundgabe des Willens selbst, sondern er folgt aus einem Umstand außerhalb des eigentlichen Erklärungsaktes.[85] Der Irrtum passiert „im Kopf", nicht „durch die Hand". Der Erklärende gebraucht zwar genau das Erklärungszeichen, das er auch gebrauchen will. Er irrt aber über die **Bedeutung des Erklärungszeichens**, über die Tragweite oder über den Sinn, den dieses Erklärungszeichen objektiv am Erklärungsort hat. Er weiß zwar, was er sagt, aber nicht, was er damit sagt.[86] Deshalb wird der Inhaltsirrtum auch als Bedeutungsirrtum oder als Geschäftsirrtum bezeichnet.[87] Der äußere Erklärungstatbestand und der Wille des Erklärenden stimmen überein, aber der Erklärung kommt objektiv, im Wege der Auslegung nach dem Empfängerhorizont (vgl. dazu § 133 Rn 41), eine andere Bedeutung zu, als der Erklärende ihr subjektiv beimisst.[88] Hier wird der Vorrang der Auslegung vor der Anfechtung (dazu Rn 27) besonders deutlich.[89] Solche Inhaltsirrtümer treten besonders bei der Benutzung von Fachausdrücken, Fremdwörtern oder Maßeinheiten auf (näher dazu Rn 43).[90]   40

Die **Abgrenzung zum Erklärungsirrtum** gem. Abs. 1, 2. Fall ist fließend. Nicht immer lässt sich genau bestimmen, ob der Erklärende ein falsches Erklärungszeichen benutzt oder sich über dessen Inhalt geirrt hat. Wegen der identischen Rechtsfolgen kommt der Abgrenzung aber keine große praktische Bedeutung zu.[91]   41

Der Inhaltsirrtum kann sich auf **verschiedene Bestandteile** der Willenserklärung oder des beabsichtigten Geschäfts beziehen. Als Gegenstände des Irrtums kommen in Betracht: der gewählte Ausdruck, die Person des Geschäftspartners, der Geschäftsgegenstand, der Geschäftstyp, die Rechtsfolgen der Willenserklärung, die Berechnungsgrundlage und die Sollbeschaffenheit. Nicht alle genannten Irrtümer berechtigen zur Anfechtung wegen Inhaltsirrtums gem. Abs. 1, 1. Fall.   42

b) Verlautbarungsirrtum. Bei einem Verlautbarungsirrtum irrt der Erklärende über die **objektive Bedeutung eines Begriffs**, den er in seiner Willenserklärung benutzt. Solche Irrtümer passieren meistens bei der Benutzung von Fachausdrücken, Fremdwörtern oder Mengen-, Maß-, Gewichts- oder Währungsbezeichnun-   43

---

80 Vgl. BGH BB 1956, 254; NJW 1995, 190 f.; BAG NJW 1971, 639 (Ausgleichsquittung); Staudinger/*Dilcher*, 12. Aufl., § 119 Rn 23; RGRK/*Krüger-Nieland*, § 119 Rn 6; Erman/*Palm*, § 119 Rn 35; dagegen für einen Erklärungsirrtum Soergel/*Hefermehl*, § 119 Rn 13.
81 Bamberger/Roth/*Wendtland*, § 119 Rn 25.
82 *Flume*, BGB AT Bd. 2, § 23, 2b; MüKo/*Kramer*, § 119 Rn 53.
83 BGHZ 40, 65, 68; 132, 119, 127 = BGH NJW 1996, 1467, 1469; BGH NJW 2001, 2968, 2969; *Larenz/Wolf*, § 27 Rn 36; HK-BGB/*Dörner*, § 119 Rn 6; RGRK/*Krüger-Nieland*, § 126 Rn 10.
84 *Flume*, Rechtsgeschäft, § 15 II 1d; HK-BGB/*Dörner*, § 126 Rn 9; MüKo/*Einsele*, § 126 Rn 11; Bamberger/Roth/*Wendtland*, § 119 Rn 27.

85 Bamberger/Roth/*Wendtland*, § 119 Rn 30.
86 *Lessmann*, JuS 1969, 478, 480.
87 Palandt/*Heinrichs*, § 119 Rn 11; Jauernig/*Jauernig*, § 119 Rn 7; Erman/*Palm*, § 119 Rn 34.
88 Staudinger/*Dilcher*, 12. Aufl., § 119 Rn 16; Soergel/*Hefermehl*, § 119 Rn 17; MüKo/*Kramer*, § 119 Rn 55; RGRK/*Krüger-Nieland*, § 119 Rn 24; Bamberger/Roth/*Wendtland*, § 119 Rn 30; vgl. BGH NJW 1999, 2664, 2665; *Brox*, BGB AT Rn 414; HK-BGB/*Dörner*, § 119 Rn 7.
89 *Medicus*, BGB AT, Rn 745.
90 MüKo/*Kramer*, § 119 Rn 55.
91 Bamberger/Roth/*Wendtland*, § 119 Rn 30.

gen. Bestellt z.B. die Konrektorin einer Mädchenrealschule 25 Gros Rollen Toilettenpapier in der Meinung, bei dem Begriff „Gros" handele es sich um eine Verpackungsart, kann sie die Bestellung, die objektiv eine Menge von (144 x 25 =) 3.600 Rollen umfasst, gem. Abs. 1, 1. Fall anfechten.[92] Weitere Beispiele[93] sind die Verwendung der Gewichtsbezeichnung „pound" (= 453,6 g) in der Meinung, sie bedeute dasselbe wie „Pfund" (= 500 g),[94] oder des Begriffs „Leihe" für die entgeltliche Gebrauchsüberlassung, also die Miete.[95]

44 Wegen des **Vorrangs der Auslegung** ist in derartigen Fallgestaltungen zunächst zu prüfen, ob der Erklärungsempfänger den wirklich gewollten Inhalt der Willenserklärung erkennen konnte und deshalb das Gewollte gilt (vgl. § 133 Rn 13). Irren sich die Parteien übereinstimmend über den Inhalt der von ihnen gewählten Bezeichnung und meinen etwa, das norwegische Wort „Haakjöringsköd" bedeute Walfischfleisch (statt Haifischfleisch), ist nach dem Grundsatz der *„falsa demonstratio"* (vgl. dazu § 133 Rn 46) das gemeinsam Gemeinte maßgeblich.[96] In beiden Fällen scheidet eine Anfechtung aus.[97]

45 **c) Identitätsirrtum.** Unter dem Oberbegriff des Identitätsirrtums werden drei ähnliche Arten des Inhaltsirrtums zusammengefasst, die sich auf die **wesentlichen Bestandteile des Geschäfts** – die *essentialia negotii* – beziehen.[98] Es handelt sich um den Irrtum über die Identität des Geschäftspartners, den Gegenstand des Geschäfts und den Geschäftstyp. Diesbezüglich finden sich noch die Bezeichnungen des *error in persona, in obiecto* und *in negotio*.[99]

46 Ein gem. Abs. 1, 1. Fall beachtlicher Identitätsirrtum liegt zunächst vor, wenn der Erklärende eine konkrete Person als Vertragspartner bezeichnet, die Bezeichnung aufgrund der Umstände des Einzelfalles aber nicht auf die gemeinte, sondern auf eine andere Person zutrifft. Will der Erklärende z.B. den ihm bekannten Handwerker H 1 beauftragen, sendet das Auftragsschreiben aber irrtümlich an den gleichnamigen Handwerker H 2, kann er wegen eines Irrtums über die **Person des Geschäftspartners** anfechten. Die Grenze zum Eigenschaftsirrtum gem. Abs. 2 ist fließend, spielt wegen der Gleichartigkeit der Rechtsfolgen in der Praxis aber regelmäßig keine Rolle.[100]

47 Um einen Inhaltsirrtum gem. Abs. 1, 1. Fall handelt es sich ferner, wenn der Erklärende sich über die **Identität des Geschäftsgegenstandes** irrt. Ein solcher Irrtum liegt z.B. vor, wenn der Erklärende sein im Stall stehendes Pferd oder sein im Arbeitszimmer hängendes Bild verkauft, ohne zu wissen, dass zwischenzeitlich das Pferd oder das Bild ausgewechselt worden ist.[101] Ein weiteres Beispiel ist die irrtümliche Falschbezeichnung des verkauften Grundstücks.[102] Hier ist die Grenze zum Eigenschaftsirrtum gem. Abs. 2 ebenfalls fließend, in der Praxis aber kaum von Bedeutung.[103]

48 Schließlich berechtigt auch der Inhaltsirrtum über den gemeinten **Geschäftstyp** zur Anfechtung gem. Abs. 1, 1. Fall. Er ist z.B. gegeben, wenn der Erklärende ein Schenkungsangebot annehmen will, seine Erklärung nach dem objektiven Empfängerhorizont aber als Annahme eines Kaufangebots auszulegen ist.[104] Diesbezüglich können sich Abgrenzungsschwierigkeiten zum Rechtsfolgenirrtum ergeben, der allerdings ebenfalls zur Anfechtung berechtigt (vgl. dazu Rn 49 ff.).[105]

49 **d) Rechtsfolgenirrtum.** Führt die Willenserklärung nicht zu den vom Erklärenden gewollten, sondern zu anderen, davon wesentlich abweichenden Rechtsfolgen oder zieht die Erklärung Rechtsfolgen nach sich, an die der Erklärende überhaupt nicht gedacht hat, liegt ein **Rechtsfolgenirrtum** vor. Der Erklärende wusste z.B. nicht, dass er als Verkäufer gem. §§ 437 ff. für Mängel der Kaufsache einstehen muss, oder er meint, der vereinbarte Haftungsausschluss für Rechtsmängel erfasse auch Sachmängel.[106] Solche Irrtümer können den Irrtumskategorien des § 119 nicht eindeutig zugeordnet werden. Im weiteren Sinne ist jeder Irrtum

---

92 LG Hanau NJW 1979, 721; dazu *Kornblum*, JuS 1980, 258 ff.; *Plander*, BB 1980, 133 ff.; *Medicus*, BGB AT, Rn 745.
93 Vgl. auch die Beispiele RGZ 97, 191 ff.; BGH MDR 1960, 914 f.; LAG Baden-Württemberg DB 1971, 245; Palandt/*Heinrichs*, § 119 Rn 11; MüKo/ *Kramer*, § 119 Rn 74.
94 Bamberger/Roth/*Wendtland*, § 119 Rn 31.
95 Soergel/*Hefermehl*, § 119 Rn 22.
96 Vgl. RGZ 99, 147, 148.
97 Vgl. *Medicus*, BGB AT, Rn 745; Bamberger/Roth/ *Wendtland*, § 119 Rn 31.
98 Staudinger/*Dilcher*, 12. Aufl., § 119 Rn 19; HK-BGB/*Dörner*, § 119 Rn 8.
99 Staudinger/*Dilcher*, 12. Aufl., § 119 Rn 19; HK-BGB/*Dörner*, § 119 Rn 8; Soergel/*Hefermehl*, § 119 Rn 23; vgl. MüKo/*Kramer*, § 119 Rn 76; vgl. auch HKK/*Schermaier*, §§ 116–124 Rn 53 ff.
100 Palandt/*Heinrichs*, § 119 Rn 13; Bamberger/Roth/ *Wendtland*, § 119 Rn 35; anders Jauernig/*Jauernig*, § 119 Rn 9.
101 HK-BGB/*Dörner*, § 119 Rn 8; MüKo/*Kramer*, § 119 Rn 76.
102 Palandt/*Heinrichs*, § 119 Rn 14; MüKo/*Kramer*, § 119 Rn 76.
103 Bamberger/Roth/*Wendtland*, § 119 Rn 35; anders Jauernig/*Jauernig*, § 119 Rn 9; vgl. näher zu der im Einzelnen kontroversen Abgrenzung etwa MüKo/ *Kramer*, § 119 Rn 77.
104 HK-BGB/*Dörner*, § 119 Rn 8; vgl. *Lessmann*, JuS 1969, 478, 481; a.A. wohl Staudinger/*Dilcher*, 12. Aufl., § 119 Rn 19: Dissens, wenn statt einer Schenkung eine Leihe gewollt ist.
105 Bamberger/Roth/*Wendtland*, § 119 Rn 35.
106 Vgl. *Brox*, BGB AT, Rn 425.

Anfechtbarkeit wegen Irrtums § 119

i.S.d. Abs. 1 ein Rechtsfolgenirrtum, weil eine Willenserklärung *per definitionem* Rechtsfolgen auslöst, die durch ihren Inhalt bestimmt werden.[107] Der Rechtsfolgenirrtum im engeren, oben beschriebenen Sinne kann einerseits als beachtlicher **Inhaltsirrtum** i.S.d. Abs. 1, 1. Fall eingeordnet werden, soweit man darauf abstellt, dass der Erklärende über die Bedeutung seiner Erklärung im Irrtum gewesen ist, weil er die Rechtsfolgen nicht gekannt hat. Andererseits kann es sich um einen unbeachtlichen **Motivirrtum** handeln, weil die falsche Beurteilung der Rechtslage der Erklärung vorgelagert und lediglich ein Motiv für deren Abgabe gewesen ist.[108] Die Abgrenzung und Einordnung bereiten in der Praxis vielfach Probleme.[109]

Nach verbreiteter Auffassung kommt es für die Einordnung des Rechtsfolgenirrtums als beachtlicher Inhaltsirrtum i.S.d. Abs. 1, 1. Fall oder als unbeachtlicher Motivirrtum entscheidend darauf an, ob die Rechtsfolgen, auf die sich der Irrtum bezieht, selbst **Inhalt der rechtsgeschäftlichen Erklärung** geworden sind. Danach liegt ein beachtlicher Inhaltsirrtum vor, wenn die Rechtsfolge, über die sich der Erklärende irrt, **unmittelbare Folge** der Willenserklärung ist.[110] Verkauft z.B. der Eigentümer eine Gastwirtschaft „nebst Zubehör" und nimmt dabei an, mitverkauft seien nur die fest eingebauten Einrichtungsgegenstände, während die §§ 97 f. deutlich mehr erfassen, kann er gem. Abs. 1, 1. Fall anfechten.[111] Gleiches gilt, soweit der Verkäufer im Eingangsbeispiel (vorige Rn) irrtümlich meint, der vereinbarte Ausschluss der Rechtsmängelhaftung erfasse auch Sachmängel.[112] Dagegen handelt es sich dieser Abgrenzung zufolge lediglich um einen unbeachtlichen Motivirrtum, wenn der Erklärende über eine Rechtsfolge irrt, die **kraft Gesetzes** an die Willenserklärung geknüpft ist.[113] So wäre im obigen Beispielsfall der Gastwirtschaft etwa zu entscheiden, wenn der Verkäufer das Zubehör nicht ausdrücklich einbezogen hätte, sondern sich die Einbeziehung lediglich aus § 311c ergäbe.[114] Auch im ersten Eingangsbeispiel (vorige Rn) kann der Verkäufer nicht mit der Begründung anfechten, er habe nicht gewusst, dass er gesetzlich (§§ 437 ff.) für Mängel der Kaufsache einstehen muss.[115] Obwohl die Grenzlinien nicht immer zweifelsfrei zu ziehen sind und im Ergebnis derjenige durch eine Anfechtungsmöglichkeit „belohnt" werden kann, der möglichst viele Rechtsfolgen in seine Erklärung aufnimmt, entspricht diese Abgrenzung im Wesentlichen dem Zweck des § 119. Als Konsequenz der Privatautonomie muss der Erklärende die Rechtsgestaltung, die er durch seine Willenserklärung vorgenommen hat, rückwirkend vernichten können, wenn dieser Willenserklärung und den damit beabsichtigten Rechtsfolgen kein entsprechender Wille zugrunde lag (vgl. dazu Rn 1 f.).[116]

Die **Rechtsprechung** geht von einem weiteren Begriff des Inhaltsirrtums aus.[117] Sie nimmt einen zur Anfechtung berechtigenden Irrtum i.S.d. Abs. 1, 1. Fall an, wenn das Rechtsgeschäft aufgrund der Verkennung oder der Unkenntnis seiner rechtlichen Bedeutung nicht die erstrebten, sondern davon **wesentlich verschiedene Rechtsfolgen** erzeugt. Um einen unbeachtlichen Motivirrtum handelt es sich dagegen, wenn das Rechtsgeschäft außer der erstrebten Wirkung nicht erkannte und nicht gewollte **Nebenwirkungen** hat.[118] Danach kann z.B. der Ausschlagende die Ausschlagung der Erbschaft anfechten, wenn er glaubte, er erhalte dadurch eine Befreiung von Auflagen[119] oder einen unbeschränkten Pflichtteilsanspruch.[120] Demgegenüber kann eine Schwangere ihre Erklärung zum Abschluss eines Aufhebungsvertrages nicht mit der Begründung anfechten, sie habe nicht gewusst, dass sie den Mutterschutz verliert.[121]

e) Kalkulationsirrtum. Beruht eine Willenserklärung auf einer fehlerhaften Preisberechnung, handelt es sich um einen **Kalkulationsirrtum**. Der Fehler kann darin bestehen, dass der Erklärende sich – etwa beim Multiplizieren oder Dividieren – schlicht **verrechnet** und dem Erklärungsempfänger deshalb einen falschen Kaufpreis oder Mietzins angeboten hat. Oder der Erklärende hat seiner Kalkulation einen **unrichtigen Berechnungsfaktor** – z.B. den Börsen- oder Devisenkurs oder die Quadratmeterzahl der vermieteten

---

107 *Flume*, BGB AT Bd. 2, § 23, 4d; MüKo/*Kramer*, § 119 Rn 80.
108 *Medicus*, BGB AT, Rn 750.
109 Vgl. zur Einordnung etwa Staudinger/*Dilcher*, 12. Aufl., § 119 Rn 33 ff.; MüKo/*Kramer*, § 119 Rn 80 ff.; RGRK/*Krüger-Nieland*, § 119 Rn 27 ff.; *Larenz*/*Wolf*, BGB AT, § 36 Rn 73 ff.; *Medicus*, BGB AT, Rn 750 f.; vgl. speziell zur Einordnung durch die Rspr. Palandt/*Heinrichs*, § 119 Rn 15 f.; MüKo/*Kramer*, § 119 Rn 84.
110 *Flume*, BGB AT Bd. 2, § 23, 4d; *Larenz*/*Wolf*, BGB AT, § 36 Rn 75 f.; *Brox*, BGB AT, Rn 425; Erman/*Palm*, § 119 Rn 37; Bamberger/Roth/*Wendtland*, § 119 Rn 32; ähnlich MüKo/*Kramer*, § 119 Rn 81 ff.; vgl. auch *Medicus*, BGB AT, Rn 751.
111 *Larenz*/*Wolf*, BGB AT, § 36 Rn 76; ebenso etwa Bamberger/Roth/*Wendtland*, § 119 Rn 32.
112 *Brox*, BGB AT, Rn 425.
113 *Flume*, BGB AT Bd. 2, § 23, 4d; *Larenz*/*Wolf*, BGB AT, § 36 Rn 75; *Brox*, BGB AT, Rn 425; MüKo/*Kramer*, § 119 Rn 82; Erman/*Palm*, § 119 Rn 37; Bamberger/Roth/*Wendtland*, § 119 Rn 32; vgl. *Medicus*, BGB AT, Rn 751.
114 Vgl. *Medicus*, BGB AT, Rn 751.
115 *Brox*, BGB AT, Rn 425.
116 Vgl. *Medicus*, BGB AT, Rn 751.
117 MüKo/*Kramer*, § 119 Rn 84.
118 Grundlegend RGZ 88, 278, 284; ebenso etwa BGHZ 70, 47, 48 f.; BGH NJW 1995, 1484, 1485; BGHZ 134, 152, 156 = BGH NJW 1997, 653; 1999, 2664, 2665; 2002, 3100, 3102; BAG NJW 1983, 2958; NZA 1988, 734, 735; NJW 1996, 2593.
119 OLG Düsseldorf DNotZ 1998, 839.
120 OLG Hamm OLGZ 1982, 41, 49.
121 BAG NJW 1983, 2958; DB 1992, 1529.

Wohnung – zugrunde gelegt.[122] Die rechtliche Behandlung des Kalkulationsirrtums oder des Irrtums über die Berechnungsgrundlage ist im Einzelnen unklar und umstritten.[123] Verschiedene Fallkonstellationen sind zu unterscheiden.

53 Ein sog. verdeckter oder **interner Kalkulationsirrtum** liegt vor, wenn der Erklärende seine Berechnungsgrundlage nicht offen legt, sondern dem Erklärungsempfänger lediglich das Ergebnis seiner Berechnung mitteilt. Die Willenserklärung nennt also z.B. nur den Kaufpreis oder den Mietzins. Hier handelt es sich nach ganz h.M. um einen Fehler in der Willensbildung und damit um einen bloßen Motivirrtum, der den Erklärenden nicht zur Anfechtung berechtigt. Er trägt das Risiko dafür, dass seine Kalkulation zutrifft.[124] Das gilt auch dann, wenn die falsche Berechnung durch einen Fehler der vom Erklärenden benutzten Software verursacht wird (vgl. dazu auch bereits Rn 32).[125]

54 Im Unterschied dazu handelt es sich nach der Definition des Reichsgerichts um einen sog. offenen oder **externen Kalkulationsirrtum**, wenn der Erklärende die fehlerhafte Berechnung ausdrücklich zum Gegenstand der Vertragsverhandlungen gemacht hat, und zwar vor allem dann, wenn dem Erklärungsgegner erkennbar wurde, dass der geforderte oder angebotene Preis auf einer bestimmten, näher dargelegten Berechnung beruhte.[126] Da die Preisberechnung auf diese Weise zum Gegenstand der Willenserklärung und zum Vertragsinhalt geworden sei, handele es sich um einen **„erweiterten Inhaltsirrtum"**,[127] der gem. Abs. 1, 1. Fall zur Anfechtung berechtige.[128] Diese Rechtsprechung wird indessen in der Literatur zu Recht fast einhellig **abgelehnt**.[129] Die Preisberechnung kann als bloßes Motiv für die Abgabe der Willenserklärung nicht allein dadurch zum Geschäftsinhalt gemacht werden, dass der Erklärende sie seinem Vertragspartner mitteilt. Die Grenze zwischen beachtlichen und unbeachtlichen Irrtümern kann nicht durch die „Hochstilisierung" des Motivirrtums zu einem Inhaltsirrtum verwischt werden.[130] Anderenfalls würde der Redselige, der dem anderen Teil seine Motive zum Abschluss des Vertrages „aus bloßer Geschwätzigkeit" mitteilt, durch eine Anfechtungsmöglichkeit ungerechtfertigt besser gestellt.[131]

55 Irrt sich der Erklärende bei der Berechnung eines Preises, eröffnet dieser Berechnungsfehler dem Erklärenden demnach unabhängig davon, ob es sich um einen internen oder externen Kalkulationsirrtum handelt, als **unbeachtlicher Motivirrtum** keine Anfechtungsmöglichkeit. Zu beachten ist allerdings, dass auch hier wieder die **Auslegung** der Anfechtung vorgeht (vgl. Rn 27, 40). Je nach Fallgestaltung kommen außerdem die Anwendung der Grundsätze über das **Fehlen der Geschäftsgrundlage** (§ 313), ein **treuwidriges Verhalten** des Erklärungsempfängers (§ 242) oder **Schadensersatzansprüche** wegen Verschuldens bei Vertragsschluss (§§ 311 Abs. 2, 241 Abs. 2, 280 Abs. 1 i.V.m. Abs. 3, § 282) in Betracht.

56 Die Auslegung der Willenserklärung nach dem objektiven Empfängerhorizont (§§ 133, 157) kann ergeben, dass die Parteien ihrem Vertrag nicht den Endbetrag, sondern eine bestimmte Berechnungsmethode (z.B. einen bestimmten Betrag pro Stunde oder pro Quadratmeter) oder die richtig angegebenen Einzelpreise, die dann falsch addiert worden sind, zugrunde legen wollten. In diesen Fällen handelt es sich bei der Angabe des falsch berechneten Endpreises lediglich um eine **unschädliche Falschbezeichnung** („falsa demonstratio"). Stattdessen gilt der richtig kalkulierte Preis.[132]

---

122 Bamberger/Roth/Wendtland, § 119 Rn 33.
123 Vgl. dazu etwa Kindl, WM 1999, 2198 ff.; Kramer, in: 50 Jahre Bundesgerichtshof, 2000, Bd. I, S. 57 ff.; Mayer-Maly, in: FS Ostheim 1990, S. 189 ff.; Pawlowski, JZ 1997, 741 ff.; Singer, JZ 1999, 342 ff.; Wieser, NJW 1972, 708 ff.; Staudinger/Dilcher, 12. Aufl., § 119 Rn 27 ff.; HK-BGB/Dörner, § 119 Rn 14; Soergel/Hefermehl, § 119 Rn 28 ff.; Palandt/Heinrichs, § 119 Rn 18 ff.; MüKo/Kramer, § 119 Rn 85 ff.; RGRK/Krüger-Nieland, § 119 Rn 70 f.; Erman/Palm, § 119 Rn 38; Bamberger/Roth/Wendtland, § 119 Rn 33 f.; Larenz/Wolf, BGB AT, § 36 Rn 58 ff.; Medicus, BGB AT, Rn 757 ff.
124 Vgl. nur BGH NJW-RR 1986, 569, 570; 1987, 1306, 1307; BGHZ 139, 177, 180 f. = BGH NJW 1998, 3192, 3193; 2001, 2464, 2465; 2002, 2312 f.; Pawlowski, JZ 1997, 741; Larenz/Wolf, BGB AT, § 36 Rn 71; Palandt/Heinrichs, § 119 Rn 18; Erman/Palm, § 119 Rn 38; Bamberger/Roth/Wendtland, § 119 Rn 33.
125 BGHZ 139, 177, 181 = BGH NJW 1998, 3192, 3193; vgl. Pawlowski, JZ 1997, 741.
126 Grundlegend RGZ 64, 266, 268.
127 Vgl. zu diesem Begriff z.B. OLG München NJW-RR 1990, 1406; MüKo/Kramer, § 119 Rn 87; Kindl, WM 1999, 2198, 2200.
128 RGZ 64, 266, 268; 90, 268, 272; 94, 65, 67; 97, 138, 140; 101, 51, 53 u. 107, 108; 105, 406, 407; 116, 15, 17; 149, 235, 238; 162, 198, 201; ebenso in neuerer Zeit z.B. OLG München NJW-RR 1990, 1406; vgl. auch OLG Düsseldorf NJW-RR 1996, 1419, 1420.
129 Vgl. nur Brox, BGB AT, Rn 427; Flume, BGB AT Bd. 2, § 23, 4e; Larenz/Wolf, § 36 Rn 65; Medicus, BGB AT, Rn 758; Kindl, WM 1999, 2198, 2204 ff., 2208; Palandt/Heinrichs, § 119 Rn 19; Bamberger/Roth/Wendtland, § 119 Rn 33, jew. m.w.N.; vgl. auch BGHZ 139, 177, 182 ff. = BGH NJW 1998, 3192, 3193 f.; teilweise abw. etwa MüKo/Kramer, § 119 Rn 121; Pawlowski, JZ 1997, 741, 746 f.; Singer, JZ 1999, 342, 344 ff.
130 Brox, BGB AT, Rn 427.
131 Medicus, BGB AT, Rn 758.
132 Brox, BGB AT, Rn 426; HK-BGB/Dörner, § 119 Rn 14; Palandt/Heinrichs, § 119 Rn 20; Bamberger/Roth/Wendtland, § 119 Rn 34; vgl. OLG Frankfurt WM 2001, 565; LG Aachen NJW 1982, 1106; LG Kleve NJW 1991, 1066.

Anfechtbarkeit wegen Irrtums § 119

Ergibt die Auslegung hingegen, dass sowohl die Berechnungsmethode als auch der Endpreis nach dem Parteiwillen gleichrangig sind, ist der Vertrag wegen der inneren Widersprüchlichkeit der Willenserklärungen – **Perplexität** – nichtig. Einer Anfechtung bedarf es nicht mehr.[133] 57

Haben sich beide Parteien über die Berechnungsgrundlage geirrt und z.B. übereinstimmend einen falschen Aktien- oder Devisenkurs zugrunde gelegt, finden die Grundsätze über das **Fehlen der (subjektiven) Geschäftsgrundlage** (§ 313) Anwendung.[134] Der Vertrag ist anzupassen; gegebenenfalls hat der benachteiligte Vertragspartner ein Rücktrittsrecht.[135] 58

Greift keine die bisher genannten Möglichkeiten, ist der Kalkulationsirrtum nach den oben (Rn 52 f.) dargelegten Grundsätzen als bloßer Motivirrtum **regelmäßig unbeachtlich**. Das gilt grundsätzlich selbst dann, wenn der andere Teil den Berechnungsfehler erkannt hat oder hätte erkennen müssen. Die **Kenntnis** oder das **Kennenmüssen** dieses Fehlers begründet ohne das Hinzutreten weiterer Umstände weder eine Treuwidrigkeit des Vertragspartners noch eine Hinweispflicht, deren Verletzung ihn zum Schadensersatz verpflichtet. Den Vertragspartner trifft im Regelfall auch keine Erkundigungspflicht.[136] Ausnahmsweise kann es aber eine gegen § 242 verstoßende **unzulässige Rechtsausübung** darstellen, wenn der Erklärungsgegner sich auf die Wirksamkeit des Vertrages beruft, obwohl er den Berechnungsfehler positiv erkannt hat. Eine solche Ausnahme kann vor allem durch das besonders schwere Ausmaß des Kalkulationsirrtums und seiner Folgen begründet werden. Danach verstößt die Annahme eines fehlerhaft berechneten Vertragsangebots gegen Treu und Glauben, wenn die Durchführung des Vertrages für den Erklärenden schlechthin unzumutbar ist, weil sie ihn in erhebliche wirtschaftliche Schwierigkeiten bringt.[137] Gleiches gilt, wenn der Erklärungsgegner sich der Kenntnis eines sich aufdrängenden schweren Berechnungsfehlers verschlossen hat.[138] 59

Hat der **Erklärungsgegner** den Kalkulationsirrtum des Erklärenden selbst in zurechenbarer Weise **hervorgerufen**, kommt ein Anspruch des Irrenden wegen Verschuldens bei Vertragsschluss (§§ 311 Abs. 2, 241 Abs. 2, 280 Abs. 1 i.V.m. Abs. 3, § 282) in Betracht. Dieser Anspruch ist gem. § 249 S. 1 auf die Befreiung vom Vertrag gerichtet.[139] 60

f) Irrtum über die Sollbeschaffenheit. Irrt der Erklärende über eine bestimmte **Eigenschaft des Vertragsgegenstandes**, berechtigt dieser Eigenschaftsirrtum grundsätzlich nur in den Grenzen des Abs. 2 zur Anfechtung. Die Lehre vom Irrtum über die Sollbeschaffenheit geht indessen darüber hinaus und ordnet Eigenschaftsirrtümer unter bestimmten Voraussetzungen als beachtliche Inhaltsirrtümer ein. Danach liegt ein Irrtum i.S.d. Abs. 1, 1. Fall auch dann vor, wenn die Eigenschaften, welche die Person oder die Sache nach dem Inhalt der Willenserklärung haben sollen, nicht mit denjenigen Eigenschaften übereinstimmen, die der Erklärende zum Inhalt seiner Willenserklärung machen wollte. Ein Beispiel ist der Kauf eines Buches, bei dem sich der Erklärende wegen des Buchtitels ein anderes Genre oder einen ganz anderen Inhalt vorstellt. Da der Käufer erkläre, das Buch unter seinem Titel zu kaufen, könne ein Irrtum über die Bedeutung der Willenserklärung im Hinblick auf die Titelangabe vorliegen.[140] 61

Indessen berechtigen derartige Eigenschaftsirrtümer den Erklärenden entgegen der Lehre vom Irrtum über die Sollbeschaffenheit nicht allgemein, sondern nur dann als Inhaltsirrtümer zur Anfechtung, wenn er den Vertragsgegenstand durch einen in seiner Willenserklärung verwendeten Begriff **individualisiert** hat. In diesem Fall handelt es sich um einen nach Abs. 1, 1. Fall beachtlichen Verlautbarungsirrtum (dazu Rn 43). Hauptbeispiele sind Irrtümer bei **Produktbezeichnungen**. Kauft der Erklärende z.B. „einen Ballen Kattun" in der irrigen Annahme, der Begriff „Kattun" bezeichne Leinwand (und nicht Baumwolle),[141] liegt ein Verlautbarungsirrtum vor. Kauft der Erklärende dagegen „diesen Ballen Stoff", enthält seine Willenserklärung objektiv keinen Begriff, der eine Fehlvorstellung über eine bestimmte Eigenschaft enthält und zum Ausdruck 62

---

133 *Medicus*, BGB AT, Rn 759; HK-BGB/*Dörner*, § 119 Rn 14; vgl. Palandt/*Heinrichs*, § 119 Rn 21; MüKo/*Kramer*, § 119 Rn 89.
134 *Brox*, BGB AT, Rn 426; *Medicus*, BGB AT, Rn 760; HK-BGB/*Dörner*, § 119 Rn 14; Bamberger/Roth/*Wendtland*, § 119 Rn 34; vgl. OLG Frankfurt MDR 1971, 841.
135 Vgl. dazu AnwK-SchuldR/*Krebs*, § 313 Rn 52 ff.
136 Vgl. BGH NJW-RR 1986, 569 f.; 1995, 1360; BGHZ 139, 177, 181 = BGH NJW 1998, 3192, 3193.
137 BGHZ 139, 177, 184 f. = BGH NJW 1998, 3192, 3194; BGH NJW 2001, 284, 285; OLG München NJW 2003, 367; Palandt/*Heinrichs*, § 119 Rn 18, 21b; Erman/*Palm*, § 119 Rn 38; Bamberger/Roth/*Wendtland*, § 119 Rn 34.
138 BGHZ 139, 177, 184 f. = BGH NJW 1998, 3192, 3194; vgl. BGH NJW 2001, 284, 285; OLG Jena OLG-NL 2001, 73, 75; Palandt/*Heinrichs*, § 119 Rn 18, 21b; Erman/*Palm*, § 119 Rn 38.
139 *Brox*, BGB AT, Rn 426; *Medicus*, BGB AT, Rn 761; vgl. *Larenz/Wolf*, BGB AT, § 36 Rn 67.
140 Soergel/*Hefermehl*, § 119 Rn 25 f.; vgl. MüKo/*Kramer*, § 119 Rn 78 f., jew. m.w.N.; bei Soergel/*Hefermehl*, § 119 Rn 26 findet sich das Beispiel, dass ein Tertianer ein Buch mit dem Titel „Wie fessele ich Männer?" in der irrigen Annahme kauft, es handele sich um ein Indianerbuch.
141 Beispiel sowohl nach MüKo/*Kramer*, § 119 Rn 79, der die Lehre vom Irrtum über die Sollbeschaffenheit befürwortet, als auch nach HK-BGB/*Dörner*, § 119 Rn 10, der diese Lehre ablehnt.

bringt. Er identifiziert die Kaufsache richtig, so dass seine Erklärung keinen Fehler aufweist. Dass er insgeheim von bestimmten Eigenschaften der Sache ausgeht, ist lediglich ein unbeachtlicher Realitäts- oder Motivirrtum.[142]

63 **4. Irrtum über eine verkehrswesentliche Eigenschaft der Person oder Sache – „Eigenschaftsirrtum" (Abs. 2). a) Begriff.** Nach Abs. 2 kann der Erklärende seine Willenserklärung anfechten, wenn er bei ihrer Abgabe über solche Eigenschaften der Person oder der Sache im Irrtum war, die im Verkehr als wesentlich angesehen werden. Anders als bei den Irrtümern i.S.d. Abs. 1 stimmen hier Wille und Erklärung überein. Der Erklärende erklärt weder objektiv etwas anderes als dasjenige, was er subjektiv erklären wollte, noch irrt er über die Bedeutung des Erklärungszeichens, das er verwendet. Stattdessen irrt er über bestimmte Eigenschaften der Person oder der Sache, auf die sich seine Willenserklärung bezieht. Dieser Irrtum ist ihm bereits im Vorfeld der Willenserklärung, bei der **Willensbildung**, unterlaufen. Deshalb handelt es sich beim Eigenschaftsirrtum nach herrschender Lehre, die sich auch auf die Protokolle stützen kann,[143] um einen **Spezialfall des Motivirrtums**, der unter den engen Voraussetzungen des Abs. 2 ausnahmsweise zur Anfechtung berechtigt.[144] Die Rechtsprechung beschäftigt sich weniger mit der dogmatischen Einordnung der Vorschrift. Stattdessen konkretisiert sie deren Anwendungsbereich durch die Definition des Tatbestandsmerkmals „Eigenschaft" und grenzt so die beachtlichen Eigenschaftsirrtümer von den unbeachtlichen Motivirrtümern ab.[145]

64 **b) Eigenschaft.** Der nach Abs. 2 beachtliche Irrtum muss sich auf eine Eigenschaft einer Person oder Sache beziehen. Das ist zunächst die **natürliche Beschaffenheit** der Person oder Sache, die durch ihre natürlichen Merkmale gebildet wird. Darüber hinaus versteht die wesentlich von der Rechtsprechung geprägte h.M. unter einer Eigenschaft alle **tatsächlichen oder rechtlichen Beziehungen** zur Umwelt, die infolge ihrer Beschaffenheit und Dauer nach der Verkehrsanschauung für die Wertschätzung oder Verwendbarkeit von Bedeutung sind.[146] Diese Umstände müssen zwar für die Person oder Sache nicht wesensbestimmend sein; sie müssen aber zumindest eine unmittelbare Beziehung zum Inhalt des Geschäfts aufweisen. Bloß vorübergehende Umstände kommen als Eigenschaften i.S.d. Abs. 2 regelmäßig ebenso wenig in Betracht wie zukünftige Umstände.[147]

65 Als **Person**, über deren verkehrswesentliche Eigenschaft sich der Erklärende geirrt hat, kommt vor allem der Erklärungsempfänger oder Vertragspartner in Betracht.[148] Nach dem Sinn und Zweck des konkreten Geschäfts kann sich der Irrtum auch auf einen Dritten beziehen, wenn es z.B. bei einem Vertrag zugunsten Dritter um die Eigenschaften des begünstigten Dritten geht.[149] Ausnahmsweise kann es sogar um die Eigenschaften des Erklärenden selbst gehen, wenn er beispielsweise bei einem Vertrag, der auf die Erbringung einer persönlichen Leistung gerichtet ist, irrtümlich annimmt, er besitze die dazu erforderlichen persönlichen Voraussetzungen.[150]

66 Unter den Begriff der **Sache**, über deren verkehrswesentliche Eigenschaft sich der Erklärende geirrt hat, fallen nicht nur körperliche Gegenstände i.S.d. § 90. In Betracht kommen auch nichtkörperliche Gegenstände wie z.B. Forderungen, Rechte oder Sachgesamtheiten, sofern sie nach der Verkehrsanschauung anerkanntermaßen Objekte des Rechtsverkehrs sind und sich das konkrete Rechtsgeschäft auf sie bezieht.[151]

---

142 So etwa Staudinger/*Dilcher*, 12. Aufl., § 119 Rn 42; HK-BGB/*Dörner*, § 119 Rn 10; Erman/*Palm*, § 119 Rn 39; vgl. auch *Brox*, BGB AT, Rn 428 f.; Palandt/*Heinrichs*, § 119 Rn 17; Bamberger/Roth/*Wendtland*, § 119 Rn 36.
143 Vgl. Prot. I, S. 114 = *Mugdan* I, S. 720; ausf. zur Entstehungsgeschichte und den verschiedenen dogmatischen Ansätzen HKK/*Schermaier*, §§ 116–124 Rn 55, 60 ff.
144 Staudinger/*Dilcher*, 12. Aufl., § 119 Rn 45; HK-BGB/*Dörner*, § 119 Rn 15; Palandt/*Heinrichs*, § 119 Rn 23; Erman/*Palm*, § 119 Rn 41; Bamberger/Roth/*Wendtland*, § 119 Rn 39; *Brox*, BGB AT, Rn 418; *Larenz/Wolf*, BGB AT, § 36 Rn 37; vgl. Jauernig/*Jauernig*, § 119 Rn 11; RGRK/*Krüger-Nieland*, § 119 Rn 2; anders *Flume*, BGB AT Bd. 2, § 24, 2; ihm folgend *Medicus*, BGB AT, Rn 770: Abstellen auf den Inhalt des konkreten Rechtsgeschäfts; Soergel/*Hefermehl*, § 119 Rn 35: Erklärungsirrtum eigener Art; MüKo/*Kramer*, § 119 Rn 110 ff.: rudimentäre Regelung eines „Sachverhaltsirrtums" als Ausgangspunkt für eine letztlich auf § 242 zurückzuführende Verteilung des Irrtumsrisikos, die ähnlich der Lehre von der Geschäftsgrundlage zu erfolgen hat; vgl. auch die abweichende Konzeption der Irrtumslehre bei HKK/*Schermaier*, §§ 116–124 Rn 73 ff.
145 So die Bewertung von *Medicus*, BGB AT, Rn 769; vgl. dazu etwa BGHZ 16, 54, 57; 34, 32, 41; 70, 47, 48; 88, 240, 245.
146 BGHZ 16, 54, 57; 34, 32, 41; 70, 47, 48; 88, 240, 245; HK-BGB/*Dörner*, § 119 Rn 16; Palandt/*Heinrichs*, § 119 Rn 24; Erman/*Palm*, § 119 Rn 42; Bamberger/Roth/*Wendtland*, § 119 Rn 40.
147 Soergel/*Hefermehl*, § 119 Rn 37; Palandt/*Heinrichs*, § 119 Rn 24; Erman/*Palm*, § 119 Rn 42; vgl. OLG Stuttgart MDR 1983, 751.
148 Palandt/*Heinrichs*, § 119 Rn 26; Erman/*Palm*, § 119 Rn 44; Bamberger/Roth/*Wendtland*, § 119 Rn 41.
149 Vgl. RGZ 98, 206, 207; 158, 166, 170.
150 Vgl. BAG NJW 1992, 2173, 2174.
151 Vgl. RGZ 149, 235, 238; BGH WM 1963, 252, 253; OLG Frankfurt MDR 1980, 576, 577.

c) Verkehrswesentlichkeit. Weitere Anfechtungsvoraussetzung ist nach Abs. 2, dass die Eigenschaft der Person oder Sache, über die sich der Erklärende geirrt hat, im Verkehr als wesentlich angesehen wird. Das Merkmal der Verkehrswesentlichkeit hat den Sinn, die Anfechtung wegen solcher Eigenschaften auszuschließen, die allein aus der Sicht des Erklärenden und damit rein subjektiv erheblich sind. Deshalb kommt es vor allem auf den typischen wirtschaftlichen Zweck des Geschäfts an.[152] Sinn und Zweck des Abs. 2 gebieten es allerdings, den Geschäftszweck nicht ausschließlich nach dem objektiven Moment der Verkehrsanschauung und abstrakt, sondern stets mit Bezug auf das konkrete Rechtsgeschäft und dessen Zielrichtung zu bestimmen. Die Verkehrswesentlichkeit bestimmt sich der heute wohl h.M. zufolge sowohl anhand des typischen als auch des konkreten Geschäftszwecks.[153]

Die Verkehrswesentlichkeit kann sich dem zufolge bereits aus dem Inhalt und den **Umständen des konkreten Rechtsgeschäfts** ergeben. Für einen Irrtum über die Echtheit eines antiken Gegenstandes oder die Herkunft eines Porzellanservice aus einer Traditionsmanufaktur kann es z.B. einen maßgeblichen Unterschied machen, ob diese Sachen teuer bei einem renommierten Antiquitätenhändler oder billig bei einem Trödler gekauft worden sind.[154] Die Vertrauenswürdigkeit eines Arbeitnehmers begründet nur bei besonderen Vertrauenspositionen eine verkehrswesentliche Eigenschaft.[155] Eine Vorstrafe wegen Betrugs oder Untreue kann etwa bei einer Einstellung als Buchhalter, nicht aber als Lagerarbeiter verkehrswesentlich sein.[156]

Ergeben sich aus dem Inhalt und den Umständen des konkreten Rechtsgeschäfts keine hinreichenden Anhaltspunkte, wird die Verkehrswesentlichkeit der Eigenschaft, über die sich der Erklärende geirrt hat, anhand objektiver Kriterien nach Maßgabe der **allgemeinen Verkehrsanschauung** bestimmt. Danach darf bei einem bestimmten Geschäftstyp und Geschäftsgegenstand ohne weiteres davon ausgegangen werden, dass bestimmte Eigenschaften typischerweise vorliegen.[157]

d) Verkehrswesentliche Eigenschaften einer Person. Nach den obigen Grundsätzen (Rn 63 f., 66 ff.) kommen als verkehrswesentliche Eigenschaften einer Person zum einen alle **natürlichen Persönlichkeitsmerkmale** in Betracht, die der Person unmittelbar anhaften. Das sind vor allem ihr körperlicher und geistiger Zustand. Zum anderen können die **rechtlichen oder tatsächlichen Verhältnisse einer Person** verkehrswesentliche Eigenschaften sein, sofern sie nach ihrer Beschaffenheit und ihrer vorausgesetzten Dauer Einfluss auf die Wertschätzung dieser Person in allen oder zumindest in bestimmten, das konkrete Rechtsgeschäft betreffenden Bereichen auszuüben pflegen.[158]

Geht es um die Eigenschaften eines **Arbeitnehmers**, so sind sie nur dann verkehrswesentlich, wenn sie sich auf die Eignung zur Erbringung der vertraglich geschuldeten Arbeitsleistung auswirken.[159] Ist die Frage des Arbeitgebers nach der entsprechenden Eigenschaft im Einstellungsgespräch nicht zulässig (vgl. dazu § 123 Rn 51 ff.), berechtigt ein Irrtum über das Vorliegen oder Nichtvorliegen dieser Eigenschaft in der Regel auch nicht zur Anfechtung gem. Abs. 2. Sie ist dann nicht verkehrswesentlich.[160]

In der Rechtsprechung finden sich etwa die folgenden **Beispiele** dafür, welche Eigenschaften **je nach Inhalt und Zweck des konkreten Rechtsgeschäfts** verkehrswesentliche Eigenschaften einer Person sein können: die berufsrechtliche Qualifikation des Vertragspartners, wie sie für eine Eintragung in die Handwerksrolle erforderlich ist;[161] die Zugehörigkeit eines Personalberaters zu einer Sekte;[162] das Alter, die Sachkunde, die Vertrauenswürdigkeit und die Zuverlässigkeit des Vertragspartners bei solchen Verträgen, die auf eine vertrauensvolle Zusammenarbeit angelegt sind,[163] nicht jedoch bei Verträgen über den reinen Austausch von Gütern;[164] die Zahlungsfähigkeit, Kreditwürdigkeit und Vertrauenswürdigkeit eines Käufers, der ein zu privatisierendes Unternehmen in den neuen Bundesländern erwerben will;[165] das Geschlecht eines Arbeit-

---

152 Brox, BGB AT, Rn 421; Erman/Palm, § 119 Rn 43; vgl. Staudinger/Dilcher, 12. Aufl., § 119 Rn 46.
153 Vgl. BGHZ 88, 240, 246; BAG NJW 1992, 2173, 2174; Flume, BGB AT Bd. 2, § 24, 2b und d; Brox, BGB AT, Rn 421; HK-BGB/Dörner, § 119 Rn 17; Staudinger/Dilcher, 12. Aufl., § 119 Rn 46; Palandt/Heinrichs, § 119 Rn 25; Erman/Palm, § 119 Rn 43; Bamberger/Roth/Wendtland, § 119 Rn 40.
154 HK-BGB/Dörner, § 119 Rn 17; Bamberger/Roth/Wendtland, § 119 Rn 40.
155 BAG AP Nr. 17 zu § 123 BGB; ErfK/Preis, § 611 BGB Rn 437.
156 Vgl. ArbG Münster DB 1988, 2209.
157 HK-BGB/Dörner, § 119 Rn 17; Staudinger/Dilcher, 12. Aufl., § 119 Rn 46; Erman/Palm, § 119 Rn 43; Bamberger/Roth/Wendtland, § 119 Rn 40; vgl. Palandt/Heinrichs, § 119 Rn 25.
158 Erman/Palm, § 119 Rn 45; vgl. BGHZ 16, 54, 57; 88, 240, 246; BAG NJW 1991, 2723, 2725.
159 BAG NJW 1991, 2723, 2725 f.; ErfK/Preis, § 611 BGB Rn 429; MünchArbR/Richardi, § 46 Rn 31.
160 Vgl. ErfK/Preis, § 611 BGB Rn 430.
161 BGHZ 88, 240, 246 f.; vgl. auch OLG Hamm NJW-RR 1990, 523; LG Görlitz NJW-RR 1994, 117, 118.
162 LG Darmstadt NJW 1999, 365, 366.
163 BGH WM 1969, 292; 1970, 906; LG Darmstadt NJW 1999, 365, 366.
164 BGH BB 1960, 152; LG Darmstadt NJW 1999, 365, 366.
165 BezG Potsdam VIZ 1994, 249, 250 f.

nehmers, wenn es darauf nach der konkreten Art der Tätigkeit entscheidend ankommt[166] (und gem. § 611a Abs. 1 S. 2 ausnahmsweise ankommen darf[167]), nicht dagegen die Schwangerschaft der Arbeitnehmerin, und zwar weniger wegen der vorübergehenden Natur der Schwangerschaft[168] als vielmehr wegen der Wertungen des MuSchG und des Verbots der mittelbaren Diskriminierung wegen des Geschlechts;[169] die Krankheit des Arbeitnehmers, sofern ihm aufgrund dessen nicht bloß vorübergehend die notwendige Fähigkeit fehlt oder erheblich beeinträchtigt ist, die vertraglich geschuldete Arbeitsleistung zu erbringen, wie etwa im Fall der epileptischen Erkrankung eines Berufskraftfahrers.[170]

73 **e) Verkehrswesentliche Eigenschaften einer Sache.** Als verkehrswesentliche Eigenschaften einer Sache kommen nach den obigen Grundsätzen (Rn 63, 65, 66 ff.) neben der **natürlichen Beschaffenheit** diejenigen **tatsächlichen und rechtlichen Verhältnisse** in Betracht, welche infolge ihrer Beschaffenheit und Dauer unmittelbaren Einfluss auf den Wert oder die Brauchbarkeit der Sache ausüben. Diese Beziehungen der Sache zur Umwelt müssen außerdem in der Sache selbst ihren Grund haben, von ihr ausgehen und die Sache kennzeichnen oder näher beschreiben.[171] Danach können nur **wertbildende Faktoren**, welche die Sache unmittelbar kennzeichnen, verkehrswesentliche Eigenschaften der Sache sein.[172] Soweit das Fehlen einer verkehrswesentlichen Eigenschaft gleichzeitig einen Sach- oder Rechtsmangel begründet, ist der Vorrang der Mängelgewährleistungsvorschriften (§§ 437 ff.) zu beachten (vgl. dazu Rn 15 ff.).

74 Nach der Rechtsprechung können z.B. die folgenden Faktoren mangels hinreichend enger Beziehung zur Sache **keine verkehrswesentlichen Eigenschaften** sein: der Wert eines Gegenstandes als solcher;[173] die wirtschaftliche Verwertungsmöglichkeit der Sache;[174] die subjektive Verträglichkeit des Klimas bei einem Grundstückskauf;[175] das Eigentum an der Sache.[176]

75 Im Gegensatz dazu finden sich in der Rechtsprechung etwa die folgenden Beispiele dafür, welche Eigenschaften **im Hinblick auf den Inhalt und Zweck des konkreten Rechtsgeschäfts** als verkehrswesentliche Eigenschaften einer Sache **anerkannt** worden sind: das Alter oder Baujahr eines gebrauchten Kraftfahrzeugs;[177] die Ausstattung des zu einem Liebhaberpreis gekauften Oldtimer-Motorrades mit einem Originalrahmen;[178] die Echtheit eines Kunstwerks[179] und die Urheberschaft eines bestimmten Künstlers an einem Gemälde;[180] die Überschuldung eines Nachlasses oder seine Belastung mit wesentlichen Verbindlichkeiten;[181] die Grenzen, der Umfang, die Lage und die Bebaubarkeit eines Grundstücks;[182] die belastenden Festsetzungen eines Bebauungsplans für das gekaufte Grundstück.[183]

III. Kausalität des Irrtums für die Abgabe der Willenserklärung

76 Die Anfechtbarkeit wegen eines Erklärungs-, Inhalts- oder Eigenschaftsirrtums setzt gem. § 119 Abs. 1 letzter Hs. weiter voraus, dass der Erklärende die Willenserklärung bei Kenntnis der Sachlage und bei verständiger Würdigung des Falles nicht abgegeben haben würde. Diese Voraussetzung einer **„vernünftigen Kausalität"**[184] enthält ein subjektives und ein objektives Element, um diejenigen Fehlvorstellungen auszuschließen, die keinen Einfluss auf die Abgabe der Willenserklärung gehabt haben.[185]

77 Die **subjektive Erheblichkeit** des Irrtums fehlt, wenn sich feststellen lässt, dass der Erklärende die Willenserklärung auch bei Kenntnis der Sachlage, also ohne den Irrtum abgegeben hätte.[186] Die Einschränkung dürfte kaum praktische Bedeutung haben, weil der Erklärende in diesem Fall regelmäßig schon nicht anfechten wird. Diese subjektive Voraussetzung bedeutet keine Einschränkung wegen eines Verschuldens. Auch ein grob fahrlässiger Irrtum berechtigt den Erklärenden zur Anfechtung.[187]

---

166 BAG NJW 1991, 2723, 2725 f.
167 Vgl. dazu AnwK-BGB/*Franzen*, § 611a Rn 21 ff.
168 So BAG NJW 1992, 2173, 2174 m.w.N.
169 Vgl. ErfK/*Preis*, § 611 BGB Rn 435; MünchArbR/ *Richardi*, § 46 Rn 34.
170 BAG AP Nr. 3 zu § 119 BGB.
171 RGZ 149, 235, 238; BGHZ 16, 54, 57; 34, 32, 41; 70, 47, 48.
172 Bamberger/Roth/*Wendtland*, § 119 Rn 44; vgl. BGHZ 16, 54, 57.
173 RG JW 1912, 525; LZ 1926, 742; HRR 1932 Nr. 224; BGHZ 16, 54, 57; BGH LM § 123 Nr. 52; LM § 779 Nr. 2.
174 BGHZ 16, 54, 57.
175 BGH DB 1972, 479, 481.
176 RG Recht 1908 Nr. 686; BGHZ 34, 32, 41 f.
177 BGH NJW 1979, 160, 161.
178 Vgl. OLG Karlsruhe NJW-RR 1993, 1138, 1139.
179 OLG Düsseldorf NJW 1992, 1326.
180 BGHZ 63, 369, 371 = BGH NJW 1975, 970; 1988, 2597, 2599.
181 BGHZ 106, 359, 363; vgl. RGZ 158, 50; BGH NJW 1997, 392, 394; OLG Hamm NJW 1966, 1080; BayObLG NJW-RR 1999, 590, 591 f.
182 BGHZ 32, 34, 41; vgl. bereits RG WarnRspr. 1911 Nr. 172 und Nr. 368; 1912 Nr. 205; Recht 1912 Nr. 2797.
183 OLG Köln VersR 2000, 243, 244 f.
184 Vgl. *Medicus*, BGB AT, Rn 773.
185 Erman/*Palm*, § 119 Rn 53; *Brox*, BGB AT, Rn 431, 432; vgl. RGRK/*Krüger-Nieland*, § 119 Rn 67; anders Staudinger/*Dilcher*, 12. Aufl., § 119 Rn 73: keine zusätzliche objektive Voraussetzung.
186 Staudinger/*Dilcher*, 12. Aufl., § 119 Rn 73; Erman/ *Palm*, § 119 Rn 54; *Brox*, BGB AT, Rn 431.
187 Erman/*Palm*, § 119 Rn 53.

Die **objektive Erheblichkeit** fehlt, wenn der Erklärende bei verständiger Würdigung des Falles nicht angefochten hätte. Anzulegen ist der Maßstab eines verständigen Menschen, der die Lage ohne Launenhaftigkeit und Willkür bewertet. Es kommt zwar auf die persönlichen Verhältnisse und Umstände des Irrenden an, aber nicht auf eine etwaige Willkür, Eigensinn oder Unverstand.[188] Danach ist die Anfechtungsmöglichkeit in der Regel ausgeschlossen, wenn der Irrende durch die angefochtene Erklärung keinen wirtschaftlichen Nachteil erlitten hat oder ohne die Anfechtung sogar wirtschaftlich besser steht.[189] Das gilt jedoch z.B. nicht beim Verkauf von Kunstwerken, weil dort der wirtschaftliche Wert nicht allein den Ausschlag gibt.[190] An der objektiven Erheblichkeit des Irrtums kann es auch fehlen, wenn die Abgabe der Willenserklärung rechtlich geboten war[191] oder sich der Irrtum lediglich auf unwesentliche Nebenpunkte bezieht.[192]

IV. Rechtsfolgen

Liegen die Voraussetzungen des § 119 vor, kann der Erklärende die irrtumsbehaftete Willenserklärung **anfechten**, sofern die Anfechtung nicht ausnahmsweise ausgeschlossen ist (vgl. dazu Rn 11 ff., 20 ff.). Die unverzügliche Anfechtung (§ 121) führt grundsätzlich zur rückwirkenden Nichtigkeit der Erklärung (§ 142 Abs. 1; zu Ausnahmen von der Rückwirkung vgl. Rn 23 sowie ausf. § 142 Rn 7 ff.). Der Anfechtende muss dem Anfechtungsgegner gem. § 122 den Vertrauensschaden ersetzen (vgl. zur Berechnung des ersatzfähigen Schadens § 122 Rn 9 f.).

C. Weitere praktische Hinweise

Will der Erklärende die Nichtigkeit seiner Willenserklärung wegen einer Irrtumsanfechtung geltend machen, trägt er die Darlegungs- und **Beweislast** für alle Anfechtungsvoraussetzungen (zur Darlegungs- und Beweislast des Anfechtungsgegners für die Verspätung der Anfechtung vgl. § 121 Rn 18). Dazu gehört neben dem Irrtum die „vernünftige Kausalität" gem. Abs. 1 letzter Hs.[193] Zum Nachweis dieser Kausalität genügt es, wenn der Anfechtende die Tatsachen darlegt und beweist, welche die Schlussfolgerung zulassen, dass er die irrtumsbehaftete Willenserklärung bei Kenntnis der Sachlage und bei verständiger Würdigung des Falles nicht abgegeben hätte.[194]

§ 120 Anfechtbarkeit wegen falscher Übermittlung

¹Eine Willenserklärung, welche durch die zur Übermittlung verwendete Person oder Einrichtung unrichtig übermittelt worden ist, kann unter der gleichen Voraussetzung angefochten werden wie nach § 119 eine irrtümlich abgegebene Willenserklärung.

Literatur: *Marburger,* Absichtliche Falschübermittlung und Zurechnung von Willenserklärungen, AcP 173 (1973), 137; *Schwung,* Die Verfälschung von Willenserklärungen durch Boten, JA 1983, 12; vgl. zu den Rechtsfragen elektronischer Willenserklärungen: *Borges,* Verträge im elektronischen Rechtsverkehr. Vertragsabschluß, Beweis, Form, Lokalisierung, anwendbares Recht, 2003; *Clemens,* Die elektronische Willenserklärung, NJW 1985, 1998; *Vehslage,* Elektronisch übermittelte Willenserklärungen, AnwBl. 2002, 86.

A. Allgemeines	1	II. Rechtsfolgen	11
B. Regelungsgehalt	2	C. Weitere praktische Hinweise	16
I. Voraussetzungen	2		

---

[188] RGZ 62, 201, 206; BGH NJW 1988, 2597, 2599; BAG NJW 1991, 2723, 2726; Staudinger/*Dilcher,* 12. Aufl., § 119 Rn 73; MüKo/*Kramer,* § 119 Rn 141; RGRK/*Krüger-Nieland,* § 119 Rn 67; Bamberger/Roth/*Wendtland,* § 119 Rn 45.

[189] RGZ 128, 116, 121; BGH NJW 1988, 2597, 2599; Staudinger/*Dilcher,* 12. Aufl., § 119 Rn 74; Soergel/*Hefermehl,* § 119 Rn 67; Palandt/*Heinrichs,* § 119 Rn 31; Erman/*Palm,* § 119 Rn 54.

[190] BGH NJW 1988, 2597, 2599.

[191] OLG München WRP 1985, 237, 238; Palandt/*Heinrichs,* § 119 Rn 31; Bamberger/Roth/*Wendtland,* § 119 Rn 45.

[192] RG Recht 1915 Nr. 2214; Palandt/*Heinrichs,* § 119 Rn 31; Bamberger/Roth/*Wendtland,* § 119 Rn 45; einschr. Staudinger/*Dilcher,* 12. Aufl., § 119 Rn 74.

[193] Palandt/*Heinrichs,* § 119 Rn 32; Erman/*Palm,* § 119 Rn 56; Bamberger/Roth/*Wendtland,* § 119 Rn 47.

[194] RG HRR 1935 Nr. 1372; Staudinger/*Dilcher,* 12. Aufl., § 119 Rn 79; Erman/*Palm,* § 119 Rn 56; abw. RGRK/*Krüger-Nieland,* § 119 Rn 91: Unzulässigkeit eines Anscheinsbeweises.

A. Allgemeines

1 Übermittelt der Erklärende seine Willenserklärung dem Empfänger nicht selbst, sondern bedient er sich einer Mittelsperson oder einer Einrichtung, trägt er gem. § 120 das damit verbundene **Risiko**. Trotz einer **unrichtigen Übermittlung** – z.B. wegen eines Fehlers auf dem Telegrafenamt[1] – wird die Erklärung mit dem Zugang beim Erklärungsempfänger zunächst wirksam (vgl. § 130 Abs. 1 S. 1). Der Empfänger darf im Interesse des Verkehrsschutzes auf ihre Gültigkeit und Richtigkeit vertrauen. Der Erklärende kann die von seinem „Erklärungswerkzeug" verfälschte Willenserklärung aber so anfechten, als hätte er sich selbst bei der Erklärungshandlung geirrt. § 120 stellt die unrichtige Übermittlung einer Willenserklärung einem Erklärungsirrtum gem. § 119 Abs. 1, 2. Fall (vgl. dazu § 119 Rn 30 ff.) gleich.[2] Ficht der Erklärende wegen der Falschübermittlung an, muss er dem Empfänger, wie bei einer Anfechtung nach § 119, den Vertrauensschaden ersetzen (§ 122).

B. Regelungsgehalt

I. Voraussetzungen

2 § 120 setzt voraus, dass der Erklärende eine Person oder Einrichtung zur Übermittlung seiner Willenserklärung verwendet. **Übermittlungspersonen** können vor allem Boten und Dolmetscher[3] sein. Der Begriff der **Einrichtung** (bis 31.7.2001: Anstalt[4]) ist nach dem Gesetzeszweck weit auszulegen. Er erfasst, unabhängig von der jeweiligen Organisation und Übermittlungstechnik, alle öffentlichen und privaten Einrichtungen, die, auf welche Art auch immer, eine fremde Willenserklärung an den Adressaten übermitteln.[5] Dazu zählen vor allem die Einrichtungen der modernen Telekommunikation und des elektronischen Rechtsverkehrs. § 120 erfasst z.B. die Übermittlung von Willenserklärungen per Telegramm, Fernschreiben, Telefax, Teletext, SMS oder E-Mail über Einrichtungen der Deutschen Telekom AG, der Deutschen Post AG oder privater Anbieter oder Provider.[6] Für die Anwendbarkeit des § 120 genügt es, wenn die Einrichtung lediglich die Leitung zur Verfügung stellt.[7] Die schlichte Nutzung des Telefons erfüllt dagegen nicht den Tatbestand, weil eine eigene Willenserklärung abgegeben wird und keine Fremdübermittlung stattfindet (vgl. auch § 147 Abs. 1 S. 2). Irrtümer am Telefon sind unmittelbar nach § 119 Abs. 1 zu beurteilen.[8] Ein Übermittlungsirrtum liegt jedoch vor, wenn der Erklärungsinhalt aufgrund eines technischen Defekts (Störung der Telefonleitung) verfälscht an den Empfänger weitergeleitet wird[9] oder die Post den Inhalt eines Telegramms fernmündlich falsch zuspricht.[10] § 120 findet auch Anwendung, wenn eine automatisierte, vom Computer erstellte Auftragsbestätigung (vgl. § 312e Abs. 1 Nr. 3) mit nur einem Hundertstel des richtigen Preises an den Empfänger übermittelt wird, weil der Erklärende nicht erkennt, dass sein Provider die Software geändert hat, und deshalb bei den glatten Beträgen, die der Erklärende korrekt auf der zugrunde liegenden Website eingegeben hat, zwei Kommastellen gesetzt worden sind (aus 7.215 DM wurden 72,15 DM).[11]

3 Die Mittelsperson oder Einrichtung muss eine **fremde Willenserklärung** übermitteln; sie muss ein „Werkzeug" des Erklärenden sein.[12] Deshalb greift § 120 nur bei der Botenschaft, aber nicht bei der Stellvertretung ein. Da der Stellvertreter im Unterschied zum Boten eine eigene Willenserklärung abgibt (vgl. § 164 Abs. 1; zur Definition der Botenschaft und zur Abgrenzung von der Stellvertretung siehe § 164 Rn 47 ff.), kommt es für das Vorliegen eines Willensmangels auf die Person des Vertreters und nicht auf die des Vertretenen an (§ 166 Abs. 1).[13]

---

1 Vgl. zum „Telegraphen-Fall" als Anlass für die Regelung des § 120 und zur weiteren Entstehungsgeschichte HKK/*Schermaier*, §§ 116–124 Rn 86 ff.
2 Soergel/*Hefermehl*, § 120 Rn 1; MüKo/*Kramer*, § 120 Rn 1; RGRK/*Krüger-Nieland*, § 120 Rn 1 f.; Erman/*Palm*, § 120 Rn 1; Bamberger/Roth/*Wendtland*, § 120 Rn 1.
3 Vgl. BGH WM 1963, 165, 166 = BB 1963, 204.
4 Den Begriff „Anstalt" hat Art. 1 Nr. 1 des Gesetzes zur Anpassung der Formvorschriften des Privatrechts und anderer Formvorschriften an den modernen Rechtsgeschäftsverkehr v. 13.7.2001 (BGBl I S. 1542) zum 1.8.2001 durch den Begriff „Einrichtung" ersetzt.
5 Erman/*Palm*, § 120 Rn 2; *Fritzsche/Malzer*, DNotZ 1995, 3, 13 f. (jew. noch zur „Anstalt").
6 Vgl. Jauernig/*Jauernig*, § 118 Rn 2; Erman/*Palm*, § 120 Rn 2; MüKo/*Kramer*, § 118 Rn 2; Bamberger/Roth/*Wendtland*, § 120 Rn 2; *Fritzsche/Malzer*, DNotZ 1995, 3, 13 f.; speziell zu E-Mails *Ultsch*, NJW 1997, 3007, 3009.
7 Jauernig/*Jauernig*, § 118 Rn 2; *Fritzsche/Malzer*, DNotZ 1995, 3, 13 f.
8 HK-BGB/*Dörner*, § 120 Rn 2; Erman/*Palm*, § 120 Rn 2.
9 Bamberger/Roth/*Wendtland*, § 120 Rn 2.
10 Soergel/*Hefermehl*, § 120 Rn 2; Erman/*Palm*, § 120 Rn 2.
11 OLG Frankfurt MMR 2003, 405, 406 f. = MDR 2003, 677 f.; ganz ähnlich OLG Hamm NJW 2004, 2601.
12 MüKo/*Kramer*, § 120 Rn 2; vgl. RGRK/*Krüger-Nieland*, § 120 Rn 1.
13 Staudinger/*Dilcher*, 12. Aufl., § 120 Rn 3; HK-BGB/*Dörner*, § 120 Rn 2; Soergel/*Hefermehl*, § 120 Rn 2; Palandt/*Heinrichs*, § 120 Rn 2; Jauernig/*Jauernig*, § 120 Rn 2; MüKo/*Kramer*, § 120 Rn 2; Bamberger/Roth/*Wendtland*, § 120 Rn 3.

Anfechtbarkeit wegen falscher Übermittlung § 120

Die Mittelsperson oder Einrichtung muss dem **Machtbereich des Erklärenden** zuzurechnen sein.[14] Nur 4
dann ist es gerechtfertigt, dass er gem. § 120 das Übermittlungsrisiko trägt (vgl. Rn 1). Die Vorschrift
erfasst daher nur Erklärungsboten. Wird die Willenserklärung dagegen richtig an einen Empfangsboten (vgl.
zur Abgrenzung von Erklärungs- und Empfangsboten § 164 Rn 47 ff.; 103) übermittelt und leitet dieser
sie dann verfälscht an den Erklärungsempfänger weiter, ist § 120 auch nicht analog anwendbar. Mit der
Einstellung der Erklärung in den Machtbereich des Empfängers geht das Verfälschungsrisiko auf ihn über
(vgl. § 130 Abs. 1 S. 1).[15] Dieselben Grundsätze gelten im elektronischen Rechtsverkehr bei der Übermittlung
von Willenserklärungen per E-Mail oder SMS. Das Risiko für Verfälschungen auf dem Transportweg, z.B.
aufgrund technischer Defekte, trägt der Erklärende. Die Anwendung des § 120 scheidet aus, sobald die
elektronische Erklärung unverfälscht in den Machtbereich des Empfängers (Mailbox) gelangt ist.[16]

Nach der Rechtsprechung[17] und der herrschenden Lehre[18] erfasst § 120 nur die **unbewusste Falschüber-** 5
mittlung. Verfälscht der Bote die Erklärung dagegen **bewusst** (vorsätzlich), soll es sich nicht mehr um
eine Erklärung des Auftraggebers, sondern um eine eigene Erklärung des Boten handeln. Da der Bote seine
Befugnisse bewusst überschreitet, seien die Regelungen der §§ 177 ff. analog anwendbar („Bote ohne Botenmacht"). Genehmigt der Auftraggeber nicht, haftet der Bote dem Erklärungsgegner danach entsprechend
§ 179 Abs. 1 wahlweise auf Erfüllung oder Schadensersatz.[19] Der Auftraggeber selbst müsse die Erklärung
weder anfechten, noch hafte er gem. § 122. Er soll dem Erklärungsgegner nur dann gem. §§ 311 Abs. 2, 241
Abs. 2, 280 Abs. 1, Abs. 3 i.V.m. § 282 (Verschulden bei Vertragsschluss, zum Ersatz des Vertrauensschadens
verpflichtet sein, wenn er schuldhaft (§ 276 Abs. 1) eine unzuverlässige Mittelsperson oder Einrichtung
ausgesucht hat.[20]

Gegen die herrschende Auffassung spricht vor allem, dass die Regelung des § 120 auf den Gedanken 6
der **Risikoverteilung im Verkehrsschutzinteresse** beruht (vgl. bereits Rn 1). Da der Erklärende durch
die Einschaltung eines Boten überhaupt erst die Gefahr einer Verfälschung schafft, muss er auch das
damit verbundene Risiko tragen. Außerdem wählt er den Boten aus und instruiert ihn. Er kann die
Zuverlässigkeit des Boten einschätzen und ihn in gewissem Umfang überwachen. Deshalb kann er das
Risiko einer bewussten Verfälschung viel eher beherrschen als der Empfänger, der den Boten weder einsetzt
noch steuern kann. Schließlich macht es für den Empfänger keinen wesentlichen, die Anwendung oder
Nichtanwendung § 120 rechtfertigenden Unterschied, ob der Bote die Erklärung unbewusst oder bewusst
verfälscht hat. Oft kann er diesen Unterschied nicht einmal erkennen, und in der Praxis dürfte das im
Einzelfall ohnehin schwer nachzuweisen sein (vgl. zur Beweislast Rn 16). Nach dem Risikoprinzip (oder
Veranlassungsprinzip), das § 120 zugrunde liegt, erfasst die Vorschrift somit entgegen der h.M. auch die
bewusste Falschübermittlung.[21] Dieses Ergebnis steht im Einklang mit den allgemeinen Grundsätzen
der Zurechnung von Willenserklärungen: Wer einen Boten einsetzt, muss alle von ihm vorgenommenen
Verfälschungen verantworten.[22]

Hat der Erklärende dagegen überhaupt keinen Boten eingeschaltet, sondern geriert sich ein Dritter als 7
vermeintlicher Bote („Scheinbote", „Pseudo-Bote"), kann die von diesem frei erfundene Willenserklärung
dem scheinbaren Erklärenden nicht zugerechnet werden. Hier hat der Erklärende kein Risiko gesetzt. Deshalb
greift § 120 mit der herrschenden Auffassung nicht ein. Stattdessen kommt die analoge Anwendung der
§§ 177 ff. auf den vermeintlichen Boten in Betracht, und der angebliche Erklärende haftet dem Empfänger
u.U. aus §§ 311 Abs. 2, 241 Abs. 2, 280 Abs. 1, Abs. 3 i.V.m. § 282 (vgl. Rn 12).[23] Die gleichen Grundsätze
gelten, wenn ein **unbefugter Dritter** die Erklärung auf dem Transportweg verfälscht, indem z.B. ein Hacker
unverschlüsselte und nicht elektronisch signierte E-Mails manipuliert.[24]

Der Bote übermittelt die Willenserklärung **unrichtig**, wenn er sie dem Empfänger mit einem anderen Inhalt 8
oder einem anderen Sinn überbringt. Berühmtes Beispiel ist der „Telegraphen-Fall" (vgl. Rn 1), der den

---

14 Vgl. HKK/*Schermaier*, §§ 116–124 Rn 89.
15 Staudinger/*Dilcher*, 12. Aufl., § 120 Rn 6; MüKo/*Kramer*, § 120 Rn 6; Erman/*Palm*, § 120 Rn 2; vgl. Soergel/*Hefermehl*, § 120 Rn 3.
16 Bamberger/Roth/*Wendtland*, § 120 Rn 4; *Ultsch*, NJW 1997, 3007, 3009.
17 BGH WM 1963, 165, 166 = BB 1963, 204; OLG Oldenburg NJW 1978, 951; OLG Hamm VersR 1984, 173; OLG Koblenz BB 1994, 819, 820.
18 Staudinger/*Dilcher*, 12. Aufl., § 120 Rn 9; HK-BGB/*Dörner*, § 120 Rn 4; Soergel/*Hefermehl*, § 120 Rn 4; Palandt/*Heinrichs*, § 120 Rn 4; Jauernig/*Jauernig*, § 120 Rn 4; RGRK/*Krüger-Nieland*, § 120 Rn 5, 11; Erman/*Palm*, § 120 Rn 3; Bamberger/Roth/*Wendtland*, § 120 Rn 5; *Flume*, BGB AT Bd. 2, § 23,

3; *Larenz/Wolf*, BGB AT, § 36 Rn 18; *Brox*, BGB AT, Rn 417.
19 Gegen die analoge Anwendung des § 179 Staudinger/*Dilcher*, 12. Aufl., § 120 Rn 10.
20 Stattdessen für eine analoge Anwendung des § 122 *Larenz/Wolf*, BGB AT, § 36 Rn 26.
21 *Marburger*, AcP 173 (1973), 137 ff.; HKK/*Schermaier*, §§ 116–124 Rn 89; MüKo/*Kramer*, § 120 Rn 3; *Bork*, BGB AT, Rn 1361; *Medicus*, BGB AT, Rn 748.
22 HKK/*Schermaier*, §§ 116–124 Rn 89.
23 HKK/*Schermaier*, §§ 116–124 Rn 90.
24 Bamberger/Roth/*Wendtland*, § 120 Rn 5; vgl. *Hoffmann*, NJW 2001, Beilage zu Heft 14, S. 3, 9.

Anlass für die Regelung des § 120 bildete: Das Telegramm enthielt statt des Worts „kaufen" das Wort „verkaufen".[25] Beispiele aus dem Bereich der modernen Telekommunikation sind Datentransportschäden bei der Versendung von E-Mails, die in der Sphäre des Providers entstanden sind.[26] Nicht mehr in den Anwendungsbereich des § 120 fallen Erklärungen, die **völlig unverständlich**, sinnlos oder verstümmelt weitergegeben werden. Hier fehlt es bereits am Tatbestand einer (anfechtbaren) Willenserklärung.[27] Dagegen ist § 120 grundsätzlich anwendbar, wenn die Erklärung einem **falschen Adressaten** übermittelt wird. Konnte der Empfänger allerdings aufgrund der Adressierung erkennen, dass die Erklärung nicht an ihn gerichtet war, bedarf es mangels Vertrauensschutzes keiner Anfechtung. Ist die Erklärung in Bezug auf den Empfänger mehrdeutig, weil z.B. zwei Parteien mit demselben Namen im Haus wohnen, kommt die Anwendung des § 155 (versteckter Dissens) in Betracht.[28]

9 Die Anfechtbarkeit gem. § 120 setzt die **Unkenntnis des Empfängers** vom wahren Inhalt der Erklärung voraus. Unerheblich ist, wie bei § 119, ob er den Übermittlungsfehler hätte erkennen können oder sogar müssen. Das Kennenmüssen erlangt erst im Rahmen des Schadensersatzanspruchs gem. § 122 Abs. 2 Bedeutung. Hat der Empfänger die Erklärung dagegen trotz des Fehlers richtig verstanden, muss er den wirklichen Willen des Erklärenden gegen sich gelten lassen. Dann handelt es sich um eine unschädliche Falschbezeichnung (*falsa demonstratio non nocet*; vgl. dazu § 133 Rn 46).[29]

10 Da § 120 für die Anfechtbarkeit auf § 119 verweist, müssen die dort genannten zusätzlichen Voraussetzungen vorliegen. Der Erklärende dürfte die Willenserklärung bei **Kenntnis der Sachlage** und bei **verständiger Würdigung des Falles** (vgl. zu diesen Voraussetzungen § 119 Rn 75 ff.) nicht so abgegeben haben, wie sie dem Empfänger (unrichtig) übermittelt worden ist.[30]

II. Rechtsfolgen

11 Liegen die Voraussetzungen des § 120 (und die ergänzenden Voraussetzungen des § 119) vor, kann der Erklärende die unrichtig übermittelte Willenserklärung **anfechten**. Die unverzügliche Anfechtung (§ 121) führt grundsätzlich zur rückwirkenden Nichtigkeit der Erklärung (§ 142 Abs. 1; zu Ausnahmen von der Rückwirkung vgl. § 142 Rn 7 ff.).

12 Der **Anfechtungsgegner** hat gegen den **Anfechtenden** Anspruch auf Ersatz des Vertrauensschadens gem. § 122 (vgl. zur Berechnung des ersatzfähigen Schadens § 122 Rn 9 f.). Der Anspruch besteht unabhängig davon, ob den Boten ein Verschulden an der Falschübermittlung trifft.[31] Nach herrschender Auffassung greift § 120 und damit § 122 allerdings nicht ein, wenn der Bote die Erklärung bewusst (vorsätzlich) falsch übermittelt hat (siehe Rn 5). Hat der Erklärende **schuldhaft** einen unzuverlässigen Boten ausgewählt, kommt auch eine Haftung gem. §§ 311 Abs. 2, 241 Abs. 2, 280 Abs. 1, Abs. 3 i.V.m. § 282 (Verschulden bei Vertragsschluss) in Betracht.[32]

13 Bei einer **bewussten Falschübermittlung** sollen, anders als hier vertreten (vgl. Rn 6), nicht § 120 und § 122 eingreifen. Stattdessen hat der **Empfänger** der verfälschten Erklärung nach h.M. die Wahl, ob er den **Boten** in entsprechender Anwendung des § 179 Abs. 1 auf Erfüllung oder Schadensersatz in Anspruch nehmen will, sofern der Geschäftsherr die Erklärung nicht genehmigt (siehe Rn 5). Die bewusste Verfälschung durch den Boten oder einen **Dritten** (Hacker) kann ferner deliktische Ansprüche des Empfängers begründen.[33] Eine Haftung des **Erklärenden** gem. §§ 311 Abs. 2, 241 Abs. 2, 280 Abs. 1, Abs. 3 i.V.m. § 282 (Verschulden bei Vertragsschluss) gegenüber dem Empfänger kommt in Betracht, wenn er schuldhaft einen unzuverlässigen Boten ausgewählt hat.[34]

14 Die Haftung des **Boten** gegenüber dem **Geschäftsherrn** richtet sich nach dem Innenverhältnis (z.B. Auftrag, Geschäftsbesorgungsvertrag, Provider-Vertrag, Gefälligkeit).[35] Unter besonderen Umständen können auch deliktische Ansprüche, vor allem aus § 826, gegeben sein.[36]

---

25 Staudinger/*Dilcher*, 12. Aufl., § 120 Rn 8; vgl. Soergel/*Hefermehl*, § 120 Rn 5; RGRK/*Krüger-Nieland*, § 120 Rn 4; Bamberger/Roth/*Wendtland*, § 120 Rn 6.

26 Bamberger/Roth/*Wendtland*, § 120 Rn 6; vgl. *Fritzsche/Malzer*, DNotZ 1995, 3, 13 f.; *Ultsch*, NJW 1997, 3007, 3009.

27 MüKo/*Kramer*, § 120 Rn 4; Erman/*Palm*, § 120 Rn 3.

28 MüKo/*Kramer*, § 120 Rn 5; Bamberger/Roth/*Wendtland*, § 120 Rn 6; a.A. bei Mehrdeutigkeit RGRK/*Krüger-Nieland*, § 120 Rn 4; vgl. auch Staudinger/*Dilcher*, 12. Aufl., § 120 Rn 13; Soergel/*Hefermehl*, § 120 Rn 7 f.

29 Staudinger/*Dilcher*, 12. Aufl., § 120 Rn 11; RGRK/*Krüger-Nieland*, § 120 Rn 8; Erman/*Palm*, § 120 Rn 4; Bamberger/Roth/*Wendtland*, § 120 Rn 7.

30 HK-BGB/*Dörner*, § 120 Rn 5; Erman/*Palm*, § 120 Rn 5.

31 Staudinger/*Dilcher*, 12. Aufl., § 120 Rn 14; Erman/*Palm*, § 120 Rn 7.

32 Erman/*Palm*, § 120 Rn 7.

33 Bamberger/Roth/*Wendtland*, § 120 Rn 8; vgl. RGRK/*Krüger-Nieland*, § 120 Rn 11.

34 Erman/*Palm*, § 120 Rn 7.

35 MüKo/*Kramer*, § 120 Rn 7; Bamberger/Roth/*Wendtland*, § 120 Rn 8.

36 Erman/*Palm*, § 120 Rn 7.

Die Haftung der Anbieter von **Telekommunikationsdienstleistungen** ist in Sondervorschriften geregelt (§§ 40 f. TKG, § 7 TKV; vgl. ferner §§ 8 ff. TDG). Sie wird dort regelmäßig beschränkt.[37]   15

C. Weitere praktische Hinweise

Die Darlegungs- und **Beweislast** trägt auch im Rahmen des § 120 grundsätzlich der Anfechtende (vgl. allgemein § 119 Rn 79). Er muss darlegen und im Bestreitensfall beweisen, dass die Anfechtungsvoraussetzungen vorlagen und dass er seine Willenserklärung fristgerecht angefochten hat. Beruft sich der Erklärende auf eine bewusste Verfälschung des Boten (vgl. Rn 5) oder darauf, dass der Empfänger die Erklärung trotz des Übermittlungsfehlers richtig verstanden hat (vgl. Rn 9), erstreckt sich die Darlegungs- und Beweislast auf diese für ihn günstigen Behauptungen. Macht er dagegen geltend, die Erklärung sei erst im Machtbereich des Empfängers verfälscht worden (z.B. durch die unrichtige Weitergabe des Empfangsboten), richtet sich die Darlegungs- und Beweislast nach der Risikoverteilung (vgl. dazu Rn 4). Sie obliegt dem Erklärenden für die unverfälschte Übermittlung in den Einflussbereich des Empfängers und dem Empfänger (gegenbeweislich) dafür, dass die Erklärung bei ihm nicht verfälscht worden ist.[38]   16

Anwendbar ist § 120 auch auf Willenserklärungen, die auf den Abschluss von **Fernabsatzverträgen** gerichtet sind. Hier hat die Vorschrift allerdings auf Seiten der Verbraucher kaum Bedeutung, weil für sie die Ausübung des Widerrufsrechts gem. § 312 d i.V.m. §§ 355, 356 günstiger ist. Der Widerruf muss, anders als die Anfechtung, nicht unverzüglich (§ 121) erklärt werden, sondern es gilt eine Frist von zwei Wochen (§ 355 Abs. 1). Außerdem löst er im Gegensatz zur Anfechtung keine Schadensersatzpflicht (§ 122) aus.[39] Bedeutung hat § 120 bei Fernabsatzverträgen eher für den Unternehmer.[40]   17

§ 121 Anfechtungsfrist

(1) ¹Die Anfechtung muss in den Fällen der §§ 119, 120 ohne schuldhaftes Zögern (unverzüglich) erfolgen, nachdem der Anfechtungsberechtigte von dem Anfechtungsgrund Kenntnis erlangt hat. ²Die einem Abwesenden gegenüber erfolgte Anfechtung gilt als rechtzeitig erfolgt, wenn die Anfechtungserklärung unverzüglich abgesendet worden ist.

(2) ¹Die Anfechtung ist ausgeschlossen, wenn seit der Abgabe der Willenserklärung zehn Jahre verstrichen sind.

A. Allgemeines 1	2. Unverzüglichkeit der Anfechtung
B. Regelungsgehalt 3	(Abs. 1 S. 1) 9
I. Anwendungsbereich 3	3. Unverzügliche Absendung (Abs. 1 S. 2) 15
II. Ausschlussfrist des Abs. 1 4	III. Ausschlussfrist des Abs. 2 17
1. Kenntnis vom Anfechtungsgrund 4	C. Weitere praktische Hinweise 18

A. Allgemeines

Hat sich der Erklärende bei der Abgabe einer Willenserklärung gem. § 119 geirrt oder ist die Erklärung gem. § 120 unrichtig übermittelt worden, führt das nicht zu ihrer Nichtigkeit, sondern nur zur **Anfechtbarkeit**. Der Erklärende hat die freie Wahl, ob er die Willenserklärung durch eine Anfechtung rückwirkend vernichten will (§ 142 Abs. 1), verbunden mit einer möglichen Schadensersatzpflicht (§ 122), oder ob er sie trotz des Willensmangels gelten lassen möchte (vgl. allgemein § 143 Rn 1). Diese Entscheidung kann der Erklärungsgegner rechtlich nicht beeinflussen. Er kann dem Erklärenden weder eine Frist setzen, anders als etwa in Bezug auf die Entscheidung des gesetzlichen Vertreters seines minderjährigen Vertragspartners, ob er dessen Erklärung genehmigen will (vgl. § 108 Abs. 2; siehe dazu § 108 Rn 6 ff.), noch steht ihm ein Widerrufsrecht zu (vgl. § 109 Abs. 1; siehe dazu § 109 Rn 2 ff.). Der **Schwebezustand** darf indessen vor allem in seinem Interesse, aber auch im Interesse des allgemeinen Verkehrsschutzes, nicht zu lange dauern.[1] Der Anfechtungsberechtigte soll nicht auf Kosten des Anfechtungsgegners spekulieren können, ob sich die Umstände zukünftig so zu seinen Gunsten ändern, dass er seine Erklärung besser gelten   1

---

37 Vgl. Palandt/*Heinrichs*, § 120 Rn 5; Erman/*Palm*, § 120 Rn 7.
38 Bamberger/Roth/*Wendtland*, § 120 Rn 9.
39 Bamberger/Roth/*Wendtland*, § 120 Rn 1; vgl. *Hoffmann*, NJW 2001, Beilage zu Heft 14, S. 3, 8.

40 Vgl. den Sachverhalt in OLG Frankfurt MMR 2003, 405 = MDR 2003, 677.
1 MüKo/*Kramer*, § 121 Rn 1 f.; Erman/*Palm*, § 121 Rn 1; Bamberger/Roth/*Wendtland*, § 121 Rn 1; Palandt/*Heinrichs*, § 121 Rn 1.

Feuerborn

lässt.² Deshalb muss er die Erklärung, wenn er sie vernichten will, unverzüglich anfechten, nachdem er Kenntnis vom Anfechtungsgrund erlangt hat (Abs. 1 S. 1). Ohne Rücksicht auf seine Kenntnis ist die Anfechtung ausgeschlossen, wenn seit der Abgabe der Willenserklärung zehn Jahre verstrichen sind (Abs. 2).

2 Die subjektive Anfechtungsfrist des Abs. 1 („unverzüglich") und die objektive Ausschlussfrist[3] des Abs. 2 (zehn Jahre) sind von Amts wegen zu berücksichtigende **Ausschlussfristen**. Mit ihrem Ablauf erlischt das Anfechtungsrecht. Eine verspätet erklärte Anfechtung ist unwirksam.[4]

B. Regelungsgehalt

I. Anwendungsbereich

3 Die Ausschlussfristen des § 121 gelten nur für die **Anfechtung** wegen **Irrtums** (§ 119) und wegen **unrichtiger Übermittlung** (§ 120). Bei einer Anfechtung wegen Täuschung oder Drohung (§ 123) sind die Fristen des § 124 einschlägig.[5] **Spezialregelungen** wie z.B. § 1954 Abs. 1, 3 und 4 (Anfechtung der Annahme oder Ausschlagung einer Erbschaft) können abweichende Anfechtungsfristen vorsehen.[6]

II. Ausschlussfrist des Abs. 1

4 **1. Kenntnis vom Anfechtungsgrund.** Die Ausschlussfrist des Abs. 1 S. 1 beginnt zu laufen, wenn der Anfechtungsberechtigte Kenntnis vom Anfechtungsgrund – dem Irrtum gem. § 119 oder der Falschübermittlung gem. § 120 – erlangt hat. Außerdem setzt der **Fristbeginn** voraus, dass der Anfechtungsberechtigte die Person des Anfechtungsgegners (§ 143; siehe dazu § 143 Rn 13 ff.) kennt, damit er seine fehlerhafte Willenserklärung wirksam anfechten kann.[7]

5 Erforderlich ist die **positive Kenntnis** des Anfechtungsberechtigten von den **Tatsachen**, welche die Anfechtbarkeit nach § 119 oder § 120 begründen.[8] Bloße Vermutungen oder Zweifel, ob ein Anfechtungsgrund vorliegt, genügen nicht.[9] Ebenso wenig reicht die bloße Vorstellung vom Vorliegen eines Anfechtungsgrundes oder die fahrlässige Unkenntnis – das Kennenmüssen – aus.[10] Grundsätzlich trifft den Anfechtungsberechtigten auch keine Pflicht, sich erst durch besondere Nachforschungen Kenntnis über mögliche Anfechtungsgründe zu verschaffen.[11] Andererseits wird die Frist des Abs. 1 S. 1 nicht erst dann in Gang gesetzt, wenn alle Zweifelsfragen geklärt sind. Der Berechtigte muss nicht vollständig von der Wahrheit des ihm mitgeteilten oder bekannt gewordenen Sachverhalts überzeugt sein, der die Anfechtung begründet.[12] Nach dem Sinn und Zweck des § 121 genügt es vielmehr, dass die Mitteilung zuverlässig ist und kein Anlass zu ernsthaften, vernünftigen Zweifeln daran besteht.[13] Eine bloße Behauptung des Erklärungsgegners erfüllt diese Voraussetzungen allerdings in der Regel nicht.[14] Enthält eine **zuverlässige Mitteilung** dagegen ernst zu nehmende Hinweise auf einen Anfechtungsgrund gem. § 119 oder § 120, muss der Berechtigte ihnen nachgehen, soweit ihm entsprechende Nachforschungen zumutbar sind; dann trifft ihn ausnahmsweise eine Nachforschungspflicht.[15] Gegebenenfalls muss er zunächst vorsorglich anfechten (**Eventualanfechtung**).[16] Der Berechtigte hat die erforderliche Tatsachenkenntnis auch, wenn er fälschlicherweise meint, er brauche nicht anzufechten, weil ein Dissens vorliege; in diesem Fall irrt er sich nur über die Anfechtungsbedürftigkeit (vgl. zum Rechtsirrtum noch Rn 12).[17]

---

2 Vgl. Prot. I, S. 113 = *Mugdan* I, S. 718 f.
3 So die Terminologie bei HKK/*Schermaier*, §§ 116–124 Rn 91.
4 Palandt/*Heinrichs*, § 121 Rn 1; Erman/*Palm*, § 121 Rn 1; Bamberger/Roth/*Wendtland*, § 121 Rn 1, 11; *Larenz/Wolf*, BGB AT, § 36 Rn 86; vgl. RGZ 110, 19, 20, 34.
5 HK-BGB/*Dörner*, § 121 Rn 1; Jauernig/*Jauernig*, § 121 Rn 1; Bamberger/Roth/*Wendtland*, § 121 Rn 1.
6 Näher dazu AnwK-BGB/*Ivo*, § 1954 Rn 19 ff.
7 RGZ 124, 115, 118; HK-BGB/*Dörner*, § 121 Rn 2; Jauernig/*Jauernig*, § 121 Rn 2.
8 Vgl. RGZ 134, 25, 32; BayObLG NJW-RR 1997, 72, 74; Erman/*Palm*, § 121 Rn 2; Bamberger/Roth/*Wendtland*, § 121 Rn 2.
9 BGH DB 1961, 1021; WM 1973, 750, 751; BAG NJW 1984, 446, 447; OLG Bamberg WM 1994, 194, 196; BayObLG NJW-RR 1998, 797, 798; Palandt/*Heinrichs*, § 121 Rn 2; MüKo/*Kramer*, § 121 Rn 6; Erman/*Palm*, § 121 Rn 2; Bamberger/Roth/*Wendtland*, § 121 Rn 2.
10 Soergel/*Hefermehl*, § 121 Rn 3; MüKo/*Kramer*, § 121 Rn 6; Erman/*Palm*, § 121 Rn 2; Bamberger/Roth/*Wendtland*, § 121 Rn 2.
11 Staudinger/*Dilcher*, 12. Aufl., § 121 Rn 6; Bamberger/Roth/*Wendtland*, § 121 Rn 2.
12 BayObLG NJW-RR 1998, 797, 798; Palandt/*Heinrichs*, § 121 Rn 2; MüKo/*Kramer*, § 121 Rn 6; Erman/*Palm*, § 121 Rn 2; Bamberger/Roth/*Wendtland*, § 121 Rn 2.
13 BGH DB 1967, 1807; Erman/*Palm*, § 121 Rn 2; Bamberger/Roth/*Wendtland*, § 121 Rn 2.
14 Soergel/*Hefermehl*, § 121 Rn 3.
15 Ebenso RGRK/*Krüger-Nieland*, § 121 Rn 10; Erman/*Palm*, § 121 Rn 2.
16 BGH NJW 1968, 2099; 1979, 765; Palandt/*Heinrichs*, § 121 Rn 2; RGRK/*Krüger-Nieland*, § 121 Rn 10; Erman/*Palm*, § 121 Rn 2.
17 Erman/*Palm*, § 121 Rn 2; vgl. RGZ 134, 25, 32; MüKo/*Kramer*, § 121 Rn 7; Bamberger/Roth/*Wendtland*, § 121 Rn 2, 8.

Die Kenntnis seines **Stellvertreters** muss der Vertretene gem. § 166 Abs. 1 grundsätzlich gegen sich gelten lassen. In Bezug auf den Beginn der Anfechtungsfrist des Abs. 1 S. 1 ist allerdings nach der Reichweite der Vertretungsmacht zu differenzieren. Erstreckt sie sich nicht auf die Ausübung des Anfechtungsrechts, beginnt die Anfechtungsfrist erst zu laufen, sobald der Vertretene Kenntnis vom Anfechtungsgrund erlangt hat. Ist der Vertreter dagegen auch zur Anfechtung berechtigt, wird seine Kenntnis dem Vertretenen zugerechnet. Die Frist läuft dann ab der Kenntniserlangung des Vertreters oder des Vertretenen.[18]

Gibt es **mehrere Anfechtungsberechtigte**, beginnt die Frist für jeden Anfechtungsberechtigten erst mit seiner Kenntniserlangung zu laufen. Die Kenntnis eines Berechtigten ist den anderen Berechtigten insoweit grundsätzlich nicht zuzurechnen (vgl. auch § 143 Rn 10).[19]

Hat der Berechtigte **mehrere Anfechtungsgründe**, ist die Anfechtungsfrist für jeden einzelnen Grund eigenständig zu berechnen. Der Fristbeginn gem. Abs. 1 S. 1 richtet sich nach der Kenntnis des jeweiligen Grundes. Hat der Berechtigte seine Anfechtung auf eine bestimmte tatsächliche Begründung gestützt, kann er daher keine weiteren Anfechtungsgründe nachschieben, soweit für sie die Ausschlussfrist des Abs. 1 bereits abgelaufen ist (näher zum Nachschieben von Anfechtungsgründen § 143 Rn 9).[20]

2. Unverzüglichkeit der Anfechtung (Abs. 1 S. 1). Abs. 1 S. 1 sieht im Unterschied zu anderen Vorschriften (§§ 124 Abs. 1, 1954 Abs. 1 u. 3) keine starre, für alle Fälle gleichermaßen geltende Anfechtungsfrist vor. Stattdessen muss die Anfechtung unverzüglich, d.h. ohne schuldhaftes Zögern erklärt werden. „Unverzüglich" bedeutet nicht „sofort".[21] Der Anfechtungsberechtigte muss nicht etwa stets schon am Tag nach der Kenntniserlangung anfechten.[22] Er darf sich vielmehr vergewissern, ob wirklich ein Anfechtungsgrund vorliegt. Außerdem darf er das Für und Wider einer Anfechtung, vor allem die schadensersatzrechtlichen Folgen (§ 122), prüfen. Dazu darf er gegebenenfalls Rechtsrat einholen.[23] Die Länge der zulässigen Überlegungsfrist bestimmt sich daher nach den **Umständen des konkreten Einzelfalles**. Der Anfechtungsberechtigte zögert erst dann schuldhaft, wenn sein Zuwarten mit der Anfechtung nicht durch die Umstände des Falles geboten ist.[24]

Die Unverzüglichkeit der Anfechtung bestimmt sich demnach unter angemessener Berücksichtigung der berechtigten Belange beider Beteiligten.[25] Der wertausfüllungsbedürftige Rechtsbegriff „ohne schuldhaftes Zögern" wird durch eine **Interessenabwägung** konkretisiert.[26] Dem Interesse des Anfechtungsberechtigten, die insbesondere wegen der möglichen Schadensersatzpflichten bedeutsame Entscheidung über die Anfechtung hinreichend zu überdenken, steht das Interesse des Anfechtungsgegners gegenüber, den Schwebezustand der bloß vorläufig wirksamen Willenserklärung (auch im Interesse des allgemeinen Verkehrsschutzes) möglichst rasch zu beenden.[27]

Allgemein lässt sich wegen der Einzelfallbezogenheit und der Notwendigkeit einer Interessenabwägung nur sagen, dass die zulässige Überlegungsfrist umso länger ausfällt, je komplexere rechtliche und wirtschaftliche Konsequenzen die Anfechtung hat. Daher ist die Frist etwa bei Dauerschuldverhältnissen tendenziell länger als bei Verträgen über einen einmaligen Leistungsaustausch.[28] Im Regelfall muss die Anfechtung innerhalb weniger Tage nach Erlangung der Kenntnis vom Anfechtungsgrund erklärt werden.[29] Da es stets auf den Einzelfall ankommt, lässt sich indessen **keine generelle Obergrenze** festlegen. Eine Anfechtung mehr als drei Wochen nach Kenntnis des Anfechtungsgrundes ist allerdings regelmäßig nicht mehr unverzüglich.[30] Eine derartige Verzögerung mag im Einzelfall allenfalls dann nicht schuldhaft sein, wenn sie krankheitsbedingt ist.[31] Auch die Zwei-Wochen-Frist des § 626 Abs. 2 BGB, auf die vor allem bei der Anfechtung einer zum

---

18 BGH MDR 1965, 646; RGRK/*Krüger-Nieland*, § 121 Rn 13; Erman/*Palm*, § 121 Rn 2, 3.
19 Bamberger/Roth/*Wendtland*, § 121 Rn 3.
20 BGH NJW 1966, 39; MüKo/*Kramer*, § 121 Rn 3; Bamberger/Roth/*Wendtland*, § 121 Rn 4; vgl. BAG AP Nr. 5 zu § 119 BGB; RGRK/*Krüger-Nieland*, § 121 Rn 2.
21 RGZ 124, 115, 118.
22 Staudinger/*Dilcher*, 12. Aufl., § 121 Rn 4; MüKo/*Kramer*, § 121 Rn 7; insoweit nicht verallgemeinerungsfähig RGZ 64, 159, 163; vgl. auch Bamberger/Roth/*Wendtland*, § 121 Rn 7.
23 Vgl. RGZ 124, 115, 117; 156, 334, 336; Staudinger/*Dilcher*, 12. Aufl., § 121 Rn 6; Erman/*Palm*, § 121 Rn 3.
24 RGZ 124, 115, 118; vgl. BGH DB 1962, 600 f.
25 Soergel/*Hefermehl*, § 121 Rn 7; Bamberger/Roth/*Wendtland*, § 121 Rn 7; vgl. HK-BGB/*Dörner*, § 121 Rn 3; Palandt/*Heinrichs*, § 121 Rn 3.
26 Vgl. BGH WM 1982, 511, 513; DB 1962, 600; RGRK/*Krüger-Nieland*, § 121 Rn 6; vgl. allg. zur Konkretisierung wertausfüllungsbedürftiger Rechtsbegriffe (Generalklauseln, unbestimmte Rechtsbegriffe) durch eine normativ strukturierte Interessenabwägung *Feuerborn*, Sachliche Gründe im Arbeitsrecht, 2003, S. 103 ff. m.w.N.
27 Bamberger/Roth/*Wendtland*, § 121 Rn 7; vgl. Staudinger/*Dilcher*, 12. Aufl., § 121 Rn 4.
28 Vgl. BAG NJW 1980, 1302, 1303; OLG Hamm NJW-RR 1990, 523; Bamberger/Roth/*Wendtland*, § 121 Rn 7.
29 *Larenz/Wolf*, BGB AT, § 36 Rn 88.
30 Vgl. OLG Hamm NJW-RR 1990, 523; vgl. auch *Larenz/Wolf*, BGB AT, § 36 Rn 89.
31 Vgl. Bamberger/Roth/*Wendtland*, § 121 Rn 7.

Abschluss eines Arbeitsvertrages führenden Willenserklärung abgestellt wird,[32] kann nur einen Anhaltspunkt abgeben. Sie darf aber keinesfalls in der Weise als generelle Anfechtungsfrist herangezogen werden, dass eine Anfechtung innerhalb von zwei Wochen stets unverzüglich erfolgt.[33]

12 Der Anfechtungsberechtigte darf zwar das Vorliegen eines Anfechtungsgrundes und das Für und Wider einer Anfechtung prüfen und gegebenenfalls in gebotener Eile Rechtsrat einholen, bevor er seine Willenserklärung anficht (siehe Rn 9). Will er aber vor der Anfechtung die **gerichtliche Klärung** seiner Ansprüche abwarten, ist die damit verbundene Verzögerung in aller Regel schuldhaft.[34] Gleiches gilt, wenn er erst zwei Monate nach Kenntniserlangung anficht, weil er der Ansicht war, der Vertrag sei wegen Dissenses nichtig, so dass es keiner Anfechtung bedürfe. In solchen und anderen Fällen eines **Rechtsirrtums**[35] ist dem Anfechtungsberechtigten regelmäßig eine vorbeugende Anfechtung (Eventualanfechtung; vgl. Rn 5) zumutbar.[36] Das Zögern ist nur dann nicht schuldhaft, wenn der Anfechtungsberechtigte dem Irrtum über die Anfechtungsbedürftigkeit nicht fahrlässig unterlegen ist.[37] Verspätet ist die Anfechtung auch, wenn die Verzögerung auf der Überlastung einer Behörde oder auf **Mängeln** der kaufmännischen **Organisation** beruht (vgl. dazu § 347 HGB).[38] Dagegen darf der Berechtigte vor der Anfechtung noch ein vordringliches Geschäft abschließen[39] oder seine Rechte durch eine einstweilige Verfügung sichern,[40] um **größere Schäden** zu vermeiden.

13 § 121 verpflichtet den Anfechtungsberechtigten nicht, für die Anfechtungserklärung die schnellstmögliche **Übermittlungsart** (Telegramm,[41] Fax, E-Mail, SMS) zu wählen. Er verzögert die Anfechtung nicht schuldhaft, wenn er die Erklärung per Brief an den Anfechtungsgegner übermittelt. Nach Abs. 1 S. 2 genügt insoweit die rechtzeitige Absendung (näher dazu Rn 15).

14 Auf die **Erkennbarkeit des Irrtums** für den Erklärungsgegner kommt es bei § 121 nicht an. Hat dieser den Irrtum bei Abgabe der Willenserklärung erkannt, handelt es sich nicht um einen Fall des Irrtums, sondern es gilt das wirklich Gewollte. („*falsa-demonstratio*"-Grundsatz; näher dazu § 133 Rn 46). Erkennt der Gegner den Irrtum nachträglich, schließt das weder das Erfordernis der Anfechtung selbst noch die Einhaltung der Anfechtungsfrist aus, wenn der Anfechtungsberechtigte nicht an die Erklärung gebunden sein will. In solchen Fällen handelt der Erklärungsgegner ohne das Hinzutreten weiterer Umstände nicht arglistig, wenn er sich auf die Verspätung der Anfechtung beruft.[42]

15 **3. Unverzügliche Absendung (Abs. 1 S. 2).** Da die Anfechtungserklärung eine einseitige empfangsbedürftige Willenserklärung ist (siehe § 143 Rn 3), wird sie erst mit dem Zugang beim Erklärungsgegner wirksam (siehe § 130 Rn 20). Für die Anfechtung unter Abwesenden trifft Abs. 1 S. 2 insoweit eine abweichende Regelung, als es für die **Rechtzeitigkeit** – nicht für das Wirksamwerden – der Anfechtung nicht auf den Zeitpunkt des Zugangs, sondern der Absendung ankommt. Bei unverzüglicher Absendung erfolgt die Anfechtungserklärung rechtzeitig i.S.d. Abs. 1 S. 1, auch wenn sie verspätet zugeht. Das setzt voraus, dass der Anfechtungsberechtigte nicht schuldhaft einen unzuverlässigen oder umständlichen Übermittlungsweg wählt. Er muss die Anfechtung zwar nicht per Telegramm, Fax, E-Mail oder SMS erklären (siehe Rn 13). Die Einreichung einer Klageschrift, welche die Anfechtungserklärung enthält, ist regelmäßig aber keine unverzügliche Absendung, weil sie dem Gegner nicht unmittelbar zugeht, sondern erst vom Gericht zugestellt wird.[43]

---

32 Vgl. BAG NJW 1980, 1302, 1303; 1991, 2723, 2726; OLG Hamm NJW-RR 1990, 523; OLG Jena OLG-NL 2000, 37; Palandt/*Heinrichs*, § 121 Rn 3; MüKo/*Kramer*, § 121 Rn 8; Bamberger/Roth/*Wendtland*, § 121 Rn 7.

33 Str.: ähnlich wie hier *Larenz/Wolf*, BGB AT, § 36 Rn 89; gegen jede Heranziehung des § 626 Abs. 2 Soergel/*Hefermehl*, § 121 Rn 7; *Picker*, ZfA 1981, 1, 15 ff., 103.

34 Erman/*Palm*, § 121 Rn 3.

35 Vgl. dazu RGZ 134, 25, 32; LAG Düsseldorf DB 1964, 1032; BayObLG NJW-RR 1997, 72, 74; DNotZ 1999, 78; Soergel/*Hefermehl*, § 121 Rn 8.

36 MüKo/*Kramer*, § 121 Rn 7; Soergel/*Hefermehl*, § 121 Rn 8; Bamberger/Roth/*Wendtland*, § 121 Rn 8.

37 RGRK/*Krüger-Nieland*, § 121 Rn 8; vgl. Staudinger/*Dilcher*, 12. Aufl., § 121 Rn 5.

38 MüKo/*Kramer*, § 121 Rn 7; Erman/*Palm*, § 121 Rn 3.

39 Staudinger/*Dilcher*, 12. Aufl., § 121 Rn 4.

40 RGZ 124, 115, 117; Soergel/*Hefermehl*, § 121 Rn 7; Palandt/*Heinrichs*, § 121 Rn 3.

41 Vgl. Staudinger/*Dilcher*, 12. Aufl., § 121 Rn 4; Soergel/*Hefermehl*, § 121 Rn 10.

42 Vgl. RGRK/*Krüger-Nieland*, § 121 Rn 8; Staudinger/*Dilcher*, 12. Aufl., § 121 Rn 5; vgl. auch MüKo/*Kramer*, § 121 Rn 4.

43 BGH NJW 1975, 39 f. m. krit. Anm. *Schubert*, JR 1975, 152 f.; BGH WM 1981, 1302; Soergel/*Hefermehl*, § 121 Rn 10.

Abs. 1 S. 2 betrifft nur das Verzögerungs-, **nicht** das **Verlustrisiko**. Geht die rechtzeitig abgesandte Anfechtungserklärung auf dem Übermittlungsweg verloren, wird sie mangels Zugangs beim Gegner nicht wirksam.[44] Der Anfechtende kann die rückwirkende Nichtigkeit (§ 142 Abs. 1) aber durch eine erneute unverzügliche Anfechtung erreichen.[45]

III. Ausschlussfrist des Abs. 2

Das Anfechtungsrecht erlischt gem. Abs. 2 **unabhängig von der Kenntnis** des Berechtigten vom Anfechtungsgrund, wenn seit der Abgabe der irrtumsbehafteten Willenserklärung zehn Jahre[46] verstrichen sind. Diese objektive Ausschlussfrist kann weder unterbrochen noch gehemmt werden. Sie wird nur gewahrt, wenn der Berechtigte die irrtumsbehaftete Willenserklärung unverzüglich nach Entdeckung des Irrtums anficht (Abs. 1 S. 1) und wenn die Anfechtungserklärung dem Anfechtungsgegner vor dem Ablauf der Zehn-Jahres-Frist **zugeht**. Die Regelung des Abs. 1 S. 2 ist nicht analog anwendbar.[47]

C. Weitere praktische Hinweise

Die Darlegungs- und **Beweislast** für das Vorliegen eines Anfechtungsgrundes trägt nach den allgemeinen Regeln der Anfechtende.[48] In Bezug auf die Verspätung der Anfechtung, die gem. Abs. 1 oder 2 zur Unwirksamkeit der Anfechtung führt (vgl. Rn 2), trifft sie dagegen den Anfechtungsgegner. Er muss darlegen und im Bestreitensfall beweisen, wann der Anfechtungsberechtigte Kenntnis vom Anfechtungsgrund erlangt und wann er angefochten hat,[49] im Fall des Abs. 1 S. 2 also den Zeitpunkt der Absendung und des Zugangs.[50] Ist die Anfechtung danach verzögert erfolgt, muss wiederum der Anfechtungsberechtigte diejenigen Tatsachen darlegen und beweisen, aus denen sich ergibt, dass sein Zögern nicht schuldhaft war.[51] Ob ein bestimmtes Verhalten eine schuldhafte Verzögerung gem. Abs. 1 darstellt, ist dagegen eine revisible Rechtsfrage.[52]

Die **Legaldefinition der Unverzüglichkeit** in Abs. 1 S. 1 „ohne schuldhaftes Zögern" gilt über ihren unmittelbaren Anwendungsbereich hinaus in allen Rechtsbereichen.[53] Beispiele sind § 377 Abs. 1 und 3 HGB, § 92 Abs. 1 AktG, § 9 Abs. 1 S. 1 Hs. 2 MuSchG,[54] § 107 Abs. 3 S. 1 GWB,[55] § 216 Abs. 2 ZPO, § 68b Abs. 1 S. 1 Nr. 8 StGB und § 23 Abs. 2 S. 1 und 3 VwVfG. Im Zweifel gilt sie auch dann, wenn die Parteien den Begriff „unverzüglich" in einem Tarifvertrag,[56] in AGB[57] oder in einem anderen Rechtsgeschäft verwenden.[58]

Kann sich der Anfechtungsberechtigte innerhalb der tendenziell kurzen Fristen des Abs. 1 S. 1 keine hinreichende Klarheit über das Vorliegen eines Anfechtungsgrundes verschaffen, sollte er im Zweifel zunächst vorsorglich anfechten, damit sein Anfechtungsrecht nicht erlischt. Auf eine solche **Eventualanfechtung** verweisen Rechtsprechung und Lehre auch in den Fällen des Rechtsirrtums (vgl. Rn 5 und 12).

§ 122 Schadensersatzpflicht des Anfechtenden

(1) ¹Ist eine Willenserklärung nach § 118 nichtig oder aufgrund der §§ 119, 120 angefochten, so hat der Erklärende, wenn die Erklärung einem anderen gegenüber abzugeben war, diesem, andernfalls jedem Dritten den Schaden zu ersetzen, den der andere oder der Dritte dadurch erleidet, dass er auf

---

44 Vgl. BGHZ 101, 49, 52.
45 Vgl. Soergel/*Hefermehl*, § 121 Rn 10; Erman/*Palm*, § 121 Rn 4.
46 Die frühere 30-jährige Frist wurde durch das SchuldRModG an das neue Verjährungsrecht angepasst; vgl. dazu AnwK-SchuldR/*Mansel*, § 121 Rn 2 sowie zum Übergangsrecht AnwK-SchuldR/*Mansel*, Art. 229 § 6 EGBGB Rn 28 f.
47 Vgl. RGZ 110, 19, 34; Palandt/*Heinrichs*, § 121 Rn 5; Erman/*Palm*, § 121 Rn 6; Bamberger/Roth/*Wendtland*, § 121 Rn 10; Staudinger/*Dilcher*, 12. Aufl., § 121 Rn 9; MüKo/*Kramer*, § 121 Rn 10, 11; *Larenz/Wolf*, BGB AT, § 36 Rn 91.
48 BGH WM 1959, 348 f.; RGRK/*Krüger-Nieland*, § 121 Rn 17.
49 RGZ 57, 358, 362; BGH WM 1959, 348 f.; 1983, 825, 826; BAG NJW 1980, 1302, 1303; Soergel/*Hefermehl*, § 121 Rn 12.

50 OLG München NJW-RR 1988, 497, 498; Bamberger/Roth/*Wendtland*, § 121 Rn 12.
51 Vgl. OLG München NJW-RR 1988, 497, 498; OLG Brandenburg NJW-RR 2002, 578, 580; Soergel/*Hefermehl*, § 121 Rn 12.
52 Soergel/*Hefermehl*, § 121 Rn 9; MüKo/*Kramer*, § 121 Rn 9; RGRK/*Krüger-Nieland*, § 121 Rn 9; vgl. RGZ 64, 159, 161; 124, 115, 118.
53 Palandt/*Heinrichs*, § 121 Rn 3; Jauernig/*Jauernig*, § 121 Rn 1; Bamberger/Roth/*Wendtland*, § 121 Rn 6.
54 BAG DB 1988, 2107.
55 OLG Düsseldorf NJW 2000, 145, 147.
56 Vgl. LAG Köln DB 1983, 1771 f.
57 Vgl. BGH NJW-RR 1994, 1108, 1109; OLG Bamberg NJW 1993, 2813, 2815.
58 Vgl. RGZ 75, 354, 357.

die Gültigkeit der Erklärung vertraut, jedoch nicht über den Betrag des Interesses hinaus, welches der andere oder der Dritte an der Gültigkeit der Erklärung hat.

(2) ¹Die Schadensersatzpflicht tritt nicht ein, wenn der Beschädigte den Grund der Nichtigkeit oder der Anfechtbarkeit kannte oder infolge von Fahrlässigkeit nicht kannte (kennen musste).

Literatur: *Clasen*, Die Haftung für Vertrauensschaden, NJW 1952, 14; *Leßmann*, Schadensersatzpflicht nach Irrtumsanfechtung des Meistbietenden – BGH, NJW 1984, 1950, JuS 1986, 112; *Mankowski*, Selbstanfechtungsrecht des Erblassers beim Erbvertrag und Schadensersatzpflicht nach § 122 BGB, ZEV 1998, 46.

A. Allgemeines 1	II. Umfang der Schadensersatzpflicht 9
B. Regelungsgehalt 3	III. Ausschluss und Minderung der Schadens-
I. Voraussetzungen der Schadensersatzpflicht	ersatzpflicht (Abs. 2) 14
(Abs. 1) 3	C. Weitere praktische Hinweise 19

A. Allgemeines

1 Die Schadensersatzpflicht des § 122 ist der Preis, den der Irrende dafür zahlen muss, dass seine Scherzerklärung entgegen dem Gedanken des Verkehrsschutzes gem. § 118 nichtig ist (vgl. dazu § 118 Rn 2) oder dass er seine Willenserklärung unter den Voraussetzungen der §§ 119, 120 durch eine Anfechtung rückwirkend vernichten kann (§ 142 Abs. 1). Da er nicht an den objektiven Erklärungstatbestand gebunden wird, den er selbst gesetzt hat, muss er zum Ausgleich demjenigen Erklärungsempfänger oder Dritten, der auf die Wirksamkeit der Erklärung vertraut hat, den daraus resultierenden Schaden ersetzen.[1] Der Erklärende trägt das Risiko für Mängel seiner Willenserklärung.[2] Nach der Anfechtung oder Nichtigkeit gem. § 118 besteht diese Verantwortlichkeit in der abgeschwächten Form der Schadensersatzpflicht fort.[3] Deshalb handelt es sich um eine **verschuldensunabhängige Haftung** nach dem **Veranlassungsprinzip**[4] und nicht um eine Haftung wegen Verschuldens bei Vertragsschluss (*culpa in contrahendo*).[5]

2 § 122 ist insoweit eine **Vertrauenshaftung**, als sie an das enttäuschte, schutzwürdige Vertrauen des Rechtsverkehrs in den Bestand einer Willenserklärung anknüpft. Kannte der geschädigte Erklärungsempfänger oder Dritte den Mangel der Willenserklärung oder musste er ihn zumindest kennen, tritt die Schadensersatzpflicht nach Abs. 2 nicht ein. Zwischen der unwirksamen Willenserklärung und dem Schaden muss ein **Kausalzusammenhang** bestehen, dem zufolge der Schaden nicht eingetreten wäre, wenn der Geschädigte nicht auf die Wirksamkeit der Erklärung vertraut hätte (vgl. dazu noch Rn 8).[6]

B. Regelungsgehalt

I. Voraussetzungen der Schadensersatzpflicht (Abs. 1)

3 Der **unmittelbare Anwendungsbereich** des § 122 beschränkt sich nach dem klaren Wortlaut des Abs. 1 auf die Nichtigkeit einer Scherzerklärung gem. § 118 und die Anfechtung einer Willenserklärung aufgrund der §§ 119, 120. Dazu zählt auch die aufgrund eines Irrtums erfolgende Stornierung einer Gutschrift im Bankverkehr.[7] Andere Anfechtungen wie etwa nach § 123 oder andere Nichtigkeitsgründe wie etwa § 105 Abs. 1 erfasst § 122 nicht. Liegt neben §§ 118, 119 oder 120 noch ein anderer Nichtigkeits- oder Anfechtungsgrund vor, greift die Norm ebenfalls nicht ein. War z.B. die wegen eines Erklärungsirrtums angefochtene Willenserklärung schon formnichtig, muss der Anfechtende keinen Schadensersatz nach § 122 leisten.[8] Die Anwendung des § 122 kann durch **Spezialvorschriften** ausgeschlossen sein, wie z.B.

---

1 Näher zur Entstehungsgeschichte des § 122 und zu anderen Regelungsmodellen HKK/*Schermaier*, §§ 116–124 Rn 92 ff.
2 Den Risiko- bzw. Sphärengedanken betonen besonders *Canaris*, Die Vertrauenshaftung im deutschen Privatrecht, 1971, S, 479 ff., 532 ff.; *Flume*, BGB AT Bd. 2, § 21, 7; MüKo/*Kramer*, § 122 Rn 3.
3 Vgl. *Larenz/Wolf*, BGB AT, § 36 Rn 114.
4 BGH NJW 1969, 1380; Staudinger/*Dilcher*, 12. Aufl., § 122 Rn 1; HK-BGB/*Dörner*, § 122 Rn 1; Palandt/*Heinrichs*, § 122 Rn 1; Jauernig/*Jauernig*, § 122 Rn 2; Erman/*Palm*, § 122 Rn 1; Bamberger/Roth/*Wendtland*, § 122 Rn 1; *Brox*, BGB AT, Rn 444; vgl. RGRK/*Krüger-Nieland*, § 122 Rn 1;

Medicus, BGB AT, Rn 783; vgl. auch bereits RGZ 81, 395, 399; 94, 195, 197.
5 Staudinger/*Dilcher*, 12. Aufl., § 122 Rn 4; Soergel/*Hefermehl*, § 122 Rn 1, 7; *Larenz/Wolf*, BGB AT, § 36 Rn 114 Fn 104; anders HKK/*Schermaier*, §§ 116–124 Rn 99: besonderer Tatbestand der c.i.c. im System der Erklärungshaftung.
6 Staudinger/*Dilcher*, 12. Aufl., § 122 Rn 2; vgl. Bamberger/Roth/*Wendtland*, § 122 Rn 5.
7 Vgl. *Otto/Stierle*, WM 1978, 538, 546 f.; Palandt/*Heinrichs*, § 122 Rn 1; für eine analoge Anwendung des § 122 in diesem Fall etwa MüKo/*Kramer*, § 122 Rn 4 Fn 12 m.w.N.
8 Staudinger/*Dilcher*, 12. Aufl., § 122 Rn 3; Erman/*Palm*, § 122 Rn 2, vgl. Bamberger/Roth/*Wendtland*, § 122 Rn 2.

gem. § 2078 Abs. 3 für die Testamentsanfechtung. Dieser Ausschluss gilt auch für die Anfechtung eines Erbvertrags durch den Erblasser.[9]

Darüber hinausgehend wird vertreten, § 122 enthalte – wie auch § 179 Abs. 2 – den allgemeinen Rechtsgrundsatz einer Vertrauenshaftung, die auf einem Mangel der eigenen Sphäre beruhe. Danach hat derjenige, der auf den Bestand einer Willenserklärung vertraut hat und darauf auch vertrauen durfte, einen Schadensersatzanspruch gegen den anderen Teil, wenn die Willenserklärung allein aus einem Grund unwirksam ist oder wird, der in der Sphäre des anderen Teils liegt.[10] Indessen lässt sich § 122 **kein** solcher **genereller Haftungstatbestand für „Mängel der eigenen Sphäre"** entnehmen,[11] und er wäre als eigenständige Anspruchsgrundlage auch nicht sehr scharf konturiert.

Stattdessen müssen im Einzelfall die Voraussetzungen einer **analogen Anwendung** des § 122 geprüft werden.[12] Sie liegen vor allem bei den sog. abhanden gekommenen Willenserklärungen vor, in denen mangels rechtsgeschäftlichen Handelns lediglich der **unrichtige Anschein einer Willenserklärung** gesetzt wird (vgl. dazu § 130 Rn 9). Sendet z.B. ein Angehöriger oder Angestellter die vom „Erklärenden" lediglich vorbereitete, aber noch nicht gem. § 130 Abs. 2 abgegebene Erklärung (Bsp.: Angebotsentwurf auf dem Schreibtisch) irrtümlich ab und vertraut der Empfänger auf ihren Bestand, ist die Interessenlage die gleiche wie in den von § 122 geregelten Fällen. Der (vermeintliche) Erklärende wird mit der Schadensersatzpflicht zum Ausgleich dafür belastet, dass er, seinem subjektiven Willen entsprechend, nicht an den objektiven Erklärungsgehalt – den unrichtigen Schein einer Willenserklärung – gebunden ist.[13] Gleiches gilt für den versehentlich ausgeführten Sendebefehl im elektronischen Rechtsverkehr.[14] Fehlte dem Erklärenden das **Erklärungsbewusstsein** und hat er seine Willenserklärung analog § 119 Abs. 1 angefochten („Trierer Weinversteigerungsfall"; vgl. dazu vor § 116 Rn 7), findet § 122 ebenfalls analoge Anwendung.[15] Unanwendbar ist § 122 dagegen mangels vergleichbarer Interessenlage, wenn der Empfänger auf die Erklärung eines geschäftsunfähigen Vertreters vertraut hat.[16] Das **Risiko der Geschäftsfähigkeit** trägt grundsätzlich der Erklärungsgegner, so dass eine Haftung des Vertretenen nur wegen Verschuldens bei Vertragsschluss in Betracht kommt.[17] Bei der bewussten Falschübermittlung eines Boten haftet der Erklärende nicht (nur) wegen Verschuldens bei Vertragsschluss, sondern verschuldensunabhängig unmittelbar aus § 122, weil § 120 nicht bloß die unbewusste Falschübermittlung erfasst (anders die h.M.; vgl. dazu § 120 Rn 5 f.).

Zum Schadensersatz **verpflichtet** § 122 denjenigen, dessen Willenserklärung nach § 118 nichtig oder aufgrund der §§ 119, 120 wirksam angefochten ist. Das ist der Erklärende oder der Vertretene im Falle der Stellvertretung.

Anspruchsberechtigter ist bei einer empfangsbedürftigen Willenserklärung gem. Abs. 1 S. 1, 1. Fall nur der Erklärungsempfänger. Das gilt auch bei einem Vertrag zugunsten Dritter.[18] Bei nicht empfangsbedürftigen Willenserklärungen wie z.B. einer Auslobung (§ 657) ist gem. Abs. 1 S. 1, 2. Fall jeder Dritte anspruchsberechtigt, der im Vertrauen auf den Bestand der Willenserklärung einen Schaden erlitten hat. Hierzu zählen auch amtsempfangsbedürftige Willenserklärungen.[19] Deshalb muss der Meistbietende bei der Zwangsversteigerung eines Grundstücks, der sein Gebot wegen Irrtums anficht, einem Gläubiger des Grundstückseigentümers gem. Abs. 1 den Vertrauensschaden ersetzen, wenn dieser auf die Wirksamkeit des Gebots vertraut und ihm daher nicht widersprochen hat.[20]

Die Unwirksamkeit der Willenserklärung verpflichtet den Erklärenden nur dann zum Schadensersatz, wenn der Geschädigte in schutzwürdiger Weise auf die Wirksamkeit der Erklärung vertraut hat. An diesem

---

9 OLG München NJW 1997, 2331; Bamberger/Roth/*Wendtland*, § 122 Rn 2; vgl. Erman/*Palm*, § 122 Rn 2; vgl. allg. zum Anwendungsbereich der §§ 2078 ff. AnwK-BGB/*Fleindl*, § 2078 Rn 9 f.
10 So etwa MüKo/*Kramer*, § 122 Rn 4; RGZ 170, 65, 69; vgl. ferner BGH WM 1986, 608, 610; *Canaris*, Die Vertrauenshaftung im deutschen Privatrecht, 1971, S. 532 ff.
11 Ebenso Palandt/*Heinrichs*, § 122 Rn 2; Soergel/*Hefermehl*, § 122 Rn 2.
12 Vgl. Palandt/*Heinrichs*, § 122 Rn 2; Erman/*Palm*, § 122 Rn 3; Bamberger/Roth/*Wendtland*, § 122 Rn 3; ähnlich im Erg. trotz der Annahme eines generellen Haftungstatbestandes MüKo/*Kramer*, § 122 Rn 5.
13 Palandt/*Heinrichs*, § 122 Rn 2; Erman/*Palm*, § 122 Rn 3; Bamberger/Roth/*Wendtland*, § 122 Rn 3; HK-BGB/*Dörner*, § 122 Rn 6; vgl. auch Larenz/*Wolf*, BGB AT, § 26 Rn 7; für die unmittelbare Anwendung des § 122 MüKo/*Kramer*, § 122 Rn 5.
14 *Taupitz/Kritter*, JuS 1999, 839, 840.
15 Erman/*Palm*, § 122 Rn 3; vgl. auch *Habersack*, JuS 1996, 585, 586; für die unmittelbare Anwendung des § 122 MüKo/*Kramer*, § 122 Rn 5; für die verschuldensabhängige Haftung aus c.i.c. *Medicus*, BGB AT, Rn 608.
16 Für die analoge Anwendung des § 122 aber MüKo/*Kramer*, § 122 Rn 5.
17 Erman/*Palm*, § 122 Rn 3; vgl. HK-BGB/*Dörner*, § 122 Rn 6.
18 Soergel/*Hefermehl*, § 122 Rn 3; Erman/*Palm*, § 122 Rn 4; MüKo/*Kramer*, § 122 Rn 7; Bamberger/Roth/*Wendtland*, § 122 Rn 4.
19 Palandt/*Heinrichs*, § 122 Rn 3; Erman/*Palm*, § 122 Rn 4; Bamberger/Roth/*Wendtland*, § 122 Rn 4.
20 BGH NJW 1984, 1950 f.

Kausalzusammenhang[21] fehlt es zunächst gem. Abs. 2, wenn der Geschädigte den Anfechtungs- oder Nichtigkeitsgrund kannte oder kennen musste (näher dazu Rn 14). Außerdem scheiden Ansprüche aus § 122 bei wechselseitigen Anfechtungen aus, weil keiner der beiden Vertragspartner geltend machen kann, er habe auf die Wirksamkeit des von ihm selbst angefochtenen Vertrages vertraut.[22]

II. Umfang der Schadensersatzpflicht

9   Der Anspruch geht auf den Ersatz desjenigen Schadens, den der Erklärungsempfänger oder Dritte dadurch erleidet, dass er auf die Wirksamkeit der Willenserklärung vertraut. Zu ersetzen ist also nur der **Vertrauensschaden**, das **negative Interesse**. Der Geschädigte muss wirtschaftlich so gestellt werden, wie er stünde, wenn die Willenserklärung nicht abgegeben worden wäre.[23] Er hat also Anspruch auf Ersatz der **Kosten des Vertragsabschlusses** (Porto, Telefon, Reise zum Ort des Vertragsschlusses, Beurkundungsgebühren), der (begonnenen) **Durchführung des Vertrages** und der **eigenen Schadensersatzleistungen**, die er Dritten gegenüber erbringen muss, weil er sie wegen der Unwirksamkeit der Willenserklärung nicht beliefern kann.[24] Es kommt immer darauf an, ob dem Geschädigten der Vermögensnachteil dadurch entstanden ist, dass er auf die Gültigkeit der Erklärung vertraut und sein Verhalten danach ausgerichtet hat. Daher umfasst der zu ersetzende Vertrauensschaden auch den **entgangenen Gewinn** aus einem Geschäft, dessen Abschluss der Geschädigte im Vertrauen auf die Wirksamkeit des nichtigen oder vernichteten Geschäfts unterlassen hat.[25] Nicht unter § 122 fällt dagegen der entgangene Gewinn, den der Geschädigte bei der Durchführung des nichtigen oder vernichteten Geschäfts gemacht hätte; dieser gehört zum Erfüllungsschaden oder positiven Interesse.

10 Entgegen der Auffassung des BGH[26] erfasst § 122 den Ersatz der **Prozesskosten**, wenn der Beklagte seine Willenserklärung erst nach Erhebung der Erfüllungsklage anficht, ohne dass der Kläger das vorher erkennen konnte, und deshalb die Klage abgewiesen wird. Hier ist das Vertrauen auf die Gültigkeit der Erklärung kausal für die Klageerhebung, und der Schaden ist erst durch die Anfechtung im Prozess entstanden, so dass die §§ 91 ff. ZPO nicht als vorrangige Regeln § 122 ausschließen.[27]

11 Schließlich kann der Ersatzberechtigte, der im Vertrauen auf die Wirksamkeit der Erklärung bereits Leistungen an den Erklärenden erbracht hat, das **Geleistete** nach Abs. 1 zurückfordern. Dieser **Rückforderungsanspruch** besteht neben dem Bereicherungsanspruch aus § 812. Er hat den Vorteil, dass sich der Erklärende insoweit nicht auf den Wegfall der Bereicherung (§ 818 Abs. 3) berufen kann. Der Ersatzberechtigte trägt also nicht das Risiko der zufälligen Verschlechterung oder des zufälligen Untergangs der von ihm erbrachten Leistung.[28]

12 Die **Berechnung** des zu ersetzenden Schadens richtet sich nach den allgemeinen Schadensersatzregeln der §§ 249 ff. (zur Minderung oder zum Ausschluss des Anspruchs gem. § 254 siehe Rn 20).[29] Danach kann der Schaden auch abstrakt berechnet werden.[30] Für die Bestimmung des zu ersetzenden Schadens kommt es auf den **Zeitpunkt** an, in dem der Berechtigte von der Nichtigkeit der Erklärung erfahren hat oder in dem er die Nichtigkeit bei Anwendung der erforderlichen Sorgfalt hätte erkennen können. Letzteres folgt aus Abs. 2 i.V.m. § 142 Abs. 2.[31]

13 Der Anspruch wird gem. Abs. 1 a.E. in seiner Höhe auf das Erfüllungsinteresse **begrenzt**. Der Geschädigte soll durch die Unwirksamkeit der Willenserklärung nicht besser gestellt werden, als er bei ihrer Wirksamkeit stünde. Die Höchstgrenze des Anspruchs aus Abs. 1 ist demnach der Zustand, der bei Gültigkeit der Erklärung und ordnungsgemäßer Erfüllung der versprochenen Leistung eingetreten wäre.[32] Der Ersatzberechtigte kann daher, wenn er an dem unwirksamen Geschäft z.B. nur 100 EUR verdient hätte, nicht den höheren Betrag von

---

21 Vgl. Staudinger/*Dilcher*, 12. Aufl., § 122 Rn 2; Bamberger/Roth/*Wendtland*, § 122 Rn 5.
22 Bamberger/Roth/*Wendtland*, § 122 Rn 5; vgl. Soergel/*Hefermehl*, § 122 Rn 3.
23 RGZ 170, 281, 284; vgl. BGH NJW 1984, 1950 f.; *Brox*, BGB AT, Rn 446: Jauernig/*Jauernig*, § 122 Rn 3; RGRK/*Krüger-Nieland*, § 122 Rn 7; Erman/*Palm*, § 122 Rn 5.
24 Vgl. Soergel/*Hefermehl*, § 122 Rn 4; MüKo/*Kramer*, § 122 Rn 8; Erman/*Palm*, § 122 Rn 5.
25 RGZ 170, 281, 284; BGH NJW 1984, 1950 f.; Erman/*Palm*, § 122 Rn 5; Bamberger/Roth/*Wendtland*, § 122 Rn 7.
26 BGH NJW 1962, 1670, 1671; ebenso OLG Celle OLGZ 1972, 193, 194; Soergel/*Hefermehl*, § 122 Rn 4.
27 Staudinger/*Dilcher*, 12. Aufl., § 122 Rn 8; Palandt/*Heinrichs*, § 122 Rn 4; Bamberger/Roth/*Wendtland*, § 122 Rn 8; ebenso wohl auch RGRK/*Krüger-Nieland*, § 122 Rn 8.
28 Soergel/*Hefermehl*, § 122 Rn 4; MüKo/*Kramer*, § 122 Rn 8; Erman/*Palm*, § 122 Rn 5; Bamberger/Roth/*Wendtland*, § 122 Rn 7; *Larenz/Wolf*, BGB AT, § 36 Rn 118.
29 Staudinger/*Dilcher*, 12. Aufl., § 122 Rn 10; Erman/*Palm*, § 122 Rn 8; Bamberger/Roth/*Wendtland*, § 122 Rn 8.
30 RGRK/*Krüger-Nieland*, § 122 Rn 8.
31 Staudinger/*Dilcher*, 12. Aufl., § 122 Rn 7; RGRK/*Krüger-Nieland*, § 122 Rn 8; Erman/*Palm*, § 122 Rn 6.
32 RGZ 170, 281, 284.

200 EUR mit der Begründung ersetzt verlangen, er hätte ohne das Vertrauen auf das unwirksame Geschäft ein anderes, günstigeres Geschäft abgeschlossen und damit den höheren Gewinn von 200 EUR erzielt.[33] Hätte das unwirksame Geschäft dem Erklärungsempfänger überhaupt keinen wirtschaftlichen Vorteil gebracht, steht ihm auch kein Schadensersatz aus Abs. 1 zu.[34]

III. Ausschluss und Minderung der Schadensersatzpflicht (Abs. 2)

Nach **Abs. 2** ist der Anspruch auf Schadensersatz ausgeschlossen, wenn der Geschädigte den Nichtigkeits- oder Anfechtungsgrund kannte oder kennen musste. Dann fehlt es am schutzwürdigen Vertrauen und an der Kausalität (vgl. bereits Rn 2 und Rn 8). Eine **Kenntnis** in diesem Sinne liegt nur vor, wenn der Anfechtungsgegner zwar den Irrtum des Erklärenden, aber nicht auch seinen wahren Willen erkannt hat. Anderenfalls scheidet eine Anfechtung aus, weil dann nach dem Vorrang der Auslegung (vgl. dazu § 133 Rn 13) anstelle des irrtümlich Erklärten das erkannte wirklich Gewollte gilt.[35] Das **Kennenmüssen** ist nach der für das gesamte Privatrecht geltenden Legaldefinition[36] des Abs. 2 a.E. gegeben, wenn der Geschädigte den Grund der Nichtigkeit – die Scherzerklärung gem. § 118 – oder den Grund der Anfechtbarkeit – den Irrtum gem. § 119 oder die Falschübermittlung gem. § 120 – infolge von **Fahrlässigkeit nicht kannte**. Der Anspruch wird nicht erst bei grober Fahrlässigkeit ausgeschlossen.[37] Es genügt bereits, dass tatsächliche Anhaltspunkte im konkreten Fall Zweifel daran wecken, ob die Willenserklärung irrtumsfrei zustande gekommen ist und der Erklärungsempfänger diesen Zweifeln entgegen der im Verkehr erforderlichen Sorgfalt nicht durch eine Rückfrage beim Erklärenden nachgeht.[38]

14

Hat der **Geschädigte** den **Anfechtungsgrund** durch sein eigenes Verhalten **hervorgerufen,** ist umstritten, wie sich seine (Mit-)Verursachung auf den Anspruch aus Abs. 1 auswirkt. Kannte er den Anfechtungsgrund oder musste er ihn kennen, wird der Anspruch bereits gem. **Abs. 2** ausgeschlossen. Diese Norm ist *lex specialis* gegenüber § 254.[39] Außerdem kann der Anspruch aus Abs. 1 nach allgemeinen Grundsätzen wegen **Rechtsmissbrauchs gem. § 242** ausgeschlossen sein. Dazu genügt allerdings nicht die bloße (Mit-)Verursachung des Irrtums als solche,[40] sondern es müssen weitere Umstände hinzutreten, aufgrund derer die Geltendmachung des Anspruchs gegen Treu und Glauben verstößt. Rechtsmissbräuchlich handelt danach etwa, wer einen Flug im Internet mit einem offensichtlich viel zu niedrig angegebenen Preis nur deshalb bucht, um nach der online erfolgten Bestätigung eine „Vergleichssumme" für die Nichtinanspruchnahme des gebuchten Fluges zu kassieren.[41] Greift weder Abs. 2 noch § 242 ein, ist umstritten, ob die (Mit-)Verursachung des Irrtums durch den Geschädigten wegen **Mitverschuldens gem. § 254 Abs. 1** zur Minderung oder sogar zum Ausschluss des Anspruchs führen kann. Zwar scheidet die unmittelbare Anwendung des § 254 aus, weil der Anspruch aus Abs. 1 verschuldensunabhängig ist.[42] Wegen der vergleichbaren Interessenlage kann die Vorschrift aber analog angewendet werden, so dass der Anspruch je nach dem Grad der **Mitveranlassung** zu mindern ist oder ganz entfällt.[43] Hat der Geschädigte den Nichtigkeits- oder Anfechtungsgrund dagegen **schuldhaft herbeigeführt**, steht dem Erklärenden ein Schadensersatzanspruch wegen Verschuldens bei Vertragsschluss (§§ 311 Abs. 2, 241 Abs. 2, 280 Abs. 1 i.V.m. Abs. 3, § 282) zu. Dieser Gegenanspruch wird durch § 122 nicht berührt.[44]

15

---

33 Bsp. nach *Medicus*, BGB AT, Rn 784.
34 Erman/*Palm*, § 122 Rn 7; Bamberger/Roth/*Wendtland*, § 122 Rn 9.
35 Soergel/*Hefermehl*, § 122 Rn 5; MüKo/*Kramer*, § 122 Rn 10; Erman/*Palm*, § 122 Rn 9; Bamberger/Roth/*Wendtland*, § 122 Rn 10; *Larenz/Wolf*, BGB AT, § 36 Rn 115.
36 Vgl. Palandt/*Heinrichs*, § 122 Rn 5; Bamberger/Roth/*Wendtland*, § 122 Rn 10.
37 So aber HKK/*Schermaier*, §§ 116–124 Rn 99.
38 Vgl. RGZ 104, 191, 194; BGH NJW 1990, 387, 388; NJW-RR 1992, 1005, 1006; Soergel/*Hefermehl*, § 122 Rn 5; RGRK/*Krüger-Nieland*, § 122 Rn 4; Bamberger/Roth/*Wendtland*, § 122 Rn 10; vgl. auch differenzierend MüKo/*Kramer*, § 122 Rn 11.
39 Soergel/*Hefermehl*, § 122 Rn 5; Palandt/*Heinrichs*, § 122 Rn 5; RGRK/*Krüger-Nieland*, § 122 Rn 6; Bamberger/Roth/*Wendtland*, § 122 Rn 10; vgl. dagegen HKK/*Schermaier*, §§ 116–124 Rn 98 ff.: Abwägung der Verschuldens- bzw. Verursachungsbeiträge im Rahmen des § 122.
40 So noch RGZ 81, 395, 399.
41 OLG München NJW 2003, 367.
42 Vgl. *Flume*, BGB AT Bd. 2, § 21, 7.
43 BGH NJW 1969, 1380; Staudinger/*Dilcher*, 12. Aufl., § 122 Rn 13; HK-BGB/*Dörner*, § 122 Rn 4; Soergel/*Hefermehl*, § 122 Rn 6; Palandt/*Heinrichs*, § 122 Rn 5; Jauernig/*Jauernig*, § 122 Rn 4; RGRK/*Krüger-Nieland*, § 122 Rn 6; Bamberger/Roth/*Wendtland*, § 122 Rn 6; *Larenz/Wolf*, BGB AT, § 36 Rn 115; vgl. Erman/*Palm*, § 122 Rn 9; a.A. MüKo/*Kramer*, § 122 Rn 12; *Medicus*, BGB AT, Rn 786; anders auch HKK/*Schermaier*, §§ 116–124 Rn 98 ff.: Abwägung der Verschuldens- bzw. Verursachungsbeiträge im Rahmen des § 122.
44 Staudinger/*Dilcher*, 12. Aufl., § 122 Rn 4, 13; HK-BGB/*Dörner*, § 122 Rn 5; Soergel/*Hefermehl*, § 122 Rn 8; Bamberger/Roth/*Wendtland*, § 122 Rn 4; vgl. Erman/*Palm*, § 122 Rn 10; vgl. ferner BGH NJW 1969, 1380; RGRK/*Krüger-Nieland*, § 122 Rn 6: Wegfall des Anspruchs aus § 122 Abs. 1.

16 Im Wesentlichen unstreitig ist demgegenüber die (analoge) Anwendbarkeit des **§ 254 Abs. 2**. Verletzt der Geschädigte seine **Schadensminderungspflicht**, wird der Anspruch aus Abs. 1 entsprechend gemindert.[45]

17 Der Anspruch aus Abs. 1 unterliegt wegen der Begrenzung auf das Erfüllungsinteresse keiner längeren **Verjährung** als der Anspruch, den der Ersatzberechtigte bei Wirksamkeit der Erklärung aus dem jetzt nichtigen Geschäft hätte.[46] Die Verjährungshöchstfrist bestimmt sich nach § 199 Abs. 3.[47]

18 **Neben** dem Anspruch aus Abs. 1 können Ansprüche aus **Delikt** (§§ 823 ff.) und vor allem wegen **Verschuldens bei Vertragsschluss** (§§ 311 Abs. 2, 241 Abs. 2, 280 Abs. 1 i.V.m. Abs. 3, § 282) bestehen.[48] Der letztgenannte Anspruch setzt, anders als derjenige aus Abs. 1, ein Verschulden des Erklärenden voraus und ist in seiner Höhe nicht auf das Erfüllungsinteresse begrenzt.[49]

C. Weitere praktische Hinweise

19 Die Anordnung der Ersatzpflicht in § 122 ist **nicht zwingend**. Sie kann durch Parteivereinbarung abbedungen werden.[50]

20 Der **Geschädigte** trägt die Darlegungs- und **Beweislast** für alle Tatsachen, die seinen Anspruch aus Abs. 1 begründen. Daher muss er darlegen und im Bestreitensfall beweisen, dass die Erklärung gem. § 118 nichtig oder gem. §§ 119, 120 angefochten ist, dass er Erklärungsempfänger oder Dritter ist, dass ihm der geltend gemachte Schaden in der geltend gemachten Höhe entstanden ist und dass dieser Schaden auf seinem Vertrauen in die Wirksamkeit der nichtigen oder angefochtenen Willenserklärung beruht. Der **Erklärende** muss hingegen diejenigen Tatsachen darlegen und beweisen, die einen Ausschluss oder eine Minderung des Anspruchs begründen: die Kenntnis oder das Kennenmüssen des Geschädigten in Bezug auf den Unwirksamkeitsgrund gem. Abs. 2, die niedrigere Höhe des Erfüllungsinteresses gem. Abs. 1 a.E. oder die gem. § 254 analog zu berücksichtigende Mitverursachung des Irrtums oder Verletzung der Schadensminderungspflicht (vgl. dazu Rn 14 ff.).[51]

§ 123 Anfechtbarkeit wegen Täuschung oder Drohung

(1) ¹Wer zur Abgabe einer Willenserklärung durch arglistige Täuschung oder widerrechtlich durch Drohung bestimmt worden ist, kann die Erklärung anfechten.

(2) ¹Hat ein Dritter die Täuschung verübt, so ist eine Erklärung, die einem anderen gegenüber abzugeben war, nur dann anfechtbar, wenn dieser die Täuschung kannte oder kennen musste. ²Soweit ein anderer als derjenige, welchem gegenüber die Erklärung abzugeben war, aus der Erklärung unmittelbar ein Recht erworben hat, ist die Erklärung ihm gegenüber anfechtbar, wenn er die Täuschung kannte oder kennen musste.

Literatur: *Boemke*, Fragerecht des Arbeitnehmers nach Mitgliedschaft im Arbeitgeberverband?, NZA 2004, 142; *Braun*, Fragerecht und Auskunftspflicht – Neue Entwicklungen in Gesetzgebung und Rechtsprechung, MDR 2004, 64; *Derleder*, Die Rechte des über Fehler der Kaufsache getäuschten Käufers, NJW 2001, 1161; *Ehrich*, Fragerecht des Arbeitgebers bei Einstellungen und Folgen der Falschbeantwortung, DB 2000, 421; *Fleischer*, Konkurrenzprobleme um die culpa in contrahendo: Fahrlässige Irreführung versus arglistige Täuschung, AcP 200 (2000), 91; *Grigoleit*, Neuere Tendenzen zur schadensrechtlichen Vertragsaufhebung, NJW 1999, 900; *Hunold*, Die Frage des Arbeitgebers nach der Verfügbarkeit von Bewerbern, DB 2000, 573; *Immenga*, Der Begriff des „Dritten" nach § 123 Abs. 2 BGB beim finanzierten Beitritt zu einer Abschreibungsgesellschaft, BB 1984, 5; *Joussen*, Si tacuisses – Der aktuelle Stand zum Fragerecht des Arbeitgebers nach einer Schwerbehinderung, NJW 2003, 2857; *Karakatsanes*, Die Widerrechtlichkeit in § 123 BGB, 1974; *Löhnig*, Vertragsaufhebung wegen „fahrlässiger Täuschung", JA 2003, 553; *v. Lübtow*, Zur Anfechtung von Willenserklärungen wegen arglistiger Täuschung, in: FS Bartholomeyczik 1973, S. 249; *Mankowski*, Arglistige Täuschung durch vorsätzlich

---

[45] RGZ 116, 15, 19; Soergel/*Hefermehl*, § 122 Rn 6; Palandt/*Heinrichs*, § 122 Rn 5; RGRK/*Krüger-Nieland*, § 122 Rn 6; Bamberger/Roth/*Wendtland*, § 122 Rn 6.

[46] BGHZ 49, 77, 83; 57, 191, 196; BGH NJW 1972, 630; Soergel/*Hefermehl*, § 122 Rn 6; RGRK/*Krüger-Nieland*, § 122 Rn 9; Bamberger/Roth/*Wendtland*, § 122 Rn 11.

[47] Jauernig/*Jauernig*, § 122 Rn 2; vgl. zu § 199 Abs. 3 AnwK-SchuldR/*Mansel*, § 199 Rn 5, 12, 67 ff.

[48] A.A. für den c.i.c-Anspruch *Früh*, JuS 1995, 125; abw. auch HKK/*Schermaier*, §§ 116–124 Rn 99; § 122 als besonderer Tatbestand der c.i.c.

[49] HK-BGB/*Dörner*, § 122 Rn 5; Palandt/*Heinrichs*, § 122 Rn 6; MüKo/*Kramer*, § 122 Rn 6; Erman/*Palm*, § 122 Rn 10; Bamberger/Roth/*Wendtland*, § 122 Rn 12; für eine Begrenzung auf das Erfüllungsinteresse wegen § 122 Abs. 1 hingegen Staudinger/*Dilcher*, 12. Aufl., § 122 Rn 4; Soergel/*Hefermehl*, § 122 Rn 7.

[50] Soergel/*Hefermehl*, § 122 Rn 2; RGRK/*Krüger-Nieland*, § 122 Rn 5.

[51] Bamberger/Roth/*Wendtland*, § 122 Rn 13, vgl. Palandt/*Heinrichs*, § 122 Rn 7; MüKo/*Kramer*, § 122 Rn 14; RGRK/*Krüger-Nieland*, § 122 Rn 10.

falsche oder unvollständige Antworten auf konkrete Fragen, JZ 2004, 121; *Messingschlager*, „Sind Sie schwerbehindert?" – Das Ende einer (un)beliebten Frage, NZA 2003, 301; *Müller-Frank*, Täuschung durch Antragsteller und Wissen des vom Versicherer beauftragten Arztes, NVersZ 2001, 447; *Schaub*, Ist die Frage nach der Schwerbehinderung zulässig?, NZA 2003, 299; *Schubert*, Unredliches Verhalten Dritter bei Vertragsschluß, AcP 168 (1968), 470; *Schulte Westenberg*, Die Frage nach der Schwangerschaft – Entwicklung der Rechtsprechung, NJW 1994, 1573; *Stürmer*, Bewerbung und Schwangerschaft – Die Entscheidung des EuGH in der Rechtssache „Mahlburg", NZA 2001, 526; *Thüsing/Lambrich*, Das Fragerecht des Arbeitgebers – aktuelle Probleme zu einem klassischen Thema, BB 2002, 1146; *Trümmer*, Das Fragerecht des Arbeitgebers, FA 2003, 34; *Wälzholz*, Die fehlerhafte stille Gesellschaft und deren Rückabwicklung – Ein Schrecken ohne Ende oder ein Ende mit Schrecken, DStR 2003, 1533; *Windel*, Welche Willenserklärungen unterliegen der Einschränkung der Täuschungsanfechtung gem. § 123 Abs. 2 BGB?, AcP 199 (1999), 421.

A. Allgemeines 1	c) Keine Rechtswidrigkeit der Täuschung bei fehlendem Fragerecht des Arbeitgebers 51
B. Regelungsgehalt 4	
I. Anwendungsbereich 5	
1. Allgemeines 5	6. Arglist 56
2. Vorrangige Spezialregelungen .. 10	7. Person des Täuschenden und Täuschungen durch Dritte (Abs. 2) ... 60
3. Weitere Ausschlussgründe 16	a) Allgemeines 60
4. Abweichende Sonderwertungen .. 19	b) Täuschung durch einen Dritten (Abs. 2 S. 1) 63
II. Arglistige Täuschung (Abs. 1, 1. Fall, Abs. 2) 23	
1. Täuschungshandlung 24	c) Anfechtung gegenüber dem Begünstigten (Abs. 2 S. 2) ... 67
a) Vorspiegelung oder Entstellung von Tatsachen (Täuschung durch aktives Tun) 26	III. Widerrechtliche Drohung (Abs. 1, 2. Fall) . 74
	1. Drohung 75
	2. Abgabe einer Willenserklärung . 79
b) Verschweigen von Tatsachen (Täuschung durch Unterlassen) ... 30	3. Kausalität Drohung – Abgabe der Willenserklärung 80
2. Irrtum 37	4. Widerrechtlichkeit der Drohung . 83
3. Abgabe einer Willenserklärung . 40	a) Widerrechtlichkeit des Mittels . 84
4. Kausalität Täuschung – Irrtum – Abgabe der Willenserklärung ... 41	b) Widerrechtlichkeit des Zwecks . 86
	c) Widerrechtlichkeit der Mittel-Zweck-Relation 87
5. Widerrechtlichkeit der Täuschung 44	5. Subjektiver Tatbestand 92
a) Ungeschriebenes Tatbestandsmerkmal 44	6. Person des Drohenden 94
b) Ausdrückliche gesetzliche Regelungen in Bezug auf die Rechtswidrigkeit 48	IV. Rechtsfolgen 95
	V. Konkurrenzen 96
	C. Weitere praktische Hinweise 103

A. Allgemeines

§ 123 hat den Zweck, die **Freiheit der rechtsgeschäftlichen Willensentschließung** zu schützen.[1] Anders als bei § 119 Abs. 1 und § 120 beruht die Anfechtbarkeit der Willenserklärung nicht darauf, dass deren Inhalt (unbewusst) vom zugrunde liegenden Willen des Erklärenden abweicht (vgl. dazu § 119 Rn 1). In den Fällen des § 123 stimmen das Erklärte und das (manipulierte) Gewollte vielmehr überein.[2] Der Fehler ist bereits im Vorfeld der Willenserklärung entstanden. Solche Fehler im Bereich der Willensbildung sind grundsätzlich unbeachtlich und berechtigen bloß ausnahmsweise, unter den engen Voraussetzungen des § 119 Abs. 2, zur Anfechtung (vgl. § 119 Rn 62). Prinzipiell muss der Erklärende das Risiko tragen, dass er seinen Willen korrekt bildet. Anders liegt das in den Fällen des § 123, weil der Erklärende in seiner freien, privatautonomen Willensbildung und Willensentschließung durch äußere **Einwirkungen Dritter** beeinträchtigt worden ist, die ihm nicht verantwortlich zugerechnet werden können.[3] Da § 123 ausschließlich die Entschließungsfreiheit und nicht (auch) das Vermögen schützt, muss – anders als bei den insoweit engeren Straftatbeständen des § 263 StGB (Betrug) und des § 253 StGB (Erpressung) – durch die Täuschung oder Drohung **kein Vermögensschaden** entstanden sein.[4]

Die Regelung des § 123 muss, ähnlich wie diejenige des § 119 (vgl. dazu § 119 Rn 2), sowohl die Interessen des getäuschten oder bedrohten Erklärenden als auch die des Rechtsverkehrs im Allgemeinen und des

---

1 BGHZ 51, 141, 147; vgl. BGHZ 8, 348, 357; 25, 217, 223; vgl. auch Motive I, S. 204 = *Mugdan* I, S. 465: „Die Rechtsordnung kann nicht gestatten, daß die freie Selbstbestimmung auf rechtsgeschäftlichem Gebiet in widerrechtlicher Weise beeinträchtigt wird."; krit. dazu HKK/*Schermaier*, §§ 116–124 Rn 104 ff.

2 Staudinger/*Dilcher*, 12. Aufl., § 123 Rn 1.

3 *Larenz/Wolf*, BGB AT, § 37 Rn 1; vgl. Soergel/*Hefermehl*, § 123 Rn 1; Palandt/*Heinrichs*, § 123 Rn 1; RGRK/*Krüger-Nieland*, § 123 Rn 1; Erman/*Palm*, § 123 Rn 1; Bamberger/Roth/*Wendtland*, § 123 Rn 1.

4 BGHZ 51, 141, 147; vgl. BGH WM 1973, 560; NJW 1974, 1505, 1506; Soergel/*Hefermehl*, § 123 Rn 1; RGRK/*Krüger-Nieland*, § 123 Rn 1; Erman/*Palm*, § 123 Rn 1; *Medicus*, BGB AT, Rn 789.

Erklärungsempfängers im Besonderen berücksichtigen.[5] Die **Interessen des Getäuschten oder Bedrohten** schützt § 123 vor allem dadurch, dass dieser seine Willenserklärung anfechten kann, wenn sie auf einem fremdbeeinflussten Motivirrtum oder bestimmten Zwangseinwirkungen auf seine Willensbildung beruht. Wie bei einer irrtumsbehafteten Willenserklärung (§§ 119, 120) kann er frei entscheiden, ob er sie gem. § 142 Abs. 1 rückwirkend vernichten oder ob er sie gelten lassen möchte. Daran zeigt sich zugleich, dass ein Rechtsgeschäft, welches auf einer arglistigen Täuschung oder auf einer widerrechtlichen Drohung beruht, nicht ohne weiteres sittenwidrig und gem. § 138 Abs. 1 nichtig ist.[6] Anders als bei der Irrtumsanfechtung braucht der Getäuschte oder Bedrohte dem Erklärungsempfänger nicht gem. § 122 Abs. 1 den Vertrauensschaden zu ersetzen, weil er das Opfer unzulässiger Beeinflussungen seiner Entschließungsfreiheit geworden ist.[7] Außerdem gilt nicht die kurze Anfechtungsfrist des § 121 (unverzüglich), sondern die Jahresfrist des § 124.

3   Die **Interessen des Erklärungsgegners oder Erklärungsempfängers** werden berücksichtigt, indem eine Täuschung oder Drohung erst dann gem. § 123 zur Anfechtung berechtigt, wenn sie auf einer besonders gearteten inneren Einstellung beruht, welche die zusätzlichen Voraussetzungen der Arglist oder Widerrechtlichkeit erfüllt.[8] Dieser Schutz genügt für den Regelfall, in dem der Erklärungsgegner oder Erklärungsempfänger der Täuschende oder Drohende ist. Hat dagegen ein Dritter die Drohung oder Täuschung verübt, differenziert § 123 bei empfangsbedürftigen Willenserklärungen, soweit es um den Vertrauensschutz des Empfängers geht. Keinen zusätzlichen Schutz gewährt die Vorschrift im Fall der **Drohung**. Eine Drohung bedeutet nach der Wertung des Gesetzgebers einen so schweren Eingriff in die Entschließungsfreiheit, dass sogar die Interessen eines unbeteiligten Geschäftsgegners zurücktreten müssen (vgl. auch Rn 94).[9] Anders liegt es gem. Abs. 2 im Fall der **Täuschung** durch einen Dritten. Hier kann der Getäuschte nur anfechten, wenn der Geschäftsgegner oder der durch die Willenserklärung Begünstigte die Täuschung des Dritten kannte oder zumindest kennen musste (näher dazu Rn 63 ff.).

B. Regelungsgehalt

4   Die Anfechtbarkeit nach § 123 setzt zunächst die **Anwendbarkeit** der Vorschrift voraus (dazu Rn 5 ff.). Dann muss der Erklärende entweder durch **arglistige Täuschung** (dazu Rn 23 ff.) oder **widerrechtlich durch Drohung** (dazu Rn 74 ff.) zur Abgabe einer Willenserklärung bestimmt worden sein. Liegen diese Voraussetzungen vor, ist die Willenserklärung **anfechtbar** (dazu Rn 95). Daneben können dem Getäuschten oder Bedrohten **Schadensersatzansprüche** aus Delikt oder wegen Verschuldens bei Vertragsschluss zustehen (dazu Rn 99).

I. Anwendungsbereich

5   **1. Allgemeines.** § 123 ist seinem Wortlaut nach zunächst auf alle Arten privatrechtlicher **Willenserklärungen** anwendbar. Es kommt nicht darauf an, ob es sich um empfangsbedürftige oder nicht empfangsbedürftige, um ausdrückliche oder konkludente Willenserklärungen oder um einseitige Willenserklärungen handelt.[10] Bei **gesetzlich fingierten Willenserklärungen** kommt eine analoge Anwendung der Anfechtungsregeln und damit auch des § 123 bloß ausnahmsweise in Betracht (vgl. ausf. § 119 Rn 7). Eine Anfechtung ist möglich, wenn das Schweigen innerhalb einer bestimmten Frist als Zustimmung oder Billigung fingiert wird und der Entschluss zum Schweigen durch eine Täuschung oder Drohung i.S.d. § 123 hervorgerufen worden ist.[11] Auf **geschäftsähnliche Handlungen** wie z.B. Mahnungen ist § 123 wegen der Vergleichbarkeit der Interessenlage analog anwendbar.[12]

6   Keine Anwendung findet § 123, wenn das durch die Täuschung oder Drohung hervorgerufene Verhalten die Voraussetzungen einer Willenserklärung nicht erfüllt. Überschreitet die Beeinflussung die Grenzen des psychischen Zwangs – der *vis compulsiva* – und wird zu einem physischen unwiderstehlichen Zwang – zur *vis absoluta* –, liegt mangels Handlungswillens gar keine Willenserklärung vor (vgl. dazu vor § 116 Rn 6). Dann

---

5   Näher dazu sowie zur Entstehungsgeschichte und zu den Lösungen vor dem BGB HKK/*Schermaier*, §§ 116–124 Rn 108 ff.
6   BGHZ 60, 102, 104 f.; BGH NJW 1988, 902, 903; 2002, 2774, 2775.
7   Vgl. *Larenz/Wolf*, BGB AT, § 37 Rn 1.
8   Bamberger/Roth/*Wendtland*, § 123 Rn 2; vgl. BGHZ 8, 348, 357; 25, 217, 223 f.
9   *Larenz/Wolf*, BGB AT, § 37 Rn 2; Erman/*Palm*, § 123 Rn 72; abw. MüKo/*Kramer*, § 123 Rn 53: Anspruch auf Ersatz des Vertrauensschadens gem. § 122 analog.
10 Palandt/*Heinrichs*, § 123 Rn 1; MüKo/*Kramer*, § 123 Rn 2; RGRK/*Krüger-Nieland*, § 123 Rn 4; Bamberger/Roth/*Wendtland*, § 123 Rn 3.
11 Bamberger/Roth/*Wendtland*, § 123 Rn 5; vgl. MüKo/*Kramer*, § 123 Rn 5, vor § 116 Rn 30 ff. sowie zur Arglist beim Schweigen auf ein kaufmännisches Bestätigungsschreiben § 151 Rn 40, 41.
12 Vgl. *Ulrici*, NJW 2003, 2053, 2054 f.

scheidet eine Anfechtung nach § 123 aus (vgl. noch Rn 75).[13] Ebenso wenig ist § 123 auf bloße **Realakte** anwendbar.[14] Daher kann etwa der Widerruf einer ehrkränkenden Behauptung, der durch eine Täuschung oder Drohung herbeigeführt wurde, nicht angefochten werden. In einem solchen Fall kann allerdings ein Anspruch auf die Herausgabe des schriftlichen Widerrufs gem. § 1004 analog in Betracht kommen.[15]

Eine **Prozesshandlung** ist mangels ihres rechtsgeschäftlichen Charakters grundsätzlich nicht gem. § 123 anfechtbar. Etwas anderes gilt, wenn es sich, wie z.B. bei einem Prozessvergleich, gleichzeitig um ein materiell-rechtliches Rechtsgeschäft handelt. Die erfolgreiche Anfechtung der materiell-rechtlichen Willenserklärung (§§ 123, 142 Abs. 1) führt gem. § 139 analog auch zur Nichtigkeit der Prozesshandlung (näher dazu § 119 Rn 9; zur Anfechtbarkeit eines Vergleichs vgl. Rn 11).[16]

Im **öffentlichen Recht** finden die §§ 123 f. auf Vertragserklärungen bei öffentlich-rechtlichen Verträgen gem. §§ 59 Abs. 1, 62 VwVfG entsprechende Anwendung. Gleiches gilt für verwaltungsrechtliche Erklärungen von Bürgern gegenüber Behörden. Unanwendbar sind die §§ 123 f. bei Verwaltungsakten (vgl. dazu § 119 Rn 10).[17]

Die Anfechtbarkeit gem. § 123 setzt voraus, dass die unzulässige Beeinflussung der Entschließungsfreiheit den Erklärenden zur Bildung eines bestimmten Willens veranlasst hat, den er dann erklärt hat. Der „manipulierte" Wille und das Erklärte müssen **übereinstimmen** (vgl. Rn 1). Daran fehlt es, wenn der Erklärende durch eine Drohung zur Abgabe einer Willenserklärung bestimmt werden soll, er diese Erklärung aber nur zum Schein abgibt, weil er glaubt, bereits dadurch das angedrohte Übel vermeiden zu können, ohne dass es noch auf den Eintritt der mit der Erklärung verbundenen Rechtsfolge ankommt. Bleibt der Vorbehalt unentdeckt, ist er nach § 116 S. 1 unbeachtlich, und der Bedrohte muss die Willenserklärung gem. Abs. 1 anfechten.[18] Bemerkt der Drohende dagegen in diesem – allerdings eher theoretischen – Fall, dass der Bedrohte die Erklärung insgeheim nicht abgeben will, ist die Erklärung **gem. § 116 S. 2 nichtig** (vgl. § 116 Rn 2, 7 ff.). Diese erzwungene Erklärung muss nicht mehr gem. Abs. 1 angefochten werden.[19] Die Nichtigkeit schützt den Erklärenden grundsätzlich besser als die bloße Anfechtbarkeit.[20]

2. Vorrangige Spezialregelungen. Vorrangige Spezialregelungen können die Anwendbarkeit der §§ 123 f. auf die Anfechtung privatrechtlicher Willenserklärungen ausschließen oder modifizieren. Solche Regelungen finden sich vor allem im **Familien- und Erbrecht**. Beispiele sind die §§ 1314 Abs. 2 Nr. 3 und 4, 1315 Abs. 1 Nr. 4, 1317 (Eheschließung), § 1760 Abs. 2 lit. c und d (Annahme als Kind) und die §§ 2078 ff., 2281 ff. (letztwillige Verfügungen). Auf die Anfechtung der zu einem Ehevertrag führenden Willenserklärungen ist § 123 anwendbar.[21]

Aufgrund der Spezialregelung des § 779 Abs. 1 ist die Irrtumsanfechtung bei einem **Vergleich** ausgeschlossen, soweit sich beide Parteien über einen Umstand irren, den sie im Vergleichsvertrag als feststehend zugrunde gelegt haben (vgl. § 119 Rn 12). Dagegen kann ein arglistig Getäuschter seine zum Vergleichsabschluss führende Willenserklärung ohne eine derartige Einschränkung gem. § 123 anfechten. Es kommt ausschließlich darauf an, dass er den Vergleich ohne die arglistige Täuschung mit diesem Inhalt nicht abgeschlossen hätte.[22]

Wegen einer widerrechtlichen Drohung können die zum Abschluss eines **Versicherungsvertrages** führenden Willenserklärungen nur insoweit gem. § 123 angefochten werden, als nicht die spezielleren Vorschriften der §§ 16 ff. VVG eingreifen (vgl. auch § 119 Rn 14). Dagegen kann der Versicherer, der arglistig über Gefahrumstände getäuscht worden ist, seine Erklärung aufgrund der Anordnung in § 22 VVG uneingeschränkt gem. § 123 anfechten.[23]

---

13 Brox, BGB AT, Rn 464; Staudinger/*Dilcher*, 12. Aufl., § 123 Rn 1; Bamberger/Roth/*Wendtland*, § 123 Rn 3.
14 Palandt/*Heinrichs*, § 123 Rn 1; Bamberger/Roth/ *Wendtland*, § 123 Rn 3.
15 BGH NJW 1952, 417; Staudinger/*Dilcher*, 12. Aufl., § 123 Rn 1; RGRK/*Krüger-Nieland*, § 123 Rn 4.
16 Vgl. BAG NZA 1998, 33, 34; MüKo/*Kramer*, § 123 Rn 6; Erman/*Palm*, § 123 Rn 2.
17 Vgl. Staudinger/*Dilcher*, 12. Aufl., § 123 Rn 70; MüKo/*Kramer*, § 123 Rn 6; Erman/*Palm*, § 123 Rn 2.
18 MüKo/*Kramer*, § 123 Rn 56.
19 Bamberger/Roth/*Wendtland*, § 123 Rn 4; Jauernig/ *Jauernig*, § 116 Rn 4; MüKo/*Kramer*, § 116 Rn 14; vgl. Soergel/*Hefermehl*, § 116 Rn 11; a.A. RGRK/ *Krüger-Nieland*, § 116 Rn 5: nur Anfechtbarkeit wegen des durch § 123 eröffneten Wahlrechts des Bedrohten.
20 Staudinger/*Dilcher*, 12. Aufl., § 116 Rn 10.
21 BGH NJW-RR 1996, 1281; Erman/*Palm*, § 123 Rn 2 a.
22 BGH WM 1972, 1443, 1446; BAG NZA 1998, 33, 34; MüKo/*Kramer*, § 123 Rn 2.
23 Vgl. MüKo/*Kramer*, § 123 Rn 2; Erman/*Palm*, § 123 Rn 2a; vgl. auch OLG Koblenz VersR 1992, 229.

13 Im Anwendungsbereich des **Vermögensgesetzes** scheidet die Anfechtung gem. § 123 aus, weil dessen Restitutionsregelungen Vorrang zukommt. Das gilt auch dann, wenn die Anfechtung bereits vor dem In-Kraft-Treten des Vermögensgesetzes am 29.9.1990 erklärt worden ist.[24]

14 Im Unterschied zur Irrtumsanfechtung gem. § 119 Abs. 2 (vgl. dazu § 119 Rn 62 ff.) wird die Täuschungsanfechtung der zum Abschluss eines Kaufvertrages führenden Willenserklärungen gem. § 123 nicht durch die **kaufrechtlichen Gewährleistungsvorschriften der §§ 437 ff.** ausgeschlossen.[25] Der Getäuschte kann wählen, ob er den Kaufvertrag rückwirkend vernichten oder Gewährleistungsansprüche geltend machen will. Im Vergleich zu einem Rücktritt gem. § 437 Nr. 2, 1. Fall ist die Anfechtung günstiger, wenn sich – wie im Regelfall – die Täuschung auch auf das Erfüllungsgeschäft bezieht. Die Anfechtung der Willenserklärungen zu beiden Verträgen führt dann zu einem dinglichen Herausgabeanspruch (§ 985), während der Rücktritt nur ein schuldrechtliches Rückgewährschuldverhältnis begründet.[26] Die Anfechtung kann auch noch nach der Geltendmachung von Gewährleistungsrechten, selbst nach dem Rücktritt, erklärt werden.[27] Ist die Anfechtung erfolgt, scheiden Gewährleistungsansprüche allerdings wegen der Vernichtung des Kaufvertrages (§ 142 Abs. 1) aus.[28] Dieselben Grundsätze gelten für das Verhältnis der Anfechtung gem. § 123 zur Sach- und Rechtsmängelhaftung bei **Werk- und Mietverträgen** (§§ 633 ff.; 536 ff.).[29]

15 Die Anfechtungsmöglichkeiten wegen Täuschung oder Drohung nach § 123 und wegen Irrtums nach **§ 119** schließen sich nicht gegenseitig aus, weil sie unterschiedliche Voraussetzungen und Rechtsfolgen haben.[30] Eine Frage der Auslegung ist es, ob eine Anfechtung nach § 123 zugleich eine solche nach § 119 enthält (vgl. dazu § 143 Rn 8).[31]

16 **3. Weitere Ausschlussgründe.** Das Recht zur Anfechtung gem. § 123 kann, ebenso wie dasjenige gem. §§ 119, 120, **vertraglich ausgeschlossen** werden.[32] Ein Ausschluss in AGB verstößt allerdings regelmäßig gegen § 307 Abs. 2 Nr. 1 (vgl. § 119 Rn 20). Die Vereinbarung eines Haftungsausschlusses für Mängel der Kaufsache ist gem. § 444 unwirksam, wenn der Verkäufer den Mangel arglistig verschwiegen hat.[33]

17 Aufgrund der Disponibilität der §§ 119 ff. ist auch ein **Verzicht** auf das Anfechtungsrecht des § 123 möglich,[34] gem. § 307 Abs. 1 Nr. 2 allerdings regelmäßig nicht in AGB (vgl. § 119 Rn 21). Ein Sonderfall des Verzichts ist die **Bestätigung** des anfechtbaren Rechtsgeschäfts gem. § 144 (vgl. § 144 Rn 2).

18 Nach allgemeinen Grundsätzen kann das Anfechtungsrecht des § 123 gem. § 242 durch **Verwirkung**[35] erlöschen (vgl. dazu § 124 Rn 13). Es kann ferner wegen eines sonstigen **Verstoßes gegen Treu und Glauben** im Einzelfall ausgeschlossen sein. Einen solchen Verstoß gegen § 242 nimmt die Rechtsprechung an, wenn die arglistige Täuschung die Rechtsposition des Getäuschten im Zeitpunkt der Anfechtungserklärung nicht oder nicht mehr beeinträchtigt.[36] Danach kann der Getäuschte z.B. nicht mehr anfechten, wenn die Baugenehmigung, deren Fehlen ihm der Vertragspartner arglistig verschwiegen hatte, zwischenzeitlich erteilt worden ist.[37] Gleiches soll erst recht gelten, wenn der Erklärende aufgrund der Täuschung sogar Vorteile erlangt hat.[38] Indessen ist zu beachten, dass das bloße Fehlen eines Vermögensschadens allein einen Verstoß gegen § 242 noch nicht begründen kann, weil § 123 einen Vermögensschaden

---

24 BGHZ 118, 34, 38 f. m.w.N.; Palandt/*Heinrichs*, § 123 Rn 29; Bamberger/Roth/*Wendtland*, § 123 Rn 40.
25 RGZ 96, 156, 157 f.; BGH NJW 1958, 177; OLG Saarbrücken NJW-RR 1989, 1211; *Brox*, BGB AT, Rn 462; *Larenz/Wolf*, BGB AT, § 37 Rn 52; *Medicus*, BGB AT, Rn 809; Staudinger/*Dilcher*, 12. Aufl., § 123 Rn 45; HK-BGB/*Dörner*, § 123 Rn 13; Soergel/*Hefermehl*, § 123 Rn 62; Palandt/*Heinrichs*, § 123 Rn 29; MüKo/*Kramer*, § 123 Rn 34; RGRK/*Krüger-Nieland*, § 123 Rn 86; Erman/*Palm*, § 123 Rn 6; Bamberger/Roth/*Wendtland*, § 123 Rn 40; vgl. BGHZ 53, 144; 57, 137; 110, 220, 221 f.
26 *Brox*, BGB AT, Rn 462.
27 Staudinger/*Dilcher*, 12. Aufl., § 123 Rn 46; MüKo/*Kramer*, § 123 Rn 34; RGRK/*Krüger-Nieland*, § 123 Rn 86; vgl. BGHZ 110, 220, 221 f.; OLG München NJW 1953, 424; OLG Hamburg MDR 1966, 49.
28 *Brox*, BGB AT, Rn 462; *Larenz/Wolf*, BGB AT, § 37 Rn 21; *Medicus*, BGB AT, Rn 809; Staudinger/*Dilcher*, 12. Aufl., § 123 Rn 45; HK-BGB/*Dörner*, § 123 Rn 13; MüKo/*Kramer*, § 123 Rn 34; RGRK/*Krüger-Nieland*, § 123 Rn 86; Erman/*Palm*, § 123 Rn 6.
29 Vgl. etwa *Larenz/Wolf*, BGB AT, § 37 Rn 21, 52; MüKo/*Kramer*, § 123 Rn 34.
30 BGHZ 34, 32, 38; 78, 216, 221; BGH NJW-RR 1996, 1281, 1282; Palandt/*Heinrichs*, § 123 Rn 28; Erman/*Palm*, § 123 Rn 3; Bamberger/Roth/*Wendtland*, § 123 Rn 14.
31 Erman/*Palm*, § 123 Rn 3; vgl. BGH NJW 1979, 160, 161; 1981, 224, 225.
32 Erman/*Palm*, § 123 Rn 44; vgl. MüKo/*Kramer*, § 123 Rn 28.
33 Vgl. AnwK-SchuldR/*Büdenbender*, § 444 Rn 1; vgl. auch Erman/*Palm*, § 123 Rn 44.
34 Erman/*Palm*, § 123 Rn 45.
35 Näher zur Verwirkung AnwK-BGB/*Krebs*, § 242 Rn 99 ff.
36 Vgl. BGH WM 1977, 343, 344; 1983, 1055, 1056; OLG Frankfurt NJW-RR 1986, 1205, 1206; BAG BB 1988, 632; ebenso Palandt/*Heinrichs*, § 123 Rn 25; MüKo/*Kramer*, § 123 Rn 28; Erman/*Palm*, § 123 Rn 45; Bamberger/Roth/*Wendtland*, § 123 Rn 39.
37 BGH WM 1983, 1055, 1056.
38 Erman/*Palm*, § 123 Rn 45.

gerade nicht voraussetzt (vgl. Rn 1). War der Anfechtungsgrund im Zeitpunkt der Anfechtungserklärung bloß vorübergehend weggefallen und liegt er später, bei der Entscheidung über die Wirksamkeit der Anfechtung, wieder vor, weil z.B. die zwischenzeitlich erteilte Zulassung wieder entzogen worden ist, steht § 242 der Anfechtung nicht entgegen.[39]

4. Abweichende Sonderwertungen. Wie bei der Irrtumsanfechtung, so gelten auch bei der Täuschungs- und Drohungsanfechtung in bestimmten Rechtsgebieten besondere Wertungen, welche die Anfechtung ausschließen oder in ihren Wirkungen beschränken (vgl. dazu bereits § 119 Rn 23 ff.). Im **Arbeitsrecht** können zwar die zum Abschluss eines Arbeitsvertrages führenden Willenserklärungen gem. § 123 angefochten werden;[40] hier kommen vor allem arglistige Täuschungen des Arbeitnehmers über solche Umstände in Betracht, die für die Durchführung des Arbeitsverhältnisses von Bedeutung sind (näher dazu und zum Fragerecht des Arbeitgebers Rn 45 f., 51 ff.).[41] Die Anfechtung wirkt aber wegen der Rückabwicklungsschwierigkeiten (§§ 812 ff.) entgegen § 142 Abs. 1 grundsätzlich nicht zurück (keine *ex tunc*-Wirkung), wenn das Arbeitsverhältnis bereits in Vollzug gesetzt worden ist. Erklärt der Arbeitgeber die Anfechtung, nachdem der Arbeitnehmer die ihm zugewiesene Arbeit aufgenommen hat, kommt der Anfechtung grundsätzlich nur noch die kündigungsähnliche Wirkung einer Auflösung des Arbeitsverhältnisses für die Zukunft zu (*ex nunc*-Wirkung). Diese Einschränkung des § 142 Abs. 1 ist nach – allerdings bestrittener – Meinung nicht nur bei der Irrtums-, sondern auch bei der Täuschungsanfechtung zu beachten (näher dazu § 142 Rn 8).

Im **Gesellschaftsrecht** gelten vergleichbare Wertungen. Sind Gesellschaftsverträge und Beitrittserklärungen in Vollzug gesetzt, entfalten sie erhebliche Drittwirkungen. Deshalb können die entsprechenden Willenserklärungen grundsätzlich ebenfalls nur mit *ex nunc*-Wirkung angefochten werden (näher dazu § 142 Rn 9). Das gilt z.B. auch für einen arglistig getäuschten stillen Gesellschafter, der sich als Massenanleger an einer AG beteiligt hat.[42]

Im **Wertpapierrecht** hat der Verkehrsschutz besondere Bedeutung, weil die Umlauffähigkeit von Inhaber- und Orderpapieren gewährleistet werden muss. Deshalb kann ein Getäuschter oder Bedrohter die Anfechtbarkeit seiner Erklärung auf solchen umlauffähigen Papieren – vor allem auf Wechseln – einem gutgläubigen Erwerber nur entgegenhalten, wenn sich die Anfechtbarkeit aus dem Papier selbst ergibt (vgl. §§ 796, 364 Abs. 2 HGB, Artt. 16 Abs. 2, 17 WG, Artt. 21, 22 ScheckG).[43]

Auch im **Versicherungsrecht** kann die Rückwirkung der Anfechtung wegen einer arglistigen Täuschung eingeschränkt sein. Hat der Versicherungsnehmer eine Vorerkrankung arglistig verschwiegen, beseitigt die Anfechtung des Versicherers die Leistungspflicht zwar für die Zukunft, aber nicht in Bezug auf einen bereits eingetretenen Versicherungsfall, der mit der verschwiegenen Erkrankung nichts zu tun hat.[44]

II. Arglistige Täuschung (Abs. 1, 1. Fall, Abs. 2)

Nach Abs. 1, 1. Fall kann der Erklärende seine Willenserklärung anfechten, wenn er durch arglistige Täuschung zu deren Abgabe bestimmt worden ist. Das setzt vor allem eine **Täuschungshandlung** voraus. Wie im Fall des strafrechtlichen Betrugs (§ 263 StGB) muss der Täuschende beim Getäuschten einen Irrtum hervorrufen, aufrechterhalten oder bestärken, indem er falsche Tatsachen vorspiegelt oder wahre Tatsachen entstellt oder unterdrückt.[45] Im Unterschied zu § 263 StGB setzt § 123 jedoch weder einen Vermögensschaden beim Getäuschten voraus (vgl. Rn 1) noch die Absicht rechtswidriger Bereicherung.[46] Außerdem muss die Täuschung, über den Wortlaut des Abs. 1, 1. Fall hinaus, **rechtswidrig** bzw. widerrechtlich sein (dazu Rn 44 ff.). Schließlich muss der Täuschende **arglistig** handeln (dazu Rn 56 ff.). Für die Täuschung durch **Dritte** finden sich Sonderregelungen in Abs. 2 (dazu Rn 60 ff.).

---

39 BGH NJW 1992, 2346, 2348; Palandt/*Heinrichs*, § 123 Rn 25; MüKo/*Kramer*, § 123 Rn 28; Erman/*Palm*, § 123 Rn 45; Bamberger/Roth/*Wendtland*, § 123 Rn 39.
40 BAGE 5, 159 = BAG AP Nr. 2 zu § 123 BGB; AP Nr. 19 zu § 123 BGB = RdA 1976, 273; AP Nr. 40 zu § 123 BGB = NZA 1996, 371; AP Nr. 59 zu § 123 BGB; MünchArbR/*Richardi*, § 46 Rn 36; Schaub/*Schaub*, Arbeitsrechts-Handbuch, § 35 Rn 14.
41 ErfK/*Preis*, § 611 BGB Rn 444.
42 *Wälzholz*, DStR 2003, 1533 ff.
43 Vgl. Staudinger/*Dilcher*, 12. Aufl., § 123 Rn 40.
44 OLG Nürnberg VersR 1998, 217 = NJW RR 1998, 535; VersR 2000, 437; 2001, 1368; Palandt/*Heinrichs*, § 123 Rn 25; ähnlich KG VersR 1998, 1362; vgl. auch Erman/*Palm*, § 123 Rn 48; a.A. OLG Saarbrücken, VersR 2001, 751.
45 *Brox*, BGB AT, Rn 450; Staudinger/*Dilcher*, 12. Aufl., § 123 Rn 3; Erman/*Palm*, § 123 Rn 11; vgl. Palandt/*Heinrichs*, § 123 Rn 2; Bamberger/Roth/*Wendtland*, § 123 Rn 7; vgl. auch HK-BGB/*Dörner*, § 123 Rn 2; Soergel/*Hefermehl*, § 123 Rn 2; Jauernig/*Jauernig*, § 123 Rn 2; MüKo/*Kramer*, § 123 Rn 14; RGRK/*Krüger-Nieland*, § 123 Rn 6.
46 Palandt/*Heinrichs*, § 123 Rn 2; MüKo/*Kramer*, § 123 Rn 11; vgl. Bamberger/Roth/*Wendtland*, § 123 Rn 7.

24 **1. Täuschungshandlung.** Eine Täuschungshandlung i.S.d. § 123 kann begrifflich nur vorliegen, wenn der Täuschende beim Erklärenden **bewusst** einen Irrtum hervorrufen oder aufrechterhalten will. Er muss die Irrtumserregung bezwecken, insoweit also vorsätzlich handeln. Dieser Täuschungsvorsatz ist begriffsnotwendiger Bestandteil der Täuschungshandlung.[47] Dessen ungeachtet verlangt § 123 ausdrücklich, dass die Täuschung arglistig sein muss. Der Täuschungsvorsatz und die weiteren subjektiven Anforderungen sind daher unter dem Tatbestandsmerkmal der Arglist zusammengefasst (vgl. dazu Rn 56 ff.).[48]

25 Im Übrigen stellt § 123 keine speziellen Anforderungen auf, was die Art der Täuschungshandlung betrifft. Die Täuschung kann durch **aktives Tun** (dazu Rn 26 ff.) oder, falls eine entsprechende Aufklärungs- oder Offenbarungspflicht besteht, durch **Unterlassen** (dazu Rn 30 ff.) begangen werden.

26 **a) Vorspiegelung oder Entstellung von Tatsachen (Täuschung durch aktives Tun).** Eine Täuschung durch aktives Tun liegt vor bei der **wahrheitswidrigen Behauptung bedeutsamer Umstände**.[49] In Betracht kommen vor allem die Vorspiegelung unwahrer und die Entstellung wahrer Tatsachen. Dabei kann es sich einerseits um äußere Tatsachen handeln.[50] Solche sinnlich wahrnehmbaren Umstände sind z.B. der Kilometerstand eines Pkw[51] und das Alter von Teppichen, Möbeln und Kunstgegenständen.[52] Andererseits kann der Erklärende über innere Tatsachen getäuscht werden.[53] Eine solche innere Einstellung eines Menschen ist z.B. die Absicht des Vertragspartners, den Vertrag nicht oder im Wesentlichen nicht ordnungsgemäß erfüllen zu wollen.[54] Zusammenfassend kommen als Gegenstand der Täuschung **alle objektiv nachprüfbaren tatsächlichen und rechtlichen Umstände** in Betracht, die Bedeutung für den Entschluss des Erklärenden haben, das Geschäft vorzunehmen.[55] Dagegen findet § 123 keine Anwendung bei bloß subjektiven Werturteilen oder marktschreierischen Anpreisungen ohne sachlichen Gehalt, die ein verständiger Mensch ohnehin nicht ernst nimmt.[56] Soweit es hier um Werbeaussagen geht, können die Vorschriften des UWG anwendbar sein.[57]

27 Die Täuschung muss nicht ausdrücklich, sondern sie kann auch **konkludent** erfolgen.[58] Ob ein bestimmtes Verhalten die Behauptung unzutreffender Tatsachen enthält, ist gem. §§ 133, 157 nach den allgemeinen Auslegungsregeln zu ermitteln. Es kommt entscheidend darauf an, wie der sorgfältige Empfänger das Verhalten nach Treu und Glauben unter Berücksichtigung der Verkehrssitte verstehen durfte (vgl. § 133 Rn 41). Danach erklärt z.B. derjenige, der Waren auf Kredit, auf Rechnung oder auf Ratenzahlung kauft, durch den Abschluss des Vertrages konkludent auch, dass er bei Fälligkeit des Kaufpreises bzw. der jeweiligen Kaufpreisrate zahlungsfähig und zahlungswillig ist.[59] Offenbart der andere Teil einen Mangel der Sache, kann darin nach den Umständen des Einzelfalles zugleich die Erklärung liegen, dass die Sache keine weiteren Mängel aufweist.[60] Geht es um den Abschluss eines Automatenaufstellungsvertrages, kann die wahrheitsgemäße Angabe, welcher Gewinn bei diesen Automaten üblich oder jedenfalls möglich ist, eine konkludente Täuschung enthalten, wenn sie beim Erklärenden die Fehlvorstellung hervorrufen kann und soll, dass er ebenfalls einen entsprechenden Gewinn erzielen werde.[61] Das Zusenden rechnungsähnlich gestalteter Vertragsofferten, die auf den Abschluss eines Anzeigenvertrages gerichtet sind, kann den Kunden, der das Vertragsangebot nicht als solches erkannt hat, zur Anfechtung seiner Willenserklärung wegen arglistiger Täuschung berechtigen.[62]

28 Als für die Abgabe der Willenserklärung maßgebliche Umstände im oben (Rn 26) genannten Sinn und damit als Gegenstand der ausdrücklichen oder konkludenten Täuschung kommen vor allem **wertbildende**

---

47 Jauernig/*Jauernig*, § 123 Rn 3, 7; vgl. HK-BGB/*Dörner*, § 123 Rn 2; MüKo/*Kramer*, § 123 Rn 8; *Medicus*, BGB AT, Rn 788.
48 Jauernig/*Jauernig*, § 123 Rn 7; vgl. auch die Definition der Arglist in BGH NJW 2000, 2497, 2499 m.w.N.
49 Erman/*Palm*, § 123 Rn 12; *Brox*, BGB AT, Rn 450.
50 HK-BGB/*Dörner*, § 123 Rn 3.
51 BGH NJW 1960, 237 f.; OLG Köln NJW-RR 1988, 1136.
52 BGH DB 1977, 671; OLG Düsseldorf NJW 2002, 612.
53 HK-BGB/*Dörner*, § 123 Rn 3; Palandt/*Heinrichs*, § 123 Rn 3; Bamberger/Roth/*Wendtland*, § 123 Rn 8.
54 BGH LM § 123 Nr. 12; Staudinger/*Dilcher*, 12. Aufl., § 123 Rn 5; vgl. OLG Köln NJW 1967, 740.
55 Soergel/*Hefermehl*, § 123 Rn 3; Erman/*Palm*, § 123 Rn 12; *Brox*, BGB AT, Rn 450; vgl. Staudinger/*Dilcher*, 12. Aufl., § 123 Rn 4; MüKo/*Kramer*, § 123 Rn 15.
56 *Flume*, BGB AT Bd. 2, § 29, 1; Staudinger/*Dilcher*, 12. Aufl., § 123 Rn 6; Soergel/*Hefermehl*, § 123 Rn 3; MüKo/*Kramer*, § 123 Rn 15; RGRK/*Krüger-Nieland*, § 123 Rn 9; Bamberger/Roth/*Wendtland*, § 123 Rn 8; vgl. Palandt/*Heinrichs*, § 123 Rn 3.
57 Vgl. zum Verhältnis des § 123 zum Rücktrittsrecht des früheren § 13a UWG bei unwahrer und irreführender Werbung MüKo/*Kramer*, § 123 Rn 37 ff.; dieses Rücktrittsrecht ist bei der Neufassung des UWG zum 8.7.2004 wegen Bedeutungslosigkeit in der Praxis ersatzlos gestrichen worden.
58 AG Kaiserslautern NJW-RR 1997, 1073; Palandt/*Heinrichs*, § 123 Rn 4; Bamberger/Roth/*Wendtland*, § 123 Rn 10.
59 BGH NJW 1960, 237; OLG Köln NJW 1967, 740, 741.
60 OLG Köln OLGZ 1987, 228, 229.
61 OLG Braunschweig MDR 1971, 44.
62 Näher dazu *Alexander/Pützhoven*, DB 2001, 1133 ff.

Merkmale in Betracht.[63] Bei **Kraftfahrzeugen** sind das, neben dem bereits erwähnten Kilometerstand und dem Alter (vgl. Rn 26), z.B. die Unfallfreiheit,[64] soweit es sich nicht um Bagatellschäden handelt[65] und der Erklärende auch nicht ausdrücklich nach Vorschäden gefragt hat,[66] die mögliche Verkehrsunsicherheit bei einer nicht vollständig durchgeführten Reparatur,[67] der „graue" Import eines Pkw, der zum vollen für das Inland geltenden Richtpreis verkauft wird,[68] und der Import oder Re-Import eines gebrauchten Kraftfahrzeugs aus dem Ausland.[69] Bei **Grundstücken** können Gegenstände einer Täuschung z.B. sein der Befall mit Hausbockkäfern,[70] erhebliche Feuchtigkeitsschäden,[71] das Bestehen einer Einsturzgefahr,[72] die Kontamination mit Öl[73] und andere Altlasten,[74] das Fehlen einer Baugenehmigung[75] und andere öffentlich-rechtliche Nutzungsverbote oder -beschränkungen,[76] aber auch die fehlende erforderliche Zustimmung des Nachbarn zur Bebauung[77] und die jahrzehntelange schikanöse Belästigung durch Nachbarn oder Miteigentümer.[78] Bei **anderen Kaufobjekten** kommen beispielsweise der Mehrwertsteuer-Rückstand des verkauften Unternehmens,[79] erhebliche Zahlungsrückstände und Verbindlichkeiten beim Verkauf eines GmbH-Anteils,[80] die erhebliche Differenz zwischen der Mietpreisgarantie und der gezahlten Miete bei der Beteiligung an einem Bauherrenmodell[81] und erhebliche Mietrückstände im Hauptmietverhältnis bei einer Untervermietung[82] in Betracht.

Die arglistige Täuschung über **andere Umstände** berechtigt ebenfalls zur Anfechtung gem. § 123, soweit diese Umstände für das abgeschlossene Rechtsgeschäft von Bedeutung sind. Beispiele sind unrichtige Angaben zum Gesundheitszustand in einem Antrag auf Abschluss einer Berufsunfähigkeitsversicherung[83] oder einer Krankenversicherung[84] (vgl. zur Anwendbarkeit des § 123 beim Abschluss von Versicherungsverträgen Rn 12). Das Vortäuschen eines Selbstmordversuchs ist ein Anfechtungsgrund gem. Abs. 1, 1. Fall, wenn es den Ehepartner dazu bringen sollte und gebracht hat, einen Ehevertrag zu unterschreiben.[85] Im Arbeitsrecht berechtigen Täuschungen des Arbeitnehmers über solche Eigenschaften, welche die Durchführung des Arbeitsverhältnisses im Allgemeinen und die Erbringung der geschuldeten Arbeitsleistung im Besonderen beeinträchtigen, den Arbeitgeber zur Anfechtung, wenn er ein entsprechendes Fragerecht hatte oder eine Offenbarungspflicht des Arbeitnehmers bestand (näher dazu Rn 51 ff.).

b) Verschweigen von Tatsachen (Täuschung durch Unterlassen). Um eine Täuschung durch Unterlassen handelt es sich beim **Verschweigen** oder bei der **Unterdrückung von Tatsachen** oder von objektiv nachprüfbaren bedeutsamen Umständen im oben (Rn 26) erläuterten Sinn. Ein Unterlassen steht dem aktiven Tun gleich, wenn eine Rechtspflicht zum Handeln besteht. Daher stellt das Verschweigen von Tatsachen nur dann eine Täuschungshandlung dar, wenn dem Schweigenden hinsichtlich der verschwiegenen Umstände eine **Aufklärungs- oder Offenbarungspflicht** obliegt.[86] Hierbei ist die **Eigenverantwortlichkeit jeder Partei** zu beachten, die ihre eigenen Interessen grundsätzlich selbst wahrnehmen muss. Deshalb gibt es keine allgemeine Pflicht zur Offenbarung aller Umstände, die für den Geschäftsgegner relevant sein könnten.[87] So ist z.B. der Verkäufer nicht verpflichtet, den Käufer ungefragt über alle für ihn erheblichen Umstände aufzuklären.[88] Das gilt auch in Bezug auf solche Mängel, die der Käufer bei einer im eigenen Interesse gebotenen

---

63 Vgl. dazu die ausf. Einzelfallübersicht bei Palandt/ Heinrichs, § 123 Rn 7–9.
64 BGHZ 29, 148, 150 f.; 63, 382, 386 f. = BGH NJW 1975, 642, 644; 1982, 1386; OLG Karlsruhe DAR 1992, 151; OLG Köln VersR 1994, 111; OLG Koblenz DAR 2002, 452 und 510.
65 BGH NJW 1982, 1386; vgl. OLG München DAR 2002, 454.
66 BGHZ 74, 383, 394; BGH NJW 1977, 1914, 1915; WM 1987, 137, 138; KG VRS 87, 241.
67 OLG Hamm DAR 1996, 499.
68 LG Düsseldorf DAR 1987, 385.
69 OLG Saarbrücken NJW-RR 1999, 1063 f.
70 KG NJW-RR 1989, 972.
71 BGH NJW 1993, 1703.
72 BGH NJW 1990, 975.
73 BGH NJW 2002, 1867.
74 BGH NJW 2001, 64; vgl. auch BGH NJW 1991, 2900; 1992, 1953; 1995, 1549; OLG Düsseldorf NJW 1996, 3284.
75 BGH NJW 1979, 2243; 2003, 2380, 2381.
76 Vgl. etwa BGH NJW-RR 1988, 394 und 1290; OLG Schleswig SchlHA 1999, 118; OLG Frankfurt NJW-RR 2002, 523 f.; OLG Düsseldorf NJW-RR 2003, 448, 449.
77 OLG Koblenz NJW-RR 2003, 119, 120.
78 BGH NJW 1991, 1673, 1674; OLG Hamm NJW-RR 1997, 1168.
79 OLG Köln NJW-RR 1994, 1064.
80 BGH NJW-RR 1998, 1406 f.
81 OLG Düsseldorf DNotZ 1998, 901.
82 OLG Köln NJW-RR 1999, 882.
83 OLG Hamm NJW-RR 1995, 286 f.
84 OLG Hamburg VersR 1971, 902 f.
85 BGH NJW-RR 1996, 1281, 1282.
86 BGH NJW 1989, 763, 764; NJW-RR 1991, 439, 440; Staudinger/Dilcher, 12. Aufl., § 123 Rn 7; Soergel/ Hefermehl, § 123 Rn 6; MüKo/Kramer, § 123 Rn 16; RGRK/Krüger-Nieland, § 123 Rn 16; Bamberger/ Roth/Wendtland, § 123 Rn 11.
87 BGH NJW 1971, 1795, 1799; 1983, 2493, 2494; 2003, 424, 425; HK-BGB/Dörner, § 123 Rn 2; Palandt/Heinrichs, § 123 Rn 5; Jauernig/Jauernig, § 123 Rn 5; Bamberger/Roth/Wendtland, § 123 Rn 11.
88 BGH NJW 1998, 1406.

Sorgfalt selbst wahrnehmen kann.[89] Ungünstige Eigenschaften der Person oder des Vertragsgegenstandes muss der Vertragspartner grundsätzlich nicht ungefragt offenbaren.[90]

31 Wegen dieser Eigenverantwortlichkeit jeder Partei kann eine Aufklärungs- oder Offenbarungspflicht der anderen Partei nur unter der Voraussetzung angenommen werden, dass zulasten der anderen Partei ein **Informationsgefälle** besteht.[91] Die Rechtsgrundlage dieser Pflicht ist § 242.[92] Es kommt darauf an, ob der andere Teil im Einzelfall nach **Treu und Glauben** unter Berücksichtigung der Verkehrsanschauung eine Aufklärung über die verschwiegenen Umstände erwarten durfte.[93] Danach können Aufklärungs- und Offenbarungspflichten vor allem in den **folgenden Fallgruppen** bestehen.

32 Auf **gezielte Fragen** des anderen Teils muss der Gefragte grundsätzlich vollständig und richtig antworten.[94] Er muss dem Fragenden auch mitteilen, wenn er einen konkreten Verdacht in Bezug auf den Umstand hat, nach dem er gefragt worden ist.[95] Einer konkreten Nachfrage wird es z.T. gleichgestellt, wenn der Erklärende etwa in einer Ausschreibung, in einer Leistungsbeschreibung oder in einem Inserat ganz bestimmte Anforderungsmerkmale bezeichnet und dem anderen Teil damit zu erkennen gegeben hat, dass diese Umstände seine Willenserklärung beeinflussen.[96] Der Erklärende kann also durch (zulässige) Fragen die Informationsverantwortung, die er grundsätzlich selbst tragen muss, auf den Erklärungsadressaten verlagern. Will der Adressat die Frage nicht beantworten und muss er das auch nicht, weil ihm nicht ausnahmsweise eine Pflicht zur Beantwortung der Frage obliegt, hat er nur die Möglichkeit, die Antwort offen zu verweigern. Antwortet er stattdessen falsch oder nicht erkennbar unvollständig, begründet das eine Täuschung i.S.d. Abs. 1, 1. Fall.[97] So muss der Verkäufer z.B. die ihm bekannten Baupläne der Grundstücksnachbarn offenbaren, wenn der Käufer des Hausgrundstücks ausdrücklich nach sichtbehindernden Bauabsichten der Nachbarn fragt.[98] Wird der Verkäufer eines Gebrauchtwagens konkret gefragt, ob das Auto bereits einmal in einen Unfall verwickelt war, muss er jeden Unfall angeben, selbst wenn dieser nur Bagatellschäden verursacht hat und er ihn deshalb ungefragt nicht offenbaren müsste (vgl. dazu Rn 28).[99] Die obigen Grundsätze gelten ausnahmsweise nicht, wenn die Fragen unzulässig sind und der Gefragte wegen besonderer gesetzlicher Wertungen, wie sie vor allem im Arbeitsrecht bestehen, falsch antworten darf (näher dazu und zum Fragerecht des Arbeitgebers Rn 45, 51 ff.).

33 Eine weitere, große Fallgruppe betrifft solche Umstände, die für den Erklärenden **erkennbar von besonderer Wichtigkeit** sind. Hierüber muss der andere Teil ungefragt aufklären. Die erforderliche wesentliche Bedeutung haben vor allem solche Umstände, die den Vertragszweck vereiteln oder zumindest gefährden können. Kennt nur der andere Teil diese Umstände, und kennt er auch deren Bedeutung für den Erklärenden oder muss er diese Bedeutung zumindest erkennen, darf der Erklärende die Mitteilung der betreffenden Tatsache nach Treu und Glauben unter Berücksichtigung der Verkehrsauffassung erwarten.[100] Klärt der Verkäufer den Käufer über einen wesentlichen Umstand der Kaufsache nicht auf, obwohl er weiß oder zumindest damit rechnet, dass dem Käufer die wahre Sachlage unbekannt geblieben ist, und nimmt er in Kauf, dass die Unkenntnis des Käufers seinen Willensschluss beeinflussen kann, bedeutet das Schweigen des Verkäufers eine Täuschung seines Vertragspartners.[101] Weiß etwa der Verkäufer eines Hausgrundstücks, dass die Gemeinde eine tief greifende Verkehrsumgestaltung plant, welche den Vertragszweck gefährdet, der zufolge die auf dem Grundstück stehenden Gebäude modernisiert und die zu bildenden Eigentumswohnungen verkauft werden sollen, und rechnet er auch damit, dass der Käufer diese Planung der Gemeinde nicht kennt,

---

89 BGH NJW-RR 1994, 907; BGHZ 132, 30, 34 = BGH NJW 1996, 1339, 1340; NJW 2001, 64.
90 OLG München NJW 1967, 158; LG Darmstadt NJW 1999, 365, 366; Palandt/*Heinrichs*, § 123 Rn 5.
91 OLG Brandenburg NJW-RR 1996, 724; OLG Frankfurt NJW-RR 1999, 1064; Palandt/*Heinrichs*, § 123 Rn 5; Bamberger/Roth/*Wendtland*, § 123 Rn 11.
92 Staudinger/*Dilcher*, 12. Aufl., § 123 Rn 7; Palandt/*Heinrichs*, § 123 Rn 5; Jauernig/*Jauernig*, § 123 Rn 4.
93 BGH NJW 1970, 653, 655; 1983, 2493, 2494; 1989, 763, 764; 1998, 1315, 1316; NJW-RR 1998, 1406; ZIP 2001, 1678, 1680 f.; *Larenz/Wolf*, BGB AT, § 37 Rn 8; *Medicus*, BGB AT, Rn 795; Soergel/*Hefermehl*, § 123 Rn 6; Jauernig/*Jauernig*, § 123 Rn 4; RGRK/*Krüger-Nieland*, § 123 Rn 18; Erman/*Palm*, § 123 Rn 13; Bamberger/Roth/*Wendtland*, § 123 Rn 11; vgl. bereits RGZ 111, 233, 234.
94 BGHZ 74, 383, 392; BGH NJW 1967, 1222; 1977, 1914, 1915; BAG MDR 1994, 1227; Palandt/*Heinrichs*, § 123 Rn 5a; Erman/*Palm*, § 123 Rn 14; Bamberger/Roth/*Wendtland*, § 123 Rn 12.
95 OLG Bremen DAR 1980, 373; Palandt/*Heinrichs*, § 123 Rn 5a; Bamberger/Roth/*Wendtland*, § 123 Rn 12.
96 Erman/*Palm*, § 123 Rn 14; vgl. LG Stuttgart NJW-RR 1992, 1360.
97 OLG Nürnberg DAR 1978, 198 f.; LG Köln VersR 1978, 957; Erman/*Palm*, § 123 Rn 14; ausf. *Mankowski*, JZ 2004, 121 ff.
98 BGH NJW 1993, 1323, 1324.
99 BGHZ 74, 383, 394; BGH NJW 1977, 1914, 1915; WM 1987, 137, 138; KG VRS 87, 241.
100 BGH NJW 1980, 2460, 2461; NJW-RR 1988, 2010; NJW 1989, 769; NJW-RR 1991, 439, 440; NJW-RR 1996, 429; NJW 1998, 1315, 1316; NJW-RR 1998, 1406; NJW 2001, 64; OLG Koblenz NJW-RR 2003, 119, 120.
101 BGH NJW-RR 1998, 1406.

§ 123 Anfechtbarkeit wegen Täuschung oder Drohung

so muss er den Käufer ungefragt über die Planung informieren.[102] Gleiches gilt, wenn der Verkäufer weiß, dass die geplante Bebauung des angebotenen Grundstücks problematisch wird, weil zur Grenzbebauung das Einverständnis der betroffenen Nachbarn fehlt und eine Baulast erforderlich ist.[103] Der Verkäufer des Anteils an einer GmbH, die sich in finanziell angespannter Lage befindet, muss dem Käufer auch ungefragt sämtliche Verbindlichkeiten der GmbH offenbaren, und zwar vor allem dann, wenn diese erst in ihrer Gesamtheit die Insolvenzreife der GmbH begründen.[104] Werden gebrauchte Fahrzeuge, Maschinen oder ähnliche Gegenstände verkauft, besteht eine Offenbarungspflicht des Verkäufers vor allem in Bezug auf bekannte Unfallschäden, soweit es sich nicht lediglich um Bagatellschäden handelt.[105] Sie erstreckt sich sogar auf bloß vermutete Unfallschäden, wenn diese schwer sind, und zwar insbesondere dann, wenn die Verkehrssicherheit gefährdet ist (vgl. Rn 28).[106] Kommt es bei der Übernahme einer Dienst- oder Werkleistung wie z.B. einer Architektenleistung oder bei einer Geschäftsbesorgung nach gesetzlichen Vorschriften oder nach der Verkehrsüblichkeit auf eine bestimmte Qualifikation an, muss der Übernehmende den Vertragspartner ungefragt informieren, wenn er diese Qualifikation nicht besitzt.[107]

Aufklärungs- und Offenbarungspflichten können sich ferner daraus ergeben, dass zwischen dem Erklärenden und dem Erklärungsempfänger ein so enges, **besonderes Vertrauensverhältnis** besteht, dass die Mitteilung der verschwiegenen Umstände nach der Verkehrsauffassung redlicherweise erwartet werden konnte.[108] Wegen der grundsätzlichen Eigenverantwortlichkeit der Parteien (vgl. Rn 30) müssen Vertrauensverhältnisse mit solchen Aufklärungspflichten die Ausnahme bilden.[109] Sie können z.B. angenommen werden bei einer engen familiären oder persönlichen Verbundenheit der Vertragspartner[110] und bei Dauerschuldverhältnissen sowie insbesondere bei Gesellschaftsverhältnissen mit einer engen persönlichen Vertrauensbeziehung.[111] 34

In ähnlicher Weise kann die Aufklärungs- oder Offenbarungspflicht aus einer **besonderen Stellung** des Erklärenden und des Erklärungsempfängers im Wirtschaftsverkehr folgen. Die besondere Vertrauensstellung und die Handlungspflicht des Erklärungsempfängers können zum einen darauf beruhen, dass Letzterer über eine **besondere Sach- und Fachkunde** verfügt, auf die sich der Erklärende verlassen darf, weil er selbst nicht sachkundig oder geschäftlich unerfahren ist.[112] In Betracht kommen solche Aufklärungspflichten etwa bei Bankiers,[113] Finanzdienstleistern und Anlageberatern,[114] Warenterminhändlern und ähnlichen Personen,[115] aber auch bei Architekten[116] und bei Gebrauchtwagenhändlern.[117] Zum anderen kann die Vertrauensstellung des Erklärungsempfängers auf der **besonderen Schutzbedürftigkeit** des Erklärenden beruhen. Danach kann vor allem ein erkennbarer Mangel an Lebens- und Geschäftserfahrung des Vertragsgegners, wie er etwa bei Jugendlichen infrage kommt, Aufklärungspflichten für den anderen Teil begründen.[118] 35

Keine Aufklärungspflicht besteht dagegen grundsätzlich bei Geschäften mit **spekulativem Charakter**, soweit die maßgeblichen Umstände in den Risikobereich des eingegangenen Wagnisses fallen.[119] So kann beispielsweise ein Aktienverkäufer davon ausgehen, dass der Käufer hinreichend informiert ist, wenn es sich um einen Hauptaktionär und Brancheninsider handelt.[120] 36

2. Irrtum. Die Anfechtungsmöglichkeit des Abs. 1, 1. Fall setzt weiter voraus, dass beim Erklärenden ein Irrtum erregt worden ist. Ein Irrtum ist eine **unbewusste Fehlvorstellung von der Wirklichkeit** (ausf. § 119 Rn 26 ff.). Daran fehlt es, wenn der getäuschte Erklärende die Wahrheit kennt.[121] Aus dem gleichen Grund scheidet die Täuschungsanfechtung aus, wenn der Erklärende die Täuschung zwar nicht erkannt hat, mit einer Täuschung aber rechnet und ihr Vorliegen oder zumindest die Gefahr einer Täuschung bei 37

---

102 OLG Frankfurt NJW-RR 2002, 523 f.
103 OLG Koblenz NJW-RR 2003, 119, 120.
104 BGH NJW-RR 1998, 1406.
105 BGHZ 29, 148, 150 f.; 63, 382, 386 f.; OLG Köln VersR 1994, 1434, 1435.
106 Vgl. OLG Frankfurt NJW-RR 1999, 1064; vgl. auch OLG Koblenz DAR 2002, 510; NJW-RR 2002, 1578.
107 Vgl. OLG Düsseldorf NJW-RR 1993, 1173, 1175; OLG Nürnberg NJW-RR 1998, 1713, 1714; Erman/*Palm*, § 123 Rn 18.
108 BGH NJW 1970, 653, 655; Staudinger/*Dilcher*, 12. Aufl., § 123 Rn 7; Palandt/*Heinrichs*, § 123 Rn 5c; RGRK/*Krüger-Nieland*, § 123 Rn 18; Erman/*Palm*, § 123 Rn 15.
109 Vgl. Erman/*Palm*, § 123 Rn 15.
110 BGH NJW 1992, 300, 302.
111 BGH LM § 123 Nr. 8 und Nr. 52.
112 Erman/*Palm*, § 123 Rn 16; vgl. Palandt/*Heinrichs*, § 123 Rn 5c.
113 RGZ 111, 233, 234 f.
114 BGH NJW 1998, 2675 f.; vgl. auch *v. Heymann*, NJW 1999, 1577, 1579; *Stüsser*, NJW 1999, 1586, 1588.
115 BGHZ 80, 80, 82; 124, 151, 154 = BGH NJW 1994, 512; NJW 1994, 997; NJW-RR 1996, 947; 1997, 176; 1998, 1271.
116 BGH MDR 1978, 1009.
117 Vgl. etwa BGH NJW 1977, 1055; OLG Hamburg NJW-RR 1992, 1399; OLG Düsseldorf VersR 1993, 1027, 1028; OLG Köln NJW-RR 1997, 1214.
118 BGH NJW 1966, 1451 f.; 1974, 849, 851; 1992, 300, 302.
119 Vgl. OLG Bamberg MDR 1971, 44; OLG München NJW 1980, 786; Erman/*Palm*, § 123 Rn 12.
120 BGH LM § 123 Nr. 56; Palandt/Heinrichs, § 123 Rn 5c.
121 BAG NJW 2001, 1885.

der Abgabe seiner Willenserklärung bewusst in Kauf nimmt.[122] Selbst in einem solchen Fall steht dem Erklärenden – etwa beim Abschluss eines Vergleichsvertrags – ein Anfechtungsrecht allerdings dann zu, wenn die tatsächlich begangene Täuschung erheblich über dasjenige hinausgeht, was er erwartet oder in Kauf genommen hatte.[123] Ein Irrtum liegt ferner vor, wenn der Erklärende zwar zunächst an der Wahrheit der vom anderen Teil behaupteten Umstände zweifelt, nach einer Abwägung des Für und Wider letztlich aber an die Richtigkeit der behaupteten Umstände glaubt.[124]

38 Auf ein **Verschulden des Getäuschten** und darauf, ob er die Unwahrheit erkennen konnte, kommt es nicht an.[125] Im Unterschied zu § 119 stellt § 123 nicht darauf ab, ob der Getäuschte seine Willenserklärung auch bei verständiger Würdigung des Falles abgegeben haben würde. Deshalb schließen weder Fahrlässigkeit noch grobe Fahrlässigkeit oder sogar Leichtfertigkeit des Getäuschten hinsichtlich des Irrtums seine Anfechtungsmöglichkeit aus.[126] In der Praxis wird es dem Anfechtenden in solchen Fällen allerdings schwerer fallen, das Vorliegen eines Irrtums nachzuweisen (vgl. zur Darlegungs- und Beweislast Rn 103 f.).

39 Unerheblich ist ferner die **Art des Irrtums**, dem der Getäuschte unterliegt. Abs. 1, 1. Fall unterscheidet nicht danach, ob es sich um einen Erklärungs-, Inhalts- oder Eigenschaftsirrtum handelt.[127]

40 3. **Abgabe einer Willenserklärung.** Der Getäuschte muss eine **Willenserklärung** abgegeben haben (ausf. Rn 5 ff.). Handelt es sich um eine geschäftsähnliche Handlung, beispielsweise eine Mahnung, findet § 123 analoge Anwendung (vgl. Rn 5).

41 4. **Kausalität Täuschung – Irrtum – Abgabe der Willenserklärung.** Die Anfechtbarkeit gem. Abs. 1, 1. Fall setzt voraus, dass der Erklärende durch die Täuschung zur Abgabe der Willenserklärung **bestimmt worden** ist. Die Täuschung muss den Irrtum des Getäuschten verursacht haben, und der Irrtum muss für die Abgabe seiner Willenserklärung kausal geworden sein.

42 Die **Kausalität zwischen der Täuschung und dem Irrtum** liegt vor, wenn sich die unbewusste Fehlvorstellung des Erklärenden auf diejenigen Umstände bezieht, über die der andere Teil getäuscht hat. Der Irrtum muss der Täuschungshandlung entsprechen. Der Erklärende muss z.B. glauben, der angebotene Gebrauchtwagen sei unfallfrei, wie es der Verkäufer wahrheitswidrig behauptet hat. Gibt er dagegen seine Willenserklärung aufgrund einer anderen Fehlvorstellung ab, weil er z.B. zwar nicht glaubt, dass die angebotene Ikone echt ist, sie aber irrtümlich für vergoldet hält, fehlt es an einem kausal durch die Täuschung erregten Irrtum;[128] hier kommt (nur) eine Anfechtung gem. § 119 Abs. 2 in Betracht. Auch das bloße Ausnutzen eines bereits bestehenden Irrtums ist keine Irrtumserregung i.S.d. Abs. 1, 1. Fall.[129] Davon zu unterscheiden ist das Unterhalten eines Irrtums. Beseitigt oder verschleiert etwa der andere Teil Umstände, die den Irrtum aufklären könnten, oder klärt er den Irrenden pflichtwidrig nicht auf (vgl. dazu Rn 30 ff.), liegt eine Täuschung vor, die den Irrtum des Getäuschten mit verursacht hat.[130] Die bloße **Mitursächlichkeit** reicht aus.[131] Dagegen fehlt es von vornherein an einem tatsächlich durch die Täuschung hervorgerufenen Irrtum, wenn die Unrichtigkeit der vorgespiegelten Tatsache für den Erklärenden offenkundig ist und deshalb ein Irrtum gar nicht entstanden sein kann. Verneint z.B. ein offensichtlich schwerbehinderter Mensch im Einstellungsgespräch die Frage, ob er schwerbehindert sei, berechtigt diese Falschbeantwortung den Arbeitgeber unabhängig davon nicht zur Anfechtung, ob er den Bewerber überhaupt nach einer Schwerbehinderung fragen durfte (vgl. zum Fragerecht des Arbeitgebers noch Rn 45, 51 ff.).[132]

43 Der **Irrtum** ist **kausal für die Abgabe der Willenserklärung**, wenn der Erklärende seine Willenserklärung ohne den Irrtum überhaupt nicht oder jedenfalls nicht in dieser Form, d.h. nicht mit diesem Inhalt[133] oder

---

122 BGH LM § 123 Nr. 4; Erman/*Palm*, § 123 Rn 24; MüKo/*Kramer*, § 123 Rn 12; vgl. BGH DB 1953, 272; WM 1972, 1443, 1446; DB 1976, 141; BAG NZA 1998, 33, 34; Staudinger/*Dilcher*, 12. Aufl., § 123 Rn 21.
123 BGH WM 1972, 1443, 1446; BAG NZA 1998, 33, 34; MüKo/*Kramer*, § 123 Rn 12; RGRK/*Krüger-Nieland*, § 123 Rn 67; Erman/*Palm*, § 123 Rn 24.
124 Erman/*Palm*, § 123 Rn 24.
125 BAG NJW 2001, 1885.
126 BGH NJW 1962, 1907; 1971, 1795, 1798; 1997, 1845; KG NJW 1998, 1082, 1083; Staudinger/*Dilcher*, 12. Aufl., § 123 Rn 20; MüKo/*Kramer*, § 123 Rn 12; Erman/*Palm*, § 123 Rn 24; vgl. Soergel/*Hefermehl*, § 123 Rn 23.
127 MüKo/*Kramer*, § 123 Rn 13; RGRK/*Krüger-Nieland*, § 123 Rn 7.
128 Erman/*Palm*, § 123 Rn 25.
129 BGH NJW 1969, 623, 624; Erman/*Palm*, § 123 Rn 25.
130 Erman/*Palm*, § 123 Rn 25; vgl. RGZ 134, 43, 51; BGH NJW 1964, 811.
131 Erman/*Palm*, § 123 Rn 25; vgl. RGZ 77, 309, 314; OLG Stuttgart DB 1962, 94; KG JR/JZ 1964, 350; BGH NJW 1995, 2361, 2362; NJW-RR 1999, 1063, 1064; Staudinger/*Dilcher*, 12. Aufl., § 123 Rn 19.
132 BAG NJW 2001, 1885 f.; *Larenz/Wolf*, BGB AT, § 37 Rn 10.
133 BGH NJW 1964, 811.

nicht zu diesem Zeitpunkt,[134] abgegeben hätte.[135] Auch hier genügt die bloße Mitursächlichkeit.[136] Es reicht regelmäßig aus, dass sich die Täuschung oder das pflichtwidrige Verschweigen auf einen bedeutsamen Umstand des Geschäfts bezieht, der nach der Lebenserfahrung bei der Art des konkreten Geschäfts die Entscheidung zu dessen Abschluss zumindest mit beeinflusst (vgl. zur Darlegungs- und Beweislast noch Rn 103 f.).[137] An dieser Kausalität fehlt es, wenn der Irrtum für die Abgabe der Willenserklärung ohne jede Bedeutung ist und sie gar nicht beeinflusst hat. Hat beispielsweise die getäuschte Partei den Vergleichsvertrag ohne Rücksicht auf die Behauptungen der anderen Partei abgeschlossen oder hat sie die Täuschung erkannt und sich trotzdem – in zutreffender Kenntnis der tatsächlichen Umstände – zum Abschluss des Vergleichs entschlossen, scheidet eine Anfechtung gem. Abs. 1, 1. Fall mangels der erforderlichen Kausalität aus.[138] Schließlich kann eine Täuschung auch nicht mehr kausal werden, wenn sie nach der Abgabe der Willenserklärung erfolgt.[139]

5. Widerrechtlichkeit der Täuschung. a) Ungeschriebenes Tatbestandsmerkmal. Nach dem Wortlaut des Abs. 1 muss nur die Drohung widerrechtlich sein, nicht aber die Täuschung. Denn der Gesetzgeber ging davon aus, eine Täuschung sei selbstverständlich – *ipso facto* – rechtswidrig.[140] Indessen gibt es Fallgestaltungen, in denen der andere Teil den Erklärenden zwar bewusst täuscht, diese Täuschung aber nicht rechtswidrig erscheint, weil der Täuschende die Umstände, über die er getäuscht hat, aufgrund gesetzlicher Vorschriften nicht offenbaren musste. So erlaubt es § 53 Abs. 1 Nr. 2 BZRG einem Vorbestraften, sich trotzdem als unbestraft zu bezeichnen, wenn die Verurteilung nach Ablauf der in § 46 BZRG festgelegten Tilgungsfrist ist. Hier handelt es sich um eine **gesetzlich gestattete Täuschung** (vgl. zu solchen ausdrücklichen gesetzlichen Regelungen in Bezug auf die Rechtswidrigkeit noch Rn 48 ff.). 44

Vergleichbare Fallgestaltungen finden sich vor allem im Arbeitsrecht. Stellt der **Arbeitgeber** dem Stellenbewerber oder der Stellenbewerberin im Einstellungsgespräch eine **unzulässige Frage** – z.B. nach nicht einschlägigen Vorstrafen[141] oder nach der Schwangerschaft (vgl. dazu Rn 54) –, können sie eine bewusste Täuschung des Arbeitgebers nur dadurch vermeiden, dass sie entweder wahrheitsgemäß antworten oder die Antwort verweigern. In beiden Fällen wird der Arbeitgeber von einer Einstellung absehen. Dem Arbeitnehmer und der Arbeitnehmerin hilft es nicht, wenn der Arbeitgeber eine Frage wegen eines überwiegenden Arbeitnehmerinteresses zwar nicht stellen darf, die Unzulässigkeit der Frage ihnen aber bloß das Recht gibt, die Antwort zu verweigern. Zur Beantwortung einer Frage im Einstellungsgespräch könnten sie ohnehin nicht gezwungen werden, weil sie dem Arbeitgeber in diesem vorvertraglichen Verhandlungsstadium nicht zur Auskunft verpflichtet sind.[142] Ihr Schutzinteresse wird vielmehr erst dadurch gewahrt, dass sie unzulässige Fragen falsch beantworten dürfen. Deshalb ist die Falschbeantwortung einer unzulässigen Arbeitgeber-Frage – in den obigen Beispielen die wahrheitswidrige Verneinung der nicht einschlägigen Vorstrafen und der Schwangerschaft – eine bewusste und damit arglistige,[143] zugleich aber rechtmäßige Täuschung.[144] 45

Eine vergleichbare Einschränkung für das **Fragerecht des Arbeitnehmers** wird unter dem Gesichtspunkt des Art. 9 Abs. 3 GG diskutiert, soweit es um die Frage nach der Verbandszugehörigkeit des Arbeitgebers geht. Entgegen der Auffassung des BAG[145] soll es der grundrechtliche Schutz der Koalitionsfreiheit nicht nur verbieten, dass der Arbeitgeber den Arbeitnehmer im Einstellungsgespräch nach seiner Gewerkschaftszugehörigkeit fragt (vgl. auch Rn 52).[146] Weil der Arbeitgeber ebenfalls den Schutz des in Art. 9 Abs. 3 S. 1 46

---

134 BGHZ 2, 287, 299 = BGH NJW 1951, 643, 645.
135 Erman/*Palm*, § 123 Rn 26; vgl. Staudinger/*Dilcher*, 12. Aufl., § 123 Rn 19; Soergel/*Hefermehl*, § 123 Rn 20; Palandt/*Heinrichs*, § 123 Rn 24; MüKo/ *Kramer*, § 123 Rn 12; Bamberger/Roth/*Wendtland*, § 123 Rn 37.
136 Erman/*Palm*, § 123 Rn 26; vgl. RGZ 77, 309, 314; OLG Stuttgart DB 1962, 94; KG JR 1964, 350; BGH NJW 1995, 2361, 2362; OLG Saarbrücken NJW-RR 1999, 1063, 1064; Staudinger/*Dilcher*, 12. Aufl., § 123 Rn 19; Soergel/*Hefermehl*, § 123 Rn 20; Palandt/*Heinrichs*, § 123 Rn 24; MüKo/*Kramer*, § 123 Rn 12; Bamberger/Roth/*Wendtland*, § 123 Rn 37.
137 Vgl. BGH NJW 1995, 2361, 2362; OLG Saarbrücken NJW-RR 1999, 1063, 1064.
138 BGH DB 1953, 272; WM 1972, 1443, 1446; DB 1976, 141; BAG NZA 1998, 33, 34 f.
139 Erman/*Palm*, § 123 Rn 26.
140 Bericht der XII. Kommission über den Allgemeinen Theil v. 12.6.1896, S. 39, abgedruckt bei *Mugdan* I, S. 965; vgl. *v. Lübtow*, in: FS Bartholomeyczik 1973, S. 249, 273.
141 Vgl. dazu BAG in st. Rspr. seit BAGE 5, 159, 163 = BAG AP Nr. 2 zu § 123 BGB; aus neuerer Zeit etwa BAG NZA 1999, 975, 976 = AP Nr. 50 zu § 123 BGB m.w.N.
142 Vgl. MünchArbR/*Buchner*, § 41 Rn 174.
143 Anders z.B. BAGE 5, 159, 163; 11, 270, 273; BAG NJW 1993, 1154, 1156.
144 BAG NJW 1991, 2723, 2724; NZA 1998, 1052, 1053; NJW 1999, 3653; NZA 2003, 848; *Ehrich*, DB 2000, 421, 427; ErfK/*Preis*, § 611 BGB Rn 452; MüKo/*Kramer*, § 123 Rn 10; Erman/*Palm*, § 123 Rn 20; MünchArbR/*Richardi*, § 46 Rn 39.
145 BAG NZA 2003, 1207, 1208.
146 Zur von der h.M. anerkannten grundsätzlichen Unzulässigkeit dieser Frage vor der Einstellung z.B. BAG NZA 2000, 1294, 1296; *Boemke*, NZA 2004, 142, 143; *Braun*, MDR 2004, 64, 66; *Ehrich*, DB 2000, 421, 426; ErfK/*Preis*, § 611 BGB Rn 349;

GG geregelten, gem. S. 2 unmittelbar anwendbaren Differenzierungsverbots genießt, sei es gleichermaßen unzulässig, dass der Stellenbewerber den potenziellen Arbeitgeber nach seiner Mitgliedschaft im Arbeitgeberverband fragt.[147]

47 Da der Gesetzgeber die – seltenen – Fälle rechtmäßiger Täuschungen nicht gesehen hat, enthält Abs. 1, 1. Fall eine Lücke, die durch eine **teleologische Reduktion** zu schließen ist. Nicht nur die Drohung, auch die Täuschung muss widerrechtlich sein, um die Anfechtung zu begründen.[148] Der Schutzzweck des § 123, die Freiheit der rechtsgeschäftlichen Willensentschließung zu schützen (vgl. Rn 1), wird nicht berührt, wenn der Anfechtende die arglistige Täuschung selbst durch eine rechtswidrige Handlung, nämlich das Stellen einer unzulässigen Frage, hervorgerufen hat.[149]

48 **b) Ausdrückliche gesetzliche Regelungen in Bezug auf die Rechtswidrigkeit.** Das ausdrücklich in § 53 Abs. 1 BZRG geregelte Recht, sich trotz einer **Vorstrafe** als unbestraft zu bezeichnen, wurde oben (Rn 44) bereits kurz angesprochen. Nach § 53 Abs. 1 Nr. 2 BZRG darf sich der Verurteilte als unbestraft bezeichnen und braucht auch den der Verurteilung zugrunde liegenden Sachverhalt nicht zu offenbaren, wenn die Verurteilung gem. § 45 BZRG nach Ablauf der in § 46 BZRG festgelegten Tilgungsfrist zu tilgen ist. Das gleiche Recht hat der Verurteilte nach § 53 Abs. 1 Nr. 1, wenn die Verurteilung gem. § 32 Abs. 2 BZRG nicht in das Führungszeugnis oder nur nach § 32 Abs. 3, 4 BZRG in ein Führungszeugnis für Behörden (§§ 30 Abs. 5, 31 BZRG) aufzunehmen ist.

49 Eine weitere ausdrückliche gesetzliche Regelung findet sich **Art. 136 Abs. 3 S. 1 WRV**, der sog. „Lohengrinklausel".[150] Nach dieser gem. Art. 140 GG fortgeltenden Vorschrift ist niemand verpflichtet, seine **religiöse Überzeugung** zu offenbaren. Jeder hat das Recht zu verschweigen, was er glaubt oder nicht glaubt.[151] Dabei handelt es sich um eine Ausprägung des Rechts auf informationelle Selbstbestimmung.[152] Art. 136 Abs. 3 S. 1 enthält ein Frageverbot, soweit es um die Zugehörigkeit zu einer Religionsgemeinschaft geht.[153]

50 Schließlich stellt **§ 7 Abs. 2 BGleiG** zugunsten solcher Arbeitnehmerinnen und Arbeitnehmer, auf die das Bundesgleichberechtigungsgesetz[154] anwendbar ist, einen **Katalog unzulässiger Fragen** auf. Danach sind in Vorstellungs- oder Auswahlgesprächen Fragen nach dem Familienstand, einer bestehenden oder geplanten Schwangerschaft sowie der Sicherstellung der Betreuung von Kindern, behinderten oder pflegebedürftigen Angehörigen neben der Berufstätigkeit unzulässig.

51 **c) Keine Rechtswidrigkeit der Täuschung bei fehlendem Fragerecht des Arbeitgebers.** Am häufigsten kommen rechtmäßige Täuschungen bei der Begründung des Arbeitsverhältnisses vor (vgl. Rn 45). Ob die arglistige Täuschung seitens des Arbeitnehmers oder der Arbeitnehmerin im Einstellungsgespräch rechtmäßig oder rechtswidrig ist, hängt davon ab, ob die falsch beantwortete Frage des Arbeitgebers zulässig oder unzulässig war. Es kommt darauf an, ob der Arbeitgeber diese Frage unter Abwägung der beiderseitigen Interessen stellen durfte. Bestand kein diesbezügliches **Fragerecht des Arbeitgebers**, kann er seine zum Abschluss des Arbeitsvertrages führende Willenserklärung mangels Rechtswidrigkeit nicht wegen arglistiger Täuschung anfechten.[155] Zur Anfechtung gem. Abs. 1, 1. Fall berechtigt nach ständiger Rechtsprechung nur die wahrheitswidrige Beantwortung einer in zulässiger Weise gestellten Frage.[156]

MünchArbR/*Buchner*, § 41 Rn 18, 119 ff.; krit. Schaub/*Schaub*, Arbeitsrechts-Handbuch, § 26 Rn 28.
147 *Boemke*, NZA 2004, 142 ff.; vgl. *Thüsing/Lambrich*, RdA 2002, 193, 199.
148 *v. Lübtow*, in: FS Bartholomeyczik 1973, S. 249, 273, 275; *Hofmann*, ZfA 1975, 1, 62; *Neumann-Duesberg*, JR 1967, 1 ff.; MüKo/*Kramer*, § 123 Rn 10; Erman/*Palm*, § 123 Rn 20; vgl. BAG NJW 1991, 2723, 2724; NZA 1998, 1052, 1053; 2003, 848; *Brox*, BGB AT, Rn 453; *Ehrich*, DB 2000, 421, 427; Palandt/*Heinrichs*, § 123 Rn 10; MünchArbR/*Richardi*, § 46 Rn 39; Bamberger/Roth/*Wendtland*, § 123 Rn 15; vgl. ferner Staudinger/*Dilcher*, 12. Aufl., § 123 Rn 26: Prüfung von Rechtfertigungsgründen; *Medicus*, BGB AT, Rn 792 ff.: unwahre Angaben ohne Täuschungscharakter, keine Täuschung im Rechtssinn.
149 ErfK/*Preis*, § 611 BGB Rn 450.
150 Dreier/*Morlok*, Grundgesetz, Kommentar, 2000, Art. 140/Art. 136 WRV Rn 20, unter Verweis auf Richard Wagner, Lohengrin, 1. Akt, 3. Szene, Lohengrin zu Elsa von Brabant: „Nie sollst Du mich befragen ..." in Fn 45.
151 BVerfGE 12, 1, 4.
152 BVerfGE 65, 1, 41 ff.; Dreier/*Morlok*, Grundgesetz, Kommentar, 2000, Art. 140/Art. 136 WRV Rn 20.
153 *Medicus*, BGB AT, Rn 794.
154 Gesetz zur Gleichstellung von Frauen und Männern in der Bundesverwaltung und in den Gerichten des Bundes (Bundesgleichstellungsgesetz – BGleiG) v. 30.11.2001 (BGBl I S. 3234).
155 *Ehrich*, DB 2000, 421, 427; ErfK/*Preis*, § 611 BGB Rn 452; MüKo/*Kramer*, § 123 Rn 10; Erman/*Palm*, § 123 Rn 20; MünchArbR/*Richardi*, § 46 Rn 39; vgl. Schaub/*Schaub*, Arbeitsrechts-Handbuch, § 26 Rn 12, § 35 Rn 23.
156 Vgl. etwa BAG NJW 1991, 2723, 2724; NZA 1998, 1052, 1053; NJW 1999, 3653; NZA 2003, 848, jew. m.w.N.

Anfechtbarkeit wegen Täuschung oder Drohung § 123

Der Umfang und die Grenzen des dem Arbeitgeber zustehenden Fragerechts werden durch eine **Abwägung** 52
der beiderseitigen berechtigten Interessen bestimmt.[157] Der Arbeitgeber hat grundsätzlich das berechtigte, aus seiner Handlungsfreiheit folgende Interesse, sich vor dem Abschluss des Arbeitsvertrages möglichst umfassend über die für ihn maßgeblichen Verhältnisse des Arbeitnehmers zu informieren. Der Arbeitnehmer hat demgegenüber das aus seinem allgemeinen Persönlichkeitsrecht (Artt. 2 Abs. 1, 1 Abs. 1 GG) resultierende berechtigte Interesse, möglichst wenige persönliche Dinge preiszugeben.[158] Daraus folgt zunächst, dass sich das Fragerecht des Arbeitgebers auf **arbeitsplatzrelevante Umstände** beschränkt. Die Frage muss mit dem Arbeitsplatz oder der zu erbringenden Arbeitsleistung zusammenhängen. Die Umstände, nach denen der Arbeitgeber fragt, müssen objektiv geeignet sein, die Durchführung des in Aussicht genommenen Arbeitsverhältnisses positiv oder negativ zu beeinflussen. Eine weitere Beschränkung des Fragerechts kann sich aus Spezialregelungen ergeben, zu denen vor allem **Diskriminierungsverbote** zählen. Soweit derartige spezialgesetzliche Verbote reichen, darf der Arbeitgeber selbst nach arbeitsplatzrelevanten Umständen nicht fragen.[159] Insoweit findet sich auch die Unterscheidung zwischen absoluten Frageverboten wie denjenigen nach der Religions-, Partei- oder Gewerkschaftszugehörigkeit (vgl. zur Frage nach der Gewerkschaftszugehörigkeit bereits Rn 46) und relativen Frageverboten wie diejenigen nach einschlägigen Vorstrafen, die nur bei konkretem Bezug zum Arbeitsverhältnis eingreifen.[160]

Die Rechtsprechung beschreibt dieses Abwägungsgebot mit der Formel, dass das Fragerecht des Arbeitgebers 53
ein **berechtigtes, billigenswertes und schutzwürdiges Interesse** an der Beantwortung seiner Fragen im Hinblick auf das Arbeitsverhältnis voraussetzt.[161] Dieses Interesse muss so **gewichtig** sein, dass dahinter das Interesse des Arbeitnehmers, seine persönlichen Lebensumstände zum Schutz seines Persönlichkeitsrechts und zur Sicherung der Unverletzlichkeit seiner Intimsphäre geheim zu halten, zurückzutreten hat.[162]

Nach welchen Umständen der Arbeitgeber unter Anwendung dieser Abwägungsgrundsätze im Einzelnen 54
fragen darf und hinsichtlich welcher Umstände sein Fragerecht Einschränkungen unterliegt, ist Gegenstand einer großen Zahl arbeitsgerichtlicher Entscheidungen und Stellungnahmen in der Literatur (vgl. zur Frage nach Vorstrafen Rn 45).[163] In neuerer Zeit haben sich Änderungen vor allem bei den folgenden beiden Fragen ergeben:[164] Die Frage nach der **Schwangerschaft** einer Bewerberin ist wegen des Verstoßes gegen das Diskriminierungsverbot des § 611a selbst dann unzulässig, wenn für die vereinbarte Tätigkeit ein Beschäftigungsverbot nach dem Mutterschutzgesetz besteht und die Frau die Tätigkeit daher zunächst nicht aufnehmen kann.[165] Damit hat sich das BAG der Rechtsprechung des EuGH in Bezug auf die Richtlinie 76/207/EWG angeschlossen, deren Umsetzung § 611a dient.[166] Die Frage nach der **Schwerbehinderung**, die bislang für zulässig gehalten wurde, weil das Gesetz eine Reihe dauerhafter und kostenintensiver Pflichten des Arbeitgebers an die Schwerbehinderteneigenschaft eines Arbeitnehmers knüpft,[167] ist seit dem In-Kraft-Treten des SGB IX[168] am 1.7.2001 nach zutreffender Ansicht nicht mehr zulässig. Sie verstößt gegen das neu eingeführte Diskriminierungsverbot des § 81 Abs. 2 S. 2 Nr. 1 SGB IX, das in seinem Wortlaut fast identisch dem Diskriminierungsverbot wegen des Geschlechts in § 611a Abs. 1 nachgebildet ist.[169] Änderungen in Bezug auf die bisherige Zulässigkeit der Frage nach dem **Alter** des Arbeitnehmers können sich zukünftig

---

157 Ausf. dazu ErfK/*Preis*, § 611 BGB Rn 330 ff.
158 *Braun*, MDR 2004, 64 f.; *Ehrich*, DB 2000, 421; *Thüsing/Lambrich*, BB 2002, 1146; ErfK/*Preis*, § 611 BGB Rn 330 ff.; Schaub/*Schaub*, Arbeitsrechts-Handbuch, § 26 Rn 11; ausf. zu den beiderseitigen berechtigten Interessen MünchArbR/*Buchner*, § 41 Rn 9 ff.
159 *Thüsing/Lambrich*, BB 2002, 1146; vgl. *Boemke*, NZA 2004, 142, 143.
160 *Thüsing/Lambrich*, BB 2002, 1146.
161 BAGE 75, 77, 81 = BAG NZA 1994, 407, 408 = NJW 1994, 1363, 1364; NZA 1998, 1052, 1053; NJW 1999, 3653; NZA 2003, 848, jew. m.w.N.
162 BAG NZA 1996, 371, 372; vgl. BAG NZA 1985, 57.
163 Vgl. dazu etwa die Übersichten bei *Braun*, MDR 2004, 64, 65 ff.; *Ehrich*, DB 2000, 421 ff.; MünchArbR/*Buchner*, § 41 Rn 39 ff.; ErfK/*Preis*, § 611 BGB Rn 336 ff.; Schaub/*Schaub*, Arbeitsrechts-Handbuch, § 26 Rn 14 ff.
164 Vgl. zu den neueren Entwicklungen auch die Überblicke bei *Braun*, MDR 2004, 64, 66 ff.; *Thüsing/Lambrich*, BB 2002, 1146 ff.
165 BAG NZA 2003, 848, 849 = SAE 2004, 125, 126 m. krit. Anm. *Löwisch*, unter teilweiser Aufgabe der bisherigen Rechtsprechung in BAG NZA 1993, 257, 258; 933, 934 f.
166 EuGH NZA 2000, 255 = AP Nr. 18 zu § 611a BGB „Mahlburg"; NZA 2001, 1241 = AP Nr. 27 zu EWG-Richtlinie Nr. 76/207 „Brandt-Nielsen"; vgl. ferner EuGH NZA 2003, 3737 = AP Nr. 31 zu EWG-Richtlinie Nr. 76/207 „Busch".
167 BAG NZA 1985, 57, 58; 1994, 407 f.; 1998, 371, 372; 2001, 315 f., jew. m.w.N.
168 Sozialgesetzbuch (SGB) Neuntes Buch (IX) – Rehabilitation und Teilhabe behinderter Menschen – v. 19.6.2001, BGBl I S. 1046.
169 *Braun*, MDR 2004, 64, 69; *Joussen*, NJW 2003, 2857, 2860 f.; *Löwisch*, Anm. zu BAG v. 6.2.2003, SAE 2004, 126, 129; *Messingschlager*, NZA 2003, 301, 303 f.; vgl. *Thüsing/Lambrich*, BB 2002, 1146, 1148 f.; a.A. *Schaub*, NZA 2003, 299, 300 f.

aufgrund des Diskriminierungsverbots in Art. 1, 2 Abs. 2 der Richtlinie 2000/78/EG[170] ergeben, die in Art. 6 allerdings bestimmte Rechtfertigungen von Ungleichbehandlungen wegen des Alters vorsieht.[171]

55 Vom Fragerecht des Arbeitgebers und der Pflicht zur Beantwortung zulässigerweise gestellter Fragen zu trennen ist eine entsprechende **Aufklärungs- oder Offenbarungspflicht** des Arbeitnehmers. Eine Verknüpfung besteht nur insoweit, als der Arbeitnehmer keine Umstände zu offenbaren braucht, nach denen der Arbeitgeber nicht fragen darf. Im umgekehrten Fall besteht dagegen nicht ohne weiteres eine Pflicht des Arbeitnehmers, den potenziellen Arbeitgeber ungefragt über solche Umstände aufzuklären, nach denen dieser ihn fragen dürfte. Eine solche Offenbarungspflicht, deren Verletzung den Arbeitgeber zur Anfechtung gem. Abs. 1, 1. Fall wegen pflichtwidrigen Verschweigens berechtigt, kann wegen der Eigenverantwortlichkeit der Parteien nur in Ausnahmefällen angenommen werden (vgl. dazu Rn 30). Sie setzt voraus, dass die Tatsachen oder Umstände geeignet sind, den **Vertragszweck zu vereiteln**. Die verschwiegenen Umstände müssen so gravierend sein, dass sie dem Arbeitnehmer die Erbringung der geschuldeten Arbeitsleistung unmöglich machen, oder sie müssen sonst für die in Aussicht genommene Tätigkeit von ausschlaggebender Bedeutung sein.[172] Das wird z.B. angenommen, wenn der Arbeitnehmer aus gesundheitlichen Gründen oder wegen fehlender Qualifikationen außer Stande ist, die Tätigkeit aufzunehmen, oder wenn er unter einer ansteckenden Krankheit leidet, die Dritte und vor allem andere Arbeitnehmer des Betriebes gefährden würde.[173]

56 **6. Arglist.** Die Anfechtung gem. Abs. 1, 1. Fall setzt schließlich voraus, dass die Täuschung arglistig ist. Dabei bedeutet Arglist nur, dass der Täuschende **vorsätzlich** in Bezug auf die Täuschung, die Irrtumserregung und die Abgabe der Willenserklärung gehandelt hat.[174] Obwohl der Begriff der Arglist das nahe zu legen scheint, ist dagegen **keine verwerfliche Gesinnung**[175] und auch **kein Schädigungsvorsatz**[176] erforderlich. Da § 123 ausschließlich die Freiheit der rechtsgeschäftlichen Willensschließung schützt, setzt die arglistige Täuschung i.S.d. Abs. 1, 1. Fall keinen Vermögensschaden voraus, so dass es, anders als etwa bei den §§ 263 und 253 StGB, auch keines darauf gerichteten Vorsatzes bedarf (vgl. Rn 1). Wegen dieses Schutzzwecks, der nicht auf die Gesinnung des Täuschenden abstellt, täuscht selbst derjenige arglistig, der „nur das Beste" für den Getäuschten erreichen oder dessen Willensentschließung aus seiner Sicht bloß wohlmeinend beeinflussen will. Was „sein Bestes" ist, soll der Getäuschte selbst entscheiden können.[177]

57 Der danach (nur) erforderliche Vorsatz liegt vor, wenn der Täuschende bei einer **Täuschung durch aktives Tun** (vgl. dazu Rn 26 ff.) die Unrichtigkeit der für den Getäuschten bedeutsamen Umstände kennt, wenn er durch die Täuschung beim Getäuschten einen Irrtum über diese Umstände erregen oder aufrechterhalten will und wenn er schließlich erreichen will, dass der Getäuschte aufgrund des Irrtums eine Willenserklärung abgibt, die er anderenfalls so nicht abgegeben hätte.[178] Geht es um eine **Täuschung durch Unterlassen** (vgl. dazu Rn 30 ff.), muss der Täuschende die Tatsachen kennen, die seine Aufklärungs- oder Offenbarungspflicht begründen, und er muss wissen oder jedenfalls damit rechnen und es billigend in Kauf nehmen, dass der andere Teil die verschwiegenen Umstände nicht kennt.[179] Der Täuschende handelt selbst dann arglistig, wenn er zwar glaubt, der andere Teil könne die ungünstigen Eigenschaften der Kaufsache erkennen, bei seinem Schweigen aber zugleich bewusst in Kauf nimmt, dass der andere Teil eine Prüfung unterlässt

---

170 Richtlinie 2000/78/EG des Rates vom 27.11.2000 zur Festlegung eines allgemeinen Rahmens für die Verwirklichung der Gleichbehandlung in Beschäftigung und Beruf, AblEG Nr. L 303 v. 2.12.2000, S. 16.
171 Vgl. dazu etwa *Löwisch*, Anm. zu BAG v. 6.2.2003, SAE 2004, 126, 129 f.
172 BAG NJW 1991, 2723, 2724; vgl. BAG AP Nr. 19 zu § 123 BGB; NZA 1986, 635; vgl. ErfK/*Preis*, § 611 BGB Rn 353.
173 Vgl. dazu näher MünchArbR/*Buchner*, § 41 Rn 164 ff.
174 BGH NJW 2000, 2497, 2499; Staudinger/*Dilcher*, 12. Aufl., § 123 Rn 22; HK-BGB/*Dörner*, § 123 Rn 5; Soergel/*Hefermehl*, § 123 Rn 27; Jauernig/*Jauernig*, § 123 Rn 7; MüKo/*Kramer*, § 123 Rn 8; Erman/*Palm*, § 123 Rn 27; Bamberger/Roth/*Wendtland*, § 123 Rn 19.
175 Staudinger/*Dilcher*, 12. Aufl., § 123 Rn 24; HK-BGB/*Dörner*, § 123 Rn 5; Soergel/*Hefermehl*, § 123 Rn 25; Jauernig/*Jauernig*, § 123 Rn 7; MüKo/*Kramer*, § 123 Rn 9; Erman/*Palm*, § 123 Rn 30; Bamberger/Roth/*Wendtland*, § 123 Rn 19; a.A. BGH BB 1954, 785; Palandt/*Heinrichs*, § 123 Rn 11; RGRK/*Krüger-Nieland*, § 123 Rn 14; vgl. auch BGHZ 109, 327, 333, BGH NJW 2001, 2326, 2327 in Bezug auf die nach § 463 S. 2 a.F. erforderliche Arglist: nur bedingter Vorsatz, kein moralisch verwerfbares Verhalten notwendig.
176 BGH NJW 1974, 1505, 1506; WM 1977, 343; NJW 2000, 2497, 2499; Staudinger/*Dilcher*, 12. Aufl., § 123 Rn 25; HK-BGB/*Dörner*, § 123 Rn 5; Bamberger/Roth/*Wendtland*, § 123 Rn 19.
177 Staudinger/*Dilcher*, 12. Aufl., § 123 Rn 24; Soergel/*Hefermehl*, § 123 Rn 25; Jauernig/*Jauernig*, § 123 Rn 7; MüKo/*Kramer*, § 123 Rn 9; Erman/*Palm*, § 123 Rn 30; Bamberger/Roth/*Wendtland*, § 123 Rn 19.
178 Vgl. BGH NJW-RR 1991, 411, 412; OLG Hamm NJW-RR 1995, 286, 287; BAG NZA 1998, 33, 35; Erman/*Palm*, § 123 Rn 28; Bamberger/Roth/*Wendtland*, § 123 Rn 17.
179 Vgl. BGH NJW-RR 1996, 690; NJW 1998, 1315, 1316; 2001, 2326, 2327; OLG Koblenz NJW-RR 2003, 119, 120; Erman/*Palm*, § 123 Rn 28; Bamberger/Roth/*Wendtland*, § 123 Rn 17.

Anfechtbarkeit wegen Täuschung oder Drohung § 123

und in Unkenntnis der ungünstigen Eigenschaften einen Vertrag schließt, den er bei deren Kenntnis nicht abgeschlossen hätte.[180] An der Arglist fehlt es dagegen, wenn der Täuschende gutgläubig unrichtige Angaben macht, und zwar selbst dann, wenn seine Gutgläubigkeit auf grober Fahrlässigkeit oder sogar auf Leichtfertigkeit beruht.[181] Versichert der Verkäufer im Kaufvertrag, dass ihm erhebliche Mängel nicht bekannt seien, handelt er trotz Vorliegens eines solchen Mangels nicht arglistig, wenn er im Zeitpunkt des Vertragsschlusses keine Erinnerung mehr an das Vorhandensein des Mangels hatte.[182]

Begriffsnotwendig zur Täuschungshandlung gehört der **Täuschungswille**. Der Täuschende muss die Täuschungshandlung zu dem Zweck begehen, beim Getäuschten einen Irrtum zu erregen oder aufrechtzuerhalten (vgl. Rn 24). Außerdem muss sein Wille darauf gerichtet sein, den Getäuschten zur Abgabe der irrtumsbedingten Willenserklärung zu bewegen. Hieran fehlt es, wenn der Täuschende davon überzeugt ist, dass seine unrichtigen Angaben keine Bedeutung für die Entschließung des Getäuschten haben, eine Willenserklärung abzugeben.[183] Das kann etwa bei der unrichtigen Beantwortung von Fragen des Versicherten der Fall sein.[184] Mangels der erforderlichen Bedeutungskenntnis des eigenen Verhaltens liegt der Täuschungswille ferner dann nicht vor, wenn der andere Teil unbewusst lediglich ungeschickte oder missverständliche und damit irreführende Formulierungen gebraucht hat und z.B. als Laie die Begriffe Patent- und Gebrauchsmuster verwechselt hat.[185]   58

Für die erforderliche Arglist genügt bereits **bedingter Vorsatz** des Täuschenden.[186] Bedingter Vorsatz liegt vor allem in den Fällen vor, in denen der Täuschende tatsächliche Behauptungen ohne jede sachliche Grundlage „**ins Blaue hinein**" abgibt.[187] Die Arglist kann einerseits darin bestehen, dass der Täuschende die fehlende Grundlage seiner Behauptung verschweigt. So liegt es etwa, wenn der Gebrauchtwagenhändler ohne vorherige Prüfung des Autos angibt, es sei unfallfrei.[188] Die Arglist kann andererseits daraus folgen, dass dem Täuschenden, was ihm bewusst ist, jegliche zur sachgemäßen Beantwortung erforderliche Kenntnis fehlt und er dem Erklärenden das Fehlen der Sachkenntnis gleichwohl verschweigt. So liegt es etwa, wenn der Verkäufer eines Hauses dem Käufer den Wassereintritt im Keller verschweigt, weil er ihn, ohne über Fachkenntnisse zu verfügen, auf eine harmlose Ursache zurückführt.[189]   59

7. Person des Täuschenden und Täuschungen durch Dritte (Abs. 2). a) Allgemeines. Die Möglichkeit, eine Willenserklärung wegen der unzulässigen Beeinflussung der rechtsgeschäftlichen Entschließungsfreiheit anfechten zu können, schützt die Interessen des Getäuschten (vgl. Rn 2). Diesen Interessen stehen diejenigen des Erklärungsgegners oder des Erklärungsempfängers an der Rechtsbeständigkeit der Willenserklärung gegenüber (vgl. Rn 3). Die einseitige Berücksichtigung nur der Interessen des Getäuschten würde dort zu unbilligen Ergebnissen führen, wo der andere Teil nicht an der Täuschung, also an der unzulässigen Einflussnahme auf die Willensbildung des Erklärenden, beteiligt war.[190] Deshalb können die Grundsätze des **Verkehrsschutzes** dazu führen, dass die Anfechtungsmöglichkeit entfällt, wenn ein Dritter die Täuschung begangen hat.   60

Bei **nicht empfangsbedürftigen Willenserklärungen** bedarf es keines derartigen besonderen Verkehrsschutzes, weil sie keinen Adressaten voraussetzen. Solche Willenserklärungen können ohne Rücksicht darauf angefochten werden, wer getäuscht hat.[191]   61

Bei **empfangsbedürftigen Willenserklärungen** gewinnt der Verkehrsschutz dagegen Bedeutung. Hier muss danach unterschieden werden, ob die Täuschung durch den Erklärungsempfänger oder eine Person begangen worden ist, deren Verhalten er sich zurechnen lassen muss, oder ob ein außenstehender Dritter den Erklärenden getäuscht hat. Im letztgenannten Fall setzt die Anfechtungsmöglichkeit gem. Abs. 2 zusätzlich   62

---

180 BGH NJW 1990, 42 f.; 1992, 1953, 1954; NJW-RR 1997, 270; Erman/*Palm*, § 123 Rn 28.
181 BGH NJW 1980, 2460, 2461; OLG Celle NJW-RR 1987, 744; BAG NZA 1998, 33, 35; Palandt/*Heinrichs*, § 123 Rn 11; Bamberger/Roth/*Wendtland*, § 123 Rn 17; vgl. Soergel/*Hefermehl*, § 123 Rn 26.
182 BGH NJW 2001, 2326, 2327.
183 Soergel/*Hefermehl*, § 123 Rn 29; Bamberger/Roth/*Wendtland*, § 123 Rn 18.
184 Vgl. BGH NJW 1957, 988; OLG Köln VersR 1973, 1161.
185 BGH NJW-RR 1998, 904, 905 f.
186 BGH NJW 1999, 2804, 2806; 2000, 2497, 2499; 2001, 2326, 2327; BAG NZA 1998, 33, 35; Soergel/*Hefermehl*, § 123 Rn 27; Palandt/*Heinrichs*, § 123 Rn 11; MüKo/*Kramer*, § 123 Rn 8; Bamberger/Roth/*Wendtland*, § 123 Rn 28.
187 BGH NJW 1980, 2460, 2461; 1981, 1441, 1442; 1998, 302, 303; 2001, 2326, 2327; Palandt/*Heinrichs*, § 123 Rn 11; MüKo/*Kramer*, § 123 Rn 8; Erman/*Palm*, § 123 Rn 29; Bamberger/Roth/*Wendtland*, § 123 Rn 17.
188 BGHZ 63, 382, 388 = BGH NJW 1975, 642, 644; OLG Düsseldorf NJW-RR 1998, 1751; OLG Koblenz NJW-RR 2002, 1578.
189 OLG Celle NJW-RR 1987, 744.
190 MüKo/*Kramer*, § 123 Rn 21; Erman/*Palm*, § 123 Rn 31; vgl. Motive I, S. 206 = *Mugdan* I, S. 466.
191 HK-BGB/*Dörner*, § 123 Rn 6; Erman/*Palm*, § 123 Rn 31; Bamberger/Roth/*Wendtland*, § 123 Rn 20.

voraus, dass der Erklärungsempfänger oder derjenige, der aus der Erklärung unmittelbar ein Recht erworben hat, die Täuschung kannte oder kennen musste.[192]

63 **b) Täuschung durch einen Dritten (Abs. 2 S. 1).** Nach Abs. 2 S. 1 ist eine empfangsbedürftige Willenserklärung, deren Abgabe auf einer Täuschung durch einen Dritten beruht, nur dann anfechtbar, wenn der Erklärungsempfänger die Täuschung des Dritten kannte oder kennen musste. Daraus ergibt sich, dass die Willenserklärung gegenüber einem **bösgläubigen Erklärungsempfänger** stets anfechtbar ist. Kannte dieser die Täuschung des anderen oder musste er sie kennen, kommt es nicht darauf an, ob der Täuschende im Verhältnis zum Erklärungsempfänger Dritter ist oder nicht.[193] Entscheidend ist hier das Merkmal der Bösgläubigkeit. Handelt es sich dagegen um einen **gutgläubigen Erklärungsempfänger,** hängen die Anfechtungsmöglichkeit und deren Beschränkung davon ab, wie der Begriff des Dritten zu definieren ist.[194]

64 **Bösgläubig** ist der Erklärungsempfänger gem. Abs. 2 S. 1, wenn er die Täuschung des anderen positiv kannte oder wenn er sie zumindest kennen musste. Für die Feststellung des Kennenmüssens kommt es entsprechend § 122 Abs. 2 darauf an, ob er die Täuschung infolge von Fahrlässigkeit nicht kannte. Insoweit genügt jede Fahrlässigkeit. Sie liegt etwa dann vor, wenn der Erklärungsempfänger Anhaltspunkten nicht nachgeht, denen zufolge die Willenserklärung nicht einwandfrei zustande gekommen ist, oder wenn er sich nicht nach dem Verhalten des Dritten erkundigt, obwohl dazu Anlass bestand.[195]

65 Nach dem Sinn und Zweck des Abs. 2, den angemessenen Verkehrsschutz zu gewährleisten (vgl. Rn 60), kann **Dritter** i.S.d. Abs. 1 S. 1 nur ein **Außenstehender** sein, der am Geschäft des Erklärungsempfängers unbeteiligt ist und dessen Verhalten sich der Erklärungsempfänger auch nicht zurechnen lassen muss.[196] Der Begriff des Dritten wird nach Billigkeitserwägungen eng ausgelegt, um die Anfechtungsmöglichkeit des Erklärenden nicht zu stark zu beschränken.[197] Ein solcher Dritter ist beispielsweise der Makler, der den Abschluss des Vertrages lediglich vermittelt.[198] Dritter ist er jedoch nicht mehr, wenn er zugleich die Verhandlungen für die ihn beauftragende Vertragspartei führt und damit – neben seinen eigenen Interessen – auch die Interessen dieser Partei wahrnimmt.[199] Dritter i.S.d. Abs. 2 S. 1 ist ferner eine solche Person, die einen Vertragsschluss anderer Parteien aus eigenem Antrieb anbahnt und deren Verhalten nicht nachträglich durch eine Partei als Auftreten eines Verhandlungsgehilfens gebilligt wird.[200] Bringt ein Darlehensnehmer eine andere Person durch eine Täuschung dazu, die Mithaftung für seinen Kredit bei einer Bank zu übernehmen, ist dieser Darlehensnehmer Dritter im Verhältnis zur Bank, weil er **ausschließlich eigene Interessen** verfolgt. Der Getäuschte kann seine Erklärung, mit der er die Haftung gegenüber der Bank übernommen hat, also nur anfechten, wenn die Bank die Täuschung des Darlehensnehmers kannte oder kennen musste.[201] Eine engere Verknüpfung sieht § 358 vor, wenn es um den Widerruf bei einem **finanzierten Vertrag** geht, also um den Widerruf bei einem Verbrauchervertrag über die Lieferung einer Ware oder der Erbringung einer anderen Leistung, der mit einem Verbraucherdarlehensvertrag so verbunden ist, dass beide Verträge eine wirtschaftliche Einheit bilden.[202] Bei einer **externen Schuldübernahme** durch einen Vertrag zwischen Gläubiger und Übernehmer (§ 414) ist der Schuldner, der den Übernehmer getäuscht hat, Dritter i.S.d. Abs. 2 S. 1, so dass die Anfechtbarkeit von der Bösgläubigkeit des Gläubigers abhängt (vgl. noch hierzu und zur internen Schuldübernahme gem. § 415 Rn 72 sowie zur Vertragsübernahme Rn 73).[203]

66 **Kein Dritter** i.S.d. Abs. 2 S. 1 ist ein am Zustandekommen eines Vertrages Beteiligter, dessen Verhalten demjenigen des Anfechtungsgegners gleichzusetzen ist.[204] Dabei handelt es sich zunächst um gesetzliche oder rechtsgeschäftliche Vertreter, deren Handeln dem Vertretenen gem. §§ 164 ff. BGB zuzurechnen ist.[205] Gleiches gilt für einen vollmachtlosen Vertreter nach der Genehmigung durch den Vertretenen.[206] Über den Bereich der Stellvertretung hinaus sind auch Verhandlungsführer oder Verhandlungsgehilfen, die der Erklärungsempfänger beauftragt hat, keine Dritten.[207] Deren Täuschung hat der Erklärungsempfänger bereits gem. § 278 zu vertreten, so dass die Anfechtung ohne Rückgriff auf Abs. 2 S. 1 uneingeschränkt gem.

---

192 Vgl. Erman/*Palm*, § 123 Rn 31; Bamberger/Roth/*Wendtland*, § 123 Rn 20; ausf. *Windel*, AcP 199 (1999), 421 ff.
193 *Brox*, BGB AT, Rn 457; Erman/*Palm*, § 123 Rn 33.
194 Vgl. MüKo/*Kramer*, § 123 Rn 22.
195 BGH NJW 1990, 387, 388; NJW-RR 1992, 1005, 1006; Palandt/*Heinrichs*, § 123 Rn 12; Erman/*Palm*, § 123 Rn 33; Bamberger/Roth/*Wendtland*, § 123 Rn 20.
196 BAG NZA 1998, 33, 35; Erman/*Palm*, § 123 Rn 34; Bamberger/Roth/*Wendtland*, § 123 Rn 21.
197 Vgl. *Medicus*, BGB AT, Rn 801.
198 BGH NJW 1978, 2144; 1996, 1051.
199 Vgl. BGH NJW 1996, 451 f.; Bamberger/Roth/*Wendtland*, § 123 Rn 21.
200 BGH NJW 1996, 1051.
201 LG Ulm WM 1984, 27, 28.
202 Näher dazu AnwK-SchuldR/*Ring*, § 358 Rn 5 ff.
203 Soergel/*Hefermehl*, § 123 Rn 58; MüKo/*Kramer*, § 123 Rn 25; Erman/*Palm*, § 123 Rn 38.
204 BGH NJW 1990, 1661, 1662; NJW-RR 1992, 1005, 1006; NJW 1996, 1051.
205 BGHZ 20, 36, 39; BGH NJW 1996, 1051.
206 BGH WM 1979, 235, 237.
207 BGH NJW 1962, 2195; BGHZ 47, 224, 230 = BGH NJW 1967, 1026; 1978, 2144; 1996, 1051; 2001, 358.

Abs. 1 möglich ist.[208] Gleiches gilt schließlich, wenn der Erklärungsempfänger sich das Verhalten des täuschenden Beteiligten wegen besonders enger Beziehungen zu diesem Beteiligten oder wegen sonstiger besonderer Umstände billigerweise zurechnen lassen muss (§ 242).[209] Die allgemeine Voraussetzung für eine derartige Zurechnung ist stets, dass der Täuschende interessenmäßig auf der Seite oder **„im Lager des Erklärungsempfängers"** steht.[210] Danach muss sich beispielsweise eine Bank beim finanzierten Kauf grundsätzlich die arglistige Täuschung des Verkäufers zurechnen lassen, die dieser gegenüber dem Käufer begeht.[211] Kann der Verbraucher seine auf den Abschluss des Kaufvertrages gerichtete Willenserklärung widerrufen, ist auch hier wieder die in § 358 geregelte Verknüpfung mit dem Verbraucherdarlehensvertrag zu beachten (vgl. dazu die vorige Rn).[212]

c) Anfechtung gegenüber dem Begünstigten (Abs. 2 S. 2). Hat ein anderer als der Erklärungsempfänger aus der Willenserklärung, die aufgrund der Täuschung abgegeben worden ist, unmittelbar ein Recht erlangt, so kann die Erklärung gem. Abs. 2 S. 2 gegenüber dem Begünstigten angefochten werden, wenn dieser die Täuschung kannte oder kennen musste. Diese Fallkonstellation setzt regelmäßig vier Beteiligte voraus: den Erklärenden, den Erklärungsempfänger, den Begünstigten und den Täuschenden. Die Vorschrift regelt in erster Linie den Fall, in dem der **Täuschende** ein unbeteiligter **Außenstehender** ist. Hat z.B. eine Versicherung mit dem Versicherungsnehmer einen Lebensversicherungsvertrag zugunsten des Begünstigten abgeschlossen, weil sie von einem solchen außenstehenden „Vierten" getäuscht worden ist, kann sie ihre auf den Vertragsschluss gerichtete Willenserklärung nur anfechten, wenn der Begünstigte die Täuschung des „Vierten" kannte oder kennen musste.[213]

67

Kannte in diesem Fall allerdings (auch) der **Erklärungsempfänger** die Täuschung des Außenstehenden oder musste er sie kennen, kann der Erklärende ihm gegenüber gem. S. 1 des Abs. 2 anfechten. Für diese Anfechtungsmöglichkeit kommt es nicht darauf an, ob der Begünstigte die Täuschung gem. S. 2 kannte oder kennen musste; sie besteht auch, wenn der Begünstigte gutgläubig ist. Ist der Begünstigte ebenfalls bösgläubig, kann der Erklärende sowohl gem. Abs. 2 S. 1 gegenüber dem Erklärungsempfänger als auch gem. Abs. 2 S. 2 gegenüber dem Begünstigten anfechten.[214]

68

Handelt es sich nur um drei Personen, weil der **Begünstigte** selbst die arglistige Täuschung begangen hat, kann der Erklärende erst recht gem. Abs. 2 S. 2 anfechten. In diesem Fall sind Begünstigter und „anderer" Täuschender dieselbe Person, so dass die erforderliche Kenntnis des Begünstigten von der Täuschung zwingend vorliegt. Der Erklärende kann daher auch dann gegenüber dem Erklärungsempfänger anfechten, wenn dieser die Täuschung weder kannte noch kennen musste.[215]

69

Täuscht kein Dritter, sondern der **Erklärungsempfänger** selbst, richtet sich die Anfechtbarkeit allein nach Abs. 1. Das Gleiche gilt, wenn die arglistige Täuschung durch eine Person verübt worden ist, deren Verhalten sich der Erklärungsempfänger zurechnen lassen muss (vgl. zu dieser Zurechnung Rn 66).[216]

70

Hauptanwendungsfall des Abs. 2 S. 2 ist der echte **Vertrag zugunsten Dritter** gem. § 328, also z.B. ein Lebensversicherungsvertrag.[217] War nur der Begünstigte bösgläubig, kann der Erklärende (der Versprechende, der Versicherer) seine Erklärung zum Abschluss des diesen begünstigenden Vertrages nur dem Begünstigten gegenüber und, wie sich aus dem *„soweit"* in Abs. 2 S. 2 ergibt, nur in Bezug auf seine Begünstigung anfechten. Gegenüber dem gutgläubigen Erklärungsempfänger (Versprechensempfänger) bleibt die Verpflichtung aus dem Vertrag dagegen bestehen. Da Letzterer regelmäßig ein Interesse am Fortbestehen der vertraglichen Verpflichtung haben dürfte, um einen neuen Begünstigten bestimmen zu können, lässt sich nicht über § 139 die Gesamtnichtigkeit des Vertrages begründen.[218]

71

---

208 BAG NZA 1998, 33, 35.
209 BGHZ 20, 36, 41 = BGH NJW 1956, 705; BGHZ 33, 302, 310 = BGH NJW 1961, 164, 165 f.; 1978, 2144, 2145; 1989, 2679, 2680; 1990, 1661, 1662; 1996, 1051.
210 Vgl. *Medicus*, BGB AT, Rn 803.
211 Vgl. etwa BGHZ 33, 302, 310 = BGH NJW 1961, 164, 165 f.; 1978, 2144, 2145; *Medicus*, BGB AT, Rn 802; Palandt/*Heinrichs*, § 123 Rn 14; MüKo/*Kramer*, § 123 Rn 23; Bamberger/Roth/*Wendtland*, § 123 Rn 22.
212 Vgl. *Medicus*, BGB AT, Rn 802.
213 *Brox*, BGB AT, Rn 458; Erman/*Palm*, § 123 Rn 40; vgl. Soergel/*Hefermehl*, § 123 Rn 36.
214 Vgl. *Brox*, BGB AT, Rn 458; Erman/*Palm*, § 123 Rn 40; Bamberger/Roth/*Wendtland*, § 123 Rn 24.
215 *Brox*, BGB AT, Rn 458; Erman/*Palm*, § 123 Rn 40; vgl. *Flume*, BGB AT Bd. 2, § 29, 3; HK-BGB/*Dörner*, § 123 Rn 8; Palandt/*Heinrichs*, § 123 Rn 12; RGRK/*Krüger-Nieland*, § 123 Rn 63; Bamberger/Roth/*Wendtland*, § 123 Rn 24.
216 Erman/*Palm*, § 123 Rn 40; vgl. Soergel/*Hefermehl*, § 123 Rn 36; vgl. auch Bamberger/Roth/*Wendtland*, § 123 Rn 24.
217 *Brox*, BGB AT, Rn 457; MüKo/*Kramer*, § 123 Rn 25; Erman/*Palm*, § 123 Rn 41; vgl. OLG Hamm VersR 1988, 458, 459.
218 Erman/*Palm*, § 123 Rn 41; anders Soergel/*Hefermehl*, § 123 Rn 37, der im Fall der Gesamtnichtigkeit gem. § 139 eine analoge Anwendung des § 122 zugunsten des gutgläubigen Erklärungsempfängers befürwortet.

72 Bei der **Schuldübernahme** wird danach differenziert, ob sie gem. § 414 durch einen Vertrag zwischen Gläubiger und Übernehmer erfolgt oder gem. § 415 durch einen Vertrag zwischen Schuldner und Übernehmer, welcher der Genehmigung durch den Gläubiger bedarf. Ist bei der externen Schuldübernahme gem. § 414 der Übernehmer vom Schuldner getäuscht worden, kann er seine Übernahmeerklärung unstreitig gem. Abs. 2 S. 1 nur dann anfechten, wenn der Gläubiger die Täuschung kannte oder kennen musste, weil der Schuldner Dritter im Sinne der Vorschrift ist.[219] Handelt es sich dagegen um eine interne Schuldübernahme gem. § 415, soll der Übernehmer, den der Schuldner arglistig getäuscht hat, seine Willenserklärung, die zu dem vom Gläubiger genehmigten Übernahmevertrag mit dem Schuldner geführt hat, auch dann anfechten können, wenn der Gläubiger die Täuschung weder kannte noch kennen musste.[220] Daran ist zwar richtig, dass die Täuschung vom Erklärungsempfänger ausgeht und deshalb kein Fall des Abs. 2 S. 2 vorliegt. Dass der konstruktive Unterschied zwischen § 414 und § 415 diese Differenzierung hinsichtlich der Anfechtbarkeit im Ergebnis jedoch nicht tragen kann, folgt aus einer analogen Anwendung des § 417 Abs. 2.[221]

73 Im Fall einer **Vertragsübernahme** muss der im Vertrag verbleibende Teil sowohl dem Ausscheiden des alten als auch dem Eintritt des neuen Vertragspartners zustimmen. Wegen dieser Doppelwirkung der Zustimmungserklärung setzt deren Anfechtung voraus, dass der Zustimmende gegenüber beiden Adressaten anfechten kann. Der Zustimmende kann daher nur dann wegen einer arglistigen Täuschung anfechten, wenn entweder beide Partner getäuscht haben oder wenn der nicht täuschende Partner die Täuschung des anderen gem. Abs. 2 kannte oder zumindest kennen musste.[222]

III. Widerrechtliche Drohung (Abs. 1, 2. Fall)

74 Nach Abs. 1, 2. Fall kann der Erklärende eine Willenserklärung anfechten, zu deren Abgabe er widerrechtlich durch Drohung bestimmt worden ist. Das setzt vor allem eine offene oder versteckte **Drohung** voraus, durch die der Drohende die Willensentschließung des Bedrohten in die gewünschte Richtung lenken will. Ein Vermögensschaden muss, wie bei der Täuschung, weder eingetreten noch beabsichtigt sein, weil § 123 ausschließlich die Freiheit der rechtsgeschäftlichen Willensentschließung schützt (vgl. Rn 1 sowie Rn 56).

75 **1. Drohung.** Unter einer Drohung versteht man das **In-Aussicht-Stellen eines Übels**, auf dessen Eintritt der Drohende **Einfluss** zu haben vorgibt.[223] Der Drohende muss beim Bedrohten den Eindruck erwecken, er werde das angedrohte Übel verwirklichen, falls der Bedrohte die ihm angesonnene Willenserklärung nicht abgibt.[224] Auf diese Weise muss er den Bedrohten in die **Zwangslage** bringen, die § 124 Abs. 2 S. 1, 2. Fall anspricht:[225] Der Bedrohte muss den Eindruck haben, er könne nur noch zwischen zwei Übeln wählen, von denen die Abgabe der verlangten Willenserklärung das geringere Übel ist.[226] Der Zwang darf daher nur so stark sein, dass er die Willensentschließung des Bedrohten in die vom Drohenden gewünschte Richtung lenkt (psychischer Zwang – vis compulsiva). Geht der Zwang darüber hinaus und wird der „Erklärende" körperlich überwältigt, indem ihm beispielsweise bei der Unterschrift die Hand führt, fehlt es mangels eines zurechenbaren Handlungswillens bereits am Tatbestand einer Willenserklärung (unwiderstehlicher körperlicher Zwang – vis absoluta; vgl. dazu Rn 6 sowie vor § 116 Rn 6). In diesem Fall scheidet eine Anfechtung nach Abs. 1, 2. Fall aus.[227]

76 Als **Übel**, dessen Verwirklichung der Drohende in Aussicht stellt, genügt jeder Nachteil, der den Bedrohten in die gerade (vorige Rn) beschriebene Zwangslage versetzt. Anders als im Strafrecht bedarf es insoweit nicht der Unterscheidung zwischen einem gegenwärtigen und einem künftigen Übel – also zwischen gegenwärtiger Gewalt (vis compulsiva) und Drohung –, weil Gewalt im zivilrechtlichen Sinn zugleich eine Drohung mit der Fortsetzung des gegenwärtigen Übels bedeutet.[228] Das angedrohte Übel kann **materieller oder ideeller Art**

---

219 Soergel/*Hefermehl*, § 123 Rn 38; MüKo/*Kramer*, § 123 Rn 25; Erman/*Palm*, § 123 Rn 38.
220 So BGHZ 31, 321, 326; bestätigt durch BGH BB 1976, 1103; ebenso Palandt/*Heinrichs*, § 123 Rn 12.
221 Flume, BGB AT Bd. 2, § 29, 3; Soergel/*Hefermehl*, § 123 Rn 38; MüKo/*Kramer*, § 123 Rn 25; Erman/*Palm*, § 123 Rn 38.
222 BGHZ 137, 255, 262 = BGH NJW 1998, 531, 533; Palandt/*Heinrichs*, § 123 Rn 12; Erman/*Palm*, § 123 Rn 38; Bamberger/*Roth*/*Wendtland*, § 123 Rn 24.
223 BGHZ 2, 287, 295 = BGH NJW 1951, 643, 644; BGHZ 6, 348, 351 = BGH NJW 1952, 1094, 1095; 1988, 2599, 2600 f.; NJW-RR 1996, 1281, 1282; BAG NJW 1999, 2059, 2060 f.; NZA 2002, 731, 732.
224 BGH NJW 1988, 2599, 2600 f.; NJW-RR 1996, 1281, 1282; BAG NJW 1999, 2059, 2061.
225 Vgl. Staudinger/*Dilcher*, 12. Aufl., § 123 Rn 50; Palandt/*Heinrichs*, § 123 Rn 15, Erman/*Palm*, § 123 Rn 57.
226 *Larenz/Wolf*, BGB AT, § 37 Rn 26.
227 Vgl. BGH NJW 1966, 2399, 2400; WM 1975, 1002; *Brox*, BGB AT, Rn 464; *Larenz/Wolf*, BGB AT, § 37 Rn 27; Staudinger/*Dilcher*, 12. Aufl., § 123 Rn 1; Erman/*Palm*, § 123 Rn 55; Bamberger/*Roth*/*Wendtland*, § 123 Rn 3, 25.
228 Motive I, S. 207 = *Mugdan* I, S. 466; Erman/*Palm*, § 123 Rn 57.

§ 123 Anfechtbarkeit wegen Täuschung oder Drohung

sein.[229] Dabei kann es sich beispielsweise um die Drohung mit einer Strafanzeige[230] oder mit der Kündigung eines Kreditvertrages[231] oder eines Arbeitsvertrages[232] handeln. Das Übel muss sich nicht auf den Bedrohten selbst, sondern es kann sich auch auf **andere Personen** wie etwa den Ehepartner des Bedrohten[233] oder sogar auf Sachen[234] beziehen. Eine besondere objektive **Schwere des Übels** setzt Abs. 1, 2. Fall nicht voraus. Ist der Erklärende allerdings bloß mit einem geringfügigen Nachteil bedroht worden, kann die Kausalität der Drohung für die Abgabe der Willenserklärung (vgl. dazu Rn 80 ff.) fraglich sein. In der Regel versetzt die Drohung mit einer Lappalie den Bedrohten nicht in eine Zwangslage und beeinflusst die Freiheit seiner Willensentschließung nicht maßgeblich.[235] Anders als die angedrohte Kündigung des Arbeitsverhältnisses ist jedenfalls der **bloße Zeitdruck** allein, unter den der Arbeitgeber einen Arbeitnehmer bei der Unterzeichnung eines Aufhebungsvertrages setzt, kein Übel i.S.v. Abs. 1, 2. Fall.[236] Die Verweigerung einer Bedenkzeit rechtfertigt auch als „Überrumpelung" keine analoge Anwendung der Vorschrift,[237] weil das Fehlen einer Überlegungsfrist der gesetzlichen Wertung des § 147 Abs. 1 S. 1 entspricht, der zufolge ein Antrag unter Anwesenden grundsätzlich nur sofort angenommen werden kann.[238] In diesen Fällen kommt eine Drohungsanfechtung unter dem Gesichtspunkt des Zeitdrucks allenfalls dann in Betracht, wenn ein einschlägiger Tarifvertrag dem Arbeitnehmer eine Bedenkzeit einräumt.[239]

77 Da die Drohung eine Zwangslage beim Bedrohten erzeugen muss (vgl. Rn 75), setzt die Anfechtbarkeit gem. Abs. 1, 2. Fall voraus, dass der Eintritt oder Nichteintritt des angedrohten Übels **vom Willen des Drohenden abhängt**. Entscheidend ist die **Sicht des Bedrohten**. Auch eine nicht ernst gemeinte Drohung berechtigt zur Anfechtung, wenn der Erklärende sie ernst genommen und deshalb die Willenserklärung abgegeben hat.[240] Dagegen liegt mangels der erforderlichen unzulässigen Willensbeeinflussung keine Drohung, sondern eine **Warnung** vor, wenn der andere lediglich auf ein bereits bestehendes oder ohnehin eintretendes Übel hinweist. Danach kann beispielsweise der Verkäufer eines Grundstücks seine Willenserklärung nicht gem. Abs. 1, 2. Fall anfechten, wenn der Käufer ihm vor Augen gehalten hat, ohne den Verkauf sei ein Insolvenzverfahren unvermeidlich.[241] Gleiches gilt, wenn der Warnende auf ein Übel hinweist, zu dessen Herbeiführung er gesetzlich verpflichtet ist.[242] Das bloße Vorliegen einer **seelischen Zwangslage** und selbst deren Ausnutzen können ebenfalls keine Drohungsanfechtung begründen.[243] Hat z.B. der Erklärende lediglich aufgrund der objektiven Sachlage damit gerechnet, der andere Teil werde eine Strafanzeige gegen einen nahen Angehörigen erstatten, ohne dass dieser die Anzeigenerstattung irgendwie in Aussicht gestellt hat, kann er nicht gem. Abs. 1, 2. Fall anfechten.[244] Gleiches gilt für den Ehemann, der einen Ehevertrag wegen der Suizidgefährdung seiner schwangeren Frau unterzeichnet hat, ohne dass diese für den Fall der Nichtunterzeichnung einen (weiteren) Selbstmordversuch in Aussicht gestellt hat.[245] Die Ausnutzung einer solchen seelischen Zwangslage kann aber nach den Umständen des Einzelfalles sittenwidrig sein und zur Nichtigkeit der Willenserklärung gem. § 138 führen.[246]

78 Die Abgrenzung zwischen einer zur Anfechtung berechtigenden Drohung und einer bloßen Warnung kann im Einzelfall fließend sein. Denn die Drohung braucht nicht ausdrücklich zu erfolgen, sondern sie kann

---

229 Palandt/*Heinrichs*, § 123 Rn 15, RGRK/*Krüger-Nieland*, § 123 Rn 41; Erman/*Palm*, § 123 Rn 57; Bamberger/Roth/*Wendtland*, § 123 Rn 27.
230 BGHZ 25, 217, 218 = BGH NJW 1957, 1796, 1797; 1988, 2599, 2601.
231 BGH NJW 1997, 1980, 1981.
232 BAG NJW 1980, 2213; 1983, 2782; NZA 1996, 1030; 2000, 27; 2002, 731, 732 f.
233 Vgl. RGZ 60, 371, 373; BGHZ 25, 217, 218 f. = BGH NJW 1957, 1796, 1797; vgl. auch BGH NJW 1988, 2599, 2601; NJW-RR 1996, 1282.
234 Erman/*Palm*, § 123 Rn 57.
235 Bamberger/Roth/*Wendtland*, § 123 Rn 27; vgl. Soergel/*Hefermehl*, § 123 Rn 41; Palandt/*Heinrichs*, § 123 Rn 15; MüKo/*Kramer*, § 123 Rn 46.
236 BAG AP Nr. 22 zu § 123 BGB = NJW 1983, 2958, 2959; LAG Düsseldorf NZA 1993, 702, 703; *Feuerborn*, Sachliche Gründe im Arbeitsrecht, 2003, S. 168; *Medicus*, BGB AT, Rn 814; Palandt/*Heinrichs*, § 123 Rn 15; *Zwanziger*, DB 1994, 982, 983.
237 Für eine solche analoge Anwendung wegen der Beeinträchtigung der Entschließungsfreiheit aber z.B. MüKo/*Kramer*, § 123 Rn 45, 57.
238 *Ernst*, Aufhebungsverträge zur Beendigung von Arbeitsverhältnissen, 1993, S. 240 f.; *Feuerborn*, Sachliche Gründe im Arbeitsrecht, 2003, S. 168; ebenso im Erg. BAG AP Nr. 22 zu § 123 BGB = NJW 1983, 2958, 2959; 1994, 1021, 1022; Palandt/*Heinrichs*, § 123 Rn 15.
239 Vgl. *Ernst*, Aufhebungsverträge zur Beendigung von Arbeitsverhältnissen, 1993, S. 240 f.; *Feuerborn*, Sachliche Gründe im Arbeitsrecht, 2003, S. 168.
240 BGH NJW 1982, 2301, 2302; NJW-RR 1996, 1281, 1282; Staudinger/*Dilcher*, 12. Aufl., § 123 Rn 55; Palandt/*Heinrichs*, § 123 Rn 16; Erman/*Palm*, § 123 Rn 58; Bamberger/Roth/*Wendtland*, § 123 Rn 26.
241 *Medicus*, BGB AT, Rn 814.
242 BGHZ 6, 348, 351 = BGH NJW 1952, 1094, 1095 (In-Aussicht-Stellen) einer gebotenen Strafanzeige in der Nachkriegszeit); *Medicus*, BGB AT, Rn 814.
243 BGHZ 2, 287, 295 = BGH NJW 1951, 643, 644 f.; 1988, 2599, 2601; Palandt/*Heinrichs*, § 123 Rn 17; MüKo/*Kramer*, § 123 Rn 45; RGRK/*Krüger-Nieland*, § 123 Rn 39; Bamberger/Roth/*Wendtland*, § 123 Rn 26.
244 BGH NJW 1988, 2599, 2601.
245 BGH NJW-RR 1996, 1281, 1282.
246 Vgl. BGH NJW 1988, 2599, 2601 f.; *Medicus*, BGB AT, Rn 814; RGRK/*Krüger-Nieland*, § 123 Rn 39.

auch in einer „Warnung" oder in einem „Hinweis auf Schwierigkeiten" bestehen. Eine solche Warnung ist eine tatbestandsmäßige **konkludente** oder **„versteckte Drohung"**, wenn sie beim Erklärenden den Eindruck erweckt, der „Warnende" habe Einfluss auf das Übel und werde es verwirklichen, wenn die gewünschte Erklärung nicht abgegeben wird.[247]

79 **2. Abgabe einer Willenserklärung.** Der Bedrohte muss eine **Willenserklärung** abgegeben haben (ausf. Rn 5 ff.). Handelt es sich um eine geschäftsähnliche Handlung wie z.B. eine Mahnung, findet § 123 analoge Anwendung (vgl. Rn 5).

80 **3. Kausalität Drohung – Abgabe der Willenserklärung.** Die Anfechtbarkeit gem. Abs. 1, 2. Fall setzt voraus, dass der Erklärende durch die Drohung zur Abgabe der Willenserklärung **bestimmt worden** ist. Die Drohung muss also eine Zwangslage beim Bedrohten hervorgerufen haben (vgl. dazu Rn 75), aufgrund derer der Bedrohte dann die Willenserklärung abgegeben hat.[248]

81 Der erforderliche Kausalzusammenhang liegt vor, wenn der Bedrohte die Willenserklärung ohne die Drohung entweder überhaupt nicht oder zumindest nicht in dieser Form, also nicht mit diesem Inhalt oder nicht zu diesem Zeitpunkt,[249] abgegeben hätte.[250] Auch hier genügt, wie bei der arglistigen Täuschung (vgl. dazu Rn 42), die bloße **Mitursächlichkeit**.[251] Dabei kann zwischen der Drohung und der Abgabe der Willenserklärung ein längerer Zeitraum liegen.[252] Am erforderlichen Kausalzusammenhang fehlt es indessen, wenn der Bedrohte die gewünschte Willenserklärung nicht wegen des angedrohten Übels und aus einer dadurch erzeugten Zwangslage heraus, sondern aufgrund eigener, selbständiger Überlegungen abgegeben hat. Auf derartigen eigenständigen Überlegungen kann etwa eine Willenserklärung beruhen, die erst nach einer ausführlichen Erörterung aller Konsequenzen der angedrohten Strafanzeige abgegeben wird.[253] Die bloß entfernte Möglichkeit, dass die Abgabe der Willenserklärung auf solchen eigenständigen inneren Vorgängen beruht, schließt die Kausalität jedoch noch nicht aus.[254] An der gem. Abs. 1, 2. Fall erforderlichen Kausalität fehlt es auch in dem Lehrbuchfall, dass der Vermieter sein Hausgrundstück veräußert, um den Auseinandersetzungen mit einem rabiaten Mieter aus dem Weg zu gehen, der ihm Gewalttätigkeiten angedroht hat, falls er nicht den Mietzins herabsetzt. Zwar hat die Drohung die Veräußerung mitverursacht; sie war aber nicht auf diesen Entschluss gerichtet, den der Vermieter freiwillig gefasst hat, um der vom Mieter verursachten Zwangslage – Herabsetzung des Mietzinses oder Gewalttätigkeiten – zu entgehen.[255]

82 Die bestimmende Wirkung der Drohung ist nicht nach einem objektiven, sondern nach einem subjektiven Maßstab zu beurteilen. Es kommt nicht darauf an, wie die Drohung auf einen „besonnenen Menschen" gewirkt hätte.[256] Entscheidend ist vielmehr die **Sicht des Bedrohten** (vgl. bereits Rn 77).[257] Eine Drohung ist auch dann kausal, wenn sie zwar objektiv nur ein geringfügiges Übel in Aussicht gestellt hat, aufgrund der besonderen psychischen Verfassung aber gerade auf den Bedrohten bestimmend eingewirkt hat.[258] Danach kann sogar die Drohung mit einem bloß imaginären Übel ausreichen.[259] In der Praxis wird es in solchen Fällen verstärkt auf eine entsprechende Darlegung und Beweisbarkeit ankommen (vgl. zur Darlegungs- und Beweislast noch Rn 103 f.).

83 **4. Widerrechtlichkeit der Drohung.** Die Anfechtbarkeit einer Willenserklärung gem. Abs. 1, 2. Fall setzt weiter voraus, dass der Erklärende widerrechtlich durch Drohung zur Abgabe der Willenserklärung bestimmt worden ist. Anders als bei der Täuschung (vgl. dazu Rn 44) hat der Gesetzgeber des BGB hier gesehen, dass ein Recht bestehen kann, einen anderen zur Abgabe einer Willenserklärung zu nötigen, und dass in diesem Fall die abgenötigte Erklärung gültig ist.[260] Daher berechtigt die Drohung nach allgemeinen Grundsätzen schon dann nicht zur Anfechtung, wenn ein Rechtfertigungsgrund – z.B. einer der in den

---

247 Staudinger/*Dilcher*, 12. Aufl., § 123 Rn 51; vgl. BGH NJW 1988, 2599, 2601; NJW-RR 1996, 1281, 1282; BAG NZA 1994, 209, 210; 1996, 1030, 1031; 2002, 731, 733; Palandt/*Heinrichs*, § 123 Rn 17; Bamberger/Roth/*Wendtland*, § 123 Rn 26.
248 Erman/*Palm*, § 123 Rn 59.
249 BGHZ 2, 287, 299 = BGH NJW 1951, 643, 645.
250 RGZ 134, 49, 51; BAG AP Nr. 23 zu § 123 BGB; *Larenz/Wolf*, BGB AT, § 37 Rn 28; Staudinger/*Dilcher*, 12. Aufl., § 123 Rn 54; MüKo/*Kramer*, § 123 Rn 52.
251 BGHZ 2, 287, 299 = BGH NJW 1951, 643, 645; BAG AP Nr. 23 zu § 123 BGB; Staudinger/*Dilcher*, 12. Aufl., § 123 Rn 54; MüKo/*Kramer*, § 123 Rn 52.
252 Staudinger/*Dilcher*, 12. Aufl., § 123 Rn 54; Soergel/*Hefermehl*, § 123 Rn 43.
253 Vgl. BGH WM 1957, 1361, 1363; 1974, 1023; Staudinger/*Dilcher*, 12. Aufl., § 123 Rn 54; Soergel/*Hefermehl*, § 123 Rn 43; Erman/*Palm*, § 123 Rn 59.
254 BGH BB 1963, 452, 453; Staudinger/*Dilcher*, 12. Aufl., § 123 Rn 54.
255 *Larenz/Wolf*, BGB AT, § 37 Rn 29.
256 Vgl. Motive I, S. 208 = *Mugdan* I, S. 467.
257 BGH NJW 1982, 2301, 2302; NJW-RR 1996, 1281, 1282.
258 Staudinger/*Dilcher*, 12. Aufl., § 123 Rn 55; Soergel/*Hefermehl*, § 123 Rn 43; MüKo/*Kramer*, § 123 Rn 52; Erman/*Palm*, § 123 Rn 59.
259 Staudinger/*Dilcher*, 12. Aufl., § 123 Rn 55.
260 Vgl. Motive I, S. 207 = *Mugdan* I, S. 466.

Anfechtbarkeit wegen Täuschung oder Drohung § 123

§§ 227 ff. geregelten Tatbestände – eingreift.[261] Im Übrigen muss die Widerrechtlichkeit der Drohung positiv festgestellt werden. Sie kann sich aus der Widerrechtlichkeit des angedrohten Mittels, des erstrebten Zwecks oder der Mittel-Zweck-Relation ergeben.[262]

a) Widerrechtlichkeit des Mittels. Die Drohung ist zunächst immer dann widerrechtlich, wenn das Verhalten, das der andere Teil für den Fall der Nichtabgabe der gewünschten Willenserklärung androht, bereits für sich allein betrachtet gegen die Rechtsordnung verstößt. Die Drohung mit einer **strafbaren, rechtswidrigen oder sittenwidrigen Handlung** ist also stets widerrechtlich.[263] Da § 123 die Freiheit der rechtsgeschäftlichen Willensentschließung schützt (vgl. Rn 1), gilt das selbst für den Fall, dass der Drohende mit der erzwungenen Willenserklärung einen erlaubten Zweck erreichen will. Mit widerrechtlichen Mitteln darf man einem anderen auch keinen erlaubten Erfolg abverlangen[264] und beispielsweise eine bestehende Forderung durchsetzen.[265] Droht etwa ein Gläubiger seinem Schuldner mit Gewalttätigkeiten oder einer Sachbeschädigung, falls dieser nicht leistet, und zahlt der Schuldner daraufhin die ausstehende Summe, kann er seine Erklärung zur Übereignung der Geldscheine (§ 929 S. 1) gem. Abs. 1, 2. Fall anfechten.[266] Widerrechtlich sind demnach z.B. Drohungen, die den Straftatbestand der Nötigung (§ 240 StGB) oder der Erpressung (§ 253 StGB) erfüllen,[267] die Androhung einer Körperverletzung (§§ 223 ff. StGB) oder einer Sachbeschädigung (§ 303 StGB),[268] die Drohung mit einem Vertragsbruch[269] und die Drohung gegenüber einem akut behandlungsbedürftigen Patienten, man werde ihm die Notaufnahme in das Krankenhaus verweigern, wenn nicht er oder ein naher Angehöriger die Formulare zur Kostenübernahme bei bestimmten Wahlleistungen unterzeichne.[270] Widerrechtlich handelt ferner, wer einen Selbstmord androht, weil er dadurch gegen die guten Sitten verstößt.[271] Der BGH hat sogar die Ankündigung des Kammervorsitzenden eines Landgerichts, dass ohne erneute Beratung eine für die Partei ungünstige Entscheidung ergehen werde, falls diese nicht in einen Vergleich einwillige, wegen des Verstoßes gegen § 156 ZPO als widerrechtliche Drohung i.S.d. Abs. 1, 2. Fall angesehen.[272]

Rechtmäßig ist die Androhung solcher Verhaltensweisen, welche die Rechts- und Sittenordnung ausdrücklich vorsieht oder die sie jedenfalls nicht verbietet.[273] Dazu gehören beispielsweise die Drohungen mit der Erhebung einer Klage,[274] selbst wenn der geltend gemachte Anspruch nicht besteht,[275] mit der Geltendmachung eines Zurückbehaltungsrechts,[276] mit dem Betreiben der Zwangsvollstreckung,[277] mit der Erstattung einer Strafanzeige, wenn ein entsprechender Verdacht besteht,[278] und mit einer vertraglich zulässigen Kündigung.[279] Die Widerrechtlichkeit der Drohung mit einer solchen Kündigung kann regelmäßig nur aus der Inadäquanz von Mittel und Zweck folgen. Das betrifft vor allem die Drohung des Arbeitgebers, das Arbeitsverhältnis durch eine außerordentliche Kündigung zu beenden, falls der Arbeitnehmer nicht den angebotenen Aufhebungsvertrag unterzeichnet (näher dazu Rn 91).[280]

b) Widerrechtlichkeit des Zwecks. Die Drohung ist ferner dann widerrechtlich, wenn zwar nicht das angedrohte Verhalten, wohl aber die abgenötigte Willenserklärung selbst oder der damit erstrebte **Zweck strafbar, rechtswidrig oder sittenwidrig** ist.[281] Insoweit genügt es nicht, dass der Drohende bloß keinen

---

261 Staudinger/*Dilcher*, 12. Aufl., § 123 Rn 56; Erman/*Palm*, § 123 Rn 60.
262 BGHZ 25, 217, 220 = BGH NJW 1957, 1796, 1797; BAG NJW 1999, 2059, 2061; Staudinger/*Dilcher*, 12. Aufl., § 123 Rn 56; HK-BGB/*Dörner*, § 123 Rn 10; Jauernig/*Jauernig*, § 123 Rn 13 ff.; Soergel/*Hefermehl*, § 123 Rn 44 ff.; Palandt/*Heinrichs*, § 123 Rn 19; MüKo/*Kramer*, § 123 Rn 47 ff.; RGRK/*Krüger-Nieland*, § 123 Rn 42; Erman/*Palm*, § 123 Rn 60; *Brox*, BGB AT, Rn 467; *Larenz/Wolf*, BGB AT, § 37 Rn 34; *Medicus*, BGB AT, Rn 815.
263 Soergel/*Hefermehl*, § 123 Rn 45; Palandt/*Heinrichs*, § 123 Rn 19; Erman/*Palm*, § 123 Rn 61; Bamberger/Roth/*Wendtland*, § 123 Rn 29.
264 *Larenz/Wolf*, BGB AT, § 37 Rn 35.
265 BGH LM § 123 Nr. 32.
266 Vgl. Soergel/*Hefermehl*, § 123 Rn 45; MüKo/*Kramer*, § 123 Rn 47; *Larenz/Wolf*, BGB AT, § 37 Rn 36.
267 *Medicus*, BGB AT, Rn 815.
268 Bamberger/Roth/*Wendtland*, § 123 Rn 29.
269 BGH NJW 1995, 3052, 3053; Palandt/*Heinrichs*, § 123 Rn 19; Erman/*Palm*, § 123 Rn 61; Bamberger/Roth/*Wendtland*, § 123 Rn 29.
270 OLG Köln VersR 1982, 677; Palandt/*Heinrichs*, § 123 Rn 19; Bamberger/Roth/*Wendtland*, § 123 Rn 29.
271 Erman/*Palm*, § 123 Rn 61; Bamberger/Roth/*Wendtland*, § 123 Rn 29; vgl. auch BGH NJW-RR 1996, 1281, 1282.
272 BGH NJW 1966, 2399; zust. etwa *Ostler*, NJW 1966, 2400; krit. etwa *Arndt*, NJW 1967, 1585; *Kubisch*, NJW 1967, 1605; *Schneider*, NJW 1966, 2399; *Wenzel*, NJW 1967, 1587; Staudinger/*Dilcher*, 12. Aufl., § 123 Rn 57; Palandt/*Heinrichs*, § 123 Rn 19.
273 Erman/*Palm*, § 123 Rn 61.
274 BGHZ 79, 131, 143.
275 BGH WM 1972, 946; vgl. aber auch OLG Karlsruhe OLGZ 1986, 90.
276 OLG Düsseldorf WM 1970, 998.
277 BGH WM 1984, 1249.
278 BGHZ 25, 217, 219 f. = BGH NJW 1957, 1796, 1797; BAG NJW 1999, 2059, 2061.
279 BGH DB 1978, 1174.
280 Vgl. nur BAG NJW 1997, 676, 677 m.w.N.
281 Palandt/*Heinrichs*, § 123 Rn 20; MüKo/*Kramer*, § 123 Rn 47; Bamberger/Roth/*Wendtland*, § 123 Rn 30.

Rechtsanspruch auf die Abgabe der erwünschten Willenserklärung hat.[282] Vielmehr muss darüber hinaus der mit der erzwungenen Erklärung angestrebte Erfolg verboten oder sittenwidrig sein.[283] Als Beispiele werden genannt die Androhung einer ordentlichen Kündigung zu dem Zweck, die Mitwirkung an einer Steuerhinterziehung zu erzwingen,[284] und die Drohung der sofortigen Einziehung einer fälligen Forderung, falls der Bedrohte dem Drohenden keine verbotenen Betäubungsmittel veräußert.[285] Dieser Fallgruppe kommt allerdings **kaum praktische Bedeutung** zu, weil die abgenötigte Willenserklärung regelmäßig ohnehin wegen Gesetzes- oder Sittenwidrigkeit gem. § 134 oder § 138 nichtig ist.[286]

87 **c) Widerrechtlichkeit der Mittel-Zweck-Relation.** Die Beurteilung der Widerrechtlichkeit bereitet Schwierigkeiten in solchen Fällen, in denen jemand ein Übel androht, dessen Verwirklichung an sich weder rechts- noch sittenwidrig ist, und in denen die dadurch erzwungene Willenserklärung des Bedrohten oder der damit verfolgte Zweck ebenfalls weder rechts- noch sittenwidrig ist. Diese Fallkonstellationen der **Erlaubtheit des Mittels und des Zwecks**[287] kommen am weitaus häufigsten vor und können nur ausnahmsweise eine Drohungsanfechtung gem. Abs. 1, 2. Fall begründen. Droht etwa der Gläubiger einer bereits seit längerem fälligen Forderung seinem Schuldner mit der Erhebung einer Zahlungsklage, falls dieser nicht umgehend die Forderung begleicht, ist diese Drohung zulässig und rechtlich nicht zu beanstanden.[288] Benutzt der Drohende einen der Rechtsbehelfe, die ihm die Rechtsordnung für seine Interessendurchsetzung zur Verfügung stellt, und nötigt er dem Bedrohten nur ab, was dessen bereits bestehender, ursprünglicher Verpflichtung entspricht, ist die Drohung nicht widerrechtlich.[289] Unter diesen Voraussetzungen darf der Gläubiger nicht bloß mit einer Klage, sondern auch mit der Ausübung eines Zurückbehaltungsrechts, der Einleitung von Zwangsvollstreckungsmaßnahmen, der Stellung eines Insolvenzantrages oder sogar mit Maßnahmen berechtigter Selbsthilfe gem. § 229 drohen (vgl. bereits Rn 85).[290] Die Drohung mit einer Klage wird auch nicht etwa dadurch widerrechtlich, dass die Klageforderung tatsächlich nicht besteht[291] oder dass der Drohende die Zweifelhaftigkeit oder sogar die Unbegründetheit der Klage kennt.[292] Grundsätzlich muss jeder die Drohung mit einer Klage ertragen, und zwar selbst dann, wenn die Klage unberechtigt ist.[293]

88 In solchen Fallkonstellationen kann die Widerrechtlichkeit der Drohung aber ausnahmsweise aus der Verknüpfung von Mittel und Zweck folgen, wenn nämlich der Einsatz gerade des vom Drohenden verwendeten Mittels zur Erreichung des konkreten Zwecks unangemessen und daher zu missbilligen ist. Die Widerrechtlichkeit resultiert hier aus der **Inadäquanz des Mittels im Verhältnis zum damit verfolgten Zweck**.[294] Diese Unangemessenheit lässt sich nicht unmittelbar dem Gesetz entnehmen. Sie muss vielmehr nach den Maßstäben von Treu und Glauben (§ 242) unter Berücksichtigung der zur Zeit der Drohung herrschenden Anschauungen – der Auffassung aller billig und gerecht Denkenden – bestimmt werden. Dabei kommt es auf alle Umstände des konkreten Einzelfalles und besonders auf die konkreten Belange der Beteiligten an. Hierzu ist in erster Linie zu prüfen, ob der Drohende ein berechtigtes Interesse an der Erreichung des von ihm erstrebten Erfolges hat.[295] Die Bestimmung der Widerrechtlichkeit erfolgt also durch eine einzelfallbezogene **Abwägung der Interessen des Drohenden und des Bedrohten**.[296] Wie bei anderen Interessenabwägungen auch, kommt es hier darauf an, die Abwägung nachvollziehbar zu strukturieren und

---

282 BGHZ 2, 287, 296 = BGH NJW 1951, 643; BGHZ 25, 217, 219 = BGH NJW 1957, 1796, 1797; NJW 1996, 1274, 1275; 1997, 1980, 1981.
283 Soergel/*Hefermehl*, § 123 Rn 46; Palandt/*Heinrichs*, § 123 Rn 20; Bamberger/Roth/*Wendtland*, § 123 Rn 30.
284 *Scheuerle*, BB 1962, 884; Staudinger/*Dilcher*, 12. Aufl., § 123 Rn 60; Erman/*Palm*, § 123 Rn 62; Bamberger/Roth/*Wendtland*, § 123 Rn 30.
285 Bamberger/Roth/*Wendtland*, § 123 Rn 30; *Larenz/Wolf*, BGB AT, § 37 Rn 37.
286 Palandt/*Heinrichs*, § 123 Rn 20; Bamberger/Roth/*Wendtland*, § 123 Rn 30; *Larenz/Wolf*, BGB AT, § 37 Rn 37.
287 Vgl. MüKo/*Kramer*, § 123 Rn 47.
288 Bamberger/Roth/*Wendtland*, § 123 Rn 31.
289 MüKo/*Kramer*, § 123 Rn 47; Bamberger/Roth/*Wendtland*, § 123 Rn 30.
290 BGH WM 1972, 946; MüKo/*Kramer*, § 123 Rn 47; vgl. *Medicus*, BGB AT, Rn 818.
291 BGH WM 1972, 946; vgl. aber auch OLG Karlsruhe OLGZ 1986, 90.
292 Bamberger/Roth/*Wendtland*, § 123 Rn 31; a.A. MüKo/*Kramer*, § 123 Rn 47 m.w.N.
293 *Flume*, BGB AT Bd. 2, § 28, 2b; MüKo/*Kramer*, § 123 Rn 47; Bamberger/Roth/*Wendtland*, § 123 Rn 31.
294 Grundlegend BGHZ 25, 217, 220 = BGH NJW 1957, 1796, 1797.
295 BGHZ 25, 217, 220 = BGH NJW 1957, 1796, 1797; 1982, 2301, 2302; 1983, 384 f.; 2002, 2774, 2775; Staudinger/*Dilcher*, 12. Aufl., § 123 Rn 62; Soergel/*Hefermehl*, § 123 Rn 47; Palandt/*Heinrichs*, § 123 Rn 21; MüKo/*Kramer*, § 123 Rn 48; RGRK/*Krüger-Nieland*, § 123 Rn 46; Erman/*Palm*, § 123 Rn 63 ff.; Bamberger/Roth/*Wendtland*, § 123 Rn 32; *Larenz/Wolf*, BGB AT, § 37 Rn 39.
296 Soergel/*Hefermehl*, § 123 Rn 47; Erman/*Palm*, § 123 Rn 65; zur Konkretisierung dieser Interessenabwägung durch die Bildung von Fallgruppen *Karakatsanes*, S. 84 ff.

vor allem die Wertungen aus der Verfassung und aus einfachgesetzlichen Vorschriften abzuleiten, wobei ergänzend auf die Verkehrsanschauung und auf sittliche Maßstäbe abgestellt werden kann.[297]

Die **Inadäquanz** von Mittel und Zweck und damit die Widerrechtlichkeit ist beispielsweise bejaht worden für die Drohung, das Haus werde nur übergeben, wenn der Bedrohte zuvor die über den vereinbarten Kaufpreis hinausgehenden Forderungen anerkenne und auf jegliche Vorbehalte verzichte.[298] Gleiches gilt für die Drohung, eine unstreitige, geschuldete Leistung erst zu erbringen, nachdem der Bedrohte eine bestrittene Gegenforderung anerkannt hat.[299] **Keine Inadäquanz** und damit keine Widerrechtlichkeit liegt hingegen z.B. dann vor, wenn der Gläubiger androht, dass er den Kredit des Schuldners nicht aufstockt, falls nicht dessen Ehepartner eine Bürgschaft für die daraus resultierende Gesamtverbindlichkeit übernimmt,[300] oder wenn der Gläubiger droht, er werde den notleidenden Kredit der GmbH kündigen, falls der Gesellschafter nicht die Bürgschaft für die bestehende Verbindlichkeit übernimmt.[301] Ein Rechtsanwalt darf gegenüber dem Mandanten drohen, er werde das Mandat kündigen, falls ihm keine höhere als die gesetzliche Gebühr bewilligt wird, sofern der erforderliche Arbeitsaufwand tatsächlich erheblich höher ist als der den gesetzlichen Gebühren zugrunde gelegte, durchschnittliche Aufwand.[302]

Bei der **Drohung mit einer Strafanzeige** hängt die Widerrechtlichkeit davon ab, ob zwischen der anzuzeigenden Straftat und dem Anspruch, den der Drohende durchsetzen will, ein innerer Zusammenhang besteht. Will der Drohende nur den Ersatz desjenigen Schadens erlangen, den ihm der Bedrohte durch die Straftat zugefügt hat, wird die Drohung mit der Strafanzeige überwiegend für angemessen und damit für rechtmäßig erachtet.[303] Das gilt, wie z.B. bei der Drohung mit einer Anzeige wegen Betrugs, sogar dann, wenn der Drohende die Abgabe eines Schuldanerkenntnisses gem. § 781 verlangt, auf das er keinen Anspruch hat.[304] Inadäquat und rechtswidrig ist die Drohung dagegen z.B., wenn der Drohende eine zufällig beobachtete Straftat ausnutzen will, um anderweitige zivilrechtliche Ansprüche durchzusetzen,[305] oder wenn er den Bedrohten in dem Fall zu einer überstürzten Entscheidung zwingen will, in dem die Höhe des zu ersetzenden Schadens erst in einem Vergleich festgelegt werden soll (vgl. aber zur Ungeeignetheit des bloßen Zeitdrucks als Drohung Rn 76).[306]

Droht der Arbeitgeber dem Arbeitnehmer mit einer **außerordentlichen Kündigung des Arbeitsverhältnisses**, um ihn zur Unterzeichnung des angebotenen **Aufhebungsvertrages** zu bewegen, ist diese Drohung nach der Rechtsprechung dann inadäquat und widerrechtlich, wenn ein verständiger Arbeitgeber eine solche Kündigung nicht ernsthaft in Erwägung gezogen hätte. Dabei kommt es nicht darauf an, ob sich die Kündigung, wenn sie ausgesprochen worden wäre, in einem Kündigungsschutzprozess als rechtsbeständig erwiesen hätte.[307] Die Drohung ist vielmehr nur dann widerrechtlich, wenn der Arbeitgeber unter Abwägung aller Umstände des Einzelfalles davon ausgehen muss, die angedrohte Kündigung werde im Falle ihres Ausspruchs einer arbeitsgerichtlichen Überprüfung mit hoher Wahrscheinlichkeit nicht standhalten.[308] Diese Rechtsprechung ist auf den Fall zu übertragen, dass der Arbeitgeber mit einer **ordentlichen Kündigung** droht, um den Abschluss des Aufhebungsvertrages zu erreichen.[309]

5. Subjektiver Tatbestand. Eine Drohung berechtigt den Bedrohten nur dann gem. Abs. 1, 2. Fall zur Anfechtung, wenn sie den Zweck gehabt hat, ihn in eine solche Zwangslage zu versetzen, dass er die gewünschte Willenserklärung abgibt. Diese zweckgerichtete Beeinträchtigung der rechtsgeschäftlichen Entschließungsfreiheit setzt notwendig einen entsprechenden **Vorsatz** des Drohenden voraus. Der Drohende muss es zumindest für möglich halten, dass sein Verhalten die Willensbetätigung des Bedrohten beeinflusst, und er muss mit dem Willen handeln, den Bedrohten zur Abgabe der gewünschten Willenserklärung zu veranlassen.[310] Da § 123 ausschließlich die Freiheit der Willensentschließung schützt, bedarf es weder einer

---

297 Vgl. *Larenz/Wolf*, BGB AT, § 37 Rn 39; vgl. allg. zur erforderlichen Strukturierung einer solchen Interessenabwägung *Feuerborn*, Sachliche Gründe im Arbeitsrecht, 2003, S. 103 ff. m.w.N.; *Hubmann*, AcP 155 (1956), 85, 86 ff.; *Alexy*, Theorie der Grundrechte, 2. Aufl. 1994, S. 143 ff.
298 BGH NJW 1982, 2301, 2302; vgl. aber auch BGH NJW 1983, 384 f.
299 OLG Saarbrücken MDR 1999, 1313.
300 BGH NJW 1996, 1274, 1275.
301 BGH NJW 1997, 1980, 1981.
302 BGH NJW 2002, 2774, 2775; 2003, 2386, 2387.
303 BGHZ 25, 217, 220 f. = BGH NJW 1957, 1796, 1797; WM 1964, 1296, 1297; BAG NJW 1999, 2059, 2061; Palandt/*Heinrichs*, § 123 Rn 21; MüKo/*Kramer*, § 123 Rn 48; Erman/*Palm*, § 123 Rn 66.
304 MüKo/*Kramer*, § 123 Rn 48; vgl. OLG Hamm FamRZ 1986, 269; BAG NJW 1999, 2059, 2061.
305 *Larenz/Wolf*, BGB AT, § 37 Rn 40; MüKo/*Kramer*, § 123 Rn 48; Erman/*Palm*, § 123 Rn 66; BAG NJW 1999, 2059, 2061.
306 *Flume*, BGB AT Bd. 2, § 28, 2c; MüKo/*Kramer*, § 123 Rn 48; BAG NJW 1999, 2059, 2061.
307 BAGE 41, 229, 239 f. = BAG NJW 1983, 2782; BAGE 74, 281, 285; BAG NJW 1997, 676, 677; NZA 2002, 731, 733.
308 BAG NZA 1996, 875, 877; NJW 1997, 676, 677; NZA 2000, 27 f.; 2002, 731, 733; vgl. dazu auch AnwK-BGB/*Franzen*, § 620 Rn 53.
309 ErfK/*Preis*, § 620 BGB Rn 10.
310 Vgl. BGH LM § 123 Nr. 28 = WM 1962, 843; NJW-RR 1996, 1281, 1282; MüKo/*Kramer*, § 123 Rn 45; Bamberger/Roth/*Wendtland*, § 123 Rn 35.

Schädigungsabsicht noch der Absicht, die Drohung tatsächlich zu verwirklichen.[311] Wegen dieser objektiven Schutzrichtung braucht der Drohende auch nicht schuld- bzw. deliktsfähig (§§ 827 f.) zu sein.[312]

93 Bei einem **Irrtum** des Drohenden über die **Widerrechtlichkeit** der Drohung muss danach unterschieden werden, ob sich der Drohende über tatsächliche Umstände geirrt hat, welche die Widerrechtlichkeit begründen (Sachverhaltsirrtum), oder ob er aus den richtig erkannten tatsächlichen Umständen den falschen Schluss gezogen hat, die Drohung sei nicht widerrechtlich (Wertungsirrtum).[313] Der letztgenannte **Wertungsirrtum** ist nach allgemeiner Auffassung unbeachtlich, weil Abs. 1, 2. Fall allein dem Schutz des Bedrohten dient und daher beim Drohenden kein Bewusstsein der Rechtswidrigkeit voraussetzt.[314] Gleiches gilt für einen **verschuldeten Sachverhaltsirrtum**.[315] Dagegen soll nach der Rechtsprechung bei einem **unverschuldeten Sachverhaltsirrtum** die Anfechtungsmöglichkeit gem. Abs. 1, 2. Fall entfallen, weil ein derartiger Irrtum nicht so schwer wiege, dass dem Drohenden deswegen der „Makel" einer rechtswidrigen Drohung und der sich daraus ergebenden wirtschaftlichen Nachteile zugemutet werden müssten. Danach soll der Bedrohte nicht anfechten können, wenn der Drohende das angedrohte, objektiv vertragswidrige Verhalten subjektiv für rechtmäßig hält und wenn diese Würdigung vertretbar ist.[316] Hiergegen wird zu Recht eingewandt, dass eine schuldlose Unkenntnis nichts an der Rechtswidrigkeit ändert (vgl. auch § 231). Abs. 1, 2. Fall will nicht den Drohenden vor der unberechtigten Zuweisung eines „Makels", sondern den Bedrohten vor der objektiv rechtswidrigen Beeinflussung seiner Entscheidungsfreiheit schützen.[317] Allenfalls in Ausnahmefällen erscheint es denkbar, dass eine Drohung bei einem unverschuldeten Irrtum unter Abwägung der beiderseitigen Interessen noch als adäquates Mittel zur Erreichung des erstrebten Zwecks gewertet werden kann.[318]

94 **6. Person des Drohenden.** Drohender kann nicht nur der **Erklärungsempfänger**, sondern auch jeder **Dritte** sein.[319] Die Einschränkung des Abs. 2 bezieht sich lediglich auf die arglistige Täuschung und nicht auf die widerrechtliche Drohung.[320] War der Erklärungsempfänger in Bezug auf die Täuschung des Dritten gutgläubig, ist ihm sein Vertrauensschaden nicht gem. § 122 analog zu ersetzen.[321] Da der Bedrohte besonders schutzwürdig ist, hat der Gesetzgeber auf jeden Gutglaubensschutz des Erklärungsempfängers verzichtet (vgl. auch Rn 2, 3).[322]

IV. Rechtsfolgen

95 Liegen die Voraussetzungen des § 123 vor, kann der Erklärende die auf der Täuschung oder Drohung beruhende Willenserklärung **anfechten**, sofern die Anfechtung nicht ausnahmsweise ausgeschlossen ist (vgl. dazu Rn 16 ff.). Die Anfechtung muss innerhalb eines Jahres ab Entdeckung der Täuschung oder Beendigung der durch die Drohung geschaffenen Zwangslage (§ 124) gegenüber dem richtigen Anfechtungsgegner (§ 143) erklärt werden. Sie führt grundsätzlich zur rückwirkenden Nichtigkeit der angefochtenen Erklärung (§ 142 Abs. 1; zu Ausnahmen von der Rückwirkung vgl. Rn 19 ff. sowie ausf. § 142 Rn 7 ff.). Der Anfechtende muss dem Anfechtungsgegner, anders als bei der Irrtumsanfechtung (§§ 119 f.), nicht gem. § 122 den Vertrauensschaden ersetzen (vgl. Rn 2).

---

311 Soergel/*Hefermehl*, § 123 Rn 51; Erman/*Palm*, § 123 Rn 69; Bamberger/Roth/*Wendtland*, § 123 Rn 35.
312 Soergel/*Hefermehl*, § 123 Rn 51; Palandt/*Heinrichs*, § 123 Rn 23; Jauernig/*Jauernig*, § 123 Rn 17; Bamberger/Roth/*Wendtland*, § 123 Rn 35; vgl. *Larenz/Wolf*, BGB AT, § 37 Rn 43.
313 Erman/*Palm*, § 123 Rn 70.
314 *Larenz/Wolf*, BGB AT, § 37 Rn 43; Erman/*Palm*, § 123 Rn 71; Bamberger/Roth/*Wendtland*, § 123 Rn 35; vgl. RGZ 104, 79; 108, 102, 104; BGHZ 25, 217, 225 = NJW 1957, 1796, 1798; 1982, 2301, 2302; Soergel/*Hefermehl*, § 123 Rn 51; Jauernig/*Jauernig*, § 123 Rn 16.
315 Erman/*Palm*, § 123 Rn 70.
316 BGHZ 25, 217, 224 f. = NJW 1957, 1796, 1798; vgl. auch BGH LM § 123 Nr. 28 = WM 1962, 843.
317 Soergel/*Hefermehl*, § 123 Rn 51; Jauernig/*Jauernig*, § 123 Rn 16; MüKo/*Kramer*, § 123 Rn 51; Erman/*Palm*, § 123 Rn 70; *Flume*, BGB AT Bd. 2, § 28, 3; *Medicus*, BGB AT, Rn 820; *Larenz/Wolf*, BGB AT, § 37 Rn 44.
318 Soergel/*Hefermehl*, § 123 Rn 51; Erman/*Palm*, § 123 Rn 70.
319 BGH NJW 1966, 2399, 2401.
320 Palandt/*Heinrichs*, § 123 Rn 18; MüKo/*Kramer*, § 123 Rn 42, 53; Erman/*Palm*, § 123 Rn 72; Bamberger/Roth/*Wendtland*, § 123 Rn 36.
321 Erman/*Palm*, § 123 Rn 72; *Larenz/Wolf*, BGB AT, § 37 Rn 31; a.A. MüKo/*Kramer*, § 123 Rn 53.
322 Vgl. Prot. I, S. 120 = *Mugdan* I, S. 722.

V. Konkurrenzen

Die **Täuschungsanfechtung** gem. Abs. 1, 1. Fall und die **Drohungsanfechtung** gem. Abs. 1, 2. Fall schließen sich nicht gegenseitig aus. Beide Anfechtungsrechte können vielmehr nebeneinander bestehen.[323] Das kommt z.B. in Betracht, wenn eine schwangere Ehefrau einen Selbstmordversuch vortäuscht, um ihren Ehemann zur Unterzeichnung eines für ihn nachteiligen Ehevertrages zu veranlassen.[324] Auch die Anfechtungsmöglichkeiten wegen Täuschung oder Drohung nach § 123 und wegen **Irrtums** nach § 119 können wegen ihrer unterschiedlichen Voraussetzungen und Rechtsfolgen nebeneinander bestehen (vgl. Rn 15).

96

Eine arglistige Täuschung oder eine widerrechtliche Drohung allein führt regelmäßig noch nicht zur **Sittenwidrigkeit** des Geschäftes (vgl. jedoch zur Drohung, mit der ein sittenwidriges Geschäft erzwungen wird, Rn 86). Zur Täuschung oder Drohung können allerdings weitere Umstände hinzutreten, aufgrund derer das Rechtsgeschäft wegen des zusätzlichen auffälligen Missverhältnisses von Leistung und Gegenleistung gem. § 138 Abs. 2 oder sonst wegen seines Inhalts, seines Beweggrundes oder seines Zwecks gem. § 138 Abs. 1 nichtig wird (vgl. dazu § 138 Rn 34 ff., 141 ff.).[325] Dann erübrigt sich regelmäßig eine Anfechtung, sofern nicht ein Fall vorliegt, in dem auch ein Interesse an der Anfechtung einer nichtigen Willenserklärung besteht (vgl. dazu § 142 Rn 5).[326]

97

Die Anfechtung gem. § 123 wird, anders als diejenige gem. § 119 Abs. 2, nicht durch das Eingreifen der **kaufrechtlichen Gewährleistungsvorschriften** der §§ 437 ff. ausgeschlossen. Gleiches gilt für das Verhältnis zur **werk- und mietvertraglichen Sach- und Rechtsmängelhaftung** der §§ 633 ff. und 536 ff. (s. Rn 14).

98

In Rechtsprechung und Literatur umstritten ist die Frage, inwieweit eine arglistige Täuschung oder eine widerrechtliche Drohung neben dem Anfechtungsrecht nach § 123 **Schadensersatzansprüche wegen Verschuldens bei Vertragsschluss** (§§ 280 Abs. 1, 241 Abs. 2, 311 Abs. 2) begründen können. Nach **ständiger Rechtsprechung** kommt den Anfechtungsvorschriften hier, ebenso wie gegenüber der deliktischen Schadensersatzhaftung (vgl. dazu die folgende Rn), kein Vorrang zu. Neben der Anfechtungsmöglichkeit kann der Getäuschte oder Bedrohte daher über den Schadensersatzanspruch wegen Verschuldens bei Vertragsschluss im Wege der Naturalrestitution (§ 249 S. 1) die **Befreiung von der eingegangenen Verbindlichkeit** verlangen.[327] Das gilt im Einzelfall selbst dann, wenn eine Anfechtung ausscheidet, weil die Anfechtungsfrist des § 124 bereits abgelaufen ist oder der Täuschende nicht arglistig, sondern nur fahrlässig gehandelt hat.[328] Die neuere Rechtsprechung verlangt, über die Irreführung des künftigen Vertragspartners bzw. die rechtswidrige Ausübung von Zwang im Rahmen des vorvertraglichen Schuldverhältnisses i.S.d. § 311 Abs. 2 hinaus, nunmehr ausdrücklich, dass durch diese Pflichtverletzung beim getäuschten oder bedrohten Vertragspartner ein **Vermögensschaden** entstanden ist.[329] Nach der Differenzhypothese liegt ein solcher Schaden vor, wenn der Vergleich der Gesamtvermögenslage nach Abschluss des Vertrages mit der hypothetischen Vermögenslage ohne den Vertrag ein rechnerisches Minus ergibt. Selbst bei objektiver Werthaltigkeit von Leistung und Gegenleistung kann der getäuschte oder bedrohte Vertragspartner dadurch einen Vermögensschaden erleiden, dass die Leistung für seine Zwecke nicht voll brauchbar ist.[330]

99

Diese Möglichkeit der schadensrechtlichen Vertragsaufhebung neben § 123 wird in der **Literatur** teilweise abgelehnt. Die wesentlichen **Gegenargumente** liefern die Beschränkung der Anfechtungsmöglichkeit auf arglistiges Verhalten und die Jahresfrist des § 124. Diese Beschränkungen werden ausgehöhlt, wenn praktisch das gleiche Ergebnis, nämlich die Lösung vom Vertrag, als Schadensersatz für eine fahrlässige Verletzung vorvertraglicher Pflichten über den gem. § 195 regelmäßig erst in drei Jahren verjährenden Anspruch aus

100

---

323 BGH NJW-RR 1996, 1281; Erman/*Palm*, § 123 Rn 3.
324 Vgl. BGH NJW-RR 1996, 1281, 1282.
325 *Larenz/Wolf*, BGB AT, § 37 Rn 3; HK-BGB/*Dörner*, § 123 Rn 1; MüKo/*Kramer*, § 123 Rn 33; RGRK/*Krüger-Nieland*, § 123 Rn 84; Erman/*Palm*, § 123 Rn 4; vgl. etwa BGHZ 60, 102, 104 f.; BGH NJW 1988, 902, 903; 2002, 2774, 2775; BAG NJW 1999, 2059, 2061.
326 MüKo/*Kramer*, § 123 Rn 33.
327 BGH NJW 1962, 1196, 1198; 1968, 986, 987; 1969, 1625, 1626; 1974, 1505; 1979, 1983 f.; 1998, 302, 303; NJW-RR 1998, 1406; 1407; 2002, 308, 309 f.; NJW 2002, 2774, 2775; OLG Frankfurt NJW-RR 2002, 523, 524; wie die Rspr. etwa *Larenz/*

Wolf, BGB AT, § 37 Rn 19 f.; Staudinger/*Dilcher*, 12. Aufl., § 123 Rn 47; HK-BGB/*Dörner*, § 123 Rn 13; Soergel/*Hefermehl*, § 123 Rn 63; Palandt/*Heinrichs*, § 123 Rn 27; Jauernig/*Jauernig*, § 123 Rn 19; RGRK/*Krüger-Nieland*, § 123 Rn 88.
328 Vgl. nur BGH NJW 1998, 302, 303; NJW-RR 2002, 308, 309 f., jew. m.w.N.
329 So ausdr. BGH NJW 1998, 302, 304 unter ausf. Würdigung der bisherigen Rspr.; ebenso etwa BGH NJW 1998, 898, 899; NJW 2002, 308, 310; OLG Frankfurt NJW-RR 2002, 523, 524; vgl. BGH NJW-RR 1998, 904, 906; vgl. zu dieser neueren Rspr. etwa *Grigoleit*, NJW 1999, 900 ff.
330 BGH NJW 1998, 302, 304 m.w.N.

§§ 280 Abs. 1, 241 Abs. 2, 311 Abs. 2 erreicht werden kann.[331] Der von der neueren Rechtsprechung verlangte Vermögensschaden wird als Abgrenzungskriterium abgelehnt, weil die Naturalrestitution gem. § 249 S. 1, anders als die Geldentschädigung gem. § 253, gerade keinen Vermögensschaden voraussetzt.[332] Nach dieser Auffassung kommt ein Schadensersatzanspruch nur insoweit in Betracht, als ein anderer, nicht in dem aufgrund der Täuschung oder Drohung abgeschlossenen Vertrag liegender Schaden in Geld ersetzt werden soll.[333]

101 In der **Praxis** wird man sich an die Vorgaben der Rechtsprechung zu halten haben. Bei der Geltendmachung des vertragsrechtlichen Aufhebungsanspruchs kommt es danach, anders als bei der Anfechtungsmöglichkeit, auch auf die Darlegung und den Beweis des **Vermögensschadens** an, der dem Getäuschten oder Bedrohten durch den Vertragsabschluss entstanden ist. Im Gegenzug kann der Täuschende oder Drohende gegenüber diesem verschuldensabhängigen Anspruch gegebenenfalls ein **Mitverschulden** des Getäuschten oder Bedrohten gem. § 254 geltend machen.[334]

102 Führt eine arglistige Täuschung oder eine widerrechtliche Drohung i.S.d. § 123 zu einem Vermögensschaden des Getäuschten oder Bedrohten, begründet dieses Verhalten regelmäßig zugleich einen **deliktischen Schadensersatzanspruch** gem. § 823 Abs. 2 i.V.m. § 263 oder § 240 StGB oder gem. § 826. Dieser Anspruch kommt neben der Anfechtung nach § 123 in Betracht, wobei beide Möglichkeiten nach fast einhelliger Auffassung gleichwertig nebeneinander stehen.[335] Eine „Aushöhlung" der Anfechtungsvorschriften steht hier, anders als beim Anspruch wegen Verschuldens bei Vertragsschluss (vgl. dazu Rn 99), nicht in Rede, weil die genannten Schadensersatzansprüche jeweils Vorsatz voraussetzen und eine fahrlässige Täuschung nicht ausreicht. Der Schadensersatzanspruch geht regelmäßig nur auf das negative Interesse. Danach ist dem Getäuschten oder Bedrohten die Differenz zu ersetzen, die sich bei einem Vergleich seiner hypothetischen Vermögenslage ohne die Täuschung oder Drohung mit derjenigen Vermögenslage ergibt, die durch die Täuschung oder Drohung im Zeitpunkt des Vertragsschlusses herbeigeführt worden ist. Das kann beispielsweise die angefallene Steuer sein, wenn davon auszugehen ist, dass der Getäuschte bei einem pflichtgemäßen Hinweis des Täuschenden den Vertrag nicht ohne Anrechnung der Steuerforderung auf den Kaufpreis abgeschlossen hätte.[336] Im Wege der Naturalrestitution gem. § 249 S. 1 kann der Anspruch auch auf die Aufhebung des Vertrages gerichtet sein, ohne dass die Frist des § 124 gewahrt werden muss.[337] Den Ersatz des Erfüllungsinteresses kann der Getäuschte oder Bedrohte ausnahmsweise verlangen, wenn er nachweislich den Vertrag ohne die Täuschung oder Drohung ebenfalls, dann aber zu besseren Bedingungen abgeschlossen hätte.[338] Die Einrede aus § 853 kann er dem Vertragsgegner noch nach Ablauf der Jahresfrist des § 124 entgegenhalten.[339]

C. Weitere praktische Hinweise

103 Die Darlegungs- und **Beweislast** für alle Voraussetzungen des § 123 trägt der Anfechtende.[340] Das gilt auch dann, wenn die **Täuschungshandlung** in einem arglistigen Verschweigen besteht.[341] Hier muss der Anfechtende nachweisen, dass dem Gegner die zu offenbarende Tatsache bei Vertragsschluss bewusst war.[342] Im Gegenzug obliegt es dem Anfechtungsgegner, die Aufklärung darzulegen und zu behaupten, wann, wo und wie er die Tatsache offenbart hat.[343] Dann muss der Anfechtende diese Aufklärung widerlegen.[344] Hat der

---

331 Brox, BGB AT, Rn 463; Erman/Palm, § 123 Rn 8; vgl. MüKo/Kramer, § 123 Rn 35; Grigoleit, NJW 1999, 900, 902 f.; speziell in Bezug auf die Änderungen durch die Schuldrechtsreform Löhnig, JA 2003, 553 ff.; vgl. zur älteren Lit. die Nachw. in BGH NJW 1998, 302, 304.
332 Medicus, BGB AT, Rn 450; Grigoleit, NJW 1999, 900, 901 f.
333 Vgl. Brox, BGB AT, Rn 463; Erman/Palm, § 123 Rn 8; Grigoleit, NJW 1999, 900, 903; vgl. auch HKK/Schermaier, §§ 116–124 Rn 119 f.
334 Vgl. BGH NJW 1998, 302, 305; dazu Grigoleit, NJW 1999, 900, 904.
335 BGH NJW 1998, 302, 304; NJW-RR 1998, 904, 906; Palandt/Heinrichs, § 123 Rn 26; MüKo/Kramer, § 123 Rn 35; Erman/Palm, § 123 Rn 7; Bamberger/Roth/Wendtland, § 123 Rn 40; Larenz/Wolf, BGB AT, § 37 Rn 19.
336 OLG Köln NJW-RR 1994, 1064, 1066; vgl. zu dieser Schadensberechnung auch BGH NJW 1960, 237 f.
337 BGH NJW 1998, 302, 303 f.; Erman/Palm, § 123 Rn 7; vgl. BGH NJW 1962, 1196, 1198; 1979, 1983, 1984; a.A. MüKo/Kramer, § 123 Rn 35.
338 RGZ 103, 49, 154, 160; BGH DB 1969, 877, 878; Palandt/Heinrichs, § 123 Rn 26.
339 BGH NJW 1969, 604, 605; 1980, 782, 784; Staudinger/Dilcher, 12. Aufl., § 124 Rn 10; HK-BGB/Dörner, § 124 Rn 3; Palandt/Heinrichs, § 123 Rn 26, § 124 Rn 1; Jauernig/Jauernig, § 124 Rn 2; MüKo/Kramer, § 124 Rn 6; Bamberger/Roth/Wendtland, § 124 Rn. 6; vgl. Soergel/Hefermehl, § 124 Rn 8.
340 BGH NJW 1957, 988; 2001, 64, 65; BAG NZA 1998, 33, 35; OLG Köln NJW-RR 1992, 908, 910.
341 BAG NZA 1998, 33, 35; vgl. BGH NJW 2001, 64, 65; 2003, 754, 755.
342 Vgl. BGH NJW 2001, 2326, 2327; Palandt/Heinrichs, § 123 Rn 30.
343 BGH NJW 2001, 64, 65.
344 Palandt/Heinrichs, § 123 Rn 30; vgl. BGH NJW 2001, 64, 65; OLG Köln NJW-RR 1992, 908, 910.

Anfechtungsgegner durch positives Tun getäuscht, muss er eine ihn entlastende nachträgliche Aufklärung des Anfechtenden darlegen und beweisen.[345] Die gleiche Darlegungs- und Beweislast trifft den Anfechtungsgegner, wenn er zunächst eine nachweislich falsche oder bagatellisierte schriftliche Information gegeben hat.[346] Zu den Tatbestandsvoraussetzungen der Anfechtung gem. § 123, die der Anfechtende darlegen und beweisen muss, gehören neben der Täuschung oder Drohung auch die **Widerrechtlichkeit** und die **Arglist**.[347] Schließlich muss der Anfechtende die **Kausalität** der Täuschung oder Drohung für die Abgabe der angefochtenen Willenserklärung darlegen und beweisen. Insoweit kommt ihm nach der Rechtsprechung grundsätzlich kein Anscheinsbeweis zugute, weil dieser einen typischen Geschehensablauf voraussetzt, wohingegen die Entscheidung zu einem Vertragsschluss von den individuellen Umständen des Einzelfalles abhängt.[348] Lediglich ausnahmsweise soll bei bestimmten Rechtsgeschäften und unter besonderen Umständen aufgrund der allgemeinen Lebenserfahrung eine ausreichende Typizität bejaht werden können.[349] Danach spricht z.B. der Wunsch des Käufers, ihm eine bestimmte Eigenschaft zuzusichern, dafür, dass die Täuschung über das Vorliegen dieser Eigenschaft für seinen Vertragsschluss zumindest mitursächlich war.[350] Außerdem kann das Verhalten des Getäuschten nach Entdeckung der Täuschung einen Rückschluss auf die Kausalität zulassen. Hält der Getäuschte zunächst am Vertrag fest, nachdem er den wahren Sachverhalt erfahren hat, kann das Zweifel daran wecken, ob er den Vertrag nicht auch in Kenntnis des wahren Sachverhalts geschlossen hätte.[351]

104

§ 124 Anfechtungsfrist

(1) ¹Die Anfechtung einer nach § 123 anfechtbaren Willenserklärung kann nur binnen Jahresfrist erfolgen.

(2) ¹Die Frist beginnt im Falle der arglistigen Täuschung mit dem Zeitpunkt, in welchem der Anfechtungsberechtigte die Täuschung entdeckt, im Falle der Drohung mit dem Zeitpunkt, in welchem die Zwangslage aufhört. ²Auf den Lauf der Frist finden die für die Verjährung geltenden Vorschriften der §§ 206, 210 und 211 entsprechende Anwendung.

(3) ¹Die Anfechtung ist ausgeschlossen, wenn seit der Abgabe der Willenserklärung zehn Jahre verstrichen sind.

A. Allgemeines	1	3. Rechtsfolgen des Ablaufs der Jahresfrist	11
B. Regelungsgehalt	3	4. Ausschluss des Anfechtungsrechts vor Ablauf der Jahresfrist	12
I. Anwendungsbereich	3		
II. Ausschlussfrist des Abs. 1	5	III. Ausschlussfrist des Abs. 3	15
1. Beginn der Jahresfrist (Abs. 2 S. 1)	5	C. Weitere praktische Hinweise	16
2. Berechnung und Hemmung der Jahresfrist (Abs. 2 S. 2)	8		

A. Allgemeines

Wer gem. § 123 anficht, weil er durch arglistige Täuschung oder widerrechtliche Drohung zur Abgabe einer Willenserklärung bestimmt worden ist, steht in Bezug auf die Anfechtungsfrist besser als derjenige, der seine Willenserklärung wegen Irrtums gem. § 119 oder wegen Falschübermittlung gem. § 120 anfechten kann. Er muss die Anfechtung nicht unverzüglich erklären (vgl. § 121 Abs. 1 S. 1), sondern nur die **Jahresfrist** des Abs. 1 wahren. Denn der Getäuschte oder Bedrohte ist schutzwürdiger als der Irrende, und der Täuschende oder Drohende verdient keinen Schutz. Trotzdem darf der Schwebezustand im Interesse des allgemeinen Verkehrsschutzes nicht zu lange dauern. Deshalb muss binnen Jahresfrist ab Entdeckung der Täuschung oder Beendigung der Zwangslage angefochten werden. Unabhängig davon ist die Anfechtung gem. Abs. 3, ebenso wie gem. § 121 Abs. 2 diejenige aufgrund der §§ 119, 120, **spätestens nach zehn Jahren** ausgeschlossen.[1]

1

---

345 OLG Köln VersR 1996, 831.
346 OLG Schleswig MDR 2002, 758.
347 BGH NJW 1957, 988; WM 1983, 1019; OLG Stuttgart NJW 1983, 1200.
348 BGH WM 1958, 991, 992; NJW 1968, 2139; 1996, 1051.
349 BGH WM 1976, 111, 113; NJW 1995, 2361, 2362; näher dazu auch RGRK/*Krüger-Nieland*, § 123 Rn 58.
350 BGH NJW 1995, 2361, 2362.
351 OLG Köln NJW-RR 1992, 908, 910.
1 Vgl. Staudinger/*Dilcher*, 12. Aufl., § 124 Rn 1; Soergel/*Hefermehl*, § 124 Rn 1; Bamberger/Roth/*Wendtland*, § 124 Rn 1; vgl. auch Motive I, S. 209 = Mugdan I, S. 468.

2 Die Fristen des Abs. 1 und 3 sind von Amts wegen zu beachtende **Ausschlussfristen**. Mit ihrem Ablauf erlischt das Anfechtungsrecht aus § 123.[2]

B. Regelungsgehalt

I. Anwendungsbereich

3 Die Ausschlussfristen des Abs. 1 und 3 gelten nur für die Anfechtung wegen arglistiger **Täuschung** oder widerrechtlicher **Drohung** gem. § 123. Eine Anfechtung wegen Irrtums (§ 119) oder unrichtiger Übermittlung (§ 120) unterliegt der kürzeren subjektiven Anfechtungsfrist des § 121 Abs. 1 und der objektiven Ausschlussfrist des § 121 Abs. 3 (vgl. § 121 Rn 3). Die jeweilige Anfechtungsfrist ist für jeden Anfechtungsgrund eigenständig zu berechnen. Schiebt der Anfechtende nach Fristablauf einen anderen Anfechtungsgrund nach, beurteilt sich die Rechtzeitigkeit der Anfechtung nach der für diesen Grund geltenden Anfechtungsfrist. Das **Nachschieben** eines neuen Anfechtungsgrundes führt nicht zu einer Ausdehnung der Frist des Abs. 1 (vgl. zum Nachschieben von Anfechtungsgründen allgemein § 143 Rn 9 und zur Geltung der Anfechtungsfrist des § 121 besonders § 121 Rn 8).[3] **Spezialregelungen** wie § 318 Abs. 2 S. 2 und 3 (Anfechtung der Leistungsbestimmung) oder § 2082 i.V.m. § 2078 (Anfechtung einer letztwilligen Verfügung wegen Irrtums oder Drohung) können abweichende Anfechtungsfristen vorsehen.

4 Die Anfechtungsfrist des Abs. 1 gilt auch im **Arbeitsrecht**. Hier zieht die Rechtsprechung, anders als im Rahmen des § 121 (vgl. dazu § 121 Rn 11), nicht die Zwei-Wochen-Frist des § 626 Abs. 2 heran.[4] Im **Versicherungsrecht** kommt ein von den Fristen des § 124 unberührtes Leistungsverweigerungsrecht des Versicherers nur dort in Betracht, wo die Regelung der §§ 16 ff. VVG nicht eingreift oder sie andere geschützte Interessen des Versicherers nicht abschließend behandelt. Ersteres ist z.B. bei Täuschungen über andere als gefahrerhebliche Umstände gegeben, Letzteres bei Ansprüchen aus unerlaubten Handlungen.[5]

II. Ausschlussfrist des Abs. 1

5 **1. Beginn der Jahresfrist (Abs. 2 S. 1).** Im Fall der **arglistigen Täuschung** beginnt die Jahresfrist des Abs. 1 mit dem Zeitpunkt zu laufen, in dem der Anfechtungsberechtigte die Täuschung entdeckt (Abs. 2 S. 1, 1. Fall). Der Getäuschte muss **positive Kenntnis** sowohl vom Irrtum als auch von seiner arglistigen Herbeiführung erlangen. Der bloße Verdacht, vom Erklärungsempfänger getäuscht worden zu sein, ist ebenso wenig eine Entdeckung der Täuschung wie die fahrlässige Unkenntnis – das bloße Kennenmüssen.[6] Den Getäuschten trifft auch keine Nachforschungspflicht; er muss Verdachtsmomenten nicht nachgehen.[7] Werden die Daten, aus denen sich die arglistige Täuschung ergibt, elektronisch gespeichert (z.B. bei einem Antrag auf Abschluss einer Krankenversicherung), steht die Datenspeicherung der Kenntnis nicht gleich, wenn die Daten wegen Besonderheiten der Speicherung (z.B. unübliche Abspeicherung der Daten unter dem Vornamen) nicht nutzbar sind.[8] Andererseits braucht der Getäuschte nicht jede einzelne falsche Angabe erkannt zu haben (vgl. auch § 121 Rn 5). Er entdeckt die Täuschung, sobald er nach seinem Gesamteindruck erkennt, dass er überhaupt arglistig getäuscht worden ist und dass diese Täuschung ihn zur Abgabe seiner Willenserklärung veranlasst hat.[9] Mit dieser Kenntnis, nicht erst mit der Beschaffung der notwendigen Beweismittel, beginnt die Frist.[10]

6 Im Fall der **widerrechtlichen Drohung** beginnt die Jahresfrist mit dem Zeitpunkt zu laufen, in dem die Zwangslage aufhört (Abs. 2 S. 1, 2. Fall). Da die Zwangslage darin besteht, dass der Bedrohte den Eintritt des angedrohten Übels vermeiden will (zur Definition der Drohung § 123 Rn 75), hört sie auf, wenn sich der Bedrohte vor diesem Übel nicht mehr fürchtet.[11] Danach endet die Zwangslage mit dem **Eintritt des Übels**, wenn z.B. die angedrohte Strafanzeige erstattet wird und der Bedrohte davon erfährt.[12] Sie endet auch, wenn der Bedrohte glaubt, dass er mit dem Eintritt des Übels **nicht mehr ernsthaft zu rechnen braucht**.

---

2 Palandt/*Heinrichs*, § 124 Rn 1; Erman/*Palm*, § 124 Rn 1; Bamberger/Roth/*Wendtland*, § 124 Rn. 6, 7.
3 Vgl. BGH NJW 1966, 39; VersR 1989, 465, 466; NJW-RR 1993, 948; RGRK/*Krüger-Nieland*, § 124 Rn 9; Staudinger/*Dilcher*, 12. Aufl., § 124 Rn 9.
4 Vgl. etwa BAG DB 1984, 298; NZA 1998, 374; ErfK/*Preis*, § 611 BGB Rn 455; Schaub/*Schaub*, § 35 Rn 16.
5 BGH NJW 1984, 2814, 2815.
6 BGH WM 1973, 750, 751; KG NJW 1998, 1082, 1083 f.; Palandt/*Heinrichs*, § 124 Rn 2; vgl. BGH NJW 1971, 1798.
7 RG JW 1936, 1950; Bamberger/Roth/*Wendtland*, § 124 Rn 2; vgl. KG NJW 1998, 1082, 1083 f.
8 OLG Hamm NJW-RR 1996, 406, 407.
9 RG JW 1938, 2202; Soergel/*Hefermehl*, § 124 Rn 2; Bamberger/Roth/*Wendtland*, § 124 Rn 2.
10 RGRK/*Krüger-Nieland*, § 124 Rn 4; Erman/*Palm*, § 124 Rn 2.
11 Vgl. BGH NJW-RR 2002, 308, 309; HK-BGB/*Dörner*, § 124 Rn 2; Jauernig/*Jauernig*, § 124 Rn 2.
12 RGZ 60, 371, 374; Erman/*Palm*, § 124 Rn 3.

Diesbezüglich kommt es auf den subjektiven Standpunkt des Bedrohten an, unter Berücksichtigung seiner Eigenart, seiner Persönlichkeit und seines Verhaltens.[13]

Für die – praktisch ohnehin kaum bedeutsamen – Fälle **nicht empfangsbedürftiger Willenserklärungen** (z.B. Auslobung, § 657) hat der Gesetzgeber den Beginn der Anfechtungsfrist bewusst nicht ausdrücklich geregelt.[14] Nach allgemeiner Auffassung[15] setzt der Fristbeginn hier neben der Entdeckung der Täuschung oder dem Ende der Zwangslage weiter voraus, dass ein **Anfechtungsgegner** gem. § 143 Abs. 4 S. 1 (dazu § 143 Rn 13 ff.) vorhanden ist. Denn erst mit diesem Zeitpunkt entsteht eine konkrete Anfechtungsmöglichkeit.[16]

2. Berechnung und Hemmung der Jahresfrist (Abs. 2 S. 2). Für die Berechnung der Jahresfrist gelten die §§ 186 ff. Daher zählt für den **Fristbeginn** der Tag, an dem der Anfechtungsberechtigte die Täuschung entdeckt oder an dem die Zwangslage für ihn endet, gem. § 187 Abs. 1 nicht mit.[17]

Auf die **Hemmung** der Ausschlussfrist finden gem. Abs. 2 S. 2 die für die Verjährung geltenden Vorschriften der §§ 206, 210 und 211 entsprechende Anwendung. Andere als diese ausdrücklich genannten Vorschriften können nicht analog angewendet werden.[18] Die Ausschlussfrist ist also nur gehemmt bei höherer Gewalt, bei nicht voll Geschäftsfähigen ohne gesetzlichen Vertreter und in Fällen, in denen das Anfechtungsrecht zu einem Nachlass gehört oder sich gegen einen Nachlass richtet.

Das **Ende** der Jahresfrist ist gem. § 188 Abs. 2 der Ablauf desjenigen Tages der letzten Woche oder des letzten Monats, der durch seine Benennung oder seine Zahl dem Tag entspricht, an dem der Anfechtungsberechtigte die Täuschung entdeckt oder an dem die Zwangslage für ihn aufgehört hat (vgl. allgemein § 188 Rn 2 f.). Bis zum Ablauf dieses Tages muss die Anfechtungserklärung dem Anfechtungsgegner **zugegangen** sein (vgl. § 130 Abs. 1 S. 1). Die rechtzeitige Absendung genügt nicht; § 121 Abs. 1 S. 2 (dazu § 121 Rn 15 f.) ist wegen der Länge der Frist des Abs. 1 nicht entsprechend anzuwenden.[19]

3. Rechtsfolgen des Ablaufs der Jahresfrist. Da es sich bei der einjährigen Anfechtungsfrist des Abs. 1 um eine Ausschlussfrist handelt, **erlischt** mit ihrem Ablauf das **Anfechtungsrecht** aus § 123 (vgl. bereits Rn 2).[20] Abs. 1 erfasst nicht die Geltendmachung anderer Ansprüche, die sich vielmehr nach den einschlägigen Verjährungsfristen richtet. Stehen dem Getäuschten oder Bedrohten aufgrund der Täuschung oder Bedrohung **Schadensersatzansprüche** aus Delikt (§§ 823 Abs. 2, 826) zu (vgl. dazu § 123 Rn 102), kann er diese auch nach Ablauf der Jahresfrist noch geltend machen bzw. dem Vertragsgegner die Einrede aus § 853 entgegen halten.[21] Begründet die Täuschung oder Drohung Schadensersatzansprüche wegen Verschuldens bei Vertragsschluss (vgl. dazu § 123 Rn 99), gilt auch für diese eigenständigen Ansprüche nach ständiger BGH-Rechtsprechung nicht die Jahresfrist des Abs. 1.[22] Allerdings kann der Getäuschte oder Bedrohte, der nicht binnen Jahresfrist angefochten hat, die Inanspruchnahme aus dem Vertrag nicht ohne weiteres mit der **Arglisteinrede** aus § 242 abwehren. Ließe man, wie die Rechtsprechung es im Ergebnis über den Weg der o.a. c.i.c.-Haftung tut,[23] allein den Tatbestand des § 123 zur Begründung ausreichen, würde Abs. 1 umgangen und praktisch wertlos gemacht. Die Einrede aus § 242 steht dem Getäuschten oder Bedrohten deshalb nur zu, wenn zur Täuschung oder Drohung weitere Umstände hinzutreten, welche die Berufung auf den Fristablauf als Verstoß gegen Treu und Glauben erscheinen lassen.[24]

---

13 RG JW 1929, 242; RGZ 90, 411; RGRK/ Krüger-Nieland, § 124 Rn 5.
14 Motive I, S. 209 = Mugdan I, S. 468; vgl. Staudinger/ Dilcher, 12. Aufl., § 124 Rn 5; MüKo/Kramer, § 124 Rn 3; Erman/Palm, § 124 Rn 4.
15 So Palandt/Heinrichs, § 124 Rn 3.
16 Staudinger/Dilcher, 12. Aufl., § 124 Rn 5; MüKo/ Kramer, § 124 Rn 3; Erman/Palm, § 124 Rn 4; Bamberger/Roth/Wendtland, § 124 Rn 4.
17 Vgl. MüKo/Kramer, § 124 Rn 4; Erman/Palm, § 124 Rn 2.
18 Vgl. Soergel/Hefermehl, § 124 Rn 4; Jauernig/ Jauernig, § 124 Rn 2; MüKo/Kramer, § 124 Rn 5; Erman/Palm, § 124 Rn 6; Bamberger/Roth/ Wendtland, § 124 Rn 5.
19 Vgl. Staudinger/Dilcher, 12. Aufl., § 124 Rn 6; HK-BGB/Dörner, § 124 Rn 3; Soergel/Hefermehl, § 124 Rn 6; Palandt/Heinrichs, § 124 Rn 4; MüKo/ Kramer, § 124 Rn 4; Erman/Palm, § 124 Rn 5; Bamberger/Roth/Wendtland, § 124 Rn. 6.

20 Palandt/Heinrichs, § 124 Rn 1; MüKo/Kramer, § 124 Rn 6; Erman/Palm, § 124 Rn 1, 9; Bamberger/ Roth/Wendtland, § 124 Rn 6.
21 BGH NJW 1969, 604, 605; 1980, 782, 784; Staudinger/Dilcher, 12. Aufl., § 124 Rn 10; HK-BGB/Dörner, § 124 Rn 3; Palandt/Heinrichs, § 124 Rn 1; Jauernig/Jauernig, § 124 Rn 2; MüKo/ Kramer, § 124 Rn 6; Bamberger/Roth/Wendtland, § 124 Rn 6; vgl. Soergel/Hefermehl, § 124 Rn 8.
22 BGH NJW 1979, 1983; 1998, 302, 303; NJW-RR 2002, 308, 310; vgl. auch Staudinger/Dilcher, 12. Aufl., § 124 Rn 10; Soergel/Hefermehl, § 124 Rn 9; Palandt/Heinrichs, § 124 Rn 1; Jauernig/ Jauernig, § 124 Rn 2; Bamberger/Roth/Wendtland, § 124 Rn 6.
23 Vgl. z.B. BGH NJW 1979, 1983 f.; 1998, 302, 303 f.; NJW-RR 2002, 308, 309, jew. m.w.N.; ebenso etwa HK-BGB/Dörner, § 124 Rn 3; vgl. auch Soergel/ Hefermehl, § 124 Rn 9.
24 Palandt/Heinrichs, § 124 Rn 1; MüKo/Kramer, § 124 Rn 6; RGRK/Krüger-Nieland, § 124 Rn 10; Erman/Palm, § 124 Rn 9; vgl. BGH NJW 1969,

12 **4. Ausschluss des Anfechtungsrechts vor Ablauf der Jahresfrist.** Der Anfechtungsberechtigte kann die Jahresfrist des Abs. 1 **grundsätzlich voll ausnutzen**. Die Anfechtung ist auch dann wirksam, wenn sie dem Gegner erst am letzten Tag der Frist zugeht (vgl. Rn 10). Nur in Ausnahmefällen kann das Anfechtungsrecht schon früher ausgeschlossen sein.

13 Liegen besondere Umstände vor, aufgrund derer die Anfechtung bereits vor Fristablauf als Verstoß gegen Treu und Glauben erscheint, ist das Anfechtungsrecht gem. § 242 verwirkt. Eine **Verwirkung** ist zunächst dann anzunehmen, wenn der Anfechtungsberechtigte sich über einen längeren Zeitraum (Zeitmoment)[25] so verhält, dass der Anfechtungsgegner schon vor Ablauf eines Jahres nicht mehr mit einer Anfechtung rechnen muss (Umstandsmoment).[26] Lässt er sich z.B. im Prozess trotz Kenntnis des Anfechtungsgrundes verurteilen, ohne das Anfechtungsrecht geltend zu machen, kann er nach Treu und Glauben später nicht mehr anfechten. Gem. § 767 Abs. 2 ZPO könnte er auch keine Vollstreckungsgegenklage mehr auf die Anfechtung stützen.[27] Verwirkung liegt ferner dann vor, wenn die Täuschung oder Drohung für die weitere Durchführung des Vertrages keine Bedeutung mehr hat; das kommt vor allem bei Dauerschuldverhältnissen in Betracht. So scheidet die Anfechtung der Einigungserklärung zum **Arbeitsvertrag** aus, wenn der Arbeitgeber die arglistige Täuschung des Arbeitnehmers erst nach mehrjähriger beanstandungsfreier Durchführung des Arbeitsverhältnisses entdeckt.[28]

14 Gem. § 144 erlischt das Anfechtungsrecht durch eine **Bestätigung** des anfechtbaren Rechtsgeschäfts. Sie ist allerdings nicht bereits dann anzunehmen, wenn der Käufer in Kenntnis des Anfechtungsgrundes Gewährleistungsansprüche geltend macht.[29]

III. Ausschlussfrist des Abs. 3

15 Gem. Abs. 3 erlischt das Anfechtungsrecht **unabhängig von der Entdeckung der Täuschung oder dem Ende der Zwangslage**, wenn seit der Abgabe der Willenserklärung zehn Jahre[30] verstrichen sind. Diese Ausschlussfrist kann, anders als diejenige des Abs. 1, weder unterbrochen noch gehemmt werden.[31]

C. Weitere praktische Hinweise

16 Die Darlegungs- und **Beweislast** für das Erlöschen des Anfechtungsrechts trägt der Anfechtungsgegner.[32] Er muss daher darlegen und im Bestreitensfall beweisen, wann der Anfechtungsberechtigte Kenntnis von der arglistigen Täuschung erlangt hat[33] oder wann die Zwangslage geendet hat.[34]

§ 125 Nichtigkeit wegen Formmangels

¹Ein Rechtsgeschäft, welches der durch Gesetz vorgeschriebenen Form ermangelt, ist nichtig. ²Der Mangel der durch Rechtsgeschäft bestimmten Form hat im Zweifel gleichfalls Nichtigkeit zur Folge.

Literatur: *Bernard*, Formbedürftige Rechtsgeschäfte, 1979; *Böhm*, Das Abgehen von rechtsgeschäftlichen Formgeboten, AcP 179 (1979), 425; *Bydlinski, P.*, Formgebote für Rechtsgeschäfte und die Folgen ihrer Verletzung, in: Bydlinski/Ebers/Grigoleit (Hrsg.), Informationspflichten und Vertragsschluss im Acquis communautaire, 2003, S. 141; *Cahn*, Zum Begriff der Nichtigkeit im Bürgerlichen Recht, JZ 1997, 8; *Gernhuber*, Formnichtigkeit und Treu und Glauben, in: FS Schmidt-Rimpler 1957, S. 151; *Häsemeyer*, Die Bedeutung der Form im Privatrecht, JuS 1980, 1; *ders.*, Die gesetzliche Form der Rechtsgeschäfte, 1971; *Hagen*, Formzwang, Formzweck und Rechtssicherheit, in: FS Schippel 1996, S. 173; *Harke*, Formzweck und Heilungsziel. Funktion und Voraussetzungen der Konvaleszenz formnichtiger Verpflichtungsgeschäfte im Grundstücks- und Geschäftsanteilsverkehr, WM 2004, 357; *Heiss*, Formmängel und ihre Sanktionen, 1999; *Hromadka*, Schriftformklauseln in Arbeitsverträgen, DB 2004, 1261; *Mertens*, Die Reichweite gesetzlicher Formvorschriften im BGB,

604 f.; Jauernig/*Jauernig*, § 124 Rn 2; vgl. auch Staudinger/*Dilcher*, 12. Aufl., § 124 Rn 11; Soergel/*Hefermehl*, § 124 Rn 9, 10.
25 Vgl. dazu AnwK-BGB/*Krebs*, § 242 Rn 106 ff.
26 Vgl. dazu AnwK-BGB/*Krebs*, § 242 Rn 109 f.
27 Vgl. BGHZ 42, 37, 40; RGRK/*Krüger-Nieland*, § 124 Rn 7; Erman/*Palm*, § 124 Rn 8.
28 Vgl. BAG NJW 1970, 1565; DB 1984, 298; NZA 1988, 731; NJW 1994, 1363, 1365; NZA 1998, 1052, 1055; ErfK/*Preis*, § 611 BGB Rn 425; vgl. für einen Pachtvertrag ferner BGH WM 1977, 343.
29 BGH ZIP 1990, 314, 315; MüKo/*Kramer*, § 124 Rn 8.
30 Die frühere dreißigjährige Frist wurde durch das SchuldRModG an das neue Verjährungsrecht angepasst; vgl. dazu AnwK-SchuldR/*Mansel*, § 124 Rn 2 sowie zum Übergangsrecht AnwK-SchuldR/*Mansel*, Art. 229 § 6 EGBGB Rn 28 f.
31 Bamberger/Roth/*Wendtland*, § 124 Rn 6; vgl. Palandt/*Heinrichs*, § 124 Rn 1, 4, § 121 Rn 5; MüKo/*Kramer*, § 124 Rn 7.
32 OLG Nürnberg VersR 2001, 1368, 1369.
33 BGH NJW 1992, 2346, 2347 f.
34 Staudinger/*Dilcher*, 12. Aufl., § 124 Rn 3, 4; Erman/*Palm*, § 124 Rn 10; Bamberger/Roth/*Wendtland*, § 124 Rn 8.

JZ 2004, 431; *Pawlowski*, Rechtsgeschäftliche Folgen nichtiger Willenserklärungen, 1966; *Pohlmann*, Die Heilung formnichtiger Verpflichtungsgeschäfte durch Erfüllung, 1992; *Reinhart*, Das Verhältnis von Formnichtigkeit und Heilung des Formmangels im bürgerlichen Recht, 1969; *Schmucker*, Das verbundene Geschäft und seine Auswirkungen auf den Umfang der Beurkundungspflicht, DNotZ 2002, 900; *Wesser/Saalfrank*, Formfreier Grundstückserwerb durch Miterben, NJW 2003, 2937; *Westerhoff*, Wie begründen wir Formnichtigkeit?, AcP 184 (1984), 341; *Wolfsteiner*, Wird ein formnichtiger Gesellschaftsvertrag durch Auflassung und Eintragung geheilt?, DNotZ 2003, 626.

A. Allgemeines 1	cc) Verbraucherdarlehensverträge und ähnliche Geschäfte 36
B. Regelungsgehalt 5	dd) Fehlerhafte Gründung einer Kapitalgesellschaft 37
I. Gesetzliche Formerfordernisse (S. 1) 5	ee) Fehlerhafte Beschlüsse einer Kapitalgesellschaft 38
1. Gesetzliche Formvorschriften 5	c) Heilungsvorschriften 39
2. Zwecke der Formvorschriften 9	d) Vollzogene Gesellschafts- und Arbeitsverträge 43
3. Umfang des Formerfordernisses 11	6. Treu und Glauben 45
a) Änderung eines formbedürftigen Rechtsgeschäfts 13	a) Arglistige Täuschung über das Formerfordernis 48
b) Vorvertrag 16	b) Unachtsamkeit führt zu Formmangel 50
c) Verbindung selbständiger Rechtsgeschäfte 17	c) Schutzzweck der Formvorschrift . . . 52
d) Unselbständige Nebenabreden 19	II. Vereinbarte Formerfordernisse (S. 2) 54
e) Aufhebung 22	1. Mangel der gewillkürten Form 54
f) Gestaltungserklärungen, Leistungsbestimmungsrechte, Vorkaufs- und Wiederkaufsrecht 23	2. Verhältnis zu § 154 Abs. 2 58
	3. Vereinbarung in AGB 59
g) Vollmacht, Zustimmung 26	4. Reichweite der Formvereinbarung 62
4. Auslegung 28	5. Aufhebung der Formvereinbarung 64
5. Rechtsfolge 30	6. Treuwidrige Berufung auf die Formvereinbarung 69
a) Nichtigkeit 30	
b) Sonderregelungen 33	III. Öffentlich-rechtliche Formvorschriften 70
aa) Mietverträge über Wohnraum . . 34	**C. Weitere praktische Hinweise** 76
bb) Befristete Arbeitsverträge 35	

A. Allgemeines

Privatrechtliche Geschäfte sind in der Regel formfrei wirksam. Sie können auf jede beliebige Art (mündlich, elektronisch, schriftlich, konkludent) abgeschlossen werden.[1] Der **Grundsatz der Formfreiheit** dient der Leichtigkeit und Schnelligkeit des Rechtsverkehrs. Nur in wenigen Ausnahmefällen verlangt das Gesetz eine besondere Form, deren Verletzung aber nach S. 1 grundsätzlich die Unwirksamkeit des gesamten Rechtsgeschäfts nach sich zieht. Weiterhin können die Parteien sich dafür entscheiden, ihre künftigen Rechtsgeschäfte und deren Änderungen einem Formgebot zu unterstellen (**gewillkürte Form**, dazu § 127 und Rn 54 ff. zu S. 2).

1

Gesetzliche Formarten sind: Schriftform (§ 126 Abs. 1, Abs. 2); elektronische Form (§§ 126 Abs. 3, 126a); Textform (§ 126b); öffentliche Beglaubigung (§ 129); notarielle Beurkundung (§ 128 i.V.m. § 6 BeurkG); gerichtlicher Vergleich (§ 127a). Die gesetzlichen Formen werden teilweise modifiziert: Bei der Auflassung (§ 925), dem Ehevertrag (§ 1410) und dem Erbvertrag (§ 2276) ist die gleichzeitige Anwesenheit beider Teile erforderlich. Bei der Eheschließung (§ 1310) muss ein Standesbeamter mitwirken. Wird ein Testament eigenhändig errichtet (§ 2231 Nr. 1), muss nicht nur die Unterschrift, sondern auch die Erklärung eigenhändig abgefasst werden (§ 2247), allerdings nicht zwingend mit dem Namen unterschrieben werden (§ 2247 Abs. 3 S. 2). Für die Unterschrift des Ausstellers einer Inhaberschuldverschreibung genügt „eine im Wege der mechanischen Vervielfältigung hergestellte Namensunterschrift" (§ 793 Abs. 2 S. 2).[2]

2

Die strengere Form ersetzt stets die schwächere; die notarielle Beurkundung ersetzt also sowohl die Textform als auch die Schriftform, deren Substitut elektronische Form und die öffentliche Beglaubigung (§§ 126 Abs. 4, 129 Abs. 2).

3

Nach den Regeln des internationalen Privatrechts ist ein Rechtsgeschäft formgültig, wenn es die Formerfordernisse des Geschäftsrechts oder diejenigen des Ortsrechts erfüllt (Art. 11 Abs. 1 EGBGB; zur Auslandsbeurkundung § 128 Rn 7).

4

---

1 Zur historischen Entwicklung *Larenz/Wolf*, BGB AT, § 27 Rn 1.

2 Ebenso §§ 3 Abs. 1 S. 2, 39 Abs. 1 S. 1, 43 Nr. 4 VVG; § 13 S. 1 AktG.

B. Regelungsgehalt

I. Gesetzliche Formerfordernisse (S. 1)

1. Gesetzliche Formvorschriften. Es muss sich nicht um ein **Gesetz** im formellen Sinne handeln, vielmehr ist **jede Rechtsnorm** als Gesetz anzusehen (Art. 2 EGBGB), also auch Rechtsverordnungen[3] und Satzungen. Freilich sind derzeit keine Verordnungs- oder Satzungsnormen ersichtlich, die Formerfordernisse i.S.d. S. 1 aufstellen. Weder nach dem Wortlaut noch aus Sinn und Zweck des § 1 S. 1 VerstVO, wonach der Versteigerer nur aufgrund eines schriftlichen Vertrags tätig werden darf, ergibt sich ein für die zivilrechtliche Wirksamkeit des Versteigerungsauftrags maßgebliches Formerfordernis, vielmehr handelt es sich um eine bloße Ordnungsvorschrift.[4] Die in der BGB-InfVO enthaltenen Belehrungs- und Hinweispflichten beim Abschluss von Verbraucher-, Reiseveranstaltungs- und Bankverträgen begründen gleichfalls keinen Formzwang, soweit dort nicht ausdrücklich wie in § 12 Abs. 1 S. 1 BGB-InfVO die Textform des § 126b vorgeschrieben wird.

Landesrechtliche Vorschriften können für den Bereich des Bürgerlichen Rechts keine Formerfordernisse aufstellen, weil der Bundesgesetzgeber von seiner konkurrierenden Befugnis (Art. 74 Nr. 1 GG) insoweit abschließend Gebrauch gemacht hat (Art. 72 GG; Artt. 3, 55 EGBGB). Eine Bestimmung des Landes-Nachbarrechts, die einen Formzwang für Vereinbarungen über den Grenzabstand einführt, ist daher verfassungswidrig.[5] Formerfordernisse des Landesrechts, die nicht zivilrechtliche Rechtsverhältnisse betreffen, sind selbstverständlich möglich und bei Verstoß ggf. entsprechend § 125 sanktioniert.[6]

Normen in **Tarifverträgen**, mit denen die Tarifvertragsparteien Schriftformerfordernisse begründen, sind nicht als rechtsgeschäftliche, sondern wegen der Rechtsnormwirkung aus § 1 Abs. 1 TVG i.V.m. § 2 EGBGB als gesetzliche Formvorschriften einzuordnen.[7] Nur bei echten tariflichen Abschlussnormen hängt die Wirksamkeit des Arbeitsverhältnisses von der Beachtung der Form ab.[8] Meistens wird zum Schutz des Arbeitnehmers davon auszugehen sein, dass diese Schriftformerfordernisse vorrangig Dokumentations- und Informationszwecken dienen; dann handelt es sich etwa um – nach In-Kraft-Treten des NachwG (1995) an sich überflüssige – Inhaltsnormen, die einen Anspruch auf schriftliche Niederlegung des Arbeitsvertrages in Textform (§ 126b) gewähren.[9] Auch bei tarifvertraglichen Ausschlussfristen wird der „schriftlichen" Geltendmachung von Ansprüchen bereits durch Wahrung der Textform (§ 126b) genügt.[10] Bei Formvorschriften für Nebenabreden (vgl. § 4 Abs. 2 BAT) ist hingegen von Abschlussnormen auszugehen, deren Nichteinhaltung in der Regel zur Nichtigkeit führt.[11]

In etlichen Vorschriften (§ 2 Abs. 1 NachwG; § 4 BBiG; § 5 HeimG) wird bestimmt, dass nach Abschluss des Vertrags dessen wesentlicher **Inhalt schriftlich niederzulegen** ist. Dieses Erfordernis ist keine Wirksamkeitsvoraussetzung des Vertrags,[12] sondern eine zusätzliche Pflicht, deren Verfehlung nicht die Rechtsfolge der Nichtigkeit nach sich zieht.

2. Zwecke der Formvorschriften. Die wenigen gesetzlichen Formgebote wollen wichtige und/oder besonders gefährliche Rechtsgeschäfte regulieren. Freilich gibt es **nicht** einen **einheitlichen Formzweck**, sondern man hat danach zu unterscheiden, ob die Form den Parteien des Rechtsgeschäfts, einzelnen Dritten oder öffentlichen Interessen dient.[13] Der Zweck einer Formvorschrift ist von Bedeutung für die Ermittlung der Reichweite eines Formerfordernisses, für die Möglichkeit der Auslegung über das unmittelbar in der Erklärung Enthaltene hinaus sowie für die Möglichkeit, ein Rechtsgeschäft trotz Formverstoßes ausnahmsweise als gültig zu behandeln (dazu Rn 52).

Der Zweck der gesetzlichen Form ist durch Auslegung der sie begründenden Norm zu ermitteln. Mit Blick auf die Parteien des Rechtsgeschäfts bezweckt die Form einen **Übereilungsschutz** bei riskanten oder besonders bedeutsamen Geschäften (**Warnfunktion**, so etwa bei §§ 518, 766) oder sie soll die Dokumentation erleichtern (**Beweisfunktion/Informationsfunktion**,[14] so etwa bei § 550). Bei hervorgehobenen Geschäften ist der Form wegen der Einschaltung eines Notars auch noch eine **Beratungsfunktion** eigen (Grundstücksgeschäfte, § 311b Abs. 1, Schenkungen, § 518). Alle drei Funktionen können kumuliert auftreten, wie zum Beispiel bei

---

[3] AG Frankfurt NJW-RR 1996, 1268 (GOZ).
[4] BGH NJW 2001, 600, 601.
[5] Zutr. OLG Hamm NJW-RR 1986, 239, 240.
[6] AG Köln NJW-RR 1993, 471 (Baulastbestellung).
[7] BAG NJW 2001, 989, 990; ErfK/*Preis*, § 125 BGB Rn 7; *Gotthardt/Beck*, NZA 2002, 876, 882; *Gragert/Wiehe*, NZA 2001, 311, 312; zweifelnd *Hromadka*, DB 2004, 1261, 1266.
[8] *Zöllner/Loritz*, Arbeitsrecht, 5. Aufl. 1998, S. 387; BAG BB 1955, 669.
[9] *Gotthardt/Beck*, NZA 2002, 876, 882 f.
[10] *Gotthard/Beck*, NZA 2002, 876, 883; *Röger*, NJW 2004, 1764, 1767.
[11] BAG AP Nr. 1, 4, 5, 8 zu § 4 BAT; BAG AP Nr. 9 zu § 17 BAT; BAG AP Nr. 1 zu § 3 TV Arb Bundespost.
[12] BAG NJW 1998, 922, 923 (zu § 4 BBiG).
[13] *Medicus*, BGB AT, Rn 614.
[14] *Larenz/Wolf*, BGB AT, § 27 Rn 4 ff.

einem Grundstückskauf (§ 311b Abs. 1).[15] Teilweise liegt die Funktion einer Formvorschrift auch allein in der **Erschwerung** ungewollter Rechtsgeschäfte, so dient § 15 Abs. 4 GmbHG der Verhinderung des spekulativen Handels mit GmbH-Anteilen durch Verringerung der Umlauffähigkeit.[16] Ausnahmsweise können Formvorschriften auch der Erleichterung der **behördlichen Kontrolle** dienen, z.B. § 34 GWB a.F. (bis 1999), § 15 Abs. 2 GWB im Hinblick auf die Preisbindung von Zeitschriften.

3. Umfang des Formerfordernisses. Grundsätzlich erstreckt sich das Formerfordernis auf den gesamten Inhalt[17] und auf alle Parteien[18] des Rechtsgeschäfts (dazu auch § 126 Rn 12). **Verweisungen auf mündliche Abreden** sind im Fall eines gesetzlichen Formerfordernisses nur ausreichend, soweit sich der gesamte Bedeutungsgehalt der vertraglichen Vereinbarungen bereits aus der Urkunde ergibt.[19] **11**

Das Gesetz ordnet manchmal an, dass sich das Formgebot nur auf die Willenserklärung *einer* Partei bezieht (§§ 518 Abs. 1, 761, 766, 780, 781, 1154 Abs. 1; § 4 Abs. 1 S. 1 RVG). Im Übrigen ist nach den verschiedenen Modalitäten der **Zusammengehörigkeit rechtsgeschäftlicher Abreden** zu unterscheiden: **12**

a) Änderung eines formbedürftigen Rechtsgeschäfts. Die Änderung eines formbedürftigen Rechtsgeschäfts erfordert die Einhaltung einer bestimmten Form ebenso wie deren erstmalige Vornahme, wenn die **Beweisfunktion** im Vordergrund steht und die ursprünglich vereinbarten Pflichten betroffen sind.[20] Die von der Rechtsprechung[21] verwendete Formel für die Formbedürftigkeit der Änderungsvereinbarung, ob die Änderung für das Vertragsverhältnis „wesentlich" ist oder nicht, hilft hingegen wegen ihrer Unbestimmtheit nicht weiter.[22] **13**

Keine Formpflicht ist für eine begünstigende Änderung anzunehmen, soweit der Hauptzweck der Formvorschrift in der **Warnfunktion** nur für einen der Beteiligten liegt. Daher kann etwa eine formwirksame Bürgenverpflichtung formlos beschränkt oder erleichtert werden.[23] **14**

Eine Besonderheit gilt bei **Grundstücksgeschäften**. Nach der Rechtsprechung sind bereits ab Auflassungserklärungen wegen § 311b Abs. 1 S. 2 Änderungen formlos wirksam, da dann die Erwerbs- und Veräußerungspflichten durch Erfüllung erloschen seien.[24] Nach einer starken Ansicht in der Literatur[25] soll hingegen die Änderung erst mit Vollendung des Erwerbstatbestandes, mithin durch die Eintragung im Grundbuch, formlos möglich sein. Sehr restriktiv wird die Änderung schließlich von einer dritten Literaturmeinung gesehen, die alle Änderungsverträge grundsätzlich der Form des § 311b Abs. 1 unterwirft.[26] **15**

b) Vorvertrag. Ein Vorvertrag ist formbedürftig, wenn sich der Zweck des Formerfordernisses für den Hauptvertrag nicht in Klarstellungs- und Beweisfunktion erschöpft, sondern zumindest auch eine **Warnfunktion** daneben tritt, wie dies bei Grundstücksgeschäften, der Bürgschaft oder dem Ehevertrag der Fall ist.[27] Im Fall des § 550 BGB ist hingegen der Vorvertrag formlos möglich, da die Formvorschrift dort gerade keine Warnfunktion hat und deshalb auch kein Wirksamkeitserfordernis des Hauptvertrages ist (Rn 34).[28] Keiner Form bedürfen unverbindliche Vereinbarungen im Vorfeld, etwa beim „Letter of Intent" (Absichtserklärung). **16**

c) Verbindung selbständiger Rechtsgeschäfte. Bei der Verbindung mehrerer Rechtsgeschäfte zu einem einheitlichen Geschäft sind grundsätzlich **alle Rechtsgeschäfte formbedürftig**, wenn auch nur eines dem Formzwang unterliegt.[29] Ob eine solche rechtliche Verbindung vorliegt, richtet sich danach, ob die Vereinbarungen nach dem Willen der Parteien miteinander „**stehen und fallen**" sollen.[30] Dabei reicht es aus, wenn die eine Partei den erkennbaren Verbundwillen der anderen Partei hinnimmt.[31] Von einer **17**

---

15 BGHZ 144, 334.
16 BGH NJW 1996, 3338, 3339; Scholz/*Winter*, GmbHG, 9. Aufl. 2000, § 15 Rn 1; Baumbach/Hueck/*Fastrich*, GmbHG, 17. Aufl. 2000, § 15 Rn 20.
17 BGH WM 1978, 846, 847; NJW-RR 1994, 778.
18 BGH NJW 2002, 3389, 3391.
19 BGH NJW 1996, 2792, 2793; BGHZ 74, 346, 349 ff.
20 BGH NJW 1974, 271; *Mertens*, JZ 2004, 631, 633.
21 BGHZ 140, 218, 221; BGH NJW 1973, 37; 2000, 354, 358.
22 Streitig ist etwa die Form der Verlängerung der Widerrufsfrist bei einem gerichtlichen Vergleich; s. dazu (für Formpflicht) LG Bonn NJW-RR 1998, 427; VG Hamburg MDR 1982, 962; wohl auch OLG Hamm FamRZ 1988, 535, 536; a.A. *Schneider*, MDR 1997, 904.
23 BGH NJW 1968, 393; 1994, 1656; *Mertens*, JZ 2004, 431, 433; *Häsemeyer*, Die gesetzliche Form der Rechtsgeschäfte, S. 191, 238.
24 BGHZ 104, 276, 277.
25 *Mertens*, JZ 2004, 431, 433; Staudinger/*Wufka*, § 313 Rn 207.
26 MüKo/*Einsele*, § 125 Rn 16.
27 BGHZ 97, 147, 152; 82, 398, 403 (für Vorvertrag zur Grundstücksveräußerung); BGHZ 61, 48 = NJW 1973, 1839 (Jagdpachtvertrag); BGH LM § 766 Nr. 8 I (Bürgschaftsvorvertrag); für Übernahmeverpflichtungsvertrag zwischen GmbH und Übernehmer *Zöllner*, in: Baumbach/Hueck, GmbHG, 17. Aufl. 2000, § 55 Rn 23a.
28 BGH LM § 566 Nr. 1.
29 BGH NJW 1988, 132; 1994, 72.
30 BGHZ 101, 393, 396; 76, 43, 48 f.; BGH NJW 2000, 951; so auch *Schmucker*, DNotZ 2002, 900, 904.
31 BGH NJW-RR 1991, 1032.

Geschäftseinheit ist hingegen nicht zu sprechen, wenn die Parteien die formpflichtige Erstvereinbarung auch ohne die mangels Formwahrung nichtige Zweitvereinbarung getroffen hätten (§ 139 entsprechend).[32] Die Frage, ob die Geschäfte miteinander „stehen und fallen", ist also aus dem Blickwinkel des formauslösenden Rechtsgeschäfts zu betrachten. Die Niederlegung mehrerer selbständiger Verträge in verschiedenen Urkunden begründet allerdings eine Vermutung dafür, dass die Verträge nicht in rechtlichem Zusammenhang stehen sollen.

18 Gerade andersherum ist zuweilen den Parteien eine gewollte Aufspaltung verwehrt. Das ist der Fall, wenn der Formzweck eine behördliche Überprüfung erleichtern soll. Dann können sich die Parteien einer Beurteilung des wirtschaftlichen Vorgangs durch Aufspaltung in rechtlich getrennte Verträge nicht entziehen.[33]

19 **d) Unselbständige Nebenabreden.** Das Rechtsgeschäft ist grundsätzlich vollumfänglich zu beurkunden, **Grundsatz der Gesamtbeurkundung**.[34] Maßgebend ist aber immer der Zweck der Formvorschrift.[35] Für Grundstücksgeschäfte ist daher aufgrund zumindest auch der Beweis- und Informationsfunktion ein strenger Formzwang anzunehmen, während Nebenabreden anlässlich einer Übernahmeerklärung bei der GmbH-Stammkapitalerhöhung (§ 55 Abs. 1 GmbHG) formlos wirksam sind.[36]

20 **Nebenpflichten**, die sich bereits aus Sinn und Zweck des Vertrags, der Verkehrssitte und Treu und Glauben gemäß § 157 ergeben, bedürfen nicht der Einhaltung der Form, soweit der vereinbarte Vertragsinhalt in allgemeiner Fassung zum Ausdruck kommt.[37]

21 Die Nichtigkeit wegen eines Formverstoßes spielt im Übrigen dann keine Rolle, wenn sich die gewollten Rechtsfolgen bereits aus dem Gesetz oder aus einer anderen wirksamen rechtlichen Grundlage[38] ergeben. **Zubehör** ist bei einem formgültigen Grundstückskaufvertrag auch dann mitverkauft, wenn darüber ein eigener, allerdings formunwirksamer Kaufvertrag geschlossen wurde (§ 311c).

22 **e) Aufhebung.** Die formlose Aufhebung eines Rechtsgeschäfts, das unter Wahrung der vorgeschriebenen Form abgeschlossen wurde, ist in der Regel möglich. Im Erbrecht ordnet das Gesetz in zwei Fällen allerdings gerade hierfür einen Formzwang an (Erbvertrag: §§ 2290 Abs. 4, 2276; Erbverzicht: §§ 2251, 2348). Verallgemeinerbar sind diese Sondervorschriften nicht. Für den **Grundstückskauf** ist ein Beurkundungszwang für den Aufhebungsvertrag nicht nur anzunehmen, wenn der Eigentumswechsel vollzogen wurde,[39] sondern schon dann, wenn der Auflassungsempfänger ein Anwartschaftsrecht erlangt hat oder eine Vormerkung eingetragen ist.[40] Hingegen bejaht die Rechtsprechung die Möglichkeit zur formlosen Aufhebung des Auflassungsvertrags.[41] Das bedeutet praktisch, dass die Auflassung mitumfassende Aufhebungsvertrag über das gesamte Grundstücksgeschäft formfrei ist, weil damit auch das Anwartschaftsrecht des Käufers entfällt.

23 **f) Gestaltungserklärungen, Leistungsbestimmungsrechte, Vorkaufs- und Wiederkaufsrecht.** Die **Anfechtungserklärung** (§ 143) bedarf ebenso wenig wie die **Rücktrittserklärung** (§ 349) der Form des zugrunde liegenden Rechtsgeschäfts, Formerfordernisse kennen insoweit allerdings das Familien- und Erbrecht, vgl. §§ 1597, 2282 Abs. 3, 2271, 2296.

24 **Leistungsbestimmungsrechte** (§§ 315, 317) müssen in der für das betreffende Rechtsgeschäft erforderlichen Form eingeräumt werden, die Ausübung ist hingegen formlos möglich.[42]

25 Die **Ausübung eines Vorkaufsrechts** bzw. einer **Option** bedarf nicht der Form des Kaufvertrages (§ 464 Abs. 1 S. 2). Eine entsprechende Regelung findet sich in § 456 Abs. 1 S. 2 für den Wiederkauf. Nach der zutreffenden h.M. ist daher bei der **Einräumung** eines Vor- oder Wiederkaufsrechts die Form des § 311b Abs. 1 zu wahren.[43] Nach anderer Ansicht bedarf die spätere Ausübungserklärung der Form, während die Einräumung formfrei möglich sein soll.[44] Spätestens durch das Gesetz zur Modernisierung des Schuldrechts und durch die Mietrechtsreform (vgl. § 577 Abs. 3) ist dieser Ansicht, die sich auf ein Versehen des

---

32 BGH NJW 1981, 222.
33 BGHZ 84, 322 = NJW 1982, 2871, 2872.
34 *Larenz/Wolf*, BGB AT, § 27 Rn 23.
35 BGH NJW 1989, 1484.
36 BGH DB 1977, 764; Scholz/*Priester*, GmbHG, 9. Auflage 2002, § 55 Rn 86.
37 BGH NJW 1996, 2792; *Larenz/Wolf*, BGB AT, § 27 Rn 24.
38 BGH NJW 1982, 2871 (zulässige Wettbewerbsabrede aufgrund Vertragszweck).
39 BGHZ 83, 395, 397; anders aber nach BGHZ 127, 168, 174, wenn die Rückabwicklung bewusst dem Bereicherungsrecht überlassen bleibt (ein ganz unwahrscheinlicher Fall).
40 BGHZ 83, 395, 399 ff.; BGH NJW 1988, 1639, 1640; 1999, 352; MüKo/*Einsele*, § 125 Rn 13 f.
41 BGH NJW 1993, 3323, 3324 f.; abl. *Eckardt*, JZ 1996, 934; MüKo/*Einsele*, § 125 Rn 14 m.w.N.
42 BGHZ 97, 147, 154; BGH NJW 1969, 131, 132; RGZ 165, 161, 163 f.
43 BGH NJW-RR 1996, 1167; *Wolf*, DNotZ 1995, 179, 184 ff.; *Mertens*, JZ 2004, 431, 436 f.
44 MüKo/*Einsele*, § 125 Rn 25; *Einsele*, DNotZ 1990, 325 f.; vgl. auch Staudinger/*Mader*, § 497 Rn 18; Staudinger/*Mader*, § 505 Rn 4.

Gesetzgebers beruft, allerdings die Grundlage entzogen, denn dort ist Formpflicht nur für diesen speziellen Sachverhalt angeordnet.

g) Vollmacht, Zustimmung. Die Bevollmächtigung für die Vornahme eines formpflichtigen Rechtsgeschäfts (§ 167 Abs. 2) bedarf grundsätzlich **nicht** der für das Rechtsgeschäft bestimmten Form. Eine gesetzliche Ausnahme hiervon statuiert § 492 Abs. 4 für Verbraucherdarlehensverträge; vgl. auch § 12 Abs. 2 HGB für Anmeldungen zum Handelsregister. Darüber hinaus besteht die Rechtsprechung in einigen Fallgruppen auf der Formbedürftigkeit einer Vollmachtserteilung, wenn sonst die Warnfunktion einer Formvorschrift nicht gewahrt werden kann. Denn die Warnfunktion soll gerade denjenigen vor Übereilung schützen, der einen Rechtsverlust erleidet bzw. sich hierzu verpflichtet, was aber auf den Vertreter nicht zutrifft. Dementsprechend wurde insb. bei unwiderruflicher Vollmacht,[45] bei Vertragsstrafeversprechen und bei Blankobürgschaften[46] die Formbedürftigkeit auch der Vollmachtserklärung verlangt. Die bessere Lösung dürfte aber nicht in der kasuistischen Durchbrechung des § 167 Abs. 2 liegen, sondern im Abstellen darauf, ob nach dem Parteiwillen ausnahmsweise eine rechtliche Einheit zwischen dem Kausalgeschäft und der Vollmachterteilung besteht.[47]

Die **Zustimmung** zu einem Rechtsgeschäft bedarf nach § 182 Abs. 2 nicht der für das Rechtsgeschäft erforderlichen Form. Die Rechtsprechung schränkt die Regelung für die unwiderrufliche (vorherige) **Einwilligung** jedoch entsprechend der Vollmachtserteilung ein.[48] Für die (nachträgliche) **Genehmigung** wird eine solche teleologische Restriktion hingegen abgelehnt.[49]

4. Auslegung. Fraglich ist, ob eine ergänzende Vertragsauslegung auch aufgrund von Umständen erfolgen darf, die in der Urkunde keinen Niederschlag gefunden haben. Nach überwiegender Ansicht gilt insoweit die „**Andeutungstheorie**", wonach außerhalb der Urkunde liegende Umstände nur mit berücksichtigt werden dürfen, soweit sie in der förmlichen Erklärung zumindest andeutungsweise zum Ausdruck gekommen sind.[50]

Die **unwissentliche Falschbeurkundung** ist bei Grundstückskaufverträgen in der Regel unbeachtlich. Es gilt der Grundsatz „*falsa demonstratio non nocet*", so dass bei irrtümlicher Falschbezeichnung das übereinstimmend Gewollte wirksam vereinbart ist, selbst wenn sich hierfür in der notariellen Urkunde keine Andeutung findet.[51] Die insoweit im Vordergrund stehende Warn- und Schutzfunktion des § 311b Abs. 1 ist durch die tatsächlich durchgeführte Beurkundung gewahrt, die Beweisfunktion hat hingegen bei § 311b Abs. 1 eine nur untergeordnete Bedeutung. Bei wissentlicher Falschbeurkundung ist das verdeckte Rechtsgeschäft (§ 117 Abs. 2) hingegen stets formunwirksam.

5. Rechtsfolge. a) Nichtigkeit. Die Nichtigkeitsrechtsfolge des S. 1 lässt nicht die tatbestandlichen Voraussetzungen, sondern etwaige Erfüllungsansprüche aus dem formwidrigen Rechtsgeschäft entfallen. Ein besonderer **Akt der Geltendmachung** ist **nicht vonnöten**. Auch **Dritte** können die Nichtigkeit des Rechtsgeschäfts geltend machen, ohne hieran ein rechtliches Interesse nachweisen zu müssen.[52]

Von der Nichtigkeit unberührt bleiben **vertragsähnliche Schadensersatzansprüche**, etwa aus §§ 311 Abs. 2, 280 Abs. 1 (*culpa in contrahendo*), sowie gesetzliche Ansprüche aus Delikt (§ 823 Abs. 2 i.V.m. § 263 StGB), Bereicherungsrecht oder Vindikation. Der Schadensersatzanspruch erstreckt sich auf das (nicht durch den Wert der Erfüllung begrenzte) negative Interesse geht also auf Ersatz des Schadens, der dem Anspruchsberechtigten durch das Vertrauen auf die Gültigkeit des Vertrags entstanden ist.

Wenn sich der Formmangel nur auf einen Teil des Rechtsgeschäfts bezieht, ist nach § 139 zu beantworten, ob der formgerechte Teil aufrechterhalten werden kann. Im Zweifel führt demnach **Teilnichtigkeit** zur Unwirksamkeit des ganzen Rechtsgeschäfts.[53] Waren sich die Parteien jedoch der Formunwirksamkeit eines Teils ihrer Vereinbarungen (Nebenabreden) bewusst, so wird ihr Wille grundsätzlich auf Erhaltung der wirksamen Bestimmungen gerichtet sein. Durch eine sog. **salvatorische Vertragsklausel**, wonach der Vertrag gültig bleibt, wenn einzelne Bestimmungen nicht wirksam geworden sind, kann § 139 grundsätzlich wirksam abbedungen werden.[54]

---

45 BGH NJW 1979, 2306.
46 BGH NJW 1996, 1467, 1468.
47 So *Mertens*, JZ 2004, 431, 435.
48 BGH NJW 1998, 1482 zu Grundstückskaufverträgen (*obiter*).
49 BGHZ 125, 218, 220 ff. zu Grundstückskaufverträgen/Time-Sharing; BGH NJW 1996, 3338, 3339 zu § 15 Abs. 4 S. 1 GmbHG.
50 BGH NJW 1999, 2591, 2592 f.; 1996, 2792, 2793; WM 1997, 1024, 1025; BGHZ 87, 150, 154 = BGH NJW 1983, 1610 f.
51 BGHZ 87, 150, 152 f. = BGH NJW 1983, 1610 f.
52 RGZ 93, 74, 76.
53 Zur Widerlegung der Vermutung vgl. etwa BGH NJW 2000, 2100.
54 BGH WM 1997, 625, 627; einschr. BGH NJW 2000, 2017.

33 **b) Sonderregelungen.** Sonderregeln über die Konsequenzen eines Formverstoßes gehen der Bestimmung der Rechtsfolge nach S. 1 vor.[55] In Betracht kommen **gesetzliche Spezialvorschriften über die Rechtsfolgen**, insbesondere die Bestimmungen über die Heilung formnichtiger Geschäfte sowie die anerkannten **Grundsätze** über fehlerhafte Gesellschafts- und Arbeitsverträge. Meistens knüpfen diese Regelungen an eine von den Parteien, manchmal auch an eine von staatlicher Seite bewirkte Handlung, insbesondere eine Registereintragung, an.

34 **aa) Mietverträge über Wohnraum.** Ein Mietvertrag über Wohnraum, der für **längere Zeit als ein Jahr** nicht in schriftlicher Form geschlossen wurde, ist nicht etwa im Ganzen nichtig, sondern gilt im Gegenteil für unbestimmte Zeit (§ 550 S. 1). Nichtig ist insoweit nur die **Laufzeitvereinbarung**. Der Vertrag kann frühestens zum Ablauf des ersten Jahres gekündigt werden. Wurde die Schriftform rechtsgeschäftlich vereinbart, so findet § 550 jedoch keine Anwendung; vielmehr ist im Zweifel anzunehmen, dass dann vor Beachtung dieser Form der Vertrag noch nicht zustande gekommen ist (vgl. § 154 Abs. 2).

35 **bb) Befristete Arbeitsverträge.** Ein Arbeitsvertrag, der eine Befristung enthält, bedarf der Schriftform (§ 14 Abs. 4 TzBfG). Ein Verstoß führt nicht etwa zur Nichtigkeit des Vertrages, sondern nur zur **Nichtigkeit der Befristungsabrede** und damit zu einem unbefristeten Arbeitsverhältnis, das allerdings auch vor dem Zeitpunkt der eigentlich geplanten Befristung ordentlich gekündigt werden kann (§ 16 S. 2 TzBfG).

36 **cc) Verbraucherdarlehensverträge und ähnliche Geschäfte.** Ein Verbraucherdarlehensvertrag kommt ungeachtet der Nichteinhaltung der Schriftform (§ 492 Abs. 1 S. 1) zustande, soweit der Darlehensnehmer das Darlehen empfängt, freilich **ändert sich der Inhalt** ex lege (§ 494 Abs. 2); Entsprechendes gilt für Teilzahlungsgeschäfte (§ 502 Abs. 3 S. 2).

37 **dd) Fehlerhafte Gründung einer Kapitalgesellschaft.** Kapitalgesellschaften (AG, KGaA, GmbH), deren Satzung nicht oder nicht korrekt notariell beurkundet wurde (§ 23 Abs. 1 S. 1 AktG; § 2 Abs. 1 S. 1 GmbHG), sind ab ihrer Eintragung in das Handelsregister (§ 41 AktG; § 11 Abs. 1 GmbHG) in keiner Weise der Nichtigkeitsfolge unterworfen (arg. §§ 275 ff. AktG; §§ 75 ff. GmbHG). Bereits vor der Eintragung gelten für in Vollzug gesetzte Vorgesellschaften die Sonderregeln über die fehlerhafte Gesellschaft (Rn 43).

38 **ee) Fehlerhafte Beschlüsse einer Kapitalgesellschaft.** Die Formwidrigkeit von **Hauptversammlungsbeschlüssen** einer Aktiengesellschaft, denen es an der erforderlichen notariellen Beurkundung (§ 130 Abs. 1 AktG) mangelt, wird durch die Eintragung im Handelsregister geheilt (§§ 241 Nr. 2, 242 Abs. 1 AktG); dasselbe gilt nach allgemeiner Meinung für GmbH-Gesellschafterbeschlüsse.

39 **c) Heilungsvorschriften.** Die **Erfüllung** formungültiger Verträge führt in einigen gesetzlich bestimmten Fällen zur Gültigkeit des Vertrags. Der Erfüllungsakt, der nach Maßgabe der an sich nichtigen Vereinbarung vollzogen wird, wird als „Heilung" der Formnichtigkeit bezeichnet. Heilung kann erst eintreten, **wenn erfüllt wurde**, eine Leistung erfüllungshalber genügt nicht. Sind mehrere Verträge als einheitliches Geschäft abgeschlossen, müssen sämtliche zum Gesamtgeschäft gehörenden Pflichten erfüllt werden.[56] Heilungsregeln i.d.S. enthalten im BGB die §§ 311b Abs. 1 S. 2, 494 Abs. 2, 502 Abs. 3 S. 2, 518 Abs. 2, 766 S. 3, 2301 Abs. 2; ferner § 15 Abs. 4 S. 2 GmbHG.[57] Eine Heilung einer fehlerhaften Eheschließung tritt nach § 1310 Abs. 3 nur ein, soweit die Ehegatten mindestens zehn Jahre als Ehegatten zusammengelebt haben und weitere Voraussetzungen erfüllt sind. Bei § 1031 Abs. 6 ZPO ist Heilungsgrund eine **Verfahrenshandlung**. § 4 Abs. 1 S. 3 RVG statuiert wie § 3 Abs. 1 S. 2 BRAGO ein Rückforderungsverbot vorbehaltloser Leistungen. Durch die Heilungsvorschriften wird aber nur der Formfehler geheilt, andere Unwirksamkeitsgründe werden von der Heilung nicht erfasst.

40 Eine Heilung kann daneben auch durch die Eintragung in Register, die dem Vorgang **Publizität verschaffen**, eintreten. Neben den oben bereits erwähnten Registereintragungen bei Gründung und Beschlussfassung (Rn 37 f.) ist noch zu nennen die Handelsregistereintragung in den Fällen der §§ 20 Abs. 1 Nr. 4 (Verschmelzung), 131 Abs. 1 Nr. 4 (Spaltung) und § 202 Abs. 1 Nr. 3 UmwG (Formwechsel), die das Fehlen der notariellen Beurkundung überwinden.

41 Aus den verschiedenen Bestimmungen kann **kein allgemeiner Rechtsgrundsatz** gewonnen werden, dass die Ausführung des formnichtigen Geschäfts stets eine Heilung der Nichtigkeit zur Folge hat.[58] Die Zweckset-

---

55 *Medicus*, BGB AT, Rn 626.
56 BGH NJW 2000, 2017.
57 Hierzu neuestens *Harke*, WM 2004, 357.

58 BGH NJW 1967, 1128; ganz h.M.; a.A. (Heilung stets bei vollständiger beidseitiger Erfüllung) *Heiss*, S. 277 ff.

zungen sind zu unterschiedlich; man muss je nach den besonderen Zwecken der einzelnen Formvorschriften bestimmen, ob die freiwillige Erfüllung der nicht formgerechten Vereinbarung zur Heilung führen kann.[59]

Die Heilung betrifft den **gesamten Inhalt** des Rechtsgeschäfts. Sie wirkt *ex nunc*, doch gilt nach der Rechtsprechung eine tatsächliche Vermutung, dass die Parteien einander dasjenige gewähren wollten, was sie haben würden, wenn der Vertrag von Anfang an gültig gewesen wäre (§ 141 Abs. 2 entsprechend).[60]   42

d) Vollzogene Gesellschafts- und Arbeitsverträge. Die im Kern gewohnheitsrechtlichen **Regeln über fehlerhafte Personengesellschaften** besagen: Ist durch Vollzug eines mangelhaften Vertrages ein Gesellschaftsverhältnis begründet worden, so kann dieses nicht mehr rückwirkend beseitigt, sondern nur noch für die Zukunft aufgelöst werden. Formwidrigkeit gibt einen Grund für die Auflösungsklage entsprechend § 133 HGB.[61] Für das Stadium zwischen formnichtigem Abschluss und Ausführung des Gesellschaftsvertrags[62] bleibt es hingegen bei den allgemeinen Vorschriften und damit auch bei der von selbst eintretenden Nichtigkeitsfolge.   43

Da für das Arbeitsverhältnis ein Formerfordernis i.d.R. nur aufgrund von Tarifverträgen besteht (dazu Rn 7), spielt die Lehre vom **fehlerhaften Arbeitsverhältnis** insoweit kaum eine Rolle. Sie besagt, dass die Nichtigkeit nur mit Wirkung für die Zukunft geltend gemacht werden kann.[63]   44

6. Treu und Glauben. Die wenigen Vorschriften über einen Formzwang für Rechtsgeschäfte sind als gesetzliche Ausnahme vom Grundsatz der Formfreiheit sehr **Ernst zu nehmen**. Das Beharren auf der gesetzlich vorgeschriebenen Form entspricht der **Ordnungsaufgabe der zwingenden Formbestimmungen**.[64] Eine allgemeine Berufung auf den Grundsatz von Treu und Glauben zur Vermeidung der scharfen Nichtigkeitsfolge ist nicht gestattet.[65]   45

Die Rechtsprechung hat gleichwohl eine **Korrektur mittels § 242** zugelassen, wobei allerdings hohe Anforderungen gestellt werden. Vorab ist klarzustellen, dass der **Anwendungsbereich** des Einwands aus § 242 auf **Verpflichtungsgeschäfte** beschränkt ist. Bei Verfügungsgeschäften ist nicht nur das Verhältnis der Vertragsparteien betroffen, sondern auch das Schutzinteresse Dritter an eindeutigen rechtlichen Verhältnissen. Dies gilt grundsätzlich auch für die Verträge des Familien- und Erbrechts. Insoweit sind allein auf dem Gebiet des Höferechts (Hoferbenbestimmung) Ausnahmen gemacht worden, die allerdings ganz auf den Besonderheiten dieses Gebiets beruhen.[66] § 242 findet grundsätzlich keine Anwendung, wenn beide Parteien die Formbedürftigkeit des Rechtsgeschäfts kennen,[67] selbst wenn eine Partei die Erfüllung des formfehlerhaften Vertrages in Aussicht stellt.[68]   46

Eine Abweichung von der Rechtsfolge der Nichtigkeit unter Berufung auf Treu und Glauben ist allenfalls dann möglich, wenn nicht etwa nur ein hartes, sondern ein **schlechthin untragbares Ergebnis** droht.[69] Das ist nach der Rechtsprechung anzunehmen bei **Existenzgefährdung**[70] oder besonders **schwerer Treupflichtverletzung**. Nicht erforderlich ist jedoch, dass Schadensersatzansprüche (insb. aus §§ 311 Abs. 2 Nr. 1, 280 Abs. 1) oder Bereicherungsansprüche unzureichend zur Korrektur des Missverhältnisses im Sinne einer Subsidiarität des Einwandes unzulässiger Rechtsausübung sind.[71] Im Einzelnen lassen sich vor diesem Hintergrund einige Fallgruppen unterscheiden: 47

a) Arglistige Täuschung über das Formerfordernis. Der arglistig Getäuschte kann seine Willenserklärung grundsätzlich anfechten (§ 123 Abs. 1). Dies bringt ihm allerdings keinen Vorteil, da das Rechtsgeschäft schon wegen des Formmangels nichtig ist. Außerdem hat er i.d.R. Schadensersatzansprüche aus §§ 280 Abs. 1, 311 Abs. 2 Nr. 1, 241 Abs. 2, die aber nur auf das negative Interesse gehen und nicht auf Erfüllung. Der Täuschende würde demnach sein Ziel erreichen, ein verbindliches Rechtsgeschäft zu vermeiden.   48

---

59 *Larenz/Wolf*, BGB AT, § 27 Rn 19; *Pawlowski*, BGB AT, § 4 Rn 414.
60 BGH WM 1998, 1192, 1196; BGH MDR 1979, 298; *Jauernig/Jauernig*, § 125 Rn 12; *Pohlmann*, S. 167–178.
61 *Hueck/Windbichler*, GesR, 20. Aufl. 2003, § 13 Rn 13 u. 15; MüKo/*Ulmer*, § 705 Rn 345.
62 Zum Streitstand über das Ausführungskriterium MüKo/*Ulmer*, § 705 Rn 345.
63 BAG AP § 125 Nr. 2; *Zöllner/Loritz*, Arbeitsrecht, 5. Aufl. 1998, § 11 II 1 b.
64 *Köhler*, BGB AT, § 12 Rn 16; MüKo/*Einsele*, § 52 Rn 52.
65 BGHZ 121, 224, 233; 92, 164, 172; 45, 179, 182; *Larenz/Wolf*, BGB AT, § 27 Rn 67.
66 BGHZ 119, 387; 87, 237; 73, 324; 47, 184; 23, 249; 12, 286.
67 BGH LM § 313 Nr. 23.
68 RGZ 117, 121, 124 f. (Edelmannsfall); s. aber auch BGHZ 48, 396, 399.
69 BGHZ 138, 339, 348; 92, 164, 171; 85, 315, 318; 48, 396, 398.
70 BGHZ 85, 315; BGH NJW 1972, 1189; BGH LM Nr. 13 zu § 313 a.F.
71 MüKo/*Einsele*, § 125 Rn 64; a.A. *Larenz/Wolf*, BGB AT, § 27 Rn 68; BGHZ 12, 286, 304.

49 Daher gibt man dem Getäuschten die **Wahl**, ob er sich selbst auf die Nichtigkeit des Rechtsgeschäfts berufen will oder ob er dem Nichtigkeitseinwand der Gegenseite mit § 242 begegnet.[72] Im Ergebnis bedeutet Letzteres, dass das Rechtsgeschäft trotz des Formmangels als gültig anzusehen und zu erfüllen ist. Es muss sich allerdings stets um eine **vorsätzliche Irreführung** durch eine Partei zu deren Gunsten handeln.

50 **b) Unachtsamkeit führt zu Formmangel.** Soweit nur Unachtsamkeit zum Formmangel geführt hat, ist eine Berufung auf die Grundsätze von Treu und Glauben grundsätzlich ausgeschlossen. Ein schuldlos erzeugter Irrtum[73] oder eine fahrlässig schuldhafte Verursachung des Formmangels[74] reichen nicht zur Begründung einer besonders schwerwiegenden Pflichtverletzung. Vielmehr muss jede Partei selbst dafür Sorge tragen, dass die Form gewahrt wird. Hieran ändern auch eine langjährige Durchführung des Vertrags[75] oder eine besonders komplizierte[76] oder nachteilige[77] Rückabwicklung nichts.

51 Die Berufung auf die Formnichtigkeit ist einer Partei insoweit allenfalls untersagt, wenn sie eine **Betreuungspflicht** für den anderen Teil übernommen hat. Dies wurde zuweilen bei Wohnungsbauunternehmen angenommen.[78] Im Höferecht genügte früher die Existenzgefährdung der Beteiligten bei Scheitern des Geschäfts, um den Formmangel zu überwinden, vgl. aber nunmehr § 7 Abs. 2 HöfeO.

52 **c) Schutzzweck der Formvorschrift.** Soweit eine Norm ausschließlich dem Schutz einer Partei dient, kann sich die andere nicht auf die Formnichtigkeit berufen, sofern dies den **Schutzzweck vereiteln** würde. So liegt es etwa, wenn der Beauftragte die Herausgabe des von ihm erworbenen Grundstücks unter Hinweis auf die nicht gewahrte Form des § 311b Abs. 1 verweigert.[79] Mit dieser Heranziehung des Schutzzwecks der jeweils betroffenen Formvorschrift kann der „Treu und Glauben"-Rechtsprechung ein überzeugender Maßstab zur Seite gestellt oder sie gar dadurch ersetzt werden. Soweit die hinter einer Formvorschrift stehenden Zwecke (Beweis, Dokumentation, Übereilungsschutz) auf anderem Wege erreicht wurden, ist danach die Berufung auf die Formnichtigkeit regelmäßig als treuwidrig anzusehen. Auf subjektive Gesichtspunkte kommt es hiernach grundsätzlich nicht mehr an.

53 Am ehesten relevant wird diese Ansicht bei der **Textform** (§ 126b), die **ausschließlich Dokumentations- und Informationszwecken** dient (§ 126b Rn 3). Dieser Zweck ist u.U. gewahrt auch bei fehlender **Kenntlichmachung des Erklärungsabschlusses** (§ 126b Rn 19), sofern für den Empfänger feststeht, dass Ergänzungen ausgeschlossen sind (etwa beim Widerruf eines Kaufvertrages über einen Einzelgegenstand nach § 355). Eine Berufung auf die Nichtigkeit einer Erklärung wegen Fehlens eines Merkmals der Textform wird vielfach treuwidrig sein; der Formverstoß kann allerdings zu Beweisnachteilen in einem späteren Prozess führen.

II. Vereinbarte Formerfordernisse (S. 2)

54 **1. Mangel der gewillkürten Form.** Zur Vertragsfreiheit gehört es, dass die Parteien auch bei kraft Gesetzes nicht an eine bestimmte Form gebundenen Rechtsgeschäften vereinbaren können, es solle eine bestimmte Form gelten. Die Wahrung dieser vereinbarten Form kann als Gültigkeitsvoraussetzung gewollt sein („konstitutiv") **oder nur** der **Dokumentation** dienen („deklaratorisch").

55 Bei **deklaratorischer Form** kommt es den Parteien auf Klarstellung und Beweissicherung an. So verhält es sich i.d.R. bei der im Handelsverkehr zu findenden Abrede, der Vertrag solle schriftlich bestätigt werden.[80] Nach einer älteren Entscheidung des BGH soll auch bei Personenhandelsgesellschaften der Schriftformklausel lediglich Klarstellungsfunktion zukommen.[81] Der Verstoß gegen ein rein deklaratorisches Formerfordernis führt nicht zur Nichtigkeit der Erklärung, sondern zu einem Anspruch auf Nachholung der Form zu Dokumentationszwecken.[82]

56 Wenn die Auslegung kein überzeugendes Ergebnis in der einen oder anderen Richtung erbringt, ist bei Nichteinhaltung der Form von der Nichtigkeit des Rechtsgeschäfts auszugehen. „Im Zweifel" soll die vereinbarte Form also **konstitutiv** wirken.

57 Die Verabredung deklaratorischer und konstitutiver Formerfordernisse für einen einheitlichen rechtsgeschäftlichen Vorgang ist denkbar, etwa dann, wenn nur für einen bestimmten Bereich ein konstitutives Erfordernis

---

72 BGH NJW 1969, 1167; BGHZ 16, 334, 338; RGZ 96, 315; *Medicus*, BGB AT, Rn 631; *Bork*, BGB AT, Rn 1081; *Larenz/Wolf*, BGB AT, § 27 Rn 71.
73 BGH NJW 1977, 2072; abw. allerdings BGH LM Nr. 32 zu § 125.
74 BGH NJW 1965, 812; 1969, 1167.
75 BGH NJW 1973, 1455, 1456; WM 1965, 480, 482.
76 BGH WM 1964, 828, 830 f.; 1963, 1066, 1068.
77 BGH NJW 1972, 1189, 1190.
78 BGH NJW 1972, 1189; *Medicus*, BGB AT, Rn 633 f; anders aber BGH NJW 1965, 812; 1969, 1167.
79 BGHZ 85, 245, 251; *Larenz/Wolf*, BGB AT, § 27 Rn 76.
80 BGH NJW 1964, 1269.
81 BGHZ 49, 365; zurückhaltend *Baumbach/Hopt*, HGB, § 105 Rn 63.
82 MüKo/*Einsele*, § 125 Rn 65.

vereinbart wird, während im Übrigen die Form nur der Dokumentation wegen gelten soll. Kein Praxisbeispiel einer solchen Vermengung ist hingegen die Übermittlung einer Willenserklärung durch Einschreibebrief. Hierin kann die konstitutive Festlegung der Schriftform liegen, während es schief ist, hinsichtlich der Übermittlungsart von deklaratorischer Form zu sprechen.[83] Die Übermittlungsart (**Einschreiben**) **ist gerade keine Form**, sondern betrifft allein den Zugang der Erklärung, der auch durch eine andere als die vereinbarte Übermittlungsart (Fax statt Einschreiben) herbeigeführt werden kann.[84]

2. Verhältnis zu § 154 Abs. 2. Entspricht ein Vertrag (noch) nicht einer **rechtsgeschäftlich vereinbarten Form**, so gilt er nach der für Verträge vorrangigen Regelung des § 154 Abs. 2 im Zweifel als noch nicht geschlossen. Während S. 2 alle Willenserklärungen betrifft, betrifft § 154 Abs. 2 nur Erklärungen, die auf den Abschluss von Verträgen gerichtet sind. Insoweit kommt S. 2 erst dann zur Anwendung, wenn geklärt ist, dass der Vertrag unbeschadet der gegenteiligen Auslegungsregel des § 154 Abs. 2 geschlossen wurde. Dann kommt es darauf an, ob das Beurkundungserfordernis als konstitutives Merkmal gewollt war (Folge: Nichtigkeit) oder lediglich der Beweissicherung dienen sollte (Folge: Anspruch auf Nachholung der Form).[85]

3. Vereinbarung in AGB. In AGB kann ein Formerfordernis grundsätzlich zulässig vereinbart werden.[86] Die Wirksamkeit einer **Schriftformklausel** hängt von ihrer Ausgestaltung und ihrem Anwendungsbereich ab.[87] Unwirksam ist eine Schriftformklausel, wenn sie dazu dient, insbesondere nach Vertragsschluss getroffene Individualvereinbarungen zu unterlaufen, indem sie beim anderen Vertragsteil den Eindruck erweckt, eine lediglich mündliche Abrede sei entgegen allgemeinen Rechtsgrundsätzen unwirksam.[88]

Nicht formwahrende individuelle Abreden bei oder nach Vertragsschluss gehen vor (§ 305b).[89] Die abweichende Vereinbarung mit einem Vertreter setzt eine entsprechende Vertretungsmacht voraus (auch: § 54 HGB, Anscheinsvollmacht).[90]

In **AGB** kann für Erklärungen des anderen Teils keine strengere Form als die Schriftform verlangt werden (§ 309 Nr. 13); davon an sich nicht erfasst ist das Erfordernis, bestimmte Formulare zu benutzen, doch verwirft die AGB-rechtliche Literatur diese Formularanforderungen als unzulässig. **Fraglich** ist, ob angesichts des geringen Verbreitungsgrades die **Ersetzung durch die elektronische Form** festgelegt werden kann. Trotz der rechtlichen Gleichstellung (§ 126 Abs. 3) ist dies zurzeit zu verneinen, da Nicht-Unternehmer als durch § 309 ausschließlich geschützter Personenkreis über die erforderlichen qualifizierten elektronischen Signaturen (vgl. § 126a Rn 3 ff.) gegenwärtig nicht in einer der Schriftform entsprechenden Weise verfügen.[91] Andererseits ist weder eine Unvereinbarkeit mit wesentlichen gesetzlichen Grundgedanken noch eine Vertragszweckgefährdung im Sinne von § 307 anzunehmen, so dass im geschäftlichen Verkehr die Vereinbarung ausschließlich der elektronischen Form zulässig ist.

4. Reichweite der Formvereinbarung. Das hauptsächliche Anwendungsfeld für gewillkürte Formerfordernisse sind **Änderungen** des Vertrages. Das Rechtsgeschäft wird insgesamt von der Formvereinbarung erfasst, sofern die Parteien nichts Abweichendes vereinbart haben. Diese Vereinbarung ist ggf. durch **Auslegung** festzustellen (§§ 133, 157).

Das Formerfordernis gilt im Zweifel auch für einen **Vorvertrag**, wenn der Hauptvertrag gewillkürt formbedürftig ist.[92] Es greift hingegen **nicht** ein bei **Aufhebung** des Vertrages. Die Aufhebung ist (ebenso wie grundsätzlich beim gesetzlichen Formzwang, Rn 22) formfrei möglich, sofern nicht ausnahmsweise *dafür* ein Formzwang vereinbart wurde. Dies ist ebenfalls im Wege der Auslegung zu klären, wobei hier die Beweislast bei demjenigen liegt, der eine Formbedürftigkeit behauptet. In einem **arbeitsrechtlichen Sonderfall** ist für die Aufhebung die Schriftform gesetzlich angeordnet (vgl. § 623 BGB).[93]

5. Aufhebung der Formvereinbarung. Die Parteien können die von ihnen getroffene Formvereinbarung einverständlich jederzeit wieder aufheben.[94] Umstritten ist allerdings, inwiefern diese **Aufhebungsabrede** ihrerseits der vereinbarten Form unterliegt. Eine eindeutige Regelung trifft insofern Art. 29 Abs. 2 CISG für den internationalen Handelskauf, wonach eine einmal vereinbarte Schriftform auch für Vertragsänderungen

---

83 BGH NJW-RR 2000, 1560, 1561; OLG Hamm NJW-RR 1995, 750, 751.
84 BGH NJW 2004, 1320.
85 Instruktiv *Bork*, BGB AT, Rn 1086.
86 Zu spezifischen arbeitsvertraglichen Problemen *Hromadka*, DB 2004, 1261, 1264.
87 BGH NJW 1995, 1488.
88 BGHZ 145, 203 = BGH NJW 2000, 292; 1995, 1488.
89 BGHZ 104, 396.
90 BGH NJW 1986, 1810.
91 Allg. für die Zulässigkeit von Beweismittelvereinbarungen über Signierverfahren in AGB aber *Geis*, in: Hoeren/Sieber, Handbuch Multimedia Recht, 13.2 Rn 36.
92 BGH NJW 1958, 1281; Bamberger/Roth/*Wendtland*, § 125 Rn 13.
93 BAG NJW 2000, 3155; *Richardi/Annuß*, NJW 2000, 1231.
94 BGHZ 66, 378, 380; unstr.

beachtet werden muss. Im Übrigen soll nach h.M. aber die Aufhebungsvereinbarung auch formlos getroffen werden können, also selbst dann, wenn der Vertrag für die Aufhebung ausdrücklich Formzwang vorsieht.[95] Im Prozess ist aufgrund dieser Auffassung der Formmangel nur auf Rüge zu beachten.[96]

65 Indessen ist dieser Ansicht nicht zu folgen. Vielmehr muss man die **Parteivereinbarung** ernst nehmen – das ist dann genau die Achtung der Vertragsfreiheit, welche die Gegenmeinung für sich reklamiert.[97] Nur so kann ein wirksamer Übereilungsschutz bei konstitutiven Formerfordernissen erreicht werden. Sollte eine an sich formbedürftige Vertragsänderung unter den Parteien praktiziert worden sein, so ist es ihnen aber unter Umständen verwehrt, einen Nichtigkeit begründenden Formmangel geltend zu machen. Dieser Weg führt im Ergebnis vielfach zu denselben Resultaten wie denjenigen der h.M., die von einer formlosen Aufhebung ausgeht. Aber er respektiert im Grundansatz sowohl die ursprüngliche Parteiabrede als auch im Einzelfall die konträr dazu sich entwickelnde Lebenswirklichkeit.

66 Ein Teil der Rechtsprechung und der Literatur geht sogar noch einen Schritt weiter als die bei Rn 64 dargestellte Ansicht: Hiernach soll eine Aufhebungsvereinbarung sogar durch **schlüssiges Verhalten** begründet werden können.[98] Auch wenn sich die Parteien über die Formabrede keine Vorstellung gemacht haben, weil sie nicht mehr daran dachten,[99] soll in ihrem Verhalten eine stillschweigende Aufhebung oder Einschränkung der Formvereinbarung zu finden sein.[100] Damit verlässt man aber endgültig die Grundsätze privatautonomer Vertragsbindung. Diese Kritik ist nicht nur dogmatisches Beharren, sondern findet ihre sachliche Rechtfertigung in den Interessen der Parteien. Diese Interessen haben ihren Ausdruck in der Formabrede gefunden, mit der regelmäßig ein Dokumentations- bzw. Übereilungszweck verfolgt wird. Darüber darf nicht mit Willensfiktionen leichtfertig hinweggegangen werden. Auch hier handelt es sich also in Wahrheit um einen Fall der Treuwidrigkeit, wenn eine Partei nach längerer Praxis einer abweichenden Rechtslage auf der Formnotwendigkeit und der an sich gegebenen Nichtigkeitsfolge beharrt.

67 Eine Ausnahme von dem Grundsatz formloser Formaufhebung wird für qualifizierte Schriftformklauseln gemacht, durch die **Kaufleute** in einem Individualvertrag vereinbaren, auf die zwischen ihnen vereinbarte Schriftform könne nur unter Einhaltung der Schriftform verzichtet werden (sog. **qualifizierte oder doppelte Schriftformklausel**).[101] Dasselbe sollte allerdings auch für Nicht-Kaufleute gelten, wenn nur die Abrede Entsprechendes vorsieht.[102]

68 Eine von den Parteien erstellte Vertragsurkunde hat weiterhin stets die **Vermutung der Vollständigkeit und Richtigkeit** für sich (Rn 77), so dass derjenige, der sich auf eine **formlose Vertragsänderung** oder -aufhebung beruft, diese beweisen muss.

69 **6. Treuwidrige Berufung auf die Formvereinbarung.** Ebenso wie bei der gesetzlich angeordneten Form ist es möglich, dass sich die Berufung auf die Rechtsfolge der Nichtigkeit als treuwidrig erweist. Die Berufung auf Treu und Glauben folgt grundsätzlich denselben **engen Kriterien**, die unter Rn 45 ff. für die gesetzlichen Formgebote dargelegt wurden. Freilich wird man bei rechtsgeschäftlich vereinbarter Form eher noch auf die besonderen Verhältnisse der Parteien untereinander Rücksicht nehmen können.

III. Öffentlich-rechtliche Formvorschriften

70 Die **Gemeindeordnungen** der Länder sehen zumeist vor, dass privatrechtliche Verpflichtungsgeschäfte der Gemeinde der Schriftform sowie häufig weiterer Förmlichkeiten, wie z.B. der eigenhändigen Unterzeichnung bestimmter Vertretungsorgane oder der Verwendung von Dienstsiegeln bedürfen.[103] Ausgenommen sind im Regelfall Geschäfte der laufenden Verwaltung.

---

[95] BGH NJW 1991, 1750, 1751; *Häsemeyer*, JuS 1980, 1, 8; Palandt/*Heinrichs*, § 125 Rn 14.
[96] *Schneider*, MDR 2000, 354, 357.
[97] Repräsentativ *Bork*, BGB AT, Rn 1066 a.E.
[98] BGH NJW 1962, 1908; BAG NJW 1989, 2149; OLG Brandenburg NJW-RR 2001, 1673.
[99] BGHZ 71, 162, 164; BGH WM 1966, 1335; NJW 1965, 293.
[100] BGHZ 119, 283, 291; BGH NJW 1991, 1750, 1751; 1975, 1653, 1654; 1965, 293; Palandt/*Heinrichs*, § 125 Rn 14.
[101] BGHZ 66, 378.
[102] Zutr. BAG NJW 2003, 3725, 3727 (zum Verhältnis von doppelter Schriftformklausel zur abweichenden betrieblichen Übung); BFH DB 1991, 2521 (zum Vertrag eines GmbH-Geschäftsführers); MüKo/*Einsele*, § 125 Rn 67; *Medicus*, BGB AT, Rn 641; *Larenz/Wolf*, BGB AT, § 27 Rn 62.
[103] Bad.-Württ. § 54 Abs. 1 GO; Bay. Art. 38 Abs. 2 S. 1 GO; Brandenburg § 67 Abs. 2 GO; NRW § 64 Abs. 1 GO; Sachsen § 60 Abs. 1 GO; Sachsen-Anhalt § 70 Abs. 1 GO; Thüringen § 31 Abs. 2 KommunalO; Berlin § 23 Gesetz über die Zuständigkeiten in der allgemeinen Berliner Verwaltung; Hess. § 71 Abs. 2 GO; Meckl.-Vorp. §§ 37 Abs. 5, 143 Abs. 2 Kommunalverfassung; Rh.-Pf. § 49 Abs. 1 GO; Saarl. § 62 Abs. 1 KommunalselbstverwaltungsG; SchlH §§ 51 Abs. 2, 56 Abs. 2, 64 Abs. 2 GO; Nds. § 63 Abs. 2 GO.

Bei den jeweiligen landesrechtlichen Vorschriften handelt es sich entgegen ihrem irreführenden Wortlaut nach ganz h.M. im Bereich des Privatrechts nicht um Formvorschriften, sondern um **Vertretungsregeln**.[104] Für die Aufstellung von Formvorschriften fehlt den Ländern aufgrund von Art. 55 EGBGB die Gesetzgebungskompetenz. Als wirksame Formvorschriften können diese Regelungen daher nur bei öffentlich-rechtlichen Erklärungen angesehen werden, im Privatrechtsverkehr wären sie hingegen ohne Wirkung.[105]

Ein Verstoß gegen diese landesrechtlichen Vorschriften im Bereich des Privatrechts führt wegen ihrer Natur als Vertretungsregelungen zur Anwendung der §§ 177 ff. Die Wirksamkeit des Geschäfts hängt dann von der **Genehmigung** des zuständigen Aufsichtsorgans ab.

Die Regeln der **Anscheins- und Duldungsvollmacht** sind nicht anzuwenden, da diese Grundsätze nicht dazu dienen, den im öffentlichen Interesse bestehenden Vertretungsregeln im Einzelfall jegliche Wirkung zu nehmen. Wenn die Vertretungsmacht an die Beachtung gewisser Förmlichkeiten gebunden ist, so können nicht die Regeln der Anscheins- oder Duldungsvollmacht einer Verpflichtungserklärung, bei der diese Förmlichkeiten erkennbar missachtet worden sind, trotzdem bindende Wirkung zulegen.[106]

Im Einzelfall kann allerdings dennoch das Vereinbarte auch ohne Genehmigung gelten, wenn der Grundsatz von Treu und Glauben (§ 242) dies aufgrund eines ansonsten bestehenden, schlechthin unträglichen Ergebnisses gebietet.[107] Vorschriften über die Vertretungsmacht der zur Vertretung berufenen Organe können (anders als Bestimmungen über reine Förmlichkeiten wie Schriftform, Angabe der Dienstbezeichnung, Beifügung des Amtssiegels) freilich nicht durch den Einwand des Verstoßes gegen Treu und Glauben außer Kraft gesetzt werden.[108] In Betracht kommt weiterhin ein auf das negative Interesse, also nicht auf Erfüllung, gerichteter Schadensersatzanspruch gem. §§ 280 Abs. 1, 311 Abs. 2, 241 Abs. 2 (c.i.c.).[109]

Das Vorstehende gilt auch bei vergleichbaren landesrechtlichen Vorschriften für öffentlich-rechtliche Körperschaften wie z.B. **Kirchengemeinden**,[110] nicht hingegen bei Formvorschriften für **Sparkassen**, da aufgrund der Regelung des Art. 99 EGBGB den Ländern hierfür die Gesetzgebungskompetenz zusteht.[111]

C. Weitere praktische Hinweise

Die Nichtbeachtung von Formerfordernissen ist eine **von Amts wegen zu beachtende Einwendung**; daher ist weder von Bedeutung, ob sich eine Partei auf die Formunwirksamkeit berufen hat, noch ob beide Vertragsparteien den Vertrag als wirksam behandeln wollen.

Wer aus einem Rechtsgeschäft Rechte herleitet, muss die Einhaltung der Formerfordernisse **beweisen**, es handelt sich hierbei also um ein Merkmal des rechtsbegründenden Tatbestands. Für das förmlich Vereinbarte gilt dann aber die **Vermutung der Vollständigkeit**.[112] Eine Partei, die – entgegen der vereinbarten Formpflicht – die formlose Abänderung oder Ergänzung des Rechtsgeschäfts behauptet (siehe aber zum Streit über die Zulässigkeit einer solchen Abänderung Rn 64 ff.), muss diesen Umstand beweisen.[113] Bei Verträgen, die über einen **längeren Zeitraum** zu den behaupteten abgeänderten Konditionen praktiziert wurden, ist eine tatsächliche Vermutung für die streitige formlose Vertragsrevision anzunehmen.[114]

---

§ 126 Schriftform

(1) ¹Ist durch Gesetz schriftliche Form vorgeschrieben, so muss die Urkunde von dem Aussteller eigenhändig durch Namensunterschrift oder mittels notariell beglaubigten Handzeichens unterzeichnet werden.

(2) ¹Bei einem Vertrag muss die Unterzeichnung der Parteien auf derselben Urkunde erfolgen. ²Werden über den Vertrag mehrere gleichlautende Urkunden aufgenommen, so genügt es, wenn jede Partei die für die andere Partei bestimmte Urkunde unterzeichnet.

---

104 BGH NJW 1982, 1036, 1037, st. Rspr; Palandt/*Heinrichs*, § 125 Rn 4; Bamberger/Roth/*Wendtland*, § 125 Rn 5; a.A. MüKo/*Einsele*, § 125 Rn 29.
105 BGH NJW 1982, 1036, 1037; MüKo/*Einsele*, § 125 Rn 29.
106 BGH NJW 1984, 606, 607; 1995, 3389, 3390; OLG Köln, Urt. v. 29.01.2004 – 7 U 109/03.
107 BGH NJW 1980, 117 f.; 1998, 3058, 3060.
108 BGHZ 92, 164, 174.
109 BGH NJW 1985, 1779, 1780; NJW-RR 1992, 1435, 1436.
110 OLG Hamm NJW-RR 1992, 1402; NVwZ 1994, 205; OLG Köln NJW-RR 1994, 211.
111 BGH WM 1978, 895.
112 BGH NJW 1980, 1680; 1999, 1702.
113 OLG Karlsruhe BB 1972, 198; *Medicus*, BGB AT, Rn 643.
114 BGH LM § 305 a.F. Nr. 17; LM § 105 HGB Nr. 22; OLG Frankfurt MDR 1981, 498.

(3) ¹Die schriftliche Form kann durch die elektronische Form ersetzt werden, wenn sich nicht aus dem Gesetz ein anderes ergibt.

(4) ¹Die schriftliche Form wird durch die notarielle Beurkundung ersetzt.

Literatur (vgl. auch bei § 125; zur elektronischen Form auch bei § 126a): *Abramm*, Schriftformprobleme im Internet – Eine Bestandsaufnahme, NVersZ 2002, 202; *Borges*, Verträge im elektronischen Geschäftsverkehr. Vertragsabschluß, Beweis, Form, Lokalisierung, anwendbares Recht, 2003; *Eberle*, Geltendmachung der Unwirksamkeit der mündlichen Kündigung, NZA 2003, 1122; *Gragert/Wiehe*, Das BAG im Strudel neuer Medien, NZA 2001, 311; *Häsemeyer*, Die Bedeutung der Form im Privatrecht, JuS 1980, 1; *Hagen*, Formzwang, Formzweck und Rechtssicherheit, in: FS Schippel 1996, S. 173; *Heinemann*, Nochmals: Zu den Anforderungen an die Unterschrift der Beteiligten bei der notariellen Niederschrift, DNotZ 2003, 243; *Holzhauer*, Die eigenhändige Unterschrift, 1973; *Köhler*, Die Unterschrift als Rechtsproblem, in: FS Schippel 1996, S. 209; *Mertens, B.*, Die Reichweite gesetzlicher Formvorschriften im BGB, JZ 2004, 431; *Michalski*, Schriftformklauseln in Individual- und Formularverträgen, DStR 1998, 771; *Röger*, Gesetzliche Schriftform und Textform bei arbeitsrechtlichen Erklärungen, NJW 2004, 1764; *Rösler*, Formbedürftigkeit der Vollmacht, NJW 1999, 1150; *Schneider*, Über gekrümmte Linien, Bogen, Striche, Haken und Unterschriften, NJW 1998, 1844; *Tschentscher*, Beweis und Schriftform bei Telefaxdokumenten, CR 1991, 141.

A. Allgemeines 1	3. Empfangsbedürftige Willenserklärung .. 39
I. Normzweck 1	II. Insbesondere: Schriftform bei Verträgen
II. Anwendungsbereich 2	(Abs. 2) 41
B. Regelungsgehalt 9	III. Elektronische Form (Abs. 3) 46
I. Gesetzliche Schriftform (Abs. 1) 9	1. Ersetzung durch die elektronische Form . 46
1. Urkunde 9	a) Bedeutung der Ersetzung 46
a) Allgemeines 9	b) Umfang der Ersetzung 47
b) Inhalt 12	2. Ausschluss der Ersetzung 50
c) Einheitlichkeit 15	a) Ausschluss durch gesetzliche
d) Beweiskraft 18	Anordnung 50
2. Eigenhändige Unterzeichnung durch	aa) Ausdrücklicher Ausschluss 51
Namensunterschrift 19	bb) Ausschluss kraft Natur der
a) Funktionen der Unterschrift 19	Sache 53
b) Blankounterschrift 23	b) Ausschluss wegen fehlendem
c) Namensunterschrift 27	Einverständnis 54
d) Eigenhändigkeit 32	c) Ausschluss im Vereins- und
e) Handzeichen 36	Gesellschaftsrecht 57
f) Unterschrift durch Vertreter 37	IV. Notarielle Beurkundung (Abs. 4) 58

A. Allgemeines

I. Normzweck

1 § 126 regelt die Anforderungen, die zur Einhaltung der gesetzlich vorgeschriebenen Schriftform zu erfüllen sind. Die Vorschrift dient dem **Schutz vor Übereilung** und hat vor allem **Klarstellungs-** und **Beweissicherungsfunktion**.[1] Um Letzteres zu gewährleisten, soll durch das Erfordernis der Schriftform (Abs. 1) der Aussteller der Urkunde erkennbar (Identitätsfunktion) und die Urheberschaft des Ausstellers überprüfbar sein (Echtheitsfunktion). Dasselbe gilt bei elektronischen Dokumenten für die qualifizierte elektronische Signatur, welche die schriftliche Form grundsätzlich ersetzen kann (Abs. 3).

II. Anwendungsbereich

2 Die Vorschrift findet Anwendung, wenn das Gesetz die Einhaltung der Schriftform vorschreibt.[2] **Schriftform wird verlangt im BGB** u.a. in §§ 32 Abs. 2, 37 Abs. 1, 81 Abs. 1, 111 S. 2, 368, 409, 410, 416 Abs. 2, 484, 492, 550, 557a, 557b, 568, 574b, 577, 585a, 594 f, 623,[3] 655b, 761, 766, 780 ff., 792 Abs. 1 S. 2, 1154 Abs. 1. Die gesetzlichen Formulierungen sind uneinheitlich. Das BGB spricht nicht immer von Schriftform bzw. schriftlicher Form, sondern benutzt synonym vielfach auch andere Ausdrücke: schriftliches Verlangen (§ 37 Abs. 1), schriftliche Anzeige (§ 410 Abs. 2), schriftliche Mitteilung (§§ 416 Abs. 2 S. 2, 485 Abs. 4, 575 Abs. 1 S. 1, 626 Abs. 2), schriftliche Vereinbarung (§§ 557a Abs. 1, 557b Abs. 1, 641a Abs. 3 S. 4), schriftliche Erteilung einer Erklärung (§§ 574b Abs. 1 S. 1, 577 Abs. 3, 702a Abs. 2, 766 S. 1, 761 S. 1, 780, 781, 1904 Abs. 2 S. 2, 1906 Abs. 1), schriftliche Erteilung einer Zustimmung (§§ 32 Abs. 2, 33 Abs. 1 S. 2, 1128 Abs. 2); schriftliche Geltendmachung (§ 611a Abs. 4); schriftlichen Vermerk (§ 784 Abs. 2);

---

1 *Larenz/Wolf*, BGB AT, § 27 Rn 27; MüKo/*Einsele*, § 126 Rn 1.
2 Palandt/*Heinrichs*, § 126 Rn 1; MüKo/*Einsele*, § 126 Rn 2.
3 Zur Entbehrlichkeit der Gegenzeichnung einer schriftlich erteilten Wegeverzichtserklärung des Arbeitnehmers nach Kündigung vgl. OLG Hamm ZIP 2004, 476; *Pomberg*, EWiR 2004, 795 f.

auch von der Ausstellung einer Urkunde (§§ 409 Abs. 1 S. 2, 410 Abs. 1 S. 1, 793) und eines schriftlichen Empfangsbekenntnisses ist die Rede (§ 368 S. 1).

Gesetz ist jede Rechtsnorm (Art. 2 EGBGB). Daher gilt § 126 für alle (privatrechtlichen) Normen, die Schriftform anordnen. **Außerhalb des BGB** ist die Schriftform z.B. vorgeschrieben in §§ 20 Abs. 1, 32 Abs. 1, 122, 134 Abs. 3 S. 2 AktG; § 15 Abs. 3 BBiG; § 77 Abs. 2 BetrVG; §§ 3 Abs. 1, 18 Abs. 1 S. 1 BRAGO (= §§ 4 Abs. 1, 10 Abs. 1 S. 1 RVG); §§ 5, 11 Abs. 2 S. 1 GenG; § 90a Abs. 1 S. 1, 363 HGB; § 1 Abs. 2 TVG. Auch die durch Tarifvertrag bestimmte Schriftform fällt unter § 126 (§ 125 Rn 7).

Die Formvorschriften gelten nicht nur für Rechtsgeschäfte bzw. Willenserklärungen, sondern auch für **geschäftsähnliche Handlungen**.[4] Aus dem Wortlaut des § 126 Abs. 1 und der Terminologie der durch das FormVAnpG mit Wirkung zum 01.08.2001 in das BGB eingefügten elektronischen Form und Textform (§§ 126a, 126b), die schlicht an eine „Erklärung" anknüpfen (siehe § 126a Rn 39), lässt sich eine Beschränkung der Formvorschriften auf Rechtsgeschäfte bzw. Willenserklärungen nicht ableiten. Angesichts des gesetzlichen Anwendungsbereichs des § 126b, der sich im Wesentlichen auf geschäftsähnliche Handlungen erstreckt[5] (Aufzählung bei § 126b Rn 4 f.), und der Vorgehensweise des jüngeren Gesetzgebers, der vielfach die Schriftform durch die Textform ersetzt hat bzw. anlässlich weiterer Gesetzgebungsvorhaben ersetzen wird[6] (§ 126b Rn 5) lässt sich die Stellung der Formvorschriften im Abschnitt 3 des Allgemeinen Teils unter dem Titel 2 „Willenserklärungen" nicht für ein anderes Ergebnis heranziehen.

Soweit das BGB von „schriftlich" in den §§ 55a, 79, 675a, 630, 1712, 1715, 1791a, 1822, 1831, 1893, 1901a spricht, sind keine rechtsgeschäftlichen Vorgänge betroffen, weshalb für § 126 kein unmittelbarer Anwendungsbereich eröffnet ist.

Über §§ 62, 57 VwVfG gilt § 126 grds. auch für **öffentlich-rechtliche Verträge**,[7] nicht aber ohne weiteres im sonstigen öffentlichen Recht.[8] Die Vorschrift gilt auch nicht im **Prozessrecht**.[9] Für Prozesshandlungen maßgebend sind vielmehr die verfahrensrechtlichen Vorschriften, die als Sondervorschriften geeigneter sind, den Grad des Formerfordernisses zu bestimmen.[10] Obwohl jedenfalls im Zivilprozess die eigenhändige Unterzeichnung **bestimmender Schriftsätze** grundsätzlich verlangt wird,[11] hat die Rechtsprechung[12] zahlreiche **Erleichterungen** insbesondere für Schriftsätze zugelassen, so für deren Einlegung per **Fernschreiben**,[13] durch **Telefax**[14] oder durch Aufgabe eines **Telegramms**.[15] Zur elektronischen Form bei Schriftsätzen vgl. § 126a Rn 79 ff.

§ 126 ist bei einem Schriftformerfordernis, das sich aus einer **EU-Verordnung** ergibt, durch die dort getroffene besondere Regelung verdrängt.[16]

Für die von den Parteien **rechtsgeschäftlich vereinbarte Schriftform** gilt § 127, der wiederum – aber nur „im Zweifel" – auf die Anforderungen des § 126 verweist.

---

4 ErfK/*Preis*, §§ 125–127 BGB Rn 13; *Röger*, NJW 2004, 1764, 1765; *Ulrici*, NJW 2003, 2053, 255; ArbG Bielefeld NZA-RR 2004, 88, 89; a.A. BAG NJW 2001, 989, 990; 2003, 843, 844; *Anschütz/Kothe*, JR 2001, 263, 264; *Gragert/Wiehe*, NZA 2001, 311, 312; *Köhler*, AcP 182 (1982), 126, 151; mit Einschränkungen Palandt/*Heinrichs*, § 126 Rn 1; zum Begriff der geschäftsähnlichen Handlung *Larenz/Wolf*, BGB AT, § 22 Rn 14.
5 *Röger*, NJW 2004, 1764, 1766.
6 *Ulrici*, NJW 2004, 2053, 2055.
7 OVG Lüneburg NJW 1992, 1405; 1998, 2921; BVerwGE 96, 326, 332 ff.; Stelkens/Bonk/Sachs/*Bonk*, VwVfG, 6. Aufl. 2001, § 57 Rn 19 ff., wobei jedoch nach h.M. die von Abs. 2 geforderte Urkundeneinheit für das öffentliche Recht nicht stets gilt.
8 Palandt/*Heinrichs*, § 126 Rn 1; MüKo/*Einsele*, § 126 Rn 3; RGRK/*Krüger-Nieland*, § 126 Rn 3; a.A. Soergel/*Hefermehl*, § 126 Rn 2.
9 GmS-OGB BGHZ 144, 164 = NJW 2000, 2340 ff.; MüKo/*Einsele*, § 126 Rn 3; HK-BGB/*Dörner*, § 126 Rn 2; RGRK/*Krüger-Nieland*, § 126 Rn 3; Jauernig/*Jauernig*, § 126 Rn 1.
10 BVerfG NJW 1963, 755; BGHZ 24, 297, 300; MüKo/*Einsele*, § 126 Rn 3; Erman/*Palm*, § 126 Rn 2; HK-BGB/*Dörner*, § 126 Rn 2.
11 Stein/Jonas/*Leipold*, ZPO, § 129 Rn 8.
12 GmS-OGB BGHZ 144, 164 = NJW 2000, 2340; dazu *Düwell*, NJW 2000, 3334.
13 BGHZ 97, 283, 284 ff.
14 Vgl. (seit 2001) § 130 Nr. 6 ZPO; früher dazu BVerfG NJW 1996, 2857; FG Hamburg NJW 2001, 992.
15 BGHZ 24, 297, 299 f.
16 BGH NJW 1983, 519, 521; EuGH Slg. 1982, 1363, 1378; MüKo/*Einsele*, § 126 Rn 3; Bamberger/Roth/*Wendtland*, § 126 Rn 1.

B. Regelungsgehalt

I. Gesetzliche Schriftform (Abs. 1)

9 **1. Urkunde. a) Allgemeines.** Die rechtsgeschäftliche Erklärung muss **in einer Urkunde ausgedrückt** sein. Unter einer Urkunde im Sinne von § 126 ist jede verkörperte, nach h.M. schriftliche Willenserklärung zu verstehen, die zum Beweis im Rechtsverkehr geeignet und bestimmt ist und die ihren Aussteller erkennen lässt.[17] Dass die Willenserklärung nur in Schriftzeichen ausgedrückt wird, entspricht den gängigen Anforderungen, ist aber zweifelhaft. Es kommt vielmehr auf den Erklärungsinhalt an, der für die Parteien und die übrigen an dem Formzweck Interessierten eindeutig zu sein hat. Dies könnten u.U. auch Bilder- und Zeichenfolgen sein.[18]

10 Die **Art der Abfassung** ist gleichgültig, so dass die Parteien sie mit der Hand oder einem technischen Hilfsmittel (Computer, Schreibmaschine, Kopiergerät) schreiben, drucken oder vervielfältigen können.[19] Die Urkunde kann in jeder lebenden oder toten Sprache errichtet werden. Die Abfassung in deutscher Sprache ist nicht erforderlich. Mit der Einhaltung der Schriftform hat die Frage nichts zu tun, ob der Inhalt der Urkunde im Wege der Übersetzung allgemein verständlich gemacht werden kann.[20]

11 Für die **Herstellung der Urkunde** kann jeder Stoff verwendet werden, der geeignet ist, die schriftliche Erklärung dauerhaft festzuhalten.[21] Zur Wirksamkeit einer Willenserklärung in elektronischer Form siehe Rn 46 ff., § 126a.

12 **b) Inhalt.** Grundsätzlich muss die Urkunde das **gesamte formbedürftige Rechtsgeschäft** vollständig enthalten. Es sind alle Einzelheiten, die nach dem Willen der Parteien das Rechtsgeschäft kennzeichnen, schriftlich niederzulegen.[22] Der Inhalt der Urkunde kann sich auch aus dem Gesetz ergeben, wenn nur eine Willenserklärung dem Schriftformerfordernis unterliegt (vgl. § 781 S. 1).[23]

13 Der notwendige **Mindestinhalt** der Urkunde richtet sich, soweit das Gesetz keine entsprechenden ausdrücklichen Festlegungen enthält (vgl. insoweit § 492 Abs. 1), maßgeblich nach dem jeweiligen Zweck der im Einzelfall einzuhaltenden Formvorschrift.[24] So erfordert die Klarstellungs- und Warnfunktion des § 3 Abs. 1 BRAGO (= § 4 Abs. 1 RVG) die Kennzeichnung der Verpflichtung als Anwaltshonorar;[25] der Warnzweck des § 766 verlangt für die schriftliche Bürgschaftserklärung neben dem Willen, für fremde Schuld einzustehen, die Bezeichnung des Gläubigers, des Hauptschuldners und der verbürgten Forderung.[26]

14 Die Angabe von **Ort und Datum** der Abfassung der Urkunde ist grundsätzlich kein Wirksamkeitserfordernis.[27] Ist das Datum der Herstellung ausnahmsweise entscheidend, etwa für die Frage der Geschäftsfähigkeit, trägt der Erklärende die Beweislast für die Behauptung, er sei bei Unterzeichnung geschäftsunfähig gewesen.[28]

15 **c) Einheitlichkeit.** Grundsätzlich muss das gesamte formbedürftige Rechtsgeschäft äußerlich erkennbar in **einer Urkunde** enthalten sein.[29] **Mehrere Blätter** gelten nur bei eindeutiger Zusammenfassung als „eine" Urkunde.[30] Dafür ist eine **körperliche Verbindung** der einzelnen Blätter der Urkunde aber nicht zwingend erforderlich.[31] Es ist ausreichend, wenn sich die Einheit der Urkunde aus fortlaufender Paginierung, fortlaufender Nummerierung der einzelnen Vertragsbestimmungen, einheitlicher grafischer Gestaltung der äußeren Erscheinung der Urkunde, dem nach Sachlage eindeutigen inhaltlichen Zusammenhang des Textes

---

17 Erman/*Palm,* § 126 Rn 3.
18 Ebenso *Borges,* S. 426 f.
19 Palandt/*Heinrichs,* § 126 Rn 2; MüKo/*Einsele,* § 126 Rn 5; Soergel/*Hefermehl,* § 126 Rn 3.
20 So aber OLG Brandenburg NJW-RR 1999, 543 ff.; Bamberger/Roth/*Wendtland,* § 126 Rn 3; Erman/*Palm,* § 126 Rn 4; MüKo/*Einsele,* § 126 Rn 5.
21 Bamberger/Roth/*Wendtland,* § 126 Rn 3; Erman/*Palm,* § 126 Rn 4; MüKo/*Einsele,* § 126 Rn 5; *Larenz/Wolf,* BGB AT, § 27 Rn 32.
22 BGH NZM 1999, 763; BGH NJW 1999, 2664, 2667; *Mertens,* JZ 2004, 431 f.; Bamberger/Roth/ *Wendtland,* § 126 Rn 4; Erman/*Palm,* § 126 Rn 4; MüKo/*Einsele,* § 126 Rn 6; RGRK/*Krüger-Nieland,* § 126 Rn 6.
23 MüKo/*Einsele,* § 126 Rn 6.
24 BGHZ 136, 357, 362; 57, 53, 57 ff.; Bamberger/ Roth/*Wendtland,* § 126 Rn 4; MüKo/*Einsele,* § 126 Rn 6; RGRK/*Krüger-Nieland,* § 126 Rn 5.
25 BGHZ 57, 53; RGRK/*Krüger-Nieland,* § 126 Rn; MüKo/*Einsele,* § 126 Rn 6.
26 BGHZ 132, 119, 123; MüKo/*Einsele,* § 126 Rn 6; RGRK/*Krüger-Nieland,* § 126 Rn 5.
27 Bamberger/Roth/*Wendtland,* § 126 Rn 4; Erman/ *Palm,* § 126 Rn 4; MüKo/*Einsele,* § 126 Rn 5.
28 BGH NJW 1972, 681, 683; MüKo/*Einsele,* § 126 Rn 5.
29 *Larenz/Wolf,* BGB AT, § 27 Rn 33.
30 BGHZ 142, 160 f.; MüKo/*Einsele,* § 126 Rn 7; Bamberger/Roth/*Wendtland,* § 126 Rn 5.
31 BGHZ 42, 333, 338; *Häsemeyer,* JuS 1980, 1, 4; MüKo/*Einsele,* § 126 Rn 7; Bamberger/Roth/ *Wendtland,* § 126 Rn 5; Erman/*Palm,* § 126 Rn 6.

oder ähnlichen verlässlichen Merkmalen, aus denen die Zusammengehörigkeit einer mehrseitigen Urkunde erkennbar ist, ergibt.[32]

Es besteht die Möglichkeit, hinsichtlich eines wesentlichen Vertragsbestandteils auf weitere, von den Parteien nicht unterzeichnete Urkunden Bezug zu nehmen. In diesem Fall müssen diese – sofern sich die Zusammengehörigkeit nicht aus der einheitlichen Gestaltung bzw. dem inhaltlichen Zusammenhang des Textes ergibt – für die Erfüllung der Schriftform darüber hinaus körperlich fest mit der Haupturkunde so verbunden sein, dass die Auflösung entweder nur mit zeitweiser Substanzverletzung möglich ist oder Gewaltanwendung erfordert.[33]

Sind die Urkunden bereits jeweils unterschrieben worden, gelten weniger strenge Anforderungen.[34] Praktische Bedeutung erlangt dies vor allem bei der Verlängerung langfristiger **Miet- und Pachtverträge**. Das Schriftformerfordernis ist auch dann erfüllt, wenn hinsichtlich weiterer Einzelpunkte auf den Ursprungsvertrag ohne dessen körperliche Beifügung verwiesen wird, jedoch nur unter der Voraussetzung, dass die formgerechten Verlängerungsverträge bereits die *essentialia negotii* enthalten.[35]

d) Beweiskraft. Die in der vorgeschriebenen Form errichtete Urkunde stellt eine **Privaturkunde** i.S.v. § 416 ZPO dar. Eine Privaturkunde beweist, dass die in ihr enthaltene Erklärung von dem Aussteller abgegeben wurde. Ein Echtheitsbeweis kann nach den §§ 439 ff. ZPO erforderlich werden. Durch eine Privaturkunde wird nicht bewiesen, dass auch der Inhalt der Urkunde richtig ist.[36] So beweist z.B. ein in der Urkunde enthaltenes Datum nur, dass es angegeben, nicht, dass es richtig angegeben ist.[37]

2. Eigenhändige Unterzeichnung durch Namensunterschrift. a) Funktionen der Unterschrift. Die Unterschrift hat vor allem **Identitätsfunktion**, indem sie die Person des Ausstellers erkennbar macht.[38] Zu den dafür geltenden Anforderungen einer Namensunterschrift vgl. Rn 27 ff. Des Weiteren macht die Unterschrift deutlich, dass die vorstehende Erklärung von dem Unterzeichner herrührt (**Echtheitsfunktion**). Ferner kommt der Unterschrift eine **Warnfunktion** zu, da der Betroffene durch das Erfordernis einer eigenhändigen Unterzeichnung in gewisser Weise vor unbedachten Erklärungen geschützt wird.

Schließlich hat die Unterschrift die Funktion eines räumlichen[39] Textabschlusses.[40] Sie muss den Urkundeninhalt vollständig decken, sich dementsprechend am Ende der Urkunde befinden (**Abschlussfunktion**). Erstreckt sich die Urkunde über mehrere Seiten, so genügt zur Wahrung des Schriftformerfordernisses die Unterschrift am Ende der letzten Seite.[41]

Eine „Überschrift" bzw. „Oberschrift" ist grundsätzlich nicht ausreichend.[42] Ebenso wenig genügt eine „Nebenschrift" am Rand[43] des Urkundentextes oder die Unterschrift auf einem Briefumschlag.[44] Ausnahmen hiervon haben Rechtsprechung und Literatur bei **Testamenten** gemacht, so dass dort unter Umständen bei einem Testament, welches aus Vorder- und Rückseite besteht, eine Unterschrift auf der Vorderseite ausreichen kann, wenn die Rückseite inhaltlich nur Ergänzungen der Vorderseite enthält.[45] Auch eine Unterschrift auf dem verschlossenen Umschlag statt auf dem Testament kann ausreichen.[46]

Nachträge zu einer der Schriftform unterworfenen Erklärung müssen erneut unterschrieben werden, wenn es sich um Änderungen der übernommenen Pflichten handelt.[47] Wird lediglich der über der Unterschrift

---

32 BGHZ 136, 357, 369 f. = NJW 1998, 58; BGH NJW 1999, 1104; MüKo/*Einsele*, § 126 Rn 7; Bamberger/Roth/*Wendtland*, § 126 Rn 5; Erman/ *Palm*, § 126 Rn 6. Dazu im Hinblick auf Mietverträge *Lindner-Figura*, NJW 1998, 731; *Schlemminger*, NJW 1992, 2249.
33 BGHZ 40, 255, 263; Bamberger/Roth/*Wendtland*, § 126 Rn 5; MüKo/*Einsele*, § 126 Rn 8.
34 BGH NJW 1999, 1104; KG NJW-RR 1998, 943 f.; *Schultz*, NZM 1999, 298; *Lenz-Schlößer*, MDR 1998, 1.
35 MüKo/*Einsele*, § 126 Rn 8.
36 Baumbach/Lauterbach/*Hartmann*, ZPO, § 416 Rn 7.
37 BGHZ 109, 244.
38 BGH NJW 2003, 1120; abw. (enger) *Larenz/Wolf*, BGB AT, § 27 Rn 28.
39 Zuweilen wird auch von einer *zeitlichen* Abgrenzung durch die Unterschrift gesprochen, wonach sie das Entwurfsstadium beende (so wohl Jauernig/*Jauernig*, § 126 Rn 2). Aber damit wird dieser Vorgang mit der Abgabe der Willenserklärung vermengt (zutr. *Bork*, BGB AT, Rn 1056 Fn 13).
40 BGHZ 113, 48 ff.; *Köhler*, AcP 182 (1982), 126, 147 ff.; MüKo/*Einsele*, § 126 Rn 9; Palandt/ *Heinrichs*, § 126 Rn 5; Bamberger/Roth/*Wendtland*, § 126 Rn 6; Erman/*Palm*, § 126 Rn 7; RGRK/ *Krüger-Nieland*, § 126 Rn 9.
41 Erman/*Palm*, § 126 Rn 7.
42 BGHZ 113, 48, 51; RGZ 52, 277, 280; Jauernig/ *Jauernig*, § 126 Rn 2; *Weber*, JuS 1991, 543; zweifelnd *Köhler*, in: FS Schippel 1996, S. 209, 220; *ders.*, JZ 1991, 408, 409.
43 BGH NJW 1992, 829, 830 (betr. §§ 416, 440 Abs. 2 ZPO); 1991, 829.
44 RGZ 110, 168.
45 Bamberger/Roth/*Litzenburger*, § 2247 Rn 16; MüKo/*Burkart*, § 2247 Rn 26.
46 BayObLG MDR 1982, 581; FamRZ 1988, 1211; OLG Hamm OLGZ 86, 292; OLG Celle NJW-RR 1996, 1938; Palandt/*Edenhofer*, § 2247 Rn 16.
47 *Mertens*, JZ 2004, 431, 433; *Bork*, BGB AT, Rn 1056; ähnlich die Rspr., die auf die „Wesentlichkeit" abstellen will: BGHZ 140, 218, 221; BGH NJW-RR 1990, 518; 2000, 354, 358; NJW 1973, 37.

befindliche Text so ergänzt, dass er sich als Konkretisierung der bereits ursprünglich enthaltenen – durch Auslegung feststellbaren – Verpflichtungen erweist, ist eine erneute Unterschrift entbehrlich.[48] Dies gilt z.B. für eine hiernach unwesentliche Änderung eines bereits unterschriebenen Vertrages, die dann nicht erneut unterschrieben werden muss, wenn die Beteiligten über die Änderung einig sind und es deren Willen entspricht, dass die Unterschrift für den veränderten Vertragsinhalt Gültigkeit behalten soll.[49] Aus den Gesamtumständen kann sich ergeben, dass die inhaltliche Abschlussfunktion der Unterschrift sich auch auf die Nachträge erstreckt, was für die „Nebenschrift" dann der Fall sein kann, wenn unter der Urkunde kein Platz für die Unterschrift mehr ist.[50] Besonderheiten gelten bei Grundstücksverträgen, die nach erklärter Auflassung formlos geändert werden können.[51]

23 **b) Blankounterschrift.** Für die Einhaltung der Schriftform ist es nicht erforderlich, dass die Unterschrift zeitlich nach Fertigstellung des Textes erfolgt.[52] Der Begriff des Unterschreibens ist im Rahmen des § 126 **nicht zeitlich** zu verstehen. Es ist vielmehr zulässig, dass die Urkunde zunächst blanko unterschrieben und der Text später durch den Aussteller oder einen Dritten oberhalb der Unterschrift eingefügt wird.[53] Zum Bürgschaftsrecht siehe allerdings Rn 26. Die gewohnheitsrechtliche Anerkennung der Blankounterschrift, die vor dem Hintergrund der Abschluss- und Identitätsfunktion der Unterschrift problematisch erscheint, lässt sich dadurch rechtfertigen, dass der Rechtsverkehr auch die Blankounterschrift als Zeichen einer inhaltlichen Bestätigung des in der Urkunde Erklärten ansieht und die Erklärung dem Unterzeichnenden zurechnet.[54]

24 Bei einer **abredewidrigen Ausfüllung** eines freiwillig aus der Hand gegebenen, blanko unterschriebenen Blanketts haftet der Unterzeichnende gutgläubigen Dritten gegenüber gemäß § 172 Abs. 2 analog aufgrund Rechtsscheins.[55] Eine Verpflichtung des Blankettgebers scheidet jedoch aus, wenn sich der Unbefugte das Blankett widerrechtlich verschafft und ausgefüllt hat. In diesem Fall handelt der Unbefugte vollmachtlos unter fremdem Namen.[56]

25 Zulässig ist auch eine **Blankozession**, z.B. die Abtretung einer hypothekarisch gesicherten Forderung, bei welcher der Name des Erwerbers erst nachträglich eingesetzt werden soll. Falls der Erwerber nicht der Kontrahent des Unterzeichnenden ist, erlangt die Verfügung mit der Namenseinsetzung Wirksamkeit.[57]

26 Eine formbedürftige **Bürgschaft** kann allerdings nicht in der Weise wirksam erteilt werden, dass der Bürge eine Blankounterschrift leistet und einen anderen mündlich ermächtigt, die Urkunde zu ergänzen. Dies folgert der BGH in scharfer Abkehr von früherer Rechtsprechung aus dem Sinn und Zweck der Formenstrenge im Bürgschaftsrecht.[58] Eine Blankobürgschaft kann nicht den Zweck erfüllen, das von dem Bürgen übernommene Risiko einzugrenzen.[59] Gleichwohl greift die Rechtsscheinshaftung gemäß § 172 Abs. 2 analog (Rn 24).[60]

27 **c) Namensunterschrift.** Die vom Gesetz ausdrücklich geforderte Namensunterschrift[61] soll den Aussteller erkennbar machen. Aussteller ist, wer die Erklärung in eigener Verantwortung abgibt, sei es in eigenem Namen oder als Vertreter eines Dritten.[62] Der bloße **Schreibgehilfe**, der die Erklärung lediglich mechanisch herstellt, ist nicht als Aussteller anzusehen.[63] Erforderlich ist, dass man die Person des Unterzeichnenden durch den angegebenen Namen nach den Umständen ohne weiteres feststellen kann. Diese Voraussetzung ist i.d.R. erfüllt bei Unterzeichnung mit dem **Familiennamen** ohne Hinzufügung des Vornamens[64] oder bei Unterzeichnung nur mit einem Teil eines Doppelnamens.[65] In Ausnahmefällen kann auch die versehentliche Unterzeichnung mit einem falschen Nachnamen ausreichend sein, z.B. bei der Verwendung des vor der Hochzeit geführten Familiennamens.[66]

---

48 BGH NJW 1994, 2300, 2301; WM 1973, 386, 387.
49 BGH NJW 1973, 37.
50 MüKo/*Einsele*, § 126 Rn 9.
51 BGH NJW 1985, 266; MüKo/*Kanzleiter* § 311b Rn. 59; *Hagen*, in: FS Schippel 1996, S. 173, 177.
52 *Köhler*, BGB AT, § 12 Rn 9; *Bork*, BGB AT, Rn 1648; MüKo/*Einsele*, § 126 Rn 11; RGRK/*Krüger-Nieland*, § 126 Rn 10.
53 BGH NJW 1984, 798; 1994, 2300; RGZ 78, 30; BGHZ 22, 132.
54 RGZ 27, 269, 272 f.
55 BGHZ 132, 119, 127 = NJW 1996, 1467, 1469; BGH NJW 2001, 2968, 2969; *Larenz/Wolf*, BGB AT, § 27 Rn 36; RGRK/*Krüger-Nieland*, § 126 Rn 10.
56 *Flume*, BGB AT Bd. 2, § 15 II 1d; HK-BGB/*Dörner*, § 126 Rn 9; MüKo/*Einsele*, § 126 Rn 11; Jauernig/*Jauernig*, § 126 Rn 6 a.E.
57 RGZ 63, 234; BGHZ 22, 128, 132; RGRK/*Krüger-Nieland*, § 126 Rn 11; Staudinger/*Dilcher*, 12. Aufl., § 126 Rn 14.
58 BGHZ 132, 119, 122 = NJW 1996, 1467; BGH NJW 2000, 1180; abl. *Benedict*, Jura 1999, 78.
59 *Rösler*, NJW 1999, 1150, 1151.
60 BGHZ 132, 119, 127 = NJW 1996, 1467, 1469.
61 *Holzhauer*, a.a.O.; *Köhler*, in: FS Schippel 1996, S. 209 ff.
62 RGZ 77, 191, 192; 76, 191, 193 f.; MüKo/*Einsele*, § 126 Rn 12.
63 MüKo/*Einsele*, § 126 Rn 13.
64 Palandt/*Heinrichs*, § 126 Rn 9; Bamberger/Roth/*Wendtland*, § 126 Rn 7.
65 BGH NJW 1996, 997.
66 BayObLG NJW 1956, 25.

Kaufleute können auch mit ihrer Firma unterzeichnen (§§ 17 Abs. 1, 30 HGB). Ausreichend ist grundsätzlich 28
auch die Unterschrift mit einem tatsächlich geführten Namen (**Künstlername, Pseudonym**), sofern die
Person des Ausstellers dadurch zweifelsfrei festgestellt werden kann.[67] Dies ist der Fall, wenn das Pseudonym im Melderegister und (bei deutschen Staatsbürgern) daraufhin auch im Personalausweis eingetragen
ist.[68] Ansonsten kommt es darauf an, ob es nach den Gesamtumständen einer Person definitiv zugeordnet
werden kann.

Eine wirksame Namensunterschrift liegt nicht vor bei Unterzeichnung mit einer **Verwandtschaftsbezeich-** 29
nung (Eure Mutter, Euer Vater).[69] Durch die Unterzeichnung nur mit dem **Vornamen** wird die Schriftform
grundsätzlich nicht gewahrt. Die Angabe lediglich des Vornamens ist ausreichend, wenn es sich um die
Rechtsgeschäfte naher Angehöriger handelt[70] oder eine Zuordnung nach den Umständen zweifelsfrei möglich
ist. Die früher vertretene Auffassung,[71] dass Fürsten und kirchliche Würdenträger nur mit dem Vornamen zu
unterschreiben bräuchten, ist heute bedeutungslos.[72] Abweichendes gilt für das Testament (§ 2247 Abs. 3
S. 2). Hier kann die Unterzeichnung „in anderer Weise", etwa mit der Angabe einer Verwandtschaftsbezeichnung, des Vornamens oder eines Kosenamens genügen, sofern der Unterzeichner festgestellt werden
kann.[73]

Strengere Anforderungen gelten bei notarieller Beurkundung gem. § 13 BeurkG. Erforderlich ist die Unter- 30
zeichnung wenigstens mit dem Familiennamen. Die Unterschrift nur mit dem Vornamen hat die Unwirksamkeit der von dem Beteiligten abgegebenen Erklärung zur Folge.[74]

Der Name muss ausgeschrieben sein; die Verwendung von Anfangsbuchstaben, einer Paraphe oder von 31
Initialen reicht nicht aus.[75] Auf die **Leserlichkeit** der Unterschrift kommt es nicht an,[76] eine unleserliche
Unterschrift kann sogar ein stärkeres Indiz für die Echtheit der Erklärung sein als eine leserliche.[77] Es muss
sich jedoch um einen Schriftzug handeln, der die Identität des Unterzeichners ausreichend kennzeichnet. Dieses Erfordernis ist erfüllt, wenn er eindeutig ist, charakteristische Merkmale aufweist, die Zusammensetzung
aus Buchstaben erkennen lässt und sich insgesamt als Unterschrift eines Namens darstellt.[78] Es unterliegt
der freien richterlichen Würdigung, ob ein Schriftzug eine Unterschrift darstellt.[79] Sofern der Aussteller aus
einem Kulturkreis kommt, in dem lateinische Schriftzeichen nicht gebräuchlich sind, kann er mit der Schrift
seines Kulturkreises (z.B. kyrillisch, arabisch, japanisch etc.) unterzeichnen.[80]

d) Eigenhändigkeit. Der Aussteller der Urkunde muss diese eigenhändig unterzeichnen.[81] Eigenhändigkeit 32
wird allerdings nur **für die Unterschrift**, nicht für den gesamten Urkundentext verlangt. Der Text kann also
gedruckt oder maschinenschriftlich gefertigt vorliegen, vgl. Rn 10. Eine Ausnahme macht § 2247 Abs. 1 für
das Testament. Erforderlich ist hier eine Gesamtschriftform, die nur dann gewahrt ist, wenn der Erblasser
seine Erklärung eigenhändig geschrieben und unterschrieben hat.[82] Diese weiter gehende Voraussetzung
findet ihre Berechtigung darin, dass das Testament in besonderem Maße die Echtheits-, Abschluss- und
Identitätsfunktionen erfüllen muss, da der Erblasser im Nachhinein nicht mehr zu seinem Testament
befragt werden kann. Durch die eigenhändige Abfassung des gesamten Testaments wird sichergestellt,
dass der Erblasser diese Erklärung tatsächlich zur Kenntnis genommen hat. Eine eigenhändige Unterschrift
gewährleistet dies nicht, da auch ein fremder Text, der möglicherweise nicht gelesen wurde, unterschrieben
werden kann.[83]

Eine **Schreibhilfe** ist zulässig, sofern sie lediglich unterstützend wirkt und der Wille des Ausstellers den 33
Schriftzug bestimmt.[84] Unschädlich ist in diesem Zusammenhang, wenn das Schriftbild mehr dem des

---

[67] BGH NJW 1996, 997; RGRK/*Krüger-Nieland*, § 126 Rn 24; MüKo/*Einsele*, § 126 Rn 16; Palandt/*Heinrichs*, § 126 Rn 9.
[68] *Köhler*, in: FS Schippel 1996, S. 209, 211; wohl a.A. Bamberger/Roth/*Wendtland*, § 126 Rn 7.
[69] RGZ 134, 310.
[70] Abw. Bamberger/Roth/*Wendtland*, § 126 Rn 7.
[71] Staudinger/*Coing*, 11. Aufl., § 126 Rn 13; immer noch: Bamberger/Roth/*Wendtland*, § 126 Rn 7.
[72] *Köhler*, in: FS Schippel 1996, S. 209, 211.
[73] KG FamRZ 1996, 1242 f.; BGHZ 27, 274, 276; MüKo/*Einsele*, § 126 Rn 16; Erman/*Palm*, § 126 Rn 9.
[74] BGH NJW 2003, 1120.
[75] BGH NJW 1967, 2310; 1978, 1255; 1994, 55; OVG Münster NVwZ-RR 1997, 760; *Köhler*, BGB AT, § 12 Rn 8.
[76] BGH DNotZ 1970, 595.
[77] Soergel/*Hefermehl*, § 126 Rn 17; zur (strengeren) Rechtslage bei bestimmten Schriftsätzen BVerfG NJW 1998, 1853 m. krit. Anm *E. Schneider*, NJW 1998, 1844 f.
[78] RGRK/*Krüger-Nieland*, § 126 Rn 25.
[79] BGH NJW 1978, 1255.
[80] *Köhler*, in: FS Schippel 1996, S. 209, 215 f.; Bamberger/Roth/*Wendtland*, § 126 Rn 8; a.A. Staudinger/*Dilcher*, 12. Aufl., § 126 Rn 29.
[81] Palandt/*Heinrichs*, § 126 Rn 7; Bamberger/Roth/*Wendtland*, § 126 Rn 8.
[82] *Rüthers/Stadler*, BGB AT, § 24 Rn 14.
[83] *Rüther/Stadler*, BGB AT, § 24 Rn 14.
[84] BGHZ 47, 68, 71; BGH NJW 1981, 1900, 1901; Palandt/*Heinrichs*, § 126 Rn 7; MüKo/*Einsele*, § 126 Rn 14.

Schreibhelfers als dem des Ausstellers entspricht.[85] Allerdings sollte aus Gründen der besseren Beweisbarkeit der Urheberschaft in den Fällen, in denen der Unterzeichner nicht mehr selbständig ein Schreibgerät führen kann, die Unterschrift besser durch notariell beurkundetes Handzeichen ersetzt werden. Im Fall der *vis absoluta* liegt keine wirksame Unterschrift vor.

34 Die Verwendung einer Nachbildung[86] (**Faksimile**), eines Stempels oder die Abkürzung eines Namens[87] (**Paraphe**) reicht zur Wahrung der Schriftform nicht aus. Die mechanisch hergestellte Unterschrift in Telegrammen erfüllt nicht das Erfordernis der eigenhändigen Unterschrift;[88] dies gilt selbst dann, wenn das Aufgabeformular des Telegramms handschriftlich unterzeichnet war.[89] Die Anforderung der Eigenhändigkeit ist dann erfüllt, wenn ein **individueller Schriftzug** des Unterzeichnenden vorliegt, der entsprechende charakteristische Merkmale aufweist, sich als Wiedergabe eines Namens darstellt und die Absicht einer vollen Unterschriftsleistung erkennen lässt.[90]

35 Um den Bedürfnissen des **Massenverkehrs** Rechnung zu tragen, erklärt das Gesetz in Ausnahmefällen eine vervielfältigte (also keine eigenhändig geleistete) Unterschrift für ausreichend. Dies gilt gemäß § 492 Abs. 1 S. 4 für die Erklärung des Darlehensgebers, gemäß § 793 Abs. 2 S. 1 für Inhaberschuldverschreibungen, gemäß § 13 AktG für die Unterzeichnung von Aktien und Zwischenscheinen und gemäß § 3 Abs. 1 VVG für die Unterschrift auf dem Versicherungsschein. Eine eigenhändige Unterschrift ist ferner entbehrlich nach § 39 Abs. 1 VVG für die Mahnung und Nachfristsetzung wegen nicht rechtzeitiger Zahlung der Folgeprämie sowie in den Fällen des § 43 Nr. 4 VVG. Im Grunde soll die 2001 eingeführte Textform (§ 126b) diese Sachverhalte erfassen, jedoch ist eine Anpassung noch nicht überall erfolgt (vgl. § 126b Rn 1).

36 **e) Handzeichen.** Die eigenhändige Unterschrift kann nach Abs. 1 grundsätzlich durch **notariell beglaubigte** Handzeichen ersetzt werden. Unter einem Handzeichen versteht man jedes eigenhändig gesetzte Zeichen, das keine Schriftzeichen verwendet, z.B. ein Kreuz, ein Fingerabdruck oder Initialen. Dem Unterzeichner steht es frei, welches Handzeichen er verwendet[91] und ob er sich eines Handzeichens oder einer eigenhändigen Unterschrift bedient. Die Möglichkeit der Unterschriftsleistung durch Handzeichen gilt nach allgemeiner Meinung auch dann, wenn der Aussteller schreiben und lesen kann.[92] Für die Verwendung eines Handzeichens müssen keine Gründe angegeben werden.

37 **f) Unterschrift durch Vertreter.** Ein Vertreter darf aufgrund der ihm zustehenden Vertretungsmacht die Urkunde nach ganz h.M. mit dem Namen des Vertretenen unterzeichnen,[93] obwohl es bei diesem Handeln *unter* fremdem Namen gerade um kein Handeln *im* fremden Namen i.S.d. §§ 164 ff. geht. Bedenken gegen diese Praxis folgen auch aus dem Umstand, dass die Identitätsfunktion der Unterschrift nicht erfüllt wird, wenn die Unterschrift nicht von der Person herrührt, deren Name auf dem Papier steht.[94]

38 Der Vertreter kann die Urkunde mit seinem eigenem Namen unterschreiben. In diesem Fall ist die Schriftform jedoch nur gewahrt, wenn sich das Vertretungsverhältnis aus der Urkunde selbst bzw. aus einem Vermerk bei der Unterschrift ergibt.[95] Diesen Anforderungen ist auch genügt, wenn sich das Vertretungsverhältnis aus objektiven, außerhalb der Urkunde liegenden Umständen ergibt.[96] Handelt der Vertreter für mehrere Vertretene, so ist seine einmalige Unterschrift auch ohne einen Zusatz über die einzelnen Vertretungsverhältnisse zur Wahrung der Schriftform ausreichend, wenn sich diese aus der Urkunde selbst ergeben.[97] Auslegungsfrage ist, ob ein Ehepartner mit seiner Unterschrift gleichzeitig auch für den anderen[98] oder ob einer von zwei Gesamtvertretern mit seiner Unterschrift zugleich im Namen des anderen Gesamtvertreters unterschreiben will.[99] Bei einer Bürgschaft reicht es, wenn sie von einem Dritten mit eigenem Namen in Vertretung des Bürgen unterzeichnet wird.[100]

---

85 BGH NJW 1981, 1900, 1901; MüKo/*Einsele*, § 126 Rn 14; Erman/*Palm*, § 126 Rn 11.
86 BGH NJW 1970, 1078; RGZ 74, 399; RGRK/*Krüger-Nieland*, § 126 Rn 22.
87 BGH NJW 1996, 997; 1978, 1255; *Bork*, BGB AT, Rn 1060.
88 Staudinger/*Dilcher*, 12. Aufl., § 126 Rn 19.
89 BGHZ 24, 297.
90 BGH NJW 1996, 997; Palandt/*Heinrichs*, § 126 Rn 9; Bamberger/Roth/*Wendtland*, § 126 Rn 8.
91 MüKo/*Einsele*, § 126 Rn 16.
92 Palandt/*Heinrichs*, § 126 Rn 10.
93 BGHZ 45, 193; st. Rspr. seit RGZ 74, 69.
94 *Köhler*, in: FS Schippel 1996, S. 209, 212; *Holzhauer*, S. 115 ff.; der Rspr. zust. von seinem Ansatz her, wonach es nicht um eine Identitätsfunktion geht, *Larenz/Wolf*, BGB AT, § 27 Rn 28.
95 BGH NJW 2003, 3053, 3054 (Vorinstanz OLG Rostock NJW-RR 2001, 514); OLG Hamm NJW-RR 1999, 232. Weitherziger offenbar *Larenz/Wolf*, BGB AT, § 27 Rn 39, die dies als Frage der Zweckmäßigkeit einstufen.
96 BGH NJW 2003, 3053, 3054; RGZ 96, 286, 289; im Allg. BGHZ 142, 158 = NJW 1999, 2591; BGH, NJW 1999, 3257.
97 RGRK/*Krüger-Nieland*, § 126 Rn 21.
98 BGHZ 125, 175, 178 f.
99 RGZ 106, 268, 269.
100 RG JW 1927, 1361; Soergel/*Hefermehl*, § 126 Rn 18; Staudinger/*Horn*, § 766 Rn 40.

3. Empfangsbedürftige Willenserklärung.
Empfangsbedürftige Willenserklärungen werden nur wirksam, wenn die formgerecht errichtete Willenserklärung dem Erklärungsempfänger zugeht.[101] Dies bedeutet insbesondere, dass eine Urkunde nicht in dem Moment der Unterzeichnung zugeht, es sei denn, der Empfänger hat auf den **Zugang** verzichtet.[102] Der Akt der Unterzeichnung stellt lediglich eine vorbereitende Handlung dar;[103] im Grunde handelt es sich nach wie vor um einen Entwurf. Ob ein **Verzicht auf den Zugang** im Einzelfall möglich ist, hängt von der jeweiligen Formvorschrift ab. Nicht möglich ist ein Verzicht, wenn eine schriftliche Erklärung „erteilt" werden muss (§§ 766 Abs. 1, 780, 781, 1154).[104] Insbesondere gilt § 151 S. 1 auch für formgebundene Erklärungen.[105]

Der **Zugang** erfolgt nach den allgemeinen Grundsätzen für das Wirksamwerden von Willenserklärungen (vgl. § 130 Rn 17, 37 ff.). Hierfür genügt ein Telegramm trotz eigenhändiger Unterzeichnung des Aufgabe(!)telegramms ebenso wenig wie die Übermittlung einer Telefaxkopie der im Original unterschriebenen Urkunde.[106] Durch die Übermittlung eines Telefax werden keine Fristen gewahrt, selbst dann nicht, wenn ihr eine formgültige Erklärung nachfolgt.[107] Erfolgt die formbedürftige Kündigung im Schriftsatz eines Rechtsanwalts, ist es ausreichend, wenn auf dem zugestellten Exemplar der Beglaubigungsvermerk unterschrieben ist.[108]

II. Insbesondere: Schriftform bei Verträgen (Abs. 2)

Der **Grundsatz der Urkundeneinheit** gilt auch und vor allem für den Vertrag.[109] Daher ist für die Einhaltung der Schriftform bei einem Vertrag erforderlich, dass dieser alle vertragsbegründenden Erklärungen enthält und dass alle Vertragsparteien die Urkunde unterzeichnen.[110] Unerheblich ist hierbei, ob die einzelnen Vertragserklärungen getrennt aufgeführt werden oder ausschließlich das Ergebnis der Einigung in dem Urkundentext niedergelegt wird. Der **gesamte Vertragsinhalt** muss von der Unterschrift der Parteien gedeckt sein, so dass es für § 126 nicht ausreicht, dass jeder Vertragspartner nur die von ihm abgegebene Erklärung unterzeichnet.[111] Ebenso wenig genügt die einseitige schriftliche Bestätigung des Vertragsschlusses.[112] Wird der Vertrag auf verschiedenen zusammengehörigen Blättern abgefasst,[113] ist es erforderlich, dass die Unterschrift den Gesamtinhalt deckt.[114]

Die Ausstellung **mehrerer gleich lautender Urkunden** wird für die Parteien nach Abs. 2 S. 2 erleichtert: Es genügt, wenn jede Partei die für die andere Partei bestimmte Urkunde unterzeichnet; die gleichzeitige Unterzeichnung in Gegenwart des Vertragspartners ist nicht erforderlich.[115] Die jeweiligen Urkunden müssen allerdings den gesamten Vertragsinhalt enthalten.[116] Auch hier ist es nicht ausreichend, wenn jede Partei nur die eigene Erklärung, z.B. das Angebot, unterzeichnet.[117] Ebenso wenig genügt in diesem Fall ein Briefwechsel;[118] anders liegt es bei gewillkürter Schriftform, vgl. § 127 Abs. 2 (§ 127 Rn 17 ff.). Neuere verbraucherrechtliche Vorschriften verzichten in Abweichung von Abs. 2 S. 2 auf den einheitlichen Text beider Urkunden, indem sie es genügen lassen, wenn Antrag und Annahme jeweils getrennt schriftlich erklärt werden (§§ 492 Abs. 1 S. 3, 501 S. 1, 507).

Die **Aushändigung** der für die andere Partei bestimmten Urkunde ist nicht mehr Teil des Formerfordernisses.[119] Allerdings wird es bei noch nicht erfolgter Aushändigung bereits an der Abgabe der Erklärung fehlen, bei Erklärungen unter Abwesenden ist gemäß § 130 der Zugang der Schriftstücke erforderlich.[120]

Unterliegt bei einem Vertrag nur die **Erklärung einer Partei** dem Schriftformerfordernis (vgl. § 766 S. 1), genügt es, wenn nur diese die Vertragsurkunde unterzeichnet.[121]

---

101 BGHZ 121, 224, 228 ff.; Palandt/*Heinrichs*, § 126 Rn 11; MüKo/*Einsele*, § 126 Rn 21; HK-BGB/*Dörner*, § 126 Rn 14.
102 Staudinger/*Dilcher*, 12. Aufl., § 126 Rn 6; *Köhler*, in: FS Schippel 1996, S. 209, 218.
103 Soergel/*Hefermehl*, § 126 Rn 14.
104 BGH NJW 1993, 1126 f.; *Köhler*, in: FS Schippel 1996, S. 209, 218; Palandt/*Thomas*, § 766 Rn 4.
105 BGH NJW-RR 1986, 1300, 1301 (zu dem inzwischen aufgehobenen § 34 GWB a.F.).
106 BGHZ 121, 224, 228 ff.; Palandt/*Heinrichs*, § 126 Rn 11.
107 Palandt/*Heinrichs*, § 126 Rn 11.
108 BGH NJW 1987, 395; Palandt/*Heinrichs*, § 126 Rn 11.
109 Soergel/*Hefermehl*, § 126 Rn 7.
110 BGH NJW 2003, 3053, 3054; MüKo/*Einsele*, § 126 Rn 20.
111 RGZ 105, 60,62; BGH NJW 1994, 281; OLG Hamm NJW-RR 1998, 811, 812; Erman/*Palm*, § 126 Rn 13; MüKo/*Einsele*, § 126 Rn 20; HK-BGB/*Dörner*, § 126 Rn 11.
112 MüKo/*Einsele*, § 126 Rn 20.
113 Zur Einheitlichkeit der Urkunde s. BGHZ 142, 160 und Rn 15 ff.
114 RG JW 1924, 796.
115 RGZ 112, 119, 120; 87, 196 ff.; 105, 60, 62.
116 Erman/*Palm*, § 126 Rn 13; RGRK/*Krüger-Nieland*, § 126 Rn 13.
117 Staudinger/*Dilcher*, 12. Aufl., § 126 Rn 16; RGRK/*Krüger-Nieland*, § 126 Rn 12.
118 Soergel/*Hefermehl*, § 126 Rn 20.
119 Staudinger/*Dilcher*, 12. Aufl., § 126 Rn 16.
120 RGZ 46, 243.
121 Bamberger/Roth/*Wendtland*, § 126 Rn 15; Erman/*Palm*, § 126 Rn 13; MüKo/*Einsele*, § 126 Rn 20.

45 Wird der **Vertragstext** nach der Unterzeichnung **geändert,** so bedarf es nicht einer erneuten Unterschrift, wenn die Änderung einvernehmlich vorgenommen wurde und die Unterschriften für den veränderten Vertragsinhalt nach dem Parteiwillen ihre Gültigkeit behalten sollen.[122] Darin liegt eine – bislang wenig praktisch gewordene – Abkehr von einem streng verstandenen Schriftformerfordernis (vgl. auch Rn 22).

III. Elektronische Form (Abs. 3)

46 **1. Ersetzung durch die elektronische Form. a) Bedeutung der Ersetzung.** Abs. 3 gestattet die Ersetzung der gesetzlichen Schriftform des Abs. 1 durch die elektronische Form des § 126a als **gleichwertige Alternative** (vgl. § 126a Rn 3). Die Vorschrift trägt der Tatsache Rechnung, dass im modernen Rechtsverkehr zunehmend moderne Kommunikationstechnologien genutzt und elektronische Willenserklärungen abgegeben werden.[123] Durch die Verwendung der elektronischen Form wird es dem Rechtsverkehr nicht nur ermöglicht, formbedürftige Vorgänge ausschließlich elektronisch zu bearbeiten und aufzubewahren, ohne den Umweg über eine eigenhändig unterzeichnete Urkunde zur Wahrung der gesetzlichen Schriftform gehen zu müssen (sog. Medienbruch),[124] sondern auch, das Risiko einer Fälschung oder Veränderung elektronischer Dokumente zu minimieren.[125] Aus der Regelung der elektronischen Form darf aber keinesfalls der Schluss gezogen werden, dass die Abgabe von Erklärungen auf elektronischem Wege nun grundsätzlich der Einhaltung bestimmter Formvorschriften bedarf. Für das Zustandekommen der meisten privatrechtlichen Verträge ist die Schriftform bzw. die sie ersetzende elektronische Form ohne Bedeutung.[126]

47 **b) Umfang der Ersetzung.** Eine **Ersetzung** durch die elektronische Form ist grundsätzlich (Ausnahmen unter Rn 50 ff.) in den folgenden Fällen eines gesetzlichen Schriftformerfordernisses **im BGB** möglich: §§ 32 Abs. 2, 33 Abs. 1 S. 2, 37 Abs. 1, 81 Abs. 1 S. 1, 111 S. 2, 368 S. 1, 410 Abs. 2, 416 Abs. 2 S. 2, 485 Abs. 4, 505 Abs. 2 S. 1, 550 S. 1 (ggf. i.V.m. 581 Abs. 2),[127] 557 Abs. 1, 557b Abs. 1, 568 Abs. 1, 574b Abs. 1 S. 1, 575 Abs. 1 S. 1, 577 Abs. 3, 585a, 594 S. 3, 594a Abs. 1 S. 3, 594d Abs. 2 S. 3, 594 f, 595 Abs. 4 S. 1, 611a Abs. 4 S. 1, 626 Abs. 2 S. 3 (Textform ausreichend, § 126b Rn 6), 641a Abs. 3 S. 3, 702a Abs. 2, 1128 Abs. 2, 1154 Abs. 1 S. 1, 1904 Abs. 2 S. 2, 1906 Abs. 5 S. 1. Soweit in den §§ 55a, 79, 675a, 1712, 1715, 1791a, 1822, 1893, 1901a BGB von „schriftlich" die Rede ist, sind keine rechtsgeschäftlichen oder geschäftsähnlichen Vorgänge betroffen, so dass sich für Abs. 3 kein Anwendungsbereich ergibt.

48 Die durch **Tarifvertrag** begründeten gesetzlichen Schriftformerfordernisse (§ 125 Rn 7) sind grundsätzlich der Ersetzung durch die elektronische Form zugänglich; bei Inhaltsnormen ist aber bereits die Einhaltung der Textform ausreichend (§ 125 Rn 7). Im Übrigen bleibt es den Tarifvertragsparteien überlassen, ob sie (ebenfalls durch Tarifvertrag) die Ersetzungsbefugnis des Abs. 3 ausschließen wollen.[128] Umgekehrt sind sie aber nicht befugt, die elektronische Form als die einzig mögliche Form vorzuschreiben.

49 Soweit das Gesetz anstelle der gesetzlichen Schriftform die **eigenhändige Unterzeichnung** einer Erklärung vorsieht, ist in entsprechender Anwendung des Abs. 3 ebenfalls die Ersetzung durch die elektronische Form zulässig, vgl. § 18 Abs. 1 S. 1 BRAGO (= § 10 Abs. 1 S. 1 RVG), § 408 Abs. 2 S. 1 HGB.[129]

50 **2. Ausschluss der Ersetzung. a) Ausschluss durch gesetzliche Anordnung.** Die Ersetzung greift grundsätzlich, „soweit sich nicht aus dem Gesetz ein anderes ergibt". In der jeweiligen Formvorschrift kann die Ersetzungsbefugnis ausdrücklich ausgeschlossen werden. Ist das nicht ausdrücklich geschehen, kann sich dennoch ein Ausschluss aus dem Zweck- und Sachzusammenhang der Norm ergeben.

51 **aa) Ausdrücklicher Ausschluss.** Der Gesetzgeber hat die Ersetzung durch die elektronische Form ausdrücklich in den §§ 484 Abs. 1 S. 2, 492 Abs. 1 S. 2,[130] 623,[131] 630 S. 3 (ggf. i.V.m. § 109 Abs. 3 GewO),[132] 761 S. 2, 766 S. 2, 780 S. 2, 781 S. 2 **BGB**, § 2 Abs. 1 S. 3 **NachwG** sowie § 73 S. 3 **HGB** ausgeschlossen.[133] In diesen Fällen sind Erklärungen in elektronischer Form gemäß § 125 S. 1 wegen

---

122 BGH MDR 1973, 404.
123 BT-Drucks 14/4987, S. 10; MüKo/*Einsele*, § 126 Rn 2; Palandt/*Heinrichs*, § 126 Rn 12a.
124 BT-Drucks 14/4987, S. 15; MüKo/*Einsele*, § 126 Rn 2; Soergel/*Marly*, § 126a Rn 1.
125 HK-BGB/*Dörner*, § 126a Rn 1; *Borges*, S. 46 ff.; zu den Risiken *Brisch/Brisch*, in: Hoeren/Sieber, Handbuch Multimedia Recht, 13.3 Rn 1 ff.
126 *Oertel*, MMR 2001, 419.
127 Textform nicht ausreichend, *Mankowski*, ZMR 2002, 481, 484.
128 BT-Drucks 14/4987, S. 15; MüKo/*Einsele*, § 126 Rn 4.
129 BT-Drucks 14/4987, S. 14; MüKo/*Einsele*, § 126 Rn 3; Palandt/*Heinrichs*, § 126 Rn 12a.
130 Bei Ratenlieferungsverträgen ist trotz der Nähe zum Verbraucherkreditvertrag die Ersetzung nicht ausgeschlossen, BGH NJW-RR 2004, 841.
131 Der Ausschluss in § 623 erfasst auch spezialgesetzliche Kündigungstatbestände, selbst wenn diese wie § 15 Abs. 3 BBiG die elektronische Form nicht ausdrücklich ausschließen; nicht erfasst ist jedoch die Befristungsabrede des § 14 Abs. 4 TzBfG, s. *Gotthardt/Beck*, NZA 2002, 876, 877.
132 Zu § 630 S. 3 *Larenz/Wolf*, BGB AT, § 27 Rn 43 f.
133 Zur Vereinbarkeit mit den europarechtlichen Vorgaben *Borges*, S. 640 ff.

Formwidrigkeit nichtig,[134] ggf. kann die Formnichtigkeit aber durch § 242 nach den dafür geltenden allgemeinen Grundsätzen überwunden werden (§ 125 Rn 45 ff.) oder aber eine Umdeutung gemäß § 140 oder ein Schadensersatzanspruch des Gläubigers aus §§ 280 Abs. 1, 311 Abs. 2, 241 Abs. 2 wegen unzureichender Information über die Formbedürftigkeit der Erklärung in Betracht kommen.[135]

Diese **Einschränkungen** im Arbeits-,[136] Verbraucher-, Familien- und Erbrecht sollten der Vorstellung Rechnung tragen, dass die Warnfunktion einer qualifizierten elektronischen Signatur (vgl. § 126a Rn 12) bei einem privaten Rechtsanwender mangels Erfahrung und Verständnis noch hinter der einer eigenhändigen Unterzeichnung eines abgeschlossenen Dokuments zurückbleibt.[137] Diesen Überlegungen kann – auch wenn die beabsichtigte Gleichstellung von elektronischer Form und gesetzlicher Schriftform dadurch zunächst erheblich relativiert wird[138] – trotz der bislang geringen Bedeutung der elektronischen Form allenfalls noch bis zur breiten Einführung der Job-Card bis voraussichtlich 2007 zugestimmt werden, die über eine qualifizierte elektronische Signatur verfügen wird (vgl. § 126a Rn 8). Die dann zu erwartende Vertrautheit der Rechtsanwender mit den Vor- und Nachteilen sowie den rechtlichen Konsequenzen der Nutzung qualifizierter elektronischer Signaturen gebietet eine **Überprüfung der Einschränkungen**. 52

bb) Ausschluss kraft Natur der Sache. Auch durch die Verwendung bestimmter Begriffe in einer Formvorschrift kann die Verwendung der elektronischen Form ausgeschlossen sein. Dies gilt für den in §§ 409 Abs. 1 S. 2, 410 Abs. 1, 783, 793 **BGB**; Art. 1 Nr. 1 **ScheckG**; Art. 1 Nr. 1 **WG** verwendeten Begriff der „Urkunde" (Rn 9 ff.), unter den im Zivilrecht nur verkörperte, ohne weitere technische Hilfsmittel lesbare Gedankenerklärungen fallen,[139] sowie für den in § 6 Abs. 3 S. 1 **SigG**;[140] § 3 Abs. 4 **FernUSG**; §§ 3 Abs. 1, 5a Abs. 1 S. 1 **VVG**[141] verwendeten Begriff der „Aushändigung", der die Übergabe einer verkörperten Erklärung voraussetzt.[142] 53

b) Ausschluss wegen fehlendem Einverständnis. Mit der Formulierung „kann" in Abs. 3 macht der Gesetzgeber deutlich, dass die Ersetzung der gesetzlichen Schriftform durch die elektronische Form nur möglich ist, wenn die beteiligten **Parteien** in ihrer konkreten Rechtsbeziehung den **Gebrauch der elektronischen Form wünschen**.[143] Ein Aufdrängen der elektronischen Form soll es nicht geben, der Empfänger der Erklärung oder bei Verträgen der Vertragspartner muss mit der Ersetzung einverstanden sein.[144] Dies wird auch durch den Vergleich mit den §§ 126 Abs. 4, 127a, 129 Abs. 2 bestätigt, wonach die notarielle Beurkundung die anderen Formen ersetzt und nicht lediglich ersetzen kann.[145] 54

Das **Einverständnis des Erklärungsempfängers** darf nicht mit einer rechtsgeschäftlichen Vereinbarung der beteiligten Parteien verwechselt werden.[146] Es bedarf nicht der gesetzlichen Schriftform, sondern kann auch **formlos** ausdrücklich oder durch schlüssiges Verhalten nach Maßgabe der bisherigen Geschäftsgepflogenheiten durch den Erklärungsempfänger zum Ausdruck gebracht werden.[147] Hiervon kann ausgegangen werden, wenn die Parteien ihren Geschäftsverkehr untereinander elektronisch abwickeln, der Empfänger 55

---

134 *Noack*, DStR 2001, 1893, 1895.
135 *Dörner*, AcP 202 (2002), 363, 386.
136 *Gotthardt/Beck*, NZA 2002, 876.
137 BT-Drucks 14/4987, S. 22; *MüKo/Einsele*, § 126 Rn 5; Ausschluss in §§ 484 Abs. 1 S. 2, 492 Abs. 1 S. 2; § 2 Abs. 1 S. 3 NachweisG beruht auf europarechtlichen Vorgaben; in § 630 S. 3, § 2 Abs. 1 S. 3 NachweisG auch auf Praktikabilitätserwägungen, vgl. AnwK-SchuldR/*Noack*, § 126 Rn 22; MüKo/*Einsele*, § 126 Rn 5 f.
138 *Blaurock/Adam*, ZEuP 2001, 93, 110; *Hähnchen*, NJW 2001, 2831, 2832.
139 *Geis*, in Hoeren/Sieber, Handbuch Multimedia Recht, 13.2 Rn 2; *Czeguhn*, JuS 2004, 124; *Steinbeck*, DStR 2003, 644. Durch § 371 Abs. 1 S. 2 ZPO hat auch der Gesetzgeber zum Ausdruck gebracht, dass elektronische Dokumente keine Urkunden sind, dazu *Fischer-Dieskau/Gitter/Paul/Steidle*, MMR 2002, 709, 710; gegen Wertpapiere in elektronischer Form *Oberndörfer*, CR 2002, 358, 361 f.; gegen Konnossemente in elektronischer Form *Ramming*, VersR 2002, 539 ff.
140 BT-Drucks 14/4662, S. 22; die Aushändigung der Urkunde in § 6 Abs. 3 S. 1 SigG soll durch das geplante 1. SigÄndG der Übermittlung einer Belehrung in Textform weichen (Stand Sommer 2004); zum 1. SigÄndG auch § 126a Rn 10.
141 *Abraham*, NVersZ 2002, 202.
142 MüKo/*Einsele*, § 126 Rn 7.
143 *Noack*, DStR 2001, 1893, 1895.
144 BT-Drucks 14/4987, S. 41; Palandt/*Heinrichs*, § 126a Rn 6; Soergel/*Marly*, § 126a Rn 23; *Larenz/Wolf*, BGB AT, § 27 Rn 42; a.A. *Heinemann*, ZNotP 2002, 414, 418; MüKo/*Einsele*, § 126 Rn 9 f., die das Einverständnis des Erklärungsempfängers lediglich unter dem Gesichtspunkt des Zugangs betrachten und zur Begründung unzutreffend auf das Zugangssicherungsverfahren sowie Erwägungen praktischer Art abstellt; ebenso *Borges*, S. 655, der für § 127 Abs. 2 S. 2 analog eintritt; krit. auch *Steinbeck*, DStR 2003, 644, 645 f.
145 *Jauernig/Jauernig*, § 126a Rn 3.
146 Der Bundesrat hatte vorgeschlagen (BT-Drucks 14/4987, S. 34 f.), die Ersetzungsbefugnis ausdrücklich an eine entsprechende „Vereinbarung" der Parteien zu knüpfen; dies hätte die schwierige und überflüssige Frage nach den Anforderungen an eine vorherige Einigung über den Formgebrauch aufgeworfen; dazu *Boente/Riehm*, Jura 2001, 793, 795.
147 Palandt/*Heinrichs*, § 126a Rn 6; Soergel/*Marly*, § 126a Rn 23; *Steinbeck*, DStR 2003, 644, 645.

die Erklärung erkennbar als wirksam behandelt[148] oder der Empfänger seine E-Mail-Adresse als Korrespondenzmöglichkeit ausdrücklich oder in geschäftlichen Unterlagen angegeben hat.[149] Denn wer einen elektronischen Kommunikationsweg in einer Geschäftsbeziehung eröffnet, muss auch mit dem Zugang rechtserheblicher Erklärungen auf diesem Weg rechnen.[150] Im Zweifelsfall können auch die zur Problematik bei der Bezahlung mit Buchgeld anstelle von Bargeld entwickelten Grundsätze herangezogen werden.[151]

56 Von einem Einverständnis mit der Ersetzung der gesetzlichen Schriftform kann nicht ausgegangen werden, wenn der Erklärende eine elektronische Kommunikationsmöglichkeit nur bei Gelegenheit erfahren oder selbst im Internet recherchiert hat. Insbesondere bei **Verbrauchern** (§ 13) als Empfängern ist bei der Annahme eines schlüssigen Einverständnisses Zurückhaltung geboten.[152] Aus einer fehlenden unverzüglichen Zurückweisung einer in elektronischer Form abgegebenen Willenserklärung darf nicht auf ein Einverständnis mit der Ersetzung geschlossen werden.[153] Diese zurückhaltende Handhabung ergibt sich aus der Eigenart der in elektronischer Form abgegebenen Erklärung. Gegenüber dem Erhalt einer eigenhändig unterschriebenen Urkunde, bei der sich die Prüfung regelmäßig auf das Anschauen von Text und Unterschrift beschränkt, ist die Kontrolle einer in elektronischer Form vorliegenden Erklärung mit mehr Mühe verbunden. Der Empfänger muss zumindest das Zertifikat des Erklärenden bei einem Dritten abfragen, was nicht nur ein gewisses technisches Grundverständnis voraussetzt, sondern häufig auch eine Internet-Verbindung auf Seiten des Empfängers verlangt. Zumindest bei Verbrauchern kann nicht automatisch vom Vorhandensein der erforderlichen technischen Voraussetzungen bzw. Software zur (automatischen) Überprüfung einer elektronischen Signatur ausgegangen werden.[154]

57 **c) Ausschluss im Vereins- und Gesellschaftsrecht.** Im Vereins- und Gesellschaftsrecht muss zwischen Erklärungen gegenüber der juristischen Person und Erklärungen unter Mitgliedern mit Rechtswirkungen für die juristische Person unterschieden werden. Ist Erklärungsempfänger die juristische Person (vgl. § 32 Abs. 2), kann die Satzung der juristischen Person die Ersetzungsbefugnis des Abs. 3 ausschließen. Anderenfalls ist die Ersetzung zulässig; insbesondere fehlt dem Vorstand die Befugnis zur Verwerfung der gesetzlich als gleichrangig gewerteten elektronischen Form. Für Erklärungen unter Mitgliedern oder zwischen ihnen und Dritten, die Rechtswirkungen für die juristische Person entfalten, kann auch durch die Satzung die Ersetzungsbefugnis nicht generell ausgeschlossen werden. Formgerecht abgegebene Erklärungen müssen die Vertretungsorgane der juristischen Person akzeptieren. Dies betrifft insbesondere (Innen-)Vollmachten, die gemäß § 134 Abs. 3 S. 2 AktG grundsätzlich schriftlich zu erteilen sind. Davon strikt zu trennen ist die Frage, ob eine Erklärung in elektronischer Form den Vertretungsorganen der juristischen Person wirksam zugegangen ist (zum Zugang § 126a Rn 51 ff.).

IV. Notarielle Beurkundung (Abs. 4)

58 Nach § 126 Abs. 4 wird die schriftliche Form durch die notarielle Beurkundung ersetzt. Dies gilt für **jede Art von notarieller Beurkundung**.[155] Die Schriftform wird also auch durch eine solche notarielle Beurkundung ersetzt, bei der das Protokoll nicht unterschrieben bzw. nicht vorgelesen zu werden braucht.[156] Ausreichend ist bei einem **gerichtlichen Vergleich** auch die Aufnahme der Erklärungen in ein nach den Vorschriften der ZPO errichtetes Protokoll, da dieses wiederum die notarielle Beurkundung ersetzt (§ 127a). Darüber hinaus können auch bei **fehlerhafter notarieller Beurkundung** die Voraussetzungen der Schriftform erfüllt sein.[157] Zur notariellen Beurkundung im Einzelnen siehe § 128.

---

148 Großzügiger in der Formulierung Palandt/*Heinrichs*, § 126a Rn 6.
149 Jauernig/*Jauernig*, § 126a Rn 3; *Noack*, DStR 2001, 1893, 1895.
150 A.A. *Steinbeck*, DStR 2003, 644, 645 unter Hinweis auf die mit der Bereithaltung von Entschlüsselungsvorrichtungen verbundenen Kosten (?) und der bislang geringfügigen Verbreitung der elektronischen Form.
151 Jauernig/*Jauernig*, § 126a Rn 3.
152 Zustimmend hinsichtlich der restriktiven Herangehensweise bei Verbrauchern *Steinbeck*, DStR 2003, 644, 645; ebenso für den Bereich des Verwaltungsrechts *Roßnagel*, NJW 2003, 469, 473.
153 A.A. *Larenz/Wolf*, BGB AT, § 27 Rn 42: Einverständnis des Empfängers beim Ausbleiben eines unverzüglichen Widerspruchs wird unterstellt.
154 *Noack*, DStR 2001, 1893, 1895.
155 Soergel/*Hefermehl*, § 126 Rn 21.
156 RGZ 76, 191.
157 RGZ 142, 303, 307.

§ 126a Elektronische Form

(1) ¹Soll die gesetzlich vorgeschriebene schriftliche Form durch die elektronische Form ersetzt werden, so muss der Aussteller der Erklärung dieser seinen Namen hinzufügen und das elektronische Dokument mit einer qualifizierten elektronischen Signatur nach dem Signaturgesetz versehen.

(2) ¹Bei einem Vertrag müssen die Parteien jeweils ein gleichlautendes Dokument in der in Absatz 1 bezeichneten Weise elektronisch signieren.

Literatur (vgl. auch bei § 126): *Bacher,* XJustiz – Elektronischer Datenaustausch zwischen Gerichten und Verfahrensbeteiligten, JurPC Web-Dok. 160/2003 (http://www.jurpc.de); *ders.,* Eingang von e-Mail-Sendungen bei Gericht, MDR 2002, 669; *Baum,* Elektronische Signaturen. Risiken und deren Versicherbarkeit in Deutschland nach Umsetzung der Richtlinie des Europäischen Parlaments und des Rates über gemeinsame Rahmenbedingungen für elektronische Signaturen, 2001; *Bieser,* Das neue Signaturgesetz – Die digitale Signatur im europäischen und internationalen Kontext, DStR 2001, 27; *Bitzer/Brisch,* Digitale Signatur. Grundlagen, Funktion und Einsatz, 1999; *Blaurock/Adam,* Elektronische Signatur und europäisches Privatrecht, ZEuP 2001, 93; *Boente/Riehm,* Das BGB im Zeitalter digitaler Kommunikation – Neue Formvorschriften, Jura 2001, 793; *Borges,* Verträge im elektronischen Geschäftsverkehr. Vertragsabschluß, Beweis, Form, Lokalisierung, anwendbares Recht, 2003; *Borghoff/Rödig/Scheffcyzk/Schmitz,* Langzeitarchivierung. Methoden zur Erhaltung digitaler Dokumente, 2003; *Bröhl/Tettenborn,* Das neue Recht der elektronischen Signaturen, 2001; *Catrein,* Moderne elektronische Kommunikation und Verwaltungsverfahrensrecht. Welche Anforderungen hat das Verwaltungsverfahrensgesetz zu erfüllen?, NWVBl 2001, 50; *Czeguhn,* Beweiswert und Beweiskraft digitaler Dokumente im Zivilprozess, JuS 2004, 124; *Dästner,* Neue Formvorschriften im Prozessrecht, NJW 2001, 3469; *Dörner,* Rechtsgeschäfte im Internet, AcP 202 (2002), 363; *Dreßel/Viefhues,* Gesetzgeberischer Handlungsbedarf für den elektronischen Rechtsverkehr – werden die wahren Probleme gelöst?, K&R 2003, 434; *Ebbing,* Schriftform und E-Mail, CR 1996, 271; *Ernestus,* JobCard – Schlüssel zur elektronischen Kommunikation? Ein Fachverfahren könnte den Weg für den Durchbruch der elektronischen Signatur ebnen!, DuD 2004, 404; *Ernst,* Beweisprobleme bei E-Mail und anderen Online-Willenserklärungen, MDR 2003, 1091; *Fischer-Dieskau,* Der Referentenentwurf zum Justizkommunikationsgesetz aus Sicht des Signaturrechts, MMR 2003, 701; *Fischer-Dieskau/Gitter/Hornung,* Die Beschränkung des qualifizierten Zertifikats. § 7 Abs. 1 Nr. 7 SigG als wichtiges Mittel der Risikokalkulation, MMR 2003, 384; *Fischer-Dieskau/Gitter/Paul/Steidle,* Elektronisch signierte Dokumente als Beweismittel im Zivilprozess, MMR 2002, 709; *Fischer-Dieskau/Roßnagel/Steidle,* Beweisführung am seidenen Bit-String? – Die Langzeitaufbewahrung elektronischer Signaturen auf dem Prüfstand, MMR 2004, 451; *Gassen,* Digitale Signaturen in der Praxis, 2003; *Geis,* Die neue Signaturverordnung: Das Sicherheitssystem für digitale Kommunikation, K&R 2002, 59; *ders.,* Die elektronische Signatur: eine internationale Architektur der Identifizierung im E-Commerce, MMR 2000, 667; *Göttlinger,* Notariat und Grundbuchamt im elektronischen Zeitalter, DNotZ 2002, 743; *Gotthardt/Beck,* Elektronische Form und Textform im Arbeitsrecht, NZA 2002, 876; *Hähnchen,* Das Gesetz zur Anpassung der Formvorschriften des Privatrechts und anderer Vorschriften an den modernen Rechtsgeschäftsverkehr, NJW 2001, 2831; *Häublein,* Zustellungsrecht – Zustellung von „Anwalt zu Anwalt" nach der Reform, MDR 2002, 563; *Hansen,* Das elektronische Transaktionssiegel. Eine Alternative für qualifizierte elektronische Signaturen?, DuD 2004, 233; *Heinemann,* Neue Formvorschriften im Privatrecht: Ein Jahr „Gesetz zur Anpassung der Formvorschriften des Privatrechts und anderer Vorschriften an den modernen Rechtsgeschäftsverkehr, ZNotP 2002, 414; *Herwig,* Zugang und Zustellung in elektronischen Medien, MMR 2001, 145; *Hoeren* (Hrsg.), Rechtsfragen der digitalen Signatur, 1999; *Hoeren/Sieber* (Hrsg.), Handbuch Multimedia Recht. Rechtsfragen des elektronischen Geschäftsverkehrs, 7. EL 2004; *Horn,* Verbraucherschutz bei Internetgeschäften, MMR 2002, 209; *Hornung/Roßnagel,* Die JobCard – „Killer-Applikation" für die elektronische Signatur?, K&R 2004, 263; *Jungermann,* Der Beweiswert elektronischer Signaturen, 2002; *Krüger,* Das Justizkommunikationsgesetz – weitere Schritte zum „elektronischen Rechtsverkehr", ZVI 2004, 162; *Krüger/Bütter,* „Justitia goes online!" – Das Justizkommunikationsgesetz: Stand der Entwicklung, MDR 2003, 181; *Lückmann/Aclams,* Die elektronische Signatur in der Rechtspraxis, K&R 2002, 8; *Mankowski,* Zum Nachweis des Zugangs bei elektronischen Erklärungen, NJW 2004, 1901; *Mayer/Miedbrodt,* E-Commerce – Digitale Signaturen in der Praxis, MDR 2001, 432; *Noack,* Digitaler Rechtsverkehr: Elektronische Signatur, elektronische Form und Textform, DStR 2001, 1893; *Nowak,* Der elektronische Vertrag – Zustandekommen und Wirksamkeit unter Berücksichtigung des neuen „Formvorschriftenanpassungsgesetzes", MDR 2001, 841; *Oberndörfer,* Digitale Wertpapiere im Licht der neuen Formvorschriften des BGB, CR 2002, 358; *Oertel,* Elektronische Form und notarielle Aufgaben im elektronischen Rechtsverkehr, MMR 2001, 419; *Püls,* Signatur statt Siegel? – Notarielle Leistungen im elektronischen Rechtsverkehr, DNotZ Sonderheft 2002, 168; *Ramming,* Bedeutung der neuen §§ 126 III, 126a BGB die Ausstellung elektronischer Konnossemente?, VersR 2002, 539; *Rapp,* Rechtliche Rahmenbedingungen und Formqualität elektronischer Signaturen, 2002; *Rosenbach,* Erläuterungen und Anmerkungen zum Entwurf eines Gesetzes zur Änderung des Verwaltungsverfahrensgesetzes, DVBl 2001, 332; *Roßnagel,* Qualifizierte elektronische Signatur mit Einschränkungen für das Besteuerungsverfahren, K&R 2003, 379; *ders.,* Die fortgeschrittene elektronische Signatur, MMR 2003, 164; *ders.,* Das neue Recht elektronischer Signaturen, NJW 2001, 1817; *Roßnagel* (Hrsg.), Die elektronische Signatur in der öffentlichen Verwaltung, 2002; *Roßnagel/Fischer-Dieskau,* Automatisiert erzeugte elektronische Signaturen, MMR 2004, 133; *Roßnagel/Fischer-Dieskau/Pordesch/Brandner,* Erneuerung elektronischer Signaturen. Grundfragen der Archivierung elektronischer Dokumente, CR 2003, 301; *Scheffler/Dressel,* Vorschläge zur Änderung zivilrechtlicher Formvorschriften und ihre Bedeutung für den Wirtschaftsverkehr, CR 2000, 378; *Schliesky,* Auswirkungen des E-Government auf Verfahrensrecht und kommunale Verwaltungsstrukturen, NVwZ 2003, 1322; *Schmidl,* Die elektronische Signatur. Funktionsweise, rechtliche Implikationen, Auswirkungen der EG-Richtlinie, CR 2002, 508; *Schoenfeld,* Klageeinreichung in elektronischer Form, DB 2002, 1629; *Scholz,* Die Einführung elektronischer Handelsregister im Europarecht, EuZW 2004, 172; *Skrobotz,* „Lex Deutsche Bank": Das 1. SigÄndG. Anmerkungen zum Entwurf eines Ersten Gesetzes zur Änderung des Signaturgesetzes, DuD 2004, 410; *ders.,* Probleme des elektronischen Verwaltungsakts. Anmerkungen zum Entwurf des 3. VwVfG-Änderungsgesetzes, JurPC Web-Dok. 86/2002 (http://www.jurpc.de); *Splittgerber,* Die elektronische Form von bestimmenden Schriftsätzen, CR 2003, 23; *Steinbeck,* Neue Formvorschriften im BGB, DStR 2003, 644; *Stellmann/Süss,*

Abschluss von Mietverträgen via Internet?, NZM 2001, 969; *Taupitz/Kritter*, Electronic Commerce – Probleme bei Rechtsfragen im Internet, JuS 1999, 839; *Thomale*, Die Haftungsregelung nach § 11 SigG, MMR 2004, 80; *Viefhues/Hoffmann*, ERVG: Gesetz zur Verhinderung des elektronischen Rechtsverkehrs?, MMR 2003, 71; *Viefhues/Volesky*, Elektronischer Rechtsverkehr – wird die Chance genutzt?, K&R 2003, 59; *Wiebe*, Die elektronische Willenserklärung. Rechtsgeschäftliche Grundlagen des elektronischen Geschäftsverkehrs, 2002.

A. Allgemeines 1	V. Hinzufügung einer qualifizierten elektronischen Signatur 46
I. Entstehungsgeschichte 1	VI. Vertragsschluss unter Verwendung der elektronischen Form (Abs. 2) 48
II. Bedeutung 3	**D. Weitere praktische Hinweise** 51
III. Formfunktionen 11	I. Zugang von Erklärungen in elektronischer Form 51
B. Elektronische Signatur 13	II. Zurechnung, Stellvertretung, Haftung 53
I. Signaturgesetz 13	1. Als nicht abgegeben geltende Erklärungen 54
II. Formen der elektronischen Signatur 14	2. Stellvertretung bei Erklärungen in elektronischer Form 55
1. Einfache elektronische Signatur ... 15	a) Verwendung eines eigenen Zertifikats durch den Vertreter 56
2. Fortgeschrittene elektronische Signatur . 16	b) Verwendung des Zertifikats des Vertretenen durch einen Dritten 58
3. Qualifizierte elektronische Signatur 18	3. Haftung bei Missbrauch der elektronischen Form 65
a) Qualifizierungskriterien 19	a) Haftung des Zertifizierungsdiensteanbieters 65
aa) Beruhen der Signatur auf einem gültigen qualifizierten Zertifikat 19	b) Haftung des Inhabers der elektronischen Signatur 70
bb) Erzeugung der Signatur mit einer sicheren Signaturerstellungseinheit 22	c) Haftung des missbräuchlichen Verwenders der elektronischen Signatur 71
b) Beschränkung der Signatur auf bestimmte Anwendungen 23	III. Rechtsfolgen und Prozessuales 72
c) „Akkreditierte" elektronische Signatur 25	1. Rechtsfolgen 72
III. Funktionsweise qualifizierter elektronischer Signaturen 27	2. Beweislast und Beweisführung 73
IV. Möglichkeit der Verschlüsselung elektronischer Dokumente 33	a) Allgemeines 73
V. Internationale Anerkennung elektronischer Signaturen 34	b) Anscheinsbeweis des § 292a ZPO .. 74
VI. Archivierung elektronisch signierter Dokumente 36	c) Beweisführung 77
C. Regelungsgehalt 39	IV. Elektronische Form und elektronische Signatur im Zivilprozess 79
I. Erklärung 39	1. Einreichung elektronischer Schriftsätze . 79
II. Aussteller 41	2. Zustellung elektronischer Dokumente .. 83
III. Hinzufügung des Namens des Ausstellers .. 42	
IV. Elektronisches Dokument 44	
1. Träger digitaler Daten 44	
2. Speicherung auf Datenträger zur dauerhaften Wiedergabe 45	

A. Allgemeines

I. Entstehungsgeschichte

1 Die Vorschrift wurde gemeinsam mit §§ 126 Abs. 3, 126a und 127 Abs. 3 durch das **Gesetz zur Anpassung der Formvorschriften des Privatrechts** und anderer Vorschriften an den modernen Rechtsverkehr vom 13.7.2001[1] eingefügt und ist zum **1.8.2001** in Kraft getreten.[2] Gemeinsam mit dem die technischen Voraussetzungen regelnden SigG vom 16.5.2001 (Rn 13), das zugleich den Rechtsrahmen für die Verwendung elektronischer Signaturen vorgibt, bilden diese Vorschriften die Grundlage für den elektronischen Rechtsverkehr.

2 Die Vorschriften dienen der **Umsetzung der EU-Richtlinie 99/93/EG** über gemeinschaftliche Rahmenbedingungen für elektronische Signaturen vom 13.12.1999,[3] nicht aber der Umsetzung des Art. 9 der EU-Richtlinie über bestimmte Aspekte der Dienste der Informationsgesellschaft, insbesondere des elektronischen Geschäftsverkehrs, im Binnenmarkt vom 8.6.2000,[4] die die Mitgliedstaaten dazu verpflichtet, Möglichkeiten des wirksamen Vertragsschlusses auf elektronischem Weg sicherzustellen.[5] Denn auch für die durch elektronische Übermittlung von Willenserklärungen geschlossenen Rechtsgeschäfte gilt der Grundsatz der

---

[1] FormVAnpG (BGBl I 2001 S. 1542).
[2] Zum Gesetzgebungsverfahren *Roßnagel*, NJW 2001, 1817, 1818.
[3] Sog. Signaturrichtlinie, Umsetzungsfrist 21.7.2001 (ABlEG 2000 Nr. L 13 S. 12), abgedruckt in NJW 2000, Beilage zu Heft 36; dazu *Borges*, S. 99 ff.; *Bieser*, DStR 2001, 27; *Lüdemann/Aclams*, K&R 2002, 8 f.
[4] Sog. E-Commerce-Richtlinie, Umsetzungsfrist 16.1.2002 (ABlEG 2000 Nr. L 178 S. 1).
[5] *Heinemann*, ZNotP 2002, 414, 416; a.A. Soergel/Marly, § 126a Rn 2; *Krüger/Bütter*, MDR 2003, 181; *Roßnagel*, NJW 2001, 1817, 1818; umfassend *Borges*, S. 635 ff.

Formfreiheit (§ 125 Rn 1), womit die im E-Commerce besonders bedeutsamen Kauf- und Dienstverträge auch schon vor Einführung der elektronischen Form wirksam durch den Austausch elektronisch übermittelter Willenserklärungen abgeschlossen werden konnten. Bei der Regelung der „elektronischen Form" im Allgemeinen Teil des BGB handelt es sich damit weniger um die Umsetzung der E-Commerce-Richtlinie, als vielmehr um einen Akt (unter dem Gesichtspunkt des E-Commerce) symbolischer Gesetzgebung.

II. Bedeutung

Die elektronische Form ist ein **Sonderfall der gesetzlichen Schriftform** und keine eigenständige Form.[6] Ihr Anwendungsbereich entspricht grundsätzlich dem der gesetzlichen Schriftform (zu den Einschränkungen siehe § 126 Rn 50 ff.). Kern der elektronischen Form ist die **qualifizierte elektronische Signatur** i.S.d. § 2 Nr. 3 SigG.[7] Während die Anbringung einer elektronischen Signatur im Allgemeinen lediglich der Sicherung der Unverfälschtheit eines elektronischen Dokuments dient, kommt ihr in § 126a darüber hinaus die Funktion eines Ersatzes für die eigenhändige Unterzeichnung bei der gesetzlichen Schriftform zu.

Die **technischen Voraussetzungen** der qualifizierten elektronischen Signatur werden durch eine dynamische Verweisung in das SigG in Abs. 1 eingebunden.[8] Im Unterschied zur gesetzlichen Schriftform ist es aber bei der elektronischen Form mit der Anbringung einer qualifizierten elektronischen Signatur nicht getan, vielmehr bedarf es zur Authentifikation und Identifikation des Erklärenden einer komplexen technischen Infrastruktur (vgl. Rn 27 ff.).[9]

In der **Praxis** ist die elektronische Form bislang **weitgehend bedeutungslos** geblieben,[10] obwohl mit der Regelung einer digitalen Signatur im SigG 1997 (vgl. Rn 13) Deutschland als erster Mitgliedstaat der EU die Grundlagen für den Einsatz elektronischer Signaturen geschaffen hatte.[11] Zwischenzeitlich ist die qualifizierte elektronische Signatur durch wortgleiche Regelungen etwa in den § 46b **ArbGG**, § 77a Abs. 1 **FGO**, § 108a Abs. 1 **SGG**, § 86a **VwGO** und **§ 130a ZPO** fester Bestandteil des deutschen **Prozessrechts** geworden (zum Zivilprozessrecht näher Rn 79 ff.). Ausgenommen sind lediglich der Strafprozess und das (gerichtliche) Ordnungswidrigkeitenverfahren.

Ihre hauptsächlichen Einsatzgebiete werden elektronische Form und qualifizierte elektronische Signatur in den kommenden Jahren neben dem Prozessrecht vornehmlich im **öffentlichen Recht**[12] und im **Steuerrecht** (beispielsweise bei der Abgabe und Bearbeitung von Steuererklärungen)[13] finden. Durch die zum 1.2.2003 in Kraft getretene Regelung des § 3a VwVfG sowie die korrespondierenden Änderungen im VwVfG und besonderen Verwaltungsrecht (unter Berücksichtigung der Sonderregelung des § 1 Abs. 3 SigG) ist die vollständige elektronische Durchführung von Verwaltungsverfahren (**E-Government**) sowie die Möglichkeit des elektronischen Verwaltungsaktes Realität geworden.[14] Im Steuerrecht verlangt § 14 Abs. 3 Nr. 1 UStG die Verwendung einer akkreditierten elektronischen Signatur (vgl. Rn 25).

Dies ändert aber nichts daran, dass die qualifizierte elektronische Signatur als **Basistechnologie des elektronischen Rechtsverkehrs**[15] für den durchschnittlichen Verbraucher noch zu kompliziert und unübersichtlich ist, was die bisher nur spärliche Verbreitung der qualifizierten elektronischen Signatur bestätigt.[16] Hieraus kann aber keinesfalls der Schluss gezogen werden, dass der Aufwand zur Einhaltung der Voraussetzungen der elektronischen Form den Anwenderkreis faktisch auf Wirtschaftsunternehmen beschränken würde[17] oder der Gesetzgeber auf ein Verfahren gesetzt hätte, das sich nicht flächendeckend durchzusetzen vermag.[18] Denn die Selbstverständlichkeit, mit der heute Kommunikationstechnologien auch von der breiten Masse der Verbraucher genutzt werden, die noch vor wenigen Jahren undenkbar waren (etwa Mobiltelefone, E-Mail und Internet[19]), belegt, wie schnell der Verbraucher sich an gewandelte (und zumeist erhöhte) Anforderungen anpassen kann.

---

6 BT-Drucks 14/4987, S 12.
7 Der Begriff der qualifizierten elektronischen Signatur wird zudem in § 309 Nr. 12b aufgegriffen.
8 Zur Zulässigkeit dieses Vorgehens vgl. MüKo/ *Einsele*, § 126a Rn 7.
9 Jauernig/*Jauernig*, § 126a Rn 1; *Noack,* DStR 2001, 1983.
10 Ähnlich krit. Soergel/*Marly*, § 126a Rn 1.
11 Blaurock/*Adam*, ZEuP 2001, 93, 107 f.; zum SigG 1997 *Borges*, S. 120 ff.
12 § 15 VgV sieht im Vergaberecht die Möglichkeit zur Nutzung qualifizierter elektronischer Signaturen vor; zur elektronischen Vergabe *Müller*, NJW 2004, 1768.

13 Bis zum 31.12.2005 als „qualifizierte elektronische Signatur mit Einschränkungen", dazu *Roßnagel*, K&R 2003, 379.
14 Dazu ausf. *Roßnagel*, NJW 2003, 469; *Schliesky*, NVwZ 2003, 1322; *Skrobotz*, JurPC Web-Dok. 86/ 2002; *Storr*, MMR 2002, 579.
15 *Roßnagel*, NJW 2001, 1817.
16 *Lüdemann/Aclams*, K&R 2002, 8, 11 f.
17 Jauernig/*Jauernig*, § 126a Rn 2.
18 *Heinemann*, ZNotP 2002, 414, 426.
19 Vgl. für die Entwicklung 1998 bis 2001 *Nowak*, MDR 2001, 841.

§ 126a

8 Spätestens mit dem Vorantreiben zahlreicher Signaturverfahren durch das von Staat und Wirtschaft gegründete „Bündnis für elektronische Signaturen"[20] und der Einführung der **JobCard** für etwa 40 Millionen Arbeitnehmer in Deutschland ab dem 01.01.2006,[21] deren Konzeption zwingend das Vorhandensein qualifizierter elektronischer Signaturen bei den Arbeitnehmern voraussetzt, werden die Startschwierigkeiten von elektronischer Signatur und elektronischer Form vergessen und deren Nutzung annähernd so selbstverständlich sein wie die Nutzung der Schriftform auch für nicht kraft Gesetzes formbedürftige Rechtsgeschäfte. Die elektronische Form als fester Bestandteil der zivilrechtlichen Formvorschriften wird damit in naher Zukunft deutlich an Bedeutung gewinnen. Dasselbe gilt für die der elektronischen Form zugrunde liegende qualifizierte bzw. akkreditierte elektronische Signatur.[22]

9 Weitreichende Änderungen werden sich durch das voraussichtlich 2005 in Kraft tretende **Justizkommunikationsgesetz** (JustizKomG, vormals Elektronisches Rechtsverkehrsgesetz, ERVG) ergeben, für das am 28.7.2004 der Regierungsentwurf vorgelegt wurde.[23] Mit dem JustizKomG sollen der Zivilprozess und die Fachgerichtsbarkeiten für eine elektronische Aktenbearbeitung in zukunftssicherer Form – allerdings unter Ausklammerung des Zwangsvollstreckungsrechts[24] – geöffnet (**E-Justice**)[25] und zugleich die Voraussetzungen für die Umsetzung der Initiative „BundOnline 2005"[26] geschaffen werden. Ähnliche Bedeutung wird den bereits aufgrund europarechtlicher Vorgaben in der zum 4.9.2003 in Kraft getretenen Änderung der 1. gesellschaftsrechtlichen Richtlinie[27] bis zum 31.12.2006 notwendigen gesetzlichen Änderungen zur Einführung eines vollständig elektronisch geführten Handelsregisters zukommen.[28]

10 Während elektronische Form und qualifizierte bzw. akkreditierte elektronische Signatur also trotz ihrer seit nunmehr drei Jahre bestehenden Verankerung im BGB bislang nur ein Schattendasein führen, ist absehbar, dass in wenigen Jahren **elektronische Kommunikation für Verbraucher und Unternehmer** wie selbstverständlich einhergehen wird mit elektronischer Signatur. Angesichts dieser zu erwartenden praktischen Bedeutung werden die Formvorschriften selbst, ebenso aber die begleitenden Regelungen in den Verfahrensordnungen vielfach im Mittelpunkt juristischer Fragestellungen stehen. Dies bestätigt bereits die kontrovers geführte Diskussion um die im 1. SigÄndG[29] vorgesehene Senkung des Sicherheitsniveaus der qualifizierten elektronischen Signatur, mit der die Beantragung und Ausgabe von Signaturkarten mit qualifizierten elektronischen Signaturen im elektronischen Verfahren ermöglicht werden soll.

III. Formfunktionen

11 Durch ihre technische Ausgestaltung gewährleistet die der elektronischen Form zugrunde liegende qualifizierte elektronische Signatur (Rn 18 ff.) einen **Sicherheitsstandard**, der nicht hinter dem der gesetzlichen Schriftform zurückbleibt und ihren Funktionen (vgl. § 125 Rn 9 f.) im Wesentlichen genügt, sog. **Funktionenäquivalenz**.[30] Mittels der qualifizierten elektronischen Signatur wird eine eindeutige Verbindung zwischen dem Aussteller und seiner Erklärung hergestellt; in Verbindung mit dem ihr zugrunde liegenden qualifizierten Zertifikat (Rn 19) ermöglicht sie die Identifikation des Ausstellers (Identitätsfunktion).[31] Da die Anbringung der qualifizierten elektronischen Signatur erst nach Fertigstellung der Erklärung erfolgt, gewährleistet sie zugleich die Vollständigkeit und Abgeschlossenheit der Erklärung (Abschlussfunktion).[32] Das Risiko einer **Fälschung oder missbräuchlichen Verwendung** der qualifizierten elektronischen Signatur ist nicht größer als bei der gesetzlichen Schriftform.[33] Mittels des öffentlichen Signaturprüfschlüssels (Rn 28 f.)

---

20 http://www.signaturbuendnis.de; so sollen Gesundheitskarte (Einführung bis 2006, http://www.dimdi.de/de/ehealth/karte/) und digitaler Personalausweis mit qualifizierten elektronischen Signaturen ausgestattet werden.
21 http://job-card.teamarbeit-fuer-deutschland.de/; dazu *Ernestus*, DuD 2004, 404; *Hornung/Roßnagel*, K&R 2004, 263.
22 Als Alternative zur qualifizierten elektronischen Signatur wurde im April 2003 ein sog. elektronisches Transaktionssiegel (ETS) vorgestellt, dass für jeden einzelnen Signaturvorgang gesondert die Identität des Verwenders bestätigt; dazu *Hansen*, DuD 2004, 233.
23 Download: http://www.bmj.bund.de/media/archive/720.pdf.
24 Zu Recht krit. *Krüger*, ZVI 2004, 162, 167.
25 Dazu *Dreßel/Viefhues*, K&R 2003, 434; *Fischer-Dieskau*, MMR 2003, 701; *Krüger*, ZVI 2004, 162; *Krüger/Bütter*, MDR 2003, 181; *Viefhues/Hoffmann*, MMR 2003, 71; *Viefhues/Volesky*, K&R 2003, 59.
26 http://www.bund.de/BundOnline-2005-.6164.htm.
27 2003/58/EG (ABIEG 2003 Nr. L 221 S. 13–16), Zusammenfassung: http://europa.eu.int/scadplus/leg/de/lvb/l26003.htm.
28 Dazu *Scholz*, EuZW 2004, 172.
29 Gesetzentwurf der Bundesregierung, BT-Drucks 15/3417: http://dip.bundestag.de/btd/15/034/1503417.pdf; dazu *Skrobotz*, DuD 2004, 410.
30 Eingehend *Borges*, S. 578 ff., 612 ff.; ferner Palandt/*Heinrichs*, § 126a Rn 5; Soergel/*Marly*, § 126a Rn 21.
31 MüKo/*Einsele*, § 126a Rn 22; *Steinbeck*, DStR 2003, 644, 648; zweifelnd *Boente/Riehm*, Jura 2001, 793, 797; *Hähnchen*, NJW 2001, 2831.
32 Bamberger/Roth/*Wendtland*, § 126a Rn 6; MüKo/*Einsele*, § 126a Rn 22.
33 Palandt/*Heinrichs*, § 126a Rn 5; zweifelnd *Heinemann*, ZNotP 2002, 414, 419; *Skrobotz*, JurPC Web-Dok. 86/2002 Abs. 30.

wird dem Empfänger der Erklärung die Überprüfung von Authentizität der Erklärung und Identität des Erklärenden ermöglicht, womit die Beweisfunktion ebenfalls gewahrt ist;[34] der **Beweiswert** der elektronischen Form liegt angesichts des in § 292a ZPO gesetzlich normierten Anscheinsbeweis sogar über dem einer eigenhändig unterzeichneten Urkunde (vgl. Rn 74 ff.).[35]

Die **Warnfunktion** wird zunächst durch die Belehrung des Zertifizierungsdiensteanbieters über die Wirkung einer qualifizierten elektronischen Signatur gemäß § 6 Abs. 2 SigG (Rn 20), dann durch die Prozedur der Installation der Hard- und Software zur Verwendung der qualifizierten elektronischen Signatur, später auch je nach verwendeter Hard- und Software durch entsprechende Hinweise vor der Signierung eines elektronischen Dokuments (vgl. Rn 30) gewährleistet. Angesichts der Möglichkeit zur weitgehenden Automatisierung der Verwendung qualifizierter elektronischer Signaturen bleibt allerdings die Frage offen, ob die elektronische Form stets den mit der gesetzlichen Schriftform verbundenen Schutz des Ausstellers vor Übereilung und die Funktion des Warnens in vollem Umfang gewährleisten kann,[36] zumal der Benutzer nach einiger Zeit regelmäßiger Nutzung der Signatur auch für nicht formbedürftige Erklärungen kaum mehr daran denken wird, dass er mit der elektronischen Signierung eine der eigenhändigen, handschriftlichen Unterzeichnung gleichwertige Handlung vornimmt. Allerdings kann auch die eigenhändige Unterschrift zu einem weitgehend „automatischen" Vorgang im Rechtsverkehr werden, so dass die Erfüllung der Warnfunktion durch eigenhändige Unterschrift oder Verwendung einer qualifizierten elektronischen Signatur maßgeblich von subjektiven Wertungen des Erklärenden abhängt.[37]

B. Elektronische Signatur

I. Signaturgesetz

Das **Gesetz über Rahmenbedingungen für elektronische Signaturen und zur Änderung weiterer Vorschriften** (SigG)[38] vom 16.5.2001 ist am 22.5.2001 in Kraft getreten und löste zugleich das frühere SigG vom 22.7.1997[39] ab.[40] Es wird ergänzt durch die im Rahmen des § 24 SigG erlassene SigV[41] vom 16.11.2001, die am 22.11.2001 in Kraft getreten ist.[42] Mit dem SigG und der SigV wurde die Signaturrichtlinie der EU (Rn 2) umgesetzt. Das technik- und gewerberechtliche SigG i.V.m. der SigV regelt die **Sicherungsinfrastruktur** für die Verwendung elektronischer Signaturen und gibt in § 2 SigG die Begrifflichkeiten des Signaturrechts vor.[43] Der Begriff der digitalen Signatur, der noch im SigG 1997 Verwendung fand, erfasst lediglich die auf der sog. Public-Key-Infrastruktur (PKI, dazu Rn 28) beruhenden Signaturverfahren und sollte angesichts der dem SigG grundsätzlich immanenten Neutralität gegenüber einer bestimmten technischen Ausgestaltung des Signaturverfahrens nicht mehr verwendet werden.[44]

II. Formen der elektronischen Signatur

§ 2 Nr. 1 SigG beschreibt die sog. einfache elektronische Signatur, von der sich die in § 2 Nr. 2 SigG beschriebene fortgeschrittene und die in § 2 Nr. 3 SigG beschriebene qualifizierte elektronische Signatur durch das Hinzufügen weiterer Anforderungen unterscheiden. Dabei besteht hinsichtlich der Sicherheit sowie der Anforderungen an die Wirksamkeit zwischen einfacher, fortgeschrittener und qualifizierter elektronischer Signatur ein **Stufenverhältnis**. Die qualifizierte elektronische Signatur, auf die Abs. 1 verweist, umfasst zugleich sämtliche Merkmale der fortgeschrittenen und der einfachen elektronischen Signatur. Auch wenn das SigG Legaldefinitionen von einfacher und fortgeschrittener elektronischer Signatur enthält, beschränkt sich sein materieller Anwendungsbereich mit Ausnahme der §§ 1 Abs. 2, 14 (Datenschutz) SigG auf qualifizierte elektronische Signaturen.[45]

---

34 Bamberger/Roth/*Wendtland*, § 126a Rn 6; Palandt/*Heinrichs*, § 126a Rn 5.
35 MüKo/*Einsele*, § 126a Rn 23; *Steinbeck*, DStR 2003, 644, 648.
36 Zweifelnd MüKo/*Einsele*, § 126a Rn 24; *Heinemann*, ZNotP 2002, 414, 417; *Oertel*, MMR 2001, 419, 421; *Skrobotz*, JurPC Web-Dok 86/2002 Abs. 31.
37 Zur Warnfunktion *Steinbeck*, DStR 2003, 644, 648 f.
38 BGBl I S. 876.
39 BGBl I S. 1870.
40 Zur Entstehungsgeschichte *Brisch/Brisch*, in: Hoeren/Sieber, 13.3 Rn 16 ff.; *Lückmann/Aclams*, K&R 2002, 8, 9; zur geplanten Änderung s. Rn 10.
41 BGBl I S. 3074.
42 Zur SigV *Geis*, K&R 2002, 59; vorher galt die SigV vom 22.10.1997 (BGBl I S. 2498).
43 Eingehend *Roßnagel*, NJW 2001, 1817.
44 *Borges*, S. 52; *Brisch/Brisch*, in: Hoeren/Sieber, 13.3 Rn 40 ff.; *Schmidl*, CR 2002, 508, 509; kritisch zur Technikneutralität des SigG *Hansen*, DuD 2004, 233, 237.
45 *Brisch/Brisch*, in: Hoeren/Sieber, 13.3 Rn 37; *Roßnagel*, MMR 2002, 164, 166.

15 **1. Einfache elektronische Signatur.** Nach der Legaldefinition in § 2 Nr. 1 SigG sind einfache elektronische Signaturen Daten in elektronischer Form, die anderen elektronischen Daten beigefügt oder logisch mit ihnen verknüpft sind und die zur Authentifizierung dienen (etwa in einem elektronischen Dokument die Beifügung einer eingescannten Unterschrift oder das „Eintippen" des Namens). Da die einfache elektronische Signatur weder Authentizität noch Integrität eines elektronischen Dokuments sicherstellen kann (schließlich kann jeder einem elektronischen Dokument einen fremden Namen hinzufügen) kommt ihr **keinerlei Sicherheits- und Beweiswert** im elektronischen Rechtsverkehr zu.[46]

16 **2. Fortgeschrittene elektronische Signatur.** Die fortgeschrittene elektronische Signatur i.S.d. § 2 Nr. 2 SigG muss ausgehend von der einfachen elektronischen Signatur zusätzlich den folgenden Anforderungen genügen: (a.) ausschließliche Zuordnung der Signatur zum Signaturschlüssel-Inhaber (§ 2 Nr. 9 SigG), (b.) Ermöglichung der Identifizierung des Signaturschlüssel-Inhabers, (c.) Erzeugung der Signatur mit Mitteln, die der Signaturschlüssel-Inhaber unter seiner alleinigen Kontrolle halten kann und (d.) Verknüpfung der Signatur mit den Daten, auf die sich die Signatur bezieht, in der Weise, dass eine nachträgliche Veränderung der Daten erkannt werden kann.[47]

17 Die Verwendung einer fortgeschrittenen elektronischen Signatur erfordert auf Seiten des Verwenders die Nutzung eines privaten, ausschließlich dem Inhaber zugeordneten geheimen Signaturschlüssels, mit dem die zu signierende Erklärung verknüpft wird. Auf Seiten des Empfängers muss als Gegenstück ein öffentlicher Signaturschlüssel bereitstehen, mit dem dieser die Authentizität und Integrität der signierten Erklärung überprüfen kann (ausführlich Rn 28 f.). Allerdings stellt die fortgeschrittene elektronische Signatur keine besonderen Sicherheitsanforderungen an Vergabe, Verwaltung und Anwendung der Schlüssel,[48] so dass ihr angesichts der mangelnden Fälschungssicherheit und vielfältigen Manipulationsmöglichkeiten allenfalls ein **eingeschränkter Sicherheitswert** im elektronischen Rechtsverkehr zukommt, ohne dass an die Verwendung spezifische Rechtsfolgen angeknüpft werden.[49] Ein Beispiel für eine solche fortgeschrittene elektronische Signatur ist die Software PGP,[50] die den Voraussetzungen einer qualifizierten elektronischen Signatur und damit des Abs. 1 nicht genügt.

18 **3. Qualifizierte elektronische Signatur.** Die qualifizierte elektronische Signatur[51] muss neben sämtlichen Merkmalen der einfachen und der fortgeschrittenen elektronischen Signatur zusätzlich den folgenden Anforderungen genügen: (a.) Beruhen der Signatur auf einem zum Zeitpunkt der Erzeugung der Signatur gültigen qualifizierten Zertifikat (§ 2 Nr. 7 SigG) und (b.) Erzeugung der Signatur mit einer sicheren Signaturerstellungseinheit (§ 2 Nr. 10 SigG). Nur durch die Einhaltung dieser gesteigerten Anforderungen bietet sie den **höchsten Sicherheitsstandard** bezogen auf **Authentizität und Integrität** eines elektronischen Dokuments.[52]

19 **a) Qualifizierungskriterien. aa) Beruhen der Signatur auf einem gültigen qualifizierten Zertifikat.** Qualifizierte Zertifikate (§§ 2 Nr. 7, 7 SigG) sind durch Zertifizierungsdiensteanbieter (§§ 2 Nr. 8, 4 –14, 23 SigG) ausgegebene, zeitlich limitierte **elektronische Bescheinigungen**, die die Einmaligkeit der auf ihnen beruhenden qualifizierten elektronischen Signaturen gewährleisten. Sie enthalten unter anderem Informationen über den Signaturschlüssel-Inhaber, den Zertifizierungsdiensteanbieter sowie Gültigkeit und Reichweite des Zertifikats. Um äquivalente Voraussetzungen zur gesetzlichen Schriftform zu schaffen,[53] wird ein qualifiziertes Zertifikat gemäß § 2 Nr. 7 SigG **nur natürlichen Personen** erteilt.[54] Es kann auf Verlangen des Antragstellers gemäß § 5 Abs. 2 SigG auch Angaben über seine Vertretungsmacht für eine dritte Person (zur Stellvertretung Rn 55 ff.) sowie berufsbezogene oder sonstige Angaben zum Antragsteller (sog.

---

46 Soergel/*Marly*, § 126a Rn 11; *Brisch/Brisch*, in: Hoeren/Sieber, 13.3 Rn 61 f.
47 Dazu *Roßnagel*, MMR 2003, 164; *Borges*, S. 104 ff.
48 MüKo/*Einsele*, § 126a Rn 10; Soergel/*Marly*, § 126a Rn 12.
49 *Roßnagel*, MMR 2002, 215; *ders.*, MMR 2003, 164, 166; wesentlich großzügiger in der Bewertung *Schmidl*, CR 2002, 508, 510, wohl auch *Geis*, in: Hoeren/Sieber, 13.2 Rn 24; vom „mittleren Sicherheitsniveau" sprechen *Brisch/Brisch*, in: Hoeren/Sieber, 13.3 Rn 65 ff.; für die Möglichkeit einer Beweisvermutung zugunsten von elektronischen Signaturen bestimmter Güte *Ernst*, MDR 2003, 1091, 1092.
50 http://www.pgp.com; zust. *Geis*, in: Hoeren/Sieber, 13.2 Rn 24; abl. gegenüber reinen Softwarelösungen *Roßnagel*, MMR 2003, 164, 165.

51 Die EU-Signaturrichtlinie kennt den Begriff der qualifizierten elektronischen Signatur (anders als den der fortgeschrittenen elektronischen Signatur) nicht, sondern spricht in Art. 5 Abs. 1 von „fortgeschrittene[n] elektronische[n] Signaturen, die auf einem qualifizierten Zertifikat beruhen und die von einer sicheren Signaturerstellungseinheit erstellt wurden"; der deutsche Gesetzgeber hat diese Legaldefinition übernommen und hierfür den Begriff der qualifizierten elektronischen Signatur erdacht.
52 *Geis*, in: Hoeren/Sieber, 13.2 Rn 6.
53 BT-Drucks 14/4662, S. 19.
54 Krit. zur Beschränkung auf natürliche Personen *Skrobotz*, DuD 2004, 410, 411.

Attribute) enthalten.[55] Anstelle des Namens des Antragstellers kann dieser gemäß § 5 Abs. 3 SigG auch ein Pseudonym aufführen lassen (vgl. Rn 43).

Aufgabe der **Zertifizierungsdiensteanbieter** ist neben der Gewährleistung der technischen Sicherheit qualifizierter elektronischer Signaturen auch die eindeutige Identifikation der natürlichen Personen, denen ein qualifiziertes Zertifikat zugeordnet wird.[56] Die Aufnahme einer Tätigkeit als Zertifizierungsdiensteanbieter (gelegentlich als „Trust-Center" bezeichnet) **bedarf** gemäß § 4 Abs. 1 SigG **keiner Genehmigung**, sondern lediglich nach § 4 Abs. 2 SigG des Nachweises der erforderlichen Zuverlässigkeit, Fachkunde und einer Deckungsvorsorge i.S.d. § 12 SigG sowie nach § 4 Abs. 3 SigG der Anzeige der Tätigkeit bei der Regulierungsbehörde für Telekommunikation und Post (RegTP als zuständige Behörde nach § 3 SigG i.V.m. § 66 Abs. 1 TKG).[57] Qualifizierte elektronische Signaturen verfügen damit nur über eine behauptete, nicht aber über eine nachgewiesene organisatorische Sicherheit.[58] Es besteht allerdings die **Möglichkeit einer staatlichen Akkreditierung** des Zertifizierungsdiensteanbieters, der dann eine „akkreditierte" elektronische Signatur anbieten kann (vgl. Rn 25 f.). Vor der erstmaligen (§ 6 Abs. 3 S. 2 SigG) Zuteilung eines qualifizierten Zertifikats hat der Zertifizierungsdiensteanbieter gemäß § 6 SigG **umfassenden Informationspflichten** gegenüber dem Antragsteller nachzukommen, um die Sicherheit qualifizierter elektronischer Signaturen zu gewährleisten.

Die elektronische Form kann auch mit einer qualifizierten elektronischen Signatur gewahrt werden, wenn der der Signatur zugrunde liegende Vertrag zwischen Signaturschlüssel-Inhaber und Zertifizierungsdiensteanbieter unwirksam ist. Es kommt lediglich auf die Einhaltung der technischen Voraussetzungen des § 2 Nr. 3 SigG an.[59] So kann ggf. auch ein beschränkt Geschäftsfähiger oder ein Geschäftsunfähiger elektronisch signieren, ohne dass freilich hierdurch der aus der beschränkten Geschäftsfähigkeit ggf. resultierende Wirksamkeitsmangel des Rechtsgeschäfts überwunden wird, etwa bei einem elektronisch geschlossenen Vertrag mit einem Minderjährigen.

bb) Erzeugung der Signatur mit einer sicheren Signaturerstellungseinheit. Sichere Signaturerstellungseinheiten (§§ 2 Nr. 10, 17 SigG, § 15 SigV) dienen der **Speicherung und Anwendung des privaten Signaturschlüssels** (Rn 28 f.) und gewährleisten dessen Geheimhaltung, indem sie Fälschungen der Signaturen und Verfälschungen signierter Daten erkennbar machen und den Signaturschlüssel-Inhaber vor unberechtigter Nutzung seines Signaturschlüssels schützen.[60] Gemeint ist damit nichts anderes als die zur Nutzung der qualifizierten elektronischen Signatur erforderliche **Hard- und Software**, durch die Authentizität und Integrität der signierten Daten sowie der Signatur selbst sichergestellt werden sollen. Da biometrische Merkmale (§ 15 Abs. 1 S. 1 SigV) bislang keine zuverlässige Identifikation des Signaturschlüssel-Inhabers erlauben, erfolgt der Schutz des Signaturschlüssels vor unberechtigter Nutzung derzeit in aller Regel durch **Besitz und Wissen**,[61] also der Speicherung des privaten Schlüssels auf einer Signatur-Speicherkarte und der Vergabe einer PIN, die jeweils allein dem Signaturschlüssel-Inhaber zugänglich sind (zur Funktionsweise Rn 27 ff.).

b) Beschränkung der Signatur auf bestimmte Anwendungen. § 7 Abs. 1 Nr. 7 SigG sieht die Möglichkeit vor, die Nutzung des Signaturschlüssels nach Art und Umfang auf bestimmte Anwendungen durch eine Eintragung im qualifizierten Zertifikat zu beschränken, um damit eine **Risikobegrenzung** bei der Nutzung qualifizierter elektronischer Signaturen zu erzielen.[62] In Betracht kommt neben einer Verwendungsbeschränkung hinsichtlich bestimmter Verfügungs- oder Verpflichtungsgeschäfte auch eine Transaktionswertbegrenzung für Rechtsgeschäfte bis zu einem im Zertifikat bezeichneten Einzel- oder Gesamtvolumen.[63] Wird die qualifizierte elektronische Signatur bei einer eingetragenen Beschränkung dennoch für ein Rechtsgeschäft verwendet, das außerhalb des eingeschränkten Anwendungsbereichs des qualifizierten Zertifikats liegt, sind die Voraussetzungen für eine Ersetzung der gesetzlichen Schriftform durch die elektronische Form nicht gewahrt; das Rechtsgeschäft ist gemäß § 125 S. 1 formnichtig.[64]

---

55 Dies ermöglicht etwa die Herausgabe sog. „Kammerkarten" mit dem Berufsattribut „Rechtsanwalt", vgl. DSWR 2003, 348 f.
56 Ausführlich *Brisch/Brisch*, in: Hoeren/Sieber, 13.3 Rn 125 ff.
57 Mit In-Kraft-Treten des SigÄndG wird in § 3 SigG die RegTP unmittelbar als zuständige Behörde benannt; zu den Aufgaben der RegTP i.S.d. SigG *Brisch/Brisch*, in: Hoeren/Sieber, 13.3 Rn 115 ff.
58 *Roßnagel*, MMR 2002, 215, 216.
59 *Dörner*, AcP 202 (2002), 363, 385.
60 *Borges*, S. 107 f.
61 Ebenso bei der Scheckkarte die Kombination Karte & PIN, beim Online-Banking die Kombination PIN & TAN (Transaktionsnummer); zu „Besitz und Wissen" und biometrischen Merkmalen *Borges*, S. 63 ff.
62 *Fischer-Dieskau/Gitter/Hornung*, MMR 2003, 384 f.
63 *Thomale*, MMR 2004, 80, 85 f.
64 HK-BGB/*Dörner*, § 126a Rn 7; für Nichtigkeit der gesamten Erklärung wegen Perplexität *Fischer-Dieskau/Gitter/Hornung*, MMR 2003, 384, 387 f.

24 Dies gilt auch, wenn die am Rechtsgeschäft beteiligten Parteien in voller Kenntnis des Sachverhalts dennoch die gesetzliche Schriftform durch die elektronische Form ersetzen wollen. Die vorherige Beschränkung bei der Beantragung des qualifizierten Zertifikats kann nicht durch die Privatautonomie der Parteien, sondern allein durch eine Änderung der Eintragungen im Zertifikat überwunden werden; anderenfalls würde der durch das qualifizierte Zertifikat **gegenüber jedermann gewährleistete Schutz** qualifizierter elektronischer Signaturen unterlaufen.[65] Die Parteien haben aber wegen § 127 Abs. 3 die Möglichkeit, mit einem in der Anwendung beschränkten qualifizierten Zertifikat die gewillkürte elektronische Form auch außerhalb der eingetragenen Beschränkung zu wahren (vgl. § 127 Rn 21).[66]

25 **c) „Akkreditierte" elektronische Signatur.** Für Zertifizierungsdiensteanbieter (Rn 20) besteht gemäß § 15 SigG die Möglichkeit zur freiwilligen Akkreditierung durch die RegTP, bei der der Dienstleister einer umfassenden technischen und administrativen Sicherheitsprüfung unterzogen wird und gemäß § 15 Abs. 1 S. 3 SigG ein Gütezeichen erhält, das zur Vergabe qualifizierter elektronischer Signaturen mit Anbieter-Akkreditierung berechtigt. Diese „akkreditierte" elektronische Signatur[67] ist eine im SigG nicht ausdrücklich definierte **Premium-Variante** der qualifizierten elektronischen Signatur, die **vorab überprüfte behördliche Sicherheit**[68] bietet.[69]

26 Während dieser „akkreditierten" elektronischen Signatur **keinerlei Bedeutung für die gesetzliche elektronische Form** zukommt, wird sie etwa von § 14 Abs. 3 Nr. 1 UStG vorausgesetzt und bietet derzeit als einziges Signaturverfahren die Gewähr für eine Anwendung im elektronischen Zivilprozess nach dem JustizkomG (Rn 9) und für die Beweisregel des § 292a ZPO (Rn 74 ff.). Anbieter solcher akkreditierter Signaturen sind beispielsweise die Unternehmen DATEV,[70] Deutsche Post,[71] die Bundesnotarkammer[72] sowie zahlreiche regionale Steuerberater- und Rechtsanwaltskammern.[73] Angesichts der enormen Vorteile wird sich in der Praxis zumindest im gewerblichen Bereich die „akkreditierte" elektronische Signatur durchsetzen.

III. Funktionsweise qualifizierter elektronischer Signaturen

27 Wer mit einer qualifizierten elektronischen Signatur am Rechtsverkehr teilnehmen will, muss (§ 5 Abs. 6 SigG) im Besitz einer sicheren Signaturerstellungseinheit sein (Rn 22) und von einem Zertifizierungsdiensteanbieter (Rn 20) ein qualifiziertes Zertifikat (Rn 19) ausgestellt bekommen haben.[74]

28 Durch das qualifizierte Zertifikat werden dem Signaturschlüsselinhaber zwei auf der Technologie der **asymmetrischen Kryptographie** beruhende Schlüssel zugeordnet: ein privater, nur dem Inhaber der Signatur zugänglicher geheimer Schlüssel, der zur Erstellung der Signatur verwendet wird (sog. Signaturschlüssel, § 2 Nr. 4 SigG) sowie ein öffentlicher Schlüssel („Public Key", daher **Public-Key-Infrastruktur** = PKI), der zur Überprüfung einer Signatur verwendet wird (sog. Signaturprüfschlüssel, § 2 Nr. 5 SigG). Der öffentliche Schlüssel ist das Gegenstück zum privaten Schlüssel, ohne dass sich jedoch aus dem öffentlichen Schlüssel der private Schlüssel rekonstruieren lässt (daher asymmetrische Kryptographie).[75]

29 Der private Schlüssel wird vom Zertifizierungsdiensteanbieter auf einer Signatur-Speicherkarte (sog. **Smartcard**) gespeichert, die dem Signaturschlüssel-Inhaber gemeinsam mit der sicheren Signaturerstellungseinheit zur Verfügung gestellt wird. Demgegenüber ist der öffentliche Schlüssel frei zugänglich und kann etwa über das Internet durch den Empfänger einer qualifiziert elektronisch signierten Erklärung beim Zertifizierungsdiensteanbieter abgefragt werden. Zudem besteht die Möglichkeit, dass der Erklärende dem Empfänger den öffentlichen Schlüssel zur Verfügung stellt, beispielsweise per E-Mail oder CD-ROM. Beim Zertifizierungsdiensteanbieter kann zudem der Inhalt des der elektronischen Signatur zugrunde liegenden qualifizierten Zertifikats abgefragt und so die Zuordnung des qualifizierten Zertifikats zum Erklärenden sowie dessen Gültigkeitsdauer überprüft werden.

---

65 *Dörner*, AcP 202 (2002), 363, 386 f.; a.A. *Fischer-Dieskau/Gitter/Hornung*, MMR 2003, 384, 388 (Überwindung der Beschränkung durch Rahmenverträge).
66 A.A. *Fischer-Dieskau/Gitter/Hornung*, MMR 2003, 384, 388.
67 Zum Begriff *Roßnagel*, NJW 2001, 1817, 1822.
68 Begriff stammt von Soergel/*Marly*, § 126a Rn 16.
69 *Roßnagel*, MMR 2002, 215, 216; ob es sich dabei um eine eigene Signaturform oder richtigerweise mit der h.M. um eine Zusatzoption zur qualifizierten elektronischen Signatur handelt, ist eine praktisch bedeutungslose Frage, dazu *Brisch/Brisch*, in: Hoeren/Sieber, 13.3 Rn 100 ff.
70 http://www.datevstadt.de/datevstadt/jsp/main/mainframe.jsp?gid=423&rid=2738&aid=127081.
71 http://www.deutschepost.de/dpag?check=yes&lang=de_DE&xmlFile=49565.
72 http://www.bundesnotarkammer.de.
73 Übersicht akkreditierter Zertifizierungsdiensteanbieter auf der Webseite der RegTP unter http://www.regtp.de/tech_reg_tele/start/in_06-02-04-00-00_m/index.html.
74 Dazu *Brisch/Brisch*, in: Hoeren/Sieber, 13.3 Rn 217 ff.
75 Vgl. *Borges*, S. 54 ff.; *Blaurock/Adam*, ZEuP 2001, 93, 94.

Um eine Erklärung mit einer qualifizierten elektronischen Signatur zu versehen, liest der Aussteller der 30
Erklärung zunächst den auf der Smartcard gespeicherten privaten Schlüssel unter Eingabe einer zusätzlichen **Geheimnummer** (Personenidentifikationsnummer = PIN) über ein **Kartenlesegerät** (sog. Smartcard-Reader) ein und versieht anschließend unter Verwendung einer speziellen Software oder eines Zusatzprogramms (sog. Plug-In oder Add-On) für die vorhandene Software (etwa ein E-Mail-Programm wie Microsoft Outlook) die Erklärung mit der so verfügbar gemachten qualifizierten elektronischen Signatur. Dieser **Vorgang** lässt sich je nach verwendeter Hard- und Software **weitgehend automatisieren**, so dass Einschränkungen oder Behinderungen im gewöhnlichen Arbeitsablauf durch die Verwendung einer qualifizierten elektronischen Signatur vermieden werden können. In der Praxis genügt zumeist ein Klick auf Schaltflächen wie „Signieren" oder „Prüfen" in der verwendeten Software, um die geschilderten Vorgänge in Gang zu setzen.

Nach Auslösen des Signier-Vorgangs wird aus dem zu signierenden elektronischen Dokument zunächst eine 31
Prüfsumme (sog. **Hash-Wert**[76]) errechnet, die eine mathematische Quersumme des Dokuments darstellt, aus der die ursprüngliche Nachricht nicht zurückberechnet werden kann („Einwegfunktion") und die nur zu diesem einen zu signierenden Dokument passt („Kollisionsresistenz").[77] Dieser Hash-Wert wird anschließend mit dem privaten Signaturschlüssel verknüpft und das Ergebnis dieser Verknüpfung (dies ist die eigentliche elektronische Signatur, die wiederum keine Rückschlüsse auf den privaten Schlüssel zulässt) dem ursprünglichen elektronischen Dokument beigefügt. Nun wird das unverschlüsselte elektronische Dokument mit der beigefügten Verknüpfung aus Hash-Wert und privatem Schlüssel vom Erklärenden dem Empfänger übermittelt. Dies kann auf jede erdenkliche Art der elektronischen Kommunikation (etwa per E-Mail, CD-ROM oder mittels des Austauschs von Dateien im Netzwerk) geschehen.

Wenn die mit einer qualifizierten elektronischen Signatur versehene Erklärung den Empfänger erreicht, kann 32
dieser unter Zuhilfenahme geeigneter Software aus dem ursprünglichen elektronischen Dokument erneut einen Hash-Wert errechnen, der anschließend **mit dem öffentlichen Signaturprüfschlüssel verknüpft** wird. Nur wenn das dem elektronischen Dokument beigefügte Ergebnis der Verknüpfung von Hash-Wert und privatem Schlüssel mit der vom Empfänger hergestellten Verknüpfung des Hash-Werts des übermittelten elektronischen Dokuments mit dem öffentlichen Schlüssel übereinstimmt, steht fest, dass die Erklärung nach Anbringung der qualifizierten elektronischen Signatur nicht mehr verändert worden ist und vom Aussteller herrührt (zum Missbrauch Rn 65 ff.).

IV. Möglichkeit der Verschlüsselung elektronischer Dokumente

Das Anbringen der qualifizierten elektronischen Signatur schützt nicht die Vertraulichkeit des elektronischen 33
Dokuments, vielmehr wird das **signierte Dokument unverschlüsselt im Klartext übermittelt**. Allerdings erlaubt die der qualifizierten elektronischen Signatur zugrunde liegende „Public Key"-Infrastruktur (Rn 28) neben der Signierung elektronischer Dokumente auch deren Verschlüsselung.[78] Zur Verschlüsselung eines elektronischen Dokuments verknüpft der Erklärende das Dokument mit dem öffentlichen Schlüssel des Empfängers, der nach Erhalt des verschlüsselten Dokuments dies mit seinem privaten Schlüssel wieder entschlüsseln kann. **Signierung und Verschlüsselung** können dabei ohne weiteres miteinander **kombiniert** werden. Signiert der Erklärende das elektronische Dokument zunächst mit seinem privaten Schlüssel und verschlüsselt es anschließend mit dem öffentlichen Schlüssel des Empfängers, kann der Empfänger zunächst mit seinem privaten Schlüssel das Dokument wieder entschlüsseln und anschließend mit dem öffentlichen Schlüssel des Erklärenden die Authentizität und Integrität des elektronischen Dokuments überprüfen.

V. Internationale Anerkennung elektronischer Signaturen

§ 23 SigG enthält eine umfassende Regelung zur Anerkennung ausländischer Signaturen.[79] Ungeachtet 34
der Übereinstimmung der ausländischen elektronischen Signaturen mit dem deutschen SigG werden diese gemäß § 23 Abs. 1 S. 1 SigG qualifizierten elektronischen Signaturen i.S.d. § 2 Nr. 3 SigG **gleichgestellt**, wenn für sie ein **ausländisches qualifiziertes Zertifikat** aus einem anderen Mitgliedstaat der Europäischen Union oder aus einem anderen Vertragsstaat des Abkommens über den Europäischen Wirtschaftsraum vorliegt und sie Art. 5 Abs. 1 der europäischen Signaturrichtlinie (Rn 2) entsprechen. Unter den Voraussetzungen des § 23 Abs. 1 S. 2, Abs. 2 SigG werden auch elektronische Signaturen aus Drittstaaten der qualifizierten elektronischen Signatur bzw. „akkreditierten" elektronischen Signaturen (Rn 25 f.) gleichgestellt, sofern nach

---

[76] Dazu *Borges*, S. 56 f.; *Brisch/Brisch*, in: Hoeren/Sieber, 13.3 Rn 9 ff.
[77] S. auch Soergel/*Marly*, § 126a Rn 9.
[78] Die Verschlüsselung elektronischer übermittelter Dokumente kann für bestimmte Berufsgruppen verpflichtend sein, vgl. § 43a Abs. 2 BRAO, 57 Abs. 1 StBerG, § 43 Abs. 1 WPO.
[79] Ausf. *Borges*, S. 127 ff.

§ 18 Abs. 2 SigV die RegTP die gleichwertige Sicherheit ausländischer elektronischer Signaturen festgestellt hat. § 23 Abs. 3 SigG (ggf. i.V.m. § 18 Abs. 3 SigV) sieht letztlich eine ähnliche Regelung für sichere Signaturerstellungseinheiten (Rn 22) vor.

35 Die europaweite Vereinheitlichung der Grundlagen elektronischer Signaturen kann jedoch nicht darüber hinwegtäuschen, dass eine **weltweite Nutzung** elektronischer Signaturen mangels entsprechender Regelungen **derzeit nicht** in Betracht kommt. Bereits 2001 wurde vom United Nations Council of International Trade Law (UNCITRAL) ein Model Law on Electronic Signatures[80] vorgestellt. Es soll die Grundlagen für den weltweiten Umgang mit elektronischen Signaturen als Ersatz für eigenhändige Unterschriften im geschäftlichen Verkehr schaffen, ohne dabei einem bestimmten technologischen Ansatz zu folgen. Bislang hat dies aber nicht zur **Vereinheitlichung signaturrechtlicher Vorschriften** beigetragen.

VI. Archivierung elektronisch signierter Dokumente

36 Die der **qualifizierten elektronischen Signatur** zugrunde liegenden qualifizierten Zertifikate müssen gemäß § 4 Abs. 1 SigV nur für die Dauer ihrer Gültigkeit plus **fünf Jahre** ab Jahresende aufbewahrt werden und sind anschließend zu löschen. Anders als die der **akkreditierten elektronischen Signatur** zugrunde liegenden Zertifikate, die gemäß § 4 Abs. 2 SigV mindestens **dreißig Jahre** ab dem Schluss des Jahres, in dem die Gültigkeit des Zertifikats endet, verfügbar zu halten sind, gewährleisten qualifizierte elektronische Signaturen damit keine **dauerhafte Prüfbarkeit** und können ggf. auch nicht mehr zur Begründung des Anscheinsbeweises des § 292a ZPO herangezogen werden (vgl. Rn 74 ff.).[81]

37 Zudem weisen elektronische Signaturen nur eine **eingeschränkte Haltbarkeit** auf, da die für ihre Erzeugung und Prüfung eingesetzten Algorithmen angesichts der fortschreitenden technischen Entwicklung nur einen **zeitlich begrenzten Sicherheitswert** besitzen.[82] Dieses grundsätzlich bereits von der Schriftform her bekannte Problem (zerfallendes Papier!) hat der Gesetzgeber zwar erkannt und die Zertifizierungsdiensteanbieter in § 6 Abs. 1 S. 2 SigG zu entsprechenden Hinweisen an die Signaturschlüssel-Inhaber verpflichtet, gleichwohl aber in § 17 SigV[83] lediglich eine Regelung zur Verfahrensweise bei der Erneuerung qualifizierter elektronischer Signaturen getroffen. Daneben finden sich vereinzelte Regelungen in anderen Gesetzen, etwa in den §§ 110a–110d SGB IV.[84] Eine umfassende Lösung zur Archivierung elektronisch signierter Dokumente wird derzeit im Forschungsprojekt ArchiSig[85] erarbeitet. Es bleibt abzuwarten, ob die zu entwickelnden Lösungen dem Aufbewahrungsinteresse von Verbrauchern, Unternehmern und Behörden gleichermaßen gerecht werden können.[86]

38 Droht der Verlust der Sicherheit einer in elektronischer Form abgegebenen Erklärung, haben die Parteien eines formbedürftigen Vertrags gegenseitig einen vertraglichen bzw. nachvertraglichen **Anspruch auf Erneuerung der Signatur** (*culpa post contractum finitum*).[87]

C. Regelungsgehalt

I. Erklärung

39 Bezugsobjekt der elektronischen Form ist in Abweichung vom üblichen Sprachgebrauch im zweiten Titel, dritter Abschnitt des Allgemeinen Teils des BGB nicht eine „Willenserklärung", sondern schlicht eine „Erklärung".[88] Mit dieser Terminologie wird deutlich, dass der Anwendungsbereich der Formvorschriften neben der **Willenserklärung** grundsätzlich auch **geschäftsähnliche Handlungen** erfasst (§ 126 Rn 4).

40 Auch für Erklärungen in elektronischer Form gilt der Grundsatz der **Einheitlichkeit der Urkunde** (§ 126 Rn 15 ff.), so dass das elektronische Dokument (Rn 44 f.) das gesamte formbedürftige Rechtsgeschäft einschließlich etwaiger Nebenabreden erfassen muss.[89] Liegt bei einem Vertrag nur dieser als elektronisches Dokument vor, während die zum Vertrag gehörenden Anlagen nur in Papierform existieren,[90] ist die elektronische Form nur gewahrt, wenn entweder die Anlagen in ein elektronisches Dokument überführt

---

80 http://www.uncitral.org/english/texts/electcom/ml-elecsig-e.pdf; in den USA ist am 1.10.2000 der „Electronic Signatures in Global and National Commerce Act" (E-Sign-Act) in Kraft getreten, der elektronische und handschriftliche Signaturen gleichsetzt; zu beidem *Borges*, S. 110 ff., 155 ff.
81 *Roßnagel*, MMR 2002, 215, 218.
82 *Roßnagel/Fischer-Dieskau/Pordesch/Brandner*, CR 2003, 301, 302.
83 Dazu *Roßnagel/Fischer-Dieskau/Pordesch/Brandner*, CR 2003, 301, 303 ff.
84 *Roßnagel*, NJW 2003, 469, 475.
85 http://www.archisig.de.
86 Ergebnisse des Forschungsprojekts ArchiSig beschreiben *Fischer-Dieskau/Roßnagel/Steidle*, MMR 2004, 451.
87 MüKo/*Einsele*, § 126a Rn 4.
88 Die Beweisregel des § 292a ZPO (Rn 74 ff.) spricht wieder von „Willenserklärungen".
89 MüKo/*Einsele*, § 126 Rn 15; Palandt/*Heinrichs*, § 126a Rn 7.
90 Auf diese Konstellation machen *Stellmann/Süss*, NZM 2001, 969, 971 aufmerksam.

und diese gemeinsam mit dem Vertrag mit einer qualifizierten elektronischen Signatur versehen werden oder aber im in elektronischer Form geschlossenen Vertrag auf die Anlagen Bezug genommen wird und diese von den beteiligten Parteien zusätzlich mit einer eigenhändigen Unterschrift versehen werden.

II. Aussteller

Aussteller der Erklärung ist derjenige, von dem die Erklärung geistig herrührt.[91] Bei mit Hilfe entsprechender Software automatisiert gefertigten Erklärungen ist Aussteller derjenige, der sich des Programms bedient hat.[92] Anders als bei der gesetzlichen Schriftform ist eine **formgerechte Massenfertigung** von Erklärungen in elektronischer Form ohne weiteres möglich, auch wenn die Massenfertigung tatsächlich formbedürftiger Rechtsgeschäfte die Ausnahme bleiben sollte.[93]

41

III. Hinzufügung des Namens des Ausstellers

Der Aussteller muss der in digitaler Gestalt vorliegenden Erklärung zwingend seinen Namen hinzufügen, damit diese ebenso wie die in einer Urkunde verkörperte Erklärung aus sich heraus einer natürlichen Person als Aussteller zugeordnet werden kann und der Aussteller im Rechtsverkehr einwandfrei gekennzeichnet ist (Identitätsfunktion, Rn 11).[94] Die Hinzufügung des Ausstellernamens hat bei § 126a keine Abschlussfunktion (vgl. Rn 11), so dass eine **Unterzeichnung** der Erklärung **nicht erforderlich** ist. Genügend ist auch eine Oberschrift[95] oder die Möglichkeit zum eindeutigen Rückschluss auf den Aussteller aus dem übrigen Inhalt der Erklärung.

42

Bei den zulässigen Namensnennungen gelten die allgemeinen Grundsätze (§ 126 Rn 27 ff.). Die Hinzufügung eines **Pseudonyms** ist möglich, wenn auch im qualifizierten Zertifikat gemäß § 5 Abs. 3 S. 1 SigG ein Pseudonym anstelle des Namens aufgeführt ist; dann ist der Aussteller über das pseudonyme Zertifikat eindeutig identifizierbar.[96] Handelt auf Seiten des Erklärenden ein **Stellvertreter**, fügt dieser der Erklärung seinen Namen und das Vertretungsverhältnis hinzu, falls sich letzteres nicht aus dem qualifizierten Zertifikat (§ 5 Abs. 2 S. 1 SigG, Rn 19) oder den Umständen ergibt. Fraglich ist, ob der Stellvertreter der Erklärung auch den Namen des Vertretenen hinzufügen kann. Dies dürfte angesichts des eindeutigen Wortlauts des § 126a (Hinzufügung des – „seines" – Namens des Ausstellers) zu verneinen sein.[97] Zur Stellvertretung Rn 55 ff.

43

IV. Elektronisches Dokument

1. Träger digitaler Daten. Die elektronische Form setzt stets das Vorliegen eines elektronischen Dokuments voraus, so dass die in der Erklärung enthaltenen Buchstaben, Ziffern und Zeichen in digitaler Gestalt vorliegen müssen, gleichgültig ob verschlüsselt oder unverschlüsselt.[98] Dies ist nicht nur bei **Textdokumenten** oder **E-Mails** der Fall, sondern auch bei **multimedial strukturierten Dokumenten**, bei denen Audio- und Videodaten in beliebiger Form mit Grafiken und Texten kombiniert werden können. Daher kann auch mittels einer als Video aufgezeichneten und in digitaler Gestalt vorliegenden mündlichen Erklärung das gesetzliche Schriftformerfordernis gewahrt werden.[99] Eine Möglichkeit zur Wiedergabe der Erklärung in Schriftzeichen verlangt § 126a anders als § 126b für die Textform gerade nicht.[100] Bei der Nutzung eines multimedial gestalteten elektronischen Dokuments ist allerdings stets auf den Zugang der Erklärung beim Empfänger zu achten (Rn 51 f.).

44

2. Speicherung auf Datenträger zur dauerhaften Wiedergabe. Das elektronische Dokument bedarf einer Speicherung auf einem **nicht flüchtigen Datenträger** (etwa CD-ROM, DVD oder Festplatte, aber auch alle Arten digitaler Speicherkarten). Der Datenträger muss – auch wenn sich dies anders als bei § 126b nicht unmittelbar aus dem Wortlaut ergibt – eine **dauerhafte Wiedergabe** der Erklärung ermöglichen (etwa am

45

---

91 MüKo/*Einsele*, § 126a Rn 5; *Steinbeck*, DStR 2003, 644, 647.
92 *Fritsche/Malzer*, DNotZ 1995, 3, 7 m.w.N.
93 Zu solchen „Massenerklärungen" *Roßnagel/Fischer-Dieskau*, MMR 2004, 133.
94 Bamberger/Roth/*Wendtland*, § 126a Rn 4; Soergel/*Marly*, § 126a Rn 23.
95 Palandt/*Heinrichs*, § 126a Rn 8.
96 Zu Bedenken gegen das Namenserfordernis aus Datenschutzgesichtspunkten vgl. die Stellungnahme der Gesellschaft für Informatik, DuD 2001, 38; wie hier *Roßnagel*, NJW 2001, 1817, 1825.

97 So auch MüKo/*Einsele*, § 126a Rn 14.
98 MüKo/*Einsele*, § 126a Rn 3; *Boente/Riehm*, Jura 2001, 793, 796.
99 Zustimmend *Steinbeck*, DStR 2003, 644, 646; zu eng die Beschränkung auf „Erklärung als Textdatei" bei Bamberger/Roth/*Wendtland*, § 126a Rn 3, oder „Daten in Schriftzeichen lesbar" bei MüKo/*Einsele*, § 126a Rn 3, die sich zu stark an die Textform des § 126b anlehnen; a.A. *Borges*, S. 611, der für die elektronische Form alle Elemente der Textform verlangt.
100 *Noack*, DStR 2001, 1893, 1896.

Bildschirm oder über einen Ausdruck), da anderenfalls die Beweisfunktion der zu ersetzenden gesetzlichen Schriftform mangels Perpetuierung der Erklärung nicht gewahrt würde.[101]

V. Hinzufügung einer qualifizierten elektronischen Signatur

46 Das gesamte elektronische Dokument (Rn 44 f.) muss letztlich mit einer qualifizierten elektronischen Signatur i.S.d. § 2 Nr. 3 SigG (Rn 18 ff.) versehen werden, die bei der elektronischen Form die **Abschlussfunktion** der eigenhändigen Unterschrift der gesetzlichen Schriftform übernimmt[102] und damit die formwirksame Erklärung vom unverbindlichen Entwurf abgrenzt.[103] Ausreichend ist es, wenn das elektronische Dokument von einem Dritten mit Zustimmung des Ausstellers mit der qualifizierten elektronischen Signatur des Ausstellers versehen wird.[104] Zu Zurechnung und Stellvertretung siehe Rn 53 ff., zur Haftung bei Missbrauch Rn 65 ff.

47 Das der qualifizierten elektronischen Signatur zugrunde liegende qualifizierte Zertifikat (Rn 19) ist kein zwingender Bestandteil der qualifizierten elektronischen Signatur, mit der das elektronische Dokument versehen wird. Um einen nachträglichen Austausch des Zertifikats zu verhindern, ist daher ggf. neben dem gesamten elektronischen Dokument auch das der qualifizierten elektronischen Signatur zugrunde liegende qualifizierte Zertifikat mit zu signieren, soweit es nicht bereits Bestandteil der qualifizierten elektronischen Signatur ist.[105]

VI. Vertragsschluss unter Verwendung der elektronischen Form (Abs. 2)

48 Abs. 2 wurde § 126 Abs. 2 (§ 126 Rn 41 ff.) nachgebildet. Die Norm hat im BGB allenfalls für Darlehensvermittlungsverträge, bestimmte befristete Miet- und Pachtverträge[106] sowie die Abtretung hypothekarisch (bzw. durch eine Grundschuld) gesicherter Forderungen einen **Anwendungsbereich**, denn ansonsten ist der Vertragsschluss grundsätzlich formfrei möglich, in elektronischer Form nicht zugelassen (§ 126 Rn 50 ff.) oder aber notariell beurkundungsbedürftig (etwa § 311b Abs. 1 S. 1).

49 Zur Wahrung der elektronischen Form beim Vertragsschluss müssen **gleich lautende elektronische Dokumente** hergestellt werden, die das gesamte formbedürftige Rechtsgeschäft erfassen (Rn 40). Nicht zu folgen ist der Regierungsbegründung in der Aussage, bereits die Angebots- bzw. Annahmeerklärung müsse in elektronischer Form zugehen.[107] Vielmehr ist die anschließende formgerechte Erstellung gleich lautender Dokumente ausreichend. Das – obwohl dies aus Abs. 2 anders als bei § 126 Abs. 2 nicht ausdrücklich hervorgeht – jeweils für die andere Partei bestimmte elektronische Dokument ist aus Gründen des Zugangs und der Beweissicherung elektronisch zu signieren,[108] anschließend sind die Dokumente auszutauschen.[109]

50 Aus dem im Vergleich zu § 127 Abs. 3 eindeutigen Wortlaut ergibt sich, dass es zur Ersetzung der gesetzlichen Schriftform nicht genügt, wenn jede Partei nur ihre eigene Angebots- oder Annahmeerklärung elektronisch signiert (anders bei der vereinbarten elektronischen Form, § 127 Rn 22). Die elektronische Form wird beim Vertragsschluss auch dann gewahrt, wenn beide Parteien nur **ein das gesamte formbedürftige Rechtsgeschäft umfassendes elektronisches Dokument** signieren[110] oder eine Partei das Dokument in der gesetzlichen Schriftform, die andere Partei das Dokument in der elektronischen Form errichtet.[111]

D. Weitere praktische Hinweise

I. Zugang von Erklärungen in elektronischer Form

51 Grundsätzlich richtet sich der Zugang einer in elektronischer Form abgegebenen Erklärung nach den **allgemeinen Regeln** (vgl. § 130 Rn 13). Der Gesetzgeber hat die Anwendung der für den elektronischen Rechtsverkehr durch Rechtsprechung und Lehre weiterentwickelten allgemeinen Regeln gewollt und eine ausdrückliche Regelung entgegen mancher Anregungen[112] unterlassen.[113] Für den Austausch elektronischer

---

101 MüKo/*Einsele*, § 126a Rn 4; Soergel/*Marly*, § 126a Rn 22; *Steinbeck*, DStR 2003, 644, 646; dies entspricht auch dem gesetzgeberischen Willen (BT-Drucks 14/4987, S. 42).
102 Bamberger/Roth/*Wendtland*, § 126a Rn 5.
103 MüKo/*Einsele*, § 126a Rn 6.
104 MüKo/*Einsele*, § 126a Rn 21; Palandt/*Heinrichs*, § 126a Rn 9; Soergel/*Marly*, § 126a Rn 23.
105 MüKo/*Einsele*, § 126a Rn 19; Soergel/*Marly*, § 126a Rn 23; *Roßnagel*, NJW 2001, 1817, 1825.
106 Dazu *Stellmann/Süss*, NZM 2001, 969.
107 BT-Drucks 14/4987, S. 18.
108 MüKo/*Einsele*, § 126a Rn 26; Palandt/*Heinrichs*, § 126a Rn 10; *Heinemann*, ZNotP 2002, 414, 419.
109 Soergel/*Marly*, § 126a Rn 24.
110 A.A. *Heinemann*, ZNotP 2002, 414, 419.
111 Palandt/*Heinrichs*, § 126a Rn 10; Soergel/*Marly*, § 126a Rn 24.
112 Prüfbitte des Bundesrats, BT-Drucks 14/4987, S. 35; *Vehslage*, DB 2000, 1801, 1803 f.
113 BT-Drucks 14/4987, S. 11.

Dokumente über Internet und E-Mail finden die Grundsätze der Abgabe von Willenserklärungen unter Abwesenden Anwendung.[114]

Wenn der Empfänger sein Einverständnis mit der Verwendung der elektronischen Form zum Ausdruck gebracht hat (§ 126 Rn 54 ff.), stellt sich die Frage, wann die **tatsächliche Möglichkeit zur Kenntnisnahme** einer Erklärung in elektronischer Form besteht. Elektronische Dokumente können nicht nur eine nahezu unbegrenzte inhaltliche Vielfalt aufweisen und etwa aus der Kombination mehrerer Multimediaelemente bestehen, sondern zudem in **unterschiedlichen Dateiformaten** vorliegen, die unter Umständen mit gebräuchlicher Hard- und Software nicht wiedergegeben werden können. Soweit dem Empfänger mit gebräuchlicher Hard- und Software eine hinreichende Darstellung des elektronischen Dokuments tatsächlich nicht möglich sein sollte und der Empfänger nicht etwa zuvor eine Wiedergabemöglichkeit der entsprechenden Datei gegenüber dem Erklärenden vorgegeben hat, scheitert der Zugang der Erklärung in elektronischer Form in diesen Fällen an der fehlenden Möglichkeit zur Kenntnisnahme.[115] Zu weiteren Fragen des Zugangs elektronisch abgegebener Willenserklärungen siehe § 130 Rn 17, 41 f., 57 f.

II. Zurechnung, Stellvertretung, Haftung

Auch Zurechnung, Stellvertretung und Haftung bei Erklärungen in elektronischer Form richten sich, von wenigen Ausnahmen und Besonderheiten abgesehen, nach den allgemeinen Regeln.[116] Ein **Kardinalproblem** ist die Zurechnung der Verwendung einer qualifizierten elektronischen Signatur zu einer bestimmten Person, denn im Gegensatz zur eigenhändigen Unterschrift kann die qualifizierte elektronische Signatur auch von jedem Dritten eingesetzt werden, solange die Zuordnung zum Inhaber allein über technische Legitimationsverfahren und nicht über biometrische Merkmale erfolgt (vgl. Rn 22). Dabei dürfte den schwierigen und weithin ungeklärten Fragen der Zurechnung und Haftung für eine missbräuchliche Verwendung der qualifizierten elektronischen Signatur angesichts des durch § 292a ZPO (Rn 74 ff.) normierten Anscheinsbeweises für die Echtheit einer in elektronischer Form abgegebenen Erklärung **nur selten praktische Relevanz** zukommen.

1. Als nicht abgegeben geltende Erklärungen. Wird eine vom Signaturschlüssel-Inhaber zunächst gewollte und in elektronischer Form vorliegende Erklärung ohne dessen Einverständnis in den Rechtsverkehr gebracht, gilt diese nach den **allgemeinen Grundsätzen** (vgl. § 130 Rn 6 ff.) als nicht abgegeben.[117] Ebenfalls als nicht abgegeben gilt die Erklärung, wenn der Inhaber des Signaturschlüssels diese zwar erstellt und signiert, dann aber unbeabsichtigt (sogar fahrlässig) in den Rechtsverkehr bringt, etwa durch das versehentliche Absenden einer E-Mail.[118] Allerdings streitet auch in diesen Fällen der Anscheinsbeweis des § 292a ZPO zulasten des Signaturschlüssel-Inhabers (Rn 74 ff.).

2. Stellvertretung bei Erklärungen in elektronischer Form. Ebenso wie bei einer Erklärung in Schriftform ist auch bei einer in elektronischer Form abgegebenen Erklärung eine Stellvertretung sowohl auf Seiten des Erklärenden als auch des **Erklärungsempfängers im Grundsatz möglich**.

a) Verwendung eines eigenen Zertifikats durch den Vertreter. Versieht der Stellvertreter die von ihm in digitaler Gestalt abgegebene Erklärung mit seiner eigenen qualifizierten elektronischen Signatur, ist die (zumindest entsprechende) **Anwendung der §§ 164 ff.** sowie der Grundsätze der **Duldungs- und Anscheinsvollmacht** (vgl. § 167 Rn 74 ff.) und der für **Blankett-Urkunden** entwickelten Grundsätze (vgl. § 126 Rn 23 f.) ohne weiteres möglich.[119] Denn hier besteht zwischen der Person des Erklärenden und dem verwendeten qualifizierten Zertifikat Übereinstimmung. Soweit der Stellvertreter ohne oder außerhalb seiner Vertretungsmacht handelt, haftet er als **falsus procurator** nach § 179. Auf § 292a ZPO kommt es in dieser Konstellation nur an, wenn der Stellvertreter oder der Vertretene die missbräuchliche Verwendung der qualifizierten elektronischen Signatur des Stellvertreters geltend machen wollen.

Das der qualifizierten elektronischen Signatur des Stellvertreters zugrunde liegende qualifizierte Zertifikat (Rn 19) kann gemäß § 5 Abs. 2 S. 1–3 SigG mit Einwilligung des Vertretenen **Angaben zur Vertretungsmacht** des Stellvertreters enthalten. Spätestens in dieser – gegenüber dem Zertifizierungsdiensteanbieter nachzuweisenden – Einwilligung des Vertretenen ist zugleich die Erteilung der Vollmacht gemäß § 167

---

114 Ebenso *Heinemann*, ZNotP 2002, 414, 420; *Herwig*, MMR 2001, 145; *Nowak*, MDR 2001, 841, 842.

115 Ebenso für alle elektronisch abgegebenen Willenserklärungen *Mankowski*, NJW 2004, 1901, 1902; enger *Heinemann*, ZNotP 2002, 414, 421: Zugang erst nach tatsächlichem Öffnen und Entschlüsseln des elektronischen Dokuments.

116 BT-Drucks 14/4987, S. 11; Soergel/*Marly*, § 126a Rn 25.

117 Palandt/*Heinrichs*, § 126a Rn 12.

118 A.A. Palandt/*Heinrichs*, § 130 Rn 4; *Heinemann*, ZNotP 2002, 414, 420.

119 Ohne jede Differenzierung Palandt/*Heinrichs*, § 126a Rn 12; *Schmidl*, CR 2002, 508, 516.

Abs. 1 zu sehen. Die Eintragung zur Vertretungsmacht im qualifizierten Zertifikat steht wertungsmäßig einer Vollmachtsurkunde i.S.d. § 172 Abs. 1 gleich, so dass die **Vorschriften über Vollmachtsurkunden** entsprechende Anwendung finden. Die Vollmacht kann daher nicht durch eine Erklärung nach §§ 168 S. 3, 167 Abs. 1 widerrufen werden, sondern erlischt entsprechend § 172 Abs. 2 erst mit der Änderung der Angabe im qualifizierten Zertifikat.[120]

58 **b) Verwendung des Zertifikats des Vertretenen durch einen Dritten.** Versieht ein Dritter eine in digitaler Gestalt vorliegende Erklärung nicht mit seiner eigenen, sondern mit der qualifizierten elektronischen Signatur eines anderen (entweder unter Hinzufügung des Namens des Dritten oder aber des Namens des Signaturschlüssel-Inhabers), stellt sich die Frage nach einer vertraglichen Einstandspflicht des Signaturschlüssel-Inhabers unter dem Gesichtspunkt einer Stellvertretung durch den handelnden Dritten.

59 Festzuhalten ist, dass Abs. 1 seinem Wortlaut nach nur verlangt, dass der Aussteller (hier: der Dritte) der Erklärung seinen Namen hinzufügt und die Erklärung mit einer qualifizierten elektronischen Signatur versieht. Die Möglichkeit, eine mit seinem eigenen Namen versehene Erklärung mit einer **fremden qualifizierten elektronischen Signatur** zu versehen, ist also ausdrücklich gewollt. Dies steht auch nicht im Widerspruch zu § 5 Abs. 2 SigG, wonach ein qualifiziertes Zertifikat auch Angaben über die Vertretungsmacht einer dritten Person enthalten kann. Denn hier handelt es sich nicht um den Fall, dass der Zertifikatsinhaber für einen Dritten eine Erklärung abgibt, sondern um den Fall, dass der Dritte als Erklärender das qualifizierte Zertifikat der von ihm vertretenen Person verwendet.

60 Allein das Auseinanderfallen der Person des Erklärenden (des Ausstellers, Rn 41) und der verwendeten qualifizierten elektronischen Signatur kann für sich noch keine ernstlichen Zweifel i.S.d. § 292a ZPO (Rn 76) begründen und damit den gesetzlichen Anscheinsbeweis entkräftigen. Denn dann würde für eine durch Abs. 1 eröffnete Anwendungsmöglichkeit der elektronischen Form der durch § 292a ZPO bezweckte Schutz des Rechtsverkehrs völlig leer laufen. Sofern also im Übrigen die Wirksamkeitsvoraussetzungen der elektronischen Form gewahrt sind, greift auch hier der Schutz des § 292a ZPO, so dass zunächst von einer **wirksamen eigenen Willenserklärung** des Dritten für den Signaturschlüssel-Inhaber ausgegangen werden kann.

61 Hieraus lässt sich aber hinsichtlich der **Vertretungsmacht des Dritten** nichts ableiten. Ist eine solche gegeben, greifen ohne weiteres die §§ 164 ff. (zumindest in entsprechender Anwendung). Versieht der Dritte seine Erklärung mit dem Namen sowie der qualifizierten elektronischen Signatur des Signaturschlüssel-Inhabers und handelt er dabei in Übereinstimmung mit dessen Willen, liegt ein **Handeln unter fremdem Namen** vor, das für und gegen den Signaturschlüssel-Inhaber als Geschäftsherrn nach den allgemeinen Regeln (§ 164 Rn 70 ff.) wirkt.[121]

62 Fehlt es beim Dritten an der Vertretungsmacht bzw. einem entsprechenden Einverständnis des Signaturschlüssel-Inhabers (und konnte der Signaturschlüssel-Inhaber den Anscheinsbeweis des § 292a ZPO erschüttern), kann das Handeln des Dritten unter **Verwendung eines fremden privaten Signaturschlüssels** (Rn 58) aber im Rechtsverkehr den Anschein erwecken, dass die Verwendung des privaten Signaturschlüssels durch den Dritten vom Signaturschlüssel-Inhaber mitgetragen wird. Soweit der Signaturschlüssel-Inhaber die Verwendung seiner Signatur nicht nach § 177 (analog) genehmigt, kann sich eine **vertragliche Einstandspflicht** aus den Grundsätzen der Duldungs- und Anscheinsvollmacht bzw. nach den für Blankett-Urkunden entwickelten Grundsätzen ergeben.[122]

63 Dem Signaturschlüssel-Inhaber werden zwar von SigG und SigV unmittelbar keine Verpflichtungen auferlegt. Allerdings impliziert das bei der qualifizierten elektronischen Signatur anzuwendende Verfahren eine Reihe von Anforderungen an die **korrekte Handhabung der zur Verfügung stehenden Technik**.[123] So ergibt sich aus dem Zusammenspiel von § 2 Nr. 2c SigG und § 6 Nr. 1 SigV die Pflicht des Signaturschlüssel-Inhabers, die sichere Signaturerstellungseinheit (Rn 22) in persönlichem Gewahrsam und die persönlichen Identifikationsdaten geheim zu halten.[124] Dem **sorgsamen persönlichen Umgang** mit der sicheren Signaturerstellungseinheit und der Geheimhaltung der zur Anwendung des privaten Signaturschlüssels erforderlichen persönlichen Daten kommt elementare Bedeutung für die vertrauenswürdige Anwendung qualifizierter elektronischer Signaturen zu.[125] Der Erklärungsempfänger darf demnach – ungeachtet der Häufigkeit oder der Dauer des Handelns des Dritten für den Signaturschlüssel-Inhaber – berechtigterweise erwarten und darauf

---

120 AnwK-SchuldR/*Noack*, § 126a Rn 24.
121 AnwK-SchuldR/*Noack*, § 126 Rn 26; *Larenz/Wolf*, BGB AT, § 27 Rn 49; *Dörner*, AcP 202 (2002), 363, 388.
122 Palandt/*Heinrichs*, § 126a Rn 12; *Larenz/Wolf*, BGB AT, § 27 Rn 49; für einen Rechtsscheintatbestand eigener Art *Dörner*, AcP 202 (2002), 363, 388 f.; ohne jede Differenzierung *Nowak*, MDR 2001, 841, 843.
123 *Brisch/Brisch*, in: Hoeren/Sieber, 13.3 Rn 203.
124 MüKo/*Einsele*, § 126a Rn 21.
125 *Brisch/Brisch*, in: Hoeren/Sieber, 13.3 Rn 203.

vertrauen, dass der Signaturschlüssel-Inhaber seinen **privaten Signaturschlüssel nur persönlich gebraucht** und Dritten nicht überlässt bzw. diesen so sorgfältig aufbewahrt, dass eine **unwissentliche Nutzung durch Dritte ausgeschlossen** ist.[126]

Daneben kommt eine Haftung des Signaturschlüssel-Inhabers aus §§ 280 Abs. 1, 241 Abs. 2 (ggf. i.V.m. § 311 Abs. 2) in Betracht (vgl. Rn 70). **64**

3. Haftung bei Missbrauch der elektronischen Form. a) Haftung des Zertifizierungsdiensteanbieters. Zentrale Haftungsnorm für den Zertifizierungsdiensteanbieter (Rn 20) im **Verhältnis zum Signaturempfänger** ist der über den Mindesttatbestand von Art. 6 der europäischen Signaturrichtlinie (Rn 2) hinausgehende **§ 11 SigG**.[127] Dieser wird durch § 12 SigG (i.V.m. § 9 SigV) ergänzt, der mit der Regelung einer **Deckungsvorsorge** sicherstellt, dass Zertifizierungsdiensteanbieter ihren Haftungsverpflichtungen auch nachkommen können. Die **nur bei qualifizierten elektronischen Signaturen** (Rn 18 ff.) Anwendung findenden §§ 11, 12 SigG privilegieren den Signaturempfänger gegenüber dem Signaturschlüssel-Inhaber, der sich gegenüber dem Zertifizierungsdiensteanbieter lediglich auf die allgemeine vertragliche und deliktische Haftung berufen kann.[128] **65**

§ 11 Abs. 1 S. 1 SigG begründet eine neben anderen Haftungsnormen stehende **verschuldensabhängige deliktische Haftung** des Zertifizierungsdiensteanbieters für die Verletzung einer sich aus dem SigG oder der SigV ergebenden Verhaltensnorm (regelmäßig Organisationsverschulden), etwa bei der Registrierung eines Signaturschlüsselinhabers, der Ausgabe eines Signaturschlüssels oder der Dokumentation der von ihm ausgestellten qualifizierten Zertifikate. Dem Dritten (regelmäßig dem Signaturempfänger) muss im Vertrauen auf die Angaben des Zertifizierungsdiensteanbieters ein Schaden entstanden sein. **66**

Die **Ersatzpflicht** ist **ausgeschlossen**, wenn der Dritte die Fehlerhaftigkeit der Angaben kannte oder kennen musste[129] (§ 11 Abs. 1 S. 2 SigG) oder der Zertifizierungsdiensteanbieter nicht schuldhaft, also weder vorsätzlich noch fahrlässig gehandelt hat (§ 11 Abs. 2 SigG). Nach dem Wortlaut ist hierfür jeweils der **Zertifizierungsdiensteanbieter beweispflichtig** (gesetzlich angeordnete Beweislastumkehr). Eine **Haftungsbeschränkung** zugunsten des Zertifizierungsdiensteanbieters sieht § 11 Abs. 3 vor für nach Art und Umfang beschränkte qualifizierte Zertifikate (Rn 23). Für **Mitverschulden** findet § 254 Anwendung.[130] **67**

Für das ihm **zurechenbare Handeln von Dritten** haftet der Zertifizierungsdiensteanbieter gemäß § 11 Abs. 4 S. 1 SigG wie für eigenes Handeln, wobei ihm die Exkulpationsmöglichkeit des § 831 Abs. 1 S. 2 gemäß § 11 Abs. 4 S. 2 SigG ausdrücklich genommen ist. Dabei greift der Ausschluss des § 831 Abs. 1 S. 2 entgegen dem gesetzgeberischen Willen[131] für alle eingesetzten Dritten, gleich, ob diese Verrichtungsgehilfen im eigenen Unternehmen des Zertifizierungsdiensteanbieters, weisungsgebundene oder selbständige beauftragte Dritte sind; nur eine derart **umfassende Haftung ohne Exkulpationsmöglichkeit** vermag das Vertrauen in die Unverfälschtheit qualifizierter elektronischer Signaturen zu gewährleisten.[132] **68**

Die große Schwäche der Haftung bei missbräuchlicher Verwendung einer qualifizierten elektronischen Signatur ist **das Fehlen eines Auskunfts- oder Einsichtsrechts** zugunsten des Signaturempfängers gegenüber dem Zertifizierungsdiensteanbieter, vergleichbar dem des § 10 Abs. 2 SigG zugunsten des Signaturschlüssel-Inhabers.[133] Denn ohne Einsichtnahme in die Geschehensabläufe beim Zertifizierungsdiensteanbieter wird es einem geschädigten Signaturempfänger kaum möglich sein, den ihm obliegenden Nachweis einer objektiven Pflichtverletzung auf Seiten des Zertifizierungsdiensteanbieters zu führen oder etwa die ladungsfähige Anschrift des Signaturschlüssel-Inhabers zu erfahren.[134] **69**

b) Haftung des Inhabers der elektronischen Signatur. Neben einer vertraglichen Einstandspflicht (Rn 53 ff.) kommt bei einer missbräuchlichen Verwendung der qualifizierten elektronischen Signatur durch einen Dritten eine Haftung des Signaturschlüssel-Inhabers gemäß §§ 280 Abs. 1 (ggf. i.V.m. §§ 241 Abs. 2, 311 Abs. 2) in Betracht.[135] Die Pflichtverletzung liegt in der schuldhaften Ermöglichung des Zugriffs eines **70**

---

126 Dazu *Dörner*, AcP 202 (2002), 363, 390 f.; auch wenn zu erwarten ist, dass der Rechtsverkehr ähnlich wie bei der Handhabung von Scheckkarte und PIN sehr großzügig mit den ihm aufgegebenen Sorgfaltsanforderungen umgehen wird, darf dies die grundsätzliche rechtliche Bewertung nicht beeinflussen.
127 Ausf. *Thomale*, MMR 2004, 80; das SigG 1997 vertraute auf die Haftung nach allgemeinem Recht, vgl. *Geis*, in Hoeren/Sieber, 13.2 Rn 14.
128 *Schmidl*, CR 2002, 508, 516; *Thomale*, MMR 2004, 80, 81.
129 Die Legaldefinition des § 122 Abs. 2 findet Anwendung.
130 Soergel/*Marly*, § 126a Rn 18; *Roßnagel*, NJW 2001, 1817, 1823.
131 BT-Drucks 14/4662, S. 25, 40.
132 Ebenso *Thomale*, MMR 2004, 80, 85.
133 *Hähnchen*, NJW 2001, 2831, 2832; *Thomale*, MMR 2004, 80, 83.
134 *Skrobotz*, DuD 2004, 410, 412 f.
135 Palandt/*Heinrichs*, § 126a Rn 12; *Larenz/Wolf*, BGB AT, § 27 Rn 49.

unbefugten Dritten auf den privaten Signaturschlüssel sowie die zur Verwendung erforderliche PIN (Rn 22). Der Erklärungsempfänger darf sich darauf verlassen, dass der Signaturschlüssel-Inhaber entsprechend seinen Verpflichtungen im Umgang mit der qualifizierten elektronischen Signatur (vgl. Rn 63) die Erzeugung formgerechter elektronischer Dokumente unter seiner Kontrolle hält.

71 **c) Haftung des missbräuchlichen Verwenders der elektronischen Signatur.** Wird eine qualifizierte elektronische Signatur durch einen Dritten missbräuchlich verwendet, kommt mangels vertraglicher Beziehungen zwischen dem Dritten und dem Signaturempfänger allenfalls eine **deliktische Haftung** in Betracht. Da zumeist die Schädigung eines der durch § 823 Abs. 1 geschützten absoluten Rechtsgüter ausscheiden wird, bleibt lediglich der Rückgriff auf § 823 Abs. 2 (i.V.m. § 263a StGB) und die §§ 824, 826.

III. Rechtsfolgen und Prozessuales

72 **1. Rechtsfolgen.** Sind die Voraussetzungen der elektronischen Form erfüllt und das signierte elektronische Dokument dem Empfänger zugegangen, wurde die gesetzliche Schriftform wirksam durch die elektronische Form des § 126a ersetzt und damit das Schriftformerfordernis gewahrt.

73 **2. Beweislast und Beweisführung. a) Allgemeines.** Zur grundsätzlichen Beweislastverteilung vgl. § 125 Rn 77. Soweit die Voraussetzungen des § 292a ZPO nicht gegeben sind, unterfallen signierte elektronische Dokumente gemäß § 286 Abs. 1 ZPO der freien richterlichen Beweiswürdigung (siehe auch § 126b Rn 23).

74 **b) Anscheinsbeweis des § 292a ZPO.** Mit der Statuierung eines nach europarechtlichen Vorgaben nicht erforderlichen Anscheinsbeweises zugunsten der Echtheit einer in elektronischer Form vorliegenden Erklärung durch den zum Teil heftig kritisierten[136] § 292a ZPO und damit einer **Beweiserleichterung** geht die Beweiswirkung der elektronischen Form über die der gesetzlichen Schriftform hinaus, bei der die beweisbelastete Partei gemäß § 440 Abs. 2 ZPO den Beweis der Echtheit der Namensunterschrift erbringen muss, bevor zu ihren Gunsten ein Anscheinsbeweis für die Echtheit der Urkunde streitet.[137] Bei § 292a ZPO handelt es sich **nicht** um eine **Beweislastumkehr**, denn der Signaturschlüssel-Inhaber muss nicht darlegen und beweisen, dass die mit seiner Signatur versehene Erklärung nicht von ihm stammt. Es bedarf vielmehr nur der Erschütterung des gesetzlich statuierten Anscheins (Rn 76). Durch § 292a ZPO soll der Empfänger der signierten Erklärung vor unbegründeten Einwänden des Signaturschlüssel-Inhabers geschützt werden, da er keine praktische Möglichkeit hätte, diese zu widerlegen.[138] Der Anscheinsbeweis erstreckt sich auf **Integrität, Authentizität und Autorisierung einer Erklärung**,[139] nicht jedoch auf den Zugang dieser Erklärung beim Empfänger.

75 Auf § 292a ZPO kann sich neben dem Erklärungsempfänger auch der Erklärende und jeder Dritte berufen. Voraussetzung des § 292a ZPO ist, dass sich aufgrund einer Prüfung der mit dem elektronischen Dokument verbundenen qualifizierten elektronischen Signatur nach dem SigG (Rn 13) der **Anschein der Echtheit der Erklärung** ergibt; allein die Verwendung einer qualifizierten elektronischen Signatur begründet nicht automatisch die Anwendbarkeit des § 292a ZPO.[140] Diese Prüfung wird **für akkreditierte elektronische Signaturen im Regelfall ohne weiteres möglich** sein,[141] denn zugunsten des Beweisführers streitet bei akkreditierten elektronischen Signaturen die Sicherheitsvermutung des § 15 Abs. 1 S. 4 SigG, mit deren Hilfe die Einhaltung der Voraussetzungen einer qualifizierten elektronischen Signatur nachgewiesen werden kann.[142] Demgegenüber führen die bei der qualifizierten elektronischen Signatur verringerten Anforderungen an die technische Ausgestaltung des Signaturverfahrens und die Zertifizierungsstruktur des Zertifizierungsdiensteanbieters[143] dazu, dass der **Nachweis der Einhaltung der Voraussetzungen einer qualifizierten elektronischen Signatur im Einzelfall schwierig**, wenn nicht gar unmöglich wird;[144] für andere als qualifizierte bzw. akkreditierte elektronische Signaturen i.S.d. SigG findet § 292a ZPO ohnehin keine Anwendung.

---

136 Etwa Stellungnahme des Bundesrats, BT-Drucks 14/ 4987, S. 37; *Roßnagel*, NJW 2001, 1817, 1826; ausf. Darstellung bei *Borges*, S. 505 ff.
137 MüKo/*Einsele*, § 126 Rn 16; *Blaurock/Adam*, ZEuP 2001, 93, 110 f.; *Heinemann*, ZNotP 2002, 414, 422.
138 *Geis*, in: Hoeren/Sieber, 13.2 Rn 18; *Roßnagel*, NJW 2001, 1817, 1826.
139 *Fischer-Dieskau/Gitter/Paul/Steidle*, MMR 2002, 709, 710; *Oertel*, MMR 2001, 419, 420.
140 *Fischer-Dieskau/Roßnagel/Steidle*, MMR 2004, 451, 452.
141 *Oertel*, MMR 2001, 419, 420; *Rossnagel*, NJW 2001, 1817, 1826; für eine Beschränkung ausschließlich auf akkreditierte elektronische Signaturen *Geis*, in: Hoeren/Sieber, 13.2 Rn 17.
142 *Roßnagel*, NJW 2001, 1817, 1822; *ders.*, MMR 2002, 215, 218.
143 Dazu *Fischer-Dieskau/Gitter/Paul/Steidle*, MMR 2002, 709, 710 ff.; *Roßnagel*, MMR 2002, 215, 216 f.
144 A.A. *Heinemann*, ZNotP 2002, 414, 422.

Zur dauerhaften Erhaltung des Beweiswerts ist ggf. eine Erneuerung der akkreditierten bzw. qualifizierten elektronischen Signatur erforderlich (vgl. Rn 36 ff.).[145]

Der Beweisgegner kann den Anscheinsbeweis nur durch Tatsachen erschüttern, die ernstliche Zweifel daran begründen, dass die Erklärung mit dem Willen des Inhabers des Signaturschlüssels abgegeben worden ist (zur Haftung Rn 65 ff.). Er muss also **die ernsthafte Möglichkeit eines anderen Geschehensablaufs** darlegen und die tatsächliche Grundlage dieser Annahme beweisen.[146] Dies kann ihm gelingen, wenn ein Dritter (beispielsweise ein Arbeitskollege oder Familienangehöriger) an den privaten Signaturschlüssel des Erklärenden gelangt ist und Kenntnis von der zugehörigen PIN hat[147] oder die zur Erzeugung der qualifizierten elektronischen Signatur verwendete Hard- oder Software manipuliert wurde.[148] Die beweisbelastete Partei muss dann anderweitig den Beweis der Echtheit des elektronischen Dokuments erbringen.[149]

c) Beweisführung. Die Beweisführung mit elektronischen Dokumenten unterliegt nicht den Vorschriften über den Beweis mit Urkunden, sondern gemäß § 371 Abs. 1 S. 2 ZPO den Vorschriften über den **Beweis durch Augenschein**.[150] § 371 Abs. 1 S. 2 ZPO erfasst alle elektronischen Dokumenten unabhängig davon, ob sie der elektronischen Form des § 126a oder einer gewillkürten elektronischen Form (§ 127 Rn 21 f.) genügen.[151] Das elektronische Dokument ist gespeichert auf einem Datenträger vorzulegen oder als Datei etwa über das Internet zu übermitteln und anschließend über Bildschirm oder Drucker visuell wahrnehmbar zu machen.[152] Die **Vorlage eines Ausdrucks genügt nicht** für den Beweisantritt.[153] Befindet sich das Dokument beim Beweisgegner, bei einem Dritten oder einer Behörde, finden gemäß § 371 Abs. 2 ZPO die §§ 421–432 ZPO entsprechende Anwendung.

Der Gesetzgeber hat sich für diese Lösung entschieden, um den Erklärungsempfänger gegenüber dem unbegründeten Einwand des Beweisgegners, die Erklärung sei nicht vom Schlüsselinhaber abgegeben worden, nicht schutzlos zu stellen.[154] Gänzlich ungeklärt und in der Literatur **umstritten** ist die **beweisrechtliche Bedeutung von Ausdrucken elektronischer Dokumente**, die als Beweis in den Prozess eingeführt werden.[155] Auch das JustizKomG (Rn 9) wird hieran nichts ändern.

IV. Elektronische Form und elektronische Signatur im Zivilprozess

1. Einreichung elektronischer Schriftsätze. Der ebenfalls durch das FormVAnpG (Rn 1) eingeführte § 130a Abs. 1 ZPO[156] lässt als Ersatz für die in der ZPO vorgesehene Schriftform von Schriftsätzen und Erklärungen die **Aufzeichnung als elektronisches Dokument** zu, wenn dieses für die Bearbeitung durch das Gericht geeignet ist. Nicht erfasst als elektronisches Dokument werden per (Papier-)Telefax übermittelte Dokumente (sog. Telekopie), die unter § 130 Abs. 6 ZPO fallen.[157]

Die Nutzung des elektronischen Rechtsverkehrs setzt allerdings die Schaffung einer entsprechenden organisatorisch-technischen **Infrastruktur** bei den Gerichten voraus, weshalb § 130a Abs. 2 ZPO eine Verordnungsermächtigung zugunsten des Bundes und der Länder vorsieht, die eigenständig den Beginn des elektronischen Rechtsverkehrs an den Gerichten bestimmen können.[158] Nach der Verordnung der Bundesregierung über den elektronischen Rechtsverkehr beim Bundesgerichtshof[159] hat als erstes Bundesland Hamburg im April 2002 eine Verordnung über den elektronischen Rechtsverkehr in gerichtlichen Verfahren[160] erlassen.

---

145 *Fischer-Dieskau/Roßnagel/Steidle*, MMR 2004, 451, 452 f.
146 *Borges*, S. 508; ein niedriger Maßstab würde den sorglos Handelnden begünstigen, *Heinemann*, ZNotP 2002, 414, 422.
147 Palandt/*Heinrichs*, § 126a Rn 12; *Dästner*, NJW 2001, 3469; *Fischer-Dieskau/Gitter/Paul/Steidle*, MMR 2002, 709, 713.
148 *Fischer-Dieskau/Gitter/Paul/Steidle*, MMR 2002, 709, 713; *Oertel*, MMR 2001, 419, 420.
149 Palandt/*Heinrichs*, § 126a Rn 11.
150 Dazu *Borges*, S. 453 ff.
151 *Dästner*, NJW 2001, 3469.
152 *Oertel*, MMR 2001, 419.
153 *Borges*, S. 466; *Heinemann*, ZNotP 2002, 414, 425.
154 BT-Drucks 14/4987, S. 25; Soergel/*Marly*, § 126a Rn 28.
155 Darstellung des Streitstandes bei *Borges*, S. 413 ff., 433 ff.
156 Wortgleiche Regelungen finden sich in, § 46b ArbGG, § 77a Abs. 1 FGO, § 108a Abs. 1 SGG und § 86a VwGO.
157 *Dästner*, NJW 2001, 3469, 3470.
158 Durch die „Organisatorisch-technischen Leitlinien für den elektronischen Rechtsverkehr mit den Gerichten und Staatsanwaltschaften" (OT-Leit) sollen weit gehend einheitliche Standards in den Bundesländern gewährleistet werden; Download unter http://www.bundesgerichtshof.de/docs/xjustiz/otleit_erv_2003-04-10.pdf; dazu http://www.xjustiz.de und Bacher, JurPC Web-Dok. 160/2003.
159 ERVVOBGH (BGBl I 2001 S. 3225), http://www.bundesgerichtshof.de/presse/elek_rechtsverkehr.php.
160 HmbGVBl S. 41, http://fhh.hamburg.de/stadt/Aktuell/behoerden/justizbehoerde/justizverwaltungsamt/elektronischer-rechtsverkehr/start.html; dazu *Schoenfeld*, DB 2002, 1629.

81 Angesichts des Verzichts auf eine Verweisung auf die §§ 126 Abs. 3, 126a geht das **Prozessrecht** ersichtlich **eigene Wege**. Das einzureichende elektronische Dokument soll gemäß § 130a Abs. 1 S. 2 ZPO durch die verantwortliche Person mit einer qualifizierten elektronischen Signatur i.S.d. § 2 Nr. 3 SigG (vgl. Rn 18 ff.) versehen werden. Diesem Erfordernis kommt ebenso wie dem Erfordernis einer eigenhändigen Unterschrift in § 130 Nr. 1 ZPO lediglich eine Ordnungsfunktion zu, so dass die **Anbringung einer qualifizierten elektronischen Signatur nicht Voraussetzung einer ordnungsgemäßen Klageerhebung ist**.[161] Zur Einreichung eines elektronischen Dokuments bei Gericht genügt damit beispielsweise auch eine unsignierte E-Mail oder ein mit einer einfachen oder fortgeschrittenen elektronischen Signatur (Rn 15 f.) versehenes Dokument.

82 **Eingereicht** i.S.d. § 130a Abs. 3 ZPO ist ein elektronisches Dokument entsprechend der Rechtsprechung zur Einreichung papiergebundener Dokumente, wenn das Gericht die tatsächliche Verfügungsgewalt über das elektronische Dokument erlangt hat, ohne dass eine Kenntnisnahme oder eine ausdrückliche Entgegennahme erforderlich ist. Bei einer Zustellung per E-Mail ist dies mit **Eingang der E-Mail beim Mailserver des Gerichts** der Fall, ohne dass es auf einen Abruf der E-Mail (etwa durch die Geschäftsstelle) ankommt. Bei einem „Hochladen" (Upload) des elektronischen Dokuments auf einen Server des Gerichts (mittels HTTP oder FTP) besteht die Verfügungsgewalt unmittelbar nach erfolgreicher **Beendigung des Uploads**.[162]

83 **2. Zustellung elektronischer Dokumente.** Dem **in § 174 Abs. 1 ZPO benannten Personenkreis** – insbesondere Anwälte, Notare, Gerichtsvollzieher, Steuerberater und Behörden – sowie mit deren Zustimmung gemäß § 174 Abs. 3 S. 2 ZPO auch anderen Verfahrensbeteiligten können Schriftstücke gemäß § 174 Abs. 3 S. 1 ZPO[163] als elektronisches Dokument (nicht Telekopie, Rn 79) zugestellt werden, auch das Empfangsbekenntnis kann gemäß § 174 Abs. 4 ZPO als elektronisches Dokument erteilt werden.[164]

84 Während aber § 174 Abs. 4 S. 3 ZPO den Wortlaut des § 130a Abs. 1 S. 2 ZPO wiederholt und damit das Empfangsbekenntnis mit einer qualifizierten elektronischen Signatur versehen werden soll (auf die ebenso gut auch verzichtet werden kann, vgl. Rn 81), spricht § 174 Abs. 3 S. 3 ZPO hinsichtlich des zuzustellenden elektronischen Dokuments davon, dass „das Dokument mit einer elektronischen Signatur zu versehen und gegen unbefugte Kenntnisnahme zu schützen ist". Der Schutz gegen die unbefugte Kenntnisnahme kann entweder durch **Verschlüsselung** oder aber durch **Sicherung des Datenträgers** selbst erfolgen; völlig unklar bleibt aber, was mit einer „elektronischen Signatur" gemeint sein soll. Angesichts des Sachzusammenhangs und im Hinblick auf die Erfordernisse des § 174 Abs. 2 S. 2 ZPO für die Übermittlung durch Telefax muss dies **nicht zwingend eine qualifizierte elektronische Signatur** i.S.d. SigG sein;[165] ausreichend ist vielmehr auch jede andere Signatur, solange sich aus dem elektronischen Dokument i.V.m. der Signatur die absendende Stelle, der Name und die Anschrift des Zustellungsadressaten sowie der Name des Justizbediensteten erkennen lassen, der das Schriftstück zur Übermittlung aufgegeben hat.

§ 126b Textform

¹Ist durch Gesetz Textform vorgeschrieben, so muss die Erklärung in einer Urkunde oder auf andere zur dauerhaften Wiedergabe in Schriftzeichen geeignete Weise abgegeben, die Person des Erklärenden genannt und der Abschluss der Erklärung durch Nachbildung der Namensunterschrift oder anders erkennbar gemacht werden.

Literatur: (siehe auch bei §§ 126, 126a): *Borges*, Verträge im elektronischen Geschäftsverkehr. Vertragsabschluß, Beweis, Form, Lokalisierung, anwendbares Recht, 2003; *Donnerbauer*, Das „Formanpassungsgesetz" – was von der Textform übrig blieb, MDR 2001, R1; *Lammel*, Zur Textform im (Wohnraum-)Mietrecht, ZMR 2002, 333; *Mankowski*, Textform und Formerfordernisse im Miet- und Wohnungseigentumsrecht, ZMR 2002, 481; *Nies*, Schrift- oder Textform im Mietrecht, NZM 2001, 1071; *Röger*, Gesetzliche Schriftform und Textform bei arbeitsrechtlichen Erklärungen, NJW 2004, 1764.

---

161 BT-Drucks 14/4987, S. 24; Zöller/*Greger*, ZPO, § 130a Rn 4; *Dästner*, NJW 2001, 3469, 3470; *Schoenfeld*, DB 2002, 1629, 1631; *Splittgerber*, CR 2003, 23, 27; a.A. *Krüger/Bütter*, MDR 2003, 181, 182 Fn 12; wohl auch *Münch*, DStR 2002, 85, 89.
162 Ebenso *Bacher*, MDR 2002, 669, 670 f.
163 § 174 Abs. 3 ZPO eingeführt durch Gesetz zur Reform des Verfahrens bei Zustellungen im gerichtlichen Verfahren (Zustellungsreformgesetz) vom 25.6.2001 (BGBl I S. 1206), in Kraft getreten zum 1.7.2002; § 174 Abs. 3 ZPO neugefasst,

§ 174 Abs. 4 ZPO angefügt durch Gesetz zur Änderung des Rechts der Vertretung durch Rechtsanwälte vor den Oberlandesgerichten (OLG-Vertretungsänderungsgesetz) vom 23.7.2002, in Kraft getreten zum 1.8.2002 (BGBl I S. 2850).
164 Insgesamt krit. zu § 174 Abs. 3, 4 ZPO *Dreßler/Viefhues*, K&R 2003, 434, 437; zum Verweis auf § 174 ZPO in § 195 ZPO *Häublein*, MDR 2002, 563.
165 Ebenso *Göttlinger*, DNotZ 2002, 743, 748; *Krüger/Bütter*, MDR 2003, 181, 182 Fn 15.

A. Allgemeines 1
I. Bedeutung 1
II. Anwendungsbereich 4
  1. Gesetzliche Bestimmung der Textform . 4
  2. Bestimmung der Textform durch
    Auslegung 6
  3. Rechtsgeschäftliche Vereinbarung der
    Textform 7
B. Regelungsgehalt 8
I. Erklärung 9
II. Abgabe der Erklärung in Urkunde oder
anderer zur dauerhaften Wiedergabe in
Schriftzeichen geeigneter Weise 10
  1. Urkunde 10
  2. Geeignet zur dauerhaften Wiedergabe „in
Schriftzeichen" 11
    a) Schriftzeichen 11
    b) Dauerhafte Wiedergabe 13
      aa) Reproduzierbarkeit beim
        Empfänger 14
      bb) Erklärungsträger 15
III. Person des Erklärenden 18
IV. Kenntlichmachung des Abschlusses der
Erklärung 19
V. Zugang der Erklärung in Textform 21
C. Weitere praktische Hinweise 22
I. Rechtsfolgen 22
II. Prozessuales 23

A. Allgemeines

I. Bedeutung

Die Textform ist ein durch das FormVAnpG (§ 126a Rn 1) in das BGB aufgenommener **neuer Formtyp der lesbaren, aber unterschriftslosen Erklärung**.[1] Mit der Textform sollten die bislang im BGB und den Nebengesetzen verstreuten zahlreichen Formvorschriften, die zwar eine schriftliche Erklärung verlangten, aber auf eine eigenhändige Unterschrift verzichteten, in einem Formtyp zusammengeführt werden.[2] Dies betraf etwa die „einfache Schriftlichkeit" in § 361a Abs. 1 S. 2 a.F. und die „Erklärung auf einem dauerhaften Datenträger" in § 361a Abs. 1 S. 2, 3 a.F. (jeweils i.d.F. bis 31.12.2001) sowie die „mit Hilfe automatischer Einrichtungen erstellte Erklärung" in den früheren § 8 MHG, § 4 Abs. 1 S. 3 VerbKrG. Freilich wurden nicht alle vergleichbaren Formgebote auf die Textform umgestellt (§ 126 Rn 35). 1

Mit der Einführung einer solchen erleichterten Form ist der Gesetzgeber einerseits der Rechtswirklichkeit gefolgt, die insbesondere bei **Massenerklärungen** zum Verzicht auf die eigenhändige Unterzeichnung zwecks Vereinfachung des Rechtsverkehrs gedrängt hat;[3] andererseits hat er der **Erosion der Schriftform** durch Etablierung eines neuen Formerfordernisses mit erheblich reduzierten Anforderungen im Allgemeinen Teil des BGB entgegengewirkt.[4] Dabei tritt die Textform neben Normen, die unterhalb der strengen Schriftform anstelle einer eigenhändigen Unterzeichnung eine vervielfältigte Unterschrift zur Formwahrung genügen lassen, so § 793 Abs. 2 S. 2; §§ 3 Abs. 1 S. 2, 39 Abs. 1 S. 1, 43 Nr. 4 VVG und § 13 S. 1 AktG. 2

Die Textform erfüllt keine der klassischen Formfunktionen (§ 125 Rn 9 f., 126a Rn 11 f.).[5] Sie ist für Erklärungen vorgesehen, bei denen eine mündliche Äußerung zur Dokumentation und Information des Empfängers als nicht ausreichend erscheint, gleichzeitig aber den Erklärungen ihrem Zweck nach nur eine **geringe Warn- und Beweisfunktion** zukommt und deshalb eine eigenhändige Unterzeichnung entbehrlich ist, weil mit ihr für den Erklärungsempfänger kein funktioneller Mehrwert verbunden ist.[6] Sie findet Verwendung, wenn die mit der Erklärung in Textform verbundenen Rechtsfolgen nicht erheblich oder leicht rückgängig zu machen sind und bei denen kein Beteiligter oder Dritter ein ernsthaftes Interesse an einer Fälschung der Erklärung haben kann.[7] Die Textform steht als **einfachste gesetzliche Form** unterhalb der gesetzlichen Schriftform des § 126 und der elektronischen Form des § 126a. 3

II. Anwendungsbereich

1. Gesetzliche Bestimmung der Textform. Im **BGB** wird die Textform in den §§ 312c Abs. 2, 355 Abs. 1 S. 2, Abs. 2 S. 1, 356 Abs. 1 S. 2 Nr. 3, 357 Abs. 3 S. 1, 477 Abs. 2, 493 Abs. 1 S. 5, 502 Abs. 2, 505 Abs. 2 S. 3, 554 Abs. 3 S. 1, 556a Abs. 2 S. 1, 556b Abs. 2 S. 1, 557b Abs. 3 S. 1, 558a Abs. 1, 559b Abs. 1 S. 1,[8] 560 Abs. 1, Abs. 4, 613a Abs. 5, 655b Abs. 1 S. 4 zugelassen. 4

---

1 Palandt/*Heinrichs*, § 126b Rn 1; Soergel/*Marly*, § 126b Rn 1; den Terminus „Textform" als unsinnig bezeichnend *Medicus*, BGB AT, Rn 623a.
2 BT-Drucks 14/4987, S. 18; Übersicht bei *Dörner*, AcP 202 (2002), 363, 394 f.
3 Vom „praktischen Bedürfnis für die Textform" spricht *Heinemann*, ZNotP 2002, 414, 415.
4 *Noack*, DStR 2001, 1893, 1896; *Lückmann/Adams*, K&R 2002, 8, 11; *Steinbeck*, DStR 2003, 644, 649.
5 Zum durch § 126b gewährleisteten Übereilungsschutz *Mankowski*, ZMR 2002, 481, 483.
6 BT-Drucks 14/4987, S. 19; MüKo/*Einsele*, § 126b Rn 7; Palandt/*Heinrichs*, § 126b Rn 1.
7 BT-Drucks 14/4987, S. 18; Soergel/*Marly*, § 126b Rn 2.
8 Stellt ein Mieterhöhungsverlangen nach den §§ 557b Abs. 3 S. 1, 558a Abs. 1, 559b Abs. 1 S. 1 eine wesentliche Änderung eines Zeitvermietvertrags dar, bedarf es wegen § 550 S. 1 ausnahmsweise der Schriftform, vgl. *Mankowski*, ZMR 2002, 481, 486; *Nies*, NZM 2001, 1071, 1072.

5 Außerhalb des BGB findet die Textform in den §§ 90 Abs. 4 S. 2, Abs. 5 S. 2, 109 Abs. 3 **AktG**; §§ 1 Abs. 3, 9 Abs. 6, 12 Abs. 1 S. 1, 14 Abs. 1 **BGB-InfoV**; §§ 5 Abs. 3 S. 1, 8 Nr. 1, 9 Abs. 1 Nr. 1, 12 Nr. 2 **BKleingG**; § 45 Nr. 1 **BörsZulVO**; Art. 240 Nr. 2, 3 **EGBGB**; § 5 Abs. 1 S. 1 **GBBerG**; § 108 Abs. 1 S. 1 **GewO**; §§ 47 Abs. 3, 48 Abs. 2 **GmbHG**; §§ 410 Abs. 1, 438 Abs. 4 S. 1, 455 Abs. 1 S. 2, 468 Abs. 1 S. 1 **HGB**; § 124 Abs. 1 **InvestmG**; § 19 Abs. 6 S. 2 **KAGG**; § 23a Abs. 1 S. 2, Abs. 2 **KWG**; § 6 Abs. 1 S. 1 **NutzEV**; § 3 Nr. 7 **PflVG**; § 296 Abs. 1 S. 3 **SGB III**; §§ 89 Abs. 2, 182 S. 1, 216, 230 Abs. 1, 256 Abs. 3, 260 Abs. 1 S. 1, 267 Abs. 1 S. 1 **UmwG**; § 53c Abs. 3a S. 1 Nr. 5, Abs. 3b S. 4 **VAG**; § 13 S. 2 **VgV**; §§ 5 Abs. 1, Abs. 2 S. 1, 5a Abs. 1 S. 1, 37, 158e Abs. 1 S. 2 **VVG** und § 24 Abs. 4 S. 1 **WEG** Verwendung. Weitere Anwendungsfälle kommen bei Gesetzesnovellen laufend hinzu (z.B. § 36 Abs. 3 SEEG-Entwurf, § 131 Abs. 6 AktG-Entwurf).

6 **2. Bestimmung der Textform durch Auslegung.** Der Gesetzgeber hat die Vereinheitlichung der Formvorschriften noch unvollständig umgesetzt (Rn 1). Auch im Übrigen ist stets zu prüfen, ob nicht der **Normzweck** der jeweiligen Formvorschrift eine **Erleichterung** gegenüber der gesetzlichen Schriftform durch die **Verwendung der Textform** gebietet.[9] Das ist regelmäßig der Fall, wenn die Gesetzesauslegung ergibt, dass die strenge Schriftform bzw. die elektronische Form wegen einer untergeordneten Bedeutung der Warn- und Beweisfunktion nicht erforderlich sind, wie bei den schriftlichen Erklärungen nach § 626 Abs. 2 S. 3;[10] § 99 Abs. 3 S. 1 **BetrVG**[11] und § 20 Abs. 1 S. 1 **AktG**,[12] bei der Einreichung vorbereitender oder bestimmender Schriftsätze im Zivilprozess[13] sowie bei den meisten der durch Tarifvertrag begründeten Schriftformerfordernisse (vgl. § 125 Rn 7), bei denen in der Praxis bereits auf das Erfordernis einer eigenhändigen Unterzeichnung verzichtet wird. Hier kommt der Schriftform im Wesentlichen eine **Ordnungsfunktion** zu, so dass zwar die Einhaltung der Textform notwendig, aber auch ausreichend ist; schließlich kam es aus diesem Grund zur Einführung der Textform (Rn 3).

7 **3. Rechtsgeschäftliche Vereinbarung der Textform.** Gemäß § 127 Abs. 1 gilt § 126b im Zweifel entsprechend bei der rechtsgeschäftlichen Vereinbarung der Textform. Es besteht allerdings kein Anspruch auf eine dem § 126 entsprechende nachträgliche Beurkundung;[14] die vereinbarte Textform würde dann höheren Anforderungen genügen als die gesetzliche Textform.

B. Regelungsgehalt

8 Die Textform erfordert weder eine Verkörperung der Erklärung noch eine eigenhändige Unterzeichnung (§ 126 Rn 19 ff.) oder eine qualifizierte elektronische Signatur i.S.d. § 2 Nr. 3 SigG (§ 126a Rn 18 ff.). Sie ist nicht mehr als die **Fixierung einer Erklärung in lesbar zu machenden Zeichen**[15] und kann damit **durch jede strengere Form ersetzt** werden.[16]

I. Erklärung

9 Der notwendige Mindestinhalt der Erklärung bestimmt sich nach der im Einzelfall einzuhaltenden Formvorschrift. Die Angabe von Ort und Datum ist in der Regel nicht erforderlich.[17] Neben **Willenserklärungen** können auch **geschäftsähnliche Handlungen** in Textform vorgenommen werden (§ 126 Rn 4).

---

9 Zust. *Röger*, NJW 2004, 1764, 1766; *Gotthardt/Beck*, NZA 2002, 876, 878; a.A. *Heinemann*, ZNotP 2002, 414, 423; *Steinbeck*, DStR 2003, 644, 649; i.E. wie hier MüKo/*Einsele*, § 126b Rn 3 durch allgemeine Erwägungen zur Formwirksamkeit des Rechtsgeschäfts trotz Nichteinhaltung der gesetzlichen Form.
10 *Gotthardt/Beck*, NZA 2002, 876, 880; *Röger*, NJW 2004, 1764, 1767.
11 *Röger*, NJW 2004, 1764, 1767; das BAG (NJW 2003, 843) kommt wegen der Nichtanwendung des § 126 Abs. 1 auf geschäftsähnliche Handlungen zum selben Ergebnis (dazu § 126 Rn 4); a.A. ArbG Bielefeld NZA-RR 2004, 88.
12 Insoweit genügt nach h.M. ein Telefax; MüKo-AktG/*Bayer*, § 20 Rn 35; *Hüffer*, AktG, 6. Aufl. 2004, § 20 Rn 6.
13 Dies hat der Gesetzgeber durch die ebenfalls mit dem FormVAnpG (§ 126a Rn 1) vorgenommene Neufassung des § 130 Nr. 6 ZPO für vorbereitende Schriftsätze bereits zum Ausdruck gebracht; s.a. BGH NJW 1993, 3141; BAG NJW 1996, 3164; OLG Braunschweig NJW 2004, 2024.
14 *Heinemann*, ZNotP 2002, 414, 426.
15 *Noack*, DStR 2001, 1893, 1896.
16 BT-Drucks 14/4987, S. 20; ob sich dies für die Ersetzung durch die notarielle Beurkundung erst durch eine analoge Anwendung des § 126 Abs. 4 ergibt (dafür Palandt/*Heinrichs*, § 126b Rn 2; dagegen MüKo/*Einsele*, § 126b Fn 30), ist angesichts des unstrittigen Ergebnis bedeutungslos.
17 *Bamberger/Roth/Wendtland*, § 126b Rn 4.

II. Abgabe der Erklärung in Urkunde oder anderer zur dauerhaften Wiedergabe in Schriftzeichen geeigneter Weise

1. Urkunde. Der Begriff der Urkunde als Träger der Erklärung greift auf § 126 Abs. 1 zurück (§ 126 Rn 9 ff.). Hierunter fallen alle **schriftlich abgefassten Erklärungen** auf Papier oder einem anderen Trägermedium (beispielsweise einem T-Shirt)[18] zur körperlich-visuellen Aufbewahrung, ungeachtet der Herstellungsart (Handschrift, Vordruck, Fotokopie), in beliebiger Sprache, also auch das (Papier-)Telefax, Telegramm oder Fernschreiben.[19]

2. Geeignet zur dauerhaften Wiedergabe „in Schriftzeichen". a) Schriftzeichen. Wenn die Erklärung auf andere zur dauerhaften Wiedergabe geeignete Weise abgegeben werden soll, setzt dies zunächst voraus, dass die Erklärung irgendwie in Schriftzeichen lesbar gemacht werden kann (weiter gehend § 239 Abs. 4 S. 2 HGB).[20] Es ist **weder** eine **Speicherung** der Erklärung in Schriftzeichen[21] **noch** eine **unmittelbare Lesbarkeit** der Erklärung **erforderlich**, ausreichend ist, wenn der Empfänger die Erklärung mittels eines Hilfsgerätes (beispielsweise Drucker oder Bildschirm) wiedergeben[22] und damit den der Erklärung innewohnenden, durch Schriftzeichen dargestellten Sinn optisch wahrnehmen kann.[23] Sollte dies nicht mittels handelsüblicher Software möglich sein, fehlt es regelmäßig am Zugang der Erklärung (Rn 21). Der Begriff des Schriftzeichens ist weit zu verstehen (§ 126 Rn 9)[24] und erfasst neben Buchstaben und Ziffern auch visuelle Zeichen (Graphiken, Zeichnungen, Icons), die für die Parteien des Rechtsverhältnisses eine Bedeutung besitzen.

Wegen des eindeutigen, auf „Schriftzeichen" abstellenden Wortlauts genügt anders als bei der elektronischen Form (§ 126a Rn 44) die Nutzung **gesprochener und digitalisierter Mitteilungen** (Hinterlassen einer Erklärung auf einem Anrufbeantworter) nicht der Textform, auch wenn der Empfänger diese Erklärung möglicherweise durch geeignete Software in Schriftzeichen umwandeln könnte. Anders wiederum, wenn eine Erklärung zwar in Schriftzeichen dem Empfänger zugegangen ist, dieser die Erklärung aber nicht optisch wahrnimmt, sondern sich durch Nutzung entsprechender Software oder diesbezüglicher Dienstleistungen vorlesen lässt.[25]

b) Dauerhafte Wiedergabe. § 126b gibt seinem Wortlaut nach keinen Aufschluss über die Partei des Rechtsverhältnisses, der die dauerhafte Wiedergabe möglich sein muss. Aus dem Normzweck der Textform (Rn 3) ergibt sich aber, dass dem **Erklärungsempfänger** zur Dokumentation und Information die Erklärung zu übermitteln ist; damit muss auch nur dem Erklärungsempfänger die dauerhafte Wiedergabe möglich sein. Ausreichend ist es, wenn die Erklärung für eine den **konkreten Umständen nach angemessene Zeit** durch den Empfänger zur Kenntnis genommen werden kann, in der Regel also bis zur vollständigen Abwicklung des betroffenen Rechtsgeschäfts.[26]

aa) Reproduzierbarkeit beim Empfänger. Der Erklärungsempfänger muss die Möglichkeit haben, die Erklärung mit verkehrsüblichen technischen Mitteln inhaltlich unverändert (siehe § 361a Abs. 3 S. 1 i.d.F. bis 31.12.2001) zu reproduzieren und ggf. zu speichern. Ob der Empfänger von dieser Möglichkeit Gebrauch macht, ist ohne Bedeutung.[27] Ein **bloßes Zugänglichmachen** der Erklärung in einem vom Erklärenden exklusiv beherrschten Medium (etwa im Videotext eines Fernsehsenders bei Kauf-Angeboten) ist zur dauerhaften Wiedergabe beim Empfänger ebenso **ungeeignet** wie die **Ablage in einem flüchtigen Speicher** (beispielsweise im Arbeitsspeicher eines Computers). Denn dann gelangt nur eine nicht den gesetzlichen Anforderungen der Textform entsprechende Erklärung in den Machtbereich des Empfängers, die wegen eines Formmangels gemäß § 125 S. 1 nichtig ist.[28]

---

18 Zu eng HK-BGB/*Dörner*, § 126b Rn 4 („Papierdokument").
19 Soergel/*Marly*, § 126b Rn 4.
20 Soergel/*Marly*, § 126b Rn 4; Lückmann/Adams, K&R 2002, 8, 9; ungenau Jauernig/*Jauernig*, § 126b Rn 2; MüKo/*Einsele*, § 126b Rn 4.
21 Bamberger/Roth/*Wendtland*, § 126b Rn 3; *Boente/Riehm*, Jura 2001, 793, 795.
22 BT-Drucks 14/4987, S. 19.
23 Bamberger/Roth/*Wendtland*, § 126b Rn 2.
24 BT-Drucks 14/4987, S. 20.
25 BT-Drucks 14/4987, S. 20.
26 *Boente/Riehm*, Jura 2001, 793, 794.
27 BT-Drucks 14/4987, S. 19; MüKo/*Einsele*, § 126b Rn 4; Palandt/*Heinrichs*, § 126b Rn 3.
28 Ungenau MüKo/*Einsele*, § 126b Rn 9, die lediglich den Zugang verneint.

15 **bb) Erklärungsträger.** Als Träger der Erklärung kommen nach einer Speicherung der Erklärung in digitalen Binärdaten **alle elektronischen Speichermedien** (etwa Diskette, Bandmedien, CD-ROM, Festplatte, Computerfax,[29] E-Mail oder SMS[30]) in Betracht.[31]

16 Auch **Internetseiten** sind grundsätzlich ein **geeigneter Erklärungsträger**.[32] Diese sind stets so gestaltet, dass sie dem Aufrufenden die einfache Möglichkeit der dauerhaften Wiedergabe bieten.[33] Nach zuweilen vertretener Auffassung soll allerdings ein vom Erklärenden in das Internet eingestellter Text, der nicht zusätzlich in einer anderen der Textform entsprechenden Weise dem Empfänger übermittelt wurde (etwa als E-Mail oder Fax), nur dann der Textform genügen, wenn es tatsächlich zu einem Download des in das Internet eingestellten Textes durch den Empfänger gekommen ist.[34] Diese Auffassung ist mit dem Wortlaut des § 126b nicht in Einklang zu bringen. Denn **dauerhafte Wiedergabe meint nicht Unveränderbarkeit** der bereit gehaltenen Erklärung.[35] Daher muss es ausreichen, wenn der Erklärende seine Erklärung so in das Internet eingestellt hat, dass der Empfänger ohne weiteres die **Möglichkeit zur Speicherung** dieser Erklärung hat, etwa durch die im Browser integrierte Funktion zur Speicherung einer Webseite auf dem Computer des Empfängers oder aber durch die Bereitstellung einer ausdrücklich zur Speicherung vorgesehenen Form der Erklärung auf der Webseite (beispielsweise Angebot zum Download der Erklärung als Datei im pdf-Format).

17 Ob der Empfänger die Erklärung dann tatsächlich herunterlädt, hat für die Einhaltung der Textform keine Bedeutung. Soweit ausnahmsweise durch technische Maßnahmen seitens des Erklärenden diese Möglichkeiten ausgeschlossen sein sollten, wurde die Erklärung nicht in Textform abgegeben und ist damit wegen eines Formmangels gemäß § 125 S. 1 nichtig. Dass der Erklärende die Internetseite nach Belieben gestalten und die Erklärung nachträglich verändern kann, spielt für die Formwirksamkeit der Erklärung keine Rolle. Die Neuformulierung kann allenfalls Bedeutung gewinnen, wenn Streit um die zum **Zugangszeitpunkt** maßgebliche Fassung besteht. Dann muss derjenige, der sich auf die ihm günstige Formulierung der Erklärung beruft, beweisen, dass eine solche Erklärung bestand.[36]

III. Person des Erklärenden

18 Der Begriff des Erklärenden entspricht dem des Ausstellers (§ 126a Rn 41).[37] Damit die Erklärung dem Erklärenden zugeordnet werden kann, muss dieser an **beliebiger Stelle** der Erklärung **namentlich genannt** werden.[38] Die Nennung des bürgerlichen Namens des Erklärenden ist nicht zwingend erforderlich, ausreichend ist es, wenn aus der Erklärung im konkreten Fall aufgrund der zwischen den Parteien bestehenden Beziehungen die zweifelsfreie Identifikation des Erklärenden möglich ist (durch Vorname, Pseudonym, Spitzname).[39] Da die Vorschrift (entgegen dem Regierungsentwurf) nicht die „Angabe", sondern die „Benennung" der Person des Erklärenden verlangt, ist es nicht ausreichend, wenn sich lediglich aus den Umständen (etwa der Verwendung eines Firmenlogos) eine Zuordnung ergibt.[40]

IV. Kenntlichmachung des Abschlusses der Erklärung

19 Bei § 126b dient die Kenntlichmachung des Abschlusses der Erklärung nicht der Identifikation des Erklärenden, weshalb § 126b anders als die gesetzliche Schriftform (§ 126 Rn 20 f.) die Kenntlichmachung des Abschlusses der Erklärung durch **jede Markierung** erlaubt, die deutlich macht, dass das Stadium des Entwurfs verlassen und eine rechtliche Bindung angestrebt wird.[41] Mit der Kenntlichmachung des Abschlusses der Erklärung ist für den Erklärenden zumindest noch eine minimale Warnfunktion (§ 126 Rn 19, § 126a

---

29 Soergel/*Marly*, § 126b Rn 4.
30 Bamberger/Roth/*Wendtland*, § 126b Rn 5; gegen die Wahrung der Textform durch E-Mail und SMS im Wohnraummietrecht *Lammel*, ZMR 2002, 333, 335, 336.
31 MüKo/*Einsele*, § 126b Rn 4; Palandt/*Heinrichs*, § 126b Rn 3.
32 Soergel/*Marly*, § 126b Rn 4; *Heinemann*, ZNotP 2002, 414, 423; *Steinbeck*, DStR 2003, 644, 649; OLG München, CR 2001, 401 zu § 361a Abs. 3 a.F.; a.A. *Lückmann/Adams*, K&R 2002, 8, 10; zu § 361a Abs. 3 a.F. LG Kleve NJW-RR 2003, 196.
33 BT-Drucks 14/4987, S. 20.
34 *Lammel*, ZMR 2002, 333, 335 m.w.N. aus der Zeit vor In-Kraft-Treten des § 126b; nicht eindeutig, aber in diesem Sinn wohl *Horn*, MMR 2002, 209, 212.
35 *Borges*, S. 605.
36 AnwK-SchuldR/*Noack*, § 126b Rn 14.
37 MüKo/*Einsele*, § 126b Rn 5; bei Erklärungen von Personenmehrheiten ist die Textform bereits bei Benennung eines Erklärenden gewahrt, während die Wirksamkeit der Erklärung von der Benennung aller Beteiligten abhängt, vgl. im Mietrecht *Lammel*, ZMR 2002, 333, 334.
38 LG Berlin WuM 2003, 568: Nicht ausreichend ist unleserlicher Schriftzug des Erklärenden.
39 MüKo/*Einsele*, § 126b Rn 5; Soergel/*Marly*, § 126b Rn 5.
40 *Steinbeck*, DStR 2003, 644, 650; wohl auch *Brox*, BGB AT, Rn 300; a.A. *Dörner*, AcP 202 (2002), 363, 394; *Heinemann*, ZNotP 2002, 414, 423; ungenau *Mankowski*, ZMR 2002, 481, 482.
41 BT-Drucks 14/4987, S. 20; MüKo/*Einsele*, § 126b Rn 6; *Nies*, NZM 2001, 1071.

Rn 12) verbunden, die jeder Formvorschrift auch dann zu Eigen ist, wenn sie wie bei der Textform nicht im Vordergrund steht.[42]

Die Nachbildung der Namensunterschrift als Abschlussmarkierung kann bei Urkunden durch Faksimilestempel oder sonstige mechanische Vervielfältigungen der Unterschrift erfolgen und bei Erklärungen auf elektronischen Speichermedien durch Anbringung einer eingescannten Namensunterschrift als Bilddatei kenntlich gemacht werden; im letzteren Fall ist die Erklärung zugleich mit einer einfachen elektronischen Signatur i.S.d. § 2 Nr. 1 SigG versehen, ohne dass dies jedoch zu einem erhöhten Beweiswert dieser Erklärung führen würde (vgl. § 126a Rn 15). Als andere Art der Kenntlichmachung kommt jedes Zeichen bzw. jede Zeichenfolge in Betracht, die dem Empfänger der Erklärung den **Abschluss** derselben **signalisiert**.[43] Dies können etwa eine Datierung, eine Grußformel[44] oder eine sonstige längere unmissverständliche Zeichenfolge (beispielsweise „————————" oder das Wort „Ende") sein, auch Hinweise wie „keine Unterschrift – Computerfax", „Diese Erklärung ist nicht unterschrieben"[45] und „Dieses Schreiben wurde maschinell erstellt und trägt deshalb keine Unterschrift" kommen in Betracht.[46] 20

V. Zugang der Erklärung in Textform

Eine Erklärung in Textform ist durch elektronische Übermittlung nur zugegangen, wenn der Empfänger durch Mitteilung einer elektronischen Empfangsvorrichtung an den Absender (etwa durch Bekanntgabe der Fax-Nummer oder E-Mail-Adresse) oder in sonstiger Weise zu erkennen gegeben hat, dass er mit einer elektronischen Übermittlung einer rechtserheblichen Erklärung einverstanden ist.[47] Am Zugang fehlt es auch, wenn die elektronisch übermittelte Erklärung nicht mit üblichen und zumutbaren Mitteln (etwa **handelsüblicher Software**) in Schriftzeichen lesbar gemacht werden kann (beispielsweise in den **Standardformaten** „HTML", *Adobes* „pdf" oder *Microsofts* „doc"), denn dann fehlt es dem Empfänger an der zumutbaren Möglichkeit zur Kenntnisnahme der in seinen Machtbereich gelangten Erklärung,[48] siehe auch § 126a Rn 51 f. Vgl. zum Zugang einer elektronisch abgegebenen Willenserklärung § 130 Rn 17, 41 f., 57 f. 21

C. Weitere praktische Hinweise

I. Rechtsfolgen

Wenn die vorgenannten Voraussetzungen gewahrt wurden, ist die der Textform unterliegende Erklärung formwirksam abgegeben worden; anderenfalls ist das Rechtsgeschäft gemäß § 125 S. 1 formnichtig. Zur Überwindung der Formnichtigkeit durch § 242 BGB siehe § 125 Rn 53. Sieht das Gesetz wie in § 477 Abs. 2 die Textform nur fakultativ vor, berührt die Nichteinhaltung der Textform die Wirksamkeit ausnahmsweise nicht, vgl. § 477 Abs. 3. 22

II. Prozessuales

Bereits aus dem Normzweck der Textform (Rn 3) ergibt sich der **geringe Beweiswert** einer Erklärung in Textform.[49] Eine dem § 292a ZPO (vgl. § 126a Rn 74 ff.) entsprechende Vorschrift fehlt, so dass die Erklärungen der **freien richterlichen Beweiswürdigung** gemäß § 286 Abs. 1 ZPO unterliegen.[50] 23

Beweisbelastet ist die Partei, die aus der Einhaltung der Textform Rechte ableiten will,[51] in der Regel der Erklärende. Die beweisbelastete Partei muss nicht nur die Abgabe der Erklärung, sondern auch deren Zugang in Textform beweisen.[52] Dies dürfte auf einer Internetseite (vgl. Rn 16 f.) allenfalls durch Bestätigungsanforderungen oder Registrierungsmechanismen möglich sein.[53] Andernfalls wird der Zugang bei einem Bestreiten durch den Empfänger kaum nachweisbar sein. 24

---

42 Krit. diesbezüglich *Borges*, S. 607 f.
43 Auf jede Abschlussmarkierung verzichtend *Dörner*, AcP 202 (2002), 363, 394.
44 MüKo/*Einsele*, § 126b Rn 6; Palandt/*Heinrichs*, § 126b Rn 5.
45 BT-Drucks 14/4987, S. 20.
46 Bamberger/Roth/*Wendtland*, § 126b Rn 7; Soergel/*Marly*, § 126b Rn 6.
47 MüKo/*Einsele*, § 126b Rn 10; Palandt/*Heinrichs*, § 126b Rn 3.
48 AnwK-SchuldR/*Noack*, § 126b Rn 17 f.; Bamberger/Roth/*Wendtland*, § 126b Rn 2.

49 Bamberger/Roth/*Wendtland*, § 126b Rn 9; MüKo/ *Einsele*, § 126b Rn 7; *Larenz/Wolf*, BGB AT, § 27 Rn 4.
50 Soergel/*Marly*, § 126b Rn 7; *Boente/Riehm*, Jura 2001, 793, 795; für den Zugang einer zumeist in Textform vorliegenden E-Mail fordert *Mankowski* (NJW 2004, 1901, 1903, 1906) bei der Verwendung von Eingangs- und Lesebestätigungen die Anerkennung eines Anscheinsbeweises.
51 Palandt/*Heinrichs*, § 126b Rn 6.
52 MüKo/*Einsele*, § 126b Rn 11.
53 MüKo/*Einsele*, § 126b Rn 11.

25 Als (Papier-)Urkunde vorliegende Erklärungen in Textform unterfallen auch ohne eigenhändige Unterzeichnung den Regelungen über den Urkundsbeweis,[54] während für die übrigen Erklärungen die Regeln über den Beweis durch Augenschein gelten.[55] Bei einem elektronischen Dokument (z.B. E-Mail) wird der Beweis durch Vorlegung oder Übermittlung der Datei angetreten (§ 371 Abs. 1 S. 2 ZPO), dazu § 126a Rn 77 f.

§ 127 Vereinbarte Form

(1) [1]Die Vorschriften des § 126, des § 126a oder des § 126b gelten im Zweifel auch für die durch Rechtsgeschäft bestimmte Form.

(2) [1]Zur Wahrung der durch Rechtsgeschäft bestimmten schriftlichen Form genügt, soweit nicht ein anderer Wille anzunehmen ist, die telekommunikative Übermittlung und bei einem Vertrag der Briefwechsel. [2]Wird eine solche Form gewählt, so kann nachträglich eine dem § 126 entsprechende Beurkundung verlangt werden.

(3) [1]Zur Wahrung der durch Rechtsgeschäft bestimmten elektronischen Form genügt, soweit nicht ein anderer Wille anzunehmen ist, auch eine andere als die in § 126a bestimmte elektronische Signatur und bei einem Vertrag der Austausch von Angebots- und Annahmeerklärung, die jeweils mit einer elektronischen Signatur versehen sind. [2]Wird eine solche Form gewählt, so kann nachträglich eine dem § 126a entsprechende elektronische Signierung oder, wenn diese einer der Parteien nicht möglich ist, eine dem § 126 entsprechende Beurkundung verlangt werden.

Literatur (siehe auch bei §§ 125, 126, 126a): *Borges,* Verträge im elektronischen Geschäftsverkehr. Vertragsabschluß, Beweis, Form, Lokalisierung, anwendbares Recht, 2003; *Böhm,* Das Abgehen von rechtsgeschäftlichen Formgeboten, AcP 1979, 425.

A. Allgemeines	1	II. Erleichterungen bei gewillkürter Schriftform (Abs. 2 S. 1)	16
B. Regelungsgehalt	5	III. Erleichterung bei gewillkürter elektronischer Form (Abs. 3)	21
I. Durch Rechtsgeschäft bestimmte Form (Abs. 1, 2)	5	1. Signatur	21
1. Bestimmung	5	2. Modus	22
2. Ausgestaltung	8	3. Nachträgliches Verlangen der Formvollendung (Abs. 3 S. 2)	23
3. Formarten	12	IV. Vereinbarung der Textform	24
a) Vereinbarte Schriftform	12	C. Weitere praktische Hinweise	25
b) Vereinbarte elektronische Form	14		
c) Vereinbarte Textform	15		

A. Allgemeines

1 Die Bestimmung wurde durch Art. 1 Nr. 4 des Gesetzes zur Anpassung der Formvorschriften des Privatrechts und anderer Vorschriften an den modernen Rechtsgeschäftsverkehr vom 13. Juli 2001[1] **neu gefasst**. Gegenüber dem früheren § 127 ist die Vorschrift in drei Absätze unterteilt worden.

2 Die Beteiligten eines Rechtsgeschäfts können für ihre Beziehung vereinbaren (Rn 5), dass bestimmte, von ihnen näher umrissene Formen einzuhalten sind. Die Parteien sind hierbei **nicht** auf den gesetzlichen **Formenkanon** festgelegt, sondern können auch andere, von der Rechtsordnung nicht geregelte Förmlichkeiten verabreden. Es liegt ganz in der Hand der Parteien, welche Formen sie untereinander zur Geltung bringen und mit welchen Rechtsfolgen diese Formerfordernisse ausgestattet sind (dazu § 125 Rn 54 ff.).

3 Die Norm gibt eine **Auslegungsregel** für die rechtsgeschäftlich vereinbarte Schrift-, Text- oder elektronische Form. Nur „im Zweifel" sollen die Vorgaben der gesetzlichen Formvorschriften gelten (Abs. 1). Vorbehaltlich eines anderen Willens der Parteien sind bei vereinbarter Schriftform (Abs. 2) und vereinbarter elektronischer Form (Abs. 3) einige Erleichterungen anzunehmen.

4 Die **Bedeutung** des Formzwangs ergibt sich aus der – ggf. auszulegenden – Vereinbarung. Die Form kann nur **deklaratorische Funktion** im Sinne einer Beweissicherung haben; dann ist die formwidrige Erklärung gültig (vgl. § 125 Rn 55).[2] Ist die Form hingegen als Gültigkeitsvoraussetzung gewollt (**konstitutive Bedeutung**), so ist die formwidrige Erklärung im Zweifel nichtig, § 125 S. 2. Zur Verbindung konstitutiver

---

54 Zöller/*Geimer,* ZPO, vor § 415 Rn 2; *Brehm,* BGB AT, Rn 341b.
55 Soergel/*Marly,* § 126b Rn 7.

1 BGBl I S. 1542.
2 BGH NJW-RR 1996, 642; MüKo/*Einsele,* § 127 Rn 4.

und deklaratorischer Elemente siehe § 125 Rn 57; zur (formlosen; str.) Aufhebung des Formzwangs siehe § 125 Rn 22.

B. Regelungsgehalt
I. Durch Rechtsgeschäft bestimmte Form (Abs. 1, 2)

1. Bestimmung. Das Gesetz spricht von einer „durch Rechtsgeschäft bestimmten Form". Das ist im Normalfall die (grundsätzlich formlos mögliche) **Übereinkunft der Parteien**, ihre künftigen Rechtsbeziehungen auf dem entsprechenden Gebiet einem Formerfordernis zu unterstellen.

Besteht ein Handelsbrauch (§ 346 HGB), wonach ein Vertrag erst mit Austausch übereinstimmender Bestätigungsschreiben zustande kommt, ist zwar von einem gewillkürten Formerfordernis auszugehen. Freilich können die Parteien (auch stillschweigend) übereinkommen, dass bereits eine formlose Vereinbarung wirksam sei.[3]

Das Formerfordernis braucht nicht stets vereinbart zu sein, sondern kann in Ausnahmefällen auch einseitig aufgestellt („bestimmt") werden. So liegt es etwa, wenn der Antragende erklärt, dass er nur durch eine schriftliche oder elektronische Annahme gebunden sein wolle. Dasselbe gilt, wenn der Vollmachtgeber die Vollmacht auf einen schriftlichen Geschäftsabschluss beschränkt.[4]

2. Ausgestaltung. Wenn Schriftform, elektronische Form oder Textform vereinbart wurde, dann ist es den Parteien überlassen, ob sie statt der gesetzlichen Voraussetzungen **strengere oder schwächere Kriterien** für die Wahrung der verabredeten Grundform vorsehen. Haben die Parteien die Anforderungen an die Form eines an sich formlos gültigen Rechtsgeschäfts nicht selbst bestimmt und verläuft die Auslegung auch unter Berücksichtigung der Verkehrssitte ergebnislos, greift die Regelung des Abs. 1 ein, wonach die gesetzlichen Vorgaben der §§ 126, 126a, 126b gelten.

Auch wenn keine Erleichterung der Schriftform ausdrücklich vereinbart wurde, hat die Rechtsprechung solches vor dem Hintergrund der damit verfolgten Zwecke angenommen. Sofern das Schriftformerfordernis lediglich einem **Dokumentations- und Klarheitsinteresse** dient, kann auf die eigenhändige Unterschrift verzichtet werden zugunsten von automatisch eingefügten Unterschriften, Faksimilestempeln usw.[5] Selbst die bloße Namensnennung des Erklärenden ohne jede Unterschrift hat der Rechtsprechung genügt.[6] Diese Linie wird sich nach Einführung der Textform (§ 126b), die derlei Erleichterungen als Wesensmerkmal in sich birgt, nicht unbegrenzt lange aufrechterhalten lassen. Wenn die Textform in den Verkehrskreisen hinreichend bekannt geworden ist (wofür zurzeit eher wenig spricht), muss die Wahl zwischen Schrift- und Textform wieder ernst genommen werden.

Bei dem **Gesellschaftsvertrag einer Personengesellschaft,** dessen Änderungen an sich der Schriftform unterstehen, hat der BGH nicht etwa die Unterzeichnung durch sämtliche Gesellschafter verlangt, sondern die Protokollierung des Änderungsbeschlusses genügen lassen.[7] Auf der Schriftformklausel wird jedoch bestanden, soweit es um die Erhöhung der gesellschaftsvertraglichen Verpflichtungen eines Gesellschafters geht. Insoweit gilt, dass die Protokollierung der Verpflichtungserklärung des Gesellschafters nicht dem vertraglichen Formerfordernis genügt, sondern der Gesellschafter seine Erklärung unterzeichnen muss.[8]

Bei einem **Prozessvergleich,** der unter dem Vorbehalt des Widerrufs steht, welcher durch Schriftsatz an das Gericht zu erfolgen hat, gilt hinsichtlich der Form der Widerrufserklärung die Anforderung an bestimmende Schriftsätze (§ 129 ZPO, vgl. § 126 Rn 6, 126a Rn 81).[9]

3. Formarten. a) Vereinbarte Schriftform. Die rechtsgeschäftlich vereinbarte schriftliche Form kann grds. auch durch die **elektronische Form** (§§ 126 Abs. 3, 126a) **ersetzt** werden. Die Auslegungsregel des Abs. 1 verweist einschränkungslos auf § 126 (und damit auch auf dessen Abs. 3).[10] Da Voraussetzung für die Ersetzung das Einverständnis der Parteien mit der Nutzung der elektronischen Form ist (vgl. § 126 Rn 54), kann diese Form keiner Partei aufgedrängt werden.

---

3 BGH NJW 1964, 1269, 1270; *Baumbach/Hopt*, HGB, vor § 343 Rn 9.
4 *Flume*, BGB AT Bd. 2, § 15 II 2a; a.A. offenbar MüKo/*Einsele*, § 127 Rn 2.
5 RGZ 106, 330, 331 f.; 125, 68, 72 f.; Staudinger/ *Dilcher*, 12. Aufl., § 127 Rn 4.
6 BGH NJW-RR 1996, 641, 642.
7 BGHZ 66, 82 = BGH NJW 1976, 958; *Baumbach/ Hopt*, HGB, § 119 Rn 28.

8 BGHZ 66, 82 = BGH NJW 1976, 958, 959.
9 BAG NJW 1989, 3035, 3036; LAG Düsseldorf BB 1990, 562; LAG München DB 1989, 836.
10 Im Zweifel für einen Ausschluss der Ersetzungsbefugnis *Steinbeck*, DStR 2003, 644, 647; für einen grundsätzlichen Ausschluss der Ersetzungsbefugnis Bamberger/Roth/*Wendtland*, § 127 Rn 8.

13 Eine Erklärung mittels Textform (§ 126b), die bei gesetzlicher Anordnung der Schriftform grundsätzlich nicht möglich ist, kann bei der vereinbarten Schriftform im Konsens der Parteien ebenfalls wirksam erfolgen.

14 **b) Vereinbarte elektronische Form.** Die vereinbarte elektronische Form kann *nicht* durch die Schriftform ersetzt werden.[11] Diese Ersetzung wird in der Regel dem Parteiwillen widersprechen, Zeit und Kosten durch eine elektronische Dokumentenbearbeitung zu sparen. Die mit einem Schriftstück verbundene Zusatzarbeit bedeutet einen Medienbruch, dessen Vermeidung die Verabredung elektronischer Kommunikation gerade zum Ziel hat.

15 **c) Vereinbarte Textform.** Von der vereinbarten Textform (§ 126b) kann grundsätzlich auf die Schriftform übergegangen werden, denn die Vermeidung eines Medienbruchs steht hier nicht im Vordergrund. Die Textform ist nicht auf ein Trägermedium festgelegt (§ 126b Rn 10), vorbehaltlich anderer Abrede der Parteien. Bei einem „Upgrade" auf die elektronische Form wird man ein Einverständnis unterstellen dürfen, da mit Vereinbarung der Textform der Weg für eine elektronische Kommunikation frei ist; anders aber, wenn die Parteien sich auf eine „urkundliche" Textform verständigt haben.[12]

II. Erleichterungen bei gewillkürter Schriftform (Abs. 2 S. 1)

16 Die im alten Abs. 1 S. 1 enthaltenen Worte „telegraphische Übermittlung" wurden 2001 durch **„telekommunikative Übermittlung"** ersetzt. Diese Formulierung öffnet den Anwendungsbereich für alle Übermittlungskanäle der Telekommunikation; zum Begriff der Telekommunikation mittels einer Telekommunikationsanlage vgl. § 3 Nr. 16 und 17 TKG. Als Übermittlungsarten kommen in Betracht in erster Linie E-Mail und Fax,[13] ferner Telegramm und Fernschreiben.

17 Die **Norm ist unklar** gefasst. Wörtlich genommen modifiziert Satz 1 a.E. für den wichtigen Bereich des Vertrages nur den § 126 Abs. 2, indem – vorbehaltlich der Feststellung eines anderen Willens – auf das Erfordernis einer gemeinsamen Urkunde verzichtet wird und insoweit der „Briefwechsel"[14] genügt. Unverändert bliebe hiernach allerdings das Erfordernis eigenhändiger Namensunterschrift nach § 126 Abs. 1. Damit könnte bei rechtsgeschäftlich vereinbarter Schriftform für Vertragsschlüsse und Vertragsänderungen kein telekommunikativer Akt eingesetzt werden, denn ein auf diese Weise übermitteltes Dokument kann nicht eigenhändig unterschrieben sein. Nur bei nicht auf einen Vertragsschluss gerichteten Erklärungen käme bei diesem engen Verständnis der Norm eine unterschriftslose Telekommunikationserklärung in Betracht.

18 Eine solche Marginalisierung des Anwendungsbereichs ist allerdings nicht veranlasst. Nach Sinn und Zweck der Vorschrift ist die telekommunikative Übermittlung auch bei einem Vertrag – vorbehaltlich eines anderen Willens – als formgenügend anzusehen. Der letzte Halbsatz ist nach diesem Verständnis eine zu den telekommunikativen Übermittlungen hinzutretende Erweiterung, nicht aber eine exklusive Festlegung auf den dort genannten Modus des klassischen Briefwechsels. Der Austausch von E-Mails, Faxen und Telegrammen[15] reicht also aus. Möglich ist auch eine Kombination von Briefen und den übrigen Übermittlungsgestaltungen.

19 Damit ergibt sich, dass **im Zweifel die eigenhändige Unterschrift entbehrlich** ist; vielmehr genügt es, wenn der Name des Erklärenden aus dem Dokument mit hinreichender Deutlichkeit hervorgeht.[16] Briefe müssen nur dann unterschrieben sein, wenn nach den Umständen zweifelhaft ist, ob es sich bei der brieflichen Erklärung lediglich um einen Entwurf oder bereits um eine Willenserklärung handelt.[17]

20 Nach Sinn und Zweck der Vorschrift wird auf die Unterschrift, nicht aber auf das Vorliegen einer **textlich verkörperbaren Erklärung** verzichtet. Gegenstand des Transports mittels Telekommunikation sind alphanumerische Zeichen. Die Übermittlung im Wege der Sprache ist ausgeschlossen.[18] Telefonische Erklärungen und Voice-Mail genügen nicht zur Erfüllung der vereinbarten Schriftform. Im Ergebnis ist kein Unterschied zu der Textform zu erkennen.

---

11 Bamberger/Roth/*Wendtland*, § 127 Rn 9; *Steinbeck*, DStR 2003, 644, 647 f.; a.A. *Borges*, S. 657; *Heinemann*, ZNotP 2002, 414, 426.
12 A.A. *Steinbeck*, DStR 2003, 644, 650.
13 Zum Fax BGH NJW-RR 1996, 866, 867; OLG Frankfurt NJW-RR 1999, 955.
14 Das ist auch der Austausch von Bestätigungsschreiben, BGH WM 1961, 1359, 1361.
15 Für Telegramme und Fernschreiben ganz h.M. RGRK/*Krüger-Nieland*, § 127 Rn 7; Staudinger/*Dilcher*, 12. Aufl., § 127 Rn 7; Soergel/*Hefermehl*, § 127 Rn 6; *Medicus*, BGB AT, Rn 638.
16 In diesem Sinne wohl BGH NJW-RR 1996, 641; ZIP 1999, 136.
17 MüKo/*Einsele*, § 127 Rn 11; strenger noch RGZ 106, 268, 269.
18 BT-Drucks 14/4987, S. 21; einer vom Bundesrat geforderten Klarstellung (BT-Drucks 14/4987, S. 35 f.) bedarf es nicht.

III. Erleichterung bei gewillkürter elektronischer Form (Abs. 3)

1. Signatur. Wenn die Parteien nichts anderes vereinbart haben, ist es zur Wahrung der gewillkürten elektronischen Form ausreichend, wenn das **elektronische Dokument** mit einer einfachen elektronischen Signatur i.S.d. § 2 Nr. 1 SigG oder einer fortgeschrittenen elektronischen Signatur i.S.d. § 2 Nr. 2 SigG versehen wird (zu den Begriffen § 126a Rn 15 ff.). Ggf. ist sogar der **völlige Verzicht auf eine Signatur** i.S.d. SigG zur Wahrung der gewillkürten elektronischen Form ausreichend. Denn diese darf keinen höheren Anforderungen als die gewillkürte Schriftform nach Abs. 2 unterliegen,[19] bei der der Verzicht auf eine eigenhändige Unterschrift im Zweifel zulässig ist (Rn 18). Äquivalent der eigenhändigen Unterschrift ist bei der elektronischen Form aber die Signatur (vgl. § 126a Rn 11 f.), auf die demnach im Zweifel ebenfalls verzichtet werden kann, solange der Name des Ausstellers aus der Erklärung anderweitig hervorgeht.[20] Die Einhaltung der Textform des § 126b in digitaler Gestalt genügt unter diesen Voraussetzungen zur Wahrung der gewillkürten elektronischen Form.[21]

2. Modus. Abweichend von § 126a Abs. 2 (siehe § 126a Rn 50) ist bei Vereinbarung der elektronischen Form durch die am Vertragsschluss beteiligten Parteien die Formwahrung auch durch den **Austausch** elektronisch signierter Angebots- und Annahmeerklärungen (mittels Telekommunikation oder Datenträgern)[22] möglich. Damit können auch mittels einer E-Mail-Korrespondenz Verträge geschlossen werden.

3. Nachträgliches Verlangen der Formvollendung (Abs. 3 S. 2). Wird dies von einer Partei verlangt, ist die in der vereinbarten elektronischen Form abgegebene Erklärung nachträglich mit einer qualifizierten elektronischen Signatur zu versehen oder, sofern dies einer Partei nicht ohne unzumutbaren Aufwand möglich sein sollte, eine **Urkunde** i.S.d. § 126 Abs. 1 zu errichten.[23] Das nachträgliche Verlangen nach Formvollendung hat keine Auswirkungen auf die Wirksamkeit des Rechtsgeschäfts, die sich allein nach den Erfordernissen der vereinbarten elektronischen Form richtet.[24] Die nachträgliche Formvollendung dient lediglich Beweiszwecken.[25] Der durch Abs. 3 S. 2 gewährte Anspruch auf nachträgliche Formvollendung verjährt in der regelmäßigen Verjährungsfrist (§§ 195, 199 Abs. 1).

IV. Vereinbarung der Textform

Zur rechtsgeschäftlichen Vereinbarung der Textform siehe § 126b Rn 7. Erleichterungen für die rechtsgeschäftliche Vereinbarung der Textform sieht § 127 nicht vor, da es sich bei der Textform ohnehin um die einfachste Form handelt. Würde man hier eine weitere Vereinfachung zulassen, wäre die **Grenze zur Formfreiheit** überschritten.[26]

C. Weitere praktische Hinweise

Behauptet eine Partei die Vereinbarung einer bestimmten Form für ein Rechtsgeschäft, das auch formlos geschlossen werden kann, ist diese Partei für das Formerfordernis als für sie günstige Tatsache **beweispflichtig**.[27] Soweit die Parteien unstreitig Schrift-, Text- oder elektronische Form durch Rechtsgeschäft bestimmt haben, eine Partei aber die Vereinbarung eines von den Regeln des § 127 abweichenden Inhalts der Formabrede behauptet, ist diese Partei dafür darlegungs- und beweispflichtig.[28] Wenn eine andere als eine der typischen Formen vereinbart wurde (Rn 2), liegt die Beweislast für die Ausgestaltung bei demjenigen, der sich darauf beruft.[29]

---

19 BT-Drucks 14/4987, S. 21; Bamberger/Roth/*Wendtland*, § 127 Rn 5.
20 MüKo/Einsele, § 127 Rn 13; Palandt/*Heinrichs*, § 127 Rn 5; Soergel/*Marly*, § 127 Rn 12.
21 AnwK-SchuldR/*Noack*, § 127 Rn 12; a.A. Heinemann, ZNotP 2002, 414, 425.
22 Soergel/*Marly*, § 127 Rn 13.
23 Bamberger/Roth/*Wendtland*, § 127 Rn 9.
24 MüKo/*Einsele*, § 127 Rn 15; Soergel/*Marly*, § 127 Rn 14.
25 Bamberger/Roth/*Wendtland*, § 127 Rn 9; Palandt/*Heinrichs*, § 127 Rn 6.
26 BT-Drucks 14/4987, S. 21; Bamberger/Roth/*Wendtland*, § 127 Rn 7.
27 Palandt/*Heinrichs*, § 127 Rn 7; MüKo/*Einsele*, § 127 Rn 16; Soergel/*Marly*, § 127 Rn 15; a.A. Soergel/*Hefermehl*, § 127 Rn 10.
28 MüKo/*Einsele*, § 127 Rn 16; Palandt/*Heinrichs*, § 127 Rn 7.
29 ErfK/*Preis*, § 127 BGB Rn 49; Soergel/*Marly*, § 127 Rn 15.

§ 127a Gerichtlicher Vergleich

¹Die notarielle Beurkundung wird bei einem gerichtlichen Vergleich durch die Aufnahme der Erklärungen in ein nach den Vorschriften der Zivilprozessordnung errichtetes Protokoll ersetzt.

A. Allgemeines	1	2. Gericht	8
I. Normzweck und Inhalt	1	3. Verfahren	9
II. Anwendungsbereich	2	4. Gegenstand	13
B. Regelungsgehalt	7	5. Protokollierung	14
I. Prozessvergleich	7	II. Rechtsfolgen	15
1. Allgemeines	7		

A. Allgemeines

I. Normzweck und Inhalt

1 Für **Beurkundungen** sind grundsätzlich nur die **Notare** zuständig (§§ 1, 56 BeurkG). § 127a trägt dem früher bereits gewohnheitsrechtlich anerkannten Grundsatz Rechnung, nach dem die Protokollierung in einem **Prozessvergleich** die Beurkundung des entsprechenden Geschäfts ersetzt.¹ Die Norm anerkennt die Gleichwertigkeit des ordnungsgemäßen gerichtlichen Vergleichs mit der notariellen Beurkundung.²

II. Anwendungsbereich

2 Der Anwendungsbereich des § 127a erstreckt sich auf alle Erklärungen, für die kraft Gesetzes oder kraft rechtsgeschäftlicher Vereinbarung die **notarielle Beurkundung** (§ 128) vorgesehen ist. Da die notarielle Beurkundung die **Schriftform** (§ 126 Abs. 4) oder die **öffentliche Beglaubigung** (§ 129 Abs. 2) ersetzt, sind auch diese Formen durch den gerichtlichen Vergleich gewahrt.³ Auch **Auflassungserklärungen** können nach § 925 Abs. 1 S. 3 in einen gerichtlichen Vergleich aufgenommen werden. Sind für den Erklärungsempfang bestimmte Stellen ausschließlich zuständig – insbesondere der Standesbeamte für die Eheschließung nach § 1310 Abs. 1 – kann das entsprechende Rechtsgeschäft allerdings schon deshalb nicht Gegenstand eines Prozessvergleichs sein.⁴

3 Eine Sonderregelung gilt für formpflichtige Willenserklärungen, die in einem **Insolvenzplan** getroffen werden. Der Insolvenzplan ist an die Stelle des früheren gerichtlichen Zwangsvergleichs getreten; er bedarf der Bestätigung durch das Insolvenzgericht (§ 248 InsO). Nach § 254 Abs. 1 S. 2 InsO gelten die in den Plan aufgenommenen Willenserklärungen der Beteiligten, die sich auf Rechtsänderungen an Gegenständen (§ 228 InsO) oder GmbH-Geschäftsanteilen beziehen, als in der vorgeschriebenen Form abgegeben.⁵

4 Für die vergleichsweise Beendigung eines schiedsgerichtlichen Verfahrens gilt eine § 127a entsprechende Regelung, soweit die an sich notariell zu beurkundenden Parteierklärungen durch die Aufnahme in einen **Schiedsspruch mit vereinbartem Wortlaut** ersetzt werden (§ 1053 Abs. 3 ZPO).

5 Auch die Errichtung bzw. der Widerruf eines **Testaments** können in einen gerichtlichen Vergleich aufgenommen werden. Eine ältere Entscheidung des BGH hat dies zwar verneint.⁶ Anerkannt ist allerdings, dass ein Testament durch einen **Erbvertrag**, der als Prozessvergleich geschlossen wurde, widerrufen werden kann.⁷ Bedenkt man, dass sowohl das Testament (§ 2064) als auch der Erbvertrag (§ 2274) eine persönliche Errichtung bzw. einen persönlichen Abschluss voraussetzen, ist eine solche Unterscheidung zwischen Erbvertrag und Testament nicht tragfähig.⁸ Nicht überzeugend ist der dogmatische Einwand, ein Vergleich erfordere ein gegenseitiges Nehmen und Geben, weshalb ein Testament als einseitiges Rechtsgeschäft nicht vergleichsfähig sei. Es kommt auf den Inhalt der Erklärung und die Zielsetzung der Verfahrensbeendigung an.

---

1 BGHZ 14, 381, 386 f.; 35, 309, 310; BayObLG NJW-RR 1997, 1511, 1512; MüKo/*Einsele*, § 127a Rn 1; Palandt/*Heinrichs*, § 127a Rn 3; Bamberger/Roth/*Wendtland*, § 127a Rn 1; RGRK/ *Krüger-Nieland*, § 127a Rn 1.
2 Erman/*Palm*, § 127a Rn 1; MüKo/*Einsele*, § 127a Rn 1.
3 MüKo/*Einsele*, § 127a Rn 1; Palandt/*Heinrichs*, § 127a Rn 1; Bamberger/Roth/*Wendtland*, § 127a Rn 2.
4 MüKo/*Einsele*, § 127a Rn 2; Soergel/*Hefermehl*, § 127a Rn 1.
5 Dazu etwa *Otte*, in: Kübler/Prütting, InsO, § 254 Rn 7, 9 ff.
6 BGH DB 1959, 790; ebenso Palandt/*Heinrichs*, § 127a Rn 3; Erman/*Palm*, § 127a Rn 4; RGRK/ *Krüger-Nieland*, § 127a Rn 4.
7 OLG Köln OLGZ 70, 114 ff.; RGRK/ *Krüger-Nieland*, § 127a Rn 4.
8 MüKo/*Einsele*, § 127a Rn 2.

Auf Vereinbarungen über den **Versorgungsausgleich**, die notariell beurkundet werden müssen, ist § 127a entsprechend anzuwenden.

B. Regelungsgehalt

I. Prozessvergleich

1. Allgemeines. Dem Prozessvergleich kommt eine **Doppelnatur** zu:[9] Einerseits ist er ein privatrechtlicher Vertrag, der nach § 779 zu beurteilen ist und durch den die Parteien das bestehende Rechtsverhältnis regeln; andererseits ist er eine Prozesshandlung, die sich nach den Vorschriften der ZPO richtet und einen vollstreckbaren Titel darstellt.[10] Erforderlich sind daher ein gegenseitiges Nachgeben der Parteien und ihre Verfügungsbefugnis über den Streitgegenstand (§ 1030 Abs. 1 S. 2 ZPO).[11] Dem Erfordernis des gegenseitigen Nachgebens ist bereits Genüge getan, wenn eine Partei beispielsweise einen Teil der Kosten übernimmt oder Ratenzahlungen einräumt.[12]

2. Gericht. Der Vergleich muss in einem vor einem Gericht **rechtshängigen Verfahren** geschlossen werden;[13] ob in mündlicher Verhandlung oder nicht, spielt nach der Neufassung von § 159 Abs. 1 ZPO keine Rolle mehr. Die Zugehörigkeit zu einer bestimmten Gerichtsbarkeit ist nicht erforderlich, es kommen Gerichte aller Gerichtszweige in Betracht, deren Verfahrensordnungen den Abschluss von Vergleichen kennen.[14] Mit Blick auf § 794 Abs. 1 Nr. 1 ZPO wurde bislang einheitlich davon ausgegangen, dass es sich um ein deutsches Gericht handeln müsse, doch sollte es im Grunde genügen, wenn der Vergleichsprotokollierungsvorgang gleichwertig ist.[15]

3. Verfahren. § 127a gilt für **Verfahren jeder Art**, auch für das Prozesskostenhilfe-Verfahren,[16] für das FGG-Verfahren,[17] für das Arrest- und Vollstreckungsverfahren.[18] Ein Prozessvergleich kann ferner geschlossen werden im selbständigen Beweissicherungsverfahren sowie im Privatklage- und Adhäsionsverfahren.[19] Schließlich kann ein Vergleich auch in Verfahren vor dem Rechtspfleger getroffen werden.

Notwendige Voraussetzung ist die gerichtliche Rechtshängigkeit des Verfahrens. Daher gilt die Vorschrift weder im Rahmen eines Anwaltsvergleichs nach § 796a ZPO noch im Rahmen eines vor einer Gütestelle abgeschlossenen Sühnevergleichs im Sinne von § 794 Abs. 1 Nr. 1 ZPO. Der Vergleich wird „zur Beilegung eines Rechtsstreits" geschlossen, so dass für ihn nach vollständigem rechtskräftigem Abschluss des Verfahrens kein Raum mehr bleibt.[20]

Da keine Sachentscheidung ergeht, scheitert die Wirksamkeit eines gerichtlichen Vergleichs nicht daran, dass die **Prozessvoraussetzungen** für ein Sachurteil nicht gegeben sind,[21] das Gericht fehlerhaft besetzt[22] oder für das Verfahren nicht zuständig ist.[23]

§ 127a erfordert einen formell und materiell **wirksamen Prozessvergleich**.[24] In einem Anwaltsprozess müssen sich die Parteien daher durch einen postulationsfähigen Rechtsanwalt vertreten lassen.[25] Ein Dritter kann dem Vergleich beitreten, für ihn soll kein Anwaltszwang bestehen.[26] Ist in einem Anwaltsprozess die persönliche Abgabe einer Erklärung durch eine Partei erforderlich, so muss sie von dem Anwalt und der Partei gemeinsam abgegeben werden.[27]

---

9 BGHZ 86, 184, 186; Erman/*Palm* § 127a Rn 4; MüKo/*Einsele*, § 127a Rn 3; Musielak/*Lackmann*, ZPO, § 794 Rn 3.
10 BGHZ 16, 388, 390; *Rosenberg/Schwab/Gottwald*, ZPO, § 131 III 1c; Stein/Jonas/*Münzberg*, ZPO, § 794 Rn 8, 16.
11 Erman/*Palm*, § 127a Rn 4; MüKo/*Einsele*, § 127a Rn 3.
12 Erman/*Palm*, § 127a Rn 4; MüKo/*Einsele*, § 127a Rn 3.
13 BGHZ 15, 190.
14 BVerwG NJW 1995, 2179; Bamberger/Roth/*Wendtland*, § 127a Rn 4; Erman/*Palm*, § 127a Rn 2; MüKo/*Einsele*, § 127a Rn 4.
15 I.d.S. OLG Bamberg NJW-RR 2002, 1153, 1154.
16 Palandt/*Heinrichs*, § 127a Rn 2; MüKo/*Einsele*, § 127a Rn 4.
17 BGHZ 14, 381.
18 OLG München DNotZ 1971, 344.
19 OLG Stuttgart NJW 1964, 110.

20 BGHZ 15, 195; MüKo/*Einsele*, § 127a Rn 4; Palandt/*Heinrichs*, § 127a Rn 2; Erman/*Palm*, § 127a Rn 2; Bamberger/Roth/*Wendtland*, § 127a Rn 5.
21 *Rosenberg/Schwab/Gottwald*, ZPO, § 131 I 2; Palandt/*Heinrichs*, § 127a Rn 3.
22 BGHZ 35, 309.
23 Palandt/*Heinrichs*, § 127a Rn 3.
24 BGHZ 39, 60, 63 ff.; *Rosenberg/Schwab/Gottwald*, ZPO, § 131 I 6; Erman/*Palm*, § 127a Rn 2; MüKo/*Einsele*, § 127a Rn 3.
25 BGH NJW 1991, 1743, 1744; OLG Köln NJW-RR 1997, 965, 966; Bamberger/Roth/*Wendtland*, § 127a Rn 8; MüKo/*Einsele*, § 127a Rn 7.
26 BGHZ 86, 160, 163 = BGH NJW 1983, 1433; MüKo-ZPO/*Wolfsteiner*, § 794 Rn 50; a.A. MüKo/*Einsele*, § 127a Rn 7.
27 BayObLG NJW 1965, 1276, 1277; Palandt/*Heinrichs*, § 127a Rn 3.

13 **4. Gegenstand.** Der Vergleich kann inhaltlich **über den eigentlichen Streitgegenstand hinausgehen**.[28] Er braucht sich nicht auf das zu beschränken, was schon von vornherein objektiv einen Zusammenhang mit dem Prozessgegenstand hat, sondern kann auch und gerade dasjenige umfassen, was die Parteien beim Vergleichsabschluss in einen solchen Zusammenhang bringen, indem sie die Regelung des Prozessgegenstandes von der Regelung jenes anderen Punktes abhängig machen und umgekehrt.[29] Der Vergleich muss aber in einem inneren Zusammenhang mit dem Rechtsstreit stehen, um eine missbräuchliche Umgehung der nach dem BeurkG grundsätzlichen Zuständigkeit der Notare zu verhindern.[30] Wird ein Vergleich nach Rücknahme der Berufung protokolliert, so handelt es sich um einen gerichtlichen Vergleich i.S.d. § 127a BGB, wenn die Parteien schon vor der Rücknahme der Berufung ihren Willen zum Abschluss eines Vergleichs haben erkennen lassen.[31]

14 **5. Protokollierung.** Der Prozessvergleich muss gem. §§ 159 ff. ZPO **ordnungsgemäß protokolliert** werden. Im Protokoll ist der Vergleich „festzustellen" (§ 160 Abs. 3 Nr. 1 ZPO). Die Parteien müssen von dem Vergleichstext Kenntnis nehmen können, indem ihnen entweder der Text vorgelesen oder zur Durchsicht vorgelegt wird; wurde der Vergleich vorläufig auf einem Tonträger aufgezeichnet (§ 160a ZPO), ist den Beteiligten der Vergleichstext vorzuspielen. Dadurch sollen Missverständnisse und Protokollierungsfehler vermieden werden.[32] Die Kenntnisnahme und die Genehmigung durch die Parteien sollen ebenfalls im Protokoll vermerkt werden (§ 162 Abs. 1 S. 3 ZPO). Ein solcher Vermerk ist aber nicht Wirksamkeitsvoraussetzung, denn die Beurkundung selbst bedarf zu ihrer Wirksamkeit eines entsprechenden Vermerks des Notars nicht. § 162 Abs. 1 S. 3 ZPO stellt an die Wirksamkeit eines vor Gericht abgeschlossenen Vergleichs keine höheren Anforderungen als das BeurkG an den Vergleich zur Niederschrift des Notars.[33] Die Genehmigung durch die Parteien kann abgekürzt in das Protokoll aufgenommen werden (z.B.: anstelle von „vorgelesen und genehmigt" „v. u. g.").[34] Eine Unterschrift der Parteien und der am Vergleich beteiligten Dritten ist nicht erforderlich, selbst dann nicht, wenn dies nach materiellrechtlichen Formvorschriften ansonsten geboten wäre.[35] Schließlich ist nach § 163 ZPO eine Unterschrift des Vorsitzenden und des Urkundsbeamten der Geschäftsstelle erforderlich.

II. Rechtsfolgen

15 Eine nach dieser Vorschrift ordnungsgemäß zustande gekommene Niederschrift des Prozessvergleichs ersetzt sowohl die notarielle Beurkundung nach § 128 als auch die öffentliche Beglaubigung nach § 129 Abs. 2 und das gesetzliche Schriftformerfordernis (arg. § 126 Abs. 4). Im Zeitpunkt des wirksamen Vergleichsschlusses ist auch das protokollierte Rechtsgeschäft zustande gekommen.[36]

§ 128 Notarielle Beurkundung

[1]Ist durch Gesetz notarielle Beurkundung eines Vertrags vorgeschrieben, so genügt es, wenn zunächst der Antrag und sodann die Annahme des Antrags von einem Notar beurkundet wird.

Literatur: *Bindseil*, Konsularisches Beurkundungswesen, DNotZ 1993, 5; *Goette*, Auslandsbeurkundungen im Kapitalgesellschaftsrecht, in: FS Boujong, 1996, S. 131; *Haerendel*, Die Beurkundung gesellschaftsrechtlicher Akte im Ausland, DStR 2001, 1802; *Keim*, Das notarielle Beurkundungsverfahren, 1990; *Kröll*, Beurkundung gesellschaftsrechtlicher Vorgänge durch einen ausländischen Notar, ZGR 2000, 111; *Loritz*, Rechtsfragen der notariellen Beurkundung bei Verkauf und Abtretung von GmbH-Geschäftsanteilen, DNotZ 2000, 90; *Reithmann*, Warnpflicht des Notars bei der Beurkundung, NJW 1995, 3370; *Schmucker*, Das verbundene Geschäft und seine Auswirkungen auf den Umfang der Beurkundungspflicht, DNotZ 2002, 900.

---

28 BGHZ 14, 381, 387; 35, 309, 316.
29 BGHZ 35, 309, 317; OLG München NJW 1997, 2331, 2332.
30 BGHZ 142, 84 = BGH NJW 1999, 2806; BGHZ 84, 333, 335; Erman/*Palm*, § 127a Rn 2; MüKo/*Einsele*, § 127a Rn 6; Palandt/*Heinrichs*, § 127a Rn 2; RGRK/*Krüger-Nieland*, § 127a Rn 2; Bamberger/Roth/*Wendtland*, § 127a Rn 7.
31 OLG München NJW 1997, 2331.
32 BGH NJW 1984, 1465, 1466; Musielak/*Stadler*, ZPO, § 162 Rn 1.
33 BGHZ 142, 84 = BGH NJW 1999, 2806, 2807.
34 RGZ 53, 150, 152.
35 BGHZ 142, 84 = BGH NJW 1999, 2806, 2807; Musielak/*Stadler*, ZPO, § 162 Rn 2. MüKo/*Einsele*, § 127a Rn 8; RGRK/*Krüger-Nieland*, § 127a Rn 2.
36 Bamberger/Roth/*Wendtland*, § 127a Rn 10.

A. Allgemeines 1	II. Verfahren 8
I. Normzweck 1	1. Beurkundungsgesetz 8
II. Anwendungsbereich 2	2. Besonderheiten bei Verträgen .. 11
B. Regelungsgehalt 5	C. Weitere praktische Hinweise ... 15
I. Beurkundung 5	I. Ersetzungswirkung 15
1. Zuständigkeit 5	II. Beweiskraft 17
2. Insbesondere: Beurkundung im Ausland 7	

A. Allgemeines

I. Normzweck

Für Beurkundungen sind grundsätzlich nur die **Notare** zuständig (vgl. aber die Substitution durch § 127a). Durch § 128 soll sichergestellt werden, dass die Beteiligten bei der Abgabe von Willenserklärungen von besonderer Tragweite durch einen Notar **sachkundig über die rechtlichen Folgen beraten und belehrt** werden.[1] Darüber hinaus soll durch die Mitwirkung eines Notars erreicht werden, dass die abgegebenen Erklärungen mit dem tatsächlichen Willen der Parteien übereinstimmen und im Vertragstext eindeutig und klar formuliert werden (vgl. §§ 17, 18, 19 BeurkG). Der Notar soll schließlich auch auf erforderliche behördliche Genehmigungen und Unbedenklichkeitsbescheinigungen hinweisen. Die notarielle Beurkundung dient damit insbesondere den klassischen Formzwecken des **Übereilungsschutzes**, der **Klarstellung** und der **Beweissicherung**.[2]

1

II. Anwendungsbereich

§ 128 findet auf **Verträge** Anwendung, die kraft Gesetzes einer notariellen Beurkundung bedürfen, wie beispielsweise in den Fällen der §§ 311b Abs. 1, Abs. 3, Abs. 5 S. 2, 873 Abs. 2, 877, 1491 Abs. 2, 1501 Abs. 2, 2033, 2348, 2351, 2385; §§ 2 Abs. 1 S. 1, 15 Abs. 3 u. 4 GmbHG; § 23 Abs. 1 AktG.

2

§ 128 findet dagegen **keine Anwendung**, wenn die **Willenserklärung nur einer Partei** der notariellen Beurkundung bedarf, wie bei §§ 518, 1516 Abs. 2, 1597 Abs. 1, 1626d, 2282 Abs. 2, 2296, 2301; ferner nicht, falls die gleichzeitige Anwesenheit der Parteien bei dem Vorgang vorgeschrieben ist, wie bei §§ 925, 1410, 2276 Abs. 1 S. 1, 2290 Abs. 4.[3]

3

Ferner bedarf ein Vertrag, der als solcher nicht dem Formerfordernis des § 311b Abs. 1 unterliegt, dann der notariellen Beurkundung, wenn er mit einem Grundstücksgeschäft im Sinne dieser Vorschrift eine **rechtliche Einheit** bildet.[4] Diese besteht nach Ansicht des BGH dann, wenn die Verträge nach dem Willen der Parteien derart voneinander abhängen, dass sie miteinander stehen und fallen sollen.[5]

4

B. Regelungsgehalt

I. Beurkundung

1. Zuständigkeit. Das Beurkundungsverfahren ist im BeurkG geregelt. Es bestimmt die **grundsätzliche Zuständigkeit der Notare** (§§ 1, 56 BeurkG). Nur in Ausnahmefällen sind Gerichte (§ 62 BeurkG) oder Behörden (§ 29a PStG) zur Beurkundung kompetent.

5

Eine **örtliche Zuständigkeit** für die Beurkundung ist nicht vorgesehen, doch darf ein Notar eine Beurkundung außerhalb seines Amtsbezirks nur bei Gefahr in Verzug oder mit Genehmigung der Aufsichtsbehörde vornehmen, § 11 Abs. 2 BNotO. Ein Verstoß gegen diese Bestimmung berührt jedoch die Wirksamkeit der Beurkundung im Inland nicht (§ 11 Abs. 3 BNotO, § 2 BeurkG), so dass die Beteiligten sich an jeden beliebigen Notar wenden können.[6] Eine Beurkundung im Ausland ist dem deutschen Notar nicht möglich, sie wäre unwirksam.

6

2. Insbesondere: Beurkundung im Ausland. Art. 11 Abs. 1 EGBGB lässt bei Rechtsgeschäften grundsätzlich die Form ausreichen, die am Ort der Vornahme des Geschäfts vorgeschrieben ist. Grundstücks-

7

---

1 Zu den konsultativen Pflichten des Notars *Reithmann*, NJW 1995, 3370 f., im Anschluss an BGH NJW 1995, 2713 und 2794.
2 MüKo/*Einsele*, § 128 Rn 1; Bamberger/Roth/*Wendtland*, § 128 Rn 2; *Larenz/Wolf*, BGB AT, § 27 Rn 9, 56; *Bork*, BGB AT, Rn 1069.
3 Erman/*Palm*, § 128 Rn 2; MüKo/*Einsele*, § 128 Rn 2; Bamberger/Roth/*Wendtland*, § 128 Rn 3; Palandt/*Heinrichs*, § 128 Rn 2.
4 BGH DNotZ 2002, 944; *Schmucker*, DNotZ 2002, 900, 904.
5 St. Rspr., vgl. BGHZ 78, 346, 349; s. dazu auch § 125 Rn 17.
6 Erman/*Palm*, § 128 Rn 3; MüKo/*Einsele*, § 128 Rn 3.

verträge (Art. 11 Abs. 4 EGBGB), sachenrechtliche Rechtsgeschäfte (Art. 11 Abs. 5 EGBGB) und statusrechtliche Geschäfte, wie die Gründung oder Satzungsänderung bei Kapitalgesellschaften, werden jedoch von diesem **Ortstatut** nicht erfasst. Sie bedürfen notarieller Beurkundung, auch wenn sie im Ausland vorgenommen werden. Falls diese Rechtsgeschäfte vor einem Notar im Ausland abgeschlossen werden, liegt darin eine wirksame Beurkundung nur dann, wenn dessen Tätigkeit derjenigen eines inländischen Notars gleichwertig ist.[7] Der BGH hat dies einmal in einem GmbH-rechtlichen Fall angenommen, „wenn die ausländische Urkundsperson nach Vorbildung und Stellung im Rechtsleben eine der Tätigkeit des deutschen Notars entsprechende Funktion ausübt und für die Errichtung der Urkunde ein Verfahrensrecht zu beachten hat, das den tragenden Grundsätzen des deutschen Beurkundungsrechts entspricht".[8] Dies wurde für die Schweiz (Züricher Notariat) bejaht.[9] Allerdings haben sich in den letzten Jahren maßgebende Mitglieder des 2. Zivilsenats des BGH von dieser früheren Entscheidung distanziert und es abgelehnt, dass bei Statusakten (Satzungsänderungen) eine Gleichwertigkeitsprüfung eröffnet sei, weshalb insoweit nur ein deutscher Notar in Betracht komme.[10] Die instanzgerichtliche Rechtsprechung verfolgt ebenfalls überwiegend diese einschränkende Linie.[11] Daher ist der Praxis von einer Auslandsbeurkundung jedenfalls bei Gründung oder **Satzungsänderung von Kapitalgesellschaften** abzuraten, während dies grundsätzlich bei der Abtretung von Geschäftsanteilen möglich ist (Art. 11 EGBGB Rn 27).

II. Verfahren

8 **1. Beurkundungsgesetz.** Das Verfahren der Beurkundung ist in den §§ 6 ff. BeurkG geregelt: Über die Verhandlung beim Notar wird eine **Niederschrift** aufgenommen, die die Bezeichnung des Notars und der Beteiligten sowie deren Erklärungen zu enthalten hat (§§ 8, 9 Abs. 1 BeurkG). Zur Niederschrift gehören alle Dokumente, die den rechtsgeschäftlichen Inhalt der Beurkundung zum Gegenstand haben, sei es, dass sie das zu beurkundende Rechtsgeschäft selbst enthalten, sei es, dass sie seinen Inhalt ergänzen.[12]

9 Die Niederschrift muss vorgelesen, genehmigt und von den Beteiligten und dem Notar eigenhändig unterschrieben werden (§§ 9, 13 BeurkG). Anders als im Falle der Aufnahme rechtsgeschäftlicher Erklärungen in ein gerichtliches Protokoll (§§ 160 Abs. 3 Nr. 1, 162 ZPO; vgl. § 127a Rn 14), genügt bei der notariellen Beurkundung das Zeugnis des Notars darüber, dass die Beteiligten die über ihre Erklärungen aufgenommene Niederschrift genehmigt haben, nicht.[13] Die Genehmigung muss vielmehr in der **eigenhändigen Unterschrift der Beteiligten** ihren Ausdruck finden, § 13 Abs. 1 S. 1 BeurkG. Die Unterzeichnung der Urkunde muss mit dem **Familiennamen** erfolgen.[14]

10 Liegt eine Unterschrift der Parteien vor, so wird vermutet, dass ihnen die Niederschrift in Gegenwart des Notars vorgelesen bzw. vorgelegt wurde und sie ihre Genehmigung erteilt haben, § 13 Abs. 1 S. 2 BeurkG. Diese Vermutung wird nicht allein durch die abschließende Unterschrift des Notars unter die Urkunde begründet, sondern der Unterschrift der Beteiligten kommt neben der Notarunterschrift eine selbständige und gleichrangige Bedeutung zu. Nach dem BeurkG führt nur noch die Verletzung dieser zwingenden und wesentlichen Formvorschriften zur Unwirksamkeit der Beurkundung und damit zur Nichtigkeit des Vertrages; eine fehlende oder falsche Datierung ist ebenso unschädlich wie die Nichtangabe des Ortes der Verhandlung (§ 9 Abs. 1 BeurkG).[15]

11 **2. Besonderheiten bei Verträgen.** Bei der Beurkundung eines Vertrages müssen sowohl die **Angebotserklärung** als auch die **Annahmeerklärung** notariell beurkundet werden.[16] Der Vertrag kommt allerdings bereits mit Beurkundung der Annahme zustande. Ein Zugang der Erklärung bei der anderen Partei ist entgegen den allgemeinen Regeln hier nicht erforderlich, sofern nicht ein anderes bestimmt ist (§ 152). Ist im Antrag eine Annahmefrist genannt, so kann darin eine solche andere Bestimmung liegen, mit der Folge,

---

[7] BGHZ 80, 76 ff. = NJW 1981, 1160. Näher Art. 11 EGBGB Rn 20 ff.
[8] BGHZ 80, 76, 78; abl. OLG Stuttgart RIW 2000, 629, 632 für den US-amerikanischen „*notary public*".
[9] BGH NJW-RR 1989, 1259, 1261; OLG München NJW-RR 1998, 758.
[10] *Goette*, in: FS Boujong 1996, S. 131, 140 (auch DStR 1996, 709 ff.) und Großkomm-AktG/*Röhricht*, 4. Aufl. 1996, § 23 Rn 56; dazu ferner *Haerendel*, DStR 2001, 1802; abl. *Reuter*, BB 1998, 116, 118 f.; *Kröll*, ZGR 2000, 111 ff.
[11] LG Augsburg DB 1996, 371 (Verschmelzungsvertrag); LG Köln DB 1989, 2214; LG Nürnberg-Fürth DB 1991, 2029; abw. LG Kiel BB 1998, 120.
[12] Zur Abgrenzung von bloßen „Beilagen" KG NJW-RR 1997, 1259 (Handelsregisterauszug nicht verlesungspflichtig).
[13] BGH DNotZ 2003, 269, 271.
[14] BGH DNotZ 2003, 269, 271.
[15] Erman/*Palm*, § 128 Rn 3; Palandt/*Heinrichs*, § 128 Rn 1; RGRK/*Krüger-Nieland*, § 128 Rn 4; MüKo/*Einsele*, § 128 Rn 5.
[16] MüKo/*Einsele*, § 128 Rn 6; Bamberger/Roth/*Wendtland*, § 128 Rn 4.

dass der Vertrag erst mit Zugang der Annahmeerklärung innerhalb der Frist oder zumindest mit Kenntnis des Antragenden von der Annahme zustande kommt.[17]

Soweit gesetzlich nicht die gleichzeitige Anwesenheit der Parteien vorgeschrieben ist, ermöglicht § 128 die **sukzessive Beurkundung** von Angebot und Annahme, und zwar auch an verschiedenen Orten und durch verschiedene Notare.[18] Hierbei muss jedoch stets zuerst das Angebot und erst danach die Annahmeerklärung beurkundet werden; eine Beurkundung in umgekehrter Reihenfolge ist unzulässig.[19] Die Regelung bewirkt eine Erleichterung des Abschlusses beurkundungspflichtiger Verträge.[20]

Ist die **notarielle Beurkundung vertraglich vereinbart**, entscheidet der Parteiwille, ob eine sukzessive Beurkundung zulässig sein soll.[21] Im Zweifel wird dies anzunehmen sein,[22] auch im Hinblick auf die §§ 126, 127, aus denen sich für die Schriftform ergibt, dass an die rechtsgeschäftlich vereinbarte Form nicht strengere Anforderungen zu stellen sind als an die gesetzlich vorgeschriebenen Formen.[23]

Dem Erfordernis des § 128 ist auch Genüge getan, wenn der Notar die Erklärungen der Parteien nacheinander protokolliert und die **Niederschrift nur einmal unterschreibt**.[24]

C. Weitere praktische Hinweise

I. Ersetzungswirkung

Die nach dieser Vorschrift ordnungsgemäß erstellte notarielle Urkunde ersetzt die öffentliche Beglaubigung (§ 129 Abs. 2) und die Schriftform (§ 126 Abs. 4). Sie kann ihrerseits durch einen wirksamen Prozessvergleich ersetzt werden (§ 127a).

II. Beweiskraft

Die Beweiskraft einer ordnungsgemäß erstellten notariellen Urkunde ergibt sich aus § 415 Abs. 1 ZPO und erstreckt sich – unter Ausschluss freier richterlicher Beweiswürdigung (§ 286 ZPO) – darauf, dass die in ihr bezeichneten Erklärungen **vollständig und richtig wiedergegeben** und von den in ihr bezeichneten Personen vor dem beurkundenden Notar abgegeben worden sind.[25] Nach § 415 Abs. 2 ZPO ist der Beweis zulässig, dass der Vorgang unrichtig beurkundet ist.[26] Der Beweis kann sich jedoch ausschließlich auf die Beurkundung der abgegebenen Erklärung beziehen, nicht auf ihre inhaltliche Richtigkeit oder auf Willensmängel.[27]

§ 129 Öffentliche Beglaubigung

(1) ¹Ist durch Gesetz für eine Erklärung öffentliche Beglaubigung vorgeschrieben, so muss die Erklärung schriftlich abgefasst und die Unterschrift des Erklärenden von einem Notar beglaubigt werden. ²Wird die Erklärung von dem Aussteller mittels Handzeichens unterzeichnet, so ist die in § 126 Abs. 1 vorgeschriebene Beglaubigung des Handzeichens erforderlich und genügend.

(2) ¹Die öffentliche Beglaubigung wird durch die notarielle Beurkundung der Erklärung ersetzt.

Literatur: *Malzer*, Die öffentliche Beglaubigung – Wesen, Funktion, Bedeutung und Perspektive einer zivilrechtlichen Formvorschrift, DNotZ 2000, 169.

---

17 RGZ 96, 273, 275; MüKo/*Einsele*, § 128 Rn 7; Erman/*Palm*, § 128 Rn 4.
18 MüKo/*Einsele*, § 128 Rn 6; *Larenz/Wolf*, BGB AT, § 27 Rn 59; Bamberger/Roth/*Wendtland*, § 128 Rn 4; Palandt/*Heinrichs*, § 128 Rn 3; Jauernig/*Jauernig*, § 128 Rn 2.
19 Soergel/*Hefermehl*, § 128 Rn 5; Bamberger/Roth/ *Wendtland*, § 128 Rn 4.
20 MüKo/*Einsele*, § 128 Rn 2; Soergel/*Hefermehl*, § 128 Rn 5; Bamberger/Roth/*Wendtland*, § 128 Rn 2.
21 Erman/*Palm*, § 218 Rn 2; MüKo/*Einsele*, § 128 Rn 2.
22 MüKo/*Einsele*, § 128 Rn 2; Soergel/*Hefermehl*, § 128 Rn 7; Palandt/*Heinrichs*, § 128 Rn 2; RGRK/ *Krüger-Nieland*, § 128 Rn 3; Bamberger/Roth/ *Wendtland*, § 128 Rn 3.
23 So auch MüKo/*Einsele*, § 128 Rn 2.
24 RGZ 69, 130, 132–134; MüKo/*Einsele*, § 128 Rn 6; Bamberger/Roth/*Wendtland*, § 128 Rn 4; Soergel/*Hefermehl*, § 128 Rn 5; Staudinger/*Dilcher*, 12. Aufl., § 128 Rn 4; Palandt/*Heinrichs*, § 128 Rn 3.
25 Musielak/*Huber*, § 415 ZPO Rn 10; Zöller/ *Geimer*, § 415 ZPO Rn 5; MüKo/*Einsele*, § 128 Rn 8; Bamberger/Roth/*Wendtland*, § 128 Rn 6; HK-BGB-*Dörner*, § 128 Rn 4.
26 Dazu BGH NJW 1965, 1714.
27 MüKo/*Einsele*, § 128 Rn 8; Bamberger/Roth/ *Wendtland*, § 128 Rn 6; RGRK/*Krüger-Nieland*, § 128 Rn 5.

A. Allgemeines	1	3. Unterschrift	14
I. Normzweck	1	4. Handzeichen	16
II. Anwendungsbereich	5	5. Elektronische Signaturen	17
1. Gesetzliche Fälle	5	II. Nachträgliche Änderungen	18
2. Amtliche Beglaubigung	8	III. Verhältnis Beglaubigung/Beurkundung	
B. Regelungsgehalt	9	(Abs. 2)	19
I. Beglaubigung	9	IV. Rechtsfolgen	20
1. Zuständigkeit	9	V. Ausländische Urkunden	21
2. Verfahren	10		

A. Allgemeines

I. Normzweck

1 Die öffentliche Beglaubigung ist vorgesehen in Fällen einer besonderen **Nachweis- und Zuordnungsbedürftigkeit** hinsichtlich Erklärung und erklärender Person, um bei der Abgabe einer Willenserklärung diese Person zuverlässig feststellen zu können.[1] Durch die öffentliche Beglaubigung wird bezeugt, dass die Unterschrift in Gegenwart einer Urkundsperson zu dem angegebenen Zeitpunkt von dem Erklärenden vollzogen oder anerkannt worden ist (vgl. §§ 39, 40 BeurkG) und dass die im Beglaubigungsvermerk namentlich genannte Person mit dem Erklärenden identisch ist.[2] Dasselbe gilt für das Handzeichen (§ 126 Abs. 1 S. 2, § 40 Abs. 4 BeurkG; siehe auch unten Rn 16). Diesem Zweck entsprechend ist die öffentliche Beglaubigung gesetzlich vor allem für Erklärungen gegenüber einem Gericht oder einer Behörde vorgeschrieben.[3]

2 Die öffentliche Beglaubigung bezieht sich nur auf die **Echtheit der Unterschrift** bzw. des Handzeichens, *nicht* dagegen auf den Inhalt der Erklärung.[4] Der Notar braucht die Urkunde nur daraufhin zu prüfen, ob Gründe bestehen, seine Amtstätigkeit zu versagen (§ 40 Abs. 2 BeurkG), etwa wenn er erkennbar unerlaubte oder unredliche Zwecke fördern würde.

3 Neben dieser **Authentifizierungsfunktion** sind weitere Zwecke der Beglaubigung die Gewährleistung der Handlungsfähigkeit des Unterzeichners frei von physischem Zwang und die Prüfung der Geschäftsfähigkeit dem äußeren Anschein nach. Darüber hinaus erfüllt die öffentliche Beglaubigung im täglichen Rechtsverkehr gewichtige Funktionen zugunsten der **Rechtssicherheit** und der **unparteiischen Rechtsbetreuung**, da dem Notar von der rechtsuchenden Bevölkerung in besonderem Maße Vertrauen entgegen gebracht wird. Dies hat zur Folge, dass von dem als neutral und rechtskundig bekannten Notar nicht nur die reine Unterschriftsbeglaubigung, sondern auch eine begleitende Prüfung des unterzeichneten Textes erwartet wird.[5] Dadurch wird gleichzeitig eine persönliche und unmittelbare Sachverhaltsaufklärung gewährleistet. Der allgemein anerkannten Stellung des Notars entsprechend ist die Hemmschwelle sehr hoch, Erklärungen öffentlich beglaubigen zu lassen, die z.B. gegen die guten Sitten verstoßen.[6]

4 Bei **empfangsbedürftigen Erklärungen** ist zur Wirksamkeit erforderlich, dass die Erklärung in der Form des § 129 zugeht.[7] Die Übermittlung einer Abschrift oder einer Kopie der Erklärung reicht nicht aus.[8]

II. Anwendungsbereich

5 **1. Gesetzliche Fälle.** Die öffentliche Beglaubigung ist vorgesehen im **BGB** in den §§ 77, 371 S. 2, 403 S. 1, 411 S. 1, 1035 S. 2, 1154 Abs. 1 S. 2, 1155, 1355 Abs. 3 S. 2 und Abs. 4 S. 5, 1491 Abs. 1 S. 2, 1560 S. 2, 1617 Abs. 1 S. 2, 1618 S. 5, 1945, 1955, 2120 S. 2, 2198 Abs. 1 S. 2, 2121 Abs. 1 S. 2, 2215 Abs. 2; ferner in § 12 Abs. 1 **HGB**; §§ 726 Abs. 1, 727 Abs. 1, 750 f., 756 **ZPO**; §§ 29, 30, 31 **GBO**; § 17 Abs. 1 **UmwG**. Der praktisch häufigste Anwendungsfall der öffentlichen Beglaubigung resultiert aus den Anforderungen des § 29 Abs. 1 GBO, wonach Eintragungen in das **Grundbuch** nur vorgenommen werden sollen, wenn die Eintragungsbewilligung oder die sonstigen zu der Eintragung erforderlichen Erklärungen durch öffentliche oder öffentlich beglaubigte Urkunden nachgewiesen werden.

---

1 *Malzer*, DNotZ 2000, 169; *Larenz/Wolf*, BGB AT, § 27 Rn 54; Bamberger/Roth/*Wendtland*, § 129 Rn 1; HK-BGB/*Dörner*, § 129 Rn 1.

2 Palandt/*Heinrichs*, § 129 Rn 1; *Larenz/Wolf*, BGB AT, § 27 Rn 54; MüKo/*Einsele*, § 129 Rn 1; Bamberger/Roth/*Wendtland*, § 129 Rn 1; Erman/*Palm*, § 129 Rn 2.

3 *Larenz/Wolf*, BGB AT, § 27 Rn 55.

4 BGHZ 37, 79, 86; Palandt/*Heinrichs*, § 129 Rn 1; MüKo/*Einsele*, § 129 Rn 1; Jauernig/*Jauernig*, § 129 Rn 1.

5 *Malzer*, DNotZ 2000, 169, 178.

6 *Malzer*, DNotZ 2000, 169, 178.

7 Palandt/*Heinrichs*, § 129 Rn 1; Bamberger/Roth/*Wendtland*, § 129 Rn 6; Erman/*Palm*, § 129 Rn 2.

8 BayObLG DtZ 1992, 284, 285; Palandt/*Heinrichs*, § 129 Rn 1; Bamberger/Roth/*Wendtland*, § 129 Rn 6.

§ 129 gilt entsprechend für diejenigen Fälle, bei denen ein entsprechendes **Formerfordernis rechtsgeschäftlich vereinbart** ist.[9] Erklärungen im Sinne des § 129 sind neben Willenserklärungen auch verfahrensrechtliche Erklärungen.[10]

Die notarielle Beurkundung (Abs. 2) und der ihr gleichstehende Prozessvergleich (§ 127a) ersetzen die öffentliche Beglaubigung.

2. Amtliche Beglaubigung. Keine öffentliche Beglaubigung im Sinne des § 129 stellt die **amtliche Beglaubigung** einer Verwaltungsbehörde dar (§ 34 VwVfG) oder die Beglaubigung einer Abschrift aus dem Handelsregister (§ 9 Abs. 2 S. 2 HGB i.V.m. § 30 HRV). Für solche amtlichen Beglaubigungen gelten die Vorschriften des BeurkG nicht (§ 65 BeurkG).[11] Die amtliche Beglaubigung kann auch die öffentliche Beglaubigung nicht ersetzen.[12] Öffentliche Urkunden (§ 415 ZPO) stehen der öffentlichen Beglaubigung nur dann gleich, wenn dies gesetzlich angeordnet ist (Hauptbeispiel: § 29 GBO).

B. Regelungsgehalt

I. Beglaubigung

1. Zuständigkeit. § 20 Abs. 1 S. 1 BNotO statuiert die grundsätzliche Zuständigkeit der **Notare** für die öffentliche Beglaubigung. Nur in Ausnahmefällen kann sich die Befugnis anderer Stellen oder Behörden aufgrund von Regelungen der Länder ergeben, vgl. § 63 BeurkG. Soweit eine Zuständigkeit sonstiger Urkundspersonen nach § 1 Abs. 2 BeurkG besteht, sollen diese – mit Ausnahme der Konsuln (§ 10 Abs. 1 Nr. 2 KonsG) – nicht zur Beglaubigung von Handzeichen berechtigt sein.[13]

2. Verfahren. Die Einzelheiten des Verfahrens der Beglaubigung sind in den §§ 39 ff. BeurkG geregelt. Gemäß § 40 Abs. 1 BeurkG soll die Unterschrift nur beglaubigt werden, wenn sie in Gegenwart eines Notars vollzogen oder anerkannt wird. Der Erklärende muss sie also **vor dem Notar eigenhändig handschriftlich** herstellen oder, falls dies nicht geschieht, die bereits auf der Urkunde angebrachte Unterschrift vor dem Notar als eigene anerkennen. **Widerruft** die Unterschriftsperson ihr Anerkenntnis, bevor der Notar die Urkunde aus seinem Amtsbereich herausgegeben hat, so bleibt die vollzogene Beglaubigung wirksam, da es sich um eine **Tatsachenmitteilung** handelt und keine empfangsbedürftige Willenserklärung darstellt.[14]

Eine so genannte **Fernbeglaubigung** (etwa per Telefon oder Videoschaltung) ist **unwirksam**, da der Gesetzeswortlaut von der Anerkennung in (gemeint: physisch-präsenter) Gegenwart eines Notars spricht.[15] Bestätigt der Notar im Beglaubigungsvermerk dennoch, dass die Unterschrift vor ihm vollzogen bzw. anerkannt worden ist, so begeht er einen Verstoß gegen seine Dienstpflichten[16] und eine Falschbeurkundung im Amt.[17]

Es ist ein **Beglaubigungsvermerk** zu erstellen. Dieser muss zwingend die Echtheit der Unterschrift bezeugen, die Bezeichnung der Person, die die Unterschrift vollzogen und anerkannt hat (§ 40 Abs. 3 BeurkG) sowie die Unterschrift und das Siegel des Notars (§ 39 BeurkG) enthalten. Bei Fehlen eines dieser notwendigen Erfordernisse ist der Vermerk als öffentliche Urkunde wirkungslos.[18]

Zu beglaubigen ist nur die Unterschrift, denn es ist nicht die Aufgabe des Beglaubigungsvermerks, zu bescheinigen, welche Erklärungen der Unterzeichnende abgeben wollte.[19] Unterschreibt ein Vertreter mit dem Namen des Vertretenen, so muss der Beglaubigungsvermerk auch die Person des Vertreters bezeichnen.[20] Der Notar darf seine Unterschrift erst nach Vollzug oder Anerkennung leisten, da eine Blankounterschrift des Notars unzulässig ist.[21] Der Beglaubigungsvermerk ist räumlich auf die Urkunde zu setzen, auf der die Unterschrift steht. Zwischen Unterschrift und Vermerk kann weiterer Text stehen.[22] Lässt es sich wegen Platzmangels nicht vermeiden, dass der Beglaubigungsvermerk nicht auf dem gleichen Blatt wie die Unterschrift gesetzt werden kann, so sind beide Blätter fest miteinander zu verbinden.[23]

---

9 Bamberger/Roth/*Wendtland*, § 129 Rn 3; Erman/*Palm*, § 129 Rn 2.
10 OLG Düsseldorf OLGZ 1984, 259, 261 f.; MüKo/*Einsele*, § 129 Rn 2; Palandt/*Heinrichs*, § 129 Rn 1; *Huhn/v. Schuckmann*, Beurkundungsgesetz und Dienstordnung für Notare, 4. Aufl. 2003, § 40 Rn 1.
11 Palandt/*Heinrichs*, § 129 Rn 2; MüKo/*Einsele*, § 129 Rn 4.
12 In diese Richtung aber BGHZ 45, 362, 365 f.
13 *Winkler*, BeurkG, 15. Aufl. 2003, § 40 Rn 11.
14 OLG Köln NJW-RR 1994, 756; *Winkler*, BeurkG, 15. Aufl. 2003, § 40 Rn 33.
15 *Malzer*, DNotZ 2000, 169, 174.
16 BGH DNotZ 1988, 259.
17 OLG Köln DNotZ 1977, 763.
18 *Winkler*, BeurkG, 15. Aufl. 2003, § 40 Rn 54.
19 *Winkler*, BeurkG, 15. Aufl. 2003, § 40 Rn 51.
20 *Winkler*, BeurkG, 15. Aufl. 2003, § 40 Rn 31.
21 RGZ 86, 102, 104.
22 KG DNotZ 1980, 487.
23 *Winkler*, BeurkG, 15. Aufl. 2003, § 40 En 61.

14 **3. Unterschrift.** Beglaubigt werden kann nur eine handschriftlich, unter Verwendung von haltbarer Tinte oder Kugelschreiber geleistete Unterschrift.[24] Diese muss nicht lesbar,[25] jedoch vollständig sein, wobei Abkürzungen in der Unterschrift nicht schaden, soweit der Namenszug erkennbar bleibt.[26] Auch die Unterschrift bzw. das Handzeichen eines Vertreters, der mit dem Namen des Vertretenen unterzeichnet hat, kann Gegenstand einer Beglaubigung sein.[27] Der Beglaubigungsvermerk muss die Person des die Unterschrift leistenden Vertreters bezeichnen (§ 40 Abs. 3 S. 1 BeurkG).

15 Die Beglaubigung einer **Blankounterschrift** ist gem. § 40 Abs. 5 BeurkG zulässig. Dies soll jedoch nur erfolgen, wenn dargelegt wird, dass die Beglaubigung vor der Festlegung des Urkundeninhalts benötigt wird.[28] In diesem Fall soll der Beglaubigungsvermerk beinhalten, dass im Zeitpunkt der Beglaubigung ein durch die Unterschrift gedeckter Text nicht vorhanden war. Das Merkmal „dargelegt" ist erfüllt, wenn kein Anlass besteht, den Behauptungen der Beteiligten zu misstrauen.[29]

16 **4. Handzeichen.** Über die öffentliche Beglaubigung des Handzeichens (§ 40 Abs. 6 BeurkG) können auch die Personen, die nicht in der Lage sind, ihren Namen zu schreiben, die Schriftform erfüllen (§ 126 Abs. 1 S. 2). Unter einem Handzeichen versteht man jedes **eigenhändig gesetzte Zeichen**, das keine Schriftzeichen verwendet, z.B. ein Kreuz oder einen Fingerabdruck. Auf die Beglaubigung von Handzeichen finden die Vorschriften über die Unterschriftsbeglaubigung entsprechende Anwendung, so dass auch Handzeichen in Gegenwart des Notars vollzogen oder anerkannt werden müssen.[30]

17 **5. Elektronische Signaturen.** Beglaubigt werden können bislang nur Unterschriften und Handzeichen, nicht aber Signaturen (vgl. § 126 Rn 14 ff.) bei elektronischen Dokumenten (§ 126 Rn 44 f.). Der Regierungsentwurf eines Justizkommunikationsgesetzes vom Juli 2004 (dazu § 126a Rn 9) sieht insoweit eine **Ergänzung des BeurkG** vor. Der neue § 39a BeurkG wird „einfache elektronische Zeugnisse" einführen, d.h. die **elektronische Beglaubigung** durch den Notar.

II. Nachträgliche Änderungen

18 Nachträgliche Änderungen der Erklärung sind zulässig und **beeinträchtigen die Formgültigkeit nicht**,[31] denn die Unterschriftsbeglaubigung bescheinigt ausschließlich die Echtheit der Unterschrift, nicht die Echtheit des darüber stehenden Textes. Dies gilt selbst dann, wenn die nachträgliche Textänderung über die bloße Berichtigung eines offensichtlichen Schreibversehens hinausgeht.[32] Allerdings können erkennbare textliche Änderungen die Beweiskraft der beglaubigten Urkunde dahin gehend beeinträchtigen, dass die Vermutung der Echtheit (unten Rn 20) der durch die Privaturkunde verkörperten Erklärung widerlegt werden kann.[33] Als Folge kann die Erklärung bei Zweifeln darüber, ob der Erklärende die Änderung gebilligt hat, zurückgewiesen werden.

III. Verhältnis Beglaubigung/Beurkundung (Abs. 2)

19 Gemäß Abs. 2 wird die öffentliche Beglaubigung durch die notarielle Beurkundung ersetzt. Der Beurkundung kommt mithin eine **stärkere Wirkung** zu, sie stellt gegenüber der Beglaubigung ein Mehr dar.[34] Der maßgebende Unterschied zwischen beiden Formen ist darin zu sehen, dass bei der Beurkundung die Willenserklärung vom Erklärenden mündlich abgegeben und von der Urkundsperson **inhaltlich wahrgenommen** wird, während sich bei der Beglaubigung die Tätigkeit der Urkundsperson auf die Bezeugung der Richtigkeit (Echtheit) der Unterschrift beschränkt.[35] Im Gegensatz zur Beglaubigung erstreckt sich demnach die Beurkundung auch auf den Inhalt der Niederschrift, wohingegen bei der Beglaubigung nur die Echtheit

---

24 *Winkler*, BeurkG, 15. Aufl. 2003, § 40 Rn 26.
25 BGH BB 1964, 699; *Malzer*, DNotZ 2000, 169, 176; *Winkler*, BeurkG, 15. Aufl. 2003, § 40 Rn 27.
26 *Winkler*, BeurkG, 15. Aufl. 2003, § 40 Rn 27.
27 *Flume*, BGB AT Bd. 2, § 15 II 4; Erman/*Palm*, § 129 Rn 3; Palandt/*Heinrichs*, § 129 Rn 2; Bamberger/Roth/*Wendtland*, § 129 Rn 4; Soergel/*Hefermehl*, § 126 Rn 6; zweifelnd MüKo/*Einsele*, § 126 Rn 12 und § 129 Rn 5.
28 *Malzer*, DNotZ 2000, 169, 175; MüKo/*Einsele*, § 129 Rn 5; Erman/*Palm*, § 129 Rn 3.
29 *Winkler*, BeurkG, 15. Aufl. 2003, § 40 Rn 65.
30 *Winkler*, BeurkG, 15. Aufl. 2003, § 40 Rn 75.

31 LG Düsseldorf MittBayNot 1984, 207; *Winkler*, DNotZ 1985, 224 f.; MüKo/*Einsele*, § 129 Rn 5; Palandt/*Heinrichs*, § 129 Rn 2; Bamberger/Roth/*Wendtland*, § 129 Rn 5; Erman/*Palm*, § 129 Rn 3.
32 LG Kassel RNotZ 2003, 147.
33 BayObLG DNotZ 1985, 220; LG Itzehoe DNotZ 1990, 519; Erman/*Palm*, § 129 Rn 3; Palandt/*Heinrichs*, § 129 Rn 2.
34 *Malzer*, DNotZ 2000, 169, 171; *Winkler*, BeurkG, 15. Aufl. 2003, § 40 Rn 7; Palandt/*Heinrichs*, § 129 Rn 3; RGRK/*Krüger-Nieland*, § 129 Rn 5; Erman/*Palm*, § 129 Rn 4.
35 BGHZ 37, 79, 86.

der Unterschrift oder des Handzeichens bezeugt wird.[36] Eine mangelhafte Beurkundung kann gegebenenfalls die Form der öffentlichen Beglaubigung wahren.

IV. Rechtsfolgen

Durch die Beglaubigung wird lediglich bezeugt, dass die Unterschrift von demjenigen herrührt, der im Vermerk als Unterzeichner der Urkunde genannt ist. Die unterzeichnete Erklärung bleibt daher Privaturkunde.[37] Den Charakter einer **öffentlichen Urkunde** im Sinne der §§ 415, 418 ZPO besitzt nur der **Beglaubigungsvermerk**.[38] Er begründet vollen Beweis dafür, dass die Unterschrift oder das Handzeichen von dem Aussteller stammt. Daran knüpft allerdings § 440 Abs. 2 ZPO die Vermutung, dass die über der Unterschrift stehende Schrift echt ist. Über den Einfluss von Durchstreichungen, Radierungen oder anderen Mängeln auf die Beweiskraft der Urkunde entscheidet das Gericht nach freier Überzeugung (§ 419 ZPO).[39]

20

V. Ausländische Urkunden

Zum Nachweis der Echtheit ausländischer Urkunden (Legalisation und Apostille) vgl. Art. 11 EGBGB Rn 58 f.

21

§ 130 Wirksamwerden der Willenserklärung gegenüber Abwesenden

(1) ¹Eine Willenserklärung, die einem anderen gegenüber abzugeben ist, wird, wenn sie in dessen Abwesenheit abgegeben wird, in dem Zeitpunkt wirksam, in welchem sie ihm zugeht. ²Sie wird nicht wirksam, wenn dem anderen vorher oder gleichzeitig ein Widerruf zugeht.

(2) ¹Auf die Wirksamkeit der Willenserklärung ist es ohne Einfluss, wenn der Erklärende nach der Abgabe stirbt oder geschäftsunfähig wird.

(3) ¹Diese Vorschriften finden auch dann Anwendung, wenn die Willenserklärung einer Behörde gegenüber abzugeben ist.

Literatur: *Behn*, Das Wirksamwerden von schriftlichen Willenserklärungen mittels Einschreiben: Zur Bedeutung der Zurücklassung des Benachrichtigungszettels, AcP 178 (1978), 505; *Burgard*, Das Wirksamwerden empfangsbedürftiger Willenserklärungen im Zeitalter moderner Telekommunikation, AcP 195 (1995), 74; *Dörner*, Rechtsgeschäfte im Internet, AcP 202 (2002), 363; *John*, Grundsätzliches zum Wirksamwerden empfangsbedürftiger Willenserklärungen, AcP 184 (1984), 385; *Mankowski*, Zum Nachweis des Zugangs bei elektronischen Erklärungen, NJW 2004, 1901; *A. Roth*, Probleme des postmortalen Zugangs von Willenserklärungen – Ein Beitrag zum Anwendungsbereich des § 130 II BGB, NJW 1992, 791; *Schlechtriem*, Das „Sprachrisiko" – ein neues Problem?, in: FS Weitnauer 1980, S. 129; *Ultsch*, Zugangsprobleme bei elektronischen Willenserklärungen – Dargestellt am Beispiel der Electronic Mail, NJW 1997, 3007.

A. Allgemeines 1	3. Abgabe gegenüber dem Empfänger 21
I. Bedeutung der Regelung 1	4. Der Begriff des Zugangs 23
II. Parteivereinbarungen 3	a) Die grundlegende Definition 23
III. Die Abgabe von Willenserklärungen ... 5	b) Der Machtbereich des Empfängers .. 28
B. Regelungsgehalt 10	c) Erwartbarkeit der Kenntnisnahme . 36
I. Das Wirksamwerden empfangsbedürftiger gespeicherter Willenserklärungen durch Zugang 10	aa) Zulässige Kommunikationsmittel . 37
	bb) Sprache 43
1. Anwendungsbereich des § 130 10	cc) Die „gewöhnlichen Umstände" .. 47
a) Empfangsbedürftige Willenserklärungen 10	(1) Grundsätze 47
b) Willenserklärungen unter Abwesenden 12	(2) In den Briefkasten des Empfängers eingeworfene Erklärungen 51
c) Willenserklärungen gegenüber Behörden (Abs. 3) 15	(3) Ins Postfach des Empfängers eingelegte Erklärungen 53
d) Formbedürftige Willenserklärungen . 17	(4) Auf dem Anrufbeantworter des Empfängers hinterlassene Erklärungen . 54
e) Verurteilung zur Abgabe einer Willenserklärung 18	(5) Erklärungen per Telefax .. 56
f) Benachrichtigungen gemäß 666 ... 19	(6) Elektronische Erklärungen 57
2. Bedeutung des Zugangs 20	

---

36 *Winkler*, BeurkG, 15. Aufl. 2003, § 40 Rn 8.
37 *Malzer*, DNotZ 2000, 169, 177.
38 *Winkler*, BeurkG, 15. Aufl. 2003, § 40 Rn 17; Palandt/*Heinrichs*, § 129 Rn 1; MüKo/*Einsele*, § 129 Rn 5; RGRK/*Krüger-Nieland*, § 129 Rn 1; Erman/*Palm*, § 129 Rn 1.
39 Dazu BayObLG DNotZ 1985, 220, 222; LG Itzehoe DNotZ 1990, 519, 521.

(7) Empfangsboten	59	IV. Widerruf (Abs. 1 S. 2)	78
(8) Aushang von Erklärungen am Schwarzen Brett	63	V. Tod oder Geschäftsunfähigkeit des Erklärenden (Abs. 2)	79
5. Zugangsvereitelung	64	VI. Beweislast	81
II. Das Wirksamwerden empfangsbedürftiger nicht gespeicherter Willenserklärungen	73	**C. Weitere praktische Hinweise**	**84**
		I. Einschreiben der Deutschen Post AG	84
III. Das Wirksamwerden nicht empfangsbedürftiger Willenserklärungen	77	II. Beweissichere Übermittlung durch Boten	91

A. Allgemeines

I. Bedeutung der Regelung

1 § 130 regelt einen Teilbereich – und zwar den praktisch wichtigsten – des Wirksamwerdens von Willenserklärungen, nämlich das **Wirksamwerden empfangsbedürftiger Willenserklärungen unter Abwesenden**. Keine gesetzlichen Regeln finden sich über das Wirksamwerden empfangsbedürftiger Erklärungen unter Anwesenden und nicht empfangsbedürftiger Erklärungen (siehe dazu Rn 77). Nicht gesetzlich geregelt ist auch die Frage, wann eine Willenserklärung abgegeben ist (siehe dazu Rn 5 ff.).

2 Durch die Festlegung des Zeitpunkts, zu dem eine Willenserklärung wirksam wird, wird das **Übermittlungsrisiko** zwischen Erklärendem und Erklärungsempfänger aufgeteilt: Bis zum Wirksamwerden eintretende Störungen fallen in den Risikobereich des Erklärenden, später eintretende Störungen in den Risikobereich des Empfängers. Indem das BGB auf den Zugang abstellt, hat es sich für einen mittleren Zeitpunkt entschieden: Einerseits gehört die Übermittlungsphase noch zum Risikobereich des Erklärenden, andererseits ist aber das Wirksamwerden nicht davon abhängig, dass der Empfänger die Erklärung zur Kenntnis genommen hat.[1] Allerdings sind der Zeitpunkt des „Risikoübergangs" und derjenige des Zugangs nicht notwendig identisch (siehe Rn 23 f.).

II. Parteivereinbarungen

3 § 130 ist **dispositiv**; die Parteien können also für das Wirksamwerden von Willenserklärungen einen anderen Zeitpunkt als denjenigen des Zugangs vereinbaren oder die Voraussetzungen des Zugangs anders festlegen, als dies die h.M. tut. Bei **formbedürftigen Erklärungen** gilt dies freilich nur, soweit dadurch der Formzweck nicht vereitelt wird. So kann vereinbart werden, dass bei einer Erklärung, die notarieller Beurkundung bedarf, keine Ausfertigung (§ 47 BeurkG) zugehen muss (siehe Rn 17); die Formzwecke werden hier schon durch die notarielle Beurkundung gewahrt.[2] Eine entsprechende Vereinbarung kann schon dadurch zustande kommen, dass der Erklärende durch die Übermittlung einer bloßen Abschrift dem Empfänger konkludent einen Verzicht auf das Zugangserfordernis anträgt und der Empfänger diesen konkludent dadurch annimmt, dass er dem Erklärenden eine formgerechte Annahme des angetragenen beurkundungsbedürftigen Vertrags übermittelt.[3] Anders verhält es sich dagegen bei Erklärungen, die der einfachen Schriftform bedürfen. Der Zweck der Formvorschrift verlangt hier, dass der Erklärende die Originalurkunde aus der Hand gibt (siehe Rn 17), und deshalb kann nicht vereinbart werden, dass etwa eine Übermittlung per Fax genügt.[4]

4 Sofern die Parteien die **Zugangsvoraussetzungen vertraglich anheben**, ist § 309 Nr. 13 zu beachten. Zugangsfiktionen müssen sich im Anwendungsbereich des AGB-Rechts an § 308 Nr. 6 messen lassen. Wenn vertraglich vereinbart wird, dass eine **Erklärung durch Einschreiben** erfolgen soll, ist dies nicht als Vereinbarung einer Form i.S.v. § 127 anzusehen, deren Nichtbeachtung gem. § 125 S. 2 zur Nichtigkeit führt. Vielmehr sollen lediglich Beweisprobleme vermieden werden, so dass jede andere Form des Zugangs genügt, wenn feststeht, dass der Empfänger von der Erklärung Kenntnis genommen hat.[5]

III. Die Abgabe von Willenserklärungen

5 Zeitlich vor dem Zugang der Erklärung liegt deren Abgabe. Auf den Zeitpunkt der Abgabe kommt es an für die **in der Person des Erklärenden liegenden Wirksamkeitsvoraussetzungen**, namentlich die Rechts- und Geschäftsfähigkeit (Abs. 2, siehe Rn 79 f.), das Vorliegen von Willensmängeln, die Kenntnis oder fahrlässige Unkenntnis bestimmter Umstände und die subjektiven Umstände der Sittenwidrigkeit.[6] Die **Verfügungsbefugnis** muss dagegen prinzipiell im Zeitpunkt der Vollendung des Rechtserwerbs vorliegen (siehe § 185

---

1 S. zu den verschiedenen Theorien zum Zeitpunkt des Wirksamwerdens Motive I, S. 156; *Flume*, BGB AT Bd. 2, § 14 1, S. 223 ff.
2 BGH NJW 1995, 2217 f.
3 *Armbrüster*, NJW 1996, 438, 439 f.
4 *Armbrüster*, NJW 1996, 438, 439.
5 RGZ 77, 70 f.; BGH NJW 2004, 1320; OLG Frankfurt NJW-RR 1999, 955.
6 *Flume*, BGB AT Bd. 2, § 14 2, S. 226; Soergel/ Hefermehl, § 130 Rn 7.

Rn 4). Während es grundsätzlich für die **Rechtzeitigkeit** einer Erklärung auf deren Zugang ankommt, erklärt das Gesetz z.B. in Bezug auf die Anfechtungserklärung (§ 121 Abs. 1 S. 2), die Ausübung eines verbraucherschützenden Widerrufsrechts (§ 355 Abs. 1 S. 2 Hs. 2) und die Rüge beim Handelskauf (§ 377 Abs. 4 HGB) die Absendung für relevant. Dadurch wird nach h.M. jedoch nur das Verzögerungsrisiko, nicht aber das Verlustrisiko auf den Empfänger verlagert; es ändert sich also nichts an der Zugangsbedürftigkeit der Erklärung. Falls die rechtzeitig abgesandte Erklärung verloren geht, kann der Erklärende die Erklärung aber unverzüglich nachholen.[7]

Eine Willenserklärung ist abgegeben, wenn der Erklärende alles getan hat, was er selbst tun muss, damit die Erklärung wirksam wird. Bei **nicht empfangsbedürftigen Willenserklärungen** genügt es, dass er den Erklärungsvorgang abgeschlossen hat, **empfangsbedürftige Willenserklärungen** muss er auf den Weg zum Empfänger gebracht haben. Letzteres liegt auch vor, wenn er erstens die Erklärung einem Erklärungsboten ausgehändigt oder mitgeteilt hat, zweitens diesen beauftragt hat, die Erklärung an den Empfänger zu übermitteln, und drittens ihm alle hierfür erforderlichen Informationen (insbesondere die Anschrift des Empfängers) mitgeteilt hat. Dass er den Erklärungsboten eventuell nachträglich noch stoppen oder die Erklärung zurückholen kann, steht der Abgabe nicht entgegen, sofern er nur einen unbedingten Auftrag zur Übermittlung erteilt hat. Eine elektronische Erklärung ist abgegeben, wenn der Sendebefehl erteilt ist.[8]

Verkörperte Erklärungen unter Anwesenden sind erst abgegeben, wenn der Erklärende dem Empfänger die Erklärung ausgehändigt oder den Zugriff darauf gestattet hat.[9] Ist in einem **Testament** eine empfangsbedürftige Willenserklärung (etwa ein Schenkungswiderruf) enthalten, so liegt eine Abgabe zu Lebzeiten des Erblassers vor, wenn dieser damit gerechnet hat, die Erklärung werde (gegebenenfalls nach dem Tod des Erblassers durch Eröffnung des Testaments, Abs. 2) dem Empfänger zugehen; wirksam wird die Erklärung nur, wenn dieser Zugang tatsächlich erfolgt.[10]

Mängel der Abgabe sind – sofern überhaupt eine Abgabe erfolgt ist – unschädlich, wenn die Erklärung dem Empfänger trotzdem zugeht. Ist etwa eine falsche Anschrift angegeben, wird die Erklärung dennoch wirksam, wenn sie zugeht (zur Adressierung an eine falsche Person siehe Rn 38). Falls allerdings das Gesetz die Rechtzeitigkeit der Erklärung von der Abgabe abhängig macht (siehe Rn 5), kommt es bei Abgabemängeln auf den Zugang an.

Wenn die Erklärung **ohne oder gegen den Willen des Erklärenden** in den Verkehr kommt und dem Empfänger zugeht, handelt es sich um einen Fall fehlenden Erklärungsbewusstseins.[11] Es kommt also darauf an, ob nach dem objektiven Empfängerhorizont von einer Abgabe auszugehen ist und ob dem Erklärenden zuzurechnen ist, dass die Erklärung in den Verkehr gelangte.[12] Zurechenbarkeit liegt dabei vor, wenn der Erklärende bei Anwendung der verkehrserforderlichen Sorgfalt hätte erkennen und vermeiden können, dass seine Erklärung in den Verkehr gelangte; hierfür genügt auch, dass er schuldhaft eine Möglichkeit zur Rückholung der Erklärung nicht genutzt hat. Liegen diese Voraussetzungen vor, wird die Erklärung trotz der fehlenden Abgabe mit Zugang wirksam, der Erklärende kann sie jedoch anfechten. Sonst wird die Erklärung nicht wirksam, und der Empfänger kann auch nicht analog § 122 Ersatz seines Vertrauensschadens verlangen (str.).

B. Regelungsgehalt

I. Das Wirksamwerden empfangsbedürftiger gespeicherter Willenserklärungen durch Zugang

1. Anwendungsbereich des § 130. a) Empfangsbedürftige Willenserklärungen. Die Empfangsbedürftigkeit von Willenserklärungen ist der Regelfall, da es normalerweise der Sinn einer Willenserklärung ist, Rechtsfolgen gegenüber einer bestimmten Person auszulösen, und diese Person daher über die Erklärung informiert werden muss. Teilweise folgt die Empfangsbedürftigkeit aus dem Gesetzeswortlaut (z.B.

---

7 *Larenz/Wolf*, BGB AT, § 26 Rn 14; Palandt/*Heinrichs*, § 130 Rn 20. S. etwa zu § 377 HGB BGHZ 101, 49, 55 f. = NJW 1987, 2235, 2237; *Mössle*, NJW 1988, 1190 f.; *Reinicke*, JZ 1987, 1030, 1033.
8 Erman/*Palm*, § 130 Rn 4; *Fritzsche/Malzer*, DNotZ 1995, 3, 11; *Ultsch*, NJW 1997, 3007; MüKo/*Einsele*, § 130 Rn 13.
9 Vgl. RGZ 61, 414 ff.; BGH NJW 1998, 3344.
10 RGZ 170, 380, 382 ff.; OLG Köln NJW 1950, 702 f.; *Flume*, BGB AT Bd. 2, § 14 2, S. 226; Soergel/*Hefermehl*, § 130 Rn 6.

11 Bamberger/Roth/*Wendtland*, § 130 Rn 6; *Medicus*, BGB AT, Rn 266 (Gleichstellung); Palandt/*Heinrichs*, § 130 Rn 4; Soergel/*Hefermehl*, § 130 Rn 5. A.A. *Bork*, BGB AT, Rn 615, weil kein willentliches Verhalten des Absenders gegenüber der Außenwelt vorliege.
12 BGHZ 91, 324, 327 ff. = NJW 1984, 2279, 2280; *Larenz/Wolf*, BGB AT, § 26 Rn 7; MüKo/*Einsele*, § 130 Rn 14. A.A. *Canaris*, NJW 1984, 2281 f.

§§ 143 Abs. 1, 146, 167 Abs. 1, 182 Abs. 1, 349, 388 S. 1), zum Teil aus dem Sinn der betreffenden Willenserklärung. Nicht empfangsbedürftig sind etwa die Auslobung (§ 657), die Aufgabe des Eigentums (§ 959) und das Testament (§ 2231). Die Annahme eines Antrags zum Vertragsschluss kann gemäß § 151 nicht empfangsbedürftig sein.

11 Auf **geschäftsähnliche Handlungen** ist § 130 entsprechend anwendbar.[13]

12 **b) Willenserklärungen unter Abwesenden.** § 130 bezieht sich seinem Wortlaut nach nur auf Willenserklärungen unter Abwesenden. Über die An- oder Abwesenheit entscheidet dabei nicht die räumliche Entfernung; so stellt § 147 Abs. 1 S. 2 telefonische Willenserklärungen solchen unter Anwesenden gleich. Maßgeblich für den Anwendungsbereich des § 130 muss vielmehr seine Funktion sein, das Übermittlungsrisiko sachgerecht zwischen Erklärendem und Empfänger zu verteilen. Der relevante Unterschied liegt hier nicht in der überbrückten Distanz, sondern in der **Speicherung** der Erklärung:[14] Eine gespeicherte Erklärung kann der Empfänger wiederholt zur Kenntnis nehmen und dadurch das Risiko eines Fehlverständnisses minimieren. Bei nicht gespeicherten Erklärungen hat er dagegen nur „eine Chance"; er kann zwar gegebenenfalls rückfragen, wird jedoch häufig den Bedarf für eine solche Rückfrage nicht erkennen. Für nicht gespeicherte Erklärungen muss daher eine andere Risikoverteilung gefunden werden als diejenige, die § 130 für Erklärungen unter Abwesenden – die typischerweise gespeicherte Erklärungen sind – vorsieht.

13 § 130 gilt damit für **schriftliche Erklärungen**, unabhängig davon, ob sie durch Boten übermittelt oder unmittelbar dem anwesenden Empfänger ausgehändigt werden, für Erklärungen, die auf einen **Anrufbeantworter** aufgesprochen werden[15], für Erklärungen per **Telefax** und per **SMS** und für **E-Mails**. Auch für Erklärungen, die online beim **Chatten** gemacht werden, gilt § 130, da der Empfänger sie mehrfach lesen und auch abspeichern kann.[16]

14 Nicht gilt § 130 dagegen für **mündliche Erklärungen** gegenüber dem anwesenden Empfänger, für Erklärungen durch **Gesten**, für Erklärungen während eines Telefongesprächs und für Erklärungen, die dadurch übermittelt werden, dass sie dem Empfänger schriftlich gezeigt werden, ohne dass er die Dauer der Einsichtnahme selbst bestimmen und sie speichern kann. Ebenso wenig gilt § 130 für Erklärungen per **Boten**, wenn die Erklärung beim Wechsel aus der Absender- in die Empfängersphäre nicht verkörpert übermittelt wird. Hieran ändert es nichts, wenn die Erklärung in der Absendersphäre gespeichert war, diese Speicherung aber dem Empfänger nicht zugänglich gemacht wird, oder wenn sie in der Empfängersphäre sofort gespeichert wird, etwa der Empfangsbote sie sich aufschreibt.

15 **c) Willenserklärungen gegenüber Behörden (Abs. 3).** Gemäß Abs. 3 gelten die Vorschriften des § 130 auch für Willenserklärungen, die **gegenüber Behörden** abzugeben sind. Das sind etwa Erklärungen nach §§ 376 Abs. 2 Nr. 1 und 2, 928 Abs. 1, 1945 Abs. 1 und 2081 Abs. 1, aber auch Erklärungen, die nach Wahl des Erklärenden entweder gegenüber einer Behörde oder gegenüber einer Privatperson abgegeben werden können (z.B. §§ 875 Abs. 1 S. 2, 876 S. 3, 1168 Abs. 2 S. 1, 1180 Abs. 2 S. 1). Bei Erklärungen, die **vor einer Behörde** abzugeben sind (z.B. §§ 925 Abs. 1, 2231 Nr. 1, 2249 Abs. 1, 2276 Abs. 1), ist dagegen nicht die Behörde Erklärungsempfänger.

16 Nicht gilt § 130 dagegen in Bezug auf die **Übermittlung fristwahrender Schriftsätze** an eine Behörde oder ein Gericht. Insofern kommt es nicht darauf an, ob unter normalen Umständen innerhalb der Frist mit der Kenntnisnahme der Erklärung zu rechnen ist, es genügt der rechtzeitige Eingang bei Gericht.[17] Bei der Übermittlung per Telefax kommt es insofern auf den Ausdruck an, weil erst dieser die Kenntnisnahme ermöglicht.[18] Scheitert allerdings der korrekte Ausdruck an Gründen aus der Sphäre der Behörde oder des Gerichts, darf dies nicht zulasten des Absenders gehen.[19]

---

13 MüKo/*Einsele*, § 130 Rn 4.
14 *Dörner*, AcP 202 (2002), 363, 366; *John*, AcP 184 (1984), 385, 390 ff.; *Medicus*, BGB AT, Rn 291; MüKo/*Einsele*, § 130 Rn 2; Soergel/*Hefermehl*, § 130 Rn 3. Vgl. auch BAG NJW 1985, 823, 824. A.A. *Bork*, BGB AT, Rn 606; *Burgard*, AcP 195 (1995), 74, 91 f.; *Larenz/Wolf*, BGB AT, § 26 Rn 31 (unter Anwesenden bei Möglichkeit zeitgleicher Kommunikation).
15 *Fritzsche/Malzer*, DNotZ 1995, 3, 10 f.; MüKo/ *Einsele*, § 130 Rn 1.
16 A.A. Bamberger/Roth/*Wendtland*, § 130 Rn 29; MüKo/*Einsele*, § 130 Rn 18.
17 BVerfG NJW 1996, 2857 f.; BGHZ 101, 276, 280 = NJW 1987, 2586, 2587.
18 BGH NJW 1994, 2097.
19 Vgl. BGHZ 105, 40, 44 f. (Fernschreiben) = NJW 1988, 2788, 2789; BVerfG NJW 1996, 2857 (Fingierung des Zugangs eines Telefax, wenn Anhaltspunkte dafür vorliegen, dass die abgesandten Signale eingegangen sind, das Empfangsgerät daraus aber keinen vollständigen Ausdruck gefertigt hat).

d) Formbedürftige Willenserklärungen. Eine Willenserklärung muss in derjenigen Form zugehen, die für ihre Abgabe vorgeschrieben ist.[20] Ist **Schriftform** vorgeschrieben, muss daher dem Empfänger das unterschriebene Original zugehen; eine Übermittlung per Fax oder einer Kopie genügt nicht (siehe § 126 Rn 40). Bedarf eine Erklärung der **notariellen Beurkundung**, muss dem Empfänger eine Ausfertigung (§ 47 BeurkG) der Erklärung zugehen; eine beglaubigte Abschrift reicht nicht aus.[21] Abweichende Vereinbarungen sind teilweise möglich (siehe Rn 3 f.).

e) Verurteilung zur Abgabe einer Willenserklärung. Wenn jemand zur Abgabe einer Willenserklärung verurteilt wird, gilt die Erklärung mit **Rechtskraft des Urteils** als abgegeben (§ 894 Abs. 1 S. 1 ZPO). Der **Zugang** muss allerdings nach den Regeln des BGB erfolgen.[22] Problematisch hieran ist, dass die Zustellung des Urteils häufig schon vor seiner Rechtskraft erfolgen wird, also zu einem Zeitpunkt, in dem die Erklärung noch gar nicht als abgegeben gilt. Berücksichtigt man jedoch, dass ein Widerruf gemäß Abs. 1 S. 2 in diesen Fällen ohnehin nicht in Betracht kommt und es deshalb allein um den Schutz des Empfängers geht, kann man eine Zustellung oder eine Kenntnisnahme auf andere Weise (etwa durch Anwesenheit bei der Urteilsverkündung) auch schon vor Rechtskraft ausreichen lassen. Die Erklärung geht dann mit Rechtskraft des Urteils und damit gleichzeitig mit ihrer „Abgabe" zu.[23]

f) Benachrichtigungen gemäß § 666. Auf Auskunfts- und Rechenschaftspflichten gemäß § 666 ist § 130 nicht – auch nicht analog – anzuwenden. Denn hier geht es um die Erfüllung von Leistungspflichten, für die die allgemeinen Regeln gelten (§ 269), nicht darum, dass durch eine Willenserklärung oder geschäftsähnliche Handlung Rechtsfolgen ausgelöst werden.[24]

2. Bedeutung des Zugangs. Bei empfangsbedürftigen Willenserklärungen führt der Zugang gemäß Abs. 1 S. 1 zum Wirksamwerden der Willenserklärung. Soll durch die Willenserklärung eine Frist gewahrt werden, kommt es also – vorbehaltlich anderer gesetzlicher Regelung (siehe Rn 5) – darauf an, ob die Erklärung innerhalb der Frist zugegangen ist (zur Gegenansicht siehe Rn 26). Ab Zugang kann der Erklärende die Erklärung nicht mehr widerrufen (Abs. 1 S. 2, siehe Rn 78). Für die Bestimmung des Inhalts der Willenserklärung kommt es dagegen nicht auf den Zeitpunkt des Zugangs an, sondern auf denjenigen Zeitpunkt, zu dem die Erklärung so in den Machtbereich des Empfängers gelangt, dass alsbald mit ihrer Kenntnisnahme gerechnet werden kann (siehe Rn 23 f.).[25]

3. Abgabe gegenüber dem Empfänger. Empfänger der Willenserklärung ist bei der Verwendung von **Erklärungs- oder Empfangsboten** der Geschäftsherr selbst, dem der Bote die Willenserklärung übermitteln soll; entscheidend ist der Zugang an ihn. Im Fall der **passiven Stellvertretung** (§ 164 Abs. 1 und 3) ist dagegen der passive Stellvertreter Erklärungsempfänger, dem die Willenserklärung zugehen muss; auf den Zugang beim Geschäftsherrn kommt es nicht an.[26] Bei **Gesamtvertretung** genügt es, wenn die Willenserklärung einem der Gesamtvertreter zugeht (allgemeines Prinzip,[27] gesetzlich geregelt z.B. in §§ 28 Abs. 2, 1450 Abs. 2, 1629 Abs. 1 S. 2 Hs. 2 BGB, §§ 125 Abs. 2 S. 3, 150 Abs. 2 S. 2 HGB, § 35 Abs. 2 S. 3 GmbHG, § 78 Abs. 2 S. 2 AktG, § 170 Abs. 3 ZPO).

Der Zugang beim Empfänger darf **nicht zufällig** erfolgen, sondern muss auf dem Willen des Erklärenden beruhen, d.h. dieser muss die Erklärung **gerade gegenüber dem Empfänger** (und nicht gegenüber einem Dritten) abgegeben haben; einen Heilungstatbestand nach Art des § 189 ZPO gibt es im BGB nicht. So genügt es nicht, wenn ein Grundstückskäufer sein vertragliches Rücktrittsrecht durch Erklärung gegenüber dem beurkundenden Notar ausübt und dieser die Erklärung an den Verkäufer weiterleitet, sofern der Käufer ihn zu dieser Weiterleitung nicht aufgefordert hat.[28] Allerdings ist zu beachten, dass der Erklärende seine Erklärung nicht nur an eine bestimmte Person richten kann, sondern auch **alternativ an mehrere Personen**; geht sie dann einer von diesen zu, wird sie ihr gegenüber wirksam.[29] So ist mangels anderer Anzeichen (etwa der Adressierung „persönlich") anzunehmen, dass eine Erklärung nicht nur gegenüber dem genannten Empfänger, sondern stets gleichzeitig gegenüber dessen Empfangsvertretern abgegeben wird, wäre es doch gänzlich lebensfremd, etwa einer an den Firmeninhaber gerichteten Erklärung nur deshalb die

---

20 Erman/*Palm*, § 130 Rn 14; MüKo/*Einsele*, § 130 Rn 33; Palandt/*Heinrichs*, § 130 Rn 10.
21 BGHZ 48, 374, 377 f.; BGH NJW 1995, 2217.
22 Erman/*Palm*, § 130 Rn 14; MüKo/*Einsele*, § 130 Rn 23.
23 Vgl. RGZ 160, 321, 325; *Flume*, BGB AT Bd. 2, § 14 3i, S. 243; MüKo/*Einsele*, § 130 Rn 23.
24 BGH NJW 2002, 2703, 2704 in Abgrenzung von BGH NJW 1989, 1671. A.A. *Larenz/Wolf*, BGB AT, § 26 Rn 15.
25 A.A. MüKo/*Einsele*, § 130 Rn 3.
26 BGH NJW-RR 1989, 757, 758; Palandt/*Heinrichs*, § 130 Rn 8.
27 RGZ 53, 227, 230 f.; BGHZ 62, 166, 173 = NJW 1974, 1194.
28 BGH NJW 1979, 2032 f.; 1989, 1671 f.; *Bork*, BGB AT, Rn 614; MüKo/*Einsele*, § 130 Rn 13; Palandt/*Heinrichs*, § 130 Rn 4. A.A. BGH NJW 1980, 990 f.
29 Vgl. BGH WM 1989, 650, 652.

Wirksamkeit zu versagen, weil sie wegen der unternehmensinternen Aufgabenverteilung nicht dem Inhaber selbst, sondern einem Prokuristen vorgelegt wird. Umgekehrt ist anzunehmen, dass normalerweise eine an einen Empfangsvertreter gerichtete Willenserklärung stets auch gegenüber dem Vertretenen selbst abgegeben wird.

23 **4. Der Begriff des Zugangs. a) Die grundlegende Definition.** Der Begriff des Zugangs ist immer noch umstritten. Die Rechtsprechung und die h.L. nehmen einen Zugang an, sobald erstens die Erklärung in den **Machtbereich** des Empfängers gelangt ist und zweitens unter gewöhnlichen Verhältnissen mit ihrer **Kenntnisnahme** durch den Empfänger zu rechnen ist.[30] Die Erklärung muss also physisch den Machtbereich des Empfängers erreichen; ab dem Zeitpunkt, in dem dies geschehen ist, ist ein Zugang möglich. Von da an kommt es prinzipiell nicht mehr auf den tatsächlichen, sondern nur noch auf den **(hypothetischen) „normalen" Geschehensablauf** an: Entscheidend ist nicht, ob der Empfänger die Erklärung tatsächlich zur Kenntnis nimmt, sondern ob und wann er sie unter gewöhnlichen Verhältnissen zur Kenntnis nehmen würde. Entscheidend ist auch nicht, mit welchem Inhalt er sie tatsächlich zur Kenntnis nimmt, sondern mit welchem Inhalt er sie unter gewöhnlichen Verhältnissen zur Kenntnis nehmen würde. Das Risiko, dass in Abweichung von den gewöhnlichen Verhältnissen die Erklärung verloren geht, nicht oder verzögert zur Kenntnis genommen wird oder inhaltlich verfälscht wird, trifft also ab dem Erreichen seines Machtbereichs den Empfänger.[31] Das ist deshalb gerechtfertigt, weil der Absender zwar beeinflussen kann, wann und auf welche Weise die Erklärung in den Machtbereich des Empfängers gelangt, dieser Machtbereich selbst jedoch dem Einfluss des Absenders entzogen ist und nur vom Empfänger abstrakt beherrscht werden kann.

24 Die Zugangsdefinition der h.L. verteilt das Risiko also nach Sphären, wobei der Sphärenwechsel und damit die Risikoverlagerung (aber nicht der Zugang!) dann stattfindet, wenn die Erklärung den Machtbereich des Empfängers erreicht. Der Absender wird dadurch geschützt, dass außerhalb der von ihm beherrschbaren Sphäre – nämlich in der Empfängersphäre – zu seinen Gunsten der gewöhnliche Geschehensablauf unterstellt wird. Und der Empfänger wird dadurch geschützt, dass eine Willenserklärung nur dann wirksam wird, ohne dass er von ihr Kenntnis genommen hat, wenn die fehlende Kenntnisnahme auf Umständen in seiner Sphäre beruht, die vom gewöhnlichen Geschehensablauf abweichen.

25 Auf den tatsächlichen Geschehensablauf in der Empfängersphäre kommt es nur dann an, wenn der Empfänger von der Erklärung tatsächlich Kenntnis nimmt, ohne dass dies nach dem gewöhnlichen Geschehensablauf (schon) zu erwarten war. Denn sobald der Empfänger tatsächlich Kenntnis genommen hat, braucht er nicht geschützt zu werden; mit **tatsächlicher Kenntnisnahme** geht die Erklärung auf jeden Fall zu.[32] Der tatsächlichen Kenntnisnahme ist es gleichzustellen, wenn der Empfänger für den Erklärenden erkennbar auf eine **Kenntnisnahme verzichtet**. In diesem Fall geht die Erklärung schon zu, wenn sie in der vorgesehenen Weise den Machtbereich des Empfängers erreicht; auf die zu erwartende Kenntnisnahme kommt es nicht an. Das gilt etwa für elektronische Erklärungen, die automatisch weiterverarbeitet werden, und für Erklärungen, die bei der Bedienung eines **Automaten** abgegeben werden.[33]

26 Eine von *Flume* und *Hefermehl* vertretene **Mindermeinung** nimmt den Zugang einer Erklärung schon an, wenn diese in den Machtbereich des Empfängers gelangt ist; darauf, wann die Kenntnisnahme zu erwarten sei, komme es nur für die Frage der Rechtzeitigkeit der Erklärung an.[34] Von der h.L. unterscheidet sich diese Mindermeinung in Bezug auf die Widerrufsmöglichkeit gemäß Abs. 1 S. 2: Während nach der h.L. ein Widerruf auch nach Erreichen des Machtbereichs des Empfängers noch so lange möglich ist, bis der Empfänger unter gewöhnlichen Verhältnissen die Erklärung zur Kenntnis nehmen würde, scheidet nach der Mindermeinung ein Widerruf schon aus, sobald die Erklärung den Machtbereich des Empfängers erreicht. Die Mindermeinung überzeugt nicht. Abs. 1 S. 1 koppelt das Wirksamwerden einer Willenserklärung an den Zugang; für eine Differenzierung zwischen Zugang und Rechtzeitigkeit der Erklärung lässt das Gesetz

---

30 BGHZ 67, 271, 275 = NJW 1977, 194; BGHZ 137, 205, 208 = NJW 1998, 976, 977; BGH NJW 2004, 1320; BAG AP Nr. 4 zu § 130 BGB; BAG NJW 1989, 606; Bamberger/Roth/*Wendtland*, § 130 Rn 9; *Bork*, BGB AT, Rn 622 f.; Erman/*Palm*, § 130 Rn 6 f.; *Franzen*, JuS 1999, 429, 431; *Medicus*, BGB AT, Rn 279 f.; MüKo/*Einsele*, § 130 Rn 16, 21; Palandt/*Heinrichs*, § 130 Rn 5.

31 *Dörner*, AcP 202 (2002), 363, 371 f. A.A. *Burgard*, AcP 195 (1995), 74, 108; *John*, AcP 184 (1984), 385, 408 und offenbar Bamberger/Roth/*Wendtland*, § 130 Rn 35.

32 *John*, AcP 184 (1984), 385, 409 f.; *Medicus*, BGB AT, Rn 276; MüKo/*Einsele*, § 130 Rn 16; Palandt/*Heinrichs*, § 130 Rn 5; Soergel/*Hefermehl*, § 130 Rn 8.

33 *Fritzsche/Malzer*, DNotZ 1995, 3, 13; *Larenz/Wolf*, BGB AT, § 26 Rn 28, 32.

34 *Flume*, BGB AT Bd. 2, § 14 3b, S. 231 ff.; Soergel/*Hefermehl*, § 130 Rn 8, 11. Wohl auch BAG NJW 1997, 146, 147. *Burgard*, AcP 195 (1995), 74, 109 ff. hält selbst für die Frage der Rechtzeitigkeit die Möglichkeit der Kenntnisnahme nur dann für relevant, wenn die Frist primär den Schutz des Empfängers bezweckt oder einen Schwebezustand beenden soll.

keinen Raum. Die Mindermeinung benachteiligt überdies den Erklärenden, weil sie ihn schon zu einem Zeitpunkt endgültig an die Erklärung bindet, zu dem sie zu seinen Gunsten noch nicht wirkt. Zum Schutz des Empfängers ist dies nicht erforderlich, betrifft es doch nur Fälle, in denen er die Erklärung noch gar nicht zur Kenntnis genommen hat. Denn nimmt er von einer in seinen Machtbereich gelangten Erklärung Kenntnis, obwohl dies unter normalen Umständen noch nicht zu erwarten war, geht die Erklärung auch nach h.L. in diesem Zeitpunkt zu (siehe Rn 25), so dass ein Widerruf ausgeschlossen ist.

Eine **weitere** – erheblich stärkere – **Mindermeinung** sieht es nicht als eigenständiges Erfordernis an, dass die Erklärung in den Machtbereich des Empfängers gelangt, und nimmt Zugang an, wenn mit der Kenntnisnahme durch den Empfänger zu rechnen ist[35]. Praktische Unterschiede zur h.L. ergeben sich in den Fällen der **Zugangsverhinderung**, wenn also etwa der Empfänger ein an ihn gerichtetes Übergabe-Einschreiben nicht abholt. Während die h.L. hier mit § 242 operieren muss (siehe Rn 64 ff.), kann die Mindermeinung einen Zugang annehmen, weil der Empfänger bei normalem Geschehensablauf das Einschreiben abgeholt hätte. Trotz dieses scheinbaren Vorteils ist die Mindermeinung abzulehnen. Denn zum einen ist sie schwerlich mit dem Begriff „Zugang" vereinbar, der zumindest ein wie auch immer geartetes „Erreichen" des Empfängers impliziert. Zum anderen führt die Mindermeinung bei konsequenter Durchführung dazu, dass sämtliche vom normalen Geschehensablauf abweichende Störungen nach Abgabe der Erklärung den Empfänger treffen, auch z.B. der Verlust der Erklärung auf dem Postweg. Der Empfänger hätte also auch das Risiko von Störungen in der allein vom Absender beherrschbaren Sphäre zu tragen. Dies wäre unbillig, würde dem ausdrücklichen Willen des Gesetzgebers widersprechen[36] und würde in dieser Konsequenz wohl auch von den Vertretern der Mindermeinung nicht angenommen. Es ist also zwangsläufig eine Abgrenzung der Risikosphären erforderlich, wie sie die h.L. vornimmt.

b) Der Machtbereich des Empfängers. Der Machtbereich des Empfängers umfasst seinen **räumlichen Herrschaftsbereich** sowie den Bereich seiner **Empfangsboten**. Auf den Besitz des Empfängers kommt es nicht an.[37]

Eine **schriftliche Erklärung** erreicht den Machtbereich des Empfängers, wenn sie in seinen **Hausbriefkasten** geworfen oder in sein **Postfach** gelegt wird; denn auch das Postfach zählt als räumlich abgetrennter, der Nutzung durch den Empfänger vorbehaltener Bereich zu dessen Machtbereich. Nicht dagegen genügt es, wenn das Schreiben für den Empfänger bei der **Postfiliale verwahrt** wird (etwa bei postlagernden Sendungen), und zwar auch dann nicht, wenn der Empfänger durch eine Benachrichtigungskarte (z.B. bei Übergabe-Einschreiben) zur Abholung aufgefordert wurde. Denn die Aufbewahrung in der Postfiliale liegt nicht im Machtbereich des Empfängers, und die Benachrichtigungskarte kann nicht der Erklärung selbst gleichgesetzt werden, ermöglicht sie allein doch gerade nicht die Kenntnisnahme.[38] Eine Sendung, die nach einem vergeblichen Zustellversuch für den Empfänger bei der Postfiliale hinterlegt wird, geht daher erst zu, wenn der Empfänger sie tatsächlich abholt (siehe aber Rn 67).[39] Ist ein Brief nicht ausreichend frankiert und wird er dem Empfänger deshalb nur gegen Zahlung von Nachporto ausgehändigt, erreicht er den Machtbereich des Empfängers nur, wenn dieser das Nachporto tatsächlich zahlt.

Eine schriftliche Erklärung erreicht den Machtbereich des Empfängers auch, wenn sie nicht in einer Empfangsvorrichtung, sondern an **anderer Stelle** beim Empfänger deponiert wird, etwa auf den Schreibtisch des Empfängers gelegt[40], in seine Tasche gesteckt oder sogar in seinem Haus verborgen wird. Denn auf all diese Orte hat der Absender später nicht mehr ohne weiteres Zugriff, während sie zur generellen Herrschaftssphäre des Empfängers gehören. Der notwendige Schutz des Empfängers wird dadurch erreicht, dass ein Zugang nur und erst dann stattfindet, wenn der Empfänger unter gewöhnlichen Umständen von der Erklärung Kenntnis genommen hätte (siehe Rn 37).

Ein **Telefax** erreicht den Machtbereich des Empfängers, sobald es die Schnittstelle zwischen dem allgemeinen Telefonnetz und der Hausleitung des Empfängers passiert, da Letztere schon zum Risikobereich des

---

35 *Behn*, AcP 178 (1978), 505, 524 ff.; *Richardi*, Anm. zu BAG AP Nr. 4 zu § 130 BGB; *Singer*, Anm. zu BGH LM Nr. 27 zu § 130 BGB. Im Erg. auch *Larenz/Wolf*, BGB AT, § 26 Rn 25, 28, der zwar am Erfordernis des Machtbereichs festhält, aber annimmt, ein Schreiben sei schon dann in den Machtbereich des Empfängers gelangt, wenn zu erwarten sei, dass er es anderswo abhole (anders aber a.a.O., § 26 Rn 44: Zugangsvereitelung).
36 Motive I, S. 156 f.
37 MüKo/*Einsele*, § 130 Rn 16.
38 A.A. *Flume*, BGB AT Bd. 2, § 14 3c, S. 235 mit der Begründung, durch die Benachrichtigung sei der Brief bereits in den Bereich des Empfängers gelangt, sowie Erman/*Palm*, § 130 Rn 8 und *Larenz/Wolf*, BGB AT, § 26 Rn 25, die postlagernde und in ein Postfach eingelegte Sendungen gleichsetzen.
39 BGHZ 67, 271, 275 = NJW 1977, 194; BGH NJW 1996, 1967, 1968; BGHZ 137, 205, 208 = NJW 1998, 976, 977; BAG NJW 1997, 146, 147; MüKo/*Einsele*, § 130 Rn 21, anders aber Rn 19 für postlagernde Sendungen.
40 BGH NJW-RR 1996, 641, 642 (Niederlegen auf dem gemeinsamen Wohnzimmertisch).

Empfängers zählt. Ob das Fax beim Empfänger gespeichert oder ausgedruckt wird, ist hinsichtlich des Gelangens in den Machtbereich unerheblich.[41]

32 Erklärungen, die auf einen **Anrufbeantworter** des Empfängers aufgesprochen werden, gelangen in den Machtbereich des Empfängers, sobald sie bei ordnungsgemäßem Funktionieren des Geräts aufgezeichnet worden wären; ob dabei tatsächlich eine Aufzeichnung erfolgt, ist unerheblich, weil der Aufzeichnungsvorgang in die Risikosphäre des Empfängers fällt. Wenn die Aufzeichnung nicht auf einem Gerät in den Räumen des Empfängers erfolgen soll, sondern auf Geräten der Telefongesellschaft (**Voicemail**), gelangt die Erklärung in den Machtbereich des Empfängers, wenn sie dort aufgezeichnet wird. Denn die Voice Mailbox des Empfängers ist – ähnlich wie ein Postfach – seinem Machtbereich zugeordnet. Wird die Erklärung allerdings auf der externen Voice Mailbox nicht gespeichert (etwa weil der dem Empfänger zustehende Speicherplatz voll ist), gelangt sie nicht in den Machtbereich des Empfängers, da der der Box vorgelagerte Bereich, in dem die Erklärung „zurückgewiesen" wird, anders als die „Hausleitung" zu einem eigenen Aufzeichnungsgerät des Empfängers nicht dessen Machtbereich zuzuordnen ist – die Situation ist die gleiche, wie wenn eine Sendung etwa wegen Übergröße nicht in das Postfach des Empfängers eingelegt wird. In Betracht kommt nur eine Zugangsvereitelung (siehe dazu Rn 67).

33 **Elektronische Erklärungen** (E-Mail, Internet) gelangen in den Machtbereich des Empfängers, sobald sie die Schnittstelle vom allgemeinen Netz zur Leitung oder zum Gerät des Empfängers passieren. Ob sie in der Mailbox des Empfängers gespeichert werden oder nicht (etwa weil kein Speicherplatz zur Verfügung steht), spielt – ebenso wie bei Erklärungen, die auf den Anrufbeantworter gesprochen werden (Rn 32) – keine Rolle.[42] Ist die Mailbox des Empfängers – wie in der Regel – nicht auf dessen eigenem Rechner, sondern auf dem Server seines Providers angelegt, gelangt die Erklärung nur dann in den Machtbereich des Empfängers, wenn sie dort gespeichert wird; es gelten insofern die gleichen Erwägungen wie bei Voicemail (siehe Rn 32).

34 **Empfangsboten** (zum Begriff und zur Abgrenzung von Empfangsvertretern siehe § 164 Rn 103) gehören zum Machtbereich des Empfängers. Es genügt daher, wenn die Erklärung nach den dargelegten Grundsätzen in den Machtbereich eines Empfangsboten des Empfängers gelangt, also etwa in den Briefkasten des Empfangsboten geworfen wird. Zu beachten ist allerdings, dass jemand nicht schlechthin Empfangsbote ist, sondern nur innerhalb eines bestimmten zeitlichen, räumlichen und/oder situativen Kontexts. Arbeitnehmer sind z.B. nur während ihrer Arbeitszeit Empfangsboten. Bittet etwa der Erklärende einen Arbeitnehmer während dessen Freizeit, eine Erklärung an den Arbeitgeber zu übermitteln, fungiert der Arbeitnehmer nicht als Empfangsbote des Arbeitgebers, sondern als Erklärungsbote. Die Erklärung erreicht daher erst dann den Machtbereich des Arbeitgebers, wenn der Bote sie diesem oder einem Empfangsvertreter mitteilt.

35 Eine empfangsbedürftige Erklärung, die am **Schwarzen Brett** (etwa eines Betriebs, eines Sportvereins oder eines Fitnessstudios) ausgehängt wird, gelangt erst dann in den Machtbereich des Empfängers, wenn dieser sie tatsächlich zur Kenntnis nimmt.

36 **c) Erwartbarkeit der Kenntnisnahme.** Wenn die Willenserklärung in den Machtbereich des Empfängers gelangt ist, kommt es darauf an, ob nach den gewöhnlichen Umständen die Kenntnisnahme zu erwarten ist. Die Bestimmung dieser „gewöhnlichen Umstände" bereitet erhebliche Schwierigkeiten.

37 **aa) Zulässige Kommunikationsmittel.** Maßgeblich ist zunächst, ob die Erklärung auf eine Weise in den Machtbereich des Empfängers gelangt, mit der dieser **rechnen musste**. Ist dies nicht der Fall, gibt es keinen gewöhnlichen Verlauf der Dinge, und die Erklärung geht erst zu, wenn der Empfänger sie tatsächlich zur Kenntnis nimmt. Legt etwa der Erklärende einen Brief auf den Schreibtisch des Empfängers, ohne dass dies vereinbart war oder der Empfänger damit rechnen musste[43], kommt es erst ab demjenigen Zeitpunkt auf den gewöhnlichen Verlauf der Dinge an, zu dem der Empfänger den Brief tatsächlich bemerkt und als an ihn gerichtete Erklärung wahrnimmt. Der Brief geht alsbald nach diesem Zeitpunkt zu, weil es dem gewöhnlichen Verlauf der Dinge entspricht, dass jemand einen an ihn gerichteten Brief alsbald liest. Dagegen kann sich der Erklärende nicht darauf berufen, es entspreche dem gewöhnlichen Lauf der Dinge, mindestens einmal pro Woche seinen Schreibtisch aufzuräumen, und bei diesem Aufräumen hätte der Empfänger den Brief bemerkt. Denn es kann dem Empfänger nicht die Obliegenheit aufgebürdet werden, im Hinblick auf den

---

[41] Burgard, AcP 195 (1995), 74, 101, 104 und 122 f.; Erman/Palm, § 130 Rn 8. Eine Zugangsvereitelung nehmen dagegen an LAG Hamm ZIP 1993, 1109, 1110; Bamberger/Roth/Wendtland, § 130 Rn 15, 25; Bork, BGB AT, Rn 628, 640; Dörner, AcP 202 (2002), 363, 366 f. und 370 f.; MüKo/Einsele, § 130 Rn 36; Palandt/Heinrichs, § 130 Rn 7, 17.

[42] Erman/Palm, § 130 Rn 8. Ultsch, NJW 1997, 3007, 3008 lehnt bei fehlender Speicherung einen Zugang ab und wendet die Grundsätze über die Zugangsvereitelung an.

[43] Vgl. BGH NJW-RR 1996, 641, 642.

etwaigen Zugang von Willenserklärungen sein ganzes Leben „gewöhnlich" einzurichten; dies kann von ihm nur erwartet werden, soweit er mit dem Eingang von Willenserklärung auf einem bestimmten Weg rechnen muss.[44]

Das Gleiche gilt, wenn eine Erklärung mit einem an sich zulässigen Kommunikationsmittel den Machtbereich des Empfängers auf eine Weise erreicht, die **keinen typischen Geschehensablauf** bis zur Kenntnisnahme in Gang setzt. Ist etwa ein Brief **falsch adressiert** und wird er dem Empfänger trotzdem ausgehändigt, geht er erst zu, wenn der Empfänger tatsächlich von ihm Kenntnis nimmt.[45] Denn normalerweise wird ein Empfänger nicht an ihn adressierte Sendungen nicht öffnen. Wird deshalb eine Erklärung statt an den **gesetzlichen Vertreter** an den nicht voll Geschäftsfähigen selbst gerichtet (siehe Rn 22), geht sie dem gesetzlichen Vertreter erst zu, wenn er tatsächlich von ihr Kenntnis nimmt (unmittelbar oder nach Weiterleitung durch den nicht voll Geschäftsfähigen), und zwar auch dann, wenn er mit dem nicht voll Geschäftsfähigen im gleichen Haushalt lebt und selbst den Briefkasten leert. Ist bei einem **E-Mail** ein **Betreff** angegeben, der auf ein Spam Mail hindeutet, geht die Nachricht erst zu, wenn der Empfänger sie tatsächlich liest, da Spam Mail häufig ungelesen gelöscht wird. 38

Liegt der **Fehler** jedoch **im Verantwortungsbereich des Empfängers**, wird der gewöhnliche Geschehensablauf in Gang gesetzt. Eine auf den Anrufbeantworter aufgesprochene Nachricht geht daher auch dann nach den normalen Regeln zu, wenn die Signallampe für neue Nachrichten defekt ist und der Anrufbeantworter daher nicht abgehört wird. Der Zugang eines E-Mails wird nicht dadurch gehindert, dass es wegen eines Defekts beim Empfänger nicht abgespeichert oder nicht aufgerufen werden kann, der Zugang eines Fax nicht dadurch, dass es beim Empfänger nicht in lesbarer Form ausgedruckt wird. Führt der Fehler allerdings dazu, dass die Erklärung schon nicht den Machtbereich des Empfängers erreicht, scheidet ein Zugang aus, und es kommt nur die Anwendung der Regeln über die Zugangsverhinderung in Betracht (siehe Rn 64 ff.). 39

Falls nicht eine **bestimmte Art der Übermittlung vereinbart** ist, muss der Empfänger auf jeden Fall mit der Zustellung eines Briefs durch die Post rechnen. Ist er unter **mehreren Adressen** postalisch erreichbar, gilt dies aber nicht auch in Bezug auf jede dieser Adressen. Maßgeblich ist insofern primär, unter welcher Anschrift er selbst bislang mit dem Erklärenden korrespondiert hat. Ein Geschäftsmann muss normalerweise nicht damit rechnen, dass Geschäftsbriefe an seine Privatanschrift gesandt werden und umgekehrt. Von den Umständen des Einzelfalls hängt ab, ob damit zu rechnen ist, dass Erklärungen an die Zweigstelle eines Unternehmens gesandt werden. Dies ist jedenfalls dann der Fall, wenn diese Zweigstelle die betreffende Angelegenheit bearbeitet oder in der Vergangenheit bearbeitet hat.[46] Mit der Einlegung eines Briefs in sein **Postfach** muss der Empfänger nur dann rechnen, wenn er die Postfachanschrift entweder dem Erklärenden mitgeteilt hat oder sie auf seinen Briefen, in seinem Werbematerial, auf seiner Homepage etc. angibt. 40

Mit Erklärungen durch Aufsprechen auf einen **Anrufbeantworter** oder per **Fax** muss der Empfänger rechnen, wenn er die betreffende Telefon- oder Faxnummer dem Adressaten angegeben hat, wenn sie auf seinem Briefpapier, in seinem Werbematerial oder auf seiner Homepage angegeben ist oder in öffentliche Verzeichnisse aufgenommen wurde. 41

Das Gleiche gilt für Erklärungen per **E-Mail**.[47] Aus der bloßen Verwendung einer E-Mail-Adresse für private Zwecke oder auch unverbindliche Anfragen wie z.B. Kataloganforderungen kann bei Privatleuten nicht geschlossen werden, dass sie auch damit einverstanden sind, dass geschäftliche Erklärungen per E-Mail an diese Adresse gesandt werden.[48] Wenn der Empfänger mit einer Übermittlung per E-Mail rechnen muss, gilt das mangels besonderer Anhaltspunkte nur für Erklärungen, die im E-Mail selbst enthalten sind, nicht dagegen für in Anhängen enthaltene Erklärungen. Denn es kann zumindest von Privatleuten nicht erwartet werden, dass sie über die nötige Software verfügen, um den Anhang zu öffnen. Das gilt selbst dann, wenn diese Software kostenlos erhältlich ist wie der Adobe® Reader®; denn von einem Privatmann kann nicht verlangt werden, die Mühe des Herunterladens mit den evtl. damit verbundenen technischen Problemen nur deshalb in Kauf zu nehmen, um eine Willenserklärung zur Kenntnis nehmen zu können. Als **pdf-Dokumente** versandte Erklärungen werden deshalb gegenüber Privatleuten normalerweise erst wirksam, wenn sie das Dokument öffnen und es korrekt auf ihrem Bildschirm angezeigt oder ausgedruckt wird; eine Ausnahme gilt, wenn der Erklärende aufgrund der vorherigen Kommunikation der Parteien schließen kann, dass der Empfänger über die erforderliche Software verfügt. Bei Unternehmen sind strengere Maßstäbe anzulegen. Wenn ein Unternehmen zur Kommunikation eine E-Mail-Adresse angibt, kann von ihm erwartet werden, 42

---

44 Vgl. Soergel/*Hefermehl*, § 130 Rn 8.
45 Vgl. RGZ 125, 68, 75.
46 BGH NJW 1965, 965, 966; Bamberger/Roth/*Wendtland*, § 130 Rn 14.
47 *Mankowski*, NJW 2004, 1901, 1902 ist der Auffassung, Erklärungen per E-Mail seien stets zulässig.
48 MüKo/*Einsele*, § 130 Rn 18; *Ultsch*, NJW 1997, 3007. Weitergehend *Dörner*, AcP 202 (2002), 363, 367 f.

zumindest über die gängigsten Programme zum Öffnen von Anhängen zu verfügen, wenn auch nicht stets in der neuesten Version.[49]

43 **bb) Sprache.** Mit der verwendeten Sprache verhält es sich ebenso wie mit dem verwendeten Kommunikationsmittel:[50] Es kommt darauf an, ob der Empfänger mit einer Erklärung in der betreffenden Sprache **rechnen musste**.[51] Maßgeblich ist prinzipiell diejenige Sprache, in der die **Vertragsverhandlungen** geführt wurden; diese muss nicht notwendig mit der Sprache übereinstimmen, in der die Vertragsurkunde abgefasst ist. Führt etwa ein deutsches Unternehmen mit einem türkischen Arbeitnehmer die Vertragsverhandlungen auf Türkisch und unterzeichnen dann beide einen in deutscher Sprache gehaltenen Arbeitsvertrag (oder kommt es zum Nachweis nach § 2 NachwG in deutscher Sprache), muss der Arbeitnehmer nicht damit rechnen, dass ihm gegenüber später Erklärungen in deutscher Sprache abgegeben werden; der schriftliche Arbeitsvertrag, der von dem Arbeitnehmer wohl eher als „Formalie" angesehen wird, fällt gegenüber den mündlichen Verhandlungen nicht ins Gewicht. Eine in deutscher Sprache gehaltene Kündigung geht dem Arbeitnehmer daher erst zu, wenn er sie entweder liest und sprachlich versteht oder sich übersetzen lässt; das Risiko einer Falschübersetzung trägt dabei der Arbeitgeber, der die Erklärung abgegeben hat. Den Arbeitnehmer trifft auch nicht etwa die Obliegenheit oder gar Pflicht, sich die Erklärung **übersetzen** zu lassen; wer ein nicht vertragsgemäßes Kommunikationsmittel einsetzt oder eine andere als die Vertragssprache verwendet, handelt auf eigenes Risiko.[52]

44 Macht die **Bestimmung der Vertragssprache** Schwierigkeiten, etwa weil jede Partei in ihrer eigenen Sprache kommuniziert hat, kann der Rechtsgedanke des Art. 28 EGBGB herangezogen werden. Es kann also vermutet werden, dass Vertragssprache die Sprache derjenigen Partei ist, die die vertragscharakteristische Leistung erbringt (etwa wenn ein Tourist in seinem Ferienort einkauft, wobei sich sowohl er als auch der Verkäufer mit Gesten behelfen).[53]

45 Eine **andere als die Vertragssprache** kann der Erklärende nur auf eigenes Risiko verwenden (siehe Rn 43). Das gilt selbst dann, wenn er weiß, dass der Empfänger die betreffende Sprache beherrscht.[54] Denn zum einen gewährleistet die Beherrschung der Alltagssprache nicht, dass der Empfänger auch rechtlich relevante Erklärungen richtig versteht. Und zum anderen kann der Empfänger Empfangsvertreter einsetzen, die die betreffende Sprache nicht beherrschen; von ihm kann nicht erwartet werden, nur wegen der theoretischen Möglichkeit des Eingangs einer fremdsprachigen Willenserklärung nur Vertreter einzusetzen, die sprachlich genauso bewandert sind wie er selbst. Anders verhält es sich bei Unternehmen. Wenn ein Unternehmen etwa eine mehrsprachige Homepage unterhält, Werbematerial auch in Fremdsprachen abfasst oder ein Schild „English spoken. On parle français." ins Schaufenster hängt, gibt es dadurch zu erkennen, auch Erklärungen in diesen Sprachen entgegenzunehmen, und diese gehen daher unter den gleichen Voraussetzungen zu wie deutschsprachige Erklärungen.

46 **Erklärungen in der Vertragssprache** gehen dagegen nach den allgemeinen Grundsätzen zu. Wenn der Empfänger die Vertragssprache nicht beherrscht, wird der Zugang nicht etwa um eine Frist zur Übersetzung hinausgeschoben, da es sich bei der Sprachunkenntnis um ein Spezifikum aus der Empfängersphäre handelt (siehe Rn 48).[55]

47 **cc) Die „gewöhnlichen Umstände". (1) Grundsätze.** Das Hauptproblem bei der Bestimmung der „gewöhnlichen" Umstände ist, inwieweit vom Einzelfall abstrahiert wird. Es widerstreiten hier das Interesse des Empfängers daran, eine Erklärung nicht gegen sich gelten lassen zu müssen, solange er sie nicht mit vertretbarem Aufwand zur Kenntnis nehmen kann, und das Interesse des Erklärenden daran, den Zeitpunkt des Wirksamwerdens der Erklärung abschätzen zu können. So hat etwa eine Privatperson ein durchaus legitimes Interesse daran, während ihres **Urlaubs** keine Vorkehrungen für die Weiterleitung von Post treffen und keinen Empfangsvertreter einsetzen zu müssen, nur um eventuelle Erklärungen ihres Arbeitgebers, ihrer Bank oder ihres Vermieters zur Kenntnis nehmen zu können. Umgekehrt sind Arbeitgeber, Bank oder Vermieter berechtigterweise daran interessiert, dass ihre Willenserklärungen dem Arbeitnehmer, Kunden oder

---

[49] *Dörner*, AcP 202 (2002), 363, 374.
[50] Vgl. BAG NJW 1985, 823, 824. MüKo/*Einsele*, § 130 Rn 32 und *Neuner*, NJW 2000, 1822, 1825 verstehen die Sprachenfrage dagegen nicht als Zugangs-, sondern als Auslegungsproblem. Dagegen *John*, AcP 184 (1984), 385, 397 ff. Der praktische Unterschied dürfte gering sein.
[51] Nicht erörtert von LAG Köln NJW 1988, 1870, 1871.
[52] *Bork*, BGB AT, Rn 629. A.A. Bamberger/Roth/*Wendtland*, § 130 Rn 27; Erman/*Palm*, § 130 Rn 7; *Schlechtriem*, in: FS Weitnauer 1980, S. 129, 137; wohl auch Palandt/*Heinrichs*, § 130 Rn 5 und Soergel/*Hefermehl*, § 130 Rn 8, ohne auf die Frage der Vertragssprache einzugehen.
[53] Zurückhaltend *Schlechtriem*, in: FS Weitnauer 1980, S. 129, 134.
[54] A.A. *Schlechtriem*, in: FS Weitnauer 1980, S. 129, 137.
[55] A.A. möglicherweise LAG Hamm NJW 1979, 2488, wo jedoch auf die Vertragssprache nicht eingegangen wird.

Mieter auch während dessen Urlaubs zugehen, da sich sonst für sie eine erhebliche Planungsunsicherheit ergeben würde und sie etwa Kündigungen vorsorglich jeweils lange vor Ablauf der Kündigungsfrist erklären müssten.

Zu beachten ist, dass es ausschließlich um Vorgänge innerhalb des Machtbereichs des Empfängers geht, da der Zugang keinesfalls erfolgen kann, bevor die Willenserklärung den Machtbereich des Empfängers erreicht hat (siehe Rn 27). Dieser Machtbereich ist ausschließlich vom Empfänger beherrschbar; nur er kann Vorkehrungen dafür treffen, dass er von eingegangenen Erklärungen Kenntnis nehmen kann. Diese Vorkehrungen mögen in manchen Fällen unsinnig sein und deshalb vom Empfänger unterlassen werden. Das ändert aber nichts daran, dass allein der Empfänger in der Lage ist, darüber zu entscheiden, ob er durch geeignete Maßnahmen eine umgehende Kenntnisnahme gewährleistet oder wegen des damit verbundenen Aufwands lieber das Risiko in Kauf nimmt, von eingegangenen Erklärungen erst nach ihrem Wirksamwerden zu erfahren. Jegliche **Spezifika aus der Empfängersphäre** müssen deshalb im Rahmen der „gewöhnlichen Umstände" außer Betracht bleiben. Die Tatsache, dass der Empfänger sich im Urlaub, auf Reisen, im Krankenhaus oder in Haft befindet, beeinflusst den Zugang an ihn gerichteter Willenserklärungen daher grundsätzlich nicht.[56]

48

Dies gilt auch, wenn der Erklärende diese Spezifika **kennt**.[57] Denn die Kenntnis des Erklärenden ändert nichts am Beherrschbarkeitsvorsprung des Empfängers. Der Empfänger darf den fristgerechten Zugang an ihn gerichteter Erklärungen nicht ganz einfach dadurch verhindern können, dass er den Erklärenden darüber informiert, vor Fristablauf nicht zur Kenntnisnahme in der Lage zu sein. Sorgt der Erklärende, um sich Vorteile zu verschaffen, allerdings bewusst ohne sachlichen Grund dafür, dass seine Erklärung den Empfänger zu einem Zeitpunkt erreicht, in dem dieser zur Kenntnisnahme nicht in der Lage ist, handelt er **rechtsmissbräuchlich** (§ 242), wenn er sich auf den Zugang beruft. So kann sich etwa ein Arbeitgeber nicht auf den Zugang der Kündigung berufen, wenn er die schon beschlossene Kündigung einzig zu dem Zweck hinausgezögert hat, dass sie dem Arbeitnehmer während dessen urlaubsbedingter Abwesenheit zugestellt wird und dieser deshalb die Klagefrist des § 4 S. 1 KSchG versäumt.[58] Die Beweislast für die den Rechtsmissbrauchseinwand tragenden Tatsachen trifft allerdings den Empfänger.[59]

49

Diese Grundsätze schließen freilich eine **Typisierung** nicht aus. Dabei sollte jedoch nur an Umstände angeknüpft werden, die für den Erklärenden erkennbar sind, da er die Möglichkeit haben muss, abzuschätzen, wann die von ihm abgegebene Erklärung zugeht. Möglich ist damit etwa eine Unterscheidung zwischen Privatleuten und Unternehmern, nicht dagegen eine solche nach den Zustellzeiten in unterschiedlichen Gemeinden oder Ortsteilen.

50

(2) In den Briefkasten des Empfängers eingeworfene Erklärungen. **Privatleute** leeren ihren Hausbriefkasten unter gewöhnlichen Umständen an jedem Tag mit Postzustellung und nehmen dann von den eingeworfenen Schriftstücken Kenntnis. Der genaue Zeitpunkt ist schwer festzulegen, da es hierfür keinerlei überindividuelle Gewohnheiten gibt: Frühestens wird der Briefkasten wohl zur normalen Zeit der Postzustellung geleert, spätestens wenn der Empfänger abends nach Hause kommt. Zum Schutz des Empfängers sollte der Zugangszeitpunkt eher spät angesetzt werden – nimmt der Empfänger die Erklärung tatsächlich früher zur Kenntnis, geht sie ohnehin zu diesem früheren Zeitpunkt zu (siehe Rn 25).[60] Es ist daher zu differenzieren: Wird die Erklärung mit der normalen Post zugestellt, sollte ein spätes Briefkastenleeren angenommen werden; da viele Privatleute den ganzen Tag über außer Haus sind und auch nach ihrer Arbeit nicht unbedingt sofort nach Hause gehen, wird hier ein – zugegeben willkürlich gewählter – Zugangszeitpunkt von 23 Uhr vorgeschlagen. Wird die Erklärung dagegen nicht mit der normalen Post zugestellt, sondern vom Erklärenden selbst oder einem anderen Zustelldienst als der Post transportiert, sollte ein Briefkastenleeren bald nach der normalen Postzustellung, etwa um 13 Uhr, angenommen werden.[61] Denn sonst gingen Erklärungen, die nach der normalen Post in den Briefkasten eingeworfen werden, auch dann noch am gleichen Tag zu, wenn der Empfänger seinen Briefkasten unmittelbar nach der Postzustellung leert. Das wäre nicht damit vereinbar, dass sich die Mehrheit der Privatleute trotz der wachsenden Bedeutung anderer Zustelldienste im Hinblick

51

---

[56] BGH NJW 2004, 1320 f.; BAG NJW 1989, 606; 1989, 2213 f.; 1993, 1093, 1094; Bamberger/Roth/Wendtland, § 130 Rn 9; Erman/*Palm*, § 130 Rn 7; MüKo/*Einsele*, § 130 Rn 19; Palandt/*Heinrichs*, § 130 Rn 5; Soergel/*Hefermehl*, § 130 Rn 8.

[57] BAG NJW 1989, 606 f.; 1989, 2213, 2214; MüKo/*Einsele*, § 130 Rn 19; Palandt/*Heinrichs*, § 130 Rn 5. A.A. BAG NJW 1981, 1470; Bamberger/Roth/Wendtland, § 130 Rn 9; *Burgard*, AcP 195 (1995),

74, 105 f.; *Flume*, BGB AT Bd. 2, § 14 3e, S. 239; *Medicus*, BGB AT, Rn 283. Widersprüchlich Soergel/*Hefermehl*, § 130 Rn 26.

[58] *Larenz/Wolf*, BGB AT, § 26 Rn 23.

[59] MüKo/*Roth*, § 242 Rn 69.

[60] Unzutreffend RGZ 60, 334, 335 f., das bei Briefen Zugang schon mit Einwurf in den Hausbriefkasten annimmt.

[61] BAG NJW 1984, 1651 f.; 1989, 606, 607.

auf die Leerung ihrer Briefkästen (noch?) an den Zustellzeiten der Post orientiert, sofern sie tagsüber zu Hause sind.[62]

52 Bei **Unternehmen** verhält es sich anders. Eine Leerung des Geschäftsbriefkastens ist alsbald nach Zustellung anzunehmen, eine Kenntnisnahme von eingeworfenen Schreiben bis ca. 13 Uhr. Dies gilt allerdings nur von Montag bis Freitag. An Samstagen kann mit einer Kenntnisnahme von eingeworfenen Schriftstücken generell nicht gerechnet werden, und zwar m.E. auch dann nicht, wenn der Briefkasten zu einem am Samstag geöffneten Geschäftslokal gehört, da die Erledigung von Büroarbeiten am Samstag nicht erwartet werden kann. Dass der Briefkasten mehrmals täglich geleert wird, kann m.E. auch bei Unternehmen (noch) nicht erwartet werden; eine Differenzierung danach, wie häufig das betreffende Unternehmen Sendungen von anderen Zustelldiensten als der Post erhält, widerspräche der von Abs. 1 S. 1 intendierten Typisierung, die nur die Berücksichtigung von Faktoren erlaubt, die der Erklärende zumindest allgemein abschätzen kann. Falls allerdings ein Unternehmen allgemein dazu auffordert, ohne Zwischenschaltung der Post Erklärungen in seinen Briefkasten zu werfen (z.B. eine Bank in Bezug auf Überweisungsaufträge), muss es diesen Briefkasten zu Ende der Geschäftszeit nochmals leeren.

53 **(3) Ins Postfach des Empfängers eingelegte Erklärungen.** Es ist anzunehmen, dass Postfächer spätestens um die Mittagszeit geleert werden, allerdings nur von Montag bis Freitag.[63]

54 **(4) Auf dem Anrufbeantworter des Empfängers hinterlassene Erklärungen.** Bei Willenserklärungen, die auf den Anrufbeantworter von **Privatleuten** aufgesprochen werden, ist – ähnlich wie bei von der Post zugestellten Briefen – eine Kenntnisnahme um 23 Uhr anzunehmen, da unter gewöhnlichen Umständen der Anrufbeantworter jedenfalls abgehört wird, wenn man abends nach Hause kommt. Allerdings sollte hier m.E. der Empfänger die Möglichkeit haben, im Ansagetext auf ein **späteres Abhören** (etwa nach Rückkehr aus dem Urlaub) **hinzuweisen**, und wenn er dies tut, sollte Zugang zu dem genannten Zeitpunkt angenommen werden. Denn normalerweise ist der Empfänger überhaupt nicht gehalten, das Aufsprechen auf einen Anrufbeantworter zu ermöglichen. Tut er das nicht, kann eine telefonische Erklärung überhaupt nicht in seinen Machtbereich gelangen und ein Zugang scheidet damit aus. Es wäre daher nicht angemessen, einem Empfänger, der überobligationsmäßig einen Anrufbeantworter bereithält, die Möglichkeit zu nehmen, den Zeitpunkt des Abhörens nach seinem Belieben festzusetzen.[64] Nur wenn der Nicht-Einsatz des Anrufbeantworters einen Fall der Zugangsvereitelung (siehe dazu Rn 64 ff.) darstellen würde – etwa weil überhaupt nur eine telefonische Übermittlung von Erklärungen in Betracht kommt –, ist dem Empfänger diese Freiheit zu versagen.

55 Wird eine Erklärung auf den Anrufbeantworter eines **Unternehmens** aufgesprochen, so ist innerhalb der normalen Geschäftszeiten (auch am Samstag) eine zeitnahe Kenntnisnahme (maximal zwei Stunden nach dem Aufsprechen) zu erwarten, da normalerweise das Telefon nur dann auf Anrufbeantworter gestellt wird, wenn Anrufe vorübergehend etwa wegen hohen Kundenandrangs nicht entgegengenommen werden können, und der Anrufbeantworter nach Wegfall des Hindernisses alsbald abgehört wird. Allerdings gilt auch für Unternehmen, dass sie prinzipiell im Ansagetext auf einen späteren Abhörzeitpunkt (etwa bei Geschäftsschluss) verweisen können (siehe Rn 54).

56 **(5) Erklärungen per Telefax.** Erklärungen per Telefax, die an einen **Privatmann** gerichtet sind, gehen spätestens am Eingangstag um 23 Uhr zu (bzw. bei Eingang nach 23 Uhr am Morgen des nächsten Tages), da ein Privatmann unter gewöhnlichen Umständen von per Fax eingegangenen Erklärungen Kenntnis nimmt, wenn er abends nach Hause kommt (bei Eingang während der Nacht am folgenden Morgen).[65] Bei **Unternehmen** ist bei Eingang am Montag bis Freitag während der üblichen Bürozeiten eine Kenntnisnahme kurz nach Eingang zu erwarten, bei Eingang außerhalb dieser Zeiten eine Kenntnisnahme am nächsten Morgen bzw. am Montagmorgen der nächsten Woche.[66]

57 **(6) Elektronische Erklärungen.** Bei Erklärungen per E-Mail kommt es auf die gewöhnlichen Umstände ohnehin nur an, wenn eine Übermittlung per E-Mail zulässig war (siehe Rn 42). Falls der Empfänger deshalb mit dem Eingang solcher Erklärungen rechnen muss, ist er gehalten, die empfangenen Nachrichten

---

62 A.A. Palandt/*Heinrichs*, § 130 Rn 6 (Briefkastenleerung um 18 Uhr).
63 A.A. Bamberger/Roth/*Wendtland*, § 130 Rn 13 (Öffnung des Postgebäudes); *Behn*, AcP 178 (1978), 505, 529 (Leerung zweimal täglich); *Larenz/Wolf*, BGB AT, § 26 Rn 28 (Beginn der üblichen Geschäftszeit des nächsten Tages).
64 Ebenso *Bork*, BGB AT, Rn 625.
65 Vgl. BGH NJW 2004, 1320 f.; MüKo/*Einsele*, § 130 Rn 20. A.A. Bamberger/Roth/*Wendtland*, § 130 Rn 15 (am nächsten Morgen). Unzutreffend *Ebnet*, NJW 1992, 2985, 2990 (Zugang mit Abschluss des Druckvorgangs).
66 Bamberger/Roth/*Wendtland*, § 130 Rn 15. Vgl. OLG Rostock NJW-RR 1998, 526, 527.

wenigstens **einmal täglich** abzufragen. Dafür, wann er das normalerweise tut, gibt es aber keinerlei Regeln. Zum Schutz des Empfängers ist daher anzunehmen, dass mit einer Kenntnisnahme erst 24 Stunden nach Eingang der Erklärung zu rechnen ist.[67]

Für **Unternehmen** gilt prinzipiell das Gleiche wie für Privatleute: Es kann normalerweise nur erwartet werden, dass eingegangene Nachrichten einmal täglich abgefragt werden, so dass sie – mangels früherer Kenntnisnahme – 24 Stunden nach Eingang zugehen; falls dieser Zeitpunkt auf einen Samstag oder Sonntag fällt, am folgenden Montag. Verfügt allerdings ein Unternehmen über einen Online-Shop mit Bestellmöglichkeit, hält es im Internet ein „Kontaktformular" für elektronische Kommunikation bereit oder geht aus anderen Umständen hervor, dass es vorrangig zu elektronischer Kommunikation ermuntern will, ist ein Abruf eingegangener Nachrichten mindestens am Beginn und am Ende jedes Geschäftstags zu erwarten.[68]

(7) Empfangsboten. Beim Einsatz von Empfangsboten ist alsbald nach der Weiterleitung der Erklärung durch den Empfangsboten mit deren Kenntnisnahme zu rechnen; entscheidend ist also der **voraussichtliche Zeitpunkt der Weiterleitung**. Nicht überzeugt die Ansicht des BGH, der danach differenziert, ob der Empfangsbote die Erklärung innerhalb oder außerhalb der Räume des Adressaten entgegennimmt, und im ersten Fall annimmt, die Zeit für die Weiterleitung reduziere sich auf Null[69]. Denn es entspricht nicht den gewöhnlichen Umständen, dass der Adressat ständig in seinen Räumen anwesend ist.

Maßgeblich sind daher ähnliche Grundsätze wie beim Einsatz eines Anrufbeantworters: Da ein **privater Empfänger** normalerweise nicht gehalten ist, Empfangsboten vorzuhalten, ist dann, wenn der Empfangsbote dem Erklärenden den voraussichtlichen Zeitpunkt der Weiterleitung mitteilt, dieser Zeitpunkt maßgeblich. Erfolgt keine derartige Mitteilung, ist der gleiche Zeitpunkt wie bei Briefen maßgeblich, nämlich 23 Uhr desselben Tages.

Setzt ein **Unternehmen** Empfangsboten ein, ist mit der Weiterleitung der Erklärung an den Empfänger oder einen passiven Stellvertreter bis zum Geschäftsschluss desselben Tages zu rechnen. Ob der Empfangsbote einen späteren Weiterleitungszeitpunkt angeben kann, hängt davon ab, wie die Erklärung dem Empfangsboten mitgeteilt wird: Geschieht dies telefonisch, ist eine solche Angabe prinzipiell möglich, da es keinen Unterschied machen kann, ob der Erklärende sich gegenüber einem Empfangsboten äußert oder die Erklärung auf einen Anrufbeantworter aufspricht (siehe Rn 54 f. und 60). Geschieht es dagegen in einem Büro oder Ladenlokal innerhalb der allgemeinen Geschäftsstunden, ist die Angabe eines späteren Zeitpunkts durch den Empfangsboten irrelevant. Denn wenn der Empfänger ein Büro oder Ladenlokal mit festgelegten Geschäftsstunden unterhält, kann der Erklärende darauf vertrauen, eine Erklärung dadurch übermitteln zu können, dass er sie während der Geschäftsstunden jederzeit einer dort anwesenden Person mitteilt. Der Gedanke, dass das überobligationsmäßige Bereithalten von Empfangseinrichtungen sich nicht zulasten des Empfängers auswirken darf (siehe Rn 54), kommt hier also nicht zum Tragen.

Leitet der Empfangsbote die Erklärung **nicht oder unrichtig** weiter, ist dies unerheblich, da es ab dem Zeitpunkt, in dem die Erklärung den Machtbereich des Empfängers (also hier den Empfangsboten) erreicht, auf den realen Geschehensablauf nicht ankommt (siehe Rn 23).[70]

(8) Aushang von Erklärungen am Schwarzen Brett. Bei Erklärungen, die durch Aushang am Schwarzen Brett erfolgen, stellt sich die Frage nach den „gewöhnlichen Umständen" nicht, da diese Erklärungen erst mit Kenntnisnahme in den Machtbereich des Empfängers gelangen (siehe Rn 35). Kommt es nicht zu dieser Kenntnisnahme, handelt es sich daher um ein Problem der Zugangsvereitelung (siehe Rn 71).

5. Zugangsvereitelung. Auf den normalen Geschehensablauf kommt es erst ab demjenigen Zeitpunkt an, zu dem die Erklärung den Machtbereich des Empfängers erreicht (siehe Rn 23). Tut sie dies nicht, kommt ein Zugang nicht in Betracht; tut sie es nur entstellt, kann sie nur in der entstellten Form zugehen. **Geschehnisse vor Erreichen des Machtbereichs** fallen also in die Risikosphäre des Erklärenden. Dies ist prinzipiell auch angemessen und entspricht der vom Gesetz gewollten Risikoverteilung. Probleme treten jedoch auf, wenn diese Geschehnisse aus der Empfängersphäre herrühren, insbesondere wenn es am Empfänger liegt, dass die Erklärung den Machtbereich des Empfängers gar nicht oder nur mit Verzögerung erreicht, etwa weil der

---

67 Ähnlich *Bork*, BGB AT, Rn 628; *Mankowski*, NJW 2004, 1901, 1902. A.A. Bamberger/Roth/*Wendtland*, § 130 Rn 15 (wie Telefax); *Dörner*, AcP 202 (2002), 363, 369 (Abfrage abends); *Ultsch*, NJW 1997, 3007, 3008 (am Tag des Eintreffens).

68 So generell *Dörner*, AcP 202 (2002), 363, 369. A.A. Bamberger/Roth/*Wendtland*, § 130 Rn 15 (Abfrage während der Geschäftszeit unmittelbar nach Eingang zu erwarten).

69 BGH NJW-RR 1989, 757, 758 f. Ebenso wohl RGZ 60, 334, 336; RGZ 91, 60, 62 f.; *Schwarz*, NJW 1994, 891; Soergel/*Hefermehl*, § 130 Rn 8.

70 S. z.B. OLG Saarbrücken WM 1988, 1227, 1228.

Empfänger eine für ihn bei der Post hinterlegte Erklärung nicht abholt, das Telefon nicht abnimmt oder mit (Verzögerung!) oder ohne Stellung eines Nachsendeantrags umzieht.

65 Entscheidend ist zunächst, ob der Empfänger überhaupt gehalten war, entsprechende **Empfangseinrichtungen** zu unterhalten. Eine allgemeine Pflicht, Empfangseinrichtungen vorzuhalten, besteht zwar nicht.[71] Nach ständiger Rechtsprechung muss derjenige, der aufgrund bestehender oder angebahnter vertraglicher Beziehungen mit dem Zugang rechtserheblicher Erklärungen zu rechnen hat, aber geeignete Vorkehrungen treffen, dass ihn derartige Erklärungen auch erreichen.[72] Dies gilt allerdings nur für Erklärungen, die mit Hilfe eines zulässigen Kommunikationsmittels erfolgen (siehe Rn 37 ff.).

66 Kommt der Empfänger seinen Obliegenheiten nicht nach, führt dies **nicht** zu einer **Fiktion des Zugangs**. Denn durch sie würde dem Erklärenden der Widerruf abgeschnitten (§ 131 Abs. 1 S. 2), obwohl die Erklärung noch nicht einmal in den Machtbereich des Empfängers gelangt ist; zum Schutz des Empfängers ist dies nicht geboten.[73] Es kann dem Empfänger jedoch nach § 242 verwehrt sein, sich auf den fehlenden oder verspäteten Zugang zu berufen.[74] Eine Sonderregelung trifft § 10 VVG für Erklärungen gegenüber Versicherungsnehmern.

67 Auf Empfängerseite genügt das Vorliegen eines **objektiven Zugangshindernisses im Bereich des Empfängers**;[75] auf Verschulden kommt es nicht an. Eine Zugangsvereitelung kann etwa vorliegen, wenn der Empfänger mit dem Eingang rechtserheblicher Erklärungen rechnen muss und mit unbekannter Anschrift verzieht[76], wenn er eine für ihn bei der Post hinterlegte Sendung (insbesondere ein Übergabe-Einschreiben) nicht spätestens am ersten Tag nach der Benachrichtigung, an dem dies möglich ist, abholt[77], wenn er die Annahme grundlos verweigert[78] oder den Zugang arglistig vereitelt[79]. Liegt dagegen ein berechtigter Grund für die Annahmeverweigerung vor (etwa Unterfrankierung oder unklare Adressierung, siehe auch Rn 29), kommt eine Zugangsvereitelung nicht in Betracht.[80] Muss der Empfänger zu einem bestimmten Zeitpunkt mit dem Eingang telefonischer Erklärungen rechnen, kann eine Zugangsvereitelung vorliegen, wenn er das Telefon nicht abnimmt und auch nicht durch einen Anrufbeantworter dafür sorgt, dass ihn die Erklärung erreicht.[81] Das Gleiche gilt, wenn eine Erklärung per Voicemail oder E-Mail zulässig ist und auf der externen Mailbox des Empfängers nicht aufgezeichnet wird, etwa weil diese voll ist. Scheitert dagegen die Aufzeichnung auf einer internen Mailbox des Empfängers, hindert das den Zugang nicht, da die Erklärung dann schon den Machtbereich des Empfängers erreicht hat (siehe Rn 32 f.).

68 Die **Annahmeverweigerung durch einen Empfangsboten** soll sich der Empfänger nach Ansicht des BAG nur dann zurechnen lassen müssen, wenn der Empfangsbote im Einvernehmen mit dem Empfänger gehandelt hat.[82] Dies ist allerdings abzulehnen. Denn das Risiko des Einsatzes von Empfangsboten trägt der Empfänger. Es ist nicht einzusehen, warum es zwar zu seinen Lasten gehen soll, wenn der Empfangsbote die Erklärung vergisst oder verliert, aber nicht, wenn er die Annahme verweigert. Eine sachgerechte Risikoverteilung kann hier nicht im Rahmen von § 130 vorgenommen werden, sondern nur durch angemessene Bestimmung des Kreises der Empfangsboten.

69 Gelangt die Erklärung mit **Verzögerung** in den Machtbereich des Empfängers, weil dieser umgezogen oder vorübergehend abwesend ist und einen Nachsendeauftrag gestellt hat, muss er sich so behandeln lassen, als wäre keine Nachsendung erforderlich gewesen; mit der Nachsendung verbundene Verzögerungen und Verlustrisiken gehen also zu seinen Lasten.[83]

70 Ob die Berufung auf den unterbliebenen oder verspäteten Zugang rechtsmissbräuchlich ist, kann nicht aufgrund des Verhaltens des Empfängers allein beurteilt werden. Vielmehr kann der Erklärende nach den Grundsätzen von Treu und Glauben aus seiner (noch) nicht zugegangenen Willenserklärung ihm günstige

---

71 BGHZ 67, 271, 278 = NJW 1977, 194; BGH NJW 1996, 1967, 1968.
72 RGZ 110, 34, 36; BGH NJW 1996, 1967, 1968; BGHZ 137, 205, 208 = NJW 1998, 976, 977.
73 Vgl. BAG NJW 1997, 146, 147; *Medicus*, BGB AT, Rn 278 f.; Soergel/*Hefermehl*, § 130 Rn 27 f. A.A. *Burgard*, AcP 195 (1995), 74, 114 ff.; *Larenz/Wolf*, BGB AT, § 26 Rn 46. Unklar MüKo/*Einsele*, § 130 Rn 36 ff.
74 BAG NJW 1997, 146, 147.
75 *Flume*, BGB AT Bd. 2, § 14 3e, S. 238 f.; Soergel/*Hefermehl*, § 130 Rn 28; wohl auch *Medicus*, BGB AT, Rn 281. A.A. BGH NJW 1996, 1967, 1968; Palandt/*Heinrichs*, § 130 Rn 18. Unklar Erman/*Palm*, § 130 Rn 24.
76 MüKo/*Einsele*, § 130 Rn 36.
77 Vgl. BGHZ 137, 205 ff. = NJW 1998, 976 f.
78 BGH NJW 1983, 929, 930 f.; BGHZ 137, 205, 209 f. = NJW 1998, 976, 977; MüKo/*Einsele*, § 130 Rn 36.
79 BGHZ 137, 205, 209 f. = NJW 1998, 976, 977; MüKo/*Einsele*, § 130 Rn 36.
80 Erman/*Palm*, § 130 Rn 23; Palandt/*Heinrichs*, § 130 Rn 16.
81 MüKo/*Einsele*, § 130 Rn 36.
82 BAG NJW 1993, 1093, 1094. Ebenso Bamberger/Roth/*Wendtland*, § 130 Rn 24; Palandt/*Heinrichs*, § 130 Rn 16; Soergel/*Hefermehl*, § 130 Rn 8 f. A.A. *Schwarz*, NJW 1994, 891, 892.
83 Bamberger/Roth/*Wendtland*, § 130 Rn 13; MüKo/*Einsele*, § 130 Rn 37. A.A. BGH NJW 1996, 1967, 1968; Erman/*Palm*, § 130 Rn 7.

Rechtsfolgen nur dann ableiten, wenn er **alles Erforderliche und ihm Zumutbare getan** hat, damit seine Erklärung den Adressaten erreichen konnte. Dazu gehört in der Regel, dass er nach Kenntnis von dem nicht erfolgten Zugang unverzüglich einen **erneuten Versuch** unternimmt, seine Erklärung derart in den Machtbereich des Empfängers zu bringen, dass diesem ohne weiteres eine Kenntnisnahme ihres Inhalts möglich ist.[84] Bei offenkundiger Sinnlosigkeit bedarf es freilich keines erneuten Zustellversuchs. Dies ist etwa der Fall, wenn der Empfänger die Annahme grundlos verweigert oder den Zugang arglistig vereitelt.[85]

Bei empfangsbedürftigen Erklärungen, die durch **Aushang am Schwarzen Brett** (z.B. eines Betriebs, eines Sportvereins oder eines Fitnessstudios) erfolgen sollen, kann eine Zugangsvereitelung nur angenommen werden, wenn diese Übermittlungsweise vertraglich erlaubt ist, bei Arbeitsverhältnissen etwa durch Tarifvertrag, Betriebsvereinbarung oder eine betriebliche Übung.[86] Ist das der Fall, kommt es darauf an, wann die Mitteilungen am Schwarzen Brett normalerweise gelesen werden. Bei Arbeitnehmern ist anzunehmen, dass sie an jedem Arbeitstag einmal das Schwarze Brett überprüfen. Sonst lassen sich keine allgemeinen Regeln aufstellen. Allerdings führt die Vereinbarung eines Schwarzen Bretts als zulässiges Kommunikationsmittel dazu, dass es regelmäßig überprüft werden muss. Bei den Kunden eines Fitnessstudios oder den Mitgliedern eines Sportvereins scheint ein Rhythmus von etwa 14 Tagen angemessen, so dass ausgehängte Erklärungen zwei Wochen nach dem Aushang zugehen, falls sie nicht früher zur Kenntnis genommen werden.

Stellt sich die Frage des **Zugangs einer Kündigung** im Hinblick darauf, ob ein Arbeitnehmer die Klagefrist des § 4 KSchG gewahrt hat, stellt das BAG nicht auf die genannten Grundsätze ab, sondern auf die Grundsätze über die Verwirkung.[87]

II. Das Wirksamwerden empfangsbedürftiger nicht gespeicherter Willenserklärungen

Das Wirksamwerden empfangsbedürftiger nicht gespeicherter Willenserklärungen, die das Gesetz mit Willenserklärungen unter Anwesenden gleichsetzt (siehe Rn 12), ist im Gesetz nicht geregelt. Da der Empfänger mangels Speicherung nicht die Möglichkeit hat, solche Erklärungen wiederholt zur Kenntnis zu nehmen und sich so über ihren Inhalt Gewissheit zu verschaffen, kann – anders als bei gespeicherten Erklärungen – das Risiko eines fehlenden oder falschen Verständnisses nicht einseitig ihm aufgebürdet werden.[88] Deshalb nimmt eine Ansicht an, derartige Erklärungen würden nur wirksam, wenn der Empfänger sie akustisch richtig verstanden habe (**reine Vernehmungstheorie**).[89] Für visuell (durch Gesten oder – nicht übergebene – Schriftzeichen) übermittelte Erklärungen muss es danach darauf ankommen, ob der Empfänger die Erklärung visuell richtig wahrgenommen hat,[90] für haptisch übermittelte Erklärungen darauf, ob er die Berührung richtig wahrgenommen hat. Ob der Empfänger dagegen den akustischen, visuellen oder haptischen Reiz richtig interpretiert, ist keine Frage des Wirksamwerdens der Erklärung, sondern eine solche der Auslegung.

Diese reine Vernehmungs- oder besser Wahrnehmungstheorie[91] würde freilich für den Erklärenden wie den Rechtsverkehr ein hohes Maß an Unsicherheit mit sich bringen. Denn da sich die Wahrnehmung durch den Empfänger weitgehend dem Einfluss- und auch Wahrnehmungsbereich des Erklärenden entzieht, könnte er kaum je sicher sein, dass seine Erklärung wirksam wurde. Die h.M. lässt es daher zu Recht genügen, dass für den Erklärenden bei Anwendung verkehrserforderlicher Sorgfalt keinerlei Anhaltspunkte für ein Fehlverständnis des Empfängers bestanden (**eingeschränkte Vernehmungs- oder Wahrnehmungstheorie**).[92] Bestehen derartige Anhaltspunkte (etwa eine bekannte Schwerhörigkeit), muss er rückfragen, bis die Bedenken ausgeräumt sind; sonst trägt er das Risiko, dass die Erklärung nur wirksam wurde, wenn der Empfänger sie tatsächlich richtig wahrgenommen hat.

Wird eine nicht gespeicherte Erklärung durch **Boten** übermittelt (siehe schon Rn 14), kommt die eingeschränkte Wahrnehmungstheorie beim „Sphärenwechsel" zum Tragen; beim Einsatz eines Empfangsboten ist also entscheidend, ob für den Erklärenden (oder gegebenenfalls dessen Erklärungsboten) Anhaltspunkte

---

84 BGHZ 137, 205, 209 = NJW 1998, 976, 977. Möglicherweise a.A. BGHZ 67, 271, 275 = NJW 1977, 194. S. auch RGZ 110, 34, 36 f. *Burgard*, AcP 195 (1995), 74, 117 f. hält das Verhalten des Erklärenden nicht im Hinblick auf den Zugang, sondern nur im Hinblick auf eine Schadensersatzpflicht für relevant.
85 BGH NJW 1983, 929, 930 f.; BGHZ 137, 205, 209 f. = NJW 1998, 976, 977.
86 Vgl. MüKo/*Einsele*, § 130 Rn 22.
87 BAG NJW 1997, 146, 147.
88 Für eine Anwendung von Abs. 1 S. 1 dagegen *Burgard*, AcP 195 (1995), 74, 92 ff. und 105.
89 *Flume*, BGB AT Bd. 2, § 14 3 f, S. 241; *Neuner*, NJW 2000, 1822, 1825 f. Vgl. auch BGH WM 1989, 650, 652 f.; BAG NJW 1983, 2835; BayObLG NJW-RR 1996, 524, 525.
90 MüKo/*Einsele*, § 130 Rn 28.
91 MüKo/*Einsele*, § 130 Rn 28.
92 Bamberger/Roth/*Wendtland*, § 130 Rn 28; *Bork*, BGB AT, Rn 631; Erman/*Palm*, § 130 Rn 18; *John*, AcP 184 (1984), 385, 392 ff.; *Larenz/Wolf*, BGB AT, § 26 Rn 35 f.; MüKo/*Einsele*, § 130 Rn 28; Palandt/*Heinrichs*, § 130 Rn 14; Soergel/*Hefermehl*, § 130 Rn 21.

dafür bestanden, dass der Empfangsbote die Erklärung nicht richtig wahrgenommen hat. *Einsele* will demgegenüber auf die Wahrnehmung durch den Empfänger selbst abstellen, also bei nicht verkörperten Erklärungen nur Erklärungs-, aber keine Empfangsboten anerkennen.[93] Dazu besteht jedoch kein Anlass. Der Empfänger wird ausreichend dadurch geschützt, dass sich die Empfangsbotenstellung speziell auch auf nicht verkörperte Erklärungen beziehen muss (siehe schon Rn 34).[94]

76 Sofern eine nicht gespeicherte Willenserklärung nach den dargelegten Kriterien nicht wirksam geworden ist, kann sich weder der Erklärende noch der Empfänger auf sie berufen.[95]

III. Das Wirksamwerden nicht empfangsbedürftiger Willenserklärungen

77 Wann nicht empfangsbedürftige Willenserklärungen (siehe Rn 10) wirksam werden, ist im Gesetz nicht geregelt. Da es hier nicht darum geht, irgendjemanden vom Inhalt der Willenserklärung in Kenntnis zu setzen, werden nicht empfangsbedürftige Willenserklärungen mit dem Abschluss des Erklärungsvorgangs wirksam. Abgabe (Rn 5 ff.) und Wirksamwerden fallen also zusammen.[96]

IV. Widerruf (Abs. 1 S. 2)

78 Abs. 1 S. 2 ermöglicht dem Erklärenden, seine Erklärung bis zu ihrem Zugang zu widerrufen. Der Widerruf – auch von formbedürftigen Erklärungen[97] – kann dabei **formlos** mit jedem beliebigen Medium erfolgen, insbesondere mit einem anderen als die widerrufene Erklärung. Für die Rechtzeitigkeit des Widerrufs kommt es auf den **Zeitpunkt des Zugangs** von Erklärung und Widerruf an. Falls der Empfänger von der Erklärung schon Kenntnis nimmt, bevor dies nach den normalen Umständen zu erwarten ist, wird er dadurch geschützt, dass mit tatsächlicher Kenntnisnahme auf jeden Fall Zugang eintritt und ein Widerruf somit nicht mehr möglich ist (siehe Rn 25). Nimmt der Empfänger erst nach dem Zugang Kenntnis, wird vereinzelt ein Widerruf bis zur Kenntnisnahme für möglich gehalten, da der Empfänger zuvor nicht auf den Bestand der Erklärung vertraue.[98] Dem ist jedoch nicht zu folgen. Wenn das Gesetz sowohl hinsichtlich des Wirksamwerdens als auch hinsichtlich des Widerrufs auf den Zugang abstellt, erstrebt es damit eine ausgewogene Risikoverteilung: Die Wirkungen der Willenserklärung sollen für beide Parteien zum selben Zeitpunkt bindend eintreten. Das darf nicht dadurch konterkariert werden, dass man dem Erklärenden – etwa über § 242 – einen Widerruf auch noch nach Zugang – also nach dem Zeitpunkt, zu dem die Willenserklärung wirksam wurde – gestattet.[99]

V. Tod oder Geschäftsunfähigkeit des Erklärenden (Abs. 2)

79 Abs. 2 ist eine Ausprägung des Grundsatzes, dass es für die in der Person des Erklärenden liegenden Wirksamkeitsvoraussetzungen auf den Zeitpunkt der Abgabe der Erklärung ankommt (siehe Rn 5). Der Tod, der Eintritt eines Zustands i.S.v. § 104 Nr. 2 oder die Anordnung eines **Einwilligungsvorbehalts** (§ 1903) nach Abgabe der Erklärung ist daher ohne Einfluss auf deren Wirksamwerden. Der Erbe oder der Betreuer, der das Wirksamwerden der Erklärung verhindern will, muss sie also vor ihrem Zugang widerrufen (Abs. 1 S. 2). Nicht entsprechend anwendbar ist Abs. 2 auf den Verlust der **Verfügungsbefugnis** (siehe Rn 5).

80 Nach Ansicht des BGH gilt der Grundsatz, dass der **zeitliche Abstand** zwischen Abgabe und Zugang einer Willenserklärung regelmäßig bedeutungslos ist, für den Fall des zwischenzeitlichen Todes des Erklärenden nicht einschränkungslos. Denn Abs. 2 solle den Empfänger schützen, der meist nicht sofort vom Tod des Erklärenden oder dem Verlust der Geschäftsfähigkeit erfahre. Dieser Gedanke des Vertrauensschutzes könne entfallen, wenn die Erklärung nach einem vergeblichen Übermittlungsversuch erst nach dem Tod (wieder) auf den Weg gebracht werde und erst zu einem Zeitpunkt zugehe, zu dem der Empfänger längst Bescheid wisse. Zumindest der Widerruf eines gemeinschaftlichen Testaments müsse unter diesen Umständen scheitern.[100]

---

93 MüKo/*Einsele*, § 130 Rn 30.
94 Vgl. RGZ 60, 334, 336 f.; Soergel/*Hefermehl*, § 130 Rn 16b.
95 *John*, AcP 184 (1984), 385, 400 ff.
96 Erman/*Palm*, § 130 Rn 2; Palandt/*Heinrichs*, § 130 Rn 1; Soergel/*Hefermehl*, § 130 Rn 1.
97 Bamberger/Roth/*Wendtland*, § 130 Rn 30; MüKo/*Einsele*, § 130 Rn 40.
98 *Hübner*, BGB AT, Rn 737; wohl auch Erman/*Palm*, § 130 Rn 15.
99 RGZ 60, 334, 337 f.; RGZ 91, 60, 62 f.; BGH NJW 1975, 382, 384; Bamberger/Roth/*Wendtland*, § 130 Rn 30; *Bork*, BGB AT, Rn 649; *Larenz/Wolf*, BGB AT, § 26 Rn 49 f.; MüKo/*Einsele*, § 130 Rn 40; Palandt/*Heinrichs*, § 130 Rn 11; Soergel/*Hefermehl*, § 130 Rn 29.
100 BGHZ 48, 374, 377 ff.; *A. Roth*, NJW 1992, 791 f.; Soergel/*Hefermehl*, § 130 Rn 30.

VI. Beweislast

Der Zugang einer Willenserklärung ist von derjenigen Partei zu beweisen, die sich auf die Erklärung beruft; das gilt auch hinsichtlich des Zugangszeitpunkts.[101] Bei **brieflichen Erklärungen** – auch bei solchen per Einschreiben – begründet die Absendung keinen Beweis des ersten Anscheins für den Zugang, da nach allgemeiner Lebenserfahrung abgeschickte Postsendungen den Empfänger nicht stets erreichen.[102] Bei Erklärungen per **Fax** kann der Erklärende den Beweis nicht einfach durch Vorlage des Sendeprotokolls seines Faxgeräts führen, denn dadurch wird allenfalls die Absendung irgendeiner Erklärung an den Empfänger bewiesen; so kann etwa die Übermittlung an einer Netzstörung gescheitert sein oder der Erklärende kann die Vorlage falsch ins Fax eingelegt haben, so dass beim Empfänger nur leere Blätter ankamen. Das Sendeprotokoll kann daher nicht einmal Anknüpfungspunkt für einen Anscheinsbeweis sein, sondern allenfalls Indiz.[103] *Mankowski* ist der Auffassung, Eingangs- und Lesebestätigungen für E-Mails begründeten einen Anscheinsbeweis für den Zugang.[104]

81

Fordert der Erklärende den Empfänger auf, sich darüber zu äußern, ob er den Zugang einer Erklärung in Abrede stellt, und verneint der Empfänger dies, ist ein späteres Bestreiten in der Regel rechtsmissbräuchlich (§ 242).[105]

82

Die Beweislast in Bezug auf diejenigen Umstände, die eine Zugangsvereitelung begründen, trägt der Erklärende.[106]

83

C. Weitere praktische Hinweise

I. Einschreiben der Deutschen Post AG

Die Deutsche Post AG bietet zwei verschiedene Formen des Einschreibens an: das „Einschreiben" und das „Einschreiben Einwurf". Beide Formen bringen unterschiedliche Vorteile und Gefahren.

84

Das „Einschreiben" (auch **„Übergabe-Einschreiben"** genannt, allerdings nicht von der Post) entspricht der herkömmlichen Einschreibsendung. Der Empfänger erhält bei der Einlieferung einen Einlieferungsbeleg, der jedoch zum Beweis des Zugangs untauglich ist (siehe Rn 81). Das Einschreiben wird dem Empfänger oder einem sonstigen Empfangsberechtigten gegen schriftliche Empfangsbestätigung und Nachweis der Empfangsberechtigung ausgeliefert (Nr. 4 Abs. 3 S. 2 AGB Brief National, Stand: 1.1.2004). Der Lauf der Sendung kann im Internet unter www.deutschepost.de/briefstatus verfolgt oder unter Tel. 01805/29 06 90 erfragt werden. Wird die Zusatzleistung **„Rückschein"** gewählt, wird dem Absender eine unterschriebene Empfangsbestätigung des Empfängers oder sonstigen Empfangsberechtigten zugesandt. Aus Beweisgründen empfiehlt es sich unbedingt, diese Möglichkeit zu nutzen. Falls das im Einzelfall versäumt wurde, kann gegen Gebühr von der Post eine Reproduktion des Auslieferungsdokuments angefordert werden, der allerdings nur ein sehr beschränkter Beweiswert zukommt (siehe Rn 89).

85

Das „Einschreiben mit Rückschein" bietet dem Erklärenden also gute Möglichkeiten der **Beweissicherung**. Allerdings bestehen auch insofern Gefahren: Denn das Einschreiben darf **nicht nur dem Empfänger selbst** oder einem durch schriftliche Vollmacht ausgewiesenen Empfangsberechtigten ausgeliefert werden, sondern auch dem Ehegatten des Empfängers, einer von der Leitung einer Gemeinschaftseinrichtung (z.B. Haftanstalt, Gemeinschaftsunterkunft, Krankenhaus) mit dem Empfang von Postsendungen beauftragten Person (Nr. 4 Abs. 2 S. 2 AGB Brief National, Stand: 1.1.2004), Angehörigen des Empfängers oder seines Ehegatten (Nr. 4 Abs. 4 S. 3 Nr. 1 AGB Brief National, Stand: 1.1.2004) oder anderen, in den Räumen des Empfängers anwesenden Personen (Nr. 4 Abs. 4 S. 3 Nr. 2 AGB Brief National, Stand: 1.1.2004). Bei all diesen Personen ist keineswegs gesichert, dass es sich um Empfangsboten des Empfängers handelt, so dass der Erklärende eventuell das Weiterleitungsrisiko zu tragen hat; selbst wenn die Weiterleitung erfolgt ist, stellen sich für den

86

---

101 Bamberger/Roth/*Wendtland*, § 130 Rn 35; Erman/*Palm*, § 130 Rn 27; Palandt/*Heinrichs*, § 130 Rn 21; Soergel/*Hefermehl*, § 130 Rn 23. Vgl. BGHZ 70, 233, 234 = NJW 1978, 886; BGHZ 101, 49, 54 f. = NJW 1987, 2235, 2236.

102 BGHZ 24, 308, 312 f. = NJW 1957, 1230, 1231; BGH NJW 1964, 1176 f.; BAG NJW 1961, 2132; LG Potsdam NJW 2000, 3722; *Burgard*, AcP 195 (1995), 74, 127 f.; Erman/*Palm*, § 130 Rn 27; Palandt/*Heinrichs*, § 130 Rn 21; Soergel/*Hefermehl*, § 130 Rn 23. Entgegen Palandt/*Heinrichs* (a.a.O.) hat sich daran durch § 175 ZPO nichts geändert, da der Rückschein gerade nicht nur das Absenden, sondern die Ankunft der Sendung dokumentiert.

103 BGH NJW 1995, 665, 666 f.; OLG München NJW 1993, 2447 f.; KG NJW 1994, 3172 f.; LG Darmstadt NJW 1993, 2448; *Fritzsche/Malzer*, DNotZ 1995, 3, 14 f.; MüKo/*Einsele*, § 130 Rn 46; Soergel/*Hefermehl*, § 130 Rn 13c. A.A. (Anscheinsbeweis) OLG München NJW 1994, 527; OLG München MDR 1999, 286; AG Rudolstadt NJW-RR 2004, 1151 f.; *Bork*, BGB AT, Rn 641. Differenzierend *Burgard*, AcP 195 (1995), 74, 129 ff.

104 *Mankowski*, NJW 2004, 1901 ff.

105 BGHZ 24, 308, 313 f. = NJW 1957, 1230.

106 MüKo/*Roth*, § 242 Rn 69.

Erklärenden erhebliche Beweisprobleme, da das Auslieferungsdokument der Post und der Rückschein über die Weiterleitung nichts besagen.

87 Dieses Risiko kann dadurch vermieden werden, dass die Zusatzleistung **„Eigenhändig"** gewählt wird; das Einschreiben wird dann nur dem Empfänger selbst oder einem zum Empfang besonders Bevollmächtigten ausgehändigt. Erheblich vergrößert wird dadurch allerdings das Risiko, dass die Zustellung scheitert:

88 Wenn bei einem Übergabe-Einschreiben der Zusteller den Empfänger **nicht antrifft**, hinterlässt er eine Benachrichtigung und hinterlegt die Sendung bei der Post zur Abholung durch den Empfänger; Zugang erfolgt erst dann, wenn der Empfänger die Sendung tatsächlich abholt. Der Absender wird zwar durch die Grundsätze über die Zugangsvereitelung (siehe Rn 64 ff.) geschützt. Dieser Schutz versagt jedoch insbesondere dann, wenn der vergebliche Zustellversuch kurz vor Ablauf der Frist erfolgt, die das Schreiben wahren soll, da der Empfänger dann nicht treuwidrig handelt, wenn er das Schreiben erst nach Fristablauf abholt und sich auf die Fristversäumnis beruft.

89 Das **„Einschreiben Einwurf"** unterscheidet sich vom Übergabe-Einschreiben dadurch, dass es dem Empfänger nicht ausgehändigt, sondern wie normale Briefe in seinen Briefkasten oder sein Postfach eingelegt wird und der Zusteller diesen Vorgang mit seiner Unterschrift bestätigt. Hierdurch wird das Risiko minimiert, dass gar keine Zustellung erfolgt oder die Sendung einer Person ausgehändigt wird, die nicht Empfangsbote ist. Als **Beweis des Zugangs** steht allerdings nur die Unterschrift des Zustellers zur Verfügung, die dokumentiert, dass die Erklärung den Machtbereich des Empfängers erreicht hat. Die Option „Rückschein" bietet die Post bei Einwurf-Einschreiben nicht an, so dass das Originaldokument mit der Unterschrift des Zustellers bei der Post verbleibt. Es empfiehlt sich daher, von der Post gegen Gebühr eine Reproduktion dieses Dokuments anzufordern. Allerdings stellt diese keine öffentliche Urkunde i.S.v. § 418 ZPO dar, da die Post keine Behörde und insofern nicht beliehen ist, sondern allenfalls[107] eine Privaturkunde i.S.v. § 416 ZPO, deren Beweiswert beschränkt ist.[108] Ob die Rechtsprechung diese Urkunde wenigstens zur Grundlage eines **Anscheinsbeweises** machen wird, ist zweifelhaft.[109] Eine Entscheidung des LG Potsdam[110] deutet darauf hin, dass der Auslieferungsbeleg in der Praxis vorschriftwidrig nicht stets unmittelbar beim Einwurf der Sendung in den Empfängerbriefkasten erstellt wird, sondern auch schon vorher in der Postfiliale. Falls dies in einer nicht unerheblichen Zahl von Fällen geschieht, ist der Beleg für einen Anscheinsbeweis untauglich, da nicht ausgeschlossen ist, dass das Einschreiben nach der Belegerstellung nicht ordnungsgemäß zugestellt wird.[111]

90 Beide Formen von Einschreiben bergen damit **erhebliche Probleme**: Das **Übergabe-Einschreiben mit Rückschein** bietet, insbesondere wenn es mit der Zusatzleistung „eigenhändig" versandt wird, eine gute Möglichkeit, den Zugang zu beweisen. Dafür besteht bei fristgebundenen Erklärungen das beträchtliche Risiko, dass es nicht rechtzeitig zum Zugang kommt, weil der Zusteller den Empfänger nicht antrifft. Ein Übergabe-Einschreiben sollte daher immer so rechtzeitig versandt werden, dass es bei durchschnittlichem Postlauf mehrere Tage vor Fristablauf beim Empfänger zugestellt wird. Scheitert der Zugang dann daran, dass das Schreiben zunächst bei der Post hinterlegt und vom Empfänger nicht abgeholt wird, wird der Absender durch die Grundsätze über die Zugangsverhinderung geschützt. Allerdings sollte der Absender, wenn er mehrere Tage vor Fristablauf den Rückschein noch nicht erhalten hat, unbedingt im Internet oder durch Anruf (siehe Rn 85) überprüfen, dass zumindest schon ein Zustellversuch unternommen wurde, und den Empfänger, wenn er das Schreiben noch nicht abgeholt hat, nochmals separat und beweisbar zur Abholung auffordern oder die Erklärung nochmals auf anderem (beweisbaren!) Weg übermitteln. Denn sonst besteht die Gefahr, dass sich der Empfänger darauf beruft, nicht benachrichtigt worden zu sein, der Absender das Gegenteil nicht beweisen kann und deshalb die Grundsätze über die Zugangsverhinderung nicht eingreifen. Beim **Einwurf-Einschreiben** besteht dagegen eine hohe Wahrscheinlichkeit, dass es tatsächlich fristgerecht zugeht, dagegen ist dieser Zugang nur sehr eingeschränkt beweisbar.

---

107 Möglicherweise handelt es sich bei dem Datenauszug, den das Lesezentrum nach dem Einscannen des Originalbelegs erstellt, nur um eine technische Aufzeichnung; s. AG Paderborn NJW 2000, 3722, 3723; *Bauer/Diller*, NJW 1998, 2795 f.; *Reichert*, NJW 2001, 2523, 2524; *Saenger/Gregoritza*, JuS 2001, 899, 901.

108 *Bauer/Diller*, NJW 1998, 2795, 2796; *Saenger/Gregoritza*, JuS 2001, 899, 901 f. Unrichtig *Dübbers*, NJW 1997, 2503, 2504.

109 Dafür AG Paderborn NJW 2000, 3722, 3723.

110 LG Potsdam NJW 2000, 3722.

111 *Saenger/Gregoritza*, JuS 2001, 899, 902 f.

II. Beweissichere Übermittlung durch Boten

Ein grundlegendes Problem bei jeder Form von Einschreibsendung ist, dass nur der Zugang einer Einschreibsendung dokumentiert wird, aber nichts über deren **Inhalt**. Wenn der Empfänger vorbringt, es habe sich nur um ein leeres oder mit einem anderen Schriftstück gefülltes Kuvert gehandelt, ist die Beweissituation des Absenders nicht besser als bei einem einfachen Brief.[112] In wirklich wichtigen Fällen, bei denen die Bedeutung der Erklärung den Aufwand rechtfertigt, sollte daher der Zugang einer Erklärung auf einem sichereren Weg als durch Einschreiben erfolgen. In Betracht kommt eine Zustellung durch einen **Boten**, der das Schriftstück in den Briefkasten des Empfängers wirft oder diesem persönlich überreicht und hierüber später als Zeuge aussagen kann. Dabei sollte dem Boten das Schriftstück offen übergeben werden, damit er später auch bezeugen kann, dass es sich tatsächlich um die betreffende Erklärung gehandelt hat. Einen sicheren Weg bietet auch § 132.

91

§ 131 Wirksamwerden gegenüber nicht voll Geschäftsfähigen

(1) ¹Wird die Willenserklärung einem Geschäftsunfähigen gegenüber abgegeben, so wird sie nicht wirksam, bevor sie dem gesetzlichen Vertreter zugeht.

(2) ¹Das Gleiche gilt, wenn die Willenserklärung einer in der Geschäftsfähigkeit beschränkten Person gegenüber abgegeben wird. ²Bringt die Erklärung jedoch der in der Geschäftsfähigkeit beschränkten Person lediglich einen rechtlichen Vorteil oder hat der gesetzliche Vertreter seine Einwilligung erteilt, so wird die Erklärung in dem Zeitpunkt wirksam, in welchem sie ihr zugeht.

A. Allgemeines 1	3. Ausnahmen 10
B. Regelungsgehalt 3	a) Rechtlich lediglich vorteilhafte
I. Anwendungsbereich 3	Erklärungen (Abs. 2 S. 2 Alt. 1) ... 10
II. Geschäftsunfähige (Abs. 1) 4	b) Einwilligung (Abs. 2 S. 2 Alt. 2) ... 13
1. Anwendungsbereich 4	c) Bei geschäftsfähigen Betreuten:
2. Rechtsfolgen 6	Geringfügige Angelegenheiten des
III. Beschränkt Geschäftsfähige (Abs. 2) ... 8	täglichen Lebens (§ 1903 Abs. 3 S. 2) 16
1. Anwendungsbereich 8	C. Weitere praktische Hinweise 17
2. Grundsatz 9	

A. Allgemeines

§ 131 regelt das Wirksamwerden von Willenserklärungen gegenüber nicht voll Geschäftsfähigen. Es kann hier nicht genügen, dass der nicht voll Geschäftsfähige die Möglichkeit erlangt, von der Erklärung Kenntnis zu nehmen, denn die Kenntnisnahme ist nicht Selbstzweck, sondern soll dem Empfänger ermöglichen, sich auf die rechtlichen Folgen der Erklärung einzustellen und dementsprechend zu handeln. Dies ist nur bei voller Geschäftsfähigkeit gewährleistet. § 131 trifft daher für das Wirksamwerden von Willenserklärungen gegenüber nicht voll Geschäftsfähigen eine Regelung, die derjenigen für die **Abgabe von Willenserklärungen** durch nicht voll Geschäftsfähige ähnelt: Für Geschäftsunfähige kann nur der gesetzliche Vertreter Willenserklärungen abgeben (§ 105 Abs. 1), und Willenserklärungen, die ein Dritter einem Geschäftsunfähigen gegenüber abgibt, werden nur wirksam, wenn sie dem gesetzlichen Vertreter zugehen (Abs. 1). Beschränkt Geschäftsfähige können nur dann selbständig eine Willenserklärung abgeben, wenn diese ihnen entweder lediglich einen rechtlichen Vorteil bringt oder wenn der gesetzliche Vertreter eingewilligt hat (§ 107); die gleichen Voraussetzungen gelten nach Abs. 2 für das Wirksamwerden von Willenserklärungen gegenüber beschränkt Geschäftsfähigen.

1

Keine Sonderregeln finden sich in § 131 in Bezug auf das Wirksamwerden von Willenserklärungen gegenüber volljährigen Geschäftsunfähigen bei Geschäften des täglichen Lebens (vgl. § 105a) sowie gegenüber beschränkt Geschäftsfähigen bei Geschäften i.S.v. § 110 und im Fall der Genehmigung eines Vertrags durch den gesetzlichen Vertreter (vgl. § 108). Dies liegt daran, dass die Rechtsfolgen von §§ 105a, 108 und 110[1] sich jeweils nicht nur auf die vom nicht voll Geschäftsfähigen abgegebene Willenserklärung beziehen, sondern auf den von ihm geschlossenen Vertrag (insbesondere zu § 108 siehe Rn 15). Sofern diese Normen den Vertrag für wirksam erklären, stellt sich das Problem, ob die vom Vertragspartner gegenüber dem nicht voll

2

---

[112] Hohmeister, BB 1998, 1477.
[1] § 110 stellt im Übrigen einen Unterfall von Abs. 2 S. 2 Alt. 2 dar, da in der Überlassung eine spezielle Form der konkludenten Einwilligung liegt, die auch den Zugang der Vertragserklärung an den beschränkt Geschäftsfähigen umfasst; s. Erman/*Palm*, § 131 Rn 5.

Geschäftsfähigen abgegebene Willenserklärung wirksam wurde, nicht mehr, da deren Bedeutung allein in der Herbeiführung des Vertragsschlusses liegt.

B. Regelungsgehalt

I. Anwendungsbereich

3 § 131 gilt nur für **empfangsbedürftige Willenserklärungen**. Nicht empfangsbedürftige Willenserklärungen werden auch insofern mit ihrer Abgabe wirksam, als sie die Rechtsstellung nicht voll Geschäftsfähiger tangieren (wie z.B. eine Erbeinsetzung durch Testament).[2] Keine Rolle spielt, ob die Willenserklärung **gespeichert** ist oder nicht,[3] denn in Bezug auf nicht gespeicherte Willenserklärungen müssen nicht voll Geschäftsfähige eher in noch höherem Maß geschützt werden als in Bezug auf gespeicherte Willenserklärungen, weil bei ersteren eine nachträgliche „authentische" Kenntnisnahme durch den gesetzlichen Vertreter nicht möglich ist. Entsprechend anwendbar ist § 131 auf **geschäftsähnliche Handlungen**.[4]

II. Geschäftsunfähige (Abs. 1)

4 **1. Anwendungsbereich. Geschäftsunfähig** sind Personen, die nicht das siebte Lebensjahr vollendet haben oder sich in einem nicht nur vorübergehenden, die freie Willensbestimmung ausschließenden Zustand krankhafter Störung der Geistestätigkeit befinden (§ 104). Nicht dagegen gilt Abs. 1 für Personen, die sich im Zustand der Bewusstlosigkeit oder **vorübergehenden Störung der Geistestätigkeit** befinden (§ 105 Abs. 2).[5] Denn sonst könnte ein derartiger Zustand bewusst herbeigeführt werden, um den (fristgerechten) Zugang einer Willenserklärung zu vereiteln. Eine Kündigung, die von der Post am letzten Tag der Kündigungsfrist in den Briefkasten des Arbeitnehmers oder Mieters geworfen wird, geht also auch dann zu, wenn sich dieser in einem Vollrausch befindet, der bis Fristablauf anhält. Das Wirksamwerden nicht gespeicherter Erklärungen wird allerdings im Fall des § 105 Abs. 2 regelmäßig daran scheitern, dass die Voraussetzungen hierfür nicht erfüllt sind (siehe § 130 Rn 73 ff.).

5 Abs. 1 bezieht sich nicht auf den Fall, dass eine Willenserklärung, die dem Geschäftsunfähigen gegenüber wirken soll, unmittelbar **gegenüber dem gesetzlichen Vertreter abgegeben** wird, denn dann stellt sich das Problem des Wirksamwerdens durch Zugang an den Geschäftsunfähigen gar nicht; es handelt sich um einen einfachen Fall der passiven Stellvertretung (§ 164 Abs. 1 und 3).[6] Es geht vielmehr um Erklärungen, die gegenüber dem Geschäftsunfähigen abgegeben werden, also an ihn selbst und nicht an den gesetzlichen Vertreter gerichtet sind.

6 **2. Rechtsfolgen.** Nach Abs. 1 wird eine Willenserklärung, die gegenüber einem Geschäftsunfähigen abgegeben wird, erst wirksam, wenn sie dem gesetzlichen Vertreter zugeht. Abs. 1 ist insofern von doppelter Bedeutung: Erstens ordnet er an, dass die Erklärung durch Zugang an den Geschäftsunfähigen nicht wirksam wird. Und zweitens stellt er klar, dass sie durch Zugang an den gesetzlichen Vertreter wirksam wird, obwohl sie ihm gegenüber nicht abgegeben wurde;[7] es handelt sich dabei um einen Anwendungsfall des allgemeinen Satzes, dass eine Erklärung stets auch gegenüber den Passivvertretern des Adressaten abgegeben wird (siehe § 130 Rn 22). Entgegen der h.M. wird also eine Erklärung, die gegenüber dem Geschäftsunfähigen abgegeben und von diesem (ohne Auftrag des Erklärenden) an seinen gesetzlichen Vertreter übermittelt wird, mit Zugang beim gesetzlichen Vertreter wirksam. Dabei ist der Geschäftsunfähige – entgegen der h.M. – keinesfalls **Empfangsbote** des gesetzlichen Vertreters, denn sonst würde er (in seiner Rolle als Vertreter) das Risiko tragen, dass er die Erklärung gar nicht oder entstellt an den gesetzlichen Vertreter übermittelt, und das würde der Wertung des Abs. 1 widersprechen, der eine Einwilligung des gesetzlichen Vertreters gerade nicht zulässt.[8]

---

2 Motive I, S. 139; MüKo/*Einsele*, § 131 Rn 1; Soergel/*Hefermehl*, § 131 Rn 1.
3 MüKo/*Einsele*, § 131 Rn 1; Soergel/*Hefermehl*, § 131 Rn 1.
4 BGHZ 47, 352, 357; MüKo/*Einsele*, § 131 Rn 1.
5 Prot. I, S. 72 f.; MüKo/*Einsele*, § 131 Rn 2; Soergel/*Hefermehl*, § 131 Rn 2.
6 Soergel/*Hefermehl*, § 131 Rn 3.
7 LAG Hamm DB 1975, 407. A.A. OLG Düsseldorf VersR 1961, 878; LG Berlin MDR 1982, 321; AG Meldorf NJW 1989, 2548; Bamberger/Roth/*Wendtland*, § 131 Rn 4; Erman/*Palm*, § 131 Rn 2; MüKo/*Einsele*, § 131 Rn 3; Palandt/*Heinrichs*, § 131 Rn 2; Soergel/*Hefermehl*, § 131 Rn 3. Differenzierend Staudinger/*Dilcher*, 12. Aufl., § 131 Rn 5: keine Adressierung an Vertreter nötig, aber zufälliges Erreichen genügt nicht.
8 Staudinger/*Dilcher*, 12. Aufl., § 131 Rn 5. A.A. Bamberger/Roth/*Wendtland*, § 131 Rn 4; Erman/*Palm*, § 131 Rn 2; *Flume*, BGB AT Bd. 2, § 14 3g, S. 242; MüKo/*Einsele*, § 131 Rn 3; Palandt/*Heinrichs*, § 131 Rn 2; Soergel/*Hefermehl*, § 131 Rn 3.

Im Falle der **Gesamtvertretung** genügt es, wenn die Erklärung einem der Gesamtvertreter zugeht (allgemeiner Rechtsgrundsatz[9]). § 1629 Abs. 1 S. 2 Hs. 2 ordnet dies in Bezug auf die Eltern ausdrücklich an, formuliert dabei allerdings nicht exakt, da das Entscheidende nicht die Abgabe gegenüber nur einem Elternteil, sondern der Zugang an nur ein Elternteil ist.

III. Beschränkt Geschäftsfähige (Abs. 2)

1. Anwendungsbereich. Beschränkt geschäftsfähig ist, wer das siebte, nicht aber das achtzehnte Lebensjahr vollendet hat (§§ 2, 106). Gleichgestellt sind (geschäftsfähige[10]) **Betreute**, soweit ein **Einwilligungsvorbehalt** angeordnet ist (§ 1903 Abs. 1 S. 2); auf sie wird im Folgenden nur dann eigens verwiesen, wenn Besonderheiten gelten. Soweit der beschränkt Geschäftsfähige gemäß **§§ 112, 113** voll geschäftsfähig ist, gilt Abs. 2 nicht.[11] Nicht einschlägig ist Abs. 2 auch, wenn die Erklärung, die gegenüber dem beschränkt Geschäftsfähigen abgegeben wird, nicht gegenüber ihm selbst wirken soll, sondern an ihn als **Passivvertreter** eines Dritten gerichtet wird (§ 165). **Ausnahmen** von Abs. 2 enthalten §§ 109 Abs. 1 S. 2 und § 111 S. 2.

2. Grundsatz. Nach Abs. 2 S. 1 gilt für beschränkt Geschäftsfähige prinzipiell das Gleiche wie für Geschäftsunfähige: Die Willenserklärung eines Dritten entfaltet ihnen gegenüber nur Wirkung, wenn sie dem gesetzlichen Vertreter (bei Gesamtvertretung einem der Gesamtvertreter) zugeht, unabhängig davon, ob sie unmittelbar gegenüber dem gesetzlichen Vertreter abgegeben wurde oder ob sie gegenüber dem beschränkt Geschäftsfähigen abgegeben wurde und dann dem gesetzlichen Vertreter zuging. Anders als ein Geschäftsunfähiger (siehe Rn 6) kann jedoch ein beschränkt Geschäftsfähiger in Bezug auf die betreffende Willenserklärungen vom gesetzlichen Vertreter zum **Empfangsboten** bestellt werden; denn Abs. 2 S. 2 lässt sogar zu, dass der gesetzliche Vertreter in den Zugang nur an den beschränkt Geschäftsfähigen einwilligt.[12]

3. Ausnahmen. a) Rechtlich lediglich vorteilhafte Erklärungen (Abs. 2 S. 2 Alt. 1). Erklärungen, die dem beschränkt Geschäftsfähigen lediglich einen rechtlichen Vorteil bringen, werden durch Zugang an ihn selbst wirksam. Diese Regelung entspricht spiegelbildlich § 107, nach dem der beschränkt Geschäftsfähige Erklärungen, durch die er lediglich einen rechtlichen Vorteil erlangt, selbständig abgeben kann. Wie § 107 ist auch Abs. 2 S. 2 Alt. 1 auf **rechtlich neutrale Erklärungen** zu erstrecken, also auf solche, die dem beschränkt Geschäftsfähigen weder einen rechtlichen Vorteil noch einen rechtlichen Nachteil bringen.[13]

Nur einen rechtlichen Vorteil bringt dem beschränkt Geschäftsfähigen namentlich das Wirksamwerden eines ihm gegenüber abgegebenen **Vertragsantrags**, und zwar unabhängig vom Inhalt dieses Vertragsantrags.[14] Denn durch dieses Wirksamwerden erweitert sich lediglich der Handlungsspielraum des beschränkt Geschäftsfähigen; gebunden wird er in keiner Weise: Wenn er will, kann er (unter Mitwirkung des gesetzlichen Vertreters) den Antrag annehmen, er muss es aber nicht. Will er nicht, kann er einfach untätig bleiben (vgl. § 146 Alt. 2).

Anders verhält es sich dagegen mit dem Zugang einer **Annahmeerklärung**, nachdem der beschränkt Geschäftsfähige oder sein gesetzlicher Vertreter einen wirksamen Antrag gemacht hat. Denn in diesem Fall führt der Zugang und damit das Wirksamwerden (§ 130 Abs. 1 S. 1) der Annahme unmittelbar zum Entstehen der vertraglichen Bindung. Ob diese vertragliche Bindung dem beschränkt Geschäftsfähigen einen rechtlichen Nachteil bringt, hängt vom Vertragsinhalt ab; siehe insofern die Kommentierung zu § 107.

b) Einwilligung (Abs. 2 S. 2 Alt. 2). Durch Zugang an einen beschränkt Geschäftsfähigen wird eine ihm gegenüber abgegebene, für ihn rechtlich nachteilige (denn sonst greift schon Abs. 2 S. 2 Alt. 1 ein) Willenserklärung wirksam, wenn der gesetzliche Vertreter eingewilligt hat. Die **Einwilligung** – also die vorherige Zustimmung (§ 183 S. 1) – muss sich auf den Zugang der Erklärung an den beschränkt Geschäftsfähigen beziehen. Falls nicht besondere Anhaltspunkte vorliegen, ist anzunehmen, dass eine Einwilligung des gesetzlichen Vertreters zum Abschluss eines Vertrags sich nicht nur auf die Abgabe der Willenserklärung des beschränkt Geschäftsfähigen bezieht, sondern auch auf den Zugang der Annahme des Vertragspartners (zum Antrag siehe Rn 11) an den beschränkt Geschäftsfähigen; nicht dagegen umfasst sie normalerweise Erklärungen im Rahmen der Abwicklung des Vertrags (etwa eine Mahnung gegenüber dem

---

9 RGZ 53, 227, 230 f.; BGHZ 62, 166, 172 f. = NJW 1974, 1194; Palandt/*Diederichsen*, § 1797 Rn 3 (für mehrere Vormünder).
10 Bamberger/Roth/*Müller*, § 1903 Rn 17; MüKo/ *Schwab*, § 1903 Rn 43; Palandt/*Diederichsen*, § 1903 Rn 19; Soergel/*Zimmermann*, § 1903 Rn 13; Staudinger/*Bienwald*, § 1903 Rn 76.
11 MüKo/*Einsele*, § 131 Rn 7; Soergel/*Hefermehl*, § 131 Rn 7.
12 A.A. wohl Staudinger/*Dilcher*, 12. Aufl., § 131 Rn 6.
13 Erman/*Palm*, § 131 Rn 4; MüKo/*Einsele*, § 131 Rn 5; Soergel/*Hefermehl*, § 131 Rn 5.
14 MüKo/*Einsele*, § 131 Rn 5; Soergel/*Hefermehl*, § 131 Rn 5.

beschränkt Geschäftsfähigen)¹⁵. Im Falle der **Gesamtvertretung**, namentlich durch die Eltern (§ 1629 Abs. 1 S. 2 Hs. 1), muss die Einwilligung durch sämtliche Gesamtvertreter erteilt werden. Dass der Zugang einer für den beschränkt Geschäftsfähigen bestimmten Willenserklärung an einen der Gesamtvertreter genügt (siehe Rn 7, 9), ändert hieran nichts, denn in diesem Fall ist die Information immerhin eines der Gesamtvertreter gewährleistet, während es bei der Einwilligung um eine Erweiterung der Rechtsmacht des beschränkt Geschäftsfähigen geht.

14 Die Möglichkeit, den Zugang einer Willenserklärung an den beschränkt Geschäftsfähigen zu **genehmigen**, ihm also nachträglich zuzustimmen (§ 184 Abs. 1), sieht das Gesetz nicht vor. Eine Analogie etwa zu §§ 108, 177, 1366, 1829 scheidet aus, da der Gesetzgeber Abs. 2 S. 2 aus Gründen der Rechtssicherheit bewusst anders ausgestaltet hat und deshalb keine Regelungslücke vorliegt.¹⁶ **Einseitige Rechtsgeschäfte** (wie eine Kündigung, ein Rücktritt, eine Anfechtung, eine Aufrechnung), die gegenüber einem beschränkt Geschäftsfähigen vorgenommen werden, werden – soweit Abs. 2 S. 2 nicht eingreift – daher erst wirksam, sobald die entsprechende Erklärung dem gesetzlichen Vertreter zugeht, etwa weil der beschränkt Geschäftsfähige sie an ihn weiterleitet. Die Möglichkeit, den Zeitpunkt des Wirksamwerdens durch Genehmigung auf den Zeitpunkt des Zugangs an den beschränkt Geschäftsfähigen zurückzuverlagern, besteht nicht.

15 Für den **Abschluss von Verträgen** gilt dies allerdings nicht.¹⁷ Denn § 108 deckt den Fall der fehlenden Einwilligung i.S.v. Abs. 2 S. 2 sowohl von seinem Tatbestand als auch von seiner Rechtsfolge her ab. Für den Abschluss eines Vertrags durch einen beschränkt Geschäftsfähigen ist die Einwilligung eben nicht nur hinsichtlich der vom beschränkt Geschäftsfähigen abgegebenen Willenserklärung erforderlich (§ 107), sondern auch hinsichtlich des Zugangs der Willenserklärung des Vertragspartners (Abs. 2 S. 2). Und §§ 108 Abs. 1, 184 Abs. 1 ordnen für den Fall der Genehmigung nicht nur die rückwirkende Wirksamkeit der vom beschränkt Geschäftsfähigen abgegebenen Willenserklärung an, sondern diejenige des Vertrags. Die isolierte Frage der Wirksamkeit der Annahmeerklärung des Dritten stellt sich damit gar nicht mehr (siehe schon Rn 2).

16 **c) Bei geschäftsfähigen Betreuten: Geringfügige Angelegenheiten des täglichen Lebens (§ 1903 Abs. 3 S. 2).** Nach § 1903 Abs. 3 S. 2 bedarf ein Betreuer, für den ein Einwilligungsvorbehalt angeordnet ist, in Ermangelung einer anderweitigen Anordnung für solche Willenserklärungen keiner Einwilligung, die eine geringfügige Angelegenheit des täglichen Lebens betreffen. Dies gilt nicht nur für die Abgabe, sondern auch für den Empfang von Willenserklärungen.¹⁸ Zum Begriff der geringfügigen Angelegenheiten des täglichen Lebens siehe die Kommentierung zu § 1903.

C. Weitere praktische Hinweise

17 Wenn eine Willenserklärung abgegeben werden soll, die gegenüber einem nicht voll Geschäftsfähigen wirken soll, empfiehlt es sich, sie **unmittelbar an den gesetzlichen Vertreter**, bei Gesamtvertretung an einen der gesetzlichen Vertreter zu richten. Denn wird sie an den nicht voll Geschäftsfähigen selbst gerichtet, führt nach h.M. auch der spätere Zugang an den gesetzlichen Vertreter nicht zum Wirksamwerden; nach der hier vertretenen Ansicht trägt der Erklärende das Risiko, dass der nicht voll Geschäftsfähige die Erklärung nicht oder inhaltlich unrichtig an den gesetzlichen Vertreter weiterleitet (siehe Rn 6, 9). Ist unklar, ob der Empfänger der Erklärung schon volljährig ist, sollte vorsichtshalber die Erklärung sowohl ihm gegenüber als auch dem gesetzlichen Vertreter gegenüber abgegeben werden, und zwar mittels getrennter Briefe.

§ 132 Ersatz des Zugehens durch Zustellung

(1) ¹Eine Willenserklärung gilt auch dann als zugegangen, wenn sie durch Vermittlung eines Gerichtsvollziehers zugestellt worden ist. ²Die Zustellung erfolgt nach den Vorschriften der Zivilprozessordnung.

(2) ¹Befindet sich der Erklärende über die Person desjenigen, welchem gegenüber die Erklärung abzugeben ist, in einer nicht auf Fahrlässigkeit beruhenden Unkenntnis oder ist der Aufenthalt dieser Person unbekannt, so kann die Zustellung nach den für die öffentliche Zustellung einer Ladung

---

15 BGHZ 47, 352, 359 f.; MüKo/*Einsele*, § 131 Rn 6; Soergel/*Hefermehl*, § 131 Rn 6.
16 Motive I, S. 140; BGHZ 47, 352, 358; MüKo/ *Einsele*, § 131 Rn 6; Soergel/*Hefermehl*, § 131 Rn 6.

17 Motive I, S. 140; BGHZ 47, 352, 358; MüKo/ *Einsele*, § 131 Rn 6. Für nur analoge Anwendung von § 108 Soergel/*Hefermehl*, § 131 Rn 6.
18 MüKo/*Schwab*, § 1903 Rn 46.

Ersatz des Zugehens durch Zustellung § 132

geltenden Vorschriften der Zivilprozessordnung erfolgen. ²Zuständig für die Bewilligung ist im ersteren Falle das Amtsgericht, in dessen Bezirk der Erklärende seinen Wohnsitz oder in Ermangelung eines inländischen Wohnsitzes seinen Aufenthalt hat, im letzteren Falle das Amtsgericht, in dessen Bezirk die Person, welcher zuzustellen ist, den letzten Wohnsitz oder in Ermangelung eines inländischen Wohnsitzes den letzten Aufenthalt hatte.

A. Allgemeines 1	II. Öffentliche Zustellung (Abs. 2) 9
B. Regelungsgehalt 3	C. Weitere praktische Hinweise 13
I. Förmliche Zustellung (Abs. 1) 3	

A. Allgemeines

§ 132 bietet zwei Möglichkeiten, den Zugang einer Willenserklärung zu ersetzen: Abs. 1 erlaubt eine Ersetzung durch **förmliche Zustellung** nach den Regeln der ZPO, Abs. 2 eine **öffentliche Zustellung**, wenn der Erklärende die Person des Empfängers unverschuldet nicht kennt oder der Aufenthalt des Empfängers unbekannt ist. Auf die Zugangsvoraussetzungen kommt es in diesen Fällen nicht an. Die Norm hilft deshalb weiter, wenn es nicht möglich ist, die Erklärung in den Machtbereich des Empfängers zu bringen, und auch die Voraussetzungen einer Zugangsvereitelung (§ 130 Rn 64 ff.) nicht vorliegen; sie macht das Wirksamwerden der Erklärung **vom Verhalten des Empfängers unabhängig**. Selbst wenn ein Zugang herbeigeführt werden kann, bietet eine förmliche Zustellung Vorteile, da sie einen sicheren **Beweis** sowohl des Wirksamwerdens als auch der Art des zugestellten Schriftstücks[1] vermittelt (vgl. § 130 Rn 84 ff.). 1

Die Norm hilft allerdings nichts, wenn das Gesetz Rechtsfolgen nicht an die Wirksamkeit einer Erklärung, sondern an die **Kenntnis** des Inhalts der Erklärung knüpft. Denn da der Zugang nur die zu erwartende – nicht die tatsächliche – Kenntnisnahme erfordert (siehe § 130 Rn 23), führen die Zugangssurrogate des § 132 nicht zu einer Fiktion der Kenntnis.[2] 2

B. Regelungsgehalt

I. Förmliche Zustellung (Abs. 1)

Nach Abs. 1 kann der Zugang einer Erklärung dadurch ersetzt werden, dass sie durch Vermittlung eines Gerichtsvollziehers nach den Vorschriften der ZPO zugestellt wird; „**Zustellung**" ist in § 166 Abs. 1 ZPO legaldefiniert als „die Bekanntgabe eines Schriftstücks an eine Person in der in diesem Titel [der ZPO] bestimmten Form". 3

Der **Adressat** und die **Form** der zuzustellenden Erklärung (siehe § 130 Rn 17)[3] richten sich nach materiellem Recht;[4] §§ 170–172 ZPO gelten nicht[5]. 4

Die Zustellung muss durch Vermittlung eines **Gerichtsvollziehers** (§ 154 GVG) erfolgen. Es handelt sich dabei um eine Zustellung auf Betreiben der Parteien i.S.v. §§ 191 ff. ZPO. Da die Mitwirkung eines Gerichtsvollziehers unabdingbare Voraussetzung des Abs. 1 ist,[6] führt eine Zustellung von Anwalt zu Anwalt (§ 195 ZPO) nicht zur Fiktion des Zugangs nach Abs. 1.[7] Bei **Prozessbürgschaften** wird allerdings verbreitet eine Zustellung von Anwalt zu Anwalt als ausreichend angesehen.[8] Nach h.M. kann der Gerichtsvollzieher nicht gemäß §§ 183 Abs. 1 Nr. 1, 191 ZPO durch Einschreiben mit Rückschein im **Ausland** zustellen.[9] 5

Der Gerichtsvollzieher kann die Zustellung **selbst ausführen** (§ 193 ZPO) oder die **Post** beauftragen (§§ 193 Abs. 1 S. 2, 194 ZPO). Die Zustellung erfolgt nach §§ 177, 191 ZPO; auch eine Ersatzzustellung nach §§ 178–181, 191 ZPO ist möglich, nicht dagegen eine Zustellung gegen Empfangsbekenntnis (§ 174 ZPO) oder durch Einschreiben mit Rückschein (§ 175 ZPO)[10], die der Geschäftsstelle vorbehalten sind (vgl. § 168 Abs. 1 S. 1 ZPO). 6

---

1 BGHZ 36, 201, 206 = NJW 1962, 736.
2 RGZ 87, 412, 417 f.; Bamberger/Roth/*Wendtland*, § 132 Rn 1; Erman/*Palm*, § 132 Rn 1; MüKo/*Einsele*, § 132 Rn 1.
3 BGHZ 36, 201, 206 f. = NJW 1962, 736; BGH NJW 1981, 2299, 2300.
4 Bamberger/Roth/*Wendtland*, § 132 Rn 5; MüKo/*Einsele*, § 132 Rn 4; Soergel/*Hefermehl*, § 132 Rn 2.
5 Vgl. MüKo/*Einsele*, § 132 Rn 4; Soergel/*Hefermehl*, § 132 Rn 2. A.A. Palandt/*Heinrichs*, § 132 Rn 1.
6 BGHZ 67, 271, 277 = NJW 1977, 194, 195.
7 Bamberger/Roth/*Wendtland*, § 132 Rn 4; Soergel/*Hefermehl*, § 132 Rn 2.
8 LG Augsburg NJW-RR 1998, 1368, 1369; Thomas/Putzo/*Putzo*, ZPO, § 108 Rn 11. A.A. Zöller/*Herget*, ZPO, § 108 Rn 11 m.w.N.
9 Bamberger/Roth/*Wendtland*, § 132 Rn 4; *Hornung*, Rpfleger 2002, 493, 502; Soergel/*Hefermehl*, § 132 Rn 4; Zöller/*Stöber*, ZPO, § 192 Rn 1. A.A. *Möller*, NJW 2003, 1571 ff.
10 Erman/*Palm*, § 132 Rn 2; *Wunsch*, JuS 2003, 276, 280; Zöller/*Stöber*, ZPO, § 192 Rn 1. A.A. *Möller*, NJW 2003, 1571 ff.

7 Nach h.M. findet § 189 ZPO Anwendung, nach dem Zustellungsmängel durch tatsächlichen Zugang **geheilt** werden.[11] Da § 189 ZPO jedoch tatsächlichen Zugang an den Empfänger verlangt, ist nicht ersichtlich, was die Norm im Rahmen von Abs. 1 bringen soll. Denn in den Fällen des Abs. 1 liegt der Sinn der Zustellung ja gerade darin, ein Wirksamwerden der Erklärung zu bewirken, wenn sich der Zugang nicht bewerkstelligen lässt.

8 Soll durch die Erklärung eine Frist gewahrt werden oder die Verjährung neu beginnen oder nach § 204 gehemmt werden, ist die **Rückwirkung der Zustellung** nach § 167 ZPO zu beachten, der über § 191 ZPO auch für Zustellungen im Rahmen von § 132 gilt.[12]

II. Öffentliche Zustellung (Abs. 2)

9 Eine öffentliche Zustellung kann erfolgen bei **unverschuldeter Unkenntnis über die Person des Erklärungsgegners** (z.B. wenn der ursprüngliche Erklärungsgegner verstorben ist und die Erben unbekannt sind) oder wenn der **Aufenthalt des Erklärungsgegners unbekannt** ist (vgl. § 185 Nr. 1 ZPO). Damit Letzteres der Fall ist, muss der Aufenthalt allgemein, nicht nur dem Erklärenden, unbekannt sein. Normalerweise ist eine ergebnislose Auskunft beim zuständigen Einwohnermeldeamt oder der Gemeindeverwaltung und der zuletzt zuständigen Postfiliale zu verlangen.[13]

10 Umstritten ist, ob die öffentliche Zustellung wirksam ist, wenn sie **mit unzutreffenden Angaben erschlichen** wurde. Die Rechtsprechung hat das ursprünglich bejaht,[14] die Berufung auf die öffentlich zugestellte Erklärung aber für rechtsmissbräuchlich (§ 242) gehalten, wenn der Erklärende wusste, dass die Voraussetzungen für eine öffentliche Zustellung nicht vorlagen.[15] Neuerdings hält der BGH in Anlehnung an das BVerfG die öffentliche Zustellung zumindest dann für unwirksam, wenn das Fehlen der Zustellungsvoraussetzungen für das Gericht ersichtlich war. Begründet wird das mit dem Anspruch auf rechtliches Gehör (Art. 103 Abs. 1 GG).[16] Bei Zustellungen nach Abs. 2, die ja außerhalb eines gerichtlichen Verfahrens erfolgen, ist dieser Gesichtspunkt jedoch nicht einschlägig. Aus Gründen der Rechtssicherheit sollte man deshalb die Wirksamkeit der Zustellung annehmen und nur im Einzelfall den Rechtsmissbrauchseinwand zulassen.

11 Die öffentliche Zustellung muss **vom Gericht bewilligt** werden. **Zuständig** ist nach Abs. 2 S. 2 bei Zustellung infolge Unbekanntheit der Person das Amtsgericht, in dessen Bezirk der Erklärende seinen Wohnsitz oder hilfsweise seinen Aufenthalt hat, bei Zustellung infolge Unbekanntheit des Aufenthalts das Amtsgericht, in dessen Bezirk der Empfänger seinen letzten Wohnsitz oder hilfsweise Aufenthalt hatte. Gegen die **Ablehnung der öffentlichen Zustellung** ist sofortige Beschwerde nach § 567 Abs. 1 Nr. 2 ZPO zulässig.

12 Die Zustellung erfolgt nach § 186 Abs. 2 ZPO durch **Aushang einer Benachrichtigung** an der Gerichtstafel; zusätzlich kann nach § 187 ZPO die Veröffentlichung der Benachrichtigung angeordnet werden. Die Zustellung gilt mangels anderer Festlegung durch das Gericht als erfolgt, wenn seit dem Aushang der Benachrichtigung **ein Monat** vergangen ist (§ 188 ZPO). Soll durch die Erklärung eine Frist gewahrt werden oder die Verjährung neu beginnen oder nach § 204 gehemmt werden, ist die **Rückwirkung der Zustellung** nach § 167 ZPO zu beachten, der über § 191 ZPO auch für Zustellungen im Rahmen von § 132 gilt.[17]

C. Weitere praktische Hinweise

13 Die Zustellung nach Abs. 1 ist das **sicherste Mittel**, das Wirksamwerden einer Willenserklärung sowohl zu erreichen als auch beweisen zu können. Großer Vorteil ist, dass der Erklärende eine **öffentliche Urkunde** (§ 418 ZPO) über die Zustellung erlangt (§§ 182 Abs. 1 S. 2, 191, 193 Abs. 3 ZPO), die nicht nur vollen Beweis hinsichtlich der Zustellung (irgend-)eines Schriftstücks erbringt, sondern hinsichtlich der **Zustellung der konkreten Erklärung**, da der Gerichtsvollzieher die Zustellung entweder auf der Urschrift des zuzustellenden Schriftstücks oder auf einem mit dieser zu verbindenden Vordruck beurkundet (§ 193 Abs. 1 S. 1 ZPO) und die Urschrift (ggf. mit dem ausgefüllten Vordruck) dem Auftraggeber zuleitet (§ 193

---

11 BGH NJW 1967, 823, 824; Bamberger/Roth/Wendtland, § 132 Rn 8; Erman/Palm, § 132 Rn 2; MüKo/Einsele, § 132 Rn 5; Palandt/Heinrichs, § 132 Rn 2; Soergel/Hefermehl, § 132 Rn 2. A.A. BGHZ 36, 201, 207 = NJW 1962, 736.

12 Zöller/Greger, ZPO, § 167 Rn 2 f.

13 Vgl. OLG Köln NJW-RR 1998, 1683, 1684; LG Berlin NJW-RR 1991, 1152.

14 Dafür BGHZ 57, 108, 110 f. = NJW 1971, 2226; BGHZ 64, 5, 8 = NJW 1975, 827. Ebenso Bamberger/Roth/Wendtland, § 132 Rn 9; Erman/Palm, § 132 Rn 4; MüKo/Einsele, § 132 Rn 7; Soergel/Hefermehl, § 132 Rn 5.

15 BGHZ 64, 5, 8 ff. = NJW 1975, 827; BGHZ 118, 45, 48 = NJW 1992, 2280, 2281; Bamberger/Roth/Wendtland, § 132 Rn 9; MüKo/Einsele, § 132 Rn 7; Soergel/Hefermehl, § 132 Rn 5.

16 BVerfG NJW 1988, 2967; BGHZ 149, 311 ff. = NJW 2002, 827 ff. Zweifelnd schon BGHZ 118, 45, 47 f. = NJW 1992, 2280 f.

17 Bamberger/Roth/Wendtland, § 132 Rn 9; Zöller/Greger, ZPO, § 167 Rn 2 f.; s.a. MüKo/Einsele, § 132 Rn 7.

Abs. 3 ZPO); bei Ausführung der Zustellung durch die Post wird die Urschrift mit dem Postübergabezeugnis verbunden (§ 194 Abs. 1 S. 2 ZPO) und dadurch der Beweis ermöglicht, welches Schriftstück zugestellt wurde.

Nachteil der Zustellung gemäß Abs. 1 ist erstens, dass sie **nicht so schnell** erfolgen kann wie die Zusendung eines Einschreibbriefs; insofern bieten dem Erklärenden aber §§ 167, 191 ZPO Schutz.

Nachteil sind ferner die relativ hohen **Kosten**. Gemäß GV-KV 100–101 kostet eine Zustellung durch den Gerichtsvollzieher persönlich 7,50 EUR, eine sonstige Zustellung 2,50 EUR. Die Beglaubigung oder Herstellung der zuzustellenden Abschrift (§ 192 Abs. 2 S. 2 ZPO) kostet je 0,50 EUR für die ersten 50 Seiten und 0,15 EUR für jede weitere Seite (GV-KV 102, 700). Hinzu kommen die Auslagen insbesondere nach GV-KV 701 (Entgelte für Zustellungen mit Zustellungsurkunde), 702 (Kosten, die durch öffentliche Bekanntmachung entstehen), 710 (Pauschale für die Benutzung von eigenen Beförderungsmitteln), 711 (Wegegeld; nicht bei sonstiger Zustellung), 713 (Pauschale für sonstige bare Auslagen, 3 EUR bis 10 EUR). Die Post verlangt für die Ausführung eines Postzustellungsauftrags (§ 194 ZPO) zur Zeit 5,60 EUR, die dem Gerichtsvollzieher nach GV-KV 701 zu ersetzen sind. Angesichts dieser Kosten ist zu überlegen, ob eine Zustellung durch Boten (§ 130 Rn 91) billiger kommt. Keinesfalls sollte ohne sorgfältige Abwägung zur Kostenersparnis statt einer Zustellung nach Abs. 2 eine Übermittlung per Einschreiben gewählt werden (siehe zu den Risiken § 130 Rn 84 ff.).

Ein **Rechtsanwalt** hat durch Auswahl der Versendungsart dafür zu sorgen, dass der Zugang einer empfangsbedürftigen Erklärung nachgewiesen werden kann. Von mehreren in Betracht kommenden Möglichkeiten hat er regelmäßig diejenige zu wählen, welche Nachteile am wahrscheinlichsten vermeidet.[18] Verletzt er diese Pflicht, haftet er gemäß § 280 Abs. 1.

§ 133 Auslegung einer Willenserklärung

¹Bei der Auslegung einer Willenserklärung ist der wirkliche Wille zu erforschen und nicht an dem buchstäblichen Sinne des Ausdrucks zu haften.

Literatur: *Brox*, Der Bundesgerichtshof und die Andeutungstheorie, JA 1984, 761; *Engisch*, Einführung in das juristische Denken, 9. Auflage 1997; *Flume*, Testamentsauslegung bei Falschbezeichnung, NJW 1983, 2007; *Grunewald*, Die Auslegung von Gesellschaftsverträgen und Satzungen, ZGR 1995, 68; *Kötz*, Vertragsauslegung, in: FS Zeuner 1994, S. 219; *Larenz*, Die Methode der Auslegung des Rechtsgeschäfts, 1930, Nachdruck 1966; *Looschelders/Roth*, Juristische Methodik im Prozess der Rechtsanwendung, 1996; *Lüderitz*, Auslegung von Rechtsgeschäften, 1966; *May*, Auslegung individueller Willenserklärungen durch das Revisionsgericht?, NJW 1983, 980; *Medicus*, Vertragsauslegung und Geschäftsgrundlage, in: FS Flume Bd. I 1978, S. 629; *Schimmel*, Zur Auslegung von Willenserklärungen, JA 1998, 979; *Smid*, Probleme bei der Auslegung letztwilliger Verfügungen, JuS 1987, 283; *Trupp*, Die Bedeutung des § 133 BGB für die Auslegung von Willenserklärungen, NJW 1990, 1346; *Wank*, Die Auslegung von Tarifverträgen, RdA 1998, 71; *Wieacker*, Die Methode der Auslegung des Rechtsgeschäfts, JZ 1967, 385; *Wieling*, Die Bedeutung der Regel „falsa demonstratio non nocet" im Vertragsrecht, AcP 172 (1972), 297; *ders.*, Falsa demonstratio non nocet, Jura 1979, 524; *Wieser*, Zurechenbarkeit des Erklärungsinhalts, AcP 184 (1984), 40; *ders.*, Empirische und normative Auslegung, JZ 1985, 407.

A. Allgemeines	1	VI. Sonderregelungen	21
I. Auslegung	1	1. Teilnichtigkeit, § 139	21
II. Das Zusammenspiel von § 133 und § 157	2	2. Grundsatz der wohlwollenden Auslegung, § 2084	22
III. Einfache (erläuternde) und ergänzende Auslegung	4	3. Mehrdeutige Klauseln in AGB, § 305c Abs. 2	23
IV. Anwendungsbereich der §§ 133, 157	6	B. Erläuternde Auslegung	24
1. Privatrechtliche Willenserklärungen und Verträge	6	I. Gegenstand, Ziel und Grenzen der Auslegung	24
2. Prozesshandlungen	9	II. Die gesetzlichen Auslegungskriterien	29
3. Öffentliches Recht	10	1. Der Wortlaut der Erklärung	30
4. Gesetze	11	a) Berücksichtigung der Begleitumstände	31
5. Fälle mit Auslandsberührung	12	b) Konkludentes Verhalten und Schweigen	32
V. Abgrenzungen	13	c) Widerspruch von tatsächlichem Verhalten und verbaler Verlautbarung	33
1. Anfechtung wegen Irrtums, §§ 119 ff.	13	2. Der wirkliche Wille des Erklärenden	34
2. Treu und Glauben und Verkehrssitte, § 242	14		
3. Störung der Geschäftsgrundlage, § 313	18		
4. Umdeutung, § 140	19		

---

18 OLG Nürnberg NJW-RR 1991, 414 f.

- a) Der wirkliche Wille als psychische (innere) Tatsache 34
- b) Auslegung nicht empfangsbedürftiger Willenserklärungen 38
- c) Auslegung empfangsbedürftiger Willenserklärungen 41
  - aa) Maßgeblichkeit des Empfängerhorizonts 41
  - bb) Bedeutung des wirklichen Willens des Erklärenden 45
  - cc) Konkretisierung des Empfängerhorizonts 50
- 3. Treu und Glauben 52
  - a) Das Ziel eines gerechten Interessenausgleichs 53
  - b) Grundsatz der interessengerechten Auslegung 55
  - c) Grundsatz der engen Auslegung einseitig belastender Vereinbarungen 58
- 4. Die Verkehrssitte 59
  - a) Begriff der Verkehrssitte 59
  - b) Voraussetzungen 63
  - c) Relevanz der Verkehrssitte für die Auslegung 65
- III. Methoden der Auslegung 67
  - 1. Grammatische und systematische Auslegung 68
  - 2. Historische Auslegung 71
  - 3. Teleologische Auslegung 72
- IV. Sonderfälle der Auslegung 74
  - 1. Formbedürftige Willenserklärungen 74
    - a) Die Bedeutung der Andeutungstheorie 74
    - b) Die falsa-demonstratio-Regel bei formbedürftigen Willenserklärungen . 77
      - aa) Grundstücksverträge 78
      - bb) Bürgschaftserklärungen 80
      - cc) Testamente 81
    - c) Vermutung der Vollständigkeit und Richtigkeit der Urkunde 83
  - 2. Grundbucheintragungen und dingliche Grundstücksgeschäfte 85
  - 3. Allgemeine Geschäftsbedingungen 87
  - 4. Automatisierte Willenserklärungen ... 89
  - 5. Tarifverträge 90
    - a) Objektive und subjektive Theorie ... 90
    - b) Der Maßstab der Auslegung 91
    - c) Durchführung der Auslegung 93
  - 6. Auslegung von Betriebsvereinbarungen . 96
  - 7. Gesellschaftsverträge und Satzungen ... 97
- C. Weitere praktische Hinweise 99
  - I. Abgrenzung von Tat- und Rechtsfrage ... 99
  - II. Revisibilität 103
    - 1. Grundsatz 103
    - 2. Individualvereinbarungen 105
    - 3. AGB, Formularverträge und typische Klauseln 110
    - 4. Prozesshandlungen und Prozessvergleiche 112
    - 5. Gesellschaftsverträge und Satzungen ... 114

Anhang: Auslegung von Gesetzen und Rechtsfortbildung

A. Allgemeines

I. Auslegung

1 Willenserklärungen sind nicht in jedem Fall klar und eindeutig. Sie können der Auslegung bedürfen. Die Auslegung hat das Ziel, den Sinn einer Gedankenäußerung zu ermitteln.[1] Die Auslegung von Willenserklärungen betrifft insofern einen Ausschnitt aus dem allgemeinen Problem der **Hermeneutik** als methodisch geleitetem Bemühen, schriftlich oder auf andere Weise fixierte Geisteswerke und sonstige Gedankenäußerungen richtig zu verstehen.[2] Hermeneutische Probleme treten nicht nur bei juristischen Texten und Gedankenäußerungen, sondern auch bei Geisteswerken aus anderen Bereichen (z.B. Religion, Philosophie, Literatur) auf. In der Literatur gibt es Ansätze, **allgemeine hermeneutische Gesichtspunkte** herauszuarbeiten, die für die Interpretation aller Texte und Gedankenäußerungen gültig sind.[3] Solche Ansätze sind jedoch zurückhaltend zu beurteilen, weil der unterschiedliche Gegenstand der Auslegung maßgeblichen Einfluss auf die Ausgestaltung der Interpretationsregeln hat.[4] Dies zeigt sich schon bei der Auslegung von juristischen Texten und Gedankenäußerungen. So können die Regeln über die Auslegung von Willenserklärungen und Verträgen (§§ 133, 157) keineswegs unbesehen auf die Auslegung von Gesetzen übertragen werden.[5]

---

1 Vgl. Soergel/*Wolf*, § 157 Rn 1; *Larenz/Wolf*, BGB AT, § 28 Rn 1.

2 Zum Begriff der Hermeneutik vgl. *Gadamer*, Die Universalität des hermeneutischen Problems, 1966, in: Gesammelte Werke, Bd. 2, S. 219 ff.; MüKo/*Mayer-Maly/Busche*, § 133 Rn 3; *Engisch*, Einführung, S. 71 ff.; *Mayer-Maly*, Rechtswissenschaft, 5. Aufl. 1991, S. 58.

3 Grundlegend *Betti*, Allgemeine Auslegungslehre als Methode der Geisteswissenschaften, 1967; vgl. auch *Coing*, Grundzüge der Rechtsphilosophie, 5. Aufl. 1993, S. 261 ff.

4 Vgl. *Betti*, Auslegungslehre, S. 613 ff.; *Wagner*, AcP 165 (1965), 520 ff.; ferner *Engisch*, Einführung, S. 115; *Looschelders/Roth*, Juristische Methodik, S. 72 f. Zu den Besonderheiten der juristischen Auslegung als normativer Disziplin s. auch *Gadamer*, Klassische und philosophische Hermeneutik, 1968, in: Gesammelte Werke, Bd. 2, S. 92, 106 ff.

5 Vgl. AK-BGB/*Hart*, §§ 133/157 Rn 24 ff.; HKK/*Vogenauer*, §§ 133, 157 Rn 33; *Flume*, BGB AT, Bd. 2, § 16, 1c; *Medicus*, BGB AT, Rn 307 ff.

II. Das Zusammenspiel von § 133 und § 157

§ 133 regelt die Auslegung von **Willenserklärungen**. Die Vorschrift wird ergänzt durch § 157, der auf die Auslegung von **Verträgen** bezogen ist. Nach der Konzeption des historischen Gesetzgebers waren die Anwendungsbereiche beider Vorschriften strikt voneinander getrennt.[6] Nach In-Kraft-Treten des BGB hat sich jedoch gezeigt, dass eine solche Trennung nicht aufrechterhalten werden kann. Einerseits besteht jeder Vertrag aus zwei miteinander korrespondierenden Willenserklärungen; die Wertungen des § 133 müssen daher auch bei Verträgen berücksichtigt werden.[7] Andererseits enthält § 157 mit dem Grundsatz von Treu und Glauben und der Verkehrssitte Kriterien, die für die Auslegung jeder Willenserklärung relevant sind.[8] Rechtsprechung und Literatur stimmen daher überein, dass die §§ 133, 157 bei der Auslegung von Willenserklärungen und Verträgen **nebeneinander** anzuwenden sind.[9]

Bei der praktischen Rechtsanwendung ist zu beachten, dass § 133 und § 157 teilweise in unterschiedliche Richtungen weisen. Während § 133 den wirklichen Willen des Erklärenden als **subjektives Kriterium** betont, stellt § 157 mit dem Grundsatz von Treu und Glauben und der Verkehrssitte **objektive Kriterien** in den Vordergrund.[10] Diese unterschiedlichen Akzentsetzungen dürfen nicht dadurch überspielt werden, dass man der einen oder der anderen Vorschrift einen generellen Vorrang einräumt. Nach der Systematik des Gesetzes sind beide Vorschriften prinzipiell **gleichrangig**.[11] Rechtsprechung und Literatur haben damit die Aufgabe, aus den nach diesen Vorschriften maßgeblichen Kriterien mit Hilfe allgemeiner methodischer Grundsätze eine in sich stimmige Auslegungslehre zu entwickeln, mit der sich im Einzelfall ein sach- und interessengerechtes Ergebnis erzielen lässt.[12]

III. Einfache (erläuternde) und ergänzende Auslegung

In methodischer Hinsicht lassen sich zwei Arten der Auslegung unterscheiden: die einfache (erläuternde) und die ergänzende Auslegung.[13] Ziel der **einfachen (erläuternden) Auslegung** ist es, den Inhalt einer Willenserklärung oder eines Vertrages zu ermitteln (s. Rn 24 ff.). Dabei kommt dem **wirklichen Willen** der Parteien maßgebliche Bedeutung zu. Die **ergänzende Auslegung** hat dagegen den Zweck, Lücken in der rechtsgeschäftlichen Regelung zu schließen (vgl. § 157 Rn 2). Da der wirkliche Wille der Parteien für diese Frage keinen unmittelbaren Aufschluss geben kann, stehen hier **objektive Kriterien** im Vordergrund.

Bei der Kommentierung der **Regelungsgehalte** werden die für die einfache (erläuternde) Auslegung von Willenserklärungen und Verträgen maßgeblichen Grundsätze gemeinsam bei § 133 erörtert (Rn 24 ff.). Die ergänzende Vertragsauslegung soll demgegenüber einheitlich bei § 157 (dort Rn 17 ff.) behandelt werden. Diese Aufteilung wahrt den inneren Zusammenhang von § 133 und § 157 und trägt gleichzeitig dem unterschiedlichen Gewicht Rechnung, das subjektiven und objektiven Kriterien im Rahmen der verschiedenen Auslegungsarten zukommt.

IV. Anwendungsbereich der §§ 133, 157

1. Privatrechtliche Willenserklärungen und Verträge. Die §§ 133, 157 gelten für die Auslegung sämtlicher **privatrechtlicher** Willenserklärungen und Verträge. Ob die infrage stehende Willenserklärung **empfangsbedürftig** ist oder nicht, ist für die Anwendbarkeit der §§ 133, 157 irrelevant, kann aber bei der Gewichtung der einzelnen Auslegungskriterien Bedeutung gewinnen (vgl. Rn 41 ff.).[14] Ebenso kommt es prinzipiell nicht darauf an, ob die betreffende Willenserklärung **formbedürftig** ist (vgl. aber Rn 74 ff.).[15]

Die §§ 133, 157 betreffen an sich nur die Frage, welchen **Inhalt** eine Willenserklärung hat. **Ob** überhaupt eine Willenserklärung vorliegt, beurteilt sich aber nach den gleichen Grundsätzen.[16]

---

6 Vgl. HKK/*Vogenauer*, §§ 133, 157 Rn 17 ff.; MüKo/*Mayer-Maly/Busche*, § 133 Rn 9.
7 *Medicus*, BGB AT, Rn 319 ff.; HKK/*Vogenauer*, §§ 133, 157 Rn 31; MüKo/*Mayer-Maly/Busche*, § 133 Rn 19; Soergel/*Hefermehl*, § 133 Rn 16.
8 Vgl. BGHZ 21, 319, 328; Erman/*Armbrüster*, § 157 Rn 2; Soergel/*Hefermehl*, § 133 Rn 2; Staudinger/*Dilcher*, 12. Aufl., § 133 Rn 7; *Bork*, BGB AT, Rn 501; *Flume*, BGB AT, Bd. 2, § 16, 3 a.
9 Vgl. etwa BGHZ 47, 75, 78; 105, 24, 27; BGH NJW-RR 2002, 1096; 2003, 926; Jauernig/*Jauernig*, § 133 Rn 1; Palandt/*Heinrichs*, § 133 Rn 2; RGRK/*Piper*, § 157 Rn 1.
10 Vgl. Bamberger/Roth/*Wendtland*, § 133 Rn 19; Soergel/*Hefermehl*, § 133 Rn 2; Soergel/*Wolf*, § 157 Rn 10; Staudinger/*Dilcher*, 12. Aufl., §§ 133, 157 Rn 7.
11 So auch MüKo/*Mayer-Maly/Busche*, § 133 Rn 20; Soergel/*Wolf*, § 157 Rn 14.
12 Vgl. Palandt/*Heinrichs*, § 133 Rn 1.
13 Zur Unterscheidung zwischen einfacher (erläuternder) und ergänzender Auslegung vgl. Erman/*Palm*, § 133 Rn 13 ff.; Soergel/*Wolf*, § 157 Rn 3; Staudinger/*Roth*, § 157 Rn 3 f.
14 Vgl. Soergel/*Wolf*, § 157 Rn 15; Staudinger/*Dilcher*, 12. Aufl., § 133 Rn 9.
15 MüKo/*Mayer-Maly/Busche*, § 133 Rn 29.
16 Erman/*Palm*, § 133 Rn 10; Jauernig/*Jauernig*, § 133 Rn 1.

8 Auf **geschäftsähnliche Handlungen** sind die §§ 133, 157 entsprechend anwendbar.[17]

9 **2. Prozesshandlungen.** Die Auslegung von Prozesshandlungen richtet sich nach den gleichen Grundsätzen wie die Auslegung von Willenserklärungen. Die §§ 133, 157 sind also auch hier zumindest entsprechend anwendbar.[18] Der Rechtsanwender darf somit auch bei Prozesshandlungen nicht am buchstäblichen Sinn des Ausdrucks haften, sondern muss sich darum bemühen, den **wirklichen Willen** der betreffenden Partei zu erforschen.[19] Ist eine Prozesshandlung widersprüchlich oder missverständlich, so ist der Richter nach § 139 ZPO primär gehalten, die Partei durch einen Hinweis zur **Klarstellung** zu veranlassen.[20]

10 **3. Öffentliches Recht.** Die §§ 133, 157 gelten für die Auslegung von **Willenserklärungen** im öffentlichen Recht entsprechend.[21] Für öffentlich-rechtliche Verträge stellt § 62 S. 2 VwVfG dies ausdrücklich klar.[22] Bei der Auslegung von **Verwaltungsakten** können die §§ 133, 157 ebenfalls herangezogen werden.[23] Der Adressat des Verwaltungsakts hat also nach Möglichkeit den wirklichen Willen der Behörde zu erforschen und darf nicht am buchstäblichen Sinn des Ausdrucks haften.[24] Im Zweifelsfall ist aber nicht der innere Wille der Behörde maßgeblich. Entscheidend ist vielmehr, wie der Bürger die Erklärung unter Berücksichtigung der ihm bekannten Umstände verstehen musste. Unklarheiten gehen also zulasten der Behörde.[25]

11 **4. Gesetze.** Auf die Auslegung von Gesetzen sind die §§ 133, 157 nicht unmittelbar anwendbar. Inwieweit eine entsprechende Anwendung in Betracht kommt, ist streitig.[26] Letztlich ist eine differenzierte Betrachtung notwendig. Auf der einen Seite enthalten die §§ 133, 157 **allgemeine Interpretationsregeln**, die auch für die Auslegung von Gesetzen relevant sind. Dies gilt insbesondere für den Grundsatz, dass nicht am buchstäblichen Sinne des Ausdrucks zu haften ist.[27] Auf der anderen Seite bestehen zwischen der Auslegung von Willenserklärungen und Gesetzen jedoch auch deutliche **Unterschiede**, die durch den unterschiedlichen Gegenstand der Auslegung bedingt sind (vgl. Rn 24). Die Grundsätze der Gesetzesauslegung sollen daher im Anhang zu § 133 gesondert dargestellt werden.

12 **5. Fälle mit Auslandsberührung.** Die Anwendung der §§ 133, 157 setzt voraus, dass das Rechtsgeschäft nach den Regeln des deutschen IPR (Art. 3 ff. EGBGB) dem deutschen Recht unterliegt. Ist das Geschäft nach dem **Recht eines ausländischen Staates** zu beurteilen, so ist dieses Recht auch für die Auslegung maßgeblich.[28] Dies ergibt sich für Schuldverträge aus Art. 32 Abs. 1 Nr. 1 EGBGB.[29]

V. Abgrenzungen

13 **1. Anfechtung wegen Irrtums, §§ 119 ff.** Die Auslegung steht in einem engen Zusammenhang mit der Anfechtung von Willenserklärungen wegen Irrtums nach §§ 119 ff. Bevor eine Anfechtung in Betracht gezogen werden kann, muss aber der Inhalt der infrage stehenden Willenserklärungen ermittelt werden. Denn sonst lässt sich nicht beurteilen, ob überhaupt eine Diskrepanz zwischen Willen und Erklärtem vorliegt und welche Partei gegebenenfalls die Anfechtungslast trägt. Die **Auslegung geht** daher nach allgemeiner Ansicht **der Anfechtung vor**.[30]

14 **2. Treu und Glauben und Verkehrssitte, § 242.** § 157 nennt als wesentliche Auslegungskriterien den Grundsatz von Treu und Glauben sowie die Verkehrssitte. Die gleichen Kriterien finden sich auch in § 242. Nach der ursprünglichen Konzeption des Gesetzes waren beide Vorschriften klar voneinander getrennt, weil der Regelungsgehalt des § 242 auf die Konkretisierung der **Modalitäten der Leistung** beschränkt war.[31] Nachdem Rechtsprechung und Lehre die Vorschrift des § 242 zu einer **umfassenden Generalklausel** ausgeweitet haben, kann es aber zu Überschneidungen kommen. Dies gilt insbesondere für den Bereich der ergänzenden Vertragsauslegung.

---

17 BGH NJW 1995, 45, 46; RGRK/*Krüger-Nieland/Zöller*, § 133 Rn 1.
18 Vgl. BGHZ 22, 267, 269; BGH NJW-RR 1994, 568; BayObLG NJW-RR 1996, 650, 651; Palandt/*Heinrichs*, § 133 Rn 4; Soergel/*Hefermehl*, § 133 Rn 6; Thomas/Putzo/*Putzo*, Einl. III Rn 16.
19 Vgl. BGH NJW-RR 1994, 568.
20 Bamberger/Roth/*Wendtland*, § 133 Rn 33; *Schilken*, Zivilprozessrecht, 4. Aufl. 2002, Rn 157.
21 BGHZ 86, 104, 110; BGH NJW 1998, 2138, 2140; Soergel/*Hefermehl*, § 133 Rn 7.
22 Vgl. BVerwG NJW 1990, 1926, 1928.
23 Soergel/*Hefermehl*, § 133 Rn 7; *Peine*, Allgemeines Verwaltungsrecht, 6. Aufl. 2002, Rn 129.
24 BVerwG NVwZ 1984, 518.
25 BVerwG NVwZ 1984, 36, 37.
26 Vgl. HKK/*Vogenauer*, §§ 133, 157 m.w.N.
27 Vgl. BGHZ 2, 176, 184; RGRK/*Krüger-Nieland/Zöller*, § 133 Rn 1, 50; Palandt/*Heinrichs*, Einl. vor § 1 Rn 50; *Looschelders/Roth*, Juristische Methodik, S. 58 ff.
28 Vgl. Soergel/*Hefermehl*, § 133 Rn 8.
29 Vgl. *Looschelders*, IPR, Art. 32 EGBGB Rn 6 ff.
30 Vgl. dazu nur *Brox*, BGB AT, Rn 407 ff.; *Larenz/Wolf*, BGB AT, § 36 Rn 30 f.
31 Vgl. Prot. I S. 624 = *Mugdan* II, S. 522; MüKo/*Roth*, Bd. 2a § 242 Rn 18; *Flume*, BGB AT, Bd. 2, § 16, 3a; *Looschelders*, Schuldrecht AT, 2. Aufl. 2004, Rn 59 f.

Auslegung einer Willenserklärung § 133

Auch wenn der Anwendungsbereich des § 242 erheblich ausgeweitet worden ist, hat § 157 daneben doch nach wie vor eigenständige Bedeutung.[32] Zu beachten ist nämlich, dass Treu und Glauben und die Verkehrssitte bei der Auslegung nach §§ 133, 157 nicht die gleiche Bedeutung haben wie im Rahmen des § 242. Der Unterschied ergibt sich aus dem großen Gewicht des **Parteiwillens** für die Auslegung.[33] Die objektiven Maßstäbe von **Treu und Glauben** und Verkehrssitte können sich hier nur **mittelbar** durchsetzen – nämlich über die Annahme, dass der Wille einer redlichen Partei auf eine Lösung gerichtet ist, die Treu und Glauben mit Rücksicht auf die Verkehrssitte entspricht.[34] Demgegenüber stellt § 242 unmittelbar auf Treu und Glauben und die Verkehrssitte ab. Dies ändert freilich nichts daran, dass der Parteiwille auch nicht durch Rückgriff auf § 242 überspielt werden darf.[35]

In Rechtsprechung und Literatur ist allgemein anerkannt, dass die Auslegung nach §§ 133, 157 gegenüber der (rein) objektiven Beurteilung des Sachverhalts nach § 242 vorrangig ist. Zur Begründung wird darauf hingewiesen, dass sich die Frage nach dem **rechtlichen Sollen** (§ 242) erst stellt, wenn aus dem **rechtlichen Wollen** der Parteien (§§ 133, 157) keine ausreichenden Anhaltspunkte für eine Entscheidung abgeleitet werden können.[36]

Bei der praktischen Rechtsanwendung können beide Bereiche ineinander übergehen.[37] Je weniger Anhaltspunkte sich dem Parteiwillen entnehmen lassen, desto größeres Gewicht gewinnen nämlich die objektiven Kriterien von Treu und Glauben und der Verkehrssitte. Dies gilt namentlich für die **ergänzende Vertragsauslegung** (vgl. § 157 Rn 22). Die Rückbindung an den (mutmaßlichen) Willen der Parteien darf jedoch auch hier keinesfalls aufgegeben werden.[38]

3. Störung der Geschäftsgrundlage, § 313. Die **Auslegung** ist auch gegenüber den Regeln über die Störung der Geschäftsgrundlage (§ 313) **vorrangig**. Eine Anpassung des Vertrages nach § 313 kommt also nur in Betracht, wenn sich durch Auslegung keine Abhilfe schaffen lässt.[39] Dies gilt auch für die **ergänzende Auslegung**.[40] Die Regeln über die Störung der Geschäftsgrundlage sind hier schon deshalb nachrangig, weil sie nur bei einer **schwerwiegenden** Störung der Geschäftsgrundlage angewendet werden können.[41] Außerdem steht die ergänzende Vertragsauslegung dem Gedanken der Privatautonomie insofern näher, als sie im Unterschied zur Vertragsanpassung nach § 313 **notwendig** am hypothetischen Willen der Parteien orientiert ist (vgl. § 157 Rn 22).

4. Umdeutung, § 140. Die Umdeutung nach § 140 weist ebenfalls deutliche Berührungspunkte mit der Auslegung auf. Zu beachten ist zunächst, dass eine Umdeutung erst in Betracht kommt, wenn die Gültigkeit des Geschäfts nicht schon im Wege der gesetzes- und sittenkonformen Auslegung begründet werden kann. Die **Auslegung geht** insofern also der **Umdeutung vor**.[42]

Aus dem Wortlaut des § 140 folgt, dass man sich bei der Umdeutung am **mutmaßlichen Willen** der Parteien zu orientieren hat. Die Umdeutung folgt damit den gleichen Grundsätzen wie die **ergänzende Vertragsauslegung** (§ 157 Rn 21).[43] Die mit der Umdeutung verbundenen Gestaltungsmöglichkeiten gehen aber über die ergänzende Vertragsauslegung hinaus.[44]

VI. Sonderregelungen

1. Teilnichtigkeit, § 139. Für den Fall der Teilnichtigkeit enthält § 139 eine besondere Auslegungsregel.[45] Soweit sich nach den allgemeinen Regeln der Auslegung (§§ 133, 157) nichts anderes ergibt, ist hiernach davon auszugehen, dass die Nichtigkeit eines Teils des Rechtsgeschäfts nach dem **mutmaßlichen Parteiwillen** zur Nichtigkeit des ganzen Rechtsgeschäfts führen soll.[46]

---

32 Vgl. Soergel/*Wolf*, § 157 Rn 28.
33 Vgl. BGHZ 9, 273, 278; 19, 269, 273.
34 Vgl. Soergel/*Wolf*, § 157 Rn 26.
35 BGHZ 9, 273, 277; Erman/*Armbrüster*, § 157 Rn 3.
36 Vgl. BGHZ 16, 4, 8; MüKo/*Mayer-Maly/Busche*, § 133 Rn 21; RGRK/*Piper*, § 157 Rn 3.
37 Vgl. *Flume*, BGB AT, Bd. 2, § 16, 3a; *Looschelders*, Schuldrecht AT, 2. Aufl. 2004, Rn 70.
38 So zutr. MüKo/*Mayer-Maly/Busche*, § 133 Rn 21.
39 Vgl. MüKo/*Mayer-Maly/Busche*, § 133 Rn 22; zur Abgrenzung zwischen Auslegung und Geschäftsgrundlage eines Vergleichs BGH LM 779 Nr. 31 = MDR 1968, 225.
40 BGHZ 81, 135, 143; 90, 69, 74; *Larenz/Wolf*, BGB AT, § 38 Rn 52; Erman/*Armbrüster*, § 157 Rn 15; Soergel/*Wolf*, § 157 Rn 108; differenzierend MüKo/*Mayer-Maly/Busche*, § 157 Rn 33.
41 Staudinger/*Roth*, § 157 Rn 10.
42 Vgl. Erman/*Palm*, § 140 Rn 5; Jauernig/*Jauernig*, § 140 Rn 3.
43 BGHZ 19, 269, 272 f.; Bamberger/Roth/*Wendtland*, § 133 Rn 18; Erman/*Palm*, § 140 Rn 7.
44 MüKo/*Mayer-Maly/Busche*, § 140 Rn 1; Staudinger/*Roth*, § 157 Rn 6; a.A. Erman/*Palm*, § 140 Rn 7: § 140 als Spezialfall der ergänzenden Vertragsauslegung.
45 Zu § 139 als Auslegungsregel vgl. BGHZ 85, 315, 318; Erman/*Palm*, § 139 Rn 1.
46 Zur Maßgeblichkeit des mutmaßlichen Parteiwillens im Rahmen des § 139 vgl. HK-BGB/*Dörner*, § 139 Rn 1; MüKo/*Mayer-Maly/Busche*, § 139 Rn 1.

22 **2. Grundsatz der wohlwollenden Auslegung, § 2084.** Die Auslegung von letztwilligen Verfügungen richtet sich primär nach § 133 (vgl. Rn 39, 74 ff.). Ergänzend hierzu stellt § 2084 klar, dass bei mehreren möglichen Auslegungsergebnissen dasjenige zu bevorzugen ist, bei dem die Verfügung Erfolg haben würde (Grundsatz der wohlwollenden Auslegung). Diese Auslegungsregel beruht auf dem Gedanken, dass dem **Willen des Erblassers** nach Möglichkeit Rechnung zu tragen ist. Sie gilt über § 2279 Abs. 1 auch für Erbverträge. Im Übrigen entspricht die Aufrechterhaltung des Geschäfts regelmäßig dem mutmaßlichen Parteiwillen (vgl. Rn 57).

23 **3. Mehrdeutige Klauseln in AGB, § 305c Abs. 2.** Für mehrdeutige Klauseln in AGB sieht § 305c eine spezielle Auslegungsregel vor. Lässt sich der Inhalt einer Klausel durch Auslegung nicht klären, so ist diejenige Auslegungsmöglichkeit maßgeblich, die für den Verwender **ungünstiger** ist. Da § 305c auf der besonderen Schutzbedürftigkeit der anderen Partei gegenüber formularmäßigen Vertragsklauseln beruht, lässt sich die Unklarheitenregel auf **Individualvereinbarungen** nicht übertragen.[47] Eine Ausnahme kommt nur in Betracht, wenn eine Partei aufgrund wirtschaftlicher Überlegenheit oder besonderer Sachkunde die Formulierung der Vereinbarungen übernommen hat.[48] Für **automatisierte Willenserklärungen** gilt § 305c Abs. 2 analog (vgl. Rn 89). Im Übrigen geht die Mehrdeutigkeit einer Erklärung aber nicht notwendig zulasten des Erklärenden.[49]

B. Erläuternde Auslegung

I. Gegenstand, Ziel und Grenzen der Auslegung

24 Gegenstand der Auslegung ist die infrage stehende **Willenserklärung**. Die Auslegung hat das Ziel, den Inhalt dieser Erklärung zu ermitteln.[50] Ist zweifelhaft, ob überhaupt eine Willenserklärung vorliegt, so muss auch diese Frage durch Auslegung geklärt werden.

25 Der **wirkliche (innere) Wille** des Erklärenden ist als solcher kein Gegenstand der Auslegung.[51] Er kann aber ein wichtiges Mittel sein, um den Inhalt der Erklärung richtig zu bestimmen.

26 Bei der Auslegung müssen auch die **Begleitumstände** (z.B. sonstiges Verhalten der Parteien, Inhalt der Vorverhandlungen) berücksichtigt werden, unter denen die Erklärung abgegeben worden ist (vgl. Rn 31). Die Begleitumstände sind zwar ebenfalls kein Gegenstand der Auslegung, können aber einen Schluss auf den Inhalt der Erklärung zulassen.[52]

27 Nach einer in Rechtsprechung und Literatur verbreiteten Auffassung besteht für die Auslegung kein Raum, wenn die Willenserklärung **eindeutig** ist.[53] Hier fehle es an der **Auslegungsbedürftigkeit**. Dies ist indes missverständlich. Ob der Sinn einer Willenserklärung eindeutig ist, kann nur durch Auslegung festgestellt werden. Nach der Wertung des § 133 darf dabei nicht allein auf den klaren Wortlaut der Erklärung verwiesen werden.[54] Vielmehr müssen auch außerhalb der Erklärung liegende Umstände berücksichtigt werden.[55]

28 In Rechtsprechung und Literatur ist anerkannt, dass die Auslegung in Ausnahmefällen an dem absolut widerspruchsvollen oder widersinnigen Inhalt der Willenserklärung oder des Vertrags scheitern kann.[56] Dabei wird teilweise davon gesprochen, dass solchen Willenserklärungen oder Verträgen die **Auslegungsfähigkeit** fehlt.[57] Dies darf jedoch nicht zu der Annahme verleiten, bei widerspruchsvollen oder widersinnigen Erklärungen müsse auf jede Auslegung verzichtet werden. Der Rechtsanwender hat sich vielmehr primär darum zu bemühen, die Erklärung so auszulegen, dass die Widersprüche entfallen und das Geschäft einen Sinngehalt erhält, der den Interessen aller Beteiligten gerecht wird.[58] Dabei darf er sich wiederum nicht

---

47 MüKo/*Mayer-Maly/Busche*, § 157 Rn 7.
48 Vgl. OLG Frankfurt OLGZ 1973, 230, 232; Soergel/ *Wolf*, § 157 Rn 59.
49 So schon Motive I, S. 155 = *Mugdan* I, S. 437; vgl. auch Jauernig/*Jauernig*, § 133 Rn 11.
50 RGRK/*Krüger-Nieland/Zöller*, § 133 Rn 2.
51 Soergel/*Hefermehl*, § 133 Rn 1; *Larenz/Wolf*, BGB AT, § 28 Rn 21.
52 BGH NJW-RR 2000, 1002, 1003; NJW 2002, 1260, 1261; Jauernig/*Jauernig*, § 133 Rn 3; RGRK/*Krüger-Nieland/Zöller*, § 133 Rn 17; a.A. MüKo/*Mayer-Maly/Busche*, § 133 Rn 44; Soergel/ *Hefermehl*, § 133 Rn 9: Gesamtverhalten und Umstände als Teil des Auslegungsgegenstands.
53 Vgl. RGZ 158, 119, 124; BGHZ 25, 318, 319; 32, 60, 63; BGH NJW 1996, 2648, 2650; Palandt/ *Heinrichs*, § 133 Rn 6; RGRK/*Krüger-Nieland/ Zöller*, § 133 Rn 5; krit. gegenüber dieser aus dem gemeinen Recht übernommenen Regel schon Motive I, S. 155 = *Mugdan* I, S. 438.
54 Missverständlich daher BGH NJW 1996, 2648, 2650: „Auslegung setzt erst ein, wenn der Wortlaut einer Erklärung zu Zweifeln überhaupt Anlass gibt".
55 So zutr. BGH NJW 2002, 1260, 1261; Soergel/ *Hefermehl*, § 133 Rn 27.
56 BGHZ 20, 109, 110 f.; MüKo/*Mayer-Maly/Busche*, § 133 Rn 45.
57 Palandt/*Heinrichs*, § 133 Rn 6; RGRK/ *Krüger-Nieland/Zöller*, § 133 Rn 5; vgl. dazu HKK/ *Vogenauer*, §§ 133, 157 Rn 119.
58 Zum Grundsatz der interessengerechten Auslegung vgl. BGHZ 131, 136, 138; 146, 280, 284.

allein am Wortlaut der Erklärung orientieren, sondern muss auch den Willen der Beteiligten und die weiteren Begleitumstände berücksichtigen.[59] Lässt sich der Inhalt der Erklärung trotz aller Bemühungen nicht feststellen, so kann die Erklärung keine Rechtsfolgen nach sich ziehen.[60]

II. Die gesetzlichen Auslegungskriterien

Die §§ 133, 157 nennen **vier Kriterien**, die bei der Auslegung von Willenserklärungen und Verträgen zu beachten sind: den Wortlaut der Erklärung, den Willen des Erklärenden, den Grundsatz von Treu und Glauben sowie die Verkehrssitte. Die Aufzählung ist **nicht abschließend**.[61] Denn schon der historische Gesetzgeber war sich bewusst, dass eine Aufzählung aller möglicherweise relevanten Aspekte im Gesetz geradezu ausgeschlossen ist.[62]

29

1. Der Wortlaut der Erklärung. Ausgangspunkt der Auslegung ist bei sprachlich verlautbarten Erklärungen der Wortlaut.[63] § 133 stellt jedoch klar, dass man bei der Auslegung nicht am **buchstäblichen Sinn des Ausdrucks** haften darf, sondern den **wirklichen Willen** des Erklärenden zu erforschen hat. Selbst ein klarer und eindeutiger Wortlaut bildet somit keine Grenze der Auslegung.[64]

30

a) Berücksichtigung der Begleitumstände. Der Wortlaut ist nicht das einzige Mittel der Auslegung. Vielmehr sind auch die außerhalb der Erklärung liegenden **Begleitumstände** zu berücksichtigen, soweit sie einen Rückschluss auf den Inhalt der Erklärung ermöglichen.[65] Maßgeblich sind die Umstände **bei Abgabe der Willenserklärung**. Spätere Entwicklungen sind nur zu berücksichtigen, soweit sie einen Rückschluss auf den wirklichen oder mutmaßlichen Willen des Erklärenden (Rn 34 ff.) oder die Verständnismöglichkeiten des Empfängers (Rn 41 ff.) in diesem Zeitpunkt zulassen.[66]

31

b) Konkludentes Verhalten und Schweigen. Willenserklärungen müssen nicht notwendig sprachlich verlautbart werden. Sie können sich vielmehr auch aus **konkludentem Verhalten** oder **Schweigen** ergeben. In diesen Fällen hilft der **Wortlaut** naturgemäß nicht weiter. Man muss daher aus den **Begleitumständen** ermitteln, ob dem Verhalten bzw. dem Schweigen überhaupt ein rechtsgeschäftlicher Erklärungswert zukommt und welchen Inhalt bzw. eine solche Erklärung gegebenenfalls hat (s. dazu § 116 Rn 12 f.). Dabei haben der Grundsatz von **Treu und Glauben** und die **Verkehrssitte** große Bedeutung.

32

c) Widerspruch von tatsächlichem Verhalten und verbaler Verlautbarung. Hat das tatsächliche Verhalten einen eindeutigen Erklärungswert, so ist dieser auch dann maßgeblich, wenn der Erklärende sich verbal ausdrücklich gegen eine entsprechende Deutung seines Verhaltens verwahrt hat. Nach dem Grundsatz von Treu und Glauben ist die verbale Verwahrung in einem solchen Fall unbeachtlich (*protestatio facto contraria non valet*).[67] Eindeutig ist dies in dem Fall, dass der verbale Protest dem tatsächlichen Verhalten zeitlich nachfolgt. Ist die konkludente Erklärung einmal wirksam geworden, so kann sie durch einen **nachträglichen** Verbalprotest nicht mehr infrage gestellt werden (vgl. § 130 Abs. 1 S. 2).[68] Nach h.M. ist auch eine **vorausgehende** oder **gleichzeitige** *protestatio* irrelevant. Dies lässt sich damit rechtfertigen, dass das tatsächliche Verhalten einen stärkeren Erklärungswert als ein bloßer Verbalprotest hat.[69] Da das tatsächliche Verhalten im Allgemeinen vom Willen des Erklärenden getragen wird, verstößt die Außerachtlassung des verbalen Protests auch nicht gegen den Grundsatz der Privatautonomie.[70] Hat der Erklärende ohne Erklärungsbewusstsein gehandelt, so kommt eine Anfechtung nach § 119 Abs. 1 Alt. 1 in Betracht.[71]

33

2. Der wirkliche Wille des Erklärenden. a) Der wirkliche Wille als psychische (innere) Tatsache. Als zentrales Auslegungskriterium nennt § 133 den **wirklichen Willen** des Erklärenden. Dies entspricht

34

---

[59] BGHZ 20, 109, 110 f.; MüKo/*Mayer-Maly/Busche*, § 133 Rn 45.
[60] Bamberger/Roth/*Wendtland*, § 157 Rn 25; Erman/*Palm*, § 133 Rn 12.
[61] HKK/*Vogenauer*, §§ 133, 157 Rn 45.
[62] Motive I, S. 155 = Mugdan I, S. 437.
[63] BGHZ 124, 39, 45 = NJW 1994, 188; BGH NJW 1998, 2966; NJW-RR 2000, 1002, 1003.
[64] BGH NJW 1983, 672 = LM § 133 (B) BGB Nr. 21; Soergel/*Hefermehl*, § 133 Rn 27; einschr. RGRK/*Krüger-Nieland/Zöller*, § 133 Rn 19.
[65] BGH NJW-RR 2000, 1002, 1003; *Larenz/Wolf*, BGB AT, § 28 Rn 39 ff.
[66] Vgl. BGH NJW-RR 1998, 259; Bamberger/Roth/*Wendtland*, § 133 Rn 25; Palandt/*Heinrichs*, § 133 Rn 17; HKK/*Vogenauer*, §§ 133, 157 Rn 53.
[67] Vgl. BGHZ 95, 395, 399; BGH NJW 1965, 387, 388; MüKo/*Mayer-Maly/Busche*, § 133 Rn 49; Soergel/*Wolf*, § 157 Rn 51; *Brox*, BGB AT, Rn 194; *Flume*, BGB AT, Bd. 2, § 5, 5; differenzierend MüKo/*Kramer*, vor § 116 Rn 40; *Hübner*, BGB AT, Rn 1015.
[68] MüKo/*Kramer*, vor § 116 Rn 40; *Hübner*, BGB AT, Rn 1015.
[69] Vgl. MüKo/*Mayer-Maly/Busche*, § 133 Rn 49.
[70] Vgl. Soergel/*Wolf*, § 157 Rn 51.
[71] Vgl. BGHZ 91, 324, 327; *Larenz/Wolf*, BGB AT, § 36 Rn 25.

der Funktion der Willenserklärung, dem Erklärenden eine eigenverantwortliche (privatautonome) Gestaltung seiner rechtlichen Verhältnisse zu ermöglichen.[72]

35 Mit dem wirklichen Willen bezieht § 133 sich nicht auf eine normative Gegebenheit, sondern auf eine **psychische Tatsache**.[73] Als innere Tatsache ist der wirkliche Wille keiner unmittelbaren Feststellung zugänglich. Er muss daher anhand des Wortlauts und der Umstände der Erklärung ermittelt werden. In der Literatur wird dies teilweise als **natürliche Auslegung** bezeichnet.[74]

36 Soweit sich der wirkliche Wille des Erklärenden nach den gegebenen Indizien nicht feststellen lässt, muss auf den **mutmaßlichen Willen** abgestellt werden.[75] Auslegungsmittel sind auch hier der Wortlaut der Erklärung und die Begleitumstände. Dabei kommen dem Grundsatz von **Treu und Glauben** (Rn 52 ff.) und der **Verkehrssitte** (Rn 59 ff.) große Bedeutung zu.

37 Soweit es um die Ermittlung des **Inhalts von Verträgen** geht, kann nicht allein auf den Willen eines Beteiligten abgestellt werden. Nach dem Grundgedanken der Vertragsfreiheit sollen die Parteien die Möglichkeit haben, ihre rechtlichen Verhältnisse gemeinschaftlich (einvernehmlich) nach ihrem Willen zu gestalten. Bei der Auslegung muss daher auf den **übereinstimmenden Willen** der Parteien abgestellt werden.[76] Lässt sich ein **übereinstimmender Wille** feststellen, so geht dieser allen anderen Auslegungsmöglichkeiten vor (vgl. Rn 46).

38 **b) Auslegung nicht empfangsbedürftiger Willenserklärungen.** Die Anknüpfung an den wirklichen oder mutmaßlichen Willen trägt allein den Interessen des Erklärenden Rechnung. Bei nicht empfangsbedürftigen Erklärungen ist dies sachgemäß, weil hier die **Interessen anderer nicht betroffen** oder zumindest **nicht schutzwürdig** sind.

39 Praktisch wichtigstes Beispiel für eine nicht empfangsbedürftige Willenserklärung ist das **Testament**. Hier ist zu Recht anerkannt, dass man sich bei der Auslegung allein am wirklichen oder mutmaßlichen Willen des Erblassers zu orientieren hat.[77] Zur Ermittlung des Erblasserwillens können alle Begleitumstände der Erklärung herangezogen werden, auch wenn sie für andere nicht erkennbar waren.[78] Ob der Wille des Erblassers durch den Wortlaut des Testaments gestützt wird, ist für die Auslegung unerheblich.[79] Eine andere Frage ist, ob das Testament mit dem durch Auslegung ermittelten Inhalt formgültig ist (vgl. Rn 75).

40 Besonderheiten gelten bei der **Auslobung**. Diese besteht zwar aus einer einseitigen, nicht empfangsbedürftigen Willenserklärung.[80] Da die Auslobung andere Personen zur Vornahme einer Handlung veranlassen soll, kann hier jedoch nicht allein auf die Interessen des Erklärenden abgestellt werden. Aus Gründen des Vertrauensschutzes muss vielmehr von den Verständnismöglichkeiten eines durchschnittlichen Angehörigen des durch die Auslobung angesprochenen Adressantenkreises ausgegangen werden (vgl. Rn 51).[81]

41 **c) Auslegung empfangsbedürftiger Willenserklärungen. aa) Maßgeblichkeit des Empfängerhorizonts.** Bei empfangsbedürftigen Willenserklärungen widerspräche es dem Grundsatz von Treu und Glauben, die Auslegung allein auf den wirklichen Willen des Erklärenden auszurichten. Der Gedanke eines gerechten **Interessenausgleichs** und der Grundsatz des **Vertrauensschutzes** (Rn 41 ff., 53 ff.) gebieten vielmehr, die Interessen des Erklärungsempfängers in angemessener Weise zu berücksichtigen. Soweit dieser den wirklichen Willen des Erklärenden weder kennt noch erkennen kann, muss er sich auf den **objektiven Gehalt der Erklärung** verlassen können.[82] Der objektive Erklärungsgehalt bestimmt sich nach dem **Empfängerhorizont**. Entscheidend ist, wie der Empfänger die Erklärung nach Treu und Glauben mit Rücksicht auf die

---

72 Vgl. BGH NJW 1984, 721 = LM § 133 (B) BGB Nr. 22; Erman/*Palm*, § 133 Rn 1; *Flume*, BGB AT, Bd. 2, § 16, 3b; *Brox*, BGB AT, Rn 135; *Looschelders/Roth*, Juristische Methodik, S. 60.
73 Vgl. MüKo/*Mayer-Maly/Busche*, § 133 Rn 11.
74 So Erman/*Palm*, § 133 Rn 14; *Brox*, BGB AT, Rn 130.
75 BGHZ 86, 41, 45; HK-BGB/*Dörner*, § 157 Rn 7.
76 Vgl. BGHZ 20, 109, 110; 71, 75, 77 f.; BGH NJW 1996, 1678, 1679; MüKo/*Mayer-Maly/Busche*, § 133 Rn 14; Soergel/*Wolf*, § 157 Rn 29; Palandt/*Heinrichs*, § 133 Rn 8.
77 BGHZ 80, 242, 249; 86, 41, 45; Palandt/*Heinrichs*, § 133 Rn 13; Soergel/*Hefermehl*, § 133 Rn 11;
Wieacker, JZ 1967, 385, 389; *Pawlowski*, BGB AT, Rn 432, 440.
78 Bamberger/Roth/*Wendtland*, § 133 Rn 31.
79 Vgl. Erman/*Palm*, § 133 Rn 15; *Brox*, BGB AT, Rn 131.
80 Bamberger/Roth//*Kotzian-Marggraf*, § 657 Rn 11; Jauernig/*Mansel*, § 657 Rn 1.
81 Bamberger/Roth/*Wendtland*, § 133 Rn 31; Palandt/*Heinrichs*, § 133 Rn 12; Staudinger/*Dilcher*, 12. Aufl., §§ 133, 157 Rn 32; *Köhler*, BGB AT, § 9 Rn 7.
82 Zur Maßgeblichkeit des objektiven Erklärungsgehalts (-werts) bei empfangsbedürftigen Willenserklärungen vgl. Erman/*Palm*, § 133 Rn 19; RGRK/*Krüger-Nieland/Zöller*, § 133 Rn 2.

Verkehrssitte (§ 157) verstehen musste.[83] Die Auslegung folgt damit keinem tatsächlichen, sondern einem rechtlichen Maßstab.[84] Man spricht deshalb von **normativer Auslegung**.[85]

Dass der wirkliche (innere) Wille bei empfangsbedürftigen Willenserklärungen nicht allein maßgeblich sein kann, wird durch die Regelungen über die **Irrtumsanfechtung** (§§ 119 ff.) bestätigt. Käme es nur auf den wirklichen Willen an, so wäre ein Irrtum als Abweichung von Wille und Erklärung von vornherein ausgeschlossen.[86] Einen weiteren wichtigen Anknüpfungspunkt für die Maßgeblichkeit des Empfängerhorizonts enthält § 116. Hiernach ist der innere Wille im Fall eines **geheimen Vorbehalts** bei empfangsbedürftigen Willenserklärungen nur dann relevant, wenn der Empfänger den Vorbehalt kennt. 42

Gegenüber dem Erklärenden wird die Abweichung vom wirklichen Willen dadurch legitimiert, dass er für die objektive Bedeutung seiner Erklärung **verantwortlich** ist.[87] Problematisch ist daher der Fall, dass die Diskrepanz von innerem Willen und objektivem Erklärungsgehalt auf Gründen beruht, die der Erklärende nicht in Betracht ziehen konnte. Dieses Problem kann auftreten, wenn der Erklärungsempfänger bei der Auslegung Umstände berücksichtigt hat (und berücksichtigen durfte), die für den Erklärenden **nicht erkennbar** waren.[88] 43

In solchen Fällen ist zunächst zu prüfen, ob die objektive Bedeutung dem Erklärenden ohne Rücksicht auf die Erkennbarkeit **zurechenbar** ist, weil die infrage stehenden Umstände in seinem Risikobereich liegen.[89] Ist die Zurechenbarkeit zu verneinen, so kann die Willenserklärung keine rechtlichen Wirkungen entfalten, weil sie für den Erklärenden einen anderen Inhalt als für den Empfänger hat.[90] In der Praxis kommt dieser Konstellation freilich keine große Bedeutung zu.[91] Denn die für das Auseinanderfallen der Verständnishorizonte maßgeblichen Gründe werden meistens in den Risikobereich eines Beteiligten fallen. 44

bb) Bedeutung des wirklichen Willens des Erklärenden. Auch bei empfangsbedürftigen Willenserklärungen ist § 133 keineswegs obsolet.[92] Aus Gründen der Verhältnismäßigkeit geht der Verständnishorizont des Empfängers dem wirklichen Willen des Erklärenden vielmehr nur insoweit vor, wie dies zum Schutz des Empfängers **erforderlich** und **angemessen** ist. Folgende Konstellationen sind zu unterscheiden. 45

Haben beide Beteiligten der Erklärung den gleichen Inhalt beigemessen, so gilt die Erklärung mit diesem Inhalt, auch wenn sie aus Sicht eines objektiven Dritten einen anderen Inhalt hätte. Denn es gibt keinen sachlichen Grund, den **übereinstimmenden Willen** beider Parteien gegenüber den Verständnismöglichkeiten eines unbeteiligten Dritten zurücktreten zu lassen. Der übereinstimmende Wille der Beteiligten setzt sich deshalb auch dann durch, wenn der **Wortlaut** der Erklärung aufgrund einer bewussten oder unbewussten Falschbezeichnung eindeutig in eine andere Richtung weist (*falsa demonstratio non nocet*).[93] 46

Hat der Empfänger den **wirklichen Willen** des Erklärenden **gekannt**, so kann er sich nicht darauf berufen, dass die Erklärung bei objektiver Betrachtung einen anderen Inhalt hat.[94] Dies gilt auch dann, wenn der Empfänger den wirklichen Willen des Erklärenden nicht geteilt hat.[95] Denn der Empfänger ist auch in diesem Fall **nicht schutzwürdig**. 47

In den übrigen Fällen ist der Empfänger nach Treu und Glauben gehalten, sich im Rahmen seiner Erkenntnismöglichkeiten darum zu **bemühen**, den **wirklichen Willen** des Erklärenden **zu ermitteln**.[96] Welche 48

---

83 BGHZ 47, 75, 78; 103, 275, 280; Erman/*Palm*, § 133 Rn 19; Palandt/*Heinrichs*, § 133 Rn 9; RGRK/ *Krüger-Nieland/Zöller*, § 133 Rn 3; Soergel/ *Hefermehl*, § 133 Rn 14; *Larenz/Wolf*, BGB AT, § 28 Rn 6, 10, 45; a.A. noch Motive I, S. 155 = *Mugdan* I, S. 437 f.

84 *Larenz/Wolf*, BGB AT, § 28 Rn 16.

85 Vgl. Erman/*Palm*, § 133 Rn 19; Brox, BGB AT, Rn 135.

86 So grundlegend *Larenz*, Auslegung, S. 6; vgl. auch Brox, BGB AT, Rn 136; *Trupp*, NJW 1990, 1346 ff.; einschr. MüKo/*Mayer-Maly/Busche*, § 133 Rn 12.

87 Vgl. *Larenz*, Auslegung, S. 76; MüKo/*Mayer-Maly/ Busche*, § 133 Rn 11; *Brox*, BGB AT, Rn 136; *Larenz/Wolf*, BGB AT, § 28 Rn 14.

88 Zur Problemstellung vgl. *Larenz*, Methode, S. 70 ff.; ferner *Flume*, BGB AT, Bd. 2, § 16, 3c; *Larenz/ Wolf*, BGB AT, § 28 Rn 17 f.; *Medicus*, BGB AT, Rn 324 ff.; gegen eine Berücksichtigung des Verständnishorizonts des Erklärenden *Wieser*, AcP 184 (1984), 40 ff.

89 Vgl. *Medicus*, BGB AT, Rn 325 f.

90 Für Unwirksamkeit der Erklärung auch *Lüderitz*, Auslegung, S. 305; *Stathopoulos*, in: FS Larenz 1973, S. 366, 369; für Annahme von Dissens *Larenz*, BGB AT, 7. Aufl. 1989, § 19 IIa a.E.

91 Vgl. *Flume*, BGB AT, Bd. 2, § 16, 3c; *Medicus*, BGB AT, Rn 326.

92 So auch MüKo/*Mayer-Maly/Busche*, § 133 Rn 13 ff.; HKK/*Vogenauer*, §§ 133, 157 Rn 57.

93 Vgl. BGHZ 20, 109, 110; 71, 75, 77; BGH NJW-RR 1996, 1458; Bamberger/Roth/*Wendtland*, § 133 Rn 27; Palandt/*Heinrichs*, § 28 Rn 31; *Larenz/Wolf*, BGB AT, § 28 Rn 30.

94 BGH NJW 1984, 721 = LM § 133 (B) BGB Nr. 22; Palandt/*Heinrichs*, § 133 Rn 8; RGRK/ *Krüger-Nieland/Zöller*, § 133 Rn 8; Soergel/ *Hefermehl*, § 133 Rn 13.

95 BGH NJW 2002, 1038, 1039.

96 Vgl. Bamberger/Roth/*Wendtland*, § 133 Rn 27; *Larenz/Wolf*, BGB AT, § 28 Rn 6, 16; *Pawlowski*, BGB AT, Rn 440; *Looschelders/Roth*, Juristische Methodik, S. 59.

Sorgfaltsanforderungen an den Empfänger zu stellen sind, lässt sich nicht abstrakt-generell umschreiben, sondern hängt von einer Interessenabwägung im Einzelfall ab. Dabei ist in einem ersten Schritt festzustellen, welche Umstände dem Empfänger bekannt waren und welche Maßnahmen erforderlich gewesen wären, um die dem Empfänger unbekannten (relevanten) Umstände zu ermitteln. In einem zweiten Schritt muss geprüft werden, ob es dem Empfänger zumutbar war, die erforderlichen Kenntnisverschaffungsmaßnahmen zu treffen. Ist der Wortlaut der Erklärung eindeutig, so darf der Empfänger sich damit zufrieden geben, sofern er keine Anhaltspunkte für einen abweichenden Willen des Erklärenden hat. Liegen solche Anhaltspunkte vor, so muss der Empfänger weitere Nachforschungen anstellen. Dabei kann auch eine Nachfrage beim Erklärenden zumutbar sein.[97]

49 Die Vornahme der zumutbaren Kenntnisverschaffungsmaßnahmen ist keine echte Rechtspflicht, sondern eine bloße **Obliegenheit**. Die Verletzung dieser Anforderungen zieht damit grundsätzlich keine Schadensersatzpflicht nach sich. Der Empfänger muss die Erklärung aber so gegen sich gelten lassen, wie sie dem wirklichen Willen des Erklärenden entspricht.

50 **cc) Konkretisierung des Empfängerhorizonts.** Ist die Erklärung an einen bestimmten Empfänger gerichtet, so sind dessen individuelle Verständnismöglichkeiten **bei Wirksamwerden der Erklärung** zugrunde zu legen.[98] Etwaiges **Sonderwissen** ist zu berücksichtigen. Aus Gründen des Vertrauensschutzes müssen **individuelle Defizite** des Empfängers dagegen außer Betracht bleiben, wenn sie dem Erklärenden bei Wirksamwerden der Erklärung weder bekannt noch erkennbar waren.[99]

51 Ist die Erklärung an eine **unbestimmte Vielzahl** von Personen gerichtet, so sind die Verständnismöglichkeiten eines durchschnittlichen Angehörigen des Adressatenkreises maßgeblich. Bei **Wechselerklärungen** und **Inhaberschuldverschreibungen** sind außerhalb der Urkunde liegende Umstände nur dann erheblich, wenn sie allgemeinkundig oder für außenstehende Dritte erkennbar sind.[100] Das Gleiche gilt für **AGB**, Formularverträge und typische Klauseln (dazu Rn 87 f.) sowie den körperschaftlichen Teil von **Gesellschaftsverträgen** und **Satzungen** (Rn 97 f.).

52 **3. Treu und Glauben.** Als weiteres Auslegungskriterium nennt § 157 Treu und Glauben. Es handelt sich um eine sog. **Paarformel**, bei der beide Begriffe (weitgehend) synonym sind.[101] Im Verhältnis zur **Verkehrssitte** handelt es sich um das vorrangige Kriterium.[102] Denn eine im Widerspruch zu Treu und Glauben stehende Verkehrssitte kann bei der Auslegung nicht herangezogen werden (siehe Rn 57). Auf der anderen Seite hat die Verkehrssitte großen Einfluss auf den Inhalt von Treu und Glauben. In welchem Sinne der Empfänger den Erklärenden nach Treu und Glauben verstehen darf, kann nämlich oft nur „mit Rücksicht auf die Verkehrssitte" festgestellt werden.

53 **a) Das Ziel eines gerechten Interessenausgleichs.** Ebenso wie bei § 242 hat der Grundsatz von Treu und Glauben auch bei § 157 keinen fest umrissenen Inhalt, sondern gibt nur eine allgemeine Zielrichtung vor: nämlich die Gewährleistung eines gerechten Interessenausgleichs im Einzelfall. Der Sache nach geht es insbesondere um die **Rücksichtnahme** auf die Interessen anderer, den **Schutz berechtigten Vertrauens** und die Wahrung der **Redlichkeit im Geschäftsverkehr**.[103] Diese Zielvorgaben haben für die Auslegung von Willenserklärungen und Verträgen nach §§ 133, 157 aber nicht die gleichen Konsequenzen wie für die Konkretisierung und Ergänzung des Pflichtenprogramms der Parteien und die Begrenzung der Rechtsausübung nach § 242.[104] Denn aufgrund des Zusammenspiels mit § 133 kommt dem **Parteiwillen** im Rahmen des § 157 eine wesentlich größere Bedeutung als bei § 242 zu (vgl. Rn 34 ff.).

54 Der Gedanke eines **gerechten Interessenausgleichs** erfordert, dass man bei der Definition des Auslegungsmaßstabs nicht einseitig auf die Sichtweise einer Partei – etwa des Erklärenden – abstellt, sondern die Interessen beider Parteien berücksichtigt.[105] Diese Vorgabe wird durch die **Lehre vom Empfängerhorizont** (Rn 41 ff.) verwirklicht.[106] Denn sie schützt das Interesse des Erklärenden an der Verwirklichung seines wirklichen Willens nur insoweit, wie es mit dem berechtigten Vertrauen des Erklärungsempfängers auf

---

97 Vgl. Erman/*Palm*, § 133 Rn 18.
98 Zum maßgeblichen Zeitpunkt vgl. Soergel/*Hefermehl*, § 133 Rn 26.
99 Vgl. Staudinger/*Dilcher*, 12. Aufl., §§ 133, 157 Rn 30.
100 BGHZ 64, 11, 14; vgl. auch BGHZ 28, 259, 263 ff.; Bamberger/Roth/*Wendtland*, § 133 Rn 28; MüKo/*Mayer-Maly/Busche*, § 133 Rn 31; Larenz/*Wolf*, BGB AT, § 28 Rn 81 ff.
101 Vgl. HKK/*Vogenauer*, §§ 133, 157 Rn 70; Soergel/*Teichmann*, § 242 Rn 36.

102 Soergel/*Wolf*, § 157 Rn 54.
103 Vgl. *Looschelders*, Schuldrecht AT, 2. Aufl. 2004, Rn 66.
104 Vgl. MüKo/*Mayer-Maly/Busche*, § 157 Rn 3 ff.; Soergel/*Wolf*, § 157 Rn 26.
105 Soergel/*Wolf*, § 157 Rn 56.
106 So auch MüKo/*Mayer-Maly/Busche*, § 157 Rn 8; Soergel/*Wolf*, § 157 Rn 56; Staudinger/*Dilcher*, 12. Aufl., §§ 133, 157 Rn 30.

die Geltung des objektiven Erklärungsgehalts vereinbar ist. Sie verpflichtet darüber hinaus aber auch den Empfänger, durch sorgfältige Erforschung des wirklichen Willens des Erklärenden auf dessen Interessen Rücksicht zu nehmen. Letztlich ist auch das **Verbot der buchstabenverhafteten Interpretation** in § 133 (Rn 30) ein Ausfluss von Treu und Glauben. Denn der Empfänger würde sich treuwidrig verhalten, wenn er an der wörtlichen Bedeutung der Erklärung festhalten wollte, obwohl er den wirklichen Willen des Erklärenden erkannt hat oder erkennen konnte.

b) Grundsatz der interessengerechten Auslegung. Der Grundsatz von Treu und Glauben gebietet weiter, Verträge möglichst so auszulegen, dass sie einen widerspruchsfreien und vernünftigen Inhalt haben, der den **berechtigten Interessen beider Parteien** gerecht wird.[107] Der Richter darf diese Auslegungsmaxime allerdings nicht heranziehen, um dem Vertrag einen Inhalt beizulegen, den er selbst für interessengerecht hält.[108] Ausgangspunkt müssen vielmehr die feststellbaren Interessen- und Risikowertungen der Parteien sein. Haben die Parteien ein bestimmtes Kriterium in den Vordergrund gestellt, so darf die ungleiche Gewichtung nicht durch interessengerechte Auslegung überspielt werden. Davon abgesehen ist die interessengerechte Auslegung für sich genommen im Allgemeinen auch nicht geeignet, eine Auslegung gegen den Wortlaut der Vereinbarung zu rechtfertigen.[109]

Welche Auslegung interessengerecht ist, hängt von einer umfassenden Abwägung der Parteiinteressen ab.[110] Den Maßstab der Abwägung bilden in erster Linie die **Wertungen der Parteien**, soweit sie in der Vereinbarung zum Ausdruck gekommen sind. Führt dies zu keinem eindeutigen Ergebnis, so ist auf die **Wertungen** abzustellen, die in der **gesamten Rechtsordnung** verankert sind.[111] Dabei kommt den **Grundrechten** eine besonders große Bedeutung zu.[112] Im Unterschied zum Gesetzgeber (Art. 1 Abs. 3 GG) sind die Parteien zwar nicht an die Grundrechte gebunden. Mangels gegenteiliger Anhaltspunkte kann aber davon ausgegangen werden, dass sie dem Vertrag einen Inhalt geben wollten, der mit der Wertordnung des Grundgesetzes in Einklang steht. So wird man einem Arbeitgeber im Zweifel nicht unterstellen dürfen, dass er seine weiblichen Arbeitnehmer diskriminieren wollte.

Sind mehrere Auslegungsmöglichkeiten gleichwertig, so ist die Alternative maßgeblich, nach welcher der Inhalt des Vertrages mit dem **Gesetz** und den **guten Sitten** vereinbar ist (rechts- und sittenkonforme Auslegung).[113] Denn die Nichtigkeit des Geschäfts nach §§ 134, 138 widerspricht jedenfalls den Interessen vernünftiger Parteien.[114] Für letztwillige Verfügungen und Erbverträge ist diese Auslegungsmaxime in §§ 2084, 2279 (Rn 22) ausdrücklich geregelt.

c) Grundsatz der engen Auslegung einseitig belastender Vereinbarungen. Dem Gedanken eines gerechten Interessenausgleichs entspricht es weiter, Vereinbarungen, welche **wesentliche Rechte einer Partei einschränken** (z.B. Haftungsbeschränkungen, Gewährleistungsausschlüsse, Verzichtserklärungen), im Zweifel **eng auszulegen**.[115] Wichtigster Anwendungsbereich dieser Regel waren früher **formularmäßige** Haftungsbeschränkungen.[116] Hier greifen heute jedoch die Unklarheitenregel des § 305c Abs. 2 sowie die Inhaltskontrolle nach §§ 307 ff. ein. Vor diesem Hintergrund wird die Auffassung vertreten, die Rechtsprechung zur engen Auslegung von Haftungsbeschränkungen sei obsolet.[117] Die h.M. hält aber auch bei **individualvertraglichen** Haftungsbeschränkungen am Grundsatz der engen Auslegung fest.[118] Da § 305c Abs. 2 bei Individualverträgen nicht angewendet werden kann (siehe Rn 23), muss dies jedoch unter dem Vorbehalt stehen, dass sich aus dem sonstigen Auslegungsmaterial keine gegenteiligen Anhaltspunkte ergeben.

---

107 Vgl. BGHZ 115, 1, 5 = NJW 1991, 2488; 131, 136, 138 = NJW 1996, 248; BGHZ 146, 280, 284 = NJW 2001, 1928; BGH NJW 2002, 506; NJW-RR 2002, 852; 2003, 227, 228; 2003, 1136; Palandt/*Heinrichs*, § 133 Rn 25; Soergel/*Wolf*, § 157 Rn 35, 60; krit. MüKo/*Mayer-Maly/Busche*, § 133 Rn 56; HKK/*Vogenauer*, §§ 133, 157 Rn 73.
108 BGHZ 146, 280, 284; BGH NJW 1998, 3268, 3269.
109 BGH NJW-RR 2002, 646; Jauernig/*Jauernig*, § 133 Rn 10.
110 Soergel/*Wolf*, § 157 Rn 62.
111 MüKo/*Mayer-Maly/Busche*, § 157 Rn 11.
112 MüKo/*Mayer-Maly/Busche*, § 157 Rn 12; Soergel/*Wolf*, § 157 Rn 33.
113 Vgl. BGH NJW 1971, 1034, 1035; NJW-RR 1990, 817, 818; Palandt/*Heinrichs*, § 133 Rn 25.
114 Vgl. Erman/*Palm*, § 133 Rn 30.
115 Palandt/*Heinrichs*, § 133 Rn 23; Soergel/*Wolf*, § 157 Rn 97. Zu den historischen Grundlagen dieser Auslegungsregel vgl. HKK/*Vogenauer*, §§ 133, 157 Rn 108 ff. Speziell zur Auslegung von Verzichtserklärungen RGRK/*Krüger-Nieland/Zöller*, § 133 Rn 35.
116 Vgl. BGHZ 22, 90, 96; 24, 39, 45.
117 So Soergel/*Hefermehl*, § 133 Rn 34.
118 Vgl. BGH NJW 1978, 261; Bamberger/Roth/*Grüneberg*, § 276 Rn 47; Bamberger/Roth/*Faust*, § 444 Rn 4; Jauernig/*Vollkommer*, § 276 Rn 56; Palandt/*Heinrichs*, § 276 Rn 36.

59 **4. Die Verkehrssitte. a) Begriff der Verkehrssitte.** § 157 hebt die Verkehrssitte als Auslegungskriterium hervor. Im Unterschied zum Grundsatz von Treu und Glauben handelt es sich hier um **kein normatives Kriterium**. Der Begriff bezeichnet vielmehr eine **tatsächliche Übung**, die in den einschlägigen Verkehrskreisen anerkannt und über längere Zeit beachtet worden ist.[119] Im Verkehr unter Kaufleuten gelten die **Handelsbräuche** (§ 346 HGB) als besondere Ausprägung der Verkehrssitte.[120]

60 Die Verkehrssitte ist als solche **kein Gewohnheitsrecht**.[121] Eine auf langer Übung beruhende Verkehrssitte kann jedoch bei entsprechender Anerkennung zu Gewohnheitsrecht erstarken. Ein Beispiel hierfür ist die Lehre vom **kaufmännischen Bestätigungsschreiben**.[122]

61 Auch wenn die Verkehrssitte kein normatives Kriterium ist, muss sie sich doch an **normativen Kriterien** messen lassen. Verstößt eine Verkehrssitte gegen das Gesetz, die guten Sitten oder den Grundsatz von Treu und Glauben, so muss sie bei der Auslegung außer Acht bleiben.[123]

62 Die Verkehrssitte kann **örtlich verschieden** sein. Nach h.M. ist in diesem Fall grundsätzlich der Ort maßgeblich, an dem die Erklärung abgegeben worden ist.[124] Bei empfangsbedürftigen Willenserklärungen muss aber zum Schutz des Empfängers auf den Ort des Zugangs (§ 130) abgestellt werden.[125] Im Verhältnis zur allgemeinen Verkehrssitte geht ein etwa abweichender lokaler oder regionaler Gebrauch aus Gründen der Spezialität grundsätzlich vor.[126]

63 **b) Voraussetzungen.** Bei der Auslegung von empfangsbedürftigen Willenserklärungen und Verträgen kann die Verkehrssitte grundsätzlich nur dann zugrunde gelegt werden, wenn **beide Beteiligte** einem Verkehrskreis angehören, für welchen die Verkehrssitte gilt.[127] Gehört nur der Erklärende einem solchen Verkehrskreis an, so muss der Erklärungsempfänger sich die Verkehrssitte nur dann entgegenhalten lassen, wenn er sie **kannte** oder doch wenigstens **kennen musste**.[128] Hat ein Nichtkaufmann wie ein Kaufmann am Handelsverkehr teilgenommen, so können die Handelsbräuche bei der Auslegung daher auch zu seinen Lasten berücksichtigt werden.[129]

64 Gilt die Verkehrssitte für den Verkehrskreis des Erklärenden, so muss sie aus Gründen der Rechtssicherheit auch dann beachtet werden, wenn sie dem Erklärenden **nicht bekannt** gewesen ist. Eine Ausnahme kann nur anerkannt werden, wenn der in der Erklärung zum Ausdruck gekommene Wille des Erklärenden der Verkehrssitte eindeutig widerspricht.[130]

65 **c) Relevanz der Verkehrssitte für die Auslegung.** Die Verkehrssitte kann bei der **einfachen** (erläuternden) **Auslegung** Hinweise auf den wirklichen oder mutmaßlichen **Willen des Erklärenden** geben.[131] Denn im Zweifel kann davon ausgegangen werden, dass der Erklärende sich an der Verkehrssitte orientiert hat.[132] Bei empfangsbedürftigen Willenserklärungen ist der **Erklärungsempfänger** deshalb grundsätzlich berechtigt, der Erklärung die Bedeutung beizumessen, die der Verkehrssitte entspricht.[133] Hat der Erklärende sich im konkreten Fall nicht an die Verkehrssitte gehalten, ohne dass dies für den Empfänger erkennbar war, so bleibt sein wirklicher Wille damit außer Betracht.

66 Zur Bedeutung der Verkehrssitte für die **ergänzende Auslegung** siehe § 157 Rn 21 f.

---

119 Vgl. BGH NJW 1990, 1723, 1724; Palandt/*Heinrichs*, § 133 Rn 21; RGRK/*Piper*, § 157 Rn 8; Staudinger/*Dilcher*, 12. Aufl., §§ 133, 157 Rn 34; *Flume*, BGB AT, Bd. 2, § 16, 3d.
120 Vgl. BGH NJW 1993, 1798; RGRK/*Piper*, § 157 Rn 8.
121 BGH LM § 157 (B) BGB Nr. 1; RGRK/*Piper*, § 157 Rn 8; Soergel/*Wolf*, § 157 Rn 70 f.
122 Vgl. *Canaris*, Handelsrecht, 23. Aufl. 2000, § 25 Rn 8 ff.
123 Vgl. BGHZ 16, 4, 12; RGRK/*Piper*, § 157 Rn 14; *Flume*, BGB AT, Bd. 2, § 16, 3d; einschr. *Canaris*, Handelsrecht, 23. Aufl. 2000, § 24 Rn 38.
124 Vgl. BGHZ 6, 127, 134; MüKo/*Mayer-Maly/Busche*, § 157 Rn 23.
125 *Larenz/Wolf*, BGB AT, § 28 Rn 74; a.A. MüKo/*Mayer-Maly/Busche*, § 157 Rn 23.
126 BGH LM § 157 (B) BGB Nr. 1.
127 RGRK/*Piper*, § 157 Rn 8; *Flume*, BGB AT, Bd. 2, § 16, 3d.
128 *Larenz/Wolf*, BGB AT, § 28 Rn 51.
129 Vgl. BGHZ 11, 1, 3; RGRK/*Piper*, § 157 Rn 13; Soergel/*Wolf*, § 157 Rn 65; *Canaris*, Handelsrecht, 23. Aufl. 2000, § 24 Rn 46 ff.
130 RGZ 114, 9, 12; BGH LM § 157 (B) BGB Nr. 1; RGRK/*Piper*, § 157 Rn 10; Staudinger/*Dilcher*, 12. Aufl., §§ 133, 157 Rn 36.
131 Zur Erläuterungsfunktion der Verkehrssitte vgl. Soergel/*Wolf*, § 157 Rn 68.
132 *Köhler*, BGB AT, § 9 Rn 12.
133 Vgl. BGH NJW 1966, 502, 503.

III. Methoden der Auslegung

In methodischer Hinsicht gelten für die Auslegung von Willenserklärungen dem Grundsatz nach die gleichen Regeln wie für die **Auslegung von Gesetzen** (dazu Anh. zu § 133). Im Detail sind jedoch einige Besonderheiten zu beachten.

1. Grammatische und systematische Auslegung. Bei sprachlich verlautbarten Willenserklärungen beginnt die Auslegung mit der grammatischen Interpretation des Wortlauts. Ausgangspunkt ist das **einzelne Wort**. Bei der Ermittlung des Wortsinns ist grundsätzlich vom allgemeinen Sprachgebrauch auszugehen. Dabei kann die Heranziehung von Wörterbüchern sinnvoll sein.[134] Lassen die sonstigen Umstände darauf schließen, dass der Erklärende sich eines besonderen Sprachgebrauchs bedient hat, so ist die Erklärung in diesem Sinne zu verstehen. Bedeutung hat dies vor allem für die Auslegung von nicht empfangsbedürftigen Willenserklärungen, namentlich Testamenten. Bei empfangsbedürftigen Erklärungen kann ein besonderer Sprachgebrauch nur dann berücksichtigt werden, wenn der Empfänger ihn gekannt hat oder kennen musste.[135]

Mit der Untersuchung des einzelnen Wortes darf man es indes nicht bewenden lassen. Das Wort muss vielmehr im Kontext des jeweiligen **Satzes** sowie im Zusammenhang mit der **gesamten Erklärung** verstanden werden.[136] Eine solche **systematische Auslegung** kann insbesondere bei sehr umfangreichen und detaillierten Vertragswerken wichtige Erkenntnisse liefern.[137]

In einem weiteren Sinne gehören zur systematischen Auslegung auch die **Bezüge** der Willenserklärung oder des Vertrages **zur gesamten Rechtsordnung** (siehe Rn 56). Da der wirkliche oder mutmaßliche Wille der Parteien nicht mit den Wertungen der Rechtsordnung übereinstimmen muss, hat dieser Aspekt bei der Auslegung von Willenserklärungen aber eine wesentlich geringere Bedeutung als bei der Auslegung von Gesetzen.[138]

2. Historische Auslegung. Nach der grammatischen Auslegung des Wortlauts muss man in einem zweiten Schritt die **außerhalb der Erklärung liegenden Umstände** berücksichtigen, weil diese wichtige Indizien für den wirklichen bzw. mutmaßlichen Willen des Erklärenden sowie (bei empfangsbedürftigen Willenserklärungen) die Verständnismöglichkeiten des Empfängers geben können. Dabei kann die historische Auslegung relevant werden. Sie beruht auf dem Gedanken, dass die **Entstehungsgeschichte der Erklärung** häufig Rückschlüsse auf deren Inhalt zulässt. Dies gilt insbesondere für die zeitlichen und örtlichen Verhältnisse bei Abgabe der Erklärung, den Gang der Vorverhandlungen und den Zusammenhang mit vorherigen Verträgen.[139] Zu berücksichtigen sind außerdem die **persönlichen Verhältnisse**, Eigenarten und Zielsetzungen **des Erklärenden**.[140] Bei empfangsbedürftigen Willenserklärungen muss aber jeweils geprüft werden, ob die betreffenden Gegebenheiten dem Empfänger bekannt waren oder sein mussten.

3. Teleologische Auslegung. Neben der historischen kommt der teleologischen Auslegung auch bei Willenserklärungen große Bedeutung zu. Die teleologische Auslegung setzt beim **Zweck des Rechtsgeschäfts** an und versucht hieraus Rückschlüsse auf den Inhalt der Willenserklärung abzuleiten.[141]

Wegen des grundsätzlichen Vorrangs des Parteiwillens muss bei der teleologischen Auslegung von Verträgen grundsätzlich auf den Zweck abgestellt werden, den die Parteien mit der fraglichen Regelung verfolgt haben (**subjektiv-teleologische Auslegung**). Eine **objektiv-teleologische Auslegung** nach dem „vernünftigen" Zweck des Vertrages kommt nur insoweit in Betracht, wie die subjektive Zwecksetzung der Parteien nicht feststellbar ist.[142] In diesem Fall muss der mutmaßliche Zweck des Vertrages auf der Grundlage einer Analyse und Abwägung der **Interessen** beider Parteien ermittelt werden.[143]

---

134 Vgl. BGH LM § 133 (C) Nr. 17.
135 Bamberger/Roth/*Wendtland*, § 133 Rn 25; Soergel/*Hefermehl*, § 133 Rn 25.
136 Vgl. Soergel/*Wolf*, § 157 Rn 32; *Köhler*, BGB AT, § 9 Rn 11; *Medicus*, BGB AT, Rn 309.
137 Vgl. AK-BGB/*Hart*, §§ 133/157 Rn 31.
138 Vgl. *Flume*, BGB AT, Bd. 2 § 16, 3b.
139 Vgl. Motive I, S. 155 = Mugdan I, S. 437; BGH NJW-RR 1998, 259; Bamberger/Roth/*Wendtland*, § 133 Rn 25; HKK/*Vogenauer*, §§ 133, 157 Rn 52.
140 Staudinger/*Dilcher*, 12. Aufl., § 133 Rn 28.
141 Zur Relevanz des Zwecks des Rechtsgeschäfts für die Auslegung vgl. Motive I, S. 155 = Mugdan I, S. 437; BGHZ 2, 379, 385; BGH LM § 133 (C) BGB Nr. 81 = NJW-RR 1993, 464, 465; BGH NJW-RR 1998, 259; Soergel/*Hefermehl*, § 133 Rn 25.
142 AK-BGB/*Hart*, §§ 133/157 Rn 32 ff.; vgl. auch HKK/*Vogenauer*, §§ 133, 157 Rn 66.
143 Zur Bedeutung der Interessenlage für die Auslegung vgl. Erman/*Palm*, § 133 Rn 33; Palandt/*Heinrichs*, § 133 Rn 18; Soergel/*Wolf*, § 157 Rn 60.

IV. Sonderfälle der Auslegung

74 **1. Formbedürftige Willenserklärungen. a) Die Bedeutung der Andeutungstheorie.** Die Auslegung formbedürftiger Willenserklärungen (z.B. Grundstücksverträge, Testamente) richtet sich nach den allgemeinen Regeln. Auch hier ist also nicht allein der Wortlaut maßgeblich; es können (und müssen) vielmehr auch außerhalb der Erklärung liegende Umstände berücksichtigt werden.[144] Nach der früheren Rechtsprechung galt allerdings die Einschränkung, dass der Wille der Parteien in der formgerechten Urkunde wenigstens andeutungsweise zum Ausdruck gekommen sein musste (sog. **Andeutungstheorie**).[145] Dieser Auffassung ist jedoch entgegenzuhalten, dass die Frage nach dem Inhalt der Erklärung nicht mit der Frage der Formgültigkeit vermengt werden darf.[146] Welchen Inhalt die Erklärung hat, bestimmt sich gemäß §§ 133, 157 nach dem **Willen des Erklärenden** bzw. (bei empfangsbedürftigen Erklärungen) den **Verständnismöglichkeiten des Empfängers**. In welcher Weise der Inhalt der Erklärung in der Urkunde zum Ausdruck gekommen sein muss, hängt dagegen vom **Zweck der jeweiligen Formvorschrift** ab. Berücksichtigt man bei der Auslegung nicht alle Umstände, so besteht die Gefahr, dass der Inhalt der Erklärung verfälscht wird. Ob der Wille des Erklärenden in der Urkunde zum Ausdruck gekommen ist, lässt sich im Übrigen erst dann beurteilen, wenn feststeht, welchen Inhalt dieser Wille überhaupt hat.

75 Die Notwendigkeit einer solchen Trennung wird in neuerer Zeit auch vom BGH anerkannt.[147] Bei formbedürftigen Willenserklärungen ist hiernach ein **zweistufiges Prüfungsverfahren** geboten. Zunächst muss durch **Auslegung** ermittelt werden, welchen Inhalt die Erklärung hat. Dabei können die außerhalb der Urkunde liegenden Umstände uneingeschränkt berücksichtigt werden. In einem zweiten Schritt ist dann die **Formgültigkeit** der Erklärung zu untersuchen.[148] In diesem Zusammenhang hält die h.M. bei **Testamenten** an der Andeutungstheorie fest (vgl. § 2084 Rn 15 ff.).[149] Das Testament ist hiernach nur dann formwirksam, wenn der Wille des Erklärenden im Text der Urkunde eine **hinreichende Stütze** gefunden hat.[150] Dies gilt nicht nur für die erläuternde, sondern auch für die ergänzende Auslegung (dazu § 157 Rn 33).[151]

76 Die Andeutungstheorie gilt auch bei **Bürgschaftserklärungen**. Im Rahmen der **Auslegung** kann zwar auch hier auf außerhalb der Urkunde liegende Umstände zurückgegriffen werden. Die Bürgschaft ist aber nach §§ 766, 125 formnichtig, wenn der durch Auslegung festgestellte Inhalt der Erklärung nicht irgendwie in der Urkunde zum Ausdruck gekommen ist.[152]

77 **b) Die falsa-demonstratio-Regel bei formbedürftigen Willenserklärungen.** Inwieweit die *falsa-demonstratio-Regel* (Rn 46) bei formbedürftigen Willenserklärungen Anwendung finden kann, ist umstritten. Da die Entscheidung vom **Zweck der jeweiligen Formvorschriften** abhängt, scheidet eine allgemeine Lösung aus. Vielmehr ist zwischen den verschiedenen Formvorschriften zu unterscheiden.

78 **aa) Grundstücksverträge.** Bei Grundstücksverträgen dient das Erfordernis der notariellen Beurkundung (§ 311b Abs. 1) in erster Linie dem Schutz vor Übereilung (Warnfunktion). Außerdem soll die Belehrung und Beratung durch den Notar gewährleistet (Belehrungsfunktion) und der Inhalt des Vertrages klargestellt werden (Beweisfunktion).[153] Die ersten beiden Funktionen werden durch eine Falschbezeichnung nicht gefährdet. Die mögliche Beeinträchtigung der Beweisfunktion hat bei **irrtümlicher Falschbezeichnung** kein so großes Gewicht, dass sie die Außerachtlassung des übereinstimmenden Willens beider Parteien rechtfertigen könnte.[154] Das Gleiche gilt im Rahmen des § 925 bei irrtümlicher Falschbezeichnung des

---

[144] Vgl. BGHZ 86, 41, 45; 87, 150, 154; MüKo/*Mayer-Maly/Busche*, § 133 Rn 29; Palandt/*Heinrichs*, § 133 Rn 19; *Larenz/Wolf*, BGB AT, § 28 Rn 86.
[145] Vgl. RGZ 59, 217, 219; 160, 109, 111; BGHZ 32, 60, 63; 80, 246, 249.
[146] Vgl. Bamberger/Roth/*Wendtland*, § 133 Rn 26; Soergel/*Hefermehl*, § 133 Rn 28; *Medicus*, BGB AT, Rn 330; *Smid*, JuS 1987, 283, 286; krit. *Olzen*, Erbrecht, 2001, Rn 575.
[147] BGHZ 86, 41, 46 f. (Testament); BGH NJW 1996, 2792, 2793 (Grundstückskauf).
[148] Zu dieser zweistufigen Prüfung vgl. BGH NJW 1995, 1886, 1887; 2000, 1569, 1570; Palandt/*Heinrichs*, § 133 Rn 119; *Medicus*, BGB AT, Rn 330.
[149] Vgl. BGHZ 80, 242, 245 f.; 86, 41, 47; *Lange/Kuchinke*, Erbrecht, 5. Aufl. 2001, § 34 III 3; *Schlüter*, Erbrecht, 14. Aufl. 2000, Rn 192; krit. *Brox*, Erbrecht, 20. Aufl. 2003, Rn 200.
[150] BGH FamRZ 2002, 26.
[151] Vgl. BGH FamRZ 1983, 380, 382; BayObLG FamRZ 2000, 119; MüKo/*Leipold*, § 2084 Rn 45; *Olzen*, Erbrecht, 2001, Rn 585 f.; a.A. Palandt/*Heinrichs*, § 133 Rn 19; *Lange/Kuchinke*, Erbrecht, 5. Aufl. 2001, § 34 III 5; *Flume*, NJW 1983, 2007 ff.
[152] Vgl. BGH NJW 1995, 1886, 1887; ZIP 2000, 740, 741; MüKo/*Mayer-Maly/Busche*, § 133 Rn 33; MüKo/*Habersack*, § 766 Rn 6.
[153] Zu den Zwecken des § 311b Abs. 1 vgl. Palandt/*Heinrichs*, § 311b Rn 2.
[154] BGHZ 87, 150, 153; MüKo/*Kanzleiter*, § 311b Rn 67; Palandt/*Heinrichs*, § 311b Rn 37; *Larenz/Wolf*, BGB AT, § 28 Rn 90; *Looschelders*, Schuldrecht AT, 2. Aufl. 2004, Rn 135.

Auflassungsgegenstands (vgl. § 925 Rn 9).[155] Auf die Grundbucheintragung als solche kann die *falsa-demonstratio-Regel* dagegen aus Gründen des Verkehrsschutzes nicht angewendet werden (siehe Rn 85).[156]

Haben die Parteien **bewusst etwas Falsches beurkunden lassen**, so sind sie nicht schutzwürdig. Auch wenn die Warn- und Belehrungsfunktion gewahrt sein mag, erscheint es daher nicht gerechtfertigt, den wirklichen Willen der Parteien mit Hilfe der *falsa-demonstratio-Regel* zum Tragen zu bringen.[157] Der Grundstücksvertrag ist daher mit dem gewollten Inhalt nach §§ 117 Abs. 2, 311b Abs. 2 S. 1, 125 nichtig. Mit dem beurkundeten Inhalt ist der Vertrag als Scheingeschäft nach § 117 Abs. 1 unwirksam (vgl. § 117 Rn 9 ff.). 79

bb) Bürgschaftserklärungen. Bei Bürgschaftserklärungen dient das Schriftformerfordernis (§ 766) ebenfalls in erster Linie dem **Schutz vor Übereilung**. Die h.M. geht daher zu Recht davon aus, dass eine **irrtümliche** Falschbezeichnung durch beide Parteien auch hier grundsätzlich unschädlich ist.[158] 80

cc) Testamente. Bei Testamenten haben **Beweiszwecke** große Bedeutung.[159] Da diese bei einer Falschbezeichnung gefährdet sind, muss die *falsa-demonstratio-Regel* wesentlich zurückhaltender als bei Grundstücksverträgen angewendet werden. Dies gilt umso mehr, als das Vorliegen einer Falschbezeichnung aufgrund des Todes des Erklärenden und des Fehlens sonstiger Zeugen (Vertragspartner, Urkundsperson) oft nur schwer nachweisbar ist.[160] 81

Hat der Erblasser einen **besonderen Sprachgebrauch** (Rn 68) gepflegt, so ist die Falschbezeichnung leicht feststellbar. In diesem Fall widerspricht es daher nicht dem Zweck des Formzwangs, dem wirklichen Willen des Erblassers Rechnung zu tragen.[161] Hat der Erblasser dagegen **im Einzelfall** (z.B. aufgrund eines Irrtums) einen unzutreffenden Ausdruck verwendet, so kann seinem wirklichen Willen nur Rechnung getragen werden, wenn die vom Wortsinn abweichende Auslegung im sonstigen Text der Urkunde eine gewisse Stütze findet.[162] 82

c) Vermutung der Vollständigkeit und Richtigkeit der Urkunde. Aus prozessualer Sicht ist bei der Auslegung formbedürftiger Willenserklärungen zu beachten, dass nach h.M. eine Vermutung für die Richtigkeit und Vollständigkeit der Urkunde besteht. Wer aus den Begleitumständen einen abweichenden Inhalt des Geschäfts ableiten will, muss dies also **beweisen**.[163] Das Gleiche gilt für den Fall, dass die Parteien zu Beweiszwecken eine Urkunde über das Geschäft errichtet haben.[164] Der **übereinstimmende Wille der Parteien** hat aber auch bei formbedürftigen Geschäften Vorrang und darf daher nicht mit Rücksicht auf die Vermutung der Vollständigkeit und Richtigkeit der Urkunde außer Acht gelassen werden.[165] 83

Die Vermutung der Vollständigkeit und Richtigkeit soll schon dann gelten, wenn der Text der Urkunde nach Wortlaut und innerem Zusammenhang unter Berücksichtigung der Verkehrssitte einen bestimmten, **nicht notwendig eindeutigen** Inhalt zum Ausdruck bringt. Die außerhalb der Urkunde liegenden Umstände bleiben dabei außer Betracht. Sie werden erst in einem zweiten Schritt herangezogen, wenn es um die **Widerlegung der Vermutung** geht.[166] Diese Auffassung kann indes nicht überzeugen. Lässt sich durch die Auslegung der Urkunde kein eindeutiger Inhalt des Geschäfts ermitteln, so kann dessen Inhalt nur unter **Heranziehung der Begleitumstände** geklärt werden. Es ist daher nicht gerechtfertigt, dem Wortlaut eine größere Bedeutung beizumessen als den außerhalb der Urkunde liegenden Umständen. 84

2. Grundbucheintragungen und dingliche Grundstücksgeschäfte. Bei der Auslegung von Grundbucheintragungen kommt dem Gedanken des Verkehrsschutzes wegen des öffentlichen Glaubens des Grundbuchs (§ 891) große Bedeutung zu. Daher ist in erster Linie auf den **Wortlaut der Eintragung** abzustellen. Daneben kann auch die in Bezug genommene **Eintragungsbewilligung** herangezogen werden.[167] Maßgeblich ist die nächstliegende Bedeutung, welche der Eintragung aufgrund dieser Urkunden aus Sicht eines 85

---

155 Vgl. BGH NJW 2002, 1038; MüKo/*Kanzleiter*, § 925 Rn 24.
156 *Köhler*, BGB AT, § 9 Rn 16.
157 So auch BGHZ 54, 56, 62 f.; 89, 41, 43; Palandt/*Heinrichs*, § 311b Rn 36; Soergel/*Wolf*, § 313 Rn 77; *Larenz/Wolf*, BGB AT, § 28 Rn 91; *Looschelders*, Schuldrecht AT, 2. Aufl. 2004, Rn 136.
158 BGH NJW 1995, 1886, 1887; MüKo/*Habersack*, § 766 Rn 7.
159 Vgl. BGHZ 80, 242, 251; *Olzen*, Erbrecht, 2001, Rn 267.
160 Vgl. MüKo/*Leipold*, § 2084 Rn 15; *Schlüter*, Erbrecht, 14. Aufl. 2000, Rn 192.
161 Vgl. MüKo/*Leipold*, § 2084 Rn 15.
162 BGHZ 80, 242, 251 f.; MüKo/*Leipold*, § 2084 Rn 15; *Larenz/Wolf*, BGB AT, § 28 Rn 88, 97; krit. *Brox*, Erbrecht, 20. Aufl. 2003, Rn 200; *Flume*, BGB AT, Bd. 2, § 16, 5.
163 Vgl. BGH NJW 1995, 3258; ZIP 2002, 1809, 1810; HKK/*Vogenauer*, §§ 133, 157 Rn 83; Palandt/*Heinrichs*, § 125 Rn 15; krit. MüKo/*Mayer-Maly/Busche*, § 133 Rn 59.
164 MüKo/*Einsele*, § 125 Rn 36.
165 BGH NJW 1995, 1494, 1496.
166 Vgl. BGH ZIP 2002, 1809, 1810.
167 BGH NJW 1965, 2398, 2399; RGRK/*Krüger-Nieland/Zöller*, § 133 Rn 38.

unbefangenen Dritten zukommt.[168] **Sonstige Umstände** dürfen nur dann berücksichtigt werden, wenn sie nach den Umständen des Einzelfalls für jedermann ohne weiteres erkennbar sind.[169] So können etwa die Verhältnisse der betroffenen Grundstücke Hinweise auf den Inhalt einer Grunddienstbarkeit geben. Ist der eingetragene Inhalt eindeutig, so darf er jedoch nicht mit Rücksicht auf außerhalb des Grundbuchs liegende Umstände verändert werden.[170]

86 Bei der Auslegung von **dinglichen Geschäften über Grundstücke oder Rechte an Grundstücken** müssen außerhalb der Urkunde liegende Umstände aus Gründen der Rechtssicherheit und des Verkehrsschutzes grundsätzlich ebenfalls außer Betracht bleiben. Dies gilt jedenfalls dann, wenn das betreffende Geschäft **formbedürftig** ist (z.B. Auflassung nach §§ 873, 925, Abtretung einer Hypothek oder Grundschuld nach §§ 1154, 1192 Abs. 1).[171]

87 **3. Allgemeine Geschäftsbedingungen.** Die Auslegung von Allgemeinen Geschäftsbedingungen richtet sich im Ausgangspunkt nach den allgemeinen Regeln der §§ 133, 157.[172] Zu beachten ist aber, dass AGB regelmäßig an eine Vielzahl von Adressaten gerichtet sind. Soweit es auf den Empfängerhorizont ankommt, muss daher auf die Verständnismöglichkeiten eines rechtlich nicht vorgebildeten **Durchschnittskunden** abgestellt werden.[173] Dabei geht es nicht etwa darum, die **tatsächlichen** Verständnismöglichkeiten eines solchen Durchschnittskunden zu ermitteln. Der Inhalt der AGB muss vielmehr auf der Grundlage einer **rechtlichen Interessenabwägung** festgestellt werden. Die Figur des Durchschnittskunden umschreibt dabei den Abwägungsmaßstab: Entscheidend sind der **objektive Inhalt** und der **typische Sinn** der fraglichen Klauseln, so wie sie von verständigen und redlichen Vertragspartnern unter Abwägung der Interessen der normalerweise beteiligten Kreise verstanden werden (**objektive** und **einheitliche Auslegung**).[174] Die individuellen Vorstellungen und Absichten der Parteien bleiben grundsätzlich außer Betracht.[175] Haben die Parteien einer Klausel übereinstimmend einen abweichenden Inhalt beigemessen, so hat dies aber nach § 305b Vorrang.[176]

88 Bleibt eine Klausel nach Ausschöpfung der in Betracht kommenden Auslegungsmöglichkeiten **mehrdeutig**, so ist nach § 305c Abs. 2 der für den Verwender ungünstigere Inhalt zugrunde zu legen (vgl. Rn 23). Die Unklarheitenregel greift aber nicht ein, wenn die Parteien die fragliche Klausel **übereinstimmend** in einem bestimmten Sinne verstanden haben.[177]

89 **4. Automatisierte Willenserklärungen.** Die §§ 133, 157 gelten auch für die Auslegung von automatisierten Willenserklärungen. Werden automatisierte Willenserklärungen im geschäftlichen Verkehr eingesetzt, so sind sie zumeist an einen unbestimmten Kreis von potenziellen Kunden gerichtet. Bei der Auslegung solcher Erklärungen muss man sich daher an den Verständnismöglichkeiten eines **durchschnittlichen Angehörigen des betreffenden Kundenkreises** orientieren.[178] Maßgeblich ist auch hier eine Interessenabwägung. Da der Erklärende die Automatisierung im eigenen Interesse nutzt, muss er sich einerseits um verständliche Formulierungen bemühen.[179] Auf der anderen Seite darf er aber darauf vertrauen, dass der Vertragspartner mit den Besonderheiten des eingesetzten Mediums vertraut ist. Bleiben nach Ausschöpfung aller dem Empfänger zumutbaren Erkenntnismöglichkeiten Zweifel, so ist **§ 305c Abs. 2 analog** anzuwenden.[180] Die Erklärung gilt also mit dem Inhalt, der für den Erklärenden am ungünstigsten ist.

90 **5. Tarifverträge. a) Objektive und subjektive Theorie.** Nach welchen Grundsätzen der normative Teil von **Tarifverträgen** auszulegen ist, ist umstritten. Die h.M. stellt auf die Regeln für die **Auslegung von Gesetzen** ab (objektive Theorie).[181] Nach der Gegenauffassung sind die Regeln für die **Auslegung von Verträgen** maßgeblich (subjektive Theorie).[182] Beide Auffassungen erkennen an, dass die von ihnen

---

168 BGHZ 145, 16, 20; BGH NJW 1965, 2398, 2399; Jauernig/*Jauernig*, § 873 Rn 35.
169 BGHZ 57, 205, 209; 92, 351, 355; 145, 16, 20; BGH NJW 1992, 2885, 2886; 2002, 1797, 1798; BayObLG DNotZ 2003, 541; Palandt/*Heinrichs*, § 133 Rn 27.
170 BGH NJW 2002, 1797, 1798.
171 Vgl. BGHZ 60, 226, 231; BGH NJW-RR 1992, 178, 179; Staudinger/*Roth*, § 157 Rn 45.
172 Palandt/*Heinrichs*, § 305c Rn 15.
173 Vgl. BGHZ 108, 52, 60; Palandt/*Heinrichs*, § 305c Rn 16.
174 Vgl. BGHZ 77, 116, 118; 96, 182, 191; 102, 384, 389; 108, 52, 60; BGH NJW 1999, 1105, 1106; 2001, 2165, 2166; st. Rspr.
175 Vgl. Soergel/*Hefermehl*, § 133 Rn 31.
176 BGHZ 113, 251, 259; BGH NJW 1995, 1494, 1496; Palandt/*Heinrichs*, § 305c Rn 15.
177 BGH NJW 2002, 2102, 2103.
178 Vgl. Palandt/*Heinrichs*, § 133 Rn 27; *Medicus*, BGB AT, Rn 332.
179 Dies betont zu Recht *Medicus*, BGB AT, Rn 332.
180 Palandt/*Heinrichs*, § 133 Rn 23; *Paeffgen*, JuS 1988, 592, 595.
181 BAG NJW 1961, 1837; BB 1989, 986, 987; MüKo/*Mayer-Maly/Busche*, § 133 Rn 35; Soergel/*Hefermehl*, § 133 Rn 15; Staudinger/*Dilcher*, 12. Aufl., §§ 133, 157 Rn 62.
182 Vgl. *Wank*, RdA 1998, 71, 78 ff.

herangezogenen Regeln auf Tarifverträge nicht uneingeschränkt passen und daher zu modifizieren sind. Für die praktische Rechtsanwendung ist der Theorienstreit daher weitgehend irrelevant.[183]

b) Der Maßstab der Auslegung. Für die Auslegung von Tarifverträgen ist – ebenso wie für die Auslegung von Verträgen – primär der **wirkliche Wille der Tarifvertragsparteien** maßgeblich.[184] Da der normative Teil des Tarifvertrags gemäß § 4 Abs. 1 TVG auch für die nicht an den Tarifvertragsverhandlungen beteiligten (tarifgebundenen) Arbeitgeber und Arbeitnehmer gilt, muss bei der Auslegung und Anwendung tarifvertraglicher Normen aber auch auf deren Interessen Rücksicht genommen werden. Außerdem hat der Gedanke der Rechtssicherheit und Rechtsklarheit große Bedeutung.[185] Die h.M. stellt deshalb auf die **Verständnismöglichkeiten eines unbeteiligten Dritten** ab.[186] Der Wille der Tarifvertragsparteien ist hiernach nur insoweit maßgeblich, wie er im Wortlaut der tariflichen Norm einen für Dritte erkennbaren Niederschlag gefunden hat.[187] Die *falsa-demonstratio-Regel* soll dementsprechend bei Tarifverträgen nicht anwendbar sein.[188]

Der h.M. ist entgegenzuhalten, dass die **Auslegung** von Normen auch sonst nicht von den Verständnismöglichkeiten des Normunterworfenen abhängig ist (vgl. Anh. zu § 133 Rn 1).[189] Soweit der Normunterworfene auf einen bestimmten Inhalt der Norm vertrauen durfte, muss dies zwar bei der **Anwendung** der Norm zu seinen Gunsten berücksichtigt werden. Der Inhalt der Norm als solcher wird hierdurch jedoch nicht beeinflusst. Im Übrigen ist es für die Schutzwürdigkeit eines unbeteiligten Dritten nicht entscheidend, ob der Norminhalt im Wortlaut einen Niederschlag gefunden hat. Eine solche **Andeutungstheorie** mag geeignet sein, die Einhaltung von **Formzwecken** zu gewährleisten (Rn 74). Die Schutzwürdigkeit der Dritten ist jedoch eine **materielle Frage**, die hierdurch nicht beantwortet werden kann.[190]

c) Durchführung der Auslegung. Ausgangspunkt der Auslegung ist der **Wortlaut** der tarifvertraglichen Regelung. Dieser darf jedoch nicht isoliert betrachtet werden; vielmehr ist die **systematische Stellung** der Norm im tarifvertraglichen Gefüge zu berücksichtigen (sog. tariflicher Gesamtzusammenhang).[191] Da dieser Gesamtzusammenhang für einen unbeteiligten Dritten erkennbar ist, kann er auch nach h.M. eine Auslegung gegen den Wortlaut rechtfertigen.[192] Führen Wortlaut und tariflicher Gesamtzusammenhang zu keinem eindeutigen Ergebnis, so greift die Rechtsprechung auf weitere Kriterien zurück. Besondere Bedeutung haben die **Tarifgeschichte**, die **praktische Tarifübung** und die **Entstehungsgeschichte** des jeweiligen Tarifvertrages (historische und genetische Auslegung).[193] Die Bindung an eine bestimmte Prüfungsreihenfolge wird abgelehnt.[194] Die „Auffassung der beteiligten Berufskreise" wird nicht mehr als eigenständiges Kriterium betrachtet; sie kann jedoch ergänzend herangezogen werden.[195]

Ein weiteres wichtiges Auslegungskriterium ist der **Zweck** der Tarifnorm (teleologische Auslegung).[196] Im Zweifel ist davon auszugehen, dass die Tarifvertragsparteien eine vernünftige, sachgerechte, zweckorientierte und praktisch brauchbare Regelung schaffen wollten,[197] die mit den Gesetzen und der **Verfassung** (gesetzes- und verfassungskonforme Auslegung)[198] sowie dem Europäischen Gemeinschaftsrecht (europarechtskonforme Auslegung)[199] vereinbar ist.

Zur Möglichkeit einer **ergänzenden Auslegung** von Tarifverträgen siehe § 157 Rn 41.

6. Auslegung von Betriebsvereinbarungen. Die Auslegung von Betriebsvereinbarungen richtet sich nach den gleichen Grundsätzen wie bei Tarifverträgen.[200] Der normative Teil wird also ebenfalls **wie ein**

---

183 Vgl. *Rüthers/Heilmann*, JZ 1991, 422: „überflüssige[n]) Konstruktionskontroverse".
184 BAGE 46, 308, 313; BAG JZ 1991, 419, 420.
185 Vgl. BAG JZ 1991, 419, 420.
186 BAG JZ 1991, 419, 420; Erman/*Palm*, § 133 Rn 36; MüKo/*Mayer-Maly/Busche*, § 133 Rn 35.
187 BAGE 46, 308, 313; BAG NJW 1961, 1837; JZ 1991, 419, 420; Palandt/*Heinrichs*, § 133 Rn 28; Soergel/*Hefermehl*, § 133 Rn 15; Staudinger/*Dilcher*, 12. Aufl., §§ 133, 157 Rn 62; krit. *Rüthers/Heilmann*, JZ 1991, 422, 423; *Wank*, NZA 1998, 71, 80.
188 BAG NJW 1961, 1837; Erman/*Palm*, § 133 Rn 36; Soergel/*Hefermehl*, § 133 Rn 15; Staudinger/*Dilcher*, 12. Aufl., §§ 133, 157 Rn 62; a.A. *Wank*, NZA 1998, 71, 80.
189 *Wank*, NZA 1998, 71, 80.
190 Ähnlich *Rüthers/Heilmann*, JZ 1991, 422, 423.
191 Zur Bedeutung des tariflichen Gesamtzusammenhangs vgl. BAGE 46, 308, 313; 56, 113, 126; BAG JZ 1991, 419, 420; *Däubler*, Kommentar zum TVG, 2003, Einl. Rn 510.
192 BAG JZ 1991, 419, 420.
193 Vgl. BAGE 46, 308, 314; 56, 113, 126; *Däubler*, Kommentar zum TVG, 2003, Einl. Rn 494.
194 BAGE 46, 308, 314.
195 BAGE 46, 308, 314; *Däubler*, Kommentar zum TVG, 2003, Einl. Rn 494.
196 Vgl. BAG 1991, 419, 420; *Rüthers/Heilmann*, JZ 1991, 422, 423.
197 BAGE 54, 113, 127; *Däubler*, Kommentar zum TVG, 2003, Einl. Rn 495.
198 BAGE 54, 113, 127; BAG DB 1994, 1294; 2000, 2613, 2614.
199 BAG DB 1993, 737.
200 MüKo/*Mayer-Maly/Busche*, § 133 Rn 35; Palandt/*Heinrichs*, § 133 Rn 28.

Gesetz ausgelegt.[201] Maßgeblich sind der wirkliche Wille der Betriebspartner und der von ihnen beabsichtigte Regelungszweck. Nach h.M. ist aber auch hier erforderlich, dass Wille und Zwecksetzung im **Wortlaut** einen erkennbaren Niederschlag gefunden haben.[202]

97 **7. Gesellschaftsverträge und Satzungen.** Besondere Grundsätze gelten schließlich für die Auslegung der Satzungen von **Vereinen** und **Kapitalgesellschaften**. Die Rechtsprechung unterscheidet hier danach, ob die infrage stehende Regelung dem individualrechtlichen oder dem körperschaftsrechtlichen Bereich zuzuordnen ist.[203] Zum **individualrechtlichen Bereich** gehören alle Regelungen, die nur die Verhältnisse der bei Vertragsschluss vorhandenen Gesellschafter untereinander betreffen. Da die Satzung ein von den Gründern geschlossener Vertrag ist, können die §§ 133, 157 hier uneingeschränkt angewendet werden.[204] Wichtigstes Auslegungskriterium ist damit der **Wille der Gesellschafter**. Regelungen aus dem **körperschaftsrechtlichen Bereich** haben dagegen auch für künftige Gesellschafter und die Gläubiger der Gesellschaft Bedeutung. Sie müssen daher aus Gründen der Rechtssicherheit und Rechtsklarheit nach objektiven Kriterien aus sich heraus einheitlich ausgelegt werden.[205] Maßgeblich ist in erster Linie der **Wortlaut** der Satzung. Außerhalb der Satzung liegende Umstände müssen grundsätzlich außer Betracht bleiben. Dies gilt für die Absichten und Interessen der Gründer ebenso wie für die Entstehungsgeschichte der Satzung.[206] Eine Ausnahme wird nur für Umstände anerkannt, deren Kenntnis bei den infrage stehenden Personen allgemein erwartet werden kann.[207]

98 Die Objektivierung der Auslegung von Satzungen wird traditionell damit begründet, dass eine **juristische Person** mit ihrer Eintragung ein von den Gründern unabhängiges rechtliches Eigenleben erlangt.[208] Die gleichen Probleme können jedoch auch bei einer **Personengesellschaft** auftreten. Denn auch hier kann der Gesellschaftsvertrag Regelungen enthalten, welche die Rechtsstellung von künftigen Gesellschaftern oder Gesellschaftsgläubigern beeinflussen. Nach der Rechtsprechung sind die persönlichen Vorstellungen der Gründungsgesellschafter bei der Auslegung des Gesellschaftsvertrages einer **Publikumsgesellschaft** deshalb nur insoweit zu berücksichtigen, wie sie in dem Gesellschaftsvertrag zum Ausdruck gekommen sind.[209] Denn die nach Abschluss des Gesellschaftsvertrages beitretenden Gesellschafter müssen sich darauf verlassen können, dass ihnen nur die im Vertragstext enthaltenen Belastungen auferlegt werden können. Vor diesem Hintergrund wird in der Literatur zu Recht gefordert, den Grundsatz der objektiven Auslegung bei Personengesellschaften auf alle Klauseln des Gesellschaftsvertrages zu erstrecken, welche nicht nur die internen Verhältnisse der aktuellen Gesellschafter regeln.[210]

Bei **reinen Innengesellschaften** stellen sich keine vergleichbaren Probleme. Hier sind daher in jedem Fall die allgemeinen Grundsätze über die Auslegung von Verträgen maßgeblich.[211]

C. Weitere praktische Hinweise

I. Abgrenzung von Tat- und Rechtsfrage

99 Welchen Inhalt eine Willenserklärung oder ein Vertrag hat, muss im Prozess aufgrund einer **rechtlichen Würdigung** des Auslegungsmaterials festgestellt werden. Die Auslegung als solche betrifft also eine **Rechtsfrage** und ist daher **von Amts wegen** vorzunehmen. Fragen der Darlegungs- und Beweislast sind insoweit irrelevant.[212]

100 Von der eigentlichen Auslegung zu unterscheiden ist die Feststellung der Tatsachen, die für die rechtliche Würdigung Bedeutung haben können. Es handelt sich hier um eine **Tatfrage**, die nach den allgemeinen

---

201 BAGE 27, 187, 191; 60, 94, 98; Richardi/*Richardi*, BetrVG, 8. Aufl. 2002, § 77 Rn 115.
202 BAGE 60, 94, 98; *Kraft*, in: GK-BetrVG, 7. Aufl. 2002, § 77 Rn 65.
203 Vgl. BGHZ 14, 25, 36 f.; 48, 141, 144; 116, 359, 364; 123, 347, 350. Speziell zur Rechtslage bei der AG *Hüffer*, Aktiengesetz, 4. Aufl. 1999, § 23 Rn 39 f.
204 Soergel/*Hefermehl*, § 133 Rn 15.
205 BGHZ 46, 172, 180; 123, 347, 350; Soergel/*Hefermehl*, § 133 Rn 15; *K. Schmidt*, GesR, 4. Aufl. 2002, § 5 I 4; einschränkend *Grunewald*, ZGS 1995, 68, 84.
206 BGHZ 96, 245, 250; MüKo/*Mayer-Maly/Busche*, § 133 Rn 34; Palandt/*Heinrichs*, § 133 Rn 12; Soergel/*Hefermehl*, § 133 Rn 15.
207 BGHZ 63, 282, 290; 123, 347, 350; Bamberger/Roth/*Schwarz*, § 25 Rn 14; Erman/*Westermann*, § 25 Rn 12.
208 Vgl. BGHZ 46, 172, 179 f.; MüKo/*Mayer-Maly/Busche*, § 133 Rn 34.
209 BGH NJW 1979, 419, 420; DB 1982, 218; OLG Hamburg NJW-RR 1996, 1436; vgl. auch Palandt/*Heinrichs*, § 133 Rn 12; MüKo/*Mayer-Maly/Busche*, § 133 Rn 34.
210 So *Kraft/Kreutz*, GesR, 11. Aufl. 2000, BI 1e; *K. Schmidt*, GesR, 4. Aufl. 2002, § 5 I 4; a.A. *Grunewald*, GesR, 5. Aufl. 2002, Rn A 27.
211 RGZ 156, 129, 133; *K. Schmidt*, GesR, 4. Aufl. 2002, § 5 I 4.
212 Zur prozessualen Einordnung der Auslegung vgl. BGHZ 20, 109; 111; Bamberger/Roth/*Wendtland*, § 133 Rn 32; MüKo/*Mayer-Maly/Busche*, § 133 Rn 59 ff.; Soergel/*Hefermehl*, § 133 Rn 35; *Larenz/Wolf*, BGB AT, § 28 Rn 124 ff.

Auslegung einer Willenserklärung § 133

Regeln der Darlegungs- und Beweislast zu behandeln ist. Der Richter ist daher nicht gehalten, alle in Betracht kommenden Tatsachen von Amts wegen aufzuklären.[213] Macht eine Partei geltend, dass der übereinstimmende Wille der Parteien eine **vom eindeutigen Wortlaut des Vertrages abweichende Auslegung** rechtfertigt, so muss diese Partei die Umstände darlegen und beweisen, aus denen sich ergibt, dass die Parteien dem Vertrag einen vom Wortlaut nicht gedeckten Inhalt beimessen wollten (vgl. auch Rn 37).[214]

Zu den bei der Auslegung (möglicherweise) relevanten Tatsachen gehören zum einen die objektiven Gegebenheiten wie insbesondere der **Wortlaut** und die **Begleitumstände** der Erklärung sowie die Frage nach der Existenz einer bestimmten **Verkehrssitte**.[215] Darüber hinaus werden aber auch subjektive (innere) Tatsachen wie der **wirkliche Wille des Erklärenden** erfasst.[216] Ob dem Empfänger der wirkliche Wille des Erklärenden **bekannt** war, ist ebenfalls eine Tatfrage.[217] Das Gleiche gilt für die Feststellung der sonstigen Umstände, die dem Empfänger bei Wirksamwerden der Erklärung bekannt waren. In welchem Sinne der Empfänger die Erklärung nach diesen Umständen verstehen **musste**, ist dagegen eine Rechtsfrage.[218] 101

Bei Verträgen gehört die Feststellung des **übereinstimmenden Willens beider Parteien** zur Tatfrage.[219] Ist das Vorliegen eines übereinstimmenden Willens unstreitig oder bewiesen, so ist dieses Ergebnis auch dann maßgeblich, wenn sich bei objektiver (normativer) Auslegung ein hiervon abweichendes Verständnis eröffnen würde (vgl. Rn 46).[220] Das Gleiche gilt, wenn die Parteien sich **im Nachhinein** darauf verständigt haben, dass der von ihnen geschlossene Vertrag in einem bestimmten Sinne zu verstehen sein soll.[221] 102

II. Revisibilität

1. Grundsatz. Soweit es im Rahmen der Auslegung um die Klärung von **Tatfragen** (Rn 100 ff.) geht, ist eine inhaltliche Nachprüfung durch das Revisionsgericht von vornherein ausgeschlossen.[222] In diesem Bereich ist daher nur eine **Verfahrensrüge** möglich (vgl. § 559 Abs. 2 ZPO).[223] 103

Die eigentliche Auslegung als normative Würdigung der relevanten Tatsachen ist **Rechtsfrage**. Hier kommt eine revisionsgerichtliche Kontrolle nach §§ 545, 546 ZPO daher in Betracht. 104

2. Individualvereinbarungen. Im Hinblick auf den **Umfang der revisionsgerichtlichen Kontrolle** ist die Rechtsprechung bei Individualvereinbarungen **sehr zurückhaltend**. Die Auslegung ist hiernach grundsätzlich Sache des Tatrichters. Das Revisionsgericht überprüft dessen Auslegung nur daraufhin, ob gesetzliche oder allgemein anerkannte Auslegungsregeln, Denkgesetze oder Erfahrungssätze verletzt worden sind.[224] Eine konkrete Revisionsrüge ist dabei nicht erforderlich (§ 557 Abs. 3 ZPO).[225] 105

Gesetzliche Auslegungsregeln sind insbesondere das Verbot der Buchstabenauslegung (§ 133) und das Gebot der Berücksichtigung von Treu und Glauben und der Verkehrssitte (§ 157).[226] Die Rechtsprechung zählt hierzu außerdem den Grundsatz, dass der Tatrichter alle für die Auslegung relevanten Umstände umfassend zu würdigen und seine Erwägungen in den Entscheidungsgründen nachvollziehbar darzulegen hat.[227] Die Revision kann daher auch darauf gestützt werden, dass der Tatrichter eine für die Auslegung relevante Tatsache bei der Entscheidung nicht berücksichtigt oder in ihrer rechtlichen Bedeutung verkannt hat.[228] 106

Zu den **allgemein anerkannten Auslegungsregeln** gehört etwa der Grundsatz einer nach beiden Seiten hin interessengerechten Auslegung (vgl. Rn 55 ff.).[229] Ein Verstoß gegen **Denkgesetze** liegt vor, wenn der Tatrichter allgemeine Regeln der Logik außer Acht gelassen hat und deshalb z.B. zu einem in sich 107

---

213 BGHZ 20, 109, 111; Bamberger/Roth/Wendtland, § 133 Rn 32.; RGRK/Krüger-Nieland/Zöller, § 133 Rn 57; Soergel/Hefermehl, § 133 Rn 35.
214 BGH NJW 2001, 144, 145; Palandt/Heinrichs, § 133 Rn 29.
215 Vgl. BGHZ 40, 332, 333 f.; BGH NJW 1990, 1723, 1724; MüKo/Mayer-Maly/Busche, § 133 Rn 60; RGRK/Krüger-Nieland/Zöller, § 133 Rn 57; Soergel/Hefermehl, § 133 Rn 35.
216 BGH NJW 2001, 144, 145; Palandt/Heinrichs, § 133 Rn 29; Staudinger/Dilcher, 12. Aufl., §§ 133, 157 Rn 47; Larenz/Wolf, BGB AT, § 28 Rn 127.
217 MüKo/Mayer-Maly/Busche, § 133 Rn 60.
218 MüKo/Mayer-Maly/Busche, § 133 Rn 60; Soergel/Hefermehl, § 133 Rn 35.
219 Soergel/Hefermehl, § 133 Rn 35.
220 BGH LM § 157 (Gf) BGB Nr. 2; Soergel/Hefermehl, § 133 Rn 18; Wieser, JZ 1985, 405, 409.
221 MüKo/Mayer-Maly/Busche, § 133 Rn 59.
222 Palandt/Heinrichs, § 133 Rn 30; Soergel/Hefermehl, § 133 Rn 36.
223 BGH NJW-RR 1990, 455; Soergel/Hefermehl, § 133 Rn 36.
224 BGHZ 131, 136, 138; 137, 69, 72; BGH NJW-RR 1990, 455; NJW 1999, 1022; 2003, 819; st.Rspr.; vgl. auch Palandt/Heinrichs, § 133 Rn 30; RGRK/Krüger-Nieland/Zöller, § 133 Rn 59; Soergel/Hefermehl, § 133 Rn 36; Thomas/Putzo/Reichold, § 546 Rn 6.
225 BGH NJW-RR 1990, 455; NJW 1998, 3268, 3270.
226 Staudinger/Dilcher, 12. Aufl., §§ 133, 157 Rn 47.
227 Vgl. BGH NJW 1999, 1022, 1023.
228 BGH NJW 1995, 45, 46; 1998, 3268, 2369; 2000, 2099; Bamberger/Roth/Wendtland, § 133 Rn 32; Palandt/Heinrichs, § 133 Rn 30.
229 BGHZ 131, 136, 138; 137, 69, 72; BGH NJW 2003, 819.

widersprüchlichen Auslegungsergebnis gekommen ist.[230] Ein Verstoß gegen **allgemeine Erfahrungssätze** wird angenommen, wenn der Tatrichter die Bedeutung des allgemeinen Sprachgebrauchs verkannt hat.[231]

108 Ist dem Tatrichter ein revisibler Auslegungsfehler unterlaufen, so kann das **Revisionsgericht** die **Auslegung selbst vornehmen,** wenn die Sache zu einer abschließenden Entscheidung reif ist, weil keine weiteren tatsächlichen Feststellungen erforderlich sind (vgl. § 563 Abs. 3 ZPO).[232] Dies gilt auch für die **ergänzende Auslegung** (dazu § 157 Rn 69).[233]

109 Die eingeschränkte revisionsgerichtliche Kontrolle der Auslegung ist in der Literatur auf beachtliche **Kritik** gestoßen.[234] Sie lässt sich jedoch damit rechtfertigen, dass die tatsächlichen und normativen Elemente bei der Auslegung von Individualvereinbarungen besonders eng miteinander verknüpft sind. Der für die Feststellung der Tatsachen zuständige Tatrichter ist daher im Allgemeinen „**näher dran**" als das Revisionsgericht, die mit der Auslegung verbundenen Rechtsfragen zu beurteilen.[235] Außerdem kommt den Revisionszwecken „**Wahrung der Rechtseinheit**" und „**Rechtsfortbildung**" bei der Auslegung von Individualvereinbarungen keine Bedeutung zu, weil die hier maßgeblichen Erwägungen am Einzelfall orientiert sind und daher kaum auf andere Streitigkeiten übertragen werden können.[236] Dass das Revisionsgericht die Auslegung bei ausreichenden Tatsachenfeststellungen selbst vornehmen kann, steht hierzu in keinem Widerspruch, weil eine Zurückverweisung in solchen Fällen mit dem Gedanken der **Prozessökonomie** unvereinbar wäre.[237]

110 **3. AGB, Formularverträge und typische Klauseln. Inländische** Allgemeine Geschäftsbedingungen, Formularverträge und typische Klauseln, die im Geschäftsverkehr für bestimmte Geschäfte häufig verwendet werden, unterliegen nach ständiger Rechtsprechung einer **uneingeschränkten Kontrolle** durch das Revisionsgericht, sofern sie über den Bezirk eines Oberlandesgerichts hinaus gelten.[238] Die Sonderbehandlung solcher Klauseln erklärt sich daraus, dass die Besonderheiten des Einzelfalles hier wegen der Objektivierung der Auslegung (Rn 87) keine Rolle spielen und eine einheitliche Handhabung aus Gründen der Rechtssicherheit geboten erscheint.[239]

111 Die Auslegung **ausländischer AGB** ist dagegen der revisionsgerichtlichen Nachprüfung grundsätzlich entzogen.[240] Das Revisionsgericht kann aber in vollem Umfang nachprüfen, ob es sich überhaupt um ausländische AGB handelt[241] und ob die Anwendung der AGB im Einzelfall zu einem Ergebnis führt, das mit wesentlichen Grundsätzen des deutschen Rechts offensichtlich unvereinbar ist (vgl. Art. 6 EGBGB).[242] Der Sache nach gelten insoweit also die gleichen Grundsätze wie für die Auslegung **ausländischer Rechtsnormen,** die nach §§ 545 Abs. 1, 560 ZPO grundsätzlich ebenfalls nicht revisibel ist.[243]

112 **4. Prozesshandlungen und Prozessvergleiche.** Die Auslegung von **Prozesshandlungen** (Rn 9) ist nach ständiger Rechtsprechung auch dann **in vollem Umfang revisibel,** wenn es sich um Individualerklärungen handelt.[244] Dieser Auffassung ist jedoch entgegenzuhalten, dass die Gründe, die für eine Einschränkung der revisionsgerichtlichen Kontrolle bei Individualvereinbarungen sprechen (Rn 105 ff.), grundsätzlich auch auf Prozesshandlungen zutreffen, sofern nicht ausnahmsweise eine Vertypung vorliegt, die für mehrere OLG-Bezirke gilt (z.B. Formular für Erteilung der Prozessvollmacht). Eine Ausweitung des Prüfungsumfangs ist nur gerechtfertigt, wenn sich die Prozesshandlung auf eine Prozessvoraussetzung bezieht, die von Amts wegen zu prüfen ist.[245]

113 Ob der Grundsatz der uneingeschränkten Revisibilität auch für die Auslegung von **Prozessvergleichen** gilt, wird von der h.M. wegen der Doppelnatur dieses Rechtsinstituts als Prozesshandlung und Rechtsgeschäft im materiell-rechtlichen Sinne uneinheitlich beurteilt. Der überwiegende Teil von Rechtsprechung und Literatur

---

230 Vgl. BGH FamRZ 1980, 1104.
231 BGH LM § 133 (C) BGB Nr. 17; LM § 133 (Fb) BGB Nr. 4; Soergel/*Hefermehl,* § 133 Rn 36.
232 BGHZ 65, 107, 112; 121, 284, 289; BGH NJW 1991, 1180, 1181; 2000, 2099, 2100.
233 BGH NJW 1998, 1219; Thomas/Putzo/*Reichold,* § 546 Rn 6.
234 Vgl. etwa MüKo/*Mayer-Maly/Busche,* § 133 Rn 63 ff.; Stein/Jonas/*Grunsky,* ZPO, 21. Aufl. 1994, §§ 549, 550 IV Rn 38; *May,* NJW 1983, 980.
235 Vgl. BGHZ 96, 245, 250; *Larenz/Wolf,* BGB AT, § 28 Rn 130 mit Fn 154.
236 *Larenz/Wolf,* BGB AT, § 28 Rn 131.
237 Vgl. BGH NJW 2000, 2099, 2100.
238 BGHZ 1, 83, 86; 22, 109, 113; 62, 251, 252 f.; 67, 101, 103; 122, 256, 260; BGH NJW 2001, 1270, 1271; Palandt/*Heinrichs,* § 133 Rn 31; RGRK/ *Krüger-Nieland/Zöller,* § 133 Rn 61, 67; Soergel/ *Hefermehl,* § 133 Rn 37; Thomas/Putzo/*Reichold,* § 546 Rn 7.
239 Vgl. Staudinger/*Roth,* § 157 Rn 55.
240 BGHZ 49, 356, 362; 112, 204, 210; Palandt/ *Heinrichs,* § 133 Rn 31.
241 BGHZ 112, 204, 210.
242 RGRK/*Krüger-Nieland/Zöller,* § 133 Rn 64; Thomas/Putzo/*Reichold,* § 545 Rn 10.
243 Vgl. dazu BGHZ 27, 45, 50 f.; BGH NJW 1992, 2027, 2029; *Looschelders,* IPR, Vorbem. zu Artt. 3–6 EGBGB Rn 47 ff.
244 BGHZ 4, 328, 334; 115, 286, 290 = NJW 1992, 566; BGH NJW-RR 1996, 1210, 1211; NJW 2000, 3216, 3217 m. Anm. *Olzen,* EWiR 2000, 195; Thomas/ Putzo/*Reichold,* § 546 Rn 4.
245 So auch MüKo-ZPO/*Wenzel,* § 550 Rn 11; Stein/ Jonas/*Grunsky,* ZPO, §§ 549, 550 IV Rn 45.

spricht sich für eine Gleichbehandlung mit Individualvereinbarungen aus. Die Auslegung des materiellrechtlichen Inhalts eines Prozessvergleichs kann somit vom Revisionsgericht nur daraufhin überprüft werden, ob der Tatrichter gesetzliche oder allgemein anerkannte Auslegungsregeln, Denkgesetze, Erfahrungssätze oder Verfahrensvorschriften verletzt hat.[246]

5. Gesellschaftsverträge und Satzungen. Soweit bei der Auslegung der Satzungen von **Kapitalgesellschaften** aus Gründen der Rechtssicherheit eine **objektivierte Betrachtung** geboten ist (siehe dazu Rn 97 f.), treffen die für die Einschränkung der revisionsgerichtlichen Kontrolle maßgeblichen Gründe nicht zu. Die h.M. geht daher zu Recht davon aus, dass die Auslegung der körperschaftlichen Regelungen solcher Satzungen in vollem Umfang durch das Revisionsgericht überprüft werden kann.[247] Das Gleiche muss dann aber auch für die Auslegung der körperschaftlichen Regelungen der Gesellschaftsverträge von **Personengesellschaften** (Rn 98) gelten.[248]

114

Die Auslegung der **individualrechtlichen Bestimmungen** von Satzungen oder Gesellschaftsverträgen ist primär Sache des Tatrichters. Die revisionsgerichtliche Kontrolle ist hier ebenso eingeschränkt wie bei der Auslegung sonstiger Individualvereinbarungen.[249]

115

Bei rechtsfähigen und nicht rechtsfähigen **Vereinen** wird traditionell davon ausgegangen, dass die Auslegung der Satzung nur dann der uneingeschränkten Kontrolle durch das Revisionsgericht unterliegt, wenn der Wohnsitz der Mitglieder in mehr als einem OLG-Bezirk liegt.[250] Die damit gezogene Parallele zu § 545 Abs. 1 ZPO kann indes nicht überzeugen. Der oft eher zufällige, schwer feststellbare und vielleicht sogar wechselnde Wohnsitz einzelner Vereinsmitglieder ist kein geeignetes Kriterium für die Frage, in welchem Umfang die Auslegung einer Vereinssatzung der revisionsgerichtlichen Kontrolle unterliegen soll.[251] Es ist daher zu begrüßen, dass der BGH in neuerer Zeit nicht mehr auf dieses Kriterium zurückgegriffen hat.[252] Die revisionsgerichtliche Kontrolle der Auslegung von Vereinssatzungen dürfte damit heute den gleichen Grundsätzen unterliegen wie die Kontrolle der Auslegung sonstiger Satzungen.[253]

116

Anhang zu § 133: Auslegung von Gesetzen und Rechtsfortbildung

Literatur: *Bärenz*, Die Auslegung der überschießenden Umsetzung von Richtlinien am Beispiel des Gesetzes zur Modernisierung des Schuldrechts, DB 2003, 375; *Betti*, Allgemeine Auslegungslehre als Methode der Geisteswissenschaft, 1967; *Bydlinski*, Juristische Methodenlehre und Rechtsbegriff, 2. Auflage 1991; *Canaris*, Die Feststellung von Lücken im Gesetz, 2. Auflage 1983; *ders.*, Das Rangverhältnis der „klassischen" Auslegungskriterien, demonstriert an Standardproblemen aus dem Zivilrecht, in: FS Medicus 2001, S. 25; *Deckert*, Die Methodik der Gesetzesauslegung, JA 1994, 412; *Ehricke*, Die richtlinienkonforme und die gemeinschaftsrechtskonforme Auslegung nationalen Rechts, RabelsZ 59 (1995), 598; *Engisch*, Einführung in das juristische Denken, 9. Auflage 1997; *Enneccerus/Nipperdey*, Allgemeiner Teil des Bürgerlichen Rechts, 1. Halbband, 15. Auflage 1959; *Everling*, Zur Auslegung des durch EG-Recht angeglichenen nationalen Rechts, ZGS 1992, 376; *Grundmann*, Richtlinienkonforme Auslegung im Bereich des Privatrechts – insbesondere: der Kanon der nationalen Auslegungsmethoden als Grenze?, ZEuP 1996, 399; *Hassold*, Wille des Gesetzgebers oder objektiver Sinn des Gesetzes – subjektive oder objektive Theorie der Gesetzesauslegung, ZZP 94 (1981), 192; *ders.*, Strukturen der Gesetzesauslegung, in: FS Larenz 1983, S. 211; *Horn*, Einführung in die Rechtswissenschaft und Rechtsphilosophie, 2. Auflage 2001; *U. Huber*, Savignys Lehre von der Auslegung der Gesetze in heutiger Sicht, JZ 2003, 1; *Koch/Rüßmann*, Juristische Begründungslehre, 1982; *Kramer*, Juristische Methodenlehre, 1998; *Larenz*, Methodenlehre der Rechtswissenschaft, 6. Auflage 1991; *Larenz/Canaris*, Methodenlehre der Rechtswissenschaft (Studienausgabe), 3. Auflage 1995; *Looschelders/Roth*, Juristische Methodik im Prozeß der Rechtsanwendung, 1996; *Lüdemann*, Die verfassungskonforme Auslegung von Gesetzen, JuS 2004, 27; *Lüderitz*, Die Auslegung von Rechtsgeschäften, 1966; *F. Müller*, Juristische Methodik, 7. Auflage 1997; *Neuner*, Die Rechtsfindung contra legem, 1992; *Pawlowski*, Methodenlehre für Juristen, 3. Auflage 1999; *Schroeder*, Die Auslegung des EU-Rechts, JuS 2004, 180; *Wank*, Die Auslegung von Gesetzen, 1997; *Zippelius*, Juristische Methodenlehre, 8. Auflage 2003.

---

246 So RGZ 154, 319, 320; BGH MDR 1968, 576; NJW-RR 1996, 932; Palandt/*Heinrichs*, § 133 Rn 30; MüKo/*Habersack*, § 779 Rn 45; MüKo-ZPO/ *Wenzel*, § 550 Rn 12; Staudinger/*Marburger*, § 779 Rn 92; Thomas/Putzo/*Reichold*, § 546 Rn 6; a.A. (für uneingeschränkte Nachprüfung) BAG MDR 1983, 1053; Baumbach/Lauterbach/*Albers*, ZPO, § 546 Rn 5. Der BGH hat die Frage in neuerer Zeit wiederholt offen gelassen, vgl. BGH NJW 1995, 652, 654; 1997, 250, 252; 1997, 731, 732; 2000, 1942, 1943; NJW-RR 1995, 1201, 1202.

247 Vgl. BGHZ 14, 25, 36; 68, 142, 146; 116, 359, 364; 123, 347, 350; BGH NJW 1994, 184, 185; Soergel/ *Hefermehl*, § 133 Rn 38; Palandt/*Heinrichs*, § 133 Rn 31.

248 BGH DB 1982, 218; Palandt/*Heinrichs*, § 133 Rn 31.

249 Baumbach/Lauterbach/*Albers*, ZPO, § 546 Rn 5.

250 So BGHZ 21, 370, 374; 27, 297, 300; BGH NJW 1967, 1657, 1658; Thomas/Putzo/*Reichold*, § 546 Rn 9; Soergel/*Hefermehl*, § 133 Rn 38.

251 So auch Soergel/*Hadding*, § 25 Rn 36; Staudinger/ *Weick*, § 25 Rn 17.

252 Vgl. BGHZ 96, 245, 250; BGH WM 1997, 1701, 1702.

253 In diesem Sinne auch Bamberger/Roth/*Schwarz*, § 25 Rn 14 Fn 47, wonach die einschränkende Rechtsprechung des BGH zu Vereinssatzungen nicht mehr aktuell ist.

Anhang zu § 133

A. Allgemeines
- I. Bedeutung der §§ 133, 157 1
- II. Ziel, Gegenstand und Mittel der Gesetzesauslegung 2
- III. Der Maßstab der Gesetzesauslegung 3
  1. Subjektive und objektive Theorie 3
  2. Der Wille des Gesetzgebers 5
  3. Praktische Bedeutung des Meinungsstreits 8
  4. Vertrauensschutz des Normadressaten 10
- IV. Der Wortlaut als Grenze der Auslegung 12

B. Die Auslegung von Gesetzen 14
- I. Grammatische Auslegung 15
- II. Systematische Auslegung 18
- III. Historische und genetische Auslegung 20
  1. Historische Auslegung 20
  2. Genetische Auslegung 22
- IV. Teleologische Auslegung 25
  1. Sinn und Zweck des Ergebnisses 25
  2. Vereinbarkeit mit höherrangigem Recht 27
     a) Verfassungskonforme Auslegung 28
     b) Europarechts- und richtlinienkonforme Auslegung 30
        aa) Grundsatz 30
        bb) Voraussetzungen und Grenzen der richtlinienkonformen Auslegung 32
        cc) Keine „gespaltene" Auslegung 35
        dd) Vorabentscheidung durch den EuGH 36
- V. Verhältnis zwischen den Auslegungsmethoden 37

C. Richterliche Rechtsfortbildung 38
- I. Ergänzende Rechtsfortbildung 39
  1. Planwidrige Regelungslücke 39
  2. Methoden der ergänzenden Rechtsfortbildung 41
- II. Abändernde Rechtsfortbildung 45
  1. Teleologische Reduktion 45
  2. Teleologische Extension und teleologische Modifikation 48

A. Allgemeines

I. Bedeutung der §§ 133, 157

1 Im Unterschied zu anderen kontinentaleuropäischen Zivilrechtskodifikationen (z.B. §§ 6–8 österr. ABGB, Art. 1 schweiz. ZGB) ist die Auslegung von Gesetzen im BGB nicht einmal ansatzweise geregelt. Für die Auslegung von Rechtsgeschäften enthalten die §§ 133, 157 zwar einige allgemeine Regeln, die auch für die Gesetzesauslegung relevant sind, wie etwa das Verbot der Buchstabeninterpretation in § 133.[1] Insoweit handelt es sich jedoch um hermeneutische Selbstverständlichkeiten.[2] Bei konkreten Problemen lässt sich dagegen oft feststellen, dass die für die Auslegung von Rechtsgeschäften entwickelten Grundsätze auf die Auslegung von Gesetzen **nicht passen**. So kann man sich bei der Auslegung von Gesetzen nicht entsprechend der Lehre vom Empfängerhorizont an den Verständnismöglichkeiten der Normadressaten orientieren, weil dies die notwendige Einheitlichkeit des Gesetzesinhalts infrage stellen würde (vgl. Rn 10). In anderen Fällen mag man **aus unterschiedlichen Gründen** zu gleichen Ergebnissen kommen. So hat der Wille des Gesetzgebers bei der Auslegung von Gesetzen aus verfassungsrechtlichen Gründen eine ähnlich große Bedeutung wie der Wille des Erklärenden bei der Auslegung von Willenserklärungen (vgl. Rn 3 ff.). Bei allen methodischen Parallelen folgt die Auslegung von Gesetzen also letztlich **eigenständigen Regeln**. Die §§ 133, 157 haben damit in diesem Bereich keine praktische Bedeutung.

II. Ziel, Gegenstand und Mittel der Gesetzesauslegung

2 Die Gesetzesauslegung hat das Ziel, den für die Entscheidung maßgebenden **Inhalt des Gesetzes** mit Blick auf einen konkreten Lebenssachverhalt zu ermitteln.[3] Gegenstand und primäres Mittel der Auslegung ist der **Gesetzestext**.[4] Denn dieser stellt aus verfassungsrechtlichen Gründen die allein verbindliche Verkörperung („Objektivierung") des gesetzgeberischen Willens dar.[5] Bei Auftreten von Unklarheiten ist der Rechtsanwender aber nicht darauf beschränkt, den Inhalt der Norm aus deren Wortlaut und systematischer Stellung heraus zu ermitteln (**textinterne Auslegung**); er kann (und muss) vielmehr auch außerhalb des Gesetzestextes liegende Kriterien berücksichtigen (**textexterne Auslegung**).[6]

---

1 Vgl. BGHZ 2, 176, 184; 13, 28, 30; Palandt/*Heinrichs*, Einl. Rn 50; RGRK/*Krüger-Nieland/Zöller*, § 133 Rn 50; krit. gegenüber der Anlehnung an § 133 bei der Gesetzesauslegung Soergel/*Hefermehl*, Anh. § 133 Rn 1.
2 So MüKo/*Mayer-Maly/Busche*, § 133 Rn 42.
3 Soergel/*Hefermehl*, Anh. § 133 Rn 1; *Flume*, BGB AT, § 16, 1b; *Looschelders/Roth*, Juristische Methodik, S. 21.
4 *Larenz*, Methodenlehre, S. 313.
5 Vgl. *Looschelders/Roth*, Juristische Methodik, S. 21 ff.
6 Zur dieser Unterscheidung vgl. *Looschelders/Roth*, Juristische Methodik, S. 28 f.

III. Der Maßstab der Gesetzesauslegung

1. Subjektive und objektive Theorie. An welchem Maßstab der Rechtsanwender sich bei der Auslegung von Gesetzen zu orientieren hat, ist umstritten. Die **subjektive Theorie** stellt auf den wirklichen (subjektiven) Willen des historischen Gesetzgebers ab.[7] Nach der **objektiven Theorie** ist dagegen der vom subjektiven Willen des historischen Gesetzgebers losgelöste objektivierte Wille des Gesetzes maßgeblich.[8] In der neueren Literatur werden zunehmend **vermittelnde Auffassungen** vertreten, wonach subjektive und objektive Kriterien bei der Auslegung nebeneinander relevant sind.[9] Der Sache nach entspricht dies auch der Ansicht des BVerfG und der neueren Rechtsprechung des BGH. Maßstab der Auslegung ist hiernach der „objektivierte Wille" des Gesetzgebers.[10]

Bei der **Würdigung des Meinungsstreits** ist davon auszugehen, dass die verschiedenen Theorien unterschiedliche Erkenntnisinteressen befriedigen und daher aus **allgemeiner hermeneutischer Sicht** prinzipiell gleichwertig sind.[11] Die Entscheidung muss daher auf spezifisch rechtliche Erwägungen gestützt werden. Zentrale Bedeutung kommt dabei der **verfassungsrechtlichen Verteilung der Kompetenzen** zu. Wenn der Richter nach Art. 20 Abs. 3 und Art. 97 Abs. 1 GG an das Gesetz gebunden ist, so beschränkt sich dies nicht auf eine formale Bindung an den Wortlaut des Gesetzes; bei materieller Betrachtung kann es vielmehr nur um eine Bindung an die im Gesetz zum Ausdruck gekommenen Entscheidungen des Gesetzgebers gehen.[12] Art. 20 Abs. 3 GG steht dabei in einem unmittelbaren Zusammenhang mit Art. 20 Abs. 2 S. 2 GG. Während dort das Gewaltenteilungsprinzip statuiert ist, regelt Art. 20 Abs. 3 GG das Verhältnis zwischen den Gewalten im Sinne eines **grundsätzlichen Primats des Gesetzgebers**.[13] Im Ergebnis ergibt sich damit eine deutliche Parallele zu § 133. Dies darf jedoch nicht darüber hinwegtäuschen, dass die Maßgeblichkeit des Willens des „Erklärenden" bei Willenserklärungen und Gesetzen auf unterschiedlichen Erwägungen beruht.

2. Der Wille des Gesetzgebers. Da das Gesetz seine Legitimation von dem Gesetzgeber ableitet, der es erlassen hat, muss der Rechtsanwender sich bei der Auslegung im Ausgangspunkt am Willen des **historischen Gesetzgebers** orientieren.[14] Dass eine Rückbindung an den Willen des aktuellen Gesetzgebers nicht legitimierbar ist, zeigt auch die Rechtsprechung des BVerfG zu Art. 100 GG, wonach vorkonstitutionelle Gesetze nicht automatisch dem aktuellen Gesetzgeber zuzurechnen sind.[15]

Jeder Gesetzgeber ist sich indessen bewusst, dass sich die tatsächlichen und rechtlichen Verhältnisse im Laufe der Zeit ändern können. Bei **älteren Gesetzen** ist es daher zulässig und geboten, den Willen des Gesetzgebers mit Blick auf die aktuellen tatsächlichen und rechtlichen Verhältnisse „fortzuschreiben".[16] Dabei gewinnen objektiv-teleologische Kriterien große Bedeutung.[17] Ausgangspunkt bleiben aber die Wertungen des historischen Gesetzgebers.

Auch bei **neueren Gesetzen** lässt sich die Bindung an den tatsächlichen Willen des historischen Gesetzgebers bei der praktischen Rechtsanwendung nicht uneingeschränkt verwirklichen. Dies beruht häufig darauf, dass der Gesetzgeber die infrage stehende Problematik nicht bedacht und deshalb insoweit überhaupt keine Wertentscheidung getroffen hat. In anderen Fällen mag sich die gesetzgeberische Wertentscheidung nicht sicher feststellen lassen. Auf der Grundlage einer subjektiven Auslegungstheorie muss in solchen Fällen hilfsweise auf den **mutmaßlichen Willen des Gesetzgebers** abgestellt werden.[18] Da der Wille des

---

7 Vgl. BGHZ 13, 28, 30; BGH NJW 1997, 1695, 1696 f. = ZIP 1997, 1507 m. krit. Anm. *Canaris*; MüKo/*Säcker*, Einl. Rn 65, 105 ff.; *Engisch*, Einführung, S. 121 Anm. 47; *Enneccerus/Nipperdey*, BGB AT-1, S. 324 ff.; *Heck*, Gesetzesauslegung und Interessenjurisprudenz, 1914, S. 64 ff.; *Looschelders/Roth*, Juristische Methodik, S. 28 ff.; *Hassold*, ZZP 94 (1981), 192 ff., 210.

8 So auch BGHZ 2, 176, 184; BGHSt 1, 74, 76; *Scherner*, BGB AT, 1995, S. 10.

9 Vgl. etwa Soergel/*Hefermehl*, Anh. § 133 Rn 2; Staudinger/*Coing*, Einl. zum BGB Rn 137; *Kramer*, Methodenlehre, S. 101 ff.; *Larenz*, Methodenlehre, S. 316 ff.; *Hübner*, BGB AT, Rn 103.

10 Vgl. BVerfGE 1, 299, 312; 11, 126, 129 ff.; 71, 81, 106; 79, 106, 121; BGHZ 46, 74, 76; 49, 221, 223; ferner *Heinrichs*, Einl. Rn 50; RGRK/Krüger-Nieland/*Zöller*, § 133 Rn 50.

11 So auch *Zippelius*, Methodenlehre, § 4 IIa.

12 Vgl. BVerfGE 35, 263, 278 f.; *Enneccerus/Nipperdey*, BGB AT-1, S. 317; *Larenz*, Methodenlehre, S. 316; *Looschelders/Roth*, Juristische Methodik, S. 51.

13 Vgl. *Looschelders/Roth*, Juristische Methodik, S. 54.

14 MüKo/*Säcker*, Einl. Rn 108; *Enneccerus/Nipperdey*, BGB AT-1, S. 324 ff.; *Looschelders/Roth*, Juristische Methodik, S. 62; auf den Willen des aktuellen Gesetzgebers abstellend *Pawlowski*, Methodenlehre, Rn 3c, 486; *Wank*, Auslegung, S. 33 ff. Eine Ausnahme gilt für Gesetze aus der NS-Zeit; vgl. dazu *Looschelders/Roth*, Juristische Methodik, S. 212.

15 Vgl. BVerfGE 63, 181, 188; 70, 126, 129 ff.; BVerfG NJW 1998, 3557.

16 *Betti*, Auslegungslehre, S. 632; *Larenz*, Methodenlehre, S. 319 Fn. 16; *Looschelders/Roth*, Juristische Methodik, S. 64; MüKo/*Säcker*, Einl. Rn 109. Zu einem praktischen Beispiel BGHZ 124, 128, 144: Anpassung des Haftungsrechts an die Fortschritte der Medizin.

17 Vgl. BGHZ 47, 324, 326, wonach der Wille des historischen Gesetzgebers in solchen Fällen gegenüber objektiven Auslegungskriterien zurücktritt.

18 *Looschelders/Roth*, Juristische Methodik, S. 65 f., 160 ff.

Gesetzgebers im Zweifel auf eine vernünftige und interessengerechte Lösung gerichtet sein wird, haben objektiv-teleologische Erwägungen auch hier eine große Bedeutung.[19]

8 **3. Praktische Bedeutung des Meinungsstreits.** Da auch nach einer richtig verstandenen subjektiven Theorie objektiv-teleologische Erwägungen in den meisten Zweifelsfällen den Ausschlag geben, kommt es bei der praktischen Rechtsanwendung regelmäßig nicht auf den Streit über den Auslegungsmaßstab an. Dies gilt insbesondere für **ältere Gesetze** wie das BGB, bei denen die notwendige „Aktualisierung"[20] der gesetzgeberischen Wertentscheidung dem Rechtsanwender genügend Spielraum gibt, um eine interessengerechte Lösung für neue tatsächliche und rechtliche Probleme zu entwickeln.

9 Mit dem Schuldrechtsmodernisierungsgesetz ist indes eine Vielzahl von Bestimmungen in das BGB aufgenommen worden, die auf einer **aktuellen gesetzgeberischen Wertentscheidung** beruhen; infolge der Fülle der zugänglichen Materialien kann diese Wertentscheidung auch oft mit der notwendigen Sicherheit festgestellt werden. In solchen Fällen stellt sich die Frage, ob eine Vorschrift **gegen die klare Wertentscheidung des Gesetzgebers** ausgelegt werden darf. Nach der hier vertretenen Auffassung ist dies zu verneinen. Ist eine klare gesetzgeberische Entscheidung feststellbar, die nicht aufgrund eines Wandels der tatsächlichen oder rechtlichen Verhältnisse „aktualisiert" werden muss, so ist der Richter nach Art. 20 Abs. 3 GG daran gehindert, sich hierüber unter Berufung auf objektiv-teleologische Kriterien hinwegzusetzen.[21]

10 **4. Vertrauensschutz des Normadressaten.** Anders als bei der Auslegung von Willenserklärungen (dazu § 133 Rn 24 ff.) sind die **Verständnismöglichkeiten der** (potenziellen) **Adressaten** bei der Auslegung von Gesetzen grundsätzlich **irrelevant**.[22] Die Lehre vom Empfängerhorizont kann hier schon deshalb nicht herangezogen werden, weil der Sinn des Gesetzes für alle Adressaten gleich sein muss. Der Normadressat hat daher im Zweifel rechtlichen Rat einzuholen. Im Übrigen enthalten das materielle Recht und das Prozessrecht aber zahlreiche Möglichkeiten, um den verfassungsrechtlich gebotenen Vertrauensschutz (Art. 20 Abs. 3 GG) zu verwirklichen.

11 In materiell-rechtlicher Hinsicht kommt dabei dem **Verschuldensprinzip** große Bedeutung zu. Verschärft die Rechtsprechung in einem bestimmten Bereich die Anforderungen an die im Verkehr erforderliche Sorgfalt (§ 276 Abs. 2), so kann das Verhalten des Schädigers als nicht schuldhaft zu qualifizieren sein, wenn er sich an der bisherigen Rechtsprechung orientiert hat.[23] Bei einem Rechtsanwalt oder Notar ist die objektiv unrichtige Anwendung einer Vorschrift im Allgemeinen nicht schuldhaft, wenn der Betreffende sich an der seinerzeit maßgeblichen Rechtsprechung orientiert hat.[24] Greift kein materiell-rechtliches Korrektiv ein, so haben die Gerichte die Möglichkeit, die mit einer **Änderung der Rechtsprechung** verbundenen Folgen aus Gründen des Vertrauensschutzes ausnahmsweise **auf künftige Fälle zu beschränken**.[25]

IV. Der Wortlaut als Grenze der Auslegung

12 Auch wenn dem Willen des Gesetzgebers bei der Auslegung von Gesetzen zentrale Bedeutung zukommt, so ist der Text des Gesetzes aus verfassungsrechtlichen Gründen doch die allein verbindliche „Objektivierung" dieses Willens (vgl. Rn 4). Die Auslegung hat die Aufgabe, den Inhalt des Gesetzes zu ermitteln. Was mit dem möglichen Wortsinn nicht vereinbar ist, kann aber nicht Inhalt des Gesetzes sein. Die h.M. geht daher zu Recht davon aus, dass die Auslegung durch den Wortlaut des Gesetzes begrenzt wird.[26] Dies bedeutet zwar nicht, dass der Wille des Gesetzgebers nicht auch über die Wortlautgrenze hinaus berücksichtigt werden dürfte. Insoweit befindet man sich jedoch im Bereich der **richterlichen Rechtsfortbildung**, die einer besonderen Legitimation bedarf.

13 In der älteren Rechtsprechung und Literatur ist teilweise die Auffassung vertreten worden, der Wille des Gesetzgebers könne im Rahmen der Auslegung nur insoweit berücksichtigt werden, wie er im Text des Gesetzes zumindest „wenn auch noch so unvollkommenen Ausdruck" gefunden habe.[27] Wenn damit gesagt

---

19 Vgl. RGZ 74, 69, 72; *Engisch*, Einführung, S. 120.
20 *Zimmermann*, NJW 1956, 1262, 1263 f.
21 Vgl. BVerfGE 8, 28, 33 ff.; 18, 97, 111; BGHZ 46, 74, 85; BGH NJW 1997, 1695, 1697; RGRK/*Krüger-Nieland*/*Zöller*, § 133 Rn 52; *Looschelders*/*Roth*, Juristische Methodik, S. 195 ff.
22 MüKo/*Säcker*, Einl. Rn 115; *Flume*, BGB AT II, § 16, 1c; *Larenz*, Methodenlehre, S. 347; *Looschelders*/*Roth*, Juristische Methodik, S. 14.
23 Vgl. BGH NJW 1985, 620; 1995, 2631.
24 BGH NJW 2000, 70, 73.
25 Vgl. BGH NJW 1996, 924, 925; 2003, 1803, 1805; BAGE 24, 177, 194; 26, 333, 336 ff. Ausf. zum Problem der Rückwirkung von Rspr. *Medicus*, NJW 1995, 2577 ff.
26 Vgl. BVerfGE 71, 81, 115; 83, 130, 144; 92, 1, 12; BGHZ 46, 74, 76; Soergel/*Hefermehl*, Anh. § 133 Rn 5; *Bydlinski*, Methodenlehre, S. 441, 467 f.; *Larenz*, Methodenlehre, S. 322, 343; *Looschelders*/*Roth*, Juristische Methodik, S. 66 ff.; *F. Müller*, Juristische Methodik, Rn 308 ff.
27 So etwa RGZ 52, 334, 342; *Enneccerus*/*Nipperdey*, BGB AT-1, S. 325; *Hassold*, in: FS Larenz, S. 211, 218 f. Ausf. dazu *Lüderitz*, Auslegung, S. 31 ff.

werden soll, der Wille des Gesetzgebers müsse irgendwie aus dem Gesetzestext herzuleiten sein, so kann dem nicht gefolgt werden.[28] Die **Andeutungstheorie** mag bei der Auslegung formbedürftiger Willenserklärungen einen legitimen Sinn haben (vgl. § 133 Rn 74 ff.). Bei der Auslegung von Gesetzen genügt es aber den verfassungsrechtlichen Anforderungen an die „Verkörperung" des gesetzgeberischen Willens, dass das Ergebnis der Auslegung mit dem möglichen Wortsinn vereinbar ist.[29]

B. Die Auslegung von Gesetzen

Bei der Gesetzesauslegung kann man auf einen weitgehend anerkannten **„Kanon"** von Methoden zurückgreifen, der sich im Wesentlichen auf die von *Friedrich Carl v. Savigny* entwickelte Lehre[30] zurückführen lässt. Im Einzelnen handelt es sich um die grammatische, die systematische, die historische und genetische sowie die teleologische Auslegung.

I. Grammatische Auslegung

Die Auslegung von geschriebenen Gesetzen[31] beginnt mit der grammatischen Interpretation des Gesetzestextes.[32] Ausgangspunkt ist wie bei der Auslegung von Willenserklärungen (§ 133 Rn 24 ff.) das **einzelne Wort**. Aufgabe des Rechtsanwenders ist es, den Sinn zu ermitteln, den der Gesetzgeber damit verbunden hat. Dabei ist das **Wortverständnis des historischen Gesetzgebers** zugrunde zu legen.[33] Ändert sich der Sprachgebrauch, so führt dies grundsätzlich nicht zu einer Änderung des Norminhalts. Etwas anderes kann aber gelten, wenn die Änderung des Sprachgebrauchs mit einer Änderung der tatsächlichen oder rechtlichen Verhältnisse einhergeht; in diesem Fall kommt eine Fortschreibung der gesetzgeberischen Wertentscheidung (dazu Rn 6) in Betracht, um eine Anpassung des Norminhalts an die veränderten Verhältnisse zu ermöglichen.[34] Im Übrigen ist grundsätzlich der **allgemeine Sprachgebrauch** maßgeblich.[35] Hat das infrage stehende Wort eine **technisch-juristische Bedeutung**, so geht diese aber im Allgemeinen der umgangssprachlichen Bedeutung vor.[36]

Bei der grammatischen Auslegung von Gesetzen darf der Rechtsanwender nicht beim einzelnen Wort stehen bleiben, sondern muss dieses im Kontext des infrage stehenden Satzes und der gesamten Rechtsnorm sehen.[37] Eine solche **kontextuale Auslegung** ist häufig geeignet, den Kreis der möglichen Wortbedeutungen einzuschränken, weil das Wort mit einer bestimmten Bedeutung nicht sinnvoll in das Gefüge des Satzes eingepasst werden kann.[38] Darüber hinaus muss auch die **Struktur des jeweiligen Satzes** (Satzstellung, Formulierung als Ausnahme etc.) berücksichtigt werden.[39] So deutet eine **doppelte Negation** auf eine Beweislastumkehr hin (vgl. etwa §§ 280 Abs. 1 S. 2, 311a Abs. 2 S. 2). Verwendet der Gesetzgeber die **Regel-/Ausnahmetechnik**, so heißt dies zwar nicht, dass die betreffende Ausnahmevorschrift generell eng auszulegen und nicht analogiefähig ist.[40] Die Ausnahmevorschrift darf jedoch nicht so erweitert werden, dass die Regel obsolet wird.[41] Enthält eine Vorschrift eine **abschließende Auflistung** einzelner Tatbestände (z.B. § 312 Abs. 1 S. 1, Art. 29 Abs. 1 EGBGB), so wird eine generelle Ausweitung auf vergleichbare Fälle im Wege einer Gesamtanalogie im Allgemeinen ausscheiden. Eine extensive Auslegung der einzelnen Tatbestände kann aber durchaus in Betracht kommen.[42]

Entgegen einer in der älteren Rechtsprechung verbreiteten Auffassung[43] schließt der (scheinbar) **eindeutige Wortlaut** des Gesetzes die Auslegung nicht von vornherein aus. Denn ob der Wortlaut eindeutig ist, muss erst durch Auslegung geklärt werden.[44] Davon abgesehen können die Aspekte, die bei der weiteren

---

28 Abl. auch MüKo/*Säcker*, Einl. Rn 98 ff.
29 *Looschelders/Roth*, Juristische Methodik, S. 69 f.
30 *v. Savigny*, System des heutigen Römischen Rechts, Bd. 1, 1840, S. 213 ff. Zur Bedeutung *v. Savignys* für die aktuelle Methodik der Auslegung vgl. *U. Huber*, JZ 2003, 1 ff.
31 Zur Auslegung von Gewohnheitsrecht vgl. *Larenz*, Methodenlehre, S. 356 ff.
32 Vgl. BGHZ 46, 74, 76; Soergel/*Hefermehl*, Anh. § 133 Rn 5.
33 Vgl. BGHZ 3, 162, 166 f.; *Larenz/Canaris*, Methodenlehre, S. 144; Staudinger/*Coing*, Einl. zum BGB Rn 140; i.E. auch Soergel/*Hefermehl*, Anh. § 133 Rn 5.
34 Vgl. BGHZ 3, 162, 168; Staudinger/*Coing*, Einl. zum BGB Rn 142.
35 Vgl. *Horn*, Einführung, Rn 178; *Looschelders/Roth*, Juristische Methodik, S. 140.
36 Vgl. *Engisch*, Einführung, S. 93 f.
37 Vgl. *Betti*, Auslegungslehre, S. 220; *Larenz*, Methodenlehre, S. 324 ff.
38 Vgl. *Looschelders/Roth*, Juristische Methodik, S. 141.
39 Vgl. *Larenz/Wolf*, BGB AT, § 3 Rn 91.
40 So aber BGHZ 11, 135, 143; BGH NJW 1989, 460, 461; zutr. dagegen BVerfGE 37, 363, 404; *Bydlinski*, Methodenlehre, S. 440; Palandt/*Heinrichs*, Einl. Rn 63.
41 *Canaris*, Lücken, S. 181; *Looschelders/Roth*, Juristische Methodik, S. 145.
42 Vgl. *Looschelders*, Schuldrecht AT, 2. Aufl. 2004, Rn 163 (zu § 312 Abs. 1 S. 1).
43 BVerfGE 1, 63, 264; BGHZ 4, 369, 375; BGH NJW 1951, 369.
44 Vgl. BGHZ 2, 176, 184 f.; MüKo/*Säcker*, Einl. Rn 97; Soergel/*Hefermehl*, Anh. § 133 Rn 5; *Enneccerus/Nipperdey*, BGB AT-1, S. 333; *Larenz*, Methodenlehre, S. 343.

(textexternen) Auslegung ermittelt werden, bei eindeutigem Wortlaut immer noch für die Notwendigkeit einer Rechtsfortbildung sprechen.

II. Systematische Auslegung

18 Die systematische Auslegung geht (anders als die kontextuale Auslegung) über die einzelne Norm hinaus und versucht, deren Inhalt aus der **Stellung im Gefüge des betreffenden Gesetzes** oder dem **Inhalt von anderen Normen** zu bestimmen.[45] Eine solches Vorgehen rechtfertigt sich aus dem Gedanken, dass die Rechtsordnung ein geschlossenes Ganzes darstellt, dessen einzelne Teile weitgehend aufeinander abgestimmt sind und einander in vielen Bereichen inhaltlich bedingen (**Einheit der Rechtsordnung**).[46] Besondere Ausprägungen der systematischen Auslegung sind der *lex-specialis-* und der *lex-posterior-Satz*, wonach die speziellere Vorschrift der allgemeineren und die spätere Vorschrift der früheren vorgeht.[47]

19 Bei einem weiteren Verständnis gehört hierin auch die **verfassungskonforme Auslegung** (dazu Rn 28 f.).[48] Da es bei dieser Methode nicht mehr darum geht, die Systematik des Gesetzes nachzuvollziehen, überwiegen aber die teleologischen Elemente.[49] Der Übergang zwischen systematischer und teleologischer Auslegung ist insoweit freilich fließend.[50]

III. Historische und genetische Auslegung

20 **1. Historische Auslegung.** Die historische Auslegung setzt bei den **Vorläufern einer Norm** an und versucht, aus dem Verständnis, das diesen Vorschriften beigelegt worden ist, auf den Inhalt der auslegungsbedürftigen Norm zu schließen.[51] Sie stützt sich dabei auf die Erwägung, dass der spätere Gesetzgeber – soweit keine gegenteiligen Anhaltspunkte ersichtlich sind – die aus der Vorläufernorm entnommenen Begriffe nicht in einem abweichenden Sinne verwenden wollte.[52]

21 Bei der Auslegung des BGB hat die historische Auslegung nach In-Kraft-Treten des **Schuldrechtsmodernisierungsgesetzes** an Bedeutung gewonnen. Denn die Verfasser des Gesetzes haben in sehr vielen Fällen nicht die Absicht gehabt, die geltende Rechtslage inhaltlich zu verändern. Bei der Auslegung der neuen Vorschriften wird die Rechtsprechung und Literatur zu den Vorläufernormen daher noch lange Zeit zu beachten sein.

22 **2. Genetische Auslegung.** Im Unterschied zur historischen Auslegung knüpft die genetische Auslegung an die **Entstehungsgeschichte der Norm** selbst an.[53] Wichtigste Hilfsmittel sind die **Gesetzesmaterialien** (Entwürfe, Begründungen, Parlamentsdebatten, Verhandlungen in Ausschüssen etc.).[54] Bei der Auslegung des BGB kommt traditionell den Motiven zum Entwurf der ersten Kommission (1888) und den Protokollen zum Entwurf der zweiten Kommission (1897/99) große Bedeutung zu.[55] In neuerer Zeit hat das Schuldrechtsmodernisierungsgesetz der genetischen Auslegung mit einer Vielzahl von Materialien zahlreiche neue Anwendungsmöglichkeiten verschafft.

23 Gegen die Heranziehung der Gesetzesmaterialien wird teilweise eingewandt, dass die Äußerungen von einzelnen an der Entstehung des Gesetzes beteiligten Personen nicht mit dem „Willen des Gesetzgebers" gleichgesetzt werden können.[56] Dieser Einwand ist insofern berechtigt, als man die **privaten Äußerungen** der an der Vorbereitung des Gesetzes beteiligten Personen in der Tat nicht überbewerten darf. Große

---

[45] Vgl. Soergel/*Hefermehl*, Anh. § 133 Rn 6; Staudinger/*Coing*, Einl. zum BGB Rn 143 ff.
[46] Grundlegend *Engisch*, Die Einheit der Rechtsordnung, 1935, S. 26 ff.; vgl. auch BVerfGE 51, 304, 323 (Gesamtrechtsordnung als Sinnganzes); *Larenz*, Methodenlehre, S. 264 ff., 437 ff.
[47] Vgl. Staudinger/*Coing*, Einl. zum BGB Rn 148.
[48] Vgl. MüKo/*Säcker*, Einl. Rn 126; Palandt/*Heinrichs*, Einl. Rn 52; *Engisch*, Einführung, S. 101 ff. mit Anm. 50.
[49] *Looschelders/Roth*, Juristische Methodik, S. 150; vgl. auch *Stern*, Das Staatsrecht der Bundesrepublik Deutschland, 2. Aufl. 1984, S. 136, wonach es bei der verfassungskonformen Auslegung weniger um die „Einheit der Rechtsordnung" als um die „Beachtung der grundgesetzlichen Wertordnung" geht; a.A. *Hesse*, Grundzüge des Verfassungsrechts der Bundesrepublik Deutschland, 20. Aufl. 1995, Rn 81.
[50] Vgl. *Engisch*, Einführung, S. 95.
[51] *Looschelders/Roth*, Juristische Methodik, S. 155 ff.; *F. Müller*, Juristische Methodik, Rn 360 ff.
[52] Repräsentativ BGHZ 121, 116, 120 f.
[53] Zur Unterscheidung von historischer und genetischer Auslegung vgl. *F. Müller*, Juristische Methodik, Rn 360 ff.; *Engisch*, Einführung, S. 97 mit Anm. 40; *Deckert*, JA 1994, 412, 415.
[54] Zur Bedeutung der Gesetzesmaterialien vgl. BVerfGE 1, 117, 127; 63, 266, 289 ff.; 92, 365, 409 f.; BGHZ 46, 74, 79 f.; 62, 340, 350; BGH NJW 1997, 1695, 1697; Palandt/*Heinrichs*, Einl. Rn 55; RGRK/*Krüger-Nieland/Zöller*, § 133 Rn 51; Soergel/*Hefermehl*, Anh. § 133 Rn 8.
[55] Vgl. *Larenz/Wolf*, BGB AT, § 3 Rn 42 mit Fn 41.
[56] Vgl. *Larenz*, Methodenlehre, S. 329; ebenso zum Schuldrechtsmodernisierungsgesetz *U. Huber*, AcP 202 (2002), 179, 239 f. Fn. 205.

Bedeutung haben jedoch die Stellungnahmen der am Gesetzgebungsverfahren **verfassungs- und geschäftsordnungsmäßig beteiligten Organe und Ausschüsse** (Bundesregierung, Bundesrat, Rechtsausschuss etc.). Auch diese Stellungnahmen können zwar nicht ohne weiteres mit dem „Willen des Gesetzgebers" gleichgesetzt werden. Mangels gegenteiliger Anhaltspunkte ist jedoch davon auszugehen, dass die Mitglieder des Gesetzgebungsorgans diese Stellungnahmen zur Kenntnis genommen und sich zu Eigen gemacht haben.[57]

Welche Bedeutung den Gesetzesmaterialien bei der praktischen Rechtsanwendung zukommt, kann nur aufgrund einer **Gesamtwürdigung im Einzelfall** festgestellt werden.[58] Lässt sich den Gesetzesmaterialien eine klare Wertentscheidung zugunsten einer bestimmten sachlichen Lösung entnehmen, so haben sie einen hohen Stellenwert.[59] Sind die Materialien unklar oder in sich widersprüchlich, so kann ihnen dagegen keine große Bedeutung beigemessen werden.

IV. Teleologische Auslegung

1. Sinn und Zweck des Ergebnisses. Bei der praktischen Rechtsanwendung steht die teleologische Auslegung häufig im Vordergrund. Entscheidendes Auslegungskriterium ist hiernach der **Sinn und Zweck des Gesetzes**.[60] Ausgangspunkt sind die **konkreten Zwecke**, die der Gesetzgeber nach dem Ergebnis der historischen und genetischen Auslegung mit der infrage stehenden Vorschrift verfolgt.[61] Soweit sich keine konkreten Zwecksetzungen feststellen lassen, kann auf eine Vielzahl von **allgemeinen Zwecken** zurückgegriffen werden, die der Gesetzgeber **typischerweise** verfolgt. Zu nennen sind etwa die Einzelfallgerechtigkeit und der Wert des Ergebnisses, aber auch die Rechtssicherheit sowie die Praktikabilität und Effektivität einer gesetzlichen Regelung.[62]

Die Schwierigkeit der teleologischen Auslegung liegt darin, dass der Gesetzgeber mit einem Gesetz nicht selten verschiedene Zwecke verfolgt, die nicht in die gleiche Richtung weisen. So mag der Gesetzgeber die Einzelfallgerechtigkeit verwirklichen wollen, ohne dass die Rechtssicherheit und Praktikabilität infrage gestellt werden sollen. Die Entscheidung kann hier nur aufgrund einer **Interessenabwägung im Einzelfall** getroffen werden. Dabei hat der Richter sich an den Wertungen des Gesetzgebers zu orientieren, so wie sie in dem auslegungsbedürftigen Gesetz und in der gesamten Rechtsordnung zum Ausdruck gekommen sind. Soweit sich hieraus keine stringente Lösung ableiten lässt, muss er den Konflikt aber aufgrund einer **eigenen wertenden Entscheidung** auflösen.[63]

2. Vereinbarkeit mit höherrangigem Recht. Zu den **allgemeinen teleologischen Kriterien** gehört auch die Erwägung, dass der Gesetzgeber im Regelfall darauf bedacht sein wird, der Norm einen Inhalt zu geben, der mit der Verfassung und anderem höherrangigen Recht vereinbar ist.[64] Dies ist der methodische Hintergrund für die verfassungskonforme und die europarechtskonforme Auslegung.

a) Verfassungskonforme Auslegung. Die verfassungskonforme Auslegung hat im Privatrecht große Bedeutung, weil auch der Privatrechtsgesetzgeber – ebenso wie die Zivilgerichte[65] – nach Art. 1 Abs. 3 GG in vollem Umfang an die Grundrechte gebunden ist.[66] Da der Privatrechtsgesetzgeber die grundrechtlichen Interessen mehrerer Privatrechtssubjekte zum Ausgleich bringen muss, steht ihm zwar im Allgemeinen ein beträchtlicher Gestaltungsspielraum zu.[67] Gleichwohl stehen auch im Privatrecht mitunter (mindestens) **zwei Auslegungsmöglichkeiten** offen, von denen die eine zu einem verfassungskonformen, die andere aber zu

---

57 Sog. Paktentheorie; vgl. MüKo/*Säcker*, Einl. Rn 124; *Engisch*, Einführung, S. 120; *Looschelders/Roth*, Juristische Methodik, S. 158; einschr. *Larenz*, Methodenlehre, S. 329.

58 *Looschelders/Roth*, Juristische Methodik, S. 159. Zum Streit über den Stellenwert der Gesetzesmaterialien vgl. auch Soergel/*Hefermehl*, Anh. § 133 Rn 8.

59 So auch BGH NJW 1997, 1695, 1696 f.; Palandt/*Heinrichs*, Einl. Rn 55.

60 Vgl. BGHZ 18, 44, 49; 54, 264, 268; 78, 263, 265; 87, 381, 383; Palandt/*Heinrichs*, Einl. Rn 56; Soergel/*Hefermehl*, Anh. § 133 Rn 7; Staudinger/*Coing*, Einl. zum BGB Rn 149.

61 Vgl. *Zippelius*, Methodenlehre, § 10 II.

62 Vgl. *Looschelders/Roth*, Juristische Methodik, S. 182 f.; *Wank*, Auslegung, S. 79 ff. Zur Bedeutung der Einzelfallgerechtigkeit und des Wertes des Ergebnisses vgl. auch BGHZ 51, 125, 130; 57, 245, 248; *Koch/Rüßmann*, Begründungslehre, S. 172 ff., 227 ff.; *Larenz*, Methodenlehre S. 348 ff.; Staudinger/*Coing*, Einl. zum BGB Rn 149; zur Effektivität und Praktikabilität BVerfGE 73, 118, 177; *Enneccerus/Nipperdey*, BGB AT-1, S. 335.

63 Vgl. *Bydlinski*, Methodenlehre, S. 416 f.; *Larenz*, Methodenlehre, S. 293 ff.; *Looschelders/Roth*, Juristische Methodik S. 186; Palandt/*Heinrichs*, Einl. Rn 49, 56.

64 Vgl. *Looschelders/Roth*, Juristische Methodik, S. 177.

65 Dazu *Koch/Rüßmann*, Begründungslehre, S. 262 ff.; *Wank*, Auslegung, S. 69.

66 Zur Grundrechtsbindung des Privatrechtsgesetzgebers vgl. BVerfGE 84, 168, 178 ff.; 87, 114, 135 ff.; *Larenz/Wolf*, BGB AT, § 4 Rn 51 ff.; *Looschelders/Roth*, JZ 1995, 1034, 1038.

67 Zu diesem Gestaltungsspielraum *Looschelders*, Schuldrecht AT, 2. Aufl. 2004, Rn 39.

einem verfassungswidrigen Norminhalt führt. In dieser Situation muss der Richter alle Auslegungsmöglichkeiten ausscheiden, die der Norm einen Inhalt beimessen, der mit den Grundrechten oder anderen verfassungsrechtlichen Bestimmungen nicht vereinbar ist.[68] Die verfassungskonforme Auslegung weist damit deutliche Parallelen zur Berücksichtigung der grundgesetzlichen Wertordnung im Rahmen der zivilrechtlichen Generalklauseln (§§ 138 Abs. 1, 242, 826) auf.[69] Beide Methoden sind Ausfluss des Grundsatzes der „verfassungsorientierten" Auslegung.[70]

29 Die verfassungskonforme Auslegung darf nicht dem eindeutig feststellbaren **Willen des Gesetzgebers** widersprechen oder diesen sogar verfälschen.[71] Davon abgesehen wird die verfassungskonforme Auslegung wie jede Auslegung (Rn 12 f. durch den **möglichen Wortsinn** begrenzt.[72] Jenseits der Wortlautgrenze kann aber eine verfassungskonforme Rechtsfortbildung zulässig sein (dazu Rn 47).[73] Kann das Verdikt der **Verfassungswidrigkeit** durch verfassungskonforme Auslegung oder Rechtsfortbildung nicht vermieden werden, so ist die Norm **nichtig**. Bei formellen nachkonstitutionellen Gesetzen muss der Richter aber nach Art. 100 Abs. 1 GG die Entscheidung des BVerfG einholen.[74]

30 **b) Europarechts- und richtlinienkonforme Auslegung. aa) Grundsatz.** Eng mit der verfassungskonformen Auslegung verwandt ist die europarechtskonforme Auslegung, nach der Normen möglichst im Einklang mit dem EU-Recht auszulegen sind.[75] Verstößt eine deutsche Norm gegen **unmittelbar anwendbares EU-Recht**, so führt dies nach h.M. zwar nicht zur Nichtigkeit; aufgrund des **Anwendungsvorrangs des EU-Rechts** darf der Richter die gemeinschaftsrechtswidrige innerstaatliche Norm aber nicht anwenden.[76]

31 Der Grundsatz der europarechtskonformen Auslegung gilt auch mit Blick auf **EG-Richtlinien**. Diese wirken in den Mitgliedstaaten der EU zwar **nicht unmittelbar**; gleichwohl ist der Richter im Anwendungsbereich einer Richtlinie gehalten, alle innerstaatlichen Vorschriften im Einklang mit der Richtlinie auszulegen.[77] Dies gilt auch dann, wenn der innerstaatliche Gesetzgeber eine Richtlinie nicht fristgerecht umgesetzt hat.[78] In diesem Fall muss die richtlinienkonforme Anwendung des deutschen Rechts insbesondere im Rahmen der zivilrechtlichen Generalklauseln verwirklicht werden (vgl. etwa § 138 Rn 69 zur Antidiskriminierungsrichtlinie).[79] Da ein großer Teil des deutschen Schuldrechts auf EG-Richtlinien beruht, kommt der **richtlinienkonformen Auslegung** in der Praxis zunehmende Bedeutung zu.

32 **bb) Voraussetzungen und Grenzen der richtlinienkonformen Auslegung.** Die richtlinienkonforme Auslegung setzt voraus, dass das innerstaatliche Recht einen entsprechenden **Auslegungsspielraum** gibt.[80] Sie weist damit eine deutliche **Parallele zur verfassungskonformen Auslegung** auf. In beiden Fällen geht es um den Ausschluss von Auslegungsmöglichkeiten, die mit höherrangigem Recht unvereinbar

---

68 Vgl. BVerfGE 40, 88, 94; 48, 40, 45; 88, 145, 166; RGRK/*Krüger-Nieland/Zöller*, § 133 Rn 52; Soergel/*Hefermehl* Anh. § 133 Rn 9; *Larenz*, Methodenlehre, S. 339 ff.; *Looschelders/Roth*, Juristische Methodik, S. 177 f.; *Lüdemann*, JuS 2004, 27 ff.

69 Vgl. Soergel/*Hefermehl*, Anh. § 133 Rn 9; *Looschelders*, Schuldrecht AT, 2. Aufl. 2004, Rn 39; *Wank*, Auslegung, S. 68 ff. sieht in der Einwirkung der Grundrechte über die Generalklauseln des BGB sogar einen Anwendungsfall der verfassungskonformen Auslegung.

70 Vgl. *Stern*, Das Staatsrecht der Bundesrepublik Deutschland, Bd. I, 2. Aufl. 1984, S. 136; *Lüdemann*, JuS 2004, 27, 28.

71 Vgl. BVerfGE 18, 97, 111; 52, 357, 368 f.; 90, 263, 275; *Larenz/Wolf*, BGB AT, § 4 Rn 61.

72 BVerfGE 18, 97, 111; 52, 357, 368 f.; 90, 263, 275; Soergel/*Hefermehl*, Anh. § 133 Rn 10; *Hübner*, BGB AT, Rn 104.

73 Zur Unterscheidung zwischen verfassungskonformer Auslegung und verfassungskonformer Rechtsfortbildung vgl. *Koch/Rüßmann*, Begründungslehre, S. 266 ff.; *Larenz*, Methodenlehre, S. 340 f.; *Looschelders/Roth*, Juristische Methodik, S. 242 f.; *dies.*, JZ 1995, 1038, 1044.

74 Vgl. Palandt/*Heinrichs*, Einl. Rn 52; *Hübner*, BGB AT, Rn 122.

75 Vgl. EuGH NJW 1994, 921, 922; BVerfGE 75, 223, 237; BGHZ 63, 261, 264 f.; 87, 59, 61; BGH NJW 2002, 1881; Palandt/*Heinrichs*, Einl. Rn 53; *Looschelders/Roth*, Juristische Methodik, S. 178; *Pawlowski*, Methodenlehre, Rn 363, 1067 ff.

76 Vgl. BVerfGE 75, 223, 244; 85, 191, 203; BAG DB 2003, 1387, 1391; *Oppermann*, Europarecht, 2. Aufl. 1999, Rn 545; *Ehricke*, RabelsZ 59 (1995), 569, 624 ff.

77 Zur richtlinienkonformen Auslegung vgl. EuGH, Slg. 1984, 1891, 1909 = NJW 1984, 2021; Slg. 1990, I-4135, 4159; EuGH NJW 1994, 921, 922; BGHZ 63, 261, 264 f.; 87, 59, 61; BGH NJW 1993, 1594, 1595; 2002, 1881; BAG DB 2003, 1392; MüKo/*Säcker*, Einl. Rn 131 ff.; Palandt/*Heinrichs*, Einl. Rn 53; *Ehricke*, RabelsZ 59 (1995), 598 ff.; *Everling*, ZGS 1992, 376 ff.

78 EuGH NJW 2000, 2571, 2572.

79 Palandt/*Heinrichs*, Einl. Rn 53; *Looschelders*, Schuldrecht AT, 2. Aufl. 2004, Rn 121.

80 Zur Notwendigkeit eines solchen Auslegungsspielraums vgl. EuGH, Slg. 1984, 1891, 1909; Slg. 1990, I-4135, 4159; BGH NJW 2002, 1881; BAG DB 1387, 1389; *Ehricke*, RabelsZ 59 (1995), 598, 617 ff.; *Everling*, ZGS 1992, 367, 381.

sind.[81] Die richtlinienkonforme Auslegung wird daher ebenso wie die verfassungskonforme Auslegung durch den Wortlaut der Norm und den klaren Willen des Gesetzgebers begrenzt.[82]

Nach der Rechtsprechung des EuGH sind die nationalen Gerichte allerdings gehalten, den ihnen nach innerstaatlichem Recht bei der Rechtsanwendung zustehenden „Beurteilungsspielraum" voll auszuschöpfen, um die Richtlinienkonformität zu gewährleisten.[83] Nach deutschem Recht muss daher auch eine **richtlinienkonforme Rechtsfortbildung**, insbesondere in Gestalt einer richtlinienkonformen Reduktion in Betracht gezogen werden.[84] Die Wortlautgrenze steht einer richtlinienkonformen Rechtsanwendung also letztlich nicht entgegen. Diese kann nur am entgegenstehenden Willen des Gesetzgebers scheitern. Auch diese Grenze wird jedoch nur in Ausnahmefällen eingreifen, weil man im Allgemeinen nicht davon ausgehen kann, dass der Gesetzgeber einen Richtlinienverstoß in Kauf nehmen wollte.[85]

Kann eine richtlinienkonforme Rechtsanwendung mit allen nach inländischem Recht zulässigen methodischen Mitteln nicht verwirklicht werden, so ist die Norm im Verhältnis zwischen den beteiligten Privatrechtssubjekten mit ihrem richtlinienwidrigen Inhalt anzuwenden. Der Anwendungsvorrang des EU-Rechts (Rn 30) greift nicht ein, weil Richtlinien im Verhältnis zwischen den Bürgern keine unmittelbare Wirkung entfalten.[86] Der benachteiligte Bürger ist damit auf **Schadensersatzansprüche** gegen den betreffenden Mitgliedstaat verwiesen.[87]

cc) Keine „gespaltene" Auslegung. Der deutsche Gesetzgeber hat den Anwendungsbereich der zur Umsetzung einer Richtlinie erlassenen Vorschriften in einigen Fällen auf Sachverhalte erweitert, die von der Richtlinie selbst nicht erfasst werden. So gilt der auf Art. 2 Kauf-RL beruhende Sachmangelbegriff des § 434 nicht nur für den Verbrauchsgüterkauf, sondern für sämtliche Kaufverträge.[88] In solchen Fällen ist der nationale Richter aus europarechtlicher Sicht nicht verpflichtet, die Umsetzungsvorschriften im **„überschießenden" Bereich** richtlinienkonform auszulegen.[89] Erstreckt der nationale Gesetzgeber den Anwendungsbereich einer Umsetzungsvorschrift auf weitere Sachverhalte, so bringt er damit jedoch zum Ausdruck, dass eine **Gleichbehandlung** sachgemäß ist.[90] Eine „gespaltene" Auslegung würde dieser Wertung zuwiderlaufen. Davon abgesehen wäre es aus Gründen der Rechtssicherheit und der Rechtsklarheit problematisch, einem Begriff in derselben Vorschrift unterschiedliche Bedeutungen beizumessen.[91] Im Allgemeinen wird daher eine **einheitliche** (richtlinienkonforme) Auslegung geboten sein.[92]

dd) Vorabentscheidung durch den EuGH. Kommt es für die Auslegung einer inländischen Norm auf den Inhalt einer gemeinschaftsrechtlichen Vorschrift an, so kann der inländische Richter die Frage nach dem Inhalt der gemeinschaftsrechtlichen Vorschrift dem EuGH zur Vorabentscheidung vorlegen. Vorlageberechtigt sind alle Gerichte (Art. 234 Abs. 2 EG). Für letztinstanzliche Gerichte besteht sogar eine **Vorlagepflicht** (Art. 234 Abs. 3 EG).[93] Dies gilt zwar nicht im „überschießenden" Bereich (Rn 35). Eine Vorlage ist aber auch hier zulässig.[94]

---

81 Zu dieser Parallele BAG DB 2003, 1387, 1389; *Ehricke*, RabelsZ 59 (1995), 598, 616, 622 f.; *Everling*, ZGS 1992, 367, 382; krit. *M. Schmidt*, RabelsZ 59 (1995), 569, 588 ff.
82 BAG DB 2003, 1387, 1389; *Everling*, ZGS 1992, 367, 388.
83 Vgl. EuGH, Slg. 1984, 1891, 1909; Slg. 1990, I-4135, 4149.
84 Vgl. *Staudinger*, NJW 1999, 3664, 3668; *ders.*, NJW 2002, 653, 655. Ein praktisches Beispiel für eine richtlinienkonforme Reduktion findet sich in der „Heininger"-Entscheidung des BGH (NJW 2002, 1881, 1882); das Gericht spricht hier allerdings von einer „einschränkenden Auslegung".
85 BGH NJW 2002, 1881, 1883 im Anschluss an *Staudinger*, NJW 2002, 653, 655.
86 BAG DB 2003, 1387, 1391.
87 Vgl. EuGH Slg. 1991, I-5357 = NJW 1992, 165, 166; *Looschelders*, Schuldrecht AT, 2. Aufl. 2004, Rn 40; *Staudinger*, NJW 2002, 653, 655; *Koenigs*, DB 2003, 1392.
88 Vgl. *Bärenz*, DB 2003, 375; zu weiteren Beispielen BGH NJW 2002, 1881, 1884; *Habersack/Mayer*, JZ 1999, 913 ff.
89 EuGH Slg. 1998, I-4695, 4725 = EuZW 1999, 20, 23; *Bärenz*, DB 2003, 375.
90 Vgl. BGH NJW 2002, 1882, 1884.
91 *Bärenz*, DB 2003, 375, 376.
92 So auch BGH NJW 2002, 1882, 1884; Palandt/*Heinrichs*, Einl. Rn 54; *Bärenz*, DB 2003, 375; *Staudinger*, NJW 2002, 653, 655.
93 Zu den Konsequenzen für die Auslegungskompetenz der nationalen Gerichte vgl. *Schroeder*, JuS 2004, 180, 181.
94 Vgl. EuGH EuZW 1991, 319, 320; EuZW 1997, 658, 660; Palandt/*Heinrichs*, Einl. Rn 54.

V. Verhältnis zwischen den Auslegungsmethoden

37 Das Verhältnis zwischen den einzelnen Auslegungsmethoden ist umstritten.[95] In der neueren Literatur ist zu Recht die Auffassung im Vordringen, dass zwischen den verschiedenen Methoden **keine feste Rangordnung** aufgestellt werden kann.[96] Nach der hier vertretenen Auffassung stehen zwar die verschiedenen **Auslegungskriterien** in einer Rangordnung. Ausgangspunkt und wichtigstes Mittel der Auslegung ist hiernach der **Wortlaut**. Soweit der Wortlaut mehrere Auslegungsmöglichkeiten zulässt, kommt es primär auf den **tatsächlichen Willen** des Gesetzgebers an. Hilfsweise ist auf **objektiv-teleologische Kriterien** zurückzugreifen, weil diese einen Schluss auf den **mutmaßlichen Willen** des Gesetzgebers zulassen. Das Verhältnis zwischen den einzelnen **Auslegungsmethoden** hängt demgegenüber davon ab, welche Methode im Einzelfall zu den verlässlichsten Erkenntnissen über die maßgebenden Auslegungskriterien führt.[97] In den problematischen Fällen darf der Rechtsanwender sich nicht auf eine einzige Auslegungsmethode stützen, sondern muss die verschiedenen Methoden nebeneinander heranziehen und die dabei gewonnenen Erkenntnisse gegeneinander abwägen, um zu einer möglichst überzeugungskräftigen Lösung zu gelangen.[98]

C. Richterliche Rechtsfortbildung

38 Die Befugnis des Richters zur Rechtsfortbildung ist in Deutschland seit langem anerkannt.[99] Unter der Geltung des Grundgesetzes kann man diese Befugnis auf die Erwägung stützen, dass der Richter nach Art. 20 Abs. 3 GG nicht allein an das Gesetz, sondern an Gesetz **und Recht** gebunden ist.[100] Die Rechtsfortbildung wird naturgemäß nicht durch den **Wortlaut** der Norm begrenzt. Nach Art. 20 Abs. 3 und Art. 97 Abs. 1 GG bleibt der Richter aber auch hier an die **Wertentscheidungen des Gesetzgebers** gebunden.[101] In diesem Sinne ist eine **Rechtsfortbildung** *contra legem* also unzulässig.[102] Dies gilt auch für die verfassungskonforme Rechtsfortbildung.[103] Bei der richterlichen Rechtsfortbildung lassen sich zwei **Fallgruppen** unterscheiden: die ergänzende und die abändernde (berichtigende) Rechtsfortbildung.[104]

I. Ergänzende Rechtsfortbildung

39 **1. Planwidrige Regelungslücke.** Die ergänzende Rechtsfortbildung setzt voraus, dass das infrage stehende Gesetz **bei wertender Betrachtung** eine ausfüllungsbedürftige Regelungslücke aufweist. Aufgrund der Notwendigkeit einer wertenden Betrachtung liegt eine solche Regelungslücke nicht schon dann vor, wenn es keine Rechtsnorm gibt, die für den Sachverhalt eine bestimmte (von mindestens einem Beteiligten begehrte) Rechtsfolge anordnet. Erforderlich ist vielmehr, dass die Regelung nach den in dem betreffenden Gesetz oder in der Gesamtrechtsordnung zum Ausdruck gekommenen Wertungen lückenhaft ist. Ebenso wie bei der ergänzenden Vertragsauslegung (dazu § 157 Rn 18 f.) ist also eine **planwidrige Regelungslücke** erforderlich.[105]

40 Eine planwidrige Regelungslücke liegt nicht nur dann vor, wenn der Gesetzgeber das zu regelnde Problem übersehen hat (**unbewusste** Regelungslücke). Eine ergänzende Rechtsfortbildung kommt vielmehr auch dann in Betracht, wenn der Gesetzgeber **bewusst** von einer Regelung des Problems abgesehen hat, weil er sich über

---

95 Vgl. dazu Soergel/*Hefermehl*, Anh. § 133 Rn 4; *Engisch*, Einführung, S. 104 Anm. 51, S. 121 Anm. 47; *Larenz*, Methodenlehre, S. 343 ff.; *Canaris*, in: FS Medicus 2001, S. 25 ff.
96 Vgl. RGRK/*Krüger-Nieland/Zöller*, § 133 Rn 50; Soergel/*Hefermehl*, Anh. § 133 Rn 4; *Bydlinski*, Methodenlehre, S. 553 ff.; *Larenz*, Methodenlehre, S. 345; *Larenz/Wolf*, BGB AT, § 4 Rn 50; *Looschelders/Roth*, Juristische Methodik, S. 194.
97 So auch *Larenz*, Methodenlehre, S. 345; *Looschelders/Roth*, Juristische Methodik, S. 194.
98 Vgl. BGHZ 46, 74, 76; 49, 221, 223; *Enneccerus/Nipperdey*, BGB AT-1, S. 335; *Larenz*, Methodenlehre, S. 343 ff.; *Looschelders/Roth*, Juristische Methodik, S. 196.
99 Vgl. BVerfGE 34, 269, 286 ff.; 49, 304, 318; BGHZ 4, 153, 158; 17, 266, 276; Palandt/*Heinrichs*, Einl. Rn 64; RGRK/*Krüger-Nieland/Zöller*, § 133 Rn 53; Soergel/*Hefermehl*, Anh. § 133 Rn 12 ff.; *Larenz*, Methodenlehre, S. 366 ff.
100 Vgl. BVerfGE 34, 269; 287; 88, 145, 166 f. = NJW 1993, 2861, 2863; BVerfG NJW 1997, 2230; MüKo/*Säcker*, Einl. Rn 137; Soergel/*Hefermehl*, Anh. § 133 Rn 15.
101 *Looschelders/Roth*, Juristische Methodik, S. 258, 288 ff.
102 Zur Rechtsfortbildung *contra legem* vgl. *Neuner*, Rechtsfindung; ferner *Engisch*, Einführung, S. 222 ff.; *Koch/Rüßmann*, Begründungslehre, S. 255; *Larenz*, Methodenlehre, S. 428.
103 Speziell zu den Grenzen der verfassungskonformen Rechtsfortbildung BVerfGE 69, 315, 372; 82, 6, 12; *Looschelders/Roth*, JZ 1995, 1038, 1044 f.
104 Zu dieser Unterscheidung vgl. *Enneccerus/Nipperdey*, BGB AT-1, S. 315, 344 f.; *Looschelders/Roth*, Juristische Methodik, S. 220 ff.; *Zippelius*, Methodenlehre, § 11.
105 Vgl. dazu BGHZ 65, 300, 302; 149, 165, 174; NJW 1981, 1726, 1727; Palandt/*Heinrichs*, Einl. Rn 65; Soergel/*Hefermehl*, Anh. § 133 Rn 12; *Canaris*, Lücken, S. 31 ff.; *Larenz*, Methodenlehre, S. 374; *Looschelders/Roth*, Juristische Methodik, S. 280 ff.

die sinnvollste Lösung im Unklaren war und die Entscheidung Rechtsprechung und Wissenschaft überlassen wollte.[106]

2. Methoden der ergänzenden Rechtsfortbildung. Wichtigste Methode der ergänzenden Rechtsfortbildung ist die **Einzelanalogie** (Gesetzesanalogie). Hier wird die Rechtsfolgenanordnung einer Norm auf Sachverhalte erstreckt, die zwar nicht unmittelbar von der Norm erfasst werden, den erfassten Sachverhalten aber so **ähnlich** sind, dass es gerechtfertigt ist, für sie dieselbe Rechtsfolge eintreten zu lassen.[107] 41

Die Bildung einer Analogie kann durch den allgemeinen Gleichheitssatz (Art. 3 Abs. 1 GG) geboten sein. Da die Analogie **keine wesensmäßige Gleichheit**, sondern eine bloße **Ähnlichkeit** der Sachverhalte voraussetzt,[108] können jedoch auch andere Gründe für die analoge Anwendung einer Norm sprechen. Der Rechtsanwender kann dabei insbesondere an die Kriterien anknüpfen, die bei der teleologischen Auslegung (Rn 25) herausgearbeitet worden sind. Im Vordergrund steht deshalb auch hier der **Zweck** der Norm. Darüber hinaus können aber auch verfassungs- und europarechtliche Erwägungen eine Analogie rechtfertigen. Die Einzelanalogie weist damit eine enge Verwandtschaft mit der teleologischen Auslegung auf.[109] Anders als diese ist sie aber nicht an den möglichen Wortsinn gebunden. 42

Von der Einzelanalogie zu unterscheiden ist die **Gesamtanalogie** (Rechtsanalogie), bei der mehreren Einzelvorschriften ein gemeinsamer Grundgedanken entnommen wird; trifft dieser Grundgedanke auf den zu regelnden Sachverhalt zu, so kann die übereinstimmende Rechtsfolgenanordnung der betreffenden Vorschriften hierauf übertragen werden.[110] 43

Jenseits der in konkreten Rechtsnormen verankerten Wertungen kann die ergänzende Rechtsfortbildung schließlich auch auf **allgemeine Prinzipien der Rechtsordnung** (z.B. Treu und Glauben, Vertrauensgrundsatz, Grundsatz der Verhältnismäßigkeit) gestützt werden.[111] Eine solche **gesetzesübersteigende Rechtsfortbildung** setzt aber voraus, dass sich den einschlägigen Prinzipien hinreichend klare Leitlinien für die Lösung der Problematik entnehmen lassen.[112] Dies ist bei der „**Natur der Sache**" für sich genommen grundsätzlich zu verneinen.[113] 44

II. Abändernde Rechtsfortbildung

1. Teleologische Reduktion. Im Rahmen der richterlichen Rechtsfortbildung kann auch die Abänderung (Korrektur) einer bestehenden Norm zulässig und geboten sein. Wichtigste Methode der abändernden Rechtsfortbildung ist die **teleologische Reduktion**, bei welcher der Anwendungsbereich einer Norm entgegen dem möglichen Wortsinn eingeschränkt wird.[114] 45

Die teleologische Reduktion setzt ebenso wie die ergänzende Rechtsfortbildung (Rn 39 ff.) eine **planwidrige Regelungslücke** voraus. Diese besteht darin, dass eine einschränkende Regelung entgegen den in dem betreffenden Gesetz oder in der Gesamtrechtsordnung verankerten Wertungen fehlt. Da der infrage stehende Sachverhalt vom Wortlaut der Norm scheinbar erfasst wird, spricht man auch von einer **verdeckten Regelungslücke**.[115] 46

Die teleologische Reduktion kann unmittelbar durch den **Zweck** der infrage stehenden Norm geboten sein. Dies ist der Fall, wenn die Norm dem Wortlaut nach auch für Sachverhalte gilt, die nach dem Zweck der Norm nicht erfasst werden dürfen.[116] In anderen Fällen lässt sich die teleologische Reduktion auf die **negative Komponente des Gleichheitssatzes** (Art. 3 Abs. 1 GG) stützen, wonach wesentlich ungleiche Sachverhalte ungleich zu behandeln sind. Darüber hinaus kann es eine Vielzahl **anderer Gründe** geben, die für die Einschränkung einer zu weit gefasst Norm sprechen. So muss eine **verfassungskonforme Reduktion** vorgenommen werden, wenn der Wortlaut der Norm Sachverhalte erfasst, die aus verfassungsrechtlichen 47

---

106 *Looschelders/Roth*, Juristische Methodik, S. 289.
107 Vgl. BVerfGE 82, 6, 12; Soergel/*Hefermehl*, Anh. § 133 Rn 13; *Enneccerus/Nipperdey*, BGB AT-1, S. 339; *Larenz*, Methodenlehre, S. 304; *Looschelders/Roth*, Juristische Methodik, S. 304.
108 Vgl. *Engisch*, Einführung, S. 187; *Looschelders/Roth*, Juristische Methodik, S. 305 ff.
109 Vgl. Soergel/*Hefermehl*, Anh. § 133 Rn 13: „nicht wesensverschieden".
110 Zur Gesamtanalogie vgl. Palandt/*Heinrichs*, Einl. Rn 58; Soergel/*Hefermehl*, Anh. § 133 Rn 13; *Enneccerus/Nipperdey*, BGB AT-1, S. 339 f.; *Larenz*, Methodenlehre, S. 383 ff.
111 Vgl. Palandt/*Heinrichs*, Einl. Rn 67; RGRK/ *Krüger-Nieland/Zöller*, § 133 Rn 53; Soergel/

Hefermehl, Anh. § 133 Rn 15; *Larenz/Wolf*, BGB AT, § 4 Rn 83.
112 Vgl. BGHZ 108, 305, 309; BGH NJW 1994, 852, 855, Palandt/*Heinrichs*, Einl. Rn 67; Soergel/ *Hefermehl*, Anh. § 133 Rn 15.
113 Vgl. *Larenz*, Methodenlehre, S. 418; *Looschelders/ Roth*, Juristische Methodik, S. 315.
114 Zur teleologischen Reduktion vgl. BVerfGE 88, 145, 166 ff. = NJW 1993, 2861; BVerfG NJW 1997, 2230; MüKo/*Säcker*, Einl. Rn 129; Soergel/*Hefermehl*, Anh. § 133 Rn 14; *Larenz*, Methodenlehre, S. 391 ff.; *Looschelders/Roth*, Juristische Methodik, S. 261 ff.
115 Vgl. Soergel/*Hefermehl*, Anh. § 133 Rn 12, 14; *Larenz/Canaris*, Methodenlehre, S. 198.
116 *Looschelders/Roth*, Juristische Methodik, S. 261 f.

Gründen nicht erfasst werden dürfen.[117] Parallel hierzu kann die **richtlinienkonforme Reduktion** eingesetzt werden, um den Anwendungsbereich einer zu weit gefassten Vorschrift nach den Vorgaben der zugrunde liegenden EG-Richtlinie einzuschränken (vgl. Rn 33).

48 **2. Teleologische Extension und teleologische Modifikation.** Weitere Methoden der abändernden Rechtsfortbildung sind die teleologische Extension und die teleologische Modifikation. Die **teleologische Extension** greift ein, wenn das Gesetz nicht sämtliche Fälle erfasst, die zur **Verwirklichung des Normzwecks** erfasst werden müssen.[118] Der **Unterschied zur Analogie** liegt darin, dass die Ausdehnung der Vorschrift nicht auf den allgemeinen Gleichheitssatz oder auf andere außerhalb der Norm liegende Erwägungen gestützt werden muss, sondern unmittelbar durch den Zweck der Norm selbst geboten wird.

49 Der Zweck der Norm kann nicht nur die Einschränkung oder Ausweitung des Anwendungsbereichs einer Norm rechtfertigen oder gebieten, sondern auch **sonstige Modifikationen**. In Betracht kommt insbesondere eine Korrektur auf der **Rechtsfolgenseite**.[119] So ist es nach dem Schutzzweck des § 844 Abs. 2 geboten, den Schadensersatzanspruch der Angehörigen unter Korrektur des zu engen Gesetzeswortlauts auf die Nachteile zu erstrecken, die dadurch entstehen, dass der Getötete durch sein vorzeitiges Ableben daran gehindert worden ist, für den Unterhalt der Angehörigen **nach** seinem Tod Vorsorge zu treffen.[120]

§ 134 Gesetzliches Verbot

¹Ein Rechtsgeschäft, das gegen ein gesetzliches Verbot verstößt, ist nichtig, wenn sich nicht aus dem Gesetz ein anderes ergibt.

Literatur: *Beater,* Der Gesetzesbegriff von § 134 BGB, AcP 197 (1997), 505; *Canaris,* Gesetzliches Verbot und Rechtsgeschäft, 1983; *Damm,* Kontrolle von Vertragsgerechtigkeit durch Rechtsfolgenbestimmung, JZ 1986, 913; *Hager,* Gesetzes- und sittenkonforme Auslegung und Aufrechterhaltung von Rechtsgeschäften, 1983; *ders.,* Die gesetzeskonforme Aufrechterhaltung übermäßiger Vertragspflichten – BGHZ 89, 316 und 90, 69, JuS 1985, 264; *Kötz,* Die Ungültigkeit von Verträgen wegen Gesetz- und Sittenwidrigkeit, RabelsZ 58 (1994), 209; *Krampe,* Aufrechterhaltung von Verträgen und Vertragsklauseln, AcP 194 (1994), 1; *K. Schmidt,* Vertragsnichtigkeit nach § 134 durch nicht-regelnde Behördenmitteilung, NJW 1995, 2255; *Seiler,* Über verbotswidrige Rechtsgeschäfte (§ 134 BGB), in: GS Martens 1987, S. 719; *Sieker,* Umgehungsgeschäfte, 2001; *Taupitz,* Berufsständische Satzungen als Verbotsgesetze im Sinne des § 134 BGB, JZ 1994, 221; *Teichmann,* Die Gesetzesumgehung, 1962; *ders.,* Die „Gesetzesumgehung" im Spiegel der Rechtsprechung, JZ 2003, 761; *Weyer,* Leistungskondiktion und Normzweck des Verbotsgesetzes, WM 2002, 627.

A. Allgemeines 1	1. Gesetz 19
I. Normzweck 1	a) Überblick 19
II. Entstehungsgeschichte 6	b) Allgemeine Rechtsgrundsätze 20
III. Anwendungsbereich 7	c) Berufsordnungen und Standesrecht .. 21
1. Privatrechtliche Rechtsgeschäfte 7	d) Tarifverträge und Betriebs-
2. Öffentliches Recht 8	vereinbarungen 24
IV. Verhältnis zu anderen Vorschriften 10	e) Verfassungsrecht 26
1. Verbotsgesetze mit eigener Regelung der	aa) Die mittelbare Drittwirkung der
zivilrechtlichen Rechtsfolgen 10	Grundrechte 26
2. Sittenwidriges Rechtsgeschäft und	bb) Bedeutung der Grundrechte im
Wucher, § 138 11	Arbeitsrecht 27
3. Gesetzliche oder behördliche	cc) Unmittelbare Drittwirkung
Verfügungsverbote 13	verfassungsrechtlicher Normen . 29
4. Anfechtung wegen arglistiger Täuschung	dd) Rechtsgeschäftliches Handeln
oder Drohung, § 123 15	der öffentlichen Hand 32
5. Rechtliche Unmöglichkeit, §§ 275	f) Europäisches Gemeinschaftsrecht ... 34
Abs. 1, 311a 16	g) Völkerrecht 36
B. Regelungsgehalt 18	h) Fälle mit Auslandsberührung 38
I. Gesetzliches Verbot 18	2. Verbot 40

---

117 Zur verfassungskonformen Reduktion vgl. BVerfGE 88, 145, 166 ff. = NJW 1993, 2861; BVerfG NJW 1997, 2230; *Looschelders/Roth,* JZ 1995, 1038, 1044 f.
118 Zur teleologischen Extension vgl. *Canaris,* Lücken, S. 267 ff.; *Larenz,* Methodenlehre, S. 397 ff.; *Looschelders/Roth,* Juristische Methodik, S. 267 ff.; *Pawlowski,* Methodenlehre, Rn 497 ff.
119 Vgl. *Looschelders/Roth,* Juristische Methodik, S. 272 f.; *Zippelius,* Methodenlehre, § 11 IIc.
120 Vgl. BGHZ 32, 246, 249; Palandt/*Sprau,* § 844 Rn 13 (betr. Witwenrente); dazu aus methodischer Sicht *Canaris,* Lücken, S. 90 f.; *Larenz,* Methodenlehre, S. 397 f.

§ 134 Gesetzliches Verbot

- a) Grundsatz ... 40
- b) Abgrenzungen ... 41
  - aa) Beschränkungen der Gestaltungs- und Verfügungsmacht ... 41
  - bb) Zustimmungs- oder genehmigungsbedürftige Rechtsgeschäfte ... 43
- c) Auslegungskriterien ... 46
  - aa) Wortlaut ... 46
  - bb) Teleologische Erwägungen ... 47
- II. Verstoß gegen das gesetzliche Verbot ... 50
- III. Maßgeblicher Zeitpunkt ... 52
  1. Nachträgliche Verbotswidrigkeit ... 52
  2. Nachträglicher Wegfall des gesetzlichen Verbots ... 54
- IV. Rechtsfolgen ... 55
  1. Bedeutung der Normzweckklausel ... 55
  2. Auslegungskriterien ... 57
     - a) Überblick ... 57
     - b) Interessenabwägung im Einzelfall ... 58
  3. Umfang der Nichtigkeit ... 63
     - a) Grundsatz ... 63
     - b) Durchbrechungen des Grundsatzes der Totalnichtigkeit ... 64
       - aa) Ex-nunc-Nichtigkeit von Gesellschafts- und Arbeitsverträgen ... 64
       - bb) Verbotswidrigkeit von einzelnen Bestimmungen des Rechtsgeschäfts ... 67
       - cc) Insbesondere: Verstöße gegen Preisvorschriften ... 68
     - c) Verpflichtungs- und Verfügungsgeschäft ... 71
  4. Sonstige Rechtsfolgen ... 74
     - a) Rückabwicklung nach Bereicherungsrecht ... 74
     - b) Schadensersatz ... 75
     - c) Vergütungsansprüche bei Nichtigkeit des Vertrages ... 77
     - d) Ansprüche des Vertragspartners bei Schlechtleistung ... 78
  5. Treuwidrige Geltendmachung der Nichtigkeit ... 79
- V. Gesetzesumgehung ... 80
  1. Problemstellung ... 80
  2. Würdigung ... 82
  3. Konsequenzen ... 84
- VI. Besonders wichtige Bereiche ... 86
  1. Arbeitsrecht ... 86
     - a) Arbeitnehmerüberlassung ... 86
       - aa) Arbeitnehmerüberlassung ohne Erlaubnis ... 87
       - bb) Einstellungsverbot und Abreden mit gleicher Wirkung ... 89
     - b) Arbeitsvermittlung ... 90
     - c) Arbeitszeitvereinbarungen ... 91
     - d) Ausländische Arbeitnehmer ... 94
     - e) Berufsausbildung ... 96
     - f) Betriebsrentenrecht ... 97
     - g) Betriebsübergang ... 99
     - h) Betriebsverfassungsrecht ... 100
     - i) Entgeltfortzahlung ... 101
     - j) Geschlechtsbezogene Benachteiligung ... 103
     - k) Jugendliche und Kinder als Arbeitnehmer ... 104
     - l) Kündigungsschutz ... 105
     - m) Maßregelungsverbot ... 108
     - n) Mutterschutz ... 109
     - o) Schwarzarbeit ... 111
       - aa) Verstoß gegen das SchwarzArbG ... 112
         - (1) Zweck des SchwarzArbG ... 113
         - (2) Beiderseitiger Gesetzesverstoß ... 114
         - (3) Einseitiger Gesetzesverstoß ... 119
         - (4) Umgehungsgeschäfte ... 121
       - bb) Schwarzgeldabreden ... 122
     - p) Schwerbehinderte Menschen ... 123
     - q) Teilzeit- und Befristungsgesetz ... 124
     - r) Urlaub ... 126
  2. Ärzte und Heilpraktiker ... 128
  3. Arzneimittel und Apotheker ... 137
  4. Bankrecht ... 139
     - a) Betreiben von Bankgeschäften ohne Erlaubnis ... 140
     - b) Verstoß gegen sonstige Bestimmungen ... 141
  5. Baurecht ... 143
     - a) Verstoß gegen Genehmigungspflichten ... 143
     - b) Verstoß gegen bauplanungsrechtliche Vorschriften ... 145
     - c) Verstoß gegen bauordnungsrechtliche Vorschriften ... 148
     - d) Weitere Einzelfälle ... 149
  6. Ehe und Familie ... 152
  7. Erbrecht ... 154
  8. Gesellschafts- und Vereinsrecht ... 156
     - a) Nichtigkeit des Gesellschaftsvertrages ... 156
       - aa) Grundlagen ... 156
       - bb) Vorratsgründung ... 158
       - cc) Berufsrecht, Gewerbe und Handwerk ... 160
       - dd) Rechtsberatungsgesetz ... 163
       - ee) Weitere Verbotsnormen ... 164
     - b) Nichtigkeit einzelner Abreden ... 166
       - aa) Vereinbarungen über das Stimmrecht ... 166
       - bb) Kapitalaufbringung und Kapitalerhaltung ... 169
  9. Gewerbe und Handwerk ... 173
     - a) Genehmigungserfordernisse ... 174
     - b) Andere Ordnungsvorschriften ... 178
  10. Gewerblicher Rechtsschutz ... 181
  11. Handelsrecht ... 182
     - a) Firmenrecht ... 182
     - b) Handelsvertreter und Handlungsgehilfen ... 183
     - c) Auswahl der Abschlussprüfer ... 188
  12. Maklerrecht ... 189
  13. Mietrecht ... 192
  14. Rechtsanwälte und Notare ... 197
     - a) Mandantenschutzklauseln ... 198
     - b) Tätigkeitsverbote ... 199
     - c) Gebühren ... 200
     - d) Schweigepflicht ... 201
     - e) Mehrfachvertretung ... 203
     - f) Maklertätigkeit ... 204
  15. Rechtsberatung ... 206
     - a) Allgemeines ... 206
     - b) Fallgruppen ... 209
       - aa) Bauträgermodell ... 209
       - bb) Vollmacht ... 212
       - cc) Abtretungen ... 213
       - dd) Weitere Einzelfälle ... 216
  16. Schenkungen ... 218
  17. Sport ... 219
  18. Steuerberater und Wirtschaftsprüfer ... 225
  19. Steuerrecht ... 228
     - a) Steuerhinterziehung ... 228
       - aa) Ohne-Rechnung-Abreden ... 229
       - bb) Weitere Einzelfälle ... 230

b) Vertragliche Erweiterung der Steuerpflicht 232	21. Versicherungsrecht 245
20. Strafrecht und Recht der Ordnungswidrigkeiten 233	22. Wertpapierrecht 248
	23. Wettbewerbsrecht 251
a) Allgemeines 233	a) Kartellrecht 251
b) Einzelfälle 235	b) Unlauterer Wettbewerb 257
c) Ordnungswidrigkeiten 244	24. Zivilprozessrecht 259
	C. Weitere praktische Hinweise 260

A. Allgemeines

I. Normzweck

1 Der Grundsatz der **Privatautonomie** findet seine Grenze in den geltenden Gesetzen. Besondere Bedeutung haben in diesem Zusammenhang Vorschriften, welche ein Rechtsgeschäft ausdrücklich oder konkludent verbieten. Solche Vorschriften finden sich weniger im BGB als vielmehr im öffentlichen Recht und im Strafrecht.[1] Entsprechend ihrer systematischen Stellung beschäftigen sich die meisten der einschlägigen Vorschriften nicht damit, welche Auswirkungen der Gesetzesverstoß auf die Wirksamkeit des infrage stehenden Rechtsgeschäfts hat. Der Grundsatz der **Einheit und Widerspruchsfreiheit der Rechtsordnung** verbietet es jedoch, den Gesetzesverstoß im Zivilrecht außer Betracht zu lassen.[2] Insbesondere kann es nicht angehen, dass jemand sich wirksam zu einer Leistung verpflichtet, deren Erbringung gesetzlich verboten ist.[3] Der Gesetzgeber hat gleichwohl davon abgesehen, verbotswidrige Rechtsgeschäfte generell für nichtig zu erklären. Nach § 134 greift diese Rechtsfolge vielmehr nur ein, wenn sich nicht aus dem Gesetz, insbesondere aus dessen **Zweck**, etwas anderes ergibt.

2 Nach h.M. dient § 134 in erster Linie dem **Schutz der Allgemeinheit**.[4] Dies heißt jedoch nicht, dass die Vorschrift nicht auch die individuellen Interessen des Vertragspartners oder Dritter schützen kann.[5] Letztlich kommt es auch hier auf den Zweck des zugrunde liegenden Verbotsgesetzes an. § 134 hat damit die Aufgabe, die Wertungen der (meist) öffentlich-rechtlichen oder strafrechtlichen Verbotsgesetze in das Zivilrecht hinein zu „verlängern".[6]

3 Auch wenn § 134 die Wertungen des jeweiligen Verbotsgesetzes in Bezug nimmt, hat die Vorschrift doch einen **eigenständigen Regelungsgehalt**.[7] Zu beachten ist zunächst, dass die Nichtigkeit des Rechtsgeschäfts nicht allein aus dem Zweck der Verbotsnorm abgeleitet werden kann. Bei der Entscheidung über die Nichtigkeit muss zwar auf die Wertungen des jeweiligen Verbotsgesetzes abgestellt werden; die Rechtsfolgenanordnung ergibt sich aber aus § 134.[8]

4 § 134 stellt außerdem klar, dass ein Rechtsgeschäft **nicht bei jedem Gesetzesverstoß nichtig** ist. Ob die Vorschrift darüber hinaus eine Vermutung für die Nichtigkeit eines verbotswidrigen Rechtsgeschäfts begründet, ist dagegen zweifelhaft (dazu Rn 55).

5 In der Literatur wird teilweise die Auffassung vertreten, § 134 enthalte eine „Grundentscheidung zugunsten des grundsätzlichen Vorrangs staatlicher Wirtschaftsordnung und -lenkung gegenüber der Privatautonomie".[9] Dies ist jedoch missverständlich.[10] § 134 regelt lediglich den (selbstverständlichen) **Vorrang der staatlichen Gesetze** gegenüber der privatautonomen Gestaltungsmacht der Parteien. In welchem Umfang die **Wirtschaft** auf Kosten der Privatautonomie gesetzlich **geordnet und gelenkt** werden soll, ist eine politische Frage, die durch § 134 nicht präjudiziert wird. Richtig ist aber, dass § 134 zu diesen Zwecken nutzbar gemacht werden kann.

---

1 Vgl. Motive I, S. 210 = *Mugdan*, S. 469 mit dem Hinweis, dass die Vorschrift „namentlich die gegen Rechtsgeschäfte gerichteten Verbotsgesetze des öffentlichen Rechtes, insbes. des Strafrechtes, im Auge" habe.
2 Vgl. *Medicus*, BGB AT, Rn 647; *Rüthers/Stadler*, BGB AT, § 26 Rn 2.
3 Vgl. *Pawlowski*, BGB AT, Rn 489.
4 BGHZ 13, 179, 182; Erman/*Palm*, § 134 Rn 1.
5 AK-BGB/*Damm*, § 138 Rn 15; a.A. RGRK/ *Krüger-Nieland/Zöller*, § 134 Rn 1, 4.
6 *Medicus*, BGB AT, Rn 646.
7 Dies betonen zu Recht MüKo/*Mayer-Maly/ Armbrüster*, § 138 Rn 2; a.A. *Flume*, BGB AT Bd. 2, § 17, 1: „Die Vorschrift des § 134 besagt in Wirklichkeit nichts".
8 *Bork*, BGB AT, Rn 1089 f.; *Larenz/Wolf*, BGB AT, § 40 Rn 2; *Rüthers/Stadler*, BGB AT, § 26 Rn 2; a.A. *Flume*, BGB AT Bd. 2, § 17, 1; *Medicus*, BGB AT, Rn 646.
9 So *Canaris*, Gesetzliches Verbot, S. 19; dem folgend AK-BGB/*Damm*, § 134 Rn 14.
10 Krit. auch MüKo/*Mayer-Maly/Armbrüster*, § 134 Rn 2.

II. Entstehungsgeschichte

Dass der Verstoß gegen ein Verbotsgesetz nicht in jedem Fall zur Nichtigkeit des Rechtsgeschäfts führt, war schon im **römischen Recht** anerkannt.[11] Auch im **gemeinen Recht** wurde dieser Grundsatz nicht infrage gestellt. Streitig war lediglich, ob ein verbotswidriges Rechtsgeschäft wenigstens im Regelfall für nichtig zu erachten ist. Die **Verfasser des BGB** haben diese Frage im Einklang mit der damals h.M. bejaht. Um der „gegenteiligen Absicht des Gesetzes" Rechnung tragen zu können, haben sie jedoch nicht die generelle Nichtigkeit verbotswidriger Rechtsgeschäfte angeordnet, sondern die Nichtigkeit unter den Vorbehalt gestellt, dass „sich nicht aus dem Gesetz etwas anderes ergibt".[12] Eine Sonderstellung hatten aus Sicht der Gesetzesverfasser die Fälle, in denen das Verbot nur gegen eine Partei gerichtet war; hier sollte das Rechtsgeschäft der Regel nach als wirksam anzusehen sein. Letztlich sollte es aber in beiden Fällen auf die „Absicht des Gesetzes im Einzelfalle" ankommen.[13] Der Entstehungsgeschichte des § 134 ist damit zu entnehmen, dass die Verfasser des Gesetzes eine möglichst flexible Regelung schaffen wollten, die es dem Richter erlaubt, den Zweck des jeweiligen Verbotsgesetzes in angemessener Weise zu berücksichtigen.[14]

III. Anwendungsbereich

1. Privatrechtliche Rechtsgeschäfte. § 134 gilt für alle **Rechtsgeschäfte** auf dem Gebiet des Privatrechts. Der Begriff des Rechtsgeschäfts beurteilt sich nach allgemeinen Grundsätzen. Erfasst werden sowohl einseitige Rechtsgeschäfte (z.B. Kündigung) als auch Verträge und Beschlüsse.[15] Die Vorschrift ist auch auf **Normenverträge** (Tarifverträge, Betriebsvereinbarungen) anwendbar.[16] Die **Aussperrung** wird ebenfalls als Rechtsgeschäft i.S.d. § 134 angesehen.[17] Die auf den Abschluss eines Vertrages gerichteten Willenserklärungen (**Angebot** und **Annahme**) sind dagegen keine Rechtsgeschäfte.[18] Teilweise wird zwar die entsprechende Anwendung des § 134 auf Angebote befürwortet.[19] Ob hierfür ein Bedürfnis besteht, ist jedoch zweifelhaft, weil der gesetzwidrige Inhalt einer solchen Erklärung bei der Würdigung des Vertrages im Ganzen berücksichtigt werden kann.

2. Öffentliches Recht. § 59 Abs. 1 VwVfG verweist für die Nichtigkeit von **öffentlich-rechtlichen Verträgen** auf die Vorschriften des BGB. § 134 ist damit auch hier grundsätzlich anwendbar.[20] Da die differenzierte Regelung des § 59 Abs. 2 VwVfG nicht unterlaufen werden darf, wendet die h.M. die Vorschrift aber zurückhaltend an. Ein öffentlich-rechtlicher Vertrag ist damit nur dann nach § 134 nichtig, wenn eine **zwingende Rechtsnorm** besteht, die den **Inhalt** des Vertrages sowie seinen **Erfolg** verbietet, und zugleich der **Normzweck** die Nichtigkeit im öffentlichen Interesse verlangt.[21]

§ 134 gilt auch für die Vergabe öffentlicher Aufträge nach **Vergaberecht**.[22]

IV. Verhältnis zu anderen Vorschriften

1. Verbotsgesetze mit eigener Regelung der zivilrechtlichen Rechtsfolgen. Verbotsgesetze mit eigener Nichtigkeitsanordnung gehen § 134 als *leges speciales* vor.[23] Spricht das Verbotsgesetz die **Nichtigkeit** selbst aus (z.B. §§ 248 Abs. 1, 311b Abs. 2 und 4, 723 Abs. 3, 1136, 1229), so ist § 134 daher nicht anwendbar. Das Gleiche gilt für den Fall, dass das Verbotsgesetz eine **abweichende zivilrechtliche Rechtsfolge**

---

11 Vgl. Staudinger/*Dilcher*, 12. Aufl., § 138 Rn 1; *Flume*, BGB AT Bd. 2, § 17, 1; *Seiler*, in: GS Martens 1987, S. 719, 720 ff.; ausführlich zur historischen Entwicklung HKK/*Dorn*, §§ 134–137 Rn 4 ff.
12 Motive I, S. 210 = *Mugdan* I, S. 468.
13 Motive I, S. 210 = *Mugdan* I, S. 468.
14 Vgl. *Beater*, AcP 197 (1997), 505, 510.
15 Vgl. HK-BGB/*Dörner*, § 134 Rn 2.
16 BAGE 1, 258, 269; Bamberger/Roth/*Wendtland*, § 138 Rn 3; MüKo/*Mayer-Maly/Armbrüster*, § 138 Rn 29; Palandt/*Heinrichs*, § 138 Rn 12; Staudinger/*Sack*, § 138 Rn 12 f.
17 ArbG Paderborn DB 1975, 1655, 1656; Staudinger/*Sack*, § 138 Rn 15.
18 MüKo/*Kramer*, § 145 Rn 3; Soergel/*Wolf*, § 145 Rn 3.
19 So etwa Palandt/*Heinrichs*, § 138 Rn 12; i.E. auch MüKo/*Mayer-Maly/Armbrüster*, § 134 Rn 25; a.A. Bamberger/Roth/*Wendtland*, § 134 Rn 4; Staudinger/*Sack*, § 134 Rn 15.
20 Vgl. BVerwG DVBl. 1960, 106, 107; NJW 1976, 686 (aber ohne direkte Bezugnahme auf § 134); Erman/*Palm*, § 134 Rn 6; MüKo/*Mayer-Maly/Armbrüster*, § 134 Rn 27; Staudinger/*Sack*, § 134 Rn 14; ausf. dazu *Bleckmann*, NVwZ 1990, 601 ff.; *Erichsen*, Jura 1994, 47 ff.
21 BVerwGE 89, 7, 10; BVerwG DVBl. 1990, 438; OVG Nordrhein-Westfalen NVwZ 1992, 988 f.; *Erichsen*, Jura 1994, 47, 50.
22 Vgl. BGH NJW 1997, 61; MüKo/*Mayer-Maly/Armbrüster*, § 134 Rn 28.
23 Vgl. MüKo/*Mayer-Maly/Armbrüster*, § 134 Rn 3; Erman/*Palm*, § 134 Rn 2; *Medicus*, BGB AT, Rn 644; der Sache nach auch BGHZ 143, 283, 286.

vorsieht.²⁴ Bei der Eheschließung sind die Folgen eines Verstoßes gegen die §§ 1303 ff. in den §§ 1313 ff. geregelt.²⁵

11 **2. Sittenwidriges Rechtsgeschäft und Wucher, § 138.** § 134 ist im **Verhältnis zu § 138 Abs. 1** vorrangig anzuwenden (vgl. § 138 Rn 14). Ist das Rechtsgeschäft bereits nach § 134 nichtig, so muss nicht zusätzlich auf § 138 Abs. 1 abgestellt werden.²⁶ Ergibt sich die Nichtigkeit nicht schon aus dem Verstoß gegen ein Verbotsgesetz, so kann § 138 Abs. 1 aber ergänzend angewendet werden.²⁷

12 In den Fällen des **Wuchers** geht die h.M. davon aus, dass § 134 i.V.m. § 291 StGB und § 138 Abs. 2 nebeneinander anwendbar sind (vgl. § 138 Rn 356 f.). Im Fall einer **Mietpreisüberhöhung** hat § 134 i.V.m. § 5 WiStG aber Vorrang gegenüber § 138 Abs. 2 (siehe § 138 Rn 358).

13 **3. Gesetzliche oder behördliche Verfügungsverbote.** Der Verstoß gegen ein **gesetzliches Verfügungsverbot** ist ein Sonderfall des Gesetzesverstoßes.²⁸ Bezweckt das Verfügungsverbot nur den Schutz bestimmter Personen (sog. **relatives** Verfügungsverbot), so wird § 134 durch die Sonderregelung des § 135 verdrängt (vgl. § 135 Rn 1).²⁹ Für **absolute** gesetzliche Verfügungsverbote gilt aber § 134.³⁰

14 Eine entsprechende Differenzierung ist bei **gerichtlichen** oder **behördlichen Verfügungsverboten** geboten. Für **relative** Verfügungsverbote verweist § 136 auf § 135.³¹ Nach welchen Regeln **absolute** gerichtliche oder behördliche Verfügungsverbote zu behandeln sind, ist im Gesetz nicht geregelt. Zur Lückenfüllung kann § 134 analog angewendet werden.³²

15 **4. Anfechtung wegen arglistiger Täuschung oder Drohung, § 123.** Ist eine Partei durch **Betrug** oder **Erpressung** zur Abgabe einer Willenserklärung veranlasst worden, so ist das Rechtsgeschäft nicht nach § 134 i.V.m. § 253 StGB bzw. § 263 StGB nichtig. Die Willenserklärung ist aber wegen arglistiger Täuschung oder Drohung nach § 123 anfechtbar. § 123 ist insofern also *lex specialis* zu § 134.³³

16 **5. Rechtliche Unmöglichkeit, §§ 275 Abs. 1, 311a.** Verbietet das Gesetz die **Erfüllung** eines Rechtsgeschäfts, so liegt ein Fall der rechtlichen Unmöglichkeit vor. Soweit das rechtliche Leistungshindernis bereits bei Vertragsschluss vorlag, wurde die Unwirksamkeit des **Verpflichtungsgeschäfts** vor In-Kraft-Treten des SchuldRModG meist sowohl auf § 134 als auch auf § 306 a.F. gestützt.³⁴ Diese Praxis war insofern gerechtfertigt, als der Verstoß gegen ein gesetzliches Verbot nach § 309 a.F. die gleichen Rechtsfolgen wie die anfängliche objektive Unmöglichkeit hatte. Nach geltendem Recht führt die anfängliche Unmöglichkeit **nicht mehr** zur **Nichtigkeit des Vertrages** (§ 311a Abs. 1). Der Schadensersatzanspruch ist nach § 311a Abs. 2 auf das **positive Interesse** gerichtet.³⁵ Ist das Geschäft nach § 134 nichtig, so kommt dagegen nur ein Anspruch aus *culpa in contrahendo* (§§ 280 Abs. 1, 311 Abs. 2, 241 Abs. 2) auf Ersatz des **negativen Interesses** in Betracht (siehe Rn 75 f.). Von daher ist eine genaue Abgrenzung erforderlich.³⁶

17 Ausgangspunkt der Überlegungen muss die **Funktion des § 311a Abs. 1** sein. Die Vorschrift stellt lediglich klar, dass die anfängliche Unmöglichkeit als solche nicht zur Nichtigkeit des Vertrages führt. Sie schließt dagegen aber nicht aus, dass der Vertrag aus anderen Gründen nichtig ist.³⁷ Dies gilt insbesondere mit Blick auf § 134. Verstößt die **Erfüllung des Vertrages** gegen ein gesetzliches Verbot, so ist das **Verpflichtungsgeschäft** grundsätzlich **nach § 134 nichtig** (siehe Rn 71 ff.). Ein Anspruch auf Ersatz des Erfüllungsinteresses aus § 311a Abs. 2 kommt damit nicht in Betracht. Denn ein solcher Anspruch setzt einen wirksamen Vertrag voraus.³⁸ Der Geschädigte ist daher auf einen Schadensersatzanspruch aus § 280 Abs. 1,

---

24 Vgl. MüKo/*Mayer-Maly/Armbrüster*, § 134 Rn 3; Soergel/*Hefermehl*, § 134 Rn 3; Staudinger/*Sack*, § 134 Rn 67.
25 Vgl. Soergel/*Hefermehl*, § 134 Rn 3; Staudinger/*Sack*, § 134 Rn 67.
26 Erman/*Palm*, § 138 Rn 10; MüKo/*Mayer-Maly/Armbrüster*, § 134 Rn 4; Soergel/*Hefermehl*, § 138 Rn 63; a.A. BGHZ 53, 152, 160; *Hübner*, BGB AT, Rn 923.
27 MüKo/*Mayer-Maly/Armbrüster*, § 134 Rn 3; Soergel/*Hefermehl*, § 138 Rn 63.
28 Staudinger/*Kohler*, § 135 Rn 1.
29 MüKo/*Mayer-Maly/Armbrüster*, § 134 Rn 3.
30 Vgl. BGHZ 19, 355, 359; MüKo/*Mayer-Maly/Armbrüster*, § 135 Rn 6; Soergel/*Hefermehl*, §§ 135, 136 Rn 2; Staudinger/*Kohler*, § 135 Rn 4; *Brox*, BGB AT, Rn 347.
31 RGZ 105, 71, 75 f.
32 MüKo/*Mayer-Maly/Armbrüster*, § 136 Rn 2; RGRK/*Krüger-Nieland/Zöller*, § 136 Rn 1; Soergel/*Hefermehl*, §§ 135, 136 Rn 5; Staudinger/*Kohler*, § 136 Rn 2.
33 Vgl. Bamberger/Roth/*Wendtland*, § 134 Rn 4; Soergel/*Hefermehl*, § 134 Rn 24; Staudinger/*Sack*, § 134 Rn 15.
34 Vgl. BGHZ 143, 283, 286; BGH NJW 1995, 2026, 2027.
35 Palandt/*Heinrichs*, § 311a Rn 7; *Looschelders*, Schuldrecht AT, 2. Aufl. 2004, Rn 656, 663.
36 So auch MüKo/*Ernst*, Bd. 2a § 311a Rn 25; *Windel*, ZGS 2003, 466, 471.
37 Vgl. BT-Drucks 14/6040, S. 165; Palandt/*Heinrichs*, § 311a Rn 5.
38 Vgl. *Looschelders*, Schuldrecht AT, 2. Aufl. 2004, Rn 651.

311 Abs. 2, 241 Abs. 2 verwiesen. Ist der Vertrag nicht nach § 134 unwirksam, so ist die Leistungspflicht des Schuldners bei rechtlicher Unmöglichkeit nach § 275 Abs. 1 ausgeschlossen. Dem Gläubiger kann aber ein Schadensersatzanspruch aus § 311a Abs. 2 zustehen. Welche Ansprüche der Gläubiger geltend machen kann, hängt somit davon ab, ob das Verpflichtungsgeschäft nach **§ 134** nichtig ist. Dies muss daher **vorrangig** geprüft werden.[39]

B. Regelungsgehalt

I. Gesetzliches Verbot

Die Anwendung des § 134 setzt voraus, dass das Rechtsgeschäft gegen ein **Verbot** verstößt, welches in einem **Gesetz** enthalten ist.

1. Gesetz. a) Überblick. Der Begriff des Gesetzes bestimmt sich nach Art. 2 EGBGB. Erfasst wird grundsätzlich jede Rechtsnorm. Das Verbot muss damit nicht in einem **formellen Gesetz** enthalten sein. Es kann sich vielmehr auch aus einer **Rechtsverordnung** oder einer **öffentlich-rechtlichen Satzung** ergeben,[40] nicht aber aus einem **Verwaltungsakt**.[41] Ob es sich um Bundes- oder Landesrecht handelt, ist grundsätzlich unerheblich.[42] Darüber hinaus kommen auch **gewohnheitsrechtliche** Rechtsnormen als Verbotsgesetze in Betracht.[43] Solange ein richterrechtlich entwickelter Rechtssatz noch nicht zu Gewohnheitsrecht erstarkt ist, handelt es sich dagegen um keine Rechtsnorm.[44] **Richterrecht** fällt daher als solches nicht in den Anwendungsbereich des § 134; es kann aber im Rahmen des § 138 Abs. 1 als Erkenntnisquelle für die guten Sitten herangezogen werden (siehe § 138 Rn 78 f.). **Privatrechtliche Vereins- oder Verbandssatzungen** können ebenfalls keine gesetzlichen Verbote i.S.d. § 134 begründen;[45] auch hier bleibt jedoch der Rückgriff auf § 138 Abs. 1 (dort Rn 304 ff.) möglich.

b) Allgemeine Rechtsgrundsätze. Nach h.M. können gesetzliche Verbote i.S.d. § 134 auch aus allgemeinen Rechtsgrundsätzen abgeleitet werden.[46] So ist der BGH der Auffassung, dass Rechtsgeschäfte, die gegen das auch für Schiedsgerichte geltende und im Gesetz (§§ 1025 Abs. 2, 1032 ZPO a.F.) zum Ausdruck gekommene **Gebot überparteilicher Rechtspflege** verstoßen, nach § 134 nichtig sind (vgl. aber auch Rn 259).[47] Weiterhin spricht aus Sicht des BGH vieles dafür, den „Grundsatz, dass der Staat (die staatliche Verwaltung) kein Recht zu ‚Geschenken' hat", unter bestimmten Voraussetzungen als Verbotsgesetz i.S.d. § 134 anzusehen.[48] Aus systematischen Gründen erscheint es jedoch vorzugswürdig, den Anwendungsbereich des § 134 auf Fälle zu beschränken, in denen das Rechtsgeschäft gegen ein **konkretes** gesetzliches Verbot verstößt. Allgemeine Rechtsgrundsätze sind regelmäßig so abstrakt, dass sie nicht als Verbotsgesetze verstanden werden können.[49] Hier ist deshalb allein § 138 Abs. 1 anwendbar.[50]

c) Berufsordnungen und Standesrecht. Verbotsgesetze können auch in öffentlich-rechtlichen Satzungen enthalten sein (Rn 19). § 134 erfasst damit auch den Verstoß gegen die Satzungen autonomer Berufsverbände (Kammern), die auf der Grundlage einer **gesetzlichen Ermächtigung** erlassen worden sind.[51] Zu nennen sind hier in erster Linie die **ärztlichen Berufsordnungen**.[52]

In der Literatur wird die Anwendbarkeit des § 134 teilweise dahin gehend eingeschränkt, dass der betreffende Verband die **Kompetenz** haben müsse, die **Nichtigkeit des Rechtsgeschäfts selbst anzuordnen**, was für die derzeit bestehenden Kammern nicht zutreffe.[53] Diese Auffassung beruht auf der Prämisse, dass

---

39 So auch *Windel*, ZGS 2003, 466, 472.
40 Vgl. Palandt/*Heinrichs*, Art. 2 EGBGB Rn 2; Erman/*Palm*, § 134 Rn 8; Staudinger/*Sack*, § 134 Rn 16; *Beater*, AcP 197 (1997), 505, 514.
41 Erman/*Palm*, § 134 Rn 8; Soergel/*Hefermehl*, § 134 Rn 5.
42 BGH NJW 1986, 2360, 2361; Palandt/*Heinrichs*, § 134 Rn 2.
43 MüKo/*Mayer-Maly/Armbrüster*, § 134 Rn 32; Palandt/*Heinrichs*, § 134 Rn 2; Staudinger/*Sack*, § 134 Rn 17; *Beater*, AcP 197 (1997), 505, 526 f.
44 *Hübner*, BGB AT, Rn 38 ff.; *Larenz/Wolf*, BGB AT, § 3 Rn 39; *Pawlowski*, BGB AT, Rn 61.
45 BGH NJW 2000, 1028; Bamberger/Roth/*Wendtland*, § 134 Rn 7; Staudinger/*Sack*, § 134 Rn 28.
46 MüKo/*Mayer-Maly/Armbrüster*, § 134 Rn 32; Palandt/*Heinrichs*, § 134 Rn 2; *Bork*, BGB AT, Rn 1091; *Hübner*, BGB AT, Rn 882.
47 BGHZ 51, 255, 262; 54, 392, 400.
48 BGHZ 47, 30, 40.
49 Vgl. zu dieser Abgrenzung *Beater*, AcP 197 (1997), 504, 524.
50 So auch Staudinger/*Sack*, § 134 Rn 22; *Pawlowski*, BGB AT, Rn 498b; *Beater*, AcP 197 (1997), 504, 528.
51 BGH NJW 1986, 2360, 2361; BayObLGZ 2000, 301, 308; Bamberger/Roth/*Wendtland*, § 134 Rn 7; MüKo/*Mayer-Maly/Armbrüster*, § 134 Rn 31; Palandt/*Heinrichs*, § 134 Rn 2; *Beater*, AcP 197 (1997), 505, 526; a.A. Staudinger/*Dilcher*, 12. Aufl., § 134 Rn 2.
52 Zur Rechtsnormqualität der ärztlichen Berufsordnungen vgl. BVerfGE 76, 171, 186.
53 So *Taupitz*, Die Standesordnungen der freien Berufe, 1991, S. 1073 ff.; *ders.*, JZ 1994, 221, 224 ff.; dem folgend Staudinger/*Sack*, § 134 Rn 27; ähnlich Erman/*Palm*, § 134 Rn 8, 50.

die Nichtigkeit des Rechtsgeschäfts nicht aus § 134, sondern aus dem Verbotsgesetz selbst folgt.[54] Geht man dagegen wie hier (Rn 3) davon aus, dass die Nichtigkeit auf der Rechtsfolgenanordnung des § 134 beruht, so besteht für eine solche Einschränkung kein Anlass. § 134 hat dann auch die Funktion, über kompetenzrechtliche Probleme hinwegzuhelfen. Dies entbebt freilich nicht von der Feststellung, dass die Anordnung der Nichtigkeit dem Zweck der infrage stehenden Regelung entspricht.[55]

23 Von den öffentlich-rechtlichen Satzungen der Berufsverbände zu unterscheiden sind bloße **Standesrichtlinien**, die von den Kammern der freien Berufe (z.B. Rechtsanwaltskammern) erlassen werden. Das BVerfG hat klargestellt, dass es sich bei den Standesrichtlinien – im Gegensatz zum gesetzlich ausgestalteten Berufsrecht – trotz ihrer Normähnlichkeit nicht um verbindliche Rechtssätze handelt.[56] Standesrichtlinien stellen einen bloßen Niederschlag vorhandener Standesauffassungen, teilweise sogar nur die Meinung angesehener und erfahrener Standesgenossen, dar.[57] Sie können daher nicht herangezogen werden, um Beschränkungen des Grundrechts auf Berufsausübung (Art. 12 GG) zu rechtfertigen. Der Verstoß gegen Standesrichtlinien führt daher nicht zur Nichtigkeit eines Rechtsgeschäfts nach § 134. Demgegenüber können die Wertungen der Standesrichtlinien zwar grundsätzlich bei der Konkretisierung der Sittenwidrigkeit im Rahmen des § 138 (dort Rn 87) berücksichtigt werden. Auch dort können die Richtlinien jedoch für sich genommen keine berufsbeschränkende Wirkung entfalten.[58]

24 **d) Tarifverträge und Betriebsvereinbarungen.** Tarifvertragliche Regelungen sind in ihrem normativen Teil als **Rechtsnormen** i.S.d. Art. 2 EGBGB anzusehen.[59] Dem Grundsatz nach können Verbotsgesetze daher durchaus in Tarifverträgen enthalten sein.[60] § 4 Abs. 3 TVG lässt jedoch zu, dass von den Regelungen eines Tarifvertrages zugunsten des Arbeitnehmers abgewichen wird. Da der Verstoß gegen **dispositive** Vorschriften regelmäßig keine Nichtigkeit nach sich zieht (siehe Rn 47), haben tarifvertragliche Normen im Rahmen des § 134 letztlich keine praktische Bedeutung.[61]

25 In Rechtsprechung und Literatur wird überwiegend angenommen, dass **Betriebsvereinbarungen** ebenfalls die Qualität von Verbotsgesetzen haben können.[62] Die Frage kann jedoch dahinstehen. Da Betriebsvereinbarungen nach § 77 Abs. 4 BetrVG ebenso wie Tarifverträge zugunsten des Arbeitnehmers **dispositiv** sind,[63] führt der Verstoß gegen Betriebsvereinbarungen jedenfalls nicht zur Nichtigkeit des Rechtsgeschäfts nach § 134.[64]

26 **e) Verfassungsrecht. aa) Die mittelbare Drittwirkung der Grundrechte.** Verbotsgesetze können auch in verfassungsrechtlichen Normen enthalten sein. Erforderlich ist aber, dass diese Normen **konkrete Verbote** enthalten und im Privatrechtsverkehr **unmittelbar anwendbar** sind. Die zweite Voraussetzung trifft auf die **Grundrechte** im Allgemeinen nicht zu. Nach der ganz h.M. können die Grundrechte im Privatrechtsverkehr regelmäßig nur eine **mittelbare Drittwirkung** entfalten, weil eine unmittelbare Bindung an die Grundrechte die Privatautonomie des Einzelnen übermäßig einschränken würde.[65] Da die Grundrechte eine objektive Wertordnung konstituieren, kommt ihnen aber bei der Auslegung und Anwendung der privatrechtlichen Normen große Bedeutung zu (vgl. Anh. § 133 Rn 28). „Einbruchstelle" der Grundrechte sind vor allem

---

54 Besonders deutlich *Taupitz*, Standesordnungen, S. 1081 ff.; *ders.*, JZ 1994, 221, 225.
55 Vgl. *Beater*, AcP 197 (1997), 505, 526.
56 BVerfGE 76, 171 = NJW 1988, 191; BVerfGE 76, 196 = NJW 1988, 194.
57 BVerfGE 76, 171, 189.
58 BVerfGE 76, 171 = NJW 1988, 191; BVerfGE 76, 196 = NJW 1988, 194.
59 BAGE 1, 258, 262; 46, 206, 210; Soergel/*Hefermehl*, § 134 Rn 7; *Beckmann*, JZ 2001, 150.
60 Vgl. BGHZ 143, 283, 286 = NJW 2000, 1186, 1187; BAG NJW 1999, 2541; Bamberger/Roth/*Wendtland*, § 134 Rn 7; Erman/*Palm*, § 134 Rn 8; Palandt/*Heinrichs*, § 134 Rn 2; *Bork*, BGB AT, Rn 1091; *Hübner*, BGB AT, Rn 882; einschr. Staudinger/*Sack*, § 134 Rn 24; *Beckmann*, JZ 2001, 150 , 151; a.A. MüKo/*Mayer-Maly/Armbrüster*, § 134 Rn 30.
61 Vgl. BGHZ 143, 283, 288 = NJW 2000, 1186, 1188 (zu § 10 Abs. 1 BAT; *Beckmann*, JZ 2001, 150, 151; i.E. auch MüKo/*Mayer-Maly/Armbrüster*, § 134 Rn 30; Staudinger/*Sack*, § 134 Rn 24, die § 4 Abs. 3 TVG als vorrangige Sonderregelung zu § 134 qualifizieren.

62 So LAG Saarbrücken NJW 1966, 2136, 2137; Bamberger/Roth/*Wendtland*, § 134 Rn 6; Erman/*Palm*, § 134 Rn 8; Palandt/*Heinrichs*, § 134 Rn 2; a.A. MüKo/*Mayer-Maly/Armbrüster*, § 134 Rn 30; Staudinger/*Sack*, § 134 Rn 25. Zum normativen Charakter von Betriebsvereinbarungen s. auch BAGE 3, 1, 4 f.; GK-BetrVG/*Kreutz*, 7. Aufl. 2002, § 77 Rn 214.
63 GK-BetrVG/*Kreutz*, 7. Aufl. 2002, § 77 Rn 234 ff.
64 Vgl. Staudinger/*Sack*, § 134 Rn 25.
65 BVerfGE 7, 198, 204 ff.; 66, 116, 135; 73, 261, 269; 81, 242, 256; 84, 192, 194; 89, 214, 229 ff.; BGHZ 97, 304, 306; BGH NJW 1999, 1326; Erman/*Palm*, § 134 Rn 62 und § 138 Rn 113; MüKo/*Mayer-Maly/Armbrüster*, § 134 Rn 34; Palandt/*Heinrichs*, § 242 Rn 7 f.; Soergel/*Hefermehl*, § 134 Rn 7; Staudinger/*Coing*, Einl. Rn 193 ff.; Staudinger/*Sack*, § 134 Rn 41; *Canaris*, AcP 184 (1984), 201 ff.; *Dürig*, in: FS Nawiasky (1956), S. 157 ff.; *Looschelders/Roth*, JZ 1995, 1034, 1037 ff.; *Medicus*, AcP 192 (1992), 35, 43; *Schapp*, JZ 1998, 913 ff.; *Zöllner*, AcP 196 (1996), 1 ff.; a.A. (unmittelbare Drittwirkung) *Enneccerus/Nipperdey*, BGB AT-1, § 15 II 4c.

die **Generalklauseln** (§§ 138, 157, 242, 315, 826).[66] Die grundrechtlichen Wertungen können daher insbesondere herangezogen werden, um die **guten Sitten** im Rahmen des § 138 Abs. 1 zu konkretisieren (siehe § 138 Rn 40). Dogmatisch lässt sich dies damit rechtfertigen, dass der Richter nach Art. 1 Abs. 3 GG auch im Privatrecht uneingeschränkt an die Grundrechte gebunden ist[67] und daher keine Geschäfte für wirksam erklären darf, die in unzulässiger Weise die Grundrechte einer Partei beeinträchtigen.[68]

bb) Bedeutung der Grundrechte im Arbeitsrecht. Der Grundsatz der **mittelbaren Drittwirkung** der Grundrechte gilt auch im Arbeitsrecht.[69] Zwar hat das BAG früher die Auffassung vertreten, dass die Grundrechte im Verhältnis von Arbeitgeber und Arbeitnehmer unmittelbare Geltung beanspruchen und etwaige Grundrechtsverstöße deshalb nach § 134 zur Nichtigkeit des Rechtsgeschäfts führen.[70] In neuerer Zeit ist das BAG jedoch dazu übergegangen, die grundrechtlichen Wertungen im Rahmen der zivilrechtlichen Generalklauseln (§§ 138, 315, 242) zu berücksichtigen.[71] Da zwischen Arbeitgeber und Arbeitnehmer ein **strukturelles Ungleichgewicht der Verhandlungsstärke** besteht, sind dabei strenge Maßstäbe anzulegen (vgl. § 138 Rn 141 ff.).

27

In Bezug auf die **Tarifvertragsparteien** geht das BAG weiter von der unmittelbaren Wirkung der Grundrechte aus, weil es sich hier um Gesetzgebung i.S.d. Art. 1 Abs. 3 GG handeln soll.[72] Das BVerfG hat die unmittelbare Grundrechtsbindung der Tarifvertragsparteien bislang offen gelassen.[73] Im Hinblick auf die – ebenfalls normativ wirkenden – **Betriebsvereinbarungen** hat es eine unmittelbare Grundrechtswirkung dagegen verneint.[74] Da die Tarifvertragsparteien selbst Grundrechtsträger sind (vgl. Art. 9 Abs. 3 GG), spricht vieles für die Annahme, dass sie ebenso wie die Betriebspartner nur mittelbar an die Grundrechte gebunden sind.[75]

28

cc) Unmittelbare Drittwirkung verfassungsrechtlicher Normen. Es gibt jedoch einige verfassungsrechtliche Normen, deren unmittelbare Wirkung im Privatrechtsverkehr allgemein anerkannt ist. So richtet sich der Schutz der **Koalitionsfreiheit** durch Art. 9 Abs. 3 S. 2 GG nach dem klaren Wortlaut der Vorschrift auch gegen Vereinbarungen oder Handlungen von Privatrechtssubjekten zur Einschränkung oder Behinderung der Koalitionsfreiheit.[76] Eine Gewerkschaft kann daher ihre Mitglieder durch Satzung nicht wirksam verpflichten, im Fall des Austritts eine erhaltene Streikunterstützung zurückzuzahlen.[77] Da die Nichtigkeit hier von Art. 9 Abs. 3 S. 2 GG selbst angeordnet wird, ist ein Rückgriff auf § 134 aber entbehrlich.[78]

29

Unmittelbare Wirkung im Privatrechtsverkehr hat auch der **Grundsatz des freien Mandats** (Art. 38 Abs. 1 S. 2 GG). Nach § 134 sind daher rechtsgeschäftliche Vereinbarungen über die **Niederlegung des Mandats**[79] ebenso nichtig wie etwa **Stimmenkaufverträge**.[80]

30

Art. 48 Abs. 2 S. 1 GG verbietet den Abschluss von Rechtsgeschäften, die den Abgeordneten **an der Übernahme oder Ausübung seines Mandats hindern**. Gesellschaftsverträge, die den Abgeordneten dazu verpflichten, seine gesamte Arbeitskraft der Gesellschaft zu widmen, sind daher insoweit nach § 134 unwirksam.[81] Nach der neueren Rechtsprechung schützt Art. 48 Abs. 2 S. 1 GG aber nicht vor sämtlichen Nachteilen, die für die Übernahme oder Ausübung des Mandats „hinderlich" sind; verboten ist vielmehr

31

---

66 Vgl. BVerfGE 7, 198, 206; MüKo/*Mayer-Maly/Armbrüster*, § 134 Rn 34; *Bork*, BGB AT, Rn 1107; Soergel/*Hefermehl*, § 134 Rn 7; Staudinger/*Sack*, § 134 Rn 41; für Berücksichtigung der Grundrechte „über das Medium des § 134" aber *Hübner*, BGB AT, Rn 882.
67 Dazu MüKo/*Mayer-Maly/Armbrüster*, § 134 Rn 34; *Canaris*, JuS 1989, 161 ff.; *Looschelders/Roth*, JZ 1995, 1034, 1038; *Medicus*, AcP 192 (1992), 35, 47 ff.
68 Vgl. BVerfGE 81, 242, 255 f.; MüKo/*Mayer-Maly/Armbrüster*, § 134 Rn 34; *Canaris*, AcP 184 (1984), 201, 225 ff.; *ders.*, JuS 1989, 161 ff.; *Looschelders/Roth*, JZ 1995, 1034, 1040 ff.
69 MünchArbR/*Richardi*, 2. Aufl. 2000, § 10 Rn 37. Ausführlich zur Bedeutung der Grundrechte im Arbeitsrecht *Zachert*, BB 1998, 1310 ff.
70 Vgl. BAGE 1, 185, 191 ff.; 4, 275, 285; 13, 168, 176 ff. = NJW 1962, 1981 ff.
71 Grundlegend BAG GrS, AP Nr. 14 zu § 611 BGB – Beschäftigungspflicht; vgl. auch BAG BB 1990, 212; NJW 1995, 275, 276; Staudinger/*Sack*, § 134 Rn 40.
72 Grundlegend BAG, AP Nr. 4 zu Art. 3 GG; ebenso in neuerer Zeit BAGE 69, 257, 264; vgl. auch Erman/*Palm*, § 134 Rn 62; Soergel/*Hefermehl*, § 134 Rn 7; Staudinger/*Sack*, § 134 Rn 38.
73 BVerfGE 90, 46, 58.
74 BVerfGE 73, 261, 269; ausf. dazu MünchArbR/*Richardi*, 2. Aufl. 2000, § 10 Rn 34 ff.
75 Vgl. MünchArbR/*Richardi*, 2. Aufl. 2000, § 10 Rn 22 ff.
76 Zur unmittelbaren Geltung des Art. 9 Abs. 3 S. 2 GG im Privatrechtsverkehr MüKo/*Mayer-Maly/Armbrüster*, § 134 Rn 33; Palandt/*Heinrichs*, § 134 Rn 4; Staudinger/*Sack*, § 134 Rn 39.
77 AG Ahrensburg NJW 1996, 2516, 2517.
78 MüKo/*Mayer-Maly/Armbrüster*, § 134 Rn 33.
79 LG Braunschweig DVBl. 1970, 591, 592; MüKo/*Mayer-Maly/Armbrüster*, § 134 Rn 35.
80 Zu Art. 38 Abs. 1 S. 2 GG als Verbotsgesetz Palandt/*Heinrichs*, § 134 Rn 4; zur Nichtigkeit von Stimmenkaufverträgen Sachs/*Magiera*, Grundgesetz, 2. Aufl. 1999, Art. 38 Rn 48.
81 BGHZ 43, 384, 387; RGRK/*Krüger-Nieland/Zöller*, § 134 Rn 27.

nur das **zielgerichtete** Verhindern oder Erschweren dieser Tätigkeiten.[82] Art. 48 Abs. 2 S. 2 GG stellt klar, dass eine Kündigung oder Entlassung wegen der Übernahme oder Ausübung des Mandats unzulässig ist. Die Vorschrift bezieht sich indes nur auf die Kündigung des Dienst- oder Arbeitsverhältnisses von **unselbständig** Beschäftigten; bei der Kündigung von Gesellschaftsverträgen muss daher auf Art. 48 Abs. 2 S. 1 GG zurückgegriffen werden. In einer Rechtsanwalts-Sozietät ist die Kündigung eines Sozius in solchen Fällen daher nicht per se unzulässig.[83]

32 **dd) Rechtsgeschäftliches Handeln der öffentlichen Hand.** Soweit staatliche Institutionen mit den Mitteln des Privatrechts **öffentlich-rechtliche Aufgaben** wahrnehmen (z.B. Daseinsvorsorge durch Versorgungs- und Verkehrsbetriebe der Gemeinden), bleiben sie uneingeschränkt an die Grundrechte gebunden.[84] Ein Grundrechtsverstoß kann daher über § 134 zur Nichtigkeit des Rechtsgeschäfts führen.[85] Erforderlich ist aber, dass sich aus den verletzten Grundrechten ein **hinreichend konkretes Verbot** ableiten lässt (siehe Rn 26), was jedenfalls für die Gleichheitssätze des Art. 3 GG anzunehmen ist.

33 Bei **rein fiskalischem Handeln** (Bedarfsdeckung, Teilnahme am allgemeinen Wirtschaftsverkehr) geht die Rechtsprechung dagegen traditionell davon aus, dass die Träger der öffentlichen Verwaltung nicht unmittelbar an die Grundrechte gebunden sind.[86] Die Grundrechte können also auch hier nur über die zivilrechtlichen Generalklauseln herangezogen werden. Berücksichtigt man bei der Interessenabwägung im Rahmen der Generalklauseln, dass es sich um einen Träger der öffentlichen Verwaltung handelt,[87] so gelangt man im Allgemeinen aber zu den gleichen Ergebnissen wie die Lehre von der Fiskalgeltung der Grundrechte.

34 **f) Europäisches Gemeinschaftsrecht.** Die Nichtigkeit eines Rechtsgeschäfts kann sich auch aus einem Verbot ergeben, das in einer Vorschrift des europäischen Gemeinschaftsrechts enthalten ist.[88] Voraussetzung ist jedoch auch hier, dass die infrage stehenden Normen **konkrete Verbote** enthalten und im Verhältnis zwischen den beteiligten Privatrechtssubjekten **unmittelbar** anwendbar sind. Diese Voraussetzungen treffen auf **EG-Verordnungen** grundsätzlich zu.[89] Dagegen entfalten **EG-Richtlinien** im Verhältnis zwischen den Bürgern keine unmittelbare Wirkung[90] und können daher auch nicht als Verbotsgesetze i.S.d. § 134 angesehen werden. In der Literatur wird zwar teilweise dafür plädiert, EG-Richtlinien nach Ablauf der Umsetzungsfrist als Verbotsgesetze zu behandeln, sofern sie hinreichend bestimmte Vorgaben enthalten.[91] Begründet wird dies mit der Pflicht der Gerichte, das nationale Recht nach Ablauf der Umsetzungsfrist möglichst so auszulegen, dass die Ziele der Richtlinie verwirklicht werden.[92] Ob diese Verpflichtung über die fehlende horizontale Drittwirkung der Richtlinie hinweghelfen kann, ist jedoch zweifelhaft. Aus systematischen Gründen erscheint es daher vorzugswürdig, die Ziele der Richtlinie durch eine richtlinienkonforme Anwendung des § 138 Abs. 1 zu verwirklichen (vgl. dazu § 138 Rn 68 ff.).

35 Verbotsgesetze können sich auch aus dem **EGV** selbst ergeben. Voraussetzung ist aber auch hier die unmittelbare Wirkung der Bestimmung gegenüber Privatrechtssubjekten. Dies trifft auf das **Verbot von wettbewerbsbeschränkenden Vereinbarungen und Verhaltensweisen** nach Art. 81 EGV zu. Da die Nichtigkeit verbotswidriger Vereinbarungen oder Beschlüsse von Art. 81 Abs. 2 EGV selbst angeordnet wird, ist § 134 jedoch nicht anwendbar.[93] Demgegenüber begründen Verstöße gegen das **Verbot wettbewerbsverfälschender Beihilfen** (Artt. 87 Abs. 1, 88 Abs. 3 S. 3 EGV) über § 134 die Nichtigkeit des betreffenden Rechtsgeschäfts.[94]

---

82 BVerfGE 42, 312, 329; BGHZ 94, 248, 251; vgl. dazu Dreier/*Schulze-Fielitz*, Grundgesetz, 1998, Art. 48 Rn 14; Sachs/*Magiera*, Grundgesetz, 2. Aufl. 1999, Art. 48 Rn 9 ff.

83 BGHZ 94, 248, 252 ff.; Dreier/*Schulze-Fielitz*, Grundgesetz, 1998, Art. 48 Rn 15; Sachs/*Magiera*, Grundgesetz, 2. Aufl. 1999, Art. 48 Rn 12.

84 BGHZ 29, 76, 80; 37, 1, 27; 52, 325, 327; 91, 84, 96 f.; *v. Münch*, in: v. Münch/Kunig, Grundgesetz, Bd. I, 5. Aufl. 1999, Vorb. Artt. 1–19 Rn 35; Soergel/ *Hefermehl*, § 134 Rn 7.

85 Erman/*Palm*, § 134 Rn 62; Staudinger/*Sack*, § 134 Rn 37.

86 Vgl. BGHZ 36, 91, 95 ff.; BGH NJW 1977, 628, 629; a.A. etwa MüKo/*Mayer-Maly/Armbrüster*, § 134 Rn 33; Sachs/*Höfling*, Grundgesetz, 2. Aufl. 1999, Art. 1 Rn 95 ff.

87 I.d.S. etwa BGH NJW 1977, 628, 629.

88 Bamberger/Roth/*Wendtland*, § 134 Rn 6; Erman/ *Palm*, § 134 Rn 56; MüKo/*Mayer-Maly/Armbrüster*, § 134 Rn 37; Palandt/*Heinrichs*, § 134 Rn 3; Staudinger/*Sack*, § 134 Rn 43 ff.

89 Vgl. BGH NJW 1994, 858.

90 Zur fehlenden horizontalen Drittwirkung von Richtlinien: EuGH NJW 1994, 2473, 2474.

91 In diesem Sinne Bamberger/Roth/*Wendtland*, § 134 Rn 6; Erman/*Palm*, § 134 Rn 56; Staudinger/*Sack*, § 134 Rn 45; vgl. auch *Sack*, VersR 1994, 1383, 1386 f. (zu § 1 UWG).

92 *Sack*, VersR 1994, 1383, 1387. Allg. zu dieser Pflicht EuGH NJW 1994, 2473, 2474.

93 Erman/*Palm*, § 134 Rn 56; MüKo/*Mayer-Maly/ Armbrüster*, § 134 Rn 36; Staudinger/*Sack*, § 134 Rn 43.

94 Vgl. MüKo/*Mayer-Maly/Armbrüster*, § 134 Rn 38; Palandt/*Heinrichs*, § 134 Rn 3. Ausf. zum Ganzen *Steindorff*, EuZW 1997, 7 ff.

g) Völkerrecht. Verbotsnormen i.S.d. § 134 können schließlich auch in **völkerrechtlichen Verträgen** 36 enthalten sein. Erforderlich ist aber, dass diese Verträge nach Art. 59 Abs. 2 GG in innerstaatliches Recht umgesetzt worden sind und nicht ausschließlich die Rechtsbeziehungen zwischen den beteiligten Staaten regeln, sondern auch Rechte und Pflichten von Privatrechtssubjekten begründen.[95] Diese Voraussetzungen treffen nach einer verbreiteten Auffassung auf die **Europäische Menschenrechtskonvention** (EMRK) und die **Europäische Sozialcharta** zu.[96] Zu beachten ist jedoch, dass sich die Gewährleistungen beider Konventionen in erster Linie gegen den Staat richten und im Verhältnis zwischen Privatrechtssubjekten nur mittelbare Wirkungen entfalten. Ebenso wie bei den Grundrechten ist es daher vorzugswürdig, den Wertungen der Konventionen im Rahmen des § 138 Abs. 1 Rechnung zu tragen.

Die **allgemeinen Regeln des Völkerrechts** bedürfen keiner Transformation in innerstaatliches Recht, sondern sind nach Art. 25 GG unmittelbare Bestandteile des Bundesrechts. Von daher ist es normtheoretisch nicht ausgeschlossen, den allgemeinen Regeln des Völkerrechts Verbotsnormen i.S.d. § 134 zu entnehmen.[97] Da das Völkerrecht nur wenige allgemeine Regeln enthält, welche für den Einzelnen konkrete Verbote aussprechen,[98] ist die praktische Bedeutung dieser Möglichkeit aber gering. Dies gilt umso mehr, als die infrage stehenden Verbote (z.B. Piraterie, Blockadebruch, Angriff auf ausländische Staatsoberhäupter und Diplomaten[99]) im Allgemeinen durch das innerstaatliche Strafrecht konkretisiert werden, so dass die entsprechenden Strafvorschriften als Verbotsnormen herangezogen werden können. 37

h) Fälle mit Auslandsberührung. In Fällen mit Auslandsberührung setzt die Anwendung des § 134 voraus, dass das Rechtsgeschäft nach den Regeln des Internationalen Privatrechts (Artt. 3 ff. EGBGB) dem deutschen Recht unterliegt. Ist ausländisches Recht anwendbar, so können die deutschen Verbotsgesetze daher auch nicht über § 134 zur Geltung gebracht werden.[100] Zwingende Vorschriften, die ohne Rücksicht auf das an sich maßgebliche Recht Geltung beanspruchen (sog. **Eingriffsnormen**), sind jedoch nach Art. 34 EGBGB in jedem Fall anwendbar. 38

Nach allgemeiner Ansicht bezieht § 134 sich nur auf deutsche Rechtsnormen. **Ausländische Verbotsgesetze** sind daher bei deutschem Vertragsstatut nicht über § 134 anwendbar.[101] Ihre Wertungen können jedoch im Rahmen des § 138 berücksichtigt werden (vgl. § 138 Rn 80). 39

2. Verbot. a) Grundsatz. Die Anwendung des § 134 setzt voraus, dass das Rechtsgeschäft durch die infrage stehende Rechtsnorm **verboten** wird. Das Verbot muss nicht **ausdrücklich** erfolgen; ausreichend ist, dass es der Norm durch **Auslegung** entnommen werden kann.[102] Sinn und Zweck der Norm entscheiden damit häufig bereits über das Vorliegen eines gesetzlichen Verbots. Hiervon zu unterscheiden ist die Frage, ob der Verstoß gegen ein gesetzliches Verbot nach Sinn und Zweck der Norm die Nichtigkeit des Rechtsgeschäfts begründet (dazu Rn 55).[103] Da beide Fragen nach den gleichen Kriterien zu beurteilen sind, gehen sie bei der praktischen Rechtsanwendung nicht selten ineinander über.[104] So kann man den Verbotscharakter einer Norm offen lassen, wenn feststeht, dass der Verstoß jedenfalls keine Nichtigkeit auslöst. 40

b) Abgrenzungen. aa) Beschränkungen der Gestaltungs- und Verfügungsmacht. § 134 betrifft nur Gesetze, nach denen das Rechtsgeschäft nicht vorgenommen werden **darf**. Nicht erfasst werden Vorschriften, nach denen das Geschäft überhaupt nicht vorgenommen werden **kann**.[105] Beschränkt eine Rechtsnorm die rechtsgeschäftliche Gestaltungs- und Verfügungsmacht der Parteien, so handelt es sich daher nicht um ein Verbotsgesetz i.S.d. § 134. Überschreitet das Rechtsgeschäft die Gestaltungs- oder Verfügungsmacht der Parteien, so ist es in jedem Fall nichtig; für eine Differenzierung nach dem Zweck des jeweiligen 41

---

95 Vgl. BGHZ 69, 295, 297; MüKo/*Mayer-Maly/Armbrüster*, § 134 Rn 39; Palandt/*Heinrichs*, § 134 Rn 3.
96 Vgl. MüKo/*Mayer-Maly/Armbrüster*, § 134 Rn 39.
97 Vgl. MüKo/*Mayer-Maly/Armbrüster*, § 134 Rn 39; Palandt/*Heinrichs*, § 134 Rn 3; Soergel/*Hefermehl*, § 134 Rn 8; Staudinger/*Sack*, § 134 Rn 46.
98 Vgl. dazu Sachs/*Streinz*, Grundgesetz, 2. Aufl. 1999, Art. 25 Rn 74.
99 Vgl. Sachs/*Streinz*, Grundgesetz, 2. Aufl. 1999, Art. 25 Rn 74.
100 BGHZ 55, 334, 339; 59, 82, 85; Staudinger/*Sack*, § 134 Rn 47.
101 Vgl. BGHZ 55, 334, 339; 59, 82, 85; *Looschelders*, IPR, Art. 34 EGBGB Rn 31 ff.; MüKo/*Mayer-Maly/Armbrüster*, § 134 Rn 40; Staudinger/*Sack*, § 134 Rn 48.
102 BGHZ 85, 39, 43; MüKo/*Mayer-Maly/Armbrüster*, § 134 Rn 41; Palandt/*Heinrichs*, § 134 Rn 2; Soergel/*Hefermehl*, § 134 Rn 14; Staudinger/*Sack*, § 134 Rn 31.
103 Zur Notwendigkeit einer solchen Unterscheidung vgl. Erman/*Palm*, § 134 Rn 9; MüKo/*Mayer-Maly/Armbrüster*, § 134 Rn 41; Staudinger/*Sack*, § 134 Rn 34.
104 Vgl. MüKo/*Mayer-Maly/Armbrüster*, § 134 Rn 42; Staudinger/*Sack*, § 134 Rn 34.
105 Vgl. zu dieser Unterscheidung Palandt/*Heinrichs*, § 134 Rn 5; Staudinger/*Sack*, § 134 Rn 33.

Gesetzes besteht hier von vornherein kein Raum.¹⁰⁶ Keine Verbotsgesetze sind deshalb das „Verbot" des Selbstkontrahierens nach § 181¹⁰⁷ sowie das „Abtretungsverbot" für unpfändbare Forderungen nach § 400.¹⁰⁸ Das Gleiche gilt für den sachenrechtlichen Typenzwang.¹⁰⁹

42   Nicht zu den Verbotsgesetzen zählen auch Vorschriften, die es einer Partei **verwehren, sich auf eine Vereinbarung zu berufen,** durch die zum Nachteil einer anderen (meist besonders schutzwürdigen) Partei von der gesetzlichen Regelung abgewichen wird. Solche Vorschriften finden sich sowohl im BGB (vgl. §§ 444, 475 Abs. 1 S. 1, 536d) als auch in anderen zivilrechtlichen Gesetzen, insbesondere im VVG (vgl. §§ 15a, 68a VVG). Der Gesetzgeber hat hier bewusst auf die Nichtigkeitsanordnung verzichtet, weil er klarstellen wollte, dass die Unwirksamkeit der Vereinbarung nicht über § 139 zur Nichtigkeit des ganzen Vertrages führt.¹¹⁰

43   **bb) Zustimmungs- oder genehmigungsbedürftige Rechtsgeschäfte.** Wird die Wirksamkeit eines Rechtsgeschäfts von der **Zustimmung eines Privatrechtssubjekts** abhängig gemacht (z.B. §§ 107, 108, 177, 1365, 1369), so handelt es sich ebenfalls nicht um gesetzliche Verbote, sondern um Beschränkungen des rechtsgeschäftlichen **Könnens.**¹¹¹ Bei Fehlen einer Einwilligung ist das Geschäft nicht nach § 134 nichtig, sondern nach den einschlägigen Sonderregeln (§§ 108 f., 177 f., 182 ff., 1366 Abs. 4) bis zur Erteilung oder Verweigerung der Genehmigung **schwebend unwirksam.**¹¹²

44   Nach verschiedenen privatrechtlichen und öffentlich-rechtlichen Vorschriften hängt die Wirksamkeit eines Rechtsgeschäfts von der Erteilung einer **gerichtlichen oder behördlichen Genehmigung** ab. Ob die betreffenden Vorschriften als Verbotsgesetze i.S.d. § 134 anzusehen sind, ist umstritten.¹¹³ Die Frage kann jedoch dahinstehen. Denn im Ergebnis besteht Einigkeit, dass ein **zweiseitiges Rechtsgeschäft** bei Fehlen der Genehmigung zunächst nur schwebend unwirksam ist.¹¹⁴ Mit der Genehmigung oder dem Wegfall der Genehmigungspflicht wird das Geschäft wirksam.¹¹⁵ Wird die Genehmigung bestandskräftig versagt, so ist das Geschäft endgültig unwirksam.¹¹⁶ Das Gleiche gilt nach Ansicht des BGH, wenn die Erteilung der Genehmigung offensichtlich ausgeschlossen ist, weil die oberste Genehmigungsbehörde generell bekannt gemacht hat, dass solche Genehmigungen versagt werden, und an der Rechtmäßigkeit der Versagung kein Zweifel besteht.¹¹⁷

45   **Einseitige Rechtsgeschäfte** (z.B. Aufrechnung, Kündigung) sind bei Fehlen der erforderlichen Genehmigung grundsätzlich unheilbar nichtig.¹¹⁸ Eine Ausnahme ist für genehmigungsbedürftige Vermächtnisse anerkannt. Diese sind bei Fehlen der Genehmigung ebenso wie zweiseitige Rechtsgeschäfte schwebend unwirksam, weil die Rechtssicherheit bei Vermächtnissen durch den Schwebezustand nicht unerträglich beeinträchtigt wird.¹¹⁹

46   **c) Auslegungskriterien. aa) Wortlaut.** Ob ein Verbotsgesetz vorliegt, muss im Zweifel durch Auslegung bestimmt werden (Rn 40). Ausgangspunkt ist nach allgemeinen Grundsätzen (Anh. § 133 Rn 14 ff.) der Wortlaut der infrage stehenden Norm. Die Formulierungen **„soll nicht"** oder **„darf nicht"** legen die Annahme eines Verbotsgesetzes nahe. **„Kann nicht"** deutet dagegen auf eine Beschränkung der rechtsgeschäftlichen Gestaltungs- oder Verfügungsmacht (Rn 41) hin. Das Gleiche gilt für Vorschriften, die ein bestimmtes

---

106 Jauernig/*Jauernig*, § 134 Rn 2; MüKo/*Mayer-Maly/Armbrüster*, § 134 Rn 5; Palandt/*Heinrichs*, § 134 Rn 5; Soergel/*Hefermehl*, § 134 Rn 2; Staudinger/*Sack*, § 134 Rn 33; *Flume*, BGB AT Bd. 2, § 17, 2; *Larenz/Wolf*, BGB AT, § 40 Rn 3.
107 Soergel/*Hefermehl*, § 134 Rn 2; Staudinger/*Sack*, § 134 Rn 33.
108 MüKo/*Mayer-Maly/Armbrüster*, § 134 Rn 6; Jauernig/*Jauernig*, § 134 Rn 5; auf § 134 abstellend dagegen BGH NJW 1997, 2823.
109 Vgl. BGHZ 23, 293, 298 ff.; MüKo/*Mayer-Maly/Armbrüster*, § 134 Rn 5; Palandt/*Heinrichs*, § 134 Rn 5; RGRK/*Krüger-Nieland/Zöller*, § 134 Rn 3.
110 Vgl. BT-Drucks 14/6040, S. 240; Bamberger/Roth/*Faust*, § 444 Rn 10 und § 475 Rn 12; Bamberger/Roth/*Ehlert*, § 536d Rn 1.
111 Vgl. Staudinger/*Sack*, § 134 Rn 165; a.A. in Bezug auf § 1365, 1369 RGRK/*Krüger-Nieland/Zöller*, § 134 Rn 34.
112 RGRK/*Krüger-Nieland/Zöller*, § 134 Rn 33.
113 Auf § 134 abstellend BGHZ 37, 233, 235; 127, 368, 375 = NJW 1995, 318; Palandt/*Heinrichs*, § 134 Rn 11a; RGRK/*Krüger-Nieland/Zöller*, § 134 Rn 28 ff.; Soergel/*Hefermehl*, § 134 Rn 42 ff.; *K. Schmidt*, NJW 1995, 2255, 2256; a.A. Erman/*Palm*, § 134 Rn 5; Jauernig/*Jauernig*, § 134 Rn 7; MüKo/*Mayer-Maly/Armbrüster*, § 134 Rn 7; Staudinger/*Sack*, § 134 Rn 167 ff.
114 BGHZ 127, 368, 375; Erman/*Palm*, § 134 Rn 5; MüKo/*Mayer-Maly/Armbrüster*, § 134 Rn 7; Soergel/*Hefermehl*, § 134 Rn 44; Staudinger/*Sack*, § 134 Rn 168.
115 Speziell zum Wegfall der Genehmigungspflicht BGHZ 37, 233, 236; 127, 368, 375.
116 BGH NJW 1993, 648, 650; RGRK/*Krüger-Nieland/Zöller*, § 134 Rn 29.
117 BGHZ 127, 368, 377; vgl. dazu *K. Schmidt*, NJW 1995, 2255, 2257 f.
118 BGHZ 11, 27, 37; OLG Braunschweig NJW-RR 1992, 440; MüKo/*Mayer-Maly/Armbrüster*, § 134 Rn 7; RGRK/*Krüger-Nieland/Zöller*, § 134 Rn 32.
119 BGHZ 37, 233, 235 f.; Soergel/*Hefermehl*, § 134 Rn 43; Staudinger/*Sack*, § 134 Rn 167.

Recht für **nicht übertragbar** erklären.[120] Da die Gesetzesformulierungen nicht auf die Abgrenzung von Verbotsnormen und sonstigen Vorschriften zugeschnitten sind, ist ihre Indizwirkung jedoch im Allgemeinen nur schwach.[121]

bb) Teleologische Erwägungen. In den meisten Fällen kann der Gesetzeswortlaut allenfalls einen ersten Anhaltspunkt liefern. Die Entscheidung über das Vorliegen einer Verbotsnorm richtet sich daher im Allgemeinen nach teleologischen Erwägungen. Ein Verbotsgesetz ist hiernach anzunehmen, wenn die infrage stehende Rechtsnorm die **Vornahme** des Rechtsgeschäfts oder den Eintritt des mit dem Geschäft verbundenen **rechtlichen oder wirtschaftlichen Erfolgs verhindern** soll.[122] Dieser Zweck kann durch **dispositive Vorschriften** nicht erreicht werden. Sie sind daher grundsätzlich nicht als Verbotsgesetze i.S.d. § 134 anzusehen.[123] Jedenfalls führt ein Verstoß gegen dispositive Rechtsnormen nicht zur Nichtigkeit des infrage stehenden Rechtsgeschäfts.[124]

Umgekehrt kann nicht jede **zwingende Rechtsnorm** ohne weiteres als Verbotsgesetz qualifiziert werden.[125] Keine Verbotsnormen sind insbesondere die zwingenden Vorschriften, welche die rechtsgeschäftliche Gestaltungs- und Verfügungsmacht der Parteien beschränken (vgl. Rn 41).[126] Knüpft das Gesetz an die Vornahme einer bestimmten Handlung eine **strafrechtliche Sanktion**, so liegt dem dagegen notwendig eine (meist ungeschriebene) Verbotsnorm zugrunde.[127] Die Vorschriften des StGB bilden daher traditionell einen wichtigen Anwendungsbereich des § 134 (vgl. Rn 2).[128] Das heißt freilich nicht, dass jeder Verstoß gegen eine strafrechtliche Vorschrift zur Nichtigkeit des betreffenden Rechtsgeschäfts führt.[129]

Bei zwei- oder mehrseitigen Rechtsgeschäften (insbesondere Verträgen) kommt es für die Annahme eines Verbotsgesetzes nicht darauf an, ob das Verbot nur an **einen** oder an **alle Beteiligte** gerichtet ist. Diese Unterscheidung kann lediglich für die Frage relevant werden, ob der Verstoß gegen das Gesetz zur Nichtigkeit des Geschäfts führt (dazu Rn 55).[130]

II. Verstoß gegen das gesetzliche Verbot

Unter welchen Voraussetzungen ein Geschäft gegen das gesetzliche Verbot **verstößt**, hängt von der jeweiligen Verbotsnorm ab. Im Allgemeinen liegt ein Verstoß gegen das gesetzliche Verbot schon dann vor, wenn die **objektiven Merkmale** der Norm verwirklicht sind.[131] Dass die Parteien das Verbot gekannt oder infolge von Fahrlässigkeit nicht gekannt haben, ist grundsätzlich nicht erforderlich. Die **subjektiven Merkmale** können jedoch bei der Frage berücksichtigt werden, ob der Gesetzesverstoß zur Nichtigkeit des Geschäfts führt.[132]

Bei **Strafgesetzen** geht die h.M. davon aus, dass grundsätzlich auch der **subjektive Tatbestand** erfüllt sein muss.[133] Der Schutzzweck der einschlägigen Strafnorm könne es jedoch gebieten, dem Rechtsgeschäft allein wegen des objektiven Verstoßes die Anerkennung zu verweigern.[134] Gegen diese Sonderbehandlung von Strafgesetzen spricht, dass es bei § 134 allein um die Verbotswidrigkeit des Geschäfts geht. Ob die Beteiligten bestraft werden können, ist unerheblich.[135] Der **Gesetzesverstoß** lässt sich daher auch bei Strafgesetzen rein objektiv beurteilen. Hiervon zu unterscheiden ist dann die Frage, ob die **Nichtigkeit** des Geschäfts nach

---

120 Vgl. *Larenz/Wolf*, BGB AT, § 40 Rn 3; ähnlich RGRK/*Krüger-Nieland/Zöller*, § 134 Rn 8 ff.; Soergel/*Hefermehl*, § 134 Rn 12 f.
121 Vgl. BGH NJW 1992, 2021, 2022 („darf nicht"); MüKo/*Mayer-Maly/Armbrüster*, § 134 Rn 43 ff.; Staudinger/*Sack*, § 134 Rn 31.
122 RGRK/*Krüger-Nieland/Zöller*, § 134 Rn 13; Soergel/*Hefermehl*, § 134 Rn 14; Staudinger/*Sack*, § 134 Rn 30.
123 Erman/*Palm*, § 134 Rn 9; MüKo/*Mayer-Maly/Armbrüster*, § 134 Rn 46; Staudinger/*Sack*, § 134 Rn 32.
124 BGHZ 143, 283, 288.
125 Erman/*Palm*, § 134 Rn 9; MüKo/*Mayer-Maly/Armbrüster*, § 134 Rn 46.
126 *Larenz/Wolf*, BGB AT, § 40 Rn 3.
127 *Larenz/Wolf*, BGB AT, § 40 Rn 7. Vgl. dazu aus normtheoretischer Sicht *Looschelders*, Die Mitverantwortlichkeit des Geschädigten im Privatrecht, 1999, S. 201 ff.
128 Vgl. schon Motive I, S. 210 = *Mugdan* I, S. 469.
129 Einschr. insoweit BGHZ 53, 152, 157; Erman/*Palm*, § 134 Rn 94; Soergel/*Hefermehl*, § 134 Rn 23; Staudinger/*Sack*, § 134 Rn 290.
130 Vgl. BGHZ 78, 263, 264 ff.; 143, 283, 286 ff.; MüKo/*Mayer-Maly/Armbrüster*, § 134 Rn 48; Soergel/*Hefermehl*, § 134 Rn 15; Staudinger/*Sack*, § 134 Rn 35; a.A. noch RGZ 60, 273, 277.
131 BGHZ 37, 363, 366; Bamberger/Roth/*Wendtland*, § 134 Rn 18; Erman/*Palm*, § 134 Rn 10; Hk-BGB/*Dörner*, § 134 Rn 6; Jauernig/*Jauernig*, § 134 Rn 8; MüKo/*Mayer-Maly/Armbrüster*, § 134 Rn 110; Palandt/*Heinrichs*, § 134 Rn 12b; Staudinger/*Sack*, § 134 Rn 85.
132 Vgl. BGHZ 89, 369, 372; Staudinger/*Sack*, § 134 Rn 85.
133 BGHZ 132, 314, 318 = NJW 1996, 1812.
134 So BGHZ 115, 123, 130; 116, 268, 276; 122, 115, 122, jeweils zur Verletzung von Privatgeheimnissen nach § 203 StGB; Bamberger/Roth/*Wendtland*, § 134 Rn 18; Palandt/*Heinrichs*, § 134 Rn 24; Staudinger/*Sack*, § 134 Rn 84.
135 Staudinger/*Sack*, § 134 Rn 84.

Sinn und Zweck der Norm nur bei Verwirklichung des subjektiven Tatbestands eintreten soll. Dies mag bei Strafgesetzen regelmäßig der Fall sein; es gibt jedoch Ausnahmen.

III. Maßgeblicher Zeitpunkt

52 **1. Nachträgliche Verbotswidrigkeit.** Die Anwendung des § 134 setzt voraus, dass das Verbotsgesetz im Zeitpunkt der **Vornahme des Rechtsgeschäfts** in Kraft war. Durch den späteren Erlass eines Verbotsgesetzes wird das Rechtsgeschäft als solches grundsätzlich nicht unwirksam.[136] Etwas anderes gilt nur, wenn das Gesetz in zulässiger Weise Rückwirkung entfaltet. Da es sich um einen Fall der **echten Rückwirkung** handeln würde, kann dies aus verfassungsrechtlichen Gründen (Eigentumsschutz, Vertrauensschutz) aber nur unter strengen Voraussetzungen angenommen werden.[137] Ist das Geschäft noch nicht abgewickelt, so kann der Erfüllungsanspruch in den übrigen Fällen unter dem Aspekt der (nachträglichen) rechtlichen Unmöglichkeit (§ 275 Abs. 1) ausgeschlossen sein.[138] Denkbar ist außerdem, dass sich die Geltendmachung des Erfüllungsanspruchs im Einzelfall als rechtsmissbräuchliches Verhalten (§ 242) darstellt.

53 Rückwirkungsprobleme können auch auftreten, wenn der Anwendungsbereich eines Verbotsgesetzes von der **Rechtsprechung** im Nachhinein durch Auslegung oder Rechtsfortbildung auf das Rechtsgeschäft erstreckt wird. Haben die Parteien mit einer Änderung der Rechtsprechung nicht rechnen müssen, so kann es in besonderen Härtefällen mit Rücksicht auf den Grundsatz des **Vertrauensschutzes** (Art. 20 Abs. 1 GG) geboten sein, das Rechtsgeschäft ganz oder partiell als wirksam zu behandeln (vgl. auch Anh. § 133 Rn 10 f.).[139] Wird das Rechtsgeschäft aufgrund einer nachträglichen **Änderung der tatsächlichen Verhältnisse** von einem gesetzlichen Verbot erfasst, so bleibt es grundsätzlich wirksam.[140]

54 **2. Nachträglicher Wegfall des gesetzlichen Verbots.** War das Rechtsgeschäft im Zeitpunkt der Vornahme nach § 134 nichtig, so führt der Wegfall der Verbotsnorm nicht zu einer automatischen „Heilung". Erforderlich ist vielmehr, dass die Parteien das Geschäft zumindest konkludent durch Neuvornahme nach § 141 **bestätigen**.[141] Das Geschäft wird auch dann wirksam, wenn die Parteien es gerade **für den Fall geschlossen** haben, dass das Verbotsgesetz **aufgehoben** wird.[142] Dies folgte früher aus §§ 309, 308 a.F. Die Streichung der Vorschriften durch das SchuldRModG hat hieran nichts geändert.[143]

IV. Rechtsfolgen

55 **1. Bedeutung der Normzweckklausel.** Ob ein Rechtsgeschäft wegen Verstoßes gegen ein gesetzliches Verbot nichtig ist, beurteilt sich gemäß § 134 Hs. 2 nach dem **Sinn und Zweck** der jeweils verletzten Norm. Der Rechtsanwender muss daher durch **Auslegung** ermitteln, ob die Nichtigkeitsfolge nach dem Zweck der Norm eintreten soll oder nicht. Was gilt, wenn die Auslegung zu keinem eindeutigen Ergebnis führt, ist streitig. Die h.M. geht davon aus, dass das Geschäft immer dann nichtig ist, wenn sich dem Gesetz keine abweichende Rechtsfolge entnehmen lässt. § 134 Hs. 2 begründet bei dieser Betrachtung eine **Vermutung** für die Nichtigkeit des Geschäfts.[144] Ein Teil der Literatur will die Nichtigkeitsfolge dagegen nur dann eintreten lassen, wenn dies **nach dem Zweck der Verbotsnorm erforderlich** ist.[145] Die Rechtsprechung unterscheidet. Richtet sich das Verbot gegen **beide Seiten**, so führt der Verstoß in der Regel zur Nichtigkeit des Rechtsgeschäfts. Der Verstoß gegen ein **einseitiges Verbot** macht das Geschäft dagegen

---

[136] OLG Düsseldorf NJW-RR 1993, 249, 250; Erman/*Palm*, § 134 Rn 15; MüKo/*Mayer-Maly/Armbrüster*, § 134 Rn 20; Palandt/*Heinrichs*, § 134 Rn 12b; Staudinger/*Sack*, § 134 Rn 55; *Larenz/Wolf*, BGB AT, § 40 Rn 25; *Canaris*, DB 2002, 930; *Medicus*, NJW 1995, 2577, 2578; a.A. OLG Düsseldorf DB 2002, 943; von BGHZ 45, 322, 326 offen gelassen. Zu den Besonderheiten bei Dauerschuldverhältnissen vgl. BGH NVwZ 2003, 1140, 1142 = NJW 2003, 3055 [LS] betr. Verstoß gegen § 1 GWB.
[137] Vgl. OLG Düsseldorf NJW-RR 1993, 249, 250; *Canaris*, DB 2002, 930.
[138] *Canaris*, DB 2002, 930, 931; Staudinger/*Sack*, § 134 Rn 55.
[139] BGHZ 114, 127, 137; Palandt/*Heinrichs*, § 134 Rn 12b; *Medicus*, NJW 1995, 2577, 2581 ff.
[140] BayObLG BB 2002, 907, 908.
[141] RGZ 138, 52, 55; BGHZ 11, 59, 60; OLG Brandenburg MDR 1995, 30; Erman/*Palm*, § 134 Rn 15; MüKo/*Mayer-Maly/Armbrüster*, § 134 Rn 21 f.; Soergel/*Hefermehl*, § 134 Rn 49; Staudinger/*Sack*, § 134 Rn 56; *Larenz/Wolf*, BGB AT, § 40 Rn 25.
[142] RGZ 138, 52, 55; OLG Brandenburg MDR 1995, 30; Palandt/*Heinrichs*, § 134 Rn 12b.
[143] Vgl. Jauernig/*Jauernig*, § 134 Rn 17 m. Hinw. auf § 158 Abs. 1.
[144] So Bamberger/Roth/*Wendtland*, § 134 Rn 12; Erman/*Palm*, § 134 Rn 12; MüKo/*Mayer-Maly/Armbrüster*, § 134 Rn 1; Palandt/*Heinrichs*, § 134 Rn 7; Soergel/*Hefermehl*, § 134 Rn 1; Staudinger/*Sack*, § 134 Rn 58; *Bork*, BGB AT Rn 1111; *Canaris*, Gesetzliches Verbot, S. 14 ff.; *Larenz/Wolf*, BGB AT, § 40 Rn 10; *Medicus*, BGB AT, Rn 646.
[145] So etwa Staudinger/*Dilcher*, 12. Aufl., § 134 Rn 3; Jauernig/*Jauernig*, § 134 Rn 8; *Flume*, BGB AT Bd. 2, § 17, 1; *Schapp/Schur*, Einführung in das Bürgerliche Recht, 3. Aufl. 2003, Rn 469; *Schwab*, Einführung in das Zivilrecht, 15. Aufl. 2002, Rn 663.

nur in Ausnahmefällen nichtig. Hier muss positiv feststehen, dass es mit dem Zweck des Verbotsgesetzes unvereinbar wäre, die rechtsgeschäftliche Regelung bestehen zu lassen.[146]

Für die Auffassung der h.M. spricht die **negative Formulierung** der Normzweckklausel. Die Nichtigkeit des Rechtsgeschäfts erscheint danach als Regelfall. Dass eine abweichende Rechtsfolge angemessen ist, muss mit dem Zweck des Gesetzes begründet werden. Diese Auffassung wird durch den **Bericht der Reichstagskommission** gestützt, in dem § 134 als Interpretationsregel in dem Sinne angesehen wird, dass „wenn sich aus dem Gesetz kein anderer Sinn ergebe, Nichtigkeit als die gewollte Folge betrachtet werden müsse."[147] Ein Blick in die **Motive** zum Ersten Entwurf zeigt demgegenüber eine differenziertere Betrachtungsweise. Die Verfasser des Ersten Entwurfs sind zwar davon ausgegangen, dass der Verstoß gegen ein gesetzliches Verbot zur Nichtigkeit des Rechtsgeschäfts führt. Eine andere Beurteilung wurde jedoch bei einseitigen Verboten für richtig gehalten. Hier sollte „der Regel nach ... anzunehmen sein, dass der Vertrag als solcher nicht ungültig ist".[148] Die genetische Auslegung führt damit zu dem Ergebnis, dass die Verfasser des BGB **keine generelle Auslegungsregel** aufstellen, sondern die Entscheidung in jedem Fall dem Zweck des jeweiligen Verbotsgesetzes überlassen wollten. Im Ausgangspunkt ist damit dem differenzierenden Ansatz der Rechtsprechung zu folgen. Die herkömmliche Unterscheidung zwischen einseitigen und zweiseitigen Verboten erscheint aber zu unflexibel, um der Vielzahl der möglichen Fallgestaltungen Rechnung zu tragen.[149] Es sind daher **weitere Auslegungskriterien** heranzuziehen, die eine sachgemäße Entscheidung im Einzelfall ermöglichen (dazu Rn 57). Das Geschäft ist hiernach zwar letztlich nur dann nichtig, wenn der Zweck des Gesetzes die Nichtigkeit **fordert**. In einigen Fallgruppen besteht aber eine gewisse **Vermutung** dafür, dass eine solche Zwecksetzung vorliegt.

2. Auslegungskriterien. a) Überblick. In Rechtsprechung und Literatur ist eine Vielzahl von Kriterien herausgearbeitet worden, die bei der Anwendung des Normzweckvorbehalts zu beachten sind. Neben der bereits angesprochenen Unterscheidung zwischen **einseitigen und zweiseitigen Verboten** (Rn 55) soll es insbesondere darauf ankommen, ob das Verbotsgesetz den **Inhalt** des Geschäfts als solchen oder nur die **Modalitäten des Abschlusses** missbilligt; im letzteren Fall soll das Geschäft regelmäßig wirksam sein.[150] Ergänzend wird teilweise damit argumentiert, dass gesetzliche Verbote, die gegen die äußeren Umstände des Geschäftsabschlusses gerichtet sind, im Allgemeinen als bloße **Ordnungsvorschriften** anzusehen sind.[151] Andere unterscheiden primär danach, ob das **Geschäft** bereits ganz oder teilweise **durchgeführt** worden ist oder nicht.[152] Hat die Verbotsnorm den Zweck, einen **Vertragspartner zu schützen**, dann darf sich die Nichtigkeit nicht zu dessen Nachteil auswirken. Soll das Verbotsgesetz **Dritte** oder die **Allgemeinheit** schützen, so führt der Verstoß in der Regelfall zur vollständigen Nichtigkeit des Geschäfts.[153] Schließlich ist anerkannt, dass die Nichtigkeit nicht auf den Verstoß gegen **dispositive Vorschriften** gestützt werden kann (vgl. Rn 47).[154] Andererseits führt aber nicht jeder Verstoß gegen **zwingende Vorschriften** zur Nichtigkeit des Geschäfts.[155] Dies gilt selbst dann, wenn die Vornahme des Geschäfts mit einer **Strafe** oder **Buße** bedroht ist.[156]

b) Interessenabwägung im Einzelfall. Da die oben genannten Kriterien auf **typischen** Interessenwertungen beruhen, haben sie bei der praktischen Rechtsanwendung lediglich indizielle Bedeutung. Zwischen den einzelnen Kriterien lässt sich **keine feste Rangordnung** aufstellen. Weisen mehrere Kriterien in dieselbe Richtung, so verstärkt sich die Indizwirkung. Umgekehrt kann die Indizwirkung eines Kriteriums durch die

---

146 Vgl. RGZ 60, 273, 276 f.; BGHZ 89, 369, 372 f.; 132, 313, 318; 143, 283, 287.
147 Vgl. *Mugdan* I, S. 969.
148 Motive I, S. 210 = *Mugdan* I, S. 468.
149 Krit. auch MüKo/*Mayer-Maly/Armbrüster*, § 134 Rn 48; Soergel/*Hefermehl*, § 134 Rn 15; *Pawlowski*, BGB AT, Rn 483; *Scherner*, BGB AT, S. 221; zu weitgehend aber Staudinger/*Sack*, § 134 Rn 75, der der Unterscheidung jeden indiziellen Charakter abspricht.
150 Vgl. BGHZ 71, 358, 361; BGH WM 1966, 1101, 1102; NJW 1974, 1374, 1377; AK-BGB/*Damm*, § 134 Rn 36; Bamberger/Roth/*Wendtland*, § 134 Rn 11; Soergel/*Hefermehl*, § 134 Rn 14, 16 ff.; *Canaris*, Gesetzliches Verbot, S. 34 ff.; *Larenz/Wolf*, BGB AT, § 40 Rn 12, 14, 17.
151 BGHZ 118, 142, 145; Soergel/*Hefermehl*, § 134 Rn 20; *Brox*, BGB AT, Rn 323; *Hübner*, BGB AT, Rn 885; *Larenz/Wolf*, BGB AT, § 40 Rn 17. Dass die Verletzung von Ordnungsvorschriften grundsätzlich nicht zur Nichtigkeit des Geschäfts führt, entspricht st. Rspr., vgl. etwa BGHZ 37, 363, 365; 93, 264, 267; 108, 364, 368; 131, 385, 389; Palandt/*Heinrichs*, § 134 Rn 8; einschr. RGRK/*Krüger-Nieland/Zöller*, § 134 Rn 13; a.A. AK-BGB/*Damm*, § 134 Rn 36; Staudinger/*Sack*, § 134 Rn 77; *Flume*, BGB AT Bd. 2, § 17, 4.
152 So *Pawlowski*, BGB AT, Rn 489 ff.; vgl. auch *Medicus*, BGB AT, Rn 648 ff.
153 AK-BGB/*Damm*, § 134 Rn 37 ff.; *Pawlowski*, BGB AT, Rn 491, 494 ff.
154 BGHZ 143, 283, 288; MüKo/*Mayer-Maly/Armbrüster*, § 134 Rn 46.
155 MüKo/*Mayer-Maly/Armbrüster*, § 134 Rn 46.
156 BGHZ 53, 152, 157; 118, 142, 145; Staudinger/*Sack*, § 134 Rn 78.

gegenläufige Tendenz eines anderen Kriteriums abgeschwächt werden. Ob der Verstoß gegen ein Verbotsgesetz *in concreto* die Nichtigkeit des Geschäfts begründet, muss deshalb aufgrund einer **Interessenabwägung im Einzelfall** festgestellt werden.[157]

59 Zur Vorbereitung der Interessenabwägung muss in einem ersten Schritt festgestellt werden, welche Interessen durch die Verbotsnorm geschützt werden. Hier kann man danach unterscheiden, ob es sich um die Interessen des **anderen Geschäftspartners**, die Interessen eines **Dritten** oder die Interessen der **Allgemeinheit** handelt. In einem zweiten Schritt ist dann festzustellen, welches Gewicht die geschützten Interessen im Einzelfall haben.[158] Schützt das Verbotsgesetz bloße **Ordnungsinteressen**, so ist das Gewicht typischerweise gering. Wird der Verstoß gegen die Verbotsnorm durch **strafrechtliche Sanktionen** oder **Bußgeld** bewehrt, so deutet dies dagegen auf ein hohes Gewicht der geschützten Interessen hin.

60 Bei der Abwägung selbst kommt es auf der einen Seite entscheidend darauf an, wie schwer die geschützten Interessen durch die Wirksamkeit des Rechtsgeschäfts beeinträchtigt würden. Missbilligt die Verbotsnorm nur die **äußeren Umstände des Vertragsschlusses**, so werden die geschützten Interessen durch die Aufrechterhaltung des Geschäfts weniger beeinträchtigt, als wenn sich das Verbot gegen den **Inhalt des Geschäfts** richtet und den Eintritt des damit angestrebten wirtschaftlichen Erfolgs verhindern soll. Ist die **Leistung bereits erbracht** worden, so kann die Wirksamkeit des Geschäftes eher hingenommen werden als bei einer noch nicht erbrachten Leistung. Im letzteren Fall ist nämlich zu beachten, dass man den Schuldner nicht von Rechts wegen zur Erbringung einer verbotswidrigen Leistung anhalten kann.[159] Dies gilt auch dann, wenn die Verbotsnorm bloße Ordnungsinteressen schützt.[160] Das Gewicht der Beeinträchtigung kann durch **präventive Erwägungen** verstärkt werden.[161] Andererseits nimmt das Gewicht ab, soweit die geschützten Interessen durch **anderweitige Rechtsbehelfe** (z.B. Widerrufsrecht) oder **Sanktionen** (Strafrecht, Verwaltungsrecht, Standesrecht) hinreichend gewahrt werden können.[162]

61 Auf der anderen Seite ist zu berücksichtigen, welche Interessen durch die Nichtigkeitsfolge beeinträchtigt würden. Hier gewinnt die Unterscheidung zwischen **einseitigen** und **zweiseitigen Verboten** zentrale Bedeutung. Richtet sich das Verbot nur gegen eine Partei, so ist der mit der Nichtigkeitsfolge verbundene Eingriff in die **Privatautonomie** gegenüber der anderen Partei schwer legitimierbar.[163] Dies gilt insbesondere, wenn das einseitige Verbot an die **internen Verhältnisse** der betreffenden Partei anknüpft und die andere Partei das Verbot **nicht kennt**. Das besondere Gewicht der durch die Aufrechterhaltung des Geschäfts beeinträchtigten Interessen kann aber auch hier die Nichtigkeitsfolge rechtfertigen.[164]

62 Schützt das gesetzliche Verbot die **Interessen der anderen Partei**, so kann die Nichtigkeit dem Schutzzweck der Norm nachgerade zuwiderlaufen. In diesem Fall muss das Geschäft insoweit aufrechterhalten werden, wie die berechtigten Interessen des geschützten Geschäftspartners die für die Nichtigkeit streitenden Erwägungen überwiegen.

63 **3. Umfang der Nichtigkeit. a) Grundsatz.** Entspricht die Nichtigkeitsfolge dem Zweck der verletzten Verbotsnorm, so ist grundsätzlich das **gesamte** Rechtsgeschäft **von Anfang an** unwirksam.[165] In Rechtsprechung und Literatur ist jedoch anerkannt, dass der Zweck der Verbotsnorm eine **Einschränkung der Nichtigkeitsfolge** fordern kann.[166] Dies gilt insbesondere, wenn eine (partielle) Aufrechterhaltung des Geschäfts im Interesse der durch das Verbot geschützten Partei erforderlich ist. Die Einschränkung der Nichtigkeitsfolge kann auf den **Normzweckvorbehalt** des § 134 Hs. 2 gestützt werden.[167] Historisch betrachtet liegt zwar die Annahme nahe, dass die Verfasser des BGB mit der Klausel lediglich die Frage nach dem „Ob" der Nichtigkeit regeln wollten.[168] Da dem historischen Gesetzgeber die Notwendigkeit einer Einschränkung

---

157 MüKo/*Mayer-Maly/Armbrüster*, § 134 Rn 49; vgl. auch RGRK/*Krüger-Nieland/Zöller*, § 134 Rn 16; *Medicus*, BGB AT, Rn 657; *Seiler*, in: GS Martens 1987, S. 719, 726.
158 Vgl. RGRK/*Krüger-Nieland/Zöller*, § 134 Rn 16.
159 Vgl. BGHZ 37, 258, 262; *Pawlowski*, BGB AT, Rn 489.
160 Vgl. *Flume*, BGB AT Bd. 2, § 17, 4; einschr. *Canaris*, Gesetzliches Verbot, S. 35, der den Erfüllungsanspruch in solchen Fällen mit der Einrede der Unzumutbarkeit (§ 242) abwehren will.
161 Zur Bedeutung präventiver Erwägungen vgl. *Medicus*, BGB AT, Rn 648 ff.
162 Vgl. BGHZ 71, 358, 362; 131, 385, 389 f.; Staudinger/*Sack*, § 134 Rn 79.
163 *Scherner*, BGB AT, S. 221.
164 Vgl. BGHZ 37, 258, 261 ff.; *Canaris*, Gesetzliches Verbot, S. 41 ff.
165 Bamberger/Roth/*Wendtland*, § 134 Rn 21; § 134 Rn 14; MüKo/*Mayer-Maly/Armbrüster*, § 134 Rn 106; Palandt/*Heinrichs*, § 134 Rn 13; Soergel/*Hefermehl*, § 134 Rn 30.
166 Vgl. BGHZ 89, 316, 319 ff.; Jauernig/*Jauernig*, § 134 Rn 15; MüKo/*Mayer-Maly/Armbrüster*, § 134 Rn 105; Palandt/*Heinrichs*, § 134 Rn 13; Soergel/*Hefermehl*, § 134 Rn 29; Staudinger/*Sack*, § 134 Rn 86 ff.; *Bork*, BGB AT, Rn 1112; *Larenz/Wolf*, BGB AT, § 40 Rn 29; *Hager*, JuS 1985, 264; *Kohte*, NJW 1982, 2803, 2804; *Krampe*, AcP 194 (1994), 1, 28 ff.
167 Vgl. BGHZ 89, 316, 319; Staudinger/*Sack*, § 134 Rn 86 ff.; *Krampe*, AcP 194 (1994), 1, 29.
168 In diesem Sinne insbesondere *Zimmermann*, Richterliches Moderationsrecht oder Totalnichtigkeit?, 1979, S. 113 ff.; *Hager*, JuS 1985, 264.

der Nichtigkeitsfolge nicht bewusst war, ist es aber zulässig, den Anwendungsbereich des § 134 Hs. 2 auf diese Problematik zu erstrecken. Soweit der Zweck der Verbotsnorm die Aufrechterhaltung des Geschäfts gebietet, kann die vollständige Nichtigkeit auch nicht aus § 139 abgeleitet werden. Denn § 134 Hs. 2 geht insofern als speziellere Regelung dem § 139 vor.[169]

b) Durchbrechungen des Grundsatzes der Totalnichtigkeit. aa) Ex-nunc-Nichtigkeit von Gesellschafts- und Arbeitsverträgen. Ist ein Gesellschafts- oder Arbeitsvertrag bereits **in Vollzug gesetzt** worden, so führt die anfängliche Nichtigkeit des Rechtsgeschäfts zu schwer lösbaren Rückabwicklungsproblemen. Im Arbeitsrecht kommt hinzu, dass die *ex-tunc*-Wirkung der Nichtigkeit den Arbeitnehmer unangemessen benachteiligen kann. Insbesondere erscheint es im Regelfall nicht gerechtfertigt, dem Arbeitnehmer einen Anspruch auf Lohn für die geleistete Tätigkeit zu versagen. In Rechtsprechung und Literatur ist daher anerkannt, dass die Nichtigkeit bei vollzogenen Gesellschafts- und Arbeitsverträgen grundsätzlich nur *ex nunc* geltend gemacht werden kann (Lehre von der **fehlerhaften Gesellschaft** bzw. vom **fehlerhaften Arbeitsverhältnis**).[170] 64

Bei **Arbeitsverträgen** erscheint die *ex-tunc*-Nichtigkeit wegen Gesetzesverstoßes insbesondere dann unangemessen, wenn das Verbotsgesetz die **Interessen des Arbeitnehmers** schützen soll.[171] Die Rechtsprechung wendet die Regeln über fehlerhafte Arbeitsverhältnisse aber auch auf Verbotsgesetze zum **Schutz der Allgemeinheit** an. Dies gilt selbst für Gesetze, die die vereinbarte Tätigkeit für strafbar erklären. Die Aufrechterhaltung des Vertrages für die Vergangenheit setzt hier aber voraus, dass der Arbeitnehmer sich der Verbotenheit bzw. Strafbarkeit seiner Tätigkeit nicht bewusst war. Anderenfalls kann die Nichtigkeit *ex tunc* geltend gemacht werden, weil der Arbeitnehmer nicht schutzwürdig ist.[172] 65

Bei **Gesellschaftsverträgen** steht die *ex-nunc*-Wirkung der Nichtigkeit unter dem Vorbehalt, dass „die rechtliche Anerkennung des tatsächlich vorhandenen Zustandes [nicht] mit gewichtigen Interessen der Allgemeinheit oder einzelner schutzwürdiger Personen in Widerspruch treten" darf.[173] Ein Gesellschaftsvertrag soll daher im Regelfall von Anfang an nichtig sein, wenn der Zweck der Gesellschaft auf eine verbotene Tätigkeit gerichtet ist.[174] Die damit verbundene Einschränkung der Grundsätze über die fehlerhafte Gesellschaft ist jedoch zu weitgehend.[175] Verfolgt die Gesellschaft einen verbotswidrigen Zweck, so muss eine Aufrechterhaltung für die Zukunft zwar ausscheiden. Für die Vergangenheit spricht das Interesse an der Vermeidung von Rückabwicklungsproblemen aber dafür, die Nichtigkeit nur eintreten zu lassen, wenn sonst **konkrete** Interessen der Allgemeinheit oder Dritter verletzt würden. 66

bb) Verbotswidrigkeit von einzelnen Bestimmungen des Rechtsgeschäfts. Sind einzelne Bestimmungen eines Rechtsgeschäfts wegen Verstoßes gegen ein gesetzliches Verbot nach § 134 nichtig, so muss geprüft werden, ob dies zur Nichtigkeit des ganzen Rechtsgeschäfts führt. Welche Auswirkungen die Nichtigkeit von einzelnen Bestimmungen auf das gesamte Rechtsgeschäft hat, ist allgemein in § 139 geregelt.[176] Maßgeblich ist danach in erster Linie der hypothetische Parteiwille.[177] Soweit sich aus dem **Zweck der Verbotsnorm** eine Entscheidung ableiten lässt, tritt § 139 jedoch zurück (siehe Rn 63). Im Zweifel kann hiernach angenommen werden, dass die Verbotswidrigkeit einer einzelnen Bestimmung den Bestand des Rechtsgeschäfts im Ganzen nicht infrage stellt.[178] So ist ein Vertrag nach der Ansicht des BGH nicht schon deshalb nach § 134 im Ganzen nichtig, weil die Parteien zur Ermöglichung einer Steuerhinterziehung auf eine Rechnung verzichtet haben (sog. **„Ohne-Rechnung"-Abrede**); etwas anderes gilt nur, wenn die Steuerhinterziehung Hauptzweck des Vertrages ist (vgl. Rn 228).[179] Hieran anknüpfend hat das BAG klargestellt, dass eine Vereinbarung zwischen Arbeitnehmer und Arbeitgeber über die Zahlung von Arbeitsvergütung ohne Abführung von Steuern und Sozialabgaben (sog. **Schwarzgeldabrede**) nur dann die Nichtigkeit des Arbeitsvertrages im Ganzen begründet, wenn die Hinterziehung der Steuern und Sozialabgaben den Hauptzweck des Vertrages darstellt (vgl. Rn 122).[180] 67

---

169 BGHZ 49, 172, 179; Jauernig/*Jauernig*, § 134 Rn 15; MüKo/*Mayer-Maly/Armbrüster*, § 134 Rn 109.
170 Zur Einschränkung der Nichtigkeit bei fehlerhaften Gesellschaften und Arbeitsverhältnissen vgl. allgemein MüKo/*Kramer*, Bd. 2a Einl. Rn 68 ff.; Palandt/*Heinrichs*, Einf. v. § 145 Rn 29.
171 Vgl. BAGE 8, 47, 50 = NJW 1959, 2036 (Überschreitung der zulässigen Höchstarbeitszeit).
172 BGHZ 53, 152, 158 ff.; Staudinger/*Sack*, § 134 Rn 123.
173 BGHZ 3, 285, 288; 55, 5, 9; 75, 214, 217 f.; 97, 243, 250; BGH WM 2003, 247, 249; OLG Hamm NJW-RR 2000, 1566; MüKo/*Kramer*, Bd. 2a Einl. Rn 71.
174 Vgl. BGHZ 62, 234, 241; 75, 214, 217; 97, 243, 250; Soergel/*Hefermehl*, § 134 Rn 31.
175 I.d.S. auch MüKo/*Mayer-Maly/Armbrüster*, § 134 Rn 104; Staudinger/*Sack*, § 134 Rn 133; Pawlowski, BGB AT, Rn 496.
176 Vgl. Staudinger/*Sack*, § 139 Rn 63 ff.
177 Vgl. Soergel/*Hefermehl*, § 139 Rn 34.
178 Vgl. Staudinger/*Sack*, § 134 Rn 88.
179 BGH ZIP 2001, 202, 204; vgl. aber auch BGH NJW 2003, 2742.
180 BAG AP Nr. 24 zu § 134 BGB.

68 **cc) Insbesondere: Verstöße gegen Preisvorschriften.** Nach dem Grundsatz der Vertragsfreiheit liegt die Festlegung des Preises prinzipiell in der alleinigen Verantwortung der Parteien. Das deutsche Recht kennt jedoch einige Vorschriften, welche die zulässige Höhe des Preises aus ordnungs- oder sozialpolitischen Erwägungen begrenzen.[181] Solche Preisvorschriften sind zwar als Verbotsgesetze i.S.d. § 134 anzusehen. Da sie sich nicht gegen das Geschäft als solches wenden, sondern nur einen angemessenen Preis gewährleisten sollen, führen Verstöße aber **nicht** zur **Nichtigkeit des gesamten Rechtsgeschäfts**.[182] Dies gilt entgegen der älteren Rechtsprechung[183] nicht nur für Verträge über lebenswichtige Gegenstände (z.B. Wohnungsmiete) und Umsatzgeschäfte des täglichen Lebens, sondern für alle Rechtsgeschäfte, die von einer Preisvorschrift erfasst werden.[184]

69 Ob der Vertrag mit dem angemessenen (marktüblichen) oder dem höchstzulässigen Preis aufrechterhalten werden soll, ist streitig. Die h.M. stellt auf den **höchstzulässigen Preis** ab.[185] Dies wird damit begründet, dass die Teilnichtigkeit nur so weit wie das Verbotsgesetz reichen könne. Verstößt der vereinbarte Mietzins gegen § 5 WiStG, so ist der Mietzins also auf das höchstzulässige Maß von 20% über der ortsüblichen Vergleichsmiete zu kürzen.[186] Nach der Gegenauffassung ist bei Verstößen gegen § 5 WiStG die **ortsübliche Vergleichsmiete** (ohne Zuschlag) zugrunde zu legen.[187] Zur Begründung wird darauf hingewiesen, dass der Vermieter sonst ohne Risiko in den Genuss des höchstzulässigen Mietzinses kommen würde.

70 Für die Auffassung der h.M. spricht, dass die Herabsetzung des Preises bzw. Mietzinses einen gravierenden **Eingriff in die Privatautonomie** der Parteien darstellt. Dieser Eingriff muss aus Gründen der Verhältnismäßigkeit auf das Maß beschränkt bleiben, welches zur Verwirklichung des Zwecks der Verbotsnorm erforderlich ist. Die notwendige Prävention kann jedenfalls im Rahmen des § 5 WiStG durch strafrechtliche Sanktionen bzw. Geldbußen gewährleistet werden.

71 **c) Verpflichtungs- und Verfügungsgeschäft.** Ob das Rechtsgeschäft nach dem Zweck der Verbotsnorm für nichtig zu erachten ist, muss für das Verpflichtungs- und das Verfügungsgeschäft gesondert geprüft werden.[188] Dies ergibt sich aus dem **Trennungs- und Abstraktionsprinzip**. Ist das Verpflichtungsgeschäft wegen Verstoßes gegen ein Verbotsgesetz nichtig, so schlägt dies nach allgemeinen Grundsätzen nicht auf das Verfügungsgeschäft durch. Etwas anderes gilt aber, wenn die Aufrechterhaltung des Verfügungsgeschäfts ebenfalls mit dem Zweck der Verbotsnorm unvereinbar ist.[189] Eine solche **„Fehleridentität"**[190] findet sich bei verbotswidrigen Rechtsgeschäften relativ häufig.

72 Nach § 134 ist ein Rechtsgeschäft insbesondere dann nichtig, wenn das Gesetz den **Eintritt des angestrebten wirtschaftlichen Erfolgs** (also die Vermögensverschiebung) verhindern soll (vgl. Rn 47). In diesem Fall entspricht es dem Zweck der Verbotsnorm, nicht nur das Verpflichtungs-, sondern auch das Verfügungsgeschäft für nichtig zu erachten.[191] So folgt aus dem Verbot des Handeltreibens mit Betäubungsmitteln nicht nur die Nichtigkeit des Verpflichtungsgeschäfts und des Verfügungsgeschäfts über das Betäubungsmittel, sondern auch die Nichtigkeit des Verfügungsgeschäfts über das als Kaufpreis gezahlte Geld.[192]

73 Richtet sich das gesetzliche Verbot in erster Linie gegen das **Erfüllungsgeschäft**, so ist grundsätzlich auch das zugrunde liegende **Verpflichtungsgeschäft** nach § 134 nichtig.[193]

74 **4. Sonstige Rechtsfolgen. a) Rückabwicklung nach Bereicherungsrecht.** Sind Verpflichtungs- und Verfügungsgeschäft nichtig, so kommt ein Anspruch auf Herausgabe der jeweiligen Leistungsgegenstände aus § 985 in Betracht. Beschränkt sich die Nichtigkeit nach § 134 auf das Verpflichtungsgeschäft, so erfolgt

---

181 Vgl. Palandt/*Heinrichs*, § 134 Rn 26 m.w.N.
182 Vgl. BGHZ 51, 174, 181; 81, 308, 319; Palandt/*Heinrichs*, § 134 Rn 27; Soergel/*Hefermehl*, § 134 Rn 62; Staudinger/*Sack*, § 134 Rn 269; Larenz/*Wolf*, BGB AT, § 40 Rn 23 f., 29; a.A. *Zimmermann*, Richterliches Moderationsrecht, 1979, S. 110 ff.; *ders.*, JR 1982, 96 f.
183 RGZ 166, 89, 96; 168, 91. 96 ff.; 168, 307, 313; BGH LM Nr. 8 zu § 134 BGB.
184 Soergel/*Hefermehl*, § 134 Rn 62; Staudinger/*Sack*, § 134 Rn 270.
185 BGHZ 89, 316, 321; Erman/*Palm*, § 134 Rn 81; Soergel/*Hefermehl*, § 134 Rn 63; Staudinger/*Sack*, § 134 Rn 269. BVerfG NJW 1994, 993 hat diese Rechtsprechung gebilligt.
186 Vgl. Jauernig/*Jauernig*, § 139 Rn 9. Die Überlegungen in BGHZ 89, 316, 321 ff. zur sog. Wesentlichkeitsgrenze sind damit überholt.
187 So MüKo/*Mayer-Maly*/*Armbrüster*, § 134 Rn 107; Palandt/*Heinrichs*, § 134 Rn 27; *Hager*, JuS 1985, 264, 270; *Kohte*, NJW 1982, 2803; i.E. auch *Canaris*, Gesetzliches Verbot, S. 29 ff.; aus der Rspr. vgl. OLG Stuttgart NJW 1981, 2365.
188 RGRK/*Krüger-Nieland*/*Zöller*, § 134 Rn 150.
189 Vgl. BGHZ 115, 123, 130; BGH NJW 1983, 636.
190 Zum Begriff der Fehleridentität vgl. *Bork*, BGB AT, Rn 482; *Medicus*, BGB AT, Rn 231 ff.
191 Vgl. MüKo/*Mayer-Maly*/*Armbrüster*, § 134 Rn 10.
192 BGH NJW 1983, 636.
193 BGHZ 116, 268, 276 f. (Übergabe einer Patientenkartei); BGH NJW 1995, 2026, 2027 (Verkauf von Honorarforderungen einer Anwaltskanzlei). In früherer Zeit wurde die Nichtigkeit des Erfüllungsgeschäfts auch auf § 306 a.F. gestützt (vgl. BGHZ 143, 283, 286; BGH NJW 1995, 2026, 2027). Diese Rechtsprechung ist nach In-Kraft-Treten des SchuldRModG obsolet.

die Rückabwicklung dagegen allein nach Bereicherungsrecht.[194] Dabei ist besonders § 817 S. 2 zu beachten. Nach dieser Vorschrift ist die Rückforderung ausgeschlossen, wenn dem Leistenden (auch oder allein) ein Gesetzes- oder Sittenverstoß zur Last fällt. Diese **Kondiktionssperre** greift aber nur dann ein, wenn der Leistende sich der Gesetzwidrigkeit bewusst war.[195] Im Übrigen kann auch der Zweck des Verbotsgesetzes eine Einschränkung des § 817 S. 2 gebieten.[196] Umgekehrt trifft den Empfänger nach § 819 Abs. 2 eine **verschärfte Haftung**, wenn er durch die Annahme der Leistung bewusst gegen ein gesetzliches Verbot oder die guten Sitten verstoßen hat.[197]

b) Schadensersatz. Vor In-Kraft-Treten des SchuldRModG war die Schadensersatzpflicht bei gesetzwidrigen Verträgen in **§ 309 a.F.** durch **Verweisung auf § 307 a.F.** geregelt. Hatte eine Partei gewusst oder infolge von Fahrlässigkeit nicht gewusst, dass der Vertrag gegen ein gesetzliches Verbot verstößt, so war sie der anderen Partei zum Ersatz des Vertrauensschadens verpflichtet. Die Haftung war auf das Erfüllungsinteresse begrenzt. Der Anspruch war ausgeschlossen, wenn der andere Teil die Gesetzwidrigkeit ebenfalls kannte oder kennen musste.

Die §§ 307, 309 a.F. sind durch das SchuldRModG aufgehoben worden. Der Anspruch ist damit aber nicht entfallen; er ergibt sich vielmehr aus den Vorschriften über die *culpa in contrahendo* (§§ 280 Abs. 1, 311 Abs. 2, 241 Abs. 2).[198] Der Anspruch ist damit weiterhin auf das **Vertrauensinteresse** gerichtet, wird aber nicht mehr durch das Erfüllungsinteresse begrenzt.[199] Hat der Anspruchsteller die Gesetzwidrigkeit ebenfalls gekannt oder kennen müssen, so wird der Schaden nach allgemeinen Regeln (§ 254) zwischen den Parteien verteilt.[200]

c) Vergütungsansprüche bei Nichtigkeit des Vertrages. Ist ein Dienst- oder Werkvertrag wegen Verstoßes gegen ein gesetzliches Verbot (z.B. SchwarzArbG, RBerG) nichtig, so steht dem Leistenden kein Anspruch auf das vereinbarte Entgelt zu. Ansprüche aus **Geschäftsführung ohne Auftrag** werden im Allgemeinen daran scheitern, dass die Aufwendungen in einer gesetzlich verbotenen Tätigkeit bestehen; die Ausführung einer solchen Tätigkeit darf der Leistende aber nicht „den Umständen nach für erforderlich halten" (§§ 683, 670).[201] Sofern der Leistende sich nicht bewusst gegen das gesetzliche Verbot verstoßen hat, kommt aber ein **bereicherungsrechtlicher Vergütungsanspruch** aus §§ 812, 818 Abs. 2 in Betracht.[202] War sich der Leistende der Gesetzwidrigkeit bewusst, so ist der Anspruch grundsätzlich nach § 817 S. 2 ausgeschlossen. Im Einzelfall kann es nach Treu und Glauben (§ 242) aber geboten sein, die Vorschrift des § 817 S. 2 außer Betracht zu lassen. Dies gilt insbesondere, wenn der Zweck des Verbotsgesetzes bereits durch den Ausschluss von vertraglichen Ansprüchen gewahrt wird (vgl. dazu auch Rn 117).[203]

d) Ansprüche des Vertragspartners bei Schlechtleistung. Auf der anderen Seite stellt sich die Frage, welche Ansprüche der Vertragspartner des Leistenden im Fall der Schlechtleistung geltend machen kann. Bei der **Schwarzarbeit** wird überwiegend davon ausgegangen, dass dem Vertragspartner keine Gewährleistungsansprüche zustehen.[204] Da sich die Höhe des bereicherungsrechtlichen Vergütungsanspruchs nach dem Wert der Leistung richtet, kann die Mangelhaftigkeit aber bei der Berechnung dieses Anspruchs berücksichtigt werden.[205] Verletzt der Leistende die Rechtsgüter oder Interessen des Vertragspartners, so kann diesem außerdem ein Schadensersatzanspruch aus *culpa in contrahendo* (§§ 280 Abs. 1, 311 Abs. 2, 241 Abs. 2) zustehen.[206] Desgleichen haftet ein **Steuerberater** gegenüber seinem Klienten auch dann nach vertraglichen Grundsätzen, wenn der Vertrag wegen **Verstoßes gegen das RBerG** nach § 134 nichtig ist.[207]

5. Treuwidrige Geltendmachung der Nichtigkeit. In Rechtsprechung und Literatur ist anerkannt, dass die Beteiligten in Ausnahmefällen nach Treu und Glauben gehindert sein können, sich auf die Nichtigkeit

---

194 Ausf. dazu *Weyer*, WM 2002, 627.
195 MüKo/*Mayer-Maly/Armbrüster*, § 134 Rn 113; Soergel/*Hefermehl*, § 134 Rn 36.
196 Vgl. *Weyer*, WM 2002, 627, 630.
197 Vgl. BGH NJW 1958, 1725; Staudinger/*Sack*, § 134 Rn 141.
198 Vgl. BT-Drucks 14/6040, S. 165; Staudinger/*Sack*, § 134 Rn 143.
199 *Faust*, in: Huber/Faust, Schuldrechtsmodernisierung, 2002, § 3 Rn 222; von BT-Drucks 14/6040, S. 165 offen gelassen.
200 BT-Drucks 14/6040, S. 165.
201 BGHZ 37, 258, 263 f.; BGH NJW 2000, 1560, 1562 (unzulässige Rechtsberatung); BGHZ 111, 308, 311 (Schwarzarbeit).
202 BGH NJW 2000, 1560, 1562.
203 So bei Verstoß gegen das SchwarzArbG BGHZ 111, 308, 312 f.; Soergel/*Hefermehl*, § 134 Rn 55; a.A. RGRK/*Krüger-Nieland/Zöller*, § 134 Rn 58; Staudinger/*Sack*, § 134 Rn 278; vgl. auch BGHZ 118, 182, 193 (zu § 120 Abs. 1 Nr. 2 OWiG).
204 So BGHZ 111, 308, 314; Palandt/*Heinrichs*, § 134 Rn 22; RGRK/*Krüger-Nieland/Zöller*, § 134 Rn 58; Staudinger/*Sack*, § 134 Rn 276; a.A. Soergel/*Hefermehl*, § 134 Rn 55.
205 BGHZ 111, 308, 314; *Köhler*, JZ 1990, 466, 469.
206 Palandt/*Heinrichs*, § 134 Rn 22; *Köhler*, JZ 1990, 466, 470 ff.
207 BGH NJW 2000, 69, 70.

eines Rechtsgeschäfts zu berufen. Rechtsprechung und h.M. wenden diesen Grundsatz auch im Rahmen des § 134 an.[208] Ob § 242 hier wirklich einen praktischen Anwendungsbereich hat, ist jedoch zweifelhaft.[209] Hat man einmal festgestellt, dass der **Zweck des Verbotsgesetzes** die Nichtigkeit des Rechtsgeschäfts gebietet, so darf dies nämlich nicht durch Heranziehung des Grundsatzes von Treu und Glauben (§ 242) wieder infrage gestellt werden.[210] Die Treuwidrigkeit kann sich deshalb allenfalls aus besonderen Umständen ergeben, die vom Zweck der Verbotsnorm nicht erfasst werden.[211] Dabei dürfen aber wiederum keine Umstände berücksichtigt werden, die nach dem Zweck der Norm generell unbeachtlich sein sollen.

V. Gesetzesumgehung

80 **1. Problemstellung.** Besondere Probleme bereitet im Rahmen des § 134 die Beurteilung von Umgehungsgeschäften. Gesetzesumgehungen sind dadurch gekennzeichnet, dass die Parteien den Zweck einer zwingenden Rechtsnorm zu vereiteln suchen, indem sie zur Verwirklichung des von der Norm missbilligten Erfolgs eine Gestaltung wählen, die von der Norm nicht erfasst zu sein scheint.[212] Der Begriff der Gesetzesumgehung umschreibt damit zunächst einmal ein **tatsächliches Problem**. Ob es darüber hinaus auch ein **eigenständiges Rechtsinstitut** der Gesetzesumgehung gibt, ist umstritten.[213] Die h.M. verneint diese Frage; das Problem der Gesetzesumgehung soll vielmehr durch teleologische Auslegung oder analoge Anwendung der infrage stehenden Norm gelöst werden.[214] Nach einer in der Literatur vertretenen Gegenauffassung lässt sich das Problem nicht allein mit den Mitteln der Auslegung und Analogie lösen. Die Gesetzesumgehung sei vielmehr ein eigenständiges Rechtsinstitut.[215]

81 Der Meinungsstreit hat entgegen einer verbreiteten Auffassung[216] nicht nur theoretische Bedeutung. Praktisch geht es darum, ob es für die Gesetzesumgehung **zusätzliche Kriterien** gibt, welche es erlauben, über die methodischen Grenzen der Auslegung und Analogie hinaus die Nichtigkeit eines Rechtsgeschäfts zu begründen. Als ein solches zusätzliches Kriterium kommt die **Umgehungsabsicht** in Betracht, welche von den Vertretern der „Eigenständigkeitstheorie" für die Nichtigkeitsfolge grundsätzlich verlangt wird.[217]

82 **2. Würdigung.** Bei der Würdigung ist zu beachten, dass der **historische Gesetzgeber** bewusst darauf verzichtet hat, die Gesetzesumgehung als eigenständigen Nichtigkeitsgrund zu regeln. Maßgeblich war die Erwägung, dass das Problem „durch Auslegung des rechtsgeschäftlichen Thatbestandes und der diesen Thatbestand erfassenden Norm" angemessen gelöst werden könne; eine Sonderregelung der Gesetzesumgehung würde dagegen die Gefahr begründen, dass „eine Reihe erlaubter Rechtsgeschäfte für nichtig erklärt werde".[218] Diese Einschätzung ist auch heute noch aktuell.[219] Inwieweit ein Verbotsgesetz die **Privatautonomie** einschränkt, muss durch Auslegung der jeweiligen Norm entschieden werden. Wählen die Parteien eine Gestaltung, die auch bei sachgemäßer Anwendung der Norm nicht erfasst wird, so ist dies grundsätzlich legitim. Dass die Parteien die betreffende Gestaltung gerade deshalb gewählt haben, damit das Geschäft nicht erfasst wird, ist nicht zu missbilligen. Die Umgehungsabsicht kann daher allein nicht ausreichen, um die Nichtigkeit des Geschäfts zu begründen.[220] Umgekehrt ist sie aber auch nicht erforderlich, wenn sich die Unwirksamkeit des Rechtsgeschäfts durch sachgemäße Anwendung der Verbotsnorm begründen lässt.

83 Ein abweichendes Verständnis wird auch nicht durch die **gesetzlichen Umgehungsverbote** nahe gelegt, die insbesondere in den **neueren Verbraucherschutzregelungen** (§§ 306a, 312f S. 2, 475 Abs. 1 S. 2, 487

---

208 Vgl. BGHZ 85, 39, 47 ff.; 118, 182, 191; Palandt/*Heinrichs*, § 134 Rn 13; Soergel/*Hefermehl*, § 134 Rn 30; Staudinger/*Sack*, § 134 Rn 188.
209 Krit. auch Jauernig/*Jauernig*, § 134 Rn 17; MüKo/*Mayer-Maly/Armbrüster*, § 134 Rn 112.
210 So zutr. BGH NJW 1986, 2360, 2361 f.; Staudinger/*Sack*, § 134 Rn 187.
211 Staudinger/*Sack*, § 134 Rn 188.
212 Vgl. BGHZ 85, 39, 46; BAG NJW 1999, 2541; Bamberger/Roth/*Wendtland*, § 134 Rn 19; Erman/*Palm*, § 134 Rn 18; MüKo/*Mayer-Maly/Armbrüster*, § 134 Rn 11; Palandt/*Heinrichs*, § 134 Rn 28; Soergel/*Hefermehl*, § 134 Rn 37; *Hübner*, BGB AT, Rn 889.
213 Zu dieser Unterscheidung vgl. *Sieker*, S. 8 ff.
214 Grundlegend *Teichmann*, Gesetzesumgehung, S. 67 ff., 105; ebenso BGHZ 110, 47, 64; HKK/*Dorn*, § 134 Rn 25; Jauernig/*Jauernig*, § 134 Rn 18; Soergel/*Hefermehl*, § 134 Rn 37; *Bork*, BGB AT, Rn 1121; *Flume*, BGB AT, § 17, 5; *Hübner*, BGB AT, Rn 889; *Larenz/Wolf*, BGB AT, § 40 Rn 31; *Medicus*, BGB AT, Rn 660; *Sieker*, S. 9; *Teichmann*, JZ 2003, 761, 765 ff.
215 So MüKo/*Mayer-Maly/Armbrüster*, § 134 Rn 14.
216 Bamberger/Roth/*Wendtland*, § 134 Rn 20; Palandt/*Heinrichs*, § 134 Rn 28.
217 MüKo/*Mayer-Maly/Armbrüster*, § 134 Rn 18; RGRK/*Krüger-Nieland/Zöller*, § 134 Rn 139; a.A. BGHZ 56, 285, 287; 110, 230, 234; BAG NJW 1999, 2541; Erman/*Palm*, § 134 Rn 18; Staudinger/*Sack*, § 134 Rn 145; *Bork*, BGB AT, Rn 1121; *Teichmann*, JZ 2003, 761, 764.
218 Prot. I, S. 257 = *Mugdan* I, S. 725.
219 *Flume*, BGB AT Bd. 2, § 17, 5; a.A. MüKo/*Mayer-Maly/Armbrüster*, § 134 Rn 15; Staudinger/*Sack*, § 134 Rn 151.
220 So auch BGH NJW 1997, 2599, 2600; *Bork*, BGB AT, Rn 1121.

S. 2, 506 Abs. 1 S. 2, 655 Abs. 1 S. 2) zu finden sind.[221] Diese Vorschriften stellen den Richter nicht von den allgemeinen methodischen Grundsätzen der Rechtsanwendung frei. Sie machen ihm vielmehr lediglich deutlich, dass eine am Schutzzweck der jeweiligen Vorschrift orientierte (weite) Auslegung geboten ist.[222] Da die einschlägigen Regelungen auf EG-Richtlinien beruhen, sind allerdings die besonderen Auslegungsgrundsätze für europäisches Recht zu berücksichtigen. Dies gilt insbesondere mit Blick auf den **Effektivitätsgrundsatz** (*effet utile*), wonach Normen so auszulegen sind, dass sie das vom Gesetzgeber angestrebte Ziel möglichst vollständig verwirklichen.[223]

3. Konsequenzen. Da es auf den Zweck der jeweiligen Rechtsnorm ankommt, lassen sich generelle Regeln für die Auslegung von Verbotsnormen in Umgehungsfällen schwer entwickeln. Allgemein kann aber festgestellt werden, dass eine Ausweitung der Verbotsnorm auf das Umgehungsgeschäft immer dann nahe liegt, wenn die Norm nicht nur einen bestimmten **Weg** zur Verwirklichung des infrage stehenden Erfolgs missbilligt, sondern den **Erfolg als solchen** verhindern soll.[224]

Auch wenn die teleologische Rechtsanwendung in den meisten Fällen eine befriedigende Reaktion auf Gesetzesumgehungen ermöglicht, so mögen doch Fälle übrig bleiben, in denen das Umgehungsgeschäft nicht auf methodisch einwandfreie Weise unter den Tatbestand der Verbotsnorm subsumiert werden kann. Enge Grenzen bestehen vor allem bei strafrechtlichen Verbotsnormen, weil eine Überschreitung der Wortlautgrenze hier nach Art. 103 Abs. 2 GG prinzipiell ausgeschlossen ist.[225] In solchen Fällen können die Wertungen der infrage stehenden Normen jedoch im Rahmen des § 138 Abs. 1 herangezogen werden, um die **Sittenwidrigkeit** des Rechtsgeschäfts zu begründen.[226] Dabei ist allerdings zu beachten, dass nicht jeder Verstoß gegen die Wertungen eines Verbotsgesetzes die Annahme der Sittenwidrigkeit rechtfertigt.[227] Die Missbilligung muss vielmehr durch weitere Umstände verstärkt werden. Erforderlich ist eine Interessenabwägung im Einzelfall (vgl. § 138 Rn 77). Dabei können auch subjektive Elemente wie die Umgehungsabsicht berücksichtigt werden.

VI. Besonders wichtige Bereiche

1. Arbeitsrecht

Literatur: *Dahl*, Die Arbeitsvermittlungsprovision nach vorangegangener Arbeitnehmerüberlassung, DB 2002, 1374; *Erfurter Kommentar zum Arbeitsrecht*, 4. Auflage 2004; *Köhler*, Schwarzarbeitsverträge: Wirksamkeit, Vergütung, Schadensersatz, JZ 1990, 466; *Münchener Handbuch zum Arbeitsrecht*, 2. Auflage 2000; *Rambach/Begerau*, „Unechte" Vermittlungsprovisionen aus dem Arbeitnehmerüberlassungsvertrag?, BB 2002, 937; *Schüren*, Arbeitnehmerüberlassungsgesetz, 2. Aufl. 2003.

a) Arbeitnehmerüberlassung. § 9 AÜG enthält verschiedene Unwirksamkeitsgründe für Vereinbarungen, die mit der Arbeitnehmerüberlassung im Zusammenhang stehen.

aa) Arbeitnehmerüberlassung ohne Erlaubnis. Ein Vertrag zwischen Verleiher und Entleiher sowie zwischen Verleiher und Leiharbeitnehmer ist nach § 9 Nr. 1 AÜG unwirksam, wenn der Verleiher die nach § 1 Abs. 1 S. 1 AÜG erforderliche Erlaubnis für die Arbeitnehmerüberlassung nicht hat. Gemäß § 10 Abs. 1 S. 1 AÜG wird dann ein Arbeitsverhältnis zwischen Entleiher und Leiharbeitnehmer fingiert.

Im Rahmen der bereicherungsrechtlichen Rückabwicklung kann sich der Verleiher nicht an den Arbeitnehmer halten und den bereits gezahlten Lohn zurückverlangen.[228] Dies würde nämlich dem in § 10 AÜG enthaltenen Sicherungszweck zugunsten des Arbeitnehmers zuwiderlaufen.[229] Vielmehr hat der Verleiher nach Ansicht des BGH gegen den Entleiher gemäß §§ 267, 812 Abs. 1 einen Anspruch auf Herausgabe dessen, was der Entleiher dadurch gespart hat, dass der Verleiher für ihn die Lohnzahlung aus dem fingierten Arbeitsverhältnis mit dem Leiharbeitnehmer bewirkt hat.[230] Dass es hier ausnahmsweise nicht darauf ankommen soll, ob der

---

221 Jauernig/*Jauernig*, § 134 Rn 18; *Medicus*, BGB AT, Rn 661; a.A. MüKo/*Mayer-Maly/Armbrüster*, § 134 Rn 15, wonach die Vorschriften belegen, dass die Gesetzesumgehung kein bloßes Auslegungsproblem ist.
222 Vgl. BGHZ 113, 287, 289; *Müller*, NJW 2003, 1975; *Teichmann*, JZ 2003, 761, 767.
223 Vgl. hierzu *Looschelders/Roth*, Juristische Methodik im Prozess der Rechtsanwendung, 1996, S. 217 f.; *Oppermann*, Europarecht, 2. Aufl. 1999, Rn 686.
224 Vgl. Bamberger/Roth/*Wendtland*, § 134 Rn 20; Palandt/*Heinrichs*, § 134 Rn 28.
225 Vgl. *Medicus*, BGB AT, Rn 660.
226 Vgl. BGH NJW 1983, 2873; Erman/*Palm*, § 138 Rn 183; Staudinger/*Sack*, § 134 Rn 152; abl. MüKo/*Mayer-Maly/Armbrüster*, § 134 Rn 16.
227 Vgl. MüKo/*Mayer-Maly/Armbrüster*, § 134 Rn 54.
228 ErfK/*Wank*, § 9 AÜG Rn 7; Sandmann/Marschall, AÜG (Stand: Dezember 2003), Art. 1 § 10 Rn 9; *Ulber*, § 9 AÜG, 2. Aufl. 2002, Rn 17.
229 BGHZ 75, 299, 303 = NJW 1980, 452; Sandmann/*Marschall*, AÜG (Stand: Juli 2004), Art. 1 § 10 Rn 9.
230 BGHZ 75, 299, 302 ff; BGH NJW 2002, 3317; Schüren/*Schüren*, § 9 AÜG Rn 45; Staudinger/*Sack*, § 134 Rn 204.

Verleiher bei der Lohnzahlung auch den Willen hatte, die für ihn fremde Schuld zu begleichen,[231] ist im Ergebnis sachgemäß.[232] Durch die Leistung des Dritten (also des Verleihers) tritt hier nämlich jedenfalls eine erfüllungsähnliche Wirkung ein: Der Arbeitnehmer muss den erhaltenen Lohn nicht zurückgeben; er darf ihn aber nach dem Schutzzweck des § 10 Abs. 1 AÜG auch nicht noch einmal aufgrund des fiktiven Arbeitsverhältnisses vom Entleiher fordern.[233] Ein Ausschluss des Anspruchs nach § 817 S. 2 kommt nicht in Betracht, weil der Verleiher durch die Lohnzahlung einer gesetzlichen Pflicht des Entleihers nachkommt, was rechtlich nicht zu missbilligen ist.[234]

89 **bb) Einstellungsverbot und Abreden mit gleicher Wirkung.** Vereinbarungen, die dem Entleiher die Einstellung des Leiharbeitnehmers nach beendeter Arbeitnehmerüberlassung untersagen, sind nach **§ 9 Nr. 3 AÜG** unwirksam.[235] Die Vorschrift regelt zwar unmittelbar nur den Fall des **Einstellungsverbotes**, ist aber auch auf Abreden **mit gleicher Wirkung** wie die Vereinbarung einer **Vertragsstrafe**[236] bei Übernahme des Leiharbeitnehmers anwendbar. Solche Vereinbarungen berühren den Schutzzweck der Vorschrift, die freie Arbeitsplatzwahl des Arbeitnehmers zu gewährleisten.[237] Die Nichtigkeitsfolge erstreckt sich lediglich auf die **konkrete Abrede**, nicht auf den gesamten Vertrag. Die vorgenannten Grundsätze galten nach der Rechtsprechung auch für die Vereinbarung einer **Vermittlungsprovision** zwischen Verleiher und Entleiher.[238] Mit der Neufassung des § 9 Nr. 3 AÜG zum 1.1.2004[239] ist die Zulässigkeit einer angemessenen Vermittlungsprovision nunmehr aber ausdrücklich festgeschrieben worden.

90 **b) Arbeitsvermittlung.** Die Nichtigkeit bestimmter Vereinbarungen im Rahmen von **Arbeitsvermittlungsverträgen** folgt unmittelbar aus **§ 297 SGB III**.[240] Unwirksam sind insbesondere Vereinbarungen zwischen Vermittler und Arbeitsuchenden, die eine unzulässige oder überhöhte Vergütung vorsehen. Ein durch die Vermittlung zustande gekommener **Arbeitsvertrag** wird hiervon nicht berührt.[241]

91 **c) Arbeitszeitvereinbarungen.** Nach h.M. ist eine einzelvertragliche oder kollektivrechtliche Arbeitszeitregelung, die gegen die in § 3 ArbZG festgelegten Grenzen für **werktägliche Arbeitszeiten** oder die in § 9 ArbZG normierte **Sonn- und Feiertagsruhe** verstößt, nach § 134 *ex nunc* **nichtig**.[242] Da das ArbZG im Wesentlichen dem Schutz des Arbeitnehmers dient und sich nicht gegen die Arbeitsleistung als solche, sondern nur gegen bestimmte zeitliche Modalitäten richtet, bleibt der **Arbeitsvertrag** im Übrigen grundsätzlich **wirksam**.[243] Im Falle eines Verstoßes gegen § 3 ArbZG gilt dann die **höchstzulässige Arbeitszeit** als vereinbart (vgl. Rn 68) zur parallelen Problematik bei Verstößen gegen Preisvorschriften). Soll die Arbeit ausschließlich oder zu einem erheblichen Teil zu unzulässigen Zeiten geleistet werden, ist der Vertrag **insgesamt nichtig**.[244]

---

231 So BGHZ 75, 299, 303.
232 Anders *Ulber*, AÜG, 2. Aufl. 2002, § 9 Rn 17 f., der §§ 267, 812 nur für anwendbar hält, wenn der Verleiher bei der Lohnzahlung weiß, dass lediglich ein Arbeitsverhältnis zwischen Entleiher und Arbeitnehmer besteht; im Übrigen sollen die Grundsätze des Gesamtschuldnerausgleichs (§ 426) anwendbar sein. Gegen Annahme eines Gesamtschuldverhältnisses zwischen Verleiher und Entleiher aber ausdrücklich BGH NJW 2000, 3492, 3494 f.
233 BGHZ 75, 299, 303 f.; Sandmann/*Marschall*, AÜG (Stand: Juli 2004), Art. 1 § 10 Rn 10.
234 BGHZ 75, 299, 305 f.
235 Vgl. *Ulber*, AÜG, 2. Aufl. 2002, § 9 Rn 72 (zum gleich lautenden § 9 Nr. 4 AÜG a.F.).
236 *Dahl*, DB 2002, 1374, 1376; *Rambach/Begerau*, BB 2002, 937, 943.
237 BGH NJW 2003, 2906; LG Mannheim NJW-RR 2003, 561; LG München I BB 2002, 1595, 1596; a.A. für den Fall der Vermittlungsprovision *Dahl*, DB 2002, 1374, 1377.
238 Vgl. BGH NJW 2003, 2906; LG Mannheim NJW-RR 2003, 561; LG München I BB 2002, 1595, 1596 m. zust. Anm. *Mechlem/Lipinski*; *Ulber*, § 9 AÜG Rn 72; bereits damals abl. *Dahl*, DB 2002, 1374, 1376 f.; ErfK/*Wank*, § 9 AÜG Rn 15 (für eine „Vermittlungsgebühr im Rahmen des Üblichen"); *Rambach/Begerau*, BB 2002, 937, 941; Schüren/*Schüren*, § 9 AÜG Rn 156.
239 BGBl I 2003 S. 2848 (Hartz III).
240 MüKo/*Mayer-Maly/Armbrüster*, § 134 Rn 78; Staudinger/*Sack*, § 134 Rn 284; zur Rechtslage vor Aufhebung des Arbeitsvermittlungsmonopols der Bundesanstalt für Arbeit Soergel/*Hefermehl*, § 134 Rn 54.
241 BAG NJW 1972, 973, 975; Bamberger/Roth/*Wendtland*, § 134 Rn 24; Palandt/*Heinrichs*, § 134 Rn 14; Staudinger/*Sack*, § 134 Rn 284.
242 BGH NJW 1986, 1486, 1487; BAGE 8, 47, 49 f. = NJW 1959, 2036; ErfK/*Wank*, § 3 ArbZG Rn 4 u. § 9 ArbZG Rn 1; Palandt/*Heinrichs*, § 134 Rn 15; Staudinger/*Sack*, § 134 Rn 200; a.A. v. *Stebut*, NZA 1987, 257, 260, wonach ein Beschäftigungsverbot vorliege, das lediglich zu einem Leistungsverweigerungsrechts des Arbeitnehmers führe; ebenso in Bezug auf die Grenzen der werktäglichen Arbeitszeiten MünchArbR/*Buchner*, § 40 Rn 42 ff.
243 BAG, Urt. v. 28.1.2004 – 5 AZR 530/02 – n.v.; Bamberger/Roth/*Wendtland*, § 134 Rn 24; Palandt/*Heinrichs*, § 134 Rn 15; Staudinger/*Sack*, § 134 Rn 200; offen gelassen von BGH NJW 1986, 1486, 1487; a.A. LAG Nürnberg, AP Nr. 9 zu § 134; in Bezug auf Verstöße gegen die Sonn- und Feiertagsruhe auch MünchArbR/*Buchner*, § 40 Rn 50.
244 BAGE 8, 47, 49 f.; Staudinger/*Sack*, § 134 Rn 201.

Gesetzliches Verbot § 134

Werden die Grenzen des ArbZG wegen eines **Doppelarbeitsverhältnisses** nicht nur vorübergehend überschritten, so ist der **später abgeschlossene** Arbeitsvertrag nichtig.[245] Bei nur **vorübergehender Überschreitung** ist der Vertrag **wirksam**; es besteht aber ein Beschäftigungsverbot, das zu einem Leistungsverweigerungsrecht führt.[246] 92

Zu Arbeitszeitregelungen in Verträgen mit **Jugendlichen** siehe Rn 104). 93

d) Ausländische Arbeitnehmer. Nach § 284 Abs. 1 SGB III dürfen Ausländer, die weder einem EU-Staat noch einem Mitgliedstaat des Abkommens über den Europäischen Wirtschaftsraum angehören, eine Beschäftigung nur mit **Genehmigung der Agentur für Arbeit** ausüben und von Arbeitgebern nur beschäftigt werden, wenn sie eine solche Genehmigung besitzen. Welche Auswirkungen das Fehlen der Genehmigung auf die Wirksamkeit des Arbeitsvertrages hat, war schon auf der Grundlage der Vorgängervorschriften (§§ 43 AVAVG, 19 AFG) umstritten. Das BAG befürwortet eine differenzierte Betrachtung. Hiernach ist der Arbeitsvertrag nach § 134 nichtig, wenn die Parteien ihn **trotz Kenntnis der Genehmigungspflicht** ohne die erforderliche Erlaubnis durchführen wollten.[247] Nach dem Schutzzweck des § 284 Abs. 1 SGB III tritt die Nichtigkeit in diesem Fall – anders als sonst bei Arbeitsverträgen – sogar mit **ex tunc**-Wirkung ein.[248] Andererseits wird ein unbefristetes Arbeitsverhältnis **nicht** dadurch nach § 134 **unwirksam**, dass eine abgelaufene Arbeitserlaubnis **nicht wieder erteilt** wird.[249] Maßgeblich ist die Erwägung, dass § 284 SGB III nicht den Vertragsabschluss an sich, sondern die **tatsächliche Beschäftigung** verhindern soll.[250] Ist die Versagung der Arbeitserlaubnis rechtskräftig, so ist der Arbeitnehmer aber auf Dauer gehindert, die geschuldeten Leistungen zu erbringen. Eine **ordentliche Kündigung** wird daher regelmäßig nach § 1 KSchG sozial gerechtfertigt sein. Vor der rechtskräftigen Entscheidung über die Arbeitserlaubnis ist die soziale Rechtfertigung zu bejahen, wenn für den Arbeitgeber bei objektiver Beurteilung mit der Erteilung der Erlaubnis in absehbarer Zeit nicht zu rechnen war und der Arbeitsplatz für den Arbeitnehmer ohne erhebliche betriebliche Beeinträchtigungen nicht freigehalten werden konnte.[251] Hat der Arbeitnehmer dem Arbeitgeber bewusst verschwiegen, dass seine Arbeitserlaubnis abgelaufen ist, so kommt auch eine **Kündigung aus wichtigem Grund** nach § 626 in Betracht.[252] 94

Problematisch ist der Fall, dass die **Arbeitserlaubnis bei Vertragsschluss** fehlt, von dem betreffenden Arbeitnehmer aber beantragt ist oder noch beantragt werden soll. Nach der älteren Rechtsprechung ist der Vertrag in einem solchen Fall **schwebend unwirksam**, wenn und solange mit der Erteilung der Arbeitserlaubnis vor Arbeitsbeginn noch gerechnet werden kann; werde die Genehmigung nicht erteilt, so sei der Vertrag endgültig unwirksam.[253] Hiervon ist das BAG bislang noch nicht ausdrücklich abgerückt. Geht man mit der neueren Rechtsprechung des BAG davon aus, dass § 284 Abs. 1 SGB III nicht den Vertragsabschluss als solchen, sondern nur die tatsächliche Beschäftigung verhindern will, so erscheint es jedoch auch in diesem Fall vorzugswürdig, den **Vertrag als solchen** für **wirksam** zu erachten und dem Arbeitgeber wegen des Leistungshindernisses ein **Kündigungsrecht** zuzubilligen.[254] 95

e) Berufsausbildung. In § 5 BBiG finden sich **spezielle Nichtigkeitsgründe**. Nach **§ 5 Abs. 1 S. 1 BBiG** sind Vereinbarungen, die den Auszubildenden für die Zeit nach Beendigung des Ausbildungsverhältnisses in der Ausübung seiner beruflichen Tätigkeit beschränken, nichtig. Hierunter fällt auch eine sog. **Weiterarbeitsklausel**, nach der der Auszubildende drei Monate vor Beendigung des Ausbildungsverhältnisses anzeigen muss, dass er nach der Ausbildung kein anschließendes Arbeitsverhältnis eingehen möchte.[255] Das in **§ 5 Abs. 2 Nr. 1 BBiG** enthaltene Verbot, eine **Entschädigung** für die Ausbildung zu zahlen, erfasst auch 96

---

245 BAGE 8, 47, 49 f.; MüKo/*Mayer-Maly/Armbrüster*, § 134 Rn 81; Staudinger/*Sack*, § 134 Rn 201.
246 BAG AP § 1 AZO Nr. 2.
247 So bereits BAGE 22, 22, 28 = AP Nr. 4 zu § 43 AVAVG; vgl. auch BAG DB 2003, 1581; Erman/*Palm*, § 134 Rn 31; Soergel/*Hefermehl*, § 134 Rn 54; Staudinger/*Sack*, § 134 Rn 284.
248 BAG AP Nr. 4 zu § 35 AVAVG; Erman/*Palm*, § 134 Rn 31; Staudinger/*Sack*, § 134 Rn 284; MünchArbR/ *Buchner*, § 40 Rn 58.
249 BAG AP Nr. 2 zu § 19 AFG; AP Nr. 3 zu § 19 AFG m. Anm. *Engels*; BAG NZA 1991, 341, 342; MüKo/ *Mayer-Maly/Armbrüster*, § 134 Rn 79; MüKo/ *Schwerdtner*, § 626 Rn 143; Soergel/*Hefermehl*, § 134 Rn 54; für schwebende Unwirksamkeit Staudinger/*Sack*, § 134 Rn 284.
250 BAG AP Nr. 2 zu § 19 AFG; MünchArbR/*Buchner*, § 40 Rn 54.
251 BAG NZA 1991, 341, 343 ff.; LAG Hamm NZA-RR 1999, 240.
252 MüKo/*Schwerdtner*, § 626 Rn 143; Palandt/*Putzo*, § 626 Rn 47.
253 BAGE 22, 22, 28 = AP Nr. 4 zu § 35 AVAVG; LAG Baden-Württemberg AP Nr. 1 zu § 19 AFG.
254 In diesem Sinne auch Erman/*Palm*, § 134 Rn 31; MüKo/*Mayer-Maly/Armbrüster*, § 134 Rn 79; MünchArbR/*Buchner*, § 40 Rn 57; a.A. (schwebende Unwirksamkeit) Staudinger/*Sack*, § 134 Rn 284.
255 BAG AP Nr. 2 zu § 5 BBiG m. zust. Anm. *Natzel*; ErfK/*Schlachter*, § 5 BBiG Rn 3; MüKo/ *Mayer-Maly/Armbrüster*, § 134 Rn 79; MünchArbR/ *Natzel*, § 178 Rn 11; Soergel/*Hefermehl*, § 134 Rn 52; Staudinger/*Sack*, § 134 Rn 212.

Looschelders 671

Zahlungen durch Dritte (z.B. die Eltern).[256] Eine solche weite Auslegung gebietet der Schutzweck der Vorschrift, die Kosten der Ausbildung möglichst dem Ausbilder aufzuerlegen.[257] Wird der Abschluss eines Ausbildungsvertrages **von einem Kaufvertrag abhängig** gemacht, so verstößt dies gegen das in § 5 Abs. 2 Nr. 1 BBiG enthaltene Entschädigungsverbot.[258]

97 **f) Betriebsrentenrecht.** Nach § 17 Abs. 3 S. 3 BetrAVG sind einzelvertragliche Abweichungen vom BetrAVG **zuungunsten des Arbeitnehmers** verboten; entgegenstehende Vereinbarungen sind **nichtig**.

98 So führt ein Verstoß gegen das in **§ 3 Abs. 1 BetrAVG** normierte grundsätzliche Verbot der Abfindung einer unverfallbaren Anwartschaft nach Beendigung des Arbeitsverhältnisses zur Nichtigkeit entgegenstehender Abreden.[259] Das Gleiche gilt, wenn eine ausnahmsweise zulässige Abfindung nicht nach den in **§ 3 Abs. 2 BetrAVG** aufgestellten Maßstäben berechnet wird.[260] Der **Verzicht** des Arbeitnehmers auf die Versorgungsanwartschaft verstößt dagegen nicht gegen § 17 Abs. 3 S. 3 BetrAVG i.V.m. § 3 BetrAVG, wenn er im **laufenden Arbeitsverhältnis** erklärt wird.[261] Denn zum einen bezieht sich § 3 BetrAVG nur auf Vereinbarungen, die im Zusammenhang mit der Beendigung des Arbeitsverhältnisses stehen; zum anderen enthält § 17 Abs. 3 S. 3 BetrAVG kein allgemeines Verschlechterungsverbot, das unabhängig von den übrigen Vorschriften des BetrAVG gilt.

99 **g) Betriebsübergang.** Eine **Kündigung** aufgrund eines Betriebsübergangs ist nach **§ 613a Abs. 4 S. 1** unwirksam.[262] Vereinbarungen, durch die § 613a Abs. 1 **umgangen** werden soll, sind nach § 134 nichtig.[263] So ist ein **Aufhebungsvertrag** oder eine **Eigenkündigung** anlässlich eines Betriebsübergangs **nichtig**, wenn lediglich die Beseitigung der Kontinuität des Arbeitsverhältnisses bezweckt wird, der Arbeitnehmer aber beim neuen Arbeitgeber weiter beschäftigt werden soll.[264] Scheidet der Arbeitnehmer **endgültig** aus dem Arbeitsverhältnis aus, ist die einvernehmliche Beendigung des Arbeitsverhältnisses jedoch möglich.[265] Auch der **Verzicht** des Arbeitnehmers **auf die betriebliche Altersversorgung** ist wegen Umgehung des § 613a Abs. 1 S. 1 nichtig.[266]

100 **h) Betriebsverfassungsrecht.** Bestimmungen des kollektiven Arbeitsrechts sind regelmäßig **keine Verbotsgesetze** i.S.d. § 134.[267] Ein Arbeitsvertrag ist daher auch dann wirksam, wenn er ohne die nach **§ 99 Abs. 1 BetrVG** erforderliche Unterrichtung des Betriebsrats abgeschlossen wurde.[268] Es gibt aber auch Ausnahmen. So ist ein Betriebsratsbeschluss, der gegen das Arbeitskampfverbot zwischen Arbeitgeber und Betriebsrat (**§ 74 Abs. 2 S. 1 BetrVG**) verstößt, nach § 134 nichtig.[269] Werden Außendienstmitarbeiter bei der betrieblichen Altersversorgung entgegen **§ 75 Abs. 1 BetrVG** benachteiligt, so ist die Betriebsvereinbarung insoweit unwirksam.[270] Aus **§ 102 Abs. 1 S. 3 BetrVG** folgt unmittelbar die Unwirksamkeit einer Kündigung, die ohne Anhörung des Betriebsrats erfolgt ist.[271]

101 **i) Entgeltfortzahlung.** Für den Arbeitnehmer ungünstige Abweichungen von den gesetzlichen Bestimmungen zur Entgeltfortzahlung sind nach **§ 12 EFZG** unzulässig; entsprechende **Abreden** sind daher **nich**-

---

256 MünchArbR/*Natzel*, § 178 Rn 12; Soergel/*Hefermehl*, § 134 Rn 52.
257 MünchArbR/*Natzel*, § 178 Rn 12. Staudinger/*Sack*, § 134 Rn 212 hält entsprechende Vereinbarungen für Umgehungsgeschäfte und kommt damit zum gleichen Ergebnis.
258 OLG Hamm NJW 1983, 2708; MüKo/*Mayer-Maly/Armbrüster*, § 134 Rn 80.
259 BAG AP Nr. 1 zu § 3 BetrAVG; AP Nr. 14 zu § 1 BetrAVG Betriebsübergang; AP Nr. 12 zu § 3 BetrAVG; *Ahrend/Förster/Rühmann*, BetrAVG, 9. Aufl. 2003, § 3 Rn 18; *Höfer*, BetrAVG (Stand: September 2003), Rn 3635; Staudinger/*Sack*, § 134 Rn 214; zur Verrechnungsabrede über einen Teilbetrag der Abfindung BAG AP Nr. 10 zu § 3 BetrAVG m. Anm. *Höfer/Stryzek*.
260 BGH NJW 2002, 3632, 3633.
261 BAG NZA 2004, 331 = AP Nr. 13 zu § 3 BetrAVG = EWiR § 3 BetrAVG 1/03, 1003 (*Schnitker/Grau*).
262 BAG AP Nr. 147 zu § 613a BGB; AP Nr. 40 zu § 613a BGB; MüKo/*Schaub*, § 613a BGB Rn 65.
263 Ascheid/Preis/Schmidt/*Steffan*, Kündigungsschutzrecht, 2000, § 613a BGB Rn 198.
264 BAGE 55, 228, 233 = NZA 1988, 198; 90, 260, 270 = NZA 1999, 422; Ascheid/Preis/Schmidt/*Steffan*, Kündigungsschutzrecht, 2000, § 613a BGB Rn 200; Staudinger/*Sack*, § 134 Rn 217.
265 BAG AP Nr. 2 zu § 613a BGB; BAGE 90, 260, 269 f.; Ascheid/Preis/Schmidt/*Steffan*, Kündigungsschutzrecht, 2000, § 613a BGB Rn 199; ErfK/*Preis*, § 613a BGB Rn 83.
266 BAG AP Nr. 4 zu § 1 BetrAVG Betriebsveräußerung; AP Nr. 14 zu § 1 BetrAVG Betriebsübergang; ErfK/*Preis*, § 613a BGB Rn 82.
267 MüKo/*Mayer-Maly/Armbrüster*, § 134 Rn 82.
268 MüKo/*Mayer-Maly/Armbrüster*, § 134 Rn 82; Staudinger/*Sack*, § 134 Rn 215.
269 MüKo/*Mayer-Maly/Armbrüster*, § 134 Rn 82; Staudinger/*Sack*, § 134 Rn 215.
270 LAG Düsseldorf NZA-RR 2002, 38, 39 ff.
271 Vgl. dazu BAGE 26, 219, 222; MüKo/*Mayer-Maly/Armbrüster*, § 134 Rn 82; Staudinger/*Sack*, § 134 Rn 215.

tig.²⁷² Ob Abreden, die im Krankheitsfall die Kürzung von freiwilligen Sonderzahlungen in Form von **Anwesenheitsprämien** vorsehen, eine **Umgehung** des EFZG darstellen und somit nichtig sind, wurde bislang unterschiedlich beurteilt.²⁷³ In einer Entscheidung aus dem Jahre 1990 hat das BAG entsprechende Abreden als **wirksam** betrachtet.²⁷⁴ Da nunmehr auch der Gesetzgeber die Zulässigkeit entsprechender Vereinbarungen in § 4a EFZG ausdrücklich klargestellt hat, kann die entgegenstehende Ansicht *de lege lata* nicht mehr vertreten werden.²⁷⁵

Nach zutreffender Ansicht ist der **Verzicht** auf den Entgeltfortzahlungsanspruch mit § 12 EFZG vereinbar, wenn er **bei oder nach Beendigung des Arbeitsverhältnisses** erklärt wird und sich auf Ansprüche nach deren Entstehung und Fälligkeit bezieht; im Übrigen ist er unwirksam.²⁷⁶ Diese Differenzierung ist sachgerecht, da für den Arbeitnehmer nach Beendigung des Arbeitsverhältnisses erkennbar ist, ob er den Lohn für seinen Lebensunterhalt benötigt.²⁷⁷ 102

j) Geschlechtsbezogene Benachteiligung. Verstöße gegen das in § 611a Abs. 1 S. 1 normierte Verbot, einen Arbeitnehmer aufgrund seines Geschlechts zu benachteiligen, führen zur **Nichtigkeit** des Rechtsgeschäfts.²⁷⁸ 103

k) Jugendliche und Kinder als Arbeitnehmer. Arbeitsverträge mit **Kindern**, die gegen die Beschäftigungsverbote der **§§ 5, 7 JArbSchG** verstoßen, sind gemäß § 134 *ex nunc* **nichtig**.²⁷⁹ Die Arbeitszeitregelungen für **Jugendliche** in **§§ 8 ff. JArbSchG** (z.B. Verbot der Samstagsarbeit, § 16 JArbSchG) sind Verbotsgesetze. Ein Verstoß führt jedoch wie auch sonst bei Verstößen gegen Arbeitszeitregelungen (dazu Rn 91) nur zur **Nichtigkeit der Arbeitszeitabrede**, nicht des gesamten Arbeitsvertrages.²⁸⁰ Hat der Arbeitsvertrag ausschließlich unzulässige Arbeitszeitregelungen zum Inhalt, so ist er aber ausnahmsweise im Ganzen nichtig.²⁸¹ Die gleichen Grundsätze gelten bei Verstößen gegen die Beschäftigungsbeschränkungen und -verbote für Jugendliche nach **§§ 22 ff. JArbSchG**, wie z.B. das Verbot gefährlicher Arbeiten und das Akkordarbeitsverbot.²⁸² 104

l) Kündigungsschutz. Die Unwirksamkeit von Kündigungen ergibt sich häufig aus **Spezialvorschriften**. So sind **sozial ungerechtfertigte** Kündigungen nach § 1 Abs. 1 KSchG unwirksam. Unwirksamkeitsgründe für eine Kündigung bei **Teilzeitarbeit** sind in § 11 TzBfG geregelt (Einzelheiten zum TzBfG Rn 124). Kündigungsverbote gelten unter bestimmten Voraussetzungen auch bei einem **Betriebsübergang** (Rn 99) oder bei einer **Schwangerschaft** (Rn 109). 105

Bei Vereinbarungen, die auf die Beendigung eines Arbeitsverhältnisses gerichtet sind, hat § 134 unter dem Gesichtspunkt der **Umgehung der Kündigungsschutzvorschriften** (insb. §§ 620 ff., § 1 ff. KSchG) besondere Bedeutung. Die Rechtsprechung des BAG, wonach **auflösende Bedingungen**²⁸³ oder **Befristungen**²⁸⁴ unwirksam sind, wenn dafür kein sachlicher Grund gegeben ist, ist nunmehr allerdings im Wesentlichen im **Teilzeit- und Befristungsgesetz** gesetzlich fixiert (dazu Rn 124). Bei **Aufhebungsverträgen** ist die Umgehung des Kündigungsschutzes nach wie vor bedeutsam. So ist ein Aufhebungsvertrag nach 106

---

272 BAG AP Nr. 55 zu § 4 EFZG; ErfK/*Dörner*, § 12 EFZG Rn 17; MüKo/*Mayer-Maly*/*Armbrüster*, § 134 Rn 80; Staudinger/*Sack*, § 134 Rn 227. Zur Wirksamkeit einer Vereinbarung, die die Pflicht zur Vorlage einer ärztlichen Arbeitsunfähigkeitsbescheinigung bereits am ersten Tag der Arbeitsunfähigkeit enthält, vgl. BAG DB 2003, 1395 (demnächst AP Nr. 8 zu § 5 EFZG).
273 Für Nichtigkeit z.B. Soergel/*Hefermehl*, § 134 Rn 53; Staudinger/*Sack*, § 134 Rn 227; vgl. zum Meinungsstreit auch BAG AP Nr. 12 zu § 611 BGB Anwesenheitsprämie.
274 BAG AP Nr. 15 zu § 611 BGB Anwesenheitsprämie m. krit. Anm. *Mayer-Maly*; AP Nr. 18 zu § 611 BGB Anwesenheitsprämie.
275 Für Wirksamkeit entsprechender Abreden daher auch ErfK/*Dörner*, § 4a EFZG Rn 1, 3; MüKo/*Glöge*, § 611 BGB Rn 357; zu § 4a EFZG s. auch BAG AP Nr. 2 zu § 4a EFZG.
276 BAG AP Nr. 11 zu § 6 LFZG; AP Nr. 18 zu § 6 LFZG; Staudinger/*Sack*, § 134 Rn 227; für generelle Unwirksamkeit MünchArbR/*Boecken*, § 85 Rn 77 ff.; ErfK/*Dörner*, § 12 EFZG Rn 12.
277 BAG AP Nr. 11 zu § 6 LFZG.
278 ErfK/*Schlachter*, § 611a Rn 31; MüKo/*Mayer-Maly*/*Armbrüster*, § 134 Rn 81; Staudinger/*Sack*, § 134 Rn 217.
279 BAG AP Nr. 3 zu § 7 JArbSchG; MünchArbR/*Buchner*, § 40 Rn 22; ErfK/*Schlachter*, § 5 JArbSchG Rn 13; MüKo/*Mayer-Maly*/*Armbrüster*, § 134 Rn 79; Staudinger/*Sack*, § 134 Rn 256.
280 MünchArbR/*Buchner*, § 40 Rn 24; ErfK/*Schlachter*, § 8 JArbSchG Rn 1; Staudinger/*Sack*, § 134 Rn 256.
281 MünchArbR/*Buchner*, § 40 Rn 24; Staudinger/*Sack*, § 134 Rn 256.
282 Vgl. MünchArbR/*Buchner*, § 40 Rn 25; Staudinger/*Sack*, § 134 Rn 256.
283 BAG AP Nr. 2 zu § 620 BGB Bedingung; AP Nr. 4 zu § 620 BGB Bedingung; s. auch Kittner/*Däubler*/*Zwanziger*/*Däubler*, KSchR, 5. Aufl. 2001, Rn 259; Staudinger/*Sack*, § 134 Rn 217.
284 BAG AP Nr. 16 zu § 620 BGB Befristeter Arbeitsvertrag; AP Nr. 47 zu § 620 BGB Befristeter Arbeitsvertrag; AP Nr. 64 zu § 620 BGB Befristeter Arbeitsvertrag; ErfK/*Müller-Glöge*, § 14 TzBfG Rn 2; Kittner/*Däubler*/*Zwanziger*/*Däubler*, KSchR, 5. Aufl. 2001, Rn 259a.

§ 134 **nichtig**, der die Beendigung des Arbeitsverhältnisses für den Fall vorsieht, dass der Arbeitnehmer nicht rechtzeitig aus dem Urlaub zurückkehrt.[285] Eine das Arbeitsverhältnis auflösende Vereinbarung kann auch unwirksam sein, wenn dem Arbeitnehmer unter bestimmten Bedingungen die **Wiedereinstellung** versprochen wird.[286] Ein Aufhebungsvertrag, der lediglich eine nicht nach § 1 KSchG auf Sozialwidrigkeit zu überprüfende Kündigung ersetzt, ist allerdings nicht wegen Umgehung der Kündigungsvorschriften unwirksam.[287]

107 Wegen Umgehung der Kündigungsvorschriften **nichtig** ist eine Vereinbarung, nach der der Arbeitgeber die vertraglich festgelegte Arbeitszeit bei arbeitszeitabhängiger Vergütung nach Bedarf einseitig kürzen kann.[288] Nichtig ist außerdem ein **Verzicht** auf den Kündigungsschutz seitens des Arbeitnehmers **vor der Kündigung** durch den Arbeitgeber.[289]

108 **m) Maßregelungsverbot.** Der Verstoß gegen das Maßregelungsverbot (§ 612a) führt nach § 134 zur **Nichtigkeit** des Rechtsgeschäfts.[290]

109 **n) Mutterschutz.** Verstöße gegen die in §§ 3–8 MuSchG oder in der Mutterschutzverordnung vom 25.4.1997[291] festgelegten **Beschäftigungsverbote** führen **nicht zur Nichtigkeit** des Arbeitsvertrages nach § 134. Dies war für den Fall, dass die **Schwangerschaft nach Abschluss des Arbeitsvertrages** eintritt, schon früher anerkannt.[292] Mit Rücksicht auf die Rechtsprechung des EuGH[293] muss das Gleiche aber auch dann gelten, wenn das Arbeitsverhältnis erst **nach Eintritt der Schwangerschaft** begründet worden ist.[294] Denn zum Schutz der Arbeitnehmerin genügt es, dass die tatsächliche Beschäftigung aufgrund vorübergehender Unmöglichkeit zeitweise unterlassen wird.[295]

110 Aus § 9 Abs. 1 S. 1 MuSchG i.V.m. § 134 ergibt sich, dass die **Kündigung** einer Frau während der Schwangerschaft und bis zum Ablauf von vier Monaten nach der Entbindung **unwirksam** ist, wenn dem Arbeitgeber zur Zeit der Kündigung die Schwangerschaft oder Entbindung bekannt war oder innerhalb von zwei Wochen nach Zugang der Kündigung mitgeteilt wird.[296]

111 **o) Schwarzarbeit.** Bei der Schwarzarbeit ist zwischen einem Verstoß gegen das **SchwarzArbG** und einer Verletzung steuer- und strafrechtlicher Vorschriften durch sog. **Schwarzgeldabreden** zu unterscheiden.

112 **aa) Verstoß gegen das SchwarzArbG.** Unter **Schwarzarbeit** versteht man die Erbringung von Dienst- und Werkleistungen ohne Beachtung der in § 1 Abs. 1 Nr. 1–3 SchwarzArbG normierten Mitteilungs-, Melde-, Anzeige- und Zulassungspflichten. Nicht nur die **Erbringung** von Schwarzarbeit ist nach § 1 Abs. 1 SchwarzArbG verboten; ordnungswidrig handelt auch derjenige, der Schwarzarbeit **ausführen lässt** (§ 2 Abs. 1 SchwarzArbG). Das Verbot richtet sich also an beide Parteien.[297]

113 **(1) Zweck des SchwarzArbG.** Das Verbot der Schwarzarbeit hat verschiedene **ordnungspolitische Zwecke**, die nur durch die Nichtigkeit des Vertrages erreicht werden können.[298] Zum einen soll die **Konkurrenzfähigkeit** der ordnungsgemäß geführten Betriebe sichergestellt werden. Zum anderen dient das Verbot dazu, die Verringerung von **Steuereinnahmen** und von Abgaben zur **Sozial- und Arbeitslosenversicherung**

---

285 BAG AP Nr. 3 zu § 620 BGB Bedingung.
286 BAG AP Nr. 8 zu § 620 BGB Bedingung; BAG AP Nr. 22 zu § 620 BGB Aufhebungsvertrag.
287 BAG AP Nr. 22 zu § 620 BGB Aufhebungsvertrag m. Anm. *Bauer*.
288 BAG AP Nr. 6 zu § 2 KSchG 1969; MüKo/*Mayer-Maly/Armbrüster*, § 134 Rn 81; Staudinger/*Sack*, § 134 Rn 217.
289 ErfK/*Ascheid*, § 1 KSchG Rn 15; *v. Hoyningen-Huene/Linck*, KSchG, 13. Aufl. 2002, § 1 Rn 10.
290 Ascheid/Preis/Schmidt/*Linck*, Kündigungsschutzrecht, 2000, § 612a BGB Rn 24; ErfK/*Linck*, § 612a Rn 24; MüKo/*Mayer-Maly/Armbrüster*, § 134 Rn 81; Staudinger/*Sack*, § 134 Rn 217.
291 BGBl I S. 986.
292 Vgl. nur BAG AP Nr. 1 zu § 8 MuSchG 1968; *Buchner/Becker*, MuSchG und BErzGG, 7. Aufl. 2003, vor §§ 3–8 MuSchG Rn 20; MünchArbR/*Buchner*, § 40 Rn 35.

293 In EuGH NJW 1994, 2077 nahm der EuGH an, dass ein Arbeitsvertrag, der gegen das Nachtarbeitsverbot für Schwangere nach § 8 Abs. 1 MuSchG verstößt, nicht nichtig sein dürfe, da anderenfalls das Diskriminierungsverbot der Richtlinie 76/207/EWG verletzt sei.
294 LAG Hamm DB 1999, 2114 f.; MünchArbR/ *Buchner*, § 40 Rn 37; *Buchner/Becker*, MuSchG und BErzGG, 7. Aufl. 2003, vor §§ 3–8 MuSchG Rn 24; MüKo/*Mayer-Maly/Armbrüster*, § 134 Rn 79.
295 *Buchner/Becker*, MuSchG und BErzGG, 7. Aufl. 2003, § 8 MuSchG Rn 10; Staudinger/*Sack*, § 134 Rn 265.
296 *Buchner/Becker*, MuSchG und BErzGG, 7. Aufl. 2003, § 9 MuSchG Rn 193; ErfK/*Schlachter*, § 9 MuSchG Rn 12; Staudinger/*Sack*, § 134 Rn 265.
297 Vgl. nur BGHZ 85, 39, 43 f.; 111, 308, 311; Staudinger/*Sack*, § 134 Rn 275.
298 Vgl. zum Ganzen BGHZ 85, 39, 43 = NJW 1983, 109; BGHZ 89, 369, 373 f. = NJW 1984, 1175; *Köhler*, JZ 1990, 466; Staudinger/*Sack*, § 134 Rn 275; *Tiedtke*, NJW 1983, 713, 716.

zulasten der Allgemeinheit zu vermeiden. Außerdem soll der Auftraggeber vor **mangelhafter Ausführung** der Arbeit geschützt werden.[299]

(2) Beiderseitiger Gesetzesverstoß. Nach einhelliger Auffassung ist ein Vertrag, durch den **beide Vertragsparteien** gegen das SchwarzArbG verstoßen, nach § 134 **nichtig**.[300] Bei einem **einseitigen Verstoß** des Auftragnehmers ist der Vertrag dagegen nur dann nichtig, wenn der Auftraggeber **Kenntnis** von dem Verstoß hat und diesen bewusst zu seinem Vorteil **ausnutzt**.[301] Aus der Nichtigkeit des Vertrages folgt, dass dem **Auftraggeber** weder vertragliche Erfüllungs- noch Schadensersatz- oder Mängelgewährleistungsansprüche zustehen.[302] Eine vertragliche Vergütung des **Auftragnehmers** kommt ebenfalls nicht in Betracht (ausführlich dazu Rn 77). 114

Im Einzelnen umstritten ist allerdings, ob die **Arbeitsleistung des Auftragnehmers** durch gesetzliche Ansprüche gegen den Auftraggeber ausgeglichen wird (siehe bereits Rn 74). 115

Ein Anspruch aus §§ 683, 670 scheidet aus, da der Auftragnehmer seine Leistungen wegen ihrer Gesetzeswidrigkeit nicht „nach den Umständen für erforderlich" halten durfte.[303] 116

Ob und inwieweit der Auftragnehmer nach §§ **812 Abs. 1, 818 Abs. 2** für seine Arbeitsleistung Wertersatz erhält, wird unterschiedlich beurteilt. Ein Teil der **Literatur** lehnt die Leistung von Wertersatz mit Hinweis auf § 817 S. 2 ab. Dies wird damit begründet, dass Schwarzarbeit nur wirksam vermieden werden könne, wenn für den Auftragnehmer die Gefahr bestehe, keinen Lohn zu erhalten.[304] Nach der **Rechtsprechung** und einem anderen Teil der Literatur verstößt es gegen Treu und Glauben, wenn der Auftraggeber sich unter Berufung auf § 817 S. 2 von der Wertersatzpflicht befreien kann.[305] Dies ist zutreffend, denn der Schutzzweck des Gesetzes gebietet nicht, dass der Auftraggeber die Arbeitsleistung des Auftragnehmers unentgeltlich behalten darf.[306] Vielmehr reicht der Ausschluss vertraglicher Ansprüche für die durch das SchwarzArbG intendierte generalpräventive Wirkung aus (vgl. auch Rn 70).[307] 117

Bei der **Bemessung des Anspruchs** ist zu berücksichtigen, dass der **Wertersatz** das zwischen Auftragnehmer und Auftraggeber vereinbarte Entgelt nicht überschreiten darf.[308] Hinzu kommt, dass der Wert der Arbeitsleistung in der Regel durch den Ausschluss vertraglicher Gewährleistungsansprüche erheblich gemindert ist.[309] Etwaige bereits eingetretene Mängel sind ebenfalls in Abzug zu bringen.[310] Da der Auftraggeber bösgläubig ist, kann er sich auf einen etwaigen Wegfall der Bereicherung nicht berufen (§§ 819 Abs. 1, 818 Abs. 4). 118

(3) Einseitiger Gesetzesverstoß. Verstößt der Auftragnehmer einseitig **ohne Kenntnis des Auftraggebers** gegen das SchwarzArbG, so ist der Vertrag nach der Rechtsprechung des BGH **nicht** gemäß § 134 **nichtig**.[311] Hier ist der **Auftraggeber** nämlich schutzwürdig; ihm sollen vertragliche Erfüllungs- und Gewährleistungsansprüche zustehen. Da der **Auftragnehmer** bei der Geltendmachung des Erfüllungsanspruches durch den Auftraggeber eine gesetzwidrige Leistung erbringen müsste, er sich zur legalen Erfüllung seines Vertrages eines Unternehmers zu bedienen. Im Regelfall ist dies mit erheblichen Kosten für den Auftragnehmer verbunden, so dass die **generalpräventiven Zwecke** des SchwarzArbG erreicht werden.[312] Daher bedarf es hier keiner „**halbseitigen Teilnichtigkeit**", wonach zwar dem Auftraggeber vertragliche Rechte zustehen, der Auftragnehmer jedoch auf bereicherungsrechtliche Ansprüche verwiesen ist.[313] 119

Eine andere Beurteilung ergibt sich freilich, wenn der Auftrag **bereits ausgeführt** wurde. Hier kann der Zweck des SchwarzArbG nur dadurch erreicht werden, dass der **Auftragnehmer** durch die illegale Tätigkeit dem Risiko ausgesetzt wird, trotz erbrachter Arbeitsleistung keine vertragliche Vergütung zu erhalten. Der 120

---

299 BGHZ 89, 369, 374 = NJW 1984, 1175; Staudinger/Sack, § 134 Rn 275; Tiedtke, NJW 1983, 713, 716.
300 BGHZ 85, 39, 44; 111, 308, 311; Palandt/Heinrichs, § 134 Rn 22; Soergel/Hefermehl, § 134 Rn 55; Staudinger/Sack, § 134 Rn 276.
301 BGH NJW 1985, 2403, 2404 m. Anm. Canaris; Palandt/Heinrichs, § 134 Rn 22; Staudinger/Sack, § 134 Rn 276; Köhler, JZ 1990, 466, 467.
302 Vgl. nur Staudinger/Sack, § 134 Rn 276; Tiedtke, NJW 1983, 713, 715 f.; a.A. Soergel/Hefermehl, § 134 Rn 55.
303 BGHZ 111, 308, 311; Staudinger/Sack, § 134 Rn 277; Köhler, JZ 1990, 466, 469.
304 Staudinger/Sack, § 134 Rn 278; Tiedtke, NJW 1983, 713, 715.
305 BGHZ 111, 308, 312 f.; Soergel/Hefermehl, § 134 Rn 55; Köhler, JZ 1990, 466, 467.
306 BGHZ 111, 308, 313; Köhler, JZ 1990, 466, 469.
307 BGHZ 111, 308, 313.
308 Köhler, JZ 1990, 466, 469.
309 BGHZ 111, 308, 314. Vgl. auch OLG Düsseldorf NJW-RR 1993, 884, 885, wonach die Höhe des Abschlags mindestens 15% beträgt.
310 BGHZ 111, 308, 314.
311 BGHZ 89, 369, 373; BGH NJW-RR 2002, 557; OLG Düsseldorf NJW-RR 1998, 1710.
312 BGHZ 89, 369, 374 f.
313 Dazu Canaris, NJW 1985, 2403, 2404; dem folgend LG Bonn NJW-RR 1991, 180 f.; MüKo/Mayer-Maly/Armbrüster, § 134 Rn 77; Staudinger/Sack, § 134 Rn 279.

Auftraggeber behält hingegen seine vertraglichen Rechte; er ist nach wie vor schutzwürdig.[314] Insoweit ist einer in der Literatur entwickelten teleologischen Reduktion des SchwarzArbG durch Aufspaltung der Nichtigkeitsfolgen im Sinne einer **„halbseitigen Teilnichtigkeit"** zuzustimmen.[315] Wegen der analogen Anwendbarkeit des **§ 817 S. 2** stehen dem Auftraggeber auch keine Bereicherungsansprüche zu;[316] eine Einschränkung des § 817 S. 2 aus Billigkeitsgründen kommt bei einseitigem Verstoß gegen das SchwarzArbG – anders als bei beiderseitigem Verstoß – nicht in Betracht.[317]

121 **(4) Umgehungsgeschäfte.** Wird durch eine **besondere Gestaltung** das SchwarzArbG **umgangen**, so ist der Vertrag nach § 134 **nichtig**. So ist ein Vertrag zwischen einem Baubetreuer und Auftraggeber mit dem Inhalt, ein Wohnhaus „so weit wie möglich in Nachbarschaftshilfe" – und damit unter Einsatz von Schwarzarbeitern – zu errichten, als Umgehungsgeschäft unwirksam.[318]

122 **bb) Schwarzgeldabreden.** Eine zwischen Arbeitnehmer und Arbeitgeber getroffene Vereinbarung, dass die Beschäftigung – zumindest teilweise – ohne Entrichtung von Lohnsteuern und Sozialversicherungsbeiträgen erfolgt (**sog. Schwarzgeldabrede**), verstößt gegen §§ 263, 266a StGB und § 370 AO sowie gegen steuer- und sozialversicherungsrechtliche Meldepflichten (z.B. §§ 41a Abs. 1, 41b Abs. 1 EStG, § 28a SGB IV).[319] Nach der aktuellen Rechtsprechung des BAG ist aber **nicht der gesamte Arbeitsvertrag nichtig**; vielmehr erstreckt sich die Nichtigkeitsfolge nur auf die Schwarzgeldabrede.[320] Denn die verletzten Normen enthalten – anders als das SchwarzArbG – kein Verbot der Arbeitsleistung an sich. Bildet die Hinterziehung von Steuern und Sozialversicherungsbeiträgen den **Hauptzweck** der Vereinbarung, so muss allerdings der **gesamte Arbeitsvertrag** für nichtig erachtet werden. Wird nur ein Teil der Vergütung ohne Entrichtung von Steuern und Sozialversicherungsabgaben bezahlt, so ist in der Regel aber nicht davon auszugehen, dass die Hinterziehung der Hauptzweck ist.[321] Im Übrigen lässt sich dem **seit 1.8.2002** geltenden § 14 Abs. 2 SGB IV entnehmen, dass auch der Gesetzgeber von der Wirksamkeit des Arbeitsvertrages ausgeht.[322] Danach gilt ein **Nettoarbeitsentgelt** als vereinbart, wenn Steuern und Sozialabgaben bei illegaler Beschäftigung nicht entrichtet werden.

123 **p) Schwerbehinderte Menschen.** Die Kündigung eines schwerbehinderten Menschen durch den Arbeitgeber ohne die nach § 85 SGB IX erforderliche **vorherige Zustimmung des Integrationsamtes** ist nach § 134 unwirksam.[323] Dies gilt auch, wenn die Zustimmung zwar zunächst erteilt, in der Rechtsmittelinstanz aber **aufgehoben** wird.[324] Da § 85 SGB IX ausdrücklich eine **vorherige** Zustimmung verlangt, kann der Fehler durch nachträgliche Einholung der Zustimmung nicht „geheilt" werden.[325] Eine Vereinbarung oder Maßnahme, die gegen das **Benachteiligungsverbot** des § 81 Abs. 2 Nr. 1 SGB IX verstößt, ist nach § 134 nichtig.[326] Dagegen ist die Kündigung eines schwerbehinderten Menschen durch den Arbeitgeber nicht allein deshalb unwirksam, weil die **Schwerbehindertenvertretung** entgegen § 95 Abs. 2 SGB IX nicht angehört wurde.[327]

124 **q) Teilzeit- und Befristungsgesetz.** Am 1.1.2001 ist das Teilzeit- und Befristungsgesetz (**TzBfG**) in Kraft getreten.[328] Es bestimmt in § 11, dass die **Kündigung** eines Arbeitnehmers wegen der Weigerung, von einem Vollzeit- in ein Teilzeitbeschäftigungsverhältnis oder von einem Teilzeit- in ein Vollzeitbeschäftigungsverhältnis zu wechseln, **unwirksam** ist. Von dem in **§ 4 TzBfG** enthaltenen Verbot, teilzeitbeschäftigte oder befristet beschäftigte Arbeitnehmer ohne sachlichen Grund zu **diskriminieren**, kann nicht zum Nachteil des Arbeitnehmers abgewichen werden. Das Gleiche gilt für das **Benachteiligungsverbot** des **§ 5 TzBfG** (vgl. § 22 TzBfG).[329]

---

314 Zum Ganzen *Canaris*, NJW 1985, 2404 f.
315 So *Canaris*, NJW 1985, 2404, 2405; dem folgend Staudinger/*Sack*, § 134 Rn 279.
316 LG Bonn NJW-RR 1991, 180, 181; Staudinger/*Sack*, § 134 Rn 279, 281; *Canaris*, NJW 1985, 2404.
317 LG Bonn NJW-RR 1991, 180, 181; Staudinger/*Sack*, § 134 Rn 279, 281.
318 BGHZ 85, 39, 46 f.
319 BAG AP Nr. 24 zu § 134 BGB = DB 2003, 1581.
320 Dazu BAG AP § 134 Nr. 24; s.a. ErfK/*Preis*, § 611 BGB Rn 417.
321 *Marschall*, Anm. zu BAG AP § 134 Nr. 24.
322 Vgl. Artt. 3 und 17 des Gesetzes zur Erleichterung der Bekämpfung von illegaler Beschäftigung und Schwarzarbeit v. 23.7.2002 (BGBl I S. 2787).
323 BAG AP Nr. 21 zu Einigungsvertrag Anlage I Kap. XIX (zu §§ 15, 21 Abs. 1 SchwBG a.F.); ErfK/*Rolfs*, § 85 SGB IX Rn 14; Staudinger/*Sack*, § 134 Rn 284.
324 LAG Köln ArbR 2003, 196.
325 *v. Hoyningen-Huene*, KSchG, 13. Aufl. 2002, § 4 Rn 65.
326 ErfK/*Rolfs*, § 81 SGB IX Rn 9.
327 AP Nr. 1 zu § 22 SchwbG; Palandt/*Heinrichs*, § 134 Rn 15; Staudinger/*Sack*, § 134 Rn 284.
328 BGBl I 2000 S. 1966.
329 ErfK/*Preis*, § 4 TzBfG Rn 5; Meinel/*Heyn*/*Herms*, TzBfG, 2002, § 4 Rn 47, 110, § 5 Rn 12; *Ring*, TzBfG, 2001, § 4 Rn 41, § 5 Rn 8 [jeweils mit Bezug auf § 134].

In Bezug auf **Befristungen und auflösende Bedingungen** gibt das TzBfG im Wesentlichen die bis dahin geltende Rechtsprechung des BAG zur Umgehung des Kündigungsschutzes wieder (dazu Rn 105).[330] Eine **Befristung** des Arbeitsverhältnisses ist nur unter den Voraussetzungen des § 14 TzBfG zulässig. Ein Verstoß gegen § 14 TzBfG führt nach § 16 S. 1 TzBfG dazu, dass der Arbeitsvertrag als **auf unbestimmte Zeit** geschlossen gilt. Für **auflösende Bedingungen** gilt nach § 21 TzBfG grundsätzlich das Gleiche.

r) Urlaub. Soweit von den Vorschriften des Bundesurlaubsgesetzes (BUrlG) nicht zuungunsten des Arbeitnehmers abgewichen werden darf (§ 13 Abs. 1 S. 3 BUrlG), begründet ein entsprechender Verstoß die **Nichtigkeit** der einzel- oder tarifvertraglichen oder betrieblichen Abrede.[331] So sind Vereinbarungen, die gegen das grundsätzliche **Abgeltungsverbot von Urlaubsansprüchen** nach § 7 Abs. 4 BUrlG verstoßen, unwirksam.[332] Ist ein Anspruch auf Abgeltung des Urlaubs ausnahmsweise wegen Beendigung des Arbeitsverhältnisses entstanden, so kann der Arbeitnehmer weder vor noch nach der Beendigung des Arbeitsverhältnisses wirksam darauf **verzichten**.[333] Denn die Abgeltung des Urlaubs steht in so engem Zusammenhang mit dessen Gewährung, dass auch dieser Fall vom Schutzzweck der Mindesturlaubsregelung erfasst wird.[334] Entsteht durch die Nichtigkeit einer Abrede im Arbeitsvertrag eine **Lücke,** wird diese durch die Bestimmungen des BUrlG **ausgefüllt**.[335]

Der Verstoß gegen § 8 BUrlG führt nicht dazu, dass der **Vertrag** über die Ausübung einer **urlaubszweckwidrigen Tätigkeit gegen Entgelt** nach § 134 unwirksam ist.[336] Dies folgt insbesondere daraus, dass der Vertragspartner des Arbeitnehmers in der Regelfall von der verbotenen Tätigkeit nichts weiß und insofern schutzwürdig ist. Auch der **Anspruch** des Arbeitnehmers auf Fortzahlung des Entgelts während des Urlaubs nach §§ 1, 3 BUrlG wird von dem Verstoß gegen das Erwerbstätigkeitsverbot nicht berührt.[337]

2. Ärzte und Heilpraktiker

Literatur: *Gramberg-Danielsen/Kern*, Die Schweigepflicht des Arztes gegenüber privaten Verrechnungsstellen, NJW 1998, 2708; *Spickhoff*, Die Entwicklung des Arztrechts 2002/2003, NJW 2003, 1701.

Die Vertragsfreiheit von **Ärzten** wird insbesondere durch die Vorschriften der **ärztlichen Berufsordnung** eingeschränkt, die Gesetze im Sinne des Art. 2 EGBGB sind (vgl. Rn 19). § 134 ist dabei im Verhältnis zu § 138 vorrangig zu prüfen.[338] Zwar richten sich die Regeln der ärztlichen Berufsordnung als Disziplinarvorschriften einseitig gegen den Arzt, gleichwohl kann ein Verstoß zur Nichtigkeit eines Rechtsgeschäfts zwischen Arzt und Nichtarzt führen, wenn das Verbot besonders wichtige Gemeinschaftsbelange oder die Interessen Dritter schützt.[339] Dies ist bei der grundlegenden Berufsregel, wonach eine ärztliche Praxis **nicht in gewerblicher Weise**, also nicht mit der primären Absicht möglichst hoher Gewinnerzielung, betrieben werden darf, der Fall. Wird eine Arztpraxis dergestalt in ein gewerbliches Hotel-Sanatorium einbezogen, dass es offenbar nur noch um die Verschreibung möglichst vieler Heilleistungen des Sanatoriums geht, so liegt eine solche gewerbsmäßige Ausübung des Arztberufs vor.[340]

Auch ein Verstoß gegen die berufsordnungsrechtliche Regelung, wonach sich der Arzt bei der **Überweisung an andere Ärzte** nicht durch sachfremde Kriterien, namentlich das Versprechen eines Entgeltes durch andere Ärzte, binden darf, begründet gemäß § 134 die Nichtigkeit entsprechender Vereinbarungen.[341] Ein Entgelt in diesem Sinne ist jedoch nicht schon darin zu sehen, dass bei ambulanten Operationen der Anästhesist dem Operateur einen Kostenanteil für die Bereitstellung des Operationssaals und des Personals zu zahlen hat.[342]

Nach § 134 nichtig ist auch ein Vertrag, nach dem ein Arzt unter Verstoß gegen die einschlägigen Vorschriften der Ärzteordnung **ohne Approbation** und **ohne die Erlaubnis zur vorübergehenden Ausübung des**

---

330 *Rolfs*, TzBfG, 2002, Einf. Rn 3 f., 8; Meinel/Heyn/ Herms, TzBfG, 2002, § 21 Rn 1; Einzelheiten zur Rspr. bei ErfK/*Müller-Glöge*, § 1 TzBfG Rn 3, § 14 TzBfG Rn 2; § 16 TzBfG Rn 1; § 21 TzBfG Rn 1.
331 Neumann/Fenski, BUrlG, 9. Aufl. 2003, § 13 Rn 51 f.; nach zutr. Ansicht des BAG (NJW 2001, 460, 461) ergibt sich die Nichtigkeit aus § 13 Abs. 1 BUrlG selbst, so dass ein Rückgriff auf § 134 nicht erforderlich ist.
332 Neumann/Fenski, BUrlG, 9. Aufl. 2003, § 7 Rn 104; Soergel/*Hefermehl*, § 134 Rn 51; Staudinger/*Sack*, § 134 Rn 224.
333 BAGE 20, 24, 26 ff.; Staudinger/*Sack*, § 134 Rn 224; Palandt/*Heinrichs*, § 134 Rn 15.
334 BAGE 20, 24, 26 f.
335 Neumann/Fenski, BUrlG, 9. Aufl. 2003, § 13 Rn 51 f.
336 BAG AP Nr. 3 zu § 8 BUrlG m. krit. Anm. *Clemens*; ErfK/*Dörner*, § 8 BUrlG Rn 10; *Leinemann/Linck*,
Urlaubsrecht, 2. Aufl. 2001, § 8 BUrlG Rn 11; Soergel/*Hefermehl*, § 134 Rn 51; a.A. *Neumann/ Fenski*, BUrlG, 9. Aufl. 2003, § 8 Rn 7; MüKo/ *Mayer-Maly/Armbrüster*, § 134 Rn 81; Palandt/ *Heinrichs*, § 134 Rn 15; Staudinger/*Sack*, § 134 Rn 224.
337 BAG AP Nr. 3 zu § 8 BUrlG = NJW 1988, 2757; *Leinemann/Linck*, Urlaubsrecht, 2. Aufl. 2001, § 8 Rn 15; a.A. *Neumann/Fenski*, BUrlG, 9. Aufl. 2003, § 8 Rn 9.
338 Vgl. BayObLG NJOZ 2001, 902, 906, 908.
339 BayObLG NJOZ 2001, 902, 907.
340 BayObLG NJOZ 2001, 902.
341 BGH NJW 1986, 2360, 2361; Erman/*Palm*, § 134 Rn 43; Soergel/*Hefermehl*, § 134 Rn 16; a.A. *Taupitz*, JZ 1994, 221, 227.
342 BGH NJW-RR 2003, 1175.

ärztlichen Berufs** einen anderen Arzt vertreten soll.[343] Desgleichen begründet der Verstoß gegen die Regelungen der Zulassungsverordnung für Ärzte, wonach ein Kassenarzt seine Tätigkeit persönlich **in freier Praxis** auszuüben hat und **nicht in einem Beschäftigungsverhältnis stehen** darf, die Nichtigkeit eines Praxisübernahmevertrages, der auf eine abhängige Beschäftigung hinausläuft.[344]

131 Nichtig sind auch die **Überlassung der Patientenkartei**, die oftmals aus Anlass eines **Praxisverkaufs bzw. -tauschs** erfolgt, sowie – wegen der damit verbundenen Weiterleitung von Patientendaten[345] – die **Abtretung ärztlicher Honorarforderungen**, insbesondere an gewerbliche oder privatärztliche Verrechnungsstellen.[346] Hier hat der BGH seit 1991 seine Rechtsprechung geändert[347] und die Datenüberlassung (beim Praxiskauf) bzw. die Forderungsabtretung von Honoraren als nichtig angesehen, da diese Rechtsgeschäfte dem Verbotsgesetz aus § 203 Abs. 1 Nr. 1 StGB zuwiderlaufen.[348] Ein **stillschweigend erklärtes Einverständnis** des Patienten scheidet im Regelfall aus, es sei denn, der Patient hat sich auch dem neuen, die Praxis übernehmenden Arzt zur ärztlichen Behandlung anvertraut.[349]

132 Die Nichtigkeit tritt nicht ein, wenn die Patientendaten an keinen außenstehenden Dritten, sondern nur **innerhalb der Arztpraxis bzw. des Krankenhauses** weitergeleitet werden, z.B. wenn der Chefarzt seine Honorarforderung zwecks Geltendmachung an den Krankenhausträger abtritt.[350] Hier fehlt es schon an dem Merkmal der „Offenbarung" aus § 203 Abs. 1 Nr. 1 StGB. Davon abgesehen ist in solchen Fällen regelmäßig von einer konkludenten Einwilligung des Patienten in die Weiterleitung seiner Daten auszugehen.

133 Die Unwirksamkeit der Abtretung von Honorarforderungen gilt für **Ärzte** und **Zahnärzte**. Ob es sich um eine **generelle** Abtretung handelt oder ob die Abtretung **im Einzelfall** zur Beitreibung der Forderung erfolgt, nachdem der Patient seine Zahlungsunwilligkeit gegenüber dem Arzt zum Ausdruck gebracht hat, ist unerheblich.[351] Die Abtretung ist auch dann nichtig, wenn sie keine Honorarforderung, sondern eine **Schadensersatzforderung** des Arztes gegenüber dem Patienten wegen entgangenen Gewinns betrifft.[352] **Tierärzte** werden von § 203 Abs. 1 Nr. 1 StGB gleichfalls erfasst. Gleichwohl können Tierärzte ihre Honorarforderungen wirksam abtreten, weil die bloße Weitergabe veterinärmedizinischer Behandlungsunterlagen im Allgemeinen nicht gegen den Schutzzweck der Strafnorm verstößt.[353]

134 Der BGH hat bezüglich des Verkaufs von Anwaltskanzleien entschieden, dass eine Nichtigkeit wegen Verstoßes gegen § 203 Abs. 1 StGB entfällt, wenn der **Veräußerer als freier Mitarbeiter** für eine Übergangszeit in der Kanzlei verbleibt[354] (vgl. Rn 201). Diese Überlegung wird sich auf den Verkauf von Arztpraxen übertragen lassen.[355]

135 Zu Verstößen gegen das **Embryonenschutzgesetz** vgl. Rn 152; zur Beurteilung von Verträgen über den **Schwangerschaftsabbruch** siehe Rn 243.

136 Ein Behandlungsvertrag mit einem **Heilpraktiker**, der nicht die erforderliche Zulassung nach § 1 Abs. 1 Heilpraktikergesetz hat, ist nach § 134 nichtig.[356]

137 **3. Arzneimittel und Apotheker.** Der BGH hat in einer älteren Entscheidung die Auffassung vertreten, dass Kaufverträge über **Arzneimittel**, die gegen die **Apotheken- und Rezeptpflicht** nach dem AMG verstoßen, nicht nach § 134 unwirksam sind.[357] In der neueren Rechtsprechung zeichnet sich eine Wende ab. So sind Verträge über die **Lieferung im Inland nicht zugelassener Medikamente** nach Ansicht des OLG Karlsruhe wegen Verstoßes gegen § 73 Abs. 1, 2 AMG nichtig.[358] Zur Begründung wird darauf hingewiesen, dass das Arzneimittelrecht nicht mehr nur Verwaltungsfunktion hat, sondern auch den Schutz des Verbrauchers

---

343 OLG Düsseldorf NJW 1988, 2308; a.A. Erman/Palm, § 134 Rn 43.
344 OLG München NJW-RR 1998, 1441; Erman/Palm, § 134 Rn 43.
345 MüKo/Mayer-Maly/Armbrüster § 134 Rn 54.
346 BGHZ 115, 123 = NJW 1991, 2955; BGH NJW 1992, 2348, 2349; OLG Köln NJW 1993, 793; OLG Karlsruhe NJW 1998, 831; Erman/Palm, § 134 Rn 43; Palandt/Heinrichs, § 134 Rn 22a; Staudinger/Sack, § 134 Rn 292; ausf. zur Abtretung an private Verrechnungsstellen Gramberg-Danielsen/Kern, NJW 1998, 2708 ff.
347 Vgl. zur früheren Rspr. BGH NJW 1974, 602.
348 BGHZ 116, 268 = NJW 1992, 737.
349 BGHZ 116, 268, 275 = NJW 1992, 737, 740.
350 LG Bonn NJW 1995, 2419.
351 BGH NJW 1993, 2371.
352 BGH NJW 1996, 775; Erman/Palm, § 134 Rn 43.
353 OLG Celle NJW 1995, 786; MüKo/Mayer-Maly/Armbrüster, § 134 Rn 54; Palandt/Heinrichs, § 134 Rn 22a; Wilhelms, NJW 1993, 1537; a.A. LG Bochum NJW 1993, 1535, 1536; Staudinger/Sack, § 134 Rn 292.
354 BGH NJW 2001, 2462.
355 Palandt/Heinrichs, § 134 Rn 22 a.
356 OLG München NJW 1984, 1826; Erman/Palm, § 134 Rn 66; zur Verfassungsmäßigkeit von § 1 Abs. 1 Heilpraktikergesetz BVerfG NJW 1988, 2290.
357 BGH NJW 1968, 2286, 2287; dem folgend Erman/Palm, § 134 Rn 42; krit. MüKo/Mayer-Maly/Armbrüster, § 134 Rn 40; Palandt/Heinrichs, § 134 Rn 16; vermittelnd (Heilung durch Erfüllung) Staudinger/Sack, § 134 Rn 203.
358 OLG Karlsruhe NJW-RR 2002, 1206; Palandt/Heinrichs, § 134 Rn 16.

bezweckt. Mit ähnlicher Begründung hat das LG Düsseldorf aus § 51 AMG (Verbot des Verkaufs von Arzneimitteln im Reisegewerbe) die Nichtigkeit eines entsprechenden Vertrages abgeleitet.[359]

Nach der Rechtsprechung des BGH war die **stille Beteiligung** an einer Apotheke durch nicht approbierte Gesellschafter zulässig, wenn der Apotheker weisungsfrei handeln konnte und nicht in persönlicher oder wirtschaftlicher Abhängigkeit stand.[360] Dies begründete die Gefahr, dass die apothekenrechtliche Approbationspflicht durch stille Beteiligungen umgangen wird. Seit der Novellierung des ApothG von 1980[361] sind Beteiligungen in Form der stillen Gesellschaft und andere **Beteiligungen am Umsatz der Apotheke** als Gegenleistung für überlassene Vermögenswerte außerhalb des Pachtverhältnisses deshalb gemäß § 8 S. 2, 3 ApothG nichtig. 138

4. Bankrecht. Verbotsnormen i.S.d. § 134 finden sich für das Bankrecht im **Kreditwesengesetz** (KWG). Auch wenn es sich hier zumeist um **einseitige Verbote** handelt, kann es zum Schutz des anderen Vertragspartners oder gewichtiger Interessen Dritter doch geboten sein, die Nichtigkeit eines verbotswidrigen Rechtsgeschäfts zu bejahen. Jede einzelne Vorschrift ist daher gesondert im Hinblick auf ihren Zweck und die Auswirkungen eines Verstoßes zu untersuchen. 139

a) Betreiben von Bankgeschäften ohne Erlaubnis. Nach § 54 Abs. 2 KWG ist das Betreiben von Bankgeschäften oder Finanzdienstleistungen ohne die nach § 32 Abs. 1 KWG erforderliche Erlaubnis mit Strafe bedroht. Ein Verstoß gegen die Genehmigungspflicht führt nach ständiger Rechtsprechung nicht zur Nichtigkeit der geschlossenen **Darlehensverträge**, da sich die Vorschrift einseitig an den Betreiber und nicht auch gegen die privatrechtlichen Wirkungen der Kreditverträge richtet.[362] Etwas anderes gilt aber für **Einlagegeschäfte** und **Sparkaufverträge**; hier muss der Vertragspartner wegen der Gefahr des Verlustes der geleisteten Einlage das Recht haben, diese zurückzufordern.[363] 140

b) Verstoß gegen sonstige Bestimmungen. § 3 Nr. 3 KWG enthält das Verbot, Kredit- und Einlagegeschäfte zu betreiben, wenn die Möglichkeit ausgeschlossen oder erheblich erschwert ist, durch Barabhebung zu verfügen. Ein Verstoß gegen diese Vorschrift führt nach h.M. zur **Nichtigkeit einer entsprechenden Beschränkung**.[364] Dies ist sachgerecht, da der Vertragspartner schutzwürdig ist. 141

Die **Nichtigkeit** von Großkrediten bzw. Krediten über 250.000 EUR kann **nicht** aus einem Verstoß gegen die in §§ 13, 13a KWG bzw. § 18 KWG normierten Anforderungen hergeleitet werden.[365] Für §§ 13, 13a KWG ergibt sich dies bereits aus dem Gesetzestext („unbeschadet der Wirksamkeit der Rechtsgeschäfte"). Im Übrigen dienen die Vorschriften als einseitige Verbote der Risikobegrenzung für Kreditinstitute;[366] dem Vertragspartner soll hierdurch kein Nachteil entstehen. Nach der Rechtsprechung sind auch Kreditverträge, die entgegen einem Kreditgewährungsverbot des Bundesaufsichtsamtes nach § 46 Abs. 1 S. 2 Nr. 2 KWG geschlossen wurden, **nicht** nach § 134 nichtig.[367] Dies folgt insbesondere daraus, dass der Schutz der Bankgläubiger den Nachteil für den Kreditvertragspartner nicht rechtfertigt.[368] 142

5. Baurecht. a) Verstoß gegen Genehmigungspflichten. Das Fehlen einer **Baugenehmigung** hat nicht ohne weiteres zur Folge, dass Verträge in Bezug auf das Bauobjekt unwirksam sind (zu Mietverträgen Rn 192).[369] Jedoch ist der Anspruch auf Bauleistungen noch nicht fällig, so dass ein Bauunternehmer nicht 143

---

359 LG Düsseldorf NJW 1980, 647; vgl. auch Erman/Palm, § 134 Rn 42.
360 Vgl. zur alten Rechtslage BGHZ 75, 214 = NJW 1980, 638; hierzu auch noch Erman/Palm, § 134 Rn 24; MüKo/Mayer-Maly/Armbrüster, § 134 Rn 89; Staudinger/Sack, § 134 Rn 198; Soergel/Hefermehl, § 134 Rn 72.
361 Vgl. Art. 2 Abs. 3 des Gesetzes zur Änderung des Gesetzes über das Apothekenwesen vom 4.8.1980 (BGBl I S. 1142).
362 BGH WM 1966, 1101, 1102; 1978, 1268, 1269; 1980, 374, 377; BGHZ 76, 119, 126 f.; Palandt/Heinrichs, § 134 Rn 20; Soergel/Hefermehl, § 134 Rn 80; Staudinger/Sack, § 134 Rn 258.
363 Canaris, Gesetzliches Verbot, S. 42 f.; MüKo/Mayer-Maly/Armbrüster, § 134 Rn 69; Staudinger/Sack, § 134 Rn 258; zum Sparkaufvertrag OLG Stuttgart NJW 1980, 1798, 1800; Soergel/Hefermehl, § 134 Rn 80.
364 OLG Stuttgart NJW 1980, 1798, 1800; MüKo/Mayer-Maly/Armbrüster, § 134 Rn 69; Palandt/Heinrichs, § 134 Rn 20; Staudinger/Sack, § 134 Rn 257; offen gelassen von BGHZ 129, 90, 92 = NJW 1995, 1494.
365 Palandt/Heinrichs, § 134 Rn 20; zu § 13 KWG BGH WM 1978, 785, 787; OLG München WM 1984, 469, 470; Staudinger/Sack, § 134 Rn 257; zu § 18 KWG OLG München WM 1984, 469, 470; LG Essen WM 1997, 814, 816.
366 Vgl. OLG München WM 1984, 469, 470.
367 BGH NJW 1990, 1356 f.; vgl. auch Palandt/Heinrichs, § 134 Rn 20; Soergel/Hefermehl, § 134 Rn 80; Staudinger/Sack, § 134 Rn 259. In Betracht kommt aber die Anwendung des § 138, wenn der Vertragspartner die Zuwiderhandlung der Bank kannte und die Voraussetzungen der Anfechtbarkeit nach der InsO vorliegen, vgl. BGH NJW 1990, 1356, 1357 zur KO.
368 Vgl. BGH NJW 1990, 1356, 1357.
369 MüKo/Mayer-Maly/Armbrüster, § 134 Rn 86.

wegen Verzugs schadensersatzpflichtig ist.[370] Nichtig sind allerdings solche Verträge, die die Vertragsparteien bewusst zur **Umgehung des Genehmigungserfordernisses** eingehen.[371]

144 Verträge mit Bauträgern und Baubetreuern, die keine gemäß **§ 34c Nr. 2 GewO** erforderliche Erlaubnis für die Ausübung ihrer Tätigkeit haben, sind ebenfalls wirksam, soweit sie nicht die Umgehung der Vorschrift bezwecken.[372]

145 **b) Verstoß gegen bauplanungsrechtliche Vorschriften.** Verträge, die entgegen § 1 Abs. 3 S. 2 BauGB (vormals § 2 Abs. 3 BauGB) die **Verpflichtung zum Erlass eines Bebauungsplans** beinhalten, sind gemäß § 134 unwirksam.[373] Soweit sich nicht aus § 139 etwas anderes ergibt, bezieht sich die Unwirksamkeit auf den gesamten Vertrag.

146 Verträge, durch die das gesetzliche **Vorkaufsrecht einer Gemeinde** (§§ 24 ff. BauGB) vereitelt werden soll, sind als Umgehungsgeschäfte (dazu Rn 80) unwirksam.[374]

147 § 129 Abs. 1 S. 3 BauGB regelt die gesetzliche Verpflichtung der Gemeinde, mindestens 10% des beitragsfähigen **Erschließungsaufwands** zu tragen. Nach dem Schutzzweck der Vorschrift sind Verträge, die die Kosten für die Erschließung entgegen dieser Vorschrift zulasten des Grundstückerwerbers regeln, **nicht insgesamt unwirksam**.[375] Vielmehr beschränkt sich die Nichtigkeitsanordnung auf den Ausschluss der Selbstbeteiligung der Gemeinde.

148 **c) Verstoß gegen bauordnungsrechtliche Vorschriften.** Der Verstoß gegen bauordnungsrechtliche Vorschriften führt allein regelmäßig nicht zur Unwirksamkeit des Vertrages.[376] So ist ein **Mietvertrag**, der nicht im Einklang mit den Vorschriften über die **Mindesthöhe von Wohnräumen** steht, wirksam.[377]

149 **d) Weitere Einzelfälle. Vollstreckungsunterwerfungsklauseln** in notariellen Bauträgerverträgen, die auf den Nachweis der Kaufpreisfälligkeit verzichten, verstoßen gegen §§ 3, 12 Makler- und Bauträgerverordnung (MaBV).[378] Durch solche Vereinbarungen könnte der Bauträger nämlich entgegen § 3 Abs. 2 MaBV ohne Rücksicht auf den Bauverlauf Vermögenswerte des Käufers einfordern. Entsprechende Klauseln müssen daher zum Schutz des Käufers nach § 134 unwirksam sein.[379] Die Wirksamkeit des Vertrages bleibt im Übrigen unberührt. Das Gleiche gilt für andere von §§ 3, 12 MaBV abweichende Vereinbarungen zulasten des Käufers.[380]

150 Die Frage, inwiefern sich ein Verstoß gegen die Preisgrenzen der **Baupreisverordnung** auswirkt,[381] ist seit Aufhebung der Verordnung zum 1.7.1999[382] nur noch für Altfälle relevant (zu Verstößen gegen Preisvorschriften siehe im Übrigen Rn 68).

151 Zivilrechtliche Verträge mit baurechtlichem Bezug können wegen Verstoßes gegen **Kopplungsverbote** unzulässig sein (vgl. Einzelheiten bei § 138 Rn 317). So bestimmt **Art. 10 § 3 MRVerbG** die Nichtigkeit eines Architekten- oder Ingenieursvertrags bei Kopplung von Grundstücksverkauf und Architekten- bzw. Ingenieursvergütung.[383]

6. Ehe und Familie

Literatur: *Lüderitz*, Familienrecht, 27. Auflage 1999; *Weyrauch*, Zulässigkeitsfragen und abstammungsrechtliche Folgeprobleme bei künstlicher Fortpflanzung im deutschen und US-amerikanischen Recht, 2003.

152 Im Familienrecht stellen die §§ 13c, 13d AdVermG Verbotsgesetze i.S.d. § 134 dar.[384] Nichtig sind damit insbesondere Verträge, die auf die **Vermittlung und den Nachweis einer Ersatzmutter** i.S.d. §§ 13a, 13b

---

370 BGH NJW 1974, 1080.
371 Staudinger/*Sack*, § 134 Rn 175, 210.
372 Vgl. nur MüKo/*Mayer-Maly/Armbrüster*, § 138 Rn 89; Staudinger/*Sack*, § 134 Rn 232.
373 BGHZ 76, 16, 22; BVerwG NJW 1980, 2538, 2539; MüKo/*Mayer-Maly/Armbrüster*, § 138 Rn 86.
374 BGH 34, 200, 205 (zu § 14 Aufbaugesetz Rheinland-Pfalz v. 1.8.1949); Palandt/*Heinrichs*, § 134 Rn 29; Staudinger/*Sack*, § 134 Rn 208.
375 BGHZ 65, 368, 370 f.; a.A. MüKo/*Mayer-Maly/Armbrüster*, § 134 Rn 86.
376 Bamberger/Roth/*Wendtland*, § 134 Rn 26; Palandt/*Heinrichs*, § 134 Rn 16.
377 BGHZ 75, 366, 368; MüKo/*Mayer-Maly/Armbrüster*, § 134 Rn 86.
378 BGHZ 139, 387, 390 ff.; so auch OLG Köln NJW-RR 1999, 22, 23 f., 74; zust. *Blomeyer*, NJW 1999, 472, 474; MüKo/*Mayer-Maly/Armbrüster*, § 134 Rn 87; Staudinger/*Sack*, § 134 Rn 232; krit. dazu *Pause*, NJW 2000, 769, 770.
379 BGHZ 139, 387, 392.
380 BGHZ 146, 250, 257 ff. = NJW 2001, 818 (von § 3 Abs. 2 MaBV abweichende Abschlagszahlungsvereinbarung); OLG München NJW-RR 2001, 13 (Zahlung ohne Eintragung einer Vormerkung entgegen § 3 Abs. 1 Nr. 2 MaBV).
381 Dazu BGHZ 51, 174, 181 ff.; Staudinger/*Sack*, § 134 Rn 271.
382 BGBl I S. 1419.
383 Vgl. auch BGH NJW 2000, 2354, 2355; NJW-RR 1998, 952; NJW 1982, 2189 f.; MüKo/*Mayer-Maly/Armbrüster*, § 134 Rn 87.
384 Erman/*Palm*, § 134 Rn 23; *Lüderitz*, Familienrecht, Rn 693.

AdVermG gerichtet sind. Desgleichen löst ein Verstoß gegen die Tatbestände des **ESchG** die Nichtigkeitsfolge des § 134 aus.[385] Hiernach ist z.B. ein Vertrag nichtig, der entgegen § 6 EschG das **Klonen eines Menschen** zum Gegenstand hat.[386] Das Gleiche gilt für einen Vertrag über die künstliche Befruchtung einer Frau (**Ersatzmutterschaft**) oder die Übertragung eines menschlichen Embryos auf eine Frau (**Leihmutterschaft**),[387] die bereit ist, das Kind nach der Geburt Dritten auf Dauer zu überlassen (§ 1 Nr. 7 EschG).[388]

Ob für Verträge, mit denen sich eine Frau **gegenüber einem Dritten** zum **Austragen und zur späteren Übergabe des Kindes** verpflichtet, ein gesetzliches Verbot besteht, ist streitig. AdVermG und ESchG enthalten insoweit kein ausdrückliches Verbot.[389] Sinn und Zweck des § 1 Nr. 7 ESchG sprechen jedoch dafür, das gesetzliche Verbot auf entsprechende Abreden mit Dritten zu erstrecken.[390] Folgt man dieser Auffassung nicht, so sind solche Abreden jedenfalls sittenwidrig und daher nach § 138 Abs. 1 unwirksam (vgl. § 138 Rn 175).

7. Erbrecht

Literatur: *Brox*, Erbrecht, 21. Auflage 2004; *Olzen*, Erbrecht, 2001.

§ 134 ist auch im Erbrecht anwendbar.[391] Praktische Bedeutung hat insoweit vor allem die Regelung des § **14 Abs. 1 und Abs. 5 HeimG**. Hiernach ist es dem Heimträger und seinen Mitarbeitern verboten, sich von den Heimbewohnern Geld oder geldwerte Leistungen über das vereinbarte Entgelt hinaus versprechen oder gewähren zu lassen. Das Verbot richtet sich zwar nur gegen den Träger des Heims und dessen Mitarbeiter. Der Schutzzweck des § 14 HeimG gebietet es aber, verbotswidrige Rechtsgeschäfte nach § 134 für unwirksam zu erachten.[392] Nichtig sind hiernach insbesondere **Erbverträge**, in denen ein Heimbewohner den Heimträger oder einen Mitarbeiter des Heims als Erben oder Vermächtnisnehmer einsetzt.[393] Die h.M. wendet § 14 Abs. 1, 5 HeimG auch auf **testamentarische Einsetzungen** an.[394] Um eine übermäßige Beschränkung der Testierfreiheit zu vermeiden, tritt die Unwirksamkeit in diesem Fall jedoch nur ein, wenn der Begünstigte zu Lebzeiten des Erblassers gewusst hat, dass er von diesem als Erbe oder Vermächtnisnehmer eingesetzt worden ist.[395] Der Heimträger muss sich dabei nach allgemeinen Regeln das Wissen des Heimpersonals zurechnen lassen.[396]

Hat der Heimbewohner einen **nahen Angehörigen** (Ehefrau, Kind) des Heimleiters oder eines anderen Verbotsadressaten als Erben oder Vermächtnisnehmer eingesetzt, so ist § 14 Abs. 1, 5 HeimG analog anwendbar.[397] Die Einsetzung ist auch in diesem Fall nach § 134 nichtig. Der Schutzzweck des § 14 HeimG passt dagegen nicht auf letztwillige Verfügungen zugunsten der Angehörigen eines **Pflegedienstes**, die den Erblasser in dessen eigenem Haus gepflegt haben.[398] Eine analoge Anwendung des § 14 HeimG muss hier daher ausscheiden. Im Verhältnis zwischen **Betreuer und Betreutem** ist § 14 HeimG ebenfalls nicht anwendbar.[399]

8. Gesellschafts- und Vereinsrecht

Literatur: *Canaris*, Die Rückgewähr von Gesellschaftereinlagen durch Zuwendung an Dritte, in: FS Fischer, 1979, S. 31; *Flume*, Der Gesellschafter und das Vermögen der Kapitalgesellschaft und die Problematik der verdeckten Gewinnausschüttung, ZHR 144 (1980), 18; *Kraft*, Gesellschaftsrechtliche Probleme der Vorratsgründung einer Aktiengesellschaft und einer Gesellschaft mit beschränkter Haftung, DStR 1993, 101; *K. Schmidt*, Gesellschaftsrecht, 4. Auflage 2002.

a) Nichtigkeit des Gesellschaftsvertrages. aa) Grundlagen. Der Gesellschaftsvertrag als solcher ist nach der ständigen Rechtsprechung des BGH als **von Anfang an nichtig** anzusehen, wenn der **Gesellschafts-**

---

385 Staudinger/*Sack*, § 138 Rn 451; *Deutsch*, NJW 1991, 721, 723.
386 Erman/*Palm*, § 134 Rn 53; Staudinger/*Sack*, § 134 Rn 226.
387 Zur Unterscheidung von Leih- und Ersatzmutterschaft vgl. *Lüderitz*, Familienrecht, Rn 692.
388 Zur Unzulässigkeit der Ersatz- und Leihmutterschaft vgl. ausführlich *Weyrauch*, S. 129 ff.
389 Hierauf abstellend *Coester-Waltjen*, FamRZ 1992, 369, 371.
390 So auch Palandt/*Diedrichsen*, Einf. vor § 1591 Rn 20; Staudinger/*Sack*, § 134 Rn 226; *Ebeling*/ *Zimmermann*, DEuFamR 1999, 24, 26; *Looschelders*, IPRax 1999, 420, 422; a.A. *Coester-Waltjen*, FamRZ 1992, 369, 371, die im Einzelfall § 138 Abs. 1 prüfen will.
391 Vgl. *Brox*, Erbrecht, Rn 261; *Olzen*, Erbrecht, Rn 248.
392 BGHZ 110, 235, 240 = NJW 1990, 1603; Palandt/ *Heinrichs*, § 134 Rn 19. Zur Verfassungsmäßigkeit des damit verbundenen Testierverbots vgl. BVerfG NJW 1998, 2964.
393 *Brox*, Erbrecht, Rn 261; *Olzen*, Erbrecht, Rn 249.
394 Vgl. BGH ZEV 1996, 145; BayObLG NJW 1992, 55, 56 f.; Palandt/*Heinrichs*, § 134 Rn 19; *Olzen*, Erbrecht, Rn 250 f.; a.A. *Brox*, Erbrecht, Rn 261.
395 BayObLG NJW 1992, 55, 56 f.; NJW-RR 1999, 1454, 1455; OLG Karlsruhe ZEV 1996, 146; *Rossak* ZEV 1996, 146.
396 Vgl. OLG Karlsruhe ZEV 1996, 146; Palandt/ *Heinrichs*, § 134 Rn 19.
397 BGH NJW 2000, 1875, 1876; OLG Düsseldorf FamRZ 1998, 192, 193; OLG Frankfurt NJW 2001, 1504.
398 OLG Düsseldorf FG-Prax 2001, 122.
399 BayObLG NJW 1998, 2369, 2370.

zweck ein Verbotsgesetz verletzt[400] oder gegen die guten Sitten verstößt (vgl. § 138 Rn 201). Maßgeblich ist die Erwägung, dass eine rechtliche Anerkennung des tatsächlich vorhandenen Zustandes in diesen Fällen mit **gewichtigen Interessen der Allgemeinheit oder einzelner schutzwürdiger Personen** in Widerspruch treten würde. Eine einzelne verbotswidrige Klausel führt hingegen nicht zur Nichtigkeit des Gesellschaftsvertrages, sofern der Gesellschaftszweck nicht missbilligt wird.[401]

157 Verstößt der Gesellschaftszweck gegen eine Verbotsnorm, so tritt die Nichtigkeit nach der Rechtsprechung mit *ex-tunc*-Wirkung ein. Die Rückabwicklung findet demgemäß nicht nach den Grundsätzen über die fehlerhafte Gesellschaft, sondern nach **Bereicherungsrecht** statt.[402] Eine Ausnahme soll allenfalls bei Vorliegen besonderer Umstände in Betracht kommen.[403]

158 **bb) Vorratsgründung.** Sehr umstritten ist die Frage, ob die sog. **Vorratsgründung einer Aktiengesellschaft** zulässig ist.[404] Die h.M. unterscheidet zwischen der offenen und der verdeckten Vorratsgründung. Eine **offene Vorratsgründung** liegt vor, wenn die Gesellschaft als „Mantel für die spätere Aufnahme eines Geschäftsbetriebes"[405] dienen soll und dieser Unternehmensgegenstand offenkundig gemacht wird. Hier wird ein Verstoß gegen § 23 Abs. 3 Nr. 2 AktG verneint.[406] Anders beurteilt der BGH die **verdeckte Vorratsgründung**,[407] bei der der in der Satzung genannte Unternehmensgegenstand nicht verwirklicht werden soll.[408] Da es in diesem Fall an der ernsthaften Absicht zur Verwirklichung des Unternehmensgegenstands fehlt, ist die entsprechende Satzungsbestimmung nach § 117 oder § 134 nichtig.[409]

159 Ob die **Vorratsgründung einer GmbH** gegen § 3 Abs. 1 Nr. 2 GmbHG verstößt, ist ebenfalls streitig.[410] Konsequenterweise muss auch hier zwischen der offenen und der verdeckten Vorratsgründung differenziert werden. Nur die verdeckte Vorratsgründung ist nach § 134 nichtig.

160 **cc) Berufsrecht, Gewerbe und Handwerk.** Nach Ansicht des BGH ist ein Gesellschaftsvertrag nichtig, dessen Zweck darin liegt, dass ein nicht öffentlich bestellter Vermessungstechniker mit einem öffentlich bestellten Vermessungstechniker gemeinsam und gleichberechtigt den Beruf ausübt.[411] Hierin sei ein Verstoß gegen die Berufsordnung für die öffentlich bestellten Vermessungsingenieure in Nordrhein-Westfalen zu sehen, die im Interesse einer **geordneten Vermessungspflege** die Unabhängigkeit und Unparteilichkeit der öffentlich bestellten Vermessungsingenieure schützen solle.[412] Zur Unzulässigkeit von **stillen Beteiligungen an Apotheken** siehe Rn 138).

161 Nach § 3 GüKG ist es nicht erlaubt, den **gewerblichen Güterkraftverkehr** ohne die erforderliche Genehmigung zu betreiben (vgl. Rn 44). Die Vorschrift soll eine besondere **Kompetenz und Zuverlässigkeit** bei der Geschäftsführung sicherstellen. Dieser Schutzzweck würde verfehlt, wenn durch einen Gesellschaftsvertrag einem Mitgesellschafter, der keine Güterfernverkehrsgenehmigung besitzt, die Möglichkeit eröffnet wird, die dem anderen Mitgesellschafter erteilte Genehmigung wie ein Inhaber oder Pächter zu nutzen. Aus diesem Grund erkennt der BGH einen derartigen Gesellschaftsvertrag nicht als wirksam an.[413]

162 Ein Verstoß gegen **§ 1 Abs. 1 HandwO** liegt vor, wenn ein zulassungspflichtiges Handwerk als stehendes Gewerbe selbständig betrieben wird, ohne dass der Gewerbetreibende **in der Handwerksrolle eingetragen** ist (vgl. Rn 174). Nach h.M. ist ein Gesellschaftsvertrag nach § 134 nichtig, wenn er im Wesentlichen darauf abzielt, dass ein Gesellschafter „nach außen hin" seinen Meistertitel zur Verfügung stellt, obwohl Arbeit und Betriebsführung bei einem nicht in die Handwerksrolle eingetragenen Gesellschafter liegen.[414]

163 **dd) Rechtsberatungsgesetz.** Besteht der Zweck einer Gesellschaft darin, dass ein nicht zugelassener Rechtsberater mit Rechtsuchenden Geschäftsbesorgungsverträge abschließt, so ist der Gesellschaftsvertrag nach § 134 i.V.m. Art 1 § 1 Rechtsberatungsgesetz **von Anfang an** nichtig (vgl. Rn 206). Die Grundsätze

---

400 BGHZ 3, 285, 288; 55, 5, 9; 62, 234, 241; 75, 214, 217 f.; 97, 243, 250; BGH WM 2003, 247, 249; OLG Hamm NRW-RR 2000, 1566.
401 RGRK/*Krüger-Nieland/Zöller*, § 138 Rn 79.
402 Vgl. Staudinger/*Sack*, § 138 Rn 131.
403 BGHZ 62, 234, 241.
404 Vgl. nur die Nachw. bei *Kraft*, DStR 1993, 101 f.
405 BGHZ 117, 323 = NJW 1992, 1824, 1827.
406 Vgl. MüKo-AktG/*Pentz*, 2. Aufl. 2000, § 23 Rn 94 ff.
407 BGHZ 117, 323 = NJW 1992, 1824, 1827.
408 *Kraft*, DStR 1993, 101.
409 Die genaue Rechtsgrundlage ist umstritten; vgl. dazu Hüffer, AktG, 5. Aufl. 2002, § 23 Rn 26; *K. Schmidt*, GesR, 4. Aufl. 2002, § 4 III 2b aa. BGHZ 117, 323 hat die Frage offen gelassen.
410 Vgl. auch hierzu *Kraft*, DStR 1993, 101, 103 f.
411 BGHZ 97, 243, 250; vgl. Soergel/*Hefermehl*, § 134 Rn 78.
412 BGHZ 97, 243, 250.
413 BGH WM 1967, 229, 231; vgl. Staudinger/*Sack*, § 134 Rn 247.
414 OLG Koblenz NJW-RR, 1994, 493; OLG Hamm NJW-RR 2000, 1565; vgl. aber auch BAG NJW 1994, 2973, 2974, wonach die Übernahme der Konzessionsträgerschaft nach der HandwO einen „gesellschaftsrechtlich erlaubten Zweck" bildet.

über die fehlerhafte Gesellschaft sind hier nicht anwendbar, weil der Vertrag das Interesse der Allgemeinheit an einer **zuverlässigen Rechtspflege** verletzt.[415]

ee) Weitere Verbotsnormen. Das öffentliche Recht enthält zahlreiche weitere Verbotsnormen zum Schutz der Allgemeinheit, die zur Nichtigkeit eines Gesellschaftsvertrages führen können. Zu denken ist z.B. an den Fall, dass der Gesellschaftszweck in dem Betreiben von Geschäften liegt, die gegen die Verschreibungs- und Apothekenpflicht von Arzneimitteln nach **§§ 43 ff. AMG** verstoßen. Die betreffenden Vorschriften dienen dem Erhalt der Volksgesundheit durch Vorbeugung von Gefahren, die aus dem übermäßigen und unkontrollierten Konsum von Medikamenten folgen. Dieser Zweck ist so wichtig, dass solche Gesellschaften auch nicht für die Vergangenheit aufrechterhalten werden können. Von Anfang an nichtig sind auch Gesellschaften, deren Zweck gegen das **EmbryonenschutzG** oder das **TransplantationsG** verstößt. 164

Wird der Beitritt eines Gesellschafters zu einer KG rückdatiert, um diesen in den Genuss eines ungerechtfertigten Steuervorteils zu bringen, so ist der Beitrittsvertrag jedenfalls dann *ex tunc* nichtig, wenn die **Steuerhinterziehung** der **Hauptzweck** des Beitritts ist (vgl. Rn 228).[416] 165

b) Nichtigkeit einzelner Abreden. aa) Vereinbarungen über das Stimmrecht. Abreden, die unter Verstoß gegen die in §§ 34 BGB, 136 Abs. 1 AktG, 47 Abs. 4 GmbHG, 43 Abs. 6 GenG normierten **Stimmverbote** bei Entscheidungen in eigener Sache Stimmrechte gewähren, sind nach § 134 nichtig.[417] Die Rechtsprechung hat diesen Vorschriften einen **allgemeinen Rechtsgrundsatz** entnommen, wonach die Stimmabgabe in eigener Sache im Gesellschaftsrecht generell – also z.B. auch bei Personengesellschaften – unzulässig ist.[418] Der BGH wendet bei einem Verstoß gegen diesen Grundsatz jedoch § 138 Abs. 1 an.[419] Nach der hier vertretenen Auffassung ist dem schon deshalb zuzustimmen, weil allgemeine Rechtsgrundsätze nicht als Verbotsgesetze i.S.d. § 134 anzusehen sind (vgl. Rn 20).[420] 166

§ 134 führt auch zur Nichtigkeit von Vereinbarungen, in denen ein Gesellschafter sein **Stimmrecht** in der Weise auf einen Dritten **überträgt**, dass er selbst auf die Ausübung desselben vollständig verzichtet.[421] Wäre eine solche **„verdrängende Bevollmächtigung"** zulässig, so könnte das Stimmrecht des Gesellschafters von dem Gesellschaftsanteil abgespalten und damit gesondert übertragen werden.[422] Demgegenüber sind **schuldrechtliche Stimmbindungsverträge** nach h.M. grundsätzlich wirksam.[423] 167

Im **Vereinsrecht** kann das **Stimmrecht einzelner Mitglieder** durch die Satzung **beschränkt** oder **ausgeschlossen** werden.[424] Eine Ausnahme gilt aber, wenn die Beschränkung bzw. der Ausschluss des Stimmrechts durch keine sachlichen Gründe gerechtfertigt wird und damit gegen den vereinsrechtlichen Grundsatz der Gleichbehandlung aller Mitglieder und das Willkürverbot verstößt. Nach der hier vertretenen Auffassung folgt die Unwirksamkeit der Satzung aber auch in diesem Fall nicht aus § 134,[425] sondern aus § 138 Abs. 1. 168

bb) Kapitalaufbringung und Kapitalerhaltung. Im GmbH-Recht sind Vereinbarungen zwischen der Gesellschaft und einem Gesellschafter über die Erbringung **verdeckter Sacheinlagen** nach § 134 i.V.m. den Vorschriften über die **Sachgründung** (§§ 5 Abs. 4, 19 Abs. 5, 55 Abs. 4 GmbHG) unwirksam.[426] Die Nichtigkeit erstreckt sich auch auf den schuldrechtlichen Teil des zur Verschleierung der Sacheinlage vereinbarten Rechtsgeschäfts (z.B. Kaufvertrag).[427] Das dingliche Erfüllungsgeschäft ist dagegen nicht unwirksam, weil die Verneinung des Rechtserwerbs mit dem Schutzzweck der Vorschriften über die Sachgründung nicht vereinbar wäre.[428] Die Rückabwicklung des „Verschleierungsgeschäfts" muss also über das Bereicherungsrecht erfolgen. 169

---

415 BGHZ 62, 234, 240, 242; BGH WM 2003, 247, 249; vgl. Staudinger/*Sack*, § 134 Rn 130.
416 Vgl. OLG Koblenz WM 1979, 1435, 1436; Soergel/*Hefermehl*, § 134 Rn 65; Staudinger/*Sack*, § 134 Rn 130, 287.
417 RGRK/*Krüger-Nieland/Zöller*, § 134 Rn 82; Staudinger/*Sack*, § 134 Rn 21.
418 RGZ 136, 236, 245; BGHZ 108, 21, 27; ausf. *K. Schmidt*, GesR, 4. Aufl. 2002, § 21 II 2.
419 BGHZ 108, 21, 27 anders noch BGHZ 51, 255, 262. Für Anwendung des § 134 auch Palandt/*Heinrichs*, § 134 Rn 3.
420 So auch Staudinger/*Sack*, § 134 Rn 22.
421 BGHZ 3, 354, 359; RGRK/*Krüger-Nieland/Zöller*, § 134 Rn 83.
422 BGHZ 3, 354, 357; ausf. zum Abspaltungsverbot *K. Schmidt*, GesR, 4. Aufl. 2002, § 19 III 4.
423 Vgl. BGHZ 48, 163; RGRK/*Krüger-Nieland/Zöller*, § 134 Rn 84; *K. Schmidt*, GesR, 4. Aufl. 2002, § 21 II 4.
424 MüKo/*Reuter*, § 32 Rn 28 ff.
425 So aber KG NJW 1962, 1917; RGRK/*Krüger-Nieland/Zöller*, § 134 Rn 82; Palandt/*Heinrichs*, § 134 Rn 23.
426 Lutter/*Hommelhoff*, GmbHG, 15. Aufl. 2000, § 5 Rn 47; Staudinger/*Sack*, § 134 Rn 255.
427 Vgl. BGH NJW 1998, 1951, 1952; Hachenburg/*Ulmer*, GmbHG, 8. Aufl. 1992, § 19 Rn 113; Lutter/*Hommelhoff*, § 5 Rn 48; a.A. Scholz/*Winter*, GmbHG, 9. Aufl. 2000, § 19 Rn 80d; *K. Schmidt*, GesR, 4. Aufl. 2002, § 37 II 4b.
428 Vgl. OLG Köln BB 1995, 426, 427; Hachenburg/*Ulmer*, § 19 Rn 114; Lutter/*Hommelhoff*, § 5 Rn 48. Der BGH (NJW 1998, 1951, 1952) hat die Frage offen gelassen.

170 Hat eine **Genossenschaft** einem Genossen entgegen § 22 Abs. 4 S. 2 GenG einen Kredit nur zum Zweck der Leistung von Einzahlungen auf den Geschäftsanteil gewährt, so ist der Darlehensvertrag nach § 134 unwirksam. Nach dem Schutzzweck des § 22 Abs. 4 S. 2 GenG erfasst die Nichtigkeit in diesem Fall auch das Erfüllungsgeschäft.[429]

171 Nach der Rechtsprechung des BGH sind Vereinbarungen zwischen Gesellschafter und GmbH, die gegen das Verbot der **Rückgewähr des zur Erhaltung des Stammkapitals erforderlichen Gesellschaftsvermögens** verstoßen (§ 30 GmbHG), nicht nach § 134 nichtig. Dies gilt auch bei einem bewussten Verstoß gegen § 30 GmbHG.[430] Denn § 31 GmbHG trifft für den Fall der verbotenen Rückzahlung eine Sonderregelung, die § 134 verdrängt.[431] Bei Hinzutreten weiterer Umstände kommt allerdings ein Rückgriff auf § 138 Abs. 1 in Betracht.[432]

172 Die gleichen Regeln gelten bei einem Verstoß gegen das **Verbot der Rückgewähr von Einlagen im Aktienrecht** (§§ 57, 62 AktG). § 134 ist also auch hier nicht anwendbar.[433]

173 **9. Gewerbe und Handwerk.** Gewerbe- und Handwerksrecht enthalten häufig Vorschriften, die als **Verbotsgesetze** i.S.d. des § 134 einzuordnen sind. Bei einem Verstoß ist durch **Auslegung** zu ermitteln, ob der Zweck der einzelnen Vorschriften die Nichtigkeit des Vertrages gebietet (siehe Rn 57). In Betracht kommen vor allen Dingen Verstöße gegen die Gewerbeordnung (**GewO**), das Gaststättengesetz (**GastG**), die Handwerksordnung (**HandwO**), das Ladenschlussgesetz (**LSchlG**) sowie das Güterkraftverkehrsgesetz (**GüKG**) und das Personenbeförderungsgesetz (**PBefG**); zu gewerbsmäßigen **Maklerverträgen** nach § 34c GewO siehe Rn 189. In sachlicher Hinsicht kann zwischen gewerbe- und handwerksrechtlichen **Genehmigungserfordernissen** und **sonstigen ordnungspolitischen Vorschriften** unterschieden werden.

174 **a) Genehmigungserfordernisse.** Gewerbetreibende bedürfen zur Ausübung ihres Gewerbes häufig einer behördlichen **Genehmigung** (vgl. §§ 30 ff., 55 Abs. 2 GewO, §§ 2, 3 GastG, § 3 GüKG, § 2 PBefG); für Handwerker gilt das Erfordernis der **Eintragung in die Handwerksrolle** (§§ 1, 7 HandwO). Schließt der Gewerbetreibende oder Handwerker im Rahmen seiner nicht genehmigten Tätigkeit (Kauf- oder Werk-)Verträge mit Kunden oder Warenlieferanten, so sind diese **nicht** nach § 134 **nichtig**.[434] Denn das Genehmigungserfordernis dient dazu, die Geeignetheit des Gewerbetreibenden oder Handwerkers zur Führung seines Betriebs zu gewährleisten;[435] es wendet sich also **nicht gegen den Inhalt** der abgeschlossenen Verträge. Hinzu kommt, dass das **Verbot einseitig** ist, nämlich nur an den Gewerbetreibenden oder Handwerker gerichtet ist.

175 Bezweckt ein Vertrag die **Umgehung** eines gewerbe- oder handwerksrechtlichen Genehmigungserfordernisses, so ist er nach § 134 **nichtig**.[436] Dies gilt insbesondere für **Vereinbarungen**, wonach der Inhaber einer Konzession **nach außen hin als Inhaber des Betriebs auftreten** soll, weil der wirkliche Inhaber nicht über die erforderliche Konzession verfügt.[437] Denn eine solche Vereinbarung verstößt gegen den Zweck des Gesetzes, die Ausübung des Gewerbes ohne die erforderliche Konzession zu verhindern.

176 Täuschen die Parteien in diesem Zusammenhang ein **Arbeits- oder Pachtverhältnis** vor, so kann dieses im Einzelfall bereits nach **§ 117 Abs. 1** unwirksam sein.[438] Ein Scheingeschäft liegt insbesondere vor, wenn der Inhaber einer Konzession die Geschäftsräume von einem konzessionslosen Dritten pachtet bzw. einen konzessionslosen Dritten als Arbeitnehmer einstellt, obwohl die Parteien sich darüber einig sind, dass die damit verbundenen Rechtsfolgen nicht eintreten sollen. Hier dient die Vereinbarung also lediglich dazu, den Anschein zu erwecken, als führe der Genehmigungsinhaber die Geschäfte, während tatsächlich

---

[429] BGH NJW 1983, 1420; Soergel/*Hefermehl*, § 134 Rn 79; Staudinger/*Sack*, § 134 Rn 230.
[430] BGHZ 136, 125, 129 ff. = NJW 1997, 2599; BGHZ 138, 291, 298 = NJW 1998, 2592; Staudinger/*Sack*, § 134 Rn 245; a.A. Soergel/*Hefermehl*, § 134 Rn 79; *Canaris*, Gesetzliches Verbot, S. 21 f., *ders.*, in: FS Fischer 1979, S. 33 f.; *Geßler*, in: FS Fischer 1979, S. 131, 144.
[431] BGHZ 136, 125, 129; anders noch BGHZ 69, 274, 280.
[432] BGHZ 138, 291, 298; Staudinger/*Sack*, § 134 Rn 245.
[433] Staudinger/*Sack*, § 134 Rn 245; a.A. Soergel/*Hefermehl*, § 134 Rn 79.
[434] Zum Werkvertrag mit nicht eingetragenem Handwerker BGHZ 88, 240, 242 ff.; BGH NJW 1985, 2403, 2404; NJW-RR 2002, 557; vgl. zum Ganzen MüKo/*Mayer-Maly/Armbrüster*, § 134 Rn 89; Palandt/*Heinrichs*, § 134 Rn 29; Staudinger/*Sack*, § 134 Rn 229, 251.
[435] BGHZ 88, 240, 244; RGRK/*Krüger-Nieland/Zöller*, § 134 Rn 75.
[436] OLG Hamm NJW 1986, 2440, 2441 (GastG); OLG Hamm BB 1988, 236 (GüKG); OLG Koblenz NJW-RR 1994, 493 (HandwO); Soergel/*Hefermehl*, § 134 Rn 69; Staudinger/*Sack*, § 134 Rn 158, 229; vgl. aber auch BAG NJW 1994, 2973, 2974.
[437] OLG Düsseldorf NJW-RR 1987, 687; OLG Hamm NJW 1986, 2440, 2441; Bamberger/Roth/*Wendtland*, § 134 Rn 19; Palandt/*Heinrichs*, § 134 Rn 29.
[438] Die h.M. stellt auf § 134 ab; vgl. etwa MüKo/*Mayer-Maly/Armbrüster*, § 134 Rn 19; Staudinger/*Sack*, § 134 Rn 229.

der konzessionslose Dritte gewerblich tätig wird. Das damit verbundene verdeckte Umgehungsgeschäft ist gemäß § 117 Abs. 2 i.V.m. § 134 unwirksam.

Ein Vertrag über die Durchführung einer **Versteigerung** ohne die nach § 34b Abs. 1 GewO erforderliche Genehmigung ist nach § 134 nichtig.[439] Die auf der Versteigerung geschlossenen Kaufverträge bleiben jedoch unberührt.[440] Wird eine **Taxikonzession** entgegen § 2 Abs. 3 PBefG übertragen, ohne dass das ganze Unternehmen oder wesentliche selbständige Teile des Unternehmens mit übertragen werden, so folgt aus dem Zweck der Vorschrift, die Chancengleichheit der Konzessionsbewerber zu fördern, dass der Übertragungsvertrag nach § 134 nichtig ist.[441] Die einzelnen Beförderungsverträge sind jedoch wirksam.[442]

b) Andere Ordnungsvorschriften. Neben den Genehmigungserfordernissen dienen zahlreiche weitere Vorschriften in den gewerbe- und handwerksrechtlichen Gesetzen ordnungspolitischen Zwecken. So rechtfertigen Ordnungsinteressen die Festlegung allgemeiner Ladenschlusszeiten (**§ 3 LSchlG**)[443] sowie die Sperrzeit für Gastwirte (**§ 18 GastG i.V.m. Landesrecht**).[444] Darüber hinaus sind hier grundsätzlich auch die für das Reisegewerbe geltenden Verbote für bestimmte Tätigkeiten (**§ 56 Abs. 1 GewO**) einzuordnen.[445] Werden Verträge ohne Rücksicht auf solche Vorschriften abgeschlossen, so kann zwar **keine Erfüllung** verlangt werden (vgl. Rn 57).[446] Ein durchgeführter Vertrag ist aber **nicht** nach § 134 **nichtig**, da das Verbot sich nicht gegen den Erfolg des Rechtsgeschäfts an sich, sondern nur gegen die Modalitäten der Erfüllung richtet.[447]

Nach traditioneller Auffassung führte der Verstoß gegen das Verbot des **Abschlusses** und der **Vermittlung von Darlehensverträgen im Reisegewerbe** (§ 56 Abs. 1 Nr. 6 GewO a.F.) zur Nichtigkeit der entsprechenden Verträge.[448] Nach In-Kraft-Treten der Vorschriften über den Widerruf von Haustürgeschäften (HWiG, jetzt §§ 312 ff. BGB) stellte sich die Frage, ob ein Verstoß weiterhin nach § 134 zur Nichtigkeit des Vertrages führt oder ob der Verbraucher durch das Widerrufsrecht ausreichend geschützt wird.[449] Für den **Abschluss von Darlehensverträgen** hat der BGH die Auffassung vertreten, dass der Vertrag bei einem Verstoß gegen § 56 Abs. 1 Nr. 6 GewO a.F. nicht nach § 134 nichtig ist, wenn dem Darlehensnehmer ein Widerrufsrecht nach § 1 HWiG zusteht.[450] Da § 56 Abs. 1 Nr. 6 GewO in der seit 1.1.1991 geltenden Fassung nur noch die entgeltliche Vermittlung von Darlehen im Reisegewerbe verbietet, hat diese Rechtsprechung jedoch keine praktische Relevanz mehr.

Für das Verbot der entgeltlichen **Vermittlung von Darlehensverträgen** im Reisegewerbe ist der BGH davon ausgegangen, dass die Zuwiderhandlung trotz Geltung des HWiG (jetzt §§ 312 ff.) zur **Nichtigkeit des Vertrages** führt, weil der Vertragspartner vor den besonderen Gefahren des Haustürgeschäfts sowie unnötigen Vermittlungskosten geschützt werden müsse.[451] Das Widerrufsrecht nach § 1 HWiG könne den Vertragspartner schon deshalb nicht effektiv schützen, weil es bei unterbliebener Belehrung gemäß § 2 Abs. 1 S. 4 HWiG schon einen Monat nach Zahlung der Provision erlösche. Diese Argumentation ist heute jedoch obsolet. Denn der durch das OLG-VertrÄndG vom 23.7.2002[452] eingefügte § 355 Abs. 3 S. 3 sieht vor, dass das Widerrufsrecht nicht erlischt, wenn der Verbraucher nicht ordnungsgemäß über sein Widerrufsrecht belehrt worden ist. Darüber hinaus wird der Verbraucher bei Darlehensvermittlungsverträgen durch die neuen §§ 655a ff. geschützt.[453] Nach der geltenden Rechtslage ist die Nichtigkeitsfolge also nicht mehr erforderlich, um dem Verbraucher bei Darlehensvermittlung im Reisegewerbe einen angemessenen Schutz zu verschaffen.[454]

10. Gewerblicher Rechtsschutz. Im Bereich des Gewerblichen Rechtsschutzes enthalten einige Gesetze, wie das Markengesetz oder das Patentgesetz, spezielle Verbotsnormen (vgl. etwa §§ 14, 15 MarkenG). Diese Vorschriften behandeln jedoch keine **rechtsgeschäftlichen Verstöße** gegen ein Markenrecht, sondern nur

---

439 OLG Hamm NJW-RR 1994, 546, 547; Staudinger/*Sack*, § 134 Rn 232.
440 BGHZ 149, 129, 139; Staudinger/*Sack*, § 134 Rn 232.
441 BGHZ 108, 364, 368 ff.; MüKo/*Mayer-Maly/Armbrüster*, § 134 Rn 89; Staudinger/*Sack*, § 134 Rn 267.
442 Staudinger/*Sack*, § 134 Rn 267.
443 Vgl. Staudinger/*Sack*, § 134 Rn 260.
444 Palandt/*Heinrichs*, § 134 Rn 17; Staudinger/*Sack*, § 134 Rn 229.
445 Zu § 56 Abs. 1 Nr. 2 GewO (Verkauf von Edelmetallen usw.) Erman/*Palm*, § 134 Rn 60; RGRK/*Krüger-Nieland/Zöller*, § 134, Rn 120.
446 Staudinger/*Sack*, § 134 Rn 104; *Flume*, BGB AT Bd. 2, § 17, 4.
447 Staudinger/*Sack*, § 134 Rn 104, 229 spricht von Heilung des Vertrags durch Vornahme der Erfüllungshandlung.
448 Vgl. BGHZ 71, 358, 361 f.; RGRK/*Krüger-Nieland/Zöller*, § 134 Rn 122.
449 Ausf. hierzu *Hopt*, NJW 1985, 1665 ff.; Staudinger/*Sack*, § 134 Rn 233 ff.
450 BGHZ 131, 385, 388 ff.
451 BGH NJW 1999, 1636, 1637 = ZIP 1999, 653; Palandt/*Heinrichs*, § 134 Rn 10; Staudinger/*Sack*, § 134 Rn 237.
452 BGBl I S. 2850.
453 Dazu *Habersack/Schürnbrand*, WM 2003, 261 ff.
454 Vgl. MüKo/*Ulmer*, vor §§ 312, 312a Rn 21; *Habersack/Schürnbrand*, WM 2003, 261, 264.

die markenrechtswidrige Verwendung, also ein rein tatsächliches Verhalten. Der **wirtschaftliche Erfolg** einer Vereinbarung, die das Markenrecht eines Dritten verletzt, soll hierdurch nicht verhindert werden. Vielmehr schützt das MarkenG das Vermögen des Markeninhabers.[455] Diesem steht gegebenenfalls ein Schadensersatzanspruch aus § 14 Abs. 6 MarkenG zu. § 14 MarkenG ist somit **keine Verbotsnorm** im Sinne des § 134.[456] Ein Kaufvertrag über eine Sache, deren Marke gegen das Recht eines anderen aus § 14 MarkenG verstößt, ist daher nicht nach § 134 nichtig.[457] Insgesamt ist damit festzustellen, dass § 134 im Bereich des Gewerblichen Rechtsschutzes keine große Rolle spielt.

11. Handelsrecht

Literatur: *Baumbach/Hopt*, Handelsgesetzbuch, 31. Auflage 2003; *Mayer-Maly*, Handelsrechtliche Verbotsgesetze, in: FS Hefermehl 1976, S. 103.

182 **a) Firmenrecht.** Nach **§ 23 HGB** kann eine Firma nicht ohne das Handelsgeschäft, für das sie geführt wird, veräußert werden. Hieraus wird teilweise der Schluss gezogen, § 23 HGB enthalte ein gesetzliches Verbot i.S.d. § 134 und das dingliche Erfüllungsgeschäft sei aus diesem Grund nichtig.[458] Die Formulierung des § 23 HGB („kann nicht") zeigt jedoch, dass die Vorschrift dem Firmeninhaber von vornherein die Möglichkeit nimmt, über seine Firma ohne das Handelsgeschäft zu verfügen.[459] Es handelt sich somit um eine Beschränkung der rechtsgeschäftlichen Verfügungsmacht, die nicht von § 134 erfasst wird (vgl. Rn 41).

183 **b) Handelsvertreter und Handlungsgehilfen.** Nach § 89b Abs. 4 HGB kann der **Ausgleichsanspruch eines Handelsvertreters** gegen den Unternehmer im Voraus nicht ausgeschlossen werden. Nach Sinn und Zweck der Regelung soll der Handelsvertreter davor geschützt werden, sich aufgrund seiner **wirtschaftlichen Abhängigkeit** auf wirtschaftlich nachteilige Vereinbarungen mit dem Unternehmer einzulassen.[460] Dieser Schutzzweck gebietet es, entsprechende Vereinbarungen nach § 134 als nichtig anzusehen.[461] Nichtig sind hiernach sämtliche Abreden, die den Ausgleichsanspruch in irgendeiner Weise im Voraus beschränken, ohne eine **adäquate Gegenleistung** zu bieten.[462] Erfasst werden auch Vereinbarungen, wonach ein Teil der dem Handelsvertreter laufend zu zahlenden Vergütung auf den künftigen Ausgleichsanspruch angerechnet werden soll.[463]

184 § 89b Abs. 4 HGB gilt nicht für Abfindungsvereinbarungen im Rahmen von **Aufhebungsverträgen**, die gleichzeitig den Handelsvertretervertrag beenden.[464] Die Vorschrift greift aber ein, wenn die vereinbarte Vertragsauflösung erst in einem späteren Zeitpunkt wirksam werden soll.[465] Denn auch in diesem Fall besteht das von § 89b Abs. 4 HGB vorausgesetzte **Abhängigkeitsverhältnis** nach Abschluss der Vereinbarung fort.

185 Der ausscheidende Handelsvertreter wird durch § 89b HGB nicht daran gehindert, seinen **Nachfolger** zu verpflichten, ihn an den künftig anfallenden Provisionen zu beteiligen. Hat der Ausscheidende den Abschluss des Handelsvertretervertrages mit dem Nachfolger vermittelt und ihn bei der Kundschaft eingeführt, so ist eine entsprechende Vereinbarung auch dann nicht nach § 134 oder § 138 nichtig, wenn dem Unternehmer davon keine Mitteilung gemacht wird.[466]

186 Auch **§ 90a Abs. 4 HGB** stellt nach h.M. eine Verbotsnorm dar. Wettbewerbsklauseln, die zum Nachteil des Handelsvertreters von § 90a HGB abweichen, sind somit nach § 134 nichtig.[467]

187 Gem. § 60 Abs. 1 HGB darf ein **Handlungsgehilfe** ohne Einwilligung des Prinzipals weder ein Handelsgewerbe betreiben noch in dem Handelszweig des Prinzipals für eigene oder für fremde Rechnung Geschäfte machen. Eine Verletzung dieser Norm führt jedoch weder zur Nichtigkeit des Zweitarbeitsverhältnisses[468] noch zur Nichtigkeit von Rechtsgeschäften, die der Handlungsgehilfe im Rahmen des Zweitarbeitsverhältnisses mit Dritten abgeschlossen hat.[469] Maßgeblich hierfür ist die Erwägung, dass **§ 61 HGB**

---

455 *Fezer*, Einl. zum Markengesetz Rn 18, 22; *Ingerl/Rohnke*, Einl. zum Markengesetz, 2. Aufl. 2003, Rn 1, 6.
456 BGH WRP 1996, 744, 745, vgl. zum Urheberrecht *Lührs*, GRUR 1994, 264, 266.
457 BGH WRP 1996, 744, 746; Staudinger/*Sack*, § 134 Rn 264.
458 So Baumbach/*Hopt*, § 23 Rn 3; *Roth*, in Koller/Roth/Morck, HGB, 4. Aufl. 2003, § 23 Rn 3; RGRK/*Krüger-Nieland/Zöller*, § 134 Rn 85.
459 Vgl. Soergel/*Hefermehl*, § 134 Rn 13.
460 BGH NJW 1990, 2889; 1996, 2867, 2868; Baumbach/*Hopt*, § 89b Rn 70.
461 Vgl. BGH NJW-RR 2002, 1548, 1551; Staudinger/*Sack*, § 134 Rn 250; RGRK/*Krüger-Nieland/Zöller*, § 134 Rn 87. Zur Unwirksamkeit entsprechender AGB BGH NJW 2003, 290, 293.
462 Vgl. Soergel/*Hefermehl*, § 134 Rn 78; *Mayer-Maly*, in: FS Hefermehl 1976, S. 103, 108.
463 BGHZ 58, 61, 70; RGRK/*Krüger-Nieland/Zöller*, § 134 Rn 87; Soergel/*Hefermehl*, § 134 Rn 78.
464 BGHZ 51, 184, 188 f.
465 BGH NJW 1990, 2889.
466 BGH NJW 1975, 1926; RGRK/*Krüger-Nieland/Zöller*, § 134 Rn 87; vgl. auch MüKo/*Mayer-Maly/Armbrüster*, § 134 Rn 71.
467 BVerfG NJW 1990, 1469, 1471; Staudinger/*Sack*, § 134 Rn 250.
468 MünchArbR/*Buchner*, § 40 Rn 12.
469 Staudinger/*Sack*, § 134 Rn 250.

die Wirksamkeit dieser Rechtsgeschäfte voraussetzt. Denn bei Unwirksamkeit könnte der Prinzipal nicht verlangen, dass der Handlungsgehilfe die für eigene Rechnung gemachten Rechtsgeschäfte als für Rechnung des Prinzipals eingegangen gelten lässt und die aus Geschäften für fremde Rechnung bezogene Vergütung herausgibt oder seinen Anspruch auf die Vergütung abtritt.

c) Auswahl der Abschlussprüfer. Wird einem nach § 319 Abs. 2 oder 3 HGB wegen der Gefahr der Befangenheit ausgeschlossenen Wirtschaftsprüfer oder Wirtschaftsprüfungsunternehmen ein **Prüfungsauftrag** erteilt, so ist dieser nach § 134 nichtig. Denn die Mitwirkungsverbote des § 319 Abs. 2 und 3 HGB richten sich nicht lediglich gegen die äußeren Umstände der Beauftragung des Abschlussprüfers, sondern gerade auch gegen die Tätigkeit der Prüfer als wirtschaftlichem Erfolg.[470] Der **Jahresabschluss** als solcher bleibt zwar wirksam.[471] Ein bereicherungsrechtlicher Wertersatzanspruch des Prüfers ist jedoch nach § 817 S. 2 ausgeschlossen.[472] 188

12. Maklerrecht. Wer gewerbsmäßig den Abschluss von Verträgen über bestimmte Gegenstände vermitteln oder die Gelegenheit zum Abschluss solcher Verträge nachweisen will, bedarf nach § 34c Abs. 1 S. 1 Nr. 1 GewO einer **behördlichen Erlaubnis.** Verfügt ein Makler über keine solche Erlaubnis, so sind die von ihm geschlossenen Maklerverträge **nicht** nach § 134 **nichtig.**[473] Denn das Erfordernis der Erlaubnis bezieht sich allein auf den Zugang zu dem Gewerbe und soll nicht den wirtschaftlichen Erfolg einer nicht zugelassenen Maklertätigkeit verhindern. Im Übrigen handelt es sich um ein einseitiges Verbot, das nicht gegen die Kunden des Maklers gerichtet ist. 189

Besonderheiten gelten für die Vermittlung von **Mietverträgen über Wohnräume.** Nach § 6 Abs. 1 WoVermittG darf ein Wohnungsvermittler Wohnräume nur anbieten, wenn er vom Vermieter oder von einem anderen Berechtigten beauftragt worden ist. Die Vorschrift soll unlautere Geschäftsmethoden verhindern und die Wohnungssuchenden vor ungerechtfertigten Belastungen schützen. Vermittelt ein Makler einem Kunden ohne Auftrag eines Berechtigten eine Wohnung, so ist dieser Zweck nur zu verwirklichen, wenn man den Maklervertrag nach § 134 für nichtig erklärt und den Provisionsanspruch des Maklers verneint.[474] 190

Zur Maklertätigkeit von **Rechtsanwälten** und **Steuerberatern** siehe Rn 204 und 226. 191

13. Mietrecht

Literatur: *Sternel*, Mietrecht, 3. Auflage 1996.

Nach § 5 Abs. 1 WiStG ist die Annahme oder das Sich-Versprechen-Lassen eines unangemessen hohen Mietzinses eine Ordnungswidrigkeit. Nach allgemeiner Ansicht handelt es sich um ein Verbotsgesetz i.S.d. § 134. Bei einem Verstoß erfasst die Nichtigkeit jedoch nicht den gesamten Mietvertrag. Der Schutzzweck des § 5 WiStG gebietet vielmehr, die Nichtigkeit auf die **Mietzinsvereinbarung** zu beschränken.[475] Auch diese ist aber nur insoweit **unwirksam,** wie sie die in § 5 Abs. 2 WiStG konkretisierte Angemessenheits- oder Wesentlichkeitsgrenze übersteigt (vgl. Rn 69). Nichtig ist mithin lediglich der Teil der Mietzinsvereinbarung, der die **Vergleichsmiete um mehr als 20%** überschreitet.[476] Ändert sich die Höhe der Vergleichsmiete, so ist auch der zulässige Mietzins neu festzustellen.[477] 192

Ansätzen, die sich für die Zurückführung des geschuldeten Mietzinses auf die **Höhe der Vergleichsmiete** aussprechen,[478] ist eine Absage zu erteilen. Der Hinweis, mit einer Zurückführung der Mietzinsvereinbarung auf das gerade noch zulässige Maß werde dem Vermieter das Risiko seines Rechtsbruchs abgenommen und ein Anreiz für die Vereinbarung eines überhöhten Mietzinses gegeben,[479] kann nicht überzeugen, weil 193

---

470 BGHZ 118, 142, 147 ff.; Baumbach/*Hopt*, HGB, § 319 Rn 2; Palandt/*Heinrichs*, § 134 Rn 18; Staudinger/*Sack*, § 134 Rn 250.
471 BGHZ 118, 142, 149. Bei Verstoß gegen die allg. Voraussetzungen des § 319 Abs. 1 HGB ist dagegen auch der festgestellte Jahresabschluss nichtig (Baumbach/*Hopt*, HGB, § 319 Rn 1).
472 BGHZ 118, 142, 150; Staudinger/*Sack*, § 134 Rn 250.
473 BGHZ 78, 263, 267; 78, 269, 271 ff.; MüKo/*Mayer-Maly/Armbrüster*, § 134 Rn 85; Soergel/*Hefermehl*, § 134 Rn 74; Staudinger/*Sack*, § 134 Rn 232.
474 LG Hannover NJW-RR 1991, 1295, 1296; MüKo/*Mayer-Maly/Armbrüster*, § 134 Rn 85; a.A. OLG Karlsruhe NJW 1976, 1408.
475 BGH NJW 1984, 722, 723; Staudinger/*Sack*, § 134 Rn 92; Soergel/*Hefermehl*, § 134 Rn 63; Kothe, NJW 1982, 2803, 2804; a.A. Zimmermann, JR 1982, 96 f.
476 BGH NJW 1984, 722, 723; LG Berlin ZMR 1994, 19 (LS); Soergel/*Hefermehl*, § 134 Rn 63; *Sternel*, ZMR 1983, 73, 79.
477 OLG Hamm NJW 1983, 1622, 1623; OLG Frankfurt ZMR 1985, 200, 201; OLG Hamburg WuM 2000, 111; *Lammel*, NZM 1999, 989, 990 f.; *Sternel*, Rn III 41.
478 OLG Karlsruhe NJW 1982, 1161 f.; OLG Hamburg NJW 1983, 1004; OLG Stuttgart NJW 1981, 2365; LG Duisburg WuM 1979, 221; MüKo/*Mayer-Maly/Armbrüster*, § 134 Rn 107; Palandt/*Heinrichs*, § 134 Rn 27; *Kothe*, NJW 1982, 2803, 2806 f.
479 OLG Karlsruhe NJW 1982, 1161; OLG Stuttgart NJW 1981, 2365; *Finger*, ZMR 1983, 37, 39 f.; *Hager*, JuS 1985, 264, 270.

sich die Nichtigkeit nur in dem Umfang rechtfertigen lässt, in dem das Rechtsgeschäft – konkretisiert durch die tatbestandlichen Voraussetzungen des Verbotsgesetzes – von der Rechtsordnung **missbilligt** wird.[480] Im Übrigen wird die von der Gegenauffassung geforderte Abschreckungswirkung schon durch die Bußgelddrohung des § 5 Abs. 3 WiStG gewährleistet.

194 Bei der Vermietung von **öffentlich geförderten Wohnungen** sind die Vereinbarung eines die Kostenmiete übersteigenden Mietzinses (**§ 8 Abs. 1, 2 WoBindG**) und die Vereinbarung einer einmaligen Leistung für die Überlassung der Wohnung (**§ 9 Abs. 1 WoBindG**) verboten.[481] Da § 8 Abs. 2 WoBindG und § 9 Abs. 1 WoBindG die Unwirksamkeit entgegenstehender Abreden selbst anordnen, bedarf es in beiden Fällen jedoch nicht des Rückgriffes auf § 134.[482]

195 § 134 steht nicht der Wirksamkeit eines Mietvertrages über **öffentlich geförderten Wohnraum** entgegen, wenn der betreffende Mieter nicht über die nach § 4 Abs. 2, 3 und § 7 WoBindG erforderliche Berechtigung verfügt.[483] Zwar ahndet § 26 Abs. 1 Nr. 2 WoBindG solche Fälle als Ordnungswidrigkeit. Dies gilt jedoch nur **einseitig** in Bezug auf den Vermieter. Im Übrigen soll das Berechtigungserfordernis lediglich die **tatsächliche** Zweckentfremdung verhindern, eine Beschränkung der Vertragsfreiheit ist dagegen nicht intendiert.[484] Aus gleichen Erwägungen sind Verträge, in denen Wohnraum entgegen den Bestimmungen zur **Wohnraumbewirtschaftung** (z.B. Art. 6 § 1 MRVerbG) ohne die erforderliche behördliche Genehmigung zweckentfremdet vermietet wird, **nicht** nach § 134 **nichtig**.[485]

196 Der Verstoß gegen **baurechtliche Bestimmungen** führt nicht nach § 134 zur Nichtigkeit eines Mietvertrages.[486] Denn solche Bestimmungen sollen keine vertraglichen Vereinbarungen, sondern allein die tatsächliche Schaffung baurechtswidriger Zustände verhindern (vgl. auch Rn 143). Mietverträge, die eine baurechtswidrige Nutzung zum Gegenstand haben, sind damit rechtswirksam. Dies gilt unabhängig davon, ob der Mietvertrag von vornherein auf eine baurechtswidrige Nutzung gerichtet ist oder der Mieter nach Abschluss des Mietvertrages eigenmächtig eine baurechtswidrige Nutzung des Mietobjekts aufnimmt.[487]

14. Rechtsanwälte und Notare

Literatur: *Henssler*, Das Verbot der Vertretung widerstreitender Interessen, NJW 2001, 1521; *Taupitz*, Berufsständische Satzungen als Verbotsgesetze im Sinne des § 134 BGB, JZ 1994, 221; *Wasmuth*, Honoraranspruch des Verteidigers im Fall der Mehrfachverteidigung?, NStZ 1989, 348.

197 Bei der Beurteilung von Rechtsgeschäften mit Rechtsanwälten ist zu beachten, dass Standesrichtlinien keine Rechtsnormen i.S.d. Art. 2 EGBGB darstellen und daher auch keine Verbotsgesetze i.S.d. § 134 enthalten können (Rn 19). Der Verstoß gegen **anwaltliche Standesrichtlinien** kann daher grundsätzlich nur im Rahmen des § 138 Abs. 1 berücksichtigt werden (vgl. § 138 Rn 87). Gesetzliche Verbote, die zu einem großen Teil als kodifiziertes Standesrecht verstanden werden können, finden sich aber in der BRAO.

198 **a) Mandantenschutzklauseln.** Nach Auffassung des LAG Baden-Württemberg verstößt eine **Mandantenschutzklausel,** durch die sich ein Rechtsanwalt zur Ablehnung von Mandanten verpflichtet, gegen das Recht auf freie Wahl des Rechtsanwalts aus **3 Abs. 3 BRAO** und ist daher gemäß § 134 nichtig.[488] Gegen diese Auffassung spricht jedoch, dass § 3 Abs. 3 BRAO ein Abwehrrecht des Mandanten gegen den Staat begründet und daher nicht unmittelbar auf das Verhältnis von Mandant und Rechtsanwalt angewendet werden kann. Die Wirksamkeit von Mandantenschutzklauseln ist daher im Rahmen des § 138 Abs. 1 zu prüfen (vgl. § 138 Rn 351).[489] Im Vordergrund steht dabei die Berufsfreiheit des betroffenen Rechtsanwalts (Art. 12 Abs. 1 GG). Daneben sind aber auch die Wertungen des § 3 Abs. 3 BRAO zu berücksichtigen.[490]

---

480 BGH NJW 1984, 722, 724; Staudinger/*Sack*, § 134 Rn 93 f.; *Sternel*, ZMR 1983, 73, 80; zur verfassungsrechtlichen Unbedenklichkeit dieser Rechtsprechung BVerfG NJW 1994, 993, 994.
481 *Sternel*, Rn III 217, 948.
482 Vgl. MüKo/*Mayer-Maly/Armbrüster*, § 134 Rn 83.
483 LG Aachen ZMR 1973, 379, 380; Staudinger/*Sack*, § 134 Rn 307; Erman/*Palm*, § 134 Rn 77; MüKo/*Mayer-Maly/Armbrüster*, § 134 Rn 84; a.A. *Weimar*, MDR 1967, 806 f.
484 LG Aachen ZMR 1973, 379, 380; AG Eschweiler WuM 1974, 123, 124.
485 BGH NJW 1994, 320; OLG Köln VersR 1992, 361, 362; VGH München NJW-RR 1993, 1422; LG Dortmund ZMR 1967, 79, 80 (zu § 21 Wohnraumbewirtschaftungsgesetz); AG Berlin-Tiergarten ZMR 1967, 180; MüKo/*Mayer-Maly/Armbrüster*, § 134 Rn 84; Staudinger/*Sack*, § 134 Rn 307; krit. *Sternel*, Rn I 289.
486 BGHZ 75, 366, 368 = NJW 1980, 366, 368; VGH Kassel NJW 1964, 2444; LG Frankfurt NJW 1977, 1885; Staudinger/*Sack*, § 134 Rn 216; *Sternel*, Rn I 290; *Schwemer*, ZMR 1999, 463 ff.; a.A. AG Celle ZMR 1999, 488; AG Hamburg NZM 1999, 460.
487 Mit dieser Differenzierung aber AG Celle ZMR 1999, 488.
488 LAG Baden-Württemberg AnwBl. 1987, 142 = EWiR BGB § 611 7/85 (*Kraft*); ebenso *Schaub*, Arbeitsrechtshandbuch, § 58 I 7; vgl. auch Staudinger/*Sack*, § 134 Rn 220.
489 Dies entspricht auch der Rechtsprechung des BGH; vgl. BGH NJW 1986, 2944, 2945; 2000, 2584, 2585.
490 Ausführlich dazu *Henssler*, in: FS Geiß 2000, S. 271, 276 ff.

b) Tätigkeitsverbote. Wird ein abhängig beschäftigter Rechtsanwalt für seinen Arbeitgeber in einer Angelegenheit, mit der er bereits zuvor aufgrund seines Beschäftigungsverhältnisses befasst war, selbständig rechtsbesorgend tätig, so liegt darin ein Verstoß gegen **§ 46 Abs. 2 Nr. 1 BRAO**.[491] Der Verstoß führt nach § 134 zur Nichtigkeit des Anwaltsvertrages; ein Anspruch des Anwalts auf Zahlung des Honorars ist gemäß § 817 S. 2 ausgeschlossen.[492] Gleiches gilt, wenn der Rechtsanwalt entgegen **§ 45 Abs. 1 Nr. 1 BRAO** in einer Rechtssache tätig wird, mit der er bereits in einer anderen Funktion (z.B. als Richter, Staatsanwalt, Notar) beschäftigt war.[493] Obwohl sich die Tätigkeitsverbote nur an den Rechtsanwalt richten, ist von der **Nichtigkeit des Gesamtvertrages** auszugehen. Die Tätigkeitsverbote würden nämlich ihren Zweck verfehlen, wenn der Anwalt gleichwohl einen Honoraranspruch geltend machen könnte.[494]

c) Gebühren. Wie schon im Rahmen der BRAGO, bleibt die Vereinbarung **geringerer** als der gesetzlich vorgesehenen **Gebühren und Auslagen** auch auf Grundlage des neuen RVG unzulässig. Solche Vereinbarungen verstoßen gegen § 49b Abs. 1 S. 1 BRAO n.F. und sind daher gemäß § 134 nichtig.[495] Etwas anderes gilt nur, soweit die Vereinbarung geringerer Gebühren im RVG ausdrücklich vorgesehen ist oder der Ausnahmetatbestand des § 49b Abs. 1 S. 2 BRAO eingreift. Ebenfalls nichtig ist die Vereinbarung eines **Erfolgshonorars** gemäß § 49b Abs. 2 BRAO i.V.m. § 134, weil das finanzielle Interesse des Rechtsanwalts am Prozessausgang dessen Unabhängigkeit und Stellung als Organ der Rechtspflege gefährdet.[496] Daran hat sich auch auf der Grundlage des **RVG** nichts geändert. Allerdings sieht die durch das Kostenrechtsmodernisierungsgesetz (KostRMoG) vorgenommene Änderung des § 49b Abs. 2 BRAO eine gewisse Lockerung vor, soweit für die Anwaltsgebühren im RVG Erfolgskomponenten enthalten sind (z.B. Einigungsgebühr – Nr. 1000 Vergütungsverzeichnis RVG). In diesen Fällen ist die Vereinbarung einer höheren als der gesetzlich vorgesehenen Gebühr nicht als Vereinbarung eines Erfolgshonorars anzusehen.[497] Die vorstehenden Verbote gelten nur, wenn die Stellung des Anwalts als Organ der deutschen Rechtspflege betroffen ist. Wirksam sind daher Vereinbarungen eines deutschen Auftraggebers mit einem **ausländischen Rechtsanwalt**, nach dessen Heimatrecht Erfolgshonorare zulässig sind.[498]

d) Schweigepflicht. Ein Verstoß gegen die **anwaltliche Schweigepflicht** führt gemäß § 203 Abs. 1 Nr. 3 StGB i.V.m. § 134 zur Nichtigkeit des Rechtsgeschäfts.[499] Ein solcher Verstoß kommt insbesondere in Betracht, wenn der Rechtsanwalt seine Honorarforderung an einen Dritten abtritt. Denn mit einer Abtretung geht gemäß § 402 eine umfassende Informationspflicht gegenüber dem neuen Gläubiger einher, die regelmäßig die Offenlegung von Mandantengeheimnissen umfasst.[500] Ob es sich bei dem Abtretungsempfänger um einen anderen Rechtsanwalt oder einen Berufsfremden handelt, ist nach der bisherigen Rechtsprechung irrelevant.[501] Entsprechende Probleme können sich auch bei Vereinbarungen über die Abtretung von Honorarforderungen im Rahmen eines **Praxisverkaufs** stellen.[502] Hatte der Zessionar die Angelegenheiten des Mandanten bereits als Mitarbeiter des Zedenten umfassend kennen gelernt, so ist die Abtretung aber nicht nach § 203 Abs. 1 Nr. 3 StGB i.V.m. § 134 unwirksam.[503] Das Gleiche gilt für den Fall, dass der Erwerber in die bisher bestehende (Außen-) Sozietät eintritt und der Veräußerer darin für eine Übergangszeit als freier Mitarbeiter weiter tätig bleibt.[504]

Ob die Rechtsprechung zur Unwirksamkeit von Abtretungen nach In-Kraft-Treten des § 49b Abs. 4 BRAO im Jahr 1994 aufrechterhalten werden kann, ist zweifelhaft. Nach § 49b Abs. 4 S. 2 BRAO ist die Abtretung von Gebührenforderungen oder die Übertragung ihrer Einziehung an einen **nicht als Rechtsanwalt zugelassenen Dritten** grundsätzlich unzulässig.[505] Dies lässt den Gegenschluss zu, dass die Abtretung an einen anderen Rechtsanwalt zulässig ist. Hierfür spricht auch, dass ein Rechtsanwalt **als Abtretungsempfänger** nach der Neuregelung (§ 49b Abs. 4 S. 1 BRAO) in gleicher Weise wie der beauftragte Rechtsanwalt **zur Verschwiegenheit verpflichtet** ist. Der Gesetzgeber hat hiermit an die Rechtsprechung angeknüpft, die

---

491 BGHZ 141, 69, 79 = NJW 1999, 1715; NJW 2001, 1569.
492 BGH NJW 1999, 1715, 1717.
493 AG Emmerich NJW 1999, 1875.
494 BGH NJW 1999, 1715, 1717; Staudinger/*Sack*, § 134 Rn 220. Zum Verbot der Vertretung widerstreitender Interessen vgl. noch *Henssler*, NJW 2001, 1521.
495 Erman/*Palm*, § 134 Rn 84 zu § 49b Abs. 1 S. 1 BRAO a.F.
496 Vgl. Palandt/*Heinrichs*, § 138 Rn 58. Vor Einführung des § 49b BRAO wurde in st. Rspr. Sittenwidrigkeit gem. § 138 angenommen, so etwa BGHZ 22, 162, 165; 51, 290, 293; BGH NJW 1981, 998; 1987, 3203, 3204; 1992, 681, 682; 1996, 2499, 2500.
497 So jetzt die Neuregelung in 49b Abs. 2 S. 2 BRAO; vgl. auch die Gesetzesbegründung in BT-Drucks 15/1971, S. 232.
498 BGHZ 22, 162, 163.
499 BGHZ 122, 115, 117.
500 BGHZ 122, 115, 117 f.; zur entspr. Problematik bei Ärzten vgl. BGH NJW 1991, 2955; NJW 1992, 2348.
501 Vgl. BGH NJW 1993, 1912.
502 Vgl. BGH NJW 1995, 2026; Erman/*Palm*, § 134 Rn 84.
503 BGH NJW 1995, 2915.
504 Vgl. BGHZ 124, 47, 51; 148, 97, 101 ff.
505 Zur Unwirksamkeit der Abtretung in solchen Fällen BGH NJW 1997, 188.

die Unwirksamkeit der Abtretung von anwaltlichen Honorarforderungen an einen anderen Rechtsanwalt damit begründet hatte, dass der Abtretungsempfänger als solcher keiner anwaltlichen Schweigepflicht unterliegt.[506] Es ist deshalb davon auszugehen, dass die Abtretung von anwaltlichen Honorarforderungen an einen anderen Rechtsanwalt nach geltendem Recht auch ohne Zustimmung des Mandanten zulässig und wirksam ist.[507] Eine andere Auslegung ist auch nicht aus verfassungsrechtlichen Gründen geboten.[508] Richtig ist zwar, dass die Wirksamkeit der Abtretung ohne Zustimmung des Mandanten in dessen verfassungsrechtlich geschütztes Recht auf informationelle Selbstbestimmung (Art. 1, 2 Abs. 1 GG) eingreift.[509] Bei der Ausgestaltung privatrechtlicher Beziehungen hat der Gesetzgeber indessen einen **weiten Gestaltungsspielraum**.[510] Wenn der Gesetzgeber die widerstreitenden Interessen dahin gehend würdigt, dass der Mandant durch die Schweigepflicht des Zessionars hinreichend geschützt wird, so ist dies daher von Verfassungs wegen nicht zu beanstanden.

203 **e) Mehrfachvertretung.** Lässt sich ein Anwalt in einem Strafverfahren von mehreren Beschuldigten gleichzeitig beauftragen, so ist der Vertrag wegen eines Verstoßes gegen das **Verbot der Mehrfachvertretung** (§ 146 StPO) nach § 134 nichtig.[511] Eine Honorarforderung besteht daher auch dann nicht, wenn die Prozessführung vom Gericht nicht beanstandet worden ist.[512]

204 **f) Maklertätigkeit.** Nach § 14 Abs. 4 S. 1 BNotO dürfen **Notare** weder Grundstücksgeschäfte vermitteln noch sich in irgendeiner Weise an der Vermittlung von Urkundsgeschäften beteiligen. Wird ein Notar als Makler tätig, so entspricht es dem Zweck des § 14 Abs. 4 S. 1 BNotO, die unparteiische Amtsführung zu sichern, dass der Maklervertrag nach § 134 nichtig ist.[513]

205 Das Verbot des § 14 Abs. 4 S. 1 BNotG gilt auch für Anwaltsnotare. Es erfasst darüber hinaus auch Rechtsanwälte, die mit einem Anwaltsnotar in einer **Sozietät** verbunden sind.[514]

15. Rechtsberatung

Literatur: *Jagenburg*, Die Entwicklung des Baubetreuungs-, Bauträger- und Wohnungseigentumsrechts seit 1999, NJW 2001, 3453; *Sauer/Wittemann*, Das Rechtsberatungsgesetz und die Wirksamkeit von Geschäftsbesorgungsverträgen – Vorgaben des Verfassungsrechts, BKR 2003, 656.

206 **a) Allgemeines.** Das RBerG soll die Rechtssuchenden vor unzureichender und unsachgemäßer Rechtsberatung schützen.[515] Darüber hinaus dient es den Belangen der Anwaltschaft, der es ein ausreichendes Arbeitsfeld gegenüber einem Personenkreis sichert, der keinen wirksamen berufs- und standesrechtlichen Beschränkungen unterliegt.[516] Bei den Vorschriften des RBerG handelt es sich somit nicht um bloße Ordnungsvorschriften, die nur dem Allgemeininteresse dienen; vielmehr enthält Art. 1 § 1 RBerG ein **gesetzliches Verbot i.S.d. § 134**.[517]

207 Verstöße gegen das RBerG führen gemäß § 134 zur **Nichtigkeit des gesamten Vertrages**.[518] Zwar richtet sich das Gesetz nur gegen den Rechtsberater und nicht gegen den Auftraggeber. Der intendierte Schutz vor ungenügender und nicht sachgerechter Beratung und Vertretung erfordert aber die Nichtigkeit des verbotswidrigen Geschäftsbesorgungsvertrages im Ganzen.[519]

208 Ob eine angebotene Dienstleistung als **Besorgung fremder Rechtsangelegenheiten** oder nur als **kaufmännische Hilfeleistung** einzuordnen ist, kann im Einzelfall fraglich sein. Bei der Abgrenzung ist auf den Kern und Schwerpunkt der Tätigkeit abzustellen. Zu prüfen ist, ob die Tätigkeit überwiegend auf wirtschaftlichem

---

506 Vgl. BGH NJW 1993, 1912; NJW 1997, 188.
507 So auch LG Baden-Baden NJW-RR 1998, 202; Jauernig/*Jauernig*, § 134 Rn 12; MüKo/*Mayer-Maly/Armbrüster*, § 134 Rn 55; Palandt/*Heinrichs*, § 134 Rn 22a; *Larenz/Wolf*, BGB AT, § 40 Rn 22; a.A. OLG München NJW 2000, 2592; LG Karlsruhe NJW-RR 2002, 706; Erman/*Palm*, § 134 Rn 84; *Prechtel*, NJW 1997, 1813 ff.; von BGHZ 148, 97, 104 offen gelassen.
508 So aber LG Karlsruhe NJW-RR 2002, 706, 707 ff.; *Prechtel*, NJW 1997, 1813, 1814 f.
509 Vgl. MüKo/*Mayer-Maly/Armbrüster*, § 134 Rn 55.
510 Vgl. *Looschelders*, Schuldrecht AT, 2. Aufl. 2004, Rn 39; *ders.*, AcP 204 (2004), 136, 140.
511 AG Arnsberg NJW-RR 1999, 63; ausf. *Wasmuth*, NStZ 1989, 348.
512 AG Arnsberg NJW-RR 1999, 63; a.A. LG Bamberg NStZ 1989, 387.
513 BGHZ 147, 39, 44; HK-BGB/*Dörner*, § 134 Rn 8.
514 BGHZ 147, 39, 42 ff.
515 BGHZ 37, 258, 261; Staudinger/*Sack*, § 134 Rn 272; Soergel/*Hefermehl*, § 134 Rn 57.
516 Dieser Zweck tritt im Rahmen des § 134 allerdings in den Hintergrund.
517 BGHZ 37, 258, 261.
518 Grundlegend BGHZ 37, 258; ebenso BGHZ 50, 90; 70, 12, 16 f.; 145, 265; BGH NJW 1995, 516; 1995, 3122, 3124; 1996, 1954, 1955; 1999, 1717; 2000, 1560, 1562; 2001, 3774, 3775; 2002, 2325, 2326; 2004, 847; OLG Schleswig NJW 2004, 868; Staudinger/*Sack*, § 134 Rn 272; MüKo/*Mayer-Maly/Armbrüster*, § 134 Rn 92 ff.
519 BGHZ 37, 258, 262; BGH NJW 2000, 1560, 1562; Soergel/*Hefermehl*, § 134 Rn 57; Staudinger/*Sack*, § 134 Rn 272.

§ 134 Gesetzliches Verbot

Gebiet liegt oder ob die rechtliche Seite der Angelegenheit im Vordergrund steht.[520] Ob die Betätigung zum Schutz der Rechtssuchenden und der Rechtspflege verboten werden muss, hängt letztlich aber von einer Abwägung mit der verfassungsrechtlich geschützten Berufsfreiheit des Auftragnehmers (Art. 12 GG) ab.[521]

b) Fallgruppen. aa) Bauträgermodell. Mit Urteil vom 28.9.2000[522] hat der BGH entschieden, dass derjenige, der ausschließlich oder hauptsächlich die rechtliche Abwicklung eines Grundstückserwerbs im Rahmen eines **Bauträgermodells** für den Erwerber besorgt, der Genehmigung nach Art. 1 § 1 RBerG bedarf. Liegt eine solche Genehmigung nicht vor, ist der Geschäftsbesorgungsvertrag nichtig. Abzugrenzen ist das Bauträgermodell von der Beteiligung eines **gewerblichen Baubetreuers**, die nach der Rechtsprechung des BGH mit Rücksicht auf den Ausnahmetatbestand des Art. 1 § 5 RBerG erlaubnisfrei ist.[523] 209

Vor der Entscheidung des BGH hatte die h.M. das Bauträgermodell im Hinblick auf das RBerG für unbedenklich gehalten. Die Änderung der höchstrichterlichen Rechtsprechung greift demzufolge rückwirkend tief in weitgehend abgeschlossene Vorgänge ein.[524] Eine solche **Rückwirkung** ist bei gerichtlichen Urteilen jedoch grundsätzlich hinzunehmen (vgl. Anh. § 133 Rn 11). Das Vertrauen der Beteiligten auf die Fortdauer der bisherigen Rechtsprechung kann nur bei der Beurteilung der Nichtigkeitsfolgen (insbesondere bei der Rückabwicklung der Verträge) berücksichtigt werden.[525] So ist bei einem Notar, der ein Angebot zum Abschluss eines nach § 134 i.V.m. Art. 1 § 1 Abs. 1 S. 1 RBerG nichtigen umfassenden Geschäftsbesorgungsvertrags beurkundet hatte, das **Verschulden** verneint worden.[526] 210

Die Nichtigkeit des Geschäftsbesorgungsvertrages erfasst grundsätzlich nicht den **Darlehensvertrag,** den der Geschäftsbesorger bzw. Treuhänder im Zusammenhang mit dem Bauträger- oder Bauherrenmodell mit einem Dritten abschließt.[527] Ein solcher Vertrag ist – jedenfalls wenn der Dritte nicht an dem Geschäftsbesorgungsvertrag beteiligt ist – nicht auf eine geschäftsmäßige Besorgung fremder Rechtsangelegenheiten gerichtet. Allerdings ist zu beachten, dass sich die Unwirksamkeit des Darlehensvertrages aus dem Fehlen der Vollmacht des Geschäftsbesorgers ergeben kann (siehe dazu sogleich Rn 212). 211

bb) Vollmacht. Nach der Zielsetzung des Rechtsberatungsgesetzes erstreckt sich die Nichtigkeit des Geschäftsbesorgungsvertrages auch auf die dem Geschäftsbesorger zur Ausführung des nichtigen Geschäftsbesorgungsvertrags erteilte **Vollmacht**.[528] Es widerspräche nämlich dem Schutzzweck des RBerG, wenn der unbefugte Rechtsberater rechtlich bindende Geschäfte zulasten des Rechtssuchenden abschließen könnte.[529] Nach der Rechtsprechung des XI. Zivilsenats des BGH kommt es dagegen darauf an, ob die Vollmacht mit dem Willen der Parteien mit dem Grundgeschäft zu einem einheitlichen Rechtsgeschäft i.S.d. § 139 verbunden war.[530] Für die Vermutung des sog. **Einheitlichkeitswillens** soll allerdings schon die Zusammenfassung von Vollmachtserteilung und Treuhandvertrag in einer Urkunde genügen.[531] 212

cc) Abtretungen. Nach dem RBerG stehen auch die **Abtretung** und die **Einziehung von Forderungen** unter Erlaubnisvorbehalt. Lässt sich eine **Schutzgemeinschaft von Kleinaktionären** als eingetragener Verein Schadensersatzansprüche von Mitgliedern abtreten, um diese im eigenen Namen gerichtlich geltend machen zu können, so betreibt sie daher unerlaubte Rechtsbesorgung. Die Abtretung ist wegen Verstoßes gegen das RBerG nach § 134 nichtig.[532] Im Prozess führt dies dazu, dass der Vereinigung die Aktivlegitimation fehlt.[533] 213

Wegen Verstoßes gegen das RBerG sind auch Vereinbarungen nichtig, in denen Banken, Sachverständige, Kfz-Werkstätten, Mietwagenunternehmen etc. sich Schadensersatzansprüche aus Kfz-Unfällen abtreten lassen, wenn mit der Abtretung die geschäftsmäßige Durchsetzung der Ansprüche ermöglicht werden soll 214

---

520 Vgl. BGHZ 36, 321, 322 = NJW 1962, 807; BGHZ 102, 128, 130 = NJW 1988, 561; BGH NJW 1987, 3005; offen gelassen in BGHZ 70, 12, 13 = NJW 1978, 322.
521 BVerfG NJW 1998, 3481, 3482 f.; BGH NJW 2001, 3774; Erman/*Palm*, § 134 Rn 85.
522 BGHZ 145, 265 = NJW 2001, 70; vgl. auch BGH NJW 2001, 3774; 2002, 66; 2002, 2325.
523 Vgl. BGHZ 145, 265, 272 f.= NJW 2001, 70; BGH NJW 2002, 66, 67. Vgl. dazu auch *Jagenburg*, NJW 2001, 3453 ff.; *Sauer/Wittemann*, BKR 2003, 656, 659 ff.
524 BGH NJW 2002, 66, 67; 2004, 841, 844.
525 BGH NJW 2002, 66, 67; 2004, 841, 844.
526 BGH NJW 2001, 70, 73.
527 BGH NJW 2001, 3774, 3775.
528 BGH NJW 2002, 60; 2002, 2325, 2326; 2003, 1594; 2004, 847; OLG Schleswig NJW 2004, 868; Erman/*Palm*, § 134 Rn 85; zur entspr. Rechtslage bei der Prozessvollmacht vgl. BGH NJW 2003, 1594; 2004, 59, 60; 2004, 62, 63.
529 BGH NJW 2002, 66, 67; Staudinger/*Sack*, § 134 Rn 272.
530 BGH NJW 2001, 3774, 3775; vgl. auch BGHZ 102, 60, 62 = NJW 1988, 697; BGHZ 110, 363, 369 = NJW 1990, 1721.
531 BGH NJW 2001, 3774, 3775; vgl. auch Staudinger/*Sack*, § 134 Rn 272.
532 BGH NJW 1995, 516; vgl. dazu auch BVerfG NJW 2000, 1251.
533 BGH NJW 1995, 516; Staudinger/*Sack*, § 134 Rn 273.

(„**Unfallhelferringe**").[534] Von der Nichtigkeit werden auch Verträge erfasst, die im Zusammenhang mit der Abtretung stehen. So ist ein „Unfallhelfer-Kreditvertrag" ebenso nichtig wie die Bestellung einer entsprechenden Bürgschaft.[535]

215 Nicht gegen das Rechtsberatungsgesetz verstoßen das **echte** und das **unechte Factoring**; denn der Factor besorgt keine fremden, sondern eigene Rechtsangelegenheiten.[536]

216 **dd) Weitere Einzelfälle.** Wegen Verstoßes gegen das RBerG nichtig ist ein Vertrag zwischen einem Bauunternehmer und einem **Architekten**, in dem sich Letzterer verpflichtet, neben der Erbringung der Architektenleistungen auch die Kaufverträge für die Immobilie und eine Teilungserklärung zu entwerfen.[537] Eine unzulässige Rechtsbesorgung i.S.d. Art. 1 § 1 RBerG liegt auch vor, wenn eine Gemeinde einen Beratungsauftrag mit einem als „Energieberater" tätigen **Diplomingenieur** abschließt, in dem dieser beauftragt wird, die von der Gemeinde mit einem Energieversorgungsunternehmen langfristig abgeschlossenen Konzessionsverträge zwecks Erlangung einer höheren Konzessionsabgabe zu überprüfen.[538] Ein **Steuerberater**, der sich gegenüber dem Auftraggeber verpflichtet, Rückübertragungsansprüche nach dem VermG geltend zu machen und die so erworbenen Grundstücke zu veräußern, besorgt unerlaubt geschäftsmäßig eine fremde Rechtsangelegenheit.[539] Da der Geschäftsbesorgungsvertrag nach § 134 nichtig ist, hat der Steuerberater keinen Anspruch auf die vereinbarte Vergütung. Ihm kann allerdings ein Anspruch **aus ungerechtfertigter Bereicherung** (§§ 812 ff.) zustehen, wenn der Gesetzesverstoß ihm nicht bewusst war (vgl. Rn 74).[540]

217 Beauftragt ein Strafgefangener einen **eingetragenen Verein**, der sich die rechtliche Unterstützung Gefangener durch „unbegrenzte Hilfe zur Zahlung von Schmerzensgeld" zum Ziel gesetzt hat, mit der Wahrung seiner Interessen, so verstößt die Vereinbarung gegen Art. 1 § 1 RBerG und ist damit gemäß § 134 nichtig.[541] Eine dem Verein zur Vertretung in einem Verfahren vor der Strafvollstreckungskammer erteilte Vollmacht wird von der Nichtigkeit gleichfalls erfasst (vgl. Rn 212). Zu Verstößen gegen das RBerG durch **Spielervermittler** im Rahmen von Sportmanagementverträgen vgl. Rn 222; zur Nichtigkeit von **Gesellschaftsverträgen** wegen Verstoßes gegen das RBerG Rn 163.

16. Schenkungen

Literatur: *Dubischar*, Die untersagte Vorteilsannahme nach § 14 Heimgesetz, DNotZ 1993, 419.

218 Das an den Träger eines Heims und die dort beschäftigten Mitarbeiter gerichtete Verbot, sich Geld oder geldwerte Leistungen über das vereinbarte Entgelt hinaus versprechen oder gewähren zu lassen (§ 14 Abs. 1 und Abs. 5 HeimG), hat nicht nur für Verfügungen von Todes wegen (dazu Rn 154), sondern auch für unentgeltliche Zuwendungen unter Lebenden Bedeutung. Der Gesetzgeber will mit dem Verbot verhindern, dass alte und pflegebedürftige Menschen, die in einem Heim untergebracht sind, in ihrer Hilflosigkeit und Arglosigkeit ausgenutzt werden.[542] Dieser Schutzzweck kann nur verwirklicht werden, wenn Schenkungen, die gegen das Verbot verstoßen, nach § 134 für **unwirksam** erachtet werden.[543]

17. Sport

Literatur: *Kelber*, Die Transferpraxis beim Vereinswechsel im Profifußball auf dem Prüfstand, NZA 2001, 11; *Reuter*, Probleme der Transferentschädigung im Fußballsport, NJW 1983, 649; *Schloßer*, Führen Vertragsverhandlungen durch Spielervermittler zur Unwirksamkeit der Vermittlungsverträge?, NZA 2001, 16; *Wertenbruch*, Die „Gewährleistungsansprüche" des übernehmenden Bundesligavereins bei Transfer eines nicht einsetzbaren DFB-Lizenzspielers, NJW 1993, 179; *ders.*, Die Vereinbarkeit der Beratungs- und Vermittlungstätigkeit für Berufssportler/Lizenzspieler mit dem Rechtsberatungsgesetz und dem neuen Arbeitsförderungsgesetz, NJW 1995, 223.

219 Wegen Verstoßes gegen Art. 39 (vormals Art. 48) EGV sind Satzungen und Ordnungen von Sportverbänden nichtig, wenn sie das Recht eines Sportlers aus einem EU-Mitgliedstaat auf Freizügigkeit und freie Wahl des Arbeitsplatzes einschränken, z.B. durch das Erfordernis von **Transferentschädigungszahlungen** oder durch **Ausländerbeschränkungen**.[544]

---

[534] BGHZ 47, 364, 366; 61, 317; BGH NJW 1977, 38; OLG Frankfurt a.M. OLGZ 1979, 56; ausf. dazu Palandt/*Heinrichs*, § 134 Rn 21a; Staudinger/*Sack*, § 134 Rn 272.
[535] BGH NJW 1977, 38, 40 (Kredit); OLG Frankfurt OLGZ 1979, 56 (Bürgschaft); vgl. dazu auch Erman/*Palm*, § 134 Rn 85 a.E.; Staudinger/*Sack*, § 134 Rn 272.
[536] BGHZ 58, 364; 76, 119; vgl. auch Staudinger/*Sack*, § 134 Rn 273; Palandt/*Heinrichs*, § 134 Rn 21 a.
[537] BGHZ 70, 12; vgl. auch Staudinger/*Sack*, § 134 Rn 273.
[538] BGH NJW 1995, 3122.
[539] BGH NJW 2000, 1560, 1561 f.
[540] BGH NJW 2000, 1560, 1562.
[541] OLG Schleswig NJW 2004, 868.
[542] Vgl. BGHZ 110, 235, 239; vgl. auch *Dubischar*, DNotZ 1993, 419 ff.
[543] Vgl. BGH NJW-RR 1995, 1272; Palandt/*Heinrichs*, § 134 Rn 19.
[544] EuGH NJW 1996, 505 – Bosman.

Aufgrund eines Verstoßes gegen Art. 12 GG nichtig ist eine Regelung, wonach der abgebende Verein die 220
nach den Statuten für den Einsatz des Spielers notwendige **Freigabeerklärung** nur Zug um Zug gegen die
Zahlung der Ablösesumme abgeben muss.[545] Denn dies führt dazu, dass dem Spieler ein Vereinswechsel –
und damit ein durch Art. 12 GG geschützter Arbeitsplatzwechsel – so lange unmöglich ist, bis sich die
Vereine über eine Ablösesumme geeinigt haben. Ebenfalls wegen einer Einschränkung des Grundrechts des
Spielers aus Art. 12 GG nichtig ist eine verbandsrechtliche Regelung, die den neuen Verein zur Zahlung
einer Transferentschädigung an den alten Verein auch dann verpflichtet, wenn der abzugebende Spieler
arbeitsrechtlich nicht mehr an seinen alten Verein gebunden ist.[546] Die Nichtigkeit wird hier aus § 138
abgeleitet, jedoch kommt auch eine Anknüpfung an § 134 in Betracht.[547]

Die Verpflichtung eines Fußballvereins zur Zahlung eines Honorars an einen nicht lizenzierten **Spieler-** 221
vermittler für die Vermittlung eines Fußballspielers wurde unter Geltung des Arbeitsförderungsgesetzes
wegen Verstoßes gegen dessen § 4 als nichtig angesehen.[548] Gleiches wurde für die Nachfolgeregelung des
§ 291 SGB III (Arbeitsförderung) angenommen.[549] Nach der ersatzlosen Aufhebung der Erlaubnispflicht für
Ausbildungs- und Arbeitsvermittlung durch Art. 3 des „Gesetzes zur Vereinfachung der Wahl der Arbeit-
nehmervertreter in den Aufsichtsrat"[550] ist diese Auffassung allerdings überholt.[551] Hier kommt nunmehr
allenfalls eine Überprüfung am Maßstab der Gewerbeordnung in Betracht.[552]

Sportmanagement- oder Spielervermittlungsverträge zwischen Sportlern und Spielerberatern/-vermitt- 222
lern können, soweit es sich bei dem Berater nicht um eine nach Art. 1 § 3 RBerG für die Rechtsberatung
zugelassene Person handelt, gegen Art. 1 § 1 RBerG verstoßen.[553] Die Spielerberater sind regelmäßig
im Auftrag des Sportlers für die selbständige Durchführung der Vertragsverhandlungen mit aktuellen
oder möglichen zukünftigen Arbeitgebern des Sportlers zuständig. Da die Beratungstätigkeit die konkrete
Gestaltung von Arbeitsrechtsverhältnissen erfasst, liegt unzweifelhaft eine Rechtsbesorgung i.S.d. RBerG
vor.[554] Fraglich ist allerdings, ob es sich bei der Spielerberatung und -vermittlung nicht um eine nach
Art. 1 § 5 RBerG erlaubnisfreie Tätigkeit handelt. Soweit der Spielerberater/-vermittler eine Erlaubnis
zur Arbeitsvermittlung nach § 4 AFG bzw. § 291 SGB III a.F. besaß, ist dies unter Hinweis auf das
Vorliegen eines notwendigen Hilfsgeschäfts zur Ausübung der Tätigkeit als Arbeits-/Spielervermittler bejaht
worden.[555] Bei der Tätigkeit eines Spielerberaters steht indes nicht selten die reine Vermittlung des Sportlers
im Vordergrund; Gegenstand des Vertrages – und damit nicht „Hilfsgeschäft", sondern echte Hauptpflicht –
ist vielmehr die **Durchführung der Vertragsverhandlungen**.[556] Der Schutzzweck des RBerG erfordert
daher, dass es bei der Unzulässigkeit der Rechtsberatung im Rahmen von Sportmanagementverträgen
bleiben muss. Entsprechende Vereinbarungen sind daher nach § 134 nichtig.

Nicht zu beanstanden ist die Zusage eines sog. **Handgeldes** für einen Berufsfußballspieler im Zusammenhang 223
mit einem Vereinswechsel.[557] Ein entsprechendes Verbot im Lizenzspielerstatut kann nicht nach § 134 zur
Nichtigkeit der Vereinbarung führen, weil solche Statute nicht als Gesetz i.S.d. Art. 2 EGBGB anzusehen
sind (siehe Rn 19).

Vereinbarungen zwischen Sportlern und Ärzten über die Einnahme verbotener leistungssteigernder Mittel 224
(**Doping**) sind nicht nur sittenwidrig und damit nach § 138 (dort Rn 310) nichtig, sondern können auch
gemäß § 6a ArzneimittelG i.V.m. § 134 unwirksam sein.[558]

18. Steuerberater und Wirtschaftsprüfer. Ein Vertrag über die Steuerberatung mit einer nicht als Steu- 225
erberater zugelassenen Person ist nach § 5 Abs. 1 S. 2 StBerG i.V.m. § 134 **nichtig**. Parallel zum RBerG
richtet sich das Verbot der unbefugten Steuerberatung zwar allein gegen den Beratenden; der Gesetzeszweck, eine unsachgemäße Beratung und Vertretung des Steuerpflichtigen zu vermeiden, kann jedoch nur
erreicht werden, wenn die Erfüllungsansprüche beider Parteien ausgeschlossen sind.[559] Der Vertrag mit
dem Steuerpflichtigen ist auch dann nichtig, wenn der nicht zugelassene Beratende sich eines zugelassenen
Steuerberaters als **Erfüllungsgehilfen** bedient.[560] Der Vertrag zwischen Beratendem und Steuerberater ist

---

545 LAG Berlin NJW 1979, 2582 – Fall Baake; dazu *Reuter*, NJW 1983, 649; vgl. zur Problematik insgesamt auch *Wertenbruch*, NJW 1993, 179.
546 BAG NZA 1997, 647 – Fall Kienass; vgl. auch EuGH NJW 1996, 505.
547 *Arens*, SpuRt 1997, 126, 127.
548 LG Gera NJW-RR 1996, 1335 (zu § 4 AFG).
549 *Schloßer*, NZA 2001, 16; *Wertenbruch*, NJW 1995, 223.
550 BGBl 2002 I S. 1130.
551 *Lampe/Müller*, SpuRt 2003, 133, 135.
552 Allg. zum neuen Sozialrecht der Arbeitsvermittlung *Rixen*, NZS 2002, 466, 467 f.
553 *Schloßer*, NZA 2001, 16; *Wertenbruch*, NJW 1995, 223; s.a. Erman/*Palm*, § 134 Rn 91.
554 *Schloßer*, NZA 2001, 16; *Wertenbruch*, NJW 1995, 223.
555 *Schloßer*, NZA 2001, 16; a.A. *Wertenbruch*, NJW 1995, 223.
556 *Wertenbruch*, NJW 1995, 223, 226.
557 LAG Hamm NZA-RR 2000, 11.
558 Vgl. Erman/*Palm*, § 134 Rn 91.
559 BGH NJW 1996, 1954, 1955.
560 BGHZ 132, 229, 232 = NJW 1996, 1954, 1955; Palandt/*Heinrichs*, § 134 Rn 23.

hier aber grundsätzlich wirksam.[561] Zur Nichtigkeit von Steuerberaterverträgen wegen **Verstoßes gegen das RBerG** siehe Rn 216.

226 § 57 Abs. 4 StBerG verbietet einem Steuerberater jede **gewerbliche Tätigkeit**. Nach der Rechtsprechung des BGH soll die **gewerbliche Maklertätigkeit** eines Steuerberaters gleichwohl nicht zur Nichtigkeit des Vertrages führen, weil dem Sinn und Zweck der Verbotsnorm mit berufsrechtlichen Maßnahmen hinreichend Rechnung getragen werden könne.[562] Die berufsrechtlichen Maßnahmen der berufsständischen Organisationen reichen indes allein nicht aus, um die durch ein Maklergeschäft auftretenden Interessenkollisionen zu verhindern, da solche Maßnahmen nicht vorbeugend eingreifen können. Die Wirksamkeit des Vertrages führt überdies dazu, dass der Steuerberater seine unerlaubte Tätigkeit fortsetzen muss und seinen Vergütungsanspruch behält. Dies wiederum widerspricht dem Berufsbild des Steuerberaters, dessen freiberufliche Tätigkeit gerade nicht dem für eine gewerbliche Tätigkeit kennzeichnenden Gewinnstreben unterliegen soll.[563] Aus §§ 72 Abs. 1, 57 Abs. 2, Abs. 4 Nr. 1 StBerG i.V.m. § 134 kann sich auch die Nichtigkeit der **Verschmelzung** einer Steuerberater-GmbH mit einer GmbH, die ein Handelsgewerbe betreibt, ergeben.[564]

227 Ein Verstoß gegen die berufsrechtliche **Schweigepflicht** des Steuerberaters führt gemäß **§ 203 StGB** i.V.m. § 134 zur Nichtigkeit des Rechtsgeschäfts.[565] Daran ist zu denken, wenn der Steuerberater seine Honorarforderung an einen Dritten abtritt; denn mit einer Abtretung geht gemäß § 402 eine umfassende Informationspflicht gegenüber dem neuen Gläubiger einher.[566] Nach dem neuen § 64 Abs. 2 StBerG sind Abtretungen an Angehörige des gleichen Berufs aber zulässig (zur parallelen Problematik bei Rechtsanwälten siehe Rn 202).[567] Entsprechendes gilt nach § 55a Abs. 3 WPO für die Abtretung durch **Wirtschaftsprüfer**.

228 **19. Steuerrecht. a) Steuerhinterziehung.** Nach der Rechtsprechung des BGH ist der mit einer Steuerhinterziehung (§ 370 AO) verbundene Vertrag im Ganzen nur dann nichtig, wenn die Hinterziehung den **Hauptzweck** des Geschäfts bildet; im Übrigen beschränkt sich die Nichtigkeit auf die entsprechende Abrede.[568]

229 **aa) Ohne-Rechnung-Abreden.** Die entscheidende Frage ist damit, unter welchen Voraussetzungen davon auszugehen ist, dass die Steuerhinterziehung Hauptzweck des Geschäfts ist. Die Rechtsprechung ist hier im Allgemeinen recht streng. So werden **Kaufverträge**, bei denen zum Zweck der Steuerhinterziehung keine Rechnung ausgestellt wird, schon dann nach § 139 für insgesamt unwirksam angesehen, wenn die „**Ohne Rechnung**"-**Abrede** Einfluss auf den vereinbarten Preis hatte.[569] Demgegenüber hat der BGH in neuerer Zeit die Wirksamkeit eines **Architekten- und Bauvertrags** bejaht, bei dem zwecks Steuerhinterziehung auf eine Rechnung verzichtet worden war.[570] Maßgeblich war dabei die Erwägung, dass Hauptzweck eines Architekten- und Bauvertrages in der Regel die Errichtung des Bauwerkes sei. Entgegen einer in der Literatur vertretenen Auffassung[571] kann dieser Entscheidung jedoch keine generelle Änderung der Rechtsprechung zu „Ohne Rechnung"-Abreden entnommen werden. Dies zeigt eine aktuelle Entscheidung zum **Mietrecht**, in der der BGH die Rechtsprechung zu „Ohne Rechnung"-Abreden im Kaufrecht ausdrücklich in Bezug genommen hat. Ist die in dem schriftlichen Vertrag ausgewiesene Miete wesentlich geringer als die tatsächlich vereinbarte Miete, so kann die Vermietung des Grundstücks hiernach nur dann als Hauptzweck des Geschäfts angesehen werden, wenn der Mietvertrag ohne die nichtigen steuerlichen Abreden zu **denselben Bedingungen**, insbesondere mit derselben Miete, abgeschlossen worden wäre.[572]

230 **bb) Weitere Einzelfälle.** Wird bei einem **Grundstückskauf** der Kaufpreis zum Zweck der Steuerhinterziehung falsch zusammengesetzt oder zu niedrig angegeben, so führt dies ohne Hinzutreten weiterer Umstände nicht zur Nichtigkeit des gesamten Vertrages nach § 134 i.V.m. § 370 AO, § 139.[573] Erforderlich ist auch hier, dass die Steuerhinterziehung Hauptzweck des Vertrages ist. Im Allgemeinen wird der Vertrag aber zu den notariell beurkundeten Konditionen nach § 117 Abs. 1 und zu den tatsächlich vereinbarten Konditionen nach §§ 311b Abs. 1, 125 unwirksam sein.

---

561 BGHZ 132, 229, 232 ff.
562 BGHZ 78, 263, 265 ff. = NJW 1981, 399; a.A. Staudinger/*Sack*, § 134 Rn 286; *Stober*, GewArch 1981, 313, 318, 322.
563 *Stober*, GewArch 1981, 313, 322; Staudinger/*Sack*, § 134 Rn 286.
564 OLG Hamm NJW 1997, 666; Erman/*Palm*, § 134 Rn 92; Staudinger/*Sack*, § 134 Rn 286.
565 BGHZ 122, 115, 117.
566 BGH NJW 1996, 2087, 2088; 1999, 1544, 1546.
567 Vgl. Palandt/*Heinrichs*, § 134 Rn 22 a.

568 So z.B. BGHZ 14, 25, 30; 136, 125, 132; BGH NJW 1983, 1843, 1844; ZIP 2001, 202, 204; NJW-RR 2002 1527; NJW 2003, 2472; st. Rspr.; vgl. auch Erman/*Palm*, § 134 Rn 93; Soergel/*Hefermehl*, § 134 Rn 65; Staudinger/*Sack*, § 134 Rn 287.
569 BGH MDR 1968, 834 = LM Nr. 57 zu § 134; Soergel/*Hefermehl*, § 134 Rn 65.
570 BGH ZIP 2001, 202; 204 = NJW-RR 2001, 380.
571 Staudinger/*Sack*, § 134 Rn 287.
572 BGH NJW 2003, 2742.
573 BGH NJW-RR 2002, 1527; Soergel/*Hefermehl*, § 134 Rn 65; Staudinger/*Sack*, § 134 Rn 287.

Ein **Gesellschafterbeschluss über Gewinnausschüttungen** bei einer GmbH ist nicht nach § 134 unwirksam, wenn die Gesellschafter ihn zum Zweck der Steuerhinterziehung durch die Abrede ergänzt haben, dass die Ausschüttung nicht offen erfolgen soll. Hauptzweck des Beschlusses bleibt nämlich die Gewinnausschüttung.[574] Wird der Beitritt zu einer KG zum Zweck der Steuerhinterziehung rückdatiert, so ist der Beitrittsvertrag nichtig (siehe Rn 165).[575]

b) Vertragliche Erweiterung der Steuerpflicht. Verträge über die **Erweiterung der Steuerpflicht** sind nach § 134 i.V.m. § 59 VwVfG nichtig.[576] Dies gilt auch für eine Klausel, durch die sich eine Gesellschaft in einem Pachtvertrag über gemeindeeigene Grundstücke gegenüber der Gemeinde verpflichtet, die Betriebs- und Gesellschaftsverhältnisse so zu gestalten, dass die im Unternehmen anfallenden Gewerbesteuern ausschließlich der betreffenden Gemeinde zufließen.[577]

20. Strafrecht und Recht der Ordnungswidrigkeiten. a) Allgemeines. In Rechtsprechung und Literatur ist allgemein anerkannt, dass der Verstoß gegen Strafvorschriften nicht in jedem Fall nach § 134 zur Nichtigkeit des betreffenden Rechtsgeschäfts führt.[578] Entscheidend ist vielmehr, ob der **Zweck der verletzten Strafnorm** die Nichtigkeit des zugrunde liegende Rechtsgeschäft erfordert (vgl. Rn 48).[579]

Nach Ansicht der Rechtsprechung führt der Verstoß gegen Strafvorschriften in der Regel dann zur Nichtigkeit des Geschäfts, wenn sich das Verbot **gegen beide Vertragsparteien richtet**.[580] Dies ist jedenfalls dann zu bejahen, wenn der Straftatbestand von beiden Seiten objektiv und subjektiv verwirklicht worden ist.[581] Das Rechtsgeschäft kann aber auch bei Verstoß gegen ein einseitiges Verbot nach § 134 nichtig sein, wenn der **Zweck** des Verbotsgesetzes **nicht anders zu erreichen** ist und die rechtsgeschäftliche Regelung **nicht hingenommen** werden darf.[582] So verstoßen die Überlassung von Patientendaten (etwa im Zuge eines Praxisverkaufs) und die Abtretung von Arztforderungen ohne Einwilligung des Patienten gegen § 203 Abs. 1 Nr. 1 StGB. Die hierauf bezogenen Rechtsgeschäfte sind nach § 134 nichtig, obwohl sich die Strafnorm nur gegen den Praxisinhaber (Zessionar) richtet (vgl. Rn 131). Entsprechendes galt bis zum In-Kraft-Treten des § 49b Abs. 4 BRAO für die Abtretung von anwaltlichen Gebührenforderungen und die damit verbundene Überlassung von Mandantendaten (vgl. Rn 201).

b) Einzelfälle. Die Differenzierung zwischen einseitigen und zweiseitigen Verboten bzw. einseitigen und zweiseitigen Verstößen ist besonders bei Vermögensstraftaten relevant. So ist ein durch **Betrug** gemäß **§ 263 StGB** zustande gekommenes Rechtsgeschäft nicht nach § 134 nichtig, sondern lediglich nach § 123 anfechtbar,[583] da nur der Betrüger strafbar ist.[584] Davon abgesehen kann § 123 insoweit als *lex specialis* zu § 134 angesehen werden (vgl. Rn 15). Anders verhält es sich, wenn die Parteien einen Vertrag schließen, um einen Dritten (z.B. den Versicherer) zu täuschen.[585] Hier richtet sich die Strafdrohung gegen beide Parteien. Außerdem ist es zum Schutz des Dritten erforderlich, den Vertrag nach § 134 i.V.m. § 263 StGB für unwirksam zu erachten. Auch beim **Submissionsbetrug** bejaht die Rechtsprechung die Nichtigkeit. Diese beschränkt sich jedoch auf die Preisvereinbarung, weil dem betrogenen Auftraggeber der Anspruch auf vertragsgemäße Erfüllung erhalten bleiben soll.[586]

Verträge, durch die eine Partei sich der **Untreue** (§ 266 StGB) schuldig macht, sind nach § 134 wirksam, wenn der anderen Partei der Verstoß nicht bekannt ist. Denn in diesem Fall ist die gutgläubige Partei schutzwürdig. Wirkt die andere Partei mit dem Täter kollusiv zum Nachteil eines Dritten zusammen, so ist es nach dem Schutzzweck des § 266 StGB geboten, die verbotswidrigen Verpflichtungs- und Verfügungsgeschäfte für unwirksam zu erachten.[587] Das Gleiche dürfte – zumindest nach § 138 – gelten, wenn sich der anderen Partei das treuwidrige Verhalten ihres Vertragspartners nachgerade aufdrängen musste.

---

574 BGHZ 136, 125, 132; Staudinger/*Sack*, § 134 Rn 287.
575 OLG Koblenz WM 1979, 1435, 1436 f.; Soergel/*Hefermehl*, § 134 Rn 65.
576 Vgl. Staudinger/*Sack*, § 134 Rn 289.
577 BGHZ 66, 199, 202; Palandt/*Heinrichs* § 134 Rn 23; RGRK/*Krüger-Nieland/Zöller*, § 134 Rn 128; Soergel/*Hefermehl*, § 134 Rn 67.
578 BGHZ 53, 152, 157 = NJW 1970, 609.
579 Vgl. BGHZ 53, 152, 156 f.; 115, 123, 125 = NJW 1991, 2955.
580 BGHZ 115, 123, 125 = NJW 1991, 2955, 2956; BGHZ 132, 313, 318 = NJW 1996, 1812, 1813; BGHZ 46, 24, 26 = NJW 1966, 1507, 1508.
581 BGHZ 132, 313, 318 = NJW 1996, 1812, 1813; vgl. auch MüKo/*Mayer-Maly/Armbrüster*, § 134 Rn 48, 52 und Staudinger/*Sack*, § 134 Rn 74 mit dem zutreffenden Hinweis, dass die Strafbarkeit beider Parteien nicht mit der Frage des Adressatenkreises identisch ist.
582 BGHZ 123, 313, 318 = NJW 1996, 1812, 1813.
583 Vgl. Staudinger/*Sack*, § 134 Rn 294.
584 Soergel/*Hefermehl*, § 134 Rn 24.
585 OLG Karlsruhe DAR 1990, 183; Staudinger/*Sack*, § 138 Rn 294.
586 OLG München NJW-RR 2002, 886, 887.
587 RGZ 78, 347, 352; Staudinger/*Sack*, § 134 Rn 294.

237 Nach verbreiteter Auffassung sind Rechtsgeschäfte, die den Tatbestand der **Hehlerei** (§ 259 StGB) erfüllen, nach § 134 nichtig.[588] Dem ist für das Verpflichtungsgeschäft zuzustimmen.[589] Für das Erfüllungsgeschäft enthalten die §§ 935, 185 dagegen vorrangige Sonderregelungen. Die Übereignung gestohlener Sachen ist hiernach zwar unwirksam (§ 935 Abs. 1); der Eigentümer kann jedoch die Verfügung genehmigen (§ 185 Abs. 1). Diese Möglichkeit darf dem Eigentümer nicht durch Rückgriff auf § 134 genommen werden.[590]

238 Entsprechendes gilt für die Veräußerung **unterschlagener** oder **veruntreuter** Sachen (§ 246 StGB). Die Wirksamkeit des Erfüllungsgeschäfts richtet sich hier allein nach §§ 932 ff.[591] Das Verpflichtungsgeschäft ist dagegen jedenfalls dann nach § 134 i.V.m. § 246 StGB unwirksam, wenn der andere Teil kollusiv mit dem Täter zusammengewirkt hat.

239 Verträge, die eine **Begünstigung oder Strafvereitelung** (§§ 257, 258 StGB) zum Inhalt haben, sind nach § 134 nichtig.[592] Zu beachten ist jedoch, dass die Zahlung einer Geldstrafe durch einen anderen nach neuerer Rechtsprechung den Tatbestand der Strafvereitelung (§ 258 StGB) nicht erfüllt.[593] Verspricht eine Partei der anderen die Übernahme der Geldstrafe für eine künftige Straftat, so ist die Vereinbarung aber zumindest nach § 138 Abs. 1 unwirksam.[594]

240 Eine Vereinbarung, die das Verbot der **Bestechung** und der **Vorteilnahme** (§§ 299 ff., 331 ff. StGB) verletzt, ist gemäß § 134 nichtig.[595] Demgegenüber ist ein Vertrag, der aufgrund einer Bestechung abgeschlossen worden ist, nicht automatisch nichtig. Vielmehr muss der **Folgevertrag** seinerseits von der Rechtsordnung derart missbilligt sein, dass auch ihm die Wirksamkeit zu versagen ist (vgl. hierzu auch § 138 Rn 301). Denn die Strafnormen beziehen sich auf die Bestechung selbst und nicht auf die Folgeverträge.[596]

241 Rechtsgeschäfte, die auf die strafbare **Verbreitung pornografischer Schriften** (§ 184 StGB) abzielen, sind nach § 134 nichtig.[597] Das Gleiche gilt für Verträge, die die **Beteiligung und Veranstaltung unerlaubten Glücksspiels** (§§ 284 ff. StGB) zum Inhalt haben.[598]

242 Erfüllt ein Rechtsgeschäft den Tatbestand des **§ 283c StGB** oder des **§ 288 StGB**, so gehen die Anfechtungsregeln der Insolvenzordnung und des Anfechtungsgesetzes der Nichtigkeit aus § 134 grundsätzlich vor. Sofern besondere, über die Gläubigerbenachteiligung hinausgehende Umstände hinzukommen, kann das Geschäft aber nach § 134 oder § 138 Abs. 1 nichtig sein.[599]

243 Verträge, die auf die Vornahme eines **strafbaren Schwangerschaftsabbruchs** gerichtet sind, sind nach § 134 i.V.m. § 218 StGB nichtig.[600] Der Vertrag über einen nach dem Beratungskonzept **rechtswidrigen, aber straflosen Schwangerschaftsabbruch** (§§ 218, 218a StGB) ist dagegen weder nach § 134 noch nach § 138 unwirksam.[601]

244 **c) Ordnungswidrigkeiten.** Die Nichtigkeit von Rechtsgeschäften kann auch aus einem Verstoß gegen das **OWiG** resultieren, wobei im Grundsatz wieder darauf abzustellen ist, ob sich die Verbotsnorm an alle Vertragsparteien richtet oder nur eine Partei betrifft. Besonders relevant ist das Verbot der **Werbung für Prostitution** (§ 120 Abs. 1 Nr. 2 OWiG). Der Verstoß gegen dieses Verbot führt zur Nichtigkeit der zivilrechtlichen Verträge.[602] Dies hat sich auch nach Erlass des ProstG nicht geändert,[603] da der Zweck des § 120 Abs. 1 Nr. 2 OWiG, der Jugendschutz, durch das Prostitutionsgesetz nicht infrage gestellt worden ist

---

588 So etwa MüKo/*Mayer-Maly/Armbrüster* § 134 Rn 53; Staudinger/*Sack*, § 134 Rn 20; *Larenz/Wolf*, BGB AT, § 40 Rn 15.
589 Für Nichtigkeit des Verpflichtungsgeschäfts auch Soergel/*Hefermehl*, § 134 Rn 24; *Scherner*, BGB AT, S. 225; a.A. Staudinger/*Sack*, § 134 Rn 293 (schwebende Unwirksamkeit).
590 Erman/*Palm*, § 134 Rn 94; Staudinger/*Sack*, § 134 Rn 293; *Scherner*, BGB AT, S. 224 f.
591 Vgl. Soergel/*Hefermehl*, § 134 Rn 24; Staudinger/*Sack*, § 134 Rn 293.
592 Vgl. BGHZ 41, 223 ff.; Erman/*Palm*, § 134 Rn 94; Staudinger/*Sack*, § 134 Rn 293.
593 BGHSt 37, 226, 229 = NJW 1991, 990.
594 Vgl. Erman/*Palm*, § 134 Rn 94 (auf § 134 abstellend).
595 BGHZ 141, 357, 359 = NJW 1999, 2266; OLG Karlsruhe BB 2000, 635; Erman/*Palm*, § 134 Rn 94; Soergel/*Hefermehl*, § 134 Rn 25.
596 BGHZ 141, 357, 360 = NJW 1999, 2266, 2267.
597 Zu § 184 Abs. 3 StGB vgl. OLG Hamburg MDR 1975, 226; zu § 184 Abs. 1 StGB BGH NJW 1981, 1439 (dort im Erg. wegen fehlender Verwirklichung des Straftatbestandes verneint); OLG Hamburg GRUR 1980, 998, 999.
598 OLG Köln OLGZ 71, 392, 394 (nicht genehmigte öffentliche Lotterie); OLG Nürnberg MDR 1978, 669 (verbotenes Glücksspiel).
599 BGH DB 1993, 1353, 1354; NJW 1973, 513; BB 1968, 1057; MüKo/*Mayer-Maly/Armbrüster*, § 134 Rn 58; a.A. zu § 288 StGB Palandt/*Heinrichs* § 134 Rn 25.
600 Vgl. AG Oeynhausen NJW 1998, 1799; Palandt/*Heinrichs*, § 134 Rn 14.
601 BVerfG 88, 203, 295 = NJW 1993, 1751, 1763; Erman/*Palm*, § 134 Rn 21; Staudinger/*Sack*, § 134 Rn 292; *Deutsch*, NJW 1993, 2361 ff.; a.A. MüKo/ *Mayer-Maly/Armbrüster*, § 138 Rn 66.
602 BGHZ 118, 182 = NJW 1992, 2557; a.A. AG Berlin-Köpenick NJW 2002, 1885.
603 MüKo/*Armbrüster* § 1 ProstG Rn 17; a.A. Palandt/ *Heinrichs* § 138 Rn 52.

(vgl. Anh. zu § 138 Rn 26).[604] Auch ein Verstoß gegen § 120 Abs. 1 Nr. 1 OWiG führt zur Nichtigkeit des Rechtsgeschäfts.[605]

21. Versicherungsrecht

Literatur: *Fahr/Kaulbach*, Versicherungsaufsichtsgesetz, 3. Auflage 2003; *Prölss/Schmidt*, Versicherungsaufsichtsgesetz, 11. Auflage 1997; *Winter*, Das Provisionsabgabeverbot in der Lebensversicherung – Grenzen und zivilrechtliche Auswirkungen, VersR 2002, 1055.

Ein Verstoß gegen **aufsichtsrechtliche Vorschriften** führt regelmäßig nicht zur Nichtigkeit des Versicherungsvertrags. So ist ein Versicherungsvertrag, der ohne die zum Geschäftsbetrieb erforderliche Erlaubnis (**§ 5 VAG**) oder auf der Grundlage einer nicht genehmigten Geschäftsplanänderung (**§ 13 VAG**) geschlossen wird, **nicht** nach § 134 **nichtig**.[606] 245

Ob der Verstoß gegen das in **§ 7 Abs. 2 VAG** geregelte Verbot, versicherungsfremde Geschäfte zu betreiben, die Nichtigkeit von entsprechenden Geschäften bewirkt, ist **umstritten**. Nach zutreffender h.M. sind Verträge über versicherungsfremde Leistungen **nicht** nach § 134 **nichtig**.[607] Das Verbot richtet sich nämlich einseitig an das Versicherungsunternehmen. Auch der Schutz des Vertragspartners bzw. der Verbraucherschutz gebietet keine andere Betrachtungsweise.[608] Vielmehr würde die Nichtigkeit des Vertrages gerade zum Nachteil des Vertragspartners wirken, da dieser die Erfüllung des Vertrages nicht mehr verlangen könnte.[609] 246

Ein weiteres sehr umstrittenes Problem ist, ob ein Verstoß gegen die durch eine Verordnung nach **§ 81 Abs. 2 S. 4 VAG**[610] erlassenen Verbote zur Nichtigkeit des Geschäfts führt. Der Sache nach geht es insbesondere um **Provisionsabgabeverbote**, die Vereinbarungen zwischen Versicherungsmakler und Versicherungsnehmer über die Teilung der Provision untersagen.[611] Das Provisionsabgabeverbot dient nach verbreiteter Ansicht zumindest auch dem **Schutz der Versichertengemeinschaft.** Man sieht die Gefahr, dass der Versicherungsmakler sich von dem Versicherungsunternehmen höhere Provisionen gewähren lässt, um seine Zahlungen an die Versicherungsnehmer auszugleichen; die höheren Provisionen würden dann vom Versicherungsunternehmen auf die Versichertengemeinschaft umgelegt.[612] Mit dieser Gefahr wird **teilweise** die Nichtigkeit entsprechender Abreden begründet.[613] Die **h.M.** geht hingegen von der Wirksamkeit der Provisionsabreden aus.[614] Dabei wird darauf verwiesen, dass sich das Verbot nur einseitig gegen den Versicherungsmakler richte.[615] Dem lässt sich freilich entgegenhalten, dass der Verstoß gegen ein einseitiges Verbot durchaus zur Nichtigkeit des Rechtsgeschäfts führen kann, wenn gewichtige Interessen Dritter, nämlich hier der Versichertengemeinschaft, berührt werden. Für die h.M. spricht indes, dass eine Provisionsabrede nicht notwendig zulasten der anderen Versicherungsnehmer geht, weil es von der internen Vorgehensweise des einzelnen Versicherungsunternehmens abhängt, ob höhere Provisionen gezahlt und auf die Versichertengemeinschaft umgelegt werden.[616] Auch wenn man der Gegenauffassung folgt, so sind jedenfalls die **Versicherungsverträge** selbst von der Nichtigkeit der Abreden nicht betroffen.[617] 247

---

604 Ebenso *Armbrüster*, NJW 2002, 2763, 2765.
605 MüKo/*Mayer-Maly/Armbrüster*, § 134 Rn 60.
606 Prölss/Schmidt/*Kollhosser*, § 13 VAG Rn 6; *Winter*, VersR 2002, 1055, 1062.
607 Fahr/Kaulbach/*Bähr*, § 7 VAG Rn 10a; Prölss/Schmidt/*Schmidt*, § 7 VAG Rn 12; a.A. LG Hamburg NVersZ 1999, 32, 35; OLG Hamburg VerBAV 2000, 163, 164; *Schwintowski*, VuR 2000, 200 mit der Begründung, dass nur so effektiver Konsumentenschutz zu erreichen sei.
608 Fahr/Kaulbach/*Bähr*, § 7 VAG Rn 10a; a.A. OLG Hamburg, VerBAV 2000, 163, 164.
609 So auch Fahr/Kaulbach/*Bähr*, § 7 VAG Rn 10a; Prölss/Schmidt/*Schmidt*, § 7 VAG Rn 12.
610 Eine Übersicht der Verordnungen im Rahmen der Missbrauchsaufsicht findet sich bei Prölss/Martin/*Kollhosser*, VVG, 26. Aufl.1998, Anh. §§ 43–48 VVG, Rn 55.
611 Eine andere Frage ist, ob Sondervergütungen durch den Versicherer selbst nach § 134 nichtig sind, vgl. hierzu LG Hamburg NVersZ 1999, 32, 33.
612 BGHZ 93, 177, 182 = NJW 1985, 3018; OLG Hamburg VerBAV 2000, 163, 165; OLG Hamburg VersR 1995, 817; OLG Celle VersR 1994, 856; OLG Köln VersR 1991, 1373, 1374; AG Hamburg NJW-RR 1993, 1372; Prölss/Schmidt/*Kollhosser*, § 81 VAG Rn 74 f.; Staudinger/*Sack*, § 134 Rn 306; *Schwarz*, NJW 1995, 491, 492 ff.; a.A. *Dreher*, VersR 1995, 1, 2; MüKo/*Mayer-Maly/Armbrüster*, § 134 Rn 68; krit. auch *Winter*, VersR 2002, 1055, 1057 f.
613 OLG Hamburg VerBAV 2000, 163, 165; *Schwintowski*, VuR 2000, 200; OLG Köln VersR 1991, 1373, 1374; *Schwarz*, NJW 1995, 491, 492 ff.; Staudinger/*Sack*, § 134 Rn 306.
614 BGH VersR 2004, 1029, 1030; OLG Frankfurt VersR 1995, 92, 94; OLG Celle VersR 1994, 856; Fahr/Kaulbach/*Bähr*, § 81 VAG Rn 34; MüKo/*Mayer-Maly/Armbrüster*, § 134 Rn 68; Palandt/*Heinrichs* § 134 Rn 24; Prölss/Schmidt/*Kollhosser*, § 81 VAG Rn 98; *Winter*, VersR 2002, 1955, 1064.
615 BGH VersR 2004, 1029, 1030; OLG Hamburg VersR 1995, 817; OLG Frankfurt VersR 1995, 92, 94; Bamberger/Roth/*Wendtland*, § 134 Rn 29; *Gruber*, in: Berliner Kommentar zum VVG, 1999, Anh. § 48 VVG Rn 21; Palandt/*Heinrichs* § 134 Rn 24; *Dreher*, VersR 1995, 1, 2; *Winter*, VersR 2002, 1055, 1063. Krit. zu dieser Begründung aber MüKo/*Mayer-Maly/Armbrüster*, § 134 Rn 68.
616 Vgl. OLG Celle VersR 1994, 856; *Winter*, VersR 2002, 1055, 1058.
617 Staudinger/*Sack*, § 134 Rn 306; *Winter*, VersR 2002, 1055, 1064 f.; a.A. *Schwintowski*, VuR 2000, 200, 201.

248 **22. Wertpapierrecht.** Art. 4 S. 1 ScheckG sieht vor, dass ein Scheck nicht angenommen werden kann. Bereits der Wortlaut der Vorschrift macht deutlich, dass es hier nicht um ein rechtliches Dürfen geht, sondern um eine Beschränkung der rechtlichen Gestaltungsmöglichkeit. Einem Rechtsgeschäft, bei dem sich jemand verpflichtet, den Scheck einzulösen, steht die Vorschrift nicht entgegen.[618]

249 Einlösungszusagen werden auch durch das **Scheckrückgabeabkommen** vom 1.11.1960 verboten.[619] Rechtsgeschäfte, die hiergegen verstoßen, sind jedoch schon deshalb **nicht** nach § 134 **unwirksam**, weil das Abkommen lediglich zwischen den Spitzenverbänden des Kreditgewerbes getroffen wurde und damit keine Rechtsnormen i.S.d. Art. 2 EGBGB enthält.[620]

250 Der **Widerruf eines Schecks** ist gemäß Art. 32 Abs. 1 ScheckG erst nach Ablauf der Vorlegungsfrist wirksam. Auch dies ist indes keine Verbotsnorm i.S.d. § 134.[621] Bezogener und Aussteller können daher wirksam vereinbaren, den Widerruf vorher zu beachten.

23. Wettbewerbsrecht

Literatur: *Antweiler*, Vergaberechtsverstöße und Vertragsnichtigkeit, DB 2001, 1975; *Baumbach/Hefermehl*, Wettbewerbsrecht, 23. Auflage 2004; *Boesen*, Das Vergaberechtsänderungsgesetz im Lichte der europarechtlichen Vorgaben, EuZW 1998, 551; *Canaris*, Nachträgliche Gesetzeswidrigkeit von Verträgen, geltungserhaltende Reduktion und salvatorische Klauseln im deutschen und europäischen Kartellrecht, DB 2002, 930; *Harte-Bavendamm/Henning-Bodewig*, Gesetz gegen den unlauteren Wettbewerb (UWG), 2004; *Köhler*, Das neue UWG, NJW 2004, 2121; *Immenga/Mestmäcker*, Gesetz gegen Wettbewerbsbeschränkungen, 3. Auflage 2001; *Fikentscher*, Horizontale Wettbewerbsbeschränkungen und Verträge mit Dritten, BB 1956, 793; *Reichelsdorfer*, § 1 UWG – ein Verbotsgesetz im Sinne von § 134 BGB?, WRP 1998, 142; *Sack*, Unlauterer Wettbewerb und Folgevertrag, WRP 1974, 445; *ders.*, Die Durchsetzung unlauter zustande gebrachter Verträge als unlauterer Wettbewerb?, WRP 2002, 396; *ders.*, Folgeverträge unlauteren Wettbewerbs, GRUR 2004, 625.

251 **a) Kartellrecht.** Wichtigste Norm des Kartellrechts ist **§ 1 GWB**. Die Vorschrift soll die Handlungsfreiheit des einzelnen Marktteilnehmers schützen und so den Wettbewerb fördern.[622] § 1 GWB dient also sowohl dem **Individualschutz** als auch dem **Schutz der Institution Wettbewerb**.[623] Um diesen doppelten Schutzzweck zu verwirklichen, muss der Verstoß gegen § 1 GWB gemäß § 134 die Nichtigkeit entsprechender Vereinbarungen nach sich ziehen.[624] Hiermit ist aber noch nicht geklärt, ob sich die Nichtigkeit auch auf Ausführungs- oder Folgeverträge erstreckt.[625]

252 Für den Begriff des **„Ausführungsvertrags"** existiert zwar keine eindeutige Definition, doch wird hierunter meist ein Vertrag verstanden, der mit der Kartellvereinbarung in unmittelbarem Zusammenhang steht, z.B. dessen Durchführung unterstützen soll.[626] Wird eine derartige Abrede zwischen den **Parteien** des nichtigen Kartellvertrags getroffen, so ist sie ebenfalls nach § 134 nichtig.[627] **Verträge mit Nichtwettbewerbern** können hingegen an sich nicht gegen § 1 GWB verstoßen, da es an einem Wettbewerbsverhältnis fehlt.[628] Allerdings erstreckt sich die Nichtigkeit des Kartellvertrages auf die Vereinbarung mit dem Dritten, wenn allein diese Vertikalvereinbarung der Kartellvereinbarung zur **Durchsetzung** verhelfen soll.

253 **Folgeverträge** sind Verträge mit Dritten, die auf einen Leistungsaustausch gerichtet sind und nicht der Durchführung der Kartellvereinbarung dienen.[629] Solche Verträge sind aus Gründen der **Rechtssicherheit** wirksam.[630] Denn eine generelle Erstreckung des Kartellverbotes auf alle Einzelverträge würde unabsehbare Störungen des Wirtschaftslebens nach sich ziehen.[631] Den Kunden wird jedoch ein Schadensersatzanspruch nach § 33 GWB gewährt.[632]

---

618 BGH WM 1956, 1293; WM 1975, 466; OLG Karlsruhe WM 1971, 877; RGRK/*Krüger-Nieland/Zöller*, § 134 Rn 123; Soergel/*Hefermehl*, § 134 Rn 84; Staudinger/*Sack*, § 134 Rn 274.
619 Abgedruckt bei Baumbach/*Hefermehl*, Wechsel- und Scheckgesetz, 20. Aufl. 1997, Anh. 11.
620 OLG Karlsruhe WM 1971, 877, 878; Soergel/*Hefermehl*, § 134 Rn 84; Staudinger/*Sack*, § 134 Rn 274; *Mayer-Maly*, in: FS Hefermehl 1976, S. 103, 110.
621 BGHZ 35, 217, 220; RGRK/*Krüger-Nieland/Zöller*, § 134 Rn 123; Staudinger/*Sack*, § 134 Rn 274; MüKo/*Mayer-Maly/Armbrüster*, § 134 Rn 74; *Mayer-Maly*, in: FS Hefermehl 1976, S. 103, 110.
622 Vgl. Immenga/Mestmäcker/*Zimmer*, § 1 GWB Rn 8.
623 Immenga/Mestmäcker/*Zimmer*, § 1 GWB Rn 9.
624 Immenga/Mestmäcker/*Zimmer*, § 1 GWB Rn 12, 322; MüKo/*Mayer-Maly/Armbrüster*, § 134 Rn 64; RGRK/*Krüger-Nieland/Zöller*, § 134 Rn 135.
625 MüKo/*Mayer-Maly/Armbrüster*, § 134 Rn 65.
626 Vgl. Immenga/Mestmäcker/*Zimmer*, § 1 GWB Rn 340.
627 OLG Frankfurt OLGZ 1968, 279, 283 f.; Immenga/Mestmäcker/*Zimmer*, § 1 GWB Rn 340; RGRK/*Krüger-Nieland/Zöller*, § 134 Rn 136.
628 Vgl. auch OLG Frankfurt OLGZ 1968, 279, 281.
629 Vgl. die Fallkonstellation bei BGH NJW 1956, 1201.
630 *Fikentscher*, BB 1956, 793, 794; krit. MüKo/*Mayer-Maly/Armbrüster*, § 134 Rn 65.
631 Vgl. BGH NJW 1956, 1201, Immenga/Mestmäcker/*Zimmer*, § 1 GWB Rn 341; RGRK/*Krüger-Nieland/Zöller*, § 134 Rn 135; Staudinger/*Sack*, § 134 Rn 249.
632 Vgl. BGHZ 64, 232, 237 f.; 86, 324, 330.

Gesetzliches Verbot § 134

Ob der Verstoß gegen das Diskriminierungsverbot des **§ 20 GWB** nach § 134 zur Nichtigkeit eines Vertrages führt, ist umstritten. In der Literatur wird teilweise die Auffassung vertreten, die Nichtigkeit diskriminierender Verträge und deren Rückabwicklung nach Bereicherungsrecht entsprächen nicht den Interessen der Parteien.[633] Für eine Qualifikation als Verbotsnorm spricht jedoch der Wortlaut des § 20 GWB. Außerdem bietet die Annahme der Nichtigkeit den wirkungsvollsten Schutz gegen Diskriminierungen.[634] Eine Ausnahme von der Nichtigkeitsfolge muss aber gelten, wenn die Diskriminierung durch Bevorzugung anderer Marktteilnehmer erfolgt, die an dem Gesetzesverstoß nicht beteiligt sind. Hier gebieten die Interessen der anderen Marktteilnehmer die Aufrechterhaltung der mit ihnen geschlossenen Verträge.[635] 254

Auch die **§§ 14, 17 und 19 GWB** sowie die **§§ 115 Abs. 1 und 118 Abs. 1, 3 GWB** sind Verbotsgesetze i.S.d. § 134.[636] Hiergegen verstoßende Abreden sind aus Gründen des Wettbewerbsschutzes nichtig.[637] Der Verstoß gegen die **§§ 97 ff. GWB** führt demgegenüber nicht nach § 134 zur Nichtigkeit der Abrede. Dies lässt sich aus § 114 GWB ableiten.[638] 255

Auf **europäischer Ebene** sind die Art. 23, 25, 81 und 82 EGV von kartellrechtlichem Interesse. **Art. 23 und 25 EGV** verbieten Ein- und Ausfuhrzölle oder Abgaben gleicher Wirkung zwischen den Mitgliedstaaten. Vereinbarungen, die gegen Art 23 und 25 EGV verstoßen, sind nach § 134 nichtig.[639] Nach **Art. 81 Abs. 1 EGV** sind wettbewerbsbeschränkende Vereinbarungen verboten. Da Art. 81 Abs. 2 EGV die Nichtigkeit selbst anordnet, ist ein Rückgriff auf § 134 aber nicht erforderlich. Der **Missbrauch einer marktbeherrschenden Stellung** auf dem Gemeinsamen Markt wird durch Art. 82 EGV verboten. Die Vorschrift enthält keine eigene Nichtigkeitsanordnung. Hier muss daher auf § 134 zurückgegriffen werden.[640] 256

b) Unlauterer Wettbewerb. Verträge zwischen einem Unternehmer und seinen Kunden, die aufgrund eines Verstoßes gegen die wettbewerbsrechtliche **Generalklausel des § 3 UWG** (§ 1 UWG a.F.) zustande kommen (sog. **Folgeverträge**), sind nach allgemeiner Ansicht nicht nach § 134 nichtig, weil das UWG nicht den **Inhalt** derartiger Rechtsgeschäfte verbieten will.[641] Die Interessen des Kunden werden in solchen Fällen durch die Anfechtungsmöglichkeit nach §§ 119, 123 sowie die sonstigen zivilrechtlichen Ansprüche und Rechte gewahrt.[642] Ist ein Vertrag **unmittelbar** auf die Begehung unlauteren Wettbewerbs gerichtet, so ist § 134 dagegen anwendbar.[643] Nach der Rechtsprechung ist hierfür erforderlich, dass „der rechtsgeschäftlichen Verpflichtung selbst die Wettbewerbswidrigkeit des Verhaltens innewohnt".[644] 257

Für die Beispielstatbestände der **§§ 4–7 UWG** gilt schon aus systematischen Gründen das Gleiche wie für die Generalklausel des § 3 UWG. Der Verstoß gegen diese Tatbestände führt also nicht nach § 134 zur Unwirksamkeit von Folgeverträgen. Da das Verbot irreführender Werbung nach **§ 16 Abs. 1 UWG** sich ebenfalls nicht gegen den Inhalt der aufgrund der Werbung geschlossenen Folgeverträge richtet, ist § 134 auch hier nicht anwendbar.[645] Den Kunden stehen aber regelmäßig Gewährleistungsansprüche nach §§ 434 Abs. 1 S. 3, 437 zu.[646] Im Übrigen kommt eine Anfechtung des Vertrages nach § 123 in Betracht.[647] Demgegenüber stellt das Verbot der progressiven Kundenwerbung in **§ 16 Abs. 2 UWG** ein Verbotsgesetz i.S.d. § 134 dar (vgl. dazu auch § 138 Rn 342).[648] Desgleichen sind Vereinbarungen über den Verrat von Geschäfts- und Betriebsgeheimnissen nach § 134 i.V.m. **§ 17 UWG** nichtig.[649] Nach 258

---

633 Staudinger/*Sack*, § 134 Rn 249.
634 So *van Venrooy*, BB 1979, 555, 556; MüKo/*Mayer-Maly*, 3. Aufl., § 134 Rn 56, jeweils zu § 26 GWB a.F.; vgl. auch Immenga/Mestmäcker/*Markert*, § 20 GWB Rn 226.
635 Immenga/Mestmäcker/*Markert*, § 20 GWB Rn 226; *Bechthold*, GWB, 3. Aufl. 2002, § 20 Rn 56.
636 Vgl. *Antweiler*, DB 2001, 1975, 1979; *Boesen*, EuZW 1998, 551, 558.
637 Staudinger/*Sack*, § 134 Rn 248.
638 S. auch Staudinger/*Sack*, § 134 Rn 249.
639 BVerwGE 70, 41, 44 f.
640 Staudinger/*Sack*, § 134 Rn 313; *Emmerich*, AG 2001, 520, 523 ff.
641 So zu § 3 UWG Baumbach/Hefermehl/*Köhler*, § 3 UWG Rn 65; *Köhler*, NJW 2004, 2121, 2123; *Sack*, GRUR 2004, 625, 626; zu § 1 UWG a.F. BGHZ 110, 156, 174 f.; BGH NJW 1998, 2531, 2533; 1999, 2266, 2267; Köhler/Piper/*Köhler*, UWG, 3. Aufl. 2002, § 1 Rn 941; MüKo/*Mayer-Maly/Armbrüster*, § 134 Rn 67; Staudinger/*Sack*, § 134 Rn 304.
642 Ausf. zu den Rechten des Kunden bei unlauterem Wettbewerb *Sack*, GRUR 2004, 625 ff.
643 Vgl. Harte-Bavendamm/Henning-Bodewig/*Ahrens*, Einl. F Rn 157; *Sack*, GRUR 2004, 625, 626; zu § 1 UWG a.F. BGHZ 110, 156, 175; BGH NJW 1998, 2531; 1999, 2266, 2267; MüKo/*Mayer-Maly/Armbrüster*, § 134 Rn 67; Staudinger/*Sack*, § 134 Rn 300; *Reichelsdorfer*, WRP 1998, 142, 144.
644 BGH NJW 1998, 2531, 2533; 1999, 2266, 2267 (zu § 1 UWG a.F.).
645 Baumbach/Hefermehl/*Bornkamm*, § 16 UWG Rn 29, 50; Alexander, WRP 2004, 407, 421.
646 Begr. BT-Drucks 15/1487, S. 14 f.; *Sack*, GRUR 2004, 625, 627 f.
647 Baumbach/Hefermehl/*Bornkamm*, § 16 UWG Rn 29.
648 Baumbach/Hefermehl/*Bornkamm*, § 16 UWG Rn 50; *Alexander*, WRP 2004, 407, 421.
649 Vgl. zu § 17 UWG a.F. Staudinger/*Sack*, § 138 Rn 299. Zu den zivilrechtlichen Ansprüchen des Geschädigten in solchen Fällen vgl. Baumbach/Hefermehl/*Bornkamm*, § 17 UWG Rn 51 ff.

der Rechtsprechung waren schließlich auch die §§ 6b, 7, 8 UWG a.F. als Verbotsgesetze i.S.d. § 134 anzusehen.[650]

24. Zivilprozessrecht

Literatur: *Lachmann*, Schiedsvereinbarungen im Praxistest, BB 2000, 1633.

259 Bis zur Reform des Schiedsverfahrensrechts durch das SchiedsVfG v. 22.12.1997 war eine vertragliche Vereinbarung, die gegen das **Gebot der überparteilichen Besetzung des Schiedsgerichts** verstieß, nach § 134 nichtig (vgl. Rn 20).[651] Seit In-Kraft-Treten der Reform am 1.1.1998 trifft der neue § 1034 Abs. 2 ZPO für diese Problematik eine spezielle Regelung, die die Nichtigkeitsfolge aus § 134 verdrängt.[652] Dies gilt auch dann, wenn eine Partei es unterlassen hat, einen Schiedsrichter zu benennen, und folglich gemäß der vertraglichen Absprache allein der Schiedsrichter der anderen Vertragspartei den Schiedsspruch fällt.[653]

C. Weitere praktische Hinweise

260 Die Nichtigkeit nach § 134 ist eine **Einwendung**, die von Amts wegen zu beachten ist. Die tatsächlichen Voraussetzungen für die Annahme eines Gesetzesverstoßes müssen aber von der Partei **dargelegt** und **bewiesen** werden, die sich auf die Nichtigkeit des Geschäfts beruft.[654]

261 Verstößt eine einzelne Vertragsklausel (möglicherweise) gegen eine Verbotsnorm, so können die Parteien die Aufrechterhaltung des Vertrages im Ganzen nicht dadurch sicherstellen, dass sie in den Vertrag eine Klausel aufnehmen, wonach die Nichtigkeit einzelner Vereinbarungen die Gültigkeit des Vertrages im Ganzen unberührt lässt (sog. **salvatorische Klausel**).[655] Ob der Gesetzesverstoß zur Nichtigkeit des gesamten Vertrages führt, hängt nämlich im Rahmen des § 134 allein vom Zweck des Gesetzes ab; der Parteiwille ist insoweit irrelevant.

§ 135 Gesetzliches Veräußerungsverbot

(1) ¹Verstößt die Verfügung über einen Gegenstand gegen ein gesetzliches Veräußerungsverbot, das nur den Schutz bestimmter Personen bezweckt, so ist sie nur diesen Personen gegenüber unwirksam. ²Der rechtsgeschäftlichen Verfügung steht eine Verfügung gleich, die im Wege der Zwangsvollstreckung oder der Arrestvollziehung erfolgt.

(2) ¹Die Vorschriften zugunsten derjenigen, welche Rechte von einem Nichtberechtigten herleiten, finden entsprechende Anwendung.

Literatur: *Berger*, Rechtsgeschäftliche Verfügungsbeschränkungen, 1998; *Bülow*, Grundfragen der Verfügungsverbote, JuS 1994, 1; *Denck*, Die Relativität im Privatrecht, JuS 1981, 9; *Foerste*, Grenzen der Durchsetzung von Verfügungsbeschränkung und Erwerbsverbot im Grundstücksrecht, 1986; *Kohler*, Das Verfügungsverbot gemäß § 938 Abs. 2 ZPO im Liegenschaftsrecht, 1983; *ders.*, Das Verfügungsverbot lebt, JZ 1983, 869; *ders.*, Eigentumserwerb des durch Verfügungsverbot Geschützten an verbotswidrig veräußerten Mobilien, Jura 1991, 349; *Ruhwedel*, Grundlagen und Rechtswirkungen sogenannter relativer Veräußerungsverbote, JuS 1980, 161; *Wieling*, Jus ad rem durch einstweilige Verfügung, JZ 1982, 839.

A. Allgemeines 1	I. Gesetzliches Veräußerungsverbot zum
I. Normzweck 1	Schutz bestimmter Personen 7
II. Abgrenzungen 2	1. Begriff des gesetzlichen Veräußerungs-
1. Relative und absolute Veräußerungs-	verbots 7
verbote 2	2. Beispiele 10
2. Gesetzliche Verfügungsbeschränkungen . 4	3. Fazit 14
3. Güterrechtliche Verfügungsbeschrän-	II. Geschützte Personen 15
kungen, §§ 1365, 1369 5	III. Reichweite des Schutzes 16
4. Verlust der Verfügungsbefugnis nach	1. Verfügung 16
§ 81 InsO 6	2. Gegenstand 20
B. Regelungsgehalt 7	IV. Rechtsfolgen 23

---

650 Vgl. Staudinger/*Sack*, § 138 Rn 298 m.w.N.
651 BGHZ 51, 255, 262 = NJW 1969, 750, 751; Staudinger/*Sack*, § 134 Rn 308.
652 So auch Thomas/Putzo/*Thomas*, § 1034 Rn 4; *Lachmann*, BB 2000, 1633, 1638.
653 Vgl. Thomas/Putzo/*Thomas*, § 1034 Rn 3 mit Hinweis auf BGHZ 54, 392, 396 f.
654 Vgl. BGH NJW 1983, 2018, 2019; Bamberger/Roth/*Wendtland*, § 134 Rn 30; Palandt/*Heinrichs*, § 134 Rn 12c.
655 MüKo/*Mayer-Maly*/*Armbrüster*, § 134 Rn 109.

1. Relative Unwirksamkeit der Verfügung . 23
2. Verwirklichung des Veräußerungsverbots 24
   a) Verbotswidrige Veräußerung beweglicher Sachen 25
   b) Verbotswidrige Veräußerung unbeweglicher Sachen 28
   c) Verbotswidrige Veräußerung von Forderungen und Rechten 29
3. Gutgläubiger Erwerb (Abs. 2) 30
   a) Gutgläubiger Erwerb im Vollstreckungsverfahren 31
   b) Die einzelnen Möglichkeiten des gutgläubigen Erwerbs 33
   c) Sonstige Ansprüche des Geschützten 34
      aa) Ansprüche gegen den Veräußerer 34
      bb) Ansprüche gegen den Erwerber 35
4. „Heilung" der relativen Unwirksamkeit . 36
C. Weitere praktische Hinweise 37

A. Allgemeines

I. Normzweck

§ 135 regelt die Wirkungen gesetzlicher Veräußerungsverbote. Verstößt das Rechtsgeschäft gegen ein solches Verbot, so ist dies an sich ein Fall des § 134.[1] Soll das Veräußerungsverbot die **Interessen Einzelner** schützen, so würde die regelmäßige Rechtsfolge des § 134 (Totalnichtigkeit) jedoch über den Schutzzweck hinausgehen. Es genügt, dass das Rechtsgeschäft im Verhältnis zu dem Geschützten unwirksam ist. Der Gesetzgeber hat sich deshalb dafür entschieden, das verbotswidrige Geschäft in diesen Fällen für **relativ unwirksam** zu erklären (Abs. 1).[2] Im Verhältnis zu § 134 handelt es sich um eine vorrangige Sonderregelung. § 134 bleibt aber für **absolute Veräußerungsverbote** maßgeblich, die dem Schutz von Interessen der Allgemeinheit dienen (vgl. § 134 Rn 2).

II. Abgrenzungen

1. Relative und absolute Veräußerungsverbote. Die Abgrenzung zwischen relativen und absoluten Veräußerungsverboten richtet sich nach dem **Schutzzweck** der jeweiligen Verbotsnorm. Soll die Norm lediglich einzelne Personen schützen, so handelt es sich um ein relatives Veräußerungsverbot. Dient die Norm dem Schutz von Allgemeininteressen, so ist von einem absoluten Veräußerungsverbot auszugehen.[3] Nicht von § 135 erfasst werden auch Veräußerungsverbote zum Schutz des Verfügenden. Die Vorschrift hat nämlich nicht den Zweck, den Verfügenden vor sich selbst zu schützen.[4]

Absolute Veräußerungsverbote finden sich lediglich außerhalb des BGB. Zu nennen sind etwa das Verbot des In-Verkehr-Bringens von gesundheitsschädigenden Lebensmitteln (§§ 8 f. LMBG), das Verbot des Handeltreibens mit Betäubungsmitteln (§ 29 BtMG) sowie die Regelungen über den Handel mit Arzneimitteln (§§ 43 ff. ArzneimittelG).[5] Verstößt eine Verfügung gegen ein absolutes Veräußerungsverbot, so ist sie im Allgemeinen nach § 134 **im Verhältnis zu jedermann** (absolut) **nichtig**.[6] Anders als bei relativen Veräußerungsverboten (Abs. 2) kommt ein **gutgläubiger Erwerb** nicht in Betracht. Eine Eintragung ins Grundbuch ist daher grundsätzlich weder erforderlich noch zulässig.[7]

2. Gesetzliche Verfügungsbeschränkungen. Ebenso wie § 134 (dort Rn 13 f.) bezieht § 135 sich allein auf das rechtliche **Dürfen**. Die Vorschrift setzt damit voraus, dass der Adressat die Verfügung an sich vornehmen kann. Sie gilt also nicht für Verfügungsbeschränkungen, die schon das rechtliche **Können** betreffen,[8] wie z.B. der vertragliche Ausschluss der Abtretung nach § 399 Alt. 2[9] und das „Verbot" von Verfügungen des Gesellschafters über seinen Anteil am Gesellschaftsvermögen in § 719 Abs. 1.[10]

3. Güterrechtliche Verfügungsbeschränkungen, §§ 1365, 1369. Keine Anwendungsfälle des § 135 sind auch die güterrechtlichen Verfügungsbeschränkungen nach §§ 1365, 1369. Die h.M. begründet dies damit, dass die §§ 1365, 1369 **absolute Veräußerungsverbote** statuieren.[11] Die Gegenauffassung stellt darauf ab, dass es sich um **gesetzliche Verfügungsbeschränkungen** handelt.[12] Einigkeit besteht jedenfalls darüber, dass das Rechtsgeschäft bei einem Verstoß gegen die §§ 1365, 1369 absolut unwirksam ist und dass

---

1 Staudinger/*Kohler*, § 135 Rn 1.
2 Vgl. Motive I, S. 212 = *Mugdan* I, S. 469 f.
3 Motive I, S. 212 = *Mugdan* I, S. 469 f.; Staudinger/*Kohler*, § 135 Rn 42 ff.
4 Vgl. MüKo/*Mayer-Maly/Armbrüster*, § 135 Rn 7; *Medicus*, BGB AT, Rn 667.
5 Vgl. BGH NJW 1983, 636 (zu § 29 BtMG); MüKo/ *Mayer-Maly/Armbrüster*, § 135 Rn 9.
6 BGHZ 19, 355, 359; Bamberger/Roth/*Wendtland*, § 135 Rn 6.
7 Soergel/*Hefermehl*, § 135 Rn 7.
8 BGHZ 13, 179, 184; Jauernig/*Jauernig*, §§ 135, 136 Rn 3.
9 Vgl. BGHZ 40, 156, 160; 56, 228, 231; *Bülow*, JuS 1994, 1, 8; a.A. *Denck*, JuS 1981, 9, 12.
10 BGHZ 13, 179, 184; *Medicus*, BGB AT, Rn 669.
11 BGHZ 40, 218, 219 ff.; Jauernig/*Berger*, vor §§ 1365–1369 Rn 11.
12 Soergel/*Hefermehl*, §§ 135, 136 Rn 11; *Medicus*, BGB AT, Rn 670.

ein gutgläubiger Erwerb nach Abs. 2 nicht in Betracht kommt.[13] Bei der Veräußerung einzelner Gegenstände ist § 1365 nach h.M. allerdings nur dann anwendbar, wenn der Vertragspartner positiv weiß, dass es sich um nahezu das ganze Vermögen des Ehegatten handelt, oder wenn er zumindest die Umstände kennt, aus denen sich dies ergibt.[14]

6 **4. Verlust der Verfügungsbefugnis nach § 81 InsO.** Kein relatives Veräußerungsverbot ist schließlich der Verlust der Verfügungsbefugnis nach § 81 Abs. 1 S. 1 InsO. Verfügt der Schuldner nach Eröffnung des Insolvenzverfahrens über einen Gegenstand der Insolvenzmasse, so ist die Verfügung gegenüber jedermann **(absolut) unwirksam**.[15] Zur Einordnung des Verfügungsverbots durch das Insolvenzgericht nach § 21 Abs. 2 Nr. 2 InsO vgl. § 136 Rn 4.

B. Regelungsgehalt
I. Gesetzliches Veräußerungsverbot zum Schutz bestimmter Personen

7 **1. Begriff des gesetzlichen Veräußerungsverbots.** § 135 setzt zunächst ein gesetzliches Veräußerungsverbot voraus. Der Begriff der Veräußerung ist in einem weiten Sinne zu verstehen. Erfasst wird nicht nur die **Übertragung** eines Rechts, sondern auch dessen **Aufhebung, Änderung** oder **Belastung**.[16] Die Vorschrift gilt somit für sämtliche Verfügungen. Ob § 135 auf **gesetzliche Erwerbsverbote** entsprechend anwendbar ist, kann dahinstehen, weil das deutsche Recht keine solchen Verbote mehr kennt.[17] Insbesondere sind gesetzliche Erwerbsbeschränkungen für Ausländer und ausländische juristische Personen gemäß Art. 86 S. 1 EGBGB vom 30.7.1998 an nicht mehr anwendbar. Zur Anwendbarkeit der §§ 135, 136 auf gerichtliche Erwerbsverbote siehe § 136 Rn 17.

8 Das Verbot muss sich gegen das **Verfügungsgeschäft** richten. § 311b Abs. 2 und 4 beziehen sich auf das **Verpflichtungsgeschäft** und werden daher von § 135 nicht erfasst.[18]

9 Das Veräußerungsverbot darf nur den Schutz von **bestimmten Personen** bezwecken. Soll das Verbot die Interessen der **Allgemeinheit** oder eines **unbestimmten Personenkreises** schützen, so ist § 135 nicht anwendbar.[19] Maßgeblich ist vielmehr § 134 (siehe Rn 1).

10 **2. Beispiele.** Welche Bestimmungen ein gesetzliches Veräußerungsverbot zum Schutz von bestimmten Personen enthalten, ist umstritten. Einigkeit besteht aber darüber, dass der **unmittelbare Anwendungsbereich** des § 135 **gering** ist.[20] Die praktische Bedeutung der Vorschrift ergibt sich vor allem daraus, dass § 136 für behördliche Veräußerungsverbote auf sie verweist.

11 Ob § 135 **im Rahmen des BGB** überhaupt einen **Anwendungsbereich** hat, ist zweifelhaft. Die Rechtsprechung geht traditionell davon aus, dass die Unübertragbarkeit des Vorkaufsrechts nach § 473 (§ 514 a.F.) ein gesetzliches Veräußerungsverbot i.S.d. § 135 darstellt.[21] Vorzugswürdig ist jedoch die Annahme, dass § 473 (ebenso wie etwa § 719) nicht das rechtliche **Dürfen**, sondern das rechtliche **Können** beschränkt (siehe allgemein Rn 4). Der Verstoß gegen § 473 führt daher zu absoluter Unwirksamkeit. § 135 ist nicht anwendbar.[22]

12 Relative Veräußerungsverbote enthalten die **§§ 1124, 1126, 1128**. Da die Folgen eines Verstoßes hier abschließend geregelt werden, bleibt für § 135 jedoch kein Raum.[23]

---

13 Vgl. Palandt/*Heinrichs*, §§ 135, 136 Rn 2a; Staudinger/*Kohler*, § 135 Rn 54.
14 Sog. subjektive Theorie, vgl. BGHZ 43, 174; Jauernig/*Berger*, § 1365 Rn 3.
15 Vgl. MüKo/*Mayer-Maly/Armbrüster*, § 135 Rn 28; Staudinger/*Kohler*, § 135 Rn 45.
16 Motive I, S. 212 = *Mugdan* I, S. 470; Soergel/*Hefermehl*, §§ 135, 136 Rn 1.
17 Staudinger/*Kohler*, § 135 Rn 35.
18 Vgl. Soergel/*Hefermehl*, §§ 135, 136 Rn 4; Staudinger/*Kohler*, § 135 Rn 15.
19 MüKo/*Mayer-Maly/Armbrüster,* § 135 Rn 7; Staudinger/*Kohler*, § 135 Rn 43.
20 Vgl. BGHZ 13, 179, 184; Palandt/*Heinrichs*, §§ 135, 136 Rn 3; *Bork*, BGB AT, Rn 1137.
21 RGZ 148, 105, 111 ff.; 163, 142, 155; BGH WM 1963, 617, 619; dem folgend HK-BGB/*Saenger*, § 473 Rn 1; Palandt/*Putzo*, § 473 Rn 2; RGRK/*Mezger*, § 514 Rn 1.
22 So etwa MüKo/*Mayer-Maly/Armbrüster*, § 135 Rn 17; Staudinger/*Kohler*, § 135 Rn 29; *Bülow*, JuS 1994, 1, 3.
23 So auch *Bülow*, JuS 1994, 1, 2.

Auch **außerhalb des BGB** finden sich einige relative Veräußerungsverbote. Zu nennen ist etwa **§ 156 Abs. 1 VVG**.[24] Die einschlägigen Vorschriften enthalten jedoch meist eigenständige Rechtsfolgeregelungen, so dass auf § 135 wieder nicht zurückgegriffen werden muss.[25]

3. Fazit. Der geringe unmittelbare Anwendungsbereich des § 135 beruht auf einem **Wandel des Rechtsverständnisses**. Der historische Gesetzgeber hat sich bei der Kodifizierung des § 135 noch davon leiten lassen, dass das relative gesetzliche Veräußerungsverbot im römischen und im gemeinen Recht ein allgemein anerkanntes Rechtsinstitut war.[26] Das moderne Recht hat dagegen zahlreiche andere Mittel entwickelt, um die Interessen Einzelner wirksam zu schützen. Im Vordergrund stehen nicht mehr Veräußerungsverbote, sondern Beschränkungen der Verfügungsmacht.[27] Schon bei In-Kraft-Treten des BGB gab es deshalb für § 135 nur wenige Anwendungsfälle. Nach In-Kraft-Treten des BGB ist die Bedeutung des § 135 weiter zurückgegangen, weil sich das dogmatische Verständnis bei einigen einschlägigen Vorschriften (z.B. §§ 399, 473, 719) gewandelt hat. Soweit relative Veräußerungsverbote heute im Gesetz überhaupt noch vorkommen, werden die Rechtsfolgen in den jeweiligen Vorschriften meist eigenständig geregelt.[28] § 135 hat daher auch hier keine praktische Bedeutung.

II. Geschützte Personen

Welche Personen geschützt sind, ist nicht dem § 135 selbst zu entnehmen, sondern ergibt sich aus dem jeweiligen **Verbotsgesetz**.[29] Sieht man § 473 als relatives gesetzliches Veräußerungsverbot an (Rn 11), so ist die Übertragung des Vorkaufsrechts nur dem Verkaufsverpflichteten gegenüber unwirksam.[30] Für die Haftpflichtversicherung ordnet § 156 VVG ausdrücklich an, dass Verfügungen über die Entschädigungsforderung aus dem Versicherungsverhältnis (nur) dem geschädigten Dritten gegenüber unwirksam sind.[31]

III. Reichweite des Schutzes

1. Verfügung. § 135 gilt für alle **rechtsgeschäftlichen Verfügungen** (Rn 8). Die zugrunde liegenden Verpflichtungsgeschäfte werden dagegen nicht erfasst.[32]

Nach Abs. 1 S. 2 stehen Verfügungen im Wege der **Zwangsvollstreckung** oder der **Arrestvollziehung** den rechtsgeschäftlichen Verfügungen gleich. Die geschützten Personen können gegen entsprechende Maßnahmen nach §§ 772 S. 2, 771 ZPO Drittwiderspruchsklage erheben.[33] Daneben kommt eine Erinnerung nach § 766 ZPO in Betracht.[34]

Auf Verfügungen durch den **Insolvenzverwalter** ist § 135 nicht anwendbar.[35] Ein gegen den Schuldner bestehendes relatives Veräußerungsverbot nach §§ 135, 136 ist im Insolvenzverfahren grundsätzlich unbeachtlich (§ 80 Abs. 2 S. 1 InsO). Die Vorschriften über die Wirkungen einer Pfändung oder einer Beschlagnahme im Wege der Zwangsvollstreckung bleiben aber unberührt (§ 80 Abs. 2 S. 2 InsO).

Für **Verwaltungsakte** ist die Kategorie der relativen Unwirksamkeit nicht sachgemäß. § 135 kann daher weder direkt noch entsprechend angewendet werden. Das Verbot von Beitragserstattungen nach § 10d VAHRG ist damit kein Anwendungsfall des § 135.[36]

2. Gegenstand. Die Verfügung muss sich auf einen Gegenstand beziehen. Der Begriff des Gegenstands ist weit zu verstehen. Nach allgemeiner Ansicht umfasst er alles, was **Objekt von Rechten** sein kann.[37] Dazu

---

24 Zur dogmatischen Einordnung des § 156 Abs. 1 VVG als relatives Veräußerungsverbot vgl. *Baumann*, in: Berliner Kommentar zum VVG, 1999, § 156 Rn 3; MüKo/*Mayer-Maly/Armbrüster*, § 135 Rn 29; dagegen Staudinger/*Kohler*, § 135 Rn 27. Die h.M. sieht auch den Abtretungsausschluss nach § 98 VVG als relatives Veräußerungsverbot an (BGH VersR 1994, 172; *Kollhosser*, in Prölss/Martin, VVG, 26. Aufl. 1998, § 98 Rn 3). Hier dürfte es sich jedoch eher um eine Verfügungsbeschränkung handeln. Wird eine Forderung entgegen § 98 VVG abgetreten, so ist die Abtretung absolut unwirksam, vgl. *Dörner/Staudinger*, in: Berliner Kommentar zum VVG, 1999, § 98 VVG Rn 7.
25 Vgl. *Bülow*, JuS 1994, 1, 2; MüKo/*Mayer-Maly/Armbrüster*, § 135 Rn 29.
26 Vgl. *Ruhwedel*, JuS 1980, 161, 165.
27 Vgl. *Berger*, S. 23.
28 *Berger*, S. 23.
29 Jauernig/*Jauernig*, §§ 135, 136 Rn 5; Palandt/*Heinrichs*, §§ 135, 136 Rn 4.
30 Vgl. RGZ 148, 105, 111 ff.; RGRK/*Mezger*, § 514 Rn 1.
31 Zu den Folgen einer verbotswidrigen Verfügung bei § 156 VVG vgl. *Baumann*, in: Berliner Kommentar zum VVG, 1999, § 156 Rn 18.
32 Bamberger/Roth/*Wendtland*, § 135 Rn 2; Soergel/*Hefermehl*/, §§ 135, 136 Rn 24.
33 Vgl. Palandt/*Heinrichs*, §§ 135, 136 Rn 6; Staudinger/*Kohler*, § 135 Rn 17.
34 Vgl. *Ruhwedel*, JuS 1980, 161, 166.
35 MüKo/*Mayer-Maly/Armbrüster*, § 135 Rn 42; Staudinger/*Kohler*, § 135 Rn 18.
36 BGH NJW 1995, 135; Staudinger/*Kohler*, § 135 Rn 14.
37 Bamberger/Roth/*Wendtland*, § 135 Rn 3; Palandt/*Heinrichs*, Überbl. v. § 90 Rn 2.

gehören neben den beweglichen und unbeweglichen Sachen auch unkörperliche Objekte wie Elektrizität, Forderungen, Immaterialgüterrechte und sonstige Vermögensrechte.[38]

21 Nach dem Schutzzweck des § 135 muss der betreffende Gegenstand als **Objekt einer Verfügung** in Betracht kommen.[39] Da Unternehmen oder Praxen als solche keine tauglichen Verfügungsobjekte sind, werden sie nicht vom Begriff des Gegenstands in § 135 erfasst.[40]

22 Keine tauglichen Objekte einer Verfügung sind Gegenstände, die aufgrund ihrer Natur generell **nicht veräußerlich** sind.[41] **Forderungen**, die gemäß §§ 399 Alt. 1, 400 **nicht abtretbar** sind, werden daher nicht von § 135 erfasst. Das Gleiche gilt für den **Nießbrauch** (§ 1059 S. 1).

IV. Rechtsfolgen

23 **1. Relative Unwirksamkeit der Verfügung.** Verstößt eine Verfügung gegen ein Veräußerungsverbot i.S.d. § 135, so ist sie lediglich im Verhältnis zu der geschützten Person (Rn 1) unwirksam, im Übrigen aber wirksam. Welche genauen Auswirkungen die relative Unwirksamkeit im Fall einer verbotswidrigen Verfügung hat, ist umstritten.[42] Ein großer Teil der Literatur geht im Anschluss an *v. Tuhr*[43] von einer **„Duplizität des Rechtssubjekts"** aus. Danach bleibt der Veräußerer im Verhältnis zu den geschützten Personen Eigentümer der Sache oder Inhaber des Rechts; im Verhältnis zu allen anderen Personen (einschließlich des Veräußerers) wird hingegen der Erwerber zum neuen Eigentümer bzw. Rechtsinhaber.[44] Eine solche Aufspaltung der Eigentümerstellung oder Rechtsinhaberschaft ist dem deutschen Recht jedoch fremd. Vorzugswürdig ist deshalb die Auffassung, dass der Erwerber im Verhältnis zu jedermann Eigentümer der Sache oder Inhaber des Rechts wird; im Verhältnis zu dem Geschützten behält der Veräußerer jedoch die Rechtsmacht, weiter über die Sache oder das Recht zu verfügen.[45]

24 **2. Verwirklichung des Veräußerungsverbots.** Auf welche Weise der Geschützte seine Rechte im Fall einer verbotswidrigen Veräußerung des betroffenen Gegenstands geltend machen kann, hängt von der Natur des jeweiligen Rechts ab. Besonders problematisch ist die Verwirklichung von obligatorischen **Erwerbsansprüchen** (z.B. aus § 433 Abs. 1). Hier lässt sich dem Abs. 1 allgemein entnehmen, dass der Erwerbsanspruch trotz der Veräußerung nicht nach § 275 Abs. 1 ausgeschlossen ist, weil der Veräußerer seine Verfügungsmacht im Verhältnis zu dem Geschützten nicht verloren hat. Auf welche Weise der Geschützte seinen Anspruch konkret durchsetzen kann, hängt von der Art des Gegenstands ab, auf den sich der geschützte Erwerbsanspruch bezieht.[46]

25 **a) Verbotswidrige Veräußerung beweglicher Sachen.** Ist eine bewegliche Sache unter Verstoß gegen ein Veräußerungsverbot an einen Dritten veräußert worden, so stellt sich die Frage, ob der Geschützte **den Erwerber unmittelbar** auf Herausgabe der Sache in Anspruch nehmen kann. Dies wird von einem Teil der Literatur bejaht.[47] Nach h.M. muss der Geschützte sich dagegen **zunächst an den Veräußerer halten**. Rechtsgrundlage ist das zwischen dem Geschützten und dem Veräußerer bestehende Rechtsverhältnis (z.B. Anspruch auf Übereignung aus § 433 Abs. 1). Erst wenn der Veräußerer das Eigentum aufgrund der ihm verbliebenen Rechtsmacht auf den Geschützten übertragen hat, kann dieser vom Erwerber nach § 985 Herausgabe der Sache verlangen.[48]

26 Der h.M. ist zuzustimmen. Ein unmittelbarer Herausgabeanspruch gegen den Erwerber kommt nicht in Betracht, weil die relative Unwirksamkeit sich zunächst nur im Verhältnis zwischen dem Geschützten und dem Veräußerer auswirkt. Solange der Veräußerer dem Geschützten nicht das Eigentum an der Sache übertragen hat, besteht für einen **Herausgabeanspruch gegen den Erwerber** (vorbehaltlich des § 826[49]) **keine Grundlage**. Die Konstruktion eines unmittelbaren Herausgabeanspruchs gegen den Erwerber ist auch

---

38 Staudinger/*Kohler*, § 135 Rn 20.
39 MüKo/*Holch*, § 90 Rn 2.
40 A.A. Bamberger/Roth/*Wendtland*, § 135 Rn 3.
41 Vgl. Bamberger/Roth/*Wendtland*, § 135 Rn 3; Staudinger/*Kohler*, § 135 Rn 20 ff.
42 Zum Meinungsstand vgl. *Foerste*, S. 22 ff.
43 *v. Tuhr*, BGB AT, Bd. 2/1, 1914, S. 327 ff.
44 So etwa Bamberger/Roth/*Wendtland*, § 135 Rn 8; Jauernig/*Jauernig*, §§ 135, 136 Rn 6; Palandt/*Heinrichs*, §§ 135, 136 Rn 6; RGRK/*Krüger-Nieland/Zöller*, § 135 Rn 15; *Brox*, BGB AT, Rn 350; *Larenz/Wolf*, BGB AT, § 44 Rn 61.
45 So BGHZ 111, 364, 368 = NJW 1990, 2459 = JZ 1991, 40 m. Anm. *Mayer-Maly*; Soergel/*Hefermehl*, §§ 135, 136 Rn 18; Staudinger/*Kohler*, § 135 Rn 91;

Flume, BGB AT Bd. 2, § 17, 6d; *Hübner*, BGB AT, Rn 968; *Larenz*, BGB AT, 7. Aufl. 1989, § 23 IV; *Medicus*, BGB AT, Rn 493; vgl. auch MüKo/*Mayer-Maly/Armbrüster*, § 135 Rn 32 ff.; *Gursky*, JR 1984, 3, 4.
46 Vgl. MüKo/*Mayer-Maly/Armbrüster*, § 135 Rn 38; Staudinger/*Kohler*, § 135 Rn 107.
47 So MüKo/*Mayer-Maly/Armbrüster*, § 135 Rn 39 und *Mayer-Maly*, JZ 1991, 40, 41.
48 So BGHZ 111, 364, 368 f.; Palandt/*Heinrichs*, §§ 135, 136 Rn 7; Soergel/*Hefermehl*, §§ 135, 136 Rn 26; Staudinger/*Kohler*, § 135 Rn 117 ff.; *Flume*, BGB AT Bd. 2, § 17, 6d.
49 Dazu *Hübner*, BGB AT, Rn 969.

nicht deshalb erforderlich, weil der Anspruch gegen den Veräußerer aus rechtlichen oder tatsächlichen Gründen (Insolvenz oder unbekannter Aufenthalt des Veräußerers) schwer oder gar nicht zu verwirklichen sein mag.[50] Denn diese Risiken werden vom Schutzzweck des § 135 nicht erfasst.

Fraglich ist allerdings, auf welche Weise der Veräußerer das Eigentum an der Sache auf den Geschützten übertragen kann. Die h.L. wendet die §§ 929, 931 an. Die Übertragung erfolgt danach durch **Einigung** und **Abtretung des Herausgabeanspruchs** gegen den Erwerber.[51] Diese Auffassung hat jedoch den Nachteil, dass sich ein Herausgabeanspruch des Veräußerers gegen den Erwerber schwer begründen lässt.[52] Es erscheint daher sachgemäß, die dingliche Einigung zwischen Veräußerer und Geschütztem ausreichen zu lassen.[53]

b) Verbotswidrige Veräußerung unbeweglicher Sachen. Bei verbotswidriger Verfügung über eine unbewegliche Sache muss der Geschützte sich ebenfalls primär an den Veräußerer halten. Dieser ist nach Abs. 1 S. 1 weiter in der Lage, die **Auflassung** (§§ 873, 925) wirksam zu erklären.[54] Ist der Dritterwerber schon als Eigentümer in das Grundbuch eingetragen worden – was mangels Grundbuchsperre (Rn 33) möglich ist –, so kann der Geschützte von ihm nach § 888 Abs. 2 die Abgabe der grundbuchrechtlich erforderlichen **Eintragungsbewilligung** verlangen (vgl. auch § 888 Rn 38).[55]

c) Verbotswidrige Veräußerung von Forderungen und Rechten. Im Fall der verbotswidrigen Veräußerung einer Forderung oder eines sonstigen Rechts kann der Geschützte aus dem zugrunde liegenden Rechtsverhältnis (z.B. Forderungskauf) von dem Veräußerer weiter Abtretung der Forderung oder des Rechts verlangen.[56] Tritt der Veräußerer die Forderung oder das Recht an den Geschützten ab, so verliert der Dritterwerber automatisch *ex nunc* seine Rechtsinhaberschaft.[57] Hat der Schuldner zwischenzeitig an den Dritterwerber geleistet, so muss der Geschützte dies aber **analog §§ 407, 408** gegen sich gelten lassen, wenn der Schuldner das Veräußerungsverbot zum Zeitpunkt der Leistung nicht gekannt hat (vgl. Rn 33). Dem Geschützten steht in diesem Fall ein Schadensersatzanspruch gegen den Veräußerer aus §§ 280, 283 zu. Darüber hinaus kommt auch ein Anspruch gegen den Dritterwerber auf Herausgabe des Erlangten aus **§ 816 Abs. 2 analog** in Betracht.[58] Die analoge Anwendung des § 816 Abs. 2 ist zwar aus dogmatischer Sicht nicht unproblematisch.[59] Schwächt man die Position des Geschützten entgegen den Vorstellungen des historischen Gesetzgebers[60] durch analoge Anwendung der §§ 407, 408, so muss man ihm zum Ausgleich aber einen Anspruch aus § 816 Abs. 2 gegen den Dritterwerber zubilligen.

3. Gutgläubiger Erwerb (Abs. 2). Ist der Erwerber gutgläubig, so kann er den von dem Veräußerungsverbot betroffenen Gegenstand nach Abs. 2 mit Wirkung gegenüber jedermann (einschließlich des Geschützten) erwerben. Die Voraussetzungen des gutgläubigen Erwerbs richten sich nach den Vorschriften über den **Erwerb vom Nichtberechtigten**. Da der Veräußerer kein Nichtberechtigter ist, müssen diese Vorschriften allerdings entsprechend angewendet werden.[61] Zu beachten ist insbesondere, dass der **gute Glaube** des Erwerbers sich nicht auf das Eigentum bzw. die Rechtsinhaberschaft des Veräußerers, sondern auf das **Nichtbestehen eines Veräußerungsverbots** zu beziehen hat.[62]

a) Gutgläubiger Erwerb im Vollstreckungsverfahren. Die h.M. geht davon aus, dass der gute Glaube nur bei **rechtsgeschäftlichem Erwerb** über das relative Veräußerungsverbot hinweghelfen kann, weil die von Abs. 2 in Bezug genommenen Gutglaubensvorschriften einen rechtsgeschäftlichen Erwerb voraussetzen.[63] Da Abs. 2 die entsprechende Anwendung der betreffenden Vorschriften anordnet, ist dieses Argument jedoch nicht zwingend. Die Gegenauffassung verweist darauf, dass Abs. 2 sich systematisch auch auf Abs. 1

---

50 Hierauf abstellend *Mayer-Maly*, JZ 1991, 40, 41.
51 So RGRK/*Krüger-Nieland/Zöller*, § 135 Rn 15; Soergel/*Hefermehl*, §§ 135, 136 Rn 26; Staudinger/*Kohler*, § 135 Rn 117 ff.
52 So zutr. BGHZ 111, 364, 369; MüKo/*Mayer-Maly/Armbrüster*, § 135 Rn 39.
53 So auch BGHZ 111, 364, 369; Jauernig/*Jauernig*, §§ 135, 136 Rn 6.
54 Soergel/*Hefermehl*, § 135 Rn 27; Staudinger/*Kohler*, § 135 Rn 115.
55 MüKo/*Mayer-Maly/Armbrüster*, § 135 Rn 38; Staudinger/*Kohler*, § 135 Rn 116.
56 Erman/*Palm*, §§ 135, 136 Rn 10; Soergel/*Hefermehl*, §§ 135, 136 Rn 28.
57 Staudinger/*Kohler*, § 135 Rn 109.
58 Für einen Direktanspruch gegen den Dritterwerber mit anderer dogmatischer Begründung (Absicherungsrecht) auch MüKo/*Mayer-Maly/Armbrüster*, § 135 Rn 40.
59 Vgl. Staudinger/*Kohler*, § 135 Rn 114.
60 Motive I, S. 214 = *Mugdan* I, S. 470.
61 Vgl. Jauernig/*Jauernig*, §§ 135, 136 Rn 7; *Hübner*, BGB AT, Rn 971.
62 RGZ 90, 335, 338; Soergel/*Hefermehl*, §§ 135, 136 Rn 22; Staudinger/*Kohler*, § 135 Rn 66.
63 RGZ 90, 335, 338; Bamberger/Roth/*Wendtland*, § 135 Rn 11; Erman/*Palm*, §§ 135, 136 Rn 13; Palandt/*Heinrichs*, §§ 135, 136 Rn 9; Soergel/*Hefermehl*, §§ 135, 136 Rn 22; differenzierend Staudinger/*Kohler*, § 135 Rn 68 ff.

S. 2 bezieht. Ein gutgläubiger Erwerb sei daher auch bei Verfügungen im Wege der **Zwangsvollstreckung** und der **Arrestvollziehung** möglich.[64]

32 Bei der **Würdigung** des Meinungsstreits ist zu beachten, dass der Gesetzgeber mit Abs. 2 das Ziel verfolgt hat, den gutgläubigen Erwerb bei Bestehen eines relativen Veräußerungsverbots **in gleichem Maße** zuzulassen wie bei fehlender Rechtsinhaberschaft des Veräußerers.[65] Bei Verfügungen im Wege der Zwangsvollstreckung und der Arrestvollziehung kann die Gutgläubigkeit des Erwerbers daher nur dann über das Veräußerungsverbot hinweghelfen, wenn der gute Glaube auch im Hinblick auf die fehlende Rechtsinhaberschaft relevant wäre. Gemäß § 898 ZPO sind die Vorschriften über den gutgläubigen Erwerb vom Nichtberechtigten auch auf die **Vollstreckung von Individualansprüchen** nach §§ 894, 897 ZPO anwendbar, weil es sich hier um einen Vorgang handelt, der dem rechtsgeschäftlichen Erwerb funktionell entspricht.[66] Insoweit ist ein gutgläubiger vollwirksamer Erwerb daher auch bei relativen Veräußerungsverboten möglich.[67] Dient die Zwangsvollstreckung der **Durchsetzung einer Geldforderung**, so können die §§ 892, 932 ff. die fehlende Rechtsinhaberschaft nicht „heilen".[68] Ein gutgläubiger Erwerb muss daher auch bei Abs. 2 ausscheiden.[69] Bei der **Zwangsversteigerung** führt der Zuschlag nach h.M. selbst dann zum vollwirksamen Eigentumserwerb, wenn der Ersteher bösgläubig war.[70] Dem Geschützten bleibt damit nur, die Verwertung nach §§ 772, 771 ZPO zu verhindern.[71]

33 **b) Die einzelnen Möglichkeiten des gutgläubigen Erwerbs.** Für den gutgläubigen Erwerb von **beweglichen Sachen** verweist Abs. 2 auf die §§ 932 ff., 1032, 1207, 1244 sowie auf § 366 HGB. Analog § 932 Abs. 2 scheidet ein gutgläubiger Erwerb damit schon dann aus, wenn der Erwerber das Veräußerungsverbot infolge grober Fahrlässigkeit nicht gekannt hat.[72] Bei **unbeweglichen Sachen** muss der Erwerber sich ein relatives Veräußerungsverbot gemäß § 892 Abs. 1 S. 2 nur entgegenhalten lassen, wenn die Beschränkung aus dem Grundbuch ersichtlich war oder der Erwerber sie gekannt hat. Diese Regelung lässt den Schluss zu, dass relative Veräußerungsverbote **eintragungsfähig** sind.[73] Die Eintragung bewirkt zwar **keine Grundbuchsperre**; sie hindert aber den gutgläubigen Erwerb.[74] Dem Geschützten ist daher dringend anzuraten, die Eintragung des Veräußerungsverbots zu bewirken. Ist das Veräußerungsverbot noch nicht eingetragen, so darf das Grundbuchamt den Dritterwerber nicht eintragen, wenn es von dem Veräußerungsverbot Kenntnis erlangt hat (vgl. dazu § 888 Rn 36).[75] Bei **Forderungen** kommt ein gutgläubiger Erwerb auch im Rahmen der §§ 135, 136 grundsätzlich nicht in Betracht.[76] Die h.M. wendet die §§ 407, 408 aber analog an, wenn der Schuldner in Unkenntnis des Veräußerungsverbots an den Gläubiger geleistet hat.[77] Der Geschützte hat in diesem Fall einen Anspruch gegen den Dritterwerber auf Herausgabe des Erlangten aus § 816 Abs. 2 analog (siehe Rn 29).

34 **c) Sonstige Ansprüche des Geschützten. aa) Ansprüche gegen den Veräußerer.** Hat der Geschützte seine Rechtsposition durch gutgläubigen Erwerb verloren, so kann er den **Veräußerer** aus dem zugrunde liegenden Rechtsverhältnis (z.B. Kaufvertrag) auf Schadensersatz in Anspruch nehmen. In Betracht kommen Schadensersatzansprüche wegen nachträglicher Unmöglichkeit aus **§§ 280 Abs. 1, 3, 283** sowie Ansprüche auf Herausgabe des Verkaufserlöses aus **§ 285**. Ein Schadensersatzanspruch aus **§ 823 Abs. 1** scheidet dagegen aus, weil die gesicherte Forderung durch das Veräußerungsverbot nicht zu einem sonstigen (absoluten) Recht erstarkt.[78] Ein Schadensersatzanspruch aus **§ 823 Abs. 2** scheitert daran, dass § 135 aus systematischen Gründen nicht als Schutzgesetz angesehen werden kann.[79] Da § 135 obligatorische Ansprüche absichert, muss der Geschützte sich auf die Ansprüche verweisen lassen, die sich aus seinem Verhältnis zum Veräußerer ergeben.[80]

---

64 So MüKo/*Mayer-Maly/Armbrüster*, § 135 Rn 49; *Larenz/Wolf*, BGB AT, § 44 Rn 68; *Bülow*, JuS 1994, 1, 6; *Ruhwedel*, JuS 1980, 161, 167 Fn 44.
65 Vgl. Motive I, S. 213 = *Mugdan* I, S. 470.
66 Soergel/*Stürner*, § 892 Rn 18. Zur Ratio des § 898 ZPO vgl. Thomas/Putzo/*Putzo* § 898 ZPO Rn 1.
67 So auch Staudinger/*Kohler*, § 135 Rn 69.
68 MüKo/*Wacke*, § 892 Rn 34.
69 Staudinger/*Kohler*, § 135 Rn 71.
70 Vgl. BGHZ 55, 20, 25; BGHZ 119, 75, 76; Staudinger/*Kohler*, § 135 Rn 83 ff.; a.A. MüKo/*Mayer-Maly/Armbrüster*, § 135 Rn 44; *Larenz/Wolf*, BGB AT, § 44 Rn 67.
71 Vgl. dazu Staudinger/*Kohler*, § 135 Rn 85, 103.
72 Soergel/*Hefermehl*, §§ 135, 136 Rn 22. Zu den Voraussetzungen der groben Fahrlässigkeit bei gerichtlichen Verfügungsverboten vgl. BGH NJW-RR 2000, 576.
73 Vgl. Soergel/*Hefermehl*, §§ 135, 136 Rn 23; Staudinger/*Kohler*, § 135 Rn 67.
74 RGZ 71, 38, 40; BGH NJW 1997, 1581, 1582; Soergel/*Hefermehl*, §§ 135, 136 Rn 18.
75 Vgl. Palandt/*Bassenge*, § 888 Rn 10.
76 LG Gera NJW-RR 2000, 937, 938.
77 BGHZ 86, 337, 338; LG Stralsund ZIP 1995, 578, 579; Jauernig/*Jauernig*, §§ 135, 136 Rn 7; MüKo/ *Mayer-Maly/Armbrüster*, § 135 Rn 47; Soergel/ *Hefermehl*, §§ 135, 136 Rn 22; Staudinger/*Kohler*, § 135 Rn 65; a.A. noch Motive I, S. 214 = *Mugdan* I, S. 470.
78 Staudinger/*Kohler*, § 135 Rn 126, 130.
79 Staudinger/*Kohler*, § 135 Rn 128; a.A. Staudinger/ *Dilcher*, 12. Aufl., § 135 Rn 17.
80 So auch Staudinger/*Kohler*, § 135 Rn 130; *Berger*, S. 36.

bb) Ansprüche gegen den Erwerber. Hat der Dritte die infrage stehende Sache gutgläubig erworben, 35
so versteht sich von selbst, dass er keinen Ansprüchen des Geschützten ausgesetzt ist. Welche Ansprüche
dem Geschützten gegen einen bösgläubigen Erwerber zustehen, ist dagegen umstritten. Fest steht, dass der
Geschützte nach § 985 Herausgabe der Sache verlangen kann, sobald der Veräußerer ihm das Eigentum
daran übertragen hat (Rn 25). Probleme entstehen jedoch, wenn der Erwerber die Sache zwischenzeitig
beschädigt oder an einen gutgläubigen Vierten **weiterveräußert** hat. In der Literatur wird teilweise davon
ausgegangen, dass dem Geschützten in solchen Fällen ein Schadensersatzanspruch aus **§ 823 Abs. 1** bzw. ein
Anspruch aus Herausgabe des Erlöses aus **§ 816 Abs. 1 S. 1** analog gegen den (Erst-) Erwerber zusteht.[81] Da
das Veräußerungsverbot kein absolutes Recht begründet (Rn 34), kommt ein Schadensersatzanspruch aus
§ 823 Abs. 1 indes nur in Betracht, wenn der Geschützte im Zeitpunkt der schädigenden Handlung bereits
Eigentümer der Sache war.[82] Gegen die entsprechende Anwendung des § 816 Abs. 1 S. 1 auf zwischenzeitige
Verfügungen spricht, dass die Unwirksamkeit des ersten Veräußerungsgeschäfts auf das Verhältnis zwischen
Geschütztem und Veräußerer beschränkt ist. Da die Veräußerung im Übrigen vollwirksam ist, hat der (Erst-)
Erwerber über die Sache als Berechtigter verfügt.[83]

4. „Heilung" der relativen Unwirksamkeit. Da das Veräußerungsverbot allein den Interessen des 36
Geschützten dient, kann dieser eine verbotswidrige Verfügung nach § 185 Abs. 2 analog **genehmigen**.
Die Verfügung wird dann rückwirkend vollwirksam.[84] Darüber hinaus wird die Verfügung auch dann
vollwirksam, wenn das **Veräußerungsverbot aufgehoben** wird[85] oder das durch das Verbot **geschützte
Recht entfällt**. Hat das geschützte Recht schon bei Erlass des Veräußerungsverbots nicht bestanden,
so ist die Verfügung von vornherein vollwirksam.[86] Analog zu §§ 937, 945 kommt schließlich auch
ein vollwirksamer Eigentumserwerb durch **Ersitzung** in Betracht.[87] Die Ersitzung ist aber nach § 937
Abs. 2 analog ausgeschlossen, wenn der Dritte beim Erwerb der Sache in Bezug auf das Verfügungsverbot
bösgläubig war oder später von dem Verbot erfahren hat.

C. Weitere praktische Hinweise

Die relative Unwirksamkeit der Verfügung wird im Prozess **nicht von Amts wegen** berücksichtigt. Erfor- 37
derlich ist vielmehr, dass der Geschützte sich darauf beruft.[88]

Der Geschützte muss alle Tatsachen **darlegen** und **beweisen**, aus denen sich die relative Unwirksamkeit der 38
Verfügung ergibt.[89] In Bezug auf einen möglichen **gutgläubigen Erwerb** richtet sich die Beweislast nach
den für die jeweilige Gutglaubensvorschrift maßgeblichen Regeln.[90] Der Geschützte muss also darlegen und
beweisen, dass der Erwerber die Unrichtigkeit des Grundbuchs gekannt (§ 892) hat bzw. bösgläubig (§ 932
Abs. 2) gewesen ist.

---

§ 136 Behördliches Veräußerungsverbot

[1]Ein Veräußerungsverbot, das von einem Gericht oder von einer anderen Behörde innerhalb ihrer
Zuständigkeit erlassen wird, steht einem gesetzlichen Veräußerungsverbot der in § 135 bezeichneten
Art gleich.

Literatur: Vgl. die Literaturangaben zu § 135.

---

81 In diesem Sinne Bamberger/Roth/*Wendtland*, § 135 Rn 8; Soergel/*Hefermehl*, §§ 136, 136 Rn 26; Staudinger/*Dilcher*, 12. Aufl., § 135 Rn 17; *Flume*, BGB AT Bd. 2, § 17, 6d.
82 Gegen Anwendung des § 823 Abs. 1 in solchen Fällen auch Staudinger/*Kohler*, § 135 Rn 136.
83 In diesem Sinne auch Staudinger/*Kohler*, § 135 Rn 136; *Berger*, S. 36.
84 BGH NJW 1997, 1581, 1582; MüKo/*Mayer-Maly/Armbrüster*, § 135 Rn 50.
85 BVerfG NJW-RR 1992, 898; BGH NJW 1997, 1581, 1582; Bamberger/Roth/*Wendtland*, § 135 Rn 10.
86 Staudinger/*Kohler*, § 135 Rn 64.
87 Vgl. Motive I, 214 = *Mugdan* I, S. 470; Staudinger/*Kohler*, § 135 Rn 76.
88 Bamberger/Roth/*Wendtland*, § 135 Rn 12; MüKo/*Mayer-Maly/Armbrüster*, § 135 Rn 37; RGRK/*Krüger-Nieland/Zöller*, §§ 135, 136 Rn 13; a.A. Erman/*Palm*, §§ 135, 136 Rn 10.
89 Bamberger/Roth/*Wendtland*, §§ 135, 136 Rn 12.
90 Staudinger/*Kohler*, § 135 Rn 124.

A. Allgemeines	1	a) Einstweilige Verfügung	7
I. Normzweck	1	b) Maßnahmen der Zwangsvollstreckung	11
II. Relative und absolute Veräußerungsverbote .	3	c) Sonstige gerichtliche Veräußerungsverbote	14
B. Regelungsgehalt	5	II. Konkurrenz von Veräußerungsverboten	15
I. Veräußerungsverbot	5	III. Gerichtliche Erwerbsverbote	16
1. Überblick	5		
2. Gerichtliche Veräußerungsverbote	7		

A. Allgemeines

I. Normzweck

1 § 136 verweist für **behördliche Veräußerungsverbote** auf § 135. Da behördliche Veräußerungsverbote in der Praxis wesentlich häufiger vorkommen als gesetzliche, liegt hier der **wichtigste Anwendungsbereich des § 135**.

2 § 136 stellt sicher, dass behördliche Veräußerungsverbote die **gleichen Rechtsfolgen** wie gesetzliche Veräußerungsverbote (dazu § 135 Rn 23 ff.) haben.[1] Dies gilt nicht nur für die **relative Unwirksamkeit** der Verfügung nach § 135 Abs. 1, sondern auch für die Möglichkeit eines **gutgläubigen vollwirksamen Erwerbs** nach § 135 Abs. 2.[2] Hiervon geht auch § 23 Abs. 2 ZVG aus, der die Kenntnis des Versteigerungsantrags im Zusammenhang mit dem gutgläubigen Erwerb nach § 135 Abs. 2 der Kenntnis der Beschlagnahme gleichstellt.[3]

II. Relative und absolute Veräußerungsverbote

3 Aus dem systematischen Zusammenhang mit § 135 ergibt sich, dass § 136 nur für behördliche Veräußerungsverbote gilt, die lediglich den Schutz von bestimmten Personen bezwecken (sog. **relative Veräußerungsverbote**). Dient ein behördliches Veräußerungsverbot dem Schutz der Allgemeinheit, so ist § 136 nicht anwendbar. Hier gilt vielmehr § 134 entsprechend (vgl. § 134 Rn 14).[4] Verstößt eine Verfügung gegen ein **absolutes** behördliches Veräußerungsverbot, so ist sie daher gegenüber jedermann **unwirksam**, sofern sich aus dem Zweck des Veräußerungsverbots nichts anderes ergibt. Ein gutgläubiger Erwerb kommt nicht in Betracht.[5]

4 Ob ein behördliches Veräußerungsverbot relative oder absolute Wirkung entfaltet, hängt vom Schutzzweck des jeweiligen Verbots ab. Absolute Wirkung hat insbesondere das durch das Insolvenzgericht angeordnete allgemeine Verfügungsverbot nach **§ 21 Abs. 2 Nr. 2 InsO**. Dies ergibt sich schon daraus, dass § 24 Abs. 1 InsO auf den Verlust der Verfügungsbefugnis durch Eröffnung des Insolvenzverfahrens nach § 81 InsO verweist,[6] dem unstreitig absolute Wirkung zukommt (vgl. § 135 Rn 6). Demgegenüber war die Vorgängernorm des § 106 Abs. 1 S. 3 KO überwiegend als relatives behördliches Verfügungsverbot i.S.d. § 136 angesehen worden.[7]

B. Regelungsgehalt

I. Veräußerungsverbot

5 **1. Überblick.** § 136 gilt für alle (relativen) Veräußerungsverbote, die von einer **zuständigen Behörde** erlassen worden sind. Der Begriff des Veräußerungsverbots hat die gleiche Bedeutung wie bei § 135. Erfasst werden also alle Entscheidungen, die dem Betroffenen die **Verfügung** über einen Gegenstand verbieten (vgl. § 135 Rn 7).

6 Praktische Bedeutung haben vor allem **gerichtliche** Veräußerungsverbote. **Behördliche** Veräußerungsverbote dienen meistens dem Schutz der Allgemeinheit und werden dann von § 136 nicht erfasst. Eine Ausnahme ist insoweit der Enteignungsbeschluss nach § 113 BauGB.[8]

---

1 Vgl. Staudinger/*Kohler*, § 136 Rn 27.
2 Zur Möglichkeit eines gutgläubigen Erwerbs vgl. LG Gera NJW-RR 2000, 937, 938; MüKo/*Mayer-Maly/Armbrüster*, § 136 Rn 7; *Zeiss/Holthaus*, Jura 1996, 281, 284.
3 Vgl. Staudinger/*Kohler*, § 136 Rn 28.
4 RGZ 105, 71, 75; MüKo/*Mayer-Maly/Armbrüster*, § 136 Rn 2; RGRK/*Krüger-Nieland/Zöller*, § 136 Rn 1; Soergel/*Hefermehl*, §§ 135, 136 Rn 5; Staudinger/*Kohler*, § 136 Rn 1 ff.
5 Soergel/*Hefermehl*, §§ 135, 136 Rn 7; Staudinger/*Kohler*, § 136 Rn 2.
6 MüKo/*Mayer-Maly/Armbrüster*, § 136 Rn 2; Smid/*Smid*, InsO, 1999, § 21 Rn 13.
7 BGHZ 135, 140, 143 = NJW 1997, 1857; OLG Düsseldorf ZIP 1995, 1100, 1101; Kilger/*K. Schmidt*, Insolvenzgesetze, 17. Aufl. 1997, § 106 KO Anm. 3.
8 Vgl. RGZ 62, 215, 218; HK-BGB/*Dörner*, §§ 135, 136 Rn 6; MüKo/*Mayer-Maly/Armbrüster*, § 136 Rn 6; Staudinger/*Kohler*, § 136 Rn 26.

2. Gerichtliche Veräußerungsverbote. a) Einstweilige Verfügung. Ein gerichtliches Veräußerungsverbot kann insbesondere im Wege der einstweiligen Verfügung (§§ 935, 938 ZPO) zur **Sicherung eines Individualanspruchs** erlassen werden.[9] § 938 Abs. 2 ZPO stellt ausdrücklich klar, dass das Gericht dem Gegner die **Veräußerung, Belastung** oder **Verpfändung eines Grundstücks** verbieten kann. Das Veräußerungsverbot konkurriert in diesem Bereich häufig mit der **Vormerkung** (§§ 883 ff.). Es kann aber auch zur Sicherung von Ansprüchen an Grundstücken eingesetzt werden, bei denen eine Vormerkung nicht in Betracht kommt (siehe § 888 Rn 33).[10] Zu nennen ist insbesondere der Restitutionsanspruch aus § 3 Abs. 3 S. 1 VermG.[11] Zur Vermeidung eines gutgläubigen Erwerbs (§ 135 Abs. 2) ist darauf zu achten, dass das Veräußerungsverbot im Grundbuch eingetragen wird (siehe § 135 Rn 33). Zur Durchsetzung des gesicherten Anspruchs siehe § 135 Rn 28.

Die einstweilige Verfügung kann auch zur Sicherung von Ansprüchen auf Übereignung **beweglicher Sachen** oder **Abtretung von Forderungen und sonstigen Rechten** eingesetzt werden.[12] Dies gilt insbesondere im Fall des **Doppelverkaufs** der infrage stehenden Sachen oder Rechte.[13] Zur Verwirklichung des gesicherten Anspruchs in diesen Fällen siehe § 135 Rn 25 ff., 29.

Die einstweilige Verfügung kann schließlich auch erwirkt werden, um eine nach § 137 S. 2 wirksame **Verpflichtung zur Unterlassung einer Verfügung** abzusichern.[14] Eine Vormerkung kommt in solchen Fällen dagegen grundsätzlich nicht in Betracht (vgl. § 137 Rn 21).

Die Voraussetzungen der einstweiligen Verfügung richten sich nach allgemeinen Grundsätzen. Erforderlich ist also, dass der Antragsteller einen **Verfügungsanspruch** und einen **Verfügungsgrund** glaubhaft macht. Bezieht sich das Veräußerungsverbot auf ein Grundstück, so muss der Antragsteller die Gefährdung seines Anspruchs aber nicht glaubhaft machen (§§ 885 Abs. 1 S. 2, 899 Abs. 2 S. 2 analog; vgl. auch § 888 Rn 34).[15]

b) Maßnahmen der Zwangsvollstreckung. Ein weiterer wichtiger Anwendungsbereich des § 136 ergibt sich aus Veräußerungsverboten, die vom Gericht im Zusammenhang mit einer Vollstreckungsmaßnahme angeordnet werden.[16] So hat das Gericht dem Schuldner bei der **Pfändung von Geldforderungen** zu gebieten, sich jeder Verfügung über die Forderung, insbesondere ihrer Einziehung, zu enthalten (§ 829 Abs. 1 S. 2 ZPO). Verfügt der Schuldner gleichwohl über die gepfändete Forderung, so ist dies dem Pfändungsgläubiger gegenüber nach §§ 135, 136 unwirksam.[17] Ein gutgläubiger vollwirksamer Erwerb der Forderung scheidet nach allgemeinen Grundsätzen aus. Zugunsten des Drittschuldners können die §§ 407, 408 jedoch entsprechend angewendet werden, wenn dieser in Unkenntnis der Pfändung an den Schuldner gezahlt hat (vgl. § 135 Rn 29, 33). Bei **Pfändung sonstiger Vermögensrechte** gilt § 829 Abs. 1 S. 2 ZPO entsprechend (§ 857 Abs. 1 ZPO).

Für die Vollstreckung in **unbewegliche Sachen** stellt § 23 Abs. 1 ZVG klar, dass die Beschlagnahme (durch Anordnung der Zwangsversteigerung nach § 20 ZVG oder Anordnung der Zwangsverwaltung nach § 146 ZVG) die Wirkung eines Veräußerungsverbots i.S.d. § 136 hat.[18] Ein gutgläubiger vollwirksamer Erwerb ist gemäß § 135 Abs. 2 i.V.m. § 892 möglich. Nach § 23 Abs. 2 ZVG steht die Kenntnis des Versteigerungsantrags dabei aber der Kenntnis der Beschlagnahme gleich (vgl. § 135 Rn 33).

Ob die **Pfändung beweglicher Sachen** nach §§ 803 ff. ZPO mit einem Veräußerungsverbot verbunden ist, ist umstritten. Eine ausdrückliche gesetzliche Regelung fehlt. Die h.M. geht davon aus, dass die Beschlagnahme (Verstrickung) der Sache auch hier zu einem Veräußerungsverbot i.S.d. § 136 führt.[19] Gemäß § 135 Abs. 2 i.V.m. § 932 ff. ist aber ein gutgläubiger vollwirksamer Erwerb möglich (vgl. § 135 Rn 33).

c) Sonstige gerichtliche Veräußerungsverbote. Ein relatives gerichtliches Veräußerungsverbot wird auch durch die **Zahlungssperre** im Aufgebotsverfahren zur Kraftloserklärung eines Inhaberpapiers nach

---

9 Vgl. RGZ 135, 378, 384; MüKo/*Mayer-Maly/Armbrüster*, § 136 Rn 4; Palandt/*Heinrichs*, §§ 135, 136 Rn 4; RGRK/*Krüger-Nieland/Zöller*, § 136 Rn 3.
10 MüKo/*Wacke*, § 883 Rn 6.
11 BGHZ 124, 147, 148 = NJW 1994, 457; BezG Erfurt DtZ 1991, 252, 253; Staudinger/*Kohler*, § 136 Rn 7.
12 Staudinger/*Kohler*, § 136 Rn 8.
13 Vgl. Zöller/*Vollkommer*, ZPO, § 938 Rn 12.
14 BGHZ 134, 182, 187; Jauernig/*Jauernig*, § 137 Rn 3; Zöller/*Vollkommer*, ZPO, § 938 Rn 12; a.A. Staudinger/*Kohler*, § 136 Rn 14.
15 OLG Köln NJW 1955, 717 f.; OLG Frankfurt NJW 1978, 2100; MüKo/*Wacke*, § 888 Rn 21.
16 MüKo/*Mayer-Maly/Armbrüster*, § 136 Rn 5; Staudinger/*Kohler*, § 136 Rn 15 ff.
17 BGHZ 58, 25, 26 f.; 100, 36, 45; BGH NJW 1998, 746; Palandt/*Heinrichs*, §§ 135, 136 Rn 4; *Brox/Walker*, Zwangsvollstreckungsrecht, 7. Aufl. 2003, Rn 618.
18 Vgl. BGH NJW 1997, 1581, 1582; MüKo/*Mayer-Maly/Armbrüster*, § 136 Rn 5.
19 MüKo/*Mayer-Maly/Armbrüster*, § 136 Rn 5; Zöller/*Stöber*, ZPO, § 804 Rn 1; *Brox/Walker*, Zwangsvollstreckungsrecht, 7. Aufl. 2003, Rn 361; zweifelnd Staudinger/*Kohler*, § 136 Rn 17.

§ 1019 ZPO begründet.[20] Weitere Beispiele sind die Anordnung des Verfalls nach §§ 73 ff. StGB (vgl. § 73e Abs. 2 StGB) und die Anordnung der Einziehung nach §§ 74 ff. StGB (vgl. § 74e Abs. 3 StGB) sowie die Beschlagnahme zur Sicherstellung von Gegenständen nach §§ 111b Abs. 1, 111c StPO (vgl. § 111c Abs. 5 StPO).[21]

II. Konkurrenz von Veräußerungsverboten

15 Im Fall des **Doppelverkaufs einer Sache** kann jeder Käufer durch einstweilige Verfügung ein Veräußerungsverbot erwirken, um seinen Erwerbsanspruch zu sichern. In einem solchen Fall heben sich die gegenläufigen Veräußerungsverbote nicht wechselseitig auf.[22] Es gilt vielmehr das **Prioritätsprinzip**. Das zweite Veräußerungsverbot ist gegenüber dem durch das erste Veräußerungsverbot Geschützten nach § 135 Abs. 1 S. 2 (relativ) unwirksam.[23]

III. Gerichtliche Erwerbsverbote

16 Nach Rechtsprechung und h.L. können die Gerichte durch einstweilige Verfügung nach §§ 935, 938 Abs. 2 ZPO auch Erwerbsverbote verhängen.[24] In der Praxis werden solche Verbote insbesondere eingesetzt, wenn der Verkäufer **verhindern** will, dass ein **formnichtiger Grundstückskaufvertrag** durch Eintragung des Käufers nach § 311b Abs. 1 S. 2 **geheilt** wird. Dem Käufer kann dann durch einstweilige Verfügung aufgegeben werden, keinen Eintragungsantrag zu stellen oder einen bereits gestellten Antrag wieder zurückzunehmen.[25] Die Unwirksamkeit des Kaufvertrags beruht dabei meist darauf, dass der Kaufpreis in dem notariell beurkundeten Vertrag aus Gründen der Steuerersparnis zu niedrig angegeben worden ist. In diesem Fall ist das Geschäft mit dem beurkundeten Inhalt nach § 117 Abs. 1 nichtig; das Geschäft mit dem gewollten Inhalt ist nach §§ 311b Abs. 1 S. 1, 125 formnichtig.

17 Ein durch einstweilige Verfügung ausgesprochenes Erwerbsverbot kann nicht in das Grundbuch eingetragen werden, weil es sich nicht gegen eine im Grundbuch eingetragene Person richtet. Es stellt aber ein **Eintragungshindernis** i.S.d. § 18 Abs. 1 GBO dar.[26] Ist der Käufer gleichwohl als Eigentümer im Grundbuch eingetragen worden, so ist der Erwerb gegenüber dem Geschützten nach §§ 135, 136 analog **relativ unwirksam**.[27] Der Käufer kann sich auch nicht auf § 878 berufen, weil diese Vorschrift auf Erwerbsverbote weder direkt noch entsprechend angewendet werden kann (vgl. auch § 878 Rn 30).[28] Da das Erwerbsverbot dem Käufer zugestellt werden muss, kommt ein gutgläubiger Erwerb im Allgemeinen nicht in Betracht.[29]

§ 137 Rechtsgeschäftliches Verfügungsverbot

[1]Die Befugnis zur Verfügung über ein veräußerliches Recht kann nicht durch Rechtsgeschäft ausgeschlossen oder beschränkt werden. [2]Die Wirksamkeit einer Verpflichtung, über ein solches Recht nicht zu verfügen, wird durch diese Vorschrift nicht berührt.

Literatur: *Berger*, Rechtsgeschäftliche Verfügungsbeschränkungen, 1998; *Canaris*, Die Verdinglichung obligatorischer Rechte, in: FS Flume Bd. I 1978, S. 371; *Gruber*, Der Treuhandmissbrauch, AcP 202 (2002), 435; *Kohler*, Vormerkbarkeit eines durch abredewidrige Veräußerung bedingten Rückerwerbsanspruchs, DNotZ 1989, 339; *Liebs*, Die unbeschränkbare Verfügungsbefugnis, AcP 175 (1975), 1; *Merrem*, Sicherung vertraglicher Verfügungsverbote, JR 1993, 53; *E. Wagner*, Rechtsgeschäftliche Unübertragbarkeit und § 137 BGB, AcP 194 (1994), 451. Vgl. auch die Literaturangaben zu § 135.

---

[20] MüKo/*Mayer-Maly/Armbrüster*, § 136 Rn 6; Palandt/*Heinrichs*, §§ 135, 136 Rn 4.
[21] Jauernig/*Jauernig*, §§ 135, 136 Rn 4; Palandt/*Heinrichs*, §§ 135, 136 Rn 4.
[22] So aber OLG Frankfurt NJW-RR 1997, 77 (betr. Doppelvermietung); *Wieling*, JZ 1982, 839, 842 („Pattsituation").
[23] Palandt/*Heinrichs*, §§ 135, 136 Rn 8; Soergel/*Hefermehl*, §§ 135, 136 Rn 26; Staudinger/*Kohler*, § 136 Rn 9 ff.
[24] Vgl. RGZ 117, 287, 290 f.; 120, 118, 119 f.; BayObLG NJW-RR 1997, 913; OLG Hamm NJW-RR 2001, 1086; Bamberger/Roth/*Wendtland*, § 136 Rn 7; Palandt/*Heinrichs*, §§ 135, 136 Rn 5; MüKo/*Mayer-Maly/Armbrüster*, § 136 Rn 8 f.
Soergel/*Hefermehl*, §§ 135, 136 Rn 31; *Larenz/Wolf*, BGB AT, § 44 Rn 69; abl. MüKo/*Wacke*, § 888 Rn 23 ff.; *Flume*, BGB AT Bd. 2, § 17, 6e; *Larenz*, BGB AT, 7. Aufl. 1989, § 23 IV.
[25] Zur Problemstellung vgl. *Larenz/Wolf*, BGB AT, § 44 Rn 70.
[26] Vgl. BayObLG NJW-RR 1997, 913, 914; MüKo/*Mayer-Maly/Armbrüster*, § 136 Rn 8; RGRK/*Krüger-Nieland/Zöller*, § 136 Rn 10; a.A. Staudinger/*Kohler*, § 136 Rn 34.
[27] Palandt/*Heinrichs*, §§ 135, 136 Rn 5; Soergel/*Hefermehl*, §§ 135, 136 Rn 31.
[28] RGZ 120, 118, 120; BayObLG NJW-RR 1997, 913, 914; a.A. MüKo/*Wacke*, § 878 Rn 25.
[29] Vgl. Staudinger/*Kohler*, § 136 Rn 30.

§ 137 Rechtsgeschäftliches Verfügungsverbot

A. Allgemeines 1
  I. Normzweck 1
  II. Abgrenzungen 5
  III. Fälle mit Auslandsberührung 8
B. Regelungsgehalt 9
  I. Unwirksamkeit rechtsgeschäftlicher Verfügungsbeschränkungen 9
  II. Einzelfälle 12
    1. Erbrechtliche Verfügungsbeschränkungen 12
    2. Treuhandverhältnisse 13
    3. Verdrängende unwiderrufliche Vollmacht und Verfügungsermächtigung 14
    4. Auflösende Bedingung und bedingter Rückübereignungsanspruch 15
  III. Wirksamkeit der schuldrechtlichen Verpflichtung 17
  IV. Verstärkung und Sicherung des Unterlassungsanspruchs 20
  V. Schadensersatzansprüche des Gläubigers .. 23

A. Allgemeines

I. Normzweck

§ 137 regelt im Anschluss an die §§ 135, 136 die Wirkung von **rechtsgeschäftlichen** Veräußerungsverboten.[1] S. 1 stellt klar, dass solche Verbote **keine dingliche Wirkung** haben. Eine solche Klarstellung war schon deshalb erforderlich, weil das ALR und einige andere Partikularrechte vertragliche Veräußerungsverbote mit dinglicher Wirkung anerkannt hatten.[2] Die Verfasser des BGB sind demgegenüber davon ausgegangen, dass der Grundsatz der Vertragsfreiheit auf das Schuldrecht beschränkt ist. Die Parteien sollten deshalb nicht die Möglichkeit haben, die Wirkungen dinglicher Rechte durch Vertrag abzuändern oder auszuschließen.[3] Da diese Überlegung auf die **schuldrechtlichen Wirkungen** einer entsprechenden Vereinbarung nicht zutrifft, bleiben diese nach S. 2 unberührt. **1**

Der genaue Zweck des § 137 ist umstritten. Der Meinungsstreit hat praktische Bedeutung, weil die Lösung einiger konkreter Auslegungsfragen durch den Zweck der Norm präjudiziert wird.[4] Indem S. 1 die Wirkungen dinglicher Rechte der privatautonomen Gestaltungsfreiheit entzieht (Rn 9 ff.), schützt die Vorschrift den *numerus clausus* der Sachenrechte.[5] Gleichzeitig wird verhindert, dass dingliche Rechte durch rechtsgeschäftliche Vereinbarung dem Rechtsverkehr entzogen (und damit „*extra commercium*" gestellt) werden können.[6] Primärer Schutzzweck ist damit die **Klarheit**, **Sicherheit** und **Funktionsfähigkeit des Rechtsverkehrs**. Dritte sollen sich darauf verlassen können, dass die Verfügungsmacht des Berechtigten nicht durch rechtsgeschäftliche Vereinbarungen beschränkt oder ausgeschlossen ist.[7] **2**

Der Vorschrift des S. 1 kommt darüber hinaus im **Vollstreckungsrecht** eine wichtige Funktion zu.[8] Diese Funktion ergibt sich daraus, dass nicht übertragbare Forderungen und Rechte nach §§ 851 Abs. 1, 857 ZPO grundsätzlich nicht der Pfändung unterworfen sind. Eine solche Verknüpfung von Pfändbarkeit und Übertragbarkeit ist nur durchführbar, soweit die Übertragbarkeit von Forderungen und sonstigen Rechten nicht durch rechtsgeschäftliche Vereinbarung ausgeschlossen werden kann. Denn sonst hätten die Parteien die Möglichkeit, Forderungen und Rechte der Zwangsvollstreckung zu entziehen.[9] Da die Verknüpfung von Pfändbarkeit und Übertragbarkeit nicht denknotwendig ist, könnte der Gesetzgeber zwar auch Sondervorschriften vorsehen, die einen wirksamen Ausschluss der Übertragbarkeit aus vollstreckungsrechtlicher Sicht für unbeachtlich erklären (vgl. § 851 Abs. 2 ZPO).[10] Solange die Verknüpfung besteht, muss S. 1 jedoch so ausgelegt werden, dass die Funktionsfähigkeit der Zwangsvollstreckung in Forderungen und sonstige Rechte nicht beeinträchtigt wird. **3**

Nach einer in Rechtsprechung und Literatur verbreiteten Auffassung hat § 137 schließlich den Zweck, die **individuelle Verfügungsfreiheit des Rechtsinhabers** zu schützen.[11] Dem wird zu Recht entgegengehalten, dass die freiheitssichernde Funktion des § 137 begrenzt ist, weil die schuldrechtliche Verpflichtung zur Unterlassung einer Verfügung nach S. 2 wirksam ist.[12] Der Schutz der Freiheit des Rechtsinhabers ist **4**

---

1 Zum systematischen Zusammenhang der §§ 135–137 vgl. HKK/*Dorn*, §§ 134–137 Rn 41.
2 Vgl. Motive III, S. 77 = *Mugdan* III, S. 43; HKK/*Dorn*, §§ 134–137 Rn 45.
3 Motive III, S. 77 = *Mugdan* III, S. 43.
4 Vgl. HKK/*Dorn*, §§ 134–137 Rn 48; *Berger*, S. 60.
5 Vgl. BGHZ 134, 182, 186 = NJW 1997, 861; MüKo/*Mayer-Maly/Armbrüster*, § 137 Rn 5; Staudinger/*Kohler*, § 137 Rn 7 ff.; *Canaris*, in: FS Flume I 1978, S. 371, 420; *Berger*, S. 78 ff.
6 Motive III, S. 77 = *Mugdan* III, S. 42; BGHZ 56, 275, 278 f.; Bamberger/Roth/*Wendtland*, § 137 Rn 2; Staudinger/*Kohler*, § 137 Rn 6.
7 Vgl. *Berger*, S. 79.
8 Vgl. BGHZ 134, 182, 186; Erman/*Palm*, § 137 Rn 1; RGRK/*Krüger-Nieland/Zöller*, § 137 Rn 7.
9 Vgl. BGHZ 32, 151, 157 f.; HKK/*Dorn*, §§ 134–137 Rn 46.
10 Vgl. MüKo/*Mayer-Maly/Armbrüster*, § 137 Rn 6; Staudinger/*Kohler*, § 137 Rn 11.
11 Vgl. BayObLG NJW 1978, 700, 701; OLG Düsseldorf OLGZ 1984, 90, 91; Jauernig/*Jauernig*, § 137 Rn 2; Palandt/*Heinrichs*, § 137 Rn 1; *F. Baur*, JZ 1961, 334, 335; *Bülow*, JuS 1994, 1, 4.
12 BGHZ 134, 182, 186; MüKo/*Mayer-Maly/Armbrüster*, § 137 Rn 3; Soergel/*Hefermehl*, § 137 Rn 1; Staudinger/*Kohler*, § 137 Rn 5; *Medicus*, BGB AT, Rn 678; *Berger*, S. 66 ff.

damit jedenfalls nicht das primäre Ziel des § 137. Die Vorschrift kann deshalb nicht als Ausfluss der Menschenwürde angesehen werden.[13]

II. Abgrenzungen

5   § 137 setzt voraus, dass das infrage stehende Recht prinzipiell **veräußerlich** ist.[14] Die Vorschrift kann daher nicht auf Rechte angewendet werden, die schon kraft Gesetzes nicht veräußerlich sind. Beispiele sind die Mitgliedschaft in einem Verein (§ 38), das Vorkaufsrecht (§ 473), der Nießbrauch (§ 1059), die beschränkte persönliche Dienstbarkeit (§ 1092 Abs. 1) und die subjektiv-persönliche Reallast bei Nichtübertragbarkeit des Anspruchs auf die einzelne Leistung (§ 1111 Abs. 2).[15] Forderungen sind gemäß § 399 Alt. 1 nicht übertragbar, wenn die Leistung an einen anderen Gläubiger nicht ohne Veränderung ihres Inhalts erfolgen kann.

6   Ob der **vertragliche Ausschluss der Abtretung** nach § 399 Alt. 2 zur prinzipiellen Unveräußerlichkeit des Rechts führt oder eine Durchbrechung des S. 1 darstellt, ist umstritten. Die h.M. geht davon aus, dass der vertragliche Ausschluss der Abtretung die Forderung von vornherein als ein unveräußerliches Recht entstehen lässt oder sie (bei nachträglicher Vereinbarung) in ein solches umwandelt.[16] Bei dieser Betrachtung liegt im Fall des § 399 Alt. 2 also schon gar kein veräußerliches Recht vor. Der Meinungsstreit hat indes keine praktische Bedeutung.[17] Zu beachten ist insbesondere, dass ein vertragliches Abtretungsverbot der Pfändung der Forderung nach § 851 Abs. 2 ZPO nicht entgegensteht.

7   § 399 Alt. 2 gilt nur für Vereinbarungen zwischen **Gläubiger und Schuldner**. Vereinbarungen zwischen dem Gläubiger und einem Dritten beurteilen sich dagegen nach § 137.[18]

III. Fälle mit Auslandsberührung

8   Da § 137 im deutschen Recht wesentliche Funktionen wahrnimmt (Rn 3), handelt es sich nach h.M. um eine Ausprägung des inländischen *ordre public*. Lässt das nach den Regeln des deutschen IPR maßgebliche ausländische Recht rechtsgeschäftliche Veräußerungsverbote mit dinglicher Wirkung zu, so sollen die einschlägigen Bestimmungen daher nach Art. 6 EGBGB unanwendbar sein.[19] Dieser Auffassung ist grundsätzlich zuzustimmen. Nach allgemeinen Regeln kann Art. 6 EGBGB allerdings nur dann eingreifen, wenn der Sachverhalt einen hinreichenden **Inlandsbezug** aufweist.[20] Die dingliche Wirkung von rechtsgeschäftlichen Veräußerungsverboten verstößt daher nicht gegen den *ordre public*, wenn der inländische Rechtsverkehr und die inländische Sachenrechtsordnung hierdurch nicht tangiert werden.

B. Regelungsgehalt

I. Unwirksamkeit rechtsgeschäftlicher Verfügungsbeschränkungen

9   Nach S. 1 sind Rechtsgeschäfte, welche darauf abzielen, die Befugnis zur Verfügung über ein veräußerliches Recht (Rn 1) mit **Wirkung gegenüber Dritten** zu beschränken oder ganz auszuschließen, unwirksam. Haben die Parteien die Verfügungsbeschränkung mit der Übertragung eines Rechts (z.B. Sicherungsabtretung) verknüpft, so ist auch dieses Geschäft nach § 139 unwirksam, sofern nicht davon auszugehen ist, dass die Parteien das Recht auch ohne die Verfügungsbeschränkung übertragen hätten.[21]

10 Wird entgegen einem rechtsgeschäftlichen Verfügungsverbot über ein Recht verfügt, so ist die **Verfügung** gleichwohl gegenüber jedermann wirksam. Dies gilt auch dann, wenn der Dritterwerber das Verbot gekannt hat oder kennen musste (vgl. auch Rn 1).[22]

11 § 137 bezieht sich allein auf **rechtsgeschäftliche** Verfügungsbeschränkungen. Auf gesetzliche oder behördliche Verfügungsbeschränkungen ist die Vorschrift nicht anwendbar. Hier richten sich die Rechtsfolgen nach §§ 135, 136 (vgl. § 135 Rn 7).

---

13 Soergel/*Hefermehl*, § 137 Rn 1; *Berger*, S. 67 ff.; a.A. *F. Baur*, JZ 1961, 334, 335.
14 MüKo/*Mayer-Maly/Armbrüster*, § 137 Rn 9.
15 Vgl. Staudinger/*Kohler*, § 137 Rn 13.
16 So BGHZ 40, 156, 160; BGHZ 112, 387, 389; MüKo/*Mayer-Maly/Armbrüster*, § 137 Rn 11; Soergel/*Hefermehl*, § 137 Rn 6; i.E. auch *Berger*, S. 249; a.A. *E. Wagner*, AcP 194 (1994), 451.
17 Soergel/*Hefermehl*, § 137 Rn 6; vgl. auch BGHZ 56, 275, 279.
18 Staudinger/*Kohler*, § 137 Rn 19; *Berger*, S. 91.
19 Vgl. OLGZ 1973, 163, 167 = NJW 1973, 428; Bamberger/Roth/*Wendtland*, § 137 Rn 2.
20 Vgl. *Looschelders*, IPR, Art. 6 Rn 18.
21 BGH NJW 1993, 1640, 1641.
22 Palandt/*Heinrichs*, § 137 Rn 4; *Henssler*, JuS 2000, 156, 158.

II. Einzelfälle

1. Erbrechtliche Verfügungsbeschränkungen. S. 1 erfasst nicht nur Verträge und sonstige Rechtsgeschäfte unter Lebenden, sondern auch **Verfügungen von Todes wegen.**[23] Verfügungsbeschränkungen können vom Erblasser also nur in Form der Nacherbfolge (§§ 2113 ff.) oder der Testamentsvollstreckung (§ 2211) angeordnet werden.[24] Im Fall der Testamentsvollstreckung können der Testamentsvollstecker und die Erben gemeinsam auch dann über einen Nachlassgegenstand verfügen, wenn der Erblasser dies durch Verfügung von Todes wegen verboten hat.[25]

12

2. Treuhandverhältnisse. S. 1 gilt auch im Rahmen von Treuhandverhältnissen.[26] Der Treugeber kann die Verfügungsmacht des fiduziarischen Rechtsinhabers daher nicht durch Vereinbarung in der Weise beschränken, dass dieser nur mit Zustimmung des Treugebers über das Recht verfügen kann. Die Regeln über die Unwirksamkeit des Vertretergeschäfts bei **erkennbarem Missbrauch der Vollmacht** sind nicht entsprechend anwendbar. Der Dritte erwirbt daher auch dann das Recht, wenn die Verletzung der treuhänderischen Bindung für den Dritten erkennbar war.[27] Haben der Dritte und der Treunehmer **kollusiv** zusammengewirkt, so wird das Verfügungsgeschäft aber im Allgemeinen nach § 138 Abs. 1 nichtig sein. Außerdem kommt ein Schadensersatzanspruch des Treugebers gegen den Dritten aus § 823 Abs. 2 i.V.m. § 266 StGB und § 826 in Betracht.[28] Im Übrigen hat der Treugeber andere Möglichkeiten, sich vor vertragswidrigen Verfügungen des Treunehmers wirksam zu schützen (vgl. Rn 20 ff.).

13

3. Verdrängende unwiderrufliche Vollmacht und Verfügungsermächtigung. Ob eine **unwiderrufliche Vollmacht** zur Vornahme von Verfügungen mit dem Inhalt erteilt werden kann, dass der Rechtsinhaber (Vollmachtgeber) selbst nicht mehr über das fragliche Recht verfügen kann, ist streitig. Die h.M. lehnt dies mit Rücksicht auf S. 1 zu Recht ab.[29] Maßgeblich ist die Erwägung, dass die Verfügungsbefugnis über ein Recht aus Gründen des **Verkehrsschutzes** nicht vollständig von der Rechtsinhaberschaft getrennt werden kann. Die gleichen Erwägungen gelten für eine **verdrängende Verfügungsermächtigung** nach § 185 Abs. 1. Entsprechende Vereinbarungen sind daher ebenfalls nach S. 1 unwirksam.[30]

14

4. Auflösende Bedingung und bedingter Rückübereignungsanspruch. Nach h.M. kann eine Verfügung unter der **auflösenden Bedingung** (§ 158 Abs. 2) getroffen werden, dass der Erwerber über die Sache oder das Recht vereinbarungswidrig weiter verfügt.[31] Die Anerkennung einer solchen Gestaltung widerspricht nicht dem Zweck des S. 1, weil der *numerus clausus* der Sachenrechte unberührt bleibt und der Rechtsverkehr durch die Möglichkeit eines gutgläubigen Erwerbs nach § 161 Abs. 3 hinreichend geschützt wird.

15

Bei der Übereignung von Grundstücken kommt eine auflösende Bedingung wegen § 925 Abs. 2 nicht in Betracht. Die Parteien können jedoch vereinbaren, dass dem Veräußerer ein durch die vertragswidrige Weiterveräußerung des Grundstücks **bedingter Rückübereignungsanspruch** zustehen soll, der durch Eintragung einer **Vormerkung** im Grundbuch gesichert werden kann.[32]

16

III. Wirksamkeit der schuldrechtlichen Verpflichtung

S. 2 stellt klar, dass die Wirksamkeit einer **schuldrechtlichen Verpflichtung** zur Nichtvornahme einer Verfügung durch S. 1 nicht infrage gestellt wird. Ob eine solche Verpflichtung wirksam begründet worden ist, richtet sich damit nach allgemeinen Regeln. Die Verpflichtung kann auch dann formfrei übernommen werden, wenn sie sich auf ein Grundstück bezieht. § 311b Abs. 1 ist hier weder direkt noch entsprechend anwendbar.[33]

17

---

23 Erman/*Palm*, § 137 Rn 2.
24 Soergel/*Hefermehl*, § 137 Rn 8.
25 Vgl. BGHZ 40, 115, 117 ff.; 56, 275, 278 ff.
26 BGHZ 11, 37, 43; Soergel/*Hefermehl*, § 137 Rn 9.
27 BGH NJW 1968, 1471; WM 1977, 525, 527; NJW-RR 1998, 1057, 1058 f.; Staudinger/*Kohler*, § 137 Rn 38; a.A. *Gruber*, AcP 202 (2002), 435, 444 ff.; *Wiegand*, AcP 190 (1990), 112, 136 f.
28 Vgl. BGH NJW 1968, 1471; NJW-RR 1999, 1057, 1059; *Henssler*, JuS 2000, 156, 158.
29 Erman/*Palm*, § 137 Rn 5; MüKo/*Mayer-Maly/Armbrüster*, § 137 Rn 17; Soergel/*Hefermehl*, § 137 Rn 10; a.A. *Müller-Freienfels*, Die Vertretung beim Rechtsgeschäft, 1955, S. 124 ff.
30 Bamberger/Roth/*Wendtland*, § 137 Rn 11.

31 BGHZ 134, 182, 187 = NJW 1997, 861; BayObLG NJW 1978, 700, 701 = DNotZ 1978, 159; Bamberger/Roth/*Wendtland*, § 137 Rn 8; MüKo/*Mayer-Maly/Armbrüster*, § 137 Rn 15; Palandt/*Heinrichs*, § 137 Rn 4; Staudinger/*Kohler*, § 137 Rn 31; a.A. Erman/*Palm*, § 137 Rn 5; Jauernig/*Jauernig*, § 137 Rn 2; *Flume*, BGB AT Bd. 2, § 17, 7.
32 BGHZ 134, 182, 186; BayObLG NJW 1978, 700; MüKo/*Mayer-Maly/Armbrüster*, § 137 Rn 35; Staudinger/*Kohler*, § 137 Rn 54 ff.; *Kohler*, DNotZ 1989, 339 ff.; *Merrem*, JR 1993, 53 ff.; a.A. Erman/*Palm*, § 137 Rn 9; Jauernig/*Jauernig*, § 137 Rn 2.
33 BGHZ 103, 235, 238 f.; Jauernig/*Jauernig*, § 137 Rn 3.

18 Der Grundsatz des S. 2 wird von § 1136 durchbrochen. Hiernach kann sich der Eigentümer eines Grundstücks gegenüber dem **Gläubiger einer Hypothek** nicht wirksam verpflichten, das Grundstück nicht zu veräußern oder nicht weiter zu belasten (vgl. § 1136 Rn 1).

19 Eine weitere Ausnahmevorschrift zu S. 2 findet sich in § 2302, wonach schuldrechtliche Beschränkungen der **Testierfreiheit** unwirksam sind. Nach der Grundregel des S. 2 kann der Erblasser sich aber wirksam verpflichten, eine Verfügung unter Lebenden zu unterlassen.[34]

IV. Verstärkung und Sicherung des Unterlassungsanspruchs

20 Die Verpflichtung des Schuldners zur Unterlassung der Verfügung korrespondiert mit einem **Unterlassungsanspruch** des Gläubigers. Zur Verstärkung des Anspruchs ist es zulässig, dass der Gläubiger sich für den Fall der Zuwiderhandlung eine **Vertragsstrafe** (§§ 339 ff.) versprechen lässt. Der Anspruch auf Zahlung der Vertragsstrafe kann dann seinerseits wieder nach allgemeinen Grundsätzen gesichert werden. Dabei kommt insbesondere die Bestellung einer Sicherungshypothek oder eines anderen Grundpfandrechts in Betracht.[35]

21 Betrifft der Unterlassungsanspruch die Verfügung über ein Grundstück, so stellt sich die Frage, ob er durch Eintragung einer **Vormerkung** gesichert werden kann. Die h.M. lehnt dies zu Recht ab.[36] Die Vormerkung hat die Funktion, dem Gläubiger bis zur Eintragung der Rechtsänderung einen vorläufigen Schutz zu gewähren. Sie kann daher nicht zur Sicherung von Ansprüchen eingesetzt werden, die nicht auf Eintragung einer Rechtsänderung gerichtet sind.[37] Hat der Gläubiger sich einen durch die vertragswidrige Veräußerung des Grundstücks bedingten Rückauflassungsanspruch einräumen lassen, so kann dieser Anspruch aber durch Vormerkung gesichert werden (vgl. Rn 16).

22 Nach überwiegender Ansicht kann der Unterlassungsanspruch des Gläubigers schließlich auch durch ein **gerichtliches Veräußerungsverbot** gesichert werden, das im Wege der einstweiligen Verfügung (§§ 935, 938 Abs. 2 ZPO) erlassen wird.[38] Die Rechtswirkungen ergeben sich dann aus §§ 135, 136. Zu beachten ist insbesondere, dass ein solches Veräußerungsverbot im Grundbuch eingetragen werden kann (vgl. § 136 Rn 7).[39]

V. Schadensersatzansprüche des Gläubigers

23 Verfügt der Schuldner entgegen einer wirksamen Verpflichtung über ein Recht, so wird ihm die Erfüllung der Unterlassungspflicht **unmöglich**.[40] Dem Gläubiger steht daher ein Schadensersatzanspruch aus §§ 280 Abs. 1, 3, 283 zu.[41] Hatte der Schuldner die Verfügung schon vor Eingehung der Verpflichtung vorgenommen, so handelt es sich um einen Fall der anfänglichen Unmöglichkeit. Der Schadensersatzanspruch ergibt sich damit aus § 311a Abs. 2. Hat der Dritterwerber sich selbst gegenüber dem Gläubiger verpflichtet, den infrage stehenden Gegenstand nicht vom Schuldner zu erwerben, so haftet er nach den gleichen Grundsätzen.[42]

24 **Deliktsrechtlich** kommen Schadensersatzansprüche **gegen den Schuldner** aus § 823 Abs. 2 i.V.m. § 266 StGB und § 826 in Betracht.[43] Bei kollusivem Zusammenwirken zwischen Schuldner und Dritterwerber kann dem Gläubiger nach überwiegender Auffassung auch ein Schadensersatzanspruch **gegen den Dritterwerber** aus § 826 zustehen.[44] Der Gläubiger kann hiernach gemäß § 249 Abs. 1 die Rückübertragung des Rechts auf den Schuldner verlangen.

---

34 BGHZ 31, 13, 18 f.; Bamberger/Roth/*Wendtland*, § 137 Rn 17.
35 Vgl. RGZ 73, 16, 18; Erman/*Palm*, § 137 Rn 9.
36 Bamberger/Roth/*Wendtland*, § 137 Rn 15; Erman/ *Palm*, § 137 Rn 9; Palandt/*Heinrichs*, § 137 Rn 6; Soergel/*Hefermehl*, § 137 Rn 13.
37 MüKo/*Wacke*, § 883 Rn 15.
38 BGHZ 134, 182, 187; MüKo/*Mayer-Maly/ Armbrüster*, § 137 Rn 31; Soergel/*Hefermehl*, § 137 Rn 13; Zöller/*Vollkommer*, ZPO, § 938 Rn 12; a.A. Staudinger/*Kohler*, § 136 Rn 14.
39 Bamberger/Roth/*Wendtland*, § 137 Rn 15; Erman/ *Palm*, § 137 Rn 9.
40 Vgl. BGHZ 37, 137, 151; Staudinger/*Schmidt*, § 241 Rn 93; *Berger*, S. 119 ff.
41 Vgl. Staudinger/*Kohler*, § 137 Rn 48.
42 Vgl. OLG Köln NJW-RR 1996, 327; MüKo/ *Mayer-Maly/Armbrüster*, § 137 Rn 32.
43 Staudinger/*Kohler*, § 137 Rn 48; RGRK/ *Krüger-Nieland/Zöller*, § 137 Rn 28.
44 BGH NJW 1968, 1471; Bamberger/Roth/*Wendtland*, § 137 Rn 16; MüKo/*Mayer-Maly/Armbrüster*, § 137 Rn 32; RGRK/*Krüger-Nieland/Zöller*, § 137 Rn 1; Soergel/*Hefermehl*, § 137 Rn 11; a.A. Staudinger/ *Kohler*, § 137 Rn 49.

§ 138 Sittenwidriges Rechtsgeschäft; Wucher

(1) ¹Ein Rechtsgeschäft, das gegen die guten Sitten verstößt, ist nichtig.

(2) ¹Nichtig ist insbesondere ein Rechtsgeschäft, durch das jemand unter Ausbeutung der Zwangslage, der Unerfahrenheit, des Mangels an Urteilsvermögen oder der erheblichen Willensschwäche eines anderen sich oder einem Dritten für eine Leistung Vermögensvorteile versprechen oder gewähren lässt, die in einem auffälligen Missverhältnis zu der Leistung stehen.

Literatur: *Bezzenberger*, Ethnische Diskriminierung, Gleichheit und Sittenordnung im bürgerlichen Recht, AcP 196 (1996), 395; *Canaris*, Grundrechte und Privatrecht, AcP 184 (1984), 201; *ders.*, Wandlungen des Schuldvertragsrechts – Tendenzen zu seiner „Materialisierung", AcP 200 (2000), 273; *Damm*, Kontrolle von Vertragsgerechtigkeit durch Rechtsfolgenbestimmung, JZ 1986, 913; *Drexl*, Verbraucherrecht – Allgemeines Privatrecht – Handelsrecht, in: Schlechtriem, Wandlungen des Schuldrechts, 2002, S. 97; *Eckert*, Sittenwidrigkeit und Wertungswandel, AcP 199 (1999), 337; *Hager*, Gesetzes- und sittenkonforme Auslegung und Aufrechterhaltung von Rechtsgeschäften, 1983; *ders.*, Die gesetzeskonforme Aufrechterhaltung übermäßiger Vertragspflichten – BGHZ 89, 316 und 90, 69, JuS 1985, 264; *Kamanabrou*, Die Interpretation zivilrechtlicher Generalklauseln, AcP 202 (2002), 662; *Lindacher*, Grundsätzliches zu § 138 BGB, AcP 173 (1973), 124; *Looschelders/Roth*, Juristische Methodik im Prozeß der Rechtsanwendung, 1996; *Mayer-Maly*, Wertungswandel und Privatrecht, JZ 1981, 801; *ders.*, Was leisten die guten Sitten?, AcP 194 (1994), 105; *Paulus/Zenker*, Grenzen der Privatautonomie, JuS 2001, 1; *Picker*, Antidiskriminierung als Zivilrechtsprogramm?, JZ 2003, 540; *W. Roth*, Die Grundrechte als Maßstab einer Vertragsinhaltskontrolle, in: Wolter/Riedel/Taupitz (Hrsg.), Einwirkungen der Grundrechte auf das Zivilrecht, Öffentliches Recht und Strafrecht, 1999, S. 229; *Rühle*, Das Wucherverbot – effektiver Schutz des Verbrauchers vor überhöhten Preisen?, 1978; *Sack*, Das Anstandsgefühl aller billig und gerecht Denkenden und die Moral als Bestimmungsfaktoren der guten Sitten, NJW 1985, 761; *Schmoeckel*, Der maßgebliche Zeitpunkt zur Bestimmung der Sittenwidrigkeit nach § 138 I BGB, AcP 197 (1997), 1; *Thüsing*, Religion und Kirche in einem neuen Anti-Diskriminierungsrecht, JZ 2004, 172.

A. Allgemeines 1	a) Menschenwürde, Art. 1 Abs. 1 GG .. 45
I. Normzweck 1	b) Freie Entfaltung der Persönlichkeit,
1. Sittenwidriges Rechtsgeschäft (Abs. 1) . 1	Art. 2 Abs. 1 GG 48
2. Wucher (Abs. 2) 7	c) Gleichheitssätze, Art. 3 GG 51
II. Entstehungsgeschichte 8	d) Religions-, Weltanschauungs- und
III. Anwendungsbereich 10	Gewissensfreiheit, Art. 4 GG 54
1. Privatrechtliche Rechtsgeschäfte 10	e) Meinungsfreiheit, Art. 5 GG 56
2. Öffentliches Recht 13	f) Ehe und Familie, Art. 6 GG 57
IV. Verhältnis zu anderen Vorschriften 14	g) Vereinigungs-, Koalitionsfreiheit und
1. Gesetzliches Verbot, § 134 14	Parteienfreiheit, Artt. 9, 21 GG 60
2. Ergänzende Vertragsauslegung, § 157 .. 16	h) Freizügigkeit, Art. 11 GG 62
3. Treu und Glauben, § 242 17	i) Berufsfreiheit, Art. 12 GG 63
a) Die unterschiedlichen Standards 17	j) Eigentumsordnung und Erbrecht,
b) Wirksamkeits- und Ausübungs-	Art. 14 GG 64
kontrolle 18	3. Die sonstigen Verfassungsprinzipien ... 65
c) Geltendmachung der Sittenwidrigkeit	4. Europarecht 68
als unzulässige Rechtsausübung 19	5. Einfachgesetzliche Wertentscheidungen . 71
aa) Einseitiger Sittenverstoß 20	a) Schutz von bestimmten
bb) Beiderseitiger Sittenverstoß ... 21	Personengruppen 72
cc) Wandel der Verhältnisse oder	b) Schutz des typischerweise
Wertvorstellungen 22	schwächeren Vertragspartners 73
d) Geltendmachung der Wirksamkeit als	c) Störung der Verhandlungsparität im
unzulässige Rechtsausübung 23	Einzelfall 74
4. Fehlen der Geschäftsgrundlage, § 313 .. 24	d) Unzulässige Einflussnahme auf die
5. Anfechtung wegen arglistiger Täuschung	Willensbildung 75
oder Drohung, § 123 25	e) Vorbereitung, Förderung oder
6. Sittenwidrige Schädigung, § 826 26	Ausnutzung strafbarer Handlungen .. 76
7. Inhaltskontrolle von AGB, §§ 307 ff. .. 28	6. Umgehungsgeschäfte 77
8. Gläubiger- bzw. Insolvenzanfechtung,	7. Gewohnheits- und Richterrecht 78
§ 3 AnfG, §§ 129 ff. InsO 30	8. Ausländisches Recht 80
9. Gesellschaftsrecht 31	III. Außerrechtliche Maßstäbe 81
10. Ordre public, Art. 6 EGBGB 33	1. Mittelbarer Einfluss außerrechtlicher
B. Regelungsgehalt 34	Maßstäbe 81
I. Der Begriff der guten Sitten 34	2. Unmittelbarer Einfluss außerrechtlicher
1. Grenzen der Auslegung 34	Maßstäbe 82
2. Die Anstandsformel 35	3. Bedeutung der Sexualmoral 84
II. Rechtliche Maßstäbe 39	4. Schutz der Ehe- und Familienordnung .. 85
1. Die Bedeutung der Grundrechte 40	5. Bedeutung der Geschäftsmoral 86
a) Mittelbare Drittwirkung der	6. Verletzung von Standesregeln 87
Grundrechte 40	IV. Sittenwidrigkeit und Rechtswidrigkeit 88
b) Grundrechtsverstoß und	V. Der Gegenstand der Bewertung 91
Sittenwidrigkeit 42	VI. Subjektive Merkmale 93
2. Die einzelnen Grundrechte 45	1. Meinungsstand 93

2. Würdigung 95
   3. Personale Zuordnung subjektiver
      Merkmale 98
      a) Allgemeines 98
      b) Besondere subjektive Voraus-
         setzungen 99
VII. Allgemeine Wertungskriterien 100
   1. Überblick 100
   2. Schutz des Geschäftspartners 102
      a) Selbstbestimmungsrecht in
         höchstpersönlichen Angelegenheiten . 103
      b) Materiale Privatautonomie 104
         aa) Die einzelnen Kriterien 105
             (1) Inhaltliche Unausgewogen-
                 heit des Rechtsgeschäfts .. 106
             (2) Beeinträchtigung der freien
                 Selbstbestimmung 107
             (3) Subjektive Elemente 109
         bb) Das Verhältnis zwischen den
             Kriterien 110
   3. Schutz Dritter 111
      a) Vereitelung von Ansprüchen Dritter . 112
      b) Gefährdung des Vermögens Dritter
         (Gläubigergefährdung) 113
      c) Verletzung einer Vertrauensstellung
         gegenüber dem Dritten 116
   4. Schutz von Interessen der Allgemeinheit 118
VIII. Zeitpunkt der Bewertung 122
   1. Meinungsstand 122
   2. Wandel der Wertvorstellungen 124
   3. Änderung der tatsächlichen Verhältnisse 127
IX. Rechtsfolgen 129
   1. Der Grundsatz der Totalnichtigkeit 129
   2. Durchbrechungen der Totalnichtigkeit .. 133
      a) Ex-nunc-Nichtigkeit von
         Gesellschafts- und Arbeitsverträgen . 133
      b) Teilnichtigkeit und geltungserhaltende
         Reduktion; Umdeutung 134
   3. Nichtigkeit des Verfügungsgeschäfts ... 137
   4. Schadensersatz 138
   5. Rückabwicklung nach Bereicherungs-
      recht 139
X. Besonders wichtige Bereiche 141
   1. Arbeitsrecht 141
      a) Sittenwidrigkeit des Arbeitsvertrages 142
         aa) Grundrechtswidrige Abreden .. 143
         bb) Sittenwidrige Verlagerung von
             Arbeitgeberrisiken 144
         cc) Inhaltskontrolle 147
         dd) Besonderheiten bei den
             Rechtsfolgen 148
      b) Sittenwidrige Beendigung des
         Arbeitsvertrags 149
         aa) Verhältnis zum Kündigungs-
             schutzgesetz 149
         bb) Maßstab der Sittenwidrigkeit .. 151
         cc) Darlegungs- und Beweislast ... 156
         dd) Auflösende Bedingungen und
             Aufhebungsverträge 157
   2. Arztverträge 159
   3. Bierlieferungs- und Tankstellenverträge 163
      a) Grundlagen 163
      b) Vertragsdauer 167
      c) Weitere Vertragsbedingungen 171
      d) Rechtsfolgen 174
   4. Ehe und Familie 175
      a) Ersatz- und Leihmutterschaft 175
      b) Heterologe Insemination 177
      c) Vereinbarungen über Kinderlosigkeit
         und Empfängnisverhütung 180
      d) Nichteheliche Kinder 181
      e) Adoption 183
      f) Verlöbnis 184
      g) Schutz der Ehe 185
      h) Ehescheidung 186
      i) Unangemessene Benachteiligungen in
         Eheverträgen 188
      j) Insbesondere: Vereinbarungen über
         nachehelichen Unterhalt 191
   5. Erbrecht 195
      a) Allgemeines 195
      b) Das Geliebtentestament 197
      c) Das Behindertentestament 199
      d) Ebenbürtigkeitsklauseln 200
   6. Gesellschaftsrecht 201
      a) Allgemeines 201
      b) Das Verhältnis von Gesellschaft und
         Gesellschaftern 203
         aa) Ausschlussklauseln 203
         bb) Abfindungsklauseln 204
         cc) Stimmenthaltungsgebot 210
      c) Das Verhältnis der Gesellschafter
         untereinander 211
      d) Das Verhältnis von Gesellschaft und
         Gesellschaftern zu Dritten 213
         aa) Stimmbindungsvertrag 213
         bb) Konzernverrechnungsklausel ... 215
   7. Gewerblicher Rechtsschutz 216
   8. Handelsrecht 217
   9. Kaufverträge 218
      a) Auffälliges Missverhältnis von
         Leistung und Gegenleistung 218
      b) Haustürgeschäfte 219
      c) Sonstige Fälle 220
  10. Kreditgeschäfte 222
      a) Kreditverträge 222
         aa) Darlehensverträge 222
             (1) Das wucherähnliche
                 Geschäft 222
             (2) Objektive Sittenwidrigkeit 224
             (a) Ermittlung der Markt- und
                 Vertragszinsen 225
             (b) Vergleich 228
             (3) Subjektive Sittenwidrigkeit 229
             (4) Rechtsfolgen 230
         bb) Besondere Kreditverträge und
             Einzelprobleme 234
             (1) Kettenkreditverträge 234
             (2) Finanzierungsleasing-
                 verträge über bewegliche
                 Sachen 236
             (3) Kreditverträge in
                 Kombination mit einer
                 Kapitallebensversicherung 237
      b) Personalsicherheiten, insbesondere
         Bürgschaften 237
         aa) Allgemeines 238
         bb) Sittenwidrigkeit von Bürg-
             schaften bei besonderem
             Näheverhältnis 241
             (1) Besonderes Näheverhältnis 242
             (2) Krasse finanzielle
                 Überforderung 243
             (3) Widerlegung der Sitten-
                 widrigkeitsvermutung ... 246
         cc) Arbeits- und Gesellschafts-
             verhältnisse 249
         dd) Sonstige Fälle sittenwidriger
             Bürgschaften 251
         ee) Schuldbeitritt und Mithaf-
             tungsübernahme 253

- c) Mobiliarsicherheiten und Sicherungszession 254
  - aa) Übersicherung 255
    - (1) Anfängliche Übersicherung 256
    - (2) Nachträgliche Übersicherung 259
    - (3) Kumulation von Sicherheiten 262
  - bb) Knebelung 263
  - cc) Kollision von Sicherungsrechten 264
    - (1) Sicherungszession und verlängerter Eigentumsvorbehalt 264
    - (2) Sonderfall: Factoring 268
  - dd) Verarbeitungsklauseln 271
  - ee) Kredittäuschung und Insolvenzverschleppung 273
- d) Immobiliarsicherheiten 276
  - aa) Übersicherung 277
  - bb) Krasse finanzielle Überforderung des Sicherungsgebers 281
  - cc) Sittenwidrige Grundschuldbestellung wegen überhöhter Zinsen? 282
- 11. Maklerverträge 284
- 12. Miet- und Pachtverträge 290
- 13. Rechtsanwälte 296
- 14. Schenkung 297
- 15. Schmiergeldvereinbarungen 300
- 16. Sexualbezogene Leistungen 303
- 17. Sport und Verbandsrecht 304
  - a) Allgemeines 304
  - b) Sittenwidrige Statuten 305
  - c) Verstoß gegen Verbandsstatut 310
  - d) Weitere Einzelfälle 311
- 18. Standesrecht 313
  - a) Gefährdung der ordnungsgemäßen Berufsausübung 314
  - b) Vergütungsvereinbarungen 318
    - aa) Allgemeines 318
    - bb) Anwaltliche Erfolgshonorare und Prozessfinanzierungsverträge .. 319
    - cc) Provisionsvereinbarungen 321
  - c) Praxisverkauf 323
- 19. Straf- und Strafprozessrecht 324
  - a) Allgemeines 324
  - b) Einzelfälle 326
- 20. Versicherungsrecht 329
- 21. Verwaltungsrecht 331
- 22. Wertpapierrecht 335
  - a) Wechselreiterei 335
  - b) Scheckreiterei 337
  - c) Diskontierung 339
- 23. Wettbewerbsrecht 340
  - a) Unlauterer Wettbewerb 340
    - aa) Allgemeines 340
    - bb) Abwerbung von Arbeitskräften . 341
    - cc) Schneeballsystem 342
  - b) Kartellrecht 343
- 24. Wettbewerbsverbote 344
  - a) Handelsrecht 345
  - b) Gesellschaftsrecht 348
  - c) Freiberufler 350
- 25. Zivilprozessrecht 353
  - a) Zwangsvollstreckung 353
  - b) Prozessvergleich 354
- XI. Wucher (Abs. 2) 355
  - 1. Allgemeines 355
  - 2. Verhältnis zu anderen Vorschriften 356
  - 3. Voraussetzungen 359
    - a) Allgemeines 359
    - b) Auffälliges Missverhältnis zwischen Leistung und Gegenleistung 361
    - c) Unterlegenheit des Vertragspartners . 365
      - aa) Zwangslage 366
      - bb) Unerfahrenheit 368
      - cc) Mangelndes Urteilsvermögen .. 370
      - dd) Erhebliche Willensschwäche .. 371
    - d) Ausbeutung der Unterlegenheit ... 372
  - 4. Vermutung für das Vorliegen der subjektiven Tatbestandsmerkmale 373
  - 5. Rechtsfolgen 374
    - a) Umfang der Nichtigkeit 375
      - aa) Mietwucher 376
      - bb) Lohnwucher 377
      - cc) Kreditwucher 378
    - b) Schadensersatz 379
- C. Weitere praktische Hinweise 380
  - I. Prozessuales 380
    - 1. Sittenwidrigkeit als Einwendung 380
    - 2. Beweislast 381
    - 3. Revisibilität 382
  - II. Rückwirkungsprobleme bei Wandel der Wertanschauungen 383
- **Anhang: Gesetz zur Regelung der Rechtsverhältnisse der Prostituierten (ProstG)**

A. Allgemeines

I. Normzweck

1. Sittenwidriges Rechtsgeschäft (Abs. 1). Die privatautonome **Gestaltungsfreiheit** wird nicht nur durch gesetzliche Verbote (§ 134), sondern auch durch die guten Sitten (Abs. 1) begrenzt. Beide Vorschriften stehen in einem engen funktionalen Zusammenhang. Mit dem Verweis auf die guten Sitten erkennt der Gesetzgeber an, dass er etwaigen Missbräuchen der Vertragsfreiheit nicht umfassend durch gesetzliche Verbote begegnen kann. Zusätzlich muss vielmehr eine **Generalklausel** bereitgestellt werden, die dem Richter den notwendigen Freiraum gibt, um der Vielgestaltigkeit der möglichen Lebenssachverhalte Rechnung zu tragen und neuere Entwicklungen zu berücksichtigen, ohne das Eingreifen des Gesetzgebers abwarten zu müssen.[1] Die Vorschrift hat demnach (ebenso wie im Deliktsrecht § 826) eine gewisse Auffangfunktion.[2]

---

[1] Vgl. AK-BGB/*Damm*, § 138 Rn 3; *Larenz/Wolf*, BGB AT, § 41 Rn 1. Allg. zur Funktion von Generalklauseln *Looschelders/Roth*, Juristische Methodik, S. 198 ff.; *Mayer-Maly*, AcP 194 (1994), 105, 131 f.; *Ohly*, AcP 201 (2001), 1, 7.

[2] Staudinger/*Sack*, § 138 Rn 24.

2 Mit dem Merkmal der „guten Sitten" enthält Abs. 1 einen **ausfüllungsbedürftigen Wertbegriff**, der außerrechtliche Maßstäbe in Bezug nimmt.[3] Dies beruht auf der Einsicht, dass die Achtung der für die Gesellschaft **grundlegenden Wertvorstellungen** für ein gedeihliches Zusammenleben unerlässlich ist.[4] Der Verweis auf außerrechtliche Maßstäbe ist notwendig, weil der Gesetzgeber diese Wertvorstellungen nicht im Hinblick auf alle denkbaren Interessenkonflikte in konkreten Normen positivieren kann.[5] Abs. 1 löst das Problem, indem er die in Bezug genommenen außerrechtlichen Maßstäbe in **rechtliche** transformiert.

3 Die Bezugnahme auf die „guten Sitten" bedeutet nicht, dass der Richter die in der Gesellschaft **tatsächlich** herrschenden Wertanschauungen ermitteln und der Entscheidung zugrunde legen soll.[6] Welche außerrechtlichen Wertungen über den Begriff der guten Sitten in rechtliche transformiert werden, ist vielmehr eine **normative** Wertungsfrage, die im Einklang mit den in der Rechtsordnung verankerten Wertungen beantwortet werden muss.[7] Dabei kommt der Wertordnung des Grundgesetzes eine herausragende Bedeutung zu (vgl. unten 40 ff.).[8]

4 Die Nichtigkeitsfolge des Abs. 1 beruht in erster Linie auf der Erwägung, dass die Rechtsordnung sittenwidrigen Geschäften die Anerkennung verweigern muss, wenn sie die für die Gesellschaft **grundlegenden Wertvorstellungen** nicht destabilisieren will.[9] Die Vorschrift soll damit verhindern, „dass Rechtsgeschäfte in den Dienst des Unsittlichen gestellt werden".[10] Nachdem die meisten grundlegenden Wertvorstellungen heute einen **rechtlichen** Niederschlag gefunden haben, werden damit auch die **wesentlichen Grundsätze der Rechtsordnung** aufrechterhalten.[11] Gleichzeitig geht es um den Schutz der **individuellen** oder **öffentlichen Interessen**, die durch das sittenwidrige Geschäft beeinträchtigt werden.[12] Soweit andere Privatrechtssubjekte betroffen sind, kann dieser Schutz in krassen Fällen sogar verfassungsrechtlich geboten sein.[13] Dies gilt insbesondere für Rechtsgeschäfte, die die Menschenwürde oder das Selbstbestimmungsrecht des anderen Vertragspartners verletzen.[14]

5 Als weiterer Zweck des Abs. 1 wird die **Abschreckung** von der Vornahme sittenwidriger Geschäfte genannt.[15] Richtig ist hieran, dass die Parteien nicht durch rechtliche Anerkennung zum Abschluss sittenwidriger Geschäfte ermuntert werden dürfen.[16] Ob die Nichtigkeitsfolge darüber hinaus abschreckend wirkt, erscheint zweifelhaft. Die Abschreckungsfunktion wird insoweit eher durch die Schadensersatzpflicht nach § 826 wahrgenommen.

6 Dass Abs. 1 nicht den Zweck hat, die Beteiligten wegen der Vornahme des Rechtsgeschäfts oder gar wegen der dabei zu Tage getretenen verwerflichen Gesinnung zu **bestrafen**, ist heute allgemein anerkannt.[17] Die Irrelevanz poenaler Zwecke zeigt sich schon daran, dass Abs. 1 sich nicht auf das Verhalten der Beteiligten, sondern auf das von ihnen vorgenommene Rechtsgeschäft bezieht (siehe Rn 91).

7 **2. Wucher (Abs. 2).** Die Generalklausel des Abs. 1 wird durch den Wuchertatbestand des Abs. 2 konkretisiert. Da Abs. 2 einen **Sonderfall der Sittenwidrigkeit** regelt, muss die Vorschrift gegenüber Abs. 1 vorrangig geprüft werden. Liegen die Voraussetzungen des Wuchers nicht vor, so kann auf die Generalklausel des Abs. 1 zurückgegriffen werden.[18] Dabei muss die fehlende Voraussetzung für die Nichtigkeit des Rechtsgeschäfts nach Abs. 2 aber durch das besondere Gewicht der übrigen Merkmale des Abs. 2 oder das Vorliegen sonstiger sittenwidrigkeitsrelevanter Umstände kompensiert werden.[19] Praktische Bedeutung hat dies vor allem für die Beurteilung von **wucherähnlichen Geschäften** (dazu Rn 222 ff.). Auch sonst können die einzelnen Merkmale des Abs. 2 aber herangezogen werden, um im Zusammenspiel mit anderen

---

3 Zu dieser „Verweisungsfunktion" vgl. *Ohly*, AcP 201 (2001), 1, 7.
4 Vgl. MüKo/*Mayer-Maly/Armbrüster*, § 134 Rn 111.
5 Vgl. Erman/*Palm*, § 138 Rn 1; *Looschelders/Roth*, Juristische Methodik, S. 199.
6 So auch MüKo/*Mayer-Maly/Armbrüster*, § 138 Rn 14; Staudinger/*Sack*, § 138 Rn 15; ferner *Larenz/Canaris*, Schuldrecht II/2, 13. Auflage 1994, § 78 II 1a (zu § 826): kein empirisch feststellbares Kriterium.
7 Vgl. Staudinger/*Dilcher*, 12. Aufl., § 138 Rn 5; *Looschelders/Roth*, Juristische Methodik, S. 202.
8 Vgl. BVerfGE 89, 214, 229; BGHZ 106, 336, 338; BGH NJW 1986, 2944; Palandt/*Heinrichs*, § 138 Rn 4; *Bork*, BGB AT, Rn 1182; *Looschelders*, Schuldrecht AT, 2. Aufl. 2004, Rn 18.
9 Treffend *Leonhard*, in: FS Bekker 1907, S. 89, 106: „Der Verstoß gegen die guten Sitten liegt in der Gefährdung ihrer Fortdauer"; vgl. auch *Lindacher*, AcP 173 (1973), 124, 125.
10 *Medicus*, BGB AT, Rn 680; vgl. auch Erman/*Palm*, § 138 Rn 1.
11 BGHZ 106, 336, 338; Palandt/*Heinrichs*, § 138 Rn 3.
12 *Eckert*, AcP 199 (1999), 337, 351; ferner AK-BGB/*Damm*, § 138 Rn 96 ff.
13 Vgl. BVerfGE 89, 214, 229 ff.
14 Vgl. *Esser/Schmidt*, Schuldrecht AT I, 8. Aufl. 1995, § 10 II 2a, wonach der Schutz der Menschenwürde und des Selbstbestimmungsrechts eine zentrale Funktion des § 138 Abs. 1 ist.
15 So RGRK/*Krüger-Nieland/Zöller*, § 138 Rn 2; *Lindacher*, AcP 173 (1973), 124, 125.
16 Vgl. BGHZ 60, 102, 105 f.; *Lindacher*, AcP 173 (1973), 124, 129.
17 Dies betont zutr. *Eckert*, AcP 199 (1999), 337, 351.
18 Soergel/*Hefermehl*, § 138 Rn 73; Staudinger/*Sack*, § 138 Rn 172.
19 MüKo/*Mayer-Maly/Armbrüster*, § 138 Rn 142.

sittenwidrigkeitsrelevanten Umständen die Nichtigkeit des Rechtsgeschäfts nach Abs. 1 zu begründen (vgl. Rn 105 ff.).

II. Entstehungsgeschichte

Dass Verträge, die gegen die **guten Sitten** verstoßen, unwirksam bzw. rechtlich nicht durchsetzbar sind, war schon im römischen Recht anerkannt.[20] Die Verfasser des Ersten Entwurfs hatten die guten Sitten noch um die **öffentliche Ordnung** ergänzt. Maßgeblich war die Erwägung, dass der Inhalt eines Rechtsgeschäfts nicht nur „gegen die moralischen, sondern auch gegen die allgemeinen Interessen des Staates verstoßen kann und ein Verstoß gegen die letzteren nicht immer einen Verstoß gegen die ersteren enthält".[21] Die zweite Kommission hat den Verweis auf die öffentliche Ordnung gestrichen, weil ein Verstoß gegen die öffentliche Ordnung zumeist auch als Verstoß gegen die Rechts- und Sittlichkeitsordnung anzusehen sei.[22] Ein Antrag, die Wendung „gegen die guten Sitten" durch die Ausdrücke „gegen die Sittlichkeit" zu ersetzen, wurde mit der Begründung abgelehnt, dass die Bezugnahme auf die guten Sitten der Vorschrift einen umfassenderen Geltungsbereich sichere und den richtigen **objektiven Maßstab** enthalte.[23] Diese Erwägungen zeigen, dass es bei Abs. 1 nicht auf die Gebote der **Sittlichkeit** als Ausfluss innerer (individueller) Überzeugungen ankommt; vielmehr ist ein äußerer (gemeinschaftsbezogener) Maßstab zugrunde zu legen.[24] Deutlich wird außerdem, dass der Begriff der guten Sitten auch rechtlich verankerte Wertmaßstäbe als **Teil der öffentlichen Ordnung** umfasst. Da die öffentliche Ordnung einen weiter gehenden Inhalt aufweist, wurde sie aber zu Recht nicht neben die guten Sitten gestellt.[25]

8

Der **Wuchertatbestand** wurde erst von der Reichstagskommission in den § 138 eingefügt. Die Kommission hat sich dabei von der Erwägung leiten lassen, dass die Nichtigkeit wucherischer Geschäfte im BGB ausdrücklich ausgesprochen werden soll, weil „eine so wichtige, ins Civilrecht tief eingreifende Vorschrift ... im BGB nicht unerwähnt bleiben" dürfe.[26] Praktische Bedeutung hatte die Einfügung des Abs. 2 für Fälle des Sachwuchers, der nur bei gewohnheitsmäßiger Begehung strafbar war. Da die Strafbarkeit wegen Wuchers nach § 291 StGB (§ 302a StGB a.F.) und das zivilrechtliche Wucherverbot des Abs. 2 inzwischen durch das 1. WiKG vom 29.7.1976[27] aufeinander abgestimmt worden sind, ist die letztere Überlegung obsolet. Es stellt sich daher die Frage, welche Bedeutung Abs. 2 neben § 134 i.V.m. § 291 StGB heute noch zukommt (dazu Rn 357).

9

III. Anwendungsbereich

1. Privatrechtliche Rechtsgeschäfte. Soweit keine Sonderregelungen eingreifen, gilt § 138 für **alle Rechtsgeschäfte** auf dem Gebiet des **Privatrechts**. § 138 ermöglicht (neben § 242) auch eine gerichtliche Inhaltskontrolle der internen Normen eines **Vereins oder Verbandes**, welche die Rechtsstellung der Mitglieder regeln. Dies gilt jedenfalls für den Fall, dass die Vereinigung im wirtschaftlichen oder sozialen Bereich eine überragende Machtstellung hat.[28] Im **Zivilprozessrecht** hat § 138 keine große Bedeutung, weil Prozesshandlungen grundsätzlich allein durch das Prozessrecht geregelt werden.[29] Eine Ausnahme gilt für den **Prozessvergleich**. Dieser ist nicht nur Prozesshandlung, sondern auch materiell-rechtlicher Vertrag, der nach den Regeln der allgemeinen Rechtsgeschäftslehre zu beurteilen ist.[30]

10

Der Begriff des **Rechtsgeschäfts** hat die gleiche Bedeutung wie in § 134 (dort Rn 7). Die Vorschrift gilt daher ebenfalls nicht nur für Verpflichtungs-, sondern auch für Verfügungsgeschäfte.[31] Nach dem Trennungs- und Abstraktionsprinzip schlägt die Sittenwidrigkeit des Verpflichtungsgeschäfts jedoch grundsätzlich nicht auf das Verfügungsgeschäft durch (siehe Rn 137).

11

In **Fällen mit Auslandsberührung** ist § 138 nur anwendbar, wenn das Rechtsgeschäft nach den Regeln des deutschen Internationalen Privatrechts (insbesondere Art. 3 ff. EGBGB) dem deutschen Recht unterliegt.

12

---

20 Vgl. Staudinger/*Sack*, § 138 Rn 1; *Flume*, BGB AT Bd. 2, § 18, 1.
21 *Mugdan* I, S. 469.
22 *Mugdan* I, S. 725.
23 *Mugdan* I, S. 725.
24 Zur Abgrenzung von guten Sitten und Sittlichkeit s. *Schapp/Schur*, Einführung in das Bürgerliche Recht, 3. Aufl. 2003, Rn 474.
25 So auch *Flume*, BGB AT Bd. 2, § 18, 1; *Larenz/Wolf*, BGB AT, § 41 Rn 9; zu weit gehend Bamberger/Roth/*Wendtland*, § 138 Rn 17 und Palandt/*Heinrichs*, § 138 Rn 3, die die öffentliche Ordnung ohne Einschränkung als Bestandteil der guten Sitten ansehen.
26 *Mugdan* I, S. 970; vgl. dazu auch *Rühle*, Wucherverbot, S. 28.
27 BGBl I S. 2034.
28 Vgl. BGHZ 105, 306, 316 ff.; 128, 93, 101 ff.; 142, 304, 306.
29 RGZ 162, 65, 67 f.; Rosenberg/Schwab/*Gottwald*, Zivilprozessrecht, 16. Aufl. 2004, § 65 Rn 47 ff.
30 BGHZ 28, 171, 172; RGRK/*Krüger-Nieland/Zöller*, § 138 Rn 7.
31 Soergel/*Hefermehl*, § 138 Rn 12.

§ 138 ist keine international zwingende Eingriffsnorm i.S.d. Art. 34 EGBGB.[32] Im Einzelfall kann den Wertungen des § 138 aber über die Vorbehaltsklausel des Art. 6 EGBGB Geltung verschafft werden (vgl. Rn 33).[33]

13 **2. Öffentliches Recht.** Aufgrund der Verweisung des § 59 Abs. 1 VwVfG ist § 138 auf **öffentlich-rechtliche Verträge** anwendbar. Für die Nichtigkeit von **Verwaltungsakten** wegen Sittenwidrigkeit gilt dagegen die Sonderregelung des § 44 Abs. 2 Nr. 6 VwVfG.[34] Im Übrigen kann sich die Sittenwidrigkeit privatrechtlicher Rechtsgeschäfte aus einer unzulässigen Verknüpfung mit der Vornahme von Verwaltungsakten oder sonstigen öffentlich-rechtlichen Handlungen ergeben (siehe Rn 331 ff.).

IV. Verhältnis zu anderen Vorschriften

14 **1. Gesetzliches Verbot, § 134.** Da Abs. 1 Fälle erfassen soll, in denen ein gesetzliches Verbot fehlt (Rn 21), ist **§ 134 vorrangig** anzuwenden.[35] Ist das Rechtsgeschäft hiernach unwirksam, so besteht für die zusätzliche Anwendung des Abs. 1 kein Anlass.[36] Führt der Gesetzesverstoß für sich genommen nach dem Zweck des Gesetzes nicht zur Unwirksamkeit des Rechtsgeschäfts, so kann aber auf Abs. 1 abgestellt werden.[37] Zu beachten ist dabei jedoch, dass die Sittenwidrigkeit nicht allein mit dem Verstoß gegen die gesetzliche Norm begründet werden kann.[38] Da ein sittenwidriges Rechtsgeschäft nach Abs. 1 (nahezu) immer nichtig ist (dazu Rn 129 ff.), verstieße eine solches Verständnis nämlich gegen die Wertung des § 134, wonach die Gesetzwidrigkeit gerade nicht in jedem Fall zur Nichtigkeit führen soll.[39] Die tatbestandlichen Voraussetzungen des Abs. 1 können jedoch vorliegen, wenn der Gesetzesverstoß durch weitere sittenwidrigkeitsrelevante Umstände verstärkt wird.

15 Zum Verhältnis von **Abs. 2** zu § 134 i.V.m. § 291 StGB und § 5 WiStG siehe Rn 356 ff.

16 **2. Ergänzende Vertragsauslegung, § 157.** Die Feststellung der Sittenwidrigkeit setzt voraus, dass der Inhalt des Rechtsgeschäfts durch Auslegung geklärt worden ist. Besondere Bedeutung kommt dabei der ergänzenden Vertragsauslegung (§ 157) zu. Bei der ergänzenden Auslegung von Verträgen hat man sich daran zu orientieren, was **redliche Vertragsparteien** nach Treu und Glauben vereinbart hätten, wenn sie den zu regelnden Fall bedacht hätten (vgl. § 157 Rn 21 ff.). Redliche Vertragsparteien hätten aber keine Vereinbarungen getroffen, die mit den guten Sitten unvereinbar sind. Gelangt man mit dieser Überlegung zu dem Ergebnis, dass der Inhalt des Vertrages nicht zu missbilligen ist, so scheidet ein Rückgriff auf Abs. 1 naturgemäß aus.[40]

17 **3. Treu und Glauben, § 242. a) Die unterschiedlichen Standards.** Neben Abs. 1 enthält § 242 die zweite zentrale Generalklausel des BGB. Während der Standard der guten Sitten aber nur die Einhaltung eines „**sozialethischen Minimums**" (Rn 89) gebietet, umschreiben die Gebote von Treu und Glauben **gesteigerte sozialethische Anforderungen**.[41] Die unterschiedlichen Maßstäbe erklären sich daraus, dass beide Vorschriften im Ausgangspunkt unterschiedliche Problemkreise regeln. Im Vordergrund des § 242 steht die Frage, wie man sich bei der Erfüllung seiner Pflichten und der Ausübung seiner Rechte im Rahmen einer **Sonderverbindung** zu verhalten hat. Hier ist ein strengerer Maßstab gerechtfertigt als im Verkehr zwischen „Jedermann", bei dem nur die niedrigeren Standards der guten Sitten (§ 826) einzuhalten sind.[42] Abs. 1 regelt die Frage, wann ein Rechtsgeschäft wegen Missbrauchs der Privatautonomie nichtig sein soll. Da die Nichtigkeitsanordnung einen schweren Eingriff in die Privatautonomie darstellt, hat der Gesetzgeber hier einen weniger strengen Maßstab zugrunde gelegt. Ein Rechtsgeschäft ist danach nur nichtig, wenn es gegen

---

32 BGHZ 135, 124, 139; *Looschelders*, IPR, Art. 34 Rn 24.
33 Palandt/*Heldrich*, Art. 34 EGBGB Rn 3.
34 Vgl. RGRK/*Krüger-Nieland/Zöller*, § 138 Rn 8.
35 BGH NJW 1983, 868, 869 f.; BAG NJW 1993, 2701, 2703; Staudinger/*Sack*, § 138 Rn 96.
36 Erman/*Palm*, § 138 Rn 10; Soergel/*Hefermehl*, § 138 Rn 63; a.A. BGHZ 53, 152, 160; *Hübner*, BGB AT, Rn 923.
37 BGHZ 67, 119, 122 ff.; MüKo/*Mayer-Maly/Armbrüster*, § 134 Rn 3; RGRK/*Krüger-Nieland/Zöller*, § 138 Rn 9; Soergel/*Hefermehl*, § 138 Rn 63.
38 BGH NJW 1991, 299; BAG NJW 1993, 2701, 2703; MüKo/*Mayer-Maly/Armbrüster*, § 138 Rn 4; Soergel/*Hefermehl*, § 138 Rn 194.
39 BAG NJW 1993, 2701, 2703; Staudinger/*Sack*, § 138 Rn 97; *Bork*, BGB AT, Rn 1154.

40 Vgl. Palandt/*Heinrichs*, § 138 Rn 14; RGRK/*Krüger-Nieland/Zöller*, § 138 Rn 11.
41 Vgl. *Schapp/Schur*, Einführung in das Bürgerliche Recht, 3. Aufl. 2003, Rn 487; *Looschelders*, Schuldrecht AT, 2. Aufl. 2004, Rn 63, 72; a.A. Staudinger/*Sack*, § 138 Rn 154 f.
42 *Fikentscher*, Schuldrecht, Rn 160; *Looschelders*, Schuldrecht AT, 2. Aufl. 2004, Rn 63 f. Dass § 242 im Ausgangspunkt eine rechtliche Sonderverbindung voraussetzt, ist weit gehend anerkannt (vgl. etwa Soergel/*Teichmann*, § 242 Rn 30 ff.). Nach neuerer Auffassung enthält § 242 zwar einen allg. Rechtsgedanken, der auch außerhalb von rechtlichen Sonderverbindungen gilt (vgl. Staudinger/*Schmidt*, § 242 Rn 161). Dies ändert jedoch nichts daran, dass die sozialethischen Anforderungen im Rahmen von Sonderverbindungen höher sind.

die Mindeststandards verstößt, die im Verkehr zwischen „**Jedermann**" einzuhalten sind.[43] Dies spiegelt sich auch in den Formulierungen wider. Während Abs. 1 **negativ** vorschreibt, dass ein Rechtsgeschäft nicht gegen die guten Sitten verstoßen darf,[44] verlangt § 242 **positiv**, dass der Schuldner die Gebote von Treu und Glauben einzuhalten hat.

b) Wirksamkeits- und Ausübungskontrolle. Bei der praktischen Rechtsanwendung ist der Anwendungsbereich des § 242 stetig ausgeweitet worden.[45] Überschneidungen mit Abs. 1 ergeben sich insbesondere aus dem Gedanken der **unzulässigen Rechtsausübung**,[46] der die Privatautonomie im Vorfeld der Sittenwidrigkeit beschränkt.[47] Im Ausgangspunkt bleiben beide Vorschriften aber auch in diesem Bereich klar voneinander getrennt. Ist ein Rechtsgeschäft sittenwidrig, so ist es nach Abs. 1 nichtig. Verstößt die Ausübung eines Rechtes „lediglich" gegen den Grundsatz von Treu und Glauben, so greifen die flexibleren Rechtsfolgen des § 242 ein. Die Rechtsprechung hat hierzu ein **zweistufiges Prüfungsverfahren** entwickelt. In einem ersten Schritt wird geprüft, ob das Rechtsgeschäft wegen Verstoßes gegen die guten Sitten nach Abs. 1 nichtig ist (Wirksamkeitskontrolle). Wird diese Frage verneint, so muss in einem zweiten Schritt der Frage nachgegangen werden, ob der Begünstigte im Einzelfall nach Treu und Glauben (§ 242) gehindert ist, die Rechte aus dem Geschäft geltend zu machen (Ausübungskontrolle).[48]

c) Geltendmachung der Sittenwidrigkeit als unzulässige Rechtsausübung. Eine andere Frage ist, ob der benachteiligte Vertragspartner unter dem Aspekt der unzulässigen Rechtsausübung (§ 242) **gehindert** sein kann, **sich auf die Sittenwidrigkeit des Rechtsgeschäfts** zu berufen. Diese Frage wird von der h.M. grundsätzlich bejaht.[49] Da sittenwidrige Rechtsgeschäfte nicht über den Grundsatz von Treu und Glauben Wirksamkeit erlangen dürften, müsse die Anwendung des § 242 jedoch auf besonders gelagerte Ausnahmefälle beschränkt bleiben. Dieser Auffassung ist grundsätzlich zuzustimmen. Da die Sittenwidrigkeit nach Abs. 1 als Einwendung **von Amts wegen** beachtet werden muss, kann die Geltendmachung der Sittenwidrigkeit als solche zwar nicht treuwidrig sein.[50] Denkbar ist jedoch, dass der Einwand der unzulässigen Rechtsausübung durch besondere Umstände gerechtfertigt wird. Drei Fallgruppen lassen sich hier unterscheiden.

aa) Einseitiger Sittenverstoß. Nach h.M. kommt die Anwendung des § 242 gegenüber der Geltendmachung der Sittenwidrigkeit vor allem in Fällen des **einseitigen Sittenverstoßes** in Betracht. Grundsätzlich kann sich zwar selbst die Vertragspartei auf die Nichtigkeit nach § 138 berufen, die bewusst gegen die guten Sitten verstoßen hat.[51] Etwas anderes soll jedoch gelten, wenn der sittenwidrig Handelnde dadurch einen unangemessenen Vorteil zulasten der redlichen Partei erlangen würde.[52] Hier stellt sich jedoch die Frage, ob das Problem nicht besser durch eine teleologische Reduktion der Nichtigkeitsfolge gelöst wird. Bei einseitigen Sittenverstößen soll Abs. 1 die redliche Partei schützen. Dieser Schutzzweck würde in sein Gegenteil verkehrt, wenn der sittenwidrig Handelnde durch die Nichtigkeit unangemessen begünstigt würde.

bb) Beiderseitiger Sittenverstoß. In Ausnahmefällen soll die Anwendung des § 242 auch bei einem **beiderseitigen Sittenverstoß** gerechtfertigt sein.[53] Der BGH hat dies für einen Fall bejaht, in dem die Beklagte einen pornographischen Spielfilm über einen längeren Zeitraum verwertet und sich dann auf die Sittenwidrigkeit des Verleihvertrages über den Film berufen hatte.[54] Maßgeblich war die Erwägung, dass es widersprüchlich sei, zunächst für einen längeren Zeitraum die Vorteile des Vertrages für sich in Anspruch zu nehmen und dann die Sittenwidrigkeit geltend zu machen, um sich der Gegenleistungspflicht zu entziehen. Problematisch erscheint hier vor allem, dass der treuwidrig Handelnde die Vorteile des Rechtsgeschäfts

---

43 Ähnlich *Schapp/Schur*, Einführung in das Bürgerliche Recht, 3. Aufl. 2003, Rn 487; *Bähr*, DB 1981, 1759, 1767. Dem lässt sich nicht entgegenhalten, dass § 138 von „Rechtsgeschäften" ausgeht und damit ebenfalls an eine Sonderverbindung anknüpft (so aber Staudinger/*Schmidt*, § 242 Rn 270). Entscheidend ist, dass im Rahmen des § 138 der gleiche Maßstab wie im Verkehr zwischen „Jedermann" gilt.
44 Vgl. *Flume*, BGB AT Bd. 2, § 18, 1; *Schapp/Schur*, Einführung in das Bürgerliche Recht, 3. Aufl. 2003, Rn 475.
45 Ausf. zu dieser Entwicklung Staudinger/*Schmidt*, § 242 Rn 51 ff.
46 Vgl. dazu *Looschelders*, Schuldrecht AT, 2. Aufl. 2004, Rn 78 ff.
47 Bamberger/Roth/*Wendtland*, § 138 Rn 8.
48 Vgl. BGH NJW 2004, 930, 935.
49 BGH NJW 1981, 1439, 1440; 1986, 2944, 2945; Palandt/*Heinrichs*, § 138 Rn 21; Soergel/*Hefermehl*, § 138 Rn 61; Staudinger/*Sack*, § 138 Rn 156 ff.; a.A. RGZ 150, 181, 186; 160, 52, 56; BAG NJW 1976, 1958, 1959; Jauernig/*Jauernig*, § 138 Rn 27; MüKo/*Mayer-Maly/Armbrüster*, § 138 Rn 155.
50 BAG NJW 1976, 1758, 1759; MüKo/*Mayer-Maly/Armbrüster*, § 138 Rn 155.
51 BGHZ 60, 103, 105.
52 BGH WM 1972, 486, 488; RGRK/*Krüger-Nieland/Zöller*, § 138 Rn 40.
53 Vgl. BGH NJW 1981, 1439, 1440; NJW 1986, 2944, 2945; Palandt/*Heinrichs*, § 138 Rn 19; Staudinger/*Sack*, § 138 Rn 157.
54 BGH NJW 1981, 1439, 1440.

behalten darf, weil bereicherungsrechtliche Ansprüche an § 817 S. 2 scheitern. Um dieses unangemessene Ergebnis zu vermeiden, muss man jedoch nicht die Nichtigkeitsfolge des Abs. 1 einschränken. Es genügt vielmehr, die Sperre des § 817 S. 2 außer Kraft zu setzen.

22 **cc) Wandel der Verhältnisse oder Wertvorstellungen.** § 242 soll die Geltendmachung der Sittenwidrigkeit auch dann hindern, wenn das infrage stehende Rechtsgeschäft im Zeitpunkt seiner Vornahme sittenwidrig war, im Zeitpunkt der Entscheidung aber aufgrund einer Änderung der tatsächlichen Verhältnisse oder der Wertanschauungen unbedenklich ist.[55] Diese Fallgruppe betrifft eine Problematik, die in erster Linie durch die **angemessene Bestimmung des Bewertungszeitpunkts** gelöst werden muss (dazu Rn 122 ff.). Soweit hierdurch keine Abhilfe geschaffen werden kann, ist der Rückgriff auf § 242 aber gerechtfertigt. Sind die für die Missbilligung des Rechtsgeschäfts maßgeblichen Gründe entfallen, so kann die Geltendmachung der Sittenwidrigkeit treuwidrig sein.

23 **d) Geltendmachung der Wirksamkeit als unzulässige Rechtsausübung.** Umgekehrt kann sich auch das Problem stellen, dass ein im Zeitpunkt der Vornahme wirksames Rechtsgeschäft im Zeitpunkt der Entscheidung aufgrund eines Wandels der tatsächlichen Verhältnisse oder der Wertvorstellungen für sittenwidrig zu erachten ist. Die h.M. greift auch hier auf § 242 zurück. Die Geltendmachung des Anspruchs kann demnach rechtsmissbräuchlich sein, wenn das zugrunde liegende Rechtsgeschäft **nach den gegenwärtigen Verhältnissen und Wertvorstellungen sittenwidrig** ist (ausführlich dazu Rn 125, 127).[56]

24 **4. Fehlen der Geschäftsgrundlage, § 313.** Der unangemessene Inhalt des Rechtsgeschäfts kann darauf beruhen, dass die Parteien sich bei Abschluss des Vertrages über wesentliche Umstände geirrt haben. In diesem Fall kommt eine **Anpassung des Vertrages** nach § 313 Abs. 2 in Betracht. Lässt sich die Sittenwidrigkeit hierdurch vermeiden, so scheidet die Anwendung des Abs. 1 aus.[57]

25 **5. Anfechtung wegen arglistiger Täuschung oder Drohung, § 123.** In welchem Verhältnis § 138 zu § 123 steht, ist umstritten. Teilweise wird davon ausgegangen, § 123 statuiere eine gegenüber § 138 vorrangige Sonderregelung für den Fall, dass die Sittenwidrigkeit allein in der unzulässigen Einflussnahme auf den Willen des anderen Vertragspartners durch arglistige Täuschung oder Drohung liegt.[58] Dies ist jedoch insofern missverständlich, als die unzulässige Einflussnahme auf den Willen des Vertragspartners für sich genommen schon gar nicht den Tatbestand des Abs. 1 verwirklicht.[59] Denn Abs. 1 setzt voraus, dass das **Rechtsgeschäft** als solches sittenwidrig ist. Die Vorschrift ist daher nur einschlägig, wenn die arglistige Täuschung oder Drohung durch weitere Umstände flankiert wird, die das Geschäft nach seinem **Gesamtcharakter** als sittenwidrig erscheinen lassen.[60] Für diesen Fall ist aber anerkannt, dass § 123 keine Vorrangstellung zukommt. Das Rechtsgeschäft ist vielmehr nach Abs. 1 nichtig.[61] Nach der Lehre von den **Doppelwirkungen im Recht** kann es darüber hinaus nach § 123 angefochten werden.[62] Für den Getäuschten oder Bedrohten ist dies sinnvoll, wenn Zweifel daran bestehen, ob das Rechtsgeschäft nach seinem Gesamtcharakter als sittenwidrig anzusehen ist.

26 **6. Sittenwidrige Schädigung, § 826.** Abs. 1 weist eine deutliche Parallele zu § 826 auf. In beiden Fällen handelt es sich um **Generalklauseln mit Auffangfunktion**. Indem beide Vorschriften das Merkmal der „Sittenwidrigkeit" verwenden, nehmen sie auf die gleichen außerrechtlichen Standards Bezug. Bei der Konkretisierung der Sittenwidrigkeit in Abs. 1 hat die Rechtsprechung daher ohne Bedenken auf die Gesetzesmaterialien zu § 826 zurückgegriffen (siehe Rn 35). Gleich ist jedoch nur der Bewertungsmaßstab. Erhebliche Unterschiede bestehen dagegen im Hinblick auf den Gegenstand der Bewertung sowie die Rechtsfolgen.

---

55 Vgl. Staudinger/*Sack*, § 138 Rn 85.
56 Palandt/*Heinrichs*, § 138 Rn 10; MüKo/*Mayer-Maly*/*Armbrüster*, § 138 Rn 138; Staudinger/*Sack*, § 138 Rn 159; *Medicus*, NJW 1995, 2577, 2578.
57 Vgl. BGHZ 126, 226, 241.
58 So etwa RGZ 114, 338, 342; 115, 378, 383; BGHZ 60, 102, 104; BGH NJW 1997, 254; BAG NJW 1997, 1940, 1942; AK-BGB/*Damm*, § 138 Rn 102; Bamberger/Roth/*Wendtland*, § 138 Rn 5; Erman/*Palm*, § 138 Rn 6; RGRK/*Krüger-Nieland*/*Zöller*, § 138 Rn 10; Soergel/*Hefermehl*, § 123 Rn 64; *Hübner*, BGB AT, Rn 845; krit. Staudinger/*Sack*, § 138 Rn 151.

59 Zutr. RGZ 72, 216, 217 f.; MüKo/*Kramer*, § 123 Rn 33; Staudinger/*Sack*, § 138 Rn 151.
60 Vgl. BGH NJW 1995, 1425, 1428; 1995, 3315 (betr. arglistige Täuschung); 2002, 2274, 2275 (betr. Drohung); Soergel/*Hefermehl*, § 138 Rn 64.
61 AK-BGB/*Hart*, § 123 Rn 16; Bamberger/Roth/*Wendtland*, § 138 Rn 5; Erman/*Palm*, § 138 Rn 6; MüKo/*Kramer*, § 123 Rn 33; MüKo/*Mayer-Maly*/*Armbrüster*, § 138 Rn 5; Soergel/*Hefermehl*, § 138 Rn 64; Staudinger/*Sack*, § 138 Rn 152.
62 MüKo/*Kramer*, § 123 Rn 33; Staudinger/*Dilcher*, 12. Aufl., § 138 Rn 120; a.A. *Hübner*, BGB AT, Rn 845.

Abs. 1 regelt die Frage, wann ein **Rechtsgeschäft** wegen Sittenwidrigkeit **unwirksam** ist. In § 826 geht es dagegen darum, wann ein **Verhalten** wegen Sittenwidrigkeit zum **Schadensersatz** verpflichtet.[63]

Aufgrund dieser Unterschiede laufen beide Vorschriften keineswegs notwendig parallel.[64] So lässt die Sittenwidrigkeit des Rechtsgeschäfts keinen sicheren Schluss auf die Sittenwidrigkeit des Handelns eines (oder beider) Beteiligten zu.[65] Die Sittenwidrigkeit nach Abs. 1 löst daher nicht immer Schadensersatzansprüche nach § 826 aus, sondern führt regelmäßig nur zu bereicherungsrechtlichen Ansprüchen. Beruht die Nichtigkeit des Rechtsgeschäfts nach Abs. 1 auf einem **einseitigen Sittenverstoß** zulasten des anderen Teils, so werden im Allgemeinen aber auch die Voraussetzungen des § 826 erfüllt sein.[66] Darüber hinaus kommt ein Anspruch aus culpa in contrahendo (§§ 280 Abs. 1, 311 Abs. 2, 241 Abs. 2) in Betracht.[67]

7. Inhaltskontrolle von AGB, §§ 307 ff. Die Inhaltskontrolle von AGB nach §§ 307 ff. richtet sich gegen **einzelne** unzulässige Klauseln. Sie folgt einem **wesentlich strengeren Maßstab** als Abs. 1.[68] So sind nach § 307 Abs. 1 alle Bestimmungen in AGB unwirksam, die den Vertragspartner entgegen den Geboten von **Treu und Glauben** unangemessen benachteiligen. Die Unwirksamkeit einer Klausel berührt die Wirksamkeit des Vertrages im Ganzen grundsätzlich nicht (§ 306 Abs. 1).

Abs. 1 regelt die Frage, ob das **Rechtsgeschäft im Ganzen** wegen Verstoßes gegen die guten Sitten als unwirksam anzusehen ist. Sind einzelne AGB-Klauseln nach §§ 307 ff. unangemessen, so begründet dies im Allgemeinen noch nicht die Sittenwidrigkeit des ganzen Vertrages. Etwas anderes muss aber dann gelten, wenn der Vertrag insgesamt als sittlich verwerflicher Gesinnung gefasst wurde, dass nur der eine Teil seine Rechte auf Kosten des anderen durchsetzt.[69] Insofern müssen bei der Prüfung der Sittenwidrigkeit auch solche Klauseln berücksichtigt werden, die nach §§ 307 ff. unwirksam sind.[70] Bei der Überprüfung formularmäßiger Verträge steht die Inhaltskontrolle nach §§ 307 ff. zwar praktisch im Vordergrund. Dies schließt den Rückgriff auf Abs. 1 aber in Extremfällen nicht aus.[71]

8. Gläubiger- bzw. Insolvenzanfechtung, § 3 AnfG, §§ 129 ff. InsO. Die Vorschriften über die Gläubiger- bzw. Insolvenzanfechtung gehen dem Abs. 1 vor.[72] Anders als im Verhältnis zu § 123 gilt hier der Grundsatz der **Spezialität**, weil Fälle der Gläubigerbenachteiligung regelmäßig sittenwidrig sind.[73] Für die praktische Rechtsanwendung bedeutet dies, dass das Rechtsgeschäft grundsätzlich nicht kraft Gesetzes nach Abs. 1 nichtig ist, sondern angefochten werden muss. Eine Ausnahme wird für den Fall anerkannt, dass die Sittenwidrigkeit des Rechtsgeschäfts auf besonderen Umständen beruht, die über die Gläubigerbenachteiligung hinausgehen.[74] Hier folgt die Nichtigkeit des Rechtsgeschäfts unmittelbar aus Abs. 1. Eine Anfechtung ist also entbehrlich.

9. Gesellschaftsrecht. Abs. 1 ist grundsätzlich auch im Gesellschaftsrecht anwendbar. Für die Sittenwidrigkeit von **Hauptversammlungsbeschlüssen einer AG** enthält § 241 Abs. 1 Nr. 4 AktG jedoch eine vorrangige Sonderregelung. Die Vorschrift ist insofern enger als Abs. 1, als sich die Sittenwidrigkeit gerade aus dem **Inhalt** des Beschlusses ergeben muss.[75] Folgt die Sittenwidrigkeit aus den sonstigen Umständen, so führt dies nicht kraft Gesetzes zur Nichtigkeit des Beschlusses; dieser kann aber nach § 243 Abs. 2 AktG anfechtbar sein.[76] Bei der **GmbH** bestehen für **Beschlüsse der Gesellschafterversammlung** keine Sonderregelungen; die Rechtsprechung wendet die Vorschriften des AktG aber entsprechend an.[77]

Die **Nichtigkeit der AG** selbst ist in § 275 AktG geregelt. Für die GmbH findet sich eine entsprechende Vorschrift in § 75 GmbHG. Erforderlich ist jeweils eine Klage auf Nichtigerklärung der Gesellschaft. Ein

---

63 Zu diesem Unterschied Bamberger/Roth/*Wendtland*, § 138 Rn 9; Palandt/*Heinrichs*, § 138 Rn 17; Soergel/*Hefermehl*, § 138 Rn 65; Staudinger/*Sack*, § 138 Rn 8.
64 Zur Notwendigkeit einer getrennten Betrachtung BGHZ 10, 228, 232.
65 Bamberger/Roth/*Wendtland*, § 138 Rn 9; Palandt/*Heinrichs*, § 138 Rn 17; Staudinger/*Sack*, § 138 Rn 160.
66 Bamberger/Roth/*Wendtland*, § 138 Rn 9; Palandt/*Heinrichs*, § 138 Rn 17; Staudinger/*Sack*, § 138 Rn 10; MüKo/*Mayer-Maly/Armbrüster*, § 138 Rn 8.
67 Vgl. BGHZ 99, 101, 106 f.
68 Vgl. BGHZ 94, 105, 112; 147, 279, 287.
69 BGH NJW 2001, 2466, 2468.
70 BGHZ 136, 347, 355.
71 So auch BGHZ 136, 347, 355 f.; Staudinger/*Sack*, § 138 Rn 161; a.A. Bamberger/Roth/*Wendtland*,
72 BGHZ 53, 174, 180; 130, 314, 331; 138, 291, 299; BGH BB 2002, 1227, 1229; Bamberger/Roth/*Wendtland*, § 138 Rn 13; Jauernig/*Jauernig*, § 138 Rn 5; MüKo/*Mayer-Maly/Armbrüster*, § 138 Rn 5; Staudinger/*Sack*, § 138 Rn 166.
73 Vgl. BGH BB 2002, 1227, 1229.
74 BGHZ 53, 174, 180; 138, 291, 299; BGH BB 2002, 1227, 1229; Erman/*Palm*, § 138 Rn 7; Palandt/*Heinrichs*, § 138 Rn 16; Staudinger/*Sack*, § 138 Rn 166.
75 Vgl. BGHZ 15, 382, 384 ff.
76 MüKo/*Mayer-Maly/Armbrüster*, § 138 Rn 6; MüKo-AktG/*Hüffer*, § 241 Rn 69.
77 Vgl. BGHZ 11, 231, 235; 51, 209, 210 f.; 134, 364, 365 f.

Rückgriff auf Abs. 1 kommt damit nicht in Betracht.[78] Aus Gründen des Verkehrsschutzes ist Abs. 1 darüber hinaus auch nicht auf die Beitrittserklärung zu einer Kapitalgesellschaft anwendbar.[79]

33   **10. Ordre public, Art. 6 EGBGB.** Für Fälle mit Auslandsberührung hatte Art. 30 EGBGB a.F. vorgeschrieben, dass ausländische Gesetze nicht anzuwenden sind, „wenn die Anwendung gegen die **guten Sitten** oder gegen den **Zweck eines deutschen Gesetzes**" verstoßen würde. Bei der Reform des Internationalen Privatrechts von 1986 ist die Bezugnahme auf die guten Sitten entfallen. Nach der geltenden Fassung der Vorbehaltsklausel (Art. 6 EGBGB) sind ausländische Vorschriften nicht anzuwenden, wenn ihre Anwendung zu einem Ergebnis führt, das mit **wesentlichen Grundsätzen des deutschen Rechts**, namentlich den **Grundrechten** unvereinbar ist. Da die Bedeutung außerrechtlicher Maßstäbe in Abs. 1 einen gesetzlichen Ausdruck gefunden hat, können diese indessen auch auf der Grundlage des Art. 6 EGBGB zur Geltung gebracht werden.[80] Dabei ist jedoch zu beachten, dass der Vorbehalt des *ordre public* im Internationalen Privatrecht nur sehr zurückhaltend eingesetzt werden darf, weil sonst die grundsätzliche Gleichwertigkeit von inländischem und ausländischem Recht infrage gestellt wäre.[81]

B. Regelungsgehalt

I. Der Begriff der guten Sitten

34   **1. Grenzen der Auslegung.** Zentrales Merkmal des Abs. 1 sind die „guten Sitten". In Rechtsprechung und Literatur ist anerkannt, dass der Inhalt eines solchen ausfüllungsbedürftigen Wertbegriffs durch Auslegung nur schwer zu konkretisieren ist.[82] Gewisse Anhaltspunkte lassen sich jedoch aufzeigen. So ist dem Wort „Sitten" zu entnehmen, dass die Vorschrift auf **außerrechtliche Maßstäbe** verweist. Die negative Formulierung des Abs. 1 (Rn 17) macht darüber hinaus deutlich, dass die guten Sitten nur eine **äußerste Grenze** der privatautonomen Gestaltungsfreiheit sind.

35   **2. Die Anstandsformel.** Bei der weiteren Konkretisierung des Begriffs hat die Rechtsprechung sich an den Motiven zu § 826 orientiert, die das **„Anstandsgefühl aller billig und gerecht Denkenden"**[83] in Bezug nehmen.[84] Der Aussagewert dieser Formel ist allerdings umstritten.[85] Das entscheidende Problem besteht darin, dass sich nicht rational bestimmen lässt, welche Personen zum Kreis der „billig und gerecht Denkenden" zu zählen sind.[86] Die Anstandsformel begründet damit die Gefahr eines Zirkelschlusses. Denn wer zu den „billig und gerecht Denkenden" gehört, lässt sich nur sagen, wenn man weiß, was im Einzelfall „billig und gerecht" ist. Dies soll durch die Anknüpfung an das „Anstandsgefühl aller billig und gerecht Denkenden" aber gerade festgestellt werden.[87] Der Rückgriff auf das Anstandsgefühl einer nicht klar umrissenen Personengruppe eröffnet darüber hinaus erheblichen Raum für **Manipulationen**, der in der Zeit des Dritten Reiches unter Berufung auf das „gesunde Volksempfinden" genutzt worden ist, um der „nationalsozialistischen Weltanschauung" Geltung zu verschaffen.[88] Schließlich wird zu Recht darauf hingewiesen, dass die Wendung „Anstandsgefühl" nach dem heutigen Sprachempfinden unglücklich ist.[89] Man sollte daher besser von Wertvorstellungen sprechen.

36   Bei allen berechtigten Einwänden hat die Anstandsformel aber doch eine gewisse Aussagekraft.[90] Die Bezugnahme auf das „Anstandsgefühl aller billig und gerecht Denkenden" verdeutlicht nämlich, dass der Richter sich **nicht** an seinen **eigenen persönlichen Wertvorstellungen** orientieren darf.[91] Davon abgesehen kann es auch weder auf die individuellen Anschauungen der Beteiligten noch auf die besonderen Vorstellungen

---

78 Vgl. Bamberger/Roth/*Wendtland*, § 138 Rn 14.
79 Vgl. RGZ 123, 102, 108 (GmbH); 124, 279, 287 (AG); 147, 257, 270 (Genossenschaft); Erman/*Palm*, § 138 Rn 4; Palandt/*Heinrichs*, § 138 Rn 11; Soergel/*Hefermehl*, § 138 Rn 13.
80 Vgl. *Looschelders*, IPR, Art. 6 Rn 3; MüKo/*Sonnenberger*, Art. 6 EGBGB Rn 49.
81 *Looschelders*, IPR, Art. 6 Rn 10; Palandt/*Heldrich*, Art. 6 EGBGB Rn 4.
82 Allg. zu dieser Problematik *Looschelders/Roth*, Juristische Methodik, S. 198 ff.
83 Motive II, 727 = *Mugdan* II, 406.
84 Das RG hat die „Anstandsformel" zunächst zur Konkretisierung des § 826 aufgegriffen (RGZ 48, 114, 124) und sie später in st. Rspr. auch bei § 138 Abs. 1 verwendet (so erstmals RGZ 80, 219, 221). Dem BGH gefolgt (vgl. etwa BGHZ 10, 228,

232; BGH NJW 1994, 187, 188). Ausf. zu dieser Entwicklung Staudinger/*Sack*, § 138 Rn 13.
85 Eingehend dazu *Sack*, NJW 1985, 761 ff.
86 Zur Kritik vgl. nur *Larenz/Wolf*, BGB AT, § 41 Rn 7; *Medicus*, BGB AT, Rn 682.
87 *Looschelders/Roth*, Juristische Methodik, S. 201.
88 Vgl. RGZ 150, 1, 2, 4; ausf. dazu HKK/*Haferkamp*, § 138 Rn 17, 23 ff.
89 *Flume*, BGB AT Bd. 2, § 18, 1.
90 In diesem Sinne auch MüKo/*Mayer-Maly/Armbrüster*, § 138 Rn 14; Staudinger/*Sack*, § 138 Rn 17; *Flume*, BGB AT Bd. 2, § 18, 1.
91 Vgl. Erman/*Palm*, § 138 Rn 33; Soergel/*Hefermehl*, § 138 Rn 8; *Hübner*, BGB AT, Rn 494; *Larenz/Wolf*, BGB AT § 41 Rn 7; *Looschelders/Roth*, Juristische Methodik, S. 201; *Kamanabrou*, AcP 202 (2002), 662, 676.

einzelner Bevölkerungskreise oder Glaubensgemeinschaften ankommen.[92] Maßgeblich sind vielmehr die in der **Gesellschaft im Ganzen** anerkannten Wertvorstellungen.[93] Dabei können die Anschauungen der beteiligten Kreise aber berücksichtigt werden.[94]

Entscheidend ist weiter, dass die in der Gesellschaft herrschenden Wertvorstellungen nicht „ungefiltert" übernommen werden dürfen, sondern am Maßstab von **Billigkeit und Gerechtigkeit** zu messen sind.[95] „Unsitten" müssen daher auch dann außer Betracht bleiben, wenn sie in der Gesellschaft weithin verbreitet und akzeptiert sind.[96] Der Maßstab von Billigkeit und Gerechtigkeit ist zwar ebenfalls sehr unbestimmt. Man kann sich hier jedoch an den Grundwertungen der Rechtsordnung orientieren (ausführlich dazu Rn 39 ff.). 37

In Rechtsprechung und Literatur wird häufig betont, dass es nach der Anstandsformel auf einen **durchschnittlichen Standard** ankommt.[97] Dies heißt jedoch nichts anderes, als dass die besonders hoch stehenden Anschauungen einzelner Bevölkerungsgruppen bei der Konkretisierung der guten Sitten ebenso außer Betracht bleiben müssen wie etwaige Missbräuche und Unsitten.[98] Eine positive Definition des durchschnittlichen Standards erscheint dagegen schwer möglich. Die Anstandsformel liefert damit lediglich einen groben **Rahmen**, in dem der Begriff der guten Sitten weiter konkretisiert werden muss.[99] 38

II. Rechtliche Maßstäbe

Auf der Grundlage des geltenden Rechts wird die Konkretisierung der „guten Sitten" dadurch erleichtert, dass die meisten der für unsere Gesellschaft fundamentalen sozialethischen Wertungen ihren Niederschlag in der Rechtsordnung gefunden haben. Bei der praktischen Rechtsanwendung empfiehlt es sich daher im Allgemeinen nicht, unmittelbar auf die guten Sitten abzustellen. Denn dieser Begriff ist zu abstrakt, um eine stringente Argumentation zu ermöglichen. Das Gleiche gilt für die „Anstandsformel", die letztlich ja nur eine etwas ausführlichere Umschreibung der guten Sitten liefert. Es ist daher primär mit den jeweiligen **Rechtsprinzipien** zu arbeiten, die im konkreten Fall betroffen sind. Soweit diese Prinzipien in unterschiedliche Richtungen weisen, muss die Entscheidung auf der Grundlage einer **Interessenabwägung** getroffen werden.[100] Der Richter kann dabei gezwungen sein, eine eigene Wertentscheidung zu treffen.[101] Er darf sich jedoch auch hier nicht an seinen persönlichen Gerechtigkeitsvorstellungen orientieren.[102] 39

1. Die Bedeutung der Grundrechte. a) Mittelbare Drittwirkung der Grundrechte. Bei der Konkretisierung der guten Sitten kommt den **Grundrechten** zentrale Bedeutung zu.[103] Es ist heute zwar anerkannt, dass die Grundrechte im Verhältnis zwischen den Bürgern im Allgemeinen keine unmittelbare Wirkung entfalten. Sie konstituieren aber eine objektive Wertordnung, die insbesondere bei der Auslegung der zivilrechtlichen Generalklauseln zu berücksichtigen ist (sog. **mittelbare Drittwirkung**, ausführlich dazu § 134 Rn 26 ff.).[104] 40

In der Literatur wird teilweise die Gefahr gesehen, dass der Rückgriff auf die Grundrechte die spezifischen Interessenwertungen des Privatrechts untergraben könnte.[105] Dem ist jedoch entgegenzuhalten, dass die Grundrechte lediglich eine **„Rahmenordnung"** konstituieren, die beim Erlass und der Auslegung privatrechtlicher Normen zu beachten ist.[106] Den Grundrechten lassen sich deshalb im Allgemeinen keine positiven Aussagen darüber entnehmen, wie ein privatrechtlicher Interessenkonflikt konkret aufzulösen ist. Sie können aber negativ aufzeigen, in welcher Weise der Interessenkonflikt nicht aufgelöst werden darf. Diese Grenzen stehen zwar in einem gewissen Spannungsverhältnis zum Grundsatz der **Privatautonomie**. Bei einem materiellen 41

---

92 BGHZ 21, 340, 350.
93 RGRK/*Krüger-Nieland/Zöller*, § 138 Rn 19; *Hübner*, BGB AT Rn 892.
94 BGHZ 10, 228, 232; MüKo/*Mayer-Maly/Armbrüster*, § 138 Rn 14.
95 MüKo/*Mayer-Maly/Armbrüster*, § 138 Rn 14.
96 Vgl. RGZ 120, 144, 148; BGHZ 10, 228, 232; MüKo/*Mayer-Maly/Armbrüster*, § 138 Rn 14.
97 BGHZ 10, 228, 232; Staudinger/*Sack*, § 138 Rn 56; *Brox*, BGB AT, Rn 329.
98 Vgl. *Bork*, BGB AT, Rn 1181; *Looschelders/Roth*, Juristische Methodik, S. 200 f.
99 Ähnlich Staudinger/*Sack*, § 138 Rn 17.
100 Soergel/*Hefermehl*, § 138 Rn 10.
101 Vgl. *Bydlinski*, Juristische Methodenlehre, 2. Aufl. 1991, S. 416 f.; *Looschelders/Roth*, Juristische Methodik, S. 186; Staudinger/*Sack*, § 138 Rn 51.
102 BGHZ 140, 118, 129; MüKo/*Mayer-Maly/Armbrüster*, § 138 Rn 14.

103 Vgl. BVerfGE 7, 198, 206; 89, 214, 229; BGHZ 70, 313, 324; 140, 118, 128; BGH NJW 1986, 2944; MüKo/*Mayer-Maly/Armbrüster*, § 138 Rn 20; Soergel/*Hefermehl*, § 138 Rn 10; Staudinger/*Sack*, § 138 Rn 40 ff.; *Looschelders/Roth*, Juristische Methodik, S. 202.
104 Allgemein zur Bedeutung der Grundrechte als objektive Wertordnung BVerfGE 7, 198, 205 f.; 84, 192, 194 f.; 89, 214, 229; BAG NJW 1995, 210, 212; Sachs/*Sachs*, GG, 3. Aufl. 2003, vor Art. 1 Rn 27 ff.; *Stern*, Staatsrecht III/1, 1988, S. 907 ff.
105 Krit. insoweit insb. *Diederichsen*, AcP 198 (1998), 171 ff.
106 Zum Rahmencharakter der Verfassung *Böckenförde*, NJW 1976, 2089 ff.; *Wahl*, Der Staat 20 (1981), 485, 502 ff.; *ders.*, NVwZ 1984, 401 ff.; vgl. auch Staudinger/*Sack*, § 138 Rn 40.

Verständnis der Privatautonomie lassen sich privatrechtliche und verfassungsrechtliche Wertungen jedoch durchaus miteinander versöhnen (vgl. unten 104 ff.).[107]

42 **b) Grundrechtsverstoß und Sittenwidrigkeit.** In Rechtsprechung und Literatur ist die Auffassung verbreitet, dass das Urteil der **Sittenwidrigkeit nicht bei jedem Grundrechtsverstoß** begründet sei.[108] Die Kriterien werden dabei unterschiedlich beschrieben. So hat der BGH in einer Entscheidung vom 9.2.1978 die Auffassung vertreten, dass Verstöße gegen Art. 3 GG im Erbrecht nur dann zur Nichtigkeit des Geschäfts führen, wenn sie „aus besonderen Gründen als anstößig empfunden werden".[109] In einer neueren Entscheidung zum Erbrecht hat der BGH dagegen auf die objektive Schwere und den subjektiven Zweck des Grundrechtseingriffs abgestellt.[110] *Canaris* hat aus der restriktiven Haltung des BGH den Schluss gezogen, dass „der auf Extremfälle beschränkte Minimalschutz des § 138 BGB" nicht ausreicht, um den Grundrechten im Privatrecht Geltung zu verschaffen.

43 Bei genauerer Betrachtung zeigt sich indes, dass das Problem weniger bei Abs. 1 als bei den Grundrechten selbst liegt. Richtig ist zwar, dass Abs. 1 nur einen **Mindeststandard** sichern soll; dieser wird aber maßgeblich durch die Grundrechte konstituiert. Für das Internationale Privatrecht hat der Gesetzgeber in Art. 6 Satz 2 EGBGB klargestellt, dass jede Grundrechtsverletzung einen Verstoß gegen den *ordre public* darstellt.[111] Eine Differenzierung zwischen tragbaren und untragbaren Grundrechtsverletzungen kommt hier also nicht mehr in Betracht.[112] Diese Wertung lässt sich auf Abs. 1 übertragen. Verstößt ein Rechtsgeschäft gegen die Grundrechte, so muss es als sittenwidrig qualifiziert werden.[113] Eine Unterscheidung zwischen mehr oder weniger anstößigen oder schweren Grundrechtsverstößen ist unzulässig.

44 Die entscheidende Frage ist indessen, wann ein **Grundrechtsverstoß** vorliegt. Bei der Beantwortung dieser Frage ist zu beachten, dass das Privatrecht einen Interessenkonflikt zwischen zwei (oder mehreren) Rechtssubjekten regelt, von denen sich jedes auf Grundrechte berufen kann.[114] Bei der Anwendung der privatrechtlichen Generalklauseln ist der Richter deshalb gehalten, die grundrechtlich geschützten Interessen der Parteien nach dem Grundsatz der **praktischen Konkordanz** zu einem Ausgleich zu bringen. Beeinträchtigt das Rechtsgeschäft die grundrechtlich geschützten Interessen eines Beteiligten, so liegt darin keineswegs notwendig eine Grundrechtsverletzung; der Eingriff kann nämlich durch die grundrechtlich geschützten Interessen des anderen Beteiligten gerechtfertigt sein.[115] Besondere Bedeutung haben dabei die **Vertragsfreiheit** (Art. 2 Abs. 1 GG)[116] und die **Testierfreiheit** (Art. 14 Abs. 1 GG).[117] Ob ein Rechtsgeschäft wegen Beeinträchtigung der grundrechtlich geschützten Interessen einer Partei sittenwidrig ist, muss daher durch eine sorgfältige **Interessenabwägung** ermittelt werden. Wird die Beeinträchtigung der grundrechtlich geschützten Interessen einer Partei nicht durch die Grundrechte der anderen Partei gerechtfertigt, so ist das Rechtsgeschäft nach Abs. 1 nichtig. Eine „besondere Anstößigkeit" muss dann nicht zusätzlich festgestellt werden.

45 **2. Die einzelnen Grundrechte. a) Menschenwürde, Art. 1 Abs. 1 GG.** Besonders große Bedeutung hat im Rahmen des Abs. 1 die Menschenwürde (Art. 1 Abs. 1 GG). Der Inhalt der Menschenwürde lässt sich zwar nur schwer positiv umschreiben. Negativ lässt sich aber sagen, dass die Menschenwürde dann tangiert ist, „wenn der konkrete Mensch zum **Objekt**, zu einem bloßen Mittel, zur vertretbaren Größe herabgewürdigt wird".[118]

46 Bei der praktischen Rechtsanwendung wird die Menschenwürde insbesondere herangezogen, um die Sittenwidrigkeit von Rechtsgeschäften zu begründen, welche die **Sexualsphäre** berühren. So hat das BVerwG in einer umstrittenen Entscheidung die Auffassung vertreten, eine Peep-Show könne nicht nach § 33a GewO genehmigt werden, weil die zur Schau gestellten Frauen dadurch in ihrer Menschenwürde verletzt würden.

---

107 Vgl. *Canaris*, AcP 200 (2000), 273, 295 ff.; *Drexl*, in: Schlechtriem, S. 97, 114 ff.
108 Vgl. BGHZ 70, 313, 325; BGHZ 140, 118, 128 ff.; HK-BGB/*Dörner*, § 138 Rn 3; Staudinger/*Sack*, § 138 Rn 11; *Canaris*, AcP 1984 (1984), 201, 232 ff.; *Staudinger*, Jura 2000, 467 ff.; einschr. auch MüKo/ *Mayer-Maly/Armbrüster*, § 138 Rn 20.
109 BGHZ 70, 313, 325; zust. *Schlüter*, Erbrecht, 14. Aufl. 2000, Rn 217.
110 BGHZ 140, 118, 128 ff.; abl. *Staudinger*, Jura 2000, 467 ff.; vgl. auch BVerfG NJW 2004, 2008.
111 Vgl. BT-Drucks 10/504, S. 44.
112 Vgl. BT-Drucks 10/504, S. 44; BGHZ 120, 29, 34; *Looschelders*, IPR, Art. 6 EGBGB Rn 23; ders., RabelsZ 65 (2001), 463, 479.
113 Zutr. AK-BGB/*Damm*, § 138 Rn 55.
114 Zur Kollision von Grundrechten im Privatrecht vgl. *Looschelders/Roth*, JZ 1995, 1034, 1040 ff.
115 Zutr. MüKo/*Mayer-Maly/Armbrüster*, § 138 Rn 20; *Medicus*, BGB AT, Rn 694.
116 Vgl. BVerfGE 8, 274, 328; 12, 341, 347; 89, 214, 231; 98, 218, 259; BGHZ 142, 304, 314; *Larenz/Wolf*, BGB AT, § 34 Rn 22; *Looschelders*, Schuldrecht AT, 2. Aufl. 2004, Rn 50.
117 Zum Schutz der Testierfreiheit durch Art. 14 Abs. 1 GG vgl. BVerfGE 91, 346, 358; BVerfG NJW 2000, 2495; NJW 2004, 2008, 2010; BGHZ 111, 36, 39; 123, 368, 371; 140, 118, 128.
118 Grundlegend *Dürig*, AöR 81 (1956), 117, 127; hieran anknüpfend BVerwGE 64, 274, 278.

Problematisch ist in solchen Fällen, dass die Betroffenen die Beeinträchtigung regelmäßig freiwillig auf sich nehmen. Die Versagung der Genehmigung oder die Nichtigerklärung des zugrunde liegenden Rechtsgeschäfts scheint damit dem Grundsatz zu widersprechen, dass es nicht Sache des Staates ist, den Einzelnen vor sich selbst zu schützen.[119] Bei genauerer Betrachtung zeigt sich jedoch, dass diese Bedenken unberechtigt sind. Zu beachten ist zunächst, dass die „Freiwilligkeit" der Entscheidung zur Aufsichnahme einer Beeinträchtigung nicht selten zweifelhaft ist, weil der Betroffene sich in einer gewissen Zwangslage befinden mag.[120] Zum anderen gehört die Beachtung der Menschenwürde zu den Grundbedingungen des Zusammenlebens in der Gesellschaft, die nach der Wertordnung des Grundgesetzes auch gegenüber einem freiwilligen Verzicht aufrechterhalten werden müssen.[121] Diese Wertungen werden durch das **ProstG** nicht infrage gestellt. Mit Rücksicht auf die Menschenwürde des Betroffenen kann eine rechtliche Verpflichtung zur Vornahme sexueller Handlungen auch nach In-Kraft-Treten dieses Gesetzes nicht anerkannt werden (vgl. Anh. zu § 138 Rn 10).

Die Bedeutung des Art. 1 Abs. 1 GG beschränkt sich freilich nicht auf Verträge mit Bezug zur Sexualsphäre. So werden z.B. auch **Leihmutter-Verträge** sowie Verträge über die **heterologe Insemination** unter dem Aspekt der Menschenwürde erörtert (vgl. unten Rn 175 ff.). 47

b) Freie Entfaltung der Persönlichkeit, Art. 2 Abs. 1 GG. Der Schutz der Menschenwürde wird in vielen Bereichen durch das Recht auf freie Entfaltung der Persönlichkeit (Art. 2 Abs. 1 GG) flankiert. Beide Grundrechte schützen zunächst einen Kern **höchstpersönlicher Entscheidungen**, die nicht Gegenstand einer rechtsgeschäftlichen Bindung sein können. Dazu gehören z.B. Entscheidungen über die geschlechtliche Hingabe,[122] die Ausübung des Rechts auf Scheidung,[123] die Zahl der Kinder[124] oder die Einnahme empfängnisverhütender Mittel.[125] In diesem Bereich kann man sich freilich fragen, ob wirklich auf Abs. 1 zurückgegriffen werden muss oder ob es sich nicht um Fragen handelt, die der privatautonomen Gestaltungsmacht von vornherein entzogen sind.[126] 48

In einem weiteren Sinne kann Art. 2 Abs. 1 GG aber auch herangezogen werden, um den Einzelnen davor zu schützen, dass er durch den Inhalt eines Rechtsgeschäfts **übermäßig belastet** wird. Dies gilt insbesondere, wenn eine Vertragspartei im konkreten Fall ein so großes Übergewicht hat, dass sie den Vertragsinhalt faktisch einseitig bestimmen kann.[127] Die Fälle möglicher Sittenwidrigkeit gehen allerdings weit über den (verfassungsrechtlich gebotenen) Schutz der schwächeren Vertragspartei bei **Störung der Verhandlungsparität** hinaus. So wird in der Literatur zu Recht hervorgehoben, dass die Wahrung der **wirtschaftlichen Entscheidungsfreiheit** ganz allgemein ein zentrales Ziel des Abs. 1 darstellt.[128] Normativer Hintergrund ist auch hier Art. 2 Abs. 1 GG. Anders als bei höchstpersönlichen Entscheidungen kann die Sittenwidrigkeit in diesem Bereich aber nur aufgrund einer sorgfältigen Abwägung mit den grundrechtlich geschützten Interessen des anderen Vertragspartners festgestellt werden. 49

Das Recht auf freie Entfaltung der Persönlichkeit umfasst auch die Freiheit, die Privatsphäre im Bereich des Geschlechtslebens nach eigener Entscheidung zu gestalten. Der Arbeitgeber wird deshalb durch Art. 2 Abs. 1 GG daran gehindert, seinem Arbeitnehmer allein wegen dessen **persönlichen Sexualverhaltens** (Homosexualität) zu kündigen.[129] Dieses Ergebnis wird durch die Wertungen der Richtlinie 2000/78/EG vom 27.11.2000 (dazu Rn 69) gestützt, die eine Diskriminierung in Beruf und Beschäftigung wegen der sexuellen Ausrichtung verbietet. 50

c) Gleichheitssätze, Art. 3 GG. Welche Bedeutung den Gleichheitsgrundrechten des Art. 3 GG im Rahmen des Abs. 1 zukommt, ist umstritten. Die h.M. folgt auch hier der Lehre von der **mittelbaren Drittwirkung** der Grundrechte. Dabei wird aber überwiegend betont, dass man die Gleichheitsgrundrechte im 51

---

119 Zur grundsätzlichen Unzulässigkeit eines staatlichen Schutzes des Menschen vor sich selbst vgl. ausf. *Hillgruber*, Der Schutz des Menschen vor sich selbst, 1992, S. 111 ff.
120 Vgl. dazu *Singer*, JZ 1995, 1133 ff.
121 Zutr. insoweit BVerwGE 64, 274, 279; vgl. auch *Looschelders*, Die Mitverantwortlichkeit des Geschädigten im Privatrecht, 1999, S. 182.
122 Vgl. *Pawlowski*, Methodenlehre, 3. Aufl. 1999, Rn 109.
123 BGHZ 97, 304, 307 mit Bezugnahme auf Art. 6 GG; *Medicus*, BGB AT, Rn 645.
124 RG JW 1908, 28; Soergel/*Hefermehl*, § 138 Rn 216.
125 BGHZ 97, 372, 378; LAG Hamm, DB 1969, 2353; Soergel/*Hefermehl*, § 138 Rn 21; MüKo/
Mayer-Maly/*Armbrüster*, § 138 Rn 69; *Medicus*, BGB AT, Rn 193a; *Looschelders*, Jura 2000, 169, 171.
126 In diesem Sinne etwa Soergel/*Hefermehl*, § 138 Rn 21; *Medicus*, BGB AT, Rn 645; *Looschelders*, Jura 2000, 169, 170.
127 Vgl. zu dieser Problematik BVerfGE 81, 242, 255; 89, 214, 233; *Looschelders*, Schuldrecht AT, 2. Aufl. 2004, Rn 52; *Canaris*, AcP 200 (2000), 273, 277 ff.
128 Vgl. MüKo/*Mayer-Maly*/*Armbrüster*, § 138 Rn 71; Soergel/*Hefermehl*, § 138 Rn 116 ff.
129 BAG NJW 1995, 275, 277; a.A. *Boemke*, WiB 1997, 617 ff. Eine Ausnahme mag für kirchliche Arbeitgeber gelten; vgl. hierzu *Thüsing*, JZ 2004, 172, 179.

Privatrecht besonders zurückhaltend anwenden müsse, weil sonst die Vertrags- und Testierfreiheit obsolet wären.[130] Auf der anderen Seite wird aber zu Recht darauf hingewiesen, dass Verstöße gegen Art. 3 Abs. 3 GG im Privatrecht „nicht unbegrenzt hingenommen" werden könnten, weil die Diskriminierungsverbote einen engen Bezug zur Menschenwürde (Art. 1 Abs. 1 GG) und zum allgemeinen Persönlichkeitsrecht (Art. 2 Abs. 1 GG) des Benachteiligten aufweisen.[131] Welche Bedeutung die Diskriminierungsverbote des Art. 3 Abs. 3 GG im Verhältnis zur Vertrags- und Testierfreiheit haben, kann damit wieder nur aufgrund einer umfassenden **Interessenabwägung im Einzelfall** entschieden werden.

52 Eine gewisse Leitlinie für die Abwägung lässt sich gewinnen, wenn man darauf abstellt, ob das Rechtsgeschäft den Kernbereich der persönlichen Lebensführung betrifft oder nach den sonstigen Wertungen unserer Rechtsordnung legitimer Weise durch individuelle Vorstellungen beeinflusst wird.[132] Eine striktere Kontrolle ist hiernach bei Rechtsgeschäften geboten, die einen Bezug zur **Öffentlichkeit** haben. In diese Richtung geht auch die EG-Richtlinie 2000/43 vom 29.6.2000 zur Anwendung des Gleichbehandlungsgrundsatzes ohne Unterschied der Rasse oder der ethnischen Herkunft (dazu Rn 69).[133] Art. 3 Abs. 1 lit. h der Richtlinie beschränkt den Anwendungsbereich des Gleichbehandlungsgrundsatzes auf den Zugang zu und die Versorgung mit Gütern und Dienstleistungen, die der **Öffentlichkeit** zur Verfügung stehen. Im Gegensatz hierzu stehen Rechtsgeschäfte, die den Privatbereich der Beteiligten nicht verlassen. Hier muss der Gleichbehandlungsgrundsatz sehr restriktiv angewendet werden.[134]

53 Mit Rücksicht auf das Grundrecht der Testierfreiheit (Art. 14 Abs. 1 S. 1 GG) wird dem Erblasser bei der **Errichtung letztwilliger Verfügungen** ein besonders großer Spielraum zugebilligt.[135] So soll es dem Erblasser grundsätzlich freistehen, mögliche Erben aus Gründen des Geschlechts,[136] der Rasse, der Religion oder der Weltanschauung zu benachteiligen.[137] Dem ist insofern zuzustimmen, als das Vorliegen einer Grundrechtsverletzung auch in diesen Fällen nicht ohne weiteres feststeht, sondern aufgrund einer Abwägung mit den grundrechtlich geschützten Interessen des Erblassers festgestellt werden muss.[138] Entscheidend ist der **Gesamtcharakter** des Rechtsgeschäfts. Dabei ist auch die Motivation des Erblassers zu berücksichtigen.[139] So ist eine letztwillige Verfügung nach Abs. 1 grundsätzlich nichtig, wenn der Erblasser damit in erster Linie das Ziel verfolgt, höchstpersönliche Entscheidungen der Erben (z.B. Wahl des Ehegatten,[140] Scheidung,[141] Wechsel der Religionszugehörigkeit[142]) zu beeinflussen.[143] Die Sittenwidrigkeit folgt hier jedoch nicht primär aus Art. 3 Abs. 3 GG. Vielmehr lässt sich den jeweils einschlägigen Grundrechten (Artt. 1, 2 Abs. 1, Artt. 4, 6 GG) entnehmen, dass höchstpersönliche Entscheidungen in freier Selbstverantwortung zu treffen sind und nicht durch In-Aussicht-Stellen finanzieller Vorteile beeinflusst werden dürfen.[144] Beruht die letztwillige Verfügung auf Erwägungen, die nach den Wertungen unserer Rechtsordnung achtenswert sind, so kann eine damit verbundene Einflussnahme auf höchstpersönliche Entscheidungen des Erben aber gerechtfertigt sein (näher dazu Rn 200).[145]

---

130 Vgl. BGHZ 140, 118, 132; *Flume*, BGB AT Bd. 2, § 1, 10b; *Pawlowski*, BGB AT, Rn 147a; *Lange/Kuchinke*, Erbrecht, 5. Aufl. 2001, § 35 III 2; *Bezzenberger*, AcP 196 (1996), 395, 408 ff.; a.A. *Canaris*, AcP 184 (1984), 201, 235 ff., der die besonderen Gleichheitssätze des Art. 3 Abs. 2 und 3 über § 134 uneingeschränkt auch im Privatrecht zu Geltung bringen will.
131 *Erman/Palm*, § 138 Rn 99; vgl. auch *Rädler*, NJW 1998, 1621, 1622.
132 Vgl. *Erman/Palm*, § 138 Rn 99; *Bezzenberger*, AcP 196 (1996), 395, 415 ff.
133 ABlEG Nr. L 180, S. 22. Allg. zu der Richtlinie *Jauernig/Jauernig*, § 138 Rn 12; *Looschelders*, Schuldrecht AT, 2. Aufl. 2004, Rn 121.
134 Dazu *Adomeit*, NJW 2002, 1622, 1623; *Graf v. Westphalen*, ZGS 2002, 283, 285.
135 Vgl. BGHZ 70, 313, 325; 140, 118, 132; *Erman/Palm*, § 138 Rn 99; *MüKo/Mayer-Maly/Armbrüster*, § 138 Rn 21; *Brox*, Erbrecht, 20. Aufl. 2003, Rn 263; *Lange/Kuchinke*, Erbrecht, 5. Aufl. 2001, § 35 III 2; *Bezzenberger*, AcP 196 (1996), 395, 416 ff.
136 Dazu BGHZ 70, 313, 324 ff.; *Schlüter*, Erbrecht, 14. Aufl. 2000, Rn 217.
137 So *Brox*, Erbrecht, 20. Aufl. 2003, Rn 263; *Bezzenberger*, AcP 196 (1996), 395, 418; grundsätzlich auch *Staudinger/Otte*, Vorbem. zu §§ 2064–2086 Rn 145 ff.; für strikte Anwendung des Art. 3 Abs. 3 GG im Erbrecht aber *Canaris*, AcP 184 (1984), 201, 236.
138 Vgl. *Staudinger*, Jura 2000, 467, 470.
139 Vgl. BGHZ 140, 118, 132; krit. *Smid*, NJW 1990, 409 ff.
140 Vgl. BGHZ 140, 118, 130; *Brox*, Erbrecht, 20. Aufl. 2003, Rn 263; *Lange/Kuchinke*, Erbrecht, 5. Aufl. 2001, § 35 IV 3a; *Staudinger*, Jura 2000, 467, 471.
141 Vgl. *Staudinger/Sack*, § 138 Rn 466; *Brox*, Erbrecht, 20. Aufl. 2003, Rn 263; *Flume*, BGB AT Bd. 2, § 18, 2b cc; *Smid*, NJW 1990, 409, 415; zweifelhaft daher BGH FamRZ 1956, 130; dem BGH zust. aber *Lange/Kuchinke*, Erbrecht, 5. Aufl. 2003, § 35 IV 3 a.
142 RG SeuffArch. Band 69 Nr. 48; *Soergel/Hefermehl*, § 138 Rn 22; vgl. auch BVerfGE 12, 1; *Thüsing*, JZ 2004, 172, 174.
143 *Bezzenberger*, AcP 196 (1996), 395, 418.
144 Vgl. *Brox*, Erbrecht, 20. Aufl. 2003, Rn 263; *Kipp/Coing*, Erbrecht, 14. Bearb. 1990, § 16 III; *Bezzenberger*, AcP 196 (1996), 395, 418.
145 BGHZ 140, 118, 132; OLG Düsseldorf NJW 1988, 1615; *Lange/Kuchinke*, Erbrecht, 5. Aufl. 2003, § 35 IV 3; einschr. jetzt BVerfG NJW 2004, 2008 ff.

d) Religions-, Weltanschauungs- und Gewissensfreiheit, Art. 4 GG. Im Einzelfall kann auch die 54
Religions-, Weltanschauungs- und Gewissensfreiheit nach Art. 4 GG im Rahmen des Abs. 1 Bedeutung
erlangen. So ist in Rechtsprechung und Literatur anerkannt, dass die **Wahl der Religionszugehörigkeit** eine
höchstpersönliche Entscheidung ist, die nicht zum Gegenstand einer vertraglichen Bindung gemacht werden
kann.[146] Ebenso ist es grundsätzlich unzulässig, durch die Ausgestaltung einer letztwilligen Verfügung
Einfluss auf die Wahl der Religionszugehörigkeit zu nehmen (Rn 53). Es sind jedoch auch Ausnahmen
denkbar. So hat es das OLG Düsseldorf für zulässig erachtet, dass der Erblasser eine Erbin für die Dauer ihrer
Zugehörigkeit zu einer Sekte durch Anordnung der Testamentsvollstreckung belastet, um den Fortbestand
der zum Nachlass gehörenden Firma zu gewährleisten.[147] Das Interesse des Erblassers an dem Fortbestand
der Firma ist hiernach ein billigenswerter Beweggrund, der den Eingriff in die Religionsfreiheit der Erbin
rechtfertigt.

Noch schwierigere Abwägungsprobleme ergeben sich im Hinblick auf die Freiheit, seine religiösen und 55
weltanschaulichen Überzeugungen kundzutun (sog. **Bekenntnisfreiheit**). Zur Bekenntnisfreiheit gehört das
Recht, eine Kleidung (z.B. **Kopftuch**) zu tragen, die den Geboten der eigenen Religion entspricht. Wird einer
Arbeitnehmerin gekündigt, weil sie aufgrund ihrer religiösen Überzeugungen bei der Arbeit ein Kopftuch
trägt, so kann die Kündigung nach § 138 unwirksam sein.[148] Voraussetzung ist aber, dass der Eingriff in
die Bekenntnisfreiheit nicht durch die Berufsfreiheit des Arbeitgebers (Art. 12 GG) gerechtfertigt wird. Eine
solche Rechtfertigung kommt in Betracht, wenn der Arbeitgeber nachweist, dass das Tragen des Kopftuches
zu betrieblichen Störungen oder wirtschaftlichen Nachteilen führt (vgl. Rn 152).[149]

e) Meinungsfreiheit, Art. 5 GG. Neben der Religions-, Weltanschauungs- und Gewissensfreiheit kommt 56
auch der Meinungsfreiheit (Art. 5 GG) im Rahmen von Abs. 1 eine gewisse Bedeutung zu. Dies gilt insbesondere für den Bereich des **Arbeitsrechts**.[150] So kann die Kündigung eines Arbeitsvertrages sittenwidrig
sein, wenn sie sich als Reaktion auf eine durch Art. 5 GG geschützte Meinungsäußerung des Arbeitnehmers
darstellt.[151] Dabei ist jedoch zu beachten, dass das Recht der freien Meinungsäußerung nach der Rechtsprechung des BAG durch die Grundregeln über das Arbeitsverhältnis beschränkt wird.[152] Die Kündigung ist
daher nicht sittenwidrig, wenn der Arbeitnehmer durch seine Äußerung die Interessen des Arbeitgebers in
unzulässiger Weise beeinträchtigt (vgl. dazu auch Rn 153).

f) Ehe und Familie, Art. 6 GG. Eine wichtige Rolle spielt im Rahmen des Abs. 1 der Schutz von Ehe 57
und Familie (Art. 6 GG). Hier geht es zunächst darum, dass Entscheidungen über die Eingehung oder
Scheidung einer Ehe wegen ihres **höchstpersönlichen Charakters** weder Gegenstand einer vertraglichen
Vereinbarung sein können noch mittelbar durch In-Aussicht-Stellen finanzieller Vorteile beeinflusst werden
dürfen (siehe Rn 48). Aus den gleichen Gründen ist die Kündigung eines Arbeitsvertrages sittenwidrig, die
auf die Verletzung einer Zölibatsklausel gestützt wird.[153]

In neuerer Zeit hat Art. 6 GG für die **inhaltliche Kontrolle von Eheverträgen** große Bedeutung gewonnen. 58
Ausgangspunkt ist die Überlegung, dass Art. 6 GG von einem Leitbild der Ehe ausgeht, welches unter
dem Einfluss des Art. 3 Abs. 2 GG durch eine gleichberechtigte Partnerschaft von Mann und Frau geprägt
wird. Das BVerfG hat deshalb klargestellt, dass die Freiheit der Ehegatten zur Gestaltung von Eheverträgen
rechtlich begrenzt werden muss, wenn der Vertrag nicht auf einer gleichberechtigten Partnerschaft beruht,
sondern „eine auf **ungleichen Verhandlungspositionen** basierende **einseitige Dominanz eines Ehegatten**
widerspiegelt" (zu den praktischen Konsequenzen siehe Rn 188 ff.).[154]

Weitere Wertungen des Art. 6 GG, die bei der Konkretisierung der Sittenwidrigkeit im Rahmen des Abs. 1 59
fruchtbar gemacht werden können, sind der **Vorrang des Kindeswohls** gegenüber den Interessen der Eltern
(Art. 6 Abs. 2 GG), der **Anspruch von Müttern auf Schutz und Fürsorge** der Gemeinschaft (Art. 6
Abs. 4 GG)[155] sowie die **Gleichstellung von nichtehelichen Kindern** (Art. 6 Abs. 5 GG). Im Erbrecht
kann die Sittenwidrigkeit einer letztwilligen Verfügung aber im Allgemeinen nicht damit begründet werden,

---

146 RGZ 57, 250, 256; Soergel/*Hefermehl*, § 138 Rn 21; *Looschelders*, Jura 2000, 169, 171; *Smid*, NJW 1990, 409, 415.
147 OLG Düsseldorf NJW 1988, 2615; i.E. zust. *Smid*, NJW 1990, 409 ff.
148 Zur Anwendbarkeit des § 138 Abs. 1 auf die Kündigung von Arbeitsverträgen vgl. Erman/*Palm*, § 138 Rn 76; Staudinger/*Sack*, § 138 Rn 407 ff.
149 Vgl. BAG NJW 2003, 1685 = NZA 2003, 483; BVerfG vom 30.7.2003–1 BvR 792/03 (betr. Unwirksamkeit der Kündigung nach § 1 KSchG).
150 Vgl. Erman/*Palm*, § 138 Rn 76.
151 Vgl. *Boemke*, JuS 2001, 444, 445.
152 Vgl. BAGE 24, 438, 444 = NJW 1973, 77.
153 BAGE 4, 274, 279 f., 285; Staudinger/*Sack*, § 138 Rn 412.
154 BVerfG NJW 2001, 957, 958; 2001, 2248; hieran anknüpfend BGH NJW 2004, 930. Ausf. zum Ganzen *Bergschneider*, FamRZ 2001, 1337, 1339; *Dauner-Lieb*, AcP 201 (2001), 295 ff.
155 BVerfG NJW 2001, 957, 958.

der Erblasser habe seine nichtehelichen Kinder gegenüber den ehelichen diskriminiert. Denn eine solche letztwillige Verfügung wird durch die Testierfreiheit des Erblassers (Art. 14 Abs. 1 GG) gedeckt.

60 **g) Vereinigungs-, Koalitionsfreiheit und Parteienfreiheit, Artt. 9, 21 GG.** Die Sittenwidrigkeit eines Rechtsgeschäfts kann sich auch daraus ergeben, dass es in unzulässiger Weise die **Vereinigungs- oder Parteienfreiheit** eines Beteiligten (Art. 9 Abs. 1 GG) beeinträchtigt. Zu denken ist etwa an den Fall, dass der Arbeitgeber seinem Arbeitnehmer wegen der Mitgliedschaft zu einer bestimmten Vereinigung oder politischen Partei kündigt.[156] Dies gilt nach h.M. selbst dann, wenn es sich um eine extremistische Partei handelt, sofern diese (noch) nicht gemäß Art. 21 Abs. 2 GG durch das BVerfG verboten worden ist.[157] Eine Ausnahme muss aber auch hier anerkannt werden, wenn der Arbeitnehmer durch seine Betätigung die Interessen des Arbeitnehmers in unzulässiger Weise beeinträchtigt.[158]

61 Verstößt das Rechtsgeschäft gegen das Grundrecht der **Koalitionsfreiheit** (Art. 9 Abs. 3 GG), so folgt die Nichtigkeit schon aus § 134 (dort Rn 29). Denn nach Art. 9 Abs. 3 S. 2 GG kommt der Koalitionsfreiheit im Privatrecht eine unmittelbare Drittwirkung zu.[159]

62 **h) Freizügigkeit, Art. 11 GG.** Die Sittenwidrigkeit eines Rechtsgeschäfts kann auch aus den Wertungen des Art. 11 GG folgen. So ist eine Vereinbarung zwischen geschiedenen Ehegatten, in welcher ein Ehegatte sich zur Verlegung seines **Wohnsitzes** verpflichtet, nach Abs. 1 unwirksam.[160]

63 **i) Berufsfreiheit, Art. 12 GG.** Die Sittenwidrigkeit kann ferner darauf gestützt werden, dass das Rechtsgeschäft die von Art. 12 Abs. 1 GG geschützte Berufsfreiheit verletzt. Problematisch unter dem Aspekt des Art. 12 sind insbesondere **Wettbewerbsverbote** (dazu Rn 343 ff.).[161] In einer neueren Entscheidung hat der BGH aber auch die in den Statuten des Niedersächsischen Fußballverbandes vorgesehene Verpflichtung zur Zahlung einer Ausbildungs- und Förderungsentschädigung bei der Verpflichtung eines Amateurspielers durch einen Verein der Regionalliga wegen Verstoßes gegen Abs. 1 i.V.m. Art. 12 Abs. 1 GG für nichtig erklärt (siehe auch Rn 305).[162]

64 **j) Eigentumsordnung und Erbrecht, Art. 14 GG.** Die Sittenwidrigkeit kann schließlich daraus folgen, dass das Rechtsgeschäft wesentliche Grundsätze der Eigentumsordnung oder das Erbrecht (Art. 14 GG) verletzt. In Bezug auf das Eigentum ist zu beachten, dass Art. 14 GG nicht nur die Freiheit des Eigentümers schützt, sondern auch dessen **Sozialbindung** betont.[163] Vor diesem Hintergrund können Rechtsgeschäfte, welche die Freiheit des Eigentümers übermäßig beschränken, ebenso sittenwidrig sein wie solche, in denen der Eigentümer seine Eigentumsrechte entgegen der Sozialbindung ausübt. Im Bereich des Erbrechts liegt Sittenwidrigkeit nahe, wenn das Rechtsgeschäft die **Testierfreiheit** des Erblassers in unzulässiger Weise beeinträchtigt.[164] Die Enterbung naher Angehöriger ist als solche dagegen nicht sittenwidrig, weil die Angehörigen durch das Pflichtteilsrecht (§§ 2303 ff. BGB) ausreichend geschützt werden (siehe Rn 195).[165]

65 **3. Die sonstigen Verfassungsprinzipien.** Die sonstigen Prinzipien der Verfassung können das Urteil der Sittenwidrigkeit ebenfalls beeinflussen. Besondere Bedeutung hat in diesem Zusammenhang das **Sozialstaatsprinzip** (Artt. 20 Abs. 1, 28 Abs. 1 GG).[166] Das BVerfG zieht dieses Prinzip ergänzend heran, wenn es um den Schutz des schwächeren Vertragspartners geht.[167] Im Vordergrund der Argumentation stehen hier aber die Grundrechte der benachteiligten Partei.[168] Größere Bedeutung hat das Sozialstaatsprinzip für die Frage, ob Rechtsgeschäfte nach Abs. 1 unwirksam sind, wenn sie sich zulasten des Sozialhilfeträgers auswirken.

---

156 *Boemke*, JuS 2001, 444, 447.
157 *Boemke*, JuS 2001, 444, 445; *Polzer/Powietzka*, NZA 2000, 970, 976.
158 BAGE 24, 438 = NJW 1973, 77; Staudinger/*Sack*, § 138 Rn 413.
159 Vgl. *Boemke*, JuS 2001, 444, 447.
160 BGH NJW 1972, 1414; Erman/*Palm*, § 138 Rn 100; Staudinger/*Sack*, § 138 Rn 435, 467; einschr. Soergel/*Hefermehl*, § 138 Rn 167; für entspr. Anwendung des § 888 Abs. 2 ZPO in solchen Fällen *Canaris*, AcP 184 (1984), 201, 232.
161 Vgl. BVerfG NJW 1990, 1469; BGH NJW 1986, 2944, 2945; 1997, 3089; 2000, 2584, 2585; MüKo/*Mayer-Maly/Armbrüster*, § 138 Rn 21; Staudinger/*Sack*, § 138 Rn 297 ff.
162 BGH NJW 1999, 3552; ebenso BGH NJW 2000, 1028 (betr. Eishockey).
163 Vgl. *Baur/Stürner*, Sachenrecht, 17. Aufl. 1999, § 1 Rn 1.
164 BGHZ 50, 63, 70 ff.: sittenwidrige Beeinflussung des Erblassers durch den Vertragspartner bei einem Erbvertrag. Die meisten Fälle sind aber in § 2339 Abs. 1 Nr. 3 gesondert geregelt.
165 Vgl. BGHZ 111, 36, 40; BayObLG NJW 1990, 2055, 2056 f.; *Olzen*, Erbrecht, 2001, Rn 260.
166 Vgl. BGHZ 80, 153, 157; Bamberger/Roth/*Wendtland*, § 138 Rn 17; MüKo/*Mayer-Maly/Armbrüster*, § 138 Rn 22; Palandt/*Heinrichs*, § 138 Rn 5.
167 Vgl. BVerfGE 89, 214, 232; *Canaris*, AcP 200 (2000), 273, 297. Zur Bedeutung des Sozialstaatsprinzips vgl. auch *Limbach*, in: Festgabe Zivilrechtslehrer 1934/35 (1999), 390 ff.
168 Dies betont zu Recht *Drexl*, in: Schlechtriem, S. 97, 115.

Auch hier ist im Einzelfall eine sorgfältige Abwägung mit der Vertrags- und Testierfreiheit erforderlich (vgl. dazu Rn 199).[169]

Neben dem Sozialstaatsprinzip kann das **Rechtsstaatsprinzip** (Artt. 20 Abs. 3, 28 Abs. 1 GG) bei der Konkretisierung der guten Sitten Bedeutung erlangen. Das Rechtsstaatsprinzip enthält für den Bereich des Zivilrechts die Gewährleistung eines effektiven Rechtsschutzes.[170] Schiedsverträge, die den Rechtsschutz einer Partei in unangemessener Weise einschränken, sind daher nach Abs. 1 nichtig (vgl. aber auch § 134 Rn 259).[171] 66

Nachdem der **Schutz der natürlichen Lebensgrundlagen** in Art. 20a GG zum Staatsziel erklärt worden ist, können im Rahmen des Abs. 1 auch ökologische Erwägungen Bedeutung gewinnen.[172] Bei der praktischen Rechtsanwendung hat dieser Aspekt bislang aber noch keine Bedeutung erlangt. Dies dürfte im Wesentlichen darauf beruhen, dass die Missachtung von Vorschriften über den Umweltschutz im Allgemeinen schon über § 134 zur Nichtigkeit des Vertrages führt. Zu denken ist etwa an Verträge über die umweltgefährdende Abfallentsorgung. 67

4. Europarecht. In neuerer Zeit wird zu Recht betont, dass auch die Wertungen des Europarechts bei der inhaltlichen Konkretisierung der guten Sitten berücksichtigt werden müssen.[173] Zu nennen sind insbesondere die **Grundfreiheiten des EGV** sowie die **Menschenrechte der EMRK**.[174] Bei der praktischen Rechtsanwendung muss hierauf jedoch im Allgemeinen nicht zurückgegriffen werden, weil die Grundrechte des GG bereits parallele Vorgaben enthalten. 68

Wesentlich größere praktische Bedeutung haben dagegen die Wertungen, die sich in den diversen **EG-Richtlinien** zum Privatrecht niedergeschlagen haben. Zu denken ist insbesondere an die **Antidiskriminierungsrichtlinie** vom 29.6.2000.[175] Nach der Richtlinie sind die Mitgliedstaaten verpflichtet, bis zum 19.7.2003 Regelungen zu schaffen, die es den Betroffenen ermöglichen, sich gegen Diskriminierungen aufgrund der **Rasse** oder der **ethnischen Herkunft** beim Zugang zu Gütern und Dienstleistungen zu wehren. Für den Bereich des **Arbeitsrechts** existiert eine weiter gehende EG-Richtlinie (2000/78/EG) vom 27.11.2000, die sich gegen die Diskriminierung von Arbeitnehmern aufgrund der Religion oder der Weltanschauung, einer Behinderung, des Alters oder der sexuellen Ausrichtung wendet.[176] Diese Richtlinie hätte bis zum 2.12.2003 in das nationale Recht umgesetzt werden müssen. 69

Der deutsche Gesetzgeber hat beide Richtlinien aufgrund rechtspolitischer Kontroversen bislang noch nicht umgesetzt.[177] Bis zum In-Kraft-Treten eines Umsetzungsgesetzes ist die Rechtsprechung gehalten, die Wertungen der Richtlinien durch **richtlinienkonforme Anwendung** des deutschen Rechts zu verwirklichen (vgl. Anh. § 133 Rn 30 ff.).[178] Dabei kommt den Generalklauseln des BGB besondere Bedeutung zu. Im Vordergrund steht hier zwar der Schadensersatzanspruch aus § 826.[179] Da die Nichtigerklärung eines Rechtsgeschäfts ebenfalls eine mögliche Sanktion für rassische oder ethnische Diskriminierungen darstellt, kann aber auch die Vorschrift des Abs. 1 in diesem Zusammenhang relevant werden. 70

5. Einfachgesetzliche Wertentscheidungen. Bei der Bestimmung der guten Sitten sind auch die in den einfachen deutschen Gesetzen verankerten Wertungen zu berücksichtigen.[180] Diese Wertungen haben zum Teil einen verfassungs- oder europarechtlichen Hintergrund. Auch in diesem Fall haben sie aber **eigenständige Bedeutung**, weil sie die Vorgaben des höherrangigen Rechts konkretisieren. Welche einfachgesetzlichen Wertungen im Rahmen des Abs. 1 relevant werden können, lässt sich schwer systematisieren. Einige wichtige Aspekte sollen aber hervorgehoben werden. 71

---

169 Vgl. BVerfG NJW 2001, 957, 959; BGH NJW 1992, 3164; *Bruns*, Haftungsbeschränkung und Mindesthaftung, 2003, S. 171 f.
170 Vgl. BVerfGE 54, 277, 291; Sachs/*Krüger*, GG, 2. Aufl. 1999, Art. 19 GG Rn 110.
171 BGHZ 106, 336, 338.
172 Vgl. OLG Oldenburg NdsRpfl 1996, 120; Palandt/*Heinrichs*, § 138 Rn 45; *Esser/Schmidt*, Schuldrecht AT I, 8. Aufl. 1995, § 10 II 2 a.
173 Bamberger/Roth/*Wendtland*, § 138 Rn 17; Staudinger/*Sack*, § 138 Rn 44.
174 Vgl. Erman/*Palm*, § 138 Rn 106. Inwieweit die europäischen Grundfreiheiten Drittwirkungen entfalten, ist allerdings umstritten. Vgl. dazu *Looschelders*, Schuldrecht AT, 2. Aufl. 2004, Rn 41; *Martiny*, ZEuP 2001, 663, 572; *Streinz/Leible*, EuZW 2000, 459 ff.
175 Richtlinie 2000/43/EG, ABlEG Nr. L 180 S. 22; abgedruckt bei Palandt/*Heinrichs*, Anh. nach § 319.
176 Vgl. dazu Palandt/*Heinrichs*, Anh. nach § 319 Rn 3; Rüthers/*Stadler*, BGB AT, § 3 Rn 12 a.
177 Vgl. *Picker*, JZ 2003, 540 ff.; *Stadlmayer*, in Financial Times Deutschland vom 23.2.2004.
178 Vgl. Palandt/*Heinrichs*, Anh. nach § 319 Rn 2; *Looschelders*, Schuldrecht AT, 2. Aufl. 2004, Rn 121; *Thüsing*, NJW 2004, 3441 ff.
179 Vgl. *Schulte-Nölke*, ZGS 2003, 247. Zur Abwehr von rassischen und ethnischen Diskriminierungen über § 826 s.a. *Looschelders*, Schuldrecht AT, 2. Aufl. 2004, Rn 119 f.
180 Vgl. Staudinger/*Sack*, § 138 Rn 41.

72 **a) Schutz von bestimmten Personengruppen.** Eine wichtige Gruppe einfachgesetzlicher Wertungen trifft den Schutz von bestimmten Personengruppen. Zu nennen sind insbesondere **Kinder** und andere nicht voll geschäftsfähige Personen (z.B. §§ 104 ff.), **Behinderte** (z.B. SGB IX) und **Mütter** (z.B. MuSchG).

73 **b) Schutz des typischerweise schwächeren Vertragspartners.** In einer zweiten Gruppe geht es um den Schutz des typischerweise schwächeren Vertragspartners. Zu nennen sind insbesondere Vorschriften zum Schutz von **Arbeitnehmern**, **Mietern**, **Verbrauchern** und **Versicherungsnehmern**. Das besondere Schutzbedürfnis ergibt sich hier teilweise daraus, dass der Vertragspartner den Vertragsgegenstand zur Befriedigung seiner existenziellen Bedürfnisse benötigt (Mieter, Arbeitnehmer); in anderen Fällen gibt die besondere Situation des Vertragsschlusses oder die besondere Komplexität des Vertragsgegenstands den Ausschlag (Verbraucher, Versicherungsnehmer).[181]

74 **c) Störung der Verhandlungsparität im Einzelfall.** Besondere Bedeutung für die Konkretisierung des Abs. 1 haben die Wertungen des Abs. 2 (vgl. Rn 105 ff.). Die Vorschrift verdeutlicht, dass die Störung der Verhandlungsparität im Einzelfall die Sittenwidrigkeit des Rechtsgeschäfts begründen kann, wenn sie sich in einem **inhaltlich unausgewogenen Vertragsinhalt** niederschlägt.[182] Es handelt sich dabei um den gleichen Gedanken, den das BVerfG in seiner Rechtsprechung zur Inhaltskontrolle von Bürgschaften naher Familienangehöriger aus dem Selbstbestimmungsrecht des beeinträchtigten Familienangehörigen (Art. 2 Abs. 1 GG) abgeleitet hat.[183]

75 **d) Unzulässige Einflussnahme auf die Willensbildung.** Das deutsche Recht enthält des Weiteren zahlreiche Vorschriften, nach denen die unzulässige Einflussnahme auf die Willensbildung (arglistige Täuschung, Drohung) missbilligt wird (vgl. §§ 123, 318 Abs. 2, 438 Abs. 3, 444, 634a Abs. 3, 1314 Abs. 1 Nr. 3 und 4, 2339 Nr. 3). Die einschlägigen Vorschriften billigen dem Getäuschten oder Bedrohten zwar ein Anfechtungsrecht zu oder sehen andere Rechtsnachteile für den Täuschenden bzw. Drohenden vor. Im Zusammenspiel mit anderen sittenwidrigkeitsrelevanten Kriterien kann die **Täuschung** oder **Drohung** jedoch auch nach Abs. 1 zur Nichtigkeit des Rechtsgeschäfts führen.

76 **e) Vorbereitung, Förderung oder Ausnutzung strafbarer Handlungen.** Aus den Wertungen der einzelnen Strafvorschriften folgt die Sittenwidrigkeit von Rechtsgeschäften, die auf die Vorbereitung, Förderung oder Ausnutzung einer strafbaren Handlung gerichtet sind.[184] Nach allgemeinen Grundsätzen ist § 134 bei der Verletzung von Strafvorschriften zwar vorrangig anwendbar (vgl. § 134 Rn 233 ff.). Abs. 1 hat jedoch zumindest dann eigenständige Bedeutung, wenn die subjektiven Voraussetzungen des Straftatbestands nicht bei beiden Parteien vorliegen. Während die meisten Straftatbestände Vorsatz voraussetzen, ist es für die Sittenwidrigkeit nämlich ausreichend, dass sich die Parteien der Kenntnis der relevanten Umstände grob fahrlässig verschlossen haben (siehe Rn 93).

77 **6. Umgehungsgeschäfte.** Ob die Nichtigkeit von Umgehungsgeschäften nach § 134 oder nach § 138 zu beurteilen ist, ist umstritten. Nach der hier vertretenen Auffassung (§ 134 Rn 80 ff.) ist zunächst zu prüfen, ob die infrage stehende Verbotsnorm durch **Auslegung** oder **Analogie** auf den gegebenen Fall erstreckt werden kann. Soweit dies möglich ist, muss § 134 vorrangig angewendet werden. In den übrigen Fällen ist zu prüfen, ob die Voraussetzungen des Abs. 1 vorliegen.[185] Die Entscheidung ist auf der Grundlage einer umfassenden Interessenabwägung zu treffen. Dabei kommt den **Wertungen der umgangenen Vorschriften** besondere Bedeutung zu. Allgemein lässt sich feststellen, dass nicht jede Gesetzesumgehung das Geschäft sittenwidrig macht.[186] Die Annahme der Sittenwidrigkeit liegt aber umso näher, je gewichtiger die Rechtsgüter und Interessen sind, die durch das Verbotsgesetz geschützt werden. So ist die Umgehung von Vorschriften zum Schutz von Arbeitnehmern,[187] Mietern[188] und Verbrauchern[189] oder lebenswichtigen Belangen der Allgemeinheit[190] regelmäßig als sittenwidrig anzusehen.[191]

---

181 *Drexl*, in: Schlechtriem, S. 97, 121 ff.; *Looschelders*, Schuldrecht AT, 2. Aufl. 2004, Rn 54.
182 Vgl. *Canaris*, AcP 200 (2000), 273, 280 ff.; *Drexl*, in: Schlechtriem, S. 97, 114.
183 *Canaris*, AcP 200 (2000), 273, 296 ff.
184 Vgl. BGH DB 1971, 39 (zu § 263 StGB); NJW-RR 1990, 750 (zu § 180a StGB); NJW 1992, 310 (zu § 259 StGB); NJW 1995, 2026, 2027 (zu § 203 StGB); Palandt/*Heinrichs*, § 138 Rn 42.
185 So auch Erman/*Palm*, § 138 Rn 183; Staudinger/*Sack*, § 138 Rn 42.
186 So auch MüKo/*Mayer-Maly/Armbrüster*, § 138 Rn 54.
187 Vgl. BAGE 10, 67, 70; 26, 417, 419; BAG AP Nr. 15 zu § 611 BGB Anwesenheitsprämie; Staudinger/*Sack*, § 134 Rn 157; krit. *Bickel*, JuS 1987, 861 ff.
188 Vgl. BGHZ 56, 285, 289 (zu § 134); LG Hamburg NJW 1971, 1084, 1086 (zu § 138).
189 Im Verbraucherschutzrecht hat das allgemeine Institut der Gesetzesumgehung freilich keine große Bedeutung mehr, weil in den meisten Fällen gesetzliche Umgehungsverbote eingreifen. Vgl. dazu §§ 312f S. 2, 475 Abs. 1 S. 2; 487 S. 2, 506 S. 2.
190 BGHZ 39, 169, 177: Umgehung amerikanischer Embargo-Bestimmungen.
191 MüKo/*Mayer-Maly/Armbrüster*, § 138 Rn 53.

7. Gewohnheits- und Richterrecht.
Die Sittenwidrigkeit eines Rechtsgeschäfts kann sich auch aus Wertungen ergeben, die in **gewohnheitsrechtlich** anerkannten Rechtssätzen verankert sind. Da solche Rechtssätze als Rechtsnormen i.S.d. Art. 2 EGBGB anzusehen sind, gelten die gleichen Grundsätze wie bei der Berücksichtigung einfachgesetzlicher Wertungen.[192] Wegen der schwindenden Bedeutung des Gewohnheitsrechts ist diese Möglichkeit heute aber in der Praxis kaum noch relevant.

Wesentlich größere Bedeutung hat demgegenüber das **Richterrecht**. Nach h.M. kann Richterrecht zwar nicht als eigenständige Rechtsquelle angesehen werden.[193] Es handelt sich jedoch um eine wichtige **„Rechtserkenntnisquelle"**, die eine gleichmäßige Behandlung gleich gelagerter Fälle ermöglicht.[194] Bei der Anwendung von Generalklauseln hat das Richterrecht damit eine unentbehrliche Hilfsfunktion.

8. Ausländisches Recht.
Besondere Probleme stellen sich in Fällen mit Auslandsberührung. Hier muss zunächst geklärt werden, ob deutsches Recht (und damit auch die §§ 134, 138) nach den Regeln des deutschen Internationalen Privatrechts (Artt. 3 ff. EGBGB) überhaupt anwendbar ist. Wird diese Frage bejaht, so richtet sich zwar auch die Konkretisierung der guten Sitten im Rahmen des Abs. 1 grundsätzlich nach den Wertungen des inländischen Rechts.[195] Dies heißt jedoch nicht, dass die **Wertungen einer verdrängten ausländischen Rechtsordnung** in jedem Fall irrelevant sind. Diese Wertungen können vielmehr bei der Anwendung des Abs. 1 berücksichtigt werden.[196] So verstößt die Umgehung international zwingender ausländischer Verbotsgesetze (sog. **Eingriffsnormen**) gegen die guten Sitten, wenn die verletzten Bestimmungen einem auch national anerkannten Interesse (z.B. Tierschutz, Schutz von Kulturgütern, Kriegswaffenembargo) dienen.[197] Darüber hinaus kann auch der Verstoß gegen ausländische Bestimmungen über die Strafbarkeit der Bestechung und Bestechlichkeit von Amtsträgern nach Abs. 1 die Nichtigkeit eines Rechtsgeschäfts begründen.[198] Umgekehrt können die Wertungen einer ausländischen Rechtsordnung aber auch dazu führen, dass die nach deutschem Recht an sich gegebene **Sittenwidrigkeit** zu **verneinen** ist. Dies kommt insbesondere in Betracht, wenn das Rechtsgeschäft wesentliche Berührungen zu einer anderen Rechtsordnung aufweist, nach der es nicht als sittenwidrig zu qualifizieren ist.[199]

III. Außerrechtliche Maßstäbe

1. Mittelbarer Einfluss außerrechtlicher Maßstäbe.
Durch die Anknüpfung an die Grundrechte (und andere Rechtsprinzipien) wird die prinzipielle Bedeutung außerrechtlicher Maßstäbe nicht infrage gestellt. Zu beachten ist nämlich, dass die Grundrechte selbst an zahlreichen Stellen mehr oder weniger offen an außerrechtliche Normen und Wertmaßstäbe anknüpfen. So lässt sich die Frage, was unter der „Würde des Menschen" (Art. 1 Abs. 1 GG) zu verstehen ist, nur vor dem Hintergrund eines bestimmten Menschenbildes beantworten.[200] Rechtliche und außerrechtliche Wertungen stehen dabei in einer **Wechselwirkung**.[201] Auf der einen Seite haben außerrechtliche Wertvorstellungen einen erheblichen Einfluss auf die Herausbildung und Auslegung von Rechtsprinzipien. Auf der anderen Seite werden die außerrechtlichen Wertvorstellungen aber auch ihrerseits maßgeblich durch den Inhalt der bestehenden Rechtsprinzipien geprägt.

2. Unmittelbarer Einfluss außerrechtlicher Maßstäbe.
Ob außerrechtliche Maßstäbe bei der Konkretisierung des Abs. 1 auch dann zu berücksichtigen sind, wenn sie in der Rechtsordnung (noch) keinen Ausdruck gefunden haben, ist umstritten. In der Literatur wird teilweise die Auffassung vertreten, dass Abs. 1 nur Verstöße gegen die der Rechtsordnung selbst **immanenten** Prinzipien und Wertmaßstäbe erfasst; der Rückgriff auf außerrechtliche (sozialethische) Maßstäbe sei dagegen abzulehnen.[202] Die h.M. hält dagegen daran fest, dass außerrechtliche Maßstäbe im Rahmen des Abs. 1 eine **eigenständige Bedeutung** haben

---

192 Vgl. Staudinger/*Sack*, § 138 Rn 46.
193 Vgl. *Hübner*, BGB AT, Rn 38 ff.; *Larenz*, Methodenlehre, 6. Aufl. 1991, S. 429 ff.; *Larenz/Wolf*, BGB AT, § 3 Rn 39; *Looschelders/Roth*, Juristische Methodik, S. 321 ff.; *Pawlowski*, BGB AT, Rn 61.
194 *Larenz*, Methodenlehre, 6. Aufl. 1991, S. 432; *Larenz/Wolf*, BGB AT, § 3 Rn 39; Staudinger/*Sack*, § 138 Rn 49.
195 MüKo/*Mayer-Maly/Armbrüster*, § 138 Rn 16.
196 Vgl. *Looschelders*, IPR, Vorbem. zu Art. 3 Rn 54.
197 Vgl. BGHZ 34, 169, 177; 59, 82, 85 f.
198 BGHZ 94, 268, 271; MüKo/*Mayer-Maly/Armbrüster*, § 138 Rn 18.
199 Vgl. BGHZ 40, 391 (zu § 1 UWG a.F.).
200 Vgl. *Looschelders/Roth*, Juristische Methodik, S. 202 f. m. Fn 23.
201 MüKo/*Mayer-Maly/Armbrüster*, § 138 Rn 13; Soergel/*Hefermehl*, § 138 Rn 11.
202 So *Pawlowski*, BGB AT, Rn 498b ff.; ähnlich AK-BGB/*Damm*, § 138 Rn 26.

können.²⁰³ Dabei wird aber anerkannt, dass die in der Rechtsordnung verankerten Wertungen im Konfliktsfall vorgehen.²⁰⁴

83 Bei der Würdigung des Meinungsstreits ist zu beachten, dass der Rückgriff auf nicht positivierte sozialethische Wertungen mit zahlreichen Unsicherheiten belastet ist (siehe dazu Rn 34 ff.). Diese Unsicherheiten wachsen in einer pluralistischen Gesellschaft, weil der Grundkonsens über die Beurteilung sozialethischer Fragen schwindet.²⁰⁵ Gleichzeitig verschärft sich das Problem der Legitimation einer Entscheidung, die nicht von den Wertvorstellungen **aller** gerecht und billig Denkenden gedeckt ist. Dies gilt umso mehr, als die Nichtanerkennung eines Rechtsgeschäftes wegen Sittenwidrigkeit einen erheblichen Eingriff in die verfassungsrechtlich geschützte Privatautonomie der Parteien darstellt. Letztlich stellen sich hier die gleichen Legitimationsprobleme wie bei der Schranke des Sittengesetzes in Art. 2 Abs. 1 GG.²⁰⁶ Grundsätzlich ist es zwar auch in einer pluralistischen Gesellschaft legitim, Wertvorstellungen zu schützen, deren Beachtung für ein gedeihliches Zusammenleben unerlässlich ist.²⁰⁷ Soweit solche Wertentscheidungen weder in der Verfassung noch in anderen Teilen der Rechtsordnung einen Niederschlag gefunden haben, muss man sich jedoch fragen, ob sie für das Zusammenleben wirklich eine so fundamentale Bedeutung haben. Dem Grundgedanken nach haben außerrechtliche Maßstäbe damit zwar nach wie vor eine eigenständige Bedeutung; bei der praktischen Rechtsanwendung **treten** sie jedoch **immer stärker zurück**.²⁰⁸

84 **3. Bedeutung der Sexualmoral.** Besonders große Bedeutung hat der Rückgriff auf außerrechtliche Maßstäbe traditionell bei der Sexualmoral.²⁰⁹ So findet sich bis in die neuere Zeit hin die Auffassung, dass Rechtsgeschäfte sittenwidrig seien, die gegen „die herrschende Auffassung der Sexualmoral" verstoßen.²¹⁰ Es handelt sich hier zwar um einen Bereich, in dem sich die Auffassungen über den Inhalt der guten Sitten seit In-Kraft-Treten des BGB in besonders gravierender Weise gewandelt haben.²¹¹ Tangiert ein Rechtsgeschäft die Sexualsphäre, so liegt ein **moralisches Unwerturteil** aber auch heute noch nahe. Die entscheidende Frage ist jedoch, ob das Geschäft auch **von Rechts wegen** zu missbilligen ist. Bei der Beantwortung dieser Frage muss man strikt darauf achten, dass moralische Wertungen nicht ohne weiteres auf die normative Beurteilung eines Rechtsgeschäfts durchschlagen dürfen. Die Argumentation muss deshalb in erster Linie an rechtlichen Kriterien ausgerichtet sein. Besondere Bedeutung haben in diesem Zusammenhang der Schutz der **Menschenwürde** (Art. 1 Abs. 1 GG) und die **Entscheidungsfreiheit in höchstpersönlichen Angelegenheiten** (Art. 2 Abs. 1 GG).²¹² In neuerer Zeit sind außerdem die Wertungen des **ProstG** zu beachten (siehe Anh. zu § 138). Außerrechtliche Maßstäbe treten damit auch hier zurück. Dies ist jedoch allenfalls eine mittelbare Folge der „sexuellen Liberalisierung".²¹³ Entscheidend ist die Erkenntnis, dass es nicht Sache der staatlichen Rechtsordnung sein kann, den Bürgern eine bestimmte Sexualmoral vorzugeben.²¹⁴

85 **4. Schutz der Ehe- und Familienordnung.** Ein weiterer Bereich, in dem außerrechtlichen Maßstäben traditionell große Bedeutung beigemessen wird, ist die Ehe- und Familienordnung. So soll es dem **„Wesen der Ehe"** widersprechen, wenn ein Ehegatte sich seine Rechte aus der Ehe abkaufen lässt, insbesondere aus dem ehewidrigen Verhalten des anderen Ehegatten einen materiellen Nutzen zu ziehen sucht.²¹⁵ Das Gleiche soll für eine Vereinbarung gelten, in welcher sich ein Ehegatte gegen Vertragsstrafe dazu verpflichtet, aus Gründen der Überwachung keine Geschäftsreisen ohne Begleitperson vorzunehmen.²¹⁶ Nach geltendem Recht ist der **unmittelbare Rückgriff** auf das „Wesen der Ehe" jedoch **nicht unproblematisch**. Denn letztlich geht es auch im Zusammenhang mit der Ehe- und Familienordnung um Fragen, die in den

---

203 Vgl. etwa Bamberger/Roth/*Wendtland*, § 138 Rn 16; Jauernig/*Jauernig*, § 138 Rn 6; Palandt/*Heinrichs*, § 138 Rn 2; RGRK/*Krüger-Nieland/Zöller*, § 138 Rn 21; Soergel/*Hefermehl*, § 138 Rn 9; Staudinger/*Sack*, § 138 Rn 45 ff.; Larenz/*Wolf*, BGB AT, § 41 Rn 12 ff.
204 Vgl. Bamberger/Roth/*Wendtland*, § 138 Rn 18; Palandt/*Heinrichs*, § 138 Rn 6; Soergel/*Hefermehl*, § 138 Rn 11; Larenz/*Wolf*, BGB AT, § 41 Rn 15.
205 Vgl. zu dieser Problematik Soergel/*Hefermehl*, § 138 Rn 9.
206 Vgl. dazu *Sachs*, Verfassungsrecht II, Grundrechte, 2. Aufl. 2003, B 2 Rn 32 ff.
207 Zutreffend MüKo/*Mayer-Maly/Armbrüster*, § 138 Rn 11, wonach keine Rechtsgemeinschaft ohne „ein Minimum gemeinsamer Wertung" bestehen kann. Dieses „Minimum" dürfte jedoch im Grundgesetz verankert sein.
208 So auch AK-BGB/*Damm*, § 138 Rn 60; Bamberger/Roth/*Wendtland*, § 138 Rn 18; Palandt/*Heinrichs*, § 138 Rn 3; *Eckert*, AcP 199 (1999), 337, 348 ff.
209 MüKo/*Mayer-Maly/Armbrüster*, § 138 Rn 55.
210 So RGRK/*Krüger-Nieland/Zöller*, § 138 Rn 191.
211 Vgl. Soergel/*Hefermehl*, § 138 Rn 206; Staudinger/*Sack*, § 138 Rn 452; *Schack*, BGB AT, Rn 265. Eingehend zu diesem Wandel *Rother*, AcP 172 (1972), 498 ff.
212 Vgl. *Pawlowski*, BGB AT, Rn 498b, 499a; ders., Methodenlehre, 3. Aufl. 1999, Rn 197 ff.
213 MüKo/*Mayer-Maly/Armbrüster*, § 138 Rn 55.
214 Soergel/*Hefermehl*, § 138 Rn 206.
215 Soergel/*Hefermehl*, § 138 Rn 216; ähnlich RGRK/*Krüger-Nieland/Zöller*, § 138 Rn 226.
216 RGZ 158, 294, 298; Soergel/*Hefermehl*, § 138 Rn 216.

Schutzbereich verschiedener Grundrechte fallen. Zu nennen sind neben dem Schutz von Ehe und Familie (Art. 6 Abs. 1 GG) vor allem die höchstpersönlichen Rechte jedes einzelnen Ehegatten (Artt. 1, 2 Abs. 1, 4 GG)[217] sowie der Grundsatz der Gleichberechtigung von Mann und Frau (Art. 3 Abs. 2 GG).[218] Ein Rückgriff auf außerrechtliche Maßstäbe kommt daher nur in Betracht, soweit diese Grundrechte selbst ausfüllungsbedürftig sind. In diesem Rahmen kann die Entscheidung dann auch durch außerrechtliche Vorstellungen über das „Wesen der Ehe" beeinflusst werden.

5. Bedeutung der Geschäftsmoral. Bei der Konkretisierung der guten Sitten sind auch die Vorstellungen zu berücksichtigen, die in den jeweils **einschlägigen Verkehrskreisen** über die „Anständigkeit" und „Lauterkeit" eines bestimmten geschäftlichen Verhaltens herrschen.[219] Auch in diesem Bereich ist jedoch zu beachten, dass die Sittenwidrigkeit nicht allein damit begründet werden kann, dass die Angehörigen des betreffenden Verkehrskreises ein solches Rechtsgeschäft mehrheitlich missbilligen. Denn der Abschluss des Rechtsgeschäfts kann gleichwohl durch die verfassungsrechtlich geschützte **Privatautonomie** der Parteien (Art. 2 Abs. 1 GG) gedeckt sein. Man muss daher in jedem Fall die konkreten Gründe herausarbeiten, auf denen die Missbilligung beruht. Diese Gründe sind dann mit den Interessen der Parteien an der Wirksamkeit des Rechtsgeschäfts abzuwägen. Die außerrechtliche Missbilligung ist also auch hier ein bloßes **Indiz** für die Sittenwidrigkeit des Rechtsgeschäfts.

86

6. Verletzung von Standesregeln. Soweit Standesregeln in Gesetzen einen Niederschlag gefunden haben, muss ein Verstoß gegen Standesrecht bereits unter dem Aspekt des § 134 geprüft werden (siehe § 134 Rn 21 ff.). Im Übrigen kann auf § 138 zurückgegriffen werden. Nach der Rechtsprechung des BVerfG begründet ein Verstoß gegen nicht kodifizierte Standesregeln aber nicht automatisch die Sittenwidrigkeit des Rechtsgeschäfts.[220] Da Standesregeln als solche keine verbindlichen Rechtssätze darstellen, können sie auch nicht über § 138 herangezogen werden, um einen Eingriff in die **Berufsfreiheit** (Art. 12 GG) zu rechtfertigen. Erforderlich ist vielmehr, dass die verletzte Standespflicht Ausdruck der anerkannten Rechts- und Sittenordnung i.S.d. Abs. 1 ist.[221] Besondere Bedeutung hat in diesem Zusammenhang die Frage, welche Bedeutung die ordnungsgemäße Ausübung des Berufs für die Allgemeinheit hat.[222] Hat der betreffende Berufsstand **wichtige Gemeinschaftsaufgaben** zu erfüllen, so besteht ein besonderes Interesse der Allgemeinheit an der Wahrung einer ordnungsgemäßen Ausübung des Berufs. Wird die verletzte Standespflicht hierfür als besonders wichtig angesehen, so führt der Verstoß regelmäßig zur Sittenwidrigkeit des Geschäfts.[223] Dies gilt insbesondere für Standespflichten, die Ausdruck einer **besonderen Berufsverantwortlichkeit** sind, weil deren Verletzung in hohem Maße geeignet ist, das Vertrauen in den jeweiligen Berufsstand zu untergraben (näher dazu Rn 312 ff.).[224]

87

IV. Sittenwidrigkeit und Rechtswidrigkeit

In welchem Verhältnis die Sittenwidrigkeit nach Abs. 1 zur Rechtswidrigkeit steht, ist umstritten. In der Literatur wird teilweise die Auffassung vertreten, dass jedes rechtswidrige Verhalten das Urteil der Sittenwidrigkeit rechtfertige.[225] Die h.M. geht demgegenüber davon aus, dass die Feststellung der Sittenwidrigkeit ein „**gesteigertes Unwerturteil**" beinhaltet.[226]

88

Bei der Würdigung des Meinungsstreits ist zu beachten, dass Abs. 1 im Ausgangspunkt an außerrechtliche Wertmaßstäbe anknüpft. Dass ein Rechtsgeschäft sozialethisch missbilligt wird, begründet für sich allein jedoch keine Nichtigkeit. Das Geschäft muss vielmehr auch rechtlich missbilligt werden. Ergibt sich die rechtliche Missbilligung nicht schon aus den bestehenden Gesetzen, so lässt sich ein Eingriff in die Privatautonomie nur legitimieren, wenn das Rechtsgeschäft gegen Wertvorstellungen verstößt, die für das Zusammenleben in unserer Gesellschaft von fundamentaler Bedeutung sind. Abs. 1 schützt deshalb (ebenso wie § 826) nur das „**sozialethische Minimum**".[227] Die Gesetze beschränken sich dagegen nicht auf den Schutz des sozialethischen Minimums. Soweit sie darüber hinausgehen, begründet der Gesetzesverstoß keine

89

---

217 Vgl. *Looschelders*, Jura 2000, 169, 171.
218 Vgl. dazu BVerfG NJW 2001, 957; NJW 2001, 2248; *Bergschneider*, FamRZ 2001, 1337.
219 Vgl. *Larenz/Wolf*, BGB AT, 8. Aufl. 1997, § 41 Rn 11.
220 BVerfGE 76, 171; vgl. auch BGHZ 132, 229, 236; BGH NJW 1999, 2360; MüKo/*Mayer-Maly/Armbrüster*, § 138 Rn 47; Staudinger/*Sack*, § 138 Rn 416.
221 Erman/*Palm*, § 138 Rn 86.
222 Vgl. BGHZ 132, 229, 236; Palandt/*Heinrichs*, § 138 Rn 57; differenzierend *Taupitz*, S. 1244.

223 Vgl. *Taupitz*, S. 1244.
224 Erman/*Palm*, § 138 Rn 86.
225 So AK-BGB/*Damm*, § 138 Rn 82, 92; Staudinger/*Sack*, § 138 Rn 26.
226 So MüKo/*Mayer-Maly/Armbrüster*, § 138 Rn 2 („schwerer Vorwurf"); *Larenz/Wolf*, BGB AT, § 41 Rn 3; *Canaris*, AcP 184 (1984), 201, 234 ff.; *Dauner-Lieb*, AcP 201 (2001), 295, 325.
227 HK-BGB/*Dörner*, § 138 Rn 3; Jauernig/*Jauernig*, § 138 Rn 6; *Larenz/Wolf*, BGB AT, § 41 Rn 3; *Looschelders/Roth*, Juristische Methodik, S. 203; *Bezzenberger*, AcP 196 (1996), 196, 198.

Sittenwidrigkeit. Die Feststellung der Sittenwidrigkeit beinhaltet damit zwar ein gesteigertes Unwerturteil. Dieses betrifft aber allein die sozialethische Ebene.

90 Dass § 138 im Vergleich mit § 134 ein gesteigertes Unwerturteil voraussetzt, wird durch die unterschiedlichen **Rechtsfolgenanordnungen** bestätigt. Nach Abs. 1 sind sittenwidrige Rechtsgeschäfte generell nichtig. Bei § 134 hängt die Nichtigkeit dagegen vom Zweck der jeweiligen Verbotsnorm ab. Nach Einschätzung des Gesetzgebers wiegt die Sittenwidrigkeit demnach – anders als die Gesetzeswidrigkeit – in jedem Fall so schwer, dass das Rechtsgeschäft vor der Rechtsordnung keinen Bestand haben kann (siehe dazu unten 129 ff.).[228]

V. Der Gegenstand der Bewertung

91 Gegenstand des Sittenwidrigkeitsurteils ist das Rechtsgeschäft.[229] Das heißt jedoch nicht, dass außerhalb des Rechtsgeschäfts liegende Umstände außer Betracht bleiben müssen. Zwei Fallgruppen sind vielmehr zu unterscheiden. Die Sittenwidrigkeit kann sich zum einen unmittelbar aus dem Inhalt des Rechtsgeschäfts ergeben (sog. **Inhaltssittenwidrigkeit**). Hier kommt es auf weitere Umstände nicht an. Ein Rechtsgeschäft kann zum anderen nach seinem aus der Zusammenfassung von Inhalt, Beweggrund und Zweck zu entnehmenden Gesamtcharakter gegen die guten Sitten verstoßen (sog. **Umstandssittenwidrigkeit**). Dabei sind neben dem Inhalt des Rechtsgeschäfts auch die Umstände seines Zustandekommens sowie die Absichten und Beweggründe der Beteiligten zu berücksichtigen.[230] Anders als bei § 826 (Rn 27) ist das **Verhalten** der Parteien **als solches** damit bei Abs. 1 zwar kein Gegenstand der Bewertung. Es handelt sich jedoch um einen Umstand, der bei der Würdigung des Gesamtcharakters des Rechtsgeschäfts von Bedeutung sein kann.[231]

92 Bei der praktischen Rechtsanwendung können beide Fallgruppen ineinander übergehen.[232] Ob ein Rechtsgeschäft allein aufgrund seines **Inhalts** sittenwidrig ist, kann nämlich offen bleiben, wenn **zusätzliche Umstände** vorliegen, die für das Urteil der Sittenwidrigkeit relevant sind.

VI. Subjektive Merkmale

93 **1. Meinungsstand.** Welche Bedeutung subjektiven Merkmalen im Rahmen des Abs. 1 zukommt, ist seit langem umstritten. In früherer Zeit war die Auffassung verbreitet, dass Abs. 1 in jedem Fall subjektive Elemente voraussetze.[233] Erforderlich sei zumindest die Kenntnis der Tatumstände.[234] Darüber hinaus wurde teilweise noch das Bewusstsein der Sittenwidrigkeit[235] oder eine besonders verwerfliche Gesinnung[236] gefordert. Die heute h.M. orientiert sich dagegen an der Unterscheidung zwischen Inhalts- und Umstandssittenwidrigkeit.[237] Verstößt schon der **Inhalt** des Rechtsgeschäfts gegen die guten Sitten, so sollen subjektive Merkmale entbehrlich sein.[238] Dabei wird teilweise allerdings darauf hingewiesen, die Beteiligten würden in diesen Fällen ohnehin stets die Umstände kennen, durch welche die Sittenwidrigkeit begründet wird.[239] Ergebe sich die Sittenwidrigkeit erst aus den **Umständen**, so sei Abs. 1 nur anwendbar, wenn die Beteiligten die Tatsachen kennen, aus denen sich die Sittenwidrigkeit ergibt.[240] Dem wird der Fall gleichgestellt, dass die Beteiligten sich der Kenntnis dieser Tatsachen bewusst oder grob fahrlässig verschließen.[241] Das Vorliegen einer Schädigungsabsicht und das Bewusstsein der Sittenwidrigkeit werden heute allgemein für

---

228 Zu diesem Zusammenhang Staudinger/*Sack*, § 138 Rn 34, der die Rechtsfolgenanordnung des § 138 aber im Wege der Rechtsfortbildung um einen Normzweckvorbehalt ergänzen will.
229 BGHZ 53, 369, 375; *Flume*, BGB AT Bd. 2, § 18, 2a; *Medicus*, BGB AT, Rn 685 ff.
230 Zur Unterscheidung von Inhalts- und Umstandssittenwidrigkeit vgl. Palandt/*Heinrichs*, § 138 Rn 7 ff.; MüKo/*Mayer-Maly/Armbrüster*, § 138 Rn 9; RGRK/*Krüger-Nieland/Zöller*, § 138 Rn 20 ff.; *Flume*, BGB AT Bd. 2, § 18, 2b und c; *Larenz/Wolf*, BGB AT, § 41 Rn 18 ff. Zu den Kriterien der Umstandssittenwidrigkeit BGHZ 86, 82, 88; 107, 92, 97; BGH NJW-RR 1998, 590, 591.
231 BGHZ 53, 369, 375; Staudinger/*Sack*, § 138 Rn 4; *Larenz/Wolf*, BGB AT, § 41 Rn 22.
232 Vgl. AK-BGB/*Damm*, § 138 Rn 85.
233 Vgl. RGZ 150, 1, 3 ff.; BGHZ 10, 228, 232; *Enneccerus/Nipperdey*, BGB AT-2, § 191 II 2; RGRK/*Krüger-Nieland/Zöller*, § 138 Rn 30; grds. auch noch *Hübner*, BGB AT, Rn 898.
234 So *Hübner*, BGB AT, Rn 898.
235 So *Enneccerus/Nipperdey*, BGB AT-2, § 191 II 2b (bei Umstandssittenwidrigkeit).
236 Vgl. RGZ 58, 219; 20, 223; 150, 1, 5; BGH LM § 138 (Ba) Nr. 2; ähnlich BGHZ 10, 228, 233 („Gewissenlosigkeit").
237 Vgl. Bamberger/Roth/*Wendtland*, § 138 Rn 22 ff.; Jauernig/*Jauernig*, § 138 Rn 10 f.; Palandt/*Heinrichs*, § 138 Rn 4 f.; *Flume*, BGB AT Bd. 2, § 18, 3; *Lindacher*, AcP 173 (1973), 124 ff.
238 BGHZ 94, 268, 272; Erman/*Palm*, § 138 Rn 40; Jauernig/*Jauernig*, § 138 Rn 10; Palandt/*Heinrichs*, § 138 Rn 7; *Flume*, BGB AT Bd. 2, § 18, 3; *Larenz/Wolf*, BGB AT, § 41 Rn 18.
239 So BGHZ 94, 268, 273; Erman/*Palm*, § 138 Rn 40; Jauernig/*Jauernig*, § 138 Rn 10.
240 BGHZ 146, 298, 301; BGH NJW-RR 1998, 590, 591; Bamberger/Roth/*Wendtland*, § 138 Rn 23; Palandt/*Heinrichs*, § 138 Rn 8; *Flume*, BGB AT Bd. 2, § 18, 3; *Hübner*, BGB AT, Rn 898.
241 BGHZ 10, 228, 233; 20, 43, 52; BGH NJW 2001, 1127; NJW-RR 1998, 590, 591; Palandt/*Heinrichs*, § 138 Rn 8; RGRK/*Krüger-Nieland/Zöller*, § 138 Rn 31.

entbehrlich erachtet.²⁴² Demgegenüber verlangt die Rechtsprechung teilweise aber noch, dass der Begünstigte mit **„verwerflicher Gesinnung"** gehandelt hat.²⁴³ Erforderlich sei, dass ihm seine „persönliche Einstellung zum sittlichen Vorwurf gemacht werden" könne.²⁴⁴ Diese Voraussetzung wird meist ohne weiteres aus den objektiven Umständen abgeleitet.²⁴⁵ Im Einzelfall können einem solchen Schluss allerdings besondere Umstände entgegenstehen.²⁴⁶

In der neueren Literatur ist die Auffassung im Vordringen, dass das Vorliegen von subjektiven Merkmalen in beiden Fallgruppen **keine notwendige Voraussetzung** für die Annahme der Sittenwidrigkeit ist. Dabei wird aber nicht infrage gestellt, dass subjektive Elemente im Einzelfall bei der Begründung der Sittenwidrigkeit relevant werden können.²⁴⁷ 94

2. Würdigung. Die Lehre von der Notwendigkeit eines subjektiven Elements beruht auf der Prämisse, dass die Beteiligung an einem sittenwidrigen Rechtsgeschäft den Begünstigten mit einem persönlichen „Makel" behaftet und ihn einem sittlichen Vorwurf aussetzt.²⁴⁸ Dieser Vorwurf sei nur gerechtfertigt, wenn der Begünstigte in verwerflicher Gesinnung gehandelt oder wenigstens die maßgeblichen Tatsachen gekannt habe. Dem ist jedoch entgegenzuhalten, dass es im Fall des Abs. 1 allein um die Bewertung des **Rechtsgeschäfts** geht. Wird das Rechtsgeschäft als sittenwidrig qualifiziert, so heißt dies nicht notwendig, dass sich die Parteien oder der Begünstigte sittenwidrig **verhalten** haben.²⁴⁹ Von daher ist auch die persönliche (subjektive) Vorwerfbarkeit bei Abs. 1 kein notwendiges Element der Sittenwidrigkeit. Besonders deutlich ist dies in Fällen, in denen der **Inhalt** des Rechtsgeschäfts gegen fundamentale Rechtsprinzipien (Menschenwürde, Selbstbestimmungsrecht, Religionsfreiheit etc.) verstößt. Ein solches Rechtsgeschäft kann von der Rechtsordnung auch dann nicht anerkannt werden, wenn die Beteiligten nicht alle maßgeblichen Umstände gekannt haben.²⁵⁰ 95

Offen ist damit noch, ob die **Umstandssittenwidrigkeit** ein subjektives Element zwingend voraussetzt. Gegen eine solche Differenzierung spricht, dass sich beide Fallgruppen nicht immer klar abgrenzen lassen.²⁵¹ Davon abgesehen fehlt jede Begründung, warum subjektive Elemente gerade bei der Umstandssittenwidrigkeit unentbehrlich sein sollen.²⁵² Richtig ist zwar, dass die Sittenwidrigkeit hier nicht allein aus dem Inhalt des Rechtsgeschäfts folgt, sondern mit weiteren Kriterien begründet werden muss, wobei es sich im Allgemeinen sowohl um objektive als auch um subjektive Kriterien handeln wird. Im Einzelfall können die objektiven Kriterien jedoch ein solches Gewicht haben, dass subjektive Merkmale entbehrlich sind.²⁵³ 96

Aus den vorstehenden Überlegungen folgt, dass subjektive Elemente bei der Begründung der Sittenwidrigkeit durchaus eine Rolle spielen können. Dies gilt sowohl für die **Kenntnis** der maßgeblichen Umstände als auch für das Merkmal der **verwerflichen Gesinnung**. Eigenständigen Begründungswert haben subjektive Merkmale aber nur, wenn ihr Vorliegen nicht fingiert, sondern aufgrund **konkreter Anhaltspunkte** festgestellt wird.²⁵⁴ 97

3. Personale Zuordnung subjektiver Merkmale. a) Allgemeines. Soweit subjektive Merkmale für die Begründung der Sittenwidrigkeit relevant sind, stellt sich die Frage, ob sie bei allen oder nur bei einzelnen Beteiligten vorliegen müssen. Bei der Beantwortung dieser Frage kommt es darauf an, welche Interessen durch das sittenwidrige Rechtsgeschäft verletzt werden. Verletzt das Rechtsgeschäft die Interessen des **anderen Vertragspartners**, so kommt es allein darauf an, ob die subjektiven Merkmale bei der Partei vorliegen, die aus dem Geschäft einen Vorteil ziehen will.²⁵⁵ Richtet sich das Rechtsgeschäft gegen die Interessen der **Allgemeinheit** oder **Dritter**, so müssen die subjektiven Merkmale dagegen grundsätzlich bei 98

---

242 BGHZ 146, 298, 301; BGH NJW 1988, 1373, 1374; 1993, 1587, 1588; HK-BGB/*Dörner*, § 138 Rn 4; *Flume*, BGB AT Bd. 2, § 18, 3; *Hübner*, BGB AT, Rn 898; *Köhler*, BGB AT, § 13 Rn 23.
243 Vgl. RGZ 150, 1, 5; BGHZ 33, 361, 366; 125, 218, 227; abw. BGHZ 94, 268, 273; krit. MüKo/*Mayer-Maly/Armbrüster*, § 138 Rn 124; *Lindacher*, AcP 173 (1973), 124, 126.
244 BGHZ 32, 361, 366.
245 So etwa BGHZ 125, 218, 227; BGH NJW 1992, 899, 900; 1995, 2635, 2636 (in BGHZ 130, 101 insoweit nicht abgedruckt); DtZ 1997, 229, 230.
246 BGHZ 98, 174, 178; 128, 255, 267; BGH DtZ 1997, 229, 230; Erman/*Palm*, § 138 Rn 199.
247 So AK-BGB/*Damm*, § 138 Rn 86; MüKo/*Mayer-Maly/Armbrüster*, § 138 Rn 125, 130; Soergel/*Hefermehl*, § 138 Rn 37; Staudinger/*Sack*, § 138 Rn 62 ff.; *Medicus*, BGB AT, Rn 690.
248 Sehr deutlich i.d.S. RGZ 150, 1, 5; ebenso *Enneccerus/Nipperdey*, BGB AT-2, § 191 II 2b: „Sonst wäre der Vorwurf eines sittenwidrigen Verhaltens nicht gerechtfertigt".
249 So auch Soergel/*Hefermehl*, § 138 Rn 19, 37; Staudinger/*Sack*, § 138 Rn 64 ff.
250 MüKo/*Mayer-Maly/Armbrüster*, § 138 Rn 129.
251 So auch AK-BGB/*Damm*, § 138 Rn 85 f.
252 I.d.S. auch Soergel/*Hefermehl*, § 138 Rn 37.
253 Soergel/*Hefermehl*, § 138 Rn 19.
254 Zutr. MüKo/*Mayer-Maly/Armbrüster*, § 138 Rn 125, 130.
255 BGHZ 50, 63, 70; Bamberger/Roth/*Wendtland*, § 138 Rn 2; Erman/*Palm*, § 138 Rn 48; MüKo/*Mayer-Maly/Armbrüster*, § 138 Rn 131; *Larenz/Wolf*, BGB AT, § 41 Rn 25.

beiden Parteien vorhanden sein.[256] Denn sonst wäre der Eingriff in die Privatautonomie der gutgläubigen Partei nicht zu rechtfertigen. Hat nur eine Partei sittenwidrig gehandelt, so kann es ihr aber verwehrt sein, sich zum Nachteil der anderen Partei auf deren Gutgläubigkeit zu berufen. Dies gilt jedenfalls dann, wenn die sittenwidrig handelnde Partei davon ausgegangen ist, dass auch die andere Partei bösgläubig sei (vgl. Rn 20).[257] Bei **einseitigen Rechtsgeschäften** (z.B. Kündigung, Testament) bereitet die personale Zuordnung keine Probleme. Hier kann es naturgemäß nur auf die Absicht und die Gesinnung des Erklärenden ankommen.[258] Das Wissen von **Vertretern** und **Erfüllungsgehilfen** ist den Beteiligten nach allgemeinen Grundsätzen (§ 166 bzw. § 278 analog) zuzurechnen.[259]

99 **b) Besondere subjektive Voraussetzungen.** Bei der Verletzung von Interessen der Allgemeinheit oder Dritter wird teilweise die Auffassung vertreten, die bloße Kenntnis der sittenwidrigen Beweggründe des Vertragspartners sei im Allgemeinen nicht ausreichend, um die Sittenwidrigkeit des Rechtsgeschäfts zu begründen; vielmehr sei darüber hinaus erforderlich, dass der andere Teil die sittenwidrigen Beweggründe des Vertragspartners **billigt**, **fördert** oder zu seinem eigenen Vorteil **ausnutzt**.[260] Betrachtet man die zugrunde liegenden Entscheidungen genauer, so zeigt sich, dass es in beiden Fällen um die mögliche Förderung oder Ausnutzung einer strafbaren Handlung ging.[261] In diesen Fällen stellt sich die Frage, unter welchen Voraussetzungen ein objektiv neutrales Rechtsgeschäft mit einem Vertragspartner, der eine strafbare Handlung begeht oder plant, als sittenwidrig anzusehen ist. Ein Beispiel hierfür ist der Abschluss eines Werkvertrages über Bauleistungen an einem Gebäude, welches zur Ausbeutung von Prostituierten (§ 180a StGB) genutzt wird. Hat der Vertrag den gleichen Inhalt wie in den Fällen, in denen das Gebäude zu einem erlaubten Zweck genutzt wird, so kann die Kenntnis der rechtswidrigen Nutzung durch den Bauunternehmer nicht ausreichen, um die Sittenwidrigkeit des Vertrages zu begründen.[262] Da der Gegenstand des Vertrages **keinen unmittelbaren Bezug** zu dem sittenwidrigen Zweck hat, wird das Verhalten des Unternehmers nur missbilligt, wenn weitere subjektive Elemente hinzutreten. Hieraus lässt sich der Schluss ziehen, dass die Kenntnis der sittenwidrigen Beweggründe des anderen Teils genügt, wenn der Gegenstand des Vertrages objektiv einen engeren Bezug zu dem rechtswidrigen Zweck hat. So ist der Verkauf eines Brotmessers als Mordwaffe schon dann sittenwidrig, wenn der Verkäufer die Absicht des Käufers kennt.[263]

VII. Allgemeine Wertungskriterien

100 **1. Überblick.** Die vorstehenden Überlegungen ermöglichen die Formulierung von allgemeinen Wertungskriterien, die für die Feststellung der Sittenwidrigkeit relevant sind. Solche Kriterien können wegen der Komplexität des Sittenwidrigkeitsurteils nicht abschließend sein. Sie können aber **typische Situationen** kennzeichnen, in denen die Annahme der Sittenwidrigkeit nahe liegt. Die Sittenwidrigkeit lässt sich dabei im Allgemeinen nicht auf ein einzelnes Merkmal stützen, sondern muss aus dem Zusammenspiel mehrerer Kriterien heraus begründet werden.[264] Im Einzelfall kann ein einzelnes Merkmal aber auch ein so großes Gewicht haben, dass daraus allein die Sittenwidrigkeit abgeleitet werden kann.[265] Im Rahmen des Abs. 1 gilt also das **„Sandhaufentheorem"**: Entscheidend ist die Summenwirkung der im Einzelfall verwirklichten Kriterien.[266] Aus rechtstheoretischer Sicht handelt es sich damit um ein **bewegliches System** im Sinne von *Wilburg*.[267]

101 Bei der Systematisierung der allgemeinen Wertungskriterien kann man sich daran orientieren, welche **Interessen** durch das Geschäft verletzt werden. Hiernach lassen sich drei **Fallgruppen** unterscheiden, je nachdem ob die Interessen des anderen Geschäftspartners, eines Dritten oder der Allgemeinheit tangiert

---

256 BGH WM 1966, 495, 496; NJW 1990, 567, 568; 1992, 310; 1995, 2284; NJW-RR 1990, 750, 751; Jauernig/*Jauernig*, § 138 Rn 11; MüKo/*Mayer-Maly/Armbrüster*, § 138 Rn 131; Palandt/*Heinrichs*, § 138 Rn 8; Soergel/*Hefermehl*, § 138 Rn 35.

257 BGH NJW-RR 1990, 750, 751; Bamberger/Roth/*Wendtland*, § 138 Rn 24; Palandt/*Heinrichs*, § 138 Rn 40; *Larenz/Wolf*, BGB AT, § 41 Rn 23.

258 Bamberger/Roth/*Wendtland*, § 138 Rn 23; *Larenz/Wolf*, BGB AT, § 41 Rn 26.

259 BGH NJW-RR 1990, 750, 751; NJW 1992, 899; Bamberger/Roth/*Wendtland*, § 138 Rn 23; *Larenz/Wolf*, BGB AT, § 41 Rn 23.

260 BGH DB 1971, 39; Bamberger/Roth/*Wendtland*, § 138 Rn 25; Palandt/*Heinrichs*, § 138 Rn 40. Dass die bloße Kenntnis nicht ausreicht, betont auch RGZ 71, 192, 194.

261 RGZ 71, 192 (strafbarer Betrieb eines Bordells); BGH DB 1971, 39 (Betrug).

262 So im Erg. RGZ 71, 192.

263 Vgl. Jauernig/*Jauernig*, § 138 Rn 11.

264 MüKo/*Mayer-Maly/Armbrüster*, § 138 Rn 27; Soergel/*Hefermehl*, § 138 Rn 19.

265 MüKo/*Mayer-Maly/Armbrüster*, § 138 Rn 28; Soergel/*Hefermehl*, § 138 Rn 8.

266 Staudinger/*Sack*, § 138 Rn 59.

267 So auch MüKo/*Mayer-Maly/Armbrüster*, § 138 Rn 27 ff.; Soergel/*Hefermehl*, § 138 Rn 8; Staudinger/*Sack*, § 138 Rn 60; krit. *Larenz/Wolf*, BGB AT, § 41 Rn 31. Zum Modell eines beweglichen Systems grundlegend *Wilburg*, Die Elemente des Schadensrechts, 1941; *ders.*, Entwicklung eines beweglichen Systems im Recht, 1950; *ders.*, AcP 163 (1963), 346 ff.

werden.²⁶⁸ Diese Fallgruppenbildung ist zwar nicht frei von Überschneidungen. Denkbar ist insbesondere, dass ein Rechtsgeschäft zulasten des Geschäftspartners oder eines Dritten gleichzeitig Interessen der Allgemeinheit beeinträchtigt. Dies aber entspricht dem allgemeinen Gedanken, dass die Sittenwidrigkeit sich aus dem Zusammenspiel mehrerer Kriterien ergeben kann.

2. Schutz des Geschäftspartners. Beim Schutz des Geschäftspartners gibt es verschiedene Wertungskriterien, mit denen die Sittenwidrigkeit typischerweise begründet werden kann.

a) Selbstbestimmungsrecht in höchstpersönlichen Angelegenheiten. Aus den Wertungen der einschlägigen Grundrechte ergibt sich zunächst einmal, dass Entscheidungen in **höchstpersönlichen Angelegenheiten** nicht zum Gegenstand einer rechtsgeschäftlichen Bindung gemacht werden können (siehe Rn 48); bei schwerwiegenden Eingriffen kann selbst eine mittelbare Einflussnahme (z.B. durch Erbeinsetzung) unzulässig sein (Rn 200). Problematisch sind unter diesem Aspekt insbesondere Verträge oder auch Testamente, die einen Bezug zu höchstpersönlichen Entscheidungen im Bereich der Religion, der Eheschließung und Ehescheidung, der Zeugung von Kindern oder der Ausübung des Geschlechtsverkehrs haben. Besonders missbilligt wird die **Kommerzialisierung** solcher Entscheidungen.²⁶⁹ Dies ist der innere Grund für die traditionelle Auffassung, dass Verträge über sexuelle Leistungen (insbesondere Prostitution) sittenwidrig sind. In diesem Bereich hat das In-Kraft-Treten des ProstG (dazu Anh. zu § 138) zwar zu einer partiellen Änderung der Wertanschauungen geführt.²⁷⁰ Es bleibt aber dabei, dass sexuelle Leistungen nicht zum Gegenstand einer wirksamen rechtsgeschäftlichen Verpflichtung gemacht werden können.

b) Materiale Privatautonomie. Eine weitere wichtige Funktion des Abs. 1 ist der Schutz der **Selbstbestimmung** des Einzelnen im Privatrechtsverkehr. Die Tragweite dieser Funktion ist erst in neuerer Zeit in der Auseinandersetzung mit der Rechtsprechung des BVerfG zur Nichtigkeit der Bürgschaften von nahen Familienangehörigen (dazu Rn 241 ff.)²⁷¹ vollständig erkannt worden. Ausgangspunkt ist die Überlegung, dass die durch den Grundsatz der Privatautonomie gewährleistete Selbstbestimmung des Einzelnen im Privatrechtsverkehr nicht in eine **Fremdbestimmung** des Stärkeren über den Schwächeren umschlagen darf.²⁷² Es ist daher ein materiales Verständnis der Privatautonomie geboten. Maßgeblich ist hiernach, „ob und inwieweit beide Vertragspartner über den Abschluss und den Inhalt des Vertrages **tatsächlich** frei entscheiden konnten".²⁷³

aa) Die einzelnen Kriterien. Wann die materiale Privatautonomie die Anwendung des Abs. 1 gebietet, hängt von verschiedenen Faktoren ab. Wie *Canaris* überzeugend herausgearbeitet hat, kann man sich bei der Kategorisierung dieser Faktoren an den **Wertungen des Abs. 2** orientieren.²⁷⁴

(1) Inhaltliche Unausgewogenheit des Rechtsgeschäfts. Erforderlich ist zunächst, dass der Vertrag einen unangemessenen Inhalt aufweist, durch den ein Vertragspartner ungewöhnlich stark belastet wird. Repräsentativ für die inhaltliche Unausgewogenheit eines Rechtsgeschäfts ist das „auffällige Missverhältnis" von Leistung und Gegenleistung (Abs. 2), das bei der Beurteilung der **wucherähnlichen Geschäfte** im Rahmen des Abs. 1 relevant wird (dazu Rn 222 ff.). Weitere wichtige Fallgruppen der inhaltlichen Unausgewogenheit sind die **„Knebelung"** des Sicherungsgebers (Rn 263), die krasse Überforderung des **Bürgen** (Rn 243 ff.) sowie die einseitige Lastenverteilung in **Eheverträgen** (Rn 188 ff.). Problematisch ist schließlich auch die **übermäßige Dauer der Bindung** bei Dauerschuldverhältnissen (Rn 167 ff.). In all diesen Fällen liegt der innere Grund für das Unwerturteil darin, dass das Rechtsgeschäft die persönliche und wirtschaftliche Entfaltungsfreiheit des benachteiligten Vertragspartners allzu stark beschränkt. Die Unverhältnismäßigkeit der Belastung wird verschärft, wenn der stärkere Vertragspartner **kein anerkennenswertes wirtschaftliches Interesse** an der Höhe oder Dauer der Belastung hat.²⁷⁵

---

268 Zu ähnlichen Unterscheidungen vgl. Palandt/*Heinrichs*, § 138 Rn 24 ff.; RGRK/*Krüger-Nieland/Zöller*, § 138 Rn 43 ff.; Soergel/*Hefermehl*, § 138 Rn 70 ff.; *Hübner*, BGB AT, Rn 899 ff.
269 Zur Missbilligung der Kommerzialisierung höchstpersönlicher Entscheidungen Erman/*Palm*, § 138 Rn 50; HK-BGB/*Dörner*, § 138 Rn 8; MüKo/*Mayer-Maly/Armbrüster*, § 138 Rn 127 f.
270 Vgl. *Bergmann*, JR 2003, 270, 272; die Notwendigkeit einer rechtlichen Neubewertung von Verträgen über sexuelle Leistungen betont auch BGH NJW 2002, 361 f. (betr. Telefonsex).
271 BVerfGE 89, 214, 229 ff.; BVerfG NJW 1994, 2749, 2750; 1996, 2021.
272 Zu dieser Problematik vgl. BVerfGE 81, 242, 255; BVerfG NJW 1996, 2021; *Flume*, BGB AT Bd. 2, § 1, 7; *Looschelders*, Schuldrecht AT, 2. Aufl. 2004, Rn 52.
273 BVerfGE 89, 214, 231; hieran anknüpfend *Canaris*, AcP 200 (2000), 273, 296 ff.; *Drexl*, in: Schlechtriem, S. 97, 115 ff.; krit. Jauernig/*Jauernig*, § 138 Rn 12.
274 *Canaris*, AcP 200 (2000), 273, 280 ff., 296 ff.
275 Vgl. MüKo/*Mayer-Maly/Armbrüster*, § 138 Rn 93; *Canaris*, AcP 200 (2000), 273, 298.

§ 138

107 **(2) Beeinträchtigung der freien Selbstbestimmung.** Ein zweites wichtiges Kriterium für die Begründung der Sittenwidrigkeit ist das Vorliegen von Umständen, welche es fraglich erscheinen lassen, ob die benachteiligte Partei die infrage stehenden Belastungen wirklich in freier Selbstbestimmung auf sich genommen hat.[276] Der Rechtsanwender muss dieser Frage insbesondere bei einer **strukturellen Ungleichheit der Verhandlungsstärke** nachgehen.[277] Eine solche Ungleichheit kann sich daraus ergeben, dass der Benachteiligte eine besonders schwache oder der Begünstigte eine besonders starke Stellung hat. Repräsentativ ist auch hier wieder Abs. 2, der auf die **Zwangslage**, die Unerfahrenheit, den Mangel an Urteilsvermögen und die erhebliche Willensschwäche des Benachteiligten abstellt. Hieran anknüpfend hat der BGH festgestellt, dass Abs. 1 auch vor einer „Ausnutzung der emotionalen Zwangslage und der persönlichen Verstrickung" schützt.[278] Auf der anderen Seite kann die besondere Stärke des Begünstigten z.B. auf einer **Monopolstellung**[279] oder einer besonderen **Vertrauensstellung** gegenüber dem Benachteiligten[280] beruhen. Nicht selten werden beide Faktoren zusammentreffen oder einander sogar bedingen. So ergibt sich die besondere Stärke der Verhandlungsposition des Arbeitgebers daraus, dass der Arbeitnehmer auf den Arbeitsplatz existenziell angewiesen ist.[281] Vergleichbare Ungleichgewichte bestehen im Verhältnis zwischen Vermieter und Mieter.

108 Praktische Beispiele für eine strukturelle Ungleichheit der Verhandlungsstärke sind die **Bürgschaften für Ehegatten und nahe Angehörige** (Rn 241 ff.) sowie die einseitige Ausgestaltung von **Eheverträgen** zulasten der schwangeren Frau (Rn 188 ff.). Im Einzelfall treten nicht selten weitere Faktoren hinzu, welche das Unwerturteil verstärken. Dies gilt insbesondere, wenn der stärkere Vertragspartner die mit dem Rechtsgeschäft verbundenen Risiken verharmlost oder den schwächeren Partner unter Druck gesetzt hat.[282] Nach der Rechtsprechung des BGH muss die Störung der Vertragsparität nicht in jedem Fall positiv festgestellt werden; es besteht vielmehr die Möglichkeit, aus der Unausgewogenheit des Vertragsinhalts auf die Ungleichheit der Verhandlungsstärke zu schließen.[283]

109 **(3) Subjektive Elemente.** Die Unangemessenheit des Vertragsinhalts und die Ungleichheit der Verhandlungsstärke müssen grundsätzlich durch ein subjektives Element flankiert werden. Mindesterfordernis ist, dass der Begünstigte die maßgeblichen Umstände **kennt**. Die Rechtsprechung fordert darüber hinaus im Allgemeinen, dass der Begünstigte mit **verwerflicher Gesinnung** gehandelt hat. Dies entspricht dem Merkmal des „Ausbeutens" in Abs. 2. Zu beachten ist aber, dass die verwerfliche Gesinnung im Rahmen des Abs. 1 in der Regel ohne weiteres aus dem auffälligen Missverhältnis von Leistung und Gegenleistung abgeleitet wird (siehe Rn 229).

110 **bb) Das Verhältnis zwischen den Kriterien.** Die Sittenwidrigkeit wegen Verletzung der materialen Privatautonomie ergibt sich in den meisten Fällen aus einem **Zusammenspiel aller Kriterien**. Liegt nur ein einzelnes Kriterium vor, so soll dies im Allgemeinen nicht ausreichen. Weitgehend anerkannt ist insbesondere, dass die Sittenwidrigkeit nicht allein aus dem objektiven Missverhältnis von Leistung und Gegenleistung abgeleitet werden kann.[284] Diese Auffassung beruht auf der zutreffenden Erwägung, dass es nach dem Grundsatz der Vertragsfreiheit in erster Linie Sache der Parteien sein muss, den Inhalt des Vertrages in eigener Verantwortung festzulegen.[285] Nach dem Gedanken des **beweglichen Systems** muss man sich aber fragen, ob ein besonders krasses Missverhältnis von Leistung und Gegenleistung in Ausnahmefällen nicht doch ausreichen kann, um die Anwendung des Abs. 1 zu rechtfertigen. Bei der praktischen Rechtsanwendung hätte diese Sichtweise den Vorteil, dass man nicht mehr in jedem Fall gezwungen wäre, aus dem objektiven Missverhältnis auf die Ungleichheit der Verhandlungsstärke und die verwerfliche Gesinnung des Begünstigten zu schließen. Umgekehrt ist die strukturell ungleiche Verhandlungsstärke kein Kriterium, das für sich genommen die Sittenwidrigkeit begründen kann. Hier muss vielmehr immer die inhaltliche Unangemessenheit des Geschäfts hinzutreten.

111 **3. Schutz Dritter.** Die zweite Fallgruppe des Abs. 1 ist dadurch gekennzeichnet, dass das Rechtsgeschäft die Rechte und Interessen eines Dritten in sittenwidriger Weise beeinträchtigt. Maßgeblich ist die Erwägung,

---

276 Vgl. BGH NJW 1991, 1046, 1047: „ohne hinreichende Entschließungsfreiheit".

277 Vgl. BVerfGE 89, 214, 233; *Looschelders*, Schuldrecht AT, 2. Aufl. 2004, Rn 52; *Limbach*, JuS 1985, 10, 12; krit. ggü. diesem Kriterium *Canaris*, AcP 200 (2000), 273, 296.

278 BGH NJW 1991, 1046, 1047.

279 Zur Ausnutzung einer Monopolstellung BGHZ 19, 84, 95; *Jauernig/Jauernig*, § 138 Rn 13; MüKo/*Mayer-Maly/Armbrüster*, § 128 Rn 87; *Flume*, BGB AT Bd. 2, § 18, 2.

280 Zum Missbrauch einer Vertrauensstellung zum Nachteil des Vertragspartners vgl. MüKo/*Mayer-Maly/Armbrüster*, § 138 Rn 95; *Flume*, BGB AT Bd. 2, § 18, 2.

281 MüKo/*Mayer-Maly/Armbrüster*, § 138 Rn 90.

282 Vgl. BGHZ 120, 272, 277; BGH NJW 1999, 135, 136; Palandt/*Heinrichs*, § 138 Rn 38 f.

283 Vgl. BGHZ 136, 347, 351 (betr. Ehegattenbürgschaft).

284 Vgl. BGH NJW 2002, 55; MüKo/*Mayer-Maly/Armbrüster*, § 138 Rn 37.

285 *Canaris*, in: FS Lerche 1993, S. 873, 884.

dass die Privatautonomie den Parteien einen großen Freiraum gibt; dieser darf nicht dazu missbraucht werden, die eigenen Interessen auf Kosten Dritter zu verwirklichen.

a) Vereitelung von Ansprüchen Dritter. Die Sittenwidrigkeit kann sich daraus ergeben, dass das Rechtsgeschäft einen Eingriff in die Ansprüche Dritter beinhaltet. Wichtige Beispiele sind die **Verleitung zum Vertragsbruch** und das **Abwerben von Arbeitnehmern**. Bei der Würdigung dieser Fallgruppe ist zu beachten, dass schuldrechtliche Ansprüche grundsätzlich nur im Verhältnis zwischen den jeweiligen Vertragspartnern geschützt sind.[286] Greift das Rechtsgeschäft in die schuldrechtlichen Ansprüche eines Dritten gegenüber einem Vertragspartner ein, so wird es daher im Allgemeinen nur mit Blick auf den gebundenen Vertragspartner missbilligt. Dies kann aber grundsätzlich nicht ausreichen, um die Nichtigkeit des Rechtsgeschäfts zu begründen.[287] Es müssen vielmehr **besondere Umstände** hinzutreten, welche das Geschäft auch mit Blick auf den nicht gebundenen Vertragspartner als sittenwidrig erscheinen lassen. In Betracht kommt etwa die **Freistellung des gebundenen Vertragspartners** von den Ersatzansprüchen des Dritten.[288] Sittenwidrig ist auch das **kollusive Zusammenwirken** der Parteien, wenn es gerade den Zweck hat, die Ansprüche des Dritten zu vereiteln oder diesen sonst zu schädigen.[289]

112

b) Gefährdung des Vermögens Dritter (Gläubigergefährdung). Auch wenn das Rechtsgeschäft nicht in konkrete Ansprüche Dritter eingreift, so kann es doch deren Vermögensinteressen beeinträchtigen. Die Parteien sind zwar grundsätzlich nicht verpflichtet, beim Abschluss von Rechtsgeschäften auf die Vermögensinteressen Dritter Rücksicht zu nehmen. Im Bereich des Kreditsicherungsrechts gibt es jedoch zahlreiche Gestaltungen, in denen die Gefährdung des Vermögens Dritter für sittenwidrig erachtet wird. Abs. 1 erfasst insbesondere Rechtsgeschäfte, in denen Dritte **über die Kreditfähigkeit** eines Geschäftspartners **getäuscht** werden.[290] Praktische Bedeutung hat diese Form der Gläubigergefährdung vor allem für Kredit- und Sicherungsverträge, die im Zusammenhang mit einer drohenden Insolvenz des Kreditnehmers abgeschlossen werden (dazu Rn 273 ff.).

113

Missbilligt wird auch die **Übersicherung** (dazu Rn 255 ff.). Hier geht es einerseits darum zu verhindern, dass der Sicherungsgeber jede wirtschaftliche Bewegungsfreiheit verliert (sog. **Knebelung**, siehe dazu Rn 263). Andererseits ist die Übersicherung aber auch im Hinblick auf die Interessen der anderen Sicherungsgläubiger bedenklich, weil diese Gefahr laufen, bei einer Insolvenz des Sicherungsgebers leer auszugehen (Problem der **„Aussaugung"**, siehe dazu Rn 263).[291] Schließlich birgt die Einräumung allzu weit reichender Sicherungsrechte gegenüber einem Geldkreditgeber die Gefahr, dass der Sicherungsgeber seine Warenkreditgeber täuschen muss, um in den Genuss weiterer Lieferungen zu gelangen (siehe dazu Rn 264).[292]

114

Die Rechtsprechung fordert in all diesen Fällen, dass die objektive Unangemessenheit der Gestaltung durch eine **verwerfliche Gesinnung** des Begünstigten flankiert wird.[293] In der Literatur wird dagegen zu Recht darauf hingewiesen, dass es in den Fällen der Gläubigergefährdung in erster Linie um eine sachgemäße Risikoverteilung zwischen Geld- und Warenkreditgeber gehe.[294] Bei dieser Betrachtung muss es für die Bejahung der Sittenwidrigkeit grundsätzlich genügen, dass die Gestaltung **objektiv** unangemessen erscheint. Subjektive Elemente sollten nur berücksichtigt werden, wenn sie einen eigenständigen Begründungswert haben, also nicht lediglich aus den objektiven Elementen abgeleitet werden.

115

c) Verletzung einer Vertrauensstellung gegenüber dem Dritten. Beeinträchtigt das Rechtsgeschäft die Rechte oder Interessen eines Dritten, so liegt die Annahme von Sittenwidrigkeit auch dann nahe, wenn ein Geschäftspartner eine besondere Vertrauensstellung gegenüber dem Dritten hat, die durch das Geschäft verletzt wird (sog. **Treubruch**).[295] Voraussetzung ist allerdings, dass der andere Geschäftspartner die Umstände kennt, aus denen sich der Missbrauch der Vertrauensstellung ergibt, oder dass er sich dieser Kenntnis grob fahrlässig verschließt. Repräsentativ ist der Fall, dass der **Vertreter** oder **Sachwalter** des

116

---

[286] BGHZ 12, 308, 317; BGH NJW 1981, 2184, 2185; Palandt/*Heinrichs*, § 138 Rn 61.
[287] RGZ 114, 338, 341; BGH NJW 1964, 540, 541; BGHZ 60, 98, 102 ff.; Erman/*Palm*, § 138 Rn 85; zur parallelen Problematik bei § 826 BGH NJW 1981, 2184, 2185 (Mitwirkung am Vertragsbruch); BGH NJW 1992, 2152, 2153 (Vereitelung eines Vermächtnisses).
[288] BGH NJW 1981, 2184, 2185; vgl. auch BGHZ 60, 98, 102 ff.
[289] Vgl. BGH NJW 1964, 540, 541 (Vereitelung des Vorkaufsrechts eines Dritten); BGH NJW-RR 1996, 869 (Bauherrengemeinschaft); Palandt/*Heinrichs*, § 138 Rn 61.
[290] Vgl. BGHZ 10, 228, 233; 20, 43, 49 f.; BGH NJW 1998, 2592, 2594 f.; Erman/*Palm*, § 138 Rn 160 ff.; MüKo/*Mayer-Maly/Armbrüster*, § 138 Rn 97.
[291] MüKo/*Mayer-Maly/Armbrüster*, § 138 Rn 101.
[292] Vgl. BGHZ 30, 149, 151 ff.; 69, 254, 257 ff.; 72, 308, 310; BGH NJW 1999, 940; MüKo/*Mayer-Maly/Armbrüster*, § 138 Rn 102.
[293] Vgl. statt vieler BGHZ 32, 362, 366; 72, 308, 310; BGH NJW 1999, 940.
[294] MüKo/*Mayer-Maly/Armbrüster*, § 138 Rn 97.
[295] Zum Treubruch vgl. Palandt/*Heinrichs*, § 138 Rn 62.

Dritten zu dessen Nachteil kollusiv mit einem Geschäftspartner zusammenwirkt.[296] Die Sittenwidrigkeit der Absprachen zwischen dem Vertreter bzw. Sachwalter und dem Geschäftspartner schlägt dabei grundsätzlich auf den Hauptvertrag zwischen dem Dritten und dem Geschäftspartner durch.[297] Das Geschäft ist damit nach Abs. 1 nichtig. Eine „Heilungsmöglichkeit" besteht an sich nicht. In der Literatur wird jedoch mit beachtlichen Gründen die Auffassung vertreten, dass dem Vertretenen das Recht zustehen solle, das Geschäft nach § 177 Abs. 1 analog zu genehmigen.[298]

117 Wegen der Verletzung eines Vertrauensverhältnisses missbilligt werden auch Vereinbarungen über die Zahlung von **Schmiergeldern** an den Vertreter oder Sachwalter eines Dritten (näher dazu Rn 300 ff.).[299] Die Missbilligung wird hier jedoch nicht selten dadurch verstärkt, dass auch die individuellen **Interessen der Mitbewerber** sowie das öffentliche Interesse an einem **lauteren Wettbewerb** (und damit Interessen der Allgemeinheit) verletzt werden.[300]

118 **4. Schutz von Interessen der Allgemeinheit.** Die Sittenwidrigkeit kann sich schließlich daraus ergeben, dass das Rechtsgeschäft Interessen der Allgemeinheit verletzt. In dieser Fallgruppe kann eine Vielzahl von Aspekten relevant werden. Generell lässt sich erst einmal feststellen, dass die Allgemeinheit ein berechtigtes Interesse daran hat, dass die für das Zusammenleben in der Gesellschaft unerlässlichen rechtsethischen Grundanforderungen eingehalten werden. Hierzu gehört insbesondere die **Wertordnung des Grundgesetzes** (Rn 3). Die Grundrechte schützen damit nicht nur die Interessen der einzelnen Privatrechtssubjekte; sie geben vielmehr auch objektive Maßstäbe vor, die unabhängig von einer individuellen Betroffenheit relevant sind.

119 Ein weiteres wichtiges Schutzgut ist die **Funktionsfähigkeit des Staates und seiner Einrichtungen**.[301] Sittenwidrig sind danach Rechtsgeschäfte, welche die Arbeit der verfassungsmäßigen Organe oder der Gerichte und Behörden in unangemessener Weise beeinträchtigen. Sehr problematisch ist dagegen die Beurteilung von Rechtsgeschäften, mit denen die Parteien das Ziel verfolgen, sich oder einem Dritten auf unangemessene Weise einen Anspruch auf **öffentliche Leistungen** (Sozialhilfe, Wohngeld etc.) zu verschaffen.[302] Beispiele sind der Unterhaltsverzicht (dazu Rn 194) und die erbrechtliche Zurücksetzung eines behinderten Angehörigen (dazu Rn 199) zulasten der Sozialhilfe.[303]

120 Des Weiteren schützt Abs. 1 das Vertrauen der Öffentlichkeit in die **Sinnhaftigkeit von öffentlichen Ämtern und Titeln**. Das Ansehen von öffentlichen Ämtern und Titeln beruht maßgeblich darauf, dass der Einzelne sie durch besondere Leistungen oder Verdienste erwerben muss. Erweisen sich öffentliche Ämter und Titel als käuflich, so geht dieses Ansehen verloren. Es ist daher zu Recht allgemein anerkannt, dass **entgeltliche Geschäfte** über die Verschaffung von öffentlichen Ämtern und Titeln nach Abs. 1 nichtig sind.[304]

121 Die Allgemeinheit hat auch ein berechtigtes Interesse an der Funktionsfähigkeit von Berufen, die für das Gemeinwohl wichtige Aufgaben erfüllen (z.B. Rechtsanwälte, Ärzte, Zahnärzte und Apotheker). Soweit die Funktionsfähigkeit dieser Berufe durch **Standesregeln** gesichert wird, kann deren Verletzung die Sittenwidrigkeit des Rechtsgeschäfts begründen (siehe Rn 199).

VIII. Zeitpunkt der Bewertung

122 **1. Meinungsstand.** Welcher Zeitpunkt für die Bewertung des Rechtsgeschäfts maßgeblich sein soll, ist streitig. Die h.M. stellt auf die **Vornahme des Rechtsgeschäfts** ab.[305] Nicht vorhergesehene Änderungen der tatsächlichen Verhältnisse müssen damit grundsätzlich ebenso außer Betracht bleiben wie ein zwischenzeitiger Wandel der Wertvorstellungen. Eine Ausnahme wird überwiegend für die **Sittenwidrigkeit von Testamenten** anerkannt. Hier soll es auf den Zeitpunkt des Erbfalls oder den Zeitpunkt der Entscheidung

---

296 Vgl. BGH NJW 1989, 26, 27; NJW-RR 1989, 642; OLG Düsseldorf NJW-RR 1997, 737, 738; Erman/Palm, § 138 Rn 85; MüKo/Schramm, § 164 Rn 107; Bork, BGB AT, Rn 1575.
297 BGH NJW 1989, 26, 27; MüKo/Schramm, § 164 Rn 107.
298 Vgl. Bork, BGB AT, Rn 1575.
299 BGHZ 141, 357, 359; BGH NJW 1962, 1099; 1973, 363; 1989, 26; 2000, 511, 512; 2001, 1065, 1067; Erman/Palm, § 138 Rn 85; Palandt/Heinrichs, § 138 Rn 63; RGRK/Krüger-Nieland/Zöller, § 138 Rn 177; Staudinger/Sack, § 138 Rn 469.
300 Vgl. BGHZ 141, 357, 360.
301 Vgl. Erman/Palm, § 138 Rn 120.
302 Erman/Palm, § 138 Rn 84.

303 Zum Unterhaltsverzicht zulasten der Sozialhilfe vgl. BGHZ 86, 82, 86; BGH NJW 1991, 913, 914 f.; 1992, 3164, 3165; zum sog. Behindertentestament BGHZ 111, 36, 40 ff.; VGH Mannheim NJW 1993, 2953, 2954; Erman/Palm, § 138 Rn 105.
304 Vgl. BGH NJW 1994, 187; Soergel/Hefermehl, § 138 Rn 25.
305 BGHZ 7, 111, 114; 20, 71, 73; 100, 353, 359; 107, 92, 96; BGH NJW 1983, 2692; 2002, 429, 431; Bamberger/Roth/Wendtland, § 138 Rn 26; Palandt/Heinrichs, § 138 Rn 9; Soergel/Hefermehl, § 138 Rn 40; Staudinger/Sack, § 138 Rn 79; Flume, BGB AT Bd. 2, § 18, 6; Larenz/Wolf, BGB AT, § 41 Rn 28; differenzierend Erman/Palm, § 138 Rn 58 ff.; MüKo/Mayer-Maly/Armbrüster, § 138 Rn 134 ff.; Schmoeckel, AcP 197 (1997), 1 ff.

ankommen.³⁰⁶ Im Vordergrund der Überlegungen stehen dabei die Fälle, in denen der Wertewandel zugunsten der Wirksamkeit des Testaments wirkt. Hier ist die Anknüpfung an den Vornahmezeitpunkt besonders misslich, weil eine Heilung durch Bestätigung (§ 141) im Regelfall an der Nichteinhaltung von Formvorschriften scheitert.³⁰⁷

Eine in der Literatur vertretene Mindermeinung will in jedem Fall an den Zeitpunkt anknüpfen, zu dem die **Wirkungen** des Rechtsgeschäfts **eintreten**.³⁰⁸ Da die Wirkungen eines Vertrages grundsätzlich mit dessen Abschluss, die Wirkungen eines Testaments dagegen erst mit dem Erbfall eintreten, führt dies im Allgemeinen aber zu den gleichen Ergebnissen wie die h.M.

2. Wandel der Wertvorstellungen. Für die Anknüpfung des Sittenwidrigkeitsurteils an die Vornahme des Rechtsgeschäfts spricht, dass sich die Parteien nur auf die zu diesem Zeitpunkt bestehenden tatsächlichen und rechtlichen Verhältnisse einstellen können. Auf der anderen Seite streiten bei Abs. 1 jedoch gewichtige Gründe dafür, einen **Wandel der Wertvorstellungen** zu berücksichtigen. Denn eine rückwärts gerichtete Betrachtung lässt sich kaum mit dem Ziel vereinbaren, die für ein gedeihliches Zusammenleben unverzichtbaren Wertvorstellungen zu schützen. Außerdem lässt es sich den Parteien gegenüber schwer legitimieren, einem Rechtsgeschäft unter Berufung auf veraltete Wertvorstellungen die Wirksamkeit zu versagen. Bei der Beurteilung der Sittenwidrigkeit ist ein Wandel der Wertvorstellungen daher insoweit zu beachten, wie dies mit den Gedanken der **Rechtssicherheit** und des **Vertrauensschutzes** vereinbar ist.³⁰⁹ Im Übrigen bleibt nur die Möglichkeit, im Einzelfall auf der Grundlage des § 242 Abhilfe zu schaffen. Im Ergebnis sind hiernach **zwei Fallgruppen** zu unterscheiden.

War das Rechtsgeschäft nach den **bei seiner Vornahme** gültigen Wertvorstellungen **wirksam**, so darf dies aus Gründen der Rechtssicherheit und des Vertrauensschutzes nicht nachträglich wieder infrage gestellt werden.³¹⁰ Soweit die Ausübung der aus dem Geschäft folgenden Rechte den aktuell gültigen Wertvorstellungen widerspricht, kann sie aber nach § 242 unzulässig sein (Rn 22). Im Einzelfall kommt auch eine Anpassung des Geschäfts nach den Regeln der ergänzenden Vertragsauslegung (§ 157) oder des Wegfalls der Geschäftsgrundlage (§ 313) in Betracht. Diese Überlegungen gelten grundsätzlich auch im Erbrecht. Eine Sonderanknüpfung an den Zeitpunkt des Erbfalls ist hier nicht gerechtfertigt, weil das Vertrauen des Erblassers in die Wirksamkeit des Testaments geschützt werden muss.

War das Rechtsgeschäft nach den **im Zeitpunkt seiner Vornahme** maßgeblichen Wertvorstellungen **sittenwidrig**, während es nach den aktuell gültigen Maßstäben unbedenklich erscheint, so gibt es im Allgemeinen keine berechtigten Interessen, die der Berücksichtigung des Wertewandels entgegenstehen könnten.³¹¹ Dies gilt namentlich bei letztwilligen Verfügungen.³¹² Da das **Testament** schon nicht als sittenwidrig anzusehen ist, muss die Wirksamkeit der Verfügung auch nicht auf die Annahme gestützt werden, dass sie unter der aufschiebenden Bedingung ihrer Gültigkeit im Zeitpunkt des Erbfalls getroffen worden sei.³¹³

3. Änderung der tatsächlichen Verhältnisse. Bei einer Änderung der tatsächlichen Verhältnisse sind ebenfalls zwei Fallgruppen zu unterscheiden. Denkbar ist zunächst, dass ein Rechtsgeschäft, das bei seiner Vornahme unter dem Aspekt des Abs. 1 unbedenklich war, aufgrund der neuen Gegebenheiten als sittenwidrig anzusehen wäre. So können sich der Wert von Leistung und Gegenleistung nach Abschluss eines Vertrages so auseinander entwickeln, dass es zu einem auffälligen Missverhältnis kommt. Für solche Fälle ist anerkannt, dass die veränderten Verhältnisse bei der sozialethischen Bewertung des Rechtsgeschäfts nur dann zu berücksichtigen sind, wenn die betreffende Entwicklung bei Abschluss des Vertrages **vorhersehbar** war. Ansonsten kann die Veränderung **nicht im Nachhinein** die **Sittenwidrigkeit** des Geschäfts

---

306 Vgl. OLG Hamm OLGZ 1979, 425, 427 f.; Bamberger/Roth/*Wendtland*, § 138 Rn 28; Erman/*Palm*, § 138 Rn 60; Soergel/*Hefermehl*, § 138 Rn 44; Staudinger/*Sack*, § 138 Rn 87; *Flume*, BGB AT Bd. 2, 18, 6; *Larenz/Wolf*, BGB AT, § 41 Rn 30; von BGHZ 140, 118, 128 offen gelassen. Gegen Sonderbehandlung von Testamenten BGHZ 20, 71, 73 ff.; BayObLGZ 1996, 225; OLG Stuttgart ZEV 1998, 185, 186; RGRK/*Krüger-Nieland*/ *Zöller*, § 138 Rn 24; bei Änderung der tatsächlichen Verhältnisse auch Palandt/*Heinrichs*, § 138 Rn 9.
307 Vgl. BGHZ 20, 71, 74; Staudinger/*Sack*, § 138 Rn 87.
308 *Eckert*, AcP 199 (1999), 337, 355 ff.; *Brox*, BGB AT, Rn 332; *Pawlowski*, BGB AT, Rn 499b.
309 I.d.S. auch *Mayer-Maly*, JZ 1981, 801, 804.
310 BGH NJW 1983, 2692; Erman/*Palm*, § 138 Rn 59; MüKo/*Mayer-Maly/Armbrüster*, § 138 Rn 138; Staudinger/*Sack*, § 138 Rn 82; *Mayer-Maly*, JZ 1981, 801, 804; *Schmoeckel*, AcP 197 (1997), 1, 41 ff.; a.A. *Pawlowski*, BGB AT, Rn 499b.
311 Erman/*Palm*, § 138 Rn 60; MüKo/*Mayer-Maly*/ *Armbrüster*, § 138 Rn 137; *Hübner*, BGB AT, Rn 895; *Pawlowski*, BGB AT, Rn 499b; einschr. *Schmoeckel*, AcP 197 (1997), 1, 54 ff.
312 Soergel/*Hefermehl*, § 138 Rn 44; Staudinger/*Sack*, § 138 Rn 87.
313 Für eine solche Annahme aber Staudinger/*Sack*, § 138 Rn 87; dem folgend Bamberger/Roth/ *Wendtland*, § 138 Rn 28.

begründen.³¹⁴ Im Einzelfall mag es aber geboten sein, den veränderten tatsächlichen Gegebenheiten durch ergänzende Vertragsauslegung (§ 157) oder Anpassung des Vertrages nach den Grundsätzen über die Störung der Geschäftsgrundlage (§ 313) Rechnung zu tragen.³¹⁵ Lässt sich auf diese Weise keine wirksame Abhilfe schaffen, so kann es dem Begünstigten nach § 242 verwehrt sein, die aus dem Geschäft folgenden Rechte geltend zu machen (siehe Rn 23).

128 Fraglich ist dagegen, ob eine von den Parteien nicht vorhergesehene Änderung der tatsächlichen Verhältnisse die Unwirksamkeit des Rechtsgeschäfts **„heilen"** kann. In der Literatur wird teilweise dafür plädiert, Änderungen der tatsächlichen Verhältnisse bei der Feststellung der Sittenwidrigkeit nach den gleichen Grundsätzen wie Änderungen der Wertanschauungen zu behandeln.³¹⁶ Dem ist jedoch entgegenzuhalten, dass die für eine Berücksichtigung des Wertewandels maßgeblichen Erwägungen (Rn 124) auf die Änderung der tatsächlichen Umstände nicht zutreffen. Im Ergebnis bleibt ein Rechtsgeschäft damit z.B. auch dann sittenwidrig, wenn das Missverhältnis von Leistung und Gegenleistung nachträglich durch nicht vorhergesehene wirtschaftliche Entwicklungen aufgehoben wird.³¹⁷ Da der Grund für die Missbilligung entfallen ist, kann es dem Benachteiligten im Einzelfall aber nach § 242 verwehrt sein, sich auf die Sittenwidrigkeit zu berufen (siehe Rn 22).

IX. Rechtsfolgen

129 **1. Der Grundsatz der Totalnichtigkeit.** Als Rechtsfolge ordnet Abs. 1 die Nichtigkeit des Rechtsgeschäfts an. Nach dem Gesetzeswortlaut gilt dies uneingeschränkt. Die Vorschrift enthält – anders als § 134 – **keinen Vorbehalt,** der eine vollständige oder partielle Aufrechterhaltung des Geschäfts nach Sinn und Zweck der verletzten (Sitten-) Norm ermöglichen würde.³¹⁸ Die Nichtigkeit umfasst damit grundsätzlich das **ganze Rechtsgeschäft**, und zwar mit Wirkung *ex tunc*.³¹⁹

130 Rechtsprechung und h.M. haben verschiedene Konstellationen herausgearbeitet, in denen die Nichtigkeitsfolge nach dem Zweck der verletzten (Sitten-)Norm oder aus anderen (übergeordneten) Erwägungen **im Einzelfall eingeschränkt** werden muss (vgl. Rn 133 ff.). In der Literatur wird teilweise darüber hinaus gefordert, die Nichtigkeitsanordnung in Anlehnung an § 134 durch teleologische Reduktion unter einen **generellen Normzweckvorbehalt** zu stellen.³²⁰ Ein sittenwidriges Rechtsgeschäft soll hiernach nur dann und nur insoweit sittenwidrig sein, wenn und wie dies dem Zweck der verletzten Sittennorm entspricht.³²¹ Ob eine vollständige Parallelisierung der Rechtsfolgenanordnungen von § 138 und § 134 angebracht ist, erscheint indes fraglich. Zwei Problemkreise sind jedenfalls zu unterscheiden.

131 **Ob** das Rechtsgeschäft überhaupt nichtig ist, wird von § 134 durch Verweis auf den Zweck der jeweiligen Verbotsnorm beantwortet. Bei Abs. 1 hat der Gesetzgeber von einem solchen Verweis abgesehen. Dahinter steht die Erwägung, dass die Sittenwidrigkeit in jedem Fall zur Nichtigkeit führen soll. Diese Entscheidung ist auch heute noch aktuell. Bei Abs. 1 muss das „Ob" der Nichtigkeit also nicht in jedem Einzelfall eingehend geprüft werden.³²²

132 Eine andere Ausgangslage besteht in Bezug auf die **Reichweite** der Nichtigkeit. Diese Problematik ist vom Gesetzgeber weder bei § 134 noch bei § 138 bedacht worden. Dass der Normzweckvorbehalt des § 134 hierauf nicht abzielt, ergibt sich schon aus dem Gesetzeswortlaut („wenn" statt „soweit").³²³ Methodisch bestehen zwar keine Hindernisse, das Wort „wenn" im Sinne von „soweit" zu deuten. Diese Möglichkeit ist jedoch auch bei Abs. 1 gegeben.³²⁴ Die Gesetzesmaterialien deuten ebenfalls darauf hin, dass der Gesetzgeber mit dem Normzweckvorbehalt des § 134 vor allem (wenn nicht sogar ausschließlich) die Frage regeln wollte, „ob ... das dem Verbote zuwider vorgenommene Rechtsgeschäft der Regel nach nichtig sei".³²⁵ Inwieweit die Nichtigkeitsfolge **eingeschränkt** werden kann, ist damit für beide Vorschriften offen. Insofern erscheint es gerechtfertigt, die Problematik in § 134 und in Abs. 1 nach den gleichen Grundsätzen zu beurteilen. Die Nichtigkeitsfolge ist damit einzuschränken, soweit dies nach dem Zweck der verletzten Norm geboten

---

314 Vgl. BGHZ 7, 111, 114; 123, 281, 284; 126, 226, 242; Palandt/*Heinrichs*, § 138 Rn 9; Staudinger/*Sack*, § 138 Rn 80, 82.

315 Vgl. BGHZ 123, 281, 284; 126, 226, 242; *Schmoeckel*, AcP 197 (1997), 1, 24.

316 So Erman/*Palm*, § 138 Rn 60; Soergel/*Hefermehl*, § 138 Rn 44; *Brox*, BGB AT, Rn 332; für letztwillige Verfügungen auch Staudinger/*Sack*, § 138 Rn 87; *Medicus*, BGB AT, Rn 692.

317 BGH NJW 2002, 429, 431.

318 MüKo/*Mayer-Maly/Armbrüster*, § 138 Rn 157.

319 Bamberger/Roth/*Wendtland*, § 138 Rn 29, 32; Erman/*Palm*, § 138 Rn 51, 55; Palandt/*Heinrichs*, § 138 Rn 19; *Bork*, BGB AT, Rn 1201.

320 So Staudinger/*Sack*, § 138 Rn 92 ff.; für generelle Einschränkung der Nichtigkeitsfolge bei § 138 Abs. 1 auch AK-BGB/*Damm*, § 138 Rn 87 ff.; *Pawlowski*, BGB AT, Rn 499; *Hager*, S. 87 ff., 145 ff.; *Damm*, JZ 1986, 913, 919 ff.; *Lindacher*, AcP 173 (1973), 124, 131 ff.

321 So Staudinger/*Sack*, § 138 Rn 95.

322 I.d.S. MüKo/*Mayer-Maly/Armbrüster*, § 138 Rn 157.

323 *Hager*, JuS 1985, 264; i.E. auch *Zimmermann*, Richterliches Moderationsrecht oder Totalnichtigkeit?, 1979, S. 113 ff.

324 Vgl. Staudinger/*Sack*, § 138 Rn 93; *Lindacher*, AcP 173 (1973), 124, 131.

325 Motive I, S. 210 = *Mugdan* I, S. 468.

ist. Eine Einschränkung kommt hiernach insbesondere dann in Betracht, wenn die verletzte Norm den **Vertragspartner** schützen soll und die vollständige Nichtigkeit des Rechtsgeschäfts diesem Schutzzweck zuwiderliefe. Geht es um den Schutz der Interessen von **Dritten** oder der **Allgemeinheit**, so ist dagegen grundsätzlich an der Totalnichtigkeit festzuhalten.[326]

2. Durchbrechungen der Totalnichtigkeit. a) Ex-nunc-Nichtigkeit von Gesellschafts- und Arbeitsverträgen. Nach der Lehre von der **fehlerhaften Gesellschaft** bzw. vom **fehlerhaften Arbeitsverhältnis** kann die Nichtigkeit eines in Vollzug gesetzten Gesellschafts- oder Arbeitsvertrages grundsätzlich nur *ex nunc* geltend gemacht werden. Dies gilt auch im Rahmen des Abs. 1.[327] Ausnahmen werden nur anerkannt, wenn es aufgrund der besonderen Schwere des Mangels zum Schutz von überwiegenden Interessen der Allgemeinheit oder einzelner Privatrechtssubjekte geboten ist, das Rechtsgeschäft als von Anfang an nichtig zu behandeln.[328] Im Arbeitsrecht liegt diese Voraussetzung vor, wenn die vereinbarte Tätigkeit als solche sittenwidrig ist.[329] Das Gleiche wird im Gesellschaftsrecht angenommen, wenn der Zweck der Gesellschaft sittenwidrig ist.[330]

133

b) Teilnichtigkeit und geltungserhaltende Reduktion; Umdeutung. Besteht das Rechtsgeschäft aus **mehreren Teilen**, die klar und eindeutig voneinander abgegrenzt werden können, so erfasst die Nichtigkeit nach Abs. 1 nur den sittenwidrigen Teil. Ob das gesamte Rechtsgeschäft nichtig ist, beurteilt sich nach § 139.[331] Zu prüfen ist also, ob die Aufrechterhaltung des nicht sittenwidrigen Teils dem mutmaßlichen Parteiwillen entspricht. Handelt es sich um eine **einheitliche Regelung**, so ist der ganze Vertrag nichtig.[332] Die **geltungserhaltende Reduktion** einer allzu weit reichenden Verpflichtung auf das gerade noch erträgliche Maß kommt grundsätzlich nicht in Betracht, weil man dem Begünstigten keinen Anreiz zu einer sittenwidrigen Gestaltung verschaffen darf.[333] Aus dem gleichen Grunde darf die Leistungspflicht des Benachteiligten auch nicht durch **Umdeutung** (§ 140) auf ein erträgliches Maß zurückgeführt werden.[334] Eine Ausnahme kommt auch hier in Betracht, soweit die geltungserhaltende Reduktion oder Umdeutung notwendig ist, um die berechtigten Interessen des benachteiligten Vertragspartners zu schützen.

134

Bei der praktischen Umsetzung neigt die **Rechtsprechung** dazu, dass Merkmal der Teilbarkeit weit auszulegen. Nach allgemeinen Grundsätzen setzt die Teilbarkeit nämlich voraus, dass nach dem „Herausstreichen" des nichtigen Teils ein Vertragsinhalt übrig bleibt, der für sich genommen einen Sinn behält. Die Rechtsprechung wendet § 139 jedoch entsprechend an, wenn die Parteien bei Kenntnis der Nichtigkeit eine andere, auf das zulässige Maß beschränkte Regelung vereinbart hätten und sich der nichtige und der von der Nichtigkeit nicht betroffene Teil eindeutig voneinander abgrenzen lassen.[335] So hat der BGH eine gesellschaftsvertragliche Bestimmung, welche dem begünstigten Gesellschafter das Recht einräumt, **andere Gesellschafter** nach freiem Ermessen aus der Gesellschaft **auszuschließen**, insoweit aufrechterhalten, als sie die Ausschließung aus wichtigem Grund zulässt.[336] Mit der gleichen Argumentation hat der BGH eine **Mithaftungsvereinbarung** für sittenwidrig erklärt, soweit sie nicht den für die Ablösung der gemeinsamen Altschulden der Beklagten und ihres Ehemannes erforderlichen Teil des von dem Ehemann aufgenommenen Darlehens betraf.[337] Ist ein Dauerschuldverhältnis (z.B. Bierlieferungs-, Tankstellenvertrag; Wettbewerbsverbot) wegen der **übermäßigen Laufzeit der Bindung** sittenwidrig, so soll das Geschäft analog § 139 mit der zulässigen Höchstlaufzeit aufrechterhalten werden können.[338]

135

Ergibt sich die Sittenwidrigkeit aus der **übermäßigen Höhe des vereinbarten Entgelts**, so lehnt es die Rechtsprechung dagegen ab, den Preis analog § 139 auf eine angemessene Höhe zurückzuführen.[339] Zur

136

---

326 Vgl. zu dieser Unterscheidung AK-BGB/*Damm*, § 138 Rn 96 ff.
327 Vgl. BAG AP § 611 BGB Nr. 18 Faktisches Arbeitsverhältnis; BGH NJW-RR 1988, 1379 (betr. fehlerhafte Gesellschaft); Bamberger/Roth/*Wendtland*, § 138 Rn 29; Palandt/*Heinrichs*, § 138 Rn 21; RGRK/*Krüger-Nieland/Zöller*, § 138 Rn 38; Staudinger/*Sack*, § 138 Rn 106 ff.
328 Vgl. BGHZ 3, 285, 288; 26, 330, 335; 55, 5, 9; BAG AP § 611 Nr. 18 Faktisches Arbeitsverhältnis; RGRK/*Krüger-Nieland/Zöller*, § 138 Rn 39.
329 BGH NJW 1976, 1958, 1959 (öffentliche Vorführung des Geschlechtsverkehrs).
330 BGH NJW-RR 1988, 1379 (Betrieb eines Bordells).
331 BGHZ 44, 158, 162; MüKo/*Mayer-Maly/Armbrüster*, § 138 Rn 159; Palandt/*Heinrichs*, § 138 Rn 19; RGRK/*Krüger-Nieland/Zöller*, § 138 Rn 35; Soergel/*Hefermehl*, § 138 Rn 35.

332 BGHZ 44, 158, 162; Bamberger/Roth/*Wendtland*, § 138 Rn 32.
333 BGHZ 107, 351, 357; BGH NJW 2001, 815, 817; Soergel/*Hefermehl*, § 138 Rn 46.
334 BGHZ 68, 204, 207; BGH NJW 1986, 2944, 2945; Bamberger/Roth/*Wendtland*, § 138 Rn 34.
335 BGHZ 107, 351, 355; BGH NJW 2001, 815, 817.
336 BGHZ 107, 351.
337 BGH NJW 2001, 815, 817.
338 Vgl. BGHZ 68, 204, 207; 143, 103, 115 = NJW 2000, 1110; BGH NJW 1991, 699, 700; Bamberger/Roth/*Wendtland*, § 138 Rn 33; Soergel/*Hefermehl*, § 138 Rn 49.
339 BGHZ 44, 158, 162; 68, 204, 207; BGH NJW 1983, 1420, 1421; Bamberger/Roth/*Wendtland*, § 138 Rn 32; Soergel/*Hefermehl*, § 138 Rn 48.

Begründung wird auf den Präventionsgedanken (Rn 5) verwiesen. Dies kann jedoch schon deshalb nicht überzeugen, weil der Präventionsgedanke auch in den meisten anderen Fällen gegen die teilweise Aufrechterhaltung des Rechtsgeschäfts streitet. Tragfähiger ist die Überlegung, dass es nicht Sache des Richters sein kann, die Höhe des Entgelts anstelle der Parteien festzulegen.[340] Denn zum einen fällt diese Entscheidung in den Kernbereich der Privatautonomie. Zum anderen fehlt es meist an normativen Maßstäben, nach denen der Richter die Höhe der Gegenleistung bestimmen könnte. Eine Ausnahme vom Verbot der geltungserhaltenden Reduktion kommt daher in Betracht, wenn der angemessene Preis gesetzlich festgelegt oder nach rechtlichen Kriterien zu ermitteln ist (vgl. Rn 376).[341]

137   **3. Nichtigkeit des Verfügungsgeschäfts.** Nach dem **Trennungs- und Abstraktionsprinzip** schlägt die Sittenwidrigkeit des Verpflichtungsgeschäfts grundsätzlich nicht auf das Verfügungsgeschäft durch. Beide Geschäfte sind vielmehr getrennt zu beurteilen. In den meisten Fällen ist nur das Verpflichtungsgeschäft unwirksam; das Verfügungsgeschäft ist dagegen im Allgemeinen „sittlich neutral".[342] Zu den Besonderheiten beim **Wucher** siehe Rn 374. Eine Ausnahme ist für den Fall anerkannt, dass der **Vollzug der Leistung** als solcher **sittenwidrig** ist.[343] Praktische Bedeutung hat dies für den Vollzug von sittenwidrigen Sicherungsgeschäften (Rn 254).

138   **4. Schadensersatz.** Ist das Geschäft sittenwidrig, so kann dem Benachteiligten ein Anspruch auf Schadensersatz aus **§ 826** zustehen. Außerdem kommt ein Schadensersatzanspruch aus *culpa in contrahendo* (§§ 241 Abs. 2, 311 Abs. 2, 280 Abs. 1) in Betracht, der auch auf Rückgängigmachung des Geschäfts gerichtet werden kann.[344]

139   **5. Rückabwicklung nach Bereicherungsrecht.** Ist das Verpflichtungsgeschäft nach Abs. 1 nichtig, so richtet sich die Rückabwicklung grundsätzlich nach **Bereicherungsrecht**. Ansprüche aus § 985 kommen nur in Betracht, wenn ausnahmsweise auch das Verfügungsgeschäft nach Abs. 1 nichtig ist.

140   Bei der bereicherungsrechtlichen Rückabwicklung ist der **Ausschlusstatbestand** des § 817 S. 2 zu beachten. Nach h.M. ist § 817 S. 2 auch dann anwendbar, wenn nur dem Leistenden ein Verstoß gegen die guten Sitten zur Last fällt.[345] Der Ausschluss bezieht sich aber nur auf die konkrete Leistung. Bei Kreditverträgen ist der Kreditgeber also nicht daran gehindert, die Darlehenssumme als solche zurückzuverlangen. Er kann diesen Anspruch aber erst nach Ablauf der vereinbarten Zeit geltend machen. Ob der Kreditgeber für den Überlassungszeitraum wenigstens den angemessenen Zinssatz geltend machen kann, ist streitig (näher dazu Rn 232).

X. Besonders wichtige Bereiche

1. Arbeitsrecht

Literatur: *Erfurter Kommentar*, 4. Auflage 2004; *Lettl*, Der arbeitsrechtliche Kündigungsschutz nach den zivilrechtlichen Generalklauseln, NZA-RR 2004, 57; *Münchner Handbuch zum Arbeitsrecht*, 2. Auflage 2000; *Oetker*, Die Ausprägung der Grundrechte des Arbeitnehmers in der Arbeitsordnung der Bundesrepublik Deutschland, RdA 2004, 8.

141   Da das Arbeitsrecht aufgrund des hohen Schutzbedürfnisses von Arbeitnehmern weitgehend gesetzlich normiert und zwingend ausgestaltet ist, bleibt für Abs. 1 kein allzu großer Anwendungsbereich.[346] Die Frage der Sittenwidrigkeit erlangt jedoch Relevanz bei der Durchsetzung **verfassungsrechtlich geschützter Werte**.[347] In neuerer Zeit sind außerdem die Wertungen der Richtlinie 2000/78/EG v. 27.1.2000 zur Festlegung eines allgemeinen Rahmens für die Verwirklichung der Gleichbehandlung in Beschäftigung und Beruf zu beachten (vgl. Rn 69). Inhaltlich ist zwischen der Sittenwidrigkeit des **Arbeitsvertrages** und der sittenwidrigen **Beendigung des Arbeitsverhältnisses** (insbesondere Kündigung) zu unterscheiden.

142   **a) Sittenwidrigkeit des Arbeitsvertrages.** Wann ein Arbeitsvertrag im Einzelfall sittenwidrig ist, kann nicht schematisch festgelegt werden. Wie auch bei anderen Verträgen kommt es auf den **Gesamtcharakter**

---

340 Zur grundsätzlichen Unzulässigkeit des Eingriffs in das Äquivalenzverhältnis vgl. MüKo/*Mayer-Maly/Armbrüster*, § 138 Rn 161; Soergel/*Hefermehl*, § 138 Rn 47.
341 Jauernig/*Jauernig*, § 139 Rn 9; Palandt/*Heinrichs*, § 139 Rn 10.
342 BGH NJW 1990, 384, 385; DtZ 1997, 229; NJW 2002, 429, 432; Bamberger/Roth/*Wendtland*, § 138 Rn 36; MüKo/*Mayer-Maly/Armbrüster*, § 138 Rn 165; Palandt/*Heinrichs*, § 138 Rn 20; Soergel/*Hefermehl*, § 138 Rn 50.
343 BGH NJW 1973, 613, 615; 1985, 3006, 3007; 1997, 860; DtZ 1997, 229; Bamberger/Roth/*Wendtland*, § 138 Rn 36; Jauernig/*Jauernig*, § 138 Rn 25; Palandt/*Heinrichs*, § 138 Rn 20; Soergel/*Hefermehl*, § 138 Rn 52.
344 BGHZ 99, 101, 106; NJW 2001, 1127, 1129; Bamberger/Roth/*Wendtland*, § 138 Rn 38.
345 BGHZ 50, 90, 92; MüKo/*Mayer-Maly/Armbrüster*, § 138 Rn 166; Palandt/*Sprau*, § 817 Rn 1.
346 Erman/*Palm*, § 138 Rn 76.
347 Erman/*Palm*, § 138 Rn 76.

des **Rechtsgeschäfts** und die konkreten Umstände des Einzelfalls an.[348] Von besonderer Bedeutung waren bisher die Fälle der **sittenwidrigen Arbeitsleistung**.[349] Wirksamkeit und Rechtsfolgen solcher Verträge bestimmen sich nunmehr aber nach dem **Prostitutionsgesetz** (vgl. Anh. zu § 138). Bei Arbeitsverträgen beschränkt sich der praktisch relevante Anwendungsbereich des § 138 damit im Wesentlichen auf **grundrechtsbeschränkende Abreden** und die sittenwidrige **Verlagerung des Arbeitgeberrisikos** auf den Arbeitnehmer. Hinzu kommt die **Inhaltskontrolle** des Arbeitsvertrages vor dem Hintergrund des strukturellen Ungleichgewichts der Vertragspartner. Vgl. zum **Lohnwucher** Rn 377; zu **Wettbewerbsverboten** Rn 344 ff.; zur Übernahme von **Bürgschaften** durch Arbeitnehmer Rn 249.

aa) Grundrechtswidrige Abreden. Eine Abrede, die in sittenwidriger Weise in grundrechtlich geschützte Bereiche des Arbeitnehmers eingreift, ist nach Abs. 1 nichtig. Vor dem Hintergrund des Art. 6 Abs. 1 GG ist etwa eine sog. **Zölibatsklausel** unwirksam, die eine Arbeitnehmerin zur Einnahme empfängnisverhütender Mittel verpflichtet[350] oder eine Heirat als auflösende Bedingung des Arbeitsvertrags bestimmt.[351] Zu grundrechtswidrigen **Kündigungen** siehe Rn 152. 143

bb) Sittenwidrige Verlagerung von Arbeitgeberrisiken. Eine Vereinbarung, durch die dem Arbeitnehmer das **Betriebs- und Wirtschaftsrisiko** des Arbeitgebers **ohne angemessene Gegenleistung** auferlegt wird, ist sittenwidrig.[352] Dies gilt beispielsweise für eine Vergütungsabrede, die eine **Verlustbeteiligung** des Arbeitnehmers ohne entsprechenden Ausgleich vorsieht.[353] 144

In der Rechtsprechung finden sich zahlreiche weitere Beispiele: So ist die Vereinbarung einer verschuldensunabhängigen Haftung für Fehlbeträge **(sog. Mankoabrede)** sittenwidrig, wenn der Arbeitnehmer keine angemessenen Einfluss- bzw. Kontrollmöglichkeiten hinsichtlich des Mankos hat.[354] Desgleichen ist die Verpflichtung eines Kraftfahrers, seinem Arbeitgeber **alle Unfallschäden zu ersetzen**, sittenwidrig, sofern keine adäquate Gegenleistung erfolgt.[355] 145

Die Vereinbarung einer **Provision** ohne Fixum oder garantierte Mindestprovision ist nicht ohne weiteres sittenwidrig; hier kommt es entscheidend auf die Gepflogenheiten der jeweiligen Branche an.[356] Eine Provisionsabrede kann aber sittenwidrig sein, wenn der Arbeitnehmer keine reelle Möglichkeit hat, letztlich eine angemessene Entlohnung für seine Tätigkeit zu erhalten.[357] 146

cc) Inhaltskontrolle. Außerhalb des Anwendungsbereichs der Kontrolle von AGB nach §§ 305 ff. übernimmt § 138 die Funktion, die **strukturelle Ungleichheit der Vertragspartner** bei Arbeitsverträgen im Einzelfall auszugleichen (vgl. Rn 73).[358] So verstößt eine – grundsätzlich zulässige[359] – vertragliche Abrede über die **Rückzahlung von Ausbildungskosten** bei Kündigung gegen §§ 138 Abs. 1, 242, wenn sie auch für den Fall eine Erstattung vorsieht, dass der Kündigungsgrund aus der Sphäre des Arbeitgebers stammt.[360] **Vertragsstrafen** für Vertragsbruch sind ebenfalls grundsätzlich zulässig.[361] Unwirksam ist eine Vertragsstrafe aber, wenn neben der unverhältnismäßigen Höhe weitere den Arbeitnehmer übermäßig belastende Umstände hinzukommen.[362] **Verfallklauseln** für Ansprüche aus einem Arbeitsvertrag sind einzelvertraglich zulässig, soweit sie nicht einseitig zum Nachteil einer Vertragspartei gelten.[363] 147

dd) Besonderheiten bei den Rechtsfolgen. Ein bereits vollzogener sittenwidriger Arbeitsvertrag ist grundsätzlich nur mit *ex-nunc*-Wirkung nichtig (vgl. Rn 133).[364] Da **§ 139** im Arbeitsvertragsrecht zum Schutz des Arbeitnehmers überdies meist außer Betracht bleibt, erstreckt sich die Nichtigkeit im Regelfall 148

---

348 ErfK/*Preis*, § 611 BGB, Rn 412.
349 Vgl. etwa BAG AP Nr. 34 zu § 138 BGB = NJW 1976, 1958: Vorführung des Geschlechtsverkehrs auf einer Bühne.
350 MüKo/*Mayer-Maly/Armbrüster*, § 138 Rn 69; Staudinger/*Sack*, § 138 Rn 402.
351 BAG AP Nr. 1 zu Art. 6 Abs. 1 GG Ehe und Familie.
352 BAG NJW 1991, 860, 861; Erman/*Palm*, § 138 Rn 76; ErfK/*Preis*, § 611 Rn 415; MünchArbR/ *Richardi*, § 46 Rn 18; Staudinger/*Sack*, § 138 Rn 390.
353 BAG NJW 1991, 860, 861 m. Anm. *Wank*, EWiR § 138 BGB 5/91, 341; Erman/*Palm*, § 138 Rn 76; ErfK/*Preis*, § 138 Rn 415.
354 BAG AP Nr. 67 zu § 626 BGB = NJW 1974, 1155; MüKo/*Mayer-Maly/Armbrüster*, § 134 Rn 90.
355 ArbG Marburg BB 1969, 1479; Erman/*Palm*, § 138 Rn 76; MüKo/*Mayer-Maly/Armbrüster*, § 138 Rn 90.
356 LAG Berlin AP Nr. 14 zu § 65 HGB.
357 LAG Berlin AP Nr. 14 zu § 65 HGB; Staudinger/ *Sack*, § 138 Rn 392.
358 *Hunold*, NZA-RR 2002, 225 f. mit vielen Bsp. aus der Rspr.
359 BAG NJW 1999, 443; BAG NJW 1996, 1916, 1917.
360 BAG NJW 1999, 443, 444 (betriebsbedingte Kündigung); Staudinger/*Sack*, § 138 Rn 404.
361 BAG AP Nr. 9 zu § 339 BGB; *Hunold*, NZA-RR 2002, 225, 230 f.
362 LAG Köln NZA-RR 1999, 350, 352; MüKo/ *Gottwald*, § 339 Rn 23; *Hunold*, NZA-RR 2002, 225, 231 f.
363 BAG ZIP 2000, 801, 802 f. = RdA 2002, 38 m. Anm. *Preis*; BAG BB 1989, 223, 224; Staudinger/*Sack*, § 138 Rn 403.
364 Staudinger/*Sack*, § 138 Rn 107 f.; Soergel/ *Hefermehl*, § 138 Rn 14 f.

nur auf die **konkrete sittenwidrige Abrede**; der Arbeitsvertrag selbst bleibt bestehen.[365] Etwaige Lücken sind – soweit möglich – durch **dispositives Gesetzesrecht** auszufüllen.[366] Im Übrigen ist eine angemessene Lösung durch **ergänzende Vertragsauslegung** herbeizuführen.[367]

149 **b) Sittenwidrige Beendigung des Arbeitsvertrags. aa) Verhältnis zum Kündigungsschutzgesetz.** Bei der Frage der sittenwidrigen Beendigung des Arbeitsvertrages steht die Beurteilung einer **Kündigung durch den Arbeitgeber** wegen des besonderen Schutzbedürfnisses des Arbeitnehmers praktisch im Vordergrund.[368] Die Bedeutung des Abs. 1 hängt daher auch entscheidend von dessen Verhältnis zum KSchG ab. Zusammenfassend gilt Folgendes. Soweit eine Kündigung nach § 1 KSchG gerechtfertigt ist, kann sie nicht wegen Sittenwidrigkeit nach Abs. 1 unwirksam sein.[369] Andererseits belegt § 13 Abs. 2 KSchG, dass über § 1 KSchG hinausgehende **besondere Umstände** die Sittenwidrigkeit einer Kündigung begründen können.[370] Praktische Bedeutung hat Abs. 1 im Übrigen **außerhalb des KSchG**.[371]

150 Nach der neuesten Änderung des KSchG[372] muss nicht mehr nur die sozial ungerechtfertigte Kündigung, sondern auch die **Rechtsunwirksamkeit aus anderen Gründen** innerhalb von **drei Wochen nach Zugang der Kündigung** geltend gemacht werden (§ 4 S. 1 KSchG). Wegen der weiterhin unterschiedlichen Darlegungs- und Beweislastregeln (Rn 156) hat die Unterscheidung zwischen sozial ungerechtfertigter und sittenwidriger Kündigung im Anwendungsbereich des KSchG hierdurch aber nicht ihre praktische Bedeutung verloren.

151 **bb) Maßstab der Sittenwidrigkeit.** Da die Kündigung Ausdruck des **privatautonomen Selbstbestimmungsrechts** ist, wird die Sittenwidrigkeit anhand strenger Maßstäbe beurteilt.[373] Die Nichtigkeitsfolge gilt nur **für besonders eklatante Fälle**, in denen die Kündigung auf einem verwerflichen Motiv des Kündigenden beruht oder aufgrund besonderer Umstände dem Anstandsgefühl aller billig und gerecht Denkenden widerspricht.[374] So ist eine Kündigung aus **Rache oder Vergeltung** wegen Sittenwidrigkeit nichtig.[375]

152 Besondere Bedeutung gewinnen in diesem Zusammenhang Verstöße gegen **grundgesetzlich verankerte Werte**, die bisher nicht einfachgesetzlich normiert wurden.[376] Eine Kündigung etwa allein wegen der **sexuellen Ausrichtung** des Arbeitnehmers ist sittenwidrig, da sie gegen das in Art. 2 Abs. 1 GG enthaltene Recht verstößt, das private Leben – einschließlich des sexuellen Bereichs – frei zu gestalten (vgl. dazu auch Rn 50).[377] Nach Art. 3 Abs. 3 GG diskriminierend ist auch die Kündigung aufgrund der **Staatsangehörigkeit**.[378] Bei **geschlechtsbezogener Benachteiligung** ist wegen § 611a in der Regel § 134 einschlägig (siehe § 134 Rn 103).[379] Die Zugehörigkeit zu einer bestimmten **Religion** darf wegen Art. 4 Abs. 1 GG nicht als Kündigungsgrund herangezogen werden. Das Gleiche gilt grundsätzlich auch für das Tragen einer bestimmten Kleidung (islamisches Kopftuch) als Ausdruck der Glaubens- und Bekenntnisfreiheit (vgl. aber auch Rn 55).[380] Mit Artt. 1, 2, 6 Abs. 1 GG nicht vereinbar ist eine Lösung vom Arbeitsverhältnis, wenn die Arbeitnehmerin entgegen der vertraglichen Abrede **heiratet**.[381] Eine Kündigung wegen der durch Art. 21 GG geschützten **Mitgliedschaft oder Betätigung in einer politischen Partei** oder wegen einer als **Meinungsäußerung** nach Art. 5 Abs. 1 GG geschützten Äußerung ist grundsätzlich sittenwidrig bzw.

---

365 ErfK/*Preis*, § 611 Rn 417; *Sandrock*, AcP 159 (1960), 481 (519); Beispiele: BAG AP Nr. 11 zu § 611 BGB Anwesenheitsprämie; BAGE 4, 272, 285 f.
366 ErfK/*Preis*, § 611 Rn 419. So kann bei Nichtigkeit der Lohnabrede die übliche Vergütung (§ 612 Abs. 2) als Maßstab herangezogen werden, vgl. nur Staudinger/*Sack*, § 138 Rn 394.
367 BAG AP Nr. 176 zu § 611 BGB Gratifikation; ErfK/*Preis*, § 611 Rn 419.
368 Zur möglichen Sittenwidrigkeit eines Kündigungsausschlusses zum Nachteil des Arbeitgebers wegen Knebelung vgl. BAG, Urt. v. 25.3.2004 – 2 AZR 153/03 – n.v. (i.E. verneint).
369 Erman/*Palm*, § 138 Rn 5; Staudinger/*Sack*, § 138 Rn 407; *Lettl*, NZA-RR 2004, 57, 58; *Preis*, NZA 1997, 1256, 1264.
370 BAG NZA 2001, 833, 834 f.; Erman/*Palm*, § 138 Rn 5; ErfK/*Preis*, § 13 KSchG Rn 21; Staudinger/*Sack*, § 138 Rn 408.
371 Erman/*Palm*, § 138 Rn 5; 1 Staudinger/*Sack*, § 138 Rn 410.
372 Änderung des KSchG durch Artikel 1 des Gesetzes zu Reformen am Arbeitsmarkt vom 24.12.2003 (BGBl I S. 3002).
373 BAG NZA 2001, 833, 834; v. *Hoyningen-Huene/Linck*, KSchG, 13. Aufl. 2002; *Lettl*, NZA-RR 2004, 57, 59 f.; § 13 Rn 61a; *Preis*, NZA 1997, 1256, 1265.
374 BAG NJW 2002, 532, 534; BAG AP Nr. 46 zu § 138 BGB = NJW 1990, 141; AP Nr. 22 zu § 138 BGB; *Boemke*, WiB 1997, 617, 620.
375 BAG AP Nr. 22 zu § 138 BGB; Palandt/*Heinrichs*, § 138 Rn 91; Staudinger/*Sack*, § 138 Rn 411.
376 BAG NZA 1985, 702; BVerfG 7, 198 ff.; *Boemke*, NZA 1993, 532 (533); ders., WiB 1997, 617.
377 BAG NJW 1995, 275, 277 (Homosexualität); v. *Hoyningen-Huene/Linck*, KSchG, 13. Aufl. 2002, § 13 Rn 64; a.A. *Boemke*, WiB 1997, 617, 621; wohl auch Staudinger/*Sack*, § 138 Rn 413. Eine Ausnahme mag für kirchliche Arbeitgeber gelten, vgl. *Thüsing*, JZ 2004, 172, 179.
378 *Preis*, NZA 1997, 1256, 1266.
379 Erman/*Palm*, § 138 Rn 76.
380 Vgl. BAG AP Nr. 44 zu § 1 KSchG 1969 Verhaltensbedingte Kündigung m. Anm. *Adam*; BVerfG NJW 2003, 1908 ff. (beide zu § 1 Abs. 2 KSchG).
381 BAGE 4, 274, 276 ff.

Sittenwidriges Rechtsgeschäft; Wucher § 138

sozial nicht gerechtfertigt (§ 1 Abs. 2 KSchG).[382] Dies gilt auch, wenn der Arbeitnehmer in einer rechtsextremistischen Partei aktiv ist, soweit sie nicht verfassungsgerichtlich verboten ist.[383] An Mitarbeiter des **öffentlichen Dienstes** werden wegen § 8 Abs. 1 BAT erhöhte Anforderungen gestellt, so dass diesen die politische Betätigung **während der Dienstzeit** auch ohne berechtigte Interessen des Arbeitgebers untersagt ist.[384]

Eine Kündigung ist trotz der genannten Grundrechtsbeeinträchtigungen nicht sittenwidrig, wenn sie durch **berechtigte Interessen** des Arbeitgebers gerechtfertigt wird. Hieran ist insbesondere zu denken, wenn der **Betriebsablauf** durch das Verhalten des Arbeitnehmers **nachweislich gestört** wird.[385] So wurde ein konkret **ausländerfeindliches Verhalten** gegenüber einem Kollegen während der Arbeitszeit als Störung des Betriebsfriedens angesehen, die nicht von Art. 5 Abs. 1 GG gedeckt ist.[386] Im Übrigen ist eine umfassende Abwägung zwischen den grundrechtlich geschützten Interessen des Arbeitnehmers und der **Unternehmerfreiheit des Arbeitgebers** (Art. 12 Abs. 1 GG) erforderlich.[387] Dabei ist insbesondere die **Bedeutung** der Meinungsäußerung **für das Arbeitsverhältnis** zu berücksichtigen. Die Kündigung ist hiernach gerechtfertigt, wenn die infrage stehende Äußerung des Arbeitnehmers den Berufsstand seines Arbeitgebers im Allgemeinen und den Arbeitgeber selbst in der öffentlichen Meinung herabsetzt.[388] Handelt es sich bei dem Arbeitgeber um einen sog. **Tendenzbetrieb** (z.B. Kirche, Gewerkschaft), so ist ihm ein besonders großer Entscheidungsspielraum zuzubilligen.[389]

153

An die **subjektive Komponente** des Abs. 1 sind im Bereich des Grundrechtsschutzes keine überhöhten Anforderungen zu stellen. In der Literatur wird teilweise vorgeschlagen, die subjektiven Voraussetzungen nach den Regeln des **Anscheinsbeweises** zu bejahen, wenn die objektiven Voraussetzungen vorliegen.[390] Nach der hier vertretenen Ansicht (Rn 95 ff.) kann bei Grundrechtsverletzungen sogar ganz auf die subjektive Komponente verzichtet werden.

154

Außerhalb des grundrechtlich geschützten Bereichs ist Abs. 1 bei Kündigungen meist abzulehnen. So ist eine Kündigung nach **Infektion** des Arbeitnehmers **mit einem HI-Virus** jedenfalls dann nicht sittenwidrig, wenn eine längere Zeit der Arbeitsunfähigkeit vorausgegangen war.[391] Auch eine **Kündigung zur Unzeit** ist nicht per se sittenwidrig.[392]

155

cc) Darlegungs- und Beweislast. Für die Sittenwidrigkeit von Kündigungen gelten die **allgemeinen Darlegungs- und Beweislastregeln**.[393] Der Arbeitnehmer hat somit die Tatsachen darzulegen und zu beweisen, die für die Sittenwidrigkeit maßgeblich sind. § 1 Abs. 2 S. 4 KSchG, der dem Arbeitgeber die Beweislast für die Tatsachen auferlegt, welche die Kündigung rechtfertigen, ist außerhalb des KSchG nicht anwendbar.[394] Da der Arbeitnehmer die Kündigungsgründe meist nicht im Einzelnen kennt, wird er aber durch die Grundsätze der **abgestuften Darlegungs- und Beweislast** geschützt.[395] Der Arbeitnehmer hat hiernach zunächst nur die ihm bekannten Umstände **darzulegen**, die auf die Sittenwidrigkeit der Kündigung hindeuten. Der Arbeitgeber muss dann den Vortrag des Arbeitnehmers **qualifiziert bestreiten** (§ 138 Abs. 2 ZPO). Trägt der Arbeitgeber ausreichende Gründe vor, die die Sittenwidrigkeit der Kündigung entkräften, so obliegt es dem Arbeitnehmer, die sittenwidrigkeitsbegründenden Tatsachen zu **beweisen**.

156

---

382 Vgl. nur BAG AP Nr. 2 zu § 1 KSchG 1969 Sicherheitsbedenken; AP Nr. 24 zu § 1 KSchG 1969 Verhaltensbedingte Kündigung; *Polzer/Powietzka*, NZA 2000, 970, 975.
383 *Polzer/Powietzka*, NZA 2000, 970, 975.
384 BAG Nr. 8 zu Art. 5 Abs. 1 GG Meinungsfreiheit; *Polzer/Powietzka*, NZA 2000, 970, 972 (Tragen einer „Anti-Atomkraft-Plakette").
385 BAG AP Nr. 24 zu § 1 KSchG Verhaltensbedingte Kündigung; *Polzer/Powietzka*, NZA 2000, 970, 971 f., 974 ff. (politische Betätigung); BAG AP Nr. 44 zu § 1 KSchG Verhaltensbedingte Kündigung (Tragen eines Kopftuches).
386 BAG AP Nr. 11 zu § 15 BBiG; *Polzer/Powietzka*, NZA 2000, 970, 972.
387 BAG AP Nr. 44 zu § 1 KSchG Verhaltensbedingte Kündigung; *Oetker*, RdA 2004, 8, 14; *Preis*, NZA 1997, 1256, 1266.
388 BAGE 24, 438, 444 ff.; Soergel/*Hefermehl*, § 138 Rn 154; *Boemke*, JuS 2001, 443, 447 f.
389 Zu den Tendenzbetrieben vgl. *Oetker*, RdA 2004, 8, 15; *Thüsing*, JZ 2004, 172, 179.
390 *Lettl*, NZA-RR 2004, 57, 59; *Preis*, NZA 1997, 1256, 1266.
391 BAG AP Nr. 46 zu § 138 BGB.
392 BAG AP Nr. 88 zu § 626 BGB (Kündigung am 24.12.); AP Nr. 13 zu § 242 Kündigung (Kündigung in unmittelbarem zeitlichen Zusammenhang mit dem Tod des Lebensgefährten); Staudinger/*Sack*, § 138 Rn 413; *Boemke*, JuS 2001, 444, 447; *Lettl*, NZA-RR 2004, 57, 64.
393 ErfK/*Preis*, § 13 KSchG Rn 27.
394 BAG NJW 2002, 532, 534; NZA 2001, 833, 836 (zu § 242); *Lettl*, NZA-RR 2004, 57, 64.
395 Dazu BAG NZA 2001, 833, 836 (zu § 242); v. Hoyningen-Huene/Linck, KSchG, 13. Aufl. 2002, § 13 Rn 62; *Lettl*, NZA-RR 2004, 57, 64 f.; *Preis*, NZA 1997, 1256, 1270.

157 **dd) Auflösende Bedingungen und Aufhebungsverträge.** Für die Sittenwidrigkeit von **auflösenden Bedingungen** des Arbeitsvertrags gelten die gleichen Grundsätze wie für die Sittenwidrigkeit von Kündigungen (Rn 149 ff.).[396]

158 **Aufhebungsverträge** sind nicht per se wegen struktureller Unterlegenheit des Arbeitnehmers nach Abs. 1 bedenklich, da der Arbeitnehmer an einem solchen Vertrag durchaus gleichberechtigt mitwirken kann.[397] Von Bedeutung ist in diesem Zusammenhang aber die **Umgehung** von zwingenden Kündigungsschutzbestimmungen (dazu § 134 Rn 106 f.).[398]

159 **2. Arztverträge.** Arztverträge über eine **freiwillige Sterilisation**, sind nicht sittenwidrig.[399] Dies gilt auch dann, wenn sich der Arzt nicht der Einwilligung des anderen Ehegatten versichert hat, da die Entscheidung über die Vornahme der Sterilisation eine höchstpersönliche Angelegenheit betrifft, die in den alleinigen Verantwortungsbereich des betroffenen Ehegatten fällt.[400]

160 Auch Arzt- und Krankenhausverträge über die Vornahme eines nicht mit Strafe bedrohten **Schwangerschaftsabbruchs** sind nicht nach Abs. 1 nichtig. Das BVerfG betont vielmehr, dass zwischen Arzt und Frau ein wirksames Rechtsverhältnis besteht.[401]

161 Ein auf Veranlassung des Arztes vereinbarter **Haftungsausschluss** wird regelmäßig sittenwidrig sein. Dies gilt jedenfalls dann, wenn der Patient sich in einer Notlage befunden hat.[402] Etwas anderes kommt in Betracht, wenn die Haftung auf Initiative des Patienten ausgeschlossen wird, weil dieser eine vom Arzt zunächst verweigerte Behandlungsmethode wünscht.[403] Auch eine Individualvereinbarung, in der der Patient **nach einer fehlgeschlagenen Schönheitsoperation** auf weiter gehende Ansprüche verzichtet, wenn der Arzt ihm die Behandlungskosten erstattet und die Nachbehandlungskosten übernimmt, ist nicht gemäß § 138 unwirksam.[404]

162 Die **Vergütung von Heilbehandlungen** kann aufgrund ihrer Höhe nach Abs. 1 sittenwidrig sein.[405] Auch hier kommt es auf die Umstände des Einzelfalles an. So darf der Arzt ein besonderes Vertrauensverhältnis nicht ausnutzen, um sich eine Leistung versprechen zu lassen, die in einem unerträglichen Missverhältnis zur Gegenleistung steht.[406] Bei Behandlungsverträgen mit **Privatkliniken** ist ein Marktvergleich vorzunehmen. Dabei dürfen jedoch nicht die Sätze der Bundespflegesatzverordnung herangezogen werden; vielmehr ist ein Vergleich mit den Behandlungskosten anderer privater Krankenhäuser vorzunehmen.[407] Sittenwidrig sind auch Krankenhausverträge, bei denen der Krankenhausträger einem Patienten gegenüber **unnötige Behandlungsleistungen erbringt**, obwohl er weiß, dass der Kostenträger die Bezahlung der Behandlung verweigert hat.[408] Zum Verstoß gegen ärztliches **Standesrecht** vgl. Rn 315; zur Sittenwidrigkeit von **Wettbewerbsverboten** Rn 350 ff.

3. Bierlieferungs- und Tankstellenverträge

Literatur: *Götz,* Der Anschluß-Bierlieferungsvertrag, BB 1990, 1217; *Jehle,* Bierbezugsverträge und Gemeinschaftsrecht, EuZW 1991, 372; *Paulusch,* Höchstrichterliche Rechtsprechung zum Brauerei- und Gaststättenrecht, 9. Auflage 1996; *Wahl,* Der Bierlieferungsvertrag, 3. Auflage 1992.

163 **a) Grundlagen.** Ein praktisch wichtiger Anwendungsbereich des Abs. 1 ist die Sittenwidrigkeit von Bierlieferungsverträgen. In diesen Verträgen verpflichtet sich der Gastwirt gegenüber der Brauerei, über einen längeren Zeitraum hinweg eine bestimmte Mindestmenge Bier abzunehmen; im Gegenzug erhält der Gastwirt von der Brauerei neben der Bierlieferung Unterstützung bei der Eröffnung, dem Betrieb, der Modernisierung oder der Erweiterung der Gaststätte.[409] Die Brauerei versucht dabei, ihre Unterstützung mit einer möglichst langfristigen und umfangreichen Bezugsbindung des Gastwirts zu verknüpfen, um einen dauerhaften Absatz der eigenen Produkte und eine Refinanzierung der zusätzlichen Leistungen sicherzustellen. Eine langfristige und umfangreiche Bindung führt aber naturgemäß zu einer **Einengung der wirtschaftlichen Dispositionsfreiheit und Selbständigkeit** des Gastwirts.

---

396 BAGE 4, 272 ff.; Staudinger/*Sack,* § 138 Rn 414.
397 BAG NJW 1996, 2593; Erman/*Palm,* § 138 Rn 76.
398 Staudinger/*Sack,* § 138 Rn 415.
399 BGHZ 67, 48, 51 = NJW 1976, 1790; Erman/*Palm,* § 138 Rn 169; Soergel/*Hefermehl,* § 138 Rn 215.
400 BGHZ 67, 48, 54 f.
401 BVerfGE 88, 203, 295 = NJW 1993, 1751, 1763 f.
402 OLG Saarbrücken NJW 1999, 871, 872; Staudinger/ *Hager,* § 823 Rn I 6.
403 OLG Saarbrücken NJW 1999, 871, 872; Palandt/ *Heinrichs,* § 276 Rn 35.
404 OLG Düsseldorf NJW-RR 2003, 123.
405 OLG Stuttgart NVersZ 2001, 221; vgl. auch Erman/ *Palm,* § 138 Rn 77.
406 LG Karlsruhe NJW 2001, 2804.
407 BGH NJW 2003, 1596, 1597; s.a. LG Wiesbaden NJW-RR 2003, 1336.
408 BGH NJW 1988, 759, 760.
409 Vgl. *Paulusch,* S. 1; BGH NJW 1970, 2243.

Die Einschränkung der wirtschaftlichen Entscheidungsfreiheit des Gastwirts führt nicht dazu, dass ein langfristiger Bierbezugsvertrag von vornherein gegen die guten Sitten verstößt.[410] Vielmehr wird das legitime Interesse der Brauerei an einer langfristigen Sicherstellung des eigenen Absatzes von der Rechtsprechung grundsätzlich anerkannt.[411] Ein Bierbezugsvertrag ist daher nur dann sittenwidrig, wenn der Gastwirt hierdurch seine Selbständigkeit, Unabhängigkeit und wirtschaftliche Dispositionsfreiheit verliert.[412] Wann eine solche **Knebelung** vorliegt, ist unter Würdigung der schutzwürdigen Interessen beider Vertragspartner nach dem Gesamtcharakter des Vertrages zu beurteilen.[413]

164

In neuerer Zeit wird die Laufzeit von Bierbezugsverpflichtungen meist vorrangig unter dem Aspekt des § 307 (§ 9 AGBG) geprüft. Ist die Vereinbarung hiernach nicht zu beanstanden, so scheidet eine Nichtigkeit des Vertrages nach Abs. 1 erst recht aus.[414]

165

Die gleichen Probleme wie bei Bierlieferungsverträgen stellen sich bei langfristigen Bindungen an Alleinbezugsverpflichtungen in **Tankstellenverträgen**.[415] Die Rechtsprechung greift hier daher auf die zu den Bierlieferungsverträgen entwickelten Kriterien zurück.[416]

166

b) Vertragsdauer. Bei der Beurteilung der Sittenwidrigkeit eines Bierlieferungsvertrages steht das Merkmal der **Dauer der Bezugsbindung** im Vordergrund. Je länger der Zeitraum ist, für den sich der Gastwirt zum Bezug der Brauereiprodukte verpflichtet, desto näher liegt der Schluss, dass der Gastwirt dadurch in sittenwidriger Weise in seiner wirtschaftlichen Freiheit eingeschränkt wird.[417]

167

Eine sittenwidrige Benachteiligung des Gastwirts ist jedenfalls dann gegeben, wenn der Bierlieferungsvertrag eine **unkündbare und zeitlich unbefristete Bezugsbindung** vorsieht.[418] Ein derartiger Vertrag ist nichtig und kann auch nicht unter Berücksichtigung des Rechtsgedankens des § 139 mit einer begrenzten Laufzeit aufrechterhalten werden.

168

Die Vereinbarung **befristeter Bierlieferungsverträge** ist dagegen grundsätzlich nicht zu beanstanden. Die Dauer der Vertragsbindung vermag für sich allein noch keine Sittenwidrigkeit zu begründen.[419] In jedem Fall ist bei der Beurteilung der Sittenwidrigkeit die Gegenleistung der Brauerei gegenüberzustellen. Je größer und wertvoller für den betroffenen Gastwirt die Leistungen der Brauerei sind, umso einschneidender können die ihm auferlegten Bindungen sein.[420] Die Rechtsprechung setzt allerdings auch hier Grenzen. So wurde eine Höchstlaufzeit von 20 Jahren als „äußerste Grenze der in einem Ausnahmefall gerade noch zulässigen Bindungsdauer bei Bierlieferungsverträgen" bezeichnet.[421] Unter Berücksichtigung der Gegenleistung der Brauerei können im Einzelfall aber auch Vertragslaufzeiten von mehr als 20 Jahren zulässig sein.[422] Dabei kann für die Beurteilung der Sittenwidrigkeit die Länge mehrerer aufeinander folgender Verträge zusammenzurechnen sein.[423] Umgekehrt lässt sich eine sittenwidrige Gesamtlaufzeit nicht durch die Vertragsübernahme eines Nachfolgers in zwei für sich betrachtet zulässige Laufzeiten aufteilen.[424] In einer Reihe weiterer Entscheidungen geht der BGH von einer im „Normalfall" zulässigen Bezugsdauer von rund 15 Jahren aus.[425] Aber auch insoweit gibt es **keine Automatik** in dem Sinne, dass bei Überschreiten dieser Bezugsdauer die Nichtigkeit zwingend anzunehmen wäre bzw. aus dem Vorliegen einer kürzeren Laufzeit auf die Zulässigkeit der Bezugsbindung geschlossen werden könnte.[426] Es kommt vielmehr jeweils darauf an, ob der Gastwirt in nicht mehr hinnehmbarer Weise in seiner wirtschaftlichen Bewegungsfreiheit und Selbständigkeit eingeschränkt wird. In diesem Zusammenhang ist insbesondere zu beachten, dass dem Gastwirt angesichts eines sich immer rascher ändernden Konsumverhaltens der

169

---

410 Allg. M.; vgl. BGH NJW 1970, 2243; NJW 1972, 1459; OLG Düsseldorf MDR 1973, 222, 223; Erman/*Palm*, § 138 Rn 88; Soergel/*Hefermehl*, § 138 Rn 126.
411 So ausdr. OLG Köln NJW-RR 1995, 1516.
412 St.Rspr.; vgl. RGZ 63, 390; 152, 251; BGH NJW 1970, 2157; 1970, 2243; 1972, 1459; 1979, 2149; OLG Düsseldorf MDR 1973, 222, 223; OLG Köln NJW-RR 1995, 1516.
413 So bereits RG JW 1935, 2553; BGH NJW 1979, 2149.
414 BGHZ 147, 279, 287; vgl. auch OLG Karlsruhe MDR 2002, 445.
415 Vgl. BGHZ 52, 171, 176; Staudinger/*Sack*, § 138 Rn 283.
416 Vgl. BGHZ 143, 103, 115; BGH NJW 1998, 156, 159; Erman/*Palm*, § 138 Rn 175.
417 BGH NJW 1970, 279; Staudinger/*Sack*, § 138 Rn 274.
418 RGZ 152, 251; Soergel/*Hefermehl*, § 138 Rn 127.
419 BGH NJW 1970, 2243; ein strengerer Maßstab gilt bei Verwendung von AGB. Hier ist die Zulässigkeit der jeweiligen Klausel an den §§ 307 ff. zu messen.
420 BGH NJW 1974, 2089; BGHZ 147, 279, 283; Staudinger/*Sack*, § 138 Rn 274; zur parallelen Problematik bei Tankstellenverträgen BGHZ 143, 103, 115; BGH NJW 1998, 156, 159.
421 BGH ZIP 1984, 335.
422 BGH WM 1973, 824; NJW 1979, 865; Erman/*Palm*, § 138 Rn 88.
423 BGH NJW-RR 1990, 816; dazu *Götz*, BB 1990, 1217.
424 BGH NJW 1985, 2528; 1988, 2362.
425 BGH NJW 1974, 2089 (16 Jahre); WM 1975, 850, 852 (15 Jahre); MDR 1976, 834 (14 Jahre); NJW 1979, 2149, 2150 (15 Jahre); vgl. auch *Hiddemann*, WM 1975, 942, 945.
426 BGH WM 1984, 88, 89; vgl. auch *Wahl*, S. 19.

Verbraucher nicht die Möglichkeit genommen werden darf, das Angebot an der Nachfrage der Gäste zu orientieren.[427] Unter Berücksichtigung dieses Aspekts erscheint der von der Rechtsprechung aufgezeigte Rahmen der zulässigen Dauer von Bezugsbindungen in der heutigen Zeit eher als zu großzügig gesteckt.

170 Die Vereinbarung unbefristeter *dinglicher* Rechte zur Sicherung einer Bierbezugsverpflichtung begründet aufgrund der Abstraktheit des dinglichen Geschäfts regelmäßig keine Sittenwidrigkeit. Wird zugunsten der Brauerei eine **unbefristete beschränkte persönliche Dienstbarkeit** bestellt, so ist diese Vereinbarung daher auch dann nicht sittenwidrig, wenn sie eine Getränkebezugsverpflichtung erreichen oder absichern soll.[428] Etwas anderes gilt nur, wenn die Bezugsvereinbarung als Bedingung Inhalt des dinglichen Geschäfts selbst geworden ist oder eine Geschäftseinheit zwischen schuldrechtlichem und dinglichem Geschäft besteht.[429]

171 **c) Weitere Vertragsbedingungen.** Ein weiterer zentraler Aspekt bei der Beurteilung der Sittenwidrigkeit von Bierlieferungsverträgen ist die **Ausschließlichkeit der Bezugsbindung**. Regelmäßig wird dem Gastwirt untersagt, weitere Biere anzubieten oder sich anderweitig mit Getränken einzudecken. Vielfach wird diese Verpflichtung auf andere – auch nicht-alkoholische – Getränke erstreckt. Dies führt ebenfalls zu einer Einengung der wirtschaftlichen Bewegungsfreiheit und Selbständigkeit des Gastwirts. Die Wirksamkeit derartiger Vereinbarungen ist daher eng mit der Bezugsdauer verknüpft: Je strikter der ausschließliche Bierbezug im Vertrag verankert ist, umso kritischer wird die Vertragsdauer beurteilt.[430] Teilweise wird für notwendig erachtet, dem Gastwirt einen **Fremdbezug** von Bier um 15% einzuräumen, um die Sittenwidrigkeit zu vermeiden.[431]

172 Soweit der Bierlieferungsvertrag (oder mehrere Verträge einer Brauerei) eine den **Gemeinsamen Markt behindernde Wirkung** im Sinne von **Art. 81 EGV** hat, war die Wirksamkeit des Vertrages bislang von den Voraussetzungen der Gruppenfreistellungsverordnung (EWG) Nr. 1984/83 vom 22.6.1983 (ABlEG L 173/45) bzw. der Nachfolgeverordnung (EG) Nr. 2790/1999 vom 29.12.1999 (ABlEG L 336/21) abhängig.[432] Danach ist grundsätzlich nur eine Höchstlaufzeit von 10 bzw. (nach der VO Nr. 2790/1999) von 5 Jahren zulässig.[433] Soweit die Voraussetzungen der Gruppenfreistellungsverordnung nicht vorliegen, kann die Zulässigkeit der Vereinbarung seit In-Kraft-Treten der Kartellverfahrensverordnung (EG) Nr. 1/2003 vom 16.12.2002 (ABlEG 2003 L 1/1) am 1.5.2004 aber auch **unmittelbar aus Art. 81 Abs. 3 EGV** hergeleitet werden. Eine Einzelfreistellung durch die Kommission ist also nicht mehr erforderlich.[434]

173 Auch Vereinbarungen von **Mindestabnahmemengen**, **Rechtsnachfolge-** oder **Vertragsstrafeklauseln** in einem Bierlieferungsvertrag sind für sich betrachtet grundsätzlich nicht zu beanstanden. Allerdings dürfen auch derartige Vereinbarungen nicht zu gravierenden Beschränkungen der wirtschaftlichen Bewegungsfreiheit und Selbständigkeit des Gastwirts führen. So kann die Vereinbarung einer im Hinblick auf die Absatzmöglichkeiten der Gaststätte unrealistischen Mindestabnahmemenge in Verbindung mit einer empfindlichen Vertragsstrafe bei deren Nichtabnahme ebenso als sittenwidrig anzusehen sein wie die Kombination einer Vertragsstrafenklausel mit einer Nachfolgeklausel, durch die dem Gastwirt praktisch die Aufgabe, die Veräußerung oder die Weiterverpachtung der Gaststätte verwehrt wird.[435]

174 **d) Rechtsfolgen.** Ist ein Bierlieferungsvertrag allein wegen überlanger Bezugsbindung des Gastwirts sittenwidrig, so führt dies nicht zwingend zur Nichtigkeit des Gesamtvertrages; vielmehr kann der Vertrag unter **Anwendung von § 139** mit einer zulässigen Laufzeit aufrechterhalten werden, sofern dies dem Willen beider Parteien entspricht.[436] Dabei werden die Leistungspflichten der Brauerei aber nicht reduziert.[437] Beruht die Sittenwidrigkeit (auch) auf anderen Gründen, so kommt eine Aufrechterhaltung des Vertrages über § 139 nicht in Betracht.[438] Die Rückführung auf eine zulässige Gesamtdauer scheidet auch dann aus, wenn der Vertrag bei Klageerhebung schon länger als zulässig abgewickelt worden ist.[439] Wurde der Vertrag unter Verwendung von AGB abgeschlossen, kann die Vertragsanpassung über § 307 erfolgen.[440]

---

427 BGH NJW 1970, 2243; Erman/*Palm* § 138 Rn 88.
428 St.Rspr. seit BGH NJW 1988, 2364; 1988, 2362; NJW-RR 1989, 519 unter Aufgabe von BGH NJW 1979, 2149; vgl. auch BGH NJW-RR 1992, 593, 594; OLG München OLG-Report 2004, 76; Soergel/ *Hefermehl*, § 138 Rn 127.
429 BGH NJW-RR 1989, 519; 1992, 593, 594.
430 *Wahl*, S. 19.
431 *Wahl*, S. 20; vgl. auch RGZ 152, 251.
432 Vgl. Palandt/*Heinrichs*, § 138 Rn 81; Staudinger/ *Sack*, § 138 Rn 282.
433 Zu den Einzelheiten Staudinger/*Sack*, § 138 Rn 282; *Petsche*, in Liebscher/Flohr/Petsche, Handbuch der EU-Gruppenfreistellungsverordnungen, 2003, S. 165 ff.; *Jehle*, EuzW 1991, 372. Ob diesen Fristen bei der AGB-Kontrolle eine Leitbildfunktion zukommt, ist streitig; vgl. einerseits (bejahend) Palandt/*Heinrichs*, § 307 Rn 91; andererseits (verneinend) Staudinger/*Sack*, § 138 Rn 282; von BGHZ 143, 103, 115 und BGHZ 147, 279, 285 f. offen gelassen.
434 Vgl. *Weitbrecht*, EuZW 2003, 357.
435 OLG Köln NJW-RR 1995, 1516.
436 BGH NJW 1972, 1459; 1992, 2145; Erman/*Palm*, § 138 Rn 88.
437 BGH NJW 1985, 2693, 2695; 1992, 2145.
438 *Paulusch*, S. 62.
439 BGH NJW-RR 1990, 816, 817.
440 Palandt/*Heinrichs*, § 138 Rn 81.

4. Ehe und Familie

Literatur: *Dauner-Lieb*, Reichweite und Grenzen der Privatautonomie im Eheverragsrecht, AcP 201 (2001), 295; *dies.*, Richterliche Überprüfung von Eheverträgen nach dem Urteil des BGH v. 11.2.2004 – XII ZR 265/02, FF 2004, 65; *Hoffmann*, Außergerichtliche Unterhaltsvereinbarungen, FF 2004, 1; *Lüderitz*, Familienrecht, 27. Auflage 1999; *Weyrauch*, Zulässigkeitsfragen und abstammungsrechtliche Folgeprobleme bei künstlicher Fortpflanzung im deutschen und US-amerikanischen Recht, 2003.

a) Ersatz- und Leihmutterschaft. Verpflichtet sich eine Frau gegenüber einem Dritten, als Ersatz- oder Leihmutter gegen Entgelt ein Kind zur Welt zu bringen, um dieses nach der Geburt an den Vertragspartner herauszugeben, so ist der Vertrag bei Einsatz von **künstlichen Fortpflanzungsmethoden** im Allgemeinen schon nach § 134 i.V.m. § 1 Nr. 7 ESchG nichtig (vgl. dazu § 134 Rn 153). Soweit kein gesetzliches Verbot eingreift (z.B. bei natürlicher Zeugung[441]), sind entsprechende Verträge jedenfalls nach Abs. 1 nichtig.[442] Bei der Beurteilung der Sittenwidrigkeit steht die Sorge um das **Wohl und die Würde des Kindes** im Vordergrund. Daneben darf aber auch die **Würde der gebärenden Frau** nicht vernachlässigt werden. Eine Gefährdung dieser Schutzgüter wird insbesondere in der **Kommerzialisierung menschlicher Fortpflanzung** gesehen.[443] Hinzu kommt die Gefahr psychischer Beeinträchtigungen für die Beteiligten.[444] Schließlich wäre die Herausgabe des Kindes an den Vertragspartner häufig mit tatsächlichen und rechtlichen Schwierigkeiten verbunden, die dem Wohl des Kindes nicht zuträglich sind.[445] Dieses Problem wird durch § 1591 eher verstärkt, weil die Wunschmutter keine Anfechtungsmöglichkeit hat.[446] Umgekehrt kann es aber auch zu „negativen Konflikten" kommen, wenn sowohl die gebärende Frau als auch die Wunschmutter nach der Geburt kein Interesse an dem Kind hat.[447]

Die **Vermittlung von Leihmüttern** ist nach § 13a–d AdVermG verboten. Die Nichtigkeit eines solchen Vermittlungsvertrages ergibt sich daher aus § 134 (vgl. § 134 Rn 152).[448]

b) Heterologe Insemination. Inwiefern Verträge, die die Vornahme einer heterologen Insemination zum Inhalt haben, als sittenwidrig anzusehen sind, ist umstritten.[449] Im Ausgangspunkt ist zu beachten, dass einige Modalitäten der heterologen Insemination nach dem **Embryonenschutzgesetz** verboten sind; die Nichtigkeit einer hierauf gerichteten Vereinbarung folgt dann schon aus § 134 (vgl. § 134 Rn 152). Der Regelfall einer heterologen Insemination zur Erfüllung des gemeinsamen Kinderwunsches der Frau und ihres zeugungsunfähigen Ehemanns oder Lebensgefährten ist im Embryonenschutzgesetz indes nicht geregelt. Ein großer Teil der Literatur geht traditionell von der grundsätzlichen **Sittenwidrigkeit** aus.[450] Eine Ausnahme wird teilweise für den Fall anerkannt, dass das **Recht des Kindes auf Kenntnis der eigenen Abstammung** gewährleistet ist[451] und das durch das Auseinanderfallen von genetischer und sozialer Vaterschaft hervorgerufene Konfliktpotential beseitigt wird.[452]

Das Konfliktpotenzial ergab sich in den Fällen der heterologen Insemination insbesondere daraus, dass der Ehemann nach der Rechtsprechung des BGH durch die Zustimmung zur heterologen Insemination nicht gehindert war, die Vaterschaft **anzufechten**.[453] Der BGH hat die Konsequenzen zwar durch die Annahme gemildert, aufgrund der Vereinbarung zwischen den Eheleuten über die Vornahme der heterologen Insemination komme ein berechtigender Vertrag zugunsten des Kindes zustande, aus dem der Ehemann auch nach der Anfechtung zur **Unterhaltsleistung** verpflichtet sei.[454] Die Rechtslage war aber gleichwohl unbefriedigend.

Bei der Würdigung des Meinungsstreits über die rechtsethische Bewertung der heterologen Insemination ist zu beachten, dass der Gesetzgeber das eben geschilderte Konfliktpotenzial durch das KindRVerbG vom 9.4.2002[455] deutlich entschärft hat. Denn der durch dieses Gesetz eingefügte § 1600 Abs. 2 sieht nunmehr

---

441 Dazu LG Freiburg NJW 1987, 1486, 1488.
442 Vgl. OLG Hamm NJW 1986, 781; Palandt/*Heinrichs*, § 138 Rn 48; Soergel/*Hefermehl*, § 138 Rn 214; Staudinger/*Sack* § 138 Rn 450; *Larenz/Wolf*, BGB AT, § 41 Rn 50; vgl. auch *Kollhosser*, JZ 1986, 446. Ausf. dazu *Weyrauch*, S. 129 ff.
443 MüKo/*Mayer-Maly/Armbrüster*, § 138 Rn 66.
444 Hierzu OLG Hamm NJW 1986, 781, 783.
445 Staudinger/*Sack*, § 138 Rn 450. Zur Auflösung solcher Konflikte in Fällen mit Auslandsberührung vgl. *Looschelders*, IPRax 1999, 420, 422 f.
446 Krit. etwa MüKo/*Seidel*, § 1591 Rn 16 ff.
447 Vgl. *Lüderitz*, Familienrecht, Rn 629; *Weyrauch*, S. 130.
448 Erman/*Palm*, § 134 Rn 23; *Coester-Waltjen*, FamRZ 1992, 369, 371.
449 Staudinger/*Sack* § 138 Rn 451; MüKo/*Mayer-Maly/Armbrüster*, § 138 Rn 66. Ausf. dazu *Weyrauch*, S. 94 ff.
450 So etwa MüKo/*Mayer-Maly/Armbrüster*, § 138 Rn 66; Palandt/*Heinrichs*, § 138 Rn 48; vgl. auch Maunz/Dürig/*Dürig*, GG, Art. 1 I Rn 39.
451 Dazu BVerfG NJW 1988, 3010.
452 I.d.S. etwa Palandt/*Heinrichs*, § 138 Rn 48; Staudinger/*Sack*, § 138 Rn 451; *Larenz/Wolf*, BGB AT, § 41 Rn 50.
453 BGHZ 87, 169; BGH NJW 1995, 2921, 2922 f.
454 Vgl. BGHZ 129, 297, 302 = NJW 1995, 2028; BGH NJW 1995, 2031, 2032. MüKo/*Wellenhofer-Klein*, § 1600 Rn 16 ff.; *Lüderitz*, Familienrecht, Rn 694.
455 BGBl I S. 239.

vor, dass die **Anfechtung der Vaterschaft** durch den Mann oder die Mutter **ausgeschlossen** ist, wenn das Kind mit Einwilligung des Mannes und der Mutter durch künstliche Befruchtung mittels Samenspende eines Dritten gezeugt worden ist. Der Gesetzgeber hat sich in diesem Zusammenhang zwar einer Stellungnahme bezüglich der Zulässigkeit der heterologen Insemination enthalten.[456] Die Vorschrift des § 1600 Abs. 2 lässt jedoch den Schluss zu, dass er von der **grundsätzlichen Zulässigkeit** dieser Fortpflanzungsmethode ausgegangen ist.[457] Soweit die statusrechtlichen Fragen durch § 1600 Abs. 2 geklärt sind, kann die heterologe Insemination somit nicht mehr als sittenwidrig angesehen werden, es sei denn, das Recht des Kindes auf Kenntnis der eigenen Abstammung ist nicht gewahrt. Das Verdikt der Sittenwidrigkeit ist auch dann nicht mehr gerechtfertigt, wenn der Wunschvater und die Mutter **nicht miteinander verheiratet** sind.[458] Denn § 1600 Abs. 2 erfasst auch den Fall, dass der Mann die Vaterschaft nach § 1592 Nr. 2 anerkannt hat.[459] Um statusrechtliche Probleme im Interesse des Kindes zu vermeiden, muss der nichteheliche Wunschvater die Vaterschaft aber **vor** Durchführung der künstlichen Befruchtung anerkennen.

180 **c) Vereinbarungen über Kinderlosigkeit und Empfängnisverhütung.** Vereinbarungen über die Kinderlosigkeit einer Ehe betreffen den **höchstpersönlichen Bereich** der Ehegatten und sind deshalb (und nicht wegen Unvereinbarkeit mit dem „Wesen der Ehe") nach Abs. 1 nichtig.[460] Das Gleiche gilt für Vereinbarungen zwischen Ehegatten oder Partnern nichtehelicher Lebensgemeinschaften über die **Einnahme empfängnisverhütender Mittel**.[461] Verletzt die Frau eine solche Vereinbarung (z.B. durch heimliches Absetzen der Pille), so kommen auch keine Schadensersatzansprüche des Mannes aus § 826 in Betracht.[462]

181 **d) Nichteheliche Kinder.** Nachdem der Gesetzgeber die **Unterscheidung** zwischen ehelichen und nichtehelichen **Kindern** durch das Gesetz zur Reform des Kindschaftsrechts vom 16.12.1997[463] **aufgegeben** hat, können ältere Entscheidungen zur Sittenwidrigkeit von Rechtsgeschäften, die auf die besondere Stellung nichtehelicher Kinder bezogen sind, nur noch mit Vorsicht herangezogen werden. Wegen Sittenwidrigkeit nichtig ist aber weiter die **entgeltliche Vereinbarung** zwischen dem Vater und der Mutter eines nichtehelichen Kindes, den **Namen des Vaters** zu **verheimlichen** und **Unterhaltsansprüche des Kindes** gegen den Vater nicht geltend zu machen.[464] Anknüpfungspunkt ist hier nicht die besondere Stellung des nichtehelichen Kindes als solche, sondern dessen Recht auf Kenntnis der eigenen Abstammung sowie dessen Wohl.

182 Der leibliche Vater eines Kindes kann gegenüber dem Ehemann der Mutter eine **wirksame Verpflichtung zu Unterhaltszahlungen** eingehen, ohne dass die nach § 1592 Nr. 1 bestehende Vaterschaft des Ehemannes durch Anfechtung beseitigt sein muss.[465] Die Sperrwirkung des § 1594 Abs. 2 (§ 1593 a.F.) steht dem nicht entgegen, weil durch eine solche Verpflichtung weder die Klarheit der statusrechtlichen Zuordnung noch der Familienfrieden beeinträchtigt wird. Der Ehemann kann sich seinerseits aber im Gegenzug nicht wirksam verpflichten, die Vaterschaft nicht anzufechten. Da die Vaterschaftsanfechtung ein höchstpersönliches Recht ist, wäre ein entgeltlicher Verzicht nach Abs. 1 unwirksam.[466]

183 **e) Adoption.** Die Adoption zur Erreichung eines **gesetzesfremden Zweckes** ist sittenwidrig. Eine rechtsgeschäftliche Abmachung, welche die entgeltliche **Erlangung eines Adelstitels** durch Adoption zum Gegenstand hat, verstößt daher gegen Abs. 1.[467] Dagegen ist der entsprechende Adoptionsbeschluss, der vor dem Vormundschaftsgericht unter Vorspiegelung eines Eltern-Kind-Verhältnisses erwirkt worden ist, wirksam und kann auch nicht mit Rücksicht auf den gesetzesfremden Zweck aufgehoben werden (vgl. §§ 1759, 1760, 1763, 1771).[468] Nichtig ist auch ein Geschäftsbesorgungsvertrag, der darauf gerichtet ist, den Titel-Interessenten gegen Entgelt mit einem adoptionswilligen Adeligen zusammenzubringen.[469]

184 **f) Verlöbnis.** Die Eingehung eines Verlöbnisses **bei noch bestehender Ehe** eines der Partner ist sittenwidrig, da ein solches Vorgehen mit dem Wesen der Ehe unvereinbar ist.[470] Dies gilt auch dann, wenn sich die

---

456 Vgl. BT-Drucks 14/2096, S. 7.
457 So auch A. Roth, JZ 2002, 651, 653.
458 Anders die bislang h.M.; vgl. hierzu Kirchmeier, FamRZ 1998, 1281, 1282 f.
459 Vgl. Palandt/Diederichsen, § 1600 Rn 6.
460 Ähnlich MüKo/Wacke, § 1353 Rn 32.
461 BGHZ 97, 372, 379 (betr. nichteheliche Lebensgemeinschaft); Soergel/Hefermehl, § 138 Rn 21; Lüderitz, Familienrecht, Rn 214; Medicus, BGB AT, Rn 193 a.
462 BGHZ 97, 372, 379; MüKo/Wacke, § 1353 Rn 32; Lüderitz, Familienrecht, Rn 697; a.A. Ramm, JZ 1986, 1011 ff. Ausf. zum Ganzen Looschelders, Jura 2000, 169 ff.
463 BGBl I S. 2942.
464 Erman/Palm, § 138 Rn 100; Staudinger/Sack, § 138 Rn 448.
465 BGHZ 46, 56, 59 f.; Erman/Palm, § 138 Rn 100; Staudinger/Sack, § 138 Rn 449.
466 So auch Staudinger/Rauscher, § 1594 Rn 23.
467 BGH NJW 1997, 47, 48; MüKo/Mayer-Maly/Armbrüster, § 138 Rn 67.
468 KG FamRZ 1987, 635, 637; OLG Schleswig FamRZ 1995, 1016; Palandt/Diederichsen, § 1771 Rn 2; a.A. OLG Köln NJW 1980, 63.
469 BGH NJW 1997, 47, 48.
470 RGZ 170, 72, 76; OLG Karlsruhe NJW 1988, 3023, 3024; BGH VRS 36 [1969] 20, 22; Staudinger/Sack, § 138 Rn 429.

Ehepartner bereits im Scheidungsverfahren befinden.[471] Hierbei trägt nicht so sehr das Argument, die Anerkennung des Verlöbnisses stünde einer Wiederherstellung des ehelichen Lebens entgegen.[472] Vielmehr schützt Art. 6 GG die Ehe, so lange sie besteht, also bis zum Abschluss des gerichtlichen Scheidungsverfahrens. Durch die rechtliche Anerkennung eines neuen Verlöbnisses oder Eheversprechens würde der Ehescheidung im Wege des gerichtlichen Verfahrens faktisch vorgegriffen.[473] Das Eheversprechen eines bereits Verlobten verstößt gegen das Wesen des Verlöbnisses und ist daher ebenfalls sittenwidrig.[474]

g) Schutz der Ehe. Nach Abs. 1 sind Vereinbarungen sittenwidrig, die den grundlegenden Entscheidungen der Verfassung über das **Institut der Ehe** (Art. 6 GG) zuwiderlaufen (vgl. Rn 57 ff.). Dies gilt etwa für die Vereinbarung eines Entgeltes oder einer anderen Vermögenszuwendung, um eine Person zur Eingehung einer **Scheinehe** zu veranlassen.[475] Sittenwidrig ist auch das Versprechen einer **Vertragsstrafe** für den Fall, dass der verpflichtete Ehepartner seine familienrechtlichen Pflichten nicht erfüllt.[476] Eine Vereinbarung, die das Recht zum **dauernden Getrenntleben** zum Gegenstand hat, ohne dass die Voraussetzungen des § 1353 Abs. 2 erfüllt sind, verstößt entgegen der h.M.[477] nicht gegen die guten Sitten. Denn es ist nicht Sache der staatlichen Rechtsordnung, den Ehegatten eine bestimmte Lebensgestaltung vorzugeben.

185

h) Ehescheidung. Die gesetzlich vorgesehene Möglichkeit der Ehescheidung kann **nicht** durch Vereinbarung **abbedungen** oder **wesentlich erschwert** werden. Eine entsprechende Vereinbarung verstößt gegen die Wertungen des Art. 6 GG und der §§ 1564 ff. und ist daher sittenwidrig.[478] Die Ehegatten können daher nicht für den Fall der Scheidung die **Geltung des Verschuldensprinzips** vereinbaren.[479] Eine Scheidungsvereinbarung ist sittenwidrig, wenn sie ein **Wohnsitzverbot** für einen Ehepartner vorsieht und damit dessen Freizügigkeit (Art. 11 GG) beschränkt (vgl. Rn 62).[480] Gültig ist dagegen der Verzicht auf ein schon entstandenes Scheidungsrecht;[481] allerdings lebt das Scheidungsrecht wieder auf, sobald neue Tatsachen die gesetzlichen Scheidungstatbestände erfüllen.[482] Sittenwidrig ist schließlich ein Rechtsgeschäft, das eine gesetzlich noch nicht zulässige Scheidung ermöglichen soll (z.B. durch falsche Angaben über die Dauer des Getrenntlebens gegenüber dem Familiengericht).

186

Auch **vermögensrechtliche Vereinbarungen** können wegen unangemessener Erschwerung der Scheidung sittenwidrig sein. Dies gilt insbesondere, wenn die für den Fall der Scheidung vereinbarte Leistung nachgerade darauf abzielt, den Versprechenden von der künftigen Erhebung eines Scheidungsantrags abzuhalten, etwa durch eine Abfindung in existenzvernichtender Höhe oder ein entsprechendes Vertragsstrafeversprechen.[483]

187

i) Unangemessene Benachteiligungen in Eheverträgen. Die Ehegatten haben grundsätzlich das Recht, ihre finanziellen Angelegenheiten für den Fall der Scheidung durch Ehevertrag **frei zu gestalten**. Sie können dabei grundsätzlich auch die gesetzlichen Ansprüche auf Unterhalt, Zugewinnausgleich und Versorgungsausgleich durch andere Regelungen ersetzen oder ganz ausschließen. Die Gestaltungsfreiheit wird jedoch durch den Gedanken der **Gleichberechtigung der Ehepartner** (Art. 3 Abs. 2 GG) begrenzt. Ein Verstoß gegen Art. 3 Abs. 2 GG liegt vor, wenn der Vertrag die Lasten einem Ehegatten einseitig aufbürdet und dies auf einer erheblichen Ungleichheit der Verhandlungsstärke beruht, so dass von einer überwiegenden **Fremdbestimmung** des unterlegenen Ehepartners auszugehen ist.[484] Nach der Rechtsprechung des BVerfG (Rn 58) hat der schwächere Ehepartner in solchen Fällen aus Art. 2 Abs. 1 i.V.m. Art. 6 GG ein Recht auf Schutz vor unangemessenen Benachteiligungen durch den Ehevertrag.[485] Dies gilt insbesondere dann, wenn der Ehevertrag für den Scheidungsfall eine **einseitige Lastenverteilung** zum Nachteil der Frau vorsieht und vor der Ehe im Zusammenhang mit einer Schwangerschaft geschlossen worden ist.[486]

188

---

471 BayObLG NJW 1983, 831, 832; Staudinger/*Sack*, § 138 Rn 429; von BGH VRS 36 (1969), 20, 22 offen gelassen.
472 So aber BayObLG NJW 1983, 831, 832.
473 Vgl. Staudinger/*Sack*, § 138 Rn 429.
474 RGZ 105, 245; Soergel/*Hefermehl*, § 138 Rn 221.
475 OLG Düsseldorf FamRZ 1983, 1023; Palandt/*Heinrichs*, § 138 Rn 46.
476 RGZ 168, 294, 300; Palandt/*Heinrichs*, § 138 Rn 46.
477 OLG Düsseldorf FamRZ 1981, 545 mit abl. Anm. *Knütel*; Palandt/*Heinrichs*, § 138 Rn 46; RGRK/*Krüger-Nieland*/*Zöller*, § 138 Rn 228.
478 BGHZ 97, 304, 307 f.; BGH NJW 1990, 703, 704; OLG Hamm FamRZ 1991, 443, 444; MüKo/*Mayer-Maly*/*Armbrüster*, § 138 Rn 65; Staudinger/*Sack* Rn 138, 431.
479 MüKo/*Mayer-Maly*/*Armbrüster*, § 138 Rn 65; Palandt/*Heinrichs*, § 138 Rn 46.
480 BGH NJW 1972, 1414 f.; Erman/*Palm*, § 138 Rn 100; Staudinger/*Sack*, § 138 Rn 435, 467.
481 *Knütel*, FamRZ 1985, 1089 ff.
482 BGHZ 97, 304, 308 f.
483 BGHZ 97, 304, 307; BGH NJW 1990, 703, 704; 1997, 192; OLG Hamm FamRZ 1991, 443; *Hoffmann*, FF 2004, 1, 7.
484 Vgl. BVerfG FamRZ 1994, 151 und BVerfGE 103, 89 ff. = NJW 2001, 957 = FamRZ 2001, 343 m. Anm. *Schwab*; vgl. dazu auch *Hoffmann*, FF 2004, 1, 7; *Papier*, FF 2003, 4, 7.
485 BVerfGE 103, 89 ff. = NJW 2001, 957, 958; BVerfG NJW 2001, 2248.
486 BVerfGE 103, 89 ff. = NJW 2001, 957, 958; BVerfG NJW 2001, 2248; *Papier*, FF 2003, 4, 7.

189 Aus diesen verfassungsrechtlichen Vorgaben hat der BGH in seinem Urteil vom 11.2.2004[487] erste Konsequenzen gezogen. Dabei hat er zunächst klargestellt, dass es auf die Frage, wann ein Ehevertrag nach Abs. 1 sittenwidrig oder nach § 242 treuwidrig ist, keine allgemein gültige Antwort gibt. Erforderlich sei vielmehr eine **umfassende Würdigung aller Vereinbarungen im Einzelfall**. Die richterliche Kontrolle müsse umso strenger sein, je stärker der Ehevertrag in den **Kernbereich** der gesetzlich vorgesehenen Scheidungsfolgen (insbesondere den Anspruch auf Betreuungsunterhalt nach § 1570) eingreife.[488] Dass der benachteiligte Ehegatte von einem Notar über den Inhalt des Vertrages belehrt worden sei, stehe der Notwendigkeit einer gerichtlichen Inhaltskontrolle nicht entgegen.[489]

190 Ob die Kontrolle von Eheverträgen auf der Grundlage des Abs. 1 oder des § 242 zu erfolgen hat, ist umstritten.[490] Der BGH befürwortet ein **zweistufiges Vorgehen**. Danach ist in einem ersten Schritt auf der Grundlage des Abs. 1 zu prüfen, ob die Vereinbarung eine so einseitige Lastenverteilung für den Scheidungsfall vorsieht, dass sie unabhängig von allen künftigen Entwicklungen für sittenwidrig erachtet werden muss (**Wirksamkeitskontrolle**). Soweit dies verneint wird, ist in einem zweiten Schritt der Frage nachzugehen, inwieweit sich der begünstigte Ehegatte nach den Verhältnissen bei Scheitern der Ehe rechtsmissbräuchlich (§ 242) verhält, wenn er sich auf die Vereinbarung beruft (**Ausübungskontrolle**).[491]

191 **j) Insbesondere: Vereinbarungen über nacheheliche Unterhalt.** Die nach § 1585c eröffnete Möglichkeit der Ehepartner, für den Fall der Scheidung Vereinbarungen über den nachehelichen Unterhalt zu treffen, schließt grundsätzlich auch einen vollständigen Unterhaltsverzicht ein.[492] Dies gilt nach wie vor auch für den **Betreuungsunterhalt (§ 1570)**.[493] Allerdings gehört es gemäß Art. 6 Abs. 2 GG zur Verantwortung der Eltern, für einen angemessenen Unterhalt des Kindes zu sorgen und seine Betreuung sicherzustellen.[494] Sittenwidrig ist daher ein Verzicht auf nachehelichen Betreuungsunterhalt, wenn hierdurch das Kindeswohl gefährdet wird.[495] Stellt sich die Berufung auf eine entsprechende Vereinbarung erst aufgrund einer späteren Entwicklung als rechtsmissbräuchlich dar, kommt eine Korrektur nach § 242 in Betracht.[496]

192 Der Unterhaltsverzicht kann nach § 1585c bereits **vor der Eheschließung** erklärt werden.[497] Nach der neueren Rechtsprechung des BVerfG und des BGH (Rn 188 ff.) muss in diesem Fall aber besonders genau geprüft werden, ob der Verzicht nicht als Ausdruck gestörter Verhandlungsparität nach Abs. 1 sittenwidrig ist oder ob der andere Teil nicht zumindest rechtsmissbräuchlich (§ 242) handelt, wenn er sich auf den Verzicht beruft.

193 Die Freistellung eines Ehegatten von seiner Unterhaltsverpflichtung als Gegenleistung für die **Nichtausübung des Umgangsrechts** ist jedenfalls dann sittenwidrig, wenn das Kindeswohl entgegensteht.[498] Möglich ist jedoch eine Vereinbarung, in der ein Elternteil die elterliche Sorge für das gemeinsame Kind übernimmt und den anderen Elternteil von seiner Unterhaltspflicht dem Kind gegenüber befreit, wenn dies dem Wohl des Kindes entspricht.[499]

194 Ein Unterhaltsverzicht kann im Übrigen auch dann sittenwidrig sein, wenn er objektiv zwangsläufig die **Sozialhilfebedürftigkeit** eines Ehegatten nach sich zieht und die Ehegatten sich dessen bewusst sind.[500] Unerheblich ist, ob eine Schädigung des Trägers der Sozialhilfe beabsichtigt ist. Der Anspruch auf Sozialhilfe soll nur subsidiär eingreifen, wenn keine Privatperson in die Verantwortung genommen werden kann. Der Unterhaltsverzicht darf deshalb nicht dazu eingesetzt werden, um den Unterhalt auf den Sozialhilfeträger abzuwälzen und damit die Verzichtsvereinbarung auf Kosten der Allgemeinheit zu treffen.[501]

---

487 BGH NJW 2004, 930 = FamRZ 2004, 601 m. Anm. Borth = FF 2004, 79; ausf. dazu *Dauner-Lieb*, FF 2004, 65 ff.
488 BGH NJW 2004, 930, 933.
489 BGH NJW 2004, 930, 934; a.A. *Langenfeld*, DNotZ 2001, 272.
490 Für Anwendung des § 138 Bamberger/Roth/*Mayer*, § 1408 Rn 47; Palandt/*Brudermüller*, § 1408 Rn 8 ff.; *Schwab*, FamRZ 2001, 349, 350; für Anwendung des § 242 OLG München FamRZ 2003, 35; i.E. auch *Dauner-Lieb*, AcP 201 (2001), 295, 324 ff.
491 BGH NJW 2004, 930, 935.
492 BGH NJW 1985, 788, 789; 1990, 703; 1991, 913, 914; 1992, 3164.
493 BGH NJW 2004, 930, 934; Erman/*Graba*, § 1570 Rn 19.
494 BVerfGE 60, 79, 91, 93.
495 BVerfG FamRZ 2001, 343, 347 f.
496 BGH NJW 1991, 913, 914 = FamRZ 1991, 906; NJW 1995, 1148 = FamRZ 1995, 291.
497 BGH NJW 1992, 3164.
498 BGH FamRZ 1984, 778; vgl. auch *Hoffmann*, FF 2004, 1, 7.
499 BGH NJW 1986, 1168.
500 BGHZ 86, 82, 86 ff. = NJW 1983, 1851; BGH NJW 1991, 913, 914; 1992, 3164, 3165; OLG Hamm FamRZ 1989, 398; OLG Köln FamRZ 1990, 634; OLG Hamm FamRZ 2000, 31; vgl. auch Erman/*Graba*, § 1587c Rn 19; Staudinger/*Sack*, § 138 Rn 359 ff.
501 BGHZ 86, 82, 88; BGH NJW 1991, 913, 914; 1992, 3164, 3165.

5. Erbrecht

Literatur: *Brox*, Erbrecht, 21. Auflage 2004; *Gutmann*, Der Erbe und seine Freiheit, NJW 2004, 2347; *Joussen*, Das Testament zugunsten behinderter Kinder, NJW 2003, 1851; *Lange/Kuchinke*, Erbrecht, 5. Auflage 2001; *Olzen*, Erbrecht, 2001; *A. Staudinger*, Die Nichtigkeit der Verfügungen von Todes wegen und der Erbstreit im Adelshause Hohenzollern, Jura 2000, 467.

a) Allgemeines. Bei der Beurteilung der Sittenwidrigkeit letztwilliger Verfügungen hat die **Testierfreiheit** des Erblassers (Art. 14 Abs. 1 GG) zentrale Bedeutung (vgl. Rn 53).[502] Ein Testament ist nur dann nach § 138 nichtig, wenn **besonders schwerwiegende Gründe** im Einzelfall eine Einschränkung der Testierfreiheit gebieten.[503] So ist die Enterbung naher Angehöriger grundsätzlich nicht sittenwidrig, weil diese durch das **Pflichtteilsrecht** hinreichend geschützt sind.[504] Auf der anderen Seite ist der Erbe berechtigt, auf sein Erbe einschließlich des gesetzlichen Pflichtteils zu **verzichten**. Dies gilt auch bei Überschuldung des Verzichtenden.[505]

195

Bei der Beurteilung der Sittenwidrigkeit von **letztwilligen Verfügungen** ist auf den **Zeitpunkt der Vornahme** abzustellen.[506] Eine letztwillige Verfügung bleibt damit auch bei einem Wandel der Wertvorstellungen wirksam. War die letztwillige Verfügung im Zeitpunkt der Errichtung sittenwidrig, so wird es dagegen im Allgemeinen keine schutzwürdigen Interessen geben, die der Berücksichtigung eines zum Ausschluss der Sittenwidrigkeit führenden Wandels der Wertvorstellungen entgegenstehen könnten (vgl. Rn 126).

196

b) Das Geliebtentestament. Die Rechtsprechung zum sog. Geliebten- oder Mätressentestament kann auf eine wechselvolle Geschichte zurückblicken. Nach der neueren Rechtsprechung ist das Testament nur noch dann nach Abs. 1 nichtig, wenn damit ausschließlich der **Zweck** verfolgt wird, die Geliebte für die geschlechtliche Hingabe zu entlohnen oder die Fortsetzung der sexuellen Beziehung zu fördern.[507] Die Verfolgung dieses Zweckes wird jedoch **nicht vermutet**, sondern bedarf des Beweises durch den, der sich auf die Sittenwidrigkeit beruft.[508] Die Ehefrau kann das Testament folglich nicht allein deshalb wegen Sittenwidrigkeit angreifen, weil der in Scheidung lebende Mann seine neue Lebensgefährtin als Alleinerbin eingesetzt hat.[509]

197

Das am 1.1.2002 in Kraft getretene **Prostitutionsgesetz** (dazu Anhang zu § 138) erfordert eine weitere Einschränkung der Sittenwidrigkeit von Geliebtentestamenten. Nach § 1 S. 1 ProstG begründet die Vornahme sexueller Handlungen gegen ein vorher vereinbartes Entgelt eine rechtswirksame Forderung. Vor diesem Hintergrund kann die Sittenwidrigkeit von Geliebtentestamenten nicht mehr mit der Entlohnung für geschlechtliche Hingabe begründet werden. Dies hätte nämlich zur Folge, dass Geliebtentestamente stärker missbilligt würden als die Prostitution. Geliebtentestamente sind daher grundsätzlich **nicht mehr nach § 138 nichtig**.[510] Sittenwidrigkeit ist jedoch nach wie vor anzunehmen, wenn eine **Gesamtwürdigung** der Umstände ergibt, dass die letztwillige Verfügung für die erbberechtigten Kindern oder den Ehegatten unzumutbar ist,[511] z.B. weil sie diese dazu zwingt, mit der Geliebten des verstorbenen Ehegatten in einem Haus zusammenzuleben.[512]

198

c) Das Behindertentestament. Grundsätzlich sind Rechtsgeschäfte **zulasten der Allgemeinheit** (insbesondere der Sozialhilfe) sittenwidrig (vgl. Rn 119). Dies gilt jedoch nach der Rechtsprechung des BGH nicht für das sog. Behindertentestament.[513] Hier geht es dem Erblasser darum, sein Vermögen vor dem Zugriff des Sozialhilfeträgers zu schützen. Zu diesem Zweck setzt der Erblasser sein behindertes Kind lediglich zum Vorerben ein. Der Erbteil wird dabei so bemessen, dass er knapp über dem Pflichtteil liegt. Nacherbe wird ein anderes Familienmitglied, das bis zum Tod des Kindes dessen Dauertestamentsvollstrecker und gleichzeitig Vollerbe des übrigen Nachlasses ist. Da der auf das behinderte Kind entfallende Erbteil über dem Pflichtteil liegt, ist die Beschwerung durch Einsetzung eines Nacherben und Anordnung der Testamentsvollstreckung

199

---

502 BGHZ 111, 36, 39; 123, 368, 371; 140, 118 = NJW 1999, 566, 568; BVerfGE 91, 346, 358.
503 BGHZ 111, 36, 40; 140, 118, 129 = NJW 1999, 566, 568 f.; OLG Düsseldorf FamRZ 1998, 583 f.
504 Vgl. BGHZ 111, 36, 40; BayObLG NJW 1990, 2055, 2056 f.; *Brox*, Erbrecht, Rn 258; *Olzen*, Erbrecht, Rn 260.
505 BGH NJW 1997, 2384.
506 So auch BGHZ 20, 71, 73 ff.; BayObLG ZEV 1997, 119, 120; OLG Stuttgart ZEV 1998, 185, 186; RGRK/*Krüger-Nieland/Zöller*, § 138 Rn 24; in BGHZ 140, 118, 128 offen gelassen; a.A. OLG Hamm OLGZ 1979, 425, 427 f.; Bamberger/Roth/*Wendtland*, § 138 Rn 28; Erman/*Palm*, § 138 Rn 60;
Soergel/*Hefermehl*, § 138 Rn 44; Staudinger/*Sack*, § 138 Rn 87.
507 BGHZ 112, 259, 262.
508 BGHZ 53, 369, 379; BGH FamRZ 1971, 638, 639; Staudinger/*Sack*, § 138 Rn 441.
509 OLG Düsseldorf FamRZ 1998, 583.
510 Staudinger/*Sack*, § 138 Rn 445; MüKo/*Armbrüster*, § 1 ProstG Rn 24.
511 BGH NJW 1983, 674, 675 f.
512 Staudinger/*Sack*, § 138 Rn 443.
513 BGHZ 111, 36 = NJW 1990, 2055; BGHZ 123, 368 = NJW 1994, 248; ebenso Palandt/*Heinrichs*, § 138 Rn 50a; *Lange/Kuchinke*, Erbrecht, § 35 IV 6d.

nicht nach § 2306 Abs. 1 S. 1 unwirksam. Wegen der Dauervollstreckung (§ 2209) ist der Sozialhilfeträger zu Lebzeiten des Kindes gehindert, auf die Vorerbschaft Zugriff zu nehmen. Nach dem Tod des Kindes scheitern Ansprüche des Sozialhilfeträgers daran, dass das Kind als Vorerbe kein eigenes Vermögen hinterlässt. Der Nachlass ist damit für den Sozialhilfeträger gesperrt.[514] Die Rechtsprechung ist in der Literatur teilweise auf starke Kritik gestoßen.[515] Dabei wird darauf hingewiesen, dass die Erbmasse dem Sozialhilfeträger nach dem **Subsidiaritätsprinzip** jedenfalls nach dem Tod des Kindes zur Verfügung stehen müsse, da die Gestaltung dann nicht mehr dem Schutz des Behinderten, sondern nur noch der Vermögensmehrung des Nacherben diene.[516] Dem ist jedoch entgegenzuhalten, dass das Subsidiaritätsprinzip grundsätzlich nur für das Vermögen des Hilfeempfängers selbst gilt, nicht aber für das Vermögen seiner Verwandten.[517]

200 **d) Ebenbürtigkeitsklauseln.** Eine sog. Ebenbürtigkeitsklausel, nach der von den Abkömmlingen des Erblassers nur erben kann, wer aus einer **ebenbürtigen Ehe** stammt oder in einer ebenbürtigen Ehe lebt, ist nach Ansicht des BGH **wirksam**, wenn der Erblasser bei der Vererbung des von der Herkunft der Familie geprägten Nachlasses entsprechend der Familientradition auf den Rang seiner Familie Wert legt. Der Eingriff in die grundrechtlich geschützte **Eheschließungsfreiheit** der Abkömmlinge des Erblassers und die Diskriminierung nach Abstammung und Herkunft (Art. 3 Abs. 3 GG) sei vor dem Hintergrund der Testierfreiheit hinzunehmen, wenn die letztwillige Verfügung nicht auf die Beeinträchtigung dieser Grundrechte, sondern auf die Durchsetzung der beschriebenen Ziele gerichtet sei.[518] Das BVerfG hat diese Entscheidung wegen Verletzung des Art. 6 Abs. 1 GG aufgehoben. Dabei hat es zu Recht darauf hingewiesen, dass es in der heutigen Zeit zweifelhaft sei, ob die vom Erblasser intendierte Wahrung des Ebenbürtigkeitsprinzips einen Eingriff in die Eheschließungsfreiheit rechtfertigen könne.[519]

6. Gesellschaftsrecht

Literatur: *Grunewald*, Gesellschaftsrecht, 6. Auflage 2003; *Mecklenbrauck*, Abfindungsbeschränkungen in Gesellschaftsverträgen, BB 2000, 2001; *K. Schmidt*, Gesellschaftsrecht, 4. Auflage 2002; *Weber/Hikel*, Die Wirksamkeit von „Hinauskündigungsklauseln" im Recht der Personenhandelsgesellschaften, NJW 1986, 2752; *H. P. Westermann*, Konzernverrechnungsklauseln, WM-Beil. 2/1986, 2, 9.

201 **a) Allgemeines.** Die Sittenwidrigkeit von Rechtsgeschäften beurteilt sich auch im Gesellschaftsrecht nach Abs. 1, sofern nicht speziellere Vorschriften (dazu Rn 31 f.) einschlägig sind. Die Frage der Sittenwidrigkeit stellt sich dabei auf **verschiedenen Ebenen**: Zum einen bestehen aufgrund des Gesellschaftsvertrages zwischen der Gesellschaft und den Gesellschaftern Rechtsbeziehungen, zum anderen stehen die Gesellschafter untereinander in einer rechtlichen Verbindung. Schließlich geht die Gesellschaft im Außenverhältnis mit Dritten Rechtsgeschäfte ein.

202 In seiner Gesamtheit ist der Gesellschaftsvertrag und mit ihm die Gesellschaft als solche **von Anfang an nichtig**, wenn er seinem Inhalt nach auf die Verwirklichung eines sittenwidrigen Tatbestandes gerichtet ist, der **Zweck der Gesellschaft** also für sittenwidrig zu erachten ist (vgl. Rn 133).[520] Ist der Gesellschaftsvertrag aus anderen Gründen sittenwidrig, so wird er nach den Grundsätzen über die fehlerhafte Gesellschaft im Allgemeinen nur mit **Wirkung für die Zukunft** als nichtig angesehen.[521] Hier überwiegt nämlich das Interesse an der Vermeidung einer komplizierten Rückabwicklung. Ausnahmsweise wird der Gesellschaftsvertrag jedoch als von Anfang an nichtig betrachtet, wenn er gewichtige Interessen der Allgemeinheit oder einzelner schutzwürdiger Personen verletzt.[522]

203 **b) Das Verhältnis von Gesellschaft und Gesellschaftern. aa) Ausschlussklauseln.** Gesellschaftsvertragliche Klauseln, nach denen ein Gesellschafter **ohne Vorliegen eines wichtigen Grundes** (z.B. nach freiem Ermessen) von den übrigen Gesellschaftern aus der Gesellschaft **ausgeschlossen** bzw. **„hinausgekündigt"** werden kann, sind grundsätzlich nach Abs. 1 nichtig. Solche Klauseln begründen nämlich die Gefahr, dass der betroffene Gesellschafter sich bei den Entscheidungen, die er im Rahmen des Gesellschafts-

---

514 Zu den Einzelheiten vgl. *Olzen*, Erbrecht, Rn 264; *Joussen*, NJW 2003, 1851.
515 Vgl. etwa MüKo/*Mayer-Maly/Armbrüster*, § 138 Rn 45; *Eichenhofer*, JZ 1999, 226, 232 f.; Staudinger/*Sack*, § 138 Rn 365.
516 Staudinger/*Sack*, § 138 Rn 365.
517 So zutr. BGHZ 111, 36, 42; 123, 368, 374; *Lange/Kuchinke*, § 35 IV 6d.
518 BGHZ 140, 118, 132 ff. = NJW 1999, 566, 568 ff.; im gleichen Sinne BayObLG FamRZ 2000, 380; BVerfG NJW 2000, 2495; krit. hingegen *A. Staudinger*, Jura 2000, 467 ff.
519 BVerfG NJW 2004, 2008, 2010 = FamRZ 2004, 765 m. Anm. *Staudinger*.
520 BGH WM 1966, 736; NJW 1967, 36, 39; 1970, 1540, 1541; 1973, 900; NJW-RR 2003, 1116; Erman/*Palm*, § 138 Rn 115.
521 RGZ 123, 102, 107 f.; 124, 279, 287 f.; 142, 98, 102 f.; BGH WM 1973, 900, 901; Staudinger/*Sack*, § 138 Rn 108.
522 BGHZ 3, 285, 288; 26, 330, 335; Staudinger/*Sack*, § 138 Rn 108.

vertrages zu treffen hat, von der Erwägung leiten lässt, einen Ausschluss möglichst zu vermeiden. Es wird damit also ein **unzulässiger Druck** auf die Entscheidungsfreiheit des Betreffenden ausgeübt.[523] Eine andere Beurteilung kann allenfalls aufgrund außergewöhnlicher Umstände gerechtfertigt sein.[524] Die genauen Voraussetzungen sind aber noch nicht abschließend geklärt. Der BGH hat in einer älteren Entscheidung darauf abgestellt, dass der ausgeschlossene Gesellschafter seinen Gesellschaftsanteil **unentgeltlich** erhalten habe.[525] Dem wird jedoch zu Recht entgegengehalten, dass die unentgeltliche Zuwendung eines Gesellschaftsanteils den Beschenkten nicht zum Gesellschafter „zweiter Klasse" machen dürfe.[526] Knüpft das Ausschluss- oder Kündigungsrecht an einen **festen Tatbestand** (z.B. Tod eines Mitgesellschafters) an, so soll die Sittenwidrigkeit regelmäßig entfallen, weil dann für willkürliche Entscheidungen der berechtigten Gesellschafter weniger Raum sei.[527] Ein **zeitlich unbefristetes** Kündigungsrecht gegenüber den Erben des verstorbenen Mitgesellschafters wird dagegen regelmäßig nach Abs. 1 nichtig sein.[528]

bb) Abfindungsklauseln. Zahlreiche Bestimmungen sehen beim Ausscheiden eines Gesellschafters aus einer Gesellschaft vor, dass dieser eine **Abfindung** erhält (vgl. § 738 Abs. 1 S. 2 i.V.m. §§ 105 Abs. 3, 161 Abs. 2 HGB). Solche Abfindungen stellen jedoch häufig eine erhebliche Belastung für die Gesellschaft dar, so dass sich in Gesellschaftsverträgen vielfach abweichende Vereinbarungen finden.[529] Dies ist im Grundsatz zulässig.[530] Um eine **übermäßige zeitliche Bindung** an die Gesellschaft und eine unzulässige **Beschränkung des Kündigungsrechtes** zu verhindern, ist der vollständige Ausschluss des Abfindungsanspruchs eines ausscheidenden Gesellschafters aber regelmäßig als sittenwidrig zu qualifizieren.[531] Das Gleiche gilt bei einem erheblichen Missverhältnis zwischen Abfindungsanspruch und tatsächlichem Verkehrswert des Gesellschaftsanteils.[532] Ansonsten sind in die Bewertung die Umstände des Einzelfalls einzubeziehen. Zu diesen Umständen gehören beispielsweise die Dauer der Mitgliedschaft des ausgeschiedenen Gesellschafters und sein Anteil am Aufbau und Erfolg des Unternehmens.[533] 204

Etwas anderes ergibt sich jedoch, falls die Gesellschaft eine **ideelle Zielsetzung** hat. Da die Gesellschafter hier nicht das Ziel haben, ihre persönliche wirtschaftliche Situation zu verbessern, kann der Ausschluss des Abfindungsanspruchs nicht unter dem Aspekt der Einschränkung der wirtschaftlichen Freiheit missbilligt werden.[534] 205

Ein **nachträglich** auftretendes Missverhältnis zwischen der Abfindung und dem tatsächlichen Wert des Gesellschaftsanteils führt nicht zur Unwirksamkeit der Vereinbarung.[535] In krassen Fällen kommt aber eine **Anpassung der Vereinbarung** durch ergänzende Vertragsauslegung, Ausübungskontrolle gemäß § 242 oder Anwendung der Grundsätze über die Störung der Geschäftsgrundlage (§ 313) in Betracht (vgl. Rn 127).[536] 206

Grundsätzlich zulässig sind sog. **Buchwertklauseln**.[537] Die Rechtsprechung greift aber auf Abs. 1 zurück, wenn die Abfindung erheblich unter dem tatsächlichen Anteilswert liegt.[538] Soweit die Diskrepanz zwischen Buchwert und tatsächlichem Wert auf **nachträglichen** Veränderungen beruht, ist eine **Vertragsanpassung** indes auch hier vorzugswürdig.[539] 207

---

523 Vgl. BGHZ 81, 263, 267; BGHZ 105, 213, 217; Soergel/*Hefermehl*, § 138 Rn 140; ausf. dazu *K. Schmidt*, GesR, § 50 III 3.
524 BGHZ 68, 212, 215; 81, 263, 269; 105, 213, 217; WM 1996, 133, 135; MüKo/*Mayer-Maly/Armbrüster*, § 138 Rn 82; Staudinger/*Sack*, § 138 Rn 378.
525 BGHZ 34, 80, 83 = NJW 1961, 504, 505; Soergel/*Hefermehl*, § 138 Rn 140; Staudinger/*Sack*, § 138 Rn 379.
526 So *K. Schmidt*, GesR, § 50 III 3a; dem folgend MüKo/*Mayer-Maly/Armbrüster*, § 138 Rn 82; vgl. auch BGHZ 112, 40, 48 = NJW 1990, 2616; BGH NJW 1989, 2685, 2686.
527 BGHZ 105, 213, 217 ff.
528 BGHZ 105, 213, 218 f.; weiter gehend noch BGH LM 24 Bb zu § 138 = MDR 1968, 565.
529 *Mecklenbrauck*, BB 2000, 2001; *Piltz*, BB 1994, 1021.
530 BGH NJW 1993, 2101, 2102; BGHZ 135, 387, 389 f.; Palandt/*Heinrichs*, § 138 Rn 85; Staudinger/*Sack*, § 138 Rn 367; *K. Schmidt*, GesR, § 50 IV 2c.
531 MüKo/*Mayer-Maly/Armbrüster*, § 138 Rn 81; Soergel/*Hefermehl*, § 138 Rn 140; Staudinger/*Sack*, § 138 Rn 367.
532 BGHZ 116, 359, 369 = NJW 1992, 892; BGH NJW 1993, 2101, 2102.
533 BGH NJW 1993, 2101, 2102 m.w.N.
534 BGHZ 135, 387, 390 f.
535 BGH NJW 1993, 2101, 2102; BGHZ 123, 281 = NJW 1993, 3193; *K. Schmidt*, GesR, § 50 IV 2c dd; *Mecklenbrauck*, BB 2000, 2001, 2003.
536 BGH NJW 1993, 2101, 2102; NJW 1993, 3193; zu einer ähnlichen Argumentation bei der Problematik der entgeltlichen Anteilsübernahme vgl. BGH NJW 1994, 2536, 2539.
537 BGH NJW 1989, 2685, 2686; 1989, 3272; 1992, 892, 894; MüKo/*Mayer-Maly/Armbrüster*, § 138 Rn 81; vgl. hierzu auch *Ebenroth/Müller*, BB 1993, 1153, 1154 f.
538 BGH NJW 1979, 104; 1985, 192, 193.
539 So auch MüKo/*Mayer-Maly/Armbrüster*, § 138 Rn 81; Staudinger/*Sack*, § 138 Rn 371; *K. Schmidt*, GesR, § 50 IV 2c ee.

208 Unter dem Aspekt der **Gläubigergefährdung** sind Abfindungsbeschränkungen sittenwidrig, wenn sie nur für den Fall gelten, dass der ausscheidende Gesellschafter Insolvenz anmeldet oder dass dessen persönliche Gläubiger auf das Gesellschaftsvermögen zugreifen wollen.[540]

209 Wird die Unwirksamkeit einer Abfindungsklausel festgestellt, so tritt an deren Stelle nicht die gesetzliche Regelung des § 738; vielmehr muss man sich bei der **Lückenfüllung** möglichst weit am Willen der Gesellschafter orientieren.[541] Der BGH spricht hier von ergänzender Vertragsauslegung.[542] Aus methodischer Sicht dürfte es sich aber eher um eine geltungserhaltende Reduktion handeln (vgl. § 157 Rn 50).[543]

210 **cc) Stimmenthaltungsgebot.** Sittenwidrig ist eine Klausel, die das Stimmenthaltungsgebot (z.B. bei Entlastungsbeschlüssen) verletzt (vgl. auch § 134 Rn 166).[544] Denn anderenfalls müssten sich die **übrigen Gesellschafter** in die Hand dessen begeben, der sie möglicherweise geschädigt hat.[545]

211 **c) Das Verhältnis der Gesellschafter untereinander.** Bei einem **Stimmenpool** handelt es sich um die Vereinbarung zwischen den Gesellschaftern, ihre Stimme einheitlich abzugeben. Dies ist grundsätzlich zulässig, da jedem Gesellschafter die **Freiheit** bleibt, die Stimmrechtsausübung nach seinen Vorstellungen zu beeinflussen.[546]

212 Sittenwidrig sind Vereinbarungen zwischen den Gesellschaftern einer OHG, die einen Gesellschafter verpflichten, seine Anteile auf Lebenszeit mit allen Gesellschafterrechten einem **Treuhänder** zu übertragen, wenn der betroffene Gesellschafter den Treuhänder weder abberufen noch durch Weisungen lenken kann.[547] Die Sittenwidrigkeit ergibt sich daraus, dass der Gesellschafter seine **wirtschaftliche Bewegungsfreiheit verliert** und gleichwohl nach § 128 HGB weiter **persönlich** für die Verbindlichkeiten der Gesellschaft einstehen muss.[548]

213 **d) Das Verhältnis von Gesellschaft und Gesellschaftern zu Dritten. aa) Stimmbindungsverträge.** **Stimmbindungsverträge**, bei denen sich ein Gesellschafter verpflichtet, nach der **Weisung eines Dritten** abzustimmen, sind jedenfalls dann **nicht sittenwidrig**, wenn sie sich nur auf einen einzelnen Beschlussgegenstand beziehen.[549] Grundsätzlich unzulässig sind jedoch thematisch umfassende Stimmbindungsverträge, die nicht widerruflich sind.[550] Die Missbilligung beruht auf der Erwägung, dass die Mitverwaltungsrechte eines Gesellschafters mit Rücksicht auf das **Abspaltungsverbot und den Grundsatz der Verbandssouveränität** nicht von der Gesellschafterstellung getrennt werden dürfen. Umfassende Stimmverträge sind allerdings wirksam, wenn den Gesellschaftern die Möglichkeit bleibt, jederzeit nach ihren eigenen Interessen abzustimmen, und die Mitgesellschafter der Abrede zugestimmt haben.[551]

214 Sittenwidrig ist auch die Verpflichtung gegenüber einem Dritten, nach dessen **Weisung** abzustimmen, sofern sich diese Verpflichtung auch auf den Fall erstreckt, dass die Stimmausübung die gesellschaftsrechtliche Treuepflicht verletzt.[552]

215 **bb) Konzernverrechnungsklausel.** Eine **Konzernverrechnungsklausel** soll dem Begünstigten ermöglichen, mit Forderungen anderer zum Konzern gehörender Gesellschaften aufzurechnen.[553] Zwei Modelle sind hier zu unterscheiden. Zum einen kann vereinbart werden, dass ein Konzernunternehmen gegen die Forderung seines Vertragspartners (z.B. Lieferanten) mit der Forderung eines anderen Konzernunternehmens aufrechnen kann. Zum anderen kann sich der Begünstigte das Recht einräumen lassen, mit seinen Forderungen gegen den Vertragspartner gegen dessen Forderungen gegenüber anderen Konzernunternehmen aufzurechnen.[554] Der Vorwurf der Sittenwidrigkeit könnte sich für das erste Modell aus einer **Knebelung** des Vertragspartners ergeben. Da die wirtschaftliche Freiheit des Lieferanten nicht so weit eingeschränkt wird, dass er seine **geschäftliche Selbständigkeit** verliert, liegen die Voraussetzungen der Knebelung indes

---

540 Staudinger/*Sack*, § 138 Rn 377.
541 BGH NJW 1985, 192, 193; anders noch BGH NJW 1979, 104.
542 BGH NJW 1985, 192, 193; vgl. auch BGHZ 123, 281, 284 ff.
543 So auch Staudinger/*Sack*, § 138 Rn 373; vgl. aber auch *K. Schmidt*, GesR, § 50 IV 2c dd, der von einer „am Maßstab von Treu und Glauben und § 157 orientierten geltungserhaltenden Reduktion der Abfindungsklausel" spricht.
544 BGH WM 1980, 649, 650; BGHZ 108, 21, 27; Staudinger/*Sack*, § 138 Rn 385.
545 BGHZ 108, 21, 27 f.
546 *Grunewald*, GesR, 1 A Rn 74 für die GbR.
547 BGHZ 44, 158, 160 f.; Palandt/*Heinrichs*, § 138 Rn 85.
548 BGHZ 44, 158, 161.
549 RGZ 161, 296, 300; BGH NJW 1951, 268; Palandt/*Heinrichs*, § 138 Rn 99; Staudinger/*Sack*, § 138 Rn 385; *Grunewald*, GesR, 1 A Rn 71 für die GbR.
550 *Grunewald*, GesR, 1 A Rn 70, 73 für die GbR.
551 *Grunewald*, GesR, 1 A Rn 73 für die GbR.
552 MüKo/*Mayer-Maly/Armbrüster*, § 138 Rn 83; nach *K. Schmidt*, GesR, § 21 II 4a steht dem gebundenen Gesellschafter in diesem Fall ein Leistungsverweigerungsrecht zu.
553 Palandt/*Heinrichs*, § 387 Rn 22.
554 *H. P. Westermann*, WM-Beil. 2/1986, 2, 3.

nicht vor.[555] Der Gedanke der **Gläubigergefährdung** kann bei keinem Modell die Sittenwidrigkeit der Klausel begründen. Durch die Aufrechnung wird den anderen Gläubigern zwar die Forderung des Lieferanten entzogen, dies muss jedoch grundsätzlich als Teil der wirtschaftlichen Dispositionsfreiheit des Lieferanten akzeptiert werden.[556]

7. Gewerblicher Rechtsschutz. Im Gewerblichen Rechtsschutz wird das Problem der Sittenwidrigkeit in Sondervorschriften behandelt (vgl. § 8 Abs. 2 Nr. 5 MarkenG). Daneben bleiben jedoch andere Vorschriften anwendbar, § 2 MarkenG, also auch § 138. Eine eigenständige Bedeutung hat die allgemeine Regelung über die Sittenwidrigkeit allerdings nur in wenigen Bereichen. So ist es nach Abs. 1 sittenwidrig, eine Internet-Domain in der Hoffnung zu erwerben, der wahre Namensträger würde sie einmal benutzen und die Rechte für viel Geld kaufen wollen.[557] Dieser Fall des **Domain-Grabbing** stellt eine missbilligte Kommerzialisierung von Immaterialgütern dar. Vereinbarungen zwischen dem Lizenznehmer und dem Inhaber eines gewerblichen Schutzrechtes, das lizenzierte Recht nicht im Wege der Nichtigkeitsklage anzugreifen (sog. **Nichtangriffsabreden**), sind in der Regel nicht nach Abs. 1 sittenwidrig.[558]

216

8. Handelsrecht. Im Bereich des Handelsrechts wird die Frage der Sittenwidrigkeit vor allem im Zusammenhang mit **Wettbewerbsverboten** gegenüber Handlungsgehilfen, Handelsvertretern, Auszubildenden und anderen gewerblichen Arbeitnehmern relevant. Vgl. dazu Rn 345 ff.

217

9. Kaufverträge. a) Auffälliges Missverhältnis von Leistung und Gegenleistung. Im Kaufrecht kommt die Annahme der Sittenwidrigkeit insbesondere bei wucherischen und wucherähnlichen Geschäften (siehe Rn 223) in Betracht. Im Vordergrund steht damit die Frage, wann ein **auffälliges Missverhältnis** (dazu Rn 361 ff.) zwischen dem Wert der Kaufsache und dem vereinbarten Kaufpreis vorliegt. Nach der Rechtsprechung des BGH ist ein besonders auffälliges, grobes Missverhältnis regelmäßig schon dann anzunehmen, wenn der Wert der Leistung knapp doppelt so hoch ist wie derjenige der Gegenleistung.[559] Ein solches **Missverhältnis von ca. 100%** kann schon für sich genommen den Schluss auf eine verwerfliche Gesinnung des Begünstigten rechtfertigen.[560] Hierbei handelt es sich aber um keine starre Grenze,[561] sondern um einen für die Bedürfnisse der Praxis geschaffenen Richtwert.[562] So kann insbesondere bei hohen absoluten Kaufpreisen auch eine geringere Überteuerung die Sittenwidrigkeit indizieren.[563]

218

b) Haustürgeschäfte. Unabhängig vom Wertverhältnis kommt eine Sittenwidrigkeit von Kaufverträgen auch dort in Betracht, wo der Verkäufer den Käufer im Rahmen von Warenpräsentationen, Kaffeefahrten oder ähnlichen Verkaufsveranstaltungen durch **Anwendung psychologischen Drucks** zum Kauf von Ware bewegt wird, die für den Käufer wertlos ist bzw. deren Bezahlung den Käufer finanziell überfordert.[564] Dies ist z.B. dann der Fall, wenn der Verkäufer in einer allein an Spätaussiedler gerichteten, in russischer Sprache durchgeführten Verkaufsveranstaltung eine kaum der deutschen Sprache mächtige Rentnerin mit einem Monatsnettoeinkommen von 1.400 DM einen in deutscher Sprache aufgesetzten Kaufvertrag über den Erwerb von mehreren Bettdecken zum Preis von 3.500 DM unterschreiben lässt.[565] Das Gleiche gilt für den Fall, dass der Kunde an der Haustür überredet wird, für 20.000 DM Möbel zu kaufen.[566] Angesichts der Sittenwidrigkeit des Vertrages ist ein Rückgriff auf § 312 in solchen Fällen entbehrlich.[567]

219

c) Sonstige Fälle. Als sittenwidrig sind des Weiteren Kaufverträge einzustufen, die der **Vorbereitung oder Förderung strafbarer Handlungen** dienen. So sind Kaufverträge über die Lieferung eines Kfz-Radarwarngerätes sittenwidrig, da hierdurch die Begehung von Ordnungswidrigkeiten und Straftaten im

220

---

555 Vgl. *H. P. Westermann*, WM-Beil. 2/1986, 2, 9.
556 Vgl. *H. P. Westermann*, WM Beil. 2/1986, 2, 10 im Anschluss an BGHZ 19, 12, 18. Für Wirksamkeit solcher Klauseln auch MüKo/*Mayer-Maly/ Armbrüster*, § 138 Rn 83.
557 LG Frankfurt NJW-RR 1998, 999, 1000 f.; Jauernig/ *Jauernig*, § 138 Rn 18; MüKo/*Mayer-Maly/ Armbrüster*, § 138 Rn 127.
558 Soergel/*Hefermehl*, § 138 Rn 204.
559 BGH WM 1980, 597; NJW-RR 1991, 589; 1998, 1065; NJW 2000, 1254, 1255; vgl. auch Erman/ *Palm*, § 138 Rn 127.
560 BGH NJW-RR 1998, 1065, 1067.
561 BGH NJW 1979, 758: Überschreitung um das 2,5-fache nicht sittenwidrig.
562 BGH NJW-RR 1998, 1065.
563 OLG Nürnberg BB 1996, 659.
564 LG Bremen NJW-RR 1998, 570; OLG Hamm JMBl NRW 1974, 32; AG Siegen NJW-RR 2000, 1653; vgl. auch OLG Frankfurt NJW-RR 1988, 501; KG MDR 1984, 405.
565 AG Siegen NJW-RR 2000, 1653.
566 BGH NJW 1988, 1373; vgl. auch OLG Frankfurt NJW-RR 1988, 501: Haustürgeschäft mit 81-jährigem, erkennbar krankem Hauseigentümer über Fassadenanstrich für 14.000 DM.
567 Staudinger/*Sack*, § 138 Rn 168. Haustürgeschäfte sind indes keineswegs von vornherein sittenwidrig. Im Übrigen sorgt aber § 312 für einen angemessenen Schutz des Verbrauchers; vgl. BGH ZIP 1988, 582; OLG Frankfurt NJW-RR 1988, 501; Erman/*Palm*, § 138 Rn 9).

Straßenverkehr geradezu herausgefordert wird.[568] Der Abschluss eines Kaufvertrages über ein **Telefonsexvermittlungsunternehmen** soll jedenfalls dann sittenwidrig sein, wenn der vereinbarte Kaufpreis in einem Missverhältnis zur Leistung steht.[569] Dagegen sind Kaufverträge über **pornographische Publikationen** nicht ohne weiteres sittenwidrig, jedenfalls soweit sie die strafrechtliche Grenze des § 184 StGB nicht überschreiten.[570] Sittenwidrig ist schließlich der „Kauf" von **öffentlichen Ämtern** sowie **Titeln und Orden**.[571]

221 Vertragliche **Beschränkungen im Hinblick auf die Verwendung des Kaufgegenstandes** durch den Käufer sind grundsätzlich zulässig, wenn sich nicht ausnahmsweise Anhaltspunkte für eine sittenwidrige Knebelung des Käufers ergeben. So ist es nicht zu beanstanden, wenn sich eine Gemeinde in einem Grundstückskaufvertrag ein Rücktrittsrecht für den Fall vorbehält, dass der Käufer auf dem Grundstück keine Kurpension betreibt.[572] Die Vereinbarung eines „Zuchtmietvertrages" über einen Hund, auf den der Verkäufer zu Zuchtzwecken weiter zugreifen will, ist nicht sittenwidrig, selbst wenn sie gegen die Statuten des Züchterverbandes verstößt.[573]

10. Kreditgeschäfte

Literatur: *Bodenbrenner*, Rechtsfolgen sittenwidriger Ratenkreditverträge, JuS 2001, 1172; *Schäfer*, Prüfungskriterien zur Sittenwidrigkeit eines Ratenkredits, BB 1990, 1139; *Steinmetz*, Sittenwidrige Ratenkreditverträge in der Rechtspraxis auf der Grundlage der BGH-Rechtsprechung, NJW 1991, 881.

222 **a) Kreditverträge aa) Darlehensverträge. (1) Das wucherähnliche Geschäft.** Darlehensverträge können insbesondere als wucherähnliche Rechtsgeschäfte wegen **überhöhter Verzinsung** nach Abs. 1 sittenwidrig sein. Zwar enthält Abs. 2 eine spezielle Regelung für Wuchergeschäfte (vgl. dazu Rn 355 ff.). Soweit dessen Voraussetzungen nicht gegeben sind, hat Abs. 1 aber **eigenständige Bedeutung**. Die Sittenwidrigkeit beruht dabei regelmäßig auf der Ausnutzung der **Machtposition des Kreditgebers** bzw. der korrespondierenden **Zwangslage des Kreditnehmers**.[574] Als objektives Element kommt die **fehlende Äquivalenz** von Leistung und Gegenleistung hinzu.[575] Bei einem Verbraucherkreditvertrag liegt zudem eine **strukturell ungleiche Verhandlungsstärke** vor.[576]

223 Nach gefestigter Rechtsprechung ist ein Vertrag **wucherähnlich**, wenn objektiv ein **auffälliges Missverhältnis** zwischen Leistung und Gegenleistung vorliegt und subjektiv eine **verwerfliche Gesinnung** des Begünstigten hervorgetreten ist, insbesondere wenn dieser die wirtschaftlich schwächere Lage des anderen Teils bei der Festlegung der Vertragsbedingungen bewusst zu seinem Vorteil ausgenutzt hat oder sich zumindest leichtfertig der Einsicht verschlossen hat, dass sich der andere Teil nur aufgrund seiner wirtschaftlich schwächeren Lage auf die nachteiligen Bedingungen eingelassen hat.[577] Für **Ratenkreditverträge mit Kreditinstituten** hat die Rechtsprechung diese Voraussetzungen näher **konkretisiert** (dazu Rn 224 ff.). Entscheidend ist aber immer eine **umfassende Würdigung** von Inhalt und Zweck des Darlehensvertrages sowie der Geschäftsumstände.[578] Nicht anwendbar sind die von der Rechtsprechung entwickelten Grundsätze auf **Gelegenheitskredite** von nicht gewerbsmäßigen Kreditgebern.[579] Zu den Auswirkungen der Sittenwidrigkeit des Darlehensvertrags auf eine **Grundschuldbestellung** siehe Rn 281; zur **bereicherungsrechtlichen Abwicklung** sittenwidriger Ratenkreditverträge Rn 230 ff.

224 **(2) Objektive Sittenwidrigkeit.** Ob bei einem Ratenkreditvertrag ein auffälliges Missverhältnis zwischen Leistung und Gegenleistung vorliegt, ist in erster Linie durch einen **Vergleich zwischen vertraglich festgelegtem effektivem Jahreszins und marktüblichem Effektivzins** zu ermitteln.[580]

225 **(a) Ermittlung der Markt- und Vertragszinsen.** Für die Ermittlung des Marktzinses ist der in den Monatsberichten der Deutschen Bundesbank ausgewiesene **Schwerpunktzins**, also der durchschnittliche Zinssatz für Ratenkredite, zum Zeitpunkt des Vertragsschlusses maßgeblich.[581] Gleiches gilt für die Prüfung

---

568 AG Berlin-Neukölln NJW 1995, 2173; LG Bonn NJW 1998, 2681; a.A. LG München I NJW 1999, 2600.
569 OLG Düsseldorf NJW-RR 1991, 246.
570 OLG Hamburg GRUR 1980, 998; MDR 1975, 226, 227; Soergel/*Hefermehl*, § 138 Rn 213; Staudinger/*Sack* § 138 Rn 94 vgl. auch BGH NJW 1981, 1439 zur Sittenwidrigkeit eines pornografischen Spielfilmverleihs (offen gelassen).
571 Vgl. BGH NJW 1994, 187; OLG Stuttgart NJW 1996, 665; Erman/*Palm*, § 138 Rn 70; MüKo/*Mayer-Maly/Armbrüster*, § 138 Rn 127.
572 BGH WM 1984, 1252.
573 LG Fulda NJW-RR 1993, 886, 887.
574 Vgl. MüKo/*Mayer-Maly/Armbrüster*, § 138 Rn 35.
575 MüKo/*Mayer-Maly/Armbrüster*, § 138 Rn112; Soergel/*Hefermehl*, § 138 Rn 99.
576 Vgl. Staudinger/*Blaschczok*, § 246 Rn 105.
577 Vgl. nur BGHZ 80, 153, 160; 128, 256, 257.
578 Vgl. *Schäfer*, BB 1990, 1139, 1140.
579 BGH NJW-RR 1990, 1199, 1200; NJW 1994, 1056, 1057; Erman/*Palm*, § 138 Rn 96; Staudinger/*Sack*, § 138 Rn 187.
580 Vgl. nur BGHZ 104, 102, 104; 110, 336, 338.
581 BGHZ 80, 153, 162; BGH NJW-RR 2000, 1431, 1432; Erman/*Palm*, § 138 Rn 96; Palandt/*Heinrichs*, § 138 Rn 26; Soergel/*Hefermehl*, § 138 Rn 94; zur Kritik vgl. nur Staudinger/*Blaschczok*, § 246 Rn 125.

eines **Kontokorrentkredits** mit variablem Zinssatz und festen Rückzahlungs(mindest)raten (oft mit der Bezeichnung „Idealkredit"). Der Vertragszins ist dann auf der Grundlage des anfänglichen Nominalzinses zu berechnen.[582] Bei Gewährung eines **Zusatzkredits** wird der Zinsvergleich in der Weise durchgeführt, dass die Gesamtkosten der Nachfinanzierung denjenigen Kosten gegenübergestellt werden, die für den Kreditnehmer bei Beendigung des bisherigen Kreditvertrags und anschließender Eingehung eines neuen Kreditverhältnisses zu marktüblichen Bedingungen zwecks Ablösung des alten Kredits und Deckung des Neubedarfs entstanden wären.[583] Bei **grundpfandrechtlich abgesicherten Darlehen** dürfen die Angaben in den Monatsberichten der Deutschen Bundesbank für Hypothekenkredite auf Wohngrundstücke nur dann herangezogen werden, wenn die Kreditvaluta nicht mehr als 80% des Verkehrswertes des belasteten Grundstücks ausmacht.[584]

Durch Kosten, die im Zusammenhang mit der Kreditvergabe entstehen, können sich die zu vergleichenden Zinswerte erhöhen. So sind **Bearbeitungsgebühren und ähnliche Gebühren** bei der Berechnung des **Marktzinses** zu berücksichtigen.[585] **Kreditvermittlungskosten** werden bei Verbraucherkrediten im Rahmen des **Vertragszinses**, nicht jedoch des Marktzinses, in die Berechnung einbezogen, soweit die Vermittlungstätigkeit im Interesse des Kreditgebers erfolgt.[586] In der Regel stellt der Einsatz von Vermittlern für den Kreditgeber einen Vorteil dar, insbesondere wenn sie als Ersatz für ein nicht flächendeckendes Filialnetz dienen.[587] Ausnahmsweise erfolgt die Vermittlungstätigkeit jedoch im Interesse des Darlehensnehmers, z.B. bei erbetenen Hausbesuchen oder der Kreditvermittlung für kreditunwürdige Kunden.[588] Nicht einzubeziehen sind Vermittlungskosten außerdem, wenn die Bank von der Einschaltung des Vermittlers nichts weiß.[589] Die Kosten einer **Restschuldversicherung** sind nach neuerer Rechtsprechung weder für die Berechnung des Vertragszinses noch des Marktzinses relevant, weil der Abschluss einer solchen Versicherung den Interessen beider Parteien dient.[590]

226

Die **Berechnung** des Markt- sowie des Vertragszinses unter Berücksichtigung der einzubeziehenden Kosten erfolgt bei Krediten mit einer Laufzeit bis 48 Monate nach der zu Annäherungswerten führenden sog. **Uniformmethode** anhand der Formel 2400 x Gesamtkosten = Nettokredit x (Laufzeit in Monaten + 1).[591] Im Übrigen wird oft die zu finanzmathematisch präziseren Ergebnissen führende Tabelle von *Sièvi/Gillardon/Sièvi*[592] herangezogen.[593] Da die Sittenwidrigkeitsprüfung in erster Linie eine wertende Betrachtung erfordert, ist die Verwendung von Annäherungswerten jedoch ausreichend.[594]

227

(b) Vergleich. Auf der Grundlage der ermittelten Markt- und Vertragszinsen ist in einem zweiten Schritt der Vergleich durchzuführen. Bezugspunkte sind entweder der **relative Zinsunterschied** oder die **absoluten Prozentpunkte**. Ein auffälliges Missverhältnis liegt nach ständiger Rechtsprechung vor, wenn der Vertragszins den Marktzins **relativ** um **rund 100%**[595] oder **absolut** um **12 Prozentpunkte**[596] übersteigt. Dabei handelt es sich jeweils um **Richtwerte**.[597] Entscheidend ist letztlich wieder die **Gesamtwürdigung** der Geschäftsumstände und Vertragsbedingungen.[598] Die Sittenwidrigkeit kann deshalb auch bei einem relativen Zinsunterschied von **90–100%** und einer absoluten Zinsdifferenz von unter 12 Prozentpunkten bejaht werden, wenn die **sonstigen Kreditbedingungen** für den Kreditnehmer **untragbar** sind.[599] Solche besonders belastenden Kreditbedingungen finden sich häufig in den AGB, die dann Indizwirkung für die Sittenwidrigkeit nach Abs. 1 entfalten.[600] So können Klauseln, die für den Verzugsfall übermäßige Belastun-

228

---

582 BGH NJW 1991, 832, 833.
583 BGH NJW 1990, 1599, 1600.
584 BGH NJW-RR 2000, 1431, 1432.
585 BGHZ 128, 255, 264; Palandt/*Heinrichs*, § 138 Rn 26; Soergel/*Hefermehl*, § 138 Rn 91; Staudinger/*Blaschczok*, § 246 Rn 111 f.
586 Erstmals BGH NJW 1987, 181; außerdem BGHZ 104, 102, 104 = NJW 1988, 1659.
587 BGH NJW 1987, 181; Soergel/*Hefermehl*, § 138 Rn 89; Staudinger/*Sack*, § 138 Rn 183.
588 BGH ZIP 2002, 563, 565 (Risikofinanzierung); Soergel/*Hefermehl*, § 138 Rn 89.
589 BGH NJW-RR 1988, 236.
590 BGHZ 99, 333, 336; BGH NJW 1988, 1661, 1662; MüKo/*Mayer-Maly/Armbrüster*, § 138 Rn 119; Staudinger/*Sack*, § 138 Rn 183; differenzierend Staudinger/*Blaschczok*, § 246 Rn 117.
591 Vgl. nur BGHZ 128, 255, 265; Erman/*Palm*, § 138 Rn 96; Soergel/*Hefermehl*, § 138 Rn 92; Staudinger/*Blaschczok*, § 246 Rn 268; *Schäfer*, BB 1990, 1139, 1142.

592 Effektivzinssätze für Ratenkredite mit monatlichen Raten, 4. Aufl. 1988.
593 BGHZ 104, 102, 104; 128, 255, 266; OLG Köln NJW-RR 1997, 1549, 1550; Bamberger/Roth/*Grothe*, § 246 Rn 7; Palandt/*Heinrichs*, § 138 Rn 26 und § 246 Rn 7 f.; *Steinmetz*, NJW 1991, 881, 882.
594 So auch Staudinger/*Blaschczok*, § 246 Rn 309.
595 BGHZ 104, 105; BGHZ 110, 336, 338.
596 BGHZ 104, 102, 106; 110, 336, 340.
597 Vgl. nur BGH NJW-RR 2000, 1431, 1432; Staudinger/*Blaschczok*, § 246 Rn 122.
598 BGHZ 80, 153, 161; BGH NJW 1987, 184, 185; WM 1989, 1718, 1719.
599 BGH NJW 1987, 696; BGHZ 104, 102, 105; *Schäfer*, BB 1990, 1139, 1143.
600 BGHZ 80, 153, 171; BGH NJW 1987, 184, 185; Erman/*Palm*, § 138 Rn 96; krit. MüKo/*Westermann*, § 607 Rn 26. Vgl. auch die Übersicht beanstandeter Klauseln bei Staudinger/*Blaschczok*, § 246 Rn 136; *Steinmetz*, NJW 1991, 881, 883.

gen des Kreditnehmers vorsehen,[601] in die Gesamtwürdigung einbezogen werden, sofern der Verzugsfall zu erwarten war.[602] Überhöhte Restschuldversicherungsprämien sind ebenso zu berücksichtigen wie unzulässig gestaffelte Mahngebühren.[603] Besonders belastend sind auch überhöhte Ablösegebühren für den Fall, dass ein Kredit vorzeitig getilgt wird.[604] Regelmäßig abzulehnen ist die Sittenwidrigkeit, wenn die Differenz **unter 90%** liegt.[605] Umgekehrt wird eine relative Zinsdifferenz von **mehr als 110%** bei Ratenkrediten verlangt, die in einer Niedrigzinsphase langfristig ohne Zinsanpassungsklausel gewährt wurden.[606]

229 **(3) Subjektive Sittenwidrigkeit.** Während es für die Prüfung der objektiven Sittenwidrigkeit unerheblich ist, ob der Kredit privater oder gewerblicher Art ist,[607] muss bei der subjektiven Komponente differenziert werden. Besteht objektiv ein auffälliges Missverhältnis zwischen Leistung und Gegenleistung, so werden die subjektiven Voraussetzungen der Sittenwidrigkeit jedenfalls beim Teilzahlungskreditgeschäft **widerleglich vermutet**, wenn der Vertrag zwischen **einem gewerblichen Kreditnehmer und einer Privatperson** geschlossen worden ist.[608] Diese Vermutung kann in der Praxis selten **widerlegt** werden.[609] Bewiesen werden muss, dass sich der Kreditnehmer nicht nur wegen seiner wirtschaftlich schwächeren Lage oder mangels Rechtskundigkeit oder Geschäftserfahrenheit auf die Kreditbedingungen eingelassen hat oder dass der Kreditgeber dies ohne Leichtfertigkeit nicht erkannt hat.[610] Die Rechtsprechung stellt hieran sehr hohe Anforderungen. So kann sich der Kreditgeber zwar darauf berufen, dass der Kreditnehmer nach der Art seiner Berufsbildung hinreichend rechts- und geschäftserfahren ist. Hierfür ist aber nicht ausreichend, dass der Kreditnehmer bereits mehrmals Kredite aufgenommen hat und die Abwicklung ordnungsgemäß erfolgte.[611] Handelt es sich um einen **Betriebskredit an einen gewerblichen oder freiberuflichen Kreditnehmer**, so gilt die Vermutung nicht.[612] Hier muss die verwerfliche Gesinnung des Kreditgebers im Einzelfall dargelegt und bewiesen werden.

230 **(4) Rechtsfolgen.** Für sittenwidrige Kreditverträge bleibt es beim grundsätzlichen **Verbot der geltungserhaltenden Reduktion** (siehe Rn 134).[613] Dies rechtfertigt sich daraus, dass der Schutz des Kreditnehmers keine (partielle) Aufrechterhaltung des Kreditvertrages erforderlich macht.

231 Ist der Kreditvertrag nichtig, so steht dem **Kreditgeber** ein Anspruch auf **Rückzahlung des Darlehens** aus § 812 Abs. 1 S. 1 Alt. 1 zu. Aus § 817 S. 2 folgt aber, dass die Rückzahlung nur zu dem vertraglich vereinbarten Termin bzw. in der vertraglich vereinbarten Zeitfolge verlangt werden kann.[614] Auf § 818 Abs. 3 kann sich der Kreditnehmer bei ersatzlosem Wegfall der Darlehensvaluta nicht berufen; die Rechtsprechung wendet hier § 819 Abs. 1 analog an, da dem Kreditnehmer die Rückzahlungspflicht aus dem Darlehensvertrag bekannt war.[615] Neben der Rückzahlung des Darlehens kann der Kreditgeber die Herausgabe der hälftigen angemessenen (also nicht einer überhöhten) **Restschuldversicherungsprämie** fordern.[616]

232 Nach der **Rechtsprechung** hat der Kreditgeber für den Zeitraum der Überlassung des Darlehens keinen Anspruch auf Zahlung eines angemessenen Zinses.[617] Dem ist jedoch entgegenzuhalten, dass eine solche „Bestrafung" des Kreditgebers über das Ziel eines effektiven Schutzes des Kreditnehmers hinausgeht. Eine **andere Ansicht** billigt dem Kreditgeber deshalb einen Anspruch auf den **angemessenen (marktüblichen) Zins** zu.[618] Da dieser Anspruch aus § 818 Abs. 2 abgeleitet werden kann, ist eine Durchbrechung des

---

601 Z.B. BGH NJW 1982, 2436, 2437; 1983, 1420, 1421; 1988, 1967, 1968; vgl. auch Staudinger/*Blaschczok*, § 246 Rn 134.
602 BGH NJW-RR 1989, 1320, 1321.
603 BGH NJW 1983, 1420, 1421.
604 BGH NJW 1988, 696, 697 (3% vom Restsaldo).
605 BGH NJW 1982, 2436; BGHZ 104, 102, 105.
606 BGH NJW 1991, 834, 835.
607 BGH NJW 1991, 1810.
608 BGHZ 98, 174, 178; 104, 102, 107, 1659; 128, 255, 267; krit. MüKo/*Mayer-Maly/Armbrüster*, § 138 Rn 120, 124 ff.; Staudinger/*Blaschczok*, § 246 Rn 107 f.
609 MüKo/*Westermann*, § 607 Rn 22; *Steinmetz*, NJW 1991, 881, 884.
610 Vgl. BGHZ 128, 255, 267 f.
611 BGH NJW 1987, 183.
612 BGH NJW 1991, 1810, 1811; 1994, 1056, 1057; BGHZ 128, 255, 268.
613 BGH NJW 1958, 1772; 1994, 1275; RGRK/ *Krüger-Nieland/Zöller*, § 138 Rn 36 f.; Soergel/ *Hefermehl*, § 138 Rn 101; *Köhler*, BGB AT, § 13 Rn 38; krit. Jauernig/*Jauernig*, § 138 Rn 10; Staudinger/*Sack*, § 138 Rn 122 ff.; allg. zu den Rechtsfolgen der Sittenwidrigkeit bei Ratenkreditverträgen *Steinmetz*, NJW 1991, 881, 884 f.
614 BGH NJW 1983, 1420, 1422 f.; 1989, 3217; 1993, 2108; Palandt/*Heinrichs*, § 138 Rn 75; Staudinger/ *W. Lorenz*, § 817 Rn 12; *Flume*, BGB AT Bd. 2, § 18, 10 f.
615 BGHZ 83, 293, 295; 115, 268, 270; *Steinmetz*, NJW 1991, 881, 885; i.E. auch *Bodenbrenner*, JuS 2001, 1172, 1173.
616 Vgl. nur BGH NJW 1983, 1420, 1422; *Steinmetz*, NJW 1991, 881, 884.
617 BGHZ 99, 333, 338 f.; BGH NJW 1983, 1420, 1422 f.; 1989, 3217; 1993, 2108; zust. Bamberger/ Roth/*Wendtland*, § 138 Rn 57; MüKo/*Mayer-Maly/ Armbrüster*, § 138 Rn 166; Palandt/*Heinrichs*, § 138 Rn 75; *Larenz/Canaris*, Schuldrecht II/2, § 68 III 2c.
618 So etwa Soergel/*Hefermehl*, § 138 Rn 85; Staudinger/*Sack*, § 138 Rn 123; *Flume*, BGB AT Bd. 2, § 18, 10 f; *Medicus*, BR, Rn 700; *Bunte*, NJW 1983, 2674, 2676 ff.

Grundsatzes der Totalnichtigkeit unter diesem Aspekt jedoch nicht erforderlich.[619] Darüber hinausgehende Vorschläge, dem Kreditgeber den **höchstzulässigen Zins** zuzubilligen,[620] sind abzulehnen. Denn unabhängig von allen dogmatischen Erwägungen kann es nicht Aufgabe des Richters sein, den gerade noch zulässigen Zinssatz festzulegen. Dieser Einwand greift in den Fällen des Mietwuchers nicht, da der Gesetzgeber den höchstzulässigen Mietzins in § 5 Abs. 2 WiStG selbst festgelegt hat (dazu Rn 376).

Der **Kreditnehmer** kann nach Bereicherungsrecht verlangen, was er über die Rückzahlung des Darlehens hinaus an den Kreditgeber geleistet hat. Dazu gehören die Bearbeitungsgebühren, die hälftige Restschuldversicherungsprämie sowie die nicht geschuldeten Zinsen.[621]

bb) Besondere Kreditverträge und Einzelprobleme. (1) Kettenkreditverträge. Die Sittenwidrigkeit eines Kreditvertrags (Erstvertrags) führt sowohl bei interner Umschuldung als auch bei Umschuldung zwischen denselben Vertragspartnern grundsätzlich nicht zur Nichtigkeit des ablösenden Folgevertrags; beide Verträge sind vielmehr **getrennt** zu beurteilen.[622] Hat der Kreditgeber **positive Kenntnis** von der Sittenwidrigkeit des Erstvertrags und beabsichtigt er überdies mit dem Folgevertrag, den unberechtigten Gewinn aus dem Erstvertrag zu sichern, so ist aber auch der Folgevertrag sittenwidrig.[623] Dass ein Kreditvertrag der Ablösung des Erstvertrags dient, kann im Übrigen im Rahmen der **Gesamtbetrachtung** berücksichtigt werden und hier den Ausschlag für die Sittenwidrigkeit geben.[624] Ist die Ablösung **wirtschaftlich unvertretbar**, weil die Bedingungen im Folgevertrag erheblich ungünstiger als im Erstvertrag sind, so ist dies ein weiteres Indiz für die Sittenwidrigkeit.[625]

Soweit die im Folgevertrag festgelegten Bedingungen auf dem **beiderseitigen Irrtum** der Parteien über die Wirksamkeit des Erstvertrags beruhen, kommt bei interner Umschuldung lediglich eine **Vertragsanpassung** nach § 313 Abs. 2 in Betracht.[626] Ansprüche aus dem Folgevertrag erhält der Kreditgeber nur dann, wenn sie ihm billigerweise auch bei Kenntnis und Berücksichtigung der Nichtigkeit des Erstvertrags eingeräumt worden wären.[627]

(2) Finanzierungsleasingverträge über bewegliche Sachen. Finanzierungsleasingverträge über bewegliche Sachen sind **objektiv** sittenwidrig, wenn ein Vergleich der konkret vereinbarten Leasingrate mit der üblichen Leasingrate ein auffälliges Missverhältnis ergibt.[628] Maßstab ist wie bei Darlehensverträgen (Rn 228) der doppelte Wert.[629] Soweit eine übliche Vergleichsrate nicht existiert oder nicht ermittelbar ist, sind die von der Rechtsprechung entwickelten **Grundsätze zur Sittenwidrigkeit von Darlehensverträgen** (vgl. Rn 224 ff.) entsprechend anzuwenden.[630] In Vergleich gesetzt wird der vertraglich vereinbarte effektive Jahreszins zu dem marktüblichen effektiven Jahreszins eines entsprechenden Kredits.[631] Besonderheiten gelten für **Teilamortisationsverträge**, bei denen ein Teil des vom Leasinggeber gewährten Kapitals erst am Ende der Laufzeit zurückzuerstatten ist.[632] Soll mit dem Leasingvertrag die **Ablösesumme** eines früheren Leasingvertrages finanziert werden, so darf die **Berechnungsgrundlage** der Leasingraten nicht dadurch **verschleiert** werden, dass die Ablösesumme nicht in den Vertrag aufgenommen wird.[633] Die **subjektiven Voraussetzungen** des Abs. 1 entsprechen bei Leasingverträgen denen des wucherähnlichen Rechtsgeschäfts (vgl. Rn 229).[634]

(3) Kreditverträge in Kombination mit einer Kapitallebensversicherung. Festkreditverträge, die in Verbindung mit einer Kapitallebensversicherung abgeschlossen werden, wirken wie ein Ratenkredit mit Monatsraten in Höhe von Zinsen und Prämien.[635] Dies rechtfertigt die Beurteilung der Sittenwidrigkeit nach den **Grundsätzen für Darlehensverträge** anhand eines Vergleichs der Zinssätze (siehe Rn 224 ff.).

---

619 Auf § 818 abstellend MüKo/*Lieb*, § 817 Rn 17; Soergel/*Mühl*, § 817 Rn 38; Staudinger/*W. Lorenz*, § 817 Rn 12; *Flume*, BGB AT, § 18, 10 f; für geltungserhaltende Reduktion der Entgeltvereinbarung Staudinger/*Sack*, § 138 Rn 125 ff., 134; Jauernig/*Jauernig*, § 139 Rn 10.
620 So Staudinger/*Sack*, § 138 Rn 134.
621 Vgl. NJW 1987, 830, 831; *Bodenbrenner*, JuS 2001, 1172, 1175; *Steinmetz*, NJW 1991, 881, 884 f.
622 BGH NJW-RR 1987, 679, 681; BGHZ 99, 333, 336; BGH ZIP 2002, 701, 702; NJW 1990, 1597, 1598 (externe Umschuldung).
623 BGHZ 99, 333, 336 = NJW 1987, 944.
624 BGHZ 99, 333, 337; Staudinger/*Sack*, § 138 Rn 247.
625 BGHZ 104, 102, 106.
626 BGHZ 99, 333, 337; BGH NJW 1990, 1597, 1599; Staudinger/*Sack*, § 138 Rn 245.
627 BGHZ 99, 333, 338; BGH ZIP 2002, 701, 702.
628 BGHZ 128, 255, 260; MüKo/*Mayer-Maly/Armbrüster*, § 138 Rn 121; Soergel/*Hefermehl*, § 138 Rn 105.
629 BGHZ 128, 255, 261.
630 BGHZ 128, 255, 261; BGH NJW 1995, 1146, 1147; Palandt/*Heinrichs*, § 138 Rn 33; Staudinger/*Sack*, § 138 Rn 189; krit. *Krebs*, NJW 1996, 1177, 1178.
631 BGHZ 128, 255, 263.
632 Dazu BGHZ 128, 255, 267 = NJW 1995, 1019 m. Hinw. auf *Schmidt/Schumm*, DB 1989, 2109, 2112.
633 OLG Koblenz OLG-Report 2001, 441; *Weber*, NJW 2003, 2348, 2351.
634 Vgl. nur Palandt/*Heinrichs*, § 138 Rn 33.
635 BGH NJW 1988, 1318, 1320; BGHZ 111, 117, 121.

Voraussetzung ist, dass es sich um einen Verbraucherkredit handelt und Kreditvertrag und Lebensversicherung gleichzeitig abgeschlossen wurden sowie annähernd die gleiche Laufzeit haben.[636] Vorteile, die für den Kreditnehmer aus der Kombination entstehen (Risikoanteile, hypothetische Gewinnbeteiligung, Steuervergünstigungen etc.), sind nach der Rechtsprechung jedoch in **Abzug** zu bringen.[637]

b) Personalsicherheiten, insbesondere Bürgschaften

Literatur: *Fischer*, Aktuelle höchstrichterliche Rechtsprechung zur Bürgschaft und zum Schuldbeitritt, WM 2001, 1049; *Nobbe/Kirchhof*, Bürgschaften und Mithaftungsübernahmen finanziell überforderter Personen, BKR 2001, 5; *Schimansky*, Aktuelle Rechtsprechung des BGH zur krassen finanziellen Überforderung von Mithaftenden bei der Kreditgewährung, WM 2002, 2437; *Tiedtke*, Die Rechtsprechung des BGH auf dem Gebiet des Bürgschaftsrechts in den Jahren 2001 und 2002, NJW 2003, 1359.

238 **aa) Allgemeines.** Die Sittenwidrigkeit von Personalsicherheiten bestimmt sich allein nach **Abs. 1**. Die Anwendung des **Abs. 2** scheidet mangels Leistungsaustauschverhältnisses aus.[638]

239 Der in der Praxis häufigste Fall der Personalsicherheit ist die **Bürgschaft**. Bei der Würdigung von Bürgschaftsverträgen ist zu beachten, dass der nicht geschäftsmäßig handelnde **Bürge** besonders **schutzwürdig** ist. Er läuft nämlich Gefahr, aus persönlicher Verbundenheit mit dem Schuldner oder aus anderen altruistischen Gründen eine Verpflichtung einzugehen, die ihn im Falle der Inanspruchnahme wirtschaftlich überfordert. Auf der anderen Seite verfolgt der **Kreditgeber** mit dem Sicherungsverlangen in der Regel berechtigte wirtschaftliche Interessen. Zum einen darf er damit rechnen, dass der Schuldner sich besonders gewissenhaft um die Erfüllung seiner Schuld bemühen wird, um die Inanspruchnahme des Bürgen zu verhindern.[639] Zum anderen kann der Kreditgeber im Einzelfall auf die Einbeziehung derjenigen Dritten angewiesen sein, an die zu seinen Lasten Vermögensverlagerungen zu befürchten sind.[640]

240 Der im Grundgesetz (Art. 2 Abs. 1 GG) verankerte **Grundsatz der Privatautonomie** deckt auch den Abschluss risikoreicher Geschäfte.[641] Wie das BVerfG zutreffend dargelegt hat, ändert dies aber nichts an der Verpflichtung der Rechtsprechung, bei Vorliegen **struktureller Ungleichgewichtslagen** die besonders belastenden Folgen von Bürgschaften über die Generalklauseln des BGB zu korrigieren (vgl. Rn 108).[642] Hierauf beruht die neuere Rechtsprechung zur **Sittenwidrigkeit von Bürgschaften naher Familienangehöriger** gegenüber Kreditinstituten und anderen **gewerblichen und beruflichen Kreditgebern**.[643] Im Kern sind danach Bürgschaften sittenwidrig, die den Bürgen finanziell überfordern und weitere sittenwidrigkeitsrelevante Umstände aufweisen.[644] Die frühere divergierende,[645] zwischenzeitlich aber bereits angenäherte[646] Rechtsprechung des für Bürgschaften zuständigen IX. und des für Darlehen zuständigen XI. Zivilsenats des BGH wird mit der **Verlagerung der Zuständigkeit an den XI. Zivilsenat** seit dem 31.12.2000 vereinheitlicht.

241 **bb) Sittenwidrigkeit von Bürgschaften bei besonderem Näheverhältnis.** Bei Bürgschaften wird **widerleglich vermutet**, dass der Gläubiger die psychische Zwangslage des Bürgen in sittenwidriger Weise ausgenutzt hat, wenn zwischen Schuldner und Bürge ein besonderes persönliches Näheverhältnis besteht und der Bürge finanziell krass überfordert wird.[647] Entscheidend ist eine **Gesamtbetrachtung** aller Umstände bei Vertragsschluss.[648]

242 **(1) Besonderes Näheverhältnis.** Ein besonderes Näheverhältnis besteht zwischen **Eltern und Kindern**[649] sowie zwischen **Eheleuten**,[650] was auch durch § 1618a bzw. § 1353 Abs. 1 S. 2 dokumentiert wird. Gleiches gilt für **Verlobte** und Partner einer **eheähnlichen Lebensgemeinschaft**.[651] Zwischen **Geschwistern** wird ein besonderes Näheverhältnis dagegen nicht ohne weiteres angenommen; hier kommt es vielmehr im

---

636 BGHZ 111, 117, 120.
637 BGH NJW 1988, 1318, 1320; BGHZ 111, 117, 122.
638 BGH NJW 2001, 2466, 2467; Palandt/*Heinrichs*, § 138 Rn 66; *Nobbe/Kirchhoff*, BKR 2001, 5, 7.
639 *Nobbe/Kirchhoff*, BKR 2001, 5, 11 f.
640 Vgl. bereits BGHZ 125, 206, 211 f.; 128, 230, 234 f.
641 Vgl. nur BGHZ 120, 272, 274; 125, 206, 209 f.; BGH NJW 1997, 1980, 1981; zur Rolle der Grundrechte als Maßstab der Inhaltskontrolle *Roth*, in: Wolter/Riedel/Taupitz, S. 229 ff.
642 BVerfGE 89, 214; krit. MüKo/*Mayer-Maly/Armbrüster*, § 138 Rn 92.
643 OLG Köln NJW 2002, 746, 747 (noch zu § 1 Abs. 1 VerbrKrG).
644 BGHZ 137, 329, 332 f.; Bamberger/Roth/*Wendtland*, § 138 Rn 69.
645 Dazu *Fischer*, WM 2001, 1049, 1056 ff.
646 Staudinger/*Sack*, § 138 Rn 315; *Nobbe/Kirchhoff*, BKR 2001, 5, 5; *Schimansky*, WM 2002, 2437.
647 BGHZ 136, 347, 351; 146, 37, 42; 151, 34, 37; BGH NJW 2002, 744, 745.
648 BGHZ 136, 347, 355; Staudinger/*Sack*, § 138 Rn 316.
649 BGHZ 125, 206, 213 f.; BGH NJW 1997, 52, 53.
650 Palandt/*Heinrichs*, § 138 Rn 38; vgl. aber auch BGH NJW 1996, 1274, 1275 f. sowie Soergel/*Hefermehl*, § 138 Rn 162b: bei Eheleuten Gesamtbetrachtung.
651 BGH NJW 1997, 1005; 2000, 1182, 1184; 2002, 744, 745 (eheähnliche Lebensgemeinschaft); BGHZ 136, 347, 350 (Verlobte).

Einzelfall darauf an, ob zwischen den Betroffenen im Zeitpunkt der Verpflichtung eine entsprechend enge persönliche Beziehung bestanden hat.[652]

(2) Krasse finanzielle Überforderung. Das Kriterium der **krassen finanziellen Überforderung** hängt nach ständiger Rechtsprechung entscheidend vom Grad des Missverhältnisses zwischen Verpflichtungsumfang und finanzieller Leistungsfähigkeit des Bürgen ab.[653] Es ist erfüllt, wenn der Bürge voraussichtlich nicht einmal in der Lage wäre, die **laufenden Zinsen** aus seinem pfändbaren Vermögen oder Einkommen auf Dauer zu bezahlen.[654] Maßgeblich ist eine vom Zeitpunkt des Bürgschaftsversprechens ausgehende **Prognose**, die alle erwerbsrelevanten Umstände und Verhältnisse berücksichtigt.[655] Die Beurteilung erfolgt anhand der Vermögensverhältnisse des Bürgen, nicht auch des Hauptschuldners.[656] Andere Sicherheiten des Gläubigers sind nur zu berücksichtigen, wenn sie das Haftungsrisiko des Bürgen auf ein vertretbares Maß beschränken.[657] **Dinglich belastete Grundstücke** bleiben bei der Beurteilung der Vermögensverhältnisse außer Betracht, weil sie die wirtschaftliche Leistungsfähigkeit nicht steigern.[658] Die **Verwertung des Eigenheims** ist dem Bürgen aber zumutbar.[659]

Wird ein Bürgschaftsversprechen im Hinblick auf die **zukünftige Leistungsfähigkeit** des Bürgen abgegeben, so kann die Sittenwidrigkeit im Einzelfall zu verneinen sein.[660] Allerdings muss der Haftungszweck **Bestandteil der vertraglichen Vereinbarung** sein.[661] Weitere Anforderungen an die Ausgestaltung einer solchen Vereinbarung wurden bislang von der Rechtsprechung nicht aufgestellt.[662] Die **bloß vage Aussicht** auf eine Erbschaft oder sonstigen Vermögenszuwachs hindert die Sittenwidrigkeit nicht.[663] Ist bei dem Bürgen ein entsprechender Vermögenszuwachs eingetreten, so kann er nach Treu und Glauben (§ 242) aber gehindert sein, sich gegenüber dem Kreditgeber auf die Sittenwidrigkeit der Bürgschaft zu berufen.[664]

Inwieweit die Einführung der **Restschuldbefreiung** nach §§ 286 ff. InsO Einfluss auf die Grundsätze zur finanziellen Überforderung des Bürgen hat, ist unklar.[665] Im Ergebnis dürfte dieses Institut der Sittenwidrigkeit von Bürgschaften zugunsten naher Angehöriger nicht entgegenstehen.[666] Zwar vermindert sich das Risiko lebenslanger finanzieller Überschuldung; indessen ist die finanzielle Überforderung des Bürgen **nur eines von mehreren Kriterien**, die zur Begründung der Sittenwidrigkeit herangezogen werden.[667] Gegen den Ausschluss der Sittenwidrigkeit sprechen im Übrigen auch die unterschiedlichen Regelungszwecke der §§ 286 ff. InsO und des Abs. 1.[668] Während die Restschuldbefreiung Ausfluss des Sozialstaatsprinzips ist und bestehende Ansprüche des Gläubigers voraussetzt, regelt Abs. 1 die vorgelagerte Frage der Entstehung solcher Ansprüche auf privatrechtlicher Ebene.

(3) Widerlegung der Sittenwidrigkeitsvermutung. Die Vermutung der Sittenwidrigkeit wegen Ausnutzung einer psychischen Zwangslage ist **widerlegt**, wenn der Bürge ein **eigenes Interesse an der Kreditgewährung** hat oder einen **unmittelbaren wirtschaftlichen Vorteil** aus der Verwendung des Darlehens erlangt.[669] Hier ist der Bürge wirtschaftlich wie ein Mitdarlehensnehmer zu behandeln.[670] Ein geldwerter Vorteil liegt beispielsweise vor, wenn der Erwerb von Miteigentum an den mit den Krediten finanzierten Gegenständen in Aussicht steht.[671] Durch das Auftreten als Verhandlungsführer bei Kreditverhandlungen oder die Einbindung in die Finanzierung durch einen eigenen Lebensversicherungsvertrag bekundet der Bürge kein eigenes Interesse an dem zu finanzierenden Bauvorhaben.[672] Nicht ausreichend sind auch **mittelbare Vorteile** wie die Verbesserung des allgemeinen Lebensstandards, die Möglichkeit, in dem durch den

---

652 BGHZ 137, 329, 334 f.; 140, 395, 399; Soergel/Hefermehl, § 138 Rn 230.
653 Vgl. nur BGHZ 151, 34, 36 f.; BGH NJW 2002, 744, 745; NJOZ 2003, 1044, 1045.
654 BGHZ 146, 37, 42; BGH NJW 2000, 1182, 1183; 2002, 744, 745; 2002, 2705, 2706; NJOZ 2003, 1044, 1045.
655 BGHZ 120, 272, 276; BGH NJW-RR 2002, 1130, 1132; NJOZ 2003, 1044, 1046; Schimansky, WM 2002, 2437, 2440.
656 So nunmehr st. Rspr., vgl. BGHZ 146, 37, 43; BGH NJW 2000, 1182, 1183; 2002, 2705, 2706.
657 BGHZ 146, 37, 44; BGH NJW 2002, 2705, 2707; Nobbe/Kirchhoff, BKR 2001, 5, 10.
658 BGHZ 151, 34, 38 f.; BGH NJW 2002, 2634, 2635; Nobbe/Kirchhoff, BKR 2001, 5, 9 f.
659 BGH NJW 2001, 2466, 2467; 2002, 2633; zust. Nobbe/Kirchhoff, BKR 2001, 5, 9; Tiedtke, NJW 2003, 1359, 1360.
660 BGH NJW 1999, 58, 59; Nobbe/Kirchhoff, BKR 2002, 5, 10; Tiedtke, NJW 1999, 1209, 1212 f.
661 BGH NJW 1999, 58, 60; dazu Nobbe/Kirchhoff, BKR 2001, 5, 10; Schanbacher, WM 2001, 74 ff.
662 Vgl. Tonner, JuS 2000, 17, 21 f.; ders., JuS 2002, 325, 328.
663 BGHZ 120, 272, 276; 125, 206, 211; Staudinger/Sack, § 138 Rn 317.
664 Staudinger/Sack, § 138 Rn 317.
665 Vgl. Staudinger/Sack, § 138 Rn 328; Krüger, MDR 2002, 855, 856 ff.
666 So auch OLG Frankfurt NJW 2004, 2392, 2393; Krüger, MDR 2002, 855, 857 ff.; a.A. Staudinger/Sack, § 138 Rn 328.
667 Krüger, MDR 2002, 855, 857.
668 Krüger, MDR 2002, 855, 857.
669 BGHZ 146, 37, 45; Schimansky, WM 2002, 2437, 2438.
670 Staudinger/Sack, § 138 Rn 323.
671 BGHZ 120, 272, 278; BGH WM 2003, 1563, 1565.
672 BGH NJW 2000, 1182, 1184.

Kredit finanzierten Haus zu leben, oder die Aussicht auf einen höheren Zugewinnausgleich.[673] Die mögliche **Geschäftserfahrenheit** des nahe stehenden Bürgen hindert die Sittenwidrigkeit wegen Ausnutzung einer emotionalen Zwangslage nicht.[674]

247 Die Sittenwidrigkeit wird auch nicht allein dadurch ausgeschlossen, dass einziger Zweck der Bürgschaft die Vermeidung von **Vermögensverschiebungen** ist.[675] Etwas anderes kommt allenfalls bei einer **ausdrücklichen Haftungsbeschränkung** in der Bürgschaftsurkunde in Betracht.[676] Die Anforderungen an eine solche Haftungsbeschränkung sind bislang unklar.[677] Bedenklich erscheint, dass der Bürge im Fall der Vermögensverlagerung uneingeschränkt mit seinem gesamten Vermögen haften soll.[678] Um eine übermäßige Belastung des Bürgen zu vermeiden, ist die Haftung auf das tatsächlich verlagerte Vermögen zu begrenzen.[679]

248 **Kennt der Kreditgeber** die für die Sittenwidrigkeit maßgeblichen Umstände nicht, so liegen die Voraussetzungen des Abs. 1 nicht vor. Der Kreditgeber ist aber gehalten, sich über die Umstände der Abgabe des Bürgschaftsversprechens zu erkundigen.[680] Wird diese Verpflichtung verletzt, so kann davon ausgegangen werden, dass der Kreditgeber die relevanten Umstände schon bei Vertragsschluss kannte oder sich dieser Kenntnis bewusst verschlossen hat.[681]

249 **cc) Arbeits- und Gesellschaftsverhältnisse.** Auf **Arbeitsverhältnisse** ist die Rechtsprechung zur Sittenwidrigkeit von Bürgschaften für nahe stehende Personen nicht übertragbar.[682] Hier kann sich aber aus einer **Gesamtbetrachtung** der Umstände die Sittenwidrigkeit des Bürgschaftsversprechens ergeben. So ist eine Bürgschaft sittenwidrig, die ein Arbeitnehmer **aus Sorge um seinen Arbeitsplatz** für seinen in wirtschaftlichen Schwierigkeiten befindlichen Arbeitgeber übernimmt, wenn die Bürgschaft den Arbeitnehmer finanziell überfordert und der Kreditgeber die Umstände erkennt.[683]

250 Die Vermutungsregeln für sittenwidrige Bürgschaften bei Näheverhältnissen gelten auch nicht für den Fall, dass ein **Gesellschafter** für seine Gesellschaft ein Bürgschaftsversprechen abgibt.[684] Der Kreditgeber darf in diesen Fällen davon ausgehen, dass der Gesellschafter sich aus **eigenen finanziellen Interessen** an der Gesellschaft beteiligt hat und daher mit dem Bürgschaftsversprechen kein unzumutbares Risiko eingeht.[685] Dies gilt jedenfalls für den Fall, dass der Gesellschafter mit **mindestens 10%** an der Gesellschaft beteiligt ist und nicht lediglich unbedeutende Bagatell- oder Splitterbeteiligungen innehat.[686] Anders zu beurteilen ist jedoch der Fall, dass der Gesellschafter-Bürge als bloßer **Strohmann** tätig wird und die ihn überfordernde Verpflichtung – für den Kreditgeber erkennbar – aus **emotionaler Verbundenheit** zu seinem „Hintermann" ohne eigenes wirtschaftliches Interesse eingeht.[687] Hier richtet sich die Sittenwidrigkeit nach den gleichen Grundsätzen wie bei Bürgschaften für nahe stehende Personen. Es besteht damit die widerlegbare Vermutung, dass der Kreditgeber die emotionale Verbundenheit des Bürgen in verwerflicher Weise ausgenutzt hat.[688]

251 **dd) Sonstige Fälle sittenwidriger Bürgschaften.** Auch wenn krasse finanzielle Überforderung und enges Näheverhältnis zwischen Bürgen und Hauptschuldner nicht zusammentreffen, kommt die Sittenwidrigkeit einer Bürgschaft in Betracht. Hier bedarf es jedoch **weiterer erschwerender, dem Kreditgeber zurechenbarer Umstände**, die die Verpflichtung des Bürgen als **nicht hinnehmbar** erscheinen lassen.[689]

---

673 BGH NJW 2000, 1182, 1184; BKR 2003, 157, 158; NJOZ 2003, 1044, 1046 f.; vgl. *Nobbe/Kirchhoff*, BKR 2001, 5, 12 f.
674 BGH NJW 2000, 1182, 1184; BKR 2003, 157, 158; *Tonner*, JuS 2003, 325, 327.
675 Vgl. nur BGHZ 151, 34, 39 ff.
676 BGH NJW 1999, 58, 60; NJW 2002, 2230, 2231 f.; NJOZ 2003, 1044, 1047; krit. *Tiedtke*, NJW 2003, 1359, 1361. Zur möglichen Wirksamkeit eines Bürgschaftsvertrags mit ausdr. Begrenzung des Haftungszwecks *Oberhammer*, DZWir 2000, 45, 47 ff.
677 *Tonner*, JuS 2003, 325, 330.
678 Krit. auch *Tiedtke*, NJW 2001, 1015, 1023 f.; *ders.*, NJW 2003, 1359, 1361 f.
679 I.d.S. *Nobbe/Kirchhoff*, BKR 2001, 5, 11.
680 *Nobbe/Kirchhoff*, BKR 2001, 5, 10.
681 BGHZ 125, 206, 212 f.; 128, 230, 232 f.; 146, 37, 44 f.; BGH NJW 1994, 1341, 1343; 1997, 52, 54; 1999, 58, 60; 2000, 1183, 1184.
682 BGH WM 2003, 2379, 2381; a.A. Erman/*Palm*, § 138 Rn 94.
683 BGH WM 2003, 2379, 2381.
684 GmbH: BGHZ 137, 329, 336 f.; BGH NJW 2002, 956; 2002, 1337, 1139; 2003, 967, 968; KG: BGH NJW 2002, 2634, 2635; vgl. Erman/*Palm*, § 138 Rn 94; Staudinger/*Sack*, § 138 Rn 320; *Nobbe/Kirchhoff*, BKR 2001, 5, 14 f.; *Schimansky*, WM 2002, 2437, 2441.
685 BGHZ 137, 329, 336; BGH NJW 2002, 1337, 1338; 2002, 956; 2002, 1337, 1338; 2003, 967, 968; krit. *Tiedtke*, NJW 2003, 1359, 1361.
686 BGH NJW 2002, 956 (25%); 2003, 967, 968 (10%).
687 BGHZ 137, 329, 337; BGH NJW 2002, 956; 2002, 1137, 1139; 2002, 2634, 2635.
688 BGH NJW 2002, 1137, 1139.
689 BGHZ 120, 272, 276; 137, 329, 332 f.; BGH NJW 2001, 2466, 2467; 2002, 2634, 2635; zum Ganzen Erman/*Palm*, § 138 Rn 91; *Nobbe/Kirchhoff*, BKR 2001, 5, 13 ff.

Ein wichtiger Fall der Sittenwidrigkeit von Bürgschaftsversprechen aus sonstigen Gründen ist die **unzulässige Einwirkung auf die Entscheidungsfreiheit** des Bürgen.[690] Eine unzulässige Einwirkung liegt vor, wenn der Kreditgeber das Risiko der Haftungsübernahme **verharmlost**, z.B. durch Erteilung einer fehlerhaften Auskunft über das Haftungsrisiko,[691] Bagatellisierung der Bürgenhaftung[692] oder Verschweigen des Haftungsrisikos.[693] Das Gleiche gilt für den Fall, dass der Bürge (z.B. durch **Überrumpelung**) in eine Lage versetzt wird, die ihm eine eigenverantwortliche Entscheidung unmöglich macht.[694] Schließlich kann auch die **geschäftliche Unerfahrenheit** des Bürgen die Sittenwidrigkeit des Bürgschaftsvertrags begründen, wenn diese Unerfahrenheit dem Kreditgeber bekannt ist.[695]

ee) Schuldbeitritt und Mithaftungsübernahme. Die für die Bürgschaft entwickelten Grundsätze lassen sich auf den Schuldbeitritt und die Mithaftungsübernahme übertragen, soweit die Einstandspflicht auch hier aus **uneigennützigen Motiven** übernommen wird.[696] Die Bezeichnung als **Mitdarlehensnehmer** im Darlehensvertrag steht der Qualifikation als bloßer Mithaftender nicht notwendig entgegen.[697] Entscheidend ist die materielle Rechtsposition.[698] Hat der Verpflichtete ein eigenes Interesse an der Kreditaufnahme und kann er als im Wesentlichen gleichberechtigter Partner über die Verwendung des Kredits entscheiden, so ist er echter Mitdarlehensnehmer und kann sich als solcher grundsätzlich nicht auf eine krasse finanzielle Überforderung berufen.[699]

c) Mobiliarsicherheiten und Sicherungszession

Literatur: *Baur/Stürner*, Sachenrecht, 17. Auflage 1999; *Bülow*, Kreditsicherheiten, 6. Auflage 2003; *Tetzlaff*, Die anfängliche Übersicherung, ZIP 2003, 1826; *Tiedtke*, Aktuelle Tendenzen in der Rechtsprechung des Bundesgerichtshofs zum Realkredit seit dem 1.1.1997, DStR 2001, 257; *Wolf*, Sachenrecht, 20. Auflage 2004.

Der einer Mobiliarsicherheit wie Sicherungsübereignung und Eigentumsvorbehalt oder einer Sicherungszession zugrunde liegende Sicherungsvertrag kann wegen **Übersicherung** oder **Knebelung** sittenwidrig sein. Da die Sittenwidrigkeit hier gerade im Vollzug der Leistung liegt, erfasst sie auch das **Verfügungsgeschäft**.[700] Außerdem stellt sich das Problem, wie eine **Kollision** zwischen Globalzession und verlängertem Eigentumsvorbehalt (Rn 264 ff.) bzw. Factoring (Rn 268 ff.) aufzulösen ist. Daneben ist zu prüfen, inwiefern **Kredittäuschung** und **Insolvenzverschleppung** zur Sittenwidrigkeit eines Sicherungsgeschäfts führen können.

aa) Übersicherung. Übersicherung bedeutet, dass der Waren- oder Geldkreditgeber mehr an Sicherheiten erhält, als zur Sicherung seines Kredits notwendig wäre.[701] Sicherungsvereinbarung und dingliches Geschäft sind hier sittenwidrig, wenn der Sicherungsgeber in seiner wirtschaftlichen Betätigungsfreiheit unangemessen eingeschränkt wird.[702] Maßgebliches Kriterium ist damit die Wahrung der **wirtschaftlichen Entscheidungsfreiheit** des Kreditnehmers. Ein weiterer Grund für die Sittenwidrigkeit ist die **Schädigung oder Benachteiligung möglicher sonstiger Gläubiger**.[703] Zu unterscheiden ist zwischen anfänglicher und nachträglicher Übersicherung.

(1) Anfängliche Übersicherung. Die Übersicherung ist **anfänglich**, wenn sie bereits bei Vertragsschluss feststeht.[704] Der Sicherungsvertrag und die entsprechende Verfügung sind hier nach Abs. 1 nichtig, wenn das Geschäft nach seinem **Gesamtcharakter** mit den guten Sitten unvereinbar ist.[705]

Die Annahme von Sittenwidrigkeit liegt nahe, wenn bei Vertragsschluss gewiss ist, dass auf Dauer ein **auffälliges Missverhältnis** zwischen dem realisierbaren Wert der Sicherheiten und der gesicherten Forderung besteht oder eintreten wird.[706] Anders als bei Darlehensverträgen hat die Rechtsprechung darüber

---

690 BGH NJW 1997, 1980, 1981.
691 BGHZ 120, 272, 277; BGH NJW-RR 2002, 2230, 2231.
692 BGH NJW 1994, 1341, 1343.
693 BGHZ 125, 206, 217.
694 BGHZ 120, 272, 276 f.; BGH NJW 1997, 1980, 1982; NJW-RR 2002, 1130, 1132 f.
695 BGHZ 125, 206, 210 ff.; BGH NJW 1997, 1980, 1981; 2002, 956, 957; 2002, 2634.
696 Vgl. BGHZ 120, 272; BGH NJW 1994, 1726, 1727 f.; 1999, 135 (Schuldbeitritt); BGH NJW 2002, 744 (Mithaftung); Erman/*Palm*, § 138 Rn 155.
697 BGH NJW 2002, 744; 2002, 2705 f.; *Schimansky*, WM 2002, 1437, 1438.
698 Zur Abgrenzung auch vgl. Palandt/*Heinrichs*, § 138 Rn 38a; *Nobbe/Kirchhoff*, BKR 2001, 5, 6 ff.;
Schimansky, WM 2002, 2437 2438 f.; *Tiedtke*, NJW 2003, 1359, 1362.
699 BGHZ 146, 37, 41.
700 BGHZ 30, 149, 153; Bamberger/Roth/*Wendtland*, § 138 Rn 36; Palandt/*Heinrichs*, § 138 Rn 20.
701 *Bülow*, Kreditsicherheiten, Rn 1106.
702 Vgl. nur BGHZ 94, 105, 112; 98, 303, 310; 125, 83, 85.
703 BGH NJW-RR 1991, 625; BGHZ 120, 300, 302; *Baur/Stürner*, Sachenrecht, § 57 IV 5; MüKo/*Mayer-Maly/Armbrüster*, § 138 Rn 99.
704 BGH NJW 1998, 2047.
705 BGH NJW 1998, 2047; allg. BGHZ 86, 82, 88; 120, 272, 275; 125, 206, 209.
706 BGH NJW 1998, 2047; *Ganter*, WM 2001, 1; *Tiedtke*, DStR 2001, 257.

hinaus keine anerkannte Bewertungsgrundlage entwickelt, sondern stellt jeweils auf die **Besonderheiten im Einzelfall** ab.[707] Will man dennoch eine pauschale Bewertung vornehmen, so ist zu beachten, dass die anfängliche Übersicherung für den Kreditgeber nachteiligere Rechtsfolgen als die nachträgliche Übersicherung hat. Anders als bei nachträglicher Übersicherung hat der Kreditnehmer nämlich keinen bloßen Anspruch auf Freigabe; vielmehr sind die Sicherheitsbestellungen von Anfang an nichtig.[708] Aus diesem Grund wird angenommen, dass die Anforderungen an die Sittenwidrigkeit bei anfänglicher Übersicherung wesentlich höher liegen müssen.[709] Ein **Indiz** für die Sittenwidrigkeit ist die **Überschreitung der Deckungsgrenze** (Rn 260) **um 200%**.[710] Unabhängig davon müssen aber auch die **sonstigen Bedingungen** des Kreditvertrages gewürdigt werden.[711]

258 Neben dem objektiven Kriterium des auffälligen Missverhältnisses ist subjektiv die **verwerfliche Gesinnung** des Sicherungsnehmers erforderlich. Diese ist insbesondere gegeben, wenn sich der Sicherungsnehmer aus eigensüchtigen Gründen rücksichtslos gegenüber den berechtigten Belangen des Sicherungsgebers zeigt.[712] Da der Kreditgeber den Wert der zur Verfügung gestellten Sicherheiten in aller Regel kennt, setzt er sich mit der Forderung oder Annahme übermäßiger Sicherheiten immer auch über die Interessen des Kreditnehmers hinweg.[713] Damit werden die subjektiven Voraussetzungen regelmäßig vorliegen.

259 **(2) Nachträgliche Übersicherung.** Die Gefahr einer nachträglichen Übersicherung besteht bei **revolvierenden Sicherheiten** wie Sicherungsübereignungen von Warenlagern mit wechselndem Bestand und Globalzessionen.[714] Hier ist der Vertrag nicht wegen Sittenwidrigkeit nichtig. Vielmehr hat der Sicherungsgeber einen ermessensunabhängigen vertraglichen Anspruch gegen den Sicherungsnehmer auf **Freigabe** jener Sicherheiten, die endgültig nicht mehr benötigt werden.[715] Der Anspruch auf Rückübertragung der Sicherheiten folgt aus der Treuhandnatur des Sicherungsvertrages.[716] Daher besteht er nach der neueren Rechtsprechung auch dann zwingend und vom Ermessen des Sicherungsnehmers unabhängig, wenn der Sicherungsvertrag **keine** oder eine **vom Ermessen des Sicherungsnehmers abhängige Freigabeklausel** enthält.[717] Der Sicherungsvertrag bleibt im Übrigen entgegen der früheren Rechtsprechung wirksam.

260 Enthält der Sicherungsvertrag **keine** oder eine **unangemessene Deckungsgrenze**, so führt dies ebenfalls nicht zur Unwirksamkeit des Sicherungsvertrages, sondern zur Festlegung einer vertragsimmanenten Deckungsgrenze.[718] Die **Deckungsgrenze** beläuft sich, bezogen auf den **realisierbaren Wert der Sicherung** unter Einbeziehung eines pauschalen Zuschlags von 10% für die Verwertungskosten, auf **110%** der gesicherten Forderung.[719] Beträgt der **Schätzwert** der bestellten Sicherheiten **150%** der gesicherten Forderungen, so wird in Anlehnung an § 237 S. 1 **vermutet**, dass die Deckungsgrenze erreicht ist und der Freigabeanspruch besteht.[720]

261 Der Sicherungsnehmer hat nach § 262 ein Wahlrecht, welche von **mehreren Sicherheiten** er freigibt.[721] Die Ausübung des Wahlrechts unterliegt dem Gebot von Treu und Glauben (§ 242). Eine Pflicht zur Freigabe einer **nachrangigen** Sicherheit besteht aber nicht.[722]

262 **(3) Kumulation von Sicherheiten.** Übersicherung kann im Einzelfall auch durch die **Kumulation** verschiedener Sicherheiten wie Sicherungsübereignung, Bürgschaft und Grundpfandrecht eintreten.[723] Hier

---

707 BGH NJW 1998, 2047.
708 OLG Hamm NJOZ 2002, 1389, 1400; BGH NJW 1998, 2047; BGHZ 137, 212, 218; *Baur/Stürner*, Sachenrecht, § 57 Rn 29e; *Leible/Sosnitza*, JuS 2001, 449, 451.
709 BGH NJW 1998, 2047; *Ganter*, WM 2001, 1, 5; Staudinger/*Sack*, § 138 Rn 264.
710 Vgl. Staudinger/*Sack*, § 138 Rn 264; *Wolf*, Sachenrecht, Rn 788; *Ahcin/Armbrüster*, JuS 2000, 965, 967; differenzierend Palandt/*Bassenge*, § 930 Rn 24; *Tetzlaff*, ZIP 2003, 1826, 1831; gegen Pauschalierung *Ganter*, WM 2001, 1, 3.
711 *Tetzlaff*, ZIP 2003, 1826, 1836.
712 BGH NJW 1998, 2047.
713 *Tetzlaff*, ZIP 2003, 1826, 1836.
714 Zum einfachen Eigentumsvorbehalt an Sachgesamtheiten vgl. *Schwab*, ZIP 2000, 609.
715 BGHZ 137, 212, 218 = NJW 1998, 671.
716 BGHZ 124, 371, 375; BGHZ 133, 25, 30; Bamberger/Roth/*Rohe*, vor § 398 Rn 19; *Kindl*, Jura 2001, 92, 96; a.A. *Serick*, ZIP 1995, 789 (aus Gewohnheitsrecht).
717 BGHZ 137, 212, 218; ausf. dazu Staudinger/*Sack*, § 138 Rn 266 ff.; *Baur/Stürner*, Sachenrecht, § 57 Rn 18 ff.; *Kindl*, Jura 2001, 92 ff.; krit. *Tiedtke*, DStR 2001, 257.
718 BGHZ 137, 212, 224 ff.; *Bülow*, Kreditsicherheiten, Rn 1122 m.w.N.
719 BGHZ 137, 212, 224.
720 BGHZ 137, 212, 224, 232; *Baur/Stürner*, Sachenrecht, § 57 Rn 28; *Bülow*, Kreditsicherheiten, Rn 1124 ff. Der Schätzwert ist der geschätzte aktuelle Verkehrswert im Zeitpunkt des Freigabeverlangens. Bei Sachen ist dies der Marktpreis bzw. – wenn ein solcher nicht ermittelbar ist – der Einkaufs- oder Herstellungspreis. Bei Sicherungszessionen kommt es auf den Nennwert der Forderungen an (BGHZ 137, 224, 234).
721 BGHZ 137, 212, 219; BGH NJW-RR 2003, 45, 46 m. Anm. *Weber*, EWiR 2002, 849; *Wolf*, Sachenrecht, Rn 788.
722 BGH NJW-RR 2003, 45, 46.
723 BGH NJW 1994, 1796, 1798.

besteht kein Anspruch des Sicherungsgebers auf Freigabe der nicht benötigten Sicherheiten, sondern die Sicherungsverträge und Verfügungen (Rn 254) sind **nichtig**.[724]

bb) Knebelung. Knebelung bedeutet, dass der Sicherungsnehmer den Sicherungsgeber in seiner **wirtschaftlichen Bewegungsfreiheit** auf andere Weise als durch Übersicherung in sittenwidriger Weise beeinträchtigt.[725] Kennzeichen für knebelnde **Sicherungsübereignungen** und **Globalzessionen** („Aussaugung") ist, dass der Sicherungsgeber durch die Stellung von Sicherheiten die Freiheit verliert, autonome wirtschaftliche und kaufmännische Entscheidungen zu treffen.[726] Die **schlichte Überforderung** des Sicherungsgebers genügt jedoch noch nicht. Vielmehr müssen **besondere Umstände** hinzukommen, die die Übertragung der Sicherheit als sittenwidrig erscheinen lassen.[727] So kann die **Ausnutzung der Machtstellung** des Sicherungsnehmers wie auch die Tatsache, dass **andere Gläubiger** nicht mehr befriedigt werden können,[728] die Sittenwidrigkeit begründen.

cc) Kollision von Sicherungsrechten. (1) Sicherungszession und verlängerter Eigentumsvorbehalt. Von besonderer Relevanz für die anwaltliche Praxis ist der Fall, dass eine zwischen Geldkreditgeber und Sicherungsgeber vereinbarte Globalzession mit einem verlängerten Eigentumsvorbehalt zwischen Sicherungsgeber und Lieferanten (Warenkreditgeber) zusammentrifft. Ausgangspunkt ist hier der **Prioritätsgrundsatz**. Vorrang hat also die zeitlich frühere Verfügung.[729] Dies ist regelmäßig die **Globalzession**, da sie nicht wie ein verlängerter Eigentumsvorbehalt immer neu vereinbart wird.[730] Nach ständiger Rechtsprechung ist die Globalzession aber sittenwidrig, soweit sie auch solche Forderungen erfassen soll, die der Sicherungsgeber seinen Lieferanten künftig abtreten muss und abtritt.[731] Das Verdikt der Sittenwidrigkeit beruht auf der **Zwangslage** des Sicherungsgebers. Dieser steht vor der Alternative, auf die für ihn notwendigen Warenkredite zu verzichten oder **Vertragsbruch** gegenüber seinen Warenlieferanten zu begehen, indem er die Globalzession verschweigt.[732]

Fehlt es an der **verwerflichen Gesinnung** des Geldkreditgebers, ist die Globalzession nicht wegen Sittenwidrigkeit nichtig.[733] Dies gilt insbesondere, wenn der Geldkreditgeber nach den Umständen des Einzelfalles davon ausgehen durfte, dass ein Zusammentreffen der Sicherungsrechte ausgeschlossen ist, z.B. weil die Vereinbarung eines verlängerten Eigentumsvorbehalts in dem entsprechenden Wirtschaftszweig unüblich ist.[734]

Die Globalzession ist auch dann nicht sittenwidrig, wenn eine **dingliche Teilverzichtsklausel** vereinbart wurde, in der die Vertragsparteien mit dinglicher Wirkung den generellen Vorrang des verlängerten Eigentumsvorbehalts festlegen.[735] Dabei genügt es, wenn sich durch **Auslegung** ergibt, dass die Globalzession hinter Ansprüchen aus einem verlängerten Eigentumsvorbehalt zurücktreten soll.[736] Der Vorrang kann auch auf **branchenübliche** verlängerte Eigentumsvorbehalte beschränkt werden, denn nur mit diesen muss der Geldkreditgeber rechnen.[737] Eine nur **schuldrechtlich** wirkende Teilverzichtsklausel ist dagegen nicht ausreichend, da sie dem Vorbehaltsverkäufer das Risiko der Insolvenz des Geldkreditgebers auferlegt und ihm die Durchsetzung seiner Rechte unangemessen erschwert.[738] Für die Wirksamkeit der Globalzession genügt auch nicht, dass der Geldkreditgeber den Schuldner verpflichtet, zunächst seine Vorbehaltsverkäufer aus dem Kredit zu bedienen (sog. **Verpflichtungsklausel**).[739] Der **nachträgliche Verzicht** des Zedenten[740] verhindert

---

724 BGHZ 137, 212, 223.
725 MüKo/*Quack*, Anh. §§ 929–936 Rn 103; *Bülow*, Kreditsicherheiten, Rn 1130.
726 Vgl. statt vieler RGZ 136, 247, 253; BGHZ 19, 12, 18; Staudinger/*Sack*, § 138 Rn 262; *Larenz/Wolf*, BGB AT, § 41 Rn 32.
727 Soergel/*Hefermehl*, § 138 Rn 120.
728 BGHZ 19, 12, 16 f.; MüKo/*Mayer-Maly/Armbrüster*, § 138 Rn 73.
729 BGHZ 30, 149, 151; Bamberger/Roth/*Rohe*, vor § 398 Rn 6; Palandt/*Heinrichs*, § 398 Rn 24; Staudinger/*Sack*, § 138 Rn 340; *Baur/Stürner*, Sachenrecht, § 59 Rn 51.
730 *Leible/Sosnitza*, JuS 2001, 449, 452.
731 BGHZ 30, 149, 152; 72, 308, 310; 98, 303, 314; BGH NJW 1999, 940; vgl. Staudinger/*Busche*, Einl. §§ 398 ff. Rn 97 ff.; krit. *Baur/Stürner*, Sachenrecht, § 59 Rn 52 ff.
732 BGHZ 30, 149, 153; BGH NJW 1999, 940; MüKo/*Mayer-Maly/Armbrüster*, § 138 Rn 102; Soergel/*Hefermehl*, § 138 Rn 175.

733 BGHZ 72, 308, 310; BGH NJW 1999, 940; a.A. MüKo/*Mayer-Maly/Armbrüster*, § 138 Rn 97; Soergel/*Hefermehl*, § 138 Rn 175; Staudinger/*Sack*, § 138 Rn 342.
734 BGH NJW 1999, 940; Bamberger/Roth/*Rohe*, vor § 398 Rn 7.
735 BGHZ 72, 308, 310; BGH NJW 1999, 940; 1999, 2588, 2589; MüKo/*Mayer-Maly/Armbrüster*, § 138 Rn 103; Palandt/*Heinrichs*, § 138 Rn 25; Soergel/*Hefermehl*, § 138 Rn 175; Staudinger/*Sack*, § 138 Rn 342; krit. *Glöckner*, DZWiR 2000, 70, 71.
736 BGHZ 30, 149, 153; 72, 308, 316; MüKo/*Mayer-Maly/Armbrüster*, § 138 Rn 104.
737 BGHZ 98, 303, 314.
738 BGHZ 72, 308, 311; BGH NJW 1999, 940, 940; 1999, 2588, 2589; Palandt/*Heinrichs*, § 398 Rn 25; Soergel/*Hefermehl*, § 138 Rn 175; Staudinger/*Sack*, § 138 Rn 342.
739 BGH NJW 1974, 942; Palandt/*Heinrichs*, § 138 Rn 25.
740 BGH NJW 1974, 942, 943; Staudinger/*Sack*, § 138 Rn 342.

die Sittenwidrigkeit der Globalzession ebenso wenig wie der Umstand, dass die Forderung nur mit **Zustimmung des Drittschuldners** abgetreten werden kann.[741] Das Gleiche gilt für sog. **Zahlstellenklauseln**, nach denen der Geldkreditgeber Zahlungen der Drittschuldner lediglich als Zahlstelle für den Sicherungsgeber entgegennimmt.[742]

267 Die Nichtigkeit einer Globalzession wirkt nicht nur gegenüber den Vorbehaltslieferanten, sondern **absolut**, also für und gegen jedermann.[743] Die dargestellten Grundsätze gelten nicht nur für Globalzessionen von Geldkreditgebern, sondern auch für solche von **Warenlieferanten**, da sich der Sicherungsgeber hier in der gleichen Zwangslage befindet.[744]

268 **(2) Sonderfall: Factoring.** Beim **Factoring** tritt der Unternehmer die gegen seine Abnehmer entstehenden Forderungen an einen Factor – regelmäßig in Form einer Globalzession – ab. Der Factor zahlt den Wert der Forderungen abzüglich der vereinbarten Factoringgebühr an den Unternehmer und zieht sie als eigene ein.[745] Ein **Interessenkonflikt** entsteht, wenn der Unternehmer die Forderungen im Rahmen eines verlängerten Eigentumsvorbehalts an einen Vorbehaltsverkäufer abgetreten hat. Bei der Auflösung dieses Konflikts wird zwischen echtem und unechtem Factoring unterschieden, wobei im Einzelfall aber jeweils die **konkrete Ausgestaltung** des Factoringvertrags berücksichtigt werden muss.[746]

269 Das **unechte Factoring** stellt ein Kreditgeschäft dar, wenn die Globalzession auch der Sicherung des Factors im Hinblick auf seine Ansprüche gegen den Unternehmer dient.[747] Lassen sich die abgetretenen Forderungen bei den Abnehmern nicht realisieren, so kann der Factor weiter gegen den Unternehmer vorgehen. Er trägt also nicht das Risiko, dass die Forderungen nicht eingebracht werden.[748] Diese Tatsache rechtfertigt es, die Frage der Sittenwidrigkeit bei Zusammentreffen von verlängertem Eigentumsvorbehalt und unechtem Factoring nach den **gleichen Grundsätzen** zu beurteilen wie bei der Kollision von verlängertem Eigentumsvorbehalt und Globalzession (vgl. Rn 264 ff.).[749]

270 **Das echte Factoring** wird als Forderungskauf zwischen Factor und Unternehmer angesehen.[750] Hier kann der Unternehmer den Kaufpreis für die Forderung endgültig behalten; der Factor trägt also das Risiko des Zahlungseingangs.[751] Die Vorbehaltsverkäufer stehen damit nicht wirtschaftlich schlechter, als wenn der Unternehmer die Forderungen selbst eingezogen hätte. Die Globalzession ist daher nicht wegen Verleitens zum Vertragsbruch sittenwidrig.[752] Allerdings handelt der Factor **rechtsmissbräuchlich** (§ 242), wenn er sich im Konfliktsfall auf die Priorität der Globalzession beruft und Grund zu der Annahme hatte, dass der Unternehmer seinen Verpflichtungen gegenüber den Vorbehaltsverkäufern nicht sachgerecht nachkommt.[753] Hier muss der Factor **zumutbare Schutzmaßnahmen** (z.B. Einrichtung eines Sperrkontos) ergreifen.[754] Der Factor handelt erst recht missbräuchlich, wenn er **aktiv** zur zweckwidrigen Verwendung des Factoring-Erlöses beiträgt.[755]

271 **dd) Verarbeitungsklauseln.** Verarbeitungsklauseln, durch die der Vorbehaltsverkäufer entgegen § 950 Eigentümer der neuen Sache wird, können zu einer sittenwidrigen **Übersicherung** führen, wenn der Wert der Verarbeitung erheblich höher als der Wert der unter Eigentumsvorbehalt gelieferten Sache ist.[756] Besteht die Verarbeitung aus mehreren Einzelteilen, die von verschiedenen Lieferanten unter Eigentumsvorbehalt und Vereinbarung einer Verarbeitungsklausel verkauft wurden, so stellt die **Kollision** dieser Sicherungsrechte ein weiteres Problem dar.[757]

272 Die Gefahr der Übersicherung und die Möglichkeit einer Kollision mit anderen Sicherungsrechten können durch eine Klausel **vermieden** werden, wonach der Vorbehaltsverkäufer nur zu einem Bruchteil Miteigentümer der hergestellten Sache werden soll.[758] Bei der Ausarbeitung der Klausel ist aber der sachenrechtli-

---

741 BGHZ 55, 34, 36; MüKo/*Mayer-Maly/Armbrüster*, § 138 Rn 103.
742 BGHZ 72, 316, 320; Palandt/*Heinrichs*, § 138 Rn 25.
743 BGH NJW 1999, 2588, 2589 m. Anm. *Medicus*, EWiR 1999, 299; Staudinger/*Sack*, § 138 Rn 342.
744 BGH NJW 1999, 2588, 2589; Soergel/*Hefermehl*, § 138 Rn 175; Staudinger/*Sack*, § 138 Rn 343; *Wolf*, Sachenrecht, Rn 727.
745 Vgl. *Bülow*, Kreditsicherheiten, Rn 1677.
746 Soergel/*Hefermehl*, § 138 Rn 176.
747 Vgl. nur BGHZ 82, 50, 61.
748 Bamberger/Roth/*Rohe*, § 398 Rn 75.
749 BGHZ 82, 50, 64; BGHZ 100, 353, 358; Bamberger/Roth/*Rohe*, vor § 398 Rn 10; Soergel/*Hefermehl*, § 138 Rn 179; *Serick*, NJW 1981, 794; *ders.*, NJW 1981, 1715; krit. MüKo/*Mayer-Maly/Armbrüster*, § 138 Rn 105; für Behandlung wie beim echten Factoring *Canaris*, NJW 1981, 249; *ders.*, NJW 1981, 1347; *Leible/Sosnitza*, JuS 2001, 449, 453.
750 BGHZ 69, 254, 257; Bamberger/Roth/*Rohe*, § 398 Rn 74.
751 BGHZ 69, 254, 257; BGHZ 100, 353, 358; *Bülow*, Kreditsicherheiten, Rn 1677.
752 BGHZ 100, 353, 358; MüKo/*Mayer-Maly/Armbrüster*, § 138 Rn 105.
753 BGHZ 69, 254, 259.
754 BGHZ 69, 254, 259.
755 BGHZ 100, 353, 360.
756 *Leible/Sosnitza*, JuS 2001, 449, 456.
757 MüKo/*Westermann*, § 455 Rn 99.
758 BGHZ 46, 117, 119; Bamberger/Roth/*Kindl*, § 950 Rn 13; *Leible/Sosnitza*, JuS 2001, 449, 456; MüKo/*Westermann*, § 455 Rn 99.

che **Bestimmtheitsgrundsatz** zu beachten. Wirksam ist z.B. die Vereinbarung, dass der Miteigentumsbruchteil dem Verhältnis des Wertes des gelieferten Rohstoffes zum Wert der hergestellten Sache entspricht.[759]

ee) Kredittäuschung und Insolvenzverschleppung. Die Übertragung von Mobiliarsicherheiten oder Forderungen als Sicherungszession kann auch unter dem Gesichtspunkt der **Kredittäuschung** nach Abs. 1 sittenwidrig sein. Kennzeichnend ist hier, dass der Sicherungsnehmer im Zusammenwirken mit dem Sicherungsgeber einen **anderen Gläubiger** gefährdet oder schädigt, indem dieser durch die Kreditgewährung über die Kreditwürdigkeit des Sicherungsgebers getäuscht und zu einer eigenen Kreditgewährung veranlasst wird.[760] In subjektiver Hinsicht genügt dabei, dass die Vertragspartner die Schädigung anderer Gläubiger für **möglich** erachten.[761] Der Sicherungsnehmer handelt im Übrigen sittenwidrig, wenn er sich zumindest **grob fahrlässig** über Umstände hinwegsetzt, die den Schluss auf den bevorstehenden Zusammenbruch des Sicherungsgebers nahe legen.[762] Er muss die Auswirkungen der Kreditgewährung auf die wirtschaftlichen Verhältnisse des Sicherungsgebers prüfen, und zwar umso sorgfältiger, je größer und konkreter die Gefahr des Zusammenbruchs ist. Wird diese Prüfung **unterlassen**, so ist das Verhalten des Sicherungsnehmers als **leichtfertig** anzusehen.[763]

273

Steht der wirtschaftliche Zusammenbruch des Sicherungsgebers schon vor der Gewährung des gesicherten Kredits infrage, so kommt auch Sittenwidrigkeit wegen **Insolvenzverschleppung** in Betracht. Hier ist das Sicherungsgeschäft nichtig, wenn der Sicherungsnehmer den Kredit lediglich zum eigenen Vorteil vergibt und den Zusammenbruch des Sicherungsgebers nicht verhindern, sondern nur **herauszögern** will.[764] Weitere Voraussetzung ist, dass andere Gläubiger über die Kreditfähigkeit des Sicherungsgebers getäuscht und hierdurch geschädigt werden und dass der Sicherungsnehmer sich dem zumindest leichtfertig verschließt.[765]

274

Sowohl bei der Kredittäuschung als auch bei der Insolvenzverschleppung sind häufig Schadensersatzansprüche aus **§ 826** (dazu Rn 26 f.) gegeben.

275

d) Immobiliarsicherheiten

Literatur: *Clemente*, Neuere Entwicklungen im Recht der Grundschulden, BKR 2002, 975; *Hoepner*, Die Zweckerklärung bei der Sicherungsgrundschuld in der neueren Rechtsprechung des Bundesgerichtshofs, BKR 2002, 1025.

Immobiliarsicherheiten können ebenfalls wegen **Übersicherung** sittenwidrig sein. Darüber hinaus stellt sich die Frage, ob wie bei Bürgschaften die krasse **finanzielle Überforderung** des Sicherungsgebers die Sittenwidrigkeit begründen kann. Schließlich ist zu überlegen, welche Auswirkungen die Vereinbarung einer **überhöhten Verzinsung** im Darlehensvertrag oder bei der Grundschuldbestellung hat.

276

aa) Übersicherung. Da sich die **Hypothek** nach dem Bestand der Hauptforderung richtet (§ 1163 Abs. 1), kann hier keine Übersicherung eintreten.

277

Eine **Grundschuld** ist wegen **anfänglicher** Übersicherung sittenwidrig, wenn bereits bei Vertragsschluss zu erwarten ist, dass dauerhaft ein auffälliges Missverhältnis zwischen dem realisierbaren Sicherungswert und der gesicherten Forderung besteht.[766] Insoweit gelten die **gleichen Grundsätze** wie bei Mobiliarsicherheiten und Globalzessionen (vgl. Rn 255 ff.).[767]

278

Fällt nach Vertragsschluss ein Teil der gesicherten Forderung endgültig weg, so kann eine **nachträgliche** Übersicherung eintreten, wenn die Grundschuld nicht durch teilweise Rückübertragung, Teilverzicht oder Teilaufhebung zurückgewährt wird.[768] Die Bestellung der Grundschuld ist hier aber nicht nichtig; vielmehr besteht ein Anspruch auf **Freigabe** der nicht benötigten Sicherheiten bei Überschreitung der Deckungsgrenze von 110% (Rn 259 ff.).[769]

279

Die Pflicht zur Rückgewähr der Grundschuld greift nur bei **endgültiger** Übersicherung ein. Handelt es sich nach der Sicherungsabrede um eine **vorläufige** Übersicherung, z.B. weil in absehbarer Zeit weitere Kredite zu erwarten sind, so ist eine Rückgewähr nicht erforderlich.[770]

280

---

759 Vgl. BGHZ 46, 117.
760 BGH NJW 1995, 1668; Bamberger/Roth/*Spindler*, § 826 Rn 41; Soergel/*Hefermehl*, § 138 Rn 171; Staudinger/*Sack*, § 138 Rn 335; *Larenz/Wolf*, BGB AT, § 41 Rn 24.
761 BGH NJW 1995, 1668; *Bülow*, Kreditsicherheiten, Rn 1132.
762 BGHZ 10, 228, 233; BGH NJW 1995, 1668.
763 BGH NJW 1995, 1668.
764 BGH NJW 1995, 1668, 1669; Bamberger/Roth/*Spindler*, § 826 Rn 43; Erman/*Palm*, § 138 Rn 125; Soergel/*Hefermehl*, § 138 Rn 169.

765 BGH NJW 1995, 1668, 1669.
766 BGH NJW 1998, 2047.
767 Bamberger/Roth/*Rohe*, § 1192 Rn 132; Palandt/*Bassenge*, § 1191 Rn 24; Staudinger/*Wolfsteiner*, Vorbem. zu §§ 1191 ff. Rn 61 ff.
768 BGH NJW-RR 1990, 455; 1996, 234, 235; *Hoepner*, BKR 2002, 1025, 1031.
769 BGHZ 137, 212, 218; Bamberger/Roth/*Rohe*, § 1192 Rn 133; Staudinger/*Wolfsteiner*, Vorbem. zu §§ 1191 ff. Rn 74.
770 BGH NJW-RR 1990, 455; *Hoepner*, BKR 2002, 1025, 1031.

§ 138

281 **bb) Krasse finanzielle Überforderung des Sicherungsgebers.** Die von der Rechtsprechung entwickelten Grundsätze zur Sittenwidrigkeit von Bürgschaften wegen krasser finanzieller Überforderung des Sicherungsgebers (dazu Rn 224 ff.) sind auf Grundschulden **nicht übertragbar**.[771] Hier haftet der Sicherungsgeber nämlich nicht persönlich, sondern riskiert allenfalls den Verlust des gegenwärtigen Vermögens, was für sich gesehen nicht als verwerflich im Sinne des Abs. 1 anzusehen ist.[772]

282 **cc) Sittenwidrige Grundschuldbestellung wegen überhöhter Zinsen?** Ist ein **Darlehensvertrag** wegen überhöhter Verzinsung nichtig (dazu Rn 222 ff.), so berührt dies – anders als beim Wuchertatbestand des Abs. 2 – die Wirksamkeit der Grundschuldbestellung nicht.[773] Vielmehr **sichert** die Grundschuld in diesem Fall den bereicherungsrechtlichen **Rückgewähranspruch**.[774]

283 Ob die **Grundschuldbestellung** selbst gegen Abs. 1 verstößt, wenn die von der Grundschuldsumme zu entrichtenden Zinsen (§ 1191 Abs. 2) übermäßig hoch sind, ist noch nicht höchstrichterlich geklärt. Problematisch ist, dass die Grundschuldzinsen vom Sicherungsgeber oft für unwichtig erachtet werden,[775] mit dem üblichen Zinssatz von 15%[776] aber auf einen erheblichen Betrag anwachsen und so zu einer Übersicherung (Rn 255 ff.) führen können. Die für den Sicherungsgeber nachteilige Folge ist, dass nachrangige Grundpfandrechte an Wert verlieren und neue Sicherheiten nicht gestellt werden können.[777] Die neuere **Rechtsprechung** hat Unbilligkeiten bei der Sicherungsgrundschuld über eine **Verjährung** der Zinsen nach § 197 a.F. gelöst, ohne dass wie bislang eine Hemmung bis zum Eintritt des Sicherungsfalls analog § 202 a.F. angenommen wurde.[778] Hieran ist auf der Grundlage des § 205 festzuhalten, wobei sich die **Verjährungsfrist** nunmehr gemäß §§ 902 Abs. 1 S. 2, 195, 197 Abs. 2 auf drei Jahre beläuft.[779] In der Literatur wird darüber hinaus teilweise ein zusätzlicher materieller Schutz über die **Sittenwidrigkeitskontrolle** gefordert.[780]

11. Maklerverträge

Literatur: *Schwerdtner*, Maklerrecht, 4. Auflage 1999.

284 Maklerverträge sind nach Abs. 1 nichtig, wenn sie auf die Vermittlung einer **sittenwidrigen Leistung** gerichtet sind. Dies ist z.B. anzunehmen, wenn es um die Vermittlung von Geschäften im **Mädchen- und Rauschgifthandel**[781] oder die Vermittlung von **Schmiergeldvereinbarungen** mit ausländischen Amtsträgern[782] geht. Sittenwidrig sind außerdem Maklerverträge, mit denen **Leistungen** in anstößiger Weise **kommerzialisiert** werden. Dies wird – unter Hinweis auf das typischerweise zwischen den Betroffenen bestehende Vertrauensverhältnis – bei der entgeltlichen Vermittlung von Patienten an einen Arzt[783] und von Mandanten an einen Rechtsanwalt[784] angenommen (vgl. Rn 315, 321). Dagegen kann die **Vermittlung von Aufträgen an einen Architekten** zulässigerweise zum Gegenstand eines Maklerauftrages gemacht werden (vgl. Rn 322).[785]

285 Das Sittenwidrigkeitsurteil kann daneben an die Verletzung von besonders gesteigerten **Vertragspflichten** bzw. **Loyalitätspflichten gegenüber Dritten** anknüpfen. So ist ein Maklervertrag nichtig, mit dem sich ein Rechtsanwalt, der für einen Mandanten die Hausverwaltung führt, einem Handwerker gegenüber zur Vermittlung von Reparaturaufträgen für das betroffene Gebäude verpflichtet,[786] ebenso ein Maklervertrag, mit dem ein Steuerberater gegen Provision die Vermittlung von Anlagegeschäften an seine Mandanten zusagt.[787] Die Nichtigkeitsfolge lässt sich in solchen Fällen nur dadurch abwenden, dass dem Dritten spätestens bei der Empfehlung die eigene Provisionserwartung offen gelegt wird.[788] In den vorstehenden Zusammenhang gehört auch der Fall, dass der Makler dienstlich erlangtes Wissen treuwidrig zu Vermittlungszwecken nutzt. So ist

---

771 BGH NJW 2002, 2633.
772 BGH NJW 2002, 2633; Staudinger/*Wolfsteiner*, Vorbem. zu §§ 1191 ff. Rn 60; *Clemente*, BKR 2002, 975; *Hoepner*, BKR 2002, 1025, 1031; ebenso ist eine Bürgschaft, die durch Verwertung des Eigenheims getilgt werden kann, wirksam (BGH NJW 2001, 2466, 2467).
773 BGH NJW-RR 2000, 1431, 1433; Staudinger/*Wolfsteiner*, Vorbem. zu §§ 1191 ff. Rn 16.
774 Vgl. nur BGH NJW-RR 2000, 1431, 1433.
775 BGH ZIP 1999, 705, 706; *Clemente*, BKR 2002, 975, 977.
776 So BGH NJW 1999, 3705, 3706.
777 Vgl. *Peters*, JZ 2001, 1017.
778 BGH NJW 1999, 3705, 3706.
779 *Clemente*, BKR 2002, 975, 976.
780 *Peters*, JZ 2001, 1017, 1022; a.A. Staudinger/*Wolfsteiner*, Einl. zu §§ 1113 ff. Rn 47 und Vorbem. zu §§ 1191 ff. Rn 16.
781 Erman/*Werner*, vor § 652 Rn 33.
782 BGHZ 94, 268, 271; BGH WM 1986, 209, 211.
783 OLG Hamm NJW 1985, 679, 680.
784 KG NJW 1989, 2893, 2894; *Taupitz*, NJW 1989, 2871, 2872.
785 BGH NJW 1999, 2360, 2360 f.; a.A. *Dehner*, NJW 2000, 1986, 1989 f.
786 OLG Frankfurt NJW 1990, 2131, 2131 f.
787 BGH NJW 1985, 2523; NJW-RR 1987, 1108; MüKo/*Mayer-Maly*/*Armbrüster*, § 138 Rn 51; MüKo/*Roth*, § 652 Rn 65; Staudinger/*Sack*, § 138 Rn 426.
788 BGH NJW 1981, 399, 400; 1985, 2523; NJW-RR 1987, 1108.

ein Vertrag, bei dem der Makler seine als Kreditsachbearbeiter erlangten Kenntnisse zur Vermittlung einsetzt, nach § 138 nichtig.[789]

Maklerverträge können schließlich wegen **Wuchers** nach Abs. 2 nichtig sein. Hinsichtlich der Anforderungen für die Annahme von Sittenwidrigkeit ist zwischen der Vereinbarung einer erfolgsunabhängigen Provision und der dem gesetzlichen Leitbild des § 652 entsprechenden erfolgsabhängigen Provision zu differenzieren. Bei **erfolgsabhängigen Provisionen** ist die vereinbarte Provision in Relation zur ortsüblichen Provision für vergleichbare Tätigkeiten zu setzen.[790] Bei **erfolgsunabhängigen Provisionen** wird das den Wucher charakterisierende Missverhältnis durch Vergleich zwischen der Höhe des geforderten Entgelts und den tatsächlich erbrachten Leistungen des Maklers ermittelt.[791] Die Rechtsprechung hat dabei in Einzelfällen die Vereinbarung eines den üblichen Provisionssatz um das **Drei- bis Achtfache überschreitenden Satzes** für sittenwidrig erachtet.[792] 286

Eine **Ausnahme** von diesen Grundsätzen gilt bei Vereinbarung einer sog. **Übererlösklausel**, wonach der einen vorher bestimmten Kaufpreis übersteigende Verkaufserlös dem Makler als Provision zustehen soll. Steht der erzielbare Endpreis bei Abschluss des Maklervertrages noch nicht fest, so ist auch die Vereinbarung eines die übliche Provision um ein Vielfaches überschreitenden Maklerentgeltes möglich.[793] So hat die Rechtsprechung eine Provision in Höhe von umgerechnet 29% des erzielten Kaufpreises unbeanstandet gelassen.[794] 287

Die vorstehenden Grundsätze zur Nichtigkeit wegen Wuchers gelten auch für die **Partnerschaftsvermittlung**.[795] Diese unterscheidet sich von der Heiratsvermittlung (§ 656) dadurch, dass der Vertrag auf die Anbahnung einer nichtehelichen Lebensgemeinschaft gerichtet ist.[796] Ein solcher Vertrag ist nicht generell sittenwidrig. Die Rechtsprechung wendet § 656 analog an und gelangt damit zur Unklagbarkeit der Ansprüche des Partnervermittlers.[797] 288

Die Erteilung eines **Alleinauftrags** beinhaltet grundsätzlich keine sittenwidrige Einschränkung der Entscheidungsfreiheit des Auftraggebers.[798] Ist der Alleinauftrag **unwiderruflich**, so führt dies aber unter dem Aspekt der **Knebelung** zur Sittenwidrigkeit nach Abs. 1.[799] 289

12. Miet- und Pachtverträge. Miet- und Pachtverträge sind nach Abs. 1 nichtig, wenn die vermieteten oder verpachteten Gegenstände nach den Vorstellungen der Parteien zur Begehung strafbarer Handlungen verwendet werden sollen.[800] Mietverträge mit **Prostituierten** und Pachtverträge über **Bordelle** sind aber grundsätzlich nicht mehr für sittenwidrig zu erachten (vgl. Anh. § 138 Rn 27).[801] 290

Zölibatsklauseln in Mietverträgen verstoßen gegen die Entscheidungsfreiheit in höchstpersönlichen Angelegenheiten (Rn 48) und sind daher nach Abs. 1 nichtig. Das Gleiche gilt für Klauseln, welche die Mieter zur **Kinderlosigkeit** verpflichten oder dem **Lebensgefährten** der Mieterin **den Zugang** zur Wohnung **verbieten**.[802] 291

Miet- und Pachtverträge können im Übrigen als **wucherähnliche Geschäfte** (Rn 223) nach Abs. 1 sittenwidrig sein, wenn Leistung und Gegenleistung in einem auffälligen Missverhältnis zueinander stehen und weitere sittenwidrige Umstände (z.B. verwerfliche Gesinnung des Vermieters, Unerfahrenheit des Mieters) hinzukommen.[803] Bei der **Wohnungsmiete** werden die relevanten Fälle allerdings von § 5 WiStG erfasst. Verstößt die Vereinbarung über die Miethöhe gegen § 5 WiStG, so ist die Klausel nach § 134 nichtig; der Vertrag wird im Übrigen aber mit der angemessenen Miete aufrechterhalten (vgl. § 134 Rn 69 f., 192 f.). 292

---

789 BGH MDR 1977, 209; MüKo/*Roth*, § 652 Rn 65; a.A. Staudinger/*Reuter*, § 652 Rn 51; vgl. auch *Schwerdtner*, Maklerrecht, Rn 188.
790 BGH JZ 1994, 1075; WM 1976, 189, 290; LG Aachen NJW 1987, 741; a.A. Staudinger/*Reuter*, § 652 Rn 53 (Nutzen des Auftraggebers als Maßstab).
791 Staudinger/*Reuter*, § 652 Rn 55.
792 OLG Köln MDR 1962, 52 (dreifacher Satz); BGH WM 1976, 289, 290; NJW 2000, 2669 (fünffacher Betrag); OLG Oldenburg NJW-RR 1986, 857, 857 f. (Überschreitung um das Sechsfache); LG Aachen NJW 1987, 741 (siebenfacher Betrag).
793 BGH NJW 1969, 1628; NJW-RR 1994, 559; Soergel/*Hefermehl*, § 138 Rn 104; Staudinger/*Sack*, § 138 Rn 193; krit. *Schwerdtner*, Maklerrecht, Rn 769 ff.
794 BGH DB 1969, 1335.
795 LG Köln NJW-RR 2003, 1426; AG Eltville FamRZ 1989, 1299; LG Krefeld MDR 1984, 491, 492 (Verneinung eines groben Missverhältnisses).
796 Zur Partnerschaftsvermittlung vgl. Erman/*Palm*, § 656 Rn 12.
797 BGHZ 112, 122, 124 ff.; BGH NJW 1990, 2550, 2551; OLG Frankfurt NJW 1983, 397, 397 f.; Erman/*Werner*, § 656 Rn 12; a.A. OLG Bamberg NJW 1984, 1466, 1467; LG Hannover NJW 1981, 1678; *Peters*, NJW 1990, 2552, 2552 f.
798 Erman/*Palm*, § 652 Rn 26.
799 OLG Hamm NJW 1966, 887.
800 Erman/*Palm*, § 138 Rn 139.
801 BGHZ 63, 365, 367; BGH NJW 1970, 1179; Soergel/*Hefermehl*, § 138 Rn 211 f.; Staudinger/*Emmerich*, Vorbem. zu § 535 Rn 114; a.A. noch BGHZ 41, 341, 342.
802 Vgl. Staudinger/*Emmerich*, Vorbem. zu § 535 Rn 115; LG Gießen NJW-RR 2001, 8.
803 BGHZ 141, 257, 263; BGH NJW 2002, 55, 56 f.; NJW-RR 2002, 1521; Erman/*Palm*, § 138 Rn 139; Staudinger/*Emmerich*, Vorbem. zu § 535 Rn 120.

293 Bei **gewerblichen** Räumen und Immobilien wird ein auffälliges Missverhältnis zwischen Leistung und Gegenleistung angenommen, wenn das vertraglich vereinbarte Entgelt die ortsübliche Vergleichsmiete bzw. -pacht um knapp 100% übersteigt.[804] Bei der Bestimmung der angemessenen Pacht darf die sog. **EOP-Methode** nicht herangezogen werden. Denn diese Methode stellt auf die Gebrauchsvorteile für den Pächter ab und kann daher keine sichere Auskunft über den tatsächlich zu erzielenden Marktpreis geben.[805] Die marktübliche Miete oder Pacht muss daher im Zweifel für jedes einzelne Objekt durch einen mit der konkreten Situation vertrauten Sachverständigen gesondert ermittelt werden.[806]

294 Steht das auffällige Missverhältnis fest, so wird die **verwerfliche Gesinnung** des Begünstigten im Allgemeinen **vermutet** (vgl. Rn 229) Bei Miet- und Pachtverträgen gilt dies wegen der erheblichen Berechnungsunsicherheiten jedoch nur, wenn die ungefähre Höhe des marktüblichen Miet- oder Pachtzinses für den Vermieter ohne weiteres **erkennbar** war.[807]

295 Zum **Mietwucher** siehe Rn 376.

296 **13. Rechtsanwälte.** Verträge mit Rechtsanwälten können insbesondere wegen Verstoßes gegen **Standesrecht** sittenwidrig sein. Zu den diesbezüglichen Fragen siehe Rn 313 ff.

297 **14. Schenkung.** Schenkungen können wegen unangemessener **Verlagerung von Lasten auf die Allgemeinheit** sittenwidrig sein. So ist ein aus Anlass der Scheidung vereinbarter Unterhaltsverzicht nach Abs. 1 nichtig, wenn dadurch bewusst die Bedürftigkeit eines Ehegatten zulasten der Sozialhilfe herbeigeführt wird (vgl. Rn 194). Im Übrigen kann eine Schenkung sittenwidrig sein, wenn sie bewusst **zum Nachteil von Gläubigern** vorgenommen wird. Aus Gründen der Spezialität gehen die Vorschriften über die Gläubiger- bzw. Insolvenzanfechtung (§ 3 AnfG, § 129 ff. InsO) dem Abs. 1 in diesem Bereich aber vor (vgl. Rn 30). Verfolgt der Schenker den Zweck, einen **Pflichtteilsberechtigten** zu **benachteiligen**, so ist die Sittenwidrigkeit dagegen im Allgemeinen zu verneinen.[808]

298 Nach der bisherigen Rechtsprechung sind **unentgeltliche Zuwendungen an außereheliche Geliebte** sittenwidrig, wenn sie allein die Belohnung für geschlechtlichen Umgang darstellen.[809] Da eine solche reine Entgeltfunktion kaum einmal vorkommt oder zumindest nicht nachweisbar ist,[810] hat diese Fallgruppe indes keine praktische Bedeutung.[811] Im Übrigen wird man ebenso wie bei der parallelen Problematik des Geliebtentestaments (Rn 198) davon ausgehen müssen, dass die Gewährung finanzieller Vorteile für sexuelle Leistungen nach In-Kraft-Treten des **ProstG** (dazu Anh. § 138) nicht mehr für sittenwidrig erachtet werden kann.

299 Zur Unwirksamkeit von Schenkungen wegen Verstoßes gegen § 14 HeimG siehe § 134 Rn 218.

300 **15. Schmiergeldvereinbarungen.** In Rechtsprechung und Literatur ist anerkannt, dass eine **Schmiergeldvereinbarung als solche** in jedem Fall nichtig ist. Soweit die Vereinbarung gegen § 299 StGB (§ 12 UWG a.F.) verstößt, folgt dies bereits aus § 134.[812] In den übrigen Fällen ergibt sich die Nichtigkeit der Vereinbarung aus Abs. 1.[813] Dabei kommt es nicht darauf an, ob der Geschäftsherr einen wirtschaftlichen Nachteil erlitten hat oder erleiden sollte. Die Sittenwidrigkeit ergibt sich nämlich bereits aus der Verletzung des Vertrauensverhältnisses gegenüber dem Geschäftsherrn[814] sowie gegebenenfalls aus der Beeinträchtigung des Interesses an einem lauteren Wettbewerb (vgl. Rn 117).

301 Ob die Unwirksamkeit der Schmiergeldvereinbarung auf den **Hauptvertrag** (Folgevertrag) durchschlägt, ist umstritten. Fest steht, dass die Unwirksamkeit des Hauptvertrages jedenfalls nicht auf § 299 StGB i.V.m. § 134 gestützt werden kann, weil die Strafvorschrift des § 299 StGB sich nicht auf den Abschluss des Hauptvertrages bezieht (vgl. § 134 Rn 240).[815] Nach der **Rechtsprechung** ist der Hauptvertrag bei Vorliegen einer Schmiergeldvereinbarung jedoch im Allgemeinen nach **Abs. 1** sittenwidrig. Etwas anderes soll nur dann gelten, wenn die Schmiergeldvereinbarung im Einzelfall **keinen** für den Geschäftsherrn **nachteiligen**

---

804 Vgl. BGHZ 128, 255, 261; BGH NJW 2002, 55, 57; NJW-RR 2002, 1521, 1522; Erman/*Palm*, § 138 Rn 139; Staudinger/*Emmerich*, Vorbem. zu § 535 Rn 120.
805 BGHZ 141, 257, 264 ff.; zur Unzulässigkeit der von der EOP-Methode abgeleiteten Vergleichswertmethode BGH NJW 2002, 55, 56; NJW 2003, 152, 1522.
806 BGH NJW-RR 2002, 1521, 1522; Staudinger/ *Emmerich*, Vorbem. zu § 535 Rn 120.
807 BGH NJW 2002, 55, 57.
808 BGHZ 59, 132, 134 f.
809 BGHZ 53, 369, 375; 112, 259, 262; Palandt/ *Heinrichs* § 138 Rn 50.
810 BGH FamRZ 1971, 638, 639.
811 So auch Palandt/*Heinrichs* § 138 Rn 50. Vgl. z.B. BGH NJW 1984, 2150, 2151.
812 BGHZ 141, 357, 359; Staudinger/*Sack*, § 138 Rn 469; *Sethe*, WM 1998, 2309, 2311.
813 Vgl. *Sethe*, WM 1998, 2309, 2312.
814 Vgl. BGH NJW 1962, 1099; Erman/*Palm*, § 138 Rn 85; Palandt/*Heinrichs*, § 138 Rn 63; Soergel/ *Hefermehl*, § 138 Rn 180.
815 BGHZ 141, 357, 360 = NJW 1999, 2266, 2267.

Einfluss auf den Inhalt des Hauptvertrages gehabt haben kann. In diesem Fall soll der Hauptvertrag jedoch regelmäßig nach § 177 Abs. 1 schwebend unwirksam sein, weil der Vertreter im Zweifel ohne vorherige Information seines Geschäftsherrn nicht befugt sei, für diesen einen Vertrag mit dem Verhandlungspartner zu schließen, der ihn gerade bestochen habe.[816] Hat der Geschäftsherr den von seinem bestochenen Sachwalter ausgehandelten Vertrag selbst abgeschlossen, so hilft der Rückgriff auf § 177 nicht weiter. Die Rechtsprechung billigt dem Geschäftsherrn deshalb einen Schadensersatzanspruch aus *culpa in contrahendo* (§§ 280 Abs. 1, 311 Abs. 2, 241 Abs. 2) gegen seinen Vertragspartner zu.[817]

In der **Literatur** wird teilweise dafür plädiert, sämtliche Fälle der Schmiergeldvereinbarung über die Regeln der **Vertretung ohne Vertretungsmacht** bzw. der **culpa in contrahendo** zu lösen.[818] Diese Lösung hat den Vorteil, dass die Entscheidung über die Wirksamkeit des Geschäfts generell in den Händen des Geschäftsherrn liegt. In krassen Fällen kann es aber mit Rücksicht auf die Interessen anderer Beteiligter (Sicherungsgeber des Geschäftsherrn, Mitbewerber des Vertragspartners) nach § 242 geboten sein, dem Geschäftsherrn die Möglichkeit einer Genehmigung zu verwehren.[819]

302

16. Sexualbezogene Leistungen. Einen wichtigen Anwendungsbereich des Abs. 1 bilden traditionell Verträge über sexuelle Leistungen. Die hier maßgeblichen Grundsätze müssen nach In-Kraft-Treten des **ProstG** völlig neu durchdacht werden. Sie sollen daher im Zusammenhang mit diesem Gesetz (Anh. zu § 138) erörtert werden.

303

17. Sport und Verbandsrecht

Literatur: Derleder/Deppe, Die Verantwortung des Sportarztes gegenüber Doping, JZ 1992, 116; Karakaya/Buch, Sittenwidrigkeit von Sportmanagementverträgen – Exklusivverträge und die Vermarktung der Persönlichkeitsrechte, ZRP 2002, 193; Kelber, Die Transferpraxis beim Vereinswechsel im Profifußball auf dem Prüfstand, NZA 2001, 11; Kreis/Schmid, Bosman und kein Ende? – Zur Vereinbarkeit von Ausländerklauseln mit dem AKP-EG-Partnerschaftsabkommen, NZW 2003, 1013; Nolte/Polzin, Grundrechtskollisionen im Sport – zur Grundrechtskonformität sportverbandlicher Satzungsbestimmungen, NZG 2001, 838.

a) Allgemeines. Nachdem die Statuten, Satzungen und Ordnungen von Sportvereinen und -verbänden unter Berufung auf die **Verbandsautonomie** (Art. 9 Abs. 1 GG) lange Zeit nur zurückhaltend der Sittenwidrigkeitskontrolle nach § 138 unterworfen wurden, ist seit dem **Bosman-Urteil** des EuGH[820] ein Bewusstseinswandel eingetreten.[821] Diese Entscheidung hat verdeutlicht, dass der Sport Bestandteil des Wirtschaftslebens (geworden) ist, für den die allgemeinen nationalen und europarechtlichen Gesetze nicht nur subsidiär gelten.[822] Dazu gehört auch die Überprüfung verbandsrechtlicher Regelungen am Maßstab der Sittenwidrigkeit. Eine solche Überprüfung erscheint umso notwendiger, als die Verbandssatzungen in neuerer Zeit nicht mehr allein der **Organisation des eigenen Sports** dienen, sondern immer stärker auch **wirtschaftliche Zusammenhänge** regeln und damit die Grundfreiheiten und Grundrechte der Sportler tangieren.

304

b) Sittenwidrige Statuten. Im Bereich des Berufsrechts der Sportler ist die Frage der Sittenwidrigkeit von Statuten insbesondere bei der Problematik von **Transferentschädigungen** relevant geworden. Die Transferentschädigungen dienten ursprünglich dem – für sich selbst betrachtet nicht sittenwidrigen – Zweck, dem abgebenden Verein einen Ausgleich für den sportlichen und wirtschaftlichen Verlust des Spielers zu verschaffen. Aufgrund eines Verstoßes gegen Art. 12 GG nichtig ist jedoch eine Regelung, wonach der abgebende Verein die nach den Statuten für den Einsatz des Spielers notwendige **Freigabeerklärung** nur Zug um Zug gegen Zahlung der Ablösesumme abgeben muss.[823] Denn dies führt dazu, dass dem Spieler ein Vereinswechsel so lange unmöglich ist, bis sich die Vereine über eine Ablösesumme geeinigt haben. Als sittenwidrige Einschränkung der Berufsfreiheit des Spielers sind auch verbandsrechtliche Regelungen anzusehen, die den neuen Verein selbst dann zur Zahlung einer Transferentschädigung an den alten Verein verpflichten, wenn der Spieler arbeitsrechtlich nicht mehr an den alten Verein gebunden ist.[824] Denn hierdurch wird dem Sportler die weitere Berufsausübung unmöglich, wenn kein Verein zur Zahlung der Ablösesumme bereit ist.

305

---

816 BGH NJW 1989, 26; 2000, 511, 512; 2001, 1065, 1067.
817 BGH NJW 2001, 1065, 1067.
818 So AK-BGB/Damm, § 138 Rn 176; Staudinger/Sack, § 138 Rn 472 f.; grds. auch Erman/Palm, § 138 Rn 85.
819 Dies entkräftet den Einwand von Sethe, WM 1998, 2309, 2313 ff., die Lösung der Problematik über § 177 werde den Interessen der Sicherungsgeber des Geschäftsherrn nicht gerecht.

820 EuGH NJW 1996, 505 – Bosman; dazu Arens, SpuRt 1996, 39 ff.
821 So auch Erman/Palm, § 138 Rn 167; vgl. auch Fritzweiler, NJW 2002, 1014.
822 Anders noch die Stellungnahme der Bundesregierung im Fall Bosman, wiedergegeben in EuGH NJW 1996, 505, 508 Rn 72.
823 LAG Berlin NJW 1979, 2582 – Fall Baake; dazu Reuter, NJW 1983, 649.
824 BAG NZA 1997, 647 – Fall Kienass; vgl. auch EuGH NJW 1996, 505.

306 Aus den gleichen Gründen ist auch die in Statuten festgelegte Verpflichtung zur Zahlung einer sog. **Ausbildungsentschädigung** für Aufwendungen des Vereins zur Sichtung, Ausbildung und Förderung des Spielers sittenwidrig.[825] Dies gilt jedenfalls dann, wenn der Entschädigungsbetrag in einer pauschalen Summe besteht, die unabhängig von den tatsächlichen Aufwendungen ist.[826] Diese Grundsätze gelten nicht nur für Spieler der Profiligen, sondern für alle Sportler, die mit der Ausübung des Sports ihren Lebensunterhalt bestreiten.[827]

307 In der Praxis ist auf diese Entscheidungen – neben der Abschaffung verbindlicher Transferregelungen in den Statuten – mit einer **Verlängerung der Vertragslaufzeiten** der Sportler reagiert worden, wobei das Recht zur ordentlichen Kündigung regelmäßig ausgeschlossen ist.[828] Will ein anderer Verein den Sportler vor Ablauf des Vertrages verpflichten, bedarf es eines Aufhebungsvertrages, der in Form eines dreiseitigen Vertrages unter Beteiligung des Sportlers abgeschlossen wird.[829] Die Zustimmung des abgebenden Vereins wird dabei regelmäßig durch Ablösezahlungen des neuen Vereins erkauft, so dass von einem „Herauskaufen" des Spielers aus einem laufenden Vertrag bzw. – bei anderer Gestaltung – von einem „Ausleihen" des Spielers gesprochen wird.[830] Auch wenn diese Bezeichnungen eine sittenwidrige Beeinträchtigung des Persönlichkeitsrechts des Spielers vermuten lassen,[831] sind derartige Vereinbarungen doch im Hinblick auf § 138 nicht zu beanstanden. Denn hierbei handelt es sich nicht mehr um abstrakte Verbandsregeln, sondern um **individualvertragliche Vereinbarungen** zwischen altem und neuem Arbeitgeber unter Mitwirkung des Sportlers.[832]

308 Nichtig sind aber Verbandsregeln, welche die Anzahl der einsetzbaren ausländischen Sportler in einer Mannschaft beschränken. Dies gilt jedenfalls insoweit, wie EU-Ausländer betroffen sind.[833] Solche **Ausländerbeschränkungen** verstoßen gegen das Recht der Arbeitnehmer auf Freizügigkeit aus Art. 39 EGV (48 EGV a.F.). Dagegen werden Beschränkungen für Nicht-EU-Ausländer grundsätzlich für zulässig gehalten.[834]

309 Eine sittenwidrige Einschränkung der Rechte von Sportlern kann auch darin liegen, dass die Verbandsregeln eine **übermäßige Verbandsstrafe** für unsportliches Verhalten festlegen. Eine Sperre für die Dauer von vier Jahren oder gar eine lebenslange Sperre (z.B. in Dopingfällen) stellen unverhältnismäßige Eingriffe in die Berufsausübungsfreiheit von Sportlern dar.[835]

310 **c) Verstoß gegen Verbandsstatut.** Ein Verstoß gegen ein Verbandsstatut führt grundsätzlich nicht zur Sittenwidrigkeit des Geschäfts. Etwas anderes gilt nur, wenn die Verbandsregelung selbst Ausdruck der von § 138 geschützten Wertordnung ist. Nicht sittenwidrig sind die regelmäßig gegen die Statuten verstoßenden Zahlungen von **Handgeldern** oder **Wechselprämien** an Sportler und Dritte. Insoweit fehlt es an einer hinreichenden Beeinträchtigung von Belangen der Allgemeinheit;[836] die verbandsrechtliche Qualifikation als „unsportliches Verhalten" kann nur verbandsintern zu Sanktionen führen.[837] Der Verstoß gegen Verbandsstatuten kann aber die Sittenwidrigkeit eines Vertrages begründen, der auf die Verwirklichung eines unsportlichen Verhaltens gerichtet ist; so etwa die Gewährung von Zuwendungen für eine **absichtliche Nicht- oder Schlechtleistung** im Wettkampf[838] oder **verbotene Leistungssteigerungen** durch Doping.[839]

311 **d) Weitere Einzelfälle.** Die Verträge zwischen Verein und Sportler sind Arbeitsverträge;[840] die Sittenwidrigkeit beurteilt sich daher nach den allgemeinen Regelungen über Arbeitsverhältnisse (Rn 141 ff.) unter Berücksichtigung der besonderen Gegebenheiten des Berufssports.[841] Sittenwidrig ist eine Vereinbarung, wonach der Sportler im Falle des Vertragsbruchs als Vertragsstrafe die bis dahin erhaltenen Bezüge vollständig zurückzahlen muss.[842]

---

825 BGH NJW 1999, 3552; ArbG Hanau NZA-RR 1998, 108; a.A. noch OLG Düsseldorf NJW-RR 1996, 558.
826 OLG Oldenburg NJW-RR 1999, 422; BGH NJW 1999, 3552.
827 BGH NJW 1999, 3552.
828 Vgl. *Kelber*, NZA 2001, 11, 12.
829 *Kelber*, NZA 2001, 11, 12.
830 *Kelber*, NZA 2001, 11, 12.
831 Vgl. dazu treffend *Karakaya/Buch*, ZRP 2002, 193, 196: „weniger Ausdruck eines sittenwidrigen Vermarktungsvorgangs, sondern eines sportspezifischen Sprachgebrauchs".
832 LAG Köln SpuRt 1999, 77; OLG Düsseldorf NJW-RR 2001,1633; *Arens*, SpuRt 1996, 39, 41; *Kelber*, NZA 2001, 11, 12; zur Diskussion, inwieweit die neue Praxis eine Umgehung der Grundsätze des Bosman-Urteils darstellt, vgl. *Kelber*, NZA 2001, 11, 12 ff.
833 EuGH NJW 1996, 505 Rn 119; a.A. LG Frankfurt a.M. NJW-RR 1994, 1270.
834 Vgl. zum Ganzen *Kreis/Schmid*, NZA 2003, 1013.
835 LG München SpuRt 1995, 161, 166; *Nolte/Polzin*, NZG 2001, 838, 840.
836 BAG AP BGB § 138 Nr. 29 Berufssport; LAG Hamm NZA-RR 2000, 411.
837 LAG Hamm NZA-RR 2000, 411.
838 RGZ 138, 137, 141; Erman/*Palm*, § 138 Rn 167.
839 *Derleder/Deppe*, JZ 1992, 116, 117.
840 Allg. M., vgl. nur BAG NJW 1997, 276; Erman/*Palm*, § 138 Rn 167.
841 Erman/*Palm*, § 138 Rn 167.
842 LAG Köln NZA-RR 1999, 350.

Die allgemeinen Grundsätze über Dienst- und Arbeitsverträge gelten auch für **Verträge zwischen dem Sportler und Dritten**, z.B. einem Manager oder Spielerberater. Macht ein **Beratervertrag** jede berufliche Veränderung des Sportlers von der Zustimmung des Beraters abhängig, so ist er wegen unverhältnismäßiger Beschränkung des Sportlers sittenwidrig.[843]

18. Standesrecht

Literatur: *Bruns*, Das Verbot der quota litis und die erfolgshonorierte Prozessfinanzierung, JZ 2000, 232; *Dethloff*, Verträge zur Prozessfinanzierung gegen Erfolgsbeteiligung, NJW 2000, 2225; *Frechen/Kochheim*, Fremdfinanzierung von Prozessen gegen Erfolgsbeteiligung, NJW 2004, 1213; *Fritzsche/Schmidt*, Eine neue Form der Versicherung?, NJW 1999, 2998; *Taupitz*, Das Standesrecht der freien Berufe, 1991.

Wie bereits oben (Rn 87) dargelegt, begründet die Verletzung von Standesrecht nicht in jedem Fall die Sittenwidrigkeit des Rechtsgeschäfts. Etwas anderes gilt aber, wenn der infrage stehende Berufsstand **wichtige Gemeinschaftsaufgaben** zu erfüllen hat und der Verstoß gegen das Standesrecht geeignet ist, das **Vertrauen der Allgemeinheit** in die ordnungsgemäße Wahrnehmung dieser Aufgaben zu untergraben.

a) Gefährdung der ordnungsgemäßen Berufsausübung. Zu den grundlegenden Standespflichten des Freiberuflers gehören die **persönliche und sachliche Unabhängigkeit** und die Verpflichtung zur sachbezogenen Wahrnehmung seiner Aufgaben.[844] Rechtsgeschäfte, welche die Unabhängigkeit oder den Bezug zur eigentlichen Tätigkeit infrage stellen, begründen Zweifel an der ordnungsgemäßen Berufsausübung und können deshalb sittenwidrig sein. So widerspricht es dem **Ansehen der Rechtsanwaltschaft**, wenn Rechtsanwälte sich erwerbswirtschaftlich mit Tätigkeiten befassen, die nicht zu den für einen Rechtsanwalt typischen Geschäften gehören.[845] Dies gilt insbesondere für die **ständige Ausübung des Maklerberufs** durch einen Rechtsanwalt.[846] Beschränkt sich die Tätigkeit als Makler auf Einzelfälle, so kann darin aber – auch bei Verstoß gegen Standesrecht – keine Sittenwidrigkeit gesehen werden.[847] Entsprechende Geschäfte sind daher nicht nach Abs. 1 nichtig. Dies gilt auch dann, wenn der Rechtsanwalt als Gesellschafter einer GmbH gegenüber dem Geschäftspartner nur in seiner Eigenschaft als Makler aufgetreten ist.[848] Dagegen ist es sittenwidrig, wenn der Rechtsanwalt bei der Vergabe oder Verschaffung von Aufträgen gegen Provision aus Gewinnstreben zulasten der eigenen Mandantin tätig wird.[849]

Grundlegend für das **Berufsbild des Arztes** ist das ärztliche Gelöbnis, wonach oberstes Gebot für das Handeln eines Arztes die Erhaltung und Wiederherstellung der Gesundheit der Patienten ist; der Arzt hat seine Aufgaben nach seinem Gewissen und den Geboten der ärztlichen Ethik zu erfüllen und muss sich dabei der Achtung und des Vertrauens würdig zeigen, die der ärztliche Beruf erfordert (vgl. § 2 BOÄ). Als sittenwidrig ist es daher anzusehen, wenn sich ein Arzt verpflichtet, einer Apotheke als Gegenleistung für eine finanzielle Unterstützung bei der Errichtung seiner Praxis durch Verschreibungen einen bestimmten (hohen) Kassenrezeptumsatz zu sichern.[850] Gleiches gilt, wenn sich ein Zahnarzt verpflichtet, bestimmte zahntechnische Leistungen ausschließlich an ein bestimmtes Labor zu vergeben.[851] Ebenfalls sittenwidrig ist ein **Patientenvermittlungsvertrag** zwischen einem Arzt und einem nichtärztlichen Institut. Denn nichtärztliche Vermittler können das Vertrauensverhältnis zwischen Arzt und Patienten stören und letzteren durch unsachgemäße Informationen zur Aufnahme einer für ihn ungeeigneten Behandlung veranlassen.[852] Hat der Arzt dem Institut für die Vermittlung der Patienten eine Provision zu gewähren, so besteht außerdem die Gefahr, dass er sein Honorar zu hoch ansetzt, um dem Vermittler die Vergütung zahlen zu können, ohne selbst auf ein angemessenes Honorar verzichten zu müssen.[853]

Die berufliche Verantwortlichkeit und Entscheidungsfreiheit von **Apothekern** wird durch das ApothekenG geschützt. Verstöße gegen das ApothekenG (z.B. stille Beteiligung eines Nichtapothekers) führen nach § 134 (dort Rn 138) zur Nichtigkeit des Rechtsgeschäfts.

Sog. **Architekten-Bindungsklauseln**, mit denen der Verkäufer den Erwerber eines Grundstücks verpflichtet, die Planung und Ausführung eines Bauwerks von einem bestimmten Architekten durchführen zu lassen, wurden früher regelmäßig für standeswidrig gehalten, sofern nicht besondere Anforderungen, z.B. im Hinblick auf eine einheitliche Gestaltung des Baus, ausnahmsweise eine Bindung des Käufers rechtfertigten.

---

843 OLG Frankfurt NJW-RR 1996, 1333; ausf. *Karakaya/Buch*, ZRP 2002, 193 ff.
844 BGHZ 78, 263, 267; Palandt/*Heinrichs*, § 138 Rn 59.
845 BGH NJW 1995, 1425; 1996, 2499; KG NJW 1989, 2893, 2894.
846 BGH NJW 1992, 681, 682; Staudinger/*Sack*, § 138 Rn 425.
847 BGH NJW 1992, 681, 682; 1996, 2499.
848 BGH NJW-RR 2000, 1502.
849 OLG Frankfurt NJW 1990, 2131.
850 OLG Frankfurt NJW 2000, 1797.
851 OLG Nürnberg MDR 1988, 861; Palandt/*Heinrichs*, § 138 Rn 59.
852 OLG Hamm NJW 1985, 679, 680; Erman/*Palm*, § 138 Rn 86; Staudinger/*Sack*, § 138 Rn 427; vgl. auch BGH NJW 1986, 2360; 1999, 2360.
853 OLG Hamm NJW 1985, 679, 680.

Dennoch wurden derartige Klauseln von der Rechtsprechung nicht generell für sittenwidrig erklärt, weil das notwendige Vertrauensverhältnis zwischen Bauherr und Architekt nicht schon dadurch ausgeschlossen wird, dass der Bauwillige in der Wahl des Architekten nicht völlig frei ist.[854] Seit 1971 sind derartige Architektenbindungsklauseln durch Art. 10 § 3 des Gesetzes zur Verbesserung des Mietrechts und zur Begrenzung des Mietanstiegs sowie zur Regelung von Ingenieur- und Architektenleistungen vom 4. November 1971 (MRVerbG)[855] untersagt; Verstöße gegen diese Vorschrift begründen nach § 134 die Nichtigkeit des Rechtsgeschäfts.[856]

318 **b) Vergütungsvereinbarungen. aa) Allgemeines.** Die Zulässigkeit der Vereinbarung von Vergütungen für Freiberufler richtet sich im Wesentlichen nach den einschlägigen **Gebührenordnungen** (z.B. HOAI, GOÄ, GOZ, RVG, StBGebV). Verstöße gegen diese Gebührenordnungen sind daher vorrangig nach § 134 zu beurteilen (siehe zum neuen RVG § 134 Rn 200).[857] Soweit die Gebührenordnungen für bestimmte Fälle keine Regelung treffen, gilt der Grundsatz der Vertragsfreiheit. So kann in einem Beratervertrag zwischen einer GmbH und einem **Rechtsanwalt** für außergerichtliche Tätigkeit ein pauschales monatliches Honorar auch bei Unterschreitung der gesetzlich vorgesehenen Gebühren wirksam vereinbart werden.[858] Bei der **HOAI** führt eine Gebührenunterschreitung nicht zur Sittenwidrigkeit der Vereinbarung.[859] Vereinbart ein **Steuerberater** mit einem Mandanten ein pauschales Stundenhonorar, das die Sätze der StBGebV um ca. 30% unterschreitet, so ist dies ebenfalls nicht sittenwidrig.[860]

319 **bb) Anwaltliche Erfolgshonorare und Prozessfinanzierungsverträge.** Der BGH hat anwaltliche **Erfolgshonorare** (*quota litis*) in ständiger Rechtsprechung für standes- und sittenwidrig angesehen, da das finanzielle Interesse des Rechtsanwalts am Prozessausgang dessen Unabhängigkeit und Stellung als Organ der Rechtspflege gefährdet.[861] Die Problematik der Erfolgshonorare ist seit 1994 gesetzlich geregelt; die Nichtigkeit der Vereinbarung folgt nunmehr aus **§ 49b Abs. 2 BRAO** i.V.m. § 134 (dazu § 134 Rn 200).

320 Nach wie vor ungeklärt ist in diesem Zusammenhang die Zulässigkeit von **Prozessfinanzierungsverträgen**, bei denen der Rechtsuchende gegen Zahlung eines Erfolgshonorars mit einem Dritten die Finanzierung der Prozesskosten vereinbart. Solche Verträge verstoßen nach einhelliger Ansicht nicht gegen § 49b BRAO, weil diese Norm nur an Rechtsanwälte gerichtet ist.[862] Bei Prozessfinanzierungsverträgen erhält der Anwalt aber nur die ihm gesetzlich zustehenden Gebühren; das Erfolgshonorar kommt dem Prozessfinanzierer zugute. Gleichwohl spricht vieles dafür, dass Prozessfinanzierungsverträge im Regelfall sittenwidrig sind.[863] Zunächst darf nicht übersehen werden, dass solche Verträge auch den Gebührenanspruch des Rechtsanwalts sichern. Der Rechtsanwalt erlangt damit jedenfalls einen **mittelbaren Vorteil**. Es besteht damit die Gefahr, dass der Rechtsanwalt dem Mandanten aus eigenem Interesse zu einer Prozessfinanzierung rät. Weitere Probleme ergeben sich, wenn der Rechtsanwalt selbst an einer Prozessfinanzierungsgesellschaft beteiligt ist. Hier erscheint die **Unabhängigkeit** des Anwalts gefährdet. Davon abgesehen dürfte eine solche Beteiligung als **Umgehung des Verbots von Erfolgshonoraren** zu werten sein.[864] Dies gilt jedenfalls dann, wenn der an der Finanzierungsgesellschaft beteiligte Anwalt selbst den finanzierten Prozess führt und damit über die gesetzlichen Gebühren hinaus vom Prozess profitiert. Berechtigte Zweifel an der Vereinbarkeit von Prozessfinanzierungsverträgen mit den guten Sitten ergeben sich auch im Hinblick auf die **Höhe des Erfolgshonorars**, welches in der Praxis durchaus bei 50% der Streitsumme und darüber liegen kann.[865] Richtig ist zwar, dass der Prozessfinanzierer auch am Verlustrisiko beteiligt ist.[866] Dieses kann jedoch im Einzelfall sehr gering sein.

321 **cc) Provisionsvereinbarungen.** Nach der Rechtsprechung zählt das Verbot jedweder **Provisionsvereinbarungen zwischen Anwälten und Nichtanwälten** zu den unverzichtbaren Grundsätzen für die anwaltliche Tätigkeit.[867] Die Abgabe oder Entgegennahme eines Teils der Gebühren oder sonstiger Vorteile für die

---

854 BGHZ 60, 28, 33.
855 BGBl I 1971 S. 1745.
856 Vgl. BGHZ 60, 28, 34; BGH NJW 1978, 1434; Staudinger/*Sack*, § 138 Rn 420.
857 Erman/*Palm*, § 138 Rn 86.
858 BGH NJW 1995, 1425, 1430.
859 OLG Stuttgart NJW 1980, 1584.
860 BGH NJW 1996, 1954, 1956.
861 BGHZ 22, 162, 165; 51, 290, 293; BGH NJW 1981, 998; 1987, 3203, 3204; 1992, 681, 682; 1996, 2499, 2500.
862 Staudinger/*Sack*, § 138 Rn 479; *Dethloff*, NJW 2000, 2225, 2228.
863 So auch *Bruns*, JZ 2000, 232, 236 ff.; a.A. Staudinger/*Sack*, § 138 Rn 479; *Dethloff*, NJW 2000, 2225, 2229; *Frechen/Kochheim*, NJW 2004, 1213, 1216; *Grunewald*, BB 2000, 729 ff.; differenzierend *Fritzsche/Schmidt*, NJW 1999, 2998, 3002.
864 *Bruns*, JZ 2000, 232, 236; a.A. *Dethloff*, NJW 2000, 2225, 2228.
865 Ebenso Staudinger/*Sack*, § 138 Rn 479; *Bruns*, JZ 2000, 232, 237; krit. auch *Fritzsche/Schmidt*, NJW 1999, 2998, 3002: „bedenklich".
866 Hierauf abstellend *Dethloff*, NJW 2000, 2225, 2229.
867 KG NJW 1989, 2893, 2894.

Sittenwidriges Rechtsgeschäft; Wucher § 138

Vermittlung von Aufträgen ist demnach ebenso sittenwidrig[868] wie eine Vereinbarung über die Zahlung von Provisionen für vermittelte Mandate.[869] Zur Unzulässigkeit von **Patientenvermittlungsverträgen** mit **Ärzten siehe** Rn 315.

Für Angehörige sonstiger freier Berufe besteht kein allgemeines Verbot, zur Erlangung von Aufträgen die entgeltlichen Dienste eines Maklers in Anspruch zu nehmen. Verspricht ein **Architekt** einem Makler eine Provision für die Vermittlung von Aufträgen, so ist dies daher nur bei Hinzutreten besonderer Umstände sittenwidrig.[870]   322

c) Praxisverkauf. Die Vereinbarung eines Praxisverkaufs von **Rechtsanwälten** und **Ärzten** wurde vom RG als standes- und sittenwidrig angesehen.[871] Der BGH ist dem zu Recht nicht gefolgt.[872] Die Veräußerung einer Anwalts-, Arzt- oder Steuerberaterpraxis ist daher grundsätzlich nicht (mehr) sittenwidrig.[873] Etwas anderes kann jedoch gelten, wenn der Erwerber durch den Vertrag übermäßig in seiner wirtschaftlichen Freiheit oder in seiner persönlichen Unabhängigkeit beschränkt wird und dies befürchten lässt, dass die Praxis nicht in einer den Allgemeininteressen entsprechenden Weise fortgeführt wird.[874] Gleichfalls nicht sittenwidrig ist die Übergabe einer **Patientenkartei** ohne die Zustimmung der Patienten.[875] Zu berücksichtigen ist in diesem Zusammenhang aber § 203 StGB i.V.m. § 134 (dazu § 134 Rn 131).   323

19. Straf- und Strafprozessrecht. a) Allgemeines. Ob Verträge, die straf- oder strafverfahrensrechtlichen Vorschriften zuwiderlaufen, nach § 134 oder § 138 nichtig sind, ist umstritten.[876] Auch die Rechtsprechung ist uneinheitlich.[877] Der BGH stützt die Nichtigkeit aber jedenfalls dann auf § 138, wenn das Rechtsgeschäft eine Straftat lediglich **fördern oder ausnutzen** soll.[878] Die Parteien eines Vertrages, der eine Straftat fördert oder ausnutzt, müssen auch **subjektiv sittenwidrig** handeln.[879] Dabei müssen sich grundsätzlich **alle Vertragsparteien**[880] der strafrechtlich relevanten Tatsachen bewusst sein[881] bzw. sich deren **Kenntnis** zumindest **grob fahrlässig verschließen** (vgl. Rn 93).[882]   324

Das Rechtsgeschäft kann auch dann nach Abs. 1 sittenwidrig sein, wenn es die Verletzung **ausländischer Strafnormen** fördert. Voraussetzung ist allerdings, dass die ausländischen Normen nach den in Deutschland herrschenden Wertvorstellungen anzuerkennen sind (vgl. Rn 80).[883]   325

b) Einzelfälle. Der BGH hat einen Darlehensvertrag, der den Erwerb eines Schiffes und dessen Umbau in ein „schwimmendes Bordell" ermöglicht hat, wegen der Strafbarkeit des **Bordellbetriebs** als sittenwidrig angesehen.[884] Ebenso ist ein **Kaufvertrag** gemäß § 138 nichtig, wenn er die Grundlage für einen betrügerischen Weiterverkauf darstellt.[885] Eine Haftungsfreistellung zwischen zwei Vertragsparteien, welche mit Hilfe eines Scheinvertrags einen Betrug gegenüber einem Dritten begehen, ist ebenfalls gemäß § 138 sittenwidrig.[886] Sittenwidrig ist auch der **Kauf eines Radarwarngerätes**, weil der Kaufvertrag ein späteres ordnungswidriges und gar strafbares Verhalten des Käufers fördert (vgl. Rn 220). Demgegenüber führt der Verstoß gegen den Straftatbestand der irreführenden unwahren Werbung (§ 16 Abs. 1 UWG) weder nach § 134 (dort Rn 258) noch nach § 138 zur Nichtigkeit des entsprechenden Folgevertrages.[887]   326

Freilich kann nicht jedes noch so **untergeordnete Hilfsgeschäft** unter dem Aspekt der **Förderung einer Straftat** nach Abs. 1 nichtig sein (vgl. Rn 76). Der BGH hat dies für Getränkelieferungen an einen strafbaren Bordellbetrieb anerkannt.[888] Im Hinblick auf das **Ausnutzen** eines strafrechtlich relevanten Rechtsgeschäfts ist ebenfalls zu bedenken, dass nicht jeder **Folgevertrag** automatisch nichtig ist, wie der BGH für den   327

---

868 BGH NJW 1980, 2407.
869 KG NJW 1989, 2893; vgl. auch BGH NJW 1999, 2360. Die Nichtigkeit derartiger Provisionsabreden folgt auch aus § 203 StGB und § 49b Abs. 3 BRAO i.V.m. § 134.
870 BGH NJW 1999, 2360; Staudinger/*Sack*, § 138 Rn 427; allerdings kann bei solchen Abreden Landesrecht zu beachten sein, so etwa in BGH NJW 1999, 2360: NWBauKaG i.V.m. § 134.
871 RGZ 66, 143; 90, 35; einschr. aber RGZ 153, 280.
872 Vgl. nur BGHZ 16, 71, 74; 43, 46.
873 Erman/*Palm*, § 138 Rn 86; Staudinger/*Sack*, § 138 Rn 418.
874 BGHZ 43, 46, 49; BGH NJW 1989, 763; Palandt/*Heinrichs*, § 138 Rn 60.
875 BGH NJW 1974, 602; vgl. auch OLG Düsseldorf NJW 1973, 558.
876 Hierzu Staudinger/*Sack*, § 138 Rn 146 f.

877 Vgl. einerseits BGH NJW 1983, 868, 869; andererseits BGH NJW 1995, 2026, 2027.
878 Vgl. BGH DB 1971, 39; NJW-RR 1990, 750; Staudinger/*Sack*, § 138 Rn 495.
879 BGHZ NJW-RR 1990, 750, 751.
880 BGHZ 53, 152, 159 f.
881 RGZ 100, 39, 41 f.
882 BGH NJW 1992, 310.
883 BGHZ 94, 268, 271.
884 BGH NJW-RR 1990, 750.
885 BGH DB 1971, 39.
886 BGH NJW-RR 1990, 1521, 1522.
887 Vgl. Baumbach/Hefermehl/*Bornkamm*, Wettbewerbsrecht, 23. Aufl. 2004, § 16 UWG Rn 29; a.A. zu § 4 UWG a.F. OLG Stuttgart NJW-RR 1997, 236, 237.
888 BGH NJW-RR 1987, 999, 1000.

aus einer Schmiergeldzahlung resultierenden Architektenvertrag festgestellt hat. Entscheidend ist, ob es im Einzelfall zu einer für den Vertragspartner nachteiligen Vertragsgestaltung kommt.[889]

328 Im Zusammenhang mit dem Strafprozessrecht können vertragliche Vereinbarungen über die **Rücknahme eines Strafantrages** oder einer **Strafanzeige** sittenwidrig sein. Dies gilt insbesondere, wenn die psychische Zwangslage und die persönliche Verstrickung des Täters ausgenutzt werden, um eine übermäßig hohe Entschädigung zu erlangen.[890]

329 **20. Versicherungsrecht.** Bei der **inhaltlichen Kontrolle** von Versicherungsverträgen steht die Überprüfung der AVB nach den §§ 305 ff. im Vordergrund. Ein Rückgriff auf § 138 ist daneben grundsätzlich nicht erforderlich. Ein Verstoß gegen die guten Sitten liegt aber vor, wenn der Versicherungsnehmer mit einem Sachwalter des Versicherers (Versicherungsvertreter, Sachbearbeiter etc.) beim **Abschluss des Versicherungsvertrages** zum Nachteil des Versicherers **kollusiv** zusammengewirkt hat.[891] So ist die Vereinbarung einer Rückwärtsversicherung (§ 2 VVG) nach Abs. 1 unter dem Aspekt der Kollusion nichtig, wenn der Eintritt des Versicherungsfalls bei Vertragsschluss sowohl dem Versicherungsnehmer als auch dem Sachwalter des Versicherers bekannt war.[892] Im Übrigen kann eine Rückwärtsversicherung unter Abbedingung des § 2 Abs. 2 S. 2 VVG auch deshalb sittenwidrig sein, weil sie ein **willkürliches persönliches Geschenk** zulasten der Versichertengemeinschaft darstellt.[893]

330 Wird ein **Kreditvertrag** mit einer **Kapitallebensversicherung** kombiniert, so beurteilt sich die Sittenwidrigkeit nach den gleichen Grundsätzen wie bei Ratenkrediten (siehe Rn 237).

331 **21. Verwaltungsrecht.** Privatrechtliche Verträge zwischen Verwaltung und Bürger sind nach § 138 nichtig, wenn die Verwaltung ohne gesetzliche Ermächtigung hoheitliche Maßnahmen von Gegenleistungen abhängig macht, die nicht in sachlichem Zusammenhang mit den Maßnahmen selbst stehen (sog. **Kopplungsverbot**).[894] Dies ist Ausdruck des Grundsatzes der Gesetzmäßigkeit der öffentlichen Verwaltung.[895] Für **öffentlich-rechtliche Austauschverträge** ist das Kopplungsverbot in § 56 VwVfG niedergelegt. Wird diese Vorschrift verletzt, so ist der Vertrag nach § 59 Abs. 2 Nr. 4 nichtig. Der Rückgriff auf § 138 ist daher nicht erforderlich.

332 Bei **privatrechtlichen Verträgen im Rahmen bauplanungsrechtlichen Handelns** ist der erforderliche sachliche Zusammenhang gegeben, wenn der an der Baugenehmigung interessierte Bürger sich zu bestimmten Zahlungen verpflichtet, welche die der Genehmigung entgegenstehenden Gründe entkräften.[896] So hat die Rechtsprechung die Zulässigkeit sog. **Folgekostenverträge** bejaht, mit denen die Gemeinde die nach der Aufstellung eines Bebauungsplans entstehenden Kosten zu kompensieren sucht.[897] Ein sachlicher Zusammenhang ist auch dann gegeben, wenn die Gemeinde einen Teil eines im Außenbereich liegenden Grundstücks kauft und dem Verkäufer im Gegenzug in Aussicht stellt, das ganze Grundstück in den Bebauungsplan aufzunehmen.[898] Dagegen besteht zwischen einer Baugenehmigung und einer vom Antragsteller zu erbringenden Geldzahlung zur Schaffung öffentlicher Parkplätze kein sachlicher Zusammenhang. Etwas anderes gilt nur, wenn die Parkplätze eine von dem konkreten baulichen Vorhaben des Klägers ausgehende Gefährdung des Verkehrs ausräumen sollen.[899] Steht die von der Behörde versprochene Gegenleistung im Widerspruch zum Bauplanungsrecht, so ist bereits deshalb eine Kopplung unzulässig.[900]

333 Das Finanzamt darf die Ausstellung einer **steuerlichen Unbedenklichkeitsbescheinigung** nicht davon abhängig machen, dass der Steuerschuldner ihm für **künftige** Steuerforderungen Sicherheiten bestellt.[901] Denn die Sicherung künftiger Steuerforderungen steht in keinem sachlichen Zusammenhang mit dem Zweck der Unbedenklichkeitsbescheinigung, Auskunft über das Verhalten des Bewerbers **in der Vergangenheit** zu geben.

334 Nicht ohne weiteres sittenwidrig sind Verträge, durch die sich der Widerspruchsführer gegen Entgelt verpflichtet, den **Widerspruch gegen eine behördliche Genehmigung** zurückzunehmen. So hat der BGH

---

889 BGHZ 141, 357, 361.
890 BGH NJW 1991, 1046, 1047.
891 Vgl. BGH NJW 1989, 26; NJW 2002, 1497, 1498; Erman/*Palm*, § 138 Rn 192.
892 BGHZ 111, 29, 35 = NJW 1990, 1851, 1852 f.; OLG Düsseldorf NJW-RR 1997, 158, 159.
893 Vgl. LG Stuttgart VersR 1973, 455, 456; *Baumann*, in: Berliner Kommentar zum VVG, 1999, § 2 Rn 53; Prölss/Martin/*Prölss*, VVG, 26. Aufl. 1998, § 2 Rn 18.
894 BGHZ 79, 131, 141; BGH NJW 1999, 208, 209; Erman/*Palm*, § 138 Rn 133, 143.
895 VG München NJW 1998, 2070, 2971 f.
896 BGHZ 26, 84; BGH WM 1966, 1039, 1041.
897 BVerwG NJW 1973, 1895, 1897; BGH WM 1966, 1039, 1041.
898 BGH NJW 1999, 208, 209.
899 BGH WM 1979, 336, 337.
900 VG München NJW 1998, 2070, 2971 f.
901 BGHZ 94, 125, 129; Erman/*Palm*, § 138 Rn 133, 143.

bei einem „Abfindungsvertrag" mit einer Bürgerinitiative die sittenwidrige Ausnutzung einer Zwangslage des Antragstellers verneint.[902]

22. Wertpapierrecht

Literatur: *Meyer-Cording/Drygala*, Wertpapierrecht, 3. Auflage 1995.

a) Wechselreiterei. Ein klassischer Fall der Sittenwidrigkeit ist die sog. **Wechselreiterei**, bei der die Beteiligten Finanzwechsel zum Zweck der Kreditbeschaffung vereinbarungsgemäß so untereinander austauschen, dass sie sich dem **äußeren Anschein** nach als Handels- oder Warenwechsel darstellen.[903] Da Handels- oder Warenwechsel im Verkehr deutlich höher bewertet werden, besteht die **Gefahr**, dass künftige Kreditgeber **getäuscht und geschädigt** werden.[904] Diese Gefahr – und damit der Vorwurf der Sittenwidrigkeit – wird auch nicht durch die ausdrückliche Bezeichnung als „Finanzwechsel" ausgeschlossen.[905] Die Sittenwidrigkeit ist auch dann zu bejahen, wenn die Beteiligten ohne Täuschungsabsicht gehandelt haben.[906] Ob die „Reiterei" gewerbsmäßig oder als Einzelaktion betrieben wird, ist ebenfalls unerheblich.[907]

In den Fällen des Akzeptaustausches sind nicht nur die **kausalen Grundgeschäfte**, sondern auch die **abstrakten Wechselbegebungsverträge**[908] nach Abs. 1 nichtig.

b) Scheckreiterei. Anders als der Wechsel ist der Scheck kein Kreditpapier, sondern ein Zahlungsmittel.[909] Die Begebung eines Schecks zur verdeckten Kreditbeschaffung ist daher nach Abs. 1 nichtig (sog. „Scheckreiterei").[910] Sittenwidrig ist insbesondere die Ausstellung eines Schecks, um dem Nehmer kurzfristig zu Liquidität zu verhelfen, wenn dem keine Warenumsätze oder Zahlungsverpflichtungen zugrunde liegen und die Schecksumme nach erfolgter Gutschrift per Scheck wieder an den Aussteller zurückgezahlt werden soll.[911] Die Nichtigkeit erfasst sowohl die entsprechenden Vereinbarungen als auch die abstrakten Begebungsverträge.[912]

Die **Begebung eines Wechsels** gegen einen gedeckten und sofort fälligen Scheck wird nicht als sittenwidrige Wechsel- oder Scheckreiterei qualifiziert.[913] Dies gilt auch für die Begebung von Finanzwechseln, die nicht im Zusammenhang mit einem Warengeschäft stehen.[914]

c) Diskontierung. Die Frage nach der Sittenwidrigkeit eines **Diskontgeschäftes** stellt sich allenfalls bei sog. **„umgedrehten"** Wechseln, die nicht der Aussteller oder ein Nehmer, sondern der Akzeptant selbst seiner Hausbank zum Diskont anbietet.[915] Auch hier ist das Diskontgeschäft nach h.M. aber selbst dann nicht sittenwidrig, wenn der Bank die Zahlungsschwierigkeiten ihres Kunden bekannt sind.[916] Begründet wird dies damit, dass das Risiko des Ausstellers, aus dem Wechsel in Anspruch genommen zu werden, bei dem **Akzeptantenwechsel** nicht größer sei, als wenn er selbst den Wechsel diskontieren lasse. In beiden Fällen hänge das Risiko von der Zahlungsfähigkeit des Akzeptanten ab, die der Aussteller im eigenen Interesse stets selbst zu prüfen habe. Diese Prüfung nehme die Diskontbank dem Aussteller nicht ab, da sie die Bonität des Akzeptanten ausschließlich im eigenen Interesse untersuche.[917]

23. Wettbewerbsrecht

Literatur: *Baumbach/Hefermehl*, Wettbewerbsrecht, 23. Auflage 2004; *Harte-Bavendamm/Henning-Bodewig*, Gesetz gegen den unlauteren Wettbewerb (UWG), 2004; *Köhler*, Das neue UWG, NJW 2004, 2121; *Omsels*, Zur Unlauterkeit der gezielten Behinderung von Mitbewerbern (§ 4 Nr. 10 UWG), WRP 2004, 136; *Sack*, Folgeverträge unlauteren Wettbewerbs, GRUR 2004, 625; *Willingmann*, Sittenwidrigkeit von Schneeballsystem-Gewinnspielen und Kondiktionsausschluss, NJW 1997, 2932.

---

902 BGHZ 79, 131, 137; krit. MüKo/*Mayer-Maly/Armbrüster*, § 138 Rn 88.
903 Vgl. BGHZ 27, 172; Erman/*Palm*, § 138 Rn 195; MüKo/*Mayer-Maly/Armbrüster*, § 138 Rn 110; Staudinger/*Sack*, § 138 Rn 344; *Meyer-Cording/Drygala*, Wertpapierrecht, S. 38 ff.
904 BGHZ 27, 172, 179; vgl. MüKo/*Mayer-Maly/Armbrüster*, § 138 Rn 110.
905 BGHZ 27, 172, 179.
906 BGHZ 27, 172, 176, 179.
907 MüKo/*Mayer-Maly/Armbrüster*, § 138 Rn 110; Palandt/*Heinrichs*, § 138 Rn 103; Soergel/*Hefermehl*, § 138 Rn 201.
908 *Meyer-Cording/Drygala*, Wertpapierrecht, S. 40.
909 *Meyer-Cording/Drygala*, Wertpapierrecht, S. 80.
910 BGHZ 121, 279, 280 = NJW 1993, 1068; Erman/*Palm*, § 138 Rn 149; MüKo/*Mayer-Maly/Armbrüster*, § 138 Rn 110; Staudinger/*Sack*, § 138 Rn 344.
911 Vgl. BGHZ 121, 279, 280.
912 Erman/*Palm*, § 138 Rn 149.
913 BGH NJW 1980, 931 f.; OLG München BB 1988, 95 f.; MüKo/*Mayer-Maly/Armbrüster*, § 138 Rn 110.
914 BGH NJW 1980, 931, 932.
915 *Meyer-Cording/Drygala*, Wertpapierrecht, S. 39.
916 BGHZ 56, 264, 268; BGH NJW 1984, 728; JR 1972, 62, 63; OLG Hamm NJW-RR 1995, 617, 618; MüKo/*Mayer-Maly/Armbrüster*, § 138 Rn 110; Palandt/*Heinrichs*, § 138 Rn 103.
917 Vgl. BGHZ 56, 264, 268; BGH NJW 1984, 728; OLG Hamm NJW-RR 1995, 617, 618.

340 **a) Unlauterer Wettbewerb. aa) Allgemeines.** Ebenso wie Abs. 1 enthielt auch § 1 UWG a.F. eine Generalklausel mit Bezug auf die **guten Sitten**. In Rechtsprechung und Literatur war jedoch anerkannt, dass der Begriff der guten Sitten hier nicht den gleichen Inhalt wie in Abs. 1 hatte, weil er maßgeblich durch die spezifischen Funktionsbedingungen des Wettbewerbs geprägt war.[918] Die für die Funktion des Wettbewerbs wesentlichen Prinzipien sind aber keineswegs mit den grundlegenden Wertvorstellungen identisch, deren Achtung für ein gedeihliches Zusammenleben in der Gesellschaft unerlässlich ist.[919] Das am 8.7.2004 in Kraft getretene neue UWG enthält ebenfalls eine Generalklausel (§ 3 UWG n.F.), die aber nicht mehr auf die guten Sitten verweist, sondern von **unlauteren Wettbewerbshandlungen** spricht. Der Gesetzgeber hat sich bei dieser terminologischen Änderung von der Erwägung leiten lassen, dass der Maßstab der guten Sitten antiquiert wirke, weil er den Wettbewerber unnötig mit dem Makel der Unsittlichkeit belaste. Außerdem soll der Begriff der Unlauterkeit die Kompatibilität mit dem Gemeinschaftsrecht verbessern.[920] Darüber hinaus macht der Wechsel in der Terminologie jedenfalls deutlich, dass die Wettbewerbswidrigkeit eines Verhaltens keineswegs notwendig mit der Sittenwidrigkeit des entsprechenden Rechtsgeschäfts nach Abs. 1 einhergeht. Es müssen vielmehr weitere Umstände hinzukommen, welche die Anwendung des Abs. 1 rechtfertigen.[921]

341 **bb) Abwerbung von Arbeitskräften.** Die Abwerbung von Arbeitnehmern verstößt nicht generell gegen die §§ 3, 4 Nr. 10 UWG (§ 1 UWG a.F.). Sie ist jedoch **wettbewerbswidrig**, wenn unlautere Mittel eingesetzt oder unlautere Zwecke verfolgt werden oder wenn sonstige unlautere Umstände hinzutreten.[922] Missbilligt wird insbesondere das Verleiten zum Vertragsbruch.[923] Die wettbewerbsrechtliche Missbilligung führt aber nicht notwendig dazu, dass der **Arbeitsvertrag** zwischen dem „Abgeworbenen" und dem neuen Arbeitgeber nach Abs. 1 sittenwidrig und nichtig ist. Nach Ansicht des BAG sind hier vielmehr strengere Maßstäbe anzulegen als im Wettbewerbsrecht, da auch die Berufsfreiheit des abgeworbenen Arbeitnehmers (Art. 12 GG) schutzwürdig ist.[924] Hat der Arbeitnehmer sich an dem Wettbewerbsverstoß beteiligt, so soll der neue Arbeitsvertrag aber nach Abs. 1 nichtig sein.[925]

342 **cc) Schneeballsystem. Progressive Kundenwerbung** nach dem Schneeballsystem ist nicht nur nach §§ 3, 4 Nr. 11 wettbewerbswidrig, sondern auch nach Abs. 1 sittenwidrig.[926] Das Gleiche gilt für die Verwendung des Schneeballprinzips bei **Gewinnspielen**.[927] Die hohe Gewinnerwartung der Teilnehmer beruht hier nämlich darauf, dass eine immer stärker ansteigende Zahl von Mitgliedern den Einsatz zahlt, was zwangsläufig dazu führt, dass Spieler, die später dem Spiel beitreten, ohne Gewinn bleiben, weil aufgrund des **Vervielfältigungsfaktors** ab einem bestimmten Zeitpunkt keine neuen Mitglieder mehr geworben werden können. Solche Gewinnspiele zielen also darauf ab, die **Leichtgläubigkeit, Spielleidenschaft und Unerfahrenheit der Teilnehmer** auszunutzen.[928] Die Voraussetzungen des Abs. 1 liegen damit vor. Bei einem Verstoß gegen den Straftatbestand § 16 Abs. 2 UWG (§ 6c UWG a.F.) ist § 134 jedoch vorrangig anzuwenden (vgl. § 134 Rn 258).[929]

343 **b) Kartellrecht.** Bei kartellrechtlich relevanten Sachverhalten sind Abs. 1 und § 1 GWB nebeneinander anwendbar.[930] Bei der Anwendung beider Vorschriften ist zu beachten, dass § 1 GWB vornehmlich **Interessen der Allgemeinheit** schützt. Bei Abs. 1 geht es dagegen in erster Linie um einen gerechten Interessenausgleich zwischen den beteiligten **Privatrechtssubjekten**. Für die praktische Rechtsanwendung bedeutet dies, dass

---

918 Vgl. BGHZ 110, 156, 174; BGH NJW 1998, 2531, 2532; 2004, 2080, 2081; Baumbach/*Hefermehl*, Wettbewerbsrecht, 22. Aufl. 2001, Einl. UWG Rn 69; Bamberger/Roth/*Wendtland*, § 138 Rn 12.
919 Vgl. BGH NJW 1998, 2531, 2532, wonach „der für das Wettbewerbsrecht bedeutsame Grundsatz der Trennung von Werbung und Programm in den Medien nicht zu den grundlegenden Wertmaßstäben der Rechts- und Sittenordnung" gehört.
920 Begr. BT-Drucks 15/1487, S. 16; *Köhler*, NJW 2004, 2121, 2122; krit. *Sack*, BB 2003, 1073.
921 Vgl. Baumbach/Hefermehl/*Köhler*, § 3 UWG Rn 66; *Sack*, GRUR 2004, 625, 626 f.; ebenso schon zu § 1 UWG a.F. BGHZ 110, 156, 174; 280, 286; BGH NJW 1998, 2531, 2532; Bamberger/Roth/*Wendtland*, § 138 Rn 12; Jauernig/*Jauernig*, § 138 Rn 5.
922 Vgl. Baumbach/Hefermehl/*Köhler*, § 4 UWG Rn 10, 103 ff.; Harte-Bavendamm/Henning-Bodewig/*Omsels*, § 4 Nr. 10 UWG Rn 17 ff.; *Omsels*, WRP 2004, 136, 142; zu § 1 UWG a.F. BGH NJW 2004, 2080; MüKo/*Mayer-Maly/Armbrüster*, § 138 Rn 107.
923 Baumbach/Hefermehl/*Köhler*, § UWG Rn 10.107.
924 BAG NJW 1963, 124.
925 So BGH GRUR 1971, 358, 359; Harte-Bavendamm/Henning-Bodewig/*Omsels*, § 4 Nr. 10 UWG Rn 37; einschr. Baumbach/Hefermehl/*Köhler*, § 4 UWG Rn 10.115.
926 Vgl. BGHZ 15, 356; BGH NJW 1979, 868; Baumbach/Hefermehl/*Köhler*, § 4 UWG Rn 1.187; MüKo/*Mayer-Maly/Armbrüster*, § 138 Rn 111.
927 Vgl. BGH NJW 1997, 2314, 2315; OLG Celle NJW 1996, 2660; OLG München NJW 1986, 1880, 1881; Soergel/*Hefermehl*, § 138 Rn 161; Staudinger/*Sack*, § 138 Rn 331; *Kissler*, WRP 1997, 625 ff.; *Willingmann*, NJW 1997, 2932.
928 BGH NJW 1997, 2314, 2315; Erman/*Palm*, § 138 Rn 153.
929 Vgl. Baumbach/Hefermehl/*Bornkamm*, § 16 UWG Rn 50; Staudinger/*Sack*, § 134 Rn 298; *Alexander*, WRP 2004, 407, 421.
930 BGH NJW 1994, 384, 386; Staudinger/*Sack*, § 138 Rn 169; Erman/*Palm*, § 138 Rn 126.

| Sittenwidriges Rechtsgeschäft; Wucher | § 138 |

der Sachverhalt nach beiden Vorschriften unterschiedlich zu bewerten sein kann. Eine Wettbewerbsbeschränkung kann daher auch dann nach Abs. 1 sittenwidrig sein, wenn sie unter dem Aspekt des § 1 GWB unbedenklich ist.[931] Der Missbrauch einer marktbeherrschenden Stellung ist nicht nur nach §§ 19, 20 GWB verboten, sondern kann darüber hinaus auch nach Abs. 1 sittenwidrig sein.[932] Dies gilt insbesondere, wenn das marktbeherrschende Unternehmen sich einen überhöhten Preis für ein Produkt versprechen lässt, auf das der Abnehmer angewiesen ist.[933]

24. Wettbewerbsverbote

Literatur: *Hirte,* Zivil- und kartellrechtliche Schranken für Wettbewerbsverbote im Zusammenhang mit Unternehmensveräußerungen, ZHR 154 (1990), 443; *Traub,* „Geltungserhaltende Reduktion" bei nichtigen vertraglichen Wettbewerbsverboten?, WRP 1994, 714 und 802; *Wertenbruch,* Die vertragliche Bindung der Kassenarztzulassung eines Gesellschafters an die Ärzte-Personengesellschaft, NJW 2003, 1904.

Wettbewerbsverbote sind unter dem Aspekt der **Berufsfreiheit** (Art. 12 Abs. 1 GG) problematisch (vgl. Rn 63).[934] Dies gilt insbesondere im Hinblick auf **nachvertragliche** Wettbewerbsverbote, weil diese die **wirtschaftliche Bewegungsfreiheit** des Betroffenen nicht selten allzu stark einengen. Drei Schwerpunkte lassen sich unterscheiden: das Handelsrecht, das Gesellschaftsrecht sowie das Recht der freien Berufe. 344

a) Handelsrecht. Im Handelsrecht finden sich für einzelne Berufsgruppen **Sonderregeln** über die Zulässigkeit nachvertraglicher Wettbewerbsverbote. Für **Handlungsgehilfen** sind die §§ 74 ff. HGB maßgeblich. § 74a Abs. 1 HGB bestimmt, dass das Wettbewerbsverbot unverbindlich ist, soweit es nicht zum Schutze eines berechtigten geschäftlichen Interesses des Prinzipals dient. Auch eine unbillige Erschwerung des Fortkommens des Handlungsgehilfen sowie ein mehr als zweijähriges Wettbewerbsverbot sind unzulässig (§ 74a Abs. 1 S. 2, 3 HGB). § 74a HGB greift damit einige wichtige Fälle heraus, in denen die **wirtschaftliche Bewegungsfreiheit** zu stark eingeengt wird. Nach § 74a Abs. 3 HGB bleibt § 138 daneben aber subsidiär anwendbar. 345

Vergleichbare Regelungen enthalten für **gewerbliche Angestellte** der § 110 GewO und für **Lehrlinge** der § 5 BBiG. Auf **andere gewerbliche Arbeitnehmer** und **wirtschaftlich abhängige freie Mitarbeiter** sind die §§ 74 ff. HGB analog anwendbar.[935] 346

Für **Handelsvertreter** finden sich in § 90a Abs. 1 S. 2 und 3 HGB Regelungen, welche die Zulässigkeit nachvertraglicher Wettbewerbsverbote beschränken. Auch hier spiegelt sich der Gedanke wider, keine **übermäßige wirtschaftliche und berufliche Einengung** zu dulden. 347

b) Gesellschaftsrecht. Im Gesellschaftsrecht sind **Wettbewerbsverbote** – sofern sie nicht gesetzlich normiert sind (vgl. etwa §§ 112, 113, 161 Abs. 2 HGB, §§ 88, 284 AktG) – nach Abs. 1 sittenwidrig, sofern sie die **wirtschaftliche Betätigungsfreiheit** des betroffenen Gesellschafters nach Art, Dauer und räumlicher Reichweite übermäßig beschränken.[936] Die **analoge Anwendung der §§ 74 ff. HGB** auf nachvertragliche Wettbewerbsverbote gegenüber **Organmitgliedern** einer Kapitalgesellschaft wird überwiegend abgelehnt.[937] Dies gilt jedenfalls insoweit, wie die §§ 74 ff. HGB auf die soziale Schutzbedürftigkeit von Arbeitnehmern zugeschnitten sind.[938] Hier bietet Abs. 1 der einschlägigen Fallgruppe flexiblere Lösungsmöglichkeiten. Die §§ 74 ff. HGB sind auch nicht auf den **Geschäftsführer einer GmbH** anwendbar. Da der Geschäftsführer wesentlich stärker als die übrigen Mitarbeiter in die geschäftlichen Beziehungen der Gesellschaft involviert ist und dieser größeren Schaden zufügen kann, erscheint auch hier eine flexiblere Beurteilung von nachvertraglichen Wettbewerbsverboten im Rahmen des Abs. 1 geboten.[939] 348

Nachvertragliche Wettbewerbsverbote sind nach Abs. 1 nur dann wirksam, wenn sie durch ein **schutzwürdiges Interesse** der Gesellschaft gedeckt sind[940] und die Beschränkung den Gesellschafter nicht unangemessen **knebelt**.[941] Die Beschränkung darf zeitlich nur so bemessen sein, wie es zu Wahrung 349

---

931 BGH NJW 1994, 384, 386; RGRK/*Krüger-Nieland/Zöller,* § 138 Rn 15.
932 Vgl. BGH BB 1971, 1177; NJW 1976, 710, 711; MüKo/*Mayer-Maly/Armbrüster,* § 138 Rn 8; RGRK/*Krüger-Nieland/Zöller,* § 138 Rn 16; Staudinger/*Sack,* § 138 Rn 169.
933 RGRK/*Krüger-Nieland/Zöller,* § 138 Rn 67.
934 Vgl. BVerfG NJW 1990, 1469; BGHZ 91, 1, 5; BGH NJW 1997, 3089; Palandt/*Heinrichs,* § 138 Abs. 104; *Canaris,* JuS 1989, 161, 164.
935 Vgl. BAGE 22, 125 = NJW 1970, 626; BAG NJW 1998, 99, 100; Baumbach/*Hopt,* HGB, 31. Aufl. 2003, § 74 Rn 3; Erman/*Palm,* § 138 Rn 196.
936 Erman/*Palm,* § 138 Rn 196; Staudinger/*Sack,* § 138 Rn 297.
937 BGHZ 91, 1, 3 ff.; BGH NJW 1968, 1717; Staudinger/*Sack,* § 138 Rn 302.
938 Vgl. BGH NJW 1992, 1892.
939 BGHZ 91, 1, 4; Soergel/*Hefermehl,* § 138 Rn 163.
940 BGH NJW 2000, 2584, 2585; 2002, 3536, 3537; 2002, 3538.
941 BGHZ 91, 1, 6 f.; BGH NJW 1986, 2944 f.; NJW-RR 1996, 741, 742; Palandt/*Heinrichs,* § 138 Rn 104; RGRK/*Krüger-Nieland/Zöller,* § 138 Rn 138; Staudinger/*Sack,* § 138 Rn 304.

der berechtigten Interessen der Gesellschaft erforderlich ist. Einen gewissen Anhaltspunkt gibt dabei die **Zweijahresgrenze** des § 74a Abs. 1 S. 3 HGB.[942] Die Beschränkung muss jedoch deutlich kürzer ausfallen, wenn das Gesellschafterverhältnis nur wenige Monate gedauert hat.[943] Eine unangemessene Beschränkung kann nach § 139 zur Nichtigkeit – *ex nunc* – des gesamten Vertrages führen,[944] doch können Klauseln, die allein aufgrund überlanger Fristen sittenwidrig sind, **geltungserhaltend reduziert** werden.[945] Eine solche Reduktion ist zulässig, weil die Regelung des § 74a Abs. 1 S. 3 HGB dem Richter hierfür einen klaren Rahmen vorgibt.[946] Beruht die Nichtigkeit des Wettbewerbsverbotes auf **anderen Gründen** als auf überlangen Fristen, so sind entsprechende gesetzliche Vorgaben nicht ersichtlich. In solchen Fällen scheidet eine geltungserhaltende Reduktion daher aus.[947]

350 **c) Freiberufler.** Bei Freiberuflern werden nachvertragliche Wettbewerbsverbote ebenfalls nicht nach §§ 74 ff. HGB analog, sondern nach Abs. 1 beurteilt.[948] Das RG hat Wettbewerbsverbote in Verträgen mit Rechtsanwälten oder Ärzten ursprünglich generell für sittenwidrig erachtet, weil diese Berufe wichtige öffentliche Zwecke zu erfüllen hätten und daher von Beschränkungen zugunsten privater Interessen frei bleiben müssten.[949] Diese Rechtsprechung ist durch den BGH mit der Begründung gelockert worden, dass es sich bei der Berufsausübung von Freiberuflern – auch wenn kein Gewerbe vorliegt – doch um eine auf Erwerb gerichtete Tätigkeit handelt und dass die Beteiligten durchaus miteinander im Wettbewerb stehen.[950] Auch hiernach sind Wettbewerbsverbote unter Freiberuflern aber nur zulässig, wenn aufgrund besonderer Umstände ein **anerkennenswertes Bedürfnis** besteht, den Vertragspartner vor illoyaler Verwertung des Erfolgs seiner Arbeit zu schützen.[951]

351 Zulässig sind des Weiteren **Kundenschutzklauseln**, die verhindern sollen, dass der aus einer Praxis ausscheidende Freiberufler Mandanten, Klienten bzw. Patienten „mitnimmt", die er nur aufgrund seiner Tätigkeit in der Praxis gewinnen konnte.[952] Demselben legitimen Zweck dient auch ein zeitlich und örtlich begrenztes **Wettbewerbsverbot**. Ein solches muss aber angemessen sein und darf dem öffentlichen Interesse an der Berufsausübung der Freiberufler nicht widersprechen.[953] Die Rechtsprechung zieht bei derartigen Vereinbarungen eine zeitliche Grenze von 2–3 Jahren.[954] Sind auf Seiten des Berechtigten – über die Ausschaltung des Konkurrenten hinaus – keine schutzwürdigen Interessen zu erkennen, kann die zulässige Dauer des Wettbewerbsverbots im Einzelfall auch deutlich kürzer ausfallen. Überschreitet eine Mandantenschutzklausel das zeitlich zulässige Maß, so kommt ebenso wie im Gesellschaftsrecht (Rn 349) eine **geltungserhaltende Reduktion** in Betracht.[955]

352 Unangemessen und damit sittenwidrig ist ein nachvertragliches Wettbewerbsverbot, in dem einem aus einer Gesellschaft ausscheidenden **Tierarzt** ohne zeitliche Begrenzung im Umkreis von 30 km jedwede tierärztliche Tätigkeit untersagt wird.[956] In einem solchen Fall kann das Wettbewerbsverbot auch nicht durch geltungserhaltende Reduktion aufrechterhalten werden. Eine gesellschaftsvertragliche Regelung, die einem neu eingetretenen **Vertragsarzt** für den Fall seines freiwilligen Ausscheidens aus der Gemeinschaftspraxis die Pflicht auferlegt, auf seine Zulassung zum Kassenarzt in dem betreffenden Bezirk zu verzichten, verstößt dagegen nach Auffassung des BGH jedenfalls dann nicht gegen § 138 i.V.m. Art. 12 Abs. 1 GG, wenn der Ausscheidende wegen der relativ kurzen Zeit seiner Mitarbeit die Gemeinschaftspraxis noch nicht entscheidend mitprägen konnte.[957] Die für den ausscheidenden Arzt erhebliche Beschränkung seiner Berufsausübungsfreiheit rechtfertigt sich in diesem Fall daraus, dass er seine Zulassung als Vertragsarzt als

---

942 Vgl. BGH NJW 1994, 384, 385 f.; NJW-RR 1990, 226, 227; 1996, 741, 742; OLG Weimar DB 2001, 1477; Palandt/*Heinrichs*, § 138 Rn 104; Staudinger/*Sack*, § 138 Rn 309.
943 Vgl. OLG Stuttgart NZG 1999, 252, 254 (fünfmonatige Tätigkeit).
944 Dazu *Melullis*, WRP 1994, 686, 693; vgl. auch BGH NJW-RR 1989, 800, 801.
945 BGH NJW-RR 1996, 741, 742; Palandt/*Heinrichs*, § 138 Rn 104; Staudinger/*Sack*, § 138 Rn 312; *Hirte*, ZHR 154 (1990), 443, 459 f.; *Melullis*, WRP 1994, 686, 691 f.; *Traub*, WRP 1994, 802, 806; zu einem anderen Ergebnis kommt jedoch BGH NJW 1986, 2944, 2945.
946 *Hirte*, ZHR 154 (1990), 443, 460.
947 *Hirte*, ZHR 154 (1990), 443, 460; i.E. auch Soergel/*Hefermehl*, § 138 Rn 164.
948 H.M., vgl. etwa BGH NJW 1997, 3089; 2000, 2584; BGHZ 151, 389 = NJW 2002, 3536, 3537; Staudinger/*Sack*, § 138 Rn 303; a.A. *Canaris*, JuS 1989, 161, 164.
949 RGZ 66, 143, 146; 90, 35, 37.
950 BGH NJW 1986, 2944, 2945; 1997, 3089; 2000, 2584.
951 BGHZ 91, 1, 6; BGH NJW 1986, 2944, 2945; 1997, 3089; 2000, 2584.
952 BGH NJW 1968, 1717; 1986, 2944, 2945; 1997, 3089; 2000, 2584, 2585.
953 BGH NJW 1986, 2944; 1997, 3089.
954 BGHZ 16, 71, 81 (2–3 Jahre); BGH NJW 1964, 2203 (3 Jahre); BGH NJW 2000, 2584, 2585 und BAG NJW 1966, 1677 (2 Jahre); vgl. auch Palandt/*Heinrichs*, § 138 Rn 104 ff.
955 BGH NJW 1997, 3089; 2000, 2584, 2585; Soergel/*Hefermehl*, § 138 Rn 165.
956 BGH NJW 1997, 3089; Soergel/*Hefermehl*, § 138 Rn 164.
957 BGHZ 151, 389 = NJW 2002, 3536; NJW 2002, 3538; Palandt/*Heinrichs*, § 138 Rn 104.

Mitglied der Gemeinschaftspraxis erhalten hat. Scheidet der Arzt aber nach kurzer Zeit wieder aus der Praxis aus, so wäre es unangemessen, die gewährte Zulassung auf Kosten der Gemeinschaftspraxis, die ihrerseits aufgrund von Zulassungsbeschränkungen keinen Nachfolger einsetzen könnte, aufrechtzuerhalten.[958]

25. Zivilprozessrecht. a) Zwangsvollstreckung. Im Zivilprozessrecht hat Abs. 1 keine große praktische Bedeutung (siehe Rn 10). Dies gilt grundsätzlich auch im Bereich der **Zwangsvollstreckung**.[959] Ausnahmsweise kann ein Verstoß gegen die guten Sitten aber in Betracht, wenn das Rechtsgeschäft darauf abzielt, die **ordnungsgemäße Durchführung von Vollstreckungsmaßnahmen** mit anstößigen Mitteln **zu erschweren** oder zu **verhindern**.[960] Werden in einem **Zwangsversteigerungsverfahren** Rechte nicht eingeweihter vorrangiger Grundpfandrechtsgläubiger aufgrund eines **negativen Bietabkommens** verkürzt oder geschmälert, so kann das Abkommen nach Abs. 1 nichtig sein.[961] Ein solches Abkommen gefährdet nämlich den Zweck der Zwangsversteigerung, das Grundstück des Schuldners zu einem angemessenen Preis zu verwerten.[962]

b) Prozessvergleich. Für die Beurteilung der Sittenwidrigkeit eines **Prozessvergleichs** gemäß Abs. 1 kommt es grundsätzlich nicht auf das objektive Missverhältnis zwischen der wahren Ausgangslage und den Leistungen an, die eine Partei in dem Vergleich übernommen hat; vielmehr ist das **beiderseitige Nachgeben** gegeneinander abzuwägen.[963] Ein Verstoß gegen die guten Sitten ist zu bejahen, wenn sich die begünstigte Partei des **Missverhältnisses der Leistungen bewusst war** und **weitere Umstände** hinzutreten, aus denen sich eine anstößige Übervorteilung des Vertragspartners ergibt.[964] Dagegen wird man grundsätzlich **keine Sittenwidrigkeit** annehmen können, wenn den Parteien der Vergleich als **sachgerechte Bereinigung ihrer Streitigkeiten** erscheint, selbst wenn der Abschluss durch die begünstigte Partei mit anstößigen Mitteln herbeigeführt worden ist.[965]

XI. Wucher (Abs. 2)

1. Allgemeines. Abs. 2 stellt einen **Sonderfall der Sittenwidrigkeit** dar und ist daher im Verhältnis zur Generalklausel des Abs. 1 vorrangig zu prüfen (vgl. Rn 7). Da die einzelnen Voraussetzungen des Abs. 2 als Tatbestandsmerkmale ausgestaltet sind, ist das „**Sandhaufentheorem**" (Rn 100) hier **nicht anwendbar**.[966] Das Fehlen einzelner Tatbestandsmerkmale kann also nicht aufgrund einer Gesamtbetrachtung durch das größere Gewicht anderer Tatbestandsmerkmale ausgeglichen werden. In solchen Fällen kommt aber ein **wucherähnliches Geschäft** (Rn 222 ff.) in Betracht, das nach **Abs. 1** nichtig ist.

2. Verhältnis zu anderen Vorschriften. Besondere Ausprägungen des Wucherverbots finden sich in § 291 StGB und § 5 WiStG. Da beide Vorschriften als Verbotsgesetze i.S.d. § 134 zu qualifizieren sind, stellt sich die Frage, in welchem Verhältnis Abs. 2 zu § 134 steht. Dabei ist wie folgt zu unterscheiden.

Das Verhältnis zwischen Abs. 2 und **§ 134 i.V.m. § 291 StGB** ist umstritten. Das Problem wird dadurch verschärft, dass Abs. 2 und § 291 StGB die gleichen tatbestandlichen Voraussetzungen haben (Rn 9). Teilweise wird die Auffassung vertreten, dass **§ 134 vorrangig** sei, womit Abs. 2 praktisch gegenstandslos wäre.[967] Gegen dieses Verständnis spricht jedoch, dass Abs. 2 (anders als Abs. 1) keine Generalklausel darstellt.[968] Die h.M. wendet beide Vorschriften **nebeneinander** an.[969] Nach der Gegenansicht hat **Abs. 2 Vorrang**.[970] Für diese Auffassung spricht die Absicht des Gesetzgebers, die Rechtsfolgen des Wuchers im BGB ausdrücklich zu regeln (vgl. Rn 9). Der Rechtsanwender sollte also gerade nicht auf das StGB zurückgreifen müssen.

Im Mietrecht weitet der Tatbestand der **Mietpreisüberhöhung (§ 5 WiStG)** den Schutz der schwächeren Partei gegenüber Abs. 2 und § 291 StGB aus. Diese Vorschriften müssen im Anwendungsbereich des § 5 WiStG **zurücktreten**.[971] In der Literatur wird teilweise dafür plädiert, § 134 i.V.m. § 5 WiStG und

---

958 BGH NJW 2002, 3536, 3537; 2002, 3538; Wertenbruch, NJW 2003, 1905 ff.
959 Soergel/Hefermehl, § 138 Rn 191.
960 Vgl. Erman/Palm, § 138 Rn 202.
961 BGH NJW-RR 2002, 1504; NJW 1961, 1012, 1012 f.; OLG Köln NJW 1978, 47; Erman/Palm, § 138 Rn 89.
962 BGH NJW 1979, 162, 163.
963 BGHZ 51, 141, 143; BGH NJW 1964, 1787, 1788; 1969, 925, 926; 1999, 3113; Erman/Palm § 138 Rn 189; RGRK/Krüger-Nieland/Zöller § 138 Rn 53.
964 BGHZ 51, 141, 144; BGH NJW 1969, 925, 926.
965 BGHZ 51, 141, 143; 79, 131, 139; BGH NJW 1969, 925, 926; 1999, 3113.
966 BGHZ 80, 153, 159 = NJW 1981, 1206; Bamberger/Roth/Wendtland, § 138 Rn 56; Soergel/Hefermehl, § 138 Rn 72; einschr. Staudinger/Sack, § 138 Rn 217.
967 So Jauernig/Jauernig, § 138 Rn 19.
968 MüKo/Mayer-Maly/Armbrüster, § 138 Rn 4.
969 Erman/Palm, § 138 Rn 10; Palandt/Heinrichs, § 138 Rn 65; Soergel/Hefermehl, § 138 Rn 70.
970 MüKo/Mayer-Maly/Armbrüster, § 138 Rn 140; Staudinger/Sack, § 138 Rn 174.
971 Bork, BGB AT, Rn 1158.

Abs. 2 nebeneinander anzuwenden.⁹⁷² Da Abs. 2 die Wirksamkeit des Vertrages beim Mietwucher ebenfalls unberührt lässt (siehe Rn 376), führt diese Ansicht jedoch zu keinen anderen Ergebnissen.⁹⁷³

359 **3. Voraussetzungen. a) Allgemeines.** Abs. 2 setzt ein **entgeltliches Austauschverhältnis** voraus. Die Vorschrift ist daher weder auf Bürgschaften⁹⁷⁴ (vgl. Rn 238) oder Erlassverträge⁹⁷⁵ noch auf familienrechtliche Verträge⁹⁷⁶ anwendbar. Im Übrigen enthält Abs. 2 drei Tatbestandsmerkmale, die als Konkretisierungen allgemeiner Sittenwidrigkeitskriterien verstanden werden können (vgl. Rn 74, 105 ff.):⁹⁷⁷ das **auffällige Missverhältnis** von Leistung und Gegenleistung, die **Unterlegenheit** des Vertragspartners sowie die **Ausbeutung** dieser Unterlegenheit durch den Wucherer.

360 Die Rechtsprechung legt die einzelnen Merkmale des Abs. 2 eng aus. Maßgeblich ist die Erwägung, dass ein Verstoß gegen Abs. 2 auch die Nichtigkeit des Erfüllungsgeschäfts nach sich zieht (vgl. Rn 374) und damit erheblich weiter reichende Rechtsfolgen hat als ein Verstoß gegen Abs. 1.⁹⁷⁸ Die enge Handhabung des Abs. 2 hat zur Folge, dass die Voraussetzungen der Vorschrift in der Praxis nur selten vorliegen bzw. nachweisbar sind. Die h.M. greift dann unter dem Aspekt des **wucherähnlichen Geschäfts** (Rn 222 f.) auf die wesentlich weiteren und flexibleren Kriterien der Sittenwidrigkeit nach Abs. 1 zurück.⁹⁷⁹ Die praktische Bedeutung des Abs. 2 ist hierdurch stark zurückgedrängt worden.⁹⁸⁰

361 **b) Auffälliges Missverhältnis zwischen Leistung und Gegenleistung.** Ein auffälliges Missverhältnis liegt in der Regel vor, wenn der Wert der vertraglich vereinbarten Leistung zum Zeitpunkt des Vertragsschlusses⁹⁸¹ **annähernd doppelt so hoch** ist wie der Wert der marktüblichen Gegenleistung.⁹⁸² Bei Kaufverträgen über Grundstücke und ähnlich wertvolle Sachen geht die Rechtsprechung davon aus, dass in solchen Fällen sogar schon ein **besonders grobes** Missverhältnis gegeben ist (zu den Konsequenzen siehe Rn 373).⁹⁸³ Bei der 100%-Grenze handelt es sich allerdings um einen bloßen **Richtwert**, der der Rechtsprechung zum wucherähnlichen Rechtsgeschäft (Rn 223) entspricht.⁹⁸⁴ Entscheidend ist daher eine **Gesamtbetrachtung** des konkreten Falles.⁹⁸⁵ Bei **verbundenen Geschäften** sind alle Leistungen und Gegenleistungen in die Betrachtung einzubeziehen.⁹⁸⁶

362 Bei der Ermittlung des auffälligen Missverhältnisses ist auf den **objektiven Wert** der Leistungen abzustellen.⁹⁸⁷ Etwaige subjektive Interessen eines Vertragspartners bleiben außer Betracht.⁹⁸⁸ Berücksichtigt werden muss aber, welche **Risiken** die Parteien übernommen haben.⁹⁸⁹

363 Bei **Mietverträgen** weisen die gegenseitigen Leistungen schon dann ein auffälliges Missverhältnis auf, wenn die übliche Miete um mehr als 50% überschritten wird.⁹⁹⁰ Bei **Arbeitsverträgen** kann ein auffälliges Missverhältnis schon bei einer Unterschreitung des üblichen Lohns um mehr als 1/3 vorliegen.⁹⁹¹ Vergleichsmaßstab ist die übliche Vergütung, die sich mangels näherer Anhaltspunkte nach § 612 Abs. 2 rich-

---

972 So etwa Staudinger/*Sack*, § 138 Rn 174.
973 Palandt/*Heinrichs*, § 138 Rn 76; Staudinger/*Sack*, § 138 Rn 218.
974 BGHZ 106, 269, 271 f. = NJW 1989, 830; BGH NJW 2001, 2466, 2467; Bamberger/Roth/*Wendtland*, § 138 Rn 43; MüKo/*Mayer-Maly/Armbrüster*, § 138 Rn 143.
975 BGH NJW-RR 1998, 590, 591 = WM 1998, 513.
976 BGH NJW 1985, 1833; 1992, 3164, 3165.
977 Vgl. *Canaris*, AcP 200 (2000), 273, 280 f.
978 BGH NJW 1994, 1275; WM 2000, 1580, 1581; s.a. Staudinger/*Sack*, § 138 Rn 194, 228.
979 Bamberger/Roth/*Wendtland*, § 138 Rn 61; Palandt/*Heinrichs*, § 138 Rn 69.
980 Vgl. MüKo/*Mayer-Maly/Armbrüster*, § 138 Rn 142.
981 BGHZ 107, 92, 96 f. = NJW 1989, 1276; BGH NJW 2000, 1254, 1255; 2002, 429, 431; Bamberger/Roth/ *Wendtland*, § 138 Rn 46, 48; MüKo/*Mayer-Maly/ Armbrüster*, § 138 Rn 144; Soergel/*Hefermehl*, § 138 Rn 75.
982 BGH NJW 2002, 55, 56; MüKo/*Mayer-Maly/ Armbrüster*, § 138 Rn 144; Palandt/*Heinrichs*, § 138 Rn 67; *Larenz/Wolf*, BGB AT, § 41 Rn 57 f.
983 BGHZ 146, 298, 302 = NJW 2001, 1127; BGH NJW 2000, 1254, 1255; 2002, 55, 57.
984 MüKo/*Mayer-Maly/Armbrüster*, § 138 Rn 144; Palandt/*Heinrichs*, § 138 Rn 67.
985 Bamberger/Roth/*Wendtland*, § 138 Rn 49; Soergel/ *Hefermehl*, § 138 Rn 74; Staudinger/*Sack*, § 138 Rn 177, 179.
986 BGH NJW 1980, 1155, 1156 (finanzierter Abzahlungskauf); Palandt/*Heinrichs*, § 138 Rn 66; Staudinger/*Sack*, § 138 Rn 178.
987 BGHZ 141, 257, 263 = NJW 1999, 3187; BGHZ 146, 298, 303 = NJW 2001, 1127; BGH NJW 2000, 1254, 1255; 2002, 429, 431; Soergel/*Hefermehl*, § 138 Rn 74.
988 Bamberger/Roth/*Wendtland*, § 138 Rn 44.
989 BGHZ 69, 295, 300 f. = NJW 1977, 2356 (Fluchthelfervertrag); BGH NJW 1982, 2767; MüKo/ *Mayer-Maly/Armbrüster*, § 138 Rn 146; Staudinger/ *Sack*, § 138 Rn 177.
990 BGHZ 135, 269, 277 = NJW 1997, 1845; NJW 2000, 3589, 3590; Palandt/*Heinrichs*, § 138 Rn 67; Staudinger/*Sack*, § 138 Rn 179.
991 So jedenfalls LAG Berlin AuR 1998, 468; BGHSt 43, 53 ff. = NJW 1997, 2689; Staudinger/*Sack*, § 138 Rn 179.

tet.⁹⁹² Dabei ist das allgemeine Lohnniveau des betreffenden Wirtschaftszweigs zu berücksichtigen. Besteht ein Tarifvertrag, stellen die Tariflöhne einen Anhaltspunkt für die übliche Vergütung dar.⁹⁹³

Bei **Kreditverträgen** hat sich zum auffälligen Missverhältnis von Leistung und Gegenleistung eine differenzierte Rechtsprechung gebildet, die bei Abs. 1 im Zusammenhang dargestellt ist (dazu Rn 222 ff.). Ist eine relative Marktzinsüberschreitung von 200% gegeben, so liegt ein **besonders auffälliges Missverhältnis** vor.⁹⁹⁴ Hier wird vermutet, dass die subjektiven Voraussetzungen des Abs. 2 erfüllt sind (vgl. allgemein Rn 373). 364

c) Unterlegenheit des Vertragspartners. Für die Annahme eines wucherischen Rechtsgeschäfts ist erforderlich, dass der Bewucherte sich bei Vertragsschluss in einer unterlegenen Stellung befunden hat. Diese Unterlegenheit wird durch vier **Schwächesituationen** (Zwangslage, Unerfahrenheit, Mangel an Urteilsvermögen, erhebliche Willensschwäche) konkretisiert,⁹⁹⁵ in denen die **tatsächliche Entscheidungsfreiheit** typischerweise beeinträchtigt ist.⁹⁹⁶ Die tatbestandliche Umschreibung dieser Situationen ist abschließend. Abs. 2 kann daher nicht analog auf andere Schwächesituationen angewendet werden, welche die tatsächliche Entscheidungsfreiheit des Vertragspartners infrage stellen.⁹⁹⁷ Hier kommt aber ein Rückgriff auf Abs. 1 in Betracht. 365

aa) Zwangslage. Eine Zwangslage liegt vor, wenn für den Betroffenen ein **dringendes Bedürfnis nach einer Geld- oder Sachleistung** besteht.⁹⁹⁸ Dieses Bedürfnis kann darauf beruhen, dass schwere wirtschaftliche Nachteile drohen.⁹⁹⁹ In Betracht kommen aber auch sonstige erhebliche Nachteile, z.B. gesundheitliche Beeinträchtigungen,¹⁰⁰⁰ politische Verfolgung¹⁰⁰¹ oder die Beschädigung immaterieller Güter.¹⁰⁰² Es reicht, wenn die Zwangslage nur **vorübergehend** gegeben ist.¹⁰⁰³ Erforderlich ist, dass **Bestehendes** bedroht wird. Das Scheitern von Zukunftsplänen genügt nicht.¹⁰⁰⁴ Der Wunsch nach einem höheren Lebensstandard begründet daher keine Zwangslage.¹⁰⁰⁵ Auch die **Zwangslage eines Dritten**, insbesondere eines Angehörigen oder engen Freundes, kann eine Zwangslage des Bewucherten begründen.¹⁰⁰⁶ 366

Ob auch eine vom Bewucherten bloß **subjektiv empfundene Zwangslage** genügt, ist umstritten. Die h.M. verneint in diesem Fall das Bestehen einer Zwangslage.¹⁰⁰⁷ Hiergegen wird eingewendet, dass Abs. 2 gerade den Schutz des Benachteiligten bezwecke.¹⁰⁰⁸ Der Benachteiligte wird jedoch durch den allgemeinen Tatbestand des Abs. 1 hinreichend geschützt. Eine weite Auslegung des Abs. 2 ist also nicht erforderlich. 367

bb) Unerfahrenheit. Unerfahrenheit bedeutet einen **Mangel an Lebens- oder Geschäftserfahrung**.¹⁰⁰⁹ Dieser Mangel kann auf geistiger Eingeschränktheit¹⁰¹⁰ oder jugendlichem bzw. fortgeschrittenem Alter¹⁰¹¹ beruhen. Die Unerfahrenheit kann sich auch daraus ergeben, dass der Geschäftspartner aus einem anderen Rechts- oder Kulturkreis stammt. So kann das Merkmal bei Ausländern und Aussiedlern erfüllt sein.¹⁰¹² Eine entsprechende Unerfahrenheit konnte kurz nach der Wiedervereinigung auch bei Bürgern der ehemaligen DDR gegeben sein.¹⁰¹³ 368

---

992 BAG AP BGB § 138 Nr. 2; NJW 2000, 3589, 3590; AuR 2001, 509, 510; Bamberger/Roth/*Wendtland*, § 138 Rn 58; Jauernig/*Jauernig*, § 139 Rn 9; Palandt/*Heinrichs*, § 138 Rn 75; Staudinger/*Sack*, § 138 Rn 121.
993 LAG Düsseldorf DB 1978, 165, 166; BGHSt 43, 53, 60 = NJW 1997, 2689; MüKo/*Mayer-Maly/Armbrüster*, § 138 Rn 148; vgl. aber auch BAG AuR 2001, 509, 510 m. Anm. *Peter*.
994 BGH NJW-RR 1990, 1199.
995 Soergel/*Hefermehl*, § 138 Rn 77.
996 Zum Zusammenhang zwischen den Situationen des § 138 Abs. 2 und der Beeinträchtigung der tatsächlichen Entscheidungsfreiheit vgl. MüKo/*Mayer-Maly/Armbrüster*, § 138 Rn 143; *Canaris*, AcP 200 (2000), 273, 280.
997 Staudinger/*Sack*, § 138 Rn 228; a.A. MüKo/*Mayer-Maly/Armbrüster*, § 138 Rn 153.
998 BT-Drucks 7/3441; Palandt/*Heinrichs*, § 138 Rn 70.
999 BGH NJW 1994, 1275, 1276; Soergel/*Hefermehl*, § 138 Rn 78.
1000 BGH WM 1981, 1050, 1051 (Pflegebedürftigkeit).
1001 Zur Sittenwidrigkeit von Fluchthelferverträgen vgl. BGHZ 69, 295, 299 ff. = NJW 1977, 2356; BGH NJW 1980, 1574, 1575.
1002 Bamberger/Roth/*Wendtland*, § 138 Rn 51; MüKo/*Mayer-Maly/Armbrüster*, § 138 Rn 149; Staudinger/*Sack*, § 138 Rn 197.
1003 BGH NJW 1982, 2767, 2768; MüKo/*Mayer-Maly/Armbrüster*, § 138 Rn 149.
1004 BGH NJW 1994, 1275, 1276; NJW 2003, 1860, 1861; Bamberger/Roth/*Wendtland*, § 138 Rn 51; Palandt/*Heinrichs*, § 138 Rn 70.
1005 BGH NJW 1980, 1574, 1575 f.; Staudinger/*Sack*, § 138 Rn 198.
1006 BGH NJW 1980, 1574, 1575; MüKo/*Mayer-Maly/Armbrüster*, § 138 Rn 149; Palandt/*Heinrichs*, § 138 Rn 78.
1007 Erman/*Palm*, § 138 Rn 21; MüKo/*Mayer-Maly/Armbrüster*, § 138 Rn 149; RGRK/*Krüger-Nieland/Zöller*, § 138 Rn 54; Soergel/*Hefermehl*, § 138 Rn 78; a.A. Bamberger/Roth/*Wendtland*, § 138 Rn 51; Palandt/*Heinrichs*, § 138 Rn 70; Staudinger/*Sack*, § 138 Rn 204.
1008 So Bamberger/Roth/*Wendtland*, § 138 Rn 51.
1009 Vgl. nur Palandt/*Heinrichs*, § 138 Rn 71.
1010 RGZ 67, 393, 394; 72, 61, 68 f.
1011 BGH NJW 1966, 1451 (Jugendliche); Erman/*Palm* § 138 Rn 22 (Alte).
1012 Palandt/*Heinrichs*, § 138 Rn 71.
1013 BGHZ 125, 135, 140 = NJW 1994, 1475, 1476.

369 Unklar ist das erforderliche **Ausmaß** der Unerfahrenheit. Die h.M. verlangt einen **allgemeinen** Mangel an Lebens- und Geschäftserfahrenheit; mangelnde Rechtskenntnisse oder Unerfahrenheit auf einem bestimmten Wirtschafts- oder Lebensgebiet seien nicht ausreichend.[1014] Nach anderer Ansicht genügt es, wenn sich die Unerfahrenheit auf das **konkrete** Geschäft bezieht.[1015] Hierfür kann zwar die Schutzbedürftigkeit des Bewucherten angeführt werden. Der erforderliche Schutz lässt sich indes über Abs. 1 verwirklichen.

370 cc) **Mangelndes Urteilsvermögen.** Mangelndes Urteilsvermögen ist die Unfähigkeit, die für und gegen ein Geschäft sprechenden Gründe **abzuwägen** und die beiderseitigen Leistungen vor diesem Hintergrund zu **bewerten**, um nach dieser Erkenntnis zu handeln.[1016] Der Mangel an Urteilsvermögen muss nicht notwendig auf Verstandesschwäche beruhen, sondern kann auch bei Menschen eines höheren Bildungsgrades auftreten, z.B. bei jungen oder sehr alten Personen[1017] oder bei besonders schwierigen und unklar formulierten Geschäften.[1018] Maßgeblich ist das Urteilsvermögen im Hinblick auf das **konkrete** Rechtsgeschäft.[1019]

371 dd) **Erhebliche Willensschwäche.** Geht der Bewucherte aus **Mangel an psychischer Widerstandsfähigkeit** auf das Rechtsgeschäft ein, obwohl er dessen Vor- und Nachteile an sich zutreffend beurteilt, so ist das Merkmal der erheblichen Willensschwäche erfüllt. Es kommt insbesondere bei Jugendlichen,[1020] Drogen- oder Alkoholkranken[1021] und Spielsüchtigen[1022] vor. Hier dürfte auch der Fall einzuordnen sein, dass jemand aus **Dankbarkeit** dem Geschäft nicht widerstehen kann.[1023]

372 d) **Ausbeutung der Unterlegenheit.** Der Wucherer beutet die Unterlegenheit des Vertragspartners aus, wenn er sie sich bei Abschluss des Geschäfts **bewusst zunutze macht** und von dem auffälligen Missverhältnis **Kenntnis** hat.[1024] Eine besondere Ausbeutungsabsicht ist nicht erforderlich;[1025] fahrlässige Unkenntnis genügt aber nicht.[1026] Die Zurechnung von **Vertreterwissen** erfolgt nach § 166.[1027]

373 4. **Vermutung für das Vorliegen der subjektiven Tatbestandsmerkmale.** Besteht ein **besonders grobes Missverhältnis** zwischen Leistung und Gegenleistung, so wird das Vorliegen des subjektiven Tatbestandes vermutet.[1028] Zum subjektiven Tatbestand wird dabei nicht nur das Merkmal der **Ausbeutung** gerechnet, sondern auch das Erfordernis einer **Schwächesituation** des Vertragspartners.[1029] Die Vermutung kann aufgrund besonderer Umstände widerlegt werden. Hat etwa bei einer schwierigen Bewertungssituation ein nicht offensichtlich grob unrichtiges Verkehrsgutachten den Preis bestimmt, so lässt das besonders grobe Missverhältnis der Leistungen nicht ohne weiteres einen Schluss auf das Vorliegen des subjektiven Tatbestands zu.[1030]

374 5. **Rechtsfolgen.** Wichtigste Rechtsfolge des Abs. 2 ist die **Nichtigkeit** des Rechtsgeschäfts. Anders als bei 138 Abs. 1 (Rn 137) erstreckt sich die Nichtigkeit regelmäßig auch auf das **Verfügungsgeschäft des Bewucherten**.[1031] Dies ergibt sich aus der Formulierung „gewähren lässt". Das **Verfügungsgeschäft des Wucherers** ist dagegen im Allgemeinen wirksam.[1032]

1014 BGH BB 1966, 226; WM 1982, 849; Bamberger/Roth/*Wendtland*, § 138 Rn 52; Erman/*Palm*, § 138 Rn 22; Jauernig/*Jauernig*, § 138 Rn 22; Soergel/*Hefermehl*, § 138 Rn 79; *Larenz/Wolf*, BGB AT, § 41 Rn 62; einschr. MüKo/*Mayer-Maly/Armbrüster*, § 138 Rn 150.
1015 Palandt/*Heinrichs*, § 138 Rn 71; Staudinger/*Sack*, § 138 Rn 208.
1016 Vgl. dazu BGH NJW 2002, 3165, 3167; Palandt/*Heinrichs*, § 138 Rn 72.
1017 Soergel/*Hefermehl*, § 138 Rn 80.
1018 OLG Stuttgart, FamRZ 1983, 498, 499; Bamberger/Roth/*Wendtland*, § 138 Rn 53; Staudinger/*Sack*, § 138 Rn 209.
1019 Palandt/*Heinrichs*, § 138 Rn 72; Staudinger/*Sack*, § 138 Rn 209; *Larenz/Wolf*, BGB AT, § 41 Rn 62.
1020 Palandt/*Heinrichs*, § 138 Rn 73.
1021 Palandt/*Heinrichs*, § 138 Rn 73; Staudinger/*Sack*, § 138 Rn 210.
1022 Staudinger/*Sack*, § 138 Rn 210.
1023 Dazu Palandt/*Heinrichs*, § 138 Rn 74; Soergel/*Hefermehl*, § 138 Rn 82; eine Analogie zu 138 Abs. 2 bildet MüKo/*Mayer-Maly/Armbrüster*, § 138 Rn 153.
1024 BGH NJW 1985, 3006, 3007; 1994, 1275, 1276; Bamberger/Roth/*Wendtland*, § 138 Rn 55.
1025 BGH NJW 1982, 1767, 2768; 1985, 3006, 3007; MüKo/*Mayer-Maly/Armbrüster*, § 138 Rn 154.
1026 BGH NJW 1985, 3006, 3007; Bamberger/Roth/*Wendtland*, § 138 Rn 55; Soergel/*Hefermehl*, § 138 Rn 82.
1027 Vgl. nur Bamberger/Roth/*Wendtland*, § 138 Rn 55; Staudinger/*Sack*, § 138 Rn 213.
1028 BGH NJW-RR 1990, 1199; 1991, 589; NJW 1994, 1275.
1029 Vgl. BGH NJW 1995, 1019, 1020; Staudinger/*Sack*, § 138 Rn 215.
1030 BGH ZIP 1997, 931, 932.
1031 BGH NJW 1982, 2767, 2768; Jauernig/*Jauernig*, § 138 Rn 25; MüKo/*Mayer-Maly/Armbrüster*, § 138 Rn 164; RGRK/*Krüger-Nieland/Zöller*, § 138 Rn 36; Soergel/*Hefermehl*, § 138 Rn 55 f.; Staudinger/*Sack*, § 138 Rn 224; krit. *Zimmermann*, JR 1985, 48, 49.
1032 MüKo/*Mayer-Maly/Armbrüster*, § 138 Rn 164; Palandt/*Heinrichs*, § 138 Rn 75.

§ 138 Sittenwidriges Rechtsgeschäft; Wucher

a) Umfang der Nichtigkeit. Ebenso wie bei Abs. 1 erfasst die Nichtigkeit regelmäßig das ganze Geschäft. 375
Eine **geltungserhaltende Reduktion** von überhöhten Entgeltvereinbarungen ist auch hier grundsätzlich unzulässig.[1033] Das Geschäft kann daher im Allgemeinen nicht durch Herabsetzung des Preises aufrechterhalten werden. Ausnahmen sind nur insoweit zulässig, wie dies zum Schutz des Bewucherten erforderlich ist. Nach der Rechtsprechung ist dabei zwischen dem Mietwucher, dem Lohnwucher und dem Kreditwucher zu unterscheiden.

aa) Mietwucher. Für den Mietwucher ist anerkannt, dass die Sittenwidrigkeit der Mietzinsvereinbarung 376
nicht zur Unwirksamkeit des Mietvertrages führt, weil der Mieter sonst Gefahr liefe, die Wohnung an den Vermieter herausgeben zu müssen.[1034] In welcher **Höhe** dem Vermieter ein Mietzinsanspruch zustehen soll, ist umstritten. Die h.M. geht mit Billigung durch das BVerfG[1035] davon aus, dass die Höhe des Mietzinses auf das **gerade noch zulässige Maß** zu reduzieren ist.[1036] Nach § 5 Abs. 2 WiStG ist der Mietzins danach auf 20% über der ortsüblichen Vergleichsmiete festzusetzen.[1037] Da § 134 i.V.m. § 5 WiStG dem Abs. 2 vorgeht (Rn 358), kann für die Einzelheiten auf die Ausführungen zu § 134 (dort Rn 69 f.) verwiesen werden.

bb) Lohnwucher. Eine parallele Problematik stellt sich beim Lohnwucher. Ist der vereinbarte Lohn 377
aufgrund von Wucher unangemessen niedrig, so bleibt der Arbeitsvertrag jedenfalls für die Vergangenheit **wirksam** (siehe Rn 133). Nichtig ist allein die Vereinbarung des „Hungerlohns". Zur Ausfüllung der Lücke kann § 612 Abs. 2 entsprechend angewendet werden. Der Arbeitnehmer hat damit einen Anspruch auf die **übliche Vergütung**.[1038] Besteht ein **Tarifvertrag**, so kann man sich bei der Bestimmung der üblichen Vergütung hieran orientieren.[1039]

cc) Kreditwucher. In den Fällen des Kreditwuchers hält die **h.M.** am **Verbot der geltungserhaltenden** 378
Reduktion fest.[1040] Der Kreditgeber hat daher gegen den Kreditnehmer einen Anspruch auf Rückzahlung des Darlehens aus § 812 Abs. 1 S. 1 Alt. 1. Aus § 817 S. 2 folgt aber, dass die Rückzahlung nur zu dem vertraglich vereinbarten Termin bzw. in der vertraglich vereinbarten Zeitfolge verlangt werden kann.[1041] Nach hier vertretener Ansicht steht dem Kreditgeber entgegen der Rechtsprechung der **angemessene (marktübliche) Zins** zu (siehe dazu Rn 232).

b) Schadensersatz. Ebenso wie bei Abs. 1 (Rn 138) kann dem Benachteiligten auch bei Abs. 2 ein 379
Schadensersatzanspruch aus §§ 241 Abs. 2, 311 Abs. 2, 280 Abs. 1 und § 826 zustehen. Darüber hinaus kommt ein Anspruch aus § 823 Abs. 2 i.V.m. § 291 StGB in Betracht.

C. Weitere praktische Hinweise

I. Prozessuales

1. Sittenwidrigkeit als Einwendung. Die Sittenwidrigkeit des Rechtsgeschäfts ist eine Einwendung, die 380
von Amts wegen zu berücksichtigen ist.[1042] In Ausnahmefällen kann der durch die Nichtigkeit Begünstigte aber nach **Treu und Glauben** (§ 242) gehindert sein, sich auf die Sittenwidrigkeit zu berufen (Rn 19 ff.). Maßgeblich ist dabei insbesondere die Erwägung, dass man aus seinem eigenen sittenwidrigen Verhalten keine unangemessenen Vorteile erlangen darf.

1033 BGHZ 44, 158, 162; 68, 204, 207 f. = NJW 1977, 1233; Bamberger/Roth/*Wendtland*, § 138 Rn 57; Erman/*Palm*, § 138 Rn 25; a.A. Staudinger/*Sack*, § 138 Rn 218.
1034 Staudinger/*Sack*, § 138 Rn 120.
1035 BVerfGE 90, 22, 26 f. = NJW 1994, 993.
1036 BGHZ 89, 316, 321 ff. = NJW 1984, 722; Bamberger/Roth/*Wendtland*, § 138 Rn 58; Erman/ *Palm*, § 134 Rn 81; Staudinger/*Sack*, § 138 Rn 120; a.A. OLG Stuttgart NJW 1981, 2365; MüKo/ *Mayer-Maly/Armbrüster*, § 134 Rn 107; Palandt/ *Heinrichs*, § 134 Rn 27, § 138 Rn 76; *Hager*, JuS 1985, 264, 270: die ortsübliche Vergleichsmiete ohne Zuschlag.
1037 Die Überlegungen in BGHZ 89, 316, 321 ff. = NJW 1984, 722 zur sog. Wesentlichkeitsgrenze sind damit überholt, vgl. Jauernig/*Jauernig*, § 139 Rn 9.
1038 BAG AP BGB § 138 Nr. 2; NJW 2000, 3589, 3590; Bamberger/Roth/*Wendtland*, § 138 Rn 58;
Palandt/*Heinrichs*, § 138 Rn 75; Staudinger/*Sack*, § 138 Rn 121.
1039 LAG Düsseldorf DB 1978, 165, 166; BGHSt 43, 53, 60 = NJW 1997, 2689; MüKo/*Mayer-Maly/ Armbrüster*, § 138 Rn 148; vgl. aber auch BAG AuR 2001, 509, 510 m. Anm. *Peter*.
1040 BGH NJW 1958, 1772; NJW 1994, 1275; RGRK/ *Krüger-Nieland/Zöller*, § 138 Rn 36 f.; Soergel/ *Hefermehl*, § 138 Rn 101; krit. Jauernig/*Jauernig*, § 138 Rn 10; Staudinger/*Sack*, § 138 Rn 122 ff.
1041 BGH NJW 1983, 1420, 1422 f.; 1989, 3217; 1993, 2108; Palandt/*Heinrichs*, § 138 Rn 75; Staudinger/ *W. Lorenz*, § 817 Rn 12; *Flume*, BGB AT Bd. 2, § 18, 10 f.
1042 BGH NJW 1981, 1439; MüKo/*Mayer-Maly/ Armbrüster*, § 138 Rn 155; Palandt/*Heinrichs*, § 138 Rn 21; einschr. Staudinger/*Sack*, § 138 Rn 76.

381 **2. Beweislast.** Die **tatsächlichen** Voraussetzungen für die Sittenwidrigkeit des Rechtsgeschäfts sind von der Partei darzulegen und zu beweisen, die sich auf die Sittenwidrigkeit beruft.[1043] Dies gilt sowohl für die **objektiven** als auch für die **subjektiven Merkmale**. In der Praxis ist zu beachten, dass die Rechtsprechung in vielen Fällen aus den objektiven Gegebenheiten auf die subjektiven Merkmale schließt (Rn 229, 373). Es handelt sich dabei um keine Fiktion, sondern um eine widerlegliche tatsächliche Vermutung. Die andere Partei hat daher die Möglichkeit, besondere Umstände darzulegen und zu beweisen, nach denen die subjektiven Voraussetzungen im Einzelfall zu verneinen sind.[1044]

382 **3. Revisibilität.** Ob ein Rechtsgeschäft als sittenwidrig zu bewerten ist, ist eine **Rechtsfrage**, die in vollem Umfang der Nachprüfung durch das Revisionsgericht unterliegt.[1045] Hat das Berufungsgericht die rechtlich erheblichen Umstände vollständig festgestellt, so kann das Revisionsgericht selbst über die Frage der Sittenwidrigkeit entscheiden.

II. Rückwirkungsprobleme bei Wandel der Wertanschauungen

383 Bei der anwaltlichen Beratung bereitet der Zeitpunkt der sozialethischen Bewertung große Probleme. Grundsätzlich ist zwar davon auszugehen, dass es für die Sittenwidrigkeit auf die Wertanschauungen bei **Abschluss des Rechtsgeschäftes** ankommt. Ist das Geschäft zu diesem Zeitpunkt als unbedenklich anzusehen, so kann es im Nachhinein nicht mehr als sittenwidrig qualifiziert werden. Dem Begünstigten kann jedoch nach Treu und Glauben (§ 242) verwehrt sein, die aus dem Geschäft folgenden Rechte geltend zu machen (siehe Rn 125, 127).

384 Die mit dem Wandel der sozialethischen Wertanschauungen verbundenen Unsicherheiten werden dadurch verschärft, dass nicht immer sicher festgestellt werden kann, zu welchem Zeitpunkt der Wandel eingetreten ist. Ändert die Rechtsprechung ihre Auffassung, so argumentiert sie in solchen Fällen teilweise damit, dass sie einen bereits **vollzogenen Wandel** der Wertanschauungen nur **festgestellt** habe.[1046] Damit können auch Sachverhalte, die nach der bisherigen Rechtsprechung unbedenklich waren, als sittenwidrig qualifiziert werden. Dies führt im Ergebnis doch zu einer gewissen „Rückwirkung" der Sittenwidrigkeit.[1047] Die Folgen sind wesentlich gravierender als bei einer bloßen Heranziehung des § 242. Ist das Geschäft nach § 138 nichtig, so kommt es nämlich zu einer Rückabwicklung nach §§ 812 ff.[1048]

Anhang zu § 138: Prostitutionsgesetz

Gesetz zur Regelung der Rechtsverhältnisse der Prostituierten (Prostitutionsgesetz – ProstG)[1]

Literatur: *Armbrüster*, Zivilrechtliche Folgen des Gesetzes zur Regelung der Rechtsverhältnisse der Prostituierten, NJW 2002, 2763; *Bergmann*, Das Rechtsverhältnis zwischen Dirne und Freier – Das Prostitutionsgesetz aus zivilrechtlicher Sicht, JR 2003, 270; *Caspar*, Prostitution im Gaststättengewerbe? Zur Auslegung des Begriffs der Unsittlichkeit im Gaststättengesetz, NVwZ 2002, 1322; *Felix*, Die Wertneutralität des Sozialrechts – Zum Bestehen eines Beschäftigungsverhältnisses bei sittenwidrigem oder verbotenem Tun, NZS 2002, 225; *Gräfin von Galen*, Rechtsfragen der Prostitution. Das ProstG und seine Auswirkungen, 2004; *Kurz*, Prostitution und Sittenwidrigkeit, GewArch 2002, 142; *Pauly*, Gesetz zur Regelung der Rechtsverhältnisse der Prostituierten (Prostitutionsgesetz) sowie Vollzug der Gewerbeordnung und des Gaststättengesetzes, GewArch 2002, 217; *Peifer*, Sittenwidrigkeit von Verträgen über die Bereitstellung von Telefonsexleistungen, NJW 2001, 1912; *Rautenberg*, Prostitution: Das Ende der Heuchelei ist gekommen!, NJW 2002, 650; *Vahle*, Wahn und Wirklichkeit – Das neue Prostitutionsgesetz, NZA 2002, 1077.

1043 BGHZ 53, 369, 379; BGH NJW 1995, 1427, 1429; Bamberger/Roth/*Wendtland*, § 138 Rn 39; Erman/*Palm*, § 138 Rn 64.
1044 BGHZ 98, 174, 178; 128, 255, 267; BGH DtZ 1997, 229, 230; Erman/*Palm*, § 138 Rn 199.
1045 BGH NJW 1991, 353, 354; RGRK/*Krüger-Nieland*/*Zöller*, § 138 Rn 41; Palandt/*Heinrichs*, § 138 Rn 23.
1046 Vgl. BGH NJW 1983, 2692, 2693; 1986, 2568, 2569.
1047 Krit. ggü. dieser Praxis Soergel/*Hefermehl*, § 138 Rn 27; Staudinger/*Sack*, § 138 Rn 84; *Bunte*, NJW 1983, 2674, 2675; *Medicus*, NJW 1995, 2577, 2578 f.
1048 Diesen Unterschied betont zu Recht Staudinger/*Sack*, § 138 Rn 84.
1 Vom 20.12.2001 (BGBl I S. 3983).

ProstG § 1 [Begründung einer rechtswirksamen Forderung]

¹Sind sexuelle Handlungen gegen ein vorher vereinbartes Entgelt vorgenommen worden, so begründet diese Vereinbarung eine rechtswirksame Forderung. ²Das Gleiche gilt, wenn sich eine Person, insbesondere im Rahmen eines Beschäftigungsverhältnisses, für die Erbringung derartiger Handlungen gegen ein vorher vereinbartes Entgelt für eine bestimmte Zeitdauer bereithält.

A. Allgemeines 1	3. Eingeschränkte Sittenwidrigkeit des Prostitutionsvertrages 11
I. Rechtslage vor In-Kraft-Treten des ProstG . 1	III. Zustandekommen und Inhalt des Prostitutionsvertrages 14
II. Überblick 2	IV. Weitere wichtige Bereiche 18
III. Würdigung 4	1. Öffentliche Darbietung sexueller Handlungen 19
B. Regelungsgehalt 5	2. Telefonsex 24
I. Anwendungsbereich 5	3. Kontaktanzeigen 26
1. Sexuelle Handlungen 5	4. Raumüberlassung an Prostituierte; Bordellpacht 27
2. Die geregelten Rechtsverhältnisse 7	V. Auswirkungen auf das Gaststätten- und Gewerberecht 28
II. Rechtsfolgen 8	
1. Der Entgeltanspruch der Prostituierten .. 8	
2. Verpflichtung der Prostituierten zur Vornahme sexueller Handlungen 10	

A. Allgemeines

I. Rechtslage vor In-Kraft-Treten des ProstG

Die Ausübung der Prostitution ist als solche seit längerem nicht strafbar. Gleichwohl war die Rechtsstellung von Prostituierten bislang unbefriedigend. Problematisch war insbesondere, dass ihnen kein rechtlich durchsetzbarer Anspruch auf das vereinbarte Entgelt zustand, weil der auf die **entgeltliche Gewährung des Geschlechtsverkehrs** gerichtete Vertrag nach ganz h.M. **sittenwidrig** und damit **nach § 138 Abs. 1 nichtig** war.² Die Prostituierten sahen sich damit gezwungen, ihre Ansprüche mit außergerichtlichen Mitteln durchzusetzen, wodurch ihre Abhängigkeit von Zuhältern verstärkt wurde. Keinen rechtlich durchsetzbaren Entgeltanspruch hatten die Prostituierten auch gegen den Bordellbetreiber, bei dem sie beschäftigt waren. Schaffte der Bordellbetreiber den Prostituierten gute Arbeitsbedingungen, so lief er Gefahr, sich nach § 180a Abs. 1 Nr. 2 StGB a.F. wegen Förderung der Prostitution strafbar zu machen.³ Schließlich hatten Prostituierte keinen unmittelbaren Zugang zur Sozialversicherung.

1

II. Überblick

Mit dem am 1.1.2002 in Kraft getretenen ProstG hat der Gesetzgeber das Ziel verfolgt, die rechtliche **Stellung der Prostituierten** zu **verbessern** und den mit der Prostitution verbundenen kriminellen Begleiterscheinungen die Grundlage zu entziehen.⁴ Da das ProstG geschlechtsneutral formuliert ist, schützt es nicht nur **weibliche**, sondern auch **männliche** Prostituierte.⁵ *De facto* steht die Situation weiblicher Prostituierter aber im Vordergrund. Die Rechtsstellung Dritter (Freier, Bordellbetreiber, Zuhälter etc.) soll hingegen nicht verbessert werden,⁶ zumal dies im Allgemeinen zulasten der Prostituierten ginge.

2

Herzstück des Gesetzes ist § 1 ProstG, wonach den Prostituierten unter bestimmten Voraussetzungen ein rechtlich durchsetzbarer **Anspruch auf das vereinbarte Entgelt** gegen den Freier oder den Bordellbetreiber zusteht. Zu diesem Entgeltanspruch enthält § 2 ProstG ergänzende Regelungen. § 3 ProstG stellt klar, dass das eingeschränkte Weisungsrecht im Rahmen einer abhängigen Tätigkeit der Annahme einer **Beschäftigung im Sinne des Sozialversicherungsrechts** nicht entgegensteht. Mittelbare Auswirkungen auf das Sozialversicherungsrecht hat auch die Aufhebung des § 180a Abs. 1 Nr. 2 StGB a.F. durch Art. 2 ProstG. Dem Bordellbetreiber soll hierdurch ermöglicht werden, die bei ihm freiwillig und ohne Ausbeutung

3

---

2 Vgl. BGHZ 67, 119, 122; RGRK/*Krüger-Nieland/Zöller*, § 138 Rn 193; Soergel/*Hefermehl*, § 138 Rn 208; MüKo/*Mayer-Maly/Armbrüster*, § 138 Rn 57; *Flume*, BGB AT Bd. 2, § 18, 8c aa; a.A. VG Berlin NJW 2001, 983, 987; differenzierend *Rother*, AcP 172 (1972), 498, 505.

3 Vgl. BT-Drucks 14/5958, S. 4; vgl. dazu *Rautenberg*, NJW 2002, 650, 652.
4 BT-Drucks 14/5958, S. 4.
5 MüKo/*Armbrüster*, § 1 ProstG Rn 2.
6 BT-Drucks 14/5958, S. 4; Bamberger/Roth/*Wendtland*, Anh. § 138 § 1 ProstG Rn 1.

beschäftigten Prostituierten bei der Sozialversicherung anzumelden, ohne sich der Gefahr der Strafverfolgung wegen Förderung der Prostitution auszusetzen.[7]

III. Würdigung

4   Dem ProstG wird in der Literatur entgegengehalten, es sei mehr auf Ideologie als auf praktische Verbesserungen angelegt und könne an den Realitäten der Prostitution nichts ändern.[8] Dem ist insofern zuzustimmen, als in der Tat nicht erwartet werden kann, dass Prostituierte künftig in nennenswertem Umfang ihre Ansprüche gegen Bordellbetreiber oder Freier gerichtlich geltend machen oder der Sozialversicherung beitreten werden.[9] Aus rechtspolitischer Sicht ist das ProstG gleichwohl grundsätzlich zu begrüßen, weil das Recht seine Aufgabe verfehlt, wenn es bewusst darauf verzichtet, einem bestimmten Personenkreis einen **angemessenen rechtlichen Rahmen** zur Verfügung zu stellen. Dies gilt umso mehr, als die selbständig ausgeübte Prostitutionstätigkeit nach der Rechtsprechung des EuGH eine gegen Entgelt erbrachte **Dienstleistung** ist, die vom Schutzbereich des Art. 43 EGV erfasst wird.[10]

B. Regelungsgehalt

I. Anwendungsbereich

5   **1. Sexuelle Handlungen.** Entgegen der sehr eng gefassten Gesetzesüberschrift beschränkt der Anwendungsbereich des ProstG sich nicht auf die Rechtsverhältnisse der Prostituierten. Dem Wortlaut des § 1 ProstG lässt sich vielmehr entnehmen, dass alle Vereinbarungen erfasst werden, welche die Vornahme **sexueller Handlungen** gegen Entgelt zum Gegenstand haben.[11] Bei der Konkretisierung des Begriffs der sexuellen Handlungen kann man sich nicht an der Rechtsprechung zu § 184c StGB orientieren, weil diese an den Schutzzweck der einschlägigen Straftatbestände anknüpft. Auch das Erfordernis der **„Erheblichkeit"** (§ 184c Nr. 1 StGB) lässt sich nicht auf das Zivilrecht übertragen.[12] Denn es beruht auf der Erwägung, dass geringfügige Beeinträchtigungen nach dem Grundsatz der Verhältnismäßigkeit nicht mit strafrechtlichen Sanktionen belegt werden dürfen.[13] Ist die betreffende Handlung in sexueller Hinsicht unerheblich, so wird das Geschäft aber im Allgemeinen nicht sittenwidrig und daher in vollem Umfang wirksam sein.

6   Nach dem Zweck des ProstG erfasst der Begriff der sexuellen Handlung alle **Dienstleistungen**, die auf die **Befriedigung sexueller Bedürfnisse gegen Entgelt** gerichtet sind.[14] Dazu gehören nicht nur Handlungen, die schon nach dem äußeren Erscheinungsbild einen sexuellen Bezug aufweisen. Das ProstG gilt vielmehr auch für objektiv mehrdeutige Handlungen (z.B. Turnübungen, Züchtigungen), die der Befriedigung sexueller Bedürfnisse dienen.[15] Die Handlung muss nicht in einem aktiven Tun bestehen; es genügt auch ein bloßes Dulden.[16]

7   **2. Die geregelten Rechtsverhältnisse.** Das ProstG regelt das Rechtsverhältnis zwischen den **Prostituierten und ihren Kunden** (§ 1 S. 1 ProstG) sowie das Rechtsverhältnis zwischen den **Prostituierten und den Betreibern von Bordellen**, **Clubs oder ähnlichen Einrichtungen**, in denen sich die Prostituierten insbesondere im Rahmen eines Beschäftigungsverhältnisses für die Erbringung sexueller Handlungen gegen ein vorher vereinbartes Entgelt für eine bestimmte Zeitdauer bereithalten (§ 1 S. 2 ProstG).[17] Ob auch das Rechtsverhältnis zwischen den **Kunden und den Bordellbetreibern** erfasst wird, ist zweifelhaft. Da es nach dem Wortlaut des § 1 S. 1 ProstG nicht darauf ankommt, wer Vertragspartner des Kunden ist, könnte das ProstG auch auf Vereinbarungen zwischen Bordellbetreibern und Kunden anzuwenden sein.[18] Gegen diese Deutung spricht jedoch, dass das ProstG nach dem Willen des Gesetzgebers gerade nicht den Zweck hat, die rechtliche Stellung der Bordellbetreiber zu verbessern. Die h.M. geht daher zu Recht davon aus, dass das ProstG auf das Rechtsverhältnis zwischen Bordellbetreiber und Kunden nicht anwendbar ist.[19] Andererseits

---

7 Vgl. BT-Drucks 14/5958, S. 6.
8 So Palandt/*Heinrichs*, Anh. § 138 § 1 ProstG Rn 1; krit. auch *Vahle*, NZA 2002, 1077, 1078.
9 So auch Bamberger/Roth/*Wendtland*, Anh. § 138 § 1 ProstG Rn 2.
10 EuGH NVwZ 2002, 326, 328 ff.; Palandt/*Heinrichs*, Anh. § 138 § 1 ProstG Rn 1.
11 MüKo/*Armbrüster*, § 1 ProstG Rn 1; Staudinger/*Sack*, § 138 Rn 452.
12 Für eine Übertragung aber MüKo/*Armbrüster*, § 1 ProstG Rn 4.
13 Vgl. LK/*Laufhütte*, StGB, 10. Aufl. 1988, § 184c Rn 10.
14 Vgl. VG Berlin NJW 2001, 983, 985; Bamberger/Roth/*Wendtland*, Anh. § 138 § 1 ProstG Rn 3, jeweils zum Begriff der Prostitution. Der Begriff der Prostitution ist freilich enger, weil er die Einbeziehung des eigenen Körpers in die Dienstleistung voraussetzt.
15 So auch MüKo/*Armbrüster*, § 1 ProstG Rn 4.
16 MüKo/*Armbrüster*, § 1 ProstG Rn 4.
17 Vgl. Bamberger/Roth/*Wendtland*, Anh. § 138 § 1 ProstG Rn 6 ff.; MüKo/*Armbrüster*, § 1 ProstG Rn 7 ff.
18 So etwa Staudinger/*Sack*, § 138 Rn 453.
19 Vgl. MüKo/*Armbrüster*, § 1 ProstG Rn 12; Palandt/*Heinrichs*, Anh. § 138 § 1 ProstG Rn 2.

lässt sich den Wertungen des § 1 ProstG entnehmen, dass dem Bordellbetreiber nach Erbringung der sexuellen Dienstleistungen ebenfalls ein wirksamer Anspruch auf Zahlung des Entgelts zustehen muss[20] (der freilich nicht nach § 2 S. 2 und 3 ProstG privilegiert ist[21]). Hiervon geht offenbar auch der Gesetzgeber aus. Den Materialien lässt sich nämlich klar entnehmen, dass der Gesetzgeber eine unmittelbare Entstehung der Forderung bei dem Bordellbetreiber nicht ausschließen wollte.[22]

II. Rechtsfolgen

1. Der Entgeltanspruch der Prostituierten. § 1 ProstG regelt lediglich den Entgeltanspruch der Prostituierten. Dieser setzt im **Verhältnis zum Freier** nach S. 1 voraus, dass die **sexuelle Handlung tatsächlich vorgenommen** worden ist. In der Realität wird freilich meist vereinbart, dass der Freier **im Voraus** zu leisten hat. In diesem Fall steht der Prostituierten vor Vornahme der sexuellen Handlungen kein wirksamer Anspruch zu. Zahlt der Freier gleichwohl im Voraus, so kann er nach der Inanspruchnahme der sexuellen Leistung keine Rückzahlung verlangen.[23] Da die Übereignung des Geldes schon bislang nicht nach § 138 Abs. 1 unwirksam war,[24] scheidet ein Anspruch aus § 985 nach In-Kraft-Treten des ProstG erst recht aus. Ein Bereicherungsanspruch aus § 812 Abs. 1 S. 1 Alt. 1 scheitert daran, dass die Entgeltvereinbarung nach Erbringung der sexuellen Leistung als rechtlicher Grund für die Entgeltzahlung anzusehen ist. Hat die Prostituierte die vereinbarten sexuellen Handlungen nicht vorgenommen, so hat der Freier einen Rückzahlungsanspruch aus § 812 Abs. 1 S. 2 Alt. 2.[25] Der Anspruch wird nicht durch § 817 S. 2 ausgeschlossen. Wenn der Zahlungsanspruch der Prostituierten nach Vornahme der sexuellen Handlung nicht mehr am Verdikt der Sittenwidrigkeit scheitert, so kann auch der Rückzahlungsanspruch des Freiers bei Nichtvornahme der Handlung nicht mehr als sittenwidrig angesehen werden.

Im Verhältnis zwischen **Prostituierten und Bordellbetreibern** setzt § 1 S. 2 ProstG allein das **Bereithalten** für eine sexuelle Handlung voraus. Den Prostituierten steht daher auch dann eine wirksame Forderung zu, wenn sexuelle Handlungen tatsächlich nicht vorgenommen worden sind.[26] Etwas anderes lässt sich auch nicht daraus ableiten, dass § 1 S. 2 ProstG auf S. 1 verweist.[27] Damit wird nämlich nur die Rechtsfolgeanordnung des S. 1 in Bezug genommen.

2. Verpflichtung der Prostituierten zur Vornahme sexueller Handlungen. Ob der Freier oder der Bordellbetreiber gegen die Prostituierte einen wirksamen Anspruch auf Vornahme der sexuellen Handlungen hat, ist im ProstG nicht ausdrücklich geregelt. Es entspricht jedoch allgemeiner Auffassung, dass ein solcher Anspruch mit Rücksicht auf die **Menschenwürde der Prostituierten** (Art. 1 Abs. 1 GG) nicht in Betracht kommen kann.[28] Streitig ist lediglich die Begründung. Ein Teil der Literatur stellt darauf ab, dass der Gesetzgeber beim Erlass des ProstG vom Nichtbestehen eines solchen Anspruchs ausgegangen ist und deshalb die Konstruktion eines **einseitig verpflichtenden Vertrages** gewählt hat.[29] Die Gegenauffassung will weiter **§ 138 Abs. 1** anwenden. Sie macht dabei geltend, dass die gesetzgeberischen Vorstellungen im Gesetz nicht zum Ausdruck gekommen sind.[30]

3. Eingeschränkte Sittenwidrigkeit des Prostitutionsvertrages. Der vorstehende Meinungsstreit hängt eng mit der Frage zusammen, ob Verträge über die entgeltliche Erbringung sexueller Leistungen nach In-Kraft-Treten des ProstG noch als **sittenwidrig** anzusehen sind. Diese Frage wird von einem großen Teil der Literatur im Anschluss an die Gesetzesbegründung[31] verneint.[32] Bei genauerer Betrachtung zeigt

---

20 Vgl. MüKo/*Armbrüster*, § 1 ProstG Rn 21, wonach zwischen Kunden und Bordellbetreibern sogar eine Pflicht zur Erbringung sexueller Dienstleistungen wirksam vereinbart werden kann.
21 Bamberger/Roth/*Wendtland*, Anh. § 138 § 1 ProstG Rn 8, § 2 ProstG Rn 3.
22 Vgl. BT-Drucks 14/5958, S. 6.
23 So auch MüKo/*Armbrüster*, § 1 ProstG Rn 10; Staudinger/*Sack*, § 138 Rn 454.
24 Vgl. RGRK/*Krüger-Nieland/Zöller*, § 138 Rn 93; Soergel/*Hefermehl*, § 138 Rn 208.
25 *Bergmann*, JR 2003, 270, 276; hilfsweise auch MüKo/*Armbrüster*, § 1 ProstG Rn 10, der aber in erster Linie die §§ 326 Abs. 4, 346 analog anwenden will.
26 So auch BT-Drucks 14/5958, S. 6; Bamberger/Roth/*Wendtland*, Anh. § 138 § 1 ProstG Rn 12.
27 So aber MüKo/*Armbrüster*, § 1 ProstG Rn 9.

28 Vgl. Bamberger/Roth/*Wendtland*, Anh. § 138 § 1 ProstG Rn 3, 5; MüKo/*Armbrüster*, § 1 ProstG Rn 7; Palandt/*Heinrichs*, Anh. § 138 § 1 ProstG Rn 2; Staudinger/*Sack*, § 138 Rn 454.
29 So etwa Bamberger/Roth/*Wendtland*, Anh. § 138 § 1 ProstG Rn 4; HK-BGB/*Dörner*, § 138 Rn 9; MüKo/*Armbrüster*, § 1 ProstG Rn 7 in Anknüpfung an BT-Drucks 14/5958, S. 4 ff.
30 Vgl. Palandt/*Heinrichs*, Anh. § 138 § 1 ProstG Rn 2; Staudinger/*Sack*, § 138 Rn 454; *Bergmann*, JR 2003, 270, 272.
31 BT-Drucks 14/5958, S. 4.
32 Vgl. Bamberger/Roth/*Wendtland*, Anh. § 138 § 1 ProstG Rn 3; HK-BGB/*Dörner*, § 138 Rn 9; MüKo/*Armbrüster*, § 1 ProstG Rn 7; *Armbrüster*, NJW 2002, 2763, 2764; *Caspar*, NVwZ 2002, 1322, 1324; *Rautenberg*, NJW 2002, 650, 651; a.A. Palandt/*Heinrichs*, Anh. § 138 § 1 ProstG Rn 2; Staudinger/*Sack*, § 138 Rn 455; *Kurz*, GewArch 2002, 142, 144.

sich jedoch, dass eine differenziertere Betrachtung geboten ist.[33] Der Staat ist mit Rücksicht auf die Menschenwürde der Prostituierten (Art. 1 Abs. 3 GG) daran gehindert, eine **rechtliche Verpflichtung zur Vornahme sexueller Handlungen** anzuerkennen.[34] Dass der Betroffene die fragliche Verpflichtung freiwillig eingegangen ist, ist unerheblich.[35] Denn zum einen ist die tatsächliche Entscheidungsfreiheit gerade im Bereich der Prostitution oft zweifelhaft. Zum anderen gehört die Achtung der Menschenwürde nach der Wertordnung des Grundgesetzes zu den fundamentalen Bedingungen des menschlichen Zusammenlebens, die auch gegenüber einem freiwilligen Verzicht des Betroffenen aufrechterhalten werden müssen.[36] Da diese Wertungen bei der Auslegung der Generalklausel des § 138 Abs. 1 zu berücksichtigen sind (vgl. § 138 Rn 46), bleiben entsprechende Vereinbarungen in einem **rechtlichen Sinne** sittenwidrig und damit nichtig, auch wenn ein **moralisches Unwerturteil** über die Tätigkeit der Prostituierten nach den heutigen Wertanschauungen **nicht** (mehr) **gerechtfertigt** ist.

12 Dass der Prostituierten nach Vornahme der sexuellen Handlungen ein **Entgeltanspruch** zusteht, widerspricht weder übergeordneten rechtlichen Wertungen noch den heutigen gesellschaftlichen Wertanschauungen. Dies gibt dem Gesetzgeber den notwendigen Freiraum, um den Entgeltanspruch der Prostituierten für wirksam (und damit nicht sittenwidrig) zu erklären. Hierdurch hat auch das Kriterium der **Kommerzialisierung höchstpersönlicher Entscheidungen** im sexuellen Bereich seine Bedeutung verloren (vgl. § 138 Rn 103).

13 Nach allgemeinen dogmatischen Grundsätzen ist eine **Aufspaltung des Sittenwidrigkeitsurteils** bei synallagmatisch verknüpften Pflichten ausgeschlossen.[37] Dem Gesetzgeber steht jedoch frei, diese Grundsätze zu durchbrechen. Der Prostitutionsvertrag ist damit in der Tat ein **einseitig verpflichtender Vertrag**, wobei sich die Unwirksamkeit der Verpflichtung zur Vornahme der sexuellen Handlungen aber aus **§ 138 Abs. 1** ergibt.[38]

III. Zustandekommen und Inhalt des Prostitutionsvertrages

14 Der Prostitutionsvertrag kommt nach allgemeinen Regeln (§§ 145 ff.) durch **Angebot** und **Annahme** zustande. In den Fällen des § 1 S. 1 ProstG ist die Wirksamkeit des Vertrages nicht von der Vornahme der sexuellen Handlungen abhängig; diese ist lediglich Voraussetzung für die Entstehung des Entgeltanspruchs (vgl. Rn 8).[39] Es besteht insoweit eine Parallele zur Rechtslage beim Maklervertrag (§ 652). Vor der Vornahme der sexuellen Handlungen bestehen zwischen den Parteien aber bereits **gegenseitige Schutzpflichten** nach § 241 Abs. 2.[40]

15 Da der Prostitutionsvertrag als einseitig verpflichtender Vertrag ausgestaltet ist, können **beschränkt geschäftsfähige Prostituierte** ihn nach h.M. gemäß § 107 ohne Einwilligung des gesetzlichen Vertreters wirksam abschließen.[41] In den meisten Fällen werden solche Verträge zwar nach § 134 i.V.m. §§ 176, 180 Abs. 2, 182 Abs. 1 Nr. 1 StGB nichtig sein.[42] Im Übrigen erscheint es aber geboten, das Verdikt der Sittenwidrigkeit bei Prostitutionsverträgen mit Minderjährigen weiter in vollem Umfang aufrechtzuerhalten. Denn das ProstG hat nicht den Zweck, Prostitutionsverträgen mit Minderjährigen Wirksamkeit zu verschaffen. Die Annahme der Wirksamkeit ist auch kein geeignetes Mittel, um minderjährigen Prostituierten nach Erbringung der Leistung einen Entgeltanspruch gegen den Freier oder den Bordellbetreiber zu verschaffen.[43] Denn diese Konstruktion hilft bei einem Verstoß gegen § 134 nicht weiter, obwohl die Prostituierten gerade hier doch besonders schutzwürdig sind. Vorzugswürdig erscheint daher, minderjährigen Prostituierten in jedem Fall einen **Bereicherungsanspruch aus §§ 812, 818 Abs. 2** zuzubilligen, wobei sich der Freier bzw. der Bordellbetreiber nach dem Schutzzweck des ProstG grundsätzlich weder auf den Wegfall der Bereicherung (§ 818 Abs. 3) noch auf die Gesetz- oder Sittenwidrigkeit des Vertrages (§ 817 S. 2) berufen kann.

16 Die (eingeschränkte) Wirksamkeit des Prostitutionsvertrages kann auch in anderen Fällen an § 138 Abs. 1 scheitern, wenn über die Kommerzialisierung sexueller Handlungen hinaus **weitere Umstände** vorliegen,

---

33 Für eine solche Differenzierung schon *Rother*, AcP 172 (1972), 498, 505.
34 So auch Palandt/*Heinrichs*, Anh. § 138 § 1 ProstG Rn 2; Staudinger/*Sack*, § 138 Rn 455; *Bergmann*, JR 2003, 270, 273.
35 Auf das Selbstbestimmungsrecht abstellend aber AG Berlin-Köpenick NJW 2002, 1885.
36 Vgl. BVerwGE 64, 274, 278. Allg. zur Problemstellung *Looschelders*, Die Mitverantwortlichkeit des Geschädigten im Privatrecht, 1999, S. 180 ff.; *Singer*, JZ 1995, 1133 ff.
37 Vgl. MüKo/*Mayer-Maly*/*Armbrüster*, § 138 Rn 57.
38 In diesem Sinne auch Staudinger/*Sack*, § 138 Rn 455.

39 Vgl. Bamberger/Roth/*Wendtland*, Anh. § 138 § 1 ProstG Rn 10; MüKo/*Armbrüster*, § 1 ProstG Rn 8; a.A. Palandt/*Heinrichs*, Anh. § 138 § 1 ProstG Rn 2 und *Bergmann*, JR 2003, 270, 273, die von einem nachträglichen teilweisen Wirksamwerden des Vertrages ausgehen.
40 MüKo/*Armbrüster*, § 1 ProstG Rn 11; *Bergmann*, JR 2003, 270, 275.
41 Vgl. Jauernig/*Jauernig*, § 107 Rn 5; MüKo/*Armbrüster*, § 1 ProstG Rn 6; krit. *Rautenberg*, NJW 2002, 650, 652.
42 Vgl. MüKo/*Armbrüster*, § 1 ProstG Rn 8.
43 So aber Palandt/*Heinrichs*, Anh. § 138 § 2 ProstG Rn 2; *Bergmann*, JR 2003, 270, 274.

welche die **Sittenwidrigkeit des Vertrages** begründen. Zu denken ist etwa an sexuelle Handlungen mit Tieren oder den Einsatz lebensgefährlicher Praktiken.[44] Demgegenüber wird die Wirksamkeit des Prostitutionsvertrages nicht dadurch ausgeschlossen, dass der Prostituierten **keine uneingeschränkte Freiheit** in Bezug auf das persönliche und räumliche Umfeld, den Kundenkreis sowie die konkrete Ausgestaltung der Beziehung zum jeweiligen Kunden und die jeweilige Dienstleistungsform zusteht.[45] Solche „Idealbedingungen" werden in der Realität oft fehlen. Daher wäre es mit dem Schutzzweck des ProstG unvereinbar, den Prostituierten aus diesem Grunde den Entgeltanspruch zu versagen.[46]

Bei Beschäftigungsverhältnissen i.S.d. § 1 S. 2 ProstG ist allerdings zu beachten, dass dem Bordellbetreiber mit Rücksicht auf die Menschenwürde und das Persönlichkeitsrecht der Prostituierten **kein Direktionsrecht** zustehen kann, das über die Bestimmung von Zeit und Ort der Leistung hinausgeht.[47] Der Bordellbetreiber kann den Prostituierten daher keine wirksamen Vorgaben betreffend den Kreis der Kunden und die Form der Dienstleistung machen. Außerdem müssen die Prostituierten jederzeit die Möglichkeit haben, das Beschäftigungsverhältnis **ohne Einhaltung einer Kündigungsfrist** zu beenden.[48] Auch diese Leitlinien erscheinen zwar realitätsfern. Bestehen in einem Lebensbereich faktische Zwänge, welche die grundrechtlichen Freiheiten Einzelner beeinträchtigen, so darf die Rechtsordnung diese aber nicht auch noch sanktionieren, sondern muss sich im Gegenteil um einen möglichst effektiven Schutz der Betroffenen bemühen. Ein solcher Schutz kann allerdings weniger durch das Zivilrecht als durch das Strafrecht sowie das Gewerberecht gewährleistet werden. 17

IV. Weitere wichtige Bereiche

Neben dem Prostitutionsvertrag i.e.S. gibt es einige praktisch wichtige Verträge, die auf die Erbringung **anderer sexueller Dienstleistungen** gerichtet sind. 18

1. Öffentliche Darbietung sexueller Handlungen. Die Vorschrift des § 1 ProstG erfasst auch die Darbietung sexueller Handlungen in **Peep-Shows**.[49] Nach der hier vertretenen Auffassung bleibt die Verpflichtung zur Mitwirkung an einer Peep-Show zwar sittenwidrig und damit nach § 138 Abs. 1 nichtig,[50] so dass dem Betreiber der Peep-Show kein entsprechender Anspruch gegen die Darsteller zusteht; diese haben aber nach § 1 ProstG einen wirksamen Anspruch auf das vereinbarte Entgelt. 19

Ob Verträge über die Darbietung von **Striptease** sittenwidrig sind, ist umstritten.[51] Die h.M. unterscheidet danach, ob die Darbietung einen künstlerischen Anspruch hat oder allein auf die Befriedigung sexueller Interessen abzielt.[52] Im ersten Fall ist der Vertrag hiernach vollwirksam. Ein Rückgriff auf das ProstG ist damit nicht erforderlich. Im zweiten Fall ist ein Anspruch des Veranstalters auf Durchführung des Striptease ausgeschlossen. Nach Erbringung der vereinbarten Leistungen steht den Darstellern jedoch ein Anspruch auf Zahlung des vereinbarten Entgelts aus § 1 ProstG zu. In der Literatur wird der Differenzierung nach dem künstlerischen Anspruch teilweise entgegengehalten, dass die Anerkennung einer Rechtspflicht zur Durchführung des Striptease in jedem Fall mit der Menschenwürde der Darsteller unvereinbar sei.[53] Da die Verurteilung zur Erbringung von unvertretbaren Dienstleistungen nach § 888 Abs. 3 ZPO nicht mit Zwangsmitteln durchgesetzt werden kann, kann die Menschenwürde der Darsteller jedoch auch auf der Grundlage der h.M. gewahrt werden. 20

Die gleichen Grundsätze wie für die Darbietung von Striptease gelten auch für die **Mitwirkung an Filmen mit pornographischen Inhalten**.[54] Hat der Film einen künstlerischen Anspruch, so ist der Vertrag vollwirksam. Geht es allein um die Befriedigung sexueller Bedürfnisse, so greift § 1 ProstG zumindest analog 21

---

44 MüKo/*Armbrüster*, § 1 ProstG Rn 20.
45 So aber Bamberger/Roth/*Wendtland*, Anh. § 138 Rn 4.
46 So auch MüKo/*Armbrüster*, § 1 ProstG Rn 20.
47 BT-Drucks 14/5958, S. 5; MüKo/*Armbrüster*, § 1 ProstG Rn 14.
48 BT-Drucks 14/5958, S. 5; Bamberger/Roth/ *Wendtland*, Anh. § 138 § 1 ProstG Rn 9.
49 So auch HK-BGB/*Dörner*, § 138 Rn 9; MüKo/ *Armbrüster*, § 1 ProstG Rn 5; Staudinger/*Sack*, § 138 Rn 453.
50 So auch Erman/*Palm*, § 138 Rn 158; Palandt/ *Heinrichs*, § 138 Rn 52a; Staudinger/*Sack*, § 138 Rn 454; a.A. MüKo/*Armbrüster*, § 1 ProstG Rn 22. Vor In-Kraft-Treten des ProstG wurden Peep-Shows überwiegend als sittenwidrig angesehen, vgl. BVerwGE 64, 274, 278 ff.; 84, 314, 321; BVerwG NJW 1996, 1423, 1424; MüKo/*Mayer-Maly/ Armbrüster*, § 138 Rn 58; Soergel/*Hefermehl*, § 138 Rn 109.
51 Vgl. einerseits (bejahend) Staudinger/*Sack*, § 138 Rn 454; andererseits (ablehnend) BVerwGE 64, 274, 278; Erman/*Palm*, § 138 Rn 77a; Palandt/ *Heinrichs*, § 138 Rn 52a; von BAG AP Nr. 18 zu § 611 Faktisches Arbeitsverhältnis = BB 1973, 291 offen gelassen.
52 So MüKo/*Mayer-Maly/Armbrüster*, § 138 Rn 58; MüKo/*Armbrüster*, § 1 ProstG Rn 5; MünchArbR/ *Richardi*, Bd. I, 2. Aufl. 2000, § 46 Rn 15.
53 So Staudinger/*Sack*, § 138 Rn 454.
54 So auch MüKo/*Mayer-Maly/Armbrüster*, § 138 Rn 58.

ein.[55] Nach Vornahme der infrage stehenden Handlungen steht den Darstellern also auch hier ein wirksamer Anspruch auf das vereinbarte Entgelt zu.

22 Verträge über die Anfertigung **pornographischer Fotos** sind grundsätzlich nicht nach § 138 Abs. 1 nichtig. Etwas anderes gilt jedoch, wenn zusätzliche Umstände (z.B. ausbeuterischer Charakter des Vertrages) die Sittenwidrigkeit begründen.[56]

23 Vor In-Kraft-Treten des ProstG war allgemein anerkannt, dass Verträge über die Vorführung des Geschlechtsverkehrs auf offener Bühne (sog. **Liveshows**) nach § 138 Abs. 1 sittenwidrig sind.[57] Nach der Rechtsprechung des BAG stand den Darstellern auch nach Erbringung der Leistungen kein Anspruch auf Zahlung des vereinbarten Entgelts zu, weil die Regeln über das fehlerhafte Arbeitsverhältnis hier nicht eingreifen sollten.[58] Diese Rechtsprechung kann nicht mehr aufrechterhalten werden. Es entspricht nämlich nicht nur dem Wortlaut, sondern auch dem Sinn und Zweck des § 1 ProstG, dass den Darstellern in solchen Fällen ein wirksamer Entgeltanspruch zusteht.[59] Die Verpflichtung zur öffentlichen Vornahme des Geschlechtsverkehrs bleibt dagegen sittenwidrig und ist daher nach § 138 Abs. 1 nichtig.[60]

24 **2. Telefonsex.** Ob Verträge über Telefonsex als sittenwidrig zu bewerten sind, war bislang sehr streitig. Der BGH hat die Sittenwidrigkeit zunächst bejaht,[61] in einer späteren Entscheidung aber darauf hingewiesen, dass nach In-Kraft-Treten des ProstG eine andere Beurteilung geboten sein könnte.[62] Nach In-Kraft-Treten des ProstG geht die **h.M.** davon aus, dass Telefonsexverträge grundsätzlich **nicht mehr** als **sittenwidrig** angesehen werden können.[63] Dem ist insofern zuzustimmen, als dem Gesprächsführenden selbst als Vertragspartner nach Durchführung des Telefonats nach § 1 S. 1 ProstG ein wirksamer Anspruch gegen den Kunden zusteht. Ist der Gesprächsführende bei einem Dritten beschäftigt, so steht ihm nach § 1 S. 2 ProstG ein entsprechender Anspruch gegen den Arbeitgeber zu. Aus den Wertungen des ProstG folgt, dass der Arbeitgeber in diesem Fall seinerseits einen Anspruch gegen den Kunden hat (vgl. Rn 7), der durch den Netzbetreiber eingezogen werden kann.[64] Das Abtretungsverbot des § 2 S. 1 ProstG steht dem nicht entgegen, weil es allein die Rechtsstellung der unmittelbaren Erbringer der sexuellen Leistungen schützen soll (vgl. Rn 29).[65]

25 Die Rechtsordnung ist indes mit Rücksicht auf die Menschenwürde und das Persönlichkeitsrecht des Gesprächsführenden (Artt. 1, 2 Abs. 1 GG) daran gehindert, eine wirksame **Rechtspflicht zur Vornahme von Telefonaten mit sexuellem Inhalt** anzuerkennen. Entsprechende Vereinbarungen sind daher weiter sittenwidrig und nach § 138 Abs. 1 nichtig.[66]

26 **3. Kontaktanzeigen.** Kontaktanzeigen, in denen für die Vornahme von sexuellen Handlungen gegen Entgelt geworben wird, verstoßen gegen **§ 120 Abs. 1 Nr. 2 OWiG**. Die Vorschrift dient dem Schutz der Allgemeinheit, insbesondere von Jugendlichen, gegenüber den mit der Prostitution verbundenen Gefahren und Belästigungen. Diesem Schutzzweck entspricht es, dass entsprechende zivilrechtliche Verträge nach § 134 unwirksam sind (vgl. § 134 Rn 244).[67] Das In-Kraft-Treten des ProstG hat hieran nichts geändert,

---

55 MüKo/*Armbrüster*, § 1 ProstG Rn 5; Staudinger/*Sack*, § 138 Rn 452.
56 Vgl. OLG Stuttgart NJW-RR 1987, 1434, 1435; Palandt/*Heinrichs*, § 138 Rn 54.
57 BAG AP Nr. 34 zu § 138 = NJW 1976, 1958; Erman/*Palm*, § 138 Rn 77a; MüKo/*Mayer-Maly/Armbrüster*, § 138 Rn 58; Soergel/*Hefermehl*, § 138 Rn 209; MünchArbR/*Richardi*, Bd. I, 2. Aufl. 2000, § 46 Rn 15; vgl. auch BVerwGE 64, 280, 283.
58 BAG AP Nr. 34 zu § 138.
59 So auch HK-BGB/*Dörner*, § 138 Rn 9; MüKo/*Armbrüster*, § 1 ProstG Rn 22; Staudinger/*Sack*, § 138 Rn 453; a.A. Jauernig/*Jauernig*, § 138 Rn 7; *Schack*, BGB AT, Rn 265.
60 Vgl. Palandt/*Heinrichs*, § 138 Rn 52a; Staudinger/*Sack*, § 138 Rn 454; a.A. MüKo/*Armbrüster*, § 1 ProstG Rn 22, der das Fehlen eines Anspruchs des Veranstalters auf Erbringung der Darbietung unmittelbar aus dem ProstG ableiten will.
61 BGH NJW 1998, 2895, 2896; ebenso OLG Karlsruhe NJW 1997, 2605; MüKo/*Mayer-Maly/Armbrüster*, § 138 Rn 58; Soergel/*Hefermehl*, § 138 Rn 213; *Peifer*, NJW 2001, 1912, 1913 f.; a.A. LG Frankfurt/M. NJW-RR 2002, 994; LG Konstanz NJW-RR 2002, 995; LG Hamburg NJW-RR 1997, 178; *Larenz/Wolf*, BGB AT, § 41 Rn 47; *Behm*, NJW 1990, 1822 ff.
62 BGH NJW 2002, 361, 362.
63 So etwa HK-BGB/*Dörner*, § 138 Rn 9; Jauernig/*Jauernig*, § 138 Rn 17; Palandt/*Heinrichs*, § 138 Rn 52a; MüKo/*Armbrüster*, § 1 ProstG Rn 23; *Larenz/Wolf*, BGB AT, § 41 Rn 47; *Schack*, BGB AT, Rn 265.
64 MüKo/*Armbrüster*, § 1 ProstG Rn 23; Staudinger/*Sack*, § 138 Rn 453. Der BGH hat vor In-Kraft-Treten des ProstG darauf abgestellt, dass der Telefondienstvertrag zwischen dem Netzbetreiber und dem Kunden wertneutral sei; krit. dazu *Fluhme*, NJW 2002, 3519 ff.
65 Vgl. BT-Drucks 14/5958, S. 6.
66 So auch Erman/*Palm*, § 138 Rn 158; Staudinger/*Sack*, § 138 Rn 454.
67 BGHZ 118, 182 = NJW 1992, 2557; a.A. AG Berlin-Köpenick NJW 2002, 1885.

weil die beabsichtigte Verbesserung der Rechtsstellung der Prostituierten den Zweck des § 120 Abs. 1 Nr. 2 OWiG unberührt lässt.[68]

4. Raumüberlassung an Prostituierte; Bordellpacht. Schon vor In-Kraft-Treten des ProstG war anerkannt, dass Mietverträge mit Prostituierten und Pachtverträge über Bordelle grundsätzlich **nicht sittenwidrig** sind.[69] Dies muss nach der Streichung des § 180a Abs. 1 Nr. 2 StGB a.F. erst recht gelten, sofern nicht der Betrieb des Bordells nach § 180a StGB wegen **Ausbeutung von Prostituierten** strafbar ist.[70]

V. Auswirkungen auf das Gaststätten- und Gewerberecht

Welche Auswirkungen das ProstG auf das Gaststätten- und Gewerberecht hat, ist bislang nicht abschließend geklärt. Da § 4 Nr. 1 GaststättenG auf das Merkmal der **Unsittlichkeit** und § 33a Abs. 2 Nr. 2 GewO auf das Merkmal der **guten Sitten** abstellt, hat die sittliche Bewertung der entgeltlichen Vornahme von sexuellen Leistungen auch hier große Bedeutung. Der Gesetzgeber ist ausweislich der Gesetzesbegründung davon ausgegangen, dass das ProstG zumindest insoweit Auswirkungen auf das Gaststättenrecht hat, als bei entgeltlichen sexuellen Handlungen nicht mehr automatisch von Unsittlichkeit ausgegangen werden kann.[71] Diese Überlegung verkennt jedoch, dass die Begriffe der Unsittlichkeit und der guten Sitten nach geltendem Recht nicht mehr in erster Linie durch die **moralischen Vorstellungen** der Bevölkerung ausgefüllt werden. Maßgeblich sind vielmehr primär die in der gesamten Rechtsordnung verankerten **Wertungen** sowie der **Schutzzweck der jeweiligen Norm**. Die Wertungen des ProstG sind auf den zivil- und sozialversicherungsrechtlichen Schutz der Prostituierten zugeschnitten; sie lassen sich daher nicht ohne weiteres auf das Gaststätten- und Gewerberecht mit seinen völlig anderen Schutzzwecken übertragen.[72] So steht den Darstellern bei Peep-Shows und Liveshows nach § 1 ProstG gleichermaßen ein Anspruch auf Zahlung des vereinbarten Entgelts zu. Bei der Genehmigung solcher Veranstaltungen nach § 33a GewO kann es dagegen gleichwohl geboten sein, zwischen beiden Arten von Veranstaltungen zu unterscheiden. Dies gilt umso mehr, als die Wertungen des ProstG schon im Zivilrecht aus verfassungsrechtlichen Gründen keine vollständige Aufgabe der Sittenwidrigkeit rechtfertigen.[73]

ProstG § 2 [Ausschluss von Abtretung und Einwendungen]

[1]Die Forderung kann nicht abgetreten und nur im eigenen Namen geltend gemacht werden. [2]Gegen eine Forderung gemäß § 1 Satz 1 kann nur die vollständige, gegen eine Forderung nach § 1 Satz 2 auch die teilweise Nichterfüllung, soweit sie die vereinbarte Zeitdauer betrifft, eingewendet werden. [3]Mit Ausnahme des Erfüllungseinwandes gemäß des § 362 des Bürgerlichen Gesetzbuchs und der Einrede der Verjährung sind weitere Einwendungen und Einreden ausgeschlossen.

A. Abtretungsverbot	29	II. Erfüllung und Erfüllungssurrogate, Verjährung	32
B. Ausschluss von Einwendungen und Einreden	31	III. Sonstige Einwendungen	33
I. Schlechtleistung	31		

A. Abtretungsverbot

Das Abtretungsverbot des § 2 S. 1 ProstG beruht auf der Erwägung, dass das Gesetz allein die Rechtsstellung der Prostituierten verbessern soll. Das Entgelt soll allein den Prostituierten zugute kommen, nicht aber deren Zuhältern, zumal diese die Forderungen als **Erpressungsmittel** nutzen könnten.[74] Aus dem gleichen Grunde

---

68 MüKo/*Armbrüster*, § 1 ProstG Rn 17; Staudinger/*Sack*, § 138 Rn 454; Erman/*Palm*, § 138 Rn 158; *Armbrüster*, NJW 2002, 2763, 2765; a.A. AG Heidelberg NJW-RR 1998, 260; AG Berlin-Köpenick NJW 2002, 1885; Palandt/*Heinrichs* § 138 Rn 52.
69 Vgl. BGHZ 63, 365, 367; BGH NJW 1970, 1179; Soergel/*Hefermehl*, § 138 Rn 211 f.; Staudinger/*Emmerich*, Vorbem. zu § 535 Rn 114; a.A. noch BGHZ 41, 341, 342.
70 Vgl. HK-BGB/*Dörner*, § 138 Rn 9; Palandt/ *Heinrichs*, § 138 Rn 52; Staudinger/*Sack*, § 138 Rn 457 ff.
71 BT-Drucks 14/5958, S. 6; dem folgend *Caspar*, NVwZ 2002, 1322 ff.
72 So auch *Pauly*, GewArch 2002, 217 ff.
73 Vgl. *Kurz*, GewArch 2002, 142 ff.
74 BT-Drucks 14/5958, S. 6; MüKo/*Armbrüster*, § 2 ProstG Rn 1.

schließt § 2 S. 1 ProstG die Geltendmachung der Forderung durch Dritte, insbesondere die Zuhälter, in fremdem Namen aus. Eine **Einziehungsermächtigung** kommt daher nicht in Betracht.[75]

30 Hat der Freier den **Vertrag** über die sexuellen Leistungen **mit einem Dritten**, namentlich dem Bordellbetreiber geschlossen, so wird die Geltendmachung der Forderung durch den Dritten durch § 2 S. 1 ProstG nicht ausgeschlossen.[76] Der Prostituierten steht in diesem Fall ein Entgeltanspruch gegen den Dritten aus § 1 S. 2 ProstG zu (vgl. Rn 9).

B. Ausschluss von Einwendungen und Einreden

I. Schlechtleistung

31 Einwendungen des Vertragspartners der Prostituierten werden durch § 2 S. 2 und 3 ProstG weitgehend ausgeschlossen. Nach § 2 S. 2 ProstG kann sich der Freier nur auf die vollständige, der Bordellbetreiber auch auf die teilweise Nichterfüllung (in Form der Nichteinhaltung der Arbeitszeit[77]) berufen. Weder der Freier noch der Bordellbetreiber kann also geltend machen, die Prostituierte hätte ihre sexuellen Leistungen **nicht wie geschuldet** (schlecht) erbracht.[78] Damit kommen auch Schadensersatzansprüche des Freiers oder des Bordellbetreibers wegen Schlechterfüllung (§§ 280 Abs. 1, 3, 281) nicht in Betracht.[79]

II. Erfüllung und Erfüllungssurrogate, Verjährung

32 Nach § 2 S. 3 ProstG ist der Einwand der **Erfüllung** nach § 362 zulässig. Dies lässt den Gegenschluss zu, dass Erfüllungssurrogate (Aufrechnung, Hinterlegung, Leistung an Erfüllungs statt) nicht in Betracht kommen. Für die **Aufrechnung** ergibt sich dies auch aus § 394 S. 1. Denn die Forderung der Prostituierten ist nach § 2 S. 1 ProstG nicht abtretbar und damit nach § 851 Abs. 1 ZPO unpfändbar.[80] Mit dem Ausschluss der Aufrechnung hat der Gesetzgeber verhindern wollen, dass Bordellbetreiber den Prostituierten den Ausstieg erschweren, indem sie sie zunächst in Schulden verstricken, um dann den Rückzahlungsanspruch gegen ihre Entgeltforderungen aufzurechnen.[81] Aus dem gleichen Grunde ist auch der Einwand der **Stundung** oder des **Erlasses** ausgeschlossen.[82] Die Einrede der **Verjährung** ist dagegen nach § 2 S. 3 ProstG zulässig, weil die Prostituierte insoweit nicht besonders schutzbedürftig ist.

III. Sonstige Einwendungen

33 Nach Sinn und Zweck des § 2 ProstG erfasst der Einwendungsausschluss nur solche Einwendungen, gegenüber denen die Prostituierten **besonders schutzwürdig** erscheinen. Im Übrigen ist eine teleologische Reduktion erforderlich. Der Freier ist damit nicht daran gehindert, sich auf seine **fehlende** oder **eingeschränkte Geschäftsfähigkeit** (§§ 104 ff.) zu berufen oder den Vertrag wegen **arglistiger Täuschung** oder **Drohung** (§§ 123, 142) anzufechten.[83] Er kann darüber hinaus auch die **Sittenwidrigkeit** des Geschäfts (§ 138 Abs. 1) geltend machen, wobei die Sittenwidrigkeit aber auf zusätzliche Umstände gestützt werden muss (vgl. Rn 16). In Betracht kommt insbesondere die sittenwidrige Überhöhung des Preises.[84] Dass der Preis für Getränke und „Serviceleistungen" in einem Animierlokal auch der Entlohnung von Prostituierten dient, kann für sich genommen die Sittenwidrigkeit aber nicht mehr begründen.[85]

---

75 Bamberger/Roth/*Wendtland*, Anh. § 138 § 2 ProstG Rn 7; Palandt/*Heinrichs*, Anh. § 138 § 2 ProstG Rn 3.
76 BT-Drucks 14/5958, S. 6; MüKo/*Armbrüster*, § 2 ProstG Rn 1.
77 Bamberger/Roth/*Wendtland*, Anh. § 138 § 2 ProstG Rn 4.
78 BT-Drucks 14/5958, S. 6; MüKo/*Armbrüster*, § 2 ProstG Rn 2; Palandt/Heinrichs, Anh. § 138 § 2 ProstG Rn 1; *Bergmann*, JR 2003, 270, 274 f.
79 MüKo/*Armbrüster*, § 2 ProstG Rn 2; *Bergmann*, JR 2003, 270, 276.

80 Vgl. MüKo/*Armbrüster*, § 2 ProstG Rn 2; *Bergmann*, JR 2003, 270, 274.
81 BT-Drucks 14/5958, S. 6.
82 MüKo/*Armbrüster*, § 1 ProstG Rn 2.
83 Bamberger/Roth/*Wendtland*, Anh. § 138 § 2 ProstG Rn 5; MüKo/*Armbrüster*, § 2 ProstG Rn 3; Palandt/*Heinrichs*, Anh. § 138 § 2 ProstG Rn 1.
84 Palandt/*Heinrichs*, Anh. § 138 § 2 ProstG Rn 1; *Bergmann*, JR 2003, 270, 276.
85 LG Flensburg NJW-RR 2003, 417, 418.

ProstG § 3 [Sozialversicherungsrecht]

¹Bei Prostituierten steht das eingeschränkte Weisungsrecht im Rahmen einer abhängigen Tätigkeit der Annahme einer Beschäftigung im Sinne des Sozialversicherungsrechts nicht entgegen.

Ein wesentlicher Zweck des ProstG besteht darin, Prostituierten den Zugang zur Sozialversicherung zu verschaffen. Dem dient zum einen die **Streichung des § 180a Abs. 1 Nr. 2 StGB a.F.** (vgl. Rn 3). Zum anderen sollen die zivilrechtlichen Regelungen des ProstG nach dem Willen des Gesetzgebers klarstellen, dass der Zugang zur Sozialversicherung nicht an der Frage der **Sittenwidrigkeit** scheitern darf.[86] Diese Klarstellung dürfte indes überflüssig sein. Schon vor In-Kraft-Treten des ProstG hatte das BSG nämlich festgestellt, dass die Sittenwidrigkeit eines Vertrages nach § 138 Abs. 1 der Annahme eines versicherungs- und beitragspflichtigen Beschäftigungsverhältnisses nicht entgegensteht. Rechtlich missbilligt werde der Zwang zur Vornahme sittenwidriger Handlungen für die Zukunft. Ein solcher Zwang werde durch die Anerkennung der Versicherungs- und Beitragspflicht für eine aus zivilrechtlicher Sicht sittenwidrige, aber durchgeführte Beschäftigung aber nicht ausgeübt.[87]

34

§ 3 ProstG enthält eine weitere Klarstellung. Die Vorschrift knüpft an die Feststellung an, dass das **Weisungsrecht** des Arbeitgebers **gegenüber abhängig beschäftigten Prostituierten** beschränkt ist (vgl. Rn 17). Diese Beschränkung steht der Annahme einer Beschäftigung i.S.d. Sozialversicherungsrechts ebenfalls nicht entgegen.

35

§ 139 Teilnichtigkeit

¹Ist ein Teil eines Rechtsgeschäfts nichtig, so ist das ganze Rechtsgeschäft nichtig, wenn nicht anzunehmen ist, dass es auch ohne den nichtigen Teil vorgenommen sein würde.

Literatur: *Beyer*, Salvatorische Klauseln, 1988; *Böhme*, Erhaltungsklauseln – Zugleich ein Beitrag zur Lehre vom teilnichtigen Rechtsgeschäft, 2000; *Canaris*, Gesamtunwirksamkeit und Teilgültigkeit rechtsgeschäftlicher Regelungen, in: FS Steindorff 1990, S. 519 ff.; *Eisenhardt*, Die Einheitlichkeit des Rechtsgeschäfts und die Überwindung des Abstraktionsprinzips, JZ 1991, 271; *J. Hager*, Gesetzes- und sittenkonforme Auslegung und Aufrechterhaltung von Rechtsgeschäften, 1983; *ders.*, Die gesetzeskonforme Aufrechterhaltung übermäßiger Vertragspflichten – BGHZ 89, 316 und 90, 69, JuS 1985, 264; *Keim*, Keine Anwendung des § 139 BGB bei Kenntnis der Parteien von der Teilnichtigkeit?, NJW 1999, 2866; *Krampe*, Aufrechterhaltung von Verträgen und Vertragsklauseln, AcP 194 (1994), 1; *H.C. Mayer*, Das „Verbot" der geltungserhaltenden Reduktion und seine Durchbrechungen, 1999; *Oepen*, Zur Dogmatik des § 139 BGB – Grundsätzliche Überlegungen zu einer zentralen Regelung des Bürgerlichen Rechts, 2000; *Pierer von Esch*, Teilnichtige Rechtsgeschäfte – Das Verhältnis von Parteiwille und Rechtssatz im Bereich des § 139 BGB, 1968; *Roth*, Geltungserhaltende Reduktion im Privatrecht, JZ 1989, 411; *Tiedtke*, Teilnichtigkeit eines sittenwidrigen Rechtsgeschäfts, ZIP 1987, 1089; *Ulmer*, Offene Fragen zu § 139 BGB, in: FS Steindorff 1990, S. 798 ff.; *Zimmermann*, Richterliches Moderationsrecht oder Totalnichtigkeit?, 1979.

A. Allgemeines 1	cc) Stellungnahme 31
B. Regelungsgehalt 2	IV. Nichtigkeit eines Teils des Rechtsgeschäfts . 41
I. Anwendungsbereich 2	V. Der Parteiwille 44
II. Abdingbarkeit 6	VI. Rechtsmissbrauch 50
III. Einheitlichkeit und Teilbarkeit des Rechtsgeschäfts 9	VII. Teleologische Reduktion des § 139 bei Nichtigkeit zum Schutz einer Partei 52
1. Einheitlichkeit des Rechtsgeschäfts 10	1. Grundsatz 52
2. Teilbarkeit des Rechtsgeschäfts 18	2. Arbeitsrecht 53
a) Grundsatz 18	3. Mietrecht 54
b) Objektive Teilbarkeit 19	4. Verbraucherschutzrecht 55
c) Subjektive Teilbarkeit 22	VIII. Umkehrung der Vermutung des § 139 bei Organisationsverträgen 56
d) Quantitative Teilbarkeit und geltungserhaltende Reduktion 23	IX. Beweislast 57
aa) Problem 23	C. Weitere praktische Hinweise 59
bb) Rechtsprechung 25	

---

[86] BT-Drucks 14/5958, S. 5.
[87] BSG SozR 3–2400 § 7 Nr. 15; dies sieht auch BT-Drucks 14/5958, S. 5. Zur Arbeitnehmereigenschaft von Prostituierten vgl. auch LAG Hessen NZA 1998, 221. Ausf. zum Ganzen *Felix*, NZS 2002, 225 ff.

A. Allgemeines

1 § 139 regelt das Schicksal von Rechtsgeschäften, deren einer Teil nichtig ist. Ob der andere, an sich wirksame Teil ebenfalls nichtig ist oder wirksam bleibt, richtet sich danach, ob die Parteien das Rechtsgeschäft auch ohne diesen Teil vorgenommen hätten, also nach dem (hypothetischen) Parteiwillen. § 139 statuiert insofern die **Vermutung**, dass die Parteien das Rechtsgeschäft ohne den nichtigen Teil nicht vorgenommen hätten; im Zweifel ist das Rechtsgeschäft also insgesamt unwirksam.[1] Dadurch soll gewährleistet werden, dass die Beteiligten nicht gegen ihren Willen an ein von ihnen so nicht gewolltes Rechtsgeschäft gebunden werden. Die Vermutung kann **widerlegt** werden, indem Umstände dargetan werden, aus denen sich ergibt, dass die Parteien das Rechtsgeschäft auch ohne den nichtigen Teil vorgenommen hätten. Die Rechtsprechung hat die Regel des § 139, nach der im Zweifel Totalnichtigkeit vorliegt, erheblich eingeschränkt.

B. Regelungsgehalt

I. Anwendungsbereich

2 § 139 gilt für **Rechtsgeschäfte aller Art**, für einseitige Rechtsgeschäfte ebenso wie für Verträge, auch für solche auf dem Gebiet des Familien- und Erbrechts. Auch auf **Versammlungsbeschlüsse** mit rechtsgeschäftlichem Inhalt ist die Norm anwendbar.[2] Bei **Arbeits- und Gesellschaftsverträgen** ist der Vorrang der Lehre vom fehlerhaften Arbeitsverhältnis bzw. der fehlerhaften Gesellschaft zu beachten.[3] Im **Zivilprozess** ist § 139 entsprechend anwendbar.[4]

3 Auf **Gesetze im materiellen Sinn** (z.B. auch Bebauungspläne) findet § 139 keine Anwendung.[5] Das Gleiche gilt für **Vereinssatzungen** und von Vereinsorganen erlassene Geschäftsordnungen, da bei diesen mit der Entstehung des Vereins der Gründerwille hinter dem in der Satzung objektivierten Vereinswillen zurücktritt; die Frage der Teil- oder Gesamtnichtigkeit hängt deswegen davon ab, ob aus dem Satzungsinhalt geschlossen werden kann, dass der verbleibende Teil der Satzung auch ohne den nichtigen Teil dem Vereinszweck und den satzungsmäßigen Mitgliederbelangen gerecht wird und eine in sich sinnvolle Regelung des Vereinslebens bleibt.[6] Auch bei Regelungen in **Tarifverträgen**, die Rechtsnormcharakter haben, ist die Frage der Restgültigkeit rein objektiv zu entscheiden.[7] Für **öffentlich-rechtliche Verträge** gilt § 59 Abs. 3 VwVfG, für **Verwaltungsakte** § 44 Abs. 4 VwVfG.

4 **Spezialvorschriften**, die das Problem der Teilnichtigkeit regeln und § 139 vorgehen, sind §§ 306, 2085, 2195 (evtl. i.V.m. § 2279 Abs. 1), 2298 BGB, § 275 AktG, § 75 GmbHG. Nach § 3 S. 2 IngALG wird die Wirksamkeit eines auf den Erwerb eines Grundstücks gerichteten Vertrags nicht dadurch beeinträchtigt, dass der Erwerber gleichzeitig eine – nach § 3 S. 1 IngALG unwirksame – Verpflichtung übernimmt, bei der Planung oder Ausführung eines Bauwerks auf dem Grundstück die Leistungen eines bestimmten Ingenieurs oder Architekten in Anspruch zu nehmen.

5 Neuerdings sieht der Gesetzgeber zunehmend von der Anordnung der Nichtigkeit einzelner Vertragsbestimmungen ab, um den Anwendungsbereich des § 139 gar nicht erst zu eröffnen. Dies gilt etwa bei Regelungen, die nur zugunsten einer Partei zwingend sind. Weicht eine Vereinbarung zulasten der begünstigten Partei von einer solchen Regelung ab, ist diese Vereinbarung dann nicht unwirksam, sondern die Gegenpartei kann sich lediglich **nicht darauf berufen** (§§ 444, 475 Abs. 1, 478 Abs. 4, 639).[8]

---

[1] BGHZ 128, 156, 165 = NJW 1995, 722, 724; BGH NJW 1996, 2087, 2088; NJW-RR 1997, 684, 685; *Larenz/Wolf*, BGB AT, § 45 Rn 21. Für Auslegungsregel: BGH NJW-RR 1989, 800, 801; *Bork*, BGB AT, Rn 1209; Erman/*Palm*, § 139 Rn 1.

[2] BGHZ 124, 111, 122 = BGH NJW 1994, 520, 523 (Aufsichtsratsbeschluss); BGHZ 139, 288, 297 f. = NJW 1998, 3713, 3715 f. (Wohnungseigentümerbeschluss); Erman/*Palm*, § 139 Rn 2; Staudinger/*Roth*, § 139 Rn 27.

[3] BGH DB 1976, 2106.

[4] Staudinger/*Roth*, § 139 Rn 30.

[5] Palandt/*Heinrichs*, § 139 Rn 4; Staudinger/*Roth*, § 139 Rn 18. A.A. *Flume*, BGB AT Bd. 2, § 32 5, S. 582.

[6] BGHZ 47, 172, 179 ff. = NJW 1967, 1268, 1271; Erman/*Palm*, § 139 Rn 2; Soergel/*Hefermehl*, § 139 Rn 12; Staudinger/*Roth*, § 139 Rn 19.

[7] Vgl. BAGE 1, 258, 271 f.; BAG BB 1986, 1776.

[8] S. BT-Drucks 14/6040, S. 240; BT-Drucks 14/7052, S. 199.

II. Abdingbarkeit

Schon daraus, dass § 139 den hypothetischen Parteiwillen für maßgeblich erklärt, folgt, dass die Norm **dispositiv** ist. Die Parteien können sowohl vereinbaren, dass ein Vertrag auch bei Nichtigkeit einzelner Regelungen wirksam sein soll (salvatorische Klausel), als auch, dass er bei Nichtigkeit einzelner Regelungen unwirksam sein soll. Sie können insofern auch hinsichtlich einzelner Klauseln differenzieren.

Salvatorische Klauseln „retten" den Vertrag für den Fall der Nichtigkeit einzelner Bestimmungen. In einer solchen Klausel liegt nicht unbedingt eine Abbedingung des § 139; vielmehr stellt sie einfach klar, was der – in diesem Fall nicht hypothetische, sondern tatsächliche – Parteiwille ist, auf den § 139 abstellt.[9] Auch dieser tatsächliche Parteiwille ist jedoch der **Auslegung** zugänglich. Im Einzelfall kann daher trotz einer salvatorischen Klausel Gesamtnichtigkeit vorliegen, etwa wenn eine wesentliche Vertragsbestimmung unwirksam ist und durch die Teilnichtigkeit der Gesamtcharakter des Vertrags verändert wird.[10] Dies hat der BGH bei der Unwirksamkeit der Pflicht zur Übergabe der Patientenkartei in einem Praxisübernahmevertrag in Erwägung gezogen.[11] Die salvatorische Klausel kehrt lediglich die **Beweislast** um (siehe Rn 58).

Salvatorische Klauseln können nicht nur den nicht nichtigen Teil des Vertrags aufrechterhalten (**Erhaltungsklauseln**). Sie können vielmehr auch festlegen, was anstelle der nichtigen Regelungen gelten soll (**Ersetzungsklauseln**), indem sie entweder selbst eine entsprechende Regelung statuieren oder anordnen, dass an die Stelle der nichtigen Vertragsteile eine zumutbare Regelung treten soll, die den Interessen der Vertragspartner am nächsten kommt. Salvatorische Klauseln sind grundsätzlich **zulässig**.[12]

III. Einheitlichkeit und Teilbarkeit des Rechtsgeschäfts

§ 139 setzt erstens voraus, dass ein einheitliches Rechtsgeschäft vorliegt und nicht mehrere nebeneinander stehende, wenn auch inhaltlich im Zusammenhang stehende Rechtsgeschäfte; denn von mehreren Rechtsgeschäften ist nur das vom Nichtigkeitsgrund erfasste unwirksam, sofern die Rechtsgeschäfte nicht durch eine auflösende (§ 158 Abs. 2) oder eventuell eine aufschiebende (§ 158 Abs. 1) Bedingung verbunden sind. Zweitens setzt die Norm voraus, dass sich das einheitliche Rechtsgeschäft in einen nichtigen und einen wirksamen Teil zerlegen lässt; andernfalls kommt nur Gesamtnichtigkeit infrage.

1. Einheitlichkeit des Rechtsgeschäfts. Die Frage, ob ein einheitliches Rechtsgeschäft vorliegt, stellt sich nur, wenn der nichtige und der wirksame Teil jeweils auch für sich Bestand haben können. Bezieht sich die Nichtigkeit dagegen auf einzelne Klauseln eines einheitlichen Vertrags (etwa einen Haftungsausschluss), dann versteht sich die Einheitlichkeit von selbst.

Ob ein einheitliches Rechtsgeschäft vorliegt oder mehrere Rechtsgeschäfte, hängt vom **Parteiwillen** im Zeitpunkt der Vornahme des Rechtsgeschäfts ab.[13] Eine saubere **Trennung** von demjenigen (ggf. hypothetischen) Parteiwillen, der über Gesamtnichtigkeit oder Restgültigkeit entscheidet, wird dabei häufig weder möglich noch nötig sein.[14] Denn für die Parteien stellen sich beide Fragen meist gemeinsam; entscheidend ist für sie allein, ob im Fall der Nichtigkeit der einen Vereinbarung auch die andere nichtig sein soll.[15] Das wird sehr deutlich in der gebräuchlichen Formulierung, ein einheitliches Rechtsgeschäft liege vor, wenn die Verträge nach dem Willen der Parteien miteinander stehen und fallen sollen.[16] Ist dies der Fall, müssen beide Vereinbarungen zwangsläufig als einheitliches Rechtsgeschäft ausgelegt werden. Ist es dagegen nicht der Fall, ist es belanglos, ob die Gültigkeit der einen Vereinbarung daraus folgt, dass sie ein von der anderen getrenntes eigenständiges Rechtsgeschäft darstellt, oder daraus, dass beide zwar Teile desselben Rechtsgeschäfts sind, der hypothetische Parteiwille jedoch nicht auf Totalnichtigkeit, sondern auf Restgültigkeit gerichtet ist.

Der Parteiwille ist nach den **allgemeinen Auslegungsgrundsätzen**, also in der Regel nach dem objektiven Empfängerhorizont, zu ermitteln; es genügt daher, wenn der Wille nur bei einem Partner vorhanden ist, für

---

9 Vgl. *Bork*, BGB AT, Rn 1216.
10 BGH NJW 1996, 773, 774; NJW-RR 1997, 684, 685; NJW 1997, 933, 935; 2003, 347 f.; *Flume*, BGB AT Bd. 2, § 32 3, S. 575; *Larenz/Wolf*, BGB AT, § 45 Rn 23; MüKo/*Mayer-Mali/Busche*, § 139 Rn 5; Palandt/*Heinrichs*, § 139 Rn 17. A.A. BGH NJW 1994, 1651, 1653 („Pronuptia II") (aufgegeben durch BGH NJW 2003, 347 f.).
11 BGH NJW 1996, 773, 774.
12 BGH NJW 1996, 773, 774; NJW-RR 1997, 684, 685; MüKo/*Mayer-Mali/Busche*, § 139 Rn 5; Staudinger/*Roth*, § 139 Rn 22.
13 BGH NJW-RR 1990, 442, 443; Palandt/*Heinrichs*, § 139 Rn 5; Soergel/*Hefermehl*, § 139 Rn 17; Staudinger/*Roth*, § 139 Rn 37. Vom objektiven Sinnzusammenhang gehen dagegen MüKo/*Mayer-Mali/Busche*, § 139 Rn 16 ff. aus, halten letztlich aber auch den Parteiwillen für entscheidend.
14 Krit. *Bork*, BGB AT, Rn 1210; MüKo/*Mayer-Mali/Busche*, § 139 Rn 23.
15 Vgl. BGHZ 112, 288, 293 = NJW 1991, 105, 106; BGH NJW 1994, 2885; *Larenz/Wolf*, BGB AT, § 45 Rn 6; MüKo/*Mayer-Mali/Busche*, § 139 Rn 18.
16 Z.B. BGH NJW 1976, 1931, 1932; 1986, 1988, 1990 (insoweit nicht abgedr. in BGHZ 97, 351); NJW-RR 1990, 442, 443; NJW 1992, 3237, 3238; 1997, 933, 934.

den anderen jedoch erkennbar ist und von ihm hingenommen wird.[17] Erforderlich ist ein Wille zur rechtlichen, nicht nur zur wirtschaftlichen Verknüpfung.[18] Häufig wird sich der entsprechende Parteiwille nur aus objektiven Indizien erschließen lassen. Von Bedeutung ist insofern, ob ein wirtschaftlicher Zusammenhang zwischen den Geschäften besteht.[19] Die Zusammenfassung mehrerer Geschäfte in einer einzigen **Urkunde** begründet eine Vermutung der Einheitlichkeit und umgekehrt.[20]

13 Die Zusammenfassung zu einem einheitlichen Rechtsgeschäft setzt nicht voraus, dass die einzelnen Teile **gleichzeitig** geschlossen wurden; vielmehr können die Parteien beim Abschluss eines Geschäfts ein schon vorher geschlossenes anderes Geschäft i.S.v. § 139 einbeziehen.[21] Auch die Beteiligung **unterschiedlicher Personen** schließt die Zusammenfassung zu einem einheitlichen Rechtsgeschäft nicht notwendig aus; erforderlich ist aber, dass die Einheitlichkeit auf dem Willen aller Beteiligten beruht.[22]

14 Die Parteien können ganz **verschiedenartige Geschäfte** zu einem einheitlichen Rechtsgeschäft zusammenfassen.[23] Für verbundene Verträge i.S.v. § 358 stellt dieser eine Spezialregelung dar.[24]

15 **Für möglich gehalten** wurde etwa eine Einheit von Vollmacht und Grundgeschäft[25], von einem Ehevertrag und einem Erbvertrag[26], von einem Vertrag über anwaltliche und notarielle Tätigkeit[27], von Franchisevertrag und dem Kaufvertrag hinsichtlich der Warenerstausstattung[28], von Franchisevertrag und Mietvertrag[29], von Grundstückskaufvertrag und Baubetreuungsvertrag (mit verschiedenen Partnern)[30], von Grundstückskaufvertrag und Bierlieferungsvertrag[31], von dem Geschäft, aus dem die zu sichernde Forderung erwächst, und der Sicherungsabrede[32], von Wahlleistungsvereinbarung und Arztzusatzvertrag[33].

16 **Verneint** wurde eine Einheit von mehreren Bürgschaften[34], von Hauptvertrag und Schiedsvertrag[35], von dinglicher Einigung und Besitzkonstitut[36], von Rahmenvertrag und den auf seiner Grundlage geschlossenen und schon erfüllten Einzelverträgen[37], von Franchisevertrag und Kaufverträgen über Warennachlieferungen[38], von Kaufvertrag über einen handelsüblichen Computer und Vertrag über Standard-Software (trotz Zusammenfassung in einer einzigen Urkunde)[39]. Bei der **Prozessaufrechnung** besteht eine Einheit von materiellrechtlichem Rechtsgeschäft und Prozesshandlung; ist die Aufrechnung prozessual unzulässig, so ist im Zweifel auch die materiellrechtliche Aufrechnung unwirksam.[40]

17 Umstritten ist, ob auch **Verpflichtungs- und Verfügungsgeschäft** i.S.v. § 139 zusammengefasst werden können[41], da das Abstraktionsprinzip gerade die Unabhängigkeit beider voneinander betont. Allerdings ist kein Grund dafür ersichtlich, um eines rechtstechnischen Prinzips willen die Privatautonomie zu beschränken.

---

17 BGH LM Nr. 46 zu § 139 BGB; BGH NJW 1987, 2004, 2007; BGHZ 101, 393, 396 = NJW 1988, 132; BGH NJW-RR 1990, 340, 341; BGHZ 112, 376, 378 = NJW 1991, 917; BGH NJW 1992, 3237, 3238. Ebenso bei Beteiligung verschiedener Personen an mehreren Rechtsgeschäften BGH NJW-RR 1990, 442, 443.
18 BGH NJW 1987, 2004, 2007.
19 BGH NJW-RR 1988, 348, 351; Soergel/*Hefermehl*, § 139 Rn 17.
20 BGHZ 54, 71, 72 = NJW 1970, 1414, 1415; BGH NJW 1976, 1931, 1932; 1987, 2004, 2007; NJW-RR 1990, 340, 341; 1988, 348, 351; NJW 1992, 3237, 3238; Soergel/*Hefermehl*, § 139 Rn 18; Staudinger/*Roth*, § 139 Rn 40 f. (Anscheinsbeweis).
21 *Flume*, BGB AT Bd. 2, § 32 2a, S. 571; *Medicus*, BGB AT, Rn 502.
22 BGH NJW 1976, 1931, 1932; NJW-RR 1988, 348, 351; 1990, 340 f.; NJW 1992, 3237, 3238; NJW-RR 1993, 1421, 1422; BGHZ 138, 91, 98 = NJW 1998, 1778, 1780; Staudinger/*Roth*, § 139 Rn 39, 43 f. A.A. *Flume*, BGB AT Bd. 2, § 32 2a, S. 572; *Medicus*, BGB AT, Rn 502.
23 BGH FamRZ 1966, 445, 446; NJW 1976, 1931, 1932; NJW-RR 1990, 340 f.; NJW 1992, 3237, 3238; Soergel/*Hefermehl*, § 139 Rn 19; Staudinger/*Roth*, § 139 Rn 39, 42.
24 *Medicus*, BGB AT, Rn 502; Staudinger/*Roth*, § 139 Rn 43.
25 BGH BB 1964, 148, 149; BGHZ 102, 60, 62 = NJW 1988, 697, 698; BGHZ 110, 363, 369 = NJW 1990, 1721, 1723; BGH NJW 1992, 3237, 3238; 1994, 2095; NJOZ 2002, 2493, 2495. Abl. Soergel/*Hefermehl*, § 139 Rn 20.
26 OLG Stuttgart FamRZ 1987, 1034, 1035 ff.
27 BGH NJW 1986, 2576, 2577.
28 BGH NJW 1986, 1988, 1990 (insoweit nicht abgedr. in BGHZ 97, 351); BGHZ 112, 288, 293 = BGH NJW 1991, 105, 106.
29 BGH NJW 1986, 1988, 1990 (insoweit nicht abgedr. in BGHZ 97, 351).
30 BGH NJW 1976, 1931, 1932.
31 BGHZ 112, 376, 378 = NJW 1991, 917, 917 f.
32 BGH NJW 1994, 2885.
33 BGHZ 138, 91, 98 = NJW 1998, 1778, 1780.
34 OLG Frankfurt NJW-RR 1988, 496.
35 BGHZ 53, 315, 318 f. (insoweit nicht abgedr. in NJW 1970, 1046).
36 MüKo/*Mayer-Mali/Busche*, § 139 Rn 22.
37 BGH NJW 1997, 933, 934.
38 BGH NJW 1986, 1988, 1990 (insoweit nicht abgedr. in BGHZ 97, 351).
39 BGH NJW 1987, 2004, 2007.
40 Erman/*Palm*, § 139 Rn 8; Staudinger/*Roth*, § 139 Rn 30.
41 Dafür: BGH NJW 1979, 1495, 1496; 1985, 3006, 3007; NJW-RR 1989, 519; BGHZ 112, 376, 378 = NJW 1991, 917, 918; BGH NJW 1992, 3237, 3238; Bamberger/Roth/*Wendtland*, § 139 Rn 10; *Eisenhardt*, JZ 1991, 271, 277; *Medicus*, BGB AT, Rn 241; Palandt/*Heinrichs*, § 139 Rn 7. Dagegen: *Bork*, BGB AT, Rn 488; Erman/*Palm*, § 139 Rn 23; *Flume*, BGB AT Bd. 2, § 32 2a, S. 571; *Larenz/Wolf*, BGB AT, § 45 Rn 9 f.; Soergel/*Hefermehl*, § 139 Rn 20; Staudinger/*Roth*, § 139 Rn 54.

Ebenso, wie die Parteien Verpflichtungs- und Verfügungsgeschäft durch eine Bedingung (§ 158) miteinander verknüpfen können, können sie beide als einheitliches Rechtsgeschäft i.S.v. § 139 ausgestalten; eine Ausnahme gilt deshalb, wenn eines der Geschäfte (wie die Auflassung, § 925 Abs. 2) bedingungsfeindlich ist[42]. Das Abstraktionsprinzip gebietet jedoch, eine solche Verknüpfung nur dann anzunehmen, wenn konkrete Anhaltspunkte für einen entsprechenden Parteiwillen sprechen.[43] Im **Grundbuchverfahren** kann das Grundbuchamt daher in aller Regel davon ausgehen, dass das Verfügungsgeschäft von Mängeln des Verpflichtungsgeschäfts nicht beeinträchtigt wird.[44]

2. Teilbarkeit des Rechtsgeschäfts. a) Grundsatz. Teilbarkeit liegt vor, wenn der nicht von der Nichtigkeit erfasste Teil des Rechtsgeschäfts einer **selbständigen Geltung** fähig ist.[45] Daran fehlt es etwa, wenn bei einem Vertrag die Erklärung des einen Vertragspartners nichtig ist, weil die Erklärung des anderen Vertragspartners für sich allein gegenstandslos ist. In der Rechtsprechung wird Teilbarkeit meist bejaht.[46] Darüber, ob schließlich Teil- oder Gesamtnichtigkeit eintritt, entscheidet ja letztlich ohnehin der hypothetische Parteiwille.

b) Objektive Teilbarkeit. Werden **mehrere selbständige Geschäfte** kraft Parteiwillens zu einem einheitlichen Rechtsgeschäft verbunden, so ist dieses normalerweise in seine einzelnen Elemente teilbar. Dies setzt allerdings voraus, dass auch die **Gegenleistung** jeweils einzeln festgesetzt wurde. Wurde sie dagegen einheitlich festgesetzt und kann nicht nach objektiven Kriterien aufgespalten werden, scheidet eine Teilbarkeit aus.[47]

Wenn von Haus aus ein einheitliches Rechtsgeschäft vorliegt und **einzelne** von dessen **Bestimmungen** nichtig sind, kommt es darauf an, ob der Rest als selbständiges Rechtsgeschäft Bestand haben kann. Unerheblich ist dabei, ob die Bestimmungen in eine oder in zwei Klauseln gefasst sind. Gibt etwa eine Klausel eines **Gesellschaftsvertrags** einem Gesellschafter das Recht, Mitgesellschafter nach freiem Ermessen auszuschließen, beinhaltet das zwei voneinander unabhängige Abweichungen von § 140 HGB, nämlich die Entbehrlichkeit erstens eines wichtigen Grundes für den Ausschluss und zweitens einer Gestaltungsklage. Der BGH hat die Klausel deshalb mit dem Inhalt aufrechterhalten, dass ein Ausschluss entsprechend § 140 HGB nur bei Vorliegen eines wichtigen Grundes, in Abweichung von § 140 HGB aber durch Gestaltungserklärung erfolgen konnte.[48]

Bei Teilbarkeit der Leistung(en) kann eine **gemischte Schenkung** in einen wirksamen entgeltlichen und einen wegen Formmangels nichtigen Teil aufgespalten werden[49], ein **Vertretergeschäft** in einen wirksamen von der Vertretungsmacht gedeckten Teil und einen (schwebend) unwirksamen Rest[50]. Ist der Grundstückserwerber ermächtigt, schon vor seiner Eintragung „im Rahmen der Finanzierung des Kaufpreises" **Grundpfandrechte** zu bestellen, und bestellt er eine Grundschuld zur Sicherung all seiner Verbindlichkeiten, lässt sich die Grundschuldbestellung nicht in einen von der Ermächtigung gedeckten und einen ungedeckten Teil zerlegen.[51]

c) Subjektive Teilbarkeit. Subjektive Teilbarkeit kommt in Betracht, wenn auf einer oder beiden Seiten des Rechtsgeschäfts **mehrere Personen** beteiligt sind und das Rechtsgeschäft nur in Bezug auf einzelne dieser Personen nichtig ist.[52] Eine Aufteilung ist etwa möglich, wenn mehrere als **Gesamtschuldner** verpflichtet sind (z.B. als Mitbürgen).[53] Schließt jemand einen Vertrag in eigenem Namen und zugleich als vollmachtloser Vertreter eines Dritten, gilt § 139 selbst dann, wenn der Betreffende nach § 179 Abs. 1 haftet.[54] Die Zustimmung einer Partei (z.B. des Vermieters) zu einer **Vertragsübernahme** kann nicht in eine Zustimmung zur Entlassung des Ausscheidenden aus dem Vertrag und in eine Zustimmung zum Eintritt des

---

42 BGH NJW 1979, 1495, 1496; 1985, 3006, 3007; BGHZ 112, 376, 378 = NJW 1991, 917, 918 (jeweils für das Verhältnis von Grundstückskaufvertrag und Auflassung); Bamberger/Roth/Wendtland, § 139 Rn 9; Palandt/Heinrichs, § 139 Rn 8.
43 BGH NJW-RR 1989, 519; Bamberger/Roth/Wendtland, § 139 Rn 11; Medicus, BGB AT, Rn 241; MüKo/Mayer-Maly/Busche, § 139 Rn 20; Palandt/Heinrichs, § 139 Rn 8 (Einheit aber in der Regel beim Handkauf).
44 Vgl. BayObLG NJW-RR 1990, 722, 723; 1997, 590; Palandt/Heinrichs, § 139 Rn 8; Staudinger/Roth, § 139 Rn 58.
45 BGH NJW-RR 1987, 1260; Staudinger/Roth, § 139 Rn 60.

46 Staudinger/Roth, § 139 Rn 60.
47 BGH BB 1957, 164; NJW 1996, 773, 775; Flume, BGB AT Bd. 2, § 32 2d, S. 575; Keim, NJW 1999, 2866, 2868.
48 BGHZ 107, 351, 356 = NJW 1989, 2681, 2682.
49 RGZ 148, 236, 238 ff. Vgl. Staudinger/Roth, § 139 Rn 64. Zweifelnd Erman/Palm, § 139 Rn 15.
50 BGH NJW 1970, 240, 241; Erman/Palm, § 139 Rn 17; Soergel/Hefermehl, § 139 Rn 26; Staudinger/Roth, § 139 Rn 64.
51 BGHZ 106, 1, 5 = NJW 1989, 521, 522.
52 BGH NJW-RR 1987, 1260; NJW 1994, 1470, 1471.
53 RGZ 99, 52, 53 ff.; RGZ 138, 272 ff.; BGH NJW 2001, 3327, 3328.
54 BGH NJW 1970, 240, 241.

Nachfolgers aufgespaltet werden; eine Anfechtung nach § 123 setzt daher voraus, dass in der Person sowohl des Ausscheidenden als auch des Nachfolgers die Voraussetzungen des § 123 Abs. 1 oder 2 vorliegen.[55]

23 **d) Quantitative Teilbarkeit und geltungserhaltende Reduktion. aa) Problem.** § 139 betrifft die Nichtigkeit eines Teils und die Wirksamkeit eines anderen Teils eines Rechtsgeschäfts. Es geht also um Fälle, in denen der Nichtigkeitsgrund nur eine oder einzelne von **mehreren nebeneinander stehenden Klauseln** betrifft. Führt § 139 zur Restgültigkeit, sind die Folgen klar: Die nicht vom Nichtigkeitsgrund erfassten Klauseln sind so, wie sie vereinbart wurden, wirksam und werden durch die gesetzlichen Regelungen ergänzt.

24 Bei der sog. **quantitativen Teilbarkeit** dagegen geht es nicht um die Wirksamkeit einer anderen als der nichtigen Klausel, sondern um die Wirksamkeit dieser Klausel selbst, freilich mit „reduziertem" Inhalt. Es stellt sich also nicht nur die Frage, ob die Klausel aufrechtzuerhalten ist, sondern auch, mit welchem Inhalt. Der Richter muss daher vertragsgestaltend tätig werden und die unwirksame Klausel auf einen noch zulässigen Inhalt zurückführen.[56] Solche Fälle einer geltungserhaltenden Reduktion werden verbreitet unter § 139 gefasst, doch wegen des Erfordernisses einer Rechtsgestaltung gehen sie weit über den Regelungsbereich der Vorschrift hinaus. Sie sollten deshalb besser nicht als Anwendungsfälle von § 139 verstanden werden.[57]

25 **bb) Rechtsprechung.** Die Rechtsprechung ist in Bezug auf die Zulässigkeit einer geltungserhaltenden Reduktion völlig **uneinheitlich**, und den Begründungen, die der BGH für seine Entscheidungen gibt, lassen sich keine klaren Kriterien entnehmen. Der BGH hält § 139 nach seiner Zielsetzung auch dann für anwendbar, wenn die Vertragsschließenden anstelle der unwirksamen Regelung, hätten sie die Nichtigkeit von Anfang an gekannt, eine andere, auf das zulässige Maß beschränkte vereinbart hätten und sich der Vertragsinhalt in eindeutig abgrenzbarer Weise in den nichtigen Teil und den von der Nichtigkeit nicht berührten Rest aufteilen lässt. Der von § 139 geregelte Bereich sei überschritten, wenn an die Stelle der nichtigen Bestimmung eine von mehreren denkbaren wirksamen Regelungen gesetzt werden müsste.[58]

26 So hat der BGH etwa den sittenwidrigen **Schuldbeitritt** einer Ehefrau für Schulden ihres Mannes insoweit aufrechterhalten, als mit dem betreffenden Darlehen gemeinsame Schulden der Eheleute abgelöst wurden.[59] Ein wegen der damit verbundenen Beweislastumkehr sittenwidriges **abstraktes Schuldanerkenntnis**, das der Beklagte nach einem Nachtclubbesuch abgegeben hatte, hat der BGH entsprechend den zugrunde liegenden Einzel-Rechnungen in einen in Höhe eines Teilbetrags wirksamen Teil und den unwirksamen Rest aufgeteilt.[60]

27 In ständiger Rechtsprechung hält es der BGH für möglich, **Bierlieferungsverträge** und **Automatenaufstellverträge**, die wegen ihrer übermäßig langen Laufzeit gegen § 138 BGB verstoßen, in entsprechender Anwendung von § 139 mit einer dem tatsächlichen oder vermuteten Parteiwillen entsprechenden geringeren Laufzeit aufrechtzuerhalten, wobei er von der längsten zulässigen Laufzeit ausgeht.[61] Dabei wird nur die vereinbarte Laufzeit reduziert; im Übrigen bleibt der Vertrag unverändert.[62] Voraussetzung für eine Reduzierung ist, dass die überlange Dauer den einzigen Grund der Nichtigkeit darstellt.[63] Dabei soll es allerdings nicht schaden, wenn sich in dem Vertrag noch andere – möglicherweise ganz wenige und ihrerseits einer Einschränkung zugängliche – anstößige Klauseln finden lassen. Eine geltungserhaltende Reduktion soll vielmehr nur dann ausscheiden, wenn der Vertrag aufgrund zahlreicher zu beanstandender Klauseln „insgesamt überzogen" sei[64], so dass die notwendigen Änderungen zu einer gänzlich neuen, von der bisherigen völlig abweichenden Vertragsgestaltung führen würden, die von dem Parteiwillen nicht mehr getragen wäre[65]. Der Unterschied zu den übrigen Sittenwidrigkeitsfällen, in denen der BGH eine geltungserhaltende Reduktion ablehnt (siehe

---

55 BGHZ 137, 255, 261 ff. = NJW 1998, 531, 532 f.
56 Gänzlich abl. zur geltungserhaltenden Reduktion *Häsemeyer*, in: FS Ulmer 2003, S. 1097 ff.; *Zimmermann*, passim.
57 Vgl. *Bork*, BGB AT, Rn 1202 (Nichtigkeit der unwirksamen Klausel und Füllung der Lücke mit Hilfe ergänzender Vertragsauslegung); Soergel/*Hefermehl*, § 139 Rn 29 (analoge Anwendung von § 139); Staudinger/*Roth*, § 139 Rn 68 (allenfalls analoge Anwendung von § 139); *Zimmermann*, S. 75 ff. A.A. MüKo/*Mayer-Mali/Busche*, § 139 Rn 25.
58 BGHZ 105, 213, 221 = NJW 1989, 834, 835 f.; BGHZ 107, 351, 355 f. = NJW 1989, 2681, 2682; BGHZ 146, 37, 47 = NJW 2001, 815, 817; vgl. auch BGH NJW 1997, 3089, 3090.
59 BGHZ 146, 37, 47 f. = NJW 2001, 815, 817.
60 BGH NJW 1987, 2014, 2015 f. Abl. *Tiedtke*, ZIP 1987, 1089, 1095 f.
61 BGH NJW 1972, 1459 f.; 1974, 2089, 2090; 1985, 2693, 2695; NJW-RR 1989, NJW 1992, 2145, 2146. Im Erg. zust. *Canaris*, in: FS Steindorff 1990, 519, 541 ff. Abl. *Tiedtke*, ZIP 1987, 1089, 1094 f.
62 BGH NJW 1992, 2145, 2146.
63 BGH NJW 1979, 1605; 1606; Soergel/*Hefermehl*, § 139 Rn 32 (keinesfalls geltungserhaltende Reduktion bei Bierlieferungsverträgen, die keinerlei zeitliche Begrenzung enthalten); Staudinger/*Roth*, § 139 Rn 69.
64 BGH NJW 1985, 2693, 2695 (Bierlieferungsvertrag).
65 BGHZ 51, 55, 56 ff. = NJW 1969, 230 (Automatenaufstellvertrag); BGH NJW 1983, 159, 162 (Automatenaufstellvertrag).

Rn 30), soll darin liegen, dass bei den Bierlieferungsfällen allein die lange Vertragsdauer den Vertrag zum sittenwidrigen mache, während gegen den übrigen Teil des Vertrags nichts einzuwenden sei.[66]

Verstöße gegen **Preisvorschriften** führen nicht zur Nichtigkeit des Vertrags, sondern zur Herabsetzung des Preises auf das zulässige Maß.[67] Im Fall einer Mietpreisüberhöhung nach § 5 WiStG, die nach § 134 nichtig ist, nimmt der BGH eine Reduzierung der Miete auf den nach § 5 WiStG noch zulässigen Betrag (und nicht auf die ortsübliche Vergleichsmiete) an. Er begründet dies mit dem Zweck von § 5 WiStG und verweist darauf, angesichts der Bußgeldbewehrung der Norm könne der Vermieter auch bei dieser Auslegung nicht risikolos eine überhöhte Miete verlangen.[68] Doch auf diese Weise wird zivilrechtlich derjenige begünstigt, dem ein besonders schwerer – nämlich strafbarer oder bußgeldbewehrter – Verstoß zur Last fällt.[69]

Eine Reduzierung der Zeitdauer kommt in Betracht in den Fällen des **§ 1822 Nr. 5**[70]; bei Lebensversicherungsverträgen scheidet eine Aufrechterhaltung mit kürzerer Laufzeit nach dem hypothetischen Parteiwillen aber wegen der Abhängigkeit der Prämienhöhe von der Vertragsdauer aus[71].

Abgelehnt wird eine geltungserhaltende Reduktion in der Regel, wenn die Höhe einer der beiden Leistungen gegen die **guten Sitten** verstößt und deshalb angepasst werden müsste.[72] Denn sittenwidrige Rechtsgeschäfte dürften für den Gläubiger nicht das Risiko verlieren, mit dem sie durch die gesetzlich angeordnete Nichtigkeitssanktion behaftet seien; das wäre aber der Fall, wenn er im Allgemeinen damit rechnen könnte, schlimmstenfalls durch gerichtliche Festsetzung das zu bekommen, was gerade noch rechtlich vertretbar und damit sittengemäß sei.[73] So hat es der BGH abgelehnt, ein zeitlich und örtlich unbeschränktes oder unangemessenes und daher sittenwidriges **Wettbewerbsverbot** auf das zulässige Maß zurückzuführen.[74]

cc) Stellungnahme. Eine geltungserhaltende Reduktion verfolgt das Ziel, eine nichtige Vereinbarung mit „reduziertem" Inhalt aufrechtzuerhalten. Das kann von vornherein nur in Betracht kommen, wenn diese Aufrechterhaltung – wie bei § 139 – dem tatsächlichen oder hypothetischen Parteiwillen entspricht. Tut sie das, dient die geltungserhaltende Reduktion letztlich dem Parteiwillen und sollte deshalb – zumindest außerhalb des AGB-Rechts (siehe insofern die Kommentierung zu § 306) – **prinzipiell zugelassen** werden. Die Nichtigkeitsnorm steht dem nicht entgegen, da der Vertrag in einer Form aufrechterhalten wird, die von dieser Norm nicht erfasst wird. Insbesondere § 138 stellt nur ein Übermaßverbot dar.[75]

Hiergegen kann m.E. nicht angeführt werden, dass dies den Richter zu einer **Vertragsgestaltung** zwinge. Denn das Gesetz selbst ordnet in bestimmten Fällen (§§ 343, 655 BGB, § 74a Abs. 1 HGB) eine geltungserhaltende Reduktion an und erlegt damit dem Richter eine Vertragsgestaltung auf. Es ist nicht erkennbar, warum er nicht in anderen Fällen ebenso dazu befugt sein sollte. Voraussetzung ist, dass – wie in den gesetzlich vorgesehenen Fällen – die „Richtung" der Vertragsgestaltung klar ist, der Richter also etwa nur die Zeitdauer eines Wettbewerbsverbots oder die Höhe einer Miete festsetzen muss. Ist ein Rechtsgeschäft dagegen aus mehreren verschiedenen Gründen nichtig, so dass nicht nur eine bestimmte Größe reduziert, sondern der Vertrag in mehrerlei Hinsicht umgeschrieben werden müsste, scheidet eine geltungserhaltende Reduktion aus.

Grenzen setzt der geltungserhaltenden Reduktion allerdings der **Präventionsgedanke**. Die Gefahr der Nichtigkeit stellt einen Anreiz für die Parteien dar, die – etwa von § 138 – eröffneten Spielräume nicht zu überschreiten; niemand soll seinen Partner risikolos „über den Tisch ziehen" können in der Hoffnung, der andere werde die Nichtigkeit nicht bemerken oder sich auf keinen Prozess einlassen, und mit der Gewissheit, schlimmstenfalls immerhin noch von der reduzierten Regelung zu profitieren. Das Bedürfnis für eine derartige Prävention zieht der geltungserhaltenden Reduktion freilich nur Grenzen, rechtfertigt jedoch nicht ihren vollständigen Ausschluss.

---

66 BGHZ 68, 204, 207 f. = NJW 1977, 1233. So auch BGHZ 105, 213, 221 = NJW 1989, 834, 836 zur Reduktion einer sittenwidrigen Hinauskündigungsklausel in einem Gesellschaftsvertrag.

67 BGHZ 89, 316, 319 = NJW 1984, 722, 723; Bamberger/Roth/*Wendtland*, § 139 Rn 6; *Flume*, BGB AT Bd. 2, § 32 4, S. 577; Palandt/*Heinrichs*, § 139 Rn 10, 18; Soergel/*Hefermehl*, § 139 Rn 53.

68 BGHZ 89, 316, 320 ff. = NJW 1984, 722, 723 f. Nach BVerfG NJW 1994, 993 f. ist diese Auslegung verfassungsgemäß. Scharf abl. *Canaris*, in: FS Steindorff 1990, S. 519, 529 f.

69 *Hager*, JuS 1985, 264, 267.

70 BGHZ 28, 78, 83 = NJW 1958, 1393; *Canaris*, in: FS Steindorff 1990, S. 519, 545.

71 BGHZ 28, 78, 83 f. = NJW 1958, 1393. A.A. *Canaris*, in: FS Steindorff 1990, S. 519, 545.

72 BGHZ 68, 204, 207 = NJW 1977, 1233 (zu § 140); BGHZ 146, 37, 47 f. = NJW 2001, 815, 817; Erman/*Palm*, § 139 Rn 17; *Flume*, BGB AT Bd. 2, § 32 2d, S. 574; Palandt/*Heinrichs*, § 139 Rn 10; Soergel/*Hefermehl*, § 139 Rn 33. A.A. Staudinger/*Roth*, § 139 Rn 70.

73 BGHZ 68, 204, 207 = NJW 1977, 1233 (zu § 140); BGHZ 107, 351, 357 = NJW 1989, 2681, 2682; BGHZ 146, 37, 47 = NJW 2001, 815, 817; Larenz/*Wolf*, BGB AT, § 45 Rn 19 f.

74 BGH NJW-RR 1989, 800, 801; NJW 1997, 3089, 3089 f.

75 BVerfG NJW 1990, 1469, 1470; Staudinger/*Roth*, § 139 Rn 69.

34 Erstens ist das **Maß des Erlaubten** in vielen Fällen nicht eindeutig zu bestimmen. Schließt man eine geltungserhaltende Reduktion aus, würde daher ein hohes Unsicherheitsrisiko bestehen. Bei unredlichen Parteien wäre fraglich, ob der Präventionseffekt erreicht würde, da sie ihr Tun wohl in vielen Fällen irrig als erlaubt ansehen würden. Und redliche Parteien könnten entweder dadurch „bestraft" werden, dass einer irrtümlich als erlaubt angesehenen Regelung jegliche Wirksamkeit versagt wird, oder sie könnten dazu veranlasst werden, aus Furcht vor einer Totalnichtigkeit den Spielraum, den ihnen das Gesetz eröffnet, bei weitem nicht auszuschöpfen.

35 Zweitens handelt auch bei eindeutiger Überschreitung des erlaubten Maßes keineswegs diejenige Partei, zu deren Gunsten die betreffende Regelung ist, stets **verwerflich**; sie kann auch einem einfachen Rechtsirrtum unterliegen.

36 Drittens ist außerhalb des Anwendungsbereichs des AGB-Rechts (der bei Verbraucherverträgen durch § 310 Abs. 3 noch ausgeweitet wird) das Bedürfnis für eine Prävention weniger stark, da hier nicht typischerweise eine Partei der anderen **überlegen** ist.

37 Viertens erfordert der Präventionsgedanke nicht zwangsläufig den Ausschluss der geltungserhaltenden Reduktion, sondern es kann ihm dadurch Rechnung getragen werden, dass die unzulässige Regelung nicht auf das gerade noch zulässige Maß reduziert wird, sondern auf ein **angemessenes Maß**.[76] Die Parteien werden dann dadurch abgeschreckt, dass sie durch ein „Überreizen" denjenigen Spielraum, den ihnen das Gesetz zwischen Angemessenheit und Nichtigkeit eröffnet, verlieren.

38 Feste Kriterien für den Ausschluss einer geltungserhaltenden Reduktion lassen sich nicht angeben. Als Richtschnur kann erstens dienen, dass eine geltungserhaltende Reduktion umso eher zulässig ist, je **unsicherer die Grenze des Erlaubten** ist.[77] Denn umso weniger wichtig ist auch die Prävention, und umso größer ist die Rechtsunsicherheit, die den Parteien bei Ausschluss einer geltungserhaltenden Reduktion aufgebürdet wird. Der gegenläufige Aspekt, dass umso größer die dem Richter abverlangte Rechtsgestaltung ist, hat demgegenüber in den Hintergrund zu treten. Eine Ausnahme stellt die starre Grenze des § 1822 Nr. 5 dar. Da bei ihr Präventionsgesichtspunkte keine Rolle spielen, muss eine geltungserhaltende Reduktion möglich sein, obwohl keine Rechtsunsicherheit besteht.[78]

39 Zweitens ist eine geltungserhaltende Reduktion umso eher zulässig, je **geringer das Verhandlungsungleichgewicht** zwischen den Parteien ist. Denn umso geringer ist das Bedürfnis nach dem Präventionseffekt, den der Ausschluss der geltungserhaltenden Reduktion bedeutet.

40 Ob im Fall einer geltungserhaltenden Reduktion auf das **gerade noch zulässige Maß oder ein angemessenes Maß** zu reduzieren ist, kann nicht einheitlich beantwortet werden; entscheidend ist insofern der Nichtigkeitsgrund. Soll die Nichtigkeit dem Schutz einer Partei vor **Übervorteilung** dienen, so ist auf ein angemessenes Maß zu reduzieren, denn insofern kann in der Regel nicht auf den – zumindest abgeschwächten – Präventionseffekt verzichtet werden, den diese Art der Reduzierung bedeutet. Hierfür sprechen außerdem die gesetzlich geregelten Fälle der geltungserhaltenden Reduktion (§§ 343, 655 BGB, § 74a Abs. 1 HGB), bei denen es jeweils um einen solchen Schutz geht und die Reduzierung auf das angemessene Maß vorsehen. Dient die Nichtigkeit dagegen **anderen Zwecken** (etwa bei § 1822 Nr. 5), kommt es auf die Prävention nicht an, und das Geschäft ist daher in weitestmöglichem Umfang, also bis zur Grenze des gesetzlich Erlaubten, aufrechtzuerhalten.

IV. Nichtigkeit eines Teils des Rechtsgeschäfts

41 § 139 setzt voraus, dass lediglich ein Teil eines Rechtsgeschäfts nichtig ist. Erfasst der Nichtigkeitsgrund daher das ganze Rechtsgeschäft, ist § 139 unanwendbar. Das ist namentlich der Fall, wenn ein Vertrag eine Verpflichtung enthält, das Eigentum an einem Grundstück zu übertragen oder zu erwerben, und nicht notariell beurkundet wird; denn nach § 311b Abs. 1 S. 1 ist nicht nur die betreffende Verpflichtung, sondern der gesamte Vertrag beurkundungsbedürftig.

42 Der **Grund der Nichtigkeit** ist unerheblich.[79] § 139 gilt auch bei rückwirkender teilweiser Vernichtung eines Rechtsgeschäfts durch **Teilanfechtung** (§ 142 Abs. 1).[80] Ist ein Teil eines Rechtsgeschäfts **schwebend unwirksam**, kommt § 139 gleichfalls zur Anwendung.[81] Entsprechend angewendet werden kann die Norm

---

76 *Roth*, JZ 1989, 411, 417.
77 *Canaris*, in: FS Steindorff 1990, S. 519, 538.
78 *Canaris*, in: FS Steindorff 1990, S. 519, 545.
79 BGHZ 54, 71, 72 = NJW 1970, 1414, 1415; BGHZ 97, 351, 360 = NJW 1986, 1988, 1990; BGH NJW-RR 1993, 243, 246.
80 BGH NJW 1969, 1759 f.; *Flume*, BGB AT Bd. 2, § 32 6, S. 583; Palandt/*Heinrichs*, § 139 Rn 2.
81 BGHZ 53, 174, 179 = NJW 1970, 752, 753; MüKo/*Mayer-Mali/Busche*, § 139 Rn 1; Soergel/*Hefermehl*, § 139 Rn 5; Staudinger/*Roth*, § 139 Rn 33. A.A. Bamberger/Roth/*Wendtland*, § 139 Rn 3.

auf einen **teilweisen Widerruf**[82] oder **Rücktritt**[83], nicht jedoch, wenn die Vertragsparteien lediglich einen Teil des Rechtsgeschäfts einvernehmlich aufheben[84].

Falls eine von einem beschränkt Geschäftsfähigen erteilte, nach § 111 nichtige Vollmacht mit einem schwebend unwirksamen Vertrag nach § 139 zu einem einheitlichen Rechtsgeschäft verbunden wurde, führt diese Einheitlichkeit aus Gründen des Minderjährigenschutzes nach Ansicht des BGH nicht zur Unwirksamkeit auch des Vertrags, sondern umgekehrt zur Genehmigungsfähigkeit der Vollmacht.[85]

V. Der Parteiwille

Für die Frage, ob Gesamtnichtigkeit oder Restgültigkeit eintritt, primär maßgeblich ist der **tatsächliche Parteiwille** bei Vertragsschluss.[86] Haben die Parteien die Frage der Teilnichtigkeit bedacht und ihren Willen etwa durch eine salvatorische Klausel zum Ausdruck gebracht, ist dies entscheidend. Ebenso ist der nicht vom Nichtigkeitsgrund erfasste Teil des Rechtsgeschäfts wirksam, wenn sich die Parteien bei der Vornahme des Rechtsgeschäfts **der teilweisen Nichtigkeit bewusst** waren; denn wer ein Rechtsgeschäft im Bewusstsein seiner teilweisen Nichtigkeit schließt, will es auch ohne die unwirksamen Teile.[87]

Fehlt es an einem tatsächlichen Parteiwillen, ist auf den **hypothetischen Parteiwillen** abzustellen, also darauf, was die Parteien bei Vertragsschluss[88] vereinbart hätten, wenn sie das Problem der Teilnichtigkeit bedacht hätten. Es kommt folglich nicht darauf an, was objektiv vernünftig ist oder was der Richter für eine angemessene Regelung hält, sondern es geht um die Verwirklichung der Vorstellungen der Parteien, und mögen sie noch so unvernünftig sein.[89] Häufig werden allerdings keine Indizien für den hypothetischen Willen der konkreten Parteien vorliegen. Man kann dann nur annehmen, dass die Parteien eine objektiv vernünftige Regelung getroffen hätten, wenn sie sich über die Teilnichtigkeit Gedanken gemacht hätten.[90] Zu berücksichtigen sind dabei auch die einseitig von einem Vertragspartner verfolgten Interessen, die nicht zum Inhalt des Rechtsgeschäfts geworden sind.[91] Maßgeblich ist insbesondere, ob das **Äquivalenzverhältnis** zwischen Leistung und Gegenleistung bei Aufrechterhaltung nur des nicht nichtigen Teils gewahrt bleibt.[92] Es genügt nicht, dass die Parteien das Rechtsgeschäft auf jeden Fall abgeschlossen hätten; erforderlich ist vielmehr, dass sie es gerade so abgeschlossen hätten, wie es sich ohne den nichtigen Teil darstellt.[93]

Wenn der **Nichtigkeitsgrund behebbar** ist (insbesondere bei Formmängeln), hätten die Parteien bei Kenntnis der Nichtigkeit in der Regel das (gesamte) Geschäft wirksam abgeschlossen. Dazu können sie jedoch nicht gezwungen werden; praktisch relevant wird § 139 gerade dann, wenn im Entscheidungszeitpunkt eine Partei nicht zur Heilung oder Neuvornahme des nichtigen Teils bereit ist. Bei der Bestimmung des hypothetischen Parteiwillens muss daher die Möglichkeit eines in vollem Umfang wirksamen Geschäfts außer Betracht bleiben. Entscheidend ist, wie sich die Parteien verhalten hätten, wenn sie bei Vertragsschluss vor der Wahl gestanden wären, das Geschäft teilweise oder überhaupt nicht gelten zu lassen.[94]

Problematisch ist, dass nach Vertragsschluss Veränderungen eintreten können, die die Interessenlage der Parteien fundamental verändern. Das kann insbesondere dadurch geschehen, dass der Vertrag **in Vollzug gesetzt** wird. Ist etwa die Bestellung einer Sicherheit für ein Darlehen nichtig, entspricht vor Auszahlung des Darlehens typischerweise die Gesamtnichtigkeit dem Interesse des Kreditgebers, da er sonst verpflichtet wäre, ein ungesichertes Darlehen zu vergeben. Nach Auszahlung des Darlehens würde dagegen Gesamtnichtigkeit dazu führen, dass der Kreditgeber seinen Anspruch auf den Vertragszins verliert und auf Bereicherungsansprüche angewiesen ist. Er ist daher mutmaßlich an der Wirksamkeit des Darlehensvertrags interessiert, den er gemäß §§ 314, 490 Abs. 3 wegen Fehlens der Sicherheit fristlos kündigen kann.[95] Diese unterschiedliche Interessenlage ist bei der Bestimmung des hypothetischen Willens zu berücksichtigen, denn wenn die Parteien sich bei Vertragsschluss die unterschiedlichen Möglichkeiten vergegenwärtigt hätten (etwa weil sie über die Wirksamkeit eines Vertragsteils im Zweifel waren), hätten sie entsprechende vertragliche Vorsorge getroffen.

---

82 Palandt/*Heinrichs*, § 139 Rn 2.
83 BGH NJW 1976, 1931, 1932; Palandt/*Heinrichs*, § 139 Rn 2.
84 BGH FamRZ 1990, 975, 976.
85 BGHZ 110, 363, 369 ff. = NJW 1990, 1721, 1723.
86 BAGE 1, 258, 271; Soergel/*Hefermehl*, § 139 Rn 34; Staudinger/*Roth*, § 139 Rn 74.
87 *Keim*, NJW 1999, 2866, 2867; MüKo/*Mayer-Mali/Busche*, § 139 Rn 32; Soergel/*Hefermehl*, Rn 39; Staudinger/*Roth*, § 139 Rn 24. S.a. BGHZ 45, 376, 379 f. = NJW 1966, 1747 f.; BAGE 1, 258, 270. Vgl. zur Reichweite des Grundsatzes BGH NJW 1999, 351.
88 BGH NJW-RR 1989, 998, 1000; Soergel/*Hefermehl*, § 139 Rn 35; Staudinger/*Roth*, § 139 Rn 77.
89 *Larenz/Wolf*, BGB AT, § 45 Rn 26; *Medicus*, BGB AT, Rn 508; Soergel/*Hefermehl*, § 139 Rn 34; Staudinger/*Roth*, § 139 Rn 75. A.A. wohl BAGE 1, 258, 271; *Flume*, BGB AT Bd. 2, § 32 5, S. 578 f. Unklar MüKo/*Mayer-Mali/Busche*, § 139 Rn 28 f.
90 Soergel/*Hefermehl*, § 139 Rn 34.
91 *Flume*, BGB AT Bd. 2, § 32 5, S. 580.
92 Soergel/*Hefermehl*, § 139 Rn 41.
93 BGHZ 28, 78, 84 = NJW 1958, 1393; BAGE 1, 258, 271.
94 *Flume*, BGB AT Bd. 2, § 32 5, S. 579.
95 Vgl. *Canaris*, in: FS Steindorff 1990, S. 519, 534 ff.

Im Beispiel wäre die interessengerechte Lösung, bei Unwirksamkeit der Sicherheit den Darlehensvertrag aufschiebend durch die Auszahlung des Darlehens zu bedingen (§ 158 Abs. 1). Mangels anderer Anzeichen ist daher als hypothetischer Parteiwille bei Vertragsschluss eine durch die Auszahlung des Darlehens bedingte Restgültigkeit anzunehmen.

48 Der tatsächliche oder hypothetische Parteiwille muss in Bezug auf den nicht vom Nichtigkeitsgrund erfassten Teil des Rechtsgeschäfts nicht einheitlich sein; vielmehr kann insofern zwischen verschiedenen Teilen des Rechtsgeschäfts bzw. einzelnen Klauseln **differenziert** werden.[96]

49 Für möglich gehalten wurde die Aufrechterhaltung des restlichen Kaufvertrags etwa bei Nichtigkeit eines **Wettbewerbsverbots**.[97] Die Wirksamkeit von **Gerichtsstandsklauseln** und **Schiedsabreden** ist normalerweise von der Wirksamkeit des Hauptvertrags unabhängig.[98] Wenn eine Nebenabrede, der zufolge auf den Kaufpreis für ein Erbbaurecht eine schon geleistete Zahlung **anzurechnen** ist, formnichtig ist, ist der beurkundete Kaufvertrag wirksam, wenn der Käufer die Vorauszahlung ohne weiteres zu belegen vermag.[99] Zur Prozessaufrechnung siehe Rn 16.

VI. Rechtsmissbrauch

50 Die Berufung auf die Gesamtnichtigkeit kann wegen Rechtsmissbrauchs (§ 242) ausgeschlossen sein. Dies kommt in Betracht, wenn die nichtige Klausel bei der Vertragsdurchführung **bedeutungslos** geblieben ist[100] oder wenn sie **allein die andere Partei begünstigt** und diese am Vertrag festhalten will[101]. Die letztere Einschränkung wird teils statt mit dem Rechtsmissbrauchseinwand damit begründet, derjenigen Partei, in deren ausschließlichem Interesse der unwirksame Teil vereinbart worden sei, stehe ein **Wahlrecht** zu, ob sie den übrigen Teil gelten lassen wolle oder nicht; bis zur Ausübung der Wahl sei der übrige Teil schwebend unwirksam. Die andere Partei soll dem Wahlrecht analog §§ 355, 466 BGB a.F. eine zeitliche Grenze setzen können.[102] Nach neuem Recht kommt insofern eine Analogie zu § 350 in Betracht; mir scheint allerdings eine analoge Anwendung von §§ 108 Abs. 2, 177 Abs. 2, 1366 Abs. 3 vorzugswürdig, da diese gerade die Folgen schwebender Unwirksamkeit regeln, während es in § 350 um vertragliche Rücktrittsrechte geht.

51 Will derjenige Vertragspartner, der allein durch den nichtigen Vertragsteil begünstigt ist, nicht am Vertrag festhalten, handelt er rechtsmissbräuchlich, wenn der andere Vertragspartner die **Heilung oder (wirksame) Neuvornahme des nichtigen Teils anbietet**.[103]

VII. Teleologische Reduktion des § 139 bei Nichtigkeit zum Schutz einer Partei

52 **1. Grundsatz.** Die Regelung des § 139, dass im Zweifel Gesamtnichtigkeit eintritt, ist immer dann unangemessen, wenn die Nichtigkeit eines Vertragsteils darauf beruht, dass gegen Normen verstoßen wird, die den Schutz einer der Vertragsparteien dienen. Denn für die auf diese Weise geschützte Partei ist ein gänzlich nichtiger Vertrag in aller Regel noch schlimmer als ein ungünstiger Vertrag. Deshalb trifft § 306 für die Unwirksamkeit von AGB eine Sonderregelung, und neuerdings vermeidet es der Gesetzgeber, in solchen Fällen die Unwirksamkeit der betreffenden Vertragsbestimmungen anzuordnen, und verwehrt es stattdessen der „überlegenen" Partei, sich auf die betreffende Klausel zu berufen (siehe Rn 5). In den Fällen, wo diese Gesetzgebungstechnik noch nicht angewandt wurde, ist § 139 **teleologisch zu reduzieren**.[104] Nach dem hypothetischen Parteiwillen die Wirksamkeit der nicht vom Nichtigkeitsgrund erfassten Vertragsteile anzunehmen wäre hier keine adäquate Lösung, da im Regelfall kein entsprechender gemeinsamer hypothetischer Wille angenommen werden kann, sondern die „überlegene" Partei den Vertrag nicht zu den übrigen unveränderten Bedingungen geschlossen hätte.[105] So führt etwa ein Verstoß gegen § 276 Abs. 3 nicht zur Gesamtnichtigkeit des Vertrags, sondern nur zur Nichtigkeit der **Freizeichnungsklausel**.[106]

---

96 BAGE 1, 258, 271.
97 BGH NJW-RR 1989, 800, 801.
98 RGZ 87, 7, 10; BGHZ 53, 315, 322 f. = NJW 1970, 1046, 1047; BGH NJW 1979, 2567, 2568; Palandt/Heinrichs, § 139 Rn 15; Soergel/Hefermehl, § 139 Rn 16.
99 BGHZ 85, 315, 318 = NJW 1983, 563, 564; BGH NJW 1994, 720, 721; 2000, 2100, 2101.
100 BGHZ 112, 288, 296 = NJW 1991, 105, 107; Flume, BGB AT Bd. 2, § 32 7, S. 584 ff.; Larenz/Wolf, BGB AT, § 45 Rn 34 f.; Soergel/Hefermehl, § 139 Rn 45.
101 BGH WM 1983, 267, 268; NJW-RR 1989, 800, 802; NJW 1993, 1587, 1589; NJW-RR 1997, 684, 686.
102 Flume, BGB AT Bd. 2, § 32 8, S. 586 ff.; Soergel/Hefermehl, § 139 Rn 45 ff.; Staudinger/Roth, § 139 Rn 89; Ulmer, in: FS Steindorff 1990, S. 798, 813 ff.
103 Flume, BGB AT Bd. 2, § 32 8, S. 588.
104 Larenz/Wolf, BGB AT, § 45 Rn 30.
105 Bamberger/Roth/Wendtland, § 139 Rn 5; Soergel/Hefermehl, § 139 Rn 49 f.; Staudinger/Roth, § 139 Rn 13.
106 Bamberger/Roth/Wendtland, § 139 Rn 5; Flume, BGB AT Bd. 2, § 32 4, S. 576 f.; Soergel/Hefermehl, § 139 Rn 51; Staudinger/Roth, § 139 Rn 16.

2. Arbeitsrecht. Arbeitsverträge bleiben bei Verstößen gegen zwingende Arbeitnehmerschutzvorschriften wirksam; an die Stelle der nichtigen Einzelbestimmung trifft die gesetzliche Regelung.[107]

3. Mietrecht. Zahlreiche mietrechtliche Vorschriften erklären eine zum Nachteil des Mieters von ihnen abweichende Vereinbarung für unwirksam (z.B. §§ 547 Abs. 2, 551 Abs. 4, 552 Abs. 2, 553 Abs. 3, 554 Abs. 5, 555). Mit dem mieterschützenden Zweck dieser Normen wäre es nicht vereinbar, bei einem Verstoß im Zweifel Totalnichtigkeit des Mietvertrags anzunehmen. Die nichtige Vereinbarung wird vielmehr durch die gesetzliche Regelung ersetzt.[108]

4. Verbraucherschutzrecht. Verstöße gegen §§ 312f., 487, 506, 651m, 655e führen nicht zur Gesamtnichtigkeit, sondern nur zur Teilnichtigkeit.[109]

VIII. Umkehrung der Vermutung des § 139 bei Organisationsverträgen

Wenn eine vertragliche Regelung über die Schaffung einer Austauschbeziehung hinausgeht und für längere Zeit die Beziehungen der Parteien organisieren oder gar eine eigenständige Organisation schaffen soll, entspricht es im Zweifel nicht dem Interesse und dem Willen der Parteien, dieses ganze Vorhaben an der Unwirksamkeit einer Vertragsbestimmung scheitern zu lassen. Entgegen § 139 ist daher im Zweifel von der Restgültigkeit des Vertrags auszugehen. Das gilt in Bezug auf Betriebsvereinbarungen[110], Tarifverträge[111], Gesellschaftsverträge[112] und Unternehmensverträge[113]. Auf Vereinbarungen mit Rechtsnormcharakter, die etwa in einem Tarifvertrag enthalten sind, ist § 139 ohnehin nicht anwendbar (siehe Rn 3).

IX. Beweislast

Ob ein **einheitliches Rechtsgeschäft** vorliegt, ist Tatfrage; wenn die maßgeblichen Umstände aber unstreitig sind, kann das Revisionsgericht entscheiden.[114] Die Darlegungs- und Beweislast dafür, dass mehrere Geschäfte zu einem einheitlichen Rechtsgeschäft zusammengefasst wurden, trägt derjenige, der sich auf die Einheitlichkeit beruft.[115]

Die Beweislast dafür, dass ein Rechtsgeschäft auch ohne den unwirksamen Teil vorgenommen worden wäre, liegt bei demjenigen, der sich **auf die Restgültigkeit beruft**.[116] Er muss also entweder einen entsprechenden realen Parteiwillen bei Vertragsschluss beweisen oder Tatsachen, aus denen sich ein entsprechender hypothetischer Parteiwille ergibt. Für die Ermittlung des Parteiwillens sind alle relevanten Umstände heranzuziehen, auch wenn sie nicht Eingang in die Vertragsurkunde gefunden haben.[117] Enthält das Rechtsgeschäft eine **salvatorische Klausel**, so muss derjenige, der sich dennoch auf die Gesamtnichtigkeit beruft, die dafür maßgeblichen Umstände darlegen und beweisen.[118]

---

107 BAG DB 1979, 553, 555; BAG NJW 1979, 2119, 2120; BAG NJW 1982, 461, 462; Bamberger/Roth/ *Wendtland*, § 139 Rn 6; Soergel/*Hefermehl*, § 139 Rn 60; Staudinger/*Roth*, § 139 Rn 15.

108 BGHZ 89, 316, 319 f. = NJW 1984, 722, 723 (Verstoß gegen § 5 WiStG); Bamberger/Roth/ *Wendtland*, § 139 Rn 6; *Larenz/Wolf*, BGB AT, § 45 Rn 31; Palandt/*Heinrichs*, § 139 Rn 18; Soergel/ *Hefermehl*, § 139 Rn 52.

109 *Larenz/Wolf*, BGB AT, § 45 Rn 31; Palandt/ *Heinrichs*, § 139 Rn 18; Staudinger/*Roth*, § 139 Rn 16.

110 Vgl. BAGE 16, 58, 66; Soergel/*Hefermehl*, § 139 Rn 13; Staudinger/*Roth*, § 139 Rn 21.

111 BAGE 1, 258, 272; BAG BB 1986, 1776; Soergel/ *Hefermehl*, § 139 Rn 13; Staudinger/*Roth*, § 139 Rn 20.

112 Vgl. BGH DB 1976, 2106, 2107; BGHZ 107, 351, 355, 357 = NJW 1989, 2681, 2682; Palandt/ *Heinrichs*, § 139 Rn 15; Soergel/*Hefermehl*, § 139 Rn 58.

113 Staudinger/*Roth*, § 139 Rn 27. Vgl. BGH WM 1986, 1572, 1574.

114 BGHZ 76, 43, 49 = NJW 1980, 829, 830; BGHZ 101, 393, 397 = NJW 1988, 132; BGHZ 112, 376, 378 = NJW 1991, 917; BGH NJW 1992, 3237, 3238; 1994, 2885. A.A. MüKo/*Mayer-Mali/Busche*, § 139 Rn 15; Staudinger/*Roth*, § 139 Rn 47.

115 BGH NJW 1997, 3304, 3307 („Benetton", insoweit nicht abgedr. in BGHZ 136, 295); Bamberger/Roth/ *Wendtland*, § 139 Rn 20; Erman/*Palm*, § 139 Rn 36.

116 BGHZ 128, 156, 165 f. = NJW 1995, 722, 724; MüKo/*Mayer-Mali/Busche*, § 139 Rn 33; Soergel/ *Hefermehl*, § 139 Rn 42; Staudinger/*Roth*, § 139 Rn 79. Ebenso für den mit § 139 BGB inhaltsgleichen § 68 Abs. 2 DDR-ZGB: BGH VIZ 2001, 227, 228.

117 BGH NJW 1986, 2576, 2577; Staudinger/*Roth*, § 139 Rn 79.

118 BGH NJW 1996, 773, 774; NJW-RR 1997, 684, 685; NJW 2003, 347 f.; Erman/*Palm*, § 139 Rn 36; *Flume*, BGB AT Bd. 2, § 32 3, S. 575; *Larenz/Wolf*, BGB AT, § 45 Rn 23; Palandt/*Heinrichs*, § 139 Rn 17.

C. Weitere praktische Hinweise

59 Da die Anwendung von § 139 mit hoher Unsicherheit behaftet ist, empfiehlt es sich, vertraglich Vorsorge zu treffen. Eine **allgemeine salvatorische Klausel** wird dabei häufig nicht die beste Regelung sein. Denn zum einen bezieht sie sich gleichermaßen auf sämtliche Vertragsteile, und zum anderen führt sie nur zu einer Umkehr der Beweislast (siehe Rn 7).

60 Steht ein bestimmter Vertragsteil in erhöhtem „**Nichtigkeitsverdacht**", etwa weil die Parteien den Verstoß gegen ein gesetzliches Verbot bewusst in Kauf nehmen oder weil die Rechtslage unklar ist, sollte für den Fall der Nichtigkeit dieses Vertragsteils speziell Vorsorge getroffen werden. Es sollte also entweder ausdrücklich in den Vertrag aufgenommen werden, dass dann der gesamte Vertrag unwirksam ist, oder umgekehrt, dass die Wirksamkeit des Vertrags von der Nichtigkeit nicht berührt wird. Insofern kann noch differenziert werden, welche anderen Vertragsteile von der Nichtigkeit erfasst werden sollen und welche nicht. Ferner sollte nach Möglichkeit vereinbart werden, welche Regelung an die Stelle der nichtigen Klausel treten soll.

61 Auch wenn kein derartiger „spezieller Nichtigkeitsverdacht" besteht, kann es sinnvoll sein, keine allgemeine salvatorische Klausel in den Vertrag aufzunehmen, sondern eine solche Klausel auf die **Nichtigkeit einzelner, konkret genannter Vertragsteile** zu beziehen. Die Parteien können auf diese Weise ihre „Schmerzgrenze" festlegen, jenseits deren sie die Gesamtnichtigkeit der Restgültigkeit vorziehen. Außerdem würde eine derartige maßgeschneiderte salvatorische Klausel nicht nur eine Beweislastumkehr bewirken, sondern endgültig über die Frage der Gesamtnichtigkeit oder Restgültigkeit entscheiden und dadurch die Rechtssicherheit fördern.

§ 140 Umdeutung

[1]Entspricht ein nichtiges Rechtsgeschäft den Erfordernissen eines anderen Rechtsgeschäfts, so gilt das letztere, wenn anzunehmen ist, dass dessen Geltung bei Kenntnis der Nichtigkeit gewollt sein würde.

Literatur: *Amann,* Unwirksamkeit und Umdeutung von Löschungserleichterungen, DNotZ 1998, 6; *Bürck,* Umdeutung eines Vertrags bei Ausfall einer Vertragsbedingung – BGH, NJW 1971, 420, JuS 1971, 571; *Derleder,* Die Auslegung und Umdeutung defizitärer mobiliarsachenrechtlicher Übereignungsabreden, JZ 1999, 176; *J. Hager,* Gesetzes- und sittenkonforme Auslegung und Aufrechterhaltung von Rechtsgeschäften, 1983; *ders.,* Die Umdeutung der außerordentlichen in eine ordentliche Kündigung, BB 1989, 693; *Kahl,* Grenzen der Umdeutung rechtsgeschäftlicher Erklärungen, 1985; *Krampe,* Die Konversion des Rechtsgeschäfts, 1980; *ders.,* Aufrechterhaltung von Verträgen und Vertragsklauseln, AcP 194 (1994), 1; *Molkenbur/Krasshöfer-Pidde,* Zur Umdeutung im Arbeitsrecht, RdA 1989, 337; *Mühlhans,* Die (verkannten?) Auswirkungen der §§ 116, 117 BGB auf die Umdeutung gem. § 140 BGB, NJW 1994, 1049; *Wieacker,* Zur Theorie der Konversion nichtiger Rechtsgeschäfte, in: FS Hermann Lange 1992, S. 1017 ff.

A. Allgemeines 1	1. Grundsätze 17
I. Normzweck 1	2. Einzelfälle 19
II. Abgrenzungen 2	a) Allgemeines 19
1. Auslegung 2	b) Grundstücksrecht 22
2. § 139 4	c) Arbeitsrecht 23
3. Geltungserhaltende Reduktion 5	d) Gesellschaftsrecht 25
B. Regelungsgehalt 6	e) Wertpapierrecht 26
I. Anwendungsbereich 6	f) Familien- und Erbrecht 28
1. Rechtsgeschäft 6	g) Prozessrecht 29
2. Nichtigkeit 10	IV. Der Parteiwille 30
3. Spezialregelungen 14	V. Prozessuales 32
II. Abdingbarkeit 15	C. Weitere praktische Hinweise 33
III. Das Ersatzgeschäft 17	

A. Allgemeines

I. Normzweck

1 § 140 dient dem Schutz des **Parteiwillens**; ihm soll durch die Umdeutung (Konversion) so weit wie möglich zum Erfolg verholfen werden.[1] § 140 regelt dabei den Fall, dass die Parteien zur Verwirklichung des angestrebten Ziels ein **untaugliches Mittel** gewählt haben. Sofern dies dem Parteiwillen entspricht, wird dieses Mittel nach § 140 durch ein anderes ersetzt, mit dem sich das angestrebte Ziel zumindest teilweise

---

1 BGH MDR 1961, 128.

erreichen lässt. Wird dagegen das von den Parteien **angestrebte Ziel** selbst von der Rechtsordnung missbilligt und ist das Rechtsgeschäft deshalb unwirksam, ist § 140 nicht einschlägig.[2]

II. Abgrenzungen

1. Auslegung. Die „normale" Auslegung geht der Umdeutung vor. Kann dem Rechtsgeschäft mit Hilfe der Auslegung ein Inhalt gegeben werden, mit dem es wirksam ist, fehlt es an einem nichtigen Rechtsgeschäft i.S.v. § 140, und die Norm ist nicht einschlägig.

Der Unterschied zur **ergänzenden Vertragsauslegung** wird herkömmlich darin gesehen, dass diese eine Vertragslücke voraussetze, während die Umdeutung bei Nichtigkeit des Vertrags eingreife.[3] Darin liegt m.E. aber keine wesensmäßige Ungleichheit. Bei Umdeutung wie bei ergänzender Vertragsauslegung geht es darum, das von den Parteien tatsächlich Vereinbarte „weiterzudenken" und dadurch eine Regelung für einen Fall zu gewinnen, den die Parteien nicht bedacht haben. Gäbe es § 140 nicht, könnte das gleiche Resultat mit Hilfe ergänzender Vertragsauslegung erzielt werden. Deshalb kann § 140 m.E. durchaus als gesetzlich geregelter Fall der ergänzenden Vertragsauslegung angesehen werden.[4]

2. § 139. Bei § 139 ist ein Teil eines Rechtsgeschäfts unwirksam, während ein anderer Teil nicht vom Nichtigkeitsgrund erfasst wird. Es geht also darum, ob der Nichtigkeitsgrund auf Regelungen, die von ihm an sich nicht beeinträchtigt werden, „ausstrahlt"; an der Nichtigkeit der von ihm erfassten Regelung ändert sich nichts. § 140 dagegen betrifft das Schicksal der nichtigen Regelung selbst. Er ermöglicht, sie – wenn auch in abgeschwächter Weise – zu „retten" und dadurch wirksam zu machen.

3. Geltungserhaltende Reduktion. Die geltungserhaltende Reduktion (siehe § 139 Rn 23 ff.) und § 140 gleichen sich darin, dass in beiden Fällen eine nichtige Regelung mit **abgeschwächtem Inhalt** aufrechterhalten wird. Unterschiedlich ist dagegen der **Nichtigkeitsgrund**: Bei der geltungserhaltenden Reduktion wird das mit dem Rechtsgeschäft angestrebte **Ziel** (etwa die lange Dauer eines Wettbewerbsverbots) von der Rechtsordnung missbilligt; es stellt sich die Frage, ob dieses Ziel so weit „beschnitten" werden kann, dass es von der Rechtsordnung akzeptiert, und die Regelung der Parteien insoweit aufrechterhalten wird. Bei § 140 dagegen ist das angestrebte Ziel unproblematisch; die Parteien haben sich lediglich in der Wahl des **Mittels**, mit dem sie dieses Ziel anstreben, vergriffen. Das Ziel bleibt daher prinzipiell unverändert, lediglich das untaugliche Mittel wird durch ein anderes, rechtlich mögliches ersetzt (was freilich dazu führen kann, dass auch das Ziel nicht mehr in vollem Umfang erreicht werden kann). Da in Fällen des § 140 mit dem Rechtsgeschäft ein akzeptiertes Ziel verfolgt wird, ist die Zulässigkeit einer Umdeutung – im Gegensatz zu derjenigen einer geltungserhaltenden Reduktion (siehe § 139 Rn 25 ff.) – unproblematisch.

B. Regelungsgehalt

I. Anwendungsbereich

1. Rechtsgeschäft. § 140 gilt für **alle Arten von Rechtsgeschäften**, für Verträge ebenso wie für einseitige Rechtsgeschäfte, für Verpflichtungsgeschäfte ebenso wie für Verfügungen (einschließlich Verfügungen von Todes wegen).[5]

Eine **Grundbucheintragung** kann nicht umgedeutet werden, da dies mit der Publizitätsfunktion des Grundbuchs nicht vereinbar wäre.[6] Gegenüber dem **Grundbuchamt** abgegebene Parteierklärungen sind dagegen prinzipiell umdeutungsfähig.[7] Eine Umdeutung setzt aber voraus, dass die dem Grundbuchamt vorliegenden Urkunden eine abschließende Würdigung zulassen.

Betriebsvereinbarungen, die wegen der Überschreitung von Kompetenzen (insbes. § 77 Abs. 3 BetrVG) unwirksam sind, können in gebündelte Vertragsangebote des Arbeitgebers umgedeutet werden. Da eine Betriebsvereinbarung aber in der Regel leichter kündbar ist als die Arbeitsverträge, sind an die Feststellung des hypothetischen Parteiwillens dabei hohe Anforderungen zu stellen. Normalerweise wird sich der

---

2 BGHZ 68, 204, 206 = NJW 1977, 1233, 1234.
3 *Larenz/Wolf*, BGB AT, § 44 Rn 90; Soergel/ *Hefermehl*, § 140 Rn 1; Staudinger/*Roth*, § 140 Rn 8.
4 Erman/*Palm*, § 140 Rn 6 f.; *J. Hager*, BB 1989, 693, 694; ähnlich *Medicus*, BGB AT, Rn 517.
5 Staudinger/*Roth*, § 140 Rn 9.
6 MüKo/*Mayer-Mali/Busche*, § 140 Rn 7; Staudinger/ *Roth*, § 140 Rn 10; *H.P. Westermann*, NJW 1970, 1023, 1027.

7 BayObLG NJW-RR 1987, 1511, 1512; 1999, 620, 621; KG NJW 1967, 2358, 2359; Bamberger/ Roth/*Wendtland*, § 140 Rn 17; MüKo/*Mayer-Mali/ Busche*, § 140 Rn 7. Wegen der Unmöglichkeit einer Beweisaufnahme im Grundbuchverfahren zurückhaltend BayObLG NJW 1953, 1914.

Arbeitgeber nicht unabhängig von der betriebsverfassungsrechtlichen Regelungsform binden wollen.[8] Der (hypothetische) Verpflichtungswille des Arbeitgebers wird jedenfalls inhaltlich und auch hinsichtlich der Lösungs- und Abänderungsmöglichkeiten von den Regelungen der Betriebsvereinbarung bestimmt.[9]

9 Auf **Prozesshandlungen** ist § 140 entsprechend anzuwenden (siehe auch Rn 29).[10] Die Umdeutung fehlerhafter **Verwaltungsakte** ist in § 47 VwVfG geregelt. Auf **öffentlich-rechtliche Verträge** kommt § 140 dagegen über § 62 S. 2 VwVfG zur Anwendung.[11]

10 **2. Nichtigkeit.** § 140 gilt unabhängig vom **Nichtigkeitsgrund**, also auch bei gesetz- oder sittenwidrigen Geschäften. Zu beachten ist jedoch, dass § 140 nicht eingreift, wenn das von den Parteien angestrebte Ziel gesetz- oder sittenwidrig ist (siehe Rn 5); dann kann nur eine geltungserhaltende Reduktion helfen (siehe § 139 Rn 23 ff.). Auch wenn die Nichtigkeit auf einer **Anfechtung** beruht, gelten keine Besonderheiten.[12] Bei Vorliegen eines **Dissenses** oder bei sonstigem Scheitern von Vertragsverhandlungen scheidet eine Umdeutung dagegen mangels Einigung der Parteien aus.[13]

11 Ein **heilbares Rechtsgeschäft** kann nicht umgedeutet werden; denn wenn die Unwirksamkeit des Geschäfts (etwa durch eine Genehmigung oder nach § 311b Abs. 1 S. 2) noch behoben werden kann, muss abgewartet werden, ob das Rechtsgeschäft nicht auf diese Weise in seiner ursprünglichen Form wirksam wird.[14] Ein **schwebend unwirksames Geschäft** kann daher erst umgedeutet werden, wenn es endgültig unwirksam geworden ist.[15]

12 Bei lediglich **teilnichtigen** Rechtsgeschäften wird überwiegend eine Umdeutung abgelehnt.[16] Das ist jedoch m.E. nicht veranlasst. Sinn des § 140 ist, dem Parteiwillen so weit wie möglich zum Erfolg zu verhelfen. Dementsprechend ist auch eine nichtige Einzelregelung umzudeuten, sofern dies dem hypothetischen Parteiwillen entspricht.

13 § 140 ist entsprechend anzuwenden, wenn ein Rechtsgeschäft an **anderen Gründen als der Nichtigkeit** scheitert, etwa am Fehlen eines wichtigen Grundes für eine außerordentliche Kündigung[17] oder an der Unmöglichkeit einer Leistung[18].

14 **3. Spezialregelungen.** Ordnet eine Norm selbst an, dass ein fehlerhaftes Rechtsgeschäft mit anderem Inhalt zu gelten hat, ist sie *lex specialis* zu § 140; auf die Voraussetzungen einer Umdeutung kommt es nicht an. Eine solche Regelung trifft etwa § 150 für die verspätete oder abändernde Annahme eines Vertragsangebots. § 550 bezieht sich auf Mietverträge über Wohnraum sowie über Grundstücke und Räume (§ 578): Wird ein solcher Mietvertrag für längere Zeit als ein Jahr ohne Beachtung der Schriftform geschlossen, gilt er auf unbestimmte Zeit, kann jedoch nicht vor Ablauf eines Jahres gekündigt werden. § 2101 ordnet an, dass eine zur Zeit des Erbfalls noch nicht gezeugte natürliche Person oder noch nicht

---

8 BAG BB 1989, 2330; BAGE 82, 89, 96 f. = NZA 1996, 948, 949 f.; BAGE 85, 208, 219 f. = NZA 1997, 951, 954; BAG ZTR 2000, 75, 76; Erman/*Palm*, § 140 Rn 21; MüKo/*Mayer-Mali/Busche*, § 140 Rn 7. Abl. Molkenbur/Krasshöfer-Pidde, RdA 1989, 337, 348; Staudinger/*Roth*, § 140 Rn 13. Im konkreten Fall lehnt eine Umdeutung ab BAG EzA § 77 BetrVG 1972 Nr. 70 (unter II.3).
9 BAG AP BGB § 140 Nr. 11.
10 Erman/*Palm*, § 140 Rn 3; MüKo/*Mayer-Mali/Busche*, § 140 Rn 8; Soergel/*Hefermehl*, § 140 Rn 29; Staudinger/*Roth*, § 140 Rn 11.
11 BGHZ 76, 16, 28 = NJW 1980, 826, 828; MüKo/*Mayer-Mali/Busche*, § 140 Rn 9.
12 Bamberger/Roth/*Wendtland*, § 140 Rn 6; Erman/*Palm*, § 140 Rn 11; Larenz/Wolf, BGB AT, § 44 Rn 82; Palandt/*Heinrichs*, § 140 Rn 3; Soergel/*Hefermehl*, § 140 Rn 3; Staudinger/*Roth*, § 140 Rn 15. Gegen eine Umdeutbarkeit, weil die angefochtene Erklärung gänzlich beseitigt sei, RGZ 79, 306, 310; Flume, BGB AT Bd. 2, § 32 9c, S. 592 f.; *Medicus*, BGB AT, Rn 518. Unklar MüKo/*Mayer-Mali/Busche*, § 140 Rn 12.
13 BGH WM 1973, 67, 68; MüKo/*Mayer-Mali/Busche*, § 140 Rn 10; Staudinger/*Roth*, § 140 Rn 17.
14 BGH WM 1970, 1023 f. (Blankowechsel mit Ausfüllungsermächtigung); Bamberger/Roth/*Wendtland*, § 140 Rn 7; Erman/*Palm*, § 140 Rn 10;

Larenz/Wolf, BGB AT, § 44 Rn 83; *Medicus*, BGB AT, Rn 518; MüKo/*Mayer-Mali/Busche*, § 140 Rn 10; Staudinger/*Roth*, § 140 Rn 14. A.A. in Bezug auf die Heilung durch Erfüllung Soergel/*Hefermehl*, § 140 Rn 3.
15 BGHZ 40, 218, 221 ff. = NJW 1964, 347 f.; BGH NJW 1971, 420; Erman/*Palm*, § 140 Rn 15; Molkenbur/Krasshöfer-Pidde, RdA 1989, 337; Soergel/*Hefermehl*, § 140 Rn 3; Staudinger/*Roth*, § 140 Rn 14. Gegen jede Umdeutung zunächst nur schwebend unwirksamer Geschäfte RGZ 79, 306, 308 ff.
16 Bamberger/Roth/*Wendtland*, § 140 Rn 6; MüKo/*Mayer-Mali/Busche*, § 140 Rn 10; Soergel/*Hefermehl*, § 140 Rn 2, 27, anders aber Rn 28; Staudinger/*Roth*, § 140 Rn 14. A.A. Ebel, DB 1979, 1973, 1974 f.; Erman/*Palm*, § 140 Rn 6. Offen gelassen von BGH NJW 1986, 58, 59.
17 S. zum Arbeitsrecht Molkenbur/Krasshöfer-Pidde, RdA 1989, 337 sowie unten Rn 23 f. Krit. zur Umdeutung einer mietrechtlichen Kündigung in ein Angebot auf Abschluss eines Auflösungsvertrags BGH NJW 1981, 43, 44; abl. für Pachtverhältnisse BGH WM 1984, 171, 172.
18 Vgl. BGHZ 19, 269, 272 = NJW 1956, 297; MüKo/*Mayer-Mali/Busche*, § 140 Rn 11.

entstandene juristische Person, die als Erbe eingesetzt ist, im Zweifel als Nacherbe eingesetzt ist. Für Scheingeschäfte geht § 117 dem § 140 vor.[19]

II. Abdingbarkeit

§ 140 ist **dispositiv**. So können die Parteien vertraglich jede Umdeutung ausschließen; ob dies als Abbedingung von § 140 oder als Festlegung des für § 140 relevanten Willens anzusehen ist, ist belanglos.

Die Parteien können auch vereinbaren, was für den Fall der Nichtigkeit einer Regelung an deren Stelle gelten soll (**Konversionsklausel**). Eine derartige Regelung stellt nicht nur eine privatautonome Konkretisierung des § 140 dar, sondern beinhaltet dessen Abbedingung. Gleichzeitig wird die Alternativregelung rechtsgeschäftlich festgelegt, allerdings unter der aufschiebenden Bedingung (§ 158 Abs. 1) der Nichtigkeit der primären Regelung. Im Fall der Nichtigkeit kommt es daher auf die Voraussetzungen des § 140 – insbesondere darauf, ob die primäre Regelung den Erfordernissen der Alternativregelung entspricht – nicht an.[20]

III. Das Ersatzgeschäft

1. Grundsätze. Das Ersatzgeschäft muss dem nichtigen **nicht gleichartig** sein. Es kann daher z.B. ein Rechtsgeschäft unter Lebenden in ein solches von Todes wegen umgedeutet werden und umgekehrt.[21] Das Ersatzgeschäft muss nicht unbedingt wirksam sein, aber es muss **weniger fehlerhaft** als das umgedeutete Geschäft sein (etwa schwebend unwirksam statt unwirksam).[22] Eine Umdeutung von Geschäften eines **Geschäftsunfähigen** scheidet daher in aller Regel aus[23]; eine Ausnahme ist denkbar, wenn das Ersatzgeschäft nach § 105a wirksam wäre. Bei **fehlender Verfügungsmacht** ist dagegen eine Umdeutung ohne weiteres denkbar, sofern das Geschäft endgültig unwirksam ist (siehe Rn 11).[24]

Das Ersatzgeschäft muss nicht als „Minus" im nichtigen Geschäft enthalten sein, da § 140 kein Fall der Teilnichtigkeit ist[25]; es kann gegenüber dem umgedeuteten Geschäft auch ein **Aliud** (keinesfalls aber ein Plus) sein[26]. Von seinen **Wirkungen** her darf das Ersatzgeschäft nicht über das umgedeutete Geschäft hinausgehen.[27] So kann etwa eine ordentliche Kündigung nicht in eine fristlose Kündigung oder eine Anfechtung umgedeutet werden.[28] Eine Umdeutung scheitert nicht daran, dass sie zu einer **Verschiebung des vertraglichen Äquivalenzverhältnisses** führt, denn durch das Erfordernis eines entsprechenden hypothetischen Parteiwillens werden die Parteien ausreichend geschützt.[29]

2. Einzelfälle. a) Allgemeines. Die unwiderrufliche **Vollmacht** zu einem formbedürftigen Geschäft, die wegen des Formzwecks trotz § 167 Abs. 2 dem Formzwang unterliegt, kann bei Nichtbeachtung der Form in eine (formlos mögliche) widerrufliche Vollmacht umgedeutet werden.[30] Möglich ist auch die Umdeutung einer wegen Nichtbeachtung von § 48 HGB unwirksamen **Prokura** in eine Handlungsvollmacht (§ 54 HGB) oder eine gewöhnliche Vollmacht.[31] Die Umdeutung einer Erklärung, die ein **Gesamtvertreter** unter Verstoß gegen § 181 abgegeben hat, in eine Ermächtigung des anderen Gesamtvertreters ist ausgeschlossen.[32] Das Gleiche gilt wegen der teils weiter gehenden Rechtsfolgen (§ 122) für die Umdeutung eines **Rücktritts** in eine Irrtumsanfechtung.[33]

---

19 Erman/*Palm*, § 140 Rn 9; MüKo/*Mayer-Mali/Busche*, § 140 Rn 10; Staudinger/*Roth*, § 140 Rn 17.
20 Bamberger/Roth/*Wendtland*, § 140 Rn 4; MüKo/*Mayer-Mali/Busche*, § 140 Rn 6; Staudinger/*Roth*, § 140 Rn 6.
21 BGHZ 40, 218, 224 = NJW 1964, 347, 348; BGHZ 125, 355, 364 = NJW 1994, 1785, 1787.
22 RGZ 129, 122, 123 f.; Erman/*Palm*, § 140 Rn 14; MüKo/*Mayer-Mali/Busche*, § 140 Rn 13; Soergel/*Hefermehl*, § 140 Rn 4; Staudinger/*Roth*, § 140 Rn 14, 20. Deshalb keine Umdeutung einer unstatthaften sofortigen und/oder weiteren Beschwerde in eine gleichfalls unstatthafte Rechtsbeschwerde, BGH NJW 2002, 1958.
23 Erman/*Palm*, § 140 Rn 9; MüKo/*Mayer-Mali/Busche*, § 140 Rn 10; Staudinger/*Roth*, § 140 Rn 17.
24 Derleder, JZ 1999, 176, 178 f.; Palandt/*Heinrichs*, § 140 Rn 3; Soergel/*Hefermehl*, § 140 Rn 3; Staudinger/*Roth*, § 140 Rn 17. A.A. RGZ 124, 28, 31; MüKo/*Mayer-Mali/Busche*, § 140 Rn 10.
25 So aber *Flume*, BGB AT Bd. 2, § 32 9c, S. 592 ff. („qualitative Teilnichtigkeit"); ähnlich BGHZ 19, 269, 275 = NJW 1956, 297, 298.
26 Bamberger/Roth/*Wendtland*, § 140 Rn 11; Erman/*Palm*, § 140 Rn 12; *Medicus*, BGB AT, Rn 519; MüKo/*Mayer-Mali/Busche*, § 140 Rn 15; Palandt/*Heinrichs*, § 140 Rn 6.
27 BGHZ 20, 363, 370 f. = NJW 1956, 1198, 1200; BGH NJW 1965, 106; Soergel/*Hefermehl*, § 140 Rn 5; Staudinger/*Roth*, § 140 Rn 22 f.
28 BAG DB 1975, 214; BAG NJW 1976, 592; Staudinger/*Roth*, § 140 Rn 22, 42 (Umdeutung außerordentlicher Kündigung in Anfechtung möglich).
29 BGH NJW 1963, 339, 340.
30 Palandt/*Heinrichs*, § 140 Rn 13; Soergel/*Hefermehl*, § 140 Rn 4; Staudinger/*Roth*, § 140 Rn 19, 73. A.A. *Flume*, BGB AT Bd. 2, § 32 9e, S. 597; MüKo/*Mayer-Mali/Busche*, § 140 Rn 22.
31 *Baumbach/Hopt*, HGB, § 48 Rn 1; *W.-H. Roth*, in: Koller/Roth/Morck, HGB, 4. Aufl. 2003, § 48 Rn 11; Staudinger/*Roth*, § 140 Rn 72.
32 BGH NJW 1992, 618; MüKo/*Mayer-Mali/Busche*, § 140 Rn 27.
33 BGH BB 1965, 1083.

20 Die unwirksame **Abtretung eines Rechts** kann in die Befugnis umgedeutet werden, das Recht in eigenem Namen geltend zu machen, z.B. eine Forderungsabtretung in eine Einziehungsermächtigung[34] und die Abtretung eines unselbständigen Gestaltungsrechts in die Ermächtigung, es in eigenem Namen auszuüben[35]. In Betracht kommt auch die Umdeutung der unwirksamen Verfügung über einen Anteil an einer beendeten fortgesetzten Gütergemeinschaft (vgl. §§ 1419 Abs. 1, 1497 Abs. 2) in die Abtretung des Anspruchs auf das Auseinandersetzungsguthaben.[36] Die Übertragung des Vollrechts kann in die Übertragung des entsprechenden **Anwartschaftsrechts** umgedeutet werden.[37] Ausgeschlossen ist dagegen die Umdeutung einer unwirksamen **Verpfändung** in eine Sicherungsabtretung oder -übereignung, da diese in ihren Wirkungen über die Verpfändung hinausgeht; eine Umdeutung in ein Zurückbehaltungsrecht bis zum Wegfall des Sicherungszwecks ist aber möglich.[38]

21 Die Umdeutung einer formnichtigen **Bürgschaft** in einen Schuldbeitritt scheidet aus, weil der Schuldbeitritt im Gegensatz zur Bürgschaft nicht zu einer lediglich akzessorischen Haftung führt und sonst die Formvorschrift des § 766 unterlaufen würde.[39] Eine unwirksame außerordentliche **Kündigung** kann in eine ordentliche umgedeutet werden, wenn eine ordentliche Kündigung dem mutmaßlichen Willen des Kündigenden entspricht und dieser Wille dem Kündigungsempfänger im Zeitpunkt des Zugangs der Kündigung erkennbar geworden ist (siehe näher Rn 23).[40] Wegen der weiter gehenden Rechtsfolgen ist die Umdeutung einer ordentlichen Kündigung in eine außerordentliche dagegen nicht möglich. Siehe speziell zum Arbeitsrecht Rn 23 f.

22 b) Grundstücksrecht. Ein mit dinglicher Wirkung gewolltes **Wiederkaufsrecht** kann in ein schuldrechtliches i.S.d. §§ 456 ff. umgedeutet werden.[41] Ebenso kann ein **Vorkaufsrecht**, das nicht wirksam dinglich begründet wurde (§ 1094), in ein schuldrechtliches Vorkaufsrecht (§ 463) umgedeutet werden.[42] Möglich ist bei entsprechendem Parteiwillen auch die Umdeutung eines nichtigen **Grundstückskaufvertrags** in den Vertrag über die Bestellung einer Dienstbarkeit oder eines Nießbrauchs.[43] Die nichtige **Abtretung eines Nießbrauchs** (§ 1059 S. 1) kann in die Überlassung der Ausübung (§ 1059 S. 2) umgedeutet werden[44], die nichtige **Verpfändung einer Hypothek oder Grundschuld** in die Einräumung eines Zurückbehaltungsrechts am Hypotheken- oder Grundschuldbrief[45], die nichtige Zusage von **Wohnungseigentum** in die Einräumung eines Dauerwohnrechts[46]. Unzulässig ist dagegen die Umdeutung einer **Grunddienstbarkeit** in eine beschränkte persönliche Dienstbarkeit, da diese gemäß § 1090 zugunsten einer individuell bestimmten Person eingetragen werden muss.[47]

23 c) Arbeitsrecht. Eine **fristlose Kündigung** kann nach ständiger Rspr. des BAG in eine ordentliche umgedeutet werden, wenn eine ordentliche Kündigung dem mutmaßlichen Willen des Kündigenden entspricht und dieser Wille dem Kündigungsempfänger im Zeitpunkt des Zugangs der Kündigung erkennbar geworden ist.[48] Ein entsprechender mutmaßlicher Wille kann in aller Regel jedenfalls dann angenommen werden, wenn die Tatsachen, aus denen der Kündigende einen wichtigen Grund ableitet, tatsächlich vorliegen.[49] Das Erfordernis der Erkennbarkeit ist fragwürdig, weil es der Umdeutung an sich fremd ist und bei Erkennbarkeit in der Regel schon eine entsprechende Auslegung möglich ist, so dass nicht auf § 140 zurückgegriffen werden muss.[50]

---

34 BGH NJW 1987, 3121, 3122; Erman/*Palm*, § 140 Rn 20.
35 BGHZ 68, 118, 125 = NJW 1977, 848, 849; BGH NJW 1998, 896, 897; NJW-RR 2003, 51; Erman/*Palm*, § 140 Rn 20.
36 BGH BB 1966, 755.
37 BGHZ 20, 88, 101 = NJW 1956, 665, 667; Palandt/*Bassenge*, § 929 Rn 45; Soergel/*Hefermehl*, § 140 Rn 16; Staudinger/*Roth*, § 140 Rn 73.
38 MüKo/*Mayer-Mali/Busche*, § 140 Rn 22; Soergel/*Hefermehl*, § 140 Rn 5; Staudinger/*Roth*, § 140 Rn 22, 67.
39 OLG Hamm, NJW 1988, 3022; *Medicus*, BGB AT, Rn 522; Staudinger/*Roth*, § 140 Rn 30.
40 BGH NJW 1981, 976, 977 (Mietvertrag; sehr restriktiv); BGH NJW 1982, 2603 f. (Belegarztvertrag); BGH NJW 1998, 76 und BGH NJW-RR 2000, 987, 988 (Anstellungsvertrag eines Geschäftsführers); Staudinger/*Roth*, § 140 Rn 46.
41 BGH LM § 497 BGB Nr. 6 = MDR 1965, 283.
42 MüKo/*Mayer-Mali/Busche*, § 140 Rn 23; Staudinger/*Roth*, § 140 Rn 63.
43 RGZ 110, 391, 392 f.; MüKo/*Mayer-Mali/Busche*, § 140 Rn 23; Staudinger/*Roth*, § 140 Rn 63.
44 § 1059 Rn 1; MüKo/*Mayer-Mali/Busche*, § 140 Rn 23.
45 RGZ 66, 24, 27 f.; RGZ 124, 28, 29 ff.; Staudinger/*Roth*, § 140 Rn 63.
46 BGH NJW 1963, 339, 340.
47 Erman/*Palm*, § 140 Rn 24; Staudinger/*Roth*, § 140 Rn 66.
48 BAG NJW 1976, 2366, 2367; BAG NJW 1988, 581 f.; 2002, 2972, 2973. S. ausf. *J. Hager*, BB 1989, 693 ff.; Molkenbur/Krasshöfer-Pidde, RdA 1989, 337, 341.
49 Vgl. BGH NJW 1982, 2603 f. (zur Kündigung eines Belegarztvertrags).
50 Soergel/*Hefermehl*, § 140 Rn 17; Staudinger/*Roth*, § 140 Rn 36. Gegen das Erfordernis der Erkennbarkeit LAG Hamm BB 1982, 2109 f. Dafür Molkenbur/Krasshöfer-Pidde, RdA 1989, 337, 341 f.

Notwendig ist selbstverständlich, dass die Voraussetzungen für eine ordentliche Kündigung vorliegen, insbesondere dass der Betriebsrat (hilfsweise) zur ordentlichen Kündigung angehört wurde (§ 102 BetrVG)[51] und eine erforderliche behördliche Genehmigung (z.B. der Hauptfürsorgestelle) auch für die ordentliche Kündigung vorliegt[52]. Das BAG hat eine Umdeutung abgelehnt, wenn der Betriebsrat nicht zu der ausgesprochenen außerordentlichen, sondern nur zu der nicht ausgesprochenen ordentlichen Kündigung angehört wurde[53]; dafür besteht jedoch keinerlei Grund. Die Umdeutung einer **ordentlichen Kündigung** in eine außerordentliche scheidet wegen der weiter gehenden Rechtsfolgen aus.[54] Das Gleiche gilt für die Umdeutung in eine **Anfechtung**.[55] Eine fristlose Kündigung kann dagegen in eine Anfechtung umgedeutet werden, da auch Letztere im Arbeitsrecht nur *ex nunc* wirkt.[56] Zu **Betriebsvereinbarungen** siehe Rn 8.

d) Gesellschaftsrecht. Der Vertrag über die **Gründung einer OHG** kann in den Vertrag über die Gründung einer BGB-Gesellschaft umgedeutet werden[57], aber – wegen der teils abweichenden und nicht dispositiven Regelungen für die OHG (z.B. § 126 HGB) – nicht umgekehrt[58]. Möglich sind auch die Umdeutung der **außerordentlichen Kündigung** eines Gesellschaftsvertrags in eine ordentliche Kündigung[59] und die Umdeutung einer **Stimmrechtsübertragung** in einen gesellschaftsvertraglichen Stimmrechtsausschluss, verbunden mit der Erhöhung des Stimmrechts der anderen Gesellschafter[60]. Dagegen kann eine unwiderrufliche **Stimmrechtsvollmacht** in der GmbH nicht in einen Stimmrechtsverzicht oder in eine Verpflichtung, nicht abzustimmen, umgedeutet werden.[61] Die Umdeutung einer nichtigen **Verschmelzung** oder einer gescheiterten **Umwandlung nach dem LwAnpG** in eine Vermögensübertragung i.S.v. § 419 a.F. (vgl. Art. 223a EGBGB) hat der BGH am Fehlen eines entsprechenden hypothetischen Parteiwillens scheitern lassen.[62]

e) Wertpapierrecht. Da § 140 ein nichtiges Rechtsgeschäft voraussetzt, können Erklärungen auf einem **formgültigen Wechsel** nicht umgedeutet werden, auch wenn der Wechsel präjudiziert ist oder die Wechselansprüche verjährt sind.[63] Ein ungültiger **gezogener Wechsel** kann in eine bürgerlich-rechliche (§ 783) oder kaufmännische (§ 363 HGB) Anweisung umgedeutet werden.[64] Bei einem ungültigen **Wechsel an eigene Order** scheidet eine Umdeutung in eine bürgerlich-rechliche Anweisung aus, da diese zwingend Personenverschiedenheit zwischen Anweisendem, Angewiesenem und Anweisungsempfänger voraussetzt; eine Umdeutung in eine kaufmännische Anweisung, die an eigene Order des Ausstellers gestellt werden kann, ist jedoch möglich.[65] Ein formnichtiger **eigener Wechsel** (Art. 75 WG) kann in ein abstraktes Schuldversprechen oder einen kaufmännischen Verpflichtungsschein umgedeutet werden[66], das **Akzept** eines formnichtigen Wechsels in ein abstraktes Schuldversprechen (§ 780), die Annahme einer (kaufmännischen) Anweisung (§ 784 BGB, § 363 HGB) oder einen kaufmännischen Verpflichtungsschein (§ 363 Abs. 1 S. 2 HGB)[67]. Die Umdeutung von **Erklärungen des Ausstellers, Indossanten oder Wechselbürgen** in ein abstraktes

---

51 BAG NJW 1976, 2366; Erman/*Palm*, § 140 Rn 21; J. *Hager*, BB 1989, 693, 695 f.; *Molkenbur/Krasshöfer-Pidde*, RdA 1989, 337, 343; MüKo/*Mayer-Mali/Busche*, § 140 Rn 28.
52 LAG Berlin, NZA 1985, 95; *Molkenbur/Krasshöfer-Pidde*, RdA 1989, 337, 343; MüKo/*Mayer-Mali/Busche*, § 140 Rn 28; Staudinger/*Roth*, § 140 Rn 39.
53 BAG NJW 1976, 2366, 2368. Zust. *Molkenbur/Krasshöfer-Pidde*, RdA 1989, 337, 343 f.
54 BAG DB 1975, 214; BAG NJW 1976, 592; *Molkenbur/Krasshöfer-Pidde*, RdA 1989, 337, 340 f.; MüKo/*Mayer-Mali/Busche*, § 140 Rn 29; Staudinger/*Roth*, § 140 Rn 22, 42.
55 BAG NJW 1976, 592; *Molkenbur/Krasshöfer-Pidde*, RdA 1989, 337, 342 f.; MüKo/*Mayer-Mali/Busche*, § 140 Rn 29; Staudinger/*Roth*, § 140 Rn 42.
56 *Molkenbur/Krasshöfer-Pidde*, RdA 1989, 337, 343; Staudinger/*Roth*, § 140 Rn 42. A.A. MüKo/*Mayer-Mali/Busche*, § 140 Rn 29.
57 BGHZ 19, 269, 272 = NJW 1956, 297; *Medicus*, BGB AT, Rn 521; MüKo/*Mayer-Mali/Busche*, § 140 Rn 27; Soergel/*Hefermehl*, § 140 Rn 10; Staudinger/*Roth*, § 140 Rn 26, 57.
58 Erman/*Palm*, § 140 Rn 23; MüKo/*Mayer-Mali/Busche*, § 140 Rn 27; Staudinger/*Roth*, § 140 Rn 57.
59 BGH NJW 1998, 1551.
60 BGHZ 20, 363, 370 f. = NJW 1956, 1198, 1200.
61 BGH BB 1961, 881.
62 BGH NJW 1996, 659, 660; BGHZ 138, 371, 374 = VIZ 1998, 466, 467.
63 BGHZ 3, 238, 239 = NJW 1952, 21; BGH WM 1970, 1023 f.; 1972, 461; Baumbach/*Hefermehl*, Wechselgesetz und Scheckgesetz, 22. Aufl. 2000, Art. 2 WG Rn 12.
64 *Hueck/Canaris*, Recht der Wertpapiere, 12. Aufl. 1986, S. 68.
65 *Hueck/Canaris*, Recht der Wertpapiere, 12. Aufl. 1986, S. 68.
66 BGH NJW 1988, 1468 f.; Baumbach/*Hefermehl*, Wechselgesetz und Scheckgesetz, 22. Aufl. 2000, Art. 2 WG Rn 14; *Hueck/Canaris*, Recht der Wertpapiere, 12. Aufl. 1986, S. 69 f.
67 BGHZ 124, 263, 268 ff. = NJW 1994, 447, 448 f.; Baumbach/*Hefermehl*, Wechselgesetz und Scheckgesetz, 22. Aufl. 2000, Art. 2 WG Rn 11; Soergel/*Hefermehl*, § 140 Rn 25; Staudinger/*Roth*, § 140 Rn 61. A.A. RGZ 136, 209 f.; BGH WM 1955, 1324.

Schuldversprechen (§ 780) oder einen Garantievertrag ist dagegen ausgeschlossen, da diese wegen Artt. 43 f. WG weiter gehende Wirkungen entfalten würden als die wechselrechtliche Haftung.[68]

27 Ein mangels Angabe des Ausstellungstags **unwirksamer Scheck** kann in eine Ermächtigung des Bezogenen, für Rechnung des Ausstellers zu zahlen, und eine Ermächtigung des Inhabers, die Leistung beim Bezogenen zu erheben, umgedeutet werden.[69]

28 **f) Familien- und Erbrecht.** Zur Umdeutung letztwilliger Verfügungen siehe AnwK-BGB/*Fleindl*, § 2084 Rn 58 ff., zur Umdeutung von Erbverträgen AnwK-BGB/*Kornexl*, vor §§ 2274 ff. Rn 32 ff. Die nach § 311b Abs. 4 unwirksame **Abtretung eines Erbteils** eines Abkömmlings an seine Geschwister kann in einen Erbverzicht (§ 2346) zugunsten des Erblassers umgedeutet werden.[70] Nur in Ausnahmefällen kommt die Umdeutung einer **wegen § 1365 unwirksamen Vermögensübertragung** in einen entsprechenden Erbvertrag in Betracht, da die Schutzfunktion des § 1365 nicht unterlaufen werden darf.[71] Möglich ist dagegen die Umdeutung eines wegen Formmangels nichtigen **Erbteilskaufs** in einen Auseinandersetzungsvertrag, sofern alle Miterben mitgewirkt haben.[72]

29 **g) Prozessrecht.** Ein aus formellen Gründen unwirksamer **Prozessvergleich** kann nach Ansicht des BGH in einen materiellrechtlichen Vergleich (§ 779) umgedeutet werden[73]; hier könnte auch auf § 139 zurückgegriffen werden. **Für möglich gehalten** wurde die Umdeutung einer Leistungsklage in eine Abänderungsklage[74], einer sofortigen Beschwerde in eine Berufung[75], einer unzulässigen Hauptberufung in eine unselbständige Anschlussberufung[76], einer Berufung in einen Beitritt als Nebenintervenient, verbunden mit der Einlegung der Berufung[77]. **Abgelehnt** wurde dagegen die Umdeutung einer unstatthaften sofortigen und/oder weiteren Beschwerde in eine gleichfalls unstatthafte Rechtsbeschwerde[78], die Umdeutung einer unzulässigen Berufung in den Einspruch gegen ein Versäumnisurteil, weil dieser Einspruch bei einem anderen Gericht hätte eingelegt werden müssen[79], sowie die Umdeutung einer Revision in eine Beschwerde gegen die Nichtzulassung der Revision, da mit beiden unterschiedliche Ziele verfolgt werden[80].

IV. Der Parteiwille

30 **Kannten** die Parteien die Nichtigkeit des Rechtsgeschäfts bei seiner Vornahme, kommt eine Umdeutung nicht in Betracht, da die Parteien dann keines Schutzes gegen die Unwirksamkeit bedürfen[81] (siehe zum Vorrang von § 117 auch Rn 14); eine Umdeutung ist aber möglich, wenn sie die Nichtigkeit nicht als endgültig ansahen[82]. Kannten nur **einzelne Beteiligte** die Nichtigkeit, ist § 140 zum Schutz der anderen anwendbar. Entgegen einer Literaturansicht[83] kommt es dann für die Umdeutung auf den hypothetischen Willen sämtlicher Beteiligter an, nicht nur derjenigen Beteiligten, denen die Nichtigkeit unbekannt war. Denn auch den anderen Beteiligten darf keine Regelung aufoktroyiert werden, die mit ihrem (mutmaßlichen) Willen nicht vereinbar ist; eine derartige „Bestrafung" durch Einschränkung der Privatautonomie wäre § 140 fremd.

31 Entscheidend ist wie bei § 139 primär der **tatsächliche**[84], hilfsweise der **hypothetische Parteiwille** (siehe § 139 Rn 44 ff.) im Zeitpunkt der Vornahme des nichtigen (oder auch zunächst schwebend unwirksamen[85]) Rechtsgeschäfts[86]. Es kommt also darauf an, was die Parteien bei Kenntnis der Nichtigkeit vereinbart

---

68 BGH NJW 1957, 1837, 1838; Baumbach/*Hefermehl*, Wechselgesetz und Scheckgesetz, 22. Aufl. 2000, Art. 2 WG Rn 10; *Hueck/Canaris*, Recht der Wertpapiere, 12. Aufl. 1986, S. 69; Soergel/*Hefermehl*, § 140 Rn 25.
69 BGHZ 147, 145, 148 = NJW 2001, 1855; Baumbach/*Hefermehl*, Wechselgesetz und Scheckgesetz, 22. Aufl. 2000, Art. 2 ScheckG Rn 5; Soergel/*Hefermehl*, § 140 Rn 25.
70 BGH NJW 1974, 43, 44 f.
71 BGHZ 125, 355, 363 f. = NJW 1994, 1785, 1787. Weniger streng BGH NJW 1980, 2350, 2351 f. (insoweit nicht in BGHZ 77, 293 abgedruckt).
72 RGZ 129, 122, 123; Bamberger/Roth/*Mayer*, § 2371 Rn 3; MüKo/*Mayer-Maly/Busche*, § 140 Rn 25; Soergel/*Wolf*, § 2033 Rn 17; Soergel/*Zimmermann*, § 2371 Rn 26; Staudinger/*Roth*, § 140 Rn 50. Einschr. AnwK-BGB/*Ullrich*, § 2371 Rn 9.
73 BGH NJW 1985, 1962, 1963.
74 BGH NJW 1992, 438, 439.
75 BGH NJW 1987, 1204.
76 BGH FamRZ 1987, 154; BGHZ 100, 383, 387 f. = NJW 1987, 3263.
77 BGH NJW 2001, 1217, 1218.
78 BGH NJW 2002, 1958.
79 BGH VersR 1974, 1099, 1100.
80 BGH DB 1971, 2256 f.
81 BGHZ 125, 355, 364 = NJW 1994, 1785, 1787; *Mühlhans*, NJW 1994, 1049; MüKo/*Mayer-Maly/Busche*, § 140 Rn 16; Soergel/*Hefermehl*, § 140 Rn 9; Staudinger/*Roth*, § 140 Rn 28.
82 BGHZ 125, 355, 364 = NJW 1994, 1785, 1787; *Larenz/Wolf*, BGB AT, § 44 Rn 75.
83 Bamberger/Roth/*Wendtland*, § 140 Rn 12; MüKo/*Mayer-Maly/Busche*, § 140 Rn 16; Staudinger/*Roth*, § 140 Rn 28.
84 Bamberger/Roth/*Wendtland*, § 140 Rn 13.
85 BGHZ 40, 218, 221 ff. = NJW 1964, 347, 348.
86 BGH NJW 1974, 43, 45; 1980, 2517 f.; NJW-RR 1986, 352, 353; BayObLG NJW-RR 1999, 620, 621; MüKo/*Mayer-Mali/Busche*, § 140 Rn 20; Staudinger/*Roth*, § 140 Rn 27.

hätten. Was objektiv vernünftig ist oder was der Richter für eine angemessene Regelung hält, ist nur relevant, wenn es keine anderen Indizien für den hypothetischen Parteiwillen gibt. Deutet aber etwas darauf hin, dass die Parteien eine aus Sicht des Richters unvernünftige Regelung getroffen hätten, dann ist diese maßgeblich.[87] Eine Umdeutung scheidet daher aus, wenn sich der von den Parteien angestrebte wirtschaftliche Erfolg auf einem Weg erreichen lässt, den sie nicht gewünscht haben. Es geht allerdings zu weit, dies schon dann anzunehmen, wenn die Parteien sich auf eine bestimmte Gestaltung festgelegt haben, weil sie den anderen Weg nicht erkannt haben, obwohl sie bei Kenntnis diesen anderen Weg gewollt hätten.[88] Zu berücksichtigen sind auch die einseitig von einem Vertragspartner verfolgten Interessen, die nicht zum Inhalt des Rechtsgeschäfts geworden sind.[89] Wird durch das Ersatzgeschäft der von den Parteien mit dem nichtigen Rechtsgeschäft erstrebte **wirtschaftliche Erfolg** erreicht, ist normalerweise ein auf das Ersatzgeschäft gerichteter hypothetischer Wille anzunehmen.[90]

V. Prozessuales

Da die Rechtsfolge der Umdeutung nach § 140 **automatisch** eintritt, es also keiner wie auch immer gearteten Rechtsgestaltung durch Parteien oder Gericht bedarf, ist die Umdeutung im Prozess **von Amts wegen** zu berücksichtigen.[91] Diejenige Partei, die aus der Umdeutung Rechtsfolgen herleiten will, muss die für die Umdeutung relevanten Umstände darlegen und beweisen.[92]

32

C. Weitere praktische Hinweise

Um die mit der Anwendung von § 140 verbundene Unsicherheit zu vermeiden, kann es sinnvoll sein, eine **Konversionsklausel** (siehe Rn 16) in den Vertrag aufzunehmen. Dies empfiehlt sich immer dann, wenn die Parteien einerseits eine Gefahr der Nichtigkeit sehen, ihnen die möglicherweise nichtige Regelung aber andererseits so wichtig ist, dass sie nicht von vornherein zugunsten eines sicheren Wegs auf sie verzichten wollen.

33

§ 141 Bestätigung des nichtigen Rechtsgeschäfts

(1) ¹Wird ein nichtiges Rechtsgeschäft von demjenigen, welcher es vorgenommen hat, bestätigt, so ist die Bestätigung als erneute Vornahme zu beurteilen.

(2) ¹Wird ein nichtiger Vertrag von den Parteien bestätigt, so sind diese im Zweifel verpflichtet, einander zu gewähren, was sie haben würden, wenn der Vertrag von Anfang an gültig gewesen wäre.

Literatur: Graba, Bestätigung und Genehmigung von Rechtsgeschäften, Diss. München 1967; *Kohte*, Unwirksame Bestätigung eines wucherähnlichen Kreditvertrags – BGH NJW 1982, 1981, JuS 1984, 509; *Markus Müller*, Die Bestätigung nichtiger Rechtsgeschäfte nach § 141 BGB, 1989.

---

87 BGHZ 19, 269, 272 ff. = NJW 1956, 297 f. (mit äußerst fragwürdiger Anwendung im konkreten Fall); BGH NJW 1980, 2350, 2352 (insoweit nicht in BGHZ 77, 293 abgedruckt); BGH NJW-RR 1986, 352, 353; Erman/*Palm*, § 140 Rn 17; *Larenz/Wolf*, BGB AT, § 44 Rn 76; Soergel/*Hefermehl*, § 140 Rn 1; Staudinger/*Roth*, § 140 Rn 25.

88 So aber BGH NJW 1971, 420 f. Zust. *Flume*, BGB AT Bd. 2, § 32 9d, S. 595 f. Abl. *Bürck*, JuS 1971, 571, 574 f.

89 *Flume*, BGB AT Bd. 2, § 32 9c, S. 594 f.

90 BGHZ 19, 269, 272 f. = NJW 1956, 297; BGH NJW 1980, 2350, 2351 f. (insoweit nicht in BGHZ 77, 293 abgedruckt); Erman/*Palm*, § 140 Rn 16; Soergel/*Hefermehl*, § 140 Rn 1, 8; Staudinger/*Roth*, § 140 Rn 25.

91 BGH NJW 1963, 339, 340; BAG NJW 2002, 2972, 2973 f.; Bamberger/Roth/*Wendtland*, § 140 Rn 14; Erman/*Palm*, § 140 Rn 18; MüKo/*Mayer-Mali/Busche*, § 140 Rn 32; Palandt/*Heinrichs*, § 140 Rn 1; Staudinger/*Roth*, § 140 Rn 1, 33.

92 Bamberger/Roth/*Wendtland*, § 140 Rn 15; Erman/*Palm*, § 140 Rn 18; Staudinger/*Roth*, § 140 Rn 34.

A. Allgemeines	1	B. Regelungsgehalt	8
I. Normzweck	1	I. Anwendungsbereich	8
II. Abgrenzungen	3	1. Rechtsgeschäft	8
1. Bestätigung eines anfechtbaren Rechtsgeschäfts	3	2. Nichtigkeit	9
2. Genehmigung	4	II. Bestätigung	10
3. Heilung durch Leistungsbewirkung	5	III. Rechtsfolgen	16
4. Umdeutung	6	IV. Beweislast	17
5. Weitere Fälle der Bestätigung	7		

A. Allgemeines

I. Normzweck

1 Ein nichtiges Rechtsgeschäft bleibt auch dann nichtig, wenn der **Nichtigkeitsgrund** später **wegfällt**.[1] Wird ein solches Rechtsgeschäft dann von den Parteien bestätigt, so kann diese Bestätigung nichts an der mangelnden Anerkennung des Geschäfts durch die Rechtsordnung und damit an der Nichtigkeit ändern. Die Bestätigung ist daher gemäß Abs. 1 als Neuvornahme anzusehen. Sie wirkt folglich nur *ex nunc*.[2] Bei **Verträgen** ist allerdings nach der Auslegungsregel[3] des Abs. 2 anzunehmen, dass sich die Parteien durch die Bestätigung dazu verpflichten, einander so zu stellen, als wäre der Vertrag von Anfang an wirksam gewesen.

2 Trotz der Regel des Abs. 1 wird heute allgemein angenommen, dass sich die Bestätigung von einer Neuvornahme des Geschäfts dadurch unterscheidet, dass sie **geringere inhaltliche Anforderungen** stellt als diese (siehe Rn 12, 15).[4]

II. Abgrenzungen

3 **1. Bestätigung eines anfechtbaren Rechtsgeschäfts.** Für die Bestätigung eines nicht nichtigen, sondern nur anfechtbaren Rechtsgeschäfts gilt § 144. Die Bestätigung führt hier nicht dazu, dass ein unwirksames Rechtsgeschäft wirksam wird, sondern nur zum Verlust der Möglichkeit, ein wirksames Rechtsgeschäft durch Anfechtung zu vernichten. Deshalb stellt § 144 geringere Anforderungen als § 141: Die Bestätigung eines anfechtbaren Rechtsgeschäfts ist nach h.M. nicht empfangsbedürftig und gemäß § 144 Abs. 2 generell formfrei möglich.

4 **2. Genehmigung.** Die Genehmigung (§ 184) nach §§ 108 Abs. 1, 177 Abs. 1 oder 1366 Abs. 1 bezieht sich nicht auf ein nichtiges, sondern auf ein schwebend unwirksames Rechtsgeschäft. Im Gegensatz zur Bestätigung wirkt sie in der Regel *ex tunc* (§ 184 Abs. 1).

5 **3. Heilung durch Leistungsbewirkung.** Eine Heilung durch Leistungsbewirkung (z.B. nach §§ 311b Abs. 1 S. 2, 518 Abs. 2, 766 S. 3) ist im Gegensatz zur Bestätigung kein Rechtsgeschäft.[5] Führen die Parteien jedoch einvernehmlich die Heilung herbei, kann die **Auslegungsregel des Abs. 2** entsprechend herangezogen werden; danach sind die Parteien im Zweifel verpflichtet, einander so zu stellen, wie sie stehen würden, wenn das geheilte Rechtsgeschäft von Anfang an wirksam gewesen wäre.[6]

6 **4. Umdeutung.** Bei der Umdeutung wird das Rechtsgeschäft aufgrund des hypothetischen Parteiwillens mit einem anderen als dem ursprünglich vereinbarten Inhalt aufrechterhalten; die Umdeutung tritt automatisch ein (§ 140 Rn 32). Die Bestätigung ist dagegen Rechtsgeschäft, das dazu führt, dass das nichtige Rechtsgeschäft mit seinem ursprünglich vereinbarten Inhalt gilt.

7 **5. Weitere Fälle der Bestätigung.** Im **Eherecht** ist nach § 1315 Abs. 1 S. 1 Nr. 1–4, S. 2–3 bei einer Bestätigung die Aufhebung der Ehe ausgeschlossen. Da die Bestätigung nicht die Ehe wirksam macht, sondern die Aufhebbarkeit ausschließt, ist die Norm eher mit § 144 als mit § 141 verwandt. Das Gleiche gilt für die Bestätigung eines **anfechtbaren Hauptversammlungsbeschlusses** nach § 244 AktG.

---

1 Flume, BGB AT Bd. 2, § 30 5, S. 550 f.
2 Motive I, S. 217.
3 Prot. I, S. 126; Staudinger/*Roth*, § 141 Rn 26.
4 BGH NJW 1999, 3704, 3705.
5 RGZ 115, 6, 12; MüKo/*Mayer-Mali/Busche*, § 141 Rn 6; Staudinger/*Roth*, § 141 Rn 4.
6 RGZ 115, 6, 12 f.; BGHZ 32, 11, 12 f. = NJW 1960, 525, 526; BGHZ 54, 56, 63 f. = NJW 1970, 1541, 1543; MüKo/*Mayer-Mali/Busche*, § 141 Rn 6; *Reinicke/Tiedtke*, NJW 1982, 1430, 1433 f.; Staudinger/*Roth*, § 141 Rn 4. Manche Autoren halten die Anwendung von Abs. 2 für überflüssig, weil der Vertrag gemäß § 311b Abs. 1 S. 2 „seinem ganzen Inhalt nach" gültig wird: *Flume*, BGB AT Bd. 2, § 30 6, S. 552 f.; Soergel/*Hefermehl*, § 141 Rn 12.

B. Regelungsgehalt

I. Anwendungsbereich

1. Rechtsgeschäft. § 141 gilt für **alle Arten von Rechtsgeschäften**, für Verträge (Abs. 2) ebenso wie für einseitige Rechtsgeschäfte (z.B. Kündigungen[7]), für Geschäfte unter Lebenden ebenso wie für letztwillige Verfügungen[8]. Ebenso gilt die Norm für **Gesamtakte**, wie etwa Beschlüsse einer Wohnungseigentümerversammlung[9]. Auf **öffentlich-rechtliche Verträge** ist § 141 über § 62 S. 2 VwVfG anwendbar.

2. Nichtigkeit. Der **Nichtigkeitsgrund** ist unerheblich. In Betracht kommen etwa der Verstoß gegen ein Verbotsgesetz[10], Sittenwidrigkeit[11], Formnichtigkeit oder das Vorliegen eines Scheingeschäfts i.S.v. § 117[12]. § 141 gilt auch für Rechtsgeschäfte, die durch **Verweigerung der Genehmigung** endgültig unwirksam wurden; eine (nicht mehr mögliche) „Genehmigung" kann dabei in der Regel als Bestätigung ausgelegt werden.[13] Auch **angefochtene Geschäfte** können bestätigt werden[14]; für anfechtbare Geschäfte gilt dagegen § 144. Auf Rechtsgeschäfte, die nach §§ 52, 53 BörsG a.F. **unverbindlich** waren, wurde § 141 entsprechend angewendet.[15]

II. Bestätigung

Die Bestätigung ist ein **Rechtsgeschäft**, an dem die gleichen **Personen** beteiligt sein müssen wie an dem bestätigten Rechtsgeschäft. Beruht die Nichtigkeit eines Vertrags darauf, dass eine der Willenserklärungen unwirksam ist, genügt die Bestätigung durch diejenige Partei, die diese Willenserklärung abgegeben hat, wenn die andere Partei noch an ihre Erklärung gebunden ist (vgl. § 146)[16], sonst müssen beide Parteien bestätigen. Möglich ist auch eine nur **teilweise Bestätigung** des nichtigen Rechtsgeschäfts, sofern dieses i.S.v. § 139 teilbar ist (siehe § 139 Rn 18 ff.).[17]

Die Bestätigung muss als Rechtsgeschäft **wirksam** sein. Eine Bestätigung scheidet daher immer dann aus, wenn derjenige Grund, der der Wirksamkeit des ursprünglichen Geschäfts entgegensteht, auch die Bestätigung erfasst.[18] Bei **gesetz- oder sittenwidrigen Rechtsgeschäften** (§§ 134, 138 BGB) wird daher eine Bestätigung nur ausnahmsweise in Betracht kommen, nämlich dann, wenn sich die Umstände, auf denen die Gesetzwidrigkeit oder der Sittenverstoß beruht, geändert haben[19], wenn das Verbotsgesetz aufgehoben[20] oder geändert wurde oder wenn sich die für das Sittenwidrigkeitsurteil maßgeblichen Wertvorstellungen geändert haben. Im Fall der **Sittenwidrigkeit** ist insbesondere zu prüfen, ob die Bestätigung nicht trotz Wegfalls einzelner die Sittenwidrigkeit begründender Umstände nichtig ist, weil die weiterwirkenden übrigen Umstände allein oder zusammen mit hinzutretenden neuen Umständen zur Sittenwidrigkeit führen.[21]

Welche **inhaltlichen Anforderungen** an eine Bestätigung zu stellen sind, hat der Gesetzgeber offen gelassen; Abs. 1 ordnet nur an, dass die Rechtsfolgen einer wirksamen Bestätigung denen einer Neuvornahme entsprechen.[22] Nach h.M. unterliegt die Bestätigung nicht denselben inhaltlichen Voraussetzungen wie die erstmalige Vornahme. Sie muss vielmehr nur zum Ausdruck bringen, dass das bisher fehlerhafte Rechtsgeschäft als gültig anerkannt wird.[23] Die Erklärung der Bestätigung muss daher nicht denselben Inhalt haben wie das ursprüngliche Rechtsgeschäft. Bei einem Vertrag braucht etwa nicht über alle einzelnen Abmachungen erneut eine Willensübereinstimmung hergestellt und erklärt zu werden; es genügt vielmehr, dass sich die Parteien in Kenntnis der Abreden „auf den Boden des Vertrags stellen".[24]

---

7 BAGE 27, 331, 336 f. = NJW 1976, 1766, 1767.
8 MüKo/*Mayer-Mali/Busche*, § 141 Rn 2; Staudinger/*Roth*, § 141 Rn 10.
9 MüKo/*Mayer-Mali/Busche*, § 141 Rn 2; Staudinger/*Roth*, § 141 Rn 10. Vgl. auch BayObLG NJW 1978, 1387.
10 BGHZ 11, 59, 60 = NJW 1954, 549, 550; BGH NJW 1961, 1204; 1973, 1367.
11 RGZ 150, 185, 188; BGH NJW 1982, 1981.
12 MüKo/*Mayer-Mali/Busche*, § 141 Rn 2.
13 BGH NJW 1999, 3704 f. S. dazu *K. Schmidt*, AcP 189 (1989), 1, 8 ff.
14 BGH NJW 1971, 1795, 1800; WM 1977, 387, 389 (insoweit in NJW 1977, 1151 nicht abgedruckt); BGH NJW 1985, 2579 f.; Soergel/*Hefermehl*, § 141 Rn 1; Staudinger/*Roth*, § 141 Rn 2.
15 BGH NJW 1998, 2528, 2529; 2001, 1863.
16 Ohne diese Einschränkung Bamberger/Roth/*Wendtland*, § 141 Rn 7; MüKo/*Mayer-Mali/Busche*, § 141 Rn 10; Staudinger/*Roth*, § 141 Rn 14.
17 MüKo/*Mayer-Mali/Busche*, § 141 Rn 13; Soergel/*Hefermehl*, § 141 Rn 4; Staudinger/*Roth*, § 141 Rn 15.
18 Prot. I, S. 126.
19 BGHZ 60, 102, 108 = NJW 1973, 465, 466; BGH NJW 1973, 1367; 1982, 1981 f.
20 RGZ 125, 3, 7; BGH NJW 1961, 1204.
21 BGH NJW 1982, 1981, 1982. Zust. *Kohte*, JuS 1984, 509 ff.
22 Prot. I, S. 126.
23 Strenger noch RGZ 61, 264, 266; RGZ 104, 50, 54.
24 BGHZ 11, 59, 60 = NJW 1954, 549, 550; BGH DB 1968, 479; NJW 1982, 1981; 1999, 3704, 3705; MüKo/*Mayer-Mali/Busche*, § 141 Rn 11; Soergel/*Hefermehl*, § 141 Rn 6; Staudinger/*Roth*, § 141 Rn 15.

13 In subjektiver Hinsicht setzt die Bestätigung einen **Bestätigungswillen** voraus. An ihm fehlt es, wenn die Parteien an der Wirksamkeit des Geschäfts keine Zweifel haben.[25] Dass sie seine Nichtigkeit kennen, ist nicht nötig[26]; vielmehr genügt es, dass die Parteien **Zweifel** an der Wirksamkeit des Rechtsgeschäfts haben und es auf alle Fälle gelten lassen wollen.[27] Wird der äußere Tatbestand einer Bestätigung gesetzt, fehlt es aber an dem Bestätigungswillen, so liegt ein Fall des fehlenden **Erklärungsbewusstseins** vor.[28]

14 Eine Bestätigung kann auch **konkludent** erfolgen. Entscheidend ist, ob die betreffende Handlung nach dem objektiven Empfängerhorizont von dem Willen getragen ist, das Rechtsgeschäft trotz seiner Unwirksamkeit oder Zweifeln an seiner Wirksamkeit gelten zu lassen. So kann eine konkludente Bestätigung etwa in der Änderung oder Ergänzung des nichtigen Vertrags[29], in der Veräußerung der gekauften Sache oder dem Weiterzahlen von Raten[30] liegen. Dabei ist insbesondere zu beachten, ob die betreffende Handlung nicht auch auf **anderen Gründen** beruhen kann.[31] So stellt die **Benutzung einer gekauften Sache** nach Meinung des BGH in der Regel keine Bestätigung dar, wenn sie nur bis zur unverzüglichen Beschaffung einer Ersatzsache oder, wenn diese nicht möglich ist, zur Abwendung größerer Nachteile erfolgt.[32]

15 Die Bestätigung eines Geschäfts, das einem **gesetzlichen Formerfordernis** unterliegt, ist ihrerseits formbedürftig, und zwar auch dann, wenn die Form bei der Vornahme des bestätigten Rechtsgeschäfts beachtet wurde[33]. Insofern kommt der Gedanke zum Tragen, dass die Bestätigung nach Abs. 1 als Neuvornahme zu beurteilen ist. § 182 Abs. 2 kann nicht analog angewendet werden, da die Bestätigung eines nichtigen Rechtsgeschäfts nicht mit der Genehmigung eines schwebend unwirksamen Rechtsgeschäfts auf die gleiche Stufe gestellt werden kann (siehe Rn 4). Die **geringeren inhaltlichen Anforderungen**, denen eine Bestätigung genügen muss, wirken sich aber auch hinsichtlich der Formbedürftigkeit aus: Zumindest wenn der zu bestätigende Vertrag formgerecht abgeschlossen wurde, gehört er nicht zum Regelungsinhalt der Bestätigung. Sein Inhalt braucht deshalb bei der Bestätigung nicht in die Urkunde aufgenommen zu werden, sondern es genügt, dass die Bestätigung beinhaltende Urkunde auf die Urkunde, die das zu bestätigende Rechtsgeschäft enthält, hinweist.[34] Bei **rechtsgeschäftlichen Formerfordernissen** richtet sich die Formbedürftigkeit an den Grundsätzen über die konkludente Modifikation rechtsgeschäftlicher Formgebote (siehe § 125 Rn 64 ff.).[35]

III. Rechtsfolgen

16 Da die Bestätigung gemäß Abs. 1 als Neuvornahme zu behandeln ist, wird das bestätigte Geschäft *ex nunc* wirksam; Rückwirkung hat die Bestätigung nicht.[36] Bei **Verträgen** können die Parteien jedoch vereinbaren, einander **schuldrechtlich** so zu stellen, als wäre das bestätigte Rechtsgeschäft von Anfang an wirksam gewesen; bei Bestätigung eines dinglichen Geschäfts stellt diese Vereinbarung einen selbständigen Schuldvertrag dar[37]. Abs. 2 stellt die **Auslegungsregel** auf, dass im Zweifel eine derartige Vereinbarung anzunehmen ist. Eine Rückwirkung gegenüber **Dritten** kann dagegen nur vereinbart werden, soweit es um die Begründung von Ansprüchen des Dritten durch einen Vertrag zugunsten Dritter geht; nicht möglich ist insbesondere eine rückwirkende Änderung der **dinglichen Rechtslage**.

---

25 A.A. *K. Schmidt*, AcP 189 (1989), 1, 8 f.
26 So noch RGZ 68, 398, 401; RGZ 104, 50, 54.
27 RGZ 150, 385, 388; BGH WM 1977, 387, 389 (insoweit in NJW 1977, 1151 nicht abgedruckt); BGH NJW 1982, 1981; BGHZ 127, 262, 269 = NJW 1995, 2724, 2726; BGHZ 129, 371, 377 = NJW 1995, 2290, 2291; BAGE 27, 331, 337 = NJW 1976, 1766, 1767; Bamberger/Roth/*Wendtland*, § 141 Rn 11; MüKo/*Mayer-Mali/Busche*, § 141 Rn 3; Staudinger/*Roth*, § 141 Rn 20. Strenger wohl Soergel/*Hefermehl*, § 141 Rn 2. Offen gelassen von BGH NJW-RR 2003, 769, 770.
28 Erman/*Palm*, § 141 Rn 3. Vgl. auch *Medicus*, BGB AT, Rn 531; Staudinger/*Roth*, § 141 Rn 20. Offen gelassen von BGH NJW-RR 2003, 769, 770.
29 BGHZ 7, 161, 163 = NJW 1952, 1332; BGH NJW 1982, 1981; Soergel/*Hefermehl*, § 141 Rn 6; Staudinger/*Roth*, § 141 Rn 5, 15.
30 Erman/*Palm*, § 141 Rn 4; *Medicus*, BGB AT, Rn 530; Staudinger/*Roth*, § 141 Rn 24.
31 RGZ 150, 385, 389 f.; BGH NJW 1971, 1795, 1800.
32 BGH NJW 1971, 1795, 1800.
33 BGH NJW 1985, 2579, 2580; Bamberger/Roth/*Wendtland*, § 141 Rn 9; *Bork*, BGB AT, Rn 1244; Erman/*Palm*, § 141 Rn 5; *Flume*, BGB AT Bd. 2, § 30 6, S. 551 f.; *Larenz/Wolf*, BGB AT, § 44 Rn 16; MüKo/*Mayer-Mali/Busche*, § 141 Rn 14; Palandt/*Heinrichs*, § 141 Rn 4; Soergel/*Hefermehl*, § 141 Rn 7. A.A. *Medicus*, BGB AT, Rn 532; *K. Schmidt*, AcP 189 (1989), 1, 9 f.; Staudinger/*Roth*, § 141 Rn 16.
34 BGH NJW 1999, 3704, 3705; Bamberger/Roth/*Wendtland*, § 141 Rn 9; *Larenz/Wolf*, BGB AT, § 44 Rn 17; Palandt/*Heinrichs*, § 141 Rn 4.
35 MüKo/*Mayer-Mali/Busche*, § 141 Rn 14.
36 BGHZ 127, 262, 268 = NJW 1995, 2724, 2726; Palandt/*Heinrichs*, § 141 Rn 8; Soergel/*Hefermehl*, § 141 Rn 11; Staudinger/*Roth*, § 141 Rn 25.
37 *Flume*, BGB AT Bd. 2, § 30 6, S. 552; Staudinger/*Roth*, § 141 Rn 28.

IV. Beweislast

Wer sich auf eine Bestätigung beruft, trägt insofern die Darlegungs- und Beweislast.[38] Macht eine Partei eine von Abs. 2 abweichende Rückwirkungsvereinbarung geltend, muss sie deren Voraussetzungen beweisen.[39]

§ 142 Wirkung der Anfechtung

(1) ¹Wird ein anfechtbares Rechtsgeschäft angefochten, so ist es als von Anfang an nichtig anzusehen.
(2) ¹Wer die Anfechtbarkeit kannte oder kennen musste, wird, wenn die Anfechtung erfolgt, so behandelt, wie wenn er die Nichtigkeit des Rechtsgeschäfts gekannt hätte oder hätte kennen müssen.

Literatur: *Brox*, Die Einschränkung der Irrtumsanfechtung, 1960; *ders.*, Die Anfechtung von Dauerrechtsverhältnissen, BB 1964, 523; *Goette*, Fehlerhafte Personengesellschaftsverhältnisse in der jüngeren Rechtsprechung des Bundesgerichtshofs, DStR 1996, 266; *Grigoleit*, Abstraktion und Willensmängel – Die Anfechtbarkeit des Verfügungsgeschäfts, AcP 199 (1999), 379; *Grundmann*, Zur Anfechtbarkeit des Verfügungsgeschäfts, JA 1985, 80; *Haferkamp*, „Fehleridentität" – zur Frage der Anfechtung von Grund- und Erfüllungsgeschäft, Jura 1998, 511; *Höpfner*, Vertraglicher Schadensersatz trotz Anfechtung?, NJW 2004, 2865; *Kipp*, Über Doppelwirkungen im Recht, insbesondere über die Konkurrenz von Nichtigkeit und Anfechtbarkeit, in: FS v. Martitz 1911, S. 211; *Kollhosser*, Fehlerhafte Zweckverbände und allgemeine Grundsätze des Verbandsrechts, NJW 1997, 3265; *Leenen*, Die Anfechtung von Verträgen, Jura 1991, 393; *Lobinger*, Irrtumsanfechtung und Reurechtsausschluß, AcP 195 (1995), 274; *Picker*; Die Anfechtung von Arbeitsverträgen, ZfA 1981, 1; *Spieß*, Zur Einschränkung der Irrtumsanfechtung, JZ 1985, 593; *Strick*, Die Anfechtung von Arbeitsverträgen durch den Arbeitgeber, NZA 2000, 695; *Vetter*, Die Beschränkung der Teilanfechtung auf den angefochtenen Teil, MDR 1998, 573; *Weimar*, Die Bedeutung der Kenntnis des Anfechtungsgrundes gem. § 142 Abs. 2 BGB für Haftungstatbestände, MDR 1975, 116; *Wiegand*, Vertragliche Beschränkungen der Berufung auf Willensmängel, 2000.

A. Allgemeines 1	1. Grundsatz der Rückwirkung und Ausnahmen 7
B. Regelungsgehalt 2	2. Umfang und Folgen der Nichtigkeit ... 11
I. Anfechtbares Rechtsgeschäft 2	III. Gutglaubensschutz Dritter (Abs. 2) 16
II. Wirkung der Anfechtung (Abs. 1) 6	C. Weitere praktische Hinweise 18

A. Allgemeines

Hat sich der Erklärende bei der Abgabe einer Willenserklärung gem. § 119 in einem Irrtum befunden, ist die Erklärung gem. § 120 unrichtig übermittelt worden oder ist der Erklärende gem. § 123 durch arglistige Täuschung oder widerrechtlich durch Drohung zur Abgabe der Willenserklärung bestimmt worden, so führt der Willensmangel nicht zur Nichtigkeit der Willenserklärung. Die Erklärung ist lediglich anfechtbar. Will der Anfechtungsberechtigte sie trotz des Willensmangels gelten lassen, braucht er nichts zu tun und nur die Anfechtungsfrist verstreichen zu lassen. Will er dagegen den Mangel beseitigen, der sich aus der fehlenden Übereinstimmung von Wille und Erklärung ergibt,[1] muss er die Erklärung durch eine weitere Willenserklärung (die Anfechtungserklärung; vgl. dazu § 143 Rn 3 ff.) anfechten. Die Anfechtung beseitigt die anfechtbare Willenserklärung rückwirkend, *ex tunc*.[2] Diese **Rechtsfolge der Anfechtung** regelt Abs. 1 in der Form einer Fiktion.[3] Die Rückwirkung der Anfechtung erfordert die **ergänzende Regelung des Gutglaubensschutzes** bei einem Dritterwerb in Abs. 2. Vernichtet die Anfechtung ein Verfügungsgeschäft, durch das der Anfechtungsgegner ein Recht vom Anfechtungsberechtigten erworben hat, wird er hinsichtlich einer Weiterveräußerung des Rechts an einen Dritten rückwirkend zum Nichtberechtigten. Deshalb schützt Abs. 2 den dritten Erwerber, der in Bezug auf die Anfechtbarkeit gutgläubig war.[4]

---

[38] MüKo/*Mayer-Mali/Busche*, § 141 Rn 18; Staudinger/*Roth*, § 141 Rn 30.
[39] Bamberger/Roth/*Wendtland*, § 141 Rn 13.
[1] Vgl. *Spieß*, JZ 1985, 593, 599; MüKo/*Mayer-Maly/Busche*, § 142 Rn 1; Staudinger/*Roth*, § 142 Rn 1.
[2] Vgl. dazu Motive I, S. 219 = Mugdan I, S. 473: „Unter Anfechtbarkeit wird diejenige Ungültigkeit verstanden, kraft deren einem Rechtsgeschäfte die Gültigkeit nicht sofort, sondern erst dann – dann aber auch rückwärts – entzogen wird, wenn eine darauf bezügliche Willenserklärung von dem hierzu Berechtigten abgegeben wird."
[3] Vgl. Staudinger/*Roth*, § 142 Rn 1.
[4] Vgl. Bamberger/Roth/*Wendtland*, § 142 Rn 1; Staudinger/*Roth*, § 142 Rn 1.

B. Regelungsgehalt

I. Anfechtbares Rechtsgeschäft

2 Anfechtbare Rechtsgeschäfte i.S.d. Abs. 1 sind grundsätzlich alle Willenserklärungen, die auf einem **Willensmangel** beruhen. Der **Anwendungsbereich** des § 142 erstreckt sich daher, über die Anfechtung von Willenserklärungen gem. §§ 119, 120 und 123 hinaus, auch auf die erbrechtlichen Anfechtungstatbestände der §§ 1954, 1956, 2078 f., 2281 ff. und 2308.[5] Mangels dieser Voraussetzung ist die Norm **nicht anwendbar** auf die Anfechtungen der Vaterschaft gem. §§ 1599 ff. und des Erbschaftserwerbs wegen Erbunwürdigkeit gem. §§ 2340 ff., die außerdem durch Gestaltungsklage ausgeübt werden müssen.[6] Spezialregelungen gelten für Willensmängel bei der Eheschließung (§§ 1313 ff.) und bei der Annahme als Kind (§§ 1759 ff.).[7] Trotz der irreführenden gleichen Bezeichnung erfasst § 142 ferner nicht die Anfechtungen nach den §§ 1 ff. AnfG (Gläubigeranfechtung) und nach den §§ 129 ff. InsO (Insolvenzanfechtung).[8] Auf reine Prozesshandlungen findet die Norm ebenfalls keine Anwendung.[9] Dagegen ist § 142 auf geschäftsähnliche Handlungen wie z.B. Mahnungen oder Zahlungsaufforderungen wegen ihrer Vergleichbarkeit mit Willenserklärungen **entsprechend anwendbar**.[10]

3 Das anfechtbare Rechtsgeschäft ist die aufgrund des Willensmangels fehlerhaft zustande gekommene Willenserklärung. Dabei kann es sich um ein **einseitiges Rechtsgeschäft** wie eine Kündigung oder eine Anfechtungserklärung handeln. Dann führt die Anfechtung gem. Abs. 1 unmittelbar zur rückwirkenden Nichtigkeit dieses Rechtsgeschäfts.[11] Handelt es sich um einen **Vertrag**, kann der Anbietende sein Angebot oder der Annehmende seine Annahme anfechten, nicht jedoch – entgegen dem allgemein üblichen, aber ungenauen Sprachgebrauch[12] – den Vertrag als solchen.[13] Die Anfechtung des Angebots oder der Annahme vernichtet gem. Abs. 1 eine dieser beiden, für den Vertragsschluss notwendigen Willenserklärungen und damit mittelbar auch den Vertrag selbst.[14]

4 Bei einem **teilbaren Rechtsgeschäft** wird eine Teilanfechtung grundsätzlich als zulässig erachtet.[15] Die Rechtsfolgen einer solchen Teilanfechtung richten sich nach § 139. Sind z.B. mehrere Personen auf einer Seite an einem Rechtsgeschäft beteiligt, kann danach jede von ihnen ihre Erklärung selbständig anfechten, sofern sie einen Anfechtungsgrund hat.[16] Gem. § 139 kann es ferner zulässig sein, die Erklärung zum Abschluss eines Kaufvertrages, der sich auf mehrere Gegenstände bezieht, nur bezüglich derjenigen Gegenstände anzufechten, hinsichtlich derer sich der Erklärende gem. § 119 geirrt hat oder bezüglich derer er getäuscht worden ist.[17]

5 Nach heute herrschender Auffassung kann auch ein **nichtiges Rechtsgeschäft** angefochten werden.[18] Zunächst kann es für den Anfechtungsberechtigten günstiger sein, ein bereits nach § 134 oder § 138 nichtiges Rechtsgeschäft wegen eines Willensmangels anzufechten, weil er die Anfechtungsvoraussetzungen besser nachweisen kann als den Nichtigkeitsgrund.[19] Ähnliches gilt, wenn der Berechtigte nach einer Irrtumsanfechtung (§ 119) erfährt, dass der Gegner ihn arglistig getäuscht hat, und die bereits gem.

---

5 MüKo/*Mayer-Maly/Busche*, § 142 Rn 3; Erman/*Palm*, § 142 Rn 1; Staudinger/*Roth*, § 142 Rn 6.
6 MüKo/*Mayer-Maly/Busche*, § 142 Rn 3; Staudinger/*Roth*, § 142 Rn 7.
7 Erman/*Palm*, § 142 Rn 1.
8 MüKo/*Mayer-Maly/Busche*, § 142 Rn 3; Staudinger/*Roth*, § 142 Rn 8; Bamberger/Roth/Wendtland, § 142 Rn 2.
9 RGRK/*Krüger-Nieland/Zöller*, § 142 Rn 4; Staudinger/*Roth*, § 142 Rn 18; vgl. BGH NJW 1963, 956, 957 (Klageantrag); OLG Karlsruhe NJW 1975, 1933 (Einlegung eines Rechtsmittels); RGZ 152, 324 (Rücknahme eines Rechtsmittels); RGZ 161, 350, 351 ff.; BGH NJW 1985, 2335; 1991, 2839 (Rechtsmittelverzicht); BGH NJW 1981, 2193 (Anerkenntnis).
10 BGHZ 47, 352, 357; Palandt/*Heinrichs*, § 142 Rn 1; RGRK/*Krüger-Nieland/Zöller*, § 142 Rn 2; Staudinger/*Roth*, § 142 Rn 16.
11 Vgl. Staudinger/*Roth*, § 142 Rn 24; *Larenz/Wolf*, BGB AT, § 44 Rn 39 f.
12 Bamberger/Roth/*Wendtland*, § 142 Rn 3.
13 A.A. *Leenen*, Jura 1991, 393, 396 ff.; Palandt/*Heinrichs*, § 142 Rn 1.
14 *Brox*, BGB AT, Rn 439; Erman/*Palm*, § 142 Rn 5; Staudinger/*Roth*, § 142 Rn 15; Bamberger/Roth/*Wendtland*, § 142 Rn 3.
15 RGZ 56, 423; 62, 184, 186; 76, 306, 312; 146, 234, 237; BGH DNotZ 1984, 684, 685 f.; OLG Saarbrücken VersR 1996, 488, 489; Soergel/*Hefermehl*, § 142 Rn 6; Jauernig/*Jauernig*, § 142 Rn 1; RGRK/*Krüger-Nieland/Zöller*, § 142 Rn 10; Erman/*Palm*, § 142 Rn 5; Staudinger/*Roth*, § 142 Rn 26; Bamberger/Roth/*Wendtland*, § 142 Rn 5.
16 RGZ 56, 423; 65, 399, 405.
17 *Heerstraßen*, JuS 1995, 197, 198 f.
18 *Brox*, BGB AT, Rn 443; HK-BGB/*Dörner*, § 142 Rn 2; Soergel/*Hefermehl*, § 142 Rn 7; Palandt/*Heinrichs*, Überbl. vor § 104 Rn 35; Jauernig/*Jauernig*, vor § 104 Rn 22; Erman/*Palm*, § 142 Rn 11; Bamberger/Roth/*Wendtland*, § 142 Rn 4; vgl. BGH JZ 1955, 500; RGRK/*Krüger-Nieland/Zöller*, § 142 Rn 11; einschr. MüKo/*Mayer-Maly/Busche*, § 142 Rn 11; *Medicus*, BGB AT, Rn 728 ff.; Staudinger/*Roth*, § 142 Rn 27 f.; grundlegend *Kipp*, in: FS v. Martitz 1911, S. 211 ff.; ausf. zur Entwicklung HKK/*Schermaier*, §§ 142–144 Rn 8 m.w.N.
19 Vgl. BGH JZ 1955, 500; Palandt/*Heinrichs*, Überbl. vor § 104 Rn 35; Staudinger/*Roth*, § 142 Rn 27.

Abs. 1 vernichtete Willenserklärung nochmals nach § 123 anficht, um der Schadensersatzpflicht des § 122 zu entgehen.[20] Außerdem gibt es Fallgestaltungen, in denen sich aus der Regelung des Abs. 2 das Bedürfnis nach der Anfechtung eines nichtigen Rechtsgeschäfts ergibt. Ist z.B. der Dritterwerber in Bezug auf die Nichtigkeit des vorherigen Verfügungsgeschäfts gutgläubig, weil er die Minderjährigkeit des Erstverfügenden und die daraus folgende fehlende Berechtigung seines eigenen Vertragspartners nicht kannte, erwirbt er das Eigentum gutgläubig gem. § 932 Abs. 1 BGB. War das vorherige Verfügungsgeschäft nicht nur wegen der Minderjährigkeit des Verfügenden nichtig, sondern zugleich wegen eines Irrtums des Minderjährigen anfechtbar und kannte der Dritterwerber diesen Irrtum, so ist er in Bezug auf die Anfechtbarkeit bösgläubig gem. Abs. 2 (dazu noch Rn 16). In diesem Fall kann der Minderjährige den veräußerten Gegenstand nur dann nach § 985 vom Dritterwerber herausverlangen, wenn er die nichtige Einigung zusätzlich anficht.[21]

II. Wirkung der Anfechtung (Abs. 1)

Das anfechtbare Rechtsgeschäft wird erst nichtig, wenn der Berechtigte es innerhalb der maßgeblichen Frist (§§ 121, 124 oder Spezialregelungen; vgl. dazu § 121 Rn 3 und § 124 Rn 3) durch eine den Anforderungen des § 143 genügende Erklärung anficht. Bis zur Anfechtung ist das Geschäft voll gültig. Das unterscheidet die **Anfechtbarkeit** von der **Nichtigkeit**.[22] Der anfechtungsberechtigte Schuldner kann seine Leistung daher nicht unter Hinweis auf die Anfechtbarkeit verweigern. Ein derartiges **Leistungsverweigerungsrecht** hat der Gesetzgeber bloß mithaftenden Dritten bis zum Ablauf der Anfechtungsfrist eingeräumt (§§ 770 Abs. 1, 1137, 1211, §§ 129 Abs. 2, 130 Abs. 1, 161 Abs. 2, 176 HGB).[23]

1. Grundsatz der Rückwirkung und Ausnahmen. Die Anfechtung vernichtet das Rechtsgeschäft gem. Abs. 1 grundsätzlich **rückwirkend** (*ex tunc*). Es ist als von Anfang an nichtig anzusehen, also so, als ob es niemals bestanden hätte. Diese Rückwirkung führt allerdings bei Dauerrechtsverhältnissen, die bereits in Vollzug gesetzt worden sind, zu erheblichen Schwierigkeiten bei der Rückabwicklung der Leistungen. Außerdem wird sie vielfach den Interessen Dritter nicht gerecht. Deshalb wirkt die Anfechtung in solchen Konstellationen nach h.M., abweichend von Abs. 1, **ausnahmsweise nur für die Zukunft** (*ex nunc*).[24]

Das gilt zunächst für **Arbeitsverhältnisse**. Die zum Abschluss eines Arbeitsvertrages führenden Willenserklärungen können, wie andere Willenserklärungen, nach §§ 119,[25] 120 und 123[26] angefochten werden (vgl. § 119 Rn 23, § 123 Rn 19). Da die bereits erbrachte Arbeitsleistung aber kaum rückabgewickelt werden kann,[27] hat die Anfechtung regelmäßig nur die kündigungsähnliche Wirkung einer Auflösung des Arbeitsverhältnisses für die Zukunft (*ex-nunc*-Wirkung),[28] wenn das Arbeitsverhältnis bereits in Vollzug oder in Funktion gesetzt war.[29] Nach den Grundsätzen des fehlerhaften Arbeitsverhältnisses ist das Arbeitsverhältnis dann für die Vergangenheit so zu behandeln, als sei es fehlerfrei zustande gekommen.[30] Das setzt voraus, dass der Arbeitnehmer nicht bloß beim Arbeitgeber erschienen war, sondern auch schon die ihm vom Arbeitgeber zugewiesene Arbeit aufgenommen hatte. War das Arbeitsverhältnis dagegen zwischenzeitlich außer Funktion gesetzt, wirkt die Anfechtung auf diesen Zeitpunkt zurück. Diese Rückwirkung tritt nach der zutreffenden neueren Rechtsprechung – jedenfalls bei einer arglistigen Täuschung des Arbeitnehmers – auch dann ein, wenn der Arbeitnehmer seine Arbeitsleistung aufgrund einer Erkrankung nicht mehr erbracht

---

20 Soergel/*Hefermehl*, § 142 Rn 7; Bamberger/Roth/*Wendtland*, § 142 Rn 4; vgl. Staudinger/*Roth*, § 142 Rn 28 („offene Gesetzesauslegung").
21 *Brox*, BGB AT, Rn 443; Palandt/*Heinrichs*, Überbl. vor § 104 Rn 35; vgl. Erman/*Palm*, § 142 Rn 11; ebenso im Erg., allerdings im Wege einer „offenen Gesetzesauslegung", Staudinger/*Roth*, § 142 Rn 29; vgl. auch *Medicus*, BGB AT, Rn 729.
22 MüKo/*Mayer-Maly/Busche*, § 142 Rn 2.
23 HK-BGB/*Dörner*, § 142 Rn 3; Palandt/*Heinrichs*, § 142 Rn 3; Bamberger/Roth/*Wendtland*, § 142 Rn 6.
24 *Brox*, Die Einschränkung der Irrtumsanfechtung, 1960, S. 214 ff.; *ders.*, BGB AT, Rn 438; HK-BGB/*Dörner*, § 119 Rn 2, § 142 Rn 6; Palandt/*Heinrichs*, § 119 Rn 5, § 142 Rn 2; RGRK/*Krüger-Nieland/Zöller*, § 142 Rn 14 ff.; *Larenz/Wolf*, BGB AT, § 44 Rn 40; MüKo/*Mayer-Maly/Busche*, § 142 Rn 15 ff.; Erman/*Palm*, § 142 Rn 10; Staudinger/*Roth*, § 142 Rn 32 ff.; HKK/*Schermaier*, §§ 142–144 Rn 15; Bamberger/Roth/*Wendtland*, § 119 Rn 15 f., § 142 Rn 6; vgl. ferner die Nachw. in den folgenden Fn.
25 BAG AP Nr. 3 zu § 119 BGB.
26 BAGE 5, 159 = BAG AP Nr. 2 zu § 123 BGB; AP Nr. 19 zu § 123 BGB = RdA 1976, 273; AP Nr. 40 zu § 123 BGB = NZA 1996, 371; AP Nr. 59 zu § 123 BGB.
27 ErfK/*Preis*, § 611 BGB Rn 461.
28 BAGE 41, 54, 64 f. = AP Nr. 24 zu § 123 BGB; AP Nr. 49 zu § 123 BGB = NZA 1999, 584, 585.
29 BAGE 5, 159, 161 = BAG AP Nr. 2 zu § 123 BGB; BAGE 11, 270 ff. = BAG AP Nr. 15 zu § 123 BGB; BAGE 22, 278 = BAG AP Nr. 17 zu § 123 BGB; BAGE 41, 54, 65 = AP Nr. 24 zu § 123 BGB; AP Nr. 27 zu § 123 BGB = NZA 1985, 58, 59 f.; AP Nr. 49 zu § 123 BGB = NZA 1999, 584, 585; ErfK/*Preis*, § 611 BGB Rn 461 f.; MünchArbR/*Richardi*, § 46 Rn 65; Schaub/*Schaub*, Arbeitsrechts-Handbuch, § 35 Rn 34 ff.; *Picker*, ZfA 1981, 1, 53.
30 ErfK/*Preis*, § 611 BGB Rn 170, 462; Kittner/Däubler/Zwanziger/*Däubler*, KSchR, 6. Aufl. 2004, §§ 142–144 BGB Rn 5.

hat.³¹ Für die Fälle der arglistigen Täuschung wird darüber hinausgehend diskutiert, ob die Anfechtung wegen der fehlenden Schutzwürdigkeit des Arbeitnehmers generell *ex tunc* wirken müsse, Abs. 1 also nicht eingeschränkt werden dürfe.³²

9 In der gleichen Weise (keine Rückwirkung der Anfechtung, Anwendung der Grundsätze über die fehlerhafte Gesellschaft) werden bereits in Vollzug gesetzte **Gesellschaftsverträge** behandelt.³³ Danach wirkt die Anfechtung der folgenden Rechtsgeschäfte nur *ex nunc*: Bildung der Gründergesellschaft einer GmbH,³⁴ Beitrittserklärung zu einer Genossenschaft,³⁵ Beitritt zu einer KG,³⁶ Beitritt zu einer BGB-Gesellschaft,³⁷ Vereinbarung über das Ausscheiden eines Gesellschafters.³⁸ Dagegen bleibt es wegen § 16 GmbHG bei der in Abs. 1 vorgesehenen Rückwirkung, wenn die Abtretung oder der Kauf eines GmbH-Anteils angefochten wird.³⁹

10 Über diese anerkannten Fallgruppen hinaus kann in Einzelfällen auch bei **anderen Dauerschuldverhältnissen** nach In-Vollzug-Setzung die Rückwirkung der Anfechtung ausgeschlossen sein. Das kommt etwa bei einem Versicherungsvertrag,⁴⁰ bei einem Mietvertrag⁴¹ oder bei Zweckverbänden⁴² in Betracht.

11 **2. Umfang und Folgen der Nichtigkeit.** Die gem. Abs. 1 eintretende **Nichtigkeit** ist **absolut**. Sie wirkt nicht nur zwischen Anfechtungsberechtigtem und Anfechtungsgegner, sondern gegenüber jedermann. So verliert der Zessionar die Forderung, die aus dem durch die Anfechtung vernichteten Rechtsgeschäft zwischen Zedent und Schuldner stammt, ebenso wie der Makler die Vermittlungsgebühr für das angefochtene Geschäft.⁴³ Außerdem **kassiert** die Anfechtung das mit einem Willensmangel behaftete Geschäft, indem sie es vollständig vernichtet. Sie reformiert es nicht, indem sie lediglich den Willensmangel beseitigt und an die Stelle des mangelhaften Geschäfts dasjenige setzt, welches ohne den Willensmangel zustande gekommen wäre.⁴⁴ Daraus folgt allerdings nicht, dass der Anfechtende sich auch dann auf die Nichtigkeit gem. Abs. 1 berufen kann, wenn der Anfechtungsgegner nach der Anfechtung die Vertragsbedingungen akzeptiert, die der Anfechtende ohne den Willensmangel vereinbart hätte.⁴⁵ Der Anfechtende muss seine Willenserklärung nach Treu und Glauben in dem von ihm gemeinten Sinn gelten lassen, will er sich nicht widersprüchlich verhalten. Die Zubilligung eines **„Reurechts"** des Anfechtenden verstieße gegen § 242 BGB.⁴⁶ Im Übrigen kann der Geltendmachung der Nichtigkeitsfolge grundsätzlich nicht der **Einwand unzulässiger Rechtsausübung** entgegengehalten werden.⁴⁷

12 Die Nichtigkeitsfolge des Abs. 1 ergreift nur das wirksam angefochtene Rechtsgeschäft. Die Anfechtung einer zum **Verpflichtungsgeschäft** gehörenden Willenserklärung vernichtet nicht auch das zu seiner Erfüllung vorgenommene Verfügungsgeschäft, weil die Wirksamkeit beider Geschäfte nach dem **Abstraktionsgrundsatz** getrennt voneinander zu beurteilen ist.⁴⁸ Die Vernichtung des Verpflichtungsgeschäfts gem. Abs. 1 lässt die vertraglichen Pflichten rückwirkend entfallen, so dass die Parteien nicht (mehr) zu leisten brauchen. Haben sie bereits erfüllt, können sie ihre Leistungen nach den §§ 812 ff. (Leistungskondiktion) zurückfordern. Anspruchsgrundlage ist § 812 Abs. 1 S. 1, 1. Fall (*condictio indebiti*), wenn man darauf abstellt, dass der Rechtsgrund gem. Abs. 1 rückwirkend entfallen ist,⁴⁹ anderenfalls § 812 Abs. 1 S. 2, 1. Fall (*condictio*

---

31 BAG AP Nr. 49 zu § 123 BGB = NZA 1999, 584, 585 f. unter ausdrücklicher Aufgabe der früheren, in BAGE 41, 54, 65 ff. = AP Nr. 24 zu § 123 BGB begründeten Rechtsprechung; ebenso etwa ErfK/*Preis*, § 611 BGB Rn 461; MünchArbR/*Richardi*, § 46 Rn 65; Kittner/Däubler/Zwanziger/*Däubler*, KSchR, 6. Aufl. 2004, §§ 142–144 BGB Rn 4; Staudinger/*Roth*, § 142 Rn 34; vgl. Erman/*Palm*, § 142 Rn 10.
32 So etwa *Ramm*, AuR 1963, 97, 106 f.; differenzierend etwa MünchArbR/*Richardi*, § 46 Rn 66 f.; *Strick*, NZA 2000, 695, 696 ff., jew. m.w.N.
33 Vgl. nur *Goette*, DStR 1996, 266, 267 ff. m.w.N.; MüKo/*Mayer-Maly/Busche*, § 142 Rn 17; Staudinger/*Roth*, § 142 Rn 32 f.
34 BGHZ 13, 320, 324 = NJW 1954, 1562.
35 RGZ 68, 344, 348; BGH DB 1976, 861 f.
36 BGH NJW 1973, 1604.
37 OLG Frankfurt NJW-RR 1994, 1321, 1322 f.; vgl. BGH DStR 1995, 1764 m. Anm. *Goette*, DStR 1995, 1764, 1765.
38 BGH LM § 138 Nr. 11; MüKo/*Mayer-Maly/Busche*, § 142 Rn 17; Staudinger/*Roth*, § 142 Rn 32.
39 BGH NJW 1990, 1915, 1916; NJW-RR 1998, 1406; Staudinger/*Roth*, § 142 Rn 32.
40 OLG Nürnberg NJW-RR 1998, 535, 536 f.
41 LG Trier MDR 1990, 342; Staudinger/*Roth*, § 142 Rn 36.
42 *Kollhosser*, NJW 1997, 3265, 3268.
43 Erman/*Palm*, § 142 Rn 4; vgl. RGZ 76, 354, 355; BGH NJW-RR 1987, 1456.
44 *Brox*, BGB AT, Rn 438; Erman/*Palm*, § 142 Rn 3.
45 So aber Soergel/*Hefermehl*, § 142 Rn 9; *Spieß*, JZ 1985, 593 ff.
46 MüKo/*Kramer*, § 119 Rn 145; *Larenz/Wolf*, BGB AT, § 36 Rn 126; *Lobinger*, AcP 195 (1995), 274 ff.; *Medicus*, BGB AT, Rn 781; Erman/*Palm*, § 142 Rn 3; Staudinger/*Roth*, § 142 Rn 38; vgl. *Coester-Waltjen*, Jura 1990, 362, 367.
47 BGH NJW 1985, 2579, 2580; Erman/*Palm*, § 142 Rn 2.
48 Vgl. HKK/*Schermaier*, §§ 142–144 Rn 10.
49 So etwa *Coester-Waltjen*, Jura 1990, 362, 367; HK-BGB/*Dörner*, § 142 Rn 5; *Medicus*, BGB AT Rn 726; Staudinger/*Roth*, § 142 Rn 42.

ob causam finitam), weil der Rechtsgrund bis zur Anfechtung bestanden hat.⁵⁰ Kannte der Empfänger der Leistung die Anfechtbarkeit, haftet er verschärft gem. §§ 819 Abs. 1, 818 Abs. 4 (vgl. dazu noch Rn 17).⁵¹

Kann nur die zum **Verfügungsgeschäft** gehörende Einigungserklärung angefochten werden, weil der Verkäufer sich z.B. vergreift und eine falsche Sache übereignet, führt die Anfechtung gem. Abs. 1 dazu, dass der Anfechtungsgegner kein Eigentum erworben hat. Ihm stehen die Ansprüche aus § 985 oder, bei einem Willensmangel in Bezug auf die Auflassungserklärung, aus § 894 zu. Ansprüche aus § 861 oder § 1007 scheiden dagegen aus, weil die Besitzaufgabe freiwillig erfolgte.⁵²

Die Anfechtung der zum **Verpflichtungsgeschäft** gehörenden Willenserklärung führt nur dann gem. Abs. 1 auch zur rückwirkenden Nichtigkeit des **Verfügungsgeschäfts**, wenn sie gleichzeitig die zum Verfügungsgeschäft gehörende Einigungserklärung erfasst. Der erforderliche Anfechtungsgrund liegt vor, sofern der Irrtum, die Täuschung oder die Drohung, auf dem oder auf der die Willenserklärung zum Verpflichtungsgeschäft beruht, zugleich für die Einigungserklärung zum Verfügungsgeschäft kausal geworden ist. Diese Kausalbeziehung ist das entscheidende Kriterium⁵³ für die „Einheitlichkeit des Rechtsgeschäfts", die „Fehleridentität" und den „Doppelmangel", mit denen Rechtsprechung und Lehre solche Fallgestaltungen schlagwortartig bezeichnen, in denen eine Anfechtung ausnahmsweise beide Rechtsgeschäfte vernichtet.⁵⁴ Die Kausalität liegt bei einer widerrechtlichen Drohung vor, wenn die Zwangslage im Zeitpunkt der Verfügung fortbesteht.⁵⁵ Ein Irrtum gem. § 119 wird nur selten auch für das Verfügungsgeschäft kausal, weil dieses abgeschlossen wird, um die Pflicht aus dem schuldrechtlichen Geschäft zu erfüllen. Der Irrtum über die Anfechtbarkeit der ersten Verpflichtungserklärung bezieht sich nicht auf den Inhalt der Verfügungserklärung, sondern nur auf die Pflicht zur Leistung (§ 814).⁵⁶ Im Fall der arglistigen Täuschung genügt es, dass der Verfügende aufgrund der Täuschung meint, er sei zu der Verfügung verpflichtet.⁵⁷

Nach Rechtsprechung und herrschender Lehre haben die Anfechtung und die daraus folgende Nichtigkeit gem. Abs. 1 eine **endgültige Wirkung**. Das vernichtete Rechtsgeschäft könne weder durch eine einseitige Rücknahme der Anfechtung noch durch eine Vereinbarung der Parteien wiederbelebt werden. Möglich sei lediglich die Anfechtung der Anfechtungserklärung oder eine Neubegründung des Rechtsgeschäfts ohne Rückwirkung.⁵⁸ Diese Auffassung ist weder zwingend, noch wird sie den Interessen der beteiligten Parteien gerecht. Nimmt der Anfechtende seine Anfechtungserklärung zurück und stimmt der Anfechtungsgegner zu, begründen die Parteien nicht ein nichtiges Rechtsgeschäft neu, sondern treffen eine nach § 311 Abs. 1 mögliche Vereinbarung über die Wirkung der Anfechtungserklärung. Kann der Anfechtende seine Anfechtungserklärung wegen Irrtums anfechten, muss er sie erst recht durch Vereinbarung mit dem Anfechtungsgegner aus der Welt schaffen können. Grenzen solcher Vereinbarungen bilden lediglich Drittinteressen. Haben sich Dritte bereits auf die Nichtigkeit eingerichtet, kann ihnen die Rücknahme der Anfechtung nicht entgegengehalten werden.⁵⁹

III. Gutglaubensschutz Dritter (Abs. 2)

Die Regelung des Gutglaubensschutzes in Abs. 2 ergänzt die Rückwirkungsfiktion des Abs. 1 (vgl. Rn 1). Ficht der Verfügende seine Einigungserklärung zum **Verfügungsgeschäft** an, verliert der Erwerber mit der Vernichtung des Verfügungsgeschäfts gem. Abs. 1 rückwirkend das dadurch übertragene Eigentum an der Sache. Hat er zwischen der Vornahme des Verfügungsgeschäfts und der Anfechtung über den aufgrund dieses Geschäfts übertragenen Gegenstand zugunsten eines Dritten weiterverfügt, war er zwar im Zeitpunkt der Weiterverfügung noch als Eigentümer verfügungsberechtigt; er hat diese Berechtigung aber nachträglich durch die Rückwirkungsfiktion verloren. Deshalb konnte der Dritte die Sache nur kraft guten Glaubens

---

50 Nach *Medicus*, BGB AT Rn 726 ist die Heranziehung des § 812 Abs. 1 S. 2, 1. Fall „unnötig".
51 Vgl. BGHZ 57, 137, 151; Erman/*Palm*, § 142 Rn 6; ausf. zu diesen Folgeansprüchen auch Soergel/*Hefermehl*, § 142 Rn 10 ff.; RGRK/*Krüger-Nieland/Zöller*, § 142 Rn 21 ff.
52 Erman/*Palm*, § 142 Rn 7.
53 So zutr. HKK/*Schermaier*, §§ 142–144 Rn 11.
54 Vgl. nur *Haferkamp*, Jura 1998, 511 ff.; *Grundmann*, JA 1985, 80 ff.; MüKo/*Mayer-Maly/Busche*, § 142 Rn 10; Erman/*Palm*, § 142 Rn 8; Staudinger/*Roth*, § 142 Rn 22, jew. m.w.N.
55 RGZ 66, 385, 390; 70, 55, 57; BGHZ 31, 321, 324; OLG Hamm VersR 1975, 814, 815; Staudinger/*Roth*, § 142 Rn 22; HKK/*Schermaier*, §§ 142–144 Rn 11.
56 HKK/*Schermaier*, §§ 142–144 Rn 12; vgl. für einen Fall der Geschäftseinheit aufgrund Parteivereinbarung BGHZ 31, 321, 324.
57 HKK/*Schermaier*, §§ 142–144 Rn 13; vgl. BGH NJW 1995, 2361, 2362.
58 RGZ 74, 1, 3; 146, 234, 238; Soergel/*Hefermehl*, § 142 Rn 8; Palandt/*Heinrichs*, § 142 Rn 2; Jauernig/*Jauernig*, § 142 Rn 3; RGRK/*Krüger-Nieland/Zöller*, § 142 Rn 12; MüKo/*Mayer-Maly/Busche*, § 142 Rn 12; Erman/*Palm*, § 142 Rn 9; Staudinger/*Roth*, § 142 Rn 25; Bamberger/*Roth/Wendtland*, § 142 Rn 8.
59 HKK/*Schermaier*, §§ 142–144 Rn 9; ebenso in Bezug auf die Möglichkeit, entgegen der h.M. die Kündigung eines Mietvertrages einverständlich zurückzunehmen, *Hattenhauer*, Anm. zu BGH v. 24.6.1998, JZ 1999, 412 ff.

erwerben, der sich allerdings nicht auf das fehlende Eigentum beziehen kann, weil das Eigentum bei der Verfügung noch bestanden hat. Der gute Glaube muss sich stattdessen auf die rückwirkende Vernichtbarkeit der Berechtigung des Veräußerers durch eine Anfechtung beziehen. Abs. 2 schützt daher den **guten Glauben in Bezug auf das Fehlen der Anfechtbarkeit**, indem er ihn dem guten Glauben an die Verfügungsberechtigung gleichstellt.[60] Wegen dieser Gleichstellung ist Abs. 2 nur in Verbindung mit Regelungen über den gutgläubigen Erwerb wie den §§ 892 f., 932 ff., 1138, 1155, 1207 f. und 1244 oder § 366 HGB anwendbar.[61] Aus diesen Vorschriften ergeben sich die Voraussetzungen der Gut- bzw. Bösgläubigkeit. Daher schadet beim Grundstückserwerb gem. §§ 142 Abs. 2, 892 Abs. 1 S. 1 nur positive Kenntnis, beim Fahrniserwerb dagegen gem. §§ 142 Abs. 2, 932 Abs. 2 bereits grob fahrlässige Unkenntnis der Anfechtbarkeit.[62] Entscheidend ist nur die Kenntnis (oder das Kennenmüssen) der tatsächlichen Umstände, welche die Anfechtbarkeit begründen, nicht auch der Rechtsfolge der Anfechtung.[63] Die Kenntnis (oder das Kennenmüssen) eines **Vertreters** ist dem Vertretenen gem. § 166 Abs. 1 zuzurechnen.[64]

17 Bedeutung hat Abs. 2 darüber hinaus für die Kondiktionsansprüche bezüglich der ausgetauschten Leistungen, wenn eine Willenserklärung im Zusammenhang mit einem **Verpflichtungsgeschäft** angefochten worden ist (vgl. Rn 12). Abs. 2 stellt die Kenntnis des Bereicherungsschuldners von der Anfechtbarkeit derjenigen vom Mangel des rechtlichen Grundes gem. § 819 Abs. 1 gleich, so dass er über § 818 Abs. 4 verschärft nach den allgemeinen Vorschriften haftet.[65] Der gutgläubige Bereicherungsschuldner ist dagegen nach § 818 Abs. 3 privilegiert.[66]

C. Weitere praktische Hinweise

18 Da die **Anfechtung** einer Einigungserklärung gem. Abs. 1 den gesamten Vertrag rückwirkend vernichtet (vgl. Rn 3, 11), bleibt daneben für einen **Rücktritt** oder eine **Wandlung** kein Raum.[67] Im Prozess muss daher zunächst die Wirksamkeit der Anfechtung geprüft werden.[68] Diese Prüfungsreihenfolge kann dadurch abgeändert werden, dass der Berechtigte die Anfechtung nur hilfsweise erklärt.[69] Fechten beide Vertragsparteien ihre Einigungserklärungen mit unterschiedlichen Begründungen an, muss das Gericht trotzdem die Anfechtungen prüfen und darf nicht ohne weiteres die Unwirksamkeit des Vertrages annehmen.[70]

19 Da Abs. 2 den **guten Glauben** in Bezug auf das Fehlen der Anfechtbarkeit demjenigen an die Verfügungsberechtigung gleichstellt, richtet sich die Darlegungs- und **Beweislast** nach den jeweils einschlägigen Gutglaubensvorschriften (vgl. zu diesen Vorschriften Rn 16).

§ 143 Anfechtungserklärung

(1) ¹Die Anfechtung erfolgt durch Erklärung gegenüber dem Anfechtungsgegner.

(2) ¹Anfechtungsgegner ist bei einem Vertrag der andere Teil, im Falle des § 123 Abs. 2 Satz 2 derjenige, welcher aus dem Vertrag unmittelbar ein Recht erworben hat.

(3) ¹Bei einem einseitigen Rechtsgeschäft, das einem anderen gegenüber vorzunehmen war, ist der andere der Anfechtungsgegner. ²Das Gleiche gilt bei einem Rechtsgeschäft, das einem anderen oder einer Behörde gegenüber vorzunehmen war, auch dann, wenn das Rechtsgeschäft der Behörde gegenüber vorgenommen worden ist.

(4) ¹Bei einem einseitigen Rechtsgeschäft anderer Art ist Anfechtungsgegner jeder, der aufgrund des Rechtsgeschäfts unmittelbar einen rechtlichen Vorteil erlangt hat. ²Die Anfechtung kann jedoch, wenn die Willenserklärung einer Behörde gegenüber abzugeben war, durch Erklärung gegenüber der Behörde erfolgen; die Behörde soll die Anfechtung demjenigen mitteilen, welcher durch das Rechtsgeschäft unmittelbar betroffen worden ist.

---

[60] BGH NJW-RR 1987, 1456 f.; Erman/*Palm*, § 142 Rn 11; Staudinger/*Roth*, § 142 Rn 40; Bamberger/*Roth*/*Wendtland*, § 142 Rn 9.
[61] Erman/*Palm*, § 142 Rn 11; Bamberger/*Roth*/*Wendtland*, § 142 Rn 9.
[62] Palandt/*Heinrichs*, § 142 Rn 4; Erman/*Palm*, § 142 Rn 11; Bamberger/*Roth*/*Wendtland*, § 142 Rn 9; anders wohl RGRK/*Krüger-Nieland*/*Zöller*, § 142 Rn 30, die generell auf Kenntnis und Kennenmüssen abstellen.
[63] BGH LM § 142 BGB Nr. 1; NJW-RR 1987, 1456, 1457.
[64] Vgl. BGH NJW 1989, 2879, 2880 f.; 2881, 2882.
[65] BGHZ 57, 137, 151.
[66] Staudinger/*Roth*, § 142 Rn 42; Bamberger/*Roth*/*Wendtland*, § 142 Rn 10.
[67] Palandt/*Heinrichs*, § 142 Rn 2; RGRK/*Krüger-Nieland*/*Zöller*, § 142 Rn 13.
[68] RGZ 74, 1, 3.
[69] Palandt/*Heinrichs*, § 142 Rn 2; *Honsell*, JuS 1982, 810, 811.
[70] BGH NJW 1958, 1968.

Literatur: *Dörner*, Anfechtung und Vertragsübernahme, NJW 1986, 2916; *Probst*, Zur „Eindeutigkeit" von Anfechtungserklärungen, JZ 1989, 878.

A. Allgemeines 1	2. Anfechtungsgegner bei einer einseitigen empfangsbedürftigen Willenserklärung (Abs. 3) 18
B. Regelungsgehalt 2	
I. Anfechtungserklärung (Abs. 1) 3	
II. Anfechtungsberechtigte 10	3. Anfechtungsgegner bei einer einseitigen nicht empfangsbedürftigen Willenserklärung (Abs. 4) 21
III. Anfechtungsgegner 13	
1. Anfechtungsgegner bei einem Vertrag (Abs. 2) 14	

A. Allgemeines

Ein mit einem Willensmangel behaftetes Rechtsgeschäft ist nicht nichtig, sondern nur anfechtbar. Der 1
Anfechtungsberechtigte hat die freie Wahl, ob er das Rechtsgeschäft gelten lassen oder durch eine Anfechtungserklärung gem. § 142 Abs. 1 rückwirkend vernichten will (vgl. § 142 Rn 1). § 143 enthält Regelungen zur **Ausübung dieses Gestaltungsrechts**. Die Vorschrift bestimmt in Abs. 1 die **Form** der Anfechtung und in den Abs. 2–4 den **Anfechtungsgegner**.[1]

B. Regelungsgehalt

§ 143 ergänzt § 142[2] und hat denselben **Anwendungsbereich** (vgl. dazu § 142 Rn 2). **Spezialvorschriften** 2
wie die §§ 1955, 2081, 2282 und 2308 Abs. 2 können abweichende Regelungen zur Form oder zum Adressaten der Anfechtung enthalten.

I. Anfechtungserklärung (Abs. 1)

Die Anfechtung muss gem. Abs. 1 gegenüber dem Anfechtungsgegner erklärt werden. Es handelt sich 3
um eine **einseitige empfangsbedürftige Willenserklärung**. Nach dem Grundsatz der Formfreiheit kann die Anfechtung **formfrei** erfolgen, soweit nichts anderes bestimmt ist. Das gilt auch dann, wenn die angefochtene Willenserklärung ihrerseits einer Form bedarf.[3] Die Parteien können ein Formerfordernis für die Anfechtungserklärung vereinbaren. In AGB können sie, wie sich aus § 309 Nr. 13 ergibt, in den Grenzen der §§ 307, 308 die einfache Schriftform vorsehen.[4] Gesetzliche Spezialregelungen schreiben nur ausnahmsweise eine besondere Form der Anfechtung vor. Beispiele sind § 1955 S. 2 i.V.m. § 1945 und § 2282 Abs. 3.

Als Gestaltungsrecht ist die Anfechtungserklärung nach h.M. **unwiderruflich**.[5] Der hier vertretenen Auffas- 4
sung zufolge kann der Anfechtende sie indessen mit Zustimmung des Anfechtungsgegners zurücknehmen und sie so, vorbehaltlich entgegenstehender Belange Dritter, einverständlich wieder aus der Welt schaffen (siehe § 142 Rn 15). Außerdem ist die Anfechtungserklärung wegen ihrer Gestaltungswirkung im Interesse des Anfechtungsgegners **befristungsfeindlich**[6] und **bedingungsfeindlich**.[7] Allerdings muss die Anfechtung unter einer solchen Bedingung für zulässig erachtet werden, deren Eintritt allein von einer Handlung des Anfechtungsgegners abhängt (**Potestativbedingung**), weil dann die Rechtslage für ihn nicht unklar ist.[8] Kein Streit besteht über die Zulässigkeit der **Eventualanfechtung**, also der unbedingten Anfechtung für den Fall, dass ein bestimmter, bereits bestehender Zustand erst später erkannt wird.[9] Der Berechtigte kann die Anfechtung z.B. vorsorglich unter der Voraussetzung erklären, dass das Gericht den Vertrag anders auslegt als er oder dass es den vorrangig geltend gemachten Gewährleistungsanspruch verneint.[10]

---

1 Vgl. Bamberger/Roth/*Wendtland*, § 143 Rn 1.
2 Vgl. HK-BGB/*Dörner*, § 143 Rn 1; MüKo/ *Mayer-Maly/Busche*, § 142 Rn 1.
3 HK-BGB/*Dörner*, § 143 Rn 2; Soergel/*Hefermehl*, § 143 Rn 1; RGRK/*Krüger-Nieland/Zöller*, § 143 Rn 8; MüKo/*Mayer-Maly/Busche*, § 142 Rn 2; Erman/*Palm*, § 143 Rn 2; Staudinger/*Roth*, § 143 Rn 6; Bamberger/Roth/*Wendtland*, § 143 Rn 2.
4 Vgl. Erman/*Palm*, § 143 Rn 2; vgl. auch Staudinger/ *Roth*, § 143 Rn 7.
5 Palandt/*Heinrichs*, § 143 Rn 2; Bamberger/Roth/ *Wendtland*, § 143 Rn 2.
6 Staudinger/*Roth*, § 143 Rn 8; Bamberger/Roth/ *Wendtland*, § 143 Rn 2.
7 RGZ 66, 153, 154, 146, 234, 238/240; BGH NJW 1968, 2099; HK-BGB/*Dörner*, § 143 Rn 3; Palandt/ *Heinrichs*, § 143 Rn 2; Soergel/*Hefermehl*, § 143 Rn 3; Jauernig/*Jauernig*, § 143 Rn 2; RGRK/ *Krüger-Nieland/Zöller*, § 143 Rn 6.
8 Wie hier Brox, BGB AT, Rn 487; Erman/*Palm*, § 143 Rn 3; *Larenz/Wolf*, BGB AT, § 44 Rn 37; a.A. MüKo/*Mayer-Maly/Busche*, § 142 Rn 5; Staudinger/ *Roth*, § 143 Rn 8; Bamberger/Roth/*Wendtland*, § 143 Rn 2; wohl auch RGRK/*Krüger-Nieland/Zöller*, § 143 Rn 6.
9 Vgl. MüKo/*Mayer-Maly/Busche*, § 142 Rn 6; Bamberger/Roth/*Wendtland*, § 143 Rn 2.
10 BGH NJW 1968, 2099; 1991, 1673, 1674; KG WRP 1990, 39, 42; MüKo/*Mayer-Maly/Busche*, § 142 Rn 6; Staudinger/*Roth*, § 143 Rn 9; Bamberger/ Roth/*Wendtland*, § 143 Rn 2.

5 Die Anfechtungserklärung muss zum Ausdruck bringen, dass der Anfechtende eine bestimmte Willenserklärung nicht gelten lassen oder an einem bestimmten Rechtsgeschäft nicht festhalten will. Er braucht nicht die Fachbegriffe „Anfechtung" oder „anfechten" zu benutzen.[11] Es genügt vielmehr, wenn der Anfechtungserklärung der erforderliche **Wille zur Vernichtung des Rechtsgeschäfts** durch eine Auslegung nach dem objektiven Empfängerhorizont gem. §§ 133, 157 (vgl. dazu § 133 Rn 41 ff.) zu entnehmen ist. Soweit darüber hinausgehend die **Eindeutigkeit** oder **Unzweideutigkeit** der Anfechtungserklärung verlangt wird,[12] dürfen daraus keine strengeren Anforderungen an den Erklärungsinhalt abgeleitet werden als bei anderen Willenserklärungen.[13] Die Interessen des Empfängers der Anfechtungserklärung (des Anfechtungsgegners) sind nämlich gewahrt, wenn er den Anfechtungswillen im Wege der Auslegung nach dem Empfängerhorizont aus der Erklärung entnehmen kann. Im gleichen Sinne verfährt die Rechtsprechung. Sie überspannt die Anforderungen an die „Eindeutigkeit" nicht, sondern lässt es ausreichen, dass der Anfechtungswille nicht allein aus der Anfechtungserklärung selbst, sondern erst aus außerhalb der Erklärung liegenden Umständen folgt. Entscheidend und ausreichend ist also, wie bei anderen empfangsbedürftigen Willenserklärungen, der **objektive Erklärungswert**.[14] Danach kann im Einzelfall etwa die Rückforderung des Geleisteten als Anfechtungserklärung auszulegen sein.[15] Ein bloßes Schadensersatzverlangen reicht hingegen regelmäßig nicht aus.[16]

6 Verlangt wird zum Teil ferner, der Wille müsse erkennbar auf die **Rückwirkung** der Nichtigkeit gerichtet sein.[17] Diese Voraussetzung muss im Interesse der Rechtssicherheit indessen nicht generell, sondern nur dann erfüllt sein, wenn statt einer Anfechtung ernsthaft auch ein lediglich *ex nunc* wirkendes Gestaltungsrecht wie ein Rücktritt oder eine Kündigung in Betracht kommt.[18]

7 Umstritten ist seit langem, ob der **Anfechtungsgrund** in der Anfechtungserklärung angegeben werden muss.[19] Das Reichsgericht hatte ursprünglich weder die Angabe des rechtlichen Grundes noch der die Anfechtung stützenden Tatsachen verlangt.[20] Das wird jedoch dem Interesse des Anfechtungsgegners nicht gerecht. Als Gegner einer rechtsgestaltenden Erklärung muss für ihn **erkennbar** sein, auf welche tatsächlichen Umstände, d.h. auf welchen konkreten **Sachverhalt** der Anfechtende die Anfechtung stützt. Denn er muss die Berechtigung der Anfechtung überprüfen können, um sein Verhalten darauf einzustellen. Er muss abschätzen können, ob das angefochtene Rechtsgeschäft gem. § 142 Abs. 1 vernichtet worden ist und er keinen vertraglichen Erfüllungsanspruch mehr hat oder ob die Anfechtung jeder Grundlage entbehrt. Er muss sich darauf einrichten können, ob er einen Bereicherungsanspruch in Bezug auf bereits erbrachte Leistungen oder einen Schadensersatzanspruch gem. § 122 hat. Der Anfechtende braucht daher zwar in der Erklärung nicht den genauen rechtlichen Anfechtungsgrund anzugeben. Die Anfechtung muss aber, soweit der Anfechtungsgegner den Sachverhalt nicht ohnehin kennt, die Information über die zugrunde liegenden **Tatsachen** enthalten.[21] Diese Interessen des Anfechtungsgegners werden nicht allein dadurch hinreichend geschützt, dass er den Anfechtenden nach dem Grund fragen kann und dieser die nachteiligen Folgen einer Nichtbeantwortung tragen muss.[22]

8 Eine Frage der **Auslegung** nach dem objektiven Empfängerhorizont ist es auch, ob eine Anfechtung wegen **arglistiger Täuschung** gem. § 123 Abs. 1 zugleich eine Anfechtung wegen des Irrtums über eine **verkehrswesentliche Eigenschaft** der Person oder Sache gem. § 119 Abs. 2 enthält und entsprechend

---

11 BGHZ 88, 240, 245; 91, 324, 331; BGH NJW-RR 1995, 859.
12 So etwa BGHZ 88, 240, 245; 91, 324, 332; BGH NJW-RR 1988, 566; NJW 1991, 1673, 1674; NJW-RR 1995, 859; RGRK/*Krüger-Nieland/Zöller*, § 143 Rn 2; MüKo/*Mayer-Maly/Busche*, § 142 Rn 4; *Larenz/Wolf*, BGB AT, § 44 Rn 35.
13 Ebenso *Canaris* NJW 1984, 2281, 2282; *Medicus*, BGB AT, Rn 717; Erman/*Palm*, § 143 Rn 1; *Probst*, JZ 1989, 878, 881 ff.; a.A. MüKo/*Mayer-Maly/Busche*, § 142 Rn 4.
14 Vgl. BGH NJW-RR 1995, 859; vgl. auch RGRK/*Krüger-Nieland/Zöller*, § 143 Rn 2 m.w.N.
15 Palandt/*Heinrichs*, § 143 Rn 3.
16 BGH NJW 1991, 1673, 1674.
17 So etwa BGHZ 88, 240, 245; 91, 324, 332; BGH NJW 1991, 1673, 1674; NJW-RR 1995, 859; Jauernig/*Jauernig*, § 143 Rn 2; RGRK/*Krüger-Nieland/Zöller*, § 143 Rn 2.
18 *Larenz/Wolf*, BGB AT, § 44 Rn 35; Erman/*Palm*, § 143 Rn 1; vgl. auch MüKo/*Mayer-Maly/Busche*, § 142 Rn 3.
19 Ausdr. offen gelassen von BGH NJW 1966, 39; WM 1980, 983, 985; vgl. auch LG Berlin NJW 2004, 2831, 2832 sowie zum Meinungsspektrum den Überblick bei MüKo/*Mayer-Maly/Busche*, § 142 Rn 7.
20 RGZ 65, 86, 88.
21 Ebenfalls auf die Erkennbarkeit abstellend LG Berlin NJW 2004, 2831, 2832; *Bork*, BGB AT, Rn 906; *Flume*, BGB AT Bd. 2, § 31, 2; Soergel/ *Hefermehl*, § 143 Rn 2; Palandt/*Heinrichs*, § 143 Rn 3; *Larenz/Wolf*, BGB AT, § 44 Rn 38; *Medicus*, BGB AT, Rn 724; Staudinger/*Roth*, § 143 Rn 11; Bamberger/*Roth/Wendtland*, § 143 Rn 4; darüber hinaus nach der Art der Anfechtung (Irrtums- oder Täuschungsanfechtung) differenzierend MüKo/ *Mayer-Maly/Busche*, § 143 Rn 9.
22 Vgl. MüKo/*Mayer-Maly/Busche*, § 142 Rn 10; vgl. auch Staudinger/*Roth*, § 143 Rn 11: „umständlicher"; a.A. Erman/*Palm*, § 143 Rn 1.

umgedeutet werden kann. Entscheidend muss wiederum, den allgemeinen Auslegungsgrundsätzen folgend, die Erkennbarkeit eines darauf gerichteten Anfechtungswillens für den Anfechtungsgegner sein.[23] Gegen diesen Willen kann es sprechen, wenn sich der Anfechtende im Prozess nicht auf die Irrtumsanfechtung beruft.[24] Ein weiterer Auslegungsgesichtspunkt ist die Schadensersatzpflicht des § 122.[25]

Mit der gerade erörterten Voraussetzung der Erkennbarkeit des Anfechtungsgrundes hängt untrennbar die Frage des **Nachschiebens von Anfechtungsgründen** zusammen.[26] Da der Sachverhalt, auf den der Anfechtende seine Anfechtung stützt, dem Anfechtungsgegner bekannt oder zumindest erkennbar sein muss, können weitere Anfechtungsgründe nach Abgabe der Anfechtungserklärung grundsätzlich **nicht** nachgeschoben werden. Jeder weitere Anfechtungssachverhalt (Anfechtungsgrund) kann nur durch eine neue Anfechtungserklärung geltend gemacht werden, die ihrerseits allen Wirksamkeitsvoraussetzungen und insbesondere der Einhaltung der Anfechtungsfrist unterliegt (vgl. auch § 121 Rn 8, § 124 Rn 3).[27] Davon zu unterscheiden ist die Möglichkeit des Anfechtenden, im Rahmen des erkennbar gemachten gesetzlichen Anfechtungsgrundes ergänzend solche weiteren Tatsachen vorzutragen, welche die bereits erklärte Anfechtung rechtfertigen können.[28]

II. Anfechtungsberechtigte

Zur Anfechtung berechtigt ist grundsätzlich derjenige, von dem die anfechtbare Erklärung **stammt** – der Irrende, der Getäuschte oder der Bedrohte.[29] Sind danach **mehrere Personen** anfechtungsberechtigt, kann und muss grundsätzlich jede von ihnen ihre Willenserklärung eigenständig anfechten.[30] Die Wirkungen einer solchen einzelnen Anfechtung treten ohne weiteres nur im Verhältnis zwischen diesem Anfechtenden und dem Anfechtungsgegner ein. Die Rechtsfolgen im Verhältnis zu den anderen Anfechtungsberechtigten bestimmen sich nach § 139.[31] Ausnahmsweise müssen alle Berechtigten gemeinschaftlich die Anfechtung erklären, was aus der Besonderheit des zwischen ihnen bestehenden Rechtsverhältnisses folgt. Das gilt z.B. bei Gesamthandsgemeinschaften im Allgemeinen und Erbengemeinschaften im Besonderen (vgl. §§ 2038, 2040).[32]

In Sonderfällen sind andere Personen als die durch die anfechtbare Willenserklärung unmittelbar Betroffenen anfechtungsberechtigt. Verfügungen von Todes wegen können nach dem Tod des Erblassers durch die in **§ 2080** bestimmten Dritten angefochten werden.[33] Haben die Parteien einem Dritten gem. § 317 die Bestimmung der Leistung überlassen, können gem. **§ 318 Abs. 2** nur die Vertragschließenden, aber nicht der Dritte die Leistungsbestimmung anfechten. Hat sich der **Stellvertreter** bei der Abgabe der Willenserklärung geirrt oder ist er getäuscht oder bedroht worden (§ 166 Abs. 1), muss der Vertretene anfechten, weil er gem. § 164 Abs. 1 durch die irrtumsbehaftete Willenserklärung gebunden wird. Der Vertreter kann nur dann (mit Wirkung für den Vertretenen) anfechten, wenn sich seine Vertretungsmacht darauf erstreckt (Anfechtungsvollmacht).[34]

Das Anfechtungsrecht ist als Gestaltungsrecht **nicht selbständig übertragbar**; es ist weder isoliert abtretbar noch verpfänd- oder pfändbar.[35] Dagegen geht es im Wege der **Gesamtrechtsnachfolge** auf einen anderen als den ursprünglich Berechtigten über; es ist insbesondere vererblich.[36] Beim **Eintritt in ein Vertragsverhältnis** kommt es nach richtiger Auffassung darauf an, wer von der Anfechtung betroffen wird. Deshalb steht etwa bei der Veräußerung des vermieteten Hausgrundstücks (§ 566) oder bei einem Betriebsübergang (§ 613a) das Anfechtungsrecht nur Veräußerer und Erwerber gemeinsam zu, soweit sie beide gem. § 566 Abs. 2 oder gem.

---

23 Staudinger/*Roth*, § 143 Rn 12; vgl. BGHZ 34, 32, 38 f.; BGH NJW 1979, 160, 161; BGHZ 78, 216, 221; Palandt/*Heinrichs*, § 143 Rn 3; Bamberger/Roth/*Wendtland*, § 143 Rn 6; krit. *Berg*, NJW 1981, 2337.
24 Vgl. BGHZ 34, 32, 40; näher dazu *Berg*, NJW 1981, 2337; Bamberger/Roth/*Wendtland*, § 143 Rn 6.
25 Bamberger/Roth/*Wendtland*, § 143 Rn 6.
26 Besonders deutlich MüKo/*Mayer-Maly/Busche*, § 142 Rn 8.
27 BGH NJW 1966, 39; VersR 1989, 465, 466; BB 1981, 1156, 1157; NJW-RR 1993, 948; NJW 1995, 190, 191; MüKo/*Mayer-Maly/Busche*, § 142 Rn 10; Staudinger/*Roth*, § 143 Rn 13; Bamberger/Roth/*Wendtland*, § 143 Rn 5.
28 *Larenz/Wolf*, BGB AT, § 44 Rn 38; Staudinger/*Roth*, § 143 Rn 13.

29 Vgl. BGHZ 137, 255, 258; Erman/*Palm*, § 143 Rn 4; Staudinger/*Roth*, § 143 Rn 14.
30 RGZ 56, 423, 424; 65, 399, 405.
31 Soergel/*Hefermehl*, § 143 Rn 7; RGRK/*Krüger-Nieland/Zöller*, § 143 Rn 11; Bamberger/Roth/*Wendtland*, § 143 Rn 9.
32 Vgl. RGZ 107, 238, 239; BGH NJW 1951, 308; Erman/*Palm*, § 143 Rn 4.
33 Näher dazu AnwK-BGB/*Fleindl*, § 2080 Rn 2 ff.
34 Soergel/*Hefermehl*, § 143 Rn 6; RGRK/*Krüger-Nieland/Zöller*, § 143 Rn 12; Erman/*Palm*, § 143 Rn 6.
35 Staudinger/*Roth*, § 142 Rn 11 ff.; Bamberger/Roth/*Wendtland*, § 143 Rn 8; anders *Bydlinski*, Die Übertragung von Gestaltungsrechten, 1986, S. 45 ff.; ähnlich MüKo/*Mayer-Maly/Busche*, § 142 Rn 7.
36 Erman/*Palm*, § 143 Rn 4; Bamberger/Roth/*Wendtland*, § 143 Rn 8.

§ 613a Abs. 2 für Pflichten aus dem Vertrag haften.[37] Nach wohl überwiegender Auffassung kann ein Dritter nicht nur zur Ausübung des Anfechtungsrechts bevollmächtigt, sondern auch zur Anfechtung im eigenen Namen **ermächtigt** werden.[38]

III. Anfechtungsgegner

13 Da die Anfechtung gem. Abs. 1 eine empfangsbedürftige Willenserklärung ist, bedarf es der Festlegung des **Adressaten der Anfechtungserklärung**. § 142 bestimmt in den Abs. 2–4 den Anfechtungsgegner bei einem Vertrag, bei einer einseitigen empfangsbedürftigen Willenserklärung und bei einer einseitigen nicht empfangsbedürftigen Willenserklärung.

14 **1. Anfechtungsgegner bei einem Vertrag (Abs. 2).** Geht es um die Anfechtung einer Willenserklärung im Zusammenhang mit einem Vertrag, ist der Anfechtungsgegner gem. Abs. 2, 1. Fall grundsätzlich der **Vertragspartner** oder gem. §§ 1922, 1967 sein Erbe. Die Anfechtung ist auch dann gegenüber dem Vertragspartner zu erklären, wenn er die Rechte aus dem Vertrag an einen Dritten abgetreten oder den Vermögensgegenstand weiterveräußert hat.[39] Gleiches gilt, wenn er sich bei Vertragsschluss hat vertreten lassen, sofern der **Stellvertreter** nicht auch zur Entgegennahme der Anfechtungserklärung bevollmächtigt ist.[40]

15 Die Sonderregelung des Abs. 2, 2. Fall betrifft in erster Linie den echten **Vertrag zugunsten Dritter** (§ 328). Danach muss der Versprechende, der vom Versprechensempfänger arglistig getäuscht worden ist, die Anfechtungserklärung nicht gegen seinen täuschenden Vertragspartner richten, sondern unter den weiteren Voraussetzungen des § 123 Abs. 2 S. 2 gegen den **Dritten**, der gem. § 328 Abs. 1 aus diesem Vertrag unmittelbar ein Recht erworben hat.[41] Anderenfalls ist, wie bei anderen Verträgen, nicht der Begünstigte, sondern der Vertragspartner der Anfechtungsgegner.[42]

16 Bei einer **Schuldübernahme** (§ 415) bleibt der ursprüngliche Schuldner selbst dann der richtige Gegner für eine Anfechtung durch den Übernehmer, wenn der Gläubiger die Übernahme genehmigt hat.[43] Der Übernehmer kann ihm gegenüber das ganze, aus Grundgeschäft und Schuldübernahme bestehende Geschäft anfechten, sofern es sich (ausnahmsweise) um ein einheitliches Rechtsgeschäft handelt.[44] Im Falle einer **Vertragsübernahme** fordert der BGH indessen, dass der eintretende Dritte (Vertragsübernehmer) sowohl gegenüber dem ausgeschiedenen Vertragszedenten als auch gegenüber der im Vertrag verbleibenden Partei anficht, weil die Anfechtung die Interessen aller Beteiligten berühre.[45] Etwas anderes kann bei Teilbarkeit gem. § 139 gelten (vgl. zur Teilanfechtung § 142 Rn 4).

17 Steht dem Anfechtungsberechtigten eine **Personenmehrheit** als Vertragspartner gegenüber, muss die Anfechtung nach der Auffassung des BGH grundsätzlich allen Vertragspartnern erklärt werden.[46] Anerkannt ist das vor allem im Hinblick auf **Gesellschaftsverträge**, wenn die Anfechtung der von einem Gesellschafter abgegebenen Erklärung – z.B. der Zustimmung zu einer Anteilsabtretung – dazu führt, dass sich die Grundlagen des Gesellschaftsverhältnisses ändern.[47] Andere Grundsätze können bei der Anfechtung gegenüber Personenmehrheiten im Falle der Teilbarkeit gem. § 139 gelten (vgl. zur Teilanfechtung § 142 Rn 4).[48]

18 **2. Anfechtungsgegner bei einer einseitigen empfangsbedürftigen Willenserklärung (Abs. 3).** Eine einseitige empfangsbedürftige Willenserklärung muss gem. Abs. 3 S. 1 gegenüber dem **Erklärungs-**

---

37 Im Einzelnen str.; wie hier Staudinger/*Roth*, § 142 Rn 10; Bamberger/Roth/*Wendtland*, § 143 Rn 8.
38 Soergel/*Hefermehl*, § 143 Rn 6; RGRK/*Krüger-Nieland/Zöller*, § 142 Rn 7; Erman/*Palm*, § 143 Rn 4; Staudinger/*Roth*, § 142 Rn 11; Bamberger/Roth/*Wendtland*, § 143 Rn 8.
39 RGZ 86, 305, 310; Palandt/*Heinrichs*, § 143 Rn 5; Bamberger/Roth/*Wendtland*, § 143 Rn 10.
40 Bamberger/Roth/*Wendtland*, § 143 Rn 10.
41 HK-BGB/*Dörner*, § 143 Rn 4; Staudinger/*Roth*, § 143 Rn 18.
42 BGH LM PatG § 9 Nr. 8; MüKo/*Mayer-Maly/Busche*, § 143 Rn 14; *Pikart*, WM 1963, 1198, 1204; Staudinger/*Roth*, § 143 Rn 19.
43 BGHZ 31, 321, 325; Palandt/*Heinrichs*, § 143 Rn 5; RGRK/*Krüger-Nieland/Zöller*, § 143 Rn 17; MüKo/*Mayer-Maly/Busche*, § 143 Rn 15; Erman/*Palm*, § 143 Rn 6; Staudinger/*Roth*, § 143 Rn 21; a.A. *Hirsch*, JR 1960, 291, 295 f.
44 BGHZ 31, 321, 323.
45 BGHZ 96, 302, 309 f. = NJW 1986, 918 f.; vgl. auch BGHZ 137, 255, 258 f. = NJW 1998, 531; ebenso etwa Soergel/*Hefermehl*, § 143 Rn 8; Erman/*Palm*, § 143 Rn 6; Staudinger/*Roth*, § 143 Rn 22; a.A. *Dörner*, NJW 1986, 2916 ff.
46 Vgl. BGHZ 137, 255, 260 = NJW 1998, 531, 532; ebenso etwa *Flume*, BGB AT Bd. 2, § 31, 5d; Soergel/*Hefermehl*, § 143 Rn 8; RGRK/*Krüger-Nieland/Zöller*, § 143 Rn 19; MüKo/*Mayer-Maly/Busche*, § 143 Rn 17; Staudinger/*Roth*, § 143 Rn 23.
47 Vgl. BGH DB 1976, 1007 f.; RGRK/*Krüger-Nieland/Zöller*, § 143 Rn 20; MüKo/*Mayer-Maly/Busche*, § 143 Rn 16; Staudinger/*Roth*, § 143 Rn 20.
48 Vgl. RGZ 65, 398, 405; Soergel/*Hefermehl*, § 143 Rn 8; RGRK/*Krüger-Nieland/Zöller*, § 143 Rn 19; MüKo/*Mayer-Maly/Busche*, § 143 Rn 17; restriktiv Staudinger/*Roth*, § 143 Rn 23 f.

empfänger angefochten werden. Eine Kündigung ist also gegenüber dem Gekündigten anzufechten,[49] und eine Anfechtung gegenüber dem von ihr angesprochenen Anfechtungsgegner (vgl. zur Anfechtung der Anfechtung § 142 Rn 3, 15).[50]

Der **Erklärungsempfänger** ist gem. Abs. 3 S. 2 auch dann der richtige Anfechtungsgegner, wenn die einseitige empfangsbedürftige Willenserklärung **wahlweise** ihm oder einer **Behörde** gegenüber abgegeben werden konnte und sie der Behörde gegenüber abgegeben wurde. Beispiele für solche Erklärungen finden sich in den §§ 875 Abs. 1 S. 2, 876 S. 3, 880 Abs. 2 S. 3, 1168 Abs. 2 S. 2, 1180 Abs. 1 S. 2 und 1183 S. 2. Hier muss vorrangig der Erklärungsempfänger von der Anfechtung erfahren, weil sie seine Rechte betrifft.[51]

19

Nicht eindeutig in Abs. 3 geregelt sind die Fälle, in denen die einseitige empfangsbedürftige Willenserklärung **wahlweise gegenüber zwei Privatpersonen** abgegeben werden kann. Dabei geht es vor allem um die Erteilung der Vollmacht (§ 167 Abs. 1) und die Zustimmung (§ 182). In Bezug auf die Anfechtung der **Vollmachtserteilung**[52] besteht heute weit gehend Einigkeit, dass richtiger Anfechtungsgegner vor dem Gebrauchmachen von der Vollmacht – also solange der Vertreter noch kein Geschäft abgeschlossen hat – gem. Abs. 3 S. 1 derjenige sein muss, dem gegenüber die Vollmacht erteilt worden ist. Eine Innenvollmacht ist gegenüber dem Vertreter anzufechten und eine Außenvollmacht gegenüber dem Dritten, dem gegenüber die Vertretung stattfinden sollte.[53] Lässt man die Anfechtung trotz der gewichtigen Gegenargumente auch nach dem Gebrauchmachen von der Vollmacht zu (vgl. dazu § 167 Rn 24), sollte sie stets – also auch bei einer Innenvollmacht – gegenüber dem dritten Geschäftspartner erklärt werden müssen, weil vor allem seine Rechtsstellung betroffen wird (näher dazu § 167 Rn 25).[54] Eine **Zustimmung** gem. § 182 muss nach der Auffassung des BGH gegenüber beiden Beteiligten angefochten werden (näher dazu § 182 Rn 42).[55]

20

3. Anfechtungsgegner bei einer einseitigen nicht empfangsbedürftigen Willenserklärung (Abs. 4). Eine einseitige nicht empfangsbedürftige Willenserklärung muss gem. Abs. 4 S. 1 gegenüber demjenigen angefochten werden, der daraus **unmittelbar einen rechtlichen Vorteil** erlangt hat. Diese praktisch nicht sehr bedeutsame Vorschrift erfasst vor allem die Auslobung (§ 657) und die Dereliktion (§ 959).[56] Die Eigentumsaufgabe nach § 959 ist danach gegenüber dem Aneignenden anzufechten. Zwar erlangt dieser den rechtlichen Vorteil erst durch eine eigene Handlung, nämlich die Aneignung gem. § 958 Abs. 1. Für die erforderliche Unmittelbarkeit genügt es aber, dass das Recht ohne ein vermittelndes Rechtsgeschäft mit einem Dritten erworben wird.[57]

21

Eine **amtsempfangsbedürftige Willenserklärung** kann der Erklärende gem. Abs. 4 S. 2 Hs. 1 **wahlweise** gegenüber der Behörde oder dem unmittelbar Betroffenen i.S.d. Abs. 4 S. 1 anfechten. Der Unterschied zu Abs. 3 S. 2 besteht darin, dass die Erklärung dort zwingend gegenüber der Behörde abzugeben war. Anwendungsfälle des Abs. 4 S. 2 sind z.B. die §§ 928 Abs. 1 und 1109 Abs. 2 S. 2 sowie § 11 Abs. 1 S. 1 ErbbauVO. Abweichende Sonderregelungen treffen die §§ 1955 und 2081. Ficht der Berechtigte seine Erklärung nach Abs. 4 S. 2 Hs. 1 gegenüber der Behörde an, soll diese den unmittelbar Betroffenen nach dem Hs. 2 der Vorschrift davon unterrichten. Die Unterrichtung ist jedoch keine Wirksamkeitsvoraussetzung.[58]

22

Ist der Anfechtungsgegner i.S.d. Abs. 4 **unbekannt**, kann die Anfechtung durch öffentliche Zustellung gem. § 132 Abs. 2 erfolgen.[59]

23

---

§ 144 Bestätigung des anfechtbaren Rechtsgeschäfts

(1) ¹Die Anfechtung ist ausgeschlossen, wenn das anfechtbare Rechtsgeschäft von dem Anfechtungsberechtigten bestätigt wird.

(2) ¹Die Bestätigung bedarf nicht der für das Rechtsgeschäft bestimmten Form.

---

49 MüKo/*Mayer-Maly/Busche*, § 143 Rn 19; Staudinger/*Roth*, § 143 Rn 26.
50 MüKo/*Mayer-Maly/Busche*, § 143 Rn 19.
51 *Medicus*, BGB AT, Rn 719; Staudinger/*Roth*, § 143 Rn 27.
52 Vgl. dazu den Überblick über den Meinungsstand bei *Kindl*, Rechtsscheintatbestände und ihre rückwirkende Beseitigung, 1999, S. 33 ff.
53 *Medicus*, BGB AT, Rn 721; Staudinger/*Roth*, § 143 Rn 34; vgl. RGRK/*Krüger-Nieland/Zöller*, § 143 Rn 22.
54 Vgl. *Medicus*, BGB AT, Rn 721; Staudinger/*Roth*, § 143 Rn 35; Soergel/*Hefermehl*, § 143 Rn 10;

MüKo/*Mayer-Maly/Busche*, § 143 Rn 13; HKK/ *Schermaier*, §§ 142–144 Rn 17.
55 Vgl. BGHZ 137, 255, 260 = NJW 1998, 531, 532.
56 Vgl. HK-BGB/*Dörner*, § 143 Rn 6; Staudinger/*Roth*, § 143 Rn 29.
57 MüKo/*Mayer-Maly/Busche*, § 143 Rn 21; Staudinger/*Roth*, § 143 Rn 29; HKK/*Schermaier*, §§ 142–144 Rn 16.
58 HK-BGB/*Dörner*, § 143 Rn 7; MüKo/*Mayer-Maly/Busche*, § 143 Rn 22; Staudinger/*Roth*, § 143 Rn 30, 32; Bamberger/Roth/*Wendtland*, § 143 Rn 12.
59 Bamberger/Roth/*Wendtland*, § 143 Rn 12; vgl. Staudinger/*Roth*, § 143 Rn 17.

A. Allgemeines	1	II. Bestätigungserklärung	7
B. Regelungsgehalt	3	III. Rechtsfolgen der Bestätigung	12
I. Voraussetzungen der Bestätigung	3	C. Weitere praktische Hinweise	14

A. Allgemeines

1 Da ein irrtumsbehaftetes Rechtsgeschäft lediglich anfechtbar ist und erst durch die Anfechtung gem. § 142 Abs. 1 vernichtet wird, besteht bis zum Ablauf der Anfechtungsfrist ein Schwebezustand (vgl. § 121 Rn 1). Möchte der Anfechtungsberechtigte aus wirtschaftlichen oder anderen Gründen schon vorher **verbindlich klarstellen**, dass er nicht anfechten will und dass das Rechtsgeschäft wirksam bleiben soll, kann er die anfechtbare Willenserklärung gem. § 144 bestätigen. Die Bestätigung klärt die Rechtslage, indem sie nach Abs. 1 zum Verlust des Anfechtungsrechts führt. Damit handelt es sich um einen gesetzlich geregelten Fall des **Anfechtungsausschlusses**.[1] Um dem Berechtigten die gewünschte Klarstellung zu erleichtern, ist die Bestätigung nach Abs. 2 formlos möglich.[2] Praktische Bedeutung hat die Vorschrift wegen der deutlich längeren, einjährigen Anfechtungsfrist des § 124 eher bei der Täuschungs- als bei der Irrtumsanfechtung.

2 Die Bestätigung des anfechtbaren Rechtsgeschäfts gem. § 144 ist unkomplizierter als die Bestätigung des nichtigen Rechtsgeschäfts gem. § 141. Anders als im Fall des § 141 ist das Rechtsgeschäft nicht nichtig, so dass es nicht neu vorgenommen werden muss. Es genügt vielmehr, die Anfechtbarkeit des im Übrigen wirksamen Geschäfts durch eine einseitige Entscheidung des Anfechtungsberechtigten zu beseitigen. Diese Entscheidung, dass das Geschäft ungeachtet des Anfechtungsgrundes gelten soll,[3] bedeutet in der Sache einen **Verzicht auf das Anfechtungsrecht**.[4]

B. Regelungsgehalt

I. Voraussetzungen der Bestätigung

3 Die Bestätigung muss sich auf ein **anfechtbares Rechtsgeschäft** beziehen. Die Anfechtbarkeit kann sich vor allem aus den §§ 119, 120 und 123 ergeben; gerade bei der arglistigen Täuschung gem. § 123 Abs. 1 kommt eine Bestätigung gem. § 144 in Betracht.[5] Das Anfechtungsrecht muss noch bestehen und darf nicht bereits wegen Ablaufs der Anfechtungsfrist erloschen sein.[6] Eine Bestätigung gem. § 144 scheidet wegen § 142 Abs. 1 auch aus, wenn die Willenserklärung bereits angefochten worden ist. Dann muss das nichtige Geschäft gem. § 141 neu vorgenommen werden.[7] Abweichende **Sonderregeln** enthält § 1315 Abs. 1 für die Bestätigung einer aufhebbaren Ehe.

4 Nach der Rechtsprechung setzt eine Bestätigung gem. § 144 weiter voraus, dass der Anfechtungsberechtigte **Kenntnis von der Anfechtbarkeit**[8] oder jedenfalls Zweifel an der Rechtsbeständigkeit des Rechtsgeschäfts hat.[9] Er muss mindestens mit der Möglichkeit rechnen, dass der Gegner ihn bewusst getäuscht hat[10] oder dass das Rechtsgeschäft aus anderen Gründen anfechtbar ist.[11] Teilweise wird ausdrücklich die Vorstellung des Anfechtungsberechtigten vorausgesetzt, dass er etwas gegen das Rechtsgeschäft unternehmen kann, weil, anders als nach § 141, nicht jeder Argwohn genügen könne.[12] Diese Formulierungen dürfen allerdings nicht so verstanden werden, dass die Wirksamkeit einer Bestätigung von einer zusätzlichen subjektiven Voraussetzung in der Form eines besonderen Bestätigungswillens abhängt. Entscheidend muss vielmehr, wie ganz allgemein bei der Auslegung von Willenserklärungen, auf den **äußeren Erklärungstatbestand** abgestellt werden (vgl. dazu § 133 Rn 41 ff.). Die Erklärung des Anfechtungsberechtigten ist als Bestätigung

---

1 HK-BGB/*Dörner*, § 144 Rn 1.
2 MüKo/*Mayer-Maly/Busche*, § 144 Rn 1; vgl. *Medicus*, BGB AT, Rn 534.
3 Vgl. *Flume*, BGB AT Bd. 2, § 31, 7; MüKo/*Mayer-Maly/Busche*, § 144 Rn 2; HKK/*Schermaier*, §§ 142–144 Rn 18; BGHZ 110, 220, 222; vgl. auch Prot. I, S. 134 = *Mugdan* I, S. 731.
4 Vgl. RGZ 68, 398, 400; BayObLG NJW 1954, 1039, 1040; *Früh*, JuS 1994, 486, 491; Soergel/*Hefermehl*, § 144 Rn 1; Palandt/*Heinrichs*, § 144 Rn 1; Jauernig/*Jauernig*, § 144 Rn 2; RGRK/*Krüger-Nieland/Zöller*, § 144 Rn 1; *Medicus*, BGB AT, Rn 534; Erman/*Palm*, § 144 Rn 1; Staudinger/*Roth*, § 144 Rn 1 f.
5 Vgl. BGHZ 110, 220, 221; BGH NJW-RR 1992, 779; Staudinger/*Roth*, § 144 Rn 3.
6 Bamberger/Roth/*Wendtland*, § 144 Rn 2.
7 Erman/*Palm*, § 144 Rn 1; Staudinger/*Roth*, § 144 Rn 3; vgl. BGHZ 110, 220, 223.
8 RGZ 68, 398, 400; BGH NJW 1958, 177; WM 1961, 785; BGHZ 110, 220, 222; BGH NJW 1995, 2290, 2291; NJW-RR 1996, 1281, 1282; ebenso *Larenz/Wolf*, BGB AT, § 44 Rn 28.
9 BGH NJW 1977, 1151; 1995, 2290, 2291; NJW-RR 1996, 1281, 1282; vgl. BGH NJW 1982, 1981 (zu § 141).
10 BGH NJW-RR 1990, 817, 819.
11 Vgl. HK-BGB/*Dörner*, § 144 Rn 2; Palandt/*Heinrichs*, § 144 Rn 2; Jauernig/*Jauernig*, § 144 Rn 2; Bamberger/Roth/*Wendtland*, § 144 Rn 3.
12 MüKo/*Mayer-Maly/Busche*, § 144 Rn 4; ähnlich Soergel/*Hefermehl*, § 144 Rn 2; RGRK/*Krüger-Nieland/Zöller*, § 144 Rn 9.

gem. Abs. 1 zu werten, wenn sie nach außen hin erkennen lässt, dass das Rechtsgeschäft trotz erkannter Zweifel an der Anfechtbarkeit gelten soll.[13]

Geht es um die Bestätigung eines wegen einer **Drohung** gem. § 123 anfechtbaren Rechtsgeschäfts, darf sich der Anfechtungsberechtigte nicht mehr in der durch die Drohung hervorgerufenen Zwangslage befinden. Eine vor dem **Wegfall der Zwangslage** erklärte Bestätigung ist unwirksam.[14]

Bei **mehreren Anfechtungsgründen** kann der Berechtigte die Bestätigung auf einzelne Gründe beschränken.[15] Geschieht das nicht ausdrücklich, kommt es darauf an, ob die Bestätigung nach ihrem äußeren Erklärungstatbestand eine solche Beschränkung erkennen lässt (vgl. gerade Rn 4) oder nach außen hin als umfassend zu verstehen ist. Ein arglistig Täuschender kann nur ausnahmsweise von einer umfassenden Bestätigung ausgehen.[16]

II. Bestätigungserklärung

Als Bestätigungserklärung kommt jedes Verhalten in Betracht, welches nach außen hin den Willen des Anfechtungsberechtigten offenbart, dass er das Rechtsgeschäft trotz erkannter Zweifel an der Anfechtbarkeit nicht anfechten, sondern es gelten lassen will (vgl. Rn 4). Nach herrschender Auffassung handelt es sich um eine **nicht empfangsbedürftige Willenserklärung**, deren Wirksamkeit nicht vom Zugang (§ 130) beim Anfechtungsgegner abhängt.[17] Diese Auffassung kann sich zwar auf die Materialien zum BGB stützen.[18] Sie wird aber den Interessen des Anfechtungsgegners nicht gerecht, der wissen muss, ob er sich auf die Bestätigung und damit auf den endgültigen Bestand des Rechtsgeschäfts verlassen kann. Der Zweck der Bestätigung, schon vor Ablauf der Anfechtungsfrist die Rechtslage verbindlich klarzustellen (siehe Rn 1), kann so nicht erreicht werden. Deshalb muss die Bestätigung gegenüber dem Anfechtungsgegner erfolgen. Solange sie ihm nicht zugeht, ist der Bestätigende daran nicht gebunden.[19] Die Rechtsprechung kommt zu ähnlichen Ergebnissen, indem sie besonders strenge Anforderungen an konkludente Bestätigungen stellt (vgl. dazu die folgende Rn), und die Lehre über die einschränkende Voraussetzung, das als Bestätigung zu wertende Verhalten müsse dem Anfechtungsgegner erkennbar sein.[20]

Die Bestätigung kann **formlos** erklärt werden. Sie bedarf gem. **Abs. 2** insbesondere nicht der für das zu bestätigende Rechtsgeschäft vorgeschriebenen Form. Deshalb kann die Bestätigung durch **schlüssiges Verhalten** erfolgen.[21] Rechtsprechung und herrschende Lehre unterwerfen konkludente Bestätigungen allerdings besonders strengen Anforderungen, weil von niemandem ohne weiteres vermutet werden könne, dass er auf bestehende Befugnisse oder Gestaltungsmöglichkeiten verzichte.[22] Danach kann eine stillschweigende Bestätigung gem. § 144 nur angenommen werden, wenn das Verhalten des Anfechtungsberechtigten eindeutig Ausdruck eines Bestätigungswillens ist und jede andere den Umständen nach einigermaßen verständliche Deutung ausscheidet. Sobald das Verhalten auch auf einem anderen Grund beruhen kann, ist es grundsätzlich nicht als Bestätigung zu werten.[23] Diese Formel ist zu eng, weil der Richter auch ein schlüssiges Verhalten nach den anerkannten Auslegungsgrundsätzen gem. §§ 133, 157 (vgl. dazu § 133 Rn 29 ff.) würdigen muss und eine Bestätigungserklärung nicht allein deshalb von vornherein ausschließen kann, weil noch eine andere Auslegungsmöglichkeit in Betracht kommt.[24] Außerdem sind diese besonderen Auslegungsmaßstäbe überflüssig, wenn man, dem Sinn und Zweck der Bestätigung sowie den Interessen des Anfechtungsgegners

---

13 *Medicus*, BGB AT, Rn 531; Erman/*Palm*, § 144 Rn 2; Staudinger/*Roth*, § 144 Rn 8.
14 BAG AP Nr. 16 zu § 123 BGB; Palandt/*Heinrichs*, § 144 Rn 2; Erman/*Palm*, § 144 Rn 2; Staudinger/ *Roth*, § 144 Rn 10; Bamberger/Roth/*Wendtland*, § 144 Rn 3.
15 HK-BGB/*Dörner*, § 144 Rn 2; Soergel/*Hefermehl*, § 144 Rn 5; RGRK/*Krüger-Nieland/Zöller*, § 144 Rn 3; Staudinger/*Roth*, § 144 Rn 9; Bamberger/ Roth/*Wendtland*, § 144 Rn 4.
16 Vgl. RG JW 1937, 2651; Staudinger/*Roth*, § 144 Rn 9; vgl. auch RGRK/*Krüger-Nieland/Zöller*, § 144 Rn 9.
17 RGZ 68, 398, 399; BayObLG NJW 1954, 1039; OLG Nürnberg DAR 1962, 202, 204; HK-BGB/*Dörner*, § 144 Rn 2; Soergel/*Hefermehl*, § 144 Rn 3; Palandt/ *Heinrichs*, § 144 Rn 2; Jauernig/*Jauernig*, § 144 Rn 2; RGRK/*Krüger-Nieland/Zöller*, § 144 Rn 4; MüKo/*Mayer-Maly/Busche*, § 144 Rn 5; Erman/ *Palm*, § 144 Rn 1; Bamberger/Roth/*Wendtland*, § 144 Rn 5.
18 Nach Prot. I, S. 133 f. = *Mugdan* I, S. 731 muss auch ein nicht in Richtung auf den Anfechtungsgegner abgegebener stillschweigender Verzicht das Rechtsgeschäft unanfechtbar machen.
19 *Larenz/Wolf*, BGB AT, § 44 Rn 28; *Medicus*, BGB AT, Rn 534; Staudinger/*Roth*, § 144 Rn 4.
20 Jauernig/*Jauernig*, § 144 Rn 2; MüKo/*Mayer-Maly/ Busche*, § 144 Rn 5; *Windel*, AcP 199 (1999), 421, 442 f.
21 So bereits Prot. I, S. 134 = *Mugdan* I, S. 731.
22 BGH NJW 1967, 720, 721; WM 1982, 1249, 1251; NJW-RR 1992, 779 f.
23 BGH NJW 1971, 1795, 1800; WM 1982, 1249, 1251; BGHZ 110, 220, 222; BGH NJW-RR 1992, 779, 780; vgl. HK-BGB/*Dörner*, § 144 Rn 2; Soergel/*Hefermehl*, § 144 Rn 3; Palandt/*Heinrichs*, § 144 Rn 2; Jauernig/*Jauernig*, § 144 Rn 2; RGRK/ *Krüger-Nieland/Zöller*, § 144 Rn 6; Erman/*Palm*, § 144 Rn 3; Bamberger/Roth/*Wendtland*, § 144 Rn 5.
24 MüKo/*Mayer-Maly/Busche*, § 144 Rn 3.

entsprechend, verlangt, dass die (ausdrückliche oder konkludente) Erklärung gegenüber dem Anfechtungsgegner erfolgt (vgl. vorige Rn).[25]

9 Die Rechtsprechung hat konkludente Bestätigungen beispielsweise in den folgenden Fällen[26] **verneint**: Klage des Käufers zur Geltendmachung von Gewährleistungsrechten in Kenntnis der Anfechtbarkeit, weil sein Wahlrecht nicht verkürzt werden dürfe;[27] Annahme oder Gebrauch einer nach dem anfechtbaren Vertrag geschuldeten Leistung aus wirtschaftlicher Notwendigkeit oder zur Abwendung eines größeren Verlusts;[28] Aufnahme des Geschäftsbetriebs in den Mieträumen durch den Mieter und Zahlung nur der Nebenkosten, aber nicht des Mietzinses.[29] **Bejaht** wurde sie dagegen etwa in dem Fall, dass die Partei an einem Vergleich trotz der Kenntnis des Anfechtungsgrundes festhielt und weiter Zahlungen leistete.[30]

10 Bei einem gem. § 139 **teilbaren Geschäft** kommt die Bestätigung nur eines Teils dieses Rechtsgeschäfts in Betracht. Insoweit gelten die gleichen Voraussetzungen wie bei einer Teilanfechtung (vgl. dazu § 142 Rn 4).[31]

11 Zur Bestätigung **berechtigt** ist der Anfechtungsberechtigte (vgl. dazu § 143 Rn 10 f.). Er kann einen Dritten bevollmächtigen oder ermächtigen (vgl. in Bezug auf die Anfechtung § 143 Rn 12). Dabei kann es sich insbesondere um den Prozessbevollmächtigten handeln.[32]

III. Rechtsfolgen der Bestätigung

12 Nach Abs. 1 führt die Bestätigung zum **Ausschluss des Anfechtungsrechts**. Soweit also die Bestätigung – insbesondere bei einem teilbaren Rechtsgeschäft (vgl. Rn 10) – reicht, erlischt das Anfechtungsrecht. Das anfechtbare Rechtsgeschäft ist endgültig wirksam. Mit dem Anfechtungsrecht erlöschen die an die Anfechtbarkeit geknüpften Leistungsverweigerungsrechte Dritter (vgl. dazu § 142 Rn 6).[33]

13 Da die Bestätigung nur die Anfechtbarkeit des Rechtsgeschäfts beseitigt, bleiben etwaige **Schadensersatzansprüche** grundsätzlich bestehen. Das können bei einer arglistigen Täuschung z.B. Ansprüche aus § 823 Abs. 2 i.V.m. § 263 StGB oder aus § 826 sein. Ergibt die Auslegung der Bestätigungserklärung allerdings, dass sie auch diese Ansprüche erfassen soll, muss sie durch den anderen Teil angenommen werden, damit ein Erlassvertrag (vgl. § 397) zustande kommt.[34] Das setzt den Zugang der Bestätigung beim Anfechtungsgegner voraus.

C. Weitere praktische Hinweise

14 Das Erlöschen des Anfechtungsrechts aufgrund einer Bestätigung muss das Gericht **von Amts wegen** prüfen. Die Darlegungs- und **Beweislast** in Bezug auf die zugrunde liegenden Tatsachen trägt der Anfechtungsgegner oder der Prozessgegner desjenigen, der bestätigt haben soll. Sind die Tatsachen nachgewiesen, wird die nach der herrschenden Auffassung notwendige Kenntnis der Anfechtungsberechtigung (vgl. Rn 4) vermutet.[35]

Titel 3. Vertrag

Vorbemerkungen zu §§ 145–157

Literatur: *Bahntje*, Gentlemen's Agreement und abgestimmtes Verhalten, 1982; *v. Bar*, Ein gemeinsamer Referenzrahmen für das marktrelevante Privatrecht in der Europäischen Union, in: Mansel, u.a. (Hrsg.), FS Erik Jayme 2004, S. 1271; *v. Bar/Zimmermann* (Hrsg.), Grundregeln des Europäischen Vertragsrechts, 2002; *Bischoff*, Vertragsvereinbarungen im deutsch-amerikanischen Rechtsverkehr, RIW 2002, 609; *ders.*, Vorvertragliche Verhandlungsinstrumente und ihre Wirkungen im deutschen und US-amerikanischen Recht, ZVglRWiss 103 (2004) 190; *Bruns*, Haftungsbeschränkung und Mindesthaftung, 2002; *Canaris*, Die Vertrauenshaftung im deutschen Privatrecht, 1971; *ders.*, Die Reform des Rechts der Leistungsstörungen, JZ 2001, 499; *ders.*, Wandlungen des Schuldvertragsrechts, AcP 200 (2000), 273; *Dauner-Lieb*, Auf dem Weg zu einem europäischen Schuldrecht?, NJW 2004, 1431; *dies.*, Reichweite und Grenzen der Privatautonomie im Privatrecht, AcP 201 (2001), 295; *Dörner*, Rechtsgeschäfte im Internet, AcP 202 (2002), 363; *ders.*, Haftung für Gewinnzusagen, in: Bork u.a.

---

25 Staudinger/*Roth*, § 144 Rn 4.
26 Vgl. dazu und zu weiteren Beispielen Palandt/*Heinrichs*, § 144 Rn 2; RGRK/*Krüger-Nieland/Zöller*, § 144 Rn 7 f.; Erman/*Palm*, § 144 Rn 3; Staudinger/*Roth*, § 144 Rn 6.
27 BGHZ 110, 220, 222 f.
28 BGH NJW 1971, 1795.
29 BGH NJW-RR 1992, 779, 780.
30 OLG Koblenz FamRZ 1983, 720.
31 Vgl. Bamberger/Roth/*Wendtland*, § 144 Rn 7; Erman/*Palm*, § 144 Rn 3.

32 Bamberger/Roth/*Wendtland*, § 144 Rn 8; vgl. auch Staudinger/*Roth*, § 144 Rn 11 f.
33 Soergel/*Hefermehl*, § 144 Rn 6; Jauernig/*Jauernig*, § 144 Rn 2; Bamberger/Roth/*Wendtland*, § 144 Rn 9.
34 Soergel/*Hefermehl*, § 144 Rn 6; Erman/*Palm*, § 144 Rn 4; Staudinger/*Roth*, § 144 Rn 16; Bamberger/Roth/*Wendtland*, § 144 Rn 9.
35 Vgl. BGH NJW 1967, 720, 721; Soergel/*Hefermehl*, § 144 Rn 4; RGRK/*Krüger-Nieland/Zöller*, § 144 Rn 12; MüKo/*Mayer-Maly/Busche*, § 144 Rn 7; Erman/*Palm*, § 144 Rn 5; Staudinger/*Roth*, § 144 Rn 17; Bamberger/Roth/*Wendtland*, § 144 Rn 9.

(Hrsg.), FS Helmut Kollhosser 2004, Bd 2, S. 75; *Fleischer*, Gegenwartsprobleme der Patronatserklärung im deutschen und europäischen Privatrecht, WM 1999, 666; *Frenz*, Selbstverpflichtungen der Wirtschaft, 2001; *Fuchs*, Naturalobligationen und unvollkommene Verbindlichkeiten im BGB, in: FS Medicus 1999, S. 123; *Habersack*, Patronatserklärungen ad incertas personas, ZIP 1996, 257; *Häsemeyer*, Das Vertragsangebot als Teil des Vertrages, in: Mansel, u.a. (Hrsg.), FS Jayme 2004, S. 1435; *Heussen*, Anwalts-Checkbuch Letter of Intent, 2002; *Katzenmeier*, Arzthaftung, 2002; *ders.*, Individuelle Patientenrechte – Selbstbindung oder Gesetz, JR 2002, 444; *Kegel*, Vertrag und Delikt, 2002; *Keim*, Keine Anwendung des § 139 bei Kenntnis der Parteien von der Teilnichtigkeit, NJW 1999, 2867; *Kleinschmidt*, Der Verzicht im Schuldrecht, 2004; *Köhler*, Das Verfahren des Vertragsschlusses, in: Basedow (Hrsg.), Europäische Vertragsrechtsvereinheitlichung und deutsches Recht, 2000, S. 33; *Kramer*, Grundfragen der vertraglichen Einigung, 1972; *Krebber*, Der nicht zufällige Kontakt ohne Vertragsnähe auf der Grenze zwischen vertraglicher und deliktischer Haftung, VersR 2004, 150; *Larenz*, Richtiges Recht: Grundzüge einer Rechtsethik, 1979, S. 57 ff.; *Leenen*, Abschluß, Zustandekommen und Wirksamkeit des Vertrages, AcP 198 (1998), 381; *Lieb*, Die Ehegattenmitarbeit im Spannungsfeld zwischen Rechtsgeschäft, Bereicherungsausgleich und gesetzlichem Güterstand 1970; *St. Lorenz*, Der Schutz vor dem unerwünschten Vertrag, 1997; *Luig*, Der internationale Vertragsschluß, 2003; *Lust*, Die Vorstufen des verhandelten Vertrages, 2002; *Lutter*, Der Letter of Intent, 3. Auflage 1998; *Magnus*, Europäisches Vertragsrecht und materielles Einheitsrecht – künftige Symbiose oder störende Konkurrenz?, in: Mansel, u.a. (Hrsg.), FS Jayme 2004, S. 1307; *Mayer-Maly*, Vertrag und Einigung, in: FS Nipperdey I 1965, S. 509; *ders.*, Von solchen Handlungen, die den Kontrakten in ihrer Wirkung gleich kommen, in: FS Willburg 1965, S. 129; *ders.*, Der Konsens als Grundlage des Vertrages, in: FS Seidl 1975, S. 118; *Meyer-Pritzl*, Pactum, conventio, contractus. Zum Vertrags- und Konsensverständnis im klassischen römischen Recht, in: Dufour u.a. (Hrsg.), Mélanges Schmidlin, Basel 1998, S. 99, 104 ff.; *Ohly*, „Volenti non fit iniuria" – die Einwilligung im Privatrecht, 2002; *Pfeiffer*, Auf dem Weg zu einem Europäischen Vertragsrecht, EWS 2004, 98; *Rakete-Dombek*, Das Eheverträgsurteil des BGH, NJW 2004, 1273; *Reuss*, Die Intensitätsstufen der Abreden und die Gentlemen-Agreements, AcP 154 (1955), 485; *G. Roth*, Willensfreiheit, Verantwortlichkeit und Verhaltensautonomie, in: Dölling (Hrsg.), Jus humanum, FS Lampe 2003, S. 43; *M. Roth*, Der allgemeine Bankvertrag, WM 2003, 480; *C. Schäfer*, Die Lehre vom fehlerhaften Verband, 2002; *Schapp*, Grundfragen der Rechtsgeschäftslehre, 1986; *Schmidlin*, Die beiden Vertragsmodelle des europäischen Zivilrechts: das naturrechtliche Modell der Versprechensübertragung und das pandektistische Modell der vereinigten Willenserklärungen, in: Zimmermann/Knütel/Meincke (Hrsg.), Rechtsgeschichte und Privatrechtsdogmatik, S. 197; *Schmidt-Kessel*, Auf dem Weg zu einem Europäischen Vertragsrecht, RIW 2003, 481; *Schreiber*, Unvollkommene Verbindlichkeiten, JURA 1998, 270; *G. Schulze*, Verträge zum Schutz gegen sich selbst, in: Mansel u.a. (Hrsg.), FS Jayme 2004, S. 1561; *R. Schulze*, Der Acquis communautaire und die Entwicklung des europäischen Vertragsrechts, in: R. Schulze u.a. (Hrsg.), Informationspflichten und Vertragsschluss im Acquis communautaire, 2003, S. 3 ff.; *Singer*, Vertrauenshaftung beim Abbruch von Vertragsverhandlungen, in: Kontinuität im Wandel der Rechtsordnung, Beiträge für Canaris, 2002, S. 135; *Stoffels*, Gesetzlich nicht geregelte Schuldverträge, 2001; *Ulrici*, Geschäftsähnliche Handlungen NJW 2003, 2053; *Wagner*, Prozessverträge. Privatautonomie im Verfahrensrecht, 1998; *Wittwer*, Vertragsschluss, Vertragsauslegung und Vertragsanfechtung nach europäischem Recht, 2004; *L.-Chr. Wolf*, Zuwendungsrisiko und Restitutionsinteresse, 1998; *R. Zimmermann*, The Law of Obligations. Roman Foundations of the Civil Tradition, Oxford 1996; *ders.*, Europa und das römische Recht, AcP 202 (2002), 243.

A. Allgemeines	1	II. Gefälligkeiten, Vertrauenspakte und Prozessverträge	20
I. Der Vertrag als Rechtsgeschäft	4	1. Vereinbarte Gefälligkeiten	21
1. Vertragsbegriff und Terminologie	4	2. Vertrauenspakte und Prozessverträge	23
2. Vertragswille und Verbindlichkeit	6	a) Verdeckter Vertrauenspakt	24
a) Freier Wille, Selbstbindung und Wahrscheinlichkeit der Vertragserfüllung	7	b) Offener Vertrauenspakt (Gentlemen's Agreements und Vertrauensvertrag)	26
b) Rechtsfolge- und Rechtsbindungswille	8	aa) Interne Vereinbarungen (Gentlemen's Agreements)	27
c) Vertragsgeschäftliche Relevanz	9	bb) Vertrauensvertrag (gewillkürte Naturalobligation)	28
II. Vertragsfunktion und Beschränkungen der Vertragsfreiheit	10	c) Prozessverträge	29
1. Gesetzliche Bindungsgebote (Kontrahierungszwang)	11	III. Erklärungen im Vorfeld des Vertrages, Verhandlungsverhältnis	30
2. Gesetzliche Bindungsverbote und Naturalobligationen	12	1. Erklärungen im Verhandlungsprozess	31
III. Modell der vereinigten Willenserklärungen und Konsens	13	2. Das Verhandlungsverhältnis	33
1. Normativer Konsens	14	IV. Vorvertrag	34
2. Konsensformen	16	V. Option, Vorrechtsvertrag, Vorhand	36
B. Einzelerläuterungen	19	VI. Rahmenvertrag, Sukzessivlieferungsvertrag	39
I. Das auf den Vertrag anwendbare Recht (IPR und Einheitsrecht)	19	VII. Faktische Vertragsverhältnisse, Vertragsbindung bei Selbstwiderspruch	42
		VIII. Fehlerhafte Dauerschuldverhältnisse, fehlerhafter Verband	45

A. Allgemeines

Die §§ 145–156 regeln den Vertragsschlussmechanismus. Die zentrale Regelungsfrage liegt in einer möglichst exakten Bestimmung des Eintritts vertraglicher Rechtswirkungen. Den Vertragsschluss als Akt der In-Geltung-Setzung von Vertragswirkungen behandeln die §§ 145–149, 151–153, 156. Die Bindungswirkungen des zustande gekommenen Vertrages hängen bei aufschiebender Bedingung oder Befristung vom Eintritt der Bedingung oder des Anfangstermins ab (§§ 158 ff.). Bei reinen Wollensbedingungen, die den Eintritt der Vertragswirkungen in die freie Entscheidung einer oder beider Parteien stellen, ist die Geltungsfrage des Vertrages zweifelhaft. Die Zulässigkeit solcher Bedingungen ist daher umstritten.[1] Neben dem Vertragsabschluss werden einzelne Aspekte der Einigung (Konsens) als eine Frage des Zustandekommens des Vertrages behandelt, §§ 150, 154, 155.

2 Die Bindung an die Angebotserklärung für den Zeitraum zwischen Zugang (§§ 145 Hs. 1, 130–132) und Erlöschen der Angebotserklärung (§ 146) ist als Versprechensakt ausgestaltet. Beschrieben werden in „Titel 3. Vertrag" damit die beiden Grundmodi rechtsgeschäftlicher Bindungen: **Versprechen** und **Konsens**. Beide bedeuten eine Selbstbindung durch den Willen, knüpfen aber ihre Bindungswirkungen unterschiedlich an. Das Versprechen leitet sich einseitig aus der Erklärungshandlung als Vollzugsakt des Willens (aus dem Wort) ab. Der Konsens dagegen aus dem einheitlich gedachten gemeinsamen Vertragswillen (sog. Modell der vereinigten Willenserklärungen[2]). Versprechensbindung und Vertragsbindung schließen sich nicht gegenseitig aus, sondern ergänzen einander.[3]

3 Einen **rechtsvergleichenden Überblick** über das Vertragsrecht, insbesondere auch über das Zustandekommen von Verträgen bieten für Europa die Kommentare der auf dieser Basis erarbeiteten Europäischen Vertragsrechtsprinzipien (Principles of European Contract Law: PECL) der sog. Lando-Kommission.[4] Daneben enthalten die sog. UNIDROIT-Principles (UP) ebenfalls unverbindliche Regelungsvorschläge,[5] wie der Entwurf eines Europäischen Vertragsgesetzbuches der Akademie europäischer Privatrechtswissenschaftler.[6] Nach dem Aktionsplan der EG-Kommission vom 12.2.2003 für ein kohärentes europäisches Vertragsrecht wird die Schaffung eines einheitlichen europäischen Vertragsrechts erwogen (optionaler Vertragskodex). Geschaffen werden soll ein gemeinsamer Referenzrahmen für das europäische Vertragsrecht, in dem grundlegende Begriffe wie der Vertrag näher beschrieben und möglicherweise auch regelungstechnisch ausgearbeitet werden sollen.[7] Das Gemeinschaftsprojekt befindet sich im Stadium der rechtspolitischen Diskussion.[8]

I. Der Vertrag als Rechtsgeschäft

4 **1. Vertragsbegriff und Terminologie.** Antrag und Annahme sind die Bezeichnungen des BGB für die auf den Abschluss eines Vertrages gerichteten, aufeinander bezogenen Willenserklärungen. Der Vertragsbegriff selbst wird im Gesetz nicht definiert, sondern als vorpositiv bekannt vorausgesetzt.[9] Der Vertrag ist danach die **Abstraktion für einen Willenskonsens**, der der Verfolgung individueller Interessen dient und Rechtswirkungen erzeugt.[10] Oder, in der Diktion der Rechtsgeschäftslehre, eine einverständlich getroffene rechtsgeschäftliche Regelung eines Rechtsverhältnisses.[11] Der Vertragszweck oder -grund (*causa*) ist kein

---

1 Sie werden zum Teil ganz abgelehnt, Staudinger/ *Bork*, Vorbem. zu §§ 158–163 Rn 18; Jauernig/ *Jauernig*, vor § 158 Rn 4, zum Teil als einseitige Wollensbedingung bei gegenseitigen Verträgen zugelassen, BGHZ 47, 387, 391; BGH WM 1966, 1267 (beiderseitige Wollensbedingung); BGHZ 134, 187 f.; BGH NJW-RR 1996, 1167; Soergel/*Wolf*, vor § 158 Rn 28 (auch beiderseitige Wollensbedingung); Palandt/*Heinrichs*, Einf. v. § 158 Rn 10 (arg. § 454 Abs. 1 S. 2), oder nur unter bestimmten Voraussetzungen für zulässig gehalten Erman/*Armbrüster*, vor § 158 Rn 13 (einseitige Wollensbedingung mit Erklärungsfrist).
2 In Abgrenzung zu dem naturrechtlichen Modell der translativen Versprechensübertragung, vgl. *Schmidlin*, S. 198 ff., 202.
3 *Häsemeyer*, Das Vertragsangebot als Teil des Vertrages, in: FS Jayme 2004, S. 1435, 1440.
4 *v. Bar/Zimmermann* (Hrsg.), Grundregeln des Europäischen Vertragsrechts, Teil I.
5 Rechtsvergleichende Analyse von PECL und UP mit den §§ 145 ff. von *Köhler*, S. 33 ff.; Vergleich der Abschlussregeln zwischen CISG, PECL und UP von *Luig*, Der internationale Vertragsschluss, 2003; umfassender Vergleich aus Sicht des österreichischen ABGB bei *Wittwer*, S. 10 ff.; zu den römisch-rechtlichen Grundlagen und aktuellen Bezügen *R. Zimmermann*, AcP 202 (2002), 243 ff.

6 *Gandolfi* (Hrsg.), Code Européen des Contracts – Avant-projet, Mailand 2001; abgedruckt in: R. Schulze/R. Zimmermann (Hrsg.), Basistexte zum Europäischen Privatrecht, 2. Aufl. 2002.
7 Das Konzept ist noch völlig unklar, vgl. *v. Bar*, Ein gemeinsamer Referenzrahmen für das marktrelevante Privatrecht in der Europäischen Union, in: Mansel u.a. (Hrsg.), FS Jayme 2004, S. 1217, 1219 f.; 1312; *Magnus*, Europäisches Vertragsrecht und materielles Einheitsrecht – künftige Symbiose oder störende Konkurrenz?, in: Mansel u.a. (Hrsg.), FS Jayme 2004, S. 1307, 1312.
8 Vgl. *Sonnenberger*, RIW 2004, 1 ff.; *Pfeiffer*, EWS 2004, 98, 104 f.; *Schmidt-Kessel*, RIW 2003, 481, 484; *Dauner-Lieb*, NJW 2004, 1431, 1432.
9 Zum Vertragsbegriff des BGB vgl. HKK/*Hofer*, vor § 145 Rn 9 ff., 13 ff.; zu seiner Genese aus dem römischen Recht vgl. *R. Zimmermann*, The Law of Obligations, S. 561 ff.
10 Die Rechtswirkungen werden durch den Willen der Beteiligten erzeugt und durch das positive Recht anerkannt. Nach positivistischer Lesart beruhen rechtliche Bindung und rechtlicher Erfolg dagegen allein und unmittelbar auf dem Gesetz, vgl. zur bindenden Wirkung des Vertrages Larenz/*Wolf*, BGB AT, § 2 Rn 32 u. Fn 24; *Mayer-Maly*, in: FS Nipperdey I 1965, S. 509, 512 f.
11 *Flume*, BGB AT Bd. 2, § 33, 2.

notwendiges Merkmal für den Vertragsbegriff.[12] Auch eine Typenbindung an die gesetzlich normierten Vertragstypen besteht nicht.[13] Der Vertragsbegriff gilt in allen Bereichen des Zivilrechts und auch im öffentlichen Recht.[14] Im Sachenrecht entspricht ihm die dingliche Einigung. Weitere Tatbestandsmerkmale können hier hinzutreten (Übergabe bei § 929 oder Eintragung bei § 873).

Terminologisch synonym zum Antrag stehen Angebot, Offerte und untechnisch das Anerbieten. Der Gesetzgeber hat ferner den vormals untechnischen Begriff der „Bestellung" bei Versandgeschäften übernommen und meint damit Vertragsanträge (§§ 241a, 312e).[15] Bei der Versteigerung haben Gebote die Funktion von Kaufanträgen und die Annahme erfolgt durch den Zuschlag (§ 156). Die Annahme kann ferner untechnisch als Akzept bezeichnet werden. Technisch gebräuchlich im Wechselrecht meint Akzept dagegen die förmliche Annahme eines Wechsels (§ 25 WG) und damit einen Annahmevertrag, d.h. ein abstraktes Schuldversprechen als selbständige vertragliche Verpflichtung, vgl. ebenso die Annahme einer Anweisung, § 784.[16] Die Schuldverträge lassen sich nach ihrer **Pflichtenstruktur** einteilen in ein-, beidseitig und allseitig verpflichtende Verträge. Die beidseitig verpflichtenden ferner in vollkommen zweiseitige (gegenseitige) und unvollkommen zweiseitige Verträge (bspw. Auftrag, § 662). Nach ihrer Funktion im Güterverkehr in Zuwendungs- und Austauschverträge, nach ihrer Interessenstruktur in Kooperationsverträge, nach ihrer zeitlichen Struktur in Handgeschäfte, Realverträge, Versprechensverträge und Langzeitverträge usf.

Zustandekommen, Abschluss und Wirksamkeit des Vertrages sind häufig synonym oder kombiniert verwendete Begriffe (etwa „wirksam zustande gekommen"). Im engeren Sinne meint **Zustandekommen** die inhaltliche Einigung über das Regelungsprogramm des Vertrages, **Abschluss** bezeichnet die Einigung über die Geltungsfrage und **Wirksamkeit** meint die rechtliche Anerkennung (Gültigkeit) des Vertrages.[17] Ferner können wirksame Verträge unterschieden werden nach dem Grad ihrer **Bindungswirkung** in aufschiebend bedingte (befristete), nicht verbindliche (widerrufbare, zustimmungsbedürftige) und anfechtbare Verträge. Die Bindungswirkung ist ebenfalls eingeschränkt bei Verträgen unter einer auflösenden Bedingung (Endtermin) oder versehen mit einem Rücktrittsrecht.

2. Vertragswille und Verbindlichkeit. Der Vertrag ist ein zwei- oder mehrseitiges Rechtsgeschäft. Er baut auf der Willenserklärung als der zentralen dogmatischen Grundkategorie für Rechtsgeschäfte auf. Von dort stammende Unsicherheiten wirken sich auch im Verfahren des Vertragsabschlusses aus. Dies gilt namentlich für die willensdogmatische Abgrenzung des Vertrages als Rechtsgeschäft von Gefälligkeiten, Vertrauenspakten („*gentlemen's agreements*", Naturalobligationen) und Vorfeldvereinbarungen.

a) Freier Wille, Selbstbindung und Wahrscheinlichkeit der Vertragserfüllung. Wirksamkeitsbedingung für die vertragliche Willenserklärung, den Vertragskonsens sowie die Ausübung und Befolgung vertraglicher Rechte und Pflichten ist der als frei gedachte Wille der Person.[18] Gemeint ist nach der vertragstheoretischen Modellannahme damit der tatsächliche subjektive (natürliche) Wille,[19] wie er im

---

12 Die im gemeinen Recht ausgebildete *cause*-Lehre lebt im deutschen Recht heute nur noch im Bereicherungsrecht fort (subjektiver Rechtsgrundbegriff bei der Leistungskondiktion), vgl. *L.-Chr. Wolf*, Zuwendungsrisiko und Restitutionsinteresse, S. 72 ff.; rechtsvergleichende *R. Zimmermann*, Law of Obligations, S. 549 ff., 554 f. (angelsächsische *consideration*-Lehre).
13 Zur Anerkennung der sog. Innominatkontrakte vgl. *Stoffels*, S. 125 ff.; 633 f.
14 Eigenständigkeit besitzt dort der öffentlich-rechtliche Vertrag. Der Begriff umfasst erstens den subordinationsrechtlichen Verwaltungsvertrag (§ 54 S. 1 VwVfG, öffentlich-rechtlicher Vertrag im engeren Sinne), der ein Rechtsverhältnis auf dem Gebiet des öffentlichen Rechts regelt und dessen Abschluss gemäß § 62 S. 2 VwVfG den §§ 145 ff. folgt, sowie zweitens die verfassungsrechtlichen Verträge (Staatsverträge, Kirchenverträge, Verwaltungsabkommen) vgl. *Höfling/Krings*, JuS 2000, 625 ff.
15 Anders Jauernig/*Mansel*, § 241a Rn 3: Einverständnis mit einer später erfolgenden Lieferung. Aber: Bestellung zur Ansicht ist Vertragsantrag (Kauf auf Probe, § 454 Abs. 1); zur Bestellung im Fernabsatz BGH NJW-RR 2004, 1058; dazu krit. *Schulte-Nölke*, LMK 2004, 138 f.
16 Vgl. MüKo/*Hüffer*, § 784 Rn 2. Zur Abgrenzung gegenüber den Kreationstheorien, die in der Annahme einen (einseitigen) Versprechensakt sehen, vgl. MüKo/*Hüffer*, vor § 793 Rn 24 ff.
17 Ähnlich *Leenen*, AcP 198 (1998), 381, 389 f. und 391 f. Die §§ 145–156 betreffen nur Zustandekommen und Abschluss, nicht aber die Wirksamkeit des Vertrages.
18 Der freie Wille ist darüber hinaus der Geltungsgrund des Vertrages (*Flume, Larenz, Medicus*). Neuere Lehren stellen auf das Prinzip der Vertragsautonomie und daneben oder an deren Stelle auf das berechtigte Vertrauen (schutzwürdige Erwartung – *Canaris, Oechsler, Kramer*), die Vermögensaufstockung (Güter- oder Leistungsaustausch – *Lobinger*), den Vermögensvorteil (Forderungsrecht – *Kegel*) oder die Selbstbindung (Versprechen – *Köndgen*) ab. Vgl. mit Nachw. *Kegel*, Vertrag und Delikt, 2002, S. 103 ff.
19 Jedoch nicht die empirisch feststellbare Willenshandlung auf der Grundlage neuronaler Willensakte oder im Sinne einer psycho-sozialen Realität, sondern der Wille als vertragstheoretische Grundannahme rechtlichen Handelns. Über den Stand der empirischen Wissenschaft: *G. Roth*, in: FS Lampe 2003, S. 43, 47 ff.

Erklärungsakt vollzogen wird.[20] Der erklärte Wille bindet die Person und begründet dadurch seine personale Pflicht. Daran knüpft das Vertragsrecht an und lässt die vertraglichen Rechte und Pflichten aus dem gegenseitig erklärten und freien Willen der Parteien und daher durch **Selbstbindung** entstehen. Auch die Befolgung der Vertragspflicht durch den Schuldner bleibt so freiwillige Leistung. Weder die Selbstbindung (innerer Zwang) noch die Befugnisse des Gläubigers (äußerer Zwang) beseitigen die Freiwilligkeit, sondern beide Aspekte erhöhen lediglich die Wahrscheinlichkeit der Vertragserfüllung.[21] Die Ausübung äußeren Zwanges durch den Gläubiger ist rechtmäßig, weil vollzogen wird, was der Schuldner selbstbindend erklärt hatte (**volenti non fit iniuria**).[22] Sein entgegenstehender aktueller Wille kann aber auch deshalb für unbeachtlich gehalten werden, weil der Schuldner zugleich (innerlich) gezwungen ist, das selbstbindend Erklärte zu befolgen. Die innere Befolgungspflicht liefert in diesem Willensmodell die moralische Legitimation der äußeren Zwangsbefugnis.

8 **b) Rechtsfolge- und Rechtsbindungswille.** Für die rechtliche Anerkennung einer Vereinbarung als Vertrag wird ein gemeinsamer, auf eine bestimmte Rechtsfolge gerichteter Wille verlangt.[23] Im Falle eines Schuldvertrages (Begründung einer Schuld) muss ein gemeinsamer Rechtsbindungswille[24] vorliegen. Es genügt dabei aber die (laienhafte) Vorstellung der Parteien, sich dem Recht zu unterstellen.[25] Damit wird nicht nur, wie selbstverständlich, die Begründung und Ausgestaltung des Vertrages in den Willen der Parteien gestellt, sondern es stehen auch Fragen nach dem gesetzlichen Typus,[26] nach Art und Umfang der Zwangsbefugnisse des Gläubigers und nach der rechtlichen Verbindlichkeit zur Disposition.[27] Es ist daher ebenso eine Frage der Auslegung,[28] ob bestimmte Vereinbarungen, Abmachungen und Absprachen als Rechtsgeschäfte (Verträge) einzustufen und welchem Vertragstypus sie zuzuordnen sind (vgl. § 133 Rn 7). Die Abgrenzung des sachlich-gegenständlichen Anwendungsbereichs des Vertragsrechts erfolgt aber aus diesem Grunde nicht ausschließlich nach subjektiven Willenskriterien (**Verbindlichkeitsabrede**), sondern unterliegt auch einer normativen Bewertung über die rechtsgeschäftliche Relevanz des betrachteten Verhaltens. Gleiches gilt für die **Qualifikationsabrede** zugunsten eines bestimmten Vertragstypus.[29]

9 **c) Rechtsgeschäftliche Relevanz.** Ausgangspunkt der Abgrenzung des Vertragsrechts ist die Frage, ob ein Verhalten rechtsgeschäftliche Relevanz besitzt, d.h. eine Absprache oder eine Vereinbarung Rechtsgeschäft (Vertrag) sein könnte.[30] Das ist eine aus der Perspektive des Rechts und der Rechtsgeschäftslehre zu treffende wertende Entscheidung über ihre eigenen Anwendungsgrenzen und damit der Parteiherrschaft notwendig entzogen.[31] Aufgrund des hohen Abstraktionsgrades des Vertragsbegriffes als Rechtsgeschäft und

---

20 Ausgangspunkt ist daher stets diejenige Handlung, die nach Kriterien der Zurechnung als intentionale Handlung im Sinne einer Willenserklärung erscheint (funktionale Betrachtung), vgl. HKK/*Schermaier*, §§ 116–124 Rn 13 ff.; zur Willens-, Erklärungs- und heute weitestgehend vertretenen Geltungstheorie, vgl. *Schapp*, Grundfragen der Rechtsgeschäftslehre, 1986, S. 8 ff.
21 *Kegel*, Vertrag und Delikt, S. 106, sieht darin den Grund der Vertragsfreiheit.
22 Das gilt ggf. sogar ungeachtet der Wirksamkeit des Vertrages, vgl. BGH NJW 1994, 2755, 2756 (Zwangsvollstreckung aus einem formnichtigen Vertrag).
23 Gleichbedeutend mit dem sog. Geschäftswillen bei der Willenserklärung. Gemeint ist der mit der Erklärung zum Ausdruck gebrachte Wille, einen konkreten, rechtlich gesicherten und anerkannten zumeist wirtschaftlichen Erfolg herbeizuführen, vgl. BGH NJW 1993, 2100; vgl. Palandt/*Heinrichs*, Einf v § 116 Rn 4; Erman/*Palm*, vor § 116 Rn 4; MüKo/*Kramer*, vor § 116 Rn 14. Der Vertrag erhält damit eine finale Struktur, die allerdings nicht auf die rechtliche Anerkennung und Sicherung selbst gerichtet sein muss. Vgl. aber MüKo/*Kramer*, vor § 116 Rn 14: „Dieses gegenseitige Sollen ist das, was ... vereinbart [wird]".
24 BGHZ 21, 102, 106; 56, 204, 208: Rechtsbindungswille zur konkreten Schuldbegründung und als Legitimation für die Haftung. Rechtsfolge- und Rechtsbindungswille werden meist synonym verwendet.
25 Die Bezeichnung Rechtsfolgentheorie ist daher kaum noch berechtigt; dennoch vgl. MüKo/*Kramer*, vor § 116 Rn 14 (dort auch zur Grundfolgentheorie); zutr. Erman/*Armbrüster*, vor § 145 Rn 4; zur historischen Entwicklung, vgl. HKK/*Schermaier*, §§ 116–124 Rn 9.
26 *Mayer-Maly*, Rangordnung von Normen innerhalb eines Gesetzes, in: Starck (Hrsg.), Rangordnung der Gesetze, 1995, S. 123, 125: Die von den Parteien getroffene Zuordnung ist zu respektieren; ähnlich *Lieb*, Ehegattenmitarbeit, S. 18 ff.: Qualifizierungswille als Teil des rechtlich Gewollten; vgl. *Stoffels*, S. 633 f. Anders *Flume*, BGB AT Bd. 2, § 20, 2 (S. 406): Die Einordnung der Geschäftspartner ist ohne Belang.
27 Krit. *Willoweit*, JuS 1984, 909, 916, der das Urteil über die Rechtserheblichkeit der konkreten Abrede nicht den Parteien, sondern der Rechtsordnung zuweist.
28 Die §§ 133, 157 sind aufgrund des notwendigen logischen Vorgriffs hier analog anzuwenden, *Lüderitz*, Auslegung von Rechtsgeschäften, 1966, S. 25.
29 Zu den Begrenzungen (Rechtsformgeboten) der parteiautonomen Typenzuordnung vgl. *Stoffels*, S. 272 ff.
30 So die Unterscheidung von Jauernig/*Jauernig*, vor § 104 Rn 17; ähnlich *Medicus*, BGB AT, § 18 Rn 184 ff.
31 Dem entspricht funktional die Definitionsnorm des Art 3 Abs. 1 S. 1 EGBGB über die Aufgabe und das Eingreifen der Kollisionsnormen in Fällen mit Auslandsberührung.

der Selbstbezüglichkeit dieser Fragestellung im Hinblick auf die Verrechtlichung menschlicher Lebensbereiche lassen sich damit keine klaren Bereiche abgrenzen. Es gibt mit anderen Worten praktisch keinen von vornherein rechtsgeschäftlich irrelevanten Bereich, in dem zugleich Absprachen oder Vereinbarungen getroffen werden.[32] Die Relevanzüberlegung übernimmt stattdessen eine **regulative Funktion**. Sie ermöglicht es, **Wertungskriterien** zu entwickeln und Indizien zu benennen, mit deren Hilfe das Vorliegen eines Vertrages (Rechtsgeschäfts) in Grenzfällen bejaht oder verneint werden kann (vgl. Rn 21).

II. Vertragsfunktion und Beschränkungen der Vertragsfreiheit

Auch die Funktion des Vertrages als Handlungsprinzip der Freiheit und als individuales Instrument zur Begründung von subjektiven Rechten setzt die Rechtsordnung voraus.[33] Die Funktion des Vertrages in der Privatrechtsordnung lässt sich ansatzweise aus § 311 Abs. 1 erschließen. Der Vertrag ist danach das zentrale Instrument, um Schuldverhältnisse einverständlich zu begründen, zu ändern und aufzuheben und um damit Forderungen als Vermögensvorteile operational auszugestalten, § 241 Abs. 1. Die Vertragsfreiheit als Abschluss- und Inhaltsfreiheit ist neben der Eigentumsfreiheit, der Testier- und Vereinigungsfreiheit Teil der Privatautonomie. Die Vertragsfreiheit ist durch die allgemeine Handlungsfreiheit auch grundgesetzlich geschützt (Art. 2 Abs. 1 GG).[34] **Gesetzliche Beschränkungen** sind jedoch bis auf einen Kernbereich persönlicher Freiheit im Rahmen der verfassungsmäßigen Ordnung (= Rechtsordnung) möglich. Die Abschluss- und Inhaltsfreiheit beschränkenden Gesetze (allgemein: §§ 138, 242, 826; zwingende Normen des Arbeits-, Miet-, Reise-, Verbraucher- oder AGB-Rechts) sind ihrerseits im Lichte der Grundrechte auszulegen und anzuwenden. Verträge unterliegen ferner einer allgemeinen Rechtsausübungskontrolle, § 242,[35] die in neuerer Entwicklung als Ergänzung zur Abschluss- und Inhaltskontrolle nach Gesichtspunkten der Fairness ausgerichtet ist.[36] Typisierte sog. Ungleichgewichtslagen werden richterrechtlich korrigiert (siehe dazu AnwK-BGB/*Krebs*, § 242 Rn 24 ff.). Der vertragliche Einigungsprozess soll stets eine Richtigkeitschance bieten und wird daher nur in einem solchen Richtigkeitskorridor eröffnet.

1. Gesetzliche Bindungsgebote (Kontrahierungszwang). Die Abschlussfreiheit und die Befugnis, einen Vertrag aufzuheben, sind in Fällen von Kontrahierungszwang aufgehoben. Der Kontrahierungszwang kann sich unmittelbar aus dem Gesetz ergeben (etwa §§ 22, 47 Abs. 4 PBefG; § 10 EnWG; § 3 Abs. 1 EEG; § 5 Abs. 2 u. 4 PflVG; §§ 110 Abs. 1 Nr. 1, 23 Abs. 1 S. 1 SGB XI).[37] Er wird von der Rechtsprechung zugunsten von Verbrauchern darüber hinaus im Bereich der öffentlichen Daseinsvorsorge für Unternehmen mit faktischer Monopolstellung anerkannt, die lebensnotwendige Güter anbieten.[38] Ein **mittelbarer Kontrahierungszwang** ergibt sich dort, wo die Ablehnung des Vertragsschlusses gegen die guten Sitten oder gegen Diskriminierungsverbote verstößt. Eine sittenwidrige Schädigung liegt vor, wenn der Betreffende auf die Leistung angewiesen ist (Verzicht unzumutbar), es keine zumutbare Ausweichmöglichkeit gibt (faktische Monopolstellung) und die Ablehnung sachlich nicht begründet ist (willkürlich).[39] Von der Rechtsprechung wurden diese Grundsätze für § 826 entwickelt. Im Anwendungsbereich des Kartellrechts gehen die §§ 19–22, 33 GWB vor. Die Vertragsablehnung kann dementsprechend als (schuldhafte) unerlaubte Handlung eingeordnet werden. Der Vertragsschluss ist dann Inhalt der Schadensersatzpflicht (Naturalrestitution,

---

[32] Das gilt auch für Vereinbarungen bei denen jede Form der Verhaltens- oder Erfolgsbindung ausgeschlossen ist (BGHZ 97, 372, 381: Empfängnisverhütung). Die Absprache erhält ihre rechtsgeschäftliche Relevanz hier aus der (für rechtsgeschäftlich erachteten) Erklärungen der Parteien. Zu den gesetzlichen Bindungsverboten s. Rn 12. Das gilt ebenso für unsinnige Leistungsinhalte (Verpflichtung zur Erfindung eines *perpetuum mobile*), vgl. aber *Canaris*, JZ 2001, 499, 505–506; LG Augsburg NJW-RR 2004, 272 (Wahrsage mit Hilfe magischer Kräfte).

[33] Zu den theoretischen Grundannahmen auch im Vergleich zum angelsächsischen Recht vgl. *Kegel*, Vertrag und Delikt, 2002, S. 97 ff.

[34] St. Rspr. BVerfGE 103, 197, 215 = NJW 2001, 1709; BVerfG NJW 2001, 2248, 2250.

[35] Allg. zur unzulässigen und missbräuchlichen Rechtsausübung Jauernig/*Mansel*, § 242 Rn 32 ff., 37 ff.

[36] Vgl. zuletzt BGH NJW 2004, 930, 931 (Ehevertrag); *Finger*, LMK 2004, 109; *Rakete-Dombek*, NJW 2004, 1273; zu der zugrunde liegenden Verfassungsrechtsprechung vgl. *Dauner-Lieb*, AcP 201 (2001), 295 ff. Eine unmittelbare Grundrechtsbindung besteht für privatrechtliches Handeln öffentlich-rechtlich beherrschter Unternehmen, BGH NJW 2004, 1031 (Postbank unterliegt Art. 3 Abs. 1 GG Willkürverbot); dazu *Meder*, LMK 2004, 103.

[37] BGH NVwZ 2004, 251 (zu § 3 Abs. 1 EEG) m. Anm. *Salje*, LMK 2004, 23 f.; Staudinger/*Bork*, Vorbem. zu §§ 145–156 Rn 17.

[38] BGH WM 1994, 1670, 1671; NJW 1990, 762 f. Krankenhaus hinsichtlich allg. Krankenhausleistungen); AG Würzburg NJW-RR 1993, 1332 (städtische Badeanstalt); RGZ 133, 388 (abgelehnt für Theaterkritiker auf Zugang zum Theater); zust. Palandt/*Heinrichs*, Einf. v. § 145 Rn 10; abl. Jauernig/*Jauernig*, vor § 145 Rn 10.

[39] Ebenso *Busche*, Privatautonomie und Kontrahierungszwang, 1999, S. 126 ff., 651 ff.; Staudinger/*Bork*, Vorbem. zu §§ 145–156 Rn 22.

§ 249 Abs. 1).[40] Die Gegenansicht stellt allein auf die Sittenwidrigkeit der Vertragsablehnung ab[41] und bejaht einen verschuldensunabhängigen vorbeugenden Unterlassungsanspruch[42] (besser positiver Handlungsanspruch auf Naturalprästation, d. i. Abgabe einer Vertragserklärung[43]). Diese Auffassung ist vorzugswürdig, weil Verschulden keine notwendige Voraussetzung für eine Kontrahierungspflicht ist. Ebenso kommt es bei **Diskriminierungen** nicht auf ein Verschulden an. Auch eine (faktische) Monopolstellung ist hier nicht Voraussetzung. Die anstehende Umsetzung der Richtlinie 2000/43/EG des Rates zur Anwendung des Gleichbehandlungsgrundsatzes ohne Unterschied der Rasse oder der ethnischen Herkunft[44] führt zu einer partiellen Positivierung des Menschenwürdegebotes und des Gleichheitssatzes (Art. 1 Abs. 1, 3 GG; Art. 13 EGV). Rigide Festlegungen sollten dabei vermieden werden.[45]

12 **2. Gesetzliche Bindungsverbote und Naturalobligationen.** Vereinbarungen und Absprachen in einem höchstpersönlichen Privat- und Intimbereich sind einer äußeren rechtlichen Bindung nicht zugänglich. Eine solche Rechtsbindung mit Zwangsbefugnis kann in diesem sensiblen Grundrechtsbereich selbst dann nicht entstehen, wenn dies ausdrücklich vereinbart worden ist (etwa der Vertrag über eine Blut- oder Organspende, einen Religionswechsel). Derartige Vereinbarungen fallen dadurch aber nicht aus dem Vertragsbegriff heraus. Das Privatrecht kennt auch sonst eine Reihe positivrechtlicher Bindungsverbote, die eine Vertragsentstehung nicht hindern (einseitig: § 1 S. 1 ProstG; § 656;[46] § 74a HGB, § 42 UrhG; beiderseits: §§ 762, 1297,[47] 2278 Abs. 2[48]). Ferner bestehen Bindungsverbote in Bezug auf einzelne Vertragsinhalte auch ohne spezialgesetzliche Regelungen (ärztlicher Heileingriff, Persönlichkeitsrechte). Es handelt sich entweder um bloße **Gestattungen**, die aber im Geschäftsverkehr der Form des Vertrages bedürfen[49] oder um **Naturalobligationen**,[50] d. h. Verträge, die kraft gesetzlicher Anordnung keine rechtliche Verhaltens- oder Erfolgsbindung mit entsprechenden Zwangsbefugnissen für den Gläubiger zulassen, die deshalb aber nicht sittenwidrig und damit nichtig sind, sondern lediglich insoweit nicht verbindlich.[51] Die Vertragsfreiheit wird durch derartige Bindungsverbote lediglich beschränkt, nicht aber aufgehoben.

III. Modell der vereinigten Willenserklärungen und Konsens

13 Dem BGB liegt das Vertragsmodell der vereinigten Willenserklärungen zu Grunde.[52] Danach werden die Willensinhalte der Parteien von den Erklärungen transportiert und im Vertragsschluss zu einem **gemeinsamen Vertragswillen** vereinigt. Die Vereinigung der Willenserklärungen gelingt, wenn beide Erklärungen inhaltlich übereinstimmen und Einigkeit über die rechtliche Geltung des Vereinbarten besteht (**Konsens**[53]). Der wesentliche Vertragsinhalt (*essentialia negotii*) muss bestimmt sein. Dabei genügt aber die Bestimmbarkeit. Entweder durch nachträgliche Bestimmung aufgrund eines Bestimmungsrechts einer Vertragspartei oder eines Dritten (Delegation der Bestimmung, § 375 HGB; §§ 315 ff.) oder im Wege der ergänzenden Auslegung (§ 157). Der Konsens als der gemeinschaftliche Vertragswille bildet die Grundlage für die vertraglichen Rechte und Pflichten, den Vertragsinhalt. Er legitimiert die Zwangsbefugnisse des Gläubigers und bildet die

---

40 Jauernig/*Jauernig*, vor § 145 Rn 11; Soergel/*Wolf*, vor § 145 Rn 53.
41 *Larenz*, Schuldrecht I, § 4 I a (Abschlusszwang ergibt sich unmittelbar aus der Sittenwidrigkeit); MüKo/*Kramer*, vor § 145 Rn 13; Palandt/*Heinrichs*, Einf. v. § 145 Rn 9.
42 Staudinger/*Bork*, Vorbem. zu §§ 145–156 Rn 20 ff. (objektiver Tatbestand des § 826).
43 *F. Bydlinski*, AcP 180 (1980), 1, 13; *Kilian*, AcP 180 (1980), 47, 82; Erman/*Armbrüster*, vor § 145 Rn 28 (Rechtsgedanke des § 826).
44 ABlEG Nr. L 180 S. 22 ff.; dazu *Neuner*, JZ 2003, 57 ff.; abl. krit. *Adomeit*, NJW 2002, 1623; *Säcker* ZRP 2002, 286; *von Koppenfels*, WM 2002, 1489.
45 *G. Schulze*, in: Jayme (Hrsg.), Kulturelle Identität und Internationales Privatrecht, 2003, S. 155, 172 ff.
46 Für eine entspr. Anwendung auf Partnerschaftsvermittlungsverträge, vgl. LG Dresden NJW-RR 2004, 346, 347; abl. OLG Koblenz NJW-RR 2004, 268, 269 (*aber*: Verbot der Beweisaufnahme wegen Diskretionsbedürfnis-Schutz der Intimsphäre der vermittelten Partner).
47 Gesetzlicher Ausschluss der Klagbarkeit beim Verlöbnis, § 1297.
48 Beschränkung bindender erbvertraglicher Verfügungen, vgl. krit. *M. Wolf*, Freiheit und Bindung beim gemeinschaftlichen Testament und Erbvertrag, in: FS Musielak 2004, S. 693, 710.
49 *Ohly*, S. 259 ff., 470 ff. (zur Kommerzialisierung der Persönlichkeitsrechte).
50 Die Begriffe „unvollkommene Verbindlichkeit" und „Naturalobligation" werden nicht einheitlich und zum Teil synonym verwendet. Vgl. etwa *Gernhuber*, Handbuch des Schuldrechts, Bd. 8, Das Schuldverhältnis, 1989, S. 85; *Schreiber*, JURA 1998, 270 f.; *Fuchs*, in: FS Medicus 1999, S. 123, 130 ff.; *Reuss*, AcP 154 (1955), S. 485, 520.
51 BGH NJW 1995, 2028 ff. (Widerrufsrecht statt Nichtigkeit); zust. *St. Lorenz*, S. 87; *Canaris*, AcP 184 (1984), 201, 233.
52 *Schmidlin*, S. 198 ff., 202; das Modell geht auf v. Savigny zurück, der den Willen „an sich als das einzig Wichtige und Wirksame" dachte, vgl. dazu krit. und mit Nachw. HKK/*Schermaier*, §§ 116–124 Rn 4.
53 Konsens ist Willensübereinstimmung und beidseitiger Geltungsentschluss. Der Konsensbegriff meinte bereits im römischen Recht eine innere Übereinstimmung im Sinne von „einheitlicher Meinung sein". Vgl. auch zum *consensus* als Voraussetzung des Vertrages *Meyer-Pritzl*, S. 99, 104 ff.

Grundlage für das rechtsethische Postulat *pacta sunt servanda*.⁵⁴ Das konsentierte Vertragsprogramm wird deshalb auch als lex contractus (*lex privata*) bezeichnet.⁵⁵

1. Normativer Konsens. Die tatsächliche Übereinstimmung der Willensinhalte ist eine ideale Modellannahme. Für die Konsensfeststellung kommt es auf die individuelle Vorstellung von der Bedeutung der Erklärungen grundsätzlich nicht an. Die Übereinstimmung ist nach der Bedeutung der ausgelegten Willenserklärungen zu bestimmen, die ein vernünftiger Empfänger den Erklärungen geben muss (normativer Konsens). Eine davon abweichende individuelle Erklärungsbedeutung ist nach den Regeln für Willensmängel zu beurteilen (§§ 116 ff.). Nur wenn beide Parteien dieselbe abweichende Erklärungsbedeutung zugrunde gelegt haben, setzt sich dieser tatsächliche Konsens nach dem Grundsatz *falsa demonstratio non nocet* durch.⁵⁶ 14

Die §§ 145 ff. setzen ein Konsensprinzip voraus (§ 154 Abs. 1 S. 1). Die vertraglichen Rechte und Pflichten werden aus dem Konsens gleichsam geboren und nicht aus den präexistenten Vertragserklärungen hergeleitet. Die vertragliche Willenserklärung als der maßgebliche personale Selbstbestimmungsakt ist somit nicht operational ausgestaltet.⁵⁷ Die mit dem Wirksamwerden (Zugang) entstehende Bindung an die Angebotserklärung (§§ 145 Hs. 1, 130 Abs. 1) ist dagegen nicht konsensual im Sinne einer Willensübereinkunft erklärbar. Das **Vertragsversprechen**, das diese Funktionalität aufgrund der damit ausgedrückten Selbstbindung mitleisten könnte,⁵⁸ wird vom Gesetz nicht verwendet,⁵⁹ und auch die Rechtsgeschäftslehre spricht nicht in einem begrifflich technischen Sinne von Versprechen. Das Vertragsangebot soll vor der Annahme wie ein Vorschlag verstanden werden.⁶⁰ Richtigerweise ist zwischen der Angebotsbindung durch (einseitiges) Versprechen und der Vertragsbindung durch Konsens (Willensübereinstimmung) zu unterscheiden.⁶¹ 15

Die gesetzlich geregelte Auslobung (§ 657), die Gewinnzusage (§ 661a)⁶² und das einseitige Garantieversprechen (§ 443) sind als **einseitige Versprechen** ausnahmsweise zulässig (§ 311 Abs. 1). Ebenso anzuerkennen sind der einseitige rechtsgeschäftliche Verzicht, der neben Erlass (§ 397) und Aufhebungsvertrag tritt,⁶³ sowie die einseitige Patronatserklärung (Ausstattungszusage) gegenüber einem unbestimmten Personenkreis⁶⁴ als Mittel der Kreditsicherung. Nach Art. 2:107 der Europäischen Vertragsrechtsprinzipien (PECL) sind einseitige Versprechen als eine mögliche Verpflichtungsform generell zulässig. Um einseitige Bindungstatbestände handelt es sich schließlich auch bei den Treuepflichten aus *culpa in contrahendo* (grundloser Abbruch

---

54 Vgl. *Canaris*, AcP 200 (2000), 273 ff., 279.
55 Die Vertragsparteien werden damit zu einer Art Gesetzgeber für die gemeinsame Sache stilisiert. Das entspricht der dem Vertrag idealisierend zugedachten Funktion, ein Mittel zum gerechten Interessenausgleich zu sein (sog. Richtigkeitsgewähr). Dabei darf aber nicht verkannt werden, dass die Vertragsbindung ihre legitimatorische Grundlage allein in dem personalen Selbstbestimmungsakt der gebundenen Vertragspartei hat, vgl. *Larenz/Wolf*, BGB AT, § 2 Rn 32 u. Fn 24.
56 Vgl. *Kramer*, S. 175 ff.; das ist heute allg. M., vgl. Erman/*Armbrüster*, vor § 145 Rn 12.
57 Übersteigertes Konsensdenken kritisiert deshalb *Köndgen*, Selbstbindung ohne Vertrag, 1981, S. 156 ff.
58 Vgl. *Larenz*, S. 60.
59 Das Gesetz nähert sich der Vorstellung von einem vertraglichen Versprechensakt durch die Anordnung der Bindungswirkung vor dem Vertragsabschluss zumindest an, § 145 Hs. 1. Abl. *Schilder*, Schadensersatz bei Durchbrechung der Bindung an obligatorische Vertragsofferten, 2003, S. 66 ff. (Antragsbindung als gesetzliches Widerrufsverbot).
60 Soergel/*Wolf*, § 145 Rn 1 in Anlehnung an Art. 14 Abs. 1 CISG. Kennzeichen sei die Unselbständigkeit der einzelnen Willenserklärung. Damit soll eine Abgrenzung zum einseitigen Rechtsgeschäft erreicht werden. Ebenso Staudinger/*Bork*, § 145 Rn 1.
61 Zutr. *Häsemeyer*, Das Vertragsangebot als Teil des Vertrages, in: FS Jayme 2004, S. 1435, 1439 (Wirksamkeits- und Wirkungsebene); HKK/*Oestmann*, §§ 145–156 Rn 8.
62 Der Gesetzgeber knüpft in § 661a die Pflicht zur Zahlung eines zugesagten Gewinns an das „Wort des Unternehmers" und lässt dabei offen, ob es sich um eine Einstandspflicht aus einem einseitigen Zahlungsversprechen oder um eine Haftung *ex lege* handelt; BT-Drucks 14/2658, S. 48; vgl. *Piekenbrock/Schulze*, IPRax 2003, 328, 331 (geschäftsähnliches Schuldverhältnis); gegen eine rechtsgeschäftliche Grundlage zuletzt *Baldus*, GPR 2004, 297, 300; Überblick über den Streitstand bei Jauernig/*Mansel*, § 661a Rn 2; *Dörner*, Haftung für Gewinnzusagen, in: Bork u.a. (Hrsg.), FS Helmut Kollhosser 2004, Bd. 2, S. 75 ff.
63 Zutr. *Kleinschmidt*, Der Verzicht im Schuldrecht, 2004, S. 381 f. (einschränkende Auslegung des § 311 Abs. 1). Die h. M. verneint bislang einen einseitigen Forderungsverzicht, vgl. Palandt/*Heinrichs*, § 397 Rn 1.
64 *Schneider*, Patronatserklärungen gegenüber der Allgemeinheit, ZIP 1989, 619, 624; *Merkel*, in: Schimansky u.a. (Hrsg.), Bankrechtshandbuch, Bd II, 2. Aufl. 2001, § 98 Rn 8; abl. gegenüber der Annahme eines einseitigen Versprechens *Habersack*, Patronatserklärung ad incertas personas, ZIP 1996, 257, 261; *Kümpel*, Bank- und Kapitalmarktrecht, 3. Aufl. 2004, Rn 6.616 und 6.630; rechtsgeschäftlichen Charakter generell verneinend *Larenz/Canaris*, Schuldrecht II/2, 13. Aufl. 1994, § 64 V 2d, S. 84.

von Vertragsverhandlungen) und den ähnlich gelagerten Fällen widersprüchlichen Verhaltens (*venire contra factum proprium*, § 242).[65]

16 **2. Konsensformen.** Die §§ 145 ff. regeln einen Mechanismus für den Vertragsabschluss. Die Annahme kann dem Antrag inhaltlich aber nichts hinzufügen (sonst wird aus ihr selbst ein Antrag, § 150 Abs. 2), sondern sie kann den Inhalt des Antrages nur durch ein einfaches „Ja" in sich aufnehmen. Die sukzessive Perfektion des Vertrages durch Antrag und Annahme behindert daher eher die Einsicht, dass der Antrag das gewollte Vertragsprogramm bereits vollständig enthält und enthalten muss. Der Vertrag kann daher ebenso durch einander kreuzende Kauf- und Verkaufsofferten (beide Anträge enthalten das identische Vertragsprogramm), durch Unterzeichnung eines gemeinsam ausgehandelten Vertragsprogramms unter Anwesenden oder etwa durch gleichzeitige Zustimmung zu einem von dritter Seite gefertigten Vertragsentwurf (etwa als Notarvertrag) zustande kommen. Diese Vertragsschlussformen zeichnen sich dadurch aus, dass die inhaltlich übereinstimmenden Erklärungen praktisch gleichzeitig wirksam werden (zugehen) und es keinen, jedenfalls keinen signifikanten Schwebezustand gibt. Der Abschlussmechanismus durch Antrag und Annahme ist hier funktionslos.[66] Sobald aber **Schwebezustände** eintreten (zeitlich gestreckte sukzessive Zustimmung zu einem Vertragsentwurf,[67] ist wieder von Angebot und Annahme zu sprechen. Die Zuweisung des Rechts auf In-Geltung-Setzung zur gemeinsamen Rechtsausübung an alle Kontrahenten ist kein Alternativmodell zur Antrag/Annahme-Technik,[68] sondern verlagert diese lediglich in den Vorgang der gemeinsamen Rechtsausübung. Die §§ 145 ff. sind auch in diesen Fällen unmittelbar anwendbar.[69]

17 Diese Vertragsschlussformen zeigen, dass das inhaltliche Programm des Vertrages (Regelungskonsens) von der Geltung des Vertrages (Geltungskonsens) getrennt werden kann und beide auch getrennten Handlungsakten zuzuordnen sein können (vgl. § 154 Abs. 1 S. 2: Punktation; Abs. 2: Beurkundung). Die Dogmatik der Willenserklärung hält Geltung und Inhalt mit dem Merkmal des Rechtsfolgewillens untrennbar[70] zusammen. Die Funktion der §§ 154, 155 ist es, die Folgen eines inhaltlich unvollständigen Regelungskonsenses für die Geltungsfrage zu bestimmen. Solche unvollständigen Regelungskonsense treten jedoch unabhängig von dem Abschlussmechanismus auf und sind nicht auf Fälle einer gemeinsamen Zustimmung zu einem Vertragstext beschränkt.[71]

18 Die sukzessive Perfektion eines Vertrages kann nicht in **umgekehrter Reihenfolge** durch eine vorweggenommene (antizipierte) Annahme eines zeitlich nachfolgenden Antrags erfolgen. Die Wirksamkeit der Annahme wird bei einer antizipierten Erklärung unter die Bedingung gestellt, dass ein Antrag erfolgt. § 150 Abs. 2 lässt bedingte Annahmeerklärungen aber nicht zu (§ 150 Rn 4). Antrag und Annahme sind **funktionsgebundene Begriffe**. Die Funktion des Antrages ist es, den Inhalt vorzugeben und den Zeitpunkt für den Geltungskonsens autonom zu fixieren (§§ 145–149, 151 S. 2, 152 S. 2); die Funktion der Annahme ist es, die Geltung nach dieser Vorgabe herbeizuführen (§ 150). Eine vorweggenommene Annahme ist daher ein Antrag, wenn mit der Abgabe oder dem Zugang der Gegenerklärung der Vertrag geschlossen sein soll.[72] Behält sich der „vorweg Annehmende" noch eigene Prüfschritte vor, so soll nach der Prüfung eine Annahmeerklärung ggf. mit den Erleichterungen des § 151 noch abgegeben werden. Die „vorweggenommene Annahme" ist dann *invitatio ad offerendum*. Die vorbehaltene Prüfung könnte zwar nur auf Umstände bezogen sein, die als

---

65 Eine vertragsähnliche Konsensstruktur erhalten diese aber durch den Vertrauenstatbestand („Inanspruchnahme von gewährtem Vertrauen"). Vgl. Jauernig/*Mansel*, § 242 Rn 48 ff.; für die sog. weiche Patronatserklärung vgl. OLG Düsseldorf GmbHR 2003, 178.

66 Zu der sich daraus ergebenden mangelnden Unterscheidbarkeit von Antrag und Annahme, vgl. Palandt/*Heinrichs* § 145 Rn 6 unter Hinw. auf *Huber*, RabelsZ 43, 438, 445.

67 BGH NJW 2004, 2962, 2964 (Vertragsannahme gemäß § 151 S. 1 durch Gegenzeichnung eines unterschriebenen Vertragentwurfes).

68 So *Leenen*, AcP 198 (1998), 381, 400 f.

69 Für analoge Anwendung der §§ 145 ff. „wo es passt" Staudinger/*Bork*, Vorbem. zu §§ 145–156 Rn 38; wie hier Soergel/*Wolf*, § 145 Rn 24; Erman/*Armbrüster*, vor § 145 Rn 11.

70 Durch Aufnahme einer aufschiebenden Wollensbedingung, deren Zulässigkeit von der Rspr. anerkannt wird (vgl. oben Rn 1), werden Vertragsgeltung und Rechtsbindung entkoppelt. Die aufschiebende Wollensbedingung ermöglicht es, den Regelungskonsens ohne Bindungswirkung als bedingten Vertrag einzustufen. Vgl. krit. Staudinger/*Bork*, Vorbem. zu §§ 145–156 Rn 14 ff.

71 So aber *Leenen*, AcP 198 (1998), 381, 404 ff. (dagegen S. 406), der zu Unrecht davon ausgeht, dass der Antrag aufgrund des Bestimmtheitsgebots *per definitionem* das Regelungsprogramm abschließend festlege (s. § 154 Rn 3).

72 BGH NJW 2002, 363 f.

(zulässige) Bedingungen[73] zum Bestandteil der „vorweggenommenen Annahme" gemacht wurden. Dann liegt tatsächlich aber ein bedingter Antrag vor. Die Annahme lässt sich nicht antizipieren (§ 150 Abs. 2) und ihre „Vorwegnahme" ist sinnwidrige Fiktion. Die „vorweggenommene/antizipierte Annahme" ist daher eine Falschbezeichnung.[74]

B. Einzelerläuterungen

I. Das auf den Vertrag anwendbare Recht (IPR und Einheitsrecht)

In Fällen mit Auslandsberührung ist nach den Regeln des internationalen Privatrechts vorab zu prüfen, welches staatliche Recht auf den Vertrag und die Frage nach seinem Abschluss Anwendung findet. Die Fragen des Vertragsschlusses unterliegen dem Vertragsstatut.[75] Für den Bereich des Schuldvertragsrechts besteht weitgehende Rechtswahlfreiheit (Art. 27 EGBGB). Beschränkungen bestehen hier bei der Wahl einer beziehungsarmen Rechtsordnung (Art. 27 Abs. 3 EGBGB), für Verbraucher- und Arbeitsverträge (Art. 29 Abs. 1, 29a, 30 Abs. 1 EGBGB) und in Bezug auf zwingende inländische Normen (Art. 34 EGBGB), die rechtswahlfest sind. Hervorzuheben ist ferner Art. 31 Abs. 2 EGBGB als besondere Schutzvorschrift in Bezug auf die Bewertung einer Erklärung als Zustimmung zu einem Vertrag (etwa Schweigen als Vertragsannahme, vgl. Anwk-*Leible* Art. 31 EGBGB Rn 4). Für grenzüberschreitende Warenkaufverträge gilt vorrangig das Einheitliche UN-Kaufrecht (CISG) im Verhältnis der Vertragsstaaten.[76] Auf den Vertragsschluss finden die Artt. 14 ff. UN-Kaufrecht Anwendung. Die Grundregeln des Europäischen Vertragsrechts (EPCL) sowie die UNIDROIT-Principles (UP) sind unverbindliche Empfehlungen an die nationalen oder den europäischen Gesetzgeber.[77] Die Parteien können die Geltung dieser – auch den Vertragsschluss – umfassenden Regeln im Rahmen einer Schiedsklausel vereinbaren. Vor staatlichen Gerichten wird die Wahl nichtstaatlichen Rechts bislang nicht, auch nicht bezogen auf einen Teil des Vertrages, anerkannt. Die nichtstaatlichen Regeln können aber in den Grenzen des dispositiven Rechts durch eine materiell-rechtliche Verweisung vertraglich vereinbart werden.[78] Die §§ 145 ff. sind **dispositives Recht**.[79]

II. Gefälligkeiten, Vertrauenspakte und Prozessverträge

Die aus vereinbartem Wollen entstehende personale Verbindlichkeit kann auch ohne rechtliche Anerkennung und Absicherung allein vor dem Hintergrund gesellschaftlicher, wirtschaftlicher oder moralischer Normen begründet sein.[80] In bestimmten Alltagssituationen fehlt häufig eine eindeutige Erklärung zu der Frage, ob eine getroffene Vereinbarung oder Absprache auch rechtliche Verbindlichkeit haben soll oder nicht. Daneben können auch eindeutige Erklärungen dahin vorliegen, dass rechtliche Bindungen nicht gewollt sind.

---

73 Ein umschriebenes Prüfungserfordernis bedeutet eine Potestativbedingung. Bei reinen Wollensbedingungen unterscheiden sich beide Wege dagegen nur wenig: Die Billigungserklärung ist anders als die Annahme keine Geltungserklärung, d.h. keine Willenserklärung, sondern eine (geschäftsähnliche) Rechtshandlung. Es kommt mithin grundsätzlich nicht auf die Wirksamkeitsvoraussetzungen wie Geschäftsfähigkeit, Ernstlichkeit, Irrtum, Form und Zugang an. Eine Anfechtung ist nicht möglich. Der Zeitpunkt des Vertragsschlusses liegt bei der Bedingungskonstruktion aber bereits im Zugang der Gegenerklärung. Bis zur Billigung finden im Schwebezeitraum die §§ 160–162 Anwendung.
74 So OLG Hamm NJW 2001, 1142, 1143; BGH NJW 2002, 363.
75 Im Jahr 2005 ist mit einem Verordnungsvorschlag der EG-Kommission über das auf vertragliche Schuldverhältnisse anzuwendende Recht zu rechnen (sog. Projekt Rom I), *R. Wagner*, Zur Vereinheitlichung des internationalen Privat- und Verfahrensrechts, NJW 2004, 1835, 1836. Bis dahin gelten allgemein die Art. 27 ff. EGBGB. Zum Anwendungskonzept der Art. 27 ff. EGBGB als nationale Transformationsgesetze des Römischen EWG-Übereinkommens über das auf vertragliche Schuldverhältnisse anzuwendende Recht v. 19.7.1980
(EVÜ) vgl. Erman/*Hohloch*, vor Art. 27 EGBGB Rn 3; abgedruckt bei *Jayme/Hausmann*, Nr. 70.
76 Zum Anwendungsbereich vgl. Schlechtriem/*Ferrari*, Kommentar zum Einheitlichen UN-Kaufrecht, 3. Aufl. 2000, Art. 1 CISG Rn 12 ff., 40 ff., 61.
77 v. *Bar/Zimmermann* (Hrsg.), Grundregeln des Europäischen Vertragsrechts, Teil I; *Köhler*, S. 33 ff. (Vergleich zu den §§ 145 ff.).
78 Für die vollständige Anerkennung der Parteiautonomie insoweit *W.-H. Roth*, Zur Wählbarkeit nichtstaatlichen Rechts, in: Mansel u.a. (Hrsg.), FS Jayme 2004, S. 757, 768 ff.; *Brödermann*, Die erweiterten UNIDROIT Principles 2004, RIW 2004, 721, 726 f.
79 BGHZ 138, 339, 343 (bezogen auf § 156).
80 Die aus einer individuellen Vereinbarung oder Absprache erwachsenden Bindungen wirtschaftlicher, gesellschaftlicher oder moralischer Art haben in diesem Falle allein ihre außerrechtliche Geltungsgrundlage. Die Vereinbarung begründet dennoch ebenso eine gewollte Sollensordnung, die lediglich von außerrechtlichen Verhaltensnormen stabilisiert und gesichert ist. Das „gewollte Sollen" ist entgegen MüKo/*Kramer*, vor § 116 Rn 14, daher kein geeignetes Differenzierungsmerkmal für die spezifisch rechtliche Vertragsbindung.

21 **1. Vereinbarte Gefälligkeiten.** In alltäglichen Situationen, in denen Leistungen zwar aufgrund einer Vereinbarung, aber ohne eine erkennbare Gegenleistung erbracht werden (vereinbarte Gefälligkeiten[81]), wird eine personale Pflicht (Selbstbindung) entweder gar nicht oder zumindest ohne eine (äußere) rechtliche Verbindlichkeit gewollt und vereinbart sein. Das ist Auslegungsfrage, die danach fragt, wie sich das Verhalten des Leistenden für einen objektiven Betrachter darstellt.[82] Dabei ist die Abgrenzung zu unentgeltlichen Rechtsgeschäften, die ebenfalls auf einer altruistischen Motivation beruhen (Gefälligkeitsverträge), wie insbesondere zu Auftrag, Leihe, unentgeltliche Verwahrung oder zinsloses Darlehen schwierig.[83] Kriterien sind etwa der Wert einer anvertrauten Sache, die wirtschaftliche Bedeutung einer Angelegenheit, das erkennbare Interesse des Begünstigten, die dem Leistenden erkennbare Gefahr im Falle einer fehlerhaften Leistung (etwa Bankauskünfte[84]) und auch die Zumutbarkeit einer Rechtspflicht im Hinblick auf das damit verbundene Schadensersatzrisiko.[85] Auch die persönliche Nähebeziehung (familiärer, freundschaftlicher oder kollegialer Art) ist in die Beurteilung einzustellen (dann in der Regel keine rechtliche Bindung gewollt).[86] Es geht hier zunächst um eine normativ wertende Beurteilung von Indizien und erst in zweiter Linie um die Auslegung von Erklärungen.[87]

22 Wird danach die Übernahme einer rechtlich bindenden (zwangsbewehrten) Leistungsverpflichtung verneint, so begründen die vereinbarten Gefälligkeiten **Gefälligkeitsverhältnisse**. Diese werden als rechtsgeschäftsähnliche (gesetzliche) Schuldverhältnisse erfasst (§ 311 Abs. 2 Nr. 3),[88] die nach Maßgabe des § 241 Abs. 2 i.V.m. § 280 Abs. 1 eine Schadensersatzhaftung wegen Schutzpflichtverletzung[89] begründen können. Die allgemeinen Haftungsregeln finden Anwendung (§§ 276, 278).[90] Umfang und Inhalt der Pflichten richten sich nach dem Inhalt des Schuldverhältnisses, welcher nach den gesamten Umständen des Einzelfalles und damit von dem (nichtrechtsgeschäftlichen) Handeln der Beteiligten bestimmt wird. Daraus kann eine Pflicht zur Rücksichtnahme auf die Interessen des Gegners entstehen, die sich auf die Fortsetzung des Gefälligkeitsverhältnisses dahin gehend auswirkt, dass ein grundloser Abbruch zur Unzeit Schadensersatzpflichten begründet.[91] Diese Pflicht zu erwartungsgerechtem Verhalten (Verhaltenstreue)[92] sollte aber nur insoweit anerkannt werden, als das Vertrauen in die konsequenzialistische Verhaltensweise besonders schutzwürdig erscheint. Hierfür müssen – wie beim grundlosen Abbruch von Vertragsverhandlungen – besondere Umstände vorliegen, die ausnahmsweise die Entstehung einer solchen Treuepflicht rechtfertigen.[93]

23 **2. Vertrauenspakte und Prozessverträge.** Haben die Parteien eine eindeutige Erklärung dahin abgegeben, dass die von ihnen getroffene Vereinbarung keine *rechtliche* Verbindlichkeit haben soll (**Unverbindlichkeitsabrede**), so liegt darin zunächst eine Entscheidung über die rechtliche Einordnung der vereinbarten

---

81 Im Unterschied zu den ohne vorherige Leistungsvereinbarung einseitig erbrachten Gefälligkeiten, bei denen aus vertrauensschutzrechtlichen Gründen aber ebenfalls Schutz- und Sorgfaltspflichten bestehen können. Die Übergänge zwischen beiden Formen sind fließend und werden daher zumeist nicht voneinander getrennt, vgl. Übersichten bei Erman/*H. P. Westermann*, Einl. § 241 Rn 16–19; Jauernig/*Mansel*, § 241 Rn 24; Staudinger/*Bork*, Vorbem. zu §§ 145–156 Rn 82.
82 BGHZ 21, 102, 106 f.; BGH NJW 1992, 498, 499 (vertragliche Haftung verneint bei Mitnahme im PKW aus Gefälligkeit, bejaht bei PKW-Fahrgemeinschaft).
83 Vgl. m. Nachw. Jauernig/*Mansel*, § 241 Rn 24; Staudinger/*Bork*, Vorbem. zu §§ 145–156 Rn 82.
84 Auskunftsvertrag bei Bankauskünften über Vermögensanlagen, BGHZ 100, 117; 123, 126.
85 Vertragliche Haftung deshalb verneint: BGH NJW 1974, 1705, 1706 (Lottotippgemeinschaft).
86 Keine Vertragshaftung bei Vermögensverwaltung durch Ehegatten, BGH NJW 2000, 3200 (Zusagen im Rahmen einer nichtehelichen Lebensgemeinschaft); BGHZ 97, 372, 381 (Empfängnisverhütung); OLG Koblenz NJW-RR 2002, 595, 596 (Nachbarschaftshilfe).
87 Zutr. *Medicus*, BGB AT, § 18 Rn 185 ff., 192.
88 Jauernig/*Mansel*, § 241 Rn 24.
89 Gleichbedeutend mit den auf den Schutz des Integritätsinteresses gerichteten (weiteren) Verhaltenspflichten im Schuldverhältnis. Die Diktion ist uneinheitlich, vgl. Jauernig/*Mansel*, § 241 Rn 10.
90 Keine allg. Haftungsmilderung nach §§ 521, 599, 690, vgl. st. Rspr. BGH NJW 1992, 2475; vgl. zum Streitstand Jauernig/*Mansel*, § 241 Rn 24.
91 BGH NJW 1986, 978, 979 f. (Kündigung ohne vernünftigen[!] Grund).
92 Vgl. Staudinger/*Bork*, Vorbem. zu §§ 145–156 Rn 84, der hier von quasivertraglicher Schutzpflicht und gleichbedeutend von sekundären Verhaltenspflichten spricht.
93 Die Rechtsfigur des Vertrages ohne primäre Leistungspflicht sollte bei Gefälligkeitsabreden nicht verwendet werden. Dafür Soergel/*Wolf*, vor § 145 Rn 85–87. Wie hier die h.M., Staudinger/*Bork*, Vorbem. zu §§ 145–156 Rn 84 m.w.N. Ein Vertrag scheidet allerdings nicht deshalb aus, weil ein Rechtsbindungswille in Bezug auf sekundäre Verhaltenspflichten (hier bezogen auf die quasivertragliche Schutzpflicht) praktisch nicht feststellbar wäre, sondern weil der Rechtsbindungswille bei Gefälligkeitsabsprachen typischerweise vollständig fehlt. Überdies sind aber auch die rechtliche Anerkennung der *freiwillig* (ungebunden) erbrachten Leistung oder der rechtliche Schutz eines freiwillig erzielten Leistungserfolges (Rechtsgrundabrede) regelmäßig nicht gewollt.

Leistungsbeziehung insgesamt.[94] Positivrechtliche Regelungen über die Zulässigkeit[95] und die rechtliche Qualität[96] eines solchen „Opting-out" existieren nicht. Ebenso fehlen eine einheitliche Begriffsbildung und eine klare Dogmatik, was einerseits zu bildhaften aber dunklen Anglizismen (Gentlemen's Agreements)[97] und andererseits zur Einordnung unter deskriptive Sammelbegriffe (unvollkommene Verbindlichkeiten[98]) führen. Gemeinsam ist diesen Vereinbarungen, Absprachen oder Abmachungen,[99] dass eine personale Verbindlichkeit im Sinne einer Leistungsbeziehung zwar entstehen soll,[100] deren Einhaltung aber nicht durch rechtlichen Zwang gesichert wird. Grundlage ist die Selbstbindung der Person und ungeachtet der im Einzelnen in Anspruch genommenen Geltungsgründe (wirtschaftliche Vernunft, gesellschaftlicher Anstand, persönliche Moral) das gegenseitige persönliche Vertrauen der Beteiligten. Derartige **Vertrauenspakte** basieren somit auf einem zivilrechtlich nicht abgesicherten Treueversprechen,[101] verbleiben aber jedenfalls als „rechtlich relevantes Verhalten" in einem kontrollfähigen Bereich und sind als geschäftliche Sonderverbindung residual aufgehoben (rechtsgeschäftsähnliches Schuldverhältnis, § 311 Abs. 2 Nr. 3). Die Privatautonomie wird ferner nur in den gesetzlichen Grenzen des zwingenden Rechts (allgemein: §§ 134, 138, 242, 276 Abs. 3 oder speziell in den Grenzen des Verbraucherschutz-, Miet- oder Arbeitsrechts) eröffnet. Diese Grenzen gelten ebenso für Vereinbarungen, durch die sich die Parteien dem Schutz des Vertragsrechts entziehen.[102]

---

94 Verbindlichkeit, rechtliche Bindung oder Rechtszwang können ferner im Sinne eines Mehr oder Weniger zu verstehen sein (etwa im Falle von Haftungsbeschränkungen und Haftungsausschlüssen, vgl. *Bruns*, a.a.O.). Entsprechend sind auch einzelne rechtliche Befugnisse, wie etwa die passive und aktive Aufrechenbarkeit oder die Abtretbarkeit abdingbar (*pactum de non cedendo*), ohne dass deshalb die rechtliche Bindung entfiele.

95 Rechtliche Grundlage der Zuordnungsentscheidung ist die Privatautonomie (Art. 2 Abs. 1 GG). Ob die damit zu Tage tretende Verwillkürung einer ggf. geschäftlichen Transaktion sich als ein Unterfall der negativen Vertragsfreiheit ausweisen lässt, muss hier offen bleiben. Zur parallelen Fragestellung bei Qulifikationsabreden über den Vertragstypus vgl. *Stoffels*, S. 193 ff.

96 Die Unverbindlichkeitsabrede ist von der davon betroffenen Vereinbarung gedanklich zu trennen. Anders als eine Vertragsabschlussklausel, die nach ihrer Funktion als Bestandteil der Angebotserklärung das Abschlussverfahren regelt und sich mit dem Zustandekommen des Vertrages erledigt (vgl. MüKo/*Basedow*, § 10 Nr. 1 AGBG Rn 8), bezieht sich die Unverbindlichkeitsabrede unmittelbar auf den Vereinbarungsinhalt. § 139 ist daher nicht anwendbar. Damit erlangt die Vereinbarung insgesamt aber selbst insoweit rechtsgeschäftlichen Charakter, als ihr Regelungsgehalt (Bestehen und Umfang rechtlicher Verbindlichkeit) rechtliche Geltung erlangen soll (rechtliche Anerkennung der Zuordnungsentscheidung sowie Anerkennung der nichtrechtlichen Leistungsbeziehung aus der Perspektive des Rechts). Auch das sind Rechtsfolgen, die nur deshalb eintreten, weil sie gewollt sind.

97 Vgl. *Reuss*, AcP 154 (1955), 485 ff.; die Bezeichnung wird uneinheitlich benutzt, vgl. *Bahntje*, S. 16 ff., der sie unter der Bezeichnung nichtrechtsgeschäftliche Einigungstatbestände zusammenfasst. Vgl. auch *Lust*, S. 34.

98 Darunter werden generell Formen eingeschränkter Bindungswirkung gefasst. So etwa auch nicht mehr klagbare (verjährte) Forderungen, vorläufig noch nicht klagbare Forderungen (§ 1001, § 375 HGB, str.), Leistungen aufgrund sittlicher Pflichten (§ 814) usf., vgl. *Schreiber*, JURA 1998, 270 f.

99 So die verwendeten Bezeichnungen, für einen rechtlich noch unspezifischen Willenskonsens. Entwicklungsgeschichtlich entspricht dem das sog. „*pactum*", welches im römischen Recht als bloße Vereinbarung keine gerichtlich durchsetzbare Verpflichtung erzeugte. Vgl. *Meyer-Pritzl*, S. 99, 106; HKK/*Hofer*, vor § 145 Rn 21.

100 Entsprechend dem Vertragskonsens und dem vertraglichen Leistungsversprechen im Sinne von § 241 Abs. 1. Insoweit auch zu trennen von sonstigen Einigungstatbeständen, die unter dem Begriff der Quasi-Kontrakte als eigenständige Gruppe zusammengefasst wurden, vgl. *Mayer-Maly*, in: FS Wilburg 1965, S. 129 ff. Zum Konnex zwischen Konsens und Pflichtentstehung in historischer Entwicklung, vgl. *Mayer-Maly*, in: FS Seidl 1975, S. 118 ff.

101 Treue ist das außerrechtliche (ethische) Synonym für die vernunftrechtliche Willensbindung. Die personale Bindung entspricht der des Schuldvertrages. Sie entsteht aus dem vereinbarten Wollen (Konsens), auf dem auch der Vertrag aufbaut. Die Bezeichnung „*unverbindlich*" ist doppeldeutig. Gemeint sein kann die personale (innere) Verbindlichkeit oder nur die rechtliche Verbindlichkeit (Ausschluss von Zwangsbefugnissen).

102 Das ist selbstverständlich, soweit es um die Vereinbarung von Haftungsausschlüssen oder Haftungsbeschränkungen innerhalb institutionalisierter Leistungsbeziehungen (Verträge) geht. Ferner auch dann, wenn der Vertrag selbst das Instrument zur Freiheit von rechtlichen (gesetzlichen) Bindungen darstellt (bspw. Eheverträge). Schwieriger zu entscheiden ist im Hinblick auf privatautonome Entscheidungen, mit denen der institutionelle Rahmen verändert werden kann. BGH MDR 1971, 657: Ausschluss des Zivilrechtsweges ist sittenwidrig; OLG Celle OLGZ 1969, 1: Ausschluss der Klagbarkeit verstößt im Regelfall gegen die guten Sitten. Anerkannt sind Rechtswahlvereinbarungen im Internationalen Privatrecht, Prozessvertrage und auch die Rechtsformwahlfreiheit im Gesellschaftsrecht. Zu ihr vgl. *Bruns*, a.a.O.; mit klarer Trennung zwischen materiell-rechtlichen und prozessualen Vereinbarungen, *Wagner*, S. 413 ff.

24 **a) Verdeckter Vertrauenspakt.** Kennen die Parteien im Zeitpunkt des Vertragsschlusses die rechtliche Unwirksamkeit des Vertrages (etwa bei Nichteinhaltung der gesetzlichen Form) und wollen ihn dennoch auf dieser Grundlage ausführen, so liegt hierin eine **konkludente Unverbindlichkeitsabrede** in Bezug auf die vereinbarte Transaktion.[103] Rechtsprechung und Lehre respektieren diese Entscheidung insofern, als sie den Rechtsvorbehalt beachten und die Vereinbarung für rechtsunverbindlich halten. Dabei wird aufgrund des fehlenden Rechtsbindungswillens der rechtsgeschäftliche Bezug überhaupt verneint (sog. Nicht-Rechtsgeschäft)[104] oder die rechtsgeschäftliche Vereinbarung lediglich als fehlerhaft eingestuft (nichtiges Rechtsgeschäft).[105] Bedeutsam ist dies in Fällen, in denen ein unverbindlicher mit einem verbindlichen Teil zu einem einheitlichen Geschäft verbunden wurde. Die Rechtsprechung will hier § 139 (d.h. im Zweifel Gesamtnichtigkeit) nicht anwenden, weil ein einheitliches, aber teilbares Rechtsgeschäft im Sinne dieser Vorschrift nicht vorliege.[106] Im Ergebnis wirkt sich die Frage nicht notwendig aus, da auch bei Anwendung des § 139 der vorrangig zu berücksichtigende Parteiwillen regelmäßig zur Aufrechterhaltung des rechtsverbindlichen Teils führt.[107]

25 Soweit die Parteien von dem Fehlen eines Gültigkeitserfordernisses ausgingen, der vermeintliche Mangel aber in Wirklichkeit nicht vorlag, hat dies auf die Beachtlichkeit ihrer konkludenten Unverbindlichkeitsabrede keinen Einfluss.[108] Es bleibt bei einem rechtsunverbindlichen bloßen Vertrauenspakt. Dagegen liegt ein Rechtsvorbehalt nicht schon dann vor, wenn die Parteien das Fehlen eines Gültigkeitserfordernisses lediglich für möglich halten. Die Unwirksamkeit und die damit eintretende Unverbindlichkeit wird hier nur als bestehendes Risiko in Kauf genommen. Ein solcher Vertrag ist wirksam und verbindlich.[109]

26 **b) Offener Vertrauenspakt (Gentlemen's Agreements und Vertrauensvertrag).** Vereinbarungen und Absprachen, deren Einhaltung nach dem offen erklärten Willen der Parteien rechtlich nicht soll erzwungen werden können, fallen nach allgemeiner Meinung ebenfalls aus dem (bürgerlich-rechtlichen) Vertragsbegriff[110] heraus. Sie werden gemeinhin unter der Bezeichnung „*gentlemen's agreements*" zusammengefasst.[111] Dabei sollte unterschieden werden zwischen solchen Vereinbarungen und Absprachen, die nach ihrem Handlungssinn eine rein interne Bedeutung erhalten (*gentlemen's agreements*) und solchen, die auf die rechtliche Anerkennung einer geschäftlichen Transaktion gerichtet sind (Vertrauensvertrag).

27 **aa) Interne Vereinbarungen (Gentlemen's Agreements).** Ist eine rechtliche Verhaltens- und Erfolgsbindung ausgeschlossen und die Vereinbarung entsprechend den verdeckten Vertrauenspakten (siehe Rn 24) nicht auf eine rechtliche Anerkennung gerichtet, so kann man von einem *gentlemen's agreement* sprechen. Die Meidung rechtlicher Anerkennung ist ein Indiz für verbotene Vereinbarungsinhalte und führt in diesem Falle zur Sittenwidrigkeit und Nichtigkeit derartiger Abreden (§ 138). Zwingend ist die Annahme der Sittenwidrigkeit aber nicht. Informelle Zusagen wie „der Kläger werde den Beklagten nicht im Regen stehen lassen"[112] können rechtliche Bedeutung indirekt erlangen (etwa als Geschäftsgrundlagenvereinbarung[113]). Sie sind insoweit als Sachverhaltsdaten zu berücksichtigen. Transaktionen, die allein auf der Basis einer solchen internen Absprache erfolgt sind, bleiben auch nach ihrer Erfüllung ohne rechtliche Grundlage. Sie unterliegen den allgemeinen bereicherungsrechtlichen Regeln für die Rückabwicklung rechtsgrundloser

---

103 Die (vorübergehende oder dauernde) Nichtigkeitsfolge ist der Zweck dieser Vereinbarung. Der Handlungssinn der Vereinbarung erschöpft sich damit aber nicht in einer nur tatsächlichen Verständigung durch Wissenserklärungen. Vgl. bereits RGZ 68, 322, 324: keine Wissenserklärungen, sondern „Abmachungen für die Zukunft".
104 Nicht rechtsgeschäftliche Willenserklärung, RGZ 68, 322, 324 (Scheidungsvergleich). Mit der Bezeichnung als Nicht-Rechtsgeschäft, fällt dieses aber nicht aus der rechtsgeschäftlichen Betrachtung heraus. Sie dient als regulative Vorstellung zur Entwicklung normativer Abgrenzungskriterien (vgl. Rn 9).
105 Etwa Jauernig/*Jauernig*, vor § 104 Rn 17, der unter Hinw. auf § 117 Abs. 1 entsprechend dem Scheingeschäft von einem nichtigen Rechtsgeschäft ausgeht.
106 BGHZ 45, 376, 379 f.; BGH NJW 1999, 351; krit. *Keim*, NJW 1999, 2867, 2868.
107 Anwendbarkeit des § 139 bejahen: BGH NJW 1989, 898 f. (mündliche Zusage); Staudinger/*Roth*, § 139 Rn 24; Jauernig/*Jauernig*, § 139 Rn 13; Erman/*Armbrüster*, vor § 145 Rn 5.
108 Das gilt auch dann, wenn die Parteien es bei Kenntnis der wahren Rechtslage ein verbindliches Rechtsgeschäft abgeschlossen hätten. Eine isolierte Anfechtung der Unverbindlichkeitsabrede wegen eines besonderen Sachverhaltsirrtums (vgl. dazu MüKo/*Kramer*, § 119 Rn 91 ff.) ist nicht möglich.
109 *Flume*, BGB AT Bd. 2, § 7, 8; Erman/*Armbrüster*, vor § 145 Rn 6.
110 Der Vertragsbegriff soll im Kartellrecht weiter zu fassen sein und auch Vereinbarungen und Absprachen (*gentlemen's agreements*) umfassen, bei denen zwar kein rechtlicher, wohl aber ein tatsächlicher Bindungswille besteht. Zum kartellrechtlichen Vertragsbegriff vgl. *Immenga*/Mestmäcker, GWB, 3. Aufl. 2001, § 1 Rn 125.
111 *Bahntje*, S. 25.
112 OLG Nürnberg NJW-RR 2001, 636, 637: formlose Zusage einer Vertragsanpassung bei Eintritt bestimmter Umstände.
113 Zuweisung bestimmter vertraglicher Risiken, OLG Nürnberg NJW-RR 2001, 636, 637.

Leistungen.[114] Im Übrigen gelten die gegenüber dem Deliktsrecht strengeren Regeln aus rechtsgeschäftsähnlichem Schuldverhältnis, § 311 Abs. 2 Nr. 3.

bb) Vertrauensvertrag (gewillkürte Naturalobligation). Soll nach Maßgabe der Unverbindlichkeitsabrede die rechtliche Verhaltens- oder Erfolgsbindung zur Erhaltung einer höchstmöglichen Flexibilität ausgeschlossen sein, so handelt es sich um einen Vertrauenspakt in Form eines Vertrauensvertrages (**Vertrag ohne primäre rechtliche Leistungspflicht**). Eine personale Leistungspflicht durch Selbstbindung kann entweder vollständig fehlen. Es handelt sich dann um eine reine Absichtserklärung. Oder es werden nur die rechtlichen Zwangsbefugnisse ausgeschlossen, während eine personale Leistungspflicht begründet sein soll. In diesem Fall handelt es sich um (gewillkürte) Naturalobligationen.[115] Die derart erworbene – und unterschiedlich intensive – Aussicht auf den Erhalt oder den Austausch von Leistungen erzeugt das konkrete und insoweit auch schutzwürdige Vertrauen (sog. natürliches Vertrauen[116]). Ein solcher Vertrauensvertrag setzt voraus, dass die Erbringung einer ausreichend bestimmten Leistung vereinbart ist und nicht lediglich unbestimmte Zusagen gemacht wurden.[117] Ferner, dass der Wille zur Leistungserbringung klar und eindeutig zum Ausdruck gekommen ist. Durch die Unverbindlichkeitsabrede darf die rechtliche Bindung oder auch die personale Bindung ausgeschlossen sein.[118] Eine klare Absichtserklärung genügt.[119] Schließlich muss die Transaktion auf eine rechtliche Anerkennung gerichtet sein, d.h. insbesondere der wirtschaftliche Erfolg soll anerkannt und abgesichert sein (Rechtsgrundabrede). Das sind Auslegungsfragen, die ganz gleich wie bei den Gefälligkeiten des täglichen Lebens nach Indizien und Wertungskriterien zu beantworten sind. Die verwendete Bezeichnung als *gentlemen's agreement* kann als Anhaltspunkt für die Anerkennung zu werten sein.[120] Eine solche vertrauensvertragliche Struktur weisen etwa Spielsperrverträge auf.[121] Daneben Gestattungsverträge im Bereich der Kommerzialisierung von Persönlichkeitsrechten.[122] Die Verpflichtung zur Vornahme ärztlicher Heileingriffe fällt ebenfalls in diesen Bereich.[123] Ferner im öffentlich-rechtlichen Bereich etwa die sog. freiwilligen Selbstverpflichtungen von Unternehmen und Verbänden, mit Hilfe de-

---

114 Einschließlich der Konditionssperren (§§ 814, 815, 817) je nach Fallgestaltung.
115 Gewillkürte Naturalobligationen werden von der Rechtsprechung anerkannt, OLG Celle OLGZ 1969, 1, 2; BGH MDR 1971, 657 (unklar); RGZ 40, 195, 199 (Besserungszusage) und sind in der Literatur umstritten, vgl. zust. m. Nachw. Staudinger/*Schmidt*, Einl. v § 241 Rn 154 ff.
116 Zum Begriff des natürlichen Vertrauens in Korrespondenz zu einem natürlichen Willen vgl. *Canaris*, Vertrauenshaftung, S. 396 ff.; 544; geschützt wird das Vertrauen auf die freiwillige Erfüllung unverbindlicher Versprechen in der Zukunft; vgl. *Singer*, S. 135, 144 f. Die rechtsgeschäftliche Willenserklärung wird durch ein natürliches Versprechen ersetzt, die gleichlaufende, schutzwürdige Verhaltenserwartungen im Hinblick auf die Leistungserbringung erzeugt. Dem konkreten, berechtigten Vertrauen in ein gegebenes Wort entspricht die vertragliche Treuepflicht an das gegebene Wort.
117 Unverbindlichkeit durch Unbestimmtheit bei sog. weichen Patronatserklärungen im unternehmerischen Geschäftsverkehr, vgl. *Habersack*, ZIP 1996, 257; *Fleischer*, WM 1999, 666, 670; für harte Patronatserklärung LG München I WM 1998, 1285: Nichtigkeit wegen Suggestivwirkung, § 138, und unwirksam weil die konkrete Schuld nicht bestimmbar ist.
118 Wird auch die personale Bindung aufgehoben (reine Absichtserklärung), kann der Wille zur Leistungserbringung überhaupt fehlen. Die Erklärung ist in diesem Falle wegen Perplexität nichtig.
119 Jedes vertragliche Leistungsversprechen ist Absichtserklärung, weil und soweit die Leistungserbringung von weiteren Willenshandlungen abhängt. Das Versprechen bringt einen Willensentschluss zum Ausdruck, während die Bekundung einer Absicht den Umstand ausdrückt, dass der Willensentschluss noch nicht gefasst ist. Zu der allgemeinen Frage nach einem besonderen Abschlusswillen, vgl. *Mayer-Maly*, in: FS Nipperdey I 1965, S. 509, 514 ff.
120 BGH MDR 1964, 570; OLG Hamburg MDR 1953, 482 – Gentlemen's Agreement: Es handelt sich bei einer solchen Bezeichnung grundsätzlich um eine auf den guten Willen und die kaufmännische Anständigkeit abgestellte Zusage einer oder beider Seiten, die aber nach dem Willen der Beteiligten keinen klagbaren Anspruch begründen soll. Nach BGH MDR 1964, 570 ist in diesen Fällen auch eine Rückkehr in die Verbindlichkeit über § 242 möglich. Der Auskunftsanspruch entsteht, sobald der Kläger darlegt, er habe berechtigten Grund zu der Annahme, der Beklagte habe sich von seiner freundschaftlichen Einstellung entfernt.
121 Sie erreichen ihren Zweck faktisch dadurch, dass konkludente Spielverträge nicht mehr zustande kommen können; vgl. OLG Hamm NJW-RR 2003, 971, 972; KG NJW-RR 2003, 1359; OLG Hamm NJW-RR 2002, 1634; 2002, 447; BGHZ 131, 136 = NJW 1996, 248; LG Leipzig NJW-RR 2000, 1343; vgl. *G. Schulze*, in: FS Jayme 2004, S. 1561; a.A. *Peters*, JR 2002, 177, 180 (zweiseitig verpflichtender Vertrag).
122 Dazu *Ohly*, S. 259 ff. (mit abweichender Diktion).
123 Vgl. *Katzenmeier*, Arzthaftung, S. 9 f.; 82 f.; zur sog. Patientenrechtscharta: *Katzenmeier*, JR 2002, 444, 446 f. (Alternative und Korrektiv für sanktionierbare Rechtsnormen).

rer ein staatliches Eingreifen verhindert (überflüssig) gemacht werden soll.[124] Diese Absprachen haben bestimmungsgemäß gerade auch eine externe Wirkung (Anerkennung durch das Recht) und sind als ein hochflexibles Transaktionsmodell darauf hin konzipiert.

Der typische Vertragsinhalt eines Vertrauensvertrages liegt in der Frage der Rückforderbarkeit und/oder dem Aufwendungsersatz für erbrachte Leistungen. Diese können gänzlich ausgeschlossen oder ihr Ausschluss an den Eintritt eines mit der Leistung bezweckten Erfolges gebunden werden (Zweckabrede). Die Regelungen ergänzen oder verdrängen die entsprechenden bereicherungsrechtlichen Vorschriften.

29 **c) Prozessverträge.** Auch in Bezug auf das staatliche Gerichtsverfahren bestehen weitgehende Dispositionsspielräume. Auf die verbreitete Anzahl sog. Prozessverträge kann hier nur hingewiesen werden (Verträge hinsichtlich der Klagebefugnis, Gerichtsstands- und Schiedsverträge, Beweisverträge, vertragliche Verfahrensbeendigung, Vollstreckungsverträge).[125] Die materiell-rechtliche Frage nach dem Inhalt und Umfang rechtlicher Vertragsverbindlichkeit ist gegenüber der prozessrechtlichen Vereinbarung von Klagbarkeitsverzichten oder Vollstreckungsbeschränkungen (Ausschluss und Beschränkung von staatlichem Zwang) abzugrenzen.[126] Durch Auslegung ist ferner festzustellen, ob etwa nur die prozessuale Befugnis der Klagbarkeit des Erfüllungsanspruches oder auch der an seine Stelle tretende sekundäre Schadensersatzanspruch ausgeschlossen sein soll.

III. Erklärungen im Vorfeld des Vertrages, Verhandlungsverhältnis

30 Aus der Funktion des Antrages, Regelungs- und Geltungskonsens autonom und abschließend zu strukturieren und gleichzeitig deren Bestandteil zu werden, ergibt sich die Abgrenzung gegenüber Erklärungen im Vorfeld des Vertragsschlusses. Behält sich der Erklärende die Entscheidung über die eigene (rechtliche und personale) Gebundenheit ausdrücklich oder konkludent für einen späteren Zeitpunkt vor, so handelt es sich um eine vorgelagerte schlichte Erklärung, die nur Bedeutung für die Interpretation nachfolgender Erklärungshandlungen hat. Das ist Auslegungsfrage. Prominentes Beispiel für eine solche unverbindliche Vorfelderklärung ist die Aufforderung zur Abgabe von Angeboten (*invitatio ad offerendum*). Vgl. § 145 Rn 3 f.

31 **1. Erklärungen im Verhandlungsprozess.** Der gesamte Bereich der Vertragsverhandlungen, das betrifft die (kaufmännische) Korrespondenz und die den Verhandlungsprozess strukturierenden Erklärungen, sind von dem Vertragsschlussmechanismus abzugrenzen. Die Bezeichnungen für die jeweiligen Erklärungen werden uneinheitlich verwendet, geben aber auch nur einen ersten Anhaltspunkt für die Interpretation.[127] So sind etwa bekundete Vertragsvorstellungen (*memorandum of understanding*), Absichtserklärungen (*letter of intent*) oder Verhandlungsvereinbarungen (*instruction to proceed*) auf den Vertragsschluss als Verhandlungserfolg gerichtet.[128] Eine Leistungsverbindlichkeit (§ 241 Abs. 1) ist aber grundsätzlich weder im Hinblick auf den Verhandlungsverlauf noch auf den Vertragsschluss gewollt. Dies kann ausdrücklich durch eine sog. „*no binding clause*" oder sonstige konkrete Unverbindlichkeitserklärungen zum Ausdruck gebracht sein.[129] Es kann sich ferner aus der fehlenden Bestimmtheit, sprachlichen Relativierungen, einer nur unvollständigen

---

124 Etwa im Umweltrecht werden „Branchenabsprachen" oder „Branchenzusagen" im Bereich von Industrie und Handel getroffen. Diese haben meist die Minderung bestehender Umweltbelastungen bzw. die Vornahme bestimmter umweltschonender Maßnahmen zum Inhalt. Sie sind nicht rechtsverbindlich und werden daher nicht immer eingehalten; Bender/Sparwasser/*Engel*, Umweltrecht, 4. Aufl. 2000, Kap. 1, Rn 95 S. 35. *Frenz*, S. 226 u. Fn 164 f.: Auf diese unverbindlichen Absprachen sind die §§ 54 ff. VwVfG analog bzw. die ihnen zugrunde liegenden Rechtsgedanken anzuwenden.

125 Grundlegend *Wagner*, S. 391 ff., 504 ff., 556 ff.; 608 ff., 711 ff.

126 Die Unverbindlichkeitsabrede (gewillkürte Naturalobligation) lässt sich wie auch das (unbefristete) *pactum de non petendo* materiellrechtlich einstufen; vgl. *Wagner*, Prozessverträge, S. 391, 437 ff.

127 Etwa die als „*quick note*" bezeichnete vorläufige Vereinbarung für einen Filmvertriebsvertrag, OLG München, RIW 2001, 864 ff.; OLG Frankfurt, OLG-Rp 1997, 49 („Letter of Intent" als Vorvertrag interpretiert); *Bisloff*, ZVglRWiss 103 (2004) 190, 193 f., 203.

128 Die Abgrenzungen zwischen den so bezeichneten Erklärungsformen sind fließend. Der Letter of Intent (LoI) wird verbreitet auch nur als rechtlich nicht verbindliche „Fixierung einer Verhandlungsposition" beschrieben, vgl. Palandt/*Heinrichs*, Einf. v. § 145 Rn 18. In einer bloßen Fixierung kommt immer auch die Absicht zum Ausdruck, einen Vertrag schließen zu wollen. Lediglich eine Rechtsbindung soll ausgeschlossen sein. Die Funktionen derartiger Erklärungen sind umfangreich. Für den LoI: Verhandlungsatmosphäre, Vertragsmanagement, vorgezogene Risikoverteilungen, vorgezogene Teilleistungen, interne Zwecke, vgl. *Heussen*, S. 8. Abstrakt: Eingrenzung des Verhaltensspielraums und Kanalisierung des Verhandlungsprozesses, *Lutter*, S. 78.

129 Staudinger/*Bork*, § 145 Rn 14; zu den Formulierungen für eine rechtliche Unverbindlichkeit, *Heussen*, S. 15 ff.; *Lust*, S. 22 ff.

Einigung, aus der Nichteinhaltung vereinbarter Formerfordernisse usf. abgeleitet werden.[130] Insoweit bleibt auch der Umstand, ob die Erklärung einseitig abgegeben oder als Vereinbarung konsentiert worden ist, ohne Bedeutung. Das Bestehen einer Verbindlichkeit ist allerdings **für jede einzelne Erklärung** konkret zu prüfen. So können bindende Vereinbarungsinhalte bereits gewollt sein. Sie können sich auf den Hauptvertrag (Punktation als verbindliche Teileinigung entgegen der Vermutung des § 154 Abs. 1 S. 2) oder auf den Verhandlungsprozess beziehen (etwa Vereinbarung über die Kosten der Vertragsanbahnung oder Vorarbeiten,[131] Vereinbarung von Exklusivverhandlungen oder von Informationspflichten). Beziehen sich entsprechende Erklärungen auf den Verhandlungsprozess, wird ein Vertrag mit dem vereinbarten Leistungsinhalt begründet, der von dem Hauptvertrag zu unterscheiden ist (sog. **Vorfeldvertrag**).[132]

Erklärungen im Verlaufe von Vertragsverhandlungen, die die konkrete Abschlussbereitschaft im Hinblick auf einen bestimmten Vertrag ausdrücken oder bekräftigen, können im Falle des **grundlosen Verhandlungsabbruches** eine Schadensersatzhaftung rechtfertigen. Diese Erklärungen und Verhaltensweisen werden aber auch dann, wenn sie formalisiert sind, etwa als „Letter of Intent" oder bspw. in Form von Rabattgutscheinen nicht als rechtsgeschäftliche Handlungen erfasst, sondern als Vertrauen begründende Umstände unspezifisch der Beurteilung zugrunde gelegt.[133] Ansatzpunkt für die Haftung ist der **Vertrauensschutz** des Erklärungsadressaten, wobei lediglich für die Zurechnung auf die Ersatzkategorie der geschäftsähnlichen Handlung[134] zurückgegriffen wird.[135] Ein berechtigtes Vertrauen auf den Vertragsabschluss wirkt wie ein vertragliches Recht auf ein Verhandeln unter Abschlussbereitschaft. Der Vertrauensschutz erzeugt Verhaltenspflichten mit Bezug auf den konkreten Verhandlungserfolg (Vertragsabschluss), ohne einen Anspruch auf diesen selbst zu begründen. Grundlage ist das Wahrheitsgebot. Bei besonders schwerwiegendem Treueverstoß wird eine gesetzliche Haftung aus c.i.c bejaht.[136]

2. Das Verhandlungsverhältnis. Vorfelderklärungen, die nicht eine vertragliche Bindung begründen und gestalten, erzeugen kraft Gesetzes ein rechtsgeschäftsähnliches Schuldverhältnis (§§ 311 Abs. 2, 241 Abs. 2). Damit werden Schutz- und Treuepflichten begründet, die je nach Lage des Falles zu konkretisieren sind und insoweit der Parteidisposition unterliegen. § 241 Abs. 2 übernimmt hier nur die Funktion, derartige Loyalitätspflichten[137] *in contrahendo* gesetzlich anzuerkennen.[138] Werden diese Pflichten schuldhaft verletzt, so ist die Haftung aus *culpa in contrahendo* (§ 280 Abs. 1) begründet. Bezieht sich die Vorfeldvereinbarung (auch) auf die Ausgestaltung oder den Ausschluss dieser Haftung, so handelt es sich bei der Vorfeldvereinbarung selbst schon um einen Vertrag (Enthaftungsvertrag[139]). Die vertrauenstheoretisch begründete Haftung kann

---

130 Zu den Indizien für eine Bindungswirkung einer Vorfeldvereinbarung nach US-amerikanischem Recht: *Bischoff*, RIW 2002, 609, 615.
131 BGH NJW 1979, 2202 (Angebotserstellung); OLG Nürnberg NJW-RR 1993, 760 ff. (Softwareentwicklung).
132 *Bischoff*, ZVglRWiss 103 (2004) 190, 201 f.; *Kues*, Vereinbarungen im Vorfeld eines Vertrages, 1994, S. 85; *Hertel*, Rechtsgeschäfte im Vorfeld eines Projekts, BB 1983, 1824; *Stawowy*, Vertragsverhandlungen und Vorfeldvereinbarungen beim Unternehmenskauf, 2001.
133 OLG Stuttgart BB 1989, 1932 f. (fehlender LoI als Mitverschulden); vgl. *Deimel*, ZGS 2004, 213, 215 ff. (keine rechtsgeschäftliche Qualität von Rabattgutscheinen; a.A. hier § 145 Rn 6). *Bischoff*, ZVglRWiss 103 (2004) 190, 215 (Vertrauensverhältnis wird intensiviert und konkretisiert).
134 Zu deren Dogmatik und wachsenden Bedeutung vgl. *Ulrici*, NJW 2003, 2053 ff.
135 Insoweit ähneln sie der mittlerweile überwundenen Kategorie der faktischen Vertragsverhältnisse, (vgl. Rn 42). Soweit auf die vertrauensbegründenden Handlungen abgestellt wird, werden diese als geschäftsähnliche Handlungen den rechtsgeschäftlichen Erklärungen angenähert. BGH NJW 1970, 1840, 1841 (analoge Anwendung der §§ 145 ff. im Hinblick auf die Frist zur Annahme), zust. *Lutter*, S. 77 ff., der alternativ als Rechtsgrundlage auch das Verbot des *venire contra factum proprium* (§ 242) nennt: Der Absender habe durch seinen LoI und die dort festgelegten Elemente selbst ein Faktum geschaffen, durch eigenes Tun ihn selbst bindende Verhaltenspflichten begründet, von denen er ohne Vertrauensbruch nicht einfach abweichen kann.
136 BGH WM 1989, 685 f. (unabhängig von einem Verschulden); BGH NJW 1996, 1884, 1885; zust. Erman/*Armbrüster*, § 145 Rn 20; *Lutter*, S. 70: Pflichtwidrig ist es, die Lage so darzustellen, als werde ein Vertrag mit Sicherheit zustande kommen, wenn diese Sicherheit nicht besteht. Niemand darf einen in Wirklichkeit so nicht existenten Grad seiner Entschlossenheit zum Vertragsschluss zum Ausdruck bringen. Vgl. ferner grundlegend *Schwarze*, Vorvertragliche Verständigungspflichten, 2001, S. 263 ff. („verständigungstheoretische" Informationspflichten).
137 Staudinger/*Bork*, Vorbem. zu §§ 145–156 Rn 49.
138 § 241 Abs. 2 sagt nur, dass eine Verpflichtung zur Rücksichtnahme auf die Rechte, Rechtsgüter und Interessen dem anderen Teils nach dem Inhalt des Schuldverhältnisses entstehen *kann*. Das Verhandlungsverhältnis wird dennoch ganz überwiegend als gesetzliches Schuldverhältnis eingestuft, vgl. zuletzt *Krebber*, VersR 2004, 150, 154 (Zwitterkonstruktion) m.w.N.
139 Reine Haftungsausschlussvereinbarung, *Larenz*, Schuldrecht I, S. 554; *Gerhardt*, JZ 1970, 535, 537. Die Loyalitätspflicht bleibt hier bestehen, aber die Haftung für den Fall der Verletzung (§ 280 Abs. 1) ist abbedungen. Konstruktiv möglich ist hier auch die Annahme eines Erlasses (künftiger Forderungen), vgl. Erman/*Wagner*, § 397 Rn 3.

daneben aber auch durch einseitig vertrauenszerstörende Erklärungen des potenziell Haftenden verhindert werden.[140]

IV. Vorvertrag

34 Der Vorvertrag ist nicht eigenständig geregelt. Er ist ein herkömmlicher Vertrag, der die Verpflichtung zum Abschluss eines weiteren schuldrechtlichen Vertrages, des (Haupt-)Vertrages, enthält (**Kontrahierungsgebot**). Diese Verpflichtung kann einseitig oder gegenseitig begründet werden und auch auf Abschluss eines Vertrages mit einem Dritten gerichtet sein.[141] Der Vorvertrag hat regelmäßig den Zweck, noch bestehende tatsächliche oder rechtliche Abschlusshindernisse für den Hauptvertrag gesichert zu überbrücken. Diese Vorverlagerung vertraglicher Bindung ist im Rahmen des § 154 Abs. 1 zu berücksichtigen und kehrt die dortige Zweifelsregelung um. Der offene Dissens in Bezug auf einzelne (nicht essentielle) Vertragspunkte hindert die Vertragsbindung im Zweifel nicht.[142] Der Inhalt des Vorvertrages muss insgesamt aber so bestimmt sein, dass der Inhalt des Hauptvertrages bestimmbar ist (richterlich feststellbar nach §§ 133, 157, 315 ff.)[143] und Leistungsklage auf Abschluss des Hauptvertrages erhoben werden kann (Klage auf Annahme eines noch abzugebenden Angebots[144]). Ist der Hauptvertrag bereits vollständig formuliert, so kann unmittelbar auf Abgabe einer Annahmeerklärung geklagt werden.[145] In diesen Fällen wird häufig bereits ein Hauptvertrag anzunehmen sein. Das ist Auslegungsfrage.[146] Mit der Klage aus dem Vorvertrag kann die Klage auf künftige Leistung aus dem abzuschließenden Hauptvertrag verbunden werden.[147]

35 Formvorschriften gelten bereits für Vorverträge, sofern der Formzweck (auch) dem Schutz zumindest einer der Vertragsparteien vor einer vertraglichen Bindung dient (§§ 311b Abs. 1, 766 S. 1). Daran fehlt es nur dann, wenn allein Beweis- oder Verkehrsschutzinteressen verfolgt werden (etwa bei §§ 780 f., str.[148]). Dies wird von der Rechtsprechung auch für § 550 (Mietverträge mit fixierter Laufzeit von länger als einem Jahr) angenommen, weil diese Formvorschrift allein der Unterrichtung des Dritterwerbers diene.[149] Im Hinblick auf den ebenfalls anzuerkennenden Schutzzweck vor längerfristigen Vertragsbindungen sollte § 550 dagegen auch auf Mietvorverträge angewendet werden.[150]

V. Option, Vorrechtsvertrag, Vorhand

36 Mit der Option werden Vertragswirkungen ausgelöst oder bestehende Vertragswirkungen verlängert. Die Ausübung erfolgt durch einseitige Willenserklärung und unterliegt derselben Form, die auch für die entsprechende Vertragserklärung gilt (wichtig bei nur einseitigen Formerfordernissen, §§ 518 Abs. 1, 766 S. 1). Die Option bedeutet zunächst nur eine einfache Rechtsposition, eine Gestaltungsmöglichkeit des Berechtigten. Wird diese Rechtsposition zusätzlich abgesichert, so stellt sich die Option als ein **Gestaltungsrecht** dar.[151] Die Option wird durch einen bindenden Vertragsantrag (Vertragsantrag mit gesonderter Bindungsfrist, sog. Festofferte) einseitig gesichert oder sie wird durch einen selbständigen (Options-)Vertrag vertraglich eingeräumt, sog. Angebotsvertrag. Die Vertragslösung ermöglicht die Vereinbarung eines Bindungsentgelts. Der Optionsverpflichtete muss sich aber sowohl bei einseitig erklärter als auch bei der vertraglich vereinbarten

---

140 Vgl. *Schwarze*, Vorvertragliche Verständigungspflichten, 2001, S. 327 f.
141 Staudinger/*Bork*, Vorbem. zu §§ 145–156 Rn 56; Erman/*Armbrüster*, vor § 145 Rn 46.
142 Im Erg. ebenso MüKo/*Kramer*, vor § 145 Rn 46.
143 BGH NJW 1990, 1234, 1235; NJW-RR 1993, 139, 140; daraus ergibt sich aber kein geringeres Maß an Bestimmtheit für einen Vorvertrag, MüKo/*Kramer*, vor § 145 Rn 46.
144 BGH NJW 2001, 1286; NJW-RR 1994, 1272 f.
145 BGH NJW 2001, 1273.
146 BGH NJW 1992, 977; Jauernig/*Jauernig*, vor § 145 Rn 5; a.A. Erman/*Armbrüster*, vor § 145 Rn 46 (mangels unterscheidbarem Vertragsgegenstand stets Hauptvertrag).
147 BGH NJW 2001, 1286.
148 BGHZ 121, 1, 4; vgl. zum Streitstand Erman/*Heckelmann*, § 780 Rn 5.
149 BGH NJW 1990, 1204 (zu § 566); zust. MüKo/*Kramer*, vor § 145 Rn 47; Staudinger/*Bork*, Vorbem. zu §§ 145–156 Rn 61; Erman/*Armbrüster*, vor § 145 Rn 48.
150 So auch *Flume*, BGB AT Bd. 2, § 33, 7; *Häsemeyer*, Die gesetzliche Form der Rechtsgeschäfte, 1971, S. 112 ff.
151 Der Angebotsempfänger hat bei ausgeschlossener Bindung des Anbietenden (§ 145 Hs. 2) lediglich eine (ungesicherte) einfache Rechtsposition. Das bindende Angebot begründet dagegen ein Gestaltungsrecht. Vgl. zur Frage des Gestaltungsrechts, Staudinger/*Bork*, Vorbem. zu §§ 145–156 Rn 73.

Antragsbindung leistungsfähig halten. Lediglich die Grundlage dieser Verpflichtung ist verschieden.[152] Das Optionsrecht erlischt grundsätzlich durch Ausübung.[153]

Möglich ist daneben auch ein Optionsvertrag des Inhaltes, dass die Parteien bereits den Hauptvertrag abschließen und einer Partei das Recht einräumen, durch Erklärung die Vertragswirksamkeit herbeizuführen. Hierbei handelt es sich um einen **bedingten Hauptvertrag**, der unter einer Wollensbedingung[154] steht. Der Zweck dieser Konstruktion ist es, die Optionsausübung formfrei zu ermöglichen (arg. § 456 Abs. 1 S. 2).[155] Als vertragliche Nebenabrede muss die Wollensbedingung (Optionsrecht) selbst in Geltung gesetzt werden. Der Vertrag enthält insoweit bereits ein Mindestmaß an bindender Wirkung und die bedingten Vertragspflichten sind im Zeitraum des Schwebezustandes auch durch ein eigenes Haftungsregime gesichert (Anwartschaftsrecht des bedingt Berechtigten aus §§ 160–162). Es besteht also bereits eine abgeschwächte vertragliche Bindungswirkung (Vorwirkung der Vertragspflichten). Im Ergebnis ist es eine Frage der Auslegung, ob die Parteien einen bedingten Vertrag schließen und (vorwirkende) vertragliche Rechtsbindungen begründen wollten oder nicht.

Verträge, die dem Berechtigten im Verhältnis zum Verpflichteten ein **Vorrecht** gegenüber Dritten einräumen (Vorrechtsverträge, Vorhand), sind nach der Intensität des Vorrechts zu unterscheiden. In der weitestgehenden Form erhält der Berechtigte ein Eintrittsrecht in Verträge, die der Verpflichtete mit Dritten schließt (etwa das in §§ 463 ff., 1094 ff. geregelte Vorkaufsrecht). Möglich ist ferner etwa die Einräumung eines Rechts auf ein Angebot im Falle der Veräußerung (Angebotsvorhand) oder auf ein Informations- oder Verhandlungsrecht bei Veräußerungsabsicht (Verhandlungsvorhand).

VI. Rahmenvertrag, Sukzessivlieferungsvertrag

Durch einen Rahmenvertrag (Mantelvertrag) legen die Parteien Einzelheiten künftiger Verträge fest, ohne dass diese Verträge dadurch bereits so bestimmt oder bestimmbar sind, dass auf ihren Abschluss geklagt werden kann. Sie dienen der Regelung einer auf Dauer angelegten Geschäftsverbindung, ohne bereits primäre Leistungspflichten zu begründen. Der Rahmenvertrag begründet eigenständige Rechtspflichten,[156] die durch die von den Parteien abgegebenen Willenserklärungen in Kraft gesetzt werden. Entsprechend wird die Vertragsqualität einer Rahmenvereinbarung über die Geltung von Allgemeinen Geschäftsbedingungen im Sinne von **§ 305 Abs. 3** bejaht.[157] Fehlen soll es dagegen bei einem sog. allgemeinen Bankvertrag, so dass die AGB-Banken nicht mehr ohne weiteres als vereinbart gelten können.[158]

Denkbar ist auch, dass die Bestimmbarkeit der vertraglichen Leistung zwar gegeben ist, aber der Abschluss der Verträge noch vorbehalten wird (Lieferung auf Abruf, wobei der Abruf ein eigenständiges Vertragsangebot darstellt[159]). Aufgrund der gesonderten Einzelverträge handelt es sich um ein sog. Wiederkehrschuldverhältnis. Der Nichtabschluss in laufender Geschäftsbeziehung kann eine Pflichtverletzung des Rahmenvertrages sein und zu einer Haftung aus § 280 Abs. 1 führen.[160] Inhalt und Umfang der Pflichten aus dem Rahmenvertrag sind durch Auslegung zu bestimmen. Der Anspruch kann danach auch auf das positive Interesse, ggf. auf Vertragsabschluss (Kontrahierungszwang durch Naturalrestitution) gehen.

---

152 Bei einseitigem Versprechen durch Optionseinräumung ist die Grundlage der Haftung das Garantieversprechen oder jedenfalls das rechtsgeschäftsähnliche Schuldverhältnis (§ 311 Abs. 2). Dies wird häufig übersehen, vgl. Staudinger/*Bork*, Vorbem. zu §§ 145–156 Rn 71. Weitergehend wird bei der Verletzung einer einseitigen Versprechensbindung eine analoge Anwendung des § 122 und damit eine verschuldensunabhängige Haftung befürwortet; *Schilder*, Schadensersatz bei Durchbrechung der Bindung an obligatorische Vertragsofferten, 2003, S. 221 ff.

153 BGH NJW-RR 1995, 714; eine abweichende Gestaltung bleibt aber möglich, vgl. BGH NJW-RR 2004, 952, 954 (Rücknahme des Widerrufs eines Grundstückkaufangebots).

154 BGHZ 47, 387, 391; 71, 280, 283; BGH WM 1962, 1399; abl. Jauernig/*Jauernig*, vor § 145 Rn 6; ebenso noch RGZ 40, 195, 201 (nackte Willkür); zum Streit im Schrifttum vgl. Staudinger/*Bork*, Vorbem. zu §§ 145–156 Rn 71.

155 Palandt/*Heinrichs*, Einf. v. § 145 Rn 23; krit. Staudinger/*Bork*, Vorbem. zu §§ 145–156 Rn 74.

156 BGHZ 114, 238, 241 f. (Kreditkartenvertrag zwischen Verbrauchermarkt und Kunden mit Anspruch über Verhandlungen zum Abschluss eines Kreditkaufs); BGH NJW-RR 1992, 977, 978 (Verhandlungsvorhand: Anspruch auf Aufnahme von Vertragsverhandlungen über den Abschluss von Architektenverträgen); BGH WM 2000, 1198; MüKo/*Kramer*, vor § 145 Rn 29.

157 Erman/*Roloff*, § 305 Rn 44; zu der wortgleichen Vorgängernorm des § 2 Abs. 2 AGBG: Wolf/Horn/Lindacher/*Wolf*, AGBG, 4. Aufl. 1999, § 2 Rn 52; *Canaris*, Bankvertragsrecht, 2. Aufl. 1981, Rn 2500 und 3. Aufl. 1988, Rn 10.

158 BGH NJW 2002, 3695, 3696; zu Recht abl. *M. Roth*, WM 2003, 480, 482; ebenso im Hinblick auf das Bankgeheimnis und die Koordinationspflichten in Bezug auf die vertraglichen Einzeltransaktionen *Köndgen*, NJW 2004, 1288, 1289 f.

159 BGH NJW 1997, 933 m. Anm. *Bülow* LM Nr. 85 zu § 139.

160 BGH NJW-RR 1992, 978, 979; *Larenz/Wolf*, BGB AT, § 23 Rn 110; Palandt/*Heinrichs*, Einf v § 145 Rn 19; Soergel/*Wolf*, vor § 145 Rn 82 (der dann von Rahmengrundlagenvertrag spricht).

41 Der **Sukzessivlieferungsvertrag** ist dagegen ein einheitlicher Vertrag, bei dem die Erfüllung in zeitlich getrennten Teilleistungen erfolgt. Ist die Gesamtleistung im Voraus bestimmt, so spricht man von einem Raten- oder Teillieferungsvertrag. Ist sie unbestimmt, von einem Dauerlieferungs- oder Bezugsvertrag.[161] Im letzteren Falle handelt es sich um ein Dauerschuldverhältnis, welches durch Kündigung beendet werden kann (§ 314). Insolvenzrechtlich ist die Unterscheidung dagegen aufgrund von § 105 InsO (teilbare Leistung) heute ohne Bedeutung.

VII. Faktische Vertragsverhältnisse, Vertragsbindung bei Selbstwiderspruch

42 Die frühere Lehre von den faktischen Vertragsverhältnissen beruht auf der Annahme, dass Vertragsverhältnisse nicht nur rechtsgeschäftlich, sondern auch faktisch und zwar durch sozialtypisches Verhalten begründet werden können. Der BGH ist dieser Lehre anfänglich gefolgt,[162] greift heute aber nicht mehr auf sie zurück.[163] Das sozialtypische Verhalten ist richtigerweise als schlüssige Willenserklärung zu verstehen,[164] wobei ein objektiviertes Verständnis der Willenserklärung die Anfechtbarkeit der Erklärung wegen der besonderen Verhältnisse des Massenverkehrs und aus Gründen der öffentlichen Daseinsvorsorge weitgehend ausschließt.

43 Streitig ist aber, ob eine vertragliche Bindung auch dann entsteht, wenn der Betreffende seinen Bindungswillen vor oder gleichzeitig mit dem tatsächlichen Verhalten ausdrücklich und für den Erklärungsadressaten erkennbar ausschließt. Dieser offene Vertragsvorbehalt soll entsprechend der Parömie *protestatio facto contraria non valet* unbeachtlich sein.[165] Das ist im Hinblick auf die Privatautonomie bedenklich[166] und wird für Individualverträge von der neueren Rechtsprechung nur einschränkend angewendet.[167] Vorzugswürdig ist es, eine Vertragsbindung in derartigen Fällen unmittelbar aus **§ 242** herzuleiten: Hat sich der Betreffende durch die tatsächliche Inanspruchnahme der Leistung in einen offenen Widerspruch zu seiner Vertragsablehnung begeben und insoweit treuwidrig und unredlich gehandelt,[168] so wird ihm die Vertragsbindung auferlegt.[169] Die praktisch bedeutsamen Fälle betreffen die stillschweigende (schwarze) Leistungsinanspruchnahme, bei der der regelmäßig geheim bleibende Vorbehalt einer vertraglichen Bindung ohnehin unbeachtlich ist, § 116 S. 1.[170]

44 **Praktische Hinweise für den Rechtsschutz** des Kunden hat der BGH im Falle eines Wasseranschlussvertrages gegeben. Der Kunde kann sich gegenüber dem Leistungsverlangen des Versorgungsunternehmens entsprechend dem in § 315 Abs. 3 enthaltenen Schutzgedanken auf die Unangemessenheit und damit Unverbindlichkeit der Preisbestimmung berufen und diesen Einwand im Rahmen der Leistungsklage zur Entscheidung des Gerichts stellen.[171] In einem Rückforderungsprozess wegen überhöhter Preise trifft ihn jedoch auch die Beweislast für die Unbilligkeit der Leistungsbestimmung.[172]

---

161 Vgl. zur Diktion im Einzelnen Erman/*Armbrüster*, vor § 145 Rn 53 f.
162 BGHZ 21, 319, 333 = NJW 1956, 1475 (Hamburger Parkplatzfall); BGHZ 23, 175, 177 = NJW 1967, 627 (Strombezug); BGHZ 23, 249, 261 = NJW 1957, 787 (formlose Hoferbeneinsetzung).
163 BGH WM 1968, 115, 117; 1976, 928; NJW 1991, 564; 2003, 1331.
164 Einhellige Meinung, vgl. BGH NJW 2003, 1331; Erman/*Armbrüster*, vor § 145 Rn 42; Jauernig/*Jauernig*, vor § 145 Rn 19; Staudinger/*Bork*, Vorbem. zu §§ 145–156 Rn 39.
165 So BGHZ 95, 393, 399; ohne ausdr. Stellungnahme ebenso BGH NJW 2003, 1331; zust. etwa Staudinger/*Bork*, Vorbem. zu §§ 145–156 Rn 39.
166 Abl. daher Jauernig/*Jauernig* vor § 145 Rn 20. Die Auslegung der konkludenten Willenserklärung führt zur Nichtigkeit aufgrund Perplexität (innerer Widerspruch) oder sie geht am Inhalt der Gegenerklärung vorbei (Dissens).
167 Für Maklervertrag: BGH NJW 2002, 817 f.: kein Widerspruch, wenn sich Interessent nach Vertragsablehnung Maklerdienste gefallen lässt; BGH NJW 2002, 1945 f.: Inanspruchnahme von Maklerdiensten führt nicht zum Vertragsschluss durch konkludentes Verhalten, soweit dieser auch als Makler des Verkäufers (Doppelmakler) auftritt. Vertragsfortsetzung bejaht dagegen von BGH MDR 2000, 956 bei Verbleiben im Krankenhaus, obwohl Patient weiß, dass Sozialversicherungsträger keine weiteren Kosten übernimmt.
168 BGH NJW 2001, 1859, 1862 f. (Bankkredit).
169 Zu heteronom begründeten Vertragspflichten aus Rechtshandlungen, denen die rechtsgeschäftliche Valenz fehlt, vgl. auch § 661a. Ebenso bestimmte Fallgruppen der c.i.c., vgl. *Krebber*, VersR 2004, 150, 154 ff.
170 Anders, wenn die Inanspruchnahme der Leistung verdeckt erfolgt und daher nicht als Vertragserklärung zu werten ist, BGHZ 55, 128 (Flugreise).
171 BGH NJW 2003, 1331, 1332; NJW-RR 2004, 1281, 1282 (zu § 362).
172 BGH NJW 2003, 1449, 1450 (Strompreise).

VIII. Fehlerhafte Dauerschuldverhältnisse, fehlerhafter Verband

Es ist allgemein anerkannt, dass bei Dienst- und Arbeitsverhältnissen und Gesellschaftsgründungen Mängel des Vertragsschlusses oder Gründungsakts grundsätzlich nur mit Wirkung *ex nunc* geltend gemacht werden können.[173] Für die Vergangenheit „gelten" Vertrag und Gesellschaft als wirksam. Die dabei verbreitet verwendete Bezeichnung als „faktisches Arbeitsverhältnis" weist auf die an sich fehlende Vertragseigenschaft hin. Für die in Vollzug gesetzte Gesellschaft hat die **Doppelnatur** als Schuldverhältnis und Gesamthand zur Lehre vom fehlerhaften (aber wirksamen) Verband geführt. Danach ist der Verband als Organisationsgebilde bis zu seiner Auflösung voll wirksam.[174] Dagegen ist bislang noch keine vergleichbare Rückführung auf ein kooperatives relationales Prinzip bei fehlerhaften vertraglichen Dauerschuldverhältnissen gelungen.[175]

45

§ 145 Bindung an den Antrag

¹Wer einem anderen die Schließung eines Vertrags anträgt, ist an den Antrag gebunden, es sei denn, dass er die Gebundenheit ausgeschlossen hat.

Literatur: *Bischoff,* Der Vertragsschluss beim verhandelten Vertrag, 2001; *Borges,* Verträge im elektronischen Geschäftsverkehr, 2003; *Deimel,* Die zivilrechtliche Einordnung von Rabattgutscheinen, ZGS 2004, 213; *Diederichsen,* Der Schutz der Privatautonomie bei Befristung des Vertragsangebots, in: FS Medicus 1999, S. 89; *Dörner,* Rechtsgeschäfte im Internet, AcP 202 (2002), 363; *Emmert,* Auf der Suche nach den Grenzen vertraglicher Leistungspflichten, 2001; *Andreas Fuchs,* Zur Disponibilität gesetzlicher Widerrufsrechte im Privatrecht, AcP 196 (1996), 313; *Häsemeyer,* Das Vertragsangebot als Teil des Vertrages, in: FS Jayme 2004, S. 1435; *Henrich,* Unwiderrufliches Angebot und Optionsvertrag: Eine rechtsvergleichende Betrachtung, in: Zimmermann/Knütel/Meincke (Hrsg.), Rechtsgeschichte und Privatrechtsdogmatik, 1999, S. 207; *Kegel,* Vertrag und Delikt, 2002; S. 57 ff.; *Köhler,* Das Verfahren des Vertragsschlusses, in: Basedow (Hrsg.), Europäische Vertragsrechtsvereinheitlichung und deutsches Recht, 2000, S. 33; *Lindacher,* Die Bedeutung der Klausel „Angebot freibleibend", DB 1992, 1813; *Leenen,* Abschluß, Zustandekommen und Wirksamkeit des Vertrages, AcP 198 (1998), 381; *Mankowski,* Beseitigungsrechte, 2003; *Reiner,* Der verbraucherschützende Widerruf im Recht der Willenserklärungen, AcP 203 (2003), 1; *Schilder,* Schadensersatz bei Durchbrechung der Bindung an obligatorische Vertragsofferten, 2003; *G. Schulze,* Rechtsfragen des Selbstbedienungskaufs, AcP 203 (2003), 232. Siehe auch die Literatur vor § 145.

A. Allgemeines	1	b) Gestaltungsrecht	10
B. Regelungsgehalt	2	c) Grenzen der Antragsbindung	11
I. Die Bindung an den Antrag (Hs. 1)	2	d) Schutz der Antragsbindung	12
1. Wirksamkeit des Antrags	2	II. Ausschluss der Gebundenheit (Hs. 2)	15
a) Abschlusswille (Vertragsbindung)	3	1. Widerrufsvorbehalt	15
b) Bestimmtheit	5	2. Widerrufsrecht des Verbrauchers	17
c) Zugang	8	C. Weitere praktische Hinweise	18
2. Bindungswirkung des Antrags	9	I. Klauselauslegung	18
a) Versprechensbindung	9	II. Darlegungs- und Beweislast	21

A. Allgemeines

Die Funktion des Antrags ist es, den Vertrag autonom und abschließend zu strukturieren und gleichzeitig dessen Bestandteil zu werden. Die Bindung an den Antrag dient dem Verkehrsschutzinteresse in der Vertragsabschlussphase. Sie ist aber auch ein flexibel einsetzbares, einseitiges Gestaltungsmittel im Vorfeld vertraglicher Bindung.

1

---

173 Ebenfalls anerkannt für Handelsvertreterverträge, BGHZ 129, 290; BGH NJW 1997, 655. Für andere Dauerschuldverhältnisse, insb. für Miet- und Pachtverträge wird dagegen eine *ex-tunc*-Abwicklung für möglich gehalten, KG NJW-RR 2002, 155; vgl. Palandt/*Heinrichs,* Einf. v. § 145 Rn 29; aber: OLG Düsseldorf ZMR 2002, 41, 43.

174 Nicht nur bloße Beschränkung der Nichtigkeits- oder Anfechtungsfolge, sondern Anerkennung als eigenständiges Rechtsgebilde, vgl. *C. Schäfer,* S. 182 ff.; folgend: MüKo/*Ulmer,* § 705 Rn 356 (mit Einschränkung: verbandsrechtliches Prinzip der fehlerhaften Gesellschaft).

175 Vgl. zum Dienst- und Arbeitsverhältnis Jauernig/ *Mansel,* vor § 611 Rn 5; zur Begründung von Nebenpflichten so im Ansatz *Brors,* Die Abschaffung der Fürsorgepflicht, 2002, S. 102 ff.

B. Regelungsgehalt

I. Die Bindung an den Antrag (Hs. 1)

1. Wirksamkeit des Antrags. Die Antragserklärung ist eine auf die Schließung eines Vertrages gerichtete empfangsbedürftige Willenserklärung. Sie ist dabei unselbständiger Bestandteil des Vertrages und nicht selbst Rechtsgeschäft.[1] Ihre Wirksamkeit richtet sich nach den allgemeinen Regeln für die Willenserklärung (§§ 104 ff., 116 ff.). Aus der Erklärung muss sich ergeben, dass eine vertragliche Bindung entstehen und welchen Inhalt sie haben soll. Der von der willenstheoretischen Dogmatik vorausgesetzte sog. Rechtsbindungs- oder Rechtsfolgewille[2] ist Wirksamkeitsvoraussetzung der Angebotserklärung. Ein aktuelles Erklärungsbewusstsein ist aber nicht erforderlich. Daher sind auch automatisierte Willenserklärungen oder sog. Computererklärungen geeignet, wirksame Vertragsangebote zu bilden.[3] Für die Wirksamkeit des Antrags genügt es, wenn eine Bindung nach dem Willen des Antragenden erst im Zeitpunkt des Vertragsabschlusses (Konsens) eintreten soll (Hs. 2). Für die dann entstehende Vertragsbindung kommt es nicht darauf an, ob der Offerent bereits vor der Annahme an sein Angebot gebunden war.

a) Abschlusswille (Vertragsbindung). Behält sich der Erklärende noch die Entscheidung über den Vertragsabschluss vor, so handelt es sich um eine Mitteilung über die Vertragsabschlussbereitschaft (Aufforderung zur Abgabe von Angeboten; *invitatio ad offerendum*) oder um eine sonstige Erklärung im Vorfeld eines Vertrages (siehe vor § 145 Rn 30 ff.). Das ist Auslegungsfrage. Entscheidend ist, ob die Erklärung dem Empfänger bereits die **Befugnis** verschaffen soll, durch seine Annahmeerklärung den **Vertragsschluss selbst herbeizuführen**.[4] Die Bindung an den Antrag (Unwiderruflichkeit des Antrags) ist dafür ein Indiz.[5] Entscheidend ist aber der Wille zum Vertragsschluss, der auch bei ausgeschlossener Antragsbindung vorliegen kann. Ist ausdrücklich die Antragsbindung ausgeschlossen, so spricht dies für einen wirksamen (noch widerruflichen) Antrag.[6]

Aus der maßgeblichen Sicht des Erklärungsempfängers fehlt dagegen regelmäßig ein entsprechender Abschlusswille bei **unbestimmtem Adressatenkreis** (zulässiger Antrag *ad incertas personas*)[7] etwa bei Versandkatalogen, Zeitungsannoncen, Speisekarten, Teleshopping oder Internetshopping.[8] Ferner etwa auch bei einem Interview in den Medien.[9] Ebenso ist die Warenauslage in Schaufenstern noch kein Angebot. Fallen dagegen Verpflichtungs- und Verfügungsvertrag – wie bei den Handgeschäften des täglichen Lebens – zusammen (Realofferte), so ist für eine bloße *invitatio ad offerendum* nur noch bei ausdrücklich erklärtem Abschlussvorbehalt Raum. Entsprechend stellen Warenauslagen in den Regalen von Selbstbedienungsläden grundsätzlich Angebote des Ladeninhabers dar, welche durch Vorzeigen der Ware an der Kasse angenommen werden. Das freie Auswahl- und Zugriffsrecht kann aus Sicht des Kunden nicht anders als Realofferte verstanden werden.[10] Dies gilt grundsätzlich auch bei Sonderverkäufen.[11] Beim Selbstbedienungstanken liegt in der Freigabe der Zapfsäule das Angebot, welches durch Einfüllen konkludent und ohne Zugangserfordernis (§ 151) angenommen wird.[12] Bei Warenautomaten ist der Zugriff und damit das entsprechende Angebot vom Einwurf einer entsprechenden Münze und der Freigabe des Ausgabemechanismus abhängig.[13] Die gemach-

---

1 Jauernig/*Jauernig*, § 145 Rn 1.
2 Gemeint ist damit der mit der Erklärung zum Ausdruck gebrachte Wille, einen rechtlich gesicherten und anerkannten wirtschaftlichen Erfolg herbeizuführen, BGH NJW 1993, 2100; vgl. Palandt/ *Heinrichs*, Einf. v. § 116 Rn 4; Erman/*Palm*, vor § 116 Rn 4. Hieran kann es bei dem Erweis von Gefälligkeiten und soll es beim sog. *gentlemen's Agreement* fehlen (s. vor § 145 Rn 8).
3 Dahinter steht stets der Wille des jeweiligen Anlagenbetreibers; vgl. *Dörner*, AcP 202 (2002), 363, 365 Fn 4 m.w.N.
4 Ebenso Erman/*Armbrüster*, § 145 Rn 3.
5 Ist die Bindung ausgeschlossen, so soll in der Regel nur eine *invitatio ad offerendum* vorliegen, BGH NJW 1996, 919 f.
6 Im Zweifel ist von einem wirksamen Antrag mit Widerrufsvorbehalt auszugehen, Staudinger/*Bork*, § 145 Rn 31; Soergel/*Wolf*, § 145 Rn 10.
7 Das entspricht Art. 14 Abs. 2 CISG. Hierbei ist aber stets auf die konkrete Situation zu achten. So richten sich Geldautomaten von Kreditinstituten nicht an einen unbestimmten Personenkreis, sondern an (alle) gegenüber der Bank berechtigten Karteninhaber. Die Benutzung ist daher Weisung (§ 665); Palandt/ *Heinrichs*, § 145 Rn 7.
8 AG Hamburg-Barmbek, NJW-RR 2004, 1284, 1283; AG Butzbach NJW-RR 2003, 54; Bamberger/Roth/ *Eckert*, § 145 Rn 41; *Dörner*, AcP 202 (2002), 363, 377 f.; *Köhler*, NJW 1998, 185, 187.
9 Zahlungszusage durch Medieninterview, OLG Frankfurt NJW 1997, 136 f. (Fall Schneider).
10 Offen gelassen von BGHZ 66, 51, 55 f.; ebenso Staudinger/*Bork*, § 145 Rn 7; MüKo/*Kramer* § 145 Rn 10; Palandt/*Heinrichs* § 145 Rn 8; G. *Schulze*, AcP 203 (2003), 232, 234 ff.; a.A. Jauernig/*Jauernig*, § 145 Rn 3; Erman/*Armbrüster*, § 145 Rn 10.
11 Abweichendes muss deutlich erklärt werden. Zutr. *Medicus*, BGB AT, § 26 Rn 363 (bspw. Abgabebeschränkung von Sonderangeboten auf Haushaltsmengen).
12 Jauernig/*Jauernig*, § 145 Rn 7; Staudinger/*Bork*, § 145 Rn 8; Erman/*Armbrüster*, § 145 Rn 10.
13 Ähnlich Staudinger/*Bork*, § 145 Rn 8, MüKo/ *Kramer* § 145 Rn 10 (Bereitstellung des Automaten unter Vorbehalt des Vorrats und technischer Funktionsfähigkeit); Erman/*Armbrüster*, § 145 Rn 8 (Einwerfen der Münze).

ten Angaben (in Prospekten, durch Warenbeschreibungen, Preisauszeichnungen etc.) werden vorbehaltlich abweichender Vereinbarung durch stillschweigende Bezugnahme zum Vertragsinhalt.

b) Bestimmtheit. Inhaltlich muss die Antragserklärung mindestens die wesentlichen Vertragspunkte enthalten (*essentialia negotii*), um eine sinnvolle Vertragsregelung abzugeben. Für das Bestimmtheitserfordernis genügt es aber, wenn für den wesentlichen Vertragspunkt ein Bestimmungsmodus gegeben ist (**§ 375 HGB, §§ 315 ff.**), Bestimmtheit durch Auslegung (**§ 157**) erzielbar ist oder subsidiäre gesetzliche Inhaltsregelungen bestehen (**§§ 612, 632**). Die Einräumung des Bestimmungsrechts kann sich auch aus einer entsprechenden **Verkehrsübung** ergeben (Preisgestaltung bei Hotelzimmerreservierung).[14] Ferner aus den Umständen, insbesondere aus dem Inhalt der Vorverhandlungen.[15]

Rabattgutscheine im Einzelhandel verbriefen als kleine Inhaberpapiere (§ 807 BGB) ein Recht auf den im Gutschein angegebenen Preisnachlass. Das Recht steht unter der aufschiebenden Bedingung, dass der Inhaber des Papiers Verträge über Waren oder Dienstleistungen mit dem Aussteller schließt.[16] Hierzu wird der Aussteller aufgrund des Rabattgutscheins nach Redlichkeit, § 162 Abs. 1, verpflichtet. Verteitelt er treuwidrig den Vertragsschluss, so muss er den Rabattbetrag ausbezahlen. Daneben bleibt dann kein Raum für eine Haftung aus c.i.c. wegen der grundlosen Verweigerung (§§ 311 Abs. 2 Nr. 2, 241 Abs. 2).[17]

In der **Zusendung unbestellter Ware** zum Verkauf liegt ebenfalls eine Angebotserklärung (Realofferte). Die Rechtswidrigkeit der Zusendung (Eindringen in die Individualsphäre des Empfängers ohne dessen Zustimmung) hat aber zur Folge, dass der Empfänger im Hinblick auf die Ware zu nichts verpflichtet wird. Er muss sie nicht entgegennehmen und nicht verwahren, sondern kann sie zurückweisen, wegwerfen oder dem Verderb preisgeben.[18] Im Anwendungsbereich des § 241a (Verbrauchergeschäft) kann der Verbraucher die Ware überdies behalten und nutzen.[19] An die unbestellte Zusendung knüpft das Gesetz mit § 241a Abs. 1 (Ausschluss von gesetzlichen und vertraglichen Ansprüchen des Unternehmers) einen eigenständigen Rechtsgrund zum Behaltendürfen für den Verbraucher.

c) Zugang. Die Erklärung muss dem Antragsempfänger zugegangen sein (§§ 130–132). Bis zu diesem Zeitpunkt ist der Antrag nicht wirksam, eine Vertragsbindung nicht möglich. Der Antragende kann das Wirksamwerden der Antragserklärung durch **Widerruf** verhindern, wenn ein solcher dem Empfänger vor oder gleichzeitig mit der Antragserklärung zugeht und diese damit gleichsam überholt[20] (**§ 130 Abs. 1 S. 2**). Ist die Antragserklärung dagegen wirksam geworden, so ist sie nach der gesetzlichen Wertung entweder bindend und damit unwiderruflich (Hs. 1) oder bei ausgeschlossener Gebundenheit nicht bindend und widerruflich (Hs. 2). In beiden Fällen aber kann der Empfänger sie annehmen und damit den Vertragsschluss herbeiführen. Die Rechtsmacht des Annehmenden, den Vertrag in Geltung zu setzen, besteht unabhängig von der in Hs. 1 angeordneten Bindung des Antragenden an sein Angebot. Anderenfalls läge bei ausgeschlossener Gebundenheit nach Hs. 2 eine Willenserklärung überhaupt nicht vor.[21] Die Wirksamkeit der Antragserklärung und die Bindung des Erklärenden an den Antrag sind deshalb streng auseinander zu halten.

2. Bindungswirkung des Antrags. a) Versprechensbindung. Die in Hs. 1 ausgesprochene Bindung an den Antrag ist die gesetzliche Anerkennung der Rechtspflicht zum Worthalten. Diese Rechtspflicht knüpft an die Willenserklärung des Antragenden an, einen Vertragsschluss und damit eine vertragliche Bindung ab diesem Zeitpunkt herbeizuführen, und geht zusätzlich davon aus, dass der Antragende auch bis zu dem Vertragsschluss gebunden sei, d.h. seine Erklärung nicht mehr widerrufen will. Insofern besteht ein **gesetzlicher Automatismus** zwischen der wirksamen Vertragserklärung und der Versprechensbindung. Durch das Setzen einer Angebotsfrist (gleichbedeutend einer Annahmefrist) verlängert sich entsprechend auch die Antragsbindung (§§ 145 Hs. 1, 148), es sei denn, der Antragende hat dies ausdrücklich ausgeschlossen. Die einseitige

---

14 Erman/*Armbrüster*, § 145 Rn 2.
15 BGH NJW-RR 2002, 415 (Konkretisierung eines Bestimmungsrechts im Vorvertrag); BGH NJW 2002, 817, 818 (Maklerlohn).
16 Eine bedingt versprochene Leistung, hier die Herabsetzung des Preises, ist zulässig, vgl. MüKo/*Hüffer*, § 796 Rn 6; Erman/*Heckelmann*, § 796 Rn 2.
17 Dies befürwortet *Deimel*, ZGS 2004, 213, 215 ff., der damit an den Kaufvertrag und nicht an den Rabattgutschein anknüpft.
18 So auch außerhalb des Anwendungsbereichs von § 241a zu Recht Jauernig/*Jauernig*, § 145 Rn 6; a.A. *Berger*, JuS 2001, 649, 651; *Casper* ZIP 2000, 1602, 1609.
19 Das ist zumindest die weit überwiegende Auffassung im Schrifttum, vgl. Jauernig/*Mansel*, § 241a Rn 5 (ohne Eigentum und Besitzrecht); Erman/*Sänger*, § 241a Rn 18 u. 26 m.w.N.
20 *Mankowski*, S. 88 ff. (überholende Widerrufsrechte).
21 Die Auslegung kann (muss aber nicht) ergeben, dass ein Vertragsantrag (noch) nicht gewollt ist und es sich daher um eine *invitatio ad offerendum* handelt, so BGH NJW 1996, 919 f.

Bindung an das Wort (Versprechen)[22] ist aber ein isolierbarer **Bestandteil der Angebotserklärung**. Sie leitet sich aus der Erklärungshandlung als Vollzugsakt des Willens (aus dem Wort) ab. Die Bindung legitimiert sich aus dem Vertrauen des Erklärungsempfängers auf den konsequenzialistischen Vollzug des gegebenen Wortes und lässt dementsprechend bereits ab dem Zeitpunkt des Zugangs eine Erklärungsbindung entstehen, die mit der Annahme in eine Vertragsbindung (i. S. einer Vollzugsbindung) übergeht.[23] Rechtsethisch mithin auf ein Treueversprechen. Die Bindung an ein Versprechen kann deshalb ausdrücklich erklärt werden, muss es aber nicht. Die Versprechensbindung ist auf der anderen Seite auch **nicht zwingend**, sondern ist in Hs. 1 als Auslegungsregel für den Parteiwillen ausgestaltet.[24] Die Bindungsdauer ist vom Antragenden einseitig bestimmbar (Hs. 2). Sie kann ferner für bestimmte Fälle aufgehoben werden.[25] Die Klausel „fest bis zum ..." bedeutet eine Befristung der Antragsbindung (§ 163) usf. Die Bindung an den Antrag ist daher als einseitiges Rechtsgeschäft einzuordnen.[26]

10 **b) Gestaltungsrecht.** Die Rechtsstellung des Antragsempfängers ist aufgrund der Versprechensbindung des Antragenden ein Gestaltungsrecht,[27] bei ausgeschlossener Gebundenheit dagegen eine einfache Rechtsposition. Es ist Auslegungsfrage, ob die jeweilige Position übertragbar, pfändbar und vererblich sein soll. Im Zweifel soll sie personenbezogen nur für den Empfänger gelten.[28]

11 **c) Grenzen der Antragsbindung.** Eine bestehende Antragsbindung entfällt nach Maßgabe der Regeln für rechtsgeschäftliche Schuldverhältnisse und zwar nach § 313 (Wegfall der Geschäftsgrundlage) bzw. § 314 (außerordentliches Kündigungsrecht).[29] Eine gesetzliche Durchbrechung der Bindungswirkung ist anzuerkennen, wenn sich die Umstände im Hinblick auf den Inhalt des Angebots so wesentlich verändert haben, dass ein Festhalten an ihr auch unter Berücksichtigung der Interessen des Angebotsempfängers für den Erklärenden unzumutbar ist.

12 **d) Schutz der Antragsbindung.** Die Antragsbindung folgt aus dem einseitig **bindenden Versprechen**, den angebotenen Vertrag zu schließen. Ihr Schutz ergibt sich daher einerseits aus der vorwirkenden Vertragsbindung und andererseits aus der Versprechensbindung selbst. Die Bindung bedeutet zunächst Unwiderruflichkeit des Antrags. Die Erklärung des Widerrufs hindert also die wirksame Annahme und damit den Vertragsabschluss nicht. Sie kann darüber hinaus als ernstliche Erfüllungsverweigerung auszulegen sein und bei erfolgter Annahme sogleich den Weg zur Schadensersatzhaftung statt der Leistung eröffnen, §§ 280 Abs. 1, 281 Abs. 1 u. 2. Verfügt der Antragende vor der Annahme anderweitig über den Vertragsgegenstand oder geht dieser unter oder wird sonst unmöglich, so haftet der Antragende im Falle der Annahme aus § 311 Abs. 2 wegen anfänglicher Unmöglichkeit/anfänglichem Unvermögen. Handelt es sich um einen Verfügungsvertrag, so kommt der erste Verfügungsvertrag trotz Zwischenverfügung mit der Annahme zustande. Bei Vollendung des Rechtserwerbs ist der Antragende aufgrund der Zwischenverfügung aber nicht

---

22 Grundsatz der Versprechensbindung im Zivilrecht, vgl. zur Entstehungsgeschichte HKK/*Oestmann*, §§ 145–156 Rn 8: Die Bindung ist kein zwingendes Postulat der reinen Vernunft, sondern Ausdruck eines Verkehrsbedürfnisses, des Vertrauensschutzes und der Ökonomie, passim, Rn 9 ff.; zur Versprechensbindung als selbständiger Bindungstatbestand, in: *Larenz/Wolf*, BGB AT, § 29 Rn 34; *Schilder*, S. 67 f.
23 Das Bindungskonzept aus dem Gedanken der Treue ergänzt den Vertragskonsens und den Gedanken der Willensherrschaft (vgl. § 242).
24 *Häsemeyer*, in: FS Jayme 2004, S. 1435, 1437; für eine widerlegliche gesetzliche Vermutung des entsprechenden Parteiwillens wohl *Schilder*, S. 80 f. (gesetzliches Widerrufsverbot); *Larenz/Wolf* AT, § 29 Rn 35 (gesetzlich angeordnet). Die Unwiderruflichkeit ist dagegen auch in Art. 16 Abs. 2a CISG Versprechensinhalt; zur Kompromissformel dieser Frage im UN-Kaufrechts im Hinblick auf die unterschiedlichen Rechtstraditionen vgl. Schlechtriem/*Schlechtriem*, 3. Aufl. 2000, Art. 16 CISG Rn 1.
25 Etwa für den Fall der Beschlagnahme der angebotenen Ware: *Medicus*, BGB AT, § 26 Rn 369.
26 Eine Verselbständigung der Antragsbindung als einseitiges Rechtsgeschäft (Versprechen) ist die hier vertretene Betrachtungsweise. Das ist nicht zu verwechseln mit den verschiedentlichen Versuchen, Vertragswirkungen aus einseitigen Versprechen zu begründen, vgl. *Köndgen*, Selbstbindung ohne Vertrag, 1981, S. 156 ff.; zur historischen Entwicklung aus dem Naturrecht HKK/*Hofer*, vor § 145 Rn 25 f.; zu den bisherigen rechtlichen Einordnungsversuchen der Bindung vgl. *Schilder*, S. 41 ff.
27 RGZ 132, 5, 6; Jauernig/*Jauernig*, § 145 Rn 4; Palandt/*Heinrichs* § 145 Rn 5; a.A. Staudinger/*Bork*, § 145 Rn 34 (sonstige Rechtsposition, Vertragsanwartschaft); *Diederichsen*, in: FS Medicus 1999, S. 89, 97 Fn 47 (Option).
28 Jauernig/*Jauernig*, § 145 Rn 4; Staudinger/*Bork*, § 145 Rn 35; Soergel/*Wolf*, § 145 Rn 19.
29 OLG Düsseldorf OLGZ 91, 90 = NJW-RR 1991, 311 (Kündigung einer langfristigen Antragsbindung aus wichtigem Grund; zust. Erman/*Armbrüster*, § 145 Rn 16; *Medicus*, BGB AT, § 26 Rn 369; *Häsemeyer*, in: FS Jayme 2004, S. 1435, 1445; weiter gehend *Flume*, BGB AT Bd. 2, § 35 I 3 d S. 644; MüKo/*Kramer*, § 145 Rn 18; Staudinger/*Bork*, § 145 Rn 22, wonach einseitig enttäuschte Erwartungen für die Loslösung von der Antragsbindung genügen.

mehr berechtigt und verfügt daher als Nichtberechtigter. Der Antragende haftet bei gescheiterter Übereignung dann nach § 160 Abs. 1 analog.[30] Als deliktischer Anspruch kommt § 826 in Betracht.[31]

Die Antragsbindung begründet als einseitig bindendes Versprechen ferner **Treuepflichten** in Bezug auf den Vorgang des Vertragsabschlusses. So hat der Antragende Vorkehrungen zu treffen, um den (rechtzeitigen) Zugang der Annahmeerklärung zu ermöglichen bzw. es zu unterlassen, den rechtzeitigen Zugang zu vereiteln. Für Verschulden von Angestellten haften der Antragende wie auch der Antragsempfänger aus § 278.[32] Ferner ist der Antragende verpflichtet, auf den verspäteten Eingang der Annahme hinzuweisen. Diese Pflichten ergeben sich aus dem bindenden Versprechen selbst. In Rechtsprechung und Lehre werden sie aus einem mit der Antragstellung gleichzeitig einhergehenden **vorvertraglichen Vertrauensverhältnis** hergeleitet und die Haftung entsprechend auf culpa in contrahendo, §§ 311 Abs. 2, 241 Abs. 2, 280 Abs. 1, gestützt.[33] Dafür ist m.E. nur bei ausgeschlossener Antragsbindung Raum, weil das Gesetz in Hs. 1 das bindende Versprechen als eigenständigen Verpflichtungstatbestand anerkennt (siehe Rn 9). 13

Keine Folge der Antragsbindung, sondern eine der Antragserklärung als künftiger Vertragsbestandteil ist es, dass der Antragende die Unterwerfung unter die sofortige Zwangsvollstreckung (§ 794 Abs. 1 Nr. 5 ZPO) bereits in dem Antrag erklären und etwa auch ein formgerechtes Grundstückskaufgebot (§ 311b Abs. 1) unter Setzung einer Annahmefrist abgeben kann.[34] 14

II. Ausschluss der Gebundenheit (Hs. 2)

1. Widerrufsvorbehalt. Der Antragende kann die Gebundenheit (Bindung an das Wort) ausschließen. Der Ausschluss geschieht durch Willenserklärung, die auf die Angebotserklärung bezogen ist und regelmäßig mit ihr zusammen erklärt wird (Antrag mit Widerrufsvorbehalt). Möglich ist aber auch eine getrennte Erklärung über die Bindung bzw. ihren Ausschluss. Der Ausschluss kann noch nach Abgabe des Vertragsantrags erfolgen, muss aber dem Gegner spätestens gleichzeitig mit dem Vertragsantrag zugehen, um die ausgesprochene Versprechensbindung (Hs. 1) nicht wirksam werden zu lassen.[35] Der Antragende kann einseitig festlegen, von welchem Zeitpunkt an und bis zu welchem Zeitpunkt er gebunden sein will. Mit dem Ende der Bindungsfrist kann, muss aber nicht notwendig auch das Angebot selbst erlöschen; es kann widerruflich (freibleibend) fortbestehen oder mit einer Auslauffrist verbunden werden.[36] Auch der **Beginn der Bindungswirkung** kann vom Antragenden einseitig festgelegt werden. In Betracht kommen die Abgabe,[37] der Zugang, die tatsächliche Kenntnis des Empfängers sowie Abgabe oder Zugang der Annahmeerklärung. Der späteste Moment ist **normal** der Vertragsschluss, d.h. das Wirksamwerden der Annahmeerklärung.[38] Das ist regelmäßig der Zugang der Annahmeerklärung beim Antragenden (§ 130 Abs. 1 S. 1; vorher in den Fällen des §§ 151 S. 1, 152 S. 1). 15

Ein Ausschluss der Gebundenheit über den Zeitpunkt des Vertragsabschlusses hinaus ist dagegen von Hs. 2 nicht gedeckt.[39] Die einseitige Versprechensbindung geht mit dem Wirksamwerden der Annahme in die Vertragsbindung über. Der Antrag erlischt mit der Annahme (§ 146). Allerdings kann die Auslegung in diesem Falle ergeben, dass ein Angebot nicht gewollt war und es sich um eine Vertragsaufforderung handelt. Die daraufhin abgegebene Erklärung ist dann ein Antrag und die vorbehaltene Widerrufsmöglichkeit kann dem Schweigen die Erklärungsbedeutung einer stillschweigenden Annahme geben (d.h. eine Erklärungsobliegenheit begründen, siehe aber § 151 Rn 5). Denkbar ist auch die Vereinbarung eines unverzüglich auszuübenden vertraglichen Rücktrittsrechts des Antragenden[40] oder dass der Vertrag unter einer (Potestativ-)Bedingung zugunsten des Antragenden stehen soll. 16

---

30 Staudinger/Bork, § 145 Rn 25; Erman/Armbrüster, § 145 Rn 14; MüKo/Kramer § 145 Rn 19; Soergel/Wolf, § 145 Rn 19; HK-BGB/Dörner § 145 Rn 9.
31 Staudinger/Bork, § 145 Rn 36.
32 RGZ 107, 240, 242 f.
33 OLG Düsseldorf OLGZ 1991, 88, 90; HK-BGB/Dörner § 145 Rn 9; Staudinger/Bork, § 145 Rn 25; Erman/Armbrüster, § 145 Rn 14; ebenso Schilder, S. 221 ff., der von einem erklärungsbezogenen Vertrauenstatbestand ausgeht und eine Haftung aus § 122 analog befürwortet.
34 RGZ 132, 6, 7 f.; 169, 65, 71; BGH NJW-RR 2004, 952, 953; Erman/Armbrüster, § 145 Rn 14.
35 RG JW 1911, 643, 644; Staudinger/Bork, § 145 Rn 26; Erman/Armbrüster, § 145 Rn 16.
36 BGH NJW-RR 2004, 952, 953 (mit der Möglichkeit zur Rücknahme des Widerrufs).
37 Der einseitige Verzicht auf das Widerrufsrecht aus § 130 Abs. 1 S. 2 ist zulässig, vgl. Palandt/Heinrichs § 130 Rn 11; abl. Fuchs, AcP 196 (1996), 313, 367.
38 RG JW 1911, 643, 644; offen gelassen von BGH NJW 1984, 1885, 1886.
39 Anders hält die h.M. es für möglich, dass ein Widerrufsrecht auch noch bis unverzüglich nach Zugang der Annahmeerklärung vereinbart werden kann, RGZ 102, 227, 229 f.; Flume, BGB AT Bd. 2, § 35 I 3c; Medicus, BGB AT, § 26 Rn 366; Larenz/Wolf, BGB AT, § 29 Rn 41; Erman/Armbrüster, § 145 Rn 16; abl. wie hier Häsemeyer, in: FS Jayme 2004, S. 1435, 1444; Lindacher, DB 1992, 1813 f.
40 Lindacher, DB 1992, 1814; Staudinger/Bork, § 145 Rn 27.

17 **2. Widerrufsrecht des Verbrauchers.** Das verbraucherrechtliche Widerrufsrecht, § 355 Abs. 1 S. 1, anerkennt dagegen eine Lossagung des Verbrauchers von seiner Vertragserklärung auch noch nach dem Vertragsabschluss und greift daher unmittelbar in die vertragliche Bindung ein. Der Gesetzgeber verlängert damit das Konzept des § 145 Hs. 2, Wirksamkeit und Bindung von Vertragserklärungen voneinander zu trennen, in den Vertrag hinein.[41] Das ist nicht unbedenklich, denn vorausgesetzt werden gültige Vertragserklärungen (und damit auch Verträge) ohne Bindungswirkung. Ferner wird die einseitige Versprechensbindung (Wort) mit der Vertragsbindung (Konsens) gleichgesetzt.[42] Die Kuriosität einer widerruflichen und gleichzeitig bindenden Vertragserklärung legt die von der herrschenden Meinung zu Grunde gelegte Vorstellung eines befristeten Rücktrittsrechts nahe. Die Vertragserklärung ist bindend und verliert diese Eigenschaft durch den Widerruf (Rücktritt).[43] Der fristgerecht erklärte Widerruf beseitigt aber die Wirksamkeit der Verbrauchererklärung und nicht auch eine (ohnehin fehlende) Bindungswirkung.

C. Weitere praktische Hinweise
I. Klauselauslegung

18 Die Erklärung über den Ausschluss der Gebundenheit ist oftmals auslegungsbedürftig. Verwendet werden Formulierungen wie: **Angebot freibleibend**, ohne Obligo, unverbindlich, frei. Damit kann die Erklärung als bloße Aufforderung zum Vertragsschluss (*invitatio ad offerendum*) verbunden mit einer Erklärungsobliegenheit zu verstehen sein oder auch als vertraglicher Rücktrittsvorbehalt, ggf. mit dem Recht, ein neues Angebot zu unterbreiten.[44] Im Zweifel wird nur die Antragsbindung ausgeschlossen sein.[45] Die Klausel „Zwischenverkäufe vorbehalten" oder „solange Vorrat reicht" stellt dagegen den Antrag selbst unter die entsprechende (auflösende) Bedingung.[46]

19 Die häufig anzutreffende Klausel **„Selbstbelieferung vorbehalten"** kann ebenfalls dahin gehend auszulegen sein, dass die Antragsbindung unter der Bedingung der Selbstbelieferung stehen soll. Sie kann aber darüber hinaus auch den Umfang der Beschaffungspflichten des Verkäufers im Vertrag einschränken.[47]

20 Werden Vorbehalte auf einzelne Vertragspunkte bezogen, etwa **„Preise freibleibend"**, liegt darin eine den Inhalt des Vertrages betreffende Regelung und zwar ein vorbehaltenes einseitiges Preisbestimmungsrecht des Verkäufers (§ 315 BGB).[48]

II. Darlegungs- und Beweislast

21 Die Beweislast für das Vorliegen und den Inhalt eines wirksamen Vertragsantrags liegen nach den allgemeinen Regeln bei demjenigen, der sich auf diesen beruft. Die Darlegungs- und Beweislast für den Ausschluss der Antragsbindung (Hs. 2) liegen ebenso wie die rechtzeitige Erklärung des Widerrufs beim Antragenden.

§ 146 Erlöschen des Antrags

¹Der Antrag erlischt, wenn er dem Antragenden gegenüber abgelehnt oder wenn er nicht diesem gegenüber nach den §§ 147 bis 149 rechtzeitig angenommen wird.

Literatur: *Diederichsen*, Der Schutz der Privatautonomie bei Befristung des Vertragsangebots, in: FS Medicus 1999, S. 89.

---

41 Die widerrufliche Vertragserklärung des Verbrauchers ist wirksam, aber bis zum Ablauf der Widerrufsfrist nicht bindend. Die Unverbindlichkeit reicht hier über den Zeitpunkt des Vertragsabschlusses hinaus.

42 Nach dem Gesetzeswortlaut des § 355 Abs. 1 S. 1, soll der Verbraucher „... an seine auf den Abschluss des Vertrags gerichtete Willenserklärung nicht mehr gebunden [sein], wenn er sie fristgerecht widerrufen hat".

43 Palandt/*Heinrichs*, § 355 Rn 3; Jauernig/*Stadler*, § 355 Rn 3; krit. *Mankowski*, S. 54 ff.; Erman/*Saenger*, § 355 Rn 4 (schwebende Wirksamkeit), ähnlich auch *Reiner*, AcP 203 (2003), 1, 26 ff. (anfechtungsähnliches Gestaltungsrecht).

44 BGH NJW 1996, 919, 920 (*invitatio ad offerendum*); BGHZ 1, 353, 354 (Rücktrittsvorbehalt).

45 So BGH NJW 1984, 1885 für „freibleibend entsprechend unserer Verfügbarkeit"; abweichend *Lindacher*, DB 1992, 1813, 1814 (im Zweifel *invitatio ad offerendum*); *Larenz/Wolf*, BGB AT, § 29 Rn 41 (allgemeine Auslegungsregeln bestehen nicht). Zum Geltungsvorbehalt der Klausel „freibleibend" in der Rspr. des Reichsgerichts vgl. *Emmert*, S. 258.

46 OLG Hamburg BB 1960, 383; Staudinger/*Bork*, § 145 Rn 29.

47 *Medicus*, BGB AT, § 26 Rn 367.

48 RGZ 103, 414; 104, 306; RG JW 1923, 753; *Flume*, BGB AT Bd. 2, § 35 I 3c; Staudinger/*Bork*, § 145 Rn 32.

A. Allgemeines

§ 146 regelt das Erlöschen des Antrags durch **Handlungen des Angebotsempfängers** und zwar durch Ablehnung des Antrages oder durch Verstreichenlassen der Annahmefrist, §§ 147–149. Nicht eigens geregelt sind die **sonstigen Erlöschensgründe**: Widerruf des nicht bindenden Antrags (siehe § 145 Rn 15), Tod oder Geschäftsunfähigkeit des Antragenden bei entsprechendem Willen (§ 153 a.E.), Übergebot oder Schließung der Versteigerung ohne Zuschlag (§ 156 S. 2). Im Falle der fristgerechten Annahme erlischt der Antrag ebenfalls und geht im Vertrag auf.

B. Regelungsgehalt

I. Ablehnung des Antrages (Hs. 1)

Die Ablehnung ist einseitige empfangsbedürftige Willenserklärung. Sie ist formlos wirksam und unwiderruflich. Der Widerruf der Ablehnung nach **§ 130 Abs. 1 S. 2** bleibt nach allgemeinen Grundsätzen aber möglich. Die Ablehnung ist als Willenserklärung ferner nur innerhalb einer noch offenen Annahmefrist anfechtbar. Auch eine konkludente Ablehnung ist möglich. Es ist Auslegungsfrage, ob tatsächlich eine Vertragsablehnung gewollt ist (§§ 133, 157). Statt dessen kann es sich auch nur um eine Nachricht (Mitteilung), etwa über die Nutzung einer gesetzten Annahmefrist,[1] oder um bloße Vorschläge zur Vertragsänderung, d.h. um unverbindliche Nachverhandlungen[2] (einschließlich der Verlängerung der Antragsfrist) handeln. Die Ankündigung der Annahme ist keine Annahme, etwa „Brief folgt".[3] Die Antwort „Antrag fest – Brief folgt" dagegen schon.[4] Der Annehmende muss deutlich zum Ausdruck bringen, was gelten soll, wenn der Antragende auf die Wünsche nicht eingeht. Die Beweislast dafür trägt der Annehmende.

Die Annahme unter Änderungen gilt als Ablehnung (§ 150 Abs. 2). Dies ergibt sich aus der Konsensfunktion des Angebotes, das nur uneingeschränkt angenommen werden kann („einfaches Ja"). Aber auch die **eigenmächtige Verlängerung der Antragsfrist** durch den Antragsempfänger ist eine solche ablehnende Änderung, weil das Bindungsversprechen des Offerenten ebenfalls nicht einseitig verändert werden kann (§ 150 Abs. 2 analog).[5] Schweigen hat nur bei Hinzutreten besonderer Umstände eigenständige Erklärungsbedeutung (siehe § 147 Rn 5–7). Das Angebot erlischt bei Schweigen grundsätzlich durch Zeitablauf (§§ 146 Hs. 2, 147–149). Eine für den Angebotsempfänger durch Vereinbarung verlängerte Annahme- oder Ablehnungsfrist bewirkt auch die Verlängerung der Antragsbindung. In AGB unterliegt eine solche Vereinbarung der besonderen Klauselkontrolle (**§ 308 Nr. 1**). Für die Ablehnung durch einen beschränkt Geschäftsfähigen ist die Zustimmung seines gesetzlichen Vertreters erforderlich, denn die Ablehnung zerstört seine Annahmeposition (§§ 111, 107; siehe § 145 Rn 10).

II. Ablauf der Antragsfrist (Hs. 2)

Der Antrag erlischt durch Fristablauf. Der Antrag gegenüber Anwesenden erlischt, wenn er nicht sofort (§ 147 Abs. 1) oder in gesetzter Frist angenommen wird (§ 148). Gegenüber Abwesenden, wenn er nicht in der gesetzlichen Normalfrist (§ 147 Abs. 2) oder in gesetzter Frist angenommen wird (§§ 148, 151 S. 2, 152 S. 2).

---

§ 147 Annahmefrist

(1) ¹Der einem Anwesenden gemachte Antrag kann nur sofort angenommen werden. ²Dies gilt auch von einem mittels Fernsprechers oder einer sonstigen technischen Einrichtung von Person zu Person gemachten Antrag.

(2) ¹Der einem Abwesenden gemachte Antrag kann nur bis zu dem Zeitpunkt angenommen werden, in welchem der Antragende den Eingang der Antwort unter regelmäßigen Umständen erwarten darf.

---

1 RG SeuffA Bd. 80 (1926), S. 129 f. (Rotbuchenschnittholz); *Diederichsen*, in: FS Medicus 1999, S. 89, 96 f.
2 RG JW 1931, 1181 f. (Erweiterung einer Bürgschaft); BGH WM 1982, 1329, 1330 (Wechselaufzeit); *Diederichsen*, in: FS Medicus 1999, S. 89, 98.
3 RGZ 105, 8, 13 ff.
4 Erman/*Armbrüster*, § 150 Rn 4.
5 Zutr. auf den Zweck des § 150 Abs. 2 abstellend *Diederichsen*, in: FS Medicus, S. 89, 106 (umfassende Dispositionsfreiheit des Offerenten); a.A.: Staudinger/*Bork*, § 150 Rn 10; Erman/*Armbrüster*, § 150 Rn 4.

Literatur: *Deckert*, Das kaufmännische und berufliche Bestätigungsschreiben, JuS 1998, 121; *Dörner*, Rechtsgeschäfte im Internet, AcP 202 (2002), 363; *von Dücker*, Das kaufmännische Bestätigungsschreiben in der höchstrichterlichen Praxis, BB 1996, 3; *Finkenauer*, Zur Bestimmung der gesetzlichen Annahmefrist nach § 147 Abs. 2, JuS 2000, 119; *Köhler*, Das Verfahren des Vertragsschlusses, in: Basedow (Hrsg.), Europäische Vertragsrechtsvereinheitlichung und deutsches Recht, 2000, S. 33; *Mansel*, Reziprozität und Utilität als Auslegungselemente bei konkludentem Vertragsschluß – am Beispiel unentgeltlicher Informationsgewährung, in: Schack (Hrsg.), in: GS Alexander Lüderitz, 2000, S. 487; *Scheffer*, Schweigen auf Angebot als stillschweigende Annahme, NJW 1995, 3166.

A. Allgemeines	1	b) Beredtes Schweigen	7
B. Regelungsgehalt	2	II. Bestätigungsschreiben	8
I. Vertragsannahme	2	1. Auftragsbestätigung	8
1. Wirksamkeit der Annahmeerklärung	2	2. Kaufmännisches Bestätigungsschreiben	9
2. Annahme durch schlüssiges Verhalten	4	III. Antrag unter Anwesenden (Abs. 1)	11
3. Annahme durch Schweigen	5	IV. Antrag unter Abwesenden (Abs. 2)	13
a) Normiertes Schweigen	6		

A. Allgemeines

1 Nach § 147 muss die Vertragsannahme sofort erfolgen, soweit der Antragende keine Frist gesetzt hat (§ 148). Die Vorschrift legt damit die Antragsbindung ersatzweise fest und bestimmt damit zugleich den zeitlichen Spielraum für die Annahmeerklärung. Der Antragende soll möglichst rasch Klarheit erlangen, um nicht unnötig gebunden zu sein. Das Gebot der sofortigen Annahme gilt bei einem Antrag unter Anwesenden (Dialogpartnern) nach Abs. 1 wie bei einem Antrag unter Abwesenden nach Abs. 2.

B. Regelungsgehalt

I. Vertragsannahme

2 **1. Wirksamkeit der Annahmeerklärung.** Die Wirksamkeit der Annahmeerklärung richtet sich nach den allgemeinen Regeln für die Willenserklärung (§§ 104 ff., 116 ff., 125 ff., 130 ff.). Sie ist empfangsbedürftige Willenserklärung und wird daher erst mit dem Zugang beim Empfänger wirksam (§§ 130–132). Ausnahmsweise ist sie bereits mit ihrer Abgabe wirksam und führt unmittelbar zum Vertragsschluss, wenn der Antragende nach der Verkehrssitte nicht auf den Zugang der Annahmeerklärung rechnen darf oder auf ihn verzichtet hat (§ 151 S. 1; str., § 151 Rn 3 f.). Ebenso bei notarieller Beurkundung (§ 152 S. 1). Inhaltlich ist die Annahmeerklärung fixiert. Die Auslegung muss ein uneingeschränktes Ja zu dem erhaltenen Antrag ergeben. Anderenfalls gilt die Erklärung als Ablehnung verbunden mit einem neuen Antrag (§ 150 Abs. 2). Ist der Vertrag formbedürftig, so unterliegt auch die Annahmeerklärung diesem Formerfordernis. Die Einhaltung einer bestimmten Form oder Übermittlungsart (etwa durch Einschreiben) kann vereinbart werden.

3 Eine **Bestätigung** des Unternehmers über eine elektronische Bestellung (**§ 312e Abs. 1 S. 1 Nr. 3**) kann, muss aber nicht bereits die Vertragsannahme darstellen. Das ist Auslegungsfrage.[1] Die Zusendung der Ware an den Verbraucher bedeutet Bestätigung und Annahme zugleich.[2] Der Unternehmer ist zu einer unverzüglichen Bestätigung kraft Gesetzes verpflichtet. Sie ist insoweit nur geschäftsähnliche Handlung. Auf die Rechtzeitigkeit und den Zugang der Bestätigung ist Abs. 2 entsprechend anwendbar (vgl. AnwK-BGB/*Ring*, § 312 Rn 23).

4 **2. Annahme durch schlüssiges Verhalten.** Ist die Annahme formfrei möglich, so kann sie nach allgemeinen Grundsätzen auch durch schlüssiges Verhalten (konkludente Willenserklärung) angenommen werden. Das ist Auslegungsfrage und wird etwa bejaht bei Leistungserbringung oder Vornahme einer im Antrag beschriebenen Handlung,[3] bei automatisierten Erklärungen, aufgrund einer erkennbar dafür vorgesehenen Programmierung[4] oder durch die Inanspruchnahme der Leistung, soweit der Empfänger daraus die Annahme ableiten darf.[5] Besonderheiten gelten für ein Vertragsangebot durch Zusendung unbestellter Ware (siehe dazu § 145 Rn 7; AnwK-BGB/*Krebs*, § 241a Rn 14).

---

1 AG Hamburg-Barmbek NJW-RR 2004, 1284, 1285 (Internet-Versteigerung).
2 *Dörner*, AcP 202 (2002), 363, 377 ff., und zur Haftung bei Doppelbestellung aufgrund unterbliebener Bestätigung.
3 BGH NJW 1980, 2245, 2246; anders aber bei Angebot durch Zusendung unbestellter Waren (s. § 151 Rn 4 u. 5).
4 Auto-Reply, die nicht lediglich als Eingangsbestätigung zu verstehen ist, LG Köln MMR 2003, 481; AG Butzbach NJW-RR 2003, 54.
5 Im Falle der Inanspruchnahme einer Maklerleistung nach vorheriger Vertragsablehnung verneint, BGH NJW 2002, 817; 2002, 1945.

3. Annahme durch Schweigen. Schweigen ist nur dann als schlüssige Annahmeerklärung zu werten, 5
wenn dem Nichtstun dieser Aussagewert nach der Parteivereinbarung zukommen soll (beredtes Schweigen)
oder das Gesetz dies anordnet (normiertes Schweigen). Das **bloße Schweigen** hat dagegen keine Erklärungswirkung. Dies gilt auch im kaufmännischen Verkehr.[6] Die gesetzliche Pflicht zur Mitteilung des Beauftragten
aus § 663 begründet dagegen (nur) einen Schadensersatzanspruch auf Ersatz des Vertrauensschadens (§§ 280
Abs. 1, 663).[7]

a) Normiertes Schweigen. Annahmewirkung hat das Schweigen bei Handelsgeschäften im kaufmännischen Verkehr durch und im Anwendungsbereich des § 362 HGB (fingierte Annahmeerklärung). Ferner 6
nach § 516 Abs. 2 S. 2 (Schenkung) und § 5 Abs. 3 S. 1 PflVG. Ebenso nach der Lehre vom kaufmännischen
Bestätigungsschreiben, die zum Schutz allgemeiner Verkehrsschutzinteressen dem Schweigen Rechtswirkungen zuschreibt[8] (siehe Rn 9 f.).

b) Beredtes Schweigen. Annahmewirkung hat das Schweigen, wenn dies vereinbart ist (**ausdrückliche** 7
Vertragsabschlussabrede[9]). Etwa die Annahme eines Angebots mit dem Ablauf einer Ablehnungsfrist.[10] In
allgemeinen Geschäftsbedingungen ist die Vereinbarung derartiger Erklärungsfiktionen nach Maßgabe
des **§ 308 Nr. 5** nur sehr eingeschränkt zulässig. Auch aus schlüssigem Verhalten kann dem Schweigen
Erklärungswirkung beigelegt worden sein. Die Rechtsprechung bejaht dies bei Schweigen auf ein Angebot
nach einverständlichen Vorverhandlungen, wenn beide Seiten fest mit einem Vertragsabschluss gerechnet
haben.[11] Ferner in einer laufenden Geschäftsverbindung, bei der sich eine entsprechende Übung herausgebildet hat[12] oder eine dahin gehende Rahmenvereinbarung besteht (vgl. vor § 145 Rn 39). Ebenso kann
das Schweigen auf eine verspätet zugegangene Annahmeerklärung als Annahme des darin liegenden neuen
Angebots (§ 150 Abs. 1) zu werten sein[13] (vgl. auch § 150 Rn 3). Auf die Feststellung einer dahin gehenden
Verständigung sollte aber nicht zugunsten einer undeutlichen Ableitung aus **§ 242** verzichtet werden. Ebenso
wenig sollte genügen, dass der Schweigende den Antrag durch eine *invitatio ad offerendum* veranlasst hatte
oder die Annahme für ihn lediglich rechtlich vorteilhaft war.[14] Die Vereinbarung wird sonst durch eine bloße
Zurechnung ersetzt.

II. Bestätigungsschreiben

1. Auftragsbestätigung. Der rechtstechnische Begriff der „Auftragsbestätigung" meint solche Erklärungen, die schriftlich oder elektronisch (per E-Mail) den Inhalt einer vorangegangenen noch einseitig gebliebenen Beauftragung wiedergeben. Diese Beauftragung wird zumeist mündlich, fernmündlich, per E-Mail oder 8
Fax erfolgt sein.[15] In der Auftragsbestätigung liegt daher die **schriftliche Annahme**, die aus Beweisgründen
formalisiert ist. Weicht die Auftragsbestätigung von dem Antrag ab, so ist sie Ablehnung und neuer Antrag
(§ 150 Abs. 2). Das nachfolgende Schweigen führt grundsätzlich nicht zu einer Änderung der Vertragslage.
Sie gilt auch im kaufmännischen Verkehr nicht als Zustimmung.[16] Ob eine Auftragsbestätigung vorliegt, ist
Auslegungsfrage. Die Bezeichnung als Auftragsbestätigung ist nur ein (relativ schwaches) Indiz.[17] Häufig
geben die so bezeichneten Schreiben bereits den Abschluss eines zuvor mündlich oder sonst geschlossenen
Vertrages wieder. Bei ihnen handelt es sich dann um Bestätigungsschreiben, denen, außerhalb der Geltung

---

6 BGH NJW 1995, 1281. Zu den einzelnen Auslegungskriterien bei (unentgeltlichen) Auskunftsverträgen vgl. Mansel, in: GS Lüderitz 2000, S. 487, 489 ff.

7 § 663 ist *lex specialis* gegenüber §§ 311 Abs. 2, 241 Abs. 2, vgl. Jauernig/*Mansel*, § 663 Rn 3, str. Das Gesetz fingiert mit § 663 weder eine Annahmeerklärung, noch schützt es eine etwa bestehende Erwartung dahin, dass das Schweigen die Bedeutung einer Willenserklärung haben soll.

8 Handelsbrauch, der im Rahmen von § 346 HGB gesetzliche Anerkennung erlangt. Nach neuerer Auffassung handelt es sich um objektives (Handels-)Gewohnheitsrecht, vgl. *K. Schmidt*, Handelsrecht, 5. Aufl. 1999, § 19 III, 1a; zust. Erman/*Armbrüster*, § 147 Rn 5; Baumbach/*Hopt*, HGB, § 346 Rn 17.

9 Der Funktion nach handelt es sich dabei um einen isolierbaren Bestandteil der Angebotserklärung, der das Abschlussverfahren regelt und sich mit dem Zustandekommen des Vertrages erledigt, vgl. zu entsprechenden Vertragsabschlussklauseln in AGB; vgl. MüKo/*Basedow*, § 10 AGBG Rn 8; AnwK-BGB/*Hennrichs*, § 308 Rn 6.

10 BGH NJW 1975, 40.

11 BGH NJW 1995, 1281 f.; 1996, 919, 920; abl. Jauernig/*Jauernig*, § 145 Rn 4; *Scheffer*, NJW 1995, 3166, 3167.

12 RGZ 84, 320, 324 f.; verneint für ungewöhnliche Geschäfte (BGH WM 1979, 437) und für wirtschaftlich bedeutsame Geschäfte (BGH NJW-RR 1994, 1163, 1165).

13 BGH NJW 1951, 313; 1999, 819.

14 MüKo/*Kramer*, § 145 Rn 5; Erman/*Armbrüster*, § 147 Rn 3.

15 Sie kann auch durch jede andere Mitteilungsart erfolgt sein.

16 Erst bei nachfolgend widerspruchsloser Entgegennahme der Gegenleistung, BGH NJW 1995, 1672.

17 BGHZ 112, 205, 211: unmaßgeblich und oft unrichtig.

kaufmännischer Bräuche, lediglich eine deklaratorische Bedeutung zukommt. Eine gegenüber der Vertragseinigung abweichende Bestätigung stellt einen Antrag auf Vertragsänderung dar. Das nachfolgende Schweigen bedeutet nicht die Annahme, sondern hat nur im kaufmännischen Verkehr unter weiteren Voraussetzungen die materiellrechtliche Wirkung einer Annahmeerklärung. Praktische Relevanz hat ein solches Bestätigungsschreiben aber als **Beweismittel** zur Auslegung des zuvor vereinbarten Vertrages.

9 **2. Kaufmännisches Bestätigungsschreiben.** Im unternehmerischen Geschäftsverkehr unter Kaufleuten und anderen Personen, die wie Unternehmer im größeren Umfang am Rechtsverkehr teilnehmen,[18] ist von einem Brauch[19] auszugehen, dass mündlich oder sonst per Fax bereits geschlossene Verträge schriftlich (wahrheitsgemäß) bestätigt werden. Der Bestätigende darf deshalb erwarten, dass der Empfänger widerspricht, falls Änderungen gegenüber dem Vereinbarten enthalten sind, denen jener nicht zustimmen will. Die widerspruchslose Hinnahme der Bestätigung (Schweigen) ist aus der Sicht des Bestätigenden dann als Zustimmungserklärung aufzufassen. Der Inhalt des Bestätigungsschreibens tritt an die Stelle des zuvor Vereinbarten.

10 Der Bestätigende teilt in einem Bestätigungsschreiben seine Auffassung über das Zustandekommen und den Inhalt eines geschlossenen Vertrages mit, um etwa bestehende Ungewissheiten oder Zweifel zu beseitigen.[20] Das Ergebnis der Vertragsverhandlungen muss als verbindlich und der Vertrag als endgültig geschlossen dargestellt (bestätigt) werden.[21] Widerspricht der Empfänger dem Bestätigungsschreiben nicht unverzüglich (1–3 Tage),[22] so darf der Bestätigende das **Schweigen grundsätzlich** als **Annahmeerklärung** verstehen.[23] Es gelten aber die allgemeinen Auslegungsgrundsätze (§§ 133, 157), so dass der Empfängerhorizont Inhalt und Umfang der Erklärungswirkung beschränkt (Verkehrsschutz). Bei bewusst falscher Bestätigung des wesentlichen Verhandlungsteils erzeugt das Schweigen daher keine Zustimmung.[24] Ebenfalls nicht, wenn der Bestätigende vernünftigerweise nicht mit dem Einverständnis des Empfängers rechnen konnte.[25] Etwa weil der Schweigende sich die schriftliche Annahme vorbehalten hatte oder die Bestätigung den Vertragsinhalt praktisch in sein Gegenteil verkehrt. Diese Beurteilung ist ganz vom Einzelfall abhängig[26] und daher unsicher.[27] Entspricht die Bestätigung der Vereinbarung, hat das Schweigen materiellrechtlich dagegen keine Bedeutung. Das Bestätigungsschreiben ist dann bloßes Beweismittel.

III. Antrag unter Anwesenden (Abs. 1)

11 Anwesend sind die physisch anwesende Person (Abs. 1 S. 1) sowie jene Personen, mit denen der Antragende von Person zu Person, d.h. wechselseitig unmittelbar und ohne nennenswerten Zeitverlust kommunizieren kann (Abs. 1 S. 2). Die hierfür geeigneten technischen Einrichtungen sind gegenwärtig Fernsprechanlagen, Videokonferenzen und **Internet-Chats**.[28] Allerdings ist es dem Antragenden im Chat nicht in gleicher Weise möglich, die sofortige Reaktion seines Dialogpartners klar einzuschätzen. Die Annahmefrist für Vertragsangebote im Chat sollten daher nach Abs. 2 objektiviert und mit Hilfe entsprechender Erfahrungswerte bestimmt werden.[29] Der Antrag unter Anwesenden muss von dem Empfänger sofort angenommen werden. Die Rechtzeitigkeit ist objektiv zu bestimmen. Bei verzögerter Antwort liegt ein neuer Antrag vor

---

18 BGH NJW 1987, 1940, 1941; maßgebend ist die Verkehrserwartung, nicht aber die Kenntnis der betroffenen Person. Verneint für Bankdirektor im privaten Bereich, MDR 1981, 1022, 1023; bejaht für Makler und Architekt, BGH WM 1973, 1376; OLG Düsseldorf NJW-RR 1995, 501, 502.
19 Der Handelsbrauch bedeutet eine generalisierte Erwartung unter den Verkehrsteilnehmern, aus der sich, wie aus einer Parteivereinbarung, konkrete Verhaltenspflichten ergeben. Sie erlangen durch § 346 HGB als besondere Verkehrssitte (vgl. §§ 157, 242) positivrechtliche Anerkennung. Die rechtliche Einordnung des Kaufmännischen Bestätigungsschreibens ist str.
20 BGH NJW 1965, 965; 1972, 820, vgl. *Deckert*, JuS 1998, 121, 122.
21 BGH NJW 1964, 1223, 1224; BGHZ 54, 236, 239 f.; BGH NJW 1990, 386 f.; 2001, 1044, 1045.
22 BGH NJW 1962, 104 (1 Woche zu lang); 1962, 247 (unter Umständen 3 Tage); WM 1975, 324, 325 (2 Tage).
23 War der Vertrag zuvor bereits geschlossen, handelt es sich um einen Änderungsvertrag, andernfalls um die Annahme des im Bestätigungsschreiben liegenden neuen Angebots, § 150 Abs. 2; meist wird nicht unterschieden, sondern von Zustimmung gesprochen, vgl. Baumbach/*Hopt*, HGB, § 346 Rn 17.
24 BGH NJW 1967, 858, 960.
25 BGH NJW-RR 2001, 680 f.; NJW 1994, 1288; 1987, 1940, 1942; BGHZ 93, 338, 341 f.
26 Vgl. *Deckert*, JuS 1998, 121, 122 ff.; *von Dücker*, BB 1996, 3, 5.
27 Das Ausmaß der zulässigen Abweichungen vom vorher Vereinbarten wird nach subjektiven Vertrauenskriterien bestimmt (soweit der Empfänger vernünftigerweise nicht mit einer Zustimmung rechnen durfte). In den UP 2.12 und EPCL 2:210 werden sie mit dem normativen Begriff „wesentlich" begrenzt, vgl. *Köhler*, S. 33, 51.
28 BT-Drucks 14/4987, S. 21; Jauernig/*Jauernig*, § 145 Rn 8.
29 Zutr. *Dörner*, AcP 202 (2002), 363, 375 f.

(§ 150 Abs. 1).[30] Auf ein Verschulden kommt es nicht an. Vereitelt der Antragende die sofortige Annahme etwa durch Unterbrechung der Kommunikation (Abbruch eines Telefonats), so kann der Empfänger durch sofortigen Rückruf die rechtzeitige Annahme noch erklären.[31]

Für die sofortige Annahme gilt: Der Zugang einer Antragserklärung unter Anwesenden erfolgt bei der verkörperten Erklärung mit der Übergabe des Schriftstückes, bei der nicht verkörperten mit der Möglichkeit vollständiger Kenntnisnahme (sog. Vernehmungstheorie, vgl. § 130 Rn 4). An den Zugangszeitpunkt schließt sich eine **situative Überlegungsfrist** an, um Inhalt und Folgen des Geschäfts zu erfassen. In der persönlichen Übergabe eines schriftlichen Antrages, welcher nicht zur sofortigen Lektüre und Entscheidung vorgelegt wird, liegt dagegen die Einräumung einer angemessenen Annahmefrist (§ 148).[32] Vertretererklärungen sind Erklärungen unter Anwesenden. Die Einschaltung von Boten bedeutet Anträge unter Abwesenden.

IV. Antrag unter Abwesenden (Abs. 2)

Anträge unter Abwesenden sind neben der Übermittlung verkörperter Willenserklärungen (Post) nach allgemeiner Meinung auch solche per E-Mail, Telefax oder Btx.[33] Der damit **eingeschlagene Beförderungsweg** gebietet nicht notwendig die Antwort auf demselben oder einem ähnlich schnellen Weg. Entscheidend ist, ob der Antragende mit der Inanspruchnahme anderer Kontaktwege rechnen musste, etwa weil er mehrere Empfangseinrichtungen im Geschäftsverkehr unterhält. Das ist eine Frage des Einzelfalls. Nach dem Grundsatz der einheitlich zu bestimmenden Annahmefrist[34] ist dann der spätestmögliche Eingang maßgeblich.[35] Die damit ggf. verlängerte Bindungszeit kann der Antragende durch entsprechende Bestimmung („erwarte Faxantwort") unterbinden. Bei Bestellungen auf elektronischem Wege wird eine entsprechend elektronische Antwort mit einer regelmäßig recht kurz zu bemessenden Frist zu erwarten sein. Zur unverzüglichen Bestätigung[36] einer Bestellung nach § 312e Abs. 1 S. 1 Nr. 3 siehe Rn 3.

Die Rechtzeitigkeit der Annahme bestimmt sich nach der **objektiv zu bestimmenden** gesetzlichen Annahmefrist des Abs. 2. Maßgebend ist, wann der Antragende den Eingang der Antwort unter regelmäßigen Umständen erwarten durfte. Ausgangspunkt für die Fristbestimmung ist die Abgabe des Antrages.[37] An den erwartbaren Zugang beim Antragsempfänger schließt sich eine angemessene Überlegungsfrist[38] und die erwartbare Zeit bis zum Eingang der Antwort an. Zu den regelmäßigen Umständen gehören neben Verzögerungen, etwa durch Feiertage und Wochenenden, auch Sondersituationen im Bereich des Empfängers, soweit sie dem Antragenden bekannt sind (Krankheit, Urlaub, Arbeitsüberlastung, Organisationsstruktur[39]).

| § 148 | Bestimmung einer Annahmefrist |

[1]Hat der Antragende für die Annahme des Antrags eine Frist bestimmt, so kann die Annahme nur innerhalb der Frist erfolgen.

A. Allgemeines

§ 148 ermöglicht dem Antragenden, die zeitliche Wirksamkeit seiner Antragserklärung durch Fristsetzung selbst zu bestimmen. Die Antragsbindung kann er nach Maßgabe des § 145 Hs. 2 auch in diesem Falle ausschließen (siehe § 145 Rn 15).

---

30 § 149 ist auf Anträge unter Anwesenden nicht anwendbar, vgl. Staudinger/*Bork*, § 149 Rn 1. Aufgrund des ebenfalls bestehenden Transportrisikos sollte § 149 beim Einsatz technischer Einrichtungen (§ 147 Abs. 1 S. 2) aber entsprechend angewendet werden.

31 MüKo/*Kramer*, § 147 Rn 3; Erman/*Armbrüster*, § 147 Rn 17; nicht dagegen bei sonstiger Störung, vgl. RGZ 104, 235, 236.

32 Palandt/*Heinrichs*, § 147 Rn 6; a.A. MüKo/*Kramer*, § 147 Rn 4 (Fall des § 147 Abs. 2).

33 Staudinger/*Bork*, § 147 Rn 4 (auch für voll interaktionsfähige EDV-Anlagen); *Taupitz/Kritter*, JuS 1999, 839, 841.

34 Motive I, S. 170; Staudinger/*Bork*, § 147 Rn 10.

35 LG Wiesbaden NJW-RR 1998, 1435, 1436; zust. Bamberger/Roth/*Eckert*, § 147 Rn 15; a.A.: Staudinger/*Bork*, § 147 Rn 14; Jauernig/*Jauernig*, § 147 Rn 9; Erman/*Armbrüster*, § 147 Rn 18.

36 *Dörner*, AcP 202 (2002), 363, 378 Fn 60: max. 24 Stunden sind zu lang.

37 Jauernig/*Jauernig*, § 145 Rn 9.

38 Eingehend BAG BB 2003, 1732 ff.; die Angemessenheit hängt von Schwierigkeit, Umfang und Folgen des Geschäfts sowie auch von dem organisatorischen Entscheidungsprozess beim Empfänger ab.

39 Vgl. Staudinger/*Bork*, § 147 Rn 12; a.A. Finkenauer, JuS 2000, 119, 121.

B. Regelungsgehalt

2 Die Fristsetzung ist Bestandteil der Antragserklärung. Sie kann ausdrücklich erklärt oder schlüssig aus den Umständen zu entnehmen sein. Sie kann auch nachträglich gesetzt werden und eine noch offene Frist verlängern. Eine Verkürzung ist wegen der Unwiderruflichkeit der Antragsbindung ausgeschlossen (vgl. § 145 Rn 9). Der Antragende kann aber die gesetzliche Frist (§ 147 Abs. 2) dadurch verkürzen, dass er von vornherein oder rechtzeitig (§ 130 Abs. 1 S. 2) eine kürzere Frist bestimmt.

3 Die Berechnung der Frist richtet sich nach §§ **186 ff.** Ob die Frist bereits mit der Abgabe des Antrages oder erst mit dem Zugang beginnen soll, ist Auslegungsfrage. Ebenso, ob zur Fristwahrung die rechtzeitige Abgabe der Annahmeerklärung oder ihr Zugang maßgebend ist.[1] Die rechtzeitige **Annahme durch einen vollmachtlosen Vertreter** genügt nicht, obwohl die (verspätete) Genehmigung zurückwirkt (§ 184 Abs. 1). Dem Antragenden sollen ungewollte Bindungen nicht aufgezwungen werden können.[2] Kannte der Antragende den Mangel der Vertretungsmacht, so kann er den Vertretenen zwar zur Genehmigung auffordern (§ 177 Abs. 2) und dadurch die Schwebelage beseitigen; die Frist zur Genehmigung von 2 Wochen kann er aber nicht verkürzen.[3]

4 Wird die Annahmefrist durch AGB des Antragsgegners vereinbart, so unterliegt sie den Einschränkungen des **§ 308 Nr. 1**.[4] Beim Neuwagenverkauf ist eine vierwöchige Bindung für den Käufer noch angemessen.[5]

C. Weitere praktische Hinweise

5 Wer sich auf die Befristung des Angebots beruft, muss ihr Vorliegen aufgrund der Abweichung von der gesetzlichen Regelung (§ 147) beweisen.[6]

---

§ 149 Verspätet zugegangene Annahmeerklärung

[1]Ist eine dem Antragenden verspätet zugegangene Annahmeerklärung dergestalt abgesendet worden, dass sie bei regelmäßiger Beförderung ihm rechtzeitig zugegangen sein würde, und musste der Antragende dies erkennen, so hat er die Verspätung dem Annehmenden unverzüglich nach dem Empfang der Erklärung anzuzeigen, sofern es nicht schon vorher geschehen ist. [2]Verzögert er die Absendung der Anzeige, so gilt die Annahme als nicht verspätet.

Literatur: *Hilger*, Die verspätete Annahme, AcP 185 (1985), 559.

A. Allgemeines	1	C. Weitere praktische Hinweise	4
B. Regelungsgehalt	2		

A. Allgemeines

1 § 149 hält den Antragenden an seinem Vertragsantrag über den Zeitraum der §§ 147, 148 hinaus nach Vertrauenskriterien fest. Nach § 149 bleibt der Antrag wirksam (§ 146[1]), wenn der Antragende erkennen musste, dass eine eingetretene Verspätung auf unregelmäßiger Beförderung beruht, und er die Verspätung dem Annehmenden darauf hin nicht unverzüglich anzeigt.[2] Dem Antragenden obliegt es, die Verspätung[3] durch die Abgabe einer Verspätungsanzeige geltend zu machen. Unterbleibt die Anzeige, so ist der Antrag nach §§ 146, 149 S. 1 rechtzeitig angenommen.[4] Erfolgt sie verzögert, so gilt die Annahme als nicht verspätet,

---

1 Nach Jauernig/*Jauernig*, § 148 Rn 1, und Palandt/*Heinrichs*, § 148 Rn 5, liegt der Fristbeginn in der Regel bei der Abgabe, und die Rechtzeitigkeit bestimmt sich nach dem Zugang der Annahmeerklärung.
2 BGH NJW-RR 2003, 303; MüKo/*Schramm*, § 177 Rn 46; a.A. Jauernig/*Jauernig*, § 148 Rn 1.
3 Vgl. Erman/*Palm*, § 177 Rn 24. Wenn der Antragende den Mangel nicht kannte, steht ihm das Widerrufsrecht aus § 178 zu. § 178 stellt aber auf den Zeitpunkt des Vertragsschlusses und damit auf den Zugang der Vertretererklärung ab.
4 Zur Funktion und Einbeziehung von Vertragsabschlussklauseln s. Erman/*Roloff*, § 308 Rn 2 ff.

5 BGHZ 109, 359, 363.
6 Palandt/*Heinrichs*, § 148 Rn 5.
1 In der Diktion des Gesetzes: Der Antrag erlischt nicht, weil er „... diesem [dem Antragenden] gegenüber nach den §§ ... 149 rechtzeitig angenommen wird".
2 Die Annahmerklärung trifft auf die gem. §§ 146, 149 nicht erloschene (schwebend wirksame) Antragserklärung.
3 Die zwar nach §§ 147, 148 zu bestimmen ist, damit aber nicht zum Erlöschen des Angebots führt (§ 146).
4 Die verspätet zugegangene Annahme des § 149 ist rechtzeitige Annahme im Sinne von § 146.

der Antrag ist damit ebenfalls rechtzeitig angenommen (§§ 146, 149 S. 2).[5] Wurde die Verspätungsanzeige rechtzeitig abgegeben, erlischt der Antrag. Die Annahme gilt nach § 150 Abs. 1 als ein neues Angebot. § 149 reduziert damit das allgemein beim Annehmenden liegende Verspätungsrisiko. Sie schützt den Annehmenden in seinem Vertrauen in die Wirksamkeit des Antrags (Zustandekommen des Vertrages). Im Falle der §§ 151, 152 ist § 149 ohne Funktion.

B. Regelungsgehalt

§ 149 ermöglicht den Vertragsschluss bei verspäteter Annahmeerklärung unter folgenden Voraussetzungen: Die Annahmeerklärung wurde so rechtzeitig mit einem verkehrsüblichen Beförderungsmittel abgesendet, dass der Annehmende mit dem rechtzeitigen Eingang beim Antragenden rechnen durfte. Bei verspäteter Absendung greift § 150 Abs. 1. Die rechtzeitige Absendung war für den Antragenden klar erkennbar, etwa anhand des Poststempels,[6] so dass er die Verspätung nur auf ein unvorhergesehenes Beförderungshindernis zurückführen konnte. Unterlässt oder verzögert (S. 2) er die Absendung der Verspätungsanzeige, so wird er an seinem Antrag festgehalten. Der Annehmende durfte bei rechtzeitiger Absendung seiner Annahmeerklärung auf die Einhaltung des Vertragsversprechens vertrauen.[7]

Die Ablehnungsanzeige muss unverzüglich (ohne schuldhaftes Zögern, § 121 Abs. 1 S. 1) geschehen. Sie ist einseitige Mitteilung (geschäftsähnliche Handlung). Die Vorschriften über Willenserklärungen (§§ 104 ff.) finden entsprechende Anwendung. Überwiegend wird die Anzeige als nicht empfangsbedürftig eingestuft, so dass es auf den Zugang beim Annehmenden generell nicht ankommt.[8] Die **Funktion der Ablehnungsanzeige** liegt aber darin, den Antragenden von seiner Bindung an das Vertragsversprechen zu befreien (**Lösungsrecht**) bzw. das Vertrauen des Annehmenden zu schützen. Deshalb ist der Zugang der Anzeige erforderlich (empfangsbedürftig).[9]

C. Weitere praktische Hinweise

Der Annehmende muss die rechtzeitige Abgabe und die Erkennbarkeit der Verzögerung für den Antragenden **beweisen**, der Antragende die rechtzeitige Abgabe seiner Verspätungsanzeige.[10]

§ 150 Verspätete und abändernde Annahme

(1) [1]Die verspätete Annahme eines Antrags gilt als neuer Antrag.

(2) [1]Eine Annahme unter Erweiterungen, Einschränkungen oder sonstigen Änderungen gilt als Ablehnung verbunden mit einem neuen Antrag.

Literatur: *Diederichsen*, Der Schutz der Privatautonomie bei Befristung des Vertragsangebots, in: FS Medicus 1999, S. 89; *Hilger*, Die verspätete Annahme, AcP 185 (1985), 559.

---

5 Nur die Rechtzeitigkeit wird fingiert, nicht aber die Annahmeerklärung selbst. Der Vertrag kommt deshalb erst im Zeitpunkt des tatsächlichen Zuganges zustande.
6 BGH NJW 1988, 2106, 2107.
7 Man kann hier mit *Canaris* eine positive Vertrauensentsprechung annehmen (Die Vertrauenshaftung im deutschen Privatrecht, 1971, S. 326 f.) und damit den Vertragsschluss begründen. Vergleichbar ließe sich auch von einer eigenständigen Vertrauensvereinbarung sprechen (vgl. dazu vor § 145 Rn 20 ff.). Ähnlich *Hilger*, AcP 185 (1985), 559, 561 ff., der eine (positivierte) Haftung aus c.i.c. bejaht; vgl. zu Recht krit. Staudinger/*Bork*, § 149 Rn 2 (Vertragsschluss tritt bei § 149 verschuldensunabhängig ein. Das positive Interesse wird von der Haftung aus c.i.c. nicht umfasst). Grundlage sollte die aus dem Treuegedanken folgende Versprechensbindung sein. Das Vertragsversprechen bleibt unter den Voraussetzungen des § 149 wirksam und ermöglicht damit den verspäteten Vertragsschluss. Nach Motive I, S. 171 und RGZ 105, 255, 257 hat § 149 seine innere Rechtfertigung in § 242.
8 RGZ 105, 255, 257; vgl. Palandt/*Heinrichs*, § 148 Rn 3; Soergel/*Wolf*, § 149 Rn 11; Erman/*Armbrüster*, § 149 Rn 3; Jauernig/*Jauernig*, § 149 Rn 1.
9 Dafür spricht ferner der Wortlaut, wonach „die Verspätung dem Annehmenden ... anzuzeigen ... ist". Im Erg. ebenso Staudinger/*Bork*, § 149 Rn 8 (empfangsbedürftig, weil adressatenbezogene Erklärung); MüKo/*Kramer*, § 149 Rn 4.
10 Palandt/*Heinrichs*, § 149 Rn 4. Das entspricht der Einstufung der Verspätungsanzeige als Lösungsrecht. Nach hier vertretener Auffassung muss der Antragende ferner auch den (nicht fristgebundenen) Zugang beim Annehmenden beweisen.

A. Allgemeines 1	1. Ablehnung des Antrages 4
B. Regelungsgehalt 2	2. Neuer Antrag 7
I. Verspätete Vertragsannahme (Abs. 1) 2	3. Annahme des neuen Antrages 9
II. Vertragsannahme mit Änderungen (Abs. 2) . 4	

A. Allgemeines

1 § 150 ist Auslegungsregel. Sie hält die verspätete oder inhaltlich abweichende Annahme als neuen Antrag aufrecht und erleichtert rechtstechnisch so die Fortsetzung des Verhandlungsprozesses. Abs. 2 stellt darüber hinaus klar, dass auch eine Abänderung des Antrages dessen Ablehnung bedeutet, und ist damit Ausdruck des Konsensprinzips (vgl. vor § 145 Rn 16). Die §§ 154, 155 sind gegenüber Abs. 2 vorrangig zu prüfen.

B. Regelungsgehalt

I. Verspätete Vertragsannahme (Abs. 1)

2 Mit Ablauf der gesetzlichen (§ 147) oder vom Antragenden gesetzten Frist (§ 148) ist außer im Falle des § 149 eine rechtzeitige Annahme nicht mehr möglich. Die verspätete Annahmeerklärung trifft auf einen erloschenen Antrag (§ 146 Hs. 2) und ist daher fehlgeschlagen.[1] § 150 Abs. 1 deutet die verspätete Annahme nach dem mutmaßlichen Parteiwillen in einen bindenden Gegenantrag um (§ 145 Hs. 1). Für diesen neuen Antrag gelten die allgemeinen Regeln §§ 145 ff., 130–132. Sein Inhalt lässt sich nach dem alten (erloschenen) Erstantrag bestimmen.[2] Nach dem Willen des neu Antragenden kann ferner aus Gründen der Vereinfachung auf das Zugangserfordernis der Annahme konkludent verzichtet worden sein (§ 151 S. 1 Alt. 2) oder eine dahin gehende Verkehrssitte bestehen (§ 151 S. 1 Alt. 1; siehe § 151 Rn 3). Für die Annahme des neuen Antrags bedarf es dann nur der Willensbetätigung durch den Erstantragenden. Die (verspätete) Annahme des Erstantrages ist ein starkes Indiz für einen **Zugangsverzicht**. Bei Geschäften von erheblicher Bedeutung für den verspätet Annehmenden ist dennoch nicht ohne weiteres von einem Zugangsverzicht auszugehen, weil hier regelmäßig eine **Rückmeldung gewollt** ist, um Klarheit über den Vertragsstand zu erhalten.[3]

3 Davon zu trennen ist die Frage, ob der Erstantragende durch (beredtes) Schweigen die Annahme erklärt hat. Das bloße Schweigen genügt nach den allgemeinen Grundsätzen nicht (siehe § 147 Rn 5–7). Die verspätete Annahme des Erstantrags kann aber zu einer entsprechenden Abrede geführt haben. Dies ist durch Auslegung zu ermitteln. Die Frage geht dahin, ob die Parteien bei Kenntnis der Verspätung und der Gründe, auf die die Verspätung beruht, den Vertragsschluss sofort und ohne weiteres gewollt hätten. Abs. 1 geht für den verspätet Annehmenden davon (widerleglich!) aus. Eine entsprechende gesetzliche Regelung für den Erstantragenden fehlt. § 149 ermöglicht für den besonderen Fall der unerkannt und unverschuldet verzögerten Beförderung den Vertragsschluss unmittelbar.[4] Es bleibt eine Frage des Einzelfalles, ob das Schweigen wie eine Annahme verstanden werden sollte. Zum Schutz vor ungewollten Bindungen ist mit einer Anwendung des § 242 aber Zurückhaltung geboten. Von der Rechtsprechung wird ein beredtes Schweigen regelmäßig bejaht, wenn ein besonderes Interesse des Erstantragenden an der Einhaltung der Annahmefrist nicht zu erkennen war.[5]

II. Vertragsannahme mit Änderungen (Abs. 2)

4 **1. Ablehnung des Antrages.** Vertragspositionen können nicht einseitig durchgesetzt oder untergeschoben werden. Die Annahme mit Änderungen gilt daher grundsätzlich als Ablehnung des (ganzen) Antrages (§ 146 Hs. 1). Beachtlich sind jegliche Erweiterungen, Einschränkungen und sonstigen Änderungen. Dies gilt auch dann, wenn der geänderte Vertragspunkt unwesentlich ist.[6] Ob Änderungen im Sinne von Abs. 2 vorliegen, ist aber **Auslegungsfrage** und daher nach dem objektivierten Empfängerhorizont des Antragenden festzustellen. Eine Änderung soll per se nicht vorliegen, wenn sie nicht klar und eindeutig aus der Annahmeerklärung

---

1 In dem Sonderfall des Vergabeverfahrens hat der BGH aus § 7 Abs. 1 S. 1 BHO (Wirtschaftlichkeitsgebot im Haushaltsrecht) eine Verpflichtung zur Annahme eines verfristeten Angebots bejaht, BGH NZ Bau 2004, 166 m. Anm. *Littorn*, LMK 2004, 81.
2 OLG München OLGZ 1978, 444, 446 f.
3 BGH NJW-RR 1994, 1165; OLG Köln NJW 1990, 1051 (Darlehensvertrag).
4 Die Wertungen des § 149 sind übertragbar. Für eine Beschränkung auf entsprechende Fälle deshalb *Flume*, BGB AT Bd. 2, § 35 II 2, S. 653.
5 BGH NJW 1999, 819; WM 1986, 577, 579; BB 1955, 1068; NJW 1951, 313; zust. Staudinger/*Bork*,
§ 150 Rn 6; HK-BGB *Dörner* § 150 Rn 2; wie hier einschr. aber mit anderer Begründung Erman/ *Armbrüster*, § 149 Rn 2.
6 BGH NJW 2001, 221, 222; 1993, 1035, 1036 (Ablehnung des ganzen Antrages); allg.M., Palandt/ *Heinrichs*, § 150 Rn 2, und gilt auch bei Hinzufügung eigener AGB, BGHZ 18, 212, 215. Nach Art. 19 Abs. 2 u. 3 CISG sind unwesentliche Änderungen nur auf Rüge hin beachtlich, vgl. Schlechtriem/ *Schlechtriem*, Kommentar zum Einheitlichen UN-Kaufrecht, 3. Aufl. 2000, Art. 19 CISG Rn 13 ff.

hervorgeht.[7] Sie scheidet jedenfalls dann aus, wenn es sich bei den Änderungen um Zusätze handelt, über die unabhängig ein selbständiger Vertrag geschlossen werden kann und soll. Das ist Auslegungsfrage, auf die vorrangig § 154 Abs. 1 anzuwenden ist. So liegt es etwa bei Annahme einer größeren als der angebotenen Menge. Der Erweiterung ist hier als Annahme des Angebots (Teilkonsens im Sinne von § 154 Abs. 1 S. 1), verbunden mit dem zusätzlichen Antrag auf Abschluss über die Differenzmenge zu verstehen (Abs. 2).[8] In anderen Fällen einer Teilannahme gilt grundsätzlich dasselbe.[9] Ebenso kommt zunächst und vorrangig **§ 155** zum Zuge, wenn den Parteien die Abweichung der Annahme von der Offerte **nicht bewusst** geworden ist. Der konsentierte Teil wird danach im Zweifel wirksam. Hinsichtlich der abweichenden Punkte liegt ein Antrag auf Vertragsergänzung vor.[10]

Eine innere Abhängigkeit zwischen Annahme und Änderung fehlt ferner, wenn der Annehmende notfalls auch unter den angebotenen Bedingungen kontrahieren wollte. Seine Änderungen bedeuten dann nur die Anmeldung von Änderungswünschen.[11] Das muss klar erkennbar sein, sonst greifen die §§ 154 Abs. 1, 150 Abs. 2 (ein Teilkonsens ist nach dem gemeinsamen Parteiwillen im Zweifel nicht gewollt, § 154 Abs. 1 S. 1 und § 150 Abs. 2 führen sodann insgesamt zur Ablehnung, verbunden mit einem neuen Angebot).

Eine Annahme unter Verweis auf die eigenen **AGB** stellt ebenfalls eine Ablehnung im Sinne von Abs. 2 dar. Auch hier geht aber die Prüfung der §§ 154, 155 mit der Folge vor, dass ggf. ein Vertragsschluss ohne Einbeziehung von AGB zu bejahen ist. Insbesondere dann, wenn der Vertrag durchgeführt wird, ist regelmäßig von einem dahin gehenden gemeinsamen Vertragsschlusswillen (ohne AGB) auszugehen (Auslegung durch Selbstinterpretation, vgl. § 154 Rn 6). Die AGB-Bezugnahme kann ergänzend als (neuer) Antrag auf Vertragsänderung zu werten sein. Das Schweigen des Antragenden führt allein nicht zu einer nachträglichen Einbeziehung. Bei widerspruchsloser Entgegennahme der Leistung soll aber Annahme u.U. zu bejahen sein[12] (zu dem Fall kollidierender AGB einschließlich sog. Abwehrklauseln vgl. AnwK-BGB/ *Hennrichs*, § 305 Rn 14).

2. Neuer Antrag. Abs. 2 deutet, wie Abs. 1, die abändernde Annahme nach dem mutmaßlichen Parteiwillen in einen bindenden Gegenantrag um. Voraussetzung für einen neuen Antrag ist aber, dass die Änderungen ausreichend bestimmt sind (§ 145 Hs. 1). Die Formulierung „Ihr Preis ist mir zu hoch" genügt nicht.[13]

Der neue Antrag kann regelmäßig nach § 151 S. 1 durch bloße Willensbetätigung angenommen werden. Ein konkludenter Verzicht auf den Zugang einer Annahmeerklärung (§ 151 S. 1 Hs. 2) liegt etwa im Bewirken einer geänderten Vertragsleistung. Das gilt auch gegenüber Verbrauchern.[14] Ebenso kann eine dahin gehende Verkehrssitte vorliegen (§ 151 S. 1 Hs. 1; siehe § 151 Rn 3). Die abänderte Annahme ist anders als die verspätete Annahme (Abs. 1) dagegen für sich genommen **kein klares Indiz für einen Zugangsverzicht** im Sinne von § 151 S. 1. Hier kommt es vielmehr darauf an, wie weit die Änderungen gegenüber dem Erstantrag gehen. Nur bei geringfügigen Änderungen ist von einem Zugangsverzicht auszugehen.

3. Annahme des neuen Antrages. Die Annahme des neuen Antrags (Gegenantrags) erfolgt nach allgemeinen Grundsätzen, d.h. durch ausdrückliche oder schlüssige Annahmeerklärung gegenüber dem (Zweit-)Antragenden oder – im Falle des § 151 – durch Willensbetätigung. Die Annahmeerklärung ist aus der Sicht des Erklärungsempfängers (Zweitantragenden) auszulegen. Für eine schlüssige Annahmeerklärung genügt hier aber selbst eine eindeutige Leistungshandlung noch nicht. Das Verhalten kann auch als Erfüllung des Vertrages zu verstehen sein, den der Erstantragende für geschlossen hält. Er muss daher wissen, dass ein geänderter Antrag vorliegt, d.h. er muss erkennen, dass sein Erstantrag abgelehnt und ihm ein neuer Antrag gemacht wurde, den er nun annimmt. Im Falle des § 151 kommt es darauf an, ob das **Gesamtverhalten** vom Standpunkt eines unbeteiligten objektiven Dritten aufgrund aller äußeren Indizien auf einen dahin gehenden wirklichen Annahmewillen des neuen (geänderten) Antrages schließen lässt[15] (siehe zur sog. Erlassfalle § 151 Rn 6).

Davon wiederum klar zu trennen ist die Frage, ob das (abändernde) neue Angebot durch (beredtes) **Schweigen** angenommen worden ist. Der Erstantrag erzeugt grundsätzlich keine Obliegenheit, einem Gegenantrag

---

7 BGH WM 1983, 313; 314; OLG Düsseldorf BauR 2001, 1911; zu weit gehend MüKo/*Kramer*, § 150 Rn 5. Richtigerweise sind hier zunächst §§ 154, 155 zu prüfen.
8 Ebenso MüKo/*Kramer*, § 150 Rn 6.
9 Es bleibt aber Auslegungsfrage, vgl. BGH NJW 2001, 221, 222; ZIP 1995, 816; Jauernig/*Jauernig*, § 150 Rn 2; nach RGZ JW 1925, 236 sei dies regelmäßig zu verneinen; ebenso Palandt/*Heinrichs*, § 150 Rn 2; Erman/*Armbrüster*, § 150 Rn 5.
10 Ebenso MüKo/*Kramer*, § 150 Rn 5.
11 BGH WM 1982, 1329, 1330; vgl. *Diederichsen*, in: FS Medicus 1999, S. 89, 98 ff.
12 BGHZ 18, 212, 216; 61, 282, 287; vgl. krit. v. *Westphalen*, NJW 2002, 1688, 1689 („Theorie des ersten Wertes"); Jauernig/*Stadler*, § 305 Rn 23.
13 Beispiel von Staudinger/*Bork*, § 150 Rn 13.
14 Eine „unbestellte Leistung" im Sinne von § 241a Abs. 1 liegt nicht vor (Abs. 2).
15 BGH NJW 2004, 287, 288; 2000, 276, 277; BGHZ 111, 97, 101; 74, 352, 356.

ausdrücklich zu widersprechen. Dies gilt auch dann, wenn der Gegenantrag als „Auftragsbestätigung" bezeichnet wird oder dergl. Das Schweigen auf ein abänderndes neues Angebot (Abs. 2) gilt nicht als Annahme. Die Rechtsprechung entscheidet anders nur bei geringfügigen Änderungen.[16] Annahmen müssen sich aus dem Erstantrag ergeben. Durfte der Annehmende die vorgenommenen Änderungen als von dem mutmaßlichen Willen des Erstantragenden (nun Schweigenden) gedeckt ansehen, so darf er auch dessen Schweigen in dieser Weise verstehen. Sonst nicht. Eine Ableitung aus § 242 ist dagegen überflüssig.

§ 151 Annahme ohne Erklärung gegenüber dem Antragenden

¹Der Vertrag kommt durch die Annahme des Antrags zustande, ohne dass die Annahme dem Antragenden gegenüber erklärt zu werden braucht, wenn eine solche Erklärung nach der Verkehrssitte nicht zu erwarten ist oder der Antragende auf sie verzichtet hat. ²Der Zeitpunkt, in welchem der Antrag erlischt, bestimmt sich nach dem aus dem Antrag oder den Umständen zu entnehmenden Willen des Antragenden.

Literatur: *Brehmer*, Annahme nach § 151 BGB, JuS 1994, 386; *Eckardt*, Die Vergleichsfalle als Problem der Auslegung adressatenloser Annahmeerklärungen nach § 151 S. 1 BGB, BB 1996, 1945; *Kleinschmidt*, Annahme eines Erlassangebots durch Einlösung eines mit dem Angebot übersandten Verrechnungsschecks? NJW 2002, 346; *Repgen*, Abschied von der Willenserklärung, AcP 200 (2000) 533; *Schönfelder*, Die Erlassfalle – ein unmoralisches Angebot?, NJW 2001, 492; *Schwarze*, Die Annahmehandlung in § 151 BGB als Problem der prozessualen Feststellbarkeit des Annahmewillens, AcP 202 (2002), 607.

A. Allgemeines	1	III. Erlöschen des Antrags bei Zugangsverzicht (S. 2)	8
B. Regelungsgehalt	3	C. Weitere praktische Hinweise	9
I. Zugangsverzicht (S. 1)	3		
II. Annahme durch Willensbetätigung	5		

A. Allgemeines

1 S. 1 ermöglicht eine vereinfachte Vertragsannahme und führt zu einer Vorverlagerung des Vertragsschlusses: Die Annahme braucht gegenüber dem Antragenden nicht erklärt zu werden. Die §§ 130 f. sind nicht anwendbar. Verkürzt kann von einem Zugangsverzicht gesprochen werden. Auf die Annahme selbst wird dagegen nicht verzichtet. Sie bringt den Vertrag zustande (S. 1) und bleibt daher erforderlich (Konsensprinzip des Vertragsrechts, vgl. vor § 145 Rn 16).

2 Streitig ist aber die **Rechtsnatur** der vereinfachten Annahme. Die Literatur geht überwiegend von einer Willenserklärung unter Verzicht auf das Zugangserfordernis aus (nicht empfangsbedürftige Willenserklärung[1]). Dagegen behauptet sich die Auffassung, wonach auch eine äußere Erklärungshandlung entbehrlich sei. Allein der Annahmewille (Willensentschluss als innere Tatsache) muss danach vorliegen und festgestellt werden.[2] Der BGH schlägt einen historisch gesicherten Mittelweg ein und verlangt eine sog. **Willensbetätigung**.[3] Dazu ist ein nach außen hervortretendes Verhalten des Angebotsempfängers erforderlich, das vom Standpunkt eines unbeteiligten objektiven Dritten aufgrund aller äußeren Indizien auf einen wirklichen Annahmewillen schließen lässt.[4] Die Willensbetätigung ist danach eine Annahmehandlung, die durch ein

---

16 BGH DB 1956, 474 (Annahme bejaht); BGHZ 61, 282, 285; BGH NJW 1995, 1671, 1672; OLG Hamm WM 1997, 611, 612; ebenso Erman/*Armbrüster*, § 150 Rn 7.

1 Die Formulierungen sind uneinheitlich: Staudinger/*Bork*, § 151 Rn 14; Erman/*Armbrüster*, § 151 Rn 9; Jauernig/*Jauernig*, § 151 Rn 1 (jeweils nicht empfangsbedürftige Willenserklärung); Palandt/*Heinrichs*, § 151 Rn 1 (nichtempfangsbedürftige Willensäußerung); *Repgen*, AcP 200 (2000) 533; *Brehmer*, JuS 1994, 386, 387.

2 *Schwarze*, AcP 202 (2002), 607, 627 ff.; *Flume*, BGB AT Bd. 2, § 35 II, 3.

3 MüKo/*Kramer*, § 151 Rn 49 (Willenserklärung in Form einer Willensbetätigung); Soergel/*Wolf*, § 151 Rn 7 (offen lassend); Larenz/*Wolf*, BGB AT, § 30 Rn 2; *Medicus*, BGB AT, § 26 Rn 382; zur Entstehungsgeschichte HKK/*Oestmann*, §§ 145–156 Rn 18.

4 BGH NJW 2004, 287, 288; 2000, 276, 277; BGHZ 111, 97, 101; 74, 352, 356.

Annahme ohne Erklärung gegenüber dem Antragenden § 151

Gesamtverhalten begründet wird.[5] Als Gesamthandlung[6] muss daraus der sichere Rückschluss auf den wirklichen Annahmewillen möglich sein.

B. Regelungsgehalt

I. Zugangsverzicht (S. 1)

Der Zugang der Annahme ist entweder nach der Verkehrssitte (S. 1 Hs. 1 „objektiver Verzicht"[7]) oder wegen des Verzichts des Antragenden in der konkreten Vertragsschlusssituation entbehrlich. Nach der Verkehrssitte (zum Begriff vgl. § 157 Rn 2) entfällt der Zugang bei unentgeltlicher Zuwendung (§ 516 Abs. 2) und bei für den Antragsempfänger lediglich vorteilhaften Geschäften.[8] Ebenso ist bei Bestellungen im Versandhandel[9] oder von einzelnen kurzfristig gebuchten Hotelzimmern eine gesonderte vorherige Annahmeerklärung nicht zu erwarten.[10] Ähnlich, wenn typischerweise sofortige Erledigung erforderlich ist (§ 663).[11] Bei Versicherungen besteht dagegen grundsätzlich keine allgemeine dahin gehende Verkehrssitte.[12]

Der Verzicht des Antragenden dient dem beschleunigten Vertragsschluss. Er ist ausdrückliche oder schlüssige, formlose, aber empfangsbedürftige Willenserklärung.[13] Der Verzicht auf den Zugang ist auch bei formbedürftigen Geschäften möglich,[14] stets aber nur in Bezug auf Annahmeerklärungen. Das gilt auch für Verbrauchergeschäfte.[15] § 151 ist dagegen nicht anwendbar auf behördliche Willenserklärungen (Verzicht auf Zugang bei vormundschaftlicher Genehmigung ist nicht möglich, § 1829 Abs. 1 S. 2). Ein konkludenter Verzicht ergibt sich bei sofortigem Leistungsverlangen oder der Zusendung unbestellter Ware (Realofferte gegenüber Abwesenden; bei Verbrauchergeschäft wegen § 241a Abs. 1 ohne Wirkung, vgl. § 145 Rn 7). Aus einer verspäteten Annahme ergibt sich für das neue Angebot (§ 150 Abs. 1) bei weniger bedeutsamen Geschäften ebenfalls ein Zugangsverzicht (siehe § 150 Rn 2).

II. Annahme durch Willensbetätigung

Die Willensbetätigung wird durch ein **Gesamtverhalten** (Gesamthandlung) festgestellt. Eine ausdrückliche oder schlüssige Erklärung der Annahme gegenüber dem Antragenden bleibt möglich. Eine Erklärung mit Kundgabezweck ist in den Fällen des S. 1 für das Zustandekommen des Vertrages nur nicht erforderlich. Liegt sie vor, ist die Erklärung als die erste eindeutige Handlung dennoch Annahmehandlung (Gesamthandlung) im Sinne von S. 1 und bewirkt den Vertragsschluss bereits mit ihrer Abgabe (etwa Versenden des Schreibens über die Vertragsannahme). Die Willensbetätigung wird durch das Gesamtverhalten festgestellt. Es muss ein nach außen hervortretendes Verhalten des Angebotsempfängers sein, das vom Standpunkt eines unbeteiligten objektiven Dritten aufgrund aller äußeren Indizien auf einen wirklichen Annahmewillen schließen lässt.[16] Maßgebend ist nicht die Sicht des Antragenden, sondern eine indizielle richterliche Bewertung. Als äußere Indizien kommen etwa in Betracht: Leistungserbringung (Lieferung; Versendung, aber nicht schon Bereitstellung zur Versendung;[17] Kaufpreiszahlung), Gebrauchshandlungen und Verfügungen (nicht aber bei

---

5 Die isolierbare Willenshandlung bleibt für einen weiten Grenzbereich damit nur als regulative Vorstellung erhalten. Deshalb muss aber, entgegen *Schwarze*, AcP 202 (2002), 607, 629 f., das Konzept der Willensbetätigung als Annahmehandlung nicht aufgegeben werden.
6 Die Willensbetätigung lässt sich als Gesamthandlung bezeichnen, weil sie allein aus einzelnen indiziellen, aber unspezifischen Handlungsmomenten (Betätigungen) bestehen kann. Der Handlungsbegriff wird hier durch einen Abwägungsvorgang bestimmt und damit prozeduralisiert, vgl. *Röhl*, Allgemeine Rechtslehre, 2. Aufl. 2001, S. 247 f. Insoweit konvergiert die Willensbetätigung mit der Vorstellung vom Willensgeschäft (*Flume*, BGB AT Bd. 2, § 35 II, 3 zurückgehend auf *Manigk*, Das rechtswirksame Verhalten, 1939, S. 296 ff., 344 ff.). Der Willensentschluss kann so dem begrifflichen Einengung materiellrechtlich zur Geltung gebracht werden. Insofern dennoch skeptisch *Eckardt*, BB 1996, 1945, 1947.
7 MüKo/*Kramer*, § 151 Rn 52; *Flume*, BGB AT Bd. 2, § 35 II, 3.
8 BGH NJW 2004, 287, 288; 2003, 758, 759 (Schulderlass); 2000, 276, 277 (Abtretung einer Forderung); 2000, 2984 f. (abstraktes Schuldanerkenntnis); 1999, 1328.
9 LG Gießen NJW-RR 2003, 1206 f. (Annahme durch Zusendung ohne gesonderte Erklärung).
10 Bei frühzeitiger Buchung besteht aber ggf. kraft Handelsbrauch oder allgemeiner Verkehrssitte ein freies Rücktrittsrecht, vgl. LG Hamburg NJW-RR 2004, 699, 670 f. (kostenloses Stornorecht für Event-Veranstalter).
11 Staudinger/*Bork*, § 151 Rn 7; Erman/*Armbrüster*, § 151 Rn 3: Börsengeschäfte in laufender Geschäftsverbindung, Arztvertrag in dringenden Fällen.
12 Im Einzelnen vgl. *Prölss*/Martin, VVG, 26. Aufl. 1998, § 3 Rn 3.
13 Staudinger/*Bork*, § 151 Rn 10; a.A. HK-BGB/*Dörner*, § 151 Rn 5 (geschäftsähnliche Handlung).
14 BGH NJW-RR 1986, 1300, 1301; BGH NZG 2004, 820, 821; Anm. *Bülow*, LMK 2004, 161.
15 BGH NZG 2004, 820; Anm. *Bülow*, LMK 2004, 161.
16 BGH NJW 2004, 287, 288; 2000, 276, 277; BGHZ 111, 97, 101; 74, 352, 356.
17 Das ist bedeutsam für die Frage, ab wann § 447 den Verkäufer entlastet, Erman/*Armbrüster*, § 151 Rn 6.

unbestellt zugesandten Waren oder erbrachten sonstigen Leistungen im Sinne von § 241a), Einbehalten einer übersandten Bürgschaftsurkunde,[18] interne Verbuchung usf. Es kommen hier prinzipiell **alle Verhaltensweisen mit Indizwert für den Annahmewillen** in Betracht. Schweigen ist für sich genommen kein Indiz und genügt daher nicht.

6 Strengere Voraussetzungen an die Feststellung einer Annahmehandlung sind zu stellen, wenn die Annahme zu einem Rechtsverlust führt (Annahme eines Erlassvertrages, sog. **Erlassfalle**[19]). Die Schaffung besonderer Anreize zur Vornahme von Annahmehandlungen mindert die Indizwirkung für den wirklichen Annahmewillen. Die Einlösung eines Schecks über einen Minimalbetrag[20] indiziert daher noch nicht die Annahme eines Erlassantrages, sondern ist Schuldendienst. Gleichzeitiger Widerspruch bei Einlösung ist nicht erforderlich, in weniger eindeutigen Fällen aber vorsorglich zu empfehlen. Auch bei Abfindungsvergleichen[21] sind strenge Anforderungen an den Annahmewillen zu stellen. Stets ist das Gesamtverhalten zu bewerten.

7 Die Willensbetätigung ist adressatenlos. Verkehrsschutzüberlegungen treten daher zurück. Der Widerruf einer Willensbetätigung (§ 130 Abs. 1 S. 2 analog[22]) ist nicht möglich, aber auch nicht nötig. **Gegenläufiges Erklärungsverhalten** ist im Rahmen der Gesamthandlung Annahme – im Prozess bis zum Schluss der mündlichen Verhandlung[23] – wertend zu berücksichtigen.[24] Die Möglichkeit der Richtigstellung macht auch die Anfechtung aufgrund fehlenden (Erklärungs-)Betätigungsbewusstseins entbehrlich. Dagegen kommt die Anfechtung der Annahmehandlung in Betracht, wenn die Willensbetätigung irrtumsbehaftet war oder eine Täuschung oder Drohung vorlag.[25]

III. Erlöschen des Antrags bei Zugangsverzicht (S. 2)

8 S. 2 ist eine Sonderregelung über die Annahmefrist. §§ 147 Abs. 2, 148 sind nicht anwendbar.[26] Die Annahmebetätigung muss innerhalb der vom Antragenden gesetzten Frist erfolgen. Fehlt eine solche Fristsetzung, ist der diesbezügliche Wille des Antragenden aus den Umständen festzustellen. Die Interessenlage kann auch zu unbestimmt langen Bindungszeiträumen führen. Das ist Frage des Einzelfalles.[27]

C. Weitere praktische Hinweise

9 Die **Beweislast** für das Zustandekommen des Vertrages trägt auch im Falle des S. 1 derjenige, der sich auf den Vertrag beruft. Der Verzicht auf den Zugang muss hier dargelegt und bewiesen werden. Bei objektiv vorliegender Annahmehandlung trägt der Empfänger die Beweislast für das behauptete Fehlen des Annahmebewusstseins.[28]

§ 152 Annahme bei notarieller Beurkundung

¹Wird ein Vertrag notariell beurkundet, ohne dass beide Teile gleichzeitig anwesend sind, so kommt der Vertrag mit der nach § 128 erfolgten Beurkundung der Annahme zustande, wenn nicht ein anderes bestimmt ist. ²Die Vorschrift des § 151 Satz 2 findet Anwendung.

---

18 BGH NJW 1997, 2233; 2000, 1563.
19 Vgl. *Kleinschmidt*, NJW 2002, 346; *Schönfelder*, NJW 2001, 492; *Eckardt*, BB 1996, 1945.
20 BGH NJW 2001, 2325, 2326; OLG Koblenz NJW 2003, 758, 759; anders soll bei 70% der Schuldsumme zu entscheiden sein, OLG Hamm NJW-RR 1998, 1662 f. (Einzelfallfrage).
21 Vgl. BGHZ 111, 97, 101 f.; dazu BVerfG NJW 2001, 1200.
22 MüKo/*Kramer*, § 151 Rn 233; *Brehmer*, JuS 1994, 386, 390 f.
23 *Schwarze*, AcP 202 (2002), 607, 627.
24 RGZ 102, 370, 372; *Flume*, BGB AT Bd. 2, § 35 II, 3; *Schwarze*, AcP 202 (2002), 607, 618 ff., 627 (spätere Indizien werden vor dem Hintergrund der früheren bewertet und haben daher einen geringeren Beweiswert).
25 Vgl. Erman/*Armbrüster*, § 151 Rn 9.
26 BGH NJW 1999, 2179, 2180.
27 BGH NJW 1999, 2179, 2180 (unbegrenzt bis zur Ablehnung des Angebots); 2000, 2984, 2985 (3 Wochen bei Angebot in der Urlaubszeit).
28 BGH NJW-RR 1986, 415; Erman/*Armbrüster*, § 151 Rn 9.

A. Allgemeines

§ 152 hebt das Zugangserfordernis der Vertragsannahme bei einer getrennten notariellen Beurkundung von Antrag und Annahme auf. Die Vorschrift dient der Vereinfachung und Beschleunigung des Vertragsabschlusses in Fällen der **Sukzessivbeurkundung**.[1]

B. Regelungsgehalt

S. 1 findet Anwendung, wenn der Vertrag kraft Gesetzes oder kraft Parteivereinbarung der notariellen Beurkundung im Sinne von § 128 unterliegt. Bei vereinbarter Schriftform oder öffentlicher Beglaubigung einer Vertragserklärung gilt sie nicht.[2] Der notariellen Beurkundung stehen Beurkundungen durch andere Stellen funktional gleich, wenn diese anstelle des Notars nach Landesrecht zuständig sind (§ 61 BeurkG).[3] Die Vorschrift setzt die getrennte Beurkundung der Vertragserklärungen voraus. Ist gleichzeitige Anwesenheit beider Parteien durch Vereinbarung vorgesehen oder gesetzlich vorgeschrieben, so kommt S. 1 nicht zum Zuge. Insbesondere auf Grundstücksgeschäfte und Eheverträge findet die Vorschrift somit keine Anwendung (§§ 925, 1410, 2276). S. 1 ist deshalb auch dann nicht anwendbar, wenn die gleichzeitige Anwesenheit ein- oder beiderseitig durch das Handeln von Stellvertretern hergestellt wird (vgl. § 164 Abs. 1 u. 3). Bei **vollmachtloser Vertretung** wird der Vertrag mit der notariellen Beurkundung der Genehmigung wirksam. Auf sie findet S. 1 analoge Anwendung und führt zur sofortigen Vertragswirksamkeit (str.[4]).

Der Vertrag wird mit der Beurkundung der Annahmeerklärung durch den Notar (Abgabe) wirksam.[5] Sofern die Annahme Änderungen enthält, kann in ihr nach Maßgabe des § 150 Abs. 2 eine Ablehnung verbunden mit einem neuen Antrag liegen. Auf dessen Annahme ist S. 1 ebenso anwendbar. Für die Annahmefrist verweist S. 2 auf § 151 S. 2. Die Annahme muss innerhalb der vom Antragenden gesetzten Frist erfolgen. Fehlt eine ausdrückliche Fristsetzung, ist der diesbezügliche Wille des Antragenden aus den Umständen festzustellen. § 147 Abs. 2 ist nicht anwendbar. Die Interessenlage kann zu längeren Bindungszeiträumen führen (siehe § 151 Rn 8).

C. Weitere praktische Hinweise

§ 152 kann ausdrücklich oder konkludent abbedungen werden. Der Zugang ist dann erforderlich. Die Vereinbarung einer dahin gehenden Bedingung, dass der Vertrag erst mit Benachrichtigung gelten soll, ist ebenfalls vereinbar und kommt der vollständigen Abbedingung des S. 1 sehr nahe. Es kann auch Zugang bei einer dritten Person, insbesondere bei dem erstbeurkundenden Notar vereinbart werden. Ferner kann dieser nicht als Empfangsvertreter (mit Zugang wirksam), sondern nur als Empfangsbote eingesetzt werden. Möglich ist auch die Vereinbarung einer (bloßen) **Benachrichtigungspflicht** des Annehmenden. Ihre Verletzung führt zur Haftung aus c.i.c. (§§ 311 Abs. 2 Nr. 2, 241 Abs. 2).[6]

Eine schlüssige Abbedingung ist möglich. Aus einer Befristung des Angebots (§ 148) wird sie sich dann ergeben, wenn der Antragende mit Ablauf der Frist insbesondere Klarheit über den Vertragsstand haben wollte. Das ist Auslegungsfrage.[7] Eine Beweislastumkehr ergibt sich aus einer Fristsetzung nicht.[8] Der Antragende trägt die Beweislast, wenn er mit der Fristsetzung auch § 152 abbedingen wollte (arg. S. 2).

---

1 OLG Karlsruhe NJW 1988, 2050. Der Grund liegt dagegen nicht darin, dass die Annahme bei vorab beurkundetem Angebot lediglich den Charakter einer Einverständniserklärung habe (MüKo/*Kramer*, § 152 Rn 1; Erman/*Armbrüster*, § 152 Rn 1; ähnlich Staudinger/*Bork*, § 152 Rn 1). Das ist rechtstechnisch stets die einzige Funktion der Annahme. Dagegen ist der durch die Beurkundung gewährleistete Schutz vor Übereilung erreicht und die Möglichkeit des Widerrufs durch den Annehmenden ohne innere Berechtigung (§ 130 Abs. 1 S. 2).

2 RGZ 93, 175, 176; BGH NJW 1962, 1390. Hier kann der Zugang der Annahme nach § 151 S. 1 entbehrlich sein.

3 S. 1 findet auf diese Beurkundungen entsprechende Anwendung; allg.M., Staudinger/*Bork*, § 152 Rn 2.

4 OLG Karlsruhe NJW 1988, 2050; MüKo/*Kramer*, § 152 Rn 5; Staudinger/*Bork*, § 152 Rn 3; gegen eine analoge Anwendung spricht, dass das Geschäft nicht auf eine Sukzessivbeurkundung etwa bei verschiedenen Notaren angelegt war. Daher a.A. *Hänlein*, JuS 1990, 737, 739; *Tiedtke*, BB 1989, 924, 926 f.

5 BGH NJW 2002, 213, 214; OLG Karlsruhe NJW 1988, 2050.

6 Vgl. Staudinger/*Bork*, § 152 Rn 6; Bamberger/Roth/*Eckert*, § 152 Rn 5.

7 Vgl. BGH NJW-RR 1989, 199; Jauernig/*Jauernig*, § 152 Rn 2; Palandt/*Heinrichs*, § 152 Rn 2; Soergel/*Wolf*, § 152 Rn 7; zurückhaltender und gegen eine Beweislastumkehr aber Staudinger/*Bork*, § 152 Rn 7; MüKo/*Kramer*, § 152 Rn 3.

8 RGZ 96, 273, 275 (Beweislast für fehlendes Zugangserfordernis beim Antragsempfänger).

§ 153 Tod oder Geschäftsunfähigkeit des Antragenden

¹Das Zustandekommen des Vertrags wird nicht dadurch gehindert, dass der Antragende vor der Annahme stirbt oder geschäftsunfähig wird, es sei denn, dass ein anderer Wille des Antragenden anzunehmen ist.

A. Allgemeines ... 1	II. Tod oder Geschäftsunfähigkeit des Antragsempfängers ... 5
B. Regelungsgehalt ... 2	C. Weitere praktische Hinweise ... 6
I. Tod oder Geschäftsunfähigkeit des Antragenden ... 2	

A. Allgemeines

1 Im Falle des Todes oder der Geschäftsunfähigkeit des Antragenden bleibt die abgegebene Antragserklärung wirksam. Die in § 153 ausgesprochene Fortwirkung ergibt sich formal bereits aus § 130 Abs. 2, wonach Tod oder Geschäftsunfähigkeit auf die Wirksamkeit der Willenserklärung keinen Einfluss haben. § 153 lässt aber auch die Antragsbindung (§ 145 Hs. 1) fortbestehen und, anders als die Zugangsregel, den Willen des Antragenden über die fortdauernde Annahmefähigkeit des Vertragsantrages entscheiden (a.E.). § 153 ergänzt §§ 145, 148, 151 S. 1, 152 S. 1 und ist von daher gegenüber § 130 Abs. 2 eigenständig.[1]

B. Regelungsgehalt

I. Tod oder Geschäftsunfähigkeit des Antragenden

2 § 153 greift ein, wenn der Antragende nach der Abgabe seiner Angebotserklärung aber vor dem Vertragsschluss stirbt oder geschäftsunfähig wird. Die Fortwirkung des 153 gilt daher bei Tod und Geschäftsunfähigkeit vor oder nach dem Zugang der Antragserklärung beim Empfänger. Vor dem Zugang bleibt auch das **Widerrufsrecht** aus § 130 Abs. 1 S. 2 zugunsten des Gesamtrechtsnachfolgers oder des gesetzlichen Vertreters bestehen. Ferner wirkt § 153 nach Abgabe der Annahmeerklärung bis zu deren Zugang bei dem Erben oder gesetzlichen Vertreter des Antragenden fort.[2] Anders nur, wenn der Vertrag bereits nach §§ 151 S. 1, 152 S. 1 vorher zustande gekommen ist.

3 Auf sonstige Ereignisse in der Person des Antragenden, wie den Eintritt beschränkter Geschäftsfähigkeit, etwa durch Rücknahme der Ermächtigungen nach §§ 112 Abs. 2, 113 Abs. 2, die Eröffnung des Insolvenzverfahrens[3] oder die Entstehung von Verfügungsbeschränkungen durch Heirat nach §§ 1365, 1369 und Gütergemeinschaft §§ 1422 ff., ist **§ 153 entsprechend** anzuwenden. Soweit sich die Fortwirkung schon durch die Auslegung des Antrages ergibt, geht die Auslegung vor.[4]

4 Der Vertrag kommt dagegen nicht zustande, wenn ein dahin gehender Wille des Antragenden anzunehmen ist (§ 153 a.E.). Ausdrückliche Erklärungen des Antragenden sind selten. Die überwiegende Meinung in der Literatur[5] sieht in § 153 a.E. eine gesetzliche Auslegungsregel, die auf den hypothetischen Willen des Antragenden abstellt und fragt, was dieser bei Kenntnis etwa des nahen Todes gewollt hätte. Führt das zur Unwirksamkeit der Antragserklärung, so kann ein ggf. begründetes Vertrauen des Empfängers in die fortbestehende Wirksamkeit entstanden sein und einen **Schadensersatzanspruch** nach § 122 Abs. 2 analog rechtfertigen. Vorzugswürdig ist es deshalb aber, gleich nach allgemeinen Auslegungsgrundsätzen den Willen des Antragenden zu ermitteln. Lässt sich nach der objektivierten Empfängersicht des Adressaten nicht erkennen, dass der Antrag unwirksam werden sollte, so bleibt er nach der Regel des § 153 wirksam. Das **Risiko einer Fehldeutung** trägt hier, wie stets, der Erklärungsempfänger.[6] Gegen eine Fortgeltung des Antrages spricht es, wenn über Leistungen für den höchstpersönlichen Bedarf des Verstorbenen kontrahiert

---

[1] Sie diente historisch ferner zur Klarstellung gegenüber der gegenläufigen gemeinrechtlichen Regel, vgl. Staudinger/Bork, § 153 Rn 1.
[2] OLG Hamm NJW-RR 1987, 342, 343; allg.M., Staudinger/Bork, § 153 Rn 3. Die Wirksamkeit des Antrages, verstanden als Annahmefähigkeit, muss bis zu diesem Zeitpunkt und nicht nur bis zur Abgabe der Annahmeerklärung aufrechterhalten bleiben.
[3] Dinglich wirkende Verfügungen über einen Massegegenstand werden dagegen nach § 81 Abs. 1 S. 1 InsO unwirksam.
[4] Zutr. MüKo/Kramer, § 153 Rn 2; nur aus diesem Grunde hat BGH NJW 2002, 213, 214 die Anwendung des § 153 im Insolvenzfalle verneint und den Bestand eines schuldrechtlichen Vertrages bejaht.
[5] Larenz/Wolf, BGB AT, § 29 Rn 30 f.; Soergel/Wolf, § 153 Rn 14; Palandt/Heinrichs, § 153 Rn 2 (Auslegungsfrage, aber auf Erkennbarkeit für den Empfänger kommt es nicht an); Staudinger/Bork, § 153 Rn 5; Erman/Armbrüster, § 153 Rn 2.
[6] Flume, BGB AT Bd. 2, § 35 I, 4; Medicus, BGB AT, § 26 Rn 377; MüKo/Kramer, § 153 Rn 3 f.; offen gelassen von Jauernig/Jauernig, § 153 Rn 4.

werden soll oder wenn es sich um solche Leistungen handelt, die, wie der Antragsempfänger erkennt, nur für den Antragenden von Bedeutung sind (Jagdwaffe für Jäger).

II. Tod oder Geschäftsunfähigkeit des Antragsempfängers

Eine entsprechende Regelung für den Fall des Todes oder der Geschäftsunfähigkeit des Antragsempfängers existiert nicht. Es gelten folgende Grundsätze: Stirbt der Antragsempfänger vor Abgabe der Annahmeerklärung, so ist durch Auslegung festzustellen, ob auch die Erben Adressaten des Antrages sein sollten. Eine dahin gehende Vermutung besteht nicht.[7] Im Falle der Geschäftsunfähigkeit des Antragsempfängers vor dem Zugang des Antrages muss der Antrag dem gesetzlichen Vertreter zugehen (§ 131 Abs. 1). Nach dem Zugang kann der gesetzliche Vertreter nur dann die Annahme erklären, wenn anzunehmen ist, dass der Vertrag auch mit einem Geschäftsunfähigen geschlossen werden soll (jedenfalls nicht, wenn Geschäftsfähigkeit für die Vertragserfüllung erforderlich ist). Stirbt der Antragsempfänger nach der Abgabe der Annahmeerklärung, so hat dies auf den Vertragsschluss keine Auswirkung (§ 130 Abs. 2).

5

C. Weitere praktische Hinweise

Die Weitergeltung des Antrags ist die Regel. Daher trifft etwa den Erben des Antragenden die **Beweislast** für einen gegenläufigen Willen. Lässt sich ein solcher nicht feststellen, bleibt es bei § 153.

6

§ 154 Offener Einigungsmangel; fehlende Beurkundung

(1) ¹Solange nicht die Parteien sich über alle Punkte eines Vertrags geeinigt haben, über die nach der Erklärung auch nur einer Partei eine Vereinbarung getroffen werden soll, ist im Zweifel der Vertrag nicht geschlossen. ²Die Verständigung über einzelne Punkte ist auch dann nicht bindend, wenn eine Aufzeichnung stattgefunden hat.

(2) ¹Ist eine Beurkundung des beabsichtigten Vertrags verabredet worden, so ist im Zweifel der Vertrag nicht geschlossen, bis die Beurkundung erfolgt ist.

Literatur: *Jung*, Die Einigung über die „essentialia negotii" als Voraussetzung für das Zustandekommen eines Vertrages, JuS 1999, 28; *Leenen*, Abschluß, Zustandekommen und Wirksamkeit des Vertrages, AcP 198 (1998), 381.

A. Allgemeines	1	II. Formlose Einigung bei Beurkundungsabrede	
B. Regelungsgehalt	4	(Abs. 2)	7
I. Teileinigung (Abs. 1)	4	C. Weitere praktische Hinweise	8

A. Allgemeines

§ 154 fragt nach dem Parteiwillen zum Vertragsabschluss im Falle der Teileinigung (Abs. 1) und im Falle der nicht vollzogenen Formabrede (Abs. 2). In beiden Fällen ist die Frage aufgeworfen, ob aufgrund der teilweisen oder der formlosen Einigung bereits eine vertragliche Bindung eingetreten ist.[1] § 154 votiert im Zweifel gegen die Vertragsbindung. Die offenen Vertragspunkte lassen ebenso wie der ausstehende Formvollzug darauf schließen, dass der Vertrag noch nicht geschlossen sein soll und die Parteien sich dessen auch bewusst sind. Die amtliche Überschrift spricht von einem offenen Einigungsmangel (**offener Dissens**) und der fehlenden Beurkundung.

1

Abs. 1 ist Auslegungsregel (nicht gesetzliche Vermutung)[2] für den Fall der teilweisen Einigung. Die Parteien wollen danach den Vertrag erst dann als geschlossen ansehen, wenn sie sich in allen Punkten geeinigt haben. Eine nur teilweise Einigung soll im Zweifel noch nicht als Vertragsschluss (über diesen Teil) zu werten sein

2

---

7 Das gilt gleichermaßen bei Tod vor oder nach dem Zugang des Antrags, vgl. Staudinger/*Bork*, § 153 Rn 10 u. 11.
1 Bei der vereinbarten Beurkundung (Abs. 2) ist die Einigung in allen Punkten erreicht, und zwar auch in der Formfrage. Abs. 2 lässt sich aus diesem Grunde nicht ohne weiteres als Sonderfall der Teileinigung

(Abs. 1) auffassen, vgl. Jauernig/*Jauernig*, § 154 Rn 1.
2 BGH NJW 1951, 397; 1997, 2671; 2002, 818; MüKo/*Kramer*, § 154 Rn 6; Soergel/*Wolf*, § 154 Rn 5; Erman/*Armbrüster*, § 154 Rn 1; Bamberger/ Roth/*Eckert*, § 154 Rn 8; a. A. *Leenen*, AcP 198 (1998) 381, 402.

(Abs. 1 S. 1). Dieses **Vollständigkeitserfordernis**[3] gilt auch dann, wenn eine Aufzeichnung stattgefunden hat (sog. **Punktation**, Abs. 1 S. 2). Abs. 2 enthält eine entsprechende Auslegungsregel für Formabreden. Danach wollen die Parteien den Vertrag im Zweifel erst als geschlossen ansehen, wenn sie das verabredete Formerfordernis vollzogen haben.[4] Die §§ 154 f. gehen § 150 Abs. 2 vor (vgl. § 150 Rn 4 ff.).

3 § 154 beruht auf dem **Konsensprinzip**. Leistungspflichten und Forderungsrechte erwachsen aus der Einigung, und nur aus ihr. Deshalb kann eine Teileinigung (Abs. 1) per se nicht bewirken, dass der Vertragsschluss auch andere Punkte oder gar das gesamte Vertragsprogramm erfasst. Sie wirft allein die Frage auf, ob ein (Teil-)Vertrag schon geschlossen ist.[5] Das Konsensprinzip besagt überdies, dass keine Rechtswirkung ohne den Willen der Vertragsparteien entsteht. Dieser Wille[6] kann im Sinne einer Vertragsabschlussbestimmung auch auf den Konsens selbst bezogen werden. Deshalb führt selbst die vollständige Einigung nicht notwendig zum Vertragsschluss, wenn die Parteien sich noch eine Beurkundung vorbehalten hatten (Abs. 2).[7]

B. Regelungsgehalt

I. Teileinigung (Abs. 1)

4 Die Parteien müssen eine Einigung erzielt haben, die für sich bereits einen Vertrag begründen kann. Ohne Bedeutung ist, auf welche Weise die Einigung zustande gekommen ist.[8] Die Teileinigung muss die wesentlichen Vertragskriterien erfüllen (sog. *essentialia negotii*). Haben die Parteien sich über einen objektiv wesentlichen Vertragspunkt noch nicht geeinigt, so ist bereits nach allgemeinen Gründen kein Vertrag zustande gekommen (sog. **logischer Dissens**). Abs. 1 ist nicht anwendbar. Allerdings genügt es, wenn der wesentliche Vertragspunkt gesetzlich bestimmt ist (bspw. §§ 612, 632, 653[9]), die Parteien einen Bestimmungsmodus vereinbart haben (§§ 315 ff.[10]) oder der Punkt im Wege der ergänzenden Vertragsauslegung festzustellen ist.[11]

5 Abs. 1 findet Anwendung, wenn ein sonstiger Punkt (Nebenpunkte sog. *accidentalia negotii*), der nach dem erkennbaren Willen auch nur einer Partei geregelt werden sollte, ungeregelt blieb. An den mindestens einseitigen Willen, einen Punkt regeln zu wollen, werden keine allzu hohen Anforderungen gestellt. Erforderlich ist, dass die Regelung des Punktes zumindest einseitig für nötig gehalten wurde. Um einen objektiv wesentlichen Punkt muss es sich nicht handeln. Auch offen gelassene unbedeutende Nebenpunkte genügen.[12] Ferner muss das **Einbeziehungsverlangen** mindestens schlüssig erklärt worden sein. Schweigen

---

3 Das Vollständigkeitserfordernis beruht auf dem Parteiwillen und wird indiziert durch die Bekundung, einen bestimmten Punkt im Vertrag regeln zu wollen. Man kann daher von einer Vertragsschlussabrede (Vollständigkeitsabrede) sprechen. Sie ist in schriftlichen Verträgen als Vollständigkeitsklausel üblich. Häufig wird jedoch über das Vollständigkeitserfordernis keine, auch keine konkludente vertragliche Abrede getroffen. Es handelt sich in diesem Falle um eine gemeinsame Vorstellung der Parteien (ähnlich der subjektiven Geschäftsgrundlage eines Vertrages über die – im unwidersprochen gebliebenen Regelungswunsch – zutage getretenen gemeinschaftlichen Vorstellungen der Parteien. Zum Geschäftsgrundlagenbegriff vgl. BGH NJW 2002, 3697, st. Rspr.; Palandt/*Heinrichs*, § 313 Rn 3 ff.). Nach verbreiteter Auffassung (vgl. m. Nachw. *Leenen*, AcP 198 (1998), 381, 402 f. u. Fn 64, 67) soll es sich um eine (auch einseitige) Abschlusssperre handeln, die sich aus der negativen Vertragsfreiheit ergäbe. Die Aufhebung der Abschlusssperre soll dagegen nur konsensual erfolgen (a.a.O., S. 403; auch: S. 402 Fn 66: Verständigung über Abschlussvoraussetzungen sei notwendige Voraussetzung).

4 Die Formabrede ist dann Vertragsabschlussbestimmung und der Formvollzug Vertragsabschlussvoraussetzung. Der Zweck der Formabrede liegt hier nicht allein in der Schaffung eines Beweismittels. Zur Funktion von Vertragsabschlussbestimmungen vgl. vor § 145 Rn 8.

5 Insoweit lässt sie sich als Schutz der negativen Abschlussfreiheit deuten; allg.M., MüKo/*Kramer*, § 154 Rn 1; *Jung*, JuS 1999, 28.

6 Er wird gemeinhin als Geltungswillen bezeichnet und als Bestandteil der vertraglichen Willenserklärung verstanden, vgl. vor § 145 Rn 8.

7 Die Formabrede ist nur ein Platzhalter. Anstelle der Form kann ebenso gut eine Abrede über die Vertragsgeltung an sich treten. Ebenso ein Handschlag oder irgendein anderer symbolischer Akt; zutr. *Leenen*, AcP 198 (1998), 381, 394.

8 *Leenen*, AcP 198 (1998), 381, 404 ff. hält die §§ 154, 155 nur auf die Abschlusstechnik der beiderseitigen Zustimmung zu einem Vertragstext und nicht auch auf die in §§ 145–153 geregelte Angebot-Annahme-Technik für anwendbar. Auch ein unvollständiger Antrag kann aber als (Teil-)Antrag annahmefähig sein. Die Einigung findet über den angetragenen Teil statt. Hier greift Abs. 1 S. 1. Der Antrag muss dagegen nicht notwendig das vollständige Regelungsprogramm beinhalten, um annahmefähig zu sein (so die Prämisse von *Leenen*, S. 406). Es mangelt ihm auch nicht an der Bestimmtheit (so *Leenen*, S. 384).

9 BGH NJW 2002, 817, 818 (fehlende Vereinbarung über die Höhe des Maklerlohnes).

10 Düsseldorf MittBayNot 2002, 44 (Festsetzung der Grundstücksfläche nach § 316).

11 Das scheidet etwa aus, wenn die Parteien einen nicht bestimmbaren „Freundschaftspreis" vereinbart haben, BGH NJW-RR 2000, 1658.

12 Sog. *accidentalia negotii*. BGH NJW 1998, 3196 (Anzahlung); NJW-RR 1999, 927 (Verrechnungsabrede).

Offener Einigungsmangel; fehlende Beurkundung § 154

genügt dafür selbst bei einem objektiv wesentlichen Punkt nicht.[13] Abs. 1 greift ferner, wenn ein aus mehreren Vertragsteilen bestehender einheitlicher Gesamtvertrag geschlossen werden soll. Hier ist stets zu fragen, ob gegen die Auslegungsregel bindende Vereinbarungen über einzelne Punkte zustande gekommen sind.[14] Der Grund für die bewusst unvollständige Einigung ist gleichgültig.[15] Ein Vertrag über den vereinbarten Teil kommt auch dann nicht zustande, wenn dieser Teil aufgezeichnet wurde (**Punktation**, Abs. 1 S. 2). Der Vertragsschluss ist im Zweifel gescheitert, ein Vertrag damit nicht zustande gekommen.[16]

Abs. 1 ist überwunden, wenn die Parteien trotz der noch ungeregelten Punkte den Vertragsschluss wollen. Dieser Wille muss entweder entbehrlich (in Fällen des Kontrahierungszwangs, vgl. vor § 145 Rn 11) oder klar erkennbar sein. Anzeichen hierfür ist die begonnene Vertragsdurchführung[17] oder die Fortsetzung eines durch Kündigung beendeten Vertrages[18] (sog. **Selbstinterpretation** durch späteres Verhalten[19]). Ist Bindung gewollt, müssen bestehende Vertragslücken im Wege der ergänzenden Vertragsauslegung geschlossen werden können (§§ 133, 157).[20] Zum Vertragsschluss bei kollidierenden AGB siehe § 150 Rn 6 und AnwK-BGB/ *Hennrichs*, § 305 Rn 14).

II. Formlose Einigung bei Beurkundungsabrede (Abs. 2)

Die verabredete Beurkundung begründet nach Abs. 2 im Zweifel eine Abschlussvoraussetzung (konstitutive Bedeutung). Die fehlende Form verhindert das Zustandekommen des Vertrages. Formfehler führen dagegen zur Nichtigkeit des zustande gekommenen Vertrages (§ 125 S. 2). Unter Beurkundung fallen sämtliche Schrift- und Textformen einschließlich der elektronischen Formen (§§ 126–129). Die Verabredung einer Beurkundung kann durch ausdrückliche oder konkludente Vereinbarung erfolgen. Bei bedeutsamen Geschäften, insbesondere längerfristigen Bindungen wird konstitutive Schriftformabrede **vermutet**.[21] Die Form kann dagegen nur zu Beweiszwecken verabredet worden sein, wenn dies mit der den Zweifel überwindenden Klarheit zum Ausdruck gebracht ist.[22] Hierfür bedarf es aber auch im Handelsverkehr positiver Anhaltspunkte. Reiner Beweiszweck liegt etwa bei einer erst nach Vertragsschluss getroffenen Formabrede vor.[23] Die Parteien können schließlich eine einmal getroffene Beurkundungsabrede einvernehmlich wieder aufgehoben haben, auch dann greift Abs. 2 nicht. Eine konkludente **Aufhebung** ist anzunehmen **bei einvernehmlicher Vertragsdurchführung** (Auslegung durch Selbstinterpretation).[24] Ein beachtlicher Irrtum über den Vertragsschluss nach § 155 (versteckter Dissens) erscheint in diesem Falle praktisch ausgeschlossen. Eine analoge Anwendung des Abs. 2 auf ein einseitig gestelltes Schriftformverlangen oder andere ein- oder beiderseitige Vertragsabschlusshindernisse ist möglich.[25]

C. Weitere praktische Hinweise

Der Dissenseinwand kann treuwidrig sein, insbesondere wenn der offene Punkt völlig nebensächlich erscheint oder auch die fehlende Beurkundung nur als Vorwand dient, um sich der Vertragspflichten zu entledigen und erlangte Vorteile einzubehalten.[26] Vor einem Dissenseinwand (Abs. 1) schützen die in schriftlichen Verträgen üblichen **Vollständigkeits- und Schriftlichkeitsklauseln**.

Die **Beweislast** für das Zustandekommen des Vertrages einschließlich aller Nebenpunkte trägt auch im Falle des Abs. 1 derjenige, der sich auf den Vertrag beruft. Aus der bewiesenen Einigung über die wesentlichen Vertragspunkte ergibt sich keine Vermutung für das Wirksamwerden des Vertrages insgesamt. Jedoch ist der

---

13 BGH NJW-RR 1990, 1009, 1011; Staudinger/*Bork*, § 154 Rn 4. Der geheim gebliebene Vorbehalt, einen Punkt einbeziehen zu wollen, genügt nicht (§ 116 S. 1); vgl. Erman/*Armbrüster*, § 154 Rn 3.
14 BGH NJW 1951, 397; 1960, 430 (Gesellschaftsvertrag); 2002, 817, 818 (Maklervertrag).
15 Die Parteien können auch das gesetzliche Regelungsbedürfnis eines bewusst offen gelassenen Punktes übersehen haben, vgl. BGH NJW-RR 1999, 927.
16 Anders als die Nichtigkeit eines zustande gekommenen Vertrages.
17 BGHZ 119, 283, 288; BGH NJW 2002, 817, 818; einen Unterfall bilden in Vollzug gesetzte, aber lückenhafte Arbeits- oder Gesellschaftsverträge (vgl. vor § 145 Rn 45).
18 BGH NJW 2000, 356.
19 *Lindacher*, JZ 1977, 604, 605.
20 Vgl. BGH NJW 1975, 1116, 1117 (Vertragslaufzeit); 1997, 2171, 2172 (Miethöhe); NJW-RR 2000, 1560, 1561 (Spediteurlohn).
21 BGHZ 109, 197, 200 (Bestellung einer Sicherungsgrundschuld).
22 BGH NJW 1964, 1269; NJW-RR 1991, 1053, 1054; 1993, 235, 236; OLG Hamm NJW-RR 1995, 274, 275.
23 BGH NJW 1994, 2025, 2026. Anders, wenn Vertragsaufhebung und Neuabschluss gewollt sind, vgl. Staudinger/*Bork*, § 154 Rn 14; MüKo/*Kramer*, § 154 Rn 17.
24 BGH NJW 1983, 1727, 1728; NJW-RR 1997, 670; NJW 2000, 354, 357 (nur diejenige Schriftform gilt vereinbart, die auch vollzogen wurde).
25 Allg.M., Staudinger/*Bork*, § 154 Rn 15 (Einwilligung in urheberrechtliche Verwertung); Erman/*Armbrüster*, § 154 Rn 13.
26 Staudinger/*Bork*, § 154 Rn 10.

Gegner beweisbelastet, soweit es um die Frage geht, ob die weiteren Vertragspunkte zur Voraussetzung für den Vertragsabschluss gemacht wurden. In diesem Fall muss der andere Vertragsteil gegenbeweislich die Einigung über diese weiteren Punkte beweisen.[27]

§ 155 Versteckter Einigungsmangel

[1]Haben sich die Parteien bei einem Vertrag, den sie als geschlossen ansehen, über einen Punkt, über den eine Vereinbarung getroffen werden sollte, in Wirklichkeit nicht geeinigt, so gilt das Vereinbarte, sofern anzunehmen ist, dass der Vertrag auch ohne eine Bestimmung über diesen Punkt geschlossen sein würde.

Literatur: *Jung*, Die Einigung über die „essentialia negotii" als Voraussetzung für das Zustandekommen eines Vertrages, JuS 1999, 28; *Leenen*, Abschluß, Zustandekommen und Wirksamkeit des Vertrages, AcP 198 (1998) 381.

A. Allgemeines 1	III. Scheinbare Einigung 7
B. Regelungsgehalt 3	IV. Rechtsfolge: Vertragsbindung nach dem
I. Abgrenzung: Kein Irrtum über den	mutmaßlichen Parteiwillen 8
Vertragsabschluss im Sinne von § 155 3	C. Weitere praktische Hinweise 10
II. Versehentliche Teileinigung 6	

A. Allgemeines

1 § 155 fragt nach dem Parteiwillen zum Vertragsabschluss im Falle eines objektiv nicht geschlossenen Vertrages, den die Parteien irrtümlich für geschlossen gehalten. § 155 spricht sich im Zweifel für eine Vertragsbindung aus. Im Unterschied zu § 154 ist mindestens einer Partei der Einigungsmangel nicht bewusst. Man spricht daher von einem ein- oder beidseitigen versteckten Einigungsmangel (**versteckter Dissens**). Der unerkannt gebliebene Einigungsmangel kann darin bestehen, dass tatsächlich nur eine Teileinigung erreicht worden ist (Pendant zu § 154 Abs. 1)[1] oder die Einigung in einem Punkt objektiv missverständlich war und unerkannt ein- oder beiderseitig auch missverstanden worden ist. In dieser Fallgruppe ist der **fehlende Konsens** als Fall des § 155 von dem fehlerhaften Konsens zu unterscheiden. Der **fehlerhafte Konsens** ist ggf. wegen Irrtums anfechtbar oder als subjektiver Konsens unbeachtlich (*falsa demonstratio non nocet*; siehe Rn 4 u. 5).

2 § 155 stellt eine **besondere Irrtumsregel** dar. Die nach dem jeweiligen objektivierten Empfängerhorizont ausgelegten Willenserklärungen (§§ 133, 157; Anwk/*Looschelders* § 133 Rn 41 ff.) decken sich **nicht** und auch eine Übereinstimmung im subjektiven Willen liegt **nicht** vor.

B. Regelungsgehalt

I. Abgrenzung: Kein Irrtum über den Vertragsabschluss im Sinne von § 155

3 Haben sich die Parteien über einen objektiv wesentlichen Vertragspunkt noch nicht geeinigt, so ist bereits nach allgemeinen Grundsätzen kein Vertrag zustande gekommen (**logischer Dissens**). Die irrtümliche Vorstellung, eine Einigung erzielt zu haben, bleibt ohne Bedeutung. § 155 ist nicht anwendbar.

4 Die Parteien haben objektiv zwar missverständliche oder mehrdeutige Vertragserklärungen abgegeben, sie sind sich aber **subjektiv einig** geworden. Etwa bei der Verwendung einer falschen Grundstücksbezeichnung[2] oder weil sie mit beiden Bedeutungsalternativen einverstanden sind. Der Vertrag ist in diesem Falle zustande gekommen. Die objektiv fehlende Einigung bleibt unbeachtlich (*falsa demonstratio non nocet*).

Ein übereinstimmender subjektiver Wille liegt auch vor, wenn eine Seite das **Missverständnis** des Gegners **erkannt** hat und die objektiv mehrdeutige Erklärung lediglich zum eigenen Vorteil **ausnutzen** möchte. Der objektive Erklärungssinn bleibt hier entsprechend § 116 S. 1 unbeachtlich.[3]

---

27 BGH NJW-RR 1990, 1009, 1011; Staudinger/*Bork*, § 154 Rn 16; Erman/*Armbrüster*, § 154 Rn 12.
1 Die unbewusste Nichteinhaltung der Beurkundungsabrede (Pendant zu § 154 Abs. 2) führt mit Vertragsausführung zu deren konkludenter Aufhebung, vgl. § 154 Rn 6.

2 BGH NJW 2003, 347; ebenso BGH NJW 1993, 1798, 1799; ggf. kann der Vertrag angefochten werden, BGH NJW 1961, 1668.
3 RGZ 66, 427, 429; 100, 134, 135 (Vertragsbindung nach § 242); LG Aachen NJW 1982, 1106; BGH BB 1983, 287; vgl. Staudinger/*Bork*, § 155 Rn 11; HK-BGB/*Dörner*, § 155 Rn 3; Bamberger/Roth/*Eckert*, § 155 Rn 6.

Versteckter Einigungsmangel § 155

Haben die Parteien nach der objektivierten jeweiligen Empfängersicht übereinstimmende Vertragserklärungen abgegeben (**normativer Konsens**), unterliegen sie aber einseitig oder beiderseitig einem Bedeutungsirrtum über den Inhalt ihrer Erklärung, so ist § 155 ebenfalls nicht anwendbar. Die unbewusst subjektiv fehlende Einigung bleibt aus Vertrauensschutzgründen unbeachtlich. Der Vertrag ist aber wegen Irrtums ggf. durch beide Seiten anfechtbar, **§ 119 Abs. 1**.[4]

II. Versehentliche Teileinigung

Haben die Parteien versehentlich eine nur teilweise Einigung erzielt, weil sie sich tatsächlich über einen sonstigen Vertragspunkt nicht geeinigt haben (Auslegungsfrage), so ist nach dem **mutmaßlichen Parteiwillen** zu fragen, ob sie den Vertrag auch ohne den Punkt geschlossen hätten; etwa wenn bei der Bestellung einer Rentenschuld versehentlich die Summe für ihre Ablösung nicht geregelt worden ist (§ 1199 Abs. 2).[5] Voraussetzung ist ferner, dass über den Punkt eine Vereinbarung geschlossen werden sollte. Wollten die Parteien den offen gebliebenen Punkt gar nicht regeln, entweder weil sie ihn nicht bedacht haben oder für nicht regelungsbedürftig hielten, so liegt eine verdeckte oder offene Vertragslücke vor, die im Wege der Auslegung zu schließen ist.

III. Scheinbare Einigung

§ 155 greift ferner bei einem objektiven Einigungsmangel, der den Parteien aber subjektiv verborgen geblieben ist (Scheinkonsens). Dies ist etwa der Fall bei der Verwendung von **objektiv mehrdeutigen** Begriffen, die die Parteien unterschiedlich verstehen. Das unterschiedliche Verständnis kann auf unklaren Erläuterungen eines an sich eindeutigen Begriffes beruhen[6] oder etwa bei einem Vertrag entstanden sein, der in zwei authentischen, aber voneinander abweichenden Sprachfassungen niedergelegt wurde.[7] Häufigster Fall ist ein objektiv mehrdeutiger Begriff (Semilodei,[8] Typenflug,[9] Aktien,[10] Selbstkostenanteil[11]). Führt die Auslegung dagegen zu einer in sich widersprüchlichen Aussage (**Perplexität**), fehlt der Erklärung ein objektiver Sinngehalt überhaupt. § 155 findet in diesem Fall keine Anwendung.[12] Auf mehrdeutige Klauseln in **AGB** findet § 155 ebenfalls keine Anwendung. § 305c Abs. 2 geht als speziellere Regel vor (vgl. zur Unklarheitenregel, AnwK-BGB/*Hennrichs*, § 305c Rn 4).

IV. Rechtsfolge: Vertragsbindung nach dem mutmaßlichen Parteiwillen

Aufgrund der fehlenden Einigung kommt der Vertrag nach dem Konsensprinzip nicht zustande (ist aber nicht nichtig[13]). Anders nur, wenn anzunehmen ist, dass der Vertrag auch ohne eine Bestimmung über den fraglichen Punkt geschlossen sein würde. Das ist Auslegungsfrage und richtet sich nach dem gemeinsamen mutmaßlichen Parteiwillen zum Zeitpunkt des Vertragsschlusses. Maßgebend ist, welche Bedeutung der offene Punkt für den Vertrag insgesamt hat. Je geringfügiger er ist, desto eher kann der Gültigkeitswille bejaht werden.[14] Die **Lücke** ist im Wege der ergänzenden Vertragsauslegung zu schließen (vgl. § 157 Rn 17 ff.).

Nach überwiegender Meinung **haftet**, wer den Einigungsmangel etwa durch eine schuldhaft missverständliche Ausdrucksweise herbeigeführt hat, aus c.i.c. (§§ 311 Abs. 2, 241 Abs. 2, 280 Abs. 1: Pflicht zur klaren Ausdrucksweise). Bei mitwirkendem Verschulden des Gegners soll anteilige Herabsetzung nach § 254 stattfinden (nicht Haftungsausschluss nach 122 Abs. 2).[15] Richtigerweise ist eine Haftung zu verneinen. Das Risiko eines äußeren Missverständnisses bei der Einigung trägt jede Partei zumutbarerweise selbst.[16]

---

4 Das Missverständnis ist hier äußerlich nicht erkennbar; die gewählten Begriffe sind objektiv eindeutig, werden aber missverstanden; vgl. MüKo/*Kramer*, § 155 Rn 2 f.
5 BGH WM 1965, 950, 952; vgl. Staudinger/*Bork*, § 155 Rn 7.
6 BGH NJW-RR 1993, 373 (Erstattungsklausel als Bezeichnung für Investitionszulagen).
7 OLG Hamburg IPRax 1981, 180 f.
8 RGZ 68, 6, 9 (Bezeichnung für Telegraphenschlüssel).
9 RGZ 116, 274, 275.
10 OLG Köln WM 1970, 892 f. (in Betracht kamen Stamm- und Vorzugsaktien). Ferner OLG Köln NJW-RR 2000, 1720 („Best-of-Album"). Weitere Beispiele bei Staudinger/*Bork*, § 155 Rn 9.
11 AG Köln NJW 1980, 2756 (zahnärztliche Behandlung).
12 OLG Hamburg ZMR 1997, 350; Erman/*Armbrüster*, § 155 Rn 4.
13 § 155 entspricht im Übrigen aber dem Regel-/Ausnahmeverhältnis des § 139, der bei Teilnichtigkeit grundsätzlich zur Gesamtnichtigkeit führt, vgl. MüKo/*Kramer*, § 155 Rn 1; *Flume*, BGB AT Bd. 2, § 34, 7; *Leenen*, AcP 198 (1998), 381, 412.
14 RGZ 93, 297, 299; BGH DB 1978, 978; Staudinger/*Bork*, § 155 Rn 15; Erman/*Armbrüster*, § 155 Rn 5; MüKo/*Kramer*, § 155 Rn 12.
15 RGZ 104, 265, 268 (Weinsteinsäure); 143, 219, 221; Staudinger/*Bork*, § 155 Rn 17; Soergel/*Wolf*, § 155 Rn 21; Erman/*Armbrüster*, § 155 Rn 6; Palandt/*Heinrichs*, § 155 Rn 5.
16 *Flume*, BGB AT Bd. 2, § 34, 5; Jauernig/*Jauernig*, § 155 Rn 3; MüKo/*Kramer*, § 155 Rn 14.

C. Weitere praktische Hinweise

10 Die Beweislast entspricht der des § 154 (siehe § 154 Rn 9). Den Dissens muss beweisen, wer sich auf ihn beruft. Die Umstände, aus denen sich die Restgültigkeit bei bestehendem Dissens ergeben soll, muss der Vertragswillige beweisen.

§ 156 Vertragsschluss bei Versteigerung

¹Bei einer Versteigerung kommt der Vertrag erst durch den Zuschlag zustande. ²Ein Gebot erlischt, wenn ein Übergebot abgegeben oder die Versteigerung ohne Erteilung des Zuschlags geschlossen wird.

Literatur: *Burgard*, Online-Marktordnung und Inhaltskontrolle, WM 2001, 2102; *Dilger*, Verbraucherschutz bei Vertragsabschlüssen im Internet, 2002; *Hager*, Die Versteigerung im Internet, JZ 2001, 786; *von Hoyningen-Huene*, Die Stellung des Auktionators in der Versteigerung, NJW 1973, 1474; *Leible*, Versteigerung im Internet, 2002; *Schafft*, „Reverse Auctions" im Internet, CR 2001, 393; *Lettl*, Versteigerung im Internet – BGH NJW 2002, 363, JuS 2002, 219; *Marx/Arens*, Der Auktionator – Kommentar zum Recht der gewerblichen Versteigerung, 2. Aufl. 2004; *Sester*, Vertragsabschluss bei Internet-Auktionen, CR 2001, 98; *Spindler*, Vertragsabschluss und Inhaltskontrolle bei Internet-Auktionen, ZIP 2001, 809.

A. Allgemeines 1	II. Gebot (Vertragsantrag) 5
B. Regelungsgehalt 2	III. Zuschlag (Vertragsannahme) 7
I. Anwendungsbereich 2	C. Weitere praktische Hinweise 8
	Anhang: Online-Auktionen

A. Allgemeines

1 Die Versteigerung ist eine Verkaufsveranstaltung, bei der die Gegenleistung durch den Wettstreit der Bieter ermittelt wird. § 156 regelt den Vertragsschluss. Der Vertragsantrag geht von dem Bieter aus (Gebot) und erlischt erst mit dem Übergebot oder dem Schluss der Versteigerung (S. 2). Der Versteigerer (Auktionator) erklärt die Annahme mit dem Zuschlag (S. 1). § 156 bezieht sich nur auf den Vertragsschluss des schuldrechtlichen Vertrages und ist dispositives Recht.

B. Regelungsgehalt

I. Anwendungsbereich

2 § 156 gilt bei allen privaten Versteigerungen. Dazu gehört auch die öffentliche Versteigerung durch einen Gerichtsvollzieher oder öffentlich bestellten Versteigerer bei der Hinterlegung (Legaldefinition in § 383 Abs. 3). Ferner in den Fällen des §§ 966 Abs. 2, 975 S. 2, 979, 983, 1219 und nach §§ 373, 376 HGB. Der Ablauf der öffentlichen Versteigerung ist je nach Versteigerungsart ergänzend geregelt.[1] § 156 gilt auch im Falle des Pfandverkaufs durch Versteigerung §§ 753, 1233 ff. und für die Versteigerung in der Zwangsvollstreckung (§ 817 ZPO). Dagegen findet § 156 keine Anwendung bei der Versteigerung nach dem Zwangsversteigerungsgesetz (§§ 71 ff., 81 ZVG). Das Gebot ist hier Prozesshandlung und der Zuschlag lässt das Eigentum kraft Hoheitsakt übergehen. § 156 gilt ebenfalls nicht bei Ausschreibungen.[2]

3 § 156 hat keine dingliche Wirkung. Die Übereignung vollzieht sich nach §§ 929 ff.[3] Der Versteigerer verkauft regelmäßig im fremden Namen als Vertreter des Einlieferers oder im eigenen Namen als Verkaufskommissionär des Einlieferers.[4]

---

[1] Für die gewerbsmäßige Versteigerung durch die VersteigerungsVO v. 1.6.1976 i.d.F. v. 16.6.1998 (BGBl I S. 1291); § 20 Abs. 3 BNotO; § 24 GVGA (Gerichtsvollzieher). Die Zulassung nach § 34b Abs. 5 GewO ist keine Voraussetzung für die Anwendung des § 156, BGH NJW 1992, 2570, 2572. Zur VersteigerungsVO vgl. *Marx/Arens*, Der Auktionator, S. 163 ff.

[2] Es handelt sich um einen Vertragsschluss unter Abwesenden ohne Kenntnis der Mitgebote; sog. Submissionsausschreibung vgl. Soergel/*Wolf*, § 156 Rn 16; Erman/*Armbrüster*, § 156 Rn 1.

[3] BGHZ 138, 339, 347.

[4] *v. Hoyningen-Huene*, NJW 1973, 1474, 1477.

§ 156 gilt grundsätzlich auch bei Versteigerungen im Internet (siehe unten Rn 9 sowie den Anhang zu § 156). Handelt es sich dabei um einen **Fernabsatzvertrag** ist das Widerrufsrecht des Verbrauchers ausgeschlossen (§ 312d Abs. 4 Nr. 5,[5] vgl. AnwK-BGB/*Ring*, § 312d Rn 45 f.).

II. Gebot (Vertragsantrag)

Das Ausrufen des Versteigerungsguts (Ausgebot) ist die Aufforderung des Versteigerers zur Abgabe von Geboten (*invitatio ad offerendum*). Das Gebot wird daraufhin regelmäßig formlos gegenüber dem Versteigerer abgegeben und ist empfangsbedürftige Willenserklärung unter Anwesenden (§§ 145, 147 Abs. 1). Bei formbedürftigen Rechtsgeschäften ist das Gebot **beurkundungsbedürftig** (§ 311b Abs. 1 ist auf Gebote in Versteigerungen anwendbar).[6] Das Gebot ist vor dem Hintergrund der Aufforderung des Versteigerers und der damit verbundenen Beschreibung des Versteigerungsguts auszulegen und kann angefochten werden. Das Gebot wird wirksam mit Zugang (Wahrnehmung durch den Versteigerer). Der Bieter ist mit der Abgabe an sein Gebot gebunden (§ 145 Hs. 1) bis es erlischt, und zwar durch Zurückweisung des Auktionators, durch die Abgabe eines Übergebots eines anderen Bieters (S. 2 Fall 1) oder durch Schließung der Versteigerung ohne Zuschlag (S. 2 Fall 2). Einer solchen Schließung steht es gleich, wenn der Versteigerer die Bedingungen der Versteigerung ändert.[7] Die Bindungswirkung entfällt nicht, wenn sich der Bieter vom Versteigerungsort entfernt.[8]

Das Übergebot führt bereits mit seiner Abgabe zum Erlöschen des Untergebots (S. 2 Fall 1). Es ist aus Gründen des Verkehrsschutzes als bloße Tatsache zu berücksichtigen, so dass es auf die Wirksamkeit als Willenserklärung nicht ankommt.[9] Auch der Versteigerer kann Gebote als Vertreter eines Kaufinteressenten abgeben, soweit er vor der Versteigerung von diesem einen **Ersteigerungsauftrag** (Bietauftrag) erhalten hat und vom Verbot der Mehrfachvertretung (§ 181) befreit wurde.[10] Der Versteigerer kann das Gebot auch noch nach dem Abbruch der Versteigerung ausüben. S. 2 gilt nicht für den Bietauftrag.

III. Zuschlag (Vertragsannahme)

Der Zuschlag ist eine nicht verkörperte und nicht empfangsbedürftige Willenserklärung. Der Bieter muss den Zuschlag daher nicht vernehmen. Mit der Abgabe (Zuschlag) ist die Annahme erklärt und das Verpflichtungsgeschäft zustande gekommen. Die Erfüllungshandlungen folgen selbständig nach (§§ 873, 929 ff.). Eine Pflicht des Versteigerers zur Erteilung des Zuschlags besteht nicht.[11] Der Versteigerer kann sich auch vorbehalten, unter mehreren Geboten zu wählen oder den Zuschlag erst später zu erteilen. Die Bieter bleiben dann so lange (angemessene Zeit) an ihr Gebot gebunden.[12]

C. Weitere praktische Hinweise

§ 156 ist dispositiv, d.h. die Parteien können die **Versteigerungsbedingungen** festlegen. Der Versteigerer macht regelmäßig seine Bedingungen zur Zugangsvoraussetzung und damit zum Bestandteil seiner Verkaufsveranstaltung. Er erzeugt damit einen Interpretationsrahmen, in dem die Erklärungsakte eine bestimmte Bedeutung erlangen. Dies gilt ungeachtet der Frage, ob die Versteigerungsbedingungen als Allgemeine

---

5 Str., vgl. *Leible*, Versteigerung im Internet, S. 102; *Dilger*, S. 126 f. Auf die gewerberechtliche Erlaubnis des Versteigerers kommt es dabei jedenfalls nicht an, vgl. *Roth/Schulze*, RIW 1999, 924, 927. Vgl. näher den Anhang zu § 156.
6 BGHZ 138, 339, 342 ff.; KG NJW-RR 2002, 883 f.; Beurkundungsniederschrift nach §§ 36, 37 BeurkG genügt danach nicht. A.A. Staudinger/*Bork*, § 156 Rn 7 für Jagdpachtverträge (§ 11 Abs. 4 S. 1 BJagdG).
7 Staudinger/*Bork*, § 156 Rn 3. Behält sich der Versteigerer in seinen Bedingungen den Widerruf seines als Angebot ausgestalteten Ausrufs vor (Fall des § 145 Hs. 2), so ist er gebunden, sobald das erste Gebot eingeht (übersehen von OLG Oldenburg NJW 2004, 168). Denkbar ist hier nur ein ausbedungenes Rücktrittsrecht, vgl. vor § 145 Rn 16.
8 Staudinger/*Bork*, § 156 Rn 3; MüKo/*Kramer*, § 156 Rn 3.
9 Anders nur bei offensichtlich unwirksamem Übergebot, vgl. Soergel/*Wolf*, § 156 Rn 6.
10 Die Beauftragung des Versteigerers bedeutet daher selbst noch kein Gebot; BGH NJW 1983, 1186 f.; *von Hoyningen-Huene*, NJW 1973, 1474, 1477.
11 Nur im Erg. anders, wenn § 156 abbedungen wurde und die Gebote nach den Versteigerungsbedingungen als auflösend bedingte Annahmeerklärungen einzustufen sind; vgl. zur Zulässigkeit dieser Gestaltung *Rüfner*, JZ 2000, 715, 716; *Hager*, JZ 2001, 786, 788; (zur „vorweggenommenen Annahmeerklärung" vgl. vor § 145 Rn 18).
12 Staudinger/*Bork*, § 156 Rn 9; MüKo/*Kramer*, § 156 Rn 6.

Geschäftsbedingungen Bestandteil des Vertrages sind.[13] Nahe liegt es, hier eine Einbeziehung im Wege einer Rahmenvereinbarung nach § 305 Abs. 3 anzunehmen.[14]

9 Bei Versteigerungen im **Internet** (ausführlich dazu sogleich im Anhang zu § 156) wird sachlich entsprechend von einer **Marktordnung**[15] gesprochen, zu der etwa auch ein Bewertungssystem über die Zuverlässigkeit der Teilnehmer gehört.[16] Dabei ist konkret zu prüfen, welche Funktionalität den einzelnen Erklärungshandlungen im Geschäftsablauf und den gewählten sog. Verkaufsformaten jeweils zukommen soll. Die dafür verwendeten Bezeichnungen haben Indizwirkung („Sofortkauf" als Angebot[17]), sind aber für die rechtliche Einordnung nicht entscheidend („vorweggenommene [antizipierte] Annahme", vgl. vor § 145 Rn 18).[18]

Anhang zu § 156: Online-Auktionen

Literatur: *Borges*, Der Leistungsort (Erfüllungsort) beim Versandhandel, DB 2004, 1815; *Bullinger*, Internet-Auktionen – Die Versteigerung von Neuwaren im Internet aus wettbewerbsrechtlicher Sicht, WRP 2000, 253; *Burgard*, Online-Marktordnung und Inhaltskontrolle, WM 2001, 2102; *Cichon/Pighin*, Transportschäden und Umtausch bei Online-Auktionen und anderen physisch abgewickelten Online-Geschäften, CR 2003, 435; *Ehret*, Internet-Auktionshäuser auf dem haftungsrechtlichen Prüfstand, CR 2003, 754; *Ernst*, Die Online-Versteigerung, CR 2000, 304; *Gabriel/Rothe*, Schnäppchen im Trend – Rechtsfragen der Veräußerung von Restposten in Online-Auktionen, VuR 2004, 212; *Grapentin*, Vertragsschluss bei Internet-Auktionen, GRUR 2001, 713; *Hager*, Die Versteigerung im Internet, JZ 2001, 786; *Hartung/Hartmann*, „Wer bietet mehr?" – Rechtssicherheit des Vertragsschlusses bei Internetauktionen, MMR 2001, 278; *Heckmann*, E-Commerce: Flucht in den virtuellen Raum? – Zur Reichweite gewerberechtlicher Bindungen des Internethandels, NJW 2000, 1370; *Heiderhoff*, Internetauktionen als Umgehungsgeschäfte, MMR 2001, 640; *Hess*, Versteigerungen im Internet aus wettbewerbsrechtlicher Sicht; in: FS Paul W. Hertin 2000, S. 391; *Hoeren*, Internetrecht, 2004 (Download: http://www.uni-muenster.de/Jura.itm/hoeren/lehrematerialien.htm); *Hoeren/Müglich/Nielen* (Hrsg.), Online-Auktionen, 2002; *Hollerbach*, Die rechtlichen Rahmenbedingungen für Internetauktionen, DB 2000, 2001; *Huppertz*, Rechtliche Probleme von Online-Auktionen, MMR 2000, 65; *Jacobs*, Markenrechtsverletzungen durch Internet-Auktionen; in: FS Willi Erdmann 2003, S. 327; *Klinger*, Die gewerberechtliche Beurteilung von sog. Internet-Auktionen – zugleich ein Beitrag zur rechtsdogmatischen Fortentwicklung des gewerberechtlichen Versteigerungsbegriffs, DVBl 2002, 810; *Krugmann*, „Internetauktionen" als Versteigerungen i.S.d. § 34b GewO, NVwZ 2001, 651; *Leible/Sosnitza*, Versteigerungen im Internet. Das Recht der Internet-Auktionen und verwandter Absatzformen, 2004; *Lettl*, Versteigerung im Internet, JuS 2002, 219; *Mankowski*, Der Nachweis der Unternehmereigenschaft, VuR 2004, 79; *Mehrings*, Im Süd-Westen wenig Neues: BGH zum Vertragsabschluss bei Internet-Auktionen, BB 2002, 469; *O. Mayer*, Haftung der Internet-Auktionshäuser für Bewertungsportale, NJW 2004, 3151; *Michel*, Bedeutet das Fernabsatzgesetz das Aus für die Internetversteigerung?, JurPC Web-Dok. 63/2001; *Rüfner*, Virtuelle Marktordnungen und das AGB-Gesetz, MMR 2000, 597; *ders.*, Verbindlicher Vertragsschluss bei Versteigerungen im Internet, JZ 2000, 715; *Schafft*, „Reverse Auctions" im Internet, CR 2001, 393; *Schlömer/Dittrich*, eBay & Recht, 2004; *Schönleiter*, Internetauktionen sind keine Versteigerungen i.S.d. § 34b GewO, GewArch 2000, 49; *Schroeter*, Die Anwendbarkeit des UN-Kaufrechts auf grenzübersteigende Versteigerungen und Internet-Auktionen, ZEuP 2004, 20; *Sester*, Vertragsabschluss bei Internet-Auktionen, CR 2001, 98; *Spindler*, Vertragsabschluss und Inhaltskontrolle bei Online-Auktionen, ZIP 2001, 809; *ders.*, Die zivilrechtliche Verantwortlichkeit von Internetauktionshäusern – Haftung für automatisch registrierte und publizierte Inhalte?, MMR 2001, 737; *Spindler/Wiebe* (Hrsg.), Internet-Auktionen, 2001; *Steinbeck*, Umgekehrte Versteigerungen und Lauterkeitsrecht, K&R 2003, 344; *Stögmüller*, Internetauktionen im Internet, K&R 1999, 391; *Teuber/Melber*, „Online-Auktionen" – Pflichten der Anbieter durch das Fernabsatzrecht, MDR 2004, 185; *Trinks*, Die Online-Auktion in Deutschland, 2004; *Ulrici*, Die enttäuschende Internetauktion, JuS 2000, 947; *ders.*, Zum Vertragsschluss bei Internetauktionen, NJW 2001, 1112; *Wenzel*, Vertragsabschluss bei Internet-Auktion – ricardo.de, NJW 2002, 1550; *Wiebe*, Vertragsschluss bei Online-Auktionen, MMR 2000, 323.

---

13 BGH NJW 2002, 363, 364; OLG Oldenburg NJW 2004, 168 (Angebot des Versteigerers mit Widerrufsmöglichkeit). Zu den Gestaltungsmöglichkeiten vgl. *Marx/Arens*, Der Auktionator, S. 401 ff.

14 Die Rahmenvereinbarung wird zur Aufnahme der jeweiligen (hier aber nicht notwendig laufenden) Geschäftsbeziehung getroffen. Die Einbeziehung ist somit auf die Verkaufsveranstaltung und nicht auf den konkreten Einzelvertrag bezogen, vgl. Erman/*Roloff*, § 305 Rn 44 f.

15 Eingehend *Burgard*, WM 2001, 2102, 2105 ff.; *Sester*, CR 2001, 98, 107; zur AGB-Kontrolle *Spindler*, ZIP 2001, 809, 810 ff.; KG NJW 2002, 1583 f. (Direktgeschäft kein Verstoß gegen § 307); zur Zulässigkeit von Rückwärtsauktionen vgl. *Schafft*, CR 2001, 393.

16 Zur Bedeutung bei Geschäften unter fremdem Namen (Nutzername) OLG München NJW 2004, 1328; LG Berlin NJW 2003, 3493.

17 AG Moers NJW 2004, 1330.

18 Die für die Auktion freigeschaltete Angebotsseite ist keine „vorweggenommene Annahme" des Versteigerers, wenn der Vertrag mit dem Eingang des (nachfolgenden) höchsten „Angebots" innerhalb einer vorbestimmten Zeit zustande kommen soll. Es handelt sich um eine Falschbezeichnung und tatsächlich um einen Antrag, zu Recht BGH NJW 2002, 363, 364; OLG Hamm NJW 2001, 1142, 1143 (Vorinstanz); KG NJW 2002, 1583 f.; OLG Oldenburg NJW 2004, 168; AG Menden NJW 2004, 1329; für vorweggenommene Annahme *Lettl*, JuS 2002, 219, 221; Palandt/*Heinrichs*, § 156 Rn 3; Staudinger/*Bork*, § 156 Rn 10a m.w.N. Eine andere Frage ist dagegen, ob eine derartige Gestaltung durch AGB einer Kontrolle am Maßstab der §§ 156, 627 standhält, abl. insoweit *Hager*, JZ 2001, 786, 791.

Rechtsprechung: BGH, Urt. v. 3.11.2004 – VIII ZR 375/03 – n.v.; Urt. v. 11.3.2004 – I ZR 304/01 – n.v.; Urt. v. 13.11.2003 – I ZR 40/01 = JurPC Web-Dok. 117/2004 = NJW 2004, 852 = MMR 2004, 160 = CR 2004, 290 m. Anm. *Leible/Sosnitza* = GRUR 2004, 249 = K&R 2004, 185; MDR 2004, 522 m. Anm. *Ernst* = DB 2004, 872; Urt. v. 13.11.2003 – I ZR 141/02 = JurPC Web-Dok. 118/2003 = NJW 2004, 854 = MMR 2004, 162 = CR 2004, 294 = GRUR 2004, 251 = K&R 2004, 189; Urt. v. 13.3.2003 – I ZR 212/00 = NJW 2003, 2096 = MMR 2003, 465 m. Anm. *Leible/Sosnitza* = CR 2003, 517 m. Anm. *Lindenberg* = GRUR 2003, 626 = K&R 2003, 350 = ZIP 2003, 1999 = MDR 2003, 1003 = BB 2003, 1198; Urt. v. 7.11.2001 – VIII ZR 13/01 = JurPC Web-Dok. 255/2001 = BGHZ 149, 129 = NJW 2002, 363 = MMR 2002, 95 m. Anm. *Spindler* = CR 2002, 213 m. Anm. *Wiebe* = K&R 2002, 85 m. Anm. *Leible/Sosnitza* = BB 2001, 2600 = DB 2001, 2712 = JR 2003, 24 m. Anm. *von dem Bussche*; JZ 2002, 504 m. Anm. *Hager* = MDR 2002, 208 = ZIP 2002, 39; **OLG Brandenburg**, Urt. v. 16.12.2003–6 U 161/02 = JurPC Web-Dok. 222/2004 = MMR 2004, 330 m. Anm. *Spindler*; **OLG Düsseldorf**, Urt. v. 26.2.2004 – I-20 U 204/02 = MMR 2004, 315 m. Anm. *Leupold* = K&R 2004, 243 m. Anm. *Volkmann*; **OLG Frankfurt/Main**, Beschl. v. 7.7.2004 – 6 W 54/04 – n.v.; Urt. v. 15.6.2004–11 U 18/04 = NJW 2004, 2098 = K&R 2004, 393; Urt. v. 17.4.2001–6 W 37/01 = JurPC Web-Dok. 135/2001 Abs. 5 = MMR 2001, 529 m. Anm. *Steins* = CR 2001, 782 m. Anm. *Vehslage* = K&R 2002, 43 m. Anm. *Schafft* = DB 2001, 1610 = MDR 2001, 744; Urt. v. 1.3.2001 – U 64/00 = JurPC Web-Dok. 114/2001 = NJW 2001, 1434 = MMR 2001, 451 = GRUR-RR 2001, 317 = K&R 2001, 522 = DB 2001, 1033; **OLG Hamburg**, Urt. v. 25.4.2002–3 U 190/00 = JurPC Web-Dok. 341/2002 = CR 2002, 753 m. Anm. *Leible/Sosnitza* = NJW-RR 2002, 1042 = GRUR-RR 2002, 232; Urt. v. 7.12.2000–3 U 116/00 = MMR 2001, 539 = CR 2001, 340 = GRUR-RR 2001, 113; **OLG Hamm**, Urt. v. 14.12.2000–2 U 58/00 = JurPC Web-Dok. 255/2000 = NJW 2001, 1142 = MMR 2001, 105 m. Anm. *Wiebe* = CR 2001, 117 m. Anm. *Ernst* = GRUR 2001, 766 = DB 2001, 88 m. Anm. *Wenzel/Bröckers* = JZ 2001, 764 m. Anm. *Rüfner* = ZIP 2001, 291; **OLG Köln**, Urt. v. 6.9.2002–19 U 16/02 = JurPC Web-Dok. 364/2002 = MMR 2002, 813 = CR 2003, 55 = K&R 2003, 83 m. Anm. *Roßnagel*; Urt. v. 2.11.2001–6 U 12/01 = JurPC Web-Dok. 69/2002 = MMR 2002, 110 m. Anm. *Hoeren* = CR 2002, 50 m. Anm. *Wiebe* = K&R 2002, 93 m. Anm. *Spindler*; **OLG München**, Urt. v. 5.2.2004–19 U 5114/03 = JurPC Web-Dok. 195/2004 = NJW 2004, 1328 = K&R 2004, 352; Urt. v. 14.12.2000–6 U 2690/00 = JurPC Web-Dok. 105/2001 = MMR 2001, 233 = CR 2001, 338 = GRUR-RR 2001, 112; **OLG Oldenburg**, Urt. v. 30.10.2003–8 U 136/03 = JurPC Web-Dok. 51/2004 = NJW 2004, 168 = CR 2004, 298; Beschl. v. 20.1.2003–1 W 6/03 = JurPC Web-Dok. 47/2003 = MMR 2003, 270 = CR 2003, 374 = K&R 2003, 243 m. Anm. *Seifert* = NJW-RR 2003, 1061; **KG**, Urt. v. 11.5.2001–5 U 9586/00 = JurPC Web-Dok. 181/2001 = NJW 2001, 3272 = MMR 2001, 764 m. Anm. *Schrader* = CR 2002, 47 = K&R 2001, 519; **LG Berlin**, Urt. v. 20.7.2004 – 4 O 293/04 (nicht rechtskräftig) – NJW 2004, 2831; Urt. v. 1.10.2003–18 O 117/03 = JurPC Web-Dok. 43/2004 = NJW 2003, 3493 = MMR 2004, 189 = CR 2004, 306; Urt. v. 25.2.2003–16 O 476/01 = JurPC Web-Dok. 313/2003 = MMR 2004, 195 = CR 2003, 773; Urt. v. 11.2.2003–15 O 704/02 = JurPC Web-Dok. 38/2004 = CR 2003, 857 = K&R 2003, 294; Urt. v. 9.11.2001–103 O 149/01 = JurPC Web-Dok. 220/2002 = CR 2002, 371 m. Anm. *Leible/Sosnitza*; **LG Bonn**, Urt. v. 19.12.2003–2 O 472/03 = JurPC Web-Dok. 74/2004 = MMR 2004, 179 m. Anm. *Mankowski* = CR 2004, 218 m. Anm. *Winter*; Urt. v. 7.8.2001–2 O 450/00 = JurPC Web-Dok. 136/2002 = MMR 2002, 255 m. Anm. *Wiebe* = CR 2002, 293 m. Anm. *Hoeren*; **LG Darmstadt**, Urt. v. 24.1.2002–3 O 289/01 = JurPC Web-Dok. 374/2002 = MMR 2002, 768 = CR 2003, 295 m. Anm. *Winter* = NJW-RR 2002, 1139; **LG Düsseldorf**, Urt. v. 18.2.2004–12 O 6/04 = MMR 2004, 496 m. Anm. *Herrmann* = CR 2004, 623; Urt. v. 29.10.2002–4a O 464/01 = JurPC Web-Dok. 11/2003 = MMR 2003, 120 = CR 2003, 211; **LG Hamburg**, Urt. v. 27.2.2003–315 O 624/02 = K&R 2003, 296 m. Anm. *Leible/Sosnitza*; Urt. v. 16.7.2002–312 O 271/02 = JurPC Web-Dok. 325/2002 = MMR 2002, 755 = CR 2002, 763; Urt. v. 14.4.1999–315 O 144/99 = JurPC Web-Dok. 213/1999 = MMR 1999, 678 m. Anm. *Vehslage* = CR 1999, 526 = K&R 1999, 424; **LG Hof**, Urt. v. 29.8.2003–22 S 28/03 = JurPC Web-Dok. 41/2004 = CR 2003, 854; Urt. v. 26.4.2002–22 S 10/02 = JurPC Web-Dok. 368/2002 = MMR 2002, 760 = CR 2002, 844 = K&R 2002, 614; **LG Köln**, Urt. v. 31.10.2000–33 O 251/00 = JurPC Web-Dok. 81/2001 = CR 2001, 417; **LG Konstanz**, Urt. v. 19.4.2002–2 O 141/01 A = JurPC Web-Dok. 291/2002 = MMR 2002, 835 m. Anm. *Winter* = CR 2002, 609; **LG Memmingen**, Urt. v. 23.6.2004 – 1 HO 1016/04 – NJW 2004, 2389; **LG Münster**, Urt. v. 21.1.2000–4 O 424/99 = JurPC Web-Dok. 60/2000 = MMR 2000, 280 m. Anm. *Wiebe* = CR 2000, 313 = K&R 2000, 197 m. Anm. *Klewitz/Mayer* = DB 2000, 663 m. Anm. *Wilkens*; **LG Osnabrück**, Beschl. v. 6.11.2002–12 O 2957/02 = JurPC Web-Dok. 19/2003 = CR 2003, 292; **LG Potsdam**, Urt. v. 10.10.2002–51 O 12/02 = JurPC Web-Dok. 339/2002 = MMR 2002, 829 = CR 2003, 217 = K&R 2003, 86 m. Anm. *Leible/Sosnitza*; **LG Saarbrücken**, Urt. v. 2.1.2004–12 O 255/03 = JurPC Web-Dok. 203/2004; **LG Trier**, Beschl. v. 22.4.2003–1 S 21/03 = JurPC Web-Dok. 149/2003; **LG Wiesbaden**, Urt. v. 13.1.2000–13 O 132/99 = JurPC Web-Dok. 57/2000 = MMR 2000, 376 = CR 2000, 317 = K&R 2000, 152; **AG Bad Hersfeld**, Urt. v. 22.3.2004–10 C 153/04 = MMR 2004, 500 m. Anm. *Trinks*; **AG Bitburg**, Urt. v. 12.2.2003–6 C 276/02 = JurPC Web-Dok. 148/2003; **AG Duisburg**, Urt. v. 25.3.2004 – 27 C 4288/03 – JurPC Web-Dok. 200/2004; **AG Erfurt**, Urt. v. 14.9.2001–28 C 2354/01 = JurPC Web-Dok. 71/2002 = MMR 2002, 127 m. Anm. *Wiebe* = CR 2002, 767 m. Anm. *Winter*; **AG Erlangen**, Urt. v. 26.5.2004–1 C 457/04 – n.v.; **AG Hannover**, Urt. v. 7.9.2001–501 C 1510/01 = JurPC Web-Dok. 299/2002 = MMR 2002, 262 = CR 2002, 539 = NJW-RR 2002, 131; **AG Itzehoe**, Urt. v. 18.5.2004–57 C 361/04 – n.v.; **AG Kehl**, Urt. v. 19.4.2002–4 C 716/01 = JurPC Web-Dok. 243/2003 = CR 2004, 60 = NJW-RR 2003, 1060; **AG Kerpen**, Urt. v. 25.5.2001–21 C 53/01 = JurPC Web-Dok. 167/2002 = NJW 2001, 3274 = MMR 2001, 711; **AG Koblenz**, Urt. v. 2.4.2004–142 C 330/04 = JurPC Web-Dok. 217/2004; **AG Menden**, Urt. v. 10.11.2003–4 C 183/03 = JurPC Web-Dok. 187/2004 = NJW 2004, 1329 = MMR 2004, 502; **AG Moers**, Urt. v. 11.2.2004–532 C 109/03 = JurPC Web-Dok. 201/2004 = NJW 2004, 1330 = MMR 2004, 563; **AG Osterholz-Scharmbeck**, Urt. v. 23.8.2002–3 C 415/02 = JurPC Web-Dok. 330/2003; **AG Schwäbisch-Gmünd**, Urt. v. 23.7.2002–8 C 130/01 = JurPC Web-Dok. 46/2004.

A. Allgemeines 1	4. Direkt- und Sofortkauf, verschiedene Auktionsmodelle 8
I. Bedeutung 1	III. Keine Versteigerung i.S.d. § 156 10
II. Begrifflichkeiten 2	**B. Vertragsschluss** 13
1. Nutzer der Online-Auktions-Plattformen 4	I. Zustandekommen des Vertrags 13
2. AGB des Betreibers 6	1. Willenserklärung des Verkäufers 15
3. Gegenstand der Transaktionen 7	a) Bedingungen und Vorbehalte 16

b) Ausnahmsweise fehlender Rechtsbindungswille	17
c) Antrag des Verkäufers	19
2. Willenserklärung des Käufers	21
II. Löschung von Angeboten und Geboten, Anfechtung	23
III. Account- oder Identitätsmissbrauch	25
IV. Stellvertretung	28
C. Gewährleistung und Verbraucherschutz .	29
I. Verkäufer als Unternehmer	29
1. Bestimmung der Unternehmerstellung . .	29
2. Verschweigen der Unternehmerstellung .	30
II. Gewährleistung und Haftungsausschluss . . .	31
III. Informations- und Kennzeichnungspflichten	34
IV. Widerrufs- bzw. Rückgaberecht	36
D. Bewertungssystem und Löschungsansprüche	38
E. Verantwortlichkeit des Betreibers einer Online-Auktions-Plattform	40
F. Weitere Rechtsfragen	44
I. Umgekehrte Versteigerung (Abwärtsauktion oder Reverse Auction)	44
II. Nutzung von Bietagenten („Sniper-Software")	46
III. Preisangabenverordnung und Buchpreisbindungsgesetz	48

A. Allgemeines

I. Bedeutung

1 Online-Auktionen sind zu einem gewichtigen **Marktfaktor im E-Commerce** geworden. Während vor wenigen Jahren noch verschiedene, wirtschaftlich annähernd gleich bedeutende Anbieter um das Interesse von Wirtschaft und Verbrauchern buhlten, steht der Begriff Online-Auktion heute weitgehend synonym für den Anbieter *eBay*,[1] der mit mehreren Millionen registrierten Nutzern zur meistbesuchten Webseite in Deutschland geworden ist. Allein in Deutschland wurden im vierten Quartal 2003 über *eBay* 48 Millionen Artikel mit einem Handelsvolumen von mehr als einer Milliarde EUR umgesetzt;[2] mehr als 10.000 Menschen bestreiten ihren Lebensunterhalt ausschließlich durch den Absatz von Waren und Dienstleistungen über *eBay*.[3] Mit Quelle hat im August 2003 der erste klassische Versandhändler einen eigenen *eBay*-Shop eröffnet;[4] auch für andere Anbieter von Waren und Dienstleistungen sind Online-Auktionen mittlerweile eine anerkannte Vertriebsform im elektronischen Geschäftsverkehr. Kurz gesagt: Der digitale Trödelmarkt ist zum gut sortierten Groß- und Einzelhandelsforum mutiert.[5]

II. Begrifflichkeiten

2 Der Begriff der Online-Auktion wird häufig gleichbedeutend für die im Internet existierenden **Online-Auktions-Plattformen** (etwa *eBay*, *Hood*,[6] *Atrada*,[7] *Azubo*[8] oder *Intoko*[9]) sowie für die innerhalb einer solchen Online-Auktions-Plattform abgewickelten Transaktionen der jeweiligen Nutzer, also die einzelnen Vertragsschlüsse (etwa Kauf eines Buches) verwendet. Dabei stellen die Betreiber der Online-Auktions-Plattformen (auch Online-Auktionshäuser genannt) lediglich den **virtuellen Marktplatz** für die von den Nutzern eigenständig durchgeführten **Transaktionen** zur Verfügung;[10] eigene Transaktionen der Betreiber einer Online-Auktions-Plattform sind zur absoluten Ausnahme geworden.[11]

3 Der Betreiber einer Online-Auktions-Plattform bedarf **keiner Genehmigung** nach § 34b Abs. 1 GewO (zum Versteigerungsbegriff Rn 10).[12] Ein etwaiger Verstoß führt aber ohnehin nicht gemäß § 134 zur Nichtigkeit der zwischen den Nutzern geschlossenen Verträge;[13] § 34b Abs. 1 GewO richtet sich allein an den Betreiber[14] und ist kein gesetzliches Verbot i.S.d. § 134.[15] Auch § 762 Abs. 1 S. 1 steht der Wirksamkeit

---

1 http://www.ebay.de, hervorgegangen aus *Alando* (http://www.alando.de).
2 Financial Times Deutschland, 2.4.2004: Ebay-Fieber im Büro erregt Arbeitgeber; http://www.ftd.de/tm/it/1080371892640.html.
3 *Teuber/Melber*, MDR 2004, 185.
4 *Gabriel/Rothe*, VuR 2004, 212, 213.
5 In Anlehnung an *Seifert*, K&R 2003, 244.
6 http://www.hood.de.
7 http://www.atrada.de.
8 http://www.azubo.de.
9 http://www.intoko.de; hierin ist mit *Ricardo* (http://www.ricardo.de) einer der Pioniere der Online-Auktionen in Deutschland aufgegangen.
10 *Rüfner*, MMR 2000, 597.
11 Insbesondere *Ricardo* versuchte zunächst, auch selbst als Anbieter aufzutreten; diese Angebote wurden aber nach ersten rechtlichen und wirtschaftlichen Komplikationen wieder eingestellt.
12 OLG Frankfurt JurPC Web-Dok. 114/2001 Abs. 13; KG JurPC Web-Dok. 181/2001 Abs. 10; *Bullinger*, WRP 2000, 253, 255 f.; *Teuber/Melber*, MDR 2004, 185, 189; *Schönleiter*, GewArch 2000, 49, 50; *Vehslage*, MMR 1999, 680, 681; wohl ebenso für umgekehrte Versteigerungen (Rn 44 f.) BGH JurPC Web-Dok. 118/2003 Abs. 17; einschr. *Hollerbach*, DB 2000, 2001, 2003; a.A. LG Hamburg JurPC Web-Dok. 213/1999 Abs. 22; LG Wiesbaden JurPC Web-Dok. 57/2000 Abs. 10; *Ernst*, CR 2000, 304, 306; *Hess*, in: FS Hertin 2000, S. 391, 401; *Klinger*, DVBl 2002, 810, 814.
13 BGH JurPC Web-Dok. 255/2001 Abs. 36; AG Erfurt JurPC Web-Dok. 71/2002; *Hartung/Hartmann*, MMR 2001, 278, 285; *Ernst*, CR 2000, 304, 307; *Lettl*, JuS 2002, 219, 222; *Sester*, CR 2001, 98, 013; *Ulrici*, JuS 2000, 947, 951; *Wiebe*, MMR 2001, 110, 111.
14 OLG Hamm JurPC Web-Dok. 255/2000 Abs. 137.
15 *Sester*, CR 2001, 98, 103.

der zwischen den Nutzern einer Online-Auktions-Plattform geschlossenen Verträge nicht entgegen; bei Online-Auktionen handelt es sich nicht um ein Spiel.[16]

1. Nutzer der Online-Auktions-Plattformen. Nutzer können sowohl **natürliche und juristische Personen** als auch **Verbraucher und Unternehmer** i.S.d. §§ 13, 14 sein; möglich sind demnach Transaktionen von Verbraucher zu Verbraucher (C2C – Consumer to Consumer), Unternehmer zu Verbraucher (B2C – Business to Consumer) und Unternehmer zu Unternehmer (B2B – Business to Business). Die Betätigung auf einer Online-Auktions-Plattform als Verkäufer unterliegt grundsätzlich auch der **Steuerpflicht**. Bei unternehmerischer Betätigung (siehe Rn 29) kommen Gewerbe- und Unternehmenssteuerpflichten (§ 15 EStG, § 7 GewStG) ebenso in Betracht wie Körperschaft- und Umsatzsteuerpflichten, während sich bei Verbrauchern eine Steuerpflicht etwa unter dem Gesichtspunkt privater Veräußerungsgeschäfte (§ 23 EStG) ergeben kann.[17]

Vor der Beteiligung an einer Online-Auktions-Plattform müssen Nutzer sich beim Betreiber unter Angabe von – mindestens – Name, Anschrift und E-Mail-Adresse **registrieren**. Nach dem Abschluss einer Nutzungsvereinbarung zwischen Nutzer und Betreiber kann der Nutzer unter einem frei wählbaren Pseudonym als Verkäufer und Käufer auftreten; eine feste Rollenzuweisung existiert nicht. Die virtuellen Identitäten der Nutzer (sog. **Accounts**) werden bislang nur durch Eingabe eines ebenfalls frei wählbaren Passworts vor Missbrauch gesichert; zusätzliche Sicherungsmaßnahmen – etwa elektronische Signaturen (§ 126a Rn 14 ff.) – kommen (noch) nicht zum Einsatz. Die Kombination von frei wählbarem Pseudonym und Passwort verfügt nur über einen sehr **eingeschränkten Sicherungswert** (vgl. zu den Rechtsfolgen Rn 26); dies wird aber ebenso wie im elektronischen Geschäftsverkehr insgesamt ob der damit verbundenen Leichtigkeit des Vertragsschlusses im Internet von allen Beteiligten bewusst in Kauf genommen.

2. AGB des Betreibers. Die Rechtsbeziehungen zwischen dem Betreiber einer Online-Auktions-Plattform (etwa der *eBay International AG*) und den dort agierenden Nutzern (sog. **Benutzungsverhältnis**[18]) sind streng von den Rechtsbeziehungen zwischen den an einer einzelnen Transaktion beteiligten Nutzern (sog. **Marktverhältnis**) zu trennen. Über seine in das Benutzungsverhältnis einbezogenen AGB[19] (sog. Nutzungsbedingungen) gibt der Betreiber die **Rahmenbedingungen** vor, unter denen die Nutzer sich an der Online-Auktions-Plattform beteiligen können (zuweilen als Marktordnung bezeichnet[20]), ohne dass die AGB des Betreibers jedoch Bestandteil der später zwischen den Nutzern geschlossenen Verträge werden oder für diese eine rechtliche Bindungswirkung entfalten.[21] Die AGB des Betreibers werden – unabhängig von der Beteiligung eines Unternehmers[22] – weder von den Nutzern i.S.d. § 305 Abs. 1 S. 1 gestellt[23] noch über eine Rahmenvereinbarung i.S.d. § 305 Abs. 3[24] in die zwischen den Nutzern geschlossenen Verträge einbezogen. Sie regeln allein die rechtliche Beziehung zwischen dem Betreiber und den Nutzern und können allenfalls als **Interpretationshilfe** für die rechtliche Würdigung der Handlungen der Nutzer auf der Online-Auktions-Plattform herangezogen werden, wenn diese nicht aus sich heraus verständlich sind.[25] Schließlich hat sich

---

16 BGH JurPC Web-Dok. 255/2001 Abs. 37; OLG Hamm JurPC Web-Dok. 255/2000 Abs. 144 ff.; *Rüfner*, JZ 2000, 715, 818 f.; *Spindler*, ZIP 2001, 809, 813; *Wilkens*, DB 2000, 666, 668; zweifelnd *Sester*, CR 2001, 98, 103 f.

17 *Teuber/Melber*, MDR 2004, 185, 190. Mittels der Software XPider werden Online-Auktions-Plattformen mittlerweile auf Steuersünder durchsucht; vgl. Heise Online, 15.6.2003: Schluss mit Grauzone – Steuerfahnder nehmen Internethändler ins Visier; http://www.heise.de/newsticker/meldung/37631.

18 Benutzungs- und Marktverhältnis benannt nach *Rüfner*, MMR 2000, 597.

19 *eBay*: http://pages.ebay.de/help/policies/user-agreement.html; *Hood*: http://www.hood.de/index.cfm?action=act_index_conditions; *Atrada*: http://www.atrada.de/customer/customerconditionsprint.aspj; *Azubo*: http://www.azubo.de/agb.cfm.

20 *Burgard*, WM 2001, 2102 f., 2105; *Spindler*, ZIP 2001, 809; *Wiebe*, MMR 2001, 110.

21 A.A. *Ernst*, CR 2001, 121, 122; *Hager*, JZ 2001, 786, 788 f. und JZ 2002, 506, 507; *Spindler*, ZIP 2001, 809, 812; *Wiebe*, MMR 2000, 323, 325 und CR 2002, 216, 217; *Sester*, CR 2001, 98, 107 f. will die AGB über die Konstruktion eines Rahmenvertrags in das Marktverhältnis einführen.

22 A.A. unter Hinweis auf § 24a AGBG = § 310 Abs. 3 *Rüfner*, MMR 2000, 597, 601; *Spindler*, ZIP 2001, 809, 814; *Wiebe*, MMR 2000, 323, 325. Bei beherrschendem Einfluss des Unternehmers auf die von ihm genutzte Online-Auktions-Plattform (etwa ein Tochterunternehmen) ist dieser ausnahmsweise Verwender, insoweit übereinstimmend *Rüfner*, MMR 2000, 597, 600.

23 BGH JurPC Web-Dok. 255/2001 Abs. 30; OLG Hamm JurPC Web-Dok. 255/2000 Abs. 99; AG Hannover JurPC Web-Dok. 299/2002; AG Schwäbisch-Gmünd JurPC Web-Dok. 46/2004; *Burgard*, WM 2001, 2102, 2108; *Ulrici*, NJW 2001, 1112; i.E. wohl auch *Grapentin*, GRUR 2001, 713, 714; a.A. *Lettl*, JuS 2002, 219, 221: Verkäufer als Verwender.

24 A.A. *Burgard*, WM 2001, 2102, 2106 f.; *Ulrici*, NJW 2001, 1112; zutr. dagegen *Spindler*, ZIP 2001, 809, 812.

25 BGH JurPC Web-Dok. 255/2001 Abs. 26; OLG Hamm JurPC Web-Dok. 255/2000 Abs. 90; AG Moers JurPC Web-Dok. 201/2004; AG Schwäbisch-Gmünd JurPC Web-Dok. 46/2004; *Grapentin*, GRUR 2001, 713, 714; *Trinks*, MMR 2004, 500, 501; m. Einschr. *Hartung/Hartmann*, MMR 2001, 278, 280; a.A. offensichtlich LG Berlin NJW 2004, 2831, 2832.

jeder Nutzer diesen AGB unterworfen und darf erwarten, dass andere Nutzer ihr Handeln zumindest nach den wesentlichen Aussagen dieser AGB ausrichten,[26] solange nicht aufgrund konkreter Anhaltspunkte – etwa in der zu einer Transaktion gehörenden Beschreibung (vgl. Rn 16 ff.) – eine andere Bewertung erforderlich ist. Auch durch ein „berechtigtes Interesse aller Beteiligten an einer einheitlichen Marktordnung"[27] oder ein Schutzbedürfnis der Käufer können die gesetzlichen Anforderungen an die Einbeziehung von AGB in Verträge nicht überwunden werden.[28]

7 **3. Gegenstand der Transaktionen.** Online-Auktionen werden (noch) von **Kaufverträgen** dominiert. Diese sind entweder kraft ausdrücklicher Vereinbarung oder gemäß § 447 Abs. 1[29] als Versendungskauf einzuordnen (zum Verbrauchsgüterkauf Rn 32), wenn nicht persönliche Abholung vereinbart ist oder der verkaufende Unternehmer seinen Vertrieb ausschließlich auf den Fernabsatz ausgerichtet hat.[30] Im Fall des **Versendungskaufs** trägt der Verkäufer die Beweislast für die Übergabe des Gegenstands[31] an den Beförderer.[32] Daneben können insbesondere auch **Werk- und Dienstverträge** (etwa die Versteigerung anwaltlicher Erstberatung) bzw. typengemischte Verträge mit dienst- und werkvertraglichen Elementen Gegenstand einer Transaktion sein. Die bisherigen Darstellungen beschränken sich fast ausschließlich auf Kaufverträge über Gegenstände; soweit es sich nicht um kaufvertragsspezifische Fragestellungen handelt, lassen sich die Ausführungen ohne weiteres auf alle im Rahmen einer Online-Auktion geschlossenen Verträge übertragen. Sind Nutzer mit einem ausländischen Wohn- oder Geschäftssitz am Vertragsschluss beteiligt, kann das deutsche Recht ggf. durch das **UN-Kaufrecht** (CISG) verdrängt werden.[33]

8 **4. Direkt- und Sofortkauf, verschiedene Auktionsmodelle.** Abzugrenzen von den durch das gegenseitige Überbieten gekennzeichneten Online-Auktionen sind die sog. **Direkt- oder Sofortkäufe**. Bei ihnen kommt der Vertrag durch die unmittelbare Annahme eines Angebots zu dem vom Verkäufer beim Einstellen der Transaktion[34] fest vorgegebenen Preis zustande.[35] Die Situation des Vertragsschlusses entspricht einem **gewöhnlichen Fernabsatzgeschäft**; Direkt- oder Sofortkaufangebote werden daher keinesfalls von § 156 erfasst.[36] Soweit die nachfolgenden Erläuterungen nicht das Element des gegenseitigen Überbietens in Bezug nehmen, sind sie gleichwohl auf Direkt- oder Sofortkäufe anwendbar; insoweit handelt es sich weniger um „Online-Auktions-Recht" als vielmehr um allgemeines „Recht des elektronischen Geschäftsverkehrs" oder „Internetrecht".

9 Im Übrigen werden die Online-Auktions-Plattformen nahezu ausschließlich von **Aufwärtsauktionen** (sog. englischen Auktionen) dominiert, in denen die Nutzer den Kaufpreis während der vom Verkäufer gewählten Dauer einer Transaktion durch gegenseitiges Überbieten „in die Höhe treiben" und der Vertrag mit demjenigen Nutzer zustande kommt, dessen Gebot nach Ablauf der Transaktion das höchste ist. **Umgekehrte Versteigerungen** (sog. holländische Auktionen, auch Abwärtsauktionen oder Reverse Auctions genannt, dazu Rn 44 f.) wie bei *Azubo* sind eher die Ausnahme.[37] Systematisch nicht zu den Online-Auktionen zählen die Geschäftsmodelle des **Power-Shoppings** (Co-Shopping bei *LetsBuyIt*[38] oder PowerBuying bei

---

26 OLG Brandenburg JurPC Web-Dok. 222/2004 Abs. 21; *Rüfner*, MMR 2000, 597, 598.
27 So *Wiebe*, MMR 2000, 323, 325 und MMR 2001, 110.
28 OLG Hamm JurPC Web-Dok. 255/2000 Abs. 88; *Grapentin*, GRUR 2001, 713, 714; *Hartung/Hartmann*, MMR 2001, 278, 281; a.A. (§ 242 i.V.m. §§ 307–309 analog) *Burgard*, WM 2001, 2102, 2107 f.; *Spindler*, ZIP 2001, 809, 816; *Wenzel*, NJW 2002, 1550; auch eine Einbeziehung über die Konstruktion eines Vertrags zugunsten Dritter scheidet aus, vgl. *Burgard*, WM 2001, 2102, 2105; *Grapentin*, GRUR 2001, 713, 714; *Sester*, CR 2001, 98, 104; *Spindler*, ZIP 2001, 809, 815; a.A. *Wiebe*, MMR 2000, 323, 325 und MMR 2001, 110.
29 LG Berlin JurPC Web-Dok. 43/2004.
30 Zu letzterem Fall *Borges*, DB 2004, 1815; *Cichon/Pighin*, CR 2003, 435 ff.; *Gabriel/Rothe*, VuR 2004, 212, 215 f.
31 Gegenstand wird hier als Oberbegriff für Sachen, Rechte und sonstige Gegenstände verwendet, vgl. *Palandt/Putzo*, § 453 Rn 1.
32 *Palandt/Putzo*, § 447 Rn 22.
33 Vgl. *Schroeter*, ZEuP 2004, 20.
34 Das Einstellen einer Transaktion ist der vom Verkäufer initiierte Vorgang des Freischaltens einer Transaktion nach Eingabe aller relevanten Daten zum Kaufgegenstand; ab diesem Zeitpunkt können die anderen Nutzer der Online-Auktions-Plattform auf den angebotenen Gegenstand Gebote abgeben bzw. diesen sofort kaufen.
35 LG Saarbrücken JurPC Web-Dok. 203/2004; AG Moers JurPC Web-Dok. 201/2004.
36 LG Memmingen NJW 2400, 2389, 2390; *Teuber/Melber*, MDR 2004, 185, 187.
37 Daneben gibt es eine Vielzahl weiterer Auktionsformen, die für Online-Auktionen bislang nicht genutzt wurden. Kein eigener Auktionstyp sind die sog. *Privatauktionen* bei *eBay*; diese folgen den Regeln für Aufwärtsauktionen mit dem Unterschied, dass die beteiligten Nutzer anonym gegenüber den anderen Nutzern bleiben und nur der Verkäufer erfährt, wer sich alles an seiner Transaktion beteiligt hat.
38 http://www.letsbuyit.com

Atrada), bei denen sich mehrere Interessenten zur Erzielung eines möglichst günstigen Preises zu einer Kaufgemeinschaft zusammenschließen.[39]

III. Keine Versteigerung i.S.d. § 156

Die auf einer Online-Auktions-Plattform von den Nutzern durchgeführten Transaktionen sind regelmäßig keine Versteigerungen i.S.d. § 156 (zum Widerrufs- oder Rückgaberecht im Fernabsatz Rn 36, zum Sofort- oder Direktkauf Rn 8).[40] Gleich, ob ausgehend von den klassischen Versteigerungen im realen Auktionshaus auf einen engen Versteigerungsbegriff i.S.d. Gewerberechts oder aber auf einen weiten Versteigerungsbegriff abgestellt wird, der auch moderne Erscheinungsformen zu erfassen versucht, ist allen Definitionsversuchen eines gemeinsam: das Erfordernis eines Zuschlags (vgl. § 156 Rn 7). Fehlt es am Zuschlag liegt keine Versteigerung im Rechtssinn[41] vor. Gerade am Zuschlag fehlt es aber; Online-Auktionen sind deshalb **keine Versteigerungen im Rechtssinn** (zu § 34b GewO Rn 5).[42] Sie stellen nichts anderes dar als eine **moderne Form der Vertragsanbahnung** im Internet[43] und sind lediglich ein besonderer Weg zur Festlegung des Verkaufspreises.[44]

Anders als bei Online-Auktionen liegt bei einer Versteigerung i.S.d. § 156[45] wegen des Erfordernisses eines Zuschlags die letzte Entscheidung über das Zustandekommen des Vertrags in der Hand des Versteigernden. Auf einer Online-Auktions-Plattform ist **Versteigerer** allein der in der jeweiligen Transaktion als Verkäufer auftretende Nutzer;[46] der Betreiber der Online-Auktions-Plattform stellt nur den Marktplatz für diese Transaktionen zur Verfügung (Rn 2) und tritt im Übrigen lediglich als Empfangsvertreter auf (Rn 13). Vom Verkäufer kommt bei einer Online-Auktion aber der Antrag auf Abschluss eines Kaufvertrags (vgl. Rn 19 f.); er soll an seinen beim Einstellen der Transaktion wirksam erklärten Willen gebunden bleiben und nicht auf dem Umweg über ein Zuschlagserfordernis doch wieder das Recht zugesprochen bekommen, über das Zustandekommen eines Kaufvertrags nach seinem Belieben entscheiden zu können.[47] Der Verkäufer nimmt nach Abgabe des letzten Gebots auf den von ihm angebotenen Gegenstand keine Handlungen mit Bezug zum Vertragsschluss mehr vor, denen ein rechtlicher Erklärungsgehalt im Sinne eines Zuschlags zugesprochen werden könnte; es gibt deshalb **keinen Zuschlag des Verkäufers** als Versteigerer.[48] Anders ist dies ausnahmsweise bei den – heute praktisch nicht mehr anzutreffenden – **Live-Auktionen**, bei denen ein virtueller Auktionator zum Ende einer oftmals nur wenige Minuten dauernden Versteigerung den virtuellen Hammer fallen lässt und dem höchstbietenden Nutzer den Zuschlag erteilt.[49]

---

39 Dazu OLG Köln JurPC Web-Dok. 151/2001; LG Köln JurPC Web-Dok. 100/2000 und JurPC Web-Dok. 14/2001; *Ernst*, CR 2000, 239; *Huppertz*, MMR 2000, 65 sowie MMR 2000, 329.

40 BGH Urt. v. 3.11.2004 – VIII ZR 375/03 – n.v.; JurPC Web-Dok. 255/2001 Abs. 15; OLG Brandenburg JurPC Web-Dok. 222/2004 Abs. 17; LG Berlin NJW 2004, 2831, 2832; LG Düsseldorf JurPC Web-Dok. 11/2003; LG Hof JurPC Web-Dok. 41/2004 und JurPC Web-Dok. 368/2002 Abs. 2; LG Memmingen NJW 2004, 2389, 2390; AG Kehl JurPC Web-Dok. 243/2003 Abs. 14; AG Menden JurPC Web-Dok. 187/2004 Abs. 10; AG Schwäbisch-Gmünd JurPC Web-Dok. 46/2004; *Leible/Sosnitza*, K&R 2002, 89; *Lettl*, JuS 2002, 219, 222; *Wenzel*, NJW 2001, 1550 f.; *Wilkens*, DB 2000, 666, 667; a.A. LG Berlin JurPC Web-Dok. 43/2004; AG Osterholz-Scharmbeck JurPC Web-Dok. 330/2003 (unter falscher Berufung auf BGH JurPC Web-Dok. 255/2001); *Klinger*, DVBl 2002, 810, 817.

41 Zum Versteigerungsbegriff vgl. OLG Brandenburg JurPC Web-Dok. 222/2004 Abs. 17; KG Berlin JurPC Web-Dok. 181/2001 Abs. 14 ff.; LG Düsseldorf JurPC Web-Dok. 11/2003; LG Hamburg JurPC Web-Dok. 213/1999 Abs. 18 ff.; *Bullinger*, WRP 2000, 253, 254 f.; *Ernst*, CR 2000, 304, 305 ff.; *Gabriel/Rothe*, VuR 2004, 212, 213 f.; *Heckmann*, NJW 2000, 1370, 1373 ff.; *Hess*, in: FS Hertin 2000, S. 391, 392 ff.; *Huppertz*, MMR 2000, 65, 66 f.;

Klinger, DVBl 2002, 810; *Krugmann*, NVwZ 2001, 651; *Schönleiter*, GewArch 2000, 49 f.; *Wiebe*, MMR 2000, 323, 324.

42 Offen gelassen vom BGH JurPC Web-Dok. 255/2001 Abs. 15; a.A. AG Bad Hersfeld MMR 2004, 500; *Mankowski*, EWiR 2001, 547, 548.

43 AG Schwäbisch-Gmünd JurPC Web-Dok. 46/2004.

44 So über umgekehrte Versteigerungen (Rn 44 f.) BGH JurPC Web-Dok. 118/2003 Abs. 17.

45 Zur Entstehungsgeschichte des § 156 *Rüfner*, JZ 2000, 715, 716 f.

46 A.A. *Klinger*, DVBl 2002, 810, 815.

47 Ähnlich LG Berlin NJW 2004, 2831, 2832.

48 *Gabriel/Rothe*, VuR 2004, 212, 213; *Wilkens*, DB 2000, 666, 667. Dies gilt auch, wenn man entgegen der unter Rn 19 f. vertretenen Auffassung die Willenserklärung des Verkäufers als antizipierte Annahme einordnen will; vgl. BGH JurPC Web-Dok. 255/2001 Abs. 15.

49 *Gabriel/Rothe*, VuR 2004, 212, 213; *Hartung/Hartmann*, MMR 2001, 278, 279; *Spindler*, ZIP 2001, 809, 810; *Wenzel*, NJW 2002, 1550, 1551. Früher bot etwa *Ricardo* solche Live-Auktionen an. Wegen der Vielfältigkeit der frühen Online-Auktions-Angebote ist bei der Auswertung älterer Lit. und Rspr. ohnehin Vorsicht geboten; vielfach sind diese von mangelnder Kenntnis der tatsächlichen Geschehensabläufe oder der Darstellung heute nicht mehr relevanter Fallgestaltungen geprägt.

12 Auch im bloßen Ablauf der Laufzeit einer Transaktion kann kein Zuschlag zugunsten des Höchstbietenden gesehen werden.[50] § 156 ist zwar grundsätzlich dispositives Recht (siehe § 156 Rn 1), der in den Grenzen der Verbraucherschutzvorschriften (insbesondere der §§ 305 ff.) abweichenden Regelungen zugänglich ist.[51] Mit dem gesetzgeberischen Leitbild des § 156 wäre es aber nicht mehr vereinbar, wenn kraft rechtsgeschäftlicher Vereinbarung auf das Zuschlagserfordernis völlig verzichtet werden könnte.[52] Ein **Zuschlag durch Zeitablauf** ist aber gerade kein Zuschlag im Sinne einer Willenserklärung, noch nicht einmal ein „maschinell ermittelter Zuschlag",[53] sondern eine bloße Fiktion ohne jeden Erklärungsgehalt. Es fehlt völlig am moderierenden Element eines treuhänderisch handelnden und situativ entscheidenden Versteigerers, der allein über den Zuschlag und das Zustandekommen des Vertrags entscheidet.[54] Gemäß § 307 Abs. 2, 3 sind deshalb auch AGB, die für einen Zuschlag allein auf den bloßen Zeitablauf ohne Abgabe einer besonderen Erklärung abstellen, wegen einer Abweichung von wesentlichen Grundgedanken der gesetzlichen Regelung unwirksam. Soweit das LG Berlin[55] aus § 9 Abs. 3 *eBay*-AGB den „Zuschlag durch Zeitablauf" konstruiert, leitet es aus § 9 Abs. 3 *eBay*-AGB eine Rechtsfolge ab, die sich aus dem Wortlaut der Vorschrift überhaupt nicht ergibt. Denn § 9 Abs. 3 *eBay*-AGB beschreibt lediglich unter Fortführung des Gedankens von § 9 Abs. 1, 2 *eBay*-AGB das Zustandekommen des Vertrags zwischen den Nutzern bei einer Transaktion, ohne dem Zeitablauf eine über die bedingte Annahmeerklärung des Käufers (Rn 21) hinausgehende Bedeutung zuzusprechen.

B. Vertragsschluss

I. Zustandekommen des Vertrags

13 Der Vertragsschluss vollzieht sich bei Online-Auktionen nach den **allgemeinen Grundsätzen der §§ 145 ff.** durch die Abgabe übereinstimmender, empfangsbedürftiger Willenserklärungen zwischen den an der jeweiligen Transaktion beteiligten Nutzern.[56] Die Wirksamkeit elektronisch übermittelter Willenserklärungen wird richtigerweise nicht mehr infrage gestellt.[57] Vor dem Abschluss einer Transaktion kommt es zu keinem unmittelbaren Kontakt zwischen den beteiligten Nutzern. Die auf den Vertragsschluss gerichteten Willenserklärungen gehen lediglich dem **Betreiber** der Online-Auktions-Plattform zu, der gemäß § 164 Abs. 3 als **Empfangsvertreter** für die beteiligten Nutzer handelt,[58] auf den Zugang der Annahmeerklärung wird gemäß § 151 S. 1 verzichtet (zum Zugang elektronisch übermittelter Willenserklärungen vgl. § 126a Rn 51 f., § 130 Rn 41 f., 57 f.).

14 **Rechtlich relevante Handlung** des Verkäufers ist das Einstellen einer Transaktion, die des Käufers die Abgabe des Gebots im Rahmen einer Transaktion. Nach Ablauf der Transaktion geben die beteiligten Nutzer keine für das Zustandekommen des Vertrags relevanten Erklärungen mehr ab; auch die abschließende Benachrichtigung der am Vertragsschluss beteiligten Nutzer hat als Wissenserklärung rein deklaratorischen Charakter.[59] Der Erklärungsgehalt dieser Handlungen ist nach allgemeinen Grundsätzen gemäß §§ 133, 157 aus dem objektiven Empfängerhorizont zu bestimmen; soweit die AGB des Betreibers – wie im Regelfall – Regelungen zur Art und Weise des Vertragsschlusses enthalten,[60] kommt ihnen für die Ermittlung des Erklärungsgehalts der Handlungen allenfalls Indizwirkung zu (vgl. Rn 6).

15 **1. Willenserklärung des Verkäufers.** Das **Einstellen der Transaktion** ist die Willenserklärung des Verkäufers.[61] Ihm droht mit dem Einstellen einer Transaktion nicht die Gefahr einer unbestimmten Vielzahl von Vertragsschlüssen, denn er hat es durch die Benennung der Anzahl der zur Verfügung stehenden Gegenstände[62] selbst in der Hand, lediglich so viele Transaktionen zu starten, wie er mit seinem tatsächlichen

---

50 LG Memmingen NJW 2004, 2389, 2390; *Spindler*, ZIP 2001, 809, 810; a.A. LG Berlin JurPC Web-Dok. 43/2004; AG Osterholz-Scharmbeck JurPC Web-Dok. 330/2003; *Krugmann*, NVwZ 2001, 651, 652; wohl auch LG Wiesbaden JurPC Web-Dok. 57/2000 Abs. 8; AG Bad Hersfeld MMR 2004, 500; *Heiderhoff*, MMR 2001, 640, 642.
51 Bamberger/Roth/*Eckert*, § 156 Rn 1.
52 Im Urt. JurPC Web-Dok. 255/2001 Abs. 15 geht auch der BGH davon aus, dass sich die Frage nach einer Abbedingung des § 156 erst stellt, wenn überhaupt ein Zuschlag i.S.d. § 156 vorliegt.
53 So aber *Sester*, CR 2001, 98, 99.
54 *Teuber/Melber*, MDR 2004, 185, 188.
55 LG Berlin JurPC Web-Dok. 43/2004

56 BGH JurPC Web-Dok. 255/2001 Abs. 16; OLG München JurPC Web-Dok. 195/2004.
57 Palandt/*Heinrichs*, vor § 116 Rn 1.
58 BGH JurPC Web-Dok. 255/2001 Abs. 20; LG Berlin NJW 2004, 2831, 2832.
59 *Hartung/Hartmann*, MMR 2001, 278, 282; *Ulrici*, JuS 2000, 947, 948; *Wilkens*, DB 2000, 666, 667.
60 Etwa § 9 *eBay*-AGB.
61 BGH JurPC Web-Dok. 255/2001 Abs. 18; a.A. LG Münster (Vorinstanz) JurPC Web-Dok. 60/2000 Abs. 31 ff., 44 ff.
62 Innerhalb einer Transaktion kann ein Gegenstand auch mehrfach zum Verkauf (an einen oder mehrere Nutzer) angeboten werden, sog. *Powerauktion* bei *eBay*.

Vorrat auch erfüllen kann.[63] Diese Willenserklärung ist über den Betreiber der Online-Auktions-Plattform gemäß § 164 Abs. 3 (vgl. Rn 13) allen anderen Nutzern unmittelbar nach der Abgabe zugegangen.

a) Bedingungen und Vorbehalte. Dem Verkäufer steht es frei, seiner Willenserklärung in der Beschreibung zur Transaktion weitere **Bedingungen oder Vorbehalte** („kein Verkauf an Nutzer mit negativen Bewertungen") beizufügen;[64] soweit diese nach Ablauf der Laufzeit der Transaktion nicht eingetreten sind, kommt es nicht zum Vertragsschluss. Dies gilt auch für den Vorbehalt, den Gegenstand nur zu einem bestimmten **Mindestkaufpreis** – der ggf. von dem beim Einstellen der Transaktion angegebenen Mindestgebotsbetrag deutlich abweichen kann – verkaufen zu wollen; liegt nach Ablauf der Laufzeit das Höchstgebot unter diesem Mindestkaufpreis, ist ein Vertrag nicht geschlossen worden.[65] Setzt sich der Käufer durch die Beifügung einer solchen Bedingung bzw. eines solchen Vorbehalts in Widerspruch zu den von ihm anerkannten AGB des Betreibers, stellt sein Verhalten eine **Verletzung des Benutzerverhältnisses** (Rn 6) dar, die den Betreiber – ggf. nach vorheriger Abmahnung – zur Kündigung des Nutzungsverhältnisses berechtigen kann.[66]

16

b) Ausnahmsweise fehlender Rechtsbindungswille. Eine Bewertung des Einstellens der Transaktion als *invitatio ad offerendum* (vgl. § 145 Rn 3) kommt nur ausnahmsweise bei äußeren Umständen in Betracht, die den Rückschluss auf das **Fehlen eines Rechtsbindungswillens** beim Verkäufer zulassen. So bleibt es dem Verkäufer unbenommen, etwa in der Beschreibung der Transaktion klarzustellen, dass er lediglich eine **unverbindliche Umfrage** durchführen oder den Marktwert des angebotenen Gegenstands feststellen will (zu den Folgen im Verhältnis zum Betreiber Rn 16). Hier ist für andere Nutzer offensichtlich, dass eine rechtliche Bindung gerade nicht beabsichtigt ist und es beim Verkäufer am Rechtsbindungswillen fehlt, so dass dem Einstellen der Transaktion lediglich der Erklärungsgehalt einer unverbindlichen *invitatio ad offerendum* zukommt.[67] Allein das mit der Wahl eines niedrigen Mindestgebots oder einer kurzen Laufzeit der Transaktion verbundene wirtschaftliche Risiko für den Verkäufer lässt keinen Rückschluss auf einen fehlenden Rechtsbindungswillen zu; dieses Risiko wird vom Verkäufer in voller Kenntnis der Geschehensabläufe bei einer Online-Auktion bewusst eingegangen und kann ihn selbst bei einem krassen Missverhältnis zwischen abschließendem Kaufpreis und Wert des Kaufgegenstands in einer vom Grundsatz der Privatautonomie beherrschten Rechtsordnung[68] nicht über eine Unverbindlichkeit seiner Erklärungen abgenommen werden. Auch unter Berücksichtigung der §§ 313, 315 Abs. 3, 242, 138 ergibt sich kein anderes Ergebnis.[69]

17

Einem solchen Vorbehalt kann nicht der Fall gleichgestellt werden, in dem ein Verkäufer parallel zur noch laufenden Transaktion mit einem interessierten Nutzer per **E-Mail private Verhandlungen** über einen angemessenen Kaufpreis für den angebotenen Gegenstand führt, und in denen der Verkäufer deutlich macht, dass der in der Transaktion geforderte Mindestkaufpreis von ihm versehentlich zu niedrig angesetzt wurde.[70] Die aus der Sphäre des Verkäufers stammenden Vorbehalte sind in diesem Fall dem interessierten Nutzer erst nach Zugang der Willenserklärung des Verkäufers (siehe Rn 13) bekannt geworden; entscheidender Zeitpunkt für die Auslegung einer Handlung als Willenserklärung ist aber derjenige des Zugangs der Willenserklärung,[71] weil gemäß § 130 S. 1 in diesem Zeitpunkt die Willenserklärung wirksam wird. Da im Zeitpunkt des Zugangs der Erklärung dem interessierten Nutzer die Vorbehalte des Verkäufers unbekannt waren, müssen diese bei der Auslegung des Handelns des Verkäufers außer Acht bleiben; dann ist trotz des späteren Verhaltens des Verkäufers sein Handeln als rechtlich verbindliche Willenserklärung zu bewerten, ein Widerruf scheidet wegen § 130 Abs. 1 S. 2 aus. Dem Verkäufer bleibt es aber unbenommen, gleichwohl seine Willenserklärung wegen eines **Erklärungsirrtums** gemäß § 119 Abs. 1 Var. 2 anzufechten[72] (siehe Rn 23 f.).

18

c) Antrag des Verkäufers. Die Willenserklärung des Verkäufers ist – ungeachtet der Beschreibung in den AGB des Betreibers (siehe Rn 6) – der auf den Abschluss eines Kaufvertrags gerichtete **Antrag** und nicht

19

---

63 Ebenso *Lettl*, JuS 2002, 219, 221; a.A. *Spindler*, ZIP 2001, 809, 810.
64 Zustimmend für den Fall, dass die Betreiber-AGB dies zulassen, *Teuber/Melber*, MDR 2004, 185, 186.
65 Siehe etwa http://www.heise.de/newsticker/meldung/49807.
66 *Teuber/Melber*, MDR 2004, 185, 186.
67 LG Darmstadt JurPC Web-Dok. 374/2002; AG Kerpen JurPC Web-Dok. 167/2002.
68 So *Hartung/Hartmann*, MMR 2001, 278, 284; von der Selbstverantwortung als Kehrseite der Privatautonomie spricht *Ulrici*, NJW 2001, 1112, 1113; vgl. auch *Hollerbach*, DB 2000, 2001, 2007;

Wiebe, MMR 2000, 284, 285; *Wilkens*, DB 2000, 666, 667 f.
69 Ausf. *Ernst*, CR 2000, 304, 309 f.; *Klewitz/Mayer*, K&R 2000, 200, 201; *Lettl*, JuS 2002, 219, 223; *Rüfner*, JZ 2000, 715, 719 f.; *Ulrici*, JuS 2000, 947, 950.
70 A.A. OLG Oldenburg JurPC Web-Dok. 51/2004 Abs. 12.
71 Vgl. BGH NJW 1988, 2878; NJW 1998, 3268; *Palandt/Heinrichs*, § 133 Rn 6a.
72 Dies wurde auch vom OLG Oldenburg JurPC Web-Dok. 51/2004 Abs. 13 ff. bejaht.

etwa die antizipierte Annahme des bei Ablauf der vorgegebenen Laufzeit im Höchstgebot des Käufers (siehe Rn 21) zu sehenden Antrags.[73] Dem steht nicht entgegen, dass bei Abgabe des Antrags durch den Verkäufer weder die Person des Käufers noch der spätere Kaufpreis endgültig feststehen; denn für eine Erstreckung der Erklärung des Verkäufers auf die *essentialia negotii* eines Kaufvertrags ist es völlig ausreichend, wenn im Zeitpunkt der Abgabe der Willenserklärung der **Vertragspartner und** der **Kaufpreis** unter Hinzuziehung der vom Verkäufer in seinen Willen aufgenommenen äußeren Umstände bzw. Bedingungen **eindeutig bestimmbar** sind.[74]

20 Auch wenn ein Antrag grundsätzlich so bestimmt erklärt werden soll, dass er durch ein einfaches „Ja" angenommen werden kann,[75] reicht es ebenso aus, wenn die Festlegung einzelner, auch wesentlicher Vertragsbestandteile – hier des Kaufpreises – der anderen Vertragspartei überlassen wird[76] und sich der Antrag im Zeitpunkt der Abgabe an eine noch unbestimmte Person richtet (Antrag *ad incertam personam*).[77] Dies ist bei Transaktionen auf einer Online-Auktions-Plattform der Fall: Der Verkäufer will den von ihm angebotenen Gegenstand an denjenigen Nutzer verkaufen, der nach Ablauf der vom Verkäufer vorgegebenen Laufzeit das Höchstgebot abgegeben hat; dieses Höchstgebot soll zugleich der Kaufpreis sein.[78] Die Qualifikation als Antrag entspricht auch dem Erklärungsgehalt, der der Willenserklärung des Verkäufers aus der Sicht eines objektiven Empfängers zuzusprechen ist: Mit dem Einstellen einer Transaktion bringt der Verkäufer erkennbar zum Ausdruck, den angebotenen Gegenstand an den nach Ablauf der Laufzeit Höchstbietenden veräußern zu wollen. Der **Verkäufer initiiert den Vertragsschluss**; er ist es, der den anderen Nutzern den Abschluss eines Kaufvertrags anträgt.

21 **2. Willenserklärung des Käufers.** In der **Abgabe des Gebots** durch den Käufer[79] ist ebenfalls eine auf den Abschluss eines Kaufvertrags gerichtete Willenserklärung zu sehen,[80] die allerdings unter der i.S.d. § 158 Abs. 1 **aufschiebenden Bedingung**[81] steht, bis zum Ablauf der vom Verkäufer vorgegebenen Laufzeit der Transaktion nicht von einem anderen Nutzer überboten zu werden. Diese Willenserklärung wird damit in dem Moment unwirksam, im dem ein anderer Nutzer auf den in dieser Transaktion angebotenen Gegenstand ein höheres Gebot abgegeben hat, vgl. auch § 156 S. 2. Auch diese Willenserklärung ist über den Betreiber der Online-Auktions-Plattform gemäß § 164 Abs. 3 (vgl. Rn 13) dem Verkäufer bereits unmittelbar nach Abgabe zugegangen.[82]

22 Das nach Ablauf der Laufzeit verbleibende Höchstgebot ist die **Annahme** des Antrags des Verkäufers (vgl. Rn 19 f.);[83] mit Beendigung der Transaktion ist der Kaufvertrag geschlossen. Liegt im Einstellen der Transaktion durch den Verkäufer ausnahmsweise nur eine *invitatio ad offerendum* (vgl. Rn 17), wird regelmäßig im Höchstgebot der an den Verkäufer gerichtete Antrag des Käufers auf Abschluss eines Kaufvertrags zu sehen sein. Hier ist nach den Umständen des Einzelfalls zu entscheiden, ob und ggf. bis zu welchem Zeitpunkt der Verkäufer diesen Antrag zurückweisen muss bzw. wie lang der Höchstbietende gemäß § 147 Abs. 2 (vgl. § 147 Rn 13 f.) mit einer Annahme seines Antrags durch den Verkäufer rechnen durfte.

---

73 OLG Hamm JurPC Web-Dok. 255/2000 Abs. 82; LG Berlin NJW 2004, 2831, 2832; AG Erfurt JurPC Web-Dok. 71/2002; *Ehret*, CR 2003, 754, 755; *Ulrici*, NJW 2001, 1112, 1113; *Hollerbach*, DB 2000, 2001, 2006; offen gelassen von BGH JurPC Web-Dok. 255/2001 Abs. 19; a.A. LG Hof JurPC Web-Dok. 41/2004 und JurPC Web-Dok. 368/2002 Abs. 3; *Leible/Sosnitza*, K&R 2002, 89 f.
74 Ebenso *Hartung/Hartmann*, MMR 2001, 278, 282; ähnlich *Rüfner*, JZ 2000, 715, 718; *Sester*, CR 2001, 98, 101; zweifelnd *Hager*, JZ 2001, 786, 788; a.A. *Wilkens*, DB 2000, 666, 667.
75 *Palandt/Heinrichs*, § 145 Rn 1; *Hager*, JZ 2001, 786, 787.
76 OLG Hamm JurPC Web-Dok. 255/2000 Abs. 93; MüKo/*Kramer*, § 145 Rn 5; *Lettl*, JuS 2002, 219, 222 (unter Hinweis auf §§ 315 Abs. 1, 316); *Ulrici*, JuS 2000, 947, 948.
77 BGH JurPC Web-Dok. 255/2001 Abs. 25; OLG Karlsruhe DNotZ 1988, 694, 695; Palandt/*Heinrichs*, § 145 Rn 1; *Teuber/Melber*, MDR 2004, 185.
78 LG Berlin NJW 2004, 2831, 2832.
79 Die Abgabe des Gebots erfolgt regelmäßig durch Eingabe des Gebotsbetrags auf der zur jeweiligen Transaktion gehörenden Webseite und der anschließenden Bestätigung des Gebots durch Mausklick auf einen hierfür vorgesehenen Schaltknopf (sog. Button).
80 BGH JurPC Web-Dok. 255/2001 Abs. 17.
81 AG Menden JurPC Web-Dok. 187/2004 Abs. 10; *Trinks*, MMR 2004, 500, 501.
82 AG Menden JurPC Web-Dok. 187/2004 Abs. 11.
83 OLG Hamm JurPC Web-Dok. 255/2000 Abs. 97.

II. Löschung von Angeboten und Geboten, Anfechtung

Beendet ein Verkäufer seine Transaktion vorzeitig – ggf. unter Streichung der bislang abgegebenen Gebote – kann hierin wegen § 130 Abs. 1 S. 2 **kein Widerruf** seines bereits zugegangenen Antrags (Rn 15) gesehen werden.[84] Der Antrag hat demnach gegenüber dem in diesem Zeitpunkt Höchstbietenden Bestand, wenn er nicht aus einem anderen Grund (etwa mangelnde Geschäftsfähigkeit des Nutzers) unwirksam ist oder zugleich wirksam **angefochten** wurde.[85] Dabei ist im Zweifel davon auszugehen, dass mangels Vertretungsbefugnis der Betreiber der Online-Auktions-Plattform nicht zur Entgegennahme der **Anfechtungserklärung** berechtigt ist, weshalb die im Verhältnis zum Betreiber erklärte vorzeitige Beendigung einer Transaktion nicht zugleich die Anfechtungserklärung gegenüber dem Käufer darstellt. Die **Anfechtungsfrist** beginnt nicht erst mit Ablauf der Laufzeit der Transaktion (und damit auf Seiten des Verkäufers mit Kenntnis des Käufers), sondern bereits mit Kenntnis des Anfechtungsberechtigten von seinem Irrtum.[86]

23

Dieselben Grundsätze gelten, wenn ein Nutzer ein bereits abgegebenes Gebot zurücknimmt. Allerdings kann die Zurücknahme eines Gebots gegenüber einem Unternehmer ggf. auch als **Ausübung des Widerrufsrechts** aus §§ 312d Abs. 1, 355 Abs. 1 (siehe Rn 36) im Fernabsatz ausgelegt werden;[87] schließlich kann der Widerruf bereits unmittelbar nach Abgabe der auf den Vertragsschluss gerichteten Willenserklärung ausgeübt werden, auch wenn ein Vertrag noch nicht zustande gekommen sein sollte.[88]

24

III. Account- oder Identitätsmissbrauch

Wird der Account eines Nutzers (vgl. Rn 5) von einem Dritten – auch einem Angehörigen[89] – missbraucht, indem ohne Zustimmung des Account-Inhabers Transaktionen eingestellt oder Gebote abgegeben werden, kommt es **nicht zum Vertragsschluss** mit dem Nutzer, dessen Account missbraucht wurde.[90] Darlegungs- und beweisbelastet für das Zustandekommen des Vertrags und damit für die Abgabe der entsprechenden Willenserklärung durch die andere Partei ist grundsätzlich derjenige, der einen Anspruch – ob auf Kaufpreiszahlung oder Lieferung des Kaufgegenstandes – aus dem Kaufvertrag geltend macht.[91]

25

Zugunsten des Beweispflichtigen greift bei Online-Versteigerungen keine abweichende Verteilung der Beweislast und **kein Anscheinsbeweis** dafür, dass die über einen Account abgegebenen Willenserklärungen tatsächlich vom Inhaber des Accounts stammen.[92] Die Sicherung der Accounts allein durch ein frei wählbares Passwort ist nicht ausreichend, um die Möglichkeit eines Missbrauchs durch unberechtigte Dritte weitgehend ausschließen zu können.[93] Allerdings ist ein **pauschales Bestreiten** des den Missbrauch seines Accounts behauptenden Nutzers **unerheblich**; unter dem Gesichtspunkt der sekundären Beweislast muss er konkrete Anhaltspunkte darlegen und ggf. beweisen, aus denen sich die Umstände des Missbrauchs ergeben.[94] Damit wird im Rahmen eines angemessenen Risikoausgleichs die Gefahr eines „Widerrufsrechts kraft Beweislastverteilung" gebannt und zugleich das „Vertrauen in ein alltäglich gewordenes Kommunikationsmittel"[95] gewahrt.

26

Wegen des geringen Sicherheitsniveaus der Accounts scheidet eine vertragliche Einstandspflicht des Account-Inhabers unter dem Gesichtspunkt der Duldungs- oder Anscheinsvollmacht (vgl. dazu § 167 Rn 74 ff.) aus.[96] Allerdings kommt bei **schuldhaft nachlässigem Umgang** mit den Zugangsdaten zum

27

---

[84] Ebenso bei der Zurücknahme des Gebots eines Käufers AG Menden JurPC Web-Dok. 187/2004 Abs. 11; AG Duisburg, Urt. v. 25.3.2004 – 27 C 4288/03 – JurPC Web-Dok. 200/2004 (aber mit falscher Schlussfolgerung, dazu *Dittrich*, JurPC Web-Dok. 256/2004).
[85] LG Berlin NJW 2004, 2831, 2832.
[86] *Spindler*, ZIP 2001, 809, 819; *Ulrici*, JuS 2000, 947, 951 sowie NJW 2001, 1112, 1113; a.A. *Wilkens*, DB 2000, 666, 668.
[87] AG Menden JurPC Web-Dok. 187/2004 Abs. 13 f.
[88] Palandt/*Heinrichs*, § 355 Rn 9.
[89] LG Bonn JurPC Web-Dok. 74/2004 Abs. 17.
[90] OLG Köln JurPC Web-Dok. 364/2002 Abs. 7; LG Bonn JurPC Web-Dok. 74/2004 Abs. 11 sowie JurPC Web-Dok. 136/2002; LG Konstanz JurPC Web-Dok. 291/2002; AG Erfurt JurPC Web-Dok. 71/2002; *Wiebe*, MMR 2002, 257, 258.
[91] LG Bonn JurPC Web-Dok. 74/2004 Abs. 12; *Teuber/Melber*, MDR 2004, 185, 186; *Winter*, MMR 2002, 836.

[92] OLG Köln JurPC Web-Dok. 364/2002 Abs. 10; LG Bonn JurPC Web-Dok. 74/2004 Abs. 13 f. sowie JurPC Web-Dok. 136/2002; *Roßnagel*, K&R 2003, 84, 85; *Wiebe*, MMR 2002, 257, 258; a.A. *Ernst*, MDR 2003, 1091, 1093; *Mankowski*, CR 2003, 44, 45 ff. sowie MMR 2004, 181; *Winter*, CR 2002, 768, 769 und CR 2004, 220, 221.
[93] LG Bonn JurPC Web-Dok. 74/2004 Abs. 13; LG Konstanz JurPC Web-Dok. 291/2002; AG Erfurt JurPC Web-Dok. 71/2002.
[94] Ähnlich *Teuber/Melber*, MDR 2004, 185, 186; *Winter*, MMR 2002, 836 (der dieses Vorgehen gleichwohl als Anscheinsbeweis ansieht); a.A. LG Konstanz JurPC Web-Dok. 291/2002, das eine abstrakte Missbrauchsgefahr durch „trojanische Pferde" genügen lässt.
[95] Entspr. Bedenken äußert *Mankowski*, CR 2003, 44 und MMR 2004, 181, 182.
[96] OLG Köln JurPC Web-Dok. 364/2002 Abs. 11 f.; LG Bonn JurPC Web-Dok. 74/2004 Abs. 15 ff. sowie JurPC Web-Dok. 136/2002; *Wiebe*, MMR 2002, 257, 258.

eigenen Account eine Haftung des vom Missbrauch betroffenen Nutzers aus §§ 280 Abs. 1, 311 Abs. 2 Nr. 2, 241 Abs. 2 in Betracht.[97]

IV. Stellvertretung

28 Ein rechtsgeschäftliches Handeln für einen Dritten ist auf einer Online-Auktions-Plattform nur nach **Offenlegung** des Vertretungsverhältnisses möglich. Transaktionen bei Online-Auktionen sind **keine Geschäfte des täglichen Lebens**, da sie regelmäßig einer sofortigen Abwicklung nicht zugänglich sind.[98] Zudem ist den beteiligten Parteien gerade daran gelegen, mit dem tatsächlichen Inhaber des jeweiligen Accounts zu kontrahieren; nur von diesem kann die jeweils andere Partei sich ein Bild durch das Bewertungssystem (vgl. Rn 38 f.) der Online-Auktions-Plattform machen.[99] Bei fehlender Offenlegung einer gewollten Stellvertretung und auch bei einem **Handeln unter fremdem Namen** mit Zustimmung des Account-Inhabers[100] wird deshalb allein derjenige Nutzer verpflichtet, über dessen Account (Rn 5) eine Transaktion eingestellt oder ein Gebot abgegeben wurde. Die Anfechtung der auf den Vertragsschluss gerichteten Willenserklärung scheidet wegen § 164 Abs. 2 (vgl. § 164 Rn 63 f.) aus. Da bei der Abgabe eines Gebots aus technischen Gründen die Offenlegung eines etwaigen Vertreterhandelns ausgeschlossen ist, kommt eine Stellvertretung nur auf Seiten des Verkäufers in Betracht. Die genannten Grundsätze gelten auch für sog. **Verkaufsagenten**[101] (Nutzer, die für Dritte unter den vom Betreiber der Online-Auktions-Plattform vorgegebenen Bedingungen Gegenstände verkaufen). Werden Verkaufsagenten durch die AGB des Betreibers zum Verkauf im eigenen Namen verpflichtet, wirkt sich dies nur im Innenverhältnis des Verkaufsagenten zum Betreiber aus (vgl. Rn 6).[102]

C. Gewährleistung und Verbraucherschutz

I. Verkäufer als Unternehmer

29 **1. Bestimmung der Unternehmerstellung.** Damit die verbraucherschützenden Vorschriften der §§ 474 ff., 312b–312e, 310 Abs. 3 überhaupt Anwendung finden, muss der Verkäufer als **Unternehmer** i.S.d. § 14 und der Käufer – mit Ausnahme des § 312e – als Verbraucher i.S.d. § 13 tätig werden. Dabei lässt sich allein die Anzahl der bislang von einem Nutzer abgewickelten Transaktionen keinen Rückschluss auf dessen Eigenschaft als Unternehmer zu, weil die Anzahl der Transaktionen nichts über die – möglicherweise auch rein privaten – Inhalt dieser Rechtsgeschäfte aussagt.[103] Die Anzahl der bislang abgewickelten Transaktionen kann aber ebenso wie die Art der verkauften Gegenstände, die Anzahl der Bewertungen (zum Bewertungssystem Rn 38 f.), die Zahl der gleichzeitig laufenden Transaktionen oder die Unterhaltung eines Online-Shops[104] im **Einzelfall** ein **Kriterium** für die Abgrenzung des Unternehmers vom Verbraucher sein.[105] Selbiges gilt für den Status eines Nutzers als **Powerseller**,[106] Starseller,[107] eine planmäßige Geschäftstätigkeit durch das stetige Ankaufen von Gegenständen mit dem Ziel des Weiterverkaufs[108] oder den regelmäßigen Verkauf von Neuwaren.[109]

30 **2. Verschweigen der Unternehmerstellung.** Der Unternehmer ist zur **Offenbarung seiner Unternehmerstellung** in der Beschreibung seiner Transaktionen verpflichtet.[110] Unterlässt der Unternehmer diesen Hinweis, verschafft er sich durch die Umgehung der Informationspflichten im Fernabsatz sowie der Verpflichtung zur Anbieterkennzeichnung aus § 6 TDG (siehe Rn 34) einen **rechtswidrigen Wettbewerbsvorteil** gegenüber seinen Mitbewerbern i.S.d. § 3 UWG. Dieser Vorteil wird auch durch die vermeintlich bewusste Anonymität von Online-Auktions-Plattformen oder das Wissen der Nutzer um unternehmerische Aktivitäten

---

97 A.A. LG Bonn JurPC Web-Dok. 74/2004 Abs. 18 sowie JurPC Web-Dok. 136/2002.
98 LG Berlin JurPC Web-Dok. 43/2004.
99 OLG München JurPC Web-Dok. 195/2004; LG Berlin JurPC Web-Dok. 43/2004.
100 OLG München JurPC Web-Dok. 195/2004.
101 § 15 *eBay*-AGB und http://pages.ebay.de/help/community/ta-policy.html.
102 A.A. LG Berlin NJW 2004, 2831, 2832.
103 LG Hof JurPC Web-Dok. 41/2004; *Leible/Sosnitza*, CR 2002, 372, 373 f.; a.A. zum Handeln im geschäftlichen Verkehr (39 Transaktionen in fünf Monaten) LG Berlin JurPC Web-Dok. 220/2002.
104 *eBay* bietet Verkäufern zusätzlich die Möglichkeit zur Einrichtung von Online-Shops, siehe http://stores.ebay.de/.
105 Vgl. OLG Frankfurt, Beschl. v. 7.7.2004 – 6 W 54/04 – n.v. (zum Handeln im geschäftlichen Verkehr).
106 Powerseller müssen monatlich einen Umsatz von mindestens 3.000 EUR erzielen oder mehr als 300 Artikel verkaufen, vgl. http://pages.ebay.de/powerseller/index.html und § 6 Nr. 6 *eBay*-AGB.
107 Starseller müssen in drei Monaten einen Umsatz von mindestens 2.500 EUR erzielen und mindestens 15 Transaktionen abwickeln, vgl. http://www.atrada.de/Help.asp?seite=20300.
108 LG Hof JurPC Web-Dok. 41/2004.
109 *Teuber/Melber*, MDR 2004, 185, 186.
110 *Becker*, JurPC Web-Dok. 115/2003 Abs. 10 f.; *Gabriel/Rothe*, VuR 2004, 212, 214; a.A. (unter völliger Außerachtlassung der Informations- und Kennzeichnungspflichten) OLG Oldenburg JurPC Web-Dok. 47/2003; LG Osnabrück JurPC Web-Dok. 19/2003; *Seifert*, K&R 2003, 244, 245.

auf Online-Auktions-Plattformen nicht ausgeglichen.[111] Der **Anwendbarkeit der Verbraucherschutzvorschriften** (Rn 34 ff.) steht ein Verstoß gegen die Offenbarungspflicht nicht entgegen; die sich hieraus für den Unternehmer ergebenden Verpflichtungen knüpfen einzig an das tatsächliche Vorliegen der Unternehmerstellung an. Allerdings obliegt dem Verbraucher die Darlegungs- und Beweislast für die Unternehmereigenschaft des Verkäufers.[112] Weiter gehende Rechte ergeben sich aus dem Wettbewerbsverstoß des Unternehmers für den Verbraucher nicht, da Verbraucher vom Anwendungsbereich des zum 8.7.2004 in Kraft getretenen neuen UWG ausgeschlossen sind.

II. Gewährleistung und Haftungsausschluss

Es gelten die **allgemeinen Gewährleistungs- bzw. Leistungsstörungsvorschriften**, abhängig von der Natur des bei der Transaktion zustande gekommenen Vertrags (vgl. Rn 7). Bei Kaufverträgen ist gemäß § 444 ein Haftungsausschluss möglich, soweit § 475 beim Verbrauchsgüterkauf (vgl. Rn 32) oder § 309 Nr. 8 lit. b (vgl. Rn 32) bei einem durch AGB vereinbarten Haftungsausschluss für neu hergestellte Sachen oder Werkleistungen dem nicht entgegensteht. Da Online-Auktionen keine Versteigerungen im Rechtssinn sind (Rn 10 ff.), findet die Haftungsprivilegierung des § 445 auf sie keine Anwendung, zumal den Nutzern bei Online-Auktionen auch nicht die bei der Pfandversteigerung gebotene Möglichkeit zur vorherigen Besichtigung des Kaufgegenstands offen steht.[113]

31

Unternehmer (Rn 29) haben beim Verbrauchsgüterkauf i.S.d. § 474 Abs. 1 insbesondere die Grenzen der Verjährungsverkürzung gemäß § 475 Abs. 2, die Beschränkungen bei der Modifikation gesetzlicher Gewährleistungsrechte durch § 475 Abs. 1, 3 sowie den Ausschluss des vorzeitigen Gefahrübergangs auf den Käufer beim Versendungskauf (vgl. Rn 7) gemäß § 474 Abs. 2 und die Beweislastumkehr gemäß § 476 zu beachten. **Verbraucher** können Gewährleistungsrechte grundsätzlich durch die Formulierung „Gewährleistung ausgeschlossen"[114] wirksam abbedingen; die gebräuchlichen Klauseln „ohne Garantie"[115] oder „wegen neuem EU-Recht keine Garantie" reichen nicht aus. Wird ein **Haftungsausschluss** allerdings durch AGB in den Vertrag einbezogen, greifen bei neu hergestellten Sachen und Werkleistungen auch bei einem Verbraucher die Beschränkungen des § 309 Nr. 8 lit. b.

32

Weil bei Online-Auktionen regelmäßig eine vorherige Besichtigung des Kaufgegenstands ausscheidet, darf sich der Käufer darauf verlassen, dass der angebotene Gegenstand keine Mängel hat, die in der **Beschreibung der Transaktion** nicht benannt oder auf etwaigen der Beschreibung beigefügten Abbildungen des Gegenstands nicht erkennbar sind. Weicht die Beschreibung vom tatsächlichen Zustand des Kaufgegenstands ab, liegt ein Mangel des Kaufgegenstands i.S.d. § 434 Abs. 1 S. 1 vor.[116] Selbst wenn ein Mangel bei einer Inaugenscheinnahme des Kaufgegenstands ohne weiteres erkennbar gewesen wäre, sind mangels Kenntnis oder grob fahrlässiger Unkenntnis Gewährleistungsrechte nicht wegen § 442 Abs. 1 ausgeschlossen, solange auf den der Transaktion beigefügten **Abbildungen** dieser Mangel nicht ohne weiteres zu Tage tritt.[117]

33

III. Informations- und Kennzeichnungspflichten

Ungeachtet der Anwendbarkeit des § 312d Abs. 4 Nr. 5 auf Online-Auktionen (Rn 36) unterliegt jeder Unternehmer bei Transaktionen, an denen auf Käuferseite ein Verbraucher beteiligt ist, den **Informationspflichten im Fernabsatz** aus § 312c i.V.m. § 1 BGB-InfoV.[118] Die Online-Auktions-Plattform ist ein für den Fernabsatz organisiertes Vertriebs- und Dienstleistungssystem i.S.d. § 312b; es genügt, dass sich der Unternehmer dieses (fremden) Systems bedient.[119] Hinzu kommen – auch gegenüber Unternehmern, vgl. § 312e Abs. 2 S. 2 – die **Informationspflichten im elektronischen Geschäftsverkehr** aus § 312e i.V.m. § 3 BGB-InfoV, deren Verletzung gemäß § 355 Abs. 3 S. 2 zu einer Verlängerung der Widerrufsfrist führt. Letztlich unterliegen Unternehmer den **Kennzeichnungspflichten** nach § 6 TDG, da auch die auf einer Online-Auktions-Plattform abgewickelten einzelnen Transaktionen Teledienste i.S.d. § 2 Abs. 1 TDG sind.[120] Bestehen für Unternehmer Informations- und Kennzeichnungspflichten nach mehreren Vorschriften, sind diese **insgesamt zu erfüllen**, vgl. §§ 312c Abs. 4, 312e Abs. 3 S. 1, § 6 S. 2 TDG.

34

---

111 So aber das LG Osnabrück JurPC Web-Dok. 19/2003 Abs. 7.
112 *Mankowski*, VuR 2004, 79; *Teuber/Melber*, MDR 2004, 185, 186.
113 *Cichon/Pighin*, CR 2003, 435, 439; *Gabriel/Rothe*, VuR 2004, 212, 216.
114 Palandt/*Putzo*, § 444 Rn 18.
115 Palandt/*Putzo*, § 444 Rn 19.
116 *Cichon/Pighin*, CR 2003, 435, 439.

117 LG Berlin JurPC Web-Dok. 313/2003; LG Trier JurPC Web-Dok. 149/2003; AG Bitburg JurPC Web-Dok. 148/2003.
118 *Becker*, JurPC Web-Dok. 115/2003 Abs. 10; *Heiderhoff*, MMR 2001, 640, 641; *Teuber/Melber*, MDR 2004, 185, 189.
119 *Teuber/Melber*, MDR 2004, 185, 187.
120 *Becker*, JurPC Web-Dok. 115/2003 Abs. 8; zweifelnd *Seifert*, K&R 2003, 244, 245.

35 Den Pflichten muss nicht unmittelbar in der Beschreibung der jeweiligen Transaktion nachgekommen werden; ebenso wie AGB durch einen deutlichen Verweis (sog. Link) auf eine andere Internetseite eingebunden werden können, genügt auch der deutliche Verweis auf eine die erforderlichen Informationen enthaltende Internetseite; die z.T. geforderte **Textform** (§ 126b) wird auch durch eine Internetseite gewahrt (siehe § 126b Rn 16).[121] Missachtet ein Unternehmer die ihm obliegenden Informations- und Kennzeichnungspflichten oder unterlässt er den Hinweis auf das Widerrufs- bzw. Rückgaberecht (Rn 36), handelt er **wettbewerbswidrig** i.S.d. § 3 UWG (vgl. Rn 30).[122]

IV. Widerrufs- bzw. Rückgaberecht

36 Das Widerrufs- bzw. Rückgaberecht eines Verbrauchers aus § 312d Abs. 1 wird bei Online-Auktionen **nicht** durch §§ 312d Abs. 4 Nr. 5, 156 **ausgeschlossen**.[123] Der Ausschlusstatbestand des § 312d Abs. 4 Nr. 5 erfasst nur Versteigerungen im Rechtssinn,[124] worunter Online-Auktionen gerade nicht fallen (Rn 10 ff., zum Sofort- oder Direktkauf Rn 8). Dies entspricht auch dem Willen des Gesetzgebers, der Online-Auktionen insoweit als „Kaufvertrag gegen Höchstgebot" bewertet hat.[125] Eine analoge Anwendung des § 312d Abs. 4 Nr. 5 (oder anders formuliert die „teleologische Erweiterung"[126]) scheidet mangels Regelungslücke – dem Gesetzgeber war das Phänomen der Online-Auktionen bekannt (s.o.) – und vergleichbarer Interessenlage aus, zumal der mit den Vorschriften zu Fernabsatzgeschäften bezweckte Verbraucherschutz anderenfalls unterlaufen würde.[127] Für das Bestehen eines Widerrufs- oder Rückgaberechts macht es keinen Unterschied, ob ein Unternehmer sich eines klassischen Online-Shops bedient oder – ggf. ausschließlich – Internet-Auktionen als „besonderen Weg zur Festlegung des Kaufpreises" (siehe Rn 10) nutzt. Hierdurch werden Online-Auktionen auch nicht unmöglich gemacht,[128] sondern der vom (europäischen) Gesetzgeber gewollte Verbraucherschutz gewährleistet.[129]

37 Die **örtliche Zuständigkeit** für die Rückabwicklung eines Vertrags nach wirksamer Ausübung des Widerruf- bzw. Rückgaberechts bestimmt sich – neben den §§ 12, 13, 21 ZPO – gemäß § 29 Abs. 1 ZPO nach dem Erfüllungsort. Dies ist nach beiderseitiger Erfüllung des Vertrags der Ort, an dem sich der Kaufgegenstand im Zeitpunkt des Widerrufs befunden hat.[130] Da für die Klage des Verkäufers auf Rückgabe des Kaufgegenstands das Gericht am Wohnsitz des Käufers zuständig wäre, gilt dies auch, wenn der Käufer den Kaufgegenstand bereits an den Verkäufer zurückgegeben hat und anschließend auf Rückzahlung des Kaufpreises klagt; durch die Rückgabe des Kaufgegenstands verliert der Käufer nicht den ihm günstigen Wohnsitzgerichtsstand.[131]

D. Bewertungssystem und Löschungsansprüche

38 Im Anschluss an eine Transaktion können nur die beteiligten Nutzer (Käufer und Verkäufer) eine **Bewertung** für den jeweils anderen abgeben; die Bewertung ist für alle anderen Nutzer der Online-Auktions-Plattform sichtbar, soweit ein Nutzer seine Bewertungen – was bislang die Ausnahme ist – nicht für privat erklärt hat. Die Bewertungen – positiv, neutral oder negativ; wahlweise in Verbindung mit einem kurzen Erläuterungssatz des Bewertenden – beziehen sich immer auf eine **konkrete Transaktion**; es besteht keine Möglichkeit,

---

[121] *Gabriel/Rothe*, VuR 2004, 212, 214; *Schafft*, K&R 2002, 44, 45 f.; *Steins*, MMR 2001, 530 531; *Vehslage*, CR 2001, 783; a.A. OLG Frankfurt JurPC Web-Dok. 135/2001 Abs. 4.
[122] OLG Frankfurt JurPC Web-Dok. 135/2001 Abs. 5; *Seifert*, K&R 2003, 244, 245 f.; *Teuber/Melber*, MDR 2004, 185, 189; übersehen von *Wenzel*, NJW 2002, 1550, 1551.
[123] BGH, Urt. v. 3.11.2004 – VIII ZR 375/03 – n.v.; LG Hof JurPC Web-Dok. 368/2002 Abs. 3; LG Memmingen NJW 2004, 2389, 2390; AG Itzehoe, Urt. v. 18.5.2004–57 C 361/04 (Quelle: http://www.internetrecht-rostock.de/ecommerce56.htm); AG Kehl JurPC Web-Dok. 243/2003 Abs. 18; AG Schwäbisch-Gmünd JurPC Web-Dok. 46/2004; *Gabriel/Rothe*, VuR 2004, 212, 214; *Teuber/Melber*, MDR 2004, 185, 187; *Wenzel*, NJW 2002, 1550, 1551; a.A. AG Bad Hersfeld MMR 2004, 500; Bamberger/Roth/*Schmidt-Räntsch*, § 312d Rn 34; *Heiderhoff*, MMR 2001, 640, 642 (der aus unter Berücksichtigung des Umgehungsgedankens des § 312f doch wieder zu einem Widerrufsrecht kommt); *Lettl*, JuS 2002, 219, 222 (wegen des vermeintlichen Erfordernisses einer richtlinienkonformen Auslegung); *Schrader*, MMR 2001, 767, 768; *Wiebe*, MMR 2001, 110, 111 und MMR 2002, 128, 129; wohl auch *Spindler*, MMR 2004, 333, 334.
[124] AG Kehl JurPC Web-Dok. 243/2003 Abs. 18; Palandt/*Heinrichs*, § 312d Rn 13; a.A. wohl Bamberger/Roth/*Schmidt-Räntsch*, § 312d Rn 33.
[125] BT-Drucks 14/3195 S. 30 bezeichnet Online-Auktionen als „Kaufvertrag gegen Höchstgebot" und nicht als „echte" Versteigerungen; dazu *Michel*, JurPC Web-Dok. 63/2001, Abs. 5, 9; *Trinks*, MMR 2004, 500, 501.
[126] So Bamberger/Roth/*Schmidt-Räntsch*, § 312d Rn 33.
[127] AG Kehl JurPC Web-Dok. 243/2003 Abs. 18; *Teuber/Melber*, MDR 2004, 185, 188; *Trinks*, MMR 2004, 500, 501.
[128] So aber *Wiebe*, MMR 2001, 110, 111.
[129] Ebenso *Teuber/Melber*, MDR 2004, 185, 189; zur Schutzbedürftigkeit der Verbraucher vgl. LG Memmingen NJW 2004, 2389, 2390 f.
[130] Ebenso für die Wandlung BGHZ 87, 104, 109 f.; *Ernst*, CR 2000, 304, 311.
[131] *Teuber/Melber*, MDR 2004, 185, 188.

Nutzer losgelöst von einer Transaktion zu beurteilen.[132] Das Bewertungssystem soll den – in der Regel anonym unter dem frei wählbaren Nutzernamen (Rn 5) agierenden (zur Offenbarungspflicht bei Unternehmern Rn 30) – Nutzern die Möglichkeit geben, vor Abgabe eines Gebots einen Überblick ("**aussagekräftiges Bild**"[133]) über den Ausgang der bisherigen Transaktionen des potenziellen Vertragspartners zu erlangen. Zu diesem Zweck werden zudem die Einzelbewertungen in einer zusätzlichen **Bewertungsstatistik** zusammengefasst, die die Gesamtzahl der bisherigen Bewertungen nach verschiedenen Kriterien zusammenfasst – und etwa bei *eBay* in einer Prozentzahl das bisherige Abschneiden des Nutzers ("98,7% positive Bewertungen") widerspiegelt.

Wegen der uneingeschränkten Verknüpfung jeder einzelnen Bewertung mit einer konkreten Transaktion stellt das Bewertungssystem **kein allgemeines Meinungsforum** dar. Die Bewertung – insbesondere ein vom Bewertenden neben der Einordnung als positiv, neutral oder negativ zusätzlich abgegebener kurzer Erläuterungstext – muss deshalb Bezug nehmen auf die Abwicklung der konkreten Transaktion und **sachlich gerechtfertigt** sein.[134] Enthält eine – negative – Bewertung eine **offensichtlich unwahre Tatsachenbehauptung**,[135] **Schmähkritik**[136] oder eine Abwertung des Nutzers ohne jede sachliche Begründung, kann dem betroffenen Nutzer gegen den Bewertenden ein **Anspruch auf Zustimmung zur Löschung** der Bewertung aus §§ 280 Abs. 1, 241 Abs. 2 zustehen;[137] die Abgabe einer sachlich gerechtfertigten Bewertung stellt sich insofern als vertragliche Nebenpflicht dar, ohne dass es eines Rückgriffs auf die entsprechenden AGB des Betreibers der Online-Auktions-Plattform[138] bedarf (zur Reichweite der Betreiber-AGB Rn 6).[139] Die Möglichkeit zur **Gegendarstellung im Bewertungssystem** steht dem Löschungsanspruch nicht entgegen,[140] denn die negative Bewertung findet trotz einer Gegendarstellung weiterhin ihren Niederschlag im zusammenfassenden Bewertungsprofil.[141] Zudem macht eine Gegendarstellung nur Sinn, wenn sie einen konkreten Vorwurf entkräften kann; hieran fehlt es aber gerade bei einer sachlich nicht gerechtfertigten Bewertung.[142]

E. Verantwortlichkeit des Betreibers einer Online-Auktions-Plattform

Der Betreiber einer Online-Auktions-Plattform stellt als technische und organisatorische Plattform den Marktplatz (vgl. Rn 12) für die Transaktionen der Nutzer zur Verfügung und gibt damit den Rahmen vor, in dem diese Transaktionen durchgeführt werden können.[143] Auch wenn der Betreiber mit der Unterhaltung seiner Online-Auktions-Plattform damit einen mitursächlichen Beitrag zur **Verbreitung rechtswidriger Angebote** der Nutzer leistet[144] (insbesondere wegen Verletzung des Marken-, Urheber-, Wettbewerbs- oder Jugendschutzrechts[145]), lässt sich allein hieraus noch nichts über die Verantwortlichkeit des Betreibers für diese rechtswidrigen Angebote ableiten. Vielmehr sind die §§ 8–11 TDG (bis zum 20.12.2001 § 5 TDG a.F.) bei der Bestimmung der Reichweite der Betreiberverantwortlichkeit zu beachten, denn bei einer Online-Auktions-Plattform handelt es sich um einen **Teledienst** i.S.d. § 2 Abs. 1 TDG.[146]

Bei den Transaktionen handelt es sich mangels Einwirkungsmöglichkeit der Betreiber auf deren Inhalt und konkreter Ausgestaltung im Einzelfall **nicht um eigene Inhalte** i.S.d. § 8 Abs. 1 TDG.[147] Auch will der

---

132 Auf der amerikanischen *eBay*-Plattform (http://www.ebay.com) konnten zunächst auch Bewertungen durch nicht an einer Transaktion beteiligte Nutzer abgegeben werden. Wegen des massiven Missbrauchs wurde diese Funktion alsbald deaktiviert.
133 LG Düsseldorf MMR 2004, 496.
134 A.A. AG Koblenz JurPC Web-Dok. 217/2004 Abs. 33 ff.
135 LG Düsseldorf MMR 2004, 496.
136 LG Düsseldorf MMR 2004, 496, 497; AG Koblenz JurPC Web-Dok. 217/2004 Abs. 25, 29.
137 AG Erlangen, Urt. v. 26.5.2004 – 1 C 457/04 – n.v., nicht rechtskräftig.
138 § 6 Nr. 3 *eBay*-AGB.
139 Verkannt vom AG Koblenz JurPC Web-Dok. 217/2004 Abs. 30 ff.
140 AG Erlangen, Urt. v. 26.5.2004 – 1 C 457/04 – n.v., nicht rechtskräftig; a.A. LG Düsseldorf MMR 2004, 496 f.
141 *Herrmann*, MMR 2004, 497.
142 AG Erlangen, Urt. v. 26.5.2004 – 1 C 457/04 – n.v., nicht rechtskräftig.
143 OLG Brandenburg JurPC Web-Dok. 222/2004 Abs. 15.
144 Vgl. *Ehret*, CR 2003, 754, 755; *Spindler*, MMR 2001, 737.
145 Die unter dem alten TDG z.T. befürwortete Ausgrenzung von Urheber-, Marken- und Leistungsschutzrechten lässt sich seit der Ersetzung des Begriffs „Inhalte" durch „Informationen" nicht mehr aufrechterhalten, vgl. *Ehret*, CR 2003, 754, 757; *Leible/Sosnitza*, K&R 2003, 90; *Spindler*, NJW 2002, 921, 922; a.A. noch OLG Köln JurPC Web-Dok. 69/2002.
146 OLG Brandenburg JurPC Web-Dok. 222/2004 Abs. 12; OLG Köln JurPC Web-Dok. 69/2002: LG Potsdam JurPC Web-Dok. 339/2002 Abs. 24; *Klinger*, DVBl 2002, 810, 815; *Spindler*, MMR 2001, 737 und MMR 2004, 333; a.A. LG Köln (Vorinstanz) JurPC Web-Dok. 81/2001 Abs. 17.
147 OLG Brandenburg JurPC Web-Dok. 222/2004 Abs. 17; LG Berlin JurPC Web-Dok. 313/2003; LG Düsseldorf JurPC Web-Dok. 11/2003; *Spindler*, K&R 2002, 83, 84.

Betreiber der Online-Auktions-Plattform die einzelnen Transaktionen angesichts der ausdrücklichen Distanzierung der Betreiber von jeder Transaktion[148] offensichtlich nicht als eigene übernehmen; eine Billigung oder gar Identifikation der Betreiber mit den einzelnen Transaktionen ist angesichts der ausdrücklichen Neutralität des Betreibers gegenüber allen Transaktionen nicht erkennbar. Deswegen liegen auch über den Umweg des „Zu-Eigen-Machens" keine eigenen Informationen des Betreibers i.S.d. § 8 Abs. 1 TDG vor.[149]

42 Die Verantwortlichkeit des Betreibers richtet sich damit nach § 11 TDG.[150] Dabei liegt beim Betreiber eine verantwortlichkeitsbegründende Kenntnis von einem rechtswidrigen Angebot i.S.d. § 11 S. 1 TDG vor, wenn er **positive Kenntnis** vom Inhalt der Transaktion hat.[151] Eine fahrlässige Unkenntnis reicht bei Schadensersatzansprüchen und nur dann aus, wenn aus positiv bekannten Tatsachen oder Umständen das rechtswidrige Angebot offensichtlich wird; hierfür genügen Hinweise allgemeiner Art ohne Bezug zu konkreten Transaktionen oder Nutzern aber nicht.[152] Dabei ist eine positive Kenntnis nicht im Sinne einer abstrakten technischen Kenntnis wegen der – ohnehin nur automatisch erfolgenden – Speicherung der Transaktionsdaten im eigenen Datenbanksystem beim Einstellen der Transaktionen zu verstehen; vielmehr ist ein aktuelles und tatsächliches **menschliches Wissen** auf Seiten des Betreibers erforderlich, dass diesem ein unverzügliches Tätigwerden i.S.d. § 11 S. 1 Nr. 2 TDG ermöglicht.[153] Faktisch erlangt der Betreiber daher erst Kenntnis i.S.d. § 11 S. 1 Nr. 1 TDG, wenn von einem Dritten eine **konkrete Transaktion beanstandet** wird[154] oder ein Mitarbeiter des Betreibers auf eine beanstandungsfähige Transaktion aufmerksam geworden ist (etwa durch einen Zufallsfund,[155] Berichte in den Medien oder über eigene Kontrollsysteme des Betreibers[156]). Eine darüber hinausgehende Verpflichtung des Betreibers zur selbständigen Kontrolle aller Transaktionen im Sinne einer allgemeinen **Überwachungspflicht existiert nicht**;[157] sie wäre den Betreibern weder zumutbar noch tatsächlich realisierbar und ließe sich auch mit dem Ziel einer Verantwortungsbeschränkung durch die Regelung des § 11 TDG und dem ausdrücklichen Wortlaut des § 8 Abs. 2 S. 1 TDG nicht vereinbaren.[158] Es bleibt demnach Aufgabe der Rechte-Inhaber, die Einhaltung ihrer Rechte zu überwachen und ggf. durchzusetzen.[159]

43 Allerdings **privilegiert** das TDG den Betreiber einer Online-Auktions-Plattform nur hinsichtlich der gegen ihn geltend gemachten **Schadensersatzansprüche** und drohender strafrechtlicher Verantwortung; auf Unterlassungs- und Beseitigungsansprüche findet es ausweislich des eindeutigen Wortlauts des § 8 Abs. 2 S. 2 TDG keine Anwendung.[160] Außerhalb des TDG bleibt es bei einer Verantwortlichkeit nach den allgemeinen Gesetzen und damit nach den Grundsätzen der **Störerhaftung**. Allerdings ist auch hierfür eine positive Kenntnis des Betreibers im obigen Sinn Voraussetzung, den auch außerhalb des TDG keine allgemeine präventive Überwachungspflicht trifft.[161] Auf die vom BGH in seiner jüngsten Entscheidung[162] offen ge-

---

148 *eBay*: „Der Verkäufer ist verantwortlich für das Angebot"; *Hood* und *Azubo*: „Der Verkäufer übernimmt die volle Verantwortung für diesen Artikel".
149 OLG Brandenburg JurPC Web-Dok. 222/2004 Abs. 18 ff.; LG Berlin JurPC Web-Dok. 313/2003; LG Düsseldorf JurPC Web-Dok. 11/2003; LG Potsdam JurPC Web-Dok. 339/2002 Abs. 27 f.; *Ehret*, CR 2003, 754, 758; *Leible/Sosnitza*, K&R 2003, 90; gänzlich auf dieses Kriterium verzichtet *Spindler*, NJW 2002, 921, 923.
150 OLG Brandenburg JurPC Web-Dok. 222/2004 Abs. 27; OLG Düsseldorf MMR 2004, 315, 317; LG Potsdam JurPC Web-Dok. 339/2002 Abs. 25; *Spindler*, MMR 2004, 333.
151 OLG Brandenburg JurPC Web-Dok. 222/2004 Abs. 28; LG Düsseldorf JurPC Web-Dok. 11/2003; *Wiebe*, CR 2002, 53, 54.
152 *Spindler*, MMR 2001, 737, 741; *Wiebe*, CR 2002, 53, 54.
153 OLG Brandenburg JurPC Web-Dok. 222/2004 Abs. 29; LG Berlin JurPC Web-Dok. 313/2003; LG Düsseldorf JurPC Web-Dok. 11/2003; LG Potsdam JurPC Web-Dok. 339/2002 Abs. 29 ff.; *Ehret*, CR 2003, 754, 759; *Leible/Sosnitza*, K&R 2003, 90, 91; *Spindler*, MMR 2004, 333; *Volkmann*, K&R 2004, 231, 232; a.A. *Hoeren*, MMR 2002, 113 f.
154 OLG Brandenburg JurPC Web-Dok. 222/2004 Abs. 29; LG Düsseldorf JurPC Web-Dok. 11/2003; *Ehret*, CR 2003, 754, 759; *Spindler*, MMR 2001, 737, 740; *Wiebe*, CR 2002, 53, 54 f.
155 Vgl. *Volkmann*, K&R 2004, 231, 232.
156 Zu den Kontrollsystemen *Ehret*, CR 2003, 754, 759.
157 LG Berlin JurPC Web-Dok. 313/2003.
158 OLG Brandenburg JurPC Web-Dok. 222/2004 Abs. 30; LG Düsseldorf JurPC Web-Dok. 11/2003; *Ehret*, CR 2003, 754, 759; *Leible/Sosnitza*, K&R 2003, 90, 91; *Spindler*, MMR 2004, 333; a.A. wohl *Hoeren*, MMR 2002, 113, 114 f.
159 OLG Düsseldorf MMR 2004, 315, 317; *Ehret*, CR 2003, 754, 759.
160 BGH, Urt. v. 11.3.2004 – I ZR 304/01 – Volltext auf www.bundesgerichtshof.de; *Spindler*, NJW 2002, 921, 922 sowie MMR 2004, 333, 334; *Volkmann*, K&R 2004, 231; a.A. OLG Brandenburg JurPC Web-Dok. 222/2004 Abs. 37; OLG Düsseldorf, MMR 2004, 315, 316; LG Düsseldorf, JurPC Web-Dok. 11/2003; *Leupold*, MMR 2004, 318, 319.
161 OLG Köln JurPC Web-Dok. 69/2002; LG Berlin JurPC Web-Dok. 313/2003; *Spindler*, MMR 2001, 737, 741 und MMR 2004, 333, 334; *Volkmann*, K&R 2004, 231, 232.
162 BGH, Urt. v. 11.3.2004 – I ZR 304/01 – Volltext auf www.bundesgerichtshof.de.

lassene Frage, ob dem Betreiber die Unterbindung weiterer rechtswidriger Angebote für die Zukunft mit zumutbaren Kontrollmitteln möglich ist, ist derzeit keine eindeutige Antwort absehbar.[163]

F. Weitere Rechtsfragen

I. Umgekehrte Versteigerung (Abwärtsauktion oder Reverse Auction)

Bei **Abwärtsauktionen** fällt der vom Verkäufer vorgegebene Kaufpreis in festgelegten Zeitabständen so lange, bis ein Nutzer das Angebot des Verkäufers annimmt. Auch bei Abwärtsauktionen handelt es sich nicht um Versteigerungen i.S.d. § 156, weil es am Zuschlag fehlt (vgl. Rn 10 ff., zum Widerrufs- oder Rückgaberecht im Fernabsatz Rn 36);[164] der BGH spricht insoweit von einem besonderen Weg zur Festlegung des Verkaufspreises.[165] 44

Die **Zulässigkeit** von Abwärtsauktionen wurde bislang unter wettbewerbsrechtlichen Gesichtspunkten infrage gestellt, weil interessierte Nutzer durch die schnelle Abfolge des fallenden Preises einem wettbewerbswidrigen übertriebenen Anlocken i.S.d. §§ 3, 4 Nr. 1, 5 UWG durch „Ausnutzen ihrer Spiellust" ausgesetzt seien.[166] Diese Bedenken greifen jedenfalls dann nicht, wenn der Käufer bei hochpreisigen Kaufgegenständen nach erfolgreichem Abschluss einer solchen Veranstaltung die freie Wahl hat, ob er den Kaufgegenstand erwerben möchte oder nicht;[167] die erfolgreiche Transaktion führt dann lediglich zu einer Kaufberechtigung, nicht zu einer Kaufverpflichtung.[168] Auch bei dem von *Azubo* praktizierten Modell, bei dem in festen Zeitabständen in Abhängigkeit vom Mindestkaufpreis des Verkäufers und der Laufzeit der Transaktion der Kaufpreis um jeweils nur einen Cent fällt, kommt es nicht zu einem wettbewerbswidrigen unzulässigen Druck auf die Nutzer, auch wenn mit der Annahme des Angebots des Verkäufers durch den Käufer der Kaufvertrag unmittelbar[169] zustande kommt. Da im Übrigen der verständige Verbraucher[170] heute an die von solchen umgekehrten Versteigerungen ausgehenden aleatorischen Reize[171] zunehmend gewöhnt ist[172] und gegenüber Unternehmern zudem durch ein Widerrufs- bzw. Rückgaberecht (Rn 36) vor übereilten Entscheidungen geschützt wird,[173] bestehen im Regelfall, ungeachtet des Werts der angebotenen Gegenstände, **keine Bedenken** mehr gegen die wettbewerbsrechtliche Zulässigkeit der umgekehrten Versteigerungen.[174] 45

II. Nutzung von Bietagenten („Sniper-Software")

Die durch einen **Bietagenten** (sog. Sniper-Software) automatisch kurz vor Ablauf der Laufzeit einer Transaktion abgegebenen Gebote sind Willenserklärungen desjenigen Nutzers, der den Bietagenten zuvor auf die Gebotsabgabe programmiert hat. Ein etwaiges **Verbot der Nutzung** von Bietagenten in den AGB des Betreibers einer Online-Auktions-Plattform[175] (zur Reichweite der Betreiber-AGB Rn 6) berührt die Wirksamkeit der Willenserklärung nicht und steht einem Vertragsschluss nicht entgegen.[176] 46

Das Anbieten dieser Bietagenten durch Dritte ist **keine unlautere Wettbewerbshandlung** i.S.d. § 3 UWG.[177] Ein etwaiges Verbot der Nutzung dieser Bietagenten in den Betreiber-AGB betrifft nur eine nicht wettbewerbswesentliche Nebenpflicht der Nutzer. Im Angebot der Bietagenten liegt deshalb keine wettbewerbswidrige Verleitung zum Vertragsbruch.[178] Ebenso wenig führt die Nutzung der Bietagenten zu negativen Auswirkungen auf das Bietverhalten der Nutzer, die völlig unterschiedliche Strategien und Ziele mit ihrer Teilnahme an Online-Auktionen verfolgen; letztlich bleibt das Höchstgebot das erfolgreiche Gebot, gleich ob es unmittelbar durch den Nutzer oder vermittelt durch eine Sniper-Software abgegeben wurde.[179] Es 47

---

163 Gegen Kontrollpflichten *Leupold*, MMR 2003, 318, 319.
164 BGH JurPC Web-Dok. 117/2004 Abs. 21; OLG Hamburg JurPC Web-Dok. 341/2002; a.A. *Lindenberg*, CR 2003, 518, 520.
165 BGH JurPC Web-Dok. 118/2003 Abs. 17.
166 OLG Hamburg JurPC Web-Dok. 341/2002 sowie MMR 2001, 539, 540; *Ernst*, CR 2000, 304, 312.
167 BGH JurPC Web-Dok. 117/2004 Abs. 22 ff. unter Aufgabe von BGH GRUR 1986, 622; OLG München JurPC Web-Dok. 105/2001 Abs. 34 ff.; *Leible/Sosnitza*, MMR 2003, 466, 467 sowie CR 2004, 293; *Steinbeck*, K&R 2003, 344, 346; a.A OLG Hamburg JurPC Web-Dok. 341/2002.
168 BGH JurPC Web-Dok. 117/2004 Abs. 21.
169 § 9 Nr. 1 *Azubo*-AGB.
170 Vgl. *Lindenberg*, CR 2003, 518, 519.
171 Zum Begriff *Steinbeck*, K&R 2003, 344, Fn 1.
172 Ähnlich *Steinbeck*, K&R 2003, 344, 345.
173 *Leible/Sosnitza*, MMR 2003, 466, 467 sowie CR 2004, 293, 294; a.A. OLG Hamburg JurPC Web-Dok. 341/2002; *Lindenberg*, CR 2003, 518, 520.
174 Ebenso *Leible/Sosnitza*, MMR 2003, 466, 467; zurückhaltend *Busch*, EWiR 2004, 511, 512; *Ernst*, MDR 2004, 524, 525; *Steinbeck*, K&R 2003, 344, 345.
175 § 10 Nr. 5 *eBay*-AGB, eingeführt in Deutschland zum 4.7.2002.
176 Ein solches Verbot halten für unwirksam *Leible/Sosnitza*, K&R 2003, 300, 301.
177 LG Berlin JurPC Web-Dok. 38/2004; a.A. LG Hamburg JurPC Web-Dok. 325/2002.
178 LG Berlin JurPC Web-Dok. 38/2004; *Leible/Sosnitza*, K&R 2003, 300, 301; a.A. LG Hamburg JurPC Web-Dok. 325/2002.
179 *Leible/Sosnitza*, K&R 2003, 300, 301; verkannt von LG Hamburg JurPC Web-Dok. 325/2002.

fehlt demnach auch an einer wettbewerbswidrigen Marktbehinderung.[180] Zudem ist der Bietagent nichts anderes als ein – automatisch funktionierender – weisungsgebundener Strohmann des Bietenden, dessen Einsatz im realen Leben niemand ernstlich als unzulässig bewerten würde.[181] Daher scheidet auch ein Eingriff in das Recht am eingerichteten und ausgeübten Gewerbebetrieb durch das Anbieten der Bietagenten aus.

III. Preisangabenverordnung und Buchpreisbindungsgesetz

48 Die Preisangabenverordnung (**PAngV**) findet auf Online-Auktionen wegen § 9 Abs. 1 Nr. 5 PAngV **keine Anwendung**.[182] Zwar sind Online-Auktionen keine Versteigerungen (siehe Rn 10 ff.); der Ausnahmetatbestand des § 9 Abs. 1 Nr. 5 PAngV erfasst allerdings nach seinem Sinn und Zweck alle Angebote, bei denen die Angabe von Endpreisen nicht verlangt werden kann, wenn die Endpreise gerade durch im gegenseitigen Wettbewerb abgegebene Gebote oder anderweitig durch das Verhalten der Käufer bestimmt werden.[183] Demgegenüber greift die Beschränkung des § 3 Buchpreisbindungsgesetz (**BuchPrG**) auch für die Nutzer von Online-Auktionen; dabei können neben Unternehmern auch **Verbraucher** zur Einhaltung der festgesetzten Preise verpflichtet sein, wenn sie wiederkehrend „neue", „ungelesene" oder „original verpackte" Bücher auch ohne Gewinnerzielungsabsicht – und damit geschäftsmäßig i.S.d. § 3 S. 1 BuchPrG – anbieten oder diese selbst kostenlos (etwa als Rezensionsexemplar vom Verlag) erhalten haben.[184]

---

§ 157 Auslegung von Verträgen

¹Verträge sind so auszulegen, wie Treu und Glauben mit Rücksicht auf die Verkehrssitte es erfordern.

Literatur: *Ehricke*, Zur Bedeutung der Privatautonomie bei der ergänzenden Vertragsauslegung, RabelsZ 60 (1996), 661; *Henckel*, Die ergänzende Vertragsauslegung, AcP 159 (1960), 106; *Larenz*, Ergänzende Vertragsauslegung und dispositives Recht, NJW 1963, 737; *Mangold*, Eigentliche und ergänzende Vertragsauslegung, NJW 1961, 2284; *Mayer-Maly*, Die Bedeutung des tatsächlichen Parteiwillens für den hypothetischen, in: FS Flume Bd. I 1978, S. 621; *Nicklisch*, Ergänzende Vertragsauslegung und Geschäftsgrundlagenlehre – ein einheitliches Rechtsinstitut zur Lückenfüllung, BB 1980, 949; *Rüßmann*, Die „ergänzende Auslegung" Allgemeiner Geschäftsbedingungen, BB 1987, 843. Vgl. auch die Nachweise bei § 133.

A. Allgemeines ... 1	1. Formbedürftige Rechtsgeschäfte ... 29
I. Normzweck ... 1	a) Die Bedeutung der Andeutungstheorie ... 29
II. Anwendungsbereich ... 3	b) Insbesondere Testamente ... 30
III. Abgrenzungen ... 5	2. Grundbucheintragungen und dingliche Grundstücksgeschäfte ... 34
1. Dissens, § 154 ... 5	3. Formularverträge und AGB ... 36
2. Einfache (erläuternde) Auslegung; Störung der Geschäftsgrundlage ... 6	a) Voraussetzungen und Grenzen ... 36
3. Lückenfüllung durch dispositives Recht ... 8	b) Maßstab ... 40
a) Vorrang des dispositiven Rechts ... 8	4. Tarifverträge ... 41
b) Ausnahmen ... 9	VII. Einzelfälle ... 42
IV. Anfechtung ... 13	1. Arbeitsrecht ... 42
V. Geltungserhaltende Reduktion ... 14	2. Haftungsbeschränkungen ... 45
B. Ergänzende Auslegung ... 17	3. Handels- und Gesellschaftsrecht ... 48
I. Voraussetzungen ... 17	4. Kaufverträge ... 53
1. Wirksames Rechtsgeschäft ... 17	5. Kreditsicherungsrecht ... 57
2. Regelungslücke ... 18	6. Mietverträge ... 59
3. Kein Vorrang des dispositiven Gesetzesrechts ... 20	7. Versicherungsverträge ... 63
II. Maßstab und Kriterien ... 21	8. Vertrag mit Schutzwirkung für Dritte ... 65
III. Zeitpunkt ... 24	9. Wettbewerbsverbote ... 66
IV. Grenzen ... 25	**C. Weitere praktische Hinweise** ... 68
V. Fazit ... 27	I. Tat- und Rechtsfrage ... 68
VI. Sonderfälle der ergänzenden Auslegung ... 29	II. Revisibilität ... 69

---

[180] LG Berlin JurPC Web-Dok. 38/2004.
[181] LG Berlin JurPC Web-Dok. 38/2004.
[182] OLG Oldenburg JurPC Web-Dok. 47/2003; *Ernst*, CR 2000, 304, 311; *Huppertz*, MMR 2000, 65, 68 f.; *Steinbeck*, K&R 2003, 344, 347; a.A. *Hess*, in: FS Hertin 2000, S. 391, 406 f.
[183] *Bullinger*, WRP 2000, 253, 255 f.; *Hollerbach*, DB 2000, 2001, 2005; *Huppertz*, MMR 2000, 65, 68; *Steinbeck*, K&R 2003, 344, 347; ähnlich *Teuber/Melber*, MDR 2004, 185, 189 f.; *Vehslage*, MMR 1999, 680, 681.
[184] OLG Frankfurt NJW 2004, 2098.

§ 157 Auslegung von Verträgen

A. Allgemeines

I. Normzweck

§ 157 regelt die Auslegung von **Verträgen**. Die Vorschrift ergänzt § 133, der sich auf die Auslegung von **Willenserklärungen** bezieht. Da Verträge durch zwei miteinander korrespondierende Willenserklärungen zustande kommen, ist eine klare Trennung zwischen § 133 und § 157 bei der **erläuternden Auslegung** nicht möglich. Beide Vorschriften sind deshalb in diesem Bereich nebeneinander anzuwenden (vgl. § 133 Rn 2 f.). § 157 gilt insoweit gleichermaßen für die Auslegung von einzelnen Willenserklärungen und Verträgen. Die einschlägigen Auslegungsgrundsätze sind bei § 133 (dort Rn 24 ff.) im Zusammenhang dargestellt. 1

Ein zentraler Anwendungsbereich des § 157 ist die **ergänzende Auslegung**. Diese ist darauf gerichtet, die in einer rechtsgeschäftlichen Regelung vorhandenen Lücken zu schließen.[1] Wichtigste **Kriterien** der ergänzenden Auslegung sind nach § 157 der Grundsatz von **Treu und Glauben** und die **Verkehrssitte** (allgemein dazu § 133 Rn 59 ff.). Da die Notwendigkeit der ergänzenden Auslegung im Allgemeinen darauf beruht, dass der infrage stehende Punkt von den Parteien nicht bedacht worden ist (Rn 18 f.), hat der **wirkliche Wille** der Parteien dagegen nur eingeschränkte Bedeutung. 2

II. Anwendungsbereich

Ein Schwerpunkt der ergänzenden Auslegung sind **Verträge**. Eine ergänzende Auslegung kommt aber auch bei **einseitigen Rechtsgeschäften**, namentlich Testamenten (dazu Rn 30 ff.), in Betracht. Eine ergänzende Auslegung ist auch bei **formbedürftigen** Rechtsgeschäften möglich.[2] Die entscheidende Frage ist jedoch, ob das Rechtsgeschäft mit dem durch ergänzende Auslegung festgestellten Inhalt formgültig ist (vgl. Rn 29). Zur ergänzenden Auslegung von **Tarifverträgen** siehe Rn 41. 3

Bei **öffentlichen Verträgen** ergibt sich die Zulässigkeit einer ergänzenden Auslegung aus § 62 S. 2 VwVfG i.V.m. § 157. Darüber hinaus kommt eine ergänzende Auslegung aber auch bei **Verwaltungsakten** in Betracht.[3] Bei belastenden Verwaltungsakten ist eine ergänzende Auslegung zugunsten der Behörde aber nicht zulässig, weil der Verwaltungsakt in diesen Fällen bestimmt, ausdrücklich und **vollständig** sein muss.[4] 4

III. Abgrenzungen

1. Dissens, § 154. Eine ergänzende Auslegung kann nur in Betracht gezogen werden, wenn feststeht, dass das Rechtsgeschäft wirksam zustande gekommen ist.[5] Ist der Vertrag aufgrund eines offenen Einigungsmangels nach § 154 Abs. 1 als nicht geschlossen zu betrachten, so kann dieser Mangel auch nicht durch ergänzende Vertragsauslegung geheilt werden.[6] Bei **bewussten Regelungslücken** ist eine ergänzende Vertragsauslegung daher nur möglich, wenn die Parteien sich gleichwohl bereits rechtsgeschäftlich binden wollten (vgl. Rn 19). 5

2. Einfache (erläuternde) Auslegung; Störung der Geschäftsgrundlage. Die ergänzende Auslegung setzt voraus, dass der Inhalt des Rechtsgeschäfts durch **einfache (erläuternde) Auslegung** nicht (vollständig) geklärt werden kann.[7] Denn ansonsten fehlt es an der für die ergänzende Auslegung erforderlichen Regelungslücke (Rn 18 f.). Die einfache Auslegung geht damit der ergänzenden Auslegung vor. Soweit die einfache Auslegung zu einem bestimmten (Teil-)Ergebnis geführt hat, darf dieses nicht durch ergänzende Auslegung wieder infrage gestellt werden. Bei der praktischen Rechtsanwendung können erläuternde und ergänzende Auslegung ineinander übergehen. Da beide Methoden letztlich die gleichen Kriterien verwenden, kann dies jedoch zu keinen Wertungswidersprüchen führen. 6

Gegenüber den Regeln über die **Störung der Geschäftsgrundlage** ist die ergänzende Auslegung vorrangig (vgl. § 133 Rn 18). Da man sich bei der Vertragsanpassung nach § 313 ebenfalls möglichst an den im Vertrag zum Ausdruck gelangten Vorstellungen, Zielen und Interessenwertungen der Parteien zu orientieren hat, können beide Methoden bei der praktischen Rechtsanwendung zwar ineinander übergehen.[8] Soweit sich ein hypothetischer Parteiwille nicht feststellen lässt, geht die Anpassung des Vertrages nach § 313 aber über 7

---

1 Zur Funktion der ergänzenden Auslegung vgl. BGHZ 9, 273, 277 ff.; Erman/*Armbrüster*, § 157 Rn 14; Soergel/*Wolf*, § 157 Rn 103; Staudinger/*Roth*, § 157 Rn 4.
2 Palandt/*Heinrichs*, § 157 Rn 2a; Soergel/*Wolf*, § 157 Rn 19.
3 Vgl. Soergel/*Wolf*, § 157 Rn 115; Staudinger/*Roth*, § 157 Rn 14.
4 Vgl. *Peine*, Allgemeines Verwaltungsrecht, 6. Aufl. 2002, Rn 129.
5 Erman/*Armbrüster*, § 157 Rn 15; Staudinger/*Roth*, § 157 Rn 13.
6 Vgl. Soergel/*Wolf*, § 157 Rn 23.
7 Staudinger/*Roth*, § 157 Rn 5.
8 Vgl. MüKo/*Roth*, Bd. 2a, § 313 Rn 131 f.; *Medicus*, BGB AT, Rn 879. Ausf. dazu *Medicus*, in: FS Flume 1978, S. 629 ff.

die ergänzende Vertragsauslegung nach § 157 hinaus.[9] Maßgeblich ist damit jeweils die Methode, die den Grundsatz der **Privatautonomie** am weitesten verwirklicht.[10]

8   **3. Lückenfüllung durch dispositives Recht. a) Vorrang des dispositiven Rechts.** Weist eine rechtsgeschäftliche Regelung eine Lücke auf, so kann diese auch durch das dispositive Recht gefüllt werden. In welchem Verhältnis beide Lösungsmöglichkeiten zueinander stehen, ist umstritten. Die h.M. spricht sich für einen **Vorrang des dispositiven Rechts** aus.[11] Dies lässt sich damit rechtfertigen, dass das dispositive Recht andernfalls weitgehend funktionslos wäre.[12] Davon abgesehen enthält das dispositive Recht Regelungen, die den berechtigten Interessen der Parteien im Allgemeinen gerecht werden. Soweit die Parteien keine abweichenden Vereinbarungen treffen, kann daher davon ausgegangen werden, dass sie die Ausgestaltung ihrer rechtlichen Verhältnisse dem dispositiven Recht überlassen wollten.[13] Die ergänzende Auslegung könnte in solchen Fällen auch kaum zu abweichenden Ergebnissen führen, weil sich das dispositive Recht hier als gesetzliche Konkretisierung des Grundsatzes von Treu und Glauben und der Verkehrssitte darstellt.[14]

9   **b) Ausnahmen.** Der Vorrang des dispositiven Rechts gilt nicht für **gesetzliche Auslegungsregeln**, die nur **höchst hilfsweise** für den Fall eingreifen, dass sich ein anderes weder aus der Parteivereinbarung noch aus den Umständen ergibt (vgl. etwa §§ 125 S. 2, 154 Abs. 2, 262, 269 Abs. 1, 271 Abs. 1, 426 Abs. 1).[15] Solche Vorschriften sind keine Konkretisierungen von Treu und Glauben und der Verkehrssitte, sondern sollen lediglich gewährleisten, dass die betreffende Frage überhaupt irgendwie beantwortet werden kann.[16] Sie treten daher nach Sinn und Zweck zurück, wenn eine ergänzende Vertragsauslegung im Einzelfall möglich ist.

10 Nach dem Grundsatz der Privatautonomie haben die Parteien im Übrigen die Möglichkeit, die Anwendung des dispositiven Rechts **ausdrücklich** oder auch **konkludent auszuschließen**.[17] Darüber hinaus kann der Vorrang des dispositiven Rechts auch dann nicht eingreifen, wenn die gesetzlichen Regelungen den **Interessen der Parteien nicht gerecht** werden[18] oder wenn das dispositive Recht für den konkreten Fall **keine passende Lösung** enthält.[19] In diesen Fällen treffen die für den Vorrang des dispositiven Rechts maßgeblichen Erwägungen nicht zu. Die Anwendung des dispositiven Rechts widerspräche daher dem mutmaßlichen Parteiwillen.[20]

11 Bei der Konkretisierung dieser Ausnahmen kann man danach unterscheiden, ob der infrage stehende Vertrag einem **gesetzlich geregelten Vertragstyp** entspricht oder nicht.[21] Im ersteren Fall ist grundsätzlich davon auszugehen, dass das dispositive Recht eine passende Lösung enthält, die den Interessen der Parteien in ausreichendem Maße Rechnung trägt.[22] Im Einzelfall kann aber gleichwohl eine besondere Interessenlage vorliegen, welche die Anwendung des dispositiven Rechts unangemessen erscheinen lässt.[23] Weicht der Vertrag erheblich von den gesetzlich geregelten Typen ab, so gibt es im Allgemeinen keine dispositive Vorschrift, die den Parteiinteressen gerecht wird. Hier muss daher in weitem Umfang auf die ergänzende Vertragsauslegung zurückgegriffen werden.[24]

12 Nach der Rechtsprechung gilt der Vorrang des dispositiven Rechts auch dann nicht, wenn das infrage stehende **Gesetzesrecht veraltet** ist. Praktische Bedeutung hat dies vor allem im Hinblick auf die Ausgestaltung des **Innenverhältnisses von handelsrechtlichen Personengesellschaften**. Hier geht die Rechtsprechung von einem grundsätzlichen Vorrang der ergänzenden Vertragsauslegung aus.[25] Maßgeblich ist die Erwägung, dass

---

9   Vgl. BGHZ 9, 273, 277; BGH NJW 1994, 2688, 2690; MüKo/*Roth*, § 313 Rn 132.
10 Staudinger/*Roth*, § 157 Rn 5, 10.
11 Vgl. BGHZ 40, 91, 103; 77, 301, 304; 87, 309, 321; 90, 69, 75; 137, 153, 157; 146, 250, 261; Palandt/*Heinrichs*, § 157 Rn 4; RGRK/*Piper*, § 157 Rn 101; Staudinger/*Roth*, § 157 Rn 23; *Bork*, BGB AT, Rn 534; *Medicus*, BGB AT, Rn 344; differenzierend MüKo/*Mayer-Maly/Busche*, § 157 Rn 35 ff.; Soergel/*Wolf*, § 157 Rn 109 ff.; *Larenz/Wolf*, BGB AT, § 28 Rn 108 ff.
12 Palandt/*Heinrichs*, § 157 Rn 4; Staudinger/*Roth*, § 157 Rn 23.
13 BGHZ 40, 91, 103; 77, 301, 304; MüKo/*Mayer-Maly/Busche*, § 157 Rn 35.
14 RGRK/*Piper*, § 157 Rn 101.
15 Soergel/*Wolf*, § 157 Rn 112; Staudinger/*Roth*, § 157 Rn 24; *Bork*, BGB AT, Rn 534; *Larenz/Wolf*, BGB AT, § 28 Rn 110; *Medicus*, BGB AT, Rn 341.
16 *Medicus*, BGB AT, Rn 341.
17 Staudinger/*Roth*, § 157 Rn 24.
18 BGHZ 137, 153, 157; BGH NJW 1982, 2816, 2817; NJW-RR 1990, 817, 819; Palandt/*Heinrichs*, § 157 Rn 5.
19 Staudinger/*Roth*, § 157 Rn 25.
20 BGH NJW 1982, 2816, 2817; NJW-RR 1990, 817, 819; Soergel/*Wolf*, § 157 Rn 114.
21 Zur Bedeutung dieser Unterscheidung vgl. Jauernig/*Jauernig*, § 157 Rn 3; Soergel/*Wolf*, § 157 Rn 113; Staudinger/*Roth*, § 157 Rn 27 ff.; *Larenz/Wolf*, BGB AT, § 28 Rn 111 f.
22 MüKo/*Mayer-Maly/Busche*, § 157 Rn 35.
23 Soergel/*Wolf*, § 157 Rn 113; Staudinger/*Roth*, § 157 Rn 28; *Larenz/Wolf*, BGB AT, § 28 Rn 111.
24 MüKo/*Mayer-Maly/Busche*, § 157 Rn 36; Staudinger/*Roth*, § 157 Rn 27; *Larenz/Wolf*, BGB AT, § 28 Rn 112.
25 Vgl. BGHZ 123, 281, 286; 107, 351, 355; BGH NJW 1979, 1705, 1706; zust. MüKo/*Mayer-Maly/Busche*, § 157 Rn 36; Staudinger/*Roth*, § 157 Rn 26.

das dispositive Gesetzesrecht in diesem Bereich den geänderten wirtschaftlichen Verhältnissen nicht mehr gerecht wird und deshalb in der Vertragspraxis weitgehend verdrängt wird.[26] Zu beachten ist jedoch, dass wesentliche Teile des Rechts der Personengesellschaften inzwischen durch das Handelsrechtsreformgesetz vom 22.6.1998[27] modernisiert worden sind (vgl. Rn 52).

IV. Anfechtung

Nach h.M. ist eine Anfechtung wegen **Inhaltsirrtums** nach § 119 Abs. 1 Alt. 2 bei der ergänzenden Auslegung ausgeschlossen.[28] Zur Begründung wird darauf abgestellt, dass der Irrtum in diesem Fall nicht den wirklichen Inhalt der rechtsgeschäftlichen Erklärung betrifft, sondern sich auf einen Inhalt bezieht, der dem Erklärenden **normativ** zugerechnet wird. Dem ist jedoch entgegenzuhalten, dass der tatsächliche Wille des Erklärenden auch bei der einfachen (erläuternden) Auslegung keineswegs immer maßgeblich ist; bei empfangsbedürftigen Erklärungen kommt es vielmehr auch hier primär auf die **normative** Frage an, wie der Erklärungsempfänger den Erklärenden nach Treu und Glauben verstehen durfte (vgl. Rn 21 ff.).[29] Vorzugswürdig ist daher die Auffassung, dass eine Anfechtung wegen Inhaltsirrtums auch bei der ergänzenden Auslegung in Betracht kommen kann.[30]

13

V. Geltungserhaltende Reduktion

In welchem Verhältnis die ergänzende Vertragsauslegung bei unwirksamen Klauseln zur geltungserhaltenden Reduktion steht, ist unsicher. Aus methodischer Sicht besteht der entscheidende Unterschied darin, dass die geltungserhaltende Reduktion die infrage stehende Klausel partiell aufrechterhält; es entsteht damit erst gar keine Regelungslücke, die durch ergänzende Auslegung geschlossen werden müsste. Die **geltungserhaltende Reduktion geht** der ergänzenden Auslegung insofern also **vor**.[31] Aus materieller Sicht ist freilich zu beachten, dass die geltungserhaltende Reduktion – anders als die ergänzende Vertragsauslegung – nicht auf die Herbeiführung eines angemessenen Interessenausgleichs ausgerichtet ist, weil sie zu einem Ergebnis führt, das den rechtlichen Anforderungen gerade noch gerecht wird.[32] Eine geltungserhaltende Reduktion kann daher nur in **eng begrenzten Ausnahmen** zulässig sein.

14

In der Literatur wird teilweise vorgeschlagen, die geltungserhaltende Reduktion nur dann zuzulassen, wenn man im Wege der ergänzenden Vertragsauslegung zum gleichen Ergebnis gelangen würde.[33] Dieser Vorschlag wird jedoch den methodischen Unterschieden zwischen beiden Instituten nicht gerecht. Die geltungserhaltende Reduktion geht vom **tatsächlichen Willen** der Parteien aus und versucht, das Gewollte aus Gründen der Verhältnismäßigkeit so weit wie möglich aufrecht zu erhalten. Die ergänzende Vertragsauslegung kann dagegen erst dann eingreifen, wenn sich das von den Parteien tatsächlich Gewollte nicht einmal teilweise verwirklichen lässt. Hier muss auf den **hypothetischen Willen** der Parteien abgestellt werden, wobei der Gedanke des gerechten Interessenausgleichs in den Vordergrund tritt.[34] Die ergänzende Vertragsauslegung führt damit zwar objektiv zu den „gerechteren" Ergebnissen; sie beinhaltet aber auch einen stärkeren Eingriff in die Privatautonomie der Parteien.

15

Für die **praktische Rechtsanwendung** bedeutet dies, dass in einem ersten Schritt jeweils geprüft werden muss, ob eine geltungserhaltende Reduktion ausnahmsweise zulässig ist. Erst wenn diese Frage verneint wird, kann eine ergänzende Auslegung in Betracht gezogen werden.

16

---

26 So BGH NJW 1979, 1705, 1706.
27 BGBl I S. 1474.
28 So MüKo/*Kramer*, § 119 Rn 82; Soergel/*Wolf*, § 157 Rn 106; *Flume*, BGB AT Bd. 2, § 16, 4c; *Larenz/Wolf*, BGB AT, § 28 Rn 123, § 33 Rn 12.
29 So überzeugend Staudinger/*Roth*, § 157 Rn 35.
30 So auch Erman/*Armbrüster*, § 157 Rn 20; Staudinger/*Roth*, § 157 Rn 35.
31 Vgl. Staudinger/*Roth*, § 157 Rn 36; *Nassall*, BB 1988, 1264, 1265.
32 Zur Problemstellung vgl. *Larenz/Wolf*, BGB AT, § 33 Rn 16.
33 So *Larenz/Wolf*, BGB AT, § 33 Rn 17.
34 In der Literatur wird zu Recht darauf hingewiesen, dass der hypothetische Wille der Parteien auch bei der geltungserhaltenden Reduktion relevant ist (vgl. Soergel/*Hefermehl*, § 139 Rn 29; *Nassall*, BB 1988, 1264, 1265). Dies ändert jedoch nichts daran, dass sich der Inhalt der konkreten Lösung bei beiden Instituten nach unterschiedlichen Kriterien bestimmt, weil der tatsächliche Wille der Parteien bei der geltungserhaltenden Reduktion auch insoweit berücksichtigt wird, wie er in der (partiell) nichtigen Klausel zum Ausdruck gekommen ist.

B. Ergänzende Auslegung

I. Voraussetzungen

17 **1. Wirksames Rechtsgeschäft.** Voraussetzung für eine ergänzende Auslegung ist das Vorliegen eines wirksamen Rechtsgeschäfts (vgl. Rn 5). Die Parteien können jedoch schon im Rahmen der **Vertragsverhandlungen** Vereinbarungen treffen, die einer ergänzenden Auslegung zugänglich sind. Von daher ist es in den **Probefahrt-Fällen** (Rn 46) durchaus möglich, im Wege der ergänzenden Auslegung einen **stillschweigenden Haftungsausschluss** zugunsten des Kaufinteressenten zu begründen, obwohl der Vertrag letztlich nicht zustande gekommen ist.[35]

18 **2. Regelungslücke.** Die ergänzende Auslegung ist nur bei Vorliegen einer Regelungslücke zulässig. Eine solche Lücke liegt vor, wenn das Rechtsgeschäft innerhalb des ihm von den Parteien gegebenen Rahmens im Hinblick auf eine regelungsbedürftige Frage einen offenen Punkt enthält und damit eine **planwidrige Unvollständigkeit** aufweist.[36] Entscheidend ist also, dass der Regelungsplan der Parteien der Vervollständigung bedarf, weil eine angemessene und interessengerechte Lösung sonst nicht erzielt werden kann.[37] Die Regelungslücke kann sich daraus ergeben, dass die Parteien eine regelungsbedürftige Frage nicht bedacht haben (**anfängliche Lücke**). Sie kann aber auch im Nachhinein aufgrund einer von den Parteien nicht vorhergesehenen Änderung der tatsächlichen oder rechtlichen Verhältnisse auftreten (**nachträgliche Lücke**).[38]

19 Regelungslücken können auch dadurch entstehen, dass **einzelne Klauseln** sich als **nichtig** erweisen, das Geschäft im Ganzen aber wirksam bleibt.[39] Soweit keine passenden dispositiven Vorschriften vorhanden sind, kann die ergänzende Vertragsauslegung daher auch dann herangezogen werden, wenn einzelne **AGB** wegen §§ 305 Abs. 2, 3 oder 305c Abs. 1 nicht in den Vertrag einbezogen worden oder nach §§ 307 ff. unwirksam sind und der ersatzlose Wegfall dieser Klauseln keine interessengerechte Lösung ermöglicht (vgl. auch Rn 38).[40] Im Vordergrund der ergänzenden Vertragsauslegung steht der Fall, dass die Lücke den Parteien bei Vertragsschluss **nicht bewusst** war. Eine ergänzende Vertragsauslegung kommt aber auch in Betracht, wenn die Parteien einen regelungsbedürftigen Punkt **bewusst** offen gelassen haben. Nach § 154 Abs. 1 ist hier zwar im Zweifel davon auszugehen, dass der Vertrag noch nicht geschlossen ist. Diese Vermutung gilt jedoch nicht, wenn die Parteien sich schon vertraglich binden und die fehlende Regelung des infrage stehenden Punktes zu einem späteren Zeitpunkt nachholen wollten[41] oder irrtümlich davon ausgegangen sind, dass dieser Punkt nicht regelungsbedürftig ist.[42] Entgegen einer in der Literatur vertretenen Auffassung[43] kann das Kriterium der **planwidrigen** Lücke auch hier herangezogen werden. Maßgeblich für die Planwidrigkeit ist nämlich der im Geschäft zum Ausdruck gelangte **objektive** Regelungsplan der Parteien. Keine planwidrige Unvollständigkeit liegt vor, wenn die Parteien die Regelungsbedürftigkeit des betreffenden Punktes erkannt haben und gleichwohl eine **abschließende Regelung** treffen wollten. In diesem Fall muss eine ergänzende Auslegung ausscheiden, da sie nicht gegen den wirklichen Willen der Parteien durchgeführt werden darf.[44]

20 **3. Kein Vorrang des dispositiven Gesetzesrechts.** Die ergänzende Auslegung setzt weiter voraus, dass die Lücke nicht durch dispositives Gesetzesrecht gefüllt werden kann (vgl. Rn 8 f.). Soweit dispositives Recht eingreift, liegt nach h.M. schon **keine Regelungslücke** vor.[45] Aus Gründen der methodischen Klarheit ist

---

35 BGH NJW 1979, 643, 644; 1980, 1681, 1682; OLG Koblenz NJW-RR 2003, 1185, 1186; Bamberger/Roth/*Wendtland*, § 157 Rn 34; Palandt/*Heinrichs*, § 157 Rn 2; krit. Soergel/*Wolf*, § 157 Rn 116; Staudinger/*Roth*, § 157 Rn 13.
36 Vgl. BGHZ 9, 273, 277; 127, 138, 142; BGH NJW 2002, 2310; Palandt/*Heinrichs*, § 157 Rn 3; RGRK/*Piper*, § 157 Rn 100; Soergel/*Wolf*, § 157 Rn 123; *Larenz*, NJW 1963, 737, 738 ff.; krit. Jauernig/*Jauernig*, § 157 Rn 2; Staudinger/*Roth*, § 157 Rn 15.
37 BGHZ 90, 69, 74 = NJW 1984, 1177; BGH NJW 1993, 2935, 2937; Bamberger/Roth/*Wendtland*, § 157 Rn 35; Staudinger/*Roth*, § 157 Rn 15.
38 Vgl. BGHZ 84, 1, 7; Erman/*Armbrüster*, § 157 Rn 17; Soergel/*Wolf*, § 157 Rn 103; Staudinger/*Roth*, § 157 Rn 16.
39 BGHZ 63, 132, 135; 137, 153, 157; 143, 103, 120; 146, 250, 261; MüKo/*Mayer-Maly/Busche*, § 157 Rn 32; Soergel/*Wolf*, § 157 Rn 123; Staudinger/*Roth*,

§ 157 Rn 18; a.A. Staudinger/*Dilcher*, 12. Aufl., §§ 133, 157 Rn 40; *Ehricke*, RabelsZ 60 (1996), 661, 677; *Häsemeyer*, in: FS Ulmer 2003, S. 1097, 1100.
40 Vgl. BGHZ 90, 69, 74 ff.; 137, 153, 157; 143, 103, 120; Jauernig/*Teichmann*, § 306 Rn 5; MüKo/*Basedow*, Bd. 2a, § 306 Rn 22 ff.; Soergel/*Wolf*, § 157 Rn 120.
41 Vgl. BGH NJW 1982, 2816; Erman/*Armbrüster*, § 157 Rn 17; Soergel/*Wolf*, § 157 Rn 123.
42 BGH NJW 2002, 2310; Staudinger/*Roth*, § 157 Rn 17.
43 Jauernig/*Jauernig*, § 157 Rn 2; Staudinger/*Roth*, § 157 Rn 15.
44 Vgl. BGH NJW 1985, 1835, 1836; 1990, 1723, 1724; 2002, 1261, 1262; Erman/*Armbrüster*, § 157 Rn 16; MüKo/*Mayer-Maly/Busche*, § 157 Rn 29.
45 Vgl. BGHZ 40, 91, 103; 90, 69, 75; Erman/*Armbrüster*, § 157 Rn 19; Soergel/*Wolf*, § 157 Rn 124; *Ehricke*, RabelsZ 60 (1996), 661, 680.

es jedoch vorzugswürdig, die Frage der Regelungslücke allein aus Inhalt und Regelungsplan des Rechtsgeschäfts heraus zu beantworten.[46] Da die systematische Zuordnung für die praktische Rechtsanwendung irrelevant ist, muss dem jedoch nicht weiter nachgegangen werden.

II. Maßstab und Kriterien

Maßstab der ergänzenden Vertragsauslegung ist der **hypothetische Parteiwille**. Der Rechtsanwender muss also unter Berücksichtigung aller relevanten Umstände ermitteln, in welchem Sinne die Parteien den offen gebliebenen Punkt im Hinblick auf den mit dem Vertrag verfolgten Zweck bei sachgerechter Abwägung der beiderseitigen Interessen nach **Treu und Glauben** und unter **Berücksichtigung der Verkehrssitte** geregelt hätten, wenn sie diesen Punkt bedacht bzw. seine Regelungsbedürftigkeit erkannt hätten.[47]

21

Nach dem Grundsatz der Privatautonomie hat der Richter sich auch bei der ergänzenden Auslegung so weit wie möglich am **wirklichen Willen der Parteien** zu orientieren.[48] Ausgangspunkt der Überlegungen ist daher der Inhalt des Vertrages, so wie er durch die erläuternde Auslegung festgestellt worden ist.[49] Dieser Inhalt ist auf der Grundlage der in dem Vertrag zum Ausdruck gekommen Interessenwertungen und Zielsetzungen der Parteien „weiterzudenken".[50] Dabei hat die teleologische Argumentation aus **Sinn und Zweck des Vertrages** zentrale Bedeutung.[51] Darüber hinaus kann die **Verkehrssitte** (dazu § 133 Rn 59 ff.) wichtige Anhaltspunkte für den mutmaßlichen Willen der Parteien geben.[52] Soweit keine abweichenden Interessenwertungen der Parteien feststellbar sind, kann der Rechtsanwender im Übrigen davon ausgehen, dass der Vertrag an dem Gedanken von **Treu und Glauben** orientiert ist und daher nach dem hypothetischen Parteiwillen einen ausgewogenen Inhalt haben soll, der den berechtigten Interessen beider Parteien gerecht wird[53] und den Gesetzen, den guten Sitten sowie den verfassungs- und europarechtlichen Vorgaben nicht widerspricht.[54] Es gelten insoweit die gleichen Kriterien wie bei der erläuternden Auslegung (vgl. § 133 Rn 55 ff.).

22

Im Unterschied zum wirklichen Willen (dazu § 133 Rn 34 ff.) ist der hypothetische Wille nach allem keine empirisch feststellbare Tatsache, sondern ein **normativer Maßstab**, der das Ergebnis einer rechtlichen Interessenabwägung und -würdigung widerspiegelt.[55] Ausgangspunkt der ergänzenden Auslegung ist aber immer das **konkrete** Rechtsgeschäft mit den darin zum Ausdruck gebrachten **individuellen** Zwecksetzungen und Wertungen der Parteien.[56] Dies ist der entscheidende Unterschied zur **Rechtsfortbildung** (dazu Anh. § 133 Rn 38 ff.), die nach einem **abstrakt-generalisierenden** Maßstab vorzunehmen ist.[57]

23

III. Zeitpunkt

Ob bei der ergänzenden Vertragsauslegung auf den Zeitpunkt des Vertragsschlusses oder den Zeitpunkt der Auslegung abzustellen ist, ist umstritten. Da die ergänzende Auslegung danach fragt, welche Regelung die Parteien nach Treu und Glauben und der Verkehrssitte bei Kenntnis der Lücke geschlossen hätten, muss dem Grundsatz nach – ebenso wie bei der erläuternden Auslegung (§ 133 Rn 31) – der **Zeitpunkt des Vertragsschlusses** maßgeblich sein.[58] Nach der Wertordnung des Grundgesetzes darf dies aber nicht dazu führen, dass über den Grundsatz von Treu und Glauben und die Verkehrssitte die Wertungen, Verhältnisse und Gepflogenheiten aus der NS-Zeit bei der ergänzenden Auslegung weiter Berücksichtigung finden.[59] Im Übrigen ist der Rechtsanwender nach Sinn und Zweck der ergänzenden Auslegung selbstverständlich nicht

24

---

46 So auch MüKo/*Mayer-Maly/Busche*, § 157 Rn 28; Staudinger/*Roth*, § 157 Rn 22.
47 Vgl. BGHZ 9, 273, 278; 127, 138, 142; 137, 153, 157; BGH NJW-RR 1990, 817, 819; 2002, 2310, 2311; Erman/*Armbrüster*, § 157 Rn 20; MüKo/*Mayer-Maly/Busche*, § 157 Rn 38; Soergel/*Wolf*, § 157 Rn 129; Staudinger/*Roth*, § 157 Rn 30.
48 Vgl. *Mayer-Maly*, in: FS Flume I 1978, S. 621, 625.
49 BGH NJW 1988, 2099, 2100; 2002, 2310, 2311; Palandt/*Heinrichs*, § 157 Rn 7.
50 *Medicus*, BGB AT, Rn 344; HK-BGB/*Dörner*, § 157 Rn 4; MüKo/*Mayer-Maly/Busche*, § 157 Rn 38; Staudinger/*Roth*, § 157 Rn 31.
51 BGH NJW-RR 1990, 817, 819; Soergel/*Wolf*, § 157 Rn 129; Staudinger/*Roth*, § 157 Rn 33.
52 Zur Bedeutung der Verkehrssitte bei der ergänzenden Auslegung vgl. MüKo/*Mayer-Maly/Busche*, § 157 Rn 44; Staudinger/*Roth*, § 157 Rn 30.
53 BGHZ 62, 83, 89; BGH NJW-RR 1995, 1201, 1202; NJW 2002, 2310, 2311; Erman/*Armbrüster*, § 157 Rn 21; Soergel/*Wolf*, § 157 Rn 129; Staudinger/*Roth*, § 157 Rn 32.
54 MüKo/*Mayer-Maly/Busche*, § 157 Rn 47.
55 Soergel/*Wolf*, § 157 Rn 131.
56 Erman/*Armbrüster*, § 157 Rn 20; a.A. *Flume*, BGB AT Bd. 2, § 16, 4b, wonach das fragliche Geschäft bei der ergänzenden Vertragsauslegung als Typus begriffen werden muss.
57 Vgl. MüKo/*Mayer-Maly/Busche*, § 157 Rn 38; Staudinger/*Roth*, § 157 Rn 32.
58 So auch BGHZ 81, 135, 141; BGHZ 123, 281, 285; MüKo/*Mayer-Maly/Busche*, § 157 Rn 31; Palandt/*Heinrichs*, § 157 Rn 7; Staudinger/*Roth*, § 157 Rn 34; *Mayer-Maly*, in: FS Flume I 1978, S. 621, 625; a.A. BGHZ 12, 337, 345; 23, 282, 285; Jauernig/*Jauernig*, § 157 Rn 4; Soergel/*Wolf*, § 157 Rn 132; *Flume*, BGB AT Bd. 2, § 16, 4c, d.
59 Im Ergebnis zutr. daher BGHZ 12, 337, 345; 23, 282, 285.

gehindert, neuere tatsächliche und rechtliche Entwicklungen zu berücksichtigen.[60] Maßgeblich ist aber die Frage, welche Regelung die Parteien im Zeitpunkt des Vertragsschlusses getroffen hätten, wenn sie die neuen Entwicklungen vorausgesehen hätten.

IV. Grenzen

25 Da die ergänzende Vertragsauslegung am mutmaßlichen Willen der Parteien orientiert ist, darf sie zu keinem Ergebnis führen, das den Feststellungen über den **wirklichen Willen der Parteien** widerspricht.[61] Die ergänzende Vertragsauslegung kann damit auch nicht herangezogen werden, um die durch erläuternde Auslegung ermittelten Vertragsinhalt mit Rücksicht auf Treu und Glauben oder die Verkehrssitte zu korrigieren.[62] Insoweit kommt nur ein Rückgriff auf die Kontroll- und Korrekturfunktion des § 242 und deren gesetzliche Konkretisierungen (§§ 307 ff., 313, 314) in Betracht.[63] Anerkannt ist schließlich, dass die ergänzende Vertragsauslegung zu keiner **Erweiterung des Vertragsgegenstands** führen darf, weil der Richter mit Rücksicht auf den Grundsatz der Privatautonomie gehindert ist, den Regelungsbereich des Vertrages ohne den Willen der Parteien auf andere Gegenstände zu erstrecken.[64]

26 Eine ergänzende Auslegung muss schließlich auch dann ausscheiden, wenn **mehrere gleichwertige Alternativen** zur Lückenfüllung gegeben sind und der Richter keine Anhaltspunkte dafür finden kann, welcher Alternative die Parteien den Vorzug gegeben hätten. Denn in einem solchen Fall wäre der Richter darauf verwiesen, die Auswahl nach seinen eigenen Kriterien zu treffen, was mit dem Grundsatz der Privatautonomie unvereinbar ist.[65] Eine Anpassung des Vertrages nach den Regeln über die Störung der Geschäftsgrundlage (§ 313) ist in einem solchen Fall dagegen nicht ausgeschlossen.[66] Die ergänzende Auslegung setzt indes nicht voraus, dass sich die **„technische" Ausgestaltung** der Lösung in allen **Einzelheiten** stringent aus den feststellbaren Wertungen und Zwecksetzungen der Parteien ableiten lässt. Es genügt vielmehr, dass das Gericht den hypothetischen Parteiwillen in seinen **wesentlichen Zügen** ermitteln kann.[67]

V. Fazit

27 Zusammenfassend ist festzustellen, dass die ergänzende Auslegung ebenso wie die erläuternde Auslegung auf einem Zusammenspiel von **subjektiv-individuellen** und **objektiv-generalisierenden** Kriterien beruht.[68] Dem Grundsatz nach sind die subjektiv-individuellen Kriterien vorrangig.[69] Da die Notwendigkeit der ergänzenden Auslegung darauf beruht, dass diese Kriterien für sich genommen keine Lösung ermöglichen, stehen bei der praktischen Rechtsanwendung aber die objektiv-generalisierenden Kriterien im Vordergrund.

28 Aufgrund des Vorrangs des tatsächlichen Parteiwillens und der Rücksichtnahme auf die individuellen Zwecksetzungen und Wertungen der Parteien kann die ergänzende Auslegung durchaus noch als Mittel zur Verwirklichung der **privatautonomen Gestaltungsfreiheit** der Parteien verstanden werden.[70] Es handelt sich also nicht um einen Akt heteronomer Rechtsfortbildung (vgl. Rn 23).[71] Demgegenüber hat der BGH zwar in mehreren Entscheidungen dargelegt, der hypothetische Parteiwille habe „keine unmittelbaren Berührungspunkte mit der Privatautonomie, weil er nicht durch die subjektiven Vorstellungen der Parteien, sondern aufgrund einer vom Gericht vorgenommenen Interessenabwägung auf objektiver Grundlage bestimmt wird".[72] Diese Aussagen lassen sich jedoch nicht verallgemeinern. Die einschlägigen Entscheidungen betreffen nämlich den hypothetischen Parteiwillen, wie er im deutschen IPR vor der Reform von 1986 hilfsweise zur subjektiven

---

60 Staudinger/*Roth*, § 157 Rn 34.
61 BGHZ 90, 69, 77; BGH NJW 1995, 1212, 1213; NJW 2002, 2310, 2311; Erman/*Armbrüster*, § 157 Rn 23; MüKo/*Mayer-Maly/Busche*, § 157 Rn 45; Soergel/*Wolf*, § 157 Rn 125; Staudinger/*Roth*, § 157 Rn 38; *Mayer-Maly*, in: FS Flume I 1978 S. 621, 625.
62 BGHZ 9, 273, 278; 90, 69, 77; BGH NJW 2002, 2310, 2311; Staudinger/*Roth*, § 157 Rn 39.
63 Soergel/*Wolf*, § 157 Rn 125; Staudinger/*Roth*, § 157 Rn 37. Zur Kontroll- und Korrekturfunktion des § 242 und zu deren gesetzlichen Konkretisierungen vgl. Palandt/*Heinrichs*, § 242 Rn 13; *Looschelders*, Schuldrecht AT, 2. Aufl. 2004, Rn 88.
64 Vgl. BGHZ 9, 273, 278; 40, 91, 103; 77, 301, 304; BGH NJW 2002, 2310, 2311; MüKo/*Mayer-Maly/Busche*, § 157 Rn 46; Staudinger/*Roth*, § 157 Rn 39.
65 Vgl. BGHZ 62, 83, 89 f.; 90, 69, 80; 143, 103, 121; 143, 103, 121; BGH NJW 2002, 2310, 2311;

MüKo/*Mayer-Maly/Busche*, § 157 Rn 48; Palandt/*Heinrichs*, § 157 Rn 10.
66 Vgl. Soergel/*Wolf*, § 157 Rn 130; Staudinger/*Roth*, § 157 Rn 43.
67 BGHZ 90, 69, 81; Staudinger/*Roth*, § 157 Rn 43; vgl. auch BGHZ 63, 132, 137.
68 MüKo/*Mayer-Maly/Busche*, § 157 Rn 39; Staudinger/*Roth*, § 157 Rn 32.
69 *Larenz/Wolf*, BGB AT, § 28 Rn 117: „so individuell wie möglich"; a.A. Staudinger/*Roth*, § 157 Rn 32: „kein klares Rangverhältnis".
70 Staudinger/*Roth*, § 157 Rn 4; *Larenz/Wolf*, BGB AT, § 28 Rn 118.
71 So aber MüKo/*Mayer-Maly/Busche*, § 157 Rn 26; *Ehricke*, RabelsZ 60 (1996), 661, 690.
72 So BGHZ 74, 193, 199; 96, 313, 321 (jeweils zur kollisionsrechtlichen „Abwahl" des EKG); vgl. auch BGHZ 7, 231, 235; krit. Staudinger/*Roth*, § 157 Rn 4; *Medicus*, BGB AT, Rn 343.

Bestimmung des Vertragsstatuts herangezogen worden ist.[73] Da die Rechtsprechung sich hier sehr weit vom wirklichen Willen der Parteien gelöst hatte, handelte es sich in Wahrheit nicht mehr um ergänzende Vertragsauslegung.[74] Nach dem geltenden deutschen IPR (Art. 27 EGBGB) kommt dem hypothetischen Parteiwillen daher zu Recht keine Bedeutung mehr zu.[75]

VI. Sonderfälle der ergänzenden Auslegung

1. Formbedürftige Rechtsgeschäfte. a) Die Bedeutung der Andeutungstheorie. Inwieweit eine ergänzende Auslegung bei formbedürftigen Rechtsgeschäften in Betracht kommt, ist umstritten. Sachgemäß erscheint, ebenso wie bei der erläuternden Auslegung (§ 133 Rn 74 f.) zwischen der (ergänzenden) Auslegung als solcher und der Frage der Formwirksamkeit zu unterscheiden. Für die **ergänzende Auslegung** als solche gelten bei formbedürftigen Rechtsgeschäften keine Besonderheiten. Insbesondere können auch außerhalb der Urkunde liegende Umstände berücksichtigt werden.[76] Ob der durch ergänzende Auslegung festgestellte Inhalt des Rechtsgeschäfts **formwirksam** ist, hängt von den Zwecken der jeweiligen Formvorschrift ab. Die Rechtsprechung folgt auch hier der **Andeutungstheorie** (allgemein dazu § 133 Rn 74 ff.). Praktische Bedeutung hat dies vor allem für die ergänzende Auslegung von **Testamenten** (vgl. Rn 30 ff.). Bei **Grundstücksverträgen** soll es der Schutzzweck des § 311b Abs. 1 nach der Rechtsprechung ebenfalls erfordern, dass der beurkundete Text die Richtung des rechtsgeschäftlichen Willens wenigstens dem Grunde nach erkennen lässt.[77] Dies steht in einem gewissen Widerspruch zur Unschädlichkeit der *falsa demonstratio* bei unbewusster Faschbeurkundung (§ 133 Rn 78). Hiernach wäre es konsequent, die Andeutungstheorie bei Grundstücksverträgen aufzugeben, weil die wesentlichen Zwecke des § 311b Abs. 1 (Warnung, Belehrung) schon dadurch gewahrt werden, dass die ergänzende Auslegung nicht zu einer Erweiterung des Vertragsgegenstands führen darf (vgl. Rn 25).[78]

29

b) Insbesondere Testamente. Eine ergänzende Auslegung ist auch bei Testamenten **zulässig** (vgl. § 2084 Rn 38).[79] Sie hat hier sogar besonders große praktische Bedeutung, weil testamentarische Anordnungen oft lückenhaft sind und der Rechtsanwender mit Rücksicht auf den Grundsatz der Testierfreiheit gehalten ist, den Willen des Erblassers so weit wie möglich zu verwirklichen.[80]

30

Maßstab der ergänzenden Testamentsauslegung ist der **hypothetische Wille des Erblassers**. Da andere Personen (z.B. die potenziellen Erben) nicht schutzwürdig sind, muss auf deren Verständnismöglichkeiten keine Rücksicht genommen werden. Es gelten insofern die gleichen Grundsätze wie bei der erläuternden Testamentsauslegung (vgl. § 133 Rn 39).

31

Bei der Prüfung des hypothetischen Erblasserwillens ist auf den **Zeitpunkt der Testamentserrichtung** abzustellen.[81] Spätere Äußerungen und Handlungen des Erblassers sind nur insoweit zu berücksichtigen, wie sie einen Rückschluss auf dessen hypothetischen Willen zur Zeit der Testamentserrichtung zulassen.[82] Eine weiter gehende Berücksichtigung solcher Äußerungen und Handlungen ist auch im Erbrecht abzulehnen, weil dem Erblasser sonst eine **formfreie Abänderung** des Testaments möglich wäre.[83]

32

Nach der von der Rechtsprechung befürworteten Andeutungstheorie ist das Testament mit dem durch ergänzende Auslegung ermittelten Inhalt nur dann formwirksam, wenn der hypothetische Wille des Erblassers im Text der Urkunde zumindest **andeutungsweise** zum Ausdruck gekommen ist (vgl. AnwK-BGB/*Fleindl*, § 2084 Rn 39).[84] Gegen diese Auffassung wird eingewendet, bei der ergänzenden Auslegung könne der hypothetische Wille des Erblassers im Text naturgemäß nicht zum Ausdruck gekommen sein, weil das Testament sonst keine Lücke aufweise.[85] Dieser Einwand lässt sich indessen durch eine präzisere Formulierung der Andeutungstheorie entkräften. Ausreichend ist hiernach, dass die **allgemeine Willensrichtung** des Erblassers

33

---

73 Deutlich hierauf Bezug nehmend BGHZ 74, 193, 199; daran anknüpfend BGHZ 96, 313, 321.
74 Vgl. Soergel/*v. Hoffmann*, Art. 27 EGBGB Rn 43.
75 Vgl. *Looschelders*, IPR, Art. 27 Rn 17.
76 BGHZ 63, 359, 362; Staudinger/*Roth*, § 157 Rn 12.
77 BGHZ 63, 359, 362.
78 Allg. dazu MüKo/*Mayer-Maly/Busche*, § 157 Rn 46; Soergel/*Wolf*, § 157 Rn 119; Staudinger/*Roth*, § 157 Rn 12.
79 Vgl. BGHZ 86, 41, 51; Bamberger/Roth/ Litzenburger, § 2084 Rn 16; *Brox*, Erbrecht, 21. Aufl. 2004, Rn 204.
80 Vgl. *Olzen*, Erbrecht, 2001, Rn 577.
81 Staudinger/*Roth*, § 157 Rn 31.

82 Vgl. BGHZ 31, 13, 17; BayObLG NJW 1996, 133; MüKo/*Leipold*, § 2084 Rn 21, 43; Staudinger/*Otte*, Vorbem. zu §§ 2064 ff. Rn 78, 93; *Olzen*, Erbrecht, 2001, Rn 583 f.; a.A. *Keuk*, Der Erblasserwille post testamentum und die Auslegung des Testaments, 1965, S. 69 ff.
83 *Brox*, Erbrecht, 21. Aufl. 2004, Rn 203.
84 Vgl. RGZ 134, 277, 280; BGHZ 22, 357, 360 ff.; BGH NJW 1981, 1737, 1738.
85 *Brox*, Erbrecht, 21. Aufl. 2004, Rn 200; *ders.*, JA 1984, 549, 555; *Flume*, NJW 1983, 2007, 2011; vgl. auch *Lange/Kuchinke*, Erbrecht, 5. Aufl. 2001, § 34 III 5c.

als Anknüpfungspunkt für die Bestimmung seines hypothetischen Willens in der Urkunde einen Ausdruck gefunden hat.[86]

34 **2. Grundbucheintragungen und dingliche Grundstücksgeschäfte.** Bei **Grundbucheintragungen** kommt dem Gedanken des Verkehrsschutzes große Bedeutung zu. Daher muss schon bei der erläuternden Auslegung in erster Linie auf den **Wortlaut der Eintragung** abgestellt werden (vgl. § 133 Rn 85). Eine ergänzende Auslegung nach dem hypothetischen Parteiwillen kommt daher von vornherein nicht in Betracht.[87]

35 Bei der ergänzenden Auslegung von **dinglichen Rechtsgeschäften** ist die h.M. im **Grundstücksrecht** ebenfalls sehr zurückhaltend. Da bei der Auslegung von formbedürftigen dinglichen Geschäften über Grundstücke oder Rechte an Grundstücken (z.B. Auflassung nach §§ 873, 925, Abtretung einer Hypothek oder Grundschuld nach §§ 1154, 1192 Abs. 1) außerhalb der Urkunde liegende Umstände grundsätzlich außer Betracht bleiben müssen (vgl. § 133 Rn 86), scheidet eine ergänzende Auslegung auch hier zumindest im Regelfall aus.[88]

36 **3. Formularverträge und AGB. a) Voraussetzungen und Grenzen.** Auch Formularverträge und AGB sind einer ergänzenden Auslegung grundsätzlich zugänglich.[89] Dies gilt auch dann, wenn sich die Regelungslücke aus der **Unwirksamkeit oder Nichteinbeziehung einzelner AGB** ergibt (vgl. Rn 19).[90] Die Zulässigkeit der ergänzenden Auslegung ergibt sich in diesem Fall daraus, dass § 306 Abs. 2 mit dem Verweis auf die **gesetzlichen Vorschriften** auch die §§ 133, 157 in Bezug nimmt.[91]

37 Für Formularverträge und AGB gilt ebenfalls der **Vorrang des dispositiven Rechts** (Rn 8). Eine ergänzende Vertragsauslegung ist daher nur zulässig, wenn das dispositive Recht keine sach- und interessengerechte Ausfüllung der Regelungslücke ermöglicht.[92]

38 Die ergänzende Auslegung von AGB setzt im Übrigen voraus, dass der **ersatzlose Wegfall** der unwirksamen Klausel **keinen vertretbaren Interessenausgleich** bietet.[93] Führt der ersatzlose Wegfall der Klausel zu einem Ergebnis, das den typischen Interessen beider Vertragspartner (noch) gerecht wird, so muss der Verwender der AGB sich hiermit zufrieden geben.[94]

39 Liegen die Voraussetzungen der ergänzenden Auslegung vor, so wird diese sich häufig **zugunsten des Verwenders** auswirken.[95] Dies steht zwar in einem gewissen Widerspruch zu dem Gedanken, dass der Verwender für seine AGB verantwortlich ist. Andererseits widerspräche es jedoch dem Ziel eines gerechten Interessenausgleichs, dem Vertragspartner einen Vorteil zu belassen, der das Vertragsgefüge völlig einseitig zu seinen Gunsten verschiebt.[96] Auch dieser Gedanke kann jedoch grundsätzlich nicht die **geltungserhaltende Reduktion** einer unzulässigen Klausel rechtfertigen. Denn der Richter hat sich bei der ergänzenden Auslegung am Ziel eines gerechten Interessenausgleichs zu orientieren und darf daher keine Lösungen entwickeln, die einerseits für den Verwender möglichst günstig, andererseits aber gerade noch zulässig sind.[97] Eine Ausnahme muss allerdings für den Fall gelten, dass eine einseitige Begünstigung des Vertragspartners nicht auf andere Weise vermieden werden kann.[98]

40 **b) Maßstab.** Bei der ergänzenden Auslegung von AGB kommt es nicht auf den hypothetischen Willen der konkreten Parteien an. Ebenso wie bei der erläuternden Auslegung von AGB (§ 133 Rn 87) gilt vielmehr ein **objektiv-generalisierender Maßstab**. Der Rechtsanwender muss hiernach aufgrund einer Interessenabwägung feststellen, welche Lösung dem Willen und Interesse der typischerweise an solchen Geschäften beteiligten Verkehrskreise am besten entspricht.[99]

---

86 Vgl. MüKo/*Leipold*, § 2084 Rn 45; *Olzen*, Erbrecht, 2001, Rn 586.
87 Vgl. BGHZ 60, 226, 231; BGH WM 1975, 498, 499; RGRK/*Piper*, § 157 Rn 104; Soergel/*Wolf*, § 157 Rn 119; Staudinger/*Roth*, § 157 Rn 45.
88 Vgl. BGHZ 60, 226, 231; BGH NJW-RR 1992, 178, 179; RGRK/*Piper*, § 157 Rn 104; Staudinger/*Roth*, § 157 Rn 45.
89 Vgl. BGHZ 92, 363, 370; 103, 228, 234; Palandt/*Heinrichs*, § 157 Rn 2a.
90 BGHZ 90, 69, 83 f.; 117, 92, 98; 137, 153, 157; 143, 103, 120; BGH NJW 2002, 3098, 3099; RGRK/*Piper*, § 157 Rn 111; Soergel/*Wolf*, § 157 Rn 120; Staudinger/*Roth*, § 157 Rn 47.
91 Vgl. BGHZ 90, 69, 75 f.; 92, 363, 370; Erman/*Palm*, § 157 Rn 26; MüKo/*Basedow*, Bd. 2a § 306 Rn 24.
92 BGHZ 137, 153, 157; 143, 103, 120; BGH NJW 2002, 3098, 3099.
93 BGHZ 90, 69, 75; 137, 153, 157; Erman/*Armbrüster*, § 157 Rn 26.
94 BGHZ 143, 103, 120.
95 Soergel/*Wolf*, § 157 Rn 120; einschr. Palandt/*Heinrichs*, § 305c Rn 17.
96 Vgl. BGHZ 90, 69, 77; 137, 153, 157.
97 Vgl. BGHZ 84, 109, 115; 92, 312, 314 f.; 107, 273, 277; 143, 103, 119; BGH NJW 2000, 1110, 1113; MüKo/*Basedow*, § 306 Rn 27; Palandt/*Heinrichs*, vor § 307 Rn 8; krit. Staudinger/*Roth*, § 157 Rn 49.
98 Jauernig/*Jauernig*, § 306 Rn 3.
99 Vgl. BGHZ 107, 273, 277; 143, 103, 121; Staudinger/*Roth*, § 157 Rn 48.

4. Tarifverträge. Bei Tarifverträgen ist eine ergänzende Auslegung nur zulässig, wenn ausreichende Anhaltspunkte dafür vorliegen, welche Regelung die Tarifvertragsparteien bei Kenntnis der Lücke getroffen hätten.[100] Ansonsten muss eine ergänzende Auslegung mit Rücksicht auf den Grundsatz der **Tarifautonomie** (Art. 9 Abs. 3 GG) ausscheiden.[101] Bei mehreren gleichwertigen Alternativen ist eine ergänzende Auslegung zwar auch nach allgemeinen Grundsätzen (Rn 26) unzulässig. Für Tarifverträge gelten insoweit jedoch die strengeren Maßstäbe.

VII. Einzelfälle

1. Arbeitsrecht. Haben der Arbeitgeber und der Arbeitnehmer die Abtretung von Lohnforderungen nicht ausdrücklich ausgeschlossen, so kann trotz des erhöhten Aufwands für den Arbeitgeber auch bei einem größeren Unternehmen nicht im Wege ergänzender Vertragsauslegung von einem stillschweigenden **Ausschluss der Lohnabtretung** ausgegangen werden.[102] Es fehlt insoweit schon an der erforderlichen Regelungslücke. Denn das Institut der Lohnabtretung ist so bekannt und gebräuchlich, dass die Parteien diesen Punkt im Allgemeinen nicht übersehen werden, wenn sie ihn denn für regelungsbedürftig halten sollten.

Die Grundsätze über die **Beschränkung der Arbeitnehmerhaftung** bei betrieblicher Tätigkeit[103] gelten nur im Innenverhältnis zum Arbeitgeber. Im Verhältnis zu Dritten kann eine entsprechende Einschränkung der Haftung auch nicht durch ergänzende Auslegung des zwischen Arbeitgeber und Drittem geschlossenen Vertrages begründet werden.[104] Hat der Arbeitgeber mit dem Dritten eine Haftungsbeschränkung vereinbart, so soll diese nach dem hypothetischen Parteiwillen aber auch den Arbeitnehmern des Begünstigten zugute kommen.[105]

Das Arbeitsverhältnis kann grundsätzlich auch schon **vor Dienstantritt gekündigt** werden.[106] Ein vertraglicher Ausschluss der Kündigung vor Dienstantritt muss ausdrücklich erfolgen oder aus den Umständen eindeutig erkennbar sein. Liegen diese Voraussetzungen nicht vor, so kann ein solcher Ausschluss auch nicht im Wege ergänzender Vertragsauslegung angenommen werden.[107] Haben die Parteien für den Fall einer ordentlichen Kündigung vor Dienstantritt keine Vereinbarungen über den **Beginn der Kündigungsfrist** getroffen, so muss durch ergänzende Auslegung ermittelt werden, ob die Kündigungsfrist schon vor Beginn des Arbeitsverhältnisses mit dem Zugang der Kündigung beim Arbeitnehmer beginnt. Die Entscheidung muss im Einzelfall aufgrund einer umfassenden Interessenabwägung getroffen werden.[108]

2. Haftungsbeschränkungen. Ein wichtiger Anwendungsbereich der ergänzenden Auslegung sind stillschweigend vereinbarte Haftungsbeschränkungen. Die Annahme einer solchen Haftungsbeschränkung kommt insbesondere bei **Gefälligkeitsverhältnissen** (z.B. Gefälligkeitsfahrten im Straßenverkehr)[109] und **Gefälligkeitsverträgen** (insbesondere Auftrag)[110] in Betracht. Entscheidend ist aber auch hier eine Interessenabwägung im Einzelfall. Die Annahme einer stillschweigenden Haftungsbeschränkung muss danach grundsätzlich ausscheiden, wenn der Schaden durch eine Pflichtversicherung abgedeckt wird, die dem Schutz des Geschädigten dienen soll.[111]

Überlässt ein Kfz-Händler seinem Kunden einen Pkw zur **Probefahrt**, so kann nach dem hypothetischen Willen der Parteien im Regelfall von einer stillschweigenden Beschränkung der Haftung auf Vorsatz und grobe Fahrlässigkeit ausgegangen werden (vgl. Rn 17).[112] Denn der Kunde darf grundsätzlich darauf vertrauen, dass der Händler sich gegen das Risiko einer fahrlässigen Beschädigung des Fahrzeugs durch Abschluss einer Kaskoversicherung abgesichert hat. Diese Erwägung trifft bei einem privaten Verkäufer nicht zu.[113] Hier kann ein stillschweigender Haftungsausschluss daher im Allgemeinen auch nicht mit Hilfe der ergänzenden Auslegung begründet werden. Eine Ausnahme gilt aber, wenn das Fahrzeug dem Interessenten von einem Händler zur Probefahrt übergeben wird.[114]

---

100 Vgl. Staudinger/*Roth*, § 157 Rn 12.
101 BAG DB 1999, 1809, 1810; DB 2001, 202.
102 BGHZ 23, 53, 55; Palandt/*Heinrichs*, § 399 Rn 8.
103 Dazu BAG NJW 1995, 210; Palandt/*Heinrichs*, § 276 Rn 40.
104 BGHZ 108, 305, 316 ff.; BGH NJW 1994, 852, 854; Erman/*Armbrüster*, § 157 Rn 27.
105 Vgl. BGHZ 108, 305, 319; 130, 223, 228 ff.; Palandt/*Putzo*, § 611 Rn 159.
106 Vgl. BAGE 16, 204 = AP Nr. 1 zu § 620 BGB; Soergel/*Wolf*, § 157 Rn 137.
107 BAGE 31, 121 = AP Nr. 3 zu § 620 BGB m. Anm. *Wolf*.
108 BAG AP Nr. 4 zu § 620 BGB.
109 Vgl. dazu BGH NJW 1979, 414; VersR 1980, 384; OLG Hamm NJW-RR 2000, 62; Palandt/*Heinrichs*, § 254 Rn 71; *Looschelders*, Schuldrecht AT, 2. Aufl. 2004, Rn 99 ff.
110 Vgl. BGHZ 21, 102, 110 f. (i.E. ablehnend); OLG Frankfurt NJW 1998, 1232.
111 Vgl. BGH NJW 1993, 3067, 3068; NJW 1966, 41; Erman/*Armbrüster*, § 157 Rn 27; *Looschelders*, Schuldrecht AT, 2. Aufl. 2004, Rn 100; *Hirte/Herber*, JuS 2002, 241, 244.
112 BGH NJW 1979, 643, 644; 1980, 1681, 1682; OLG Koblenz NJW-RR 2003, 1185, 1186; Soergel/*Wolf*, § 157 Rn 177.
113 OLG Köln NJW 1996, 1288, 1289.
114 OLG Koblenz NJW-RR 2003, 1185, 1186; a.A. OLG Köln NJW 1996, 1288, 1289.

47 Zur Haftungsbeschränkung im **Arbeitsrecht** siehe Rn 43.

48 **3. Handels- und Gesellschaftsrecht.** Im **Handelsverkehr** hat sich eine Vielzahl von Klauseln herausgebildet, denen von den beteiligten Kreisen eine bestimmte fest umrissene Bedeutung beigemessen wird.[115] Solche **typischen Klauseln** sind aus Gründen der Rechtssicherheit ohne Rücksicht auf die Umstände des Einzelfalles nach festen Regeln auszulegen (vgl. auch § 133 Rn 110); diese Regeln dürfen grundsätzlich nicht im Wege ergänzender Auslegung durchbrochen werden.[116] Dies gilt insbesondere für den Fall, dass die Klausel in einer Urkunde enthalten ist, die erfahrungsgemäß nicht nur für die Vertragsparteien, sondern auch für Dritte von Bedeutung ist.[117]

49 Kein Fall ergänzender Auslegung ist die Deutung des **Schweigens auf ein kaufmännisches Bestätigungsschreiben** als Zustimmung mit der Folge, dass der Vertrag mit dem bestätigten Inhalt gilt bzw. zustande kommt. Es handelt sich vielmehr um eine aus den Handelsbräuchen (§ 346 HGB) entwickelte **objektive Rechtsfortbildung**, die heute gewohnheitsrechtlich anerkannt ist.[118] Irrt der Empfänger des Schreibens sich über die Bedeutung seines Schweigens, so ist eine Anfechtung wegen Inhaltsirrtums daher auch nach der hier vertretenen Auffassung zur Anfechtung bei ergänzender Auslegung (Rn 13) ausgeschlossen.[119]

50 Ist eine **gesellschaftsvertragliche Abfindungsklausel** wegen zu geringer Höhe der Abfindung nach § 138 Abs. 1 nichtig, so widerspricht die Anwendung des § 738 im Allgemeinen den Interessen der Beteiligten. Die Rechtsprechung billigt dem ausscheidenden Gesellschafter daher im Wege ergänzender Vertragsauslegung eine angemessene Abfindung zu (vgl. § 138 Rn 204 ff.).[120] Dem ist im Ergebnis zuzustimmen. Da die ergänzende Vertragsauslegung nicht im Widerspruch zum tatsächlichen Willen der Parteien durchgeführt werden darf (vgl. Rn 22), dürfte es sich aus methodischer Sicht jedoch eher um eine teleologische Reduktion handeln.[121]

51 Wird der ausscheidende Gesellschafter durch die Abfindungsklausel erst aufgrund einer nachträglichen Änderung der Wertverhältnisse unangemessen benachteiligt, so greift dieser Einwand nicht. In diesem Fall kann die ergänzende Vertragsauslegung daher herangezogen werden, um eine interessengerechte Anpassung der Abfindungsklausel zu verwirklichen.[122]

52 Gemäß § 131 Nr. 4 HGB a.F. führte der **Tod eines OHG-Gesellschafters** zur Auflösung der Gesellschaft. Nach der Rechtsprechung des BGH musste diese Regelung jedoch als veraltet zurücktreten, wenn die Fortsetzung der Gesellschaft bei ergänzender Vertragsauslegung interessengerechter erschien (vgl. Rn 12).[123] Dieser Sichtweise hat sich der Gesetzgeber angeschlossen. Nach § 131 Abs. 3 Nr. 1 HGB n.F. führt der Tod eines Gesellschafters nicht mehr zur Auflösung der Gesellschaft, sondern lediglich zum Ausscheiden des Betroffenen.

53 **4. Kaufverträge.** Nach der Rechtsprechung des BGH deckt ein vereinbarter Kaufpreis grundsätzlich auch die vom Verkäufer zu entrichtende **Umsatzsteuer** ab.[124] Eine Ausnahme gilt, wenn die Parteien einen „Nettopreis" vereinbart haben oder wenn bei Abschluss des Vertrages ein Handelsbrauch (§ 346 HGB) bzw. eine Verkehrssitte (§ 157) besteht, wonach der Käufer die Umsatzsteuer im Nachhinein zu entrichten hat.[125] Sind die Parteien irrtümlicherweise übereinstimmend davon ausgegangen, der Kaufvertrag unterliege nicht der Umsatzsteuer, so kann die Frage, wer die Umsatzsteuer zu tragen hat, durch ergänzende Vertragsauslegung zu klären sein.[126]

54 Bei **Grundstücksverträgen** kann sich die Frage stellen, wer die Kosten einer bei Vertragsschluss nicht vorhergesehenen **Privaterschließung** zu tragen hat. Eine ergänzende Vertragsauslegung wird hier im Allgemeinen ergeben, dass die Parteien die gegenüber einer öffentlichen Erschließung entstehenden Mehrkosten

---

115 Vgl. dazu etwa Palandt/*Heinrichs*, § 157 Rn 18; Soergel/*Wolf*, § 157 Rn 79 ff.
116 Vgl. BGHZ 14, 61, 62; 23, 131, 135 ff.; Soergel/*Wolf*, § 157 Rn 79.
117 BGHZ 23, 131, 137.
118 Vgl Baumbach/*Hopt*, HGB, § 346 Rn 17; Larenz/*Wolf*, BGB AT, § 30 Rn 29; *K. Schmidt*, Handelsrecht, 5. Aufl. 1999, § 19 III 1; a.A. MüKo/*Kramer*, § 151 Rn 19 ff.
119 Für Ausschluss der Anfechtung wegen eines solchen Irrtums i.E. auch die ganz h.M., vgl. nur BGHZ 11, 1, 5; BGH NJW 1969, 1711; Baumbach/*Hopt*, HGB, § 346 Rn 33; MüKo/*Kramer*, § 151 Rn 23; *K. Schmidt*, Handelsrecht, 5. Aufl. 1999, § 19 III 6c.
120 BGH NJW 1985, 192, 193; vgl. auch BGHZ 123, 281, 284 ff.
121 So auch Staudinger/*Sack*, § 138 Rn 373.
122 BGHZ 123, 281, 283 ff. = NJW 1993, 3193; Staudinger/*Roth*, § 157 Rn 57; für Rückgriff auf § 242 in solchen Fällen *K. Schmidt*, GesR, 4. Aufl. 2002, § 50 IV 2c dd.
123 BGH NJW 1979, 1705, 1706; Soergel/*Wolf*, § 157 Rn 159.
124 Vgl. BGHZ 58, 291, 295; 60, 1999, 203; 103, 284, 287; 115, 47, 50; Palandt/*Heinrichs*, § 157 Rn 13.
125 BGH NJW 2001, 2464, 2465.
126 Vgl. BGH NJW-RR 2000, 1652, 1653; NJW 2001, 2464, 2465; Palandt/*Heinrichs*, § 157 Rn 6, 13; Staudinger/*Roth*, § 157 Rn 61.

als redliche Partner zu gleichen Teilen auf sich genommen hätten. Die Kosten sind daher von beiden Teilen gleichmäßig zu tragen.[127]

Wird ein Grundstück, dessen Belastung mit einem Ölschaden der Erstverkäufer arglistig verschwiegen hat, unter Ausschluss der Gewährleistung weiterverkauft, so kann die ergänzende Vertragsauslegung ergeben, dass der Zweitverkäufer dem Käufer nach Treu und Glauben seine **Gewährleistungsansprüche gegen den Erstverkäufer abgetreten** hätte.[128] Denn der Zweitverkäufer verfolgt mit dem Ausschluss der Gewährleistung im Allgemeinen allein das Ziel, Auseinandersetzungen über etwaige Mängel mit dem Käufer zu vermeiden.

Hat ein Eigentümer seine Grundstücke zur **Abwendung einer drohenden Enteignung** an die öffentliche Hand verkauft, so steht ihm aufgrund ergänzender Vertragsauslegung ein Anspruch auf Rückübertragung der Grundstücke gegen Rückzahlung des Kaufpreises zu, wenn der Zweck der Enteignung wegen einer Änderung des Bebauungsplans entfällt. Der Anspruch muss nach dem Rechtsgedanken des § 102 Abs. 3 BauGB in einer Frist von 2 Jahren ab Kenntnis vom Wegfall des Enteignungszwecks geltend gemacht werden.[129]

5. Kreditsicherungsrecht. Die ergänzende Auslegung kann ergeben, dass ein einfacher **Eigentumsvorbehalt** stillschweigend vereinbart worden ist. Voraussetzung ist, dass ein solcher Eigentumsvorbehalt in der Branche üblich und vom Käufer nicht ausdrücklich ausgeschlossen worden ist.[130]

Tritt bei **revolvierenden Sicherheiten** (z.B. Sicherungsübereignung von Warenlagern mit wechselndem Bestand, Globalzessionen) im Nachhinein eine **Übersicherung** ein, so ist der Vertrag nicht nach § 138 Abs. 1 nichtig (vgl. § 138 Rn 259). Dem Sicherungsgeber steht vielmehr ein ermessensunabhängiger vertraglicher Anspruch gegen den Sicherungsnehmer auf **Freigabe** der endgültig nicht mehr benötigten Sicherheiten zu.[131] Dies gilt auch dann, wenn der Sicherungsvertrag **keine** oder eine **ermessensabhängige** (und deshalb nach § 307 unwirksame) **Freigabeklausel** enthält. Die Rechtsprechung stützt sich auch hier auf ergänzende Vertragsauslegung.[132] Indessen dürfte es sich eher um eine objektive Rechtsfortbildung handeln, die auf dem **Treuhandgedanken** beruht (vgl. § 138 Rn 259).

6. Mietverträge. Bei Mietverträgen über Wohnraum hat der Vermieter die **Mietkaution** nach § 551 Abs. 3 **zum üblichen Zinssatz anzulegen**. Für Mietverträge über gewerblich genutzte Räume fehlt eine entsprechende Regelung. Haben die Parteien über die Frage keine Vereinbarung getroffen, so ist im Wege ergänzender Vertragsauslegung mit Rücksicht auf den Zweck der Kaution davon auszugehen, dass diese auch hier zum üblichen Zinssatz angelegt werden muss.[133]

Hat ein **Wohnungsmieter** sich im Mietvertrag zur **Vornahme der Schönheitsreparaturen** verpflichtet, so wird er von dieser Verpflichtung nicht deshalb kostenlos befreit, weil die geschuldeten Instandsetzungsmaßnahmen bei einem **Umbau** alsbald wieder zerstört würden. Enthält der Vertrag für diesen Fall keine Regelung, so gelangt die Rechtsprechung vielmehr im Wege ergänzender Vertragsauslegung zu dem Ergebnis, dass der Mieter dem Vermieter einen Ausgleich in Geld zu zahlen hat.[134] Maßgeblich ist die Erwägung, die Durchführung der Schönheitsreparaturen stelle im Regelfall einen Teil des vom Mieter geschuldeten Entgelts dar. Diese Überlegung trifft nicht auf das Recht des Vermieters zu, bei Ablauf des Vertrages die Wiederherstellung des alten Zustands der von einem gewerblichen Mieter für seine Zwecke umgebauten Räume zu verlangen. Wird die Erfüllung dieser **Rückbauverpflichtung** aufgrund eines Umbaus sinnlos, so steht dem Vermieter daher kein Ausgleichsanspruch in Geld zu.[135]

Hat der Mieter an den Vermieter **überhöhte Betriebs- und Nebenkostenvorauszahlungen** geleistet, so steht dem Mieter aufgrund ergänzender Auslegung des Mietvertrages ein vertraglicher Anspruch auf Rückerstattung der überzahlten Beträge zu.[136]

---

127 BGH NJW-RR 2000, 894, 895.
128 BGH NJW 1997, 652; Palandt/*Heinrichs*, § 157 Rn 6.
129 BGHZ 135, 92; Palandt/*Heinrichs*, § 157 Rn 12.
130 Vgl. BGH NJW 1985, 1838, 1840; Palandt/*Putzo*, § 449 Rn 10; Soergel/*Wolf*, § 157 Rn 78, 147; *Baur/Stürner*, Sachenrecht, 17. Aufl. 1999, § 59 Rn 12 mit Fn 3.
131 BGHZ 137, 212, 218 = NJW 1998, 671 = JZ 1998, 456 m. Anm. *Roth*.
132 Vgl. BGHZ 124, 371, 375 (§§ 133, 157, 242); BGHZ 137, 212, 219 (§ 157); vgl. dazu auch *Roth*, JZ 1998, 462, 463.
133 BGH NJW 1994, 3287 im Anschluss an BGHZ 84, 345; Palandt/*Heinrichs*, § 157 Rn 6; Staudinger/*Roth*, § 157 Rn 61.
134 So BGHZ 77, 301, 304 f. = NJW 1980, 2347; 92, 363, 369 ff. = NJW 1985, 480; BGH NJW 2002, 2383; Soergel/*Wolf*, § 157 Rn 170; Staudinger/*Roth*, § 157 Rn 62.
135 BGHZ 96, 141, 145 f. = NJW 1986, 309; BGH NJW 2002, 2383, 2384.
136 OLG Koblenz NJW-RR 2002, 800; Staudinger/*Roth*, § 157 Rn 62.

62 Der BGH geht im Wege ergänzender Vertragsauslegung von einer **stillschweigenden Beschränkung der Haftung des Mieters** für Brandschäden auf Vorsatz und grobe Fahrlässigkeit aus, wenn der Mieter nach dem Mietvertrag verpflichtet ist, die (anteiligen) Kosten der Gebäudefeuerversicherung des Eigentümers zu zahlen.[137] Fehlt eine solche mietvertragliche Verpflichtung, so kann den Interessen des Mieters durch ergänzende Auslegung des Versicherungsvertrages Rechnung getragen werden (vgl. Rn 63).[138]

63 **7. Versicherungsverträge.** Eine ergänzende Vertragsauslegung kommt auch bei Lücken in Allgemeinen Versicherungsbedingungen in Betracht.[139] So ist der BGH in der **Gebäudeversicherung** aufgrund ergänzender Vertragsauslegung zu der Annahme gelangt, dass der Versicherer auf die Geltendmachung der nach § 67 VVG auf ihn übergegangenen Regressansprüche des Versicherungsnehmers (Vermieters) gegen den **Mieter** konkludent verzichtet, wenn Letzterer den Schaden weder vorsätzlich noch grob fahrlässig herbeigeführt hat.[140] Dies gilt jedenfalls dann, wenn der Mieter nicht durch eine Haftpflichtversicherung geschützt wird.[141] Maßgeblich für diese Auslegung ist das berechtigte und dem Versicherer erkennbare Interesse des Vermieters, das Vertragsverhältnis mit dem Mieter so unbelastet wie möglich zu lassen. Handelt es sich beim Versicherungsnehmer um eine **Miteigentümergemeinschaft**, so ist die Annahme eines konkludenten Verzichts auf Regressansprüche nicht erforderlich. Denn für diese Konstellation ergibt die ergänzende Auslegung des Versicherungsvertrages, dass das Sachersatzinteresse des einzelnen Miteigentümers an dem Gemeinschaftseigentum und dem Sondereigentum der anderen Wohnungseigentümer bereits von der Gebäudeversicherung mit umfasst wird.[142]

64 In welchen weiteren Fällen das **Sachersatzinteresse des Schädigers** von der Gebäudeversicherung abgedeckt wird, ist unsicher. Entscheidend ist auch hier die ergänzende Auslegung des Versicherungsvertrags.[143] Die Rechtsprechung ist dabei aber zurückhaltend. So soll das Sachersatzinteresse des **Mieters** im Allgemeinen nicht von der Gebäudeversicherung des Vermieters erfasst werden.[144] Eine entsprechende Ausweitung des Versicherungsvertrages erscheint auch nicht erforderlich, weil der Mieter durch die stillschweigende Beschränkung der Haftung gegenüber dem Vermieter (Rn 62) sowie den stillschweigenden Regressverzicht des Versicherers (Rn 63) bereits ausreichend geschützt wird.

65 **8. Vertrag mit Schutzwirkung für Dritte.** Die Rechtsprechung stützt den Vertrag mit Schutzwirkung für Dritte auf eine ergänzende Auslegung des Vertrages, den der Schuldner mit dem Gläubiger geschlossen hat.[145] Dieser Einordnung ist jedoch entgegenzuhalten, dass der Vertrag mit Schutzwirkung für Dritte sich stark von den individuellen Interessen der konkreten Parteien gelöst hat.[146] Entscheidend ist nicht der hypothetische Parteiwille, sondern die objektive Wertung der Interessenlage durch den Richter. Es handelt sich damit um eine gewohnheitsrechtlich anerkannte **Rechtsfortbildung**,[147] die in § 311 Abs. 3 S. 1 einen gesetzlichen Anknüpfungspunkt gefunden hat.[148]

66 **9. Wettbewerbsverbote.** Die ergänzende Vertragsauslegung kann in bestimmten Fällen zur Annahme der **stillschweigenden Vereinbarung eines Wettbewerbsverbots** führen. Beispiele sind der Praxistausch zwischen Ärzten[149] und der Verkauf eines Handelsgeschäfts.[150] Ebenso soll es dem Vermieter von Geschäfts- oder Praxisräumen verboten sein, im gleichen Haus Räume an einen Konkurrenten des Mieters zu vermieten oder selbst einen Konkurrenzbetrieb zu eröffnen.[151] Ein vertraglich vereinbartes Konkurrenzverbot kann im

---

137 BGHZ 131, 288, 292 ff. = NJW 1996, 715; krit. *Armbrüster*, NJW 1997, 177 ff.
138 Vgl. Bruck/Möller/*Johannsen/Johannsen*, VVG, Bd. III, Feuerversicherung, 8. Aufl. 2002, Anm. J 111.
139 BGHZ 145, 393, 398 = NJW 2001, 1353 = VersR 2001, 94; *E. Lorenz*, VersR 2001, 96, 97.
140 BGHZ 145, 393, 398 ff.; ebenso bei gewerblicher Miete BGH VersR 2002, 433; vgl. auch Staudinger/*Roth*, § 157 Rn 60.
141 Vgl. OLG Dresden VersR 2003, 497; Bruck/Möller/*Johannssen/Johannssen*, VVG, Bd. III, Feuerversicherung, 8. Aufl. 2002, Anm. J 111; von BGHZ 145, 393, 399 f. offen gelassen.
142 BGH NJW-RR 2001, 958 = LM § 67 VVG Nr. 63 m. Anm. *Looschelders*.
143 Vgl. *Weyers/Wandt*, Versicherungsvertragsrecht, 3. Aufl. 2003, Rn 758.
144 BGHZ 145, 393, 398.
145 Vgl. BGHZ 56, 269, 273; 123, 378, 380; Palandt/*Heinrichs*, § 328 Rn 14.
146 Vgl. *Larenz*, Schuldrecht I, 14. Aufl. 1987, § 17 II.
147 So auch Erman/*Armbrüster*, § 157 Rn 29.
148 Für Anknüpfung an § 311 Abs. 3 S. 1 auch Brox/*Walker*, Schuldrecht AT, 29. Aufl. 2003, § 5 Rn 13; *Looschelders*, Schuldrecht AT, 2. Aufl. 2004, Rn 202; *Canaris*, JZ 2001, 499, 520; a.A. Jauernig/*Vollkommer*, § 311 Rn 49; Palandt/*Heinrichs*, § 311 Rn 60.
149 Vgl. BGHZ 16, 71, 75 ff. (Rückkehrverbot); Palandt/*Heinrichs*, § 157 Rn 6.
150 RGZ 117, 176, 178; Palandt/*Heinrichs*, § 157 Rn 17; RGRK/*Piper*, § 157 Rn 81; Soergel/*Wolf*, § 157 Rn 199.
151 Vgl. BGHZ 70, 79, 80 ff.; BGH LM BGB § 536 Nr. 2, 3, 5 und 6; OLG Hamm NJW-RR 1997, 459; OLG Koblenz NJW-RR 1995, 1352; Palandt/*Weidenkaff*, § 535 Rn 27; RGRK/*Piper*, § 157 Rn 81; Soergel/*Wolf*, § 157 Rn 199; krit. MüKo/*Voelskow*, §§ 535, 536 Rn 77.

Wege ergänzender Auslegung auf Fälle erstreckt werden, die den von den Parteien geregelten Fällen ähnlich sind.[152]

Ist ein Wettbewerbsverbot allein wegen seiner übermäßigen Dauer nach § 138 Abs. 1 nichtig, so ist eine **geltungserhaltende Reduktion** zulässig (vgl. § 138 Rn 351). Eine ergänzende Vertragsauslegung kommt damit nicht in Betracht (vgl. Rn 14). 67

C. Weitere praktische Hinweise

I. Tat- und Rechtsfrage

In prozessualer Hinsicht gelten für die ergänzende Auslegung die gleichen Grundsätze wie für die erläuternde Auslegung (dazu § 133 Rn 99 ff.).[153] Die Auslegung als solche ist hiernach eine Rechtsfrage und daher **von Amts wegen** vorzunehmen. Hiervon zu unterscheiden ist die Ermittlung der tatsächlichen Gegebenheiten, die für die Feststellung der Lücke und die Ermittlung des hypothetischen Parteiwillens relevant sind. Insoweit handelt es sich um eine Tatfrage, die nach den allgemeinen Regeln über die Verteilung der **Darlegungs- und Beweislast** zu behandeln ist. Macht eine Partei das Vorliegen einer Regelungslücke geltend, so muss sie daher die Tatsachen darlegen und beweisen, aus denen sich die Lücke ergibt.[154] 68

II. Revisibilität

Bei **Individualverträgen** ordnet die Rechtsprechung die ergänzende Auslegung – ebenso wie die erläuternde Auslegung – dem Bereich der **tatrichterlichen Feststellung** zu. Dies gilt sowohl für die Feststellung der Regelungslücke als auch für die Frage, in welcher Weise die Lücke nach dem hypothetischen Willen der Parteien zu schließen ist. Auf die Sachrüge kann das Revisionsgericht nur nachprüfen, ob das Berufungsgericht Auslegungs- oder Ergänzungsregeln, Denk- oder Erfahrungsgesetze verletzt oder wesentliche Umstände außer Acht gelassen hat.[155] Praktische Bedeutung hat dabei insbesondere der Verstoß gegen den Grundsatz der interessengerechten Auslegung (Rn 23).[156] Im Übrigen kann nur die Verletzung von Verfahrensrecht gerügt werden. Bei Vorliegen eines revisiblen Auslegungsfehlers kann das Revisionsgericht auch die ergänzende Auslegung selbst vornehmen, sofern die Sache entscheidungsreif ist (vgl. § 133 Rn 108).[157] 69

Soweit die Maßstäbe der Auslegung **objektiviert** sind, unterliegt die ergänzende Auslegung ebenso wie die erläuternde Auslegung der uneingeschränkten Kontrolle durch das Revisionsgericht. Die ergänzende Auslegung von **Formularverträgen** und **AGB**, die nicht nur in einem OLG-Bezirk anwendbar sind, ist daher in vollem Umfang revisibel.[158] Das Gleiche gilt für die ergänzende Auslegung des körperschaftlichen Bereichs der **Gesellschaftsverträge** von Handelsgesellschaften und der **Satzungen** von Kapitalgesellschaften und Vereinen (vgl. § 133 Rn 114 ff.). 70

Titel 4. Bedingung und Zeitbestimmung

§ 158 Aufschiebende und auflösende Bedingung

(1) ¹Wird ein Rechtsgeschäft unter einer aufschiebenden Bedingung vorgenommen, so tritt die von der Bedingung abhängig gemachte Wirkung mit dem Eintritt der Bedingung ein.

(2) ¹Wird ein Rechtsgeschäft unter einer auflösenden Bedingung vorgenommen, so endigt mit dem Eintritt der Bedingung die Wirkung des Rechtsgeschäfts; mit diesem Zeitpunkt tritt der frühere Rechtszustand wieder ein.

Literatur: *Berger*, Rechtsgeschäftliche Verfügungsbeschränkungen, 1998; *Derleder/Zänker*, Der ungeduldige Gläubiger und das neue Leistungsstörungsrecht – Das Verhältnis von Fristsetzung, Schadensersatzverlangen und Rücktritt NJW 2003, 2777; *Hövelmann*, Die Bedingung im Verfahrensrecht – dargestellt an Fällen aus dem Patentrecht, GRUR 2003,

---

152 Vgl. BGH NJW-RR 1990, 226, 227; Staudinger/*Roth*, § 157 Rn 61.
153 Palandt/*Heinrichs*, § 157 Rn 11; Soergel/*Wolf*, § 157 Rn 133 f.; Staudinger/*Roth*, § 157 Rn 50.
154 Vgl. BGHZ 111, 110, 115 f.
155 BGHZ 111, 110, 115.
156 Vgl. Staudinger/*Roth*, § 157 Rn 53.
157 BGH NJW 1998, 1219; NJW-RR 2000, 894, 895; Palandt/*Heinrichs*, § 157 Rn 11; Staudinger/*Roth*, § 157 Rn 53; Thomas/Putzo/*Reichold*, ZPO § 546 Rn 6.
158 Vgl. Soergel/*Wolf*, § 157 Rn 134; Staudinger/*Roth*, § 157 Rn 56.

203; *Pohlmann*, Verzicht auf die aufschiebende Bedingung einer GmbH-Anteilsübertragung, NJW 1999, 190; *Roquette/ Giesen*, Die Zulässigkeit aufschiebend bedingter Bürgschaftserklärungen, NZBau 2003, 297; *Scheel*, Befristete und bedingte Handelsregistereintragungen bei Umstrukturierungen von Kapitalgesellschaften, DB 2004, 2355; *Timm*, Außenwirkungen vertraglicher Verfügungsverbote?, JZ 1989, 13; *Zimmermann*, „Heard melodies are sweet, but those unheard are sweeter ...", AcP 193 (1993), 121.

A. Allgemeines 1	ee) Mietrecht 41
I. Normzweck, Arten, Funktion und Auslegung der Bedingung 1	ff) Handels- u. Gesellschaftsrecht . 42
1. Normzweck und Begriff der Bedingung . 1	gg) Prozesshandlungen 45
2. Arten von Bedingungen 3	b) § 138 46
a) Übersicht 3	c) § 137 S. 1 47
b) Zufallsbedingung 4	d) §§ 305 ff. BGB 49
c) Potestativ- und Wollensbedingungen 5	3. Widersprüchliche und unmögliche Bedingungen 50
3. Funktionen der Vereinbarung einer Bedingung 9	4. Rechtsfolgen unzulässiger und unmöglicher Bedingungen 52
a) Anpassung des Gewollten an zukünftige Umstände 9	**B. Regelungsgehalt** 55
b) Druckausübung und Freiheitssicherung 10	I. Aufschiebende Bedingung (Abs. 1) 55
c) Verbotsvermeidung oder -umgehung . 11	1. Allgemeines 55
d) Kreditsicherung 13	2. Rechtslage während des Schwebezustands 56
e) Automatisches Vertragsende 14	3. Die Entscheidung über die Bedingung .. 57
4. Auslegung 15	4. Verpflichtungsgeschäfte 60
II. Abgrenzung 20	5. Verfügungsgeschäfte 61
1. Befristung 20	II. Auflösende Bedingung (Abs. 2) 62
2. Bloß subjektive Ungewissheit (Unterstellung) 23	1. Wirkung der auflösenden Bedingung ... 63
3. Gesetzliche Wirksamkeitsvoraussetzungen (Rechtsbedingung) 26	2. Weitere Rechtsfolgen der Vereinbarung einer auflösenden Bedingung oder Befristung von Dauerschuldverhältnissen 65
4. Bedingung und Rücktritts-, Widerrufs- oder Kündigungsvorbehalte in Verpflichtungsgeschäften 29	3. Eintritt der Bedingung 66
III. Vertragsfreiheit und Zulässigkeit der Vereinbarung von Bedingungen 32	III. Abgrenzungsprobleme (affirmative und negative Bedingung) 67
1. Vertragsfreiheit 32	**C. Weitere praktische Hinweise** 69
2. Einschränkungen 33	I. Mehrere Umstände 69
a) Bedingungs- und befristungsfeindliche Rechtsgeschäfte 33	II. Einzelfälle (Auslegung) 71
aa) Einseitige Rechtsgeschäfte 33	III. Beweislast 75
bb) Verfügungen im Immobiliarsachenrecht 38	1. Für die Vereinbarung der Bedingung ... 75
cc) Familien- und Erbrecht 39	2. Für den Eintritt oder den Ausfall 78
dd) Arbeitsrecht 40	IV. Verjährung 79
	V. Verzicht auf die Bedingung 80
	VI. Bewertung bedingter und befristeter Forderungen 82
	VII. Drittwirkungen bedingter Rechtsgeschäfte .. 83
	VIII. Vormerkung 84

A. Allgemeines

I. Normzweck, Arten, Funktion und Auslegung der Bedingung

1 **1. Normzweck und Begriff der Bedingung.** § 158 regelt die wesentlichen Rechtswirkungen bedingter Rechtsgeschäfte. Zugleich grenzt die Vorschrift die auflösende von der aufschiebenden Bedingung ab. Eine Definition der Bedingung enthält die Vorschrift hingegen nicht, sie ist daher aus allgemeinen Überlegungen zu gewinnen. Dabei ergibt sich eine Schwierigkeit bereits aus dem Wortlaut des § 158. Er versteht einerseits die Bedingung als Teil des Rechtsgeschäfts („wird ein Rechtsgeschäft unter einer Bedingung vorgenommen"). Andererseits spricht die Norm vom „Eintritt der Bedingung" und meint damit den durch die Bedingung in Bezug genommenen Lebensumstand, von dessen Eintritt oder Nichteintritt Wirkungen des Rechtsgeschäfts abhängen.

2 Kennzeichnend für die Bedingung in Abgrenzung zu Befristung (vgl. Rn 20 ff.) und Unterstellung (Rn 32 ff.) ist zunächst die Abhängigkeit der Wirkungen des Rechtsgeschäfts von einem objektiv und subjektiv **ungewissen Umstand**, über dessen Eintritt oder Ausfall (= endgültiger Nichteintritt) erst nach Vertragsschluss, d.h. in der Zukunft entschieden wird, so dass die Wirkungen des Rechtsgeschäfts für einen gewissen oder ungewissen Zeitraum in der Schwebe sind. Dieser Zeitraum wird in §§ 160, 161 als Schwebezeit bezeichnet. Ist z.Zt. des Geschäftsabschlusses über den Umstand bereits entschieden, so handelt es sich nicht um eine Bedingung, sondern um eine Unterstellung (Rn 24). Typisch für die Bedingung ist ihre Auslösefunktion, d.h. der **Automatismus** des Eintritts der vertraglich festgelegten Wirkungen bei Bedingungseintritt. Jede Partei muss das hinnehmen, mag sie der Vertrag zwischenzeitlich auch reuen. Man kann die Bedingung auch als

gewillkürte Wirksamkeitsvoraussetzung bezeichnen, wodurch sich die Notwendigkeit zur Abgrenzung von der gesetzlichen Wirksamkeitsvoraussetzung ergibt (siehe Rn 26 ff. zur Rechtsbedingung).

2. Arten von Bedingungen. a) Übersicht. Bedingungen lassen sich einteilen in auflösende und aufschiebende, wie es die gesetzliche Regelung vorsieht. Das ist die wichtigste Unterscheidung, da von ihr abhängt, ob die bedingten Rechtswirkungen sofort eintreten oder erst später (zu den Rechtswirkungen näher Rn 55 ff.). Ferner lassen Bedingungen sich, nun bereits mit Blick auf das Bedingungsrecht selbst (etwa § 162), nach dem Einfluss der Vertragsparteien auf den Bedingungseintritt oder -ausfall kategorisieren.

b) Zufallsbedingung. Ist der zur Bedingung gemachte Umstand nach dem Vertrag von keiner der Vertragsparteien beeinflussbar, dann handelt es sich um eine sog. Zufallsbedingung.[1] Diese ist zum Beispiel anzunehmen, wenn der Eintritt eines Naturereignisses oder die Änderung politischer Verhältnisse oder gesellschaftliche Ereignisse zur Bedingung des Rechtsgeschäfts gemacht werden. Zu einem solchen nicht beeinflussbaren Umstand gehört im Grundsatz auch die Entscheidung eines Dritten (z.B. private oder behördliche Genehmigung), sofern und soweit sie nicht Rechtsbedingung ist (vgl. Rn 26 ff.), der „rechtliche Bestand einer Rechtsprechung eines [bestimmten] Oberlandesgerichts",[2] die Abgabe einer sonstigen Willenserklärung Dritter (etwa Bürgschaftsübernahme) einschließlich deren Zugang bei einer bestimmten Person[3] oder auch eine Mindestzahl positiver oder negativer Entscheidungen von Angehörigen einer bestimmten Gruppe (Beispiel: Gültigkeit eines Übernahmeangebots nur bei einer Mindestzahl von Annahmeerklärungen der Adressaten gem. § 18 WpÜG). Die Parteien können in dem Sinne auch das Rechtsgeschäft an den Ausgang einer Auslosung oder anderer aleatorischer Ereignisse binden. Dann gewinnt das Rechtsgeschäft selbst aleatorischen Charakter, dadurch wird die Abgrenzung des bedingten Vertrags von einer Naturalverbindlichkeit i.S.d. § 762 notwendig.[4] Aus Sicht der Parteien regelmäßig zufällige Umstände sind ferner der Eintritt wirtschaftlicher Daten oder der Erlass eines Gesetzes, soweit eine solche Bedingung mit dem Gesetzeszweck vereinbar ist.[5]

c) Potestativ- und Wollensbedingungen. Manche Bedingungen dienen dazu, das Verhalten einer der Parteien zu beeinflussen, ohne eine Pflicht dieser Partei zu begründen. Sie nehmen auf Umstände Bezug, über deren Eintritt die Partei allein durch ihr Verhalten entscheidet oder die sie maßgeblich beeinflussen kann. Dann handelt es sich um eine (grundsätzlich zulässige) **Potestativbedingung**,[6] bei der die Wirkungen des Rechtsgeschäfts an ein bestimmtes Verhalten des Vertragspartners geknüpft sind. Beispiele: durch Wiederverheiratung auflösend bedingte Schenkung an die Ehefrau zu Lebzeiten des Schenkers,[7] Pflicht, die bei einem bestimmten Verhalten der Partei, z.B. einem Geschäftsabschluss mit Dritten, ausgelöst wird.[8] Weiteres Beispiel ist der Eigentumsvorbehaltskauf, da der Eintritt der vollständigen Kaufpreiszahlung maßgeblich vom Willen und Verhalten des Käufers abhängt. Für das Verständnis der Potestativbedingung wichtig ist, dass die Erfüllung von Vertragspflichten nicht zugleich aufschiebende Bedingung dieser Vertragspflichten sein kann, also eine strenge Alternativität zwischen vertraglich geschuldetem und aufschiebend bedingtem Verhalten besteht. Daraus ergeben sich Folgen insbesondere für die Auslegung (vgl. näher Rn 50).

Problematisch ist die von der Potestativbedingung abzugrenzende[9] **Wollensbedingung**, bei der die Wirkung des Rechtsgeschäfts nur von einer **späteren Erklärung** eines der Vertragspartner abhängt. Das betrifft nicht die Zulässigkeit der vertraglichen bzw. einseitigen (z.B. Änderungskündigung) Gestaltung,[10] sondern die Frage der Rechtskonstruktion mit Folgen vor allem für Formfragen. In § 454 (Kauf auf Probe) hat der Gesetzgeber zu erkennen gegeben, dass er die bloße Billigung des Kaufgegenstandes durch den Käufer

---

1 *Larenz/Wolf*, BGB AT, § 50 Rn 11 f.
2 BGHZ 133, 331, 333 f. = NJW 1997, 1706, 1707.
3 Vgl. BayObLG NJW-RR 1986, 93, 94.
4 Allg. wird man sagen können, dass Zuwendungen, die an den Ausgang einer Lotterie oder einer Auslosung geknüpft sind, unmittelbar § 762 unterfallen, während Verteilungsstreitigkeiten durch Anknüpfung an aleatorische Ereignisse eher klagbar geregelt werden können.
5 Vgl. zu dem Gesetzeszweck widersprechenden Bedingungen allg. *Medicus*, BGB AT, Rn 851 f.
6 *Palandt/Heinrichs*, vor § 158 Rn 10.
7 *Staudinger/Bork*, § 162 Rn 4.
8 Aus der Rspr.: BGH NJW 1982, 2552 (Beteiligung des Vertragspartners für den Fall erneuter Anpachtung eines Jagdbezirks); vgl. auch OLG München NJW-RR 1988, 58, dort zu Unrecht als Wollensbedingung bezeichnet; Revision vom BGH nicht angenommen, vgl. NJW-RR 1991, 1280.
9 Oft werden Wollens- und Potestativbedingung als Synonyme verstanden (so etwa OLG München NJW-RR 1988, 58; BGH NJW-RR 1996, 1167; *Medicus*, BGB AT, Rn 830; vgl. dazu Erman/*Armbrüster*, vor § 158 Rn 12 a.E.). Gleichwohl bestehen Unterschiede. Die Potestativbedingung knüpft an ein Verhalten an, das nur überwiegend in der Macht einer Partei steht und stets noch durch andere Umstände mitbeeinflusst wird, während bei der Wollensbedingung der rechtsgeschäftliche Wille der Partei ganz im Vordergrund steht, da es nur auf die Erklärung selbst ankommt. Daher ist nur auf die Potestativbedingung § 162 anwendbar (vgl. § 162 Rn 3), und nur unter einer Wollensbedingung können Gestaltungsrechte ausgeübt werden (vgl. Rn 35).
10 Diese ist zu bejahen, BGH NJW-RR 1996, 1167; *Soergel/Wolf*, vor § 158 Rn 27 f.; Erman/*Armbrüster*, vor § 158 Rn 13.

für einen zulässigen Umstand hält, von dem die Wirksamkeit des Rechtsgeschäfts im Sinne einer Bedingung abhängig gemacht werden kann.[11] Nach neuerer Lehre liegt in solchen Fällen freilich überhaupt noch kein, auch kein bedingter, Vertrag vor; dieser komme vielmehr erst mit der Billigung zustande.[12] Dem kann nicht gefolgt werden, Verträge unter Wollensbedingungen sind als solche auch konstruktiv denkbar.[13] Das zeigt gerade auch der Fall des § 454. Nach dessen Abs. 2 begründet der Kauf auf Probe sogar trotz der im Zweifel aufschiebenden Bedingung sofortige unmittelbare Rechtswirkungen, namentlich die Pflicht des Verkäufers, dem Käufer die Untersuchung des verkauften Gegenstandes zu gestatten.[14]

7 Der Kauf auf Probe und andere wollensbedingte Verträge geben der Partei der Sache nach ein **Optionsrecht**.[15] Von einem für einen bestimmten Zeitraum bindenden Vertragsangebot unterscheidet sich der wollensbedingte Abschluss des Vertrags dadurch, dass im Ergebnis zwei Erklärungen der anderen Partei notwendig sind, nämlich Annahme des bedingten Vertrags und Ausübung des Optionsrechts. Hinsichtlich etwaiger Formerfordernisse, namentlich des § 311b für Grundstückskaufverträge gilt nach zutreffender h.M., dass die Annahmerklärung formbedürftig ist, nicht mehr die spätere Ausübung der Option, d.h. die Erfüllung der Wollensbedingung.[16] Die spätere Annahme eines bindenden Angebots unterliegt dagegen dem Formerfordernis. Ähnlichkeiten bestehen insoweit, als die Vorwirkungen des § 160 – jedenfalls analog – auch schon das bindende Angebot auslösen (vgl. § 160 Rn 8).

8 Kein Vertragsschluss ist freilich anzunehmen, wenn die Rechtswirkungen allein vom – nicht auch zu erklärenden – Willen eines der Vertragpartner abhängig gemacht werden. Wird nicht an die Erklärung, sondern an den Geisteszustand angeknüpft, fehlt es für den bedingten Vertragsschluss an der notwendigen Willenserklärung, weil sich der Erklärende einen anderen Willen gerade vorbehält, vgl. § 116 S. 2.[17]

9 **3. Funktionen der Vereinbarung einer Bedingung. a) Anpassung des Gewollten an zukünftige Umstände.** Die Parteien können durch eine Bedingung bestimmen, in welcher Form auf die zukünftig veränderten Umstände reagiert werden soll. Sie können den zukünftigen Wegfall der Rechtsfolgen oder deren Eintritt vorsehen, je nachdem, ob sie eine auflösende oder aufschiebende Bedingung wählen. Damit kann der Vertrag an die unter Rn 4 aufgezählten Veränderungen wirtschaftlicher oder rechtlicher Daten oder andere Ereignisse angepasst werden.

10 **b) Druckausübung und Freiheitssicherung.** Insbesondere Potestativbedingungen (Rn 5) knüpfen meist negative Rechtsfolgen an ein bestimmtes Verhalten einer Partei. Damit kann tatsächlicher Druck auf diese Partei ausgeübt werden, ohne dass eine Rechtspflicht besteht. Deutlichster Ausdruck eines solchen Ziels ist die Vereinbarung eines selbständigen Strafversprechens, vgl. § 343 Abs. 2. Zugleich wird die Bedingung in aller Regel gewählt, weil es an der Einklagbarkeit des zur Bedingung gemachten Verhaltens fehlt; insofern wirkt die Potestativbedingung zugleich freiheitssichernd. Im Extremfall (Wollensbedingung) hängen die Wirkungen eines Rechtsgeschäfts nur noch von der Erklärung einer der Parteien ab, dann hat sich nur die jeweils andere Partei bereits gebunden. Durch eine Potestativbedingung kann aber der Vertrag auch an die Erfüllung einer Verhaltenspflicht aus diesem Vertrag geknüpft werden, freilich nur im Wege der auflösenden Bedingung (vgl. Rn 5).

11 **c) Verbotsvermeidung oder -umgehung.** Legale und legitime Funktion der Vereinbarung einer Bedingung kann ferner die Vermeidung eines gesetzlichen Verbots sein (allgemein zur Gesetzesumgehung vgl. § 134 Rn 80 ff.). Verbietet eine Rechtsvorschrift die bloße Verpflichtung einer Partei, so z.B. Art. 12 GG die Selbstverpflichtung des Arbeitnehmers, nicht zu kündigen, so können die Parteien gleichwohl nachteilige Vermögensfolgen an das tatsächliche Verhalten knüpfen (z.B. durch eine Rückzahlungsklausel für den Fall der Kündigung), es sei denn, das Gesetz will gerade solche Nachteile ebenfalls verhindern (wenn etwa § 656 die Zahlungspflicht des Kunden eines Ehemaklers ausschließt, so gilt das auch für ein durch Nichtzahlung bedingtes Strafversprechen).[18] Eine Grenze bildet aber § 138 (Rn 46).

12 Die Parteien können durch die Bindung einer Verfügung an die Wirksamkeit des Grundgeschäfts auch etwa das **Abstraktionsprinzip** (teilweise) aufheben, so dass bei unwirksamem Verpflichtungs- auch das

---

11 Vgl. dazu *Medicus*, BGB AT, Rn 831.
12 *Flume*, BGB AT Bd. 2, § 38 2; *Medicus*, BGB AT, Rn 831; *Larenz/Wolf*, BGB AT, § 50 Rn 17 a.E. m.w.N.; vgl. auch Staudinger/*Bork*, Vorbem. zu § 158 Rn 18.
13 BGH NJW-RR 1996, 1167; wie hier Erman/*Armbrüster*, vor § 158 Rn 13; im Erg. ähnlich Soergel/*Wolf*, vor § 158 Rn 28.
14 Vgl. auch OLG Hamm BB 1995, 1925, wonach die Probe sogar vertragsgemäß zu sein hat.
15 Zum Verhältnis des wollensbedingten Vertrages zur Option s. ausf. die Erläuterungen vor § 145 Rn 36 ff.; Erman/*Armbrüster*, vor § 158 Rn 14 f.; Staudinger/*Bork*, Vorbem. zu § 158 Rn 19 und vor § 145 Rn 69 ff.
16 BGH NJW-RR 1996, 1167; s.a. die Erläuterungen vor § 145 Rn 37; a.A. z.B. Staudinger/*Bork*, Vorbem. zu § 145 Rn 74 m.w.N.
17 Zutr. Erman/*Armbrüster*, vor § 158 Rn 13.
18 Näher Staudinger/*Rieble*, § 344 Rn 7 m. Nachw.

Aufschiebende und auflösende Bedingung § 158

Verfügungsgeschäft unwirksam wird; ferner können sie Gestaltungserklärungen dingliche Wirkung beimessen.

d) Kreditsicherung. Insbesondere das aufschiebend bedingte Verfügungsgeschäft (Eigentumsvorbehalt) kann als Mittel der Kreditsicherung eingesetzt werden. In umgekehrter Weise kann eine auflösende Bedingung der Kreditsicherung dienen, so etwa eine auflösend bedingte Sicherungsübereignung oder Sicherungszession. Damit kann vertraglich die fehlende Akzessorietät des fiduziarischen Sicherungsgeschäfts weitgehend ersetzt werden[19] (zum Verhältnis zu § 137 siehe Rn 47). Eine durch Auszahlung des Darlehens aufschiebend bedingte Bürgschaft kann die Akzessorietät der Bürgschaft noch verstärken.[20]   13

e) Automatisches Vertragsende. Die Vereinbarung eines Dauerschuldverhältnisses unter einer auflösenden Bedingung kann ähnliche Funktionen wie ein an bestimmte Umstände oder Gründe geknüpftes Kündigungsrecht übernehmen. Bei Austauschgeschäften kann sowohl die aufschiebende wie die auflösende Bedingung einem Rücktrittsvorbehalt ähnliche Funktionen übernehmen, insbesondere wenn es sich um Potestativ- oder Wollensbedingungen handelt. Das automatische Vertragsende selbst dient häufig bestimmten Sicherungsvorkehrungen bei der **vorweggenommenen Erbfolge**.[21] Zur Abgrenzung von Bedingung und Gestaltungsrechten siehe Rn 34 ff.   14

4. Auslegung. Die Wirkungen eines Rechtsgeschäfts stehen im Normalfall nicht unter einer Bedingung, so dass eine solche zwischen den Parteien vereinbart sein muss oder sich aus dem einseitigen Rechtsgeschäft entnehmen lassen muss. Dies kann ausdrücklich oder konkludent geschehen. **Auslegungsregeln** zugunsten einer Bedingung enthält das Gesetz für den Eigentumsvorbehalt (§ 449 Abs. 1), den Kauf auf Probe (§ 454 Abs. 1 S. 2) und das Testament (§§ 2074 f.). Zur Auslegung als aufschiebende oder auflösende Bedingung siehe Rn 67 f.   15

Die Bedingung ist von der Geschäftsgrundlage, von Motiven eines der Erklärenden sowie von Vertragsbestimmungen (z.T. ebenfalls „Bedingungen" genannt, etwa „Allgemeine Geschäftsbedingungen") zu unterscheiden. Unter einem **Motiv** versteht man bestimmte Vorstellungen und Erwartungen der Parteien, die gerade nicht Teil des Rechtsgeschäftes geworden sind. Sie können sich, selbst wenn sie bei Vertragsschluss nicht offen gelegt wurden, z.B. über § 119 Abs. 2 (ausnahmsweise beachtlicher Motivirrtum) gleichwohl auf die Gültigkeit des Geschäfts auswirken. Sie sind aber nicht Bedingung, weil sie nicht zukünftig ungewiss sind und die Wirkungen des Rechtsgeschäfts nicht allein von der Richtigkeit der Vorstellungen oder Erwartungen, sondern zusätzlich von der Ausübung des Anfechtungsrechts abhängen. Sind Motive bei Vertragsschluss offen gelegt, so kann darin die Vereinbarung einer Bedingung zu sehen sein. Nicht Motiv, wohl aber Vertragsbestimmung ist die sog. **Zweckabrede**, durch die die Parteien eine Leistung mit einem Zweck i.S.d. § 812 Abs. 1 S. 2 versehen.[22]   16

Problematisch ist die Unterscheidung zwischen bloß offen gelegtem Motiv, **Vertragsbestimmung** und Bedingung. Bei der Auslegung ist zu berücksichtigen, dass eine Bedingung regelmäßig zu einem „Alles oder Nichts" führt. Die Einordnung einer vertraglichen Regelung als Bedingung sollte daher zurückhaltend erfolgen, soweit eine Bedingung nicht ausdrücklich bestimmt ist und die Parteien – wie in aller Regel – auch mit einer bloßen Vertragsbestimmung ihr Regelungsziel erreichen können. Geht es den Parteien um eine **Wirksamkeitsvoraussetzung** des Geschäfts, handelt es sich freilich um eine Bedingung.[23] Anders dürfte es aber sein, wenn die angebliche Wirksamkeitsvoraussetzung zugleich unbedingte Vertragspflicht einer Partei sein soll (vgl. dazu Rn 50). Bei der Verwendung des Begriffs der Bedingung durch einen Notar spricht zumindest ein Anschein dafür, dass der Begriff im technischen Sinn gemeint ist.[24] Für dingliche, nicht akzessorische Sicherungsgeschäfte folgt bereits aus dem Abstraktionsgrundsatz, dass sie nicht schon wegen ihres Sicherungszwecks durch diesen bedingt sind, erforderlich ist dafür vielmehr eine klare Absprache.[25]   17

Die **Rechtsprechung** folgt diesen Grundsätzen nicht immer; z.T. wird eine Bedingungskonstruktion bejaht, obwohl sie dem Vertragswortlaut kaum zu entnehmen ist (*conditio tacita*, stillschweigende Bedingung,   18

---

19 Ausf. für die Sicherungsübereignung AnwK-BGB/*Schilken*, § 930 Rn 29–33; strittig für die Sicherungsgrundschuld, vgl. einerseits *Baur/Stürner*, § 45 Rn 40; AnwK-BGB/*Krause*, § 1191 Rn 47; andererseits Soergel/*Konzen*, § 1191 Rn 17 m. Nachw. zur Rspr.; für die Sicherungsabtretung s. MüKo/*Roth*, § 398 Rn 14 ff., 109.
20 Dazu näher *Roquette/Giesen*, NZBau 2003, 297, in Auseinandersetzung mit z.T. entgegenstehender Rspr. zu § 17 Nr. 4 VOB/B.
21 Vgl. allg. *Krebber*, AcP 204 (2004), 149; zu auflösend bedingten Schenkungsverträgen von Gesellschaftsanteilen s. *Bütter/Tonner*, NZG 2003, 193 ff.
22 BGH NJW 1966, 448, 449.
23 OLG Düsseldorf WM 1990, 1782 = NJW-RR 1991, 435.
24 BayObLG DNotZ 1967, 512.
25 BGH NJW 1991, 353.

Beispiele Rn 71 ff.). Das dient häufig dem Schutz des vermeintlich schwächeren oder nach dem Vertragswortlaut unterlegenen Vertragspartners. Es wird dann nicht gefragt, was vereinbart wurde, sondern auf welche Vereinbarung sich der stärkere oder vertraglich überlegene Vertragspartner billigerweise habe einlassen müssen.[26] Zum Teil geschieht es auch mit Rücksicht auf die Prozessituation (Widerrufsvergleich, vgl. Rn 31). Insbesondere im Erbrecht findet sich – wohl zum Zwecke der Aufrechterhaltung letztwilliger Verfügungen – auch eine entgegengesetzte Tendenz, die in der bedingten Errichtung eines Testaments (zu unterscheiden von einzelnen bedingten Zuwendungen) z.T. nur eine Angabe eines Motivs sieht und das Testament unabhängig vom Eintritt oder Ausfall der Bedingung gelten lassen will.[27]

19 Beiderseitige Motive können auch **Geschäftsgrundlage** des geschlossenen Vertrags sein. Da auch die Änderung, der Wegfall oder das anfängliche Fehlen der Geschäftsgrundlage das Rechtsgeschäft oder einzelne seiner Wirkungen im Sinne eines „Alles oder Nichts" infrage stellen können (vgl. § 313 Abs. 3), weist die Geschäftsgrundlage Ähnlichkeiten zum bedingten Rechtsgeschäft auf.[28] Unterscheidungsmerkmal zwischen Bedingung und Geschäftsgrundlage ist die vertragliche Vereinbarung, die den Eintritt bestimmter Umstände zum Bestandteil des Rechtsgeschäfts macht. Nur wenn sie von den Parteien angesprochen bzw. in der Vereinbarung erkennbar berücksichtigt wurden, kommt bei einer Umstandsänderung die Anwendung des Bedingungsrechts infrage, allerdings auch dann im Sinne von Rn 17 nur zurückschaltend. Umgekehrt erscheint in diesen Fällen der Rückgriff auf § 313 ausgeschlossen, da bereits bei Andeutung im Vertrag demselben im Wege der (ergänzenden) Auslegung eine Risikoverteilung entnommen werden kann, die der in § 313 angeordneten gesetzlichen oder richterlichen Vertragsanpassung vorgehen sollte. Wenn man freilich den Umständen des Vertragsschlusses konkludente Bedingungen entnimmt, wird die Abgrenzung schwer bis unmöglich.[29]

II. Abgrenzung

20 **1. Befristung.** Wesentliches Merkmal der Bedingung ist nach h.M. die objektive und subjektive Ungewissheit des Eintritts des Umstandes, von dem die Wirkung des Rechtsgeschäftes abhängen soll (sog. *dies incertus an*).[30] Dagegen könne das „Wann" durchaus gewiss sein (*dies incertus an, certus quando*). Beispiel: Schenkung unter der aufschiebenden Bedingung, dass der Beschenkte seinen 18. Geburtstag erlebt. Durch die Ungewissheit des „Ob" des Eintritts soll sich die Bedingung von der **Befristung** abgrenzen. Bei dieser sei das maßgebende Ereignis gewiss (*dies certus an*). Es komme insoweit jedoch nicht auf eine objektive Beurteilung an (obwohl die objektive Ungewissheit schon deshalb benötigt wird, weil die Bedingung von der Unterstellung abgegrenzt werden muss, vgl. dazu Rn 23 ff.), sondern maßgeblich darauf, ob die Parteien das Ereignis als sicher eintretend oder ungewiss angesehen haben.[31] Gingen die Beteiligten im Beispiel davon aus, dass der Beschenkte den 18. Geburtstag auf jeden Fall erleben wird, lag dementsprechend Befristung vor. Je näher der Termin sei, desto eher liege Befristung vor.[32] Bei der Befristung sei das „Ob" des Eintritts des Umstandes also stets nach den Parteivorstellungen gewiss. Das „Wann" könne ungewiss sein, sog. *dies certus an, incertus quando* (Beispiel: jeder Tod). Ein auf Lebenszeit eingegangenes Mietverhältnis soll dementsprechend befristet sein.[33]

21 **Stellungnahme:** Die Unterscheidung ist abzulehnen. Sie führt nur dazu, dass wegen der Unsicherheit des „Wann" die Anordnung des § 163, nämlich §§ 159, 162 auf Befristungen nicht anzuwenden, für die Fälle einer zeitlich ungewissen „Befristung" „relativiert" wird.[34] In der Sache werden die Fälle des *dies certus an, incertus quando* also sehr wohl wie eine Bedingung behandelt.[35] Daher liegt, wenn kein Kalenderanfangs- oder -endtermin vorgeschrieben ist, stets eine Bedingung mit der sie kennzeichnenden objektiven Unsicherheit vor, wobei freilich zu berücksichtigen ist, dass der Schwerpunkt der Unsicherheit einmal auf dem „Ob", ein anderes Mal auf dem „Wann" oder schließlich auf beiden liegen kann (siehe noch § 159 Rn 8).

---

26 Krit. dazu MüKo/*Westermann*, § 158 Rn 4; im Grundsatz positiv aus rechtsvergleichender und -historischer Sicht *Zimmermann*, AcP 193 (1993), 121, 168 f.

27 S. dazu näher AnwK-BGB/*Beck*, § 2074 Rn 5.

28 Vgl. Soergel/*Wolf*, vor § 158 Rn 15; OLG Düsseldorf NZM 2001, 765, 766 (Gartenarbeit als „Bedingung" für Sondernutzungsrechtsgewähr, i.E. offen lassend).

29 Vgl. etwa BAG NZA 1998, 813, 816.

30 BGH NJW 2004, 284; BayObLG NJW-RR 1993, 1164, 1165; *Medicus*, BGB AT, Rn 828.

31 RGZ 91, 226, 229; BGH NJW 1993, 1976, 1978; Bamberger/Roth/*Rövekamp*, § 163 Rn 4; Staudinger/*Bork*, § 163 Rn 4; MüKo/*Westermann*, § 163 Rn 1 f.; Soergel/*Wolf*, vor § 158 Rn 6, § 163 Rn 3; Erman/*Armbrüster*, § 163 Rn 1; sowie BGH NJW 2004, 284; BayObLG NJW-RR 1993, 1164, 1165; *Medicus*, BGB AT, Rn 828.

32 Soergel/*Wolf*, § 163 Rn 3; *Hromadka*, NJW 1994, 911 m.w.N.

33 In diesem Sinne BayObLG NJW-RR 1993, 1164, 1165.

34 Vgl. nur MüKo/*Westermann*, § 163 Rn 6; Soergel/*Wolf*, § 163 Rn 8, 9.

35 Vgl. aber BayObLG NJW-RR 1993, 1164, 1165; BGH NJW 2004, 284.

Die Abgrenzung hat Bedeutung einmal für die Bewertung befristeter und bedingter Forderungen (Rn 82), ferner für die Reichweite von Schutznormen, die dem Kündigungsschutz des Mieters oder Arbeitnehmers dienen. Ein auflösend bedingtes Dauerschuldverhältnis ist nämlich grundsätzlich als unbefristetes anzusehen, was Rückwirkungen auf die Möglichkeit der Kündigung während des Schwebezustands besitzt. Diese ist nur bei befristeten Dauerschuldverhältnissen regelmäßig ausgeschlossen, wenn nicht vertraglich Abweichendes vereinbart wird (vgl. Rn 65). Ansonsten darf, wenn die Parteien nur eine Befristung vereinbaren, nicht einfach im Wege der ergänzenden Auslegung die Vererblichkeit daraus folgender Ansprüche ausgeschaltet werden, indem man annimmt, der Anspruch stehe zusätzlich unter der Bedingung, dass der Anspruchsinhaber den vertraglich festgelegten Termin auch erlebt. Dementsprechend ist ein formgerechter Schenkungsvertrag, der eine auf den 70. Geburtstag befristete Zuwendung vorsieht, im Zweifel auch von den Erben einklagbar, wenn der Beschenkte vor dem 70. Geburtstag stirbt.[36] Zur Abgrenzung der Bedingung bzw. Befristung von einer bloßen **Fälligkeitsregelung** vgl. § 163 Rn 2 f.

2. Bloß subjektive Ungewissheit (Unterstellung). Auch von objektiv gewissen und bereits eingetretenen, aber den Parteien noch nicht bekannten Umständen können die Wirkungen eines Rechtsgeschäfts abhängig gemacht werden. Solche Bedingungen beziehen sich nicht auf ein zukünftiges ungewisses Ereignis, sondern auf gewisse, aber den Parteien unbekannte („subjektiv ungewisse") Tatsachen. Sie heißen deshalb Gegenwarts- oder Vergangenheitsbedingung, uneigentliche Bedingung, Voraussetzung oder **Unterstellung**. Mit einer Unterstellung können die Parteien auf Informationsdefizite oder auch auf eine unklare Rechtslage reagieren. Unterstellungen ermöglichen das Zustandekommen einer Einigung zu einem Zeitpunkt, in dem das entsprechende Defizit noch nicht behoben ist. Beispiel: B will von A ein Kunstwerk nur dann kaufen, wenn es echt ist, A will hingegen in jedem Fall verkaufen. Ohne die Bedingung der Echtheit käme der Kaufvertrag nicht bzw. erst später, wenn die Echtheit geklärt ist, zustande.

An dem Beispiel lässt sich weiter zeigen, dass die Frage, ob eine Unterstellung oder echte Bedingung vorliegt, von der konkreten vertraglichen Gestaltung abhängt. Vereinbaren die Parteien die Wirksamkeit des Kaufvertrags bei Echtheit, so liegt eine Unterstellung vor. Wird die Wirksamkeit dagegen an das Ergebnis eines Sachverständigengutachtens gebunden, so liegt – wenn nicht das Sachverständigengutachten nur eine reine Beweis- bzw. Verfahrensvereinbarung ist, was durch Auslegung zu ermitteln ist – eine echte Bedingung vor, weil der Sachverständige auch falsch begutachten kann und der Ausgang des Gutachtens daher ungewiss ist.[37]

Die Unterscheidung ist bedeutsam, denn insbesondere einseitige Rechtsgeschäfte (Gestaltungserklärungen) können als Prozesshandlung zwar nicht mit einer außerprozessualen Bedingung, wohl aber mit der Unterstellung einer **bestimmten Rechtslage** (Misserfolg des Hauptantrags) versehen werden, sog. Eventualerklärungen.[38] So ist beispielsweise die Anfechtung eines Kaufvertrags für den Fall, dass sich im Prozess das verkaufte Kunstwerk als Fälschung herausstellt, zulässig, nicht aber eine Anfechtung für den Fall, dass das von einer Partei in Auftrag gegebene Sachverständigengutachten die fehlende Echtheit ergibt (vgl. noch Rn 34). Außerhalb eines Prozesses kommt dagegen bei einseitigen Rechtsgeschäften eine Unterstellung ebenso wenig in Betracht wie eine echte Bedingung.[39] Vertraglich kann die Bedingung einer bestimmten Rechtslage dagegen vereinbart werden.[40] Die Annahme einer Unterstellung kommt aber nur in Betracht, wenn die Parteien **Zweifel** an dem zur Bedingung gemachten Umstand haben und das im jeweiligen Rechtsgeschäft zum Ausdruck kommt. Ansonsten liegt ein Irrtum vor, dessen Relevanz sich nach den §§ 119 ff. bestimmt.[41] Zweifel an den Rechtsfolgen einer Erklärung kommen nicht als Basis einer Unterstellung in Betracht.

3. Gesetzliche Wirksamkeitsvoraussetzungen (Rechtsbedingung). Nur deklaratorischen Charakter haben grundsätzlich solche Abreden, die lediglich auf bestimmte Wirksamkeitsvoraussetzungen des Rechtsgeschäfts hinweisen, so etwa auf gesetzlich vorgeschriebene behördliche (z.B. Kartellerlaubnis) oder private (z.B. §§ 108 Abs. 1, 177) Genehmigungen. Deren Erteilung oder Ablehnung zeitigt die gesetzlich, etwa in

---

36 A.A. *Hromadka*, NJW 1994, 911, 912 a.E.; vgl. auch das BAG unter Rn 73.
37 Vgl. dazu OLG Köln NJW-RR 1995, 113, 114 (Pferdekauf unter Vorbehalt ärztlicher Untersuchung, die sich später möglicherweise als falsch herausstellt).
38 MüKo/*Westermann*, § 158 Rn 29; Soergel/*Wolf*, § 158 Rn 50 f.
39 Soergel/*Wolf*, vor § 158 Rn 10; ähnlich MüKo/*Westermann*, § 158 Rn 53 a.E. (Behandlung wie echte Bedingung); a.M. wohl (*obiter*) OLG Düsseldorf NJW-RR 1998, 150 f.; a.A. auch *Flume*, BGB AT Bd. 2, § 38 1b, S. 679 für den Fall, dass die Ungewissheit nur beim Erklärenden liegt.
40 Beispiel bei BGH MDR 1959, 658 = LM § 159 Nr. 1, in der ein Pachtvertrag unter dem Vorbehalt abgeschlossen wurde, dass der Verpächter wirksam von einem anderweitigen Vertrag über den verpachteten Gegenstand zurückgetreten sei.
41 Vgl. OLG Düsseldorf NJW-RR 1998, 150.

§§ 184, 185 Abs. 2, vorgesehenen Rechtsfolgen; die §§ 158 ff. sind daneben **unanwendbar**.[42] Zu den Rechtsbedingungen gehört auch die Einhaltung von Formvorschriften, für deren Verletzung § 125 die vorrangige Rechtsfolge bereithält. Vgl. zur Haftung aus c.i.c. noch die Erläuterungen zu § 125 Rn 47.

27 Ist die Erteilung einer behördlichen Genehmigung oder Eintragung Voraussetzung der Wirksamkeit des Rechtsgeschäfts, so sind die Parteien regelmäßig nach Treu und Glauben verpflichtet, an der Erteilung oder Eintragung **mitzuwirken** und alles zu unterlassen, was die Genehmigung infrage stellen könnte.[43] Verletzt eine Partei diese vertragliche Nebenpflicht, kann nicht etwa der Rechtsgedanke des § 162 angewendet werden, da die Entscheidung der Behörde nicht rechtsgeschäftlich fingiert werden kann.[44] Es bleiben dann nur Schadensersatzansprüche.

28 Keine Rechtsbedingungen, sondern **echte Bedingungen** sind jedoch solche Abreden, die die Erteilung einer notwendigen behördlichen Genehmigung oder Eintragung[45] innerhalb einer privat gesetzten Frist oder das Fehlen von Auflagen zur Wirksamkeitsvoraussetzung des Geschäfts machen. In solchen Fällen dürfte bei Erteilung der Genehmigung die Rückwirkung des § 184 Vorrang vor §§ 158 Abs. 1, 159 besitzen.

29 **4. Bedingung und Rücktritts-, Widerrufs- oder Kündigungsvorbehalte in Verpflichtungsgeschäften.** Die Abgrenzung der auflösenden, bisweilen auch der aufschiebenden Bedingung eines Verpflichtungsgeschäfts von der Vereinbarung eines Widerrufs-, Kündigungs- oder Rücktrittsrechts bereitet in der Praxis manchmal Schwierigkeiten. In der Theorie ist die Abgrenzung zunächst einfach, da für das Vertragsende bzw. den Vertragsbeginn bei Eintritt der Bedingung **keine weitere Erklärung** notwendig ist, während die Gestaltungsrechte noch ausgeübt werden müssen. Schwierigkeiten bestehen aber in mehrere Richtungen: Einmal besteht die Möglichkeit, Rechtswirkungen gerade von einer Erklärung abhängig zu machen (Wollensbedingung).[46] Die erforderliche Erklärung gestaltet dann das Rechtsgeschäft nicht nach näherer Maßgabe von Widerrufs-, Kündigungs- oder Rücktrittsrecht um, sondern es treten die Folgen des § 158 Abs. 1 oder 2 ein, eine Abgrenzung wird also erforderlich.[47] Zweitens kann, wenn die rechtzeitige Erfüllung vertraglicher Pflichten „Wirksamkeitsvoraussetzung" des Geschäfts sein soll, in Wahrheit nur ein Rücktrittsvorbehalt vorliegen (so die Auslegungsregel des § 361 a.F.). Schließlich mag in manchen Fällen nur entweder die Bedingungskonstruktion oder die Gestaltungskonstruktion zulässig sein[48] oder die eine oder andere Konstruktion nach den Gesamtumständen des Vertrages näher liegen als die von den Parteien ausdrücklich gewählte Konstruktion. Dann kann nach §§ 133, 157 die zulässige oder näher liegende Variante als vereinbart angesehen werden, wenn eine *falsa demonstratio* vorliegt.

30 Für die zur Abgrenzung erforderliche **Auslegung** ist bei Verpflichtungsgeschäften von Folgendem auszugehen: Gestaltungsrechte sichern grundsätzlich die Entscheidungsfreiheit besser als ein automatisches Vertragsende. Deshalb hat die Vereinbarung einer auflösenden Bedingung (abgesehen von einer möglicherweise beabsichtigten Umgehung von gesetzlichen Kündigungs- oder Rücktrittseinschränkungen) in obligatorischen Verträgen nur dann Sinn, wenn der Umstandseintritt das Interesse beider Parteien an dem geschlossenen Vertrag gleichermaßen beseitigt[49] bzw. bereits im Vertragszweck zum Ausdruck kommt oder aber einer Partei die Bedeutung des jeweiligen Lebensumstandes für die andere deutlich vor Augen geführt werden soll. Ähnliches gilt für die auflösende Befristung: Durch sie kann vor allem einem nur vorübergehend gegebenen gemeinsamen Vertragszweck Rechnung getragen werden. Sind solche Anhaltspunkte nicht erkennbar, neigt die Rechtsprechung bisweilen dazu, einen Rücktrittsvorbehalt anzunehmen, obschon der Wortlaut des Vertrags eher für eine auflösende Bedingung spricht.[50] Eine Auslegungsregel zugunsten eines Rücktrittsrechts enthält § 354.[51]

31 Gerade umgekehrt liegt es aber regelmäßig bei einem **Prozessvergleich**: Der in einen Prozessvergleich zugunsten beider Parteien aufgenommene Vorbehalt, den Vergleich bis zum Ablauf einer bestimmten Frist zu widerrufen, stellt im Regelfall eine aufschiebende Bedingung für die Wirksamkeit des Vergleichs dar, da dies der Interessenlage der Parteien und der Prozesssituation (keine spätere Rückabwicklung) am besten

---

42 Staudinger/*Bork*, Vorbem. zu § 158 Rn 24; vgl. etwa BGH NJW 1996, 3338, 3340 für § 162.
43 BGH NJW 1994, 2757, 2758; BGHZ 14, 1, 2; 67, 34, 35; RGZ 129, 357, 376; Erman/*Armbrüster*, § 162 Rn 1.
44 Erman/*Armbrüster*, § 162 Rn 1; RGZ 129, 357, 376; BGH 54, 71, 73; BGH NJW 1996, 3338, 3340; vgl. noch § 162 Rn 3.
45 Dazu BGH NJW 1999, 1252.
46 Vgl. auch Soergel/*Wolf*, vor § 158 Rn 26.
47 Beispiel bei BayObLG NJW-RR 1990, 87.
48 Beispiel BayObLG NJW-RR 1990, 87.
49 Vgl. etwa für die Zulässigkeit von auflösenden Bedingungen BAG NZA 2003, 611, 613 f.
50 So etwa OLG München BB 2001, 1119 für die Vereinbarung eines Rückgaberechts in einer „Konditionsvereinbarung"; vgl. ferner LG Hamburg NJW-RR 1999, 823 für eine Rücknahmezusage für den Fall des Nichtgefallens.
51 Diese will Soergel/*Wolf*, vor § 158 Rn 26 regelmäßig auch analog anwenden.

entspricht.⁵² Ein Beispiel für eine auflösende Bedingung in einem Verpflichtungsgeschäft ist die Koppelung eines Geschäftsführeranstellungsvertrags an seine Abberufung oder fehlende volle Arbeitskraft.⁵³

III. Vertragsfreiheit und Zulässigkeit der Vereinbarung von Bedingungen

1. Vertragsfreiheit. Einerseits ist die Bedingung Beschränkung des Rechtsgeschäfts.⁵⁴ Zugleich erweitert sie aber die vertraglichen Gestaltungsmöglichkeiten.⁵⁵ Die grundsätzliche, durch die gesetzliche Regelung bestätigte, Zulässigkeit, Rechtsgeschäfte unter Bedingungen zu stellen, ist daher unmittelbarer **Ausdruck der Privatautonomie**. Sie ermöglicht den Parteien einerseits, zukünftige ungewisse Ereignisse bei der Vertragsgestaltung zu berücksichtigen. Dabei sind sowohl schuldrechtliche als auch sachenrechtliche Verträge (Verfügungen) bedingungs- und befristungsfreundlich sowie ferner einseitige Rechtsgeschäfte (siehe aber im Folgenden Rn 33 ff.). Bei **Verfügungen** gilt die Bedingungsfreundlichkeit freilich nur für den rechtsgeschäftlichen Teil; **Realakte** wie die Übergabe i.S.d. §§ 929 oder 446 fallen nicht unter die Vertragsfreiheit und sind bedingungs- und befristungsfeindlich (siehe noch § 161 Rn 5).⁵⁶

2. Einschränkungen. a) Bedingungs- und befristungsfeindliche Rechtsgeschäfte. aa) Einseitige Rechtsgeschäfte. Einseitige Rechtsgeschäfte sind nicht grundsätzlich bedingungsfeindlich.⁵⁷ Vertragsangebote (§ 145 ff.) können beliebig unter Bedingungen gestellt werden, da die Bindung des Erklärungsempfängers noch von seiner Annahme abhängt und ihm daher die durch die Bedingung verursachte Unsicherheit stets zumutbar ist.⁵⁸ Gleiches gilt wegen § 150 Abs. 2 für die Annahme, ferner für Vollmachtserteilung,⁵⁹ Auslobung (§ 657) und für das Testament (§ 1937), hier sehen insbesondere die §§ 2066, 2074 ff. ausdrücklich die Möglichkeit bedingter Geschäfte vor. Weitere Beispiele unter Rn 42 ff. zum Handels- und Gesellschaftsrecht. Zur Frage, inwieweit Zustimmungserklärungen Dritter bedingt oder befristet erfolgen können, siehe § 182 Rn 30 ff.

Als bedingungsfeindlich werden dagegen regelmäßig die **Gestaltungsrechte** eingeordnet, da dem Gestaltungsgegner die mit der Bedingung verbundene Unsicherheit nicht zugemutet werden soll.⁶⁰ Das ist gesetzlich in § 388 S. 2 für die Aufrechnung vorgesehen, diese Vorschrift wird aber als Ausdruck eines allgemeinen Rechtsgedankens betrachtet, so dass auch Anfechtung, Rücktritt, Kündigung, Widerruf, Genehmigung, Ausübung eines Wahlrechts (§§ 263, 2151 ff.), einer Option oder eines Vor- oder Wiederkaufrechts bedingungsfeindlich sind.⁶¹ Gleiches gilt für **geschäftsähnliche Handlungen** wie die Fristsetzung, Abmahnung oder Mahnung.⁶² Eine **auflösende** Bedingung oder Befristung kommt bei Gestaltungserklärungen in aller Regel schon deshalb nicht in Betracht, weil sie mit der Gestaltungswirkung selbst unvereinbar wäre. Dem Erklärenden ist nämlich regelmäßig nur die Rechtsmacht zur endgültigen Umgestaltung der Rechtslage eingeräumt. Es kann aber, vor allem vertraglich, anderes vorgesehen sein.

Anders sieht es für **aufschiebende** Bedingungen oder Befristungen aus, wenn im Einzelfall eine Unsicherheit nicht besteht oder zumutbar ist.⁶³ Gestaltungserklärungen können jedenfalls dann unter eine Bedingung gestellt werden, wenn die Vertragspartner das vorher vertraglich vorgesehen haben oder der Erklärungsgegner sich nachträglich mit der bedingten oder befristeten Gestaltungserklärung einverstanden erklärt, da hierin eine Vertragsänderung liegt.⁶⁴ Ferner zulässig ist der Verweis auf Rechtsbedingungen; unter Umständen sind auch Unterstellungen zulässig, jedenfalls aber prozessuale Eventualerklärungen.⁶⁵ Keine unzumutbare Unsicherheit besteht vor allem dann, wenn die Gestaltungserklärung unter den Vorbehalt einer **bestimmten Erklärung** des anderen Teils, also unter eine Wollensbedingung zugunsten des Empfängers gestellt wird.⁶⁶ Hauptbeispiel

---

52 Übereinstimmend BGH NJW-RR 1989, 1214; BGHZ 88, 364 = NJW 1984, 312; BGHZ 46, 277 = NJW 1967, 440; BVerwG NJW 1993, 2193; BAG NJW 2004, 701, 702.
53 Vgl. etwa OLG Stuttgart v. 11.2.2004 – 14 U 58/03.
54 *Eisenhardt*, BGB AT, Einführung Rn 245.
55 Vgl. *R. Zimmermann*, AcP 193 (1993), 121 ff., 124.
56 Vgl. etwa BGH NJW 1998, 2360, 2363.
57 Ebenso Soergel/*Wolf*, § 158 Rn 36.
58 Vgl. etwa BGH v. 26.3.2004 – V ZR 90/03.
59 Soergel/*Wolf*, § 158 Rn 36; MüKo/*Westermann*, § 158 Rn 28.
60 Im Grundsatz unstreitig: BGHZ 97, 263, 267 = NJW 1986, 2245; OLG Stuttgart OLGZ 1979, 129, 131; Staudinger/*Bork*, Vorbem. zu § 158 Rn 38; *Flume*, BGB AT Bd. 2, § 38 5; *Larenz/Wolf*, BGB AT, § 50 Rn 24; Bamberger/Roth/*Rövekamp*, § 158 Rn 17;

Erman/*Armbrüster*, vor § 158 Rn 18 f.; Soergel/*Wolf*, § 158 Rn 43 f.; Palandt/*Heinrichs*, § 158 Rn 13.
61 Für die Anfechtung: RGZ 66, 153; RGZ 146, 234, 238; BGH WM 1961, 785, 786; für die Kündigung: RGZ 91, 308; BGH WM 1973, 694, 695; für den Rücktritt: BGHZ 97, 263, 264 ff. = NJW 1986, 2245; vgl. im Übrigen Bamberger/Roth/*Rövekamp*, § 158 Rn 17; Erman/*Armbrüster*, vor § 158 Rn 18.
62 Erman/*Hager*, § 286 Rn 34 m.w.N. für die Mahnung; allg. Staudinger/*Bork*, Vorbem. zu § 158 Rn 46.
63 BGH v. 26.3.2004 – V ZR 90/03; BGHZ 97, 263, 264 ff. = NJW 1986, 2245.
64 *Flume*, BGB AT Bd. 2, § 38 5; Erman/*Armbrüster*, vor § 158 Rn 18.
65 S. etwa Soergel/*Wolf*, § 158 Rn 42, 50 f.
66 Vgl. zu solchen Fällen etwa Staudinger/*Bork*, Vorbem. zu § 158 Rn 40 f.

ist die **Änderungskündigung**. Versteht man wie hier unter Befristung lediglich eine kalendermäßige Terminierung, so können Gestaltungsrechte ferner ohne weiteres aufschiebend befristet werden. Wer hingegen mit der h.M. auch die Fälle des *dies certus an, incertus quando* als Befristung einordnet, muss auch von einer grundsätzlichen Befristungsfeindlichkeit von Gestaltungserklärungen ausgehen.[67]

36 Dagegen darf eine Gestaltungserklärung einseitig nicht an ein bestimmtes sonstiges Verhalten (**Potestativbedingung**) geknüpft werden, da dadurch einerseits einseitig Druck auf den Erklärungsgegner ausgeübt würde und andererseits die an ein (stets der Bewertung und damit Beweisproblemen unterliegenden und vom Erklärenden allein formuliertes) Verhalten anknüpfende Unsicherheit dem Erklärungsgegner nicht zumutbar ist.[68] An der zu missbilligenden Unsicherheit ändert es auch nichts, wenn der Lauf einer etwaigen Gestaltungsfrist erst beginnen soll, wenn über die Bedingung endgültig entschieden ist.[69] Denn wegen der **einseitig begründeten Unsicherheit** wüsste der Erklärungsgegner nicht sicher, in welchem Sinne über die Bedingung entschieden ist. Ein Vertragspartner könnte durch Gestaltungserklärung unter allein von ihm formulierten Potestativbedingungen vertraglich erlaubte Verhaltensweisen der Gegenseite zum Anlass für die Ausübung eines Gestaltungsrechts nehmen (was grundsätzlich erlaubt ist, solange nur ein Gestaltungsgrund vorliegt), den Vertragspartner aber – durch die Formulierung – im Unklaren darüber lassen, ob das jeweilige Verhalten die Gestaltungswirkung tatsächlich auslöst oder nicht (das ist mit dem Vertrauensschutz des Erklärungsgegners unvereinbar).

37 Eine Ausnahme von dem soeben Gesagten hat allerdings dann zu gelten, wenn der Erklärende für den Fall der Nichteinhaltung einer von ihm zulässigerweise gesetzten Frist für ein vom Erklärungsgegner bereits **geschuldetes Verhalten** ein Gestaltungsrecht ausübt. Hier kann dem Erklärungsgegner keine Unsicherheit aus der einseitigen Formulierung entstehen, weil er ohnehin zu dem Verhalten verpflichtet ist. Der Erklärende darf die Gestaltungserklärung freilich nur von dem geschuldeten Verhalten abhängig machen, es also nicht modifizieren und er muss zu der Fristsetzung vertraglich oder gesetzlich (etwa: § 281, 323, 642) befugt gewesen sein.[70] Ein Beispiel aus der Rechtsprechung bildet etwa die Kündigung eines Gewerberaummietvertrages für den Fall der nicht rechtzeitigen Mängelbeseitigung, die zusammen mit der Fristsetzung erklärt wird.[71] In § 281 Abs. 4 macht das Gesetz den Fortfall des Erfüllungsanspruchs nach fruchtlosem Fristablauf vom **Schadensersatzverlangen** des Gläubigers abhängig. Die Frage, ob das Ersatzverlangen als einseitige Erklärung bereits aufschiebend bedingt zusammen mit der Fristsetzung erfolgen darf, ist umstritten,[72] aus den eben genannten Gründen aber zu bejahen. Ein weiteres Beispiel bildet die Regelung des § 643, die einer bedingten Kündigung im Falle des Fristablaufs Aufhebungswirkung beimisst.

38 **bb) Verfügungen im Immobiliarsachenrecht.** Bedingungs- und befristungsfeindlich sind Auflassung, § 925 Abs. 2, Übertragung des Erbbaurechts, § 11 Abs. 1 S. 2 ErbbauVO, Einräumen oder Aufheben von Wohneigentum, § 4 Abs. 2 S. 2 WEG. Im Übrigen können Verfügungen über Rechte an Grundstücken gem. § 873 bedingt erfolgen, wobei reine Wollensbedingungen aber unzulässig sein sollen.[73]

39 **cc) Familien- und Erbrecht.** Bedingungs- und befristungsfeindlich sind u.a. die Erklärung zur Eingehung der Ehe, § 1311 S. 2, oder der Lebenspartnerschaft, § 1 Abs. 1 S. 2 LPartG; Anerkennung der Vaterschaft, § 1594; Sorgeerklärung, § 1626b Abs. 1; Adoption und dafür notwendige Einwilligungen, § 1750 Abs. 2, § 1752 Abs. 2; Annahme oder Ausschlagung einer Erbschaft, § 1947, eines Vermächtnisses, § 2180 Abs. 2 S. 2; Annahme oder Ablehnung des Amtes des Testamentsvollstreckers, § 2202 Abs. 2 S. 2.

40 **dd) Arbeitsrecht.** Das Arbeitsverhältnis kann nach Maßgabe des TzBfG (Teilzeit- und Befristungsgesetz) nur dann unter eine auflösende Bedingung (§ 21 TzBfG) oder Befristung (§ 14 TzBfG) gestellt werden, wenn dafür ein Sachgrund vorhanden ist. Ein solcher soll für die auflösende Bedingung auch dann bestehen, wenn diese „auch im Interesse des Arbeitnehmers" liegt.[74] Eine ausführliche Kommentierung muss hier aus Platzgründen unterbleiben, siehe dazu die Erläuterungen zu § 620 BGB.

---

67 So z.B. *Flume*, BGB AT Bd. 2, § 38 5 a.E., Staudinger/*Bork*, § 163 Rn 9.
68 A.A. wohl OLG Hamburg NJW-RR 1991, 1199, 1201; Staudinger/*Bork*, Vorbem. zu § 158 Rn 40 f.
69 A.A. Staudinger/*Bork*, Vorbem. zu § 158 Rn 41; Soergel/*Wolf*, § 158 Rn 44; wohl auch OLG Hamburg NJW-RR 1991, 1199, 1201.
70 Zu weit gehend daher OLG Hamburg NJW-RR 1991, 1199, 1201, das nicht überprüft, ob die Bank das zur Bedingung ihrer Kündigung gemachte Verhalten des Bekl. überhaupt verlangen konnte und zur Fristsetzung berechtigt war.
71 OLG Hamburg NZM 2001, 131 = NJW-RR 2001, 153.
72 Dazu *Derleder/Zänker*, NJW 2003, 2777 m.w.N.
73 Näher AnwK-BGB/*Krause*, § 873 Rn 14.
74 Grundlegend zur auflösenden Bedingung BAG NZA 2003, 611 (Bundesligatrainer); BAG NZA 2004, 328 (Erwerbsunfähigkeit und rentenrechtliche Versorgung); BAG NZA 2004, 311 (Seriendarstellerin bei Ende der Rolle im Drehbuch) je m.w.N.

Aufschiebende und auflösende Bedingung § 158

ee) Mietrecht. Wohnraummietverhältnisse können gem. § 572 Abs. 2 nur dann unter eine auflösende 41
Bedingung gestellt werden, wenn die Bedingung nicht „zum Nachteil" des Mieters ist. Was damit gemeint
ist, bleibt unklar, da das Ende gegenseitiger Verträge stets für beide Seiten vor- und/oder nachteilig
sein kann. Eine auflösende Befristung ist gem. § 575 Abs. 1 nur mit Sachgrund vereinbar, auch hier
stellt sich die Frage, wann eine Abweichung davon nicht zum Nachteil des Mieters ist, da nur solche
Vertragsbestimmungen in § 575 Abs. 4 verboten werden. Ohnehin ist der Mieter nur vor einer automatischen
Beendigung des Mietverhältnisses geschützt. Der Vermieter kann im Wege der Vereinbarung eines befristeten
Kündigungsverzichts eine Mindestdauer des Mietverhältnisses sichern.[75] Siehe noch § 163 Rn 6.

ff) Handels- u. Gesellschaftsrecht. Prokura, § 50 Abs. 1 HGB, und organschaftliche Vertretungsmacht, 42
§§ 126 Abs. 2, 161 Abs. 2 HGB, können im Außenverhältnis nicht bedingt erteilt werden. Ebenso wenig
vertragen sich Erklärungen auf Wechsel und Scheck mit einer Bedingung, Artt. 1 Nr. 2, 12 Abs. 1 S. 1,
26 Abs. 1 WG, Artt. 1 Nr. 2, 15 Abs. 1 S. 1 ScheckG. **Anträge** auf Eintragung ins Handelsregister
können nicht bedingt oder befristet gestellt werden;[76] wohl aber kann zum Zwecke des Austauschs zweier
Unternehmensverträge ein Antrag auf Löschung des alten Vertrages gestellt werden, dessen Kündigung auf
den Zeitpunkt der Eintragung des neuen „befristet" ist.[77]

Der **Beitritt** zu Personengesellschaften und Verein kann bedingt erklärt werden;[78] der zu einer Kapitalgesell- 43
schaft bzw. Genossenschaft dagegen weder bedingt noch befristet.[79] Das gilt aus den unter Rn 36 genannten
Gründen auch dann, wenn über die Bedingung im Zeitpunkt der Eintragung bereits entschieden ist.[80] Wegen
§ 185 Abs. 2 Nr. 4 AktG kann aber der Übernahmevertrag bei einer Kapitalerhöhung durch die fehlende
Rechtzeitigkeit einer Eintragung auflösend befristet werden, und zwar auch bei der GmbH.[81] Kommt es
gleichwohl zur Eintragung, so dürfte auch § 185 Abs. 3 AktG für die GmbH gelten.

Die **Bestellung** zum Geschäftsführer einer GmbH ist nach h.M. auch unter auflösender Bedingung 44
möglich.[82] Für die Bestellung zum Vorstand einer AG ist das jedoch nach h.M. ausgeschlossen, da der
Widerruf der Bestellung gem. § 84 Abs. 3 AktG nur aus wichtigem Grund möglich ist.[83] Ein **Abberufungsbeschluss** kann aus den oben zur Bedingungsfeindlichkeit einseitiger Rechtsgeschäfte genannten Gründen
in beiden Rechtsformen nur unbedingt, wohl aber aufschiebend befristet erfolgen. Der Unterschied zur
Bestellung rechtfertigt sich daraus, dass diese nur mit Zustimmung des Bestellten wirksam ist, die ihrerseits
Rechtsbedingung für die Wirksamkeit der Bestellung ist.[84] Der **Anstellungsvertrag** von Organmitgliedern
beider Rechtsformen kann dagegen durch eine auflösende Bedingung an das Schicksal der Organverhältnisse
gekoppelt werden.[85] Öffentliche Angebote zum Erwerb von Wertpapieren dürfen nach näherer Maßgabe des
§ 18 WpÜG nicht unter Potestativbedingungen gestellt werden, deren Eintritt der Anbietende direkt oder
indirekt beeinflussen kann.

gg) Prozesshandlungen. Sie sind grundsätzlich bedingungsfeindlich, soweit es um außerprozessuale 45
Ereignisse geht, da dadurch Unsicherheit in den Prozess selbst hineingetragen würde.[86] Dagegen sind
Eventual- bzw. Hilfsanträge in weitem Umfang zulässig, die für den Fall gestellt werden, dass das Gericht
den zuerst gestellten Antrag für nicht begründet hält, so etwa die Hilfsaufrechnung oder -anfechtung.[87] Hier
liegt nur eine sog. innerprozessuale Bedingung vor, die für das Gericht keine unzumutbare Unsicherheit
schafft.[88] Die Klageerhebung selbst kann jedoch nicht bedingt erfolgen, da die unbedingte Rechtshängigkeit

---

75 BGH NJW 2004, 1448.
76 BayObLG DNotZ 1993, 197; vgl. aber ausf. *Scheel*, DB 2004, 2355 ff.
77 BGH NJW 1993, 1976, 1978, „befristet" kann die Kündigung indes auch nach der Definition der h.M. (dazu Rn 20) nicht sein, weil das „Ob" der Eintragung des neuen Unternehmensvertrags der Entscheidung des Registergerichts unterliegt.
78 Für den Beitritt als Kommanditist BGHZ 73, 217, 220; ausf. MüKo/*Westermann*, § 158 Rn 33 f.; Soergel/*Wolf*, § 158 Rn 37 unter Verweis auf RG JW 1938, 3229 f.
79 Ausf. Soergel/*Wolf*, § 158 Rn 48; MüKo/ *Westermann*, § 158 Rn 33; vgl. § 15 GenG, RGZ 83, 256, 258 (für die GmbH).
80 A.A. Soergel/*Wolf*, § 158 Rn 48; MüKo/*Westermann*, § 158 Rn 33.
81 BGH NJW 1999, 1252.
82 OLG Stuttgart v. 11.2.2004–14 U 58/03, DB 2004, 645; a.A. *Lutter/Hommelhoff*, GmbHG, 16. Aufl. 2004, § 6 Rn 25; Michalski/*Heyder*, GmbHG, 2002, § 6 Rn 83; Scholz/*Schneider*, GmbHG, 9. Aufl. 2002, § 6 Rn 27; *Marschner-Barner/Diekmann*, in: Münchner Handbuch des Gesellschaftsrechts, Band 3, GmbH, 2. Aufl. 2003, § 42 Rn 39.
83 MüKo-AktG/*Hefermehl/Spindler*, 2. Aufl. 2003, § 84 Rn 92; KölnKomm-AktG/*Mertens*, 2. Aufl. 1996, § 84 Rn 21.
84 Vgl. nur MüKo-AktG/*Hefermehl/Spindler*, 2. Aufl. 2003, § 84 Rn 17 f.
85 BGH NJW 1989, 2683 f.; vgl. KölnKomm-AktG/ *Mertens*, 2. Aufl. 1996, § 84 Rn 21.
86 Soergel/*Wolf*, § 158 Rn 50 m. Nachw.; vgl. näher *Hövelmann*, GRUR 2003, 203 ff.
87 Soergel/*Wolf*, § 158 Rn 51.
88 Soergel/*Wolf*, § 158 Rn 51.

Mindestvoraussetzung für eine innerprozessuale Bedingung ist.[89] Gleiches gilt für die Streitverkündung. Zum Prozessvergleich siehe Rn 31.

46 **b) § 138.** Aus dem Verhältnis zwischen der Funktion (bzw. dem Zweck) der vereinbarten Bedingung und den Rechtsfolgen bei Bedingungseintritt kann sich – aber letztlich nur im Einzelfall – die Sittenwidrigkeit der Bedingung oder des bedingten Rechtsgeschäfts ergeben. Das ist insbesondere bei Potestativbedingungen der Fall, wenn einerseits die Nachteile, die an das auslösende Verhalten geknüpft werden, **schwerwiegend** sind und das Gesetz oder die guten Sitten der Freiheit zu diesem Verhalten andererseits einen hohen Stellenwert zumessen oder diese Freiheit auch gegenüber privater Beschränkung sichern. Beispiele sind etwa Zölibatsklauseln in Arbeitsverträgen.[90] Sittenwidrigkeit kann auch unter dem Gesichtspunkt des Vertrags zulasten Dritter anzunehmen sein, so etwa, wenn Bauherr und Hauptunternehmer eine Vertragsstrafe für Verzug nur für den Fall vereinbaren, dass die Vertragsstrafe auf einen Subunternehmer abgewälzt werden kann.[91]

47 **c) § 137 S. 1.** Problematisch ist angesichts des § 137 S. 1, ob eine Verfügung an die auflösende Bedingung der (abredewidrigen) Weiterverfügung geknüpft werden darf, da damit im praktischen Ergebnis ein dinglich wirkendes Verfügungsverbot begründet wird. Die h.M. bejaht die Zulässigkeit einer solchen Bedingung,[92] im Schrifttum finden sich bislang eine ablehnende sowie mehrere einschränkende Auffassungen.[93] Die durch **abredewidrige Weiterverfügung** auflösend bedingte Verfügung schafft die Gefahr, dass bestimmte Vermögensgegenstände für immer dem Verkehr entzogen werden[94] bzw. die Vollstreckung in den entsprechenden Gegenstand verhindert wird, wenn man trotz § 851 Abs. 2 ZPO auch die Pfändung der Weiterverfügung gleichstellt oder ausdrücklich in die Bedingung mit aufnimmt.[95] Angesichts der Tatsache, dass mit den §§ 158 ff. viele Rechtsinstitute des Allgemeinen Teils bzw. des Schuldrechts simuliert werden können (vgl. Rn 7 f., 15–31), sollte man, soweit eine bestimmte Bedingungskonstruktion vergleichbare Wirkungen hat, auch die Beschränkungen des simulierten Rechtsinstituts, soweit gesetzlich ausgestaltet, auf die entsprechende Bedingungskonstruktion anwenden.[96] Dann verbietet § 137 entgegen der h.M. die Bedingung abredewidriger Weiterverfügung bei Verfügungsgeschäften generell, und zwar auch innerhalb eines Treuhandverhältnisses oder bei vorweggenommener Erbfolge.[97] Zur der in § 161 selbst angeordneten Verfügungsbeschränkung siehe dort Rn 6 ff., 11.

48 Erst wenn Verfügung und abredewidrige Weiterverfügung oder -belastung durch eine auflösende Bedingung miteinander verknüpft werden, kommt es praktisch zu einer dinglich wirkenden Verfügungsbeschränkung, die § 137 untersagt.[98] Auflösende Bedingungen, die nicht auf die Weiterverfügung, sondern auf andere Umstände abstellen, werden von § 137 dagegen nicht erfasst, da die Verfügung über den bedingt erworbenen Gegenstand selbst keine Folgen auslöst. Zulässig ist daher etwa die auflösende Bedingung der Kreditrückzahlung. Die Vereinbarung einer auflösend bedingten **Sicherungsübereignung** für den Fall der Weiterverfügung durch den Sicherungsnehmer wird aber grundsätzlich von § 137 S. 1 erfasst und stellt entgegen der h.M.[99] auch

---

89 Näher – z.T. unter Verweis auf einschr. Rspr. – *Hövelmann*, GRUR 2003, 203 ff.
90 Staudinger/*Bork*, Vorbem. zu § 158 Rn 33 unter Hinweis auf BAGE 4, 274, 285.
91 Vgl. etwa *Rieble*, DB 1997, 1165, 1168 unter IV. 2.
92 S. dazu vor allem § 137 Rn 15; BGH NJW 1997, 861, 862 = BGHZ 134, 182, 187 (*obiter*); Staudinger/*Kohler*, § 137 Rn 30–33 m.w.N. zu allen Auffassungen; ferner Bamberger/*Roth*/*Wendtland*, § 137 Rn 8; *Timm*, JZ 1989, 13 ff.; *Henssler*, AcP 196 (1996), 37, 69 f.
93 Die Konstruktion grds. verneinend *Flume*, BGB AT Bd. 2, § 17 7; differenzierend Soergel/*Hefermehl*, § 137 Rn 14; *Medicus*, BGB AT, Rn 852; *Berger*, S. 168 ff.
94 *Berger*, S. 179 f., zu Recht das Argument ablehnend, immerhin bleibe eine gewisse Verkehrsfähigkeit wegen Abs. 3 (Gutglaubensschutz) erhalten (so aber *Timm*, JZ 1989, 13, 17). Mit der Hypothese eines vertragswidrigen Verhaltens darf insoweit nicht argumentiert werden.
95 Vgl. *Berger*, S. 180 f.
96 Deshalb können die nicht in Verbotsform gegossenen Systemgrundlagen Trennungs- und Abstraktionsprinzip durch eine Bedingungskonstruktion ausgehebelt werden, nicht aber das ausdrückliche Verbot rechtsgeschäftlicher Verfügungsbeschränkungen (das seinerseits diese Grundlagen schützt, vgl. insoweit *Berger*, S. 77 f.); anders *Berger*, S. 182, der meint, es sei widersprüchlich, nur bei § 137 anderswo längst aufgegebene Systemgrundlagen kompromisslos zu verteidigen; s.a. Rn 59.
97 Insoweit anders *Berger*, S. 184 ff.; die Unterscheidung solcher Fallgruppen ist aber jedenfalls in § 137 nicht angelegt, passt auch nicht zu seinen Ausführungen auf den S. 159–160, in denen er eine Sonderbehandlung der Treuhandverhältnisse im Grundsatz ablehnt, und versagt schließlich, wenn man auf das Unmittelbarkeitsprinzip als Abgrenzungsmerkmal der Treuhand verzichten will, so etwa mit *Grundmann*, Der Treuhandvertrag, 1997, S. 4, 79–81, 312–317, 320 und *Henssler*, AcP 196 (1996), 37, 54 f. je m.w.N.
98 Anders *Flume*, BGB AT Bd. 2, § 38 2d, S. 687 der Verfügungen unter auflösenden Wollensbedingungen generell für unzulässig hält; ähnlich Jauernig/*Jauernig*, § 158 Rn 4.
99 *Medicus*, BGB AT, Rn 852; *Timm*, JZ 1989, 13 ff.

eine unzulässige Beschränkung der Verfügungsbefugnis des Sicherungsnehmers dar, der ja sonst nur noch an Gutgläubige (§§ 161 Abs. 3, 936) wirksam verfügen könnte.

d) §§ 305 ff. BGB. Formularvertraglich vereinbarte Bedingungen können insbesondere gem. §§ 307 Abs. 2 Nr. 2, 308 Nr. 3, 309 Nr. 6 unwirksam sein.

3. Widersprüchliche und unmögliche Bedingungen. Was gewollt ist, wenn die Parteien die Erfüllung von (einzelnen) Vertragspflichten einer Partei zur aufschiebenden Bedingung dieses Vertrags machen,[100] ist weitgehend Auslegungsfrage. Einerseits kommt **Nichtigkeit** des gesamten Vertrages in Betracht, da die aufschiebende Bedingung wegen ihrer suspendierenden Wirkung einer gleichzeitigen bestehenden Vertragspflicht widerspricht.[101] Man wird jedoch im Einzelfall ermitteln müssen, ob die Parteien etwas Sinnvolles gewollt haben, einer solchen **Auslegung** ist im Zweifel der Vorrang zu geben.[102] Die Regelung des § 2084 enthält insoweit einen allgemeinen Rechtsgedanken. Insbesondere kommt in Betracht, die aufschiebende Wirkung des Vertrages auf die einzelne Pflichten zu begrenzen, jedenfalls aber für die zu erfüllende Vertragspflicht eine unbedingte Wirkung bzw. eine Vorleistungspflicht anzunehmen.[103]

Als **unmögliche** Bedingungen bezeichnet man solche Bedingungen, deren Eintritt von Anfang an unmöglich war; bei nachträglicher Unmöglichkeit liegt ein Ausfall (dazu Rn 57) der Bedingung vor.[104] Davon zu unterscheiden ist die Unmöglichkeit einer geschuldeten Leistung, die wiederum vertraglich zur Bedingung der Wirksamkeit des Geschäfts gemacht werden kann, so dass § 311a vertraglich ausgeschaltet wird. Die Regelung des § 308 a.F. kann daher durch Parteivereinbarung wiederhergestellt werden, wofür richtigerweise sogar eine Auslegungsregel spricht, da die unbedingte Vereinbarung einer beiden Parteien bekannten unmöglichen Leistung im Zweifel nicht gewollt ist.

4. Rechtsfolgen unzulässiger und unmöglicher Bedingungen. Je nach Grund für die Unzulässigkeit der Bedingung und nach Art der Bedingung kommen unterschiedliche Rechtsfolgen in Betracht. Liegt eine unzulässige oder unmögliche **aufschiebende** Bedingung vor, so ist das bedingte Rechtsgeschäft grundsätzlich insgesamt unwirksam, da eine Aufrechterhaltung nach § 139 oder § 140 wegen der weiter gehenden Wirkungen des unbedingten Geschäfts von den Parteien nicht gewollt ist bzw. bei einseitigen Geschäften nicht im Interesse des Erklärungsempfängers liegt.[105] Das Gesetz kann etwas anderes anordnen, namentlich die unbedingte Wirksamkeit des Geschäfts gegenüber Dritten, so etwa §§ 50 Abs. 2, 126 Abs. 2, 161 Abs. 2 HGB oder mit Rücksicht auf Drittinteressen, so in Art. 12 Abs. 1 S. 2 WG, Art. 15 Abs. 1 S. 2 ScheckG.

Bei unzulässigen oder unmöglichen **auflösenden** Bedingungen ist noch weiter zu unterscheiden: Soweit die Bedingung zulässig, aber unmöglich ist, ist das Rechtsgeschäft so zu behandeln, als wäre die Bedingung ausgefallen, es ist also endgültig wirksam. Unzulässig auflösend bedingte Verträge werden ebenfalls grundsätzlich endgültig wirksam, was zum Teil mit einer Aufrechterhaltung nach § 139 erklärt wird,[106] z.T. mit dem Zweck der jeweiligen Verbotsnorm.[107] Paradebeispiel sind unzulässig befristete oder bedingte Arbeits- oder Wohnraummietverhältnisse. Man kann die Wirksamkeit auch damit erklären, dass der unter aufschiebender Bedingung vorgenommene *actus contrarius*[108] gem. Rn 52 unwirksam ist. Auch hier kann das Gesetz etwas anderes anordnen, so etwa für die bedingungsfeindliche Auflassung, § 925 Abs. 2 BGB.

Unzulässig bedingte **Gestaltungserklärungen** sind stets unwirksam, seien sie nun aufschiebend oder auflösend bedingt oder befristet. Das sagt ausdrücklich Art. 26 Abs. 2 WG für die Wechselannahme, aber

---

100 Beispiele in den Sachverhalten (!) von BGH WM 1969, 835, wo ein Vertrag unter der Wirksamkeitsvoraussetzung stand, dass der Vermieter ein befristetes Nutzungsrecht zugunsten des Mieters in das Grundbuch eintragen lasse, wozu er in dem Vertrag verpflichtet wurde; BGH WM 2004, 752: Kaufvertrag unter aufschiebender Bedingung der Erfüllung der Zahlungspflicht; vgl. auch OLG Köln NJW-RR 1999, 1733: Programmerstellungsvertrag unter der ausdr. aufschiebenden Bedingung, dass bis zu einem festgelegten Zeitpunkt eine Programmbeschreibung erstellt sein müsse.
101 Vgl. Erman/*Armbrüster*, vor § 158 Rn 11 und Staudinger/*Bork*, Vorbem. zu § 158 Rn 31 zur Nichtigkeit des Gesamtgeschäfts bei widersprüchlicher oder unverständlicher Bedingung, Letzterer gleichzeitig zum Vorrang der Auslegung. BGH NJW 1993, 1381, 1382 hält schon die Bedingung der vollständigen Erbringung der Leistung als Voraussetzung der Gegenleistung für problematisch.
102 Vgl. BGH NJW 1993, 1381, 1382 f.
103 So etwa in BGH WM 1969, 835. Gerade umgekehrt argumentiert das OLG Köln NJW-RR 1999, 1733: die Parteien hätten durch die aufschiebende Bedingung aus der Nebenpflicht eine Hauptpflicht gemacht. Vgl. auch BGH NJW 1993, 1381, 1382 f.; in BGH WM 2004, 752, 753 spricht der BGH dagegen davon, dass mit der Zahlung die Verpflichtung dazu erst endgültig entstehe.
104 Staudinger/*Bork*, Vorbem. zu § 158 Rn 30; MüKo/*Westermann*, § 158 Rn 48.
105 H.M., vgl. Soergel/*Wolf*, § 158 Rn 32 (aufschiebende Bedingung kein isolierbarer Teil des Rechtsgeschäfts); i.E. ebenso Staudinger/*Bork*, § 158 Rn 12, 33, 44.
106 Soergel/*Wolf*, § 158 Rn 32.
107 MüKo/*Westermann*, § 158 Rn 46.
108 Vgl. dazu Soergel/*Wolf*, § 158 Rn 22 und unten Rn 64.

auch sonst wäre die – so ja nicht erklärte – Gestaltungswirkung dem anderen Teil nicht zumutbar.[109] Ist eine **formularvertragliche** Bedingung nach den §§ 305 ff. BGB unzulässig, folgt die endgültige Wirksamkeit des Restgeschäfts dagegen aus § 306 Abs. 1, soweit sich aus § 306 Abs. 3 nichts Abweichendes ergibt.

B. Regelungsgehalt
I. Aufschiebende Bedingung (Abs. 1)

55 **1. Allgemeines.** Durch die Vereinbarung einer aufschiebenden Bedingung tritt nach dem Wortlaut des Abs. 1 die von der Bedingung abhängig gemachte Wirkung erst im Zeitpunkt des Umstandseintritts (*ex nunc*) ein.[110] Damit verwirft das Gesetz die sog. Pendenztheorie, die ein rückwirkendes Wirksamwerden des bedingten Geschäfts annimmt.[111] Das Gesetz spricht von der abhängig gemachten Wirkung. Es bringt damit zum Ausdruck, dass nicht das Rechtsgeschäft selbst, sondern nur seine **Rechtsfolgen** erst später Wirksamkeit erlangen. Dementsprechend müssen die übrigen Wirksamkeitsvoraussetzungen des Rechtsgeschäfts (z.B. Geschäftsfähigkeit, Verfügungsbefugnis, Form, Übergabe bei § 929) nicht im Zeitpunkt des Bedingungseintritts, sondern bei der Vornahme des bedingten Rechtsgeschäfts vorliegen.[112] Zugleich ist damit angedeutet, dass die Parteien auch nur **einzelne Wirkungen** des Rechtsgeschäfts unter eine Bedingung stellen können.[113]

56 **2. Rechtslage während des Schwebezustands.** Das bedingte Rechtsgeschäft selbst ist sofort gültig und entfaltet bereits vor Bedingungseintritt bestimmte **Sofortwirkungen**. Dies gilt auch dann, wenn die Parteien sämtliche Rechtswirkungen eines Vertrages unter die Bedingung gestellt haben; der zwischen ihnen abgeschlossene Vertrag bindet sie zum einen im Hinblick auf die allgemeinen vorvertraglichen, vertraglichen und nachvertraglichen[114] Treue- und Schutzpflichten (§§ 280, 241 Abs. 2, 242),[115] da diese gesetzlicher Natur sind. Daraus folgt etwa eine Pflicht, den Vertragspartner über den Eintritt oder Ausfall der Bedingung zu informieren, soweit das diesem nicht erkennbar ist, er aber zugleich – wie regelmäßig – ein Interesse an der Information hat;[116] nicht allerdings, wenn es Sache des anderen ist, für den Eintritt der Bedingung zu sorgen.[117] Im Hinblick auf das bedingte Recht selbst und bezüglich des Schwebezustandes enthält das Bedingungsrecht in den §§ 160–162 nähere Regelungen, sog. **Vorwirkungen** (näher dort § 160 Rn 1).

57 **3. Die Entscheidung über die Bedingung.** Der durch die Bedingung geschaffene Schwebezustand wird grundsätzlich entweder durch den Eintritt des zur Bedingung gemachten Lebensumstands beendet oder durch dessen **Ausfall**. Erklärungsbedürftig ist der Begriff des Ausfalls, da er im Gesetz nicht verwendet wird. Damit gemeint ist, dass der zur Bedingung gemachte Lebensumstand nicht eingetreten ist und auch nicht mehr eintreten kann (nachträgliche Unmöglichkeit).[118] Falls die Parteien keinen spätesten Tag für die Entscheidung über die Bedingung festgelegt haben, so könnte – je nach Lebensumstand und Formulierung der Bedingung – der **Schwebezustand** unbegrenzt andauern, wenn die Bedingung zwar noch nicht eingetreten ist, aber auch noch nicht unmöglich geworden ist. Zwar kann das kaum bei bedingten Verfügungen geschehen, da diese meist an das Schicksal des Kausalgeschäfts geknüpft sind (Sicherungstreuhand, Eigentumsvorbehalt).

58 Wohl aber können Verpflichtungsgeschäfte unter langfristige Bedingungen gestellt sein, ohne dass dies den Parteien bei Abfassung bewusst war. Das Problem eines **ewigen Schwebezustandes** kann auf unterschiedlichen Wegen beseitigt werden. Nach der Rechtsprechung ist eine Bedingung nicht nur dann ausgefallen, wenn sie objektiv nicht mehr eintreten kann, sondern auch dann, wenn der Zeitraum, innerhalb dessen der Eintritt der Bedingung zu erwarten war, verstrichen ist.[119] Die Vertragspartner können den Zeitraum also zunächst ausdrücklich durch eine **Stichtagsregelung** festlegen.[120] Ferner kann er sich konkludent aus den Umständen ergeben. Ist auch dies nicht ergiebig, so darf das dennoch nicht dazu führen, dass der durch den bedingten Vertragsabschluss entstehende Schwebezustand unbegrenzt bleibt.[121] Beide Partner haben ein berechtigtes

---

109 Vgl. auch Soergel/*Wolf*, § 158 Rn 49.
110 BGH NJW 1998, 2360, 2362.
111 *Eichenhofer*, AcP 185 (1985), 162, 165.
112 BGHZ 20, 88, 97; Palandt/*Heinrichs*, vor § 158 Rn 8; Soergel/*Wolf*, § 158 Rn 11.
113 Staudinger/*Bork*, § 158 Rn 12.
114 Zur positiven Vertragsverletzung nach Entscheidung über die Bedingung BGH NJW 1990, 507, 508.
115 Ausdrücklich BGH NJW 1992, 2489, 2490; BGHZ 90, 302, 308 = NJW 1984, 2034, 2085; BGH WM 1969, 835 f.; Staudinger/*Bork*, § 158 Rn 17; Soergel/*Wolf*, § 158 Rn 9, 26.
116 Soergel/*Wolf*, § 158 Rn 9, 26; Staudinger/*Bork*, § 158 Rn 17.
117 BGH NJW 1987, 1631; Soergel/*Wolf*, § 158 Rn 26.
118 Palandt/*Heinrichs*, § 158 Rn 3.
119 BGH NJW 1985, 1556, 1557 m.w.N.; RGZ 79, 96; BGH DB 1967, 1315.
120 Zu unterscheiden von einer *Kombination* aus Bedingung und Befristung. Beispiel zur Stichtagsregelung: „sobald du – spätestens bis zum Jahresende – dein Examen bestanden hast", Beispiel zur Kombination: „am Jahresende, falls du bis dahin dein Examen bestanden hast". S. zur möglichen Kombination von Bedingung und Befristung z.B. BAG NZA 2003, 611.
121 BGH NJW 1985, 1556, 1557.

Interesse an der Klärung, ob und wie lange sie sich noch erfüllungsbereit zu halten haben. Daher kann jedenfalls bei Potestativbedingungen nach Auffassung des BGH die eine Partei der anderen, auf deren Verhalten es ankommt, nachträglich „analog §§ 146, 148" eine angemessene Frist zur Vornahme der Handlung setzen und damit die Entscheidung über die Bedingung herbeiführen.[122] Die zitierten Vorschriften enthalten eine solche Ermächtigung jedoch kaum. Nach § 148 kann nur ein nicht bindendes Angebot wegen der jederzeitigen Widerruflichkeit nachträglich befristet werden, bei bedingten Verträgen käme die Fristsetzung jedoch einer einseitigen Vertragsänderung gleich.

Zu ähnlichen Ergebnissen gelangt man aber, wenn man auf derartige Situationen die §§ 281, 323, 350, 455, 314 analog anwendet.[123] Soweit die Bedingungskonstruktion Funktionen eines Rücktrittsvorbehalts übernimmt (aufschiebende oder auflösende Potestativbedingung), sollte dem anderen Teil eine Frist analog § 350 gesetzt werden können. Bei reinen Wollensbedingungen ergibt sich Entsprechendes aus § 455 analog. Ist die Erfüllung einer durchsetzbaren Pflicht zur Bedingung gemacht, so kommt noch eine Fristsetzung gem. §§ 281, 323 in Betracht. Für Anwartschaftsrechte mag Besonderes gelten. Ansonsten kann das bedingte Geschäft bei **Unzumutbarkeit** des fortdauernden Schwebezustands gem. § 314 außerordentlich gekündigt werden. Dies hat nicht zur Folge, dass die Bedingung als eingetreten oder ausgefallen gilt, sondern dass das Geschäft selbst und die in den §§ 160 f. angeordneten Vorwirkungen mit dem Geschäft *ex nunc* entfallen. Mit einem so beendeten Kausalgeschäft fällt auch der Rechtsgrund für etwa erbrachte Leistungen im Sinne des § 812 Abs. 1 S. 2 Alt. 1 weg. 59

4. Verpflichtungsgeschäfte. Tritt die aufschiebende Bedingung ein, so wird das Geschäft voll gültig. Fällt sie dagegen aus, so wird es endgültig unwirksam.[124] Ist vor Eintritt der Bedingung bereits zur Erfüllung der bedingten Verpflichtung geleistet worden, so kann in der Leistung und ihrer Annahme zum einen eine Vertragsänderung zu sehen sein, da man fragen muss, warum jemand leistet, wenn die Bedingung noch nicht eingetreten ist.[125] Zum anderen kann es sich um eine Leistung im Sinne des § 812 Abs. 1 S. 2 Fall 2 (Nichteintritt des mit der Leistung bezweckten Erfolges) handeln;[126] in diesem Falle ist auch § 820 Abs. 1, Abs. 2 anwendbar. Vgl. auch noch § 159 Rn 5. 60

5. Verfügungsgeschäfte. Bei aufschiebend bedingter Verfügung tritt die Verfügungswirkung nur und immer dann unmittelbar im Zeitpunkt des Bedingungseintritts ein, wenn die sonstigen Voraussetzungen des Geschäfts zuvor vorgelegen haben. Insbesondere bei der Übereignung gem. § 929 wird von der h.M. Einigsein im Zeitpunkt des Publizitätsaktes (der Übergabe) verlangt.[127] Hat die Einigung in diesem Zeitpunkt noch vorgelegen, ändert ein späterer Widerruf der Einigung – auch wenn er vor oder bei dem Bedingungseintritt erfolgte – nichts mehr an dem Eigentumserwerb bei Bedingungseintritt. Beim Eigentumsvorbehalt stellen sich keine Probleme, weil dem Vorbehaltskäufer vor Bedingungseintritt die Sache übergeben wird. Wird sie ihm erst nachträglich übergeben, tritt die Verfügungswirkung – bei Einigsein – auch erst in diesem Zeitpunkt ein. Auch die aufschiebend bedingte Sicherungsübereignung ist vorstellbar, weil die fehlende Übergabe gem. § 930 durch die Sicherungsabrede ersetzt wird. 61

II. Auflösende Bedingung (Abs. 2).

Siehe zunächst oben zur aufschiebenden Bedingung Nr. 1 (Rn 55) und 2 (Rn 56) u. 3 (Rn 57) entsprechend. 62

1. Wirkung der auflösenden Bedingung. Durch die Vereinbarung einer auflösenden Bedingung tritt nach dem Wortlaut des Abs. 2 die von der Bedingung abhängige Wirkung sofort ein und im Zeitpunkt des Bedingungseintritts, d.h. *ex nunc*, wieder außer Kraft. Wenn das Gesetz davon spricht, dass der frühere Rechtszustand wieder eintritt, so ist das ungenau bzw. missverständlich. Denn wie sich aus § 159 ergibt, geht es nicht um eine rückwirkende Wiederherstellung des *status quo ante*, vielmehr fallen lediglich die bedingten Wirkungen weg.[128] Fällt die Bedingung dagegen aus, so bleiben die Wirkungen des Rechtsgeschäfts endgültig in Kraft. 63

Auflösend bedingte **Verfügungsgeschäfte** kann man auch verstehen als unbedingte Verfügung unter gleichzeitiger Vornahme der aufschiebend bedingten entgegengesetzten Verfügung.[129] Bei Eintritt der Bedingung treten die Wirkungen der entgegengesetzten Verfügung ein; bei Ausfall wird die Verfügung endgültig wirksam. Wie bei der aufschiebend bedingten Verfügung stellen sich hier Fragen der Publizität. Eine auflösend be- 64

---

122 BGH NJW 1985, 1556, 1557.
123 Von BGH NJW 1985, 1556, 1557 nur ergänzend angesprochen.
124 Soergel/*Wolf*, § 158 Rn 28.
125 Vgl. BGH NJW 2001, 1859, 1860.
126 BGH NJW 2001, 1859, 1860; vgl. auch Soergel/*Wolf*, § 158 Rn 28 a.E.
127 BGHZ 20, 88, 97; näher Erman/*Michalski*, § 929 Rn 5.
128 Vgl. nur Erman/*Armbrüster*, § 158 Rn 5.
129 Soergel/*Wolf*, § 158 Rn 22.

dingte Sicherungsübereignung, bei der die Übereignung durch Kreditrückzahlung auflösend bedingt ist, mag ja wegen § 929 S. 2 unproblematisch sein. Der Darlehensnehmer ist regelmäßig z.Zt. der Rückzahlung noch unmittelbarer Besitzer der übereigneten Sache. Ein etwa vereinbarter auflösend bedingter Eigentumsvorbehalt, durch den der Verkäufer das Eigentum bei nicht rechtzeitiger vollständiger Kaufpreiszahlung bedingt zurückerwerben soll, scheitert jedoch an § 930, wenn nicht zugleich für eben diesen Fall ein Besitzkonstitut vereinbart wird, woran dem Verkäufer jedoch in aller Regel gerade nicht gelegen ist.[130] Eine rein durch § 158 Abs. 2 vermittelte Verfügungswirkung ist zu verneinen.[131]

65 **2. Weitere Rechtsfolgen der Vereinbarung einer auflösenden Bedingung oder Befristung von Dauerschuldverhältnissen.** Die auflösende Befristung eines Dauerschuldverhältnisses schließt regelmäßig dessen ordentliche Kündigung aus, wenn die Parteien nichts anderes bestimmen (vgl. etwa § 542, § 620 Abs. 2 BGB; § 15 Abs. 3 TzBfG). Gleiches gilt aber nicht für das auflösend bedingte Dauerschuldverhältnis, da dieses ein unbefristetes Dauerschuldverhältnis ist.[132] Ausnahmsweise enthält § 21 TzBfG für das Arbeitsverhältnis einen Ausschluss der ordentlichen Kündigung des Arbeitgebers auch für auflösend bedingte Arbeitsverhältnisse. Aber auch § 21 TzBfG bringt durch den Nichtverweis auf § 15 Abs. 4 TzBfG zum Ausdruck, dass ein auflösend bedingtes Arbeitsverhältnis im Grundsatz ein unbefristetes Dauerschuldverhältnis ist.

66 **3. Eintritt der Bedingung.** Tritt die auflösende Bedingung ein, so kann das aufgrund des bedingten Vertrages Geleistete gem. §§ 812 Abs. 1 S. 2 Alt. 1, 820 Abs. 1 S. 2 zurückgefordert werden,[133] siehe auch § 159 Rn 4 ff.

III. Abgrenzungsprobleme (affirmative und negative Bedingung)

67 Durch die Unterscheidung in auflösende und aufschiebende Bedingungen verdeutlicht § 158, dass bei der Auslegung zuerst festgestellt werden muss, ob die Parteien die Wirkungen des Rechtsgeschäfts sofort mit späterem Ende (auflösend) oder erst später (aufschiebend) wollen. Der Umstand, von dessen Eintritt die Wirkungen abhängen sollen, spielt für die Abgrenzung nur eine untergeordnete Rolle. Denn in welcher Weise die Wirkungen von dem Umstand abhängen sollen, ist eine reine Frage der Formulierung bzw. des Parteiwillens, jedem Umstand kann sowohl auflösende als auch aufschiebende Wirkung beigemessen werden, je nachdem, ob man auf seinen **Eintritt** oder **Nichteintritt** abstellt. Beispiel: Verfügen die Parteien abhängig vom Umstand X, wobei X die Wirksamkeit begründen soll, so kann die Verfügung aufschiebend bedingt sein, so dass erst durch den Umstandseintritt die Verfügung wirksam wird; sie kann gleichermaßen auflösend bedingt sein, so dass sie sofort wirksam ist und nur endet, wenn der Umstand X innerhalb einer Frist nicht eingetreten ist. Ist die Wirksamkeit an einen jetzt bestehenden **Zustand** geknüpft, so wird freilich regelmäßig eine auflösende Bedingung vorliegen, während bei der Anknüpfung der Wirksamkeit an ein **Ereignis** eine aufschiebende Bedingung gewollt ist.

68 Dementsprechend liegt es umgekehrt, wenn die Unwirksamkeit an einen Zustand oder ein Ereignis geknüpft wird. Da § 158 von den Wirkungen des Rechtsgeschäfts spricht, ist zuerst zu ermitteln, unter welchen Umständen die Parteien die Geltung wollen. Juristische Laien werden freilich das Gewollte manchmal unpräzise zum Ausdruck bringen und nur aussprechen, unter welchen Umständen das Gewollte gerade nicht gelten soll. Bei derartigen Formulierungen muss die Auslegung zunächst das Ziel haben, die Umstände zu ermitteln, unter denen das Geschäft gelten soll. Anschließend ist zu prüfen, ob der Wille der Parteien auf sofortige Geltung oder spätere Geltung des Geschäfts gerichtet ist, erst dann ist klar, von welchen genauen Umständen das Geschäft auflösend oder aufschiebend abhängig ist.

C. Weitere praktische Hinweise

I. Mehrere Umstände

69 Mehrere Umstände können miteinander verknüpft werden (Beispiel: Kaufvertrag steht unter der aufschiebenden Bedingung, dass zugleich der Dax über 4.000 Punkten liegt und der Krieg im Irak beendet ist). Dann muss über den Eintritt oder Ausfall der Bedingung einheitlich entschieden werden. Ein Ausfall der bezeichneten Bedingung ist niemals denkbar (jeder Krieg kann beendet werden, der Dax kann irgendwann

---

130 Vgl. auch MüKo/*Westermann*, 3. Aufl., § 455 Rn 23.
131 Vgl. aber Staudinger/*Bork*, § 158 Rn 21, 22 (es bedürfe weder Einigung noch Übergabe, § 985 komme zum Zuge); ausdr. a.A. auch *Flume*, BGB AT Bd. 2, § 40 2d.

132 BayObLG NJW-RR 1993, 1164 f.
133 Ebenso Soergel/*Wolf*, § 158 Rn 29; BGH MDR 1959, 658 = LM § 159 Nr. 1.

über 4.000 Punkte steigen). Letztlich kommt also nur eine Beendigung des Schwebezustandes durch den Eintritt der Bedingung infrage – oder durch Kündigung nach § 314 (vgl. Rn 58 f.).

Ein Rechtsgeschäft kann an verschiedene Bedingungen geknüpft und damit zugleich aufschiebend und auflösend bedingt oder befristet sein, einzelne seiner Wirkungen können aufschiebend, andere auflösend bedingt oder befristet werden, auch ein einzelner Umstand kann zugleich auflösende und aufschiebende Wirkungen haben.[134]

II. Einzelfälle (Auslegung)

Der Kauf eines Gebrauchtwagens unter dem Vorbehalt, dass eine **Probefahrt keine technischen Mängel** ergibt, soll unter aufschiebender Bedingung vorgenommen sein.[135] So genannte **Konditionsgeschäfte** sollen erst dann endgültig sein, wenn der Käufer seinerseits weiterverkauft hat, andernfalls kann er die Sache zurückgeben. Die Rechte des Käufers können dabei unterschiedlich ausgestaltet sein, je nachdem, ob er zur freien Rückgabe berechtigt sein soll oder nur innerhalb einer bestimmten Frist. In Betracht kommen Rücktrittsvorbehalt,[136] Wiederverkaufsrecht,[137] durch Rückgabe auflösend bedingter Kaufvertrag, bis zum Weiterverkauf aufschiebend bedingter bzw. durch Nichtrückgabe innerhalb einer Frist auflösend bedingter Kauf.[138]

Die Klausel **„Bezahlung bar bei Erstzulassung bzw. Finanzierung"** stellt den Kaufvertrag über ein Kfz unter die auflösende Bedingung des (Nicht-)Zustandekommens der Finanzierung, wenn dem Verkäufer klar ist, dass der Käufer nicht bar zahlen kann.[139] In ähnlicher Form kann die Klausel: **„Auszahlung des Darlehens nach Stellung einer Bankbürgschaft als Sicherheit"** den Darlehensvertrag unter die aufschiebende Bedingung der Beibringung der Bürgschaft stellen,[140] während es bei Bankdarlehen aufgrund der Interessenlage regelmäßig anders und die Beibringung der Sicherheit Vertragspflicht ist.[141]

Arbeitsvertragliche Abfindungsansprüche aus **Aufhebungsverträgen** sind nicht nur auf den Aufhebungstermin befristet, sondern stehen regelmäßig auch unter einer **Erlebensbedingung**.[142] Stirbt der Arbeitnehmer vor dem Aufhebungstermin, können seine Erben daher die Auszahlung der Abfindung nicht verlangen.[143] Es soll freilich auf die Umstände des Einzelfalls ankommen,[144] wobei die entsprechende Bedingung meist dem Vertragszweck entnommen wird, ohne dass die im Urteil behauptete Bedingung im Vertragswortlaut auch nur angedeutet wäre. Insbesondere waren die Umstände in zwei Entscheidungen des BAG aus den Jahren 1987 und 1997 fast identisch, das Ergebnis aber nicht.[145]

Bestimmt ein Vertrag, dass ein **Mietverhältnis** zum Zeitpunkt der Bezugsfertigkeit beginnt, die spätestens bis zum ... herzustellen ist, wobei im fraglichen Zeitraum den Vermieter bereits bestimmte Pflichten treffen, so spricht bei der Abgrenzung zwischen aufschiebender Bedingung (der rechtzeitigen Bezugsfertigkeit) und bloßer Fälligkeitsregelung die sofortige unbedingte Pflichtübernahme in manchen Teilen gegen die Annahme

---

134 BayObLG NJW-RR 1988, 982.
135 LG Berlin MDR 1970, 923.
136 OLG München BB 2001, 1119.
137 So BGH NJW 2002, 506 gegen OLG München BB 2001, 1119.
138 Zu den letzten drei Möglichkeiten BGH NJW 1975, 776, 777.
139 OLG Braunschweig NJW-RR 1998, 567; vgl. auch BGH DAR 1990, 299, wo der Kaufvertrag durch den handschriftlichen Hinweis auf einen Leasingvertrag unter die auflösende Bedingung dessen Nichtzustandekommens gestellt wurde. Da der Käufer sich weigerte, den Leasingvertrag abzuschließen, galt die Bedingung indes gem. § 162 Abs. 2 als ausgefallen; s. ferner LG Zweibrücken NJW-RR 1995, 816.
140 BGH LM Nr. 22 zu § 158 BGB = NJW-RR 1997, 304.
141 BGH WM 1969, 1107 = NJW 1969, 1957; Gegenbeispiel bei OLG Saarbrücken WM 1981, 1212.
142 Nicht eine Erlebensbedingung, sondern Bedingung nicht anderweitiger Beendigung vor dem Termin, nimmt an BAG NZA 1998, 643 = AP Nr. 8 zu § 620 BGB – Aufhebungsvertrag; vgl. insoweit auch BAG NZA 1998, 813 (Leits. 2).
143 Im Erg.: BAG NZA 1998, 643 = AP Nr. 8 zu § 620 BGB – Aufhebungsvertrag; BAG NZA 2000, 1236 = AP Nr. 20 zu § 620 BGB – Aufhebungsvertrag; BAG NJW 1997, 2065; *anders noch* BAG NZA 1988, 466, das eine Befristung annimmt und den Anspruch daher für vererblich hält.
144 BAG NZA 2000, 1236 misst insoweit der Festlegung von Voraussetzungen für die Auszahlung der Abfindung die Bedeutung von Voraussetzungen des Anspruchs auf Abfindung selbst bei; BAG NZA 1998, 643, 644 argumentiert nur mit Umständen des Vertrags und ganz frei vom Vertragswortlaut; allein dem Vertragswortlaut in BAG NJW 1997, 2065 kann man durch Verweis auf den zugrunde liegenden Sozialplan relativ klar den beschränkten Zweck der Abfindung entnehmen.
145 Vgl. BAG NZA 1988, 466 mit BAG NZA 1998, 643. Krit. zur neueren Rspr. des BAG *Boecken*, NZA 2002, 421, der seinerseits in den Sachverhalten von NZA 1998, 643 und NZA 2000, 1236 bloße Fälligkeitsregelungen sehen will.

einer Bedingung für die übrigen Teile des Vertrags.[146] Insgesamt ist die Rechtsprechung bei der Annahme bedingter Mietverhältnisse sehr zurückhaltend.[147]

III. Beweislast

75 **1. Für die Vereinbarung der Bedingung.** Streit besteht teilweise hinsichtlich der Beurteilung der Beweislast bei der Berufung auf eine Bedingung. Für die Frage, ob eine Bedingung überhaupt Teil des Rechtsgeschäfts geworden ist, ist zwischen schriftlichem und mündlichem Vertragsschluss zu unterscheiden. Bei **schriftlichen Verträgen** und soweit die Urkunde über den Vertragsschluss die Vermutung der Vollständigkeit und Richtigkeit für sich hat, liegt die Beweislast für eine davon abweichende mündliche Nebenabrede bei dem, der diese behauptet.[148] Ganz in diesem Sinne sieht das OLG Jena die Beweislast für den Abschluss einer aufschiebenden Bedingung bei dem Anspruchsgegner, wenn eine Vertragsurkunde existiert und keine Festlegung einer Bedingung enthält.[149] Umgekehrt gilt eine Erleichterung für den, der sich auf den Abschluss einer bedingten Vereinbarung beruft, wenn der Ausdruck „Bedingung" in einer von einem Notar formulierten Urkunde steht.[150]

76 Bei **mündlichen Verträgen** ist die Rechtslage komplizierter. Wer sich auf die **nachträgliche Einfügung** einer Bedingung in den mündlich abgeschlossenen Vertrag beruft, trägt zunächst schon deshalb die Beweislast, weil er eine Vertragsänderung behauptet.[151] Soweit es aber um die Frage geht, ob der **Vertrag anfänglich** unter einer Bedingung stand, besteht Streit. Im Ausgangspunkt liegt die Behauptungs- und Beweislast bei demjenigen, der sich auf die ein Recht begründenden Tatbestandsmerkmale beruft. Richtigerweise ist die Bedingung technisch eine Einschränkung eines Rechts, so dass der Rechtsgegner sie zu beweisen hat.[152]

77 Nach herrschender Auffassung (**Leugnungstheorie**) soll jedoch der Einwand des Gegners, das Recht sei nur unter einer aufschiebenden Bedingung entstanden, ein Leugnen des Rechts insgesamt sein, so dass der Rechtsinhaber die Beweislast trage, wenn er dagegen ein unbedingtes Entstehen seines Rechts behauptet.[153] Nach der sog. **Einwendungstheorie** ist das unbedingte Entstehen eines Rechts dagegen der statistische Normalfall, weshalb der Rechtsgegner die aufschiebende Bedingung zu beweisen habe. Dafür streite auch, dass der Rechtsinhaber sonst einer *probatio diabolica*, nämlich dem Beweis einer negativen Tatsache (fehlende Bedingung), belastet wäre.[154] Betrachtet man die jüngere höchstrichterliche Rechtsprechung näher, so drängen sich in der Tat Zweifel an der Leugnungstheorie auf: In dem vom BGH 1985 entschiedenen Fall[155] bestand bereits nach dem unstreitigen Sachverhalt eine mehrdeutige Vertragsklausel, die auf eine Bedingung hindeutete, so dass fraglich war, ob der BGH nach Beweislastgrundsätzen entschied, und nicht vielmehr nach Wahrscheinlichkeitsgesichtspunkten. In dem 2002 entschiedenen Sachverhalt[156] ging es um die im Grundsatz unstreitige Beteiligung des Klägers an einem Metageschäft; die Beklagte behauptete einen Handelsbrauch, nach dem die Wirksamkeit des Geschäfts unter aufschiebender Bedingung hälftiger Kaufpreiszahlung durch den Kläger stand. Der BGH betont zunächst die Beweislast des Klägers für ein unbedingtes Entstehen seiner Beteiligung, um anschließend zu rügen, dass die Berufungsinstanz die Beweisangebote der Beklagten übergangen habe. Der Einwendungstheorie ist danach im Grundsatz zu folgen. Denn weder der BGH noch die Berufungsinstanz hätten auf die Beweisangebote der Beklagten eingehen müssen, wenn der Kläger tatsächlich mit dem Beweis für das Fehlen der Bedingung belastet wäre.

78 **2. Für den Eintritt oder den Ausfall.** Was den Eintritt einer Bedingung angeht, so trifft die Beweislast denjenigen, der sich auf den Eintritt des Umstandes beruft. Umgekehrt hat den endgültigen Ausfall zu beweisen, wer sich auf diesen beruft. Bei einem Rechtsgeschäft unter aufschiebender Bedingung trifft also den bedingten Rechtsinhaber die Beweislast des Eintritts, den Gegner die des endgültigen Ausfalls. Bei

---

146 BGH NJW-RR 1998, 801.
147 Etwa BGH NJOZ 2001, 1084; WM 1969, 835; BayObLG NJW-RR 1993, 1164; vgl. auch BGH NJW 2004, 294.
148 *G. Reinicke*, JZ 1977, 159 m. Nachw.
149 OLG Jena NZG 1998, 851.
150 BayObLG DNotZ 1967, 512.
151 H.M.: *G. Reinicke*, JZ 1977, 159; Soergel/*Wolf*, vor § 158 Rn 40 a.E.; RGZ 107, 405, 406; Erman/*Armbrüster*, § 158 Rn 12.
152 Dezidiert a.A. *G. Reinicke*, JZ 1977, 159, 161, der zu Unrecht das Fehlen anspruchsausschließender oder -beschränkender Tatsachen mit zu den vom Rechtsinhaber zu beweisenden Tatsachen zählt.
153 RGZ 107, 405, 406; BGH NJW 1985, 497; 2002, 2862, 2863; OLG Düsseldorf BauR 2001, 423; AG Delmenhorst NJW-RR 1994, 823. MüKo/*Westermann*, § 158 Rn 49; Erman/*Armbrüster*, § 158 Rn 12; *G. Reinicke*, JZ 1977, 159, 161 ff.; Palandt/*Heinrichs*, Einf. v. § 158 Rn 14.
154 So etwa *H. K. Müller*, JZ 1953, 727; *Rosenberg*, Die Beweislast, 5. Aufl. 1965, § 19 II (S. 262 ff.) und § 22 (S. 308 ff.); Soergel/*Wolf*, vor § 158 Rn 40; ausf. *Musielak*, Grundlagen der Beweislast im Zivilprozeß, 1975, S. 322 ff., 388 ff.
155 BGH NJW 1985, 497.
156 BGH NJW 2002, 2862.

einem auflösend bedingten Recht hat der Gegner des Rechtsinhabers den Bedingungseintritt zu beweisen, der Rechtsinhaber dagegen den Ausfall, wenn er auf Feststellung endgültiger Rechtsinhaberschaft klagt.

IV. Verjährung

Die Verjährung eines bedingten oder befristeten Anspruches beginnt erst mit dem Eintritt der Bedingung, da er vorher nicht entstanden ist.[157] Das gilt auch für Wollensbedingungen.

79

V. Verzicht auf die Bedingung

Ein einseitiger Verzicht auf die Bedingung ist grundsätzlich nur durch den möglich, der durch den Eintritt der Bedingung einen eindeutigen Nachteil erleidet, d.h. regelmäßig nur bei Verfügungsgeschäften.[158] Bei aufschiebend bedingten Verfügungsgeschäften kann daher der Verfügende (i.d.R. Eigentumsvorbehaltsverkäufer) auf die Bedingung verzichten, bei auflösend bedingten der Rechtsinhaber (Sicherungsnehmer); in beiden Fällen besteht kein Unterschied zu der in §§ 162, 158 angeordneten Rechtsfolge, d.h. der Erwerb tritt *ex nunc* ein.[159]

80

Dagegen bedarf der Wegfall einer Bedingung in einem Verpflichtungsgeschäft grundsätzlich eines Änderungsvertrages.[160] Für die Änderung einer Bedingung kann nichts anderes gelten. Die Vertragspartner haben sich darauf eingestellt, nur bei oder bis Bedingungseintritt das Geschäft gelten lassen zu müssen. Daher kann ein Vertragspartner auf die Bedingung als Teil des Vertrags nicht einfach verzichten; mindestens ist analog § 162 erforderlich, dass der Verzicht sich bei einer Gesamtwürdigung unter Abwägung aller Umstände des Einzelfalls zum Vorteil des anderen Teils auswirkt. In wessen Interesse die Bedingung ursprünglich vereinbart wurde, kann dagegen nicht maßgeblich sein,[161] sonst müsste man die Verzichtserklärung selbst noch unter den Vorbehalt des § 162 stellen.

81

VI. Bewertung bedingter und befristeter Forderungen

Die Bewertung bedingter oder befristeter Rechte oder Forderungen bereitet Probleme. Das gilt vor allem dann, wenn sie zu einer zu bewertenden Vermögensmasse (Insolvenzmasse, Erbmasse, steuerbarer Unternehmensgewinn) gehören. In mehreren Bewertungsvorschriften ist zunächst angeordnet, dass die auflösend bedingte Forderung wie eine unbedingte zu bewerten ist, die aufschiebend bedingte Forderung dagegen aus der Bewertung herausbleibt (vgl. §§ 42, 191 InsO, § 2313 Abs. 1 BGB, §§ 4–8 BewertG).[162] Zugleich ordnen diese Vorschriften eine Änderung der Bewertung an, sobald die Bedingung eintritt.[163] Der bedingungsimmanente Schwebezustand wird also regelmäßig in die Bewertung hineingetragen und steht dem endgültigen Abschluss des jeweiligen Verfahrens entgegen.[164] Die genannten Vorschriften erfassen dagegen nicht (kalendermäßig) befristete Forderungen, die vielmehr regelmäßig zu schätzen sind,[165] oder – im Falle der InsO – als fällig gelten (§ 41 InsO).[166] Für das öffentliche Abgabenrecht enthält § 8 BewertG eine Sondervorschrift, nach hier vertretener Auffassung einen allgemeinen Rechtsgedanken (Rn 21): Befristete Forderungen, bei denen der Termin selbst unbestimmt ist, werden wie die entsprechend bedingte Forderung behandelt.[167]

82

---

157 BGH NJW 1967, 1605, 1607; OLG Düsseldorf NJW-RR 1997, 1174 f.
158 Weiter gehend *Pohlmann*, NJW 1999, 190 f.: Verzicht auch bei Verfügungsgeschäften nicht möglich.
159 BGH NJW 1998, 2360, 2362; 1994, 3227; NJW-RR 1989, 291; Soergel/*Wolf*, § 158 Rn 33; MüKo/*Westermann*, § 158 Rn 44.
160 BGH NJW-RR 1989, 291; vgl. auch *Pohlmann*, NJW 1999, 190 f.; Erman/*Armbrüster*, § 158 Rn 11 m.w.N.
161 Anders aber wohl BGH NJW 1994, 3227, 3228; vgl. auch KG NZG 2001, 508; MüKo/*Westermann*, § 158 Rn 44; Soergel/*Wolf*, § 158 Rn 33; Staudinger/*Bork*, § 158 Rn 16.
162 Anders aber im Fall der Kostenordnung, vgl. BayObLG NJW-RR 2000, 1379.
163 Vgl. auch Staudinger/*Bork*, Vorbem. zu § 158 Rn 52.
164 Im Rahmen der InsO wird entgegen dem Wortlaut des § 191 InsO auch bei der Schlussverteilung der Betrag einer zu berücksichtigenden aufschiebend bedingten Forderung vorläufig einbehalten, bei Eintritt der aufschiebenden Bedingung wird ausgezahlt, bei Ausfall findet eine Nachtragsverteilung statt, vgl. Kübler/Prütting/*Holzer*, InsO, Bd. II, § 191 Rn 7, s.a. *Bitter*, NZI 2000, 399 ff.
165 Vgl. zu § 2313 AnwK-BGB/*Bock*, § 2313 Rn 2; OLG Celle v. 17.7.2003–6 U 46/03, BeckRS 2003 06513.
166 Kübler/Prütting/*Holzer*, InsO, Bd. I, § 41 Rn 6 a.E. m.w.N.
167 Vgl. dazu BFH NJW 2002, 1894 = DStR 2002, 402.

VII. Drittwirkungen bedingter Rechtsgeschäfte

83 Der Makleranspruch hängt gem. § 652 Abs. 1 S. 2 bei aufschiebend bedingtem Abschluss des Hauptvertrags davon ab, dass die Bedingung eintritt. Das wird man, solange der Maklervertrag selbst nichts Abweichendes regelt, nicht auf die Befristung oder auf die auflösende Bedingung übertragen können,[168] wohl aber auf einen statt der aufschiebenden Bedingung vereinbarten Rücktrittsvorbehalt bzw. auf einen Vorvertrag.[169] In ähnlicher Weise hängen Provisionsansprüche eines Handelsvertreters davon ab, dass der Schwebezustand eines bedingten provisionspflichtigen Geschäfts beendet ist.[170]

VIII. Vormerkung

84 Zur Sicherung bedingter obligatorische Ansprüche auf dingliche Rechtsänderung an Grundstücken durch Vormerkung siehe AnwK-BGB/*Krause*, § 883 Rn 27.

§ 159 Rückbeziehung

¹Sollen nach dem Inhalt des Rechtsgeschäfts die an den Eintritt der Bedingung geknüpften Folgen auf einen früheren Zeitpunkt zurückbezogen werden, so sind im Falle des Eintritts der Bedingung die Beteiligten verpflichtet, einander zu gewähren, was sie haben würden, wenn die Folgen in dem früheren Zeitpunkt eingetreten wären.

A. Allgemeines 1	II. Rechtsfolgen bei Vereinbarung der Rückbeziehung 3
B. Regelungsgehalt 2	C. Weitere praktische Hinweise 8
I. Auslegung 2	

A. Allgemeines

1 Tritt die Bedingung ein, so beginnen oder enden die von dem Umstand abhängigen Rechtswirkungen grundsätzlich im Zeitpunkt des Bedingungseintritts. Der aufschiebend bedingte Eigentumsübergang tritt ein, die bedingte Forderung entsteht oder endet *ex nunc*. Die Parteien können, auch soweit es um bedingte Verfügungen geht, gem. § 159 (wegen des sachenrechtlichen Bestimmtheitsgrundsatzes und wegen § 137¹: nur) mit obligatorischer Wirkung Abweichendes bestimmen. Beispiele: Bei einer statt des Rücktritts vereinbarten auflösenden Wollensbedingung soll der Vertragpartner so gestellt werden, als hätte der Leistungsaustausch von Anfang an nicht stattgefunden. Oder ein auflösend bedingtes Dauerschuldverhältnis soll mit Bedingungseintritt vollständig rückabgewickelt werden. Regeln die Parteien Art und Inhalt des Rückbezugs nicht näher, so gelten die §§ 812 ff.

B. Regelungsgehalt

I. Auslegung

2 § 159 enthält zwei Zweifelsregeln für die Auslegung. Zum einen gibt der Tatbestand durch seine Formulierung zu erkennen, dass eine Rückbeziehungsvereinbarung nicht unbedingt ausdrücklich vereinbart sein muss. Ob die Parteien eine Rückbeziehung wollten, ist durch Auslegung zu ermitteln. Die Regelung des § 159 zeigt zwar, dass der Rückbeziehungswille vom Gesetzgeber als Ausnahme angesehen wird. Allerdings kann sich die Rückbeziehung auch aus dem Charakter und dem Zweck des Rechtsgeschäfts ergeben, muss also nicht ausdrücklich angesprochen werden. Bei einseitigen Rechtsgeschäften kann der Erklärende, soweit das Geschäft nicht insgesamt bedingungsfeindlich ist, die Rückwirkung dementsprechend einseitig anordnen. Beispiel aus der Rechtsprechung ist die letztwillige Verfügung.² Das BAG ist der Auffassung, dass bei Annahme einer Änderungskündigung unter dem in § 2 KSchG vorgesehenen Vorbehalt der geänderte Arbeitsvertrag unter der auflösenden Bedingung der Feststellung der Sozialwidrigkeit der Kündigung steht. Hier sei – dem Zweck des Gesetzes entsprechend, das dem Arbeitnehmer eine risikolose Überprüfung der

---

168 Vgl. dazu näher MüKo/*Westermann*, § 158 Rn 42 m.w.N.
169 BGH NJW-RR 2000, 1302; OLG Düsseldorf NZM 1998, 1018; MDR 1999, 1376.
170 OLG München NJOZ 2002, 617, 620.

1 Vgl. Staudinger/*Bork*, § 159 Rn 11 unter Verweis auf *v. Thur*, BGB AT Bd. 2/2, S. 28: dingliche Rückwirkung wäre Fiktion, die nur Gesetzgeber anordnen könnte.
2 BGH WM 1961, 177, 179.

Änderungskündigung ermöglichen wolle – eine Rückbeziehung der Rechtsfolgen als gewollt (bzw. gesetzlich angeordnet) anzusehen.[3]

II. Rechtsfolgen bei Vereinbarung der Rückbeziehung

Soweit die Parteien die Rückbeziehung nur allgemein angeordnet und nicht näher geregelt haben, müssen sie sich bei **aufschiebenden Bedingungen** so behandeln lassen, als wären die Rechtswirkungen bereits im vereinbarten früheren Zeitpunkt eingetreten. Dieser Zeitpunkt ist nicht notwendig der des Vertragsschlusses, vielmehr kann auch ein anderer gewählt werden.[4] Betrifft die Rückbeziehungsvereinbarung z.B. nur das Verpflichtungsgeschäft, so ändert sie etwa bei einem bedingten Kauf grundsätzlich nichts an der Zuordnung der **Nutzungen** an der Kaufsache, da deren Zuordnung gem. § 446 nur von der Übergabe der Kaufsache abhängt. Freilich könnte man umgekehrt die Wirkungen der Übergabe infolge des schwebenden Kaufvertrags gem. § 158 Abs. 1 erst im Zeitpunkt des Bedingungseintritts als eingetreten ansehen und für eine frühere Wirkung eine Rückbeziehungsvereinbarung verlangen.[5] Doch ist eine Übergabe während der Schwebezeit, wenn auch nicht geschuldet, gleichwohl eine solche i.S.d. § 446, wenn man den bedingten Kaufvertrag als Grundlage ausreichen lässt.[6] Für Letzteres spricht, dass gerade die Bedingung eine frühere Übergabe notwendig machen kann, wie z.B. beim durch Weiterverkauf aufschiebend bedingten Konditionskauf. Aber auch bei bedingter Übereignung ohne Übergabe der Kaufsache müsste der Verkäufer wegen § 446 während der Schwebezeit gezogene Nutzungen nicht an den Käufer herausgeben, solange das nicht ausdrücklich vertraglich festgelegt ist.

Bei der **auflösenden Bedingung** eines Verpflichtungsgeschäfts muss dagegen der bedingt Berechtigte sich im Falle einer Rückbeziehungsvereinbarung so behandeln lassen, als sei er niemals Berechtigter geworden. Der Sache nach muss deshalb beim Eintritt der auflösenden Bedingung das Geschäft nach § 812 Abs. 1 S. 1 abgewickelt werden. Ohne Rückbeziehungsvereinbarung ist dagegen § 812 Abs. 1 S. 2 Alt. 1 einschlägig.

Vertragliche Detailregeln für die Rückabwicklung sind aber stets vorrangig.[7] Fehlen diese, so richtet sich die Rückabwicklung nach den §§ 818 ff., wobei praktische Unterschiede zum Rücktritt vom Vertrag durch die Schuldrechtsreform verschärft wurden. Denn der auf die auflösende Bedingung anwendbare[8] § 820 Abs. 1 S. 2 führt über §§ 818 Abs. 4, 292 zur Anwendung der §§ 987 ff., modifiziert durch § 820 Abs. 2, während die Wert- und Nutzungsherausgabe nach Rücktritt in §§ 346 f. n.F. nunmehr eine eigenständige Regelung erfahren hat. § 820 Abs. 1 S. 2 ebnet im Übrigen etwaige Unterschiede zwischen vorhandener und fehlender Rückbeziehungsvereinbarung ein, da in beiden Fällen vom Zeitpunkt des Empfangs die Vorschriften des Eigentümer-Besitzer-Verhältnisses gelten.

Die wohl h.M.[9] entnimmt hingegen **auch ohne Rückbeziehungsvereinbarung** der Vereinbarung einer auflösenden Bedingung im Wege der Auslegung eine vertragliche Rückabwicklungspflicht (wohl mit der Konsequenz eines vertraglichen Synallagmas beidseitiger Rückgewährpflichten). In diesem Fall (bei Fehlen der Rückbeziehungsvereinbarung) bildet jedoch der Vertrag nur einen vorübergehenden Rechtsgrund für das Behaltendürfen, und nicht auch die Regelung der Rückabwicklung. Die vertraglich begründete Unsicherheit wegen der Bedingung berücksichtigt bereits § 820 in ausreichender Weise. Anderes lässt sich nur im Wege der Auslegung erreichen, wenn man die vertragliche Regelung unmittelbar als Rücktrittsvorbehalt einordnet. Eine solche Ausnahme dürfte für die auflösende Wollensbedingung gelten, da und wenn den Parteien bei der Vereinbarung der Rückbeziehungsvereinbarung die unterschiedlichen Wirkungen der §§ 346 ff. und der §§ 987 ff. nicht bekannt waren.

Die auflösend bedingte Verfügung mit Rückbeziehungsvereinbarung kann wegen des Trennungs- und Abstraktionsprinzips nicht ohne das zugrunde liegende Besitzmittlungsverhältnis zwischen Sicherungsnehmer und -geber beurteilt werden. Der Sicherungsabrede ist im Wege der Auslegung zu entnehmen, was in Bezug auf Nutzungen, Verwendungen usw. während des Schwebezustandes gilt.

---

3 BAG NJW 1985, 1797, 1799; vgl. auch BAG NZA 1998, 1167.
4 Staudinger/*Bork*, § 159 Rn 5.
5 So wohl BGH NJW 1975, 776, 778.
6 *Flume*, BGB AT Bd. 2, § 40 2c; ein formnichtiger Kaufvertrag reicht dagegen nicht, vgl. BGH NJW 1998, 2360, 2363.
7 Vgl. BGH MDR 1959, 658 f. = LM § 159 Nr. 1; Staudinger/*Bork*, § 159 Rn 9 m.w.N.; Soergel/*Wolf*, § 159 Rn 2.
8 MüKo/*Lieb*, § 820 Rn 8; Staudinger/*Lorenz*, § 820 Rn 6; Erman/*H.P.Westermann/Buck*, § 820 Rn 5.
9 *Flume*, BGB AT Bd. 2, § 40 2d; *Medicus*, BGB AT, Rn 840; Bamberger/Roth/*Rövekamp*, § 159 Rn 7; Staudinger/*Bork*, § 159 Rn 9 m.w.N.; wie hier Soergel/*Wolf*, § 159 Rn 2, § 158 Rn 29; MüKo/ *Westermann*, § 159 Rn 3; Erman/*Armbrüster*, § 159 Rn 1.

C. Weitere praktische Hinweise

8 Gem. § 163 ist § 159 von dem Verweis auf die Bedingungsvorschriften ausgenommen, also nicht auf die **Befristung** anwendbar. Das ist logisch: Warum sollten die Parteien bei einem befristeten Vertrag die Rückwirkung anordnen, wenn sie doch stattdessen eine kürzere oder keine Frist hätten vereinbaren können. Versteht man unter Befristung – anders als hier vertreten – freilich auch die Fälle des *dies certus an, incertus quando* (so die h.M., vgl. § 158 Rn 20), so stellte sich in diesen Fällen für die Parteien die Frage, ob sie zusätzlich einen festen Termin für den Beginn der Rechtswirkungen des Vertrages wollen. Allerdings erscheint gerade in diesem Fall eine Rückbeziehung als geradezu widersinnig: Wenn die Parteien den Eintritt des Ereignisses doch für sicher halten (aber nicht wissen, wann es eintritt), dann widerspricht eine Rückbeziehungsvereinbarung mit festem Termin gerade dieser angeblich auf die Zeit bezogenen Unsicherheit. Richtigerweise ist aus einer Rückbeziehungsvereinbarung fast zwingend zu schließen, dass die Parteien eine Bedingung vereinbart haben.

§ 160 Haftung während der Schwebezeit

(1) ¹Wer unter einer aufschiebenden Bedingung berechtigt ist, kann im Falle des Eintritts der Bedingung Schadensersatz von dem anderen Teil verlangen, wenn dieser während der Schwebezeit das von der Bedingung abhängige Recht durch sein Verschulden vereitelt oder beeinträchtigt.

(2) ¹Den gleichen Anspruch hat unter denselben Voraussetzungen bei einem unter einer auflösenden Bedingung vorgenommenen Rechtsgeschäft derjenige, zu dessen Gunsten der frühere Rechtszustand wieder eintritt.

A. Allgemeines 1	I. Abdingbarkeit 7
B. Regelungsgehalt 4	II. Analoge Anwendung 8
I. Tatbestand 4	III. Gesetzliches Rücktrittsrecht ... 9
II. Rechtsfolgen 6	IV. Verjährung 10
C. Weitere praktische Hinweise 7	

A. Allgemeines

1 Das bedingte Geschäft entfaltet schon während der Schwebezeit **Vorwirkungen**, die in den §§ 160–162 näher geregelt sind. Zum einen darf der bedingt Verpflichtete das bedingte Recht nicht vereiteln oder beeinträchtigen, andernfalls muss er gem. § 160 Schadensersatz leisten. Ferner sind bei bedingten Verfügungen gem. § 161 Zwischenverfügungen des noch Berechtigten unwirksam, soweit sie das übertragene Recht beeinträchtigen. Drittens schließlich verhindert die gesetzliche Fiktion des § 162 durch eine Fiktion treuwidrige Eingriffe in den Kausalverlauf durch beide Parteien.

2 § 160 bezieht sich sowohl auf bedingte Verpflichtungs- wie auf bedingte Verfügungsgeschäfte. Die Norm schafft ein **gesetzliches Schuldverhältnis**, das freilich keine unbedingten Pflichten enthält und daher von der c.i.c. bzw. den aus § 241 geschuldeten Nebenpflichten zu unterscheiden ist. Soweit § 241 bzw. § 242 herangezogen wird, um Leistungstreuepflichten zu begründen, müssen die zu diesen Vorschriften angestellten Überlegungen im Falle eines bedingten Verpflichtungsgeschäfts mit der Regelung des § 160 harmonisiert und daher relativiert werden.

3 Bereits mit dem bedingten Geschäftsabschluss soll nach h.M. die sofortige durchsetzbare (Treue-)Pflicht entstehen, den Leistungsgegenstand zu erhalten, was der Gläubiger durch Leistungs- oder Unterlassungsklage sowie einstweilige Verfügung bereits während der Schwebezeit durchsetzen können soll.[1] Diese Auffassung schränkt die Freiheit des Schuldners angesichts der Ungewissheit des Bedingungseintritts zu sehr ein. Innerhalb seines Anwendungsbereichs schafft § 160 nur gerade nicht durchsetzbare **Obliegenheiten** des Schuldners, bei deren Verletzung ihn nur im Falle des Bedingungseintritts Schadensersatzpflichten treffen. Richtig ist allenfalls, dass der bedingte Schadensersatzanspruch selbst nach Maßgabe des § 916 Abs. 2 ZPO sofort durch Arrest gesichert werden kann, wenn der Bedingungseintritt nicht ganz fern liegt. Ein Abwarten ist dem Gläubiger erst dann nicht mehr zuzumuten, wenn der Bedingungseintritt bereits hinsichtlich des „Ob"

---

[1] Vgl. dazu BGH WM 1969, 835 f.; NJW 1984, 2034, 2035; Bamberger/Roth/*Rövekamp*, § 160 Rn 3; Staudinger/*Bork*, § 160 Rn 5; Soergel/*Wolf*, § 160 Rn 5, 6; *Medicus*, BGB AT, Rn 842; *Flume*, BGB AT Bd. 2, § 40 2c; vorsichtiger dagegen MüKo/*Westermann*, § 160 Rn 2 u. 7.

nach § 162 Abs. 1 fingiert ist.[2] Im Übrigen kann nur bei **befristeten** Ansprüchen eine unbedingte Vorwirkung bejaht werden.

B. Regelungsgehalt

I. Tatbestand

Es muss sich um ein bedingtes Rechtsgeschäft handeln und die Bedingung muss eingetreten oder gem. § 162 fingiert sein. Andernfalls sind die beeinträchtigenden Handlungen folgenlos. Daher ist der Schadensersatzanspruch des § 160 selbst bedingt.[3] Soweit die Durchführbarkeit eines **Verpflichtungsgeschäfts** durch eine Seite beeinträchtigt wird, umfasst das sowohl die Vernichtung wie auch die Verschlechterung des Leistungsgegenstandes wie auch Rechtsmängel.[4] Erforderlich ist weiter Verschulden, der Verschuldensmaßstab richtet sich nach dem bedingten Geschäft, § 280 Abs. 1 S. 2 ist zumindest entsprechend anwendbar.[5]

Bei bedingten oder befristeten **Verfügungsgeschäften** kommt § 160 nur dann zur Anwendung, wenn die Beeinträchtigung oder Vereitelung des bedingt übertragenen Rechts trotz § 161 gelungen ist und soweit sich eine Schadensersatzpflicht nicht bereits aus dem Kausalgeschäft ergibt. Gelingt es dem während der Schwebezeit noch Berechtigten, zugunsten eines Gutgläubigen gem. Abs. 3 rechtwirksam zu verfügen, so begründet das unmittelbar seine Haftung aus § 160.

II. Rechtsfolgen

Soweit es um Verpflichtungsgeschäfte geht, gewährt § 160 Ersatz des **positiven Interesses**.[6] §§ 284, 285 dürften entsprechend anwendbar sein.[7] Bei Verfügungsgeschäften löst die Handlung einen Schadensersatzanspruch in Höhe des Wertes des vereitelten Rechts oder der erfolgten Belastung aus und tritt an die Stelle des bedingt übertragenen Rechts, etwa des Eigentums.[8]

C. Weitere praktische Hinweise

I. Abdingbarkeit

Die Vorschrift ist vertraglich abdingbar, eine entsprechende Regelung in AGB unterliegt aber der Kontrolle der §§ 305 ff., insbes. des § 309 Nr. 7, 8, 12. Vertragliche Haftungsmilderungen dürfen auch für den gesetzlichen Anspruch aus § 160 gelten.

II. Analoge Anwendung

Nach *Flume* soll § 160 auch auf die Fälle anwendbar sein, in denen ein bindendes Angebot innerhalb der Bindungsfrist erst in einem Zeitpunkt angenommen wird, in dem die geschuldete Leistung bereits unmöglich geworden ist und der Schuldner dies zu vertreten hat.[9] Dieser – zutreffende – Gedanke dürfte der Regelung des § 311a Abs. 2 vorgehen, nach der es allein auf die Kenntnis des Schuldners vor der Annahme des Angebots ankäme. Jedenfalls in diesem Sonderfall (Unmöglichkeit zwischen Angebot des Schuldners und Annahme) kann es im Rahmen des § 311a Abs. 2 jedoch nur um die Kenntnis des Schuldners im Zeitpunkt der Abgabe seines bindenden Angebots gehen (sonst würde er auch für zufälligen Untergang während der Bindungsfrist haften, ohne diese Haftung vermeiden zu können). Andererseits darf seine Haftung nicht allein deshalb entfallen, weil die Verschuldenshaftung des § 283 erst nach dem Zustandekommen des Vertrages greift. Die dadurch entstehende Lücke schließt § 160 – und nicht etwa nur eine Haftung aus c.i.c. auf das negative Interesse.[10]

---

2 In der Sache ebenso BGH NJW 1975, 205, 206 für Ansprüche aus § 281 a.F.
3 Soergel/*Wolf*, § 160 Rn 2 hält die dogmatische Einordnung für folgenlos.
4 Vgl. zu Rechtsmängeln BGH NJW 1975, 205, 206.
5 Soergel/*Wolf*, § 160 Rn 4; Staudinger/*Bork*, § 160 Rn 12; MüKo/*Westermann*, § 160 Rn 5.
6 BAG DB 1997, 2226; Staudinger/*Bork*, § 160 Rn 10; Soergel/*Wolf*, § 160 Rn 5.
7 Für § 285 Staudinger/*Bork*, § 160 Rn 11; OLG Oldenburg NJW-RR 1990, 650; *Flume*, BGB AT Bd. 2, § 40 2c; vgl. auch BGH NJW 1975, 205, 206.
8 So *Flume*, BGB AT Bd. 2, § 39 3e.
9 *Flume*, BGB AT Bd. 2, § 35 I 3e; vgl. auch Staudinger/*Bork*, § 145 Rn 25; Soergel/*Wolf*, § 145 Rn 18.
10 So aber wohl Staudinger/*Bork*, § 145 Rn 25, 36.

III. Gesetzliches Rücktrittsrecht

9 Soweit der Schuldner seine Leistungsfähigkeit beseitigt, kann der Gläubiger von dem bedingten Vertrag auch nach Maßgabe des § 323 Abs. 4 zurücktreten, und zwar bereits während des Schwebezustandes und ohne Fristsetzung, da diese nach der Formulierung des Abs. 4 ausgeschlossen ist.

IV. Verjährung

10 Der Anspruch ist kein deliktischer, sondern ein vertragsähnlicher, soweit es um bedingte Verpflichtungsgeschäfte geht. Deshalb verjährt er nach den für das bedingte Rechtsgeschäft geltenden Verjährungsfristen.[11] Der Lauf der Verjährungsfrist beginnt erst mit dem Eintritt der Bedingung oder einer ihr gleichgestellten Verhinderung gem. § 162 Abs. 1. Der Schadensersatzanspruch wegen einer gem. Abs. 3 wirksamen Verfügung verjährt als Ersatz für die bedingte Verfügung gem. § 197 Abs. 1 Nr. 1 Alt. 2 in 30 Jahren.

§ 161 Unwirksamkeit von Verfügungen während der Schwebezeit

(1) ¹Hat jemand unter einer aufschiebenden Bedingung über einen Gegenstand verfügt, so ist jede weitere Verfügung, die er während der Schwebezeit über den Gegenstand trifft, im Falle des Eintritts der Bedingung insoweit unwirksam, als sie die von der Bedingung abhängige Wirkung vereiteln oder beeinträchtigen würde. ²Einer solchen Verfügung steht eine Verfügung gleich, die während der Schwebezeit im Wege der Zwangsvollstreckung oder der Arrestvollziehung oder durch den Insolvenzverwalter erfolgt.

(2) ¹Dasselbe gilt bei einer auflösenden Bedingung von den Verfügungen desjenigen, dessen Recht mit dem Eintritt der Bedingung endigt.

(3) ¹Die Vorschriften zugunsten derjenigen, welche Rechte von einem Nichtberechtigten herleiten, finden entsprechende Anwendung.

A. Allgemeines 1	B. Regelungsgehalt 6
I. Übersicht 1	I. Bedingte Unwirksamkeit von Zwischenverfügungen (Abs. 1 und 2) 6
II. § 161 als Grundlage des Anwartschaftsrechts an Mobilien? 3	II. Schutz gutgläubiger Dritter (Abs. 3) 9
III. § 161 und Publizitätsprinzip 5	C. Weitere praktische Hinweise 11

A. Allgemeines

I. Übersicht

1 § 161 legt eine Vorwirkung bedingter **Verfügungsgeschäfte** fest und schützt den während des Schwebezustands noch Nichtberechtigten gegen Zwischenverfügungen des noch Berechtigten. Die Vorschrift regelt die (Un-)Wirksamkeit, nicht die Zulässigkeit von Zwischenverfügungen. Systematisch steht § 161 nahe bei § 160. Die Zwischenverfügung ist Versuch der Vereitelung oder Beeinträchtigung des von der Bedingung abhängigen Rechts, zeitigt aber nicht lediglich Schadensersatzfolgen, sondern ist vorbehaltlich des Abs. 3, der dem Schutz Gutgläubiger dient, unwirksam.

2 Zugleich bestätigt die Vorschrift die fehlende Rückwirkung des Bedingungseintritts. Wäre es anders, würde der noch Berechtigte rückwirkend als Nichtberechtigter anzusehen sein, und zumindest die beiden ersten Absätze des § 161 wären dann überflüssig. Abs. 1 betrifft denjenigen, der verfügt hat, Abs. 2 den, zu dessen Gunsten verfügt wurde, beide also den während der Schwebezeit Berechtigten. Alle Verfügungen, die vom noch Berechtigten (z.B. dem Vorbehaltsverkäufer) während der Schwebezeit vorgenommen werden, werden unwirksam, sobald die Bedingung eintritt. So wird der Zwischenverfügungsempfänger zwar zunächst Eigentümer; nach Eintritt der Bedingung wird die Übereignung an ihn aber unwirksam, so dass das Eigentum an den bedingt Berechtigten (z.B. den Vorbehaltskäufer) fällt. Der Zwischenerwerber muss die Sache dann grundsätzlich nach § 985 an den jetzt Berechtigten herausgeben und kann sich nur nach §§ 435, 437 an seinen Verkäufer wenden.

---

11 Soergel/*Wolf*, § 160 Rn 2.

II. § 161 als Grundlage des Anwartschaftsrechts an Mobilien?

Wegen des eben beschriebenen weitgehenden Schutzes sieht man in § 161 die maßgebliche Grundlage des so genannten **Anwartschaftsrechts**.[1] Der Begriff ist schillernd. Als Anwartschaft kann man allgemein jede Vorstufe zum Erwerb eines Rechts bezeichnen, wobei es sich aber um mehr als eine bloße Erwerbsaussicht handeln muss (vgl. § 1587). Bei dem Recht muss es sich nicht notwendig um ein dingliches handeln; es gibt auch obligatorische, erbrechtliche oder immaterialgüterrechtliche Anwartschaften. Mit dem Begriff *Anwartschaftsrecht* soll eine so weit fortgeschrittene Stellung des Rechtserwerbs gekennzeichnet werden, dass diese Stellung gegenüber dem Vollrecht als „wesensgleiches Minus"[2] erscheint, insbesondere mit der Folge, dass diese Stellung wie das Vollrecht übertragen werden kann und der noch nicht Vollberechtigte über das Anwartschaftsrecht als Berechtigter verfügt. Ein Anwartschaftsrecht bei bedingten Verfügungen[3] soll dann vorliegen, wenn der Veräußerer den Rechtserwerb nicht mehr durch einseitige Erklärung verhindern kann[4] bzw. der Erwerb nur noch vom Erwerber abhängt.[5]

Tatsächlich kann § 161 für die Begründung und rechtliche Behandlung von Anwartschaftsrechten nur begrenzt herangezogen werden. Keinesfalls begründet jede aufschiebend bedingte Verfügung ein Anwartschaftsrecht des Erwerbers. Als Gegenbeispiel mag nur die Übereignung unter der aufschiebenden Bedingung dienen, dass der Verkäufer nicht innerhalb einer bestimmten Frist von dem Kauf zurücktritt. Das zeigt bereits, dass es für die Frage eines Anwartschaftsrechts maßgeblich auf den Inhalt und den Zweck der Bedingung ankommt. Die durch § 161 begründete „Sicherung" des noch nicht Berechtigten besteht hingegen bei jeder bedingten Verfügung, nicht nur bei Anwartschaftsrechten. Auch im genannten Beispiel wäre eine Zwischenverfügung des Verkäufers unwirksam, wenn er z.B. vergisst zurückzutreten.

III. § 161 und Publizitätsprinzip

Mit dem Bedingungseintritt fällt das Eigentum automatisch an den Sicherungsgeber „zurück" bzw. wird auf den Vorbehaltskäufer übertragen. Dafür ist aber Voraussetzung, dass die Publizitätsanforderungen gewahrt sind. Ohne die Publizitätsanforderungen des Sachenrechts würde § 161 die Möglichkeit von Verträgen zulasten Dritter schaffen. Eine auflösend bedingte Eigentumsübertragung beim Eigentumsvorbehalt ist mit dem Zweck des Vorbehalts aber nicht vereinbar: Die Konstruktion könnte bei Bedingungseintritt nur dann zum Eigentum des Vorbehaltsverkäufers führen, wenn zugleich ein Rechtsverhältnis zwischen ihm und dem Vorbehaltskäufer bestünde, kraft dessen der Käufer ein Recht zum Besitz hat. Dieser soll aber dann gerade nicht mehr die Sache behalten dürfen. Über eine Bedingungskonstruktion kann auch kein traditionsloser Eigentumswechsel stattfinden, da § 161 nur die Einigung und nicht die – ihrerseits bedingungsfeindliche[6] – Übergabe betrifft.[7]

B. Regelungsgehalt

I. Bedingte Unwirksamkeit von Zwischenverfügungen (Abs. 1 und 2)

Es muss sich um ein bedingtes Verfügungsgeschäft handeln; der während des Schwebezustandes Berechtigte muss während des Schwebezustands eine weitere Verfügung, sog. Zwischenverfügung, vorgenommen haben und die Bedingung muss eingetreten oder gem. § 162 der Bedingungseintritt fingiert sein. Nur beeinträchtigende **Zwischenverfügungen** werden von § 161 erfasst, also jede Einwirkung auf das Recht durch Übertragung, Belastung, Inhaltsänderung oder Aufhebung, nicht aber die letztwillige Verfügung.[8] Zur Verfügung über eine Forderung soll auch ihr Erlass und sogar ihre Einziehung durch den Gläubiger gehören, dessen Recht nur auflösend bedingt ist.[9] Den Schuldner schützt § 407.[10]

---

1 Vgl. etwa Soergel/*Wolf*, § 161 Rn 1 a.E.; Staudinger/*Bork*, vor § 158 Rn 55; Erman/*Armbrüster*, § 158 Rn 4 (§§ 160, 162); vgl. demgegenüber MüKo/*Westermann*, § 161 Rn 9; *Medicus*, BR, Rn 475, 479, 487.
2 BGHZ 28, 16, 21; AnwK-BGB/*Schilken*, § 929 Rn 13 ff. m.w.N.
3 Näher zum Eigentumsanwartschaftsrecht allg. AnwK-BGB/*Schilken*, § 929 Rn 13 ff.; zum Anwartschaftsrecht des Vorbehaltskäufers AnwK-BGB/*ders.*, § 929 Rn 80 ff. Zu Anwartschaften bei Verfügungen über Immobiliarsachenrechte s. AnwK-BGB/*Grziwotz*, § 925 Rn 34 ff.
4 So die Definition in BGHZ 83, 395, 399.
5 Vgl. *Medicus*, BR, Rn 456.
6 Vgl. nur Soergel/*Henssler*, § 929 Rn 39; BGH NJW 1998, 2360, 2363.
7 Anders *Flume*, BGB AT Bd. 2, § 40 2d.
8 Staudinger/*Bork*, § 161 Rn 4, *Wolf*, in: FS Lübtow 1991, S. 325, 328.
9 BGH NJW 1999, 1782, 1783; Staudinger/*Bork*, § 161 Rn 5; Soergel/*Wolf*, Rn 3 m.w.N.; a.A. *Berger*, KTS 1997, 393, 395 f.
10 Soergel/*Wolf*, § 161 Rn 3; Staudinger/*Bork*, § 161 Rn 5; Bamberger/Roth/*Rövekamp*, § 161 Rn 4.

7 Der rechtsgeschäftlichen Verfügung **gleichgestellt** werden in Abs. 1 S. 2 Zwangsverfügungen durch Einzel- oder Gesamtvollstreckung sowie Arrestvollziehung, weshalb die Stellung des noch nicht Berechtigten sehr weitgehend geschützt ist. Davon ausgenommen sein soll allerdings der hoheitliche Erwerb des Erstehers in der Zwangsvollstreckung.[11] Nach h.M. gilt § 161 zumindest analog auch für gesetzliche Pfandrechte (§§ 562, 583, 592, 647, 704), da sie zwar durch Realhandlung, aber letztlich aufgrund einer Willensentschließung des noch Berechtigten entstehen.[12] Man wird aber hier zumindest darauf achten müssen, ob das bedingte Geschäft nicht nur ein Vorwand ist, um dem gesetzlichen Pfandrecht zu entgehen.

8 Die Zwischenverfügung oder ihr gleichgestellte Akte sind **unwirksam** nur, soweit sie die bedingte Wirkung beeinträchtigen würden. Das ist nach h.M. keine relative, sondern eine absolute, d.h. von jedermann, nicht nur vom noch nicht Berechtigten im Falle des Bedingungseintritts geltend zu machende Unwirksamkeit.[13] Der bedingt Berechtigte kann aber die Zwischenverfügung gem. § 185 genehmigen, so dass sie endgültig wirksam wird.[14] Sachlich ist die Unwirksamkeit von Zwischenverfügungen beschränkt in zwei Richtungen. Einerseits wirkt sich die Aufhebung von Belastungen eines bedingt übertragenen Rechts positiv aus und bleibt deshalb auch nach Bedingungseintritt wirksam, und andererseits kann etwa bei bedingter oder befristeter Belastung eines Rechts die zwischenzeitlich erfolgte Einräumung einer anderen dinglichen Belastung ausnahmsweise nicht beeinträchtigend wirken (etwa steht einem Wegerecht an einem Grundstück ein späteres dingliches Wohnrecht nicht im Wege). § 161 eröffnet keinerlei schuldrechtliche Wirkungen, das der Zwischenverfügung zugrunde liegende **Kausalgeschäft** wird durch § 161 also nur mittelbar (Unvermögen) berührt.[15]

II. Schutz gutgläubiger Dritter (Abs. 3)

9 Zum Schutz des gutgläubigen Dritten, zugunsten dessen die Zwischenverfügung erfolgt, erklärt Abs. 3 die Vorschriften über den Erwerb vom Nichtberechtigten für entsprechend anwendbar. Der Dritte erwirbt den Gegenstand im Zeitpunkt der Zwischenverfügung vom dinglich noch Berechtigten. Nach h.M. muss sich der gute Glaube des Erwerbers gerade auf das Nichtbestehen einer bedingten Verfügung beziehen.[16]

10 Vorbehaltskäufer und Sicherungsgeber im Fall der auflösend bedingten Sicherungsübereignung müssen wegen Abs. 3 die Veräußerung durch den Verkäufer bzw. Sicherungsnehmer nicht fürchten. Solange sie den Besitz nicht freiwillig aufgegeben haben, kann eine Veräußerung auch nicht durch Abtretung des Herausgabeanspruchs erfolgen, vgl. §§ 935, 936 Abs. 3.[17] Der gutgläubige Erwerb von Forderungen ist gänzlich ausgeschlossen.[18]

C. Weitere praktische Hinweise

11 Jede Verfügung unter einer Bedingung löst die bedingte Verfügungsverbotswirkung gem. § 161 aus. Dies zeigt zunächst, dass trotz § 137 S. 1 dinglich wirkende **Verfügungsverbote rechtsgeschäftlich** begründet werden können. Andererseits erhalten gerade Abs. 1 und 2 auch die Verfügungsbefugnis des während der Schwebezeit Berechtigten, der seinerseits zumindest auflösend bedingt weiterverfügen kann.[19] Insoweit kann § 161 auch eine Grenze zulässiger Bedingungen entnommen werden. Wenn man die von § 161 eingeräumte Verfügungsbefugnis (schon wegen § 137) als gesetzliche versteht, dann widerspricht jede Gestaltung der Bedingung, die im praktischen Ergebnis keinen Raum für die weitere Verfügung lässt, dem Gedanken des § 161, und ist deshalb unwirksam.

---

11 BGHZ 55, 20, 25.
12 Staudinger/*Bork*, § 161 Rn 10; Soergel/*Wolf*, § 161 Rn 4; Erman/*Armbrüster*, § 161 Rn 3; MüKo/*Westermann*, § 161 Rn 13 will dem gutgläubigen Gläubiger jedenfalls bei Alleinbesitz das Pfandrecht belassen, dagegen aber Staudinger/*Bork*, a.a.O.: Abs. 3 verweise auf die allgemeinen Vorschriften und die ließen keinen gutgläubigen Erwerb des gesetzlichen Pfandrechts zu.
13 Staudinger/*Bork*, § 161 Rn 12; MüKo/*Westermann*, § 161 Rn 7 f.
14 BGH NJW 1985, 376, 378 = BGHZ 92, 280, 288.
15 Vgl. BGH WM 1962, 393, 394.
16 Staudinger/*Bork*, § 161 Rn 15; Soergel/*Wolf*, § 161 Rn 11; Bamberger/Roth/*Rövekamp*, § 161 Rn 12.
17 Staudinger/*Bork*, § 161 Rn 15; Soergel/*Wolf*, § 161 Rn 11; Bamberger/Roth/*Rövekamp*, § 161 Rn 13.
18 Staudinger/*Bork*, § 161 Rn 15; Soergel/*Wolf*, § 161 Rn 11; Bamberger/Roth/*Rövekamp*, § 161 Rn 13.
19 Darauf weist zu Recht hin *Berger*, S. 172.

§ 162 Verhinderung oder Herbeiführung des Bedingungseintritts

(1) ¹Wird der Eintritt der Bedingung von der Partei, zu deren Nachteil er gereichen würde, wider Treu und Glauben verhindert, so gilt die Bedingung als eingetreten.

(2) ¹Wird der Eintritt der Bedingung von der Partei, zu deren Vorteil er gereicht, wider Treu und Glauben herbeigeführt, so gilt der Eintritt als nicht erfolgt.

A. Allgemeines 1	b) Unterlassen und Verweigerung von
I. Fiktion 1	Mitwirkungshandlungen 11
II. Vorrang der Auslegung 2	c) Die Einschaltung Dritter 12
B. Regelungsgehalt 3	d) Formales Verhalten 13
I. Anwendungsbereich 3	e) Beeinflussung Dritter 16
II. Zu dessen Vor- oder Nachteil er gereicht .. 6	f) Verletzung von Vertragspflichten ... 17
III. Treuwidriger Eingriff in den Kausalverlauf . 8	IV. Rechtsfolgen und Zeitpunkt 18
1. Kausaler Eingriff 8	**C. Weitere praktische Hinweise** 21
2. Treuwidrigkeit 10	I. Beweislast 21
a) Gesamtabwägung 10	II. Analoge Anwendung 22

A. Allgemeines

I. Fiktion

Die Vorschrift ordnet im Wege einer Fiktion zulasten derjenigen Partei, die in den vertraglich vorgesehenen Ablauf des Geschehens treuwidrig eingreift, an, dass der Eingriff als nicht erfolgt gilt. Abs. 1 ist insoweit unproblematisch, da durch die Fiktion eine endgültige Entscheidung über die Bedingung herbeigeführt wird, indem der fragliche Lebensumstand als eingetreten gilt, so dass die auflösend oder aufschiebend bedingten Wirkungen eintreten. Abs. 2 ordnet lediglich an, dass der Eintritt als nicht erfolgt gilt. Damit ist die Bedingung jedoch nicht notwendig ausgefallen, vielmehr ist durchaus denkbar, dass der entsprechende Lebensumstand (später) doch noch eintritt. Soweit daher der Vertrag nicht wegen des treuwidrigen Eingriffs außerordentlich gekündigt wird oder werden kann, muss weiter bis zur Entscheidung über die Bedingung abgewartet werden. 1

II. Vorrang der Auslegung

§ 162 ist Ausdruck des allgemeinen Grundsatzes von Treu und Glauben. Er beschreibt den Unterfall des Rechtserwerbs kraft unredlichen Verhaltens (*nemo turpitudinem suam allegans auditur*).[1] Durch eine interessengerechte Auslegung der Bedingung kann der tatsächliche Anwendungsbereich des § 162 weitgehend reduziert werden, da davon auszugehen ist, dass die Parteien die Entscheidung über die Bedingung durch treuwidriges Verhalten gerade nicht wollen.[2] Die gesetzliche Fiktion kann aber auch durch reine Auslegung der Bedingung selbst nicht vollständig weginterpretiert werden,[3] da § 162 auf **spätere treuwidrige Eingriffe** in den Geschehensablauf abstellt, die die Parteien regelmäßig bei der Abfassung der Bedingung weder bedacht haben noch bedenken konnten. Richtig dürfte zwar sein, dass insbesondere bei Potestativbedingungen die Auslegung der vertraglichen Verhaltensbeschreibung weitgehend das Ergebnis determiniert. Aber auch hier muss man Vorsicht walten lassen:[4] Wer sich durch Verhandlungsgeschick einen Vorteil gesichert hat, indem der Vertrag etwa ein seine Leistungspflicht auslösendes Verhalten bewusst eng beschreibt, dem darf dieser Vorteil nicht durch großzügige analoge Anwendung der vertraglichen Regel auf ähnliches Verhalten wieder genommen werden. Etwas anderes kann – gerade nach § 162 – nur dann gelten, wenn das ähnliche Verhalten durch ein subjektives Moment qualifiziert wird, also etwa nur vorgenommen wird, um die Leistungspflicht zu vermeiden.[5] Allgemein gesagt geht es um die notwendige Abgrenzung einer Umgehung von einer Vermeidung des Bedingungseintritts. In jedem Fall enthält § 162 ein eigenständiges Verbot des „*corriger la fortune*",[6] wenn Entscheidungen eines Dritten oder die Rechtzeitigkeit behördlicher Vorgänge zur Bedingung 2

---

1 Dazu nur Erman/*Hohloch*, § 242 Rn 108.
2 Vgl. zum Vorrang der Auslegung BGH NJW 1984, 2568 f.; MüKo/*Westermann*, § 162 Rn 9; Staudinger/ *Bork*, § 162 Rn 2 a.E.
3 So aber wohl *Flume*, BGB AT Bd. 2, § 40 1; *Medicus*, BGB AT, Rn 835.
4 Zur Vorsicht mahnend auch *Flume*, BGB AT Bd. 2, § 40 1 d a.E.: Vertragsgestaltung darf nicht durch richterliche Gestaltung ersetzt werden.
5 Vgl. z.B. BGH NJW-RR 1989, 802.
6 Begriff nach Soergel/*Wolf*, § 162 Rn 1.

eines Geschäfts gemacht werden. Dieses Verbot soll insoweit insbesondere Verzögerungshandlungen[7] sowie Bestechung ausschließen.

B. Regelungsgehalt

I. Anwendungsbereich

3   Es muss zunächst eine echte Bedingung vorliegen. § 162 ist nicht anwendbar auf reine **Rechtsbedingungen**, insbesondere behördliche oder nach § 177 erforderliche Genehmigungen,[8] oder auf Unterstellungen. Auf die **Potestativbedingung** ist § 162 uneingeschränkt anwendbar, wobei, soweit nicht die Erfüllung einer Verhaltenspflicht zur Bedingung erhoben wurde, die Freiheit der betreffenden Partei bei der Frage der Treuwidrigkeit zu berücksichtigen ist.[9]

4   Auf **Wollensbedingungen** ist § 162 nicht anwendbar.[10] Die abweichende Auffassung des OLG München ist nur eine „*falsa demonstratio*", da es im dortigen Sachverhalt in Wahrheit um eine bloße Potestativbedingung ging.[11] Soweit es bei der Wollensbedingung um eine arglistige Täuschung durch die andere Partei geht bzw. um andere treuwidrige Verhaltensweisen, mit denen die Erklärung des Wollenden manipuliert wird, soll § 162 nach Auffassung von *Wolf* anwendbar sein.[12] Dem kann indes nicht zugestimmt werden, da insoweit die §§ 116 ff. spezieller sind. Auf eine arglistige Täuschung reagiert das Recht gem. § 123 durch Wiederherstellung der Entscheidungsfreiheit, nicht mit einer Fiktion. Allenfalls die Grundsätze der Zugangsvereitelung sind anwendbar, wenn die andere Partei die Erklärung des Wollenden nicht hören will (dazu § 130 Rn 64 ff.).

5   Auf **Befristungen** ist die Vorschrift nur anwendbar, wenn es um die Fälle des *dies certus an, incertus quando* geht, soweit man diese nicht ohnehin als Bedingungsfälle einordnet (vgl. § 158 Rn 20 ff.) und der treuwidrige Eingriff den Zeitpunkt zugunsten des Eingreifenden verschiebt.[13] Vgl. im Übrigen noch Rn 22 f. (**analoge Anwendung**).

II. Zu dessen Vor- oder Nachteil er gereicht

6   Zu wessen Vor- oder Nachteil der Eintritt der Bedingung gereicht, kann nur bei **Verfügungen** eindeutig geklärt werden; der Bedingungseintritt ist für den auflösend bedingt Berechtigten nachteilig und für den aufschiebend bedingt Berechtigten vorteilhaft. Bei bedingten **Verpflichtungsgeschäften** muss unter Berücksichtigung der Gesamtumstände ermittelt werden, wer durch den Eintritt und Ausfall der Bedingung nachteilig betroffen ist. Die Vorteilhaftigkeit kann sich insbesondere bei Dauerschuldverhältnissen durch Zeitablauf verändern. So kann etwa der Eintritt einer auflösenden Bedingung eines Mietverhältnisses zunächst für den Vermieter – etwa wegen der Möglichkeit anderweitiger Vermietung zu höherem Mietzins – vorteilhaft sein, später aber für den dann auszugswilligen, aber nicht kündigungsberechtigten Mieter. Nach dem Wortlaut des § 162 kommt es aber auf die Vor- oder Nachteiligkeit im Zeitpunkt des Eingriffs an.

7   Problematisch ist die Anwendung des § 162 bei auflösend oder aufschiebend bedingten **Austauschgeschäften**, die insgesamt unter eine Bedingung gestellt sind, da die Nachteiligkeit möglicherweise

---

7   Zur verspäteten Zahlung der Grunderwerbsteuer als Voraussetzung für die zur Bedingung der Fälligkeit eines Anspruchs gemachte Erteilung der Unbedenklichkeitsbescheinigung OLG Karlsruhe NJW-RR 1996, 80.
8   BGH NJW 1996, 3338, 3340; Palandt/*Heinrichs*, § 162 Rn 1; Erman/*Armbrüster*, § 162 Rn 1; Staudinger/*Bork*, § 162 Rn 13 m.w.N. Der BGH, a.a.O., will den Rechtsgedanken des § 162 aber ausnahmsweise über § 242 angewendet wissen. S. dazu bereits oben zur Rechtsbedingung § 158 Rn 26 f.
9   Vgl. BGH NJW 1982, 2552; MüKo/*Westermann*, § 162 Rn 4; insoweit zutr. auch Staudinger/*Bork*, § 162 Rn 4 m.w.N. Daher war der Verkauf eines Grundstücks nicht treuwidrig in einem Fall, in dem der Eigentümer bereits einen aufschiebend bedingten Miet(vor)vertrag für den Fall des Hausbaus auf dem betreffenden Grundstück geschlossen hatte, BGH WM 1964, 921.
10 So BGH NJW 1996, 3338, 3340; RGZ 115, 296, 302 und im Grundsatz die h.M. in der Lit., vgl.

MüKo/*Westermann*, § 162 Rn 6; Soergel/*Wolf*, § 162 Rn 6; *Medicus*, BGB AT, Rn 836 (dort die Wollensbedingung freilich als Potestativbedingung bezeichnend); anders nur scheinbar OLG München NJW-RR 1988, 58; da dort in Wahrheit eine Potestativbedingung vorlag; *anders* aber Soergel/*Wolf*, § 162 Rn 6 für die Fälle der Täuschung des Wollenden; für Ausnahmefälle Staudinger/*Bork*, § 162 Rn 4 a.E.; vgl. auch Erman/*Armbrüster*, § 162 Rn 3 a.E.; dazu sogleich im Text.
11 OLG München NJW-RR 1988, 58; Ähnliches gilt für die in BGH NJW 1996, 3338, 3340 angesprochene Variante, dass die Erfüllung einer Rechtspflicht zur Bedingung erklärt wurde.
12 Soergel/*Wolf*, § 162 Rn 6, vgl. auch – offen lassend – BGH NJW 1996, 3338, 3340 und OLG Hamm BB 1995, 1925 (Andienung einer nicht billigungsfähigen Probe bei Kauf gem. § 454 soll zu § 326 führen).
13 Vgl. in der Sache ähnlich Soergel/*Wolf*, § 163 Rn 9; Staudinger/*Bork*, § 163 Rn 7; MüKo/*Westermann*, § 163 Rn 6.

schwer oder gar nicht feststellbar ist. Soweit nur einzelne Wirkungen des Geschäfts bedingt sind, mag es sich anders verhalten. Aus der treuwidrigen Handlung lässt sich freilich auf die nachteilige Betroffenheit zurückschließen, so dass etwa auch die treuwidrige Verhinderung des Eintritts des maßgebenden Umstands eines auflösend bedingten Kaufvertrags durch Käufer oder Verkäufer von § 162 erfasst wird.

III. Treuwidriger Eingriff in den Kausalverlauf

1. Kausaler Eingriff. Zunächst muss überhaupt ein **Eingriff** in den Kausalverlauf vorliegen. Dies ist im Falle des Abs. 2 nur dann anzunehmen, wenn der Bedingungseintritt materiell herbeigeführt ist und die Handlung des nachteilig Betroffenen dafür kausal war (zur Behandlung des Verzichts siehe § 158 Rn 80 f.). Zu Beweisfragen siehe Rn 21. Bei Potestativbedingungen kann also bereits hier eine Reihe von Fällen ausgeschieden werden, in denen nämlich die Vertragsauslegung ergibt, dass das entsprechende Verhalten die Bedingung nicht hat eintreten lassen.[14] § 162 wird in diesen Fällen vor allem auf die andere Partei Anwendung finden können, wenn sie dem Verhalten des Vertragspartners Hindernisse in den Weg legt, etwa indem sie erforderliche Mitwirkungshandlungen unterlässt.

Im Falle des Abs. 1 muss die Handlung **kausal** für den Nichteintritt der Bedingung geworden sein. Die bloße Erschwerung genügt nicht.[15] Nicht erforderlich ist ausschließliche Kausalität in dem Sinne, dass nicht auch andere Umstände kausal hätten werden können.[16] Eine Verzögerung des Bedingungseintritts genügt, wenn der Lebensumstand sonst früher eingetreten wäre, insoweit ist die Verspätung auszugleichen.[17]

2. Treuwidrigkeit. a) Gesamtabwägung. Die Treuwidrigkeit ist zu ermitteln durch eine Beurteilung des Eingriffs unter Abwägung sämtlicher Umstände des Einzelfalls nach Anlass, Zweck und Beweggrund des fraglichen Verhaltens.[18] Dazu gehören jedenfalls als Abwägungskriterien auch, ob und wieweit der Eingriff verschuldet war sowie etwaige Anhaltspunkte für ein Handeln mit Bezug auf den Bedingungseintritt, also **subjektive Momente.**[19] Der BGH verlangt zwar keine Vereitelungsabsicht,[20] wohl aber ein „bewusst pflichtwidriges mittelbares Eingreifen in den Gang der Bedingung".[21] Für die Fälle, in denen ein Vertragsschluss mit Dritten zur Bedingung einer Leistungspflicht gemacht wurde, siehe noch Rn 15.

b) Unterlassen und Verweigerung von Mitwirkungshandlungen. Ein Unterlassen kann nur dann treuwidrig sein, wenn mindestens eine Obliegenheit oder unselbständige Nebenpflicht zum Tätigwerden besteht.[22] Die Weigerung zur Erfüllung von für den Bedingungseintritt erforderlichen und zugleich aus § 241 folgenden Mitwirkungspflichten ist stets treuwidrig, soweit die Handlung nicht ausdrücklich im Vertrag freigestellt sind.[23] Darunter fallen z.B. die Fälle der Zugangsvereitelung (dazu § 130 Rn 64 ff.), des sich einer zumutbaren Kenntnisnahme Verschließens[24] bzw. der Verweigerung des Vorbehaltsverkäufers, die Zahlung (der letzten Rate) des Kaufpreises anzunehmen,[25] ebenso die rechtlose Weigerung des Käufers, die fremdfinanzierte Kaufsache abzunehmen, wenn die Übergabe Bedingung des Darlehensrückzahlungsanspruchs ist.[26] Die Weigerung, eine zur Bedingung erhobene Erklärung abzugeben, kann nur dann treuwidrig sein, wenn eine Rechtspflicht zur Erklärung besteht, fehlt eine solche, kann auch das Fehlen eines vernünftigen Grundes für die Weigerung die Erklärung nicht ersetzen.[27]

c) Die Einschaltung Dritter. Auf der einen Seite können in treuwidriger Weise Dritte eingeschaltet werden, um die durch eigenes Verhalten bedingten Folgen auszuschalten. So kann etwa eine Partei ihren

---

14 Vgl. *Medicus*, BGB AT, Rn 834 ff.
15 MüKo/*Westermann*, § 162 Rn 15; Staudinger/*Bork*, § 162 Rn 6; Soergel/*Wolf*, § 162 Rn 11 m.w.N.
16 MüKo/*Westermann*, § 162 Rn 11; Soergel/*Wolf*, § 162 Rn 13, beide unter Hinweis auf RG JW 1911, 213.
17 Insofern letztlich übereinstimmend MüKo/*Westermann*, § 162 Rn 15; Soergel/*Wolf*, § 162 Rn 12; aus der Rspr. OLG Karlsruhe NJW-RR 1996, 80.
18 Allg. M.: OLG Hamm NJW-RR 1989, 1366; OLG Düsseldorf NJW-RR 1987, 362, 364; Staudinger/*Bork*, § 162 Rn 7; Soergel/*Wolf*, § 162 Rn 7.
19 Zutr. Soergel/*Wolf*, § 162 Rn 8; Staudinger/*Bork*, § 162 Rn 10; OLG Hamm NJW-RR 1989, 1366.
20 Insofern einhellig auch das Schrifttum: Soergel/*Wolf*, § 162 Rn 8; Staudinger/*Bork*, § 162 Rn 10; Erman/*Armbrüster*, § 162 Rn 2 (Fahrlässigkeit genüge); ähnlich MüKo/*Westermann*, § 162 Rn 10.
21 BGH NJW-RR 1989, 802, dagegen Staudinger/*Bork*, § 162 Rn 10 (kein Verschulden im technischen Sinne erforderlich); ähnlich Soergel/*Wolf*, § 162 Rn 8 a.E. und Bamberger/Roth/*Rövekamp*, § 162 Rn 4; zweifelnd, i.E. aber ebenso, MüKo/*Westermann*, § 162 Rn 10.
22 Ebenso Soergel/*Wolf*, § 162 Rn 7; Palandt/*Heinrichs*, § 162 Rn 2; LG Gießen NJW-RR 1997, 1081; MüKo/*Westermann*, § 162 Rn 9 a.E.
23 Anders, soweit dafür zusätzliche Informationen gegenüber der drittfinanzierenden Bank erforderlich sind, LG Gießen NJW-RR 1997, 1081.
24 Dazu BGH NJW 1992, 3237, 3242; 1989, 2323.
25 BGHZ 75, 221, 228.
26 BGH NJW 1964, 36, 37.
27 Wohl a.A. Staudinger/*Bork*, § 162 Rn 8; in den von ihm zitierten Fällen OLG Brandenburg NJW-RR 2000, 766, 767 f. u. OLG Köln NJW-RR 1995, 113, 114 waren die entspr. Erklärungen jedoch nicht ins Belieben gestellt.

Ehepartner den eine Leistungspflicht auslösenden Vertrag schließen lassen, auch dieses Verhalten löst nach § 162 die Leistungspflicht aus.[28] Zu denken ist auch an die Einschaltung von Tochtergesellschaften. Umgekehrt kann auch die Weigerung treuwidrig sein, die Einschaltung eines Dritten in die Erfüllung einer Verhaltenspflicht oder -obliegenheit zuzulassen, so etwa des Vorbehaltsverkäufers, Zahlungen Dritter zu akzeptieren.[29] Gleiches gilt, wenn der Vermieter ohne vernünftigen Grund bei einem aufschiebend bedingten Aufhebungsvertrag (für den schon ein grundsätzliches Einverständnis des Vermieters mit einem „genehmen" Nachmieter ausreichen kann) den vom Mieter gestellten Nach-/Ersatzmieter ablehnt bzw. diesem absprachewidrige Konditionen andient und der Vertrag deshalb nicht zustande kommt.[30]

13 **d) Formales Verhalten.** Treuwidrig ist es, wenn sich der Handelnde ohne Grund auf einen formaljuristischen Standpunkt stellt, wenn also sein Verhalten zwar formal den Eintritt einer ihn belastenden Rechtsfolge vermeidet, nach seiner Funktion jedoch dem gemeinten Verhalten gleichsteht. Das wird vor allem dann vorkommen, wenn ein bestimmtes Verhalten einer Vertragspartei für sie nachteilige Zahlungs- oder sonstige Leistungspflichten auslöst. Diese Konstellation ist bereits bei der Vertragsgestaltung tunlichst zu vermeiden. Ist das nicht geschehen, so ist stets zu prüfen, ob das zur Bedingung gemachte Verhalten zugleich eine Pflicht der Partei war. Ist das der Fall, so wird man funktionsgleiches, formal aber abweichendes Verhalten leichter als treuwidrig ansehen können.

14 Ist es nicht der Fall, so ist das formale Vorgehen insgesamt zu würdigen. Löst etwa ein **Vertragsschluss mit Dritten** (ggf. innerhalb eines bestimmten Zeitraums) eine Leistungspflicht der Partei aus (oder beendet Ansprüche gegen den Vertragspartner wie in den Wiederverheiratungsfällen[31]), so ist für das Verhalten dieser Partei wie folgt zu unterscheiden: Wer den schädlichen Vertrag nur vorbereitet, sich aber noch nicht bindet, handelt weder treuwidrig noch tritt die Bedingung nach Sinn und Zweck des Vertrages ein.[32] Vorvertrag, aufschiebend befristeter Vertrag oder befristet bindendes Angebot binden die Partei dagegen, auch wenn der eigentliche Vertragsschluss bzw. die Entstehung von Ansprüchen aus dem Vertrag noch aufgeschoben sein mögen.[33] Deshalb ist hier der Bedingungseintritt zu bejahen, ob sich das aus § 162 oder im Wege der Auslegung der Bedingung ergibt, kann dahinstehen.

15 Kommt es auf die **Art des abzuschließenden Vertrages** (z.B. Kaufvertrag) an und schließt die bedingt gebundene Partei einen formal anderen Vertrag (z.B. Erbvertrag mit Nebenabreden), so muss nach den gesamten Umständen ermittelt werden, ob der formal abweichende Vertrag mit dem zur Bedingung erhobenen Vertrag funktionsgleich ist und ohne sachlichen Grund auf den ebenfalls in Betracht kommenden schädlichen Vertrag verzichtet wurde.[34] In dieser Entscheidung verweist der BGH einerseits auf ein subjektives Element (Gestaltung, die nur dazu dienen soll, die Vorkaufsrechtsausübung unmöglich zu machen) und behauptet zugleich, eine Umgehungsabsicht sei nicht erforderlich.[35] Richtigerweise wird man aus den Elementen funktionsgleich und fehlender sachlicher Grund auf die Umgehungsabsicht schließen müssen, während bei Vorliegen eines sachlichen (wirtschaftlichen) Grundes für die gewählte Gestaltung von zulässiger Vermeidung des Bedingungseintritts auszugehen ist. Löst erst die **Erfüllung** durch den Dritten die Zahlungspflicht aus, so kann vom bedingt Verpflichteten im Zweifel nicht erwartet werden, den Dritten aus dem geschlossenen Vertrag auch zu verklagen, die Abtretung an den Vertragspartner reicht vielmehr aus.[36] Zur Anwendung des § 162 im Rahmen von **Maklerverträgen** siehe im Übrigen die Erläuterungen zu § 652.[37]

16 **e) Beeinflussung Dritter.** Ist die Zustimmung Dritter zur Bedingung erklärt worden, so darf keine Partei auf die Entscheidung des Dritten Einfluss nehmen.[38] Dabei wird man, je nach Nähe des Dritten zu einer der Vertragsparteien, selbst die Beeinflussung durch falsche oder unvollständige Information für treuwidrig halten können. Ist eine behördliche Genehmigung rechtsgeschäftliche Wirksamkeitsvoraussetzung (zur gesetzlichen Wirksamkeitsvoraussetzung siehe § 158 Rn 26), besteht die vertragliche Nebenpflicht für beide Seiten, an der Erteilung oder Eintragung mitzuwirken und alles zu unterlassen, was die Genehmigung infrage stellen

---

[28] BGH NJW 1982, 2552; NJW-RR 1998, 1488 (Abfindungsanspruch bei Verkauf eines Grundstücks, das dann auf die Ehefrau übertragen wird).

[29] BGHZ 75, 221, 228; Staudinger/*Bork*, § 162 Rn 8 m.w.N.

[30] Vgl. OLG Koblenz ZMR 2002, 344; OLG Düsseldorf NJW-RR 1992, 657.

[31] Dazu OLG Düsseldorf NJW 1981, 463 (eheähnliches Zusammenleben über längeren Zeitraum lasse auflösende Bedingung der Wiederverheiratung in Unterhaltsvergleich gem. § 162 eintreten); dagegen aber vor dem gesetzlichen Hintergrund BGH NJW-RR 1991, 388.

[32] Vgl. *Flume*, BGB AT Bd. 2, § 40 1f, S. 721 zu RGZ 53, 257 ff.

[33] In diesem Sinne lag bei OLG München NJW-RR 1988, 58 nicht nur ein bindendes Angebot, sondern darüber hinaus auch noch eine Sicherung durch Vormerkung vor, vgl. auch BGH NJW 2002, 213.

[34] BGH NJW 1998, 2136.

[35] BGH NJW 1998, 2136, 2137 gegen 2138.

[36] OLG Köln NZG 1999, 607, 608.

[37] Vgl. auch Erman/*Werner*, § 652 Rn 41 f.

[38] OLG Dresden OLG-NL 2001, 97 für die Beeinflussung des Aufsichtsrats durch den Vorstand, der den bedingten Vertrag geschlossen hatte.

könnte.[39] Das beinhaltet (vorbehaltlich vertraglicher Detailregeln) aber nicht auch die Pflicht, bei Versagung der Genehmigung ein Rechtsmittelverfahren durchzuführen.[40]

f) Verletzung von Vertragspflichten. Löst die Nichterfüllung vertraglicher Pflichten vertragliche besondere Zahlungspflichten aus, so wird regelmäßig eine Vertragsstrafe vorliegen. Auf die Treuwidrigkeit kommt es dann nicht mehr an. Ausnahmsweise kann es aber auch so liegen, dass die Pflichtverletzung eine für den Schuldner günstige Rechtsfolge auslöst. Als nicht treuwidrig hat der BGH den Verzugseintritt angesehen, wenn dieser ein für die Schuldnerin nach der Bedingungsvereinbarung vorteilhaftes Recht zum Wiederverkauf auslöste.[41] 17

IV. Rechtsfolgen und Zeitpunkt

Bei **Verhinderung** des Bedingungseintritts (Abs. 1) gilt die Bedingung als eingetreten. Damit entfällt freilich nur die Unsicherheit über den Bedingungseintritt, also das „**Ob**". Wann die auflösend bzw. aufschiebend bedingten Wirkungen eintreten, ist streitig. Die wohl h.M. will den Zeitpunkt zugrunde legen, in dem die Bedingung bei ordnungsgemäßem Verhalten des treuwidrig Handelnden eingetreten wäre.[42] 18

Nach richtiger Auffassung ist das „**Wann" zuerst Vertragsfrage**.[43] Ist der Zeitpunkt der Entscheidung über den Eintritt der Bedingung vertraglich festgelegt, so kann nur auf diesen abgestellt werden (Beispiel: aufschiebende Bedingung ist der bestimmte Ausgang eines Losentscheids, der an einem bestimmten Kalendertag stattfindet, bei Manipulation des Losverfahrens gilt die Bedingung gleichwohl erst an diesem Kalendertag als eingetreten). Ist nur der späteste Zeitpunkt einer Entscheidung gewiss (z.B. auflösende Bedingung einer bestimmten Erklärung, die nur bis zu einem bestimmten Termin zugehen kann), so muss es auf den Zeitpunkt der treuwidrigen Verhinderung (z.B. Zugangsvereitelung) ankommen. Schon wegen des Kausalitätserfordernisses wird das aber nicht der Zeitpunkt der Handlungsbeendigung, sondern im Sinne der h.M. der Termin sein, zu dem die Bedingung sonst eingetreten wäre.[44] Ist – ausnahmsweise – ein früherer Zeitpunkt aus den Parteivereinbarungen erkennbar, so gilt dieser.[45] 19

Bei **Herbeiführung** des Bedingungseintritts (Abs. 2) gilt nur der **Eintritt als nicht erfolgt**. Das ist schon sprachlich etwas anderes als der Ausfall der Bedingung.[46] Ob und wann die Bedingung letztlich ausgefallen ist, ist zum einen ebenfalls Vertragsfrage und zum anderen von der Art des Eingriffs abhängig. Wird durch die Handlung der spätere Eintritt der Bedingung unmöglich, so muss die Bedingung als ausgefallen gelten, schon zur Vermeidung hypothetischer Kausalitätsüberlegungen.[47] Das „Wann" kann dann freilich wieder durch einen vertraglich festgelegten oder frühesten Zeitpunkt nach hinten verlegt sein. Ansonsten muss es beim Schwebezustand bezüglich des „Ob" und des „Wann" verbleiben. Beispiel: Käufer X schuldet Verkäufer Y im Falle des Zahlungsverzugs eine Vertragsstrafe. Führt Y den Zahlungsverzug des X treuwidrig herbei, so gilt der Verzug des X als nicht eingetreten, später kann X durch selbst verschuldeten weiteren Verzug die Strafe noch verwirken. 20

C. Weitere praktische Hinweise

I. Beweislast

Wer sich auf § 162 beruft, muss das treuwidrige Verhalten des anderen Teils sowie seine Ursächlichkeit für Eintritt oder Nichteintritt der Bedingung beweisen.[48] Letzteres kann Schwierigkeiten bereiten; eine 21

---

39 BGH NJW 1994, 2757, 2758; BGHZ 14, 1, 2; BGHZ 67, 34, 35; RGZ 129, 357, 376; vgl. Erman/Armbrüster, § 162 Rn 1.
40 OLG Köln OLGZ 1974, 8, 10.
41 BGH NJW 1984, 2568.
42 RGZ 79, 96, 101; OLG Düsseldorf NJW 1981, 463, 464; Soergel/Wolf, § 162 Rn 14.
43 So zutr. Flume, BGB AT Bd. 2, § 40 1b, S. 717 f.
44 A.A. Staudinger/Bork, § 162 Rn 12; in BGH NJW 1975, 205, 206 lagen sowohl die Voraussetzungen des § 160 wie die des § 162 Abs. 1 vor, der Kläger verlangte Schadensersatz nach § 281 a.F. In solchem Fall ist der Zeitpunkt des Bedingungseintritts gleichgültig, da § 160 nur voraussetzt, dass die Bedingung eingetreten ist. Vielmehr kommt es auf den Zeitpunkt des Untergangs des abhängigen Rechts an, so i.E. BGH, a.a.O.
45 Flume, BGB AT Bd. 2, § 40 1b, S. 718 (dies a quo); s.a. Erman/Armbrüster, § 162 Rn 6.
46 Nicht zutr. daher (Ausfall) Palandt/Heinrichs, § 162 Rn 5; Bamberger/Roth/Rövekamp, § 162 Rn 7, 9; MüKo/Westermann, § 162 Rn 3, 16, richtig dagegen ders., a.a.O., Rn 17 a.E.; vgl. auch Erman/Armbrüster, § 162 Rn 5 einerseits, Rn 6 andererseits; zutr. dagegen insoweit Soergel/Wolf, § 162 Rn 14.
47 Vgl. auch MüKo/Westermann, § 162 Rn 17, der diese Überlegung freilich m.E. unzutr. im Rahmen des Abs. 1 anbringt.
48 BGH NJW-RR 1989, 802; BGH LM § 162 Nr. 2; OLG Dresden OLG-NL 2001, 97, 100; Staudinger/Bork, § 162 Rn 20; Soergel/Wolf, § 162 Rn 13, je m.w.N.

Umkehr der Beweislast bzw. Beweiserleichterungen können dann angenommen werden, wenn der treuwidrig Handelnde die Beweisführung durch Beeinflussung von Zeugen zu vereiteln sucht.[49]

II. Analoge Anwendung

22 § 162 enthält einen **allgemeinen Rechtsgedanken,** der freilich nur vorsichtig heranzuziehen ist. So kann etwa eine gesetzliche Regelung bzw. deren Änderung den Zugang zu § 162 verschließen.[50] Andererseits passt der Rechtsgedanke nicht nur für die Durchsetzung des Parteiwillens,[51] sondern auch auf solche Fälle, in denen der Eintritt nachteiliger Rechtsfolgen durch Vermeidung der Erfüllung gesetzlicher Tatbestandsmerkmale verhindert werden soll, wenn dies treuwidrig geschieht. Außer im Arbeitsrecht[52] wird § 162 in einer ganzen Reihe von Fällen erwähnt und teilweise entsprechend angewendet, so etwa auf die unter Rn 4 bereits erwähnten Fälle der Zugangsvereitelung bzw. des Sich-Verschließens vor zumutbarer Kenntnisnahme (= mehr als nur grob fahrlässige Unkenntnis); ferner auf die treuwidrige Herbeiführung des Nacherbfalls durch Tötung des Vorerben;[53] auf die Vereitelung eines Vorkaufsrecht durch formale Gestaltung (Verschleierung) des gewollten Kaufs als Erbvertrag oder durch ein bis zum Ablauf eines befristeten Vorkaufsrechts bindendes Angebot;[54] auf die Herbeiführung des Bürgschaftsfalls (allgemein des Sicherungsfalls bei Drittsicherung) durch Veranlassung des Hauptschuldners, seine vertraglichen Pflichten nicht zu erfüllen;[55] auf die Verhinderung einer vom Werkunternehmer geschuldeten Mängelbeseitigung durch den Besteller;[56] auf die Verweigerung der Zustimmung zur Belastung eines Erbbaurechts zwecks Baukreditsicherung, was mittelbar den Heimfallanspruch wegen nicht fristgerechter Bebauung auslöste,[57] gäbe es nicht § 162.

23 Im **öffentlichen Recht** kann der Rechtsgedanke des § 162 ebenfalls angewendet werden, etwa im Rahmen einer Konkurrentenklage auf die Einstellung oder Beförderung des Konkurrenten unter Verstoß gegen eine einstweilige Anordnung, die die Behörde dem klagenden Bewerber dann nicht entgegenhalten kann;[58] ferner für die Frage der Zugangsvereitelung,[59] teilweise verlangt das BVerwG allerdings ein „gezieltermaßen treuwidriges Verhalten";[60] auch ist § 162 anwendbar im Rahmen öffentlich-rechtlicher Verträge gem. § 62 S. 2 VwVfG.

§ 163 Zeitbestimmung

¹Ist für die Wirkung eines Rechtsgeschäfts bei dessen Vornahme ein Anfangs- oder ein Endtermin bestimmt worden, so finden im ersteren Falle die für die aufschiebende, im letzteren Falle die für die auflösende Bedingung geltenden Vorschriften der §§ 158, 160, 161 entsprechende Anwendung.

A. Regelungsgehalt	1	II. Befristungsende	4
B. Einzelfragen	2	III. Austauschverträge	5
I. Abgrenzung zu betagten Forderungen (Stundung, Fälligkeitsregelung)	2	IV. Befristeter Ausschluss von Gestaltungsrechten	6

A. Regelungsgehalt

1 § 163 beschränkt sich darauf, die Vorschriften des Bedingungsrechts teilweise (nur hinsichtlich der auflösenden bzw. aufschiebenden Wirkungen der Zeitbestimmung, der bedingten Schadensersatzpflicht bei Vereitelung des befristeten Rechts und der Unwirksamkeit von Zwischenverfügungen) auf Befristungen für anwendbar zu erklären. Bei Kalenderbefristung finden ferner die Vorschriften der §§ 186 ff. Anwendung, so dass etwa, fällt das Ende der Frist auf einen Sonntag, gem. § 193 ein fristwahrendes Ereignis noch am Montag eintreten kann.[1] Zur Abgrenzung zwischen Bedingung und Befristung und den sich daraus ergebenden Folgen siehe § 158 Rn 20 ff. Zur Befristungsfeindlichkeit von Rechtsgeschäften siehe § 158 Rn 35. Zur Anwendung

---

49 Zu einem solchen Fall OLG Dresden OLG-NL 2001, 97, 100 ff.
50 Vgl. BGH NJW-RR 1991, 388 zu Unterhaltsansprüchen nach Wiederverheiratung sowie BVerwG NJW 1997, 2966, 2969.
51 So aber Staudinger/*Bork*, § 162 Rn 15.
52 Dazu etwa Soergel/*Wolf*, § 162 Rn 16; Staudinger/*Bork*, § 162 Rn 17.
53 BGH NJW 1968, 2051.
54 BGH NJW 2002, 213; 1998, 2136.
55 BGH BB 1966, 305.
56 BGHZ 88, 240, 248.
57 BGH NJW-RR 1993, 465, 466.
58 BVerwG NJW 2004, 870.
59 BVerwGE 85, 213, 216.
60 BVerwG NVwZ-RR 1997, 421, 422 für das Verhalten des Kreiswehrersatzamts; anders dagegen BVerwG NVwZ 1991, 73, 75, soweit es um die Zugangsvereitelung durch den Empfänger eines Einberufungsbescheids geht.
1 BGHZ 90, 288, 291 = NJW 1987, 1760, 1761.

des § 160 vgl. § 160 Rn 8. §§ 159 und 162 sind auf Fälle der Befristung nicht anwendbar, vgl. dazu § 159 Rn 8 und § 162 Rn 5.

B. Einzelfragen

I. Abgrenzung zu betagten Forderungen (Stundung, Fälligkeitsregelung)

Die aufschiebende Befristung ist von einer bloßen Fälligkeitsregelung abzugrenzen. Die Abgrenzung hat entgegen früher teilweise geäußerter Auffassung durchaus Bedeutung.[2] Betagte Forderungen sind bereits entstanden; das vor Fälligkeit Geleistete kann wegen § 813 Abs. 2 nicht zwischenzeitlich zurückverlangt werden.[3] In der Insolvenz gelten dagegen sowohl betagte als auch befristete Forderungen entgegen *Bork*[4] gem. § 41 InsO als fällig.

In der Theorie hängt die Abgrenzung davon ab, ob die Parteien entweder die Wirkungen des Geschäfts hinausschieben oder aber einen bloßen Termin für die (bereits entstandene) Hauptleistungspflicht setzen wollten. Bei der erforderlichen Auslegung können neben dem Vertragswortlaut auch die Gesamtumstände und der wirtschaftliche Zweck des Geschäftes zu berücksichtigen sein.[5] Deshalb sind künftige Mietzinsen grundsätzlich aufschiebend befristete Ansprüche,[6] da sie allein Entgelt für jeden Gebrauchszeitraum sind und daher jeweils neu entstehen, während künftige Leasingraten nur betagt sind, da sie auch ein Entgelt für die erbrachte Finanzierungsleistung darstellen.[7] Entsprechend dieser Unterscheidung sind auch die Entgeltansprüche eines Dienstleisters (und der Arbeitnehmer) aufschiebend befristet.[8] Bei einer bis zur Erfüllung bestimmter Voraussetzungen, deren Eintritt die Parteien als gewiss ansehen, hinausgeschobenen „Fälligkeit" der Kaufpreisforderung handelt es sich tatsächlich um eine bloße Fälligkeitsregelung, nicht um eine aufschiebende Befristung.[9]

II. Befristungsende

Das Befristungsende kann trotz Angabe eines Kalendertermins fraglich werden, wenn es sich um ein befristetes **Sicherungsrecht** handelt. Die Verwertung der Sicherheit kann Zeit in Anspruch nehmen, so dass zwischenzeitlich die Befristung ablaufen kann bzw. bei auflösender Bedingung diese zwischenzeitlich erfüllt werden kann. In diesem Fall ist grundsätzlich davon auszugehen, dass die Einleitung der Verwertung und Mitteilung an den Sicherungsgeber vor Fristablauf ausreicht, so dass der spätere Fristablauf nicht schadet.[10] Die Parteien können, müssen aber auch ausdrücklich etwas anderes vereinbaren.[11]

III. Austauschverträge

Auflösend befristete Austauschverträge sind in Wahrheit nicht auf einen Leistungsaustausch gerichtet, sondern auf eine Gebrauchsüberlassung auf Zeit.[12] Im Zeitpunkt des Endtermins ist daher etwa ein auflösend befristeter Kauf wie ein befristetes Mietverhältnis zu behandeln, eine Rückabwicklung für die Vergangenheit kommt nicht in Betracht.

---

2 So auch *Medicus*, BGB AT, Rn 845; Staudinger/*Bork*, § 163 Rn 2; MüKo/*Westermann*, § 163 Rn 3; a.A. *Flume*, BGB AT Bd. 2, § 41, S. 730.
3 *Medicus*, BGB AT, Rn 845; Bamberger/Roth/*Rövekamp*, § 163 Rn 4.
4 Vgl. Staudinger/*Bork*, § 163 Rn 2; dagegen Kübler/Prütting/*Holzer*, InsO, Bd. I, § 41 Rn 6 m.w.N.
5 Zum dabei zu berücksichtigenden Auslegungsstoff BGH NJW-RR 1998, 801.
6 BGH NJW 1965, 1373, 1374; WM 1997, 545.
7 BGH NJW 1992, 2150 und öfter; Nachw. auch in BGH WM 1997, 545.
8 BGH WM 1997, 545 unter Hinweis auf RGZ 142, 291, 295.
9 KG MDR 1998, 459.
10 Nach LG Tübingen Rpfleger 1984, 156 reicht jedenfalls die fristgerechte Einleitung der Zwangsversteigerung aus bei einer Grundschuld; BGH ZIP 1983, 287, 288 f. zieht für eine befristete Sicherungszession sowohl die Klageerhebung als auch die außergerichtliche Geltendmachung als Einleitung in Betracht; RGZ 68, 141, 145 f. lässt bei befristeter Verpfändung die rechtzeitige Ankündigung der Inanspruchnahme genügen; für befristete Bürgschaften s. § 777 und dazu BGHZ 90, 288 = NJW 1987, 1760; bei befristeten Garantien reicht eindeutige Anforderung, vgl. *Horn*, IPrax 1981, 149, 151.
11 LG Tübingen Rpfleger 1984, 156 und BGH ZIP 1983, 287, 288 f.
12 Vgl. Staudinger/*Kaiser*, Vorbem. zu § 346 Rn 101.

IV. Befristeter Ausschluss von Gestaltungsrechten

6 Der befristete Ausschluss von Gestaltungsrechten (z.B. Rücktritt, Kündigung) führt nur zu einer Mindestdauer des Dauerschuldverhältnisses und steht daher einer Befristung nicht gleich. Vorschriften, die eine Partei vor der automatischen Beendigung durch Befristung oder Bedingung schützen sollen, können auf den Ausschluss von Kündigungsmöglichkeiten daher nicht entsprechend angewendet werden.[13]

Titel 5. Vertretung und Vollmacht

§ 164 Wirkung der Erklärung des Vertreters

(1) [1]Eine Willenserklärung, die jemand innerhalb der ihm zustehenden Vertretungsmacht im Namen des Vertretenen abgibt, wirkt unmittelbar für und gegen den Vertretenen. [2]Es macht keinen Unterschied, ob die Erklärung ausdrücklich im Namen des Vertretenen erfolgt oder ob die Umstände ergeben, dass sie in dessen Namen erfolgen soll.

(2) [1]Tritt der Wille, in fremdem Namen zu handeln, nicht erkennbar hervor, so kommt der Mangel des Willens, im eigenen Namen zu handeln, nicht in Betracht.

(3) [1]Die Vorschriften des Absatzes 1 finden entsprechende Anwendung, wenn eine gegenüber einem anderen abzugebende Willenserklärung dessen Vertreter gegenüber erfolgt.

Literatur: *Bettermann*, Vom stellvertretenden Handeln, 1937 (Neudruck 1964); *Beuthien*, Gibt es eine organschaftliche Vertretung?, NJW 1999, 1142; *ders.*, Zur Theorie der Stellvertretung im Bürgerlichen Recht, in: FS Medicus 1999, S. 1; *ders.*, Zur Theorie der Stellvertretung im Gesellschaftsrecht, in: FS Zöllner 1998, S. 87; *ders.*, Gilt im Stellvertretungsrecht ein Abstraktionsprinzip?, in: 50 Jahre Bundesgerichtshof, Festgabe aus der Wissenschaft, 2000, Bd. I, S. 81; *Beuthien/Müller*, Gemischte Stellvertretung und unechte Gesamtvertretung, DB 1995, 461; *Börner*, Offene und verdeckte Stellvertretung und Verfügung, in: FS H. Hübner 1984, S. 409; *Buchka*, Die Lehre von der Stellvertretung bei der Eingehung von Verträgen, 1852; *Cohn*, Das rechtsgeschäftliche Handeln für denjenigen, den es angeht, 1931; *Dölle*, Neutrales Handeln im Privatrecht, in: FS F. Schultz, Bd. 2, 1952, S. 268; *Einsele*, Inhalt, Schranken und Bedeutung des Offenkundigkeitsprinzips, JZ 1990, 1005; *Fikentscher*, Scheinvollmacht und Vertreterbegriff, AcP 154 (1995), 1; *R. Fischer*, Der Mißbrauch der Vertretungsmacht, auch unter Berücksichtigung der Handelsgesellschaften, in: FS Schilling 1973, S. 3; *Fleck*, Mißbrauch der Vertretungsmacht oder Treuebruch des mit Einverständnis aller Gesellschafter handelnden GmbH-Geschäftsführers aus zivilrechtlicher Sicht, ZGR 1990, 31; *Frey*, Rechtsnachfolge in Vollmachtnehmer- und Vollmachtgeberstellungen, 1997; *Frotz*, Verkehrsschutz im Vertretungsrecht, 1972; *Gernhuber*, Die verdrängende Vollmacht, JZ 1995, 382; *Gessler*, Zum Mißbrauch organschaftlicher Vertretungsmacht, in: FS Caemmerer 1978, S. 531; *Geusen*, Das Handeln unter fremdem Namen im Zivilrecht, Diss. Köln, 1966; *Hager*, Die Prinzipien der mittelbaren Stellvertretung, AcP 180 (1980), 239; *Heckelmann*, Mitverschulden des Vertretenen bei Mißbrauch der Vertretungsmacht, JZ 1970, 62; *G. Hueck*, Bote – Stellvertreter im Willen – Stellvertreter in der Erklärung, AcP 152 (1953), 432; *John*, Der Mißbrauch organschaftlicher Vertretungsmacht, in: FS Mühl 1981, S. 349; *Jahr*, Fremdzurechnung bei Verwaltergeschäften, in: FS F. Weber 1975, S. 275; *Jüngst*, Der Mißbrauch organschaftlicher Vertretungsmacht, 1981; *Laband*, Die Stellvertretung bei dem Abschluß von Rechtsgeschäften nach dem ADHGB, ZHR 10 (1866), S. 183; *Larenz*, Verpflichtungsgeschäfte „unter" fremdem Namen, in: FS H. Lehmann 1956, S. 234; *Lenel*, Stellvertretung und Vollmacht, JherJb 36 (1896), 1; *Leonhard*, Vertretung und Fremdwirkung, JherJb 86 (1936/37), 1; *Letzgus*, Zum Handeln unter falschem Namen, AcP 137 (1933), 327; *Lieb*, Zum Handeln unter fremdem Namen, JuS 1967, 106; *von Lübtow*, Das Geschäft „für den es angeht" und sog. „antezipierte Besitzkonstitut", ZHR 112 (1949), S. 227; *Lüderitz*, Prinzipien des Vertretungsrechts, JuS 1976, 765; *L. Mitteis*, Lehre von der Stellvertretung, 1885 (Neudruck 1962); *K. Müller*, Das Geschäft für den, den es angeht, JZ 1982, 777; *Müller-Erzbach*, Die Grundsätze der mittelbaren Stellvertretung aus der Interessenlage entwickelt, 1905; *Müller-Freienfels*, Die Vertretung beim Rechtsgeschäft, 1955; *Ohr*, Zur Dogmatik des Handelns unter fremdem Namen, AcP 152 (1953), 216; *Pawlowski*, Die gewillkürte Stellvertretung, JZ 1996, 125; *Riezler*, Konkurrierendes und kollidierendes Handeln des Vertreters und des Vertretenen, AcP 98 (1906), 372; *Rosenberg*, Stellvertretung im Prozess aufgrund der Stellvertretungslehre des bürgerlichen Rechts, 1908; *G. Roth*, Mißbrauch der Vertretungsmacht durch den GmbH-Geschäftsführer, ZGR 1985, 265; *Schlossmann*, Die Lehre von der Stellvertretung, 2 Bde. 1900/1902; *ders.*, Organ und Stellvertreter, JherJb 44 (1902), S. 289; *Schott*, Der Mißbrauch der Vertretungsmacht, AcP 171 (1971), S. 385; *Siebenhaar*, Vertreter des Vertreters?, AcP 162 (1963), S. 354; *K. Schmidt*, Offene Stellvertretung, JuS 1987, 425; *Schwark*, Rechtsprobleme der mittelbaren Stellvertretung, JuS 1980, 777; *Tank*, Der Mißbrauch von Vertretungsmacht und Verfügungsbefugnis, NJW 1969, 6; *Wank*, Mißbrauch der Treuhandstellung und der Vertretungsmacht, JuS 1979, 402; *R. Weber*, Das Handeln unter fremdem Namen, JA 1996, 426; *H.P. Westermann*, Mißbrauch der Vertretungsmacht, JA 1981, 521; *H.J. Wolff*, Organschaft und Juristische Person, Bd. 2, Theorie der Vertretung, 1934.

---

13 BGH NJW 2004, 1448.

A. Allgemeines

I. Begriff der Stellvertretung

Das BGB regelt in dem mit **„Vertretung und Vollmacht"** überschriebenen fünften Titel des dritten, dem Rechtsgeschäft gewidmeten Abschnitt das Recht der Stellvertretung. Schon der Standort der Vorschriften macht deutlich, dass es um eine **„Rechtsfigur des Rechts der Rechtsgeschäfte"** geht.[1] Rechtsgeschäftliches Handeln vollzieht sich durch die Abgabe und den Empfang, insbesondere durch den Austausch von Willenserklärungen. Diese kann eine Person selbst abgeben und in Empfang nehmen; sie kann sich hierbei aber auch eines Dritten bedienen. Von Stellvertretung oder Vertretung spricht man, wenn **jemand – der Vertreter – rechtsgeschäftlich im Namen eines anderen – des Vertretenen – handelt und die Wirkungen des Vertreterhandelns in der Person des Vertretenen eintreten**. § 164 stellt somit eine

---

[1] *Flume*, BGB AT Bd. 2, § 43 1, S. 749.

Zurechnungsnorm dar. Der Zurechnungsgrund, also die Legitimation der Rechtsfolgenzurechnung, liegt in der Vertretungsmacht, auf die sich der Vertreter stützen kann und von deren Reichweite sein Handeln gedeckt ist.[2] Die Vertretungsmacht kann dem Vertreter kraft Gesetzes, kraft seiner Stellung als Organ einer juristischen Person oder Personengesellschaft oder kraft rechtsgeschäftlicher Erteilung (Vollmacht) zustehen.

II. Systematik der gesetzlichen Regelung

2 Der Gesetzgeber hat sich bemüht, in den §§ 164 ff. eine möglichst **einheitliche Regelung des Rechts der Stellvertretung** vorzugeben. Im Grundsätzlichen, also insbesondere soweit es um die Voraussetzungen und Wirkungen geht, unterscheidet das Gesetz nicht nach der Begründung der Vertretungsmacht. Richtig ist allerdings, dass das besondere Augenmerk der rechtsgeschäftlich erteilten Vertretungsmacht (Vollmacht) gilt.[3] Von ihr handeln die §§ 166 Abs. 2 bis 176, während die §§ 164–166 Abs. 1 und die §§ 177–181 allgemeine Fragen der Stellvertretung behandeln.

3 § 164 stellt die zentrale Norm des Stellvertretungsrechts dar. Sie beschreibt die **Voraussetzungen** wirksamer Stellvertretung und benennt die wichtigste **Rechtsfolge**, nämlich die unmittelbare Wirkung für und gegen den Vertretenen. **Abs. 1** befasst sich mit der Abgabe einer Willenserklärung durch den Vertreter (aktive Stellvertretung), **Abs. 3** erstreckt dessen Regelungsgehalt sodann auf den Empfang einer Willenserklärung durch den Vertreter (passive Stellvertretung). **Abs. 2** enthält schließlich eine Klarstellung zu dem bereits in Abs. 1 verankerten Offenkundigkeitsprinzip. Sein Regelungsgehalt wird daher im Rahmen dieser Kommentierung im Zusammenhang mit dem Offenkundigkeitsprinzip behandelt.

III. Interessenlage und leitende Prinzipien der gesetzlichen Regelung

4 **1. Bedürfnis für eine Erweiterung bzw. Sicherung des rechtsgeschäftlichen Wirkungskreises.** Um die Möglichkeiten auszuschöpfen, welche die Privatautonomie dem Einzelnen grundsätzlich eröffnet, darf gerade im heutigen, durch Arbeitsteilung und hohe Komplexität gekennzeichneten Rechtsverkehr die eigenhändige Vornahme von Rechtsgeschäften nicht die einzige Form rechtsgeschäftlichen Handelns sein. Vielmehr besteht ein unabweisbares Bedürfnis, den **Wirkungsbereich des einzelnen Teilnehmers am Rechtsverkehr** dadurch zu **erweitern**,[4] dass andere für ihn rechtserheblich nach außen Erklärungen abgeben und in Empfang nehmen können. *Müller-Freienfels* hat dies auf die kurze Formel gebracht, die rechtsgeschäftliche Stellvertretung diene in erster Linie dem Ziel, eine **„Arbeitsteilung im Prozess der Rechtsentstehung und Rechtsausübung"** zu ermöglichen.[5]

5 Für das Institut der Stellvertretung besteht dort ein besonders dringlicher Bedarf, wo die betreffende Person von Rechts wegen an eigenem rechtsgeschäftlichem Handeln verhindert ist, etwa weil sie infolge ihrer Unreife (Kinder) oder wegen geistiger oder körperlicher Behinderung hierzu nicht in der Lage ist. Ferner ist an juristische Personen zu denken, die als solche nicht handlungsfähig sind. Diesen Rechtssubjekten **erschließt das Recht der Stellvertretung erst die Teilnahme am Rechtsverkehr**.

6 **2. Dogmatische Verankerung der gesetzlichen Regelung – Repräsentationsprinzip.** Die heutige[6] Konzeption des Stellvertretungsrechts basiert auf der sog. **Repräsentationstheorie**.[7] Der Tatbestand des Rechtsgeschäfts verwirklicht sich in der Person des Vertreters; er ist der rechtsgeschäftlich Handelnde. Die Wirkungen des von ihm vorgenommenen Rechtsgeschäfts treffen jedoch den Vertretenen, wenn der Vertreter

---

2 *Bork*, BGB AT, Rn 1325.
3 *Soergel/Leptien*, vor § 164 Rn 20 mit dem Hinweis, dass dies zu einer vorsichtigen Anwendung der Bestimmungen der §§ 164 ff. auf die Geschäfte der gesetzlichen Vertreter zwinge.
4 *Erman/Palm*, vor § 164 Rn 8; *Larenz/Wolf*, BGB AT, § 46 Rn 1.
5 *Müller-Freienfels*, S. 53.
6 Das Regelungskonzept des Bürgerlichen Gesetzbuches folgt neueren Vorstellungen. Zur Geschichte des Stellvertretungsrechts vom römischen Recht, das noch durch den Satz *„alteri stipulari nemo potest"* (Ulpian D. 45,1, 38,17; hierzu *Kaser*, Römisches Privatrecht, Bd. I, 2. Aufl. 1971, §§ 62, 141; *ders.*, Bd. II, 2. Aufl. 1975, § 204, und *Wesenberg*, in: FS F. Schulz II 1951, S. 259 ff.) geprägt war, bis zum Bürgerlichen Gesetzbuch, vgl. *U. Müller*, Die Entwicklung der direkten Stellvertretung und des Vertrages zugunsten Dritter, 1969, ferner die Darstellungen bei *Flume*,

BGB AT Bd. 2, § 43 2, S. 750, und Staudinger/*Schilken*, Vorbem. zu §§ 164 ff. Rn 3. Überblick zur Dogmengeschichte bei Soergel/*Leptien*, vor § 164 Rn 6 ff.; eingehend ferner HKK/*Schmoeckel*, §§ 164–181 Rn 1 ff.; *ders.*, Von der Vertragsfreiheit zu typisierten Verkehrspflichten – Zur Entwicklung des Vertretungsrechts, in: Das Bürgerliche Gesetzbuch und seine Richter, 2000, S. 77 ff.; *Everding*, Die dogmengeschichtliche Entwicklung im 19. Jahrhundert, Diss. Münster 1951.
7 Wichtig vor allem *Windscheid*, Lehrbuch des Pandektenrechts, I, 7. Aufl. 1891, § 73; heute ganz h.M., MüKo/*Schramm*, vor § 164 Rn 67; Staudinger/*Schilken*, Vorbem. zu §§ 164 ff. Rn 32; Soergel/*Leptien*, vor § 164 Rn 10 ff.; Palandt/*Heinrichs*, Einf. v. § 164 Rn 2; *Flume*, BGB AT Bd. 2, § 43 3, S. 752 ff.; *Bork*, BGB AT, Rn 1294; Enneccerus/Nipperdey, BGB AT, § 182 II, S. 1115 ff.; krit. *Beuthien*, in: FS Medicus 1999, S. 1 ff.

seinen Fremdbindungswillen kundtut und er zum Handeln für den Vertretenen autorisiert ist. Der Vertreter repräsentiert mithin den Vertretenen im rechtsgeschäftlichen Verkehr im Umfang seiner Autorisation. Eine andere Deutung wäre mit Wortlaut und Entstehungsgeschichte des § 164 nicht zu vereinbaren. Folgerichtig kommt es nach § 166 Abs. 1 für die Beachtlichkeit von Willensmängeln, die Kenntnis und das Kennenmüssen grundsätzlich (Ausnahme in § 166 Abs. 2) auf die Person des Vertreters an. Konsequenz dieser Konzeption ist, dass der Eintritt der Wirkungen für und gegen den Vertretenen im Falle der gewillkürten Stellvertretung auf **zwei voneinander strikt zu trennenden Rechtsgeschäften** beruht: auf der **Erteilung der Vollmacht** sowie auf dem aufgrund der erteilten Vollmacht vom Vertreter vorgenommenen **Vertretergeschäft** (sog. **Trennungsprinzip**).[8]

3. Interessen des Vertretenen. Das Gesetz bemüht sich in den §§ 164 ff., die Voraussetzungen und Folgen der Stellvertretung so zu regeln, dass unter Berücksichtigung der Verkehrsbedürfnisse den berechtigten Interessen aller Erklärungsbeteiligten entsprochen wird.

Den Interessen des Vertretenen[9] dient – wie bereits dargelegt – die grundsätzliche Eröffnung der **Möglichkeit, sich durch eine andere Person vertreten zu lassen**. Auch die nähere Ausgestaltung des Stellvertretungsrechts verliert den Vertretenen nicht aus den Augen. So muss der Vertretene insbesondere **keine unbegründete Zurechnung des Vertreterhandelns** befürchten. Eine gesetzlich eingeräumte Vertretungsmacht kommt nämlich nur in eng begrenzten Konstellationen in Betracht und im Übrigen ist es der Vertretene selbst, der den Umfang der dem Vertreter zukommenden Vertretungsmacht bestimmt und die erteilte Vollmacht gegebenenfalls widerruft (§ 168 S. 2). Von der Vertretungsmacht nicht gedecktes rechtsgeschäftliches Handeln des Vertreters muss er sich nicht zurechnen lassen (§§ 177, 180). In bestimmten Fällen müssen hiervon jedoch unter Vertrauensschutzgesichtspunkten Ausnahmen gemacht werden (vgl. § 167 Rn 74 ff.).

4. Schutz des Geschäftsgegners. a) Offenkundigkeitsprinzip. Den Schutz des Geschäftsgegners verwirklicht das Gesetz in verschiedener Weise. Dies geschieht zunächst dadurch, dass Abs. 1 S. 1 für den Eintritt der Vertretungswirkung verlangt, dass der Vertreter die Willenserklärung **„im Namen des Vertretenen"** abgibt. Die intendierte Fremdbezogenheit des rechtsgeschäftlichen Vertreterhandelns soll offen gelegt werden, damit der Geschäftsgegner erkennen kann, wer sein Vertragspartner wird. Man spricht daher auch vom Offenkundigkeitsprinzip (mitunter auch Offenheits- oder Offenlegungsgrundsatz genannt). Umstritten ist, ob neben dem Schutz des Geschäftsgegners das Interesse des Rechtsverkehrs an klaren Rechtsverhältnissen als selbständiges Schutzziel des Offenkundigkeitsprinzips anerkannt werden kann.[10] Dafür spricht, dass Vertretergeschäfte auch die dingliche Rechtslage verändern können. Ein solcher Rechtsvorgang muss schon im Hinblick auf den sachenrechtlichen Publizitätsgrundsatz nach außen sichtbar gemacht werden. Für einen Gläubiger muss erkennbar sein, wem die erworbene Sache oder Forderung zusteht, ob sie ihm also beispielsweise als Vollstreckungsobjekt zur Verfügung steht. Eine Bestätigung und Konkretisierung erfährt das Offenkundigkeitsprinzip durch Abs. 2.[11] Zu den Anforderungen des Offenkundigkeitsprinzips an das Auftreten des Vertreters und zu den Abschwächungen und Durchbrechungen, die dieses Prinzip erfahren hat, vgl. eingehend noch unter Rn 54 ff.

b) Abstraktionsprinzip. In Form des Abstraktionsprinzips kommt dem Geschäftsgegner ein weiteres Gestaltungsprinzip des Stellvertretungsrechts zugute. Das maßgeblich von *Laband*[12] herausgearbeitete Abstraktionsprinzip basiert auf einer strikten **Trennung zwischen der dem Vertreter zukommenden Vertretungsmacht**, die ihn im Außenverhältnis zu Dritten rechtlich in die Lage versetzt, mit Wirkung für und gegen den Vertretenen zu handeln, **und dem** dieser rechtlichen Befugnis **zugrunde liegenden kausalen Rechtsverhältnis** zwischen dem Vertreter und dem Vertretenen (Innenverhältnis oder Grundverhältnis). Grundlage dieses Innenverhältnisses kann z.B. ein Auftrag oder ein Arbeitsvertrag sein. Auf die Vertretungsmacht gründet sich das rechtliche „Können" des Vertreters im Außenverhältnis; die Absprachen im Innenverhältnis beschreiben

---

8 *Flume*, BGB AT Bd. 2, § 43 3, S. 753; Staudinger/*Schilken*, Vorbem. zu §§ 164 ff. Rn 32; MüKo/*Schramm*, vor § 164 Rn 68; gegen das Trennungsprinzip und damit auch das Repräsentationsprinzip und für ein Verständnis als einheitlicher Gesamttatbestand freilich *Müller-Freienfels*, S. 202 ff.; ihm im Ansatz folgend *Siebenhaar*, AcP 162 (1962), 354 ff. und *Thiele*, Die Zustimmung in der Lehre vom Rechtsgeschäft, 1966, S. 56 ff. und 246 ff.
9 Hierzu Erman/*Palm*, vor § 164 Rn 3.
10 Dafür MüKo/*Schramm*, § 164 Rn 14; Staudinger/ *Schilken*, Vorbem. zu §§ 164 ff. Rn 35; Soergel/ *Leptien*, vor § 164 Rn 22; *Canaris*, in: FS Flume 1978, S. 371, 407; *K. Schmidt*, JuS 1987, 425, 426; dagegen *Bork*, BGB AT, Rn 1378 („nur ein Reflex"); *Einsele*, JZ 1990, 1005, 1006; *Hager*, AcP 180 (1980), 239, 248; *K. Müller*, JZ 1982, 777, 779.
11 Soergel/*Leptien*, vor § 164 Rn 22.
12 Grundlegend *Laband*, ZHR 10 (1866), 1 ff.; näher hierzu *Müller-Freienfels*, in: Coing/Wilhelm (Hrsg.), Wissenschaft und Kodifikation des Privatrechts im 19. Jahrhundert II, 1977, S. 164 ff., und *Flume*, BGB AT Bd. 2, § 45 II 2, S. 785 ff.

das rechtliche „Dürfen".[13] Beide Verhältnisse können kongruent ausgestaltet sein, müssen dies aber nicht. So ist beispielsweise der Prokurist nach § 49 Abs. 1 HGB grundsätzlich zu allen Arten von gerichtlichen und außergerichtlichen Geschäften und Rechtshandlungen ermächtigt, die der Betrieb eines Handelsgewerbes mit sich bringt. Im Innenverhältnis (z.B. Arbeitsverhältnis) unterliegt er hingegen regelmäßig verschiedenen Beschränkungen (etwa Vorgabe betragsmäßiger Obergrenzen oder sachliche Eingrenzungen wie etwa nur Einkauf oder nur Verkauf). Ein Verstoß gegen diese Pflichtbindung im Innenverhältnis kann den Vertreter gegenüber dem Vertretenen schadensersatzpflichtig (§ 280) machen oder auch eine Kündigung rechtfertigen.[14] Auf die Wirksamkeit des Vertretergeschäfts hat diese Pflichtverletzung jedoch grundsätzlich keine Auswirkungen.

11 Die „Abstraktheit" der Vertretungsmacht und insbesondere der Vollmacht geht über die bloße Trennung beider Ebenen hinaus und bezeichnet die **Unabhängigkeit der Vertretungsmacht von dem zugrunde liegenden Innenverhältnis**. Vergleichbar dem für das Verhältnis von Verpflichtung zur Verfügung geltenden Abstraktionsprinzip gilt auch hier, dass dem Innenverhältnis entspringende Wirksamkeitsmängel nicht ohne weiteres auf die Vertretungsmacht durchschlagen. Dieser namentlich in den §§ 167 und 168 zum Ausdruck gelangten gesetzlichen Konzeption würde es widersprechen, würde man die vertragliche Bindung im Innenverhältnis und die Bevollmächtigung zu einem einheitlichen Rechtsgeschäft im Sinne des § 139 zusammenfassen.[15] Hierfür wäre schon eine entsprechende Parteivereinbarung erforderlich. Abgesehen hiervon kann es selbstverständlich vorkommen, dass beide Geschäfte an ein und demselben Mangel leiden und ihnen aus diesem Grunde das gleiche rechtliche Schicksal widerfährt (Fehleridentität). Im Übrigen kann es aber infolge des Abstraktionsprinzips dazu kommen, dass die Vertretungsmacht ohne kausales Rechtsverhältnis besteht, da (nur) dieses an einem Mangel leidet. Denkbar, wenngleich selten vorkommend, ist sogar eine **isolierte Vollmacht**, der von Anfang an kein Innenverhältnis zur Seite gestellt wurde.[16]

12 Der **Vorteil** dieses künstlich und lebensfremd anmutenden Abstraktionsgrundsatzes wird darin gesehen, dass der **Geschäftspartner der Mühe enthoben** ist, **nähere Erkundigungen über das Innenverhältnis einzuholen**. Er kann sich darauf verlassen, dass die Vertretungsmacht des Vertreters von möglichen Mängeln des Innenverhältnisses unberührt bleibt und das Vertretergeschäft hiervon unbeeinflusst wirksam zustande kommen kann. Dies dient dann mittelbar auch der **Sicherheit und Leichtigkeit des Rechtsverkehrs insgesamt**.[17]

13 Die Abstraktheit der Vertretungsmacht gilt jedoch **nicht absolut**. Eine gewisse Verknüpfung von Innen- und Außenverhältnis sieht das Gesetz selbst in Form der Auslegungsregel des § 168 S. 1 für den Fall der Beendigung des der Vollmacht zugrunde liegenden Rechtsverhältnisses vor. Hinzu kommen die *praeter legem* entwickelten Grundsätze zur Kollusion und zum Missbrauch der Vertretungsmacht (vgl. Rn 84 ff.).

14 c) **Vertrauensschutzprinzip.** Darüber hinaus wird der derjenige, der mit einem Vertreter kontrahiert, in seinem subjektiven Vertrauen auf den Bestand der Vertretungsmacht unter bestimmten Voraussetzungen auch dann geschützt, wenn die behauptete Vertretungsmacht objektiv nicht oder nicht mehr besteht. Ausdruck dieses Vertrauensschutzes sind vor allem die **§§ 170 ff. und die in Anlehnung hieran entwickelten Grundsätze der Rechtsscheinsvollmacht**.[18] Der Schutz des Vertrauens ist nur unter engen Voraussetzungen gerechtfertigt, geht er doch zwangsläufig mit einer Zurücksetzung der Interessen des Vertretenen einher. Ist ein anerkannter Ausnahmetatbestand nicht gegeben, so wird der Vertretene nicht verpflichtet. Dem enttäuschten Geschäftsgegner bleibt hier nur die Inanspruchnahme des vollmachtlosen Vertreters nach § 179. Das Gesetz schützt das Vertrauen auf die vom Vertreter behauptete Vertretungsmacht hier immerhin noch insoweit, als es dem Vertragsgegner erlaubt, sich beim *falsus procurator* zu erholen.[19]

15 **5. Interessen des Vertreters.** Dem Vertreter ist daran gelegen, die Rechtswirkungen des Vertretergeschäfts in der Person des Vertretenen eintreten zu lassen, ohne selbst eine rechtliche Bindung im Außenverhältnis

---

13 Zum Bedeutungsgehalt des Abstraktionsgrundsatzes im Stellvertretungsrecht vgl. statt vieler Staudinger/ Schilken, Vorbem. zu §§ 164 ff. Rn 33 f.; Soergel/ Leptien, vor § 164 Rn 39 f.; Bork, BGB AT, Rn 1487 ff. Abweichend *Beuthien*, in: Festgabe Bundesgerichtshof, S. 1 ff., und *Frotz*, S. 328 ff.
14 *Roth*, in: Koller/Roth/Morck, HGB, 4. Aufl. 2003, § 50 Rn 4.
15 Zutr. Staudinger/Schilken, Vorbem. zu §§ 164 ff. Rn 34 gegen *Beuthien*, in: FG Bundesgerichtshof, S. 88 ff.
16 BGH NJW 1981, 1727, 1728; BGHZ 110, 363, 367 = NJW 1990, 1721; Staudinger/Schilken, Vorbem. zu

§§ 164 ff. Rn 33; Sorgel/Leptien, vor § 164 Rn 39; Bork, BGB AT, Rn 1488 ff.
17 Soergel/Leptien, vor § 164 Rn 40.
18 Als eigenständiges Prinzip wird der Vertrauensschutz etwa bei Erman/Palm, vor § 164 Rn 8 und bei Staudinger/Schilken, Vorbem. zu §§ 164 ff. Rn 37 angesehen.
19 Die Haftung nach § 179 wird allg. als Fall der Vertrauenshaftung angesehen, vgl. BGHZ 129, 136 = NJW 1995, 1739, 1742; BGHZ 39, 45, 51 = NJW 1963, 759; MüKo/Schramm, § 179 Rn 2; Staudinger/ Schilken, § 179 Rn 2.

einzugehen.[20] Diesem Interesse trägt das Gesetz Rechnung, indem es die Vornahme des Vertretergeschäfts als ein für den Vertreter neutrales Geschäft kennzeichnet. Die Wirkungen treten unmittelbar in der Person des Vertretenen ein. So erklärt sich auch, dass selbst ein beschränkt Geschäftsfähiger das Vertretergeschäft wirksam vornehmen kann (§ 165). Eine Haftung im Außenverhältnis kann sich allenfalls aus § 179 unter dem Gesichtspunkt der Vertretung ohne Vertretungsmacht ergeben. Allerdings trägt die abgestufte Regelung des § 179 auch insoweit der unterschiedlichen Schutzbedürftigkeit des Vertreters Rechnung. Von einer Inanspruchnahme nach § 179 entlastet den Vertreter im Übrigen tendenziell auch das Abstraktionsprinzip, wird doch die Fehleranfälligkeit der Bevollmächtigung durch die Loslösung vom Grundverhältnis deutlich gemindert.[21]

IV. Abgrenzung zu verwandten Rechtsinstituten

1. Mittelbare Stellvertretung, Treuhand und Einschaltung eines Strohmanns. a) Mittelbare Stellvertretung. Von der in den §§ 164 ff. geregelten unmittelbaren Stellvertretung ist die sog. mittelbare (auch indirekte, stille oder verdeckte) Stellvertretung zu unterscheiden.[22] Die Bezeichnung „mittelbare Stellvertretung" ist irreführend, da bei dieser Form der rechtsgeschäftlichen Wahrnehmung fremder Interessen der Geschäftsherr selbst im Außenverhältnis gegenüber dem Dritten nicht gebunden wird, er durch die Mittelsperson mithin nicht im strengen Sinne des Wortes „vertreten" wird. Berechtigt und verpflichtet wird aus dem mit dem Dritten abgeschlossenen Geschäft allein der mittelbare Stellvertreter.[23] Dieser handelt, und dies kennzeichnet nun die mittelbare Stellvertretung, **im eigenen Namen,** aber **im Interesse und für Rechnung des Geschäftsherrn.**[24] Im hiervon zu trennenden[25] Innenverhältnis – häufig liegt ein Geschäftsbesorgungsvertrag zugrunde – unterliegt der mittelbare Stellvertreter verschiedenen Bindungen, die sicherstellen sollen, dass das wirtschaftliche Ergebnis dem Geschäftsherrn zugute kommen soll. Im Gegenzug wird dem mittelbaren Stellvertreter regelmäßig eine Provision für die Ausführung des Geschäfts zugesagt. Für diese Vorgehensweise kann es verschiedene Gründe geben.[26] Insbesondere kann dem Geschäftsherrn daran gelegen sein, nach außen nicht in Erscheinung treten zu müssen. Unmittelbare und mittelbare Stellvertretung unterscheiden sich damit weniger im wirtschaftlichen Ergebnis der Transaktion als in der rechtlichen Konstruktion.

Die mittelbare Stellvertretung hat zwar **im BGB keine Regelung erfahren;**[27] aufgrund der im Bürgerlichen Recht herrschenden Vertragsfreiheit ist diese durchaus praxisrelevante Konstruktion jedoch ohne weiteres zulässig. Das HGB hat zudem **zwei handelsrechtliche Anwendungsfälle** der mittelbaren Stellvertretung normiert: das Kommissionsgeschäft (§§ 383 ff. HGB) und das Speditionsgeschäft (§§ 453 ff. HGB). Abgesehen von den für diese Geschäfte geltenden Sondervorschriften des HGB vollzieht sich die rechtliche Beurteilung der mittelbaren Stellvertretung **anhand der allgemeinen Vorschriften** des BGB.

Die **spezifische Problematik der mittelbaren Stellvertretung** resultiert im Wesentlichen aus dem Umstand, dass die Rechtsstellung des mittelbaren Stellvertreters im Außenverhältnis derjenigen eines für sich selbst Handelnden entspricht, aufgrund der Absprachen im Innenverhältnis dies jedoch lediglich zum Zweck der Weitergabe an den eigentlich an dem Geschäft Interessierten geschieht. Die tatsächliche Interessenlage und die rechtliche Gestaltung stimmen mithin nicht in vollem Umfang überein.[28] Eine Milderung wird nicht selten durch eine Annäherung der Bewertungsmaßstäbe an die unmittelbare Stellvertretung erstrebt.[29]

Über die dem mittelbaren Stellvertreter zur Veräußerung übergebenen Gegenstände verfügt dieser mit **Ermächtigung** des Geschäftsherrn (§ 185).[30] Die Übertragung des aus dem Ausführungsgeschäft Erlangten auf den Geschäftsherrn erfolgt durch Abtretung (§ 398 ggf. i.V.m. § 413) oder durch Übereignung (§§ 929 ff.). Vor der Vollziehung des Übertragungsaktes **unterliegt** der **Gegenstand** allerdings grundsätzlich dem **Zugriff der Gläubiger des mittelbaren Stellvertreters.**[31] Hiervon macht nur § 392 Abs. 2 HGB zugunsten des Kommittenten eine Ausnahme (Rechte des Kommittenten: Drittwiderspruchsklage nach

---

20 Bork, BGB AT, Rn 1291.
21 Soergel/Leptien, vor § 164 Rn 40; MüKo/Schramm, § 164 Rn 102.
22 Ausf. zur mittelbaren Stellvertretung aus neuerer Zeit Hager, AcP 180 (1980), 239 ff. und Schwark, JuS 1980, 777 ff.
23 BGH DB 1958, 1359.
24 Staudinger/Schilken, Vorbem. zu §§ 164 ff. Rn 42; MüKo/Schramm, vor § 164 Rn 13; Palandt/Heinrichs, Einf. v. § 164 Rn 6; Soergel/Leptien, vor § 164 Rn 33.
25 Ganz h.M., vgl. nur BGH NJW 1969, 276; Soegel/Leptien, vor § 164 Rn 33.
26 Larenz/Wolf, BGB AT, § 46 Rn 23.
27 Dies kritisierend MüKo/Schramm, vor § 164 Rn 13. Zu den historischen Hintergründen HKK/Schmoeckel, § 164 Rn 9.
28 Larenz/Wolf, BGB AT, § 46 Rn 24.
29 Hager, AcP 180 (1980), 239 und Schwark, JuS 1980, 777; krit. Soergel/Leptien, vor § 164 Rn 34.
30 Staudinger/Schilken, Vorbem. zu §§ 164 ff. Rn 44.
31 Staudinger/Schilken, Vorbem. zu §§ 164 ff. Rn 43; MüKo/Schramm, vor § 164 Rn 14; Palandt/Heinrichs, Einf. v. § 164 Rn 6; Soergel/Leptien, vor § 164 Rn 35.

§ 771 ZPO und Aussonderung nach § 47 InsO).[32] Hierbei handelt es sich um eine singuläre Vorschrift, die nach zutreffender herrschender Meinung nicht verallgemeinerungsfähig ist.[33] Das den Geschäftsherrn grundsätzlich treffende Risiko des Gläubigerzugriffs kann aber immerhin dadurch gemindert werden, dass der rechtsgeschäftliche **Übertragungsakt bereits vor dem Vollzug des Ausführungsgeschäfts** vorgenommen wird, also eine Vorausabtretung oder ein antizipiertes Besitzkonstitut (§ 930) vereinbart wird.[34] Die Rechtsposition des Geschäftsherrn wird darüber hinaus auch dadurch verstärkt, dass es dem mittelbaren Stellvertreter gestattet wird, den seinem Geschäftsherrn entstandenen Schaden in dessen Interesse bei dem hierfür verantwortlichen Partner des Ausführungsgeschäfts zu liquidieren (**Drittschadensliquidation**).[35] Im Innenverhältnis kann der Geschäftsherr den geleisteten Schadensersatz bzw. den Anspruch an sich ziehen (§ 285).

20 **b) Treuhandschaft.** Die Treuhandschaft ist ein gesetzlich nicht näher definierter Rechtsbegriff.[36] Durch ihn sollen solche Rechtsverhältnisse gekennzeichnet werden, bei denen jemand – nämlich der Treugeber – einem anderen – dem Treuhänder – zu einem bestimmten Zweck (meist Sicherung oder Verwaltung) Rechtsmacht über seine Vermögensgüter einräumt.[37] Die ihm verliehene Rechtsmacht übt der Treuhänder jedenfalls auch im Interesse des Treugebers aus. Soweit der Treuhänder nach außen rechtsgeschäftlich auftritt, handelt er im Regelfalle in eigenem Namen, schuldrechtlich gebunden durch die Absprachen im Innenverhältnis. Dies rückt die Treuhandschaft in ein gewisses Näheverhältnis zur mittelbaren Stellvertretung.[38]

21 Trotz dieser Übereinstimmung **kann die Treuhand nicht pauschal der mittelbaren Stellvertretung zugeordnet werden**.[39] Vom äußeren Erscheinungsbild unterscheiden sich beide Konstellationen regelmäßig dadurch, dass der mittelbare Vertreter bezogen auf ein bestimmtes Veräußerungsgeschäft als Durchgangsperson agiert, während dem Treuhänder üblicherweise für eine gewisse Dauer eine zweckgebundene Verwaltungs- und/oder Verfügungsbefugnis über den Treuhandgegenstand eingeräumt wird.[40] Mitunter fehlt es sogar an der Befugnis, über das Treugut zu verfügen, so in manchen Konstellationen der reinen **Verwaltungstreuhand**.[41] In vielen anderen Fällen wird es sich wiederum so verhalten, dass das Treugut dem Treuhänder „zu treuen Händen" übertragen wird, er im Außenverhältnis daher als Rechtsinhaber verfügt (**fiduziarische Vollrechtstreuhand**);[42] auch dies eine signifikante Abweichung vom Modell der mittelbaren Stellvertretung.[43] Denkbar ist freilich auch der Fall, dass das Eigentum bzw. die Inhaberschaft beim Treugeber verbleibt und der Treuhänder im Außenverhältnis kraft einer ihm erteilten Ermächtigung verfügt (sog. **Ermächtigungstreuhand**). In dieser Konstellation wird er mithin als mittelbarer Stellvertreter tätig.[44] An die Stelle einer Ermächtigung kann auch eine Bevollmächtigung treten (**Vollmachtstreuhand**). Dies wäre dann ein Fall der unmittelbaren Stellvertretung nach den §§ 164 ff.[45]

22 Auch umgekehrt gilt: **Nicht jeder Fall der mittelbaren Stellvertretung begründet zugleich ein Treuhandverhältnis**;[46] dies schon deshalb nicht, da für ein Treuhandverhältnis stets ein Treugut vorhanden sein muss, welches der Treuhänder nach h.M. zudem unmittelbar aus dem Vermögen des Treugebers erlangen muss.[47] Für die Annahme eines (echten) Treuhandverhältnisses würde es also nicht ausreichen, dass der mittelbare Stellvertreter von einem Dritten für den Geschäftsherrn einen Gegenstand erwirbt.

23 **c) Strohmann.** Der mittelbare Stellvertreter kann auch die Rolle eines Strohmanns übernehmen, nämlich dann, wenn er von einem Hintermann, der das beabsichtigte Veräußerungs- oder Erwerbsgeschäft selbst

---

32 Näher zum Regelungsgehalt dieser Vorschrift statt vieler *K. Schmidt*, Handelsrecht, 5. Aufl. 1999, S. 897 ff. m.w.N.
33 RGZ 58, 273, 276; RGRK/*Steffen*, vor § 164 Rn 3; Soergel/*Leptien*, vor § 164 Rn 35; *Enneccerus/Nipperdey*, BGB AT II, S. 1098; a.A. *Hager*, AcP 180 (1980), 239, 250, und *Schwark*, JuS 1980, 777, 781.
34 Palandt/*Heinrichs*, Einf. v. § 164 Rn 6; näher hierzu Soergel/*Leptien*, vor § 164 Rn 36; MüKo/*Schramm*, vor § 164 Rn 18 ff.; Staudinger/*Schilken*, Vorbem. zu §§ 164 ff. Rn 45.
35 BGHZ 25, 250, 258 = NJW 1957, 1838; BGHZ 40, 91, 100 = NJW 1963, 2071; BGH NJW 1989, 3099; beachte aber auch BGHZ 133, 36 = NJW 1996, 2734.
36 Für eine eingehendere Auseinandersetzung mit der Rechtsfigur der Treuhand vgl. aus neuerer Zeit vor allem *Coing*, Die Treuhand kraft privaten Rechtsgeschäfts, 1973; *Grundmann*, Der Treuhandvertrag, 1997; und *Henssler*, Treuhandgeschäft – Dogmatik und Wirklichkeit, AcP 196 (1996), 37 ff.
37 *Bork*, BGB AT, Rn 1313.
38 *Enneccerus/Nipperdey*, BGB AT II, S. 1103; Staudinger/*Schilken*, Vorbem. zu §§ 164 ff. Rn 48.
39 So aber Palandt/*Heinrichs*, Einf. v. § 164 Rn 7.
40 MüKo/*Schramm*, vor § 164 Rn 28; Erman/*Palm*, vor § 164 Rn 15; *Larenz/Wolf*, BGB AT, § 46 Rn 28.
41 MüKo/*Schramm*, vor § 164 Rn 29 f.
42 *Larenz/Wolf*, BGB AT, § 46 Rn 30.
43 MüKo/*Schramm*, vor § 164 Rn 33: „keine Beziehung zur Stellvertretung mehr."
44 *Bork*, BGB AT, Rn 1316.
45 Staudinger/*Schilken*, Vorbem. zu §§ 164 ff. Rn 48; MüKo/*Schramm*, vor § 164 Rn 37; *Larenz/Wolf*, BGB AT, § 46 Rn 29.
46 Staudinger/*Schilken*, Vorbem. zu §§ 164 ff. Rn 48.
47 RGZ 84, 214, 218; BGH WM 1960, 325; krit. zu diesem Unmittelbarkeitsprinzip Soegel/*Leptien*, vor § 164 Rn 56. Eingehend auch *Grundmann*, Treuhandvertrag, 1997, S. 312 ff. und 415 f.

nicht vornehmen kann oder will, vorgeschoben wird.[48] Es handelt sich hierbei in aller Regel nicht um ein Scheingeschäft. Denn die erklärte Rechtsfolge ist von den Beteiligten normalerweise ernstlich gewollt, weil andernfalls der erstrebte wirtschaftliche Zweck nicht oder nicht in rechtsbeständiger Weise erreicht würde.[49] Bestehen auch unter dem Gesichtspunkt der Gesetzesumgehung keine Bedenken, was im Einzelfall genau zu prüfen ist,[50] so wird aus dem Geschäft mit dem Dritten der Strohmann selbst berechtigt und verpflichtet und zwar unabhängig von dem Wissen des Dritten um die Strohmanneigenschaft seines Vertragspartners.[51] Nach Erwerb des Gegenstandes kann ihm die Funktion eines Treuhänders zukommen.[52] Anders als im Normalfall eines Treuhandverhältnisses soll es dem Hintermann jedoch verwehrt sein, die treuhänderische Bindung zum Nachteil von Dritten in Anspruch zu nehmen. Ihm wird weder ein Aussonderungsrecht nach § 47 InsO bei Insolvenz des Strohmannes noch die Drittwiderspruchsklage nach § 771 ZPO zur Abwehr des vollstreckungsrechtlichen Zugriffs der Gläubiger des Strohmannes zuerkannt.[53] Ob dem auch in den Fällen gefolgt werden kann, in denen der Hintermann etwa nur aus Gründen der Diskretion nicht in Erscheinung treten möchte, erscheint jedoch zweifelhaft.[54] Gegen den Hintermann kann der Dritte jedenfalls nicht unmittelbar vorgehen. Hierzu kann es erst nach der Pfändung des dem Strohmann zustehenden Schuldbefreiungsanspruchs kommen.[55]

2. Vermögensverwalter kraft Amtes. Zu einem Handeln mit Fremdwirkung sind auch solche Personen befugt, die als **besondere Verwalter über das Vermögen des Inhabers** eingesetzt sind. Sie sind – unter Verdrängung des Vermögensinhabers, dem insoweit die Verfügungs- und Verwaltungsbefugnis entzogen ist – mit der Rechtsmacht ausgestattet, über das Vermögen zu verfügen und Verbindlichkeiten zulasten des Vermögensträgers einzugehen. Ihre Einsetzung kann auf einem Staatsakt beruhen, so beim **Insolvenzverwalter** (§ 80 InsO), beim **Zwangsverwalter** (§ 152 ZVG) und beim **Nachlassverwalter** (§ 1985 BGB), oder – wie beim **Testamentsvollstrecker** (§ 2205 BGB) – auf einer testamentarischen Verfügung des Erblassers. 24

Von den herkömmlichen Fällen der Stellvertretung unterscheidet sich das Handeln dieser Verwalter dadurch, dass es nicht allein den Interessen des Vermögensinhabers verpflichtet ist.[56] Der Insolvenzverwalter hat beispielsweise auf eine gleichmäßige, den Vorgaben der Insolvenzordnung Rechnung tragende Gläubigerbefriedigung zu achten. Richtschnur des Handelns des Testamentsvollstreckers ist wiederum die Verwirklichung des Erblasserwillens. Dem Verwalter obliegt es allgemein, die vorprogrammierten Interessenkonflikte auszugleichen, weshalb auch von „neutralem Handeln" gesprochen worden ist.[57] Sogar gerichtliche Auseinandersetzungen zwischen dem Verwalter und dem Träger des von ihm verwalteten Vermögens sind denkbar (vgl. z.B. § 2217). Diese **anders gelagerte Interessenwahrnehmung** zeigt sich auch in dem Umstand, dass der Verwalter nicht – wie von der gewillkürten Stellvertretung her bekannt – einseitig durch den Vermögensträger wieder abberufen werden kann.[58] 25

Insbesondere diese soeben bezeichneten signifikanten Abweichungen vom Grundmuster der Stellvertretung haben die Rechtsprechung und Teile der Literatur bewogen, in dem Verwalter den Träger eines nicht 26

---

48 Soergel/*Leptien*, vor § 164 Rn 37; MüKo/*Schramm*, vor § 164 Rn 24; Palandt/*Heinrichs*, Einf. v. § 164 Rn 8; eingehend zur Rechtsfigur des Strohmanns, *Gerhardt*, Von Strohmännern und Strohfrauen, in: FS Lüke 1997, S. 121 ff.
49 BGHZ 21, 378, 382 = NJW 1957, 19; BGH NJW 1982, 569 f.; 1995, 727; MüKo/*Schramm*, vor § 164 Rn 24; Soergel/*Leptien*, vor § 164 Rn 38; Palandt/*Heinrichs*, Einf. v. § 164 Rn 8.
50 Vgl. hierzu Palandt/*Heinrichs*, § 134 Rn 28 f.
51 BGH WM 1964, 179; NJW 1982, 569, 570; OLG Koblenz VersR 1998, 200; Staudinger/*Schilken*, Vorbem. zu §§ 164 ff. Rn 50; Palandt/*Heinrichs*, Einf. v. § 164 Rn 8.
52 Soergel/*Leptien*, vor § 164 Rn 37; insb. in Form der Verwaltungstreuhandschaft, so zutr. Palandt/*Heinrichs*, Einf. v. § 164 Rn 8. Mitunter wird die Stellung des Strohmanns gegenüber dem Hintermann generell mit derjenigen eines Treuhänders gleichgesetzt (so etwa BGH WM 1964, 179; Erman/*Palm*, vor § 164 Rn 21, und – allerdings unter Modifikation der Rechtsfolgen – *Flume*, BGB AT Bd. 2, § 20 2b, S. 407), was in dieser Allgemeinheit nicht zutrifft (zu Recht krit. Soergel/*Leptien*, vor § 164 Rn 37).
53 BGH WM 1964, 179; *Enneccerus/Nipperdey*, BGB AT II, S. 1104; *Flume*, BGB AT Bd. 2, § 20 2b, S. 407; Soergel/*Leptien*, vor § 164 Rn 37.
54 Zu Recht krit. *Gerhardt*, in: FS Lüke 1997, S. 127 ff. und Staudinger/*Schilken*, Vorbem. zu §§ 164 ff. Rn 50.
55 Staudinger/*Schilken*, Vorbem. zu §§ 164 ff. Rn 50; Palandt/*Heinrichs*, Einf. v. § 164 Rn 8.
56 *Flume*, BGB AT Bd. 2, § 44 IV 2, S. 781; Staudinger/*Schilken*, Vorbem. zu §§ 164 ff. Rn 58.
57 *Dölle*, Neutrales Handeln im Privatrecht, in: FS F. Schulz II, S. 272 ff.
58 Soergel/*Leptien*, vor § 164 Rn 74; Staudinger/*Schilken*, Vorbem. zu §§ 164 ff. Rn 58.

öffentlichen, privaten Amtes zu sehen (sog. **Amtstheorie**).[59] In einem gerichtlichen Verfahren trete er in gesetzlicher Prozessstandschaft als Partei kraft Amtes auf. Eine zwingende Notwendigkeit, für diese Fälle eine eigene Kategorie zu eröffnen und sie damit dem Stellvertretungsrecht zu entziehen, besteht jedoch richtiger Ansicht nach nicht. Entscheidend sind die Rechtswirkungen des Verwalterhandelns, und diese treten in der Person des Vermögensträgers ein.[60] Es geht also um gesetzliche, da vom Willen des Vermögensträgers unabhängige, Stellvertretung. Den angesprochenen Besonderheiten muss ggf. durch eine modifizierte Anwendung der Stellvertretungsregeln Rechnung getragen werden. Diese sog. **Vertretertheorie** wird von großen Teilen des Schrifttums – neuerdings auch in modifizierter Form – vertreten.[61] Bei allem Streit besteht doch immerhin Einigkeit dahin gehend, dass der dogmatischen Erfassung der Rechtsstellung des Verwalters für die Entscheidung praktischer Fragen kaum Bedeutung zukommt.[62]

27 **3. Botenschaft.** Die Einschaltung der Mittelsperson kann auch in der Weise erfolgen, dass dieser lediglich die **Übermittlung einer fremden, bereits fertig vorliegenden Willenserklärung** aufgetragen wird. Man spricht in diesen Fällen von Botenschaft. Anders als der Stellvertreter, der eine eigene Willenserklärung abgibt, bildet ein Bote keinen eigenen rechtsgeschäftlichen Willen. Zu den Einzelheiten der Abgrenzung vgl. Rn 47 ff.

28 **4. Handeln kraft Ermächtigung.** In einem funktionalen Näheverhältnis zur Stellvertretung steht das Handeln kraft einer vom Rechtsinhaber erteilten Ermächtigung.[63] Beiden Rechtsfiguren ist gemein, dass einer Person vom Berechtigten die Befugnis eingeräumt wird, durch rechtsgeschäftliches Handeln auf dessen Rechtskreis unmittelbar einzuwirken.[64] Übereinstimmung besteht auch insoweit, als sich in beiden Fällen das rechtliche Dürfen des Handelnden nach den Absprachen im Innenverhältnis bestimmt.[65] Wie der Vertretene behält im Übrigen auch der Ermächtigende die Rechtsmacht, selbst wirksam über den betreffenden Gegenstand zu verfügen.[66] Und doch besteht ein kategorialer Unterschied: Die Ermächtigung verleiht dem Adressaten die Befugnis, **im eigenen Namen ein fremdes Recht auszuüben oder geltend zu machen**, insbesondere mit Wirkung zulasten des Rechtsinhabers darüber zu verfügen.[67] Das vom Ermächtigten vorgenommene Rechtsgeschäft ist – auch wenn die dingliche Rechtsfolge den Rechtsinhaber trifft – ein eigenes Rechtsgeschäft des Ermächtigten. Das vom Vertreter in fremdem Namen abgeschlossene Vertretergeschäft wird hingegen nach § 164 dem Vertretenen zugerechnet; es handelt sich also um ein Geschäft des Vertretenen.[68] Die Ermächtigung basiert demzufolge auch nicht auf den §§ 164 ff., sondern stellt sich als ein Sondertatbestand der in den **§§ 182 ff.** geregelten Zustimmung, nämlich einer Einwilligung nach § 185 Abs. 1, dar.[69]

---

59 St. Rspr. des BGH, vgl. etwa BGHZ 24, 393, 396 = NJW 1957, 1361 und BGHZ 100, 346, 351 = NJW 1987, 3133 für den Konkurs- bzw. jetzt Insolvenzverwalter; BGH NJW-RR 1993, 442 für den Zwangsverwalter; BGHZ 38, 281, 284 = NJW 1963, 297 für den Nachlassverwalter; BGH NJW-RR 1987, 1090, 1091 für den Testamentsvollstrecker; RGRK/*Steffen*, vor § 164 Rn 11; Palandt/*Heinrichs*, Einf. v. § 164 Rn 9; HK-BGB/*Dörner*, vor §§ 164–181 Rn 11; Zöller/*Vollkommer*, ZPO, § 51 Rn 7; für eine „Amtstheorie in fortgeführter Ausprägung" auch Soergel/*Leptien*, vor § 164 Rn 77.

60 So schon *Enneccerus/Nipperdey*, BGB AT II, S. 1106.

61 *Enneccerus/Nipperdey*, BGB AT II, S. 1106; *Flume*, BGB AT Bd. 2, § 44 IV 2, S. 781; *Larenz*, BGB AT, 7. Aufl. 1989, S. 586 f.; *Medicus*, BGB AT, Rn 925; für eine „neue Vertreter- und Organtheorie" im Hinblick auf den Konkursverwalter *K. Schmidt*, KTS 1984, 345 ff.; *ders.*, NJW 1995, 912 f.

62 So auch die Einschätzung von *Flume*, BGB AT Bd. 2, § 44 IV 2, S. 781; MüKo/*Schramm*, vor § 164 Rn 12. Für eine eingehendere Auseinandersetzung mit den Argumenten der verschiedenen Ansätze, zu denen auch die früher vertretene Organtheorie (insb. *Bötticher*, ZZP 1977, 55 ff.) zählt, vgl. daher das Spezialschrifttum, insb. Stein/Jonas/*Bork*, 21. Aufl. 1993, vor § 50 ZPO Rn 25 ff., und *Jaeger/Henckel/Weber*, 9. Aufl. 1971, § 6 KO Rn 165–168.

63 Zur Ermächtigung vgl. vor allem die Schriften: *Doris*, Die rechtsgeschäftliche Ermächtigung bei Vornahme von Verfügungs-, Verpflichtungs- und Erwerbsgeschäften, 1974; *Ludewig*, Die Ermächtigung nach bürgerlichem Recht, 1922. Zu den Sonderformen der Ermächtigung, etwa der Einziehungsermächtigung, der gewillkürten Prozessstandschaft und der Erwerbsermächtigung, vgl. im Übrigen Staudinger/*Schilken*, Vorbem. zu §§ 164 Rn 66 ff.

64 MüKo/*Schramm*, vor § 164 Rn 39; Staudinger/*Schilken*, Vorbem. zu §§ 164 ff. Rn 64; Soergel/*Leptien*, vor § 182 Rn 17; *Doris*, Die rechtsgeschäftliche Ermächtigung bei Vornahme von Verfügungs-, Verpflichtungs- und Erwerbsgeschäften, 1974, S. 25 f.; *Flume*, BGB AT Bd. 2, § 57 1b, S. 904 („artverwandt").

65 *Flume*, BGB AT Bd. 2, § 57 1c, S. 905; Staudinger/*Schilken*, Vorbem. zu §§ 164 ff. Rn 63; MüKo/*Schramm*, vor § 164 Rn 38. Auf die Ermächtigung müssen folgerichtig auch die Grundsätze über den Vollmachtsmissbrauch angewendet werden; vgl. *Flume*, BGB AT Bd. 2, § 57 1c, S. 905.

66 Staudinger/*Schilken*, Vorbem. zu §§ 164 ff. Rn 63; MüKo/*Schramm*, vor § 164 Rn 38.

67 *Flume*, BGB AT Bd. 2, § 57 1b, S. 903; Staudinger/*Schilken*, Vorbem. zu §§ 164 ff. Rn 62; MüKo/*Schramm*, vor § 164 Rn 38.

68 *Flume*, BGB AT Bd. 2, § 57 1b, S. 904; MüKo/*Schramm*, vor § 164 Rn 39.

69 *Flume*, BGB AT Bd. 2, § 57 1b, S. 903.

Die unterschiedliche dogmatische Verortung beider Rechtsinstitute offenbart noch eine weitere Verschiedenheit: die **Ermächtigung ist** auf einen bestimmten – bereits vorhandenen – **Gegenstand bezogen**, während die Vollmacht keine derartige gegenständliche Begrenzung kennt und auf die Person des Vertretenen, dessen Rechtszuständigkeit sie erweitert, bezogen ist.[70] Die Vollmacht reicht insofern weiter. Anders als die Ermächtigung erlaubt sie insbesondere die Begründung rechtsgeschäftlicher Pflichten in der Person des Vertretenen.[71] Nach alledem ist der Unterschied zwischen der Vollmacht und der Ermächtigung nicht nur gradueller Art.[72] Dies schließt es indes nicht aus, dass sich im konkreten Fall die Abgrenzung schwierig gestaltet. In Zweifelsfällen ist das Gemeinte unter Berücksichtigung des Zwecks bzw. der Interessenlage im Wege der **Auslegung** zu ermitteln.[73] Der Bezeichnung der Parteien wird dabei zu Recht keine maßgebende Bedeutung beigemessen.[74]

5. Wissensvertretung. Das BGB macht den Eintritt von Rechtsfolgen des Öfteren davon abhängig, dass jemand bestimmte Tatsachen kennt oder kennen muss (vgl. z.B. §§ 142 Abs. 2, 442 Abs. 1, 819 Abs. 1, 932, 990 Abs. 1). Fraglich ist, wie zu entscheiden ist, wenn nicht der Geschäftsherr, wohl aber ein für ihn handelnder Dritter über die entsprechenden Kenntnisse verfügt. Im Versicherungsrecht spielt diese Problemstellung im Hinblick auf die Obliegenheiten des Versicherungsnehmers eine bedeutsame Rolle (vgl. hierzu die Sondervorschriften der §§ 2 Abs. 3, 19 VVG). Das Recht der Stellvertretung kennt mit **§ 166** eine Norm, die sich mit der Zurechnung von die Willenserklärung begleitenden Umständen befasst. Sie wird von der h.M. auf alle Personen (analog) angewendet, die – unabhängig von der Vertretungsbefugnis – vom Geschäftsherrn dazu bestellt sind, an seiner Stelle und mit eigener Entscheidungsgewalt rechtserhebliche Tatsachen zur Kenntnis zu nehmen.[75] Bei dieser mitunter sog. Wissensvertretung geht es nicht – wie bei der Stellvertretung – um die Zurechnung von Willenserklärungen, sondern um die **Zurechnung des Wissens Dritter als eigenes**.[76] Zu den Einzelheiten vgl. die Kommentierung zu § 166.

6. Verhandlungsgehilfen und Abschlussvermittler. Vom Stellvertreter sind ferner solche Personen zu unterscheiden, die im Stadium der Vertragsanbahnung für die späteren Vertragsparteien tätig werden, die Vertragsschlusserklärungen jedoch nicht selbst abgeben. Diese Hilfskräfte werden vom Geschäftsherrn beispielsweise mit der Verhandlungsführung betraut oder um Vermittlung des Geschäfts gebeten. Letzteres trifft beispielsweise auf den Makler nach § 652, soweit er auch die Vermittlung übernommen hat, den Handelsmakler (§§ 93 ff. HGB) und den Handelsvertreter (§§ 84 ff. HGB) zu. All diese Personen wirken zwar am Zustandekommen des Rechtsgeschäfts mit, etwa indem sie die Vertragspartner erst zusammenführen, und nehmen oftmals auch Einfluss auf den Inhalt des Vertrages, sind aber regelmäßig **nicht vertretungsbefugt** (beachte allerdings für den Handelsvertreter § 84 Abs. 1 S. 1 Fall 2 HGB). Daher **finden die Regeln des Stellvertretungsrechts** auf sie **grundsätzlich keine Anwendung**.[77] Eine Ausnahme gilt für den Widerruf der „Verhandlungsvollmacht", auf den § 168 analoge Anwendung finden soll,[78] und die Wissenszurechnung analog § 166 BGB (zu den Voraussetzungen siehe Rn 30 und § 166 Rn 8 ff.). Setzt sich der Abschlussvermittler über seine fehlende Vollmacht hinweg, so gelten für das namens des Geschäftsherrn abgeschlossene Rechtsgeschäft die §§ 177–180,[79] soweit nicht ausnahmsweise die Voraussetzungen einer Duldungs- oder Anscheinsvollmacht erfüllt sind (beachte beim Handelsvertreter auch § 91a HGB). Zur Eigenhaftung von Verhandlungsgehilfen unter dem Gesichtspunkt des Verschuldens bei Vertragsschluss vgl. AnwK-SchuldR/ *Krebs*, § 311 Rn 47 ff.

7. Vertrag zugunsten Dritter. Stellvertretung und Vertrag zugunsten Dritter weisen eine Gemeinsamkeit auf: In beiden Fällen wird für einen Dritten durch das rechtsgeschäftliche Handeln anderer unmittelbar eine Berechtigung begründet. Diese Gemeinsamkeit ist jedoch nur äußerlicher Natur.[80] Zwischen beiden

---

70 *Flume*, BGB AT Bd. 2, § 57 1b, S. 904; MüKo/ *Schramm*, vor § 164 Rn 39; RGRK/*Steffen*, vor § 164 Rn 14; *Doris*, rechtsgeschäftliche Ermächtigung bei Vornahme von Verfügungs-, Verpflichtungs- und Erwerbsgeschäften, 1974, S. 28 f.; *Thiele*, Die Zustimmung in der Lehre vom Rechtsgeschäft, 1966, S. 146 f.
71 Zur Unzulässigkeit einer sog. Verpflichtungsermächtigung vgl. *Peters*, AcP 171 (1971), 234, 238 ff.
72 So aber *Müller-Freienfels*, S. 100; wie hier Staudinger/*Schilken*, Vorbem. zu §§ 164 ff. Rn 64.
73 BGH WM 1972, 994. Hierzu auch eingehend MüKo/ *Schramm*, vor § 164 Rn 40 f.; ferner RGRK/*Steffen*, vor § 164 Rn 14.

74 MüKo/*Schramm*, vor § 164 Rn 40.
75 Vgl. statt vieler *Richardi*, AcP 169 (1969), 387; *Schilken*, Wissenszurechnung im Zivilrecht, 1983, S. 213 ff.; aus der Rspr. zuletzt BGHZ 132, 30, 37 = NJW 1996, 1339; BGHZ 135, 202 = NJW 1997, 1917.
76 Erman/*Palm*, vor § 164 Rn 27; MüKo/*Schramm*, vor § 164 Rn 64.
77 Soergel/*Leptien*, vor § 164 Rn 78.
78 BGH NJW-RR 1991, 439, 441.
79 RG WarnR 10 Nr. 321.
80 *Bork*, BGB AT, Rn 1311; zu gemeinsamen historischen Wurzeln vgl. allerdings Staudinger/ *Schilken*, Vorbem. zu §§ 164 ff. Rn 94.

Instituten besteht vielmehr ein **kategorialer Unterschied**, handelt es sich doch bei der Stellvertretung um eine „Sonderkategorie des Geschäftsabschlusses", während der Vertrag zugunsten Dritter eine „Sonderkategorie des Vertragsverhältnisses" darstellt.[81] Dies äußert sich dann darin, dass der Begünstigte beim Vertrag zugunsten Dritter nicht Partei des Vertrages wird, sondern lediglich ein Forderungsrecht erhält, im Übrigen ohne korrespondierende Verpflichtung. Diesen Vertrag schließt der Versprechensempfänger mit dem Versprechenden auch nicht etwa im fremden, sondern im eigenen Namen ab.

33 **8. Gesetzlich angeordnete Fremdwirkung. a) Geschäfte zur Deckung des Lebensbedarfs.** Gewisse Anklänge an das Institut der Stellvertretung vermittelt die Lektüre des **§ 1357** (vormals „Schlüsselgewalt"), wonach durch Geschäfte zur angemessenen Deckung des Lebensbedarfs der Familie, die ein Ehegatte besorgt, grundsätzlich auch der andere berechtigt und verpflichtet wird. Die von dieser Vorschrift dem rechtsgeschäftlichen Handeln eines Ehegatten zuerkannte Fremdwirkung wird nicht selten als eine Ausnahme vom Offenkundigkeitsprinzip charakterisiert.[82] Das ist insofern richtig, als es in der Tat nicht darauf ankommt, dass die Voraussetzungen des § 1357 (also insbesondere die Existenz eines Ehegatten) dem Geschäftsgegner gegenüber offen gelegt werden müssen. Eine genauere Analyse erweist jedoch, dass **§ 1357 außerhalb des Stellvertretungsrechts angesiedelt** ist.[83] Bei § 1357 wird abweichend vom Grundgedanken des Stellvertretungsrechts nämlich auch der Handelnde berechtigt und verpflichtet, die Berechtigung und Verpflichtung des anderen Ehegatten tritt lediglich daneben. Es geht also nicht um eine für die Stellvertretung typische „Wirkungsverschiebung", sondern um eine **„Wirkungserweiterung**, die zu einer Kombination von Eigen- und Fremdwirkungen führt."[84] Die Fremdwirkung tritt auch nicht etwa ein, weil sie vom handelnden Ehegatten intendiert war, sondern schlicht kraft gesetzlicher Anordnung.[85] Schon angesichts dieser grundlegenden Strukturunterschiede verbietet es sich, § 1357 dem Stellvertretungsrecht zuzuordnen. Es handelt sich um eine **gesetzliche Rechtsfolgenerstreckung**,[86] auf die die Vorschriften des Stellvertretungsrechts grundsätzlich keine Anwendung finden.[87]

34 **b) Surrogation.** Auch verschiedene Fälle der **dinglichen Surrogation** (so z.B. §§ 718 Abs. 2, 1418 Abs. 2 Nr. 3, 2111) werden gelegentlich mit der Stellvertretung in Zusammenhang gebracht. Auch wenn sich hier die Rechtsinhaberschaft an dem Gegenstand fortsetzt, den ein anderer durch Rechtsgeschäft weggegeben hat, so fällt dem Verfügenden dennoch nicht die Rolle eines Vertreters des Rechtsinhabers zu. Es handelt sich auch hier um eine **gesetzlich angeordnete Fremdwirkung**, die unabhängig vom Willen des Handelnden eintritt.[88]

B. Regelungsgehalt

I. Anwendungsbereich der Stellvertretungsregeln

35 **1. Rechtsgeschäftliches Handeln.** Bezugspunkt der Stellvertretungsregeln der §§ 164 ff. ist die **Willenserklärung**, die der Vertreter mit Wirkung für den Vertretenen abgibt (aktive Stellvertretung) oder für ihn entgegennimmt (passive Stellvertretung). Außerhalb des rechtsgeschäftlichen Verkehrs finden die §§ 164 ff. keine Anwendung. Für die Frage der Zurechnung des Gehilfenverhaltens im Zuge der **Anbahnung eines Vertrages** gilt im Hinblick auf die damit einhergehende Begründung eines gesetzlichen Schuldverhältnisses von Anfang an § 278.[89] Die haftungsrechtliche Zurechnung **unerlaubter Handlungen** richtet sich ausschließlich nach den §§ 831, 31 und 89.[90] Im Hinblick auf die Haftung für den Verrichtungsgehilfen ist darauf hinzuweisen, dass allein die Bevollmächtigung eines Dritten diesen nicht zum Verrichtungsgehilfen

---

81 So prägnant *Müller-Freienfels*, S. 26; zust. *Flume*, BGB AT Bd. 2, § 43 6, S. 761.
82 *Larenz*, BGB AT, 6. Aufl. 1983 (anders dann in der 7. Aufl. 1989), § 30 II b; *Käppler*, AcP 179 (1979), 243, 274; *K. Müller*, JZ 1982, 779; *Beitzke*, Familienrecht, 25. Aufl. 1988, § 12 V, S. 84; RGRK/*Steffen*, vor § 164 Rn 10.
83 Gernhuber/*Coester-Waltjen*, Lehrbuch des Familienrechts, 4. Aufl. 1994, § 19 IV, S. 197; *K. Schmidt*, JuS 1987, 425, 430; *Bork*, BGB AT, Rn 1414; HK-BGB/*Dörner*, vor §§ 164–181 Rn 6.
84 So treffend Gernhuber/*Coester-Waltjen*, Lehrbuch des Familienrechts, 4. Aufl. 1994, § 19 IV, S. 197.
85 Gernhuber/*Coester-Waltjen*, Lehrbuch des Familienrechts, 4. Aufl. 1994, § 19 IV, S. 197.
86 *Bork*, BGB AT, Rn 1414; ähnlich *K. Schmidt*, JuS 1987, 425, 430.
87 Gernhuber/*Coester-Waltjen*, Lehrbuch des Familienrechts, 4. Aufl. 1994, § 19 IV, S. 197; für analoge Anwendung einzelner Vorschriften des Stellvertretungsrechts jedoch Soergel/*Leptien*, vor § 164 Rn 17 (§§ 165, 166 BGB); HK-BGB/*Dörner*, vor §§ 164–181 Rn 6 (insb. §§ 165, 177).
88 *Bork*, BGB AT, Rn 1414; eingehend *Einsele*, JZ 1990, 1007 f.
89 *Flume*, BGB AT Bd. 2, § 46 6, S. 797 f.; *Ballerstedt*, AcP 151 (1951), 510 und 518; Staudinger/*Schilken*, Vorbem. zu §§ 164 ff. Rn 39; MüKo/*Schramm*, § 164 Rn 10.
90 Staudinger/*Schilken*, Vorbem. zu §§ 164 ff. Rn 39; Soergel/*Leptien*, § 164 Rn 8.

macht. Dies richtet sich nach der Ausgestaltung des Grundverhältnisses, wobei der Weisungsabhängigkeit besonderes Gewicht beizumessen ist.[91]

2. Geschäftsähnliche Handlungen, Einwilligung und Realakte. Auf **rechtsgeschäftsähnliche Handlungen**, also auf Erklärungen, deren Rechtsfolgen kraft Gesetzes eintreten, werden die **Vorschriften des Stellvertretungsrechts entsprechend angewendet.** Hierbei ist beispielsweise an die verzugsbegründende Mahnung (§ 286 Abs. 1), die Aufforderung zur Genehmigung (§§ 108 Abs. 2, 177 Abs. 2) oder die Fristsetzung (§§ 281 Abs. 1, 323 Abs. 1) zu denken. Die Analogie ist gerechtfertigt, da auch diese Erklärungen regelmäßig in der Absicht oder zumindest im Bewusstsein abgegeben werden, damit Rechtsfolgen auszulösen. 36

Weder rechtsgeschäftlichen noch rechtsgeschäftsähnlichen Charakter weist die **Einwilligung in die Verletzung eines Rechts oder Rechtsgutes** auf.[92] Sie hat allein die Funktion, den auf ihrer Grundlage erfolgenden Eingriff eines Dritten zu legitimieren. Soweit es um höchstpersönliche Rechtsgüter geht, z.B. Körper und Gesundheit beim ärztlichen Heileingriff, muss dem Selbstbestimmungsrecht des Rechtsträgers – auch wenn er nur beschränkt geschäftsfähig ist – Rechnung getragen werden.[93] Geht es hingegen um Eingriffe in die Vermögenssphäre, so können die Stellvertretungsregeln ohne weiteres entsprechend angewandt werden.[94] 37

Auf **Realakte**, die im Gegensatz zu den geschäftsähnlichen Handlungen ohne Mitteilungs- und Kundgabezweck vorgenommen werden und damit schon äußerlich keine Ähnlichkeit mit Willenserklärungen aufweisen (z.B. die Verarbeitung im Sinne des § 950 oder der Besitzerwerb nach § 854 Abs. 1), sind die **§§ 164 ff. nicht anwendbar.**[95] 38

3. Vertretung bei Verfahrenshandlungen vor Gerichten und Behörden. In gerichtlichen Verfahren können bzw. müssen sich die Parteien durch einen Prozessbevollmächtigten vertreten lassen (zum Zivilverfahren vgl. § 78 ZPO). Zwar ist Inhalt des Vertreterhandelns hier nicht die Abgabe materiellrechtlicher Willenserklärungen, sondern die Vornahme von Prozesshandlungen. Strukturell besteht indes kein Unterschied zur Stellvertretung nach den §§ 164 ff., geht es doch auch hier um die Begründung der Fremdwirkung eines im Namen der Partei auftretenden und durch eine ihm vom Mandanten erteilte Prozessvollmacht legitimierten Prozessvertreters.[96] Soweit das einschlägige Verfahrensrecht keine Sonderregelungen enthält (vgl. etwa §§ 80 ff. ZPO für die Prozessvollmacht, die im Übrigen ihrerseits als Prozesshandlung qualifiziert wird[97]), **gelangen die §§ 164 ff. und die in ihnen verkörperten Grundgedanken zur Anwendung** (zur Nichtanwendbarkeit des § 165 vgl. Rn 10).[98] 39

Ähnliches gilt für das **Verfahren vor Behörden.** Nach § 14 VwVfG kann sich ein Beteiligter durch einen Bevollmächtigten vertreten lassen. § 62 S. 2 VwVfG ermöglicht sogar ausdrücklich den ergänzenden Rückgriff auf die Vorschriften des Bürgerlichen Gesetzbuches. Soweit sich also in den Verwaltungsverfahrensgesetzen keine speziellen Regelungen finden, kommen auch hier die Vorschriften der §§ 164 ff. zum Zuge.[99] 40

Der **Gerichtsvollzieher** hingegen tritt bei bei Vornahme der ihm obliegenden Amtshandlungen nicht als Vertreter des Gläubigers auf.[100] Um **hoheitliches Handeln** geht es auch dann, wenn der Gerichtsvollzieher die ausstehende Leistung des Schuldners für den Gläubiger in Empfang nimmt. Aus diesem Grund ist der wohl h.M. nicht zu folgen, wenn sie dafür hält, der Gerichtsvollzieher werde insoweit aufgrund einer gesetzlichen Vertretungsmacht tätig. Richtiger Ansicht nach wird er in dieser Konstellation als Bote tätig.[101] 41

---

91 So zu Recht MüKo/*Schramm*, § 164 Rn 8.
92 H.M. BGHZ 29, 33, 36 = NJW 1959, 811; Soergel/*Leptien*, § 164 Rn 4; Staudinger/*Gursky*, Vorbem. zu §§ 182 Rn 10; *Medicus*, BGB AT, Rn 200; abw. MüKo/*Schmitt*, § 105 Rn 22; für Einstufung als rechtsgeschäftsähnliche Handlung: *Bork*, BGB AT, Rn 1338. Zum Ganzen auch *Kern*, NJW 1994, 753.
93 Soergel/*Leptien*, § 164 Rn 4.
94 MüKo/*Schramm*, § 164 Rn 9.
95 BGHZ 8 130,132; 16, 260, 263; 32, 53, 56 = NJW 1960, 860; Soergel/*Leptien*, § 164 Rn 9; RGRK/*Steffen*, vor § 164 Rn 24; Palandt/*Heinrichs*, Einf. v. § 164 Rn 3. Zur Übereignung nach § 929 durch einen Vertreter vgl. *Baur/Stürner*, Sachenrecht, 17. Aufl. 1999, § 5 Rn 12.
96 *Schilken*, Zivilprozessrecht, 4. Aufl. 2002, Rn 84.
97 BGH MDR 1958, 319, 320; BGHZ 41, 104, 107= NJW 1964, 1129; Stein/Jonas/*Bork*, 21. Aufl. 1993, § 80 ZPO Rn 4; Rosenberg/Schwab/*Gottwald*, Zivilprozessrecht, 15. Aufl. 1993, § 55 II 1; *Schilken*, Zivilprozessrecht, 4. Aufl. 2002, Rn 89; a.A. *A. Blomeyer*, Zivilprozessrecht, 2. Aufl. 1985, § 9 III 1.
98 Soergel/*Leptien*, vor § 164 Rn 80.
99 MüKo/*Schramm*, vor § 164 Rn 83.
100 RGZ 82, 85, 89; 156, 395, 398; Soergel/*Leptien*, vor § 164 Rn 81; RGRK/*Steffen*, vor § 164 Rn 12; Staudinger/*Schilken*, Vorbem. zu § 164 Rn 97; MüKo/*Schramm*, vor § 164 Rn 79; Palandt/*Heinrichs*, Einf. v. § 164 Rn 10.
101 Wie hier Staudinger/*Schilken*, Vorbem. zu §§ 164 ff. Rn 97; *Rosenberg/Gaul/Schilken*, Zwangsvollstreckungsrecht, 11. Aufl. 1997, § 25 IV 1d; *Fahland*, ZZP 92 (1979), 437 ff.; MüKo/*Schramm*, vor § 164 Rn 79; Zöller/*Stöber*, ZPO, § 753 Rn 4; a.A. RGZ 77, 25; Palandt/*Heinrichs*, Einf. v. § 164 Rn 10; Soergel/*Leptien*, vor § 164 Rn 81.

II. Zulässigkeit der Stellvertretung

1. Gesetzliche Vertretungsverbote. Schon aus der Stellung der §§ 164 ff. im Dritten Abschnitt des ersten Buches („Rechtsgeschäfte") ergibt sich, dass Stellvertretung **grundsätzlich bei jedem Rechtsgeschäft**, ganz gleich welchem Rechtsgebiet es zuzuordnen ist, in Betracht kommt.[102] So können beispielsweise auch Tarifverträge durch einen bevollmächtigten Vertreter abgeschlossen werden.[103]

Das **Gesetz** statuiert allerdings **für bestimmte Rechtsgeschäfte ein Verbot der Stellvertretung**. Diese Rechtsgeschäfte sind zumeist familien- oder erbrechtlicher Natur. Sie zeichnen sich dadurch aus, dass sie den Status einer Person verändern oder in anderer Weise ihre Persönlichkeitssphäre berühren. Dem Gesetzgeber ist daran gelegen, dass solche bedeutsamen persönlichkeitsrelevanten Rechtsgeschäfte vom Rechtsträger selbst vorgenommen werden. Die wichtigsten Verbotstatbestände finden sich in § 1311 S. 1 (Eheschließung), § 1 LPartG (Begründung einer Lebenspartnerschaft), § 2064 (Testamentserrichtung), § 2274 (Abschluss eines Erbvertrages). Ferner sind folgende Vorschriften zu nennen: §§ 1516 Abs. 2 S. 1, 1596 Abs. 4, 1600a Abs. 1, 1626c Abs. 1, 1750 Abs. 3 S. 1, 1760 Abs. 5 S. 2 i.V.m. 1750 Abs. 3 S. 1; 1762 Abs. 1 S. 3, 2256 Abs. 2 S. 2, 2282 Abs. 1 S. 1, 2284 Abs. 1, 2290 Abs. 2 S. 1, 2296 Abs. 1 S. 2, 2347 Abs. 2 S. 1, 2351 BGB; § 48 HGB für die Prokura.

2. Vertretungsverbot kraft Natur des Rechtsgeschäfts. Der auf die Natur des Rechtsgeschäfts abstellende Begründungsansatz geht auf § 115 des Entwurfs zurück. Die dort vorgesehene Regel ist jedoch nicht in das BGB übernommen worden, wodurch es zu einer verdeckten Gesetzeslücke kam.[104] Die Bedeutung dieser Fallgruppe ist allerdings gering. Für unzulässig erachtet man auf dieser Grundlage die Stellvertretung beim **Verlöbnis** (§ 1297)[105] und der **Abgabe der Zustimmungserklärung des anderen Ehegatten** nach den §§ 1365 Abs. 1, 1366 Abs. 1 und 1369.[106] Im Übrigen beschränkt sich das Verbot der Stellvertretung auf die enumerativ im Gesetz aufgezählten Fälle.[107]

3. Rechtsgeschäftlicher Ausschluss der Stellvertretung. Die Stellvertretung kann schließlich grundsätzlich – ggf. in den durch das AGB-Recht gezogenen Grenzen[108] – durch Rechtsgeschäft ausgeschlossen werden.[109] Man spricht in diesem Fall auch von „**gewillkürter Höchstpersönlichkeit**".[110] Erst recht ist es zulässig, die Vertretung auf bestimmte Personen zu beschränken.[111] So kann beispielsweise die Befugnis der Wohnungseigentümer, sich in den Versammlungen der Gemeinschaft vertreten zu lassen, in der Gemeinschaftsordnung auf einen bestimmten Personenkreis beschränkt werden.[112]

4. Rechtsfolge der Missachtung eines Vertretungsverbots. Wird ein Rechtsgeschäft unter Missachtung eines Vertretungsverbots vorgenommen, so ist es **endgültig und unheilbar nichtig**. Die Möglichkeit der Genehmigung nach § 177 besteht nicht, da diese Vorschrift nur den Fall des Fehlens der Vertretungsmacht regelt.[113]

III. Voraussetzungen der Stellvertretung

1. Abgabe einer eigenen Willenserklärung. a) Botenschaft – Abgrenzung zur Stellvertretung. Der Stellvertreter ist nach der vom BGB übernommenen Repräsentationstheorie (vgl. hierzu Rn 6) der rechtsgeschäftlich Handelnde. Er selbst vollzieht das Rechtsgeschäft, indem er eine **eigene Willenserklärung** im Namen des Vertretenen abgibt. Dies unterscheidet ihn vom Boten. Der **Bote überbringt** lediglich eine bereits **fertige, fremde Willenserklärung**.[114] Er vermittelt ihren Zugang und verhilft ihr damit zur Wirksamkeit.

---

102 Soergel/*Leptien*, vor § 164 Rn 84; *Bork*, BGB AT, Rn 1334.
103 BAG BB 1994, 289 f.; BAG NZA 1997, 1064.
104 *Reichel*, Höchstpersönliche Rechtsgeschäfte, 1931, S. 15; Staudinger/*Schilken*, Vorbem. zu §§ 164 ff. Rn 41.
105 MüKo/*Wacke*, § 1297 Rn 9; *Bork*, BGB AT, Rn 1337; Gernhuber/*Coester-Waltjen*, Lehrbuch des Familienrechts, 4. Aufl. 1994, S. 70.
106 MüKo/*Schramm*, vor § 164 Rn 74; Staudinger/*Schilken*, Vorbem. zu §§ 164 ff. Rn 41; *Bork*, BGB AT, Rn 1337.
107 Gegen eine verallgemeinernde Ausdehnung auch RGZ 63, 113, 114; Staudinger/*Schilken*, Vorbem. zu §§ 164 ff. Rn 41; *Bork*, BGB AT, Rn 1337; Soergel/*Leptien*, vor § 164 Rn 84.
108 BGH BB 1982, 1822.
109 BGHZ 99, 90 = NJW 1987, 650; *Reichel*, Höchstpersönliche Rechtsgeschäfte, S. 76 ff.; *Flume*, BGB AT Bd. 2, § 43 7. S. 762; Staudinger/*Schilken*, Vorbem. zu §§ 164 ff. Rn 41.
110 Palandt/*Heinrichs*, Einf. v. § 164 Rn 4.
111 Soergel/*Leptien*, vor § 164 Rn 84; MüKo/*Schramm*, vor § 164 Rn 73.
112 BGHZ 99, 90 = NJW 1987, 650; BGHZ 121, 236 = NJW 1993, 1329.
113 BGH NJW 1971, 428, 429; Soergel/*Leptien*, vor § 164 Rn 84; *Bork*, BGB AT, Rn 1341.
114 *Flume*, BGB AT Bd. 2, § 43 4, S. 755; MüKo/*Schramm*, vor § 164 Rn 42; ausf. zu den Rechtsproblemen der Botenschaft G. *Hueck*, AcP 152 (1952/53), 432 ff.; *Sandmann*, AcP 199 (1999), 455 ff.

In den Motiven wurde dies wie folgt ausgedrückt: „Wirkt jemand bei dem Zustandekommen eines Rechtsgeschäftes nur insofern mit, als er die Willenserklärung des einen Teils auf dessen Veranlassung dem anderen Teile übermittelt, so ist er Mittelsperson, Bote."[115] Das BGB verwendet den Terminus „Bote" nicht. § 120 spricht aber gleichbedeutend von einer „zur Übermittlung verwendete(n) Person".

Die **Abgrenzung der Botenschaft von der Stellvertretung** ist damit im Ausgangspunkt klar. Im günstigsten Fall lässt schon die sprachliche Formulierung den Unterschied hervortreten. Der Bote sagt: „X lässt Ihnen sagen, dass er das Pferd kaufe", während der Stellvertreter formuliert: „Ich kaufe das Pferd im Namen des X".[116] In Zweifelsfällen ist im Wege der **Auslegung** unter besonderer Beachtung des das Stellvertretungsrecht beherrschenden Offenkundigkeitsprinzips zu ermitteln, ob sich die Erklärung der Hilfsperson als eigene oder als fremde darstellt.[117] Da es sich um eine empfangsbedürftige Willenserklärung handelt, ist hierbei auf den **Horizont des Erklärungsempfängers**, also des Geschäftspartners, abzustellen. Entscheidend ist also das **äußere Erscheinungsbild**, das Auftreten der Hilfsperson gegenüber dem Dritten.[118] Wie der Mittler nach den Absprachen mit seinem Geschäftsherrn gegenüber dem Kontrahenten auftreten sollte, spielt für die Abgrenzung richtiger Ansicht nach keine Rolle.[119] Das Innenverhältnis erlangt lediglich für die nachgelagerte Frage Bedeutung, ob das Auftreten des Mittlers dem Geschäftsherrn zugerechnet werden kann. Dass das Gesetz diese Fragenkreise trennt, lassen die §§ 177 ff. deutlich erkennen.

Bei der im Rahmen der Auslegung vorzunehmenden Würdigung des äußeren Auftretens der Hilfsperson sind nicht nur die von ihr abgegebenen Erklärungen, sondern alle das Geschäft begleitende, dem Kontrahenten erkennbare Umstände zu berücksichtigen.[120] Für die Qualifikation als Stellvertreter spricht es, wenn die Mittelsperson einen **eigenen Entscheidungsspielraum** bei der Auswahl des Vertragspartners, des Vertragsgegenstandes und des Preises für sich in Anspruch nimmt, er also prüft, auswählt, verhandelt und die Entscheidung über das Zustandekommen des Rechtsgeschäfts trifft. Der Bote hingegen zeichnet sich dadurch aus, dass ihm die Entscheidung über das „Ob" des Geschäfts vorgegeben ist. Wird diese Gebundenheit im Außenverhältnis erkennbar, spricht dies für Botenschaft.[121] Die Trennkraft dieses Kriteriums wird allerdings in zweifacher Hinsicht relativiert: Zum einen kann auch dem Boten in gewissen Punkten (Art des Erklärungstransports, Stilistik) ein Freiraum zugestanden sein, ohne dass dies seine Botenstellung infrage stellt.[122] Zum anderen ist in Rechnung zu stellen, dass auch die Vollmacht des Stellvertreters eng begrenzt sein kann, so z.B. beim sog. **Vertreter mit gebundener Marschroute**.[123]

Zu den **Umständen, die Aufschluss über die Stellung der Hilfsperson** bei der Vornahme des konkreten Rechtsgeschäfts **geben können**, gehören u.a. die soziale Stellung der Hilfsperson im Verhältnis zum Geschäftsherrn (ausgeprägtes Subordinationsverhältnis spricht eher für Botenschaft), das Alter des Erklärenden (Kind ist im Zweifel Bote), Qualifikation und Kompetenz (Führungskräfte sind eher als Stellvertreter einzustufen). Im Zweifel sollte derjenigen Qualifikation der Vorzug gegeben werden, die den intendierten Erfolg des Rechtsgeschäfts eintreten lässt.[124]

Die Abgrenzung der Stellvertretung von der Botenschaft ist auch **praktisch bedeutsam**.[125] So muss der Stellvertreter, da er ja einen eigenen rechtsgeschäftlichen Willen bildet und umsetzt, **zumindest beschränkt geschäftsfähig** sein (§ 165), während an den Boten als bloßes Werkzeug des Geschäftsherrn in dieser Hinsicht keinerlei besonderen Anforderungen zu stellen sind. Die „natürliche Fähigkeit zur Übermittlung"[126] lässt man genügen. Ferner erlangt die Unterscheidung Bedeutung, wenn für das Rechtsgeschäft eine bestimmte **Form** vorgeschrieben ist (z.B. § 311b Abs. 1).[127] Wird es durch einen Vertreter vorgenommen, so unterliegt die von ihm für den Vertretenen abgegebene Willenserklärung dem Formerfordernis. Anders verhält es sich,

---

115 Mot. I, S. 223.
116 Beispiel nach *Enneccerus/Nipperdey*, BGB AT II, § 178 II 1, S. 1088.
117 *Erman/Palm*, vor § 164 Rn 23; *Bork*, BGB AT, Rn 1345.
118 Ganz h.M., vgl. BGHZ 12, 327, 334 = NJW 1954, 797; *Flume*, BGB AT Bd. 2, § 43 4, S. 755 f.; Staudinger/*Schilken*, Vorbem. zu §§ 164 ff. Rn 74; MüKo/*Schramm*, vor § 164 Rn 43 f.; Soergel/*Leptien*, vor § 164 Rn 44.
119 A.A. insb. *G. Hueck*, AcP 152 (1952/53), 433 ff.; *Müller-Freienfels*, S. 72; *Petzold*, MDR 1961, 461.
120 Staudinger/*Schilken*, Vorbem. zu §§ 164 ff. Rn 74; *Bork*, BGB AT, Rn 1345.
121 *Larenz/Wolf*, BGB AT, § 46 Rn 38; *Hoffmann*, JuS 1970, 179, 181; einschr. Staudinger/*Schilken*, Vorbem. zu §§ 164 ff. Rn 75.
122 Staudinger/*Schilken*, Vorbem. zu §§ 164 ff. Rn 75; zur Entscheidungsfreiheit des Stimmboten im Aktienrecht *Lutter*, in: FS Duden 1977, S. 275 ff.; BGHZ 12, 327, 334 f. = NJW 1954, 797 stellt klar, dass die Freiheit der stilistischen Gestaltung der Annahme einer Boteneigenschaft nicht entgegensteht. Folgerichtig sieht der BGH WM 1963, 165 (zust. Soergel/*Leptien*, vor § 164 Rn 42) in einem Dolmetscher einen Boten.
123 *Erman/Palm*, vor § 164 Rn 23.
124 *Bork*, BGB AT, Rn 1347.
125 Vgl. hierzu die Ausführungen bei Soergel/*Leptien*, vor § 164 Rn 45; *Erman/Palm*, vor § 64 Rn 25.
126 Staudinger/*Schilken*, Vorbem. zu §§ 164 ff. Rn 78; *Enneccerus/Nipperdey*, BGB AT II, S. 1089; *Hübner*, BGB AT, Rn 1173.
127 RGZ 79, 212, 213; MüKo/*Schramm*, vor § 164 Rn 48.

wenn die Vertragsschlusserklärung durch einen Boten überbracht wird. Hier muss die dem Boten aufgegebene Erklärung des Geschäftsherrn dem Formerfordernis genügen. Auch im Hinblick auf gesetzliche oder rechtsgeschäftliche **Vertretungsverbote** muss geklärt werden, ob ein Fall der Stellvertretung oder der Botenschaft vorliegt. Denn regelmäßig ist hierdurch die Einschaltung eines Boten nicht ausgeschlossen;[128] wohl aber in den Fällen des § 1311 und des § 2284 S. 1.[129] Bei der **Auflassung nach § 925** ist hingegen umgekehrt Botenschaft ausgeschlossen und Stellvertretung erlaubt.[130] Unterschiede ergeben sich schließlich im Hinblick auf die Bestimmung des Zeitpunkts des **Zugangs** (vgl. hierzu § 130 Rn 59) und die Verteilung des Risikos der **Falschübermittlung** und von Willensmängeln (vgl. hierzu § 120 Rn 1 ff.). Zur Abgrenzung des **Empfangsvertreters** vom Empfangsboten vgl. Rn 103.

52 **b) Stellvertretung in der Erklärung?** In der frühen Rechtsprechung des BGH[131] und dem älteren Schrifttum[132] wurde bisweilen neben der Stellvertretung und der Botenschaft eine dritte Kategorie propagiert, die „Stellvertretung in der Erklärung". Gedacht war dabei an Konstellationen, bei denen dem Vertreter die Abgabe einer bestimmten Willenserklärung im Namen des Vertretenen aufgetragen wird, ihm insoweit also keinerlei nennenswerte Entscheidungsfreiheit gelassen wird. Die Vertretung soll sich in diesem Falle unter Ausschluss der Willensbildung allein auf die Erklärung beschränken. Für einen solchen Vertreter in der Erklärung sollte insbesondere der gesetzliche Ausschluss der Stellvertretung bei der Adoption (§ 1750 in der bis 1961 geltenden Fassung) nicht gelten. Heutzutage wird beispielsweise der Betriebsratsvorsitzende bei der Vertretung des Betriebsrats (§ 26 Abs. 3 BetrVG) noch als Vertreter in der Erklärung qualifiziert.[133]

53 Die Rechtsfigur der Stellvertretung in der Erklärung wird heute im zivilistischen Schrifttum **zu Recht allgemein abgelehnt**.[134] Eine solche Mittelsperson ist – auch wenn ihre Entscheidungsfreiheit gegen null tendiert – Vertreter im Sinne des § 164.[135] Das BGB betrachtet Wille und Erklärung als Einheit und stellt dem Rechtsverkehr für die Einschaltung einer Hilfsperson bei der Abgabe einer Willenserklärung mit der Stellvertretung und der Botenschaft zwei Kategorien zur Verfügung, bei denen es ausweislich der Gesetzgebungsgeschichte[136] sein Bewenden haben sollte. Hinzu kommt, dass ein praktisches Bedürfnis für eine solche Zwischenform nicht gegeben ist.

54 **2. Handeln in fremdem Namen. a) Grundsatz.** Abs. 1 nennt als weitere Voraussetzung für den Eintritt der Vertretungswirkungen, dass die Willenserklärung vom Vertreter **„im Namen des Vertretenen"** abgegeben wird. Der Vertreter muss mithin für den Erklärungsempfänger erkennbar zum Ausdruck bringen, dass die Wirkungen des Rechtsgeschäfts nicht ihn selbst, sondern unmittelbar den Vertretenen treffen sollen (**Offenkundigkeitsprinzip**).[137] Der innere Vertretungswille ist zwar eine grundsätzlich notwendige,[138] jedoch keine hinreichende Voraussetzung der aktiven Stellvertretung. Im Interesse des Geschäftsgegners muss der Vertretungswille stets nach außen hin kundgetan werden.

55 **b) Feststellung des Handelns in fremdem Namen. aa) Individualisierbarkeit des Vertretenen.** Handeln in fremdem Namen verlangt nicht – wie es die Gesetzesformulierung nahe legt –, dass dem Geschäftspartner der **Name des Vertretenen** genannt wird (arg. e § 95 HGB).[139] Lässt dieser sich gleichwohl auf das Geschäft ein, so weiß er, dass der Vertreter das Rechtsgeschäft nicht für sich abschließt. Die Ungewissheit über die Person des Vertretenen nimmt er bewusst in Kauf. Dem Schutzanliegen

---

128 *Flume*, BGB AT Bd. 2, § 43 5, S. 760; Staudinger/*Schilken*, Vorbem. zu §§ 164 Rn 79.
129 Staudinger/*Schilken*, Vorbem. zu §§ 164 ff. Rn 79.
130 RGRK/*Steffen*, vor § 164 Rn 32.
131 BGHZ 5, 344 = NJW 1952, 744; BGHZ 30, 306, 311 = NJW 1959, 2111.
132 Zuletzt *Schneider*, Stellvertretung im Willen, Stellvertretung in der Erklärung und Bote, 1959; weitere Nachw. bei Staudinger/*Schilken*, Vorbem. zu §§ 164 ff. Rn 82.
133 BAG AP Nr. 11 zu § 112 BetrVG 1972; *Richardi*, BetrVG, 9. Aufl. 2004, § 26 Rn 46; *Hueck/Nipperdey*, Lehrbuch des Arbeitsrechts II, 7. Aufl. 1970, § 59 B II 1, S. 1190. Praktische Bedeutung kommt dieser Qualifizierung hier jedoch nicht zu, da die Rechtsstellung der Betriebsratsvorsitzenden gesetzlich abschließend festgelegt ist (so zutr. GK-BetrVG/*Wiese/Raab*, 7. Aufl. 2002, § 26 Rn 54).
134 Mit teils unterschiedlichen Begründungen *Flume*, BGB AT Bd. 2, § 43 5, S. 759 ff.; Staudinger/*Schilken*, Vorbem. zu §§ 164 ff. Rn 82; MüKo/*Schramm*, vor § 164 Rn 63; Soergel/*Leptien*, vor § 164 ff. Rn 47.
135 *Flume*, BGB AT Bd. 2, § 43 5, S. 761; *Enneccerus/Nipperdey*, BGB AT II, S. 1090; RGRK/*Steffen*, vor § 164 Rn 18.
136 Vgl. die abl. Stellungnahme von *Gebhard*, Entwurf Allgemeiner Teil II, 2, 1881, S. 156 und die reservierte Haltung der Verfasser des BGB, Motive I, S. 223.
137 Zum Offenkundigkeitsprinzip vgl. bereits Rn 9.
138 Richtiger Ansicht nach muss das Vertreterhandeln jedenfalls bei der im Vordergrund stehenden aktiven Stellvertretung von einem Vertreterwillen getragen sein, vgl. hierzu *Enneccerus/Nipperdey*, BGB AT II, S. 1091 f. und Staudinger/*Schilken*, Vorbem. zu §§ 164 ff. Rn 36; a.A. *Fikentscher*, AcP 154 (1954), 1, 16 ff.
139 BGH LM Nr. 10 zu § 164 BGB; BAG AP Nr. 1 zu § 34 SeemannsG; Palandt/*Heinrichs*, § 164 Rn 1; Soergel/*Leptien*, § 164 Rn 12; *K. Schmidt*, JuS 1987, 425, 431.

des Offenkundigkeitsprinzips ist damit entsprochen. Nicht ausgeschlossen und im Sinne größtmöglicher Diskretion mitunter auch gewünscht ist es, dass sich die Vertragsparteien überhaupt unbekannt bleiben.[140] Es genügt, dass der Vertretene im Zeitpunkt des Abschlusses des Rechtsgeschäfts individualisierbar ist, wobei die Bestimmung auch anhand der begleitenden Umstände (**Abs. 1 S. 2**) erfolgen kann.[141]

Darüber hinaus lässt man sogar ein Vertretergeschäft mit einer **bei Vertragsschluss noch unbekannten oder noch nicht existierenden Person** zu, wenn die nachträgliche Bestimmung dem Vertreter überlassen wird[142] oder vereinbarungsgemäß aufgrund sonstiger Umstände erfolgen soll.[143] Wird der Vertretene nachträglich bestimmt, so kommt das Geschäft erst dadurch zustande. Eine Rückwirkung entsprechend §§ 177 Abs. 1, 184 Abs. 1 findet nicht statt.[144] In begründeten Fällen ist dem Geschäftspartner das Recht zuzugestehen, den nachträglich Benannten zurückzuweisen (z.B. bei Zahlungsunfähigkeit).[145] Nach diesen Grundsätzen kommt als Vertreter auch eine zum Zeitpunkt des Vertragsschlusses noch nicht existierende juristische Person in Betracht.[146] Die Stellvertretung unter Offenhaltung der Person des Vertretenen wird bisweilen auch als Unterfall des Geschäfts für den, den es angeht, betrachtet (sog. **offenes Geschäft für den, den es angeht**).[147] Handeln in fremdem Namen liegt auch dann vor, wenn der Vertreter das Rechtsgeschäft **zugleich für sich selbst und für den Vertretenen** abschließt (vgl. hierzu noch Rn 65 ff.).

56

bb) Stillschweigende Vertretung – insbesondere unternehmensbezogene Geschäfte. Die intendierte Fremd- oder Eigenwirkung einer Willenserklärung gehört zum Rechtsfolgewillen des Erklärenden. Ob jemand eine Erklärung im fremden oder im eigenen Namen abgibt, ist folglich in Zweifelsfällen im Wege der **Auslegung** zu ermitteln.[148] Das bedeutet zunächst: Hat der Erklärungsempfänger das Rechtsgeschäft in Kenntnis des wahren Willens des Erklärenden abgeschlossen, so setzt sich das **übereinstimmende Verständnis** gegenüber einer etwaigen Falschbezeichnung durch (*falsa demonstratio non nocet*).[149] Abgesehen von solchen im Wege der natürlichen Auslegung zu lösenden Fallgestaltungen ist eine **am Empfängerhorizont ausgerichtete normative Auslegung** geboten (§§ 133, 157). Es kommt dann auf den objektiven Erklärungswert der Erklärung an, also darauf, wie sich die Erklärung nach Treu und Glauben unter Berücksichtigung der Verkehrssitte für den Empfänger darstellt.[150] An einer **ausdrücklichen** Festlegung des Erklärenden wird man in aller Regel nicht vorbeigehen können. Um eine solche handelt es sich beispielsweise, wenn bei einem schriftlichen Vertragsschluss der Unterzeichnende seiner Unterschrift die Abkürzung „i.V." (in Vertretung) oder „ppa" (*per procura*) voranstellt.

57

Wo es aber an einer ausdrücklichen Erklärung fehlt, kommt es – wie Abs. 1 S. 2 durchaus im Einklang mit den allgemeinen Auslegungsregeln hervorhebt – darauf an, **ob die Umstände ergeben, dass die Erklärung im Namen des Vertretenen erfolgen sollte**. Hier kommt es in der Praxis immer wieder zu Schwierigkeiten. Der BGH betont, dass außer dem Wortlaut der Erklärung alle Umstände zu berücksichtigen sind, die unter Beachtung der Verkehrssitte Schlüsse auf den Sinn der Erklärung zulassen. Dazu gehören insbesondere die dem Rechtsverhältnis zugrunde liegenden Lebensverhältnisse, die Interessenlage, der Geschäftsbereich, dem der Erklärungsgegenstand angehört, und typische Verhaltensweisen.[151] Zu beachten ist, dass allein das Tätigwerden in fremdem – meist wirtschaftlichem – Interesse noch keinen sicheren Schluss auf die intendierte Wirkung der Erklärung erlaubt.[152] So werden beispielsweise der Kommissionär und der Spediteur stets für ihre Auftraggeber tätig; um sie als unmittelbare Vertreter (zur regelmäßig vorliegenden mittelbaren Stellvertretung vgl. Rn 17) qualifizieren zu können, müssen hier weitere Umstände hinzukommen, die nach außen erkennbar werden lassen, dass ein Fremdgeschäft mit Wirkung für den Vertretenen abgeschlossen werden soll. Im Zweifel ist ein Eigengeschäft des Erklärenden anzunehmen (Abs. 2).

58

---

140 RG JW 36, 1952; BGH WM 1957, 710; Erman/*Palm*, § 164 Rn 3.
141 MüKo/*Schramm*, § 164 Rn 18; Palandt/*Heinrichs*, § 164 Rn 1.
142 Unterlässt der Vertreter die gebotene Bestimmung des Vertretenen, so haftet er entsprechend § 179 als *falsus procurator*; BGHZ 129, 136 = NJW 1995, 1739, 1741; OLG Köln NJW-RR 1991, 919; OLG Frankfurt NJW-RR 1987, 914; *Flume*, BGB AT Bd. 2, § 44 II 1, S. 765 f.
143 BGH NJW 1989, 164, 166; 1998, 62, 63. Unzulässig ist diese Verfahrensweise lediglich bei der Auflassung: BayObLGZ 1983, 275; MüKo/*Schramm*, § 164 Rn 20; *K. Schmidt*, JuS 1987, 425, 431.
144 BGH NJW 1998, 62, 63; MüKo/*Schramm*, § 164 Rn 20; Staudinger/*Schilken*, Vorbem. zu §§ 164 ff. Rn 51.
145 Erman/*Palm*, § 164 Rn 3.
146 BGH NJW 1998, 62, Palandt/*Heinrichs*, § 164 Rn 1.
147 Palandt/*Heinrichs*, § 164 Rn 9; *Larenz/Wolf*, BGB AT, § 46 Rn 80 ff.; krit. MüKo/*Schramm*, § 164 Rn 20; abl. auch Erman/*Palm*, § 164 Rn 3: „kein Fall des Geschäfts, wen es angeht"; *Flume*, BGB AT Bd. 2, § 44 II 1, S. 766 weist zu Recht darauf hin, dass diese Art der Vertretung keine Besonderheiten gegenüber der allgemeinen Rechtsfigur der Stellvertretung aufweist.
148 *Bork*, BGB AT, Rn 1382; MüKo/*Schramm*, § 164 Rn 14.
149 MüKo/*Schramm*, § 164 Rn 21; *Bork*, BGB AT, Rn 1383.
150 BGH NJW 1961, 2251; WM 1970, 816; 1976, 15, 16; BGHZ 125, 175 = NJW 1994, 1649, 1650.
151 BGHZ 125, 175 = NJW 1994, 1649, 1650.
152 Erman/*Palm*, § 164 Rn 6.

59 Aus der reichhaltigen **Kasuistik der Rechtsprechung** seien folgende Einzelfälle genannt: Anlässlich der Errichtung und Verwaltung einer Immobilie werden für den Bauherrn oder Hauseigentümer typischerweise Personen tätig, die auch rechtsgeschäftliche Bindungen eingehen. Je nach der Person des Handelnden ist wie folgt zu unterscheiden: Ein **Architekt** nimmt die zur Realisierung des Bauvorhabens notwendigen Rechtsgeschäfte mit Bauunternehmern, Handwerkern und Lieferanten in der Regel im Namen des Bauherrn vor,[153] während ein **Bauträger** solche Geschäfte im Zweifel im eigenen Namen abschließt.[154] Ein **Hausverwalter** handelt, wenn seine Verwaltereigenschaft erkennbar ist, bei Vermietungen und bei der Vergabe von Reparaturaufträgen im Rahmen der üblichen Instandhaltung in der Regel namens des Hauseigentümers.[155] Wer bei Unfällen die Beiziehung eines **Arztes** oder die Einweisung in ein **Krankenhaus** veranlasst, handelt regelmäßig nicht im eigenen, sondern im Namen des Patienten.[156] Bei Ehegatten ist hier § 1357 zu beachten. Arzt- und Krankenhausverträge, die die Eltern für ihr behandlungsbedürftiges Kind abschließen, sollen nur die medizinische Betreuung des Kindes sicherstellen, dieses jedoch nicht zum Vertragspartner des Leistungserbringers machen. Es handelt sich also um ein Eigengeschäft der Eltern.[157] Tritt ein **Gesellschafter** einer Personengesellschaft im Rechtsverkehr nicht erkennbar für die Gesellschaft auf, so ist von einem Eigengeschäft des Gesellschafters auszugehen. Für die Annahme eines Fremdgeschäfts streitet hier keine Vermutung.[158] Für die Frage, wer **Kontoinhaber** ist, kommt es vor allem darauf an, wer bei der Kontoerrichtung der Bank gegenüber als Forderungsberechtigter auftritt oder bezeichnet wird. Unter Berücksichtigung der besonderen Umstände des Einzelfalles ist zu prüfen, wer nach dem erkennbaren Willen des die Einzahlung Bewirkenden Gläubiger der Bank werden sollte. Bei der Auslegung können der Verwendungszweck des Kontos und die Herkunft der Mittel eine Rolle spielen, falls sie der Bank bekannt sind. Im Giroverkehr, der auf eine rasche und unkomplizierte Abwicklung angelegt ist, besteht ein starkes Bedürfnis für einfache und klare Rechtsverhältnisse. Dem entspricht es, wenn der formelle Kontoinhaber, der sich aus der Kontobezeichnung ergibt, auch als Gläubiger angesehen wird. Beim Sparkonto besteht hingegen nur eine dahin gehende Indizwirkung.[159] Ein **Rechtsanwalt**, der einer Anwaltssozietät angehört, nimmt ein ihm angetragenes Mandat zur Prozessführung in der Regel im Namen dieser Sozietät an und verpflichtet nicht nur sich persönlich, sondern auch die mit ihm zur gemeinsamen Berufsausübung verbundenen Kollegen. Von der Begründung eines Einzelmandats kann nur bei Vorliegen besonderer Umstände ausnahmsweise ausgegangen werden.[160] Die Einholung eines Rechtsgutachtens durch einen Rechtsanwalt für seinen Mandanten geschieht – mangels eines ausdrücklichen gegenteiligen Hinweises – nicht in Vertretung des Mandanten, sondern im eigenen Namen.[161] Auch im **Reiseverkehr** ist die Einordnung mitunter zweifelhaft. Reiseunternehmen und Reisebüros können sowohl als Veranstalter als auch als Vermittler auftreten. Reisebüros nehmen häufig eine bloße Vermittlungstätigkeit wahr. So verhält es sich beispielsweise beim Verkauf einzelner Fahrkarten, Flugscheine etc.[162] Der Veranstalter einer Pauschalreise verpflichtet sich selbst und handelt nicht etwa im Namen der von ihm ausgewählten Leistungsträger (vgl. § 651a Abs. 2).[163] Auf der Seite des Kunden ist derjenige, der eine Reisegruppe anmeldet[164] oder als Lehrer mehrere Zimmer für eine Klassenfahrt reserviert,[165] im Zweifel Vertreter der einzelnen Reiseteilnehmer. Ebenso tritt ein **Sammelbesteller** im Zweifel als Vertreter auf.[166] Wer einen **Scheck** oder **Wechsel** mit seiner Unterschrift unter dem Firmenstempel zeichnet, möchte erkennbar den Firmeninhaber verpflichten.[167] Fehlt ein solcher die Fremdwirkung kennzeichnender Vertretungshinweis – allein die auf dem Scheck befindliche Kontonummer eines anderen reicht hier nicht aus –,[168] so wird der Unterzeichner selbst verpflichtet.[169] Bei privatrechtlichen Versteigerungen kann der **Versteigerer** im Namen des Auftraggebers, des Einlieferers, aber auch im eigenen

---

153 OLG Köln BauR 1986, 717; 1996, 212; 2002, 1099; OLG Düsseldorf NJW-RR 1995, 592.
154 BGH NJW 1981, 757; OLG Düsseldorf BauR 1996, 740.
155 BGH NJW-RR 2004, 1017; KG WM 1984, 254; NJW-RR 1996, 1523; abw. OLG Brandenburg NJWE-MietR 1997, 135. Weitere Nachw. bei MüKo/Schramm, § 164 Rn 26.
156 LG Wiesbaden VersR 1970, 69; zust. Soergel/Leptien, § 164 Rn 18; vgl. auch OLG Koblenz NJW-RR 1997, 1183.
157 BGH NJW 1967, 673, 674; LG Berlin FamRZ 1955, 267.
158 RGZ 119, 64, 67; Soergel/Leptien, § 164 Rn 15; zu den Haftungsverhältnissen in der BGB-Gesellschaft nach der Anerkennung als teilrechtsfähig durch BGH NJW 2001, 1056 vgl. MüKo/Ulmer, § 714 Rn 31 ff.
159 BGH NJW 1996, 840, 841; näher MüKo/Schramm, § 164 Rn 31 m.w.N.
160 BGHZ 124, 47 = NJW 1994, 257; BGH NJW 1995, 1841; Palandt/Heinrichs, § 164 Rn 6 m.w.N.
161 AG Charlottenburg NJW-RR 1995, 57, 58.
162 BGH NJW 1969, 2008; BGHZ 62, 71, 77.
163 BGHZ 60, 14, 16 = JZ 1973, 368; BGHZ 61, 275, 278 = WM 1973, 1405.
164 BGH LM § 164 Nr. 43; LG Frankfurt NJW 1987, 784; MDR 2000, 576.
165 OLG Frankfurt NJW 1986, 1941.
166 OLG Köln NJW-RR 1991, 918; 1996, 43; LG Frankfurt NJW-RR 1988, 247; Palandt/Heinrichs, § 164 Rn 7; a.A. Staudinger/Schilken, § 164 Rn 2.
167 MüKo/Schramm, § 164 Rn 30.
168 BGH NJW 1976, 329, 330.
169 BGH NJW 1976, 329, 330 (für Scheck) und BGH ZIP 1981, 261 (für Wechsel).

Namen (Kommissionsgeschäft) handeln. Hier kommt es auf die Umstände des Einzelfalles, insbesondere auch auf die Versteigerungsbedingungen an.[170]

Besondere Bedeutung wird im Rahmen der Auslegung zu Recht dem Unternehmensbezug des Geschäfts beigemessen. Man spricht insoweit auch von **„unternehmensbezogenen Geschäften"** oder vom „Handeln für den Betriebsinhaber". Dies sollte nicht darüber hinwegtäuschen, dass sich die für diese Geschäfte aufgestellten Regeln als Ergebnis einer Auslegung der rechtsgeschäftlichen Erklärungen unter Berücksichtigung des Abs. 1 S. 2 darstellen.[171] Hiernach gilt: Macht der Handelnde hinreichend deutlich, dass er die rechtsgeschäftlichen Erklärungen für ein Unternehmen abgibt, so geht der Wille der Beteiligten im Zweifel dahin, dass ein Fremdgeschäft abgeschlossen und der Inhaber des Unternehmens Vertragspartner werden soll.[172] Dies gilt auch dann, wenn der Inhaber falsch bezeichnet wird oder über ihn sonst Fehlvorstellungen bestehen.[173] So wird die das Handelsgewerbe betreibende OHG auch dann verpflichtet, wenn der Vertragspartner sein Gegenüber für einen Einzelkaufmann hält.[174] Fremdwirkung für und gegen den jetzigen Unternehmensinhaber hat der BGH auch dann angenommen, wenn der Handelnde früher selbst der Inhaber war und das Unternehmen – ohne dass der Vertragspartner dies bemerkt hatte – unter seinem Namen fortgeführt wird.[175] Voraussetzung ist jedoch, dass der Inhalt des Rechtsgeschäfts – gegebenenfalls in Verbindung mit dessen Umständen – die eindeutige Auslegung zulässt, ein bestimmtes Unternehmen sollte berechtigt und verpflichtet sein. Dies ist bisher angenommen worden, wenn entweder der Ort des Vertragsschlusses[176] oder hinreichende Zusätze in Zusammenhang mit der Unterschrift[177] auf das betreffende Unternehmen hinweisen oder wenn die Leistung vertraglich für den Betrieb des Unternehmens bestimmt war.[178] Bleiben dagegen **ernsthafte Zweifel an der Unternehmensbezogenheit** eines Geschäfts, so greift aus Gründen der Verkehrssicherheit der gesetzliche Auslegungsgrundsatz des Handelns im eigenen Namen.[179] Die **Darlegungs- und Beweislast** für die Unternehmensbezogenheit des Geschäfts trägt derjenige, der eine Erklärung abgegeben hat und sie nicht für seine Person gelten lassen will.[180] Liegen hingegen die Voraussetzungen eines unternehmensbezogenen Geschäfts vor und behauptet der Geschäftspartner, die Verpflichtung des persönlich Handelnden sei gewollt gewesen, so ist er hierfür darlegungs- und beweispflichtig.[181]

In bestimmten Fällen kommt auch eine **Inanspruchnahme des Handelnden** in Betracht. So haftet der Handelnde **nach § 179**, wenn ein **Unternehmensträger** gar **nicht existiert** oder wenn er **keine Vollmacht** hatte, für den Unternehmensträger zu handeln.[182] Neben dem Grundsatz, dass der wahre Rechtsträger durch das unternehmensbezogene Geschäft berechtigt und verpflichtet wird, ist Raum für eine **Rechtsscheinhaftung des Handelnden**, wenn dieser in zurechenbarer Weise den Eindruck erweckt, dass der Unternehmensträger unbeschränkt für die Verbindlichkeit hafte. Ist der Unternehmensträger in Wahrheit eine Gesellschaft mit beschränkter Haftungsmasse, so ist der Handelnde dem gutgläubig auf den gesetzten Rechtsschein vertrauenden Vertragspartner gesamtschuldnerisch neben dieser verpflichtet.[183] Die Rechtsprechung beruft sich hierfür auf den „im § 179 zum Ausdruck gekommenen Rechtsgedanken".[184] Insbesondere

---

170 MüKo/*Schramm*, § 164 Rn 33; für Handeln im eigenen Namen als Regelfall Palandt/*Heinrichs*, § 164 Rn 7. Ausf. *von Hoyningen-Huene*, NJW 1973, 1473.
171 Unglücklich daher die Formulierung in BGHZ 64, 11 = NJW 1975, 1166 es handele sich um eine Ausnahme vom Offenkundigkeitsprinzip im Stellvertretungsrecht.
172 RGZ 67, 148, 149; BGHZ 62, 216, 220 = JZ 1975, 323; BGHZ 92, 259 = NJW 1985, 136; BGH NJW 1995, 43, 44; NJW-RR 1997, 527, 528; Staudinger/*Schilken*, § 164 Rn 1; MüKo/*Schramm*, § 164 Rn 23; Soergel/*Leptien*, § 164 Rn 14; Palandt/*Heinrichs*, § 164 Rn 2.
173 BGHZ 62, 216, 221 = JZ 1975, 323; 64, 11, 15 = LM Nr 38 zu § 164 BGB; BGH NJW 1983, 1844; 1990, 2678; 1996, 1053, 1054; MüKo/*Schramm*, § 164 Rn 23; Palandt/*Heinrichs*, § 164 Rn 2.
174 RGZ 30, 77, 78.
175 BGH NJW 1983, 1844.
176 BGH NJW 1984, 1347 (Bankangestellter in den Geschäftsräumen der Bank); BGH NJW 1998, 1342 (Abschluss in den Geschäftsräumen einer Anlagegesellschaft) OLG Köln MDR 1993, 852, 853.
177 BGHZ 64, 11, 14 f. = NJW 1975, 1166; BGH NJW 1981, 2569 (Unterschrift der Geschäftsführerin neben dem Firmenstempel ohne Vertreterzusatz); BGH NJW 1990, 2678 (Absenderangabe eines Telex-Schreibens nennt den Handelsnamen); BGH NJW 1991, 2627 (ein von einem „leitenden Architekten" unterzeichneter Architektenvertrag und ein Begleitschreiben nennt ein Architekturunternehmen als Vertragspartner).
178 BGHZ 62, 216, 219 = JZ 1975, 323 (Baumateriallieferung für Großbaustelle); OLG Stuttgart NJW 1973, 629, 630.
179 BGHZ 64, 11, 15 = NJW 1975, 1166; BGH NJW 1995, 43, 44; Erman/*Palm*, § 164 Rn 5.
180 BGH NJW 1995, 43, 44; MüKo/*Schramm*, § 164 Rn 23.
181 BGH NJW 1984, 1347, 1348; 1991, 2627.
182 BGHZ 91, 148 = NJW 1984, 2164; BGH NJW 1998, 2897.
183 St. Rspr. vgl. BGHZ 62, 216, 219 ff. = JZ 1975, 323.; BGH NJW 1990, 2678, 2679; 1991, 2627 f.; 1998, 2897; Staudinger/*Schilken*, § 164 Rn 1 und § 179 Rn 23; Soergel/*Leptien*, § 164 Rn 14; MüKo/*Schramm*, § 164 Rn 24; Palandt/*Heinrichs*, § 164 Rn 3; abw. *Haas*, NJW 1997, 2854 ff. und *Derleder*, in: FS Raisch 1995, S. 25 ff.
184 BGH NJW 1981, 2569, 2570; 1991, 2627, 2628; zust. in diesem Punkt *Canaris*, Anm. NJW 1991, 2628.

hat der GmbH-Geschäftsführer oder auch ein anderer Vertreter der Gesellschaft[185] neben dieser für die begründete Verbindlichkeit einzustehen, wenn er bei Abschluss des Geschäfts entgegen § 4 Abs. 2 GmbHG ohne Rechtsformzusatz zeichnet.[186] Für die Begründung einer solchen Eigenhaftung (neben der Haftung der GmbH) genügt jedoch nicht allein, dass der GmbH-Zusatz bei den mündlichen Verhandlungen weggelassen worden ist.[187] Im Übrigen ist zu beachten, dass die Rechtsscheinhaftung nicht weiter gehen kann, als die Haftung ginge, wenn der Schein der wirklichen Rechtslage entspräche. Aus diesem Grund scheidet eine Inanspruchnahme des Handelnden in dem **umgekehrten Fall** aus, dass statt der erwarteten GmbH der wahre – unbeschränkt haftende – Unternehmensträger Vertragspartner wird.[188]

62 Probleme bereiten schließlich die Fälle, in denen der Handelnde als Vertreter Vertretungsmacht für zwei verschiedene Rechtssubjekte hat, bei Vertragsschluss die Identität des Vertretenen aber nicht klarstellt und sich auch nicht die Benennung vorbehält (sog. **Doppelvertretung**). Kann hier im Wege der Auslegung nicht geklärt werden, welchem Unternehmen der Vertrag zuzuordnen ist,[189] muss letztlich der Handelnde selbst nach § 179 für die Vertragserfüllung einstehen.[190]

63 **c) Irrtum des Vertreters (Abs. 2).** Schließlich bleibt noch zu klären, wie sich mögliche **Fehlvorstellungen des Vertreters über den Erklärungswert seines rechtsgeschäftlichen Handelns** auswirken. Nach der etwas umständlich formulierten[191] Anordnung des Abs. 2 kommt der Mangel des Willens, im eigenen Namen zu handeln, nicht in Betracht, wenn der Wille, in fremdem Namen zu handeln, nicht erkennbar hervortritt. Die Vorschrift enthält damit zunächst eine Auslegungsregel des Inhalts, dass bei Unklarheiten im Auftreten des Handelnden **im Zweifel seine Erklärung als im eigenen Namen abgegeben** anzusehen ist.[192] Es setzt sich also – wie auch sonst – der objektive Erklärungswert gegenüber dem nicht nach außen erkennbar gewordenen inneren Willen des Erklärenden durch. Der Handelnde selbst wird berechtigt und verpflichtet. Derjenige, der eigentlich Partei werden sollte, kann das Geschäft auch nach § 177 nicht mehr an sich ziehen. Die Vorschrift hat insoweit eher einen deklaratorisch bekräftigenden Charakter, da sich die Zweifelsregelung zugunsten eines Eigengeschäfts schon aus allgemeinen Auslegungsgrundsätzen ergibt.[193] Darüber hinaus – und hier liegt die eigentliche Hauptaussage der Vorschrift – soll dem Handelnden die Möglichkeit genommen werden, seine irrtumsbehaftete Erklärung nach § 119 Abs. 1 Var. 1 anzufechten. Insofern handelt es sich bei Abs. 2 vor allem um eine **Einschränkung der Irrtumsanfechtung nach § 119 Abs. 1**.[194] Dies geschieht im Interesse der Verkehrssicherheit, weil durch die Zulassung der Anfechtung „Chikanen und Streitigkeiten in zahlreichen Fällen Thür und Thor geöffnet" würden.[195]

64 **Nicht anwendbar** ist Abs. 2 **auf den umgekehrten Fall**, dass der Handelnde ein Eigengeschäft abschließen möchte, die Auslegung nach dem Empfängerhorizont hingegen ein Handeln in fremdem Namen ergibt.[196] Der Zweck des Abs. 2 erschöpft sich darin, den Geschäftspartner, der aufgrund des äußeren Erscheinungsbildes von einer Verpflichtung des unmittelbar Handelnden ausging, in diesem Vertrauen zu schützen. Der **Erklärende kann** daher bei fehlendem Vertretungswillen **nach § 119 Abs. 1 anfechten** – allerdings um den Preis einer Schadensersatzpflicht nach § 122 – und auf diese Weise den Vertretenen von den Bindungen des

---

185 BGH NJW 1991, 2627, 2628.
186 BGHZ 62, 216, 220 = JZ 1975, 323; BGHZ 64, 11, 17 = NJW 1975, 1166; BGH NJW 1991, 2627, 2628; ebenso für die Fortlassung des Formzusatzes „Vor-GmbH" BGH NJW 1996, 2645; ebenso für fehlenden Hinweis auf GmbH & CoKG BGHZ 71, 354 = NJW 1978, 2030; Soergel/*Leptien*, § 164 Rn 14; Palandt/*Heinrichs*, § 164 Rn 3.
187 BGH NJW 1996, 2645.
188 BGH NJW 1998, 2897; Soergel/*Leptien*, § 164 Rn 14.
189 OLG Hamm MDR 1989, 910 als Beispiel für eine eindeutige Zuordnung des Vertrages zu einem Unternehmensbereich und damit zu dessen Träger.
190 MüKo/*Schramm*, § 164 Rn 25; ausf. und mit weiteren Überlegungen zum Schutz des Vertragsgegners bei unklarem Handeln eines Doppelvertreters *K. Schmidt*, JuS 1987, 425, 431. Fälle der unklaren Doppelvertretung behandeln im Übrigen BGHZ 5, 279 = LM Nr. 3 zu § 164; BGH NJW-RR 1986, 456; NJW 2000, 3344.
191 Vgl. *Wieacker*, Privatrechtsgeschichte der Neuzeit, 2. Aufl. 1967, S. 478: „Entgleisung".
192 *Larenz/Wolf*, BGB AT, § 46 Rn 76.
193 Staudinger/*Schilken*, § 164 Rn 16; Palandt/*Heinrichs*, § 164 Rn 16 („insoweit leer laufend"); *Bork*, BGB AT, Rn 1416.
194 BGH NJW-RR 1992, 1010, 1011; *Flume*, BGB AT Bd. 2, § 44 III, S. 775; *K. Schmidt*, JuS 1987, 425, 427; MüKo/*Schramm*, § 164 Rn 62; Soergel/*Leptien*, § 164 Rn 34; Palandt/*Heinrichs*, § 164 Rn 16; *Medicus*, BGB AT, Rn 919.
195 Motive I, S. 226.
196 H.M. vgl. Staudinger/*Schilken*, § 164 Rn 21; Soergel/*Leptien*, § 164 Rn 35; MüKo/*Schramm*, § 164 Rn 65: Erman/*Palm*, § 164 Rn 23; *Flume*, BGB AT Bd. 2, § 44 III, S. 776; *Bork*, BGB AT, Rn 1420; *Hübner*, BGB AT, Rn 1221; a.A. *Fikentscher*, AcP 154 (1955), 1,16 ff.; Palandt/*Heinrichs*, § 164 Rn 16; anders offenbar auch BGHZ 36, 30, 33 f. = NJW 1961, 2251.

Vertretergeschäfts befreien.[197] Im Anschluss hieran kann er dem Geschäftsgegner ein neuerliches Angebot, nunmehr gerichtet auf Abschluss des von Anfang an gewollten Eigengeschäfts, unterbreiten.

d) Ausnahmen und Sonderfälle. aa) Geschäft für den, den es angeht. Eine **Ausnahme vom Offenkundigkeitsprinzip** stellt das sog. (verdeckte) **Geschäft für den, den es angeht,** dar.[198] Der Handelnde tritt hier zwar im eigenen Namen auf, will aber mit Wirkung für einen Dritten handeln, demgegenüber er zur Vertretung auch berechtigt ist. Für den Geschäftsgegner ist die Fremdbezüglichkeit des Handelns zwar nicht erkennbar.[199] Wenn es ihm aber auf die Identität seines Vertragspartners nicht ankommt, spricht nichts dagegen, die Rechtswirkungen des Geschäfts in der Person des Dritten (also desjenigen, den es angeht) eintreten zu lassen. Diese heute weitgehend anerkannte Regel[200] bedeutet eine Annäherung an die Rechtspraxis. Denn bei vielen täglichen Besorgungen ist eine Offenlegung der Stellvertretung schlicht unüblich. Die Kassiererin in einem Supermarkt oder in einem Warenhaus interessiert sich nicht dafür, für wen der Gegenstand erworben werden soll. Sie fragt nicht danach und würde eine solche Information auch nicht aufzeichnen. Sollte es zu einer Reklamation kommen, so wird in der Praxis derjenige als Vertragspartner behandelt, der die Ware und den Kassenzettel vorweisen kann. Insbesondere bei solchen Bargeschäften des täglichen Lebens bedarf der Geschäftsgegner des Schutzes des Offenkundigkeitsprinzips nicht. Daher kann der Geltungsanspruch des Offenkundigkeitsprinzips in solchen Fallkonstellationen im Wege der teleologischen Reduktion zurückgenommen werden.[201] Die vom Offenkundigkeitsprinzip nach zutreffender Ansicht (vgl. Rn 9) mitgeschützte „Eindeutigkeit der Eigentumsverhältnisse im Interesse des Rechtsverkehrs" steht der Anerkennung dieser Rechtsfigur nicht entgegen.[202] Denn diesem Einwand kann auf der Tatbestandsseite des Geschäfts für den, den es angeht, Rechnung getragen werden (vgl. hierzu nachfolgende Rn 66).

Voraussetzung für die Fremdwirkung eines Rechtsgeschäfts nach den Grundsätzen des Geschäfts für den, den es angeht, ist zunächst, dass der Vertreter zum Zeitpunkt des Geschäftsabschlusses[203] mit dem Willen handelt, eine bestimmte andere Person zu berechtigen und zu verpflichten. Der **Vertretungswille** allein ist jedoch noch nicht ausreichend. Die zweite, für klare Rechtsverhältnisse im Interesse des Rechtsverkehrs gerichtete Schutzrichtung des Offenkundigkeitsprinzips verlangt darüber hinaus, dass **ein mit den Verhältnissen Vertrauter aus objektiven Anhaltspunkten auf den Fremdbindungswillen schließen** kann.[204] Eine solche Schlussfolgerung erlaubt beispielsweise regelmäßig der Umstand, dass der Handelnde mit ihm vom Geschäftsherrn hierfür überlassenen Mitteln bezahlt. Hat sich der Vertretungswille auf diese Weise nach außen hin manifestiert, so muss hinzukommen, dass dem anderen Teil die **Person des Kontrahenten gleichgültig** ist. Das kann ausdrücklich erklärt worden sein oder sich aus den Umständen ergeben. Im letzteren Fall muss die typische Interessenlage gewürdigt werden.

Insbesondere bei den eingangs geschilderten **Bargeschäften des täglichen Lebens** ist deutlich geworden, dass der Geschäftspartner hier kein Interesse hat, zu erfahren, wen die Wirkungen des Geschäfts treffen sollen. Bejaht wurde eine Fremdzurechnung über die Rechtsfigur des Geschäfts für den, den es angeht, beim Pferdekauf,[205] beim Möbelkauf für die künftige eheliche Wohnung,[206] bei der Anschaffung von Hausrat, auch wenn es sich hierbei um einen Kreditkauf unter Eigentumsvorbehalt handelt.[207] Auch zur Begründung

---

197 Die Person des Anfechtungsberechtigten ist umstritten. Wie hier: Staudinger/*Schilken*, § 164 Rn 21; MüKo/*Schramm*, § 164 Rn 66; *Flume*, BGB AT Bd. 2, § 44 III, S. 776; *Hübner*, BGB AT, Rn 1221. Den Vertretenen halten für anfechtungsberechtigt: Soergel/*Leptien*, § 164 Rn 12; Erman/*Palm*, § 164 Rn 23; *Bork*, BGB AT, Rn 1420; *v. Tuhr*, BGB AT, Bd. 2/2, S. 347; noch anders – nämlich Anfechtungsrecht des Vertreters neben dem Vertretenen – *Lieb*, JuS 1967, 106, 112, Fn 63.
198 Grundlegend hierzu *Cohn*, Das rechtsgeschäftliche Handeln für den, den es angeht, 1931; ferner *von Lübtow*, ZHR 112 (1949), 227 ff.; aus neuer Zeit *K. Müller* JZ 1982, 777 ff.; zur geschichtlichen Entwicklung HKK/*Schmoeckel*, §§ 164–181 Rn 12.
199 Anders verhält es sich, wenn der Vertreter offen legt, dass die Rechtsfolgen des Geschäfts eine andere Person treffen sollen, diese jedoch zunächst nicht benennt. Ein solches „unechtes oder offenes Geschäft für den, den es angeht" berührt den Offenkundigkeitsgrundsatz nicht. Es ist hier bereits unter Rn 56 behandelt worden.
200 Aus der Rspr. etwa RGZ 100, 192; BGH NJW 1955, 587, 590; 1991, 2958, 2959; MüKo/*Schramm*, § 164 Rn 40; Soergel/*Leptien*, vor § 164 Rn 30; *Medicus*, BGB AT, Rn 920 ff.; *Bork*, BGB AT, Rn 1398; *Einsele*, JZ 1990, 1009 f.; abl. *Flume*, BGB AT Bd. 2, § 44 II 2, S. 771 ff.; krit. auch Staudinger/*Schilken*, Vorbem. zu §§ 164 ff. Rn 53.
201 *K. Schmidt*, JuS 1987, 425, 429; *Bork*, BGB AT, Rn 1398.
202 So aber *Flume*, BGB AT Bd. 2, § 44 II 2, S. 773; wie hier *K. Schmidt*, JuS 1987, 425, 429.
203 Eine nachträgliche Umwandlung eines Eigengeschäfts in ein Fremdgeschäft ist ausgeschlossen, so BGH NJW 1955, 587, 590.
204 *K. Schmidt*, JuS 1987, 425, 429; Staudinger/*Schilken*, Vorbem. zu §§ 164 ff. Rn 53; *Larenz/Wolf*, BGB AT, § 46 Rn 86; a.A. Soergel/*Leptien*, vor § 164 Rn 29; *Bork*, BGB AT, Rn 1399.
205 RGZ 100, 207, 208; 140, 229.
206 RGZ 100, 190.
207 BGHZ 114, 74 = NJW 1991, 2283, 2284 f.

des Eigentumserwerbs bei einem Importgeschäft mit Stellung eines Akkreditivs[208] sowie im Effektenkommissionsgeschäft[209] kann auf das Geschäft für den, den es angeht, rekurriert werden. Geschäfte größeren Umfangs sind nicht generell ausgeschlossen, solange sie sich aus Sicht des Händlers noch als übliche Massengeschäfte darstellen. Bei Kreditgeschäften ist es dem Kreditgeber in aller Regel nicht gleichgültig, wer als Kreditschuldner zur Rückzahlung verpflichtet ist.[210] Offen gelegt werden muss der Vertretungswille nach der Rechtsprechung ferner bei folgenden Vertragstypen: Verkauf eines Haustiers an einen Tierfreund,[211] Krankenhausvertrag,[212] zahnärztlicher Behandlungsvertrag,[213] Schleppvertrag,[214] Auflassung eines Grundstücks[215] und bei der Auszahlung des Rücknahmepreises an den Inhaber eines Investmentanteils.[216]

68 Sind die vorstehend genannten Voraussetzungen des Geschäfts für den, den es angeht, allesamt erfüllt und handelte der Vertreter auch im Rahmen der ihm zustehenden Vertretungsmacht, so tritt die **Rechtsfolge** des Abs. 1 S. 1 ein, d.h. das abgeschlossene Geschäft wirkt für und gegen den Vertretenen. Im Vordergrund steht zumeist die **dingliche Seite** des Geschäfts. Da der Geschäftspartner insoweit allein daran interessiert sein dürfte, durch seine Leistung von der ihn treffenden vertraglichen Primärverpflichtung frei zu werden, steht einer **Einigung** über den Eigentumsübergang zwischen ihm und demjenigen, den es angeht, regelmäßig nichts entgegen. Die zusätzlich notwendige Veränderung der **Besitzlage** zugunsten des Vertretenen ergibt sich meist entweder aus der Rolle des Vertreters als Besitzdiener (§ 855) oder kraft eines Besitzmittlungsverhältnisses (§ 868). Dieses kann zwischen dem Geschäftsherrn und seinem Vertreter auch im Vorhinein (antizipiertes Besitzkonstitut) oder durch erlaubtes Insichgeschäft (§ 181) begründet werden. Der Vertretene erlangt das Eigentum dann unmittelbar, ohne dass ein Durchgangserwerb in der Person des Vertreters stattfindet (wichtig z.B. für ein Vermieterpfandrecht nach § 562).[217]

69 Auf das **schuldrechtliche Verpflichtungsgeschäft** kann die über das Geschäft für den, den es angeht, vermittelte Fremdwirkung zwar nicht ohne weiteres übertragen werden,[218] geht es doch auch um Haftungs- und Gewährleistungspflichten, an deren personaler Zuordnung ein Interesse des Geschäftsgegners gegeben sein kann. Für den wichtigsten Anwendungsfall, den Barkauf des täglichen Lebens in Supermärkten, Warenhäusern etc., wird es jedoch im Regelfall zu einem Gleichklang beider Geschäfte kommen, da der Verkäufer einem Gewährleistungsverlangen hier in der Praxis meist erst bei Vorlage des Kassenbons und/oder der gekauften Ware nachkommen wird, er also gegen eine unberechtigte Inanspruchnahme ausreichend abgesichert ist.[219]

70 **bb) Handeln unter fremdem Namen.** Vom Handeln „in" fremdem Namen muss das sog. Handeln „unter" fremdem Namen unterschieden werden.[220] Der **Handelnde bedient sich hier eines fremden Namens, gibt also bei der Vornahme eines Rechtsgeschäfts vor, selbst der so Bezeichnete zu sein**. „Es fehlt" – wie bereits *v. Tuhr* prägnant formulierte – „an den charakteristischen Kennzeichen der Vertretung: an der Erklärung des V, dass er für einen anderen handele, und am Bewusstsein des Gegners, dass die Wirkungen des Geschäftes nicht für und gegen seinen Mitkontrahenten, sondern für eine von diesem verschiedene Person eintreten sollen."[221] Stellt sich das Auftreten des Handelnden aus der maßgeblichen Sicht des Erklärungsempfängers somit nicht als Stellvertretung dar, so **muss eine unmittelbare Anwendung der Stellvertretungsregeln ausscheiden**.[222]

---

208 *Ingelmann*, WM 1997, 745 ff.
209 *Kümpel*, Bank- und Kapitalmarktrecht, 3. Aufl. 2004, Rn 11.395.
210 MüKo/*Schramm*, § 164 Rn 53; vgl. aber die bereits erwähnte Entscheidung BGH NJW 1991, 2283, 2284 f., die für den Kreditkauf unter Eigentumsvorbehalt eine Ausnahme zulässt.
211 RGZ 99, 208 (Katze).
212 BGH LM Nr. 33 zu § 164 BGB.
213 BGH NJW 1991, 2959, 2959.
214 LG Bremen VersR 1986, 461.
215 So mit Rücksicht auf § 925 Abs. 2 BGB zutr. BayOBLG Rpfleger 1984, 11.
216 BGHZ 154, 276 = NJW-RR 2003, 921.
217 MüKo/*Schramm*, § 164 Rn 58; *Medicus*, BR, Rn 90.
218 Zu Recht wird betont, dass die Gleichgültigkeit in der Person des Vertragsgegners für das schuldrechtliche Geschäft stets besonderer Feststellung bedarf; so schon *Enneccerus/Nipperdey*, BGB AT II, S. 1102; ebenso *Bork*, BGB AT, Rn 1404 Fn 42.
219 MüKo/*Schramm*, § 164 Rn 54; Soergel/*Leptien*, vor § 164 Rn 31; *Medicus*, BGB AT, Rn 920; *Bork*, BGB AT, Rn 1404; *K. Schmidt*, JuS 1987, 425, 429; in diese Richtung tendierend auch BGH NJW 1955, 587, 590. Zurückhaltender Staudinger/*Schilken*, Vorbem. zu §§ 164 ff. Rn 54; *Flume*, BGB AT Bd. 2, § 44 II 2, S. 772. Gegen eine Anwendung der Grundsätze über das Geschäft für den, den es angeht, auf schuldrechtliche Geschäfte generell *Baur/Stürner*, Sachenrecht, 17. Aufl. 1999, Rn 43.
220 Hierzu vor allem *Letzgus*, AcP 137 (1933), 327; *Ohr*, AcP 152 (1952/53), 216; *Larenz*, in: FS H. Lehmann 1956, S. 234; *Lieb*, JuS 1967, 106; *R. Weber*, JA 1996, 426.
221 BGB AT Bd. 2/2, S. 345.
222 BGHZ 45, 193, 195 = NJW 1966, 1069; Soergel/*Leptien*, § 164 Rn 23; *Bork*, BGB AT, Rn 1410; *Hübner*, BGB AT, Rn 1223; für eine Gleichsetzung des Handelns unter und in fremdem Namen und folgerichtig für eine unmittelbare Anwendung der §§ 164 ff. BGB hingegen *Flume*, BGB AT Bd. 2, § 44 IV, S. 776 ff.

Wirkung der Erklärung des Vertreters § 164

Die Frage, ob und in welchen Fallkonstellationen Raum für eine entsprechende Anwendung der §§ 164 ff. besteht, **ob also die Erklärung für den wahren Namensträger wirkt oder ob von einem Eigengeschäft des Handelnden auszugehen ist**, wird zwar auch heute noch nicht einheitlich beantwortet.[223] Immerhin ist eine gewisse Annäherung hinsichtlich der Wertungsgrundlagen zu beobachten. Die Klärung, wer Geschäftspartei beim Handeln unter fremdem Namen geworden ist, hat auch hier im Wege der **Auslegung** zu erfolgen.[224] Maßgeblich ist, welchen Erklärungswert der Geschäftsgegner der Erklärung unter Berücksichtigung seiner Verständnismöglichkeiten beimessen durfte.[225] Dies wiederum hängt entscheidend davon ab, welche **Bedeutung der vom Handelnden verwendete Name für den Erklärungsempfänger** beim Abschluss des betreffenden Rechtsgeschäfts hat.[226]

71

Hiernach sind im Wesentlichen **zwei Fallgruppen** zu unterscheiden. Zunächst kann es sich so verhalten, dass eine Person eine Willenserklärung unter Angabe eines falschen Namens abgibt, mit dem der Erklärungsempfänger keine bestimmte Person assoziiert. Besonders deutlich ist dies bei der Verwendung bloßer Fantasie- oder Allerweltsnamen (z.B. „Peter Müller"). Als Schulbeispiel gilt die Übernachtung in einem Hotel unter Angabe eines falschen Namens. Durch den Gebrauch des falschen Namens wird in diesen Fällen **keine irrtümliche Identitätsvorstellung beim Erklärungsempfänger** hervorgerufen. Dieser will mit der vor ihm stehenden Person kontrahieren, gleich, wie sie heißt. Die am Empfängerhorizont ausgerichtete Auslegung führt hier zu einem **Eigengeschäft des unter falscher Namensangabe Handelnden**.[227] Er allein wird aus dem abgeschlossenen Geschäft berechtigt und verpflichtet; der wahre Namensträger, so er sich überhaupt bestimmen lässt, kann das Geschäft nicht nach § 177 an sich ziehen. Diese Auslegung gilt keineswegs nur für Erklärungen unter Anwesenden, sondern auch für Erklärungen, die von einem Abwesenden abgegeben werden (z.B. Hotelbuchung unter falscher Namensangabe per Brief).[228] So steht ein Lottogewinn oder ein Preis bei einem Preisausschreiben auch dann dem Tipper bzw. Einsender zu, wenn er sich beim Ausfüllen des Tippscheins oder beim Schreiben der Postkarte eines falschen Namens bedient hat.[229] Wird unter Vorlage der Fahrzeugpapiere ein unterschlagener Pkw unter dem Namen des Eigentümers bar verkauft, ist Vertragspartner nicht der Eigentümer, sondern die unter fremdem Namen auftretende Person. Dasselbe gilt für die dingliche Seite eines solchen Rechtsgeschäfts, so dass gutgläubiger Erwerb nach §§ 929, 932 Abs. 1 möglich ist.[230]

72

Anders liegt es, wenn das Auftreten des Handelnden auf eine bestimmte andere Person hinweist, von der anzunehmen ist, dass sie dem Erklärungsempfänger bekannt ist. Durfte dieser der Ansicht sein, der Vertrag komme mit dieser durch den Namen individualisierten Person zustande, so wird seinem Schutzinteresse grundsätzlich entsprochen und das Geschäft **analog § 164 als im Namen des Namensträgers abgeschlossen** behandelt.[231] Die Annahme eines Fremdgeschäfts für den Namensträger setzt dabei nicht voraus, dass dem Geschäftspartner daran gelegen war, gerade mit dem Namensträger zu kontrahieren und ein Abschluss mit dem Handelnden für ihn ausgeschlossen gewesen wäre.[232] Keine Rolle spielt es ferner, ob der wirkliche Namensträger dem Erklärungsempfänger persönlich bekannt ist.[233] Entscheidend ist allein, dass die Nennung des Namens geeignet ist, beim Erklärungsempfänger individualisierende Vorstellungen von der am Rechtsgeschäft beteiligten Partei auszulösen. Für die Zurechnung analog § 164 kommt es schließlich auch nicht darauf an, dass der Handelnde mit Vertretungswillen agierte; maßgeblich ist insoweit allein der äußere Erklärungstatbestand.[234]

73

---

223 Das Spektrum aller bislang vertretenen Theorien wird aufgezeigt bei *R. Weber*, JA 1996, 426 ff.

224 BGHZ 45, 193, 195= NJW 1966, 1069; OLG Düsseldorf NJW 1989, 906; MüKo/*Schramm*, § 164 Rn 41; *Flume*, BGB AT Bd. 2, § 44 IV, S. 779.

225 BGH NJW-RR 1988, 814, 815; OLG Düsseldorf NJW 1989, 906; Soergel/*Leptien*, § 164 Rn 23; MüKo/*Schramm*, § 164 Rn 41; Palandt/*Heinrichs*, § 164 Rn 10.

226 *Bork*, BGB AT, Rn 1406.

227 RGZ 95, 188, 190; BGH NJW-RR 1988, 814, 815; OLG Düsseldorf NJW 1989, 906; Staudinger/*Schilken*, Vorbem. zu §§ 164 ff. Rn 92; Soergel/*Leptien*, § 164 Rn 24; MüKo/*Schramm*, § 164 Rn 42; *Flume*, BGB AT Bd. 2, § 44 IV, S. 776 mit der Bemerkung, der Name sei in diesen Fällen „Schall und Rauch"; *Medicus*, BGB AT, Rn 907.

228 MüKo/*Schramm*, § 164 Rn 42; Soergel/*Leptien*, § 164 Rn 25; anders Larenz/*Wolf*, BGB AT, § 46 Rn 91.

229 OLG Koblenz MDR 1958, 687 (für Lottogewinn); Soergel/*Leptien*, § 164 Rn 24 und Palandt/*Heinrichs*, § 164 Rn 12 (für Preisausschreiben).

230 OLG Düsseldorf NJW-RR 1989, 906; ebenso MüKo/*Schramm*, § 164 Rn 43; *Giegerich*, NJW 1986, 1975 f.; *Mittenzwei*, NJW 1986, 2472 ff.; a.A. noch OLG Düsseldorf NJW 1985, 2484, diesem Urteil folgend Palandt/*Heinrichs*, § 164 Rn 11.

231 BGHZ 45, 193, 195 = NJW 1966, 1069; BGH NJW-RR 1988, 814, 815; MüKo/*Schramm*, § 164 Rn 44; Soergel/*Leptien*, § 164 Rn 25; Palandt/*Heinrichs*, § 164 Rn 11; *Bork*, BGB AT, Rn 1410; *Hübner*, BGB AT, Rn 1223. Eine Ausnahme wird im Schrifttum bisweilen für einseitige Rechtsgeschäfte gemacht (vgl. *Köhler*, in: FS Schippel 1996, S. 212 f., und Staudinger/*Schilken*, Vorbem. zu §§ 164 ff. Rn 90). Die Grundsätze zum Handeln unter fremdem Namen sollen im Hinblick auf den Schutzzweck des § 174 S. 1 nicht zur Anwendung gelangen.

232 So aber offenbar Larenz/*Wolf*, BGB AT, § 46 Rn 89.

233 MüKo/*Schramm*, § 164 Rn 44.

234 BGHZ 45, 193, 195 f. = NJW 1966, 1069; Soergel/*Leptien*, § 164 Rn 25; Erman/*Palm*, § 164

74 Die Rechtswirkungen treten in der Person des wirklichen Namensträgers ein, wenn er dem Handelnden **Vollmacht** erteilt hatte oder eine solche sich aus den Grundsätzen über die Duldungs- oder Anscheinsvollmacht ergibt oder aber er das Geschäft gemäß § 177 genehmigt; im Übrigen wird stets vorausgesetzt, dass kein Vertretungsverbot berührt ist.[235] Liegt keiner dieser das Auftreten für den Vertretenen legitimierenden Tatbestände vor, so haftet der Handelnde **entsprechend § 179** auf Erfüllung oder Schadensersatz.[236]

75 Ein Fremdgeschäft für den Namensträger liegt auch dann vor, wenn der Handelnde, den der Geschäftspartner für seinen Kontrahenten hält, die Urkunde **mit dem Namen des Vertretenen unterzeichnet**.[237] Ist er zur Vertretung berechtigt, wird der Vertretene aus diesem Geschäft berechtigt und verpflichtet. Fehlt es an der notwendigen Vertretungsmacht – so insbesondere in den Fällen der Unterschriftsfälschung –[238] gelten wiederum die §§ 177 und 179. In diese Fallgruppe gehört schließlich die **Abgabe einer Bestellung auf elektronischem Wege** (Internet, E-Mail) unter Verwendung eines für einen registrierten Kunden reservierten Zugangswegs (einloggen unter dem Passwort eines anderen).[239]

76 Das Handeln unter fremdem Namen wirft schließlich noch einige Fragen hinsichtlich der ggf. zu beachtenden **Formerfordernisse** auf. Verlangt das Gesetz für die abzugebende Erklärung oder den Vertrag insgesamt **Schriftform** (§ 126), so ist dem Gebot der eigenhändigen Namensunterschrift nach h.M. auch dann Genüge getan, wenn der Vertreter die Urkunde mit dem Namen des Vertretenen unterschreibt.[240] Ist dagegen für ein Rechtsgeschäft notarielle **Beurkundung** vorgeschrieben, so kann das Handeln unter fremdem Namen keine Fremdwirkung entfalten. Die Beurkundung verlangt die zutreffende Angabe des Erklärenden; wird dem nicht Rechnung getragen, so ist das Rechtsgeschäft nichtig (§ 125 S. 1).[241] Gleiches gilt wegen der mit dem Handeln unter fremdem Namen einhergehenden Täuschung einer Amtsperson für die **Auflassung**.[242]

77 **3. Vertretungsmacht. a) Wesen der Vertretungsmacht.** Gemäß Abs. 1 S. 1 wirkt eine im Namen des Vertretenen abgegebene Willenserklärung nur dann unmittelbar für und gegen den Vertretenen, wenn der Vertreter hierbei „**innerhalb der ihm zustehenden Vertretungsmacht**" handelt. Dasselbe gilt für den Fall der passiven Stellvertretung (Abs. 3). Dass die Rechtsfolgen nicht in der Person des rechtsgeschäftlich Handelnden, sondern in der Person eines am Abschluss des Rechtsgeschäfts persönlich nicht Beteiligten eintreten sollen, bedarf eines besonderen **Zurechnungsgrundes**. Einen solchen Zurechnungsgrund stellt die dem Vertreter zustehende Vertretungsmacht dar.[243] Sie **legitimiert** den Vertreter, durch sein rechtsgeschäftliches Agieren im Namen des Vertretenen diesen im Verhältnis zu einem Dritten zu berechtigen und zu verpflichten. Darin erschöpft sich allerdings auch der Rechtsgehalt der Vertretungsmacht.[244] Für den Vertreter ist sie ansonsten ohne jede Substanz. Von einem subjektiven Recht, etwa in Form eines Gestaltungsrechts,[245] zu sprechen, wäre verfehlt, da die Vertretungsmacht dem Vertreter allein um des Vertretenen willen zusteht und auch nicht „ausgeübt" oder „geltend gemacht" werden kann.[246] Ebenso wenig lässt sich die Vertretungsmacht den persönlichen Fähigkeiten, etwa der Rechts- oder Geschäftsfähigkeit, zuordnen.[247] Es handelt sich nach

---

Rn 8. Anders ist hier nur dann zu entscheiden, wenn der Eigengeschäftswille ausnahmsweise vom Erklärungsempfänger erkannt wird (*falsa demonstratio*); MüKo/*Schramm*, § 164 Rn 41.

235 Bei höchstpersönlichen Rechtsgeschäften führt das Handeln unter fremdem Namen zur Unwirksamkeit, vgl. *Geusen*, S. 71 ff.; *Beitzke*, in FS Dölle 1963, S. 229 ff.; Staudinger/*Schilken*, Vorbem. zu §§ 164 ff. Rn 89.

236 Soergel/*Leptien*, § 164 Rn 25; *Hübner*, BGB AT, Rn 1223; Bork, BGB AT, Rn 1410.

237 BGHZ 45, 193 = NJW 1966, 1069; MüKo/*Schramm*, § 164 Rn 38; Erman/*Palm*, § 164 Rn 8; Ist die Identität des Unterzeichners mit dem Namensträger für den Geschäftsgegner hingegen erkennbar oder liegt sie sogar offen zutage, so ist die Fremdwirkung beiderseits gewollt und die §§ 164 ff. unmittelbar anzuwenden; Staudinger/*Schilken*, Vorbem. zu §§ 164 ff. Rn 90; Erman/*Palm*, § 164 Rn 8.

238 Dazu, dass auch hier die Grundsätze über das Handeln unter fremdem Namen zur Anwendung gelangten, MüKo/*Schramm*, § 164 Rn 39; Erman/*Palm*, § 164 Rn 8.

239 *Bork*, BGB AT, Rn 1411; OLG München NJW 2004, 1328.

240 RGZ 74, 69, 72; Palandt/*Heinrichs*, § 126 Rn 8; *Larenz/Wolf*, BGB AT, § 27 Rn 29; a.A. *Holzhauer*, Die eigenhändige Unterschrift, 1973, S. 135 ff., und *Köhler*, in: FS Schippel 1996, S. 212.

241 MüKo/*Schramm*, § 164 Rn 46. Erwogen wird dann eine Haftung des Handelnden in entsprechender Anwendung des § 179, vgl. *Flume*, BGB AT Bd. 2, § 44 IV, S. 780.

242 RGZ 106, 198, 200; Staudinger/*Schilken*, Vorbem. zu §§ 164 ff. Rn 89.

243 *Bork*, BGB AT, Rn 1425.

244 So zutr. *Flume*, BGB AT Bd. 2, § 45 II 1, S. 784, und Staudinger/*Schilken*, Vorbem. zu §§ 164 ff. Rn 17; MüKo/*Schramm*, § 164 Rn 68.

245 So aber *Doris*, Die rechtsgeschäftliche Ermächtigung, 1974, S. 175 ff.; RGRK/*Steffen*, § 167 Rn 1; *Enneccerus/Nipperdey*, BGB AT II, S. 1129.

246 Heute ganz h.M. vgl. BayObLG NJW-RR 2001, 297; *Larenz/Wolf*, BGB AT, § 46 Rn 62; Staudinger/*Schilken*, Vorbem. zu §§ 164 ff. Rn 16; Soergel/*Leptien*, vor § 164 Rn 15; Palandt/*Heinrichs*, Einf. v. § 164 Rn 5.

247 *Müller-Freienfels*, S. 34 ff.; Staudinger/*Schilken*, Vorbem. zu §§ 164 ff. Rn 16; *Larenz/Wolf*, BGB AT, § 46 Rn 62; *Bork*, BGB AT, Rn 1426.

alledem um eine singuläre Rechtsfigur außerhalb der bekannten Kategorien, um eine **Rechtsmacht** *sui generis*.[248]

b) Rechtsgründe für die Vertretungsmacht. Für die Begründung der Vertretungsmacht kommen verschiedene Tatbestände in Betracht, nämlich die **rechtsgeschäftliche Erteilung, die gesetzliche Anordnung und die Berufung in eine Organstellung, an die das Gesetz die Vertretungsmacht knüpft**. Trotz mancher Unterschiede in der dogmatischen Erfassung der Vertretungsmacht, insbesondere im Hinblick auf die Einordnung der organschaftlichen Vertretung, ist man sich heute einig, dass die Verschiedenartigkeit der Begründungstatbestände die **Einheitlichkeit des Begriffs der Vertretungsmacht** nicht infrage stellt.[249] Insbesondere ist für alle Erscheinungsformen der Vertretungsmacht kennzeichnend, dass die Vertretungsmacht gegenüber der Pflichtenbindung des Vertreters im Innenverhältnis verselbständigt ist.[250] Für die Rechtspraxis bleibt somit festzuhalten: Für die Anwendbarkeit des Rechts der Stellvertretung (§§ 164 ff.) kommt es grundsätzlich nicht darauf an, auf welchem Wege der Stellvertreter seine Vertretungsmacht erlangt hat. 78

Die **rechtsgeschäftlich begründete Vertretungsmacht** bezeichnet das Gesetz in § 166 Abs. 2 als **Vollmacht**. Den Akt der Erteilung nennt man **Bevollmächtigung**. Hierbei handelt es sich um ein einseitiges Rechtsgeschäft in Form einer empfangsbedürftigen Willenserklärung. Es ist von dem Vertretergeschäft, das der Vertreter, legitimiert durch die ihm erteilte Vollmacht, mit Wirkung für und gegen den Vertretenen abschließt, streng zu unterscheiden.[251] Ferner muss das Rechtsgeschäft der Bevollmächtigung von den pflichtenbegründenden Absprachen im Innenverhältnis unterschieden werden (zum Abstraktionsgrundsatz im Stellvertretungsrecht vgl. bereits Rn 10 ff.). Zum **Umfang der Vollmacht** vgl. § 167 Rn 44 ff. 79

Die Vertretungsmacht kann dem Vertreter auch **vom Gesetz eingeräumt** sein. Dies geschieht regelmäßig, um die rechtsgeschäftliche Handlungsfähigkeit auch solcher Personen zu sichern, die ihre Angelegenheiten selbst nicht oder doch nur eingeschränkt wahrzunehmen in der Lage sind. Der gesetzliche Vertreter leitet seine Vertretungsmacht hier nicht vom Willen des Vertretenen ab. Die mit der Einsetzung des Vertreters verbundene Fremdbestimmung erfolgt jedoch im wohlverstandenen Interesse des Vertretenen. Das verselbständigte Vertreterhandeln geschieht in Verantwortung für den Vertretenen.[252] Die Vertretungsmacht kann **unmittelbar vom Gesetz zugewiesen** sein, so im Falle der gesetzlichen Vertretungsmacht der Eltern für ihre Kinder (§ 1629). Der Umfang der elterlichen Vertretungsmacht ist weit und umfasst grundsätzlich alle persönlichen und Vermögensangelegenheiten des Kindes.[253] Nicht selten knüpft das Gesetz die Zuerkennung der Vertretungsmacht an die **Innehabung eines bestimmten Amtes**, das **durch** einen **staatlichen Akt** verliehen wird. Auch diese Fälle rechnet man zur gesetzlichen Vertretungsmacht. Gesetzliche Vertreter in diesem Sinne sind der Vormund (§ 1793), der Betreuer (§ 1902), der Pfleger (§§ 1909, 1911, 1913, 1915, 1960, 1793) sowie der Verwalter für die Wohnungseigentümer (§ 27 Abs. 2 WEG).[254] Der Umfang der Vertretungsmacht ist in diesen Fällen regelmäßig im Hinblick auf den begrenzten Aufgabenbereich eingeschränkt. 80

Vertretungsmacht knüpft das Gesetz schließlich an die Bestellung als **Organ einer juristischen Person oder Personengesellschaft**. Vertretungsbefugte Organe sind insbesondere der Vorstand für den rechtsfähigen Verein (§ 26 Abs. 2 S. 1), die Aktiengesellschaft (§ 78 Abs. 1 AktG) und die Genossenschaft (§ 24 Abs. 1 GenG), der Geschäftsführer für die Gesellschaft mit beschränkter Haftung (§ 35 GmbHG) und die Gesellschafter für die Personengesellschaften, nämlich die offene Handelsgesellschaft (§ 125 HGB), die Kommanditgesellschaft (§§ 161 Abs. 2, 125 HGB) und die Gesellschaft bürgerlichen Rechts (§ 714).[255] Auch wenn 81

---

248 So in der Sache auch *Flume*, BGB AT Bd. 2, § 45 II 1, S. 785; *Larenz/Wolf*, BGB AT, § 46 Rn 61; *Bork*, BGB AT, Rn 1426; Soergel/*Leptien*, vor § 164 Rn 15; Palandt/*Heinrichs*, Einf. v. § 164 Rn 5; vgl. auch BayObLG FGPrax 2003, 171, 172. Keine inhaltliche Differenz besteht zu *Müller-Freienfels*, S. 34 f., 48 ff. und 65 ff., der von „sekundärer Zuständigkeit" spricht; dem zust. MüKo/*Schramm*, § 164 Rn 68.
249 *Flume*, BGB AT Bd. 2, § 45 II 4, S. 791 f.; Staudinger/*Schilken*, Vorbem. zu §§ 164 ff. Rn 21; *Bork*, BGB AT, Rn 1428; a.M. *Müller-Freienfels*, S. 335 ff., der für eine grundlegende Zweiteilung zwischen der rechtsgeschäftlich erteilten und der gesetzlichen Vertretungsmacht eintritt.
250 *Flume*, BGB AT Bd. 2, § 45 II 4, S. 792.
251 Soergel/*Leptien*, vor § 164 Rn 16; abw. im Sinne einer Lehre vom einheitlichen Gesamttatbestand *Müller-Freienfels*, S. 202 ff.
252 Staudinger/*Schilken*, Vorbem. zu §§ 164 ff. Rn 23; MüKo/*Schramm*, vor § 164 ff. Rn 5.
253 Gesetzliche Beschränkungen existieren insb. zur Vermeidung von Interessenkollisionen und für besonders bedeutsame Rechtsgeschäfte; vgl. hierzu im Einzelnen MüKo/*P. Huber*, § 1629 Rn 41 ff.
254 Umstritten ist, ob auch der Notgeschäftsführer (§§ 2038 Abs. 1, 679, 680) eine gesetzliche Vertretungsmacht in Anspruch nehmen kann: dafür Soergel/*Leptien*, vor § 164 Rn 17; dagegen Staudinger/*Schilken*, Vorbem. zu §§ 164 ff. Rn 24. Nicht hierher gehören richtiger Ansicht nach die sog. Vermögensverwalter kraft Amtes, hierzu Rn 24 ff. Zu § 1357 vgl. bereits Rn 33.
255 Zur Vertretung juristischer Personen des öffentlichen Rechts vgl. Staudinger/*Schilken*, Vorbem. zu §§ 164 ff. Rn 27 ff.; zum kirchlichen Bereich *Peglau*, NVwZ 1996, 767.

§ 26 Abs. 2 S. 1 dem Vorstand eines eingetragenen Vereins – immerhin der „Urform aller privatrechtlichen Körperschaften"[256] – die „Stellung eines gesetzlichen Vertreters" des Vereins zuerkennt, so ist man sich heute doch weitgehend darüber einig, dass es sich bei der organschaftlichen Vertretung[257] rechtsdogmatisch um eine dritte, der gesetzlichen Vertretung zwar nahe stehende, jedoch eigenständige Kategorie handelt.[258] Der Grund hierfür liegt darin, dass nach der herrschenden Organtheorie[259] das Handeln des Organs ein solches des Verbandes selbst ist. Die juristische Person und die Personengesellschaft selbst erfüllen den rechtsgeschäftlichen Tatbestand, wenn ihre Organe Willenserklärungen abgeben und entgegennehmen. Auch wenn es damit nicht um Zurechnung im strengen Sinne geht, so stellen sich auch hier Fragen, für die das Stellvertretungsrecht die angemessenen Lösungen bereithält. Daher wendet man die §§ 164 ff. auf das rechtsgeschäftliche Handeln der Organe entsprechend an.[260] Der Umfang der organschaftlichen Vertretungsmacht bestimmt sich nach dem Gesetz und der Satzung des Verbandes und ist aus Gründen der Rechtssicherheit jedenfalls bei den körperschaftlich organisierten Verbänden weitgehend der Disposition entzogen.[261]

82 **c) Sonderformen der Vertretungsmacht. aa) Gesamtvertretung.** Die Vertretungsmacht kann auch so beschaffen sein, dass die vertretungsberechtigten Personen nicht jede für sich allein, sondern nur zusammen mit einer oder mehreren anderen ein wirksames Vertretergeschäft vornehmen können. Eine solche, persönlich beschränkte Vertretungsmacht, nennt man Gesamtvertretungsmacht. Gesamtvertretung wird in vielen Fällen vom Vertretenen selbst zu seinem eigenen Schutz bei der Bevollmächtigung vorgegeben (z.B. in Form der Gesamtprokura, vgl. § 48 Abs. 2 HGB). Aus diesem Grund sollen die Probleme dieser Sonderform der Vertretungsmacht hier im Zusammenhang mit der Vollmacht erörtert werden (vgl. § 167 Rn 54 ff.). Es sei an dieser Stelle lediglich darauf hingewiesen, dass Gesamtvertretung auch auf gesetzlicher Anordnung (z.B. gesetzliche Vertretung des Kindes durch beide Elternteile, § 1629 Abs. 1 S. 2) beruhen kann und ferner im Rahmen der organschaftlichen Vertretung im Gesellschaftsrecht (z.B. § 714 i.V.m. § 709; § 78 Abs. 2 AktG) anzutreffen ist.

83 **bb) Untervertretung.** Ein Vertreter kann, wenn ihm dies seine eigene Vertretungsmacht erlaubt, auch einen Untervertreter bevollmächtigen, für den Vertretenen zu handeln. Die sich im Falle einer solchen **mehrstufigen Vertretung** stellenden Probleme werden hier im Zusammenhang mit der Vollmacht behandelt (vgl. § 167 Rn 61 ff.).

84 **d) Missbrauch der Vertretungsmacht. aa) Allgemeines.** Die Verselbständigung der Vertretungsmacht gegenüber den im Innenverhältnis begründeten Bindungen hat u.a. zur Konsequenz, dass der Vertreter, legitimiert durch die ihm zustehende Vertretungsmacht, Rechtsfolgen in der Person des Vertretenen auch dann herbeiführen kann, wenn er sich bei dem konkreten Geschäft über seine Bindungen im Innenverhältnis hinwegsetzt. Dazu kann es vor allem dann leicht kommen, wenn der Umfang der Vertretungsmacht vom Gesetz weit abgesteckt wird, wie es beispielsweise bei der Prokura der Fall ist (§§ 49, 50). Grundsätzlich lässt weder eine versehentliche noch eine bewusste Missachtung der im Innenverhältnis bestehenden einschränkenden Absprachen die Bindung des Vertretenen an das vom Vertreter für ihn abgeschlossene Rechtsgeschäft entfallen. Das Risiko eines pflichtwidrigen Verhaltens trägt nach der gesetzlichen Wertung grundsätzlich der Vertretene.[262] Dieser kann ggf. seinen Vertreter wegen der Verletzung einer Vertragspflicht nach § 280 Abs. 1 auf Schadensersatz in Anspruch nehmen. Von dieser zum Schutz des Geschäftsgegners und der Rechtssicherheit im Allgemeinen grundsätzlich gerechtfertigten einseitigen Risikoverteilung zulasten des Vertretenen muss jedoch dann abgegangen werden, wenn der Geschäftsgegner ausnahmsweise nicht schutzbedürftig ist. Wie das Schutzbedürfnis und die Schutzwürdigkeit des Geschäftsgegners sachgerecht zu begrenzen sind, wird in Rechtsprechung und Schrifttum kontrovers beurteilt.

85 **bb) Kollusion.** Ein besonders gravierender, regelmäßig sogar strafrechtlich relevanter Fall des Missbrauchs der Vertretungsmacht liegt vor, wenn der Vertreter mit dem Vertragsgegner bewusst und einverständlich „hinter dem Rücken" des Geschäftsherrn zu dessen Nachteil zusammenwirkt, um sich oder einem nahen

---

256 *K. Schmidt*, GesR, 4. Aufl. 2002, § 23 I, S. 660.
257 Krit. zu dieser Bezeichnung *Beuthien*, NJW 1999, 1142.
258 MüKo/*Schramm*, vor § 164 Rn 7; *Bork*, BGB AT, Rn 1433; für die Einordnung als „Sonderfall der gesetzlichen Stellvertretung" jedoch *Medicus*, BGB AT, Rn 926.
259 BGH WM 1959, 80, 81; 1987, 286, 287; *Enneccerus/Nipperdey*, BGB AT I, § 103 IV, S. 615 ff.; MüKo/*Reuter*, § 26 Rn 11; *Beuthien*, NJW 1999, 1142 f.; a.A. *Flume*, BGB AT Bd. 1/2, § 11 I, S. 377;

instruktive Darstellung des Meinungsstandes bei *K. Schmidt*, GesR, 4. Aufl. 2002, § 10 I 2, S. 250 ff.
260 MüKo/*Schramm*, vor § 164 Rn 9; *K. Schmidt*, GesR, 4. Aufl. 2002, § 10 II, S. 254 ff.; *Bork*, BGB AT, Rn 1433; für eine eingeschränkte und lediglich ergänzende Anwendung der Stellvertretungsregeln hingegen *Beuthien*, NJW 1999, 1142 ff.
261 Soergel/*Leptien*, vor § 164 Rn 18; Staudinger/*Schilken*, Vorbem. zu §§ 164 ff. Rn 25.
262 MüKo/*Schramm*, § 164 Rn 106; Palandt/*Heinrichs*, § 164 Rn 13; *Larenz/Wolf*, BGB AT, § 46 Rn 147.

Angehörigen einen Vorteil zu verschaffen. Dieser Fall ist rechtlich unproblematisch und nahezu unumstritten: solche kollusiven Absprachen widersprechen einfachsten und grundlegenden Regeln geschäftlichen Anstandes und kaufmännischer guter Sitte mit der Folge, dass sie **nach § 138 Abs. 1 nichtig** sind.[263] Die Sittenwidrigkeit erfasst nicht nur die kollusive Absprache im engeren Sinne (z.B. die Vereinbarung eines 10%-igen Aufschlags auf den normalen Kaufpreis), sondern wirkt sich auch auf den Hauptvertrag (den Kaufvertrag) aus.[264] Ferner kann ein aufgrund einer Bestechung zustande gekommener Vertrag sittenwidrig sein, wenn die Schmiergeldabrede zu einer für den Geschäftsherrn nachteiligen Vertragsgestaltung geführt hat. Fehlt allerdings ein solcher Nachteil, so ist der Vertrag trotz der Bestechung nicht sittenwidrig;[265] er unterfällt vielmehr den allgemeinen Regeln über den Vollmachtsmissbrauch. Nichtig ist schließlich auch ein den Vertretenen benachteiligendes Insichgeschäft, das der von den Beschränkungen des § 181 befreite Vertreter vornimmt.[266] In den Fällen der Kollusion hat der Geschäftsgegner dem Vertretenen nach § 826 und der Vertreter zusätzlich aus § 280 Abs. 1 wegen Verletzung vertraglicher Pflichten den entstandenen **Schaden zu ersetzen**. Geschäftsgegner und Vertreter haften dem Vertretenen gesamtschuldnerisch.[267]

cc) Bösgläubigkeit des Geschäftsgegners. Übereinstimmung besteht im Grundsatz auch dahin gehend, dass der Geschäftsgegner dann keines Schutzes bedarf, wenn er im Hinblick auf den Missbrauch der Vertretungsmacht durch den Vertreter bösgläubig ist. Umstritten sind allerdings die dogmatische Verankerung dieser Rechtsregel und ihre genauen tatbestandlichen Voraussetzungen.

Um die **rechtsdogmatische Erklärung der gebotenen Restriktionen** auf der Rechtsfolgenseite ringen heute im Wesentlichen noch zwei Ansätze,[268] wobei die Differenzen allerdings nicht überbewertet werden sollten.[269] Nach Ansicht der Rechtsprechung und eines Teils der Literatur soll das Vertretergeschäft auch dann durch die dem Vertreter zustehende Vertretungsmacht gedeckt sein, wenn der Geschäftsgegner hinsichtlich der Überschreitung der Bindungen im Innenverhältnis bösgläubig ist. Diesem sei es jedoch nach **§ 242 (Einwand des Rechtsmissbrauchs)** verwehrt, sich auf das Bestehen der Vertretungsmacht zu berufen.[270] Das Rechtsgeschäft sei – so wird überwiegend hinzugefügt – in diesem Falle schwebend unwirksam mit der Folge, dass die §§ 177–180 analoge Anwendung fänden.[271]

Vorzugswürdig ist es demgegenüber, mit einer im Schrifttum verbreiteten Gegenansicht[272] bereits **bei der Vertretungsmacht anzusetzen**. Diese ist entsprechend der Pflichtenbindung im Innenverhältnis zu begrenzen, wenn der Vertreter von ihr pflichtwidrig Gebrauch macht und der Geschäftsgegner insoweit bösgläubig ist. Es ist dann von einem **Handeln ohne Vertretungsmacht** auszugehen mit der Folge, dass der Vertretene das Geschäft nach § 177 noch genehmigen kann. Verweigert er die Genehmigung, so scheitert regelmäßig auch eine Inanspruchnahme des Vertreters wegen Vertretung ohne Vertretungsmacht an § 179 Abs. 3.[273] Diese Konzeption hat den Vorteil, dass sie das Problem in den Kategorien des Stellvertretungsrechts löst, es also dort verortet, wo es hingehört. Die dem Interesse des Verkehrsschutzes dienende Verselbständigung der Vertretungsmacht verliert ihre Berechtigung dort, wo der Geschäftsgegner nicht schutzbedürftig ist, weil die Missachtung der Pflichtenbindung im Innenverhältnis zumindest offen zutage liegt.

Umstritten sind sodann die **tatbestandlichen Voraussetzungen**, unter denen ein Missbrauch der Vertretungsmacht und damit ein Handeln ohne Vertretungsmacht angenommen werden kann. Ausgehend von

---

263 RGZ 136, 359, 360; BGH NJW 1989, 26 f.; OLG Düsseldorf NJW-RR 1997, 737, 238; MüKo/*Schramm*, § 164 Rn 107; Palandt/*Heinrichs*, § 164 Rn 13; *Flume*, BGB AT Bd. 2, § 45 II 3, S. 788; *Larenz/Wolf*, BGB AT, § 46 Rn 148; von einem Handeln ohne Vertretungsmacht will hingegen *Bork* (BGB AT, Rn 1575) ausgehen. Für den Vertretenen eröffnet sich auf diese Weise die Möglichkeit der Genehmigung (§ 177 Abs. 1).
264 BGH NJW 1989, 26 f.
265 BGHZ 141, 357 = NJW 1999, 2266 f.
266 BGH NJW 2002, 1488.
267 MüKo/*Schramm*, § 164 Rn 107.
268 Nicht mehr vertreten wird heute der einst von *Lehmann* (JW 1934, 684) und *Stoll* (in: FS Lehmann 1937, S. 115 ff.) propagierte Lösungsweg, im Kontrahieren mit dem die Vertretungsmacht missbrauchenden Vertreter eine *culpa in contrahendo* des Geschäftsgegners zu sehen, die ihn verpflichte, den Vertretenen so zu stellen, als sei das Geschäft nicht zustande gekommen (§ 249 S. 1). Der Nachteil dieser Konzeption besteht darin, dass sie die Lösung außerhalb des Stellvertretungsrechts ansiedelt und den unpassenden Verschuldensgedanken (auch in Form des § 254) in den Vordergrund rückt (so zu Recht Staudinger/*Schilken*, § 167 Rn 102; vgl. ferner RG JW 1935, 1084).
269 *K. Schmidt*, GesR, 4. Aufl. 2002, § 10 II, S. 258.
270 RGZ 134, 67, 71 f.; 145, 311, 315; BGH NJW 1966, 1911; Soergel/*Leptien*, § 177 Rn 15; Palandt/*Heinrichs*, § 164 Rn 14; Erman/*Palm*, § 164 Rn 48; *Larenz/Wolf*, BGB AT, § 46 Rn 159; *Canaris*, Handelsrecht, 23. Aufl. 2000, § 15 Rn 40; *Jüngst*, Der Missbrauch organschaftlicher Vertretungsmacht, 1981, S. 138 ff.
271 BGHZ 141, 357 = NJW 1999, 2266, 2268; Soergel/*Leptien*, § 177 Rn 15; Erman/*Palm*, § 167 Rn 50.
272 Staudinger/*Schilken*, § 167 Rn 95, 103; *Kipp*, in: Die RG-Praxis im deutschen Rechtsleben II, 1929, S. 273 ff.; Enneccerus/Nipperdey, BGB AT II, § 183 I 5, S. 1125; *Flume*, BGB AT Bd. 2, § 45 II 3, S. 789; *Bork*, BGB AT, Rn 1578; *K. Schmidt*, AcP 174 (1974), 55, 58 ff.; *Medicus*, BGB AT, Rn 967.
273 *Hübner*, BGB AT, Rn 1302; *Bork*, BGB AT, Rn 1582.

der hier favorisierten rechtsdogmatischen Einordnung der Problematik stellen sich die Anforderungen in tatbestandlicher Hinsicht wie folgt dar:

90 **Auf der Seite des Vertreters** muss zunächst eine **pflichtwidrige Überschreitung der im Innenverhältnis bestehenden Grenzen für die Ausübung der Vertretungsmacht** vorliegen.[274] Eine solche interne Pflichtwidrigkeit kann schlicht darin liegen, dass sich der Vertreter über das Verbot, ein solches Rechtsgeschäft vorzunehmen, hinwegsetzt.[275] Dem steht gleich, dass das Rechtsgeschäft nicht durch den Verbandszweck gedeckt ist,[276] es seinem Inhalt nach die Interessen des Vertretenen verletzt[277] oder Tatsachen vorliegen, bei deren Kenntnis es der Vertretene nicht abgeschlossen haben würde.[278] Für die Frage, ob es mangels Schutzbedürftigkeit des Geschäftsgegners gerechtfertigt ist, die Verselbständigung der Vertretungsmacht ausnahmsweise zurückzunehmen und die interne Pflichtenbindung auch auf das Außenverhältnis durchschlagen zu lassen, kann es im Übrigen keine Rolle spielen, ob der Vertreter bewusst, fahrlässig oder gar ohne Verschulden von den im Innenverhältnis bestehenden Bindungen abweicht.[279] Der Missbrauchstatbestand ist auf Seiten des Vertreters rein **objektiv** zu bestimmen. Dies gilt in gleicher Weise für die gesetzlich festgelegte und unbeschränkbare Vertretungsmacht (z.B. Prokura).[280]

91 Der **Geschäftsgegner** ist unstreitig jedenfalls dann als bösgläubig zu qualifizieren, wenn er im Zeitpunkt der Vornahme des Rechtsgeschäfts **weiß**, dass der Vertreter sich über die Bindungen im Innenverhältnis hinwegsetzt.[281] Im Prozess lässt sich die nicht selten nur vorgeschützte Einlassung des Vertreters, ihm sei im Moment des Abschlusses der Widerspruch zu den Bindungen im Innenverhältnis nicht bewusst gewesen, nur schwer widerlegen. Ließe man es bei diesen Anforderungen bewenden, wäre daher dem Institut des Missbrauchs der Vertretungsmacht in der Praxis nur ein sehr schmaler Anwendungsbereich beschieden, der im Übrigen nahe an der Kollusion läge. Im Ergebnis besteht daher heute Einigkeit, dass die für den Tatbestand des Missbrauchs notwendige Bösgläubigkeit nicht zwingend an die positive Kenntnis des Geschäftsgegners geknüpft ist.

92 Weitgehender Konsens besteht auch noch dahin gehend, dass den Vertragspartner keine Pflicht trifft zu prüfen, ob und inwieweit der Vertreter im Innenverhältnis gebunden ist, von seiner nach außen unbeschränkten Vertretungsmacht nur begrenzten Gebrauch zu machen.[282] Anderenfalls würde nämlich der Grundsatz infrage gestellt, dass der Vertretene das Risiko einer Überschreitung der im Innnenverhältnis gesetzten Grenzen durch den Vertreter zu tragen hat. Schadet somit einfache Fahrlässigkeit, also bloßes Kennenmüssen, dem Geschäftsgegner nicht, so stellt sich die Frage, wie das Aufgreifkriterium zu formulieren ist. Im Schrifttum verbreitet ist die Ansicht, nur grob fahrlässige Unkenntnis des Kontrahenten begründe den Tatbestand des Missbrauchs der Vertretungsmacht.[283]

93 Die mittlerweile h.M. setzt hingegen zu Recht auf ein objektives, vom Verschulden des Kontrahenten losgelöstes Kriterium, nämlich die **objektive Evidenz des Missbrauchs**.[284] Der BGH verlangt, dass der Vertreter von seiner Vertretungsmacht in ersichtlich verdächtiger Weise Gebrauch gemacht hat, so dass beim Vertragspartner begründete Zweifel bestehen mussten, ob nicht ein Treueverstoß des Vertreters gegenüber dem Vertretenen vorliege. Notwendig sei dabei eine massive Verdachtsmomente voraussetzende objektive Evidenz des Missbrauchs. Diese sei insbesondere dann gegeben, wenn sich unter den gegebenen Umständen

---

274 Vgl. zum Folgenden insb. *K. Schmidt*, GesR, 4. Aufl. 2002, § 10 II, S. 259 m.w.N.
275 RG JW 1936, 643.
276 RGZ 145, 311, 315.
277 BGH GmbHR 1976, 208, 209.
278 RGZ 134, 67, 72; BGH NJW 1984, 1461, 1462.
279 So – jedenfalls für die Vertretungsmacht, deren Inhalt rechtsgeschäftlich bestimmt ist – BGH NJW 1988, 3012, 3013; ohne nach der Art der Vertretungsmacht zu differenzieren: MüKo/*Schramm*, § 164 Rn 113; Staudinger/*Schilken*, § 167 Rn 95; *Flume*, BGB AT Bd. 2, § 45 II 3, S. 791; *Larenz/Wolf*, BGB AT, § 46 Rn 148; *Medicus*, BGB AT, Rn 968; *Bork*, BGB AT, Rn 1582; *K. Schmidt*, GesR, 4. Aufl. 2002, § 10 II, S. 259; anders Soergel/*Leptien*, § 177 Rn 17, der grundsätzlich vorsätzliches Handeln verlangt, da nur dieses einen „Missbrauch" darstellen könne; mit anderer Begründung im Erg. ebenso *Canaris*, Handelsrecht, 23. Aufl. 2000, § 14 Rn 37.
280 Anders insoweit BGHZ 50, 112, 114; BGH NJW 1990, 384, 385; ebenso RGRK/*Steffen*, § 167 Rn 24; dagegen zutr. die h.L. vgl. neben den in der vorherigen Fn genannten Autoren insb. Staub/*Joost*, HGB, 4. Aufl. 1995, § 50 Rn 45 u. 48.
281 BGHZ 113, 315, 320 = NJW 1991, 1812; Staudinger/*Schilken*, § 167 Rn 96; Erman/*Palm*, § 167 Rn 48.
282 BGH NJW 1966, 1911; 1984, 1461, 1462; 1994, 2082, 2083; 1999, 2883; MüKo/*Schramm*, § 164 Rn 115; Soergel/*Leptien*, § 177 Rn 18; *Hübner*, BGB AT, Rn 1299; *Bork*, BGB AT, Rn 1579; leichte Fahrlässigkeit ließen demgegenüber bereits genügen RGZ 83, 348, 353; 143, 196, 201; BGH MDR 1964, 592.
283 Soergel/*Leptien*, § 177 Rn 18; RGRK/*Steffen*, § 167 Rn 24; MüKo-HGB/*Lieb/Krebs*, vor § 48 Rn 69; *Enneccerus/Nipperdey*, BGB AT II, § 183 I 5, S. 1125 Fn 25; so wohl auch OLG Dresden NJW-RR 1995, 803.
284 BGH NJW 1994, 2082, 2083; 1999, 2883; grundlegend *Flume*, BGB AT Bd. 2, § 45 II 3, S. 789 ff.; Staudinger/*Schilken*, § 167 Rn 97; Palandt/*Heinrichs*, § 164 Rn 14; *Medicus*, BGB AT, Rn 967; *K. Schmidt*, GesR, 4. Aufl. 2002, § 10 II, S. 259.

die Notwendigkeit einer Rückfrage des Geschäftsgegners bei dem Vertretenen geradezu aufdränge.[285] Zuzugeben ist allerdings, dass in diesen Fällen in aller Regel auch grob fahrlässige Unkenntnis zu bejahen sein wird, die unterschiedlichen Maßstäbe mithin kaum je zu divergierenden Ergebnissen führen werden.[286]

Umstritten ist ferner, ob bei der Verteilung des Missbrauchsrisikos auch ein **Mitverschulden des Vertretenen** zu berücksichtigen ist, beispielsweise wenn er es an ihm zuzumutenden Kontrollmaßnahmen gegenüber seinem Vertreter hat fehlen lassen. Der BGH hat dies unter Berufung auf den **Rechtsgedanken des § 254** bejaht und sich dafür ausgesprochen, die nachteiligen Folgen des Geschäfts in einem solchen Fall auf den Vertretenen und den Vertragsgegner nach Maßgabe des auf jeder Seite obwaltenden Verschuldens zu verteilen.[287] Diese Rechtsprechung ist im Schrifttum zu Recht auf scharfe Ablehnung gestoßen.[288] Abgesehen davon, dass die Kategorie des Verschuldens nicht mit der hier vertretenen dogmatischen Verankerung der Grundsätze über den Missbrauch der Vertretungsmacht harmoniert, begegnet es tief greifenden rechtssystematischen Bedenken, die Regelung des § 254 auf Erfüllungsansprüche anzuwenden. Erfüllungsansprüche sind – wenn sie nicht auf Geldzahlung gerichtet sind – regelmäßig unteilbar und die Gültigkeit des Rechtsgeschäfts kann nur einheitlich beurteilt werden. Sollte es sich allerdings so verhalten, dass dem Vertretenen ein Verschulden bei Vertragsschluss zur Last fällt und damit eine **Schadensersatzhaftung gegenüber dem Geschäftspartner** nach §§ 280, 311 Abs. 2 (ggf. i.V.m. § 278) besteht, so kommt in dieser Konstellation eine Anwendung des § 254 im Hinblick auf ein Mitverschulden des geschädigten Kontrahenten durchaus in Betracht.[289]

94

Die dargestellten Grundsätze über den Missbrauch der Vertretungsmacht gelten nicht nur bei der Vollmacht, sondern in gleicher Weise bei der **gesetzlichen Vertretung**. Allerdings entfällt hier die besondere Bindung an den Willen des Vertretenen.[290] Entsprechende Anwendung finden die Regeln über den Missbrauch der Vertretungsmacht ferner bei **missbräuchlicher Verwendung einer Scheckkarte**[291] sowie bei der missbräuchlichen Vornahme von **Prozesshandlungen** durch einen Prozessvertreter.[292] Auf einen seine Stellung missbrauchenden **Treuhänder** passen die Grundsätze über den Missbrauch der Vertretungsmacht hingegen nicht, da dieser im eigenen Namen handelt und insofern keine vergleichbare Situation vorliegt.[293]

95

IV. Rechtsfolgen der Stellvertretung

1. Wirkung für und gegen den Vertretenen. Die wichtigste Rechtsfolge wirksamer Stellvertretung wird in Abs. 1 mit den Worten „wirkt unmittelbar für und gegen den Vertretenen" beschrieben. Die **Rechtsfolgen** des vom Vertreter vorgenommenen Rechtsgeschäfts, also einer von ihm abgegebenen (Abs. 1) oder empfangenen (Abs. 3) Willenserklärung treten demnach unmittelbar **in der Person des Vertretenen** ein. Die aus dem Vertreterhandeln resultierende rechtliche Regelung ist eine solche des Vertretenen.[294] „**Unmittelbar**" meint in diesem Zusammenhang, dass die Rechte und Pflichten originär in der Person des Vertretenen entstehen, also kein abgeleiteter Erwerb über den Vertreter als Durchgangsperson stattfindet.[295]

96

Liegen bei **Abschluss eines Vertrages** die Voraussetzungen wirksamer Stellvertretung vor, so wird aus diesem Vertrag allein der **Vertretene** berechtigt und verpflichtet. Er **wird** damit **zur Vertragspartei** und kann die mit dieser Rolle verbundenen Rechte uneingeschränkt wahrnehmen. Wichtig ist dies vor allem für die Ausübung von **Gestaltungsrechten**. So steht ein vorbehaltenes oder kraft Gesetzes etwa infolge einer Leistungsstörung entstehendes Rücktrittsrecht, ein Kündigungs- oder ein Widerrufsrecht allein dem Vertretenen als Vertragspartei zu.[296] Dasselbe gilt für ein Anfechtungsrecht und zwar auch dann, wenn sich

97

---

285 BGH NJW 1994, 2082, 2083; 1999, 2883.
286 MüKo/*Schramm*, § 164 Rn 117; *Prölss*, JuS 1985, 578; *K. Schmidt*, GesR, 4. Aufl. 2002, § 10 II, S. 259; *Canaris*, Handelsrecht, 23. Aufl. 2000, § 14 Rn 36, der gar von einem „unsinnigen Streit" spricht.
287 BGHZ 50, 112, 114 f = NJW 1968, 1379; offen gelassen in BGH NJW 1999, 2883, 2884; ebenso Palandt/*Heinrichs*, § 164 Rn 14b; *Fischer*, in: FS Schilling 1973, S. 17 f.; *Tank*, NJW 1969, 6, 10.
288 Staudinger/*Schilken*, § 167 Rn 104; MüKo/*Schramm*, § 164 Rn 122; Soergel/*Leptien*, § 177 Rn 19; Erman/*Palm*, § 167 Rn 50; *Canaris*, Handelsrecht, 23. Aufl. 2000, § 14 Rn 42; MüKo-HGB/*Lieb/Krebs*, vor § 48 Rn 70; *Heckelmann*, JZ 1970, 62, 64; *Larenz/Wolf*, BGB AT, § 46 Rn 150.
289 Staudinger/*Schilken*, § 167 Rn 104; MüKo/*Schramm*, § 164 Rn 122; Soergel/*Leptien*, § 177 Rn 19; Erman/*Palm*, § 167 Rn 50. Die Anwendung des § 278 im Hinblick auf den Vertreter ist nicht unstreitig; dagegen etwa *Canaris*, Handelsrecht, 23. Aufl. 2000, § 14 Rn 43.
290 *Flume*, BGB AT Bd. 2, § 45 II 3, S. 791; Staudinger/*Schilken*, § 167 Rn 99.
291 BGHZ 64, 79, 82 = NJW 1975, 1168; 83, 28, 33 = NJW 1982, 1466; NJW 1982, 1513, 1514; ausf. zum Bankverkehr in diesem Zusammenhang MüKo/*Schramm*, § 164 Rn 125 ff.
292 BGH LM § 515 ZPO Nr. 13 und § 565 III ZPO Nr. 10; Soergel/*Leptien*, § 164 Rn 20; Palandt/*Heinrichs*, § 164 Rn 14.
293 BGH NJW 1968, 1471; Staudinger/*Schilken*, § 167 Rn 99; vgl. auch *Henssler*, AcP 196 (1996), 37, 68.
294 *Flume*, BGB AT Bd. 2, § 46 1, S. 793 f.
295 Erman/*Palm*, § 164 Rn 17.
296 MüKo/*Schramm*, § 164 Rn 130; *Bork*, BGB AT, Rn 1654.

der Vertreter bei Abgabe der Willenserklärung im Irrtum befunden hatte oder arglistig getäuscht worden ist.[297] Möglich bleibt aber immer, dass die dem Vertreter erteilte Vertretungsmacht auch die Abgabe solcher Gestaltungserklärungen umfasst.[298] Das ist eine Frage der Auslegung der Reichweite der Vertretungsmacht und hängt von den Umständen des Einzelfalles ab.

98 **2. Mitverpflichtung des Vertreters.** Liegen die Voraussetzungen wirksamer Stellvertretung vor und wird das rechtsgeschäftliche Handeln des Vertreters demgemäß dem Vertretenen zugerechnet, so folgt daraus, dass der Vertreter selbst von den rechtsgeschäftlichen Wirkungen grundsätzlich unberührt bleibt. Er kann aus dem Rechtsgeschäft weder in Anspruch genommen werden, noch wird er aus ihm berechtigt. Dies ergibt sich auch aus § 179, der nur für den Fall der Vertretung ohne Vertretungsmacht eine Einstandspflicht des Vertreters vorsieht.

99 Nicht ausgeschlossen ist es, dass der Vertreter auf ein und derselben Seite **zugleich in fremdem als auch im eigenen Namen** rechtsgeschäftlich agiert und damit den Eintritt der Rechtswirkungen sowohl in der Person des Vertretenen als auch in eigener Person bewirkt.[299] Dies kann ausdrücklich oder konkludent erfolgen.[300] Häufig wird auf Verlangen des Geschäftspartners eine Mitverpflichtung oder eine Einstandspflicht des Vertreters durch eine entsprechende ausdrückliche Abrede begründet. Geschieht dies in Allgemeinen Geschäftsbedingungen, so ist das besondere **Klauselverbot des § 309 Nr. 11** zu beachten. Das Bestreben, sich in Gestalt des Vertreters einen zusätzlichen Schuldner zu sichern, wird vom Gesetzgeber zwar nicht grundsätzlich missbilligt, wohl aber bestimmten, der Vertragstransparenz verpflichteten Anforderungen unterworfen. Damit soll der Vertreter vor einer Inanspruchnahme aufgrund einer ihm untergeschobenen Verpflichtungsvereinbarung geschützt werden. Um dies zu erreichen, wird insbesondere eine auf die Übernahme der Haftung oder der Einstandspflicht gerichtete ausdrückliche und gesonderte Erklärung verlangt.[301] Diese muss schon vom äußeren Aufbau her deren Doppelcharakter klar hervortreten lassen.[302]

100 Zu einer gesetzlich angeordneten Wirkungserweiterung, die zu einer Kombination von Eigen- und Fremdwirkungen führt, kommt es bei **Geschäften, die ein Ehegatte zur angemessenen Deckung des Lebensbedarfs der Familie besorgt** (§ 1357 Abs. 1 S. 2; vgl. Rn 33).

101 Eine **Eigenhaftung des Vertreters** kommt schließlich wegen einer Pflichtverletzung im Zuge der Vertragsanbahnung in Betracht. Die bisherige Rechtsprechung zur Inanspruchnahme eines Dritten wegen *culpa in contrahendo* hat nunmehr in **§ 311 Abs. 3** eine Heimstatt gefunden. Auch weiterhin kommt es darauf an, ob der Dritte – hier der Vertreter – ein eigenes wirtschaftliches Interesse an dem Geschäft hat oder aber in besonderem Maße persönliches Vertrauen in Anspruch genommen und dadurch die Verhandlungen beeinflusst hat. Hiervon zu unterscheiden ist die **Inanspruchnahme des Vertretenen wegen einer Pflichtverletzung des Vertreters** innerhalb eines vorvertraglichen Vertrauensverhältnisses (§§ 280 Abs. 1, 311 Abs. 2, 278), das in entsprechender Anwendung des § 164 zwischen dem Vertretenen und dem Geschäftsgegner zustande gekommen ist.[303]

V. Passive Stellvertretung (Abs. 3)

102 Abs. 3 stellt klar, dass Abs. 1 und insbesondere der dort verankerte Offenkundigkeitsgrundsatz auch auf die Empfangnahme einer Willenserklärung für einen anderen (sog. passive Stellvertretung) entsprechende Anwendung findet. Anders als im Fall der aktiven Stellvertretung richtet sich der **Offenkundigkeitsgrundsatz** jedoch nicht an den Vertreter, sondern an den die Willenserklärung abgebenden Geschäftspartner.[304] Dieser muss seinen Willen, die Wirkungen der von ihm abgegebenen Willenserklärung in der Person des Vertretenen eintreten zu lassen, entweder ausdrücklich verlautbaren oder doch so ausdrücken, dass er sich für den anderen aus den Umständen ergibt. Dem dürfte regelmäßig entsprochen sein, wenn der Geschäftspartner eine erkennbar für den Vertretenen bestimmte, weil ihn berechtigende oder/und verpflichtende, Erklärung gegenüber dem Vertreter abgibt.[305] Auf den Willen des Vertreters, die Erklärung für den Vertretenen entgegenzunehmen,

---

297 MüKo/*Schramm*, § 164 Rn 130; *Larenz/Wolf*, BGB AT, § 46 Rn 153.
298 *Larenz/Wolf*, BGB AT, § 46 Rn 153.
299 RGZ 127, 103, 105; BGHZ 104, 95 = NJW 1988, 1908, 1909; MüKo/*Schramm*, § 164 Rn 131; Erman/*Palm*, § 164 Rn 21.
300 Soergel/*Leptien*, § 164 Rn 32.
301 Näher zu diesem Klauselverbot die Kommentierung von *Wolf*, in: Wolf/Horn/Lindacher, AGBG, 4. Aufl. 1999, § 11 Nr. 14, sowie *Stoffels*, AGB-Recht, 2003, Rn 712.
302 So zuletzt BGH NJW 2002, 3464, 3465.
303 Wie hier Staudinger/*Schilken*, § 164 Rn 11; Erman/*Palm*, § 164 Rn 18; gegen eine solche zweistufige Zurechnung MüKo/*Schramm*, § 164 Rn 10. Aus der Rspr. insb. BGHZ 6, 330, 334 und zuletzt BGH NJW-RR 1998, 1342.
304 MüKo/*Schramm*, § 164 Rn 133; Soergel/*Leptien*, § 164 Rn 37; a.A. Staudinger/*Schilken*, § 164 Rn 22, der darüber hinaus verlangt, dass das vom Vertreter an den Tag gelegte Empfangsverhalten erkennbar für den Vertretenen wirken soll.
305 Erman/*Palm*, § 165 Rn 24.

kommt es hingegen nicht an.³⁰⁶ Folgerichtig hindert selbst die Erklärung, die Willenserklärung nicht für den Vertretenen in Empfang nehmen zu wollen, den Eintritt der Vertretungswirkung nicht.³⁰⁷ Entscheidend ist allein, ob die Empfangsperson mit **Empfangsvertretungsmacht** ausgestattet ist oder nicht.³⁰⁸ Im Allgemeinen kann davon ausgegangen werden, dass die aktive Vertretungsmacht als zumeist notwendiges Korrelat auch die passive Vertretungsmacht in demselben Geschäftsbereich umfasst.³⁰⁹ Passive Vertretungsmacht kann jedoch auch isoliert bestehen.³¹⁰ So kann es sich beispielsweise beim Vermittlungsagenten verhalten (vgl. § 43 Nr. 1 und 2 VVG). Ferner muss eine Beschränkung der aktiven Vertretungsmacht nicht ohne weiteres auf die Empfangsvertretung durchschlagen,³¹¹ wenngleich dies wiederum aber auch nicht ausgeschlossen ist.³¹²

Vom Empfangsvertreter ist der **Empfangsbote** zu unterscheiden. Während der passive Stellvertreter selbst der Adressat der Willenserklärung ist und nur die Rechtsfolgen in der Person des Vertretenen eintreten sollen, obliegt dem Empfangsboten lediglich die Weitergabe der an den Vertretenen gerichteten Erklärung. Die für die aktive Stellvertretung formulierten Kriterien (vgl. Rn 47 ff.) lassen sich auf die Empfangnahme von Willenserklärungen *mutatis mutandis* übertragen. Es kommt also entscheidend darauf an, ob sich die Empfangsperson – für den Erklärenden erkennbar – durch eine gewisse Selbständigkeit gegenüber ihrem Geschäftsherrn auszeichnet oder ob sie lediglich als bloße Empfangseinrichtung ohne jeglichen Entscheidungsspielraum fungiert.³¹³ Die Abgrenzung ist häufig nicht einfach. Auf der anderen Seite führt die Unterscheidung in der Praxis in aller Regel nicht zu divergenten Ergebnissen. Am deutlichsten zeigt sich der Unterschied noch in der **Bestimmung des Zugangszeitpunkts** (vgl. hierzu § 130). Während im Falle der Passivvertretung der Zugang der Willenserklärung beim Vertretenen bereits mit dem Zugang bei seinem Vertreter eintritt,³¹⁴ erfolgt der Zugang bei Einschaltung eines Empfangsboten erst zu dem Zeitpunkt, zu dem nach dem regelmäßigen Lauf der Dinge mit der Weitergabe der Erklärung an den Geschäftsherrn, den Empfänger, zu rechnen ist.³¹⁵

103

C. Weitere praktische Hinweise

I. Prozessuale Fragen

1. Beweislast. Es gelten die allgemeinen Beweisgrundsätze. Danach trifft die Darlegungs- und Beweislast denjenigen, der sich auf die Wirksamkeit der Stellvertretung beruft. Dies gilt demnach, wenn streitig ist, ob ein Rechtsgeschäft in eigenem oder fremdem Namen vorgenommen wurde,³¹⁶ ob Vertretungsmacht vorliegt³¹⁷ oder ob der Empfänger eine Zahlung im eigenen oder fremden Namen angenommen hat.³¹⁸ Dies gilt ferner, wenn ein Vertreter als *falsus procurator* aus § 179 in Anspruch genommen wird. Wird der Verhandelnde als Vertragspartner in Anspruch genommen, muss er beweisen, dass er ausdrücklich im Namen des Vertretenen aufgetreten ist oder dass sein Vertreterwille erkennbar aus den Umständen zu entnehmen war.³¹⁹

104

Besonderheiten gelten für das so genannte unternehmensbezogene Geschäft. Hier besteht eine widerlegbare Vermutung dafür, dass der Handelnde für das Unternehmen aufgetreten ist.³²⁰ Wer ein Eigengeschäft behauptet, muss daher im Bestreitensfall beweisen, dass der Handelnde entgegen dieser Vermutung im eigenen Namen aufgetreten ist.³²¹ Der als Vertreter Handelnde hingegen muss, um sich zu entlasten, lediglich

105

---

306 Soergel/*Leptien*, § 164 Rn 37; MüKo/*Schramm*, § 164 Rn 133; RGRK/*Steffen*, § 164 Rn 11.
307 Soergel/*Leptien*, § 164 Rn 37; Erman/*Palm*, § 164 Rn 24; MüKo/*Schramm*, § 164 Rn 133; a.A. Staudinger/*Schilken*, § 164 Rn 22.
308 Zur Eigenschaft des Bezirksleiters eines Mineralölunternehmens als Empfangsvertreter gegenüber den Tankstellenhaltern vgl. BGH NJW 2002, 1041.
309 BGH NJW 2002, 1041 f.; Staudinger/*Schilken*, § 164 Rn 23; MüKo/*Schramm*, § 164 Rn 133; *Richardi*, AcP 169 (1969), 385, 400; *Larenz/Wolf*, BGB AT, § 46 Rn 8.
310 BGH NJW 2002, 1041, *Richardi*, AcP 169 (1969), 385, 400; Soergel/*Leptien*, § 164 Rn 37; Staudinger/*Schilken*, § 164 Rn 23; MüKo/*Schramm*, § 164 Rn 133; a.A. *Stoll*, AcP 131 (1929), 228, 231.
311 OLG Oldenburg NJW-RR 1991, 857; Staudinger/*Schilken*, § 164 Rn 23.
312 Vgl. etwa BGH LM § 164 BGB Nr. 17. *Larenz/Wolf*, BGB AT, § 46 Rn 8 meint sogar, dass demjenigen, dem die aktive Vertretungsmacht in einer bestimmten Angelegenheit fehle, in der Regel auch die passive fehle.
313 Staudinger/*Schilken*, § 164 Rn 25; *Richardi*, AcP 169 (1969), 385, 401; MüKo/*Schramm*, § 164 Rn 134; ausf. zum Ganzen zuletzt *Sandmann*, AcP 199 (1999), 455 ff.
314 BGH NJW 2002, 1041, 1042.
315 Erman/*Palm*, § 164 Rn 25; Soergel/*Leptien*, vor § 164 Rn 45.
316 BGH NJW 1986, 1675; 1991, 2958; 1992, 1380; vgl. auch Zöller/*Greger*, ZPO, vor § 284 Rn 17a.
317 BayObLGE 1977, 9.
318 OLG Frankfurt NJW-RR 1988,108.
319 BGHZ 85, 258 = NJW 1983, 820; BGH NJW 1986, 1675; 1991, 2958; NJW-RR 1992, 1010; NJW 1995, 775.
320 BGH NJW 1984, 1347 f.; 1986, 1675; 1991, 2627; 1995, 43.
321 BGH, NJW 1983, 1844; 1984, 1381; 1986, 1675; 1991, 2627; 1992, 1380, 1381; 1995, 43.

106 beweisen, dass sich das Geschäft erkennbar auf das Unternehmen bezogen hat.[322] Nicht ausräumbare Zweifel gehen nach Abs. 2 zulasten des Handelnden.[323]

106 Ein behauptetes Erlöschen der Vertretungsmacht ist von demjenigen zu beweisen, der Rechte daraus herleitet. Ist lediglich der Zeitpunkt des Erlöschens umstritten, muss der Vertragsschluss vor dem Erlöschenszeitpunkt von dem bewiesen werden, der die Gültigkeit des Geschäftes behauptet.[324]

107 **2. Streitverkündung.** Die Frage des Vorliegens wirksamer Stellvertretung berührt in der Regel die rechtlichen Interessen dreier Beteiligter: Geschäftsherr, Vertreter und Geschäftsgegner. Bei einem Rechtsstreit zwischen zwei dieser Beteiligten ist daher aus Sicht der Parteien die Möglichkeit einer Streitverkündung gem. §§ 72 ff. ZPO zu berücksichtigen. Aus Sicht des am Prozess nicht Beteiligten kommt eine Nebenintervention gem. §§ 66 ff. ZPO infrage. Hierdurch wird zum einen dem an dem Prozess bislang Unbeteiligten die Möglichkeit geboten, auf Seiten einer Partei als Streithelfer mit den in § 67 ZPO benannten Rechten teilzunehmen. Zum anderen wird für den Folgeprozess – meist ein Regressprozess – zwischen der streitverkündenden bzw. unterstützten Partei und dem Streitverkündungsempfänger bzw. Nebenintervenienten die Interventionswirkung des § 68 ZPO ausgelöst. Sowohl dem Nebenintervenienten als auch dem nicht Beigetretenen sind im Folgeprozess gegenüber der Hauptpartei i.S.v. § 68 ZPO alle Einwendungen tatsächlicher oder rechtlicher Art abgeschnitten, sofern sie im Vorprozess vorgetragen werden konnten, sofern Letztere nicht dem Vortrag zustimmen oder ein Fall des § 68 Hs. 2 ZPO vorliegt. Die Interventionswirkung besteht nur zugunsten, nicht aber zuungunsten der streitverkündenden bzw. unterstützten Partei.[325] So kommt eine Streitverkündung z.B. in Betracht, wenn zu besorgen ist, dass unklar bleibt, ob der Handelnde oder der Vertretene Vertragspartner geworden ist.[326]

108 **3. Kosten. a) Entwurf und Prüfung einer Vollmacht.** Die Mitwirkung des Rechtsanwaltes bei der Erteilung einer Vollmacht und die Prüfung einer Vollmacht sind unter § 2 Abs. 2 RVG i.V.m. Anlage 1 Teil 2 (Nrn. 2100 bis 2103 des Gebührenverzeichnisses) fallende Tätigkeiten. Ihr Wert bemisst sich nach § 23 Abs. 3 S. 2 RVG.

109 **b) Erteilung.** Wird auf Erteilung einer Vollmacht geklagt, so richtet sich der Streitwert nach § 3 ZPO. Maßgebend ist das Interesse des Vollmachtnehmers an der von ihm in Anspruch genommenen Vertretungsbefugnis.[327]

110 **c) Herausgabe.** Der Streitwert einer Klage auf Herausgabe einer Vollmachtsurkunde bestimmt sich nach dem gem. § 3 ZPO zu schätzenden Interesse hieran. Das Interesse an der Herausgabe kann nur danach bewertet werden, ob und in welchem Umfang überhaupt Schäden durch einen Missbrauch der Vollmacht möglich gewesen wären und inwieweit der Kläger solche Schäden befürchtet hat.[328]

111 **d) Vorlage.** Wird lediglich die Vorlage und nicht die Herausgabe einer Vollmachtsurkunde verlangt, so ist der Streitwert das nach Lage jedes einzelnen Falles zu beurteilende Interesse des Kläger an der Vorlage der Urkunde. Das Interesse des Klägers besteht im Allgemeinen in den Kosten, die erwachsen würden, wenn der Kläger sich die aus den Urkunden zu schöpfende Kenntnis oder Beweismittel auf anderem Wege beschaffen müsste. Es kann aber auch erheblich höher angenommen werden, nämlich dann, wenn durch die Vorlegung der Urkunde eine Rechnungsaufstellung überhaupt erst möglich ist.[329]

II. Ausgewählte Musterbeispiele

112 **1. Spezialvollmacht.** „Ich, der unterzeichnende <Name>, erteile <Name, Geburtsdatum, Anschrift> hiermit Vollmacht, meinen Pkw <Typ, amtl. Kennz.> zu verkaufen und zu übereignen. Diese Vollmacht erlischt am <Datum>.
<Ort/Datum/Unterschrift>"

113 **2. Generalvollmacht.** „Ich, der unterzeichnende <Name>, erteile dem/der <Name, Geburtsdatum, Anschrift> Vollmacht, mich in allen Angelegenheiten gerichtlich wie außergerichtlich gegenüber jedermann zu vertreten. <Ort/Datum/Unterschrift>"

---

322 BGH NJW 1995, 43.
323 BGH NJW 2000, 2984, 2985.
324 BGH NJW 1974, 748; WM 1984, 603.
325 BGHZ 100, 260 ff.; BGH NJW 1997, 2386; vgl. auch Zöller/*Vollkommer*, ZPO, § 74 Rn 7.
326 BGH NJW 1982, 281; OLG Düsseldorf NJW 1992, 1176.
327 *Schneider/Herget*, Streitwertkommentar für den Zivilprozeß, 11. Aufl. 1996, Rn 4901.
328 KG Rpfleger 1970, 353 = JurBüro 1970, 794; OLG Naumburg OLGZ 21, 59.
329 KG Rpfleger 1970, 353 = JurBüro 1970, 794; OLG Naumburg OLGZ 21, 59.

3. Gesamtvollmacht. „Ich, der unterzeichnende <Name>, erteile <Name, Geburtsdatum, Anschrift> und <Name, Geburtsdatum, Anschrift> ... Vollmacht, mich in folgender Angelegenheit derart zu vertreten, dass nur beide gemeinschaftlich vertretungsberechtigt sind: <Geschäftsgegenstand>.
<Ort/Datum/Unterschrift>" 114

4. Prokura (Einzelprokura). „Hiermit erteilen wir Ihnen <Name, Geburtsdatum, Anschrift> mit sofortiger Wirkung Einzelprokura. Im Innenverhältnis dürfen Sie ohne Zustimmung der Geschäftsleitung von der Prokura nur zur Vornahme folgender Geschäfte Gebrauch machen: <Katalog>.
<Ort/Datum/Firmenstempel/Unterschriften>" 115

5. Bestellung eines GmbH-Geschäftsführers mit Einzelvertretungsmacht durch die Gesellschafterversammlung (organschaftliche Vertretung). Die GmbH handelt durch den bzw. die Geschäftsführer als Organ der Gesellschaft und nach außen hin unbeschränkbarer Vertretungsmacht (§ 37 Abs. 2 GmbHG). Die Erlangung der Organstellung und damit der Vertretungsmacht erfolgt durch Bestellung gem. § 46 Nr. 5 GmbHG durch die Gesellschafterversammlung per Beschluss und Annahme derselben durch den Geschäftsführer. 116

„Wir bestellen hiermit <Name, Geburtsdatum, Anschrift> zum Geschäftsführer. <Name, Geburtsdatum, Anschrift> ist berechtigt, die Gesellschaft einzeln zu vertreten.
<Ort/Datum/Unterschriften der Gesellschafter>" 117

III. Weiterführende Literaturhinweise zur Gestaltung von Vollmachten

Beck'sches Formularbuch Bürgerliches, Handels- und Wirtschaftsrecht, 8. Auflage 2003, I 4 Nr. 33 ff. S. 67 ff.; *Heidel/Pauly/Amend*, AnwaltFormulare, 4. Auflage 2003, bei den jeweiligen Rechtsgebieten; *Kersten/Bühling*, Formularbuch und Praxis der Freiwilligen Gerichtsbarkeit, 21. Auflage 2001/2004, § 28; *Wurm/Wagner/Zartmann*, Das Rechtsformularbuch, 14. Auflage 1998, Kap. 9, S. 88 ff. 118

---

§ 165 Beschränkt geschäftsfähiger Vertreter

[1]Die Wirksamkeit einer von oder gegenüber einem Vertreter abgegebenen Willenserklärung wird nicht dadurch beeinträchtigt, dass der Vertreter in der Geschäftsfähigkeit beschränkt ist.

Literatur: *Ostheim*, Probleme bei Vertretung durch Geschäftsunfähige, AcP 169 (1969), 193.

A. Allgemeines 1	I. Gewillkürte Stellvertretung 6
I. Bedeutung 1	II. Gesetzliche Stellvertretung 8
II. Abgrenzungen 2	III. Organmitgliedschaft 9
B. Regelungsgehalt 6	**C. Weitere praktische Hinweise** 10

A. Allgemeines

I. Bedeutung

Die Vorschrift des § 165 ist **Ausdruck** sowohl des **Repräsentationsprinzips** als auch des **Abstraktionsgrundsatzes**.[1] Der Vertreter ist der rechtsgeschäftlich Handelnde. Daher gelten für ihn – § 165 bestätigt dies indirekt – auch grundsätzlich die Bestimmungen über die Geschäftsfähigkeit. Die Wirkungen des von ihm im Namen des Vertretenen mit Vertretungsmacht vorgenommenen Rechtsgeschäfts treten hingegen – unabhängig vom Bestehen eines Innenverhältnisses – in der Person des Vertretenen ein. Der Vertreter selbst wird aus diesem Rechtsgeschäft nicht verpflichtet. War der Vertreter nur beschränkt geschäftsfähig, so haftet er grundsätzlich selbst dann nicht, wenn er als *falsus procurator* gehandelt hat (§ 179 Abs. 3 S. 2). Für ihn stellt sich mithin die **Vornahme des Vertretergeschäfts** als rechtlich **neutrales Geschäft** dar. Weder der Schutz des beschränkt Geschäftsfähigen noch die Rücksichtnahme auf den Vertretenen, der den Vertreter ja bevollmächtigt hat, verlangen hier, die Wirkungen des Vertretergeschäfts nicht eintreten zu lassen. Dieses Ergebnis ließe sich auch im Wege einer teleologischen Interpretation der §§ 106 ff. begründen.[2] § 165 hat insoweit nur klarstellende Funktion. 1

---

[1] Staudinger/*Schilken*, § 165 Rn 1; MüKo/*Schramm*, § 165 Rn 1.

[2] MüKo/*Schramm*, § 165 Rn 1.

II. Abgrenzungen

2 Die Vorschrift des § 165 findet auf **alle Vertreter** Anwendung, gleich, worauf ihre Vertretungsmacht beruht. Selbst der **Vertreter ohne Vertretungsmacht** wird von ihr erfasst.[3]

3 § 165 findet keine Anwendung auf den beschränkt geschäftsfähigen **mittelbaren Stellvertreter**.[4] Dieser handelt im eigenen Namen; die Rechtsfolgen sollen in seiner Person eintreten. Die Wirksamkeit seines rechtsgeschäftlichen Handelns beurteilt sich daher unmittelbar nach den §§ 107 ff.

4 Nicht von § 165 erfasst wird weiterhin die Übermittlung bzw. Empfangnahme einer Willenserklärung durch einen **Boten**. Die maßgebliche Willenserklärung wird hier vom Geschäftsherrn abgegeben, so dass die entsprechenden Mindestanforderungen allein in seiner Person erfüllt sein müssen. Als Bote kann somit auch ein Kind auftreten.[5]

5 Nicht unter § 165 fällt schließlich das Handeln eines **Geschäftsunfähigen**. Dem Geschäftsunfähigen fehlt die Fähigkeit, einen rechtserheblichen Willen zu bilden. Seine Willenserklärungen sind nach § 105 nichtig, ihm gegenüber abgegebene Willenserklärungen werden nach § 131 Abs. 1 nicht wirksam, bevor sie seinem gesetzlichen Vertreter zugehen. Das von einem geschäftsunfähigen Vertreter vorgenommene **Vertretergeschäft** ist somit **nichtig**, nicht etwa nur schwebend unwirksam mit der Möglichkeit der Genehmigung. Es kann dem Vertretenen grundsätzlich auch **nicht unter Rechtsscheinsgesichtspunkten** zugerechnet werden.[6] Der gute Glaube des Kontrahenten an die Geschäftsfähigkeit des Vertreters wird in dieser Situation – wie auch sonst – nicht geschützt. Auch eine (verschuldensunabhängige) Inanspruchnahme des Vertretenen auf den **Ersatz des Vertrauensschadens analog § 122 ist abzulehnen**.[7] In Betracht kommt allenfalls eine Haftung gegenüber dem Geschäftspartner aus **Verschulden bei Vertragsschluss** (§§ 311 Abs. 1, 280 Abs. 1), vorausgesetzt, die Geschäftsunfähigkeit des Vertreters war dem Vertretenen bekannt gewesen oder von ihm fahrlässig nicht erkannt worden.[8]

B. Regelungsgehalt

I. Gewillkürte Stellvertretung

6 Der praktisch bedeutsamste Anwendungsfall der Vorschrift liegt im Bereich der gewillkürten Stellvertretung. Die **Bevollmächtigung** verleiht dem beschränkt Geschäftsfähigen lediglich zusätzliche Befugnisse, verpflichtet ihn aber nicht. Sie kann daher ohne Einwilligung der gesetzlichen Vertreter des beschränkt Geschäftsfähigen wirksam vorgenommen werden (§ 131 Abs. 2 S. 2). Aufgrund der Abstraktheit der Vollmacht muss die Wirksamkeit der Bevollmächtigung grundsätzlich unabhängig von dem zugrunde liegenden **Innenverhältnis** (z.B. Auftrag oder Dienstvertrag) beurteilt werden. Fehlt es für die Eingehung der entsprechenden vertraglichen Bindung an der nach § 107 erforderlichen Einwilligung des gesetzlichen Vertreters und wird der Vertrag durch diesen auch später nicht genehmigt (§ 108), so können hierdurch zwar gesetzliche Ansprüche im Verhältnis des Vertretenen zu dem beschränkt geschäftsfähigen Vertreter ausgelöst werden;[9] die Vollmacht hingegen bleibt hiervon grundsätzlich unberührt.

7 In einer Fallgestaltung kann der Umstand der beschränkten Geschäftsfähigkeit allerdings doch für die Vertretungsmacht Bedeutung erlangen: Hielt nämlich der Vollmachtgeber den Vertreter bei Erteilung der Vollmacht irrigerweise für unbeschränkt geschäftsfähig, so kann er die Bevollmächtigung wegen eines **Irrtums über eine verkehrswesentliche Eigenschaft einer Person nach § 119 Abs. 2** anfechten.[10] Sollte der beschränkt Geschäftsfähige vor der Anfechtung schon von seiner Vollmacht Gebrauch gemacht haben, sind die Vertretergeschäfte schwebend unwirksam. Eine Haftung des beschränkt geschäftsfähigen Vertreters gegenüber

---

3 Soergel/*Leptien*, § 165 Rn 3.
4 Vgl. statt aller mit weiteren Hinw. MüKo/*Schramm*, § 165 Rn 8.
5 *Medicus*, BGB AT, Rn 886; Staudinger/*Schilken*, § 165 Rn 8.
6 BGHZ 53, 210, 215 = NJW 1970, 806; Soergel/*Leptien*, § 165 Rn 1; Staudinger/*Schilken*, § 165 Rn 3; Erman/*Palm*, § 165 Rn 5. Ausnahmsweise hat der BGH die Haftung einer Gesellschaft aus zurechenbar veranlasstem Rechtsschein angenommen, wenn der im Handelsregister eingetragene Organvertreter (GmbH-Geschäftsführer) nach seiner Eintragung geschäftsunfähig wird, vgl. BGHZ 115, 78, 81 = NJW 1991, 2566; zust. MüKo/*Schramm*, § 165 Rn 13; Soergel/*Leptien*, § 165 Rn 1 sowie *K. Schmidt*, JuS 1991, 1005 unter Hinw. auf den Zurechnungsgedanken der Anscheinsvollmacht.
7 Staudinger/*Schilken*, vor § 165 Rn 3; Soergel/*Leptien*, § 165 Rn 1; Erman/*Palm*, § 165 Rn 5; Palandt/*Heinrichs*, § 165 Rn 1; a.A. *Ostheim*, AcP 169 (1969), S. 193; RGRK/*Steffen*, § 165 Rn 2; *Canaris*, in: FG Bundesgerichtshof 2000, S. 162.
8 Staudinger/*Schilken*, § 165 Rn 3; Soegel/*Leptien*, § 165 Rn 10; Palandt/*Heinrichs*, § 165 Rn 1.
9 Staudinger/*Schilken*, § 165 Rn 4; MüKo/*Schramm*, § 165 Rn 11.
10 Staudinger/*Schilken*, § 165 Rn 5; Soergel/*Leptien*, § 165 Rn 5.

Willensmängel; Wissenszurechnung § 166

dem Vertragspartner scheitert wiederum an § 179 Abs. 3 S. 2 (zur Anfechtung der Bevollmächtigung und den Rechtsfolgen vgl. im Übrigen § 167 Rn 21 ff.).

II. Gesetzliche Stellvertretung

§ 165 findet zwar im Grundsatz **auch auf den gesetzlichen Vertreter Anwendung**, die praktische Bedeutung der Vorschrift ist aber im Bereich der gesetzlichen Stellvertretung infolge mehrerer **Sondervorschriften** sehr begrenzt. So ruht die elterliche Sorge und damit die Vertretungsbefugnis des entsprechenden Elternteils, wenn ein Elternteil in der Geschäftsfähigkeit beschränkt ist (§ 1673 Abs. 2). Entsprechende Ausschlussvorschriften finden sich in § 1781 für den Vormund, in § 1915 i.V.m. § 1781 für den Pfleger, in § 1897 Abs. 1 für den Betreuer[11] sowie in § 2201 für den Testamentsvollstrecker. Auf andere Vermögensverwalter kraft Amtes (vgl. hierzu § 164 Rn 24 ff.) sind diese Vorschriften analog anzuwenden.[12]

8

III. Organmitgliedschaft

Wird ein beschränkt Geschäftsfähiger mit Zustimmung seines gesetzlichen Vertreters zum organschaftlichen Vertreter einer juristischen Person bestellt, so **gilt § 165 grundsätzlich analog** auch für das organschaftliche Handeln im Namen der juristischen Person.[13] Auch hier ist der praktische **Anwendungsbereich jedoch sehr begrenzt**, verbietet doch § 76 Abs. 3 S. 1 AktG die Bestellung eines beschränkt Geschäftsfähigen zum Vorstandsmitglied einer Aktiengesellschaft und § 6 Abs. 2 S. 1 GmbHG zum Geschäftsführer einer GmbH.[14] Als Gesellschafter einer Personengesellschaft würde der beschränkt Geschäftsfähige regelmäßig eine persönliche Verpflichtung eingehen, weshalb § 165 auch hier nicht zum Zuge kommt.[15] Es bleibt im Wesentlichen der Fall, dass ein beschränkt Geschäftsfähiger zum Vorstandsmitglied eines rechtsfähigen Vereins bestellt worden ist (§§ 26 f.) und nunmehr von seinen Vertretungsbefugnissen Gebrauch macht.[16]

9

C. Weitere praktische Hinweise

In verfahrensrechtlicher Hinsicht stellt sich die Frage, ob § 165 auch eine **Prozessvertretung durch einen nur beschränkt Geschäftsfähigen** erlaubt. Dies wird unter Hinweis auf § 79 ZPO, der auf die Vorschriften über die Prozessfähigkeit (§§ 51, 52 ZPO) verweist, zutreffend verneint.[17] Prozessfähig ist nämlich nur, wer sich durch Verträge selbständig verpflichten kann. Auf den beschränkt Geschäftsfähigen trifft dies nicht zu. Die von ihm gleichwohl vorgenommenen Prozesshandlungen sind jedoch genehmigungsfähig.[18] Im Verfahren der Freiwilligen Gerichtsbarkeit soll der beschränkt Geschäftsfähige hingegen nach verbreiteter Meinung von der Verfahrensvertretung nicht ausgeschlossen sein.[19]

10

Es gelten die allgemeinen Beweisgrundsätze. Da § 165 den Einwand beschränkter Geschäftsfähigkeit jedoch gerade für unbeachtlich erklärt, muss derjenige, der sich aufgrund von Mängeln in der Geschäftsfähigkeit des Vertreters auf die Unwirksamkeit des Vertretergeschäftes beruft, dessen Geschäftsunfähigkeit darlegen und im Bestreitensfall beweisen.

11

Eine Regressnahme beim beschränkt Geschäftsfähigen selbst ist nur im Fall des § 179 Abs. 3 S. 2 möglich, wenn dieser keine Vertretungmacht hatte und trotzdem der gesetzliche Vertreter in das Geschäft eingewilligt hat.

12

| § 166 | **Willensmängel; Wissenszurechnung** |

(1) ¹Soweit die rechtlichen Folgen einer Willenserklärung durch Willensmängel oder durch die Kenntnis oder das Kennenmüssen gewisser Umstände beeinflusst werden, kommt nicht die Person des Vertretenen, sondern die des Vertreters in Betracht.

(2) ¹Hat im Falle einer durch Rechtsgeschäft erteilten Vertretungmacht (Vollmacht) der Vertreter nach bestimmten Weisungen des Vollmachtgebers gehandelt, so kann sich dieser in Ansehung solcher

---

11 Hierzu Palandt/*Diederichsen*, § 1897 Rn 5.
12 MüKo/*Schramm*, § 165 BGB Rn 6; Staudinger/*Schilken*, § 165 Rn 2.
13 Erman/*Palm*, § 165 Rn 2; Soergel/*Leptien*, § 165 Rn 3.
14 OLG Hamm NJW-RR 1992, 1253.
15 MüKo/*Schramm*, § 165 Rn 4.
16 Staudinger/*Schilken*, § 165 Rn 6.

17 Soergel/*Leptien*, § 165 Rn 4; Staudinger/*Schilken*, § 165 Rn 10; Zöller/*Vollkommer*, ZPO, § 79 Rn 3; Bamberger/Roth/*Habermeier*, § 165 Rn 10.
18 Zöller/*Vollkommer*, ZPO, § 79 Rn 3.
19 KG KGJ 35 A 223; LG Lübeck SchlHA 1964, 219; *Keidel/Kuntze/Winkler/Zimmermann*, Freiwillige Gerichtsbarkeit, 14. Aufl. 1999, § 13 FGG Rn 11; Soergel/*Leptien*, § 165 Rn 4; abl. Staudinger/*Schilken*, § 165 Rn 10.

Stoffels

Umstände, die er selbst kannte, nicht auf die Unkenntnis des Vertreters berufen. ²Dasselbe gilt von Umständen, die der Vollmachtgeber kennen musste, sofern das Kennenmüssen der Kenntnis gleichsteht.

Literatur: *Baum*, Die Wissenszurechnung, 1999; *Baumann*, Die Kenntnis juristischer Personen des Privatrechts von rechtserheblichen Umständen, ZGR 1973, 284; *Bayreuther*, § 166 Abs. 1 als zivilrechtliche Einstandspflicht für fremdes Handeln, JA 1998, 459; *Birk*, Bösgläubiger Besitzdiener – gutgläubiger Besitzherr?, JZ 1963, 354; *Buck*, Zur Wissenszurechnung bei juristischen Personen, bei Gesamthandsgesellschaften mit Hilfspersonen, bei Ausgliederungen, WuB IV A § 166 BGB 1.01; *Dauner-Lieb*, Wissenszurechnung im Gewährleistungsrecht. Ethische Neutralisierung der Arglist?, in: FS Kraft 1998, S. 43; *Donle*, Zur Frage der rechtserheblichen Kenntnis im Unternehmen, in: FS Klaka 1987, S. 6; *Flume*, Die Haftung für Fehler kraft Wissenszurechnung bei Kauf und Werkvertrag, AcP 197 (1997), 441; *Gross*, Zur Anwendung des § 166 Abs. 2 BGB im Rahmen des § 2041 BGB, MDR 1965, 443; *Grunewald*, Wissenszurechnung bei juristischen Personen, in: FS Bausch 1993, S. 301; *Hagen*, Wissenszurechnung bei Körperschaften und Personengesellschaften als Beispiel richterlicher Rechtsfortbildung, DRiZ 1997, 157; *Hoffmann*, Arglist des Unternehmers aus der Sicht für ihn tätiger Personen, JR 1969, 372; *Koller*, Wissenszurechnung, Kosten und Risiken, JZ 1998, 75; *Lorenz*, Mala fides superveniens im Eigentümer-Besitzer-Verhältnis und Wissenszurechnung bei Hilfspersonen, JZ 1994, 549; *Medicus*, Probleme der Wissenszurechnung, Karlsruher Forum 1994, 4/Beilage zum „Versicherungsrecht"; *Meyer-Reim/Testorf*, Wissenszurechnung im Versicherungsunternehmen, VersR 1994, 1137; *Neumann-Duesberg*, § 166 Abs. 2 BGB bei der gesetzlichen Stellvertretung und Handeln nach bestimmten Weisungen, JR 1950, 332; *Oldenbourg*, Die Wissenszurechnung, Diss. Leipzig, 1934; *Paulus*, Zur Zurechnung arglistigen Vertreterhandelns, in: FS Michaelis 1972, S. 215; *Reischl*, Wissenszusammenrechnung auch bei Personengesellschaften?, JuS 1997, 783; *Richardi*, Die Wissensvertretung, AcP 169 (1969), 385; *Roth*, Irrtumszurechnung, in: FS Gaul 1997, S. 585; *Scheuch*, „Wissenszurechnung" bei GmbH und GmbH & Co, GmbHRdsch 1996, 828; *Schilken*, Wissenszurechnung im Zivilrecht, 1983; *Schultz*, Zur Vertretung im Wissen, NJW 1990, 477; *ders.*, Die Bedeutung der Kenntnis des Vertretenen beim Vertreterhandeln für juristische Personen und Gesellschaften, NJW 1996, 1392; *Tintelnot*, Gläubigeranfechtung kraft Wissenszurechnung – insbesondere zulasten Minderjähriger, JZ 1987, 795; *Waltermann*, Zur Wissenszurechnung am Beispiel der juristischen Personen des privaten und des öffentlichen Rechts, AcP 192 (1992), 181; *ders.*, Arglistiges Verschweigen eines Fehlers bei der Einschaltung von Hilfskräften, NJW 1993, 889; *Westerhoff*, Organ und (gesetzlicher) Vertreter: eine vergleichende Darstellung anhand der Wissens-, Besitz- und Haftungszurechnung, Diss. München, 1993; *Wilhelm*, Kenntniszurechnung kraft Kontovollmacht?, AcP 193 (1993), 1.

A. Allgemeines 1	cc) Arglistige Täuschung und widerrechtliche Drohung 23
B. Regelungsgehalt 3	dd) Vertreter ohne Vertretungsmacht 24
I. Maßgeblichkeit der Person des Vertreters (Abs. 1) 3	c) Kenntnis oder Kennenmüssen 25
1. Persönlicher Anwendungsbereich 3	aa) „Umstände" 25
a) Stellvertretung 3	bb) Gutgläubiger Erwerb 26
b) Mehrfachvertretung 4	cc) Entsprechende Anwendung des Abs. 1 27
c) Organschaftliche Vertretung juristischer Personen 5	dd) Verjährung 28
d) Organschaftliche Vertreter von Personengesellschaften 7	II. Vertreter handelt nach Weisungen (Abs. 2) . 29
	1. Persönlicher Anwendungsbereich 29
e) Wissenszurechnung bei größeren Einheiten 8	a) Bevollmächtigter 29
	b) Gesetzlicher Vertreter 30
f) Hilfspersonen 10	2. Sachlicher Anwendungsbereich 34
g) Abschluss eines Versicherungsvertrages 15	a) Bestimmte Weisungen des Vertretenen 34
h) Mittelbare Stellvertreter, Boten 16	b) Genehmigung einer vollmachtlosen Vertretung, § 177 36
2. Sachlicher Anwendungsbereich 17	3. Ausdehnung auf Willensmängel 37
a) Allgemeines 17	C. Weitere praktische Hinweise 39
b) Willensmängel 20	I. Darlegungs- und Beweislast 39
aa) Geheimer Vorbehalt 20	II. Gestaltungshinweise 41
bb) Irrtumsanfechtung 22	

A. Allgemeines

1 § 166 wurde von den Verfassern des BGB als logische Folge der dem Recht der Stellvertretung zugrunde gelegten **Repräsentationstheorie** (siehe hierzu § 164 Rn 6) aufgefasst.[1] Danach ist Beteiligter am Vertretergeschäft neben dem Geschäftsgegner allein der Vertreter. Die von ihm abgegebene Willenserklärung ist Ausdruck seines rechtsgeschäftlichen Willens. Lediglich die Wirkungen des Rechtsgeschäfts treffen den Vertretenen. Die Vertretungsmacht und das ihr zugrunde liegende Innenverhältnis sind streng vom Vertretergeschäft zu trennen (**Abstraktionsprinzip**, siehe hierzu § 164 Rn 10).[2] Folgerichtig bestimmt **Abs. 1** als Grundsatz, dass es für die Beurteilung des Einflusses von Willensmängeln bzw. von Kenntnis oder Kennenmüssen gewisser Umstände allein auf die **Person des Vertreters** und nicht auf die des Vertretenen

---

[1] Motive I, S. 226.   [2] MüKo/*Schramm*, § 166 Rn 1.

ankommt. **Verzichtet** der Vertretene darauf, einen eigenen rechtsgeschäftlichen Willen zu bilden, oder ist er hierzu – wie bei der gesetzlichen Vertretung – **nicht in der Lage**, soll er sich nicht hinter dem Vertreter verstecken können, sondern für dessen Willensmängel bzw. Kenntnis oder Kennenmüssen einstehen.[3]

Abs. 1 wird zur **Vermeidung von Missbräuchen** durch die Regelung des **Abs. 2** ergänzt, wonach bei weisungsgebundenen Bevollmächtigten **neben** der grundsätzlich weiterhin maßgebenden Person des Vertreters **auch** auf die Person des Vertretenen abzustellen ist.[4] Danach kann sich der Vollmachtgeber bezüglich solcher Umstände, die er selbst kannte oder kennen musste, nicht auf die Unkenntnis seines Vertreters berufen. Es soll nicht durch Bevollmächtigung eines arglosen Dritten die gesetzliche Folge der Mangelhaftigkeit eines Rechtsaktes umgangen werden können.[5] Hat der Vertretene die Möglichkeit, durch Weisungen die Willensbildung des Vertreters zu steuern und den Inhalt der Vertretererklärung zu beeinflussen, soll er nicht den Vertreter vorschieben und sich selbst „dumm stellen" können.[6]

B. Regelungsgehalt

I. Maßgeblichkeit der Person des Vertreters (Abs. 1)

1. Persönlicher Anwendungsbereich. a) Stellvertretung. Abs. 1 setzt einen Fall der Stellvertretung voraus. Darunter fällt sowohl der **gewillkürte** als auch der **gesetzliche Vertreter**.[7] Soweit Letzterer ohne die erforderliche Genehmigung des Vormundschaftsgerichts handelt, findet jedoch keine Zurechnung des Wissens des Vertreters statt.[8] Abs. 1 ist auch auf **Unterbevollmächtigte** anzuwenden.[9] Ebenso gilt er bei **organschaftlichen Vertretern** juristischer Personen (Rechtsgedanke des § 31)[10] sowie bei **Gesamthandsgemeinschaften** (vgl. Rn 5 ff.).[11] Das ist auch dann der Fall, wenn der Vertreter zunächst Verhandlungsführer des anderen Teils war.[12] Ebenso gilt Abs. 1 für gesetzliche **Vermögensverwalter**[13] und **Prozessbevollmächtigte**[14] und findet auch auf **Vertreter ohne Vertretungsmacht** Anwendung, wenn der Vertretene die Vertretung genehmigt.[15]

b) Mehrfachvertretung. Bei mehreren einzelvertretungsberechtigten Vertretern (Mehrfachvertretung) kommt es grundsätzlich auf den Willensmangel, die Kenntnis oder das Kennenmüssen aller Vertreter an. Der Willensmangel nur des handelnden Vertreters wird dem Vertretenen dann zugerechnet, wenn sich die unterlassene Weitergabe des Wissens als Verletzung innerbetrieblicher Organisationspflichten darstellt.[16] Besteht **Gesamtvertretung**, genügt bereits der Willensmangel, die Kenntnis oder das Kennenmüssen eines einzigen am Geschäft beteiligten Vertreters.[17] Ist einer der Gesamtvertreter zum Abschluss eines Geschäfts ermächtigt, ist er wie ein Einzelvertreter zu behandeln,[18] d.h. es kommt allein auf dessen Willensmangel, Kenntnis oder Kennenmüssen an, sofern nicht Abs. 2 einschlägig ist.[19]

c) Organschaftliche Vertretung juristischer Personen. Bei der organschaftlichen Vertretung juristischer Personen ist streitig, ob sich die juristische Person den Willensmangel, die Kenntnis oder das Kennenmüssen nur des handelnden Organmitglieds oder auch desjenigen Vertreters zurechnen lassen muss,

---

3 Staudinger/*Schilken*, § 166 Rn 2; MüKo/*Schramm*, § 166 Rn 1.
4 MüKo/*Schramm*, § 166 Rn 2; Erman/*Palm*, § 166 Rn 13.
5 RG JW 1916, 316, 318; BGHZ 38, 65, 67; Soergel/*Leptien*, § 166 Rn 28.
6 Erman/*Palm*, § 166 Rn 1; MüKo/*Schramm*, § 166 Rn 2; Soergel/*Leptien*, § 166 Rn 28.
7 BGHZ 38, 65, 69; Staudinger/*Schilken*, § 166 Rn 3; Soergel/*Leptien*, § 166 Rn 4; Erman/*Palm*, § 166 Rn 3; Palandt/*Heinrichs*, § 166 Rn 2; Bamberger/Roth/*Habermeier*, § 166 Rn 4.
8 RGZ 132, 76, 78; Palandt/*Heinrichs*, § 166 Rn 4.
9 BGH NJW 1984, 1953, 1954; Soergel/*Leptien*, § 166 Rn 4; Erman/*Palm*, § 166 Rn 3; Bamberger/Roth/*Habermeier*, § 166 Rn 4.
10 BGH WM 1959, 81, 84; BGHZ 41, 282, 287; 109, 327 = NJW 1990, 975; vgl. auch BGHZ 140, 54, 61 = NJW 1999, 284, 286; KG JW 1933, 1266; Soergel/*Leptien*, § 166 Rn 4.
11 Staudinger/*Schilken*, § 166 Rn 3; vgl. BGH NJW 1995, 2159, 2160.
12 BGH NJW 2000, 1405; Palandt/*Heinrichs*, § 166 Rn 2.
13 Für eine zumindest analoge Anwendung BGH BB 1984, 564, 565; Soergel/*Leptien*, § 166 Rn 4; Palandt/*Heinrichs*, § 166 Rn 2; Staudinger/*Schilken*, § 166 Rn 3.
14 RGZ 146, 348.
15 RGZ 68, 374, 376; 128, 116, 121; 131, 343, 357; 135, 219, 223; 161, 159, 161; BGH NJW-RR 1989, 650, 651; NJW 1992, 899, 900; 2000, 2272; BAGE 10, 179; Soergel/*Leptien*, § 166 Rn 4; Erman/*Palm*, § 166 Rn 3; Palandt/*Heinrichs*, § 166 Rn 2; Bamberger/Roth/*Habermeier*, § 166 Rn 4.
16 BGH NJW 1999, 284, 286; Soergel/*Leptien*, § 166 Rn 5.
17 RGZ 78, 347, 354; 134, 33, 36; BGHZ 20, 149, 153; 53, 210 = NJW 1970, 806; BGHZ 62, 166, 173; BGH WM 1959, 81, 84; NJW 1988, 1199, 1200; BGHZ 140, 54, 61 = NJW 1999, 284, 286; MüKo/*Schramm*, § 166 Rn 14; Staudinger/*Schilken*, § 166 Rn 23; Soergel/*Leptien*, § 166 Rn 5; Palandt/*Heinrichs*, § 166 Rn 2; Bamberger/Roth/*Habermeier*, § 166 Rn 13.
18 Soergel/*Leptien*, § 166 Rn 5.
19 MüKo/*Schramm*, § 166 Rn 14.

welcher von dem fraglichen Geschäft überhaupt nichts wusste oder daran jedenfalls nicht beteiligt war. Die vorherrschende Ansicht hat Letzteres angenommen und die **Wissenszurechnung** (siehe auch Rn 10) damit begründet, dass das Wissen des Organmitglieds nach dem Rechtsgedanken des § 31 das Wissen der juristischen Person sei.[20] Dieses Wissen sei der juristischen Person selbst dann zuzurechnen, wenn es vom Organmitglied in böser Absicht gegenüber der juristischen Person unterdrückt worden sei.[21] Selbst das zwischenzeitliche Ausscheiden oder der Tod des Organmitglieds schade nicht, da sein Wissen an der juristischen Person haften bleibe (Theorie der absoluten Wissenszurechnung).[22]

6 Dem ist entgegenzuhalten, dass das Organwissen nicht pauschal mit dem Wissen der juristischen Person gleichzusetzen ist. Die Wissenszurechnung hat ihren Grund nicht in der Organstellung des Wissensvertreters, sondern im Gedanken des Verkehrsschutzes und der damit verbundenen Pflicht zur ordnungsgemäßen Organisation der innergesellschaftlichen Kommunikation.[23] Entscheidend ist, dass ein Vertragspartner vor den Risiken der Arbeitsteilung beim Vertretenen geschützt wird. Aus diesem Grunde darf er nicht schlechter, aber auch nicht günstiger dastehen, wenn er statt mit einer Einzelperson mit einem arbeitsteilig organisierten Vertragspartner kontrahiert (Theorie der relativen Wissenszurechnung).[24] So vertritt denn inzwischen auch der BGH die Ansicht, dass sich die Frage der Wissenszurechnung nur in wertender Betrachtung entscheiden lasse und dass eine über das Ausscheiden oder gar über den Tod des Organmitglieds hinaus fortdauernde Wissenszurechnung davon abhängig sei, dass es sich um **typischerweise in Akten oder Datenspeichern aufbewahrtes und abrufbares Wissen** handele.[25] Diese Rechtsprechung ist grundsätzlich zu begrüßen.[26] Im Einzelnen ist freilich noch vieles unklar.[27] Bei juristischen Personen des öffentlichen Rechts kommt es im Hinblick auf die gesetzlich vorgegebene Verwaltungsorganisation auch dann allein auf das Wissen der zuständigen Behörde an, wenn das Wissen anderer Behörden hätte verfügbar gemacht werden können.[28] Neben der Wissenszurechnung kommt auch eine **Zusammenrechnung des Wissens** (siehe auch Rn 9) mehrerer oder aller Organmitglieder in Betracht, z.B. wenn bei keinem Organmitglied alle Voraussetzungen der Arglist vorliegen.[29]

7 **d) Organschaftliche Vertreter von Personengesellschaften.** Bei organschaftlichen Vertretern von Personengesellschaften kommt es auf den Willensmangel, die Kenntnis oder das Kennenmüssen derjenigen vertretungsberechtigten Gesellschafter an, welche am Vertretungsgeschäft mitgewirkt haben.[30] Die Kenntnis anderer vertretungsberechtigter Gesellschafter kann grundsätzlich nur unter den zusätzlichen Voraussetzungen des Abs. 2 relevant werden, etwa wenn alle Gesellschafter die Vornahme eines bestimmten Geschäfts beschlossen haben, aber nur einer von ihnen bösgläubig ist.[31] Handelt es sich dagegen um **typischerweise aktenmäßig festgehaltenes Wissen**, kommt auch die Zurechnung des Wissens eines sonstigen Vertreters in Betracht.[32]

8 **e) Wissenszurechnung bei größeren Einheiten.** An sich ist Abs. 1 auf das Handeln von Einzelpersonen zugeschnitten und stellt für die Zurechnung von Willensmängeln bzw. von Kenntnis oder Kennenmüssen ausschließlich auf die Person des handelnden Vertreters ab.[33] Dies darf jedoch nicht dazu führen, dass größere Einheiten (Betriebe, Unternehmen, Gemeinden usw.) – unabhängig von ihrer Rechtsform (juristische Person, Personengesellschaft usw.)[34] – durch die stärkere Arbeitsteilung und die damit verbundene Wissensaufspaltung gegenüber Einzelpersonen privilegiert werden, da es zu ihrem Betriebs- und Organisationsrisiko gehört, ob und wie die Weiterleitung der entsprechenden Informationen und deren Abfrage sichergestellt

---

20 RG JW 1935, 2044; BGHZ 41, 282, 287 = NJW 1964, 1367; BGHZ 109, 327, 331 = NJW 1990, 975; Staudinger/*Schilken*, § 166 Rn 31; Soergel/*Leptien*, § 166 Rn 5; Palandt/*Heinrichs*, § 166 Rn 2; Bamberger/*Roth/Habermeier*, § 166 Rn 15; Entsprechendes wird nach § 89 Abs. 1 für juristische Personen des öffentlichen Rechts angenommen, vgl. Staudinger/*Schilken*, § 166 Rn 39.
21 BGHZ 20, 149; Soergel/*Leptien*, § 166 Rn 5.
22 BGH WM 1959, 81, 84; BGHZ 109, 327, 331 = NJW 1990, 975; Soergel/*Leptien*, § 166 Rn 5; Palandt/*Heinrichs*, § 166 Rn 2.
23 MüKo/*Schramm*, § 166 Rn 20; so jetzt auch BGHZ 132, 30, 35 = NJW 1996, 1339, 1340.
24 Erman/*Palm*, § 166 Rn 11 m.w.N.
25 BGHZ 109, 327, 331 f. = NJW 1990, 975; BGHZ 132, 30, 35 = WM 1996, 594, 597; NJW 1995, 2159, 2160.
26 Erman/*Palm*, § 166 Rn 11.
27 Lit.-Nachw. bei Erman/*Palm*, § 166 Rn 11.
28 BGH NJW 1994, 1150; BGHZ 134, 343, 347 f. = 1997, 1584, 1585; Erman/*Palm*, § 166 Rn 11, dort auch m.w.N. zur Wissenszurechnung im Gemeinderecht und im Konzern.
29 BGHZ 109, 327, 332 = NJW 1990, 975; MüKo/*Schramm*, § 166 Rn 20.
30 MüKo/*Schramm*, § 166 Rn 21.
31 MüKo/*Schramm*, § 166 Rn 21.
32 MüKo/*Schramm*, § 166 Rn 21.
33 *Reischl*, JuS 1997, 783, 785; Soergel/*Leptien*, § 166 Rn 9.
34 BGHZ 140, 54, 61 = NJW 1999, 284, 286; Soergel/*Leptien*, § 166 Rn 9; Erman/*Palm*, § 166 Rn 10; enger *Reischl*, JuS 1997, 783: nur bei jur. Personen; OLG Düsseldorf NJW-RR 1997, 718: nicht für Privatpersonen.

werden (Informationsweiterleitungs- und -abfragepflicht[35]). Daher muss durch eine **Zurechnung** allen in der jeweiligen Einheit vorhandenen **Wissens** sichergestellt werden, dass der Vertragspartner dieser Einheit nicht schlechter, aber auch nicht besser gestellt ist als derjenige, welcher mit einer natürlichen Person kontrahiert.[36] Erfasst sind das Wissen eines jeden Mitarbeiters, gleich welchen Ranges, und alle Informationen, welche durch Weiterleitung und Dokumentation hätten verfügbar gemacht werden können und müssen.[37]

Dabei ist eine wertende Betrachtung durchzuführen. Handelt es sich um **typischerweise aktenmäßig festgehaltenes Wissen**, ergibt sich die Kenntnis daraus, dass die Einheit das Aktenwissen besitzt und verpflichtet ist, seine Verfügbarkeit zu organisieren.[38] Verletzt die Einheit diese Pflicht, muss sie sich so behandeln lassen, als habe sie von der Information Kenntnis.[39] Neben dieser inhaltlichen Beschränkung auf das aus sachlichen Gründen wichtige, typischerweise aktenmäßig festgehaltene Wissen sind jedoch auch persönliche und sachliche Grenzen zu ziehen. Es muss daher nicht nur die **reale Möglichkeit**, sondern auch ein **Anlass** bestehen, sich das Wissen aus der Erinnerung, aus Akten, gespeicherten Dateien oder auf sonstige Weise zu beschaffen.[40] Ob bei einer Zugriffsmöglichkeit, die zu nutzen Anlass bestanden hätte, von Kenntnis oder lediglich von Kennenmüssen auszugehen ist, hängt von der Würdigung der Umstände im Einzelfall ab.[41] Ist der Informationsaustausch ordnungsgemäß organisiert, versagt er jedoch im konkreten Fall, weil der Wissensvertreter die Speicherung der Information vergessen hat, scheidet eine Wissenszurechnung hingegen aus.[42] Unter den genannten Voraussetzungen kommt auch die **Zusammenrechnung** des in verschiedenen Abteilungen oder Filialen der übergeordneten Einheit vorhandenen Wissens in Betracht.[43] Eine Wissenszusammenrechnung soll z.B. beim Vorwurf der Arglist möglich sein.[44]

f) Hilfspersonen. Auf eine Hilfsperson (Verhandlungsbevollmächtigter, Vermittler), welche bei der Vorbereitung des Geschäfts tätig gewesen ist, dieses jedoch nicht als Vertreter abgeschlossen hat, wird **Abs. 1 entsprechend** angewandt, sofern sie mit Wissen und Wollen des Geschäftsherrn erkennbar als für diesen handelnd gegenüber dem Geschäftspartner aufgetreten und dabei, mit eigener Verantwortung und einer gewissen Selbständigkeit ausgestattet, maßgeblich an der Gestaltung des Geschäfts beteiligt gewesen ist.[45] Rechtsgeschäftliche Vertretungsmacht ist hierfür ebenso wenig erforderlich wie die Bestellung zum „**Wissensvertreter**".[46] Eine Genehmigung durch den Geschäftsherrn genügt; auch kommt eine Art Rechtsscheinsverhandlungsvollmacht in Betracht.[47]

Nicht erfasst werden dagegen nur intern beratende[48] sowie solche Hilfspersonen, die lediglich in einer untergeordneten, etwa auf mechanische Hilfsdienste beschränkten Rolle mitwirken.[49] Ebenso wenig gilt Abs. 1 für den Treuhänder des Schuldners, der den Gläubigern aus § 328 verpflichtet ist.[50] Eine Wissenszurechnung kann jedenfalls prinzipiell durch eine entsprechende Abrede ausgeschlossen werden (siehe auch Rn 43).[51] Unberücksichtigt bleibt in der Regel[52] auch das Wissen von Personen, die bei Geschäftsabschluss nicht mehr in der Organisation des Geschäftsherrn tätig sind.[53]

---

35 Vgl. *Taupitz*, in: Karlsruher Forum 1994, Beil. zum „Versicherungsrecht", S. 51.
36 Palandt/*Heinrichs*, § 166 Rn 8; Soergel/*Leptien*, § 166 Rn 9; *Medicus*, in: Karlsruher Forum 1994, S. 11 f.; *Larenz/Wolf*, BGB AT, § 46 Rn 112.
37 Soergel/*Leptien*, § 166 Rn 9.
38 *Medicus*, in: Karlsruher Forum 1994, S. 11; krit. *Altmeppen*, BB 1999, 749.
39 BGHZ 109, 327, 332 = NJW 1990, 975; BGHZ 117, 104, 107 = NJW 1992, 1099; BGHZ 132, 30, 35 = NJW 1996, 594.
40 BGHZ 123, 224 = NJW 1993, 2807; BGHZ 132, 30, 36 = NJW 1996, 594; BGH NJW 1996, 1339, 1341; BGHZ 135, 202, 205 = NJW 1997, 1917; MüKo/*Schramm*, § 166 Rn 26; Soergel/*Leptien*, § 166 Rn 9; Erman/*Palm*, § 166 Rn 10.
41 Erman/*Palm*, § 166 Rn 10; vgl. auch BGH NJW 1996, 1205, 1206.
42 BGH NJW 1996, 1205, 1206; Soergel/*Leptien*, § 166 Rn 9.
43 BGHZ 135, 202, 205; BGH NJW 1989, 2879, 2881; Soergel/*Leptien*, § 166 Rn 9; MüKo/*Schramm*, § 166 Rn 24, dort auch in Fn 52 m.w.N. zu den im Schrifttum geäußerten verfassungsrechtlichen Bedenken und zur Forderung nach einer ausdrücklichen gesetzlichen Regelung. Einzelfälle bei Palandt/*Heinrichs*, § 166 Rn 8.
44 BGHZ 109, 327, 333 = NJW 1990, 975; abl. *Waltermann*, NJW 1993, 889, 893 f.
45 BGH DB 1963, 1710 f.; BGH LM Nr. 8 zu § 166 BGB; BGHZ 106, 163, 167; Soergel/*Leptien*, § 166 Rn 6; MüKo/*Schramm*, § 166 Rn 35; Staudinger/*Schilken*, § 166 Rn 4 m.w.N.
46 BGHZ 117, 104, 106 f.; *Richardi*, AcP 169 (1969), 385, 398; *Schultz*, NJW 1990, 477, 479; Palandt/*Heinrichs*, § 166 Rn 6; Bamberger/Roth/*Habermeier*, § 166 Rn 17.
47 Soergel/*Leptien*, § 166 Rn 6.
48 BGHZ 117, 104, 107 = NJW 1992, 1099; BGH NJW-RR 1997, 270; OLG Frankfurt OLGZ 1976, 224, 225; OLG Hamm NJW-RR 1995, 941, 942; Soergel/*Leptien*, § 166 Rn 6; *Roth*, in: FS Gaul 1997, S. 585, 590; Bamberger/Roth/*Habermeier*, § 166 Rn 18.
49 Soergel/*Leptien*, § 166 Rn 6; MüKo/*Schramm*, § 166 Rn 35; Staudinger/*Schilken*, § 166 Rn 4.
50 BGHZ 55, 307, 311 f.
51 Soergel/*Leptien*, § 166 Rn 6.
52 Zu einem Ausnahmefall s. BGHZ 109, 327 = NJW 1990, 975; anders wiederum BGHZ 117, 104, 109 = NJW 1992, 1099.
53 BGH NJW 1995, 2159, 2160; Erman/*Palm*, § 166 Rn 8.

12 Die **Zurechnung des Wissens von Hilfspersonen kommt insbesondere in Betracht**, wenn das Gesetz auf arglistiges Verhalten abstellt.[54] So muss sich, wer Verkaufsverhandlungen durch einen Dritten führen lässt, dessen arglistiges Verschweigen eines Mangels (vgl. § 442 Abs. 1 S. 2) zurechnen lassen.[55] Auch wer erkennbar lediglich als Abschlussgehilfe auftritt, ist nicht Dritter im Sinne des § 123 Abs. 2 S. 1.[56] Dagegen scheidet eine Wissenszurechnung aus, wenn die Partei unzweideutig klarstellt, dass sie nur für eigenes Wissen und Tun einstehen will.[57] Analog ist Abs. 1 angewandt worden auf: Bankkassierer, die eine Zahlung entgegennehmen,[58] Berater des Käufers bei einer *due-diligence*-Prüfung,[59] Gebrechlichkeitspfleger für den Pflichtteilsberechtigten,[60] Handelsvertreter,[61] Hausverwalter, die für den Eigentümer den Hausverkauf vorbereiten,[62] Hintermänner, die für die von ihnen vorgeschobenen Strohmänner auftreten,[63] Kassenangestellte einer Bank, die einen Scheck hereinnehmen,[64] sowie Sachbearbeiter einer anderen Bankfiliale, die den Scheck prüfen und weiterbearbeiten,[65] Kontoverfügungsberechtigte, welche zur Entgegennahme der Auszüge ermächtigt sind,[66] Kreditvermittler,[67] Lieferanten von Leasingware, die für den Leasinggeber umfassend verhandeln,[68] Vermittlungsagenten des Handelsrechts,[69] Vertrauensmänner, die von einer Partei in die Abwicklung eingeschaltet werden,[70] und auf als Vermittler auftretende Reisebüros.[71]

13 Dagegen ist der Makler in der Regel nicht Verhandlungsgehilfe, sondern Dritter.[72] Von seinen Erklärungen soll sich der Vertretene mit der Folge distanzieren können, dass ihm die Fehlinformationen des Maklers nicht zugerechnet werden.[73] Der Eigentümer einer zu verkaufenden Eigentumswohnung braucht sich das Wissen des Verwalters nicht zurechnen zu lassen.[74] Auch der Notar scheidet als Wissensvertreter aus,[75] außer er war Verwalter des verkauften Grundstücks.[76] Schließlich können auch Personen, die nicht für den Geschäftsherrn, sondern für andere Beteiligte an den Verhandlungen teilgenommen haben, keine Wissensvertreter sein.[77] Bei **beurkundungsbedürftigen Verträgen** findet keine Zurechnung des Wissens von Hilfspersonen statt, da sonst der Warn- und Schutzzweck der Beurkundung vereitelt würde. Entscheidend sind allein die Kenntnis und das Verständnis der Vertragsschließenden.[78]

14 Der Geschäftsherr muss sich jedoch die Kenntnis des in seinem Namen handelnden vollmachtlosen Vertreters bei der **Auslegung** des beurkundungsbedürftigen Rechtsgeschäfts zurechnen lassen, wenn er die Vertretung genehmigt.[79]

15 **g) Abschluss eines Versicherungsvertrages.** Nach §§ 2 Abs. 3, 19 VVG kommt beim Abschluss eines Versicherungsvertrages durch einen Vertreter nicht nur dessen Kenntnis, sondern auch die des Vertretenen in Betracht, ohne dass die besonderen Voraussetzungen des Abs. 2 vorliegen müssen. Die Kenntnis von Hilfspersonen bleibt in diesem Zusammenhang unberücksichtigt.[80] Eine weitere Sonderregelung enthält § 44 VVG, wonach die Kenntnis eines nur mit der Vermittlung von Versicherungsgeschäften betrauten Agenten der Kenntnis des Versicherers nicht gleichsteht, soweit nach dem VVG die Kenntnis des Versicherers von Erheblichkeit ist. Diese Vorschrift hat Ausnahmecharakter, so dass es bei § 166 bleibt, wenn ihre

---

54 Erman/*Palm*, § 166 Rn 9.
55 OLG Köln NJW-RR 1993, 1170; dagegen keine Zurechnung des Wissens eines nicht mit der Vertragsvorbereitung befassten Sachbearbeiters einer Gemeinde: BGHZ 117, 104 = NJW 1992, 1099. Vgl. auch Erman/*Palm*, § 166 Rn 9.
56 MüKo/*Schramm*, § 166 Rn 16.
57 BGH NJW 1995, 2550; KG WM 1996, 356, 362; Palandt/*Heinrichs*, § 166 Rn 6a.
58 BGH NJW 1984, 1953, 1954.
59 *Weitnauer*, NJW 2002, 2511, 2516.
60 LG Siegen NJW-RR 1993, 1420.
61 RG SeuffA 83 Nr. 153; OLG Frankfurt OLGZ 1976, 224, 225.
62 BGH LM Nr. 14 zu § 166; anders, wenn der Hausverwalter nicht in die Organisation des Verkäufers des verwalteten Grundstücks einbezogen ist, vgl. BGH DNotZ 2003, 274; MüKo/*Schramm*, § 166 Rn 32.
63 BGH NJW-RR 1992, 589.
64 BGHZ 102, 316, 320 = NJW 1988, 911.
65 BGH NJW 1993, 1066.
66 OLG Karlsruhe ZIP 1995, 1748, 1750; OLG Köln NJW 1998, 2909.
67 OLG Stuttgart WM 1977, 1338, 1340; OLG Hamm ZIP 1981, 53; OLG Düsseldorf ZIP 1993, 1376, 1378; LG Essen MDR 1978, 844.
68 OLG Köln NJW-RR 1996, 411.
69 BGH LM Nr. 1 zu § 307 BGB; OLG Frankfurt, OLGZ 76, 224, 225.
70 BGHZ 41, 17, 22.
71 BGHZ 82, 219, 222 = NJW 1982, 377.
72 RGZ 101, 97, 99; BGHZ 33, 302, 309; BGH NJW-RR 2000, 316; Soergel/*Leptien*, § 166 Rn 6; Palandt/*Heinrichs*, § 166 Rn 7.
73 BGH NJW 1995, 2550; MüKo/*Schramm*, § 166 Rn 35. S. auch Soergel/*Leptien*, § 166 Rn 6 m.w.N.
74 BGH DNotZ 2003, 274.
75 OLG Hamm NJW-RR 1991, 46, 47.
76 BGH LM Nr. 14 zu § 166; Palandt/*Heinrichs*, § 166 Rn 7.
77 BGHZ 55, 307, 311; Palandt/*Heinrichs*, § 166 Rn 7.
78 BGH NJW-RR 1986, 1019; NJW 2000, 2272, 2273; Soergel/*Leptien*, § 166 Rn 6; Palandt/*Heinrichs*, § 166 Rn 7.
79 BGH NJW 2000, 2272, 2273; MüKo/*Schramm*, § 166 Rn 13, 37; anders offenbar Palandt/*Heinrichs*, § 166 Rn 7.
80 LG Köln VersR 1976, 159; Soergel/*Leptien*, § 166 Rn 8.

Voraussetzungen nicht erfüllt sind.[81] Bei kollusivem Zusammenwirken von Versicherungsnehmer und Agent scheidet freilich auch eine Zurechnung nach § 166 aus.[82] Die Kenntnis eines **Wissensvertreters** (siehe hierzu § 164 Rn 30), z.B. des vom Versicherungsnehmer beauftragten Arztes[83] oder des mit der Schadensregulierung befassten Angehörigen,[84] muss sich der Versicherungsnehmer wie eigene zurechnen lassen.[85] Wissensvertreter ist hingegen nicht, wer die Erklärung lediglich entwirft und diese vom Versicherungsvertreter, welcher sie sich zu Eigen macht, unterschreiben lässt.[86]

h) Mittelbare Stellvertreter, Boten. Keine Anwendung findet § 166 auf mittelbare Stellvertreter (siehe hierzu § 164 Rn 16 ff.), weil es dort ausschließlich auf die Person des Handelnden ankommt.[87] Auch auf den Boten, der keine eigene Willenserklärung abgibt, ist § 166 nicht anwendbar.[88] § 166 scheidet auch beim **Gerichtsvollzieher**, **Hausverwalter**, **Kommissionär**, **Postbevollmächtigten** und beim **Treuhänder** aus.[89]

2. Sachlicher Anwendungsbereich. a) Allgemeines. Abs. 1 stellt auf Willensmängel sowie auf Kenntnis oder Kennenmüssen gewisser Umstände ab, soweit dadurch die rechtlichen **Folgen einer Willenserklärung** beeinflusst werden. Einigkeit besteht darüber, dass Abs. 1 auch auf die **Auslegung** einer Willenserklärung anwendbar ist.[90] Soweit es für den Inhalt einer Willenserklärung auf die Bewusstseinslage der erklärenden Seite ankommt, ist daher die Person des Vertreters und nicht die des Vertretenen maßgeblich, sofern nicht Abs. 2 eingreift.[91] Das Gleiche gilt bei einem Empfangsbevollmächtigten.[92] Mündliche Erläuterungen zu einem schriftlichen Vertragsangebot sind auch dann zu berücksichtigen, wenn der Vertreter nur zur Entgegennahme des Angebots, nicht aber zum Abschluss des Vertrages ermächtigt ist.[93] Auf **rechtsgeschäftsähnliche Handlungen** (vgl. hierzu § 164 Rn 36) finden Abs. 1 und 2 entsprechende Anwendung.[94] Bei **Realakten** scheidet eine unmittelbare Anwendung von § 166 aus.[95]

Umstritten ist, ob dem Geschäftsherrn beim Realakt des **Besitzerwerbs** im Rahmen des **§ 990** die Bösgläubigkeit seines Besitzdieners analog Abs. 1 zuzurechnen ist. Ein Teil des Schrifttums nimmt dies nur für den Fall an, dass der Geschäftsherr zugleich deliktisch gem. § 831 für seinen Besitzdiener einzustehen hat,[96] da schon die bösgläubige Besitzbegründung im Rahmen des § 990 deliktsartig sei[97] und außerdem der Geschäftsherr bei Anwendbarkeit des § 166 in dem „leichteren" Fall des § 990 strenger hafte als in den „schwereren" Fällen des § 992.[98] Dem ist jedoch entgegenzuhalten, dass es bei § 992 um das unmittelbar haftungsauslösende deliktische Verhalten, in § 990 dagegen nur um die Verweigerung eines Haftungsprivilegs geht, dem die schuldhafte Eigentumsverletzung folgen muss, um eine Haftung zu begründen, und daher bei selbständigem, eigenverantwortlichem Einsatz des Besitzgehilfen die entsprechende Anwendung des Abs. 1 geboten ist.[99] So hat denn auch der BGH, welcher zunächst noch auf § 831 abgehoben hat,[100] später von einer Heranziehung von § 831 Abstand genommen und nur noch auf Abs. 1 abgestellt, wenn der Besitzherr den Besitzdiener völlig selbständig handeln lässt.[101] Umgekehrt wird

---

81 BGHZ 102, 194, 197 ff. = NJW 1988, 973; BGHZ 107, 322, 323 = NJW 1989, 2060; MüKo/*Schramm*, § 166 Rn 19; Staudinger/*Schilken*, § 166 Rn 6; Soergel/*Leptien*, § 166 Rn 8.
82 OLG Hamm NJW-RR 1996, 406; NJWE-VHR 1998, 217; OLG Schleswig VersR 1995, 406, 407; Erman/*Palm*, § 166 Rn 9.
83 OLG Frankfurt NJW-RR 1993, 676.
84 BGHZ 122, 388 = NJW 1993, 2112.
85 RGZ 101, 402; OLG Hamm VersR 1981, 227, 228; Soergel/*Leptien*, § 166 Rn 8.
86 BGHZ 128, 167 = NJW 1995, 662; Soergel/*Leptien*, § 166 Rn 8.
87 Staudinger/*Schilken*, § 166 Rn 3; Soergel/*Leptien*, § 166 Rn 10.
88 Staudinger/*Schilken*, § 166 Rn 4; Soergel/*Leptien*, § 166 Rn 10; Bamberger/Roth/*Habermeier*, § 166 Rn 6. Etwas anderes soll gelten, wenn es sich um einen als Boten auftretenden Stellvertreter handelt, s. hierzu und zum Empfangsboten Staudinger/*Schilken*, § 166 Rn 4, 38.
89 Soergel/*Leptien*, § 166 Rn 10 m.w.N.
90 Motive I, S. 227; BAG NJW 1961, 2085; BGH BB 1984, 564, 565; Soergel/*Leptien*, § 166 Rn 3; Staudinger/*Schilken*, § 166 Rn 7; Palandt/*Heinrichs*, § 166 Rn 5.
91 Soergel/*Leptien*, § 166 Rn 3; Palandt/*Heinrichs*, § 166 Rn 5.
92 BGHZ 82, 219, 222 = NJW 1982, 377; BGH BB 1984, 565; Sorgel/*Leptien*, § 166 Rn 3; Erman/*Palm*, § 166 Rn 2.
93 BGHZ 82, 219, 222 = NJW 1982, 377; Palandt/*Heinrichs*, § 166 Rn 5.
94 Soergel/*Leptien*, § 166 Rn 3; Staudinger/*Schilken*, § 166 Rn 9; Erman/*Palm*, § 166 Rn 9.
95 RGZ 137, 23, 28; BGHZ 16, 259, 264; Staudinger/*Schilken*, § 166 Rn 10.
96 *Baur/Stürner*, Sachenrecht, 17. Aufl. 1999, § 5 II 1c bb; *Westermann*, JuS 1961, 79, 81 f.; *Medicus*, BGB AT, Rn 903; *Wilhelm*, AcP 183 (1983), 1 ff., 24 ff.
97 Soergel/*Leptien*, § 166 Rn 17.
98 *Baur/Stürner*, Sachenrecht, 17. Aufl. 1999, § 5 II 1c bb; Soergel/*Leptien*, § 166 Rn 17.
99 MüKo/*Schramm*, § 166 Rn 46; Staudinger/*Schilken*, § 166 Rn 10.
100 BGHZ 16, 259, 264.
101 BGHZ 32, 53, 57 f.; 41, 17, 21; 55, 307, 311; dem folgend *Lorenz*, JZ 1994, 549; *Richardi*, AcP 169 (1969), 385, 392 ff., 402; *Schmidt*, AcP 175 (1975), 165, 168 .

19 Nicht anwendbar ist § 166 schließlich dort, wo es auf die **persönlichen Eigenschaften oder Verhältnisse des Vertretenen**, z.B. auf die Kaufmannseigenschaft, ankommt.[103] Auch wenn das Gesetz eine **höchstpersönliche Entscheidung** voraussetzt, ist allein die Kenntnis des Vertretenen maßgeblich, z.B. für den Fristbeginn zur Testaments- und zur Erbvertragsanfechtung (§§ 2082, 2283).[104]

20 **b) Willensmängel. aa) Geheimer Vorbehalt.** Nach Abs. 1 kommt es für Willensmängel, welche die rechtlichen Folgen einer Willenserklärung beeinflussen, auf die Person des die Willenserklärung abgebenden oder empfangenden Vertreters an. Willensmängel in diesem Sinne sind die Fälle der §§ 116–123. Die unter einem geheimen Vorbehalt abgegebene Willenserklärung ist nur dann nichtig, wenn sie einem anderen gegenüber abzugeben ist und dieser den Vorbehalt kennt (§ 116 S. 2). Der in der Person des die Willenserklärung abgebenden Vertreters bestehende geheime Vorbehalt lässt das Geschäft scheitern, wenn der Geschäftspartner, dem gegenüber die Willenserklärung abzugeben ist, den Vorbehalt kennt, und zwar auch dann, wenn der Vertretene das Geschäft ohne den Vorbehalt will.[105]

21 **Umstritten** ist, ob es auch auf Seiten des Empfängers der mit einem Vorbehalt versehenen Willenserklärung allein auf die Kenntnis des Vertreters[106] oder auch auf die des Vertretenen ankommt. Zutreffend dürfte es sein, entgegen dem Wortlaut von Abs. 1 Nichtigkeit bereits dann anzunehmen, wenn nur der Vertretene, nicht aber der Vertreter den Vorbehalt kennt,[107] weil in diesem Fall der Vertretene nach der *ratio* des § 116 S. 2 nicht schutzbedürftig ist.[108] Hat dagegen nur der Vertreter den Vorbehalt gekannt und diesen dem Vertretenen verschwiegen, ist nicht etwa von einer Bindung des Erklärenden,[109] sondern in Anwendung des Abs. 1 davon auszugehen, dass diese Kenntnis dem Vertretenen zuzurechnen und daher die Willenserklärung nichtig ist.[110] In gleicher Weise ist beim **Scheingeschäft** zu verfahren, welches, wenn es auf einer mit Einverständnis des Empfängers nur zum Schein abgegebenen Willenserklärung beruht, nichtig ist (§ 117 Abs. 1). Der Geschäftspartner kann sich jedoch nicht auf die Nichtigkeit berufen, wenn er in kollusivem Zusammenwirken mit dem Vertreter dem Vertretenen die Scheinnatur des Geschäfts verheimlicht hat.[111] Entsprechendes gilt für die **Scherzerklärung** (§ 118), wenn der Geschäftspartner die Täuschung des Vertretenen beabsichtigt hat.[112]

22 **bb) Irrtumsanfechtung.** Bei der Irrtumsanfechtung (§ 119) kommt es sowohl für den Irrtum als auch für dessen Erheblichkeit auf die Person des Vertreters an.[113] Dasselbe gilt, wenn sich der Vertreter eines Boten bedient hat und diesem ein **Übermittlungsfehler** im Sinne des § 120 unterlaufen ist.[114] Hat sich der Vertreter über den Inhalt und Umfang des ihm erteilten Auftrags geirrt, handelt es sich um einen unbeachtlichen Motivirrtum, der nicht zur Anfechtung der vom Vertreter abgegebenen Willenserklärung berechtigt.[115] Auch bei der **Auslegung** einer gegenüber dem Vertreter abgegebenen Willenserklärung (passive Stellvertretung) entscheidet ebenso wie bei der Frage nach dem Vorliegen eines (offenen oder versteckten) **Dissenses** allein das Verständnis des Vertreters.[116] Mündliche Erläuterungen zu einem schriftlichen Vertragsangebot sind auch dann zu berücksichtigen, wenn der Vertreter nur zur Entgegennahme des Angebots, nicht aber zum Vertragsschluss ermächtigt ist.[117] Die Anfechtung der Vertretererklärung ist Sache des Vertretenen, da ihn die Folgen der Willenserklärung treffen.[118] Dementsprechend kommt es auch für die Rechtzeitigkeit der Anfechtung (§ 121 Abs. 1) grundsätzlich auf dessen Kenntnis an.[119] Bei entsprechender Vertretungsmacht kann indes auch der betreffende oder ein anderer Vertreter die Anfechtung erklären.[120] In diesem Fall ist seine

Kenntnis für die Rechtzeitigkeit der Anfechtung maßgeblich.[121] Die Geltendmachung eines Willensmangels ist als unzulässige Rechtsausübung ausgeschlossen, wenn dem Vertretenen selbst Arglist hinsichtlich des Willensmangels zur Last liegt, etwa weil er bestimmte Tatsachen gegenüber dem gutgläubigen Vertreter und dem Geschäftspartner verschwiegen hat.[122]

cc) Arglistige Täuschung und widerrechtliche Drohung. Bei arglistiger Täuschung oder widerrechtlicher Drohung (§ 123) ist danach zu differenzieren, von wessen Seite die Täuschung oder Drohung ausgeht: Wird der Vertreter vom **Geschäftspartner** getäuscht oder bedroht und dadurch zur Vornahme des Vertretergeschäfts bestimmt, ist der Vertretene nach Abs. 1 i.V.m. § 123 Abs. 1 zur Anfechtung berechtigt.[123] Ist der Vertretene selbst getäuscht oder bedroht und dadurch dazu veranlasst worden, dem Vertreter die Weisung zum Abschluss des Vertretergeschäfts zu erteilen, folgt das Anfechtungsrecht des Vertretenen aus Abs. 2 analog, weil es insoweit auf die Person desjenigen ankommt, auf dessen Geschäftswillen die Vertretererklärung letztlich zurückgeht, und außerdem der Geschäftspartner nicht schutzwürdig ist.[124] Hat dagegen der **Vertreter** den Geschäftspartner getäuscht oder bedroht, ist § 166 nicht einschlägig.[125] Die Zurechnung folgt in diesem Fall aus dem Grundgedanken des § 123 Abs. 2.[126] Der Vertreter steht nämlich im Lager des Vertretenen und ist daher nicht Dritter.[127] Ein Anfechtungsrecht besteht auch, wenn die Täuschung oder Drohung vom **Vertretenen** ausgegangen ist, da dieser nicht Dritter im Sinne des § 123 Abs. 2 ist.[128] Nicht anders ist der Fall zu beurteilen, dass zwar die objektive Täuschungshandlung vom (gutgläubigen) Vertreter vorgenommen wird, die Arglist jedoch beim Vertretenen liegt.[129] Es genügt, dass der Vertreter mit Wissen und Wollen des Vertretenen den objektiven Tatbestand der arglistigen Täuschung vollzieht.[130] Bei Täuschung oder Drohung durch einen **Dritten** ist der Geschäftspartner zur Anfechtung berechtigt, wenn entweder der Vertreter (§ 123 Abs. 2 S. 1) oder der Vertretene (§ 123 Abs. 2 S. 2) davon Kenntnis hatte oder hätte haben müssen.[131]

dd) Vertreter ohne Vertretungsmacht. Hat der Vertreter ohne Vertretungsmacht gehandelt und der Vertretene das Vertretungsgeschäft **genehmigt**, findet Abs. 1 auf die Willensmängel des Vertreters Anwendung.[132] Zu beachten ist jedoch, dass in der Genehmigung, die in Kenntnis des Willensmangels erfolgt, eine Bestätigung im Sinne des § 144 Abs. 1 liegen bzw. die nachträgliche Anfechtung als widersprüchliches Verhalten (§ 242) ausgeschlossen sein kann.[133] Hat dagegen der Vertretene die Genehmigung **verweigert**, sind die Willensmängel des Vertreters bei seiner Haftung nach § 179 zu berücksichtigen. Zu deren Abwehr stehen ihm alle Rechtsbehelfe (Anfechtung, Rücktritt usw.) zu, welche dem Vertretenen bei wirksamer Vertretung oder bei Genehmigung zugestanden hätten.[134] Ist danach das Vertretergeschäft nichtig oder angefochten, entfällt die Haftung nach § 179. In Betracht kommt jedoch eine Haftung aus § 122 und aus Verschulden bei Vertragsschluss (§§ 280 Abs. 1, 311 Abs. 2).[135]

c) Kenntnis oder Kennenmüssen. aa) „Umstände". Auch für die Kenntnis oder das Kennenmüssen (vgl. § 122 Abs. 2) gewisser Umstände kommt es nach Abs. 1 auf die Person des Vertreters an, soweit hiervon die Rechtsfolgen einer von ihm abgegebenen oder empfangenen Willenserklärung abhängen. Einigkeit besteht darüber, dass die Kenntnis des Vorbehalts nach **§ 116 S. 2** und das Einverständnis nach **§ 117 Abs. 1** (siehe bereits Rn 20 f.) unmittelbar unter Abs. 1 fallen,[136] ebenso die in **§ 119 Abs. 1** angesprochene – wenn auch hypothetische – Kenntnis der Sachlage (siehe bereits Rn 22). Gleiches gilt für die Kenntnis der die Gesetzes- oder Sittenwidrigkeit (**§§ 134, 138**) begründenden Umstände.[137] Von Abs. 1 werden auch erfasst die Kenntnis oder das Kennenmüssen von der Anfechtbarkeit (**§ 142 Abs. 2**[138]), von der Täuschung durch

---

121 MüKo/*Schramm*, § 166 Rn 6 f.; Staudinger/*Schilken*, § 166 Rn 18; Soergel/*Leptien*, § 166 Rn 21.
122 Staudinger/*Schilken*, § 166 Rn 19.
123 BGHZ 51, 141, 145; MüKo/*Schramm*, § 166 Rn 10; Palandt/*Heinrichs*, § 166 Rn 3.
124 BGHZ 51, 141, 146; MüKo/*Schramm*, § 166 Rn 54; Soergel/*Leptien*, § 166 Rn 33; a.A. Staudinger/*Schilken*, § 166 Rn 27.
125 MüKo/*Schramm*, § 166 Rn 11; Soergel/*Leptien*, § 166 Rn 25.
126 MüKo/*Schramm*, § 166 Rn 11; Staudinger/*Schilken*, § 166 Rn 25.
127 RGZ 101, 97; BGHZ 20, 36, 38; NJW-RR 1987, 59, 60; *Flume*, BGB AT Bd. 2, § 46, 3 u. 52, 5d; Soergel/*Leptien*, § 166 Rn 25; Bamberger/Roth/*Habermeier*, § 166 Rn 10.
128 *Flume*, BGB AT Bd. 2, § 46, 3; § 52, 5d; Staudinger/*Schilken*, § 166 Rn 14, 24; MüKo/*Schramm*, § 166 Rn 11; Soergel/*Leptien*, § 166 Rn 25; Bamberger/Roth/*Habermeier*, § 166 Rn 10.
129 RGZ 81, 433, 436; MüKo/*Schramm*, § 166 Rn 11; Soergel/*Leptien*, § 166 Rn 25.
130 *Flume*, BGB AT Bd. 2, § 52, 5d.
131 *Flume*, BGB AT Bd. 2, § 46, 3; § 52, 5d; MüKo/*Schramm*, § 166 Rn 11; Soergel/*Leptien*, § 166 Rn 25; Staudinger/*Schilken*, § 166 Rn 24.
132 RGZ 68, 374, 376; 128, 116, 120; 131, 434, 357; 161, 153, 166; BAGE 10, 176.
133 MüKo/*Schramm*, § 166 Rn 13.
134 *Flume*, BGB AT Bd. 2, § 47, 3a; MüKo/*Schramm*, § 166 Rn 12.
135 MüKo/*Schramm*, § 166 Rn 12.
136 RGZ 135, 219.
137 RGZ 100, 246; RG HRR 1928 Nr. 589; BGH LM Nr. 8 zu § 166, NJW 1992, 899.
138 BGH NJW 1989, 2879, 2880; Palandt/*Heinrichs*, § 166 Rn 4. MüKo/*Schramm*, § 166 Rn 39, will

einen Dritten (§ 123 Abs. 2 S. 1), vom Erlöschen (§§ 169, 173) und vom **Missbrauch der Vertretungsmacht**. Bei einer Leistung auf fremde Schuld (§ 267 Abs. 1) kommt es auf das Leistungsbewusstsein des Bevollmächtigten an.[139] Weitere Anwendungsfälle bilden die Haftung wegen eines anfänglichen Leistungshindernisses (§ 311a Abs. 2 S. 2[140]) und wegen eines Mangels der Kaufsache (§ 442 Abs. 1[141]), die Forderungsabtretung (§§ 405–408[142]), die **subjektiven Merkmale eines Verbotsgesetzes**,[143] die Leistung an den Schuldner nach Insolvenzeröffnung (§ 82 InsO[144]), die Insolvenzanfechtung (§§ 129 ff. InsO[145]) sowie die Publizität des Handelsregisters (§ 15 HGB).[146] Auch für die Kenntnis des Mangels des rechtlichen Grundes gem. § 819 Abs. 1 ist Abs. 1 heranzuziehen;[147] hierbei kann nach § 142 Abs. 2 bereits die Kenntnis des zum Wegfall des Kausalgeschäfts führenden Anfechtungsgrunds genügen.[148] Die Kenntnis des **In-sich-Vertreters** ist beiden Seiten zuzurechnen.[149]

26 **bb) Gutgläubiger Erwerb.** Zu den wichtigsten Anwendungsfällen zählen die Vorschriften über den **gutgläubigen Erwerb** (§§ 892 ff., 932 ff., 1032, 1138, 1155, 1207 ff., 1244; § 366 HGB). Unproblematisch sind die Fälle, in denen sich der **Erwerb rein rechtsgeschäftlich** vollzieht (§§ 929 S. 2, 932 Abs. 1 S. 2, 931, 934 Alt. 1). Dort ist nach Abs. 1 allein auf den guten Glauben des Vertreters abzustellen.[150] Bei Erwerbstatbeständen, bei denen **Rechtsgeschäft und Realakt miteinander kombiniert** sind, ist dagegen zu unterscheiden: Hat der Vertreter den **gesamten** Erwerbstatbestand erfüllt, kommt es auch hier allein auf seinen guten Glauben an. Die Reihenfolge von Einigung und Realakt ist dabei gleichgültig.[151] War der Vertreter bösgläubig, scheidet gutgläubiger Erwerb daher auch dann aus, wenn der Vertretene gutgläubig war.[152] Im umgekehrten Fall ist gutgläubiger Erwerb dagegen grundsätzlich möglich. Jedoch schadet dem Vertretenen seine Bösgläubigkeit dann, wenn der Erwerbstatbestand **geteilt** und nach der Einigung mit dem gutgläubigen Vertreter die Übergabe an den Vertretenen oder an dessen Besitzmittler oder Besitzdiener (auf deren Bösgläubigkeit es nicht ankommt[153]) erfolgt ist.[154]

27 **cc) Entsprechende Anwendung des Abs. 1.** Bisweilen ist die Kenntnis oder das Kennenmüssen nicht bedeutsam für die unmittelbaren Folgen einer Willenserklärung, sondern nur für den Eintritt anderer, im Zusammenhang mit der Abgabe oder dem Empfang von Willenserklärungen oder geschäftsähnlichen Handlungen stehender Rechtsfolgen.[155] In diesen Fällen kommt eine **entsprechende Anwendung** von Abs. 1 in Betracht. So handelt es sich beim Ausschluss des Schadensersatzanspruchs bei Kenntnis oder Kennenmüssen der Anfechtbarkeit der Willenserklärung (§ 122 Abs. 2) um keine unmittelbare Folge der anfechtbaren Willenserklärung. Der vertretene Anfechtungsgegner muss sich die zum Anspruchsausschluss führende Kenntnis seines Vertreters jedoch analog Abs. 1 zurechnen lassen.[156] Auch beim **kaufmännischen Bestätigungsschreiben** kommt eine analoge Anwendung des Abs. 1 in Betracht.[157] Im Falle einer schädigenden Handlung muss sich der Schädiger die Kenntnis seines Vertreters von der Gefahr eines ungewöhnlich hohen Schadens analog Abs. 1 zurechnen lassen mit der Folge, dass die Warnpflicht des Geschädigten nach § 254 Abs. 2 S. 1 entfällt.[158] Auch auf die Abnahme nach § 640 Abs. 1, bei der es sich um keine Willenserklärung,

in den Fällen des § 121 Abs. 1 S. 1, § 124 Abs. 2 S. 1 und des § 142 Abs. 2 auf den Vertreter nur dann abstellen, wenn sich seine Vertretungsmacht auch auf die Anfechtung der von ihm abgegebenen Willenserklärung erstreckt.
139 RG SeuffA 86 Nr. 178; Soergel/*Leptien*, § 166 Rn 13.
140 Soergel/*Leptien*, § 166 Rn 13 (zu § 307 a.F.).
141 RGZ 101, 64, 73; 131, 343, 355; BGH NJW 2000, 1405, 1406 (zu § 460 a.F.); Palandt/*Heinrichs*, § 166 Rn 4. Dies gilt auch, wenn ein Notar als Vertreter gehandelt hat: BGH DNotZ 1969, 284. *Schmidt*, Obliegenheiten, 1953, S. 184 f., will hingegen § 278 analog anwenden. Dagegen *Richardi*, AcP 169 (1969), 390; MüKo/*Schramm*, § 166 Rn 41.
142 Vgl. BGHZ 140, 54 = NJW 1999, 284, 286.
143 BayObLG, NJW 1993, 1143, 1133.
144 BGH NJW 1999, 284, 286 (zu § 8 Abs. 3 KO a.F.).
145 BGH DB 1985, 649; WM 1991, 152, 155 (zu § 30 KO a.F.).
146 Zu Vorst. (sofern nicht gesondert vermerkt) MüKo/*Schramm*, § 166 Rn 38; Soergel/*Leptien*, § 166 Rn 12 f.; Erman/*Palm*, § 166 Rn 5.
147 RGZ 79, 285, 287; BGHZ 83, 293, 295 = NJW 1992, 881; BGH WM 1962, 609, 610; MDR 1977, 388;
NJW 1981, 993, 994; krit. *Wilhelm*, AcP 183 (1983), 1, 28 ff.
148 Staudinger/*Schilken*, § 166 Rn 20; MüKo/*Schramm*, § 166 Rn 39.
149 BGHZ 94, 232, 237 = NJW 1985, 2407; Erman/*Palm*, § 166 Rn 5; Palandt/*Heinrichs*, § 166 Rn 4.
150 Staudinger/*Schilken*, § 166 Rn 8.
151 MüKo/*Schramm*, § 166 Rn 40.
152 RG WarnR 1934 Nr. 157; BGHZ 32, 53, 59; Soergel/*Leptien*, § 166 Rn 12.
153 A.A. Staudinger/*Schilken*, § 166 Rn 8: Die Bösgläubigkeit des Besitzgehilfen schade, wenn ihm hinsichtlich der Eigentumslage eine eigenständige Prüfungskompetenz übertragen worden ist.
154 RGZ 137, 23, 28; MüKo/*Schramm*, § 166 Rn 40; Soergel/*Leptien*, § 166 Rn 12; Erman/*Palm*, § 166 Rn 5.
155 MüKo/*Schramm*, § 166 Rn 42; Soergel/*Leptien*, § 166 Rn 3.
156 Soergel/*Leptien*, § 166 Rn 14; MüKo/*Schramm*, § 166 Rn 43.
157 BGHZ 40, 42, 46 f. = NJW 1963, 1922; Soergel/*Leptien*, § 166 Rn 14; MüKo/*Schramm*, § 166 Rn 48.
158 Erman/*Palm*, § 166 Rn 9; Soergel/*Leptien*, § 166 Rn 14.

sondern um eine geschäftsähnliche Handlung handelt, findet Abs. 1 entsprechende Anwendung,[159] ebenso im Bereicherungsrecht (**§ 814**,[160] **§ 817**,[161] **§ 819**[162]).[163] Beim Grenzüberbau (**§ 912**) hat die Rechtsprechung Vorsatz und grobe Fahrlässigkeit des bauleitenden Architekten dem Grundstückseigentümer analog Abs. 1 zugerechnet. Für den Bauunternehmer, den Polier und seine Gehilfen soll dies hingegen nicht gelten, da sie nicht Repräsentanten, sondern eher Widerpart des Grundstückseigentümers seien.[164] Diese Rechtsprechung ist im Schrifttum auf Widerspruch gestoßen, weil es nicht um Wissens-, sondern um Verschuldenszurechnung gehe, und daher der Anwendungsbereich des Abs. 1 überdehnt werde.[165] So ist denn stattdessen teils auf § 278 (nachbarrechtliches Gemeinschaftsverhältnis), teils unter Berufung auf den Deliktscharakter des § 912 auf § 831 abgestellt worden.[166] Abs. 1 gilt auch für **prozessuale Willenserklärungen**.[167] Entsprechend ist Abs. 1 schließlich anzuwenden bei der Gläubigeranfechtung in der Insolvenz auf die Kenntnis des Vertreters oder eines ihm Gleichgestellten[168] von der Krise und der Begünstigungs- und Benachteiligungsabsicht des Schuldners (**§ 3 AnfG, §§ 131, 133 InsO**).[169] Zur entsprechenden Anwendbarkeit des Abs. 1 auf den **bösgläubigen Besitzdiener bei § 990** siehe bereits Rn 18.

dd) Verjährung. Die regelmäßige Verjährung beginnt mit dem Schluss des Jahres, in dem der Anspruch entstanden ist und der Gläubiger von den anspruchsbegründenden Umständen und der Person des Schuldners Kenntnis erlangt oder ohne grobe Fahrlässigkeit erlangen müsste (§ 199 Abs. 1). Dabei steht die Kenntnis eines **Wissensvertreters** (siehe Rn 10), dem die Tatsachenermittlung zur Aufklärung oder Durchsetzung eines Anspruchs übertragen worden ist, analog Abs. 1 der Kenntnis des Gläubigers gleich.[170] Bei **deliktischen Schadensersatzansprüchen** (§§ 823 ff.), die einen gänzlich außerrechtsgeschäftlichen Bereich betreffen,[171] ist zu differenzieren: Nur bei **gesetzlicher** und **organschaftlicher Vertretung** kommt es für den Verjährungsbeginn in entsprechender Anwendung von Abs. 1 auf die Kenntnis des Vertreters an.[172] Dagegen kommt es für den Verjährungsbeginn grundsätzlich nicht auf die Kenntnis des **gewillkürten Vertreters**, sondern auf die des Geschädigten an.[173] Etwas anderes gilt nur dann, wenn der Geschädigte einen Dritten, insbesondere einen Rechtsanwalt,[174] mit der Sachverhaltsaufklärung beauftragt und dergestalt zu seinem Wissensvertreter bestellt hat: In diesem Fall muss sich der Geschädigte der Kenntnisse des Vertreters auch dann zurechnen lassen, wenn sie nicht an ihn weitergeleitet worden sind; eine Berufung auf die eigene Unkenntnis wäre treuwidrig.[175] Eine Wissenszusammenrechnung (siehe Rn 9) hat die Rechtsprechung im Verjährungsrecht bisher abgelehnt.[176] Daran kann nicht uneingeschränkt festgehalten werden, da innerhalb einer arbeitsteiligen Arbeitsorganisation (Unternehmen, Behörde) für verjährungsrelevante Tatsachen eine aktenmäßige Erfassung und ein Informationsaustausch organisiert werden müssen, so dass, wenn dies nicht geschieht, § 199 Abs. 1 Nr. 2 wegen grober Fahrlässigkeit anwendbar sein kann.[177]

---

159 Soergel/*Leptien*, § 166 Rn 15.
160 BGHZ 73, 202, 205 = NJW 1979, 763.
161 Soergel/*Leptien*, § 166 Rn 15.
162 RGZ 79, 285, 287; BGH DB 1962, 601; MDR 1977, 388; NJW 1982, 1585; OLG Hamm WM 1985, 1290; OLG Karlsruhe ZIP 1995, 1748; krit. *Wilhelm*, AcP 183 (1983), 1, 28 ff.
163 Vgl. näher Soergel/*Leptien*, § 166 Rn 15.
164 BGHZ 42, 63, 68; BGH NJW 1977, 375; WM 1979, 644, 645; zust. Staudinger/*Schilken*, § 166 Rn 21; vgl. auch BayObLGE 79, 19, 23.
165 MüKo/*Schramm*, § 166 Rn 47.
166 Vgl. Soergel/*Leptien*, § 166 Rn 16.
167 RGZ 146, 348, 353; Soergel/*Leptien*, § 166 Rn 7; Erman/*Palm*, § 166 Rn 9; vgl. auch Staudinger/*Schilken*, § 166 Rn 29.
168 Vgl. hierzu BGHZ 41, 17, 21 (als Beobachter in die Geschäftsleitung entsandter Vertrauensmann: ja); BGHZ 55, 307, 311 (Treuhänder des Schuldners: nein).
169 BGHZ 22, 128, 134; 38, 65, 66; 41, 17, 21; BGH WM 1991, 152, 153; MüKo/*Schramm*, § 166 Rn 44; einschr. Soergel/*Leptien*, § 166 Rn 15.
170 BGH NJW 1989, 2323; NJW 1994, 1150, 1151; Palandt/*Heinrichs*, § 199 Rn 23.
171 Vgl. Soergel/*Leptien*, § 166 Rn 15.
172 BGH VersR 1963, 161 f.; NJW 1989, 2323; MüKo/*Schramm*, § 166 Rn 50; Soergel/*Leptien*, § 166 Rn 15. Diese Fundstellen betreffen § 852 a.F. Es bestehen jedoch keine Bedenken, diese Aussage auch auf die Neuregelung des Beginns der Verjährung deliktischer Schadensersatzansprüche nach der Schuldrechtsreform zu übertragen.
173 BGH VersR 1955, 233, 234; MüKo/*Schramm*, § 166 Rn 50; Soergel/*Leptien*, § 166 Rn 15.
174 BGH NJW-RR 1992, 282, 283; NJW 1992, 3034; NJW-RR 1994, 806, 807; MüKo/*Schramm*, § 166 Rn 50.
175 BGH NJW 1968, 988; 1985, 2583; 1994, 1150; MüKo/*Schramm*, § 166 Rn 50; Soergel/*Leptien*, § 166 Rn 15; Staudinger/*Schilken*, § 166 Rn 21.
176 BGHZ 133, 129, 139 = NJW 1996, 2508.
177 Palandt/*Heinrichs*, § 199 Rn 24.

II. Vertreter handelt nach Weisungen (Abs. 2)

29 **1. Persönlicher Anwendungsbereich. a) Bevollmächtigter.** Seinem eindeutigen Wortlaut nach ist Abs. 2 nur auf die Fälle einer **rechtsgeschäftlich erteilten Vertretungsmacht (Vollmacht)** anwendbar. Darunter fällt auch die Untervollmacht, wenn der Unterbevollmächtigte nach den Weisungen des Hauptbevollmächtigten handelt.[178] Auf die gesetzliche Vertretung kann Abs. 2 grundsätzlich nicht angewandt werden.[179] Der Grund für die Herausnahme der gesetzlichen Vertretung aus dem Anwendungsbereich des Abs. 2 liegt darin, dass von dem kraft Gesetzes Vertretenen keine bestimmten Weisungen erteilt werden können[180] und daher der Gesetzeszweck, zu verhindern, dass ein bösgläubiger Vertretener einen arglosen Vertreter vorschiebt, nicht einschlägig ist.

30 **b) Gesetzlicher Vertreter.** Es ist jedoch eine **entsprechende Anwendung** des Abs. 2 auf solche gesetzlichen Vertreter anerkannt, deren Stellung im konkreten Fall der eines weisungsgebundenen Bevollmächtigten gleicht.[181] Dies ist angenommen worden für den nach Weisung handelnden **Betreuer**, wenn der bösgläubige Betreute voll geschäftsfähig ist.[182] Der BGH hat Abs. 2 analog auf den Fall angewandt, dass der von der Vertretung seines minderjährigen Kindes nach §§ 1629 Abs. 2, 1795 Abs. 2 ausgeschlossene Vater zur Vornahme einer Grundstücksveräußerung an das Kind einen gutgläubigen **Ergänzungspfleger** bestellt, der das Geschäft in Unkenntnis der Gläubigerbenachteiligungsabsicht des Vaters (§ 3 Abs. 1 Nr. 1 AnfG) mit dem Kind abschließt.[183]

31 Eine entsprechende Anwendung des Abs. 2 wird auch befürwortet, wenn der wissende Ehemann seine gutgläubige Ehefrau veranlasst, kraft ihrer **Schlüsselgewalt** (§ 1357) eine unterschlagene Sache zu erwerben.[184] Das Gleiche gilt, wenn ein bösgläubiger **vertretungsberechtigter Gesellschafter** einen anderen Gesellschafter zum Abschluss eines bestimmten Geschäfts bringt.[185]

32 Auf **geschäftsunfähige** oder nur **beschränkt geschäftsfähige Vertretene** ist Abs. 2 dagegen wegen des vorrangigen Schutzzwecks der §§ 104 ff. grundsätzlich nicht entsprechend anwendbar,[186] so z.B., wenn ein bösgläubiger Minderjähriger seine arglosen Eltern dazu bestimmt, eine bestimmte Sache von einem Nichteigentümer zu erwerben. Etwas anderes gilt jedoch für einen beschränkt Geschäftsfähigen (§ 106), welcher das Geschäft auch selbst hätte vornehmen können, weil es für ihn rechtlich lediglich vorteilhaft ist (§ 107, z.B. Eigentumserwerb) und der eine zur Erkenntnis seiner Verantwortlichkeit ausreichende Einsichtsfähigkeit besitzt (§ 828 Abs. 3).[187] Im umgekehrten Fall, dass die Eltern ihr Kind veranlassen, im Rahmen von § 107 selbst wirksam zu handeln, soll Abs. 2 hingegen in jedem Fall ausgeschlossen bleiben.[188] Keine Anwendung findet Abs. 2 auch auf die **Ermächtigung** (siehe hierzu § 164 Rn 28) und auf die **Zustimmung** zu rechtsgeschäftlichem Handeln, da der Dritte hier im eigenen Namen auftritt[189] und es daher nur auf seine Kenntnis bzw. sein Kennenmüssen ankommt.[190]

33 Nicht anzuwenden ist Abs. 2 schließlich auf die **organschaftliche Vertretung juristischer Personen**.[191] Darüber besteht weitgehend Einigkeit.[192] Zur Begründung wird teils darauf verwiesen, dass das Wissen(müssen) der Organe juristischer Personen das der juristischen Person selbst sei (Organtheorie),[193] teils auf den Rechtsgedanken des § 28 Abs. 2, wonach die Wertung gerechtfertigt sei, das Wissen(müssen) solcher Organe dem der juristischen Person gleichzusetzen.[194]

---

178 RG Gruchot 58, 907; Palandt/*Heinrichs*, § 166 Rn 10; Bamberger/Roth/*Habermeier*, § 166 Rn 23.
179 BGHZ 38, 65, 67; Soergel/*Leptien*, § 166 Rn 32.
180 MüKo/*Schramm*, § 166 Rn 52; Soergel/*Leptien*, § 166 Rn 32.
181 Vgl. BGHZ 38, 65, 67; *Flume*, BGB AT Bd. 2, § 52, 6; Staudinger/*Schilken*, § 166 Rn 30; Soergel/*Leptien*, § 166 Rn 32; Erman/*Palm*, § 166 Rn 17.
182 Staudinger/*Schilken*, § 166 Rn 30; MüKo/*Schramm*, § 166 Rn 52; Soergel/*Leptien*, § 166 Rn 32; a.A. *Paulus*, in: FS Michaelis 1972, S. 215, 223 ff.
183 BGHZ 38, 65, 70; zust. *Larenz/Wolf*, BGB AT, § 46 Rn 113 f.; Erman/*Palm*, § 166 Rn 17; MüKo/*Schramm*, § 166 Rn 52; Bamberger/Roth/*Habermeier*, § 166 Rn 24; abl. *Müller-Freienfels*, Die Vertretung beim Rechtsgeschäft, 1955, S. 392 ff.; *Paulus*, in: FS Michaelis 1972, S. 215, 223 ff.
184 *Weimar*, JR 1976, 318, 320; Soergel/*Leptien*, § 166 Rn 32; Palandt/*Heinrichs*, § 166 Rn 10.
185 MüKo/*Schramm*, § 166 Rn 52.
186 Staudinger/*Schilken*, § 166 Rn 30; MüKo/*Schramm*, § 166 Rn 52; Erman/*Palm*, § 166 Rn 17.
187 MüKo/*Schramm*, § 166 Rn 52; Soergel/*Leptien*, § 166 Rn 32.
188 BGHZ 94, 232, 239 = NJW 1985, 2407; *Larenz/Wolf*, BGB AT, § 46 Rn 114; Soergel/*Leptien*, § 166 Rn 32; anders (analog § 166 Abs. 1) Staudinger/*Schilken*, § 166 Rn 30.
189 RGZ 53, 274, 275.
190 *Thiele*, Die Zustimmungen in der Lehre vom Rechtsgeschäft, 1966, S. 160; Staudinger/*Schilken*, § 166 Rn 31.
191 Dafür jedoch *Schultz*, NJW 1996, 1393.
192 Eine ausdrückliche gesetzliche Regelung dieser Zurechnung verlangt dagegen *Waltermann*, AcP 192 (1992), 181, 216 ff. Auf eine Wissenszurechnung nach Maßgabe des § 166 stellen *Baumann*, ZGR 1973, 284 ff., und *Tintelnot*, JZ 1987, 785, 799 f., ab.
193 RG JW 1935, 2044; BGHZ 20, 149, 153; 41, 282, 287 = NJW 1964, 1367; BGHZ 109, 327, 331 = NJW 1990, 975; Soergel/*Leptien*, § 166 Rn 32.
194 Staudinger/*Schilken*, § 166 Rn 31.

2. Sachlicher Anwendungsbereich. a) Bestimmte Weisungen des Vertretenen.
Abs. 2 setzt voraus, dass der Vertreter nach bestimmten Weisungen des Vertretenen gehandelt hat. Der Begriff der bestimmten Weisungen ist **weit auszulegen**.[195] Es genügt, wenn sich die Weisungen nicht als Beschränkung der Vertretungsmacht darstellen, sondern sich in Form von Ausführungsanordnungen aus dem Innenverhältnis von Vertretenem und Vertreter ergeben.[196] Die Weisung braucht sich auch nicht auf gerade denjenigen Umstand zu beziehen, dessen Kenntnis oder Kennenmüssen infrage steht,[197] ebenso wenig auf die Vornahme eines bestimmten Geschäfts.[198] Sie muss auch nicht bereits Gegenstand der Bevollmächtigung sein.[199] Es reicht aus, wenn der Vertreter im Rahmen der ihm erteilten Vollmacht ein Geschäft tätigt, zu dessen Vornahme ihn der Vollmachtgeber gezielt veranlasst hat.[200] Gleichzustellen ist der Fall, dass der Vertretene pflichtwidrig Weisungen unterlässt bzw. vorhandene Informationen nicht weitergibt.[201]

Abs. 2 ist bereits dann anwendbar, wenn der Vertretene vom Vorhaben des Vertreters Kenntnis hat und dieses **nicht verhindert**, obwohl ihm dies möglich wäre.[202] Dies gilt vor allem in dem Fall, in dem der Vertreter das Geschäft in Gegenwart des Vertretenen tätigt und dieser trotz Wahrnehmung nicht einschreitet.[203] Es reicht aus, wenn der Vertretene erst nach Erteilung der Weisung Kenntnis erhält oder hätte haben müssen, der Rechtsakt zu diesem Zeitpunkt noch nicht vollzogen und daher der Vertretene in der Lage ist, durch zumutbare Maßnahmen auf den weisungsgebundenen Vertreter Einfluss zu nehmen.[204] Maßgebend ist insoweit die tatsächliche Hinderungsmöglichkeit.[205] Nicht dagegen muss der Vertretene vorsorglich gegen alle Handlungen vorgehen, mit denen nur allgemein zu rechnen ist und die sich nicht bereits konkret abzeichnen. Liegen keine konkreten Weisungen vor und hält der Vertretene den künftigen Abschluss eines bestimmten Geschäfts lediglich für möglich, findet Abs. 2 daher keine Anwendung.[206] So kann bei Generalbevollmächtigten oder Prokuristen nicht pauschal aufgrund ihrer umfassenden Vertretungsmacht angenommen werden, sie handelten in deren Rahmen jeweils nach bestimmten Weisungen des Geschäftsherrn.[207] Ein gutgläubiger Generalbevollmächtigter kann daher für einen bösgläubigen Vollmachtgeber Eigentum erwerben.[208] Die Weisung muss dem Vertreter nicht unmittelbar vom Vertretenen, sondern kann ihm auch von einem ihm im Rahmen einer **Unterbevollmächtigung** übergeordneten Vertreter erteilt sein. In diesem Fall kommt es auch auf die Kenntnis oder das Kennenmüssen des Hauptbevollmächtigten an.[209]

b) Genehmigung einer vollmachtlosen Vertretung, § 177.
Seinem Wortlaut nach gilt Abs. 2 nur bei rechtsgeschäftlich erteilter Vertretungsmacht (Vollmacht). Abs. 2 findet jedoch **entsprechende Anwendung**, wenn der Vertretene gem. § 177 eine vollmachtlose Vertretung genehmigt.[210] An die Stelle der Vollmachtserteilung mit bestimmten Weisungen tritt die in der Genehmigung liegende unmittelbare Beteiligung des Vertretenen am Abschlusstatbestand.[211] Durch die Genehmigung billigt der Vertretene die Interessenbewertung des Vertreters und nimmt sie in seinen Willen auf.[212] Das Geschäft beruht daher nicht nur auf der Entschließung des Vertreters, sondern auch auf der des Vertretenen, was eine entsprechende Anwendung des

---

195 RG Recht 1921, 2251; RGZ 131, 343, 356; 161, 153, 161; BGHZ 38, 65, 68; 50, 364, 368; BGH BB 1965, 435; *Flume*, BGB AT Bd. 2, § 52, 6; Staudinger/*Schilken*, § 166 Rn 32; MüKo/*Schramm*, § 166 Rn 53; Soergel/*Leptien*, § 166 Rn 29; Erman/*Palm*, § 166 Rn 16; Bamberger/Roth/*Habermeier*, § 166 Rn 25.
196 Staudinger/*Schilken*, § 166 Rn 33.
197 Staudinger/*Schilken*, § 166 Rn 33.
198 RG JW 1916, 316, 318; SeuffA 76 Nr. 175; SeuffA 82 Nr. 41; BGHZ 38, 65, 68; 50, 364, 368; BGH BB 1965, 435; BAG NJW 1997, 1940, 1941; Staudinger/*Schilken*, § 166 Rn 33; MüKo/*Schramm*, § 166 Rn 53; Soergel/*Leptien*, § 166 Rn 29; Erman/*Palm*, § 166 Rn 16.
199 MüKo/*Schramm*, § 166 Rn 53; Soergel/*Leptien*, § 166 Rn 29.
200 RG JW 1916, 316, 318; RGZ 68, 374, 377; 161, 153, 161; BGHZ 38, 65, 68; 50, 364, 368; BAG NJW 1997, 1940, 1941; BayObLG NJW-RR 1989, 907, 910; *Flume*, BGB AT Bd. 2, § 52, 6; Staudinger/*Leptien*, § 166 Rn 33; MüKo/*Schramm*, § 166 Rn 53; Soergel/*Leptien*, § 166 Rn 29; Erman/*Palm*, § 166 Rn 16.
201 Erman/*Palm*, § 166 Rn 16.
202 BGHZ 50, 364, 368; BGH BB 1968, 1402; BayObLG NJW-RR 1989, 907, 910; *Flume*, BGB AT Bd. 2, § 52, 6; MüKo/*Schramm*, § 166 Rn 53; Soergel/*Leptien*, § 166 Rn 29; Bamberger/Roth/*Habermeier*, § 166 Rn 25.
203 BGHZ 51, 141, 145; Staudinger/*Leptien*, § 166 Rn 33; MüKo/*Schramm*, § 166 Rn 53; Soergel/*Leptien*, § 166 Rn 29; Erman/*Palm*, § 166 Rn 16.
204 BGHZ 38, 65, 67; 50, 364, 368; 51, 141, 145; Erman/*Palm*, § 166 Rn 16; Soergel/*Leptien*, § 166 Rn 31.
205 Staudinger/*Schilken*, § 166 Rn 26; Soergel/*Leptien*, § 166 Rn 31.
206 MüKo/*Schramm*, § 166 Rn 53; Soergel/*Leptien*, § 166 Rn 29.
207 Soergel/*Leptien*, § 166 Rn 29.
208 Staudinger/*Leptien*, § 166 Rn 34; MüKo/*Schramm*, § 166 Rn 53.
209 RG Gruchot 58, 907, 909; WarnR 1932, Nr. 135; Staudinger/*Schilken*, § 166 Rn 34; MüKo/*Schramm*, § 166 Rn 53; Soergel/*Leptien*, § 166 Rn 29.
210 RGZ 68, 374, 377; 128, 116, 120; 161, 153, 161 ff.; BGH BB 1965, 435.
211 Staudinger/*Schilken*, § 166 Rn 28; MüKo/*Schramm*, § 166 Rn 51; Soergel/*Leptien*, § 166 Rn 30; Palandt/*Heinrichs*, § 166 Rn 10.
212 MüKo/*Schramm*, § 166 Rn 51.

Abs. 2 neben Abs. 1 rechtfertigt.[213] Für die Kenntnis oder das Kennenmüssen des Vertretenen kommt es auf den Zeitpunkt der Genehmigung an.[214]

37 **3. Ausdehnung auf Willensmängel.** Nach seinem Wortlaut und nach der ursprünglichen gesetzgeberischen Intention (Repräsentationstheorie, Abstraktionsprinzip) bezieht sich Abs. 2 nur auf die Kenntnis und das Kennenmüssen, nicht aber auf etwaige Willensmängel des Weisung oder Spezialvollmacht erteilenden Vertretenen. Der Willensmangel des Vertretenen kann sich daher grundsätzlich allenfalls mittelbar auf das Vertretergeschäft auswirken, indem er den Vertretenen zur **Anfechtung der Bevollmächtigung** berechtigt (siehe § 167 Rn 21 ff.) und so zur vollmachtlosen Vertretung führt.[215] Gleichwohl befindet sich die Ansicht im Vordringen, wonach ein Willensmangel des Vollmachtgebers diesen auch zur **Anfechtung des Vertretergeschäfts** berechtigt, wenn er sich über eine an den Vertreter erteilte Weisung auf das Vertretergeschäft auswirkt.[216] Denn in diesem Fall vollzieht der Vertreter tatsächlich nur den Willen des Vertretenen, mag auch der von Willensmängeln freie Vertreter rechtlich eine eigene Willenserklärung abgeben.[217] Dem ist jedenfalls für den Fall zu folgen, dass der Geschäftspartner den Vertretenen durch arglistige **Täuschung** oder widerrechtlich durch **Drohung** (§ 123) zu einer das Vertretergeschäft beeinflussenden Weisung an den Vertreter bestimmt hat, da der Geschäftspartner nicht schutzwürdig ist.[218] Auch auf den Fall vorübergehender Geistesstörung des weisungserteilenden Vertretenen ist Abs. 2 entsprechend angewandt worden.[219]

38 Nicht zu folgen ist dagegen der Ansicht, welche Abs. 2 pauschal auf **alle Willensmängel** ausdehnen will,[220] da hierdurch die gegen den Vertretenen gerichtete Stoßrichtung des Abs. 2 und das Abstraktionsprinzip mit seiner Verkehrsschutzfunktion in unzulässiger Weise ausgehöhlt werden.[221] Es sind jedoch Fallgestaltungen denkbar, in denen mangels Schutzwürdigkeit des Geschäftspartners auch hier eine analoge Anwendung des Abs. 2 in Betracht kommt, so etwa, wenn die Weisungen des Vertretenen eindeutig **Inhalt oder Geschäftsgrundlage des Vertretergeschäfts** geworden sind.[222] Fehlt es hingegen an einer Weisung und will sich der Vertretene aus anderen Gründen (z.B. wegen eines Irrtums über die Person oder Eigenschaften des Vertreters) von dem Geschäft lösen, scheidet eine analoge Anwendung des Abs. 2 aus; insoweit kommt es nach Abs. 1 allein auf die Willensmängel des Vertreters an.[223]

C. Weitere praktische Hinweise

I. Darlegungs- und Beweislast

39 Für die Absätze des § 166 gelten die allgemeinen Beweisregeln. Danach trägt der Anspruchssteller die Beweislast für die rechtsbegründenden, der Anspruchsgegner für die rechtsvernichtenden und rechtshemmenden Tatbestandsmerkmale.[224]

40 Der sich auf Abs. 1 berufende Geschäftsgegner muss demnach die Kenntnis des Vertreters darlegen und im Bestreitensfall beweisen. Stützt der Vertragspartner des Vertretenen sich auf Abs. 2, trifft ihn die Darlegungs- und Beweislast für die Weisungsgebundenheit des Vertreters wie auch für die Kenntnis des Vollmachtgebers.

II. Gestaltungshinweise

41 Bei **beurkundungsbedürftigen Verträgen** findet keine Zurechnung des Wissens von Hilfspersonen statt (siehe bereits Rn 13). Auch bei Verträgen, die nicht der notariellen Beurkundung unterliegen, kann eine Wissenszurechnung gem. Abs. 1 grundsätzlich **durch** eine entsprechende **individuelle Abrede ausgeschlossen** werden.[225]

42 Erklärt der Vertretene unmissverständlich, dass Gegenstand des Vertrages nur die von ihm persönlich abgegebenen Erklärungen über Tatsachen und Zusagen seien, und erklärt sich der Vertragspartner hiermit

---

213 MüKo/*Schramm*, § 166 Rn 51.
214 RGZ 68, 374, 377; 161, 153, 162; BGH BB 1965, 435; *Flume*, BGB AT Bd. 2, § 52, 6; Staudinger/*Schilken*, § 166 Rn 28.
215 Soergel/*Leptien*, § 166 Rn 33.
216 *Larenz/Wolf*, BGB AT, § 46 Rn 112; Palandt/*Heinrichs*, § 166 Rn 12; offen lassend: BGHZ 144, 223, 230 = NJW 2000, 2268, 2269; abl. *Flume*, BGB AT Bd. 2, § 52 f.; Staudinger/*Schilken*, § 166 Rn 27.
217 MüKo/*Schramm*, § 166 Rn 54.
218 BGHZ 51, 141, 147 = NJW 1969, 925; *Larenz/Wolf*, BGB AT, § 46 Rn 112; *Medicus*, BGB AT, Rn 902; MüKo/*Schramm*, § 166 Rn 54; Soergel/*Leptien*, § 166 Rn 33.

219 OLG Braunschweig, OLGZ 75, 441.
220 So *Müller-Freienfels*, Die Vertretung beim Rechtsgeschäft, 1955, S. 402 ff.; *Medicus*, BGB AT, Rn 902; MüKo/*Schramm*, § 166 Rn 54.
221 Soergel/*Leptien*, § 166 Rn 33.
222 RGRK/*Steffen*, § 166 Rn 22; Soergel/*Leptien*, § 166 Rn 33.
223 Erman/*Palm*, § 166 Rn 18.
224 Vgl. BGB E I § 193; BGH NJW 91, 1052; 1999, 353; Musielak/*Foerstle*, ZPO, § 286 Rn 35; Zöller/*Greger*, ZPO, vor § 284 Rn 17a.
225 BGH NJW 1995, 2550; KG WM 1996, 362; OLG Köln NJW-RR 1996, 411.

einverstanden, können sorgfaltswidrig erteilte Fehlinformationen des Vertreters i.S.v. Abs. 1 grds. nicht zugerechnet werden.[226]

Hingegen ist ein genereller Ausschluss der Zurechnung gem. Abs. 1 in **Allgemeinen Geschäftsbedingungen** nicht zulässig. Bedient sich eine Partei einer Hilfsperson bei den Vertragsverhandlungen, kann sie die Bewertung dieses Vorgangs und die Zurechnung des Verhaltens nicht durch entgegenstehende AGB ausschließen. Da dies neben einem Ausschluss der Haftung für grobe Fahrlässigkeit auch zu einem Ausschluss der Haftung für Vorsatz führen würde, ist eine solche Regelung auch im kaufmännischen Verkehr nach § 307 Abs. 1 unwirksam.[227] Auch dem Ausschluss der Zurechnung der Kenntnis bestimmter Tatsachen oder der Begrenzung auf bestimmte Verschuldensgrade stehen erhebliche Bedenken entgegen, da – wie bereits unter Rn 1 ausgeführt – § 166 Ausdruck allgemeiner Gerechtigkeitserwägungen ist, so dass regelmäßig ein Verstoß gegen § 307 Abs. 1, 2 Nr. 1 vorliegen wird.

43

§ 167 Erteilung der Vollmacht

(1) ¹Die Erteilung der Vollmacht erfolgt durch Erklärung gegenüber dem zu Bevollmächtigenden oder dem Dritten, dem gegenüber die Vertretung stattfinden soll.

(2) ¹Die Erklärung bedarf nicht der Form, welche für das Rechtsgeschäft bestimmt ist, auf das sich die Vollmacht bezieht.

Literatur: *Altmeppen,* Disponibilität des Rechtsscheins, 1993; *Bienert,* „Anscheinsvollmacht" und „Duldungsvollmacht" – Kritik der Rechtsprechung und ihrer Grundlagen, 1975; *Bous,* Fortbestand und Rechtsschein der Untervollmacht trotz Wegfall der Hauptvollmacht, RNotZ 2004, (im Erscheinen); *Brox,* Die Anfechtung bei der Stellvertretung, JA 1980, 449; *Bülow,* Blankobürgschaft und Rechtsscheinzurechnung, ZIP 1996, 1694; *Canaris,* Die Vertrauenshaftung im deutschen Privatrecht, 1971; *ders.,* Die Vertrauenshaftung im Lichte der Rechtsprechung des Bundesgerichtshofs, in: 50 Jahre Bundesgerichtshof – Festgabe aus der Wissenschaft, Bd. 1, 2000, S. 129; *Chiusi,* Zur Verzichtbarkeit von Rechtsscheinwirkungen, AcP 202 (2002), 494; *v. Craushaar,* Die Vollmacht des Architekten zur Anordnung und Vergabe von Zusatzarbeiten, BauR 1982, 421; *Einsele,* Formerfordernisse bei mehraktigen Rechtsgeschäften, DNotZ 1996, 835; *dies.,* Formbedürftigkeit des Auftrags/der Vollmacht zum Abschluß eines Ehevertrags, NJW 1998, 1206; *Eujen/Frank,* Anfechtung der Bevollmächtigung nach Abschluß des Vertretergeschäfts, JZ 1973, 232; *Frey,* Rechtsnachfolge in Vollmachtnehmer- und Vollmachtgeberstellungen, 1997; *Frotz,* Verkehrsschutz im Vertretungsrecht, 1972; *Gerlach,* Die Untervollmacht, Diss. Berlin, 1966; *Grziwotz,* Vollmachten in der nichtehelichen Lebensgemeinschaft?, FPR 2001, 45; *Herresthal,* Formbedürftigkeit der Vollmacht zum Abschluss eines Verbraucherdarlehensvertrages, JuS 2002, 844; *Kanzleiter,* Formfreiheit der Vollmacht zum Abschluss eines Ehevertrags?, NJW 1999, 1612; *Keilbach,* Vorsorgeregelungen zur Wahrung der Selbstbestimmung bei Krankheit, im Alter und am Lebensende, FamRZ 2003, 969; *Keim,* Das Ende der Blankobürgschaft?, NJW 1996, 2774; *Kindl,* Rechtsscheinstatbestände und ihre rückwirkende Beseitigung, 1999; *Lieb,* Aufgedrängter Vertrauensschutz? – Überlegungen zur Möglichkeit des Verzichts auf den Rechtsscheinschutz, insbesondere bei der Anscheinsvollmacht, in: FS Hübner 1984, S. 575; *Lobinger,* Rechtsgeschäftliche Verpflichtung und autonome Bindung, 1999; *Milzer,* Die adressatengerechte Vorsorgevollmacht, NJW 2003, 1836; *Müller-Freienfels,* Die Vertretung beim Rechtsgeschäft, 1955; *Paulus/Henkel,* Rechtsschein der Prozessvollmacht, NJW 2003, 1692; *Pauly,* Zur Frage des Umfangs der Architektenvollmacht, BauR 1998, 1143; *Pawlowski,* Die gewillkürte Stellvertretung, JZ 1996, 125; *Petersen,* Die Haftung bei der Untervollmacht, Jura 1999, 401; *ders.,* Die Anfechtung der ausgeübten Innenvollmacht, AcP 201 (2001), 375; *Quack,* Die „originäre" Vollmacht des Architekten, BauR 1995, 441; *Rösler,* Formbedürftigkeit der Vollmacht, NJW 1999, 1150; *K. Schmidt,* Falsus-procurator-Haftung und Anscheinsvollmacht, in: FS Gernhuber 1993, S. 435; *Schwarze,* Die Anfechtung der ausgeübten (Innen-)Vollmacht, JZ 2004, 588; *Siebenhaar,* Vertreter des Vertreters, AcP 162 (1962), 354; *Wackerbarth,* Zur Rechtsscheinhaftung der Gesellschafter bürgerlichen Rechts am Beispiel einer Wechselverpflichtung, ZGR 1999, 365.

A. Allgemeines 1	3. Die Vollmachtserteilung als Willenserklärung 14
I. Die Begründung der Vollmacht durch Rechtsgeschäft und Rechtsscheintatbestände 1	4. Empfangsbedürftigkeit 16
II. Vollmacht, Vertretergeschäft und Innenverhältnis 3	5. Willensmängel 17
III. Rechtsnatur und -wirkung der Vollmacht .. 6	a) §§ 116–118 18
1. Vollmacht als Legitimation 6	b) §§ 119, 120 21
2. Grenzen in persönlicher, zeitlicher und sachlicher Hinsicht 7	aa) Anfechtbarkeit der betätigten Vollmacht 24
B. Regelungsgehalt 10	bb) Anfechtungsgegner 25
I. Die Erteilung der Vollmacht 10	cc) Haftung des Vertretenen nach § 122 26
1. Einordnung als Rechtsgeschäft 10	dd) Haftung des Vertreters nach
2. Vollmachtgeber und Bevollmächtigter .. 12	§ 179 27

---

226 BGH NJW 1995, 2550; KG WM 1996, 362.   227 Vgl. OLG Köln NJW-RR 1996, 411.

c) § 123	29
6. Verbots- oder Sittenwidrigkeit	31
7. AGB-Kontrolle	33
II. Die Form der Vollmacht	34
1. Der Grundsatz der Formfreiheit und seine Problematik	34
2. Gewillkürte Formbedürftigkeit der Vollmacht	35
3. Gesetzliche Formbedürftigkeit der Vollmacht – Beispiele	36
4. Teleologische Reduktion des Abs. 2 bei formbedürftigem Vertretergeschäft – Beispiele	38
5. Folgen eines Formverstoßes	43
III. Der Umfang der Vollmacht	44
1. Allgemeines	44
2. Beispiele	47
a) Bankverkehr	48
b) Bauwirtschaft	49
c) Ehe und Familie	50
d) Grundstücksgeschäfte	51
e) Handel	52
f) Rechtsangelegenheiten	53
IV. Die Gesamtvertretung	54
1. Grundlagen	54
2. Ausübung der Gesamtvertretung	56
a) Aktivvertretung	57
b) Passivvertretung	60
V. Die Untervollmacht	61
1. Grundlagen	61
2. Zulässigkeit	64
3. Außen- und Innenverhältnis	65
4. Die Untervollmacht in ihrem Verhältnis zur Hauptvollmacht	67
a) Erteilung der Untervollmacht	68
b) Fortbestand und Erlöschen der Untervollmacht	69
5. Die Anwendung der §§ 177 ff. auf Fälle fehlender oder unwirksamer Haupt- oder Untervollmacht	70
a) Genehmigung nach § 177	71
b) Haftung nach § 179	72
VI. Die Duldungs- und die Anscheinsvollmacht	74
1. Grundlagen	74
2. Anwendungsbereich	79
3. Voraussetzungen der Duldungsvollmacht nach der Rechtsprechung	81
4. Voraussetzungen der Anscheinsvollmacht nach der Rechtsprechung	82
a) Rechtsscheintatbestand	83
b) Zurechenbarkeit des Rechtsscheins ..	85
c) Kenntnis vom Rechtsscheintatbestand	87
d) Gutgläubigkeit des Geschäftsgegners .	88
e) Kausalität	89
f) Maßgeblicher Zeitpunkt und Beweislast	90
5. Wirkungen der Rechtsscheinvollmacht ..	91
a) Gleichstellung von Rechtsschein und Rechtswirklichkeit	92
b) Disponibilität	93
c) Anfechtbarkeit	94
C. Weitere praktische Hinweise	95
I. Vertragsgestaltung	95
1. Inhaltliche Gestaltung der Vollmacht ...	95
2. Form der Vollmacht	96
3. Vertragsschluss mit Bevollmächtigtem ..	97
II. Zivilprozess	98
1. Beweislast	98
2. Streitverkündung	99

A. Allgemeines

I. Die Begründung der Vollmacht durch Rechtsgeschäft und Rechtsscheintatbestände

1 Nach § 166 Abs. 2 ist die Vollmacht die **durch Rechtsgeschäft erteilte Vertretungsmacht**. Sie kann sich sowohl auf die Aktivvertretung des Vollmachtgebers (§ 164 Abs. 1) als auch auf dessen Passivvertretung (§ 164 Abs. 3) beziehen. Die Wirksamkeit eines von dem Bevollmächtigten vorgenommenen Vertretergeschäfts hängt vom Vorliegen einer wirksamen Vollmacht ab. Fehlt eine wirksame Vollmacht, richten sich die Rechtsfolgen nach den §§ 177 ff. Für die Erteilung der Vollmacht (Bevollmächtigung) hält das BGB nur wenige besondere Regeln bereit: § 167 sieht allein vor, wem gegenüber die Vollmacht erteilt werden kann (Abs. 1) und dass die Vollmacht prinzipiell nicht der für das Vertretergeschäft bestimmten Form bedarf (Abs. 2). Da es sich bei der Bevollmächtigung um ein Rechtsgeschäft handelt, finden im Übrigen die allgemein für Rechtsgeschäfte geltenden Regeln grundsätzlich auf sie Anwendung. Die Rechtsfragen der Vollmacht und ihrer Erteilung sind stets vor diesem Hintergrund zu sehen.

2 Jenseits der durch Rechtsgeschäft begründeten Vollmacht sind in der – nach wie vor umstrittenen – Rechtsprechung außerdem die **Duldungs-** und die **Anscheinsvollmacht** als Erscheinungsformen der durch den Rechtsschein der Bevollmächtigung begründeten Vertretungsmacht anerkannt (siehe dazu Rn 74 ff.). Rechtsgeschäftliche Vollmacht und Rechtsscheinvollmacht sind zuweilen schwer voneinander abzugrenzen. Weil jedoch die Folgen der Rechtsscheinvollmacht praktisch mit den Folgen der durch Rechtsgeschäft begründeten Vollmacht übereinstimmen, kommt dieser Schwierigkeit keine große Bedeutung zu (näher Rn 76 ff.).

II. Vollmacht, Vertretergeschäft und Innenverhältnis

3 Nach dem sog. **Trennungsprinzip** ist die Bevollmächtigung von dem Rechtsgeschäft strikt zu unterscheiden, das der Vertreter aufgrund der ihm erteilten Vollmacht vornimmt. Dies ergibt sich aus der **Repräsentationstheorie**, auf der das gegenwärtige deutsche Stellvertretungsrecht nach zutreffender h.M. beruht (näher § 164 Rn 6). Danach ist der Vertreter der (durch Abgabe bzw. Empfang von Willenserklärungen) rechtsgeschäftlich Handelnde, der den Vertretenen im Rahmen seiner – kraft Gesetzes, Organstellung oder aufgrund Bevollmächtigung bestehenden – Vertretungsmacht repräsentiert. Die Einordnung der Vollmachtserteilung als

einseitiges Rechtsgeschäft hängt nach dem Trennungsprinzip nicht von der Rechtsnatur des Vertretergeschäfts ab (siehe Rn 11).

Aufgrund des **Abstraktionsprinzips**, das der Sicherheit und Leichtigkeit des Rechtsverkehrs dient (siehe § 164 Rn 10 ff.), ist die Vollmacht darüber hinaus von dem zwischen Vollmachtgeber und Bevollmächtigtem bestehenden Grund- oder Innenverhältnis (etwa Auftrag, Dienst-, Werk- oder Geschäftsbesorgungsvertrag) rechtlich losgelöst (mit der in § 168 S. 1 gemachten Einschränkung). Das durch die Bevollmächtigung bestimmte rechtliche „Können" des Bevollmächtigten im Außenverhältnis ist daher unabhängig von seinem rechtlichen „Dürfen" zu beurteilen, welches durch die rechtsgeschäftliche Beziehung im Innenverhältnis bestimmt wird. Diese Unterscheidung darf nicht dadurch überspielt werden, dass man Innenverhältnis und Bevollmächtigung als Teile eines einheitlichen Rechtsgeschäfts nach § 139 behandelt.[1] Eine Vollmacht („**isolierte Vollmacht**") kann aufgrund des Abstraktionsprinzips auch dann bestehen, wenn es an einem (wirksamen) rechtsgeschäftlichen Innenverhältnis fehlt. Dies ist zwar regelmäßig nur der Fall, wenn das Innenverhältnis einen Wirksamkeitsmangel aufweist. Eine isolierte Vollmacht kann aber ausnahmsweise auch dann vorliegen, wenn überhaupt kein Innenverhältnis besteht.[2]

Rechtspolitisch ist die im BGB positivierte Vorstellung von der Vollmacht, insbesondere die Zugrundelegung des Abstraktionsprinzips, keineswegs zwingend, wie sich vor allem im Hinblick auf ausländische Rechte zeigt, denen eine Unterscheidung zwischen Innen- und Außenverhältnis bei der Stellvertretung fremd ist.[3] Gleichwohl ist es nicht unwahrscheinlich, dass das Abstraktionsprinzip auch in einem möglichen künftigen europäischen Vertragsrecht eine Zukunft hat: Art. 3:101 (3) der Principles of European Contract Law unterscheidet im Einklang mit mehreren, auch neueren Kodifikationen europäischer Staaten[4] das Außenverhältnis, auf das sich die Stellvertretungsregeln beziehen, von dem Innenverhältnis zwischen Vertreter und Vertretenem.

III. Rechtsnatur und -wirkung der Vollmacht

1. Vollmacht als Legitimation. Die Vollmacht ist – wie die Vertretungsmacht überhaupt – **kein subjektives Recht** des Bevollmächtigten, **sondern eine Legitimation**, für einen anderen durch Handeln in dessen Namen rechtsgeschäftliche Regelungen zu treffen, und damit „ohne Substanz für den Vertreter".[5] Wenn eine Vollmacht unwiderruflich erteilt ist und dem Erwerb von Vermögenswerten durch den Bevollmächtigten dient, befürworten Rechtsprechung und Literatur allerdings teilweise die **Pfändbarkeit** der nicht strikt an die Person des Bevollmächtigten gebundenen Vollmacht.[6] Dem ist (namentlich für den praktisch wichtigen Fall der **Kontovollmacht**) zu widersprechen:[7] Auch wenn der Bevollmächtigte ein starkes wirtschaftliches Interesse an der Ausübung der Vollmacht hat, erwirbt er mit der Vollmacht als solcher keine vermögenswerte Position. Ob schließlich eine **Übertragung** der Vollmacht durch Vertrag zwischen dem bisherigen und dem neuen Bevollmächtigten bei Zustimmung des Vollmachtgebers zulässig ist, wie im Schrifttum vereinzelt vertreten wird, ist zweifelhaft;[8] jedenfalls wird es einer solchen Konstruktion in aller Regel nicht bedürfen (näher zur Gestaltung der Untervollmacht Rn 61 ff.).[9]

2. Grenzen in persönlicher, zeitlicher und sachlicher Hinsicht. Die Wirkung der Vollmacht betrifft **in persönlicher Hinsicht** nur den Bevollmächtigten: Sie erschöpft sich in der Legitimation des Vertreterhandelns und führt **keine Schmälerung der Fähigkeit des Vollmachtgebers zu eigenem rechtsgeschäftlichem Handeln** herbei. Dem daraus resultierenden Risiko, dass der Vollmachtgeber selbst Rechtsgeschäfte (insbesondere Verfügungen) tätigt, die mit denen des Bevollmächtigten inhaltlich kollidieren, lässt sich nur durch die (schuldrechtliche) Verpflichtung des Vollmachtgebers begegnen, eigenes rechtsgeschäftliches Handeln in dem von der Vollmacht umfassten Bereich zu unterlassen. Als **unzulässig** ist dagegen mit der h.M. die **verdrängende Vollmacht** anzusehen, durch die sich der Vollmachtgeber seiner Fähigkeit begibt,

---

1 Soergel/*Leptien*, vor § 164 Rn 40.
2 Bamberger/Roth/*Habermeier*, § 167 Rn 2; MüKo/*Schramm*, § 168 Rn 2; Soergel/*Leptien*, § 167 Rn 1; Staudinger/*Schilken*, § 167 Rn 2.
3 Vgl. Note 1 zu Art. 3:101 der Principles of European Contract Law (Frankreich, Belgien, Luxemburg, Spanien und Österreich).
4 Vgl. Note 2 zu Art. 3:101 der Principles of European Contract Law (Italien, Griechenland, Niederlande, Portugal, das Nordische Vertragsrecht von Dänemark, Finnland und Schweden).
5 So – unter Berufung auf *Laband* – *Flume*, BGB AT Bd. 2, § 45 II 1 (S. 784 f.). Ebenso Staudinger/*Schilken*, § 167 Rn 16 f.; in der Sache übereinstimmend *Müller-Freienfels*, S. 35 ff.
6 BayObLG DB 1978, 1929; Soergel/*Leptien*, § 167 Rn 2.
7 So auch Staudinger/*Schilken*, § 167 Rn 4 (allgemein); *Vortmann*, NJW 1991, 1038; FG Kassel WM 1996, 1908 (jeweils mit Bezug auf die Kontovollmacht).
8 Dafür mit eingehender Begründung *Frey*, Rechtsnachfolge, S. 6 ff.; ebenso Palandt/*Heinrichs*, § 167 Rn 1. – Ausgeschlossen ist zumindest die Übertragbarkeit der Prokura (§ 52 Abs. 2 HGB).
9 Ebenso Soergel/*Leptien*, § 167 Rn 2; Staudinger/*Schilken*, § 167 Rn 4.

Rechtsgeschäfte zu tätigen, deren Abschluss die Vollmacht ermöglicht.[10] Auch wenn hieran gelegentlich ein praktisches Interesse besteht (insbesondere bei **Stimmrechtsvollmachten**), steht eine solche Gestaltung in Konflikt mit § 137.

8 **In zeitlicher Hinsicht** entfaltet die durch die Vollmacht vermittelte Legitimation **keine Rückwirkung**. Das heißt: Vertreterhandeln, das der Vollmachtserteilung zeitlich vorangeht, wird von dieser nicht erfasst. Die Wirksamkeit eines von dem Vertreter vor der Erteilung abgeschlossenen Rechtsgeschäfts ist vielmehr ausschließlich nach den §§ 177 ff. zu beurteilen.[11] Dabei ist es eine Frage der Auslegung, ob der Vollmachtgeber mit der Erklärung, in der er die Vollmacht erteilt, zugleich vorangehendes Handeln des Vertreters ohne Vertretungsmacht genehmigt.

9 **In sachlicher Hinsicht** legitimiert die Vollmacht nur solches Vertreterhandeln, das von ihrem durch Auslegung zu ermittelnden Umfang (dazu Rn 44 ff.) gedeckt wird. Bei Rechtsgeschäften, die der Bevollmächtigte im Namen des Vollmachtgebers unter **Überschreitung der Vollmacht** vornimmt, ist wie folgt zu unterscheiden:[12] Wenn das **Rechtsgeschäft unteilbar** ist, finden die §§ 177 ff. auf das ganze Rechtsgeschäft Anwendung. Bei **teilbaren Rechtsgeschäften** unterfällt nur der nicht von der Vollmacht gedeckte Teil den §§ 177 ff.; erteilt der Vertretene insoweit keine Genehmigung, ist das Schicksal des anderen Teils nach § 139 zu beurteilen.

B. Regelungsgehalt

I. Die Erteilung der Vollmacht

10 **1. Einordnung als Rechtsgeschäft.** Die Erteilung der Vollmacht ist ein **einseitiges Rechtsgeschäft**. Zur Wirksamkeit der Bevollmächtigung bedarf es also keiner Annahme durch den Bevollmächtigten.[13] Allerdings ist es dem Bevollmächtigten analog § 333 möglich, die ihm erteilte Vollmacht **zurückzuweisen**.[14] Neben den allgemeinen Regeln über das Rechtsgeschäft finden auf die Vollmachtserteilung die für einseitige Rechtsgeschäfte geltenden §§ 111, 180 Anwendung. Ob das aufgrund der Vollmacht vorgenommene Vertretergeschäft ein einseitiges Rechtsgeschäft ist, spielt in diesem Zusammenhang wegen der vom Trennungsprinzip (dazu Rn 3) geforderten Unterscheidung zwischen Vollmacht und Vertretergeschäft keine Rolle.[15] Die Einordnung der Bevollmächtigung als einseitiges Rechtsgeschäft ist indes nicht im Sinne eines Typenzwangs zu verstehen; nichts spricht dagegen, den Parteien zu erlauben, die Erteilung der Vollmacht zum Gegenstand eines Vertrages zu machen (mit der Folge, dass dann die für einseitige Rechtsgeschäfte geltenden Vorschriften nicht anwendbar sind).[16]

11 Die Erteilung der Vollmacht unter einer **Bedingung** ist zulässig, und zwar mit Blick auf das Trennungsprinzip auch dann, wenn das von der Vollmacht gedeckte Vertretergeschäft bedingungsfeindlich ist (Ausnahmen: §§ 50 Abs. 1, 2, 54 Abs. 3 HGB).[17] Für die Rechtsnatur der Bevollmächtigung ist es aufgrund der Trennung zwischen Vollmacht und Vertretergeschäft darüber hinaus unerheblich, ob die von der Vollmacht gedeckten Rechtsgeschäfte **Verfügungen oder Verpflichtungsgeschäfte** sind. Bezieht sich die Vollmacht (auch) auf die Vornahme einer Verfügung durch den Bevollmächtigten, ist die Vollmachtserteilung also gleichwohl nicht als Rechtsgeschäft mit Verfügungsnatur zu beurteilen. Als Verfügung ist erst das Vertretergeschäft anzusehen, durch das die Rechtsänderung herbeigeführt wird. Ist der Vollmachtgeber Nichtberechtigter, kommt es für die Wirksamkeit der Erteilung der Verfügungsvollmacht daher nicht auf § 185 an.[18]

---

10 Vgl. BGHZ 3, 354; 20, 363 (bei der Personengesellschaft Gleichstellung der unwiderruflichen und ausschließlichen Stimmrechtsvollmacht mit der unzulässigen Stimmrechtsabtretung); aus der Lit. *Flume*, BGB AT Bd. 2, § 63, 6 (S. 884 f.); MüKo/*Schramm*, § 167 Rn 114; Palandt/*Heinrichs*, § 167 Rn 15; Soergel/*Leptien*, § 168 Rn 28; Staudinger/*Schilken*, § 168 Rn 15; a.A. *Gernhuber*, JZ 1995, 381; *Müller-Freienfels*, S. 124 ff.

11 So auch Staudinger/*Schilken*, Vorbem. zu §§ 164 ff. Rn 18 m.w.N.

12 Zum Folgenden übereinstimmend Bamberger/Roth/*Habermeier*, § 167 Rn 44; Staudinger/*Schilken*, § 167 Rn 89.

13 Erman/*Palm*, § 167 Rn 2; MüKo/*Schramm*, § 167 Rn 4; Staudinger/*Schilken*, § 167 Rn 10; a.A. *Hübner*, BGB AT, Rn 1244; *Müller-Freienfels*, S. 243 ff.

14 Staudinger/*Schilken*, § 167 Rn 10.

15 A.A. namentlich *Müller-Freienfels*, S. 243 ff.

16 *Flume*, BGB AT Bd. 2, § 49, 1 (S. 823).

17 *Flume*, BGB AT Bd. 2, § 52, 3 Fn 22 (S. 865); MüKo/*Schramm*, § 167 Rn 6; *Petersen*, Jura 2003, 310 f.; Soergel/*Leptien*, § 167 Rn 4; Staudinger/*Schilken*, § 167 Rn 15; a.A. *Müller-Freienfels*, S. 249.

18 *Flume*, BGB AT Bd. 2, § 52, 4 (S. 866); MüKo/*Schramm*, § 167 Rn 10; Staudinger/*Schilken*, § 167 Rn 9. A.A. RGZ 90, 395, 398 ff. (das RG sah die von dem eingetragenen Nichteigentümer eines Grundstücks erteilte Verfügungsvollmacht als Verfügung i.S. der §§ 892, 893 an. Um den damit bezweckten Ausschluss einer auf § 823 gestützten Haftung des Bevollmächtigten, der das Grundstück veräußerte, gegenüber dem ursprünglichen Eigentümer zu erreichen, hätte es dieser Konstruktion indes nicht bedurft; dazu zutr. *Flume*, a.a.O.).

2. Vollmachtgeber und Bevollmächtigter. Vollmachtgeber kann **jede rechts- und geschäftsfähige Person** sein. An besondere Voraussetzungen in der Person des Vollmachtgebers ist allerdings die Erteilung der **Prokura** geknüpft, die nach § 48 Abs. 1 HGB dem Inhaber eines Handelsgeschäfts oder seinem gesetzlichen Vertreter vorbehalten ist.[19] Als einseitiges Rechtsgeschäft ist die Vollmachtserteilung durch einen **beschränkt Geschäftsfähigen** nach § 111 nur wirksam, wenn er sie mit der erforderlichen Einwilligung seines gesetzlichen Vertreters vorgenommen hat (str.; dazu Rn 10). Es bedarf jedoch keiner Einwilligung zur Vollmachtserteilung durch den beschränkt Geschäftsfähigen, wenn der von ihm Bevollmächtigte aufgrund der Vollmacht nur solche Vertretergeschäfte tätigen kann, die für den beschränkt Geschäftsfähigen lediglich rechtlich vorteilhaft sind (§ 107).[20] Die von einem **Geschäftsunfähigen** erteilte Vollmacht ist nach § 105 Abs. 1 nichtig. Das gilt auch für die Vollmachtserteilung durch einen volljährigen Geschäftsunfähigen im Hinblick auf ein Geschäft des täglichen Lebens: **§ 105a** findet auf die Bevollmächtigung **keine Anwendung**, weil diese Vorschrift sowohl ihrem Wortlaut als auch ihrem Sinn und Zweck nach (Förderung der sozialen Integration geistig Schwerbehinderter) nur auf das persönliche rechtsgeschäftliche Handeln von volljährigen Geschäftsunfähigen zu beziehen ist.[21] Bei **juristischen Personen** und bei **Personengesellschaften** wird eine Vollmacht durch die vertretungsberechtigten Organe bzw. Gesellschafter erteilt, bei **Erbengemeinschaften** durch alle Miterben. In letzterem Fall ist die Vollmacht nach der Rechtsprechung keine einheitliche, sondern eine Vielzahl von Vollmachten, durch die nur die einzelnen Miterben vertreten werden können und deren Erteilung und Widerruf deshalb Sache jedes Miterben ist.[22]

Bevollmächtigter kann **jede natürliche oder juristische Person** sein, wobei die Vollmacht einer juristischen Person von ihren jeweiligen Organen ausgeübt wird.[23] Ebenso kann eine **Personengesellschaft** mit (Teil-)Rechtsfähigkeit (OHG, KG, BGB-Außengesellschaft[24]) bevollmächtigt werden;[25] die Ausübung der Vollmacht fällt dann den (allein- oder gesamt-)vertretungsberechtigten Gesellschaftern zu. Eine Ausnahme gilt indes für die **Prokura**, die aufgrund der besonderen Vertrauensstellung des Prokuristen nur natürlichen Personen erteilt werden kann.[26] Eine Vollmacht kann im Hinblick auf die in § 165 anerkannte Wirksamkeit des Vertreterhandelns auch **beschränkt geschäftsfähigen Personen** (bei der Innenvollmacht nach § 131 Abs. 2 S. 2 ohne Einschaltung des gesetzlichen Vertreters[27]) erteilt werden. Darüber hinaus kommt aber auch die Bevollmächtigung einer **geschäftsunfähigen Person** (durch Erklärung gegenüber ihrem gesetzlichen Vertreter oder durch Erklärung gegenüber dem Dritten, dem gegenüber die Vertretung stattfinden soll) in Betracht.[28] Zwar ist der Bevollmächtigte, solange er geschäftsunfähig ist, außerstande, wirksame Vertretergeschäfte vorzunehmen; fällt die Geschäftsunfähigkeit jedoch weg (Beispiel: erfolgreiche Entziehungskur des schwer Drogenabhängigen), kann der Bevollmächtigte Vertretergeschäfte vornehmen, ohne dass es zu ihrer Wirksamkeit einer erneuten Bevollmächtigung oder einer Genehmigung nach § 177 bedarf.

3. Die Vollmachtserteilung als Willenserklärung. Für die Vollmachtserteilung gelten die Regeln über die Willenserklärung und deren Auslegung. Ob der **objektive Tatbestand** einer Vollmachtserteilung vorliegt und welchen Umfang die ggf. erteilte Vollmacht hat, ist daher nach den §§ 133, 157 durch Auslegung aus der (objektivierten) Sicht des Empfängers (bei der Innenvollmacht: aus der Sicht des Vertreters; bei der Außenvollmacht: aus der Sicht des Dritten) zu ermitteln. Dabei findet die *„falsa demonstratio"*-Regel Anwendung.[29] Die Vollmacht kann (mit Ausnahme der Prokura, § 48 Abs. 1 HGB) nicht nur ausdrücklich, sondern **auch schlüssig** („stillschweigend") erteilt werden.[30] Eine schlüssig erteilte Innenvollmacht kommt v.a. mit Blick auf das Innenverhältnis in Betracht.[31] Auch eine Außenvollmacht kann schlüssig erteilt werden. So mag die vorbehaltlose Durchführung von Geschäften, die ein vollmachtloser Vertreter für den Geschäftsherrn geschlossen hat, aus der Sicht des Geschäftsgegners als Erteilung einer Außenvollmacht zu interpretieren sein.[32] Näher zur schlüssigen Bevollmächtigung und zu ihrer Abgrenzung von den Fällen der Vollmacht kraft Rechtsscheins Rn 76 ff.

---

19 *Roth*, in: Koller/Roth/Morck, HGB, 4. Aufl. 2003, § 48 Rn 3; MüKo-HGB/*Lieb/Krebs*, § 48 Rn 15.
20 MüKo/*Schramm*, § 167 Rn 9.
21 Ebenso Erman/*Palm*, § 105a Rn 8.
22 BGHZ 30, 391, 397; MüKo/*Schramm*, § 167 Rn 13.
23 BayObLGZ 1975, 40; LG Nürnberg DB 1977, 252.
24 Zu deren Rechtsfähigkeit vgl. BGHZ 146, 341.
25 A.A. Staudinger/*Schilken*, § 167 Rn 7 (bevollmächtigt seien die jeweiligen Vertreter der OHG oder alle Gesellschafter).
26 *Roth*, in: Koller/Roth/Morck, HGB, 4. Aufl. 2003, § 48 Rn 4 m.w.N. zum Meinungsstand.
27 Staudinger/*Schilken*, § 167 Rn 5, 15.
28 *Roth*, in: Koller/Roth/Morck, HGB, 4. Aufl. 2003, § 48 Rn 5; a.A. Staudinger/*Schilken*, § 167 Rn 5.
29 BGH NJW 1999, 486, 487; Erman/*Palm*, § 167 Rn 6.
30 Allg.M.; Bamberger/Roth/*Habermeier*, § 167 Rn 5, 7; Erman/*Palm*, § 167 Rn 6; MüKo/*Schramm*, § 167 Rn 36; RGRK/*Steffen*, § 167 Rn 6; Soergel/*Leptien*, § 167 Rn 15; Staudinger/*Schilken*, § 167 Rn 13.
31 Staudinger/*Schilken*, § 167 Rn 13.
32 MüKo/*Schramm*, § 167 Rn 40 f.; Staudinger/*Schilken*, § 167 Rn 14; a.A. Erman/*Palm*, § 167 Rn 9, 11.

15 Hinsichtlich des **subjektiven Tatbestands** der Vollmachtserteilung gilt das, was für die Willenserklärung schlechthin gilt: Nach der Rechtsprechung und h.M. bedarf es für eine wirksame Willenserklärung **keines Erklärungsbewusstseins**, sondern nur eines zurechenbaren Erklärungstatbestands.[33] Wenn bei der Beantwortung der Frage nach dem Vorliegen einer (schlüssigen) Vollmacht teilweise auf das Erklärungsbewusstsein des Vertretenen (insbesondere die bewusste Duldung des Vertreterhandelns) abgestellt wird, entspricht dies also nicht dem gegenwärtigen Stand der Lehre von der Willenserklärung (dazu Rn 77). Die (bei Anerkennung der Anfechtbarkeit von Rechtsscheintatbeständen, Rn 94) praktisch nicht bedeutende Abgrenzung zwischen der auf Rechtsgeschäft und der auf einem Rechtsscheintatbestand beruhenden Vollmacht ist daher nicht anhand des (fehlenden) Bewusstseins des Geschäftsherrn von der rechtlichen Erheblichkeit seines Verhaltens zu treffen.

16 **4. Empfangsbedürftigkeit.** Die Vollmacht wird regelmäßig durch eine empfangsbedürftige Willenserklärung erteilt. Bei der **Innenvollmacht** wird die Willenserklärung gegenüber dem zu Bevollmächtigenden (Abs. 1 Alt. 1) und bei der **Außenvollmacht** gegenüber dem Dritten (Abs. 1 Alt. 2) abgegeben. Ausnahmsweise nicht empfangsbedürftig ist die Vollmachtserteilung, wenn sie, wie in Anlehnung an § 171 ganz überwiegend anerkannt ist,[34] im Wege der **Erklärung an die Öffentlichkeit** erfolgt. In diesem Fall wird die Erklärung wirksam, wenn die Öffentlichkeit von ihr Kenntnis nehmen kann.[35] Ist die Bevollmächtigung in einem **Testament** oder **Erbvertrag** enthalten, muss der Erblasser den Zugang der Erklärung bzw. deren Vernehmung sichergestellt haben, damit die Vollmacht wirksam wird. Dazu reicht es aus, wenn die Vollmachtserteilung nach dem Tod des Vollmachtgebers durch die Eröffnung seiner letztwilligen Verfügung dem Bevollmächtigten bekannt gemacht wird.[36] Ist die Bevollmächtigung in einem nichtamtlich verwahrten Privattestament enthalten, reicht für den Zugang beim Bevollmächtigten die Einsichtnahme nach dem Tod des Vollmachtgebers aus.[37] Näher zur postmortalen Vollmacht § 168 Rn 14 ff.

17 **5. Willensmängel.** Als Rechtsgeschäft unterliegt die Vollmachtserteilung den allgemeinen Regeln der §§ 116 ff. Vor allem die Notwendigkeit, die Anwendung der allgemeinen Regeln auf das Dreiecksverhältnis zwischen Vollmachtgeber, Bevollmächtigtem und Geschäftsgegner abzustimmen, führt indes zu den nachfolgend erläuterten Besonderheiten.

18 **a) §§ 116–118.** Wird eine **Vollmacht unter einem geheimen Vorbehalt** oder **zum Schein** erteilt, hängt die Nichtigkeit der Vollmacht davon ab, ob der Erklärungsempfänger den Vorbehalt kannte (§ 116 S. 2) bzw. mit dem Scheingeschäft einverstanden war (§ 117 Abs. 1). Hieraus ergeben sich die beiden folgenden **Grundregeln**: Zum einen ist eine externe Bevollmächtigung nichtig, wenn der Dritte, der Empfänger der Erklärung ist, weiß, dass sie unter einem geheimen Vorbehalt erfolgt, oder sich mit dem Vollmachtgeber darüber einig ist, dass es sich bei der Vollmachtserteilung um ein Scheingeschäft handelt. Zum anderen ist eine interne Bevollmächtigung bei entsprechender Kenntnis (§ 116 S. 2) oder bei entsprechendem Einverständnis (§ 117 Abs. 1) des Bevollmächtigten nichtig.[38]

19 Ob und welche Fälle hiervon **abweichend zu beurteilen** sind, ist **zweifelhaft**: Nach der Rechtsprechung des BGH soll bei interner Bevollmächtigung unter geheimem Vorbehalt die Kenntnis des Bevollmächtigten von dem Vorbehalt nicht zur Unwirksamkeit führen; die Vollmacht soll vielmehr wirksam sein, wenn dem Dritten gegenüber der Vorbehalt verheimlicht ist.[39] Zu einer solchen Durchbrechung der allgemeinen Regeln besteht aber kein Anlass:[40] Der Dritte, welcher die (dem Vertreter bekannte) Mentalreservation des Vertretenen und damit die Nichtigkeit der Innenvollmacht nicht kennt, ist durch den Anspruch aus § 179 Abs. 1 gegen den (wissentlich) ohne Vertretungsmacht handelnden Vertreter geschützt. Darüber hinaus ist stets daran zu denken, dass sich auch an die nichtige Vollmacht die von der Rechtsprechung bejahten Rechtsscheinwirkungen zugunsten des Dritten knüpfen können (dazu Rn 74 ff., insbesondere Rn 84). Gleiches gilt für die intern zum Schein vorgenommene Bevollmächtigung, wenn nur das Einverständnis des Vertreters, nicht aber des Dritten vorliegt. – In dem umgekehrten Fall, in dem der Dritte, nicht aber der Vertreter den geheimen Vorbehalt kennt oder mit der Scheinnatur der internen Bevollmächtigung einverstanden ist, soll nach einer in der Lit. vertretenen Ansicht das Vertretergeschäft nicht gelten.[41] Damit wird jedoch die Trennung zwischen Vollmacht

---

33 Grundlegend BGHZ 91, 324, 329; vgl. außerdem BGHZ 109, 171; NJW 1995, 953.
34 Staudinger/*Schilken*, § 167 Rn 12.
35 *Larenz/Wolf*, BGB AT, § 47 Rn 19; MüKo/*Schramm*, § 167 Rn 11.
36 OLG Köln NJW 1950, 702; NJW-RR 1992, 1357; DNotZ 1950, 164; Soergel/*Leptien*, § 167 Rn 6; a.A. die frühere Rechtsprechung, KG HRR 1928 Nr 590.
37 LG Berlin FamRZ 1957, 56; Soergel/*Leptien*, § 167 Rn 6.
38 Zu beiden Fällen (interne und externe Bevollmächtigung) *Flume*, BGB AT Bd. 2, § 52, 5b (S. 869).
39 BGH NJW 1966, 1915, 1916.
40 Gegen die Rechtsprechung auch Staudinger/*Schilken*, § 167 Rn 75.
41 *Flume*, BGB AT Bd. 2, § 52, 5b (S. 869); *Müller-Freienfels*, S. 406; MüKo/*Schramm*, § 167 Rn 10.

und Vertretergeschäft preisgegeben, ohne dass zwingende Gründe hierfür ersichtlich sind. Im Gegenteil: Eine solche (im Wege der Analogie zu § 116 S. 2 bzw. § 117 Abs. 1 zu begründende)[42] Gleichstellung des Vertretergeschäfts mit einem von dem Geschäftsherrn selbst in Mentalreservation oder zum Schein abgeschlossenen Rechtsgeschäft vernachlässigt das mögliche Eigeninteresse des Vertreters an der Vornahme eines wirksamen Vertretergeschäfts.[43]

Handelt es sich bei der Bevollmächtigung um eine **Scherzerklärung**, ist diese nach § 118 nichtig, ohne dass subjektive Anforderungen in der Person des Vertreters oder des Partners des Vertretergeschäfts erfüllt sein müssen. Fraglich ist allerdings, wem gegenüber der Vollmachtgeber nach § 122 zum Ersatz des Vertrauensschadens verpflichtet ist. Hier gilt das bei der Behandlung der Irrtumsanfechtung näher Begründete (dazu Rn 26) entsprechend: Bei der **Außenvollmacht** steht dem Dritten, mit dem der Vertreter aufgrund der Scherzvollmacht ein Geschäft geschlossen hat, der Anspruch aus § 122 schon deshalb zu, weil er Empfänger der Erklärung des Vollmachtgebers ist. Darüber hinaus ist aber auch dem Vertreter, soweit er den Nichtigkeitsgrund weder kannte noch kennen musste, in analoger Anwendung von § 122 zu gestatten, das negative Interesse von dem Vollmachtgeber ersetzt zu verlangen und so gegen diesen wegen der ihn ggf. treffenden Haftung aus § 179 Abs. 2 Regress zu nehmen.[44] Bei der **Innenvollmacht** steht dem gutgläubigen Vertreter als Empfänger der Scherzerklärung ohnehin ein Anspruch aus § 122 zu. Darüber hinaus muss sich aber auch der Dritte nicht auf einen Ersatzanspruch aus § 179 Abs. 2 gegen den Vertreter verweisen lassen (der überdies bei beschränkter Geschäftsfähigkeit des Vertreters nach § 179 Abs. 3 S. 2 ausgeschlossen ist), sondern kann seinerseits von dem Vollmachtgeber Schadensersatz nach § 122 verlangen.[45]

b) §§ 119, 120. Zu den umstrittensten[46] Fragen der Anwendung der allgemeinen Rechtsgeschäftsregeln auf die Vollmacht gehört das – in der Praxis allerdings bisher nicht bedeutende – Problem der **Anfechtung der betätigten Vollmacht** wegen Inhalts-, Erklärungs- oder Eigenschaftsirrtums des Vollmachtgebers (§ 119), Falschübermittlung durch einen Boten (§ 120) und schließlich wegen arglistiger Täuschung oder widerrechtlicher Drohung (§ 123; dazu näher Rn 29 f.). Diese Diskussion ist zunächst von dem unproblematischen Fall abzugrenzen, dass der Bevollmächtigte aufgrund der mit einem Willensmangel behafteten Vollmacht **noch kein Rechtsgeschäft** für den Vollmachtgeber getätigt hat. Hier sind die **Anfechtungsregeln ohne jede Einschränkung oder Modifikation auf die Vollmacht anwendbar.** Soweit die Vollmacht widerruflich ist (dazu § 168 Rn 5 ff.), ist die Anfechtung allerdings nicht von praktischem Interesse.[47]

Hat der Bevollmächtigte dagegen bereits ein **Rechtsgeschäft mit einem Dritten abgeschlossen**, ergibt sich die nachfolgend behandelte Frage, ob eine unmodifizierte Anwendung der Anfechtungsregeln interessengerecht ist. Bedenken ergeben sich insoweit jedenfalls bei der **betätigten Innenvollmacht**: Beließe man es hier mit dem Gesetzeswortlaut (§ 143 Abs. 3) bei der Anfechtung gegenüber dem Bevollmächtigten (als Empfänger der Vollmachtserklärung) und gewährte nur diesem den Schutz nach § 122, stünde dem Dritten kein Anspruch aus § 122 gegen den Vertretenen zu; allenfalls wäre ihm der Vertreter nach § 179 verantwortlich, der seinerseits nach § 122 gegen den Vollmachtgeber Rückgriff nehmen müsste. Dies hätte zur Folge, dass der Dritte mit dem Insolvenzrisiko des Vertreters und der Vertreter wiederum mit dem Insolvenzrisiko des Vertretenen belastet würde, obwohl die gescheiterte rechtsgeschäftliche Beziehung zwischen dem Dritten und dem Vertretenen besteht. Überdies ginge der Dritte gänzlich leer aus, wenn der Vertreter in der Geschäftsfähigkeit beschränkt war und daher nach § 179 Abs. 3 S. 2 nur beschränkt haftet.

Diese Problematik entsteht freilich nicht, soweit man eine **analoge Anwendung von § 166 Abs. 2** auf Willensmängel des Vertretenen befürwortet. Dem Vertretenen ist unter dieser Voraussetzung die **Irrtumsanfechtung des Vertretergeschäfts** eröffnet – mit der Folge, dass der Vertretene dem Dritten nach Maßgabe des § 122 haftet, während eine Haftung des Vertreters nach § 179 ausscheidet. Was die Anfechtungsgründe der §§ 119, 120 betrifft (zu § 123 siehe Rn 29 f.), ist diese im Schrifttum umstrittene Frage bisher von der Rechtsprechung nicht beantwortet worden.[48] Man wird sie nur bejahen können, wenn der Vertretene durch seine Weisung die Erklärung des Vertreters inhaltlich (ganz oder in Teilen) so ausgeformt hat, dass für einen Willensmangel des Vertreters insoweit kein Raum blieb.[49] Denn nur so wird vermieden, dass dem Geschäftsgegner außer dem Risiko der Anfechtung des Rechtsgeschäfts wegen eines Irrtums des Vertreters

---

42 Staudinger/*Schilken*, § 167 Rn 75.
43 So zutr. Soergel/*Leptien*, § 166 Rn 20; in dieser Richtung Staudinger/*Schilken*, § 167 Rn 75 (Analogie zu § 116 S. 2 nur, wenn die Vollmacht nicht im Interesse des Vertreters erteilt ist).
44 Vgl. die entsprechenden Ausführungen zur Irrtumsanfechtung Rn 26.
45 Auch insoweit sind die Ausführungen zur Irrtumsanfechtung (Rn 26) übertragbar.
46 Die ausführlichsten Darstellungen und Würdigungen auf aktuellem Stand finden sich bei *Schwarze*, JZ 2004, 588 ff., und *Petersen*, AcP 201 (2001), 375 ff.
47 So etwa auch Erman/*Palm*, § 167 Rn 26.
48 Näher zum Meinungsstand § 166 Rn 37 f.
49 Ähnlich *Roth*, in: FS Gaul 1997, S. 585, 591.

zusätzlich noch das Risiko der Anfechtung wegen eines Irrtums des Vertretenen und damit die spezifische Gefahr des arbeitsteiligen Vorgehens auf Seiten des Vertretenen aufgebürdet wird.

aa) Anfechtbarkeit der betätigten Vollmacht. Teile der Literatur lehnen die Anfechtbarkeit der betätigten Vollmacht ab.[50] In Betracht käme dann nur die Anfechtung des Vertretergeschäfts durch den Vertretenen wegen des ihm bei der Bevollmächtigung unterlaufenen Willensmangels. Doch abgesehen davon, dass der Analogie zu § 166 Abs. 2, die zur Begründung herangezogen wird, enge Grenzen gezogen sind (dazu Rn 23), widerspricht die Annahme eines Ausschlusses der Anfechtung der betätigten Vollmacht der Trennung zwischen Vollmacht und Rechtsgeschäft und damit einem Grundprinzip des Stellvertretungsrechts (siehe Rn 3 und § 164 Rn 6). Eine interessengerechte Lösung, insbesondere was den Fall der betätigten Innenvollmacht betrifft, lässt sich mit der h.M. auch ohne eine solche Beschneidung der Anfechtung durch eine modifizierte Anwendung der allgemeinen Regeln erreichen.[51]

bb) Anfechtungsgegner. Bei der **Außenvollmacht** ist **Anfechtungsgegner nach § 143 Abs. 3 der Dritte**, dem gegenüber die Bevollmächtigung erklärt wurde. Bei der **Innenvollmacht** ist dagegen nach dem Wortlaut des § 143 Abs. 3 Anfechtungsgegner nur der Vertreter. Dadurch wird jedoch nicht dem Umstand Rechnung getragen, dass die Anfechtung der betätigten Vollmacht im Ergebnis das bereits abgeschlossene Vertretergeschäft (u.U. auch mehrere Vertretergeschäfte) beseitigt und damit den Dritten trifft, mit dem das Geschäft abgeschlossen wurde (siehe Rn 22). Die Stellung des Vertreters ist dabei, was die Erklärung des Vollmachtgebers betrifft, der eines Boten vergleichbar, denn durch seine Vollmachtsbehauptung verschafft er dem Dritten Kenntnis von der im Innenverhältnis erfolgten Bevollmächtigung.[52] Mit Rücksicht darauf ist bei der Innenvollmacht die **Anfechtung nicht nur gegenüber dem Vertreter, sondern auch gegenüber dem Dritten** zu erklären.[53]

cc) Haftung des Vertretenen nach § 122. Ist eine betätigte **Außenvollmacht** wegen Irrtums angefochten worden, steht dem Dritten, dem gegenüber die Anfechtung erklärt wurde, gegen den Vertretenen ein Anspruch nach § 122 zu. Nicht anders als bei der Anfechtung der Innenvollmacht ist aber auch bei der Außenvollmacht ein auf die analoge Anwendung von § 122 gestützter Schadensersatzanspruch des (gutgläubigen, § 122 Abs. 2) Vertreters anzuerkennen,[54] denn es ist nicht ersichtlich, warum die externe Bevollmächtigung zu seinem Nachteil gehen sollte. Nach Irrtumsanfechtung der **Innenvollmacht** ist andererseits – in Fortführung des für die Bestimmung des Anfechtungsgegners Ausschlag gebenden Gedankens – nicht nur dem Vertreter, sondern auch dem Dritten zu gestatten, seinen Vertrauensschaden von dem Vertretenen ersetzt zu verlangen.[55]

dd) Haftung des Vertreters nach § 179. Weil durch die Anfechtung die Vollmacht *ex tunc* beseitigt wird, haftet der Vertreter den Dritten, mit denen er bereits Geschäfte im Namen des Vertretenen abgeschlossen hat, nach § 179.[56] War der Vertreter gutgläubig, handelt es sich bei der ihn treffenden Belastung mit der Haftung aus § 179 Abs. 2 um einen Vertrauensschaden, den er nach § 122 auf den Vertretenen abwälzen kann, und zwar, wie in der vorigen Rn ausgeführt wurde, auch dann, wenn es sich bei der angefochtenen Vollmacht um eine Außenvollmacht handelt. Ungeachtet der (nicht immer gegebenen oder realisierbaren) Rückgriffsmöglichkeit des Vertreters wird die Anwendung von § 179 teilweise für unangemessen gehalten und eine Beschränkung seiner Haftung auf die Fälle gefordert, in denen er den Willensmangel gekannt hat oder hätte kennen müssen.[57] Dem ist jedoch nicht zu folgen, weil damit die gesetzgeberische Entscheidung

---

50 *Brox*, JA 1980, 449 ff.; Erman/*Palm*, § 167 Rn 27; *Eujen/Frank*, JZ 1973, 232 ff.; *Prölss*, JuS 1985, 577, 582; *Petersen*, AcP 201 (2001), 375, 379 ff. (mit Abweichungen im Detail).

51 Ebenso mit eingehender Begründung *Schwarze*, JZ 2004, 588, 590 ff.; gegen den Ausschluss der Anfechtung auch Bamberger/Roth/*Habermeier*, § 167 Rn 55; *Bork*, BGB AT, Rn 1474; *Flume*, BGB AT Bd. 2, § 52, 5c (S. 870); Jauernig/*Jauernig*, § 167 Rn 11; *Medicus*, BGB AT, Rn 945; MüKo/*Schramm*, § 167 Rn 108 ff.; Soergel/*Leptien*, § 166 Rn 22; Staudinger/*Schilken*, § 167 Rn 78.

52 *Flume*, BGB AT Bd. 2, § 52, 5c (S. 871).

53 So außer *Flume* (wie vorige Fn) auch HK-BGB/*Dörner*, § 167 Rn 4; *Medicus*, BGB AT, Rn 945; *Müller-Freienfels*, S. 403 ff.; a.A. *Bork*, BGB AT, Rn 1475; Bamberger/Roth/*Habermeier*, § 167 Rn 55; *Kindl*, S. 59; MüKo/*Schramm*, § 167 Rn 111;

Palandt/*Heinrichs*, § 167 Rn 3; *Petersen*, AcP 201 (2001), 375, 384; Staudinger/*Schilken*, § 167 Rn 79.

54 Bamberger/Roth/*Habermeier*, § 167 Rn 56; Palandt/*Heinrichs*, § 167 Rn 3; Soergel/*Leptien*, § 166 Rn 23; Staudinger/*Schilken*, § 167 Rn 81.

55 So im Erg. auch Bamberger/Roth/*Habermeier*, § 167 Rn 55; *Flume*, BGB AT Bd. 2, § 52, 5c (S. 871); *Medicus*, BGB AT, Rn 945; MüKo/*Schramm*, § 167 Rn 111; Palandt/*Heinrichs*, § 167 Rn 3; *Schwarze*, JZ 2004, 588, 594 f.; Soergel/*Leptien*, § 166 Rn 23; a.A. *Canaris*, Vertrauenshaftung im deutschen Privatrecht, S. 546; Staudinger/*Schilken*, § 167 Rn 82.

56 Bamberger/Roth/*Habermeier*, § 167 Rn 55; Jauernig/*Jauernig*, § 167 Rn 11; Soergel/*Leptien*, § 166 Rn 23; Staudinger/*Schilken*, § 167 Rn 81; einschr. (nur bei Anfechtung der Innenvollmacht) MüKo/*Schramm*, § 167 Rn 110 f.

57 *Flume*, BGB AT Bd. 2, § 52, 5e (S. 873 f.).

unterlaufen würde, den Vertreter für die von ihm aufgestellte Behauptung, über Vertretungsmacht zu verfügen, verschuldensunabhängig einstehen zu lassen (näher § 179 Rn 1 ff.).

In der **Zusammenschau** wird dem Dritten somit nach der hier vertretenen Lösung im Fall der Irrtumsanfechtung der betätigten Vollmacht sowohl ein Anspruch gegen den Vertretenen als auch ein Anspruch gegen den Vertreter gewährt, wobei **Vertreter und Vertretener als Gesamtschuldner** haften.[58] Eine ungerechtfertigte Bevorzugung des Dritten liegt darin nicht.[59] Denn in diesem Fall haben nun einmal beide Anspruchsgegner des Dritten durch ihr jeweiliges Verhalten (die fehlerhafte Vollmachtserteilung durch den Vertretenen bzw. die aufgrund der Anfechtung unrichtige Vollmachtsbehauptung des Vertreters) einen Tatbestand verwirklicht, der die Voraussetzungen einer verschuldensunabhängigen Haftung (nach § 122 bzw. § 179) erfüllt.

c) § 123. Wurde der Vertretene durch eine **widerrechtliche Drohung** zur Erteilung der Vollmacht bestimmt, ist er in jedem Fall zur Anfechtung der Vollmacht berechtigt.[60] Das gilt insbesondere auch dann, wenn weder der Vertreter noch der Geschäftspartner die Drohung ausgesprochen hat oder davon Kenntnis hatte bzw. haben musste. Anders als bei der Irrtumsanfechtung der Vollmacht kommt hier ein Schadensersatzanspruch des Geschäftspartners gegen den Vertretenen aus § 122 (analog) nicht in Betracht. Aber auch eine Haftung des Vertreters aus § 179 kann man regelmäßig nicht bejahen:[61] Wenn die Drohung für den Abschluss des Rechtsgeschäfts kausal geworden ist (also der Vertreter seine Willenserklärung nicht abgegeben hätte, wenn der Vertretene ihm nicht aufgrund der Drohung die Vollmacht oder eine Weisung erteilt hätte),[62] kann der Vertretene auch das Rechtsgeschäft selbst anfechten. Um der Haftung nach § 179 zu entgehen, darf der Vertreter dieses Recht anstelle des Vertretenen ausüben (dazu § 179 Rn 13), und zwar auch dann, wenn die Wirksamkeit des Geschäfts bereits vom Vertretenen durch die Anfechtung der Vollmacht beseitigt wurde (Fall des „Doppelmangels").

Die Anfechtung der Bevollmächtigung wegen **arglistiger Täuschung** ist gemäß § 123 Abs. 1, 2 an engere Voraussetzungen geknüpft als die Anfechtung wegen widerrechtlicher Drohung. Bei der **Außenvollmacht** ist der Vertretene zur Anfechtung berechtigt, wenn die Täuschung entweder von dem Geschäftspartner (oder einem Gehilfen, dessen Verhalten er sich zurechnen lassen muss) verübt wurde (§ 123 Abs. 1) oder wenn er diese im Falle der Täterschaft eines Dritten kannte oder kennen musste (§ 123 Abs. 2 S. 1). Liegt eine **Innenvollmacht** vor, kommt es für die Urheberschaft (§ 123 Abs. 1) und für die Bestimmung von Kenntnis und Kennenmüssen (§ 123 Abs. 2) auf den ersten Blick auf die Person des Vertreters an. Indes ist, wenn der Geschäftspartner aus dem auf der Vollmacht beruhenden Vertretergeschäft ein Recht erwirbt, § 123 Abs. 2 S. 2 analog anzuwenden, also wie bei der Außenvollmacht auf Kenntnis oder Kennenmüssen des Geschäftspartners abzustellen.[63] Ist allerdings die (interne oder externe) Vollmacht im **Eigeninteresse des Vertreters** erteilt, hängt die Anfechtbarkeit wegen des Schutzbedürfnisses des Vertreters richtigerweise davon ab, ob dieser von der Täuschung wusste oder wissen musste.[64] Was die Folgen der Anfechtung betrifft, gilt das in Rn 29 zur Anfechtung wegen widerrechtlicher Drohung Gesagte entsprechend.

6. Verbots- oder Sittenwidrigkeit. Die Vollmachtserteilung ist nichtig, wenn sie gegen ein Verbotsgesetz verstößt oder sittenwidrig ist. Die Nichtigkeit des der Vollmacht zugrunde liegenden Rechtsgeschäfts wegen eines Verbots- oder Sittenverstoßes hat aufgrund des Abstraktionsprinzips (dazu Rn 4 und § 164 Rn 10 ff.) nicht *eo ipso* die Nichtigkeit der Vollmacht zur Folge; indes ist es möglich, dass beide Rechtsgeschäfte an ein und demselben Mangel leiden (Fehleridentität) oder ausnahmsweise (nämlich dann, wenn die Vollmacht mit dem Grundgeschäft nach dem Willen der Parteien zu einem einheitlichen Geschäft verbunden ist) gemäß § 139 miteinander „stehen und fallen".[65] Von besonderer praktischer Bedeutung ist die rechtliche Behandlung von Vollmachten, die im Zusammenhang mit Geschäftsbesorgungsverträgen (vor allem zur **Abwicklung eines Grundstückserwerbs im Rahmen eines Bauträgermodells**) erteilt wurden, die wegen **Verstoßes gegen Art 1 § 1 RBerG** nichtig sind.[66]

---

58 Im Erg. auch Bamberger/Roth/*Habermeier*, § 167 Rn 55; Jauernig/*Jauernig*, § 167 Rn 11; MüKo/*Schramm*, § 167 Rn 111 (hinsichtlich der Innenvollmacht); Soergel/*Leptien*, § 166 Rn 23.
59 So aber Staudinger/*Schilken*, § 167 Rn 82.
60 *Flume*, BGB AT Bd. 2, § 52, 5d (S. 872); wohl unstreitig.
61 Insoweit ist *Flume*, BGB AT Bd. 2, § 52, 5e (S. 873 f.) im Erg. zu folgen. Vgl. i.Ü. aber Rn 27.
62 Staudinger/*Schilken*, § 166 Rn 17.
63 *Flume*, BGB AT Bd. 2, § 52, 5d (S. 872); MüKo/*Schramm*, § 167 Rn 113; Soergel/*Leptien*, § 166 Rn 26; Staudinger/*Schilken*, § 167 Rn 80 m.w.N.
64 Wie vorige Fn.
65 Zur Verbindung zu einem einheitlichen Rechtsgeschäft BGHZ 102, 60, 62 = NJW 1988, 697; BGHZ 110, 363, 369 = NJW 1990, 1721; BGH NJW 2001, 3774, 3775.
66 Grundlegend zur Genehmigungsbedürftigkeit der Besorgung der rechtlichen Abwicklung eines Grundstückserwerbs nach Art. 1 § 1 Abs. 1 RBerG und zur Nichtigkeit im Falle fehlender Genehmigung BGHZ 145, 265 = NJW 2001, 70. Vgl. zum Ganzen auch *Nittel*, NJW 2002, 2599.

32 Der XI. Zivilsenat des BGH hatte die Nichtigkeit der Vollmacht zunächst nur auf § 139 und damit auf die Verknüpfung von Vollmacht und Geschäftsbesorgungsvertrag zu einem einheitlichen Geschäft nach dem Willen der Parteien gestützt.[67] Mittlerweile[68] hat sich der XI. Senat jedoch mit weiteren BGH-Senaten[69] der Rechtsprechung des III. Zivilsenats angeschlossen, der zufolge das Verbot unerlaubter Rechtsbesorgung nach der Zielsetzung des RBerG (Schutz des Rechtsuchenden vor unsachgemäßer Erledigung ihrer rechtlichen Angelegenheiten) auch auf die zur Ausführung des nichtigen Geschäftsbesorgungsvertrages erteilte Vollmacht zu beziehen ist.[70] Der Einwand, dass die Vollmachtserteilung ein einseitiges Rechtsgeschäft ist und das Verbot sich nicht gegen den Vollmachtgeber richtet,[71] tritt dabei hinter das Anliegen zurück, den unbefugten Rechtsberater daran zu hindern, seine verbotswidrige Tätigkeit durch den Gebrauch der Vollmacht durchzuführen. Dies gilt auch für die prozessuale Vollmacht, aufgrund derer der Bevollmächtigte im Namen des Vollmachtgebers die Unterwerfung unter die sofortige Zwangsvollstreckung (§ 794 Abs. 1 Nr. 5 ZPO) erklärt hat.[72] Indes schützt die Rechtsprechung Dritte, die auf den Bestand der Vollmacht vertraut haben, durch die Anwendung der Grundsätze über die Duldungs- und Anscheinsvollmacht (zweifelhaft, dazu Rn 84)[73] und, was die prozessuale Unterwerfungserklärung betrifft, dadurch, dass sie dem Darlehensnehmer, der sich zu der Unterwerfung schuldrechtlich verpflichtet hat, die Berufung auf deren Nichtigkeit nach § 242 verwehrt (dazu auch Rn 80).[74]

33 **7. AGB-Kontrolle.** Ungeachtet ihrer Natur als einseitiges Rechtsgeschäft unterliegt die formularmäßige Vollmachtserteilung der Kontrolle nach den Maßstäben der §§ 305 ff.[75] So hat die Rechtsprechung etwa die Wirksamkeit von Vollmachten, mit denen nicht oder nicht in dem vorgesehenen Umfang gerechnet werden musste, wegen ihres überraschenden Charakters abgelehnt[76] und Bevollmächtigungsklauseln in Wohnungsmietverträgen der Inhaltskontrolle unterworfen.[77]

II. Die Form der Vollmacht

34 **1. Der Grundsatz der Formfreiheit und seine Problematik.** Wie jedes Rechtsgeschäft ist die Erteilung einer Vollmacht prinzipiell formfrei, soweit nicht aufgrund rechtsgeschäftlicher Vereinbarung (dazu Rn 35) oder aufgrund Gesetzes (dazu Rn 36 f.) eine bestimmte Form gewahrt werden muss oder die Vollmacht Bestandteil eines formbedürftigen Rechtsgeschäfts ist.[78] Abs. 2 erstreckt den Grundsatz der Formfreiheit auf den besonderen Fall der Bevollmächtigung zur Vornahme formbedürftiger Rechtsgeschäfte. Diese Regelung beruht auf der im **Trennungsprinzip** (dazu Rn 3 und § 164 Rn 6) zum Ausdruck kommenden Verselbständigung des Rechtsgeschäfts der Vollmachtserteilung gegenüber dem Vertretergeschäft. Wie manch anderer Versuch, eine rechtliche Konstruktion um ihrer selbst willen durchzuhalten, führt allerdings auch die Konsequenz, mit der das Gesetz in Abs. 2 das Trennungsprinzip mit Blick auf die Formfrage verwirklicht, zu **Unzuträglichkeiten**: Gilt für das Rechtsgeschäft, auf dessen Vornahme sich die Vollmacht bezieht, eine **Formvorschrift, deren Zweck durch die Erteilung einer formlosen Vollmacht unterlaufen wird**, wäre es ein begriffsjuristischer Irrtum,[79] unter Hinweis auf die rechtliche Selbständigkeit der Vollmacht an deren Formfreiheit festhalten zu wollen. Vielmehr fehlt der postulierten Formfreiheit hier die materielle Rechtfertigung. Methodisch ist dieser Einsicht durch eine **teleologische Reduktion des Abs. 2** nach Maßgabe des Zwecks der für das Vertretergeschäft vorgeschriebenen Form Rechnung zu tragen.[80] Die nachfolgend (Rn 38 ff.) dargestellte Rechtsprechung setzt die vorzugswürdige Orientierung der teleologischen Reduktion am (Warn-)Zweck der Formvorschrift[81] allerdings (noch) nicht voll um, sondern stellt teilweise auf zusätz-

---

67 BGH NJW 2001, 3774, 3775; 2002, 2325, 2326.
68 Mit dem Urteil BGH NJW 2003, 2088, 2089; Andeutung schon in NJW 2002, 2325, 2326.
69 BGH (II. Zivilsenat) NJW 2003, 1252, 1254; (IV. Zivilsenat) NJW 2003, 1594, 1595; 2004, 59, 60; ferner als OLG Karlsruhe NJW 2003, 2690.
70 BGH NJW 2002, 66, 67.
71 So *Ganter*, WM 2001, 195; *Herrmanns*, DNotZ 2001, 6, 8 f.
72 BGH NJW 2003, 1594, 1595; NJW 2004, 59, 60.
73 Anwendbarkeit (wenn auch nicht Vorliegen) etwa bejaht in BGH NJW 2003, 2091, 2092 m.w.N.
74 BGH NJW 2004, 59, 61; 2004, 62, 63.
75 Erman/*Palm*, § 167 Rn 6; MüKo/*Schramm*, § 167 Rn 11; Staudinger/*Schilken*, § 167 Rn 13.
76 Beispiele: BGH NJW-RR 2002, 1312; OLG Frankfurt BB 1976, 1245.
77 Z.B. BGH NJW 1997, 3437 (Wirksamkeit einer wechselseitigen Empfangsbevollmächtigung mehrerer Mieter bejaht; krit. dazu *Schwab*, JuS 2001, 951).
78 Zur Vollmacht als Bestandteil eines formbedürftigen Rechtsgeschäfts *Rösler*, NJW 1999, 1150 m.w.N.
79 *Flume*, BGB AT Bd. 2, § 52, 2a (S. 861), nennt diese Haltung „doktrinär"; im Anschluss daran auch Staudinger/*Schilken*, § 167 Rn 20.
80 So auch Bamberger/Roth/*Habermeier*, § 167 Rn 4; Soergel/*Leptien*, § 167 Rn 11; Staudinger/ *Schilken*, § 167 Rn 20. Auf den Gesichtspunkt der Gesetzesumgehung stellen demgegenüber ab: Palandt/*Heinrichs*, § 167 Rn 2; RGRK/*Steffen*, § 167 Rn 4; *Herresthal*, JuS 2002, 844, 848.
81 Konsequent: *Flume*, BGB AT Bd. 2, § 52, 2 (S. 860 ff.); Staudinger/*Schilken*, § 167 Rn 20; restriktiver dagegen Erman/*Palm*, § 167 Rn 4; MüKo/*Schramm*, § 167 Rn 18; Palandt/*Heinrichs*, § 167 Rn 2; Soergel/*Leptien*, § 167 Rn 11.

liche Überlegungen, insbesondere darauf ab, ob der Vollmachtgeber schon durch die Vollmachtserteilung rechtlich und tatsächlich in der gleichen Weise gebunden wird wie durch den Abschluss des formbedürftigen Rechtsgeschäfts selbst; eine vollkommen einheitliche Linie scheint insoweit noch nicht gefunden.[82]

2. Gewillkürte Formbedürftigkeit der Vollmacht. Der Vollmachtgeber kann durch **Vereinbarung mit dem Vertreter oder mit dem Geschäftspartner** bestimmen, dass die zu erteilende Vollmacht einer bestimmten Form bedarf.[83] Ferner kann sich ein Formerfordernis aus der **Satzung einer juristischen Person** ergeben. Sieht die Satzung eine Form für bestimmte von den Organen abgeschlossene Rechtsgeschäfte vor, gilt das Formerfordernis regelmäßig auch für die von den Organen erteilte Vollmacht zum Abschluss solcher Rechtsgeschäfte.[84]

3. Gesetzliche Formbedürftigkeit der Vollmacht – Beispiele. Nach § 492 Abs. 4 S. 1 muss die vom Darlehensnehmer erteilte Vollmacht zum Abschluss eines **Verbraucherdarlehensvertrages** mit Ausnahme der Prozessvollmacht und der notariell beurkundeten Vollmacht (§ 494 Abs. 4 S. 2)[85] die für den Vertrag selbst geltenden Erfordernisse in Abs. 1 und 2 dieser Vorschrift wahren. Mit dieser Regelung hat der Gesetzgeber die vor dem 1.1.2002 lebhaft umstrittene und vom BGH[86] kurz zuvor noch anders (mit Blick auf § 4 Abs. 1 S. 4 VerbrKrG) beantwortete Frage entschieden. Für Kreditvollmachten, die vor dem 1.1.2002 erteilt wurden, gilt nach Art. 229 § 5 S. 1 EGBGB jedoch noch die alte Rechtslage. In analoger Anwendung von § 494 Abs. 4 sind zudem die Erfordernisse des § 655b Abs. 1 auf die Vollmacht zum Abschluss eines **Darlehensvermittlungsvertrages** zu erstrecken.[87]

Das BGB ordnet darüber hinaus die öffentliche Beglaubigung an für die Vollmacht zur **Ausschlagung einer Erbschaft** (§ 1945 Abs. 3), zur **Anfechtung der Annahme oder Ausschlagung einer Erbschaft** (§ 1955 S. 2 i.V.m. § 1945 Abs. 3) und zur **Ablehnung der fortgesetzten Gütergemeinschaft** (§ 1484 Abs. 2 S. 1 i.V.m. § 1945 Abs. 3). Die öffentliche Beglaubigung ist nach § 12 Abs. 2 S. 1 i.V.m. Abs. 1 HGB auch für die Vollmacht zur **Anmeldung zur Eintragung in das Handelsregister** vorgeschrieben.[88] Im **Gesellschaftsrecht** sehen § 47 Abs. 3 GmbHG, § 134 Abs. 3 AktG Formerfordernisse für die **Stimmrechtsvollmacht** und § 2 Abs. 2 GmbHG die notarielle Beurkundung oder öffentliche Beglaubigung der Vollmacht zur **GmbH-Gründung** vor.[89] **Keine Wirksamkeitsvoraussetzung** der Vollmacht, aber zu Nachweiszwecken geboten ist dagegen die Einhaltung der Formvorschriften von § 80 Abs. 1 ZPO, § 13 S. 3 FGG, §§ 71 Abs. 2, 81 Abs. 3 ZVG, § 29 Abs. 1 S. 1 GBO.[90]

4. Teleologische Reduktion des Abs. 2 bei formbedürftigem Vertretergeschäft – Beispiele. Im Vordergrund der Diskussion um Ausnahmen zum Grundsatz der Formfreiheit steht seit jeher die Vollmacht zum Abschluss von **Verträgen, die der notariellen Beurkundung nach § 311b Abs. 1 S. 1 (§ 313 S. 1 a.F.) bedürfen.** Nach dem derzeitigen Stand der Rechtsprechung, die insoweit bisher nicht allein auf den Warnzweck der Vorschrift abstellt, sondern zusätzliche Aspekte (insbesondere eine in der Vollmachtserteilung liegende, den Vertragsschluss gleichsam vorwegnehmende Bindung des Vollmachtgebers) berücksichtigt und sich dadurch klare Grenzziehungen erschwert (vgl. dazu die Kritik unter Rn 34), ist die Formbedürftigkeit zunächst zu bejahen, wenn die Vollmacht **unwiderruflich** (auch: zeitlich begrenzt unwiderruflich) erteilt worden ist.[91] Eine Bindung, die sich bereits aus einem Vorvertrag ergibt, ist nicht mit der Unwiderruflichkeit der

---

82 Vgl. unter den neueren Leitentscheidungen des BGH einerseits BGHZ 132, 119 = NJW 1996, 1467 (zu § 766) und andererseits BGHZ 138, 239 = NJW 1998, 1857 (zu § 1410).
83 Bamberger/Roth/*Habermeier*, § 167 Rn 12; *Rösler*, NJW 1999, 1150; Soergel/*Leptien*, § 167 Rn 10; Staudinger/*Schilken*, § 167 Rn 18.
84 Vgl. (jeweils mit Bezug auf die Satzung einer Sparkasse) RGZ 116, 247; 122, 351; 146, 42; außerdem die in der vorigen Fn Zitierten.
85 Bei bindenden notariellen Vollmachten soll nach Ansicht einiger Autoren (Staudinger/*Schilken*, § 167 Rn 26; *Herresthal*, JuS 2002, 844, 848 ff.) allerdings eine teleologische Reduktion von § 494 Abs. 4 S. 2 geboten sein.
86 BGHZ 147, 262, 265 m.w.N.
87 So bereits *Habersack/Schürnbrand*, WM 2003, 261, 263; Staudinger/*Schilken*, § 167 Rn 26; a.A. Palandt/*Sprau*, § 655b Rn 2.
88 Zu den Einzelheiten der Vertretung im Handelsregisterverfahren vgl. *Krafka/Willer*, Registerrecht, 6. Aufl. 2003, Rn 109 ff.
89 Zur analogen Anwendung von § 2 Abs. 2 GmbHG auf die Vollmacht zur Abgabe einer Übernahmeerklärung nach § 55 GmbHG vgl. Scholz/*Priester*, GmbHG, 2. Aufl. 2002, § 55 Rn 78; Altmeppen/*Roth*, GmbHG, 4. Aufl. 2003, § 55 Rn 19. Zur Formbedürftigkeit der Vollmacht zum Abschluss eines Vorvertrages zur Gründung einer GmbH vgl. (bejahend) Soergel/*Leptien*, § 167 Rn 9.
90 Soergel/*Leptien*, § 167 Rn 9; Staudinger/*Schilken*, § 167 Rn 20.
91 RGZ 81, 49, 51; BGH NJW 1952, 1210; WM 1974, 1230; BayObLG NJW-RR 1996, 848; OLG Karlsruhe NJW-RR 1986, 100; OLG München NJW-RR 189, 663; namentlich zur befristeten Unwideruflichkeit RGZ 108, 125, 127.

Vollmacht gleichzusetzen.[92] Ebenso wenig rechtfertigt die faktische Entschlossenheit des Vollmachtgebers, die Vollmacht nicht zu widerrufen, die Anwendung von § 311b Abs. 1 S. 1.[93]

39 Des Weiteren unterstellt die Rechtsprechung die Vollmacht der notariellen Form des § 311b Abs. 1 S. 1, wenn bei Nichtvornahme des Vertretergeschäfts dem Bevollmächtigten erhebliche **Nachteile** (etwa den Verfall einer Vertragsstrafe) entstehen können,[94] wenn er den **Anweisungen** des Geschäftspartners zu folgen gezwungen ist[95] oder wenn er vom Verbot des Insichgeschäfts nach § 181 befreit ist[96] und sich der Vollmachtgeber dadurch außerdem im Einzelfall bereits rechtlich oder faktisch so **gebunden** hat wie durch den Abschluss des Hauptvertrages.[97] Damit § 925 nicht umgangen wird, bedarf jenseits der ggf. unter § 311 Abs. 1 S. 1 fallenden Vollmacht zum Abschluss des schuldrechtlichen Geschäfts auch die **Auflassungsvollmacht** der Form, wenn sie dem Käufer erteilt wird.[98] Zudem wird im Schrifttum vertreten, dass bei der **Grundpfandrechtsbestellung** eine Vollmacht zur **Unterwerfung unter die sofortige Zwangsvollstreckung**, die der Eigentümer dem Grundpfandrechtsgläubiger unwiderruflich und unter Befreiung von § 181 erteilt, im Hinblick auf § 794 Abs. 1 Nr. 5 ZPO notariell zu beurkunden sei.[99] Der BGH hat dies bisher dahinstehen lassen und jedenfalls die Formbedürftigkeit einer widerruflichen Vollmacht zur Zwangsvollstreckungsunterwerfung (die nicht den §§ 164 ff., sondern den §§ 80 ff. ZPO unterfällt) abgelehnt.[100]

40 Die Vollmacht zur Abgabe eines **Bürgschaftsversprechens** ist – ebenso wie die nach §§ 164 ff. (analog) zu behandelnde Ermächtigung zur Ergänzung eines Blanketts – auf der Grundlage neuerer Rechtsprechung des BGH schriftlich zu erteilen, damit der Schutzzweck von § 766 gewahrt bleibt.[101] In der Literatur ist diese über die Formbedürftigkeit von Vollmachten zu Grundstücksgeschäften hinausgehende, da nur auf den Schutzzweck und nicht auf weitere Kriterien abstellende Judikatur teilweise kritisch aufgenommen bzw. einschränkend interpretiert worden.[102] Sie verdient jedoch Zustimmung, da sie einer nur an den Formzwecken orientierten teleologischen Reduktion von Abs. 2 (dazu Rn 34) den Boden bereitet.[103]

41 An der – vom BGH freilich nicht einheitlich beurteilten – Behandlung der Vollmachten zum Abschluss von Grundstücksgeschäften und zur Abgabe von Bürgschaftserklärungen hat sich auch die Bewertung der Formbedürftigkeit von Vollmachten zu anderen formgebundenen Rechtsgeschäften zu orientieren. Ungeachtet der Problematik, ob man – wie hier vertreten – die Frage nach den Formerfordernissen nur nach den jeweiligen Formzwecken beantwortet oder ob man zusätzlich eine vorweggenommene rechtliche oder faktische Bindung des Vollmachtgebers verlangt, gelten die zu § 311b Abs. 1 S. 1 und 766 entwickelten Grundsätze daher auch für Vollmachten zum Abschluss von **Verträgen nach § 311b Abs. 2 und 5**, zur Abgabe eines **Schenkungsversprechens,** zur **Übertragung eines Miterbenanteils** (§§ 2033, Abs. 1, 2037), zum **Erbverzicht** (§§ 2348, 2351, 2352) und zum **Erbschaftskauf** (§§ 2371, 2385).[104] Hinsichtlich der Vollmacht zum Abschluss eines **Ehevertrages** hat der BGH[105] entschieden, dass diese jedenfalls dann grundsätzlich keiner notariellen Beurkundung bedarf, wenn sie widerruflich erteilt wurde, und eine Übertragung der Rechtsprechung zur Blankobürgschaft – wohl zu Unrecht[106] – abgelehnt.

42 Ist einer Formvorschrift indes **keine Warnfunktion** zugunsten eines oder beider Beteiligten an dem formbedürftigen Rechtsgeschäft beizumessen, bedarf eine zum Abschluss eines solchen Rechtsgeschäfts erteilte Vollmacht **nicht der für das Vertretergeschäft vorgeschriebenen Form**, und es bleibt bei der Grundregel des Abs. 2. So dient § 781 nach der Rechtsprechung des BGH nur der Rechtssicherheit durch Schaffung klarer Beweisverhältnisse.[107] Wenn man sich dieser Funktionszuschreibung anschließt,[108] muss die Vollmacht zu einem **abstrakten Schuldanerkenntnis** nicht schriftlich erteilt werden. Ebenso wenig gilt das Schriftformerfordernis für die Erteilung einer Vollmacht zu einem **Mietvertrag**, für den § 550 die

---

92 BGH LM § 173 Nr. 1.
93 BGH NJW 1979, 2306, 2307.
94 BGH NJW 1971, 93; 1971, 557.
95 RGZ 97, 334; RGZ 108, 125, 126.
96 Darauf allein wird noch abgestellt in RGZ 104, 237; 108, 125; krit. Soergel/*Leptien*, § 167 Rn 12.
97 Zusätzlich zur Befreiung von § 181 wird dies verlangt in BGH NJW 1952, 1210; WM 1979, 579; 1979, 2306.
98 BGH DNotZ 1963, 672; OLG München NJW-RR 1989, 663, 665; OLG Schleswig MDR 2000, 1125, 1126. A.A. *Einsele*, DNotZ 1996, 835, 852.
99 *Rösler*, NJW 1999, 1150, 1151.
100 BGH NJW 2004, 844 f.
101 Vgl. BGHZ 132, 119, 124 f. (Fall der Blankobürgschaft).
102 Vgl. *Bayer*, DZWir 1996, 506; *Benedict*, Jura 1999, 78; Erman/*Palm*, § 167 Rn 4 m.w.N.; restriktiv hinsichtlich des Formzwangs auch MüKo/*Schramm*, § 167 Rn 27 f.; Soergel/*Leptien*, § 167 Rn 13.
103 Dafür schon *Flume*, BGB AT Bd. 2, § 52, 2b (S. 862 ff.); ebenso Staudinger/*Schilken*, § 167 Rn 20.
104 Vgl. zu diesen Fällen Erman/*Palm*, § 167 Rn 4; MüKo/*Schramm*, § 167 Rn 24, 26, 32; Soergel/*Leptien*, § 167 Rn 13; Staudinger/*Schilken*, § 167 Rn 26.
105 BGHZ 138, 239.
106 Für die Formbedürftigkeit auch *Einsele*, NJW 1998, 1206; *Vollkommer/Vollkommer*, JZ 1999, 522; Staudinger/*Schilken*, § 167 Rn 26; dem BGH stimmen dagegen zu: Erman/*Palm*, § 167 Rn 3; *Kanzleiter*, NJW 1999, 1612; MüKo/*Schramm*, § 167 Rn 29; Palandt/*Heinrichs*, § 167 Rn 2.
107 BGH NJW 1993, 584 f.
108 A.A. *Einsele*, DNotZ 1996, 835, 851 f.; Staudinger/*Schilken*, § 167 Rn 26.

Schriftform verlangt.[109] Nicht formbedürftig ist des Weiteren die Vollmacht zur Ausstellung und Begebung eines **Wechsels**.[110] Schließlich ist die bei der **Übertragung eines GmbH-Anteils** nach § 15 GmbHG zu wahrende Form gemäß ihrem Zweck, den marktmäßigen Handel von GmbH-Anteilen zu unterbinden, nur dann auf eine diesbezügliche Vollmacht zu erstrecken, wenn es sich um eine Blankovollmacht handelt.[111]

5. Folgen eines Formverstoßes. Ist eine Vollmacht wegen Formmangels nichtig (§ 125), finden die Regeln über die **Vertretung ohne Vertretungsmacht** (§§ 177 ff.) Anwendung, **es sei denn**, das Vorliegen der Vertretungsmacht lässt sich – was freilich Bedenken weckt – auf **Rechtsscheingrundsätze** stützen (dazu Rn 84).[112] Die Wirksamkeit des Geschäfts hängt damit von der **Genehmigung** durch den Vertretenen ab, welche nach ständiger, wenn auch nicht unbedenklicher Rechtsprechung gemäß § 182 Abs. 2 **formfrei** ist.[113] Wird die Genehmigung nicht erteilt, haftet der Vertreter nach § 179. Sieht die missachtete Formvorschrift vor, dass der Formmangel durch den Vollzug des Geschäfts **geheilt** werden kann (z.B. § 311b Abs. 1 S. 2: Auflassung und Eintragung; § 518 Abs. 2: Bewirkung der versprochenen Leistung), ist für die Heilung zu verlangen, dass das **Erfüllungsgeschäft** entweder **von dem Vertretenen selbst vorgenommen** oder **von ihm genehmigt** wird, während der bloße Vollzug durch den Vertreter für die Heilung nicht ausreicht, weil hierin keine Remedur für das dem Formzweck nicht genügende Handeln des Vertretenen (die formnichtige Bevollmächtigung) liegt.[114] Nicht geboten erscheint es indes, die Regeln über die Heilung auf die formnichtige Vollmacht überhaupt unangewendet zu lassen, um ein „Sonderrecht" für bestimmte Vollmachten zu vermeiden.[115] Beide Ansichten divergieren indes nur dann, wenn sich der Vollzugshandlung des Vertretenen bzw. seiner Genehmigung des Vollzugsgeschäfts nicht schon eine Genehmigung des ohne Vertretungsmacht abgeschlossenen Grundgeschäfts entnehmen lässt, was nicht selten der Fall sein wird.[116]

III. Der Umfang der Vollmacht

1. Allgemeines. Der Umfang der Vollmacht kann vom Vollmachtgeber grundsätzlich **privatautonom bestimmt** werden. Während das HGB für die – hier nicht näher zu behandelnden[117] – handelsrechtlichen Vollmachten gesetzliche Regelungen des Umfangs der jeweiligen Vollmacht vorsieht, die nur teilweise dispositiv sind, kennt das BGB keine diesbezüglichen Vorgaben. Welchen Umfang eine Vollmacht hat, ist demnach in Ermangelung (zwingender oder dispositiver) gesetzlicher Vorschriften allein eine Frage der **Auslegung nach den §§ 133, 157**, ggf. auch eine Frage ergänzender Auslegung. Bei der **Außenvollmacht** ist insoweit auf die (normativierte) **Sicht des Geschäftsgegners** abzustellen,[118] ebenso bei der nach außen **kundgegebenen** (§ 171) oder durch **Vorlage einer Urkunde** verlautbarten (§ 172) Innenvollmacht.[119] Bei der **reinen Innenvollmacht** kommt es dagegen auf die **Sicht des Bevollmächtigten** an;[120] soweit sich aus der Sicht des Geschäftsgegners ein anderes Verständnis des Umfangs der Innenvollmacht ergibt, ist allerdings dessen Schutz nach Rechtsscheingrundsätzen (dazu Rn 74 ff.) in Betracht zu ziehen. Wird die Vollmacht durch **Erklärung an die Öffentlichkeit** erteilt, ist schließlich nur die **objektive und verkehrsübliche Bedeutung** maßgeblich.[121]

Unter den im Allgemeinen (zu den Einzelfällen Rn 47 ff.) für die Auslegung des Umfangs der Vollmacht relevanten Aspekten sind vor allem die folgenden hervorzuheben: Ist die Vollmacht intern erteilt worden, können Inhalt und Zweck des **Innenverhältnisses** zwischen Vollmachtgeber und Bevollmächtigtem regelmäßig zur Bestimmung des Umfangs der Vollmacht herangezogen werden.[122] Der stellvertretungsrechtliche Abstraktionsgrundsatz lässt es indes nicht zu, die Übertragung der Grenzen des Innenverhältnisses auf die (Innen-)Vollmacht als zwingend anzusehen.[123] Die bei der Auslegung generell gebotene Berücksichtigung der Verkehrssitte ist insbesondere dann von Bedeutung, wenn eine **verkehrstypische, insbesondere bei bestimmten Berufsgruppen übliche Vollmacht** erteilt worden ist: Hier ist, soweit der Vollmachtgeber nichts

---

109 Flume, BGB AT Bd. 2, § 52, 2b (S. 862).
110 OLG Hamburg NJW-RR 1998, 407 f.; Flume, BGB AT Bd. 2, § 52, 2a (S. 861); Staudinger/Schilken, § 167 Rn 27.
111 BGHZ 13, 49, 53; 19, 69, 72; Rösler, NJW 1999, 1150, 1153; Soergel/Leptien, § 167 Rn 14; Staudinger/Schilken, § 167 Rn 27. A.A. (für generelle Formbedürftigkeit der Vollmacht) Flume, BGB AT Bd. 2, § 52, 2b (S. 862).
112 So etwa BGH NJW 1996, 1467, 1469; 1997, 312, 314; Soergel/Leptien, § 167 Rn 14; Staudinger/Schilken, § 167 Rn 23; kritisch Bülow, ZIP 1996, 1694; Keim, NJW 1996, 2774, 2775 f.
113 Dazu mit umfassender Darstellung des Meinungsstandes BGH NJW 1994, 1344, 1345 f.
114 BayObLG DNotZ 1981, 561; MüKo/Schramm, § 167 Rn 35; Staudinger/Schilken, § 167 Rn 24.
115 Soergel/Leptien, § 167 Rn 14.
116 So auch Soergel/Leptien, § 167 Rn 14.
117 Dazu näher die Darstellung von Drexl/Mentzel, Jura 2002, 289 (Teil I), 375 (Teil II).
118 BGH NJW-RR 2000, 745, 746; MüKo/Schramm, § 167 Rn 81; Staudinger/Schilken, § 167 Rn 85.
119 MüKo/Schramm, § 167 Rn 81.
120 MüKo/Schramm, § 167 Rn 80.
121 MüKo/Schramm, § 167 Rn 81.
122 Palandt/Heinrichs, § 167 Rn 5.
123 Staudinger/Schilken, § 167 Rn 85.

anderes festgelegt hat, vom verkehrsüblichen Umfang der Vollmacht auszugehen.[124] Die Einbeziehung von **Treu und Glauben** in die Auslegung der Vollmacht erfordert im Einzelfall Einschränkungen der Vollmacht gegenüber dem sich nach Wortlaut oder Verkehrssitte ergebenden Umfang, so etwa den Ausschluss von ganz ungewöhnlichen Geschäften aus dem Umfang einer Generalvollmacht.[125] Als allgemeine Maxime wird man schließlich mit der Rechtsprechung festhalten können: Bei **Zweifeln** über den Umfang einer Vollmacht ist der **geringere Umfang anzunehmen**, sofern der größere nicht nachgewiesen ist.[126]

46 Üblicherweise, allerdings ohne spezifische rechtliche Konsequenzen wird nach dem Umfang der Vollmacht unterschieden zwischen der **Spezialvollmacht**, die sich nur auf ein bestimmtes Rechtsgeschäft bezieht, der **Art- oder Gattungsvollmacht**, die zur Vornahme von Rechtsgeschäften einer bestimmten Art (Beispiel: Inkassovollmacht) oder in einem bestimmten Funktionskreis (Beispiel: Hausverwalter) berechtigt, und der **Generalvollmacht**, die grundsätzlich Vertretungsmacht für alle Rechtsgeschäfte vermittelt, bei denen die Stellvertretung zulässig ist. Auch der Generalvollmacht sind allerdings gewisse **Grenzen** gezogen: Im Wege der Auslegung sind ganz ungewöhnliche Geschäfte aus dem Umfang der Vollmacht auszugrenzen (dazu die vorige Rn). Auch der nicht rechtsgeschäftliche, persönliche Bereich des Vollmachtgebers (Einwilligungen zu Eingriffen in die körperliche Integrität und in die persönliche Freiheit) wird von einer (nur als solche erteilten) Generalvollmacht nicht eingeschlossen.[127] Mit Blick auf das Gesellschaftsrecht ist namentlich das Verbot der Fremdorganschaft als Grenze der Bevollmächtigung zu beachten.[128]

47 **2. Beispiele.** Die nachfolgend dargestellten, beispielhaften Einzelfälle geben, nach Sachgebieten geordnet, einen Überblick über die Beurteilung des Umfangs von typischen Vollmachten durch die Rechtsprechung. Bei der Bewertung vertretungsrechtlicher Fragen anhand dieses Anschauungsmaterials und der allgemeinen Auslegungsregeln ist allerdings stets zu beachten, dass dann, wenn das geprüfte Vertreterhandeln nicht von dem durch Auslegung bestimmten Umfang der Vollmacht gedeckt ist, noch die Möglichkeit einer auf Rechtsscheingrundsätze gegründeten Vollmacht in Betracht zu ziehen ist (dazu Rn 74 ff.).

48 **a) Bankverkehr.** Die Vollmacht zur Verfügung über ein **Bankkonto**[129] berechtigt den Bevollmächtigten regelmäßig zu Verfügungen mittels Schecks,[130] aber nicht zur Umwandlung des Kontos,[131] zu Kreditaufnahmen einschließlich Kontoüberziehungen[132] oder zur eigennützigen Verpfändung von Wertpapieren.[133] Andere Handlungen im Geschäftsbereich des Vollmachtgebers deckt die Bankvollmacht ebenfalls nicht.[134] **Bankangestellte**, die im Schalterdienst einer Bank beschäftigt sind, verfügen über die Vollmacht zur Erteilung von Auskünften (auch über Inhalt und Bedeutung der von der Bank verwendeten AGB) und zum Abschluss üblicher (Kassen-, Darlehens- und ähnlicher) Geschäfte.[135]

49 **b) Bauwirtschaft.** Die (ggf. stillschweigend erteilte) Vollmacht eines mit der Bauleitung betrauten **Architekten**[136] umfasst, wenn nicht gegenteilige Erklärungen vorliegen, in ihrem – von der Rechtsprechung nicht durchweg einheitlich, aber tendenziell eng[137] bewerteten – Mindestumfang insbesondere die Erteilung von Weisungen, das Aussprechen von Mängelrügen und die Erklärung von Vorbehalten gemäß § 16 Nr. 3 VOB/B,[138] die Entgegennahme von Erläuterungen zu Rechnungen[139] und die Abzeichnung von Stundenlohnnachweisen.[140] Sie deckt dagegen nicht die Vergabe von Aufträgen[141] (soweit es sich nicht um kleinere, im Rahmen der Planungsausführung oder aufgrund der Gegebenheiten der Baustelle notwendige Aufträge handelt[142]), die Abnahme von Bauleistungen[143] und rechtsgeschäftliche Handlungen (etwa ein Anerkenntnis) mit Bezug auf Schlussrechnungen.[144] Der **Baubetreuer** ist zum Abschluss von Verträgen mit Wirkung für den

---

124 Staudinger/*Schilken*, § 167 Rn 86.
125 Vgl. z.B. RGZ 52, 92, 100; OLG Frankfurt NJW-RR 1987, 482; ferner Palandt/*Heinrichs*, § 167 Rn 7; Soergel/*Leptien*, § 167 Rn 41; Staudinger/*Schilken*, § 167 Rn 87.
126 OLG Frankfurt NJW-RR 1987, 482 unter Hinweis auf RGZ 143, 196, 199; OLG Hamm DNotZ 1954, 38; BGH NJW 1978, 995 (mit Bezug auf die Architektenvollmacht); zust. Palandt/*Heinrichs*, § 167 Rn 5; Staudinger/*Schilken*, § 167 Rn 85.
127 OLG Düsseldorf NJW-RR 1997, 903.
128 Dazu m.w.N. Soergel/*Leptien*, § 167 Rn 41.
129 Literatur: *Canaris*, Bankvertragsrecht, 1. Teil, 3. Aufl. 1988, Rn 164 ff.
130 BGH WM 1986, 901.
131 OLG Hamm WM 1995, 152.
132 BGH MDR 1953, 346; OLG Hamm NJW 1992, 378; OLG Köln ZIP 2001, 1709, 1710 f.
133 BGH WM 1969, 112.
134 OLG Celle JW 1934, 992.
135 RGZ 86, 86; OLG Düsseldorf ZIP 1989, 493, 495; OLG Koblenz MDR 1994, 1110; näher Soergel/*Leptien*, § 167 Rn 43.
136 Literatur: *v. Craushaar*, BauR 1982, 421; *Pauly*, BauR 1998, 1143; *Quack*, BauR 1995, 441.
137 BGH NJW 1978, 995.
138 BGH NJW 1977, 1634; 1978, 1631.
139 BGH NJW 1978, 994.
140 Vgl. BGH NJW-RR 995, 80 (Bauleiter).
141 BGH MDR 1975, 834; OLG Stuttgart BauR 1994, 789; OLG Celle BauR 1997, 174.
142 BGH NJW 1960, 859.
143 OLG Düsseldorf NJW-RR 2001, 14, 15; a.A. LG Essen NJW 1978, 108.
144 BGH NJW 1960, 859; OLG Düsseldorf BauR 1996, 740.

Bauherrn (bei Bauherrengemeinschaft: nur anteilige Verpflichtung[145]) bevollmächtigt, wobei die Vollmacht nicht dadurch ausgeschlossen wird, dass der Baubetreuungsvertrag eine Verpflichtung zur schlüsselfertigen Erstellung zu einem Festpreis enthält.[146] Je nach Lage des Falles kann auch die Bestellung von Grundpfandrechten zur Baufinanzierung in den Umfang der Vollmacht fallen.[147] Die Vollmacht schließt indes nicht den Abschluss von Schiedsvereinbarungen zulasten des Bauherrn ein.[148] Hat der Unternehmer dagegen im Rahmen eines **Generalübernehmervertrages** Bauerrichtungs- und nicht nur Baubetreuungspflichten übernommen, kommt eine Vollmacht zur Erteilung von Aufträgen im Namen des Bauherrn regelmäßig nicht in Betracht; eine diesbezügliche Bevollmächtigung in den AGB des Unternehmers ist als überraschende Klausel im Sinne von § 305c Abs. 1 zu bewerten.[149]

c) Ehe und Familie. Aufgrund der **ehelichen Lebensgemeinschaft** oder der **Lebenspartnerschaft** als solcher wird eine wechselseitige Bevollmächtigung der Ehegatten bzw. Lebenspartner nicht begründet. Freilich ist (auch bei der Lebenspartnerschaft, § 8 Abs. 2 LPartG) die Verpflichtungsermächtigung nach § 1357 zu beachten. Ob eine **tatsächliche Vermutung** zugunsten einer Vertretung des Ehegatten (also auch für das Handeln in dessen Namen) besteht, ist mit Zurückhaltung zu beurteilen: Ausdrücklich verworfen hat der BGH etwa den angeblichen Erfahrungssatz, dass bei der Verlängerung eines langjährigen Landpachtvertrages ein Ehepartner in der Regel für den anderen mit unterzeichne.[150] Offen gelassen hat er dagegen, ob bei Mietverträgen über eine gemeinsame Ehewohnung eine tatsächliche Vermutung dafür spreche, dass die Unterschrift des Ehemannes auch im Namen der Ehefrau erfolgen sollte.[151] Bei **nichtehelichen Lebensgemeinschaften** darf, nicht anders als bei der Ehe, eine stillschweigende wechselseitige Bevollmächtigung der Partner nicht ohne besonderen Grund unterstellt werden. Soweit ein praktisches Bedürfnis nach einer (Mit-)Verpflichtung des nicht selbst rechtsgeschäftlich handelnden Partners bestehen sollte, empfiehlt sich daher eine ausdrückliche Vollmachtserteilung.[152] Mit Blick auf den möglichen Eintritt künftiger Betreuungsbedürftigkeit ist schließlich die **Vorsorgevollmacht** als praktisch besonders wichtiger Fall einer (oft, aber nicht notwendig) Familienangehörigen erteilten Vollmacht zu nennen, die sich außer auf die Vermögenssorge auch auf die Personensorge beziehen kann (wozu eine schlichte „Generalvollmacht" jedoch nicht genügt).[153]

d) Grundstücksgeschäfte. Die Erteilung einer **Vollmacht zur Veräußerung von Grundbesitz** kann ihrem Umfang nach zur Beauftragung eines Maklers berechtigen.[154] Ist die **Beratung des Kaufinteressenten** vom Grundstücksverkäufer **einem Makler überlassen**, so kann sich dessen stillschweigende Bevollmächtigung zum Abschluss eines Beratervertrags aus den Umständen ergeben. Für die Annahme einer stillschweigenden Bevollmächtigung reicht es nach der Rechtsprechung aus, dass die individuelle Beratung des Kaufinteressenten eine wesentliche Voraussetzung für den erfolgreichen Abschluss der Verkaufsbemühungen war.[155] Ist der beurkundende **Notar** mit dem Vollzug des Vertrages beauftragt und bevollmächtigt, die zu dem Vertrag notwendigen Genehmigungen einzuholen und namens der Vertragsschließenden entgegenzunehmen, so folgt daraus noch nicht seine Bevollmächtigung, eine vollmachtlos vertretene Partei zur Erklärung über die Genehmigung aufzufordern und dessen Erklärung hierüber entgegenzunehmen.[156] Die dem Notar erteilte Vollzugsvollmacht beschränkt sich auf die Vertragsdurchführung zwischen den Vertragsparteien. Nicht gedeckt ist daher die Auflassung an Dritte.[157] Ebenso wenig ist in der Regel davon auszugehen, dass die Vollzugsvollmacht dazu legitimiert, die Pflicht zur Verschaffung eines dinglichen Rechts durch die Pflicht zur Verschaffung eines obligatorischen Rechts zu ersetzen.[158]

e) Handel. Die **Vollmacht zum Abschluss eines Kaufvertrages** schließt nicht ohne weiteres die Vollmacht zur Einziehung oder Kreditierung des Kaufpreises ein.[159] In einem **Supermarkt** ist außer den Kassierern (vgl. § 56 HGB) auch der Filialleiter bevollmächtigt, Zahlungen entgegenzunehmen.[160] Beauftragt ein Händler in Reaktion auf eine **Mängelrüge** den Hersteller mit der „Abwicklung der Angelegenheit", kann man den Hersteller als bevollmächtigt ansehen, mit dem Kunden eine rechtsgeschäftliche Regelung zu treffen, die nicht außerhalb wirtschaftlich vernünftiger Erwägungen liegt.[161]

---

145 BGH NJW 1977, 294, 295.
146 BGHZ 67, 334; 76, 86, 90: Auslegung der Festpreiszusage als Garantie eines Preises, dessen Überschreitung eine Freistellungsverpflichtung des Baubetreuers auslöst.
147 BGH DB 1977, 398.
148 BGHZ 76, 86, 90.
149 BGH NJW-RR 2002, 1312.
150 BGH NJW 1994, 1649, 1650.
151 Hierfür OLG Düsseldorf WuM 1989, 362, 363.
152 Näher *Grziwotz*, FRP 2001, 45.
153 *Keilbach*, FamRZ 2003, 969; *Milzer*, NJW 2003, 1836.
154 BGH NJW 1988, 3012.
155 BGHZ 140, 111, 116 f.; BGH NJW 2001, 2021; 2003, 1811, 1812.
156 Näher § 177 Rn 30.
157 OLG Hamm NJW-RR 2001, 376.
158 BGH NJW 2002, 2863.
159 Erman/*Palm*, § 167 Rn 32.
160 OLG Karlsruhe MDR 1980, 849.
161 So vor dem Hintergrund von OLG Karlsruhe MDR 1983, 488, Soergel/*Leptien*, § 167 Rn 44.

53 **f) Rechtsangelegenheiten.** Für die einem Rechtsanwalt erteilte **Prozessvollmacht** sind die §§ 80 ff. ZPO maßgeblich.[162] Inwieweit damit eine Bevollmächtigung zu materiellrechtlichen Erklärungen mit Wirkung für den Vollmachtgeber verbunden ist, kann nur nach den Umständen des Einzelfalls und nach dem inneren Zusammenhang der abgegebenen Erklärung mit dem Gegenstand des Rechtsstreits beurteilt werden.[163] So umfasst die Prozessvollmacht im Räumungsprozess regelmäßig die Entgegennahme der Kündigung.[164] Wie bei der Prozessvollmacht lassen sich auch bei der **außergerichtlichen Vollmacht** über den Einzelfall hinaus keine allgemeine Regeln über den Vollmachtsumfang aufstellen.[165] Was den Kreis der Bevollmächtigten betrifft, ist festzuhalten, dass sich bei einer **Anwaltssozietät** die Bevollmächtigung im Zweifel auf alle sozietätszugehörigen Anwälte bezieht.[166]

IV. Die Gesamtvertretung

54 **1. Grundlagen.** Wenn (gesetzliche, organschaftliche oder rechtsgeschäftliche) Vertretungsmacht mehreren Personen zusteht und nur von allen oder nur von jeweils mehreren gemeinsam ausgeübt werden kann, spricht man von **Kollektiv- oder Gesamtvertretung.** Durch die (gesetzliche oder rechtsgeschäftliche) Anordnung der Gesamtvertretung wird das Risiko gesenkt, dass der Vertretene Opfer unzweckmäßigen oder sogar pflichtwidrigen Vertreterhandelns wird. Allerdings wird dieser Vorteil um den Preis einer nicht zu übersehenden Schwerfälligkeit in der Ausübung der Vertretungsmacht erkauft, die sich in der Rechtspraxis nur abmildern, aber nicht völlig beseitigen lässt (dazu Rn 57 ff.). **Besondere Fälle** sind die unechte und die halbseitige Gesamtvertretung. Als **unechte oder gemischte Gesamtvertretung** bezeichnet man die Beschränkung der Vertretungsmacht einer Person durch Gesamtvertretung mit einer Person, deren Vertretungsmacht auf einer anderen Grundlage beruht. Praktisch wichtigster Fall ist die unechte Gesamtprokura, bei der der Prokurist mit einem Gesellschafter, Geschäftsführer oder Vorstandsmitglied (oder jeweils mehreren) gesamtvertretungsberechtigt ist.[167] **Halbseitige Gesamtvertretung** ist dann gegeben, wenn ein Vertreter Einzelvertretungsmacht hat, während der andere nur zu gemeinschaftlichem Vertreterhandeln befugt ist.[168]

55 Bei der **organschaftlichen Vertretung juristischer Personen** ist die Gesamtvertretung der gesetzliche Regelfall (vgl. § 35 Abs. 2 S. 2 GmbHG, § 78 Abs. 2 AktG, § 25 Abs. 1 S. 1 GenG), ebenso bei der **GbR** (§§ 709, 714). Im Familienrecht sind die gesetzliche Vertretung durch die **Eltern** (§ 1629 Abs. 1) und ebenso die Vertretung durch mehrere **Vormünder** oder **Pfleger** (§§ 1775, 1797 Abs. 1, 1795) als Gesamtvertretung ausgestaltet. Gesamtvertretung kann des Weiteren auch bei der Erteilung einer **Vollmacht** angeordnet werden; ob dies der Fall ist, muss durch Auslegung der Vollmacht beantwortet werden.[169] Als Fälle gesetzlich angeordneter Gesamtvertretung (und nicht als Formvorschriften) sind schließlich auch die bei **Gemeinden und anderen Körperschaften des öffentlichen Rechts** anzutreffenden Erfordernisse einer gemeinsamen Unterschrift einzuordnen.[170]

56 **2. Ausübung der Gesamtvertretung.** Das gleichzeitige, gemeinsame Auftreten der Gesamtvertreter nach außen mag der Idealfall der Gesamtvertretung sein, ist aber praktisch oft nur schwer oder sogar überhaupt nicht in die Tat umzusetzen. Bei der Aktivvertretung hat die Rechtsprechung indes Milderungen anerkannt (dazu Rn 57 f.), und bei der Passivvertretung gilt eine solche Regel ohnehin nicht (dazu Rn 60).

57 **a) Aktivvertretung.** Ein gemeinsames, gleichzeitiges rechtsgeschäftliches Handeln der Gesamtvertreter dem Geschäftspartner gegenüber ist nach der Rechtsprechung nicht erforderlich: Die Gesamtvertreter können auch **nacheinander identische Erklärungen dem Empfänger gegenüber** abgeben.[171] Das Rechtsgeschäft wird dann mit der letzten Erklärung *ex nunc* wirksam.[172] Ebenso reicht es aus, wenn **nur ein Gesamtvertreter die Willenserklärung** im Namen des Vertretenen **abgibt** und **die anderen Gesamtvertreter** dem Empfänger der Erklärung oder auch dem handelnden Gesamtvertreter gegenüber ihre (ausdrückliche oder schlüssige) **Zustimmung (Einwilligung oder – zeitlich zurückwirkende**[173] **– Genehmigung) erteilen.**[174] Die

---

162 MüKo/*Schramm*, § 167 Rn 86; Soergel/*Leptien*, § 167 Rn 54.
163 BGH NJW 1992, 1963, 1964 m.w.N.
164 BGH NJW-RR 2000, 745.
165 So auch Soergel/*Leptien*, § 167 Rn 54.
166 BGH NJW-RR 1989, 1299.
167 Näher dazu *Roth*, in: Koller/Roth/Morck, HGB, 4. Aufl. 2003, § 48 Rn 18 ff.
168 Vgl. z.B. BGHZ 62, 166, 170.
169 Bamberger/Roth/*Habermeier*, § 167 Rn 38; Soergel/*Leptien*, § 164 Rn 28; Staudinger/*Schilken*, § 167 Rn 52.
170 BGHZ 32, 375; BGH NJW 1966, 2402, 2403; 1982, 1036.

171 RGZ 81, 325; BGH WM 1976, 1053; Erman/*Palm*, § 167 Rn 34; MüKo/*Schramm*, § 167 Rn 86; Soergel/*Leptien*, § 164 Rn 29.
172 Soergel/*Leptien*, § 164 Rn 29; Staudinger/*Schilken*, § 167 Rn 53.
173 MüKo/*Schramm*, § 164 Rn 92; Soergel/*Leptien*, § 164 Rn 29; a.A. Staudinger/*Schilken*, § 167 Rn 54.
174 RGZ 81, 325; 101, 343; 112, 215, 220; 118, 168, 170; BGH NJW 1968, 692; 1982, 1036, 1037; Bamberger/Roth/*Habermeier*, § 167 Rn 40; Erman/*Palm*, § 167 Rn 35; MüKo/*Schramm*, § 164 Rn 87; Soergel/*Leptien*, § 164 Rn 29; Staudinger/*Schilken*, § 167 Rn 54.

Zustimmung bedarf nach der Rechtsprechung nicht der Form des Rechtsgeschäfts,[175] und es ist auch nicht erforderlich, dass der zustimmende Gesamtvertreter mit den Einzelheiten des Geschäfts vertraut war.[176] Die Rechtsprechung und ein Teil der Literatur gehen allerdings davon aus, dass alle Gesamtvertreter **noch im Zeitpunkt der letzten Erklärung den Willen** haben müssen, **das Rechtsgeschäft gelten lassen zu wollen**, und halten vor diesem Hintergrund insbesondere die Willenserklärung des nach außen handelnden Vertreters für **widerruflich**.[177] Diese Position ist von anderen Stimmen des Schrifttums **zu Recht kritisiert** worden, denn der handelnde Gesamtvertreter muss nicht (nochmals) seine bereits in seiner Erklärung ausgedrückte Zustimmung zu dem Rechtsgeschäft erklären, um ihm Wirksamkeit zu verschaffen, so dass für einen Widerruf kein Raum ist.[178]

Wirksames rechtsgeschäftliches Handeln einzelner Gesamtvertreter kann außer durch Zustimmung auch durch die von den anderen Gesamtvertretern erteilte **Ermächtigung zur Vornahme bestimmter Rechtsgeschäfte** ermöglicht werden. Diese ist in einer Reihe besonderer Fälle (§§ 125 Abs. 2 S. 2, 150 Abs. 2 S. 1 HGB, §§ 78 Abs. 4, 269 Abs. 4 AktG, § 25 Abs. 3 GenG) gesetzlich vorgesehen und im Übrigen aufgrund einer Rechtsanalogie in allen Konstellationen der Gesamtvertretung als zulässig anzusehen.[179] Die Gesamtvertretungsmacht wird auf diese Weise zur Einzelvertretungsmacht erweitert.[180] Damit der Zweck der Gesamtvertretung (Rn 54) nicht unterlaufen wird, darf ein Gesamtvertreter dem anderen allerdings **keine generelle Ermächtigung** zur Ausübung der Gesamtvertretung erteilen.[181] Außer den §§ 182 ff. findet auf die Ermächtigung § 174 analoge Anwendung.[182]

58

Zur **Zurechnung von Willensmängeln, Kenntnis und Kennenmüssen** bei der Gesamtvertretung siehe § 166 Rn 4.

59

b) Passivvertretung. Eine an den Vertretenen gerichtete, empfangsbedürftige Willenserklärung wird schon durch **Zugang bei nur einem Gesamtvertreter** wirksam. Dies ist gesetzlich vorgesehen in § 28 Abs. 2 BGB, § 125 Abs. 2 S. 3, Abs. 3 S. 2 HGB, § 78 Abs. 2 S. 2 AktG und § 35 Abs. 2 S. 3 GmbHG, aber im Wege der Rechtsanalogie zu einer allgemeinen Regel zu erweitern.[183] Hiermit harmoniert die Entscheidung des BGH, derzufolge die rechtlichen Folgen des **Schweigens auf ein kaufmännisches Bestätigungsschreiben** auch dann eintreten, wenn nur ein Gesamtvertreter das Schreiben erhalten hat und weder der Vertretene noch die anderen Gesamtvertreter davon wussten.[184]

60

V. Die Untervollmacht

1. Grundlagen. Eine Vollmacht, die ein Vertreter erteilt, wird „Untervollmacht" genannt, und zwar unabhängig davon, ob sich die Vertretungsmacht des die Vollmacht erteilenden Hauptvertreters ihrerseits auf eine Vollmacht des Vertretenen (die sog. **„Hauptvollmacht"**) gründet oder ob sie gesetzlicher oder organschaftlicher Natur ist. Von der Untervollmacht ist die **Ersatzvollmacht** zu unterscheiden, mit der keine mehrstufige Vertretungsbeziehung gemeint ist, sondern eine Konstellation, in der bei fortbestehender ursprünglicher Vollmacht eine andere Person an die Stelle des ursprünglich Bevollmächtigten tritt. Weil – entgegen dem durch die § 52 Abs. 2, 58 HGB nahe gelegten Verständnis – eine Übertragung der Vollmacht richtigerweise nicht in Betracht kommt (dazu schon Rn 6),[185] lässt sich das Ziel einer Ersatzbevollmächtigung nur auf anderem Wege erreichen: Während der gesetzliche oder organschaftliche Vertreter sich seiner Vertretungsmacht nicht begeben kann, steht es dem Inhaber einer Hauptvollmacht offen, zugleich mit der Erteilung der Untervollmacht auf die Hauptvollmacht zu verzichten (dazu auch Rn 10).[186] Im Ergebnis kommt der Untervollmacht dann die Wirkung einer Ersatzvollmacht zu.

61

---

175 RGZ 81, 235; 118, 168, 170.
176 RGZ 101, 343.
177 RGZ 81, 325, 329; 101, 343; BGH WM 1959, 672; 1976, 1053; Erman/*Palm*, § 167 Rn 35; RGRK/ *Steffen*, vor § 164 Rn 21; Soergel/*Leptien*, § 164 Rn 29.
178 MüKo/*Schramm*, § 164 Rn 92; Staudinger/*Schilken*, § 167 Rn 54.
179 Wohl unstreitig; vgl. etwa MüKo/*Schramm*, § 164 Rn 88; Soergel/*Leptien*, § 164 Rn 29; Staudinger/ *Schilken*, § 167 Rn 55.
180 BGHZ 64, 72, 75; BGH NJW-RR 1986, 778; BAG NJW 1981, 2374.
181 BGH NJW-RR 1986, 778; BAG NJW 1981, 2374; MüKo/*Schramm*, § 164 Rn 88; Soergel/*Leptien*, § 164 Rn 29; Staudinger/*Schilken*, § 167 Rn 55.

182 BAG NJW 1981, 2374; MüKo/*Schramm*, § 164 Rn 91; Soergel/*Leptien*, § 164 Rn 29; Staudinger/ *Schilken*, § 167 Rn 55.
183 RGZ 53, 227, 230 f. (Wechselprotest); BGHZ 62, 166, 173; Erman/*Palm*, § 167 Rn 37; MüKo/ *Schramm*, § 164 Rn 94; Soergel/*Leptien*, § 164 Rn 28; Staudinger/*Schilken*, § 167 Rn 56.
184 BGHZ 20, 149, 153.
185 Wie hier etwa MüKo/*Schramm*, § 167 Rn 93; Soergel/*Leptien*, § 167 Rn 63; a.A. insbesondere *Frey*, passim.
186 So auch Bamberger/Roth/*Habermeier*, § 167 Rn 31; MüKo/*Schramm*, § 167 Rn 93; Soergel/*Leptien*, § 167 Rn 63; Staudinger/*Schilken*, § 167 Rn 60. A.A. RGRK/*Steffen*, § 168 Rn 1; Erman/*Palm*, § 168 Rn 1.

62 Nach der **Rechtsprechung** sind **zwei verschiedene Gestaltungen** der Untervollmacht möglich: Zum einen kann der Hauptvertreter den Unterbevollmächtigten zum Vertreter des Vertretenen bestellen, indem er die Vollmacht im Namen des Vertretenen erteilt. Zum anderen kann der Unterbevollmächtigte Vertreter des Hauptvertreters sein.[187] Treten im ersten Fall die Wirkungen des rechtsgeschäftlichen Handelns des Unterbevollmächtigten unmittelbar in der Person des Vertretenen ein, so sollen diese Wirkungen im zweiten Fall – mit den Worten des BGH – „gleichsam gemäß den beiden Vollmachtsverhältnissen durch den (Haupt-)Vertreter hindurch(gehen)".[188]

63 In der **Literatur** wird die erste Variante der Untervollmacht einhellig anerkannt; die zweite wird dagegen aus verschiedenen Erwägungen überwiegend abgelehnt:[189] Insbesondere wird die Durchgangskonstruktion als „Mystizismus" kritisiert, denn der Unterbevollmächtigte habe nur seine Legitimation vom Hauptvertreter, während das auf dieser Grundlage geschlossene Geschäft in jedem Fall unmittelbar eines des Vertretenen sei und mit dem Hauptvertreter nichts zu tun habe.[190] Überdies sei eine „Vertretung des Vertreters" mit dem Offenheitsgrundsatz des Stellvertretungsrechts nicht zu vereinbaren.[191] Letzteres trifft allerdings nicht zu, weil die Rechtsprechung nicht davon absieht, dass der Unterbevollmächtigte die Vertretereigenschaft des Hauptvertreters offen zu legen hat.[192] Es bleibt aber bei dem Kritikpunkt, dass es sich bei der „Durchleitung" der Vertretungswirkungen durch die Person des Hauptvertreters um ein gesetzesfremdes Konstrukt handelt. In der **Praxis** kann die Streitigkeit indes wohl in aller Regel **unentschieden** bleiben. So soll sich die Bedeutung der Durchgangskonstruktion angeblich bei der Behandlung des Falls zeigen, in dem die Hauptvollmacht nicht besteht:[193] Auf diesen Fall mangelnder Vertretungsmacht soll sich bei Zugrundelegung der Durchgangskonstruktion die Haftung des seine Untervollmacht offen legenden und damit als „Vertreter des Vertreters" auftretenden Unterbevollmächtigten nach § 179 nicht erstrecken. Doch lässt sich dieses Ergebnis ebenso auf der Grundlage der vom überwiegenden Schrifttum vertretenen Ansatzes erzielen (dazu Rn 73).

64 **2. Zulässigkeit.** Die **gesetzliche Vertretungsmacht** umfasst grundsätzlich auch die Erteilung von Untervollmachten.[194] Allerdings mögen im Einzelfall gesetzliche Bestimmungen (z.B. § 1595 Abs. 2) entgegenstehen.[195] Darüber hinaus wäre es regelmäßig mit dem Zweck der gesetzlichen Vertretung unvereinbar, wenn die Untervollmacht dem Vertretenen erteilt würde.[196] Auch im Rahmen **organschaftlicher Vertretungsmacht** kann prinzipiell Untervollmacht erteilt werden. Allerdings ist es einem GmbH-Geschäftsführer verwehrt, eine Untervollmacht zu erteilen, durch die der Bevollmächtigte an die Stelle des Geschäftsführers gesetzt wird.[197] Überhaupt wird man bei organschaftlicher Vertretung eine Unterbevollmächtigung von Nichtorganen, die den Umfang einer Generalvollmacht hat, abzulehnen haben.[198] Bei der **gewillkürten Vertretung** ist die Zulässigkeit der Untervollmacht schließlich primär eine Frage der **Auslegung** der (Haupt-)Vollmacht. Hat der Vollmachtgeber keine ausdrückliche Regelung über die Erteilung von Untervollmachten durch den Bevollmächtigten getroffen, ist darauf abzustellen, ob er erkennbar ein Interesse daran hat, dass der Bevollmächtigte die ihm eingeräumte Vertretungsmacht persönlich wahrnimmt.[199] Dies ist bei der Innenvollmacht aus der Sicht des (Haupt-)Bevollmächtigten und bei der Außenvollmacht aus der Sicht der Dritten zu beurteilen, die Adressaten der Erklärung sind (dazu auch oben Rn 44). Als **Faustregel** kann man festhalten: Eine Generalvollmacht legitimiert oft die Erteilung von (begrenzten) Untervollmachten, eine Spezialvollmacht dagegen nicht.[200] In besonderen Fällen sind der Erteilung einer Untervollmacht durch den Bevollmächtigten darüber hinaus **gesetzliche Grenzen** gezogen: Beispielsweise ist den §§ 48, 52 Abs. 2 HGB zu entnehmen, dass ein Prokurist seinerseits keine Prokura als Untervollmacht erteilen kann.[201] Weitere Verbote der Unterbevollmächtigung ergeben sich etwa aus § 58 HGB, § 135 Abs. 3 AktG, §§ 52 Abs. 1

---

187 RGZ 108, 405, 407; BGHZ 32, 250, 253; BGH NJW 1977, 1535.
188 BGHZ 32, 250, 254.
189 Gegen die Rspr.: Bamberger/Roth/*Habermeier*, § 167 Rn 28 f.; *Flume*, BGB AT Bd. 2, § 49, 5 (S. 837); *Gerlach*, S. 46, 55, 62, 106 f.; MüKo/*Schramm*, § 167 Rn 96 f.; Palandt/*Heinrichs*, § 167 Rn 12; *Petersen*, Jura 1999, 401 f.; *Siebenhaar*, AcP 162 (1962), 354; Staudinger/*Schilken*, § 167 Rn 62; zust. jedoch *Bork*, BGB AT, Rn 1447; Erman/*Palm*, § 167 Rn 41.
190 So *Flume*, BGB AT Bd. 2, § 49, 5 (S. 837).
191 So RGRK/*Steffen*, § 167 Rn 21; Soergel/*Leptien*, § 167 Rn 60; Staudinger/*Schilken*, § 167 Rn 62.
192 Zutr. MüKo/*Schramm*, § 167 Rn 96.
193 Hierauf verweist etwa Erman/*Palm*, § 167 Rn 42.
194 Statt vieler *Flume*, BGB AT Bd. 2, § 49, 5 (S. 836).
195 MüKo/*Schramm*, § 167 Rn 101; Soergel/*Leptien*, § 167 Rn 58.
196 *Gerlach*, S. 93; Staudinger/*Schilken*, § 167 Rn 66.
197 BGH WM 1976, 1246; 1978, 1048.
198 BGHZ 34, 27, 31; BGH NJW 1977, 199; MüKo/*Schramm*, § 167 Rn 101; Staudinger/*Schilken*, § 167 Rn 65.
199 BGH WM 1959, 377; OLG München WM 1984, 834; MüKo/*Schramm*, § 167 Rn 102; Staudinger/*Schilken*, § 167 Rn 63.
200 Vgl. hierzu etwa *Flume*, BGB AT Bd. 2, § 49, 5 (S. 836).
201 Statt vieler *Roth*, in: Koller/Roth/Morck, HGB, 4. Aufl. 2003, § 52 Rn 5.

und 53 Abs. 2 BRAO, außerdem aus § 181 für den Fall, dass der Bevollmächtigte die Untervollmacht zur Vornahme eines sonst unter § 181 fallenden Geschäfts erteilt.[202]

3. Außen- und Innenverhältnis. Im **Außenverhältnis** tritt der Untervertreter entweder unter Offenlegung der Untervertretung als Vertreter des Hauptvertreters (dessen Vertretereigenschaft gleichfalls offen gelegt werden muss) oder direkt für den Vertretenen auf. Für die rechtliche Konstruktion der Untervertretung ist richtigerweise ohne Belang, welche Möglichkeit der Untervertreter wählt (dazu Rn 63). Indes spielt die Offenlegung der Untervertretung bei mangelnder Vertretungsmacht für die Haftung des Untervertreters nach § 179 eine Rolle (dazu Rn 73). Weil es der Untervertreter ist, der die für und gegen den Vertretenen wirkende Willenserklärung abgibt, kommt es nach § 166 Abs. 1 auf seine Person an, was Willensmängel, Kenntnis und Kennenmüssen betrifft. Unterlag der Untervertreter bei Abgabe seiner Erklärung den Weisungen des Hauptvertreters, findet allerdings § 166 Abs. 2 Anwendung.[203]

Im **Innenverhältnis** ist der Untervertreter regelmäßig nur dem Hauptvertreter und dieser wiederum dem Vertretenen vertraglich verbunden, es sei denn, der Hauptvertreter hat im Rahmen seiner Vertretungsmacht im Namen des Vertretenen eine rechtsgeschäftliche Beziehung zwischen diesem und dem Untervertreter begründet. Ist Letzteres nicht der Fall, kann die Beziehung des Untervertreters zum Vertretenen nach den Regeln über die **Geschäftsführung ohne Auftrag** zu beurteilen sein.[204] Darüber hinaus kann der Hauptvertreter dem Vertretenen für das Verhalten des Untervertreters verantwortlich sein. Ist das Innenverhältnis zwischen Hauptvertreter und Vertretenem ein Auftrag, beschränkt sich die Haftung des beauftragten Hauptvertreters allerdings nach § 664 Abs. 1 auf ein Verschulden bei der Auswahl des Untervertreters, wenn es sich bei dessen Einschaltung um eine **erlaubte Substitution** handelte. Obwohl § 675 nicht auf § 664 verweist, wird vertreten, dass die Regelung entsprechend auf Geschäftsbesorgungsverträge anzuwenden sei.[205]

4. Die Untervollmacht in ihrem Verhältnis zur Hauptvollmacht. Die Untervollmacht zeichnet sich dadurch aus, dass sie dem Bevollmächtigten eine aus einer weiteren Vollmacht, der Hauptvollmacht, abgeleitete Legitimation vermittelt. Dadurch wird die Untervollmacht in ein Abhängigkeitsverhältnis zur Hauptvollmacht gestellt. Insoweit ist zwischen der Erteilung der Untervollmacht und ihrem Fortbestand zu differenzieren.

a) Erteilung der Untervollmacht. Der Hauptbevollmächtigte kann eine Untervollmacht nur erteilen, wenn und soweit er im Zeitpunkt der Erteilung über eine Hauptvollmacht verfügt, welche die Unterbevollmächtigung deckt. Ob dies der Fall ist, ist allein eine Frage der **Auslegung der Hauptvollmacht**. Dabei ist es durchaus denkbar, dass die Befugnis des Hauptbevollmächtigten zur Erteilung von Untervollmachten weiter reicht als seine Befugnis, selbst Rechtsgeschäfte für den Vertretenen abzuschließen. Vor diesem Hintergrund ist das **Prinzip, dass die Untervollmacht nicht weitergehen kann als die Hauptvollmacht**, nicht als zwingender Rechtssatz, sondern als **Auslegungsregel** einzuordnen.[206] Das heißt: Soweit sich der Hauptvollmacht kein anderweitiger Wille des Vollmachtgebers entnehmen lässt, ist der Hauptbevollmächtigte bei der Erteilung einer Untervollmacht auf den gegenständlichen Bereich seiner Hauptvollmacht beschränkt.[207] Entsprechendes gilt für eine Befristung der Hauptvollmacht und für die Beschränkung des Hauptvertreters nach § 181: Dadurch wird nicht notwendig die Erteilung einer „überschießenden" Untervollmacht ausgeschlossen, die unbefristet ist bzw. den Untervertreter vom Verbot des Selbstkontrahierens befreit. Jedoch hat man in Ermangelung einer – durch Auslegung zu ermittelnden – abweichenden Entscheidung des Hauptbevollmächtigenden davon auszugehen, dass der Hauptvertreter nicht dazu befugt ist, eine unbefristete Untervollmacht zu erteilen oder den Untervertreter von § 181 zu befreien, wenn seine eigene Vollmacht befristet und er selbst an § 181 gebunden ist.[208]

b) Fortbestand und Erlöschen der Untervollmacht. Für das **Erlöschen der Untervollmacht als solcher** gelten zunächst die – in der Kommentierung zu § 168 näher erläuterten – allgemeinen Regeln über das Erlöschen der Vollmacht. Den **Widerruf** der Untervollmacht kann dabei außer dem Hauptvertreter (der hier ebenso wie bei der Erteilung der Untervollmacht im Namen des Vertretenen handelt) auch der Vertretene selbst erklären, soweit die Hauptvollmacht ihrerseits widerruflich ist.[209] Hiervon zu unterscheiden

---

202 RGZ 108, 405; MüKo/*Schramm*, § 167 Rn 102; Staudinger/*Schilken*, § 167 Rn 64.
203 MüKo/*Schramm*, § 167 Rn 100; Staudinger/*Schilken*, § 167 Rn 72.
204 Staudinger/*Schilken*, § 167 Rn 70.
205 Hierfür Staudinger/*Schilken*, § 167 Rn 71 m.w.N.
206 Zutr. *Bous*, RNotZ 2004 (im Erscheinen); MüKo/*Schramm*, § 167 Rn 103; a.A. offenbar Bamberger/Roth/*Habermeier*, § 167 Rn 35; Soergel/*Leptien*, § 167 Rn 61; Staudinger/*Schilken*, § 167 Rn 67.
207 Vgl. KG HRR 1941 Nr. 468.
208 *Bous*, RNotZ 2004 (im Erscheinen); anders, nämlich wiederum nicht auf den Charakter dieses Satzes als Auslegungsregel abstellend, Bamberger/Roth/*Habermeier*, § 167 Rn 35; Staudinger/*Schilken*, § 167 Rn 67.
209 *Flume*, BGB AT Bd. 2, § 49, 5 (S. 837).

ist die Frage nach dem **Schicksal der Untervollmacht nach Erlöschen der Hauptvollmacht**: Entgegen einer älteren, im Schrifttum vertretenen Ansicht erlischt die Untervollmacht in diesem Fall nicht *eo ipso*.[210] Vielmehr kommt es wiederum (siehe schon Rn 68) darauf an, ob die **Auslegung der Hauptvollmacht** nach Maßgabe der §§ 133, 157 ergibt, ob der Hauptbevollmächtigte dazu legitimiert ist, eine Untervollmacht zu erteilen, die seine eigene (Haupt-)Vollmacht überdauern soll. So wird man etwa in Ermangelung einer ausdrücklichen Bestimmung durch den Vertretenen davon ausgehen können, dass Durchführungs- oder Vollzugsvollmachten, die eine (haupt-)bevollmächtigte Partei bei Abschluss eines Grundstücksgeschäfts den Mitarbeitern des beurkundenden Notars als Untervollmachten erteilt, auch dann fortbestehen, wenn die Hauptvollmacht (etwa wegen Fristablaufs) erlischt.[211] Dagegen ist in der Regel anzunehmen, dass Untervollmachten, die auf der Grundlage einer General- oder Vorsorgevollmacht erteilt wurden, mit dieser erlöschen.[212]

70 **5. Die Anwendung der §§ 177 ff. auf Fälle fehlender oder unwirksamer Haupt- oder Untervollmacht.** Damit das rechtsgeschäftliche Handeln des Untervertreters Wirkung für den Vertretenen entfaltet, muss die Untervollmacht im Zeitpunkt der Vornahme des Rechtsgeschäfts und die Hauptvollmacht im Zeitpunkt der Erteilung der Untervollmacht (dazu Rn 68) wirksam gewesen sein. Ist mindestens eine von beiden Vollmachten zum jeweils relevanten Zeitpunkt unwirksam oder fehlt sie, handelte der Untervertreter ohne Vertretungsmacht und es finden die §§ 177 ff. Anwendung.

71 **a) Genehmigung nach § 177.** Bei **fehlender oder unwirksamer Untervollmacht** kann der Vertretene das von dem Untervertreter abgeschlossene Geschäft nach § 177 genehmigen, und zwar unabhängig davon, ob der Untervertreter unmittelbar im Namen des Vertretenen oder unter Offenlegung der Untervertretung als „Vertreter des (Haupt-)Vertreters" aufgetreten ist.[213] Darüber hinaus kann der Hauptvertreter im Namen des Vertretenen das Geschäft genehmigen, wenn er hierzu Vertretungsmacht hat. Bei **fehlender oder unwirksamer Hauptvollmacht** kann die Wirksamkeit des Geschäfts dagegen allein durch die Genehmigung des Vertretenen herbeigeführt werden.

72 **b) Haftung nach § 179.** Auch insoweit ist zwischen Haupt- und Untervollmacht zu unterscheiden. **Fehlt nur eine wirksame Untervollmacht** (während die Hauptvollmacht wirksam ist), haftet der Untervertreter seinem Geschäftspartner nach **§ 179**. Die Haftung entfällt, wenn der Hauptvertreter das Handeln des Untervertreters genehmigt (dazu Rn 71), und zwar auch dann, wenn die Hauptvollmacht mangelhaft war.[214]

73 **Fehlt eine wirksame Hauptvollmacht**, ist die Haftung des Untervertreters als vollmachtloser Vertreter **umstritten**: Nach der **Rechtsprechung** haftet **nur der Hauptvertreter, nicht aber der Untervertreter**, wenn der Untervertreter bei der Vornahme des Rechtsgeschäfts die **Untervertretung offen gelegt** hat.[215] Die **Literatur** schließt sich dem im Ergebnis, wenn auch nicht in der Begründung überwiegend an.[216] Die Gegenstimmen im Schrifttum bejahen dagegen eine (neben die Haftung des vollmachtlosen Hauptvertreters tretende) Haftung des Untervertreters unabhängig von der Offenlegung.[217] Richtigerweise hängt die Beantwortung der Frage nicht davon ab, ob man die von der Rechtsprechung angenommenen Unterscheidung zwischen der unmittelbaren Vertretung des Geschäftsherrn und der Vertretung des Hauptvertreters teilt (dazu Rn 63). Vielmehr kommt es darauf an, Grund und Grenzen der Haftung aus § 179 zutreffend zu erfassen. Den Vertreter ohne Vertretungsmacht trifft danach eine ihm durch Gesetz auferlegte Haftung für die (konkludente) Behauptung der Vertretungsmacht, die seinem rechtsgeschäftlichen Auftreten für den Vertretenen zu entnehmen ist (dazu § 179 Rn 1 f.). Deckt der Untervertreter dem Geschäftspartner gegenüber auf, dass er auf der Grundlage einer Untervollmacht handelt, die ihm von dem Hauptvertreter erteilt wurde, darf der Partner dem Auftreten des Untervertreters nicht die Behauptung entnehmen, dass außer der Untervollmacht auch die Vertretungsmacht des Hauptvertreters bestehe, zumal der Untervertreter die Hauptvertretungsmacht nicht leichter als der Geschäftspartner überprüfen kann.[218] Vielmehr übermittelt der die Vertretungsverhältnisse offen legende Untervertreter insoweit nur die in der Erteilung der Untervollmacht liegende Behauptung

---

210 So aber *Gerlach*, S. 76; wie hier die neuere Literatur, etwa *Bous*, RNotZ 2004 (im Erscheinen); Soergel/*Leptien*, § 167 Rn 61; Staudinger/*Schilken*, § 167 Rn 68.
211 *Bous*, RNotZ 2004 (im Erscheinen) (dort auch weitere Beispiele).
212 BGH WM 1959, 377; *Bous*, RNotZ 2004 (im Erscheinen).
213 MüKo/*Schramm*, § 167 Rn 98.
214 BGH BB 1963, 1193.
215 BGHZ 32, 250, 254; 68, 391, 396; OLG Köln NJW-RR 1996, 212.
216 Im Erg. wie die Rspr.: Bamberger/Roth/*Habermeier*, § 167 Rn 34; *Flume*, BGB AT Bd. 2, § 49, 5 (S. 838 f.); *Larenz/Wolf*, BGB AT, § 49 Rn 29 f., 32; Palandt/*Heinrichs*, § 167 Rn 12; MüKo/*Schramm*, § 167 Rn 99; *Petersen*, Jura 1999, 401, 402 f.; Staudinger/*Schilken*, § 167 Rn 73.
217 Erman/*Palm*, § 167 Rn 44; RGRK/*Steffen*, § 167 Rn 21; Soergel/*Leptien*, § 167 Rn 62.
218 Die zuletzt genannte Erwägung findet sich auch in BGHZ 32, 250, 254.

des Hauptvertreters, seinerseits über Vertretungsmacht zu verfügen. Dieser Auslegung der Erklärung des Untervertreters entspricht es, im Anschluss an die Rechtsprechung bei Offenlegung der Untervertretung nur den Hauptvertreter und nicht den Untervertreter nach § 179 für das Fehlen der Hauptvertretungsmacht einstehen zu lassen.

VI. Die Duldungs- und die Anscheinsvollmacht

1. Grundlagen. Die unter dem Begriff „**Rechtsscheinvollmacht**" zusammengefassten[219] Figuren der Duldungs- und der Anscheinsvollmacht sind von der Rechtsprechung[220] als außerhalb der Lehre vom Rechtsgeschäft stehende **Instrumente des positiven Vertrauensschutzes** entwickelt und bisher gegen die anhaltende Kritik zwar nicht des überwiegenden, aber doch eines gewichtigen Teils des Schrifttums[221] gerade auch außerhalb des kaufmännischen Rechtsverkehrs behauptet worden.[222] **Grundgedanke** der Rechtsscheinvollmacht ist die Vorstellung, dass dann, wenn der Vertretene durch sein Dulden oder in sonst zurechenbarer Weise den Anschein einer in Wahrheit nicht oder nicht wirksam erteilten Vollmacht geweckt oder aufrechterhalten hat, das berechtigte Vertrauen eines Geschäftspartners auf das Bestehen der Vollmacht dadurch zu schützen ist, dass man den Schein mit der Wirklichkeit gleichstellt, also die Vollmacht als gegeben behandelt. Die **Rechtsgrundlage** ist freilich auch unter den Befürwortern der Rechtsscheinvollmacht streitig: An prominenter Stelle stehen als Analogiegrundlage oder jedenfalls als gesetzliche Anhaltspunkte die **§§ 170–173**. Darüber hinaus werden insbesondere der auf **Treu und Glauben** gegründete Vertrauensschutz und – mit nachrangiger Bedeutung – die **§§ 54 Abs. 3, 56 HGB und § 370 BGB** für die Begründung in Anspruch genommen. Schließlich wird auch die **gewohnheitsrechtliche Geltung** der Regeln über die Duldungs- und die Anscheinsvollmacht behauptet.[223]

Zumindest **außerhalb des unternehmerischen Verkehrs** (zum Anwendungsbereich der Rechtsscheinregeln auch Rn 79 f.) ist indes **zu bestreiten**, dass die Duldungs- und die Anscheinsvollmacht als Ausprägungen der Rechtsscheinhaftung über eine tragfähige Grundlage verfügen: Die **§§ 170–173** knüpfen an Äußerungen des Vertretenen an, deren dogmatische Einordnung ihrerseits streitig ist (näher dazu die dortigen Kommentierungen) und die jedenfalls einen klar erkennbaren Erklärungsgehalt haben. Dem Gebot von **Treu und Glauben** lässt sich nicht entnehmen, dass dem Vertrauen des Geschäftspartners, so schützenswert es sein mag, durch die Gleichstellung von Rechtsschein und Wirklichkeit und nicht durch den Ersatz des Vertrauensschadens Rechnung zu tragen ist, wie ihn bei unwissentlich falscher Vollmachtsbehauptung des Vertreters auch § 179 Abs. 2 vorsieht. Gesetzlich geregelte Fälle wie § 370, denen sich eine solche Gleichstellung entnehmen lässt, stellen hierfür schwerlich auf das Stellvertretungsrecht zu übertragende Voraussetzungen auf. Schließlich fehlt es angesichts der bis heute nicht abreißenden Kritik an der Duldungs- und an der Anscheinsvollmacht an einer gemeinsamen Rechtsüberzeugung, wie sie für die Entstehung von **Gewohnheitsrecht** erforderlich ist. Dass es sich bei diesen Figuren um **Richterrecht** handelt, ist selbstverständlich richtig, immunisiert sie aber nicht gegen wissenschaftliche, der *lex lata* geltende Kritik.[224]

Mit der Absage an die dogmatische Begründung, welche die Rechtsprechung in den Fällen der Duldungs- und der Anscheinsvollmacht zur Wirksamkeit des Vertreterhandelns für und gegen den Vertretenen geführt hat, verbindet sich aber nicht notwendig die Ablehnung der damit erzielten Ergebnisse, denn diese dürften sich **in zahlreichen Fällen**, insbesondere bei der Duldungsvollmacht, auf **eine durch Rechtsgeschäft und nicht durch Rechtsschein begründete Vollmacht** stützen lassen.[225]

---

219 Zur „Rechtsscheinvollmacht" als Oberbegriff Erman/ *Palm*, § 167 Rn 7; MüKo/*Schramm*, § 167 Rn 45; Soergel/*Leptien*, § 167 Rn 17.
220 Vgl. zur Duldungsvollmacht aus der älteren BGH-Rspr. etwa BGH NJW 1955, 985; 1956, 460; 1956, 1674, und zur Anscheinsvollmacht etwa BGHZ 5, 111, 116; 65, 13. Näher zum historischen Hintergrund HKK/*Schmoeckel*, §§ 164–181 Rn 21 ff.
221 Gegen die Anwendung der Rechtsscheingrundsätze auf die Vertretung (generell oder jedenfalls außerhalb des kaufmännischen Verkehrs) *Bienert*, S. 42 ff.; *Canaris*, Vertrauenshaftung im deutschen Privatrecht, S. 48 ff., 191 ff.; *ders.*, in: FG BGH, S. 129, 156 ff.; *Flume*, BGB AT Bd. 2, § 49, 4 (S. 832 ff.); *Frotz*, S. 299 ff.; Jauernig/*Jauernig*, § 167 Rn 9; *Kindl*, S. 101 ff., 246 ff.; *Lobinger*, S. 256 ff.; *Medicus*, BGB AT, Rn 971; *Pawlowski*, JZ 1996, 125, 127 ff.;
Picker, NJW 1973, 1800 f.; Staudinger/*Schilken*, § 167 Rn 31.
222 Beispiele (innerhalb und außerhalb des Handelsverkehrs) aus neuester Zeit: BGH NJW 2003, 2091, 2092; 2004, 1315, 1316; 2004, 2112, 2116; BKR 2004, 236, 238; NZM 2004, 597, 598. Der Rspr. schließen sich an: Bamberger/Roth/ *Habermeier*, § 167 Rn 16; Erman/*Palm*, § 167 Rn 7; HKK/*Schmoeckel*, §§ 164–181 Rn 23; MüKo/ *Schramm*, § 167 Rn 56; Palandt/*Heinrichs*, § 173 Rn 14; RGRK/*Steffen*, § 167 Rn 12; Soergel/*Leptien*, § 167 Rn 17.
223 Vgl. die in der vorigen Fn nachgewiesene Literatur.
224 A.A. MüKo/*Schramm*, § 167 Rn 56 (nur rechtspolitische Kritik).
225 So bereits mit Bezug auf die Duldungsvollmacht *Flume*, BGB AT Bd. 2, § 49, 3 (S. 828 ff.); Staudinger/*Schilken*, § 167 Rn 29a.

77 Insoweit ist auf zwei Gesichtspunkte aufmerksam zu machen: Zum einen ist das **Erklärungsbewusstsein** nach der Rechtsprechung **kein notwendiger Bestandteil des subjektiven Tatbestandes einer Willenserklärung**.[226] Dementsprechend hängt das Vorliegen der Bevollmächtigung als Rechtsgeschäft nicht davon ab, ob der Vertretene wollte oder auch nur davon wusste, dass seine Äußerung aus der Sicht ihres Empfängers (sei es der Vertreter oder ein Dritter) die Begründung von Vertretungsmacht zum Inhalt hatte. Es kommt vielmehr allein darauf an, ob der Erklärungstatbestand, dem sich die Vollmacht entnehmen lässt, dem Vertretenen zuzurechnen ist. Zum anderen ist **für den objektiven Tatbestand einer (schlüssigen) Bevollmächtigung die Unterscheidung zwischen deklaratorischem und konstitutivem Erklärungsgehalt nicht relevant**. Zwar ist eine solche Unterscheidung sprachanalytisch möglich. Rechtlich erheblich ist sie im Rahmen der Auslegung aber nur dann, wenn sie nach der Verkehrsanschauung zu treffen ist. Das ist in den hier interessierenden Fällen zu bestreiten:[227] So wird ein Dritter der an ihn gerichteten, in ihrer sprachlichen Fassung deklaratorischen Erklärung „Vom 1.1. an wird X meine Generalbevollmächtigte sein" schwerlich einen anderen Inhalt beilegen als der konstitutiven Erklärung „Ich erteile X mit Wirkung vom 1.1. Generalvollmacht". Vor diesem Hintergrund erscheint es nicht sinnvoll, die Grenze zwischen rechtsgeschäftlicher und Rechtsscheinvollmacht nach der Differenzierung konstitutiv (dann Rechtsgeschäft) und deklaratorisch (dann allenfalls Rechtsschein) zu ziehen. Vielmehr kommt gerade auch bei der nach außen erkennbaren, nicht notwendig willensgetragenen Hinnahme des Vertreterhandelns durch den Vertretenen eine rechtsgeschäftliche Begründung der Vertretungsmacht durch schlüssiges Verhalten in Betracht.

78 Um den Bedürfnissen der Praxis gerecht zu werden, orientiert sich die **nachfolgende Darstellung** gleichwohl am **gegenwärtigen Stand der Rechtsprechung**. Ungeachtet des Streits um die Anerkennung einer Vollmacht kraft Rechtsscheins ist, bevor man auf die Grundsätze der Duldungs- oder Anscheinsvollmacht zurückgreift, ohnehin stets **vorrangig** zu prüfen, ob im konkreten Fall nicht durch Auslegung (dazu auch Rn 44 ff.) eine **schlüssige Bevollmächtigung** festzustellen ist. Überdies kann man die **Frage nach der Zuordnung des Einzelfalls unter die Rechtsgeschäfts- oder die Rechtsscheinsregeln** mangels unterschiedlicher Rechtsfolgen im Ergebnis meist **offen lassen**. Dies gilt vor allem dann, wenn man die Anfechtbarkeit der Rechtsscheinvollmacht befürwortet (dazu Rn 94).

79 **2. Anwendungsbereich.** Die Rechtsprechung wendet die Grundsätze über die Duldungs- und die Anscheinsvollmacht **in persönlicher Hinsicht** ungeachtet der dagegen vorgebrachten Kritik (dazu Rn 75) auch dann an, wenn der Rechtsscheinverantwortliche **weder Kaufmann i.S.d. §§ 1 ff. HGB noch Unternehmer i.S.v. § 14 ist**.[228] Dies schließt freilich nicht aus, dass bei der Prüfung der Voraussetzungen der Rechtsscheinvollmacht (man denke etwa an die Anforderungen an die Zurechenbarkeit des Rechtsscheintatbestandes oder an die Gutgläubigkeit des Gegners) Differenzierungen je nach (Nicht-)Zugehörigkeit der Person zum kaufmännischen bzw. unternehmerischen Bereich zu treffen sind.[229] Beschränkungen des Anwendungsbereichs ergeben sich indes bei der Begründung der Rechtsscheinverantwortlichkeit von **juristischen Personen des öffentlichen Rechts**: Hier scheidet nach der Rechtsprechung eine Rechtsscheinvollmacht aus, wenn sie mit gesetzlichen oder satzungsmäßigen Vorschriften über die Vertretung der Anstalt oder Körperschaft unvereinbar ist.[230] In der Literatur hat man daran unter Berufung auf die Unteilbarkeit des Grundsatzes von Treu und Glauben Anstoß genommen.[231] Ist jedoch eine für die Bevollmächtigung geltende Formvorschrift Wirksamkeitsvoraussetzung für die betreffende Rechtshandlung der juristischen Person des öffentlichen Rechts in dem Sinne, dass sie deren Organisation und Zuständigkeiten regelt, kommt eine Anwendung der Rechtsscheinregeln nicht in Betracht.[232] Es bleibt aber die Möglichkeit einer Haftung der juristischen Person aus c.i.c. (§ 280 Abs. 1 i.V.m. §§ 311 Abs. 2, 241 Abs. 2).[233]

80 **In sachlicher Hinsicht** wendet die Rechtsprechung die vertretungsrechtlichen Rechtsscheinregeln im Grundsatz **nur** auf das **materielle Privatrecht**, **nicht** dagegen auf **Prozessvollmachten** an, was sie freilich nicht daran hindert, durch den auf § 242 gestützten Ausschluss der Berufung auf die Nichtigkeit einer solchen Vollmacht im Einzelfall vergleichbare Ergebnisse wie im materiellen Recht zu erzielen.[234] Teile der Literatur[235] befürworten demgegenüber zu Recht auch hier die Anwendung der Regeln über die Anscheinsvollmacht.

---

226 Grundlegend BGHZ 91, 324, 329; vgl. außerdem BGHZ 109, 171; NJW 1995, 953.
227 So schon *Flume*, BGB AT Bd. 2, § 49, 2 (S. 826).
228 So etwa in dem Fall BGH NJW 2003, 2091, 2092.
229 Soergel/*Leptien*, § 167 Rn 26; vgl. auch BGH LM § 167 Nr. 4.
230 BGHZ 5, 205, 213; 6, 330, 332 ff.
231 Etwa Soergel/*Leptien*, § 167 Rn 28.
232 Näher *Flume*, BGB AT Bd. 2, § 49, 3 (S. 831 f.); Staudinger/*Schilken*, § 167 Rn 49.
233 Vgl. etwa BGHZ 6, 330.
234 BGH NJW 2004, 59, 61; NJW 2004, 62, 63 (Vollmacht zur Abgabe einer Erklärung über die Unterwerfung unter die Zwangsvollstreckung).
235 Dazu mit eingehender Begründung *Paulus/Henkel*, NJW 2003, 1692, 1693 f.; ebenso Staudinger/ *Schilken*, § 167 Rn 33.

§ 167 Erteilung der Vollmacht

3. Voraussetzungen der Duldungsvollmacht nach der Rechtsprechung. Eine Duldungsvollmacht ist nach der Rechtsprechung dadurch gekennzeichnet, dass der Vertretene von dem Auftreten des Vertreters, das er nicht unterbunden hat, **Kenntnis** hatte, ohne diesen stillschweigend bevollmächtigt zu haben.[236] Zu den einzelnen Voraussetzungen für das Vorliegen einer Duldungsvollmacht zählt die Rechtsprechung, dass erstens jemand **wiederholt oder während einer gewissen Dauer für den Vertretenen rechtsgeschäftlich gehandelt** hat, ohne dazu befugt zu sein,[237] dass zweitens der **Vertretene** dieses Verhalten **kannte und nichts dagegen unternommen** hat, obwohl dies möglich war,[238] und dass drittens der **Geschäftsgegner** diese Umstände im Zeitpunkt der Vornahme des Geschäfts **kannte** und **gutgläubig** auf das Vorliegen einer Vollmacht des Handelnden **vertraute**.[239] Diese Voraussetzungen decken sich bis auf das Erfordernis der Kenntnis auf Seiten des Vertretenen mit denen der Anscheinsvollmacht, so dass hinsichtlich der Einzelheiten auf die nachfolgende Kommentierung (Rn 82 ff.) verwiesen werden kann (zu den Rechtsfolgen Rn 91 ff.).

4. Voraussetzungen der Anscheinsvollmacht nach der Rechtsprechung. Im Vergleich zur Duldungsvollmacht zeichnet sich die Anscheinsvollmacht nach der Rechtsprechung auf der Zurechnungsebene dadurch aus, dass **der Vertretene das unbefugte Vertreterhandeln** zwar nicht kannte, es aber **bei Anwendung gehöriger Sorgfalt** hätte erkennen müssen und verhindern können.[240] Die einzelnen, bis auf das Merkmal der Zurechenbarkeit auch für die Duldungsvollmacht geltenden Voraussetzungen der Anscheinsvollmacht werden nachfolgend aufgeschlüsselt.

a) Rechtsscheintatbestand. Der Geschäftsgegner muss zunächst eine **objektive Grundlage für sein Vertrauen auf das Vorliegen einer Vollmacht** gehabt haben. Hierbei handelt es sich um den Vertrauens- oder Rechtsscheintatbestand. Ob ein solcher Tatbestand vorliegt, ist aus der Perspektive des Geschäftsgegners nach Treu und Glauben zu beurteilen. Insoweit kommt es darauf an, ob der Gegner das **nach außen in Erscheinung getretene Verhalten des Vertretenen (in Gestalt eines positiven Tuns oder Unterlassens)** so verstehen durfte, dass es den Schluss auf eine Bevollmächtigung des Vertreters erlaubt.[241] Oft, wenn auch nicht notwendig, wird dieser Schluss **mittelbar**[242] sein, da der Geschäftsgegner nur das Verhalten des Vertreters und nicht das Verhalten des Vertretenen beobachten kann. Hierfür ist die **bloße Behauptung des Vertreters, über Vertretungsmacht zu verfügen, nicht ausreichend**,[243] ebenso wenig eine familiäre Beziehung zwischen Vertreter und Vertretenem.[244] Grundsätzlich erforderlich ist vielmehr, dass sich das **Vertreterhandeln** zu dem relevanten Zeitpunkt (dazu Rn 90) bereits **über einen gewissen Zeitraum erstreckt** und **wiederholt** vorgekommen ist.[245] Zu berücksichtigen ist dabei die **Art des Vertretergeschäfts**: Wenn es gänzlich aus dem Rahmen fällt, fehlt eine Vertrauensgrundlage für den Geschäftsgegner, und es ist (was bei der Prüfung der Gutgläubigkeit zu berücksichtigen ist; dazu Rn 88) jedenfalls Zurückhaltung beim Rückschluss auf das Vorliegen einer Vollmacht angezeigt, wenn das Geschäft wichtig und nicht besonders eilbedürftig ist.[246]

Der Rechtsschein der Bevollmächtigung kann sich ferner aus der **Ausstattung des Vertreters** mit Mitteln, die nach der Verkehrsanschauung mit der Legitimation eines Vertreters in Verbindung gebracht werden,[247] sowie aus der **Einräumung einer äußeren Stellung** ergeben, die der Rechtsverkehr typischerweise mit einer Vertretungsmacht bestimmten Umfangs assoziiert.[248] Des Weiteren kann der Vertrauenstatbestand auf einer **tatsächlich erteilten Vollmacht** beruhen, und zwar einmal dann, wenn diese (nach vorherigem ordnungsgemäßem Gebrauch) bei dem Geschäft mit dem gutgläubigen Geschäftsgegner **überschritten** wurde,[249] sowie schließlich auch dann, wenn die Bevollmächtigung **unwirksam** war: So geht der BGH davon aus, dass

---

236 Z.B. BGH NJW 1955, 985; 1988, 1199, 1200.
237 BGH LM § 164 Nr. 9.
238 BGH NJW 1955, 985; 1956, 460; 1988, 1199, 1200; 1997, 312, 314.
239 BGH VersR 1971, 766; NJW 1997, 312, 314; 2002, 2325, 2327; 2003, 2091 f.
240 Z.B. BGHZ 65, 13; BGH NJW 1981, 1727, 1728; 1991, 1225; 1998, 1854; näher Rn 85 f.
241 Vgl. BGH NJW 1956, 460; WM 1957, 926.
242 MüKo/*Schramm*, § 167 Rn 58, spricht zutr. von einem mehrfach gestuften Schluss.
243 Unstreitig, statt vieler Staudinger/*Schilken*, § 167 Rn 36.
244 BGH NJW 1951, 309.
245 Vgl. BGH WM 1963, 165; 1969, 43; NJW-RR 1986, 1169; NJW 1998, 1854, 1855; OLG München BB 1997, 649 f.
246 Staudinger/*Schilken*, § 167 Rn 37 m.w.N.
247 Beispiele: Verwendung von Firmenbriefbögen (BGH NJW 1956, 1674; vgl. aber auch OLG Düsseldorf BB 1950, 490); Besitz von Stempeln des Geschäftsherrn (BGHZ 5, 111, 116; vgl. aber auch OLG Hamburg BB 1964, 576).
248 Beispiele: Leiter einer Depositenkasse (RGZ 118, 234); „Generaldirektor" (RG JW 1927, 2114); bauleitender Architekt bei kleineren Vorhaben (OLG Köln NJW 1973, 1798 m. abl. Anm. *Picker*); Bezirksleiter eines Mineralölkonzerns bei Entgegennahme von Willenserklärungen für bezirkszugehörige Tankstellenbetreiber (BGH NJW 2002, 1041).
249 RGZ 117, 164, 167; BGH NJW 1956, 460; BB 1986, 1735.

sich aus einer wegen Verstoßes gegen Art. 1 § 1 RBerG nichtigen Vollmacht (dazu Rn 32) Rechtsscheinwirkungen ergeben können,²⁵⁰ was jedoch den Schutz, den dieses Verbotsgesetz dem Vollmachtgeber gewährt, unterläuft und daher nicht unbedenklich ist.²⁵¹ Dasselbe gilt für die vom BGH²⁵² befürwortete Anwendung der Rechtsscheingrundsätze bei Formnichtigkeit einer Vollmacht, wenn die verletzte Formvorschrift den Vollmachtgeber vor Übereilung schützen soll.²⁵³

85 **b) Zurechenbarkeit des Rechtsscheins.** Der Rechtsscheintatbestand muss **dem Vertretenen zurechenbar** sein. Dies setzt zunächst voraus, dass der Vertretene überhaupt zurechnungsfähig und das heißt **geschäftsfähig** war; hier sind die (analog anzuwendenden) §§ 104 ff. vorrangig.²⁵⁴ Nach welchem **Maßstab** dann die Zurechnung selbst zu erfolgen hat, ist **unklar und umstritten**: Die **Rechtsprechung** stellt, wenn der Vertretene das Vertreterhandeln nicht kannte (dann Duldungsvollmacht) darauf ab, ob der Vertretene das Handeln bei **Anwendung pflichtgemäßer Sorgfalt** hätte erkennen müssen und verhindern können.²⁵⁵ Bei **Gesamtvertretung** muss die (nicht im Sinne einer vorwerfbaren Pflichtverletzung zu verstehende) Vernachlässigung der erforderlichen Sorgfaltsanstrengung bei allen Vertretern vorliegen.²⁵⁶ Dieses Erfordernis wird in der **Literatur** teilweise abgelehnt; stattdessen wird vorgeschlagen, die Zurechnung am **Risikoprinzip** auszurichten.²⁵⁷ Indes wird man dann, wenn der Rechtsscheintatbestand auf ein **Unterlassen des Vertretenen**, nämlich darauf zurückgeht, dass dieser den Vertreter nicht an seinem (wiederholten) Vertreterhandeln gehindert hat, einen tragfähigen Zurechnungszusammenhang nur mit dem von der Rechtsprechung formulierten Kriterium begründen können. Anders verhält es sich, wenn der Rechtsscheintatbestand auf dem **positiven Tun des Vertretenen**, insbesondere auf der Einräumung einer typischerweise mit Vertretungsmacht verbundenen Stellung, beruht: Hier reicht die Anstellung oder Einweisung in die mit dem Rechtsschein verbundene Position als solche zur Begründung der Zurechnung.²⁵⁸

86 **Gegenmaßnahmen des Vertretenen**, die eine Zurechnung des Rechtsscheintatbestands ausschließen oder den Rechtsschein als solchen zerstören bzw. schon seine Entstehung verhindern, müssen in der Regel **dem Dritten gegenüber** getroffen werden, der auf das Vorliegen der Vollmacht vertraut: Ihm muss zur Kenntnis gebracht werden, dass eine Vollmacht nicht besteht.²⁵⁹ Dagegen genügt es normalerweise nicht, sich nur intern an die als Vertreter auftretende Person zu wenden und ihr das Vertreterhandeln ernstlich zu untersagen. So bedarf es bei einem Beschäftigten, der bereits wegen der Verletzung einer Nebentätigkeitsgenehmigung abgemahnt worden ist, im Einzelfall weiterer Kontrolle, um den zurechenbaren Rechtsschein einer Bevollmächtigung auszuschließen.²⁶⁰

87 **c) Kenntnis vom Rechtsscheintatbestand.** Der Geschäftsgegner muss die **Umstände** gekannt haben, aus denen sich der Rechtsscheintatbestand ergibt, und daraus den **Schluss auf das Vorliegen einer Vollmacht** gezogen haben,²⁶¹ denn nur dann kann er ein schutzwürdiges Vertrauen auf die Vollmacht gebildet haben, das ihn zum Geschäftsabschluss mit dem Vertreter veranlasst hat (zur Kausalität Rn 89). Eine genaue Kenntnis der Einzelheiten des Rechtsscheintatbestandes ist allerdings nicht zu verlangen.²⁶² Ebenso wenig muss der Geschäftsgegner sich ein unmittelbares Bild von den Tatsachen gemacht haben; es reicht aus, wenn ihm andere Personen, die über die Tatsachenkenntnis verfügen, die allgemeine Überzeugung vom Vorliegen einer Vollmacht mitgeteilt haben.²⁶³

88 **d) Gutgläubigkeit des Geschäftsgegners.** Der Geschäftsgegner ist darüber hinaus nur dann schutzwürdig, wenn er gutgläubig war, d.h. das Fehlen der Bevollmächtigung bei der Vornahme des Rechtsgeschäfts **weder kannte noch kennen musste**, wobei auch **leicht fahrlässige Unkenntnis** schadet.²⁶⁴ Wird auch

---

250 BGH NJW 2003, 2091, 2092 m.w.N.; dies gilt nach der Rspr. allerdings nicht für die nicht materiellrechtliche einzuordnende Vollmacht zur Abgabe der Erklärung über die Zwangsvollstreckungsunterwerfung, bei der indes die Berufung auf die Nichtigkeit nach § 242 ausgeschlossen sein kann; BGH NJW 2004, 59, 61; 2004, 62, 63.
251 Krit. auch *Hoffmann*, NJW 2001, 421; *Nittel*, NJW 2002, 2599, 2601; Staudinger/*Schilken*, § 167 Rn 35.
252 BGH NJW 1996, 1467, 1469; 1997, 312, 314.
253 Krit. auch *Bülow*, ZIP 1996, 1694; *Keim*, NJW 1996, 2774, 2775 f.; zust. dagegen Soergel/*Leptien*, § 167 Rn 14; Staudinger/*Schilken*, § 167 Rn 23.
254 Vgl. BGHZ 153, 210, 215; OLG Stuttgart MDR 1956, 673.
255 Z.B. BGHZ 65, 13; BGH NJW 1981, 1727, 1728; 1991, 1225; 1998, 1854.
256 BGH NJW 1988, 1200.
257 *Canaris*, Vertrauenshaftung im deutschen Privatrecht, S. 194 f., 476.
258 OLG Köln NJW-RR 1994, 1501; OLG Düsseldorf NJW-RR 1995, 592; Palandt/*Heinrichs*, § 173 Rn 21; Soergel/*Leptien*, § 167 Rn 30; a.A. MüKo/*Schramm*, § 167 Rn 62.
259 BGH NJW 1991, 1225; 1998, 1854, 1855; MüKo/*Schramm*, § 167 Rn 63; Soergel/*Leptien*, § 167 Rn 22; Staudinger/*Schilken*, § 167 Rn 42.
260 BGH NJW 1998, 1854, 1855.
261 Statt vieler MüKo/*Schramm*, § 167 Rn 66.
262 BGHZ 61, 59, 64.
263 BGH NJW-RR 1986, 1476, 1477.
264 Vgl. zur Kenntnis BGH WM 1956, 1028; NJW 1982, 1513; zur fahrlässigen Unkenntnis BGH WM 1976, 74.

der Geschäftsgegner beim Geschäftsabschluss vertreten, findet § 166 Anwendung.²⁶⁵ Die **Anforderungen an die Gutgläubigkeit** dürfen **nicht überspannt** werden, damit der von der Rechtsprechung bezweckte Vertrauensschutz nicht *ad absurdum* geführt wird: Nur wenn besondere Umstände (etwa der ungewöhnliche Charakter, die große Bedeutung oder die fehlende Eilbedürftigkeit des Geschäfts) Anlass zu Zweifeln geben, ist der Geschäftsgegner gehalten, sich beim Vertretenen zu erkundigen.²⁶⁶

e) Kausalität. Das schutzwürdige **Vertrauen** des Geschäftsgegners auf das Vorliegen einer Vollmacht muss **für den Geschäftsabschluss ursächlich** geworden sein. Das ist nicht der Fall, wenn der Geschäftsgegner die gleichen Dispositionen auch ohne Rücksicht auf den Rechtsschein der Vollmacht vorgenommen hätte.²⁶⁷ Insoweit kommt es nicht darauf an, ob der Geschäftsgegner auch dann mit dem Vertreter kontrahiert hätte, wenn dieser im eigenen Namen aufgetreten wäre (was nicht selten der Fall sein wird), sondern darauf, ob er das Geschäft mit dem im Namen des Vertretenen handelnden Vertreter in Kenntnis des Umstandes geschlossen hätte, dass die Vertretungsmacht fehlt.

f) Maßgeblicher Zeitpunkt und Beweislast. Die Voraussetzungen der Anscheinsvollmacht müssen im **Zeitpunkt der Vornahme des Vertretergeschäfts** vorliegen.²⁶⁸ Das Verhalten des Vertretenen nach Abschluss des Geschäfts kann nur unter dem Gesichtspunkt der Genehmigung nach § 177 von Bedeutung sein.²⁶⁹ Die **Beweislast für das Vorliegen des Rechtsscheintatbestandes** zu diesem Zeitpunkt und dafür, dass er von dem Rechtsscheintatbestand **Kenntnis** hatte, trägt der **Geschäftsgegner**, der sich auf die Anscheinsvollmacht beruft. Gleiches gilt nach der Rechtsprechung auch für das Erfordernis der **Kausalität**, wenngleich hier die Grundsätze des *prima-facie*-Beweises dem Geschäftsgegner zur Hilfe kommen.²⁷⁰ Der Beweis der **Zurechenbarkeit** des Rechtsscheintatbestandes darf dem Gegner, der ja in seinem Vertrauen auf den (äußeren) Rechtsscheintatbestand geschützt werden soll, dagegen nicht aufgebürdet werden; vielmehr hat der **Vertretene** die mangelnde Zurechenbarkeit zu behaupten und im Bestreitensfall zu beweisen.²⁷¹ Schließlich trifft auch die Beweislast für die **fehlende Gutgläubigkeit** des Geschäftsgegners – genauso wie bei § 173 (dazu § 173 Rn 10) – den Vertretenen.

5. Wirkungen der Rechtsscheinvollmacht. Bei Vorliegen der Voraussetzungen einer Duldungs- oder einer Anscheinsvollmacht wird der Geschäftsgegner in seinem Vertrauen auf das Bestehen einer Vollmacht geschützt.

a) Gleichstellung von Rechtsschein und Rechtswirklichkeit. Der Schutz des Geschäftsgegners wird nach der Rechtsprechung dadurch bewirkt, dass sie die Vollmacht, auf deren Bestehen der Gegner aufgrund des Rechtsscheins vertraut hat, wie eine echte, durch Rechtsgeschäft begründete Vollmacht behandelt.²⁷² Ist das aufgrund der Rechtsscheinvollmacht mit dem Vertreter geschlossene Geschäft ein **Schuldvertrag**, so kann der Geschäftsgegner also von dem Vertretenen die **Erfüllung** des Vertrags verlangen sowie bei Hinzutreten der weiteren Voraussetzungen der §§ 280 ff. vertraglichen **Schadensersatz** („einfachen" Schadensersatz; Ersatz des Verzögerungsschadens; Schadensersatz statt der Leistung) bzw. den Ersatz fehlgeschlagener Aufwendungen (§ 284).²⁷³ Umgekehrt ist aber auch der Geschäftsgegner zur Erfüllung einer ihn ggf. treffenden **Gegenleistungspflicht** verpflichtet. Die Wirkung der Rechtsscheinvollmacht geht allerdings nicht über die einer rechtsgeschäftlichen Vollmacht hinaus.²⁷⁴ Dementsprechend ist ein den Umfang der Rechtsscheinvollmacht überschreitendes Vertreterhandeln ebenso nach den §§ 177 ff. zu behandeln wie das Handeln eines Vertreters, der über die Grenzen seiner regulär begründeten Vertretungsmacht hinausgeht.

b) Disponibilität. Ob der Geschäftsgegner auf die in Rn 92 erläuterte Wirkung der Rechtsscheinvollmacht verzichten und an deren Stelle einen Anspruch aus § 179 gegen den Vertreter geltend machen kann, ist heftig **umstritten**. Die Rechtsprechung lehnt, gefolgt von der noch überwiegenden Lehre, eine Disponibilität des Rechtsscheins in diesem Fall ab.²⁷⁵ Hiergegen wendet sich indes eine wachsende Anzahl wissenschaftlicher Stimmen,²⁷⁶ und zwar zu Recht: Weil es sich bei der Rechtsscheinvollmacht um ein Instrument des

---

265 Staudinger/*Schilken*, § 167 Rn 43.
266 OLG Köln NJW 1992, 915, 916.
267 BGH LM § 167 Nr. 13.
268 RGZ 136, 207, 209; BGH LM § 167 Nr. 8, 10, 11.
269 BGH NJW 2002, 2325, 2327.
270 BGHZ 17, 13, 19; a.A. (Beweislastumkehr) *Canaris*, Vertrauenshaftung im deutschen Privatrecht, S. 516.
271 MüKo/*Schramm*, § 167 Rn 64.
272 BGHZ 12, 105; 17, 13, 17; 86, 173.
273 Vgl. statt vieler Soergel/*Leptien*, § 167 Rn 24.
274 BGHZ 12, 105, 109.
275 BGHZ 86, 273, 275; Bamberger/Roth/*Habermeier*, § 179 Rn 6; Erman/*Palm*, § 177 Rn 3; MüKo/*Schramm*, § 167 Rn 75 f.; Palandt/*Heinrichs*, § 173 Rn 20; RGRK/*Steffen*, § 167 Rn 19; *K. Schmidt*, in: FS Gernhuber 1993, S. 435 ff.; Soergel/*Leptien*, § 167 Rn 24.
276 *Altmeppen*, S. 131 ff.; *Bork*, BGB AT, Rn 1547; *Canaris*, NJW 1991, 2628; *Chiusi*, AcP 202 (2002), 494, 509 ff.; *Larenz/Wolf*, BGB AT, § 48 Rn 33; *Lieb*, in: FS Hübner 1984, S. 575 ff.; *Pawlowski*, JZ 1996, 125, 131; Staudinger/*Schilken*, § 177 Rn 26.

Vertrauensschutzes handelt, das dem Geschäftsgegner zugute kommen soll (dazu Rn 74), ist bereits schwer einzusehen, warum dieser sich diesen Schutz aufdrängen lassen soll.[277] Dass dieser Schutz grundsätzlich durch eine Gleichstellung der Scheinvollmacht mit einer echten Vollmacht verwirklicht wird (Rn 92), bedeutet nicht, dass diese Gleichstellung in jeder Hinsicht und ungeachtet der Funktion des Schutzinstruments vollzogen werden muss. Um eine ungerechtfertigte Begünstigung des Geschäftsgegners zu vermeiden, ist allerdings analog § 178 zu verlangen, dass sich dieser bis zur Einverständniserklärung des anderen Teils oder bis zum rechtskräftigen Erlass eines Urteils entscheidet, ob er sich auf die Unwirksamkeit des Geschäfts berufen will.[278] Allerdings ist zuzugestehen, dass die **praktischen Konsequenzen** der Verweigerung des Wahlrechts durch die Rechtsprechung mit Blick auf das **Prozessrisiko** des Geschäftsgegners weniger abträglich sind, als es auf den ersten Blick scheinen mag:[279] Zwar läuft der Geschäftsgegner Gefahr, bei der meist unsicheren Beurteilung des Vorliegens einer Rechtsscheinvollmacht den „falschen" Schuldner zu verklagen. Doch ist dieses Risiko beherrschbar, wenn der Gegner zunächst den wahrscheinlichen Schuldner (also bei überwiegender Wahrscheinlichkeit der Anscheinsvollmacht den Vertretenen und im anderen Fall den Vertreter) verklagt und der anderen Partei für einen die Kosten des Erstprozesses umfassenden Zweitprozess den **Streit verkündet**.

94   **c) Anfechtbarkeit.** Nach herrschender, aber in jüngerer Zeit zunehmend bestrittener Ansicht sind die Anscheinsvollmacht und die (als Rechtsscheintatbestand verstandene) Duldungsvollmacht **nicht nach den §§ 119 ff. anfechtbar**.[280] Zur Begründung beruft man sich darauf, dass die Rechtsscheinvollmacht kein Rechtsgeschäft sei und keinem Willensmangel unterliegen könne. Dies überzeugt nicht: Der Schutz des Geschäftsgegners durch die Rechtsscheinregeln soll rechtsgeschäftsgleich sein und die Wirkung eines Rechtsgeschäfts nicht übertreffen (dazu auch Rn 92). Dem entspricht es nicht, eine Rechtsscheinvollmacht für unanfechtbar zu halten, wenn eine (betätigte) rechtsgeschäftliche Vollmacht in gleicher Situation anfechtbar wäre (dazu Rn 21 ff.). Insoweit ist daran zu erinnern (siehe auch schon Rn 77), dass nach der Rechtsprechung[281] eine Willenserklärung ohne Erklärungsbewusstsein zwar wirksam, aber analog § 119 Abs. 1 anfechtbar ist. Soweit also privatrechtlicher Vertrauensschutz innerhalb der Rechtsgeschäftslehre verwirklicht wird, ist eine Anfechtung nicht ausgeschlossen. Dann aber ist es nicht zu erklären, warum der gleichsinnige Schutz durch die Rechtsscheinregeln etwas anderes gelten soll. Näher zur Anfechtung, insbesondere zu den Fragen des Anfechtungsgegners und der Haftung von Vertreter (§ 179) und Vertretenem (§ 122), Rn 21 ff.

C. Weitere praktische Hinweise

I. Vertragsgestaltung

95   **1. Inhaltliche Gestaltung der Vollmacht.** Bei der Bestimmung des Umfangs einer Vollmacht darf das Bedürfnis, dem Vertreter nicht unangemessen große Befugnisse zu gewähren, nicht dazu führen, dass der Zweck, den der Vollmachtgeber verfolgt, am Ende nicht erreicht wird. Deshalb ist stets an mögliche Neben-, Abwicklungs- oder Durchführungsgeschäfte im Zusammenhang mit einer wirtschaftlichen Transaktion zu denken, zu denen der Vertreter gleichfalls durch eine Vollmacht legitimiert sein muss, wenn er die Transaktion erfolgreich abschließen und durchführen soll (Beispiel: die Vollmacht zur Veräußerung eines Kfz sollte nicht nur den Abschluss des Kaufvertrags und die Übereignung, sondern auch Erklärungen gegenüber der Kfz-Zulassungsstelle umfassen). Darüber hinaus empfiehlt es sich, zumindest die folgenden Aspekte zu klären und ggf. eine Regelung darüber in die Vollmachtserteilung aufzunehmen: Dauer der Vollmacht; bei mehreren Bevollmächtigten: Einzel- oder Gesamtvollmacht (dazu Rn 54 ff.); Ausschluss oder Zulassung der Unterbevollmächtigung (dazu Rn 61 ff.); Befreiung vom Verbot des Insichgeschäfts (§ 181); bei Ehegatten: vgl. §§ 1365, 1369. Zu einzelnen Formulierungsvorschlägen vgl. § 164 Rn 112 ff. Die Vollmacht kann in AGB aufgenommen werden; sie unterliegt dann der AGB-Kontrolle (dazu Rn 33).

96   **2. Form der Vollmacht.** Als „Checkliste" für die (nur im Ausnahmefall gegebene) Formbedürftigkeit der Vollmacht können die Rn 36 ff. herangezogen werden. Jenseits der materiellrechtlichen Erfordernisse kann

---

277 Hierzu eingehend *Altmeppen*, S. 131 ff.
278 *Altmeppen*, S. 141 ff.; *Chiusi*, AcP 202 (2002), 494, 514; Staudinger/*Schilken*, § 177 Rn 26.
279 Näher hierzu *K. Schmidt*, in: FS Gernhuber 1993, S. 435, 451 ff.
280 Gegen die Anfechtbarkeit: Bamberger/Roth/*Habermeier*, § 167 Rn 19; Erman/*Palm*, § 167 Rn 20; Palandt/*Heinrichs*, § 173 Rn 13, 19; Soergel/*Leptien*, § 167 Rn 22; Staudinger/*Schilken*, § 167

Rn 45; *Wackerbarth*, ZGR 1999, 365, 392 f.; für die Anfechtbarkeit: *Bork*, BGB AT, Rn 1559; *Canaris*, Vertrauenshaftung im deutschen Privatrecht, S. 43, 196; *Kindl*, S. 98 ff.; *Roth*, in: Koller/Roth/Morck, HGB, 4. Aufl. 2003, § 15 Rn 37, 61 (für das Bürgerliche Recht; dagegen genereller Ausschluss der Irrtumsanfechtung im Handelsrecht).
281 Grundlegend BGHZ 91, 324, 329; vgl. außerdem BGHZ 109, 171; BGH NJW 1995, 953.

es aber auch aus verfahrensrechtlichen Gründen zu Nachweiszwecken geboten sein, eine bestimmte Form einzuhalten (vgl. § 80 Abs. 1 ZPO, § 13 S. 3 FGG, §§ 71 Abs. 2, 81 Abs. 3 ZVG, § 29 Abs. 1 S. 1 GBO). Bei der rechtlich nicht gebotenen Erstellung einer Vollmachtsurkunde ist stets zwischen der dadurch bewirkten Erleichterung der Beweglichkeit des Vertreters im Rechtsverkehr (vgl. die folgende Rn 97) und dem Risiko einer auf der Grundlage von § 172 fortgesetzten Wirkungsdauer nach Erlöschen der Vollmacht abzuwägen.

3. Vertragsschluss mit Bevollmächtigtem. Dem Risiko, mit einem vollmachtlosen Vertreter zu kontrahieren, kann der Verhandlungspartner am besten begegnen, indem er sich eine Vollmachtsurkunde vorlegen lässt. Vgl. zu den Voraussetzungen, unter denen der Partner bei Vorlegung einer Urkunde Vertrauensschutz genießt, die Kommentierung zu § 172. Kommt die Vorlage einer Vollmachtsurkunde aus Zeit- oder Praktikabilitätsgründen nicht in Betracht, genießt der Partner, wenn sich das Fehlen einer wirksamen Vollmacht herausstellt, den Schutz nach Rechtsscheinsgrundsätzen oft nur, wenn er weiß, dass der Vertreter, mit dem er in Kontakt steht, wiederholt und über eine gewisse Zeit hinweg für den Geschäftsherrn aufgetreten ist (näher Rn 74 ff.). 97

II. Zivilprozess

1. Beweislast. Wer sich auf eine Vollmacht beruft, hat deren Vorliegen zu beweisen (vgl. auch schon allgemein zur Stellvertretung § 164 Rn 104). Dies gilt sowohl für den Geschäftsgegner, der den Vertretenen aus dem Vertretergeschäft in Anspruch nimmt und hierzu das Vorliegen einer wirksamen Bevollmächtigung des Vertreters durch den Vertretenen behauptet,[282] als auch für den Vertreter, der sich mit der Vollmachtsbehauptung gegen eine Inanspruchnahme aus § 179 wehrt. Wendet der in Anspruch genommene Vertretene das Erlöschen der Vollmacht ein, trägt er hierfür die Beweislast.[283] Wird das Vorliegen einer Rechtsscheinvollmacht (Duldungs- oder Anscheinsvollmacht) behauptet, richtet sich die Beweislastverteilung nach den in Rn 90 dargelegten Regeln. 98

2. Streitverkündung. Wenn Unsicherheit über das Vorliegen einer Vollmacht besteht, was insbesondere, aber selbstverständlich nicht nur bei der Duldungs- und Anscheinsvollmacht der Fall sein kann (dazu auch Rn 93), ist eine Streitverkündung gem. §§ 72 ff. ZPO in Betracht zu ziehen. Näher dazu § 164 Rn 107. 99

§ 168 Erlöschen der Vollmacht

¹Das Erlöschen der Vollmacht bestimmt sich nach dem ihrer Erteilung zugrunde liegenden Rechtsverhältnis. ²Die Vollmacht ist auch bei dem Fortbestehen des Rechtsverhältnisses widerruflich, sofern sich nicht aus diesem ein anderes ergibt. ³Auf die Erklärung des Widerrufs findet die Vorschrift des § 167 Abs. 1 entsprechende Anwendung.

Literatur: Fuchs, Zur Disponibilität gesetzlicher Widerrufsrechte im Privatrecht, AcP 196 (1996), 313; *Schultz*, Widerruf und Mißbrauch der postmortalen Vollmacht bei der Schenkung unter Lebenden, NJW 1995, 3345; *Seif*, Die postmortale Vollmacht, AcP 200 (2000), 193; *Trapp*, Die post- und transmortale Vollmacht zum Vollzug lebzeitiger Zuwendungen, ZEV 1995, 314; *Tschauner*, Die postmortale Vollmacht, 2001.

A. Allgemeines 1	IV. Erlöschensgründe in der Person des Vollmachtgebers (einschließlich der postmortalen Vollmacht) 14
B. Regelungsgehalt 3	1. Tod 14
I. Das Erlöschen der Vollmacht nach dem Inhalt der Bevollmächtigung 3	a) Die über den Todesfall hinaus fortbestehende Vollmacht (transmortale Vollmacht) 19
II. Das Erlöschen der Vollmacht nach dem Grundverhältnis 4	b) Die Vollmacht auf den Todesfall (postmortale Vollmacht) 20
III. Der Widerruf der Vollmacht 5	2. Erlöschen einer juristischen Person 21
1. Erklärung und Wirkung des Widerrufs . . 5	3. Verlust der Geschäftsfähigkeit 22
2. Unwiderruflichkeit und Beschränkung des Widerrufs 6	4. Insolvenz 23
a) Begründung der Unwiderruflichkeit . 7	5. Ende der gesetzlichen oder organschaftlichen Vertretungsmacht 24
b) Grenzen der Unwiderruflichkeit 9	
c) Wirkung der Unwiderruflichkeit 13	

---

[282] Bamberger/Roth/*Habermeier*, § 167 Rn 58; Erman/ *Palm*, § 167 Rn 52.

[283] BGH NJW 1974, 748.

V. Erlöschensgründe in der Person des Bevollmächtigten 25	4. Insolvenz 28
1. Tod 25	VI. Das Erlöschen der isolierten Vollmacht 29
2. Erlöschen einer juristischen Person 26	C. Weitere praktische Hinweise 30
3. Verlust der Geschäftsfähigkeit 27	I. Vertragsgestaltung 30
	II. Zivilprozess 31

A. Allgemeines

1 § 168 setzt – ebenso wie die nachfolgende Regelung in § 169 – das **Erlöschen der Vollmacht in Beziehung zu dem Grundverhältnis**, auf dem sie beruht: Einerseits wird der Widerruf der Vollmacht durch Erklärung gegenüber dem Bevollmächtigten oder gegenüber dem Dritten (S. 3 i.V.m. § 167 Abs. 1) – vorbehaltlich einer davon abweichenden rechtsgeschäftlichen Bestimmung – unabhängig vom Fortbestehen des Grundverhältnisses gestattet (S. 2). Andererseits wird – im Sinne einer Auslegungsregel – das Erlöschen der Vollmacht an das Erlöschen des Grundverhältnisses geknüpft (S. 1). Dadurch wird die Abstraktheit der Vollmacht (dazu allgemein § 164 Rn 10 ff.) gelockert, was deren Fortbestand betrifft.[1] § 168 benennt die möglichen **Gründe für das Erlöschen** einer Vollmacht indes **nicht abschließend**: Neben der Bestimmung durch das Grundverhältnis (dazu Rn 4) und dem Widerruf (dazu Rn 5 ff.) kommen insbesondere auch die sich aus dem Inhalt der Vollmachtserklärung ergebenden Erlöschensgründe (dazu Rn 3), der Verzicht auf die Vollmacht (dazu § 167 Rn 10) und die Anfechtung (dazu § 167 Rn 21 ff.) in Betracht. Einer gesonderten Behandlung bedürfen schließlich die im Gesetz nicht eigens angesprochenen Rechtsfragen, die mit dem Eintritt des Todes, der Geschäftsunfähigkeit oder des Verlustes der Verfügungsbefugnis des Vollmachtgebers oder des Bevollmächtigten verbunden sind (dazu Rn 14 ff.).

2 Vor allem dann, wenn eine Vollmacht nach dem ihr zugrunde liegenden Innenverhältnis erloschen ist, kann das Bedürfnis bestehen, **Dritten**, die in dem Glauben an den Fortbestand der Vollmacht mit dem Vertreter ein Rechtsgeschäft abgeschlossen haben, **Vertrauensschutz** zu gewähren. Dieses Folgeproblem regeln die §§ 170–173, deren Rechtsnatur (Rechtsgeschäft oder Rechtsscheinhaftung) freilich streitig ist (näher dazu die Kommentierungen zu §§ 170–173). Darüber hinaus kann aber auch das **Vertrauen des Vertreters** auf den Fortbestand der Vollmacht **schutzwürdig** sein. Dem trägt die – durch § 169 begrenzte – Fortwirkung der Vollmacht aufgrund der Fiktion eines fortbestehenden Grundverhältnisses nach den §§ 674, 729 Rechnung (näher § 169 Rn 3 f.).

B. Regelungsgehalt

I. Das Erlöschen der Vollmacht nach dem Inhalt der Bevollmächtigung

3 § 168 ordnet nicht eigens an, dass die Vollmacht bereits nach dem Inhalt der Erklärung, durch die sie erteilt wurde, erlöschen kann, ohne dass zugleich das Grundverhältnis erlischt. Dies ist Ausdruck der von der Regelung vorausgesetzten Abstraktheit der Vollmacht. Unabhängig von der Gestaltung des Grundverhältnisses kann der Vollmachtgeber also etwa die Vollmacht als solche – mit Ausnahme der Prokura (§ 50 Abs. 1, 2 HGB) – unter einer **Bedingung** oder **Befristung** erteilen.[2] Im Falle einer auflösenden Bedingung erlischt die Vollmacht dann mit Bedingungseintritt und im Falle der Befristung mit Fristablauf, und zwar auch dann, wenn das Grundverhältnis weiter besteht. Darüber hinaus erlischt eine Vollmacht, die nur für ein bestimmtes Vertretergeschäft oder nur für eine Anzahl bestimmter Vertretergeschäfte erteilt wurde, mit dem **Abschluss des Geschäfts bzw. der Geschäfte, auf die sich die Vollmacht (allein) bezieht**. Dasselbe soll nach vielfach vertretener Ansicht gelten, wenn eine (Spezial-)Vollmacht zum Abschluss eines Vertretergeschäfts erteilt wurde, dessen Ausführung bereits **anderweitig vorgenommen oder unmöglich** wurde oder für das die **Geschäftsgrundlage weggefallen** ist (§ 313).[3] Aufgrund Auslegung der Vollmacht ist außerdem davon auszugehen, dass eine **unter Ehegatten erteilte Vollmacht** mit der **Scheidung** erlischt.[4] Hier nicht näher zu erörternde Besonderheiten gelten schließlich für **Prokura** und **Handlungsvollmacht**, die bei Aufgabe oder Veräußerung des Unternehmens durch den erteilenden Kaufmann erlöschen.[5]

---

[1] Zum entstehungsgeschichtlichen Hintergrund vgl. *Flume*, BGB AT Bd. 2, § 51, 4 (S. 846 f.); HKK/*Schmoeckel*, §§ 164–181 Rn 19.

[2] Unstreitig; statt vieler *Flume*, BGB AT Bd. 2, § 51, 1 (S. 845).

[3] Bamberger/Roth/*Habermeier*, § 168 Rn 2; Erman/*Palm*, § 168 Rn 2; MüKo/*Schramm*, § 168 Rn 4; Soergel/*Leptien*, § 168 Rn 3; Staudinger/*Schilken*, § 168 Rn 2; vgl. auch OLG Köln NJW-RR 1989, 1084.

[4] KG DR 1944, 71.

[5] Näher *Roth*, in: Koller/Roth/Morck, HGB, 4. Aufl. 2003, § 52 Rn 9, § 54 HGB Rn 18.

II. Das Erlöschen der Vollmacht nach dem Grundverhältnis

Lässt sich eine Bestimmung über das Erlöschen der Vollmacht nicht schon der Vollmachtserteilung selbst entnehmen (dazu Rn 3), gilt die S. 1 zu entnehmende Auslegungsregel: Die Vollmacht erlischt danach mit dem ihrer Erteilung zugrunde liegenden Innenverhältnis zwischen Vollmachtgeber und Bevollmächtigtem (zu dem Sonderfall der „isolierten" Vollmacht, bei der kein Innenverhältnis besteht, siehe Rn 29). Das bedeutet: Endet das Grundverhältnis aufgrund eines hierfür geltenden Beendigungsgrundes, etwa durch **Fristablauf, Eintritt einer auflösenden Bedingung, Rücktritt, Widerruf, Kündigung oder durch** (*ex nunc* wirkende) **Anfechtung eines Dauerschuldverhältnisses**, ist grundsätzlich auch vom Erlöschen der Vollmacht auszugehen.[6] Sind nach Beendigung des Innenverhältnisses allerdings noch **Abwicklungstätigkeiten** von dem Bevollmächtigten zu erbringen, besteht die Vollmacht insoweit noch fort.[7] Zu den (ggf. für Grundverhältnis und Vollmacht relevanten) Erlöschensgründen in der Person von Vollmachtgeber und Bevollmächtigtem siehe Rn 14 ff. sowie Rn 25 ff.

III. Der Widerruf der Vollmacht

1. Erklärung und Wirkung des Widerrufs. Der Vollmachtgeber kann die Vollmacht nach S. 2 unabhängig vom Grundverhältnis widerrufen (zur Untervollmacht siehe § 167 Rn 69). Der Widerruf kann **ausdrücklich oder konkludent** erfolgen.[8] Infolge des Widerrufs erlischt die Vollmacht *ex nunc*.[9] Bezieht er sich nur auf einen **Teil der Vollmacht,** erlischt diese allerdings nicht insgesamt, sondern sie besteht in ihrem nicht widerrufenen Teil fort. Beim Widerruf handelt es sich um eine **empfangsbedürftige Willenserklärung**. Da es für das Vorliegen einer wirksamen (wenn auch anfechtbaren) Willenserklärung keines Erklärungsbewusstseins bedarf,[10] beeinträchtigt **fehlendes Erklärungsbewusstsein** entgegen einer fälschlich auf Rechtsscheingrundsätze abstellenden Entscheidung des BGH[11] nicht die Wirksamkeit eines Widerrufs. **Adressat** des Widerrufs kann nach S. 3 i.V.m. § 167 Abs. 1 **entweder der Bevollmächtigte oder der Dritte** sein, gegenüber dem die Vollmacht besteht, wobei es im Grundsatz nicht darauf ankommt, ob es sich um eine Innen- oder eine Außenvollmacht handelt.[12] Mit Blick auf die Außenvollmacht wird diese Aussage durch die §§ 170, 173 indes erheblich relativiert (näher die Kommentierungen zu §§ 170, 173). Außer gegenüber Bevollmächtigtem und Drittem kann die Vollmacht analog § 171 Abs. 2 auch durch **öffentliche Bekanntmachung** widerrufen werden.[13]

2. Unwiderruflichkeit und Beschränkung des Widerrufs. S. 2 sieht die Widerruflichkeit der Vollmacht vor, ohne dies zum Gegenstand einer zwingenden Regelung zu machen. Die damit zugelassene Möglichkeit unwiderruflicher Vollmachten ist keine Selbstverständlichkeit: Erst im zweiten Entwurf entschlossen sich die Verfasser des BGB, das Bedürfnis nach einer unwiderruflichen Vollmacht anzuerkennen, und zwar mit Blick auf die besonders gelagerten Fälle, in denen die Vollmacht nicht nur den Interessen des Vollmachtgebers, sondern auch den Interessen des Bevollmächtigten dient.[14] Vor diesem Hintergrund ist die unwiderrufliche Vollmacht zu sehen: Sie zeichnet sich nicht allein durch die rechtsgeschäftliche Abbedingung der Widerruflichkeit aus, sondern dadurch, dass dem Bevollmächtigten in seinem Interesse eine eigene, vom Willen des Vollmachtgebers unabhängige Rechtsposition eingeräumt wird, wie es sie bei der widerruflichen Vollmacht nicht gibt. Dieser fundamentale Unterschied zwischen widerruflicher und unwiderruflicher Vollmacht[15] ist insbesondere dann zu berücksichtigen, wenn es um die Bestimmung der Grenzen des Ausschlusses der Widerruflichkeit geht (dazu Rn 9 ff.).

a) Begründung der Unwiderruflichkeit. Nach einer von Teilen der Literatur, aber auch von der Rechtsprechung vertretenen Ansicht kann die Unwiderruflichkeit der Vollmacht nur durch einen **Vertrag** begründet werden.[16] Andere Stimmen des Schrifttums wollen demgegenüber auch den **einseitigen Verzicht des Voll-**

---

6 Erman/*Palm*, § 168 Rn 4; MüKo/*Schramm*, § 168 Rn 11; Palandt/*Heinrichs*, § 168 Rn 2; Soergel/*Leptien*, § 168 Rn 11; Staudinger/*Schilken*, § 168 Rn 3.
7 BGH NJW 1981, 282, 284 (Vertretungsmacht des Verwalters im Verhältnis zu ausgeschiedenem Wohnungseigentümer); Soergel/*Leptien*, § 168 Rn 7; Staudinger/*Schilken*, § 168 Rn 3.
8 Beispiel: Die Erklärung, dass die Vollmachtsurkunde zurückgefordert werde, bringt nach RG JW 1933, 1202, die Vollmacht zwar nicht sofort, aber mit Rückgabe der Urkunde zum Erlöschen.
9 BayObLG DNotZ 1983, 752.
10 Grundlegend BGHZ 91, 324, 329.
11 BGH NJW 1995, 953.
12 MüKo/*Schramm*, § 168 Rn 19; Soergel/*Leptien*, § 168 Rn 19; Staudinger/*Schilken*, § 168 Rn 5.
13 Bamberger/Roth/*Habermeier*, § 168 Rn 19; MüKo/*Schramm*, § 168 Rn 19; Palandt/*Heinrichs*, § 168 Rn 5; Soergel/*Leptien*, § 168 Rn 19; Staudinger/*Schilken*, § 168 Rn 5.
14 Prot. I, S. 297 = Mugdan I, S. 742.
15 *Flume*, BGB AT Bd. 2, § 53, 1 (S. 877), spricht von „zwei inhaltlich grundsätzlich verschiedenartige(n) Rechtsfiguren".
16 RGZ 109, 333; BayObLG NJW-RR 1996, 848; Bamberger/Roth/*Habermeier*, § 168 Rn 23; Palandt/*Heinrichs*, § 168 Rn 6.

machtgebers auf die Widerruflichkeit als Begründung genügen lassen.[17] In der Tat sprechen weder der Wortlaut von S. 2 (der nicht besagt, dass sich die Unwiderruflichkeit nur aus dem Grundverhältnis ergeben kann) noch Wertungsgesichtspunkte dagegen, dem Vollmachtgeber zu gestatten, die Unwiderruflichkeit der Vollmacht ebenso wie die Vollmacht selbst (dazu § 167 Rn 10) durch einseitiges Rechtsgeschäft zu begründen. Praktisch dürfte die Auseinandersetzung jedoch kaum eine Rolle spielen, da die Unwiderruflichkeit eine Grundlage im Innenverhältnis zwischen Vollmachtgeber und Bevollmächtigtem haben muss, das in aller Regel ein Vertrag sein dürfte.[18]

8 Die Unwiderruflichkeit kann **ausdrücklich oder konkludent** bestimmt sein. In letzterem Fall kommt es vor allem auf das Grundverhältnis an: Ergibt sich daraus, dass die Vollmacht einem besonderen **Eigeninteresse des Bevollmächtigten** dient, das **dem Interesse des Vollmachtgebers mindestens gleichwertig** ist, neigt die Rechtsprechung dazu, einen stillschweigenden Ausschluss der Widerruflichkeit anzunehmen.[19] So ist, um ein Beispiel aus neuerer Rechtsprechung anzuführen,[20] die in Kaufverträgen über Wohnungseigentum dem Bauträger erteilte Vollmacht zur Schaffung neuen Wohnungseigentums grundsätzlich auch ohne ausdrückliche Erklärung als unwiderruflich anzusehen.[21]

9 **b) Grenzen der Unwiderruflichkeit.** Angesichts der Möglichkeit, eine unwiderrufliche Vollmacht gegen den Willen des Vollmachtgebers zu gebrauchen (dazu auch Rn 6), besteht Einigkeit darüber, dass der Möglichkeit, den Widerruf einer Vollmacht zu beschränken oder auszuschließen, Grenzen gezogen sind. So ist der **Ausschluss oder die Einschränkung des Widerrufs** einer Vollmacht mit Blick auf die von den Gesetzesverfassern bei der Zulassung der Unwiderruflichkeit vorausgesetzte besondere Interessenlage (dazu Rn 6) **nicht gerechtfertigt**, wenn die Vollmacht **nur dem Interesse des Vollmachtgebers** dient.[22] Ebenso wenig ist es statthaft, eine **Generalvollmacht** unwiderruflich auszugestalten, weil sich der Vollmachtgeber dadurch seiner Privatautonomie in einem zu weit gehenden Umfang begeben würde.[23] Schließlich ist man sich zumindest im Ergebnis weit gehend darüber einig, dass eine **isolierte Vollmacht** (dazu auch Rn 29), die auf keinem oder jedenfalls keinem wirksamen Grundverhältnis beruht, nicht unwiderruflich sein kann.[24]

10 Unstreitig **anzuerkennen** ist andererseits der Ausschluss oder die Einschränkung des Widerrufs einer Spezialvollmacht, wenn diese **Erfüllungszwecken** dient.[25] Beispielsweise ist eine unwiderrufliche Auflassungsvollmacht zulässig, die es dem Käufer (unter Befreiung von § 181) gestattet, sich selbst oder einem Zweitkäufer das Eigentum an dem gekauften Grundstück zu verschaffen. Dasselbe gilt für die unwiderrufliche Vollmacht zur Einziehung einer Forderung des Vollmachtgebers gegen einen Dritten, die es dem Bevollmächtigten erlaubt, Befriedigung wegen einer eigenen Forderung gegen den Vollmachtgeber zu suchen. Auf der Grundlage einer Verpflichtung, ein schuldrechtliches Geschäft abzuschließen, kann darüber hinaus auch eine unwiderrufliche Vollmacht zum Abschluss eines Schuldvertrages gerechtfertigt sein. Darf eine unwiderrufliche Vollmacht nach dieser Maßgabe erteilt werden, so ist es richtigerweise **unerheblich**, ob der Vollmachtgeber **Organ einer juristischen Person** ist, dessen Organstellung selbst widerruflich ist, denn es kommt nur auf den Umfang der Vertretungsmacht des Organs an, welche mit der Widerruflichkeit der Organstellung nichts zu tun hat.[26]

11 Jenseits der Konstellationen eindeutig unzulässiger (dazu Rn 9) bzw. zulässiger (dazu Rn 10) Unwiderruflichkeit ergibt sich allerdings eine **Grauzone**, in der die Möglichkeit eines Widerrufsausschlusses **umstritten** und schwierig zu beurteilen ist. Die Rechtsprechung und ein großer Teil des Schrifttums stellen insoweit darauf ab, ob die Unwiderruflichkeit von einem **Interesse des Bevollmächtigten oder eines Dritten** getragen ist, das dem Interesse des Vollmachtgebers an dem Vertretergeschäft mindestens gleichwertig ist.[27] Diese Formulierung ist als zu unbestimmt kritisiert und zugunsten einer Beschränkung der unwiderruflichen Vollmacht auf

---

17 Erman/*Palm*, § 168 Rn 16; *Flume*, BGB AT Bd. 2, § 53, 5 (S. 882); *Fuchs*, AcP 196 (1996), 313, 363; MüKo/*Schramm*, § 168 Rn 20; Staudinger/*Schilken*, § 168 Rn 11.
18 So bereits *Flume*, BGB AT Bd. 2, § 53, 5 (S. 882).
19 BGH NJW-RR 1991, 439, 441 m.w.N. zur älteren Rspr.
20 Grundlegend aus der älteren Rspr. RGZ 52, 96, 99; 53, 416, 418 f.
21 BayObLG NJW-RR 2002, 443, 444 m.w.N.
22 BGHZ 3, 354, 358; NJW 1988, 2603; aus der Lit. statt vieler MüKo/*Schramm*, § 168 Rn 21.
23 Statt vieler Staudinger/*Schilken*, § 168 Rn 9; unklar allerdings RGRK/*Steffen*, § 168 Rn 3.
24 BGH NJW 1988, 2603; BGHZ 110, 363, 367; aus der Lit. statt vieler MüKo/*Schramm*, § 168 Rn 21.
25 Vgl. – auch zu den nachfolgenden Beispielen – *Flume*, BGB AT Bd. 2, § 53, 2 (S. 878); ferner *Medicus*, BGB AT, Rn 942; MüKo/*Schramm*, § 168 Rn 22; Soergel/*Leptien*, § 168 23; Staudinger/*Schilken*, § 168 Rn 8.
26 So bereits *Flume*, BGB AT Bd. 2, § 53, 6 Fn 32 (S. 883); ferner MüKo/*Schramm*, § 168 Rn 26; Soergel/*Leptien*, § 168 Rn 24; Staudinger/*Schilken*, § 168 Rn 9.
27 BGH DNotZ 1972, 229, 230; NJW-RR 1991, 439, 441; BayObLG NJW-RR 1996, 848, 849; *Fuchs*, AcP 196 (1996), 313, 361 ff.; MüKo/*Schramm*, § 168 Rn 24; Soergel/*Leptien*, § 168 Rn 22; Staudinger/*Schilken*, § 168 Rn 8.

die in Rn 10 dargestellten Konstellationen verworfen worden.[28] In der Tat lässt die von der Rechtsprechung verwendete Formel an Klarheit zu wünschen übrig und leistet der Rechtssicherheit keinen guten Dienst. Die Praxis, die sich an ihr zu orientieren hat, sollte beherzigen, dass ein reines **Provisionsinteresse**, das der Bevollmächtigte am Abschluss des Vertretergeschäfts hat, nach der Rechtsprechung des BGH **nicht ausreichend** ist, um die Unwiderruflichkeit zu legitimieren; soweit es um das wirtschaftliche Interesse des Bevollmächtigten geht, wird vielmehr verlangt, dass dessen Beteiligung am Gewinn aus dem Vertretergeschäft ähnlich einer gesellschaftsrechtlichen Beteiligung ist.[29]

Ist der Ausschluss oder die Beschränkung des Widerrufs nach diesen Grundsätzen nicht gerechtfertigt, ist die **Klausel über die Unwiderruflichkeit unwirksam**. Demgegenüber bleibt die **Bevollmächtigung nach § 139 grundsätzlich wirksam**.[30] Nach h.M. gilt dies auch dann, wenn der Widerrufsausschluss infolge Sittenwidrigkeit nach § 138 nichtig ist, nicht dagegen dann, wenn Formnichtigkeit vorliegt, welche auch die Vollmacht als solche erfasst (zur Formbedürftigkeit bei Unwiderruflichkeit § 167 Rn 38).[31]

c) Wirkung der Unwiderruflichkeit. Der **Widerruf einer unwiderruflichen Vollmacht** durch den Vollmachtgeber ist **unwirksam**. Die Unwiderruflichkeit verpflichtet den Vollmachtgeber also nicht nur zur Unterlassung eines Widerrufs, sondern sie hat zur Folge, dass der Fortbestand der Vollmacht von einem Widerruf unberührt bleibt.[32] Im Ergebnis ist allerdings unstreitig, dass ein **Widerruf aus wichtigem Grund** stets zulässig und daher auch im Falle eines Widerrufsausschlusses wirksam ist.[33] Nicht betroffen von der Wirkung der Unwiderruflichkeit sind zudem **Rechtsgeschäfte des Vollmachtgebers im gegenständlichen Bereich der Vollmacht**, und zwar auch dann, wenn diese mit Geschäften des Bevollmächtigten kollidieren: Der Vollmachtgeber kann sich nur schuldrechtlich dazu verpflichten, keine mit dem Vertreterhandeln konkurrierenden rechtsgeschäftlichen Handlungen vorzunehmen. Eine „verdrängende" Vollmacht, die solchen Handlungen des Vollmachtgebers die Wirkung nimmt, wird von der h.M. dagegen zu Recht nicht anerkannt (dazu § 167 Rn 7) und lässt sich daher auch nicht mit der unwiderruflichen Vollmacht verbinden.

IV. Erlöschensgründe in der Person des Vollmachtgebers (einschließlich der postmortalen Vollmacht)

1. Tod. Mit dem Tod des Vollmachtgebers verknüpfen sich zwei verschiedene vollmachtsrechtliche Konstellationen: Zum einen stellt sich die Frage, ob eine zu Lebzeiten des Vollmachtgebers erteilte und wirksame Vollmacht auch noch Wirkung über den Tod des Vollmachtgebers hinaus entfaltet. Insoweit spricht man von einer **transmortalen Vollmacht**. Zum anderen sind die Fälle zu behandeln, in denen eine Vollmacht erst mit dem Tod des Vollmachtgebers wirksam werden soll. Diese Gestaltung wird **postmortale Vollmacht** genannt.[34] Während es bei der transmortalen Vollmacht im Wesentlichen nur um ein Auslegungsproblem geht (dazu Rn 19), wirft die postmortale Vollmacht Schwierigkeiten im Zusammenspiel mit dem Erbrecht auf (dazu Rn 20). Nachfolgend seien jedoch zunächst die den beiden Konstellationen gemeinsamen Fragen der Wirkung (Rn 15), des Widerrufs (Rn 16) und des Missbrauchs (Rn 17 f.) der Vollmacht nach dem Tod des Vollmachtgebers erörtert.

Sowohl die transmortale als auch die postmortale Vollmacht haben zur Folge, dass der Bevollmächtigte nach dem Tod des Vollmachtgebers **Rechtsgeschäfte mit Wirkung für und gegen die Erben des Vollmachtgebers** vornehmen kann.[35] Die Vertretungsmacht ist dabei jedoch **auf den Nachlass beschränkt**.[36] Legt der Vertreter beim Handeln im Namen der Erben nicht offen, dass sich seine Vertretungsmacht nur auf den Nachlass bezieht, gelten für den überschießenden Teil des Vertretergeschäfts die §§ 177 ff.[37] Vor dem Hintergrund, dass der Bevollmächtigte seine Legitimation vom Erblasser erhalten hat und daher rechtsgeschäftlich

---

28 *Flume*, BGB AT Bd. 2, § 53, 3 (S. 879).
29 BGH NJW-RR 1991, 439, 441 unter Berufung auf RGZ 53, 416, 419; RG JW 1927, 1140.
30 BGH WM 1969, 1009.
31 So MüKo/*Schramm*, § 168 Rn 27; Soergel/*Leptien*, § 168 Rn 27; weiter gehend (Gesamtnichtigkeit auch bei Verstoß gegen § 138) *Flume*, BGB AT Bd. 2, § 53, 5 (S. 882); Staudinger/*Schilken*, § 168 Rn 10.
32 Allg.M.; statt vieler MüKo/*Schramm*, § 168 Rn 29.
33 BGH WM 1969, 1009; 1985, 646, 647; NJW 1988, 2603; 1997, 3437, 3440; *Larenz/Wolf*, BGB AT, § 47 Rn 55; MüKo/*Schramm*, § 168 Rn 28; Erman/ *Palm*, § 168 Rn 19; Soergel/*Leptien*, § 168 Rn 26; Staudinger/*Schilken*, § 168 Rn 14. Nur hinsichtlich der dogmatischen Einordnung, nicht aber im Erg. anders *Flume*, BGB AT Bd. 2, § 53, 6 (S. 885).

34 Zur – nicht immer klar getroffenen – begrifflichen Unterscheidung zwischen transmortaler und postmortaler Vollmacht vgl. etwa *Seif*, AcP 200 (2000), 193; *Trapp*, ZEV 1995, 314.
35 BGHZ 87, 20, 25; FamRZ 1983, 477; Bamberger/ Roth/*Habermeier*, § 168 Rn 10; Erman/*Palm*, § 168 Rn 5; MüKo/*Schramm*, § 168 Rn 31; Soergel/ *Leptien*, § 168 Rn 31; Staudinger/*Schilken*, § 168 Rn 31.
36 RGZ 106, 185, 187; BGH FamRZ 1983, 477; Bamberger/Roth/*Habermeier*, § 168 Rn 10; MüKo/ *Schramm*, § 168 Rn 33; Soergel/*Leptien*, § 168 Rn 32; Staudinger/*Schilken*, § 168 Rn 31; *Tschauner*, S. 78 ff.
37 MüKo/*Schramm*, § 168 Rn 33; Staudinger/*Schilken*, § 168 Rn 31.

so handeln kann, wie es der Erblasser selbst hätte tun können, gelten für ihn **nicht die Beschränkungen, die ggf. den oder die Erben treffen können**: So bedarf der Bevollmächtigte z.B. auch dann nicht der vormundschaftsgerichtlichen Genehmigung eines Vertretergeschäfts, wenn die Eltern des minderjährigen Erben ein solches Geschäft nicht ohne diese Genehmigung abschließen dürften.[38] Ebenso wenig ist er den Beschränkungen eines Vorerben oder Testamentsvollstreckers unterworfen.[39]

16 Nach dem Tod des Erblassers kann der in die Stellung des Vollmachtgebers eingetretene **Erbe** eine trans- oder postmortale Vollmacht **grundsätzlich frei widerrufen**, ebenso ein **Testamentsvollstrecker** oder ein **Nachlassverwalter**.[40] Bei einer Mehrheit von Erben hat diese Befugnis **jeder Miterbe**, jedoch nur **mit Einzelwirkung** und nicht mit Wirkung für die übrigen Miterben.[41] Erklärt ein einzelner Miterbe den Widerruf der Vollmacht, kann der Bevollmächtigte daher nur gemeinsam mit diesem Rechtsgeschäfte mit Bezug auf den Nachlass abschließen.[42] Für den **Ausschluss des Widerrufs** gelten die allgemeinen Regeln (dazu Rn 6 ff.). Hat der Erblasser danach in zulässiger Weise den Widerruf ausgeschlossen, bindet dies auch den Erben,[43] ohne dass darin im Falle einer unwiderruflichen postmortalen Vollmacht eine Umgehung der Regeln über die Testamentsvollstreckung läge.[44]

17 Der **Erbe** nimmt in den Fällen der trans- oder postmortalen Vollmacht nicht nur hinsichtlich der Vollmacht, sondern auch hinsichtlich des **Grundverhältnisses** die **Stelle des Erblassers** ein. Die Beendigung des Grundverhältnisses liegt damit ebenso wie der Widerruf der Vollmacht in den Händen des Erben. Problematisch und umstritten ist jedoch, wie sich der Eintritt des Erben in das Grundverhältnis auf die daraus resultierenden Pflichten des Bevollmächtigten und damit auf dessen rechtliches „Dürfen" auswirkt. Dies wiederum ist entscheidend für die Beurteilung der Frage, unter welchen Voraussetzungen sich das Handeln des Bevollmächtigten als **Vollmachtsmissbrauch** (dazu allgemein § 164 Rn 84 ff.) gegenüber dem Erben darstellt. Die Kontroverse entzündet sich daran, inwieweit der Bevollmächtigte im Innenverhältnis (also etwa bei der Wahrnehmung eines ihm vom Erblasser erteilten Auftrags) auf die **Interessen des Erben** Rücksicht zu nehmen hat: Nach **überwiegender Ansicht** sind nicht allein die Interessen des Erben, sondern **auch die Interessen des Erblassers** zu beachten.[45] Dabei soll der Erblasserwille Vorrang haben, wenn sich dies im Wege der Auslegung des Grundverhältnisses ergibt. Ist dies der Fall, braucht sich der Erbe nach dieser Auffassung beim Abschluss eines Vertretergeschäfts nicht zu vergewissern, ob das Geschäft dem Willen des Erben entspricht. Ein Missbrauch der Vertretungsmacht wegen fehlender Einholung der Zustimmung des Erben kommt dann aus dieser Sicht nicht in Betracht.

18 **Gegenstimmen** im Schrifttum wollen hingegen **allein auf die Interessen des Erben** abstellen.[46] So soll der Bevollmächtigte, wenn er von dem Erblasser mit der Vornahme einer Schenkung beauftragt worden ist, grundsätzlich die Zustimmung des Erben einholen müssen, und es soll sich der Dritte, der von dem Erbfall weiß, über die Zustimmung des Erben vergewissern müssen. Fehlt es daran, liegt dieser Ansicht zufolge ein für den Dritten evidenter Missbrauch der Vertretungsmacht vor. Diese Auffassung verdient im Ergebnis **Zustimmung**: Mit dem Tod des Erblassers ist der Erbe Geschäftsherr geworden und sein Wille daher für den Bevollmächtigten maßgeblich. Eine „Herrschaft der Toten über die Lebenden"[47] in dem Sinne, dass sich der Wille des Erblassers über dessen Tod hinaus Geltung verschafft, ist nur in den Formen des Erbrechts anzuerkennen, nicht aber bei der durch Geschäft unter Lebenden erteilten, über den Todeszeitpunkt hinaus oder von diesem Zeitpunkt an wirkenden Vollmacht.

19 **a) Die über den Todesfall hinaus fortbestehende Vollmacht (transmortale Vollmacht).** Ob eine Vollmacht über den Tod des Vollmachtgebers hinaus fortdauert, beurteilt sich zunächst **nach der Vollmacht selbst**: Teilweise ordnen gesetzliche Vorschriften (§ 52 Abs. 3 HGB für die Prokura; § 86 ZPO für die Prozessvollmacht) an, dass die Vollmacht mit dem Tod des Vollmachtgebers nicht erlischt. Im Übrigen kann der Vollmachtgeber bestimmen, dass die Vollmacht über seinen Tod hinaus fortdauern soll. Fehlt eine solche Bestimmung, kann sich das Vorliegen einer transmortalen Vollmacht nach S. 1 **aus dem Grundverhältnis**

---

38 RGZ 88, 345, 350; 106, 186.
39 RGZ 88, 345; 106, 186; BGH NJW 1962, 1718, 1719.
40 Dazu m.w.N. MüKo/*Schramm*, § 168 Rn 37; *Tschauner*, S. 125 ff.
41 RG JW 1938, 1892; Bamberger/Roth/*Habermeier*, § 168 Rn 11; Erman/*Palm*, § 168 Rn 5; MüKo/*Schramm*, § 168 Rn 37; Soergel/*Leptien*, § 168 Rn 35; Staudinger/*Schilken*, § 168 Rn 34.
42 MüKo/*Schramm*, § 168 Rn 37.
43 RGZ 114, 351, 354.
44 Staudinger/*Schilken*, § 168 Rn 35; *Tschauner*, S. 33 ff.; a.A. für die Generalvollmacht Soergel/*Leptien*, § 168 Rn 35. Zur allg. Unzulässigkeit einer unwiderruflichen Generalvollmacht vgl. aber bereits Rn 9.
45 BGH NJW 1969, 1246, 1247; FamRZ 1985, 693, 695; NJW 1995, 250, 251; Erman/*Palm*, § 168 Rn 5; MüKo/*Schramm*, § 168 Rn 47 f.; Soergel/*Leptien*, § 168 Rn 33; Staudinger/*Schilken*, § 168 Rn 32.
46 *Flume*, BGB AT Bd. 2, § 51, 5b (S. 849 ff.); *Medicus*, BR, Rn 399; namentlich gegen die Entscheidung BGH NJW 1995, 250, ist *Schultz*, NJW 1995, 3345 ff..
47 So *Medicus*, BR, Rn 399.

ergeben (zur isolierten Vollmacht, bei der es an einem Grundverhältnis fehlt, Rn 29). Handelt es sich hierbei um einen **Auftrag** oder um ein **Geschäftsbesorgungsverhältnis**, **erlischt** das Grundverhältnis durch den Tod **im Zweifel nicht** (§§ 672 S. 1, 675 Abs. 1). Dies gilt bei Fehlen einer anderweitigen Bestimmung nach S. 1 auch für die darauf beruhende Vollmacht des Beauftragten bzw. des Geschäftsbesorgers. Allerdings kann **im Einzelfall eine andere Auslegung** geboten sein, und zwar insbesondere dann, wenn die Vollmacht und das ihr zu Grunde liegende Geschäft primär auf die Person und die persönlichen Verhältnisse des Vollmachtgebers ausgerichtet sind.[48] So ist etwa zu Recht entschieden worden, dass eine Altersvorsorgevollmacht, deren zu Grunde liegendes Auftragsverhältnis darauf zugeschnitten ist, dem Bevollmächtigten für den Fall der Betreuungsbedürftigkeit des Vollmachtgebers eine umfassende, an den persönlichen Bedürfnissen des Vollmachtgebers orientierte Vertretungsmacht einzuräumen, mit dem Tod des Vollmachtgebers auch für den Bereich der Vermögensverwaltung erlischt.[49]

b) Die Vollmacht auf den Todesfall (postmortale Vollmacht). Bei der postmortalen Vollmacht wird eine Vollmacht in der Weise erteilt, dass ihre **Wirkung erst mit dem Todeszeitpunkt des Vollmachtgebers** einsetzt. Dies kann **in einer letztwilligen Verfügung** geschehen, **aber auch in einem Rechtsgeschäft unter Lebenden**. Wird die Vollmacht in einer letztwilligen Verfügung, insbesondere in einem Testament, erteilt,[50] ist zu beachten, dass ihr Wirksamwerden vom Zugang bei der zu bevollmächtigenden Person (Innenvollmacht) oder beim Dritten (Außenvollmacht) abhängt (dazu näher § 167 Rn 16). Ist die Erteilung der postmortalen Vollmacht nicht in einer letztwilligen Verfügung enthalten, stellt sich die Frage, ob sie gleichwohl die **Form einer letztwilligen Verfügung** bedarf. Dies wird **von der Rechtsprechung und im überwiegenden Schrifttum abgelehnt**.[51] Wenn sich die Vollmacht allerdings auf den Abschluss und Vollzug unentgeltlicher Geschäfte zulasten des Nachlasses bezieht, wird **teilweise eine analoge Anwendung von § 2301** (bei gleichzeitiger teleologischer Reduktion des § 167 Abs. 2; dazu allgemein § 167 Rn 34, 38 ff.) befürwortet.[52] Folgt man, wie hier, der – allerdings nur von einer Minderheit vertretenen – Auffassung, dass der Inhaber einer postmortalen Vollmacht zur Vornahme einer Schenkung grundsätzlich in einer Pflichtenbindung zum Erben steht und sich über dessen Willen vergewissern muss (dazu Rn 18), erübrigt sich insoweit die Analogie.[53] Soll dagegen die Bindung an die Erbeninteressen zugunsten des Erblasserwillens ausgeschlossen sein, erscheint eine Beachtung der erbrechtlichen Formen (hinsichtlich der Vollmacht und des Grundverhältnisses) analog § 2301 geboten, soweit der Bevollmächtigte beim Gebrauch der Vollmacht mit den Erbeninteressen in Konflikt zu geraten droht. Dies ist dann der Fall, wenn die postmortale Vollmacht dem Bevollmächtigten erlaubt, Dritten oder (unter Befreiung von § 181) sich selbst Nachlassgegenstände eigennützig zuzuwenden,[54] nicht hingegen dann, wenn die postmortale Vollmacht eine Generalvollmacht für den Vermögensverwalter des Erblassers oder eine Vollmacht zur Erledigung von unmittelbar im Zusammenhang mit dem Todesfall stehenden Geschäften ist.[55]

2. Erlöschen einer juristischen Person. Ist der Vollmachtgeber eine juristische Person, erlischt die Vollmacht nicht schon dann, wenn die juristische Person in die Liquidation eintritt, sondern erst mit ihrem Erlöschen. Im Stadium der Liquidation werden die von der juristischen Person erteilten Vollmachten allerdings auf den Liquidationszweck beschränkt.[56]

3. Verlust der Geschäftsfähigkeit. Nach den §§ 168 S. 1, 672 S. 1, 675 Abs. 1 erlischt die Vollmacht ebenso wie das ihr zu Grunde liegende Innenverhältnis **im Zweifel nicht**, wenn der Vollmachtgeber seine Geschäftsfähigkeit verliert (zur isolierten Vollmacht Rn 29). Das gilt nach § 86 ZPO auch für die Prozessvollmacht. Richtigerweise hat der Bevollmächtigte – entgegen einer gängigen Meinung[57] – ab Eintritt der Geschäftsunfähigkeit des Vollmachtgebers allerdings **die für einen gesetzlichen Vertreter geltenden**

---

48 MüKo/*Schramm*, § 168 Rn 31; Staudinger/*Schilken*, § 168 Rn 26.
49 OLG Hamm NJW-RR 2003, 800, 801.
50 Vgl. zu dieser Möglichkeit OLG Köln NJW 1950, 702; Soergel/*Leptien*, § 168 Rn 30; Staudinger/*Schilken*, § 168 Rn 29.
51 BGH NJW 1962, 1718; 1969, 1245; 1987, 840; NJW 1988, 2731; MüKo/*Schramm*, § 168 Rn 32; Soergel/*Leptien*, § 168 Rn 30; Staudinger/*Schilken*, § 168 Rn 30.
52 *Finger*, NJW 1969, 1624; *Medicus*, BR, Rn 399; *Seif*, AcP 200 (2000), 192, 196 ff.
53 So bereits *Flume*, BGB AT Bd. 2, § 51, 5b (S. 851).
54 So mit eingehender Begründung *Seif*, AcP 200 (2000), 192, 196 ff. (Fall der „eigennützigen Zuwendungsvollmacht auf den Todesfall").
55 Dazu wiederum mit eingehender Begründung *Seif*, AcP 200 (2000), 192, 230 ff. (Fälle der „fremdnützigen Verwaltungsvollmacht auf den Todesfall" und der „fremdnützigen Verwaltungsvollmacht als vereinfachte Legitimation von Todes wegen").
56 MüKo/*Schramm*, § 168 Rn 39; Staudinger/*Schilken*, § 168 Rn 27. – Zur (teilweise streitigen) Rechtslage bei der Prokura vgl. *Roth*, in: Koller/Roth/Morck, HGB, 4. Aufl. 2003, § 48 Rn 2 u. § 52 Rn 9.
57 RGZ 88, 345; 106, 185; MüKo/*Schramm*, § 168 Rn 12; Soergel/*Leptien*, § 168 Rn 12.

Schranken (etwa nach den §§ 1641, 1643, 1821, 1822) **zu beachten**.[58] Zudem hat er sich, wenn sich der Abschluss des Vertretergeschäfts ohne Nachteil für den Vertretenen aufschieben lässt, – wiederum entgegen einer verbreiteten Ansicht[59] – zu vergewissern, ob der gesetzliche Vertreter seinen Gebrauch der Vollmacht mitträgt.[60] Hat er sich nicht um den gesetzlichen Vertreter gekümmert und war dies dem Dritten, mit dem er ein Geschäft abgeschlossen hat, bekannt oder evident, sind daher die Regeln über den **Missbrauch der Vertretungsmacht** (dazu § 164 Rn 84 ff.) anzuwenden.

23 4. Insolvenz. Eine Vollmacht, die der Schuldner mit Bezug auf das zur Insolvenzmasse gehörende Vermögen erteilt hat, erlischt, wie § 117 Abs. 1 InsO klarstellt, mit der **Eröffnung des Insolvenzverfahrens**. Genauso verhält es sich bei Prozessvollmachten.[61] § 117 Abs. 3 InsO bewahrt den (zunächst) Bevollmächtigten, der nach Eröffnung des Insolvenzverfahrens als Vertreter ohne Vertretungsmacht agiert, für den Fall einer ausbleibenden Genehmigung durch den Verwalter allerdings vor der Haftung aus § 179, solange er sich über die Verfahrenseröffnung in unverschuldeter Unkenntnis befindet.

24 5. Ende der gesetzlichen oder organschaftlichen Vertretungsmacht. Eine Vollmacht, die von einem gesetzlichen oder organschaftlichen Vertreter erteilt wurde, erlischt **nicht** mit dem Ende der gesetzlichen oder organschaftlichen Vertretungsmacht.[62] Sie kann freilich von dem zuvor Vertretenen oder von dem an die Stelle des bisherigen gesetzlichen oder organschaftlichen Vertreters getretenen Vertreter widerrufen werden (vgl. auch die Ausführungen zur Untervollmacht, § 167 Rn 69). Ebenso wenig erlischt eine von einem **gesetzlichen Verwalter** (Nachlass-, Insolvenz-, Zwangsverwalter oder Testamentsvollstrecker) erteilte Vollmacht mit einem Wechsel in der Person des Verwalters (wohl aber mit dem Ende der Verwaltung).[63]

V. Erlöschensgründe in der Person des Bevollmächtigten

25 1. Tod. Die Vollmacht als solche ist **keine vererbliche Rechtsposition** (zur Rechtsnatur der Vollmacht als Legitimation auch § 167 Rn 6).[64] Es kann sich jedoch im Wege der **Auslegung** der Bevollmächtigung ergeben, dass im Falle des Todes des (ursprünglich) Bevollmächtigten dessen Erben bevollmächtigt sein sollen. Davon ist etwa bei einer dem Käufer erteilten Auflassungsvollmacht auszugehen[65] sowie generell dann, wenn die Vollmacht im **Eigeninteresse des Bevollmächtigten** erteilt wurde.[66] Als Auslegungsregel ist im Übrigen S. 1 i.V.m. §§ 673 S. 1, 675 heranzuziehen: **Im Zweifel** führt der Tod des Bevollmächtigten zum **Erlöschen der Vollmacht und des Grundverhältnisses**.[67]

26 2. Erlöschen einer juristischen Person. Ist eine juristische Person bevollmächtigt worden (dazu § 167 Rn 13), findet die Vollmacht, soweit kein anderer Erlöschensgrund vorliegt, erst mit dem Erlöschen der juristischen Person und nicht schon mit dem Eintritt in das Liquidationsstadium ein Ende. Bei **Verschmelzung** der bevollmächtigten juristischen Person mit einer anderen kommt es auf die Auslegung der Bevollmächtigung an; geht das der Vollmacht zugrunde liegende Rechtsverhältnis auf die übernehmende Gesellschaft über, gilt dies nach dem Rechtsgedanken des S. 1 im Zweifel auch für die Vollmacht.[68]

27 3. Verlust der Geschäftsfähigkeit. Tritt beim Bevollmächtigten Geschäftsunfähigkeit ein (zur Vollmachtserteilung an einen Geschäftsunfähigen § 167 Rn 13), wird er nach h.M. **nur an der Ausübung der Vollmacht gehindert**, ohne dass diese *eo ipso* erlischt, solange nicht feststeht, dass die Geschäftsunfähigkeit von Dauer ist.[69] Dem wird teilweise mit der Begründung widersprochen, dass die bloße Suspendierung der Vollmachtsausübung der Schwere der Geschäftsunfähigkeitstatbestände nicht hinreichend Rechnung

---

58 OLG Köln NJW-RR 2001, 652, 653; *Flume*, BGB AT Bd. 2, § 51, 6 (S. 853); Palandt/*Heinrichs*, § 168 Rn 4; Staudinger/*Schilken*, § 168 Rn 24.
59 MüKo/*Schramm*, § 168 Rn 13; Staudinger/*Schilken*, § 168 Rn 23.
60 *Flume*, BGB AT Bd. 2, § 51, 6 (S. 852 f.). – Vgl. die entsprechende Behandlung der streitigen Frage, ob der Bevollmächtigte bei der trans- oder postmortalen Vollmacht nach dem Tod des Erblassers die Interessen der Erben zu beachten hat, dazu Rn 17 f.
61 BGH NJW 2000, 738, 739 (zu § 23 KO).
62 Vgl. BayObLG NJW 1959, 2119; LG Stuttgart DB 1982, 638; MüKo/*Schramm*, § 168 Rn 40; Palandt/ *Heinrichs*, § 168 Rn 4; Staudinger/*Schilken*, § 168 Rn 24.
63 Str., wie hier m.w.N. Palandt/*Heinrichs*, § 168 Rn 4.
64 MüKo/*Schramm*, § 168 Rn 6 (allerdings mit der – hier nicht geteilten – Einschränkung, dass die Vollmacht im Zusammenhang mit der Rechtsstellung aus dem Grundverhältnis vererblich sein könne); nur für „regelmäßig" nicht vererblich hält die Vollmacht RGRK/*Steffen*, § 168 Rn 7.
65 RGZ 114, 354, Staudinger/*Schilken*, § 168 Rn 19 m.w.N.
66 MüKo/*Schramm*, § 168 Rn 6; Staudinger/*Schilken*, § 168 Rn 19.
67 Bamberger/Roth/*Habermeier*, § 168 Rn 5; MüKo/ *Schramm*, § 168 Rn 6; Palandt/*Heinrichs*, § 168 Rn 3; Staudinger/*Schilken*, § 168 Rn 19.
68 LG Koblenz NJW-RR 1998, 38, 39; vgl. auch RGZ 150, 289, 291.
69 Bamberger/Roth/*Habermeier*, § 168 Rn 6; Erman/ *Palm*, § 168 12; MüKo/*Schramm*, § 168 Rn 7; Palandt/*Heinrichs*, § 168 Rn 3; Soergel/*Leptien*, § 168 Rn 12.

trage.[70] Dieser Einwand überzeugt nicht: Den Eintritt der Geschäftsunfähigkeit des Bevollmächtigten generell als Erlöschensgrund anzusehen, trüge zum Schutz des geschäftsunfähigen Bevollmächtigten nichts bei und hinderte ihn bei Wiedererlangung der Geschäftsfähigkeit daran, seine Vertretertätigkeit wieder aufzunehmen, weil dann eine erneute Bevollmächtigung durch den Vertretenen erforderlich wäre.

4. Insolvenz. Die Insolvenz des Bevollmächtigten lässt die Vollmacht nicht erlöschen, kann jedoch ein Grund für die Kündigung des Grundverhältnisses sein, welche nach S. 1 zum Erlöschen der Vollmacht führt.[71]

VI. Das Erlöschen der isolierten Vollmacht

Wenn eine isolierte Vollmacht vorliegt, also ein wirksames Grundverhältnis zwischen Vollmachtgeber und Bevollmächtigtem fehlt, können die auf der Beendigung des Grundverhältnisses beruhenden Erlöschensgründe (dazu Rn 4) naturgemäß nicht vorkommen. Keinen Einfluss hat das Fehlen des Grundverhältnisses aber auf **die sich aus der Bevollmächtigung selbst ergebenden Erlöschensgründe** (dazu Rn 3). Darüber hinaus ist die isolierte Vollmacht ebenso wie die kausale **widerruflich** (dazu Rn 5 ff.); abweichend von der kausalen Vollmacht kommt ein Ausschluss des Widerrufs allerdings nicht in Betracht (dazu Rn 9). Ebenfalls anders als bei der kausalen Vollmacht über den Tod hinaus (dazu Rn 19) soll nach h.M. die isolierte Vollmacht **mit dem Tod des Vollmachtgebers im Zweifel erlöschen**,[72] und für die Fortdauer einer isolierten Generalvollmacht über den Tod hinaus soll eine ausdrückliche Anordnung erforderlich sein.[73] Die **Insolvenz des Vollmachtgebers** beendet die isolierte Vollmacht genauso wie die kausale (zu Letzterer Rn 23).[74] Über die Auswirkung des Eintritts der **Geschäftsunfähigkeit des Vollmachtgebers** lässt sich anders als bei der kausalen Vollmacht (dazu Rn 22) mangels Grundverhältnisses keine auf S. 1 gestützte Auslegungsregel aufstellen.[75] Auch ohne (wie bei der kausalen Vollmacht) auf S. 1 i.V.m. §§ 673 S. 1, 675 Bezug nehmen zu können (dazu Rn 25), wird man indes den **Tod des Bevollmächtigten** im Zweifel auch als Erlöschensgrund der isolierten Vollmacht ansehen dürfen.[76] Keine Besonderheiten im Vergleich zur kausalen Vollmacht sind schließlich bei der Bedeutung des Eintritts der **Geschäftsunfähigkeit** (dazu Rn 27) und der **Insolvenz des Bevollmächtigten** (dazu Rn 28) für die isolierte Vollmacht ersichtlich.

C. Weitere praktische Hinweise

I. Vertragsgestaltung

Soll sich das Erlöschen bzw. das Fortbestehen der Vollmacht nicht nach den allgemeinen Regeln richten, empfiehlt es sich, eine entsprechende Bestimmung in die Vollmachtserteilung aufzunehmen. Das gilt etwa dann, wenn die Vollmacht entgegen der Grundregel des S. 1 auch bei Erlöschen des Grundverhältnisses (dazu Rn 4) fortbestehen oder wenn sie umgekehrt beim Tod (dazu Rn 19) oder Verlust der Geschäftsfähigkeit des Vollmachtgebers (dazu Rn 22) erlöschen soll. Soll der **Widerruf** der Vollmacht ausgeschlossen werden, ist zu beachten, dass die Grenzen der Zulässigkeit einer unwiderruflichen Vollmacht nicht vollends geklärt und umstritten sind (dazu Rn 9 ff.) und dass die unwiderrufliche Vollmacht ggf. den Formerfordernissen des Vertretergeschäfts entsprechen muss (dazu § 167 Rn 38).

II. Zivilprozess

Wer sich im Zivilprozess auf das Erlöschen der Vollmacht beruft, hat die **tatsächlichen Voraussetzungen des Erlöschens** zu beweisen. Ist bewiesen oder unstreitig, dass und zu welchem Zeitpunkt die Vollmacht erloschen ist, trägt derjenige, der die Wirksamkeit des Vertretergeschäftes behauptet, die Beweislast dafür, dass das **Vertretergeschäft vor dem Erlöschen der Vollmacht** abgeschlossen wurde.[77] Bei Unklarheit über das Erlöschen der Vollmacht oder über die zeitliche Abfolge von Geschäftsabschluss und Erlöschen ist in Anbetracht der Unsicherheit über den richtigen Anspruchsgegner (Vertreter oder Vertretener) eine **Streitverkündung** gem. §§ 72 ff. ZPO in Betracht zu ziehen. Näher dazu § 164 Rn 107.

---

70 Staudinger/*Schilken*, § 168 Rn 21; ebenso im Erg. *Flume*, BGB AT Bd. 2, § 51, 8 (S. 856).
71 MüKo/*Schramm*, § 168 Rn 16; Soergel/*Leptien*, § 168 Rn 9.
72 Bamberger/Roth/*Habermeier*, § 168 Rn 8; Soergel/*Leptien*, § 168 Rn 18; Staudinger/*Schilken*, § 168 Rn 27. A.A. *Flume*, BGB AT Bd. 2, § 51, 5a (S. 847).
73 RG JW 1929, 1648; Bamberger/Roth/*Habermeier*, § 168 Rn 8; MüKo/*Schramm*, § 168 Rn 31; Soergel/*Leptien*, § 168 Rn 18; Staudinger/*Schilken*, § 168 Rn 27.
74 Soergel/*Leptien*, § 168 Rn 18; Staudinger/*Schilken*, § 168 Rn 25.
75 Vgl. auch Bamberger/Roth/*Habermeier*, § 168 Rn 15; Staudinger/*Schilken*, § 168 Rn 23 (Frage der Auslegung).
76 So auch Staudinger/*Schilken*, § 168 Rn 19.
77 BGH NJW 1974, 748; WM 1984, 603, 604; Bamberger/Roth/*Habermeier*, § 168 Rn 27; Erman/*Palm*, § 168 Rn 12; MüKo/*Schramm*, § 164 Rn 141; Staudinger/*Schilken*, § 168 Rn 36.

§ 169	**Vollmacht des Beauftragten und des geschäftsführenden Gesellschafters**

¹Soweit nach den §§ 674, 729 die erloschene Vollmacht eines Beauftragten oder eines geschäftsführenden Gesellschafters als fortbestehend gilt, wirkt sie nicht zugunsten eines Dritten, der bei der Vornahme eines Rechtsgeschäfts das Erlöschen kennt oder kennen muss.

A. Allgemeines	1	II. Fortbestehen des Grundverhältnisses und der Vollmacht	3
B. Regelungsgehalt	2	III. Bösgläubigkeit des Dritten	5
I. Die reine Innenvollmacht als Anwendungsfall	2	IV. Rechtsfolge	6
		C. **Weitere praktische Hinweise**	7

A. Allgemeines

1 § 169 ist keine Regelung zum Schutz des Vertreters,[1] sondern **schränkt den Schutz des gutgläubigen Vertreters** auf den Bestand der Vollmacht, den § 168 S. 1 im Zusammenspiel mit der Fiktion eines fortbestehenden Grundverhältnisses nach den §§ 674, 729 bewirkt, **zugunsten des Vertretenen ein.**[2] Voraussetzung für diese Einschränkung ist, dass der **Dritte**, mit dem der Vertreter ein Geschäft abgeschlossen hat, **bösgläubig** war. Denn in diesem Fall bedarf der Vertreter keines Schutzes auf Kosten des Vertretenen: Er wird zwar als Vertreter ohne Vertretungsmacht behandelt. Ihm droht jedoch wegen der Anwendbarkeit von § 179 Abs. 3 S. 1 keine Inanspruchnahme durch den bösgläubigen Dritten.[3]

B. Regelungsgehalt

I. Die reine Innenvollmacht als Anwendungsfall

2 Beruht das rechtsgeschäftliche Handeln des Vertreters auf einer **Außenvollmacht** oder auf einer **kundgemachten Innenvollmacht** oder verfügte der Vertreter über eine **Vollmachtsurkunde**, finden die §§ 170–173 und nicht § 169 Anwendung.[4] Der Schutz des Dritten durch die §§ 170 ff. ist nur von dessen Gutgläubigkeit (§ 173) und nicht von der Gutgläubigkeit des Vertreters abhängig. Für § 169 bleibt damit als Anwendungsfall nur die reine, nicht kundgemachte und nicht durch Vorlage einer Urkunde nach außen dokumentierte Innenvollmacht.

II. Fortbestehen des Grundverhältnisses und der Vollmacht

3 Handelt es sich bei dem der Vollmacht zugrunde liegenden Innenverhältnis um einen **Auftrag**, so ist zugunsten des Beauftragten die Schutzvorschrift des § 674 anwendbar. Danach gilt der erloschene Auftrag – außer im Fall des Widerrufs[5] – so lange als fortbestehend, bis der Beauftragte von dem Erlöschen Kenntnis erlangt oder das Erlöschen kennen muss. Nach § 168 S. 1 gilt dies auch für die auf dem Auftrag beruhende Vollmacht. § 675 erstreckt diese Regelung auf **Geschäftsbesorgungsverträge**. Einen damit übereinstimmenden Schutz genießt nach § 729 außerdem der geschäftsführende Gesellschafter bei der Auflösung eines **Gesellschaftsvertrags**. Liegt ein **Grundverhältnis anderer Art** vor, findet § 169 keine Anwendung.[6] Ebenso wenig ist § 169 bei **Nichtigkeit des Grundverhältnisses** analog anzuwenden:[7] Eine solche Relativierung der Vollmachtswirkung vertrüge sich nicht mit dem Abstraktionsprinzip, das die Beurteilung der Wirksamkeit der Vollmacht von der Frage der Wirksamkeit des Grundverhältnisses löst.

4 Für die **Eröffnung des Insolvenzverfahrens** als Erlöschensgrund enthält § 115 Abs. 3 S. 1 eine Sonderregelung, die das Fortbestehen des Auftrags bei unverschuldeter Unkenntnis des Beauftragten von der Eröffnung des Verfahrens anordnet. Indes setzt sich diese Fiktion bei der Vollmacht nicht fort: § 117 Abs. 2 sieht zwar

---

1 So aber RGRK/*Steffen*, § 169 Rn 1.
2 Zur Einordnung des § 169 als Norm zum Schutz des Vertretenen vgl. Bamberger/Roth/*Habermeier*, § 169 Rn 3; MüKo/*Schramm*, § 169 Rn 1; Soergel/*Leptien*, § 169 Rn 1; Staudinger/*Schilken*, § 169 Rn 4.
3 Auf § 179 Abs. 3 S. 1 weisen auch hin Bamberger/Roth/*Habermeier*, § 169 Rn 3; Erman/*Palm*, § 169 Rn 3; Staudinger/*Schilken*, § 169 Rn 4.
4 Bamberger/Roth/*Habermeier*, § 169 Rn 8; MüKo/*Schramm*, § 169 Rn 4; Soergel/*Leptien*, § 169 Rn 3; Staudinger/*Schilken*, § 169 Rn 4.
5 Grund für diese Ausnahme ist, dass der Beauftragte bereits dadurch hinreichend geschützt ist, dass der Widerruf regelmäßig erst durch Zugang bei ihm wirksam wird, vgl. Erman/*Palm*, § 169 Rn 2; Palandt/*Sprau*, § 674 Rn 2.
6 MüKo/*Schramm*, § 169 Rn 6; Soergel/*Leptien*, § 169 Rn 3; Staudinger/*Schilken*, § 169 Rn 8.
7 Ebenso Staudinger/*Schilken*, § 169 Rn 8; a.A. MüKo/*Schramm*, § 169 Rn 6.

eine Vollmachtsfiktion vor, aber nicht für diesen Fall.[8] Der gutgläubige Vertreter ist allerdings durch § 117 Abs. 3 vor einer Inanspruchnahme durch den Geschäftsgegner nach § 179 geschützt.

III. Bösgläubigkeit des Dritten

§ 169 nimmt von der Fiktion des Fortbestehens der Vollmacht diejenigen Fälle aus, in denen der **Dritte**, mit dem das Vertretergeschäft geschlossen wurde, das **Erlöschen des Grundverhältnisses** (und infolgedessen der Vollmacht) bei der Vornahme des Geschäfts **kannte oder kennen musste**.[9] Für das Kennenmüssen gilt der Maßstab des § 173 (siehe § 173 Rn 4).

IV. Rechtsfolge

Der bösgläubige Dritte kann sich nicht **zu seinen Gunsten** auf das Vorliegen der Vollmacht berufen. Der Bevollmächtigte handelte demnach ihm gegenüber als Vertreter ohne Vertretungsmacht, freilich ohne aus § 179 zu haften (Grund: § 179 Abs. 3 S. 1; dazu Rn 1). Die Vollmacht gilt dem bösgläubigen Dritten gegenüber jedoch als fortbestehend, soweit ihr Gebrauch durch den Vertreter zu seinem Nachteil geht.[10] Außerdem berührt § 169 nicht das **Innenverhältnis** zwischen Vertreter und Vertretenem, das **allein nach den §§ 674, 675, 729** zu beurteilen ist. Aufgrund eines danach als fortbestehend geltenden Innenverhältnisses können dem Vertreter Aufwendungsersatzansprüche wegen eines von ihm getätigten Vertretergeschäfts auch dann zustehen, wenn im Außenverhältnis § 169 zur Anwendung kommt und das Vertretergeschäft somit keine Wirkung für den Geschäftsherrn entfaltet.[11]

C. Weitere praktische Hinweise

Wer das Erlöschen der Vollmacht geltend macht und sich dazu auf die Bösgläubigkeit des Dritten beruft, muss die tatsächlichen Voraussetzungen der Bösgläubigkeit beweisen.[12]

§ 170 Wirkungsdauer der Vollmacht

¹Wird die Vollmacht durch Erklärung gegenüber einem Dritten erteilt, so bleibt sie diesem gegenüber in Kraft, bis ihm das Erlöschen von dem Vollmachtgeber angezeigt wird.

Literatur: *Canaris*, Die Vertrauenshaftung im deutschen Privatrecht, 1971; *Frotz*, Verkehrsschutz im Vertretungsrecht, 1972; *Kindl*, Rechtsscheintatbestände und ihre rückwirkende Beseitigung, 1999; *Lobinger*, Rechtsgeschäftliche Verpflichtung und autonome Bindung, 1999.

A. Allgemeines	1	III. Schutzwürdigkeit des Dritten	5
B. Regelungsgehalt	3	IV. Rechtsfolge	6
I. Wirksam erteilte Außenvollmacht	3	C. Weitere praktische Hinweise	7
II. Fehlende Erlöschensanzeige	4		

A. Allgemeines

Die §§ 170–173 sind im Zusammenhang zu sehen: Wenn der Dritte, mit dem der Bevollmächtigte im Namen des Vertretenen in rechtsgeschäftlichen Kontakt getreten ist, sein Vertrauen auf den (Fort-)Bestand der Vertretungsmacht auf eine Außenvollmacht (§ 170), eine besondere Mitteilung oder öffentliche Bekanntmachung (§ 171) oder eine ihm vorgelegte, dem Vertreter vom Vollmachtgeber ausgehändigte Vollmachtsurkunde (§ 172) gegründet hat, ordnet das Gesetz jeweils das Fortbestehen der Vertretungsmacht an, bis dem Dritten das Erlöschen angezeigt (§ 170), die Kundgebung widerrufen (§ 171 Abs. 2) oder die Urkunde zurückgegeben oder für kraftlos erklärt wird (§ 172 Abs. 2). Dieser Schutz wird dem Dritten jedoch nach § 173 nicht gewährt, wenn er das Erlöschen der Vertretungsmacht bei der Vornahme des Rechtsgeschäfts mit dem Vertreter kennt oder kennen muss. Die Fortgeltung der Vollmacht nach diesen Vorschriften zu erklären und dogmatisch zu verorten, fällt nicht leicht: Nach der herrschenden **Rechtsscheintheorie** handelt es sich um Fälle, in denen ein vom Vollmachtgeber gesetzter Rechtsscheintatbestand die Grundlage für

---

8 Bamberger/Roth/*Habermeier*, § 169 Rn 7; Staudinger/*Schilken*, § 169 Rn 2.
9 Dazu, dass es auf Kenntnis oder Kennenmüssen vom Erlöschen des Grundverhältnisses ankommt, Erman/*Palm*, § 169 Rn 2; Staudinger/*Schilken*, § 169 Rn 3 m.w.N.
10 Soergel/*Leptien*, § 169 Rn 2.
11 Soergel/*Leptien*, § 169 Rn 3.
12 Bamberger/Roth/*Habermeier*, § 169 Rn 11; Soergel/*Leptien*, § 169 Rn 4; Staudinger/*Schilken*, § 169 Rn 9.

positiven Vertrauensschutz bietet, nachdem die (rechtsgeschäftliche) Vollmacht weggefallen ist.[1] Nach der **Rechtsgeschäftstheorie** sind hingegen sowohl die externe Vollmachtserteilung als auch die Kundgabeakte nach den §§ 171, 172 jeweils Fälle rechtsgeschäftlicher Begründung einer Vollmacht, deren Erlöschen nur durch die in den §§ 170, 171 Abs. 2, 172 Abs. 2 vorgesehenen Maßnahmen bewirkt werden kann.[2] Ein neuerer Versuch, die §§ 170–173 rechtsgeschäftlich zu erklären, will stattdessen den Haftungsgrund in einer zusicherungsgleichen rechtsgeschäftlichen Risikoübernahme durch den Vollmachtgeber erblicken.[3]

Eine **Stellungnahme** zu dieser Grundsatzfrage hat die gegensätzlichen Ansätze an ihrer Vereinbarkeit mit den einzelnen in den §§ 170 ff. geregelten Tatbeständen zu messen. Der in § 170 angeordnete Fortbestand der externe Bevollmächtigung begründeten Vertretungsmacht bis zur Erlöschensanzeige lässt sich **rechtsgeschäftlich erklären**, ohne dass es des Rückgriffs auf die Rechtsscheintheorie bedarf: Dass die Außenvollmacht bis zur Erlöschensanzeige in Kraft bleibt, bedeutet schlicht, dass sie ihre rechtsgeschäftlich begründete Legitimationswirkung erst mit der Anzeige und nicht schon durch internen Widerruf verliert.[4] Insoweit stellt § 170 eine Sonderregelung gegenüber § 168 S. 3 i.V.m. § 167 Abs. 1 dar. Die Grenze, die § 173 dieser Wirkung zieht, ist in Parallele zum Missbrauch der Vertretungsmacht (siehe dazu § 164 Rn 84 ff.) zu interpretieren:[5] Wenn der Vertreter dem intern verlautbarten Willen des Vertretenen zuwiderhandelt und der Dritte davon weiß oder (im Sinne objektiver Evidenz des Missbrauchs) wissen muss, kann Letzterer sich nicht auf das Bestehen der Vertretungsmacht berufen. Der Wortlaut von § 173 mag von dieser Warte gesehen nicht glücklich formuliert sein; doch trifft er in der Sache das Richtige.

B. Regelungsgehalt

I. Wirksam erteilte Außenvollmacht

§ 170 ist nur dann anwendbar, wenn eine **wirksame externe Bevollmächtigung** vorliegt,[6] die **dem Dritten zugegangen ist** und von der er – so jedenfalls das von der Rechtsscheintheorie ausgehende Schrifttum – **Kenntnis** hat.[7] An einer wirksamen Bevollmächtigung fehlt es nicht nur bei einer *ex lege* nichtigen, sondern auch bei einer durch Anfechtung rückwirkend beseitigten Vollmacht. Insoweit genießt der Dritte nur den Schutz nach den allgemeinen Rechtsgeschäftsregeln, also im Fall der Irrtumsanfechtung den Anspruch auf Ersatz des negativen Interesses nach § 122.

II. Fehlende Erlöschensanzeige

Die an den Dritten gerichtete Anzeige des Erlöschens der Außenvollmacht ist **dem externen Widerruf gleichzusetzen**.[8] Die h.M. unterscheidet allerdings zwischen dem externen Widerruf der Vollmacht als Willenserklärung und der Anzeige des Erlöschens nach internem Widerruf als geschäftsähnliche Handlung.[9] Im Ergebnis wird diese Differenzierung jedoch aufgrund der zumindest analogen Anwendung der Regeln über die Willenserklärung nicht praktisch relevant: Unstreitig wird die Erlöschensanzeige mit dem **Zugang** beim Dritten und unabhängig von dessen tatsächlicher Kenntnisnahme wirksam.[10] Darüber hinaus finden insbesondere auch die Regeln über die **Willensmängel** mindestens analoge Anwendung.[11]

---

1 *Canaris*, S. 32 f., 134 f.; *Frotz*, S. 307 f.; *Kindl*, S. 7 ff.; *Larenz/Wolf*, BGB AT, § 48 Rn 14; MüKo/*Schramm*, § 170 Rn 1 ff.; Palandt/*Heinrichs*, §§ 170–173 Rn 1; Soergel/*Leptien*, § 170 Rn 1; differenzierend Staudinger/*Schilken*, § 170 Rn 1.
2 *Flume*, BGB AT Bd. 2, § 49, 2c (S. 825 ff.), § 51, 9 (S. 856 ff.).
3 *Lobinger*, S. 245 ff.
4 *Flume*, BGB AT Bd. 2, § 51, 9 (S. 856).
5 *Flume*, BGB AT Bd. 2, § 49, 2c (S. 827 f.). Dagegen ohne überzeugende Kritik *Lobinger*, S. 243 ff., dessen eigener Erklärungsversuch zu § 170 (S. 249 ff.) auf einer Leugnung der Möglichkeit einer Außenbevollmächtigung beruht, die ihrerseits auf ein unzulässig verengtes Verständnis der Vollmachtserteilung zurückgeht: Als rechtsgeschäftliche Legitimation des fremdbezogenen Handelns des Vertreters verstanden, ist eine externe Bevollmächtigung sehr wohl denkbar.
6 Bamberger/Roth/*Habermeier*, § 170 Rn 3; *Bork*, BGB AT, Rn 1519; Erman/*Palm*, § 170 Rn 2; MüKo/*Schramm*, § 170 Rn 6; Soergel/*Leptien*, § 170 Rn 4; Staudinger/*Schilken*, § 170 Rn 2. A.A. Palandt/*Heinrichs*, § 170 Rn 1.
7 MüKo/*Schramm*, § 170 Rn 5; Soergel/*Leptien*, § 170 Rn 4.
8 *Flume*, BGB AT Bd. 2, § 51, 9 (S. 857).
9 Statt vieler Soergel/*Leptien*, § 170 Rn 3.
10 Bamberger/Roth/*Habermeier*, § 170 Rn 10; Erman/*Palm*, § 170 Rn 4; MüKo/*Schramm*, § 170 Rn 7; Soergel/*Leptien*, § 170 Rn 3; Staudinger/*Schilken*, § 170 Rn 7.
11 Bamberger/Roth/*Habermeier*, § 170 Rn 9; Soergel/*Leptien*, § 170 Rn 3; Staudinger/*Schilken*, § 170 Rn 7; allg. für die entspr. Anwendung der Vorschriften über die Willenserklärung *Larenz/Wolf*, BGB AT, § 48 Rn 18; MüKo/*Schramm*, § 170 Rn 7.

III. Schutzwürdigkeit des Dritten

Soweit dem Dritten keine Anzeige über das Erlöschen der Außenvollmacht zugegangen ist, genießt sein Vertrauen auf den Fortbestand der Vollmacht **in den Grenzen des § 173** Schutz, und zwar nach der hier vertretenen Auffassung (dazu Rn 2) aufgrund der rechtsgeschäftlichen Wirkung der Außenvollmacht und nicht aufgrund einer davon zu unterscheidenden Rechtsscheinwirkung. Nicht in Betracht kommt die Anwendung von § 170 allerdings, wenn ein **Insichgeschäft des Bevollmächtigten** vorliegt.[12] Darüber hinaus wird dem Dritten der Schutz nach § 170 aufgrund der entgegen stehenden Vorschrift des § 117 InsO verwehrt, wenn die Vollmacht wegen Eröffnung des **Insolvenzverfahrens** über das Vermögen des Vollmachtgebers erloschen ist.[13]

IV. Rechtsfolge

Fehlt eine Erlöschensanzeige gegenüber dem (gutgläubigen, § 173) Dritten, bleibt ihm gegenüber die **Außenvollmacht in Kraft**. Die hier vertretene Rechtsgeschäftstheorie (dazu Rn 1 f.) vermag diese vom Gesetzgeber eindeutig festgeschriebene Rechtsfolge leichter zu erklären als die Rechtsscheintheorie, in deren Konsequenz es liegt, das Vorliegen einer Vollmacht abzulehnen und an deren Stelle eine der Vollmacht entsprechende gesetzliche Vertretungsmacht zu postulieren.[14] Eine Pflicht des Vollmachtgebers zur Anzeige des Erlöschens besteht nicht; an das **Unterlassen der Anzeige** kann sich daher **nur unter besonderen Umständen ein Schadensersatzanspruch des Dritten** aus § 826 oder aus §§ 280 Abs. 1, 241 Abs. 2, 311 Abs. 2 (c.i.c.) knüpfen.[15] Ob der Vertreter durch den Gebrauch der nach § 170 fortbestehenden Außenvollmacht eine Pflicht aus dem Innenverhältnis verletzt hat und dem Vertretenen dafür nach § 280 Abs. 1 haftet, ist nach den für das Innenverhältnis geltenden Regeln zu beurteilen. Im Verhältnis zwischen Vertreter und Vertretenem kommen zudem Ansprüche aus GoA und Delikt in Betracht.[16]

C. Weitere praktische Hinweise

Die von der h.M. gezogene Trennlinie zwischen externem Widerruf und Erlöschensanzeige (dazu Rn 4) schafft das Risiko, dass die Vollmacht trotz Erlöschensanzeige weiter besteht, wenn der vom Vollmachtgeber angenommene Erlöschensgrund in Wahrheit nicht vorliegt (etwa weil der interne Widerruf nicht zugegangen ist).[17] Vor diesem Hintergrund empfiehlt es sich, bei der **Formulierung der Erlöschensanzeige** dafür Sorge zu tragen, dass der Wille zur Beendigung der Vollmacht unabhängig von dem angenommenen Erlöschensgrund eindeutig erkennbar wird, so dass sie notfalls als externer Widerruf ausgelegt werden kann.

Wenn sich der Geschäftsgegner des Vertretenen im **Zivilprozess** auf den Fortbestand der Außenvollmacht nach § 170 beruft, hat er zu beweisen, dass eine wirksame externe Bevollmächtigung stattgefunden hat. Umgekehrt hat der Vertretene das Erlöschen aufgrund der nach § 170 erforderlichen Anzeige oder aber die nach § 173 zum Ausschluss der Vollmachtswirkung führende Bösgläubigkeit des Gegners zu beweisen.[18] Ebenso obliegt ihm der Beweis fehlender Kenntnis des Gegners von der Außenvollmacht (dazu Rn 3).

§ 171 Wirkungsdauer bei Kundgebung

(1) [1]Hat jemand durch besondere Mitteilung an einen Dritten oder durch öffentliche Bekanntmachung kundgegeben, dass er einen anderen bevollmächtigt habe, so ist dieser aufgrund der Kundgebung im ersteren Falle dem Dritten gegenüber, im letzteren Falle jedem Dritten gegenüber zur Vertretung befugt.

(2) [1]Die Vertretungsmacht bleibt bestehen, bis die Kundgebung in derselben Weise, wie sie erfolgt ist, widerrufen wird.

Literatur: *Canaris*, Die Vertrauenshaftung im deutschen Privatrecht, 1971; *Frotz*, Verkehrsschutz im Vertretungsrecht, 1972; *Lobinger*, Rechtsgeschäftliche Verpflichtung und autonome Bindung, 1999.

---

12 BGH NJW 1999, 486, 487.
13 Dazu m.w.N. Staudinger/*Schilken*, § 170 Rn 6.
14 So etwa Soergel/*Leptien*, § 170 Rn 2.
15 MüKo/*Schramm*, § 170 Rn 7; Soergel/*Leptien*, § 170 Rn 3; Staudinger/*Schilken*, § 170 Rn 8.
16 Staudinger/*Schilken*, § 170 Rn 9.
17 Vgl. MüKo/*Schramm*, § 170 Rn 7; Soergel/*Leptien*, § 170 Rn 3.
18 Bamberger/Roth/*Habermeier*, § 170 Rn 11; Staudinger/*Schilken*, § 170 Rn 10.

A. Allgemeines	1	III. Rechtsfolge der Kundgabe	5
B. Regelungsgehalt	2	IV. Widerruf	6
I. Kundgabe durch besondere Mitteilung	2	C. Weitere praktische Hinweise	7
II. Kundgabe durch öffentliche Bekanntmachung	4		

A. Allgemeines

1 Der zwischen den Vertretern der Rechtsschein- und der Rechtsgeschäftstheorie ausgetragene **Streit um die dogmatische Einordnung der §§ 170–173** (dazu allgemein § 170 Rn 1) setzt sich bei § 171 fort. § 171 wird **überwiegend** im Sinne der **Rechtsscheintheorie** interpretiert: Die Kundgabe einer erfolgten internen Bevollmächtigung durch besondere Mitteilung oder durch öffentliche Bekanntmachung ist danach als Rechtsscheintatbestand zu verstehen, auf dessen Grundlage der gutgläubige Geschäftsgegner (vgl. § 173) positiven Vertrauensschutz bis zum Widerruf nach Abs. 2 genießt.[1] Nach der **Rechtsgeschäftstheorie** handelt es sich dagegen bei den in § 171 geregelten Kundgabeakten um rechtsgeschäftliche Erklärungen, durch die der Vertreter Vollmacht erhält.[2] Hierfür sprechen in der Tat die besseren Gründe: Die Grenze zwischen rechtsgeschäftlicher und Rechtsscheinvollmacht nach der Differenzierung zwischen konstitutiven Erklärungen (dann Rechtsgeschäft) und deklaratorischen Äußerungen (dann Rechtsscheintatbestand) zu ziehen, ist nicht sinnvoll, weil diese Unterscheidung bei der Vollmacht für den Rechtsverkehr nicht relevant ist (siehe auch § 167 Rn 77). Deshalb sollte man die Kundgabeakte nach § 171 nicht ihrer deklaratorischen Natur wegen der Rechtsscheinhaftung zuordnen. Entscheidend ist vielmehr, dass die Kundgabe ihrem Sinn nach darauf gerichtet ist, dem Vertreterhandeln die Legitimation zu verschaffen, an die die Wirkung der Stellvertretung für und gegen den Vertretenen anknüpft. Vor diesem Hintergrund kommt ihr die Qualität einer Willenserklärung zu (zur Bedeutung von § 173 als Pendant zum Missbrauch der Vertretungsmacht siehe § 170 Rn 2). Die **praktische Relevanz** dieser Weichenstellung sollte freilich nicht überschätzt werden: Selbst wenn man in der Kundgabe nur einen Rechtsscheintatbestand sieht, sind darauf die Regeln über die Willenserklärung, insbesondere über die Willensmängel, richtigerweise jedenfalls analog anzuwenden (dazu Rn 2).

B. Regelungsgehalt

I. Kundgabe durch besondere Mitteilung

2 Abs. 1 Alt. 1 knüpft die Vollmachtswirkung an eine Kundgabe der Bevollmächtigung durch **besondere Mitteilung**. Diese ist nach hier vertretener Ansicht (siehe Rn 1) rechtsgeschäftlicher Natur, dagegen **nach h.M. eine geschäftsähnliche Handlung**,[3] auf die die Regeln über die Willenserklärung in den §§ 104 ff. jedoch grundsätzlich analoge Anwendung finden. Demnach muss der Urheber der Mitteilung unstreitig **geschäftsfähig** sein[4] oder, falls er beschränkt geschäftsfähig und das abzuschließende Geschäft einwilligungsbedürftig ist, über die Einwilligung seines gesetzlichen Vertreters verfügen.[5] Darüber hinaus sind aber auch die Vorschriften der §§ 116 ff. über die **Nichtigkeit oder Anfechtbarkeit wegen Willensmängeln** direkt oder zumindest analog auf die Mitteilung anzuwenden.[6] Denn auch dann, wenn man die Mitteilung nur als Rechtsscheintatbestand versteht, gibt es keinen Grund, den durch sie begründeten Rechtsschein einer Bevollmächtigung mit einer stärkeren Wirkung auszustatten, als eine echte, im Falle eines Willensmangels anfechtbare Außenvollmacht (zur Anfechtung der Vollmacht siehe § 167 Rn 21 ff.). Als **Anfechtungsgrund** kommt indes **nicht der Irrtum über das Vorliegen oder die Wirksamkeit der Vollmacht** in Betracht, über deren Bestehen die Mitteilung Auskunft gibt: Insoweit handelt es sich um einen bloßen Motivirrtum.[7]

3 Im Übrigen gilt: Anders als die Kundgabe durch öffentliche Bekanntmachung muss die Mitteilung **an den Dritten gerichtet** und diesem **zugegangen** bzw. bei mündlicher Mitteilung von diesem vernommen worden

---

1 Bamberger/Roth/*Habermeier*, § 171 Rn 2; *Canaris*, S. 32 f., 134 f.; Erman/*Palm*, § 171 Rn 1; *Larenz/Wolf*, BGB AT, § 48 Rn 5 f.; MüKo/*Schramm*, § 171 Rn 1; Soergel/*Leptien*, § 171 Rn 1.

2 *Flume*, BGB AT Bd. 2, § 49, 2a (S. 825 ff.); für eine echte Bevollmächtigung auch *Pawlowski*, BGB AT, Rn 716 ff. Ebenfalls für eine rechtsgeschäftliche Einordnung der Kundgabeakte, jedoch im Sinne einer zusicherungsgleichen Risikoübernahme, *Lobinger*, S. 245 ff. (s. dazu auch § 170 Fn 5).

3 Erman/*Palm*, § 171 Rn 3; Soergel/*Leptien*, § 171 Rn 4; Staudinger/*Schilken*, § 171 Rn 3.

4 Vgl. BGHZ 65, 13; NJW 1977, 622, 623.

5 Staudinger/*Schilken*, § 171 Rn 5 m.w.N.

6 Vgl. schon Motive I, S. 237 f. = Mugdan I, S. 483 f.; Prot. I, S. 301 = *Mugdan* I, S. 741. Wie hier Bamberger/Roth/*Habermeier*, § 171 Rn 11; *Canaris*, S. 35 ff.; *Flume*, BGB AT Bd. 2, § 49, 2c (S. 826); *Medicus*, BGB AT, Rn 947; MüKo/*Schramm*, § 171 Rn 8; Soergel/*Leptien*, § 171 Rn 4; Staudinger/*Schilken*, § 171 Rn 9. A.A. Erman/*Palm*, § 171 Rn 3; Palandt/*Heinrichs*, §§ 170–173 Rn 1.

7 MüKo/*Schramm*, § 171 Rn 9; Soergel/*Leptien*, § 171 Rn 4; Staudinger/*Schilken*, § 171 Rn 9.

sein.[8] Darüber hinaus wird – wie bei der externen Bevollmächtigung nach § 170 (siehe § 170 Rn 3) – verlangt, dass der Dritte von der an ihn gerichteten Mitteilung **Kenntnis** hat.[9] Ist der Dritte dagegen nur Zeuge einer für ihn nicht bestimmten Erklärung des Vollmachtgebers geworden, fehlt es an einer Mitteilung i.S.v. § 171.[10] Notwendiger **Inhalt** der Mitteilung ist die Unterrichtung des Dritten über die **Person des Bevollmächtigten** (i.d.R. durch namentliche Benennung) und den **Umfang seiner Vertretungsmacht**.[11] Diese Unterrichtung kann **formlos** und durch **schlüssiges Verhalten** erfolgen,[12] ohne dass dafür – entgegen einer teilweise vertretenen Ansicht[13] – ein „Mitteilungsbewusstsein" oder ein „Kundgebungswille" erforderlich wäre (dessen Fehlen kann wie das Fehlen des Erklärungsbewusstsein überhaupt nur Anfechtungsgrund sein).[14] Zeitlich muss die Unterrichtung des Dritten **der Vornahme des Vertretergeschäfts vorangehen**; eine nach Geschäftsabschluss zugehende Mitteilung ist allein nach § 177 zu würdigen.[15] **Nicht erforderlich** ist eine **Mitteilung durch den Vertretenen selbst**; die Einschaltung eines Boten oder eines Vertreters ist daher zulässig.[16] Dabei versteht es sich, dass der Vertreter, von dem die Mitteilung ausgeht, nicht mit der aus der Mitteilung hervorgehenden Person des Bevollmächtigten identisch sein darf. Richtigerweise kommt der Bevollmächtigte aber auch nicht als Bote der Mitteilung über die ihm erteilte Vollmacht in Betracht.[17] Denn ließe man die Übermittlung der ihn betreffenden Kundgebung durch ihn selbst genügen, wäre § 172 obsolet.

II. Kundgabe durch öffentliche Bekanntmachung

Für die in Abs. 1 Alt. 2 geregelte Kundgabe durch öffentliche Bekanntmachung gilt das in Rn 2 f. zur besonderen Mitteilung Gesagte grundsätzlich entsprechend: Auch sie unterliegt den §§ 104 ff. (zumindest in analoger Anwendung), bedarf keiner Form und muss nicht ausdrücklich erfolgen,[18] wobei allerdings nicht darauf verzichtet werden darf, dass sich der Bekanntmachung die Person des Bevollmächtigten entnehmen lassen muss.[19] Besonderheiten ergeben sich allerdings daraus, dass die öffentliche Bekanntmachung (anders als die Mitteilung) **an einen nicht begrenzten Personenkreis gerichtet** ist. So gelten für die Anfechtung die §§ 143 Abs. 4 S. 1, 171 Abs. 2 entsprechend.[20] Typische Formen der Bekanntmachung sind Zeitungsannoncen oder Postwurfsendungen, aber auch die Eintragung in das **Handelsregister**[21] (beachte allerdings § 15 Abs. 3 HGB), nicht jedoch die Eintragung in das Gewerberegister.[22]

III. Rechtsfolge der Kundgabe

Im Fall der besonderen Mitteilung handelt der Vertreter dem Adressaten und im Fall der öffentlichen Bekanntmachung jedem Dritten gegenüber in dem aus der Kundgabe ersichtlichen Umfang **mit Vertretungsmacht**. Dies gilt zunächst in dem Normalfall, in dem eine zunächst bestehende (Innen-)Vollmacht nach der Kundgabe intern **widerrufen** wurde oder **sonst erloschen** ist, aber auch dann, wenn die Vollmacht bereits vor der Kundgabe erloschen oder beschränkt war oder an einem Nichtigkeits- oder Anfechtungsgrund litt.[23] Darüber hinaus besteht die Wirkung der Kundgabe aber auch dann, wenn die Vollmacht im Zeitpunkt der Kundgabe überhaupt noch **nicht erteilt** war.[24] In all diesen Fällen – also nicht nur bei erloschener, sondern auch bei fehlender Vollmacht (dazu § 173 Rn 2) – ist indes nach § 173 dem bösgläubigen Dritten die Berufung auf die Vertretungsmacht versagt.

---

8 Statt vieler Staudinger/*Schilken*, § 171 Rn 4.
9 RGZ 104, 358, 360; Bamberger/Roth/*Habermeier*, § 171 Rn 5; MüKo/*Schramm*, § 171 Rn 12; Soergel/*Leptien*, § 171 Rn 2; Staudinger/*Schilken*, § 171 Rn 12.
10 MüKo/*Schramm*, § 171 Rn 3 m.w.N.
11 Vgl. RG JW 1929, 576; BGHZ 20, 239, 248; MüKo/*Schramm*, § 171 Rn 7; Soergel/*Leptien*, § 171 Rn 3.
12 RGZ 81, 257, 260; Bamberger/Roth/*Habermeier*, § 171 Rn 6 f.; MüKo/*Schramm*, § 171 Rn 4; Soergel/*Leptien*, § 171 Rn 3; Staudinger/*Schilken*, § 171 Rn 4 (dort auch Nachw. zur in älterer Lit. vereinzelt vertretenen Gegenansicht).
13 BGHZ 25, 239, 248; MüKo/*Schramm*, § 171 Rn 3.
14 Dazu allg. BGHZ 91, 324.
15 MüKo/*Schramm*, § 171 Rn 14; Soergel/*Leptien*, § 171 Rn 2.
16 Erman/*Palm*, § 171 Rn 3; MüKo/*Schramm*, § 171 Rn 6; Soergel/*Leptien*, § 171 Rn 3.
17 So allerdings nur in Bezug auf die mündliche Übermittlung durch den Vertreter Erman/*Palm*, § 171 Rn 3; MüKo/*Schramm*, § 171 Rn 6; generell für die Möglichkeit der Einschaltung des Vertreters als Bote der Vollmachtsmitteilung dagegen Soergel/*Leptien*, § 171 Rn 3.
18 MüKo/*Schramm*, § 171 Rn 11; Staudinger/*Schilken*, § 171 Rn 8; a.A. *Kindl*, S. 19.
19 RG HRR 1929 Nr. 797; Staudinger/*Schilken*, § 171 Rn 8.
20 MüKo/*Schramm*, § 171 Rn 11; Soergel/*Leptien*, § 171 Rn 4; Staudinger/*Schilken*, § 171 Rn 9.
21 RGZ 133, 229, 233.
22 OLG Hamm NJW 1985, 1846, 1847.
23 RGZ 108, 125, 127; Soergel/*Leptien*, § 171 Rn 1; MüKo/*Schramm*, § 171 Rn 14; Staudinger/*Schilken*, § 171 Rn 7.
24 MüKo/*Schramm*, § 171 Rn 14; Soergel/*Leptien*, § 171 Rn 1; Staudinger/*Schilken*, § 171 Rn 7; vgl. auch BGH NJW 1985, 730; 2000, 2270, 2271 (zu § 173).

IV. Widerruf

6 Die in Rn 5 dargestellte Wirkung der Kundgabe kann – außer durch Anfechtung (dazu Rn 2) – nach Abs. 2 durch einen **Widerruf** beseitigt werden, der **in derselben Weise wie die Kundgabe** zu erfolgen hat. Das heißt: **Jedem Dritten**, der durch eine **besondere Mitteilung** von der Vollmacht unterrichtet worden ist, muss der **Widerruf** erklärt werden, damit ihm (und nur ihm) gegenüber die Vertretungsmacht erlischt. Dabei kann eine schriftliche Mitteilung auch mündlich widerrufen werden.[25] Seine Wirkung entfaltet der Widerruf mit Zugang.[26] Im Fall einer Kundgabe im Wege **öffentlicher Bekanntmachung** genügt dagegen ein ebenfalls durch öffentliche Bekanntmachung verbreiteter Widerruf zur Beseitigung der Vollmacht. Dabei muss sich der Vollmachtgeber nicht desselben Mediums bedienen wie bei der Kundgabe; es kommt allein darauf an, dass im Wesentlichen **derselbe Personenkreis** angesprochen wird.[27] Zuzulassen ist im Fall einer Kundgabe durch öffentliche Bekanntmachung aber **auch ein Widerruf durch besondere Mitteilung** gegenüber einzelnen Dritten.[28] Die Vollmacht wird dann freilich nur im Verhältnis zu den Adressaten der Mitteilung und nicht schlechthin beseitigt.

C. Weitere praktische Hinweise

7 Der Dritte, der sich im **Zivilprozess** auf § 171 beruft, trägt die **Beweislast** für das Vorliegen des Kundgebungsaktes, der ihm gegenüber die Vertretungsmacht begründet. Die Kenntnis der Kundgabe, die nach verbreiteter Ansicht zu verlangen ist (siehe Rn 3), wird allerdings vermutet.[29] Umgekehrt hat der Vertretene den Widerruf nach Abs. 2 zu beweisen.[30]

§ 172 Vollmachtsurkunde

(1) ¹Der besonderen Mitteilung einer Bevollmächtigung durch den Vollmachtgeber steht es gleich, wenn dieser dem Vertreter eine Vollmachtsurkunde ausgehändigt hat und der Vertreter sie dem Dritten vorlegt.

(2) ¹Die Vertretungsmacht bleibt bestehen, bis die Vollmachtsurkunde dem Vollmachtgeber zurückgegeben oder für kraftlos erklärt wird.

Literatur: *Bous*, Fortbestand und Rechtsschein der Untervollmacht trotz Wegfall der Hauptvollmacht, RNotZ 2004 (im Erscheinen); *Canaris*, Die Vertrauenshaftung im deutschen Privatrecht, 1971; vgl. außerdem die Hinweise bei § 170.

A. Allgemeines 1	IV. Rechtsfolge 9
B. Regelungsgehalt 2	V. Erlöschen der Vertretungsmacht nach Abs. 2 10
I. Die Vollmachtsurkunde 2	VI. Die analoge Anwendung von § 172 auf
II. Aushändigung durch den Vollmachtgeber .. 3	Blankoerklärungen 13
III. Vorlage durch den Vertreter 6	C. Weitere praktische Hinweise 14

A. Allgemeines

1 Die in Abs. 1 angeordnete **Gleichstellung** der Vorlage einer vom Vollmachtgeber ausgehändigten Vollmachtsurkunde mit der in § 171 Abs. 1 geregelten Mitteilung der Bevollmächtigung führt, was die Einordnung der Urkundenaushändigung betrifft, in der Kontroverse zwischen Rechtsschein- und Rechtsgeschäftstheorie (siehe dazu § 170 Rn 1) zu dem gleichen Meinungsbild wie zu § 171 (siehe § 171 Rn 1): **Überwiegend** wird davon ausgegangen, dass es sich hierbei um **Rechtsscheintatbestände** handelt, während die **Gegenmeinung** in den §§ 171 f. Fälle einer **rechtsgeschäftlich begründeten Vollmacht** sieht. Nach der hiesigen Ansicht steht nichts entgegen, die Aushändigung einer Vollmachtsurkunde als Rechtsgeschäft anzusehen, das durch die Vorlage den Charakter einer externen Bevollmächtigung erhält.[1] Auch hier gilt wie bei der Kundgabe nach § 171 (dazu § 171 Rn 1): Für die Einordnung als Rechtsgeschäft ist entscheidend, dass der Sinn der Urkundenaushändigung darin besteht, dem Vertreterhandeln die Legitimation zu verschaffen, welche

---

25 MüKo/*Schramm*, § 171 Rn 15 m.w.N.
26 Soergel/*Leptien*, § 171 Rn 5; Staudinger/*Schilken*, § 171 Rn 10.
27 MüKo/*Schramm*, § 171 Rn 16; Staudinger/*Schilken*, § 171 Rn 10.
28 Erman/*Palm*, § 171 Rn 8; MüKo/*Schramm*, § 171 Rn 17; Soergel/*Leptien*, § 171 Rn 5; Staudinger/

Schilken, § 171 Rn 10; a.A. *Flume*, BGB AT Bd. 2, § 51, 9 (S. 857), der aber durch die Anwendung von § 173 zu praktisch gleichen Ergebnissen gelangt.
29 MüKo/*Schramm*, § 171 Rn 12; Soergel/*Leptien*, § 171 Rn 2.
30 Staudinger/*Schilken*, § 171 Rn 13.
1 So bereits *Flume*, BGB AT Bd. 2, § 49, 2c (S. 826 f.).

die Rechtsfolgen der Stellvertretung nach § 164 begründet. Gerade dies macht die Bevollmächtigung aus und nicht die semantische Klassifikation einer Äußerung als konstitutive Erklärung. Wie bei der Kundgabe nach § 171 ist aber auch bei § 172 die **praktische Bedeutung** der dogmatischen Einordnung der Vorschrift für deren Auslegung nicht hoch zu veranschlagen: Soweit man sich von der Warte der Rechtsscheintheorie jedenfalls zu einer analogen Anwendung der Rechtsgeschäftsregeln bekennt, gelangt man zu Ergebnissen, die mit denen der Rechtsgeschäftstheorie übereinstimmen.

B. Regelungsgehalt

I. Die Vollmachtsurkunde

Die Vollmachtsurkunde ist die schriftliche Erklärung des Vollmachtgebers, dass er der in der Urkunde genannten Person Vollmacht erteile oder erteilt habe. Obwohl das Gesetz für die Vollmachtsurkunde keine bestimmte **Form** vorschreibt, besteht angesichts der Bedeutung der mit der Urkunde verbundenen Folgen im neueren Schrifttum nunmehr wohl Einigkeit darüber, dass die **Erfordernisse des § 126** gewahrt sein müssen.[2] Demnach ist die Urkunde mit der den Text abschließenden Namensunterschrift oder dem notariell beglaubigten Handzeichen des Vollmachtgebers zu versehen.[3] Für die Ersetzbarkeit der Schriftform gelten die §§ 126 Abs. 4, 127a; die elektronische Form (§§ 126 Abs. 3, 126a) kommt in Anbetracht der hiermit nicht zu vereinbarenden Regelungen in den §§ 172, 174–176 als Ersatzform nicht in Betracht. **Urheber** der Urkunde muss die als Aussteller erkennbare Person sein. Auf eine **unechte Urkunde** findet § 172 daher keine Anwendung,[4] wohl aber auf eine echte, nur **zum Schein ausgestellte Urkunde** (zur Anwendung von § 117 siehe Rn 4).[5] Allerdings kann sich im Falle einer zum Schein ausgestellten Urkunde der Bevollmächtigte, der von der Scheinnatur Kenntnis hat, beim Abschluss eines Insichgeschäfts nicht auf § 172 berufen.[6] Notwendiger **Inhalt** der Urkunde sind die Bezeichnung des Bevollmächtigten[7] (nicht notwendig namentlich; ausreichend ist auch der Bezug auf den Urkundeninhaber)[8] und eine Erklärung über die Bevollmächtigung, die sich nicht nur aus den Umständen ergeben darf.[9] **Nicht** als Urkunden im Sinne des § 172 in Betracht kommen **Bestallungsurkunden für gesetzliche Vertreter**;[10] im rechtsgeschäftlichen Verkehr mit gesetzlichen Vertretern (und ebenso mit Verwaltern fremden Vermögens)[11] trägt daher der Dritte das Risiko einer Fehleinschätzung der Vertretungsmacht. Nach h.M. ist § 172 auch nicht auf einen die Vertretung regelnden **Gesellschaftsvertrag** anzuwenden, weil dieser kein zum externen Gebrauch bestimmtes Schriftstück ist.[12] Dem ist jedoch nicht zu folgen (siehe § 174 Rn 5).

II. Aushändigung durch den Vollmachtgeber

Die Aushändigung der Urkunde durch den Vollmachtgeber ist **nach der h.M.**, die in § 172 einen Rechtsscheintatbestand erblickt, als **geschäftsähnliche Handlung**[13] und **nach der hier vertretenen Rechtsgeschäftstheorie** (siehe Rn 1) als **rechtsgeschäftlicher Tatbestand**[14] einzuordnen. Ungeachtet dieser Divergenz besteht indes Einigkeit darüber, dass die Aushändigung objektiv eine **Übergabe der Urkunde zum Zwecke des Gebrauchmachens** voraussetzt.[15] Wenn darüber hinaus gesagt wird, die Aushändigung müsse in subjektiver Hinsicht vom Willen des Vollmachtgebers getragen sein,[16] so ist dies dahin gehend zu präzisieren, dass der **Handlungswille** erforderlich ist, nicht dagegen – und dies gilt unabhängig vom dogmatischen Ausgangspunkt bei der Auslegung von § 172 – das Bewusstsein, rechtserheblich zu handeln, oder gar der Wille, die in § 172 angeordnete Rechtsfolge herbeizuführen (zur abhanden gekommenen Vollmachtsurkunde siehe Rn 5).

---

2 Bamberger/Roth/*Habermeier*, § 172 Rn 4; Erman/*Palm*, § 172 Rn 4; MüKo/*Schramm*, § 172 Rn 2; RGRK/*Steffen*, § 172 Rn 2; Soergel/*Leptien*, § 172 Rn 2; Staudinger/*Schilken*, § 172 Rn 1.
3 RGZ 124, 383, 386; RG JW 1934, 2394.
4 MüKo/*Schramm*, § 172 Rn 3; Staudinger/*Schilken*, § 172 Rn 1.
5 RGZ 90, 273, 279; MüKo/*Schramm*, § 172 Rn 3; Staudinger/*Schilken*, § 172 Rn 1.
6 BGH NJW 1999, 486.
7 RGZ 124, 383, 386.
8 MüKo/*Schramm*, § 172 Rn 3; Soergel/*Leptien*, § 172 Rn 2.
9 OLG Celle WM 1960, 1072; Staudinger/*Schilken*, § 172 Rn 1.
10 RGZ 74, 263, 265.
11 MüKo/*Schramm*, § 172 Rn 18.
12 *Heil*, NJW 2002, 2158 mit Nachw. auch zur Gegenmeinung; Staudinger/*Schilken*, § 172 Rn 1.
13 BGH NJW 1975, 2101, 2102 f.; Bamberger/Roth/*Habermeier*, § 172 Rn 5; Erman/*Palm*, § 172 Rn 6; MüKo/*Schramm*, § 172 Rn 6; Soergel/*Leptien*, § 172 Rn 3; differenzierend Staudinger/*Schilken*, § 172 Rn 2.
14 So bereits *Flume*, BGB AT Bd. 2, § 49, 2c (S. 825 ff.).
15 Statt vieler Soergel/*Leptien*, § 172 Rn 3.
16 BGH NJW 1975, 2101, 2102 f.; Bamberger/Roth/*Habermeier*, § 172 Rn 5; MüKo/*Schramm*, § 172 Rn 4; Soergel/*Leptien*, § 172 Rn 3; Staudinger/*Schilken*, § 172 Rn 2.

4 Auf die Aushändigung sind die **Regeln über die Willenserklärung zumindest analog**, nach der hier vertretenen Ansicht sogar direkt **anzuwenden**. Mithin muss der Vollmachtgeber **geschäftsfähig** sein[17] oder, falls er beschränkt geschäftsfähig ist und die Vollmacht den Abschluss zustimmungsbedürftiger Rechtsgeschäfte umfasst, über die Einwilligung seines gesetzlichen Vertreters verfügen. Ebenso kommt die **Nichtigkeit oder Anfechtbarkeit bei Vorliegen eines Willensmangels** in Betracht.[18] Da Adressaten der in der Aushändigung liegenden Willenserklärung (oder nach der h.M.: der geschäftsähnlichen Handlung) die Dritten sind, denen der Vertreter die Urkunde vorlegt, kommt es bei der Prüfung der Nichtigkeit nach §§ 117 Abs. 1, 118 auf die jeweilige Person des Dritten an: Nur das Einverständnis des Dritten begründet die Nichtigkeit nach § 117 Abs. 1, und auf ihn muss sich die von § 118 vorausgesetzte Erwartung des Vollmachtgebers richten, die mangelnde Ernstlichkeit der Vollmachtsurkunde werde nicht verkannt werden.[19]

5 Ist die Vollmachtsurkunde dem Vertreter nicht vom Vollmachtgeber ausgehändigt worden (in dem in Rn 3 erläuterten Sinne), sondern in den Besitz des Vertreters gelangt, nachdem sie dem Vollmachtgeber gestohlen oder sonst **abhanden gekommen** war, stellt sich die Frage einer **analogen Anwendung von § 172**. Diese Frage wird vom BGH und vom ganz überwiegenden Schrifttum **verneint**:[20] Es liege weder rechtsgeschäftliches bzw. rechtsgeschäftsähnliches Verhalten noch die zurechenbare Setzung eines Rechtsscheins voraus. Insoweit sind jedoch **Bedenken** anzumelden, was die **Übereinstimmung mit der allgemeinen Behandlung "abhanden gekommener" Willenserklärungen** betrifft: Neigt man, wofür einiges spricht,[21] dazu, den auf zurechenbare Weise in den Verkehr gelangten Entwurf einer Willenserklärung als anfechtbar und nicht als nichtig zu behandeln, sollte nichts anderes für die in zurechenbarer Weise in den Verkehr gelangte Vollmachtsurkunde gelten: Erfolgt eine fristgerechte Anfechtung, haftet der Vollmachtgeber nach § 122;[22] bleibt sie aus, sollte richtigerweise § 172 analoge Anwendung finden.

III. Vorlage durch den Vertreter

6 Der Vertreter muss die Vollmachtsurkunde, die ihm der Vollmachtgeber ausgehändigt hat, dem Dritten **vor oder bei dem Abschluss des Vertretergeschäfts**[23] vorgelegt haben. Dabei muss dem Dritten die **Möglichkeit** verschafft worden sein, **durch eigene Wahrnehmung vom Inhalt der Urkunde Kenntnis zu nehmen**.[24] Statt des Vertreters kann auf dessen Veranlassung hin auch ein anderer Vertreter oder ein Bote die Urkunde vorlegen.[25] Darauf, ob der Dritte die ihm vorgelegte Urkunde tatsächlich liest, kommt es nicht an.[26] Steht der Vertreter in länger anhaltendem oder wiederholtem Kontakt zu dem Dritten, muss die Urkunde nicht vor jedem Geschäftsabschluss erneut vorgelegt werden; vielmehr reicht die einmalige Vorlage, wenn bei späteren Abschlüssen auf die Vollmacht Bezug genommen wird.[27] Im Übrigen erfüllt eine **Bezugnahme auf die Vollmachtsurkunde** die Voraussetzungen des Abs. 1 nur dann, wenn ein im Besitz der Urkunde befindlicher Dritter (etwa ein beurkundender Notar), der die Einsichtnahme unmittelbar gewähren kann, beim Abschluss des Vertretergeschäfts anwesend ist.[28]

7 Gegenstand der Vorlegung muss die **Urkunde in der Urschrift oder in einer Ausfertigung** sein.[29] Nicht ausreichend ist angesichts beliebiger Reproduzierbarkeit die Vorlage von beglaubigten oder unbeglaubigten Abschriften, Fotokopien oder Telefaxkopien.[30] Allerdings ist, wenn es an einer den Anforderungen des Abs. 1 genügenden Vorlage fehlt, stets daran zu denken, dass sich eine Verpflichtung des Vertretenen aus

---

17 Bamberger/Roth/*Habermeier*, § 172 Rn 5; Erman/*Palm*, § 172 Rn 6; MüKo/*Schramm*, § 172 Rn 4; Soergel/*Leptien*, § 172 Rn 3; Staudinger/Schilken, § 172 Rn 2.
18 Bamberger/Roth/*Habermeier*, § 172 Rn 13; *Flume*, BGB AT Bd. 2, § 49, 2c (S. 826); MüKo/*Schramm*, § 172 Rn 6; Soergel/*Leptien*, § 172 Rn 3; Staudinger/ *Schilken*, § 172 Rn 10; a.A. Palandt/*Heinrichs*, §§ 170–173 Rn 1.
19 MüKo/*Schramm*, § 172 Rn 6.
20 BGHZ 65, 13, 14 f.; Bamberger/Roth/*Habermeier*, § 172 Rn 6; Erman/*Palm*, § 172 Rn 6; *Flume*, BGB AT Bd. 2, § 49, 2c (S. 827); MüKo/*Schramm*, § 172 Rn 5; Soergel/*Leptien*, § 172 Rn 3; Staudinger/ *Schilken*, § 172 Rn 7; a.A. etwa OLG Stuttgart MDR 1956, 673.
21 Dazu näher *Ackermann*, Der Schutz des negativen Interesses (erscheint 2005), § 12 II 1b bb.
22 (Nur) für eine analoge Anwendung von § 122 auch *Canaris*, JZ 1976, 132; dagegen Staudinger/*Schilken*, § 172 Rn 7 m.w.N.

23 Zum Zeitpunkt der Vorlegung MüKo/*Schramm*, § 172 Rn 8.
24 RGZ 97, 273, 275; BGH NJW 1988, 697, 698; aus der Lit. statt vieler MüKo/*Schramm*, § 172 Rn 8.
25 OLG Karlsruhe NJW-RR 2003, 185, 188; Staudinger/ *Schilken*, § 172 Rn 3.
26 H.M., RGZ 88, 432; MüKo/*Schramm*, § 172 Rn 8; Staudinger/*Schilken*, § 172 Rn 4; a.A. *Kindl*, S. 18 f.
27 MüKo/*Schramm*, § 172 Rn 8, Staudinger/*Schilken*, § 172 Rn 5.
28 BGHZ 76, 76, 79 f.; MüKo/*Schramm*, § 172 Rn 8; Soergel/*Leptien*, § 172 Rn 4; Staudinger/*Schilken*, § 172 Rn 3.
29 Zur Vorlage der Ausfertigung einer notariellen Urkunde BGHZ 102, 60, 63; BGH NJW 2002, 2325, 2326; 2003, 2088, 2089; 2003, 2091, 2092; OLG Karlsruhe NJW-RR 2003, 185, 188.
30 Dazu neben der in der vorigen Fn nachgewiesenen Rspr. MüKo/*Schramm*, § 172 Rn 8; Soergel/*Leptien*, § 172 Rn 4; Staudinger/*Schilken*, § 172 Rn 4; a.A. *Canaris*, S. 509.

der Anwendung der allgemeinen Regeln über die Rechtsscheinvollmacht ergeben kann (siehe dazu § 167 Rn 74 ff.), wenn sich das Vertrauen des Dritten auf das Vorliegen einer Vollmacht auf Umstände außerhalb der Urkunde gründet.

Im Falle einer **Untervollmacht** wird allein durch die Vorlegung einer Urkunde über die Untervollmacht keine Legitimation des Handelns des Untervertreters für den Vertretenen begründet, weil damit nicht die Vertretungsmacht des Hauptvertreters nachgewiesen ist. Beruht die Hauptvertretungsmacht auf einer Bevollmächtigung durch den Vertretenen, hängt **nach überwiegender Ansicht** die Anwendung von Abs. 1 davon ab, dass außer der Urkunde über die Untervollmacht **auch die Urkunde über die Hauptvollmacht** vorgelegt wird.[31] Dem wird neuerdings widersprochen: Hänge die Wirksamkeit der Untervollmacht nicht vom (Fort-)Bestand der Hauptvollmacht ab (siehe dazu § 167 Rn 67 ff.), genüge bereits die Vorlage der Urkunde über die Untervollmacht den Anforderungen von Abs. 1, wenn sich aus der Untervollmacht mit öffentlicher Beweiskraft ergebe, dass der Hauptbevollmächtigte bei Erteilung der Untervollmacht imstande war, eine ihn legitimierende Vollmachtsurkunde „vorzulegen".[32] Hierfür spricht in der Tat, dass sich die urkundliche Dokumentation der Vollmachtskette, auf die es bei Abs. 1 ankommt, in dieser Konstellation nur auf das Vorliegen der Hauptvollmacht im Zeitpunkt der Erteilung der Untervollmacht und nicht im Zeitpunkt des Abschlusses des Vertretergeschäfts beziehen muss.

IV. Rechtsfolge

Die Rechtsfolge der Urkundenvorlegung stimmt mit der Folge der Vollmachtskundgabe nach § 171 Abs. 1 überein: Der Vertreter handelt demjenigen gegenüber, dem er die Urkunde vorgelegt hat, in dem aus der Urkunde ersichtlichen Umfang **mit Vertretungsmacht**. Das gilt – wie auch bei der Kundgebung nach § 171 Abs. 1 (siehe dazu § 171 Rn 5) – nicht nur, wenn die Vollmacht **erloschen** ist, sondern auch dann, wenn die Vollmacht **nichtig** ist (beispielsweise wegen Verstoßes gegen Art. 1 § 1 RBerG; dazu § 167 Rn 31 f.) oder **nicht** (d.h. überhaupt nicht oder nicht in dem aus der Urkunde ersichtlichen Umfang) erteilt wurde.[33] Dies gilt allerdings nur, soweit der Mangel der Vollmacht **nicht aus der Urkunde ersichtlich** ist[34] und der Dritte den Mangel auch sonst nicht kannte oder kennen musste (§ 173).

V. Erlöschen der Vertretungsmacht nach Abs. 2

Die durch Vorlage der Urkunde begründete Vertretungsmacht erlischt mit der **Rückgabe der Vollmachtsurkunde**. Einen hierauf gerichteten Anspruch gewährt § 175 dem Vollmachtgeber. Zur Rückgabe ist erforderlich, dass der Bevollmächtigte unter Aufgabe seines Besitzes dem Vollmachtgeber **willentlich** den Besitz an der Urkunde verschafft.[35] Die Urkunde kann, damit die Voraussetzungen von Abs. 2 erfüllt sind, auch einer anderen Person als dem Vollmachtgeber zurückgegeben werden, wenn diese Besitzmittlerin oder -dienerin des Vollmachtgebers oder nur diesem zur Herausgabe berechtigt oder verpflichtet ist.[36] Wird die Urkunde aber etwa einem Notar oder einem Grundbuchamt übermittelt, fehlt es an einer Rückgabe im Sinne von Abs. 2.[37] Sind dem Bevollmächtigten mehrere Urkunden ausgehändigt worden, begründet jede von ihnen bis zur Rückgabe an den Vollmachtgeber Vertretungsmacht nach Abs. 1. Ein Dritter, dem vor Abschluss eines Geschäfts mit dem Vertreter eine der Urkunden vorgelegt worden ist, bleibt so lange geschützt, bis gerade diese Urkunde dem Vollmachtgeber zurückgegeben wird.[38] Kommt es nach diesem Zeitpunkt zum Geschäftsabschluss mit dem Vertreter, finden die §§ 177 ff. Anwendung, soweit sich nicht aus anderen Umständen das Vorliegen einer Anscheins- oder Duldungsvollmacht (dazu § 167 Rn 74 ff.) ergibt.

Ebenso führt die **Kraftloserklärung** der Vollmachtsurkunde zum Erlöschen der Vertretungsmacht. Näheres dazu regelt § 176.

Schließlich erkennt die h.M. über Abs. 2 hinaus die Möglichkeit einer Beseitigung der durch Urkundenvorlage begründeten Vertretungsmacht im Wege des **Widerrufs nach § 171 Abs. 2** an.[39] Der Widerruf kann

---

31 MüKo/*Schramm*, § 172 Rn 9; Soergel/*Leptien*, § 172 Rn 4; Staudinger/Schilken, § 172 Rn 4.
32 *Bous*, RNotZ 2004 (im Erscheinen).
33 Vgl. BGH NJW 1985, 730; 2002, 2270, 2271; 2003, 2091, 2092. Aus der Lit. statt vieler MüKo/*Schramm*, § 172 Rn 11; vgl. die entspr. Ausführungen in § 171 Rn 5.
34 MüKo/*Schramm*, § 172 Rn 11; Staudinger/*Schilken*, § 172 Rn 6 m.w.N.
35 Bamberger/Roth/*Habermeier*, § 172 Rn 11; MüKo/ Schramm, § 172 Rn 12; Soergel/*Leptien*, § 172 Rn 5; Staudinger/*Schilken*, § 172 Rn 9.
36 MüKo/*Schramm*, § 172 Rn 12; Staudinger/*Schilken*, § 172 Rn 9.
37 Vgl. für eine zu den Grundakten gegebene Urkunde KG OLGE 28, 37.
38 MüKo/*Schramm*, § 172 Rn 12; Soergel/*Leptien*, § 172 Rn 5; Staudinger/*Schilken*, § 172 Rn 9.
39 OLG Stuttgart DNotZ 1952, 183; Bamberger/Roth/ *Habermeier*, § 172 Rn 12; *Canaris*, S. 137; Erman/ *Palm*, § 172 Rn 15; MüKo/*Schramm*, § 172 Rn 13a; Palandt/*Heinrichs*, §§ 170–173 Rn 7; Soergel/ *Leptien*, § 172 Rn 5; Staudinger/*Schilken*, § 172 Rn 10.

danach allerdings nur im Verhältnis zu denjenigen, an die er adressiert ist, mit Zugang zum Erlöschen der Vertretungsmacht führen. Dieser Ansicht ist entgegengehalten worden, dass der Widerruf in Anbetracht der ungewöhnlich starken Legitimationswirkung der Vollmachtsurkunde kein gleichwertiger *actus contrarius* sei.[40] Indes bleibt dieser Einwand praktisch so gut wie folgenlos, da der Dritte bei Zugang eines Widerrufs das Erlöschen der Vollmacht in aller Regel kennt oder kennen muss, so dass er sich jedenfalls nach § 173 nicht auf das Vorliegen der Vertretungsmacht berufen kann.[41]

VI. Die analoge Anwendung von § 172 auf Blankoerklärungen

13 Überlässt der Geschäftsherr die Vervollständigung oder Ausfüllung einer von ihm **unterschriebenen Blankoerklärung (Blankett)** einem anderen, findet nach ganz h.M. Abs. 2 analoge Anwendung.[42] Zwar liegt in der „Ausfüllungsermächtigung" keine Bevollmächtigung. Doch rechtfertigt die Ähnlichkeit des Blanketts mit einer Vollmachtsurkunde die Analogie. Rechtsfolge der Analogie ist – über die in Art. 10 WG, Art. 13 ScheckG geregelten Spezialfälle hinaus – die **Bindung des Blankettgebers an den vervollständigten Text**, und zwar auch und gerade dann, **wenn das Blankett abredewidrig vervollständigt wurde**. Ebenso wie bei direkter Anwendung von § 172 ist dazu eine an das Ende des Schriftstücks gesetzte Unterschrift bzw. ein notariell beglaubigtes Handzeichen des Blankettgebers zu verlangen.[43] Außerdem muss der Blankettgeber der zur Ausfüllung ermächtigten Person den Besitz am Blankett willentlich verschafft haben.[44] Eine Zurechnung des Inhalts der vervollständigten Erklärung ist freilich in analoger Anwendung von § 173 ausgeschlossen, wenn der Empfänger das abredewidrige Verhalten des zur Ausfüllung Ermächtigten kannte oder kennen musste. Ist das nicht der Fall, kann sich der Blankettgeber der ihn treffenden Bindung **nicht** unter Berufung auf seine Unkenntnis des Inhalts der vervollständigten Erklärung durch **Anfechtung nach § 119** entziehen. Als Anfechtungsgrund kommt in Analogie zu § 166 Abs. 1 nur ein Irrtum der zur Ausfüllung ermächtigten Person in Betracht.[45]

C. Weitere praktische Hinweise

14 Im **Zivilprozess** hat der Dritte, der sich auf das Bestehen der Vertretungsmacht nach Abs. 1 beruft, nur zu **beweisen**, dass ihm die Vollmachtsurkunde vorgelegt wurde, nicht aber, dass sie dem Vertreter vom Vollmachtgeber ausgehändigt wurde.[46] Umgekehrt hat der Vertretene die Voraussetzungen des Erlöschens der Vollmacht nach Abs. 2 bzw. des Widerrufs entsprechend § 171 Abs. 2 zu beweisen.

---

§ 173 Wirkungsdauer bei Kenntnis und fahrlässiger Unkenntnis

¹Die Vorschriften des § 170, des § 171 Abs. 2 und des § 172 Abs. 2 finden keine Anwendung, wenn der Dritte das Erlöschen der Vertretungsmacht bei der Vornahme des Rechtsgeschäfts kennt oder kennen muss.

Literatur: *Canaris*, Die Vertrauenshaftung im deutschen Privatrecht, 1971; vgl. auch die Hinweise bei § 170.

A. Allgemeines 1	III. Maßgeblicher Zeitpunkt 6
B. Regelungsgehalt 2	IV. Rechtsfolge 9
I. Anwendungsbereich 2	**C. Weitere praktische Hinweise** 10
II. Kenntnis und Kennenmüssen 3	

---

40 *Flume*, BGB AT Bd. 2, § 51, 9 (S. 857); gegen die h.M. auch *Bork*, BGB AT, Rn 1529.
41 Dies erkennt auch *Flume*, BGB AT Bd. 2, § 51, 9 (S. 857), an.
42 RGZ 138, 265, 269; BGHZ 40, 65, 68; NJW 1996, 1467, 1469; Bamberger/Roth/*Habermeier*, § 172 Rn 3; *Canaris*, S. 54 ff.; Erman/*Palm*, § 172 Rn 16; *Medicus*, BGB AT, Rn 913; MüKo/*Schramm*, § 172 Rn 17; Palandt/*Heinrichs*, §§ 170–173 Rn 8; RGRK/*Steffen*, § 172 Rn 3; Staudinger/*Schilken*, § 172 Rn 8; a.A. Reinicke/Tiedtke, JZ 1984, 550.
43 BGHZ 113, 48, 51; MüKo/*Schramm*, § 172 Rn 14; Staudinger/*Schilken*, § 172 Rn 8.
44 MüKo/*Schramm*, § 172 Rn 15.
45 *Medicus*, BGB AT, Rn 914.
46 MüKo/*Schramm*, § 173 Rn 11.

A. Allgemeines

Von der Fortdauer einer Vollmacht nach den §§ 170, 171 Abs. 2, 172 Abs. 2 nimmt § 173 die Fälle aus, in denen der Dritte das Erlöschen der Vollmacht kannte oder kennen musste. Interpretiert man die §§ 170 –172 mit der **h.M.** als **Rechtsscheintatbestände** (siehe dazu § 170 Rn 1 f., § 171 Rn 1; § 172 Rn 1), markiert § 173 die naturgemäße Grenze der Rechtsscheinverantwortlichkeit des Vertretenen: Der durch die §§ 170–172 angeordnete positive Vertrauensschutz wird nur dem Gutgläubigen gewährt. Erblickt man dagegen, wie **hier vertreten**, in den §§ 170–172 **rechtsgeschäftliche Tatbestände**, stellt sich § 173 als eine Vorschrift dar, die eine Beschränkung der Vertretungsmacht entsprechend den allgemeinen Regeln über den Missbrauch der Vertretungsmacht herbeiführt (siehe auch § 170 Rn 2): Der Dritte, der weiß oder wissen muss, dass der Vertreter dem intern verlautbarten Willen des Vertretenen zuwiderhandelt, kann sich nicht auf das Bestehen der Vertretungsmacht berufen. Es ist allerdings zuzugeben, dass der Wortlaut von § 173 („Erlöschen der Vertretungsmacht") diesem Verständnis weniger gut fügt als einer auf der Rechtsscheintheorie beruhenden Auslegung. Doch abgesehen davon, dass andererseits der Wortlaut von § 170 für die Rechtsgeschäftstheorie spricht, lässt sich der dogmatische Grundlagenstreit um die Einordnung der §§ 170 ff. schwerlich mit Wortlautargumenten bestreiten. Was die **praktische Anwendung** von § 173 betrifft, darf die Bedeutung des Streits schließlich nicht überschätzt werden: Die unterschiedlichen Ausgangspunkte mögen im Ausgangspunkt, aber wohl nur selten in den Ergebnissen zu Divergenzen bei der Bestimmung des Kennenmüssens im Sinne dieser Vorschrift führen (dazu Rn 4).

B. Regelungsgehalt

I. Anwendungsbereich

§ 173 bezieht sich seinem Wortlaut nach nur auf das **Erlöschen einer zunächst wirksam begründeten Vollmacht**. Indes besteht Einigkeit darüber, dass die Vorschrift – genauso wie die §§ 170–172 – auch gilt, wenn der Dritte nach außen nicht verlautbarte **Beschränkungen der Vollmacht** kannte oder kennen musste, sowie darüber hinaus auch dann, wenn die (Innen-)Vollmacht **überhaupt nicht bestand** und der Dritte hiervon Kenntnis hatte oder haben musste.[1] Ebenso ist die Anwendung der §§ 170–172 nach §§ 142 Abs. 2, 173 bei Kenntnis oder Kennenmüssen der **Anfechtbarkeit** der Vollmacht ausgeschlossen.[2]

II. Kenntnis und Kennenmüssen

Unter **Kenntnis** ist das positive Wissen um den von § 173 erfassten Tatbestand (siehe Rn 2) zu verstehen.[3] Der Ausschluss der Vertretungsmacht bei Kenntnis des Dritten gilt in den Fällen des § 172 unabhängig davon, ob das Erlöschen, die Beschränkung oder das Nichtbestehen der Vertretungsmacht aus der Vollmachtsurkunde ersichtlich ist.[4]

Das der Kenntnis gleichgestellte **Kennenmüssen** wird in Anknüpfung an die Legaldefinition in § 122 Abs. 2 verbreitet als **fahrlässige Unkenntnis** ausgelegt.[5] Nach dem hier vertretenen Ansatz, dem zufolge § 173 den Regeln über den Missbrauch der Vertretungsmacht entspricht, muss dagegen auf die **Evidenz für den Dritten** abgestellt werden, dass die Vollmacht nach dem Verhältnis zwischen Vertretenem und Vertreter nicht (mehr) bestehen soll oder dass ihr Bestehen zumindest fraglich ist.[6] Indes führt auch die Anwendung des Fahrlässigkeitsmaßstabs kaum zu anderen Ergebnissen,[7] wenn man die Anforderungen an die vom Dritten geforderte Sorgfalt nicht überspannt[8] und fahrlässige Unkenntnis nur dann annimmt, wenn der Dritte besondere, ihm erkennbare Umstände nicht beachtet, die Anlass zu Zweifeln am Bestehen der Vollmacht geben.[9]

Gegenstand der Kenntnis oder des Kennenmüssens ist grundsätzlich nur der in § 173 als Erlöschen der Vollmacht bezeichnete Tatbestand (und die dem Erlöschen gleichgestellten Fälle; siehe Rn 2), **nicht** dagegen

---

1 RGZ 108, 125, 127; BGH NJW 1985, 730; 2000, 2270, 2271; 2001, 3774, 3775; Bamberger/Roth/Habermeier, § 173 Rn 1; Canaris, S. 504; MüKo/Schramm, § 173 Rn 9; Soergel/Leptien, § 173 Rn 2; Staudinger/Schilken, § 173 Rn 7.
2 MüKo/Schramm, § 173 Rn 10; Staudinger/Schilken, § 173 Rn 5.
3 Staudinger/Schilken, § 173 Rn 2.
4 Vgl. BGH NJW-RR 1988, 1320, 1321 (ohne Nennung von § 173).
5 BGH NJW 1985, 730; Bamberger/Roth/Habermeier, § 173 Rn 3; Erman/Palm, § 173 Rn 3; RGRK/Steffen, § 173 Rn 2; Soergel/Leptien, § 173 Rn 3.
6 So bereits Flume, BGB AT Bd. 2, § 50, 3 (S. 844 f.); ebenso im Erg. MüKo/Schramm, § 173 Rn 3; Staudinger/Schilken, § 173 Rn 2.
7 So auch die Einschätzung von MüKo/Schramm, § 173 Rn 3; Staudinger/Schilken, § 173 Rn 2.
8 BGH NJW 2000, 2270, 2271; 2001, 3774, 3775: keine allg. Überprüfungs- und Nachforschungspflicht.
9 Vgl. BGH NJW 1985, 730, 731.

das **Erlöschen des Grundverhältnisses**.[10] Wird allerdings in der Vollmachtsurkunde ausdrücklich auf das Grundverhältnis Bezug genommen und liegt diese Grundvereinbarung dem Vertragsgegner vor, so darf er sich nach der Rechtsprechung des BGH Bedenken, die sich daraus gegen die Wirksamkeit der Vollmacht ergeben, nicht verschließen.[11]

III. Maßgeblicher Zeitpunkt

6 Der Dritte darf, damit er sich auf das Bestehen der Vertretungsmacht berufen kann, **bei der Vornahme des Rechtsgeschäfts** nicht bösgläubig sein. Unstreitig sind insoweit zunächst das **Verpflichtungsgeschäft** und das zu seiner Vollziehung abgeschlossene **Verfügungsgeschäft** in der rechtlichen Würdigung voneinander **zu unterscheiden**.[12] Daher kann eine nach Abschluss des Verpflichtungsgeschäfts, aber vor Abschluss des Verfügungsgeschäfts eingetretene Bösgläubigkeit nur der Vertretungsmacht für das Verfügungsgeschäft entgegenstehen, während das Verpflichtungsgeschäft wirksam ist. In der Literatur ist indes **umstritten**, ob bei einem jeweils unter Vertreterbeteiligung abgeschlossenen Verpflichtungs- oder Verfügungsgeschäft auf den Zeitpunkt der **Vollendung des gesamten Geschäftstatbestandes**[13] oder auf den Zeitpunkt der **rechtsgeschäftlichen Handlung des Vertreters**,[14] also auf die Abgabe oder den Empfang einer Willenserklärung durch den Vertreter, abzustellen ist. Richtigerweise kann es nur auf den zuletzt genannten Zeitpunkt ankommen, denn es sind diese Akte, an die auch die Grundregel über die Wirkung der Stellvertretung in § 164 Abs. 1, 3 anknüpft. Ist die von dem Vertreter abgegebene Willenserklärung **empfangsbedürftig**, muss die Gutgläubigkeit des Erklärungsempfängers allerdings unter Berücksichtigung der Wertung des § 130 Abs. 1 S. 2 bis zum **Zugang** fortbestehen.[15]

7 Daraus ergibt sich für den **Vertragsschluss durch Angebot des Vertreters und Annahme durch den Geschäftsgegner**: Das vom Vertreter abgegebene Angebot wirkt nach § 164 Abs. 1 für und gegen den Vertretenen, wenn der Angebotsempfänger seinen guten Glauben an die Vollmacht bis zum Zugang des Angebots nicht verliert. Wird im Anschluss daran die Annahme erklärt und büßt der Annehmende seine Gutgläubigkeit vor dem Zugang der Annahmeerklärung ein (soweit diese empfangsbedürftig ist), fehlt es an der für § 164 Abs. 3 erforderlichen passiven Vertretungsmacht des Vertreters; doch ist dies für die Wirksamkeit des Vertrages unerheblich, wenn die Annahme entweder an den Vertretenen selbst gerichtet und diesem zugegangen ist oder wenn sie zwar an den (vollmachtlosen) Vertreter adressiert, aber von diesem an den Vertretenen übermittelt wurde.

8 Handelt es sich bei dem Rechtsgeschäft um einen zusammengesetzten Tatbestand, also insbesondere um ein **Verfügungsgeschäft**, kommt es nach der hier vertretenen Ansicht für die Gutgläubigkeit auf den Zeitpunkt der **Einigung** an.[16] Wird der Dritte also bösgläubig, bevor weitere Elemente des Verfügungsgeschäfts (etwa die Übergabe) verwirklicht sind, beeinträchtigt dies die Wirksamkeit des Geschäfts nicht.

IV. Rechtsfolge

9 Kann sich der Dritte nach § 173 nicht auf das Vorliegen der Vertretungsmacht berufen, gelten für das Vertretergeschäft die Regeln über die **Vertretung ohne Vertretungsmacht** (§§ 177 ff.), d.h. die Wirksamkeit des Geschäfts hängt nach § 177 von der Genehmigung durch den Vertretenen ab. Verweigert der Vertretene die Genehmigung, ist eine Inanspruchnahme des Vertreters durch den Dritten nach § 179 Abs. 3 S. 1 ausgeschlossen.

C. Weitere praktische Hinweise

10 Die **Beweislast** dafür, dass der Dritte bei der Vornahme des Rechtsgeschäfts bösgläubig war, trifft den Vertretenen. Zur Beweislastverteilung bei der Anwendung der §§ 170–172 siehe § 170 Rn 8, § 171 Rn 7, § 172 Rn 14.

---

10 BGH NJW 1985, 730; Bamberger/Roth/*Habermeier*, § 173 Rn 5; MüKo/*Schramm*, § 173 Rn 2; Staudinger/*Schilken*, § 173 Rn 3.
11 BGH NJW 1985, 730.
12 Bamberger/Roth/*Habermeier*, § 173 Rn 7; Erman/*Palm*, § 173 Rn 4; MüKo/*Schramm*, § 173 Rn 4; Soergel/*Leptien*, § 173 Rn 3; Staudinger/*Schilken*, § 173 Rn 8.
13 So Bamberger/Roth/*Habermeier*, § 173 Rn 6; RGRK/*Steffen*, § 173 Rn 2; Soergel/*Leptien*, § 173 Rn 3.
14 So Erman/*Palm*, § 173 Rn 4; MüKo/*Schramm*, § 173 Rn 4 ff.; Staudinger/*Schilken*, § 173 Rn 8.
15 MüKo/*Schramm*, § 173 Rn 5; Staudinger/*Schilken*, § 173 Rn 8.
16 So Erman/*Palm*, § 173 Rn 4; MüKo/*Schramm*, § 173 Rn 7; Staudinger/*Schilken*, § 173 Rn 8; a.A. Bamberger/Roth/*Habermeier*, § 173 Rn 7; RGRK/*Steffen*, § 173 Rn 2; Soergel/*Leptien*, § 173 Rn 3.

| § 174 | **Einseitiges Rechtsgeschäft eines Bevollmächtigten** |

¹Ein einseitiges Rechtsgeschäft, das ein Bevollmächtigter einem anderen gegenüber vornimmt, ist unwirksam, wenn der Bevollmächtigte eine Vollmachtsurkunde nicht vorlegt und der andere das Rechtsgeschäft aus diesem Grunde unverzüglich zurückweist. ²Die Zurückweisung ist ausgeschlossen, wenn der Vollmachtgeber den anderen von der Bevollmächtigung in Kenntnis gesetzt hatte.

A. Allgemeines	1	III. Zurückweisung	8
B. Regelungsgehalt	2	IV. Rechtsfolge	9
I. Anwendungsbereich	2	V. Ausschluss nach S. 2	10
II. Fehlende Vorlage einer Vollmachtsurkunde	6	C. Weitere praktische Hinweise	11

A. Allgemeines

§ 174 verfolgt den Zweck, demjenigen, dem gegenüber der Vertreter ein einseitiges Rechtsgeschäft vornimmt, die Möglichkeit zu geben, sich **Gewissheit über die Wirksamkeit des Geschäfts** zu verschaffen, was das Vorliegen einer Vollmacht betrifft. Die Regelung ist im Zusammenhang mit § 180 zu sehen: Ein ohne Vollmacht (oder gesetzlich bzw. organschaftlich begründete Vertretungsmacht) vorgenommenes einseitiges Rechtsgeschäft ist nach § 180 S. 1 unwirksam, es sei denn, der Dritte lässt die behauptete Vertretungsmacht unbeanstandet oder ist mit dem Handeln ohne Vertretungsmacht einverstanden (§ 180 S. 2). § 174 verschafft dem Dritten ergänzenden Schutz, wenn der Vertreter zwar über eine Vollmacht zur Vornahme des einseitigen Rechtsgeschäfts verfügt, aber aus der Perspektive des Dritten hierüber wegen fehlender Vorlegung einer Vollmachtsurkunde keine Sicherheit besteht. Die Möglichkeit, das Geschäft aus diesem Grund zurückzuweisen, kennt das BGB als Schutzmechanismus bei einseitigen Rechtsgeschäften auch in anderem Zusammenhang (vgl. insbesondere § 111 S. 2, 3).

B. Regelungsgehalt

I. Anwendungsbereich

In seinem direkten Anwendungsbereich gilt § 174 für **einseitige empfangsbedürftige Willenserklärungen** (etwa Anfechtungs-, Kündigungs-, Rücktrittserklärungen oder auch die Zurückweisung nach § 174[1]), die der Bevollmächtigte **im Namen des Vertretenen** abgibt. Ein einseitiges Rechtsgeschäft, das der Vertreter nicht in, sondern **unter fremdem Namen** (siehe dazu § 164 Rn 70 ff.) vornimmt, ist dagegen ohne weiteres unwirksam; hier § 174 anzuwenden, hätte angesichts der fehlenden Gelegenheit des Dritten, das Geschäft wegen fehlender Vorlage einer Vollmachtsurkunde zurückzuweisen, keinen Sinn.[2]

Jenseits der vom Gesetzeswortlaut erfassten Konstellationen findet § 174 in verschiedenen Konstellationen **analoge Anwendung**. So hat nach ganz überwiegender Ansicht der in die mündliche Übermittlung einer einseitigen Willenserklärung eingeschaltete **Erklärungsbote** dem Empfänger seine Botenmacht durch Vorlegung einer Urkunde nachzuweisen.[3] Ebenso gilt § 174 analog für einen **Gesamtvertreter**, soweit dieser aufgrund einer **Ermächtigung** durch die anderen Gesamtvertreter zur Vornahme bestimmter Rechtsgeschäfte legitimiert ist (siehe § 167 Rn 58):[4] Legt er keine Urkunde über die Ermächtigung vor, kann der Dritte das von dem Gesamtvertreter getätigte Rechtsgeschäft zurückweisen. Die Möglichkeit der Zurückweisung analog S. 1 besteht jenseits einseitiger Rechtsgeschäfte im Übrigen auch bei **einseitigen geschäftsähnlichen Handlungen**, etwa bei der **Mahnung**,[5] bei der **Abmahnung** im Wettbewerbsrecht,[6] bei **Mieterhöhungsverlangen**[7] und **Fristsetzungen**.[8] Schließlich befürworten zahlreiche Stimmen in der Literatur eine analoge

---

[1] Dazu, dass auf die Zurückweisung nach § 174 durch einen Vertreter wiederum § 174 anzuwenden ist, Staudinger/*Schilken*, § 174 Rn 9; *Tempel*, NJW 2001, 1905, 1908.

[2] Staudinger/*Schilken*, § 174 Rn 1 m.w.N.

[3] Bamberger/Roth/*Habermeier*, § 174 Rn 3; Erman/*Palm*, § 174 Rn 9; MüKo/*Schramm*, § 174 Rn 2; Soergel/*Leptien*, § 174 Rn 7; Staudinger/*Schilken*, § 174 Rn 4.

[4] BGH NJW 2002, 1194, 1195; BAG NJW 1981, 2374; Bamberger/Roth/*Habermeier*, § 174 Rn 3; Erman/*Palm*, § 174 Rn 2; MüKo/*Schramm*, § 174 Rn 2; Soergel/*Leptien*, § 174 Rn 7; Staudinger/*Schilken*, § 174 Rn 2.

[5] BGH NJW 1983, 1542; aus der Lit. zu diesem wie auch zu den nachfolgend aufgeführten Fällen rechtsgeschäftsähnlicher Handlungen Bamberger/Roth/*Habermeier*, § 174 Rn 2; MüKo/*Schramm*, § 174 Rn 3; Soergel/*Leptien*, § 174 Rn 7; Staudinger/*Schilken*, § 174 Rn 2.

[6] OLG Hamburg GRUR 1976, 444; OLG Nürnberg NJW-RR 1991, 1393; a.A. OLG Köln WRP 1985, 360; OLG Karlsruhe NJW-RR 1990, 1323.

[7] OLG Hamm NJW 1982, 2076; offen gelassen in BGH NJW 2003, 963, 964.

[8] Dazu *Deggau*, JZ 1982, 796.

Anwendung auf die **Annahme eines Angebots zum Vertragsschluss** jedenfalls dann, wenn der Geschäftsgegner nicht schon das Angebot dem Vertreter gegenüber erklärt hat.[9] Dies verdient Zustimmung: Geht dem Geschäftsgegner eine Annahmeerklärung von einem Vertreter der Person zu, an die er das Angebot gerichtet hat, ist sein Bedürfnis, sich Gewissheit über die Vollmacht des Vertreters zu verschaffen, genauso ausgeprägt und schutzwürdig wie beim Empfang einer einseitigen Willenserklärung.

4 **Ausgeschlossen** ist die Anwendung von § 174 dagegen seit dem 1.9.2001 nach § 651g Abs. 1 S. 2 für die **Geltendmachung reisevertraglicher Ansprüchen nach den §§ 651c–651f**.[10] Auch für eine von einem Rechtsanwalt im Rahmen des gesetzlichen Umfangs seiner **Prozessvollmacht** abgegebene Erklärung gilt die Vorschrift wegen ihrer Ausrichtung auf bürgerlich-rechtliche, regelmäßig formfreie und willkürlich beschränkbare Vollmachten nicht.[11] Nicht dem privatrechtlich Bevollmächtigten gleichgestellt werden darf (wegen seiner Stellung als Staatsorgan) auch der mit der Zustellung einer Willenserklärung betraute **Gerichtsvollzieher**. Daher ist § 174 nicht auf ihn zu beziehen (wohl aber auf einen Bevollmächtigten, der ihm den Zustellungsauftrag erteilt hat).[12] – Keine direkte oder analoge Anwendung kommt darüber hinaus bei **gesetzlichen Vertretern** wie Vormündern, Betreuern oder Pflegern in Betracht:[13] Die Bestallungsurkunde hat hier nicht den Zweck, dem Dritten Klarheit über das Bestehen der Vertretungsmacht zu verschaffen. Das Risiko, dass der Vertreter nicht über die von ihm behauptete gesetzliche Vertretungsmacht verfügt, hat vielmehr der Erklärungsempfänger zu tragen. Ebenso wenig gilt § 174 für die **organschaftliche Vertretung**.[14]

5 **Für die entsprechende Anwendung** von § 174 spricht sich der **BGH**[15] dagegen bei der **Vertretung einer GbR** aus, soweit diese als (teil-)rechtsfähig anerkannt wird[16] und die Vertretungsverhältnisse von der gesetzlichen Regelung in den §§ 709, 714 abweichen: Weil der Empfänger der Erklärung weder Kenntnis von der Existenz der Gesellschaft noch von deren Vertretungsverhältnissen habe und ein Register nicht zur Verfügung stehe, müsse der Vertreter entweder eine Vollmacht der übrigen Gesellschafter oder den Gesellschaftsvertrag oder eine Erklärung der Gesellschafter über die von den §§ 709, 714 abweichende Regelung vorlegen, um die Möglichkeit der Zurückweisung nach S. 1 abzuwenden.

II. Fehlende Vorlage einer Vollmachtsurkunde

6 Die Möglichkeit des Dritten, das einseitige Rechtsgeschäft des Bevollmächtigten zurückzuweisen, besteht dann, wenn der Bevollmächtigte **keine Vollmachtsurkunde vorlegt**. Hierfür gelten die zu § 172 gemachten Ausführungen (§ 172 Rn 6 ff.) entsprechend. Der Nichtvorlage steht der Fall gleich, in dem zwar eine Urkunde vorgelegt wird, der Dritte aber deren **Unrichtigkeit** erkennt oder Grund hat, an der Richtigkeit zu zweifeln, was insbesondere bei einer unleserlichen oder inhaltlich unklaren Urkunde zu bejahen ist.[17] **Nicht zurückweisen** darf der Dritte dagegen ein einseitiges Rechtsgeschäft, wenn eine Vollmachtsurkunde vorgelegt wird, aus der sich ein **Anfechtungsgrund** ergibt.[18] Schutz bieten dem Dritten hier die §§ 122, 179, bei denen freilich eine Anwendung der Regelungen über den Anspruchsausschluss nach §§ 122 Abs. 2, 179 Abs. 3 zulasten des Dritten, der dem anfechtbaren Geschäft widersprochen hat, ausscheiden muss.[19]

7 **Sonderfälle**, bei denen es keiner Vorlage einer (Original-)Urkunde bedarf, um eine Zurückweisung auszuschließen, sind die Vertretung durch einen **Prokuristen** und die Vertretung einer **Gemeinde**: Bei der Prokura reicht in jedem Falle die Vorlage eines beglaubigten Handelsregisterauszugs aus, aber auch die Handelsregistereintragung und anschließende Bekanntmachung.[20] Bei der Vertretung einer Gemeinde genügt die Verwendung des gemeinderechtlich vorgeschriebenen Dienstsiegels.[21]

---

9 Bamberger/Roth/*Habermeier*, § 174 Rn 4; Erman/*Palm*, § 174 Rn 9; MüKo/*Schramm*, § 174 Rn 2; Soergel/*Leptien*, § 174 Rn 7; Staudinger/*Schilken*, § 174 Rn 2; a.A. *Bork*, BGB AT, Rn 1532.
10 Anders noch die frühere Rspr., vgl. BGHZ 145, 343.
11 BGH NJW 2003, 963, 964 f.; BAG BB 1978, 208; LG Tübingen NJW-RR 1991, 972; Palandt/*Heinrichs*, § 174 Rn 4; Soergel/*Leptien*, § 174 Rn 4; a.A. LG Dortmund AnwBl 1984, 222; LG Karlsruhe WuM 1985, 320.
12 BGH NJW 1981, 1210; Bamberger/Roth/*Habermeier*, § 174 Rn 3; MüKo/*Schramm*, § 174 Rn 4; Soergel/*Leptien*, § 174 Rn 7; Staudinger/*Schilken*, § 174 Rn 5.
13 RGZ 74, 263, 265; BGH NJW 2002, 1194, 1195; OLG Düsseldorf NJW-RR 1993, 470; MüKo/*Schramm*, § 174 Rn 10; Soergel/*Leptien*, § 174 Rn 8; Staudinger/*Schilken*, § 174 Rn 6.

14 BGH NJW 2002, 1194, 1195; MüKo/*Schramm*, § 174 Rn 10; Soergel/*Leptien*, § 174 Rn 8; Staudinger/*Schilken*, § 174 Rn 6.
15 BGH NJW 2002, 1194, 1195.
16 Dazu grundlegend BGHZ 146, 341.
17 BAG AP § 174 Nr. 3; MüKo/*Schramm*, § 174 Rn 4; Soergel/*Leptien*, § 174 Rn 2.
18 Bamberger/Roth/*Habermeier*, § 174 Rn 13; MüKo/*Schramm*, § 174 Rn 4; Soergel/*Leptien*, § 174 Rn 2; Staudinger/*Schilken*, § 174 Rn 8; a.A. Erman/*Palm*, § 174 Rn 3; RGRK/*Steffen*, § 174 Rn 1.
19 MüKo/*Schramm*, § 174 Rn 4; Staudinger/*Schilken*, § 174 Rn 8.
20 BAG ZIP 1992, 497; MüKo/*Schramm*, § 174 Rn 4; Soergel/*Leptien*, § 174 Rn 2.
21 MüKo/*Schramm*, § 174 Rn 4 unter Hinw. auf BAG BB 1988, 1675.

III. Zurückweisung

Die Zurückweisung ist eine **empfangsbedürftige Willenserklärung**, die der Dritte **an den Vertreter oder an den Vertretenen** richten kann.[22] Nur ausnahmsweise, nämlich dann, wenn sonst die Nichteinhaltung einer Frist für das einseitige Geschäft droht, ist der Dritte nach § 242 gehalten, die Zurückweisung dem Vertreter gegenüber zu erklären.[23] Inhaltlich muss die Zurückweisung zumindest auch **wegen der fehlenden Vorlage einer Vollmachtsurkunde** („aus diesem Grund") erfolgen, wobei ein konkludenter Hinweis genügt, soweit die Zurückweisung insoweit eindeutig ist.[24] Zeitlich muss die Zurückweisung **unverzüglich** (ohne schuldhaftes Zögern, § 121 Abs. 1 S. 1) auf die Erklärung des Vertreters folgen. Im Regelfall dürfte es daran fehlen, wenn bis zur Zurückweisung mehr als zehn Tage verstrichen sind.[25] Wenn es nur einer kurzen Überlegung bedarf, kann auch eine Zurückweisung nach sechs Tagen nicht mehr unverzüglich sein.[26] Allerdings ist dem Dritten die Inanspruchnahme von Rechtsrat zu ermöglichen.[27] Hat der Vertreter angekündigt, die Vollmachtsurkunde oder eine Bestätigung des Vertretenen nachzureichen, liegt kein schuldhaftes Zögern vor, wenn der Dritte das Geschäft erst zurückweist, nachdem von dem Vertreter beanspruchte oder eine angemessene Frist für die nachträgliche Vorlage verstrichen ist.[28]

IV. Rechtsfolge

Das von dem Dritten unverzüglich wegen der fehlenden Vorlage einer Vollmachtsurkunde zurückgewiesene Rechtsgeschäft ist **voll und nicht nur schwebend unwirksam**, und zwar unabhängig davon, ob der Vertreter eine Vollmacht für das zurückgewiesene Geschäft hatte oder nicht.[29] Der Vertreter haftet in diesem Fall nicht nach § 179, und der Vertretene kann das Geschäft nicht nach § 177 genehmigen. Vielmehr kommt nur die Neuvornahme des Rechtsgeschäfts in Betracht.[30] Weist der Dritte das Geschäft dagegen nicht zurück oder genügt die Zurückweisung nicht den in Rn 8 dargelegten Anforderungen, ist das Geschäft wirksam, wenn die vom Vertreter behauptete Vollmacht besteht; andernfalls ist § 180 anzuwenden.

V. Ausschluss nach S. 2

Die Zurückweisung ist ausgeschlossen, wenn der **Vollmachtgeber den Dritten von der Bevollmächtigung in Kenntnis gesetzt** hat. Hierzu genügt eine formlose, zumindest auch an den Dritten gerichtete Kundgabe (jedoch nicht nur ein Aushang am „Schwarzen Brett"[31]), aber auch ein schlüssiges Verhalten mit entsprechendem Inhalt. Das ist der Fall, wenn der Vollmachtgeber dem Bevollmächtigtem eine **Stellung** eingeräumt hat, **die üblicherweise mit einer das Rechtsgeschäft deckenden Vollmacht einhergeht**, also etwa im Falle einer Kündigung eines Arbeitsverhältnisses[32] die Stellung eines Leiters der Personalabteilung oder eines Amtsleiters,[33] jedoch nicht die Position eines Sachbearbeiters oder eines personalzuständigen Referatsleiters in einer Behörde.[34] Über den Wortlaut des S. 2 hinaus ist eine Zurückweisung außerdem wegen **Verstoßes gegen Treu und Glauben (§ 242)** unstatthaft, wenn der Dritte schon wiederholt das rechtsgeschäftliche Handeln des Vertreters für den Vertretenen anerkannt hat, ohne sich eine Vollmachtsurkunde vorlegen zu lassen, oder wenn der Vertreter vom Vertretenen mit der Abwicklung der gesamten vertraglichen Beziehung betraut war.[35]

---

22 Statt vieler Staudinger/*Schilken*, § 174 Rn 7.
23 MüKo/*Schramm*, § 174 Rn 5.
24 BAG NJW 981, 2374; Bamberger/Roth/*Habermeier*, § 174 Rn 8; MüKo/*Schramm*, § 174 Rn 5; Soergel/*Leptien*, § 174 Rn 3; Staudinger/*Schilken*, § 174 Rn 8.
25 Vgl. LAG Düsseldorf DB 1995, 1036.
26 OLG Hamm NJW 1991, 1185.
27 BAG DB 1978, 2082; Staudinger/*Schilken*, § 174 Rn 9.
28 MüKo/*Schramm*, § 174 Rn 6; Soergel/*Leptien*, § 174 Rn 3.
29 Bamberger/Roth/*Habermeier*, § 174 Rn 10; MüKo/*Schramm*, § 174 Rn 11; Soergel/*Leptien*, § 174 Rn 6; Staudinger/*Schilken*, § 174 Rn 10.
30 Bamberger/Roth/*Habermeier*, § 174 Rn 10; MüKo/*Schramm*, § 174 Rn 11; Soergel/*Leptien*, § 174 Rn 6; Staudinger/*Schilken*, § 174 Rn 10.
31 LAG Köln MDR 2003, 95, 96; Staudinger/*Schilken*, § 174 Rn 11.
32 Dazu insgesamt Staudinger/*Schilken*, § 174 Rn 11; *Lohr*, MDR 2000, 620, 622 ff.
33 BAGE 24, 273, 277; BAG NZA 1997, 1343, 1345; NJW 2001, 1229, 1230.
34 Zu Sachbearbeitern BAG BB 1998, 539, 540; zum Referatsleiter in einer Behörde BAG NZA 1997, 1343, 1345.
35 MüKo/*Schramm*, § 174 Rn 9; Staudinger/*Schilken*, § 174 Rn 12 m.w.N.

C. Weitere praktische Hinweise

11 Im **Zivilprozess** trägt der Dritte, an den der Vertreter die einseitige Willenserklärung im Namen des Vertretenen gerichtet hat, die **Beweislast** für die unverzügliche Zurückweisung des Rechtsgeschäfts, während der Vertretene die Vorlage der Vollmachtsurkunde oder die Voraussetzungen eines Ausschlusses der Zurückweisung nach S. 2 bzw. nach § 242 zu beweisen hat.[36]

§ 175 Rückgabe der Vollmachtsurkunde

¹Nach dem Erlöschen der Vollmacht hat der Bevollmächtigte die Vollmachtsurkunde dem Vollmachtgeber zurückzugeben; ein Zurückbehaltungsrecht steht ihm nicht zu.

A. Allgemeines 1	III. Anspruchsgegner 6
B. Regelungsgehalt 2	IV. Ausschluss des Zurückbehaltungsrechts ... 7
I. Anspruchsvoraussetzungen 2	C. Weitere praktische Hinweise 8
II. Anspruchsinhalt 3	

A. Allgemeines

1 Durch die Gewährung eines **Anspruchs auf Rückgabe der Vollmachtsurkunde** gibt § 175 dem Vollmachtgeber eine rechtliche Handhabe, den Bevollmächtigten daran zu hindern, nach Erlöschen der Vollmacht von einer ihm ausgehändigten Vollmachtsurkunde Gebrauch zu machen und dadurch eine Bindung des Vollmachtgebers nach § 172 Abs. 1 herbeizuführen. Mit der Geltendmachung des Anspruchs zielt der Vollmachtgeber zugleich auf die Beendigung der Vertretungsmacht nach § 172 Abs. 2.

B. Regelungsgehalt

I. Anspruchsvoraussetzungen

2 Nach dem Wortlaut der Vorschrift ist die Rückgabepflicht an das **Erlöschen der Vollmacht** geknüpft. Im Einklang mit der erweiterten Anwendung von § 172 (siehe § 172 Rn 9) ist § 175 darüber hinaus analog anzuwenden, wenn die aus der Urkunde ersichtliche Vollmacht **nichtig** ist oder in Wahrheit **nicht erteilt** wurde.[1] Dabei ist unerheblich, aus welchem Grund die Vollmacht erlöschen oder überhaupt nicht erst entstanden ist.[2] Ebenso ist **irrelevant**, wem das **Eigentum an der Vollmachtsurkunde** zusteht.[3] Ist die Vollmacht nur teilweise, aber **nicht vollständig erloschen oder unwirksam** (etwa weil nur einer von mehreren Vollmachtgebern die Vollmacht widerrufen hat), ist ein **Rückgabeanspruch nicht gegeben**; allerdings kann die Vorlage der Vollmachtsurkunde zum Zwecke der Anbringung eines entsprechenden Vermerks verlangt werden.[4]

II. Anspruchsinhalt

3 Der Bevollmächtigte hat dem Vollmachtgeber die **Vollmachtsurkunde zurückzugeben**, und zwar die **Urschrift und etwaige Ausfertigungen**. Entsprechendes gilt für **Ermächtigungsurkunden**.[5] Nach Ansicht einiger Stimmen im Schrifttum sind in analoger Anwendung von § 175 regelmäßig auch **Abschriften und Fotokopien** der Vollmachtsurkunde zurückzugeben, damit dem Normzweck (Vermeidung von Missbrauchsgefahren) Genüge getan wird.[6] Allerdings hat diese Meinung bisher nicht die Zustimmung des BGH gefunden.[7] Gegen sie spricht, dass Abschriften und Fotokopien von Vollmachtsurkunden anders als diese selbst nicht geeignet sind, Vertretungsmacht nach § 172 Abs. 1 zu begründen (siehe § 172 Rn 7), und dass § 175 wohl nur der aus § 172 resultierenden Gefahr für den Vollmachtgeber begegnen soll (siehe Rn 1).

---

36 Bamberger/Roth/*Habermeier*, § 174 Rn 13; Staudinger/*Schilken*, § 174 Rn 13.
1 Bamberger/Rath/*Habermeier*, § 175 Rn 2; Erman/ *Palm*, § 175 Rn 2; MüKo/*Schramm*, § 175 Rn 1; Soergel/*Leptien*, § 175 Rn 2; Staudinger/*Schilken*, § 175 Rn 1.
2 Bamberger/Roth/*Habermeier*, § 175 Rn 2; Soergel/ *Leptien*, § 175 Rn 2; Staudinger/*Schilken*, § 175 Rn 1.
3 Bamberger/Roth/*Habermeier*, § 175 Rn 2; Erman/ *Palm*, § 175 Rn 2; Palandt/*Heinrichs*, § 175 Rn 1;

RGRK/*Steffen*, § 175 Rn 1; Soergel/*Leptien*, § 175 Rn 2; Staudinger/*Schilken*, § 175 Rn 3.
4 BGH NJW 1990, 507; MüKo/*Schramm*, § 175 Rn 2; Staudinger/*Schilken*, § 175 Rn 3.
5 OLG Köln VersR 1994, 191; Soergel/*Leptien*, § 175 Rn 4; Staudinger/*Schilken*, § 175 Rn 7.
6 Bamberger/Roth/*Habermeier*, § 175 Rn 3; Soergel/ *Leptien*, § 175 Rn 3; Staudinger/*Schilken*, § 175 Rn 4.
7 Abl. BGH NJW 1988, 697, 698.

Rückgabe der Vollmachtsurkunde § 175

Die Rückgabepflicht erstreckt sich grundsätzlich auch auf Urkunden, die außer der Vollmacht noch **andere** 4
Erklärungen – etwa betreffend das Innenverhältnis zwischen Vollmachtgeber und Bevollmächtigtem – dokumentieren.[8] Ist der sonstige Inhalt der Urkunde allerdings für den Bevollmächtigten erheblich, kann ihm aufgrund des Innenverhältnisses das Recht zustehen, eine Abschrift der Urkunde anzufertigen. Bei Vorliegen eines berechtigten Interesses des Bevollmächtigten entspricht es darüber hinaus einem Gebot von Treu und Glauben, diesem die Urkunde nach Streichung der Vollmachtsklausel wieder auszuhändigen oder eine neue Urkunde über den restlichen Inhalt auszustellen.[9]

Der Bevollmächtigte kann seine Verpflichtung aus § 175 bei Unsicherheit über den Berechtigten statt 5
durch Rückgabe auch durch **Hinterlegung** erfüllen,[10] allerdings nur dann, wenn die Rücknahme nach § 376 ausgeschlossen ist.[11] **Keine Rückgabe** kommt schließlich bei einer zu den Gerichtsakten gereichten, dauerhaft dort verbleibenden Urkunde über eine Prozessvollmacht (§ 80 Abs. 1 ZPO) in Betracht.[12]

III. Anspruchsgegner

Verbreiteter Ansicht zufolge kann zur Rückgabe der Urkunde außer dem Bevollmächtigten selbst (in Analo- 6
gie zu § 175) **auch ein Dritter** verpflichtet sein, der sich im Besitz der Urkunde befindet.[13] Dem wird entgegengehalten, dass § 175 keine allgemeine Täuschungsgefahren wie ein Handeln des Dritten unter fremdem Namen (d.h. unter dem aus der Urkunde ersichtlichen Namen) oder als angeblicher Unterbevollmächtigter des Vertreters erfasse und im Übrigen die Kraftloserklärung nach § 176 ausreichenden Schutz biete.[14] Solange sich eine Vollmachtsurkunde im Rechtsverkehr befindet, besteht jedoch die Möglichkeit, dass sie an die aus der Urkunde ersichtliche Person des Vertreters (zurück-)gelangt und sich das spezifische, durch § 172 eröffnete Risiko eines Missbrauchs verwirklicht, dem § 175 entgegenwirken soll. Den Vollmachtgeber hier auf den Schutz durch die Kraftloserklärung zu beschränken, ist nicht recht einzusehen.

IV. Ausschluss des Zurückbehaltungsrechts

Damit die (Fort-)Wirkung der auf der Vollmachtsurkunde beruhenden Vertretungsmacht stets beendet werden 7
kann, schließt § 175 jedes Zurückbehaltungsrecht des Bevollmächtigten an der Vollmachtsurkunde aus. Das gilt **auch** dann, wenn das Rückgabeverlangen auf eine **andere Anspruchsgrundlage** (etwa § 985) gestützt wird.[15] Von dem Ausschluss erfasst werden Zurückbehaltungsrechte beliebiger Natur, insbesondere auch das **Zurückbehaltungsrecht eines Rechtsanwalts an seinen Handakten** (§ 50 BRAO).[16]

C. Weitere praktische Hinweise

Ist zu befürchten, dass das Rückgabeverlangen nach § 175 nicht erfüllt wird, empfiehlt es sich, vorsorglich 8
nach § 176 vorzugehen und die Kraftloserklärung der Urkunde zu betreiben.

---

8 MüKo/*Schramm*, § 175 Rn 3; Staudinger/*Schilken*, § 175 Rn 4.
9 MüKo/*Schramm*, § 175 Rn 3 m.w.N.
10 KG NJW 1957, 754, 755.
11 Bamberger/Roth/*Habermeier*, § 175 Rn 3; Erman/*Palm*, § 175 Rn 2; MüKo/*Schramm*, § 175 Rn 4; Staudinger/*Schilken*, § 175 Rn 2; wohl ohne die Beschränkung auf den Ausschluss der Rücknahme Soergel/*Leptien*, § 175 Rn 2.
12 Bamberger/Roth/*Habermeier*, § 175 Rn 5; MüKo/*Schramm*, § 175 Rn 5.
13 Bamberger/Roth/*Habermeier*, § 175 Rn 6; Erman/*Palm*, § 175 Rn 2; MüKo/*Schramm*, § 175 Rn 7;
Palandt/*Heinrichs*, § 175 Rn 1; mit Einschr. auch Soergel/*Leptien*, § 175 Rn 4.
14 Staudinger/*Schilken*, § 175 Rn 5.
15 Bamberger/Roth/*Habermeier*, § 175 Rn 7; Erman/*Palm*, § 175 Rn 3, MüKo/*Schramm*, § 175 Rn 5; Palandt/*Heinrichs*, § 175 Rn 1; Soergel/*Leptien*, § 175 Rn 2; Staudinger/*Schilken*, § 175 Rn 9.
16 Bamberger/Roth/*Habermeier*, § 175 Rn 7; Erman/*Palm*, § 175 Rn 3, MüKo/*Schramm*, § 175 Rn 5; Soergel/*Leptien*, § 175 Rn 2; Staudinger/*Schilken*, § 175 Rn 8. – Vgl. andererseits Rn 5 zu bei den Gerichtsakten befindlichen Vollmachtsurkunden.

§ 176 Kraftloserklärung der Vollmachtsurkunde

(1) ¹Der Vollmachtgeber kann die Vollmachtsurkunde durch eine öffentliche Bekanntmachung für kraftlos erklären; die Kraftloserklärung muss nach den für die öffentliche Zustellung einer Ladung geltenden Vorschriften der Zivilprozessordnung veröffentlicht werden. ²Mit dem Ablauf eines Monats nach der letzten Einrückung in die öffentlichen Blätter wird die Kraftloserklärung wirksam.

(2) ¹Zuständig für die Bewilligung der Veröffentlichung ist sowohl das Amtsgericht, in dessen Bezirk der Vollmachtgeber seinen allgemeinen Gerichtsstand hat, als das Amtsgericht, welches für die Klage auf Rückgabe der Urkunde, abgesehen von dem Wert des Streitgegenstands, zuständig sein würde.

(3) ¹Die Kraftloserklärung ist unwirksam, wenn der Vollmachtgeber die Vollmacht nicht widerrufen kann.

A. Allgemeines 1	II. Das Verfahren der Kraftloserklärung 4
B. Regelungsgehalt 2	C. Weitere praktische Hinweise 5
I. Die Kraftloserklärung als Willenserklärung . 2	

A. Allgemeines

1 Um das durch § 172 geschaffene **Risiko der missbräuchlichen Verwendung einer Vollmachtsurkunde** zu beseitigen und das **Erlöschen der Vertretungsmacht nach § 172 Abs. 2** herbeizuführen, steht dem Vollmachtgeber neben dem Anspruch auf Rückgabe der Urkunde nach § 175 das (gleichrangige und nicht bloß subsidiäre[1]) Mittel der Kraftloserklärung der Urkunde nach § 176 zu Gebote.

B. Regelungsgehalt

I. Die Kraftloserklärung als Willenserklärung

2 Bei der Kraftloserklärung handelt es sich um eine **Willenserklärung des Vollmachtgebers**,[2] für deren Wirksamwerden das besondere Verfahren der öffentlichen Bekanntmachung nach den für die öffentliche Zustellung einer Ladung geltenden Vorschriften der ZPO (§§ 185 ff. ZPO) vorgeschrieben ist. Ihre **Rechtswirkung** besteht darin, dass die nach § 172 Abs. 1 aufgrund der Aushändigung der Vollmachtsurkunde bestehende **Vertretungsmacht erlischt**, und zwar, ohne dass es auf die Kenntnis oder das Kennenmüssen derjenigen ankommt, denen gegenüber nach Wirksamwerden der Kraftloserklärung von der Vollmachtsurkunde Gebrauch gemacht wird.[3]

3 Bezieht sich die Kraftloserklärung auf eine wirksam begründete, noch nicht widerrufene Vollmacht, ist ihr zudem der **Widerruf der Vollmacht** zu entnehmen.[4] Ist die Vollmacht unwiderruflich, kommt nach Abs. 3 folgerichtig auch keine Kraftloserklärung in Betracht. Dies gilt jedoch nicht, wenn ein **wichtiger Grund zum Widerruf** vorliegt, wie er auch bei der unwiderruflichen Vollmacht stets beachtlich ist (siehe § 168 Rn 13): Hier ist entgegen Abs. 3 eine (den Widerruf ggf. enthaltende) Kraftloserklärung wirksam.[5]

II. Das Verfahren der Kraftloserklärung

4 Mit dem **Antrag** auf Bewilligung der Veröffentlichung der Kraftloserklärung beginnt ein **Verfahren der freiwilligen Gerichtsbarkeit**. Der Antrag, der keiner näheren Begründung bedarf,[6] ist mit der Willenserklärung bei dem zuständigen Amtsgericht einzureichen. **Zuständig** ist nach Abs. 2 sowohl das Amtsgericht, an dem der Vollmachtgeber seinen allgemeinen Gerichtsstand (§§ 12 ff. ZPO) hat, als auch das Amtsgericht, das – ungeachtet des Streitwertes – für die Klage auf Rückgabe der Urkunde nach § 175 zuständig wäre. Das Gericht nimmt **keine materielle Überprüfung** der Kraftloserklärung vor. Dies gilt insbesondere auch für die Frage, ob die Vollmacht unwiderruflich und die Kraftloserklärung daher nach Abs. 3 unwirksam ist.[7] Es entscheidet durch **Verfügung** (Rechtsmittel: Beschwerde, § 19 FGG), in der, wenn dem Antrag stattgegeben wird, die **Veröffentlichung** der Kraftloserklärung angeordnet wird, und zwar nach § 186 Abs. 2

---

1 Statt vieler Staudinger/*Schilken*, § 176 Rn 1.
2 Statt vieler MüKo/*Schramm*, § 176 Rn 2.
3 Bamberger/Roth/*Habermeier*, § 176 Rn 5; MüKo/*Schramm*, § 176 Rn 6; Soergel/*Leptien*, § 176 Rn 3; Staudinger/*Schilken*, § 176 Rn 6.
4 Bamberger/Roth/*Habermeier*, § 176 Rn 6; Erman/*Palm*, § 176 Rn 2; MüKo/*Schramm*, § 176 Rn 6; Soergel/*Leptien*, § 176 Rn 3; Staudinger/*Schilken*, § 176 Rn 4.
5 Bamberger/Roth/*Habermeier*, § 176 Rn 6; MüKo/*Schramm*, § 176 Rn 8; Soergel/*Leptien*, § 176 Rn 3; Staudinger/*Schilken*, § 176 Rn 5.
6 MüKo/*Schramm*, § 176 Rn 3; Staudinger/*Schilken*, § 176 Rn 6.
7 KG JW 1933, 2153; MüKo/*Schramm*, § 176 Rn 3; Staudinger/*Schilken*, § 176 Rn 7.

ZPO durch Aushang an der Gerichtstafel und ggf. nach § 187 ZPO zusätzlich durch einmalige oder mehrfache Veröffentlichung im Bundesanzeiger oder in anderen Blättern. Nach Abs. 1 S. 2 wird die Kraftloserklärung mit dem **Ablauf eines Monats** nach der letzten Einrückung in die öffentlichen Blätter wirksam. Erfolgt nur der Aushang nach § 186 Abs. 2 ZPO, kommt es für den Fristbeginn auf dessen Zeitpunkt an.[8]

C. Weitere praktische Hinweise

Nach § 122 Abs. 1 Nr. 3 KostO betragen die Verfahrenskosten eine halbe Gebühr. Der Antragsteller ist Kostenschuldner (§ 2 Nr. 1 KostO); er kann jedoch von dem Bevollmächtigten nach materiellem Recht Ersatz der angefallenen Kosten verlangen, wenn dieser ihm wegen Verzugs oder zu vertretender Unmöglichkeit der Rückgabe der Vollmachtsurkunde haftet oder durch die Verletzung seiner Pflichten aus dem Grundverhältnis Anlass zu der Kraftloserklärung gegeben hat.[9]

5

§ 177 Vertragsschluss durch Vertreter ohne Vertretungsmacht

(1) [1]Schließt jemand ohne Vertretungsmacht im Namen eines anderen einen Vertrag, so hängt die Wirksamkeit des Vertrags für und gegen den Vertretenen von dessen Genehmigung ab.

(2) [1]Fordert der andere Teil den Vertretenen zur Erklärung über die Genehmigung auf, so kann die Erklärung nur ihm gegenüber erfolgen; eine vor der Aufforderung dem Vertreter gegenüber erklärte Genehmigung oder Verweigerung der Genehmigung wird unwirksam. [2]Die Genehmigung kann nur bis zum Ablauf von zwei Wochen nach dem Empfang der Aufforderung erklärt werden; wird sie nicht erklärt, so gilt sie als verweigert.

Literatur: *Bertzel*, Der Notgeschäftsführer als Repräsentant des Geschäftsherrn, AcP 158 (1958/59), 107; *Canaris*, Die Vertrauenshaftung im deutschen Privatrecht, 1971; *ders.*, Schadensersatz- und Bereicherungshaftung des Vertretenen bei Vertretung ohne Vertretungsmacht, JuS 1980, 332; *Finkenauer*, Rückwirkung der Genehmigung, Verfügungsmacht und Gutglaubensschutz, AcP 203 (2003), 282; *Gerhardt*, Teilweise Unwirksamkeit beim Vertragsschluß durch falsus procurator, JuS 1970, 326; *Holthausen-Dux*, Auslösung der Rechtswirkungen des § 177 II BGB durch den mit dem Vollzug des Vertrages beauftragten Notar?, NJW 1995, 1470; *K. Müller*, Gesetzliche Vertretung ohne Vertretungsmacht, AcP 168 (1968), 113; *Prahl*, Nochmals: Auslösung der Rechtswirkungen des § 177 II BGB durch den mit dem Vollzug des Vertrags beauftragten Notar?, NJW 1996, 2968; *Prölss*, Vertretung ohne Vertretungsmacht, JuS 1985, 577; *ders.*, Haftung bei der Vertretung ohne Vertretungsmacht, JuS 1986, 169; *Schnorbus*, Die Haftung für den Vertreter ohne Vertretungsmacht in der Kreditwirtschaft, WM 1999, 197; *Welser*, Vertretung ohne Vertretungsmacht, 1970.

A. Allgemeines 1	1. Wesen und Wirkung der Genehmigung . 16
B. Regelungsgehalt 3	2. Genehmigender und Genehmigungsempfänger 20
I. Anwendungsbereich 3	3. Die Genehmigung als Erklärungsinhalt . 22
1. Unmittelbare Stellvertretung 3	4. Formerfordernisse 24
2. Handeln unter fremdem Namen 6	5. Besondere Fälle 25
3. Botenschaft 7	IV. Die Verweigerung der Genehmigung 26
4. Missbrauch der Vertretungsmacht 8	1. Wesen und Wirkung 26
5. Handeln für eine noch zu gründende Gesellschaft oder für eine Vorgesellschaft 9	2. Haftungsfragen bei Verweigerung der Genehmigung 27
6. Handeln als Amtsinhaber 10	V. Die Aufforderung zur Erklärung über die Genehmigung 30
II. Handeln ohne Vertretungsmacht 11	1. Voraussetzungen 30
1. Grundlagen 11	2. Rechtsfolgen 31
2. Einzelne Konstellationen 12	C. Weitere praktische Hinweise 32
3. Schwebende Unwirksamkeit als Folge . 14	
III. Die Erteilung der Genehmigung 16	

A. Allgemeines

In den §§ 177–180 regelt das BGB die Fälle, in denen sich das **fremdbezogene Handeln des Vertreters nicht im Rahmen der ihm zustehenden Vertretungsmacht** hält und die Wirkungen des § 164 somit nicht eintreten. Insoweit differenziert das Gesetz zwischen Verträgen, auf welche die §§ 177–179 Anwendung finden, und einseitigen Rechtsgeschäften, für die § 180 gilt. **Schuldrechtliche und dingliche**[1] **Verträge**, die

1

---

[8] Staudinger/*Schilken*, § 176 Rn 9.
[9] Staudinger/*Schilken*, § 176 Rn 11.
[1] Zur Anwendbarkeit der §§ 177 ff. auf dingliche Verträge RGZ 69, 263, 266; BGH WM 1959, 63;

Bamberger/Roth/*Habermeier*, § 177 Rn 3; Erman/ *Palm*, § 177 Rn 2; Soergel/*Leptien*, § 177 Rn 13; Staudinger/*Schilken*, § 177 Rn 2.

ein Vertreter im Namen des Vertretenen abgeschlossen hat, ohne über die dazu erforderliche Vertretungsmacht zu verfügen, sind danach – anders als (im Grundsatz) einseitige Rechtsgeschäfte – nicht endgültig, sondern **schwebend unwirksam** und können gemäß Abs. 1 durch die **Genehmigung des Vertretenen** wirksam werden.

2 Der **Geschäftsgegner** hat seinerseits die Möglichkeit, nach Abs. 2 durch die **Aufforderung zur Genehmigung** die Beendigung des Schwebezustandes innerhalb einer Frist von zwei Wochen herbeizuführen. Vergleichbare Regelungen über die Genehmigung von Verträgen und die Wirkung der Aufforderung zur Genehmigung finden sich in den §§ 108, 1366 und 1829.

B. Regelungsgehalt

I. Anwendungsbereich

3 **1. Unmittelbare Stellvertretung.** § 177 ist immer dann anwendbar, wenn eine Person beim Abschluss eines Vertrags als unmittelbarer Stellvertreter ohne Vertretungsmacht für einen anderen auftritt, nicht dagegen bei der mittelbaren Stellvertretung.[2] Ob es sich bei der fehlenden Vertretungsmacht um **gewillkürte, organschaftliche oder gesetzliche Vertretungsmacht** handelt, ist unerheblich.[3] Wenn allerdings die Stellvertretung ausgeschlossen ist (insbesondere bei höchstpersönlichen Geschäften), gilt auch § 177 nicht.[4]

4 Die Anwendung von § 177 auf Vertreterhandeln ohne **gesetzliche Vertretungsmacht**[5] führt nicht dazu, dass nunmehr der gesetzlich Vertretene die Möglichkeit der Genehmigung und damit der rechtsgeschäftlichen Disposition über das Vertretergeschäft erhält. Genehmigen kann das Geschäft vielmehr nur derjenige, der wirklich über die gesetzliche Vertretungsmacht für das Vertretergeschäft verfügt, wobei dies auch der Vertreter selbst sein kann, wenn er nachträglich gesetzlicher Vertreter geworden ist.[6]

5 Vertretung ohne **organschaftliche Vertretungsmacht** liegt vor, wenn der Vertreter sich als Organwalter einer juristischen Person geriert, ohne es (noch) zu sein, oder wenn er zwar Organwalter ist, aber mit dem Abschluss des Geschäfts seine organschaftliche Vertretungsmacht überschreitet.[7] Die in diesen Konstellationen im Namen der juristischen Person geschlossenen Verträge sind nach § 177 genehmigungsfähig. Dies gilt auch dann, wenn es sich bei dem Vertretenen um eine **juristische Person des öffentlichen Rechts** handelt.[8] Allerdings gilt hier nach der Rechtsprechung des **BGH** die Besonderheit, dass das aus der Nichtbeachtung einer öffentlich-rechtlichen Förmlichkeit resultierende Fehlen der Vertretungsmacht des Organs einer juristischen Person des öffentlichen Rechts **keine Haftung des Vertreters aus § 179 Abs. 1** nach sich zieht.[9] In der Literatur ist diese Beschränkung in der Anwendung der Regeln über die Vertretung ohne Vertretungsmacht auf Kritik gestoßen.[10] Indes verdient sie Zustimmung: Mit Rücksicht auf die fehlende Landeskompetenz zur Einführung privatrechtlicher Formvorschriften (Art. 55 EGBGB) werden die landesrechtlichen Förmlichkeiten, denen das Vertreterhandeln insbesondere im Bereich des Kommunalrechts unterliegt, zwar als Regelungen über die Grenzen der Vertretungsmacht eingeordnet. Wenn der unter Missachtung der Förmlichkeit geschlossene Vertrag nicht genehmigt wird, geht es aber in der Sache um die Verantwortung der Gemeinde für die Formwidrigkeit, während der für die Gemeinde (wenn auch formwidrig) handelnde Vertreter nicht als *falsus procurator* in Betracht kommt.

6 **2. Handeln unter fremdem Namen.** Handelt der Vertreter unter fremdem Namen und ergibt die Auslegung aus dem Horizont des Geschäftsgegners, dass das Geschäft mit dem wahren Namensträger zustande kommen soll, finden die **§§ 177 ff. analoge Anwendung**, wenn dem Handelnden die erforderliche Vertretungsmacht fehlt. Praktisch bedeutsam ist in diesem Zusammenhang die **Fälschung einer Unterschrift**, insbesondere die gefälschte **Wechselunterschrift**: Hier steht dem Namensträger die Genehmigung des mit der gefälschten Unterschrift geschlossenen Geschäfts offen.[11] Die Genehmigung kann auch schlüssig erfolgen, ist aber nach der Rechtsprechung im Fall einer gefälschten Wechselunterschrift nicht schon dann gegeben, wenn der Namensträger auf die Anfrage des Wechselinhabers, ob „das Papier in Ordnung geht", einfach nur schweigt.[12]

---

2 Staudinger/*Schilken*, § 177 Rn 18.
3 Statt vieler MüKo/*Schramm*, § 177 Rn 4.
4 MüKo/*Schramm*, § 177 Rn 3; Soergel/*Leptien*, § 177 Rn 14; vgl. auch BGH NJW 1971, 428.
5 Dazu eingehend *Müller*, AcP 168 (1968), 113 ff.
6 OLG Hamm FamRZ 1972, 270; MüKo/*Schramm*, § 177 Rn 4; Staudinger/*Schilken*, § 177 Rn 4; teilweise abweichend *Müller*, AcP 168 (1968), 113, 116 ff.
7 Vgl. z.B. OLG Celle BB 2002, 1438.
8 RGZ 104, 191, 192 f.; BGHZ 6, 333; 32, 375, 381; BGH NJW 1984, 606.
9 BGHZ 147, 381, 387 ff.
10 *Oebecke*, JR 2002, 281; *Püttner*, JZ 2002, 197 f.; Staudinger/*Schilken*, § 177 Rn 3.
11 RGZ 145, 87, 91; BGHZ 45, 193, 195; Erman/*Palm*, § 177 Rn 7; MüKo/*Schramm*, § 177 Rn 6; Soergel/*Leptien*, § 177 Rn 13; Staudinger/*Schilken*, § 177 Rn 21.
12 BGHZ 47, 110, 113; MüKo/*Schramm*, § 177 Rn 29; Soergel/*Leptien*, § 177 Rn 13; Staudinger/*Schilken*, § 177 Rn 21.

3. Botenschaft. Übermittelt ein Bote eine Erklärung wissentlich falsch oder gibt sich jemand als Bote aus, ohne es zu sein (Bote ohne Botenmacht), findet der nur auf den Fall der irrtümlichen Falschübermittlung zugeschnittene § 120 keine Anwendung.[13] Die **von dem Pseudoboten übermittelte Erklärung** ist dem Geschäftsherrn **nicht zurechenbar**. Die Situation entspricht vielmehr der Vertretung ohne Vertretungsmacht – mit dem einzigen Unterschied, dass der Bote keine eigene, sondern eine fremde Willenserklärung abzugeben vorgibt. Die **analoge Anwendung der §§ 177 ff.**, wie sie von der h.M. befürwortet wird,[14] ist daher gerechtfertigt. Der Geschäftsherr kann daher den unter Beteiligung des Boten zustande gekommenen Vertrag entsprechend § 177 genehmigen und der Dritte ihn entsprechend § 178 widerrufen, während der Bote bei ausbleibender Genehmigung nach § 179 haftet, Letzteres freilich mit der Maßgabe, dass der Dritte (abweichend von der Vertretung ohne Vertretungsmacht) die **Beweislast** für die fehlende Botenmacht bzw. die bewusst unrichtige Übermittlung der Erklärung trägt.[15] Diese Regeln gelten jenseits der bewussten Falschübermittlung auch für die **bewusst falsche Übersetzung** einer Erklärung durch einen Dolmetscher.[16]

4. Missbrauch der Vertretungsmacht. Kann sich der Vertreter nach den Regeln über den Missbrauch der Vertretungsmacht (dazu näher § 164 Rn 84 ff.) nicht auf das Bestehen der Vertretungsmacht berufen, sind die Rechtsfolgen richtigerweise nach Maßgabe der §§ 177 ff. zu bestimmen. Nur die sittenwidrige **Kollusion** hat gemäß § 138 die Nichtigkeit der Willenserklärung des Vertreters zur Folge,[17] ohne dass Raum für eine direkte oder analoge Anwendung der §§ 177 ff. bleibt.

5. Handeln für eine noch zu gründende Gesellschaft oder für eine Vorgesellschaft. Handelt der Vertreter im Namen einer noch nicht gegründeten Personengesellschaft, finden die §§ 177 ff. grundsätzlich Anwendung,[18] ebenso bei Handeln für eine Vorgründungsgesellschaft.[19] Bei der Vorgesellschaft (Vor-GmbH und Vor-AG) gehen indes deren Aktiva und Passiva mit der Entstehung der juristischen Person bei Eintragung auf diese über.[20] Die für die werdende juristische Person mit Vertretungsmacht getätigten Geschäfte bedürfen daher nicht eigens der Genehmigung nach § 177, um Wirksamkeit für und gegen die entstandene Person zu entfalten. Unabhängig davon kann der Vertreter der Vorgesellschaft mit dem Geschäftsgegner im Rahmen der den Parteien zustehenden Privatautonomie selbstverständlich vereinbaren, dass das Geschäft erst wirksam werden soll, wenn es die GmbH oder AG nach der Eintragung genehmigt. Dadurch kommt es aber nicht zur Anwendung der §§ 177 ff.;[21] vielmehr steht die Wirksamkeit des Geschäfts unter der aufschiebenden Bedingung der Genehmigung nach Eintragung (siehe dazu auch Rn 13).[22]

6. Handeln als Amtsinhaber. Wer irrig oder bewusst kraft eines ihm nicht zustehenden Amtes als Insolvenzverwalter, Zwangsverwalter, Nachlassverwalter oder Testamentsvollstrecker rechtsgeschäftlich tätig wird (siehe dazu § 164 Rn 24 ff.), ist einem Vertreter ohne Vertretungsmacht gleichzustellen. Die §§ 177 ff. sind analog anzuwenden.[23] Eine analoge Anwendung von § 177 (mit der Folge einer Genehmigungsmöglichkeit für den Verwalter) wird darüber hinaus vertreten, wenn der Inhaber des der Verwaltung unterliegenden Vermögens einen auf das Vermögen bezogenen Vertrag abschließt.[24]

II. Handeln ohne Vertretungsmacht

1. Grundlagen. § 177 setzt ein Handeln ohne Vertretungsmacht voraus. Daran fehlt es nicht nur dann, wenn der Vertreter für den von ihm geschlossenen Vertrag über rechtsgeschäftlich, organschaftlich oder gesetzlich begründete Vertretungsmacht verfügt, sondern auch bei Vorliegen einer Duldungs- oder Anscheinsvollmacht nach den von der Rechtsprechung entwickelten Grundsätzen (siehe dazu § 167 Rn 74 ff.). **Maßgeblicher Zeitpunkt** für die Beantwortung der Frage, ob Vertretungsmacht vorliegt oder fehlt, ist **bei der Aktivvertretung die Abgabe** der eigenen Willenserklärung des Vertreters und **bei der Passivvertretung der**

---

13 A.A. insb. *Marburger*, AcP 173 (1973), 137 ff.; MüKo/*Kramer*, § 120 Rn 3.
14 OLG Oldenburg NJW 1978, 951; Bamberger/Roth/*Habermeier*, § 177 Rn 12; Erman/*Palm*, § 177 Rn 8; *Flume*, BGB AT Bd. 2, § 43, 4 (S. 759); MüKo/*Schramm*, § 177 Rn 8; Soergel/*Leptien*, § 177 Rn 11; Staudinger/*Schilken*, § 177 Rn 22; teilweise a.A., nämlich gegen die Anwendung von § 179, RGRK/*Steffen*, § 177 Rn 3.
15 *Flume*, BGB AT Bd. 2, § 43, 4 (S. 759); MüKo/*Schramm*, § 177 Rn 8; Soergel/*Leptien*, § 177 Rn 11.
16 Erman/*Palm*, § 177 Rn 8; MüKo/*Schramm*, § 177 Rn 8; Soergel/*Leptien*, § 177 Rn 11; vgl. BGH BB 1963, 204.
17 RGZ 130, 142; BGH NJW 1966, 1911; 1989, 26.
18 BGHZ 63, 45, 48; 69, 96, 100.
19 BGHZ 91, 148, 152.
20 Grundlegend BGHZ 80, 129; näher *K. Schmidt*, GesR, 4. Aufl. 2002, § 34 III 4 (S. 1028 ff.).
21 So aber noch BGH NJW 1973, 798.
22 So zutr. *K. Schmidt*, GesR, 4. Aufl. 2002, § 34 III 3b aa (S. 1019).
23 RGZ 80, 416, 417; Bamberger/Roth/*Habermeier*, § 177 Rn 17; Erman/*Palm*, § 177 Rn 10; MüKo/*Schramm*, § 177 Rn 5; Soergel/*Leptien*, § 177 Rn 11; Staudinger/*Schilken*, § 177 Rn 19.
24 So MüKo/*Schramm*, § 177 Rn 5.

Empfang der Willenserklärung des Geschäftsgegners.[25] Nur dies ist mit der Regelung des § 164 Abs. 1 (für die Aktivvertretung) und Abs. 3 (für die Passivvertretung) vereinbar. Dass Abs. 1 auf den Abschluss von Verträgen abhebt, widerspricht dem nicht; die Formulierung des Gesetzes ist hier auf die Abgrenzung zu den in § 180 geregelten einseitigen Rechtsgeschäften gerichtet und nicht etwa darauf, den für das Vorliegen der Vertretungsmacht maßgeblichen Zeitpunkt anders als in § 164 (nämlich anhand des Wirksamwerdens der Annahme) zu bestimmen. Bei Erlöschen der Vertretungsmacht zwischen Abgabe und Zugang der Willenserklärung des Vertreters fordert die Literatur allerdings zu Recht die analoge Anwendung des § 130 Abs. 1 S. 2; wird also etwa eine Vollmacht vor dem Zugang der Vertretererklärung dem Empfänger gegenüber widerrufen oder liegen bis dahin (in den Fällen der §§ 170 ff.) die Voraussetzungen des § 173 bei ihm vor, bindet die Erklärung den Vertretenen nicht.[26]

12 **2. Einzelne Konstellationen.** Lag im maßgeblichen Zeitpunkt (dazu Rn 11) **keine Vertretungsmacht** vor, ist § 177 unabhängig davon anwendbar, ob der Vertreter nie über Vertretungsmacht verfügte oder ob eine zunächst bestehende Vertretungsmacht zu diesem Zeitpunkt bereits erloschen war oder ob er nach diesem Zeitpunkt Vertretungsmacht erhielt[27] (zum Ausschluss einer rückwirkenden Vollmachtserteilung siehe § 167 Rn 8). Handeln ohne Vertretungsmacht ist darüber hinaus gegeben, wenn der Vertreter die ihm zustehende **Vertretungsmacht überschritten** hat. Deckt die Vertretungsmacht einen Teil des vom Vertreter geschlossenen Vertrags nicht, ist insoweit also § 177 anzuwenden; genehmigt der Vertretene diesen Teil des Geschäfts nicht, beurteilt sich das Schicksal des anderen Teils nach § 139.[28] Entsprechendes gilt, wenn der Vertreter einen Vertrag für mehrere Vertretene geschlossen hat, ohne Vertretungsmacht für alle zu haben,[29] oder wenn er ohne Vertretungsmacht im fremden und zugleich im eigenen Namen handelte.[30] Ebenfalls ohne Vertretungsmacht handelt ein **Gesamtvertreter**, der sich ohne die erforderliche Mitwirkung der anderen Gesamtvertreter rechtsgeschäftlich für den Vertretenen betätigt (zur Genehmigung siehe Rn 25).

13 Schließlich kann die Anwendung von § 177 eröffnet sein, wenn ein Vertreter zwar über die Vertretungsmacht für das von ihm im Namen des Vertretenen abgeschlossene Geschäft verfügt, ihr Bestehen aber leugnet oder sonst **keinen Gebrauch von der Vertretungsmacht** macht.[31] Ob ein eigentlich mit Vertretungsmacht ausgestatteter Vertreter ausnahmsweise als *falsus procurator* gehandelt hat, ist durch Auslegung seiner Erklärung aus der Sicht des Geschäftsgegners (§§ 133, 157) zu ermitteln. Dabei ist zu beachten, dass ein in dem Vertretergeschäft vereinbarter Vorbehalt der Genehmigung durch den Vertretenen u.U. auch so zu verstehen ist, dass die Wirksamkeit des Geschäfts durch die Genehmigung des Vertretenen **aufschiebend bedingt** ist (siehe dazu auch Rn 9).[32]

14 **3. Schwebende Unwirksamkeit als Folge.** Ein Vertrag, den der Vertreter in fremdem Namen ohne Vertretungsmacht abgeschlossen hat, entfaltet keine Wirkung für und gegen den Vertretenen, solange dieser keine Genehmigung nach Abs. 1 erteilt. Diese Zustand schwebender Unwirksamkeit wird erst durch die Genehmigung (dazu Rn 16 ff.) oder deren Verweigerung (dazu Rn 26 ff.) oder durch Maßnahmen des Geschäftsgegners nach Abs. 2 (dazu Rn 30 f.) oder § 178 beendet. Ob der Vertreter oder der Geschäftsgegner Kenntnis vom Fehlen der Vertretungsmacht hat oder haben muss, hat auf den Schwebezustand als solchen keinen Einfluss[33] (wohl aber auf die Möglichkeit des Geschäftsgegners, die schwebende Unwirksamkeit nach § 178 durch Widerruf zu beenden und den Vertreter nach § 179 in Anspruch zu nehmen).

---

25 Bamberger/Roth/*Habermeier*, § 177 Rn 10; *Bork*, BGB AT, Rn 1603; Erman/*Palm*, § 177 Rn 5; MüKo/*Schramm*, § 177 Rn 11; Staudinger/*Schilken*, § 177 Rn 5; im Grundsatz auch Soergel/*Leptien*, § 177 Rn 2, der es allerdings in Rn 5 für erwägenswert hält, § 177 für den Erwerb der Vertretungsmacht vor Zugang der Vertretererklärung unangewendet zu lassen.
26 Bamberger/Roth/*Habermeier*, § 177 Rn 10; MüKo/*Schramm*, § 177 Rn 11; Staudinger/*Schilken*, § 177 Rn 5.
27 Dazu eingehend Soergel/*Leptien*, § 177 Rn 4–6.
28 Bamberger/Roth/*Habermeier*, § 177 Rn 6; Erman/*Palm*, § 177 Rn 4; *Gerhardt*, JuS 1970, 326; MüKo/*Schramm*, § 177 Rn 10; Soergel/*Leptien*, § 177 Rn 7; Staudinger/*Schilken*, § 177 Rn 5.
29 Hierzu und zum vollmachtlosen Handeln im fremden und zugleich im eigenen Namen MüKo/*Schramm*, § 177 Rn 10.
30 Vgl. BGH NJW 1970, 240; Soergel/*Leptien*, § 177 Rn 7; Staudinger/*Schilken*, § 177 Rn 6.
31 BGH DNotZ 1968, 407; Bamberger/Roth/*Habermeier*, § 177 Rn 8; Erman/*Palm*, § 177 Rn 6; MüKo/*Schramm*, § 177 Rn 12; Soergel/*Leptien*, § 177 Rn 8; Staudinger/*Schilken*, § 177 Rn 6.
32 Vgl. RG JW 1937, 2036; Bamberger/Roth/*Habermeier*, § 177 Rn 8; MüKo/*Schramm*, § 177 Rn 13; Soergel/*Leptien*, § 177 Rn 8; Staudinger/*Schilken*, § 177 Rn 6.
33 MüKo/*Schramm*, § 177 Rn 15; Staudinger/*Schilken*, § 177 Rn 7.

Während der **schwebenden Unwirksamkeit** besteht **kein klagbarer Anspruch** gegen den Vertretenen,[34] insbesondere kein Anspruch auf Erteilung der Genehmigung, wenn sich dieser nicht aus einem anderen Rechtsverhältnis zwischen den Parteien (etwa einem Vorvertrag[35]) ergibt. Haben die Beteiligten einander bereits in Unkenntnis der schwebenden Unwirksamkeit **Leistungen erbracht**, können diese nach **§ 812 Abs. 1 S. 1 Alt. 1** von dem jeweiligen Empfänger zurückgefordert werden,[36] und zwar ohne dass der Leistende den Eintritt endgültiger Unwirksamkeit abzuwarten hat.[37] Nach der – in der Literatur teilweise kritisierten[38] – Rechtsprechung des BGH soll es freilich an einer Bereicherung fehlen, wenn der Vertretene aufgrund eines wirksamen Innenverhältnisses gegenüber dem Vertreter berechtigt ist und von dem Vertreterhandeln nichts weiß.[39]

III. Die Erteilung der Genehmigung

1. Wesen und Wirkung der Genehmigung. Die Genehmigung ist eine **empfangsbedürftige Willenserklärung**, auf die neben den allgemeinen Regeln über die Willenserklärung die §§ 182 ff. Anwendung finden. Sie ist ein **einseitiges Rechtsgeschäft, unwiderruflich, bedingungsfeindlich** und hat unmittelbar **rechtsgestaltende Wirkung im Außenverhältnis** zwischen dem Vertretenen und dem Geschäftsgegner:[40] Der zunächst schwebend unwirksame Vertrag **wird wirksam**, und zwar nach § 184 Abs. 1 **rückwirkend**. Dies setzt allerdings voraus, dass der Vertrag außer dem Fehlen der Vertretungsmacht keine weiteren Wirksamkeitsmängel aufweist, denn die Genehmigung heilt **nur den Mangel der Vertretungsmacht**.[41] Auf das Innenverhältnis zwischen Vertreter und Vertretenem bezieht sich die Genehmigung nicht; wenn es sich hierbei um eine **Geschäftsführung ohne Auftrag** handelt, ist indes im Zweifel davon auszugehen, dass mit der Genehmigung des Vertretergeschäfts zugleich eine Genehmigung nach § 684 S. 2 ausgesprochen wird.[42] Eine **Pflicht zur Genehmigung** trifft den Vertretenen im Grundsatz weder gegenüber dem Geschäftsgegner (dazu Rn 15) noch gegenüber dem Vertreter, soweit sich aus dem Innenverhältnis nichts anderes ergibt. Letzteres ist bei einer Geschäftsführung ohne Auftrag nicht schon dann der Fall, wenn die Voraussetzungen der §§ 677, 683 vorliegen,[43] sondern nur in den Fällen der Notgeschäftsführung nach den §§ 679, 680.[44]

Aufgrund der **Rückwirkung der Genehmigung** wird der genehmigte Vertrag grundsätzlich so behandelt, als ob beim Vertragsschluss Vertretungsmacht für das abgeschlossene Geschäft bestanden hätte. Dem Vertretenen wird daher nicht nur die Erklärung des Vertreters zugerechnet, sondern gemäß § 166 Abs. 1 auch ein bei Vertragsschluss vorliegender Willensmangel des Vertreters sowie – wiederum auf diesen Zeitpunkt bezogen – dessen Kenntnis oder Kennenmüssen.[45] Ist zwischenzeitlich ein **Insolvenzverfahren** über das Vermögen des Geschäftsgegners eröffnet worden, hindert dies die rückwirkende Genehmigung des mit ihm geschlossenen Vertretergeschäfts nicht.[46] Wird ein **Verfügungsgeschäft** genehmigt, ist wegen der Rückwirkung der Genehmigung für die erforderliche Verfügungsmacht des Vertretenen auf den Zeitpunkt der Verfügung und nicht auf den Zeitpunkt der Genehmigungserteilung abzustellen.[47]

Ohne Bedeutung ist die Rückwirkung der Genehmigung jedoch für den **Beginn der Verjährung**; insoweit ist auf den Zeitpunkt der Genehmigung abzustellen.[48] Ebenso wenig führt die Genehmigung zum rückwirkenden **Verzugseintritt**.[49] Ob schließlich **öffentlich-rechtliche Beschränkungen**, die während der schwebenden

---

34 RGZ 98, 244; BGHZ 65, 123, 126; MüKo/*Schramm*, § 177 Rn 16; Staudinger/*Schilken*, § 177 Rn 8. Zur Frage der Haftung des Vertretenen bei Verweigerung der Genehmigung s. Rn 27 ff.
35 Dazu BGH NJW 1990, 508, 509.
36 BGHZ 36, 30, 35; 40, 272, 276.
37 MüKo/*Schramm*, § 177 Rn 16.
38 Vgl. insb. *Flume*, JZ 1962, 281.
39 BGHZ 40, 272, 279; näher zur bereicherungsrechtlichen Problematik MüKo/*Lieb*, § 812 Rn 90 ff.
40 Statt vieler MüKo/*Schramm*, § 177 Rn 35.
41 RGZ 150, 385, 387; Bamberger/Roth/*Habermeier*, § 177 Rn 31; Erman/*Palm*, § 177 Rn 19; MüKo/*Schramm*, § 177 Rn 44; Soergel/*Leptien*, § 177 Rn 29; Staudinger/*Schilken*, § 177 Rn 9.
42 MüKo/*Schramm*, § 177 Rn 33; Staudinger/*Schilken*, § 177 Rn 17.
43 MüKo/*Schramm*, § 177 Rn 33; Soergel/*Leptien*, § 177 Rn 9; Staudinger/*Schilken*, § 177 Rn 17.
44 BGH NJW 1951, 398, Staudinger/*Schilken*, § 177 Rn 17; a.A. *Bertzel*, AcP 158 (1958/59), 107, 148; Soergel/*Leptien*, § 177 Rn 9, die dem Notgeschäftsführer gesetzliche Vertretungsmacht zuerkennen wollen.
45 Bamberger/Roth/*Habermeier*, § 177 Rn 30; Erman/*Palm*, § 177 Rn 19 f.; MüKo/*Schramm*, § 177 Rn 44; Soergel/*Leptien*, § 177 Rn 28; Staudinger/*Schilken*, § 177 Rn 9. – Allerdings schadet in analoger Anwendung von § 166 Abs. 2 die Kenntnis oder das Kennenmüssen des Vertretenen im Zeitpunkt der Genehmigung, dazu m.w.N. Staudinger/*Schilken*, § 177 Rn 9.
46 RGZ 134, 73, 78 (noch zum Konkurs); MüKo/*Schramm*, § 177 Rn 45.
47 Str., näher *Finkenauer*, AcP 203 (2003), 282 ff.
48 RGZ 65, 245; Bamberger/Roth/*Habermeier*, § 177 Rn 32; Erman/*Palm*, § 177 Rn 22; MüKo/*Schramm*, § 177 Rn 47; Staudinger/*Schilken*, § 177 Rn 9.
49 Bamberger/Roth/*Habermeier*, § 177 Rn 32; Erman/*Palm*, § 177 Rn 22; MüKo/*Schramm*, § 177 Rn 47; Staudinger/*Schilken*, § 177 Rn 9.

Unwirksamkeit eintreten, beachtlich sind, ist anhand der öffentlich-rechtlichen Regeln zu entscheiden; jedenfalls ist es nicht gerechtfertigt, solche Beschränkungen allein unter Berufung auf die privatrechtliche Rückwirkung der Genehmigung außer Acht zu lassen.[50]

19 Was die Genehmigung **fristgebundener Rechtsgeschäfte** betrifft, so ist es eine nach dem Sinn und Zweck der Frist zu beantwortende Auslegungsfrage, ob die Genehmigung innerhalb der Frist zu erfolgen hat oder ob zur Fristwahrung die Vornahme des Vertretergeschäfts ausreicht.[51] Dies ist auch der Ausgangspunkt zur Klärung des **umstrittenen** Problems, ob die Genehmigung der von einem *falsus procurator* erklärten **Annahme eines befristeten Angebots** zum Vertragsschluss innerhalb der Annahmefrist erfolgen muss[52] oder nicht:[53] Die Annahmefrist, die der Anbietende dem Angebotsempfänger setzt, hat den erkennbaren Zweck, dem Anbietenden Klarheit über das wirksame Zustandekommen des Vertrags zu verschaffen. Die Möglichkeit, nach Abs. 2 oder § 178 vorzugehen, befriedigt dieses Interesse des Anbietenden nicht hinreichend. Daher ist, soweit der Anbietende nicht eine andere Festlegung trifft, davon auszugehen, dass die Annahme des Angebots durch einen Vertreter ohne Vertretungsmacht noch innerhalb der Annahmefrist genehmigt werden muss, damit ein wirksamer Vertrag zustande kommt.

20 **2. Genehmigender und Genehmigungsempfänger.** Die Genehmigung kann von dem Vertretenen selbst, von dessen Erben,[54] aber **auch von einem Stellvertreter erteilt** werden, ggf. sogar von dem beim Vertragsschluss ohne Vertretungsmacht handelnden Vertreter, wenn dieser nachträglich Vertretungsmacht erhält:[55] Zwar fehlt in § 177 ein Pendant zu § 108 Abs. 3, doch bedarf es dessen nicht, weil kein schützenswertes Interesse des Geschäftsgegners und auch sonst kein Grund dafür ersichtlich ist, dem am Vertragsschluss beteiligten Vertreter die Fähigkeit zur Genehmigung abzusprechen.

21 **Adressat der Genehmigung** kann nach § 182 Abs. 1 sowohl der Vertreter als auch der Geschäftsgegner bzw. eine zur Vertretung des Geschäftsgegners befugte Person[56] sein. Hat der Geschäftsgegner den Vertretenen allerdings nach Abs. 2 S. 1 zur Erklärung über die Genehmigung aufgefordert, entfällt diese Wahlmöglichkeit, und das Geschäft kann nur noch dem Gegner (oder dessen Stellvertreter) gegenüber genehmigt werden.

22 **3. Die Genehmigung als Erklärungsinhalt.** Die Genehmigung kann ausdrücklich oder konkludent erteilt werden. Ob eine Äußerung oder ein Verhalten des Vertretenen eine Genehmigung darstellt, ist nach den §§ 133, 157 durch Auslegung nach dem **Horizont des jeweiligen Adressaten** (Geschäftsgegner oder Vertreter) zu ermitteln. Einen Grund, das Verhalten des Vertretenen als **konkludente Genehmigung** zu verstehen, hat der Adressat nur dann, wenn er aufgrund tatsächlicher Anhaltspunkte annehmen durfte, dass der Vertretene mit der schwebenden Unwirksamkeit und daher mit der Genehmigungsbedürftigkeit des Geschäfts zumindest rechnete.[57] Rechtsprechung und Schrifttum beurteilen das Verhalten freilich verbreitet und bis in die jüngste Zeit nicht nur aus der objektiven Empfängersicht, sondern verlangen als subjektive Voraussetzung einer konkludenten Genehmigung, dass sich der Genehmigende der schwebenden Unwirksamkeit oder zumindest ihrer Möglichkeit bewusst war.[58] Seitdem die Rechtsprechung jedoch – mit Recht – auf das Erklärungsbewusstsein als konstitutives Merkmal einer Willenserklärung (und zwar auch einer schlüssigen Erklärung) verzichtet hat,[59] ist für diese Betrachtung kein Raum mehr.[60] Vielmehr liegt eine – nur durch Anfechtung zu beseitigende – Genehmigung vor, wenn dem Vertretenen der aus Empfängersicht als Genehmigung auszulegende Erklärungstatbestand zurechenbar ist, weil er hätte erkennen und vermeiden können, dass sein Verhalten als Genehmigung verstanden werden würde.

23 Bloßes **Schweigen des Vertretenen** rechtfertigt grundsätzlich nicht die Annahme einer Genehmigung,[61] und zwar auch dann nicht, wenn der Geschäftsgegner ihn über das Vertretergeschäft benachrichtigt hat (siehe dazu auch Rn 6). In Übereinstimmung mit den allgemeinen Regeln über das **„beredte Schweigen"** kann

---

50 Erman/*Palm*, § 177 Rn 22; MüKo/*Schramm*, § 177 Rn 45.
51 Erman/*Palm*, § 177 Rn 21; MüKo/*Schramm*, § 177 Rn 46; Staudinger/*Schilken*, § 177 Rn 9.
52 Hierfür BGH NJW 1973, 1789, 1790; Bamberger/Roth/*Habermeier*, § 177 Rn 25; MüKo/*Schramm*, § 177 Rn 46; RGRK/*Steffen*, § 177 Rn 10; Soergel/*Leptien*, § 184 Rn 6.
53 Hierfür Erman/*Palm*, § 177 Rn 21; Staudinger/*Schilken*, § 177 Rn 9.
54 OLG Hamm Rpfleger 1979, 17; Bamberger/Roth/*Habermeier*, § 177 Rn 26.
55 BGHZ 79, 374, 378 f.; BGH NJW-RR 1994, 291, 293; Bamberger/Roth/*Habermeier*, § 177 Rn 26; Erman/*Palm*, § 177 Rn 18; Staudinger/*Schilken*, § 177 Rn 10; a.A. (für gesetzliche Vertretung) *Müller*, AcP 168 (1968), 113, 128 ff.
56 Vgl. z.B. OLG Köln NJW 1995, 1499, 1500.
57 MüKo/*Schramm*, § 177 Rn 28.
58 RGZ 118, 335; BGHZ 47, 341, 351; BGH NJW 2002, 2863, 2864; Staudinger/*Schilken*, § 177 Rn 10 m.w.N.
59 BGHZ 91, 324; 109, 171, 177.
60 Abl. gegenüber der h.M. auch MüKo/*Schramm*, § 177 Rn 27; Soergel/*Leptien*, § 177 Rn 24.
61 BGH NJW 1951, 398; NJW 1967, 1039, 1040; Bamberger/Roth/*Habermeier*, § 177 Rn 22; Erman/*Palm*, § 177 Rn 15; MüKo/*Schramm*, § 177 Rn 29; Soergel/*Leptien*, § 177 Rn 24; Staudinger/*Schilken*, § 177 Rn 11.

das Schweigen des Vertretenen auf den Abschluss eines Vertretergeschäfts jedoch in besonderen Fällen den Erklärungswert einer Genehmigung haben. Dies ist namentlich dann der Fall, wenn der Vertretene nach Treu und Glauben verpflichtet gewesen wäre, seinen abweichenden Willen zu äußern,[62] wenn die Voraussetzungen für die Anwendung der Grundsätze über das kaufmännische Bestätigungsschreiben gegeben sind[63] oder wenn das Schweigen kraft Gesetzes (etwa nach den §§ 75h, 91a HGB) als Genehmigung gilt.[64]

4. Formerfordernisse. Nach **§ 182 Abs. 2** bedarf die Genehmigung grundsätzlich nicht der für das Rechtsgeschäft bestimmten Form. Die Rechtsprechung des **BGH** und im Anschluss daran **große Teile des Schrifttums** belassen es dabei und **lehnen eine teleologische Reduktion** der Vorschrift mit Blick auf die Funktion der jeweils infrage stehenden Formvorschrift **ab**.[65] Dem widerspricht die **Gegenauffassung** mit der These, dass in den als Einschränkung der (in § 167 Abs. 2 normierten) Formfreiheit der Vollmacht anzuerkennenden Konstellationen (dazu § 167 Rn 38 ff.) auch keine formlose Genehmigung zulässig sei.[66] Hierfür sprechen in der Tat die besseren Gründe: Soll eine Formvorschrift mit Warnfunktion ihren Zweck zugunsten des Vertretenen erfüllen, reicht es nicht aus, nur die Vollmacht dem Formerfordernis zu unterstellen. Dies muss vielmehr auch für die Genehmigung gelten, zumal diese anders als die Vollmachtserteilung sogar ohne weitere Zwischenschritte zur rechtsgeschäftlichen Bindung des Vertretenen führt. Dass dem Vertretenen bei der Genehmigung regelmäßig ein formgerecht geschlossener Vertrag vorliegt, während dies bei der Vollmachtserteilung nicht der Fall ist, führt keineswegs dazu, dass sich die Formzwecke über den Vertreter zugunsten des Vertretenen auswirken,[67] denn die Schutzfunktion etwa einer notariellen Beurkundung verwirklicht sich nun einmal nur, wenn die geschützte Partei ihre eigene Erklärung beurkunden lässt, und nicht, wenn sie allein die Ausfertigung einer Urkunde über die Erklärung ihres Vertreters zu sehen bekommt.

5. Besondere Fälle. Weil es sich bei der Genehmigung um ein einseitiges Rechtsgeschäft handelt, gelten die §§ 111, 180, 1367, 1643 Abs. 3 und 1831, wenn die Genehmigung der **Zustimmung eines Dritten** bedarf.[68] Eine **Teilgenehmigung** des Vertretergeschäfts ist regelmäßig nicht statthaft, ebenso wenig eine **Genehmigung unter Einschränkungen oder Erweiterungen**,[69] weil das Vertretergeschäft nur so zu genehmigen ist, wie es abgeschlossen wurde. Eine eingeschränkte oder teilweise Genehmigung kommt allerdings nach Maßgabe des § 139 in Betracht, wenn das Vertretergeschäft teilbar ist und das genehmigte Teilgeschäft von den Parteien abgeschlossen worden wäre.[70] – Die Genehmigung des Handelns eines **Gesamtvertreters**, der ohne die erforderliche Mitwirkung der anderen Gesamtvertreter einen Vertrag für den Vertretenen geschlossen hat (siehe Rn 12), kann entweder von dem Vertretenen oder von den nicht beteiligten Gesamtvertretern erteilt werden, in letzterem Fall (soweit nicht eine Aufforderung zur Genehmigung vorliegt) auch durch Erklärung gegenüber dem Gesamtvertreter, der das Geschäft abgeschlossen hat.[71]

IV. Die Verweigerung der Genehmigung

1. Wesen und Wirkung. Nicht anders als die Erteilung der Genehmigung (dazu Rn 16) ist deren Verweigerung ein **einseitiges, empfangsbedürftiges, unwiderrufliches Rechtsgeschäft mit Gestaltungswirkung**.[72] Nur ist die Wirkung entgegengesetzt: Das zunächst schwebend unwirksame Vertretergeschäft wird aufgrund der Genehmigungsverweigerung **endgültig unwirksam**. Ob der Vertretene die Genehmigung verweigert, bleibt grundsätzlich seiner Willkür überlassen; Grenzen, deren Überschreitung die Verweigerung der Genehmigung unbeachtlich werden lässt, ergeben sich nach Treu und Glauben allerdings unter dem Aspekt

---

62 BGH NJW 1990, 1601; 1969, 919; dazu mit Beispielen MüKo/*Schramm*, § 177 Rn 29.
63 BGH NJW 1990, 386; MüKo/*Schramm*, § 177 Rn 29; a.A. MüKo/*Kramer*, § 151 Rn 39.
64 Dazu Bamberger/Roth/*Habermeier*, § 177 Rn 22; MüKo/*Schramm*, § 177 Rn 32.
65 BGHZ 125, 218; BGH NJW 1998, 1482, 1484; 1998, 1857, 1858; Bamberger/Roth/*Habermeier*, § 177 Rn 20; MüKo/*Schramm*, § 167 Rn 39; *Prölss*, JuS 1985, 577, 585; Soergel/*Leptien*, § 177 Rn 23; *Wufka*, DNotZ 1990, 339, 343 f.
66 OLG München DNotZ 1951, 31; Erman/*Palm*, § 177 Rn 14; *Flume*, BGB AT Bd. 2, § 54, 6b; *Larenz/Wolf*, BGB AT, § 49 Rn 6; *Medicus*, BGB AT, Rn 976; Staudinger/*Schilken*, § 177 Rn 10.
67 So aber Bamberger/Roth/*Habermeier*, § 177 Rn 20; MüKo/*Schramm*, § 177 Rn 39; *Wufka*, DNotZ 1990, 339, 343.
68 Bamberger/Roth/*Habermeier*, § 177 Rn 29; MüKo/*Schramm*, § 177 Rn 34; Staudinger/*Schilken*, § 177 Rn 16.
69 Bamberger/Roth/*Habermeier*, § 177 Rn 23; MüKo/*Schramm*, § 177 Rn 41 f.; Soergel/*Leptien*, § 177 Rn 25 f.; Staudinger/*Schilken*, § 177 Rn 15.
70 Bamberger/Roth/*Habermeier*, § 177 Rn 23; MüKo/*Schramm*, § 177 Rn 41; Soergel/*Leptien*, § 177 Rn 26; Staudinger/*Schilken*, § 177 Rn 25.
71 Bamberger/Roth/*Habermeier*, § 177 Rn 27; Soergel/*Leptien*, § 177 Rn 27; Staudinger/*Schilken*, § 177 Rn 14.
72 So etwa auch MüKo/*Schramm*, § 177 Rn 48; gegen die Unwiderruflichkeit *Prahl*, NJW 1995, 2968 f.

der Verwirkung[73] sowie dann, wenn aufgrund eines Vorvertrags eine Verpflichtung zur Genehmigung besteht (siehe auch Rn 15).[74]

27 **2. Haftungsfragen bei Verweigerung der Genehmigung.** Weil der **Vertretene** grundsätzlich frei ist, die Genehmigung zu verweigern (siehe Rn 15 und 16), ist er wegen Verweigerung der Genehmigung regelmäßig weder dem Geschäftsgegner noch dem Vertreter zum Schadensersatz verpflichtet. Nur der Vertreter kann, wenn das Geschäft aufgrund der Verweigerung endgültig unwirksam geworden ist, vom Geschäftsgegner gemäß § 179 in Anspruch genommen werden.[75] Dies hindert allerdings nicht die Entstehung eines **Bereicherungsanspruchs des Geschäftsgegners gegen den Vertretenen**, soweit er diesem in Unkenntnis der zunächst schwebenden und dann endgültigen Unwirksamkeit des Vertrags bereits eine Leistung erbracht hat (siehe dazu Rn 15).

28 Indes hat der **Geschäftsgegner gegen den Vertretenen** einen **Anspruch aus §§ 280 Abs. 1, 241 Abs. 2, 311 Abs. 2 (c.i.c.)**,[76] wenn er durch eigenes vorwerfbares Handeln (etwa durch den Gebrauch missverständlicher Ausdrücke) das vollmachtlose Vertreterhandeln (mit-)verschuldet hat, wenn ihn ein Verschulden bei der Auswahl oder Überwachung des Verhandlungsgehilfen trifft[77] oder wenn ihm eine ungenügende Aufklärung des Geschäftsgegners über die Grenzen der erteilten Vollmacht anzulasten ist.[78] Unabhängig von einem eigenen Verschulden kann dem Vertretenen nach h.M. aber auch gemäß § 278 ein Verschulden des vollmachtlosen oder seine Vollmacht überschreitenden Vertreters als Verschulden eines Verhandlungsgehilfen zuzurechnen sein.[79] Der auf c.i.c. beruhende Schadensersatzanspruch ist auf den Ersatz des negativen Interesses gerichtet.[80] Ein Mitverschulden des Geschäftsgegners ist nach § 254 anspruchsmindernd zu berücksichtigen; anders als in der Beziehung des Gegners zum Vertreter ist § 179 Abs. 3 S. 1 hier nicht (analog) anzuwenden.[81]

29 Auf die **Überschreitung gesetzlicher Vertretungsmacht** sind diese Grundsätze nicht übertragbar, damit der bezweckte Schutz des Vertretenen nicht unterlaufen wird.[82] Daher haftet etwa ein nicht voll geschäftsfähiger Vertreter nicht aus c.i.c., wenn sein gesetzlicher Vertreter ohne eine notwendige vormundschaftsgerichtliche Genehmigung oder jenseits seiner gesetzlichen Zuständigkeit gehandelt hat.[83] Überschreitet ein **Organ einer juristischen Person** seine Vertretungsmacht, kommt dagegen eine über die §§ 31, 86, 89 zu begründende Haftung der juristischen Person aus c.i.c. oder Delikt in Betracht,[84] auf deren Umfang das in Rn 28 Gesagte zutrifft.

V. Die Aufforderung zur Erklärung über die Genehmigung

30 **1. Voraussetzungen.** Die vom Geschäftsgegner an den Vertretenen gerichtete Aufforderung zur Erklärung über die Genehmigung ist eine **geschäftsähnliche Handlung**, auf die die Regeln über die Willenserklärung analoge Anwendung finden.[85] Die Aufforderung muss **eindeutig** sein, sie darf jedoch, wie schon der Gesetzeswortlaut ergibt, **ergebnisoffen** formuliert sein (d.h. als Aufforderung, sich zu erklären, und nicht als Aufforderung zur Genehmigung).[86] Die **Mitteilung über den Abschluss eines Vertrags** enthält eine solche Aufforderung jedenfalls nicht, wenn sich ihr nicht entnehmen lässt, dass der Absender die schwebende Unwirksamkeit wegen fehlender Vertretungsmacht nicht zumindest für möglich hält. Allerdings kann eine solche Mitteilung als kaufmännisches Bestätigungsschreiben einzuordnen sein.[87] Ebenfalls keine Aufforderung im Sinne von Abs. 2 liegt regelmäßig in der **Übersendung einer vorgefertigten Genehmigungserklärung**

---

73 Staudinger/*Schilken*, § 177 Rn 12.
74 MüKo/*Schramm*, § 177 Rn 49.
75 Zu der umstr. Frage, ob und unter welchen Voraussetzungen daneben eine Haftung des Vertreters aus c.i.c. in Betracht kommt, s. § 179 Rn 26 f.
76 Dazu vertiefend *Canaris*, Vertrauenshaftung, S. 281 f., 312 ff.; *Schnorbus*, WM 1999, 197 ff.; *Welser*, Vertretung, S. 103 ff.
77 Zu beiden im Text genannten Fällen MüKo/*Schramm*, § 177 Rn 50; Staudinger/*Schilken*, § 177 Rn 23.
78 BGH NJW 1980, 2410, 2411; Bamberger/Roth/*Habermeier*, § 177 Rn 38; Soergel/*Leptien*, § 177 Rn 35; Staudinger/*Schilken*, § 177 Rn 23.
79 RGZ 120, 126, 130; BGH BB 1955, 429; OLG Köln VersR 1994, 348; *Flume*, BGB AT Bd. 2, § 47, 3d; *Medicus*, BGB AT, Rn 973 f.; MüKo/*Schramm*, § 177 Rn 51 f.; Soergel/*Leptien*, § 177 Rn 36;

Staudinger/*Schilken*, § 177 Rn 24; a.A. *Prölss*, JuS 1986, 164, 173 f.; einschr. *Canaris*, JuS 1980, 332, 334.
80 OLG Köln VersR 1994, 437, 438.
81 MüKo/*Schramm*, § 177 Rn 52; Staudinger/*Schilken*, § 177 Rn 24; a.A. RGRK/*Steffen*, § 177 Rn 17.
82 RGZ 132, 76, 78; MüKo/*Schramm*, § 177 Rn 53; Staudinger/*Schilken*, § 177 Rn 25; a.A. *Prölss*, JuS 1986, 169, 175.
83 MüKo/*Schramm*, § 177 Rn 53.
84 BGHZ 6, 330, 332; BGH NJW 1972, 940, 941; aus der Lit. m.w.N. Staudinger/*Schilken*, § 177 Rn 25.
85 Bamberger/Roth/*Habermeier*, § 177 Rn 34; MüKo/*Schramm*, § 177 Rn 20; Staudinger/*Schilken*, § 177 Rn 13.
86 BGHZ 145, 44, 47 f.
87 BGH BB 1967, 902; MüKo/*Schramm*, § 177 Rn 20; Soergel/*Leptien*, § 177 Rn 32.

durch einen (im Übrigen insoweit meist nicht über Vertretungsmacht verfügenden) **Notar**, der mit dem Vertragsvollzug beauftragt wurde.[88]

2. Rechtsfolgen. Die Aufforderung zur Erklärung über die Genehmigung hat zum einen nach Abs. 2 S. 1 zur Folge, dass eine Erklärung über die Genehmigung nur noch dem Vertretenen gegenüber erfolgen darf und dass frühere, gegenüber dem Vertreter abgegebene Erklärungen (Erteilung oder Verweigerung der Genehmigung) unwirksam werden. Zum anderen setzt die Aufforderung mit ihrem Zugang eine zweiwöchige Erklärungsfrist in Gang, deren fruchtloser Ablauf als Fiktion der Genehmigungsverweigerung wirkt. Diese Frist können Geschäftsgegner und Vertretener im Wege der Vereinbarung verändern;[89] da die Frist dem Schutz des Geschäftsgegners dient, kann dieser aber auch einseitig eine Fristverlängerung gewähren.[90] 31

C. Weitere praktische Hinweise

Wer sich im **Zivilprozess** auf die Wirksamkeit eines Vertrags mit dem Vertretenen beruft, hat das Vorliegen der Vertretungsmacht oder aber einer Genehmigung zu **beweisen** (zur Beweislast bei Botenschaft siehe Rn 7). Beruft sich der auf Erfüllung in Anspruch genommene Geschäftsgegner auf die Unwirksamkeit des Vertrags, muss er die Verweigerung der Genehmigung beweisen. Stützt der Gegner die Unwirksamkeit auf die Aufforderung zur Erklärung über die Genehmigung, trägt er die Beweislast für den behaupteten Zugang der Aufforderung und dessen Zeitpunkt. Der Beweis für den Zugang der Genehmigung innerhalb der durch die Aufforderung in Gang gesetzten Frist obliegt wiederum dem Vertretenen.[91] 32

§ 178 Widerrufsrecht des anderen Teils

¹Bis zur Genehmigung des Vertrags ist der andere Teil zum Widerruf berechtigt, es sei denn, dass er den Mangel der Vertretungsmacht bei dem Abschluss des Vertrags gekannt hat. ²Der Widerruf kann auch dem Vertreter gegenüber erklärt werden.

A. Allgemeines	1	II. Ausübung des Widerrufs	4
B. Regelungsgehalt	2	III. Verhältnis zur Anfechtungsregelung	5
I. Voraussetzungen des Widerrufs	2	IV. Analoge Anwendung	6
1. Schwebende Unwirksamkeit des Vertrags	2	C. Weitere praktische Hinweise	8
2. Keine Kenntnis vom Fehlen der Vertretungsmacht	3		

A. Allgemeines

Wer mit einem Vertreter ein Geschäft abschließt und von dessen fehlender Vertretungsmacht Kenntnis hat, bedarf jenseits der Möglichkeit, den Vertretenen nach § 177 Abs. 2 zur Erklärung über die Genehmigung aufzufordern, keines besonderen Schutzes vor dem dann eintretenden Zustand schwebender Unwirksamkeit: Er hatte bereits die Wahl, von dem Vertragsschluss mit dem *falsus procurator* abzusehen. Ein Geschäftsgegner, dem das Fehlen der Vertretungsmacht im Zeitpunkt des Vertragsschlusses unbekannt war, hat dagegen die Ungewissheit über die Wirksamkeit des Vertrags nicht auf sich genommen. Ihm billigt das Gesetz daher in § 178 die Möglichkeit zu, sich durch Widerruf von der vertraglichen Bindung zu befreien. Entsprechende Regelungen finden sich in den §§ 109, 1366 Abs. 2, 1830. 1

B. Regelungsgehalt

I. Voraussetzungen des Widerrufs

1. Schwebende Unwirksamkeit des Vertrags. Das Widerrufsrecht besteht vom Zeitpunkt des Vertragsabschlusses mit dem Vertreter bis zur Genehmigung durch den Vertretenen und damit während der gesamten 2

---

88 BGH EWiR 2001, 361; OLG Frankfurt MDR 2000, 444; *Holthausen-Dux*, NJW 1995, 1470; MüKo/*Schramm*, § 177 Rn 22; Staudinger/*Schilken*, § 177 Rn 13; a.A. OLG Köln NJW 1995, 1499; Soergel/*Leptien*, § 177 Rn 32; *Prahl*, NJW 1995, 2968.
89 OLG Zweibrücken Rpfleger 2002, 261.
90 Bamberger/Roth/*Habermeier*, § 177 Rn 35; MüKo/*Schramm*, § 177 Rn 22; Staudinger/*Schilken*, § 177 Rn 13.
91 Hierzu und zur Beweislastverteilung insgesamt MüKo/*Schramm*, § 177 Rn 60; Staudinger/*Schilken*, § 177 Rn 28.

Zeit schwebender Unwirksamkeit. Es entfällt nicht schon dadurch, dass der Geschäftsgegner den Vertretenen nach § 177 Abs. 2 zur Erklärung über die Genehmigung aufgefordert hat.[1]

2. Keine Kenntnis vom Fehlen der Vertretungsmacht. Das Widerrufsrecht ist ausgeschlossen, wenn der Geschäftsgegner den Mangel der Vertretungsmacht kannte. Fahrlässige oder auch grob fahrlässige Unkenntnis schadet dagegen nicht. Als maßgeblichen Zeitpunkt für das Vorliegen der Kenntnis bezeichnet S. 1 den **Zeitpunkt des Vertragsabschlusses**. Vor dem Hintergrund der Einsicht, dass damit Dritten die Widerrufsmöglichkeit verwehrt werden soll, die aufgrund ihrer Kenntnis nicht schutzwürdig sind, weil sie sich bewusst für das Geschäft mit dem vollmachtlosen Vertreter entschieden haben (siehe Rn 1), ist dies dahin gehend zu konkretisieren, dass es auf die **Abgabe der zum Vertragsschluss führenden Willenserklärung des Vertragsgegners** ankommt.[2] Bei **Verfügungsgeschäften** schadet der Erwerb der Kenntnis vom Fehlen der Vertretungsmacht noch so lange, wie der Vollzug durch Übergabe oder Eintragung noch zu verhindern oder die Einigung noch zu widerrufen war.[3]

II. Ausübung des Widerrufs

Das Widerrufsrecht wird durch **einseitige empfangsbedürftige, formfreie Willenserklärung** ausgeübt.[4] Erklärungsempfänger kann außer dem Vertretenen nach S. 2 auch der Vertreter sein. Inhaltlich muss die Erklärung deutlich erkennen lassen, dass der Geschäftsgegner sich **wegen des Fehlens der Vertretungsmacht** und nicht aus anderen Gründen gegen die Geltung des Vertrags wendet.[5] Macht der Geschäftsgegner Ansprüche geltend, die sich aufgrund Widerrufs ergeben, kann darin auch ein konkludenter Widerruf liegen.[6] Nicht ausreichend für einen Widerruf ist dagegen das Bestreiten des Abschlusses des Vertretergeschäfts[7] sowie das Vorbringen von Änderungsvorschlägen oder -wünschen.[8]

III. Verhältnis zur Anfechtungsregelung

Der **Irrtum** des Geschäftsgegners **über das Bestehen der Vertretungsmacht** berechtigt **nicht** zur Anfechtung. Abgesehen davon, dass ein solcher Irrtum weder nach § 119 Abs. 1 noch nach § 119 Abs. 2 beachtlich wäre, kommt auch eine auf das arglistige Vorspiegeln der Vertretungsmacht gestützte Anfechtung nach § 123 nicht in Betracht; was die Lösung vom (wegen fehlender Vertretungsmacht) schwebend unwirksamen Vertrag betrifft, stellt § 178 eine Spezialregelung dar, die auch insoweit vorgeht.[9] Davon **unberührt** bleibt die **Anfechtung wegen anderer Willensmängel**, die indes (soweit sich der Anfechtungsgrund nicht aus § 123 ergibt) wegen der Haftung aus § 122 weniger günstig für den Geschäftsgegner ist als der Widerruf. Hat der Geschäftsgegner gleichwohl die Anfechtung erklärt, weil er von seinem Widerrufsrecht noch nichts wusste, ist ihm – als Ausdruck der Lehre von den „Doppelwirkungen" im Recht – zu erlauben, das nichtige Geschäft zu widerrufen.[10]

IV. Analoge Anwendung

§ 178 ist auf **einseitige Rechtsgeschäfte** analog anzuwenden, wenn der Erklärungsempfänger die vom Vertreter behauptete Vertretungsmacht nicht beanstandet hat (§ 180 S. 2).[11] War der Erklärungsempfänger damit einverstanden, dass der Vertreter ohne Vertretungsmacht handelte, scheidet ein Widerruf freilich aus, weil damit zugleich die Kenntnis vom Mangel der Vertretungsmacht vorliegt.

Beim Vertreterhandeln im Namen einer **Vor-Kapitalgesellschaft** soll nach verbreiteter Ansicht ebenso wie beim Handeln für eine **Vor-Personengesellschaft** § 178 entsprechend gelten.[12] Regelmäßig wird ein Widerruf jedoch schon aufgrund des Wissens der Gegenseite um das Fehlen der Vertretungsmacht nicht eröffnet sein.

---

1 Statt vieler Staudinger/*Schilken*, § 178 Rn 3.
2 Bamberger/Roth/*Habermeier*, § 178 Rn 5; MüKo/*Schramm*, § 178 Rn 3; Soergel/*Leptien*, § 178 Rn 1; Staudinger/*Schilken*, § 177 Rn 4.
3 Bamberger/Roth/*Habermeier*, § 178 Rn 5; Erman/*Palm*, § 178 Rn 3; MüKo/*Schramm*, § 178 Rn 3; Soergel/*Leptien*, § 178 Rn 1; Staudinger/*Schilken*, § 177 Rn 4.
4 Statt vieler MüKo/*Schramm*, § 178 Rn 6.
5 RGZ 102, 24; BGH NJW 1965, 1714; 1988, 1199, 1200; BAG NJW 1996, 2594, 2595.
6 BGH NJW 1988, 1199, 1200.
7 Erman/*Palm*, § 178 Rn 4 m.w.N.
8 MüKo/*Schramm*, § 178 Rn 8 m.w.N.
9 So gerade mit Bezug auf § 123 auch Soergel/*Leptien*, § 178 Rn 2; Staudinger/*Schilken*, § 178 Rn 5.
10 MüKo/*Schramm*, § 178 Rn 5.
11 Bamberger/Roth/*Habermeier*, § 178 Rn 6; Erman/*Palm*, § 178 Rn 7; MüKo/*Schramm*, § 178 Rn 9; Soergel/*Leptien*, § 178 Rn 4; Staudinger/*Schilken*, § 178 Rn 6; a.A. Bork, BGB AT, Rn 1615 Fn 268.
12 Dazu m.w.N. MüKo/*Schramm*, § 178 Rn 10; Staudinger/*Schilken*, § 178 Rn 7.

C. Weitere praktische Hinweise

Wer sich im **Zivilprozess** darauf beruft, dass ein Vertrag wegen Widerrufs unwirksam ist, hat zu **beweisen**, dass der Widerruf einer etwaigen Genehmigung zeitlich vorausging. Umgekehrt trägt derjenige, der die Unwirksamkeit des Widerrufs geltend macht, die Beweislast dafür, dass der Geschäftsgegner den Mangel der Vertretungsmacht beim Vertragsschluss gekannt hat.[13]

8

§ 179 Haftung des Vertreters ohne Vertretungsmacht

(1) ¹Wer als Vertreter einen Vertrag geschlossen hat, ist, sofern er nicht seine Vertretungsmacht nachweist, dem anderen Teil nach dessen Wahl zur Erfüllung oder zum Schadensersatz verpflichtet, wenn der Vertretene die Genehmigung des Vertrags verweigert.

(2) ¹Hat der Vertreter den Mangel der Vertretungsmacht nicht gekannt, so ist er nur zum Ersatz desjenigen Schadens verpflichtet, welchen der andere Teil dadurch erleidet, dass er auf die Vertretungsmacht vertraut, jedoch nicht über den Betrag des Interesses hinaus, welches der andere Teil an der Wirksamkeit des Vertrags hat.

(3) ¹Der Vertreter haftet nicht, wenn der andere Teil den Mangel der Vertretungsmacht kannte oder kennen musste. ²Der Vertreter haftet auch dann nicht, wenn er in der Geschäftsfähigkeit beschränkt war, es sei denn, dass er mit Zustimmung seines gesetzlichen Vertreters gehandelt hat.

Literatur: *Ackermann*, Der Schutz des negativen Interesses (erscheint 2005); *Lobinger*, Rechtsgeschäftliche Verpflichtung und autonome Bindung, 1999; *Pohlmann*, Die Haftung wegen Verletzung von Aufklärungspflichten, 2002.

A. Allgemeines 1	d) Verjährung 20
B. Regelungsgehalt 4	III. Die Beschränkung der Haftung nach Abs. 2 21
I. Anwendungsbereich 4	1. Voraussetzungen 21
II. Die Haftung nach Abs. 1 7	2. Rechtsfolge 22
1. Voraussetzungen 7	IV. Der Ausschluss der Haftung nach Abs. 3 .. 23
a) Abschluss eines Vertrags .. 7	1. Kenntnis oder Kennenmüssen 23
b) Vertreterhandeln ohne Vertretungsmacht 8	2. Beschränkte Geschäftsfähigkeit des Vertreters 25
c) Verweigerung der Genehmigung ... 10	V. Konkurrierende Ansprüche 26
d) Keine Unwirksamkeit aus anderem Grund 12	1. Ansprüche gegen den Vertreter 26
2. Rechtsfolge 14	2. Ansprüche gegen den Vertretenen 28
a) Erfüllung 15	C. Weitere praktische Hinweise 29
b) Schadensersatz 18	I. Vertragsgestaltung 29
c) Wahlschuld 19	II. Zivilprozess 30

A. Allgemeines

Die auf Erfüllung oder den Ersatz des Erfüllungsinteresses gerichtete Haftung des Vertreters nach Abs. 1, die durch Abs. 2 abgemildert und durch Abs. 3 begrenzt wird, ist rechtssystematisch schwer einzuordnen: Eine starke gemeinrechtliche Strömung hat die Haftung des *falsus procurator* auf das Erfüllungsinteresse (in Natur oder Geld) rechtsgeschäftlich, nämlich als Haftung aus einem **stillschweigenden Garantieversprechen** verstanden.[1] Dagegen wendet man sich heute einhellig mit dem schon in der zweiten Kommission laut gewordenen Argument, die Unterstellung eines Garantieversprechens laufe auf eine Fiktion hinaus,[2] und bekennt sich vor diesem Hintergrund ganz überwiegend zu einer Einordnung der Vertreterhaftung als **Ausdruck gesetzlicher (Vertrauens-)Haftung**.[3] Ein neuerer Versuch, die rechtsgeschäftliche Natur der Vertreterhaftung zu begründen, will mit diesem Einwand mit der folgenden Konstruktion ausweichen: Der Vertreter verspreche mit der Abgabe der Erklärung im Namen des Vertretenen eine eigene Leistung in Gestalt der „Herstellung der vertraglichen Verbundenheit mit dem Vertretenen entsprechend der in dessen Namen geschlossenen Vereinbarung".[4] Das überzeugt nicht: Der Willenserklärung des Vertreters ein (unentgeltliches)

1

---

13 Soegel/*Leptien*, § 178 Rn 5; MüKo/*Schramm*, § 178 Rn 12.
1 Vgl. etwa *Windscheid/Kipp*, Pandektenrecht Bd. 1, 9. Aufl. 1906, § 74 Anm. 7a, 8 (S. 369 f.).
2 Prot. I, S. 323 = Mugdan I, S. 750; im Anschluss daran aus der neueren Lit. etwa *Flume*, BGB AT Bd. 2, § 47, 3 (S. 801); *Lobinger*, S. 279; Staudinger/*Schilken*, § 179 Rn 2.
3 Vgl. die Übersicht bei Staudinger/*Schilken*, § 179 Rn 2.
4 *Lobinger*, S. 281.

Leistungsversprechen zu entnehmen ist ganz gewiss eine Fiktion, und auch die in Abs. 1 angeordnete Rechtsfolge ist, was die Variante der Erfüllung betrifft, als Schadensersatz statt der Leistung, wie er sich an die Nichterfüllung eines Leistungsversprechens anschließen müsste, nur schwer zu erklären.[5]

2 Jedoch bringt auch die Einordnung der Vertreterhaftung als Fall der Vertrauenshaftung den Haftungsgrund nicht präzise zum Ausdruck: Haftungsgrund ist die **Behauptung des Vertreters, er verfüge über Vertretungsmacht**. Diese Behauptung muss der Geschäftsgegner der Erklärung des Vertreters entnehmen, er handele in fremdem Namen, es sei denn, der Vertreter weist auf das Fehlen der Vertretungsmacht hin.[6] Die Behauptung, Vertretungsmacht zu haben, mag kein Versprechen sein, für das Fehlen der Vertretungsmacht einstehen zu wollen. Aber immerhin erhebt der Vertreter mit dieser Behauptung einen Geltungsanspruch, der es rechtfertigt, von einer im Kern privatautonomen Haftungsbegründung zu sprechen.[7] Wenn Abs. 1 die durch die Behauptung der Vertretungsmacht geweckte Erwartung des Geschäftsgegners durch die Gewährung des „positiven" Schutzes in Gestalt von Naturalerfüllung oder Schadensersatz bestätigt, bewegt sich das Gesetz daher im Rahmen dessen, was man als gesetzlich normierten Inhalt der rechtsgeschäftlichen Erklärung des Vertreters bezeichnen kann.[8]

3 Abs. 2 ist vor diesem Hintergrund als irrtumsbedingte Rücknahme einer ihrer Natur nach rechtsgeschäftsgleichen Haftung zu verstehen, während Abs. 3 S. 1 die Fälle von der Einstandspflicht ausnimmt, in denen der Geschäftsgegner der Vollmachtsbehauptung des Vertreters den haftungsbegründenden Geltungsanspruch nicht entnehmen durfte. Namentlich die Beschränkung der Haftung in Abs. 2 erscheint **rechtspolitisch** nicht zwingend: So soll der Vertreter ohne Vertretungsmacht nach Art. 3:204 der Principles of European Contract Law unabhängig davon, ob er von dem Mangel der Vertretungsmacht Kenntnis hatte, auf das positive Interesse haften.

B. Regelungsgehalt

I. Anwendungsbereich

4 In seinem unmittelbaren Anwendungsbereich bezieht sich § 179 auf die Fälle, in denen die Wirkung des Vertretergeschäfts für und gegen die vertretene Person allein daran scheitert, dass dem Vertreter die dafür erforderliche Vertretungsmacht fehlt und der Vertretene die Genehmigung verweigert. Es besteht aber weit gehende Einigkeit über eine **analoge Anwendung** der Norm, wenn der Vertrag für eine **nicht existierende Person**[9] oder für eine **nicht geschäftsfähige Person**[10] geschlossen wurde und der Vertreter die Nichtexistenz bzw. die fehlende Geschäftsfähigkeit verschwiegen hat. Dies gilt auch, wenn der Vertreter für eine nicht mehr existierende Person aufgetreten ist,[11] und grundsätzlich auch dann, wenn sich das Vertreterhandeln auf eine noch nicht entstandene Personengesellschaft oder juristische Person gerichtet hat (siehe dazu § 177 Rn 9; vgl. aber auch die Spezialregelungen zur Handelndenhaftung in § 54 S. 2 und in § 11 Abs. 2 GmbHG, § 41 Abs. 1 S. 2 AktG). Wie die §§ 177 ff. insgesamt ist § 179 außerdem beim **Handeln unter fremdem Namen** (siehe § 177 Rn 6), beim Auftreten von **Pseudoboten** (siehe § 177 Rn 7) und bei Vertragsschlüssen durch vermeintliche **Amtsinhaber** (siehe § 177 Rn 10) entsprechend heranzuziehen.

5 Der Rechtsgedanke des § 179 wird darüber hinaus herangezogen, wenn ein Vertreter beim rechtsgeschäftlichen **Handeln für eine GmbH oder eine andere beschränkt haftende juristische Person** den **Rechtsformzusatz weggelassen** und dadurch bei seinem Gegenüber den Eindruck erweckt hat, der Vertreter sei eine unbeschränkt haftende natürliche Person oder Personengesellschaft: Nach der ganz überwiegend jedenfalls im Ergebnis mit Zustimmung aufgenommenen Rechtsprechung haftet der Vertreter für den von ihm gesetzten Rechtsschein unbeschränkter Haftung analog § 179.[12] Dem Geschäftsgegner sind damit ggf. der wahre Unternehmensträger (bei Vorliegen eines unternehmensbezogenen Geschäfts) und der Vertreter gesamtschuldnerisch verpflichtet.

6 Schließlich kommt eine analoge Anwendung von § 179 auch dann in Betracht, wenn außer dem Fehlen der Vertretungsmacht zwar noch ein anderer Unwirksamkeitsgrund vorliegt, der Geschäftsgegner aber auf

---

5 Gegen *Lobinger* auch Staudinger/*Schilken*, § 179 Rn 2.
6 Insoweit übereinstimmend *Flume*, BGB AT Bd. 2, § 47, 3 (S. 802).
7 *Ackermann*, § 12 II 2.
8 Ähnlich bereits *Pohlmann*, S. 46 ff.
9 BGHZ 105, 283 (Bauherrengemeinschaft); OLG Köln NJW-RR 1997, 670; Bamberger/Roth/*Habermeier*, § 179 Rn 17; Erman/*Palm*, § 179 Rn 19; MüKo/*Schramm*, § 179 Rn 11; Soergel/*Leptien*, § 179 Rn 9; Staudinger/*Schilken*, § 179 Rn 22.
10 RGZ 106, 68, 73; Bamberger/Roth/*Habermeier*, § 179 Rn 11; Soergel/*Leptien*, § 179 Rn 6; Staudinger/*Schilken*, § 179 Rn 21.
11 BGH NJW-RR 1996, 1060 (gelöschte GmbH).
12 BGH NJW 1991, 2627 m. krit. Anm. *Canaris*; OLG Köln NJW-RR 1993, 1445; OLG Celle NJW-RR 2000, 39; *Medicus*, BGB AT, Rn 918; MüKo/*Schramm*, § 179 Rn 13; Staudinger/*Schilken*, § 179 Rn 23.

die Wirksamkeit des Vertretergeschäfts vertrauen durfte und gerade die **unrichtige Vollmachtsbehauptung des Vertreters für den Schaden des Gegners kausal** geworden ist.[13] Hierfür wird beispielhaft der Fall angeführt, dass das Geschäft der Genehmigung eines Dritten bedurfte, die der Vertretene hätte einholen können, und es dazu nur deshalb nicht kam, weil der Vertretene das Geschäft nicht genehmigen will.[14]

II. Die Haftung nach Abs. 1

1. Voraussetzungen. a) Abschluss eines Vertrags.
Bei dem ohne Vertretungsmacht abgeschlossenen Geschäft muss es sich um einen Vertrag handeln. Hiervon erfasst sind außer schuldrechtlichen **grundsätzlich auch dingliche Verträge**, Letztere freilich mit der Besonderheit, dass als Rechtsfolge der Haftung eine Erfüllungspflicht nach Abs. 1 naturgemäß ausscheidet.[15] Zu beachten ist weiterhin, dass kein Fall des § 179 vorliegt und auch keine analoge Anwendung in Betracht kommt, wenn der Vertreter mit Vertretungsmacht gehandelt hat und die Wirksamkeit der Verfügung daran scheitert, dass dem Vertretenen die Verfügungsmacht fehlt.[16]

7

b) Vertreterhandeln ohne Vertretungsmacht.
Weitere Voraussetzung der Haftung ist, dass der Vertreter den Vertrag im fremden Namen abgeschlossen hat, ohne die dazu erforderliche Vertretungsmacht zu haben. Wenn im Gesetzeswortlaut vom fehlenden „Nachweis" der Vertretungsmacht die Rede ist, hat dies keine andere Bedeutung, als die Beweislast für die Vertretungsmacht dem Vertreter aufzuerlegen (siehe auch Rn 30). Dem Fehlen der Vertretungsmacht steht der Fall gleich, in dem der Vertreter zwar über Vertretungsmacht verfügt, ihr Bestehen aber leugnet oder sonst keinen Gebrauch von ihr macht (dazu § 177 Rn 13). Eine Besonderheit gilt allerdings für die **Vertretung durch öffentlich-rechtliche Organe**: Das aus der Nichtbeachtung einer öffentlich-rechtlichen Förmlichkeit resultierende Fehlen der Vertretungsmacht führt nicht zur Haftung des Vertreters nach § 179 (dazu § 177 Rn 5).

8

Im Umkehrschluss ist festzuhalten: Wenn und soweit der Vertreter im Rahmen seiner gesetzlichen, organschaftlichen oder gewillkürten Vertretungsmacht gehandelt hat, scheidet die Anwendung von § 179 aus. Nach der Rechtsprechung gilt dies auch für das Vorliegen einer **Duldungs- oder Anscheinsvollmacht**.[17] Dem ist jedoch zu widersprechen: Richtigerweise ist es dem Geschäftsgegner zu gestatten, auf den Schutz durch die Rechtsscheinregeln zu verzichten und stattdessen in Übereinstimmung mit der wahren Rechtslage den Vertreter in Anspruch zu nehmen (näher § 167 Rn 93). Liegt kein gänzlicher Mangel, sondern nur eine **Überschreitung der Vertretungsmacht** vor und ist das Vertretergeschäft hinsichtlich des von der Vertretungsmacht gedeckten Teils nicht nach § 139 unwirksam, haftet der Vertreter auch nur für den wegen Fehlens der Vertretungsmacht unwirksamen Teil des Geschäfts.[18] Bei der **Untervollmacht** ist wie folgt zu unterscheiden: Fehlt nur eine wirksame Untervollmacht, haftet der Untervertreter aus § 179 (siehe § 167 Rn 72). Fehlt dagegen eine wirksame Hauptvollmacht, haftet nur der Hauptvertreter und nicht der Untervertreter, wenn der Untervertreter bei dem Abschluss des Vertrags die Untervertretung offen gelegt hat (streitig; näher dazu § 167 Rn 73).

9

c) Verweigerung der Genehmigung.
Solange der ohne Vertretungsmacht geschlossene Vertrag schwebend unwirksam ist, haftet der Vertreter noch nicht. Der Anspruch des Geschäftsgegners entsteht vielmehr erst mit der Beendigung des Schwebezustands durch die **Erklärung des Vertretenen, dass er die Genehmigung verweigere**, oder durch die **Fiktion der Verweigerung nach § 177 Abs. 2 S. 2**.

10

Wird der Schwebezustand hingegen dadurch beendet, dass der Geschäftsgegner von seinem **Widerrufsrecht nach § 178** Gebrauch macht, ist § 179 nicht anwendbar, da der Vertretene nunmehr keine Gelegenheit mehr hat, die Genehmigung noch zu erklären oder zu verweigern.[19] Ebenso wenig besteht ein Anspruch aus § 179, wenn der Schwebezustand durch die Genehmigung des Vertretenen beendet wird, und zwar auch dann, wenn der Geschäftsgegner durch eine **Verzögerung des Genehmigung** bereits Schäden erlitten hat. Hier kommt allenfalls eine Haftung des Vertreters wegen c.i.c. (§§ 280 Abs. 1, 241 Abs. 2, 311 Abs. 2) in Betracht.[20]

11

---

13 MüKo/*Schramm*, § 179 Rn 22; Staudinger/*Schilken*, § 179 Rn 24.
14 MüKo/*Schramm*, § 179 Rn 12.
15 Bamberger/Roth/*Habermeier*, § 179 Rn 21; Erman/*Palm*, § 179 Rn 7; MüKo/*Schramm*, § 179 Rn 16; Soergel/*Leptien*, § 179 Rn 13; Staudinger/*Schilken*, § 179 Rn 13.
16 MüKo/*Schramm*, § 179 Rn 16; Soergel/*Leptien*, § 179 Rn 13.

17 BGH NJW 1983, 1308.
18 BGHZ 103, 175, 178; MüKo/*Schramm*, § 179 Rn 19; Soergel/*Leptien*, § 179 Rn 3.
19 Vgl. BGH NJW 1988, 1199, 1200; aus der Lit. statt vieler MüKo/*Schramm*, § 177 Rn 11.
20 OLG Hamm NJW 1994, 666; Bamberger/Roth/*Habermeier*, § 179 Rn 5; Erman/*Palm*, § 179 Rn 4; MüKo/*Schramm*, § 177 Rn 59; Soergel/*Leptien*, § 179 Rn 5; Staudinger/*Schilken*, § 179 Rn 8.

12 **d) Keine Unwirksamkeit aus anderem Grund.** Ist der Vertrag nicht allein wegen fehlender Vertretungsmacht, sondern schon aus einem anderen Grund unwirksam, haftet der Vertreter grundsätzlich nicht aus § 179, es sei denn, der Geschäftsgegner durfte (ausnahmsweise) auf die Wirksamkeit des Vertretergeschäfts vertrauen und gerade die unrichtige Vollmachtsbehauptung des Vertreters ist für den Schaden des Gegners kausal geworden (dann gilt § 179 analog; siehe Rn 6). So ist § 179 prinzipiell bei **Nichtigkeit des Vertretergeschäfts nach den §§ 125, 134 oder 138** unanwendbar,[21] ebenso bei **Geschäftsunfähigkeit des Vertreters** (aber nicht bei Geschäftsunfähigkeit des Vertretenen; siehe Rn 4) sowie nach Abs. 3 S. 2 bei beschränkter Geschäftsfähigkeit des Vertreters, wenn dieser ohne Zustimmung seines gesetzlichen Vertreters gehandelt hat.

13 Ist der vom Vertreter ohne Vertretungsmacht geschlossene und vom Vertretenen nicht genehmigte Vertrag **anfechtbar** oder besteht ein **Widerrufsrecht** des Vertretenen (§ 355), schließt dies für sich genommen die Vertreterhaftung nicht aus.[22] Jedoch kann der Vertreter das Anfechtungsrecht ebenso wie das Widerrufsrecht anstelle des Vertretenen ausüben, um auf diese Weise der Haftung nach § 179 zu entgehen.[23] Im Falle der **Anfechtung nach den §§ 119, 120** trifft den Vertreter freilich die aus § 122 folgende Pflicht zum **Ersatz des Vertrauensschadens** des Geschäftsgegners. Dies gilt auch dann, wenn das (nicht genehmigte) Geschäft des *falsus procurator* unter einem Mangel litt, der zur **Nichtigkeit nach § 118** geführt hätte.[24]

14 **2. Rechtsfolge.** Die Rechtsfolge der Haftung – Erfüllung (dazu Rn 15 ff.) oder Schadensersatz (dazu Rn 18) nach Wahl des Geschäftsgegners (dazu Rn 19) – bedeutet **nicht**, dass der Vertreter, der das Vertretergeschäft in Kenntnis seiner fehlenden Vertretungsmacht geschlossen hat, die **Position einer Vertragspartei** einnimmt.[25] Vielmehr ist sie Ausdruck der **Garantenpflicht**, die ihm das Gesetz für die von ihm fälschlich erhobene Behauptung auferlegt, über Vertretungsmacht zu verfügen. Aufgrund dieser Garantenpflicht hat der Vertreter dafür zu sorgen, dass der Geschäftsgegner so gestellt wird, wie er im Falle einer wirksamen vertraglichen Beziehung zum Vertretenen stünde.

15 **a) Erfüllung.** Der Geschäftsgegner kann von dem Vertreter die Erfüllung des Vertrags verlangen, soweit er bei wirksamer Stellvertretung die Erfüllung von dem Vertretenen erlangen könnte. Die Garantiefunktion der Haftung impliziert, dass der Anspruch gegen den Vertreter bei **Vermögenslosigkeit des Vertretenen** entfällt[26] und dass im Falle der **Insolvenz des Vertretenen** Erfüllung nur bei fiktiver Erfüllungswahl nach § 103 InsO, im Übrigen aber nur Schadensersatz in Höhe der fiktiven Insolvenzquote gefordert werden kann.[27]

16 Auf den Erfüllungsanspruch finden die **allgemeinen Regeln über Schuldverhältnisse** Anwendung. So gilt für die Grenze der Leistungspflicht des Vertreters § 275 mit der Folge, dass dieser nicht zur Erbringung einer Leistung verpflichtet ist, die nur von dem Vertretenen in Person zu erbringen wäre. Handelt es sich bei der Leistungspflicht um eine Stückschuld und befindet sich das geschuldete Stück im Vermögen des Vertretenen, ist die Grenze der dem Vertreter abzuverlangenden Leistungsanstrengung nach § 275 Abs. 2 zu bestimmen. Ferner können unter den Voraussetzungen der §§ 280 ff. Sekundäransprüche (etwa wegen Leistungsverzögerung) entstehen. Wegen des bereits durch Abs. 1 eröffneten Schadensersatzanspruchs kommt es allerdings auf das Vorliegen der Voraussetzungen des Schadensersatzes statt der Leistung nach den §§ 281–283 nicht an. Handelt es sich bei dem Geschäft, das der Vertreter ohne Vertretungsmacht abgeschlossen hat, um einen **gegenseitigen Vertrag**, sind zudem die §§ 320, 326 anzuwenden.[28] Dies ist Ausdruck der Einsicht, dass dem Geschäftsgegner keine bessere Rechtsposition verschafft werden soll, als er bei wirksamem Vertragsschluss mit dem Vertretenen hätte. Der Vertreter ist also nur zur Erfüllung Zug um Zug gegen die Erbringung der vertraglichen Gegenleistung verpflichtet, und seine Leistungspflicht entfällt nach § 326 Abs. 1 grundsätzlich, soweit die Erbringung der Gegenleistung unmöglich geworden ist. Hat der Vertreter

---

21 RGZ 106, 68, 71; Erman/*Palm*, § 179 Rn 5; MüKo/*Schramm*, § 179 Rn 27; Soergel/*Leptien*, § 179 Rn 6; Staudinger/*Schilken*, § 179 Rn 9.

22 RGZ 104, 191, 193 (mit Bezug auf die Anfechtbarkeit); Bamberger/Roth/*Habermeier*, § 179 Rn 13; Soergel/*Leptien*, § 179 Rn 6; Staudinger/*Schilken*, § 179 Rn 9.

23 BGH NJW-RR 1991, 1074, 1075; NJW 2002, 1867, 1868; aus der Lit. statt vieler Staudinger/*Schilken*, § 179 Rn 9.

24 Für eine Pflicht zum Ersatz des Vertrauensschadens (allerdings aufgrund einer Analogie zu § 179) auch Bamberger/Roth/*Habermeier*, § 179 Rn 17; MüKo/*Schramm*, § 179 Rn 26; Staudinger/*Schilken*, § 179 Rn 24.

25 Vgl. z.B. BGH NJW 1971, 430 und aus der Lit. statt vieler MüKo/*Schramm*, § 179 Rn 32.

26 OLG Hamm MDR 1993, 515; Bamberger/Roth/*Habermeier*, § 179 Rn 15; Erman/*Palm*, § 179 Rn 8; *Flume*, BGB AT Bd. 2, § 47, 3b; Soergel/*Leptien*, § 179 Rn 16; Staudinger/*Schilken*, § 179 Rn 15; a.A. *Medicus*, BGB AT, Rn 987.

27 Staudinger/*Schilken*, § 179 Rn 15 m.w.N.

28 RGZ 120, 126, 129; BGH NJW 1971, 429, 430; MüKo/*Schramm*, § 179 Rn 32; Staudinger/*Schilken*, § 179 Rn 15.

schon geleistet, bevor er die Gegenleistung erhalten hat, ist ihm zudem nach § 242 das Recht zu gewähren, nun seinerseits noch die Gegenleistung zu fordern.[29]

Die **Modalitäten der vom Vertreter geschuldeten Leistung** sind, insbesondere was den Erfüllungsort betrifft, nach den Modalitäten der bei gedachter Wirksamkeit der Vertrags von dem Vertretenen zu erbringenden Leistung zu bestimmen. Die **Leistungsklage** kann gegen den Vertreter auch am Erfüllungsort oder am vereinbarten Gerichtsstand erhoben werden.[30] Einer **Schiedsklausel** versagt die Rechtsprechung indes die Wirkung im Verhältnis zum *falsus procurator*.[31]

b) Schadensersatz. Als Schadensersatz schuldet der Vertreter das finanzielle Äquivalent der Leistung, die bei Wirksamkeit des Vertrags der Vertretene erbracht hätte, also das positive oder **Erfüllungsinteresse**. Wie der Erfüllungsanspruch (siehe Rn 16) scheidet auch der Schadensersatzanspruch gegen den Vertreter aus, wenn der Vertretene vermögenslos ist. Eine Naturalrestitution kommt wegen des Alternativverhältnisses zum Erfüllungsanspruch nicht in Betracht.[32] Der Schadensersatz ist nach den allgemeinen Regeln, also bei gegenseitigen Verträgen prinzipiell nach der Differenztheorie zu berechnen.[33] Da es sich um einen Fall des Schadensersatzes statt der Leistung handelt, kann der Geschäftsgegner an seiner Stelle gemäß § 284 auch den Ersatz vergeblicher Aufwendungen verlangen, die er im Vertrauen auf den Erhalt der Leistung des Vertretenen gemacht hat. Hierbei handelt es sich um einen Anspruch auf Ersatz des negativen Interesses, auf dessen Grundlage der Geschäftsgegner auch die **Kosten eines erfolglosen Vorprozesses** gegen den Vertretenen liquidieren kann.[34]

c) Wahlschuld. Der Geschäftsgegner hat die Wahl, ob er den Vertreter auf Erfüllung oder auf Schadensersatz in Anspruch nimmt. Hierbei handelt es sich um eine Wahlschuld im Sinne der §§ 262 ff.[35] Das Wahlrecht endet, wenn der Geschäftsgegner eine Wahl durch Erklärung gegenüber dem Vertreter getroffen hat (§ 263)[36] oder wenn sich die Wahlschuld infolge Unmöglichkeit der Leistung (dazu Rn 16) auf die Schadensersatzpflicht beschränkt (§ 265 S. 1).[37]

d) Verjährung. Der Anspruch gegen den Vertreter auf Erfüllung oder Schadensersatz verjährt in der Frist, die bei Wirksamkeit des Vertrags für den Anspruch gegen den Vertretenen gegolten hätte.[38] Für den Verjährungsbeginn ist hinsichtlich der Anspruchsentstehung auf den Zeitpunkt der Verweigerung der Genehmigung abzustellen.[39]

III. Die Beschränkung der Haftung nach Abs. 2

1. Voraussetzungen. Abs. 2 schränkt die Haftung des Vertreters ein, wenn der Vertreter den **Mangel der Vertretungsmacht nicht gekannt** hat. Ob die Unkenntnis verschuldet ist, ist unerheblich,[40] ebenso, ob der Vertreter überhaupt erkennen konnte, dass ihm die zum Vertragsschluss erforderliche Vertretungsmacht fehlte.[41] Die strikte Haftung des Vertreters für seine unrichtige Behauptung, über Vertretungsmacht zu verfügen, ist auch dann nicht unbillig, wenn sich der Vertreter in einem für ihn nicht aufklärbaren Irrtum über seine Vertretungsmacht befand. Vielmehr sorgt in diesem Fall, in dem sich der Vertreter gleichsam in einem Irrtum über eine verkehrswesentliche Eigenschaft seiner Person befand, die Abmilderung der Haftung nach Abs. 2 für den Wertungsgleichklang mit § 122. Allerdings ist zu beachten, dass nach der hier vertretenen Ansicht die Anforderungen an einen Haftungsausschluss nach Abs. 3 S. 1 herabgesetzt sind (dazu Rn 24).

---

29 Bamberger/Roth/*Habermeier*, § 179 Rn 22; Erman/*Palm*, § 179 Rn 8; MüKo/*Schramm*, § 179 Rn 23; Soergel/*Leptien*, § 179 Rn 16; Staudinger/*Schilken*, § 179 Rn 15.
30 Staudinger/*Schilken*, § 179 Rn 15; vgl. zum Erfüllungsort OLG München OLGZ 1966, 424; zum vereinbarten Gerichtsstand OLG Hamburg MDR 1975, 227.
31 BGH NJW 1977, 1398.
32 Statt vieler Bamberger/Roth/*Habermeier*, § 179 Rn 23.
33 Staudinger/*Schilken*, § 179 Rn 16.
34 So (nur) im Erg. schon OLG Düsseldorf NJW 1992, 1176, 1177.
35 RGZ 154, 58, 60; Bamberger/Roth/*Habermeier*, § 179 Rn 19; Erman/*Palm*, § 179 Rn 7; MüKo/*Schramm*, § 179 Rn 31; Soergel/*Leptien*, § 179 Rn 15; Staudinger/*Schilken*, § 179 Rn 13; a.A. Palandt/*Heinrichs*, § 179 Rn 5.
36 So zutr. die h.M., etwa Staudinger/*Schilken*, § 179 Rn 13 m.w.N.
37 Erman/*Palm*, § 179 Rn 7; Staudinger/*Schilken*, § 179 Rn 13.
38 So zum geltenden Recht Bamberger/Roth/*Habermeier*, § 179 Rn 24; Erman/*Palm*, § 179 Rn 10; Staudinger/*Schilken*, § 179 Rn 15 f.; noch zur bis zum 31.12.2001 geltenden Fassung der Verjährungsregeln BGHZ 73, 266, 269 f.
39 Statt vieler Erman/*Palm*, § 179 Rn 10.
40 BGH WM 1977, 479; MüKo/*Schramm*, § 179 Rn 38 m.w.N.; grds. a.A. *Lobinger*, S. 293 ff.
41 Erman/*Palm*, § 179 Rn 18; MüKo/*Schramm*, § 179 Rn 4; Staudinger/*Schilken*, § 179 Rn 17; a.A. Flume, BGB AT Bd. 2, § 47, 3c; Soergel/*Leptien*, § 179 Rn 18.

22 **2. Rechtsfolge.** Nach Abs. 2 haftet der Vertreter nur auf das negative Interesse, begrenzt durch den Betrag des positiven Interesses. Dies entspricht der Rechtsfolge des § 122 Abs. 2 (näher die Kommentierung zu § 122).[42]

IV. Der Ausschluss der Haftung nach Abs. 3

23 **1. Kenntnis oder Kennenmüssen.** Der in Abs. 3 S. 1 vorgesehene Haftungsausschluss bei Kenntnis oder Kennenmüssen im Zeitpunkt der Vornahme des Vertretergeschäfts bezieht sich außer auf die Haftung nach Abs. 2 **auch auf die Haftung nach Abs. 1**.[43] Danach wird selbst der seine Vertretungsmacht wissentlich falsch behauptende Vertreter von der Haftung frei, wenn der Vertretene von dem Mangel der Vertretungsmacht wissen musste. *De lege ferenda* mag dieses Ergebnis nicht unbedenklich sein; *de lege lata* ist es jedoch hinzunehmen. Die Rechtsprechung sorgt jedenfalls dafür, dass die Voraussetzungen des Haftungsssausschlusses nicht allzu leicht zu bejahen sind: Eine Nachforschungs- oder Erkundigungspflicht, deren Verletzung den Vorwurf fahrlässiger Unkenntnis rechtfertigen könnte, besteht in der Regel nicht,[44] sondern es müssen **besondere Umstände Zweifel an der Vertretungsmacht begründen** und dem Geschäftsgegner Anlass dazu geben, sich über deren Bestehen zu vergewissern.[45] Solche Umstände liegen nach der Rechtsprechung nicht schon dann vor, wenn der Vertreter erklärt hat, er werde die Vollmacht nachreichen.[46]

24 Richtigerweise sollte bei den Anforderungen an das Kennenmüssen darauf abgestellt werden, **ob der Geschäftsgegner sich leichter Kenntnis vom Fehlen der Vertretungsmacht verschaffen konnte als der Vertreter selbst**.[47] Das heißt: Lag der Mangel der Vertretungsmacht außerhalb der Erkenntnismöglichkeiten des Vertreters, ist dessen Haftung zwar nicht gänzlich ausgeschlossen (dazu Rn 21); jedoch muss es für das haftungsausschließende Kennenmüssen nach Abs. 3 S. 1 ausreichen, wenn der Geschäftsgegner anders als der Vertreter selbst über die Möglichkeit der Aufklärung verfügte. Umgekehrt sollte sich der Geschäftsgegner von dem Vertreter nicht einmal das evidente Fehlen der Vertretungsmacht entgegenhalten lassen müssen, wenn die Evidenz für den Vertreter genauso groß war wie für den Gegner. Weist der Vertreter beim Vertragsschluss allerdings darauf hin, dass er über keine Vertretungsmacht verfügt, oder erklärt er, dass die Wirksamkeit des Vertrags von der Genehmigung durch den Vertretenen abhängt, ist der Geschäftsgegner bösgläubig und verdient keinen Schutz.[48]

25 **2. Beschränkte Geschäftsfähigkeit des Vertreters.** Nach Abs. 3 S. 2 haftet der beschränkt Geschäftsfähige weder nach Abs. 2 noch nach Abs. 1, wenn er nicht mit Zustimmung seines gesetzlichen Vertreters gehandelt hat. Die Zustimmung, die auch nach dem Abschluss des Vertretergeschäfts in Gestalt einer **Genehmigung** erteilt werden kann,[49] muss sich auf das Vertreterhandeln des beschränkt Geschäftsfähigen beziehen, nicht notwendig auf das Handeln ohne Vertretungsmacht.[50] Durch die Zustimmung im Sinne des Abs. 3 S. 2 wird die Genehmigung nach § 177 Abs. 1 nicht präjudiziert.[51] Ist ein Minderjähriger ohne Vollmacht für seinen gesetzlichen Vertreter aufgetreten, kann der gesetzliche Vertreter also das Vertreterhandeln des Minderjährigen genehmigen und zugleich die Genehmigung des Vertretergeschäfts verweigern – mit der Folge, dass der Minderjährige nach Abs. 1 oder Abs. 2 haftet.

V. Konkurrierende Ansprüche

26 **1. Ansprüche gegen den Vertreter.** Eine Inanspruchnahme des Vertreters aus §§ 280 Abs. 1, 311 Abs. 2, 241 Abs. 2 (c.i.c.) kommt nach mittlerweile wohl allgemein anerkannter Ansicht in Betracht, wenn sich die haftungsbegründende Schutzpflichtverletzung nicht auf den Mangel der Vertretungsmacht bezieht.[52]

27 Teile der Literatur wollen darüber hinaus eine Anwendung der c.i.c. bejahen, soweit es um Mängel der Vertretungsmacht geht,[53] und gelangen somit zur Anwendung von § 254, wenn ein Anspruch aus § 179 nach Abs. 3 S. 1 wegen Kennenmüssens ausgeschlossen ist. Die überwiegende Ansicht folgt dem zu Recht

---

[42] Ausf. dazu auch *Ackermann*, § 10.
[43] Bamberger/Roth/*Habermeier*, § 179 Rn 28; MüKo/*Schramm*, § 179 Rn 40; Staudinger/*Schilken*, § 179 Rn 19.
[44] BGHZ 147, 381, 385; BGH NJW 2000, 1407, 1408.
[45] BGHZ 147, 381, 385; BGH NJW 1990, 387, 388.
[46] BGH NJW 2000, 1407.
[47] Dazu näher *Ackermann*, § 10 III 2a.
[48] MüKo/*Schramm*, § 179 Rn 40.
[49] MüKo/*Schramm*, § 179 Rn 43; Staudinger/*Schilken*, § 179 Rn 19 m.w.N.; a.A. *Prölss*, JuS 1986, 169, 172.
[50] Bamberger/Roth/*Habermeier*, § 179 Rn 30; Soergel/*Leptien*, § 179 Rn 20; Staudinger/*Schilken*, § 179 Rn 19; a.A. *van Venrooy*, AcP 181 (1981), 220, 227 ff.
[51] MüKo/*Schramm*, § 179 Rn 43.
[52] Vgl. z.B. BGHZ 70, 373; BGH NJW 1990, 389; 1994, 2220; aus der Lit. m.w.N. Staudinger/*Schilken*, § 179 Rn 20.
[53] *Prölss*, JuS 1986, 169, 172 f.; Staudinger/*Schilken*, § 179 Rn 20.

nicht.[54] Seit der Kodifikation der c.i.c. in den §§ 280 Abs. 2, 241 Abs. 2, 311 Abs. 2 kann man dagegen zwar nicht mehr den Einwand erheben, dass es insoweit an der Regelungslücke fehle, die erforderlich sei, um auf ein im Wege der Rechtsfortbildung entwickeltes Rechtsinstitut zurückgreifen zu können. Es bleibt aber dabei, dass die Konstruktion einer schuldhaften Schutzpflichtverletzung mit Bezug auf den Mangel der Vertretungsmacht der in Abs. 3 S. 1 getroffenen Wertung zuwiderliefe, dass bei Kenntnis oder fahrlässiger Unkenntnis des Erklärungsempfängers die Haftung ausgeschlossen und nicht nur nach § 254 reduziert sein soll – die Frage, ob der Erklärungsempfänger auf das Vorliegen der Vertretungsmacht des Erklärenden vertrauen darf, kann und soll danach nur mit „Ja" oder „Nein" beantwortet werden.

2. Ansprüche gegen den Vertretenen. Zur Haftung des Vertretenen bei Verweigerung der Genehmigung vgl. § 177 Rn 27 ff. 28

C. Weitere praktische Hinweise

I. Vertragsgestaltung

§ 179 ist dispositiv; Haftungsmilderungen oder -verschärfungen können der Vertreter und der Geschäftsgegner daher vereinbaren. Insbesondere kann der Vertreter individualvertraglich eine auf Erfüllung oder den Ersatz des Erfüllungsinteresses gerichtete Garantie für das Bestehen der Vertretungsmacht auch unabhängig von seinem Kenntnisstand übernehmen.[55] Eine solche über Abs. 2 hinausgehende Einstandspflicht kann aber nicht durch AGB vereinbart werden; dies verstieße gegen § 309 Nr. 11. 29

II. Zivilprozess

Die **Beweislast** für das Vorliegen der Vertretungsmacht trägt nach dem Wortlaut des Abs. 1 der als *falsus procurator* in Anspruch Genommene,[56] während den Beweis für das fremdbezogene Vertreterhandeln und die Verweigerung der Genehmigung oder die Voraussetzungen ihrer Fiktion nach § 177 Abs. 2 S. 2 der Geschäftsgegner zu erbringen hat. Der Vertreter hat darüber hinaus seine Unkenntnis vom Fehlen der Vertretungsmacht als Voraussetzung der Haftungsmilderung nach Abs. 2 zu beweisen, ferner die Kenntnis oder das Kennenmüssen als Haftungsausschlussgrund nach Abs. 3 S. 1 sowie schließlich bei Abs. 3 S. 2 seine beschränkte Geschäftsfähigkeit, während die Beweislast für das Vorliegen einer Zustimmung in diesem Fall wiederum beim Geschäftsgegner liegt.[57] – Zur **Streitverkündung** bei Unsicherheit über das Vorliegen einer Vollmacht siehe § 164 Rn 107. 30

§ 180 Einseitiges Rechtsgeschäft

¹Bei einem einseitigen Rechtsgeschäft ist Vertretung ohne Vertretungsmacht unzulässig. ²Hat jedoch derjenige, welchem gegenüber ein solches Rechtsgeschäft vorzunehmen war, die von dem Vertreter behauptete Vertretungsmacht bei der Vornahme des Rechtsgeschäfts nicht beanstandet oder ist er damit einverstanden gewesen, dass der Vertreter ohne Vertretungsmacht handele, so finden die Vorschriften über Verträge entsprechende Anwendung. ³Das Gleiche gilt, wenn ein einseitiges Rechtsgeschäft gegenüber einem Vertreter ohne Vertretungsmacht mit dessen Einverständnis vorgenommen wird.

A. Allgemeines 1	1. Fehlende Beanstandung 6
B. Regelungsgehalt 2	2. Einverständnis 7
I. Nichtigkeit als Regelfall 2	3. Anwendung der §§ 177 ff. 8
1. Anwendungsbereich 2	III. Einverständnis als Ausnahme bei passiver
2. Folgen 4	Stellvertretung 9
II. Fehlende Beanstandung oder Einverständnis als Ausnahmen bei aktiver Stellvertretung . 5	C. Weitere praktische Hinweise 10

---

54 OLG Hamm MDR 1993, 515; *Looschelders*, Die Mitverantwortlichkeit des Geschädigten im Privatrecht, 1999, S. 51; MüKo/*Schramm*, § 177 Rn 58; RGRK/*Steffen*, § 179 Rn 18; Soergel/*Leptien*, § 179 Rn 23.
55 Staudinger/*Schilken*, § 179 Rn 3.
56 BGHZ 99, 50, 52; Bamberger/Roth/*Habermeier*, § 179 Rn 36; Erman/*Palm*, § 179 Rn 28; MüKo/*Schramm*, § 179 Rn 44; Soergel/*Leptien*, § 179 Rn 26; Staudinger/*Schilken*, § 179 Rn 26.
57 Bamberger/Roth/*Habermeier*, § 179 Rn 37; Erman/*Palm*, § 179 Rn 28; MüKo/*Schramm*, § 179 Rn 44; Soergel/*Leptien*, § 179 Rn 26; Staudinger/*Schilken*, § 179 Rn 27.

A. Allgemeines

1 Anders als bei Verträgen, die ein Vertreter ohne Vertretungsmacht abgeschlossen hat, ist dem BGB bei einseitigen Rechtsgeschäften daran gelegen, den **Zustand schwebender Unwirksamkeit zugunsten der Betroffenen zu vermeiden**. Dies gewährleistet die in § 180 getroffene Regelung, indem sie die Anwendung der §§ 177 ff. auf ein einseitiges Rechtsgeschäft von der fehlenden Beanstandung oder dem Einverständnis des Betroffenen abhängig macht und es ansonsten bei der Nichtigkeit des Geschäfts belässt.

B. Regelungsgehalt

I. Nichtigkeit als Regelfall

2 **1. Anwendungsbereich.** Unter S. 1 fallen einseitige Rechtsgeschäfte unabhängig davon, ob sie **empfangsbedürftig** (z.B. Rücktritt nach § 346, auch Bevollmächtigung[1]), **amtsempfangsbedürftig** (z.B. die Aufgabe des Eigentums an einem Grundstück nach § 928) oder **nicht empfangsbedürftig** (z.B. die Auslobung nach § 657) sind.[2] Auf **geschäftsähnliche Handlungen** wie die Mahnung findet S. 1 analoge Anwendung,[3] ebenso auf die Geltendmachung von Ansprüchen zur Wahrung tariflicher Ausschlussfristen.[4]

3 **Keine Analogie** kommt dagegen bei **Prozesshandlungen** (namentlich bei der Unterwerfung unter die sofortige Zwangsvollstreckung) in Betracht, die bei Vornahme durch einen Vertreter ohne Vertretungsmacht nach der Sonderregelung in § 89 ZPO prinzipiell genehmigt werden können.[5]

4 **2. Folgen.** Ein einseitiges, nicht empfangsbedürftiges Rechtsgeschäft, das ein *falsus procurator* vorgenommen hat, ist in jedem Fall nichtig. Ein einseitiges, empfangsbedürftiges Rechtsgeschäft, das er vorgenommen hat oder das ihm gegenüber vorgenommen wurde, ist nur dann nichtig, wenn nicht einer der in S. 2 bzw. S. 3 geregelten Fälle vorliegt. Eine Genehmigung des nach S. 1 nichtigen Geschäfts nach § 177 ist nicht möglich. Erklärt der Vertretene die Genehmigung, so kann darin allenfalls eine erneute Vornahme des Geschäfts liegen.[6] Auch eine Haftung des Vertreters nach § 179 für die Vornahme des nach S. 1 nichtigen Geschäfts ist ausgeschlossen; infrage kommen nur Ansprüche aus Delikt oder c.i.c.[7]

II. Fehlende Beanstandung oder Einverständnis als Ausnahmen bei aktiver Stellvertretung

5 S. 2 schränkt den Schutz des Adressaten eines **empfangsbedürftigen Rechtsgeschäfts** durch die Gleichstellung mit Verträgen in den Fällen ein, in denen er einen geringeren Schutz vor Ungewissheit benötigt. Als empfangsbedürftige Willenserklärung fällt unter S. 2 insbesondere auch die **Stimmabgabe** in der Gesellschafterversammlung einer GmbH oder der Hauptversammlung einer AG, auf die mithin die §§ 177 ff. jedenfalls entsprechend anzuwenden sind.[8] Die Anwendung von S. 2 auf **amtsempfangsbedürftige** Willenserklärungen wird dagegen ganz überwiegend **abgelehnt**.[9]

6 **1. Fehlende Beanstandung.** Die erste Alternative von S. 1 setzt voraus, dass der Vertreter behauptet hat, über Vertretungsmacht zu verfügen, und dass der Adressat dies nicht beanstandet hat. Die **Behauptung der Vertretungsmacht** muss nicht ausdrücklich, sondern kann **auch konkludent** erfolgen.[10] Eine **Beanstandung** liegt vor, wenn der Adressat zum Ausdruck bringt, dass er das Geschäft gerade wegen des Mangels der Vertretungsmacht nicht gelten lassen will; eine Zurückweisung aus anderen Gründen genügt den Anforderungen dagegen nicht.[11] Hinsichtlich der Zeit der Beanstandung bestimmt das Gesetz, dass diese

---

1 Zur str. Anwendung von S. 1 auf die Bevollmächtigung s. Soergel/*Leptien*, § 180 Rn 6; Staudinger/*Schilken*, § 180 Rn 1, jeweils m.w.N.
2 Bamberger/Roth/*Habermeier*, § 180 Rn 2; Erman/*Palm*, § 180 Rn 2; Staudinger/*Schilken*, § 180 Rn 1, 11 (dort auch m.w.N. zu älteren Stimmen in der Lit., die hinsichtlich der amtsempfangsbedürftigen Rechtsgeschäfte a.A. sind).
3 OLG Koblenz NJW-RR 1992, 1093, 1094 f. (Mahnung); Bamberger/Roth/*Habermeier*, § 180 Rn 2; Erman/*Palm*, § 180 Rn 2; MüKo/*Schramm*, § 180 Rn 1; Soergel/*Leptien*, § 180 Rn 5; Staudinger/*Schilken*, § 180 Rn 12.
4 BAG NJW 2003, 236, 237; Erman/*Palm*, § 180 Rn 2.
5 Bamberger/Roth/*Habermeier*, § 180 Rn 2; Erman/*Palm*, § 180 Rn 2; MüKo/*Schramm*, § 180 Rn 5;
Soergel/*Leptien*, § 180 Rn 7; Staudinger/*Schilken*, § 180 Rn 13.
6 Staudinger/*Schilken*, § 180 Rn 2.
7 Bamberger/Roth/*Habermeier*, § 180 Rn 4; Erman/*Palm*, § 180 Rn 3; MüKo/*Schramm*, § 180 Rn 1; Soergel/*Leptien*, § 180 Rn 1; Staudinger/*Schilken*, § 180 Rn 3.
8 Näher dazu OLG Frankfurt DNotZ 2003, 458; *Hartmann*, DNotZ 2002, 253.
9 BPatG NJW 1964, 615; Staudinger/*Schilken*, § 180 Rn 11 m.w.N.; a.A. MüKo/*Schramm*, § 180 Rn 4.
10 Bamberger/Roth/*Habermeier*, § 180 Rn 6; Erman/*Palm*, § 180 Rn 6; MüKo/*Schramm*, § 180 Rn 7; Soergel/*Leptien*, § 180 Rn 9; Staudinger/*Schilken*, § 180 Rn 6.
11 BGH BB 1969, 293; aus der Lit. statt vieler Bamberger/Roth/*Habermeier*, § 180 Rn 7.

bei der **Vornahme des Rechtsgeschäfts** erfolgen muss. Handelt es sich um ein Geschäft unter Anwesenden, kann der Adressat die Beanstandung daher nur sofort aussprechen.[12] Bei einem Geschäft unter Abwesenden ergäbe es jedoch keinen Sinn, am Wortlaut der Vorschrift zu haften; hier muss es genügen, wenn das ohne Vertretungsmacht getätigte Geschäft unverzüglich beanstandet wird.[13]

2. Einverständnis. Die zweite Alternative von S. 2 liegt vor, wenn der Adressat vom Fehlen der Vertretungsmacht **Kenntnis** hatte oder dies zumindest für **möglich** hielt[14] und mit der Vornahme des Geschäfts durch den *falsus procurator* **einverstanden** war. Das Einverständnis kann **ausdrücklich oder konkludent** gegeben werden,[15] nicht aber durch bloßes Schweigen.[16] Es muss **vor oder bei dem Empfang der Vertretererklärung**, bei Erklärungen unter Abwesenden unverzüglich nach Zugang gegeben sein.[17]

3. Anwendung der §§ 177 ff. Liegt keine (rechtzeitige) Beanstandung und kein Einverständnis vor, gelten die §§ 177 ff. entsprechend für das Vertretergeschäft. Der Vertretene kann das Geschäft also nach § 177 Abs. 1 **genehmigen**, wobei ein fristgebundenes Geschäft innerhalb der dafür geltenden Frist zu genehmigen ist.[18] Verweigert er die Genehmigung oder tritt die Fiktion der Verweigerung nach § 177 Abs. 2 S. 2 ein, kommt eine **Haftung des Vertreters** nach § 179 in Betracht. Das **Widerrufsrecht** nach § 178 steht dem Erklärungsempfänger indes nur im Fall der Nichtbeanstandung und nicht im Fall des Einverständnisses zu (siehe § 178 Rn 6).

III. Einverständnis als Ausnahme bei passiver Stellvertretung

S. 3 bezieht sich auf die **Passivvertretung** durch einen Vertreter ohne Vertretungsmacht, deren Genehmigung zugelassen wird, wenn der Vertreter sein **Einverständnis** damit erklärt, dass das Geschäft ihm gegenüber vorgenommen wird. Das Einverständnis kann **ausdrücklich oder konkludent** erteilt werden.[19] Ist dies der Fall, hängt die Wirksamkeit des zunächst schwebend unwirksamen Geschäfts nach § 177 Abs. 1 von der **Genehmigung** durch den Vertretenen (den Erklärungsempfänger) ab. Der Erklärende kann diesen nach § 177 Abs. 2 **zur Genehmigung auffordern**; außerdem steht ihm, wenn er sich in Unkenntnis über die fehlende Vertretungsmacht befand, das **Widerrufsrecht** nach § 178 zu. Wird die Genehmigung verweigert oder gilt sie als verweigert, ist an eine **Haftung des vollmachtlosen Empfangsvertreters aus § 179** zu denken.

C. Weitere praktische Hinweise

Wer geltend macht, dass eine der Ausnahmen von der Nichtigkeit in S. 2 oder S. 3 vorliegt, trägt für das Vorliegen der tatsächlichen Voraussetzungen die **Beweislast**.[20]

---

§ 181 Insichgeschäft

¹Ein Vertreter kann, soweit nicht ein anderes ihm gestattet ist, im Namen des Vertretenen mit sich im eigenen Namen oder als Vertreter eines Dritten ein Rechtsgeschäft nicht vornehmen, es sei denn, dass das Rechtsgeschäft ausschließlich in der Erfüllung einer Verbindlichkeit besteht.

Literatur: *Altmeppen*, Gestattung zum Selbstkontrahieren in der GmbH, NJW 1995, 1182; *Bachmann*, Zum Verbot von Insichgeschäften im GmbH-Konzern, ZIP 1999, 85; *Bürwaldt*, Befreiung vom Verbot des Selbstkontrahierens, Rpfleger 1990, 102; *Bernstein/Schultze/v. Lasaulx*, Gilt für Änderungen des Gesellschaftsvertrages einer GmbH &

---

12 Bamberger/Roth/*Habermeier*, § 180 Rn 7; MüKo/*Schramm*, § 180 Rn 9; Staudinger/*Schilken*, § 180 Rn 7; a.A. Soergel/*Leptien*, § 180 Rn 9.
13 Bamberger/Roth/*Habermeier*, § 180 Rn 7; Erman/*Palm*, § 180 Rn 6; MüKo/*Schramm*, § 180 Rn 9; Soergel/*Leptien*, § 180 Rn 9; Staudinger/*Schilken*, § 180 Rn 7.
14 Bamberger/Roth/*Habermeier*, § 180 Rn 8; Erman/*Palm*, § 180 Rn 7; MüKo/*Schramm*, § 180 Rn 10; Soergel/*Leptien*, § 180 Rn 11; Staudinger/*Schilken*, § 180 Rn 4.
15 Zum konkludenten Einverständnis OLG Köln NJW-RR 1994, 1463, 1464.
16 Bamberger/Roth/*Habermeier*, § 180 Rn 8; Erman/*Palm*, § 180 Rn 7; MüKo/*Schramm*, § 180 Rn 10; Soergel/*Leptien*, § 180 Rn 10; Staudinger/*Schilken*, § 180 Rn 4.
17 MüKo/*Schramm*, § 180 Rn 10.
18 BAG NJW 1987, 1038, 1039 (Genehmigung außerordentlicher Kündigung); Bamberger/Roth/*Habermeier*, § 180 Rn 9; Erman/*Palm*, § 180 Rn 8; MüKo/*Schramm*, § 180 Rn 12; Soergel/*Leptien*, § 180 Rn 12; Staudinger/*Schilken*, § 180 Rn 6.
19 Bamberger/Roth/*Habermeier*, § 180 Rn 12; Erman/*Palm*, § 180 Rn 9; MüKo/*Schramm*, § 180 Rn 15; Soergel/*Leptien*, § 180 Rn 11; Staudinger/*Schilken*, § 180 Rn 8.
20 Bamberger/Roth/*Habermeier*, § 180 Rn 14; Erman/*Palm*, § 180 Rn 10; Soergel/*Leptien*, § 180 Rn 14; Staudinger/*Schilken*, § 180 Rn 14; a.A. RGRK/*Steffen*, § 180 Rn 7.

Co.KG das Verbot des Selbstkontrahierens?, ZGR 1976, 33; *W. Blomeyer,* Die teleologische Korrektur des § 181 BGB, AcP 172 (1972), 1–18; *Buchholz,* Insichgeschäft und Erbschaftsausschlagung, NJW 1993, 1161; *Feller,* Teleologische Reduktion des § 181 letzter Halbsatz BGB bei nicht lediglich rechtlich vorteilhaften Erfüllungsgeschäften, DNotZ 1989, 66; *R. Fischer,* Zur Anwendung von § 181 BGB im Bereich des Gesellschaftsrechts, in: FS Hauß 1978, S. 61; *Götze,* „Selbstkontrahieren" bei der Geschäftsführerbestellung in der GmbH, GmbHR 2001, 217; *Häsemeyer,* Selbstkontrahieren des gesetzlichen Vertreters bei zusammengesetzten Rechtsgeschäften, FamRZ 1968, 502; *Harder,* Das Selbstkontrahieren mit Hilfe eines Untervertreters, AcP 170 (1970), 295; *Harder/Welter,* Drittbegünstigung im Todesfall durch Insichgeschäft?, NJW 1977, 1139; *Honsell,* Das Insichgeschäft nach § 181 BGB: Grundfragen und Anwendungsbereich, JA 1977, 55; *U.Hübner,* Grenzen der Zulässigkeit von Insichgeschäften, Jura 1981, 288; *Jäger,* Teleologische Reduktion des § 181 BGB, 1999; *Kern,* Wesen und Anwendungsbereich des § 181 BGB – Eine Problemdarstellung an Hand von Fällen, JA 1987, 281; *Kirstgen,* Zur Anwendbarkeit des § 181 BGB auf Gesellschafterbeschlüsse in der GmbH, GmbHR 1989, 406; *Knöchlein,* Stellvertretung und Insichgeschäft. Die Gestaltung der Zulässigkeit im deutschen, österreichischen und schweizerischen Zivil- und Gesellschaftsrecht, 1994; *Kreutz,* § 181 BGB im Lichte des 35 Abs. 4 GmbHG, in: FS Mühl 1981, S. 409; *v. Lübtow,* Insichgeschäfte des Testamentsvollstreckers, JZ 1960, 151; *Meilicke,* Selbstkontrahieren nach europäischem Gemeinschaftsrecht, RIW 1996, 713; *Plander,* Die Geschäfte des Gesellschafter-Geschäftsführers der Einmann-GmbH mit sich selbst, 1969; *ders.,* Rechtsgeschäfte zwischen Gesamtvertretern, DB 1975, 1493; *Reinicke,* Gesamtvertretung und Insichgeschäft, NJW 1975, 1185; *Reinicke/Tiedtke,* Die Befreiung des Geschäftsführers vom Verbot von Insichgeschäften bei Verwandlung der mehrgliedrigen in eine eingliedrige GmbH, deren Gesellschafter der Geschäftsführer ist, GmbHR 1990, 200; *dies.,* Das Erlöschen der Befreiung von dem Verbot der Vornahme von Insichgeschäften, WM 1988, 441; *Rümelin,* Das Selbstkontrahieren des Stellvertreters nach gemeinem Recht, 1888; *Säcker/Klinkhammer,* Verbot des Selbstkontrahierens auch bei ausschließlich rechtlichem Vorteil des Vertretenen?, JuS 1975, 626; *Schilling,* Gesellschafterbeschluss und Insichgeschäft, in: FS Kurt Ballerstedt 1975, S. 257; *Schmid,* Die gemeinschaftsrechtliche Überlagerung der Tatbestände des Missbrauchs der Vertretungsmacht und des Insichgeschäfts, AG 1998, 127; *Schott,* Das Insichgeschäft des Stellvertreters im gemeinen Recht, in: FS Coing I 1982, S. 307–328; *ders.,* Insichgeschäft und Interessenkonflikt, 2002; *Schubert,* Die Einschränkung des Anwendungsbereichs des § 181 BGB bei Insichgeschäften, WM 1978, 290; *Sohn,* Die Befreiung des Verwalters vom Verbot des Selbstkontrahierens, NJW 1985, 3060; *Tiedtke,* Fortbestand der Befreiung vom Verbot des Selbstkontrahierens bei der Umwandlung einer mehrgliedrigen in eine Einmann-GmbH, ZIP 1991, 355–358; *Tiedtke,* Zur Form der Gestattung von Insichgeschäften des geschäftsführenden Mitgesellschafters einer GmbH, GmbHR 1993, 385; *Wacke,* Selbstkontrahieren im römischen Vertretungsrecht. Dogmengeschichte zu § 181 BGB, in: FS Max Kaser 1986, S. 289; *Wälzholz,* Die Vertretung der GmbH im Liquidationsstadium. Insbesondere zur Befreiung vom Verbot des Selbstkontrahierens gem. § 181 BGB, GmbHR 2002, 305; *Wilhelm,* Stimmrechtsausschluss und Verbot des Insichgeschäfts, JZ 1976, 674; *Wünsch,* Zur Lehre vom Selbstkontrahieren im Gesellschaftsrecht, in: FS Hämmerle 1972, S. 451.

A. Allgemeines	1
I. Überblick	1
II. Zweck der Vorschrift	2
1. Interessenschutz zugunsten des Vertretenen	2
2. Konsequenzen für die Interpretation	3
a) Formale Ordnungsvorschrift	4
b) Maßgeblichkeit einer konkreten Interessenkollision im Einzelfall	5
c) Stellungnahme und Plädoyer für die herrschende, vermittelnde Meinung	6
B. Regelungsgehalt	9
I. Anwendungsbereich	9
1. Persönlicher Anwendungsbereich	9
2. Gegenständlicher Anwendungsbereich	12
II. Tatbestandliche Voraussetzungen der gesetzlichen Beschränkung der Vertretungsmacht	14
1. Vorliegen eines Rechtsgeschäfts	14
2. Auftreten des Vertreters auf beiden Seiten – Personenidentität	19
III. Einschränkung des Tatbestandes	21
1. Geschäfte mit lediglich rechtlichem Vorteil für den Vertretenen	22
2. Einmann-GmbH	24
3. Gesellschaftsrechtliche Beschlüsse	28
IV. Erweiterung des Tatbestandes	32
1. Allgemeines	32
2. Untervertretung	33
3. Amtsempfangsbedürftige Willenserklärungen	34
4. Auswahl unter mehreren privaten Adressaten	35
V. Zulässige Insichgeschäfte	36
1. Gestattung	37
a) Rechtsgeschäftliche Gestattung	38
b) Gesetzliche Gestattung	44
2. Erfüllung einer Verbindlichkeit	45
3. Erkennbarkeit des zulässigen Insichgeschäftes	46
VI. Rechtsfolgen unzulässiger Insichgeschäfte	49
1. Schwebende Unwirksamkeit	49
2. Genehmigung	51
C. Weitere praktische Hinweise	54
I. Beweislast	54
II. Gestaltungshinweise	55

A. Allgemeines

I. Überblick

1 Die typische Grundkonstellation der Stellvertretung ist dadurch gekennzeichnet, dass der Vertreter gegenüber einer dritten Person im Namen des Vertretenen auftritt und für ihn das Rechtsgeschäft mit dem Dritten abschließt. Der in § 164 gesetzlich fixierte Tatbestand ist allerdings auch dann erfüllt, wenn der Vertreter auf beiden Seiten des Rechtsgeschäfts in Erscheinung tritt, bei einem Vertrag also gleichzeitig beide Vertragsparteien verkörpert. Ein solches **Insichgeschäft** kann in zwei verschiedenen Formen vorkommen. Zum einen kann es sein, dass der Handelnde das Rechtsgeschäft auf der einen Seite als Vertreter für einen anderen und auf der Seite für sich selbst vornimmt (**Selbstkontrahieren**). Zum anderen ist es denkbar, dass ein und dieselbe Person als Vertreter zweier Parteien agiert und diese in Ausübung seiner doppelten Vertretungsmacht in einem Rechtsgeschäft zusammenführt (**Mehrvertretung**). Die Vorschrift des § 181[1] statuiert zwar kein Verbot solcher Insichgeschäfte, versagt ihnen aber vorbehaltlich der dort aufgeführten Ausnahmen die intendierten rechtsgeschäftlichen Wirkungen. Es geht – wie schon der Wortlaut („Ein Vertreter kann ... nicht") nahe legt – um eine **Begrenzung des rechtlichen Könnens**. Die Vertretungsmacht umfasst also grundsätzlich nicht die Vornahme von Insichgeschäften.[2]

II. Zweck der Vorschrift

1. Interessenschutz zugunsten des Vertretenen. Die *ratio legis* des § 181 wird heute ganz überwiegend und zu Recht im **Schutz des Vertretenen vor einer Benachteiligung** infolge des in der Person des Vertreters regelmäßig auftretenden **Interessenkonflikts** gesehen. Die sachgerechte Wahrnehmung der Interessen des Vertretenen ist beim Selbstkontrahieren dadurch gefährdet, dass der Vertreter bewusst oder unbewusst versucht sein könnte, eigene Vorteile auf Kosten des Vertretenen zu realisieren. Bei der Mehrvertretung wird vom Vertreter verlangt, dass er die oft gegensätzlichen Interessen zweier Personen wahrnimmt und im Vertrag zu einem Ausgleich bringt. Dies ist ein schwieriges Unterfangen, das stets die Gefahr in sich birgt, die Interessen einer Partei zu vernachlässigen. Das Anliegen des § 181, den Vertretenen vor den Gefahren solcher Interessenkollisionen zu bewahren, ist im Grunde unstreitig[3] und schon in den Materialien manifest geworden.[4]

2. Konsequenzen für die Interpretation. Fraglich und umstritten ist, ob und in welchem Umfang der auf die Vermeidung von Interessenkollisionen gerichtete Schutzzweck auf die **Interpretation des § 181** ausstrahlt und ob insoweit noch weiteren Regelungsanliegen Rechnung zu tragen ist.

a) Formale Ordnungsvorschrift. Die frühere Rechtsprechung[5] und literarische Stellungnahmen im älteren Schrifttum[6] betonten, dass die Vermeidung von Interessenkollisionen vom Gesetzgeber bewusst nicht zu einem Tatbestandsmerkmal des § 181 erhoben worden sei, die Vorschrift vielmehr ausschließlich an die äußere Form des Geschäftsabschlusses anknüpfe. Bei der Bestimmung des § 181 handele es sich um eine rein formale Ordnungsvorschrift. Im Interesse der Verkehrssicherheit, der Erkennbarkeit der Rechtsverhältnisse und damit einhergehend zum Schutze des Gläubigers vor nicht offenbarten Vermögensverschiebungen sei die in § 181 verfügte Beschränkung der Vertretungsmacht formal, also tatbestandsgetreu und wortlautorientiert anzuwenden.

b) Maßgeblichkeit einer konkreten Interessenkollision im Einzelfall. Nach der weitesten, heute nur noch vereinzelt im Schrifttum vertretenen Ansicht[7] muss hingegen für das Eingreifen des § 181 im Einzelfall eine Interessenkollision nachgewiesen werden. Fehle es an einem solchen konkreten Interessenkonflikt, dürfe dem Insichgeschäft trotz des Nichtvorliegens eines gesetzlichen Ausnahmetatbestandes die Anerkennung nicht versagt werden. Umgekehrt seien auch solche Geschäfte verboten, die bei formaler Betrachtung nicht den Tatbestand des Selbstkontrahierens oder der Mehrvertretung erfüllten, gleichwohl aber durch einen Interessenkonflikt gekennzeichnet seien.

c) Stellungnahme und Plädoyer für die herrschende, vermittelnde Meinung. Der Ansicht, dass es sich bei § 181 um eine rein formale Ordnungsvorschrift handelt, widerspricht, wie auch der BGH in seiner neueren Rechtsprechung konzediert,[8] anerkannten Grundsätzen der Gesetzesauslegung und -anwendung. Der Wortlaut der Vorschrift umfasst zwar typische Sachverhalte einer Interessenkollision. Jedoch sind weitere vom Wortlaut des § 181 nicht erfasste Konstellationen denkbar, in denen der Vertretene vor einer drohenden Interessenkollision geschützt werden muss.[9] Andererseits gibt es durchaus Fälle, in denen trotz Tatbestandsmäßigkeit eine Interessenkollision von vornherein, auch bei einer gebotenen abstrakten

---

1 Zur geschichtlichen Entwicklung Staudinger/ Schilken, § 181 Rn 2 f. und HKK/Schmoeckel, §§ 164–180 Rn 32 ff.; zum römischen Recht Wacke, in: FS Kaser 1976, S. 289 ff.; zum gemeinen Recht Rümelin, Das Selbstkontrahieren des Stellvertreters nach gemeinem Recht, 1888.
2 Palandt/Heinrichs, § 181 Rn 1.
3 BGHZ 51, 209, 215; 56, 97, 101; MüKo/Schramm, § 181 Rn 2; Soergel/Leptien, § 181 Rn 3; Palandt/ Heinrichs, § 181 Rn 2; Flume, BGB AT Bd. 2, § 48, 1, S. 811 („der entscheidende Gesichtspunkt"); Bork,
BGB AT, Rn 1585 („liegt auf der Hand"); Larenz/ Wolf, BGB AT, § 46 Rn 120.
4 Prot. I, S. 352 ff.
5 RGZ 68, 172, 176; 103, 417, 418; 157, 24, 31; BGHZ 21, 229, 231; 33, 189, 190; 50, 11.
6 Jeweils mit Einschränkungen Enneccerus/Nipperdey, BGB AT II, § 181 III, S. 1112; Flume, BGB AT Bd. 2, § 48, 1, S. 811; Boehmer, Grundlagen der Bürgerlichen Rechtsordnung II/2, 1951, S. 48.
7 Brox, BGB AT, Rn 592; Erman/Palm, § 181 Rn 2.
8 BGHZ 56, 97, 102.
9 BGHZ 56, 97, 102 f.

Betrachtung, ausgeschlossen werden kann. Würde man in derartigen Fällen starr an einer Deutung als formale Ordnungsvorschrift festhalten, würde die Bestimmung des § 181 ihre Funktion als Schutzvorschrift für den Vertretenen teilweise einbüßen. Umgekehrt würde sie sich dort, wo es offenkundig und typischerweise an einem Interessenkonflikt in der Person des Vertretenen fehlt, als unnötiger Hemmschuh darstellen. Auch die These, dass die Gesichtspunkte der Verkehrssicherheit und der Erkennbarkeit eine strikt formale Interpretation des § 181 gebieten, lässt sich nicht aufrechterhalten. Wenn die Vorschrift hierauf entscheidend ausgerichtet wäre, dann hätte es nahe gelegen, die Ausnahmetatbestände in der Weise zu ergänzen, dass auch im Falle der Kundbarmachung das Insichgeschäft wirksam vorgenommen werden kann.[10] Die in § 181 genannten Ausnahmen orientieren sich jedoch eindeutig am dominierenden Schutzanliegen des § 181, dem Schutz des Vertretenen vor den Gefahren einer Benachteiligung durch den einem Interessenkonflikt ausgesetzten Vertreter.

7 Aber auch die Gegenposition, nach der das Vorliegen einer **konkreten Interessenkollision im Einzelfall** über das Eingreifen des § 181 entscheiden soll, sieht sich durchgreifenden Bedenken ausgesetzt.[11] Vor allem spricht gegen diese Interpretation der Vorschrift, dass nunmehr in jedem Fall eine Interessenbewertung anhand keineswegs klar greifbarer Maßstäbe vorgenommen werden müsste. Die tatbestandlichen Konturen drohten aufgeweicht zu werden mit der Folge, dass im Ergebnis auch die Verkehrssicherheit Schaden nehmen würde.

8 Heute hat sich zu Recht eine **vermittelnde Ansicht** durchgesetzt, die den durchaus berechtigten Anliegen beider Standpunkte Rechnung trägt, ohne sie jedoch zu verabsolutieren.[12] Diese Sichtweise wahrt die gebotene Verkehrssicherheit, indem sie an den tatbestandlichen Voraussetzungen des § 181 samt seinen Ausnahmen ansetzt. Die Interessenkollision im Einzelfall rechtfertigt die Anwendung der Norm allein ebenso wenig, wie umgekehrt das Fehlen eines solchen Interessenkonflikts ihre Nichtanwendbarkeit begründet. Andererseits darf das materielle Schutzanliegen der Vorschrift des § 181 bei der Festlegung ihrer Reichweite nicht aus den Augen geraten. Ihm gebührt gegenüber dem formalen Ordnungszweck dann der Vorrang, wenn sich anhand abstrakter Kriterien typisierbare Fallkonstellationen beschreiben lassen, in denen eine Interessenkollision trotz Erfüllung der Tatbestandsmerkmale des § 181 ausscheidet bzw. umgekehrt eine solche – obwohl vom Wortlaut nicht erfasst – gegeben ist. Ein solches Verständnis eröffnet hier – in sehr überschaubaren Grenzen – Spielräume für eine teleologische Reduktion bzw. analoge Anwendung der Vorschrift des § 181.

B. Regelungsgehalt

I. Anwendungsbereich

9 **1. Persönlicher Anwendungsbereich.** In persönlicher Hinsicht erfasst § 181 sowohl die Insichgeschäfte der rechtsgeschäftlich **Bevollmächtigten** als auch der **gesetzlichen Vertreter**.[13] Für den Vormund als gesetzlichen Vertreter ergibt sich dies aus § 1795 Abs. 2, für die Eltern aus § 1629 Abs. 2 S. 1. Dies bedeutet z.B., dass ein Vormund bei der Erbauseinandersetzung die rechtsgeschäftliche Einigung zweier ihm unterstellter Mündel miteinander nicht erklären kann[14] oder beim Abschluss eines Gesellschaftsvertrages für mehrere Mündel handeln kann. Ist ein Elternteil von der Vertretung nach § 181 ausgeschlossen, so ergibt sich aus dem Prinzip der Gesamtvertretung beider Elternteile (§ 1629 Abs. 1), dass dann auch der andere Elternteil ausgeschlossen ist. Dieser erlangt nicht etwa Alleinvertretungsmacht.[15] In der Praxis bedeutet das, dass ein Ergänzungspfleger zu bestellen ist. Zu der Frage, inwieweit eine Befreiung möglich ist, vgl. Rn 42.

10 Einigkeit besteht ferner dahin gehend, dass § 181 einen allgemeinen Rechtsgedanken enthält, der nicht nur für den gewillkürten und den gesetzlichen Stellvertreter gilt, sondern in gleicher Weise auch das rechtsgeschäftliche Handeln der **Organvertreter einer juristischen Person oder einer Personengesellschaft** beschränkt.[16] Damit kann der Vorstand einer AG nicht mit sich selbst Geschäfte abschließen, wie sich auch bereits aus § 113 AktG ergibt.[17] Zur Frage der Anwendbarkeit des § 181 auf das Handeln des **Alleingesellschafters einer GmbH** vgl. Rn 24 ff. Die Beschränkung der Vertretungsmacht durch § 181 gilt

---

10 Für diese Ansicht streitet auch ein arg. e § 35 Abs. 4 GmbHG, der eine Niederschrift verlangt, gleichwohl aber die Anwendung des § 181 anordnet.
11 Staudinger/*Schilken*, § 181 Rn 7; *Bork*, BGB AT, Rn 1592.
12 BGHZ 56, 97, 102 f.; 59, 236, 239 f.; 77, 7, 9; mit unterschiedlichen Nuancierungen Staudinger/*Schilken*, § 181 Rn 7; MüKo/*Schramm*, § 181 Rn 9; Soergel/*Leptien*, § 181 Rn 6; *Larenz/Wolf*, BGB AT, § 46 Rn 122, 129 und 131 ff.; *Bork*, BGB AT, Rn 1593; *Jäger*, a.a.O., passim.
13 RGZ 71, 162; BGHZ 33, 189; 50, 8, 10 f.; Bamberger/Roth/*Habermeier*, § 181 Rn 5.
14 BGHZ 21, 229.
15 BGH NJW 1972, 1708.
16 BGHZ 33, 189,190; 56, 97, 101; BGH WM 1960, 803.
17 BGH WM 1960, 803.

schließlich auch für die **Organe juristischer Personen des öffentlichen Rechts**, wenn sie privatrechtliche Rechtsgeschäfte vornehmen.[18]

Auf den **Verwalter fremder Vermögen** ist § 181 ebenfalls anzuwenden. Dies betrifft vor allem die Insolvenz-, Nachlass-, Zwangsverwalter sowie die Testamentsvollstrecker.[19] Diese können daher grundsätzlich keine Rechtsgeschäfte mit sich selbst im Namen des Trägers des verwalteten Vermögens abschließen, es sei denn eine der Ausnahmen des § 181 oder eine anderweitige ausdrückliche gesetzliche Gestattung läge vor. Zur Frage der Gestattung von Insichgeschäften beim Testamentsvollstrecker und Insolvenzverwalter vgl. Rn 43.

2. Gegenständlicher Anwendungsbereich. Prozesshandlungen sind keine bürgerlich-rechtlichen Rechtsgeschäfte, so dass § 181 hier keine unmittelbare Anwendung findet.[20] Maßgebend sind insoweit die Vorschriften und Grundsätze des Verfahrensrechts. Allerdings entspricht es einem allgemein anerkannten Grundsatz im Verfahrensrecht, dass niemand als Vertreter einer Partei mit sich selbst als Gegenpartei oder mit einer von ihm ebenfalls vertretenen Gegenpartei einen Rechtsstreit führen kann.[21] Im Ergebnis gilt der Rechtsgedanke des § 181 damit auch im Verfahrensrecht. In Verfahren der **Freiwilligen Gerichtsbarkeit** gilt dies nur bei echten Streitverfahren, in allen anderen Fällen handelt es sich um Beteiligte, nicht aber um Gegner in einem Verfahren.[22]

Beim Abschluss von **öffentlich-rechtlichen Verträgen** findet § 181 als Rechtsgrundsatz nach allgemeiner Meinung ebenfalls Anwendung.[23] Dies gilt sowohl für subordinations- als auch für koordinationsrechtliche Verträge. Keine Anwendung findet § 181 auf Verwaltungsakte.

II. Tatbestandliche Voraussetzungen der gesetzlichen Beschränkung der Vertretungsmacht

1. Vorliegen eines Rechtsgeschäfts. Der Tatbestand des Insichgeschäfts knüpft zunächst an das Vorliegen eines Rechtsgeschäfts an. Erfasst werden grundsätzlich alle Rechtsgeschäfte, bei denen eine Stellvertretung überhaupt zulässig ist. Darunter fallen also auch Rechtsgeschäfte auf dem Gebiet des **Familien-**[24] bzw. **Erbrechts**.[25]

Seinen Hauptanwendungsbereich hat § 181 im Bereich der **mehrseitigen Rechtsgeschäfte**. Dabei spielt es keine Rolle, ob es sich um ein **schuldrechtliches** oder um ein **dingliches** Geschäft handelt,[26] in beiden Fällen ist § 181 anwendbar. So ist es rechtlich zulässig, dass beide Parteien eines Grundstücksveräußerungsgeschäfts einen Dritten bevollmächtigen, für sie die Auflassungserklärungen abzugeben und in Empfang zu nehmen.[27] Auch im Bereich des **Wechselrechts** findet § 181 Anwendung. Eine wechselrechtliche Verpflichtungserklärung setzt stets einen Begebungsvertrag voraus; ein Vertreter, der einen Wechsel im eigenen Namen ausstellt und als Vertreter des Bezogenen akzeptiert, ist daran also durch § 181 gehindert. Allerdings kommt es hier stets auf eine genaue Prüfung dahin gehend an, zwischen welchen Beteiligten der Begebungsvertrag tatsächlich zustande kommt.[28] § 181 findet auch dann Anwendung, wenn ein und dieselbe Bank **Wertpapiere** einlöst und einzieht.[29]

Bei einem **zusammengesetzten Rechtsgeschäft** kommt es darauf an, ob der Wille der Beteiligten darauf gerichtet ist, dass die mehreren Akte eines zusammengesetzten Rechtsgeschäfts miteinander stehen und fallen sollen (Einheitlichkeitswille). Ist dies der Fall, so ist von der gesetzlichen Vertretung beim Rechtsgeschäft insgesamt ausgeschlossen, wer von der Vertretung auch nur bei einem Teil ausgeschlossen ist.[30] Dies hat der BGH beispielsweise für einen Erbteilsübertragungsvertrag angenommen, der in einem engen Zusammenhang mit der die Grundstücksverträge umfassenden Erbauseinandersetzung stand.[31]

---

18 BayObLG DJZ 1922, 699; Staudinger/*Schilken*, § 181 Rn 19; MüKo/*Schramm*, § 181 Rn 37; Soergel/*Leptien*, § 181 Rn 24.
19 BGHZ 30, 67, 69 ff.; 108, 21, 24; 113, 262, 270.
20 BGHZ 41, 104, 107; MüKo/*Schramm*, § 181 Rn 40; Soergel/*Leptien*, § 181 Rn 23.
21 RGZ 66, 240, 242 f.; BGH NJW 1996, 658; Soergel/*Leptien*, § 181 Rn 23; Staudinger/*Schilken*, § 181 Rn 27; *Rosenberg/Schwab/Gottwald*, Zivilprozessrecht, 16. Aufl. 2004, § 53 I 4.
22 BayObLG NJW 1962, 964; Staudinger/*Schilken*, § 181 Rn 28; Erman/*Palm*, § 181 Rn 4.
23 Soergel/*Leptien*, § 181 Rn 24; Staudinger/*Schilken*, § 181 Rn 29; Erman/*Palm*, § 181 Rn 5.
24 RGZ 79, 282.
25 BGHZ 50, 10.
26 Staudinger/*Schilken* § 181 Rn 11; Soergel/*Leptien*, § 181 Rn 15 mit Beispielen.
27 LG Kassel DNotZ 1958, 429.
28 BGH WM 1978, 1002; MüKo/*Schramm*, § 181 Rn 30; ausf. *Dittmann* NJW 1959, 1957.
29 BGHZ 26, 167, 171.
30 BGHZ 50, 8, 12; MüKo/*Schramm*, § 181 Rn 33; Staudinger/*Schilken*, § 181 Rn 12; a.A. *Häsemeyer*, FamRZ 1968, 502.
31 BGHZ 50, 8, 12.

17 Auch **einseitige Rechtsgeschäfte** können den gesetzlichen Beschränkungen des Insichgeschäfts unterfallen.[32] Der Anwendung des § 181 scheint zwar der Normtext entgegenzustehen, da in diesen Fällen ein Geschäft nicht „mit" sich vorgenommen wird, sondern nur sich selbst „gegenüber". Jedoch ist zu bedenken, dass sich auch der Vertragsschluss durch die Abgabe zweier Willenserklärungen, Angebot und Annahme, vollzieht, von denen jede einzelne anhand der Vorschrift des § 181 zu kontrollieren ist. Für eine empfangsbedürftige Willenserklärung, die ebenfalls einen den Erklärungsempfänger betreffenden rechtlichen Erfolg herbeiführt, kann im Ergebnis nichts anderes gelten.[33] Dies betrifft Kündigung, Vollmachterteilung, Zustimmung, Anfechtung, Löschungsbewilligung,[34] aber auch die Gestattung zum Selbstkontrahieren.[35] Es muss sich aber stets um eine **empfangsbedürftige Willenserklärung** handeln, da anderenfalls kein Vertreter zur Entgegennahme der Willenserklärung erforderlich ist.[36] Streng einseitige Rechtsgeschäfte sind daher ausgenommen.[37]

18 **Geschäftsähnliche Handlungen** (z.B. Mahnung, Fristsetzung) sind in analoger Anwendung des § 181 ebenfalls den gesetzlichen Beschränkungen des Insichgeschäfts zu unterwerfen, ist die Interessenlage (insbesondere die Gefahr von Interessenkollisionen) mit derjenigen bei Rechtsgeschäften doch durchaus vergleichbar.[38]

19 **2. Auftreten des Vertreters auf beiden Seiten – Personenidentität.** Sodann ist Voraussetzung, dass das Rechtsgeschäft ein **Insichgeschäft** darstellt. Kennzeichnend hierfür ist, dass Personenidentität gegeben ist, der Vertreter also auf beiden Seiten des Rechtsgeschäfts steht und dabei zumindest einmal als Vertreter auftritt. Dies kann in der Form geschehen, dass der Vertreter das Rechtsgeschäft für den von ihm vertretenen mit sich selbst auf der anderen Seite abschließt (**Selbstkontrahieren**). Personenidentität liegt aber auch dann vor, wenn die handelnde Person auf beiden Seiten als Vertreter je zwei verschiedener Parteien fungiert (**Mehrvertretung**). Fehlt es an der für das Insichgeschäft notwendigen Personenidentität, so ist der Tatbestand des § 181 nicht erfüllt. Nicht erfasst werden demgemäß solche Geschäfte, bei denen der Vertreter sowohl im eigenen Namen als auch im Namen des Vertretenen auf **derselben Seite** des Rechtsgeschäftes auftritt und nicht zugleich rechtsgeschäftliche Rechtsfolgen zwischen dem Vertretenen und dem Vertreter begründet werden.[39] Selbiges gilt für den Fall, dass ein und derselbe Vertreter bei einem Rechtsgeschäft mit einem Dritten mehrere Vertretene gemeinschaftlich vertritt.[40] In diesen Fällen besteht keine Interessenkollision, da die Interessen des Vertreters und des Vertretenen gleichlaufend sind.

20 Liegt eine **Gesamtvertretung** vor (vgl. § 167 Rn 54), so ist § 181 erfüllt, wenn jemand auf einer Seite des Geschäfts als Gesamtvertreter, auf der anderen für sich oder als Einzelvertreter tätig wird.[41] Zulässig ist es jedoch, dass ein Gesamtvertreter den anderen ermächtigt, als Alleinvertreter ein Rechtsgeschäft zwischen ihm und der vertretenen Person vorzunehmen, fehlt es doch hier wiederum an der erforderlichen Personenidentität.[42] Praktisch bedeutsam wird dies im Gesellschaftsrecht. Der BGH hat hierzu ausgeführt, dass die organschaftliche Gesamtvertretungsmacht eines Geschäftsführers durch eine Ermächtigung nach den einschlägigen gesellschaftsrechtlichen Sondervorschriften (§§ 125 Abs. 2 S. 2, 150 Abs. 1 S. 2 HGB; § 78 Abs. 4 AktG; § 25 Abs. 3 GenG) für den darin bestimmten Geschäftsbereich zur Alleinvertretungsmacht erstarke. Der in diesem Rahmen tätige Gesamtvertreter handele also auch insoweit als Gesellschaftsorgan und nicht als Bevollmächtigter. Denn niemand könne in demselben Bereich gleichzeitig gesetzliche und gewillkürte Vertretungsmacht innehaben; die gesetzliche Vertretungsmacht, die daraus fließende Verantwortung und die Haftung der Gesellschaft für organschaftliches Handeln seien unteilbar.[43] Hingegen ist es nicht angängig, die gegen § 181 verstoßende Mitwirkung eines Gesamtvertreters in eine zulässige Ermächtigung des anderen zur Alleinvertretung umzudeuten.[44] Besonderheiten gelten insoweit nach § 35 Abs. 4 GmbHG für den geschäftsführenden Alleingesellschafter einer GmbH (vgl. Rn 24 ff.).

---

32 BGHZ 77, 7, 9; BGH NJW-RR 1991, 1441; Soergel/*Leptien*, § 181 Rn 16; Palandt/*Heinrichs*, § 181 Rn 6; *Flume*, BGB AT Bd. 2, § 48, 2, S. 812 ff.
33 MüKo/*Schramm*, § 181 Rn 13; Soergel/*Leptien*, § 181 Rn 16.
34 BGHZ 77, 7, 9.
35 BGHZ 58, 115, 118.
36 Soergel/*Leptien*, § 181 Rn 17; Erman/*Palm*, § 181 Rn 6.
37 BayObLGZ 53, 266, 267; Soergel/*Leptien*, § 181 Rn 17 mit Beispielen.
38 BGHZ 47, 352, 357; Soergel/*Leptien*, § 181 Rn 16; MüKo/*Schramm*, § 181 Rn 13; Staudinger/*Schilken*, § 181 Rn 14.
39 RG WarnR 1912 Nr. 399; RGZ 127, 103, 105; OLG Düsseldorf NJW 1985, 390.
40 BGHZ 50, 8, 10.
41 RGZ 89, 367, 373; Soergel/*Leptien*, § 181 Rn 12.
42 BGHZ 64, 72, 74 f.; Staudinger/*Schilken*, § 181 Rn 17; MüKo/*Schramm*, § 181 Rn 22; Soergel/*Leptien*, § 181 Rn 13; für die analoge Anwendung des § 181 hingegen Erman/*Palm*, § 181 Rn 19; *Reinicke*, NJW 1975, 1185; *Plander*, DB 1976, 1493.
43 BGHZ 64, 72, 75.
44 BGH NJW 1992, 618.

III. Einschränkung des Tatbestandes

Wie bereits eingangs ausgeführt, beruht die in § 181 angeordnete Beschränkung der Vertretungsmacht auf der abstrakten Befürchtung, der Vertreter könnte die Interessen des Vertretenen bzw. eines Vertretenen bei der Vornahme eines Insichgeschäfts aus den Augen verlieren. Diese gesetzgeberische Erwägung rechtfertigt es zwar nicht, von einem erlaubten Insichgeschäft schon dann auszugehen, wenn es im konkreten Fall an einer Interessenkollision fehlt (vgl. hierzu bereits Rn 7). Wohl aber ist dem BGH zuzustimmen, wenn er im Wege der teleologischen Reduktion Fallgruppen aus dem Anwendungsbereich herausnimmt, wenn „für einen ganzen, in sich abgegrenzten Rechtsbereich ... nach der Rechts- und Interessenlage, wie sie dort typischerweise besteht, die Zielsetzung des § 181 niemals zum Zuge kommen kann".[45] Denn auf solche Weise wird – so mit Recht der BGH – „die Wirksamkeit des Insichgeschäfts nicht ‚von einem Moment abhängig gemacht, welches durch seine Unbestimmtheit und durch die Unerkennbarkeit für Dritte die Verkehrssicherheit gefährde' (Prot. I 174, 175), sondern der Anwendungsbereich des § 181 nach einem objektiven und einwandfrei feststellbaren Merkmal für eine in sich geschlossene Fallgruppe generell beschränkt".[46]

1. Geschäfte mit lediglich rechtlichem Vorteil für den Vertretenen. Eine solche typische Fallgruppe, bei der es losgelöst vom konkreten Einzelfall zu keiner Interessenkollision in der Person des Vertreters kommen kann, bilden solche Insichgeschäfte, die für den Vertretenen lediglich rechtlich vorteilhaft sind. Eine Unsicherheit des Rechtsverkehrs besteht hier aufgrund der abstrakt-generell fassbaren Ausnahmesituation und des offenkundigen Fehlens einer Benachteiligungsgefahr nicht.[47] In diesem Falle bedarf es einer teleologischen Reduktion des § 181, die sich aus einer Wechselwirkung zwischen § 107 und § 181 rechtfertigt.[48] Zu der Frage, wann ein lediglich rechtlich vorteilhaftes Geschäft vorliegt, kann auf die Grundsätze, die zu § 107 entwickelt wurden, zurückgegriffen werden (vgl. § 107 Rn 5 ff.). Bewertungsunsicherheiten in dieser Frage sind kein entscheidendes Argument gegen die hier befürwortete teleologische Reduktion, mutet sie das Gesetz im Rahmen des § 107 dem Rechtsverkehr doch ebenfalls zu.

Diese teleologische Reduktion erlaubt es vor allem, dass **Eltern** ihren **geschäftsunfähigen Kindern** eine Schenkung antragen und zugleich für die Kinder die Annahme erklären. Eine Besonderheit ist in diesen Fällen jedoch bei der Frage zu beachten, wann ein Rechtsgeschäft lediglich rechtlich vorteilhaft ist. Bei einer **Schenkung** kann die Frage des rechtlichen Vorteils nicht losgelöst vom dinglichen Geschäft betrachtet werden. Vielmehr ist hier eine **Gesamtbetrachtung** unter Einbeziehung des dinglichen Geschäftes vorzunehmen. Anderenfalls besteht die Gefahr, dass die Annahme des schuldrechtlichen Schenkungsversprechens an sich rechtlich vorteilhaft ist, die Erfüllung des Schenkungsvertrages, womit den Minderjährigen privatrechtliche Pflichten treffen, z.B. durch das Wohnungseigentumsgesetz, § 566[49] oder der Belastung des Grundstückes mit einem Nießbrauch,[50] nunmehr unbeschadet von § 181 durchgeführt werden kann, da es sich um die Erfüllung einer Verbindlichkeit handelt. Der Minderjährigenschutz gebietet es, in diesen Fällen unter Durchbrechung des Trennungsprinzips auch das dingliche Geschäft mit zu berücksichtigen (vgl. dazu auch § 107 Rn 25).[51]

2. Einmann-GmbH. Von besonderer Bedeutung war lange Zeit die Frage, ob eine teleologische Reduktion auch für Insichgeschäfte vorzunehmen ist, die der Alleingesellschafter und Geschäftsführer einer GmbH mit sich selbst abschließt. Der BGH plädierte zuletzt dafür, diese Fallkonstellation nicht unter § 181 zu subsumieren, da bei der Einmann-GmbH die Willensbildung der Gesellschaft mit der des Gesellschafters zusammenfalle und sich ungeachtet ihrer rechtlichen Selbständigkeit auch die Interessen der Gesellschaft mit denen des Gesellschafters deckten.[52]

Mit der GmbH-Novelle von 1980[53] hat der Gesetzgeber dieser Rechtsprechung den Boden entzogen. Gemäß **§ 35 Abs. 4 GmbHG** ist in den Fällen, in denen sich alle Geschäftsanteile in der Hand eines Gesellschafters befinden und dieser zugleich alleiniger Geschäftsführer ist, die Vorschrift des § 181 auf seine Rechtsgeschäfte mit der Gesellschaft anzuwenden. Darüber hinaus muss § 181 – obwohl vom Wortlaut des § 35 Abs. 4 GmbHG nicht erfasst – auch auf die Fälle Anwendung finden, in denen der Alleingesellschafter einer von mehreren Geschäftsführern ist und in Einzel- oder Gesamtvertretung für die GmbH mit sich ein

---

45 BGHZ 56, 97, 102 f.
46 BGHZ 56, 97, 103.
47 Soergel/*Leptien*, § 181 Rn 27.
48 So die ganz h.M. in Anschluss an BGHZ 59, 236; 94, 232, 235; BGH NJW 1989, 2542, 2543; vgl. MüKo/*Schramm*, § 181 Rn 15; Soergel/*Leptien*, § 181 Rn 27; Staudinger/*Schilken*, § 181 Rn 32; Palandt/*Heinrichs*, § 181 Rn 9; *Larenz/Wolf*, BGB AT, § 46 Rn 129; a.A. *Pawlowski*, BGB AT, Rn 794 ff.
49 BayObLG DNotZ 2003, 711.
50 BayObLG ZEV 2003, 209.
51 BGHZ 78, 28; MüKo/*Schmitt*, § 107 Rn 37 ff.; *Jauernig*, JuS 1982, 576, 577.
52 BGHZ 56,97; zum Ganzen *Altmeppen*, DB 2000, 657.
53 GmbH-Rechts-Änderungsgesetz vom 4. Juli 1980 (BGBl I S. 836).

Rechtsgeschäft abschließt.[54] Schließlich wird man es anders als im Recht der Personengesellschaft (vgl. Rn 28) als ein unter § 181 fallendes Insichgeschäft zu bewerten haben, wenn der Alleingeschäftsführer einer GmbH den zweiten (gesamtvertretungsberechtigten) Geschäftsführer zur Alleinvertretung ermächtigt und durch ihn ein Geschäft mit der Gesellschaft abzuschließen sucht.[55] Nur durch diese lückenschließende Interpretation wird der gesetzgeberischen Konzeption, wie sie sich aus § 35 Abs. 4 GmbHG ergibt, Genüge getan. Die GmbH-rechtliche Sondervorschrift gilt auch für den Fall der Mehrvertretung.[56]

26 Eine **Befreiung des Geschäftsführers** von diesem Verbot ist nur dadurch zu erreichen, dass in die **Satzung der GmbH** eine entsprechende Klausel aufgenommen wird, wonach dem Geschäftsführer Insichgeschäfte erlaubt sind.[57] Die Befreiung bedarf gem. § 10 Abs. 1 S. 2 GmbHG der Eintragung in das Handelsregister.[58] Ausreichend ist es aber auch, wenn der Gesellschaftsvertrag nur eine Ermächtigung erhält, dass eine Befreiung von § 181 durch einfachen Ausführungsbeschluss erteilt werden kann.[59] In der **Praxis** empfiehlt sich die Aufnahme folgender Klausel: *„Der Geschäftsführer ist von den Beschränkungen des § 181 BGB befreit."* Nicht erforderlich ist, dass der Geschäftsführer konkret benannt wird.[60]

27 Die Befreiung von den Beschränkungen des § 181, die einem Geschäftsführer einer **mehrgliedrigen GmbH** – sei es unmittelbar durch den Gesellschaftsvertrag, sei es aufgrund einer darin enthaltenen Ermächtigung durch Beschluss der Gesellschafterversammlung – erteilt worden ist, bleibt auch dann bestehen, wenn sich die GmbH später **in eine Einmann-Gesellschaft verwandelt**, deren Geschäftsführer mit dem einzigen Gesellschafter personengleich ist. Das Ausscheiden des einzigen Mitgesellschafters und die Vereinigung sämtlicher Geschäftsanteile in einer Hand lässt die Identität der Gesellschaft unberührt. Ebenso wenig erfahren dadurch Inhalt und Umfang der bisherigen Vertretungsmacht ihres Geschäftsführers einschließlich der ihm erteilten Befreiung von § 181 eine rechtliche Änderung. Der rechtliche Inhalt seiner Vertretungsmacht besteht in der letztgenannten Beziehung vorher wie nachher darin, dass er die Gesellschaft auch beim Abschluss von Rechtsgeschäften mit sich selbst oder als Vertreter eines Dritten vertreten kann.[61] Schließlich ist darauf hinzuweisen, dass der Alleingesellschafter-Geschäftsführer auch dann wirksam von den Beschränkungen des § 181 befreit ist, wenn die Befreiung nach Abschluss von Insichgeschäften in der Satzung geregelt und im Handelsregister eingetragen wird. Die Insichgeschäfte sind dann als nachträglich genehmigt anzusehen.[62]

28 **3. Gesellschaftsrechtliche Beschlüsse.** Nach der Rechtsprechung des BGH kann der Gesellschafter einer Kapitalgesellschaft ebenso wie derjenige einer Personengesellschaft an Gesellschafterbeschlüssen in weitem Umfang zugleich im eigenen Namen und als Vertreter eines anderen Gesellschafters mitwirken, ohne hieran durch § 181 gehindert zu sein.[63] Diese weitgehende Verdrängung des § 181 im Hinblick auf Beschlüsse zur Willensbildung innerhalb einer Gesellschaft ist nur zum Teil gerechtfertigt.[64] Zu widersprechen ist insbesondere der These, Beschlüsse zur Willensbildung innerhalb einer juristischen Person oder einer Personengesellschaft würden generell nicht vom Tatbestand des § 181 erfasst.[65] Demgegenüber ist festzuhalten, dass auch die Stimmabgabe im Rahmen der Beschlussfassung eine Willenserklärung ist; der Beschluss wiederum, in den die Willenserklärungen eingehen, stellt ein mehrseitiges Rechtsgeschäft dar, dem auch nicht etwa per se die Gegenseite fehlt.[66] Auf der Basis der grundsätzlichen Anwendbarkeit des § 181 ist dann wie folgt zu differenzieren:

29 Auf Beschlüsse, die sich nicht lediglich auf die laufende Geschäftsführung beziehen, sondern **grundlegenden Charakter** haben, muss § 181 uneingeschränkt Anwendung finden.[67] Interessenkollisionen durch das mehrseitige Auftreten eines Gesellschafters sind hier nicht ausgeschlossen und nur so kann sichergestellt werden, dass jeder Gesellschafter selbständig und eigenverantwortlich abstimmt. § 181 gilt somit beispielsweise für

---

[54] Soergel/*Leptien*, § 181 Rn 26; MüKo/*Schramm*, § 181 Rn 16.
[55] MüKo/*Schramm*, § 181 Rn 17; Soergel/*Leptien*, § 181 Rn 26; Scholz/*Schneider*, GmbHG, 9. Aufl. 2000/2002, § 35 Rn 107.
[56] Staudinger/*Schilken*, § 181 Rn 20; MüKo/*Schramm*, § 181 Rn 16.
[57] BGHZ 87, 59; krit. Altmeppen, NJW 1995, 1185 f.
[58] BGHZ 87, 59, 61; BGH NJW 2000, 664, 665; BFH NJW 1997, 1031.
[59] BayObLG DB 1984, 1517; OLG Hamm BB 1998, 1328; MüKo/*Schramm*, § 181 Rn 19.
[60] BGH DStR 2000, 697.
[61] BGHZ 114, 167, 170 f.; anders zuvor BayObLG WM 1987, 982, 983 und BayObLGZ 1989, 375.
[62] BFH NJW 1997, 1031.
[63] Vgl. insb. BGHZ 52, 316 und 33, 189, 191.
[64] Wie hier krit. Staudinger/*Schilken*, § 181 Rn 24; MüKo/*Schramm*, § 181 Rn 19; Soergel/*Leptien*, § 181 Rn 21; W. Blomeyer, NJW 1969, 127.
[65] BGHZ 52, 316, 318; 33, 189, 191.
[66] Staudinger/*Schilken*, § 181 Rn 24; Soergel/*Leptien*, § 181 Rn 21.
[67] MüKo/*Schramm*, § 181 Rn 17.

den Beschluss über die Änderung des Gesellschaftsvertrages bzw. der Satzung,[68] über die Auflösung der Gesellschaft[69] sowie über die Bestellung eines Geschäftsführers.[70]

Bei **Beschlüssen im Rahmen der laufenden Geschäftsführung** kommt der Schutzzweck des § 181 im Allgemeinen nicht zum Tragen, da hier das gleichgerichtete Interesse der Gesellschafter an der Erreichung des Gesellschaftszwecks dominiert. Ist aber ein typischer Widerstreit der persönlichen Interessen in der von § 181 vorausgesetzten Intensität regelmäßig nicht gegeben, ist eine Zurücknahme des in § 181 statuierten Vertretungshindernisses im Wege der teleologischen Reduktion geboten.[71]

Im Übrigen sind im Gesellschaftsrecht einige **Sondervorschriften** zu beachten. Für Beschlüsse der Hauptversammlung einer Aktiengesellschaft ist der Anwendung des § 181 durch § 135 AktG weit gehend der Boden entzogen. Ferner sind die Stimmrechtsverbote von § 34 BGB, § 136 Abs. 1 AktG, § 47 Abs. 4 GmbHG und § 43 Abs. 5 GenG als *leges speciales* gegenüber § 181 anzusehen.[72]

IV. Erweiterung des Tatbestandes

1. Allgemeines. In einigen wenigen Fallkonstellationen bedarf der Tatbestand des § 181 im Hinblick auf den Normzweck einer Extension, die sich methodisch im Wege der Analogie erreichen lässt. Es handelt sich um Konstellationen, die zwar die nach dem Tatbestand des § 181 notwendige Personenidentität nicht aufweisen, jedoch durch eine **typischerweise und offen zutage liegende Interessenkollision in der Person des mittelbar als Partei beteiligten Vertreters** gekennzeichnet sind und bei denen überdies eine hinreichende Nähe zu dem in § 181 beschriebenen Tatbestand besteht.[73] Auch hier muss sich die Erweiterung des Anwendungsbereichs anhand generell-abstrakt formulierbarer Kriterien beschreiben lassen. **Keinesfalls ist es angängig, § 181 immer schon dann anzuwenden, wenn** *in concreto* eine Interessenkollision zwischen Vertreter und Vertretenem gegeben ist.[74] Das Kriterium der Interessenkollision ist zu unbestimmt; der Gesetzgeber hat es mit Rücksicht auf die Rechtssicherheit mit Bedacht nicht zum Tatbestandsmerkmal des § 181 erhoben. Das Vertretungshindernis des § 181 greift daher beispielsweise nicht ein, wenn der Vertreter im Namen des Vertretenen eine Bürgschaft für eine eigene Schuld übernimmt.[75] Dem Schutzbedürfnis des Vertretenen kann hier und in ähnlichen Fällen unter den Voraussetzungen des Missbrauchs der Vertretungsmacht Rechnung getragen werden.

2. Untervertretung. Der Normzweck des § 181 gebietet nach heute ganz h.M. eine **analoge Anwendung** der Vorschrift auf den Fall, dass der Vertreter, dem die Vornahme von Insichgeschäften nicht gestattet ist, für den Vertretenen einen weiteren Vertreter als **Untervertreter** bestellt und dann mit diesem kontrahiert.[76] Zwar fehlt es infolge der Einschaltung eines Untervertreters an der vom Tatbestand des § 181 vorausgesetzten Personenidentität; doch läuft eine solche Konstruktion regelmäßig auf eine Umgehung des § 181 hinaus. Die Gefahr, die kollidierenden Interessen eigennützig zu bewerten und die Interessen des Vertretenen hintanzustellen, wird durch die Einschaltung eines Untervertreters keineswegs beseitigt. Wertungsmäßig gleichzustellen ist dem der Fall, dass der Vertreter für sich selbst einen Vertreter bestellt und mit diesem in seiner Eigenschaft als Vertreter das Rechtsgeschäft abschließt.[77] Nur wenn im Einzelfall eine Gefährdung des Vertretenen aufgrund einer unabhängigen Entscheidungsmacht des Substituten oder anderer Umstände nicht

---

68 BGH NJW 1961, 724; 1976, 1538, 1539; 1989, 168, 169; anders BGHZ 33, 189, 191 für die Einmann-GmbH mit der Begründung, die Satzungsänderung sei, auch wenn vom Alleingesellschafter vorgenommen, ein Sozialakt und unterliege deshalb nicht dem § 181. Mit diesem Argument lehnt der BGH auch die Anwendung des § 47 Abs. 4 S. 2 Alt. 1 GmbHG auf „körperschaftliche Sozialakte" wie z.B. auf einen Beschluss über die Einforderung der Stammeinlage ab (BGH NJW 1991, 172 m.w.N.).
69 A.A. BGHZ 52, 316, 318. Wie hier Staudinger/*Schilken*, § 181 Rn 25; Soergel/*Leptien*, § 181 Rn 21.
70 BGH NJW 1991, 691.
71 BGHZ 65, 93, 98; Erman/*Palm*, § 181 Rn 13; Staudinger/*Schilken*, § 181 Rn 25 f.; Palandt/*Heinrichs*, § 181 Rn 11.
72 Staudinger/*Schilken*, § 181 Rn 25; Soergel/*Leptien*, § 181 Rn 22; Wilhelm JZ 1976, 674.
73 MüKo/*Schramm*, § 181 Rn 10.
74 BGHZ 91, 334 ff.
75 MüKo/*Schramm*, § 181 Rn 35; Palandt/*Heinrichs*, § 181 Rn 14; Larenz/*Wolf*, BGB AT, § 46 Rn 134; *Flume*, BGB AT Bd. 2, § 48, 5, S. 819 f.; kein Bedürfnis für eine analoge Anwendung des § 181 besteht ferner im Falle eines Schuldübernahmevertrages nach § 414, den der Vertreter im Namen des Vertretenen (als Übernehmer) mit dem Gläubiger schließt; so zutr. Staudinger/*Schilken*, § 181 Rn 43; Soergel/*Leptien*, § 181 Rn 34; *Flume*, BGB AT Bd. 2, § 48, 5, S. 819 f.; a.A. Erman/*Palm*, § 181 Rn 18.
76 BGH NJW 1991, 961, 962 (zuvor bereits BGHZ 64, 72, 74); BayObLG Rpfleger 1993, 441; KG NJW-RR 1999, 168; MüKo/*Schramm*, § 181 Rn 24; Staudinger/*Schilken*, § 181 Rn 36; Soergel/*Leptien*, § 181 Rn 29; Larenz/*Wolf*, BGB AT, § 46 Rn 133; im Ergebnis auch *Flume*, BGB AT Bd. 2, § 48, 4, S. 816 ff.; anders noch die reichsgerichtliche Rspr., zuletzt RGZ 157, 24, 31 und *v. Tuhr*, BGB AT Bd. 2/2, § 84 VI, S. 368.
77 OLG Hamm NJW 1982, 1105; MüKo/*Schramm*, § 181 Rn 26; für unmittelbare Anwendung des § 181 Soergel/*Leptien*, § 181 Rn 29.

vorliegt, kann die Anwendung des § 181 ausgeschlossen sein.[78] Ein solcher Sonderfall dürfte regelmäßig bei einem **Prokuristen** vorliegen, da dieser nicht als Unterbevollmächtigter des Geschäftsführers anzusehen ist, sondern seine Aufgaben in eigener Verantwortung wahrnimmt.[79]

34 **3. Amtsempfangsbedürftige Willenserklärungen.** In bestimmten Fällen überlässt das Gesetz dem Erklärenden die Wahl, wem gegenüber er die betreffende Erklärung abgibt, gegenüber dem von der Erklärung Begünstigten oder gegenüber einer Behörde. Man denke beispielsweise an die Erklärung des Hypothekengläubigers, er gebe die Hypothek auf. Diese Erklärung kann er nach § 875 Abs. 1 S. 2 entweder gegenüber dem Grundbuchamt oder demjenigen gegenüber abgeben, zu dessen Gunsten sie erfolgt, also gegenüber dem Grundstückseigentümer. Ist der Grundstückseigentümer zugleich Vertreter des Hypothekengläubigers, so ist er aufgrund des Vertretungshindernisses des § 181 nicht in der Lage, die Hypothek durch Erklärung gegenüber sich selbst wirksam aufzugeben. Nicht anders darf im Ergebnis der Fall beurteilt werden, dass der Grundstückseigentümer die Aufgabeerklärung in Vertretung des Hypothekengläubigers gegenüber dem Grundbuchamt abgibt. Sachlich ist hier der Grundstückseigentümer der eigentliche Erklärungsempfänger. Dies rechtfertigt es auch hier, von einer streng formalen Auslegung des § 181 abzugehen und die Vorschrift analog anzuwenden.[80] Würde man hier anders entscheiden und § 181 mangels Personenidentität für unanwendbar erklären, so verlöre das Verbot des Insichgeschäfts bei der Aufgabe von Grundpfandrechten seine Bedeutung, da es dann ohne weiteres durch eine Erklärung gegenüber dem Grundbuchamt umgangen werden könnte.[81] Eine derartige Umgehungsgefahr besteht ferner bei den §§ 876 S. 3, 880 Abs. 3, 1168 Abs. 2 S. 1, 1183 S. 2. Auch bei fehlendem Wahlrecht ist eine analoge Anwendung des § 181 geboten, wenn eigentlich ein Dritter materiell betroffen ist. Dies ist namentlich bei der **Anfechtung einer letztwilligen Verfügung** gegenüber dem Nachlassgericht der Fall, §§ 2079, 2081 Abs. 1;[82] nicht hingegen bei der Ausschlagung der Erbschaft nach § 1945.[83]

35 **4. Auswahl unter mehreren privaten Adressaten.** Schließlich gibt es einige Fälle, in denen eine Erklärung wahlweise an verschiedene private Adressaten gerichtet werden kann (vgl. insbesondere § 182 Abs. 1). So hatte sich bereits das RG mit dem Fall zu befassen, dass ein als Vorerbe eingesetzter gesetzlicher Vertreter eines minderjährigen Nacherben diesen bei der Zustimmung zu einer von ihm getroffenen Verfügung vertreten und die Zustimmung nicht gegenüber sich selbst (Fall des § 181), sondern gegenüber dem durch die Verfügung begünstigten Geschäftsgegner erklärt hatte.[84] Gegen eine Anwendung des § 181 spricht entscheidend, dass der Dritte nicht lediglich formeller, sondern auch materieller Adressat der Erklärung ist, so dass es an einem tatbestandlichen Anknüpfungspunkt für die analoge Anwendung des § 181 fehlt.[85] Dem Schutzbedürfnis des Vertretenen wird man in nicht wenigen Fällen anhand der Grundsätze über den Missbrauch der Vertretungsmacht Rechnung tragen können.[86]

V. Zulässige Insichgeschäfte

36 Die Anwendung des § 181 kann zum einen durch die im Gesetz selbst genannten Fälle ausgeschlossen sein, zum anderen aber auch dadurch, dass aufgrund des Regelungsgehalts der Vorschrift (vgl. Rn 21 ff.) eine teleologische Reduktion vorzunehmen ist.

37 **1. Gestattung.** Ein Insichgeschäft kann nach § 181 u.a. dann vorgenommen werden, ist also zulässig, wenn es dem Vertreter gestattet ist. Eine solche Gestattung kann rechtsgeschäftlicher Natur sein; sie kann sich aber auch unmittelbar aus dem Gesetz ergeben.

38 **a) Rechtsgeschäftliche Gestattung.** Bei der rechtsgeschäftlichen Gestattung wird der Dispens von den Beschränkungen des § 181 durch eine **einseitige, empfangsbedürftige Willenserklärung** erteilt. Sie kann im Hinblick auf einen konkreten Einzelfall, bezogen auf eine bestimmte Gattung von Geschäften oder ganz

---

78 RGRK/*Steffen*, § 181 Rn 12.
79 BGHZ 91, 334; MüKo/*Schramm*, § 181 Rn 25; *Larenz/Wolf*, BGB AT, § 46 Rn 134.
80 BGHZ 77, 7, 9 ff.; Soergel/*Leptien*, § 181 Rn 30; Erman/*Palm*, § 181 Rn 16; Bamberger/Roth/ *Habermeier*, § 181 Rn 23; *Larenz/Wolf*, BGB AT, § 46 Rn 132.
81 BGHZ 77, 7, 10.
82 RGZ 143, 350; Soergel/*Leptien*, § 181 Rn 30; Erman/*Palm*, § 181 Rn 16.
83 BayObLGZ 1983, 213, 220; Soergel/*Leptien*, § 181 Rn 30; Palandt/*Heinrichs*, § 181 Rn 13; a.A. Buchholz, NJW 1993, 1161.
84 RGZ 76, 89.
85 Umstr., wie hier: RGZ 76, 89, 92; OLG Hamm NJW 1965, 1489, 1490; DNotZ 2003, 635; auf dieser Linie auch BGH NJW 1985, 2409, 2410; Soergel/ *Leptien*, § 181 Rn 31; Palandt/*Heinrichs*, § 181 Rn 8; offen gelassen von BayObLG NJW-RR 1995, 1032, 1033; für analoge Anwendung des § 181: Staudinger/ *Schilken*, § 181 Rn 41; Erman/*Palm*, § 181 Rn 17; *Flume*, BGB AT Bd. 2, § 48, 2, S. 813 f.
86 Soergel/*Leptien*, § 181 Rn 31; vgl. auch BGH NJW 1985, 2409.

§ 181 Insichgeschäft

allgemein erteilt werden. Wie die Bevollmächtigung selbst bedarf auch die rechtsgeschäftliche Gestattung grundsätzlich **keiner Form**.[87] Dies gilt auch für eine unter Befreiung von den Beschränkungen des § 181 erteilte Vollmacht zur Veräußerung oder zum Erwerb eines Grundstücks. Das Erfordernis notarieller Beurkundung nach § 311b Abs. 1 ist hier nur dann zu beachten, wenn der Vertretene durch die Erteilung der Vollmacht rechtlich und tatsächlich in gleicher Weise gebunden wird wie durch die Vornahme des formbedürftigen Rechtsgeschäfts.[88] Die Gestattung von Insichgeschäften allein hat diesen Effekt nicht. Sie erweitert lediglich die dem Vertreter zukommende Vertretungsmacht.

Eine Gestattung kann auch durch **konkludentes Handeln** erfolgen,[89] wobei im bloßen Dulden des Selbstkontrahierens eine solche nicht vorliegt. Wird **Generalvollmacht, Prokura oder Handlungsvollmacht** erteilt, so liegt allein darin noch keine konkludente Befreiung von dem Verbot des § 181.[90] Die Erklärung des Vertretenen ist dabei, wie jede Willenserklärung, der Auslegung unter Berücksichtigung der Verkehrssitte fähig.[91]   39

Zur Gestattung befugt ist grundsätzlich allein der Vertretene – im Falle der Mehrvertretung die Vertretenen. Selbstredend kann der Vertreter die Gestattung nicht sich selbst gegenüber erklären.   40

Soll ein **Organ einer juristischen Person** von der Beschränkung des § 181 befreit werden, so kann dies entweder bereits in der Satzung geschehen oder später durch einen Beschluss des Bestellorgans erfolgen. Bestellorgan ist beim eingetragenen Verein die Mitgliederversammlung (§ 32), bei der GmbH die Gesellschafterversammlung. Dem Geschäftsführer einer GmbH kann eine generelle Befreiung von den Beschränkungen des § 181 allerdings nur eingeräumt werden, wenn eine solche Befreiung in der Satzung vorgesehen und im Handelsregister gem. § 10 Abs. 1 S. 2 GmbHG eingetragen ist.[92] Ein einfacher Gesellschafterbeschluss genügt nicht.[93] Ausreichend ist es aber auch, wenn in der Satzung lediglich eine Ermächtigung für die Gesellschafterversammlung enthalten ist und diese später durch einfachen Gesellschafterbeschluss die Befreiung aussprechen kann.[94] Dieser kann auch außerhalb einer Gesellschafterversammlung durch schlüssiges Verhalten erfolgen.[95] In der **Praxis** empfiehlt es sich, in den Gesellschaftsvertrag folgende Ermächtigung aufzunehmen: *„Die Gesellschafter können Geschäftsführer durch Beschluss allgemein oder im Einzelfall von den Beschränkungen des § 181 BGB befreien."*[96] Wenn die Satzung lediglich eine Ermächtigung der Gesellschafterversammlung enthält, bedarf es keiner Eintragung ins Handelsregister.[97] Es empfiehlt sich jedoch, die Befreiung in jedem Fall in das Handelsregister eintragen zu lassen, da durch diese Eintragung die Wirkung des § 15 HGB ausgelöst wird.[98] Für die Aktiengesellschaft ist § 112 AktG zu beachten. Ausgeschlossen ist es, dass sich die Vertretungsorgane untereinander die Vornahme von Insichgeschäften gestatten. Für die **Personenhandelsgesellschaften** gelten die vorstehenden Grundsätze entsprechend.[99]   41

Im Falle der **gesetzlichen Vertretung** kann dem Vertreter das Selbstkontrahieren nicht unmittelbar durch das Vormundschaftsgericht, sondern nur durch einen besonderen, hierfür bestellten Pfleger gestattet werden.[100] Zu Recht wird im Schrifttum darauf hingewiesen, dass dem Vormundschaftsgericht in erster Linie die Aufsicht obliegt und nicht die Rolle eines allgemeinen gesetzlichen Ersatzvertreters zufällt; auf § 1846 kann die Zuständigkeit des Vormundschaftsgerichts zur Genehmigung nicht gestützt werden.[101]   42

Nach der hier vertretenen Auffassung findet § 181 auch auf das Handeln privater Amtswalter Anwendung (vgl. Rn 11). Damit wird aber auch die Frage der Gestattung bedeutsam. Für den **Testamentsvollstrecker** kann eine Befreiung von § 181 nur durch den Erblasser erfolgen.[102] Die Erben oder das Nachlassgericht   43

---

87 BGH NJW 1979, 2306; BGHZ 13, 49 (zu § 15 GmbHG); MüKo/*Schramm*, § 181 Rn 16; Soergel/*Leptien*, § 181 Rn 37.
88 Erman/*Palm*, § 181 Rn 24.
89 Soergel/*Leptien*, § 181 Rn 38; Beispiel: Erteilung einer Auflassungsvollmacht durch beide Parteien in derselben Urkunde (KG JW 1937, 471; LG Kassel DNotZ 1958, 429, 431).
90 KG JR 1952, 438; Palandt/*Heinrichs*, § 181 Rn 17.
91 Vgl. mit Beispielen Staudinger/*Schilken*, § 181 Rn 52.
92 Zur Eintragungspflichtigkeit BGHZ 87, 59, 61; BGH NJW-RR 2004, 120; Soergel/*Leptien*, § 181 Rn 39; a.A. *Roth/Altmeppen*, GmbHG, 4. Aufl. 2003, § 35 Rn 66. Eine solche Befreiung gilt nicht für den Geschäftsführer als (geborenen) Liquidator, vgl. BayObLG DB 1985, 1521; GmbHR 1997, 176, 177; OLG Düsseldorf NJW-RR 1990, 51. Die in der Satzung enthaltene bloße Ermächtigung zur Befreiung soll hingegen im Zweifel auch für den Liquidator gelten, so BayObLG NJW-RR 1996, 611; OLG Zweibrücken NJW-RR 1999, 38.
93 OLG Köln NJW 1993, 1018.
94 BayObLG GmbHR 1982, 257.
95 BGH NJW 1976, 1539.
96 Vgl. auch Beck'sches Formularbuch Bürgerliches-, Handels- und Wirtschaftsrecht, 8. Aufl. 2003 IX 1.
97 Soergel/*Leptien*, § 181 Rn 39; BayObLG GmbHR 1982, 257.
98 BayObLG NZG 2000, 475.
99 Soergel/*Leptien*, § 181 Rn 36.
100 RGZ 71, 162, 165; BGHZ 21, 229, 234; Staudinger/*Schilken*, § 181 Rn 57; MüKo/*Schramm*, § 181 Rn 55; *Medicus*, BGB AT, Rn 957; anders (für Mehrvertretung) Soergel/*Leptien*, § 181 Rn 42; *Enneccerus/Nipperdey*, BGB AT Bd. 2/2, § 181 II 1, S. 1110 f.; *Larenz/Wolf*, BGB AT, § 46 Rn 128.
101 Staudinger/*Schilken*, § 181 Rn 47.
102 BGHZ 30, 67, 69 f.

können eine Gestattung nicht aussprechen. Eine Befreiung des **Insolvenzverwalters** kann nicht durch den Gemeinschuldner ausgesprochen werden, da es diesem aufgrund der Insolvenz an der Verfügungsbefugnis fehlt. Auch die Gläubiger sind nicht befugt, die Gestattung zu erklären. Wohl aber wird man es genügen lassen, dass sich der Gemeinschuldner und seine Gläubiger einig sind, den Insolvenzverwalter vom Vertretungshindernis des § 181 zu befreien.[103] Ferner kann das Insolvenzgericht einen Sonderpfleger bestellen, der dann die Gestattung ausspricht.[104]

44 **b) Gesetzliche Gestattung.** Eine Gestattung kann sich auch direkt aus dem **Gesetz** ergeben. Eine solche gesetzliche Befreiung findet sich unter anderem in § 1009 BGB,[105] § 125 Abs. 2 S. 2 HGB, § 78 Abs. 4 AktG.

45 **2. Erfüllung einer Verbindlichkeit.** Gemäß § 181 ist ein Insichgeschäft auch dann zulässig, wenn das Rechtsgeschäft ausschließlich in der Erfüllung einer Verbindlichkeit besteht. Dies ist ohne weiteres einsichtig, ist doch eine Interessenkollision nicht zu besorgen, wenn der durch das Rechtsgeschäft angestrebte Erfolg ohnehin geschuldet ist, also von Rechts wegen sowieso herbeigeführt werden müsste. Dabei kann es sich sowohl um Verbindlichkeiten des Vertreters gegenüber dem Vertretenen und umgekehrt als auch im Falle der Mehrvertretung des Vertreters gegenüber dem anderen Vertretenen handeln. Ob die Verbindlichkeit auf Rechtsgeschäft oder Gesetz beruht, ist unerheblich.[106] Die Verbindlichkeit muss jedoch **vollwirksam, also fällig und einredefrei** sein.[107] Nicht ausreichend ist es, dass sie dies erst durch die Erfüllung wird, zum Beispiel in den Fällen der §§ 518 Abs. 2, 311b Abs. 1 S. 2. Erforderlich ist weiterhin, dass das Rechtsgeschäft ausschließlich der Erfüllung einer Verbindlichkeit dient. Dass infolge der Erfüllung neue Verbindlichkeiten entstehen, zum Beispiel Gewährleistungsansprüche, steht der Zulässigkeit des Insichgeschäfts allerdings nicht entgegen.[108] Hinsichtlich der Frage, ob auch **Erfüllungssurrogate** erfasst werden, ist zu differenzieren. Eine Leistung an Erfüllung statt bzw. eine Leistung erfüllungshalber hat keine ausschließliche Erfüllungswirkung und fällt damit nicht unter die Erfüllung einer Verbindlichkeit.[109] Dagegen handelt es sich bei der Aufrechnung, soweit eine beiderseitige Aufrechnungslage besteht, um die reine Erfüllung einer Verbindlichkeit.[110] Auch bei der Hinterlegung mit Erfüllungswirkung handelt es sich um ein Erfüllungssurrogat, das von § 181 gedeckt ist.[111] Zu der aus Gründen des Schutzes beschränkt Geschäftsfähiger gebotenen **Gesamtbetrachtung** bei **Schenkungen gegenüber Minderjährigen** vgl. bereits Rn 23.

46 **3. Erkennbarkeit des zulässigen Insichgeschäftes.** Wird ein zulässiges Insichgeschäft vorgenommen, so passen auf diese Fälle die allgemeinen Regelungen der Rechtsgeschäftslehre nicht. Abgabe und Empfang der Willenserklärung vollziehen sich in ein und derselben Person, sind also nach außen nicht sichtbar. Daraus ergibt sich eine gewisse formelle Problematik, da es die Rechtssicherheit gebietet, dass ein Rechtsgeschäft nach außen sichtbar ist.[112] Allzu leicht würde sonst der Gläubiger durch unbemerkte Vermögensverschiebungen gefährdet werden. Bei einem bloß inneren Willensentschluss handelt es sich nicht um ein Rechtsgeschäft. Daraus folgt, dass auch ein Insichgeschäft stets eine Manifestation in der Außenwelt erfahren muss,[113] wobei es aber grundsätzlich ausreicht, dass die Vornahme des Insichgeschäfts „für einen mit den Verhältnissen Vertrauten erkennbar ist".[114] Eine derartige Erkennbarkeit ist bei **formbedürftigen Rechtsgeschäften** schon durch die notwendige Einhaltung der Form gewährleistet.

47 Bei **Verfügungsgeschäften** müssen die Willenserklärungen für Dritte erkennbar in Erscheinung treten, dabei ist jede Art der Manifestation ausreichend.[115] Das Prinzip der Offenkundigkeit sachenrechtlicher Geschäfte ist dabei von besonderer Bedeutung. Daneben sind aber die Anforderungen zu beachten, die sich aus dem sachenrechtlichen Bestimmtheitsgrundsatz ergeben. Nach diesem sind die Objekte, über die verfügt wird, durch eine entsprechende Maßnahme, also z.B. Aussonderung oder Kennzeichnung, zu individualisieren.[116]

---

103 Soergel/*Leptien*, § 181 Rn 36; Staudinger/*Schilken*, § 181 Rn 59; Erman/*Palm*, § 181 Rn 25.
104 Staudinger/*Schilken*, § 181 Rn 59; Soergel/*Leptien*, § 181 Rn 36.
105 A.A. Bamberger/Roth/*Habermeier*, § 181 Rn 37.
106 Staudinger/*Schilken*, § 181 Rn 61.
107 Palandt/*Heinrichs*, § 181 Rn 22.
108 Staudinger/*Schilken*, § 181 Rn 61.
109 Soergel/*Leptien* § 181 Rn 43.
110 MüKo/*Schramm*, § 181 Rn 57.
111 Zu weiteren Einzelfällen vgl. Soergel/*Leptien*, § 181 Rn 44.
112 *Flume*, BGB AT Bd. 2, § 48, 1.
113 BGH NJW 1962, 587, 589; 1991, 1730; OLG Düsseldorf NJW-RR 2000, 851, 853; Soergel/*Leptien*, § 181 Rn 8; MüKo/*Schramm*, § 181 Rn 60; Staudinger/*Schilken*, § 181 Rn 64.
114 *Flume*, BGB AT Bd. 2, § 48, 1, S. 810; MüKo/*Schramm*, § 181 Rn 60.
115 *Flume*, BGB AT Bd. 2, § 48, 1, S. 810; Staudinger/*Schilken*, § 181 Rn 65; Soergel/*Leptien*, § 181 Rn 65.
116 Vgl. RGZ 116, 198, 202; MüKo/*Schramm*, § 181 Rn 62; Bamberger/Roth/*Habermeier*, § 181 Rn 44.

Handelt es sich dagegen um ein **Verpflichtungsgeschäft**, sind an die Erkennbarkeit geringere Anforderungen zu stellen. In diesen Fällen ist es ausreichend, wenn sich die Vornahme aus späteren Maßnahmen, insbesondere der Erfüllungshandlung, ergibt.[117]

VI. Rechtsfolgen unzulässiger Insichgeschäfte

1. Schwebende Unwirksamkeit. § 181 ordnet als Rechtsfolge an, dass der Vertreter das Rechtsgeschäft nicht vornehmen kann. Es handelt sich aber **nicht um ein Verbotsgesetz**, sondern um eine **gesetzliche Beschränkung der Vertretungsmacht**.[118] Ein unter Missachtung dieser Beschränkung gleichwohl vorgenommenes Rechtsgeschäft ist daher nicht nichtig,[119] sondern regelmäßig nur **schwebend unwirksam**.[120] Nur bei einseitigen Rechtsgeschäften hat der Verstoß gegen § 181 analog § 180 die Nichtigkeit zur Folge.[121] Die rückwirkende Genehmigung von Verträgen erfolgt in entsprechender Anwendung der §§ 177, 184.[122] Damit hat es der Vertretene selbst in der Hand, die Vorteile und Nachteile des Geschäftes abzuwägen und zu prüfen, ob er auf den Schutz des § 181 verzichten möchte. Der Vertreter, der einen Vertrag im eigenen Namen geschlossen hat, ist bis zur Erklärung des Vertretenen über die Genehmigung an den Vertrag gebunden. Eine Beendigung des Schwebezustandes kann der Vertreter über die Aufforderung nach § 177 Abs. 2 erreichen.[123] Ein **Widerruf** gemäß § 178 scheidet im Regelfall aus, da der Vertreter von dem Insichgeschäft und damit von der Begrenzung seiner Vertretungsmacht Kenntnis hat. Nur im Ausnahmefall ist ein Widerruf möglich, wenn der Vertreter die Rechtsfolgen des § 181 wegen Rechtsirrtums nicht gekannt hat.[124]

Wurde von einer der Parteien in Unkenntnis des Schwebezustandes bereits eine **Leistung erbracht**, so kann diese – auch vor Verweigerung der Genehmigung – gemäß § 812 Abs. 1 S. 1 herausverlangt werden.[125]

2. Genehmigung. Die Genehmigung kann nur **von dem Vertretenen** oder von dem (nicht am Insichgeschäft beteiligten) Vertreter[126] erteilt werden. Zur Frage, wer dies im Einzelfall ist, kann auf die Ausführungen zur Gestattung verwiesen werden (vgl. Rn 37 ff.). Die Genehmigung kann auch durch schlüssiges Verhalten erklärt werden, zum Beispiel durch Geltendmachung des vertraglichen Anspruchs. Allein im Zeitablauf liegt noch keine konkludente Genehmigung. Der Vertretene kann sich vielmehr zeitlich unbefristet auf die schwebende Unwirksamkeit berufen, eine Verwirkung soll nicht möglich sein.[127] Liegt eine Mehrvertretung vor, so ist die Genehmigung aller Vertretenen notwendig. Nach dem Tod des Vertretenen ist eine Genehmigung nur noch durch die Erben möglich.[128]

Im Falle der **gesetzlichen Vertretung** muss durch das Vormundschaftsgericht ein Pfleger bestellt werden, der dann das Rechtsgeschäft genehmigen kann.[129] Eine Genehmigung durch den nicht voll geschäftsfähigen Vertretenen ist nicht möglich, anders, wenn der Vertretene inzwischen voll geschäftsfähig geworden ist.

Die Erteilung der Genehmigung und ihre Verweigerung stellen eine privatautonome Entscheidung des Vertretenen dar. Eine **Pflicht zur Genehmigung** ist grundsätzlich abzulehnen. Lediglich in Ausnahmefällen kann sich die Verweigerung der Genehmigung als ein Verstoß gegen Treu und Glauben darstellen.[130]

C. Weitere praktische Hinweise

I. Beweislast

Die Unzulässigkeit des Insichgeschäfts ist die gesetzliche Regelfolge. Beruft sich eine der Parteien dennoch auf die **Wirksamkeit des Rechtsgeschäfts**, so trägt diese die Beweislast für die Voraussetzungen der Wirksamkeit, zum Beispiel die vorherige Gestattung oder eine Genehmigung.[131] Will ein Testamentsvollstrecker

---

117 Staudinger/*Schilken*, § 181 Rn 67; MüKo/*Schramm*, § 181 Rn 60 jeweils m.w.N. aus der reichsgerichtlichen Rspr.
118 MüKo/*Schramm*, § 181 Rn 41; *Flume*, BGB AT Bd. 2, § 48, 1, S. 811; *Bork*, BGB AT, Rn 1600.
119 So nur die frühe Rspr. des RG (vgl. RGZ 51, 422, 426).
120 BGHZ 65, 125; BGH NJW-RR 1994, 291; Soergel/*Leptien*, § 181 Rn 45; Erman/*Palm*, § 181 Rn 21.
121 BayObLG NJW-RR 2003, 663; Soergel/*Leptien*, § 181 Rn 45.
122 So BGHZ 65, 123, 126.
123 MüKo/*Schramm*, § 181 Rn 41.
124 MüKo/*Schramm*, § 181 Rn 41.
125 BGHZ 65,123, 126 f.; Staudinger/*Schilken*, § 181 Rn 46.
126 BGH NJW-RR 1994, 291, 293.
127 OLG München NJW 1968, 2109.
128 OLG Hamm OLGZ 79, 44.
129 BGHZ 21, 229; RGZ 71, 162; Staudinger/*Schilken*, § 181 Rn 47; MüKo/*Schramm*, § 181 Rn 42; *Bork*, BGB AT, Rn 1600; für Zuständigkeit des Vormundschaftsgerichts bei Mehrvertretung hingegen Soergel/*Leptien*, § 181 Rn 42; *Nipperdey*, in: FS Raape 1948, S. 305 ff.; vgl. im Übrigen die Ausführungen zum Parallelproblem bei der Gestattung (Rn 37 ff.).
130 RGZ 64, 366; 110, 214; Soergel/*Leptien*, § 181 Rn 45.
131 Bamberger/Roth/*Habermeier*, § 181 Rn 47; Erman/*Palm*, § 181 Rn 30; MüKo/*Schramm* § 181 Rn 64; Soergel/*Leptien*, § 181 Rn 43, 46.

den notwendigen Nachweis der Gestattung führen, genügt hierfür der Nachweis, dass sich das Rechtsgeschäft im Rahmen der ordnungsgemäßen Verwaltung des Nachlasses im Sinne des § 2216 gehalten hat.[132]

II. Gestaltungshinweise

55 Eine Befreiung von der Beschränkung des § 181 begründet stets auch ein erhöhtes Missbrauchspotenzial. Daher kann hierzu grundsätzlich nur bei Bestehen eines besonderen Vertrauensverhältnisses zwischen Vollmachtgeber und Bevollmächtigtem geraten werden.

56 Ob der Bevollmächtigte von der Beschränkung des § 181 befreit sein soll, kann zwar grundsätzlich auch im Wege der Auslegung ermittelt werden,[133] zur Vermeidung von Zweifeln sollte es bei der Gestaltung jedoch ausdrücklich erklärt werden.

57 Bei Bedarf kann von den beiden Verboten des § 181 – dem Verbot von Insichgeschäften und dem Verbot der Mehrfachvertretung – insgesamt befreit werden: „Ich bevollmächtige <Name> unter Befreiung von den Beschränkungen des § 181 BGB <...>"

58 Je nach Interesse des Mandanten kann es jedoch auch sinnvoll sein, zwischen den zwei Verboten bei der Gestaltung zu differenzieren: „Die Vollmacht schließt für den Bevollmächtigten dessen Befreiung von der Beschränkung des Insichgeschäftes, nicht jedoch von dem Verbot der Mehrfachvertretung des § 181 BGB, ein."

59 Erhält der Vertreter die Befugnis zur Unterbevollmächtigung, so sollte grundsätzlich zwischen der Befreiung des Haupt- und des Unterbevollmächtigten vom Verbot des § 181 unterschieden werden: „Ich bevollmächtige <Name> unter Befreiung von den Beschränkungen des § 181 BGB <...> Der Bevollmächtigte ist berechtigt, <...> Untervollmacht zu erteilen, dies jedoch nicht unter Befreiung von den Beschränkungen des § 181 BGB."

60 „Der Bevollmächtigte ist von den Beschränkungen des § 181 BGB befreit. Er ist berechtigt, Untervollmachten in demselben Umfang zu erteilen."

Titel 6. Einwilligung und Genehmigung

§ 182 Zustimmung*

(1) ¹Hängt die Wirksamkeit eines Vertrags oder eines einseitigen Rechtsgeschäfts, das einem anderen gegenüber vorzunehmen ist, von der Zustimmung eines Dritten ab, so kann die Erteilung sowie die Verweigerung der Zustimmung sowohl dem einen als dem anderen Teil gegenüber erklärt werden.

(2) ¹Die Zustimmung bedarf nicht der für das Rechtsgeschäft bestimmten Form.

(3) ¹Wird ein einseitiges Rechtsgeschäft, dessen Wirksamkeit von der Zustimmung eines Dritten abhängt, mit Einwilligung des Dritten vorgenommen, so finden die Vorschriften des § 111 Satz 2, 3 entsprechende Anwendung.

Literatur: *Bayer*, Lebensversicherung, Minderjährigenschutz und Bereicherungsausgleich, VersR 1991, 129; *Berger*, Rechtsgeschäftliche Verfügungsbeschränkungen, 1998; *Doris*, Die rechtsgeschäftliche Ermächtigung bei Vornahme von Verfügungs-, Verpflichtungs- und Erwerbsgeschäften, 1974; *Einsele*, Formerfordernisse bei mehraktigen Rechtsgeschäften, DNotZ 1996, 835; *Finkenauer*, Rückwirkung der Genehmigung, Verfügungsmacht und Gutglaubensschutz, AcP 203 (2003), 282; *Hartmann/Atzpodien*, Zu den Auswirkungen stiftungsrechtlicher Genehmigungserfordernisse bei Vornahme, in: FS H. Schippel (Hrsg. Bundesnotarkammer) 1996, S. 147; *Hattenhauer*, Zur einseitigen privaten Rechtsgestaltung im Privatrecht. Begriffliche Befangenheit in der Lehre vom Gestaltungsrecht, Habilitationsschrift Münster 2003 (zitiert nach dem Manuskript); *Jauernig*, Zeitliche Grenzen für die Genehmigung von Rechtsgeschäften eines falsus procurator, in: FS H. Niederländer (Hrsg. Erik Jayme, Adolf Laufs, Karlheinz Misera, Gert Reinhart, Rolf Serick) 1991, S. 285; *Kroppenberg*, Die so genannten Vorwirkungen von schwebend unwirksamen Verpflichtungsverträgen, WM 2001, 844; *Kuhn*, Vollmacht und Genehmigung beim Grundstückskaufvertrag, RNotZ 2001, 305; *K. W. Lange*, Rechtsgeschäftliche Vertragsübernahme und Insolvenz, ZIP 1999, 1373; *M. Lange*, Kündigungen durch einen Vertreter ohne Vertretungsmacht – Bedeutung der Rückwirkung der Genehmigung gemäß § 184 BGB, in: FG Otto Sandrock (Hrsg. Ernst C. Stiefel u.a.) 1995, S. 243; *Merle*, Risiko und Schutz des Eigentümers bei Genehmigung der Verfügung eines Nichtberechtigten – Zur Zulässigkeit bedingter einseitiger Rechtsgeschäfte, AcP 183 (1983), 81; *Mertens*, Die Reichweite gesetzlicher Formvorschriften im BGB, JZ 2004, 431; *Noll*, Aktuelles Beratungs-Know-how Erbschaftsteuerrecht, DStR 2003, 968; *Nörr/Scheyhing/*

---

132 BGHZ 30, 68, 71; Bamberger/Roth/*Habermeier*, § 181 Rn 46; Soergel/*Leptien* Rn 32.

133 Vgl. OLG München DNotZ 1974, 229; vgl. auch bereits Rn 39.

* Für wertvolle Vorarbeiten und kritische Lektüre danke ich meinen Kollegen Frau Rechtsanwältin *Barbara Zeller* und Herrn Wiss. Mitarbeiter *Magnus Dorweiler*, weiterhin Herrn *Professor Dr. Christian Baldus*.

Pöggeler, Sukzessionen. Forderungszession, Vertragsübernahme, Schuldübernahme, 2. Auflage 1999; *Reiter/Methner*, Unwirksamkeit einer „Treuhändervollmacht zur Entreicherung" – Anmerkung zu BGH, Urt. v. 18.9.2001 (Az. XI ZR 321/00) und Urt. v. 11.10.2001 (Az. III ZR 182/00), VuR 2002, 61; *Schmidt*, Beseitigung der schwebenden Unwirksamkeit durch Verweigerung einer Genehmigung – Überlegungen zu einer vergessenen Streitfrage, AcP 189 (1989), 1; *Schmidt*, Vertragsnichtigkeit durch Genehmigungsverweigerung: ein Problem für Studium, Prüfung und Praxis – BGHZ 125, 355, JuS 1995, 102; *Thiele*, Die Zustimmungen in der Lehre vom Rechtsgeschäft, 1966; *Wagner*, Form und Beschränkung der Vertragsübernahme sowie der Einwilligung hierzu – BGH, DtZ 1996, 56, JuS 1997, 690; *Wagner*, Vertragliche Abtretungsverbote im System zivilrechtlicher Verfügungshindernisse, 1994; *Wilckens*, Ist der Rückgriff des Bestohlenen auf den Veräußerungserlös notwendig endgültiger Verzicht auf das Eigentum? Zur Zulässigkeit bedingter Genehmigungen, AcP 157 (1958/1959), 399.

A. Allgemeines 1	(3) Aufschiebende Bedingungen 35
I. Grundgedanken und Begriffe 1	(4) Aufschiebende Befristungen 37
1. Grundgedanken 1	(5) Auflösende Bedingungen und Befristungen 38
2. Terminologie 2	(6) Ausweichmöglichkeiten . . 39
3. Regelungsbereich 3	bb) Widerruf 40
4. Nichtabdingbarkeit 6	4. Anfechtung 41
II. Rechtsnatur und verwandte Figuren 7	a) Anfechtungsgrund 41
1. Rechtsnatur 7	b) Anfechtungsgegner 42
a) Zustimmung als Willenserklärung . . 7	c) Person des Täuschenden oder Drohenden 43
b) Grundverhältnis 8	5. Sonstiges 45
c) Verweigerung 9	IV. Sondergebiete 48
d) Verfügung 10	1. Zivilprozessrecht 48
e) Korrespondenz von Zustimmung und Hauptgeschäft 11	2. Arbeitsrecht 49
f) Freiheit des Zustimmenden 12	3. Öffentliches Recht 50
g) Guter Glaube 13	a) Gerichtliche Genehmigungen 50
h) Vererblichkeit 14	b) Behördliche Genehmigungen 51
2. Verwandtschaft zur Stellvertretung 15	4. Sozialrecht 52
3. Vergleichbare rechtsgeschäftliche Vereinbarungen 16	5. Steuerrecht 53
III. Anwendung der allgemeinen Regeln über Rechtsgeschäfte 17	**B. Regelungsgehalt** 54
1. Konkludenz 18	I. Adressat der Zustimmungserklärung (Abs. 1) . 54
2. Erklärungsbewusstsein 19	II. Form der Zustimmung (Abs. 2) 56
a) Allgemeines 19	1. Allgemeines 56
b) Minderjährigenfälle 20	2. Einschränkende Auslegung? 57
aa) Typische Situation 20	a) Umfang der Diskussion 57
bb) Genehmigung mit Erklärungsbewusstsein? 21	b) Streitstand 58
cc) Genehmigung ohne Erklärungsbewusstsein? 22	c) Neuere Entwicklung 59
dd) Rechtsmissbrauch? 23	d) Bewertung 60
c) Vertreterfälle 24	e) Praktische Folgen 61
d) Zusammenfassung 25	III. Zustimmung zu einem einseitigen Rechtsgeschäft (Abs. 3) 62
e) Einwilligungen 29	1. Einwilligung 62
3. Bedingung, Befristung, Widerruf 30	2. Genehmigung 63
a) Einwilligungen 31	**C. Weitere praktische Hinweise** 64
b) Genehmigungen 32	I. Beweislast 64
aa) Bedingungen und Befristungen . 32	II. Formulierungen 65
(1) Streitstand 32	1. Einwilligungen 66
(2) Unstreitiges 33	2. Genehmigungen 67

A. Allgemeines

I. Grundgedanken und Begriffe

1. Grundgedanken. Bisweilen können Personen Rechtsgeschäfte nicht allein abschließen, sondern es ist die Mitwirkung Dritter im Wege der Zustimmung nötig. Regelmäßig sind diese dritten Personen die eigentlich für die Vornahme des Geschäfts Zuständigen oder zumindest Mitzuständigen, weil ihre **Rechte oder Interessen jedenfalls mittelbar betroffen** sind (auch bei Vornahme von Rechtsgeschäften in Arbeitsteilung), oder sie sind **zur Aufsicht** über eine der handelnden Personen **berufen**. Die Handelnden weisen demgegenüber einen rechtlichen „Defekt" auf, sei es einen grundsätzlichen, in ihrer Person liegenden oder einen speziellen für das betreffende Geschäft. Der Defekt und das Zustimmungserfordernis ergeben sich allein aus oder aufgrund der Rechtsordnung, nicht allein aus Parteivereinbarung (siehe aber Rn 16).[1] Die §§ 182 ff. setzen die Zustimmungserfordernisse voraus und bilden nur die allgemeinen Regeln, die dann Anwendung finden, wenn nicht in den zustimmungsanordnenden Normen Sondervorschriften enthalten sind (etwa § 108 Abs. 2 S. 1 gegen § 182 Abs. 1 a.E.). In einigen Fällen ist statt einer Zustimmung auch eine Mitwirkung des Dritten als Vertragspartei zulässig, etwa bei der Vertragsübernahme.[2]

2. Terminologie. Das Gesetz selbst gibt die Terminologie im Recht der Zustimmung zu Rechtsgeschäften vor: vorherige Zustimmung ist **Einwilligung** (§ 183), nachträgliche Zustimmung **Genehmigung** (§ 184 Abs. 1).[3] Bezugspunkt ist die Vollendung des zustimmungsbedürftigen Rechtsgeschäfts, so dass bei einem mehraktigen (gestreckten) Tatbestand das letzte vorzunehmende Element entscheidend ist; jede vorher erfolgte Zustimmung ist Einwilligung.[4] Welchen Begriff die Rechtspraxis im Einzelfall verwendet, ist für die Auslegung der Erklärung und die daran zu knüpfenden Rechtsfolgen (z.B. entweder § 183 oder § 184) unerheblich. Gegebenenfalls kann sogar eine als Genehmigung auszulegende Erklärung in eine Einwilligung **umgedeutet** werden (§ 140), wenn allein für diese die Voraussetzungen vorliegen; so bei einer Genehmigung zu einem Grundstücksgeschäft, wenn die ursprünglich vorhandene Eintragung im Grundbuch wieder gelöscht worden ist.[5] Auch die Umdeutung einer Einwilligung in eine Genehmigung ist regelmäßig möglich (Bsp.: bei Zugang der Einwilligung ist das Hauptgeschäft ohne Kenntnis des Zustimmenden gerade vollendet worden). Nicht verwendet oder gar definiert wird in den §§ 182 ff. der Begriff der **Ermächtigung** (siehe aber etwa §§ 112 f., 370, 783). Er begegnet daher in mannigfaltigen Zusammenhängen, teils untechnisch, teils juristisch-technisch gebraucht (z.B. bei der sog. Verpflichtungsermächtigung), und häufig in Fällen des § 185.[6]

3. Regelungsbereich. In direkter Anwendung betreffen die §§ 182–185 nur die Zustimmung einer dritten Privatperson zu einem einseitigen empfangsbedürftigen oder mehrseitigen Rechtsgeschäft. Bereits auf die Genehmigung des volljährig gewordenen Minderjährigen zu einem von ihm selbst geschlossenen, schwebend unwirksamen Geschäft (§ 108 Abs. 3) müssen die **§§ 182 ff. analog** angewendet werden. Nur eine entsprechende Anwendung – wenn überhaupt – ist auch bei Zustimmungen von Hoheitsträgern und Gerichten zu einem privatrechtlichen Rechtsgeschäft denkbar (vgl. Rn 50 f.). Auch auf geschäftsähnliche Handlungen (Bsp.: ein Minderjähriger mahnt) müssen die Vorschriften analog angewandt werden,[7] desgleichen – soweit passend – auf nichtempfangsbedürftige Willenserklärungen.[8] § 185 geht in Abs. 2 S. 1 Fall 2 und 3 sowie S. 2 über den Regelungsbereich der §§ 182 ff. hinaus und erfasst einige Konvaleszenzfälle, enthält zudem ein materielles Zustimmungserfordernis (§ 185 Abs. 1, Abs. 2 S. 1 Fall 1).

Ist sonst in Gesetzen von einer Zustimmung, Einwilligung, Genehmigung, Ermächtigung oder ähnlichen Figur die Rede, muss jeweils geprüft werden, ob die §§ 182 ff. überhaupt passen. Maßstab ist, ob ein Dritter seine Einverständniserklärung zu einem sonst schwebend unwirksamen Rechtsgeschäft erteilt. Fehlt eines dieser Elemente, sind die Vorschriften nicht oder nur mit größter Vorsicht entsprechend anzuwenden. Beispiele: Die Verweigerung oder Erteilung der Erlaubnis im Sinne u.a. des § 540 macht keinen Vertrag wirksam oder unwirksam; die Bestätigung nach § 144 bezieht sich auf ein eigenes gültiges Rechtsgeschäft; eine Einwilligung in eine Körperverletzung oder sonstige Rechts- oder Rechtsgutsverletzung ist eine Kategorie allein des Deliktsrechts; die Zustimmung im Sinne der §§ 32 Abs. 2, 709 Abs. 1, 744 Abs. 2 meint die unmittelbare Mitwirkung an einem Beschluss. Die Vorschriften von Titel 6 sind hier jeweils nicht anwendbar.

Eine **Analogie** zu § 184 Abs. 1 erkennt die herrschende Meinung aber etwa bei § 684 S. 2 an, der Genehmigung der Geschäftsführung ohne Auftrag durch den Geschäftsherrn, obwohl hier kein Rechtsgeschäft, sondern ein tatsächliches Verhalten genehmigt wird.[9] Zu § 183 ist eine Analogie denkbar bei der Zustimmung des Verwalters einer Wohnungseigentümergemeinschaft zu einer bestimmten Nutzungsart des Teileigentums

---

1 Ganz h.M.: BGHZ 108, 172, 177 = NJW 1990, 108; Staudinger/*Gursky*, Vorbem. zu §§ 182 ff. Rn 27; MüKo/*Schramm*, vor § 182 Rn 13; *Thiele*, S. 186 ff.; a.A. Bamberger/Roth/*Bub*, vor § 182 Rn 4.
2 Ganz h.M. und st.Rspr.: BGHZ 95, 88, 93 f. = NJW 1985, 2528; BGHZ 142, 23, 30 = NJW 1999, 2664; Staudinger/*Gursky*, Vorbem. zu §§ 182 ff. Rn 32; eingehend *Nörr*, in: Nörr/Scheyhing/Pöggeler, S. 191 ff.
3 Zu den gleichwohl auftretenden Abweichungen in der Terminologie des BGB s. Staudinger/*Gursky*, Vorbem. zu §§ 182 ff. Rn 3.
4 Staudinger/*Gursky*, § 183 Rn 1; *v. Tuhr*, BGB AT Bd. 2/2, S. 231 Anm. 139.
5 Staudinger/*Gursky*, § 184 Rn 10.
6 Vgl. *Doris*, S. 3 ff., 12 ff.
7 Vgl. etwa BayObLG FamRZ 1983, 744, 745 (Wohnsitzbegründung).
8 Letzteres ist teils str., s. Staudinger/*Gursky*, Vorbem. zu §§ 182 ff. Rn 17.
9 Vgl. Erman/*Ehmann*, § 684 Rn 4; Staudinger/*Wittmann*, § 684 Rn 10; noch weiter gehend BGH NJW 1989, 1672, 1673.

auf Basis der Gemeinschaftsordnung (die Nutzung ist kein Rechtsgeschäft).[10] Kein Anwendungsfall der §§ 182 ff. (auch nicht analog, insbesondere nicht des § 184), sondern ein inhaltsändernder Vertrag zwischen Gläubiger und Schuldner ist nach der Rechtsprechung die „Zustimmung" des Schuldners zur Abtretung einer nach § 399 Fall 2 vinkulierten Forderung, da ohne die „Zustimmung" keine schwebende, sondern endgültige Unwirksamkeit eintritt.[11]

4. Nichtabdingbarkeit. Die Vorschriften der §§ 182 ff. sind nicht abdingbar. Sie ergänzen andere Normen, die ebenfalls nicht abbedungen werden können, da ein Rechtsgeschäft nicht über seine eigene Gültigkeit befinden kann.[12] Streng durchgeführt, könnte dieser Grundsatz manchmal zu harten Ergebnissen führen; an diesen Stellen sieht das Gesetz aber ausdrücklich die Möglichkeit einer Abweichung durch Parteivereinbarung vor (§§ 183 S. 1 Hs. 2, 184 Abs. 1 Hs. 2). Sonst haben Abreden nur relativen Charakter, so dass ein Verstoß dagegen allenfalls zu Schadensersatzansprüchen führen kann (§§ 280 ff.).

II. Rechtsnatur und verwandte Figuren

1. Rechtsnatur. a) Zustimmung als Willenserklärung. Die Zustimmung ist als einseitige empfangsbedürftige Willenserklärung selbst ein Rechtsgeschäft, auf das die allgemeinen Regeln über Rechtsgeschäfte Anwendung finden. Abweichungen bedürfen einer besonderen Begründung aus teleologischen oder systematischen Gesichtspunkten; im Einzelnen ergeben sich hier manche Probleme (vgl. Rn 17 ff.). Die Zustimmung wird nach allgemeinen Regeln mit ihrem Zugang (§ 130) oder durch Zustellung nach der ZPO (§ 132) wirksam. Ob im Sonderfall des § 108 Abs. 3 ausnahmsweise von einer nichtempfangsbedürftigen Genehmigung auszugehen ist (dazu § 108 Rn 15 ff.), ist aus systematischen Gründen bedenklich und daher zweifelhaft; zu der ebenfalls abzulehnenden analogen Anwendung von § 152 siehe Rn 45.

b) Grundverhältnis. Die Zustimmung ist von dem Rechtsverhältnis, auf dessen Basis sie erteilt wird, dem sog. Grundverhältnis, zu unterscheiden (vgl. die Formulierung des § 183 S. 1) und ihm gegenüber grundsätzlich **abstrakt**. Ausnahmen, selbstverständlich neben den Fällen der Fehleridentität: § 183 S. 1 Hs. 2 (vgl. § 183 Rn 5), § 168 S. 1 analog (vgl. § 183 Rn 15), Missbrauch der Einwilligung. Eine Geschäftseinheit zwischen Grundverhältnis und Zustimmungserklärung (mit der Folge des § 139) ist abzulehnen. Das Grundverhältnis kann sich aus Gesetz (bspw. §§ 1626, 1629) oder Vertrag (dann kann man auch von „Grundgeschäft" sprechen) ergeben. Als Beispiele für ein Grundgeschäft kann man etwa anführen: eine Abrede zwischen dem Grundstückseigentümer und dem Inhaber eines Grundpfandrechts, das im Wege der Rangänderung zurücktreten soll (§ 880), wonach der Eigentümer gegen Zahlung einer bestimmten Geldsumme die notwendige (§ 880 Abs. 2 S. 2) Zustimmung erteilt; den Kaufvertrag zwischen Vorbehaltsverkäufer und Ersterwerber beim verlängerten Eigentumsvorbehalt, aufgrund dessen der Vorbehaltsverkäufer in die Weiterveräußerung der unter Eigentumsvorbehalt verkauften Ware einwilligt. Ein Grundverhältnis muss nicht notwendig bestehen; denkbar sind durchaus Fälle mit nichtigem oder ganz fehlendem Grundverhältnis.

c) Verweigerung. Rechtlich unerheblich ist die Verweigerung einer Einwilligung, da sie den Ablehnenden nicht bindet, so dass er danach jederzeit noch seine Zustimmung erteilen kann.[13] Die Anwendung von §§ 119 ff., 183 usw. ist daher direkt nicht möglich und analog mangels eines Bedürfnisses abzulehnen.[14] Ob die Verweigerung einer Genehmigung als Willenserklärung (so die herrschende Meinung) oder als **geschäftsähnliche Erklärung** (so die vorzugswürdige Ansicht) zu qualifizieren ist, ist umstritten, wegen der auch nach der Gegenmeinung gebotenen entsprechenden Anwendung der Regelungen über Willenserklärungen aber praktisch unerheblich.[15] Die notwendige Gleichstellung von Zustimmung und ihrer Verweigerung hat bereits in Abs. 1 ihren Ausdruck gefunden.

---

10 Richtig Staudinger/*Gursky*, § 183 Rn 18; unklar BayObLG NZM 2001, 138, 139.
11 Heute st. Rspr.: BGHZ 70, 299, 303 = NJW 1978, 813; BGHZ 108, 172, 176 = NJW 1990, 108; BGH ZIP 1992, 763; zust. MüKo/*Schramm*, vor § 182 Rn 15; a.A. Soergel/*Leptien*, § 184 Rn 11; abw. vielleicht auch BGH NJW-RR 1991, 763, 764 (*obiter*); vgl. eingehend *Berger*, S. 297 ff.; *Wagner*, S. 200 ff.
12 Vgl. *Thiele*, S. 189.
13 Staudinger/*Gursky*, § 182 Rn 35; MüKo/*Schramm*, § 182 Rn 19; Soergel/*Leptien*, § 182 Rn 6; *v. Tuhr*, BGB AT Bd. 2/2, S. 235 Fn 165; a.A. OLG Frankfurt DNotZ 1961, 159, 160.
14 Zurückhaltend Soergel/*Leptien*, § 182 Rn 6; a.A. MüKo/*Schramm*, § 182 Rn 19; Palandt/*Heinrichs*, § 182 Rn 4.
15 Für die h.M.: RGZ 139, 118, 125 ff.; BGH NJW 1999, 3704; MüKo/*Schramm*, § 182 Rn 20. Für die Gegenmeinung: eingehend *Schmidt*, AcP 189 (1989), 1, 6; Staudinger/*Gursky*, § 182 Rn 35.

10 d) Verfügung. Ob eine Zustimmung zu einer Verfügung selbst eine Verfügung ist oder sein kann, ist umstritten.[16] Das Problem ist aber ein weitgehend theoretisches, da auch bei vollständiger oder teilweiser Ablehnung der Verfügungseigenschaft (manche Autoren bejahen gleichwohl einen „Verfügungscharakter") die Regeln über Verfügungen im Einzelfall zumindest entsprechend angewendet werden können.[17]

11 e) Korrespondenz von Zustimmung und Hauptgeschäft. Die Natur der Zustimmung als Hilfsrechtsgeschäft zum Hauptgeschäft bringt es mit sich, dass Zustimmungserklärung und Hauptgeschäft vollständig miteinander korrespondieren müssen. Weicht das später vorgenommene Hauptgeschäft von dem in der Einwilligung vorgesehenen Inhalt ab und lässt sich diese Differenz auch nicht durch Auslegung der Einwilligung (im Sinne eines den Parteien eingeräumten Spielraums) beseitigen, ist das Hauptgeschäft schwebend unwirksam. Eine Genehmigung, die das Hauptgeschäft in irgendeiner Hinsicht modifiziert, bedeutet sogar regelmäßig eine Genehmigungsverweigerung. Helfen kann hier allenfalls die teilweise Aufrechterhaltung der Genehmigung (§ 139), wenn diese etwa nur in einem unwesentlichen Unterpunkt vom Hauptgeschäft abweicht und der Genehmigende eher eine Modifizierung des unmodifizierten Geschäfts als eine Verweigerung will; sonst bleibt nur die Umdeutung in eine Einwilligung in das modifizierte Geschäft.

12 f) Freiheit des Zustimmenden. Die Zustimmung unterliegt den Gesetzen der Privatautonomie. Ob der Zustimmungsberechtigte seine Zustimmung erteilt oder verweigert oder einfach nichts erklärt, steht ihm danach grundsätzlich frei; zu den Mechanismen, mit denen die Parteien des Hauptgeschäfts nach dessen Abschluss den Schwebezustand beeinflussen können, siehe § 184 Rn 3 ff. Bisweilen ist der Zustimmungsberechtigte durch Rechtsgeschäft zur Abgabe verpflichtet (wenn das Grundgeschäft eine entsprechende, auch konkludente, Vereinbarung enthält), gegebenenfalls nach § 242 (etwa aufgrund besonderen Beziehungen des Zustimmungsberechtigten zu einer der Parteien des Hauptgeschäfts, ganz ausnahmsweise gesetzlich (etwa durch § 2120 S. 1).[18] In diesen Fällen ist die Zustimmung nicht etwa entbehrlich; vielmehr kann gegen den Zustimmungsberechtigten auf Erteilung der Erklärung geklagt werden (Folge: § 894 ZPO; vgl. auch § 184 Rn 8).[19] Besonderes gilt im Gesellschaftsrecht: Die Zustimmung zur Veräußerung von Gesellschaftsanteilen aufgrund von § 15 Abs. 5 GmbHG steht nicht im freien Belieben, sondern im pflichtgemäßen Ermessen des beschlusszuständigen Organs der Gesellschaft; die gesellschaftliche Treuepflicht kann es durchaus gebieten, einem Gesellschafter die Veräußerung seiner Anteile zu ermöglichen.[20]

13 g) Guter Glaube. Ein guter Glaube an die Erteilung oder Verweigerung einer Zustimmung wird nicht geschützt. Weiß der Geschäftspartner des Minderjährigen oder des Nichtberechtigten also von deren „Defekt", nützt ihm das Vertrauen in das Vorhandensein einer Einwilligung des gesetzlichen Vertreters bzw. des Berechtigten nach §§ 107, 185 Abs. 1 nichts, wenn sie in Wirklichkeit fehlt. Gutglaubensschutz kommt nur bei Unkenntnis des Defekts in Betracht, sofern das Gesetz hierfür Regelungen vorsieht (etwa §§ 892, 932 ff. bei fehlender dinglicher Berechtigung; nicht dagegen bei fehlender Geschäftsfähigkeit).

14 h) Vererblichkeit. Das Zustimmungsrecht ist vererblich, sofern das zugrunde liegende Verhältnis vererblich ist, so etwa das Genehmigungsrecht nach § 177, nicht aber nach § 108 (zum Widerrufsrecht siehe § 183 Rn 15).[21]

15 2. Verwandtschaft zur Stellvertretung. Die Regelungen der §§ 182–185 sind punktuell sowie sehr knapp gehalten und bedürfen vielfach der Ergänzung. Insbesondere die zur Stellvertretung bestehenden Parallelen ermöglichen immer wieder eine **analoge Anwendung** von Vorschriften aus den §§ 164 ff. Augenfällig ist der Gleichlauf in den Fällen des § 185: Ob der Handelnde als Vertreter des Hintermannes auftritt (in fremdem Namen, § 164) oder als sein Ermächtigter (in eigenem Namen, § 185), hängt oft vom Zufall ab und darf im Ergebnis keinen Unterschied machen.[22] Aber auch sonst bleiben Parallelen, sowohl in systematischer Hinsicht wie in der ausdrücklich geregelten Materie.[23] So handelt es sich jeweils um eine abstrakte einseitige Willenserklärung eines Machtgebers an einen Machtempfänger zur Vornahme eines Rechtsgeschäfts mit unmittelbarer Wirkung für den Machtgeber. Der Erklärung liegt regelmäßig, aber nicht notwendig, ein

---

16 Bejahend: RGZ 152, 380, 383. Verneinend: Soergel/*Leptien*, vor § 182 Rn 3. Differenzierend: Staudinger/*Gursky*, Vorbem. zu §§ 182 ff. Rn 48 ff.; MüKo/*Schramm*, vor § 182 Rn 40 ff.; Erman/*Palm*, Einl. § 104 Rn 19; Palandt/*Heinrichs*, Überbl. vor § 104 Rn 16.

17 Vgl. etwa Staudinger/*Gursky*, Vorbem. zu §§ 182 ff. Rn 48; MüKo/*Schramm*, vor § 182 Rn 41 f.; Soergel/*Leptien*, vor § 182 Rn 3.

18 Vgl. OLG Düsseldorf ZIP 1987, 227, 232; OLG Koblenz BB 2002, 1288; BGH WM 1961, 303, 305.

19 Vgl. z.B. BGHZ 108, 380, 382 f. = NJW 1990, 580; OLG Hamburg MDR 1998, 1051; LG Düsseldorf DB 1989, 33.

20 OLG Schleswig NZG 2003, 821, 824.

21 Vgl. OLG Hamm OLGZ 1979, 44, 46.

22 Vgl. *Thiele*, S. 146 ff.

23 Zu den systematischen Parallelen s. *Doris*, S. 25 ff.; vgl. auch HKK/*Finkenauer*, §§ 182–185 Rn 11.

bestimmtes Rechtsverhältnis zugrunde; sie kann beiden Teilen des Hauptgeschäfts gegenüber erklärt (§ 167 Abs. 1 bzw. § 182 Abs. 1) und beiden gegenüber regelmäßig frei widerrufen (§ 168 S. 2, 3 bzw. § 183 S. 1, 2) werden und ist von der Form des Hauptgeschäfts nach dem Gesetzeswortlaut unabhängig (§ 167 Abs. 2 bzw. § 182 Abs. 2).

3. Vergleichbare rechtsgeschäftliche Vereinbarungen. Ähnlich oder sogar funktionsidentisch zur Zustimmung im Sinne der §§ 182 ff. können andere Instrumente privatautonomer Herkunft sein, die im Rechtsverkehr bisweilen als Zustimmung bezeichnet werden. Wenn zwei Personen vereinbaren, dass zur Wirksamkeit eines zwischen ihnen geschlossenen Geschäfts die „Zustimmung" eines Dritten notwendig sei, finden nicht die §§ 182 ff. Anwendung, die allein für gesetzliche Zustimmungserfordernisse gelten. Es handelt sich vielmehr um eine **aufschiebende Bedingung** im Sinne der §§ 158 ff., und zwar eine echte Bedingung (Zufallsbedingung); anders, wenn bei bestehendem gesetzlichem Zustimmungserfordernis sich die Parteien darauf beziehen: dann liegt eine Rechtsbedingung (*condicio iuris*) vor. Welche nähere Ausgestaltung eine solche Vereinbarung erfahren soll, ist eine Frage der Auslegung. Diese muss sich aber an den §§ 158 ff. orientieren, nicht an den §§ 182 ff.; so gilt etwa § 159, nicht § 184 Abs. 1. Anders steht es, wenn das Gesetz die Möglichkeit der privatautonomen Konstituierung eines Zustimmungserfordernisses ausdrücklich vorsieht (z.B. § 12 WEG, §§ 5 f. ErbbauVO): dann gelten die §§ 182 ff., da das Erfordernis aufgrund des Gesetzes besteht.

III. Anwendung der allgemeinen Regeln über Rechtsgeschäfte

Viele Probleme im Recht der Zustimmung kreisen um die Frage, welche allgemeinen Regeln über Rechtsgeschäfte wann auf Einwilligungen und Genehmigungen Anwendung finden.

1. Konkludenz. Da Willenserklärungen grundsätzlich keiner Form bedürfen, sind Zustimmungen formfrei möglich; das stellt Abs. 2 klar (siehe dazu und zu möglichen Ausnahmen Rn 56 ff.). Insbesondere konkludente Genehmigungsverweigerungen sind besonders streng daraufhin zu prüfen, ob sie nach dem objektiven Empfängerhorizont tatsächlich als endgültige Ablehnung des Hauptgeschäfts erscheinen.[24] Das Bedürfnis nach **strenger Prüfung** besteht aber durchaus auch für konkludente Zustimmungserteilungen.[25]

2. Erklärungsbewusstsein. a) Allgemeines. Für Willenserklärungen im Sinne der §§ 116 ff. gilt: Nach inzwischen gefestigter herrschender Meinung ist eine willentliche Handlung, die nach außen als Willenserklärung erscheint und tatsächlich verstanden wird, während der Handelnde aber keine solche abgeben will, aus Gründen des Vertrauensschutzes eine wirksame, aber anfechtbare (§ 119 analog) Willenserklärung; aber nur dann, wenn der Erklärende fahrlässig nicht erkannt hat, dass andere sein Verhalten als Willenserklärung auffassen durften (siehe vor §§ 116–144 Rn 7). Das fehlende Erklärungsbewusstsein des Handelnden schadet also zunächst nicht; es wird ihm nachträglich die Möglichkeit zur Bildung eines rechtserheblichen Willens gegeben.

b) Minderjährigenfälle. aa) Typische Situation. Auch konkludente Zustimmungen werden bisweilen ohne Erklärungsbewusstsein abgegeben. Praktisch relevant sind zunächst die Fälle, in denen ein volljährig gewordener Minderjähriger oder Mündel einen schwebend unwirksamen Vertrag, namentlich einen **Lebensversicherungsvertrag** (vormundschaftsgerichtliche Genehmigung notwendig, §§ 1643 Abs. 1, 1822 Nr. 5!), durch Weiterzahlung der Prämien erfüllt oder gegebenenfalls weitere vertragsbezogene Handlungen wie Prämienanpassungen vornimmt. Hier gibt es drei Möglichkeiten, den ehemaligen Minderjährigen oder Mündel am Vertrag festzuhalten. Entweder man unterstellt ihm ein Erklärungsbewusstsein, so dass eine Genehmigung gemäß §§ 108 Abs. 3, 1643 Abs. 3, 1829 Abs. 3 vorliegt (sogleich Rn 21); oder man sieht sein Verhalten trotz fehlendem Erklärungsbewusstsein als (anfechtbare) Willenserklärung an (Rn 22); oder – wenn auch das nicht der Fall sein sollte – man verweigert ihm eine Rückabwicklung des Vertrags wegen Rechtsmissbrauchs (Rn 23). Alle drei Wege scheitern jedoch häufig.

bb) Genehmigung mit Erklärungsbewusstsein? Bisweilen ist das Erklärungsbewusstsein in derartigen Konstellationen bejaht und daher eine wirksame Genehmigung angenommen worden. Für das bloße Weiterzahlen der Prämien ist das nach der zutreffenden neueren Rechtsprechung abzulehnen.[26] Der Zahlende

---

24 Vgl. BGH WM 1964, 878, 879.
25 Vgl. OLG Köln v. 13.7.1998 – 16 U 83/97 (JURIS-Dok.-Nr. KORE710939800); *Reiter/Methner*, VuR 2002, 57, 61; *Nörr*, in: Nörr/Scheyhing/Pöggeler, S. 232 f.

26 LG Frankfurt/M. VersR 1999, 702; OLG Hamm NJW-RR 1992, 1186 = VersR 1992, 1502; *Bayer*, VersR 1991, 129, 130 f.; a.A. AG Köln VersR 1992, 1117; AG München VersR 1992, 1117.

hat nur dann Erklärungsbewusstsein, wenn er die Unwirksamkeit des Vertrags und seine eigene **Genehmigungsberechtigung kennt oder** wenigstens **damit rechnet**. Davon ist ganz regelmäßig nicht auszugehen: Der juristisch unerfahrene ehemalige Minderjährige oder Mündel wird nicht mit der Notwendigkeit vormundschaftsgerichtlicher Genehmigung rechnen.[27] Selbst wenn von seiner Seite neben der Zahlung weitere Handlungen vorliegen, etwa eine aktive Vertragsgestaltung durch Änderung der Prämienhöhen o.Ä., kann das auf dieser Ebene nicht weiterhelfen. Hält der Betreffende das Geschäft für wirksam, mag er tun, was er will, es ist keine bewusste Genehmigung.[28] Daran ändert sich auch nichts, wenn man in den Fällen des § 108 Abs. 3 ausnahmsweise eine nichtempfangsbedürftige Willenserklärung als Genehmigung ausreichen lassen will (vgl. Rn 7; § 108 Rn 15 ff.).

22 **cc) Genehmigung ohne Erklärungsbewusstsein?** Liegt demnach kein Erklärungsbewusstsein vor, kommt es darauf an, ob der Erklärende **fahrlässig übersehen** hat, dass sein Verhalten als Genehmigung verstanden werden darf, und ob der Erklärungsempfänger es **tatsächlich so verstanden** hat. Aber diese Voraussetzungen werden regelmäßig nicht vorliegen. Der häufig von Geschäfts wegen juristisch erfahrene Vertragspartner (die Versicherungsgesellschaft) darf die Prämienzahlungen bei verständiger Würdigung nicht als Genehmigung verstehen, sondern nur als im Hinblick auf einen vermeintlich wirksamen Vertrag vorgenommene Handlungen.[29] Das gilt selbst bei Vornahme aktiver Vertragsanpassungen usw.: Hierdurch wird ja das Wissen des „Genehmigenden" von der Unwirksamkeit des Vertrags nicht berührt. Die Schutzwürdigkeit des Vertragspartners ist dadurch erheblich eingeschränkt, dass er es selbst in der Hand hat, den Schwebezustand zu beenden: §§ 108 Abs. 2, 1829 Abs. 2.[30] Sollte der ehemalige Minderjährige dagegen von der Unwirksamkeit des Vertrags wissen, aber trotzdem irrig davon ausgehen, dass immer noch das Vormundschaftsgericht zur Zustimmung befugt sei, und dem Vertragspartner sein eigenes Einverständnis anzeigen, muss man ihm Erklärungsfahrlässigkeit vorwerfen und ihn an seiner Erklärung festhalten.

23 **dd) Rechtsmissbrauch?** Aus demselben, in den §§ 108 Abs. 2, 1829 Abs. 2 liegenden Grund ist es auch nicht rechtsmissbräuchlich (§ 242), sechs Jahre nach Eintritt der Volljährigkeit eine Rückabwicklung des Vertrags zu verlangen.[31] Nach sehr langer Zeit mag das anders aussehen; die Grenze kann man nunmehr analog § 121 Abs. 2 bei **zehn Jahren** ansetzen (vgl. Rn 28).[32] Für einen Anspruchsausschluss kann an dieser Stelle nun auch weiteres Verhalten des Versicherungsnehmers sprechen, wenn etwa der volljährig Gewordene den (Versicherungs-)Vertrag als Sicherungsmittel einsetzt, ihn jahrelang nicht kündigt und sich mit Dynamikerhöhungen einverstanden erklärt.[33]

24 **c) Vertreterfälle. Dieselben Grundsätze** gelten – das ist die zweite wichtige Fallgruppe – bei einem vertragskonformen Verhalten eines **vollmachtlos Vertretenen**: Geht dieser wie alle anderen Beteiligten von der Wirksamkeit des Geschäfts aus, liegt in seinem Verhalten nicht der Ausdruck des Willens, ein bisher unverbindliches Geschäft verbindlich zu machen. An seiner Erklärung festhalten kann man ihn nur, wenn er bei pflichtgemäßer Sorgfalt hätte bemerken und vermeiden können, dass sein Verhalten als Genehmigung angesehen werden darf, und der Empfänger es auch so angesehen hat.[34]

25 **d) Zusammenfassung.** Damit ergibt sich folgendes Bild in der neueren Rechtsprechung: Die allgemeinen Regeln über Rechtsgeschäfte mit fehlendem Erklärungsbewusstsein werden auch auf Handlungen angewendet, die konkludente Genehmigungen darstellen könnten.[35] Der BGH hat das inzwischen als **ständige Rechtsprechung** bezeichnet, wenngleich er nicht in jedem Urteil darauf eingeht.[36]

---

27 Vgl. LG Ravensburg VuR 1987, 99, 100.
28 A.A. OLG Koblenz VersR 1991, 209; LG Arnsberg VersR 1989, 391.
29 LG Frankfurt/M. VersR 1999, 702; OLG Hamm NJW-RR 1992, 1186, 1187 = VersR 1992, 1502; AG Waldshut-Tiengen VersR 1985, 937, 938; LG Waldshut-Tiengen VersR 1985, 937, 939; *Bayer*, VersR 1991, 129, 131; a.A. LG Kaiserslautern VersR 1991, 539.
30 Zur Anwendbarkeit des § 108 Abs. 2 nach Eintritt der Volljährigkeit s. BGH NJW 1989, 1728.
31 LG Frankfurt/M. VersR 1999, 702; LG Ravensburg VuR 1987, 99, 100; s. auch OLG Hamm NJW-RR 1992, 1186 = VersR 1992, 1502 (29 Monate).
32 Vgl. LG Verden VersR 1998, 42 (14 Jahre); vgl. für eine Grundschuldbestellung auch LG Wuppertal NJW-RR 1995, 152, 153 f. (10 Jahre); vgl. ferner BGH LM § 1829 Nr. 3.
33 LG Freiburg VersR 1998, 41 (10 Jahre).
34 BGH BKR 2003, 942, 944 f.; ZIP 2003, 1692, 1696; NJW 2002, 2325, 2327; DNotZ 2002, 866, 867 f.; OLG Karlsruhe NJW 2003, 2690, 2691.
35 Grundlegend BGHZ 109, 171, 177 f. = NJW 1990, 454; BGHZ 128, 41, 49 = DtZ 1995, 250 = MDR 1995, 427.
36 BGH BKR 2003, 942, 944 f. (mit dem Vermerk „st. Rspr."); andererseits BGHZ 154, 283, 288 = NJW 2003, 1594; BGH NJW 2004, 59, 61 (beide ohne Erwähnung der Möglichkeit fehlenden Erklärungsbewusstseins). Auch OLG Düsseldorf FamRZ 1995, 1066, 1067 f. übersieht diese Möglichkeit.

Dieses Bild ändert aber nichts daran, dass aus tatsächlichen und normativen Gründen **in den Versiche-** 26
rungsfällen häufig keine Genehmigung anzunehmen sein wird: Der ehemalige Minderjährige oder Mündel
rechnet üblicherweise nicht mit der Unwirksamkeit des Vertrags, und der Vertragspartner darf davon auch
nicht ausgehen. Als Rettungsanker in Extremfällen bleibt dagegen § 242. Letztlich wird man in diesen
Lösungen einen nachwirkenden Reflex des umfassenden Schutzes beschränkt Geschäftsfähiger durch das
BGB sehen müssen.

In den Vertreterfällen kann dagegen bei fehlender Vollmacht schon **früher** als in den Minderjährigenfällen 27
ein **Genehmigungswille oder** zumindest **ein schutzwürdiges Vertrauen** des Geschäftsgegners angenommen
werden, so, wenn der Genehmigende von dem vollmachtlos erstellten Werk Gebrauch macht, sich auf eine
Vertragsurkunde als Beweismittel beruft oder das Darlehen bedient.[37] Der Grund: Das hier in der fehlenden
Vollmacht liegende Wirksamkeitshindernis besteht nicht so verdeckt wie in den Minderjährigenfällen,
sondern sollte dem vollmachtlos Vertretenen sofort auffallen, wenn er von dem Vertrag Kenntnis erhält.
Erfüllt er nun den Vertrag oder nimmt sonstige auf ihn gestützte Handlungen vor, ist sein Wille, gleichwohl an
dem Vertrag festzuhalten, manifest; jedenfalls darf der Geschäftspartner davon ausgehen. Bei ausnahmsweise
verstecktem Wirksamkeitshindernis – etwa einer unwirksamen Vollmacht – wird es dagegen regelmäßig sogar
an der Erklärungsfahrlässigkeit des „Genehmigenden" fehlen, so dass er nicht an den Vertrag gebunden ist.[38]

Bejaht man im Einzelfall eine wirksame Genehmigung trotz fehlendem Erklärungsbewusstsein, ist sie nach 28
§ 119 analog **anfechtbar**. Dabei sind allerdings neben der Folge des § 122 die Fristen des § 121 zu beachten: unverzügliche Anfechtung nach Kenntnis (nicht nur Kennenmüssen) des Anfechtungsgrundes (§ 121
Abs. 1 S. 1), Ausschluss nach zehn Jahren (§ 121 Abs. 2). Der Anfechtungsgrund liegt hier darin, dass der
Genehmigungsempfänger das Verhalten des Genehmigenden entgegen dessen Vorstellung als Genehmigung
verstanden hat. Sobald der Empfänger also in irgendeiner Weise speziell dieses nach dem Vertragsabschluss liegende Verhalten des Genehmigenden als wirksamkeitsbegründenden Umstand anführt, muss der Genehmigende ohne schuldhaftes Zögern erklären, rückwirkend nicht am Vertrag festhalten zu wollen. Zehn Jahre
nach der Genehmigung wird ihm die Berufungsmöglichkeit auf das dabei fehlende Erklärungsbewusstsein
genommen. Diese durch die Schuldrechtsreform neu festgelegte Grenze des § 121 Abs. 2 kann man auch
als Grenze für das Eingreifen von § 242 nehmen: Nach zehn Jahren sollen Willensmängel unbeachtlich
bleiben; dann soll man nach Treu und Glauben auch aus anderen Gründen keine Rückabwicklung mehr
fordern können. In die Richtung dieser zeitlichen Grenze tendiert auch schon die frühere Rechtsprechung
(Nachweise Rn 23).

e) Einwilligungen. Bei Einwilligungen ist die Frage nach der Notwendigkeit des Erklärungsbewusstseins 29
praktisch bei weitem nicht so wichtig wie bei der Genehmigung. Hier darf nichts anderes gelten: Die
Einwilligung ist also wirksam, wenn der Einwilligende die Zustimmungsbedürftigkeit des Geschäfts und
seine eigene Zustimmungsberechtigung kennt oder wenigstens damit rechnet; gleichfalls, wenn er bei
pflichtgemäßer Sorgfalt bemerken und vermeiden könnte, dass sein Verhalten als Einwilligung angesehen
werden darf, und der Empfänger es auch so ansieht.

3. Bedingung, Befristung, Widerruf. Einige ungeklärte Probleme ranken sich um die Frage nach der 30
Zulässigkeit von Bedingung, Befristung und Widerruf von Zustimmungen.

a) Einwilligungen. Bei Einwilligungen herrscht im Grundsatz noch Klarheit. Sie können unbedenklich 31
bedingt und befristet werden,[39] nach richtiger Ansicht auch bei Bedingungsfeindlichkeit des davon ja nicht
tangierten Hauptgeschäfts.[40] Dass man sie bis zur Vornahme des Hauptgeschäfts **widerrufen** kann, bestimmt
§ 183 ausdrücklich (siehe dort). Bei auflösender Bedingung und Befristung[41] sind Bedingungseintritt bzw.
Zeitablauf auch beachtlich, wenn sie nach Vornahme des Hauptgeschäfts geschehen.[42] Es treten dann
dieselben Wirkungen wie bei einer auflösend bedingten oder befristeten Genehmigung ein.

b) Genehmigungen. aa) Bedingungen und Befristungen. (1) Streitstand. Ob Genehmigungen Ge- 32
staltungsgeschäfte sind, ist umstritten. Jedenfalls kommen sie ihnen nahe, da sie einen bestehenden Schwe-

---

37 Vgl. OLG Celle BauR 2000, 289; OLG Karlsruhe
VersR 1992, 1363.
38 Vgl. etwa BGH BKR 2003, 942, 945; ZIP 2003,
1692, 1696; *Reiter/Methner*, VuR 2002, 57, 61 f.
39 Allg.M., s. Staudinger/*Gursky*, § 183 Rn 5; MüKo/
Schramm, § 183 Rn 3; *Wagner*, JuS 1997, 690, 695.
40 H.M., s. Staudinger/*Gursky*, § 183 Rn 5; MüKo/
Schramm, § 183 Rn 3.

41 Zulässig, s. Staudinger/*Gursky*, § 183 Rn 5; Erman/
Palm, § 183 Rn 2; Bamberger/Roth/*Bub*, § 183
Rn 8; *Flume*, BGB AT Bd. 2, S. 896; *Wagner*, JuS
1997, 690, 695.
42 Vgl. Staudinger/*Gursky*, § 183 Rn 5 (es sei
Auslegungssache, ob die auflösende Bedingung dann
relevant sein solle).

bezustand beenden, sind also zumindest gestaltungsähnliche Geschäfte.[43] Eine anscheinend **herrschende Meinung im Schrifttum** nimmt daher an, mit ihrem Charakter vertrügen sich weder Bedingungen noch Befristungen.[44] Teils wird eine Einschränkung gemacht: In begründeten Ausnahmefällen müsse die Aufnahme einer Nebenbestimmung möglich sein.[45] Die **Rechtsprechung**, durchweg älteren Datums, lässt bedingte Genehmigungen ausdrücklich zu.[46]

33 **(2) Unstreitiges.** Auch wenn es selten deutlich gesagt wird:[47] Der Streit darf sich ohnehin nur auf Befristungen und echte Bedingungen beziehen. **Rechtsbedingungen sowie Potestativbedingungen**, deren Erfüllung im Belieben der Partei(en) des Hauptgeschäfts liegt, **sind zuzulassen**, wie es bei bedingungsfeindlichen Geschäften auch sonst üblich ist.[48] Hier entsteht keine unerwünschte unabsehbare Schwebelage. Auch gegen Bedingungen und Befristungen, mit denen der Geschäftspartner **einverstanden** ist, bestehen keine Bedenken. Obwohl es unerheblich ist, wem gegenüber der Zustimmende seine Erklärung abgibt (Abs. 1), muss die unproblematisch zulässige Potestativbedingung genau von der Person zu erfüllen sein, die der Empfänger der Genehmigung ist. Es kann also nicht ohne weiteres etwa der gesetzliche Vertreter dem Vertragspartner des Minderjährigen gegenüber ein Geschäft unter der Bedingung genehmigen, dass der Minderjährige sein Zimmer aufräumt. Hier handelt es sich vielmehr aus Sicht des Vertragspartners um eine Zufallsbedingung, deren Zulässigkeit sogleich zu behandeln ist.

34 **Unzulässig** ist dagegen eine Bedingung, deren Erfüllung den **Inhalt des Geschäfts selbst beeinflusst**, wenn also beispielsweise der gesetzliche Vertreter den Kauf des Minderjährigen mit der Maßgabe genehmigt, dass der Verkäufer eine bestimmte Garantie für die Kaufsache übernimmt. Hier fehlt es an der nötigen Korrespondenz zwischen der Zustimmungserklärung und dem Hauptgeschäft. Eine derartige Genehmigung kann allerdings in eine Einwilligung zu einem entsprechenden Geschäft umgedeutet werden (vgl. Rn 2).

35 **(3) Aufschiebende Bedingungen.** Für die echten Bedingungen ist zu bedenken: Aus methodischen Gründen verfehlt wäre es, eine Beantwortung der Fragen aus dem Begriff des Gestaltungsgeschäfts – oder hier nach verbreiteter Meinung sogar nur: des gestaltungsähnlichen Geschäfts – abzuleiten, da der Begriff kein gesetzlicher ist.[49] Die Lösung kann man vielmehr nur durch eine Abwägung der Interessen der Beteiligten finden. Hier steht auf der einen Seite das Interesse des Geschäftsgegners dessen, der für seine Willenserklärung der Zustimmung bedarf, oder, in den anderen Zustimmungsfällen, das Interesse aller am Hauptgeschäft beteiligten Personen. Sie wollen Sicherheit haben. Das scheint gegen die Aufnahme von Nebenbestimmungen in die Zustimmung zu sprechen, die wiederum einen Schwebezustand erzeugen. Allerdings besteht ja ohne die Genehmigung auch eine solche Lage der Unsicherheit. Eine aufschiebende Bedingung oder Befristung ändert daran der Sache nach nichts: Es wird nur der eine Schwebezustand durch einen anderen ersetzt. Hinzu kommt, dass der Genehmigungsberechtigte regelmäßig frei ist, wann er seine Genehmigung erteilt. Er kann also ohnehin die Klärung über das Schicksal des Geschäfts nach Belieben hinauszögern.

36 Anders ist das in den Fällen bereits ergangener Aufforderung des Geschäftsgegners (§§ 108 Abs. 2, 177 Abs. 2 etc.): Hier reicht eine aufschiebend bedingte oder befristete Genehmigung sicher nicht.[50] Wenn das **Aufforderungsrecht** und das gleichzeitig bestehende **Widerrufsrecht** (§§ 109, 178 etc.) allerdings noch nicht ausgeübt sind, scheint der Geschäftsgegner diese bei bedingter Genehmigung zu verlieren. Das wäre eine sinnwidrige Perpetuierung der Schwebelage. Es sind dem Geschäftsgegner also die beiden Rechte in dem Umfang, in dem er sie vorher hatte (siehe dazu § 184 Rn 3 ff.), auch nach erteilter Genehmigung während schwebender Bedingung **zuzugestehen**. Konstruktiv geschieht das über eine analoge Anwendung der §§ 108

---

43 In diesem Sinne: Staudinger/*Gursky*, Vorbem. zu §§ 182 ff. Rn 52; HKK/*Finkenauer*, §§ 158–163 Rn 38; Soergel/*Leptien*, vor § 182 Rn 5. Wohl für Gestaltungsgeschäft: BGHZ 125, 355, 358 = NJW 1994, 1785; Erman/*Palm*, § 184 Rn 1.

44 Für Bedingungsfeindlichkeit: Staudinger/*Gursky*, Vorbem. zu §§ 182 ff. Rn 52, § 184 Rn 4, 14; MüKo/*Westermann*, § 158 Rn 28; Soergel/*Leptien*, vor § 182 Rn 5; Palandt/*Heinrichs*, vor § 158 Rn 13; *Larenz/Wolf*, BGB AT, S. 919, 935. Für Zulässigkeit von Bedingungen RGRK/*Steffen*, vor § 158 Rn 18; *Merle*, AcP 183 (1983), 81, 90 ff.; *Hattenhauer*, S. 261 ff.; im Grundsatz auch *v. Tuhr*, BGB AT Bd. 2/2, S. 238 f. (allein aufschiebende Bedingungen); *Wilckens*, AcP 157 (1958/1959), 399 ff.

45 Staudinger/*Gursky*, Vorbem. zu §§ 182 ff. Rn 52, § 184 Rn 4; Soergel/*Leptien*, § 185 Rn 25; Palandt/*Heinrichs*, § 185 Rn 10.

46 RG HRR 1928 Nr. 1559 = Schubert/*Glöckner*, § 184 Nr. 22; RG HRR 1933 Nr. 1415; offen gelassen von BGH WM 1959, 1195, 1196.

47 S. aber KG v. 6.8.1998–8 U 8923/96 (JURIS-Dok.-Nr. KORE725519800); Kuhn, RNotZ 2001, 305, 320; *Merle*, AcP 183 (1983), 81, 94.

48 Vgl. *Merle*, AcP 183 (1983), 81, 94; *Flume*, BGB AT Bd. 2, S. 697 f.

49 Vgl. *Hattenhauer*, S. 252 ff., 256 ff., dort auch zur grundsätzlichen Zulässigkeit des bedingten Gestaltungsgeschäfts.

50 So schon *v. Tuhr*, BGB AT Bd. 2/2, S. 239.

Abs. 2, 177 Abs. 2 etc. bzw. der §§ 109, 178 etc. Vor Bedingungseintritt ist eben noch keine unbedingte Genehmigung erteilt. Dieselbe Situation tritt übrigens ein, wenn eine Einwilligung bedingt erteilt worden ist.

(4) Aufschiebende Befristungen. Ist demnach eine aufschiebend bedingte Genehmigung für **zulässig** zu erachten, scheint dasselbe für eine aufschiebende Befristung zu gelten.[51] Diese kollidiert allerdings mit der Rückwirkungsanordnung des § 184 Abs. 1. Zunächst ist also die Frage zu beantworten, ob der Genehmigende durch einseitige Bestimmung die Wirkung seiner Erklärung beschränken kann (siehe § 184 Rn 12). Bejaht man sie, ist die aufschiebend befristete Genehmigung ohne weiteres zulässig; verneint man sie, so dass die Rückwirkung zwingend eintritt, ist die aufschiebend befristete Genehmigung nur in den Fällen von § 184 Abs. 2 von Bedeutung.

(5) Auflösende Bedingungen und Befristungen. Bei auflösend bedingten oder befristeten Genehmigungen scheint der Rechtfertigungsdruck höher. Immerhin wird hier das Geschäft zunächst wirksam und nach Eintritt des Ereignisses oder Termins ganz unwirksam. Gleichwohl sind auch sie **zuzulassen**; freilich muss man dem Geschäftsgegner wiederum ein **Aufforderungs- und Widerrufsrecht** analog §§ 108 Abs. 2, 109, 177 Abs. 2, 178 usw. zugestehen.

(6) Ausweichmöglichkeiten. Durch das der Genehmigung zugrunde liegende Grundgeschäft ergeben sich in manchen Fällen Möglichkeiten, der vorstehend geschilderten Problematik zu entkommen. Weil es nicht sicher ist, ob die Rechtsprechung im Streitfall bedingte oder befristete Genehmigungen für zulässig erachten wird, ist es besser, soweit möglich, die Erfüllung der Bedingungen vorab sicherzustellen und dann – in einem gesonderten Geschäft – eine unbedingte Genehmigung zu erteilen. Das Grundgeschäft verträgt unproblematisch Nebenbestimmungen, so dass man sich darin ohne weiteres zur Erteilung der Genehmigung unter bestimmten Voraussetzungen verpflichten kann.

bb) Widerruf. Genehmigungen – und ihre Verweigerung – sind nach allgemeiner Ansicht **nicht widerruflich**.[52] Die Unwiderruflichkeit muss man freilich nicht aus einem gestaltungsähnlichen Charakter ableiten, sondern sie ergibt sich bereits aus dem Umkehrschluss zu § 183 S. 1. Ein Widerruf im zeitlichen Rahmen des § 130 Abs. 1 S. 2, also vor Wirksamwerden der Genehmigung, ist zulässig.

4. Anfechtung. a) Anfechtungsgrund. Zustimmungen sind nach §§ 119, 120 und 123 anfechtbar, wenn sich Irrtum, falsche Übermittlung, Täuschung oder Drohung auf die Zustimmungserklärung selbst und nicht nur auf das Hauptgeschäft beziehen.[53] Irrt der Zustimmende allerdings über den Inhalt des Hauptgeschäfts, liegt wegen des inhaltlichen Bezugs der Zustimmung auf das Hauptgeschäft ein Inhaltsirrtum nach § 119 Abs. 1 Alt. 1 vor.[54] Zu beachten ist freilich die Wissenszurechnung nach § 166 Abs. 1 bei Genehmigungen gemäß § 177.[55]

b) Anfechtungsgegner. Problematisch ist die Bestimmung des Anfechtungsgegners. Hier kollidieren § 143 Abs. 3 S. 1 und § 182 Abs. 1 miteinander (zu § 182 Abs. 1 siehe sogleich Rn 54 f.). Angesichts dessen, dass die Anfechtung nicht *actus contrarius* zur Zustimmung ist, sondern ihren eigenen Regeln unterliegt, muss **§ 143 Abs. 3 S. 1** vorgehen, und die Anfechtung ist mit Erfolg nur an denjenigen zu richten, dem gegenüber die Zustimmung erteilt worden ist.[56] Waren das beide am Hauptgeschäft beteiligten Personen, ist beiden gegenüber anzufechten. **Schadensersatz nach § 122** wird gleichwohl immer allen am Hauptgeschäft Beteiligten geschuldet, die auf die Gültigkeit der Erklärung vertraut haben.[57] Für den Spezialfall der **Vertragsübernahme** durch zweiseitigen Vertrag mit Zustimmung des Dritten verlangt die Rechtsprechung wegen der Gleichwertigkeit zu einem dreiseitigen Vertrag sowohl bei Anfechtung durch den Übernehmer, der Partei des Hauptvertrags ist, als auch bei Anfechtung durch den zustimmenden verbleibenden Vertragspartner eine Erklärung gegenüber den beiden jeweils anderen Mitwirkenden.[58]

c) Person des Täuschenden oder Drohenden. Eine weitere Frage ist es, wem gegenüber ein Anfechtungsgrund vorliegen muss. Relevant wird sie bei § 123 Abs. 1, wenn von beiden am Hauptgeschäft

---

[51] Grundsätzlich zur Zulässigkeit befristeter Gestaltungserklärungen *Hattenhauer*, S. 267 ff.
[52] BGHZ 13, 179, 187 = NJW 1954, 1155; BGHZ 125, 355, 358 = NJW 1994, 1785; Staudinger/*Gursky*, § 184 Rn 14.
[53] BGHZ 137, 255, 260 = NJW 1998, 531.
[54] Staudinger/*Gursky*, Vorbem. zu §§ 182 ff. Rn 45.
[55] BGHZ 83, 283, 296 = MDR 1982, 749; BGH NJW 2000, 2272, 2273.
[56] Staudinger/*Gursky*, Vorbem. zu §§ 182 ff. Rn 45; MüKo/*Schramm*, § 182 Rn 4; a.A. Erman/*Palm*, vor § 182 Rn 6.
[57] Staudinger/*Gursky*, Vorbem. zu §§ 182 ff. Rn 46; Bamberger/Roth/*Bub*, § 182 Rn 8.
[58] Ganz h.M.: BGHZ 96, 302, 309 f. = NJW 1986, 918; BGHZ 137, 255, 260 = NJW 1998, 531; zust. Jauernig/*Stürner*, § 398 Rn 32; MüKo/*Roth*, § 398 Rn 194.

Beteiligten nur einer den Zustimmenden arglistig täuscht oder rechtswidrig bedroht oder die Täuschung oder Drohung von Dritten verübt wird; bei der Irrtumsanfechtung kann der Irrtum des Zustimmenden nicht dieserart aufgespalten werden. Der BGH verlangt bei einer Vertragsübernahme durch zweiseitigen Vertrag zwischen Ausscheidendem und Eintretendem mit Zustimmung des Dritten, dass ein Anfechtungsgrund nach § 123 Abs. 1 oder zumindest eine Zurechenbarkeit nach § 123 Abs. 2 in der Person beider Parteien des Hauptgeschäfts vorliegt, und verweist wiederum auf die Sondersituation bei der Vertragsübernahme (Gleichwertigkeit zu anderen Vertragsgestaltungen) sowie auf die Wertung des § 123 Abs. 2.[59]

44 In der Tat darf die Anfechtbarkeit nicht daran scheitern, dass die Zustimmungserklärung zufällig der einen Partei des Hauptgeschäfts gegenüber erklärt wurde und die Täuschung oder Drohung von der anderen Partei oder einem Außenstehenden mit Kenntnis oder Kennenmüssen der anderen Partei vorgenommen worden ist.[60] Ferner steht der jeweilige Geschäftspartner des Zustimmungsempfängers nicht in dessen „Lager" (vgl. die „Lagertheorie" zu § 123 Abs. 2) und ist nicht dessen Vertreter (vgl. § 166 Abs. 1), so dass eine Zurechnung zwischen ihnen ausscheidet. Im Ergebnis wird man daher für die Anfechtung einer Zustimmungserklärung nach § 123 einen Anfechtungsgrund **in der Person aller am Hauptgeschäft Beteiligten** oder wenigstens Kenntnis oder Kennenmüssen dieser Beteiligten von dem Anfechtungsgrund zu verlangen haben.[61] Bei der Beratung des Zustimmungsberechtigten wird man deshalb auf der sicheren Seite stehen, wenn man über die Informationen, die für seine Entscheidung bestimmend sind und die von einer der Parteien des Hauptgeschäfts herrühren, die andere Partei in Kenntnis setzt.

45 **5. Sonstiges.** Korrekte **Abgabe** (siehe Rn 55) und **Zugang** oder Zustellung sind unentbehrlich. Nur bei notariell beurkundeter Zustimmungserklärung zu einem notariell beurkundeten Vertrag will die herrschende Meinung in entsprechender Anwendung des **§ 152** auf den Zugang verzichten.[62] Allerdings ist hier das Bedürfnis nach einer **Analogie fraglich**. § 152 dient dem Interesse des Antragenden an einem möglichst raschen Vertragsschluss (Beschleunigungsinteresse).[63] Zwar wollen die Parteien des Hauptgeschäfts auch normalerweise ihren Vertrag möglichst rasch gültig sehen, aber wegen der Rückwirkungsanordnung des § 184 Abs. 1 wird der Vertrag ohnehin im Zeitpunkt seiner Vornahme wirksam.

46 Die **Auslegung** geschieht nach §§ 133, 157, auch was Bestimmtheit und Reichweite der Erklärung angeht.[64] Eine Zustimmung, die sich nach Auslegung nach dem objektiven Empfängerhorizont nicht auf ein bestimmtes oder bestimmbares Hauptgeschäft oder eine Gruppe von Hauptgeschäften bezieht, ist nichtig. **Allgemeine Geschäftsbedingungen** können einbezogen werden und unterliegen üblicher Prüfung. Die **§§ 134, 138, 226** bilden die Grenzen für die Privatautonomie auch im Recht der Zustimmung, wenn sie auch selten vorkommen werden. Ist das Hauptgeschäft teilbar und entspricht die Teilung dem Parteiwillen, kann auch eine **Teilzustimmung** erteilt werden (§ 139; vgl. ferner Rn 11).[65] Zustimmungen beschränkt Geschäftsfähiger bedürfen ihrerseits der Einwilligung (§§ 111, 182 Abs. 3). **Aktiv- wie Passivvertretung** nach §§ 164 ff. sind zulässig und bei Einschaltung eines Notars, der neben der Beurkundung auch die weitere Besorgung der Angelegenheiten übernehmen soll, ggf. auch konkludent anzunehmen.[66]

47 Die Parallelen zur Stellvertretung führen dazu, dass die Regeln über die **Scheinvollmacht** (§§ 170–173), die **Anscheinsvollmacht** und die **Duldungsvollmacht** entsprechend anzuwenden sind, soweit sie auf das Recht der Zustimmung passen. Einen eindeutigen Fall bilden die §§ 170–173 bei der Einwilligung nicht nur im Rahmen des § 185 (vgl. § 183 Rn 17). Anscheins- und Duldungszustimmungen sind in dem Rahmen, den man diesen Figuren ziehen will (etwa Beschränkung der Anscheinseinwilligung wie der Anscheinsvollmacht auf das Handelsrecht), zuzulassen. Ihre Voraussetzungen werden aber in diversen Konstellationen nicht erfüllt sein, wenn nämlich der Rechtsverkehr nur mit Spezialeinwilligungen rechnet und nicht mit Generaleinwilligungen. Dann kann man nicht aus dem Verhalten der Vergangenheit auf das Vorhandensein einer Einwilligung auch für die Zukunft schließen.[67]

---

59 BGHZ 137, 255, 261 ff. = NJW 1998, 531; a.A. MüKo/*Roth*, § 398 Rn 194.
60 *Flume*, BGB AT Bd. 2, S. 546 f.
61 I.E. Staudinger/*Gursky*, Vorbem. zu §§ 182 ff. Rn 46; MüKo/*Kramer*, § 123 Rn 26; *Flume*, BGB AT Bd. 2, S. 546 f.; a.A. Soergel/*Leptien*, vor § 182 Rn 5; Bamberger/Roth/*Bub*, § 182 Rn 8; Erman/*Palm*, vor § 182 Rn 6.
62 OLG Karlsruhe NJW 1988, 2050; MüKo/*Kramer*, § 152 Rn 5; Bamberger/Roth/*Eckert*, § 152 Rn 4;
Erman/*Hefermehl*, § 152 Rn 4; a.A. Staudinger/*Gursky*, § 182 Rn 7.
63 OLG Karlsruhe NJW 1988, 2050; MüKo/*Kramer*, § 152 Rn 1.
64 Vgl. BGH NJW 2000, 2272, 2274.
65 OLG Hamm DNotZ 2002, 266, 268; Erman/*Palm*, vor § 182 Rn 7.
66 Soergel/*Leptien*, § 182 Rn 4.
67 S. zu alledem Staudinger/*Gursky*, § 182 Rn 20 f.

IV. Sondergebiete

1. Zivilprozessrecht. Einwilligungen und Genehmigungen zu Prozesshandlungen (z.B. Einwilligung des Beklagten zu Klageänderung oder Klagerücknahme, Genehmigung eines vollmachtlos eingelegten Rechtsmittels) sind selbst **Prozesshandlungen** und keine materiellrechtlichen Erklärungen nach §§ 182 ff.[68] Diese Vorschriften finden trotzdem **bisweilen entsprechende Anwendung**; so gibt es für Einwilligungen ein Widerrufsrecht analog § 183 S. 1 bis zur Vornahme der betreffenden Prozesshandlung.[69] Die von § 184 Abs. 1 angeordnete Rückwirkung ist im Prozess differenziert zu betrachten. So gilt eine auf Erteilung der Genehmigung gerichtete Klage durch Erteilung während des Prozesses nicht als von Anfang an unbegründet;[70] dagegen wirkt die Genehmigung eines vollmachtlos eingelegten Rechtsmittels oder sonstiger vollmachtlos vorgenommener Prozesshandlungen (z.B. Stellung eines Insolvenzantrags) zurück, sofern noch kein das Rechtsmittel oder den Antrag als unzulässig abweisendes Prozessurteil bzw. kein entsprechender Beschluss ergangen ist (vgl. auch zur Verjährungshemmung § 184 Rn 20).[71] Anderes gilt bei der nach Fristablauf erfolgten Genehmigung der fristgebundenen Prozesshandlung eines nicht Postulationsfähigen.[72] Eine Genehmigung lediglich einzelner Verfahrenshandlungen ist nicht möglich.[73] Zur analogen Anwendung von § 185 siehe § 185 Rn 9, 15.

2. Arbeitsrecht. Das wichtigste Beispiel für eine Zustimmung im Arbeitsrecht ist – abgesehen von behördlichen Zustimmungen (dazu sogleich Rn 51) – diejenige des **Betriebsrats** zu einer Kündigung nach § 103 BetrVG i.V.m. § 15 KSchG oder aufgrund einer Betriebsvereinbarung (vgl. § 102 Abs. 6 BetrVG). Nach der von der bisher herrschenden Meinung abweichenden neuen Rechtsprechung des Bundesarbeitsgerichts sind Zustimmungen nach § 103 BetrVG keine Zustimmungen im Sinne der §§ 182 ff. Vielmehr enthielten § 103 BetrVG, § 15 KSchG eine eigenständige und abschließende Regelung.[74] Für die Zustimmung des Betriebsrats nach § 77 Abs. 4 S. 2 BetrVG sollen nach (jedenfalls bisheriger) Rechtsprechung des BAG die §§ 182 ff. gelten,[75] desgleichen im Rahmen des Mitarbeitervertretungsgesetzes in der Evangelischen Kirche in Deutschland.[76]

3. Öffentliches Recht. a) Gerichtliche Genehmigungen. Das öffentliche Recht sieht vielfach Zustimmungserfordernisse auch zu privaten Rechtsgeschäften vor. Eine Sonderrolle spielen hierbei die gerichtlichen Genehmigungen, z.B. diejenigen des Vormundschaftsgerichts nach den **§§ 1819 ff.** Sind sie im BGB geregelt, unterliegen sie damit ganz seinen Grundsätzen. Die §§ 182 ff. können also ohne weiteres ergänzend herangezogen werden, sofern die einschlägigen Spezialvorschriften (im Beispiel die §§ 1828 ff.) keine eigenständige Regelung treffen.[77]

b) Behördliche Genehmigungen. Behördliche Zustimmungen richten sich nach heute ganz herrschender Meinung allein nach öffentlichem Recht; sie sind **privatrechtsgestaltende Verwaltungsakte**.[78] Die Grundsituation ist allerdings parallel zum bürgerlichen Recht zu beurteilen: Vor Erteilung der Genehmigung ist das bereits vorgenommene Geschäft schwebend unwirksam, nach Erteilung wirksam, nach Verweigerung der Genehmigung (genauer: ihrer Bestandskraft) endgültig unwirksam.[79] Die bestandskräftige Verweigerung der Genehmigung des allein zustimmungsbedürftigen Erfüllungsgeschäfts bedeutet regelmäßig Unmöglichkeit der Verpflichtungen aus dem zugrunde liegenden Verpflichtungsgeschäft (§ 275).[80] Problematisch sind insbesondere die Fragen nach der Rückwirkung einer Genehmigung (zu entscheiden nach dem jeweiligen Gesetzeszweck und subsidiär nach dem Rechtsgedanken des § 184 Abs. 1) und nach Rücknahme oder Widerruf (Rechtsgrundlage sind hier §§ 48 f. VwVfG des Bundes oder die entsprechenden landesrechtlichen

---

[68] Staudinger/*Gursky*, Vorbem. zu §§ 182 ff. Rn 19.
[69] RGZ 164, 240, 242; Soergel/*Leptien*, § 183 Rn 3.
[70] OLG Köln VersR 1995, 1070, 1071; vgl. ferner RG JW 1936, 2387.
[71] GmS-OGB BGHZ 91, 111, 115 = NJW 1984, 2149; BGH NZI 2003, 375; BGH LM § 209 Nr. 10; BPatG GRUR 1989, 495, 496.
[72] BGHZ 111, 339, 343 f. = NJW 1990, 3085.
[73] BGHZ 92, 137, 140 ff. = NJW 1987, 130.
[74] BAG NZA 2004, 717, 718 f.; s. schon die Vorinstanz LAG Berlin ZInsO 2004, 56; a.A. etwa noch LAG Hamm NZA-RR 1999, 242, 243.
[75] BAG ZIP 1998, 218, 220.
[76] BAGE 101, 39, 45 = NJW 2002, 3271.

[77] RGZ 142, 59, 62 f.; OLG Zweibrücken NJW-RR 1996, 710, 711; BayObLG FamRZ 1996, 1161, 1163 (alle zu § 184 Abs. 1); allg. Bamberger/Roth/*Bub*, vor § 182 Rn 13; a.A. Staudinger/*Gursky*, Vorbem. zu §§ 182 ff. Rn 67.
[78] BGHZ 84, 70, 71 = NJW 1982, 2251; Staudinger/*Gursky*, Vorbem. zu §§ 182 ff. Rn 60; Bamberger/Roth/*Bub*, vor § 182 Rn 11. Zu stiftungsrechtlichen Genehmigungen s. *Hartmann/Atzpodien*, in: FS Schippel 1996, S. 147.
[79] Vgl. BGHZ 142, 51, 53, 59 = NJW 1999, 3335.
[80] St. Rspr.: BGHZ 37, 233, 240 = NJW 1962, 1715; BGH VersR 1997, 1414, 1415; ein Ausnahmefall (zumutbare andere Art der Erfüllung) in BGHZ 67, 34, 36 = NJW 1976, 1939.

Vorschriften; danach hat wegen der bereits eingetretenen Gestaltungswirkung regelmäßig die Bestandskraft Vorrang).[81]

52 **4. Sozialrecht.** Das BSG wendet § 184 Abs. 1 und 2 auf die Feststellung des wohlverstandenen Interesses des Sozialleistungsberechtigten nach § 53 Abs. 2 Nr. 2 SGB I durch den zuständigen Leistungsträger analog an; diese Feststellung lässt die zunächst schwebend unwirksame Übertragung (Abtretung) oder Verpfändung von Ansprüchen auf Geldleistungen wirksam werden, nach dem BSG grundsätzlich rückwirkend (§ 184 Abs. 1), aber mit Vertrauensschutz zugunsten des Sozialleistungsberechtigten (§ 184 Abs. 2).[82]

53 **5. Steuerrecht.** Grunderwerbsteuerrechtlich ist die Rückwirkung nach § 184 Abs. 1 nicht zu berücksichtigen (§ 14 Nr. 2 GrEStG 1983); überhaupt kann eine Verkehrsteuer, die an einen einzelnen Rechtsvorgang anknüpft, nicht rückwirkend entstehen.[83] Jedenfalls bei Genehmigungen nach § 177 Abs. 1 ist die Rückwirkung auch weder für die Spekulationsfrist nach dem Einkommensteuerrecht noch im Erbschaftsteuerrecht steuermehrend einzuberechnen.[84]

B. Regelungsgehalt

I. Adressat der Zustimmungserklärung (Abs. 1)

54 Grundsätzlich kann die Zustimmung ebenso wie ihre Verweigerung wahlweise **der einen oder der anderen Partei des Hauptgeschäfts** gegenüber erklärt werden, bei nichtempfangsbedürftigen Willenserklärungen nur dem Erklärenden gegenüber. Erklärung **beiden gegenüber** schadet nichts, zieht aber manche besonderen Folgen nach sich (vgl. etwa Rn 42). **Ausnahmen**, den Empfängerkreis meist einschränkende, teils ausweitende, sieht das Gesetz vor in den §§ 108 Abs. 2, 177 Abs. 2, 876 S. 3, 1071 Abs. 1 S. 2 und 3, 1178 Abs. 2 S. 3, 1245 Abs. 1 S. 3, 1255 Abs. 2 S. 2, 1276 Abs. 1 S. 2, 1366 Abs. 3 S. 1, 1427 Abs. 1, 1453 Abs. 1. Zum Sonderfall des § 108 Abs. 3 siehe § 108 Rn 14 ff. Aus der Sicht des zustimmenden Dritten ist das Rechtsgeschäft regelmäßig symmetrisch, so dass es auf die Person des Erklärungsadressaten nicht ankommt. Zustimmungen sind häufig weniger personenorientiert als die meisten „normalen" Willenserklärungen. Die Zustimmung gilt einem bestimmten Geschäft, dessen handelnde Personen für den Zustimmenden nicht immer erheblich sind, während man etwa Verträge häufig primär mit bestimmten Personen abschließen will. Ist das anders – so etwa im Minderjährigenrecht, wo der gesetzliche Vertreter in gewisser Weise in der Sphäre des Minderjährigen steht –, muss das Gesetz Sonderregeln vorsehen (§ 108 Abs. 2), sonst bleibt es beim Grundsatz von Abs. 1. Eine Ausdehnung des § 108 Abs. 2 auf andere Fälle der Zustimmungsbedürftigkeit kraft Aufsichtsrechts ist abzulehnen. Das Risiko, dass der Erklärungsadressat seinen Partner über die Entscheidung des Zustimmungsbefugten nicht oder nicht ordnungsgemäß informiert, ist im Innenverhältnis der Parteien zu bewältigen.

55 Eine Erklärung gegenüber einem **Unzuständigen** ruft mangels korrekter zielgerichteter Abgabe keine Wirkungen hervor, auch wenn sie an einen der richtigen Empfänger weitergeleitet wird.[85] Das ist nicht anders als bei Willenserklärungen sonst; eine Ausnahme ist daher nur dann zu machen, wenn der Erklärende mit einer Weiterleitung genau an einen der Zuständigen gerechnet hatte.[86] An dieser Lösung ändert auch die besagte Gegenstandsorientierung der Zustimmungserklärung nichts; denn beispielsweise der Rücktritt, der schließlich auch auf ein bestimmtes Geschäft bezogen ist, wird hinsichtlich der Abgabe als „normale" Willenserklärung behandelt.[87]

---

81 Vgl. BGHZ 32, 383, 389 = NJW 1970, 1808; BGHZ 84, 70, 71 f. = NJW 1982, 2251; BGH NJW 1965, 41; BVerwG NJW 1978, 338 f.; OVG Münster NJW 1982, 1771; Staudinger/*Gursky*, Vorbem. zu §§ 182 ff. Rn 62 f.; Bamberger/Roth/*Bub*, vor § 182 Rn 11.
82 BSG NZS 2001, 104, 105 f.
83 BFH DB 1999, 1685, 1686; BB 2000, 968, 969 f.
84 BFHE 196, 567, 569 ff. (zu § 23 Abs. 1 Nr. 1 lit. a EStG 1990); FG Rheinland-Pfalz EFG 2002, 1622, 1623 f. m. Anm. *Fumi*; FG Rheinland-Pfalz EFG 2003, 140, 142 (beide zu §§ 7, 9 Abs. 1 Nr. 2, 11 ErbStG, § 38 AO; nicht rechtskräftig); eingehend *Noll*, DStR 2003, 968, 970 f., auch zu behördl. Genehmigungen.
85 Str., s. einerseits zutr. Staudinger/*Gursky*, § 182 Rn 4; Bamberger/Roth/*Bub*, § 182 Rn 4; andererseits Palandt/*Heinrichs*, § 182 Rn 1.
86 Vgl. BGH NJW 1979, 2032, 2033.
87 Um einen Rücktritt ging es auch in BGH NJW 1979, 2032, 2033.

II. Form der Zustimmung (Abs. 2)

1. Allgemeines. Der Wortlaut von Abs. 2 ist eindeutig: Die Zustimmung selbst zu formbedürftigen Rechtsgeschäften soll **formlos** möglich sein. Das BGB kennt eine begrenzte Zahl geregelter **Ausnahmen** in den §§ 182 Abs. 3 i.V.m. 111 S. 2 (bei sofortiger Zurückweisung), 1516 Abs. 2 S. 3, 1517 Abs. 1 S. 2, 1597 Abs. 1, 1750 Abs. 1 S. 2, 2120 S. 2 (auf Verlangen) und 2291 Abs. 2. Wenn die Zustimmung selbst formfrei ist, muss erst recht formfrei auch die Verpflichtung des Dritten zur Erteilung einer Zustimmung sein.[88] Vereinbaren die Parteien des Hauptgeschäfts, dass die Genehmigung formbedürftig sein soll, ist das wegen der Nichtabdingbarkeit des Abs. 2 als Bedingung auszulegen, die erst eintritt, wenn die Genehmigung formgemäß erteilt ist.[89]

2. Einschränkende Auslegung? a) Umfang der Diskussion. Trotz eindeutigem Wortlaut ist der Anwendungsumfang der Norm umstritten: Teilweise wird eine einschränkende Auslegung und damit die Formbedürftigkeit mancher Zustimmungen vertreten. Die Diskussion ist mit Vorsicht zu betrachten, weil häufig nicht zwischen **Einwilligung und Genehmigung** differenziert wird. Regelmäßig ist nur von der Genehmigung die Rede und nicht von der Einwilligung; das deshalb, weil die Genehmigung hier den praktisch wichtigeren Fall darstellt. Der Streit entzündet sich nämlich an dem Punkt, ob diejenigen Zustimmungen, die vom Erklärenden nicht mehr nachträglich widerrufen oder geändert werden können, formbedürftig sein sollen. Die Genehmigung setzt stets ein bereits vorgenommenes Geschäft sofort in Kraft, ohne dass anschließend seitens des Genehmigenden noch Korrekturen vorgenommen werden könnten; bei der Einwilligung gilt das nur ausnahmsweise, nämlich wenn sie – entgegen § 183 – unwiderruflich ist. Es sind also alle Genehmigungen und nur wenige Einwilligungen betroffen.

b) Streitstand. Den Grundsatz des Abs. 2 hat die **Rechtsprechung** des Bundesgerichtshofs lange Zeit jedenfalls für Genehmigungen bestätigt.[90] Ein **Teil des Schrifttums** will demgegenüber die Vorschrift teleologisch reduzieren und fordert in bestimmten Fällen für die Zustimmung die Einhaltung der für das zustimmungsbedürftige Rechtsgeschäft vorgesehenen Form, nämlich durchweg bei der Genehmigung und nach einer Teilmeinung auch bei der Einwilligung.[91] Wegen der sonst eintretenden Verfehlung des Formzwecks, vor allem der Warnfunktion, soll hier ein Formzwang bestehen; das entspricht der herrschenden Interpretation des § 167 Abs. 2 (ausnahmsweise formbedürftige Vollmacht). Die Rechtsprechung verweist dagegen auf die Rechtssicherheit. Bei einer Änderung der Rechtsprechung wäre eine Vielzahl von Verträgen unwirksam; speziell bei Grundstückskaufverträgen, die in der Praxis hier eine große Rolle spielen, wäre bei gleichzeitiger Unwirksamkeit der Auflassung zudem die Heilung nach § 311b Abs. 1 S. 2 zweifelhaft. Die notarielle Belehrungspflicht beträfe außerdem nur die Folgen der Zustimmung, also das Wirksamwerden des Vertrags, nicht aber dessen Inhalt. Im Übrigen gehe es nicht an, gegen den eindeutigen Wortlaut und die Entstehungsgeschichte der Norm ihren Anwendungsbereich bei allen Genehmigungen auf null zu reduzieren.

c) Neuere Entwicklung. In neuerer Zeit scheint sich der **BGH** möglicherweise in die Richtung der Literatur zu bewegen. Im Urteil vom 23.1.1998[92] spricht er davon, dass die **Einwilligung** in die streitgegenständliche Auflassung, „wenn sie das formbedürftige Geschäft vorwegnähme, unter dem für dieses selbst geltenden Formgebot" stehe, und verweist dabei auf die Rechtsprechung zur in Abweichung von § 167 Abs. 2 bindenden Vollmacht. Gleichzeitig hält er für Genehmigungen an der Formfreiheit fest. Die Entscheidung ist bislang vereinzelt geblieben; außerdem handelt es sich um ein *obiter dictum*, da im konkreten Fall kein Anhaltspunkt für eine Bindung der einwilligenden Person vorlag.

d) Bewertung. Die weitere **Entwicklung** der Rechtsprechung ist daher **nicht absehbar**. Insbesondere ist fraglich, ob dauerhaft zwischen (ausnahmsweise) bindender Einwilligung und (generell bindender) Genehmigung unterschieden werden wird. Wenn man nämlich die Ursache der Formbedürftigkeit in der schutzzweckwidrigen Bindungswirkung der Erklärung sieht, gibt es **keinen Grund für eine Differenzierung**, unabhängig davon, ob die Bindung aus einer besonderen Abrede oder direkt aus dem Gesetz resultiert.[93] Der

---

[88] BGH NJW 1996, 3338, 3339.
[89] Staudinger/*Gursky*, § 182 Rn 32.
[90] Grundlegend und zusammenfassend BGHZ 125, 218 = NJW 1994, 1344; zust. etwa *Larenz/Wolf*, BGB AT, S. 903; Staudinger/*Gursky*, § 182 Rn 27; Palandt/*Heinrichs*, § 182 Rn 2; HK-BGB/*Dörner*, § 182 Rn 4; *Mertens*, JZ 2004, 431, 435 f.; weitere Nachw. in BGHZ 125, 218, 221 f. = NJW 1994, 1344 und bei Staudinger/*Gursky*, § 182 Rn 27.
[91] Z.B. *Medicus*, BGB AT, Rn 1017; *Flume*, BGB AT Bd. 2, S. 890 f.; *Thiele*, S. 135 ff.; differenzierend *Einsele*, DNotZ 1996, 835 ff.
[92] BGH NJW 1998, 1482, 1484 = LM § 183 BGB Nr. 5 m. zust. Anm. *Wieling*; ebenso Jauernig/*Jauernig*, § 182 Rn 6, § 177 Rn 6; HKK/*Finkenauer*, §§ 182–185 Rn 11.
[93] So i.E. auch Staudinger/*Gursky*, § 182 Rn 28; *Mertens*, JZ 2004, 431, 435 f.

bloße Umfang der Gesetzeskorrektur, der zugegebenermaßen bei Genehmigungen viel größer wäre, ist ein allzu formales Argument.

61 **e) Praktische Folgen.** Die Praxis wird sich auf alles einstellen müssen, soweit nicht ohnehin aus formellrechtlichen Gründen eine Form notwendig ist (etwa § 29 GBO) oder vom Gericht verlangt wird (etwa § 12 FGG[94]). Sicherheitshalber ist jedenfalls bei unwiderruflichen Einwilligungen die Beachtung der Form des Hauptgeschäfts anzuraten. Für Genehmigungen ist eine dauerhafte Änderung der Rechtsprechung deutlich weniger wahrscheinlich; ein Restrisiko für die Wirksamkeit formfreier Erklärungen verbleibt freilich auch hier.

III. Zustimmung zu einem einseitigen Rechtsgeschäft (Abs. 3)

62 **1. Einwilligung.** Abs. 3 verweist zur Vermeidung von Wiederholungen für die Einwilligung des Dritten zu einem einseitigen Rechtsgeschäft auf § 111 S. 2 und 3. Danach entfaltet die formfrei erteilte Einwilligung in Ausnahme zu Abs. 2 ausnahmsweise dann keine Wirkungen, wenn der Erklärungsempfänger des Hauptgeschäftes wegen des fehlenden Nachweises der Einwilligung die Erklärung unverzüglich zurückweist und sie damit unwirksam macht (§ 111 S. 2). Das gilt nicht, wenn der Erklärungsempfänger bereits direkt vom Zustimmenden Kenntnis von der Einwilligung erhalten hat (§ 111 S. 3). Auf § 111 S. 1 wird nicht verwiesen, weil hier die Einwilligung gerade fehlt.

63 **2. Genehmigung.** Nicht geregelt ist der Fall einer Genehmigung einseitiger Rechtsgeschäfte. Daraus schließt die herrschende Meinung unter Verweis auf ein in den §§ 111 S. 1, 180 S. 1, 1367, 1831 S. 1 zum Ausdruck kommendes allgemeines Prinzip, einseitige Rechtsgeschäfte könnten nur mit Einwilligung wirksam zustande kommen, die Genehmigung sei **ausgeschlossen**, das Hauptgeschäft unwirksam.[95] In der Tat lässt sich aus dem fehlenden Verweis des Abs. 3 auf § 111 S. 1 nicht das Gegenteil ableiten, denn Abs. 3 spricht nur von der Einwilligung; und der mit formloser Einwilligung das Geschäft Vornehmende darf nicht schlechter gestellt sein (§ 111 S. 2!) als der ohne Einwilligung Handelnde.[96] Also ist eine Genehmigung einseitiger Rechtsgeschäfte im Grundsatz nicht möglich. Eine andere Frage ist, ob man nicht **§ 180 S. 2 analog** anwenden und eine Genehmigung dann gestatten sollte, wenn der Empfänger der einseitigen Erklärung von der fehlenden Einwilligung weiß und sich nicht dagegen wehrt oder sogar ausdrücklich einverstanden ist.[97] Dem ist zuzustimmen, da die Formulierung des Abs. 3 offen ist und die Wertung des § 111 S. 2 hier nicht entgegensteht.

C. Weitere praktische Hinweise

I. Beweislast

64 Ist der Abschluss eines zustimmungsbedürftigen Rechtsgeschäfts unstreitig oder bewiesen, ist derjenige, welcher sich auf eine Abweichung vom Zustand der schwebenden Unwirksamkeit beruft, weil eine Zustimmung (Einwilligung oder Genehmigung) entweder erteilt oder verweigert sei, für diesen Umstand darlegungs- und beweispflichtig.[98] Das gilt auch dann, wenn es sich um einen ehemaligen Minderjährigen handelt, der eine Verweigerung der Genehmigung behauptet: Der Minderjährigenschutz setzt hier die allgemeinen Regeln des Beweisrechts nicht außer Kraft.[99]

II. Formulierungen

65 Wegen der Vielgestaltigkeit der möglichen Sachverhalte ist es kaum möglich, konkrete Formulierungshilfen für Zustimmungen zu geben.[100] Zu beachten sind aber insbesondere das Korrespondenzgebot (siehe Rn 11) und das Bestimmtheitsgebot (siehe Rn 46):

66 **1. Einwilligungen.** Einwilligungen haben Lenkungsfunktion. Je präziser der Einwilligende das Hauptgeschäft beschreibt, desto exakter kann er dessen Inhalt vorweg bestimmen. Weichen die Parteien von

---

94 Dazu KG Rpfleger 2001, 589.
95 RGZ 146, 314, 316; Staudinger/*Gursky*, § 182 Rn 47; Palandt/*Heinrichs*, § 182 Rn 5; Soergel/*Leptien*, § 182 Rn 12; a.A. Bamberger/Roth/*Bub*, § 184 Rn 3.
96 Staudinger/*Gursky*, § 182 Rn 47.
97 Dafür viele, etwa BAG ZIP 1986, 388, 389; Staudinger/*Gursky*, § 182 Rn 47; MüKo/*Schramm*, § 182 Rn 22; Palandt/*Heinrichs*, § 182 Rn 5; *Hattenhauer*, S. 272; *M. Lange*, in: FG Sandrock 1995, S. 243, 244 ff.; a.A. Soergel/*Leptien*, § 182 Rn 12; Bamberger/Roth/*Bub*, § 184 Rn 3.
98 BGH FamRZ 1989, 476, 478.
99 Vgl. BGH FamRZ 1989, 476, 478.
100 Einzelne Beispiele bei *Peter*, in: Kersten/Bühling, Formularbuch und Praxis der Freiwilligen Gerichtsbarkeit, 2001/2004, § 29 Rn 17, 26, 29; *Rawert*, in: Beck'sches Formularbuch Bürgerliches, Handels- und Wirtschaftsrecht, 8. Aufl. 2003, I. 46.

den Vorgaben ab, entsteht ihr Hauptgeschäft nicht wirksam. Die Lenkungsmöglichkeiten werden dadurch noch größer, dass Bedingungen und Befristungen unproblematisch zulässig sind (siehe Rn 31). Je nach dem Grad der Freiheit des Zustimmungsberechtigten (siehe Rn 12) können hier also **große taktische Spielräume** ausgenutzt werden.

2. Genehmigungen. Bei Erteilung und Verweigerung einer Genehmigung ist darauf zu achten, dass man das Hauptgeschäft formal möglichst genau bezeichnet (Datum, Name der Parteien, ggf. kurzes charakteristisches Schlagwort, bei notariellen Geschäften auch Name des Notars und Nummer der Urkundenrolle), **ohne nähere inhaltliche Angaben** zu machen. Die Formulierung, sämtliche in dem – näher bezeichneten – Geschäft abgegebenen Erklärungen zu genehmigen, reicht aus. So stellt man den notwendigen Bezug auf das Hauptgeschäft her, ohne sich in die Gefahr zu begeben, das Korrespondenzgebot zu verletzen. Nach der hier vertretenen Meinung (siehe Rn 32 ff.) besteht auch die Möglichkeit, Bedingungen und Befristungen in die Genehmigung aufzunehmen, sofern sie keine inhaltliche Beeinflussung des Hauptgeschäfts bedeuten (zu anderweitigen Gestaltungsmöglichkeiten siehe Rn 39).

67

§ 183 Widerruflichkeit der Einwilligung

¹Die vorherige Zustimmung (Einwilligung) ist bis zur Vornahme des Rechtsgeschäfts widerruflich, soweit nicht aus dem ihrer Erteilung zugrunde liegenden Rechtsverhältnis sich ein anderes ergibt. ²Der Widerruf kann sowohl dem einen als dem anderen Teil gegenüber erklärt werden.

Literatur: Siehe bei § 182.

A. Allgemeines 1	3. Unwiderrufliche Erteilung 8
B. Regelungsgehalt 2	4. Widerruf aus wichtigem Grund 10
I. Widerruflichkeit (S. 1 Hs. 1) 2	a) Allgemeines 10
1. Voraussetzungen 2	b) Bei abweichendem Grundverhältnis . 11
2. Rechtsfolgen 4	c) Bei gesetzlicher Anordnung 12
II. Ausnahmen 5	d) Bei unwiderruflicher Erteilung 13
1. Abweichendes Grundverhältnis (S. 1 Hs. 2) 5	5. Rechtsfolgen 14
	III. Weitere Erlöschensgründe 15
2. Gesetzliche Anordnung 7	IV. Erklärungsempfänger (S. 2) 17

A. Allgemeines

In Abweichung von § 130 Abs. 1 S. 2 ist die Einwilligung auch noch nach ihrem Zugang bis zur Vornahme des Hauptgeschäfts im Grundsatz widerruflich. Das scheint akzeptabel, weil sie in dieser Phase wesensgemäß noch keine Wirkungen entfaltet; auf der anderen Seite kann es durchaus sein, dass die Parteien des Hauptgeschäfts im Vertrauen auf die Einwilligung bereits Dispositionen für den Abschluss des Geschäfts und seine Durchführung getroffen haben. Im Vertragsrecht hat immerhin ein entsprechender Grund (Dispositionen, die die Gegenseite im Vertrauen auf den Antrag getroffen hat) zur Bindung an den Antrag geführt (§ 145).[1] Eine **Rechtfertigung** der Widerrufsmöglichkeit kann man aber noch darin erblicken, dass es nicht in der Hand des Einwilligenden liegt, einen sofortigen Vertragsabschluss zu erzwingen, so dass ein gegebenenfalls langer Schwebezustand entsteht, verbunden mit unabsehbaren Unwägbarkeiten. Aus demselben Grund lässt sich auch in entsprechender Anwendung der §§ 314, 543, 626 Abs. 1, 671 Abs. 2, 3, 723 Abs. 1 S. 2 an einen Widerruf aus wichtigem Grund denken (Rn 10 ff.).

1

B. Regelungsgehalt

I. Widerruflichkeit (S. 1 Hs. 1)

1. Voraussetzungen. Wie die Einwilligung selbst ist auch ihr *actus contrarius*, der Widerruf, eine einseitige empfangsbedürftige Willenserklärung, die zu ihrer Wirksamkeit der Erfüllung der **allgemeinen Voraussetzungen** wie z.B. des Zugangs bedarf. Die Einwilligung ist grundsätzlich in den weiten Grenzen, die Rechtsgeschäften generell gezogen sind (etwa § 226), bis zur Vornahme des Hauptgeschäfts frei widerruflich.

2

Die **Vornahme des Hauptgeschäfts** ist seine Vollendung.[2] Bei Einwilligungen zu **Grundstücksgeschäften** will eine verbreitete Meinung den Widerruf nur bis zu dem Zeitpunkt zulassen, in dem die Einigungs-

3

---

1 Vgl. MüKo/*Kramer*, § 145 Rn 1.

2 BGHZ 14, 114, 119 = LM § 455 Nr. 5; Larenz/Wolf, BGB AT, S. 934; Staudinger/*Gursky*, § 183 Rn 10.

erklärungen der Parteien nach § 873 Abs. 2 bindend werden.³ Teilweise wird noch zusätzlich die Stellung des Eintragungsantrags gefordert.⁴ Zutreffend ist, dass der Widerruf erst bei Vorliegen von bindender Einigung und Eintragungsantrag nicht mehr erfolgen kann; das ergibt sich aus einer analogen Anwendung des § 878 (Verfügung ohne Zustimmung entspricht einer Verfügung trotz Verfügungsbeschränkung).⁵ Daher kommt es auch nicht darauf an, wer den Eintragungsantrag gestellt hat.⁶ Wollte man dagegen die Bindung nach § 873 Abs. 2 allein ausreichen lassen, müsste man konsequenterweise auch bei Abgabe eines nach § 145 bindenden zustimmungsbedürftigen Antrags den Widerruf ausschließen.⁷ Dass das Gesetz den Ausdruck „Rechtsgeschäft" hier in diesem Sinne versteht, ist aber nicht anzunehmen.⁸

4   **2. Rechtsfolgen.** Rechtsfolge des Widerrufs ist **nur die Beseitigung** der Einwilligung. Eine Bindung des Widerrufenden tritt nicht ein, so dass er in der Folge frei erneut einwilligen, nach Vornahme des Hauptgeschäfts genehmigen oder seine Zustimmung verweigern kann.

II. Ausnahmen

5   **1. Abweichendes Grundverhältnis (S. 1 Hs. 2).** Die Einwilligung ist dann nicht widerruflich, wenn sich das aus dem ihrer Erteilung zugrunde liegenden Rechtsverhältnis ergibt (S. 1 Hs. 2); allgemein zu Grundverhältnis und Grundgeschäft siehe § 182 Rn 8. Das Grundgeschäft kann die Unwiderruflichkeit ausdrücklich bestimmen oder – das macht im Ergebnis keinen Unterschied – eine Pflicht zur Erteilung der Einwilligung vorsehen. Neben diesen Fällen lässt sich eine allgemeine Regel, wann das Grundgeschäft die Widerruflichkeit ausschließt, kaum angeben. Ein deutliches Indiz dafür ist es immerhin, wenn die Einwilligung gerade wegen der Interessen des Ermächtigten erteilt wird. Je mehr dieser aus Gründen, die im Grundgeschäft liegen, auf das Weiterbestehen der Einwilligung angewiesen ist, etwa weil er auf deren Basis disponieren muss, desto eher wird man die Unwiderruflichkeit auch ohne ausdrückliche Festlegung annehmen müssen.

6   Als Paradebeispiel dient der **verlängerte Eigentumsvorbehalt**. Grundgeschäft ist hier der Kaufvertrag. Nach seinem Sinn und Zweck – Schaffung der Dispositionsmöglichkeit für den Käufer – ist die Einwilligung des Vorbehaltsverkäufers in die Weiterveräußerung der unter Eigentumsvorbehalt verkauften Ware durch den Vorbehaltskäufer nicht frei widerruflich; das muss nicht einmal ausdrücklich bestimmt werden.⁹ Weitere Beispiele gibt es im Gesellschaftsrecht: So scheidet ein Widerruf aus bei der unwiderruflichen Kündigung der Mitgliedschaft in einer GmbH, in der gleichzeitig die Zustimmung zur Einziehung des Gesellschaftsanteils des Kündigenden liegt; hier liegt die Gefahr darin, dass durch die Beseitigung der Zustimmung die Durchführung des Austritts des Kündigenden trotz unwiderruflicher Kündigung verhindert werden könnte.¹⁰

7   **2. Gesetzliche Anordnung.** Die Unwiderruflichkeit ist zur Erzielung von Rechtssicherheit in diversen Fällen gesetzlich angeordnet, vor allem im Sachenrecht, z.B.: §§ 876 S. 3, 880 Abs. 2 S. 3, 1245 Abs. 1 S. 3, 1516 Abs. 2 S. 4, 2291 Abs. 2.

8   **3. Unwiderrufliche Erteilung.** Die Einwilligung ist schließlich nicht widerruflich, wenn sie selbst unwiderruflich erteilt worden ist oder der Einwilligende nachträglich auf sein Widerrufsrecht verzichtet hat. Dabei sollte man hierunter nicht die Fälle fassen, in denen die Unwiderruflichkeitserklärung lediglich einen Bezug auf das Grundgeschäft darstellt, nach dem der Erklärende zur unwiderruflichen Erteilung der Einwilligung verpflichtet ist. Dabei erhält nämlich die abstrakte Zustimmungserklärung keinen vom Normalfall abweichenden Inhalt, der in ihr selbst begründet liegt. Die Unwiderruflichkeit ergibt sich vielmehr aus der im Gesetz vorgesehenen Rückkopplung mit dem Grundgeschäft, so dass ein Fall von oben Rn 5 vorliegt. Die Rückkopplung fehlt allerdings bei Unwirksamkeit des Grundgeschäfts; dann kann man nicht mehr davon sprechen, dass aus dem der „Erteilung [der Einwilligung] zugrunde liegenden Rechtsverhältnis sich ein anderes ergibt", so dass eine Gleichstellung mit den selbständig für unwiderruflich erklärten Einwilligungen gerechtfertigt ist. Dieser dritten Gruppe von Ausnahmen bleiben also die Fälle, in denen das Grundverhältnis die Unwiderruflichkeit nicht vorsieht oder ganz fehlt, etwa weil es unwirksam ist.

---

3   BGH NJW 1998, 1482, 1484 (obiter); Palandt/Heinrichs, § 183 Rn 1; Flume, BGB AT Bd. 2, S. 897.
4   MüKo/Schramm, § 183 Rn 10; Soergel/Leptien, § 183 Rn 3; HK-BGB/Dörner, § 183 Rn 4; differenzierend Bamberger/Roth/Bub, § 183 Rn 3.
5   So BGH NJW 1963, 36, 37 für §§ 5, 6 ErbbauVO; vgl. OLG Düsseldorf Rpfleger 1996, 340, 341 = MittRhNotK 1996, 276; OLG Köln Rpfleger 1996, 106; allg. HK-BGB/Dörner, § 183 Rn 4; Thiele, S. 302 ff.
6   A.A. Bamberger/Roth/Bub, § 183 Rn 3; Thiele, S. 303.
7   So in der Tat Flume, BGB AT Bd. 2, S. 896 f.
8   Staudinger/Gursky, § 183 Rn 10.
9   BGH NJW 1969, 1171.
10 OLG Köln NJW-RR 1997, 356.

Widerruflichkeit der Einwilligung § 183

Auch hier gibt es eine Leitentscheidung aus dem Gesellschaftsrecht: Die vorbehaltlose Zustimmung der **9** übrigen Gesellschafter zur treuhänderischen Sicherungsabtretung eines Kommanditanteils schließt die Einwilligung zur späteren Rückübertragung nach Ende des Sicherungszwecks mit ein; diese Einwilligung zur Rückübertragung ist unwiderruflich, weil die Mitgesellschafter bei Erteilung ihrer Zustimmung zum Treuhandgeschäft genau wissen, dass dieses seiner Natur nach als vorübergehend gedacht ist und eine Rückübertragung folgen soll.[11] Wenn der BGH in dieser Entscheidung auf den „Grundsatz des Vertrauensschutzes" abstellt, liegt darin die zutreffende **Auslegung der Zustimmungserklärung** nach dem Empfängerhorizont; mit anderen Worten, auch der Verzicht auf das Widerrufsrecht kann konkludent erfolgen.

4. Widerruf aus wichtigem Grund. a) Allgemeines. Diskutiert wird in manchen Fällen einer eigentlich **10** unwiderruflichen Einwilligung die weiter bestehende Möglichkeit eines Widerrufs aus wichtigem Grund, ebenso wie nach ganz herrschender Meinung eine unwiderrufliche Vollmacht aus wichtigem Grund widerrufen werden kann (vgl. § 168 Rn 13).[12] Aus wichtigem Grund soll widerrufen werden können, wenn eine Partei des Hauptgeschäfts die Interessen des Einwilligenden (schuldhaft) gefährdet, also etwa das Verhalten des Vorbehaltskäufers (Nichtzahlung trotz vorhandener Geldmittel) die Sicherheit des Verkäufers in Gefahr bringt.[13] **Hier ist zu differenzieren:**

b) Bei abweichendem Grundverhältnis. Bei einer auf dem Grundgeschäft basierenden Unwiderruflich- **11** keit (Rn 5) benötigt man die Figur nicht: Hier wird sich schon aus der Auslegung des Grundgeschäfts ergeben, dass es für die ohnehin seltenen Fälle, in denen ein wichtiger Grund vorliegt, die Widerrufsmöglichkeit nicht ausschließt. Das gilt umso mehr, wenn man das Erlöschen der Einwilligung analog § 168 S. 1 bei Beendigung des Grundverhältnisses anerkennt (Rn 15); denn dann kann sich der Wegfall der Einwilligung bereits aus der Kündigung des Grundverhältnisses ergeben, ohne dass es eines gesonderten Widerrufs bedürfte. Aber auch sonst schafft der Weg über die **Auslegung des Grundgeschäfts** Raum für flexible, dem Einzelfall angepasste Lösungen.

c) Bei gesetzlicher Anordnung. Mit Sicherheit ist ein Widerruf auch aus wichtigem Grund nicht möglich, **12** wenn die Unwiderruflichkeit gesetzlich angeordnet ist (Rn 7). Extremfälle können über § 242 gelöst werden.

d) Bei unwiderruflicher Erteilung. Als eigenständige Rechtsfigur sinnvoll ist der Widerruf aus wichtigem **13** Grund allein dann, wenn die Einwilligung selbst unwiderruflich erteilt worden ist, ohne dass sich das aus einem ihr zugrunde liegenden Rechtsgeschäft ergibt (Rn 8). Hier wird man den Einwilligenden in der Tat nicht an seiner Erklärung festhalten dürfen, wenn ein Grund vorliegt, der die Bindung für ihn **unzumutbar** erscheinen lässt und der andererseits die **Schutzwürdigkeit des Ermächtigten reduziert**. Es darf sich dabei aber **nur** um **Ausnahmefälle** handeln, zumal wenn die Einwilligung beiden an dem Hauptgeschäft beteiligten Personen gegenüber erklärt worden ist.[14] Ein Ausnahmefall ist etwa bei Unwirksamkeit des Grundgeschäfts gegeben. Während diese Unwirksamkeit nicht unmittelbar die der Einwilligung nach sich ziehen kann (Abstraktionsprinzip), bildet sie doch einen wichtigen Grund für einen Widerruf.[15]

5. Rechtsfolgen. Rechtsfolge unwiderruflicher Einwilligungen ist ihr **sofortiges Wirksamwerden**, so dass **14** die Wirksamkeitsvoraussetzungen (etwa Geschäftsfähigkeit, Zustimmungsbefugnis) nur im Zeitpunkt der Erteilung vorliegen müssen.[16] Die bindende Einwilligung im Sachenrecht bedeutet eine Inhaltsänderung desjenigen Rechts, aufgrund dessen der Einwilligende zustimmen musste. Damit geht dieses Recht auf jeden Rechtsnachfolger, ob Einzel- oder Gesamtrechtsnachfolger, mit dem geänderten Inhalt über (§§ 413, 404), also ohne die Möglichkeit, das Hauptgeschäft noch zu verhindern. Allerdings kann im Grundstücksrecht der mittels eines Verkehrsgeschäfts Erwerbende bei Redlichkeit und fehlender Eintragung eines Widerspruchs im Grundbuch nach § 892 Abs. 1 S. 1 das Recht ohne Bindung an die Zustimmung erwerben.[17]

---

11 BGHZ 77, 392, 396 f. = NJW 1980, 2708; vgl. bereits BGH NJW 1965, 1376, 1377.

12 Staudinger/*Gursky*, § 183 Rn 14; Soergel/*Leptien*, § 183 Rn 4; zurückhaltend *Medicus*, BGB AT, Rn 1020.

13 BGH NJW 1969, 1171; Staudinger/*Gursky*, § 183 Rn 14.

14 So in BGHZ 77, 392 = NJW 1980, 2708; der BGH ist hier völlig zu Recht zurückhaltend.

15 Staudinger/*Gursky*, § 183 Rn 22.

16 OLG Hamm MittRhNotK 1995, 24, 25.

17 OLG Hamm MittRhNotK 1995, 24, 25; Staudinger/*Gursky*, § 876 Rn 34.

III. Weitere Erlöschensgründe

15 Die Einwilligung erlischt außer durch Widerruf durch den Eintritt einer **auflösenden Bedingung** oder einer **auflösenden Befristung** sowie bei **Verzicht des Ermächtigten**. Außerdem ist § 168 S. 1 analog anwendbar, so dass bei **Wegfall des Grundverhältnisses** auch die Einwilligung automatisch erlischt.[18] Auch beim **Tod des Ermächtigten** ist das Schicksal des Grundverhältnisses nach den jeweils geltenden Regeln zu prüfen (z.B. § 673 S. 1).[19] **Stirbt der Einwilligende**, bleibt die Einwilligung bestehen, und seine Erben oder, soweit die Rechtsstellung nicht vererblich ist (vgl. § 182 Rn 14), sein Nachfolger im Amt etwa des Vormunds können sie widerrufen, wenn sie noch widerruflich war.[20] Entsprechendes gilt bei **nachträglich eintretender Geschäftsunfähigkeit**.

16 In der **Insolvenz der Beteiligten** ist zu unterscheiden: Wird über das Vermögen des Einwilligenden das Insolvenzverfahren eröffnet, erlischt die Einwilligung immer dann, wenn das zustimmungsbedürftige Rechtsgeschäft vermögensrechtliche Bedeutung für die Insolvenzmasse hat.[21] Die Folgen der Insolvenz des Ermächtigten ergeben sich aus einer Auslegung des Grundgeschäfts.[22] Der **Verlust des Rechts**, aufgrund dessen eine widerrufliche Einwilligung erteilt worden ist, lässt diese bei Einzelrechtsnachfolge grundsätzlich erlöschen (Ausnahme: Übertragung nach §§ 398 ff., wegen § 404), bei Gesamtrechtsnachfolge bestehen.[23]

IV. Erklärungsempfänger (S. 2)

17 Erklärungsempfänger des Widerrufs kann wie bei der Erteilung oder Verweigerung der Zustimmung (§ 182 Abs. 1) **der eine oder der andere Teil des Hauptgeschäfts** sein. Dabei ist es – das zeigt die offene Formulierung des S. 2 – unerheblich, wem gegenüber ursprünglich die Zustimmung erteilt worden ist. Man kann also ohne weiteres der einen Partei des Hauptgeschäfts gegenüber einwilligen und der anderen gegenüber widerrufen. Die Bedeutung dieses Grundsatzes wird allerdings dadurch eingeschränkt, dass nach allgemeiner Meinung die **§§ 170–173** entsprechend anzuwenden sind.[24] Gegebenenfalls muss sich also beispielsweise der Einwilligende vom gutgläubigen (nicht fahrlässigen, § 173 analog) anderen Teil des Hauptgeschäfts die ihm erteilte Einwilligung auch nach Widerruf gegenüber dem einen Teil entgegenhalten lassen (§ 170 analog).

§ 184 Rückwirkung der Genehmigung

(1) ¹Die nachträgliche Zustimmung (Genehmigung) wirkt auf den Zeitpunkt der Vornahme des Rechtsgeschäfts zurück, soweit nicht ein anderes bestimmt ist.

(2) ¹Durch die Rückwirkung werden Verfügungen nicht unwirksam, die vor der Genehmigung über den Gegenstand des Rechtsgeschäfts von dem Genehmigenden getroffen worden oder im Wege der Zwangsvollstreckung oder der Arrestvollziehung oder durch den Insolvenzverwalter erfolgt sind.

Literatur: Siehe bei § 182.

A. Allgemeines 1	1. Genehmigung 7
I. Voraussetzungen 1	2. Verweigerung der Genehmigung 8
1. Hauptgeschäft, Genehmigungspflicht . . . 1	B. Regelungsgehalt 9
2. Zuständigkeit 2	I. Überblick 9
3. Frist, Aufforderungsrecht, Widerrufsrecht . 3	II. Grundsatz (Abs. 1 Hs. 1) 10
a) Gesetzliche Regelungen 3	III. Ausnahmen 11
b) Allgemeines Prinzip 4	1. Abweichende Parteivereinbarung
c) Pflichten der Parteien 6	(Abs. 1 Hs. 2) 11
II. Rechtsfolgen 7	a) Im Hauptgeschäft 11

---

18 Heute im Grundsatz allg.M., s. Staudinger/*Gursky*, § 183 Rn 20; MüKo/*Schramm*, § 183 Rn 4; im Einzelnen abw. aber Staudinger/*Gursky*, § 183 Rn 21 (nur in Fällen des § 185), Bamberger/Roth/*Bub*, § 183 Rn 8 („im Zweifel").
19 MüKo/*Schramm*, § 673 Rn 5; Staudinger/*Gursky*, § 183 Rn 23.
20 Staudinger/*Marotzke*, § 1922 Rn 324 ff.
21 MüKo/*Schramm*, § 183 Rn 7; i.E. auch Staudinger/*Gursky*, § 183 Rn 25 ff.
22 A.A. Staudinger/*Gursky*, § 183 Rn 24: Auslegung der Einwilligung.
23 OLG Düsseldorf Rpfleger 1996, 340, 341 = MittRhNotK 1996, 276; Staudinger/*Gursky*, § 183 Rn 28; MüKo/*Schramm*, vor § 182 Rn 41, § 183 Rn 6; *Thiele*, S. 303.
24 S. nur Staudinger/*Gursky*, § 183 Rn 17.

b) In der Genehmigung 12
2. Wirksamkeit von Zwischenverfügungen
    (Abs. 2) 13
    a) Allgemeines 13
    b) Definitionen und Voraussetzungen . . 14
    c) Regelungsumfang 17
3. Abweichende gesetzliche Bestimmungen 18
4. Nicht geregelte Ausnahmen 19

a) Verjährung 20
b) Andere Fristen 21
c) Verzug 22
d) Gestaltungsgeschäfte 23
e) Nachträglicher Rechtserwerb 24
f) Sondergebiete 26

A. Allgemeines

I. Voraussetzungen

1. Hauptgeschäft, Genehmigungspflicht. Genehmigungen sollen zur Wirksamkeit des Hauptgeschäfts führen. Voraussetzung jeder Genehmigung ist, dass das **Hauptgeschäft (noch) als schwebend unwirksames besteht**, also nicht durch Widerruf, Rücktritt oder sonstige Gründe untergegangen ist oder von vornherein endgültig unwirksam war (etwa wegen §§ 111 S. 1, 180 usw.); entscheidend ist der Zeitpunkt des Zugangs der Genehmigung.[1] Bei Löschung der ursprünglich vorhandenen Eintragung im Grundbuch wird die dazugehörige zunächst schwebend unwirksame Einigung endgültig unwirksam und kann nicht mehr genehmigt werden.[2] Dient die nach § 177 zustimmungsbedürftige Erklärung des *falsus procurator* der Wahrung einer gesetzlichen oder vertraglichen Ausschlussfrist – so, wenn es um die Annahme eines fristgebundenen Antrags geht oder (bei § 180 S. 2) um ein fristgebundenes Gestaltungsrecht –, muss nach herrschender Meinung die Genehmigung **innerhalb der Frist** erfolgen.[3] Die **Genehmigungspflicht** darf nicht entfallen sein, etwa wegen Gesetzesänderungen, denn sonst ist das Geschäft bereits endgültig wirksam.[4]

2. Zuständigkeit. Stark umstritten ist, in welchem Zeitpunkt der insbesondere eine Verfügung Genehmigende seine Berechtigung (Rechtsträgerschaft und Verfügungsmacht, vgl. § 185 Rn 3) innehaben muss: ob bei Vornahme des Hauptgeschäfts oder bei Zugang der Genehmigung.[5] Das Problem wird dadurch etwas entschärft, dass auch die herrschende Meinung, die auf den **Zugang der Genehmigung** abstellt, diverse Ausnahmen anerkennt.[6] So kann der frühere (letzte) Eigentümer – mit der Folge des § 816 Abs. 1 S. 1 – eine Verfügung genehmigen, wenn die Sache in der Zwischenzeit physisch oder rechtlich (§§ 946 ff.) untergegangen ist.[7]

3. Frist, Aufforderungsrecht, Widerrufsrecht. a) Gesetzliche Regelungen. Eine allgemeine Frist für die Erteilung der Genehmigung sieht das Gesetz nicht vor. Da der Schwebezustand mithin sehr lange andauern kann, gibt es verschiedentlich Regelungen, die einer Partei des Hauptgeschäfts die Möglichkeit geben, sich von diesem zu lösen. Das geschieht entweder durch Einräumung eines Widerrufsrechts (§§ 109, 178, 1366 Abs. 2, 1427 Abs. 2, 1453 Abs. 2, 1830, 1908i Abs. 1) oder durch Gewährung des Rechts, den Zustimmungsberechtigten zur Genehmigung aufzufordern, mit der Folge, dass nach Ablauf einer bestimmten Zeit ohne Erklärung die Genehmigung als verweigert gilt (§§ 108 Abs. 2, 177 Abs. 2, 1366 Abs. 3, 1427 Abs. 1, 1453 Abs. 1, 1829 Abs. 2, 1908i Abs. 1).

b) Allgemeines Prinzip. Ob daraus auf ein allgemeines Prinzip geschlossen werden kann, ist streitig.[8] Nahe liegend ist, dass ein solches wie in den geregelten Fällen nur für diejenigen Sachverhalte gelten darf, in

---

1 Zur Lage bei Insolvenz des ausscheidenden Partners bei der Vertragsübernahme s. *Lange*, ZIP 1999, 1373 ff.
2 BGH MDR 1971, 380; Staudinger/*Gursky*, § 184 Rn 10.
3 BGHZ 32, 375, 382 f. = NJW 1960, 1805; BGH NJW 1973, 1789, 1790; BAG NJW 1987, 1038, 1039; OLG Hamburg MDR 1988, 860, 861; Soergel/*Leptien*, § 184 Rn 8; *M. Lange*, in: FG Sandrock 1995, S. 243, 246 f.; einschr. MüKo/*Schramm*, § 177 Rn 46 (Auslegungsfrage); a.A. Staudinger/*Gursky*, § 184 Rn 21; Jauernig/*Jauernig*, § 184 Rn 2; *Jauernig*, in: FS Niederländer 1991, S. 285 ff.
4 BGHZ 37, 233, 236 = NJW 1962, 1715; BGHZ 127, 368, 375 = NJW 1995, 318; BGH WM 2001, 475, 476.
5 Bei Zugang der Genehmigung (h.M.): BGHZ 107, 340, 341 f. = NJW 1989, 2049; Staudinger/

Gursky, § 184 Rn 23; MüKo/*Schramm*, § 184 Rn 23, 25; Bamberger/Roth/*Bub*, § 184 Rn 5; Jauernig/*Jauernig*, § 184 Rn 1; *Larenz/Wolf*, BGB AT, S. 936 f. Bei Vornahme des Hauptgeschäfts: *Finkenauer*, AcP 203 (2003), 282 ff.; Erman/*Palm*, § 184 Rn 3.
6 Übersicht bei *Finkenauer*, AcP 203 (2003), 282, 303 ff.
7 BGHZ 56, 131, 133 ff. = NJW 1971, 1452; Staudinger/*Gursky*, § 184 Rn 25; MüKo/*Schramm*, § 184 Rn 25; Bamberger/Roth/*Bub*, § 184 Rn 5; Jauernig/*Jauernig*, § 184 Rn 1.
8 Dafür: MüKo/*Schramm*, § 184 Rn 5, 9; *Medicus*, BGB AT, Rn 1023 f. Nur für das Aufforderungsrecht, aber gegen das Widerrufsrecht: Staudinger/*Gursky*, § 184 Rn 9, 18; Soergel/*Leptien*, § 184 Rn 4. Für das Widerrufsrecht: *Kroppenberg*, WM 2001, 844, 848.

denen nicht ein Vertrag als solcher, sondern **nur eine einzige Willenserklärung zustimmungsbedürftig** ist; Widerrufsrecht und Aufforderungsrecht kommen dann dem jeweiligen Geschäftsgegner desjenigen zu, dessen Erklärung noch nicht wirksam ist.[9] Bei den anderen Zustimmungsfällen bleibt damit als zeitliche Grenze für die Erteilung der Genehmigung nur die Verwirkung; allenfalls wenn den Parteien nach Treu und Glauben nicht mehr zuzumuten ist, um eine Genehmigung nachzusuchen, tritt Unwirksamkeit des Hauptgeschäfts ein (selten).[10]

5 Da die genannten gesetzlichen Bestimmungen jeweils parallel Widerrufsrecht und Aufforderungsrecht vorsehen, kann für diese beiden Institute auch für die Frage einer Gesamtanalogie nicht ohne Willkür eine unterschiedliche Lösung gefunden werden. Im Ergebnis ist eine **Analogie zu befürworten**, wenn auch die einzelnen genannten Vorschriften in ihren Anforderungen nicht vollständig übereinstimmen. Das Gesetz macht deutlich, dass es dem Geschäftspartner einer Person, die eine zustimmungsbedürftige Willenserklärung abgegeben hat, regelmäßig Sonderrechte zugestehen will. Der Geschäftspartner kann also den Zustimmungsberechtigten oder seinen Vertragspartner zur Genehmigung auffordern, mit der Folge, dass die Genehmigung nur ihm gegenüber erklärt werden kann, eine vorher dem Vertragspartner gegenüber erklärte Genehmigung oder Verweigerung unwirksam wird und die Genehmigung nur innerhalb von zwei Wochen nach der Aufforderung erklärt werden kann, anderenfalls sie als verweigert gilt. Ferner kann der Geschäftspartner, wenn er von dem Defekt des anderen bei Vertragsschluss nichts gewusst hat oder wegen wahrheitswidriger Angaben des anderen auf das Vorhandensein einer Einwilligung vertraut hat, seine eigene Willenserklärung bis zur Erteilung der Genehmigung sowohl dem Vertragspartner als auch dem Zustimmungsberechtigten gegenüber widerrufen.

6 **c) Pflichten der Parteien.** Abgesehen von diesen Rechten, die zur Beseitigung des Hauptgeschäfts führen können, sind die Parteien (mit Ausnahme des Minderjährigen) einander während des Schwebezustands aus der zwischen ihnen bestehenden Sonderverbindung (§§ 242, 241 Abs. 2, 311 Abs. 2) dazu verpflichtet, alles zu tun, um die **Genehmigung herbeizuführen**, und alles zu unterlassen, was sie gefährden oder vereiteln könnte.[11] Bei schuldhaften Verstößen (insbesondere Verzögerung oder Verhinderung der Genehmigung) droht eine Schadensersatzpflicht aus §§ 311 Abs. 2, 241 Abs. 2, 280 Abs. 1.[12]

II. Rechtsfolgen

7 **1. Genehmigung.** Mit Zugang der Genehmigung wird das bis dahin schwebend unwirksame Geschäft **endgültig wirksam**. § 184 geht hiervon aus und regelt nur, wann diese Wirkung eintreten soll (sogleich Rn 9 ff.).

8 **2. Verweigerung der Genehmigung.** Die Verweigerung der Genehmigung macht das bis dahin schwebend unwirksame Geschäft **endgültig unwirksam**.[13] Nach vereinzelter Auffassung soll in Fällen einer gesetzlichen oder auch nur rechtsgeschäftlichen Zustimmungspflicht die pflichtwidrige Genehmigungsverweigerung (etwa durch den Antrag auf Abweisung der auf Erteilung der Zustimmung gerichteten Klage im Prozess) die schwebende Unwirksamkeit nicht beseitigen.[14] Hier hilft jedenfalls in Rechtsstreitigkeiten zwischen einer Partei des Hauptgeschäfts und dem rechtswidrig Verweigernden der **Einwand des Rechtsmissbrauchs** (§ 242).[15] In seltenen Fällen kann die Verweigerung nach den §§ 138, 226 usw. nichtig sein. Abgesehen davon wird man auf Schadensersatzansprüche verwiesen bleiben. Die Parteien des Hauptgeschäfts können dieses aber auch bestätigen (§ 141 analog; grundsätzlich in der vorgeschriebenen Form des Hauptgeschäfts; vgl. § 141 Rn 15) und gegen den Zustimmungspflichtigen auf Zustimmung klagen.[16] Verbleibt trotzdem noch

---

9 Vgl. MüKo/*Schramm*, § 184 Rn 5, 9; *Medicus*, BGB AT, Rn 1023 f. (beide für das Aufforderungsrecht freilich nicht eindeutig); a.A. *Kroppenberg*, WM 2001, 844, 848 (für das Widerrufsrecht).

10 Vgl. OLG München ZMR 1996, 371, 372 (behördliche Genehmigung 14 Jahre nach Vertragsschluss möglich); BGHZ 76, 242, 248 = NJW 1980, 1691; BGH DtZ 1994, 247.

11 BGHZ 14, 1, 2 = NJW 1954, 1442; BGHZ 67, 34, 35 f. = NJW 1976, 1939; BGH ZIP 1986, 37, 38; NJW-RR 1986, 756, 758; *Kroppenberg*, WM 2001, 844, 845 ff.

12 OLG Hamm MDR 1969, 306, 307; Staudinger/ *Gursky*, § 184 Rn 15; *Kroppenberg*, WM 2001, 844, 847.

13 Ganz h.M. und st. Rspr.: BGHZ 125, 355, 358 = NJW 1994, 1785; Staudinger/*Gursky*, § 182 Rn 38 ff.; *Schmidt*, AcP 189 (1989), 1; *Schmidt*, JuS 1995, 102, 105; krit. Erman/*Palm*, vor § 182 Rn 7.

14 *Schmidt*, AcP 189 (1989), 1, 11 ff.; *Schmidt*, JuS 1995, 102, 105 (gesetzliche oder vertragliche Verpflichtung); Staudinger/*Gursky*, § 182 Rn 42 (nur gesetzliche Verpflichtung).

15 BGHZ 108, 380, 384 f. = NJW 1990, 580; LG Düsseldorf DB 1989, 33; MüKo/*Schramm*, § 182 Rn 24; Staudinger/*Gursky*, § 182 Rn 42.

16 Vgl. BGH NJW 1999, 3704, 3705; Bamberger/Roth/ *Wendtland*, § 141 Rn 8; *Schmidt*, JuS 1995, 102, 106; teils abw. *Flume*, BGB AT Bd. 2, S. 901.

ein Schaden, kann er wiederum liquidiert werden. Möglich ist ggf. eine Umdeutung des endgültig unwirksam gewordenen Hauptgeschäfts nach § 140, so etwa eines Übergabevertrags in einen Erbvertrag.[17]

B. Regelungsgehalt

I. Überblick

§ 184 enthält eine Sonderregel für Genehmigungen bezüglich des Zeitpunkts ihrer Wirkung. Der grundsätzlichen Rückwirkung auf die Vornahme des Hauptgeschäfts (Abs. 1 Hs. 1) stehen Einschränkungen in Abs. 1 Hs. 2 (abweichende Parteivereinbarungen) und Abs. 2 (Gültigkeit von Zwischenverfügungen) gegenüber; weitere – ungeschriebene – Ausnahmen werden diskutiert. Der Grundsatz lässt sich dadurch rechtfertigen, dass die am Hauptgeschäft beteiligten Parteien dessen Wirksamkeit regelmäßig bereits zu dem Zeitpunkt wollen, in dem sie das Geschäft abschließen.[18]

II. Grundsatz (Abs. 1 Hs. 1)

Die in Abs. 1 Hs. 1 angeordnete Rückwirkung besteht darin, dass das **Hauptgeschäft** fiktiv als **vom Zeitpunkt seiner Vornahme ab wirksam** angesehen wird, sofern dieser Wirksamkeit damals keine anderen Hindernisse als das Fehlen der Genehmigung entgegengestanden haben.[19] Gab es solche anderen Hindernisse, wirkt die Genehmigung nur auf den Zeitpunkt zurück, in dem das letzte Hindernis beseitigt worden ist, sofern nicht auch hier Rückwirkung der Beseitigung angeordnet ist. Die Rückwirkung gilt unmittelbar, nicht nur wie in § 159 mittelbar.

III. Ausnahmen

1. Abweichende Parteivereinbarung (Abs. 1 Hs. 2). a) Im Hauptgeschäft. Die Parteien des Hauptgeschäfts können eine abweichende Vereinbarung für die Wirkung der Genehmigung treffen. Die Vereinbarung kann auch konkludent getroffen werden, die **Beweislast** liegt in jedem Fall aber bei dem, der sich auf die Abweichung beruft („soweit nicht").

b) In der Genehmigung. Streitig ist, ob eine Abweichung von Abs. 1 Hs. 1 auch dadurch zu erreichen ist, dass der Genehmigende seine Genehmigung mit dem Zusatz abgibt, dass sie nur *ex nunc* wirken soll. Der BGH hat die Frage implizit bejaht, die herrschende Literatur verneint sie.[20] Der Wortlaut des Abs. 1 Hs. 2 ist insoweit offen, aber die mit Rückwirkungsausschlussklausel versehene Genehmigung würde das Hauptgeschäft inhaltlich beeinflussen (nämlich hinsichtlich der zeitlichen Geltung), und das ist **unzulässig** (vgl. § 182 Rn 11). Gerade wenn also eine Verurteilung des Zustimmungsberechtigten auf Abgabe der Genehmigung nach § 894 ZPO erfolgt, findet eine Rückwirkung statt: Die Rechtsprechung hilft hier schon über die im Antrag auf Klageabweisung liegende konkludente Genehmigungsverweigerung mit § 242 hinweg (siehe Rn 8); dann ist es nur konsequent, auch die einseitige Missbilligung der zeitlichen Auswirkungen der Genehmigung seitens des Zustimmungsberechtigten für unbeachtlich zu erklären. In anderen Fallgestaltungen kann die Genehmigung mit Rückwirkungsausschlussklausel auch lediglich teilnichtig sein (wenn die Aufrechterhaltung ohne die Klausel dem Willen des Genehmigenden entsprechen sollte) oder in eine entsprechende Einwilligung umgedeutet werden (vgl. § 182 Rn 2).

2. Wirksamkeit von Zwischenverfügungen (Abs. 2). a) Allgemeines. Verfügungen über den Gegenstand des Hauptgeschäfts, die der Genehmigende selbst während der schwebenden Unwirksamkeit vorgenommen hat, und auf den Gegenstand bezogene Vollstreckungshandlungen, die in dieser Zeit gegen ihn erfolgt sind, werden nicht durch die nachfolgende Genehmigung rückwirkend unwirksam. Damit wird verhindert, dass der Zustimmungsberechtigte seine eigenen wirksamen dinglichen Rechtsgeschäfte durch Ausnutzung des Grundsatzes von Abs. 1 nachträglich wieder beseitigen kann; folgt man der herrschenden Meinung zur Genehmigungszuständigkeit (Rn 2), ist die Regelung des Abs. 2 überflüssig, da nur deklaratorisch.[21]

b) Definitionen und Voraussetzungen. **Verfügungen** im Sinne des Abs. 2 sind Verfügungsgeschäfte im technischen Sinn, also Rechtsgeschäfte, die unmittelbar die Übertragung, Belastung, Aufhebung oder

---

17 BGHZ 40, 218, 221 ff. = NJW 1964, 347.
18 Bamberger/Roth/*Bub*, § 184 Rn 1; Staudinger/*Gursky*, § 184 Rn 31.
19 RGZ 142, 59, 63.
20 Einerseits BGHZ 108, 380, 384 = NJW 1990, 580; wohl auch *Wagner*, JuS 1997, 690, 695; andererseits Staudinger/*Gursky*, § 184 Rn 42; MüKo/*Schramm*, § 184 Rn 29; Bamberger/Roth/*Bub*, § 184 Rn 10; HK-BGB/*Dörner*, § 184 Rn 6; *Medicus*, BGB AT, Rn 1026; *Jauernig*, in: FS Niederländer 1991, S. 285, 292 f.
21 Vgl. Staudinger/*Gursky*, § 184 Rn 45; Soergel/*Leptien*, § 184 Rn 10.

Inhaltsänderung bestehender Rechte bewirken sollen.[22] Als Verfügung ist auch die Zustimmung zu einer Verfügung anzusehen,[23] nicht dagegen die Eintragung eines Widerspruchs im Grundbuch.[24]

15 Verfügungen **des Genehmigenden** sind Verfügungen, die ihm zuzurechnen sind, gleich, ob sie von ihm selbst, einem gesetzlichen oder rechtsgeschäftlich bestellten Vertreter oder einem Ermächtigten (§ 185 Abs. 1, Abs. 2 S. 1 Fall 1) vorgenommen worden sind.[25] Ihnen sind im Wege der Zwangsvollstreckung (§§ 704 ff. ZPO, §§ 321, 309 ff. AO)[26] oder Arrestvollziehung (§§ 928 ff. ZPO) erfolgende Verfügungen gleichgestellt, da hier der Wille des Genehmigenden durch die Vollstreckungsmaßnahme gleichsam ersetzt wird.[27] Derselbe Gedanke erfasst auch die Verfügungen des Insolvenzverwalters.

16 **Vor der Genehmigung** getroffen ist eine Verfügung, wenn ihr Abschlusstatbestand vor Zugang der Genehmigung vollendet ist; dass etwa noch der Eintritt einer Bedingung aussteht, ist unerheblich. Relevant sind selbstverständlich nur solche Verfügungen, die nach dem zunächst schwebend unwirksamen Hauptgeschäft getroffen wurden.[28] Nicht notwendig ist eine wie auch immer geartete Gutgläubigkeit des Verfügungsempfängers hinsichtlich des existierenden schwebend unwirksamen Geschäfts: Er erwirbt ja vom aktuell Berechtigten.[29]

17 c) **Regelungsumfang.** Abs. 2 kann man **nicht das allgemeine Prinzip** entnehmen, dass wohlerworbene Rechte Dritter nicht durch die Rückwirkungsanordnung des Abs. 1 beeinträchtigt werden dürften, auch wenn das Recht durch die Verfügung eines anderen als gerade des Genehmigenden erworben worden ist.[30] Verfügungen anderer Personen können also durch Abs. 1 nachträglich unwirksam werden, sofern kein gutgläubiger Erwerb stattfindet. Dasselbe gilt für Zwangsvollstreckungsmaßnahmen, die gegen andere Personen gerichtet sind, etwa gegen den Geschäftspartner desjenigen, dessen Willenserklärung der Zustimmung bedarf.[31]

18 **3. Abweichende gesetzliche Bestimmungen.** Die Rückwirkung kann selbstverständlich durch Gesetz – ausdrücklich oder nach seinem Sinn und Zweck – ausgeschlossen werden.[32]

19 **4. Nicht geregelte Ausnahmen.** Vielfach ist Abs. 1 Hs. 1 aus teleologischen und systematischen Gründen einzuschränken. Die Wirklichkeit ist vor allem dann stärker als die Fiktion, wenn gesetzliche Tatbestände an tatsächliche Verhältnisse anknüpfen und die rechtliche Rückbeziehung nur einseitig einer Partei zugute kommt.

20 a) **Verjährung.** So beginnen Verjährungsfristen frühestens mit Erteilung der Genehmigung.[33] Der Gläubiger, der während der schwebenden Unwirksamkeit ja kein verfolgbares Recht hatte und der auch nicht fiktiv rückwirkend sein Recht geltend machen kann, würde sonst ungerechtfertigt benachteiligt. Dagegen kann sich der Schuldner durch die Rückwirkung der Genehmigung einer vollmachtlos erfolgten Rechtsverfolgungshandlung nach § 204 oder eines schwebend unwirksamen verjährungshemmenden Geschäfts (z.B. einer Vereinbarung nach § 205) auch nach Ablauf der Frist nicht auf Verjährung berufen.[34] Der Anschein eines Rechtsfriedens ist hier nicht entstanden. Anderes gilt, wenn ein Nichtberechtigter in eigenem Namen Klage erhebt.[35]

21 b) **Andere Fristen.** Manche Fristen zur Ausübung von Gestaltungsrechten (z.B. § 355 Abs. 1 S. 2) oder zur Geltendmachung von Ansprüchen (z.B. nach §§ 3, 4 AnfG) laufen ebenfalls erst ab Wirksamwerden der Genehmigung des Hauptgeschäfts.[36] Während das Geschäft schwebend unwirksam ist, braucht man sich

---

22 Staudinger/*Gursky*, § 184 Rn 47.
23 BGHZ 40, 156, 164 = NJW 1964, 243; BGHZ 55, 34, 37 = NJW 1971, 372; Bamberger/Roth/*Bub*, § 184 Rn 12.
24 RGZ 69, 263, 269; Staudinger/*Gursky*, § 184 Rn 60; MüKo/*Schramm*, § 184 Rn 34.
25 Staudinger/*Gursky*, § 184 Rn 48.
26 Vgl. FG Bremen EFG 1992, 57, 58.
27 Vgl. RGZ 69, 263, 268; OLG Stuttgart NJW 1954, 36; OLG Frankfurt NJW-RR 1997, 1308, 1310.
28 Staudinger/*Gursky*, § 184 Rn 47.
29 I.E. Staudinger/*Gursky*, § 184 Rn 50.
30 Heute ganz h.M.: RGZ 134, 121, 123; BGHZ 70, 299, 302 f. = NJW 1978, 813; FG Bremen EFG 1992, 57, 58; MüKo/*Schramm*, § 184 Rn 38; Bamberger/Roth/*Bub*, § 184 Rn 12; HKK/*Finkenauer*, §§ 182–185 Rn 8; differenzierend Staudinger/*Gursky*, § 184 Rn 51 ff.

31 OLG Stuttgart NJW 1954, 36; OLG Frankfurt NJW-RR 1997, 1308, 1310.
32 Vgl. LG Köln DB 1998, 2008 (§ 67 Abs. 2 AktG); OLG Hamm VersR 1978, 1134, 1136 (§ 2 Abs. 2 S. 2 VVG).
33 Allg.M.: RGZ 65, 245, 248; OLG Karlsruhe NJW-RR 1986, 57; Staudinger/*Gursky*, § 184 Rn 38; MüKo/*Schramm*, § 184 Rn 12a.
34 BGH LM § 209 Nr. 10; MüKo/*Schramm*, § 184 Rn 14; vgl. RGZ 86, 245, 246 zum spiegelbildlichen Fall der Klagezustellung an einen *falsus procurator*; a.A. Staudinger/*Gursky*, § 184 Rn 38.
35 BGH NJW-RR 1989, 1269, 1270 (zum alten Verjährungsrecht); MüKo/*Schramm*, § 184 Rn 14.
36 BGHZ 129, 371, 382 f. = NJW 1995, 2290; BGH NJW 1979, 102, 103; Staudinger/*Gursky*, § 184 Rn 38.

regelmäßig noch keine Gedanken über seine Zukunft zu machen. Allerdings bestimmt sich die Wirkung der Genehmigung hier immer nach **Sinn und Zweck der jeweiligen Frist**, so dass diese durchaus auch schon bei Vornahme des Hauptgeschäfts zu laufen beginnen kann (denkbar etwa bei Anfechtbarkeit nach §§ 119, 121).

c) Verzug. Ferner können rückwirkend keine Verzugsfolgen eintreten, weder nach §§ 286 ff. (Schuldnerverzug) noch nach §§ 293 ff. (Gläubigerverzug).[37] Man kann niemandem vorwerfen, er habe nicht geleistet oder eine Leistung nicht angenommen, wenn keine Leistungspflicht bestand. Zulässig ist aber eine Vertragsgestaltung, die schon während der Schwebephase eine Leistungspflicht der Parteien ausdrücklich begründet; mit ihr kann der Schuldner dann in Verzug geraten.[38] Allerdings darf dabei die endgültige Erfüllung der vertraglichen Pflichten nicht vorweggenommen werden.[39] Dazu dürfte bereits die Vereinbarung einer Rückleistungspflicht bei Versagung der Genehmigung genügen.[40]

d) Gestaltungsgeschäfte. Nach Ansicht des BGH kann die Genehmigung einer Gestaltungserklärung oder einer geschäftsähnlichen Handlung mit Gestaltungswirkung (Fristsetzung nach § 326 a.F.; für §§ 281 Abs. 1, 323 Abs. 1 n.F. dürfte nichts anderes gelten) schlechthin keine Rückwirkung entfalten.[41] Das ist in dieser Allgemeinheit **fragwürdig**, zumal die Genehmigung einseitiger Erklärungen nur ausnahmsweise in Fällen fehlender Schutzwürdigkeit des Empfängers (§ 180 S. 2 analog, siehe § 182 Rn 63) zulässig ist.[42] Ein generell einschlägiger Grund für das Abweichen von Abs. 1 Hs. 1 ist nicht zu sehen. Richtig an der Rechtsprechung ist aber, dass Erklärungen, die Fristen in Gang setzen, nur mit Wirkung *ex nunc* zu genehmigen sind; sonst wäre die Unsicherheit für den Empfänger zu groß.[43]

e) Nachträglicher Rechtserwerb. Folgt man der herrschenden Meinung, nach der die Genehmigungszuständigkeit erst bei Zugang der Genehmigung vorliegen muss (siehe Rn 2), kann sich durch volle Rückwirkung eine Kollision zwischen dem nachträglich erworbenen Recht des Genehmigenden und dem Recht seines Rechtsvorgängers ergeben. Die Lösung liegt in einer **Beschränkung der Rückwirkung**: Hat der Genehmigende sein Recht, aufgrund dessen er zustimmen darf, zum Zeitpunkt der Vornahme des Hauptgeschäfts noch nicht innegehabt, sondern erst später erworben, wirkt seine Genehmigung nur auf diesen Erwerbszeitpunkt zurück; das Recht seines Rechtsvorgängers bleibt so ungeschmälert.[44]

Dieser Grundsatz gilt aber dann nicht, wenn es sich um eine Zustimmungsbefugnis **kraft Aufsichtsrechts** handelt (des gesetzlichen Vertreters, Vormunds etc.). Hier übt der Genehmigende eine fremdnützige Befugnis aus, so dass ihm durch die Rückwirkung nach einem Wechsel der Aufsichtszuständigkeit kein eigenes schützenswertes Recht genommen wird; im Gegenteil würde der zu Beaufsichtigende (Minderjähriger, Mündel) sonst entgegen dem gesetzgeberischen Schutzzweck durch den Zuständigkeitswechsel einen Nachteil erleiden. Die Genehmigung wirkt hier also auf den Zeitpunkt der Vornahme des Hauptgeschäfts zurück, auch wenn dieser vor Begründung der Zuständigkeit des jetzigen Zustimmungsberechtigten liegt.[45]

f) Sondergebiete. Zur Situation außerhalb des bürgerlichen Rechts siehe § 182 Rn 48 ff.

---

37 Allg.M.: OLG Rostock NJW 1995, 3127, 3128; OLG Karlsruhe NJW-RR 1986, 57 (beide Schuldnerverzug); RGZ 141, 220, 223 (Gläubigerverzug); Staudinger/*Gursky*, § 184 Rn 38; MüKo/*Schramm*, § 184 Rn 12a.

38 BGH NJW 1999, 1329; ZIP 1986, 37, 38; WM 1979, 74.

39 BGH NJW 1999, 1329; *Kroppenberg*, WM 2001, 844, 846.

40 Vgl. *Kroppenberg*, WM 2001, 844, 846 (kein Ausschluss der Rücknahme bei Hinterlegung); BGH NJW 1999, 3040 (Zulässigkeit einer Zahlungspflicht in Höhe eines Teils des Kaufpreises).

41 BGHZ 114, 360, 366 = NJW 1991, 2552; BGHZ 143, 41, 46 = NJW 2000, 506; BGH NJW 1998, 3058, 3060.

42 Vgl. Staudinger/*Gursky*, § 184 Rn 38a f.; MüKo/*Schramm*, § 184 Rn 13.

43 Vgl. Bamberger/Roth/*Bub*, § 184 Rn 9; MüKo/*Schramm*, § 184 Rn 13.

44 Auf Basis der h.M. zum Zeitpunkt der Genehmigungszuständigkeit heute allg.M.: OLG Naumburg FGPrax 1998, 1, 3; Staudinger/*Gursky*, § 184 Rn 27; MüKo/*Schramm*, § 184 Rn 25; Soergel/*Leptien*, § 184 Rn 7.

45 I.E. Staudinger/*Gursky*, § 184 Rn 28; vgl. Soergel/*Leptien*, § 184 Rn 7; a.A. BayObLG FamRZ 1983, 744, 745.

§ 185 Verfügung eines Nichtberechtigten

(1) ¹Eine Verfügung, die ein Nichtberechtigter über einen Gegenstand trifft, ist wirksam, wenn sie mit Einwilligung des Berechtigten erfolgt.

(2) ¹Die Verfügung wird wirksam, wenn der Berechtigte sie genehmigt oder wenn der Verfügende den Gegenstand erwirbt oder wenn er von dem Berechtigten beerbt wird und dieser für die Nachlassverbindlichkeiten unbeschränkt haftet. ²In den beiden letzteren Fällen wird, wenn über den Gegenstand mehrere miteinander nicht in Einklang stehende Verfügungen getroffen worden sind, nur die frühere Verfügung wirksam.

Literatur: *Braun*, Die Rückabwicklung der Verfügung eines Nichtberechtigten nach § 185 BGB, ZIP 1998, 1469; *Bülow*, Mehrfachübertragung von Kreditsicherheiten – Konvaleszenz und Insolvenz, WM 1998, 845; *Dölling*, Mehrere Verfügungen eines Nichtberechtigten über denselben Gegenstand, 1962; *Doris*, Die rechtsgeschäftliche Ermächtigung bei Vornahme von Verfügungs-, Verpflichtungs- und Erwerbsgeschäften, 1974; *Gundlach*, Die Grenzen der Weiterveräußerungs- und der Einziehungsermächtigung, KTS 2000, 307; *Harder*, Zur Konvaleszenz von Verfügungen eines Nichtberechtigten bei Beerbung durch den Berechtigten, in: Rechtsgeschichte und Privatrechtsdogmatik (FS Hans Hermann Seiler; hrsg. von Reinhard Zimmermann), 1999, S. 637; *Katzenstein*, Verfügungsermächtigung nach § 185 BGB durch Zustimmung zum Abschluss eines Schuldvertrags, Jura 2004, 1; *Opalka*, Ausgewählte Probleme der Grundschuldbestellung, Unterwerfungserklärung und der Schuldübernahme, NJW 1991, 1796; *Pletscher*, Genehmigung und Konvaleszenz des Rechtsgeschäfts, Diss. Mannheim 2000; *von Rintelen*, Probleme und Grenzen der Vollsteckungsunterwerfung in der notariellen Urkunde, RNotZ 2001, 2; *Stathopoulos*, Die Einziehungsermächtigung, 1968; *Wacke*, Personalunion von Gläubiger und Schuldner, Vertragsschluss mit sich selbst und die Ungerechtigkeit der Konvaleszenz durch Erbhaftung, JZ 2001, 380.

A. Allgemeines 1	I. Einwilligung (Abs. 1) 16
I. Überblick, Grundgedanken 1	II. Genehmigung (Abs. 2 S. 1 Fall 1) 18
1. Überblick 1	1. Allgemeines 18
2. Grundgedanken 3	2. Mehrere Verfügungen 19
II. Begriffe 4	III. Konvaleszenz durch Erwerb (Abs. 2 S. 1 Fall 2) 22
III. Analoge Anwendung 5	1. Grundgedanke 22
1. Anerkanntes 5	2. Voraussetzungen 23
a) Empfangsermächtigung 5	3. Rechtsfolgen 25
b) Einziehungsermächtigung 6	4. Analoge Anwendung 26
c) Eintragungsbewilligung nach § 19 GBO 8	IV. Konvaleszenz durch Beerbung (Abs. 2 S. 1 Fall 3) 27
d) Zwangsvollstreckungsmaßnahmen .. 9	1. Grundgedanke 27
e) Einräumung obligatorischer Besitzrechte 10	2. Voraussetzungen 28
f) Überbau 11	3. Rechtsfolgen 29
g) Relative Veräußerungsverbote, Vormerkung 12	4. Analoge Anwendung 30
2. Nicht Anerkanntes 13	5. Beweislast 31
a) Verpflichtungsermächtigung, Erwerbsermächtigung 13	V. Mehrere Verfügungen (Abs. 2 S. 2) 32
b) Gesetzliche Pfandrechte 14	1. Grundgedanke 32
c) Prozesshandlungen 15	2. Voraussetzungen 33
B. Regelungsgehalt 16	3. Rechtsfolgen 35
	4. Analoge Anwendung 36

A. Allgemeines

I. Überblick, Grundgedanken

1 1. Überblick. § 185 ist keine Hilfsnorm für das Recht der Zustimmung, sondern begründet selbst ein Zustimmungserfordernis für **in eigenem Namen** vorgenommene Verfügungen eines Nichtberechtigten (Abs. 1, Abs. 2 S. 1 Fall 1), auf das die §§ 182–184 Anwendung finden. Abs. 2 S. 1 Fälle 2 und 3 wiederum, ergänzt von Abs. 2 S. 2, enthalten Sondersachverhalte, in denen auch ohne Zustimmung die Verfügung des Nichtberechtigten wirksam wird (Konvaleszenz).

2 Die Norm, insbesondere ihr Abs. 1, spielt in mannigfaltigen, praktisch teils äußerst bedeutsamen Zusammenhängen eine Rolle, so etwa beim verlängerten Eigentumsvorbehalt und bei der Verkaufskommission. Viele dabei entstehenden Probleme haben ihre Ursache nicht in strukturellen Fragen des § 185, sondern in dem jeweiligen Anwendungszusammenhang.

3 2. Grundgedanken. Verfügungen eines Nichtberechtigten leiden an einem „Defekt", dem **Mangel** der **Rechtsinhaberschaft** und/oder der **Verfügungsbefugnis**. Sie können damit aus sich selbst heraus nicht wirksam sein. Das Gesetz geht von ihrer schwebenden Unwirksamkeit aus und hilft dieser auf verschiedenen Wegen ab: Zum einen gibt es Verkehrsschutztatbestände, die redliche Verfügungsbegünstigte schützen (z.B.

§§ 892, 932 ff.), zum anderen ist es ausreichend, wenn sich der Berechtigte mit der Verfügung einverstanden erklärt, ob im Vorhinein (Abs. 1) oder im Nachhinein (Abs. 2 S. 1 Fall 1). Dabei erfasst § 185 nur die Fälle, in denen der Nichtberechtigte in eigenem Namen handelt; bei Handeln in fremdem Namen gelten die §§ 164 ff. (vgl. zur Abgrenzung ferner § 164 Rn 28 f.). Auch ein nachträgliches Zusammenfallen der Stellung von Berechtigtem und Nichtberechtigtem, ob generell oder auf den konkreten Gegenstand bezogen, kann die Wirksamkeit der Verfügung herbeiführen (Abs. 2 S. 1 Fälle 2 und 3).

II. Begriffe

Verfügungen sind wie in § 184 Abs. 2 Verfügungen im technischen sachenrechtlichen Sinn (vgl. § 184 Rn 14). **Gegenstand** im Sinne des § 185 meint dagegen nicht den sachenrechtlichen Oberbegriff für Sachen und Rechte (vgl. § 90), sondern ist weiter zu verstehen, umfasst auch etwa Schuldverhältnisse im Ganzen, Anteile an Personengesellschaften und Urheberrechte.[1] Zulässig sind auch einseitige Verfügungsgeschäfte mit gestaltender Wirkung (z.B. Kündigungen), wenn sie der Nichtberechtigte mit Einwilligung des Berechtigten vornimmt, so etwa wenn der noch nicht eingetragene künftige Grundstückseigentümer dem Mieter in eigenem Namen kündigt;[2] bei einem Mieterhöhungsverlangen nach § 558a (§ 2 MHG a.F.) ist die Frage umstritten, angesichts der neueren Rechtsprechung zu den Kündigungen aber wohl zu bejahen.[3] Eine Genehmigung solcher Geschäfte ist dagegen nur unter den Voraussetzungen des § 180 S. 2 analog möglich (vgl. § 182 Rn 63).[4] **Nichtberechtigter** ist, wer den Gegenstand der Verfügung gar nicht (Nichteigentümer, Nichtforderungsinhaber) oder nicht vollständig (einzelner Miteigentümer, einzelner Gesamthandseigentümer) innehat oder wem die Verfügungsbefugnis fehlt (Schuldner nach Eröffnung des Insolvenzverfahrens, Erbe bei Testamentsvollstreckung oder Nachlassverwaltung, Ermächtigter bei Überschreitung seiner Berechtigung).[5] Entscheidender Zeitpunkt ist die Vornahme des Verfügungsgeschäfts (Vollendung des Rechtserwerbs).[6]

III. Analoge Anwendung

1. Anerkanntes. a) Empfangsermächtigung. § 362 Abs. 2 verweist auf § 185, so dass der Ermächtigte für den Ermächtigenden die Leistung von dessen Schuldner mit befreiender Wirkung annehmen kann. Ob das nach § 185 direkt oder analog vonstatten geht, bleibt sich in der Praxis gleich.

b) Einziehungsermächtigung. Über die Empfangsermächtigung hinaus geht die Einziehungsermächtigung (bisweilen auch Einzugsermächtigung genannt), praktisch wichtig vor allem beim verlängerten Eigentumsvorbehalt.[7] Mit ihr wird dem Ermächtigten gestattet, die Leistung vom Schuldner des Ermächtigenden nicht nur anzunehmen, sondern sie auch in eigenem Namen zu fordern und einzuklagen sowie Mahnungen und Kündigungen auszusprechen. Gegen ihre Zulässigkeit gibt es vereinzelte Stimmen, ihre dogmatische Einordnung ist umstritten (§ 185 ja, § 362 Abs. 2?), aber die Rechtsprechung erkennt sie seit langem an, so dass manche sogar schon von Gewohnheitsrecht sprechen.[8] Voraussetzung der Einziehungsermächtigung ist, dass der geltend gemachte Anspruch abtretbar ist.[9] Für die **gerichtliche Geltendmachung** (gewillkürte Prozessstandschaft) muss ein eigenes schutzwürdiges Interesse des Ermächtigten vorhanden sein.[10] Untereinziehungsermächtigungen oder Übertragung der Ermächtigung auf Dritte sind denkbar, im Zweifel aber durch die ursprüngliche Ermächtigung nicht gedeckt.[11]

Die **Einzugsermächtigung** im Lastschriftverfahren ist dagegen keine in Analogie zu § 185 gebildete Sondererscheinung.

---

1 Vgl. OLG Brandenburg NJW-RR 1999, 839, 840.
2 Inzwischen ganz h.M.: BGH NJW 1998, 896, 897 f.; OLG Naumburg MDR 2000, 260; OLG Celle NZM 2000, 93; Staudinger/*Gursky*, § 185 Rn 6; a.A. etwa noch LG Hamburg NJW-RR 1993, 145.
3 Bejahend: AG Charlottenburg GE 2000, 894; Staudinger/*Gursky*, § 185 Rn 6; Palandt/*Weidenkaff*, § 558a Rn 2. Verneinend: LG Berlin NJW-RR 2002, 1378, 1379; AG Charlottenburg GE 2000, 412, 413.
4 Staudinger/*Gursky*, § 185 Rn 6; MüKo/*Schramm*, § 185 Rn 20; vgl. BAG ZIP 1986, 388, 389.
5 Vgl. BGHZ 106, 1, 4 = NJW 1989, 521; HK-BGB/ *Dörner*, § 185 Rn 2; unzutr. BayObLGZ 1988, 229, 231.
6 BGH LM § 185 Nr. 6; MüKo/*Schramm*, § 185 Rn 26.
7 Vgl. dazu etwa *Gundlach*, KTS 2000, 307, 328 f. Zur Einziehungsermächtigung allg. *Stathopoulos*, S. 1 ff.
8 Vgl. BGHZ 4, 153, 164 f. = NJW 1952, 337; BGHZ 82, 283, 288 = NJW 1982, 571; BGH NJW 1996, 3273, 3275; OLG Jena MDR 1998, 1468, 1469; Staudinger/*Schilken*, Vorbem. zu § 164 ff. Rn 66 f.; MüKo/*Schramm*, § 185 Rn 40 ff.; HKK/*Finkenauer*, §§ 182–185 Rn 15; krit. Palandt/*Heinrichs*, § 398 Rn 29; *Medicus*, BGB AT, Rn 1009.
9 BGH NJW 1996, 3273, 3275.
10 BGH NJW 1996, 3273, 3275.
11 OLG Jena MDR 1998, 1468, 1469.

8 **c) Eintragungsbewilligung nach § 19 GBO.** Auf die verfahrensrechtliche Verfügungserklärung der grundbuchrechtlichen Eintragungsbewilligung (§ 19 GBO) findet § 185 entsprechende Anwendung.[12]

9 **d) Zwangsvollstreckungsmaßnahmen.** Trotz der fehlenden Gleichstellung von Verfügungen und Zwangsverfügungen in § 185 wird diese Norm auf Maßnahmen der **Mobiliarvollstreckung** (Pfändung schuldnerfremder Sachen) analog angewendet,[13] nicht jedoch auf die Pfändung von schuldnerfremden **Forderungen**, da hier die Pfändung ins Leere geht.[14]

10 **e) Einräumung obligatorischer Besitzrechte.** Vermietet oder verpachtet ein Nichtberechtigter eine fremde Sache in eigenem Namen, findet § 185 entsprechende Anwendung.[15] Der Berechtigte muss infolge seiner Zustimmung dem Mieter/Pächter den Besitz der Sache belassen (Besitzrecht i.S.d. § 986).

11 **f) Überbau.** Nimmt ein Dritter mit Zustimmung des Eigentümers des Stammgrundstücks einen Überbau vor, findet § 912 Anwendung, da dem Eigentümer der Überbau über § 185 analog zugerechnet werden kann.[16]

12 **g) Relative Veräußerungsverbote, Vormerkung.** § 185 findet entsprechende Anwendung, wenn eine Verfügung gegen ein relatives Veräußerungsverbot i.S.d. §§ 136, 135 verstößt;[17] desgleichen, wenn es um eine vormerkungswidrige Verfügung geht.[18]

13 **2. Nicht Anerkanntes. a) Verpflichtungsermächtigung, Erwerbsermächtigung.** Einige Erscheinungen, die auf eine Analogie zu § 185 gestützt werden könnten, sind in der Praxis nicht anerkannt und nicht über den Status akademischer Diskussionen vorgedrungen; so namentlich die Verpflichtungsermächtigung[19] (auch in der Form der Mitverpflichtung des Ermächtigenden)[20] und die Erwerbsermächtigung.[21]

14 **b) Gesetzliche Pfandrechte.** In der Literatur äußerst umstritten und in der Rechtsprechung nicht anerkannt ist die entsprechende Anwendung von Abs. 1 auf gesetzliche Pfandrechte wie das Werkunternehmer- oder Vermieter-/Verpächterpfandrecht.[22]

15 **c) Prozesshandlungen.** § 185 ist auf Prozesshandlungen grundsätzlich nicht entsprechend anwendbar.[23] Ob das auch für die **Unterwerfung unter die sofortige Zwangsvollstreckung** gilt, ist sehr umstritten.[24] Es geht dabei insbesondere um die Frage, ob die – etwa wegen einer Finanzierungsgrundschuld nach § 800 ZPO erfolgte – Unterwerfungserklärung des noch nicht eingetragenen Grundstückserwerbers bei Zustimmung des Veräußerers gegen diesen, also schon vor Eigentumsumschreibung, wirkt (Abs. 1 oder Abs. 2 S. 1 Fall 1 analog). Wegen der hier divergierenden Rechtsprechung sollte die Praxis sicherheitshalber eine Vollmacht des Veräußerers für eine Eintragung der Unterwerfung mit Wirkung gegen den jeweiligen

---

12 I.E. allg.M. (a.A.: unmittelbare Anwendung): OLG Naumburg NJW-RR 1999, 1462; BayObLGZ 1988, 229, 231; OLG Köln Rpfleger 1980, 222, 223; Staudinger/*Gursky*, § 185 Rn 101; MüKo/*Schramm*, § 185 Rn 15.

13 Heute allg.M.: BGHZ 56, 339, 351 (*obiter*) = NJW 1971, 1938; Staudinger/*Gursky*, § 185 Rn 91; MüKo/*Schramm*, § 185 Rn 16; Soergel/*Leptien*, § 185 Rn 6.

14 H.M. und st. Rspr.: BGHZ 56, 339, 350 f. = NJW 1971, 1938; BGH NJW 2002, 755, 757; OLG Düsseldorf NJW-RR 1999, 1406, 1407; Staudinger/*Gursky*, § 185 Rn 92; MüKo/*Schramm*, § 185 Rn 17; a.A. Soergel/*Leptien*, § 185 Rn 6; *Medicus*, BGB AT, Rn 1034.

15 Ganz h.M.: RGZ 124, 28, 32; KG v. 6.8.1998–8 U 8923/96 (JURIS-Dok.-Nr. KORE725519800); OLG Schleswig WuM 1990, 194; Staudinger/*Gursky*, § 185 Rn 102; MüKo/*Schramm*, § 185 Rn 10; *Katzenstein*, Jura 2004, 1, 2, 7 ff.

16 Ganz h.M.: BGHZ 15, 216, 218 f. = NJW 1955, 177; OLG Frankfurt MDR 1968, 496; OLG Celle NJW-RR 2004, 16 (zum WEG); Staudinger/*Gursky*, § 185 Rn 98; MüKo/*Schramm*, § 185 Rn 13; AnwK-BGB/*Ring*, § 912 Rn 13.

17 Allg.M.: Staudinger/*Gursky*, § 185 Rn 96; MüKo/*Schramm*, § 185 Rn 14.

18 Allg.M.: RGZ 154, 355, 367 f.; BGH LM § 883 Nr. 6; OLG Saarbrücken FGPrax 1995, 135, 136; Staudinger/*Gursky*, § 185 Rn 95; MüKo/*Schramm*, § 185 Rn 14.

19 Bei Alleinverpflichtung des Ermächtigenden nahezu allg.M.: BGHZ 114, 96, 100 = NJW 1991, 1815; Staudinger/*Gursky*, § 185 Rn 108; MüKo/*Schramm*, § 185 Rn 49; Soergel/*Leptien*, § 185 Rn 36.

20 H.M.: KG MDR 1987, 55; Staudinger/*Gursky*, § 185 Rn 109; MüKo/*Schramm*, § 185 Rn 50; Jauernig/*Jauernig*, § 185 Rn 3; *Medicus*, BGB AT, Rn 1006; *Bork*, BGB AT, Rn 1737; a.A. Soergel/*Leptien*, § 185 Rn 37 ff.; HKK/*Finkenauer*, §§ 182–185 Rn 16.

21 Heute ganz h.M.: MüKo/*Schramm*, § 185 Rn 51; Soergel/*Leptien*, § 185 Rn 40; *Medicus*, BGB AT, Rn 1007.

22 BGHZ 34, 122, 125 ff. = NJW 1961, 499; OLG Köln NJW 1968, 304; Staudinger/*Gursky*, § 185 Rn 93; MüKo/*Schramm*, § 185 Rn 11; a.A. Soergel/*Leptien*, § 185 Rn 9; *Katzenstein*, Jura 2004, 1, 2 ff.

23 Vgl. BGH NJW 1958, 338, 339; OLG Hamm 1968, 1147; Staudinger/*Gursky*, § 185 Rn 99.

24 Die Analogie abl.: BayObLG NJW 1971, 514, 515; OLG Frankfurt DNotZ 1972, 85; OLG Saarbrücken NJW 1977, 1202; KG NJW-RR 1987, 1229; Staudinger/*Gursky*, § 185 Rn 100. Sie bejahend: OLG Köln in st. Rspr., etwa Rpfleger 1991, 13, 14; für § 185 Abs. 2 auch BGHZ 108, 372, 376 = NJW 1990, 258; zur Analogie tendierend BayObLG MittBayNot 1992, 190, 191 (*obiter*).

Grundstückseigentümer (§ 800 Abs. 1 ZPO) anraten.[25] Unproblematisch zulässig ist eine Unterwerfung, die erst bei eigener Eintragung des Erwerbers als Eigentümer wirksam wird; hierfür muss man aber nicht auf Abs. 2 S. 1 Fall 2 analog abstellen.[26]

B. Regelungsgehalt

I. Einwilligung (Abs. 1)

Für die Einwilligung nach Abs. 1 gelten die §§ 182 f. und damit die in § 182 Rn 7 ff., 17 ff., § 183 Rn 1 ff. dargestellten Grundsätze. Ob der Nichtberechtigte im Einzelfall als Vertreter nach § 164 oder als Ermächtigter nach Abs. 1 oder, wie zumeist, nach Belieben als der eine oder der andere auftreten darf, ist Auslegungssache (§§ 133, 157).[27] Den **Umfang der Ermächtigung** bestimmt der Ermächtigende, sofern er nicht zwischen den Parteien vertraglich festgelegt ist.[28] Mit Erteilung der Einwilligung verliert der Rechtsinhaber kein eigenes Recht, kann also weiterhin selbst über den Gegenstand verfügen.[29] Bei der Rückabwicklung des Erwerbs vom Nichtberechtigten ergeben sich manche Probleme, insbesondere an wen das Eigentum rückübertragen wird.[30]

In der **Auflassung** nach §§ 873, 925 liegt häufig die konkludente Ermächtigung an den Auflassungsempfänger, noch vor dem Eigentumsübergang über das Grundstück zu verfügen, insbesondere es **weiterzuveräußern**.[31] Die Besonderheiten des Einzelfalls können aber durchaus eine andere Auslegung der Auflassung erfordern, so etwa, wenn sonst eine vertragliche Zweckbestimmung unterlaufen oder die Stellung des Veräußerers durch Verlust einer Sicherung (Rückauflassungsvormerkung) verschlechtert würde.[32] Ob der Auflassungsempfänger konkludent zu einer **Belastung** des Grundstücks ermächtigt sein soll, ist angesichts des § 1134 und insbesondere bei noch ausstehender Kaufpreiszahlung wegen der drohenden Nachrangigkeit einer etwaigen Sicherungshypothek im Zweifel abzulehnen.[33]

II. Genehmigung (Abs. 2 S. 1 Fall 1)

1. Allgemeines. Für die Genehmigung nach Abs. 2 S. 1 Fall 1 gelten die §§ 182, 184 und damit die in § 182 Rn 7 ff., 17 ff., 184 Rn 1 ff. dargestellten Grundsätze.

2. Mehrere Verfügungen. Sind mehrere miteinander **kollidierende** Verfügungen von Nichtberechtigten über denselben Gegenstand erfolgt, kann sich der Berechtigte aussuchen, welche er genehmigt, sofern sie nur schwebend unwirksam, also nicht von Anfang an (wegen §§ 932 ff., 892 etc.) oder später (etwa durch Genehmigung) wirksam geworden sind. Mit der Genehmigung verliert er sein Recht, die anderen Verfügungen zu genehmigen.[34]

Kollidieren die Verfügungen nicht miteinander (Bsp.: zuerst Verpfändung, dann Übereignung), ist nach der herrschenden Meinung zur Genehmigungszuständigkeit (§ 184 Rn 2) immer zu prüfen, ob der Berechtigte durch die eine Genehmigung seine Berechtigung für die andere verliert, so, wenn er zuerst die Übereignung genehmigt.[35]

Bei **Kettenverfügungen** (z.B. Kettenübereignungen) verliert der Berechtigte nach dieser herrschenden Meinung durch die Genehmigung seine Zuständigkeit für die der genehmigten Verfügung vorausgehenden Verfügungen; die der genehmigten Verfügung nachfolgenden Verfügungen werden ihrerseits wirksam, da sie wegen § 184 Abs. 1 so anzusehen sind, als wären sie von einem Berechtigten vorgenommen worden.[36] Anfangs hat der Berechtigte aber immer die freie Wahl.

---

25 Vgl. *von Rintelen*, RNotZ 2001, 2, 16 f.; *Opalka*, NJW 1991, 1796, 1797 ff.
26 OLG Saarbrücken NJW 1977, 1202; für die Analogie dagegen BGHZ 108, 372, 376 = NJW 1990, 258.
27 OLG Naumburg NJW-RR 1999, 1462 f.; OLG München DB 1973, 1693; Staudinger/*Gursky*, § 185 Rn 29.
28 Vgl. BGHZ 106, 1, 5 f. = NJW 1989, 521; Staudinger/*Gursky*, § 185 Rn 30.
29 Staudinger/*Gursky*, § 185 Rn 26; MüKo/*Schramm*, § 185 Rn 33; *Flume*, BGB AT Bd. 2, S. 897; unklar OLG Naumburg MDR 2000, 260.
30 S. dazu *Braun*, ZIP 1998, 1469.
31 Ganz h.M.: BGHZ 106, 1, 4 f. = NJW 1989, 521; BGH NJW 1997, 860; OLG Hamm NJW-RR 2001, 376, 377; BayObLG NJW 1971, 514; Staudinger/*Gursky*, § 185 Rn 42; MüKo/*Schramm*, § 185 Rn 38.
32 BGH NJW 1997, 860 f.; 1997, 936, 937; Staudinger/*Gursky*, § 185 Rn 42; MüKo/*Schramm*, § 185 Rn 38.
33 Vgl. BayObLG NJW 1971, 514 f.; OLG Naumburg v. 21.3.2000 – 11 U 150/99 (JURIS-Dok.-Nr. KORE417612000); Staudinger/*Gursky*, § 185 Rn 42; MüKo/*Schramm*, § 185 Rn 38.
34 Staudinger/*Gursky*, § 185 Rn 50; MüKo/*Schramm*, § 185 Rn 59; teils a.A. *Finkenauer*, AcP 203 (2003), 282, 308.
35 Vgl. Staudinger/*Gursky*, § 185 Rn 52; MüKo/*Schramm*, § 185 Rn 59.
36 Staudinger/*Gursky*, § 185 Rn 53; MüKo/*Schramm*, § 185 Rn 60.

III. Konvaleszenz durch Erwerb (Abs. 2 S. 1 Fall 2)

22 **1. Grundgedanke.** Erwirbt der Nichtberechtigte nachträglich den Gegenstand, über den er verfügt hat, tritt eine Lage ein, die die Verfügung, würde sie jetzt vorgenommen werden, wirksam sein ließe: es würde ja der Berechtigte verfügen. Der Verfügungsbegünstigte könnte – gäbe es Abs. 2 S. 1 Fall 2 nicht – diese Situation durch Klageerhebung auf Erfüllung nutzen: Typischerweise hat er noch den obligatorischen Anspruch gegen den ehemals Nichtberechtigten auf Erfüllung; und dieser soll keinen Nutzen aus seiner anfänglichen Nichtberechtigung ziehen können. Dieses Verfahren kürzt Abs. 2 S. 1 Fall 2 ab und verfügt die **automatische Heilung (Konvaleszenz).**

23 **2. Voraussetzungen.** Zunächst muss die **Schwebelage** noch bestehen, der Berechtigte darf also die Genehmigung noch nicht verweigert haben.[37] Auf Seiten des dinglichen Geschäfts darf auch jetzt **nur noch das Element der Verfügungsbefugnis fehlen**; nur diese kann der nachträgliche Erwerb ersetzen, nicht etwa eine dingliche Einigung oder Eintragung. Die Ersetzung tritt aber dann nicht ein, wenn der Erwerbende aus anderen Gründen (Eröffnung des Insolvenzverfahrens usw.) nicht verfügungsbefugt ist.[38] Der Erwerbsgrund (Singular- oder Universalsukzession) ist unerheblich. Der Nichtberechtigte muss den Gegenstand zur **Alleinberechtigung** erwerben, also nicht etwa als Beteiligter an einer Gesamthandsgemeinschaft; bei Erwerb nach Eigentum zu Bruchteilen tritt Teilkonvaleszenz ein, wenn sie dem Parteiwillen entspricht (§ 139).[39]

24 Streitig ist, ob die Konvaleszenz voraussetzt, dass der Verfügungsempfänger noch einen **obligatorischen Anspruch gegen den ehemals Nichtberechtigten** hat.[40] Die herrschende Meinung **verneint** die Frage vor allem unter Hinweis auf das Abstraktionsprinzip, die Rechtssicherheit und den Willen des historischen Gesetzgebers, so dass gegebenenfalls eine Rückabwicklung nach Bereicherungsrecht stattfinden muss.[41]

25 **3. Rechtsfolgen.** Die Heilung tritt *ex nunc* bei Vollendung des Erwerbs ein.[42] Der Erwerb ist nicht insolvenzfest.[43]

26 **4. Analoge Anwendung.** Fall 2 findet entsprechende Anwendung, wenn ein Nichtberechtigter der Verfügung eines anderen Nichtberechtigten zugestimmt hat und hernach den Gegenstand der Verfügung samt Befugnis zur Vornahme einer derartigen Verfügung erwirbt.[44] Sofern die Verfügung eines Berechtigten ohne Verfügungsmacht schwebend unwirksam ist und der Berechtigte später seine Verfügungsmacht wiedererlangt (Bsp.: Einstellung des Insolvenzverfahrens, Aufhebung von Nachlassverwaltung oder Testamentsvollstreckung), wird die Verfügung analog Fall 2 wirksam.[45] Anders steht es, wenn ein Nichtberechtigter nachträglich Verfügungsmacht erhält, aber nicht den Gegenstand selbst (Bsp.: der Nichtberechtigte wird Insolvenzverwalter, Nachlassverwalter oder Testamentsvollstrecker), da die Konvaleszenz sonst zulasten eines fremden Vermögens ginge; hier bleibt nur die Möglichkeit einer Genehmigung nach Fall 1.[46]

IV. Konvaleszenz durch Beerbung (Abs. 2 S. 1 Fall 3)

27 **1. Grundgedanke.** Auch wenn der Berechtigte den verfügenden Nichtberechtigten beerbt und die Vermögensmassen nicht durch die Beschränkung der Erbenhaftung getrennt bleiben, vereinigen sich in seiner Person die beiden Positionen, deren Auseinanderfallen vorher die Wirksamkeit der Verfügung verhindert hat. Statt eine Klage des Verfügungsbegünstigten gegen den Erben auf Erfüllung der Verbindlichkeit aus dem Kausalgeschäft zu verlangen, hat sich der Gesetzgeber auch hier für die **automatische Heilung (Konvaleszenz)** des Mangels entschieden.[47]

---

[37] BGH NJW 1967, 1272; Erman/*Palm*, § 185 Rn 11; a.A. Staudinger/*Gursky*, § 185 Rn 68.
[38] BGH LM § 185 Nr. 9; OLG Naumburg v. 21.3.2000 – 11 U 150/99 (JURIS-Dok.-Nr. KORE417612000); Staudinger/*Gursky*, § 185 Rn 70; MüKo/*Schramm*, § 165 Rn 65.
[39] BGH LM § 185 Nr. 9; Staudinger/*Gursky*, § 185 Rn 63; MüKo/*Schramm*, § 165 Rn 65.
[40] Dazu eingehend *Pletscher*, S. 131 ff.
[41] OLG Celle NJW-RR 1994, 646, 647 (*obiter*); Staudinger/*Gursky*, § 185 Rn 66; MüKo/*Schramm*, § 185 Rn 8; Jauernig/*Jauernig*, § 185 Rn 8; *Medicus*, BGB AT, Rn 1031; a.A. Soergel/*Leptien*, § 185 Rn 27; Erman/*Palm*, § 185 Rn 11.
[42] Allg.M.: RGZ 135, 378, 383; BGH WM 1978, 1406, 1407; Staudinger/*Gursky*, § 185 Rn 59.
[43] BGH NJW-RR 2004, 259; *Bülow*, WM 1998, 845, 848.
[44] Allg.M.: BGHZ 36, 329, 334 = NJW 1962, 861; Staudinger/*Gursky*, § 185 Rn 72; MüKo/*Schramm*, § 185 Rn 68.
[45] Allg.M.: BGHZ 123, 58, 62 = NJW 1993, 2525; Staudinger/*Gursky*, § 185 Rn 73; MüKo/*Schramm*, § 185 Rn 66; *Medicus*, BGB AT, Rn 1035.
[46] Allg.M.: BGH ZIP 1999, 447, 450 f.; Staudinger/*Gursky*, § 185 Rn 74 f.; MüKo/*Schramm*, § 185 Rn 66.
[47] Rechtspolitische Kritik bei *Wacke*, JZ 2001, 380, 385 ff.

2. Voraussetzungen. Die Lage ist damit sehr ähnlich derjenigen bei Fall 2. Die Genehmigung darf ebenfalls noch nicht verweigert sein.[48] Die Frage nach der **Rechtsgrundabhängigkeit** der Konvaleszenz wird hier aber von der herrschenden Meinung anders beantwortet als in Fall 2, nämlich in dem Sinne, dass der Verfügungsempfänger gegen den Erben noch einen obligatorischen Anspruch haben müsse.[49] Ferner reicht hier eine **Miterbenstellung** aus;[50] es darf allerdings nicht § 2063 Abs. 2 entgegenstehen (so, wenn der Erwerber und der Berechtigte Miterben werden).[51] Die Erbenhaftung muss **endgültig unbeschränkt** sein; bei weiterhin möglicher Beschränkbarkeit greift Fall 3 nicht ein (arg. u.a. § 2013).[52]

3. Rechtsfolgen. Die Heilung tritt auch hier nur *ex nunc* ein.

4. Analoge Anwendung. Fall 3 ist analog anzuwenden, wenn der **Vorerbe** über einen Nachlassgegenstand verfügt hat und vom unbeschränkt haftenden Nacherben beerbt wird; die Verfügung bleibt trotz § 2113 wirksam.[53]

5. Beweislast. Wer sich auf die Konvaleszenz beruft, muss Erbfall und fehlende Beschränkbarkeit der Erbenhaftung darlegen und beweisen.[54] Da eine unbeschränkbare Erbenhaftung die Ausnahme ist (die Beschränkungsmöglichkeiten sind grundsätzlich unbefristet, vgl. etwa § 2081 Abs. 1; Ausnahmen: Verwirkung, Verzicht, § 1994 Abs. 1 S. 2, § 2005 Abs. 1), wird dieser Beweis häufig schwer fallen.[55] Fall 3 tritt **in der Praxis selten** ein.

V. Mehrere Verfügungen (Abs. 2 S. 2)

1. Grundgedanke. Sind in den Konvaleszenzfällen (Fall 2 und 3 von Abs. 2 S. 1) mehrere Verfügungen über denselben Gegenstand getroffen worden, die nicht miteinander zu vereinbaren sind, wird nach dem **Prioritätsprinzip** des Abs. 2 S. 2 nur die jeweils frühere wirksam.[56]

2. Voraussetzungen. Bei der Frage nach der Priorität kommt es auf die Vollendung des Abschlusstatbestandes an. So müssen z.B. Einigung und Eintragung oder Übergabe oder Übergabesurrogat vorliegen oder der Erbfall eingetreten sein; eine nachfolgende Genehmigung (wegen § 184 Abs. 1) und der spätere Eintritt einer Bedingung sind unerheblich.

Miteinander nicht im Einklang stehen Verfügungen dann, wenn die nachfolgenden die vorhergehenden in irgendeiner Weise beeinträchtigen würden; anders dagegen, wenn bei Geltung aller Verfügungen allein die nachfolgenden Einbußen erleiden. Handelt es sich um dieselbe Verfügungsart, ist demnach zu differenzieren: Mehrere Übereignungen oder mehrere Abtretungen führen zu einer Kollision und der Rechtsfolge des Abs. 2 S. 2; mehrere Verpfändungen können dagegen nebeneinander bestehen, wenn nur die nachfolgenden der ersten gegenüber nachrangig sind.[57] Abs. 2 S. 2 greift wiederum ein, wenn eine Verpfändung einer Übereignung nachfolgt; folgt dagegen eine Übereignung einer Verpfändung nach, können beide nach Abs. 2 S. 1 Fall 2 oder 3 wirksam werden, die Übereignung freilich nur in der Weise, dass der Erwerber ein mit dem Pfandrecht belastetes Eigentum erwirbt.[58]

3. Rechtsfolgen. Mit dem Wirksamwerden der früheren Verfügung werden die nachfolgenden kollidierenden **endgültig unwirksam**.

4. Analoge Anwendung. Abs. 2 S. 2 findet entsprechende Anwendung, wenn der Berechtigte mehrere miteinander kollidierende, schwebend unwirksame Verfügungen eines Nichtberechtigten **gleichzeitig genehmigt**.[59]

---

48 BGH NJW 1967, 1272; a.A. Staudinger/*Gursky*, § 185 Rn 68.
49 BGH NJW 1994, 1470, 1471; OLG Celle NJW-RR 1994, 646, 647; OLG Saarbrücken MDR 1997, 1107; MüKo/*Schramm*, § 185 Rn 70; Soergel/*Leptien*, § 185 Rn 30; *Medicus*, BGB AT, Rn 1032; a.A. Staudinger/*Gursky*, § 185 Rn 79; Bamberger/Roth/*Bub*, § 185 Rn 14; Jauernig/*Jauernig*, § 185 Rn 8; *Harder*, in: FS Seiler 1999, S. 637, 643 ff.; *Pletscher*, S. 131 ff.
50 BGH MDR 1964, 577 (implizit); Staudinger/*Gursky*, § 185 Rn 80; MüKo/*Schramm*, § 185 Rn 72.
51 RGZ 110, 94, 96; BGH LM § 2113 Nr. 1; Staudinger/*Gursky*, § 185 Rn 85; MüKo/*Schramm*, § 185 Rn 72.
52 Heute allg.M.: OLG Stuttgart NJW-RR 1995, 968; BayObLG FamRZ 1997, 710, 712; Staudinger/*Gursky*, § 185 Rn 81; MüKo/*Schramm*, § 185 Rn 71.
53 Allg.M.: RGZ 110, 94, 95; BayObLG FamRZ 1997, 710, 712; Staudinger/*Gursky*, § 185 Rn 14; MüKo/*Schramm*, § 185 Rn 71.
54 Staudinger/*Gursky*, § 185 Rn 83; unzutr. OLG Celle NJW-RR 1994, 646, 647.
55 Vgl. *Harder*, in: FS Seiler 1999, S. 637, 638 ff.; AnwK-BGB/*Odersky*, § 2013 Rn 1; HKK/*Finkenauer*, §§ 182–185 Rn 18.
56 Vgl. eingehend *Dölling*, S. 30 ff.
57 Staudinger/*Gursky*, § 185 Rn 87 f.; MüKo/*Schramm*, § 185 Rn 73.
58 Staudinger/*Gursky*, § 185 Rn 87; MüKo/*Schramm*, § 185 Rn 73.
59 Staudinger/*Gursky*, § 185 Rn 51; Erman/*Palm*, § 185 Rn 14.

Abschnitt 4
Fristen, Termine

§ 186 Geltungsbereich

¹Für die in Gesetzen, gerichtlichen Verfügungen und Rechtsgeschäften enthaltenen Frist- und Terminsbestimmungen gelten die Auslegungsvorschriften der §§ 187 bis 193.

Literatur: *Müller-Eising/Bert*, § 5 Abs. 3 UmwG: Eine Norm, eine Frist, drei Termine, DB 1996, 1398; *v. Münch*, Die Zeit im Recht, NJW 2000, 1; *G. Schulze*, Judex non calculat?, JR 1996, 51; *ders.*, Gerechtigkeit durch Fristberechnung, JuS 1997, 480; *Ziegltrum*, Grundfälle zur Berechnung von Fristen und Terminen gem. §§ 187 ff. BGB, JuS 1986, 705 u. 784.

A. Normzweck

Im Rechtsalltag spielen Zeitbestimmungen eine erhebliche Rolle. Die §§ 186 ff. enthalten Auslegungsregeln, um bei mehrdeutigen Ausdrucksweisen zu einer sicheren Auslegung zeitlicher Bestimmungen zu gelangen. §§ 186 ff. dienen daher dem Zweck, Rechtssicherheit und Klarheit zu gewährleisten. Da es sich um Auslegungsregeln handelt, sind sie nur dann anzuwenden, wenn die Auslegung nach allgemeinen Grundsätzen zu keinem zweifelsfreien Ergebnis führt.

B. Anwendungsbereich

Die §§ 187–193 gelten nicht nur für das BGB, sondern – soweit nicht Sondervorschriften vorgehen – für **alle Frist- und Terminsbestimmungen des Bundesrechtes**. Die Geltung ist in einigen Gesetzen ausdrücklich angeordnet, z.B. § 222 Abs. 1 ZPO, § 57 Abs. 2 VwGO, § 31 Abs. 1 VwVfG, § 17 Abs. 1 FGG, § 108 Abs. 1 AO. Sondervorschriften enthalten die §§ 359, 361 HGB, Artt. 36, 37, 72–74 WG; Artt. 29, 30, 55–57 ScheckG; §§ 42, 43 StPO, § 7 VVG, § 77b StGB, § 17 FGG, § 222 ZPO, § 31 VwVFG, § 108 AO, § 64 SGG und § 139 InsO.

Für folgende Rechtsgebiete ist die Geltung der §§ 186 ff. von der Rechtsprechung anerkannt: das Öffentliche Recht;[1] das Strafrecht;[2] das Tarifvertragsrecht;[3] das Abgabenrecht;[4] das Sozialversicherungsrecht;[5] und das Personenstandsrecht.[6]

C. Begriffsbestimmungen

Frist ist jeder abgegrenzte Zeitraum. Er muss also bestimmt oder jedenfalls bestimmbar sein.[7] Die Abgrenzbarkeit des Zeitraums kann sich aus einer festen zeitlichen Begrenzung (in der Zeit vom ... bis ...) aber auch aus unbestimmten Rechtsbegriffen, wie z.B. „angemessen" oder „unverzüglich" ergeben. Aus § 191 ergibt sich, dass die Frist nicht zusammenhängend verlaufen muss.

§ 186 spricht von Fristen und Terminsbestimmungen, die sich in Gesetzen, gerichtlichen Verfügungen und Rechtsgeschäften finden. Dies bestimmt sich lediglich danach, wer die Fristdauer festlegt. Für die Berechnung der jeweiligen Frist ist diese gesetzliche Differenzierung jedoch ohne Belang. **Gesetzliche Fristen** sind z.B. die Verjährungsfristen; **Fristen aufgrund gerichtlicher Verfügungen** sind z.B. die Ausschlussfristen in den §§ 2052 Abs. 1, 1094 Abs. 1, 2151 Abs. 3; **rechtsgeschäftliche Fristen** können sich im Rahmen der Privatautonomie sowohl aus Verträgen, z.B. durch Frist oder Terminsbestimmungen, oder als echte Bedingungen gemäß § 163 ergeben. Des Weiteren gehören hierzu auch die von Gesetzes wegen geforderten, rechtsgeschäftlich bestimmten angemessenen Fristen, deren Ablauf erforderlich ist, um eine gewünschte Rechtsfolge eintreten zu lassen, z.B.: §§ 250, 264 Abs. 2 S. 1, 281 Abs. 1 S. 1, 321 Abs. 1 S. 1, 305, 516 Abs. 2 S. 1, 1003 Abs. 1 S. 1.

Termine sind im Unterschied zu Fristen bestimmte Zeitpunkte, in denen etwas geschehen soll oder Rechtswirkungen eintreten.[8]

---

1 RGZ 161, 125.
2 BGH NJW-RR 1989, 629.
3 BGH ZIP 1998, 428.
4 BFH DB 1997, 79.
5 BSG NJW 1974, 919.
6 BayObLG JW 1929, 2450.
7 RGZ 120, 355.
8 VGH München NJW 1991, 1250.

§ 187 Fristbeginn

(1) ¹Ist für den Anfang einer Frist ein Ereignis oder ein in den Lauf eines Tages fallender Zeitpunkt maßgebend, so wird bei der Berechnung der Frist der Tag nicht mitgerechnet, in welchen das Ereignis oder der Zeitpunkt fällt.

(2) ¹Ist der Beginn eines Tages der für den Anfang einer Frist maßgebende Zeitpunkt, so wird dieser Tag bei der Berechnung der Frist mitgerechnet. ²Das Gleiche gilt von dem Tage der Geburt bei der Berechnung des Lebensalters.

A. Allgemeines 1	III. Berechnung des Lebensalters (Abs. 2 S. 2) . 7
B. Regelungsgehalt 2	IV. Stundenfristen 9
I. Fristbeginn im Laufe eines Tages (Abs. 1) . 2	V. Rückwärtsfristen 10
II. Fristbeginn mit Anfang des Tages (Abs. 2 S. 1) 5	

A. Allgemeines

1 § 187 legt für Fristberechnungen das Prinzip der **Zivilkomputation** zugrunde. Hierbei wird bei Fristen, die nach Tagen, Wochen, Monaten oder Jahren bemessen sind, der Beginn des Fristlaufes nicht auf den tatsächlichen Moment des fristauslösenden Umstandes gelegt, sondern aus praktischen Erwägungen auf den auf das fristauslösende Ereignis folgenden Tag. Es wird nur mit vollen Tagen gerechnet. Demgegenüber wird bei der Anwendung der **Naturalkomputation** die Frist in ihrer natürlichen Länge vom jeweiligen Beginn an berechnet. Die Naturalkomputation ist bei Stunden- und Minutenfristen anzuwenden, allerdings kann hier die Auslegung ergeben, dass die Frist analog Abs. 1 erst mit dem Anfang der folgenden Zeiteinheit beginnen soll.[1]

B. Regelungsgehalt

I. Fristbeginn im Laufe eines Tages (Abs. 1)

2 In den Fällen des Abs. 1 bleibt der Kalendertag, in den das maßgebliche Ereignis oder der Zeitpunkt fällt, welcher für den Anfang einer Frist maßgebend ist, bei der Berechnung dieser Frist außer Betracht. Die Frist beginnt also erst um 0.00 Uhr des Folgetages zu laufen. Im Gegensatz zur Ermittlung des Fristendes ist es für den Fristbeginn allerdings unbeachtlich, ob er auf ein Wochenende oder einen staatlich allgemein anerkannten Feiertag fällt.

3 **Einzelfälle:** Zu den Fristen des Abs. 1 gehören die Verjährungsfristen in §§ 438 Abs. 1, 634a Abs. 1 und 548 Abs. 1, die Frist des § 651g Abs. 1, die Widerrufsfrist nach § 355, die Berechnung von Zahlungsfristen und ähnlichen Fristen im Versicherungsrecht.

4 Ebenfalls gehören hierzu Fristen, bei denen der Fristbeginn an die Kenntnis gewisser Umstände anknüpft (§§ 199 Abs. 1 Nr. 2, 566 Abs. 2 S. 2, 1600b Abs. 1 und 5).

II. Fristbeginn mit Anfang des Tages (Abs. 2 S. 1)

5 Soll der Anfang des Tages der für den Fristbeginn maßgebliche Zeitpunkt sein, so wird dieser Tag als der erste des Fristlaufes mitgezählt, z.B. zählt bei Abschluss eines Arbeits- oder eines Mietvertrages für einen bestimmten Zeitraum der erste Tag bereits mit.

6 Weiter fallen hierunter die Auslegefrist des § 3 BBauG und entsprechende Fristen in den jeweiligen Landesgesetzen sowie die Frist gem. § 17 Abs. 3 S. 2 PatentG.

III. Berechnung des Lebensalters (Abs. 2 S. 2)

7 Abs. 2 S. 2 trifft für die Berechnung des Lebensalters eine besondere Bestimmung. Obwohl die Geburt ein in den Lauf eines Tages fallendes Ereignis ist, wird entsprechend der Verkehrsanschauung der Tag der Geburt bei der Berechnung des Lebensalters mitgezählt. Wer also am 28.2. geboren ist, wird auch am 28.2. volljährig.

8 Diese Berechnungsweise ist auch anzuwenden bei der Feststellung der Altersgrenzen für die strafrechtliche Verantwortlichkeit bzw. des Beginns des Ruhestandes oder des Rentenalters.

---

1 Palandt/*Heinrichs*, § 187 Rn 1; Bamberger/Roth/*Henrich*, § 187 Rn 8.

IV. Stundenfristen

Obwohl in §§ 187 ff. nicht ausdrücklich geregelt, ist die Vereinbarung von kürzeren als nach Tagen zählenden Fristen zulässig. Da die Fristberechnung nach der in § 187 vorausgesetzten Zivilkomputation Fristen von mindestens Tageslänge erfordert, ist bei nach Stunden zählenden Fristen die **Naturalkomputation** (Fristberechnung von Moment zu Moment) anzuwenden. Allerdings kann auch hier die Auslegung ergeben, dass die Zivilkomputation analog anzuwenden ist.[2]

9

V. Rückwärtsfristen

§ 187 ist unmittelbar anwendbar nur in Fällen, in denen der Fristbeginn durch Gesetz, gerichtliche Verfügung oder Rechtsgeschäft festgelegt ist und das Ende der Frist ermittelt werden soll. Er ist jedoch analog anzuwenden, wenn die Frist nachträglich durch Rückrechnung von einem fristauslösenden Endzeitpunkt ermittelt werden muss[3] (z.B. bei der Kündigung eines Arbeitsverhältnisses). Da die Frist in solchen Fällen rückwärts zu rechnen ist, muss hierbei für den Tag, an dem z.B. eine Kündigung erklärt werden soll, § 193 beachtet werden.

10

---

§ 188 Fristende

(1) ¹Eine nach Tagen bestimmte Frist endigt mit dem Ablauf des letzten Tages der Frist.

(2) ¹Eine Frist, die nach Wochen, nach Monaten oder nach einem mehrere Monate umfassenden Zeitraum – Jahr, halbes Jahr, Vierteljahr – bestimmt ist, endigt im Falle des § 187 Abs. 1 mit dem Ablauf desjenigen Tages der letzten Woche oder des letzten Monats, welcher durch seine Benennung oder seine Zahl dem Tage entspricht, in den das Ereignis oder der Zeitpunkt fällt, im Falle des § 187 Abs. 2 mit dem Ablauf desjenigen Tages der letzten Woche oder des letzten Monats, welcher dem Tage vorhergeht, der durch seine Benennung oder seine Zahl dem Anfangstag der Frist entspricht.

(3) ¹Fehlt bei einer nach Monaten bestimmten Frist in dem letzten Monat der für ihren Ablauf maßgebende Tag, so endigt die Frist mit dem Ablauf des letzten Tages dieses Monats.

A. Tagesfristen (Abs. 1)

Eine nach Tagen bestimmte Frist endet – soweit nicht § 193 eingreift – mit Ablauf des letzten Tages der Frist, d.h. um 24.00 Uhr des letzten Tages der Frist.[1] Bei einer Befristung bis zu einem bestimmten Tage gehört dieser Tag noch zu der Frist.[2] Bei Setzung einer Frist von acht Tagen ist durch Auslegung zu ermitteln, ob hierunter acht volle Tage oder eine Woche zu verstehen ist.[3] Im Zweifel ist jedoch hierunter eine Frist von acht vollen Tagen zu verstehen.[4] Im Wechselrecht ist dies in Art. 36 Abs. 4 WG ausdrücklich geregelt; in § 359 Abs. 2 HGB findet sich eine entsprechende Auslegungsregel für Handelsgeschäfte. Eine durch eine behördliche Verfügung gesetzte Frist von acht Tagen bedeutet acht volle Tage.

1

B. Wochen-, Monats- und Jahresfristen (Abs. 2)

In den Fällen des § 187 Abs. 1 endet eine **Wochenfrist** mit dem Ablauf des Tages, der durch seine Benennung demjenigen Tag entspricht, in welchen das den Fristlauf auslösende Ereignis oder Zeitpunkt fällt. War dies beispielsweise ein Montag, so endet die Frist auch mit Ablauf des folgenden Montags. In den Fällen des § 187 Abs. 2 wird dagegen der Tag nicht mitgerechnet, so dass zum Beispiel eine an einem Samstag beginnende Frist mit Ablauf des folgenden Freitags endet.

2

Entsprechendes gilt für **Monatsfristen** oder längere Fristen mit der Maßgabe, dass nicht auf die Benennung des Wochentags, sondern auf die kalendermäßige Bezeichnung abzustellen ist. Im Falle des § 187 Abs. 1 endet eine am 28.1. beginnende Monatsfrist somit mit Ablauf des 28.2., in den Fällen des § 187 Abs. 2 mit Ablauf des 27.2. Die konkrete Monatslänge hat damit keine Auswirkungen, so dass eine am 28.2. beginnende Monatsfrist am 28.3. endet und nicht erst am 31.3.

3

---

2 Palandt/*Heinrichs*, § 187 Rn 1 sowie Staudinger/*Repgen*, § 187 Rn 13.
3 Palandt/*Heinrichs*, § 187 Rn 4; *Müller-Eising/Bert*, DB 1996, 1398.

1 BAG NJW 1966, 2081 f.
2 RGZ 105, 417 ff.
3 Bamberger/Roth/*Henrich*, § 188 Rn 1.
4 RG DR 44, 909.

C. Unterschiedliche Monatslängen (Abs. 3)

4 Gem. Abs. 3 endet in den Fällen, in denen bei Monatsfristen in dem letzten Monat der für den Fristablauf maßgebliche Tag fehlt, bereits mit dem Ablauf des letzten Tages dieses Monats. Diese Regelung beruht auf der unterschiedlichen Länge der einzelnen Monate. Beginnt z.B. eine Monatsfrist gem. § 187 Abs. 1 am 31.1., so endet sie wegen der kürzeren Dauer des Monates Februar bereits mit Ablauf des 28.2., in Schaltjahren mit Ablauf des 29.2.

D. Besonderheiten des Fristendes

5 Grundsätzlich darf der Betroffene eine Frist bis zum letzten Augenblick ausnützen. Erst der Fristablauf löst die an die Frist geknüpfte Rechtsfolge aus. Das Risiko der Fristüberschreitung trägt jedoch derjenige, der Fristen bis zum letzten Augenblick ausnützt. Nur in Ausnahmefällen kann die Berufung auf eine **geringfügige Fristüberschreitung** gegen Treu und Glauben verstoßen.[5]

6 Für den Fristablauf ist es grundsätzlich ohne Bedeutung, ob der Betroffene hiervon Kenntnis hatte oder ob er schuldlos außerstande war, die Frist einzuhalten. Dies gilt nicht für die regelmäßige Verjährungsfrist des § 199 Abs. 1 n.F., da das Gesetz insoweit an die Kenntnis oder grobfahrlässige Unkenntnis des Gläubigers von den anspruchbegründenden Umständen und der Person des Schuldners anknüpft. Allerdings bestehen dabei gem. § 199 Abs. 2–4 absolute Verjährungsfristen, die unabhängig davon eintreten, ob der Anspruchsberechtigte jemals Kenntnis von den Ansprüchen erlangt hat.

7 Ist zur Fristeinhaltung die **Mitwirkung eines Dritten** erforderlich (z.B. Annahme einer Leistung), ist dieser nicht verpflichtet, bis zur letzten Sekunde mitwirkungsbereit zu sein. Für Handelsgeschäfte ist in § 358 HGB ausdrücklich geregelt, dass die Leistung nur während der gewöhnlichen Geschäftszeit bewirkt und gefordert werden kann. Bei Nichtkaufleuten führt eine an den Grundsätzen von Treu und Glauben orientierte Auslegung oft zum gleichen Ergebnis.[6] Bei **Behörden** endet die Mitwirkungspflicht mit Dienstschluss.[7]

E. Zugang von Willenserklärungen unter Abwesenden

8 Beim Zugang empfangsbedürftiger Willenserklärungen unter Abwesenden kommt es nicht nur darauf an, dass das die Erklärung enthaltende Schriftstück innerhalb der Frist in den Herrschaftsbereich des Empfängers gelangt, vielmehr ist auch erforderlich, dass unter normalen Umständen mit der Kenntnisnahme durch den Empfänger innerhalb der Frist zu rechnen ist. Wer also zum 30.4. eine Kündigung aussprechen möchte, deren Frist am 1.5. um 0.00 Uhr beginnt, wird durch den Einwurf in den Briefkasten des Empfängers um 23.59 Uhr keinen fristgerechten Zugang mehr bewirken, da dann normalerweise nicht mehr mit der Kenntnisnahme der Erklärung durch den Empfänger innerhalb der Frist gerechnet werden kann (vgl. dazu § 130 Rn 51 f.).[8]

§ 189 Berechnung einzelner Fristen

(1) [1]Unter einem halben Jahr wird eine Frist von sechs Monaten, unter einem Vierteljahr eine Frist von drei Monaten, unter einem halben Monat eine Frist von 15 Tagen verstanden.

(2) [1]Ist eine Frist auf einen oder mehrere ganze Monate und einen halben Monat gestellt, so sind die 15 Tage zuletzt zu zählen.

1 § 189 enthält Auslegungsregelungen für die Fristberechnung bei **Bruchteilen** eines Jahres oder eines Monats. Die Auslegungsregeln sind aus sich selbst heraus verständlich. Die Gleichsetzung eines halben Monats mit 15 Tagen ist ebenso in Art. 36 Abs. 5 WG geregelt. In Art. 36 Abs. 4 WG ist für diesen Bereich die Auslegungsregel enthalten, dass die Ausdrücke „acht Tage" oder „fünfzehn Tage" nicht eine oder zwei Wochen bedeuten, sondern volle acht bzw. fünfzehn Tage. Die gleiche Regelung findet sich für eine Frist von acht Tagen in § 359 Abs. 2 HGB. Bei diesen Regelungen handelt es sich um auch für andere Rechtsbereiche verallgemeinerungsfähige Auslegungsregeln.

2 Bei der 30-Tages-Frist gemäß § 286 Abs. 3 handelt es sich ebenfalls um eine Frist von vollen 30 Tagen, nicht von vier Wochen oder einem Monat.[1]

---

5 BGH NJW 1974, 360.
6 Bamberger/Roth/*Henrich*, § 188 Rn 7.
7 BGHZ 23, 307 ff.
8 Staudinger/*Repgen*, § 188 Rn 4.
1 Palandt/*Heinrichs*, § 189 Rn 3 und AnwK-SchuldR/*Schulte-Nölke*, § 286 Rn 61.

In der Praxis häufig vorkommend sind vertragliche Fristen von vier bzw. sechs Wochen. Diese sind nicht gesetzlich geregelt. Solche Fristen können nicht als Fristen von einem oder eineinhalb Monaten verstanden werden, wenn sich nicht aus dem Parteiwillen etwas anderes ergibt.[2]

Abs. 2 trägt der unterschiedlichen Länge der Monate Rechnung. Hat ein Monat weniger oder mehr als 30 Tage, so kommt man zu unterschiedlichen Fristenden, je nachdem, ob man die 15 Tage zuerst oder zuletzt zählt. Eine am 20.1. beginnende Frist von eineinhalb Monaten endet gemäß § 189 Abs. 2 am 7.3., wohingegen sie bei umgekehrter Rechenreihenfolge schon am 4.3 ablaufen würde. Eine entsprechende Regelung enthält Art. 36 Abs. 2 WG.

§ 190 Fristverlängerung

[1]Im Falle der Verlängerung einer Frist wird die neue Frist von dem Ablauf der vorigen Frist an berechnet.

A. Anwendungsbereich

§ 190 trifft Regelungen für den Fall der Verlängerung einer Frist. § 190 ist nur anzuwenden auf Fälle einer echten Fristverlängerung. Eine solche liegt nur dann vor, wenn die neue und die alte Frist eine einheitliche Gesamtfrist bilden. Nicht § 190, sondern § 187 ist anwendbar, wenn sich durch Auslegung ergibt, dass die alte ursprüngliche Frist aufgehoben und eine neue Frist gesetzt wird.

B. Verhältnis zu § 193

Endet die ursprüngliche Frist an einem Sonnabend, Sonntag oder Feiertag, so soll nach herrschender Meinung bei materiell-rechtlichen Fristen § 193 unanwendbar sein und die verlängerte Frist ab dem entsprechenden Sonnabend, Sonntag oder Feiertag berechnet werden.[1] Demgegenüber soll bei prozessualen Fristen die Verlängerung in entsprechender Anwendung des § 224 Abs. 3 ZPO erst mit Ablauf des darauf folgenden Werktages beginnen.[2]

Dieser Auffassung ist jedoch nicht zu folgen, da bei einer echten Verlängerung die ursprüngliche Frist und die Verlängerung eine Einheit bilden. Zudem besteht kein Grund, die Verlängerung materiell-rechtlicher und prozessualer Fristen unterschiedlich zu handhaben, zumal § 224 Abs. 3 ZPO inhaltlich § 190 BGB entspricht.[3]

C. Fristverlängerung nach Fristablauf

Grundsätzlich können materiell-rechtliche Fristen, dem Grundsatz der Privatautonomie entsprechend, auch noch nach ihrem Ablauf verlängert werden. Gleiches gilt für prozessuale Fristen, wenn der Verlängerungsantrag noch rechtzeitig vor Fristablauf gestellt wurde.[4]

§ 191 Berechnung von Zeiträumen

[1]Ist ein Zeitraum nach Monaten oder nach Jahren in dem Sinne bestimmt, dass er nicht zusammenhängend zu verlaufen braucht, so wird der Monat zu 30, das Jahr zu 365 Tagen gerechnet.

§ 191 stellt die Regelung für die Berechnung nicht zusammenhängender Zeiträume vor, wobei der Monat mit einem Durchschnittswert von 30 Tagen, das Jahr mit 365 Tagen gerechnet wird. **Beispiele** für Fristen, die unter § 191 fallen, sind die Verpflichtung, Arbeits- oder Dienstleistungen für eine bestimmte Anzahl von Monaten zu erbringen, die Auflage, ein vermachtes Grundstück mindestens sechs Monate im Jahr zu

---

2 Palandt/*Heinrichs*, § 189 Rn 1; sowie Bamberger/Roth/*Henrich*, § 189 Rn 3.
1 Palandt/*Heinrichs*, § 190 Rn 1; Bamberger/Roth/*Henrich*, § 190 Rn 2.
2 BGHZ 21, 43 ff. sowie Palandt/*Heinrichs*, § 190 Rn 1; a.A. MüKo/*Grothe*, § 190 Rn 3 sowie Bamberger/Roth/*Henrich*, § 190 Rn 2.
3 Ebenso Bamberger/Roth/*Henrich*, § 190 Rn 2; MüKo/*Grothe*, § 190 Rn 3; Staudinger/*Repgen*, § 190 Rn 4.
4 BGHZ 83, 217 ff. = NJW 1982, 1651 f.; BAG NJW 1980, 309.

bewohnen, und Ähnliches. § 191 ist auf die Hemmung der Verjährung gem. § 209 nicht anzuwenden, da diese keine Frist ist. Ebenso wenig ist § 191 auf die Trennungsfrist gem. § 1566 anzuwenden, da es hierbei gerade auf einen zusammenhängenden Zeitraum der Trennung ankommt.[1] Ausnahmen können sich nach § 1567 Abs. 2 ergeben.[2]

§ 192 Anfang, Mitte, Ende des Monats

[1]Unter Anfang des Monats wird der erste, unter Mitte des Monats der 15., unter Ende des Monats der letzte Tag des Monats verstanden.

1   Zweck der Vorschrift ist es, für die in der Praxis häufig vorkommenden Zeitbestimmungen **„Anfang"**, **„Mitte" und „Ende" des Monats** präzise festzulegen. Eine entsprechende Regelung enthält Art. 36 Abs. 3 WG.

2   Für die Bezeichnung „Anfang", „Mitte" und „Ende" der **Woche** fehlt eine solche Auslegungsregel. Unter „Anfang der Woche" ist üblicherweise der Montag, unter „Mitte der Woche" der Mittwoch, unter „Ende der Woche" der Sonnabend zu verstehen. Soweit Arbeitstage gemeint sind, kann unter „Ende der Woche" im Einzelfall auch der Freitag zu verstehen sein.[1]

3   Nicht geregelt sind die Bedeutungen von Jahreszeitangaben wie „Frühjahr" oder „Herbst". Hier richtet sich das Verständnis gem. § 359 HGB nach der Verkehrssitte des Leistungsortes. Fehlt – wie im Bürgerlichen Recht – ein bestimmter Sprachgebrauch und ergibt sich aus der vertraglichen Fristvereinbarung nichts anderes, so ist auf den Kalender abzustellen.[2] „Im Frühjahr" bedeutet dann zwischen 21.3. und 21.6.[3]

§ 193 Sonn- und Feiertag; Sonnabend

[1]Ist an einem bestimmten Tage oder innerhalb einer Frist eine Willenserklärung abzugeben oder eine Leistung zu bewirken und fällt der bestimmte Tag oder der letzte Tag der Frist auf einen Sonntag, einen am Erklärungs- oder Leistungsort staatlich anerkannten allgemeinen Feiertag oder einen Sonnabend, so tritt an die Stelle eines solchen Tages der nächste Werktag.

A. Allgemeines	1	II. Abdingbarkeit	5
B. Regelungsgehalt	2	III. Rechtswirkungen	7
I. Anwendungsbereich	2	IV. Feiertage	9

A. Allgemeines

1   § 193 dient der Wahrung der Sonn- und Feiertagsruhe. Er galt zunächst nur für Sonntage und die staatlich allgemein anerkannten Feiertage. Nach der Einführung der 5-Tage-Woche in weiten Bereichen der Wirtschaft und der öffentlichen Verwaltung wurde mit Gesetz vom 10.8.1965[1] auch der Sonnabend in den Geltungsbereich einbezogen. Entsprechende Parallelvorschriften finden sich in § 222 Abs. 2 ZPO, § 17 Abs. 2 FGG, § 43 Abs. 2 StPO, § 77b Abs. 1 S. 2 StGB, Art. 72 WechselG, Art. 55 ScheckG, § 31 Abs. 3 VwVfG und § 108 Abs. 3 AO.

B. Regelungsgehalt

I. Anwendungsbereich

2   § 193 gilt für Fristen und Termine, die für die **Abgabe einer Willenserklärung** oder die **Bewirkung einer Leistung** bestimmt sind. Bei der Abgabe einer Willenserklärung ist es daher gleichgültig, ob zur Abgabe der Willenserklärung eine Rechtspflicht besteht oder ob sie nur zur Wahrung eigener Rechte dient.[2] Für

---

1   Vgl. Palandt/*Diederichs*, § 1567 Rn 9.
2   Vgl. Staudinger/*Rauscher*, § 1567 Rn 127 ff.
1   Ebenso Palandt/*Heinrichs*, § 192 Rn 1; Bamberger/Roth/*Henrich*, § 192 Rn 2; MüKo/*Grothe*, § 192 Rn 5; Staudinger/*Repgen*, § 192 Rn 3.

2   Palandt/*Heinrichs*, § 192 Rn 1; Bamberger/Roth/ *Henrich*, § 192 Rn 1.
3   Staudinger/*Repgen*, § 192 Rn 4.
1   BGBl I 1965 S. 753.
2   BGHZ 1999, 291.

geschäftsähnliche Handlungen, wie z.B. die Mängelrüge nach § 377 HGB, ist § 193 entsprechend anwendbar. Auf **Ausschluss- oder Verjährungsfristen** ist § 193 ebenfalls analog anwendbar.³

§ 193 ist ebenfalls anwendbar auf **Prozesshandlungen**, die zugleich materiell-rechtliche Wirkung entfalten, wie z.B. die zur Hemmung der Verjährung erhobene Klage,⁴ die Anfechtungserklärung im Insolvenzverfahren⁵ oder der Widerruf eines Vergleiches.⁶

Dagegen ist § 193 **unanwendbar** für sonstige Ereignisse, wie z.B. den Eintritt einer Bedingung, die nicht vom Eintritt der Handlung eines Schuldners abhängt.⁷ Für Kündigungsfristen gilt § 193 ebenfalls nicht, da die Frist dem Gekündigten zu seinem Schutz unverkürzt zur Verfügung stehen muss.⁸ Auf für Versammlungen geltende Ladungsfristen, z.B. bei Vereinen, Aktiengesellschaften oder GmbHs ist § 193 nicht anwendbar, da eine Verkürzung mit dem Zweck dieser Fristen, nämlich eine ausreichende Prüfungszeit zu sichern, unvereinbar wäre.⁹

II. Abdingbarkeit

Als allgemeine Auslegungsregel ist § 193 nicht anwendbar, wenn durch Gesetz oder ausdrückliche Vereinbarung zwischen den Beteiligten etwas anderes bestimmt ist oder sich konkludent aus den Umständen des Einzelfalles oder einer Verkehrsübung etwas anderes ergibt. Keine Anwendung findet § 193 daher bei Fixgeschäften, wenn die Leistungszeit bewusst auf ein Wochenende gelegt wurde oder bei Stundenfristen.

Soweit vertragliche Fristen auf Werktage abstellen, wie z.B. die Vertragsstrafe gem. § 11 Nr. 3 VOB/B oder die Mietzahlung innerhalb von drei Werktagen gemäß §§ 556b, 578 Abs. 2, rechnet der Sonnabend im Zweifel mit.¹⁰ Der Sonnabend ist kein Bankfeiertag im Sinne des § 676a Abs. 2. Ist im Falle des § 573 bei einer Kündigung gem. § 573c der dritte Werktag ein Sonnabend, so ist § 193 aber anwendbar.¹¹

III. Rechtswirkungen

§ 193 verlängert die Frist und verschiebt den Termin, wenn Fristablauf oder Termin auf ein Wochenende oder einen Feiertag fallen. Man kann daher die Willenserklärung noch am darauf folgenden Werktag abgeben bzw. die Leistung bewirken, ohne dass sich hierdurch für den Schuldner nachteilige Folgen ergeben.

Die Verlängerung führt jedoch nicht dazu, dass die Erklärung oder Leistung am nächstfolgenden Werktag auf den bestimmten Tag zurückwirkt.¹² Vielmehr lässt § 193 die Fälligkeit unberührt, so dass z.B. bei einer Zahlung am Montag unter Umständen für den Sonnabend und Sonntag Zinsen zu entrichten sind.¹³ Unabhängig von der Verlängerung bzw. Verschiebung der Frist bleibt es dem Schuldner naturgemäß unbenommen, die Willenserklärung oder die Leistung bereits am Wochenende zu bewirken. Der andere Teil kann jedoch unter Umständen eine erforderliche Mitwirkungshandlung ablehnen, wenn ihm nach Treu und Glauben oder der Verkehrssitte eine Mitwirkung am Wochenende oder Feiertag nicht zuzumuten ist.¹⁴ Für das Handelsrechts ergibt sich aus § 358 HGB ausdrücklich, dass die Leistung nur während der gewöhnlichen Geschäftszeit bewirkt oder gefordert werden kann.

IV. Feiertage

Allgemein anerkannte **Feiertage im gesamten Bundesgebiet** sind: Neujahr (1. Januar), Karfreitag, Ostermontag, Christi Himmelfahrt (2. Donnerstag vor Pfingsten), 1. Mai, Pfingstmontag, 3. Oktober sowie der 1. und 2. Weihnachtsfeiertag (25. und 26. Dezember).

Hinzu kommen in den **einzelnen Bundesländern** noch verschiedene weitere Feiertage aufgrund landesgesetzlicher Regelung:

---

3 LG Köln VersR 1953, 185.
4 BGH WM 1978, 464.
5 BGH NJW 1984, 1559.
6 BGH NJW 1978, 2091.
7 Bamberger/Roth/*Henrich*, § 193 Rn 8.
8 BGHZ 1959, 267; BGH VersR 1983, 876.
9 OLG Hamm NJW-RR 2001, 105.
10 BGH NJW 1978, 2593.
11 Palandt/*Weidenkaff*, § 573 Rn 10.
12 OLG Frankfurt NJW 1975, 1971.
13 BGH NJW 2001, 2324.
14 Bamberger/Roth/*Henrich*, § 193 Rn 9; sowie Palandt/*Heinrichs*, § 193 Rn 5.

Tag	Bundesland
6. Januar	Bayern, Baden-Württemberg, Sachsen-Anhalt
Fronleichnam (2. Donnerstag nach Pfingsten)	Baden-Württemberg, Bayern, Hessen, Nordrhein-Westfalen, Rheinland-Pfalz, Saarland, Sachsen (teilweise durch VO festgelegt), Thüringen (kann bei Gemeinden mit überwiegend katholischer Bevölkerung durch VO bestimmt werden)
Friedensfest (8. August)	nur Stadtkreis Augsburg
Maria Himmelfahrt (15. August)	Baden-Württemberg, Bayern (nur in Gemeinden mit überwiegend kath. Bevölkerung)
Reformationstag (31. Oktober)	Brandenburg, Mecklenburg-Vorpommern, Sachsen, Sachsen-Anhalt, Thüringen
Allerheiligen (1. November)	Baden-Württemberg, Bayern, Nordrhein-Westfalen, Rheinland-Pfalz, Saarland
Buß- und Bettag (3. Mittwoch im November)	Sachsen

11 Bei den landesgesetzlich gesondert geregelten Feiertagen findet § 193 nur dann Anwendung, wenn dieser Tag gerade am Erfüllungs- bzw. Leistungsort staatlich anerkannt ist.[15]

12 Für Tage, die keine gesetzlichen Feiertage sind und an denen Behörden – und weite Teile der Wirtschaft – aber **üblicherweise nicht arbeiten**, wie z.B. am 24.12.,[16] am 31.12.[17] oder am Rosenmontag, ist § 193 nicht anwendbar.[18]

---

15 Vgl. hierzu die jeweiligen Feiertagsgesetze der einzelnen Bundesländer.
16 VGH Mannheim NJW 1987, 1353.
17 OVG Hamburg NJW 1993, 1941.
18 Palandt/*Heinrichs*, § 193 Rn 6.

Abschnitt 5
Verjährung*

Titel 1. Gegenstand und Dauer der Verjährung

Vorbemerkungen zu §§ 194–218

Literatur: *Bydlinski*, Die geplante Modernisierung des Verjährungsrechts, in: Schulze/Schulte-Nölke (Hrsg.), Die Schuldrechtsreform vor dem Hintergrund des Gemeinschaftsrechts, 2001, S. 381 (zitiert: Bydlinski); *Danco*, Die Perspektiven der Anspruchsverjährung in Europa. Eine rechtsvergleichende Untersuchung unter besonderer Berücksichtigung der Sachmängelgewährleistungsfristen im Kaufrecht, 2001; *Dannemann*, Reform des Verjährungsrechts aus rechtsvergleichender Sicht, RabelsZ 55 (1991), 697; *Eidenmüller*, Ökonomik der Verjährungsregeln, in: Schulze/Schulte-Nölke (Hrsg.), Die Schuldrechtsreform vor dem Hintergrund des Gemeinschaftsrechts, 2001, S. 405 (zitiert: Eidenmüller); *ders.*, Zur Effizienz der Verjährungsregeln im geplanten Schuldrechtsmodernisierungsgesetz, JZ 2001, 283; *Ernst*, Zum Fortgang der Schuldrechtsmodernisierung, in: Ernst/Zimmermann (Hrsg.), Zivilrechtswissenschaft und Schuldrechtsreform, 2001, S. 559 (zitiert: Ernst); *Foerste*, Unklarheit im künftigen Schuldrecht: Verjährung von Kaufmängel-Ansprüchen in zwei, drei oder 30 Jahren?, ZRP 2001, 342; *Haug*, Die Neuregelung des Verjährungsrechts: Eine kritische Untersuchung des Verjährungsrechts im Entwurf der Kommission zur Überarbeitung des Schuldrechts, 1999; *Heinrichs*, Entwurf eines Schuldrechtsmodernisierungsgesetzes, BB 2001, 1417; *Kötz*, Zur Verjährung der Sachmängelansprüche – Die Vorschläge der Schuldrechtskommission im Lichte der ökonomischen Analyse des Rechts, in: FS Dieter Medicus zum 70. Geburtstag, 1999, S. 283; *Leenen*, Die Neuregelung der Verjährung, JZ 2001, 552; *Mansel*, Die Reform des Verjährungsrechts, in: Ernst/Zimmermann (Hrsg.), Zivilrechtswissenschaft und Schuldrechtsreform, 2001, S. 333 (zitiert: Mansel); *ders.*, Die Neuregelung des Verjährungsrechts, NJW 2002, 89; *ders.*, Neues Verjährungsrecht und Anwaltsvertrag – Vorteile für den Rechtsanwalt, NJW 2002, 418; *Mansel/Budzikiewicz*, Das neue Verjährungsrecht, 2002; *dies.*, Einführung in das neue Verjährungsrecht, Jura 2002, 1; *dies.*, Verjährungsanpassungsgesetz: neue Verjährungsfristen, insbesondere für die Anwaltshaftung und gesellschaftsrechtliche Einlageforderungen, NJW 2005 (im Erscheinen); *Peters/Zimmermann*, Der Einfluß von Fristen auf Schuldverhältnisse – Möglichkeiten der Vereinheitlichung der Verjährungsfristen, in: Bundesministerium der Justiz (Hrsg.), Gutachten und Vorschläge zur Überarbeitung des Schuldrechts, Band I, 1981 (zitiert: Peters/Zimmermann); *Piekenbrock*, Reform des allgemeinen Verjährungsrechts: Ausweg oder Irrweg?, in: Helms u.a. (Hrsg.), Jahrbuch Junger Zivilrechtswissenschaftler 2001 – Das neue Schuldrecht, S. 309 (zitiert: Piekenbrock); *Spiro*, Die Begrenzung privater Rechte durch Verjährungs-, Verwirkungs- und Fatalfristen, Band I, 1975; *Unterrieder*, Die regelmäßige Verjährung – Die §§ 195 bis 202 BGB und ihre Reform, 1998; *Willingmann*, Reform des Verjährungsrechts – Die Neufassung der §§ 194 ff. BGB im Rahmen der Schuldrechtsmodernisierung, in: Micklitz/Pfeiffer/Tonner/Willingmann (Hrsg.), Schuldrechtsreform und Verbraucherschutz, 2001, S. 1 (zitiert: Willingmann); *Zimmermann*, „... ut sit finis litium" – Grundlinien eines modernen Verjährungsrechts auf rechtsvergleichender Grundlage, JZ 2000, 853; *ders.*, Comparative Foundations of a European Law of Set-Off and Prescription, 2001; *ders.*, Grundregeln eines Europäischen Verjährungsrechts und die deutsche Reformdebatte, ZEuP 2001, 217; *Zimmermann/Leenen/Mansel/Ernst*, Finis Litium? Zum Verjährungsrecht nach dem Regierungsentwurf eines Schuldrechtsmodernisierungsgesetzes, JZ 2001, 684.

A. Allgemeines	1	B. Regelungsgehalt	19
I. Schuldrechtsreform und Verjährungsrecht	1	I. Begriff der Verjährung	19
II. Wesentliche Reformzwecke	2	II. Zweck der Verjährungsregeln	20
1. Vereinfachung	2	III. Ähnliche Rechtsinstitute	27
2. Neuordnung der Verjährungsfristen und des Verjährungsbeginns	5	1. Ausschlussfristen	27
		2. Verwirkung	29
3. Herstellung der Vertragsfreiheit im Verjährungsrecht	11	IV. Übergangsrecht	30
		C. Weitere praktische Hinweise	31
4. Neuordnung der Verjährungshemmung	12	I. Beweislast	31
5. Bewertung und Ausblick	13	II. Einrede	32
III. Die Neuregelung und die Grundregeln des Europäischen Vertragsrechts	14	III. Hinweispflicht des Anwalts	34
		IV. Feststellungsklage	35

---

* Die erste Bearbeitung der Kommentierung der §§ 194–217 durch den Erstverfasser erschien im Dezember 2001 in: Dauner-Lieb/Heidel/Lepa/Ring (Hrsg.), AnwaltKommentar Schuldrecht, 2002. Die Aktualisierung und Erweiterung dieser Erstbearbeitung haben die Zweitverfasser Rechtsanwalt Dr. Michael Stürner, M.Jur. (Oxon) (§§ 194–202, 214–218), und Christine Budzikiewicz (§§ 203–213) in Zusammenarbeit mit dem Erstverfasser durchgeführt.

A. Allgemeines

I. Schuldrechtsreform und Verjährungsrecht

1 Bereits seit langer Zeit wurde das Verjährungsrecht für **reformbedürftig** gehalten.[1] Kritisiert wurden vor allem die unterschiedliche Dauer der Verjährungsfristen, die von sechs Wochen (§ 490 Abs. 1 S. 1 a.F.) bis zu dreißig Jahren (§ 195 a.F.) reichte, die Unübersichtlichkeit der Regelungen durch Zersplitterung der verschiedenen Verjährungsfristen in mehr als 130 Vorschriften in über 80 Gesetzen[2] sowie die unangemessene Länge mancher Verjährungsfristen wie z.B. die 6-Monats-Frist für Gewährleistungsansprüche im Kauf- und Werkvertragsrecht (§§ 477, 638 a.F.).[3] Nach über 20-jähriger Reformdiskussion hat der Gesetzgeber im Rahmen der Arbeiten zur Umsetzung dreier EG-Richtlinien – der Verbrauchsgüterkaufrichtlinie,[4] der E-commerce-Richtlinie[5] und der Richtlinie zur Bekämpfung von Zahlungsverzug im Geschäftsverkehr[6] – auch das Verjährungsrecht reformiert;[7] am 1.1.2002 ist das neue Verjährungsrecht als Teil des Gesetzes zur Modernisierung der Schuldrechts in Kraft getreten.[8] Im Folgenden werden die wesentlichen Reformzwecke dargestellt.

II. Wesentliche Reformzwecke

2 **1. Vereinfachung.** Das **bisherige Verjährungsrecht** war unübersichtlich. Die lange Regelverjährungsfrist des § 195 a.F. von dreißig Jahren wurde häufig durch kürzere Sonderverjährungsfristen, die innerhalb und außerhalb des BGB geregelt waren, verdrängt. § 195 a.F. war eher ein Auffangtatbestand als eine Regel.[9] Bereits das BGB a.F. sah insbesondere mit den weiten und tatbestandlich vielfach unklaren §§ 196, 197 a.F. zahlreiche Ausnahmen von der langen Regelverjährungszeit des § 195 a.F. vor. Die Rechtsprechung hat den Anwendungsbereich der §§ 196, 197 a.F. und anderer spezieller Verjährungsvorschriften weiter ausgedehnt, um den Anwendungsbereich des § 195 a.F. zu begrenzen, da die lange Verjährungsfrist von dreißig Jahren vielfach unangemessen und nicht sachgerecht erschien.[10] Auch andere Korrekturen hat sie vorgenommen.[11] Das Verjährungsfristensystem war insgesamt nicht ausreichend abgestimmt und lud zu dogmatischen Fortentwicklungen des sonstigen materiellen Rechts ein, die nur den Zweck verfolgten, die Verjährung zu beeinflussen.[12]

3 Das Reformziel ist demgegenüber die Schaffung eines **einfachen und angemessenen Verjährungssystems**.[13] Eine Vereinfachung wurde erreicht, wenn auch keine vollständige.[14] Doch ist ein deutlicher Fortschritt gegenüber dem bisher geltenden Recht erzielt worden. Die kurze Verjährungsfrist in Verbindung mit der Neuregelung des Verjährungsbeginns schafft ein Verjährungssystem, das geeignet ist, Schuldner- und Gläubigerschutz in ein angemessenes Verhältnis zu bringen. Denn es baut auf einer relativ kurzen Verjährungsfrist auf, die ab Anspruchskenntnis des Gläubigers zu laufen beginnt.

4 Das relative Verjährungssystem erlaubt den weitgehenden **Verzicht auf Sonderverjährungsnormen**. Doch bleibt der Reformgesetzgeber hier auf halber Strecke stehen, denn es gelten auch weiterhin zahlreiche Sonderverjährungsfristen, die im BGB (§ 195 Rn 29) und außerhalb des BGB statuiert sind (§ 195 Rn 30). Nur vereinzelt wurden diese Vorschriften durch einen Verweis auf die §§ 194 ff. ersetzt (§ 195 Rn 28). Eine generelle Geltung der §§ 194 ff. für alle Ansprüche, auch außerhalb des BGB, wie er in § 194

---

1 S. dazu grundlegend das vorbereitende Gutachten von *Peters/Zimmermann*, S. 77 ff.; s. ferner insbesondere (in zeitlicher Reihenfolge): *Heinrichs*, NJW 1982, 2021 ff.; *ders.*, VersR Sonderheft, Karlsruher Forum 1991, S. 3 ff.; Abschlussbericht; Verhandlungen des 60. JT, Teil K; *Stürner*, NJW 1994, 2 ff.; *Unterrieder/Haug/Zimmermann*, JZ 2000, 853 ff.; *Mansel*, S. 333 ff.; *Ernst*, S. 559 ff. und ZRP 2001, 1 ff.; *Eidenmüller*, S. 405 ff. und JZ 2001, 283 ff.; *Bydlinski*, S. 381 ff.; *Zimmermann*, ZEuP 2001, 217 ff.; *Zimmermann/Leenen/Mansel/Ernst*, JZ 2001, 684 ff.
2 BT-Drucks 14/6040, S. 91.
3 Vgl. hierzu *Peters/Zimmermann*, S. 187 ff.
4 Richtlinie 1999/44/EG v. 25.5.1999, ABlEG Nr. L 171 S. 12.
5 Richtlinie 2000/31/EG v. 8.6.2000, ABlEG Nr. L 178 S. 1.
6 Richtlinie 2000/35/EG v. 29.6.2000, ABlEG Nr. L 200 S. 35.
7 Vgl. zur Reformgeschichte *Mansel/Budzikiewicz*, § 1 Rn 1–12 sowie *Mansel*, NJW 2002, 89 f.
8 BGBl 2001 I S. 3118 ff.
9 BT-Drucks 14/6040, S. 100; Jauernig/*Jauernig*, § 195 Rn 1.
10 S. dazu nur DiskE S. 195 ff., 221 ff.; BT-Drucks 14/6040, S. 100 ff.; *Peters/Zimmermann*, S. 190 ff.; Staudinger/*Peters*, 13. Bearb. 2001, Vorbem. zu § 194 Rn 45, § 195 Rn 2–5; rechtsvergleichend s. noch *Danco*, S. 86 ff., 103 ff.
11 S. nur *Piekenbrock*, S. 309, 310 f.
12 S. nur Staudinger/*Peters*, § 195 Rn 5; *Piekenbrock*, S. 309, 310 ff.
13 BT-Drucks 14/1060, S. 105; s.a. *Däubler-Gmelin*, NJW 2001, 2281, 2282.
14 Zu einem einfacheren System, das im Wesentlichen auf einer Verjährungsfrist mit kenntnisabhängigem Verjährungsbeginn beruht, s. *Peters/Zimmermann*, S. 79, 305 ff.; *Zimmermann*, ZEuP 2001, 217 ff.; *Zimmermann/Leenen/Mansel/Ernst*, JZ 2001, 684, 686 ff.; s.a. *Mansel*, S. 333, 406 ff.; rechtsvergleichend vertiefend *Zimmermann*, JZ 2000, 853 ff., jeweils m.w.N.

Abs. 3 DiskE[15] vorgesehen war, wurde erst im Laufe des Gesetzgebungsverfahrens[16] aufgegeben. Der Gesetzgeber hat es – wohl aus Zeitnot – versäumt, die zahlreichen Sonderverjährungsfristen außerhalb des BGB (§ 195 Rn 30) zu überprüfen; viele hätten durch einen Verweis auf die §§ 194 ff. ersetzt werden können.[17] Im Gegensatz dazu sehen die Grundregeln des Europäischen Vertragsrechts grundsätzlich nur eine Verjährungsfrist vor (Rn 14 ff.).

2. Neuordnung der Verjährungsfristen und des Verjährungsbeginns. § 195 führt eine **regelmäßige Verjährungsfrist von drei Jahren** ein. Zahlreiche Sondervorschriften wurden zugunsten der Regelverjährung aufgehoben (siehe § 195 Rn 28). 5

Die dramatische Verkürzung der Regelverjährung war nur möglich durch eine **Veränderung des Verjährungsbeginns**, denn sonst liefen Gläubiger Gefahr, dass ihre Ansprüche in der relativ kurzen Frist von drei Jahren verjährten, bevor sie Kenntnis von dem Anspruch oder der Person des Schuldners erlangten. Daher bestimmt § 199 Abs. 1 – in Anlehnung an § 852 a.F. – als Verjährungsbeginn der Regelverjährung den Schluss des Jahres, in dem der Anspruch entstanden ist und der Gläubiger von den anspruchsbegründenden Umständen und der Person des Schuldners **Kenntnis erlangt** oder ohne grobe Fahrlässigkeit **erlangen müsste** (künftig bezeichnet als „**Kenntniserlangung**" oder „**kenntnisabhängiger/ subjektivierter Verjährungsbeginn**").

Der Verjährungsbeginn hängt nach Abs. 1 von einem **subjektiven** (weil auf die Kenntniserlangung abstellenden) Merkmal ab. Die so bestimmte Verjährungsfrist wird auch **relative Verjährungsfrist** (relative Verjährung) genannt, da der Fristablauf nicht bereits mit dem objektiv bestimmten Anspruchsmerkmal feststeht, sondern von einem einzelfallbezogenen Merkmal der Kenntniserlangung abhängt. Die subjektivrelative Frist kann allerdings dazu führen, dass die Verjährung eines Anspruchs erst lange Zeit nach der Anspruchsentstehung beginnt. Um den Rechtsfrieden und die Dispositionsfreiheit des Schuldners herzustellen (zu den Verjährungszwecken siehe sogleich Rn 20 ff.),[18] bedarf es daher der Bestimmung von Fristen, deren Beginn von einem objektiven Merkmal (**objektiver Verjährungsbeginn**) abhängt und bei deren Verstreichen in jedem Fall Verjährung eintritt. Als objektives Merkmal wird regelmäßig die Anspruchsentstehung[19] oder das tatbestandsmäßige anspruchsbegründende Ereignis (Handlung, Pflichtverletzung etc.)[20] herangezogen. 6

Deshalb setzt § 199 Höchstfristen für die Verjährung, nach deren Ablauf ohne Rücksicht auf Kenntnis oder grob fahrlässige Unkenntnis Verjährung eintritt. Es handelt sich daher um objektiv bestimmte Fristen (**absolute Verjährungsfristen**, Maximalfristen). Nach § 199 Abs. 4 verjähren **alle Ansprüche** – bis auf Schadensersatzansprüche – spätestens **zehn Jahre** nach ihrer Entstehung, ohne dass es auf die Kenntniserlangung im Sinne des § 199 Abs. 1 ankommt. 7

Bei vertraglichen und außervertraglichen **Schadensersatzansprüchen**, die auf der Verletzung des **Lebens**, des **Körpers**, der **Gesundheit** oder der **Freiheit** beruhen, beträgt die Verjährungshöchstfrist nach § 199 Abs. 2 dreißig Jahre. Spätestens nach dreißig Jahren, gerechnet ab der Begehung der schadensauslösenden Handlung, Pflichtverletzung oder dem schadensauslösenden sonstigen Ereignis, tritt Verjährung ein. Dabei kommt es nicht darauf an, ob der Schadensersatzanspruch bereits entstanden ist (d.h. ob der Schaden bereits eingetreten ist oder erst künftig eintreten wird). Auch die Kenntniserlangung im Sinne von § 199 Abs. 1 ist für den Eintritt der absoluten Verjährung unbeachtlich. 8

Sonstige Schadensersatzansprüche verjähren gemäß § 199 Abs. 3 spätestens zehn Jahre nach ihrer Entstehung oder – sollten sie noch nicht entstanden sein – dreißig Jahre nach der Vornahme der schadensauslösenden Handlung, der Pflichtverletzung oder dem schadensauslösenden sonstigen Ereignis, ohne dass es auf Kenntnis oder grobfahrlässige Unkenntnis ankommt. Erfasst werden durch die Vorschrift z.B. vertragliche und außervertragliche Ansprüche, welche auf der Verletzung des Eigentums oder des Vermögens beruhen. 9

Während der Gesetzgebungsarbeiten war eine längere Verjährungsfrist für Ansprüche aus **arglistigem oder vorsätzlichem** Verhalten diskutiert worden; frühere Gesetzesfassungen enthielten entsprechende Bestim- 10

---

15 Der DiskE ist abgedruckt bei *Canaris*, Schuldrechtsmodernisierung 2002, S. 3 ff.
16 Die Fassung des Referentenentwurfs vom 7.2.2001 (so genannte n.F. 1, unveröffentlicht, s. zu ihr *Zimmermann/Leenen/Mansel/Ernst*, JZ 2001, 684, 685 Fn 16.) enthielt Abs. 3 nicht mehr.
17 § 194 Abs. 3 wurde überwiegend kritisch beurteilt, vgl. *Ernst*, ZRP 2001, 1, 3; *Krebs*, DB 2000, Beilage 14, 1, 5; *Mansel*, S. 333, 408.
18 BT-Drucks 14/6040, S. 100 ff.; *Bydlinski*, S. 381, 382; *Eidenmüller*, JZ 2001, 283 ff.; *Mansel*, S. 333, 342–352; *Zimmermann*, JZ 2000, 853 ff.
19 Die Verjährungsfrist von Ansprüchen, die nicht der regelmäßigen Verjährungsfrist unterliegen, beginnt mit der Anspruchsentstehung (§ 200); Gleiches gilt für den Beginn der Maximalverjährungsfristen (Rn 7) des § 199 Abs. 3 Nr. 1 Abs. 4.
20 Die Maximalverjährungsfristen des § 199 Abs. 2, Abs. 3 Nr. 2 stellen auf das anspruchsbegründende Ereignis ab.

mungen.[21] Nachdem jedoch mit § 199 das subjektivierte Verjährungssystem für die Regelverjährung generell eingeführt wurde, entfiel der Bedarf für eine gesonderte Arglistverjährung.[22] Vielmehr verweisen umgekehrt die §§ 438 Abs. 3, 634a Abs. 3 S. 1 bei arglistigem Verschweigen eines Mangels der Kaufsache bzw. des Werkes auf die Regelverjährung der §§ 195, 199, soweit ansonsten die kenntnisunabhängigen Verjährungsfristen der § 438 Abs. 1 Nr. 2 und 3 bzw. § 634a Abs. 1 Nr. 1 und 2 gelten würden, die unter Umständen zu einer Verjährung der Gewährleistungsansprüche vor Anspruchskenntnis des Gläubigers führen könnten. Diese wären jedenfalls im Falle der Schuldnerarglist unangemessen (siehe hierzu die Ausführungen bei § 438 und § 634a).

3. Herstellung der Vertragsfreiheit im Verjährungsrecht. Neu in das Verjährungsrecht eingefügt wurde die Möglichkeit, die Verjährungsfrist durch **Parteiabreden** bis zu einer Höchstdauer von dreißig Jahren zu verlängern (§ 202 Abs. 2). Eine solche Verjährungserschwerung war bislang unzulässig (§ 225 S. 1 a.F.). Unverändert zulässig ist die parteiliche Vereinbarung einer Verjährungserleichterung; eine Mindestfrist, die nicht unterschritten werden darf, gibt es hierbei nicht (näher dazu § 202 Rn 20).

4. Neuordnung der Verjährungshemmung. Der Reformgesetzgeber hat die meisten Tatbestände der Verjährungsunterbrechung bei Rechtsverfolgung in solche der Hemmung der Verjährung umgewandelt und daneben **neue Hemmungstatbestände** geschaffen. Die Zahl der Tatbestände, die einen Neubeginn (früher Unterbrechung) der Verjährungsfrist vorsehen, ist erheblich reduziert worden. Der **Neubeginn** der Verjährung soll nur noch bei Anerkenntnis- und Vollstreckungshandlungen eintreten (§ 212), während alle anderen Tatbestände zu einer Hemmung der Verjährung führen. Neu hinzugekommen ist vor allem die Hemmung der Verjährung bei Verhandlungen (§ 203), die bisher nur in Einzelfällen vorgesehen war (so z.B. in §§ 639 Abs. 2, 852 Abs. 2 a.F.), die Verjährungshemmung durch Anträge des einstweiligen Rechtsschutzes (§ 204 Abs. 1 Nr. 9) sowie die Verjährungshemmung bei Verletzung der sexuellen Selbstbestimmung (§ 208). Näher hierzu vor § 203 Rn 2–3.

5. Bewertung und Ausblick. Die Neuregelung des Verjährungsrechts wird überwiegend begrüßt.[23] **Weiterer Reformbedarf** wurde nun allerdings darin gesehen, dass die außerhalb des BGB existierenden Sondervorschriften zugunsten der Regelverjährung aus § 195 aufgehoben werden, um eine noch größere Übersichtlichkeit zu erzielen. Der Gesetzgeber hat entsprechende Schritte nun unternommen.[24] Inzwischen ist das Gesetz zur Anpassung von Verjährungsvorschriften an das Gesetz zur Modernisierung des Schuldrechts vom 9.12.2004 in Kraft getreten (siehe näher § 195 Rn 31).

III. Die Neuregelung und die Grundregeln des Europäischen Vertragsrechts

Der Gesetzgeber nimmt für sich in Anspruch, dass seine Neuregelung des Verjährungsrechts in weiten Teilen die Grundregeln des Europäischen Vertragsrechts[25] übernimmt. Die Grundregeln werden von einer Wissenschaftlergruppe, welche die Unterstützung der Europäischen Gemeinschaft hat, auf rechtsvergleichender Basis[26] erarbeitet und stellen einen **gemeinsamen Standard des Europäischen Vertragsrechts** dar, an welchem sich nationale Gesetzgeber oder die Europäische Gemeinschaft bei ihren Rechtssetzungsakten orientieren können und sollten, um eine mit den verschiedenen europäischen Rechtsordnungen kompatible Harmonisierung des europäischen Privatrechts zu erreichen.

---

21 S. *Zimmermann/Leenen/Mansel/Ernst*, JZ 2001, 684, 694 f.

22 S. *Mansel*, S. 333, 359; *Zimmermann/Leenen/Mansel/Ernst*, JZ 2001, 684, 695: Beide Stellungnahmen auch zur Frage einer besonderen Maximalfrist für die Vorsatzverjährung; zust. *Bydlinski*, S. 381, 391. Diese Vorschläge zur speziellen Maximalfrist hat der Reformgesetzgeber nicht aufgenommen.

23 Vgl. z.B. *Leenen*, DStR 2002, 34, 42 f.; *Hakenberg*, DRiZ 2002, 370, 381 f. Zurückhaltender *Lenkeit*, BauR Sonderheft 1a 2002, 196, 229 f.

24 S. zuvor bereits (allerdings vor allem zu der Frage, ob bestehende Sonderfristen gestrichen werden können) die Gegenäußerung der Bundesregierung zur Stellungnahme des Bundesrates zum Entwurf eines Gesetzes zur Modernisierung des Schuldrechts, BT-Drucks 14/6857, S. 42; s. bereits BT-Drucks 14/6040, S. 105.

25 Deutsche Übersetzung der verjährungsrechtlichen Regeln in ZEuP 2001, 400 ff.; dazu *Zimmermann*, ZEuP 2001, 217 ff. Die anderen Grundregeln des Europäischen Vertragsrechts sind abgedruckt in: *Lando/Beale* (Hrsg.), Principles of European Contract Law, Parts I and II, 2000 sowie in deutscher Übersetzung hiervon bei *v. Bar/Zimmermann* (Hrsg.), Grundregeln des europäischen Vertragsrechts, Teile I und II, 2002; *Lando/Clive/Prüm/Zimmermann* (Hrsg.), Principles of European Contract Law, Part III, 2003; deutsche Übersetzung bei *v. Bar/Zimmermann* (Hrsg.), Grundregeln des Europäischen Vertragsrechts, Teil III, 2005.

26 S. die rechtsvergleichende Studie zum Verjährungsrecht, die als Arbeitsgrundlage für die Erstellung der Grundregeln diente: *Zimmermann*, Comparative Foundations of a European Law of Set-Off and Prescription, 2001; *ders.*, JZ 2000, 853 ff.

Die Grundregeln im Bereich des Verjährungsrechts beruhen auf einer **einheitlichen dreijährigen** 15
Verjährungsfrist, die mit der Anspruchsentstehung zu laufen beginnt, deren Lauf aber gehemmt ist, solange der Gläubiger die Person des Schuldners oder die Umstände, auf denen sein Anspruch beruht, einschließlich der Art des Schadens bei einem Schadensersatzanspruch, nicht kennt und vernünftigerweise nicht kennen konnte (zur Sachgerechtigkeit des kenntnisabhängigen Verjährungsbeginns siehe näher § 199 Rn 9).

Im Verjährungsrecht hat zwischen dem DiskE[27] und den späteren Entwürfen ein **Paradigmenwechsel** hin zu 16 den Grundregeln stattgefunden, der im Wesentlichen auf die Arbeiten und den Einsatz von *Zimmermann* zurückgeht, der im Gesetzgebungsverfahren Mitglied der Bund-Länder-Arbeitsgruppe Verjährungsrecht gewesen ist.[28]

Selbst wenn man bedenkt, dass die Grundregeln allein die Verjährung schuldrechtlicher Ansprüche erfassen sollen, die §§ 194 ff. daher einen wesentlich weiteren sachlichen Anwendungsbereich haben, machte der deutsche Gesetzgeber wichtige Abstriche von einer vollständigen Rezeption der verjährungsrechtlichen Grundregeln.[29] Die wesentlichen Unterschiede werden in der Kommentierung der einzelnen Paragraphen jeweils angezeigt.

So kommen die Grundregeln neben der Regelverjährungsfrist von drei Jahren mit **lediglich einer Sonder-** 17 **verjährungsfrist** aus. Für durch ein Urteil, einen Schiedsspruch oder eine andere Urkunde, die wie ein Urteil vollstreckbar ist, zugesprochene Ansprüche wird eine zehnjährige Verjährungsfrist (bei objektivem Verjährungsbeginn) vorgesehen.[30] Diese besondere Frist entspricht im Grundsatz der allerdings dreißigjährigen Frist des § 197 Abs. 1 Nr. 3 bis 5. Dem Europäischen Vertragsrecht fällt der Verzicht auf Sonderverjährungsfristen deshalb leichter, weil seine Verjährungsregeln auf den Bereich des Schuldrechts – wenn auch nicht nur des Vertragsrechts[31] – und die angesprochene Verjährung titulierter Ansprüche beschränkt sind. Dennoch sind auch begrenzt auf den Schuldrechtsbereich bedeutsame Unterschiede zwischen dem BGB und den Grundregeln des Europäischen Vertragsrechts festzustellen. Das BGB wendet auf die Verjährung kauf-, werk- und reisevertraglicher Gewährleistungsansprüche (§§ 438, 479, 634a, 651g, siehe jeweils dort und bei § 195 Rn 27) nicht die Regelverjährung mit kenntnisabhängigem Verjährungsbeginn (siehe § 199), sondern eine zweijährige Frist mit objektivem Verjährungsbeginn an.[32]

Bedeutsam ist auch, dass § 199 Abs. 1 die Regelverjährung erst bei Kenntnis oder grobfahrlässiger Un- 18 kenntnis des Gläubigers von den anspruchsbegründenden Tatsachen beginnen lässt, während Art. 14:301 der Grundregeln die Unkenntnis als Hemmungsgrund ausgestaltet. Die Regelung der Grundregeln ist vorzugswürdig.[33]

B. Regelungsgehalt

I. Begriff der Verjährung

Die Verjährung bezeichnet dem Umstand, dass sich ein Recht durch Zeitablauf verändern kann. Sie 19 bezeichnet den **Zeitablauf**, aufgrund dessen der Schuldner die **Leistung verweigern** kann (vgl. § 214 Abs. 1). Die §§ 194 ff. beziehen sich ausschließlich auf die Anspruchsverjährung (vgl. § 194 Abs. 1). Der umgekehrte Fall des Rechtserwerbs durch Zeitablauf hat im Rechtsinstitut der Ersitzung (§§ 900, 937 ff., 1033 sowie § 5 SchiffsRG) eine vom Verjährungsrecht unabhängige Regelung gefunden.

---

27 S. die entsprechende Kritik an dem DiskE von *Mansel*, S. 333 ff.
28 S. dazu *Zimmermann/Leenen/Mansel/Ernst*, JZ 2001, 684 ff.
29 *Zimmermann*, ZEuP 2001, 217 ff.; *Zimmermann/Leenen/Mansel/Ernst*, JZ 2001, 684 ff.
30 Art. 14:202 der Gundregeln des Europäischen Vertragsrechts.
31 Zum Anwendungswillen der verjährungsrechtlichen Grundregeln des Europäischen Vertragsrechts über das Vertragsrecht hinaus auf den gesamten Bereich des Schuldrechts s. *Zimmermann*, ZEuP 2001, 217, 220.
32 Für grds. sachgerecht erachten das etwa *Eidenmüller*, JZ 2001, 283, 285; *Ernst*, S. 559, 579 ff., 582 ff.; *Heinrichs*, BB 2001, 1417, 1420; *Leenen*, JZ 2001, 552, 552 ff.; *Mansel*, S. 333, 408; *Zimmermann/Leenen/Mansel/Ernst*, JZ 2001, 684, 688 ff.; bei allen auch zur Problematik der verschuldensabhängigen Gewährleistungsansprüche, bei welchen um die Sachgerechtigkeit der gesetzlichen Regelung gestritten wird.
33 Zust. *Krämer*, ZGS 2003, 379, 380.

II. Zweck der Verjährungsregeln

20 Die **Ziele des Verjährungsrechts** sind die des Schutzes des Nichtschuldners, des Schutzes der Dispositionsfreiheit des Schuldners und der Prozessökonomie, der Marktsteuerung und des Bestandsschutzes der Gläubigerinteressen. Bei der Aufstellung der Verjährungsregeln bedarf es der Abwägung zwischen den verschiedenen, gelegentlich gegenläufigen Zielen und ihrer Optimierung.[34]

21 Eine wesentliche Funktion der Verjährungsregeln ist der **Schutz des Nichtschuldners**, also des zu Unrecht in Anspruch Genommenen.[35] Erhebt der Gläubiger gegen den vermeintlichen Anspruchsgegner Klage, so kann es für diesen mit fortschreitendem Zeitablauf schwieriger werden, die zur Verteidigung gegen die Klage erforderlichen (Gegen-)Beweismittel zu beschaffen bzw. etwaige rechtshindernde, -hemmende oder -vernichtende Einwendungen und Einreden unter Beweis zu stellen. Der Nichtschuldner erscheint damit umso schutzwürdiger, je länger der Forderungsprätendent untätig bleibt, da er den Zeitpunkt der Inanspruchnahme nicht selbst bestimmen kann.

22 Aber auch der **tatsächliche Schuldner** bedarf des Schutzes der Rechtsordnung vor allzu später Inanspruchnahme.[36] Dessen finanzieller Handlungsspielraum würde übermäßig eingeschränkt, wenn er für jede noch nicht geltend gemachte Forderung auf unabsehbare Zeit Rückstellungen treffen müsste. Dies gilt umso mehr, als dem Schuldner bei Verurteilung seinerseits eventuell Regressansprüche zustehen, an deren möglichst rascher Geltendmachung er wegen des Insolvenzrisikos des Drittschuldners ein vitales Interesse hat. Eine kurze Verjährungsfrist ist freilich nur dann zu rechtfertigen, wenn zwischen Gläubiger und Schuldner eine freiwillig eingegangene Sonderverbindung besteht.[37] Anders liegt dies bei Herausgabeansprüchen aus Eigentum und anderen dinglichen Rechten, für die § 197 Abs. 1 Nr. 1 eine Verjährungsfrist von dreißig Jahren aufstellt. Der Grund hierfür ist darin zu sehen, dass dingliche Rechte *inter omnes* wirken und der Schuldner daher keinen aus einem besonderen Näheverhältnis abgeleiteten Schutz verdient.

23 Eng verknüpft hiermit ist der Verjährungszweck der **Prozessökonomie**. Sowohl private als auch öffentliche Ressourcen sollen vor der Verschwendung in Prozessen geschützt werden, deren Ausgang aufgrund der durch Zeitablauf erschwerten Beweissituation ungewiss ist. Es liegt zwar nahe, diesem Gesichtspunkt im Verhältnis zu den vorgenannten nur untergeordnete Bedeutung zuzumessen.[38] Soweit dies aber mit Hinweis auf die Ausgestaltung der Verjährung als bloße Einrede geschieht, so wird dabei oft übersehen, dass zum einen diese Einrede im Streitfall regelmäßig erhoben wird und dass zum anderen die Gerichte es – vor allem bei nicht anwaltlich vertretenen Parteien – vermehrt als Teil ihrer Prozessleitungspflicht ansehen, die Parteien zumindest indirekt auf den Eintritt der Verjährung aufmerksam zu machen.[39] Hierdurch können Prozesse oft erheblich abgekürzt werden.

24 Während durch die vorgenannten Prozesszwecke letztlich primär der Schuldner geschützt wird, sind die berechtigten **Interessen des Gläubigers** an der Durchsetzung seiner berechtigten Forderung besonders im Hinblick auf Art. 14 Abs. 1 GG zu beachten, da auch Forderungen vom Schutzbereich der Eigentumsgarantie umfasst sind.[40] Ist ein solcher Anspruch wegen Eintritts der Verjährung nicht durchsetzbar, so kommt dies einem enteignungsgleichen Eingriff gleich.[41] Verfassungsrechtliche Bedenken bestehen jedenfalls dann nicht, wenn die Verjährungsfrist so bemessen ist, dass der Gläubiger eine realistische Chance hat, seine Forderung vor deren Ablauf durchzusetzen. Dieser Maßgabe wurde durch die Einführung eines subjektiven Elements für den Verjährungsbeginn Rechnung getragen (§ 199 Abs. 1): Für den Fristlauf ist danach grundsätzlich die Kenntnis bzw. grob fahrlässige Unkenntnis des Gläubigers von der Person des Schuldners und von den den Anspruch begründenden Umständen entscheidend. Um dennoch den Fristlauf für den Schuldner kalkulierbar zu machen, hat der Gesetzgeber in Ergänzung hierzu in § 199 Abs. 2–4 **kenntnisunabhängige Höchstfristen** eingeführt. Für manche Ansprüche, u.a. bei Gewährleistungsansprüchen im

---

34 Vgl. zum Ganzen *Mansel/Budzikiewicz*, Rn 37–57; dort zahlreiche weiterführende Nachweise.
35 BGHZ 122, 241, 244; BGH ZIP 2003, 524, 526 m. Anm. *Haas*, LMK 2003, 97 und *Tiedtke*, JZ 2003, 1070; Staudinger/*Peters*, Vorbem. zu § 194 Rn 5; MüKo/*Grothe*, vor § 194 Rn 6; Erman/*Schmidt-Räntsch*, vor § 194 Rn 2; *Peters/Zimmermann*, S. 112 f., 189; *Rebhahn*, in: FS Welser 2004, S. 849, 850 f.; a.A. *Piekenbrock*, S. 309, 318.
36 Vgl. BGHZ 128, 74, 82 f.; Soergel/*Niedenführ*, vor § 194 Rn 3.
37 *Mansel*, S. 333, 348 f., 352.
38 So MüKo/*Grothe*, vor § 194 Rn 8, Staudinger/*Peters*, Vorbem. zu § 194 Rn 7, *Peters/Zimmermann*, S. 104; Palandt/*Heinrichs*, vor § 194 Rn 11; *Spiro*, S. 21 f.; *Riedhammer*, Kenntnis, grobe Fahrlässigkeit und Verjährung, 2004, S. 167. Hiergegen *Derleder/Meyer*, KJ 2002, 325, 326 f., die einzig die Beweissicherungsfunktion als Verjährungszweck gelten lassen wollen.
39 Str., vgl. die Darstellung bei Staudinger/*Peters*, § 214 Rn 14–16 mit Nachweisen zum Streitstand. Ein direkter Hinweis ist nach BGH NJW 2004, 164 allerdings nicht von § 139 ZPO umfasst und daher verfahrensfehlerhaft. Näher bei § 214 Rn 4.
40 BVerfGE 18, 121, 131; 42, 263, 294; 45, 172, 179; 68, 193, 222.
41 S. z.B. *Peters/Zimmermann*, S. 104; *v. Bar*, Gemeineuropäisches Deliktsrecht II, 1999, Rn 554; vgl. auch *Willingmann*, S. 1, 16.

Bereich des Kauf- und Werkmängelrechts (§§ 438 Abs. 2, 479 Abs. 1, 634a Abs. 2) sowie bei der Haftung des Rechtsanwalts (§ 51b BRAO) und des Steuerberaters (§ 68 StBerG), bestehen hingegen rein objektive Anknüpfungspunkte.[42] Hier hat die gesetzgeberische Wertung der Risikoverlagerung den Bestandsschutz der Gläubigerinteressen verdrängt.[43]

An dieser Stelle wird die **Marktsteuerungsfunktion** der Verjährungsvorschriften besonders deutlich. Durch die Verjährungsvorschriften kann der Gesetzgeber eine bestimmte Mindestqualität von Waren und Dienstleistungen sichern.[44] So gibt eine sehr kurze Verjährungsfrist für Gewährleistungsansprüche den Anreiz, Produkte mit hoher Verschleißanfälligkeit am Markt anzubieten. Damit verlagert sich das Risiko der vorzeitigen Abnutzung auf den Verbraucher; der Unternehmer kann auf diese Weise die Produktionskosten senken. Gleichzeitig wirkt der schnelle Verschleiß absatzfördernd. Ist dagegen die Verjährungsfrist länger als der Zeitraum der regelmäßigen Nutzungsdauer eines Produkts, so wird der Anreiz zur Verschleißproduktion gesenkt. Mit der Verlängerung der Verjährungsfrist für kaufrechtliche Gewährleistungsansprüche von sechs Monaten (§ 477 Abs. 1 Nr. 2 a.F.) auf grundsätzlich zwei Jahre (§ 438 Abs. 1 Nr. 3) hat der Gesetzgeber diese Richtung eingeschlagen. 25

Eine **kompensatorische Funktion** in dem Sinne, dass die Wirtschaft durch kürzere Verjährungsfristen einen Ausgleich für die der Verbrauchsgüterkaufrichtlinie geschuldeten Änderung der Gewährleistungsregeln erhalten soll, kommt den Verjährungsregeln dagegen nicht zu.[45] Hierbei handelt es sich um eine verjährungsfremde Überlegung, die ungeeignet ist, sachgerechte Kriterien für die Konzeption verjährungsrechtlicher Regelungen zu bilden.[46] Folgerichtig sind diese Überlegungen in die Begründung zum Regierungsentwurf des SchuldRModG nicht aufgenommen worden.[47] 26

III. Ähnliche Rechtsinstitute

1. Ausschlussfristen. Von der Verjährung unterscheidet sich die Ausschlussfrist durch ihren weiteren Anwendungsbereich und durch ihre unterschiedliche Wirkung. Während nach § 194 Abs. 1 nur Ansprüche der Verjährung unterworfen sind, kann sich eine Ausschlussfrist auf **Rechte jeder Art** beziehen, vor allem auf Gestaltungsrechte (z.B. §§ 121, 124, 532, 626 Abs. 2, 1944 Abs. 1), aber auch auf sonstige Rechte (§ 148) oder auf Ansprüche (vgl. §§ 382, 562b Abs. 2, 611a Abs. 4, 651g Abs. 1, 801 Abs. 1 S. 1, 864, 977 S. 2, 1002 Abs. 1). Der Ablauf einer (gesetzlichen, vertraglichen oder richterrechtlichen) Ausschlussfrist ohne Rechtsverfolgung des Berechtigten führt auch grundsätzlich zum **Erlöschen des Rechts** (§§ 562b Abs. 2 S. 2, 801 Abs. 1 S. 1, 864) und nicht nur zur Entstehung eines Leistungsverweigerungsrechts (so aber z.B. § 651g Abs. 1). Daher ist eine Ausschlussfrist im Prozess auch **von Amts wegen** zu berücksichtigen. 27

Grundsätzlich können die Vorschriften des Verjährungsrechts nicht auf die gesetzlichen Ausschlussfristen angewandt werden.[48] Dem stehen die unterschiedlichen Zwecke der Ausschlussfrist (Präklusion) auf der einen Seite und der Verjährung (Schuldnerschutz und Prozessökonomie) auf der anderen Seite entgegen. Dieser **Wesensunterschied** schließt jedoch eine entsprechende Anwendung einzelner Verjährungsvorschriften auf die Ausschlussfrist nicht aus, soweit dies deren Sinn erlaubt.[49] Manche Ausschlussfristen verweisen sogar ausdrücklich auf Vorschriften des Verjährungsrechts (vgl. §§ 124 Abs. 2 S. 2, 204 Abs. 3, 1002 Abs. 2). Bei vertraglichen Ausschlussfristen ist gem. §§ 133, 157 auf den Parteiwillen abzustellen, sofern dieser nicht entgegensteht, können einzelne Vorschriften der §§ 194 ff. entsprechend angewandt werden.[50] 28

2. Verwirkung. Auch das Rechtsinstitut der Verwirkung begrenzt die Geltendmachung von Rechten aufgrund Zeitablaufs. Verwirkung kann unabhängig von der Verjährung eintreten.[51] Es handelt sich dabei um einen Fall des Verstoßes gegen Treu und Glauben wegen **unzulässiger Rechtsausübung** (§ 242). Aus diesem 29

---

42 Kritisch zu letzterem Gesichtspunkt *Mansel*, NJW 2002, 418.
43 Der von der Verjährung ausgehende Ansporn für den Gläubiger zur raschen Geltendmachung der Forderung ist hingegen kein Ziel des Verjährungsrechts, sondern nur ein Nebeneffekt, vgl. Staudinger/*Peters*, Vorbem. zu § 194 Rn 6. A.A. BGHZ 128, 74, 83.
44 Vgl. *Mansel*, S. 333, 345; vgl. auch *Kötz*, in: FS Dieter Medicus 1999, S. 283.
45 Anders aber *Schmidt-Räntsch*, ZIP 2000, 1639 sowie *ders.*, ZEuP 1999, 294, 298 ff.
46 Zur Kritik vgl. die Nachw. bei *Mansel/Budzikiewicz*, § 1 Rn 50–53 m.w.N.
47 Vgl. BT-Drucks 14/6040, S. 95 f., 100.
48 RGZ 102, 339, 341; 158, 137, 140; BGHZ 18, 122, 128; 33, 360, 363; 98, 295, 298; Staudinger/*Peters*, Vorbem. zu § 194 Rn 15; Soergel/*Niedenführ*, vor § 194 Rn 24.
49 BGHZ 43, 235, 237; 73, 99, 102 f.; 112, 95, 101; Staudinger/*Peters*, Vorbem. zu § 194 Rn 15.
50 Vgl. *Mansel/Budzikiewicz*, § 2 Rn 8.
51 MüKo/*Roth*, § 242 Rn 483; Jauernig/*Mansel*, § 242 Rn 57.

Grund ist neben dem Zeitmoment auch ein Umstandsmoment erforderlich. Der Schuldner muss sich aufgrund des Verhaltens des Gläubigers berechtigterweise darauf eingestellt haben, dieser werde das Recht nicht mehr geltend machen.[52] Da der Anwendungsbereich des § 242 nicht auf Ansprüche beschränkt ist, kann die Verwirkung gegen jedes Recht eingewandt werden, auch gegen unverjährbare Rechte (z.B. §§ 194 Abs. 2, 758, 898, 902, 924, 2042 Abs. 2). Die Verwirkung ist im Prozess **von Amts wegen** zu berücksichtigen.[53] Siehe näher zur Verwirkung bei § 242.

IV. Übergangsrecht

30 Das neue Verjährungsrecht gilt grundsätzlich für alle Ansprüche, die vor dem 1.1.2002 entstanden sind und zu diesem Zeitpunkt noch nicht verjährt waren (Art. 229 § 6 Abs. 1 S. 1 EGBGB). Dies führt dazu, dass vor allem solche Ansprüche, für die nach altem Recht eine längere Verjährungsfrist als nach §§ 195, 199 galt, bei Kenntnis des Gläubigers von der Person des Schuldners und von den anspruchsbegründenden Umständen möglicherweise bereits mit Ablauf des 31.12.2004 verjähren, wenn nicht vorher Umstände eintreten, die zur Hemmung, Ablaufhemmung oder zum Neubeginn der Verjährung führen.[54] Siehe dazu ausführlich Art. 229 § 6 Rn 5 ff.; 59 ff.

C. Weitere praktische Hinweise

I. Beweislast

31 Die Voraussetzungen des Verjährungseintritts sind im Prozess von derjenigen Partei darzulegen und zu beweisen, die sich darauf beruft, also vom **Schuldner**. Insbesondere ist davon bei der Regelverjährung (§§ 195, 199 Abs. 1) der Nachweis des Zeitpunktes der Kenntnis oder grobfahrlässigen Unkenntnis des Gläubigers von der Person des Schuldners und von den anspruchsbegründenden Umständen umfasst.[55] Das Vorliegen von Hemmung und Unterbrechung hingegen hat der **Gläubiger** zu beweisen. Vgl. näher § 214.

II. Einrede

32 Die Verjährung ist als Einrede ausgestaltet (§ 214 Abs. 1). Es steht dem Schuldner daher frei, den Anspruch auch nach Ablauf der Verjährungsfrist zu erfüllen. Die Verjährung ist daher im Prozess **nicht von Amts wegen** zu berücksichtigen.

33 Ob ein **richterlicher Hinweis** auf die mögliche Verjährung zulässig oder sogar geboten ist, ist umstritten. Siehe näher dazu bei § 214 Rn 4.

III. Hinweispflicht des Anwalts

34 Die mangelnde Beachtung der möglichen Verjährung eines Anspruchs stellt eine **Pflichtverletzung** des Anwaltsvertrags dar, die unter Umständen eine Schadensersatzpflicht nach sich zieht.[56] Ist bereits Verjährung eingetreten, so hat der Anwalt den Mandanten auf das damit verbundene Prozessrisiko hinzuweisen.[57] Bei unklarer Rechtslage kann daher auch zur Vermeidung eines Haftungsrisikos die Klageerhebung „sicherheitshalber" geboten sein.[58] Unter Umständen kann die Hinweispflicht des Anwalts auf die drohende Verjährung auch nach Mandatsende fortbestehen.[59] Ein Anwalt haftet möglicherweise auch für Fehler des Gerichts,[60] so etwa dann, wenn er es versäumt, das Gericht darauf hinzuweisen, dass es von einer falschen Verjährungsfrist ausgeht und die Klage deswegen zu Unrecht rechtskräftig abgewiesen wird.[61]

---

52 Vgl. RGZ 158, 100, 107 f.; BGHZ 25, 47, 51 f.; zu den Voraussetzungen der Verwirkung Staudinger/Schmidt, § 242 Rn 536–561; MüKo/Roth, § 242 Rn 464–506. Zur Verwirkung im familienrechtlichen Kontext Büttner, FamRZ 2002, 361, 364 f.
53 Staudinger/Peters, Vorbem. zu § 194 Rn 34; MüKo/Roth, § 242 Rn 481.
54 Vgl. dazu Karst/Schmidt-Hieber, DB 2004, 1766; Besch/Kiene, DB 2004, 1819.
55 MüKo/Grothe, vor § 194 Rn 22.
56 Vgl. zu den Voraussetzungen jüngst OLG Hamm NJW-RR 2004, 213. Vgl. allg. zum Umfang anwaltlicher Beratungspflichten BGH NJW-RR 2003, 1212.
57 BGH NJW 1997, 2168.
58 So BGH NJW 1993, 734, 735.
59 BGH NJW 1997, 1302 m.w.N.
60 Vgl. BGH NJW 2002, 1048, 1049. Diese Rspr. ist verfassungsrechtlich bedenklich, vgl. BVerfG NJW 2002, 2937, 2938 und hierzu Zugehör, NJW 2003, 3225.
61 BGH BB 2002, 2089, 2091.

IV. Feststellungsklage

Eine Klage auf Feststellung des Bestehens eines Anspruchs ist nicht allein deswegen gerechtfertigt, weil das SchuldRModG die Verjährungsfristen teils drastisch verkürzt hat. Ein Feststellungsinteresse folgt hieraus nicht.[62]

§ 194 Gegenstand der Verjährung

(1) ¹Das Recht, von einem anderen ein Tun oder Unterlassen zu verlangen (Anspruch), unterliegt der Verjährung.

(2) ¹Ansprüche aus einem familienrechtlichen Verhältnis unterliegen der Verjährung nicht, soweit sie auf die Herstellung des dem Verhältnis entsprechenden Zustands für die Zukunft gerichtet sind.

Literatur: Siehe vor §§ 194–218.

A. Allgemeines	1	II. Unverjährbarkeit	25
B. Regelungsgehalt	2	1. Grundsatz	25
I. Anspruchsverjährung (Abs. 1)	2	2. Künftige familienrechtliche Verhältnisse (Abs. 2)	26
1. Anspruch	2	3. Insbesondere: Unterhaltsansprüche	30
2. Anwendungsbereich	8	a) Familienrechtliche Unterhaltsansprüche für künftige Zeiträume	30
a) Im BGB geregelte Ansprüche	8	b) Andere Unterhaltsansprüche	32
b) Außerhalb des BGB geregelte zivilrechtliche Ansprüche	10	C. Weitere praktische Hinweise	36
c) Öffentlich-rechtliche Ansprüche	16		

A. Allgemeines

Die Vorschrift des § 194 in der Fassung des SchuldRModG bringt keine sachlichen Neuerungen. Abs. 1 entspricht dem bisherigen Abs. 1 a.F. § 194 entspricht dem Gehalt des Art. 14:101 der Grundregeln des Europäischen Vertragsrechts (siehe hierzu vor §§ 194–218 Rn 14 ff.).

Abs. 2 enthält nur eine sprachliche Korrektur gegenüber Abs. 2 a.F.; es heißt jetzt „Ansprüche" statt zuvor „Anspruch". Die Übernahme des Abs. 2 in das neue Recht wäre verzichtbar gewesen.[1] Er findet auch in den Grundregeln des Europäischen Vertragsrechts keine Entsprechung.

B. Regelungsgehalt

I. Anspruchsverjährung (Abs. 1)

1. Anspruch. Abs. 1 enthält eine **Legaldefinition** des Anspruchs. Das ist das Recht, von einem anderen ein Tun oder Unterlassen zu verlangen, also ein Handeln oder Nichthandeln. Nach Abs. 1 sind – wie im bisher geltenden Recht – alle Ansprüche verjährbar, sofern sie das Gesetz nicht ausdrücklich als unverjährbar qualifiziert. Bei bestimmten Ansprüchen bestehen gesetzliche Ausschlussfristen für die Anspruchserhebung (vgl. dazu vor §§ 194–218 Rn 27 ff.).

§ 197 Abs. 1 Nr. 2 zeigt, dass die Verjährung nicht nur vermögensrechtliche, sondern auch nichtvermögensrechtliche Ansprüche erfasst. Der Anspruch kann schuld-, sachen-, familien- und erbrechtlicher Natur sein. § 194 meint den **materiellrechtlichen Anspruch**, nicht prozessuale Ansprüche (Klagerechte).

Die Verjährung ist auf den einzelnen Anspruch bezogen, nicht auf das Schuldverhältnis, etwa einen Vertrag, als solches. Daher ist die richtige Verjährungsfrist **für jeden einzelnen Anspruch** zu bestimmen. Siehe dazu § 195 Rn 54.

Keine Ansprüche und damit als solche unverjährbar sind **insbesondere**:[2]
- Dauerschuldverhältnisse selbst[3] (z.B. der Dienstvertrag oder die Miete),
- absolute Rechte[4] (z.B. Eigentum, Namensrecht, Sorgerecht),
- das Recht zum Besitz,[5]

---

62 OLG Hamm BauR 2004, 124, 127.
1 *Mansel*, S. 333, 369; *Zimmermann/Leenen/Mansel/Ernst*, JZ 2001, 684, 694.
2 S. zu weiteren Beispielen MüKo/*Grothe*, § 194 Rn 4–6.
3 Jauernig/*Jauernig*, § 194 Rn 2.
4 S. *Larenz/Wolf*, BGB AT, § 15 Rn 2 ff., 26 ff.; Staudinger/*Peters*, § 194 Rn 19.
5 RGZ 144, 378, 381 f.

- selbständige Einreden[6] (etwa gemäß § 275 Abs. 2 oder § 321 Abs. 1),
- Gestaltungsrechte.[7] Für die Ausübung von Gestaltungsrechten bestehen aber regelmäßig Ausschlussfristen (z.B. §§ 121, 124, 532, 1944 Abs. 1).[8]

4 Die aus **Dauerschuldverhältnissen** folgenden **einzelnen Ansprüche**, wie etwa der Anspruch auf Mietzins oder der einzelne Zahlungsanspruch aus einem Leibrentenversprechen, sind der Verjährung unterworfen.[9] Die Frage, ob auch der aus dem Dauerschuldverhältnis folgende **Gesamtanspruch (Stammrecht)** auf kurzzeitig und laufend wiederkehrende Leistungen verjähren kann mit der Folge, dass kein Anspruch mehr auf die Einzelleistungen erhoben werden kann, ist umstritten; der Reformgesetzgeber ließ das Problem offen. Die h.M. geht von der Verjährbarkeit aus;[10] die besseren Argumente sprechen allerdings dagegen:[11] War die Annahme eines selbständig verjährbaren Stammrechts bislang schon dogmatisch fragwürdig, so führt diese Konstruktion unter der einheitlichen kurzen Regelverjährungsfrist des § 195 zu dem untragbaren Ergebnis, dass auch künftige Ansprüche aus dem Stammrecht, beispielsweise einer Leibrente oder einer Reallast, in drei Jahren verjähren.[12]

5 Die Ansprüche, die der **Verwirklichung absoluter Rechte** dienen und aus ihnen erwachsen (Herausgabe-, Beseitigungs- und Unterlassungsansprüche), unterliegen der Verjährung. Das macht § 197 Abs. 1 Nr. 1 für Herausgabeansprüche aus Eigentum und anderen dinglichen Rechten deutlich.

6 **Unverjährbarkeit** von Ansprüchen besteht nur bei ausdrücklicher gesetzlicher Anordnung (Rn 25); eine entsprechende Parteiabrede der Unverjährbarkeit ist nicht zulässig (§ 202 Abs. 2, siehe dort Rn 14). Umgekehrt kann ein gesetzlich als unverjährbar eingestufter Anspruch nicht durch Parteiabrede der Verjährung unterworfen werden, da die gesetzlich bestimmte Unverjährbarkeit zwingendes Recht ist.[13]

7 Den **Vorschlägen** aus der Wissenschaft,[14] im Anschluss an ausländische Rechte den Kreis der verjährbaren Ansprüche zu begrenzen, und insbesondere Ansprüche aus absoluten Rechten – vor allem den Herausgabeanspruch des Eigentümers aus § 985 – nicht verjähren, sondern erst mit dem absoluten Recht untergehen zu lassen, ist der Gesetzgeber nicht gefolgt.[15] Dabei führt die Verjährbarkeit von Herausgabeansprüchen des Eigentümers insbesondere bei abhanden gekommenen Kunstwerken zu unbefriedigenden Ergebnissen.[16] Die Verjährung schützt hier nur den Dieb und andere bösgläubige Besitzer, während der Gutgläubige bereits durch Ersitzung (§ 937) oder Ersteigerung (§ 935 Abs. 2) Eigentum erworben hat.[17] Der Gesetzgeber hält dem entgegen, dass die Verjährung des Herausgabeanspruchs tatsächlich auch den gutgläubigen Erwerber schütze. Dieser erwerbe zwar rein rechtlich gesehen wirksam das Eigentum durch Ersitzung oder durch Versteigerung. Dies enthebe ihn aber nicht der Sorge, dass ihm böser Glaube entgegengehalten und sein (wirksamer) Erwerb streitig gemacht werde. Erst nach Ablauf der Verjährung könne auch der gutgläubige Erwerber sicher sein, dass ihm niemand mehr seine Rechte streitig mache. Das gelte auch und gerade bei wertvollen Kunstwerken.[18] Diese Entscheidung des Gesetzgebers ist als geltendes Recht hinzunehmen.

8 **2. Anwendungsbereich. a) Im BGB geregelte Ansprüche.** Die Verjährungsvorschriften der §§ 194–218 sind direkt auf die im BGB geregelten Ansprüche anwendbar, sofern nichts anderes bestimmt ist. Daher verjähren z.B. Amtshaftungsansprüche, die bisher nach § 852 a.F. verjährten, heute nach §§ 195, 199, die

---

[6] MüKo/*Grothe*, § 194 Rn 6.
[7] Für eine Verjährbarkeit von Gestaltungsrechten aber de lege ferenda *Bydlinski*, S. 381, 383 f.
[8] Vgl. *Mansel/Budzikiewicz*, Jura 2003, 1, 2.
[9] Palandt/*Heinrichs*, § 194 Rn 7, dort bejahend zu der strittigen Frage, ob das Stammrecht (Gesamtanspruch) bei der Leibrente und ähnlichen Pflichten zur wiederkehrenden Leistung der Verjährung unterliegen.
[10] Vgl. RGZ 136, 427, 430; BGH NJW 1973, 1684, 1685; Soergel/*Niedenführ*, § 194 Rn 4; Bamberger/Roth/*Henrich*, § 194 Rn 19.
[11] So auch Staudinger/*Peters*, § 194 Rn 16 m.w.N.
[12] *Amann*/Brambring/Härtel/*Amann*, Die Schuldrechtsreform in der Vertragspraxis, 2002, S. 209–211; *Amann*, DNotZ 2002, 94, 117 f.
[13] BT-Drucks 14/6040, S. 110, 111.
[14] *Peters/Zimmermann*, S. 77, 186, 287; *von Plehwe*, Kunstrecht und Urheberrecht, 2001, 49, 56; *Remien*, AcP 201 (2001), 730; *Siehr*, ZRP 2001, 346, 347; *ders.*, in: Carl/Güttler/Siehr, Kunstdiebstahl vor Gericht. City of Gotha v. Sotheby's/Cobert Finance S.A., 2001, S. 53, 74 f.; *Zimmermann/Leenen/Mansel/Ernst*, JZ 2001, 684, 693; eingeschränkt auch *Mansel*, S. 333, 368 f.; s. unabhängig von der Reform etwa *Müller*, Sachenrecht, 4. Aufl. 1997, Rn 455; *Kunze*, Restitution „Entarteter Kunst", 2000, S. 234 f.; s. ferner *Henckel*, AcP (1974) 97, 130. Gegen die Vorschläge der Unverjährbarkeit insb. dinglicher Ansprüche s. bspw. *Heinrichs*, NJW 1982, 2021 ff., 2025.
[15] S. zum Folgenden Beschlussempfehlung und Bericht des Rechtsausschusses (6. Ausschuss), BT-Drucks 14/7052, S. 179 (zu § 194 BGB).
[16] *Kunze*, Restitution „Entarteter Kunst", 2000, S. 234 f.; *Mansel*, S. 333, 368 f.; *von Plehwe*, Kunstrecht und Urheberrecht, 2001, S. 49, 56; *Remien*, AcP 201 (2001), 730; *Siehr*, ZRP 2001, 346, 347; *ders.*, in: Carl/Güttler/Siehr, Kunstdiebstahl vor Gericht. City of Gotha v. Sotheby's/Cobert Finance S.A., 2001, S. 53, 74 f. (auch rechtsvergleichend); *Zimmermann/Leenen/Mansel/Ernst*, JZ 2001, 684, 693.
[17] *Siehr*, ZRP 2001, 346, 347.
[18] BT-Drucks 14/7052, S. 179.

sich stark an § 852 Abs. 1 a.F. anlehnen, aber nicht mit der Vorschrift deckungsgleich sind (vor §§ 194–218 Rn 5, § 199 Rn 1 f.): Das Merkmal der grob fahrlässigen Unkenntnis des § 199 fehlt in § 852 a.F.; die Maximalfrist des § 852 a.F. beträgt durchgehend dreißig Jahre, während § 199 zwischen zehn und dreißig Jahren differenziert.[19]

Es finden sich jedoch im BGB zahlreiche **Sonderregeln**. Abweichende Regeln für den Verjährungsbeginn und die Verjährungsfrist bestehen etwa für die kauf- und werkvertragliche Mängelgewährleistung (§§ 438, 634a), für Rückgriffsansprüche aus § 478 Abs. 2 (§ 479 Abs. 1) und die Ansprüche des Reisenden aus dem Reisevertrag (§ 651g Abs. 2); weitere Nachweise bei § 195 Rn 8, 13, 15.

Nicht selten ist allein der Verjährungsbeginn abweichend geregelt, etwa bei bestimmten Ansprüchen aus Leihe (§ 604 Abs. 5) und Verwahrung (§§ 695 S. 2, 696 S. 3).

In Bezug auf Rückgriffsketten bei dem Verbrauchsgüterkauf normiert § 479 Abs. 2 Sonderregeln der Ablaufhemmung.

Sondervorschriften für Verjährungsvereinbarungen sieht z.B. § 475 Abs. 2 für den Verbrauchsgüterkauf oder § 651m für den Reisevertrag vor.

b) Außerhalb des BGB geregelte zivilrechtliche Ansprüche. Einzelne Gesetze enthalten **ausdrückliche Verweisungen** auf die §§ 194 ff. (§ 195 Rn 17). Fehlt es daran ebenso wie an einer speziellen Verjährungsregelung für einzelne Ansprüche, so liegt eine Regelungslücke vor. Bisher wurden in einem solchen Fall die §§ 194 ff. nach einhelliger Praxis auf alle anderen zivilrechtlichen Ansprüche entsprechend angewandt, soweit die Regelungslücke reichte.[20] Daran wollte der Reformgesetzgeber unter der Neuregelung der §§ 194 ff. grundsätzlich festhalten (siehe vor §§ 194–218 Rn 4).

Dennoch wird man seit der Neuregelung des Verjährungsrechts für jeden einzelnen zivilrechtlichen Anspruch, der nicht im BGB geregelt ist, die entsprechende **Anwendung der §§ 194 ff. neu begründen** müssen. Das gilt insbesondere für die entsprechende Anwendbarkeit des § 195. Denn die Regelverjährungszeit des § 195 a.F. war die längste Verjährungsfrist des bisherigen Rechts. Ihre Erstreckung auf alle Ansprüche, deren Verjährung nicht speziell gesetzlich geregelt ist, konnte nicht zu bedenklichen Einschränkungen der Anspruchsverwirklichung führen. Das ist heute anders.

Die **Regelverjährungsfrist** ist heute stark **verkürzt**. Sie beträgt drei Jahre (§ 195) beginnend mit dem Schluss des Jahres, in dem der Anspruch entstanden ist und der Gläubiger von den anspruchsbegründenden Umständen und der Person des Schuldners Kenntnis erlangt oder ohne grobe Fahrlässigkeit erlangen müsste (§ 199 Abs. 1). Ohne Rücksicht auf die Kenntnis oder grob fahrlässige Unkenntnis verjähren andere Ansprüche als Schadensersatzansprüche in zehn Jahren von ihrer Entstehung an (§ 199 Abs. 4). Für Schadensersatzansprüche gilt eine Frist von zehn bzw. dreißig Jahren (§ 199 Abs. 3 und 4). Soweit die Rechtsprechung bisher § 195 a.F. auf Ansprüche außerhalb des BGB angewandt hat, kann dies daher nicht unbesehen für § 195 n.F. übernommen werden. Das gilt vor allem für die Ansprüche, bei welchen § 199 (siehe vor §§ 194–218 Rn 7 ff. und vor allem § 199) eine zehnjährige Maximalverjährungsfrist anordnet, da hier eine effektive **Verjährungsverkürzung** um zwanzig Jahre vorgenommen würde.

Da es zu einschneidenden Veränderungen der Regelverjährung gekommen ist, kann es angezeigt sein, bisher in entsprechender Anwendung der §§ 195, 198 a.F. in dreißig Jahren objektiv verjährbare Ansprüche heute nicht der kürzeren Regelverjährung des § 195 zu unterstellen, sondern in begründeten Einzelfällen zur Schließung der **Regelungslücke** an der bisherigen dreißigjährigen objektiven Verjährungsfrist festzuhalten. Denn der Gesetzgeber hatte bislang in Kenntnis des § 195 a.F. auf eine Regelung der Verjährung der in den Anwendungsbereich des § 195 a.F. fallenden Ansprüche, insbesondere zahlreicher öffentlich-rechtlicher Ansprüche (siehe Rn 16 ff.) verzichtet. Damit hat er die dreißigjährige Verjährungsfrist in seinen Willen aufgenommen.

Der Reformgesetzgeber des SchuldRModG hat hingegen durch den Verzicht auf § 194 Abs. 3 BGB-DiskE[21] ausdrücklich offen gelassen, ob die Änderung der §§ 195, 199 Auswirkungen auf die Anspruchs-

---

19 Daraus schließt *Ernst*, S. 559, 571 zu Recht auf die insoweit bestehende Zustimmungsbedürftigkeit der Neuregelung gemäß Art. 74 Abs. 1 Nr. 25, Abs. 2 GG.
20 MüKo/*Grothe*, § 195 Rn 11; Erman/*Schmidt-Räntsch*, § 194 Rn 24.
21 Diese Norm hatte folgenden Wortlaut: „Die Vorschriften dieses Abschnitts gelten, soweit nicht ein anderes bestimmt ist, auch für die Verjährung von Ansprüchen gleich aus welchem Rechtsgrund, die nicht in diesem Gesetz geregelt sind." Der DiskE ist abgedruckt bei *Canaris*, Schuldrechtsmodernisierung 2002, S. 3 ff.

verjährung außerhalb des BGB haben soll (vor §§ 194–218 Rn 4).[22] Grund für diese Indifferenz war das Fehlen einer Überprüfung der betreffenden Ansprüche darauf, ob eine Verjährung in der neuen dreijährigen Regelfrist überhaupt angemessen ist. Damit obliegt diese Prüfung nunmehr der Rechtspraxis, insbesondere der Rechtsprechung, der mit der Entscheidung gegen eine zwingende Übertragung der §§ 195, 199 auch auf außerhalb des BGB geregelten Ansprüche die Freiheit zur Rechtsfortbildung eröffnet wurde.[23] Hier erscheint es angesichts der Regelungsabstinenz des Gesetzgebers und der früher geltenden Verjährungsfrist in der Regel angezeigt, entsprechend dem Rechtsgedanken des § 197 weiterhin von einer **dreißigjährigen Verjährungsfrist** auszugehen. Denn in dieser Norm lebt die früher geltende Regelverjährungsfrist für die Fälle weiter, in denen der Gesetzgeber dies für richtig erachtete oder keine durchgreifende Friständerung erreichen wollte, ohne vorher das außervertragliche Verjährungsrecht grundlegend reformiert zu haben.

15 **Im Regelfall** wird die Interessen- und Normzweckanalyse jedoch ergeben, dass die durch §§ 195, 199 geschaffene neue Regelverjährung angemessen ist.[24] Dies gilt vor allem für diejenigen Ansprüche, auf welche bisher von der Rechtsprechung die dreijährige Verjährung nach § 852 a.F. angewandt wurde.[25]

16 **c) Öffentlich-rechtliche Ansprüche.** Insbesondere galten die §§ 194 ff. a.F. bisher auch **analog**[26] für die Verjährung von öffentlich-rechtlichen Ansprüchen, falls deren Verjährung nicht in Sondervorschriften gesetzlich geregelt ist,[27] kein ausdrücklicher Verweis auf die §§ 194 ff. erfolgt[28] und öffentlich-rechtliche Normen nicht analog anzuwenden sind.[29] Welche Auswirkung die Neuregelung des Verjährungsrechts der §§ 194 ff. auf die Verjährung öffentlich-rechtlicher Forderungen hat, ist noch nicht abschließend geklärt.[30]

17 Die **Rechtsprechung** hat schon bisher betont, dass besonders sorgfältig zu prüfen sei, ob die durch den öffentlich-rechtlichen Anspruch berührte **Interessenlage** mit der von den §§ 194 ff. a.F. vorausgesetzten vergleichbar ist. Diese Prüfung wurde insbesondere für die analoge Anwendung der Vorschriften des BGB, die eine relativ kurze Verjährungsfrist bestimmten, vorgenommen.[31] Es scheint nun demgegenüber eine Tendenz zu geben, grundsätzlich die kurze regelmäßige Verjährungsfrist aus § 195 anzuwenden.[32]

18 Die wohl **h.M.** wendet die verkürzte Regelverjährungsfrist der §§ 195, 199 grundsätzlich auf sämtliche öffentlich-rechtliche Ansprüche an, denn die Gründe, die den Gesetzgeber zur Reform der §§ 194 ff. bewegt haben, hätten auch im Bereich des öffentlichen Rechts nichts von ihrer Überzeugungskraft eingebüßt. Einzig auf den öffentlich-rechtlichen Herausgabeanspruch soll die dreißigjährige Verjährungsfrist des § 197 Nr. 1 angewandt werden.[33]

19 Dieser Ansicht ist jedoch **nicht zuzustimmen**. Grundsätzlich ist bei allen öffentlich-rechtlichen Ansprüchen, bei welchen eine ausdrückliche Verjährungsregelung fehlt, und auf die spezielle öffentlich-rechtliche Verjährungsvorschriften nicht analog angewendet werden können, durch **Auslegung** zu ermitteln, ob die Regelungslücke durch eine entsprechende Anwendung der §§ 195, 199 oder auf andere Weise, insbesondere

---

[22] A.A. MüKo/*Grothe*, § 195 Rn 11, 13 mit dem Argument, es gebe keinerlei Anhaltspunkte im SchuldRModG für eine Sonderbehandlung öffentlich-rechtlicher Ansprüche; der Gesetzgeber habe nur aus Zeitnot auf eine differenzierte Regelung verzichtet.
[23] A.A. *Nolting*, BB 2002, 1765, 1770.
[24] So im Erg. auch Soergel/*Niedenführ*, § 195 Rn 9; Erman/*Schmidt-Räntsch*, § 194 Rn 24; Bamberger/Roth/*Henrich*, § 194 Rn 6. Nachw. zu einzelnen Vorschriften finden sich bei Bamberger/Roth/*Henrich*, § 195 Rn 17. A. A. Staudinger/*Peters*, § 195 Rn 14; Palandt/*Heinrichs*, § 195 Rn 2; Jauernig/*Jauernig*, § 195 Rn 2, die stets die §§ 195, 199 anwenden wollen.
[25] Nachw. bei Soergel/*Niedenführ*, § 195 Rn 9.
[26] Ausf. hierzu *Guckelberger*, Die Verjährung im öffentlichen Recht, 2004, S. 287 ff. Zu methodischen Problemen bei der Analogiebildung *Stumpf*, NVwZ 2003, 1198, 1199 f.
[27] Nachw. für spezielle öffentlich-rechtliche Verjährungsregelungen finden sich bei *Guckelberger*, Die Verjährung im öffentlichen Recht, 2004, S. 24 ff. sowie bei *Stumpf*, NVwZ 2003, 1198 und bei *Dötsch*, DÖV 2004, 277.
[28] Vgl. z.B. § 62 VwVfG und die entspr. Landesgesetze. Zum intertemporalen Anwendungsbereich dieser Verweisung s. Art. 229 § 5 Rn 7.
[29] Vgl. BVerwG NJW 1995, 1913 zur analogen Anwendung von §§ 169 ff., 228 ff. AO sowie HessVGH DVBl 1993, 1318; weitere Nachw. zu den spezialgesetzlichen Verjährungsvorschriften bei Palandt/*Heinrichs*, § 194 Rn 2, § 195 Rn 20; vgl. auch *Dötsch*, DÖV 2004, 277, 279.
[30] Dazu umfassend *Guckelberger*, Die Verjährung im öffentlichen Recht, 2004, S. 586 ff.; vgl. auch *Dötsch*, NWVBl 2001, 385 ff.
[31] BVerwGE 28, 336; 52, 16, 23; weitere Nachw. bei Soergel/*Niedenführ*, § 195 Rn 56. Die dreijährige Frist des § 195 a.F. ist jedoch nicht zum Gewohnheitsrecht geworden, vgl. *Kellner*, NVwZ 2002, 395, 397 f.
[32] So BVerwG NJW 2002, 1968 ohne weitere Begründung bez. des Herausgabeanspruchs von sog. Schmiergeldern.
[33] Soergel/*Niedenführ*, § 195 Rn 55; Staudinger/*Peters*, § 195 Rn 15; Palandt/*Heinrichs*, § 195 Rn 20, Bamberger/Roth/*Henrich*, § 195 Rn 18; MüKo/*Grothe*, § 195 Rn 13; *Lenkeit*, BauR Sonderheft 1a 2002, 196, 228; *Kellner*, NVwZ 2002, 395, 398–400; offener *Dötsch*, DÖV 2004, 277, 281.

durch die Statuierung einer dreißigjährigen Verjährungsfrist ab Anspruchsentstehung, zu schließen ist (vgl. zur ähnlichen methodischen Vorgehensweise bei zivilrechtlichen Ansprüchen Rn 11 ff.).[34]

Zunächst ist zu ermitteln, ob eine spezielle Verjährungsvorschrift des BGB auf den öffentlich-rechtlichen Anspruch passt. Dies kann beispielsweise bei Ansprüchen aus öffentlich-rechtlichen Verträgen der Fall sein. Ist dies nicht der Fall, so ist im Rahmen einer umfassenden Interessen- und Normzweckanalyse zu ermitteln, ob die kurze Regelverjährungsfrist die Gläubigerrechte nicht unzulässig verkürzt. Wie bei zivilrechtlichen Ansprüchen außerhalb des BGB (dazu Rn 10 ff.) ist entsprechend dem Rechtsgedanken des § 197 weiterhin von einer **dreißigjährigen Verjährungsfrist** auszugehen. 20

Der hier vertretene Ansatz bedient sich nicht der Lehre von den ungeschriebenen allgemeinen Grundsätzen des Verwaltungsrechts,[35] sondern beruht auf der Freiheit zur richterlichen Rechtsfortbildung bei veränderten gesetzlichen Rahmenbedingungen und Regelungsabstinenz des Gesetzgebers. Sicher ist, dass die entsprechende Anwendung der Verjährungsfrist der §§ 195, 199 auf öffentlich-rechtliche Forderungen nicht vom Willen des Gesetzgebers gedeckt ist und auch aus systematisch-teleologischen Gründen nicht zwingend ist.[36] Überdies ist zu bedenken, dass eine Analogie im Hinblick auf die verkürzte Regelverjährung der §§ 195, 199 für den Gläubiger der öffentlich-rechtlichen Forderung belastend wirkt und so möglicherweise gegen den Gesetzesvorbehalt verstößt.[37] 21

Jedenfalls Ansprüche aus **Aufopferung, Enteignung** und **enteignungsgleichem Eingriff**, die bisher der objektiven dreißigjährigen Verjährungsfrist unterlagen,[38] sollten auch nach neuem Recht in dreißig Jahren ab Entstehung verjähren,[39] denn der Staat ist als Schuldner in besonderer Weise dem objektiven Recht und der Rechtsverwirklichung verpflichtet.[40] Den Materialien zum Schuldrechtsreformgesetz ist nicht zu entnehmen, dass der Gesetzgeber die öffentlich-rechtliche Ansprüche reformieren und den Staat durch kurze Verjährungsfristen entlasten wollte. Gleiches hat auch für den **Folgenbeseitigungsanspruch** zu gelten.[41] 22

Einzelne Bundesländer haben **spezielle Entschädigungsansprüche**, welche den allgemeinen enteignungsgleichen Eingriff in ihrem sachlichen Anwendungsbereich verdrängen,[42] normiert. Dabei haben sie für diese Ansprüche kürzere Verjährungsfristen festgelegt. Allerdings werden diese Regelungen jetzt zunehmend durch neue Vorschriften landesrechtlicher Verjährungsrechtsanpassungsgesetze abgelöst. So sieht das am 1.5.2004 in Kraft getretene nordrhein-westfälische Gesetz zur Anpassung des Landesrechts an das Verjährungsrecht des Bürgerlichen Gesetzbuchs (GV NW v. 5.4.2004, Nr. 9, S. 135) eine Änderung des § 41 OBG-NW vor. Danach verjährt der Entschädigungsanspruch aus § 39 OBG-NW seit dem 1.5.2004 nach den Bestimmungen des Bürgerlichen Gesetzbuchs über die Verjährung von Schadensersatzansprüchen. 23

Für die Prüfung der Anwendbarkeit der §§ 195 ff. auf öffentlich-rechtliche Ansprüche ergibt sich daher nach der hier vertretenen Ansicht folgende **Prüfungsreihenfolge**: 24
– Gibt es spezielle öffentlich-rechtliche Vorschriften, die die Verjährung regeln oder ausdrücklich auf die §§ 194 ff. verweisen? Siehe dazu Rn 16.
– *Wenn nein*, gibt es öffentlich-rechtliche Verjährungsvorschriften, die auf den Anspruch analog angewendet werden können? Siehe Rn 16.
– *Wenn nein*, gibt es im BGB spezielle Verjährungsvorschriften, die analog angewandt werden können? Siehe Rn 20.
– Erst dann, wenn dies nicht der Fall ist, muss durch eine umfassende Interessen- und Normzweckanalyse ermittelt werden, ob die Regelverjährung der §§ 195, 199 angewandt werden kann oder ob entsprechend dem Rechtsgedanken des § 197 (siehe Rn 14) die dreißigjährige Verjährung Anwendung finden muss.

---

34 Ebenso *Krebs*, DB 2000, Beil. 14, S. 1, 5. Ähnlich *Guckelberger*, Die Verjährung im öffentlichen Recht, 2004, S. 637 ff., die weiterhin von einer Analogie zu den §§ 194 ff. a. F. ausgeht.
35 So der angedachte und als „zu gewagt" verworfene Ansatz von *Dötsch*, NWVBl 2001, 385, 389.
36 Vgl. auch *Heselhaus*, DVBl 2004, 411, 414–417, der eine analoge Anwendung der §§ 194 ff. wegen erheblicher Wertungswidersprüche ablehnt.
37 So *Stumpf*, NVwZ 2003, 1198, 1200.
38 S. BGHZ 9, 209; 36, 387 (Aufopferung); BGHZ 13, 98; BGH NJW 1982, 1273 (Enteignung); BGHZ 13, 89; 117, 294 (enteignungsgleicher Eingriff).
39 Für bedenkenswert hält das auch *Ernst*, ZRP 2001, 1, 3; deutlicher *ders.*, S. 559, 570 f.; ebenso ferner *Krebs*, DB 2000, Beilage 14, S. 1, 5; *Mansel*, S. 333,

408. Die neue regelmäßige Verjährungsfrist ohne Diskussion auf die Haftung aus enteignungsgleichem Eingriff anwendend *Piekenbrock*, S. 309, 332.
40 A.A. Palandt/*Heinrichs*, § 195 Rn 20 sowie Bamberger/Roth/*Henrich*, § 195 Rn 18, die grundsätzlich – mit Ausnahme des öffentlich-rechtlichen Herausgabeanspruchs – die dreijährige Verjährungsfrist anwenden wollen.
41 S. dazu näher *Dötsch*, NWVBl 2001, 385, 389, dort eine krit. Interessenanalyse. *Dötsch* hält allerdings de lege lata die entsprechende Anwendung der §§ 195, 199 auf den Folgenbeseitigungsanspruch für zwingend. So auch *Franz*, BayVBl 2002, 485, 490.
42 S. etwa § 39 OBG-NW; s. ferner BGH NJW 1975, 1783 f.; *Ossenbühl*, Staatshaftungsrecht, 5. Aufl. 1998, S. 267, 284.

II. Unverjährbarkeit

25 **1. Grundsatz.** Unverjährbarkeit von Ansprüchen besteht nur bei ausdrücklicher gesetzlicher Anordnung (siehe z.B. §§ 194 Abs. 2, 758, 898, 902, 924, 2042 Abs. 2).[43] Die gesetzliche Anordnung der Unverjährbarkeit ist die Ausnahme. Der Reformgesetzgeber hat daran nichts geändert (Rn 6). Eine entsprechende rechtsgeschäftliche Abrede ist nicht möglich (§ 202 Abs. 2; siehe § 202 Rn 14).

26 **2. Künftige familienrechtliche Verhältnisse (Abs. 2).** Gemäß Abs. 2 unterliegen Ansprüche auf die künftige Herstellung eines familienrechtlichen Verhältnisses nicht der Verjährung. Das gilt gleichermaßen für Ansprüche mit nichtvermögensrechtlichem oder mit vermögensrechtlichem Inhalt. Sie können sich auch gegen nicht der Familie zugehörige Dritte richten (etwa bei der Kindesherausgabe).

Hingegen verjähren die Ansprüche aus einem hergestellten familienrechtlichen Verhältnis in dreißig Jahren (§ 197 Abs. 1 Nr. 2).

27 Ansprüche auf künftige Herstellung eines in dem **Lebenspartnerschaftsgesetz** geregelten Rechtsverhältnisses sind als familienrechtlich im Sinne von Abs. 2 anzusehen, da die Lebenspartner als Familienangehörige gelten (§ 11 Abs. 1 LPartG).[44]

28 Ein **Betreuungsverhältnis** gilt nicht als ein familienrechtliches Verhältnis; die aus ihm entspringenden Ansprüche unterfallen daher nicht Abs. 2.

29 **Unverjährbar** sind daher z.B. die Ansprüche aus §§ 1353 Abs. 1 S. 2, 1356, soweit sie auf die künftige Regelung der ehelichen Lebensgemeinschaft und Haushaltsführung gerichtet sind. Unverjährbar sind weiter die Ansprüche auf künftige Erfüllung der Dienstpflichten des Kindes (§ 1619) und auf Kindesherausgabe (§ 1632 Abs. 1).

Soweit familienrechtliche Ansprüche verjährbar sind, ist an die Hemmungsvorschrift des § 207, ggf. die des § 208 zu denken.

30 **3. Insbesondere: Unterhaltsansprüche. a) Familienrechtliche Unterhaltsansprüche für künftige Zeiträume.** Für Unterhaltsansprüche gilt eine differenzierende Regelung: **Familienrechtliche** Unterhaltsansprüche für künftige Zeiträume verjähren nicht. Das folgt aus Abs. 2, denn Unterhaltsansprüche für die Zukunft sind auf die Herstellung eines künftigen familienrechtlichen Verhältnisses gerichtet.[45] Familienrechtlicher Natur sind insbesondere die Ansprüche aus §§ 1360 ff., 1569 ff., 1601 ff. und 1615l, ferner die Ansprüche aus §§ 5, 12, 16 LPartG (siehe zu dessen familienrechtlicher Qualifikation § 197 Rn 46).

31 Auf Unterhaltsansprüche **nicht familienrechtlicher Natur**, sondern etwa vertraglicher, deliktischer (in Form einer Schadensersatzleistung nach § 844 Abs. 2) oder erbrechtlicher Natur (§§ 1963, 2141) ist Abs. 2 nicht anzuwenden. Hier gelten die allgemeinen Regeln (Rn 32 ff.). Regelmäßig gilt – sofern nichts anderes angeordnet ist – für sie die Regelverjährung des § 195, deren Beginn nach § 199 Abs. 1 Nr. 1 u.a. das Entstehen des Anspruchs voraussetzt (§ 199 Rn 16 ff.).

32 **b) Andere Unterhaltsansprüche. Familien- und erbrechtliche** Unterhaltsansprüche (Rn 30 f.), die nicht künftige Zeiträume betreffen, verjähren gemäß **§ 197 Abs. 2** in Abweichung von der ansonsten geltenden Dreißigjahresfrist des § 197 Abs. 1 Nr. 2 (§ 197 Rn 78) in der Regelverjährungsfrist (§§ 195, 199). Zu beachten ist, dass familienrechtliche Ansprüche regelmäßig nur unter besonderen Voraussetzungen für vergangene Zeiträume gefordert werden können, siehe insbesondere § 1613, auch i. V. m. §§ 1360a Abs. 2, 1361 Abs. 4 S. 4, 1585b. Doch ist diese Einschränkung keine verjährungsrechtliche.

33 Auf **andere** als familien- und erbrechtliche Unterhaltsansprüche ist mangels besonderer Verjährungsregeln **§ 195** unmittelbar anzuwenden. Es gilt die dreijährige Regelverjährung; sie beginnt gemäß § 199 Abs. 1 Nr. 1 erst mit dem Schluss des Jahres der Anspruchsentstehung, das bedeutet mit der Fälligkeit[46] und der Kenntniserlangung i.S.v. § 199 Abs. 1 Nr. 2.

34 Der Gesetzgeber übernimmt damit den **Rechtsgedanken des § 197 a.F.** in das neue Recht. Allerdings ändert er die Verjährungsfrist von bisher vier Jahren ab Anspruchsentstehung (§§ 197, 198 S. 1 a.F.) auf jetzt drei Jahre (§ 195) ab Anspruchsentstehung und Kenntnis der Anspruchsgrundlagen (§ 199 Abs. 1). Wird

---

43 S. die Zusammenstellung bei MüKo/*Grothe*, § 195 Rn 30 m.w.N. Zur Diskussion um die Verjährbarkeit des Anspruchs aus § 985 BGB siehe Staudinger/*Gurksy*, § 985 Rn 84 m.w.N. Zu den Gründen für die Unverjährbarkeit einzelner Ansprüche s. *Mansel*, S. 333, 367.

44 S. zur Qualifikation als Familienangehöriger näher *Muscheler*, Das Recht der eingetragenen Lebenspartnerschaft, 2001, Rn 163 f.

45 S. nur MüKo/*Grothe*, § 194 Rn 8.

46 S. dazu in anderem Zusammenhang den Hinweis: Gesetzentwurf, BT-Drucks 14/6040, S. 106 f.

dagegen ein Unterhaltsanspruch nach öffentlichem Recht oder 1607 Abs. 3 **übergeleitet**, so bleibt es bei der ursprünglich geltenden Verjährungsregelung.[47]

Titulierte Unterhaltsansprüche verjähren nach § 197 Abs. 2 in der Frist des § 195 (siehe § 197 Rn 80 ff.). 35

C. Weitere praktische Hinweise

Die Verjährung ist nicht die einzige Auswirkung, die Zeitablauf auf Ansprüche haben kann. Zu denken ist auch an die **Verwirkung** von Rechten (dazu vor §§ 194–218 Rn 29) sowie an das Bestehen von **Ausschlussfristen** (dazu vor §§ 194–218 Rn 27 f.). 36

§ 195 Regelmäßige Verjährungsfrist

¹Die regelmäßige Verjährungsfrist beträgt drei Jahre.

Literatur: Siehe vor §§ 194–218.

A. Allgemeines 1	III. Besondere Verjährungsfristen 25
I. Neuerungen durch das SchuldRModG 1	1. Vorrang der besonderen Fristen 25
II. Überlegungsfrist 2	2. Verjährungsvereinbarungen 26
B. Regelungsgehalt 3	3. Neu geschaffene oder veränderte Sonderfristen 27
I. Regelverjährung 3	4. Weitergeltende Sonderfristen 29
II. Anwendungsbereich 4	5. Sonstige Neuregelungen 34
1. Ansprüche des BGB 4	IV. Einzelfragen 37
a) Grundsatz, Beispiele 4	1. Anspruchsqualifikation 37
aa) Grundsatz: Einheitsverjährung . 4	2. Zusammentreffen mehrerer Verjährungsfristen 38
bb) Rechtsgeschäftliche Ansprüche . 5	a) Grundsatz 38
cc) Gesetzliche Schuldverhältnisse . 9	b) Berufsbezogene und sachbezogene Fristen 39
dd) Sachenrechtliche Ansprüche ... 13	c) Zusammentreffen mehrerer berufsbezogener Fristen 43
ee) Familien- und erbrechtliche Ansprüche 15	3. Gesamtschuld 44
b) Ausdrückliche Verweisungen auf § 195 16	4. Änderungen des Anspruchs 45
2. Außerhalb des BGB geregelte Ansprüche 17	5. Verjährung von Nebenleistungsansprüchen 53
a) Verweisungen auf § 195 17	6. Anspruchskonkurrenz 54
b) Entsprechende Anwendung des § 195 18	a) Grundsatz 54
aa) Verjährung von Einlageforderungen bei der GmbH 19	b) Insbesondere: Vertrag und Delikt ... 55
bb) Verjährung von Prospekthaftungsansprüchen 23	c) Ausnahme 63
cc) Verjährung von öffentlichrechtlichen Ansprüchen 24	C. Weitere praktische Hinweise 65

A. Allgemeines

I. Neuerungen durch das SchuldRModG

Die bedeutendste sachliche Neuerung der Verjährungsrechtsreform bringt § 195. Er verkürzt die regelmäßige Verjährungsfrist des § 195 a.F. von dreißig Jahren auf **drei Jahre**. Das entspricht Art. 17:102 der Grundregeln des Europäischen Vertragsrechts (vor §§ 194–218 Rn 14 ff.). Die **Regelverjährung** greift beim Fehlen besonderer Verjährungsfristen ein. 1

Zudem ist der **Anwendungsbereich** des neuen § 195 gegenüber dem § 195 a.F. wesentlich vergrößert. Die aufgehobenen zwei-, drei- und vierjährigen Sonderverjährungsfristen der §§ 196, 197, 786 und 852 a.F. gehen in § 195 auf. Gleiches gilt wegen der Verweisung in § 197 Abs. 2 auf § 195 auch für die Ansprüche, die nach bisherigem Recht unter § 1615l Abs. 4 a.F. fielen.

---

47 A.A. Staudinger/*Peters*, § 197 Rn 51, der §§ 195, 199 n.F. anwendet.

II. Überlegungsfrist

2 Die Dreijahresfrist der Regelverjährung ist eine Überlegungsfrist, die dem Gläubiger gesetzt ist und in der er sich darüber klar werden muss, ob er seinen Anspruch geltend machen möchte oder nicht. Das neue Recht schützt den Gläubiger vor einer Verjährung ihm unbekannter Ansprüche. Es schützt den Schuldner vor einem Gläubiger, der sich mit der Anspruchsverfolgung Zeit lassen möchte (siehe § 199 Rn 8).

B. Regelungsgehalt

I. Regelverjährung

3 § 195 legt die Länge der regelmäßigen Verjährungsfrist auf drei Jahre fest. § 199 regelt den Verjährungsbeginn und die Verjährungshöchstfristen (siehe näher vor §§ 194–218 Rn 5 ff. sowie die Erläuterungen zu § 199). Der Fristenlauf wird nach §§ 187 ff. berechnet.

II. Anwendungsbereich

4 **1. Ansprüche des BGB. a) Grundsatz, Beispiele. aa) Grundsatz: Einheitsverjährung.** § 195 gilt für alle im BGB geregelten Ansprüche (§ 194 Rn 2), für welche keine besondere Verjährungsfrist bestimmt ist (§ 194 Rn 8 f.). Auch das neue Recht[1] geht im Bereich der Regelverjährung von der Einheitsverjährung aus.[2] Es unterscheidet daher bei der Regelverjährung nicht zwischen vertraglichen und außervertraglichen Ansprüchen. Eine Differenzierung der Verjährungshöchstfristen erfolgt in § 199 ebenso wenig nach der vertraglichen oder außervertraglichen Anspruchsqualifikation, sondern nur nach dem betroffenen Rechtsgut und danach, ob es sich um Schadensersatzansprüche oder andere Ansprüche handelt (vor §§ 194–218 Rn 7 ff., näher § 199).

5 **bb) Rechtsgeschäftliche Ansprüche.** Insbesondere ist § 195 auf alle **rechtsgeschäftlichen und rechtsgeschäftsähnlichen Ansprüche** im Sinne von § 311 anzuwenden, sofern keine besonderen Verjährungsfristen (siehe zu diesen Rn 25 ff.) für sie gelten.

§ 195 unterliegen somit – soweit keine besonderen Vorschriften bestehen, insbesondere der vorrangige § 196 (Rn 8) nicht eingreift – **beispielsweise** die Ansprüche aus den folgenden **rechtsgeschäftlichen Schuldverhältnissen**:
– Kaufvertrag (§§ 433 ff.). Ausnahmen: Die kaufvertraglichen Gewährleistungsansprüche verjähren nach § 438, die Rückgriffsansprüche beim Verbrauchsgüterkauf nach § 479 (siehe näher bei § 438 und § 479; zur Problematik der weiterfressenden Mängel und den damit verbundenen Verjährungsfragen siehe Rn 55 ff.). Die Verjährungsvereinbarungen sind beim Verbrauchsgüterkauf gemäß § 475 Abs. 2 nur eingeschränkt möglich (siehe § 202 Rn 62 und näher bei § 475). Die Sonderverjährung der Erfüllungsansprüche bei Grundstückskaufverträgen nach § 196 (Rn 8) ist zu beachten;
– Darlehensvertrag (§§ 488 ff.).[3] Hier ist aber § 497 Abs. 3 S. 3 und 4 zu beachten: Die Verjährung der Ansprüche auf Darlehensrückerstattung und Zinsen ist vom Eintritt des Verzugs nach § 497 Abs. 1 an bis zu ihrer Feststellung in einer in § 197 Abs. 1 Nr. 3–5 bezeichneten Art gehemmt, jedoch nicht länger als zehn Jahre von ihrer Entstehung an.[4] Auf die Ansprüche auf Zinsen findet § 197 Abs. 2 keine Anwendung;[5]
– Schenkung (§§ 516 ff.);
– Miete (§§ 535 ff.) und Pacht (§§ 581 ff.) mit Ausnahme der durch §§ 548, 591b erfassten Ansprüche (siehe Rn 25);
– Leihe (§§ 598 ff.) mit Ausnahme der durch § 606 erfassten Ansprüche;
– Sachdarlehensvertrag (§§ 607 ff.);
– Dienstvertrag (§§ 611 ff.);
– Werkvertrag (§§ 631 ff.).[6] Ausnahmen: Die werkvertraglichen Gewährleistungsansprüche verjähren nach § 634a (siehe noch Rn 7 und näher bei § 634a);

---

1 Dazu, dass in der Reformgeschichte auch eine Differenzierung diskutiert wurde, und zu der Rechtfertigung der Einheitsverjährung s. BT-Drucks 14/6040, S. 103 f.

2 Das ist zu begrüßen, s. zur Rechtfertigung insb. *Zimmermann/Peters*, S. 290 ff.; ferner u.a. *Haug*, S. 20 ff.; *Zimmermann*, JZ 2000, 853, 858; *Mansel*, S. 333, 403 f.; *Zimmermann/Leenen/Mansel/Ernst*, JZ 2001, 684 f. jeweils m.w.N.

3 S. umfassend *Budzikiewicz*, WM 2003, 264 ff.

4 Vgl. hierzu *Cartano/Edelmann*, WM 2004, 775.

5 Dazu BT-Drucks 14/6857, S. 34 (Stellungnahme des Bundesrates), 65 f. (Gegenäußerung der Bundesregierung).

6 Zur Verjährung im Architektenrecht *Schudnagies*, Die Verjährung im Architektenrecht nach der Schuldrechtsreform, Diss. Köln 2005, § 4 A.

Regelmäßige Verjährungsfrist § 195

- Reisevertrag (§§ 651a ff.). Ausnahme: Die reisevertraglichen Gewährleistungsansprüche verjähren nach § 651g[7] (siehe näher bei § 651g). Verjährungsvereinbarungen sind gemäß § 651m S. 2 nur eingeschränkt möglich (siehe § 202 Rn 64 und näher bei § 651m);
- Darlehensvermittlungsvertrag (§§ 655a ff.);
- Auslobung (§§ 657 ff.);
- Auftrag (§§ 662 ff.);
- Geschäftsbesorgung (§§ 675 ff.),[8] Auskunftsvertrag (siehe § 675 Abs. 2);
- Verwahrung (§§ 688 ff.);
- Gesellschaft (§§ 705 ff.);
- Bürgschaft (§§ 765 ff.). Beachte hierzu § 771 S. 2 (siehe dort);
- Anweisung (§§ 783 ff.). Beachte, dass § 786 a.F., der die Verjährung des Anspruchs des Anweisungsempfängers gegen den Angewiesenen aus der Annahme regelte, ersatzlos aufgehoben wurde.

Zum gerichtlichen und außergerichtlichen **Vergleich** (§ 779) sowie dem **Schuldversprechen und Schuldanerkenntnis** (§§ 780 ff.) siehe Rn 46 ff.

Grundsätzlich von § 195 erfasst werden – mangels abweichender Regelung – alle **Primärleistungsansprüche** (Sachleistungs- und Entgeltansprüche) und alle **Sekundärleistungsansprüche** einschließlich der Ansprüche aus der Verletzung einer Schutzpflicht im Sinne von § 241 Abs. 2 (§§ 280 ff.). Auch die nun in §§ 311 Abs. 2, 280 Abs. 1 geregelte *culpa in contrahendo* einschließlich der Eigenhaftung des Vertreters und der Sachwalterhaftung (§ 311 Abs. 3) verjährt nach § 195. 6

Eine **Ausnahme** ist zu machen, soweit im Kaufrecht **nach § 437 Nr. 3** in Verbindung mit den §§ 440, 280, 281, 283, 311a Abs. 2 Schadensersatz oder nach § 284 Ersatz vergeblicher Aufwendungen verlangt wird. Hier greift die spezielle kaufrechtliche Verjährungsfrist des § 438 ein (siehe bei § 438). Ähnliches gilt im Werkvertragsrecht. Soweit hier nach **§ 634 Nr. 4** i.V.m. den §§ 636, 280, 281, 283, 311a Abs. 2 Schadensersatz oder nach § 284 Ersatz vergeblicher Aufwendungen verlangt wird, richtet sich die Verjährung nach der Sonderverjährung des § 634a (siehe bei § 634a). 7

Zur Problematik der **Anspruchskonkurrenz** und der **weiterfressenden Mängel** siehe Rn 54 ff.

Eine weitere **Ausnahme** folgt aus § 196. Danach verjähren Ansprüche auf Übertragung des Eigentums an einem **Grundstück** sowie auf Begründung, Übertragung oder Aufhebung eines Rechts an einem Grundstück oder auf Änderung des Inhalts eines solchen Rechts sowie die Ansprüche auf die Gegenleistung in zehn Jahren ab Anspruchsentstehung (§ 200). Daher verjährt z.B. bei einem Grundstückskaufvertrag der Anspruch auf Übereignung und Übergabe des Grundstücks wie der Anspruch auf die Kaufpreiszahlung in zehn Jahren. Siehe näher bei § 196. 8

cc) Gesetzliche Schuldverhältnisse. § 195 unterliegen ferner – soweit keine besonderen Vorschriften bestehen – **beispielsweise** die folgenden gesetzlichen Schuldverhältnisse: 9
- Ungerechtfertigte Bereicherung (§§ 812 ff.). Beachte § 852 (siehe dort). Die dreijährige Verjährungsfrist gilt selbst dann, wenn Bereicherungsansprüche dingliche Herausgabeansprüche (für diese gilt eine dreißigjährige Verjährungsfrist, § 197 Abs. 1 Nr. 1) fortsetzen, wie es etwa bei § 816 Abs. 1 der Fall ist. Das führt wegen des kenntnisabhängigen Verjährungsbeginns gemäß § 199 Abs. 1 nicht zu untragbaren Widersprüchen, auch wenn man die zehnjährige Maximalverjährungsfrist des § 199 Abs. 4 im Gegensatz zu der dreißigjährigen Frist des § 197 Abs. 1 Nr. 1 in die Betrachtung mit einbezieht;
- Geschäftsführung ohne Auftrag (§§ 677 ff.);
- Unerlaubte Handlung (§§ 823 ff.), einschließlich Amtshaftung und Gefährdungshaftung, sofern für die Gefährdungshaftung keine Sonderfristen bestehen. Der Anwendungsbereich des § 852 Abs. 1 a.F. fällt nun in den Anwendungsbereich des § 195. Beachte § 852 (siehe dort); zu § 839 siehe § 194 Rn 8. Zum Problem der Schadenseinheit siehe § 199 Rn 19 ff. Die Verjährungsregelung des § 12 ProdHaftG ist unverändert; sie beruht auf den zwingenden Vorgaben der Produkthaftungsrichtlinie.[9] Zu anderen Sondernormen der Verjährung aus unerlaubter Handlung und Gefährdungshaftung siehe Rn 33 und § 199 Rn 1.

§ 195 gilt auch für den eigenständige Ausgleichsanspruch aus **§ 426 Abs. 1**. Die regelmäßige Verjährungsfrist beginnt bei § 426 Abs. 1 nicht vor dem Zeitpunkt, in dem der begünstigte Gesamtschuldner an den Gläubiger geleistet hat (§ 199 Abs. 1 Nr. 1). Die Ansprüche, die nach **§ 426 Abs. 2** kraft Gesetzes auf den

---

[7] Zur Reform krit. *Isermann*, Reiserecht 2001, 135 ff.
[8] Hierunter fällt auch der Anwaltsvertrag. Zur Verjährung der anwaltlichen Vergütungsansprüche *Jungbauer*, JurBüro 2002, 117.
[9] S. die Vorgaben der Art. 10 Abs. 1 Richtlinie EWG/85/374 v. 25.7.1985, ABl EG Nr. L 210/29 v. 7.8.1985.

Gesamtschuldner übergehen, der vom Gläubiger in Anspruch genommen worden ist, verjähren in der jeweils für sie bestimmten Verjährungsfrist.[10]

Als vorrangige besondere Verjährungsfrist ist § 196 zu beachten (Rn 8). § 196 kann auch bei gesetzlichen Schuldverhältnissen eingreifen (§ 196 Rn 18) und § 195 insoweit verdrängen.

10 Bisher verjährten **deliktische Ansprüche** nach § 852 Abs. 1 a.F. in drei Jahren ab Kenntnis des Gläubigers von den anspruchsbegründenden Tatsachen und der Person des Schuldners, spätestens aber dreißig Jahren nach der Begehung der Tathandlung. Dem entspricht die Neuregelung nur zum Teil.

11 Die Verjährungsfrist des § 195 deckt sich mit der des § 852 Abs. 1 a.F.; auch war die Regelung des Verjährungsbeginns in § 852 Abs. 1 a.F. Vorbild für die Neuregelung des § 199. Allerdings ist § 199 Abs. 1 für den Gläubiger **ungünstiger** als das bisherige Recht, da nach § 199 Abs. 1 nicht nur positive Kenntnis, sondern schon grob fahrlässige Unkenntnis der anspruchsbegründenden Tatsachen und der Person des Schuldners den Fristenlauf beginnen lässt (dazu näher § 199 Rn 51 ff.).

12 Eine deutliche **Verschlechterung** für den Gläubiger bedeutet die Verkürzung der Verjährungshöchstfrist auf zehn Jahre beginnend mit der Anspruchsentstehung (§ 199 Abs. 3 Nr. 1), sofern der Schadensersatzanspruch nicht auf der Verletzung der besonderen Rechtsgüter des § 199 Abs. 2 beruht (Leben, Körper, Gesundheit, Freiheit). Bisher betrug die Höchstverjährungsfrist dreißig Jahre von Begehung der unerlaubten Handlung an (§ 852 Abs. 1 a.F.). Diese Frist lebt in § 199 Abs. 2 (Höchstverjährungsfrist bei Verletzung der genannten besonderen Rechtsgüter) und in § 199 Abs. 3 Nr. 2 (Höchstverjährungsfrist bei der Verletzung der anderen Rechtsgüter; sie greift ein, wenn der Anspruch noch nicht entstanden ist, etwa mangels Schadenseintritts) fort.

13 dd) **Sachenrechtliche Ansprüche.** Die Regelverjährung der §§ 195, 199 gilt für alle sachenrechtlichen Ansprüche mit **Ausnahme** der **Herausgabeansprüche** aus Eigentum und anderen dinglichen Rechten. Auf diese Herausgabeansprüche ist die dreißigjährige objektive Verjährungsfrist der §§ 197 Abs. 1 Nr. 1, 200 anzuwenden (siehe näher dort).

14 **Unterlassungs- und Beseitigungsansprüche** unterfallen hingegen § 195 (siehe näher § 197 Rn 31 ff.). Beachte für die Berechnung des Verjährungsablaufs die Regelung des § 198.

Beseitigungsansprüche sind verjährbar; für sie gilt die Unverjährbarkeitsanordnung des § 902 nicht.[11]

15 ee) **Familien- und erbrechtliche Ansprüche.** Familien- und erbrechtliche Ansprüche unterliegen **nicht** der **Regelverjährung** des § 195.

Sie unterfallen der **dreißigjährigen** Verjährung (beginnend mit der Anspruchsentstehung) der §§ 197 Abs. 1 Nr. 2, 200, **sofern nicht** eigenständige Verjährungsvorschriften im Vierten und Fünften Buch des BGB eingreifen. Eine weitere Ausnahme normiert § 197 Abs. 2: An die Stelle der Verjährungsfrist von dreißig Jahren (§ 197 Abs. 1 Nr. 2) tritt die regelmäßige Verjährungsfrist der §§ 195, 199, soweit Ansprüche nach § 197 Abs. 1 Nr. 2 regelmäßig wiederkehrende Leistungen oder Unterhaltsleistungen zum Inhalt haben (§ 197 Rn 74 ff.).

16 b) **Ausdrückliche Verweisungen auf § 195.** Vereinzelt wird innerhalb des BGB auch ausdrücklich auf § 195 verwiesen, siehe etwa §§ 197 Abs. 2, 438 Abs. 3, 634a Abs. 3 S. 1 bei arglistigem Verschweigen eines Mangels der Kaufsache bzw. des Werkes (siehe hierzu vor §§ 194–218 Rn 10); siehe ferner im Werkvertragsrecht die Regelverjährungsfrist des § 634a Abs. 1 Nr. 3 für Gewährleistungsansprüche.

17 2. **Außerhalb des BGB geregelte Ansprüche. a) Verweisungen auf § 195.** Zahlreiche andere Gesetze verweisen auf die §§ 194 ff. und damit auch auf die Regelverjährungsfrist des § 195. Siehe **beispielsweise** die durch das Schuldrechtsmodernisierungsgesetz neu gefassten §§ 33 Abs. 3, 141 PatG, § 24c GebrauchsmusterG, § 20 MarkenG, § 9 Abs. 3 HalbleiterschutzG, § 102 UrhG, § 49 S. 1 GeschmacksmusterG, § 117 Abs. 2 BundesbergG und § 37c SortenschutzG.[12]

18 b) **Entsprechende Anwendung des § 195.** Soweit ausdrückliche Verjährungsregeln für Ansprüche, die nicht im BGB geregelt sind, fehlen, und auch keine gesetzliche Verweisung auf die §§ 194 ff. erfolgt, sind die §§ 194 ff. und damit vor allem § 195 entsprechend anwendbar. Allerdings ist wegen der gegenüber

---

10 Beschlussempfehlung und Bericht des Rechtsausschusses (6. Ausschuss), BT-Drucks 14/7052, S. 195 (zu § 426); zum bisherigen Recht zuletzt BGH JZ 2001, 711.

11 S. nur BGHZ 60, 235, 238; *Ernst*, S. 559, 573 f. mit Fn 61; a.A. Staudinger/*Gursky*, § 902 Rn 8, dort weitere Nachw.

12 Weitere Nachw. finden sich bei Soergel/*Niedenführ*, § 195 Rn 7 f.

§ 195 a.F. stark verkürzten Verjährungsfrist und dem subjektivierten Verjährungsbeginn (§ 199 Abs. 1) in jedem Einzelfall zu prüfen, ob die entsprechende Anwendung des § 195 sachgerecht ist (siehe näher § 194 Rn 11 ff.).

aa) Verjährung von Einlageforderungen bei der GmbH. (Zur Rechtslage ab dem 15.12.2004 siehe Rn 22; davor gilt:) Von besonderer praktischer Bedeutung ist in diesem Zusammenhang die Frage der Verjährung von Einlageforderungen bei der GmbH. Nach bisherigem Recht galt hierfür die dreißigjährige Frist des § 195 a.F.[13] Eine Anwendung der neuen regelmäßigen Verjährungsfrist des § 195 ist allerdings nicht sachgerecht; sie führt überdies im Recht der GmbH zu schwerwiegenden Wertungswidersprüchen.[14] In der Literatur wird daher vorgeschlagen, die zehnjährige Verjährungshöchstfrist des § 199 Abs. 4 im Wege teleologischer Reduktion des § 195 heranzuziehen.[15]

Dagegen richten sich aber **dogmatische Bedenken**: Extrapoliert man die geschilderte Aussage auf die Verjährung anderer außerhalb des BGB geregelter Ansprüche, führte dies zu einer Konzeption objektiver Verjährungsregeln, die in Abhängigkeit von der Anspruchsgrundlage nach dem Vorbild des § 199 Abs. 2–4 einen statischen Verjährungseintritt in zehn bzw. dreißig Jahren vorsehen würden. Eine derartige „Rosinentheorie" erscheint dogmatisch kaum haltbar.[16] Denn die Höchstfristen des § 199 sind eingebunden in die komplexe Systematik der Regelverjährung als ganzer und können nicht aus dieser herausgelöst zu einer eigenständigen, von der subjektiven Komponente des § 199 Abs. 1 unabhängigen Verjährungsregelung ausgebaut werden. Der Gesetzgeber hat in §§ 195, 199 bewusst ein gemischt subjektiv-objektives Verjährungssystem geschaffen, aus dem nicht willkürlich Teile isoliert werden können. Der Versuch, aus den Höchstfristen der § 199 Abs. 2–4 eine eigenständige objektive Verjährungsvorschrift zu konzipieren, konterkariert den Willen des Gesetzgebers, der sich im Anwendungsbereich der neuen Regelverjährung bewusst gegen eine rein objektive Anknüpfung entschieden hat.[17] Die Anwendung der §§ 195, 199 kann daher nur in ihrer Gesamtheit erfolgen oder muss in eben dieser ausscheiden.

Vorzugswürdig ist daher auch weiterhin die Anwendung einer **dreißigjährigen Verjährungsfrist** auf der Grundlage des in § 197 Abs. 1 zum Ausdruck kommenden Regelungsgedankens (siehe dazu § 194 Rn 14).[18]

Mittlerweile führt das am **15.12.2004** in Kraft getretene VerjAnpG das Problem einer gesetzgeberischen Lösung zu. Der Gesetzgeber befürchtete, dass die Rechtspraxis sich für die Geltung der dreißigjährigen Regelverjährungsfrist (§§ 195, 199) für Einlageforderungen entscheidet. Dieses Ergebnis hält er für unbillig (zu den Gründen siehe bereits Rn 21). Daher ordnet er jetzt mit **§ 19 Abs. 6 GmbHG n.F.** eine **zehnjährige Verjährungsfrist** für den Anspruch der Gesellschaft auf Leistung der Einlage ab Entstehung an.[19]

bb) Verjährung von Prospekthaftungsansprüchen. Für die Verjährung von Prospekthaftungsansprüchen differenzierte die Rechtsprechung des BGH danach, ob es sich um Ansprüche handelte, die aus der Beteiligung an einer **Publikumsgesellschaft** resultierten (dann sechs Monate von der Kenntnis des Prospektmangels an, höchstens nach drei Jahren[20]) oder ob es sich um sog. **Bauherrenmodelle** handelte (dann dreißig Jahre[21]). Auch hier ist nach den bei § 194 Rn 11 ff. genannten Grundsätzen zu prüfen, ob diese Rechtsprechung noch aufrechterhalten werden sollte oder ob für eine Anwendung der Regelverjährung der §§ 195, 199 Raum ist.[22]

cc) Verjährung von öffentlich-rechtlichen Ansprüchen. Zur entsprechenden Anwendung des § 195 auf öffentlich-rechtliche Ansprüche siehe § 194 Rn 16 ff.

---

13 Ganz überwiegende Ansicht, s. nur BGHZ 118, 83, 101 (zur Parallelfrage bei der AG); OLG Koblenz BB 1989, 451, 452; LG Bonn GmbHR 1989, 378, 379; *Brinkmann*, NZG 2002, 855 m.w.N.
14 *Roth/Altmeppen/Roth*, GmbHG, 4. Aufl. 2003, § 9 Rn 10; *Brinkmann*, NZG 2002, 855, 857–859; *Schockenhoff/Fiege*, ZIP 2002, 917, 918–920; *Altmeppen*, DB 2002, 514, 516; *Müller*, ZGS 2002, 280.
15 So *Schockenhoff/Fiege*, ZIP 2002, 917, 920; *Altmeppen*, DB 2002, 514, 515.
16 Vgl. auch *Mansel/Budzikiewicz*, Jura 2003, 1, 3. Eine andere methodische Kritik findet sich bei *Brinkmann*, NZG 2002, 855, 858 f.
17 Ebenso *Pentz*, GmbHR 2002, 632, 636 f.; ähnlich *Schnorr*, DStR 2002, 1269, 1270.
18 So im Erg. auch *Brinkmann*, NZG 2002, 855, 858 f. A.A. *Pentz*, GmbHR 2002, 225, 230 sowie *Dahl*, NZI 2003, 428 f. (Unverjährbarkeit).
19 Art. 13 Nr. 2 VerjAnpG fügt § 19 GmbHG einen entspr. Abs. 6 an; dazu und zu den übergangsrechtlichen Fragen siehe näher *Mansel/Budzikiewicz*, Verjährungsanpassungsgesetz: Neue Verjährungsfristen, insbesondere in der Anwaltshaftung und im Gesellschaftsrecht, NJW 2005 (im Erscheinen).
20 BGH NJW 2002, 1711 m.w.N.
21 BGHZ 126, 166, 171 ff.
22 Vgl. *Lux*, NJW 2003, 1966, 1967, der nunmehr stets §§ 195, 199 anwenden will. Zur Verjährung von Anlegeransprüchen gegen Anlagevermittler und Anlageberater *Besch/Kiene*, DB 2004, 1819.

III. Besondere Verjährungsfristen

25 **1. Vorrang der besonderen Fristen.** Besondere gesetzliche Verjährungsfristen sind immer noch zahlreich. Sie gehen § 195 stets vor. Nach § 200 beginnt die Verjährungsfrist von Ansprüchen, die nicht der regelmäßigen Verjährungsfrist unterliegen, mit der Entstehung des Anspruchs, soweit nicht ein anderer **Verjährungsbeginn** bestimmt ist. Ein anderer Verjährungsbeginn ist etwa in den §§ 548 Abs. 1 S. 2, 591b Abs. 2 und 3, 604 Abs. 5, 651g Abs. 2 S. 2, 695 S. 2, 696 S. 3 (siehe weiter § 200 Rn 4) festgelegt.

26 **2. Verjährungsvereinbarungen.** Verjährungsvereinbarungen, welche Fristen abkürzen oder verlängern oder den Fristenverlauf abweichend regeln, sind im Rahmen des § 202 in weiterem Umfang als nach bisherigem Recht möglich (siehe dort Rn 3 ff.). Einschränkungen ergeben sich unter anderem beim Verbrauchsgüterkauf (§ 475 Abs. 2) und dem Reisevertrag (§ 651m[23]).

27 **3. Neu geschaffene oder veränderte Sonderfristen.** Durch das Schuldrechtsmodernisierungsgesetz neu geschaffen oder verändert wurden die besonderen Verjährungsfristen der nachfolgenden Vorschriften:
- § 196 (Rechte an einem Grundstück: zehn Jahre)
- § 197 Abs. 1 (Herausgabeansprüche aus dinglichen Rechten, familien- und erbrechtliche Ansprüche, titulierte und vollstreckbare Ansprüche: dreißig Jahre)
- § 197 Abs. 2 (Ansprüche auf wiederkehrende Leistungen und Unterhaltsansprüche[24])
- § 438 (kaufrechtliche Mängelansprüche: dreißig, fünf oder zwei Jahre)
- § 479 (Rückgriffsansprüche beim Verbrauchsgüterkauf: zwei Jahre)
- § 634a (werkvertragliche Mängelansprüche: fünf oder zwei Jahre)
- § 651g (reisevertragliche Mängelansprüche: zwei Jahre)
- § 852 (deliktischer Bereicherungsanspruch: zehn oder dreißig Jahre).

Art. 3 des Gesetzes zum **CISG** (Übereinkommen der Vereinten Nationen vom 11.4.1980 über Verträge über den internationalen Warenverkauf) wurde der Neuregelung der kaufrechtlichen Gewährleistungsverjährung angepasst.

Die Ausschlussfrist des § 612 Abs. 1 HGB a.F. für Ansprüche aus Seefrachtverträgen und Konnossementen wurde in eine neue Verjährungsfrist (**§ 612 Abs. 1 HGB**) umgewandelt.

Neu geschaffen wurde § 18a Gesetz zur Verbesserung der **betrieblichen Altersversorgung (BetrAVG)**. Danach verjährt der Anspruch auf Leistungen aus der betrieblichen Altersversorgung in dreißig Jahren. Diese lange Verjährungsfrist kann nach § 17 Abs. 3 BetrAVG durch Tarifvertrag und Betriebsvereinbarung abbedungen werden. Ansprüche auf regelmäßig wiederkehrende Leistungen der betrieblichen Altersversorgung unterliegen gemäß § 18a S. 2 BetrAVG der Regelverjährung der §§ 195, 199. Das deckt sich inhaltlich mit der bürgerlich-rechtlichen Regelung des § 197 Abs. 2 für wiederkehrende Leistungen. Die Regelung des § 18a BetrAVG entspricht der bisherigen ständigen Rechtsprechung des BAG, die zwischen dem Rentenstammrecht und den Einzelansprüchen auf regelmäßig wiederkehrende Leistungen unterschieden hat.

28 Die bisherigen Sonderverjährungsfristen der §§ 196, 197, 786, 852 Abs. 1, 1615l Abs. 4 BGB a.F.; § 51a WiPO; §§ 33 Abs. 3, 141 PatG a.F.; § 24c GebrauchsmusterG a.F.; § 9 HalbleiterschutzG a.F.; § 102 UrheberG a.F.; § 14a GeschmacksmusterG a.F.; § 37c SortenSchutzG a.F.; § 20 MarkenG a.F.; § 117 Abs. 2 BBerG wurden **aufgehoben**. An ihre Stelle tritt § 195 (Rn 4) bzw. bei den anderen Gesetzen als dem BGB ein Verweis auf die §§ 194 ff. und damit vor allem auf § 195. Durch die Aufhebung des § 1615l Abs. 4 a.F. werden Unterhaltsansprüche der nicht verheirateten Mütter mit denjenigen verheirateter oder geschiedener Mütter gleichbehandelt. Sie werden jetzt gemäß § 197 Abs. 2 (§ 197 Rn 78) der regelmäßigen Verjährung (§ 195) unterstellt.

29 **4. Weitergeltende Sonderfristen.** Die folgenden **Vorschriften des BGB** bestimmen besondere Verjährungsfristen und gelten **unverändert** weiter (die Liste ist nicht abschließend): §§ 548,[25] 591b, 606, 801, 804 Abs. 1 S. 3, 1028, 1057, 1226, 1302, 1378 Abs. 4, 1390 Abs. 3 S. 2, 2287 Abs. 1 und 2332.

30 Die schon bisher **außerhalb des BGB** geregelten Verjährungsfristen gelten ganz überwiegend **unverändert** weiter (siehe aber bereits vor §§ 194–218 Rn 3). Zu nennen sind beispielsweise:[26]

---

[23] Gemäß Art. 1 Nr. 4 und 5 des Zweiten Gesetzes zur Änderung reiserechtlicher Vorschriften vom 23.7.2001 (BGBl I S. 1658) ist ein neuer § 651l eingefügt und der bisherige § 651l zu § 651m geworden.

[24] Zu Unterhaltsansprüchen s. bereits § 194 Rn 30 ff.

[25] § 548 Abs. 3 (Fassung v. 1.9.2001) mit dem Verweis auf § 477 Abs. 2 S. 2, 3 und Abs. 3 a.F. wurde ersatzlos gestrichen.

[26] S. die (nur zum kleinen Teil veraltete) Zusammenstellung bei *Peters/Zimmermann*, S. 149 ff.; s. ferner die Übersicht bei Soergel/*Niedenführ*, § 195 Rn 10; MüKo/*Grothe*, § 195 Rn 14–30; Staudinger/*Peters*, § 195 Rn 45–56.

Regelmäßige Verjährungsfrist § 195

- §§ 61 Abs. 2, 88,[27] 439 Abs. 1, 452b Abs. 2 S. 2, 463, 475a, 902 Abs. 1,[28] 905 Abs. 1 HGB; §§ 117, 118 BinSchG[29]
- § 12 ProdHaftG; § 90 AMG; § 32 AtG
- § 51b BRAO;[30] § 68 StBerG; § 45b PatAnwO (zur Aufhebung dieser Vorschriften siehe sogleich Rn 31)
- § 37a,[31] 37b Abs. 4, 37c Abs. 4 WpHG
- § 12 Abs. 1 S. 2 VVG; § 3 Nr. 11 S. 2 PflVersG
- § 146 Abs. 1 InsO.[32]

Unverändert weiter gilt auch Art. 13 Anlage zu § 664 HGB,[33] der eine zweijährige Verjährung der Ansprüche gegen den Seebeförderer wegen Personen- und Gepäckschäden vorsieht. Art. 13 verdrängte § 852 Abs. 1 a.F.,[34] nach neuem Recht ist Art. 13 als *lex specialis* zu § 195 anzusehen.

Das **Gesetz zur Anpassung von Verjährungsvorschriften** an das Gesetz zur Modernisierung des Schuldrechts vom 9.12.2004 (**VerjAnpG**),[35] das am 15.12.2004 in Kraft getreten ist (BGBl I S. 3214), sieht allerdings eine weitere Harmonisierung der bürgerlich-rechtlichen Verjährungsvorschriften vor. Durch das Gesetz werden u. a. folgende Normen aufgehoben: § 51b BRAO (Art. 4 Nr. 1 VerjAnpG), § 68 StBerG (Art. 16 Nr. 2 VerjAnpG), § 45b PatAnwO (Art. 15 Nr. 1 VerjAnpG), §§ 88, 905 HGB (Art. 9 Nr. 2, 6 VerjAnpG), § 90 AMG (Art. 1 VerjAnpG). Die Aufhebung der §§ 37a, 37b Abs. 4 WpHG, die noch im Referentenentwurf vom 5.3.2004 vorgesehen war, wurde im VerjAnpG nicht verwirklicht. 31

Zu aufgehobenen oder veränderten Sonderverjährungsnormen (die durch einen Verweis auf die §§ 194 ff., insbesondere auf § 195 ersetzt wurden) siehe Rn 28. 32

Einige Gesetze **verweisen** für die Verjährung noch **unspezifisch** auf die für die Verjährung unerlaubter Handlungen geltenden Verjährungsvorschriften des Bürgerlichen Gesetzbuchs. Da es neben dem sehr speziellen § 852 keine besonderen Normen des BGB für die Deliktverjährung mehr gibt, sind die entsprechenden Verweise als Verweise auf die §§ 194 ff., insbesondere auf §§ 195, 203 und 852 zu lesen. Das gilt insbesondere für: 33

- § 32 Abs. 8 GenTG
- § 17 UmweltHG
- § 11 HPflG
- § 14 StVG
- § 8 Abs. 6 BDSG
- § 39 LuftVG

5. Sonstige Neuregelungen. Die folgenden Neuregelungen enthalten keine Neubestimmung besonderer Verjährungsfristen, sondern sie betreffen entweder andere Verjährungsaspekte als die Verjährungsfristen oder sie betreffen Ausschlussfristen, auf welche einzelne Vorschriften der §§ 194 ff. analog angewandt werden. Verjährungsrechtliche Neuregelungen, welche **Ausnahmen zu** einzelnen Vorschriften der **§§ 194–218** darstellen, werden nur bei den geänderten Vorschriften nachgewiesen. 34

Redaktionelle Änderungen betreffen unter anderem die folgenden Normen, in welchen auf einzelne Vorschriften der §§ 194–218 verwiesen wird:
- Anfechtungs- und Ausschlussfristen: §§ 124 Abs. 2 S. 2, 1002 Abs. 2, 1170 Abs. 1 S. 1, 1317 Abs. 1 S. 3, 1600b Abs. 6 S. 2, 1762 Abs. 2 S. 3, 1944 Abs. 2 S. 3, 1954 Abs. 2 S. 2, 2082 Abs. 2 S. 2, 2283 Abs. 2 S. 2.
- Andere Normen: § 425 Abs. 2 (siehe dort), § 802 S. 3 (siehe dort), § 813 Abs. 1 S. 2 (siehe dort), § 1903 Abs. 1 S. 2, § 1997.[36]

Bei der **Ersitzung** wurde die Hemmung und Unterbrechung der Ersitzung neu geregelt (§§ 939, 941).

Redaktionelle Anpassungen an das neue Verjährungsrecht enthalten unter anderem die nachfolgenden Vorschriften **anderer Gesetze**: 35
- § 691 Abs. 2 ZPO
- §§ 27 Abs. 2 S. 2, 139 Abs. 3 S. 2, 159 Abs. 4 HGB

---

27 Zum Anwendungsbereich dieser Vorschrift *Emde*, DB 2003, 981.
28 Zu § 902 HGB s. AG Flensburg NJW-RR 2001, 1180, 1181 f.
29 Vgl. hierzu *Koller*, TranspR 2004, 24.
30 Vgl. hierzu *J. Bruns*, BB 2003, 1347 sowie *Mansel*, NJW 2002, 418. Einen Überblick über die Regelung in anderen europäischen Rechtsordnungen gibt *Benn-Ibler*, in: FS Welser 2004, S. 55 ff.
31 Vgl. dazu KG ZIP 2004, 1306; *Hackenberg/Roller*, VuR 2004, 46.
32 Hierzu *H.-P. Kirchhof*, WM 2002, 2037.
33 Zu der Norm s. AG Flensburg NJW-RR 2001, 1180, 1181 f.
34 AG Flensburg NJW-RR 2001, 1180, 1181 f.
35 BT-Drucks 15/4060; vgl. hierzu *Thiessen*, ZHR 168 (2004), 503.
36 Hierzu *Siegmann*, ZEV 2003, 179.

- §§ 45 Abs. 1, Abs. 2 S. 2, Abs. 3, 133 Abs. 3, Abs. 4 S. 2, Abs. 5, 157 Abs. 1, Abs. 2 S. 2, Abs. 3, 224 Abs. 2, Abs. 3 S. 2, Abs. 4 UmwG
- Art. 53 ScheckG, Art. 71 WechselG
- § 3 Nr. 3 S. 4 PflVersG
- § 66 Abs. 1 S. 1 SchiffsRG
- § 66 Abs. 1 S. 1 LuftfzRG.

36 **Neuregelungen** der Verjährung enthalten: § 5 Abs. 1–3 GKG, § 17 Abs. 1–3 KostO, § 8 Abs. 1–3 GvKostG, § 2 Abs. 3 und 4 JVEG.

IV. Einzelfragen

37 **1. Anspruchsqualifikation.** Um die einschlägige Sonderverjährungsnorm zu ermitteln, ist der einzelne Anspruch (§ 194 Rn 2), dessen Verjährung geprüft wird, zu qualifizieren. Das gilt auch bei Ansprüchen, die in **gemischten Verträgen** wurzeln. Auch hier ist der einzelne Anspruch und nicht der Vertrag als Ganzes zu qualifizieren.[37]

38 **2. Zusammentreffen mehrerer Verjährungsfristen. a) Grundsatz.** In Einzelfällen können auf einen Anspruch mehrere Verjährungsfristen zugleich anwendbar sein (siehe etwa § 196 Rn 32 f.). Im bisherigen Recht konnte es zu einer solchen Fristenkumulation leichter kommen, da sich insbesondere die Anwendungsbereiche der §§ 196 und 197 a.F. überschnitten. Diese Kumulationen können infolge der Aufhebung beider Vorschriften nicht mehr auftreten. Soweit sich andere Fristenkumulationen ergeben, ist durch **Auslegung** der Normen zu ermitteln, welcher Norm das umfassendere Gestaltungsprinzip zugrunde liegt, das sich dann durchsetzen muss.[38]

39 **b) Berufsbezogene und sachbezogene Fristen.** Ein Zusammentreffen berufs- und sachbezogener Fristen ist nach der Aufhebung von § 51b BRAO, § 45b PatAnwO und § 68 StBerG durch das am 15.12.2004 in Kraft getretene VerjAnpG (siehe Rn 31) für die genannten Berufe ausgeschlossen.[39] Im Folgenden wird die Behandlung von Altfällen dargestellt. Berufsbezogene Verjährungsbestimmungen galten für den **Berufsangehörigen**, soweit seine anspruchsbegründende Tätigkeit in innerem Zusammenhang mit seiner Berufsqualifikation stand und sofern die Tätigkeit nicht von jedermann ausgeübt werden könnte.[40]

40 Im Einzelfall konnten sowohl berufsbezogene als auch sachbezogene Verjährungsregeln anwendbar sein. So konnten z.B. § 634a einerseits und jeweils § 51b BRAO, § 45b PatAnwO bzw. § 68 StBerG andererseits gleichzeitig heranzuziehen sein (zur Aufhebung dieser Normen durch das VerjAnpG siehe Rn 31).[41] In dem Beispielsfall setzte sich nach **dem bis zum 31.12.2001 geltenden Recht** die sachbezogene Frist des Werkvertragsrechts vor den berufsbezogenen Fristen durch;[42] allerdings war diese Rechtsprechung umstritten.[43] Sie führte regelmäßig zu einer kürzeren Verjährung. Denn nach § 638 a.F. verjährten Mängelansprüche des Bestellers in sechs Monaten ab Abnahme/Vollendung des Werks. Hingegen sahen die genannten berufsbezogenen Fristen im Grundsatz eine dreijährige Verjährung vor, die mit der Anspruchsentstehung begann.

41 Zweifelhaft ist, ob der Vorrang der werkvertraglichen Fristen auch unter **dem vom 1.1.2002 bis zum 14.12.2004 geltenden Recht** gelten kann. Hier würde er zu einer gegenüber den berufsbezogenen Fristen im Regelfall längeren Verjährung führen. Denn nach § 634a Abs. 1 Nr. 3 ist die dreijährige Regelverjährung der §§ 195, 199 anzuwenden, bei welcher die Verjährung erst mit Anspruchsentstehung und Kenntniserlangung (vor §§ 194–218 Rn 5) beginnt. Zwar deckt sich die Fristenlänge des § 634a Abs. 1 Nr. 3 mit derjenigen der berufsbezogenen Fristen. Doch führt der unterschiedliche Verjährungsbeginn meist zu einem späteren Ablauf der werkvertraglichen Frist. Denn die Kenntniserlangung erfolgt regelmäßig später als die Anspruchsentstehung (und regelmäßig auch später als die Auftragsbeendigung), auf welche die berufsbezogenen Fristen abstellen.

---

[37] BGHZ 70, 356, 361; näher Staudinger/*Peters*, § 195 Rn 31.
[38] Hierzu umfassend und überzeugend Staudinger/*Peters*, § 195 Rn 28–31.
[39] Hierzu *Mansel/Budzikiewicz*, NJW 2005 (im Erscheinen).
[40] Staudinger/*Peters*, § 195 Rn 29.
[41] Staudinger/*Peters*, § 195 Rn 29.
[42] BGH NJW 1965, 106; vertiefend und m. Nachw. des Streitstands zum bisherigen Recht: Staudinger/*Peters*, § 195 Rn 29.
[43] Abl. u.a. *Prütting*, WM 1978, 130, 131; *van Venrooy*, DB 1981, 2364, 2369.

Nach der hier vertretenen Ansicht ist für diese Altfälle stets von einem **Vorrang der berufsbezogenen Verjährungsfristen** auszugehen, denn sie sind spezieller als die allgemeinen werkvertraglichen Fristen.[44] Zudem hat der Gesetzgeber durch die Beibehaltung damalige der speziellen berufsbezogenen Verjährungsfristen deutlich gemacht, dass er die damit verbundene haftungsrechtliche Privilegierung[45] der betroffenen Berufskreise aufrechterhalten möchte.[46] Schließlich hat auch der bisherigen Rechtsprechung mehr oder weniger unausgesprochen die haftungsrechtliche Privilegierung durch Heranziehung der kürzeren Verjährungsfrist zugrunde gelegen.

c) **Zusammentreffen mehrerer berufsbezogener Fristen.** Für Altfälle bis zum 14.12.2004 gilt: War der Schuldner Angehöriger verschiedener Berufe (etwa Rechtsanwalt und Steuerberater), für die unterschiedliche berufsbezogene Verjährungsbestimmungen bestehen (Rn 40), so ist darauf abzustellen, in welcher Berufseigenschaft er nach dem Willen der Parteien tätig werden sollte. Ist das nicht zu klären, so ist auf den Schwerpunkt der anspruchsbegründenden Tätigkeit abzustellen.[47]

3. Gesamtschuld. Bei einer Gesamtschuld gilt für die Verjährung der Grundsatz der **Einzelwirkung** (§ 425); daher kann sich für jeden Gesamtschuldner der Lauf der Verjährungsfrist unterschiedlich entwickeln. Hemmung (§§ 203 ff.), Neubeginn (§§ 212 f.) und Ablaufhemmung (§§ 208 ff.) sind für jeden Gesamtschuldner getrennt zu betrachten. § 425 wurde durch das SchuldRModG nicht erfasst. Insoweit gilt die Rechtsprechung zum bisherigen Recht[48] im Grundsatz fort; sie ist auf die neuen verjährungsrechtlichen Tatbestände zu übertragen.

4. Änderungen des Anspruchs. Wie nach bisherigem Recht ist auch nach neuem Recht auf den **Zeitpunkt der Anspruchsentstehung** abzustellen, um die einschlägige Verjährungsfrist zu bestimmen.[49] Danach eintretende Sachverhaltsänderungen sind – sofern gesetzlich nichts anderes geregelt ist – unbeachtlich und können nicht zu einem Wechsel der einschlägigen Fristennorm führen. Das gilt auch bei einem Wechsel in der Person des Gläubigers wie des Schuldners (dazu und zu Ausnahmen siehe bei § 199).

Ein **deklaratorisches Schuldanerkenntnis**[50] als solches führt daher nicht zu einer Änderung der einschlägigen Verjährungsfrist (zur Fristenänderung siehe § 212 Rn 11). Das deklaratorische Schuldanerkenntnis schafft keine neuen Ansprüche, die eigenständig verjähren könnten.

Gleiches gilt zwar grundsätzlich für einen **außergerichtlichen Vergleich**, sofern seine Auslegung nichts anderes ergibt.[51] Das kann der Fall sein, sofern durch den Vergleich eine neue Rechtsgrundlage für die nunmehr mit ihr eingegangenen Verpflichtungen geschaffen wurde. In diesem Falle verjährt der Anspruch aus dem Vergleich eigenständig[52] in der Regelverjährungsfrist.[53]

Eine Schuldumschaffung (**Novation**) ersetzt das Schuldverhältnis durch ein neues. Für dieses gilt eine neue Verjährungsfrist mit neuem Fristbeginn. Regelmäßig verjährt die neue Forderung nach §§ 195, 199. Beispiele:[54] Anerkennung eines Kontokorrentsaldos, Anerkennung der Saldoforderung aus einem Kreditkartenvertrag.[55]

Eine neue Verjährungsfrist gilt auch für den Anspruch aus einem **abstrakten Schuldanerkenntnis**, da der Anspruch selbständig begründet wird.[56]

---

44 Vgl. *Mansel*, NJW 2002, 418, 419; so auch Soergel/*Niedenführ*, § 195 Rn 24; Palandt/*Heinrichs*, § 195 Rn 16; Henssler/Prütting/*Prütting*, BRAO, 2. Aufl. 2004, § 51b BRAO Rn 16; *Feuerich/Weyland*, BRAO, 6. Aufl. 2003, § 51b BRAO Rn 7; a.A. Staudinger/*Peters*, § 195 Rn 29 mit im Vergleich zu § 638 a.F. unveränderter Argumentation.

45 Zur haftungsrechtlichen Privilegierung der rechtsberatenden Berufe als gesetzgeberisches Grundprinzip im bisherigen Recht *Piekenbrock*, S. 309, 332.

46 S. aber auch *Piekenbrock*, S. 309, 332, der vermutet, diese Zurückhaltung des Gesetzgebers beruhe entweder auf Zeitnot (so auch *Zimmermann/Leenen/Mansel/Ernst*, JZ 2001, 684, 687) oder auf Rücksichtnahme gegenüber einer für die allgemeine Akzeptanz des SchuldRModG wichtigen Berufsgruppe.

47 Staudinger/*Peters*, § 195 Rn 30 mit zahlr. Nachw.
48 S. etwa Palandt/*Heinrichs*, § 425 Rn 6.
49 S. dazu Soergel/*Niedenführ*, § 195 Rn 51; Palandt/*Heinrichs*, § 195 Rn 14; Staudinger/*Peters*, § 195 Rn 21 ff., jeweils m.w.N.
50 Vgl. Staudinger/*Peters*, § 195 Rn 22 m.w.N.; MüKo/*Grothe*, § 195 Rn 32.
51 Staudinger/*Peters*, § 195 Rn 22 m.w.N.; s. näher BGH WM 1979, 205; LAG Berlin MDR 1999, 168.
52 BGH WM 1979, 205, 206.
53 A.A. BGH WM 1979, 205, 206: Verjährungsfrist des ursprünglichen Anspruchs läuft für den Anspruch aus dem Vergleich neu.
54 Vgl. dazu Staudinger/*Peters*, § 195 Rn 23 m.w.N.
55 Beide strittig, s. *Gernhuber*, Die Erfüllung und ihre Surrogate, 2. Aufl. 1994, § 18, 10, S. 413 f.
56 Palandt/*Sprau*, § 780 Rn 8; ausf. hierzu *Schmidt-Burgk/Ludwig*, DB 2003, 1046.

50 Handelt es sich um ein **titelersetzendes** (abstraktes oder deklaratorisches[57]) Anerkenntnis, so setzt dies die dreißigjährige Verjährungsfrist des § 197 Abs. 1 Nr. 4, 5 in Lauf (siehe § 197 Rn 59).[58] Hierbei müssen die Voraussetzungen des § 212 Abs. 1 Nr. 1 erfüllt sein (siehe dazu § 212 Rn 10 ff.).

51 Ein **Prozessvergleich** führt zu der dreißigjährigen Verjährungsfrist des § 197 Abs. 1 Nr. 3.

52 Eine **Abtretung** des Anspruchs ändert nichts am Lauf der Verjährung, da der Anspruch selbst unverändert bleibt.[59]

53 **5. Verjährung von Nebenleistungsansprüchen.** Nach § 217, der § 224 a.F. entspricht, verjährt mit dem Hauptanspruch zugleich der Anspruch auf die von ihm abhängenden Nebenleistungen, auch wenn die für diesen Anspruch geltende besondere Verjährung noch nicht eingetreten ist (siehe § 217).

54 **6. Anspruchskonkurrenz. a) Grundsatz.** Verwirklicht ein Tatbestand mehrere Anspruchsgrundlagen, so kann eine Klage erst dann abgewiesen werden, wenn keine davon den geltend gemachten Anspruch trägt. Es stellt sich die Frage, in welchem Verhältnis die auf die einzelnen Ansprüche anzuwendenden Verjährungsvorschriften stehen.[60] Rechtsprechung und Lehre gehen im Grundsatz von einer **freien Anspruchskonkurrenz** aus, so dass jeder Anspruch in der hierauf geltenden Frist verjährt.[61] Durch die weitgehende Angleichung der Verjährungsfristen in §§ 195, 199 hat die Thematik an Bedeutung verloren. Sie spielt vor allem noch bei der Konkurrenz zwischen vertraglichen und deliktischen Ansprüchen eine Rolle.

55 **b) Insbesondere: Vertrag und Delikt.** Vor allem im Kaufrecht hatte diese Auffassung zur Folge, dass dem Käufer bei Ansprüchen aus Gewährleistung, die zugleich den Tatbestand des § 823 erfüllten, die im Vergleich zu § 477 a.F. wesentlich günstigere Regelung des § 852 a.F. zugute kam. Nicht zuletzt auf diesen Erwägungen beruht die Rechtsprechung zum „Weiterfresserschaden", bei dem Schäden ausgeglichen werden sollen, die dadurch entstanden, dass ein fehlerhaftes Einzelteil an einer ansonsten mangelfreien Gesamtsache weitere Schäden verursachte. Lag darin nicht nur eine Verletzung des Äquivalenzinteresses, sondern auch eine solche des Integritätsinteresses, so konnte der Käufer seinen Schaden aus Deliktsrecht geltend machen.[62]

56 Der **Gesetzgeber** selber hat zu der Frage nicht Stellung genommen, sondern die Lösung ausweislich der Begründung zum Regierungsentwurf bewusst der Rechtsprechung überlassen.[63] Auch aus der Streichung einer Passage der konsolidierten Fassung des § 202 Abs. 2 DiskE,[64] nach der § 438 auf alle Ansprüche „*gleich welcher Art* wegen eines Mangels" erstreckt werden sollte, kann nichts Gegenteiliges entnommen werden.[65] Wie im Falle der Streichung von § 194 Abs. 3 DiskE (dazu vor §§ 194–218 Rn 4) lag dem wohl eher die Tatsache zugrunde, dass aus Zeitmangel nicht sämtliche Konsequenzen einer solchen „Einheitslösung" überprüft werden konnten, als ein planvoller Regelungswille. Aufgrund dieser Indifferenz des Gesetzgebers geht die **h.M.** bislang davon aus, dass die Praxis an ihrer alten Linie der **freien Anspruchskonkurrenz** festhalten wird.[66] Danach gelten die §§ 195, 199 auch für kauf- und werkvertragliche Gewährleistungsansprüche, soweit gleichzeitig ein deliktischer Anspruch gegeben ist.[67]

---

57 BGH NJW 2002, 1791, 1792.
58 BGH NJW 2003, 1524, 1525; 2002, 1878 (noch zu § 218 a.F.); für eine Fortführung dieser Rspr. Palandt/*Heinrichs*, § 195 Rn 14; Erman/*Schmidt-Räntsch*, § 195 Rn 13. Bei regelmäßig wiederkehrenden Leistungen greift allerdings § 197 Abs. 2 mit der Folge, dass die regelmäßige Verjährungsfrist gilt.
59 Vgl. Erman/*Schmidt-Räntsch*, § 194 Rn 25.
60 Zu den Fällen der Gesetzeskonkurrenz Staudinger/*Peters*, § 195 Rn 33.
61 BGHZ 9, 310, 302 f.; 66, 315, 319; 116, 297, 300; BGH BB 2002, 2089, 2091; NJW 2004, 1032, 1033 (noch zum BGB a.F.); so zum BGB n.F. nun auch BGH WM 2004, 1869, 1872; *Gsell*, NJW 2004, 1913, 1915 m.w.N.
62 Vgl. BGHZ 67, 359; 86, 256; 117, 183; 138, 230 sowie BGH JZ 2001, 876.
63 BT-Drucks 14/6040, S. 229: „Sollte die Rechtsprechung angesichts der verbleibenden Unterschiede in Länge und Beginn zwischen der Verjährungsfrist nach der Nummer 3 und der Regelverjährungsfrist an ihrer Rechtsprechung etwa zum ‚weiterfressenden' Mangel festhalten, würde dennoch ein Wertungswiderspruch anders als bisher weitgehend vermieden, weil die dann geltende regelmäßige Verjährung auf ein ausreichendes Maß reduziert wird."
64 Abgedruckt bei *Canaris*, Schuldrechtsmodernisierung 2002, S. 352.
65 So aber *Canaris*, in: E. Lorenz (Hrsg.), Karlsruher Forum 2002: Schuldrechtsmodernisierung, S. 5, 96.
66 *Zimmermann/Leenen/Mansel/Ernst*, JZ 2001, 684, 691, 692; *Tonner/Crellwitz/Echtermeyer*, in: Micklitz/Pfeiffer u.a., Schuldrechtsreform und Verbraucherschutz, 2001, S. 293, 318; *Heinrichs*, BB 2001, 1417, 1420. Die Entscheidung BGH NJW 2004, 1032 ist noch zum alten Recht ergangen.
67 *Canaris*, in: E. Lorenz (Hrsg.), Karlsruher Forum 2002: Schuldrechtsmodernisierung, S. 5, 58, 97; *Reinicke/Tiedtke*, Kaufrecht, 7. Aufl. 2004, Rn 662, 952; Soergel/*Niedenführ*, § 195 Rn 44, 46; MüKo/*Grothe*, § 195 Rn 47–50; Palandt/*Heinrichs*, § 195 Rn 9; Erman/*Schmidt-Räntsch*, § 195 Rn 17; *Wagner*, JZ 2002, 475, 478 ff.; *Gsell*, NJW 2004, 1913, 1915 m.w.N.; *Schulze/Ebers*, JuS 2004, 462, 465 m.w.N.; *R. Koch*, AcP 203 (2003), 603, 618–620; offener Bamberger/*Roth/Henrich*, § 195 Rn 13; differenzierend Staudinger/*Peters*, § 195 Rn 39–43. Wie die h.M. auch die Kommentierungen bei § 438, § 634a und § 823.

Diese Auffassung ist jedoch **abzulehnen**. Nach der hier vertretenen Auffassung ist von der Erstreckung der Verjährungsregeln der §§ 438, 634a auf konkurrierende Ansprüche aus § 823 auszugehen.[68] Erfüllen die Lieferung einer fehlerhaften Sache oder die Herstellung eines mangelhaften Werks zugleich den Tatbestand der **§§ 823 ff.**, sind die daraus resultierenden Ansprüche grundsätzlich wie die gewährleistungsrechtlichen Ersatzansprüche nach § 437 Nr. 3 der Verjährungsfrist des **§ 438** zu unterstellen.[69] Die §§ 195, 199 finden insoweit keine Anwendung auf die mit Ansprüchen aus § 437 konkurrierenden Deliktsansprüche. Dasselbe gilt für das Verhältnis von werkvertraglichen Mängelansprüchen und konkurrierenden Deliktsansprüchen.[70]

Für die hier vertretene **Anwendung des § 438 auf konkurrierende Deliktsansprüche** spricht, dass der Gesetzgeber mit § 438 eine Regelung gefunden hat, die das Interesse des Käufers an einer ausreichend bemessenen Frist zur Geltendmachung von Mängelansprüchen und dasjenige des Verkäufers an einer raschen Abwicklung von Gewährleistungsansprüchen gut austariert. Diese Wertung soll nicht durch die Anwendung der §§ 195, 199 unterlaufen werden. Die Vertreter der bisherigen und auch nach neuem Recht herrschenden Ansicht haben durch die Schuldrechtsreform in wesentlichen Teilen ihre argumentativen Stützen verloren. Konnte früher darauf abgestellt werden, dass die kurze Frist des § 477 a.F. lediglich für die verschuldensunabhängigen Rechtsbehelfe der Wandlung, Minderung und Nachlieferung konzipiert worden sei und einer ergänzenden Anwendung der (verschuldensabhängigen) §§ 823 ff. daher nicht entgegenstehe, ist diese Begründung nach In-Kraft-Treten der Schuldrechtsreform nicht länger tragfähig. Im Gegensatz zur bisherigen Rechtslage besitzt § 438 Abs. 1 nunmehr auch im Hinblick auf verschuldensabhängige Schadensersatzansprüche (§ 437 Nr. 3) unmittelbar Gültigkeit. Dabei wird nicht nur der eigentliche Mangelschaden, sondern auch der Mangelfolgeschaden ausdrücklich mit einbezogen, so dass nach h.M. § 438 auch Verletzungen des Integritätsinteresses umfasst.[71] Siehe näher dazu bei § 438.

Hiergegen kann auch nicht eingewandt werden, dass der Käufer durch die Anwendung von § 438 unbillig benachteiligt wird.[72] Dass er verjährungsrechtlich schlechter steht als ein vertragsfremder Dritter, liegt in der Natur des Schuldverhältnisses; schließlich hat er sich seinen Vertragspartner selbst ausgesucht.[73] Überdies ist der Käufer einer gewöhnlich für den privaten Ge- oder Verbrauch bestimmten Sache ausreichend durch das insoweit vorrangige ProdHaftG geschützt (siehe dazu sogleich Rn 62). Soweit in diesem Zusammenhang argumentiert wird, die hier vertretene Ansicht führe dazu, dass der Hersteller nach Ablauf von zwei Jahren de facto von seiner Produktbeobachtungspflicht entbunden wäre,[74] so ist dem entgegenzuhalten, dass zum einen aus wirtschaftlicher Sicht jedenfalls bei fortlaufend über einen längeren Zeitraum hergestellten Serienprodukten keinesfalls eine Vernachlässigung der Produktbeobachtungspflicht angezeigt ist und zum anderen eine solches Verhalten auch über Schadensersatzansprüche aus dem ProdHaftG sanktioniert würde.

Der Wertungswiderspruch, der zutage tritt, wenn die freie Anspruchskonkurrenz auch weiterhin zugelassen wird, erscheint noch eklatanter, wenn man die **„Weiterfresserproblematik"** in den Blick nimmt. Die Behandlung dieser Fallkonstellationen auf der Ebene des Verjährungsrechts war schon bisher nur eine Hilfslösung. Richtigerweise sollte die Frage bereits auf der Ebene der Anspruchsbegründung behandelt werden.[75] Dabei sprechen die besseren Argumente dafür, die Ausbreitung des Mangels innerhalb der Kaufsache nicht als Eigentumsverletzung zu qualifizieren, sondern von Anfang an eine fehlerhafte Gesamtlieferung

---

68 Vgl. näher *Mansel/Budzikiewicz*, § 5 Rn 138 ff.
69 *Piekenbrock*, S. 309, 331; wohl auch *Foerste*, ZRP 2001, 342 f.; *ders.*, JZ 2001, 560 f.; ähnlich zum Werkvertragsrecht *H. Roth*, JZ 2001, 543, 544; *Geiger*, JZ 2001, 473, 474, der davon ausgeht, dass die Rspr. zur „Weiterfresserproblematik" durch die Reform überholt ist. Wie hier auch *Rebhahn*, in: FS Welser 2004, S. 849, 861 sowie *Fuchs*, Deliktsrecht, 4. Aufl. 2003, S. 203 f. Zur Gegenmeinung s. sogleich im Text.
70 Umstritten ist auch, ob § 51b BRAO auf etwaige konkurrierende deliktische Ansprüche anzuwenden ist. Dies bejaht die h.M. jedenfalls für den Fall, dass sich ein berufstypisches Risiko realisiert hat, vgl. etwa OLG Hamm NJW-RR 2001, 1142, 1143 m.w.N.; *Feuerich/Weyland*, BRAO, 6. Aufl. 2003, § 51b BRAO Rn 8; dagegen *Henssler/Prütting/Prütting*, BRAO, 2. Aufl. 2004, § 51b BRAO Rn 15.
71 Vgl. MüKo/*Ernst*, § 280 Rn 72; Palandt/*Putzo*, § 438 Rn 11; Erman/*Grunewald*, § 438 Rn 1; Bamberger/Roth/*Faust*, § 438 Rn 9; *Medicus*, BR, Rn 333; *Reinicke/Tiedtke*, Kaufrecht, 7. Aufl. 2004, Rn 659 f.; *Lorenz/Riehm*, Lehrbuch zum neuen Schuldrecht, 2002, Rn 359 f., *Gsell*, JZ 2002, 1089 ff.; *Foerste*, ZRP 2001, 342; *Westermann*, NJW 2002, 241, 250; a.A. *Canaris*, ZRP 2001, 329, 335 f.; *ders.*, in: E. Lorenz (Hrsg.), Karlsruher Forum 2002: Schuldrechtsmodernisierung, S. 5, 98; *Wagner*, JZ 2002, 475, 478 f.; *ders.*, JZ 1092 ff.; *Brüggemeier*, WM 2002, 1376, 1381 f.
72 So *Canaris*, in: E. Lorenz (Hrsg.), Karlsruher Forum 2002: Schuldrechtsmodernisierung, S. 5, 97.
73 In der Wertung im Grundsatz anders BGH NJW-RR 1993, 1113, 1114; KG WM 2004, 1872, 1874 f.: Verjährungserstreckung nur, soweit das Integritätsinteresse des Käufers völlig deckungsgleich mit seinem Äquivalenzinteresse ist.
74 So *R. Koch*, AcP 203 (2003), 603, 620.
75 Vgl. *Mansel*, S. 333, 389.

anzunehmen.[76] Würde dementsprechend die materiellrechtliche Konstruktion eines besonderen Begriffs der Eigentumsverletzung künftig aufgegeben, entfiele auch das verjährungsrechtliche Problem. Doch selbst wenn man mit der bislang herrschenden Meinung weiterhin eine Eigentumsverletzung bejahen wollte,[77] vermag das Lösungskonstrukt zu den „weiterfressenden" Mängeln nicht mehr zu überzeugen. So hat der Gesetzgeber die diesbezügliche Rechtsprechung u.a. als Anlass dafür genommen, die kaufrechtlichen Gewährleistungsfristen zu verlängern.[78] Die nunmehr gültige Frist von zwei Jahren stellt sich dabei als Kompromiss dar: Sie soll sowohl den Interessen des Käufers gerecht werden als auch den Schutz der Wirtschaft vor unkalkulierbarer Haftung gewährleisten. Dieser Schutz würde nun aber ad absurdum geführt, wenn die Verjährungsfrist des § 438 Abs. 1 Nr. 3 weiterhin durch die Anwendung des Deliktsrechts umgangen werden könnte. Hinzu kommt, dass nicht einsichtig ist, warum für irreparable Fehler und gänzlich unbrauchbare Gegenstände weniger streng gehaftet werden soll als für kleine, reparable Fehler, bei denen entsprechend der „Weiterfresser"-Rechtsprechung § 823 Abs. 1 herangezogen werden kann.[79] Unabhängig davon wirft die Neuregelung des Kaufrechts noch ein weiteres Problem auf: Durch die freie Anspruchskonkurrenz zwischen gewährleistungsrechtlicher und deliktischer Haftung würde das vorrangige Recht des Verkäufers zur Nacherfüllung unterlaufen.[80] Eine derartige Vereitelung des Nachbesserungsrechts hat der BGH im Rahmen des Werkvertragsrechts jedoch bereits als *contra legem* bewertet und abgelehnt.[81]

61 Angesichts der Friktionen, die bei einer Beibehaltung der bisherigen Handhabung der Anspruchskonkurrenz auftreten, sollten daraus die **Konsequenzen** gezogen und von einer uneingeschränkten Haftung des Verkäufers aus unerlaubter Handlung neben Schadensersatzansprüchen nach § 437 Nr. 3 Abstand genommen werden. Damit wird vor allem die bisherige Rechtsprechung zur Problematik der „Weiterfresserschäden" obsolet. Erfasst sind darüber hinaus aber auch solche Schäden, die nicht an der Kaufsache selber, sondern an anderen Rechtsgütern des Käufers entstehen – zumindest soweit es sich um Sachschäden handelt (siehe sogleich Rn 63). Darin liegt keine unbillige Benachteiligung des Käufers – schließlich kann eine Verlängerung der Verjährungsfrist (siehe dazu bei § 202) ohne weiteres zum Gegenstand der Vertragsverhandlungen gemacht werden.

62 Treffen die gewährleistungsrechtlichen Ansprüche nach § 437 Nr. 3 mit dem Anspruch aus § 1 Abs. 1 ProdHaftG zusammen (Rn 59), wird die kurze Frist des § 438 Abs. 1 Nr. 3 allerdings auch weiterhin durch die vorrangige Regelung der **§§ 12, 13 ProdHaftG** verdrängt.[82] Diese setzen Art. 10, 11 der Produkthaftungsrichtlinie[83] in deutsches Recht um und sind daher wegen des Vorrangs des Gemeinschaftsrechts auch dann anzuwenden, wenn es sich um einen eigentlich § 438 Abs. 1 Nr. 3 unterfallenden Gewährleistungsanspruch handelt.

63 **c) Ausnahme.** Davon ist eine Ausnahme zu machen: Sind die besonders schützenswerten Rechtsgüter des Lebens, des Körpers, der Gesundheit und der Freiheit betroffen, kann § 438 Abs. 1 nicht auf deliktische Schadensersatzansprüche erstreckt werden. Zieht die Mangelhaftigkeit der Kaufsache einen Personenschaden nach sich, wäre es unbillig, dessen Konsequenzen alleine dem Käufer aufzuerlegen. Die Regelung des § 438 Abs. 1 soll einen angemessenen Risikoausgleich zwischen den beteiligten Parteien gewährleisten. Das Interesse des Verkäufers, aus dem Rechtsgeschäft nach Ablauf fester Fristen nicht mehr in Anspruch genommen zu werden, ist aber nur so lange schützenswert, als der Käufer hierdurch nicht außer Verhältnis belastet wird. Dabei handelt es sich letztlich um eine Wertungsfrage. Mit der Kodifizierung des § 438 Abs. 1 hat der Gesetzgeber diese grundsätzlich für vertragliche Ansprüche beantwortet. Zieht die Mangelhaftigkeit der Kaufsache **Personenschäden** nach sich, ginge die ausschließliche Anwendbarkeit der kurzen Verjährung auch auf Deliktsansprüche einseitig zulasten des Gläubigers. Diesem kann nicht zugemutet werden, die Folgen einer dauerhaften Behinderung oder gar der Invalidität ausschließlich selber zu tragen. Hierfür spricht auch der Umstand, dass das Leben, der Körper, die Gesundheit und die Freiheit in § 199 Abs. 2 durch eine dreißigjährige absolute Frist in besonderem Maß geschützt werden. In Fällen der vorgenannten Art muss

---

76 Für eine Aufgabe der Rechtsfigur des Weiterfresserschadens u.a. *Mansel/Budzikiewicz*, § 5 Rn 146 ff.; *Grigoleit*, ZGS 2002, 78, 79 f.; *Jauernig/Berger*, § 437 Rn 36; *Bors*, WM 2002, 1780, 1784; *Brüggemeier*, WM 2002, 1376, 1384 f.; weitere Nachw. bei *Schulze/Ebers*, JuS 2004, 462, 465.

77 So *Canaris*, in: E. Lorenz (Hrsg.), Karlsruher Forum 2002: Schuldrechtsmodernisierung, S. 5, 96 f.; *Reinicke/Tiedtke*, Kaufrecht, 7. Aufl. 2004, Rn 951 ff.; *Staudinger*, ZGS 2002, 145, 146; *Schudnagies*, NJW 2002, 396, 400; *R. Koch*, AcP 203 (2003), 603, 615 ff.; *Gsell*, NJW 2004, 1913, 1915.

78 BT-Drucks 14/6040, S. 228.

79 Vgl. auch den Diskussionsbeitrag von *Foerste*, JZ 2001, 560 f.

80 Vgl. *Foerste*, ZRP 2001, 342. Dies erkennt auch die h.M. an, vgl. *R. Koch*, AcP 203 (2003), 603, 613; *Schulze/Ebers*, Jus 2004, 462, 465, jeweils m.w.N.

81 BGH NJW 1998, 2282, 2284; 1986, 922, 924.

82 Vgl. dazu *H. Roth*, JZ 2001, 543, 544; *R. Koch*, AcP 203 (2003), 603, 619 f.

83 Richtlinie 85/374/EWG des Rates v. 25.7.1985.

daher auch weiterhin von der freien Anspruchskonkurrenz zwischen deliktischer und gewährleistungsrechtlicher Haftung ausgegangen werden.[84]

Sollte die Rechtsprechung dem hier vorgeschlagenen Lösungsweg folgen, bleibt allerdings abzuwarten, ob künftig anstelle der bisherigen Lösung über das Deliktsrecht nicht eine weite Auslegung der **Arglistverjährung** (§ 438 Abs. 3) herangezogen wird, um als unbillig empfundene Ergebnisse auch in Zukunft zu vermeiden.[85]

64

C. Weitere praktische Hinweise

Beim **titelersetzenden Schuldanerkenntnis** (Rn 50) sollte von der durch § 202 gewährleisteten Aufhebung des Verbots der Verjährungserschwerung Gebrauch gemacht werden, um klarzustellen, dass eine dreißigjährige Verjährungsfrist in Lauf gesetzt werden soll.[86]

65

§ 196 Verjährungsfrist bei Rechten an einem Grundstück

[1]Ansprüche auf Übertragung des Eigentums an einem Grundstück sowie auf Begründung, Übertragung oder Aufhebung eines Rechts an einem Grundstück oder auf Änderung des Inhalts eines solchen Rechts sowie die Ansprüche auf die Gegenleistung verjähren in zehn Jahren.

Literatur: Siehe vor §§ 194–218.

A. Allgemeines 1	e) Erweiternde Auslegung auf
I. Neuerungen durch das SchuldRModG 1	Besitzverschaffungsansprüche 20
II. Grundregeln des Europäischen	2. Gegenleistungsansprüche 22
Vertragsrechts 5	a) Fristengleichheit 23
B. Regelungsgehalt 6	b) Gegenleistungsverhältnis 24
I. Erfasste Ansprüche 6	c) Fehlen von Gegenleistungsansprüchen 27
1. Leistungsansprüche 6	d) Erfüllte Leistungsansprüche 28
a) Anspruchsinhalt 10	3. Sekundäransprüche 29
b) Grundstücke 11	II. Verjährungsbeginn 31
c) Recht an einem Grundstück 15	III. Konkurrenz mit anderen Ansprüchen 32
d) Natur des Anspruchs 18	

A. Allgemeines
I. Neuerungen durch das SchuldRModG

§ 196 wurde wegen der Absenkung der Regelverjährungsfrist von dreißig auf drei Jahre erforderlich. Die Vorschrift hat keine direkte Entsprechung im bisherigen Recht. Für die von § 196 erfassten Ansprüche galt bisher grundsätzlich die lange, kenntnisunabhängige (siehe zu diesem Begriff vor §§ 194–218 Rn 5) Regelverjährung der §§ 195, 198 S. 1 a.F. An einer längeren, objektiv bestimmten Verjährungsfrist wollte der Reformgesetzgeber – nach einigem Zögern – für die von § 196 erfassten Ansprüche grundsätzlich festhalten.

1

§ 196 **entspricht** daher im Rahmen seines sachlichen Anwendungsbereichs dem **bisherigen Recht** mit der wichtigen **Modifizierung**, dass die bislang dreißigjährige Verjährungsfrist auf **zehn Jahre** abgesenkt wurde. Die Frist beginnt gemäß § 200 – wie bisher – mit der Anspruchsentstehung.

2

Nach bisherigem Recht verjährte **beispielsweise** der Übereignungsanspruch eines Grundstückskäufers aus § 433 Abs. 1 S. 1 gemäß §§ 195, 198 S. 1 a.F. in dreißig Jahren ab Entstehung.[1] Gleiches galt grundsätzlich für andere Ansprüche auf Übertragung des Eigentums an einem Grundstück sowie für Ansprüche auf Begründung, Übertragung, Aufhebung oder Inhaltsänderung eines Rechts an einem Grundstück. Bei **Grundstückskaufverträgen** verjährte der Kaufpreisanspruch ebenfalls nach § 195 a.F. in dreißig Jahren. Gleiches galt grundsätzlich auch für die anderen, heute von § 196 erfassten Ansprüche. Nach neuem Recht verjähren die genannten Erfüllungs- und Gegenleistungsansprüche gemäß § 196 in zehn Jahren.[2]

3

---

84 Zust. *Fuchs*, Deliktsrecht, 4. Aufl. 2003, S. 204. Ein solches Ergebnis hat auch das Land Niedersachsen für sachgerecht gehalten, vgl. die Beratungsniederschrift des Bundesrates v. 18.6.2001 (unveröffentlicht), C. Nr. 98. Eine entsprechende Lösung befürwortet im Werkvertragsrecht offenbar auch *H. Roth*, JZ 2001, 543, 544.

85 Vgl. *Eidenmüller*, JZ 2001, 283, 287.
86 Vgl. *Palandt/Heinrichs*, § 195 Rn 14.
1 RGZ 116, 281, 286.
2 Zur Entstehungsgeschichte vgl. AnwK-SchuldR/ *Mansel*, § 195 Rn 4 f.

4 Der Reformgesetzgeber konnte sich nicht den Forderungen anschließen, die lange Frist des § 196 auf dreißig Jahre – wie es dem bisherigen Recht entsprechen würde – zu bemessen. Er erachtet eine Zeitspanne von zehn Jahren als ausreichende **Überlegungsfrist**. Das erscheint nicht in allen Fällen sachgerecht (siehe Rn 28). Der Gesetzgeber wollte aber wohl einen Gleichlauf zur Maximalverjährungsfrist des § 199 Abs. 3 Nr. 1 und Abs. 4 herstellen, die für alle Ansprüche gilt, welche nicht den Schadensersatz für die Verletzung von Leben, Körper, Gesundheit und Freiheit einer Person betreffen.

II. Grundregeln des Europäischen Vertragsrechts

5 Die Grundregeln des Europäischen Vertragsrechts (dazu vor §§ 194–218 Rn 14 ff.) sehen keine Entsprechung zu § 196 vor. Ansprüche, die in den sachlichen Anwendungsbereich des § 196 fallen, unterliegen nach den Grundregeln der dreijährigen (kenntnisabhängigen, siehe den Hemmungstatbestand des Art. 14:301) Regelverjährung des Art. 14:201.

B. Regelungsgehalt

I. Erfasste Ansprüche

6 **1. Leistungsansprüche.** Mit der längeren Frist soll insbesondere den **Besonderheiten** von Verträgen Rechnung getragen werden, die Grundstücke und/oder Rechte an Grundstücken zum Inhalt haben.

7 Diese bestehen aus der Sicht des Gesetzgebers[3] einmal darin, dass die Durchsetzbarkeit solcher Ansprüche nicht allein vom Willen der Vertragsparteien abhängt. Zusätzlich ist für die Erfüllung der Ansprüche auf Vornahme der Verfügung die Eintragung in das Grundbuch maßgeblich. Hier können erhebliche Zeitverzögerungen auftreten. Der Gläubiger soll deshalb nicht gezwungen sein, voreilig gegen den Schuldner vorzugehen, der selbst leistungsbereit ist und auch alles zur Erfüllung Erforderliche getan hat. So kann insbesondere beim Kauf eines noch **nicht vermessenen Grundstücks** längere Zeit verstreichen, bis das Grundstücksvermessungsergebnis in das Kataster eingetragen wird. Verzögerungen können sich auch durch die vom Finanzamt zu erteilende **Unbedenklichkeitsbescheinigung** ergeben, wenn der Käufer über die Höhe der Grunderwerbsteuer mit dem zuständigen Finanzamt streitet. Hinzu kommen immer wieder Verzögerungen, die sich aus der Belastung der Registergerichte ergeben.

8 Ein weiterer Anwendungsfall des § 196 ist die **„stehen gelassene" Grundschuld**.[4] Ist zur Sicherung eines Darlehens zugunsten des Kreditinstituts eine Grundschuld eingetragen, so wird mit der Tilgung des Darlehens regelmäßig auch der Rückgewähranspruch hinsichtlich der Grundschuld aus dem Sicherungsvertrag fällig. In der Praxis verzichtet der Sicherungsgeber oftmals darauf, seinen Übertragungs-, Verzichts- oder Aufhebungsanspruch geltend zu machen,[5] denn das Grundpfandrecht kann für einen erneuten Kreditbedarf verwendet und dann unmittelbar auf den neuen Kreditgeber übertragen werden. Kosten einer Abtretung fallen dann nicht an. § 196 stellt dem Sicherungsgeber eine ausreichende Zeitspanne zur Verfügung, innerhalb deren er sich entscheiden kann, ob er eine vorsorglich „stehen gelassene" Grundschuld letztlich doch zurückfordert.[6]

9 Eine ähnliche Konstellation ergibt sich für **Dienstbarkeiten**, die eine vertragliche Bezugsverpflichtung oder Ähnliches sichern sollen. Solche Dienstbarkeiten werden nicht selten erst mit langer Verzögerung gelöscht.[7] Gleiches gilt etwa für Abstandsflächendienstbarkeiten.[8] Sie sind dann zurückzugewähren, wenn die bauordnungsrechtlichen Voraussetzungen für deren Bestellung weggefallen sind. Das wird dem Eigentümer des dienenden Grundstücks häufig nicht sofort bewusst. In allen vorgenannten Fällen müsste die gesetzliche Verjährungsfrist formularmäßig verlängert werden, um sachgerechte Ergebnisse zu erzielen. Eine gesetzliche Verjährungsfrist ist aber nicht sachgerecht, wenn sie in der Praxis ausnahmslos verlängert werden wird.[9] Daher erscheint die Regelung des § 196 sachgerecht.

---

3 S. zum Folgenden BT-Drucks 14/6040, S. 105; gegen diese Überlegungen aber *Zimmermann/Leenen/Mansel/Ernst*, JZ 2001, 684, 692 f.

4 S. zum Folgenden BT-Drucks 14/6040, S. 105; differenzierend und materiell-rechtliche Lösungen ansprechend *Zimmermann/Leenen/Mansel/Ernst*, JZ 2001, 684, 693; insoweit positiver hingegen *Mansel*, S. 333, 354 f.

5 S. näher *Amann*, Sonderheft Notartag DNotZ 1993, S. 83, 89 f.; *R. Stürner*, Beilage NJW 1994, S. 2, 5; *Mansel*, S. 333, 354 f.

6 Vgl. *Budzikiewicz*, ZGS 2002, 276; Jauernig/*Jauernig*, § 196 Rn 1. Zu Ansätzen, bei längerem „Stehenlassen" der Grundschuld zu interessengerechten Ergebnissen zu kommen, s. *Amann*, DNotZ 2002, 94, 121 (ergänzende Vertragsauslegung); *Budzikiewicz*, ZGS 2002, 357, 358 f. (Verwaltungstreuhand) sowie *Hohmann*, WM 2004, 757, 760 (§ 242). A.A. *G. Otte*, ZGS 2002, 57 f. (Unverjährbarkeit).

7 *Amann*, Sonderheft Notartag DNotZ 1993, S. 83, 89 f.

8 Bundesrat, Niederschrift der Beratung der Beschlussempfehlung, 18.6.2001 (unveröffentlicht), unter C 2 (zu § 196).

9 *Mansel*, S. 333, 355.

§ 196 Verjährungsfrist bei Rechten an einem Grundstück

a) Anspruchsinhalt. Die besondere Verjährungsfrist des § 196 erfasst alle Ansprüche, die auf Übertragung des Eigentums an einem Grundstück oder auf Begründung, Übertragung oder Aufhebung eines Rechts an einem Grundstück oder auf Änderung des Inhalts eines solchen Rechts gerichtet sind. Gemeint sind damit Ansprüche, welche die Verpflichtung zur Vornahme einer Verfügung (Belastung, Inhaltsänderung, Übertragung, Aufhebung[10]) über ein Grundstück oder ein Recht an einem Grundstück oder die Begründung eines Rechts an einem Grundstück zum Inhalt haben. Beispielsfälle sind der Anspruch nach § 433 Abs. 1 S. 1 auf Übereignung eines Grundstücks oder der Anspruch aus einem Sicherungsvertrag auf Begründung eines Grundpfandrechts an einem Grundstück oder bei einem bereits bestehenden Grundpfandrecht auf dessen Aufhebung oder Rückgewähr wegen Wegfalls des Sicherungszwecks.

b) Grundstücke. Das Gesetz spricht vom „Eigentum an einem Grundstück" und dem „Recht an einem Grundstück".

Ein **Miteigentumsanteil** an einem Grundstück ist „Eigentum an dem Grundstück", denn Verfügungen über einen Miteigentumsanteil unterliegen den §§ 741 ff. (insbesondere § 747), den §§ 1008 ff. (insbesondere § 1009 Abs. 2) und zudem allen Vorschriften über das Alleineigentum.[11] Auf Ansprüche der in § 196 genannten Art, die sich auf einen Miteigentumsanteil an einem Grundstück beziehen, ist § 196 daher anwendbar.

Gleiches gilt für das **Wohnungs- und Teileigentum** (§ 1 Abs. 1 WEG), denn es ist ein besonders ausgestaltetes Miteigentum im Sinne der §§ 1008 ff. (siehe § 3 Abs. 1, 6 WEG).[12] Das Wohnungseigentum kann selbständig belastet werden.[13]

Einem Grundstück stehen auch im Rahmen des § 196 die **grundstücksgleichen Rechte** gleich, da sie formell und materiell wie Grundstücke behandelt werden. Daher fallen insbesondere die entsprechenden Ansprüche mit Bezug auf ein **Erbbaurecht** (§ 11 Abs. 1 ErbbauVO), das Bergwerkseigentum (§ 9 Abs. 1 BBergG) oder die grundstücksgleichen Rechte im Sinne des Art. 196 EGBGB unter die Verjährungsfrist des § 196.

c) Recht an einem Grundstück. Rechte an einem Grundstück sind beschränkte dingliche Rechte, welche das Grundeigentum belasten[14] bzw. das Miteigentum/den Miteigentumsanteil an einem Grundstück (Rn 12), das Wohnungs- oder Teileigentum (Rn 13) oder ein grundstücksgleiches Recht (Rn 14). Beschränkte dingliche Rechte sind insbesondere:
– die Grunddienstbarkeit (§§ 1018 ff.),
– die beschränkte persönliche Dienstbarkeit (§§ 1090 ff.),
– das Wohnungsrecht (§ 1093),
– der Nießbrauch (§§ 1030 ff.),
– das dingliche Vorkaufsrecht (§§ 1094 ff.),
– die Reallast (§§ 1105 ff.),
– die Hypothek (§§ 1113 ff.),
– die Grundschuld (§§ 1191 ff.),
– die Rentenschuld (§§ 1191 ff.),
– das Erbbaurecht (§§ 1 ff. ErbbauVO, § 38 ErbbauVO i.V.m. § 1017 a.F.),
– das Wohnungserbbaurecht (§ 30 WEG),
– das Dauerwohnungsrecht (§§ 31 Abs. 1, 32 ff. WEG) und
– das Dauernutzungsrecht (§§ 31 Abs. 2, 3, 32 ff. WEG).

Hinzu treten auch **landesrechtliche Rechte**, etwa Abbaurechte nach Art. 68 EGBGB, ferner Rechte nach Art. 184 EGBGB.

§ 196 unterliegen auch Ansprüche auf Eintragung der Vereinbarungen oder auf Eintragung der Ansprüche im Sinne des **§ 1010**.

d) Natur des Anspruchs. Es ist grundsätzlich unerheblich, woraus sich der Anspruch im Sinne von § 196 auf Vornahme einer Verfügung bzw. Begründung eines Rechts an einem Grundstück (Rn 10) ergibt, ob aus einem Schuldvertrag (z.B. einem Kauf oder einer Schenkung) oder aus dem Gesetz (wie z.B. aus § 812 = Herausgabe der ungerechtfertigten Bereicherung; aus §§ 677, 681 S. 2, 667 = Herausgabe des aus der Geschäftsführung ohne Auftrag Erlangten). Die Ratio der Norm ist zwar auf vertragliche Leistungsansprüche

---

10 S. zu der Definition der Verfügung Jauernig/Jauernig, vor § 104 Rn 10.
11 Zu Letzterem s. BGHZ 36, 365, 368.
12 Weitnauer/*Briesemeister*, WEG, 9. Aufl. 2004, vor § 1 WEG Rn 25 ff. m.w.N.
13 Weitnauer/*Briesemeister*, WEG, 9. Aufl. 2004, § 3 WEG Rn 107 ff.
14 S. nur Jauernig/*Jauernig*, vor § 854 Rn 6, vor § 1113 Rn 1.

ausgerichtet (siehe die Anwendungsbeispiele unter Rn 7 ff.), doch macht der Normtext die Begrenzung des Normzwecks nicht deutlich. Zudem können im Einzelfall auch bei gesetzlichen Leistungsansprüchen, die einen von § 196 vorausgesetzten Inhalt haben, gleichgerichtete Interessenlagen wie bei vertraglichen Leistungsansprüchen bestehen.

19 Im Einzelfall können mehrere Verjährungsfristen gleichzeitig anwendbar sein (siehe dazu und zu Fragen der Spezialität Rn 32 f.).

20 **e) Erweiternde Auslegung auf Besitzverschaffungsansprüche.** § 196 betrifft Ansprüche auf **Übertragung des Eigentums** an einem Grundstück. Die Vorschrift erfasst nicht auch Ansprüche auf Übergabe des Grundstücks. Diese verjähren – wie z.B. der Übergabeanspruch aus § 433 Abs. 1 S. 1 Alt. 1 – regelmäßig nach §§ 195, 199 Abs. 1, 4 in drei Jahren. Daher kann die Situation entstehen, dass der Anspruch gemäß § 433 Abs. 1 S. 1 Alt. 2 auf Verschaffung des Eigentums an dem Grundstück nach § 196 noch nicht verjährt ist, der aus § 433 Abs. 1 S. 1 Alt. 1 auf Grundstücksübergabe hingegen schon. Nach §§ 925, 873 setzt die Übereignung eines Grundstücks nur die Auflassung und die Eintragung, nicht aber die Übergabe des Grundstücks voraus. Der Käufer müsste dann zuerst auf Eigentumsverschaffung klagen und danach aus seinem Eigentumsrecht vorgehen.

21 Es wäre unter diesen Voraussetzungen sinnwidrig, wenn sich der Verkäufer in diesem Fall auf die Verjährung des Übergabeanspruchs berufen könnte. Man könnte hier annehmen, dass dem Schuldner die Erhebung der Verjährungseinrede hinsichtlich des Übergabeanspruchs in einem solchen Fall nach **Treu und Glauben** (§ 242) verwehrt ist. Sachgerechter ist es aber, in einem solchen Fall die zehnjährige Verjährungsfrist auf diejenigen Übergabeansprüche zu erstrecken, die zu dem nicht verjährten Übereignungsanspruch parallel hinzutreten und dem gleichen Zweck wie dieser dienen. Diese **erweiternde Auslegung** des § 196 erscheint zutreffend, weil sie den Rückgriff auf die Generalklausel des § 242 vermeidet und die ratio des § 196 verwirklicht.[15]

22 **2. Gegenleistungsansprüche.** § 196 erfasst auch die entsprechenden Gegenleistungsansprüche, um ein zu starkes **Auseinanderfallen**[16] der **Verjährungsfristen** und damit eine ungerechtfertigte Privilegierung des Kaufpreisschuldners zu verhindern. Dessen Schuld verjährte ansonsten nach § 195 in drei Jahren.[17] Im Falle noch nicht erbrachter Leistungen würde das zwar nicht dazu führen, dass die in § 196 bezeichneten Ansprüche nach Verjährung der Gegenleistungsansprüche noch erfüllt werden müssten. Dem stünde § 320 entgegen,[18] auf den sich der Grundstücksverkäufer gemäß § 215 auch im Falle der Verjährung seines Anspruchs auf die Kaufpreiszahlung berufen könnte. Doch würde das Zurückbehaltungsrecht dauerhaft bestehen. Solche Verträge könnten wegen des dauernden Leistungsverweigerungsrechts nicht beendet werden.

23 **a) Fristengleichheit.** Die zehnjährige Verjährungsfrist des § 196 erfasst ferner die mit den Leistungsansprüchen im Sinne von Rn 10 ff. (im Folgenden nur: Leistungsansprüche) jeweils korrespondierenden Ansprüche auf die Gegenleistung. Dadurch soll eine unterschiedliche Verjährung von **synallagmatischen Vertragsansprüchen** vermieden werden und der bisher geltende Verjährungsgleichlauf insbesondere bei Grundstückskaufverträgen (siehe Rn 22) auch im neuen Recht bewahrt werden.

24 **b) Gegenleistungsverhältnis.** Es ist durch **Vertragsauslegung** zu bestimmen, ob ein Gegenleistungsanspruch besteht (siehe noch unten Rn 27). Durch Auslegung des Vertrages ist weiter zu ermitteln, welcher Anspruch in einem Gegenseitigkeitsverhältnis zu dem Leistungsanspruch im Sinne des § 196 steht. Das kann im Einzelfall bei komplexen Verträgen mit differenzierten Leistungsverpflichtungen nicht einfach festzustellen sein.

25 Entsprechende Probleme ergeben sich im Zusammenhang mit **Bauträgerverträgen**.[19] Schuldet der Bauträger nicht nur die Errichtung des Gebäudes, sondern auch die Bereitstellung oder Beschaffung eines entsprechenden Grundstücks, so stellt sich die Frage, welcher Verjährungsfrist der Gegenleistungsanspruch im Einzelnen unterliegt. Bei einer **Aufteilung** des Kaufpreises auf die verschiedenen zu erbringenden Leistungen

---

15 So auch Soergel/*Niedenführ*, § 196 Rn 4; Bamberger/Roth/*Henrich*, § 196 Rn 9; Erman/*Schmidt-Räntsch*, § 196 Rn 7; MüKo/*Grothe*, § 196 Rn 5; a.A. Palandt/*Heinrichs*, § 196 Rn 6, der dem Käufer mit § 215 helfen will, sowie Staudinger/*Peters*, § 196 Rn 7; offen gelassen von Jauernig/*Jauernig*, § 196 Rn 6.
16 Für jeden der beiden Ansprüche wird der Verjährungsbeginn gesondert nach der jeweiligen Entstehung des Anspruchs bestimmt (§ 200 S. 1), so dass der Fristenlauf nicht zwingend völlig identisch ist.
17 S. dazu und zum Folgenden die Beschlussempfehlung und den Bericht des Rechtsausschusses (6. Ausschuss), BT-Drucks 14/7052, S. 179 (zu § 196).
18 S. bereits *Zimmermann/Leenen/Mansel/Ernst*, JZ 2001, 684, 693 mit Fn 113.
19 Näher *Mansel/Budzikiewicz*, § 4 Rn 32–37.

(Grundstück, Hausbau) ergibt sich unproblematisch eine Verjährung des Anspruchs auf den Teil der Gegenleistung, der für den Grundstückserwerb vorgesehen ist, gem. § 196 in zehn Jahren; die Werklohnforderung für die Errichtung des Gebäudes verjährt hingegen gem. §§ 195, 199 Abs. 1, 4 in (kenntnisabhängigen) drei Jahren. Schwierigkeiten ergeben sich allerdings dann, wenn eine solche Aufteilung nicht vorgenommen wurde und nur ein Gesamtpreis ausgewiesen ist. Eine pauschale Anwendung des § 196 verbietet sich, da der Erwerber hierdurch benachteiligt würde, denn dessen Gewährleistungsansprüche wegen Werkmängel verjähren bereits nach §§ 634a Abs. 1 Nr. 2, Abs. 2, 646 in fünf Jahren ab Vollendung des Werks.[20] So bleibt es dabei, dass stets – durch Auslegung, notfalls auch durch Sachverständigengutachten – eine Aufteilung der für die einzelnen Leistungen geschuldeten Gegenleistungen vorgenommen werden muss.

Gegenleistungsansprüche sind **nicht nur Zahlungsansprüche**. Sie können auch auf alle anderen Leistungen gerichtet sein, etwa beim Grundstückstausch (§§ 480, 433) auf Übereignung und Übergabe eines anderen Grundstücks.

c) Fehlen von Gegenleistungsansprüchen. § 196 ist auf den Leistungsanspruch auch dann anwendbar, wenn ein Gegenleistungsanspruch fehlt. Das ergibt sich aus dem **Normzweck** (Rn 6 ff.). Ein Gegenleistungsanspruch fehlt grundsätzlich bei einem Sicherungsvertrag, aus welchem sich etwa der Anspruch auf Rückgewähr einer Grundschuld nach endgültigem Wegfall des Sicherungszwecks ergibt. Der Sicherungsvertrag ist kein gegenseitiger Vertrag.[21] Ein Gegenleistungsanspruch fehlt beispielsweise auch bei der Grundstücksschenkung (§§ 516, 518) oder dann, wenn der Leistungsanspruch auf einem gesetzlichen Schuldverhältnis beruht (dazu siehe Rn 18).

d) Erfüllte Leistungsansprüche. Nach dem Wortlaut des § 196 verjähren Gegenleistungsansprüche in der Zehnjahresfrist **unabhängig** davon, **ob** der korrespondierende Leistungsanspruch bereits **erfüllt** wurde oder nicht. Davon ist auszugehen, auch wenn dieses Ergebnis nicht sachgerecht ist; denn es ist vom Normzweck nicht gedeckt: Gegenleistungsansprüche hat der Gesetzgeber § 196 nur deshalb unterstellt, weil er die dauerhafte Berufung auf ein Zurückbehaltungsrecht und damit die Nichtbeendigung des Vertrages vermeiden wollte (siehe näher Rn 22). Ist der Leistungsanspruch bereits erfüllt, dann kann sich eine solche Situation nicht ergeben. Doch ist die Rechtsfolgenanordnung des § 196 eindeutig. Ansonsten hätte der Gesetzgeber statt der Einbeziehung des Gegenleistungsanspruchs in § 196 eine entsprechende Einschränkung des § 215 (siehe Rn 22) vorsehen müssen.[22] Diesen Weg hat er nicht gewählt.

3. Sekundäransprüche. § 196 unterliegen nur die Leistungsansprüche und Gegenleistungsansprüche selbst. Der Normzweck (Rn 6 ff.) deckt **nicht** die Anwendung des § 196 auf die **Sekundärleistungsansprüche**, die im Falle einer Leistungsstörung an die Stelle des primären Leistungs- bzw. Gegenleistungsanspruchs treten. Denn § 196 ordnet eine längere Verjährung zum einen an, weil die termingerechte Erfüllung der Leistungsansprüche im Sinne des § 196 nicht alleine von dem Willen der Vertragsparteien abhängt, und zum anderen, weil einige der erfassten Ansprüche in der Rechtspraxis häufig über mehrere Jahre hinweg aus sachgerechten Gründen nicht verfolgt werden. § 196 bezweckt stets die Durchführung der geschuldeten Verfügung bzw. der geschuldeten Begründung eines beschränkten dinglichen Rechts, nicht aber die Erbringung von Ersatzleistungen (z.B. Schadensersatz).[23]

Sekundäransprüche verjähren daher nach §§ **195, 199** bzw. nach den spezielleren gewährleistungsrechtlichen Verjährungsvorschriften vor allem des § **438**.

II. Verjährungsbeginn

Die Verjährung des § 196 beginnt nach § 200 S. 1 mit der Anspruchsentstehung. Der Zeitpunkt der Anspruchsentstehung ist für jeden einzelnen Anspruch zu bestimmen. Er kann daher für einen Leistungsanspruch und einen dazugehörigen Gegenleistungsanspruch auseinander fallen.

---

20 So aber Staudinger/*Peters*, § 196 Rn 11; *Brambring*, DNotZ 2001, 904, 905; *Amann*, DNotZ 2002, 94, 116 und wohl auch Amann/Brambring/*Hertel*, Vertragspraxis nach neuem Schuldrecht, 2. Aufl. 2003, S. 535.

21 Palandt/*Bassenge*, § 1191 Rn 17, 19.

22 A.A. MüKo/*Grothe*, § 196 Rn 4.

23 Bamberger/Roth/*Henrich*, § 196 Rn 3, 13; a.A. MüKo/*Grothe*, § 195 Rn 34 für die Fälle, in denen der Ersatzanspruch ebenfalls auf die Übertragung von Eigentum gerichtet ist, sowie Erman/*Schmidt-Räntsch*, § 196 Rn 4 und Palandt/*Heinrichs*, § 196 Rn 5.

III. Konkurrenz mit anderen Ansprüchen

32 Ein Anspruch auf Eigentumsübertragung oder auf Verfügung über ein beschränktes dingliches Recht oder auf die Begründung eines solchen Rechts kann auch Gegenstand eines **Vermächtnisses** sein (§ 2174). Dieser Anspruch verjährt gemäß § 197 Abs. 1 Nr. 2 in dreißig Jahren ab Entstehung (§ 200 S. 1).

33 Fraglich ist, ob statt der erbrechtlichen Verjährung die kürzere Verjährungsfrist des § 196 anzuwenden ist. In einem solchen Fall des Zusammentreffens mehrerer Fristen ist durch Auslegung der Normen zu ermitteln, welcher Norm das umfassendere Gestaltungsprinzip zugrunde liegt, das sich dann durchsetzen muss (§ 195 Rn 38 ff.). Die **erbrechtliche Verjährungsfrist** des § 197 Abs. 1 Nr. 2 ist als die Frist mit dem umfassenderen Geltungswillen anzusehen, da der Normzweck des § 196 vor allem auf die Verjährung vertraglicher Ansprüche (Rn 6, 18) ausgerichtet ist. Daher hat in diesem Fall § 196 hinter § 197 Abs. 1 Nr. 2 zurückzutreten.[24]

§ 197 Dreißigjährige Verjährungsfrist

(1) ¹In 30 Jahren verjähren, soweit nicht ein anderes bestimmt ist,
1. Herausgabeansprüche aus Eigentum und anderen dinglichen Rechten,
2. familien- und erbrechtliche Ansprüche,
3. rechtskräftig festgestellte Ansprüche,
4. Ansprüche aus vollstreckbaren Vergleichen oder vollstreckbaren Urkunden,
5. Ansprüche, die durch die im Insolvenzverfahren erfolgte Feststellung vollstreckbar geworden sind, und
6. Ansprüche auf Erstattung der Kosten der Zwangsvollstreckung.

(2) ¹Soweit Ansprüche nach Absatz 1 Nr. 2 regelmäßig wiederkehrende Leistungen oder Unterhaltsleistungen und Ansprüche nach Absatz 1 Nr. 3 bis 5 künftig fällig werdende regelmäßig wiederkehrende Leistungen zum Inhalt haben, tritt an die Stelle der Verjährungsfrist von 30 Jahren die regelmäßige Verjährungsfrist.

Literatur: Siehe vor §§ 194–218.

A. Allgemeines	1
I. Dreißigjährige Fristen (Abs. 1)	1
II. Regelmäßig wiederkehrende Leistungen, Unterhalt (Abs. 2)	4
1. Ansprüche auf regelmäßig wiederkehrende Leistungen (Abs. 2 Alt. 1)	5
2. Unterhaltsleistungen (Abs. 2 Alt. 2)	7
3. In vollstreckbarer Form festgestellte Ansprüche (Abs. 2 Alt. 3)	9
4. Sinn und Zweck des Abs. 2	10
B. Regelungsgehalt	11
I. Dreißigjährige Fristen (Abs. 1)	11
1. Anspruchsverjährung	11
2. Verhältnis zu anderen Verjährungsnormen	12
3. Herausgabeansprüche aus Eigentum und anderen dinglichen Rechten (Nr. 1)	13
a) Anwendungsbereich	13
b) Herausgabeansprüche aus dinglichen Rechten	15
aa) Dingliche Rechte	15
bb) Dingliche Herausgabeansprüche	16
c) Abgrenzungsfragen	21
aa) Verpfändung, Nießbrauch	21
bb) Nutzungsherausgabe	24
cc) Besitzrechtliche Herausgabeansprüche	27
dd) Schuldrechtliche Herausgabeansprüche	28
ee) Erbrechtliche Herausgabeansprüche	30
d) Beseitigungs- und Unterlassungsansprüche	31
e) Rechtsfortsetzende Ausgleichsansprüche	35
f) Herausgabeansprüche bei absoluten Rechten	36
4. Familien- und erbrechtliche Ansprüche (Nr. 2)	38
a) Einzelfragen	38
aa) Verhältnis zu § 194 Abs. 2	38
bb) Einzelfälle	39
cc) Insbesondere: Ausgleichsansprüche wegen der Zuwendung vermögenswerter Leistungen außerhalb des Ehegüterrechts	41
dd) Lebenspartnerschaft, Betreuungsrecht	46
b) Vorrangige besondere Verjährungsfristen	47
c) Insbesondere: Familien- und erbrechtliche Unterhaltsansprüche	48
5. Titelverjährung (Nr. 3–6)	49
a) Verhältnis zu anderen Verjährungsnormen	49
b) Anspruch	51
c) Rechtskräftig festgestellte Ansprüche (Nr. 3)	52
aa) Rechtskräftige Feststellung	52
bb) Gerichtliche Feststellung	54
cc) Feststellende Entscheidung	60

---

24 Vgl. nur Palandt/*Heinrichs*, § 196 Rn 5.

d) Ansprüche aus vollstreckbaren Vergleichen oder vollstreckbaren Urkunden (Nr. 4)	65
aa) Vollstreckbarer Vergleich	65
bb) Vollstreckbare Urkunde	69
e) Feststellungen im Insolvenzverfahren (Nr. 5)	71
f) Kosten der Zwangsvollstreckung (Nr. 6)	72

II. Regelmäßig wiederkehrende Leistungen, Unterhalt (Abs. 2)	73
1. Grundsatz	73
2. Ansprüche nach Abs. 1 Nr. 2	74
a) Regelmäßig wiederkehrende Leistungen	74
b) Unterhaltsleistungen	78
3. Ansprüche nach Abs. 1 Nr. 3–5	80
III. Verjährungsbeginn	87

A. Allgemeines

I. Dreißigjährige Fristen (Abs. 1)

Abs. 1 sieht eine dreißigjährige Verjährungsfrist für Herausgabeansprüche aus Eigentum und anderen dinglichen Rechten (Nr. 1), für familien- und erbrechtliche Ansprüche (Nr. 2) sowie für in vollstreckbarer Form festgestellte Ansprüche (Nr. 3–5) vor. Der Verjährungsbeginn wird durch die Entstehung des Anspruchs bestimmt (§ 200 bzw. § 201); in den Fällen des Abs. 1 Nr. 3–6 bedarf es zudem des Eintritts der im Einzelnen bestimmten Vollstreckbarkeit des Titels (§ 201). Entsprechendes galt nach §§ 195, 198, 218 Abs. 1 a.F. bereits nach altem Recht. Wegen der Absenkung der Regelverjährung in § 195 bedurfte es zur **Aufrechterhaltung des bisherigen Rechtszustands** der Vorschrift des Abs. 1.

Hierin liegt ein bedeutender Unterschied zu den **Grundregeln des Europäischen Vertragsrechts** (zu diesen vor §§ 194–218 Rn 14 ff.). Sie kennen solche besonderen Fristen neben der dort bestimmten Regelverjährung (siehe § 195 Rn 1) nur in einem Fall: Für durch ein Urteil, einen Schiedsspruch oder eine andere Urkunde, die wie ein Urteil vollstreckbar ist, zugesprochene Ansprüche wird eine zehnjährige Verjährungsfrist (bei objektivem Verjährungsbeginn) vorgesehen.[1] Diese besondere Frist entspricht im Grundsatz der – allerdings dreißigjährigen – Frist des Abs. 1 Nr. 3–6.

Auf Forderungen, die Verjährungsfrist auf zehn Jahre abzusenken,[2] ist der Reformgesetzgeber nicht eingegangen. Das Interesse eines finanziell in Not geratenen Schuldners, nach einer gewissen Zeit von Altschulden frei zu sein, um eine neue Existenz aufbauen zu können, könne nicht durch eine Verkürzung der Verjährungsfrist für rechtskräftig festgestellte Ansprüche gelöst werden. Dies sei vielmehr Aufgabe des Insolvenzrechts, das dem Schuldner die Möglichkeit einer Restschuldbefreiung einräumt. Auch der Umstand, dass der Schuldner, der Teilleistungen auf den rechtskräftigen Titel erbracht hat, in Beweisschwierigkeiten geraten könne, wenn dreißig Jahre lang vollstreckt werden dürfe, gebiete keine Verkürzung der Verjährung. Denn es müsse dem Schuldner zugemutet werden, insoweit für die Sicherung der Beweise zu sorgen.[3]

II. Regelmäßig wiederkehrende Leistungen, Unterhalt (Abs. 2)

Abs. 2 hat keine Entsprechung in den Grundregeln des Europäischen Vertragsrechts; sie wird mit guten Gründen für entbehrlich gehalten.[4]

1. Ansprüche auf regelmäßig wiederkehrende Leistungen (Abs. 2 Alt. 1). Abs. 2 Alt. 1 bestimmt, dass familien- und erbrechtliche Ansprüche auf regelmäßig wiederkehrende Leistungen innerhalb der regelmäßigen Verjährungsfrist des § 195 verjähren. Damit gilt insoweit auch die Regelung des § 199 für den Verjährungsbeginn. Abs. 2 Alt. 1 ist erforderlich, da für die genannten Ansprüche ansonsten gemäß Abs. 1 Nr. 2 die Verjährungsfrist von dreißig Jahren ab Anspruchsentstehung (§ 200 S. 1) gelten würde. Abs. 2 Alt. 1 stellt einen **Gleichlauf** mit **der Verjährung** der anderen, nicht familien- und erbrechtlichen Ansprüche auf wiederkehrende Leistung her, für welche § 195 ohne weiteres gilt.

Es bestehen die folgenden **Unterschiede** gegenüber dem **bisherigen Recht**:
– Die **Verjährungsfrist** ist **um ein Jahr verkürzt**. Bisher verjährten alle Ansprüche auf regelmäßig wiederkehrende Leistungen ohne Unterschied nach § 197 a.F. in vier Jahren, jetzt in drei Jahren.
– Der **Verjährungsbeginn** ist verändert. Bisher begann die Verjährung am Schluss des Jahres, in welchem der Anspruch entsteht (§§ 198, 201 a.F.). Nach neuem Recht (§ 199 Abs. 1) beginnt sie mit dem Schluss

---

[1] Art. 14:202 der Grundregeln des Europäischen Vertragsrechts, ZEuP 2001, 400 ff.
[2] Für eine Zehn-Jahres-Frist etwa *Peters/Zimmermann*, S. 310; *Zimmermann*, JZ 2000, 862 Fn 150, 866; zust. *Krebs*, DB 2000, Beilage Nr. 14, S. 5; *Mansel*, S. 333, 373 f.
[3] BT-Drucks 14/6040, S. 106.
[4] Vgl. *Mansel*, S. 333, 374 f.; *Zimmermann/Leenen/Mansel/Ernst*, JZ 2001, 684, 694.

des Jahres, in dem der Anspruch entsteht, und der Gläubiger von den anspruchsbegründenden Umständen und der Person des Schuldners Kenntnis erlangt oder ohne grobe Fahrlässigkeit erlangen müsste.
– Bzgl. der Verjährungsdauer: Es gilt wegen des relativen Verjährungsbeginns (vor §§ 194–218 Rn 6) eine **Höchstgrenze** der Verjährung von zehn Jahren ab Anspruchsentstehung (§ 199 Abs. 4).

7 **2. Unterhaltsleistungen (Abs. 2 Alt. 2).** Abs. 2 Alt. 2 unterstellt Ansprüche auf **familien- und erbrechtliche** Unterhaltsleistungen derselben Regelung wie Ansprüche auf regelmäßig wiederkehrende Leistungen. Das Gesetz macht durch die eigenständige Nennung der Unterhaltsansprüche im Tatbestand der Norm deutlich, dass auch die Unterhaltsansprüche, welche nicht auf regelmäßig wiederkehrende Leistungen gerichtet sind, der Verjährung nach §§ 197 Abs. 2, 195 unterfallen.

8 Soweit somit auch **einmalige Unterhaltsleistungen** wie vor allem der Sonderbedarf nach §§ 1585b Abs. 1, 1613 Abs. 2 erfasst werden, liegt eine sachliche **Neuerung** vor. Bislang verjährte der Anspruch auf Sonderbedarf nicht nach § 197 a.F. in vier, sondern nach § 195 a.F. in dreißig Jahren.[5] Diese Rechtsprechung war allerdings umstritten.[6] Der Gesetzgeber begründet den Einbezug des Sonderbedarfs damit, dass Unterhalt in regelmäßig wiederkehrender oder einmaliger Form stets aktuelle Bedürfnisse befriedigen solle. Eine jahrzehntelange Verjährungsfrist wäre daher nicht sachgerecht. Daneben stelle § 1613 Abs. 2 ohnehin eine Ausnahmevorschrift dar, deren Ausnahmecharakter nicht durch eine lange Verjährungsfrist unterstrichen werden solle. Vor allem sei die Interessenlage vergleichbar, da auch einmalige Unterhaltsleistungen gewöhnlich aus dem laufenden Einkommen des Schuldners zu tilgen seien.[7]

9 **3. In vollstreckbarer Form festgestellte Ansprüche (Abs. 2 Alt. 3).** Nach Abs. 2 Alt. 3 tritt bei rechtskräftig festgestellten Ansprüchen, Ansprüchen aus vollstreckbaren Vergleichen oder vollstreckbaren Urkunden und Ansprüchen, die durch die im Insolvenzverfahren erfolgte Feststellung vollstreckbar geworden sind, an die Stelle der dreißigjährigen Verjährungsfrist die regelmäßige Verjährungsfrist des § 195, soweit die Ansprüche künftig fällig werdende regelmäßig wiederkehrende Leistungen zum Inhalt haben. Diese Regelung **entspricht** damit im Grundsatz (Rn 80, 82) dem **bisherigen Recht** (§ 218 Abs. 2 a.F.).

10 **4. Sinn und Zweck des Abs. 2.** Die *ratio* der Norm ist eindeutig. Eine den Schuldner übermäßig belastende **Aufsummierung** der Einzelansprüche soll vermieden werden, insbesondere deshalb, weil der Schuldner die Leistungen regelmäßig aus laufendem Einkommen erbringt, also einen Teil seiner regelmäßigen Einkünfte weiterreicht.

B. Regelungsgehalt

I. Dreißigjährige Fristen (Abs. 1)

11 **1. Anspruchsverjährung.** Zu beachten ist, dass nach Abs. 1 Nr. 1 und 2 nur die Ansprüche verjähren, nicht das dingliche Recht (Nr. 1) oder ein berührtes absolutes Familien- oder Erbrecht (Nr. 2), denn die §§ 194 ff. regeln allein die **Anspruchsverjährung**. Rechte sind keine Ansprüche (siehe § 194 Rn 2).

12 **2. Verhältnis zu anderen Verjährungsnormen.** Abs. 1 ist **subsidiär**, denn die dreißigjährige Verjährungsfrist des Abs. 1 greift – wie Abs. 1 ausdrücklich vorschreibt – nur ein, „soweit nicht ein anderes bestimmt ist". Daher geht Abs. 1 in seinem sachlichen Anwendungsbereich allein der Regelverjährung der §§ 195, 196 vor. Hinter anderen Verjährungsfristen tritt Abs. 1 zurück. Zu besonderen Verjährungsfristen siehe § 195 Rn 25 ff. und unten Rn 47. Abs. 2 (Rn 72 ff.) geht Abs. 1 vor. Zum Verhältnis des § 197 zu § 194 Abs. 2 siehe Rn 38.

13 **3. Herausgabeansprüche aus Eigentum und anderen dinglichen Rechten (Nr. 1). a) Anwendungsbereich.** Abs. 1 Nr. 1 erfasst allein Herausgabeansprüche aus **dinglichen Rechten**, insbesondere aus Eigentum (Rn 17). *Ratio* der langen Verjährung ist die Überlegung, dass kurze Fristen die Verwirklichung des Stammrechts infrage stellen würden.[8] **Nicht erfasst** werden andere Ansprüche als Herausgabeansprüche (Rn 15); nicht erfasst werden ferner Herausgabeansprüche aus anderen absoluten Rechten (Rn 36 f.), aus Schuldverhältnissen (Rn 28) oder aus Besitz (Rn 27).

---

5 BGHZ 103, 160, 167, 169; OLG Frankfurt FamRZ 1987, 1143.
6 Dagegen insb. Staudinger/*Peters*, 13. Bearb. 2001, § 197 a. F. Rn 43.
7 BT-Drucks 14/6040, S. 107; ebenso Staudinger/*Peters*, § 197 Rn 51.
8 BT-Drucks 14/6040, S. 105.

In Abstimmung mit der langen Verjährungsfrist dinglicher Herausgabeansprüche sieht **§ 438 Abs. 1 Nr. 1** 14
(siehe bei § 438)[9] für das kaufvertragliche Gewährleistungsrecht eine dreißigjährige Verjährung vor, wenn
der Mangel der Kaufsache in einem dinglichen Recht eines Dritten, aufgrund dessen die Herausgabe der
Kaufsache verlangt werden kann, oder in einem sonstigen Recht, das im Grundbuch eingetragen ist, besteht.[10]

b) Herausgabeansprüche aus dinglichen Rechten. aa) Dingliche Rechte. Dingliche Rechte sind 15
Rechte, welche eine bewegliche oder unbewegliche Sache zum Gegenstand haben und eine unmittelbare
Beziehung zwischen dem Rechtsinhaber und der Sache begründen.[11] Der Begriff des dinglichen Rechts wird
in § 197 erstmals im BGB verwendet.

bb) Dingliche Herausgabeansprüche. Herausgabeansprüche ordnen als Rechtsfolge die **Herausgabe** an. 16
Herausgabe bedeutet bei § 985 die Abgabe des unrechtmäßigen Besitzes an der Sache.[12] Gleiches gilt im
Grundsatz bei den anderen dinglichen Herausgabeansprüchen.[13]

Die folgenden dinglichen Rechte geben ein Recht zum Besitz und damit dem Rechtsinhaber gegen un- 17
rechtmäßige Besitzer einen **dinglichen Herausgabeanspruch**:[14]
– Eigentum (§ 985) einschließlich des Wohnungs- und Teileigentums (siehe auch § 196 Rn 13),
– Nießbrauch (§ 1036 Abs. 1),
– Wohnungsrecht (§ 1093 Abs. 1 S. 2 i.V.m. § 1036 Abs. 1),
– Pfandrecht an beweglichen Sachen (§ 1227 i.V.m. § 985),
– Dauerwohnrecht (§ 34 Abs. 2 WEG i.V.m. § 985),
– Dauernutzungsrecht (§§ 31 Abs. 3, 34 Abs. 2 WEG i.V.m. § 985).

Daneben sind als dingliche Rechte, bei welchen ein Herausgabeanspruch besteht, die **grundstücksgleichen** 18
Rechte zu nennen, da sie formell und materiell wie Grundstücke behandelt werden. Daher sind insbesondere
die Herausgabeansprüche mit Bezug auf
– das Erbbaurecht (§ 11 Abs. 1 ErbbauVO i.V.m. § 985),
– das Wohnungserbbaurecht (§ 30 WEG),
– das Bergwerkseigentum (§ 9 Abs. 1 BBergG) und
– die grundstücksgleichen Rechte im Sinne des Art. 196 EGBGB
einschlägig.

Beachte für die Berechnung des Verjährungsablaufs § 198. 19

Die vereinzelt vertretene Ansicht zum bisherigen Recht, nach welcher der Anspruch aus § 985 **unverjährbar** 20
sein soll,[15] ist mit Abs. 1 Nr. 1 nicht mehr zu vereinbaren (siehe § 194 Rn 7).

c) Abgrenzungsfragen. aa) Verpfändung, Nießbrauch. Zu den dinglichen Herausgabeansprüchen aus 21
dem Pfandrecht und dem Nießbrauch siehe Rn 23. Ergänzend: Zweifelhaft ist, ob die **§§ 1231, 1251** unter
Abs. 1 Nr. 1 fallen. Das könnte zu verneinen sein, da sie Herausgabeansprüche des Pfandgläubigers gegen
den bisherigen Pfandgläubiger (§ 1251 Abs. 1) bzw. gegen den Eigentümer, den mitbesitzenden Verpfänder
sowie gegen denjenigen, an welchen dieser Besitz übertragen hat (§ 1231 S. 1), regeln, nicht aber einen
Herausgabeanspruch gegen andere Dritte, die gegenüber dem Pfandgläubiger unrechtmäßigen Besitz an der
Pfandsache haben.[16] Dennoch sollten beide Ansprüche der **Verjährung nach Abs. 1 Nr. 1** unterliegen, da
sie lediglich Modifikationen des allgemeinen Herausgabeanspruchs aus §§ 1227, 985 sind. § 1251 hat nur
klarstellende Funktion.[17] § 1231 will allein die bei der Pfandeinräumung nach § 1206 bestehende Möglichkeit
der Berufung des Herausgabepflichtigen auf ein Recht zum Mitbesitz abschneiden.[18]

Der Anspruch auf Herausgabe der dem **Vermieterpfandrecht** unterworfenen Sachen aus § 562b Abs. 2 S. 1 22
ist ein modifizierter Anspruch des Pfandgläubigers gemäß § 1227.[19] Er richtet sich gegen jeden Besitzer,

---

9 Zu § 438 (auch zur erforderlichen teleologischen Reduktion) s.a. *Mansel/Budzikiewicz*, § 5 Rn 99–109.
10 Zur Erforderlichkeit dieser kaufvertraglichen Verjährungsregel, wenn der Herausgabeanspruch aus dinglichen Rechten nach § 197 Abs. 1 Nr. 1 erst in dreißig Jahren verjährt, s. die Kritik an dem DiskE, in welchem die Abstimmung der Verjährungsfristen noch fehlte, von *Ernst/Gsell*, ZIP 2000, 1812; und ferner etwa *Mansel*, S. 333, 353 f.
11 Jauernig/*Jauernig*, vor § 854 Rn 1; Staudinger/*Seiler*, Einl. zum Sachenrecht Rn 21 ff.
12 Näher dazu (und zu Gegenmeinungen) Staudinger/*Gursky*, § 985 Rn 55 ff., 57.
13 Allg. zum dinglichen Anspruch und zu dem davon zu unterscheidenden gesetzlichen Begleitschuldverhältnis Staudinger/*Seiler*, Einl. zum Sachenrecht Rn 24, 28 ff.
14 S. BT-Drucks 14/6857, S. 42 (Gegenäußerung der Bundesregierung), s.a. ebenda, S. 6 (Stellungnahme des Bundesrates).
15 *Müller*, Sachenrecht, 4. Aufl. 1997, Rn 455; dazu m.w.N. bereits nach bisherigem Recht abl. Staudinger/*Gursky*, § 985 Rn 84.
16 S. Staudinger/*Wiegand*, § 1231 Rn 1, § 1251 Rn 1.
17 Staudinger/*Wiegand*, § 1251 Rn 1.
18 Näher Staudinger/*Wiegand*, § 1231 Rn 1.
19 Palandt/*Weidenkaff*, § 562b Rn 8.

der kein vorrangiges Besitzrecht hat,[20] und unterliegt einer Ausschlussfrist, auf welche die Vorschriften der Verjährung, insbesondere die der Hemmung und des Neubeginns, nicht anzuwenden sind.[21] Das Pfandrecht (und damit auch der Anspruch aus § 562b Abs. 2 S. 1) erlischt nach § 562b Abs. 2 S. 2, wenn der Vermieter nicht innerhalb eines Monats nach Erlangung der Kenntnis von der Entfernung der Sachen den Anspruch gerichtlich geltend macht. Verjährung kann daher nur eintreten, wenn der Vermieter keine Kenntnis erlangt. Für diesen seltenen Ausnahmefall ist wegen der engen Verbindung des Anspruchs aus § 562b Abs. 2 S. 1 zu § 1227 die Frist des Abs. 1 Nr. 1 anzuwenden (dazu, dass schuldrechtliche Herausgabeansprüche nicht unter Abs. 1 Nr. 1 fallen, siehe Rn 28. Die Verjährung wird aber wegen der genannten Ausschlussfrist und der langen Verjährungsfrist von dreißig Jahren selten bedeutsam werden.

23 Nicht unter Abs. 1 Nr. 1 fallen die Rückgabeansprüche gegen einen ehemaligen **Nießbraucher** (§ 1055) oder **Pfandgläubiger** (§ 1223), da es sich um obligatorische Rückgabeansprüche[22] aus dem gesetzlichen Begleitschuldverhältnis (Rn 24 ff.) handelt.

24 **bb) Nutzungsherausgabe.** Der Anspruch gemäß **§§ 987, 988, 990** auf Nutzungsherausgabe beruht auf dem gesetzlichen Begleitschuldverhältnis der §§ 987 ff., das neben den dinglichen Anspruch des § 985 tritt.[23] Soweit die gezogenen Nutzungen (Früchte) in einer Sache bestehen (§§ 100, 99 Abs. 1), ist zu fragen, ob der Anspruch auf Nutzungsherausgabe gemäß §§ 987, 988, 990 unter Abs. 1 Nr. 1 fällt.[24]

25 Dies kommt in Betracht, soweit der Anspruch die gegenständliche **Herausgabe** noch **vorhandener gezogener Nutzungen** (in Form von Sachen) anordnet.[25] Doch ist die Anwendung des Abs. 1 Nr. 1 abzulehnen. Die Ansprüche verjähren nach **§§ 195, 199**, denn es handelt sich nicht um dingliche Ansprüche, sondern sie entstammen einem gesetzlichen Begleitschuldverhältnis. Sie gehen über die Herausgabe der Sache, auf welche sich der dingliche Anspruch bezieht, hinaus, indem sie die Herausgabe anderer Sachen anordnen.[26]

26 Sind die gezogenen Früchte nicht mehr vorhanden, so ist nach den genannten Vorschriften **Wertersatz** zu leisten. Hier gilt Abs. 1 Nr. 1 erst recht nicht.[27] Neben den gerade genannten (Rn 25) Gründen spricht weiter dagegen, dass Abs. 1 Nr. 1 auf Rechtsverwirklichung und nicht auf Rechtsfortsetzung ausgerichtet ist. Soweit die genannten Anspruchsgrundlagen daher im Einzelfall den Wertersatz für gezogene, aber nicht mehr gegenständlich vorhandene Früchte anordnen, gelten für sie **§§ 195, 199**. Damit ist ein Verjährungsgleichklang mit anderen rechtsfortsetzenden Ausgleichsansprüchen hergestellt (Rn 35).

27 **cc) Besitzrechtliche Herausgabeansprüche.** Nicht von Abs. 1 Nr. 1 erfasst werden die Herausgabeansprüche aus Besitz wie der Anspruch wegen Besitzentziehung (§ 861) sowie der Anspruch des früheren Besitzers (§ 1007).[28] Sie fallen unter **§ 195**.[29] Nach überwiegender Ansicht[30] ist der Besitz kein dingliches Recht. Er stellt nicht das Recht des Besitzers zur unmittelbaren Herrschaft über eine Sache, sondern nur die tatsächliche unmittelbare Herrschaft des Besitzers dar.[31] Die §§ 861, 1007 dienen nicht der Verwirklichung eines dinglichen Rechts.[32]

28 **dd) Schuldrechtliche Herausgabeansprüche.** Schuldrechtliche Ansprüche, die generell oder in einzelnen Sachverhaltskonstellationen auf Herausgabe einer bestimmten Sache gerichtet sind (siehe z.B. §§ 346, 546, 596 Abs. 1, 604 Abs. 1, 667, 695, 812 Abs. 1, 682 oder 684 S. 1 i.V.m. §§ 812 Abs. 1, 816 Abs. 1, 823 i.V.m. § 249), werden durch Abs. 1 Nr. 1 nicht erfasst, da sie nicht aus einem dinglichen Recht, sondern aus einem zwischen den Parteien bestehenden, relativen Schuldverhältnis erwachsen. Das gilt auch, soweit schuldrechtliche Herausgabeansprüche ausnahmsweise gegen einen Dritten wirken (z.B. §§ 546 Abs. 2, 596 Abs. 3 und 822). Sie verjähren nach **§§ 195, 199**.

29 Zu Herausgabeansprüchen aus dem gesetzlichen **Begleitschuldverhältnis**, das neben den dinglichen Herausgabeanspruch tritt, siehe Rn 24 ff.

30 **ee) Erbrechtliche Herausgabeansprüche.** Erbrechtliche Herausgabeansprüche (Rn 37) beruhen nicht auf einem dinglichen Recht, sondern auf dem Erbrecht. Für sie gilt **Abs. 1 Nr. 2**.

---

20 Staudinger/*Emmerich*, § 562b Rn 13.
21 Staudinger/*Emmerich*, § 562b Rn 17.
22 Zum obligatorischen Charakter Staudinger/*Gursky*, § 985 Rn 8 unter e).
23 Staudinger/*Seiler*, Einl. zum Sachenrecht Rn 28; Staudinger/*Gursky*, Vorbem. zu §§ 985–1007 Rn 3.
24 Zur Problematik s. *Ernst*, S. 559, 576 f.
25 S. *Ernst*, S. 559, 576 f.
26 Zum Begriff der Herausgabe s. Rn 16.
27 S. bereits *Ernst*, S. 559, 576.
28 Fragend, ob § 1007 erfasst wird: *Ernst*, ZRP 2001, 1, 4 Fn. 27.
29 S. BT-Drucks 14/6857, S. 6 (Stellungnahme des Bundesrates), 42 (Gegenäußerung der Bundesregierung).
30 BGHZ 32, 194, 204; Staudinger/*Bund*, Vorbem. zu §§ 854 ff. Rn 36 m. zahlr. Nachw.
31 S. BT-Drucks 14/6857, S. 42 (Gegenäußerung der Bundesregierung).
32 Staudinger/*Gursky*, § 1007 Rn 3 f., 9.

d) Beseitigungs- und Unterlassungsansprüche. Beseitigungsansprüche (z.B. § 1004 Abs. 1 S. 1) und Unterlassungsansprüche (z.B. § 1004 Abs. 1 S. 2) aus dinglichen Rechten haben eine mit Herausgabeansprüchen vergleichbare Funktion der Rechtsverwirklichung.[33] Sie werden dennoch **nicht von § 197 erfasst**. Es gilt die Regelverjährung der **§§ 195, 199**. 31

Der Wille des Gesetzgebers ist eindeutig.[34] Der **Gesetzgeber**[35] geht davon aus, dass kein praktisches Bedürfnis bestehe, die bisher geltende Verjährungsfrist für Unterlassungsansprüche auch nach neuem Recht bei dreißig Jahren zu belassen, weil sie bei jeder Zuwiderhandlung neu entstehe (siehe § 199 Abs. 5). Von einer Einbeziehung der Beseitigungsansprüche in die dreißigjährige Verjährungsfrist wurde abgesehen, weil sie regelmäßig zu Abgrenzungsschwierigkeiten gegenüber dem deliktischen Beseitigungsanspruch führe, der nach der Regelverjährung mit drei Jahren verjährt. Doch bedarf es bei der Anspruchsbegründung und auf der Rechtsfolgenebene ohnehin der Unterscheidung.[36] Der Gesetzgeber weist weiter darauf hin, dass der Gläubiger solcher Ansprüche bereits durch den auch für Unterlassungsansprüche geltenden kenntnisabhängigen Beginn der regelmäßigen Verjährungsfrist nach § 199 ausreichend vor einem unerwarteten Rechtsverlust geschützt sei. Dieses Argument könnte aber auch gegen die dreißigjährige Verjährung von Herausgabeansprüchen gewendet werden. 32

Die verjährungsrechtliche Ungleichbehandlung der Herausgabe- und der Beseitigungs- wie Unterlassungsansprüche wurde während des gesamten Gesetzgebungsverfahrens zu Recht **stark kritisiert**.[37] Doch hat der Reformgesetzgeber die sachenrechtlichen Beseitigungs- und Unterlassungsansprüche bewusst nicht Abs. 1 Nr. 1 unterstellt. Ein Antrag Bayerns im Bundesrat, allgemein Abwehransprüche aus absoluten Rechten Abs. 1 Nr. 1 zu unterstellen, wurde bei Stimmengleichheit im Bundesrat abgelehnt.[38] Weder die Bundesregierung[39] noch der Rechtsausschuss des Bundestags[40] haben eine entsprechende Änderung erwogen. Daher ist wegen des klaren gesetzgeberischen Willens eine erweiternde Auslegung der Vorschrift und die Unterstellung der Beseitigungs- und Unterlassungsansprüche aus dinglichen Rechten unter Abs. 1 Nr. 1 nicht möglich. 33

Wertungswidersprüche sind wegen der eindeutigen Gesetzeslage hinzunehmen. Das neue Recht verleiht daher alten **Abgrenzungsfragen** eine neue, bedeutende verjährungsrechtliche Dimension: Je nachdem, ob die Einzäunung eines Teils eines fremden Grundstücks, das Müllabladen oder das Verlegen einer Leitung auf dem Grundstück als Besitzentziehung (§ 985) oder als Besitzstörung (§ 1004) zu werten ist, tritt die Verjährung dreißig Jahre nach Anspruchsentstehung (§§ 197 Abs. 1 Nr. 1, 200) oder bereits drei Jahre nach Anspruchsentstehung und Kenntniserlangung durch den Eigentümer, spätestens jedoch nach zehn Jahren (§§ 195, 199 Abs. 1, 4) ein.[41] Ähnliche Fragen stellen sich bei der Zugangsversperrung oder dem Übergang einer erst drohenden (§ 1004) zur vollendeten Besitzentziehung (§ 985).[42] 34

e) Rechtsfortsetzende Ausgleichsansprüche. Verliert der Eigentümer sein Eigentum infolge Verbindung, Vermengung, Vermischung, Verarbeitung (§§ 946 ff.) oder gutgläubigen Erwerbs (§§ 932 ff., 892 f.) oder verliert der Inhaber eines anderen dinglichen Rechts das Recht infolge von Gutglaubenstatbeständen (z.B. §§ 936, 892), so können ihm Ausgleichsansprüche zustehen, die sein dingliches Recht wertmäßig 35

---

33 S. nur Staudinger/*Seiler*, Einl. zum Sachenrecht Rn 25. Zur Funktion negatorischer Beseitigungsansprüche grundlegend *Picker*, Der negatorische Beseitigungsanspruch, 1972 (2., unveränderte Aufl. 2001); s. weiter Staudinger/*Gursky*, § 1004 Rn 4 ff. m. Nachw. zum Meinungsstand.

34 Es wurde wegen der unterschiedlichen Verjährung etwa eigens der Wortlaut des § 939 geändert. S. BR-Drucks 338/01, S. 80 = BT-Drucks 14/6857, S. 38 (Stellungnahme des Bundesrats), s. dazu (zustimmende Gegenäußerung der Bundesregierung) S. 69: Der Begriff „Eigentumsanspruch" in § 939 wurde in „Herausgabeanspruch" umgewandelt, weil der Begriff des Eigentumsanspruchs neben dem Herausgabeanspruch (§ 985) noch andere Ansprüche aus dem Eigentum (z.B. § 1004) erfasst. „Während diese Ansprüche nach dem geltenden Recht einheitlich jeweils dem allgemeinen Verjährungstatbestand des § 195 unterfallen, sieht der Entwurf in § 197 Abs. 1 Nr. 1 BGB-E eine Differenzierung zwischen dem Herausgabeanspruch und sonstigen Ansprüchen aus Eigentum vor. Insoweit erscheint ein Festhalten an dem umfassenden Begriff des „Eigentumsanspruchs" in § 939 BGB-E nicht angebracht." (Zitat ebenda S. 80 bzw. S. 38).

35 BT-Drucks 14/6040, S. 105.

36 So die Kritik bei *Ernst*, S. 559, 574 f.; *Mansel*, S. 333, 371 f., jeweils m.w.N.

37 *Ernst*, S. 559, 572 ff.; *ders.*, ZRP 2001, 4; *Mansel*, S. 333, 371 ff.; zust. *Zimmermann/Leenen/Mansel/Ernst*, JZ 2001, 684, 694. Die Kritik hat sich nur teilweise durch die Einführung des kenntnisabhängigen Verjährungsbeginns der Regelverjährung erledigt.

38 Bundesrat, Niederschrift der Beratung der Beschlussempfehlung v. 18.6.2001 (unveröffentlicht), unter C 3.

39 S. bereits DiskE S. 238; dazu krit. Ernst, ZRP 2001, 1, 4.

40 Beschlussempfehlung und Bericht des Rechtsausschusses (6. Ausschuss), BT-Drucks 14/7052.

41 Beispiele der Begründung des im Bundesrat abgelehnten Änderungsantrags, s. Bundesrat, Niederschrift der Beratung der Beschlussempfehlung v. 18.6.2001 (unveröffentlicht), unter C 3.

42 *Ernst*, S. 559, 574; *ders.*, ZRP 2001, 1, 4.

fortsetzen, insbesondere Ansprüche aus §§ 951, 816, 812 ff. Sie unterfallen nicht Abs. 1 Nr. 1, sondern §§ 195, 199.[43]

36 **f) Herausgabeansprüche bei anderen absoluten Rechten.** Abs. 1 Nr. 1 erfasst nur Herausgabeansprüche aus dinglichen Rechten, **nicht** auch aus **anderen absoluten Rechten**. Der Gesetzgeber hatte zwar den Einbezug der Herausgabeansprüche aus anderen absoluten Rechten noch im Normtext des § 197 Abs. 1 Nr. 1 DiskE vorgesehen. Doch ist er im späteren Gesetzgebungsverfahren davon abgerückt, da er ausweislich der in der Begründung zum DiskE gegebenen Beispiele allein dingliche Herausgabeansprüche regeln wollte.[44]

37 An einer Einbeziehung anderer absoluter Rechte in Abs. 1 Nr. 1 besteht kein Bedarf. Ein entsprechender anders lautender Antrag Bayerns wurde im Bundesrat bei Stimmengleichheit abgelehnt. Herausgabeansprüche sind bei zahlreichen absoluten Rechten, wie z.B. Leben oder Gesundheit, nicht denkbar. Bei anderen, wie z.B. **Patenten**, spielt die Herausgabe des Rechts praktisch keine Rolle; hier kann sich ein Herausgabeanspruch typischerweise nur auf die Vorteile erstrecken, die aus der Rechtsverletzung gezogen worden sind.[45] Es handelt sich dann um einen von Abs. 1 Nr. 1 nicht erfassten Rechtsfortsetzungsanspruch (Rn 26, 35). **Erbrechtliche** Herausgabeansprüche werden von Abs. 1 Nr. 2 erfasst (siehe Rn 30). **Familienrechtliche** Herausgabeansprüche (z.B. nach § 1632 Abs. 1) verjähren gemäß § 194 Abs. 2 nicht (§ 194 Rn 29). Für das **allgemeine Persönlichkeitsrecht** wird zwar ein Anspruch auf Herausgabe der Negative bei widerrechtlich aufgenommenen Fotografien diskutiert. Doch wird hier nur von einem Anspruch auf Vernichtung der Negative auszugehen sein.[46] Er unterliegt der Verjährung nach §§ 195, 199. Durch den subjektiven Verjährungsbeginn scheint ein ausreichender Schutz des Gläubigers gewährleistet (zur Höchstverjährungsfrist siehe § 199 Rn 63 ff.).

38 **4. Familien- und erbrechtliche Ansprüche (Nr. 2). a) Einzelfragen. aa) Verhältnis zu § 194 Abs. 2.** Gemäß § 194 Abs. 2 unterliegen Ansprüche aus einem familienrechtlichen Verhältnis **keiner Verjährung**, soweit sie auf die Herstellung des dem Verhältnis entsprechenden Zustandes für die Zukunft gerichtet sind. § 194 Abs. 2 geht als „andere Bestimmung" im Sinne des Eingangshalbsatzes des Abs. 1 („soweit nicht ein anderes bestimmt ist") insoweit der Regelung des § 197 vor.[47] Daher verjährt z.B. der Anspruch auf Kindesherausgabe nach § 1632 Abs. 1 nicht (§ 194 Rn 29). Der Anspruch entfällt aber tatbestandlich mit der Vollendung des 18. Lebensjahr des Kindes, da es dann nicht mehr der (anspruchsbegründenden) elterlichen Sorge unterliegt.

39 **bb) Einzelfälle.** Familien- und erbrechtliche Ansprüche verjähren gemäß Abs. 1 Nr. 2 in **dreißig Jahren** ab ihrer Entstehung (§ 200).[48] Es sind die Hemmungsvorschriften des § 207, ggf. auch des § 208 zu beachten. Wie der Eingangshalbsatz des Abs. 1 („soweit nicht ein anderes bestimmt ist") klarstellt, bleiben die im Vierten und Fünften Buch enthaltenen besonderen Verjährungsbestimmungen (siehe Rn 47) unberührt.[49]

40 Nach Abs. 1 Nr. 2 **verjährt beispielsweise** der Anspruch gegen den Kindesvater auf Erstattung der Kosten für die Beerdigung der Kindesmutter nach § 1615m oder der Anspruch des einen Ehegatten gegen den anderen wegen fehlerhafter Gesamtgutverwaltung nach § 1481 in dreißig Jahren. Das erscheint zwar unangemessen, ist aber die eindeutige gesetzgeberische Anordnung. Ebenfalls gilt die dreißigjährige Verjährung für den Anspruch aus einem Vermächtnis (§ 2174) oder für den Anspruch gegen den Testamentsverwalter wegen Pflichtverletzung (§ 2219),[50] dessen Verjährung in dreißig Jahren nach § 195 a.F. im bisherigen Recht sehr umstritten war.[51] Siehe dazu näher bei § 2219 Rn 21. Sachgerecht ist die dreißigjährige Verjährungsfrist für die erbrechtlichen Herausgabeansprüche (insbesondere gemäß §§ 2018, 2029, 1959 Abs. 1 i.V.m. §§ 681 S. 2, 667).

41 **cc) Insbesondere: Ausgleichsansprüche wegen der Zuwendung vermögenswerter Leistungen außerhalb des Ehegüterrechts.** Eine offene Frage ist die Verjährung der Ausgleichsansprüche bei gestörten **ehebedingten (unbenannten) Zuwendungen**. Die Anspruchsgrundlagen selbst (Störung der Geschäftsgrundlage; jetzt: § 313) sind schuldrechtlicher Natur. Die ehebedingte Zuwendung erfolgte

---

43 Zu Recht krit. (Wertungswiderspruch) zur rechtspolitischen Entscheidung *Ernst*, S. 559, 572 ff.; *ders.*, ZRP 2001, 4.
44 Krit. hierzu *Ernst*, S. 559; *Mansel*, S. 333, 370.
45 Bundesrat, Niederschrift der Beratung der Beschlussempfehlung, 18.6.2001, (unveröffentlicht) unter C 3 (zu § 197).
46 S. zu der ähnlichen Frage bei Tonbandaufzeichnungen *Larenz/Canaris*, Lehrbuch des Schuldrechts, Band II/2, 13. Aufl. 1994, § 80 II 4 g.
47 S. BT-Drucks 14/6040, S. 106.
48 Zum Erbrecht vgl. *Amend*, JuS 2002, 743.
49 BT-Drucks 14/6040, S. 106.
50 So zum neuen Recht BGH NJW 2002, 3773 m.w.N.; a.A. diesbezüglich *G. Otte*, ZEV 2002, 500; *Baldus*, FamRZ 2003, 308 f.; *ders.*, in: Jayme/Schindler (Hrsg.), Portugiesisch – Weltsprache des Rechts, 2004, S. 61, 66 ff. (§ 195).
51 Mit Recht krit. gegen die lange Verjährung des Anspruchs aus § 2219 *Piekenbrock*, S. 309, 328 m.w.N. sowie *G. Otte*, ZEV 2002, 500.

aber auf der Grundlage eines familienrechtlichen Vertrags.[52] Qualifiziert man deshalb die entsprechenden Ausgleichsansprüche familienrechtlich, so greift Abs. 1 Nr. 2 ein; es gilt eine dreißigjährige Verjährungsfrist. Qualifiziert man hingegen nach der Anspruchsgrundlage, so kommt man zu dem Ergebnis, dass kein familienrechtlicher Anspruch gegeben ist; in diesem Falle gelten die §§ 195, 199. Dieses Ergebnis würde eine große Nähe zu der gleichfalls dreijährigen und kenntnisabhängigen Verjährungsfrist der Ausgleichsforderung beim Zugewinnausgleich herstellen (§ 1378 Abs. 4). § 1378 Abs. 4 S. 1 lässt die Frist mit der Kenntnis des Ehegatten von der Güterstandsbeendigung beginnen. Insoweit besteht keine unmittelbare Identität mit dem Verjährungsbeginn nach § 199 Abs. 1.

Der BGH hat nach bisherigem Recht eine analoge Anwendung des § 1378 Abs. 4 auf die Rückabwicklung ehebedingter Zuwendungen verneint und § 195 a.F. herangezogen. Die Notwendigkeit einer kurzen Verjährung bestehe bei einem Ausgleich einmaliger Zuwendungen nicht. Das sei bei der Bilanzierung aller Vermögenspositionen im Rahmen des Zugewinnausgleichs anders. Auch greife der Ausgleich unbenannter Zuwendungen erst ein, wenn der Zugewinnausgleich zu unangemessenen Ergebnissen führe. Daher sei eine längere Verjährungsfrist als die des § 1378 Abs. 4 sinnvoll.[53]

Diese Rechtsprechung sagt nichts darüber aus, wie nach neuem Recht die Abgrenzung zwischen Abs. 1 Nr. 2 und § 195 zu erfolgen hat. Auch wenn man von der Verjährung nach § 195 ausginge, würde – wie vom BGH nach bisherigem Recht vorgesehen – der Anspruch auf Zugewinnausgleich (§ 1378) früher verjähren als der auf Ausgleich unbenannter Zuwendungen nach § 313. Denn die Verjährung beginnt im Fall des Zugewinnausgleichsanspruchs mit Kenntnis von der Beendigung des Güterstands (§ 1378 Abs. 4 S. 1), im Fall des Ausgleichsanspruchs bei gestörten unbenannten Zuwendungen mit seiner Entstehung und der Kenntnis der anspruchsbegründenden Tatsachen zum Jahresschluss (§ 199 Abs. 1). Dieser Zeitpunkt wird beim Ausgleich unbenannter Zuwendungen regelmäßig nach dem erstgenannten Zeitpunkt liegen, da der Ausgleich ehebedingter Zuwendungen tatbestandlich davon abhängt, ob der Zugewinnausgleich zu unangemessenen Ergebnissen führt.

Der Anspruch auf **Ausgleich ehebedingter Zuwendungen** wegen gestörter Geschäftsgrundlage (§ 313) hat ein ehebezogenes Rechtsgeschäft zur Grundlage. Der Anspruch wurde von der Lehre und Rechtsprechung entwickelt, um Lücken der familienrechtlichen Vermögensordnung zu schließen. Er hängt tatbestandlich davon ab, welcher Ehegüterstand gilt. Im Falle der Zugewinngemeinschaft liegt er nur vor, wenn der Zugewinnausgleich nach § 1378 nicht zu sachgerechten Ergebnissen führt. Bei Gütertrennung unterliegt er anderen Regeln. Auch wendet die Rechtsprechung ganz überwiegend die Rechtsfigur der unbenannten Zuwendung nicht im Falle der nichtehelichen Lebensgemeinschaft an. Wenn sie hier einen Ausgleich bejaht, so geschieht dies auf der Grundlage gesellschaftsrechtlicher Grundsätze.[54] Auch diese unterschiedliche Behandlung spricht für eine familienrechtliche Qualifikation des Anspruchs auf Ausgleich gestörter ehebedingter Zuwendungen.[55] Er **unterliegt** daher **Abs. 1 Nr. 2** und verjährt in dreißig Jahren ab Anspruchsentstehung.

Aus den gleichen Gründen hat dies auch für Ansprüche auf Ausgleich gestörter unbenannter Zuwendungen unter aktiver oder passiver Beteiligung der Eltern eines Ehegatten (**Schwiegeltern**zuwendungen[56]) zu gelten, obgleich hier ein Grenzfall gegeben ist, der auch eine andere Qualifikation zuließe, die zur Anwendung der Regelverjährung nach §§ 195, 199 führte.

Die Anwendung des Abs. 1 Nr. 2 ist für beide Fallkonstellationen wegen der überaus langen Verjährungsdauer **unbefriedigend**. Eine Anwendung der §§ 195, 199 wäre sachgerechter.

Für andere von der Rechtsprechung entwickelte **Ausgleichsansprüche unter Ehegatten und Verwandten** gilt:
– Die Ausgleichsansprüche wegen Wegfalls der Geschäftsgrundlage eines familienrechtlichen **Kooperationsvertrags**[57] sind aus den gleichen Gründen wie Ansprüche bei unbenannten Zuwendungen familienrechtlich einzuordnen. Dafür spricht auch, dass die in der Literatur[58] angebotenen Ersatzkonstruktionen rein familienrechtlicher Art sind. Es gilt Abs. 1 Nr. 2.

---

52 S. BGHZ 116, 167, 169; 127, 48; BGH NJW 1999, 2962, 2966; grundlegend *Lieb*, Die Ehegattenmitarbeit im Spannungsfeld zwischen Rechtsgeschäft, Bereicherungsausgleich und gesetzlichem Güterstand, 1970, S. 121 ff.; s. dazu jeweils mit aktuellen Nachw. *Meincke*, NJW 1995, 2769 ff.; Palandt/*Heinrichs*, § 313 Rn 45–48; *Lüderitz*, Familienrecht, 27. Aufl. 1999, Rn 324 f.
53 BGH FamRZ 1994, 228.
54 Vgl. *Schlüter*, Familienrecht, 10. Aufl. 2003; s. etwa BGH NJW 1997, 3371 f.
55 S. im Erg. auch BGH RNotZ 2001, 161: Einordnung als güterrechtlich.
56 S. zu diesen die Nachw. bei Palandt/*Heinrichs*, § 313 Rn 48.
57 BGHZ 127, 48; OLG Bremen FamRZ 1999, 227; *Gernhuber/Coester-Waltjen*, Familienrecht, 4. Aufl. 1994, § 20 III 7; Staudinger/*Lorenz*, § 812 Rn 100.
58 S. etwa *Schwab*, Familienrecht, 12. Aufl. 2003, Rn 122: Ausgleichspflicht aus § 1353 Abs. 1 S. 2.

- Der in den Konstellationen ehebedingter Zuwendungen auch diskutierte, aber nur vereinzelt befürwortete **Bereicherungsanspruch wegen Zweckwegfalls**[59] (§ 812 Abs. 1 S. 2 Alt. 2) ist grundsätzlich nicht als familienrechtlicher Ausgleichsanspruch einzustufen. Es ist § 195 anwendbar.
- Die Rückabwicklung von **Schenkungen** unter Ehegatten, Verwandten oder Verschwägerten erfolgt allein nach Schenkungsrecht. Hier gilt § 195.
- Ausgleichsansprüche aus **Ehegatten- oder Familieninnengesellschaften** sind keine familienrechtlichen Ansprüche, da sie nur gegeben sind, wenn ein über die Ehe hinausreichender gemeinsamer Zweck verfolgt wird.[60] Sie verjähren nach § 195.
- Ansprüche wegen Vermögensausgleichs unter Partnern einer **nichtehelichen Lebensgemeinschaft** sind nicht als familienrechtlich zu qualifizieren. Sie verjähren nach § 195 (siehe Rn 42).

46 **dd) Lebenspartnerschaft, Betreuungsrecht.** Ansprüche nach dem **Lebenspartnerschaftsgesetz** sind familienrechtlicher Natur (§ 194 Rn 27, 30) und unterliegen der Regelung des Abs. 1 Nr. 2. **Betreuungsrechtliche** Ansprüche (§§ 1896 ff.) sind keine familienrechtlichen Ansprüche (§ 194 Rn 28). Sie verjähren nach §§ 195, 199.

47 **b) Vorrangige besondere Verjährungsfristen.** Vorrangige (Rn 39) besondere Verjährungsfristen enthalten neben Abs. 2 (Rn 72 ff.) **beispielsweise** die §§ 1302, 1378 Abs. 4, 1390 Abs. 3 S. 1, 2287 Abs. 2 und § 2332. Hingegen wurde die Sondernorm des § 1615l Abs. 4 a.F. aufgehoben (§ 195 Rn 28). Zum Verhältnis von § 194 Abs. 2 und § 197 siehe Rn 38.

48 **c) Insbesondere: Familien- und erbrechtliche Unterhaltsansprüche.** Siehe dazu die Erläuterungen bei § 194 Rn 30 f. und unten Rn 78.

49 **5. Titelverjährung (Nr. 3–6). a) Verhältnis zu anderen Verjährungsnormen.** Ansprüche, die in einer in Abs. 1 Nr. 3–6 bezeichneten Art festgestellt sind, verjähren in dreißig Jahren. Das **entspricht § 218 Abs. 1 a.F.**; die Erkenntnisse zum bisherigen Recht haben insofern weiter Gültigkeit. Die in § 197 Abs. 1 Nr. 3–6 geregelten Fälle setzen nicht grundsätzlich voraus, dass der im Sinne dieser Regelung festgestellte Anspruch vollstreckbar ist (siehe im Einzelnen Rn 60 ff.). Wurde ein Anspruch jedoch in vollstreckbarer Weise[61] festgestellt, so greifen die Regelungen des Abs. 1 Nr. 3–6 regelmäßig ein, wie im Folgenden zu zeigen ist.

50 Andere Verjährungsnormen, welche gleichfalls die Titelverjährung im Sinne des Abs. 1 Nr. 3–6 regeln, gehen vor. Das folgt aus dem Eingangshalbsatz des Abs. 1 („soweit nicht ein anderes bestimmt ist", siehe Rn 12). Das Reformgesetz sagt nichts zu der Streitfrage, ob die Regelungen der **§§ 26, 159 HGB** solche besonderen Verjährungsvorschriften sind, die auch die Verjährung rechtskräftig festgestellter Ansprüche regeln sollen. Mit der bisher h.M.[62] ist das zu verneinen.

51 **b) Anspruch.** Anspruch i.S.d. Abs. 1 Nr. 3–6 kann **jeder Anspruch** sein, auch wenn er selbst einer kürzeren Verjährung unterliegt. Die Verjährung der rechtlich festgestellten Ansprüche beginnt neu und ist von der sonst eingreifenden Verjährung des Anspruchs ohne gerichtliche Feststellung unabhängig. Wird der Anspruch abgetreten oder geht er in sonstiger Weise auf einen anderen Gläubiger über, so ändert das die Verjährung nach § 197 nicht.[63]

52 **c) Rechtskräftig festgestellte Ansprüche (Nr. 3). aa) Rechtskräftige Feststellung.** Der Anspruch muss rechtskräftig festgestellt sein.[64] Dabei ist auf die **formelle Rechtskraft** abzustellen.[65] Rechtsmittel dürfen nicht mehr eröffnet sein. Ob die Entscheidung sachlich zutrifft oder nicht, ist unbeachtlich. Die rechtskräftige Feststellung eines Anspruchs kann – wie nach bisherigem Recht – durch ein Urteil oder einen anderen Titel erfolgen. Es kommt nicht darauf an, in welchem Verfahren die Entscheidung ergangen ist,[66] ob kontradiktorisch oder nicht (Anerkenntnis-, Säumnisurteil).[67] Nur soweit der Anspruch rechtskräftig

---

59 Für eine Sonderkonstellation einen solchen Anspruch bejahend: BGH FamRZ 1994, 503; im Regelfall lehnt die Rspr. diesen konstruktiven Weg bei unbenannten Zuwendungen aber ab: BGHZ 82, 227, 231; s. Palandt/*Sprau*, § 812 Rn 83, 92; ausf. Staudinger/*Lorenz*, § 812 Rn 100.
60 Zu dem Zweckerfordernis BGH NJW 1999, 2962, 2966; Palandt/*Sprau*, § 705 Rn 39.
61 Einen Überblick über außerhalb der ZPO geregelte Vollstreckungstitel gibt etwa Zöller/*Stöber*, ZPO, vor § 704 Rn 6, § 794 Rn 35. Bei diesen Titeln ist im Einzelfall zu klären, ob sie unter § 197 Abs. 1 Nr. 3–5 fallen.
62 Nachweise bei Staudinger/*Peters*, § 197 Rn 23.
63 BGH VersR 1962, 470, 471.
64 Näher dazu, dass der Anspruch Gegenstand der Feststellung sein muss, MüKo/*Grothe*, § 197 Rn 17.
65 BT-Drucks 14/6040, S. 106; MüKo/*Grothe*, § 197 Rn 12; Soergel/*Niedenführ*, § 197 Rn 28.
66 BT-Drucks 14/6040, S. 106.
67 Staudinger/*Peters*, § 197 Rn 24, 29.

festgestellt wurde, gilt für ihn die Verjährungsfrist des Abs. 1 Nr. 3; wurde er bei Teilklage/Teilurteil nur teilweise festgestellt, greift Abs. 1 nur in diesem Rahmen.

Die Feststellung muss im Verhältnis Schuldner und Gläubiger wirksam werden; dabei sind die Regeln der Rechtskrafterstreckung, insbesondere die §§ 265, 325 ZPO zu beachten.[68]

bb) Gerichtliche Feststellung. Es genügt, dass die Entscheidung den Anspruch rechtskräftig feststellt. **Unbeachtlich** ist, in welcher **Gerichtsbarkeit** die Entscheidung ergangen ist. Bisher hat § 220 a.F. durch die Verweisung auf § 218 a.F. klargestellt, dass auch ein Anspruch, der nicht durch ein ordentliches Gericht, sondern ein besonderes Gericht im Sinne von §§ 13 f. GVG[69] (Arbeits-, Patent-, Schifffahrtsgericht) oder ein Verwaltungsgericht (Verwaltungs-, Finanz-, Sozialgericht) rechtskräftig festgestellt wurde, u.a. § 218 unterfiel. § 220 wurde zu Recht aufgehoben, weil die Erwähnung der verschiedenen Gerichtszweige entbehrlich ist.[70] Dasselbe Ergebnis ergibt sich bereits aus dem Grundsatz der Gleichwertigkeit der Gerichtsbarkeiten. § 220 a.F. erwähnte noch die Anspruchsfeststellung durch eine Verwaltungsbehörde. Das war schon nach bisherigem Recht wegen der Zuweisung der rechtsprechenden Gewalt an die Gerichte (Art. 92 GG) obsolet.[71] Ob der Rechtsweg zum erkennenden Gericht eröffnet und das Gericht zuständig war, ist für Abs. 1 Nr. 3 ohne Bedeutung.[72]

Ist aus der Sicht des deutschen internationalen Privatrechts das deutsche Verjährungsrecht anwendbar[73] und hat eine Entscheidung eines **ausländischen Gerichts** einen Anspruch rechtskräftig festgestellt (gleichgültig nach welchem Sachrecht), so ist zu fragen, ob die Entscheidung des ausländischen Gerichts die Tatbestandswirkung[74] des Abs. 1 Nr. 3 auslösen und die neue Verjährungsfrist eröffnen kann. Nach h.M. setzt das voraus, dass die Entscheidung in Deutschland anerkennungsfähig ist.[75] Streit besteht darüber, ob alle (so die h.M.)[76] oder nur einige Anerkennungsvoraussetzungen[77] erfüllt sein müssen.[78] In keinem Fall bedarf es für die Zwecke des Abs. 1 Nr. 3 einer selbständigen Anerkennungsentscheidung der deutschen Gerichte.[79] Eine solche ergeht nach dem Grundsatz der Inzidentanerkennung nicht regelmäßig. Wollte man deshalb auf die gerichtliche Entscheidung abstellen, welche das ausländische Urteil für vollstreckbar erklärt (Vollstreckungsurteil nach § 722 ZPO oder eine vergleichbare gerichtliche Entscheidung nach den einschlägigen Anerkennungs- und Vollstreckungsstaatsverträgen oder EG-Verordnungen[80], so ist zu entgegnen, dass sie etwa bei Feststellungsurteilen nicht ergeht.[81] Auch würde das die Verjährung der in anerkennungsfähigen ausländischen Entscheidungen rechtskräftig festgestellten Ansprüche später beginnen lassen als die Verjährung der Ansprüche, die in deutschen Entscheidungen festgestellt wurden. Ein Grund für diese Ungleichbehandlung ist nicht ersichtlich.

Auch ein durch ein Schiedsgericht festgestellter Anspruch verjährt in der Frist des Abs. 1 Nr. 3, denn der **Schiedsspruch** hat nach § 1055 ZPO die Wirkungen eines rechtskräftigen gerichtlichen Urteils.[82] Soweit § 220 Abs. 1 a.F. für Schiedssprüche ausdrücklich auf § 218 a.F. verwies, hatte das nur klarstellende Funktion. Dieser Verweis war entbehrlich. Auch insoweit wurde § 220 a.F. aufgehoben. Der Tatbestand des Abs. 1 Nr. 3 wird durch den Schiedsspruch selbst erfüllt,[83] nicht erst durch die gerichtliche Entscheidung nach § 1060, die ihn für vollstreckbar erklärt und den Vollstreckungstitel nach § 794 Abs. 1 Nr. 4a ZPO bildet. Zur Frage des Verjährungsbeginns siehe § 201 Rn 6 ff.

Abs. 1 Nr. 3 erfasst auch den **Schiedsvergleich** (Schiedsspruch mit vereinbartem Wortlaut i.S.v. § 1053 ZPO),[84] da er gemäß der ausdrücklichen Anordnung des § 1053 Abs. 2 S. 2 ZPO einem Schiedsspruch gleichsteht[85] und dieser Abs. 1 Nr. 3 unterfällt. Für die Tatbestandserfüllung des Abs. 1 Nr. 3 ist nicht

---

68 Näher Staudinger/*Peters*, § 197 Rn 27.
69 Zum Begriff *Jauernig*, Zivilprozessrecht, 28. Aufl. 2003, § 5 II.
70 BT-Drucks 14/6040, S. 116.
71 BT-Drucks 14/6040, S. 116.
72 Staudinger/*Peters*, § 197 Rn 29.
73 Zur Ermittlung des auf die Verjährung anwendbaren Rechts s. Art. 32 Abs. 1 Ziff. 4 EGBGB.
74 Zur Tatbestandswirkung s. näher (am Beispiel der Verjährungsunterbrechung durch Streitverkündung in ausländischen Verfahren) Wieczorek/Schütze/*Mansel*, ZPO, 3. Aufl. 1994, § 68 ZPO Rn 21–23.
75 RGZ 129, 395; OLG Düsseldorf RIW 1979, 59; *Frank*, IPRax 1983, 108, 111; *Looschelders*, IPRax 1998, 296, 301 mit umfassenden Nachw. in Fn 55.
76 S. die vorst. Nachw.
77 So neben anderen insb. *Geimer*, Internationales Zivilprozessrecht, 5. Aufl. 2005, Rn 2828 f. m.w.N.
78 Zur davon zu trennenden Frage, wann Hemmung einer laufenden Frist durch Klageerhebung oder Streitverkündung in einem ausländischen Prozess eintritt, s. § 204 Rn 24 f., 75.
79 MüKo/*Grothe*, § 197 Rn 13; Soergel/*Niedenführ*, § 197 Rn 27; a.A. Staudinger/*Peters*, § 197 Rn 29.
80 S. die Übersicht bei Thomas/Putzo/*Hüßtege*, ZPO, Anhang nach § 723 Rn 1–6 i.V.m. § 328 Rn 37 ff.; und Art. 34, 37 EuGVVO (kommentiert ebenda) sowie Art. 24 EheVO (siehe dort in Anhang I zum III. Abschnitt EGBGB).
81 S. bspw. AG Würzburg FamRZ 1994, 1596.
82 Dazu weiterführend Zöller/*Geimer*, ZPO, § 1055 Rn 1 ff.
83 Ebenso: Soergel/*Niedenführ*, § 197 Rn 27; Staudinger/*Peters*, § 197 Rn 29.
84 Palandt/*Heinrichs*, § 197 Rn 12.
85 Zur Gleichstellung s. nur Thomas/Putzo/*Hüßtege*, ZPO, § 1053 Rn 4.

die Vollstreckbarerklärung des Schiedsvergleichs zu fordern,[86] denn § 1053 Abs. 2 S. 2 ZPO setzt den Schiedsvergleich als solchen dem Schiedsspruch gleich und dieser wird wiederum durch § 1055 ZPO einem gerichtlichen Urteil gleichgesetzt.

58 Zum **Anwaltsvergleich** siehe Rn 64, 68.

59 § 218 Abs. 1 a.F. wurde bisher von der h.M. analog auf ein **privates Anerkenntnis** des Schuldners angewandt, in welchem er den Anspruch ohne Einschränkung anerkennt.[87] Es ist offen, ob diese Ansicht auf Abs. 1 Nr. 3 übertragen werden kann. Hierfür besteht seit der Neuregelung der Zulässigkeit von Verjährungsvereinbarungen durch § 202 kein Bedürfnis mehr.[88] Die alte Rechtsprechung war wesentlich durch den restriktiven § 225 a.F. motiviert,[89] der parteiautonome Verjährungsverlängerungen nicht zuließ. Heute kann ein entsprechendes Anerkenntnis im Regelfall als Vereinbarung der Verjährungshöchstdauer von dreißig Jahren ab dem gesetzlichen Verjährungsbeginn im Sinne von § 202 Abs. 2 ausgelegt werden, sofern die Auslegung nicht ergibt, dass das Anerkenntnis keinen Einfluss auf die Verjährung haben sollte.

60 **cc) Feststellende Entscheidung.** Die anspruchsfeststellende Entscheidung kann ein Leistungs- oder Feststellungsurteil, Vollstreckungsbescheid, Kostenfestsetzungsbeschluss oder **jede** andere **unanfechtbare gerichtliche Entscheidung** sein, aus der vollstreckt werden kann,[90] nicht aber ein Grundurteil (§ 304 ZPO).[91]

61 Nach h.M. zum bisherigen Recht genügt auch ein Urteil, welches eine **negative Feststellungsklage**, durch die das Nichtbestehen des Anspruchs festgestellt werden soll, als unbegründet abweist.[92] Diese Ansicht wurde bestritten.[93] Der Streit besteht auch unter neuem Recht fort.

62 Endurteile genügen ebenso wie **Vorbehaltsurteile** nach §§ 302, 599 ZPO.[94] § 219 a.F. konnte aufgehoben werden,[95] soweit[96] er die durch Vorbehaltsurteil rechtskräftig festgestellten Ansprüche hinsichtlich der dreißigjährigen Verjährungsfrist nach § 218 Abs. 1 a.F. den rechtskräftig festgestellten Ansprüchen gleichgestellt hat. Die Vorschrift erschien insoweit entbehrlich.[97] Das Vorbehaltsurteil ist hinsichtlich der Rechtsmittel und der Zwangsvollstreckung als Endurteil anzusehen (§ 302 Abs. 3 ZPO). Die eventuelle spätere Aufhebung nach § 302 Abs. 4 ZPO (fehlende materielle Rechtskraft[98]) berührt die Frage der Verjährungsfrist nicht. Für diese ist allein die formelle Rechtskraft entscheidend.

63 Ein Urteil nach **§ 305 ZPO** ist kein Vorbehaltsurteil, sondern ein Endurteil.[99]

64 Unter Abs. 1 Nr. 3 fällt auch ein Beschluss, in welchem ein **Anwaltsvergleich** nach § 796b ZPO durch das Gericht oder nach § 796c ZPO durch den Notar (sein Beschluss steht dem eines Gerichts gleich[100]) für vollstreckbar erklärt wird und der nach § 794 Abs. 1 Nr. 4b ZPO Grundlage der Zwangsvollstreckung ist.[101] Der Anwaltsvergleich für sich alleine genommen erfüllt keine der Tatbestandsvoraussetzungen des Abs. 1 Nr. 3–5; er stellt selbst keine Ansprüche rechtskräftig (eine Norm wie § 1053 ZPO für den Schiedsspruch fehlt für den Anwaltsvergleich) oder vollstreckbar fest. Anders als in den Fällen des § 197 Abs. 1 Nr. 4 ist beim Anwaltsvergleich Vollstreckungstitel nicht der Vergleich, sondern – wie sich aus § 794 Abs. 1 Nr. 4b ZPO ergibt – der Beschluss nach § 796b ZPO oder § 796c ZPO, der den Anwaltsvergleich für vollstreckbar erklärt.[102] Verjährungsrechtliche Bedeutung erlangt daher erst die Vollstreckbarerklärung des Anwaltsvergleichs. Zum Verjährungsbeginn siehe § 201 Rn 8.

---

86 Ebenso Palandt/*Heinrichs*, § 197 Rn 12; a.A. Soergel/*Niedenführ*, § 197 Rn 33; Staudinger/*Peters*, § 197 Rn 32.
87 BGH NJW 2003, 1524; NJW-RR 1990, 664.
88 A.A. wohl Palandt/*Heinrichs*, § 197 Rn 12, der aber ebenfalls eine entspr. Parteiabrede für ratsam hält.
89 S. den Hinweis bei Staudinger/*Peters*, 13. Bearb. 2001, § 218 a.F. Rn 16.
90 Palandt/*Heinrichs*, § 197 Rn 11; MüKo/*Grothe*, § 197 Rn 12, 14; Staudinger/*Peters*, § 197 Rn 24, 29.
91 BGH NJW 1985, 792; Staudinger/*Peters*, § 197 Rn 22. Zur anderen Beurteilung bei einem Grundurteil eines Schiedsgerichts s. MüKo/*Grothe*, § 197 Rn 14.
92 BGHZ 72, 23, 31; Palandt/*Heinrichs*, § 197 Rn 11; MüKo/*Grothe*, § 197 Rn 14.
93 Zu Recht abl. Staudinger/*Peters*, § 197 Rn 26.
94 BT-Drucks 14/6040, S. 106.
95 BT-Drucks 14/6040, S. 99 f., 106.
96 Soweit § 219 a.F. auf § 211 Abs. 1 a.F. verwies, wurde er auch aufgehoben, s. § 204 Rn 117.
97 BT-Drucks 14/6040, S. 100; ebenso bereits Peters/*Zimmermann*, S. 32.
98 Thomas/Putzo/*Thomas*, ZPO, § 322 Rn 4.
99 Soergel/*Niedenführ*, 13. Bearb. 1999, § 219 a.F. Rn 2.
100 Zöller/*Geimer*, ZPO, § 796c Rn 5; *Münzberg*, NJW 1999, 1357, 1359: Es liegt keine Urkundstätigkeit des Notars, sondern Wahrnehmung rechtsprechender Aufgaben vor.
101 Staudinger/*Peters*, § 197 Rn 32; Palandt/*Heinrichs*, § 197 Rn 12; *Ziege*, NJW 1991, 1580, 1585; anders Stein/Jonas/*Münzberg*, ZPO, § 796a Rn 1; Soergel/*Niedenführ*, § 197 Rn 33, die § 197 Abs. 1 Nr. 4 anwenden.
102 Zum Vollstreckungstitel Zöller/*Geimer*, ZPO, § 796a Rn 25, § 796c Rn 6, 8.

d) Ansprüche aus vollstreckbaren Vergleichen oder vollstreckbaren Urkunden (Nr. 4). aa) Vollstreckbarer Vergleich. Unter Abs. 1 Nr. 4 fällt jeder Anspruch aus einem Vergleich i.S.v. **§ 794 Abs. 1 Nr. 1 ZPO**:[103]
65
– gerichtlicher Vergleich vor einem deutschen Gericht (§ 160 Abs. 3 Nr. 1 ZPO, siehe auch den durch die ZPO-Reform seit 1.1.2002 eingeführten § 278 Abs. 6 ZPO),
– Vergleich vor der landesrechtlich eingerichteten oder anerkannten Gütestelle i.S.v. § 797a ZPO,
– Vergleich im Prozesskostenhilfeverfahren nach § 118 Abs. 1 S. 3 ZPO,
– Vergleich im selbständigen Beweisverfahren nach § 492 Abs. 3 ZPO.

Gleichgestellt ist der **Schuldenbereinigungsplan** nach § 308 Abs. 1 S. 2 InsO.
66

Der Anspruch aus dem Vergleich unterfällt Abs. 1 Nr. 4 aber nur, wenn er mit Bezug zu dem **Verfahrensgegenstand** begründet wurde. Abs. 1 Nr. 4 ist nicht anwendbar, wenn der Anspruch selbständig, ohne Verfahrensbezug und nur bei Gelegenheit des Verfahrens, das zum Vergleich führte, begründet wurde.[104] Der Vergleich kann – wie ein Feststellungsurteil (siehe Rn 60 f.) – rein feststellenden Inhalt haben; ein im eigentlichen Sinne vollstreckbarer Inhalt ist nicht erforderlich.[105]
67

Der **Anwaltsvergleich** fällt nicht unter Abs. 1 Nr. 4, sondern unter Abs. 1 Nr. 3 (Rn 64). Gleiches gilt – wegen der Gleichstellung mit einem Schiedsspruch und damit mit einer gerichtlichen Entscheidung (§§ 1053 Abs. 2 S. 2, 1055 ZPO) – für den **Schiedsvergleich** (siehe Rn 57).
68

bb) Vollstreckbare Urkunde. Abs. 1 Nr. 4 erfasst auch Ansprüche aus vollstreckbaren Urkunden i.S.v. §§ 794 Abs. 1 Nr. 5, 801 ZPO,[106] sofern die Unterwerfung unter die Zwangsvollstreckung formell und materiell **wirksam** ist.[107]
69

Die seither umstrittene Frage, ob die **vollstreckbare Kostenrechnung des Notars** (§§ 154f. KostO) die Verjährungsfrist des Abs. 1 auslöst,[108] hat der BGH nun richtigerweise verneint.[109] Die genannte Entscheidung ist noch zu § 218 a.F. ergangen, die gegen eine Analogie sprechenden Argumente gelten aber auch in Bezug auf § 197.[110]
70

e) Feststellungen im Insolvenzverfahren (Nr. 5). Ansprüche, die durch die im Insolvenzverfahren erfolgte Feststellung vollstreckbar geworden sind (§§ 201 Abs. 2, 215 Abs. 2 S. 2, 257 InsO), verjähren in dreißig Jahren nach Abs. 1 Nr. 5.
71

f) Kosten der Zwangsvollstreckung (Nr. 6). Die Vorschrift wurde mit Wirkung zum 15.12.2004 durch das VerjAnpG (siehe dazu § 195 Rn 31) eingefügt. Danach verjähren Ansprüche nach § 788 Abs. 1 ZPO auf **Erstattung der Kosten der Zwangsvollstreckung** in dreißig Jahren. Durch die Neuregelung wird ausdrücklich klargestellt, dass die nach altem Recht nahezu unumstrittene (direkte oder analoge) Anwendung der dreißigjährigen Verjährungsfrist des § 218 a.F. auf diesen Kostenerstattungsanspruch[111] dem gesetzgeberischen Willen entspricht.
72

II. Regelmäßig wiederkehrende Leistungen, Unterhalt (Abs. 2)

1. Grundsatz. Für bestimmte Ansprüche, die unter Abs. 1 Nr. 2 oder Nr. 3 bis 5 fallen, sieht Abs. 2 vor, dass die durch Abs. 1 angeordnete dreißigjährige Verjährung durch die dreijährige **Regelverjährung** nach § 195 ersetzt wird, deren Beginn durch § 199 bestimmt wird (Rn 5).
73

Durch Abs. 2 werden nur Rückstände – also **fällige**, aber noch nicht voll erbrachte Leistungen[112] – erfasst, da die Verjährung nach § 199 Abs. 1 Nr. 1 nicht vor der Fälligkeit des Anspruchs beginnt.[113] Das gilt für alle Alternativen des Abs. 2.[114] Zum Zweck der Vorschrift siehe Rn 10.

2. Ansprüche nach Abs. 1 Nr. 2. a) Regelmäßig wiederkehrende Leistungen. Soweit **familien- oder erbrechtliche Ansprüche** regelmäßig wiederkehrende Leistungen zum Inhalt haben, verjähren sie in Abweichung von Abs. 1 Nr. 2 nach §§ 197 Abs. 2, 195, 199. Andere Ansprüche auf wiederkehrende Leistungen
74

---

103 S. MüKo/*Grothe*, § 197 Rn 20.
104 MüKo/*Grothe*, § 197 Rn 20.
105 BGH NJW-RR 1990, 665; Jauernig/*Jauernig*, § 197 Rn 9.
106 Palandt/*Heinrichs*, § 197 Rn 12.
107 BGH NJW 1999, 51, 52; OLG Zweibrücken BauR 2000, 1209; Palandt/*Heinrichs*, § 197 Rn 12; MüKo/*Grothe*, § 197 Rn 20; *Böckmann*, InVo 2003, 345 m.w.N., auch zur Gegenansicht.
108 Vgl. dazu die Nachw. bei Staudinger/*Peters*, § 197 Rn 30.
109 BGH NJW-RR 2004, 1578 m. Anm. *W. Tiedtke*, ZNotP 2004, 494.
110 So auch ausdr. der BGH NJW-RR 2004, 1578, 1580.
111 Dafür vor In-Kraft-Treten des VerjAnpG MüKo/*Grothe*, § 197 Rn 16; dagegen *Ballaschk*, ZAP 2004, Fach 24, 817 (Verjährung nicht titulierter Kostenerstattungsansprüche in drei Jahren).
112 MüKo/*Grothe*, § 197 Rn 23.
113 BT-Drucks 14/6040, S. 107.
114 A.A. *Bergjan/Wermes*, FamRZ 2004, 1087, 1089 f.: Verjährung in dreißig Jahren.

verjähren – mangels vorrangiger besonderer Vorschriften – nach §§ 195, 199 in direkter Anwendung (siehe Rn 5).

75 Der **Begriff** der regelmäßig wiederkehrenden Leistungen ist identisch mit dem des § 197 a.F.; auf die dazu ergangene Rechtsprechung kann grundsätzlich auch nach neuem Recht zurückgegriffen werden; dabei ist lediglich zu bedenken, dass § 197 a.F. alle wiederkehrenden Leistungen erfasste, Abs. 2 Alt. 1 nur solche familien- oder erbrechtlicher Natur.

76 Ein Anspruch auf regelmäßig wiederkehrende Leistungen ist seinem Typus nach auf **Einzelleistungen** gerichtet, die zu gesetzlich oder vertraglich bestimmten, regelmäßig wiederkehrenden Terminen **fortlaufend** zu erbringen sind.[115] Für die Einzelleistungen besteht daher ein einheitlicher Rechtsgrund.[116] Die Verpflichtung zur Erbringung der Einzelleistungen entsteht durch den Ablauf der vorgegebenen Zeitspanne jeweils neu.[117] Dabei kann der Umfang der Einzelleistung schwanken; es ist unschädlich, wenn die Leistungspflicht zeitweise auf ein Minimum und gelegentlich auf null absinkt.[118] Entscheidend ist nicht die Gleichmäßigkeit des Anspruchsumfangs, sondern die zeitlich regelmäßige Wiederkehr der Leistungsverpflichtung,[119] die aber zeitlich begrenzt sein kann.[120] Nicht hierunter fällt ein Anspruch, der zu einer Leistung verpflichtet, deren Erbringung dadurch gestreckt wird, dass sie in einzelnen Teilleistungen erfüllt wird (z.B. Ratenzahlung einer Kaufpreisschuld).[121]

77 Ansprüche auf wiederkehrende Leistungen familien- oder erbrechtlicher Natur sind **beispielsweise** Ansprüche auf regelmäßig wiederkehrende Unterhaltsleistungen (siehe Rn 5, 7) oder entsprechende Ansprüche auf regelmäßige Zinszahlung, z.B. gemäß § 1834.[122]

78 **b) Unterhaltsleistungen.** Soweit **familien- oder erbrechtliche Ansprüche** Zahlung von Unterhalt zum Gegenstand haben, verjähren sie in Abweichung von Abs. 1 Nr. 2 nach §§ 197 Abs. 2, 195, 199. Das gilt auch für Ansprüche auf regelmäßig wiederkehrende Unterhaltsleistungen – sie wären ohnehin von der ersten Alternative des § 197 Abs. 2 erfasst (Rn 5, 7). Vor allem gilt es auch für Ansprüche auf **Sonderbedarf**, also einmalige Unterhaltsleistung (siehe näher Rn 8).

79 Zur Verjährung von Unterhaltsansprüchen siehe den **Überblick** in § 194 Rn 30 ff.

80 **3. Ansprüche nach Abs. 1 Nr. 3–5.** Ansprüche im Sinne von Abs. 1 Nr. 3–5 (Rn 52 ff.) verjähren statt in dreißig Jahren aufgrund Abs. 2 in der Frist der dreijährigen **Regelverjährung**, wenn sie künftig fällig werdende regelmäßig wiederkehrende Leistungen zum Inhalt haben, gleichgültig ob es familien-, erbrechtliche oder andere Ansprüche sind. Damit besteht im Grundsatz Deckungsgleichheit mit § 218 Abs. 1 a.F.; allerdings ordnet § 197 Abs. 2 die Geltung der Regelverjährungsfrist an, während nach bisherigem Recht die ansonsten eingreifende „kürzere" Verjährungsfrist (Rn 82) zur Anwendung kam. Zur *ratio* der Norm siehe Rn 10. Zur Ausnahme von Abs. 2 siehe Rn 85.

81 Zum **Begriff** der regelmäßig wiederkehrenden Leistungen siehe Rn 75. Sie müssen in dem Titel nicht als solche benannt sein; es genügt, wenn die Auslegung des Titels ergibt, dass der Titel sich auf solche wiederkehrenden Leistungen bezieht.[123]

82 Die Ansprüche müssen **künftig fällig** werden, das meint Fälligkeit nach Unanfechtbarkeit der Anspruchsfeststellung i.S.v. **Abs. 1 Nr. 3–5**. Nur solche Ansprüche werden von Abs. 2 erfasst. Für die anderen bleibt es bei der dreißigjährigen Verjährungsfrist nach Abs. 1 Nr. 3–5. Für den Fall, dass ein Titel im Sinne des Abs. 1 Nr. 2 zu wiederkehrenden Leistungen, etwa Zinsen, verurteilt hat, folgt daher aus § 197, dass alle bis zur Rechtskraft der Entscheidung aufgelaufenen Zinsen nach §§ 197 Abs. 1 Nr. 3, 201 in dreißig Jahren ab Rechtskrafteintritt verjähren. Alle nach diesem Zeitpunkt fällig werdenden Zinsen verjähren nach §§ 197 Abs. 2, 195, 199 Abs. 1 in drei Jahren (statt nach § 218 Abs. 2, 197 a.F. in vier Jahren).[124]

83 Die Verjährung der Abs. 2 unterfallenden Ansprüche **beginnt** frühestens mit dem Schluss des Jahres der Anspruchsentstehung, d.h. regelmäßig mit der Fälligkeit des Anspruchs und der Anspruchskenntnis im Sinne von § 199 Abs. 1 Nr. 1. Dabei ist der Verjährungsbeginn für jeden einzelnen Anspruch auf wiederkehrende Leistung zu berechnen und auf den jeweiligen Fälligkeitszeitpunkt der Einzelleistung abzustellen.

---

115 BGH VersR 1957, 450, 451; s. ferner etwa MüKo/*Grothe*, § 197 Rn 24; Palandt/*Heinrichs*, § 197 Rn 6; Jauernig/*Jauernig*, § 197 Rn 4.
116 Staudinger/*Peters*, § 197 Rn 41.
117 Staudinger/*Peters*, § 197 Rn 39 f. m. Nachw. zum Streitstand.
118 BGHZ 80, 357 ff.; MüKo/*Grothe*, § 197 Rn 24.
119 RGZ 153, 375, 378; BGHZ 80, 357 ff.; Palandt/*Heinrichs*, § 197 Rn 6.
120 RG JW 1931, 1457; MüKo/*Grothe*, § 197 Rn 24.
121 BGH WM 1975, 1280, 1281; Staudinger/*Peters*, § 197 Rn 39; MüKo/*Grothe*, § 197 Rn 24.
122 Vgl. dazu ausf. Staudinger/*Peters*, § 197 Rn 46–49.
123 Staudinger/*Peters*, § 197 Rn 38.
124 Vgl. dazu *Fischer*, ZAP 2003, Fach 2, 403.

Da die §§ 197 Abs. 2, 195 für die bereits titulierten einschlägigen Ansprüche die dreijährige Verjährungsfrist anordnen, kann es wegen der relativ kurzen Zeitspanne von drei Jahren erforderlich sein, eine drohende Verjährung abzuwenden, etwa indem nach § 212 Abs. 1 Nr. 2 durch Beantragung einer gerichtlichen oder behördlichen Vollstreckungshandlung der Neubeginn der Verjährung herbeigeführt wird. Ist das etwa bei einem flüchtigen Schuldner nicht möglich, so ließ die Rechtsprechung und h.M. nach bisherigem Recht zum Zwecke der erneuten **Verjährungsabwendung** ausnahmsweise eine entsprechende Feststellungsklage zu, obgleich bereits ein Vollstreckungstitel vorlag.[125] Der Reformgesetzgeber hat § 218 Abs. 2 a.F. im Kern unverändert (siehe aber Rn 80, 82) in § 197 Abs. 2 übernommen. Zu der Praxis solcher „Verjährungsabwendungsklagen" hat der Gesetzgeber keine Stellung genommen. Das Problem besteht auch nach neuem Recht und ist wohl im Sinne der bisher h.M. zu lösen. 84

Ausnahme von Abs. 2: Bei einem Verbraucherdarlehen (§ 491) findet Abs. 2 auf i.S.v. Abs. 1 Nr. 3–5 titulierte Zinsansprüche keine Anwendung (§ 497 Abs. 3 S. 4), es sei denn, die Hauptforderung des Titels lautete auf Zinsen (§ 497 Abs. 3 S. 5). Soweit Abs. 2 keine Anwendung findet, gilt für die titulierten Zinsansprüche weiterhin die dreißigjährige Verjährungsfrist nach Abs. 1 Nr. 3–5 (siehe näher bei § 497).[126] Durch die Regelung soll vermieden werden, dass der Kreditgeber allein wegen der Zinsen die Verjährungsunterbrechung betreibt.[127] 85

Ansprüche aus einem **eingetragenen Recht** im Sinne von §§ 902, 873 verjähren nach § 902 Abs. 1 S. 1 nicht. Soweit sie auf Rückstände wiederkehrender Leistungen wie z.B. gemäß §§ 1107, 1159, 1199 Abs. 1 oder auf Schadensersatz gerichtet sind, unterliegen sie der Verjährung. Für sie gilt nicht Abs. 2, sondern unmittelbar § 195. 86

III. Verjährungsbeginn

Die Verjährungsfrist für die durch Abs. 1 Nr. 1 und 2 (Rn 13 ff., 38 ff.) erfassten Ansprüche richtet sich nach **§ 200** (siehe dort). 87

Die Verjährungsfrist für die durch Abs. 1 Nr. 3–5 (Rn 52 ff.) erfassten Ansprüche richtet sich nach **§ 201** (siehe dort). 88

Der Verjährungsbeginn für die Abs. 2 unterfallenden Ansprüche richtet sich nach **§ 199** (siehe dort). Abs. 2 verweist auf die Regelverjährung (§ 195) und damit implizit auch auf den Verjährungsbeginn der Regelverjährung (§ 199). Siehe ferner Rn 5, 72. 89

§ 198 Verjährung bei Rechtsnachfolge

¹Gelangt eine Sache, hinsichtlich derer ein dinglicher Anspruch besteht, durch Rechtsnachfolge in den Besitz eines Dritten, so kommt die während des Besitzes des Rechtsvorgängers verstrichene Verjährungszeit dem Rechtsnachfolger zugute.

Literatur: Siehe vor §§ 194–218.

A. Allgemeines	1	II. Dingliche Ansprüche	5
B. Regelungsgehalt	2	III. Durch Rechtsnachfolge	6
I. Rechtsnachfolge im Besitz	4	IV. Ausnahme: Angemaßter Eigenbesitz	8

A. Allgemeines

Die Vorschrift **entspricht** inhaltlich dem bisherigen **§ 221 a.F.**; sie wurde leicht an den heutigen Sprachgebrauch angepasst.[1] Die Ergebnisse der Rechtsprechung und Literatur zu § 221 a.F. können für die Auslegung des § 198 herangezogen werden. 1

---

125 S. BGHZ 93, 287, 291; *Peters/Zimmermann*, S. 263; Staudinger/*Peters*, § 197 Rn 52; Soergel/*Niedenführ*, § 197 Rn 42.
126 S. zum neuen Recht und weiteren Problemen *Köndgen*, WM 2001, 1637, 1647 sowie *Budzikiewicz*, WM 2003, 264 ff.
127 BT-Drucks 14/6857, S. 66; Palandt/*Putzo*, § 497 Rn 15; *Budzikiewicz*, WM 2003, 264, 272 f.
1 BT-Drucks 14/6040, S. 107.

B. Regelungsgehalt

2 Die **Rechtsnachfolge** auf der Seite des Gläubigers oder des Schuldners verändert die Anspruchsverjährung nicht; die Verjährungsfrist und ihr Lauf bleiben von einem Schuldner- oder Gläubigerwechsel unberührt (§ 195 Rn 45).[2]

3 Etwas anderes gilt für **dingliche Ansprüche gegen den Besitzer** einer Sache. Der Anspruch entfällt tatbestandsmäßig, wenn der Besitzer den Sachbesitz verliert. Gegen den neuen Besitzer entsteht mit seinem Besitzerwerb ein neuer dinglicher Anspruch, dessen Verjährung gleichfalls neu mit der Anspruchsentstehung beginnt (§ 200 i.V.m. § 197 Abs. 1 Nr. 1 bzw. § 199 Abs. 1 für die nicht § 197 Abs. 1 Nr. 1 unterfallenden dinglichen Ansprüche).

I. Rechtsnachfolge im Besitz

4 Davon macht § 198 eine **Ausnahme**. Die Norm ordnet für den Fall der Rechtsnachfolge im Besitz eine Vorverlegung des Verjährungsbeginns an: Die während des Besitzes des früheren Besitzers, gegen den während seines Besitzes der dingliche Anspruch gerichtet war, abgelaufene Besitzzeit wird zugunsten des nunmehrigen Besitzers, der dem neuen dinglichen Anspruch ausgesetzt ist, angerechnet. Dadurch wird ein früherer Verjährungsbeginn erreicht. Für Verjährungszwecke wird fingiert, der aktuelle Besitzer habe den Besitz bereits früher erlangt, so dass der dingliche Anspruch im Sinne von § 198 gegen den aktuellen Besitzer als bereits früher entstanden anzusehen ist. § 198 will durch die Zusammenrechnung der Besitzzeiten eine faktische Unverjährbarkeit verhindern.[3]

II. Dingliche Ansprüche

5 § 198 gilt für dingliche Ansprüche, die gegen den Besitzer einer Sache gerichtet sind. Die Vorschrift ist daher insbesondere anwendbar auf § 985 oder auf andere dingliche Herausgabeansprüche (zu ihnen siehe § 197 Rn 13 ff.) sowie auf Ansprüche aus **§§ 861 f., 1004**.[4] § 198 ist anwendbar auf entsprechende Ansprüche bei Grundstücken, soweit diese verjährbar sind (zur Unverjährbarkeit siehe § 194 Rn 6), wie etwa die Ansprüche nach § 902 Abs. 1 S. 2. § 198 greift **nicht** für die Ansprüche aus dem begleitenden gesetzlichen Schuldverhältnis (siehe dazu § 197 Rn 24 ff.) wie insbesondere Ansprüche aus **§§ 987 ff.**, denn der bereits entstandene Anspruch auf Nutzungsherausgabe oder Wertersatz entfällt nicht, wenn der Besitz wechselt.

III. Durch Rechtsnachfolge

6 § 198 setzt tatbestandsmäßig die Besitznachfolge durch **Gesamtnachfolge**, vor allem gemäß § 857, oder im Wege der **Einzelnachfolge** durch Willenseinigung mit dem bisherigen Besitzer voraus.[5] § 198 verlangt somit einen abgeleiteten Besitzerwerb. **Keine Rechtsnachfolge** liegt demnach vor, wenn der Besitz nicht einvernehmlich vom bisherigen auf den aktuellen Besitzer übertragen wurde, sondern durch verbotene Eigenmacht, unerlaubte Handlung, Auffinden der Sache etc. erworben wurde.[6] § 198 setzt ferner voraus, dass während der zusammengerechneten Besitzzeiten gegen jeden der jeweiligen Sachbesitzer ein gleichartiger dinglicher Anspruch gerichtet war. Daher kann keiner der Vorbesitzer gegenüber dem Gläubiger des dinglichen Anspruchs ein Recht zum Besitz gehabt haben.[7] Für § 198 ist es bei einem Besitzwechsel im Wege der Einzelnachfolge unerheblich, ob der frühere Besitzer zur Besitzübertragung auf den aktuellen Besitzer berechtigt war oder nicht.[8] § 198 stellt allein auf den einvernehmlichen faktischen Besitzübergang ab.

7 Bei **mehrfachem Besitzwechsel** werden, sofern die in Rn 6 beschriebenen Voraussetzungen jeweils erfüllt sind, dem aktuellen Besitzer die Besitzzeiten aller früheren Besitzer angerechnet.[9] Dies gilt auch für den Fall, dass der Besitz auf einen früheren Besitzer zurückübertragen wird.[10]

---

[2] Soergel/*Niedenführ*, § 198 Rn 2.
[3] *Finkenauer*, JZ 2000, 241, 243.
[4] S. etwa *Siehr*, in: Carl/Güttler/Siehr, Kunstdiebstahl vor Gericht. City of Gotha v. Sotheby's/Cobert Finance S.A., 2001, S. 53, 65.
[5] Soergel/*Niedenführ*, § 198 Rn 3; umfassende Nachw. bei *Finkenauer*, JZ 2000, 241, 243; dort näher zu den Anforderungen an die Willenseinigung.
[6] Staudinger/*Peters*, § 198 Rn 6; s. dazu auch *Finkenauer*, JZ 2000, 241, 245.
[7] *Plambeck*, Die Verjährung der Vindikation, 1997, S. 122; *Finkenauer*, JZ 2000, 241, 243.
[8] MüKo/*Grothe*, § 198 Rn 3.
[9] Staudinger/*Peters*, § 198 Rn 5; Palandt/*Heinrichs*, § 198 Rn 2.
[10] MüKo/*Grothe*, § 198 Rn 2.

IV. Ausnahme: Angemaßter Eigenbesitz

Hat der Vorbesitzer den Besitz an der Sache als rechtmäßiger Fremdbesitzer (z.B. Mieter, Auftragnehmer, Entleiher) erworben, sich dann aber durch **Unterschlagung** oder Veruntreuung zum Eigenbesitzer aufgeschwungen, beginnt die Verjährung neu. Er kann sich **nicht** mehr auf § 198 berufen und die Besitzzeit des vorherigen Besitzers anrechnen lassen.[11] Diese Rechtsauffassung hat die deutsche Bundesregierung in einem Rechtsstreit vor dem englischen High Court vertreten, der ihr darin gefolgt ist.[12] Die **Gegenmeinung**[13] stellt hingegen darauf ab, dass der Besitzerwerb einvernehmlich erfolgt sei. Daher müsse § 198 auch dem Fremdbesitzer, der Eigenbesitz begründet, zugute kommen. Doch liegt in der Begründung eines Besitzmittlungsverhältnisses keine Besitznachfolge im Sinne § 198,[14] da der Fremdbesitzer sich die Berechtigung zum Besitz weiterhin mit dem zum mittelbaren Besitzer gewordenen früheren unmittelbaren Besitzer teilt.

8

§ 199 Beginn der regelmäßigen Verjährungsfrist und Höchstfristen

(1) ¹Die regelmäßige Verjährungsfrist beginnt mit dem Schluss des Jahres, in dem
1. der Anspruch entstanden ist und
2. der Gläubiger von den den Anspruch begründenden Umständen und der Person des Schuldners Kenntnis erlangt oder ohne grobe Fahrlässigkeit erlangen müsste.

(2) ¹Schadensersatzansprüche, die auf der Verletzung des Lebens, des Körpers, der Gesundheit oder der Freiheit beruhen, verjähren ohne Rücksicht auf ihre Entstehung und die Kenntnis oder grob fahrlässige Unkenntnis in 30 Jahren von der Begehung der Handlung, der Pflichtverletzung oder dem sonstigen, den Schaden auslösenden Ereignis an.

(3) ¹Sonstige Schadensersatzansprüche verjähren
1. ohne Rücksicht auf die Kenntnis oder grob fahrlässige Unkenntnis in zehn Jahren von ihrer Entstehung an und
2. ohne Rücksicht auf ihre Entstehung und die Kenntnis oder grob fahrlässige Unkenntnis in 30 Jahren von der Begehung der Handlung, der Pflichtverletzung oder dem sonstigen, den Schaden auslösenden Ereignis an.

Maßgeblich ist die früher endende Frist.

(4) ¹Andere Ansprüche als Schadensersatzansprüche verjähren ohne Rücksicht auf die Kenntnis oder grob fahrlässige Unkenntnis in zehn Jahren von ihrer Entstehung an.

(5) ¹Geht der Anspruch auf ein Unterlassen, so tritt an die Stelle der Entstehung die Zuwiderhandlung.

Literatur: Siehe vor §§ 194–218.

A. Allgemeines 1	II. Erfasste Ansprüche 13
I. Neuerungen 1	III. Verjährungsbeginn (Abs. 1) 15
1. Verjährungsbeginn 1	1. Anspruchsentstehung (Abs. 1 Nr. 1) ... 16
2. Absolute Verjährungshöchstfristen 5	a) Grundsatz: Anspruchsfälligkeit 16
3. Grundregeln des Europäischen Vertragsrechts 6	b) Einzelfragen 19
II. Reformzweck 8	aa) Fortgeltung des Grundsatzes der Schadenseinheit bei Schadensersatzansprüchen 19
1. Kenntnisabhängiger Verjährungsbeginn . 8	
2. Jahresschlussverjährung, Maximalfristen 10	bb) Neuerung bei verhaltenen
B. Regelungsgehalt 12	Ansprüchen 22
I. Prüfungsschema 12	

---

11 Staudinger/*Coing*, 11. Aufl. 1957, § 221 Rn 5; *Siehr*, in: Carl/Güttler/Siehr, Kunstdiebstahl vor Gericht. City of Gotha v. Sotheby's/Cobert Finance S.A., 2001, S. 67.

12 Dazu näher *Siehr*, in: Carl/Güttler/Siehr, Kunstdiebstahl vor Gericht. City of Gotha v. Sotheby's/Cobert Finance S.A., 2001, S. 68.

13 *Finkenauer*, JZ 2000, 241, 245 f.; zust. Palandt/ *Heinrichs*, § 198 Rn 2 sowie MüKo/*Grothe*, § 198 Rn 3.

14 Ebenso: Soergel/*Niedenführ*, § 198 Rn 5; *Siehr*, in: Carl/Güttler/Siehr, Kunstdiebstahl vor Gericht. City of Gotha v. Sotheby's/Cobert Finance S.A., 2001, S. 67 m.w.N.; a.A. Staudinger/*Peters*, § 198 Rn 7; MüKo/*Grothe*, § 198 Rn 4 mit Hinweis auf § 986 und die entgegenstehende Wertung des § 325 ZPO.

cc) Verjährungsbeginn bei Kündigung, Anfechtung (§§ 199 f. a.F.), vorausgesetzter Rechnungserteilung 24
2. Anspruchskenntnis oder grobfahrlässige Unkenntnis (Abs. 1 Nr. 2) 27
  a) Von der Kenntnis zu umfassende Tatsachen 28
    aa) Anspruchsbegründende Umstände 29
    bb) Person des Schuldners 36
  b) Kenntnis 44
  c) Grob fahrlässige Unkenntnis ... 51
  d) Zurechnung der Kenntnis und grob fahrlässigen Unkenntnis anderer 58
3. Jahresschlussverjährung (Abs. 1) 61
IV. Verjährungshöchstfristen (Abs. 2–4) 63
 1. Anwendungsbereich 63
 2. Hemmung, Ablaufhemmung, Neubeginn der Höchstfristen 64
 3. Unabhängigkeit der Verjährungshöchstfristen von Abs. 1 66
  a) Besondere Verjährungsfristen, unabhängiger Verjährungslauf 66
  b) Keine Jahresschlussverjährung 68
4. Grundsatz: Verjährungshöchstfrist gemäß Abs. 4 69
5. Ausnahmen: Verjährungshöchstfristen für Schadensersatzansprüche (Abs. 2 und 3) ... 72
  a) Schadensersatzanspruch 72
  b) Schadensersatzansprüche wegen Verletzung höchstpersönlicher Rechtsgüter (Abs. 2) 74
    aa) Erfasste Schadensersatzansprüche 74
    bb) Verjährungsbeginn 79
  c) Sonstige Schadensersatzansprüche (Abs. 3) 87
    aa) Entstehensabhängige Maximalfrist (Abs. 3 S. 1 Nr. 1) 88
    bb) Handlungsabhängige Maximalfrist (Abs. 3 S. 1 Nr. 2) 91
    cc) Abstellen auf den früheren Fristablauf (Abs. 3 S. 2) 93
  d) Anspruchskonkurrenz 96
    aa) Verletzung desselben Rechtsguts ... 96
    bb) Gleichzeitige Verletzung verschiedener Rechtsgüter 98
V. Unterlassungsansprüche (§ 199 Abs. 5) 99
C. Weitere praktische Hinweise 103

A. Allgemeines

I. Neuerungen

1 **1. Verjährungsbeginn.** Siehe dazu näher § 195 Rn 5 bis 9. **Abs. 1** regelt den Beginn der Regelverjährung nach § 195. Die Vorschrift übernimmt verschiedene **Regelungsansätze des bisherigen Rechts** und wendet sie auf alle der neuen Regelverjährung unterliegenden Ansprüche an. Abs. 1 orientiert sich an:
– § 198 a.F. (Verjährungsbeginn mit Anspruchsentstehung oder Zuwiderhandlung gegen ein Unterlassungsgebot),
– § 201 (Jahresschlussverjährung) und
– § 852 Abs. 1 a.F. (Kenntnisabhängiger Verjährungsbeginn); entsprechende Regeln eines kenntnisabhängigen Verjährungsbeginns sehen im Grundsatz auch § 1378 Abs. 4, § 12 Abs. 1 ProdHaftG, § 90 Abs. 1 AMG; § 32 AtG, § 12 Abs. 3 PflVG, § 61 Abs. 2 HGB[1] und die durch das Schuldrechtsreformgesetz veränderten §§ 33 Abs. 3, 141 PatG a.F., § 9 HalblSchG a.F., § 24c GebrMG a.F., § 102 UrhG a.F., § 14a GeschmMG a.F., § 37c SortSchG a.F., § 20 Abs. 1 MarkenG a.F. und § 117 Abs. 2 BBergG a.F. vor. Die mit „a.F." gekennzeichneten Sonderregelungen wurden aufgehoben und durch einen Verweis auf die §§ 194 ff. und dadurch auf §§ 195, 199 ersetzt.

2 Der Verjährungsbeginn hängt von einem **objektiven** und einem **subjektiven Merkmal** ab, die nebeneinander vorliegen müssen:
– Der Anspruch muss **entstanden** sein (objektives Merkmal, Abs. 1 Nr. 1, siehe Rn 16 ff.) **und**
– der Gläubiger muss von den anspruchsbegründenden Umständen und der Person des Schuldners **Kenntnis** erlangt haben oder er hätte ohne grobe Fahrlässigkeit **Kenntnis erlangen müssen** (subjektives Merkmal, Abs. 1 Nr. 2, siehe Rn 27). Künftig wird bezogen auf beide Alternativen der Kenntniserlangung verkürzt von „Kenntniserlangung" oder von dem „kenntnisabhängigen/subjektivierten" Verjährungsbeginn gesprochen (siehe bereits vor §§ 194–218 Rn 5, dort auch zum Begriff der relativen Verjährungsfrist.)

3 Die Verjährung beginnt mit dem **Schluss des Jahres**, in welchem die beiden beschriebenen Zeitpunkte gleichzeitig vorliegen (siehe näher Rn 61).

4 Abs. 5 entspricht § 198 S. 2 a.F. und bestimmt, dass bei Unterlassungsansprüchen verjährungsrechtlich das Zuwiderhandeln gegen das Unterlassungsgebot der Anspruchsentstehung gleichsteht (siehe näher Rn 99 f.).

5 **2. Absolute Verjährungshöchstfristen.** Die Abs. 2–4 sehen absolute Verjährungshöchstfristen vor, nach deren Ablauf in jedem Fall – unabhängig von den Voraussetzungen des Abs. 1 – Verjährung eintritt.

---
[1] Eingeschränkt auch § 439 Abs. 2 S. 3 letzter Hs. HGB.

Würden sie fehlen, so bestünde die Gefahr, dass die Verjährung erst lange nach der anspruchsbegründenden Tätigkeit des Schuldners beginnt, weil der Gläubiger erst nach langer Zeit Kenntnis von den anspruchsbegründenden Tatsachen oder der Person des Schuldners (Abs. 1 Nr. 2) erlangt. Die Höchstfristen dienen der Herstellung des **Rechtsfriedens** und der Erlangung der **Dispositionsfreiheit** des Schuldners (siehe allgemein vor §§ 194–218 Rn 20 ff.). Es gelten verschiedene Maximalfristen. Es wird zwischen solchen für Schadensersatzansprüche (Abs. 2 und 3, siehe näher Rn 72 ff.) und für andere Ansprüche als Schadensersatzansprüche (Abs. 4, siehe näher Rn 69 ff.) unterschieden. Bei den Schadensersatzansprüchen wird nach der Art des verletzten Rechtsguts differenziert: Für höchstpersönliche Rechtsgüter wird eine dreißigjährige Maximalverjährungsfrist (Abs. 2) vorgesehen, für andere Schadensersatzansprüche und andere Ansprüche als Schadensersatzansprüche im Grundsatz eine zehnjährige (Abs. 3 S. 1 Nr. 1 und Abs. 4, siehe aber auch die dreißigjährige Frist des Abs. 3 S. 1 Nr. 2). Diese **rechtsgutdifferenzierte Verjährung** ist sachlich angemessen (siehe Rn 74 ff.);[2] sie ist auch dem Europäischen Vertragsrecht (Rn 7) bekannt.

3. Grundregeln des Europäischen Vertragsrechts. Die Europäischen Grundregeln (siehe vor §§ 194–218 Rn 14 ff.) haben den von Abs. 1 erfassten Sachverhalt nicht als Zeitpunkt des Verjährungsbeginns, sondern als Grund der **Hemmung der Verjährung** (Art. 14:301 der Grundregeln) ausgestaltet. Zudem wird neben der Kenntnis der anspruchsbegründenden Tatsachen und der Person des Schuldners nicht auf die entsprechende grob fahrlässige Unkenntnis wie in Abs. 1 abgestellt, sondern – ohne größeren sachlichen Unterschied im Ergebnis – darauf, ob der Gläubiger die anspruchsbegründenden Tatsachen und die Person des Schuldners „vernünftigerweise" kennen kann. Nach Art. 14:203 Abs. 1 der Grundregeln beginnt die Verjährung mit dem Zeitpunkt, in dem der Schuldner seine Leistung zu erbringen hat (Fälligkeit); bei Schadensersatzansprüchen beginnt die Verjährung bereits mit der anspruchsbegründenden Verletzungshandlung. Bei Ansprüchen, die auf ein dauerhaftes Tun oder Unterlassen gerichtet sind, beginnt die Verjährung mit jeder Verletzung dieser Pflicht (Art. 14:203 Abs. 2 der Grundregeln). Die Verjährungshemmung bei Anspruchsunkenntnis ist sachgerechter als der durch Abs. 1 gewählte Weg des kenntnisabhängigen Verjährungsbeginns.[3]

6

Art. 14:307 der Grundregeln sieht als Höchstdauer der Verlängerung der Verjährungsfrist eine **Maximalfrist** von zehn Jahren und bei der Verletzung persönlicher Rechtsgüter von dreißig Jahren vor. Das entspricht in den Auswirkungen den Verjährungshöchstfristen der Abs. 2–4.

7

II. Reformzweck

1. Kenntnisabhängiger Verjährungsbeginn. Die **Subjektivierung** und damit die **Relativierung** des Verjährungsbeginns nach **Abs. 1 Nr. 2** (siehe Rn 27, ferner vor § 194–218 Rn 5) ist ein Herzstück der Neuregelung. Sie ist die Konsequenz aus der deutlichen Verkürzung der Regelverjährungsfrist von dreißig (§ 195 a.F.) auf drei Jahre (§ 195 Rn 1). Anderenfalls hätte die Gefahr bestanden, dass die Ansprüche in der relativ kurzen Zeit von drei Jahren verjährten, bevor es der Gläubiger Kenntnis von dem Anspruch oder der Person des Schuldners erlangt hat oder ohne Anstrengung hätte erlangen können. Die Dreijahresfrist des § 195 wird durch § 199 Abs. 1 Nr. 2 zu einer **Überlegensfrist**, die den Gläubiger vor der Verjährung ihm unbekannter Ansprüche und den Schuldner vor einem in der Anspruchserhebung saumseligen Gläubiger schützt (§ 195 Rn 2).

8

Die **Entscheidung für das subjektive System** in §§ 195, 199 folgt dem Gutachten von *Peters/Zimmermann*.[4] Sie ist sachgerecht, da nur auf diese Weise die Gläubigerinteressen auch bei einer relativ kurzen Verjährungsfrist gewahrt werden und dadurch verfassungsrechtliche Probleme vermieden werden.[5] Dazu, dass allerdings die Ausgestaltung des Kenntniskriteriums als Hemmungsgrund sachgerechter wäre als als Umstand, welcher den Verjährungsbeginn festlegt, siehe Rn 6, 103. Zur Gleichsetzung der grob fahrlässigen Unkenntnis mit der Kenntnis siehe Rn 51, 57).

9

---

2 S. dazu *Zimmermann/Leenen/Mansel/Ernst*, JZ 2001, 684, 688; *Mansel*, S. 333, 383 ff., 406; *Piekenbrock*, S. 309, 320 f.; jew. m.w.N.; krit. *Bydlinski*, S. 381, 390 ff.

3 S. die Darlegung bei *Zimmermann/Leenen/Mansel/Ernst*, JZ 2001, 684, 686 f.

4 *Peters/Zimmermann*, S. 79, 305 ff.; *Zimmermann*, JZ 2000, 853 ff.; *ders.*, ZEuP 2001, 217 ff.; jew. m.w.N.; zust. Stellungnahmen aus Anlass der Reformdebatte 2000/2001: *Eidenmüller*, JZ 2001, 283 ff.; *Ernst*, S. 559, 568 ff.; *ders.*, ZRP 2001, 1, 8; *Leenen*, JZ 2001, 552 ff.; *Mansel*, S. 333, 406 f. et passim; Diskussionsbericht von *Meier* zu diesem Referat, ebenda S. 425 ff.; s. ferner *Willingmann*, S. 1, 28 f.; *ders.*, VuR 2001, 107, 112; *Zimmermann/Leenen/Mansel/Ernst*, JZ 2001, 684, 686 ff., alle m.w.N.; ferner *Heinrichs*, BB 2001, 1417, 1478; differenzierend, aber grundsätzlich zust.: *Piekenbrock*, S. 309, 314 ff., 321 f.; zust. zu dem kenntnisunabhängigen Verjährungsbeginn des Diskussionsentwurfs und einen kenntnisabhängigen Verjährungsbeginn abl.: *Bydlinski*, 381, 387; *Honsell*, JZ 2001, 18, 20.

5 S. u.a. *Mansel*, S. 333, 406 f. et passim.

10 **2. Jahresschlussverjährung, Maximalfristen.** Die Einführung einer allgemeinen Jahresschlussverjährung durch Abs. 1 erfolgte erst aufgrund von Forderungen der Anwaltschaft[6] durch den Rechtsausschuss des Deutschen Bundestages.[7] Diese so genannte **Ultimoverjährung** galt nach § 201 a.F. für die bisher in zwei und in vier Jahren verjährenden Vergütungsansprüche gemäß §§ 196, 197 a.F. und ist auch in anderen Vorschriften vorgesehen, siehe etwa § 801 Abs. 2 S. 2, § 903 Abs. 1 HGB, § 12 Abs. 1 S. 2 VVG oder § 117 Abs. 2 BinSchG.

11 Die Jahresschlussverjährung bezweckt eine **praktische Erleichterung** für den Rechtsverkehr, da die Verjährungsprüfung für alle der Regelverjährung unterliegenden Ansprüche nur mit Blick auf das Jahresende zu leisten ist; eine das ganze Jahr fortlaufende Fristenkontrolle kann unterbleiben. Abs. 1 dehnt die Ultimoverjährung – in Abweichung von § 201 a.F. – auf die Regelverjährung aller Ansprüche aus. Ein sachgerechter Grund für eine Differenzierung nach dem Anspruchsinhalt ist nicht gegeben.[8] Die Anordnung der Jahresschlussverjährung gilt nicht für die Maximalfristen (Rn 62, 68); zum Zweck der Maximalfristen siehe Rn 5.

B. Regelungsgehalt
I. Prüfungsschema

12 Es empfiehlt sich zur Anwendung des § 199 folgendes Prüfungsschema:

> Unterliegt der Anspruch der Verjährungsfrist des § 195 und fehlt eine besondere Regelung des Verjährungsbeginns (Rn 22 ff.)?

Wenn nein: Es gelten die §§ 200, 201 oder andere besondere Vorschriften des Verjährungsbeginns (siehe die Aufzählung bei § 200 Rn 3 f.).

Wenn ja, ist weiter zu prüfen:
> Ist der Anspruch entstanden (§ 199 Abs. 1 Nr. 1, Abs. 5)?

Wenn nein: Schadensersatzansprüche verjähren in dreißig Jahren von der Begehung der sie auslösenden Handlung, Pflichtverletzung oder dem sonstigen einen Schaden auslösenden Ereignis an (§ 199 Abs. 2, Abs. 3 Nr. 2).
Bei anderen Ansprüchen beginnt die Verjährung noch nicht.

Wenn ja (= Anspruch ist entstanden), ist weiter zu prüfen:
> Hat der Gläubiger Kenntnis von den anspruchsbegründenden Tatsachen und der Person des Schuldners oder beruht seine Unkenntnis auf grober Fahrlässigkeit (§ 199 Abs. 1 Nr. 2)?

Wenn ja: Die dreijährige Verjährung beginnt am Schluss des Jahres, in welchem beide Voraussetzungen gleichzeitig vorliegen (§ 199 Abs. 1).

Wenn nein, ist weiter zu prüfen:
> Ist der Anspruch ein anderer Anspruch als ein Schadensersatzanspruch?

Wenn ja: Der Anspruch verjährt taggenau in zehn Jahren von seiner Entstehung an (§ 199 Abs. 4).

Wenn nein, ist weiter zu prüfen:
> Beruht der Schadensersatzanspruch auf der Verletzung des Lebens, des Körpers, der Gesundheit oder der Freiheit?

Wenn ja: Der Schadensersatzanspruch verjährt taggenau in dreißig Jahren von der Begehung der sie auslösenden Handlung, Pflichtverletzung oder dem sonstigen, den Schaden auslösenden Ereignis an (§ 199 Abs. 2).

Wenn nein: Der Schadensersatzanspruch verjährt taggenau in zehn Jahren von seiner Entstehung an (§ 199 Abs. 3 Nr. 1).

---

[6] DAV, Stellungnahme v. 25.6.2001, S. 5 f.
[7] BT-Drucks 14/7052, S. 180; gegen die Ultimoverjährung hingegen noch der Regierungsentwurf, BT-Drucks 14/6040, S. 99; eine Ultimoverjährung für Entgelt-, Unterhalts- und Ansprüche auf wiederkehrende Leistungen sah § 198 Abs. 2 BGB-DiskE vor; krit. (entweder Streichung oder Ausdehnung auf alle Ansprüche fordernd) zu dieser Norm *Mansel*, S. 333, 390 f.
[8] S. *Mansel*, S. 333, 391.

II. Erfasste Ansprüche

§ 199 ergänzt § 195. § 199 ist – mangels entgegenstehender gesetzlicher Regelung – stets anzuwenden, wenn § 195 Anwendung findet – auch dann, wenn § 195 nur deshalb eingreift, weil eine andere Vorschrift die Geltung der regelmäßigen Verjährungsfrist anordnet (siehe etwa § 634a Abs. 1 Nr. 3 und Abs. 3) oder ausdrücklich auf § 195 verweist. Zum Anwendungsbereich des § 195 siehe § 195 Rn 4 ff.

Ist für Ansprüche in einer anderen Norm als in § 195 eine Verjährungsfrist von drei Jahren ausdrücklich bestimmt, unterliegen sie einer **besonderen Verjährungsfrist** und nicht der allgemeinen Verjährungsfrist des § 195. Der Verjährungsbeginn richtet sich dann nicht nach § 199, sondern nach § 200[9] oder nach einer spezielleren Regelung (siehe § 200 Rn 4). Gilt zwar die Frist des § 195, ist aber ausnahmsweise der **Verjährungsbeginn gesondert** geregelt (siehe §§ 604 Abs. 5, 695 S. 2, 696 S. 3, siehe Rn 22), dann ist § 199 nicht anwendbar.

III. Verjährungsbeginn (Abs. 1)

Nach Abs. 1 beginnt die regelmäßige Verjährungsfrist, wenn – **kumulativ** – die Voraussetzungen der Nr. 1 und 2 erfüllt sind, zum Jahresschluss.

1. Anspruchsentstehung (Abs. 1 Nr. 1). a) Grundsatz: Anspruchsfälligkeit. Abs. 1 Nr. 1 knüpft an die Entstehung des Anspruchs an. Auch **andere Regelungen** verwenden das Merkmal der Anspruchsentstehung (siehe §§ 199 Abs. 3 Nr. 1, Abs. 4, 200, 201). Der Begriff ist stets identisch auszulegen.

Die Ergebnisse von Rechtsprechung und Lehre zur Bestimmung der Anspruchsentstehung nach bisherigem Recht (§ 198 S. 1 a.F.) können für das neue Recht übernommen werden. Eine **inhaltliche Änderung** hat der Gesetzgeber **nicht beabsichtigt**.[10] Der Regierungsentwurf hatte in Abs. 1 Nr. 1 RE noch an die Fälligkeit des Anspruchs angeknüpft. Aber auch damit sollte keine sachliche Änderung gegenüber § 198 S. 1 a.F. verbunden sein.[11] Um das sicherzustellen, kehrte der Gesetzgeber in Abs. 1 Nr. 1 zu dem Tatbestandsmerkmal der Anspruchsentstehung zurück. Im Grundsatz ist daher – wie vor In-Kraft-Treten des SchuldRModG – die Anspruchsentstehung mit der Fälligkeit des Anspruchs gleichzusetzen.[12]

Abs. 1 Nr. 1 hat allein eine **klarstellende Funktion**. Gäbe es die Regelung in Nr. 1 nicht, so würde sich an der Festlegung des Verjährungsbeginns nichts ändern. Denn eine Kenntnis i.S.v. Abs. 1 Nr. 2 kann nur bejaht werden, wenn der Anspruch entstanden ist.[13]

b) Einzelfragen. aa) Fortgeltung des Grundsatzes der Schadenseinheit bei Schadensersatzansprüchen. Ausdrücklich erklärte der Gesetzgeber, dass er die Rechtsprechung zum namentlich im Deliktsrecht, aber auch auf vertragliche Schadensersatzansprüche angewandten[14] **Grundsatz der Schadenseinheit** unangetastet lassen möchte.[15] Damit es keinen Zweifel daran geben kann, knüpft er in Abs. 1 Nr. 1 ausdrücklich an die Anspruchsentstehung an. Denn – so die Gesetzesbegründung – wenn jemand heute körperlich geschädigt wird, lasse sich sagen, dass sein Anspruch auf Ersatz derjenigen Heilungskosten, die erst in fünf Jahren anfallen werden, schon heute „entstanden" ist; als fällig könne er dagegen wohl nicht bezeichnet werden. Wenn jene Schäden zwar vorhersehbar sind, in ihrer konkreten Ausprägung aber noch nicht feststehen, können sie nicht mit der – mit dem Begriff der Fälligkeit untrennbar verbundenen – Leistungsklage verfolgt werden, sondern allein mit der Feststellungsklage.[16] Daher erschien es dem Gesetzgeber angezeigt, generell wieder den Begriff der Entstehung des Anspruchs als Tatbestandsmerkmal zu verwenden.[17] Das gem. § 256 ZPO erforderliche Feststellungsinteresse ist nur dann zu verneinen, wenn aus Sicht der Geschädigten bei vernünftiger Betrachtung mit Spätschäden keinesfalls zu rechnen ist.[18]

Die herrschende Rechtsprechung und Lehre geht davon aus, dass ein Schaden im Sinne des § 852 Abs. 1 a.F. entstanden ist, wenn die Vermögenslage des Geschädigten sich verschlechtert und sich diese Verschlechterung wenigstens dem Grunde nach verwirklicht hat. Die **Verjährung von Schadensersatzansprüchen** kann nach dem Grundsatz der Schadenseinheit auch für nachträglich auftretende, zunächst also nur drohende, aber

---

9 BT-Drucks 14/6040, S. 108.
10 BT-Drucks 14/7052, S. 180.
11 BT-Drucks 14/6040, S. 108.
12 BT-Drucks 14/6040, S. 108 unter Hinweis auf BGHZ 53, 222, 225; 55, 340, 341 f.; Palandt/*Heinrichs*, § 199 Rn 3; s. ferner etwa BGHZ 113, 188, 191 f.; MüKo/*Grothe*, § 199 Rn 4; Soergel/*Niedenführ*, § 199 Rn 9 ff.; Staudinger/*Peters*, § 199 Rn 3 ff.
13 Zu § 852 Abs. 1 a.F. s. (bezogen auf das Schadensmerkmal der Norm) etwa BGH NJW 1993, 648; BGHZ 100, 228, 231.
14 Zum bisherigen Recht s. BGHZ 50, 21, 24; BGH NJW 1991, 2833, 2835; VersR 2000, 331; Staudinger/*Peters*, § 199 Rn 34.
15 BT-Drucks 14/6040, 108; BT-Drucks 14/7052, S. 180.
16 Zum Vorstehenden: BT-Drucks 14/7052, S. 180.
17 Zum Vorstehenden: BT-Drucks 14/7052, S. 180.
18 BGH MDR 2001, 448; s. auch *Jaeger*, ZGS 2003, 329, 331.

nicht unvorhersehbare Folgen beginnen, sobald irgendein (Teil-)Schaden entstanden ist.[19] Diese Grundsätze gelten auch nach neuem Recht fort.

21 Allerdings ist der Grundsatz der Schadenseinheit – entgegen der Sichtweise des Gesetzgebers – **kritisch zu sehen**; er sollte überwunden werden. Das kann hier jedoch nur angedeutet werden.[20]

22 **bb) Neuerung bei verhaltenen Ansprüchen.** Verhaltene Ansprüche sind jederzeit auf Verlangen des Gläubigers zu erfüllen. Nach bisherigem Recht entstanden sie sofort und begannen daher auch sofort zu verjähren;[21] daher begann der Rückgabeanspruch des Hinterlegers aus § 695, der mit der Hinterlegung entstand, ab dem Moment der Hinterlegung zu verjähren. Das war bei der Dreißigjahresfrist der Regelverjährung nach § 195 a.F. unproblematisch. Bei Geltung der Dreijahresfrist des § 195 für die Ansprüche i.S.d. **§§ 604 Abs. 5, 695 S. 2, 696 S. 3** ist die Annahme, verhaltene Ansprüche verjährten ab der Anspruchsentstehung, problematisch. Der Gesetzgeber hat deshalb für den Verjährungsbeginn bei den Rückgabeansprüchen des Verleihers und des Hinterlegers bzw. Verwahrers in §§ 604 Abs. 5, 695 S. 2, 696 S. 3 etwas anderes bestimmt.[22] Nach § 604 Abs. 5 beginnt die Verjährung mit der Beendigung der Leihe, die regelmäßig (siehe § 604) mit dem Rückforderungsverlangen eintritt. Bei der Hinterlegung beginnt die Verjährung ebenfalls mit dem Rückgabeverlangen (§ 695 S. 2, siehe dort; zu § 696 S. 3 siehe dort). Der Gesetzgeber hielt wegen des Ausnahmecharakters verhaltener Ansprüche eine allgemeine Regelung des Verjährungsbeginns nicht für erforderlich, da er die beiden problematischen Hauptfälle ausdrücklich geregelt hat.[23]

23 Diese Regelung ist zu **verallgemeinern**:[24] Nach neuem Recht beginnt bei den anderen verhaltenen Ansprüchen, für die der Verjährungsbeginn nicht gesondert geregelt ist, sondern § 199 unterfällt, die Verjährung erst mit dem Erfüllungsverlangen des Gläubigers.[25] Dogmatisch lässt sich das entweder innerhalb der Systematik des Abs. 1 Nr. 1 dadurch rechtfertigen, dass man das Erfüllungsverlangen bei verhaltenen Ansprüchen als Tatbestandsmerkmal der Anspruchsentstehung ansieht. Oder man geht von einer Rechtsanalogie zu den §§ 604 Abs. 5, 695 S. 2, 696 S. 3 aus, die eine Ausnahme von § 199 darstellt (siehe Rn 14).

24 **cc) Verjährungsbeginn bei Kündigung, Anfechtung (§§ 199 f. a.F.), vorausgesetzter Rechnungserteilung.** Nach **bisherigem Recht** haben die §§ 199, 200 a.F. die Verjährung bei Ansprüchen, welche tatbestandlich eine Kündigung oder Anfechtung voraussetzen, im Grundsatz bereits in dem Zeitpunkt beginnen lassen, in welchem die Kündigung bzw. Anfechtung zulässig geworden ist, also nicht erst mit Anspruchsfälligkeit. War die Leistung im Kündigungsfall erst nach Verstreichen einer Kündigungsfrist zu erbringen, so wurde der vorverlegte Verjährungsbeginn um die Dauer der Frist hinausgeschoben. Auf diese Weise sollte verhindert werden, dass der Gläubiger durch Nichtausübung des Kündigungs- bzw. Anfechtungsrechts den Verjährungsbeginn nach Belieben hinausschieben kann. Beide Vorschriften wurden ersatzlos aufgehoben, da sie nur zwei von mehreren vergleichbaren Fällen regelten. So war etwa der Hauptfall einer möglichen Verzögerung des Verjährungsbeginns, nämlich der Fall, dass die Erteilung einer Rechnung Fälligkeitsvoraussetzung für die vereinbarte Vergütung war (grundsätzlich ist sie das nicht, ausnahmsweise kraft Vereinbarung oder kraft gesetzlicher Anordnung aber doch[26]), nicht entsprechend geregelt.[27]

25 Nach **neuem Recht** beginnt daher die Verjährung von Ansprüchen, welche erst aufgrund einer Kündigung, Anfechtung oder Rechnungsstellung fällig werden, erst mit der Anspruchsentstehung (**Fälligkeit**). Der Verjährungsbeginn wird nicht auf den frühesten Zeitpunkt, in welchem die Kündigung, Anfechtung oder Rechnungsstellung zulässig wäre, vorverlagert. Bezogen auf die Kündigung und Anfechtung ist das eine Neuerung, bezogen auf die Rechnungsstellung[28] entspricht dies dem bisherigen Recht. Es besteht **keine allgemeine Ausschlussfrist** für nicht fällige vertragliche Erfüllungsansprüche. Dem Vorschlag des Bundesrats,

---

19 Ständige Rechtsprechung und h.M., vgl. BGHZ 50, 21, 24; BGH NJW 1993, 648, 650; 1998, 1303, 1304; 1998, 1488, 1489; 2000, 861; ZIP 2004, 763, 764; WM 2004, 472, 473; Palandt/*Heinrichs*, § 199 Rn 14; MüKo/*Grothe*, § 199 Rn 9; Soergel/*Niedenführ*, § 199 Rn 20; Staudinger/*Peters*, § 199 Rn 34 ff.; Bamberger/Roth/*Spindler*, § 199 Rn 27; Erman/*Schmidt-Räntsch*, § 199 Rn 9; *Mansel/Budzikiewicz*, Jura 2003, 1, 3 f.; rechtsvergleichend *Rebhahn*, in: FS Welser 2004, S. 849, 865 ff.

20 S. dazu ausführlich Staudinger/*Peters*, § 199 Rn 37–40; *Peters/Zimmermann*, S. 79, 329; *Moraht*, Verjährungsrechtliche Probleme bei der Geltendmachung von Spätschäden im Deliktsrecht, 1996, S. 229 ff. et passim.

21 Zum bisherigen Recht s. BGH NJW-RR 1988, 902, 904; 2000, 647.

22 BT-Drucks 14/6040, S. 258.

23 BT-Drucks 14/6040, S. 258.

24 Hiergegen *Rieble*, NJW 2004, 2270, 2272.

25 Zust. *Heinrichs*, NJW 2004, Rn 8; MüKo/*Grothe*, § 199 Rn 7; Soergel/*Niedenführ*, § 199 Rn 17; Bamberger/Roth/*Henrich*, § 199 Rn 10; Erman/*Schmidt-Räntsch*, § 199 Rn 4; so im Erg. auch *Rieble*, NJW 2004, 2270 ff.; differenzierend Staudinger/*Peters*, § 199 Rn 9 ff.

26 S. Staudinger/*Peters*, § 199 Rn 12–15; Palandt/*Heinrichs*, § 271 Rn 7 jeweils m. zahlr. Nachw.

27 Die §§ 199 f. a.F. waren auf diesen Fall nicht entspr. anzuwenden, s. BGHZ 55, 340, 344; BGH NJW 1982, 930, 931; NJW-RR 1987, 237, 239.

28 S. die Nachw. in der vorherigen Fußnote.

eine solche Ausschluss- oder Verjährungsfrist zu schaffen,[29] ist der Bundestag nicht gefolgt.[30] Eine solche Frist habe im bisherigen Recht auch nicht existiert; es bestehe für sie kein Bedürfnis, da die Parteien die Fälligkeit ihrer vertraglichen Erfüllungsansprüche im Vertrag regeln könnten. Sie seien frei, eine Fälligkeit beispielsweise auch erst nach mehr als dreißig Jahren vorzusehen. Auch solche Abreden unterlägen der Inhaltskontrolle. Das reiche nach Ansicht der Bundesregierung aus. Soweit das Gesetz teilweise (siehe etwa § 8 HOAI)[31] die Fälligkeit an eine Rechnungsstellung knüpfe, seien bislang keine nennenswerten Probleme aufgetreten. Soweit der Gläubiger wider Treu und Glauben die Rechnungserteilung unterlasse, böte sich eine Lösungsmöglichkeit über § 242, insbesondere über die **Verwirkung**.[32]

Der Wegfall des § 199 a.F. schafft keine Probleme bei lange laufenden Darlehensverträgen („**Uralt-Sparbücher**"[33]).[34] Auch bei ihnen führt das Abstellen auf die Fälligkeit und damit bei solchen Verträgen auf die Kündigung zu sachgerechten Ergebnissen: Der Sparer geht nicht überraschend der Spareinlage verlustig, die er vergessen oder ererbt hat. Kreditinstitute können – wie bisher – den Berechtigten ausfindig machen, ihm gegenüber das Darlehen kündigen und damit die (regelmäßige) Verjährungsfrist in Gang setzen, die künftig nur drei Jahre statt dreißig Jahre beträgt.

26

2. Anspruchskenntnis oder grobfahrlässige Unkenntnis (Abs. 1 Nr. 2). Abs. 1 Nr. 2 verallgemeinert in leicht modifizierter Form § 852 Abs. 1 a.F. und andere kenntnisabhängige Regelungen des Verjährungsbeginns (Rn 1). Die durch die Rechtsprechung und Lehre bei der Auslegung des § 852 Abs. 1 a.F. gefundenen Ergebnisse zu Fragen der Feststellung des Verjährungsbeginns sind auf Abs. 1 Nr. 2 übertragbar, und zwar nicht nur für die bisher § 852 Abs. 1 a.F. unterfallenden Ansprüche, sondern auch für die anderen Ansprüche. Über § 852 Abs. 1 a.F. hinausgehend stellt Abs. 1 Nr. 2 die grob fahrlässige Unkenntnis der Kenntnis gleich.

27

a) Von der Kenntnis zu umfassende Tatsachen. Abs. 1 Nr. 2 setzt für den Verjährungsbeginn die Kenntnis oder grob fahrlässige Unkenntnis des Gläubigers von den den Anspruch begründenden Umständen und der Person des Schuldners voraus.

28

aa) Anspruchsbegründende Umstände. Die Verjährung kann erst beginnen, wenn die anspruchsbegründenden Tatsachen **objektiv vorliegen**, also der Anspruch entstanden ist (zum Problem der Schadenseinheit siehe Rn 19 ff.). Das folgt bereits aus Abs. 1 Nr. 1. Es ergibt sich aber auch aus Abs. 1 Nr. 2 (siehe Rn 18).

29

Anspruchsbegründende Umstände sind die Tatsachen, die gegeben sein müssen, um das Vorliegen der einzelnen Merkmale der Anspruchsnorm und die Gläubigerstellung des Anspruchstellers[35] bejahen zu können. Erfasst werden nicht nur Merkmale des Tatbestands im engeren Sinne, sondern alle Elemente des materiellrechtlichen Anspruchs, deren Vorliegen Voraussetzung für eine zusprechende gerichtliche Entscheidung ist.

30

Offen ist, ob die Tatsachen, welche die Fälligkeit des Anspruchs begründen, auch zu den anspruchsbegründenden Umständen im Sinne des Abs. 1 Nr. 2 zählen. Das könnte zu verneinen sein, da die Anspruchsfälligkeit keine Frage der Anspruchsbegründung ist.[36] Auch der Grundsatz der Schadenseinheit, nach welchem ein Anspruch auch hinsichtlich der noch nicht eingetretenen, aber vorhersehbaren Schadensposten bereits mit Kenntnis von dem generellen Schadenseintritt zu verjähren beginnt (zu dem Grundsatz und seiner Fortgeltung im Rahmen des § 199 siehe Rn 19, 20), legt diese Sichtweise nahe. Dennoch sollten die Tatsachen, welche die **Anspruchsfälligkeit** auslösen, als **notwendiger Gegenstand** der Kenntnis im Sinne des Abs. 1 Nr. 2 eingestuft werden. Denn Abs. 1 Nr. 2 stellt auf den Zeitpunkt ab, zu welchem der Gläubiger seinen Anspruch durchsetzen kann. Ab diesem Zeitpunkt hat er erst Anlass, sich um die Verfolgung seines Anspruchs zu kümmern. Wenn davon im Rahmen des Grundsatzes der Schadenseinheit eine wichtige Ausnahme gemacht wird, so lässt sich diese Ausnahme durch die Besonderheiten der Schadensersatzhaftung und der dynamischen Schadensentwicklung rechtfertigen.[37] Der Grundsatz spricht nicht generell dagegen, die fälligkeitsbegründenden Tatsachen als anspruchsbegründend im Sinne des Abs. 1 Nr. 2 einzuordnen.

31

---

29 BT-Drucks 14/6087, S. 6 f.
30 BT-Drucks 14/6087, S. 42 f.
31 Vgl. hierzu *Schudnagies*, Die Verjährung im Architektenrecht nach der Schuldrechtsreform, Diss. Köln 2005, § 3 A I 2 c) sowie § 4 A I 1 c) aa).
32 Vgl. Palandt/*Heinrichs*, § 199 Rn 6.
33 S. dazu nach bisherigem Recht *Arendts/Teuber*, MDR 2001, 546.
34 Gegenäußerung der Bundesregierung, BT-Drucks 14/6087, S. 43 gegen Stellungnahme des Bundesrats, ebenda S. 7.

35 Dazu, dass die Schadensbetroffenheit des Gläubigers ein Umstand ist, der von der Kenntnis des Gläubigers gemäß § 852 Abs. 1 a.F. erfasst sein musste, s. BGH NJW 1996, 117.
36 So wohl *Piekenbrock*, S. 309, 324.
37 Die Ausnahme kann aber auch als Zeichen der Verfehltheit des Grundsatzes der Schadenseinheit angesehen werden; s. zu dieser der h.M. widersprechenden Ansicht Rn 21.

32 Daher zählt bei **Schadensersatzansprüchen** auch das Vorliegen des Schadens dazu, unabhängig davon, ob der Schaden ansonsten als Element der Tatbestands- oder Rechtsfolgenseite der Anspruchsnorm verstanden wird. Dies entspricht § 852 a.F.; daran wollte der Gesetzgeber nichts ändern. Nicht erforderlich ist eine genaue Kenntnis des Umfangs und der Höhe des Schadens. Entscheidend ist die Kenntnis davon, dass überhaupt ein Schaden eingetreten ist. Erst nachträglich auftretende Schadensfolgen, die aber im Zeitpunkt der Kenntnis vorhersehbar waren, lösen nach dem Grundsatz der Schadenseinheit (näher Rn 19 f.) keine neue auf sie bezogene Verjährungsfrist aus. Vielmehr gilt die mit Kenntnis des Schadenseintritts beginnende Verjährungsfrist auch für diese Schadensfolgen. Soweit ein Anspruch erst später eingetretene Schadensfolgen zum Inhalt hat, wird eine neue, eigenständige Verjährungsfrist nur eröffnet, wenn der Eintritt dieser Schadensfolgen auch für den Fachmann im Moment der generellen Kenntnis des Gläubigers vom Schadenseintritt nicht vorhersehbar war.[38] Insoweit ist dann auf die Kenntnis des Gläubigers vom Eintritt der unvorhersehbaren Schadensfolge und ihrer Verursachung durch den Schuldner abzustellen.[39]

33 Setzt der Anspruch das **Vertretenmüssen** des Schuldners oder – bei Anwendung des § 278 – anderer voraus, so zählen auch die Tatsachen, welche auf das Vertretenmüssen hinweisen, zu den anspruchsbegründenden Umständen.[40] Gleiches gilt für die **Kausalität** des anspruchsauslösenden Verhaltens des Schuldners und besondere zum inneren Tatbestand gehörige Tatsachen. Im letzten Fall kommt es auf die Kenntnis des äußeren Tatbestands an, aus welchem das Vorliegen der inneren Tatsachen (Beweggrund, Zweck) herzuleiten ist.[41] Hat der Schuldner sein fehlendes Verschulden zu beweisen (siehe etwa § 831 Abs. 1 S. 2), so ist eine Kenntnis des Gläubigers vom Vertretenmüssen des Schuldners keine Voraussetzung des Abs. 1 Nr. 2.

34 Tatsachen, aus welchen die **Rechtswidrigkeit** einer Handlung zu folgern ist, zählen zu den anspruchsbegründenden Tatsachen, sofern die Rechtswidrigkeit Anspruchsvoraussetzung ist. Das Fehlen von Rechtfertigungsgründen zählt nicht dazu, soweit das Vorliegen von Rechtfertigungsgründen – wie regelmäßig – durch den Schuldner vorzutragen und zu beweisen ist.

35 Hängt der Anspruch davon ab, dass eine andere Person nicht haftet (**subsidiäre Haftung**, siehe z.B. §§ 829, 839 Abs. 1 S. 2), so ist Kenntnis davon erforderlich, dass die andere Person nicht (vollständig) haftet.[42] Bei Insolvenz des vorrangigen anderen Schuldners bedarf es dann der Kenntnis von der Höhe des Ausfalls der Insolvenzforderung.[43]

36 **bb) Person des Schuldners.** Erforderlich ist die Kenntnis der Person des Schuldners; es bedarf dabei der Kenntnis (oder grobfahrlässiger Unkenntnis, Rn 51 ff.) des Namens und der **Anschrift des Schuldners**,[44] so dass eine Klagezustellung möglich wäre. Als ladungsfähige Anschrift des Schuldners kann auch die Angabe seiner Arbeitsstelle genügen, wenn diese sowie der Zustellungsempfänger und dessen dortige Funktion so konkret und genau bezeichnet werden, dass von einer ernsthaften Möglichkeit ausgegangen werden kann, die Zustellung durch Übergabe werde gelingen. Daher kann die Bezeichnung der beklagten Krankenhausärzte im Arzthaftungsprozess mit Namen und ärztlicher Funktion in einer bestimmten ärztlichen Abteilung des Krankenhauses ausreichen.[45] **Grob fahrlässige Unkenntnis** liegt vor, wenn Name und Anschrift ohne besondere Mühewaltung und ohne langwierige Nachforschung ermittelt werden könnten.[46]

37 Im Falle der **Gesamtschuldnerschaft** ist der Verjährungsbeginn für den Anspruch gegen jeden einzelnen Gesamtschuldner gesondert zu bestimmen (§ 425 Abs. 2[47]). Die Kenntniserlangung i.S.v. Abs. 1 Nr. 2 ist bezogen auf jeden der Gesamtschuldner getrennt zu ermitteln.[48] Bei unterschiedlichen Zeitpunkten der Kenntniserlangung von der Person des jeweiligen Gesamtschuldners beginnt die Verjährung der Ansprüche gegen die einzelnen Gesamtschuldner unterschiedlich.[49] Das gilt auch dann, wenn Organe und Mitarbeiter

---

38 Zur Vorhersehbarkeit MüKo/*Grothe*, § 199 Rn 11 f. m.w.N.
39 Zum Grundsatz der Schadenseinheit (bei deliktsrechtlichen Ansprüchen) BGH NJW 2000, 861; s. auch die allg. Nachw. in Rn 19 f., Fn 14, 19.
40 Nicht zu § 278, sondern nur zur Frage des Schädigerverschuldens i.S.v. § 852 Abs. 1 a.F. s. etwa BGH NJW 1973, 316; Soergel/*Niedenführ*, § 199 Rn 41; *Larenz/Canaris*, Lehrbuch des Schuldrechts II/2, 13. Aufl. 1994, § 83 V 1.
41 So zum alten Recht Staudinger/*Schäfer*, 12. Aufl. 1986, § 852 a.F. Rn 71; so auch Soergel/*Niedenführ*, § 199 Rn 42.
42 BGHZ 102, 246; 121, 65, 71; BGH NJW 1999, 2041, 2042; Soergel/*Niedenführ*, § 199 Rn 47; näher Staudinger/*Schäfer*, 12. Aufl. 1986, § 852 a.F. Rn 83, 84, 93 ff.
43 RGZ 161, 375; OLG Frankfurt NJW-RR 1987, 1056.
44 BGH VersR 1995, 551, 552; NJW 1998, 998; 1999, 423, 424; 2000, 954 f; ZIP 2001, 70. In dem Urteil des BGH vom 14.9.2004 – Az. XI ZR 248/03 (s. dazu näher bei § 214 Rn 6) hätte daher nach neuem Recht der Lauf der Verjährung noch gar nicht begonnen. Bedeutung könnte die Entscheidung nunmehr allenfalls in den Fällen erlangen, in denen bereits die Maximalfrist verstrichen ist.
45 BGH NJW 2001, 885.
46 Näher MüKo/*Grothe*, § 199 Rn 29; Staudinger/ *Peters*, § 199 Rn 48 f.
47 Zur Neufassung des § 425 Abs. 2 s. dort.
48 BGH NJW 2001, 964.
49 BGH NJW 2001, 964; VersR 1962, 1008.

einer juristischen Person und diese selbst Gesamtschuldner sind und der Anspruch gegen die juristische Person bereits verjährt ist.[50]

Bestehen Zweifel, welche von **mehreren** in Betracht kommenden **Personen** der Schuldner ist, so ist eine ausreichende Kenntnis der Person des Schuldners erst gegeben, wenn keine begründeten Zweifel mehr bestehen.[51] Das ist dann der Fall, wenn der Gläubiger aufgrund der ihm bekannten Tatsachen gegen eine bestimmte Person mit einiger Aussicht auf Erfolg eine Leistungsklage oder zumindest eine Feststellungsklage erheben kann (siehe Rn 50).

Richtet sich der Anspruch direkt gegen eine als **Mitarbeiter oder Organ eines Unternehmens** handelnde Person, so kommt es auf die Kenntnis des Gläubigers von der Person des Mitarbeiters/Organs an. Hängt die Anspruchsbegründung von der betrieblichen Zuständigkeits- und Aufgabenverteilung ab, so bedarf es daher auch der Kenntnis dieser Tatsachen.[52]

Die Kenntnis des Gläubigers von der Person des **Erfüllungsgehilfen**, dessen Verschulden dem Schuldner nach § 278 zugerechnet wird, wird von Abs. 1 Nr. 2 nicht verlangt. Schuldner im Sinne der genannten Norm ist bei Anwendung des § 278 nicht der Erfüllungsgehilfe. Es ist ausreichend, wenn der Gläubiger Kenntnis davon hat, dass der Schuldner sich zur Erfüllung seiner Verbindlichkeit eines anderen bedient hat.[53] Erforderlich ist weiter die Kenntnis der Umstände, die auf das Verschulden dieses anderen hinweisen (siehe Rn 33). Die Person des anderen muss dem Gläubiger nicht im Sinne des Abs. 1 Nr. 2 bekannt sein, denn der andere (Erfüllungsgehilfe) ist bei Anwendung des § 278 nicht Schuldner im Sinne von Abs. 1 Nr. 2. (Soweit daneben der Gläubiger einen Anspruch gegen diesen anderen hat, kommt im Rahmen dieses Anspruchs § 278 nicht zur Anwendung.)

Ebenso wenig ist die Kenntnis von der Person des **Verrichtungsgehilfen** im Falle des § 831 erforderlich. Schuldner des § 831 ist der Geschäftsherr; der Gläubiger muss Kenntnis seiner Person haben. Erforderlich ist mit Blick auf den Verrichtungsgehilfen allein die Kenntnis des Gläubigers davon, dass der Schaden durch irgendeinen Verrichtungsgehilfen des Geschäftsherrn rechtswidrig hervorgerufen wurde. Kenntnis davon, dass keine Exkulpation des Schuldners nach § 831 Abs. 1 S. 2 möglich ist, ist nicht vorausgesetzt,[54] denn die Beweislast dafür trägt der Schuldner.

Ist der Schuldner **verstorben**, so ist eine Kenntnis der Person seiner Erben nicht erforderlich,[55] denn nach § 1961 kann der Gläubiger eine Nachlasspflegschaft beantragen, und es läuft die Ablaufhemmung des § 211 für Nachlassfälle.

Ist der Schuldner **nicht prozessfähig**, so kann die Verjährung nach Abs. 1 Nr. 2 erst mit Kenntnis des Gläubigers von der Person des gesetzlichen Vertreters beginnen.[56]

b) Kenntnis. Die Kenntnis (bzw. grob fahrlässige Unkenntnis, siehe Rn 51 ff.) muss bei dem **Gläubiger** des Anspruchs vorliegen (zur Wissenszurechnung siehe Rn 58 ff.).[57] Bei der **Drittschadensliquidation** kommt es daher auf diejenige des Anspruchstellers, nicht des Dritten (dessen Schaden liquidiert wird) an.[58] Bei einer *cessio legis* ist auf die Kenntnis desjenigen abzustellen, der kraft gesetzlichen Forderungsübergangs Anspruchsinhaber geworden ist.[59] Bei der **Abtretung** muss sich der neue Gläubiger die von dem abtretenden Gläubiger bis zur Abtretung (nicht aber eine danach) erlangte Kenntnis gemäß §§ 404, 412 entgegenhalten lassen.[60] Hat der Altgläubiger bis zur Abtretung keine Kenntnis erlangt, dann kommt es nach der Abtretung auf die Kenntnis des Neugläubigers an.

Kenntnis i.S.v. Abs. 1 Nr. 2 meint eine **Tatsachenkenntnis**, keine Rechtskenntnis. Geht der Gläubiger irrtümlich davon aus, bei der gegebenen Tatsachenlage keinen Anspruch zu haben, hindert das den Verjährungsbeginn nicht.[61]

---

50 BGH NJW 2001, 964 f.; zu Recht krit. *Sandmann*, JZ 2001, 712 ff.
51 BGH NJW 1999, 2734; näher MüKo/*Grothe*, § 199 Rn 27.
52 So zum bisherigen Recht und für die deliktische Haftung BGH NJW 2001, 964, 965.
53 So auch Bamberger/Roth/*Henrich*, § 199 Rn 34.
54 Bamberger/Roth/*Henrich*, § 199 Rn 34.
55 OLG Neustadt MDR 1963, 413; MüKo/*Grothe*, § 199 Rn 27; Erman/*Schmidt-Räntsch*, § 199 Rn 26.
56 Erman/*Schmidt-Räntsch*, § 199 Rn 26; offen gelassen von BGH VersR 1963, 580.
57 Zum Begriff: *Riedhammer*, Kenntnis, grobe Fahrlässigkeit und Verjährung, 2004, S. 97 ff.
58 Palandt/*Heinrichs*, § 199 Rn 23; Erman/*Schmidt-Räntsch*, § 199 Rn 12.
59 BGHZ 48, 181, 183 f.; BGH NJW 1996, 2933, 2934; ausf. und überzeugend Staudinger/*Schäfer*, 12. Aufl. 1986, § 852 a.F. Rn 29–42 m. zahlr. Nachw. und Differenzierungen; MüKo/*Grothe*, § 199 Rn 35.
60 BGH NJW 1990, 2808, 2809 f.; MüKo/*Grothe*, § 199 Rn 34.
61 *Heinrichs*, BB 2001, 1417, 1418; zu § 852 a.F. s. BGH NJW 1996, 117, 118; 1999, 2041, 2042 mit zahlr. weiteren Nachw.

46 Ausnahmsweise hat die Rechtsprechung zu § 852 Abs. 1 a.F. bei unübersichtlicher oder zweifelhafter Rechtslage, die selbst ein Rechtskundiger nicht einzuschätzen vermag, den Verjährungsbeginn wegen der **Rechtsunkenntnis** hinausgeschoben, da es an der Zumutbarkeit der Klageerhebung fehle.[62] Ob sich diese Rechtsprechung auf Abs. 1 Nr. 2 übertragen lässt, ist zweifelhaft. Rechtsunkenntnis sollte generell für den Verjährungsbeginn unerheblich sein. Abs. 1 ist so ausgestaltet, dass er dem Gläubiger eine ausreichende Frist zur Einholung von Rechtsrat und zur Überlegung gewährt. Das Risiko falschen Rechtsrats hat nicht der Schuldner zu tragen, sondern der Gläubiger, der sich bei demjenigen, der ihn fehlerhaft berät, schadenfrei halten kann.

47 Unbeachtlich ist auch, ob der Gläubiger aus den ihm bekannten Tatsachen die zutreffenden **Schlüsse auf das Bestehen eines Anspruchs**, insbesondere bei Schadensersatzansprüchen auf den in Betracht kommenden naturwissenschaftlich zu erkennenden Kausalverlauf[63] zieht. Die Verjährung kann daher auch beginnen, wenn der Gläubiger irrtümlich davon ausgeht, niemand oder eine andere Person als der Schuldner sei ihm ersatzpflichtig. Im **Arzthaftungsprozess** beginnt die Verjährung allerdings nicht zu laufen, bevor nicht der Geschädigte als medizinischer Laie Kenntnis (oder grobfahrlässige Unkenntnis, Rn 51 ff.) von Tatsachen hat, aus denen sich ein Abweichen des Arztes vom medizinischen Standard ergibt.[64]

48 **Unbeachtlich** ist es auch, ob der Schuldner den Anspruch **bestreitet**.[65] Abs. 1 Nr. 2 dient nicht dazu, dem Gläubiger das Risiko der zutreffenden Tatsachen- und Rechtsbewertung abzunehmen.

49 An die Kenntnis des Gläubigers davon, dass er selbst anspruchsberechtigt ist, sind dieselben Anforderungen zu stellen wie an die Kenntnis aller anderen Elemente der Anspruchsbegründung und die Kenntnis von der Person des Schuldners. Daher bedarf es lediglich der Kenntnis der Tatsachen, die seine Gläubigerstellung begründen; nicht erforderlich ist, dass er sich seiner **Anspruchsinhaberschaft** auch bewusst ist.[66]

50 Für eine **Kenntnis** i.S.v. Abs. 1 Nr. 2 bedarf es nicht der Kenntnis der anspruchsbegründenden Tatsachen in allen Einzelheiten. Es reicht vielmehr aus, wenn dem Gläubiger aufgrund der ihm bekannten Tatsachen (oder grob fahrlässig unbekannt gebliebenen Tatsachen, siehe Rn 51 ff.) zuzumuten ist, zur Durchsetzung seiner Ansprüche gegen eine bestimmte Person eine Klage – und sei es in Form einer Feststellungsklage – zu erheben.[67] Zuzumuten ist ihm die Klageerhebung, wenn die Klage hinreichend aussichtsreich – wenn auch nicht risikolos – erscheint und er in der Lage ist, die **Klage schlüssig** zu begründen.[68]

51 **c) Grob fahrlässige Unkenntnis.** Der positiven Kenntnis steht nach Abs. 1 Nr. 2 die grob fahrlässige Unkenntnis gleich. Damit kann die Verjährung nach Abs. 1 Nr. 2 zu einem **früheren Zeitpunkt** als nach § 852 Abs. 1 a.F. beginnen. Soweit **in dieser Kommentierung** von **Kenntnis** oder Kenntniserlangung gesprochen wird, ist damit (zwecks Verkürzung der Darstellung) **auch die grob fahrlässige Unkenntnis** gemeint, sofern nichts anderes vermerkt ist.

52 **Grobe Fahrlässigkeit** liegt vor, wenn die im Verkehr erforderliche Sorgfalt in ungewöhnlich hohem Maße verletzt worden ist, ganz nahe liegende Überlegungen nicht angestellt oder beiseite geschoben wurden und dasjenige unbeachtet geblieben ist, was im gegebenen Fall jedem hätte einleuchten müssen.[69] Dabei sind auch subjektive, individuelle für den Gläubiger geltende Umstände zu berücksichtigen; ihm muss auch subjektiv ein schwerer Obliegenheitsverstoß in seiner eigenen Angelegenheit der Anspruchsverfolgung zur Last fallen.[70] An den Verbraucher (§ 13) sind dabei geringere Anforderungen als an einen Unternehmer (§ 14) zu stellen.[71]

53 Nach § 852 Abs. 1 a.F. hat grob fahrlässige Unkenntnis nicht ausgereicht. § 12 Abs. 1 ProdHaftG, § 32 Abs. 1 AtG, die unverändert weiter gelten, lassen in ihrem Anwendungsbereich auch fahrlässige Unkenntnis genügen. Die Rechtsprechung zu § 852 Abs. 1 a.F. (und zu den anderen, einen kenntnisabhängigen Verjährungsbeginn statuierenden besonderen Verjährungsvorschriften, siehe zu diesen Rn 1) hat stets mit

---

[62] BGH NJW 1999, 2041, 2042; BGHZ 122, 317, 325 f., beide mit zahlr. Nachw.
[63] BGH NJW 1991, 2350; 1991, 2351; VersR 1986, 1080, 1081; 1983, 1158, 1159; Bamberger/Roth/ *Henrich*, § 199 Rn 23.
[64] BGH NJW 2001, 885, 886; VersR 2000, 331; NJW 1991, 2350.
[65] OLG Düsseldorf VersR 1997, 1241; Palandt/ *Heinrichs*, § 199 Rn 27.
[66] Zur Kenntnis von der Schadensbetroffenheit des Gläubigers im Rahmen des § 852 a.F. s. BGH NJW 1996, 117, 118.
[67] So zum neuen Recht auch *Heinrichs*, BB 2001, 1417, 1418.
[68] So zum Vorstehenden die st. Rspr. zu § 852 Abs. 1 a.F., s. nur BGH NJW-RR 1990, 606; NJW 1994, 3092, 3093; BGHZ 133, 192, 198; BGH NJW 2000, 953; 2000, 1499; 2001, 964, 965; 2001, 1721, 1722; jew. mit zahlr. weiteren Nachw.
[69] BT-Drucks 14/6040, S. 108 unter Hinweis auf BGHZ 10, 14, 16; 89, 153, 161; BGH NJW-RR 1994, 1469, 1471; NJW 1992, 3235, 3236; ausf. *Riedhammer*, Kenntnis, grobe Fahrlässigkeit und Verjährung, 2004, S. 75 ff.; vgl. auch *Mansel/Budzikiewicz*, Jura 2003, 1, 4 f.
[70] S. *Heinrichs*, BB 2001, 1417, 1418.
[71] S. *Heinrichs*, BB 2001, 1417, 1418.

Nachdruck und ausdrücklich darauf hingewiesen, dass die **grob fahrlässige Unkenntnis** der vom Gesetz geforderten **positiven Kenntnis nicht gleichsteht**. Gleichzeitig hat sie aber schon bisher der positiven Kenntnis diejenigen Fälle gleichgestellt,[72] in denen der Gläubiger es versäumt hat, eine gleichsam auf der Hand liegende Erkenntnismöglichkeit wahrzunehmen, und deshalb letztlich sein Sichberufen auf Unkenntnis als Förmelei erscheint, weil jeder andere in der Lage des Gläubigers unter denselben konkreten Umständen sich die Kenntnis verschafft hätte. Es reichte aus, wenn der Gläubiger sich die erforderlichen Kenntnisse in zumutbarer Weise ohne nennenswerte Mühe und ohne besondere Kosten beschaffen konnte. Damit sollte dem Rechtsgedanken des § 162 folgend dem Geschädigten die sonst bestehende Möglichkeit genommen werden, die Verjährungsfrist missbräuchlich dadurch zu verlängern, dass er die Augen vor einer sich aufdrängenden Kenntnis verschließt.[73]

Die bezeichneten Sachverhaltskonstellationen sind **künftig** als solche grob fahrlässiger Unkenntnis anzusehen. Abs. 1 Nr. 2 geht aber über diese bereits anerkannten Fälle hinaus und lässt generell die grob fahrlässige Tatsachenunkenntnis genügen; zu **Erweiterungen** etwa im Rahmen der Wissenszurechnung bei Unternehmen, Behörden und Körperschaften siehe Rn 60. So liegt dann bezogen auf die Ansprüche gegen die Tatbeteiligten grob fahrlässige Unkenntnis vor, wenn der Geschädigte das Speditionsunternehmen, in dessen Bereich das Speditionsgut beschädigt wurde, um Beschreibung des Tathergangs und namentliche Nennung der beteiligten Personen gebeten, es dann aber unterlassen hat (weil ihm die Namen der Tatbeteiligten nicht genannt worden sind), deren Identität in Erfahrung zu bringen.[74]

54

Abzustellen ist auf den **Zeitpunkt**, in welchem der Gläubiger ohne grobe Fahrlässigkeit die erforderliche Kenntnis erlangt hätte. Entscheidend ist daher nicht der Dauerzustand grob fahrlässiger Unkenntnis, sondern der Zeitpunkt, in welchem der Gläubiger (oder sein Wissensvertreter, Rn 59) seine grob fahrlässige Unkenntnis nach dem gewöhnlichen Lauf der Dinge frühestens hätte beseitigen können.

55

Zu beachten ist, dass die Feststellung der groben Fahrlässigkeit durch das **Revisionsgericht**, insbesondere nach der ZPO-Reform (§ 543 Abs. 2 Nr. 2 S. 1 ZPO), nur sehr eingeschränkt überprüft werden kann.[75] Die Tatsacheninstanz hat daher verjährungsrechtlich besonderes Gewicht.

56

Zur **Reformgeschichte**: Die Gleichsetzung der positiven Kenntnis mit der grob fahrlässigen Unkenntnis geht auf das Gutachten von *Peters/Zimmermann* zurück;[76] diese Forderung wurde während der Arbeiten am SchuldRModG aufgegriffen.[77] Die Einbeziehung der grob fahrlässigen Unkenntnis entspricht auch dem Rechtsgedanken des § 277, wonach grobe Fahrlässigkeit stets auch dann schadet, wenn man in eigenen Angelegenheiten handelt. Von der Existenz eines Anspruchs sowie der Person des Schuldners Kenntnis zu nehmen, ist eine eigene Angelegenheit des Gläubigers. Daher soll bereits bei Vorliegen grober Fahrlässigkeit die Verjährung zu laufen beginnen.[78] Kritisiert wurde die Verwendung des Begriffs der groben Fahrlässigkeit, da es eine eigentliche **Rechtspflicht des Gläubigers**, sich von der eigenen Anspruchsberechtigung Kenntnis zu verschaffen, jedenfalls im Bereich der unerlaubten Handlung und anderer gesetzlicher Schuldverhältnisse (z.B. §§ 812 ff.) nicht gebe.[79] Es solle – ähnlich wie in den Europäischen Grundregeln (Rn 6 f.) – statt auf die grobe Fahrlässigkeit auf eine „sich aufdrängende Kenntnis" oder „ohne weiteres zu beschaffende Kenntnis"[80] oder darauf, dass der Gläubiger „sich einer für ihn offensichtlichen Möglichkeit, diese unschwer und ohne nennenswerte Mühe und Kosten zu erlangen, verschlossen hat"[81] ankommen. In der Sache sind bezogen auf den Verjährungsbeginn im konkreten Fall mit diesen vorgeschlagenen abweichenden Umschreibungen keine Änderungen verbunden.

57

---

72 BT-Drucks 14/6040, S. 108: Auch im Rahmen der Rspr. zur Schadenseinheit (s. Rn 19 f., Fn 14, 19) wurden die als möglich voraussehbaren Schadensfolgen erfasst, obwohl das bloß Voraussehbare gerade nicht bekannt ist, so dass auch hier im Ergebnis entgegen der gesetzlichen Anordnung des § 852 Abs. 1 a.F. im bisherigen Recht Kennenmüssen und Kenntnis gleichgestellt wurden.

73 BT-Drucks 14/6040, S. 108 unter Hinweis auf BGH NJW 2000, 953; NJW 1999, 423, 425; BGHZ 133, 192, 199; BGH NJW 1994, 3092, 3094; s. ferner z.B. BGH VersR 1998, 378, 380; NJW-RR 1990, 606.

74 Nach dem geschilderten Vorgang ist von grob fahrlässiger Unkenntnis auszugehen; s. zu diesem Fall BGH ZIP 2001, 706: Das Urteil lehnte einen Verjährungsbeginn nach § 852 Abs. 1 a.F. ab, da keine positive Kenntnis gegeben war.

75 Deshalb krit. zur groben Fahrlässigkeit *Piekenbrock*, S. 309, 326 f.

76 Vgl. den von *Peters/Zimmermann*, S. 79, 306, 316, vorgeschlagenen § 199 – Hemmung durch Unkenntnis des Berechtigten; s. danach *Haug*, S. 59 ff.; s. ferner *Zimmermann*, JZ 2001, 18, 19 ff. m.w.N.

77 S. *Ernst*, S. 559, 586; *Mansel*, S. 333, 406; dagegen *Bydlinski*, S. 381, 387 mit Fn 35; *Piekenbrock*, S. 309, 326 f.

78 BT-Drucks 14/6040, S. 108.

79 Dagegen aber *Piekenbrock*, S. 309, 327.

80 *Zimmermann/Leenen/Mansel/Ernst*, JZ 2001, 684, 687.

81 Bereits im Bundesrat abgelehnter Änderungsantrag Bayerns, s. Bundesrat, Niederschrift der Beratung der Beschlussempfehlung, 18.6.2001, (unveröffentlicht) unter C 6 (zu § 199).

§ 199

58 d) Zurechnung der Kenntnis und grob fahrlässigen Unkenntnis anderer. Ist der Gläubiger **geschäftsunfähig** oder **beschränkt geschäftsfähig**, so kommt es auf die Kenntnis des gesetzlichen Vertreters an.[82] Vertreten Eltern ihr Kind gemeinsam (§ 1629 Abs. 1 S. 2), so ist analog § 1629 Abs. 1 S. 2 Hs. 2 das Wissen eines Elternteils ausreichend.[83]

59 Ist der Gläubiger geschäftsfähig, so kommt es analog § 166 Abs. 1[84] auf die Kenntnis einer anderen Person (**Wissensvertreter**) nur an, wenn der Wissensvertreter in eigener Verantwortung mit der selbständigen Erledigung von Aufgaben betraut ist,[85] die auch die Sachverhaltserfassung bei der Verfolgung von Ansprüchen und ihre rechtzeitige Geltendmachung umfassen. Wichtig ist, dass zu der Aufgabe nicht allein die Rechtsberatung, sondern auch die Tatsachenfeststellung zählen muss.[86] Der Wissensvertreter kann, muss aber nicht zugleich rechtsgeschäftlicher Vertreter des Gläubigers sein. Eine Wissenszurechnung setzt grundsätzlich voraus, dass derjenige, auf dessen Kenntnisstand allein oder im Zusammenwirken mit dem Wissensstand anderer abgestellt werden soll, mit der betreffenden Aufgabe betraut ist.[87]

60 Die Wissenszurechnung bei arbeitsteiligen **Unternehmen**,[88] **Behörden** und **öffentlichen Körperschaften** erfolgte unter Geltung des alten Rechts nach den gleichen Grundsätzen.[89] So kommt es bei der Verfolgung von Regressansprüchen auf das Wissen der Regressabteilung an.[90] Die Rechtsprechung zum alten Recht hat an dem Merkmal der Aufgabenzuständigkeit im Rahmen des § 852 Abs. 1 a.F. ausdrücklich festgehalten und eine weiter gehende Wissenszurechnung, die im Bereich des rechtsgeschäftlichen Handelns von Unternehmen durch die Annahme einer Organisationspflicht zur aktenmäßigen Wissenserfassung und zum Wissensaustausch innerhalb des Unternehmens vorgenommen wurde,[91] ausdrücklich für das Verjährungsrecht abgelehnt.[92] Da nun aber Abs. 1 Nr. 2 die grob fahrlässige Unkenntnis ausdrücklich der Kenntnis gleichstellt, kann dieser Rechtsprechung für das neue Recht nicht mehr gefolgt werden. Das Unterlassen eines Mindestmaßes der **aktenmäßigen Erfassung** und des geregelten **Informationsaustauschs** über verjährungsrelevante Tatsachen innerhalb arbeitsteiliger Unternehmen, Behörden und Körperschaften ist als ein Fall der **grob fahrlässigen Unkenntnis** dieser Tatsachen anzusehen.[93]

61 3. Jahresschlussverjährung (Abs. 1). Die Regelverjährung beginnt erst mit dem Schluss des Jahres, in welchem der Anspruch entstanden (Abs. 1 Nr. 1) ist und der Gläubiger auch Kenntnis i.S.v. Abs. 1 Nr. 2 erlangt hat. Sie führt zu Erleichterungen für den Rechtsverkehr, da eine für das ganze Jahr fortlaufende Fristenkontrolle unterbleiben kann.

62 Die Jahresschlussverjährung gilt nur für den Verjährungsbeginn nach Abs. 1. Die **Verjährungshöchstfristen** des Abs. 2–4 beginnen nicht mit Jahresschluss, sondern taggenau mit dem fristauslösenden Ereignis i.S.v. Abs. 2–4 (Rn 79 ff.). Die anderen **besonderen Verjährungsfristen**, insbesondere der §§ 196, 197, 438 und 634a unterliegen nicht der Jahresschlussverjährung. Auch diese Fristen beginnen taggenau; das wird in den §§ 200, 201, 438 Abs. 2, 634a Abs. 2 geregelt.

IV. Verjährungshöchstfristen (Abs. 2–4)

63 1. Anwendungsbereich. Siehe zu den Verjährungshöchstfristen bereits Rn 5, 11, 62. Sachlich unterfallen alle Ansprüche, die der Regelverjährung nach §§ 195, 199 Abs. 1 unterliegen, auch dem **Anwendungsbereich der Abs. 2–4** (zu den von § 199 erfassten Ansprüchen siehe bereits Rn 13 f.).

64 2. Hemmung, Ablaufhemmung, Neubeginn der Höchstfristen. Auch auf die Verjährungsfristen der Abs. 2–4 sind die allgemeinen Vorschriften über die Hemmung, Ablaufhemmung oder den Neubeginn der Verjährung, siehe insbesondere §§ 203 ff., anzuwenden, so dass der **Fristablauf später** als nach der zehn- oder dreißigjährigen Maximalfrist eintreten kann. Hierin liegt ein Unterschied zu Art. 14:307 der Grundregeln des Europäischen Vertragsrechts (siehe zu diesen Rn 6 f.). Danach kann – mit der Ausnahme der Hemmung

---

[82] BGH NJW 1996, 2934; 1995, 776, 777; 1989, 2323.
[83] RGRK/*Kreft*, § 852 a.F. Rn 36; Staudinger/*Peters*, § 199 Rn 43; s. im Erg. auch BGH NJW 1976, 2344.
[84] Nicht eindeutig ist, ob *Heinrichs*, BB 2001, 1417, 1419 die Heranziehung der Grundsätze der Wissenszurechnung analog § 166 im Rahmen des § 199 Abs. 1 auf die Verjährung rechtsgeschäftlicher Ansprüche beschränken will.
[85] Zum Wissensvertreter allg. *Larenz/Wolf*, BGB AT, § 46 Rn 102 ff.
[86] S. BGH NJW 1989, 2323.
[87] BGHZ 117, 104, 106 f; BGH WM 1996, 824, 825; NJW 1996, 2508, 2510.
[88] S. allg. dazu *Buck*, Wissen und juristische Person, 2001.
[89] BGH NJW 1996, 2508, 2510; zu dieser Rspr. MüKo/*Grothe*, § 199 Rn 33; Palandt/*Heinrichs*, § 199 Rn 24; Bamberger/Roth/*Henrich*, § 199 Rn 36; Erman/*Schmidt-Räntsch*, § 199 Rn 14 f.
[90] BGH NJW 2000, 1411.
[91] S. dazu etwa BGH NJW 1996, 1339; allg. *Larenz/Wolf*, BGB AT, § 46 Rn 104 ff.; *Buck*, Wissen und juristische Person, 2001.
[92] BGH NJW 1996, 2508, 2510.
[93] So auch *Schmid*, ZGS 2002, 180, 181; *R. Heß*, NZV 2002, 65, 66 sowie *Krämer*, ZGS 2003, 379, 381.

durch gerichtliche Rechtsverfolgung – die Verjährung auch durch Hemmung oder Ablaufhemmung nicht über zehn Jahre bzw. bei Ansprüchen wegen der Verletzung persönlicher Rechtsgüter nicht über dreißig Jahre über den eigentlichen Verjährungseintritt hinaus verlängert werden.

Regelmäßig betrifft ein Tatbestand, der nach den allgemeinen Vorschriften eine Hemmung, Ablaufhemmung 65 oder einen Verjährungsneubeginn begründet, **sowohl** die Frist des Abs. 1 **als auch** die einschlägige Frist der **Abs. 2–4**.

3. Unabhängigkeit der Verjährungshöchstfristen von Abs. 1. a) Besondere Verjährungsfristen, 66 **unabhängiger Verjährungslauf.** Die Verjährungshöchstfristen sind besondere Verjährungsfristen.[94] Nach Ablauf der Maximalfristen von zehn oder dreißig Jahren tritt Verjährung ein, auch wenn der Anspruch nach Abs. 1 noch nicht verjährt wäre. Die Verjährungshöchstfristen sind grundsätzlich **unabhängig** von dem Lauf der Verjährungsfrist nach **Abs. 1**.

Beginnt die Verjährungsfrist des Abs. 1 erst kurz vor Ablauf der einschlägigen Verjährungsfrist der Abs. 2, 3 67 oder 4 zu laufen, so **hindert** das daher den **Verjährungseintritt** nach Abs. 2–4 **nicht**. Erfährt beispielsweise der Gläubiger eines Bereicherungsanspruchs erst neuneinhalb Jahre nach der Entstehung (Fälligkeit) des Anspruchs von den anspruchsbegründenden Tatsachen und der Person des Schuldners, dann verbleiben ihm wegen der einschlägigen Zehnjahresfrist des Abs. 4 lediglich sechs Monate,[95] in welchen der Schuldner ihm nicht die Einrede der Verjährung (§ 214 Abs. 1) entgegenhalten kann und in welchen der Gläubiger die Hemmung der Verjährung, etwa durch Klageerhebung (§ 204 Abs. 1 Nr. 1), herbeiführen kann. Gäbe es die Verjährungshöchstfristen nicht, dann würde der Bereicherungsanspruch nach Abs. 1 erst zum Schluss des dritten Jahres nach Kenntniserlangung von dem Anspruch verjähren, im Beispielsfall also erst dreizehn Jahre nach der Anspruchsentstehung.

b) Keine Jahresschlussverjährung. Die in Abs. 1 angeordnete Jahresschlussverjährung (Rn 3, 10 f.) gilt 68 nicht für die Fälle der Abs. 2–4. Abs. 1 regelt allein die Regelverjährung. Die Abs. 2–4 sind keine Fälle der Regelverjährung, sondern Verjährungshöchstfristen. Das wird bereits durch die im Gesetzgebungsverfahren um das Wort „Verjährungshöchstfristen" ergänzte amtliche Überschrift des § 199 deutlich.[96] Zudem ist die Anordnung der Jahresschlussverjährung auch ein Ausgleich für die Schwierigkeiten, welche mit der Ermittlung eines genauen Zeitpunkts der Kenntnis bzw. des Zeitpunkts, in welchem er seine grob fahrlässige Unkenntnis hätte beseitigen können, im Einzelfall verbunden sind.

4. Grundsatz: Verjährungshöchstfrist gemäß Abs. 4. Alle von § 199 erfassten Ansprüche (Rn 13 f., 63) 69 mit Ausnahme jeder Art von Schadensersatzansprüchen verjähren auf den Tag genau spätestens zehn Jahre von ihrer Entstehung an, sofern keine Hemmung, Ablaufhemmung oder kein Neubeginn der Verjährung gemäß den allgemeinen Vorschriften der §§ 203 ff. oder gemäß spezieller Vorschriften erfolgt.

Dazu, wann ein **Anspruch entsteht**, und dass die Entstehung regelmäßig, aber nicht ausnahmslos mit der 70 Anspruchsfälligkeit gleichzusetzen ist, siehe Rn 16 ff.

Die Wendung in Abs. 4 „**ohne Rücksicht auf die Kenntnis** oder grob fahrlässige Unkenntnis" sagt aus, dass 71 für den Verjährungsbeginn und den Verjährungsablauf der Höchstfrist des Abs. 4 keine Kenntnis im Sinne von § 199 Abs. 1 Nr. 2 vorausgesetzt ist. Ein Anspruch kann nach Abs. 4 auch dann verjähren, wenn der Gläubiger die anspruchsbegründenden Tatsachen oder die Person des Schuldners nicht kennt.

5. Ausnahmen: Verjährungshöchstfristen für Schadensersatzansprüche (Abs. 2 und 3). a) Scha- 72 **densersatzanspruch.** Die Absätze 2 und 3 regeln abweichend von der grundsätzlichen Maximalfrist des Abs. 4 Verjährungshöchstfristen für Schadensersatzansprüche, also Ansprüche, welche auf den Ersatz des Schadens (siehe §§ 249 ff.) gerichtet sind. Erfasst werden **alle Schadensersatzansprüche**, gleich, ob sie rechtsgeschäftlicher, rechtsgeschäftsähnlicher (§ 311) oder gesetzlicher Natur sind,[97] ob sie innerhalb oder außerhalb des BGB geregelt sind, ob sie den Ersatz materiellen oder immateriellen Schadens beinhalten.

Unterschieden wird nach der Art des verletzten Rechtsguts. Bei den in Abs. 2 genannten Rechtsgütern beträgt 73 die Maximalfrist dreißig Jahre (Rn 74), bei allen anderen, insbesondere bei Vermögensverletzungen, zehn Jahre (Rn 88 ff.). Auch ist der Beginn der beiden Maximalfristen unterschiedlich.

b) Schadensersatzansprüche wegen Verletzung höchstpersönlicher Rechtsgüter (Abs. 2). aa) Er- 74 **fasste Schadensersatzansprüche.** Die dreißigjährige Maximalfrist des Abs. 2 gilt für alle – gesetzlichen

---

94 BT-Drucks 14/7052, S. 180.
95 S. auch *Heinrichs*, BB 2001, 1417, 1419.
96 BT-Drucks 14/7052, S. 180.
97 S. BT-Drucks 14/6040, S. 109.

oder vertraglichen – Schadensersatzansprüche, die auf der Verletzung des Lebens, des Körpers, der Gesundheit und der Freiheit einer Person beruhen. Die Rechtsgüter werden durch § 823 Abs. 1 geschützt, dessen Schutzbereich aber weiter reicht.

75 Verletzung der **Freiheit** einer Person meint auch im Rahmen des Abs. 2[98] – wie bei dem bei der Rechtsgüterbenennung als Vorbild dienenden § 823 Abs. 1[99] – die Verletzung der körperlichen Bewegungsfreiheit, nicht der Willensfreiheit.[100] Beeinträchtigungen der Willensfreiheit führen häufig bei rechtsgeschäftlichen Dispositionen zu Vermögensverletzungen. Diese werden von der langen Maximalfrist des Abs. 2 nicht erfasst, dazu sogleich.

76 Der **Katalog** der Rechtsgüter i.S.v. Abs. 2 ist **abschließend**. Insbesondere werden das allgemeine Persönlichkeitsrecht sowie das Eigentum und das Vermögen von Abs. 2 nicht erfasst.[101] Für diese gilt Abs. 3. Das allgemeine Persönlichkeitsrecht kann nicht als Teil der Rechtsgüter Leben, Körper, Gesundheit und Freiheit qualifiziert werden.[102]

77 Der Gesetzgeber hat den Einbezug von Schadensersatzansprüchen aufgrund vorsätzlich oder grob fahrlässig verursachter **Vermögensschäden** in Abs. 2 ausdrücklich abgelehnt.[103] Daher werden das Eigentum und das Vermögen des Geschädigten auch in Fällen vorsätzlicher oder grob fahrlässiger Übergriffe Dritter gegenüber den höchstpersönlichen Rechtsgütern benachteiligt, selbst wenn die Übergriffe zur Vernichtung der wirtschaftlichen Existenz des Geschädigten führen. Das wurde im Bundesrat[104] und im Rechtsausschuss des Bundestags[105] kritisiert, denn die Wertentscheidung der Verfassung, die mit Art. 14 GG dem Grundrechtsträger einen Freiheitsraum im vermögensrechtlichen Bereich sichern und ihm damit eine eigenverantwortliche Gestaltung des Lebens ermöglichen wolle, dies ferner in engem Zusammenhang mit der persönlichen Freiheit stehe, werde nicht ausreichend beachtet.[106]

78 Ansprüche wegen der Verletzung eines **Tiers** sind gemäß § 90a solche aufgrund einer Eigentumsverletzung. Für diese gilt Abs. 3.

79 **bb) Verjährungsbeginn.** Für den Beginn der Maximalfrist des Abs. 2 ist die **Entstehung** des Anspruchs (Abs. 1 Nr. 1) und die **Kenntnis** des Gläubigers im Sinne von Abs. 1 Nr. 2 vollkommen **unbeachtlich**. Daher kann beispielsweise ein Anspruch wegen einer Gesundheitsverletzung, die durch eine Röntgenreihenuntersuchung ausgelöst wurde, dreißig Jahre nach dem Röntgen verjähren, auch wenn der Schaden (Krebserkrankung) noch nicht eingetreten und der Anspruch aus § 823 Abs. 1 daher noch nicht entstanden ist[107] und deshalb dem Verletzten auch noch unbekannt ist.

80 Die Maximalfrist beginnt bei Schadensersatzansprüchen aus **unerlaubter Handlung** mit der Vornahme der **tatbestandlichen Handlung** des Schuldners. Hier folgt Abs. 2 dem bisherigen § 852 Abs. 1 a.F. Auf die dazu gefundenen Ergebnisse der Rechtsprechung und Lehre kann daher zurückgegriffen werden. Abzustellen ist demzufolge auf die Handlung, welche die Schadensursache gesetzt hat. Der Schadenseintritt ist mithin für den Beginn der Maximalfrist unbeachtlich.[108] Sofern andere Schadensersatzansprüche auch auf die Vornahme einer Handlung abstellen, bestimmt auch hier die Begehung der Handlung den Verjährungsbeginn. Zur Unterlassung siehe Rn 84, 99 ff.).

81 Bei Schadensersatzansprüchen wegen Verletzung einer Pflicht aus einem Schuldverhältnis[109] (insbesondere Ansprüche nach **§ 280**) beginnt die Maximalfrist mit der Vornahme der **Pflichtverletzung**.

---

98 Offen vielleicht: *Piekenbrock*, S. 309, 321.
99 Zu § 823 Abs. 1 s. Soergel/*Zeuner*, § 823 Rn 28 ff.; *Larenz/Canaris*, Schuldrecht II/2, 13. Aufl. 1994, § 76 II 2.
100 S. die Andeutungen bei RGZ 58, 24, 28, nach welchen auch die Willensfreiheit als Freiheit im Sinne des § 823 Abs. 1 verstanden werden könnte.
101 Während des Gesetzgebungsverfahrens wurde dies diskutiert, aber abgelehnt, vgl. *Ernst*, S. 559, 581 Fn 93; abl. *Mansel*, S. 333, 385 f.; beide m.w.N.
102 So auch MüKo/*Grothe*, § 199 Rn 44; Palandt/*Heinrichs*, § 199 Rn 11; Soergel/*Niedenführ*, § 199 Rn 55; *Mansel*, NJW 2002, 89, 93. A.A. Erman/*Schmidt-Räntsch*, § 199 Rn 33; Bamberger/Roth/*Henrich*, § 199 Rn 42.
103 S. BT-Drucks 14/7052, S. 180.
104 Bereits im Bundesrat (bei Stimmengleichheit!) abgelehnter Änderungsantrag Bayerns, s. Bundesrat, Niederschrift der Beratung der Beschlussempfehlung, 18.6.2001, (unveröffentlicht) unter C 7 (zu § 199).
105 BT-Drucks 14/7052, S. 172.
106 S. auch die Forderung nach einer dreißigjährigen Maximalfrist generell für die Vorsatz- bzw. Arglistverjährung bei *Mansel*, S. 333, 359, 407.
107 Dazu, dass erst der Schadenseintritt den Anspruch aus § 823 Abs. 1 entstehen lässt, s. *Mansel*, S. 333, 393; Gleiches gilt für Schadensersatzansprüche aus positiver Vertragsverletzung (§ 280), vgl. Palandt/*Heinrichs*, § 199 Rn 15.
108 BGHZ 117, 287, 292; Erman/*Schmidt-Räntsch*, § 199 Rn 35; Palandt/*Heinrichs*, § 199 Rn 42; Soergel/*Niedenführ*, § 199 Rn 55; Staudinger/*Peters*, § 199 Rn 68.
109 BT-Drucks 14/6040, S. 109.

Den **Auffangtatbestand** bildet die Anknüpfung des Fristbeginns an das sonstige, den **Schaden auslösende Ereignis**.[110] Diese Alternative des Abs. 2 greift bei Schadensersatzansprüchen aus Gefährdungshaftung und anderen Normen ein, die weder an eine Handlung noch an eine Pflichtverletzung anknüpfen.

Bei der **Gefährdungshaftung** kommt es daher auf den Zeitpunkt der Verwirklichung der Gefahr an.[111] Soweit sich mit der Tierhalterhaftung nach § 833 unter den Vorschriften zur unerlaubten Handlung auch ein Gefährdungsdelikt befindet, beginnt auch hier die Verjährung mit der Verwirklichung der Gefahr. Für Gefährdungshaftungstatbestände innerhalb oder – soweit die Verjährungsvorschriften des Bürgerlichen Gesetzbuchs Anwendung finden – außerhalb des Bürgerlichen Gesetzbuchs führt die Klarstellung des Verjährungsbeginns in Abs. 2 durch das Abstellen auf das den Schaden auslösende Ereignis zur Vereinfachung und Erleichterung.[112]

War eine **Unterlassung** das den Schaden auslösende Ereignis, so ist auf den Zeitpunkt abzustellen, in welchem eine Handlung geboten gewesen wäre.[113]

Bei **Dauerhandlungen**, -pflichtverletzungen oder dauerhaften sonstigen, den Schaden auslösenden Ereignissen kommt es auf den Zeitpunkt der Beendigung der Handlung etc. an. Bei der Freiheitsberaubung im Rahmen einer Entführung beginnt die Maximalfrist des Abs. 2 daher erst mit der Freilassung. Hat ein Bauunternehmer in einer Wohnung gesundheitsgefährdende Dämmstoffe verarbeitet, dann kann das zwar eine dauerhafte Beeinträchtigung der Wohnungsinhaber auslösen, darin liegt aber keine Dauerhandlung. Die Handlung ist mit dem Anbringen der Dämmstoffe abgeschlossen.

Ist der Schuldner zu einem **dauernden Tun** verpflichtet, so beginnt die Verjährung entsprechend dem Rechtsgedanken des Abs. 5 (Rn 100) mit jeder Unterlassung neu.[114] Entsprechendes sieht ausdrücklich Art. 14:203 Abs. 2 Europäische Grundregeln des Vertragsrechts (Rn 6, 100) vor.

c) Sonstige Schadensersatzansprüche (Abs. 3). Andere Schadensersatzansprüche als die von Abs. 2 erfassten (Rn 74 ff.) unterliegen einer **doppelten Maximalverjährungsfrist**; zu dem Verhältnis beider Fristen zueinander siehe Rn 98. Abs. 3 unterliegen daher insbesondere Schadensersatzansprüche wegen der Verletzung des **Eigentums** oder des **Vermögens** oder wegen Eingriffs in den **Gewerbebetrieb**.

aa) Entstehensabhängige Maximalfrist (Abs. 3 S. 1 Nr. 1). Ist ein Schadensersatzanspruch bereits entstanden, dann verjährt er spätestens in zehn Jahren von seinem Entstehen an. Das gilt auch, wenn dem Gläubiger die anspruchsbegründenden Tatsachen und die Person des Schuldners im Sinne von Abs. 1 Nr. 1 (noch) **nicht bekannt** waren.

Ein Schadensersatzanspruch **entsteht** mit Eintritt des Schadens[115] (siehe Rn 20, zum Sonderproblem der Schadenseinheit siehe Rn 19 ff.).

Abs. 3 S. 1 Nr. 1 entspricht damit der Grundregel des Abs. 4. Eine ausdrückliche Regelung für Schadensersatzansprüche erfolgte in Abs. 3 S. 1 Nr. 1 nur aus Gründen der Normtransparenz, nachdem die vorausgegangene, verwickelte Entwurfsfassung auf Kritik[116] gestoßen war.[117]

bb) Handlungsabhängige Maximalfrist (Abs. 3 S. 1 Nr. 2). In jedem Fall verjährt ein von Abs. 3 erfasster Schadensersatzanspruch dreißig Jahre nach Begehung der Handlung, der Pflichtverletzung oder nach dem Eintritt des sonstigen, den Schaden auslösenden Ereignisses. Das gilt ganz unabhängig davon, ob der Anspruch bereits entstanden ist (Abs. 1 Nr. 1) und ob der Gläubiger Kenntnis oder grob fahrlässige Unkenntnis i.S.d. Abs. 1 Nr. 2 hat.

Abs. 3 S. 1 **Nr. 2 übernimmt** damit die Regelung des Abs. 2, die dort für die Schadensersatzansprüche wegen der Verletzung höchstpersönlicher Rechtsgüter getroffen wurde, auch für andere Schadensersatzansprüche. Abgesehen von dem gerade erwähnten Unterschied im sachlichen Anwendungsbereich ist der Normtatbestand derselbe. Daher kann wegen der Erläuterungen grundsätzlich auf Rn 79 ff. verwiesen werden.

---

110 BT-Drucks 14/7052, S. 180.
111 Auf ihn hatte – im Anschluss an den Abschlussbericht (§ 199 BGB-KE) – eine Vorfassung des geltenden § 199 Abs. 2 abgestellt, s. BT-Drucks 14/6040, S. 109. Die Vorfassung wurde nur deshalb geändert, um § 199 Abs. 2 durch einen Auffangtatbestand zu ergänzen, der den Anknüpfungspunkt der Verwirklichung der Gefahr und andere Anknüpfungspunkte von Schadensersatznormen in sich aufnimmt, siehe BT-Drucks 14/7052, S. 180. Vgl. auch MüKo/*Grothe*, § 199 Rn 45.
112 BT-Drucks 14/6040, S. 109, noch zur Anknüpfung an dem Zeitpunkt der Verwirklichung der Gefahr, der aber identisch mit dem des sonstigen, den Schaden auslösenden Ereignisses ist.
113 BT-Drucks 14/7052, S. 180, missverständlich von Unterlassungsansprüchen sprechend.
114 BGH NJW 1995, 2548, 2549; Palandt/*Heinrichs*, § 199 Rn 22; MüKo/*Grothe*, § 199 Rn 49; anders in der Begründung Staudinger/*Peters*, § 199 Rn 75.
115 S. zur unerlaubten Handlung *Mansel*, S. 333, 393; vgl. auch Soergel/*Niedenführ*, § 199 Rn 19, 57.
116 S. nur *Zimmermann/Leenen/Mansel/Ernst*, JZ 2001, 684, 688.
117 BT-Drucks 14/7052, S. 180.

93 **cc) Abstellen auf den früheren Fristablauf (Abs. 3 S. 2).** Ist der Schadensersatzanspruch im **konkreten Einzelfall** nach einer der beiden Maximalfristen des Abs. 3 S. 1 verjährt, so tritt Verjährung ein. Das ordnet Abs. 3 S. 2 an. Die **früher abgelaufene** der beiden Maximalfristen bestimmt daher die Verjährung. Der Verjährungseintritt wird dadurch begünstigt, der Schuldner daher bevorzugt.

94 **Beispiel**: Hat etwa ein Rechtsanwalt einen Testamentsentwurf fehlerhaft abgefasst, so entstehen die eventuellen außervertraglichen Schadensersatzansprüche (z.B. wegen Vertrauenshaftung)[118] derjenigen, die wegen des Fehlers entgegen dem Willen des Erblassers nicht Erbe wurden, erst mit Eintreten des Erbfalls, denn erst dieser führt zu dem Schaden. Hat der Anwalt den Testamentsentwurf im Jahr 2002 dem Erblasser übergeben, der dann sein handschriftliches **Testament** entsprechend abfasste, und stirbt der Erblasser im Jahre 2033, so verjähren die Schadensersatzansprüche gemäß § 199 Abs. 3 S. 1 Nr. 1 im Jahre 2043. Nach § 199 Abs. 3 S. 1 Nr. 2 verjähren sie hingegen schon im Jahr 2032. Abzustellen ist nach § 199 Abs. 3 S. 2 auf den Verjährungseintritt im Jahr 2032. Stirbt der Erblasser aber im Jahr 2004, so verjähren die Ansprüche nicht erst im Jahr 2032, sondern gemäß § 199 Abs. 3 S. 1 Nr. 1, S. 2 im Jahr 2014.[119]

95 Ein ähnliches Auseinanderfallen des Setzens der Schadensursache und der Anspruchsentstehung ist im Bereich der **Umweltverschmutzung** leicht möglich, soweit es etwa um Ansprüche von Grundstückseigentümern gegen die Verschmutzer geht.

96 **d) Anspruchskonkurrenz. aa) Verletzung desselben Rechtsguts.** Abs. 2 bzw. Abs. 3 erreicht für die Schadensersatzansprüche, die der Regelverjährung unterliegen und sich auf dieselbe Rechtsgutsverletzung beziehen, eine **einheitliche Maximalverjährung** aller, insbesondere der vertraglichen und deliktischen Ansprüche. Wird **beispielsweise** der Kaufinteressent bei Vertragsverhandlungen durch ein schuldhaftes Verhalten seines Verhandlungspartners verletzt, so hat der Kaufinteressent Schadensersatzansprüche aus § 823 Abs. 1 und aus *culpa in contrahendo* (§§ 280 Abs. 1, 311 Abs. 2 Nr. 1, 241 Abs. 2). Beide Ansprüche verjähren nach §§ 195, 199 Abs. 1 in drei Jahren nach Fälligkeit und Kenntnis oder grob fahrlässiger Unkenntnis des Gläubigers von den anspruchsbegründenden Tatsachen und der Person des Schuldners. Davon unabhängig tritt nach Abs. 2 spätestens in dreißig Jahren nach Vornahme der Verletzungshandlung die Verjährung ein.

97 Zur **Anspruchskonkurrenz** deliktischer Schadensersatzansprüche mit solchen wegen Mängelgewährleistung gemäß §§ 437 Nr. 3, 634 Nr. 4, die nach den §§ 438, 634a verjähren, siehe § 195 Rn 55 ff.

98 **bb) Gleichzeitige Verletzung verschiedener Rechtsgüter.** Werden durch ein tatbestandsmäßiges Verhalten höchstpersönliche Rechtsgüter des Abs. 2 und andere Rechtsgüter (Abs. 3) verletzt, dann fallen die Maximalverjährungsfristen auseinander. So kann sich die Situation ergeben, dass aus derselben unerlaubten Handlung, z.B. aus demselben Verkehrsunfall resultierende Ansprüche je nach Art des verletzten Rechtsguts zu unterschiedlichen Zeitpunkten verjähren. Dieses Ergebnis muss aber hingenommen werden. Es hängt mit der Abs. 2 zugrunde liegenden Wertung zusammen, die den dort genannten Rechtsgütern einen besonders hohen Stellenwert zumisst (zur Rechtsgutdifferenzierung siehe Rn 5; zum Nichteinbezug des Vermögens und des Eigentums in die lange Maximalfrist des Abs. 2 siehe Rn 76).

V. Unterlassungsansprüche (§ 199 Abs. 5)

99 Soweit der Anspruch auf ein (dauerndes[120]) Unterlassen gerichtet ist, ist bei Anwendung der Abs. 1–4 statt auf sein Entstehen auf die **Zuwiderhandlung** abzustellen. Dies entspricht dem bisherigen § 198 S. 2 a.F. Auf die dazu gefundenen Ergebnisse in Rechtsprechung und Lehre[121] kann zurückgegriffen werden.

100 Bei einem Anspruch auf **dauerhaftes Unterlassen** beginnt die Verjährungsfrist mit der Beendigung der Zuwiderhandlung. Jede erneute Zuwiderhandlung setzt eine neue Verjährungsfrist in Gang.[122] Davon geht auch der Gesetzgeber aus.[123] Das entspricht der ausdrücklichen Regelung des Art. 14:203 Abs. 2 der Europäischen Grundregeln des Vertragsrechts.

---

118 Alle aus dem Anwaltsvertrag abgeleiteten Ansprüche Dritter unterfallen § 51b BRAO, vgl. *Mansel*, NJW 2002, 418 f. Zu beachten ist allerdings, dass § 51b BRAO durch das VerjAnpG aufgehoben wurde. S. dazu bei § 195 Rn 31.

119 Vgl. *Mansel*, NJW 2002, 89, 93; *ders.*, NJW 2002, 418 f. sowie *Mansel/Budzikiewicz*, § 3 Rn 173–176.

120 Bei dem Anspruch auf einmaliges Unterlassen entsteht kein Verjährungsproblem, s. Palandt/*Heinrichs*, § 199 Rn 22.

121 S. MüKo/*Grothe*, § 199 Rn 49 f.; *Fritsche*, in: FS Rolland 1999, S. 115 ff.

122 RGZ 49, 20, 22 ff.; 80, 436, 438; *Peters/Zimmermann*, S. 79, 246, 304, 315; *Zimmermann/Leenen/Mansel/Ernst*, JZ 2001, 684, 688; *Mansel*, S. 333, 371; differenzierend und teilweise abweichend Staudinger/*Peters*, § 199 Rn 73–76.

123 Diskussionsentwurf, S. 240.

Abs. 5 wird verschiedentlich als entsprechend anwendbar erklärt, siehe etwa § 200 S. 2 und § 201 S. 2. Er ist Ausdruck eines **allgemeinen Rechtsgedankens**, der auch außerhalb des Anwendungsbereichs der §§ 199–201 Beachtung verlangt.

Zu **zeitlichen Obergrenzen** des Anspruchs auf dauerhaftes Unterlassen und zu Besonderheiten der **Titelverjährung** siehe § 201 Rn 4.

C. Weitere praktische Hinweise

Der **Schuldner**, der sich auf den Verjährungseintritt nach Abs. 1 beruft (§ 214 Abs. 1), hat die Kenntnis oder die grob fahrlässige Unkenntnis des Gläubigers zu **beweisen**.[124] Das ist **misslich**,[125] da der Schuldner damit Umstände darzulegen und zu beweisen hat, welche in der Sphäre des Gläubigers liegen. Doch war Entsprechendes im Rahmen des § 852 Abs. 1 a.F. und ähnlicher Verjährungsnormen (siehe Rn 1) für deliktische Ansprüche bekannt.

Bei **rechtsgeschäftlichen Ansprüchen** wird im Regelfall die schlüssige Darlegung der Gläubigerkenntnis dem Schuldner wenig Probleme machen. Allerdings trifft ihn die Beweislast.

Zweck der gesetzgeberischen Entscheidung dürfte eine Stärkung der Gläubigerposition und damit im Ergebnis eine Erweiterung des Anwendungsbereichs der langen Maximalfristen der Abs. 2–4 sein.

Soweit der Gläubiger allerdings einen **früheren Verjährungsbeginn** als den regelmäßigen des § 199 behauptet, so trägt er dafür die Beweislast.[126]

§ 200 Beginn anderer Verjährungsfristen

¹Die Verjährungsfrist von Ansprüchen, die nicht der regelmäßigen Verjährungsfrist unterliegen, beginnt mit der Entstehung des Anspruchs, soweit nicht ein anderer Verjährungsbeginn bestimmt ist. ²§ 199 Abs. 5 findet entsprechende Anwendung.

Literatur: Siehe vor §§ 194–218.

A. Allgemeines	1	II. Anspruchsentstehung	5
B. Regelungsgehalt	2	III. Ausnahme: Unterlassungsansprüche	6
I. Sachlicher Anwendungsbereich	2		

A. Allgemeines

§ 200 deckt sich tatbestandsmäßig mit § 198 a.F.; doch regelt § 200 den Beginn besonderer Verjährungsfristen, während § 198 a.F. den Beginn der Regelverjährung bestimmte. Die Norm ist daher als **Auffangtatbestand** für den Verjährungsbeginn von solchen Ansprüchen zu verstehen, die nicht der regelmäßigen Verjährungsfrist unterliegen.

B. Regelungsgehalt

I. Sachlicher Anwendungsbereich

§ 200 gilt für alle besonderen Verjährungsfristen des BGB oder anderer Gesetze (zum Anwendungsbereich der §§ 194 ff. siehe § 194 Rn 8–24), bei denen der Fristbeginn nicht bestimmt ist. Für die Regelverjährung (§ 195 und die auf die Regelverjährung verweisenden Normen wie z.B. §§ 438 Abs. 3, 634a Abs. 3) legt § 199 den Verjährungsbeginn fest.

§ 200 findet **beispielsweise Anwendung** für die in den folgenden Vorschriften geregelten Verjährungsfristen:
– § 196 (Ansprüche gerichtet auf Vornahme von Verfügungen über ein Grundstück oder ein Recht an einem Grundstück oder auf Begründung eines solchen Rechts und die dazugehörigen Gegenansprüche);
– § 197 Abs. 1 Nr. 1 (dingliche Herausgabeansprüche);
– § 197 Abs. 1 Nr. 2 (familien- und erbrechtliche Ansprüche, sofern nicht § 197 Abs. 2 anzuwenden ist).

---

124 Soergel/*Niedenführ*, § 199 Rn 62.
125 Deshalb krit. und eine Hemmungslösung entspr. den Grundregeln des Europäischen Vertragsrecht (Rn 6) bevorzugend *Zimmermann/Leenen/Mansel/Ernst*, JZ 2001, 684, 687 m.w.N. sowie *Mansel*, NJW 2002, 89, 92; *Piekenbrock* teilt die Bedenken, spricht sich aber gegen die Hemmungslösung und für eine Beweislastveränderung aus, s. *Piekenbrock*, S. 309, 324 f.
126 BGH WM 1980, 532, 534; NJW 1996, 2929, 2931 für § 51 BRAO a.F.

4 § 200 wird hingegen von den folgenden Normen, die einen anderen Beginn der jeweiligen besonderen Verjährungsfrist regeln, **verdrängt**:
– § 201 für die Verjährung der rechtskräftig festgestellten Ansprüche (§ 197 Abs. 1 Nr. 3–5);
– § 438 Abs. 2 und 3 für die Verjährung der kaufvertraglichen Mangelansprüche;
– § 479 Abs. 1 für kaufrechtliche Rückgriffsansprüche;
– § 634a Abs. 2 und 3 für die Verjährung der werkvertraglichen Mangelansprüche;
– 651g Abs. 2 für die Verjährung reisevertraglicher Gewährleistungsansprüche;
– und ferner etwa in den §§ 548 Abs. 1 S. 2, 591b Abs. 2 und 3, 604 Abs. 5, 695 S. 2, 696 S. 3, 801, 1057, 1226, 1302, 1378 Abs. 4, 2332, 2287 Abs. 2; §§ 61 Abs. 2, 88, 439 Abs. 2, 463, 475a, 612 Abs. 1, 903 Abs. 1, 905 Abs. 2 HGB; § 12 ProdHaftG; § 17 UmweltHG; § 51b BRAO; § 68 StBerG; § 12 Abs. 1 S. 2 VVG; § 3 Nr. 11 S. 2 PflVersG; § 146 Abs. 1 InsO[1].[2]

II. Anspruchsentstehung

5 Die Verjährungsfrist beginnt mit der Entstehung des Anspruchs (**S. 1**). § 200 deckt sich damit mit der ersten der beiden Voraussetzungen des Beginns der Regelverjährung (§ 199 Abs. 1 Nr. 1) und mit § 198 S. 1 a.F.; zum Begriff der Anspruchsentstehung siehe § 199 Rn 16 ff.). Die Frist berechnet sich nach den §§ 187–193.

III. Ausnahme: Unterlassungsansprüche

6 Ist der Anspruch auf ein Unterlassen gerichtet, beginnt die Verjährung mit der Zuwiderhandlung gegen den Anspruch; das folgt aus dem Verweis in **S. 2** auf § 199 Abs. 5 (dazu näher § 199 Rn 99 ff.).[3] Dabei handelt es sich nicht um einen Gesamtverweis mit der Folge, dass auch etwa § 199 Abs. 1 anwendbar wäre.[4] Der Verjährungsbeginn ist hier im Unterschied zu § 199 kenntnisunabhängig; dies hat auch für Unterlassungsansprüche zu gelten. Diese Wertung würde unterlaufen, wenn man S. 2 als Verweis auf das Anwendungsergebnis des § 199 Abs. 5 auffassen würde.

---

§ 201 Beginn der Verjährungsfrist von festgestellten Ansprüchen

[1]Die Verjährung von Ansprüchen der in § 197 Abs. 1 Nr. 3 bis 6 bezeichneten Art beginnt mit der Rechtskraft der Entscheidung, der Errichtung des vollstreckbaren Titels oder der Feststellung im Insolvenzverfahren, nicht jedoch vor der Entstehung des Anspruchs. [2]§ 199 Abs. 5 findet entsprechende Anwendung.

Literatur: Siehe vor §§ 194–218.

A. Allgemeines 1
B. Regelungsgehalt 2
  I. Anwendungsbereich 2
  II. Kein Verjährungsbeginn vor Anspruchsentstehung (S. 1 letzter Hs.) 3
  III. Verjährungsbeginn im Einzelnen (S. 1) 5
  1. Rechtskraft der Entscheidung, § 197 Abs. 1 Nr. 3 6
  2. Titelerrichtung 9
  3. Feststellung im Insolvenzverfahren 11
IV. Hemmung, Ablaufhemmung, Neubeginn .. 12

A. Allgemeines

1 § 201 regelt den Verjährungsbeginn für die in § 197 Abs. 1 Nr. 3–6 bezeichneten Ansprüche. § 197 Abs. 1 Nr. 3–6 entspricht § 218 Abs. 1 a.F. und nimmt auch Teile der Regelungen der §§ 219, 220 Abs. 1 a.F. in sich auf (siehe § 197 Rn 49 ff.). Der Beginn der Verjährung für diese Ansprüche war im bisherigen Recht nicht gesondert geregelt. Doch folgt § 201 weitgehend den Ergebnissen der **bisherigen Rechtsprechung** zu den §§ 197 Abs. 1 Nr. 3–6, 198.[1] § 201 deckt sich mit Art. 14:203 Abs. 3 Grundregeln des Europäischen Vertragsrechts (zu ihnen vor §§ 194–218 Rn 14 ff.).

---

1 Hierzu *H.-P. Kirchhof*, WM 2002, 2037.
2 Zu beachten ist allerdings, dass einige der genannten Normen durch das VerjAnpG aufgehoben wurden. S. dazu bei § 195 Rn 31.
3 So auch Soergel/*Niedenführ*, § 200 Rn 6; MüKo/*Grothe*, § 200 Rn 4; Palandt/*Heinrichs*, § 200 Rn 2.
4 So aber Staudinger/*Peters*, § 200 Rn 3, der aus systematischen Erwägungen die Voraussetzungen des § 199 Abs. 1 (Kenntnisnahmemöglichkeit des Gläubigers und Jahresschluss) auch im Rahmen des § 200 anwenden will. Gegen diese s. im Erg. die Ausführungen in § 195 Rn 20, wonach einzelne Elemente des § 195 nicht in andere Vorschriften übertragen werden können.

1 Ebenso BT-Drucks 14/6040, S. 109.

B. Regelungsgehalt

I. Anwendungsbereich

Es werden nur Ansprüche im Sinne von § 197 Abs. 1 Nr. 3–6 erfasst (siehe § 197 Rn 49 ff.).

II. Kein Verjährungsbeginn vor Anspruchsentstehung (S. 1 letzter Hs.)

Die Verjährung kann nicht vor der Entstehung des Anspruchs beginnen (vgl. S. 1 letzter Hs.).[2] Das ist insbesondere bei der Verurteilung nach §§ 257, 259 ZPO zur Erbringung erst **künftig fällig werdender Leistungen** oder bei einem Feststellungsurteil, das sich auf künftig fällig werdende Ansprüche erstreckt, bedeutsam.[3] Zur Anspruchsentstehung, die regelmäßig der Anspruchsfälligkeit gleichzusetzen ist, siehe § 199 Rn 16 ff.

Geht der Anspruch auf ein **Unterlassen**, so tritt an die Stelle der Anspruchsentstehung das Zuwiderhandeln gegen den Unterlassungsanspruch. Das folgt aus S. 2 i.V.m. § 199 Abs. 5 (siehe § 199 Rn 99 ff.). Daher beginnt auch bei einem rechtskräftig festgestellten Anspruch auf dauerhaftes Unterlassen die Verjährung erst mit der Zuwiderhandlung. Erfolgt diese erst mehr als dreißig Jahre nach Rechtskraft des Urteils, so ist dennoch keine Verjährung eingetreten, vielmehr beginnt erst dann die Verjährungsfrist zu laufen.[4] Jede Zuwiderhandlung lässt eine neue Verjährungsfrist beginnen (§ 199 Rn 100).

III. Verjährungsbeginn im Einzelnen (S. 1)

S. 1 nennt drei Zeitpunkte, in welchen die Verjährung der fälligen (Rn 3) Ansprüche im Sinne von § 197 Abs. 1 Nr. 3–6 beginnt. Die drei Zeitpunkte sind entsprechend ihrer Aufzählung den **drei Fällen des § 197 Abs. 1 Nr. 3, 4 und 5** zugeordnet.[5] Der Beginn der Verjährung von Ansprüchen auf Erstattung der Kosten der Zwangsvollstreckung (§ 197 Abs. 1 **Nr. 6**; siehe § 197 Rn 72) richtet sich nach der Art des Titels, dessen Vollstreckung die betreffenden Kosten verursacht hat. Die Ausführungen zum Verjährungsbeginn bei Ansprüchen nach § 197 Abs. 1 Nr. 3–5 (siehe Rn 6 ff.) gelten daher entsprechend.

1. Rechtskraft der Entscheidung, § 197 Abs. 1 Nr. 3. Bei fälligen Ansprüchen im Sinne von § 197 Abs. 1 Nr. 3 (§ 197 Rn 52 ff.) beginnt die Verjährung mit der formellen Rechtskraft der Entscheidung, welche den Anspruch festgestellt hat, d.h. wenn diese Entscheidung **unanfechtbar** geworden ist.

Die **Vollstreckbarkeit** der Entscheidung im Sinne von § 197 Abs. 1 Nr. 3 ist für den Verjährungsbeginn **unbeachtlich**. Das Gesetz stellt allein auf die formelle Rechtskraft ab. Das gilt nicht nur für Entscheidungen, die der Zwangsvollstreckung nicht zugänglich sind, wie etwa Feststellungsurteile (diese fallen unter § 197 Abs. 1 Nr. 3, siehe § 197 Rn 60 f.), sondern auch für Entscheidungen, die erst aufgrund einer Vollstreckbarerklärung oder einer ähnlichen weiteren gerichtlichen Entscheidung vollstreckt werden können, wie etwa für Schiedssprüche und Schiedsvergleiche oder für ausländische Urteile (siehe § 197 Rn 55–57).

Nach der hier vertretenen Auffassung fällt der gerichtliche oder notarielle Beschluss, welcher den **Anwaltsvergleich** für vollstreckbar erklärt, unter § 197 Abs. 1 Nr. 3;[6] der Anwaltsvergleich selbst erfüllt keine der Voraussetzungen des § 197 Abs. 1 Nr. 3–5. Damit beginnt bei einem Anwaltsvergleich die Verjährung erst mit der formellen Rechtskraft des entsprechenden Beschlusses (näher § 197 Rn 64).[7] Auch der Schuldner kann einen entsprechenden Antrag auf Vollstreckbarerklärung stellen.[8] Offen ist, ob die Vollstreckbarerklärung erfolgen kann, wenn der materiellrechtliche Anspruch aus dem Vergleich bereits verjährt sein sollte (zur Verjährung siehe § 195 Rn 46). Nach der einen Auffassung kann der Antrag abgelehnt werden,[9] nach einer anderen[10] kann der Verjährungseinwand mittels einer Vollstreckungsgegenklage (§ 767 Abs. 2 ZPO) geltend gemacht werden.

---

2 Vgl. BGH VersR 1980, 927; Erman/*Schmidt-Räntsch*, § 201 Rn 5.
3 Vgl. MüKo/*Grothe*, § 201 Rn 2; Bamberger/Roth/ *Henrich*, § 201 Rn 5.
4 So die h.M.: BGHZ 59, 72, 74 f.; Staudinger/ *Peters*, § 201 Rn 8; Soergel/*Niedenführ*, § 201 Rn 2; Palandt/*Heinrichs*, § 201 Rn 2; Erman/ *Schmidt-Räntsch*, § 201 Rn 6; Bamberger/Roth/ *Henrich*, § 201 Rn 6; MüKo/*Grothe*, § 201 Rn 2 m.w.N. zum Streitstand, auch zur Gegenmeinung.
5 Beschlussempfehlung und Bericht des Rechtsausschusses (6. Ausschuss), BT-Drucks 14/ 6857, S. 7, 44 (zu § 201).

6 A.A. Stein/Jonas/*Münzberg*, ZPO, § 796a Rn 1, der § 197 Abs. 1 Nr. 4 anwenden will.
7 So auch Erman/*Schmidt-Räntsch*, § 201 Rn 3; Bamberger/Roth/*Henrich*, § 201 Rn 2; Stein/Jonas/ *Münzberg*, ZPO, § 796a Rn 1.
8 Zöller/*Geimer*, ZPO, § 796a Rn 3a.
9 Allg. dazu (ohne speziellen Verjährungsbezug) Zöller/*Geimer*, ZPO, § 796a Rn 22.
10 Allg. dazu (ohne speziellen Verjährungsbezug) LG Halle NJW 1999, 3567; *Münzberg*, NJW 1999, 1357, 1359; weitere Nachw. bei Zöller/*Geimer*, ZPO, § 796a Rn 22.

9 **2. Titelerrichtung.** Bei fälligen Ansprüchen im Sinne von § 197 Abs. 1 Nr. 4 (§ 197 Rn 65–70) beginnt die Verjährung mit der Errichtung des vollstreckbaren Titels. Errichtung meint den Abschluss des vollstreckbaren Vergleichs (insbesondere die gerichtliche Protokollierung bzw. das Vorgehen nach § 162 Abs. 1 S. 2 ZPO)[11] und bei vollstreckbaren Urkunden die gerichtliche bzw. notarielle Beurkundung[12] und das Hinzutreten des auf die Erklärung der Unterwerfung unter die sofortige Zwangsvollstreckung gerichteten Publikationsakts.[13]

10 Bei dem gemäß § 308 Abs. 1 S. 2 InsO einem Vergleich im Sinne von § 794 Abs. 1 Nr. 1 ZPO gleichgestellten **Schuldenbereinigungsplan** beginnt die Verjährung mit dem den Plan nach § 308 Abs. 1 S. 1 InsO bestätigenden gerichtlichen Beschluss.[14] Zum **Anwaltsvergleich** siehe Rn 8.

11 **3. Feststellung im Insolvenzverfahren.** Bei fälligen Ansprüchen im Sinne von § 197 Abs. 1 Nr. 5 beginnt die Verjährung mit der Vollstreckbarkeit der zur **Insolvenztabelle** festgestellten Forderung.[15] Das richtet sich nach §§ 178, 201 Abs. 2, 215 Abs. 2 S. 2, 257 InsO. Zum Schuldenbereinigungsplan nach § 308 InsO siehe Rn 10.

IV. Hemmung, Ablaufhemmung, Neubeginn

12 Die Hemmung und Ablaufhemmung sowie der Neubeginn der Verjährung sind nach den §§ 203 ff. wie bei jeder anderen Verjährungsfrist auch zu prüfen. Eine Feststellungsklage zur Unterbrechung der Titelverjährung ist zulässig, wenn sie die einzige Möglichkeit ist, den Ablauf der Verjährungsfrist abzuwenden.[16] Zu dem Parallelproblem bei § 197 Abs. 2 siehe § 197 Rn 84.

---

§ 202 Unzulässigkeit von Vereinbarungen über die Verjährung

(1) ¹Die Verjährung kann bei Haftung wegen Vorsatzes nicht im Voraus durch Rechtsgeschäft erleichtert werden.

(2) ¹Die Verjährung kann durch Rechtsgeschäft nicht über eine Verjährungsfrist von 30 Jahren ab dem gesetzlichen Verjährungsbeginn hinaus erschwert werden.

Literatur: Siehe vor §§ 194–218.

A. Allgemeines 1	a) Vorsatzhaftung (Abs. 1) 16
I. Bisheriges Recht 1	b) Keine allgemeine gesetzliche
II. Neues Recht 3	Mindestfrist 20
III. Europäische Grundregeln 6	c) Leitlinien für Parteivereinbarungen . 21
B. Regelungsgehalt 7	aa) Angemessenheitskontrolle 21
I. Verjährungsrechtliche Vertragsfreiheit 7	bb) Regelverjährung: Veränderungen
1. Grundsatz 7	der §§ 195, 199 26
2. Zeitpunkt und Form 8	cc) Verkürzung besonderer
3. Sachliche Regelungsgegenstände 10	Verjährungsfristen 31
4. Anwendung auf konkurrierende	3. Verjährungserschwerungen 36
Ansprüche 12	a) Grundsatz der Vertragsfreiheit 36
II. Grenzen der Vertragsfreiheit 13	b) Zeitliche Obergrenze (Abs. 2) 37
1. Unverjährbarkeit 14	c) Verjährungsverzicht 43
2. Verjährungserleichterungen 16	

---

[11] S. dazu etwa Thomas/*Putzo*, ZPO, § 794 Rn 11.
[12] S. dazu etwa Zöller/*Stöber*, ZPO, § 794 Rn 25; Thomas/*Putzo*, ZPO, § 794 Rn 46 f., 55.
[13] Zu diesem s. Wieczorek/Schütze/*Paulus*, ZPO, 3. Aufl. 1999, § 794 Rn 89.
[14] Der Beschluss ist unanfechtbar, arg. § 6 Abs. 1 InsO. vgl. Soergel/*Niedenführ*, § 201 Rn 3.
[15] Soergel/*Niedenführ*, § 201 Rn 3. Nicht ganz eindeutig, aber wohl gleichfalls auf die Vollstreckbarkeit abstellend (zum bisherigen Recht): Hess/Weis/Wienberg/*Weis*, InsO, Band 1, 2. Aufl. 2001, § 201 InsO Rn 20; Kübler/Prütting/*Holzer*, InsO, Band II, Stand: August 2001, § 201 InsO Rn 7;

unklar zum alten Recht (wohl auf die Feststellung abstellend): Jaeger/*Weber*, Konkursordnung mit Einführungsgesetzen, Zweiter Band, 1. Halbband (§§ 71–206 KO), 8. Aufl. 1973, § 145 KO Rn 6. A.A. Staudinger/*Peters*, § 201 Rn 5, der auf den Zeitpunkt der Möglichkeit, aus dem festgestellten Titel gegen den Schuldner vorzugehen, abstellt.
[16] H.M., vgl. BGHZ 93, 287, 289 f. sowie BGH NJW-RR 2003, 1076, 1077; Thomas/Putzo/*Reichold*, § 256 Rn 14; Palandt/*Heinrichs*, § 201 Rn 2; Staudinger/*Peters*, § 201 Rn 10; Soergel/*Niedenführ*, § 201 Rn 5 m.w.N., auch zur Gegenmeinung.

4. Inhaltskontrolle	47		b) Vereinbarungen außerhalb des Anwendungsbereichs der §§ 307 ff., insbesondere Individualvereinbarungen	60
a) Allgemeine Geschäftsbedingungen	47			
aa) Zeitliche Grenzen des § 309 Nr. 8 Buchst. b) Doppelbuchst. ee) und ff)	48		III. Erleichterungen oder Erschwerungen der Verjährung nach besonderen Vorschriften	61
bb) Inhaltliche Grenze des § 309 Nr. 7, Nr. 8 Buchst. a) bei verschuldeten Pflichtverletzungen	52		1. Verbrauchsgüterkauf: § 475 Abs. 2, 3	62
			2. Rückgriff des Verkäufers: § 478 Abs. 4	63
			3. Reisevertrag: § 651m	64
cc) Generalklausel des § 307	55		4. Fracht-, Speditions-, Lagergeschäft: §§ 439 Abs. 4, 463, 475a HGB	65
dd) Keine geltungserhaltende Reduktion	59		C. Weitere praktische Hinweise	66

A. Allgemeines

I. Bisheriges Recht

Nach bisherigem Recht war die **Vertragsfreiheit** im Verjährungsrecht **eingeschränkt**. § 225 S. 1 a.F. gestattete keine Abreden, welche die Verjährung ausschlossen oder erschwerten. Solche Vereinbarungen waren daher gemäß § 134 nichtig.[1] Unter dieses Verbot fiel nicht nur die ausdrückliche Verlängerung der Verjährungsfrist, sondern beispielsweise auch die Vereinbarung gesetzlich nicht vorgesehener Hemmungs- oder Unterbrechungsgründe. Große Bereiche des Verjährungsrechts waren mithin **zwingendes Recht**. **Ausgenommen** von dem Verbot der Verjährungsverlängerung waren nach bisherigem Recht die kurzen Gewährleistungsfristen im Kauf- und Werkvertragsrecht (siehe §§ 477 Abs. 1 S. 2, 480 Abs. 1, 490 Abs. 1 S. 2, 638 Abs. 2 a.F.); bei ihnen war eine vertragliche Verlängerung der Verjährungsfrist bis zu dreißig Jahren möglich. 1

Verjährungserleichterungen, insbesondere die Abrede kürzerer Verjährungsfristen, waren nach § 225 S. 2 a.F. zulässig. § 11 Nr. 10 Buchst. e) und f) AGBG a.F. verhinderte jedoch die Abkürzung der gesetzlichen Gewährleistungsfristen durch Allgemeine Geschäftsbedingungen. Die Regelungen gelten als § 309 Nr. 8 Buchst. c) Doppelbuchst. ee) und ff) im neuen Recht fort. § 9 AGBG a.F. (jetzt § 307) zog weitere Grenzen, insbesondere für Verjährungsverkürzungen in Allgemeinen Geschäftsbedingungen.[2] Daneben erfolgte auch eine Inhaltskontrolle von Individualvereinbarungen, welche die Verjährungsfrist verkürzten, gemäß §§ 242, 138.[3] 2

II. Neues Recht

§ 202 folgt – trotz seiner irreführenden Überschrift[4] – einem **gänzlich anderen Regelungsmodell** als das bisherige Recht. Sowohl Verjährungserschwerungen wie Verjährungsverkürzungen sind aufgrund der allgemeinen Vertragsfreiheit (§ 311 Abs. 1) grundsätzlich zulässig. Zu dieser allgemeinen Regel stellt § 202 lediglich die Beschränkungen des Abs. 1 (keine Verjährungserleichterung für Vorsatzhaftung vor Anspruchsentstehung) und des Abs. 2 (keine Verjährungsverlängerung über dreißig Jahre hinaus) auf. Das Gesetz übernimmt in Abs. 2 im Ergebnis die bereits nach bisherigem Recht (§§ 477 Abs. 1, 638 Abs. 2 a.F.) vorgesehenen Verlängerungsmöglichkeiten bei den kurzen kauf- und werkvertraglichen Gewährleistungsfristen des alten Rechts und dehnt sie auf alle Verjährungsfristen aus.[5] 3

Hinzu treten die besonderen Vorschriften, die jeweils spezifische Schutzbedürfnisse erfüllen und deshalb die Vertragsfreiheit im Verjährungsrecht **einschränken** (siehe Rn 61 ff.). 4

Die starke **Erweiterung der Vertragsfreiheit** bei Verjährungsabreden wurde infolge der Vereinheitlichung der Verjährungsfristen erforderlich, um der Vertragspraxis die Möglichkeit zu gewähren, sachgerechte Regelungen für einzelne Vertragstypen zu finden.[6] Die Neuregelung deckt sich im Kern mit den Vorschlägen der ökonomischen Analyse des Rechts.[7] Sie entspricht den **Bedürfnissen der Praxis**,[8] die unter Geltung 5

---

[1] S. bspw. BGH VersR 2001, 1052, 1053; NJW 1988, 1259, 1260; 1984, 189, 190.
[2] S. *Brandner*, in: Ulmer/Brandner/Hensen/Schmidt, AGB-Gesetz, 9. Aufl. 2001, § 9 Rn 158; Wolf/Horn/Lindacher/*Wolf*, AGB-Gesetz, 4. Aufl. 1999, § 9 Rn 74.
[3] Vgl. BGHZ 108, 164, 168; 101, 353, 354 f. sowie Staudinger/*Peters*, 13. Bearb. 2001, § 225 a.F. Rn 21. Zur durch § 88 HGB aufgestellten Grenze s. BGHZ 75, 218, 220; zur zeitlichen Untergrenze nach bisherigem Recht folgend aus §§ 93 Abs. 6, 113 AktG, § 52 Abs. 3 GmbHG, §§ 41, 34 Abs. 6 GenG s. BGHZ 64, 238, 244 bei Ansprüchen gegen Aufsichtsratsmitglieder einer Publikums-KG; zu Verkürzungsgrenzen aus § 43 Abs. 3 GmbHG s. BGH WM 1973, 74.
[4] *Zimmermann/Leenen/Mansel/Ernst*, JZ 2001, 684, 698 Fn 173; s. noch BT-Drucks 14/6487, S. 7, 43.
[5] BT-Drucks 14/6040, S. 110.
[6] S. *Mansel*, S. 333, 399.
[7] S. vor allem *Kötz*, in: FS Medicus 1999, S. 283, insb. 294 ff.; *Eidenmüller*, JZ 2001, 283, 284 f.; krit. Bydlinski, S. 381, 385 Fn 27.
[8] BT-Drucks 14/6040, S. 110.

des alten Rechts erfolgreich versucht hat, das Verbot der Verjährungsverlängerung gemäß § 225 S. 1 a.F. zu umgehen.[9] Die Rechtsprechung hat dieses Parteiinteresse anerkannt und im bisherigen Recht zwischen unzulässigen unmittelbaren und zulässigen mittelbaren Verjährungserschwerungen unterschieden. Zulässig waren beispielsweise die Stundung, Vereinbarungen, welche die Fälligkeit des Anspruchs und damit den Verjährungsbeginn hinausschoben, oder das sog. *„pactum de non petendo"*.[10] Diese **Hilfskonstruktionen** können nach neuem Recht durch unmittelbar die Verjährung betreffende Abreden ersetzt werden. Die Zulassung verjährungserschwerender Vereinbarungen dient auch der Rechtsklarheit, da hierdurch Umgehungsvereinbarungen überflüssig werden, die den Eintritt der Verjährung nur mittelbar erschweren.[11]

III. Europäische Grundregeln

6   § 202 deckt sich im Kern mit Art. 14:601 der Europäischen Grundregeln des Vertragsrechts (zu diesen siehe vor §§ 194–218 Rn 14 ff.). Nach dem genannten Artikel sind **Verjährungsvereinbarungen**, insbesondere Verkürzungen und Verlängerungen der Verjährungsfrist, **zulässig**. Doch ist eine Verkürzung auf weniger als ein Jahr und eine Verlängerung auf mehr als dreißig Jahre – gerechnet ab dem regulären Verjährungsbeginn nach Art. 14:203 der Grundregeln (siehe dazu § 199 Rn 6) – unwirksam. Die **Höchstgrenze** entspricht Abs. 2. Zur **Mindestgrenze** siehe Rn 20.

B. Regelungsgehalt

I. Verjährungsrechtliche Vertragsfreiheit

7   **1. Grundsatz.** § 202 setzt die Gewährleistung der Vertragsfreiheit im Verjährungsrecht nun – nach Änderung des § 225 S. 2 a.F. – als **selbstverständlich** voraus.[12] Danach sind vertragliche Vereinbarungen, welche Fragen der Anspruchsverjährung zum Inhalt haben, grundsätzlich zulässig. Die Vorschrift formuliert diesen Grundsatz nicht, sondern regelt allein die Grenzen der Vertragsfreiheit. Soweit § 202 Abreden eines bestimmten Inhalts verbietet, ist § 202 ein Verbotsgesetz. Daher ist eine Abrede, die gegen § 202 verstößt, nach § 134 nichtig.[13] An ihre Stelle tritt – falls bei Individualvereinbarungen keine interessengerechte Aufrechterhaltung der Abrede in reduzierter Form möglich sein sollte[14] – die gesetzliche Regelung der §§ 194 ff. und der einschlägigen besonderen Verjährungsregeln.[15]

8   **2. Zeitpunkt und Form.** Verjährungsvereinbarungen sind **nicht** an einen **bestimmten Zeitpunkt** gebunden. Die allgemeine Vertragsfreiheit gestattet es, sowohl vor Entstehung des Anspruchs eine noch nicht laufende als auch nachträglich eine bereits laufende Verjährungsfrist (und andere Verjährungsregeln) zu verändern, wenn die Parteien das im konkreten Einzelfall für zweckmäßig halten.[16]

9   Verjährungsabreden nach § 202 unterliegen grundsätzlich **keiner besonderen Formvorschrift**.[17] Das ist sachgerecht, werden doch insbesondere Verjährungsverlängerungen häufig bei mündlichen Verhandlungen vereinbart. Die im Streitfall beweisbelastete Partei hat daher in eigenem Interesse für die beweiserleichternde Dokumentation zu sorgen.

10   **3. Sachliche Regelungsgegenstände.** Gegenstand einer Verjährungsvereinbarung können – in den sogleich aufzuzeigenden Grenzen (Rn 13 ff.) – **alle Regelungsfragen der §§ 194 ff.** sein, also nicht nur die Länge der Verjährungsfrist, sondern insbesondere auch Verjährungsbeginn, -hemmung, -ablaufhemmung oder -neubeginn, -verzicht etc.[18]

11   § 202 steht im Grundsatz (beachte die in der Kommentierung dargestellten Grenzen) ebenso wenig wie § 225 a.F. der Wirksamkeit **mittelbarer Verjährungsregelungen** wie verjährungsorientierte Fälligkeitsvereinbarungen, Garantievereinbarungen etc. entgegen, siehe näher oben Rn 5. Allerdings können solche mittelbaren Verjährungsregelungen, die allein dazu dienten, das Verbot der Verjährungserschwerung des § 225 S. 1 a.F.

---

9 Sehr krit. zur Stärkung der Privatautonomie im Bereich des Verjährungsrechts Staudinger/*Peters*, § 202 Rn 2–3.
10 S. den Überblick über diese Rechtsprechung bei Staudinger/*Peters*, 13. Bearb. 2001, § 225 a.F. Rn 7–10.
11 BT-Drucks 14/6040, S. 110.
12 BT-Drucks 14/6040, S. 110 f.; BT-Drucks 14/6487, S. 7, 43; MüKo/*Grothe*, § 202 Rn 2.
13 MüKo/*Grothe*, § 202 Rn 3; Erman/*Schmidt-Räntsch*, § 202 Rn 11.
14 S. dazu OLG Köln NJW-RR 2001, 1302 f. zur Reduktion eines umfassenden individualvertraglichen Haftungsausschlusses auf das zulässige Maß.
15 BGH NJW 1988, 1259, 1260.
16 BT-Drucks 14/6040, S. 110.
17 MüKo/*Grothe*, § 202 Rn 4; Bamberger/Roth/ *Henrich*, § 202 Rn 4; Erman/*Schmidt-Räntsch*, § 202 Rn 3; a.A. Staudinger/*Peters*, § 202 Rn 6 und Palandt/*Heinrichs*, § 202 Rn 2 für den Fall, dass für den betroffenen Anspruch – wie in § 766 oder in § 311b – Formzwang besteht.
18 S. die Beispiele bei Palandt/*Heinrichs*, § 202 Rn 2.

zu umgehen, heute durch direkte parteiautonome Verjährungserschwerungen gemäß § 202 ersetzt werden. Zur übergangsrechtlichen Problematik siehe noch Rn 66 ff.

4. Anwendung auf konkurrierende Ansprüche. Konkurrieren mehrere Ansprüche, so ist es eine **Auslegungsfrage**, ob die rechtsgeschäftliche Erleichterung oder Erschwerung der für einen Anspruch geltenden Verjährung sich auch auf konkurrierende oder alternativ an deren Stelle tretende Ansprüche bezieht.[19] Regelmäßig wird das zu bejahen sein, denn in der Regel beabsichtigen die Parteien eine einheitliche Regelung bezogen auf alle Ansprüche.[20]

II. Grenzen der Vertragsfreiheit

§ 202 stellt Grenzen der Vertragsfreiheit für vereinbarte Verjährungserleichterungen (Abs. 1, Rn 16 ff.) und -erschwerungen (Abs. 2, Rn 36 ff.) auf. Die Begriffe sind weit zu verstehen und erfassen nicht nur Verkürzungen oder Verlängerungen der Verjährungsfrist, sondern alle Abreden, aus welchen ein früherer (Erleichterung) oder späterer (Erschwerung) Verjährungseintritt als dreißig Jahre nach dem Verjährungseintritt, wie ihn das Gesetz selbst bestimmt, folgen würde, wenn sich der Tatbestand der Verjährungsabrede erfüllen sollte. Ob er sich im konkreten Fall erfüllen wird, ist unbeachtlich. Auch Veränderungen bei den Hemmungs- oder Neubeginntatbeständen (§§ 203 ff.) oder dem Verjährungsbeginn etc. können einen anderen Ablauf der Verjährungsfrist bewirken.[21] Siehe näher (für die Erschwerung) Rn 42.

1. Unverjährbarkeit. Die gesetzliche Anordnung der Unverjährbarkeit eines Anspruchs ist **zwingendes Recht**. Dieser Anspruch kann – wie bisher – nicht durch Parteivereinbarung der Verjährung unterworfen werden.[22] Eine anders lautende Abrede ist nach § 134 nichtig.

Ist die Unverjährbarkeit nicht durch Gesetz angeordnet, dann ist ein Anspruch **verjährbar** (§ 194 Rn 25). Er kann nicht durch eine Parteiabrede als unverjährbar eingestuft werden. Das würde der zwingenden Regelung des Abs. 2 widersprechen, nach welcher die Verjährung durch Rechtsgeschäft nicht über eine Verjährungsfrist von dreißig Jahren ab dem gesetzlichen Verjährungsbeginn hinaus erschwert werden kann. Vereinbarungen, die anderes vorsehen, sind nach § 134 nichtig, siehe Rn 38.

2. Verjährungserleichterungen. a) Vorsatzhaftung (Abs. 1). Nach Abs. 1 kann bei Haftung wegen Vorsatzes die Verjährung **nicht im Voraus** durch Rechtsgeschäft **erleichtert** werden.[23] Wenn gemäß § 276 Abs. 3 selbst die Haftung wegen Vorsatzes dem Schuldner nicht im Voraus erlassen werden kann, muss auch der Weg verschlossen sein, die Wertungsaussage des § 276 Abs. 3 durch verjährungserleichternde Vereinbarungen auszuhöhlen.[24] Die Rechtsprechung hat im Rahmen des § 276 Abs. 2 a.F., der § 276 Abs. 3 entspricht, Abkürzungen der Verjährungsfrist zugelassen.[25] Nach Abs. 1 sind sie unzulässig und damit gemäß § 134 nichtig.

§ 202 Abs. 1 unterscheidet sich von dem als Modell dienenden § 276 Abs. 3 insofern, als § 202 Abs. 1 die vorherige Verjährungserleichterung bei jeder Vorsatzhaftung verbietet, während § 276 Abs. 3 in Verbindung mit § 278 S. 2 nur die vorherige Haftungsfreizeichnung wegen Vorsatzes des Schuldners untersagt. Aus § 278 S. 2 folgt, dass der Schuldner die Haftung wegen Vorsatzes des gesetzlichen Vertreters und des Erfüllungsgehilfen (individualvertraglich) ausschließen kann, da sich das Freizeichnungsverbot nur auf den Schuldnervorsatz bezieht. Da sich die Verjährungsverkürzung als Haftungsbeschränkung darstellt (siehe Rn 54) und es nicht sachgerecht wäre, für den Ausschluss der Vorsatzhaftung und die Verjährungserleichterung unterschiedliche Maßstäbe heranzuziehen, wäre es sinnwidrig, wenn zwar die Haftung für nach § 278 zurechenbaren Drittvorsatz gemäß § 276 Abs. 3 ausgeschlossen, nicht aber eine Verkürzung der Verjährungsfrist oder Ähnliches nach § 202 Abs. 1 vertraglich vereinbart werden könnte. Deshalb sind die §§ 278 S. 2, 202 Abs. 1 dahin gehend auszulegen, dass bei der Zurechnung von Drittvorsatz nach § 278 S. 1 weder § 276 Abs. 3 noch § 202 Abs. 1 Anwendung finden (zur formularmäßigen Freizeichnung siehe Rn 53). Die Verjährung der Ansprüche gegen den Schuldner wegen Vorsatzes seines Erfüllungsgehilfen oder gesetzlichen Vertreters sollte somit auch im Voraus – in den allgemeinen Grenzen – rechtsgeschäftlich erleichtert werden

---

[19] BT-Drucks 14/6040, S. 110 f.
[20] BT-Drucks 14/6040, S. 110 f.
[21] So auch Soergel/*Niedenführ*, § 202 Rn 6; MüKo/ *Grothe*, § 202 Rn 5; Bamberger/Roth/*Henrich*, § 202 Rn 3; Erman/*Schmidt-Räntsch*, § 202 Rn 4. Enger allerdings Staudinger/*Peters*, § 202 Rn 12, der die Tatbestände der §§ 203–206, 210–212 im Kern als zwingend ansieht.
[22] BT-Drucks 14/6040, S. 110, 111; Soergel/ *Niedenführ*, § 202 Rn 5; Staudinger/*Peters*, § 202 Rn 10; MüKo/*Grothe*, § 202 Rn 5.
[23] Vgl. MüKo/*Grothe*, § 202 Rn 6. Zur Diskussion im Gesetzgebungsverfahren s. *Mansel*, S. 333, 399.
[24] BT-Drucks 14/6040, S. 110 f.
[25] Vgl. z.B. BGH NJW 1984, 1750 (Verkürzung von Gewährleistungsfristen); NJW-RR 1991, 35 (Abkürzung der Verjährungsfrist in Handelsvertreterverträgen).

können. Die parallele Auslegung des § 202 Abs. 1 und des § 276 Abs. 3 entspricht den Intentionen des Gesetzgebers.[26]

18 Abs. 1 regelt einen Teilaspekt der Verjährungserleichterung bei Haftung wegen vorsätzlichen Verhaltens (Tun oder Unterlassen). Mit Vorsatz ist jede Form des Vorsatzes im Sinne des § 276 Abs. 1 gemeint.

19 **Zulässig** ist hingegen die **nachträglich**, also nach Anspruchsentstehung, vereinbarte Verjährungserleichterung bei Haftung wegen eines vorsätzlichen Verhaltens. Dies ergibt sich aus dem klaren Wortlaut des § 202 („im Voraus").[27]

20 **b) Keine allgemeine gesetzliche Mindestfrist.** Der Gesetzgeber sieht in § 202 bewusst keine allgemeine Mindestverjährungsdauer vor, denn der Sinn einer Mindestfrist wäre es sicherzustellen, dass dem Gläubiger stets eine angemessene Zeit zur Verfügung steht, um zur Vermeidung des Verjährungseintritts Rechtsverfolgungsmaßnahmen zu ergreifen. Der Gesetzgeber hat es aber für unmöglich erachtet, eine angemessene absolute Mindestfrist festzulegen.[28] Etwas anderes gilt allerdings im Bereich des Verbraucherkauf- und Reiserechts (§§ 475 Abs. 2, 478 Abs. 4, 651m S. 2).

21 **c) Leitlinien für Parteivereinbarungen. aa) Angemessenheitskontrolle.** Grenze der Verjährungsverkürzung ist damit – neben Abs. 1 und den besonderen Vorschriften (Rn 61 ff.) – allein die Inhaltskontrolle der Vereinbarung (Rn 47 ff., 60). Dabei ist zu beachten, dass – aus der Sicht des Gesetzgebers – die gesetzlichen Verjährungsfristen grundsätzlich angemessen sind, insbesondere im Hinblick auf den Gläubigerschutz. Dies hat Bedeutung für die Inhaltskontrolle.

22 Unter Geltung des **bisherigen Rechts** hat die Rechtsprechung über § 9 AGBG a.F. (= § 307) und über § 242 (außerhalb des Anwendungsbereichs des AGBG) in vielen Einzelfällen Verjährungserleichterungen kontrolliert und Klauseln die Wirksamkeit verweigert, welche im Ergebnis die Verjährungsfrist unangemessen abkürzten. Die Rechtsprechung geht von einer solchen im Rahmen der Generalklausel des § 307 zu prüfenden Unangemessenheit aus, wenn die Klausel bewirkt, dass die Durchsetzung etwaiger Ersatzansprüche weitgehend verhindert würde.[29] Entsprechendes gilt für die Kontrolle nach § 242. Unangemessene Verjährungsfristklauseln sind nach § 307 bzw. – bei Unanwendbarkeit der Vorschrift – nach § 242 unwirksam.[30]

23 Eine **geltungserhaltende Reduktion** auf eine angemessene Mindestfrist findet im Rahmen des § 307 **nicht** statt (Rn 59). Außerhalb des Anwendungsbereichs der §§ 307 ff. ist zu prüfen, ob die Klausel teilweise gemäß § 139 oder gemäß § 140 mit einem zulässigen Inhalt aufrechterhalten werden kann.[31]

24 Im bisherigen Recht war die Tendenz festzustellen, dass vereinbarte Fristverkürzungen nur dann als angemessen betrachtet wurden, wenn die verkürzte Frist in relativer Nähe zu den gesetzlichen Verjährungsfristen festgesetzt wurde. Denn ihnen kommt eine **Ordnungs- und Leitbildfunktion** zu,[32] weshalb der durch den Gesetzgeber mit den Verjährungsnormen gefundene Interessenausgleich von Gläubiger und Schuldner grundsätzlich als angemessen im Sinne des § 307 bzw. des § 242 zu erachten ist. Daher sind daran die parteiautonomen Verjährungsregeln zu messen.[33] Stärkere Fristverkürzungen waren bezogen auf die dreißigjährige Regelverjährungsfrist des § 195 a.F. erlaubt,[34] da diese lange Frist häufig als unangemessen betrachtet wurde.

25 Es ist zu erwarten, dass die Rechtsprechung an diesen Grundsätzen auch im Rahmen des neuen Rechts festhalten wird. Allerdings dürfte es zu Akzentverschiebungen kommen. Dabei sind zwei gegenläufige Argumentationsstränge zu beachten:

---

26 BT-Drucks 14/6040, S. 110.
27 Vgl. MüKo/*Grothe*, § 202 Rn 6; Palandt/*Heinrichs*, § 202 Rn 3. Einschr. Staudinger/*Peters*, § 202 Rn 11 (Gläubiger muss die Vorsätzlichkeit der Schädigung erkannt haben).
28 Gegenäußerung der Bundesregierung, BT-Drucks 14/6487, S. 43. Vgl. auch MüKo/*Grothe*, § 202 Rn 2.
29 Zum bisherigen Recht s. etwa BGH NJW-RR 1988, 559, 561.
30 Krit. aber im Erg. zust. zu dieser Rspr. Staudinger/*Peters*, § 202 Rn 3, der nur § 138 anwenden will. Zur Inhaltskontrolle Jauernig/*Mansel*, § 242 Rn 15. Gegen die Anwendbarkeit von § 242 auf Verjährungsvereinbarungen *Lakkis*, AcP 203 (2003), 763, 771, dafür hingegen *Krämer*, ZAP 2004, Fach 2, 413, 414.
31 So auch Erman/*Schmidt-Räntsch*, § 202 Rn 11. S. dazu auch in allg. Zusammenhang OLG Köln NJW-RR 2001, 1302 (Reduktion eines unzulässigen umfassenden individualvertraglichen Haftungsausschlusses auf einen zulässigen Inhalt). Für die Zulässigkeit einer geltungserhaltenden Reduktion bei § 475 Abs. 3 *Deckenbrock/Dötsch*, ZGS 2004, 62.
32 Vgl. Palandt/*Heinrichs*, § 202 Rn 8; *Krämer*, ZAP 2004, Fach 2, 413, 414.
33 Dazu – allerdings am Beispiel einer Fristverlängerung im Rahmen des bisherigen Rechts – BGH NJW 1990, 2065, 2066 mit zahlr. Nachw.
34 S. die Nachw. bei Staudinger/*Peters*, 13. Bearb. 2001, § 225 a Rn 19 ff., 14 ff.; s. ferner etwa OLG Stuttgart NJW-RR 2000, 1551: Nach bisherigem Recht ist die Verkürzung der nach altem Recht geltenden dreißigjährigen Verjährungsfrist für werkvertragliche Mangelfolgeschäden auf sechs Monate gemäß § 9 AGBG a.F. unwirksam.

- Zum einen wurde die **Leitbildfunktion** der gesetzlichen Fristen **gestärkt**, da sich der Gesetzgeber im SchuldRModG um die Festsetzung angemessener Fristen bemühte und dies eine wesentliche Triebfeder der Verjährungsrechtsreform war. Das gilt jedenfalls für die neu geregelten Verjährungsfristen.
- Zum anderen hat der Gesetzgeber zahlreiche besondere Vorschriften aufgehoben und insoweit die Regelverjährung eingreifen lassen. Gleichzeitig hat er die **Parteiautonomie** im Verjährungsrecht durch die Ausnahmevorschrift des § 202 gestärkt, um den Parteien zu ermöglichen, auf ihren speziellen Fall passende Verjährungsregeln zu vereinbaren.

Im Folgenden werden die maßgeblichen Differenzierungskriterien dargestellt.

bb) Regelverjährung: Veränderungen der §§ 195, 199. Für die Regelverjährung nach §§ 195, 199 ist zu beachten: Die Dreijahresfrist des § 195 a.F. ist zwar relativ kurz; zugleich ist der Fristbeginn aber kenntnisabhängig. Die Maximalfristen (§ 199 Abs. 2-4) von zehn und dreißig Jahren sind vergleichsweise lang. Verjährungserleichterungen werden hier in der Praxis weniger durch eine Verkürzung der dreijährigen Regelverjährung gesucht werden, sondern stärker durch die **Vereinbarung eines objektiven Verjährungsbeginns** (z.B. mit Fälligkeit des Anspruchs) und durch eine **Abkürzung der Maximalfristen**. Die Ermittlung der Angemessenheit i.S.d. §§ 307 und 242 (zur Angemessenheit in einzelnen Fällen siehe im Folgenden) insoweit vereinbarter Verjährungserleichterungen bedarf der genauen Interessenanalyse im Einzelfall. Es gilt die Regel, dass dem Gläubiger eine **reelle Chance** bleiben muss, seinen Anspruch vor Ablauf der Verjährungsfrist durchzusetzen.[35] Die Vorhersage, wie sich die Rechtsprechung in diesem Bereich entwickeln wird, ist mit großen Unsicherheiten belastet. Das bedeutet für die Praxis eine erhöhte Vorsicht bei der Vereinbarung von Verjährungserleichterungen. Folgende Überlegungen können angestellt werden: 26

Es steht zu erwarten, dass eine **Verkürzung der Regelverjährungsfrist** bei kenntnisabhängigem Verjährungsbeginn grundsätzlich als angemessen angesehen wird, da (und soweit) der Gläubiger hier stets noch die Möglichkeit der Anspruchsverfolgung hat. Lediglich seine Überlegensfrist (§ 199 Rn 8) verkürzt sich.[36] 27

Spürbare Verkürzungen bei gleichzeitiger Vereinbarung eines **objektiven Verjährungsbeginns** mit der Anspruchsentstehung dürften regelmäßig als noch angemessen angesehen werden bei Ansprüchen, deren Entstehung dem Gläubiger typischerweise bekannt sind (insbesondere bei vertraglichen Primäransprüchen).[37] Denn auch hier bleibt ihm – allerdings nur im Regelfall – eine realistische Möglichkeit der Rechtsverfolgung. 28

Bei anderen Ansprüchen, insbesondere **Schadensersatzansprüchen**, dürfte hingegen regelmäßig von der Unangemessenheit einer solchen Regelung auszugehen sein, weil ein vereinbarter, nicht die Anspruchsentstehung voraussetzender objektiver Verjährungsbeginn den Verjährungseintritt vor Eintritt der Fälligkeit des Anspruchs herbeiführen kann. Das ist z.B. der Fall, wenn vereinbart wird, dass die Verjährung aller konkurrierenden Schadensersatzansprüche mit dem Tag des Vertragsabschlusses beginnt. Das gesetzgeberische Leitbild des § 199 Abs. 1 will diese Verkürzung der Gläubigerrechte aber gerade vermeiden. Anderes kann gelten, wenn vereinbart wird, dass Schadensersatzansprüche, soweit mit ihnen erst nach Ablauf der parteiautonom verkürzten Verjährungsfrist auftretende **Folgeschäden** geltend gemacht werden sollen, den gesetzlichen Verjährungsregeln (einschließlich des Grundsatzes der Schadenseinheit, siehe § 199 Rn 19 ff.) unterliegen. Alle vorhersehbaren Folgeschäden würden dann so verjähren, wie sie bei Geltung der §§ 195, 199 verjährten.[38] 29

Die bisherige Rechtsprechung zur Verkürzung der dreißigjährigen Regelverjährungsfrist des § 195 a.F. dürfte im Kern weitergeführt werden, soweit es vereinbarte Abkürzungen der objektiv beginnenden (§ 199 Rn 67) Maximalfristen des § 199 Abs. 2-4 betrifft. 30

cc) Verkürzung besonderer Verjährungsfristen. Im Anwendungsbereich des § 309 Nr. 8 Buchst. b) Doppelbuchst. ff) ist eine in **Allgemeinen Geschäftsbedingungen** verabredete Erleichterung der Verjährung von Ansprüchen gegen den Verwender wegen eines Mangels in den Fällen des § 438 Abs. 1 Nr. 2 und des § 634a Abs. 1 Nr. 2 unwirksam.[39] Gleiches gilt in den sonstigen Fällen der §§ 438, 634a für AGB-Klauseln, durch welche eine weniger als ein Jahr betragende Verjährungsfrist ab dem gesetzlichen Verjährungsbeginn erreicht wird. Für Verträge, in die Teil B der Verdingungsordnung für Bauleistungen (VOB/B) insgesamt einbezogen ist, gelten die danach vorgesehenen Verjährungsregeln ohne Inhaltskontrolle nach § 309 Nr. 8 Buchst. b) Doppelbuchst. ff). Siehe dazu Rn 48 ff. 31

---

35 Staudinger/*Peters*, § 202 Rn 13.
36 Zust. Erman/*Schmidt-Räntsch*, § 202 Rn 13.
37 Enger Staudinger/*Peters*, § 202 Rn 15, der jedenfalls im Anwendungsbereich der §§ 305 ff. einen Verstoß gegen § 307 Abs. 2 Nr. 1 annimmt.

38 So auch Erman/*Schmidt-Räntsch*, § 202 Rn 13.
39 Für verfassungs- und europarechtswidrig und damit unwirksam wird die Vorschrift gehalten von *Lenkeit*, BauR Sonderheft 1a 2002, 196, 222.

32 Soweit eine **Inhaltskontrolle** von Verjährungsabreden allein anhand von § 307 oder von § 242 vorzunehmen ist, ist im Grundsatz davon auszugehen, dass Verjährungserleichterungen, die nach § 308 Nr. 8 Buchst. b) Doppelbuchst. ff) in Allgemeinen Geschäftsbedingungen wirksam wären, auch außerhalb Allgemeiner Geschäftsbedingungen als angemessen einzustufen sind, wenn nicht im Einzelfall besondere Vertragsumstände eine andere Interessenabwägung verlangen. Das bedeutet: Verjährungserleichterungen, die für Ansprüche aus § 438 Abs. 1 Nr. 1 und Nr. 3 sowie Ansprüche aus § 634a Abs. 1 Nr. 1 und Nr. 3 gelten, sind regelmäßig als angemessen und damit wirksam zu erachten, wenn durch sie keine geringere als eine ein Jahr betragende Verjährungsfrist ab dem gesetzlichen Verjährungsbeginn erreicht wird.

33 Davon abgesehen steht zu erwarten, dass auch nach neuem Recht Erleichterungen der Verjährung nach besonderen Verjährungsnormen – sei es durch eine Fristverkürzung, indirekt über einen veränderten Fristenbeginn oder auf andere Weise – im Rahmen der Inhaltskontrolle nach § 307 bzw. nach § 242 als **unangemessen** angesehen werden, wenn sie sich **ohne sachlichen Grund** weit von der gesetzlichen Verjährungsfrist und dem entsprechenden Verjährungsbeginn entfernen. Das würde der Linie der bisherigen Rechtsprechung entsprechen (Rn 22 ff.).

34 Ob hiervon eine **Ausnahme** insbesondere für die zweijährige kaufrechtliche Gewährleistungsfrist des § 438 Abs. 1 Nr. 3 zu gelten hat, ist offen; dazu, dass bei Verjährungsabreden in Allgemeinen Geschäftsbedingungen § 309 Nr. 8 Buchst. b) Doppelbuchst. ff) zu beachten ist, siehe Rn 31. Der Gesetzgeber weist für die kaufrechtliche Gewährleistungsfrist des § 438 Abs. 1 Nr. 3, die an die Stelle der wesentlich kürzeren Frist des § 477 Abs. 1 a.F. getreten ist, ausdrücklich darauf hin, dass gemäß Abs. 1 grundsätzlich eine Verkürzung durch Rechtsgeschäft, ausgenommen bei Haftung wegen Vorsatz, möglich sei.[40] Durch diese Verkürzungsmöglichkeit soll die Belastung der Verkäufer durch die Vervierfachung der Sechsmonatsfrist des § 477 a.F. ausgeglichen werden.

35 Daher kann bei entsprechender Interessenlage im Einzelfall eine **Verkürzung** (außerhalb des Geltungsbereichs des § 309, siehe Rn 31, und natürlich außerhalb des Geltungsbereichs des § 475 Abs. 2 für den Verbrauchsgüterkauf, siehe Rn 62) der **zweijährigen Gewährleistungsfrist** des § 438 Abs. 1 Nr. 3 auf eine Verjährungsfrist von sechs Monaten ab Fälligkeit, die immerhin dem bisher geltenden Recht entspricht, noch als angemessen im Sinne des § 307 bzw. der Inhaltskontrolle nach § 242 angesehen werden.[41] Vorauszusetzen ist hierfür jedoch, dass sich die Fristverkürzung ausdrücklich nicht auf deliktische Parallelansprüche (bei Weiterfresserschäden siehe § 195 Rn 60) und nicht auf sonstige, nicht mangelbezogene Schadensersatzansprüche bezieht, denn für diese galt nach bisherigem Recht die Frist des § 477 a.F. nicht.[42] Das Abstellen auf den Fälligkeitszeitpunkt stellt sicher, dass der Gläubiger im Regelfall mit dem Verjährungsbeginn auch Kenntnis von dem Anspruch und dem Anspruchsgegner erlangt, denn bei Schadensersatzansprüchen gehört zur Fälligkeit regelmäßig auch der Schadenseintritt. Nach anderer Ansicht[43] spricht vieles dafür, dass es im unternehmerischen Bereich, in welchem § 309 nicht gilt (§§ 14, 310 Abs. 1), mit § 307 nicht vereinbar sein wird, die Frist des § 438 Abs. 1 Nr. 3 zu verkürzen. Diese Frist hat einen hohen Gerechtigkeitsgehalt und stellt sicher, dass dem Unternehmer, der mit einem Endverbraucher kontrahiert, der Regressanspruch gegen seinen Lieferanten verjährungsrechtlich nicht abgeschnitten wird.[44]

36 **3. Verjährungserschwerungen. a) Grundsatz der Vertragsfreiheit.** Aus Abs. 2 folgt indirekt, dass alle anderen als die dort genannten Verjährungserschwerungen (zum Begriff siehe Rn 13) nach dem Grundsatz der verjährungsrechtlichen Vertragsfreiheit – vorbehaltlich besonderer Regelungen (Rn 61 ff.) und der Inhaltskontrolle (Rn 47 ff.) – **zulässig** und damit wirksam sind.[45] Es besteht in der Praxis vielfach das Bedürfnis, verjährungsverlängernde Regelungen zu treffen.[46]

37 **b) Zeitliche Obergrenze (Abs. 2).** Nach Abs. 2 kann die Verjährungsfrist durch eine Vereinbarung nicht über eine dreißigjährige Frist ab dem gesetzlichen Verjährungsbeginn hinaus erschwert werden. Abs. 2 spricht nicht von dem Verbot, Verjährungsfristen, die länger als dreißig Jahre sind, zu vereinbaren, sondern formuliert weiter und ergebnisorientiert ein Verbot der Verjährungserschwerung über eine dreißigjährige Frist hinaus. Daher erfasst die Vorschrift **alle Formen der Verjährungserschwerung** (z.B. vertraglich vereinbarte Hemmungs-, Ablaufhemmungs- oder Neubeginntatbestände), welche einen späteren Eintritt der Verjährung als dreißig Jahre nach dem gesetzlichen Verjährungsbeginn (zum gesetzlichen Verjährungsbeginn siehe

---

40 BT-Drucks 14/6040, S. 229.
41 A.A. *Lakkis*, AcP 203 (2003), 763, 774.
42 So auch die h.M. zum neuen Recht, vgl. nur Staudinger/*Peters*, § 195 Rn 43 und die Nachw. bei § 195 Rn 56.
43 *Graf von Westphalen*, Anwalt (NJW-CoR) 11/2001, 6, 8.
44 So auch Erman/*Schmidt-Räntsch*, § 202 Rn 13.
45 S. BT-Drucks 14/6040, S. 110 f. Ob die Verjährung des Pflichtteilsanspruchs verlängert werden kann, ist umstritten, vgl. dazu *Lange* ZEV 2003, 433.
46 S. zu Forfaitierungsverträgen *Graf von Westphalen*, WM 2001, 1837, 1842.

§§ 199, 200, 201 und die besonderen Regeln des Verjährungsbeginns, siehe dazu die Aufzählung in § 199 Rn 19 ff.) zur Folge haben würden, wenn sich ihr Tatbestand erfüllen sollte.[47] Ob er sich im konkreten Fall erfüllen wird, ist unbeachtlich, denn die Angemessenheitskontrolle stellt auf den Zweck der Vereinbarung ab, nicht aber darauf, ob er sich im konkreten Einzelfall auch verwirklichen wird. Dieses Verständnis ergibt sich auch aus der Gesetzesbegründung. Danach seien nach Abs. 2 Vereinbarungen nur noch dann unzulässig, wenn sie zu einer dreißig Jahre übersteigenden Verjährungsfrist ab dem gesetzlichen Verjährungsbeginn führen. Ansonsten seien verjährungserschwerende Vereinbarungen entsprechend der allgemeinen Vertragsfreiheit grundsätzlich zulässig.[48]

Nur wenn die Abreden der Parteien ein Hinausschieben des Verjährungseintritts über die Dreißigjahresgrenze hinaus zum Ergebnis haben, sind sie gemäß § 134 in Verbindung mit Abs. 2 **nichtig**.[49]

Im Falle der Nichtigkeit treten an die Stelle der Abrede die Vorschriften der §§ 194 ff. und der einschlägigen besonderen Verjährungsregeln. Außerhalb des Anwendungsbereichs der §§ 307 ff. ist zu prüfen, ob die nichtige Abrede nicht mit dem **auf das zulässige Maß** einer Verjährungsfrist von dreißig Jahren reduzierten Inhalt aufrechterhalten werden kann (zur Reduktion auf das zulässige Maß siehe Rn 23). Das hängt von dem (hypothetischen) Parteiwillen ab. Kann **keine Reduktion** erfolgen, dann ist es im Regelfall treuwidrig (§ 242), wenn sich der Schuldner während des Zeitraums von dreißig Jahren ab gesetzlich vorgesehenem Verjährungsbeginn des Anspruchs auf den Verjährungseintritt beruft, obgleich die Parteien eine dreißig Jahre übersteigende Verjährungsfrist vereinbart haben und die Vereinbarung einer dreißigjährigen Verjährungsfrist wirksam gewesen wäre.

In allen **anderen Fällen** als dem des Abs. 2 sind Verjährungserschwerungen jeder Art – vorbehaltlich der einschlägigen besonderen Vorschriften (Rn 61 ff.) und der Inhaltskontrolle (Rn 47 ff.) wirksam.

Daher sind künftig im Rahmen des Abs. 2 verjährungserschwerende **Musterprozessvereinbarungen** möglich, wonach die Parteien vereinbaren, dass die Verjährung bis zum Abschluss des Musterprozesses gehemmt ist.[50] Diese Möglichkeit steht auch in allen anderen Fällen zur Verfügung, in denen die Parteien Zweifel haben, ob die Hemmung wegen des Vorliegens eines triftigen Grundes fortdauert.[51]

Probleme ergeben sich bei Abreden, die einen zur Zeit der Vereinbarung noch unbestimmten, von einem **künftigen ungewissen Ereignis** abhängigen Verjährungsbeginn vorsehen. Es ist offen, ob bei ihrer Überprüfung an Abs. 2 auf den konkreten Eintritt des Verjährungsbeginns zu warten ist oder über die Nichtigkeit aus der Sicht *ex ante* (im Zeitpunkt der Vereinbarung) geurteilt werden muss. Entsprechende Fragen stellen sich, wenn ein zwar bestimmter, aber nicht mit dem noch unbestimmten – weil z.B. von einem Schadenseintritt abhängigen (siehe beispielsweise zu § 199 Abs. 1 Nr. 1 dort Rn 19 ff.) gesetzlichen Verjährungsbeginn übereinstimmender Verjährungsbeginn verabredet wird. In beiden Fällen ist eine *ex-ante*-Beurteilung oftmals nicht möglich. Daher ist bei unbestimmtem Verjährungsbeginn für die Beurteilung, ob die Obergrenze des Abs. 2 von dreißig Jahren überschritten wird, auf die Sachlage abzustellen, die sich nach dem Eintritt des ungewissen Verjährungsbeginns ergibt. Es hat damit eine *ex-post*-Betrachtung zu erfolgen.[52] In den beiden genannten Konstellationen kann sich mithin erst lange Zeit nach dem Zeitpunkt der Vereinbarung die Nichtigkeit der Abrede nach §§ 202 Abs. 2, 134 herausstellen, sofern nicht außerhalb des Anwendungsbereichs der §§ 307 ff. eine geltungserhaltende Reduktion erfolgen kann (siehe zur Reduzierung auf das zulässige Maß Rn 23). Es ist in den genannten Situationen zu empfehlen, die Obergrenze des Abs. 2 in die Verjährungsabrede mit aufzunehmen.

c) Verjährungsverzicht. Ein Verjährungsverzicht ist der Verzicht auf die Erhebung der Einrede der Verjährung. Der Verjährungsverzicht kann ausdrücklich oder auch **konkludent** erklärt werden; es gelten die allgemeinen Auslegungsregeln (§ 133).[53] So kann das Anerkenntnis einer verjährten Forderung, das nicht den Formerfordernissen des § 781 entspricht, als Verjährungsverzicht angesehen werden.[54]

---

47 So auch Soergel/*Niedenführ*, § 202 Rn 12; MüKo/*Grothe*, § 202 Rn 10; Erman/*Schmidt-Räntsch*, § 202 Rn 10; Palandt/*Heinrichs*, § 202 Rn 4, der jedoch eine Vereinbarung dann als gültig ansieht, wenn die Parteien bei Vertragsschluss davon ausgehen können, dass die Obergrenze von 30 Jahren nicht überschritten wird. A.A. Staudinger/*Peters*, § 202 Rn 19: zeitliche Schranke gilt nur für die Verjährungsfrist als solche.
48 BT-Drucks 14/6040, S. 110.
49 So auch MüKo/*Grothe*, § 202 Rn 10; Erman/*Schmidt-Räntsch*, § 202 Rn 11; Bamberger/Roth/*Henrich*, § 202 Rn 8. A.A. Staudinger/*Peters*, § 202 Rn 19, der stets § 139 anwenden will.
50 Vgl. Soergel/*Niedenführ*, § 205 Rn 10; Staudinger/*Peters*, § 202 Rn 20 und § 203 Rn 13; *Lakkis*, AcP 203 (2003), 763, 765.
51 BT-Drucks 14/6887, S. 45.
52 So auch *Lakkis*, AcP 203 (2003), 763, 768 f.
53 *Lakkis*, ZGS 2003, 423, 424 f.
54 BGH DB 1974, 2005; Soergel/*Niedenführ*, § 202 Rn 14; Palandt/*Heinrichs*, § 202 Rn 2.

44 Wird der Verjährungsverzicht **nach Verjährungseintritt** erklärt, so war er schon bisher grundsätzlich wirksam.[55] Er ist auch nach neuem Recht im Rahmen des Abs. 2 wirksam.[56] Dabei braucht der Schuldner bei Abgabe seiner Erklärung keine Kenntnis vom Ablauf der Verjährungsfrist zu haben oder dies zumindest für möglich zu halten,[57] da eine Erschwerung des Verjährungsablaufs nach Abs. 2 nunmehr möglich ist.[58]

45 Wurde der Verzicht **vor Verjährungseintritt** erklärt, so war er nach bisherigem Recht wegen § 225 S. 1 a.F. nichtig. Allerdings hatte der unwirksame Verzicht nach Treu und Glauben (§ 242) zur Folge, dass die Erhebung der Verjährungseinrede eine unzulässige Rechtsausübung darstellte, wenn und solange der Schuldner bei dem Gläubiger den Eindruck aufrechterhielt, er werde sich nicht auf den Verjährungseintritt berufen. Sobald er zu erkennen gab, sich nicht mehr an die (unwirksame) Abrede halten und die Verjährung einwenden zu wollen, musste der Gläubiger innerhalb angemessener Frist, regelmäßig eines Monats, Klage erheben, damit der Verjährungseinwand des Schuldners nicht durchgreifen konnte.[59] Nach neuem Recht ist er als eine Verjährungserschwerung in den hier aufgezeigten Grenzen (siehe Rn 37 ff., 40 ff.) wirksam. Der Schuldner braucht den Zeitpunkt des Verjährungseintritts hierbei nicht zu kennen.[60]

46 Wurde ein Verjährungsverzicht wirksam erklärt, so hat dies **nicht die Unverjährbarkeit** des Anspruchs zur Folge (siehe Rn 15); es beginnt lediglich eine neue Frist zu laufen.[61] Insofern hat der Verjährungsverzicht dieselbe Wirkung wie ein Anerkenntnis nach § 212 Abs. 1 Nr. 1.[62] Ein mehrmaliger Verzicht ist daher nur in den Grenzen des Abs. 2 möglich (dazu Rn 37 ff.).[63]

47 **4. Inhaltskontrolle. a) Allgemeine Geschäftsbedingungen.** Einschlägig sind neben § 307 (siehe Rn 55 ff.) auch § 309 Nr. 8 Buchst. b) Doppelbuchst. ff) und ee) (siehe Rn 48 ff.) und § 309 Nr. 7 Buchst. a) und b) sowie § 309 Nr. 8 Buchst. a) (siehe Rn 52 ff.). Im Folgenden werden lediglich wenige Grundzüge skizziert; siehe näher die Kommentierung der §§ 307, 309.

48 **aa) Zeitliche Grenzen des § 309 Nr. 8 Buchst. b) Doppelbuchst. ee) und ff).** Die Regelung des Doppelbuchst. ff) (siehe bereits Rn 31 ff.) sieht vor, dass auch außerhalb von Verbrauchsgüterkaufverträgen (§ 475 Abs. 2) für die Verjährung von Ansprüchen wegen der Mängel neu hergestellter Sachen im Kauf- und Werkvertragsrecht eine **einjährige Mindestverjährungsfrist** einzuhalten ist. Dies gilt allerdings nicht für die fünfjährige Verjährungsfrist für Bau- und Baustoffmängel gemäß §§ 438 Abs. 1 Nr. 2, 634a Abs. 1 Nr. 2, die wie bisher durch Allgemeine Geschäftsbedingungen nicht geändert werden kann. Unterliegt der Vertrag als Ganzes der VOB/B, so gelten auch die Verjährungsregeln der VOB/B.[64] Der Geltungsbereich der in § 309 Nr. 8 Buchst. b) Doppelbuchst. ff) festgelegten einjährigen Mindestfrist beschränkt sich daher im Wesentlichen auf die Lieferung neu hergestellter Sachen außerhalb von Verbrauchsgüterkaufverträgen und außerhalb der Verwendung gegenüber einem Unternehmer (§ 310 Abs. 1). Beim Verkauf gebrauchter Sachen außerhalb von Verbrauchsgüterkäufen ist demgegenüber eine darüber hinausgehende Verkürzung der Verjährungsfrist ebenso wie sogar ein völliger Gewährleistungsausschluss grundsätzlich zulässig.[65] Insgesamt hat die Regelung im Vergleich zu ihrer Vorgängerregelung des Art. 11 Nr. 10 Buchst. f) AGBG a.F. infolge des vorrangigen zwingenden Rechts des Verbrauchsgüterkaufs einen Bedeutungsverlust erlitten.[66]

49 In den **sachlichen Anwendungsbereich** des § 309 Nr. 8 Buchst. b) **Doppelbuchst. ff)** fallen Mängelansprüche, die der Verjährung nach §§ 438, 634a unterliegen, sofern sie aus Verträgen über die Lieferung neu hergestellter Sachen[67] und über Werkleistungen erwachsen. Der Begriff der Werkleistungen ist enger als derjenige der „Leistungen"[68] in § 11 Nr. 10 Buchst. f) AGBG a.F. Das eingeschränkte Verbot der Verjährungsverkürzung bezieht sich – entsprechend dem bisher geltenden Recht – nicht nur auf die

---

55 BGH NJW 1973, 1690, 1691; VersR 2001, 1052, 1054.
56 Vgl. MüKo/*Grothe*, § 202 Rn 11; Erman/*Schmidt-Räntsch*, § 202 Rn 15; *Lakkis*, ZGS 2003, 423, 424.
57 So die frühere Rspr., vgl. BGHZ 83, 382, 389; BGH NJW 1997, 516, 518 und OLG Düsseldorf GI 2004, 45 (noch zum alten Recht).
58 Erman/*Schmidt-Räntsch*, § 202 Rn 15; Palandt/*Heinrichs*, § 202 Rn 2 (allerdings nur bei ausdrücklich erklärtem Verzicht); a.A. Soergel/*Niedenführ*, § 202 Rn 14; Bamberger/Roth/*Henrich*, § 202 Rn 5 (immer Kenntnis erforderlich).
59 BGH NJW 1998, 902, 903; 1991, 974, 975; 1986, 1861. So auch für das neue Recht Staudinger/*Peters*, § 202 Rn 5 auf der Grundlage der freien Widerrufbarkeit eines einseitigen Verjährungsverzichts und ihm folgend *Lakkis*, ZGS 2003, 423, 426. Geht man aber richtigerweise von der bindenden Wirkung des Verzichts aus, ist ein Rekurs auf § 242 unnötig; so auch MüKo/*Grothe*, § 202 Rn 11.
60 Erman/*Schmidt-Räntsch*, § 202 Rn 15.
61 A.A. *Lakkis*, ZGS 2002, 423, 426.
62 Palandt/*Heinrichs*, § 202 Rn 2.
63 Bamberger/Roth/*Henrich*, § 202 Rn 5; Erman/*Schmidt-Räntsch*, § 202 Rn 15.
64 Vgl. hierzu *Kiesel*, NJW 2002, 2064.
65 Dazu und zum Vorstehenden BT-Drucks 14/6040, S. 158 f.; MüKo/*Basedow*, § 309 Rn 68–78.
66 Näher BT-Drucks 14/6040, S. 157 f.
67 Dazu, welche Verträge dieses Kriterium erfüllen, s. etwa MüKo/*Basedow*, § 309 Rn 68–78.
68 Zum weiteren Begriff der Verträge über Leistungen s. MüKo/*Basedow*, § 309 Rn 68–78.

Gewährleistungsrechte (wie z.B. Minderung und Rücktritt), sondern auf alle Ansprüche aus vertraglichen Leistungsstörungen, die aus der Mangelhaftigkeit einer Sache oder Leistung hergeleitet werden. Sonstige Ansprüche wegen Verletzung einer vertraglichen Pflicht, die mit einem Mangel nicht in Zusammenhang stehen, werden vom neuen § 309 Nr. 8 Buchst. b) Doppelbuchst. ff) nicht erfasst. Das ergibt sich aus der Überschrift „Mängel".[69]

Auch nach § 309 zulässige Verjährungserleichterungen dürfen den Vertragspartner nicht unangemessen benachteiligen. Sie sind deshalb zusätzlich an **§ 307** zu messen. Dies gilt besonders bei einer Verkürzung der in § 438 Abs. 1 Nr. 1 bestimmten dreißigjährigen Verjährungsfrist für Ansprüche auf Nacherfüllung und Schadensersatz wegen eines Mangels, der in einem dinglichen Recht eines Dritten auf Herausgabe der Kaufsache besteht. In diesen Fällen dürfte die Verjährungsverkürzung auf die in § 309 Nr. 8 Buchst. b) Doppelbuchst. ff) genannte Mindestfrist regelmäßig unangemessen benachteiligend sein.[70]

§ 309 Nr. 8 Buchst. b) **Doppelbuchst. ee)** sieht vor, dass eine Klausel, durch welche der Verwender dem anderen Vertragsteil für die Anzeige nicht offensichtlicher Mängel eine Ausschlussfrist setzt, die kürzer ist als die nach § 309 Nr. 8 Buchst. b) Doppelbuchst. ff) zulässige Frist, unwirksam ist. Diese Regelung entspricht der des bisherigen § 11 Nr. 10 Buchst. e) AGBG a.F. Das Verbot gilt lediglich für Ausschlussfristen bei nicht offensichtlichen Mängeln. Daraus folgt, dass bei offensichtlichen Mängeln die Ausschlussfrist auch kürzer sein kann und eine derartige mittelbare Verkürzung der Verjährungsfrist nicht gegen § 309 Nr. 8 Buchst. b) Doppelbuchst. ff) verstößt.[71] Gleiches gilt auch nach neuem Recht.

bb) Inhaltliche Grenze des § 309 Nr. 7, Nr. 8 Buchst. a) bei verschuldeten Pflichtverletzungen. Die Verkürzung der Verjährungsfristen wegen eines Gewährleistungsanspruchs in Allgemeinen Geschäftsbedingungen ist auch an den Klauselverboten des § 309 Nr. 7 Buchst. a) und b) sowie § 309 Nr. 8 Buchst. a) zu messen.

Für **vorsätzliche Pflichtverletzungen** des Verwenders gilt in beiden Fällen das Verbot des Haftungsausschlusses gemäß § 276 Abs. 3. Für den Erfüllungsgehilfen gilt aber § 309 Nr. 7 und 8. Stets sind die in § 309 genannten engen Ausnahmen für Beförderungs-, Lotterie- und Aussspielverträge zu beachten.

Die genannten Normen regeln die Unwirksamkeit von haftungsausschließenden und -begrenzenden Klauseln in Allgemeinen Geschäftsbedingungen. Auch die Verkürzung von Verjährungsfristen und andere Formen der Verjährungserleichterung (Rn 16 ff.) stellen eine **Haftungsbeschränkung bzw. -begrenzung** dar.[72] Da der Schadensersatzanspruch wegen Mängeln der Kaufsache (§§ 437 Nr. 3, 440, 280, 281, 283, 311a) jetzt auch verschuldensabhängig ist, hat sich insoweit eine Änderung zur bisherigen Rechtslage ergeben, die bei der Formulierung von Verjährungsabreden zu beachten ist. Die Verkürzung darf nicht für die in den § 309 Nr. 7 Buchst. a) u. b), Nr. 8 Buchst. a) geregelten Tatbestände gelten.

cc) Generalklausel des § 307. Verjährungsabreden sind auch an der Generalklausel des § 307 zu messen. Siehe näher bereits – am Beispiel der Verjährungserleichterungen (Frage der Mindestverjährungsfrist) – Rn 20. Formularmäßig vereinbarte Verjährungserschwerungen sind unangemessen und damit gemäß § 307 unwirksam, wenn der Verwender seinem Vertragspartner – etwa in Einkaufsbedingungen des Käufers – Verjährungsfristen von solcher Länge setzt, dass seinem Vertragspartner die Abwehr unbegründeter Ansprüche des Verwenders unzumutbar erschwert wird, weil er in Beweisnöte geraten kann und zudem auf übermäßig lange Zeit zu Rückstellungen gezwungen wird, um eventuelle Gewährleistungsansprüche erfüllen zu können.[73]

Verjährungsabreden (Erschwerungen und Erleichterungen, zum Begriff siehe Rn 13) sind als **angemessen** im Sinne des § 307 zu erachten, wenn die Veränderung der gesetzlichen Verjährungsordnung durch ein besonderes Interesse der durch die Abrede begünstigten Partei gerechtfertigt ist und dieses Interesse das der Gegenseite an der Geltung der gesetzlichen Regel übersteigt. Hier können produktspezifische Eigenheiten –

---

69 BT-Drucks 14/6040, S. 159 ff.
70 BT-Drucks 14/6040, S. 159 ff.
71 BT-Drucks 14/6040, S. 159 ff.; zum bisherigen Recht *Hensen*, in: Ulmer/Brandner/Hensen/Schmidt, § 11 Nr. 10 f. AGBG Rn 80.
72 BT-Drucks 14/6040, S. 159; ebenso *Leenen*, JZ 2001, 552, 557; *Dauner-Lieb*, DStR 2001, 1572, 1576; MüKo/*Grothe*, § 202 Rn 8; zum bisherigen Recht s. BGHZ 38, 150, 155; OLG Düsseldorf NJW-RR 1995, 440. A.A. *Schimmel/Buhlmann*, ZGS 2002, 109, 114.

73 Vgl. zum bisherigen Recht BGH NJW 1990, 2065, 2066: in Hinblick auf die damalige rechtspolitische Diskussion um die Reform des Verjährungsrechts und auf dem Hintergrund der damals geltenden – rechtspolitisch bereits erschütterten – Sechsmonatsfrist des § 477 a.F. erachtete der BGH Verjährungsfristen bis zu zwei Jahren ab Lieferung für „noch hinnehmbar". Nach neuem Recht dürfte aufgrund des Leitbilds in § 438 Abs. 1 Nr. 3 nun auch eine formularmäßige Verlängerung auf drei Jahre noch angemessen sein, vgl. MüKo/*Grothe*, § 202 Rn 10.

wie z.B. Verjährungsverlängerungen bei komplizierten technischen Geräten oder Anlagen –, Eigenheiten des Waren- und Leistungsvertriebs und der jeweiligen Vertriebsstufe, Erfordernisse längerfristiger Lagerhaltung und der Umstand eine Rolle spielen, dass etwa eine Warenüberprüfung vor dem Weiterverkauf nicht möglich ist und der Verwender erst durch Reklamationen seiner Kunden von Mängeln erfährt.[74]

57 Die formularmäßige Verlängerung der Verjährungsfrist für **Grundschuldzinsen** über die Frist des §§ 195, 199 hinaus ist **regelmäßig unangemessen** und daher unwirksam (§ 307). Sie widerspricht den berechtigten Interessen des Schuldners und der nachrangigen Gläubiger. Das gilt jedenfalls, wenn die Grundschuldzinsen – wie heute üblich – 15% und mehr betragen. Denn dadurch verdoppelt sich der Sicherungsumfang der Grundschuld in weniger als sieben Jahren. Das unablässige Anschwellen des Sicherumfangs[75] widerspricht den Intentionen des Gesetzgebers, der durch § 197 a.F. und jetzt durch die Geltung der §§ 195, 199 ein übermäßiges Ansammeln von Zinsrückständen vermeiden will. Diese gesetzgeberische Wertung liegt auch § 197 Abs. 2 und § 216 Abs. 3 zugrunde. Auch führte das Anwachsen der Zinsbeträge zu dem aufgezeigten stetig wachsenden Sicherungsumfang der Grundschuld.[76] Das benachteiligte die nachrangigen Grundpfandgläubiger.

58 Aus den gleichen Gründen hat der Bundesgerichtshof[77] im Jahre 1999 unter Aufgabe seiner früheren Rechtsprechung entschieden, die Verjährung von Zinsen aus einer Sicherungsgrundschuld (**Grundschuldzinsen**) sei nicht in entsprechender Anwendung des Abs. 1 a.F. wegen des aus dem Sicherungsvertrag folgenden Rechts des Sicherungsgebers, bis zum Eintritt der Fälligkeit der gesicherten Forderung die Leistung aus der Grundschuld zu verweigern, bis zum Eintritt des Sicherungsfalls gehemmt. Daher verjährten Grundschuldzinsen nach bisherigem Recht in vier Jahren ab Fälligkeit (§ 197 a.F.). Nach neuem Recht verjähren sie in drei Jahren gemäß §§ 195, 199 (s.o.). Der Gesetzgeber geht zu Recht davon aus, dass diese Rechtsprechung unter Geltung des neuen § 205, der an die Stelle des § 202 a.F. tritt, fortgesetzt werden kann.[78]

59 **dd) Keine geltungserhaltende Reduktion.** Sollten Verjährungsabreden wegen Verstoßes gegen die §§ 307 ff. unwirksam sein, so ist – wie bisher[79] – keine geltungserhaltende Reduktion unwirksamer Vertragsklauseln auf einen noch zulässigen Regelungsgehalt vorzunehmen. Mit einer Änderung der Rechtsprechung ist nicht zu rechnen. Zudem wurde das **Transparenzgebot**, welches eine geltungserhaltende Reduktion deutlich erschwert, nun ausdrücklich in § 307 Abs. 1 S. 2 aufgenommen. Damit hat der Gesetzgeber zwar keine inhaltliche Stärkung, sondern lediglich eine Klarstellung des ohnehin von der Rechtsprechung stringent angewandten Transparenzgebots bezweckt.[80] Dennoch dürfte seine ausdrückliche Verankerung im Gesetz dem Gebot künftig größeres Gewicht zukommen lassen. Zu begrüßen wäre allerdings eine geltungserhaltende Reduktion während einer Übergangszeit, da die Vertragspraxis kaum vorhersehen kann, welche Klauselinhalte als zulässig angesehen werden.[81]

60 **b) Vereinbarungen außerhalb des Anwendungsbereichs der §§ 307 ff., insbesondere Individualvereinbarungen.** Wird eine Verjährungsabrede in einer Individualabrede getroffen oder in Allgemeinen Geschäftsbedingungen, für welche die §§ 307 ff. nicht gelten, kann eine Inhaltskontrolle gemäß § 242 erfolgen, siehe bereits oben Rn 22. Beachte die Anwendung der §§ 307 ff. auf Individualabreden mit Verbrauchern (§ 13) gemäß § 310 Abs. 3.

---

74 Zum Vorstehenden (auf der Grundlage des bisherigen Rechts) und mit zahlreichen weiterführenden Nachweisen BGH NJW 1990, 2065, 2066.
75 S. zur Interessenlage auf der Grundlage des bisherigen Rechts und nicht im Zusammenhang mit der Inhaltskontrolle, sondern in einem anderen, sogleich aufgezeigten Zusammenhang BGH NJW 1999, 3705, 3707.
76 In anderem Zusammenhang, s. sogleich, krit. gegen diese Argumentationslinien *Peters*, JZ 2001, 1017, 1018 f.
77 BGH NJW 1999, 3705, 3707; krit. zur Begründung *Peters*, JZ 2001, 1017, 1021, der selbst von einem Verstoß der gängigen, in der Praxis verwendeten Klauseln zur Regelung der Grundschuldzinsen gegen das Transparenzgebot und damit gegen § 9 AGBG a.F. (s. jetzt § 307 Abs. 1 S. 2) ausgeht.
78 BT-Drucks 14/6040, S. 118; BT-Drucks 14/6487, S. 9, 45. Krit. hierzu *Lakkis*, AcP 203 (2003), 763, 777–783.
79 St. Rspr., s. BGH NJW 1990, 2065, 2066; 2000, 1110, 1113; differenzierend Jauernig/*Stadler*, § 306 Rn 3, alle m. zahlr. Nachw.
80 BT-Drucks 14/6040, S. 153; s. noch BT-Drucks 14/7052, S. 188. Vgl. auch MüKo/*Basedow*, § 307 Rn 20.
81 Zust. *Lakkis*, AcP 203 (2003), 763, 775.

III. Erleichterungen oder Erschwerungen der Verjährung nach besonderen Vorschriften

Eine Reihe von besonderen Vorschriften sehen Beschränkungen der vertraglichen Erleichterungen oder Erschwerungen der Verjährung vor.

1. Verbrauchsgüterkauf: § 475 Abs. 2, 3. Siehe näher bei § 475. Beim Verbrauchsgüterkauf (§ 474) kann gemäß § 475 Abs. 2 die Verjährung der in § 437 bezeichneten Ansprüche vor Mitteilung eines Mangels an den Unternehmer nicht durch Rechtsgeschäft erleichtert werden, wenn die Vereinbarung zu einer Verjährungsfrist ab dem gesetzlichen Verjährungsbeginn von weniger als zwei Jahren, bei gebrauchten Sachen von weniger als einem Jahr führt. Das gilt unbeschadet der §§ 307-309 nicht für den Ausschluss oder die Beschränkung des Anspruchs auf Schadensersatz.[82]

2. Rückgriff des Verkäufers: § 478 Abs. 4. Siehe näher bei §§ 478, 479. Bei dem Verbrauchsgüterkauf kann der Verkäufer einer Sache (Unternehmer), der von dem Käufer wegen der Mangelhaftigkeit der Kaufsache in Anspruch genommen wird, Rückgriffsansprüche nach §§ 437 und 478 Abs. 2 gegen seinen Lieferanten in der Lieferkette haben. § 479 trifft verjährungsrechtliche Regelungen dazu. Auf eine vor Mitteilung eines Mangels an den Lieferanten getroffene Vereinbarung, die zum Nachteil des Unternehmers von § 479 abweicht, kann sich der Lieferant gemäß § 478 Abs. 4 nicht berufen, wenn dem Rückgriffsgläubiger kein gleichwertiger Ausgleich eingeräumt wird. Das gilt unbeschadet des § 307 nicht für den Ausschluss oder die Beschränkung des Anspruchs auf Schadensersatz. Diese Regeln finden auf die Ansprüche der Lieferanten und der übrigen Käufer in der Lieferkette gegen die jeweiligen Verkäufer entsprechende Anwendung, wenn die Schuldner Unternehmer sind (§ 478 Abs. 5).

3. Reisevertrag: § 651m. Siehe näher bei § 651m. § 651g Abs. 2 regelt beim Reisevertrag die Verjährung von Ansprüchen des Reisenden bei Fehlern der Reise; dabei beträgt die Verjährungsfrist für Ansprüche des Reisenden nach den §§ 651c–651f zwei Jahre (bisher: sechs Monate) ab dem vertraglich vorgesehenen Ende der Reise.[83] § 651m S. 2 bestimmt, dass die in § 651g Abs. 2 geregelte Verjährung erleichtert werden kann. Eine verjährungserleichternde Abrede, die vor Mitteilung eines Mangels an den Reiseveranstalter getroffen wurde, ist aber nur wirksam, wenn die Vereinbarung zu einer Verjährungsfrist ab dem in § 651g Abs. 2 S. 2 bestimmten Verjährungsbeginn von mehr als einem Jahr führt. Eine verjährungserleichternde Vereinbarung kann sowohl individualvertraglich als auch in Allgemeinen Geschäftsbedingungen erfolgen. Im letzteren Fall sind die Grenzen der §§ 307, 309 Nr. 7 und Nr. 8 Buchst. a) zu beachten.

4. Fracht-, Speditions-, Lagergeschäft: §§ 439 Abs. 4, 463, 475a HGB. Nach § 439 Abs. 4 HGB kann die Verjährung eines Anspruchs aus einer Beförderung im Sinne der §§ 407 ff. HGB nur durch eine Vereinbarung, die im Einzelnen ausgehandelt ist, auch wenn sie für eine Mehrzahl von gleichartigen Verträgen zwischen denselben Vertragsparteien getroffen ist, erleichtert oder erschwert werden. Diese Regelung gilt infolge der Verweisungen in den §§ 463, 475a HGB auf § 439 HGB auch für die Verjährung von Ansprüchen aus einem Speditions- oder Lagergeschäft. § 439 Abs. 4 HGB wurde erstaunlicherweise[84] durch das SchuldRModG nicht an die durch § 202 erreichte Erweiterung der Vertragsfreiheit im Verjährungsrecht angepasst. § 439 Abs. 4 HGB (ggf. in Verbindung mit §§ 463, 475a HGB) ist *lex specialis* zu § 202.[85] Daher sind Verjährungsabreden (Erleichterungen oder Erschwerungen der Verjährung) im Fracht-, Speditions- und Lagergeschäft nach dem HGB nur durch Individualvereinbarungen möglich, nicht aber durch Allgemeine Geschäftsbedingungen.

C. Weitere praktische Hinweise

Hatten die Parteien **unter Anwendung des bisherigen Rechts zulässige** mittelbare Verjährungserschwerungen verabredet, so sind sie auch nach neuem Recht grundsätzlich – im Rahmen der Inhaltskontrolle der Vertragsabreden und der im Einzelfall eingreifenden spezielleren Regelungen (Rn 61 ff.) – wirksam.

Wurden mittelbare Verjährungsabreden nach bisherigem Recht getroffen, ist aber nach Art. 229 § 6 EGBGB das neue Verjährungsrecht auf die betroffenen Ansprüche anzuwenden (siehe Art. 229 § 6 EGBGB Rn 55), so bleiben die unter Geltung des alten Rechts geschlossenen Vertragsabreden grundsätzlich wirksam. Sie sind weiterhin so auszulegen, dass sie den Zweck, den sie nach altem Recht verfolgten, auch nach neuem Recht erreichen.[86]

---

82 Für die Zulässigkeit einer geltungserhaltenden Reduktion bei § 475 Abs. 3 *Deckenbrock/Dötsch*, ZGS 2004, 62.
83 Zur Reform krit. *Isermann*, Reiserecht 2001, 135 ff.
84 *Harms*, TranspR 2001, 294, 297.
85 Ebenso: *Harms*, TranspR 2001, 294, 297.
86 A.A. *Lakkis*, AcP 203 (2003), 763, 783, die Art. 229 § 5 EGBGB anwenden will. S. gegen diesen Ansatz die Kommentierung bei Art. 229 § 6 EGBGB Rn 49.

Vor §§ 203–213

68 Dies kann dazu führen, dass **nach altem Recht unwirksame** Klauseln wie vertragliche Fristverlängerungen mit Wirkung zum 1.1.2002 geheilt wurden. Der umgekehrte Zusammenhang gilt jedoch nicht: Unter der Geltung des alten Rechts zulässige vertragliche Verjährungserleichterungen bei Haftung wegen Vorsatzes sind nun nicht automatisch unwirksam; insoweit gilt Vertrauensschutz (siehe ausführlich bei Art. 229 § 6 EGBGB Rn 49 ff.).

Titel 2. Hemmung, Ablaufhemmung und Neubeginn der Verjährung

Vorbemerkungen zu §§ 203–213

- A. Zweck der Hemmungs-, Ablaufhemmungs- und Neubeginntatbestände 1
- B. Grundzüge der Neuregelung 2
  - I. Verminderung der Unterbrechungs- und Ausweitung der Hemmungstatbestände 2
  - II. Anwendbarkeit und zeitliche Obergrenze .. 6
- C. Hemmung, Ablaufhemmung und Neubeginn außerhalb der §§ 203–213 ... 11
- D. Übergangsrecht 14

A. Zweck der Hemmungs-, Ablaufhemmungs- und Neubeginntatbestände

1 Die §§ 203–213 regeln die Hemmung, die Ablaufhemmung und den Neubeginn (bis zum 31.12.2001: Unterbrechung) der Verjährung. Der Gesetzgeber nennt als Zweck der Vorschriften die folgenden Überlegungen: „Es gibt Ereignisse, die den Ablauf einer Verjährungsfrist beeinflussen müssen. Dies ist dann der Fall, wenn der Schuldner durch sein eigenes Verhalten zu erkennen gibt, dass er den Anspruch als bestehend ansieht und nicht bestreiten will. Die Verjährung darf auch dann nicht weiterlaufen, wenn der Gläubiger aus anerkennenswerten Gründen gehindert ist, den Anspruch geltend zu machen. Schließlich muss sichergestellt werden, dass ein Anspruch nicht verjährt, nachdem der Gläubiger angemessene und unmissverständliche Schritte zur Durchsetzung des Anspruchs ergriffen hat. Das geltende Recht berücksichtigt dies in Fällen dieser Art entweder durch die Hemmung (die Nichteinrechnung bestimmter Zeiten in die Verjährungsfrist: bisherige §§ 202–205) und ihren Unterfall der Ablaufhemmung (die Verjährungsfrist läuft frühestens eine bestimmte Zeit nach Wegfall von Gründen ab, die der Geltendmachung des Anspruchs entgegenstehen: bisherige §§ 206, 207) oder durch eine Unterbrechung der Verjährung (ein Neubeginn der Verjährung: bisherige §§ 208–217). Diese gesetzliche Systematik soll beibehalten werden. Gegen sie werden, soweit ersichtlich, keine grundsätzlichen Bedenken erhoben; sie findet sich in ähnlicher Form in anderen verwandten Rechtsordnungen".[1]

B. Grundzüge der Neuregelung

I. Verminderung der Unterbrechungs- und Ausweitung der Hemmungstatbestände

2 Die **Verjährungshemmung** besitzt nach In-Kraft-Treten des SchuldRModG wesentlich **größere Bedeutung**, als dies vor der Schuldrechtsreform der Fall war, denn zahlreiche altrechtliche Tatbestände der Unterbrechung wegen Rechtsverfolgung (z.B. Klageerhebung, Zustellung eines Mahnbescheides) sind in Hemmungstatbestände des § 204 umgewandelt worden. Dadurch wird der **Praxis größere Fristensorgfalt** abverlangt als in einem System des Verjährungsneubeginns, bei dem die volle Frist neu zu laufen beginnt. Bei der Hemmung wird die Zeit, in welcher die Verjährung gehemmt ist, nicht in die Verjährungsfrist mit eingerechnet (§ 209). Endet die Hemmung, dann läuft die Verjährung mit der vor der Hemmung noch offenen Restfrist weiter. § 209, der die **Hemmungswirkung** regelt, hat unverändert den bisherigen § 205 a.F. übernommen.[2]

3 Das bisherige allgemeine Verjährungsrecht kannte Hemmungstatbestände in den §§ 202–205 a.F. Im geltenden Recht regeln jetzt vor allem die §§ 203–208 die Hemmungsgründe. Es sind eine ganze Reihe **neuer Hemmungstatbestände** hinzugetreten bzw. alte Hemmungsgründe erweitert worden. So hemmen jetzt auch über den Anwendungsbereich der aufgehobenen §§ 639 Abs. 2, 651g Abs. 2 S. 3 und 852 Abs. 2 a.F. hinaus allgemein **Verhandlungen** über einen Anspruch oder die den Anspruch begründenden Umstände die Verjährung (§ 203). Als verallgemeinerungsfähiger Rechtsgedanke[3] hat zudem die Regelung des § 477 Abs. 2 a.F. (Hemmung durch Beantragung des **selbständigen Beweisverfahrens**) in generalisierender Form Eingang gefunden in § 204 Abs. 1 Nr. 7. Den Verfahren vor „sonstigen", die Streitbeilegung betreibenden **Gütestellen** i.S.d. § 15a Abs. 3 EGZPO wird nunmehr ebenso Hemmungswirkung zuerkannt wie den

---

[1] BT-Drucks 14/6040, S. 111.
[2] BT-Drucks 14/6040, S. 120.
[3] Vgl. BT-Drucks 14/6040, S. 91.

Verfahren vor den von der Landesjustizverwaltung eingerichteten oder anerkannten Gütestellen (§ 204 Abs. 1 Nr. 4). Unter altem Recht hatten nur Letztere zu einer Unterbrechung der Verjährung geführt (vgl. § 209 Abs. 2 Nr. 1a a.F.). Ebenfalls ausgedehnt wurde § 207. Die Vorschrift regelt die **Hemmung aus familiären Gründen** und gilt jetzt auch für Lebenspartner nach dem LebenspartnerG; darüber hinaus hat sie zusätzliche Erweiterungen erfahren. Neu in den Katalog der Hemmungsgründe aufgenommen ist beispielsweise die Hemmung durch Zustellung des Antrags in Verfahren des **einstweiligen Rechtsschutzes** (§ 204 Abs. 1 Nr. 9) oder durch Veranlassung der Bekanntgabe des Antrags auf Prozesskostenhilfe (§ 204 Abs. 1 Nr. 14). Gleiches gilt für die Hemmung wegen Verletzung der **sexuellen Selbstbestimmung** (§ 208).

Erweitert und z.T. ergänzt wurden auch die Tatbestände der **Ablaufhemmung**, eines Unterfalls der Hemmung. Bei der Ablaufhemmung läuft die Verjährungsfrist entweder frühestens eine bestimmte Zeit nach dem Wegfall von Gründen ab, die der Geltendmachung des Anspruchs entgegenstehen (z.B. § 210), oder aber nicht vor einem bestimmten Zeitpunkt (z.B. §§ 438 Abs. 3 S. 2, 634a Abs. 3 S. 2). Das bisherige Recht kannte Ablaufhemmungen in den §§ 206 und 207 a.F., die in das neue Recht z.T. erweitert in den §§ 210, 211 übernommen wurden. Andere Vorschriften der Ablaufhemmung, wie etwa § 2031 Abs. 1 S. 2, gelten unverändert fort. Hinzugekommen sind neue Ablaufhemmungen im Gewährleistungsrecht (vgl. §§ 438 Abs. 3 S. 2, 479 Abs. 2, 634a Abs. 3 S. 2). 4

Erheblich reduziert wurden die Tatbestände des **Verjährungsneubeginns** (früher: Verjährungsunterbrechung). Im Falle eines Neubeginns wird die einschlägige Verjährung in dem Moment der Tatbestandserfüllung erneut in Lauf gesetzt, so dass zu der bereits teilweise abgelaufenen Verjährungsfrist zusätzlich ab dem Neubeginn nochmals die gesamte Verjährungsfrist aufaddiert wird.[4] In den §§ 203–213 ist der Neubeginn der Verjährung nur noch in zwei Fällen vorgesehen. Es sind dies der Neubeginn wegen eines **Anerkenntnisses** des Anspruchs durch den Schuldner (§ 212 Abs. 1 Nr. 1) und wegen der Beantragung einer gerichtlichen oder behördlichen **Vollstreckungshandlung** oder infolge deren Vornahme (§ 212 Abs. 1 Nr. 2). 5

II. Anwendbarkeit und zeitliche Obergrenze

Die Verjährung eines Anspruchs kann sowohl nacheinander mehrmals gehemmt oder unterbrochen (Neubeginn) als auch gleichzeitig gehemmt und dem Neubeginn unterworfen sein (vgl. auch § 203 Rn 32; § 209 Rn 9; § 210 Rn 20; § 211 Rn 12; § 212 Rn 37 ff.).[5] Wird die Hemmung einer (z.B. nach § 203 oder § 204) gehemmten Verjährung der Neubeginn durch § 212 angeordnet, dann beginnt die Verjährungsfrist erst mit Beendigung der Hemmung erneut von Anfang an zu laufen.[6] Das SchuldRModG hat hier im Grundsatz nichts geändert. 6

Der Anwendungsbereich der Tatbestände der Hemmung und des Neubeginns wird durch § 213 bei **alternativer** oder **elektiver Anspruchskonkurrenz** (etwa im Gewährleistungsrecht) erweitert. Eine sondergesetzliche Ausdehnung des Anwendungsbereichs erfahren die Normen der §§ 203 ff. zudem durch § 159 Abs. 4 HGB und § 3 Nr. 3 S. 4 PflVG. 7

Für die **Ersitzung** erklärt § 939 die §§ 203 f., 205–207 und 210 f. für entsprechend anwendbar. 8

Ausgeschlossen werden die Hemmung und der Neubeginn für geringfügige Ansprüche in § 5 Abs. 3 S. 4 GKG, § 17 Abs. 3 S. 3 KostO, § 8 Abs. 3 S. 4 GvKostG und in § 2 Abs. 4 S. 2 JVEG i.V.m. § 5 Abs. 3 S. 4 GKG. Zum Ausschluss der Hemmung und des Neubeginns aus anderen Gründen siehe § 759 Abs. 3 S. 2 HGB (näher § 212 Rn 9). 9

Das BGB sieht – anders etwa als Art. 14:307 der Principles of European Contract Law (PECL, *Lando-Principles*; zu ihnen siehe vor §§ 194–218 Rn 14 ff.)[7] – keine allgemein geltende **Höchstdauer** der Hemmung bzw. der Ablaufhemmung vor. Es regelt eine Höchstdauer nur vereinzelt für spezielle Tatbestände; so kennt etwa § 479 Abs. 2 S. 2 eine fünfjährige Höchstdauer der Ablaufhemmung des § 479 Abs. 2 S. 1 und § 497 Abs. 3 S. 3 eine Hemmung von längstens zehn Jahren bei Ansprüchen auf Darlehensrückerstattung und Zinszahlung beim Verbraucherdarlehen. Art. 14:307 PECL sieht demgegenüber eine Höchstdauer der Hemmung und Ablaufhemmung vor, die allein für eine Hemmung infolge gerichtlicher und anderer Verfahren der Rechtsverfolgung (vergleichbar einigen der Hemmungsgründe des § 204 Abs. 1) nicht gilt. Sie soll im 10

---

4 Mansel/Budzikiewicz, Das neue Verjährungsrecht, 2002, § 7 Rn 3; Staudinger/*Peters*, Vorbem. zu §§ 203 ff. Rn 2.
5 BGH NJW 1999, 2961; 1990, 826.
6 Zum Verhältnis von Hemmung und Neubeginn (Unterbrechung) und umgekehrt s. BGHZ 109, 220, 223; BGH NJW 1995, 3380, 3381; ferner BGH NJW-RR 1988, 730, 731.
7 In deutscher Sprache veröffentlicht in ZEuP 2003, 895 ff.; Art. 14:307 PECL entspricht Art. 17:111 PECL der vorherigen Fassung, abgedruckt in ZEuP 2001, 400, 401.

Regelfall zehn Jahre und nur bei Ansprüchen wegen der Verletzung persönlicher Rechtsgüter dreißig Jahre betragen.[8]

C. Hemmung, Ablaufhemmung und Neubeginn außerhalb der §§ 203–213

11 Außerhalb der §§ 203–213 besteht eine Vielzahl spezieller Tatbestände der Hemmung und der Ablaufhemmung, vereinzelt auch des Neubeginns des **bisherigen Rechts** fort.[9] Aufgehoben wurden §§ 639 Abs. 2, 651g Abs. 2 S. 3 und 852 Abs. 2 a.F. (siehe § 203 Rn 6, 29, 34).

Das SchuldRModG hat zudem insbesondere durch die Umwandlung von Unterbrechungs- in Hemmungsgründe (vgl. Rn 2 f.) eine Reihe **neuer Hemmungsgründe** geschaffen. Zu nennen sind beispielsweise § 10 Abs. 2 GKG a.F., § 17 Abs. 2 KostO a.F., § 17 Abs. 2 GvKostG a.F., § 15 Abs. 4 ZSEG, § 19 Abs. 6 BRAGO, § 82 Abs. 3 S. 3 SachenrechtsbereinigungsG, § 27a Abs. 9 UWG, § 14 Abs. 7 UrhWahrnehmungsG. Einige dieser Regelungen wurden zwischenzeitlich durch das **KostRMoG** v. 5.5.2004[10] mit Wirkung zum 1.7.2004 erneut geändert (vgl. § 5 Abs. 2 S. 3, Abs. 3 S. 2 und 4 GKG; § 17 Abs. 2 S. 3, Abs. 3 S. 2 und 3 KostO; § 8 Abs. 2 S. 3, Abs. 3 S. 2 und 4 GvKostG; § 2 Abs. 3 S. 3 und Abs. 4 S. 2 JVEG i.V.m. § 5 Abs. 3 S. 2 GKG, § 8 Abs. 2 RVG). Weitere Neuerungen (auch) im Bereich der Hemmung und des Neubeginns sind durch das **Gesetz zur Anpassung von Verjährungsvorschriften an das Gesetz zur Modernisierung des Schuldrechts**[11] eingefügt worden (vgl. § 203 Rn 2 [Fn 4], § 206 Rn 4 und 5, § 210 Rn 2, § 211 Rn 2).

12 In das BGB neu aufgenommen wurden die Hemmungsvorschriften des § 497 Abs. 3 S. 3 (Darlehen)[12] und des § 771 S. 2 (Bürgschaft). § 497 Abs. 3 S. 3 regelt die Hemmung der Verjährung der **Darlehensrückerstattungsansprüche** und der **Zinsansprüche** im Falle des Verzugs des Darlehensnehmers. § 497 gilt allerdings nur für Verbraucherdarlehensverträge – er übernimmt die Regelung des früheren § 11 VerbrKrG.

Erhebt der **Bürge** die **Einrede der Vorausklage**, so ist gemäß § 771 S. 2 die Verjährung des Anspruchs des Gläubigers gegen den Bürgen gehemmt, bis der Gläubiger eine Zwangsvollstreckung gegen den Hauptschuldner ohne Erfolg versucht hat (näher § 771 Rn 6). Allerdings wird die Bedeutung der Vorschrift dadurch eingeschränkt, dass in der Praxis überwiegend selbstschuldnerische Bürgschaften vereinbart werden, für welche die Einrede des § 771 gerade nicht gilt (§ 773 Abs. 1 Nr. 1). Hier hat der Gläubiger die Verjährungshemmung des Bürgschaftsanspruchs durch Maßnahmen nach den §§ 203 ff., insbesondere nach § 204 selbst herbeizuführen.[13]

13 In zahlreichen Vorschriften, die auf bisherige Hemmungs-, Ablaufhemmungs- und Unterbrechungstatbestände verweisen, wurden redaktionelle **Folgeanpassungen** durchgeführt (siehe § 195 Rn 35).

D. Übergangsrecht

14 Art. 229 § 6 Abs. 1 und 2 EGBGB regeln das Übergangsrecht (siehe die dortige Kommentierung).

§ 203 Hemmung der Verjährung bei Verhandlungen

¹Schweben zwischen dem Schuldner und dem Gläubiger Verhandlungen über den Anspruch oder die den Anspruch begründenden Umstände, so ist die Verjährung gehemmt, bis der eine oder der andere Teil die Fortsetzung der Verhandlungen verweigert. ²Die Verjährung tritt frühestens drei Monate nach dem Ende der Hemmung ein.

Literatur: *Eidenmüller*, Die Auswirkung der Einleitung eines ADR-Verfahrens auf die Verjährung, SchiedsVZ 2003, 163; *Mankowski/Höpker*, Die Hemmung der Verjährung bei Verhandlungen gem. § 203 BGB, MDR 2004, 721; *Wagner*, Die vertraglich gewährleistungsrechtlichen Rechtsbehelfe nach dem neuen Schuldrecht, ZIP 2002, 789; *ders.*, Das neue Verjährungsrecht, ZKM 2002, 103; *Weyer*, § 639 II BGB a.F. durch § 203 BGB n.F. ersetzt, nicht ersatzlos weggefallen, NZBau 2002, 366.

---

8 Über diese Aufspaltung und darüber, ob nicht generell eine dreißigjährige Höchstdauer der Hemmung und Ablaufhemmung sachgerecht wäre – so die hier vertretene Ansicht –, kann man streiten.
9 S. den Überblick bei Soergel/*Niedenführ*, vor § 203 Rn 5, 9; Staudinger/*Peters*, Vorbem. zu §§ 203 ff. Rn 3 f.
10 BGBl I S. 718.
11 S. BT-Drucks 15/3653 i.d.F. v. 15/4060; das Gesetz ist am 15.12.2004 in Kraft getreten; ausf. zum VerjAnpG *Thiessen*, ZHR 168 (2004), 503 ff.
12 Vgl. hierzu auch *Budzikiewicz*, WM 2003, 264, 272 f.
13 Vgl. hierzu auch *Siegmann/Polt*, WM 2004, 766 ff.

A. Allgemeines 1	c) § 203 als Nachfolgenorm zu § 651g
I. Normgeschichte und Normzweck 1	Abs. 2 S. 3 34
II. Sonderregelungen 6	III. Rechtsfolgen 36
III. Einwand des Rechtsmissbrauchs, § 242 ... 8	1. Beginn und Ende der Hemmung (S. 1) . 36
IV. Europäisches Vertragsrecht 9	2. Wirkung 41
B. Regelungsgehalt 10	3. Ablaufhemmung (S. 2) 42
I. Anwendungsbereich 10	IV. Verhältnis zu anderen Vorschriften 43
II. Verhandlungen über den Anspruch (S. 1) .. 13	V. Übergangsrecht 46
1. Gegenstand der Verhandlungen 13	C. Weitere praktische Hinweise 49
2. Begriff der Verhandlungen 18	I. Beweislast 49
a) Allgemeines 18	II. Vermeidung von Beweisschwierigkeiten ... 50
b) § 203 als partielle Nachfolgenorm des	III. Vertragliche Vereinbarungen 54
§ 639 Abs. 2 a.F. 29	1. Beginn und Ende der Verhandlungen ... 54
	2. Nachbesserung 56

A. Allgemeines

I. Normgeschichte und Normzweck

Nach der durch das SchuldRModG eingefügten Neuregelung des § 203 kommt Verhandlungen über einen Anspruch erstmals allgemein Hemmungswirkung zu. Die Vorschrift statuiert neben § 204 Abs. 1 die praktisch wichtigste Möglichkeit, den Lauf der Verjährungsfrist auszusetzen (zur Hemmungswirkung siehe § 209).[1] Vor In-Kraft-Treten der Vorschrift am 1.1.2002[2] war ein Hemmungstatbestand des Verhandelns im BGB lediglich in einzelnen Sondervorschriften des Werkvertrags-, Reise- und Deliktsrechts vorgesehen (vgl. §§ 639 Abs. 2, 651g Abs. 2 S. 3, 852 Abs. 2 a.F.). Bis zum 31.12.2001 führte gem. **§ 639 Abs. 2 a.F.** bei werkvertraglichen Gewährleistungsansprüchen die Prüfung des vom Besteller gerügten Werkmangels durch den Unternehmer ebenso wie dessen Versuch einer Beseitigung des Mangels zur Hemmung der Verjährung bis zu dem Zeitpunkt, zu dem der Unternehmer das Ergebnis seiner Prüfung mitteilte oder aber den Mangel für beseitigt erklärte bzw. die Fortsetzung der Beseitigung verweigerte. Die Vorschrift wurde im Kaufrecht entsprechend herangezogen, wenn dort vertraglich ein Anspruch auf Nachbesserung vereinbart worden sein sollte.[3]

Nach **§ 651g Abs. 2 S. 3 a.F.** war die Verjährung der von einem Reisenden geltend gemachten Gewährleistungsansprüche gehemmt, solange der Reiseveranstalter diese nicht schriftlich zurückgewiesen hatte. Verhandelten die Parteien eines deliktischen Anspruchs über den zu leistenden Schadensersatz, war gem. **§ 852 Abs. 2 a.F.** die Verjährung gehemmt, bis einer die Fortsetzung der Verhandlungen verweigerte. Der BGH entnahm der letztgenannten Regelung den allgemeinen Rechtsgedanken, es dürfe dem zum Schadensersatz Verpflichteten nicht zum Vorteil gereichen, dass der Berechtigte sich auf Verhandlungen eingelassen und daher keine Maßnahmen gegen die drohende Verjährung des in Rede stehenden Anspruchs ergriffen habe.[4]

Diesen auf **Treu und Glauben** (§ 242) gestützten Gedanken hat der Gesetzgeber in § 203 verallgemeinert[5] und **auf sämtliche Ansprüche ausgedehnt**, deren Verjährung sich jedenfalls im Hinblick auf eine mögliche Hemmung, ausschließlich oder ergänzend, nach den Vorschriften des BGB richtet (näher

---

1 Vgl. *Kniffka/Koeble*, Kompendium des Baurechts, 2. Aufl. 2004, Rn 116; *Schimmel*, JA 2002, 977, 982.
2 Art. 9 Abs. 1 S. 3 SchuldRModG.
3 BGHZ 39, 287, 292; BGH NJW 1997, 727, 728.
4 BGHZ 93, 64, 69 (Hemmung nach § 852 Abs. 2 a.F. erfasst auch konkurrierende vertragliche Ansprüche sowie Ansprüche aus § 558 a.F.). Einschränkend allerdings wieder BGHZ 123, 394, 396 f., wonach der Regelung des § 852 Abs. 2 a.F. kein im Verjährungsrecht allg. zu beachtender Rechtsgedanke zugrunde liegt, insb. eine Übertragung auf das Transportrecht nicht möglich ist; ebenso BGH NJW 1999, 1101, 1102 (Verjährung des Zugewinnausgleichsanspruchs nach § 1378 Abs. 4 S. 1); BGH NJW 1996, 1895, 1897; OLG Düsseldorf OLGR 2002, 332, 336; OLG Düsseldorf, Urt. v. 9.12.2003–23 U 179/02 JURIS-Dok.-Nr. KORE417212004 (keine Hemmung analog §§ 639 Abs. 2, 852 Abs. 2 a.F. bei Ersatzansprüchen nach § 68 StBerG); BGH NJW 1990, 326, 327; OLG Hamm NJW-RR 1999, 935, 936 (Ersatzansprüche nach § 51b BRAO). Diese Rspr. ist nach Einführung des § 203 jedoch obsolet; vgl. Erman/*Schmidt-Räntsch*, § 203 Rn 3; Bamberger/Roth/*Spindler*, § 203 Rn 2. – § 68 StBerG ist zudem durch Art. 16 des Gesetzes zur Anpassung von Verjährungsvorschriften an das Gesetz zur Modernisierung des Schuldrechts (BT-Drucks 15/3653 i.d.F. 15/4060) mit Wirkung zum 15.12.2004 aufgehoben und Schadensersatzansprüche des Auftraggebers gegen den Steuerberater der regelmäßigen Verjährung nach dem BGB unterstellt worden. Gleiches gilt für Schadensersatzansprüche des Mandanten gegen den Rechtsanwalt nach § 51b BRAO (s. Art. 4 VerjAnpG).
5 S. BT-Drucks 14/6040, S. 112; BT-Drucks 14/7052, S. 180.

Rn 10 ff.).⁶ Den Parteien soll unabhängig von der Art des Anspruchs die Möglichkeit eröffnet werden, über den Anspruch oder die diesen begründenden Umstände zu verhandeln, ohne dass der drohende Ablauf der Verjährungsfrist den Gläubiger dazu zwingt, gerichtliche Schritte i.S.d. § 204 Abs. 1 gegen den Schuldner einzuleiten und damit ggf. eine außergerichtliche Einigung zu gefährden.⁷ Die Regelung kommt Berechtigtem und Verpflichtetem gleichermaßen entgegen. Lässt sich der vermeintliche Schuldner auf Verhandlungen ein, bewahrt die Hemmung den scheinbaren Gläubiger vor den Kosten und Risiken, die mit einer Verjährungshemmung durch Rechtsverfolgung verbunden sind. Gleiches gilt für den Schuldner, sollte sich herausstellen, dass dieser tatsächlich ganz oder teilweise aus den vom Gläubiger geltend gemachten Ansprüchen verpflichtet ist. Darüber hinaus eröffnen Verhandlungen für den Schuldner die Möglichkeit, ggf. einen gegenüber der Gesetzeslage günstigeren Vergleich auszuhandeln.⁸

4 Die **Förderung der gütlichen Streitbeilegung** durch die verjährungsrechtliche Protektion von Verhandlungen ist erwünschter Zweck des § 203.⁹ Ebenso wie die Verjährbarkeit von Ansprüchen als solche auch der Prozessökonomie dient (vgl. vor §§ 194–218 Rn 23),¹⁰ soll die Hemmungsregelung des § 203 neben dem Schutz des Gläubigers vor einem Rechtsverlust zugleich dazu beitragen, die Gerichte vor einer übermäßigen und im Ergebnis unnötigen Belastung zu bewahren.¹¹

5 Um dem Gläubiger nach dem Ende der erfolglos oder nicht zu seiner Zufriedenheit verlaufenen Verhandlungen ausreichend Zeit zu geben, den Eintritt der Verjährung ggf. durch Maßnahmen der Rechtsverfolgung zu verhindern, sieht § 203 S. 2 eine besondere **Ablaufhemmung** vor. Die Verjährung tritt danach frühestens drei Monate nach dem Ende der Verhandlungen ein (näher Rn 42).

II. Sonderregelungen

6 Aufgrund der Einfügung des allgemeinen Hemmungstatbestandes der Verhandlungen in § 203 wurden die **Sonderregelungen** der §§ 639 Abs. 2, 651g Abs. 2 S. 3 und 852 Abs. 2 a.F. **aufgehoben** (vgl. dazu auch Rn 29 ff., 34, 46 ff.).¹² Der Gesetzgeber ging (im Ergebnis allerdings z.T. irrig, vgl. Rn 34) davon aus, dass ihr Anwendungsbereich nunmehr von § 203 abgedeckt wird. Da die Neuregelung des § 203 auf dem Rechtsgedanken vor allem der §§ 639 Abs. 2 und 852 Abs. 2 a.F. beruht, kann für die **Auslegung** der Norm jedoch partiell auf die Ergebnisse in Rechtsprechung und Lehre zu diesen Vorschriften zurückgegriffen werden.¹³

7 Weiterhin gültig ist der **außerhalb des BGB** geregelte, dem aufgehobenen § 651g Abs. 2 S. 3 a.F. vergleichbare Hemmungstatbestand des § 439 Abs. 3 HGB für Frachtgeschäfte sowie i.V.m. §§ 463 und 475a HGB für Speditions- und Lagergeschäfte. Ansprüche gegen den Frachtführer etc. sind danach durch eine schriftliche Erklärung des Absenders oder Empfängers, mit der dieser Ersatzansprüche erhebt, bis zu dem Zeitpunkt gehemmt, in dem der Frachtführer (bzw. der aus dem Speditions- oder Lagergeschäft Verpflichtete) die Erfüllung des Anspruchs schriftlich ablehnt. Eine ähnliche Regelung findet sich in §§ 3 Nr. 3 S. 3 und 4,¹⁴ 12 Abs. 3 S. 3 PflVG, § 12 Abs. 2 VVG. Die Anmeldung des Anspruchs bei dem Versicherer bzw. dem Entschädigungsfonds führt hier zur Verjährungshemmung bis zum Eingang der schriftlichen Entscheidung des Versicherers (§ 3 Nr. 3 S. 3 PflVG, § 12 VVG) bzw. des Entschädigungsfonds und, sofern die Schiedsstelle angerufen wurde, des Einigungsvorschlags der Schiedsstelle (§ 12 Abs. 3 PflVG). Gleichfalls Hemmungswirkung hat nach § 32 Abs. 2 CMR die schriftliche Reklamation aus einem Beförderungsvertrag im internationalen Straßengüterverkehr gegenüber dem Frachtführer sowie nach Art. 58 § 3 CIM die Ein-

---

6 Vgl. Palandt/*Heinrichs*, § 203 Rn 1; Soergel/*Niedenführ*, § 203 Rn 3; Erman/*Schmidt-Räntsch*, § 203 Rn 1, 3. Str. ist die Anwendbarkeit des § 203 auf tarifliche Ausschlussfristen; *dafür*: Fromm, ZTR 2003, 70, 72; vgl. ferner KR/*Friedrich*, Gemeinschaftskommentar zum KSchG ... , 7. Aufl. 2004, § 4 KSchG Rn 46, der tarifliche ebenso wie gesetzliche Ausschlussfristen behandeln möchte (auf gesetzliche Ausschlussfristen ist § 203 jedoch anwendbar, Palandt/*Heinrichs*, vor § 194 Rn 14); *gegen* die analoge Anwendung des § 203 auf tarifliche Ausschlussfristen: LAG Chemnitz, Urt. v. 14.7.2003 – 3 Sa 814/02 JURIS-Dok.-Nr. KORE 600009365; *Krause*, RdA 2004, 106, 110, 116 (es fehlt ein allg. Grundsatz des Inhalts, dass die §§ 203 ff. auf tarifliche Ausschlussfristen übertragen werden können).

7 BT-Drucks 14/6040, S. 111.
8 *Mankowski/Höpker*, MDR 2004, 721.
9 BT-Drucks 14/6040, S. 111.
10 S. auch *Mansel/Budzikiewicz*, Das neue Verjährungsrecht, 2002, § 1 Rn 43 ff.
11 *Mankowski/Höpker*, MDR 2004, 721, 722.
12 Vgl. BT-Drucks 14/6040, S. 267, 269, 270.
13 *Mansel*, NJW 2002, 89, 98; Soergel/*Niedenführ*, § 203 Rn 4, 5; Staudinger/*Peters*, § 203 Rn 4; *Wagner*, ZIP 2002, 789, 794; ferner MüKo/*Grothe*, § 203 Rn 4; *Schwenker*, EWiR 2002, 331, 332; Bamberger/Roth/*Spindler*, § 203 Rn 1; *Weyer*, NZBau 2002, 366, 368 f.: Die zu § 852 Abs. 2 a.F. entwickelten Grundsätze sind auf § 203 grds. übertragbar.
14 Ausf. hierzu Soergel/*Niedenführ*, § 203 Rn 9 ff.; Bamberger/Roth/*Spindler*, § 203 Rn 8.

III. Einwand des Rechtsmissbrauchs, § 242

Vor In-Kraft-Treten des SchuldRModG wurden in der Rechtsprechung Ausweichlösungen entwickelt, die dem Schuldner unter bestimmten Umständen die Berufung auf den Eintritt der Verjährung als treuwidrig (§ 242) verwehrten.[15] So sah sich der Schuldner dem Einwand des Rechtsmissbrauchs u.a. dann ausgesetzt, wenn der Gläubiger durch Verhandlungen mit dem Verpflichteten – oder dessen Versicherung – davon abgehalten worden war, rechtzeitig Klage zu erheben.[16] Diese Rechtsprechung ist mit Einfügung des § 203 insoweit überholt, als **Verhandlungen über den Anspruch** nunmehr zu einer Verjährungshemmung führen.[17] Ein Rückgriff auf § 242 ist hier durch die speziellere Regelung der Problematik in § 203 nicht mehr notwendig und damit auch nicht mehr zulässig.[18] Ebenfalls obsolet ist die unter altem Recht übliche Berufung auf § 242 in solchen Fällen, in denen der Schuldner vor dem Verjährungseintritt darauf verzichtet hat, die Einrede der Verjährung zu erheben. Bislang als rechtsmissbräuchlich bewertet, ist der Verstoß gegen einen **Verjährungsverzicht** jetzt als Zuwiderhandlung gegen eine i.R.d. § 202 zulässige Verjährungsvereinbarung zu behandeln (siehe hierzu im Einzelnen § 202 Rn 43, 45 f.).[19] Außerhalb der von §§ 202 f. erfassten Fälle kann dem Einwand des Rechtsmissbrauchs jedoch auch nach neuem Recht weiterhin Bedeutung zukommen (näher AnwK-BGB/*Krebs*, § 242).[20]

Zu der Frage einer möglichen Heilung des unter altem Recht nach § 225 S. 1 a.F. nichtigen Verzichts auf die Verjährungseinrede durch Statutenwechsel am 1.1.2002 siehe Art. 229 § 6 EGBGB Rn 55. Zur intertemporalen Anwendbarkeit des § 203 siehe Rn 46 ff.

IV. Europäisches Vertragsrecht

§ 203 entspricht nur teilweise den Grundregeln des Europäischen Vertragsrechts. Zwar statuiert auch Art. 14:304 der Principles of European Contract Law (PECL, *Lando-Principles*; zu ihnen vor §§ 194 – 218 Rn 14 ff.)[21] im Fall von Verhandlungen der Parteien eine **Ablaufhemmung**. Anders als in § 203 ist das Ende der Hemmungswirkung nach Art. 14:304 PECL jedoch nicht an die Verweigerung einer Fortsetzung der Verhandlungen geknüpft, sondern an die letzte Erklärung im Rahmen der Verhandlungen. Zudem ist die Mindestfrist bis zum Eintritt der Verjährung deutlich länger als in § 203 S. 2. Nach Art. 14:304 PECL tritt Verjährung nicht vor dem Ablauf eines Jahres nach der letzten Erklärung der Parteien ein.[22]

B. Regelungsgehalt

I. Anwendungsbereich

§ 203 findet auf alle verjährbaren Ansprüche Anwendung, sofern diese zumindest in Bezug auf die Frage der Hemmung vollständig oder ergänzend den Regelungen des allgemeinen Verjährungsrechts in §§ 203 ff. unterfallen.[23] Unmittelbar erfasst sind danach zunächst **alle im BGB geregelten Ansprüche**, unabhängig davon, ob diese auf Rechtsgeschäft oder Gesetz (z.B. c.i.c. bzw. § 311 Abs. 2, GoA, Delikt oder ungerechtfertigter Bereicherung) beruhen, schuld-, sachen-, familien- oder erbrechtlicher Natur sind (vgl. § 194

---

15 S. den Überblick bei Palandt/*Heinrichs*, 60. Aufl. 2001, vor § 194 Rn 10 ff.
16 Zu diesem Einwand s. BGHZ 93, 64, 66; BGH NJW 1999, 1101, 1104; Palandt/*Heinrichs*, 60. Aufl. 2001, vor § 194 Rn 12; s. ferner BGH VersR 1971, 439 f.; BGH VersR 1977, 617, 619 für einen Anspruch aus Verletzung des Anwaltsvertrages.
17 Palandt/*Heinrichs*, vor § 194 Rn 16; Jauernig/*Jauernig*, § 194 Rn 8, §§ 214–217 Rn 2; *Mansel*, NJW 2002, 89, 98; *Mansel/Budzikiewicz*, Das neue Verjährungsrecht, 2002, § 8 Rn 13; vgl. auch MüKo/*Grothe*, vor § 194 Rn 20, § 203 Rn 4.
18 Palandt/*Heinrichs*, vor § 194 Rn 16.
19 Verzichtet der Schuldner auf die Erhebung der Verjährungseinrede vor Verjährungseintritt, kann die Abrede neben § 202 Abs. 2 u.U. auch die Voraussetzungen des § 203 S. 1 erfüllen und damit zu einer Hemmung führen. Insofern ist die zu § 852 Abs. 2 a.F. ergangene Rspr. übertragbar, nach der ein Einredeverzicht zugleich als Verhandeln i.S.d. § 852 Abs. 2 a.F. bewertet werden konnte, wenn der Verpflichtete den Eindruck erweckte, er lasse sich auf Diskussionen über die Berechtigung des Anspruchs ein; vgl. BGH NJW 2004, 1654 f. (Einredeverzicht durch den Haftpflichtversicherer).
20 S. auch MüKo/*Grothe*, vor § 194 Rn 20 f.; Palandt/*Heinrichs*, vor § 194 Rn 17; Erman/*Hohloch*, § 242 Rn 202; Jauernig/*Jauernig*, §§ 214–217 Rn 2; Jauernig/*Mansel*, § 242 Rn 51.
21 In deutscher Sprache veröffentlicht in ZEuP 2003, 895 ff. Art. 14:304 PECL entspricht Art. 17:108 PECL der vorherigen Fassung, abgedruckt in ZEuP 2001, 400, 401.
22 Krit. hinsichtlich der kurzen Frist in § 203 S. 2 *Leenen*, DStR 2002, 34, 41.
23 Vgl. Palandt/*Heinrichs*, § 203 Rn 1; Soergel/*Niedenführ*, § 203 Rn 3; Erman/*Schmidt-Räntsch*, § 203 Rn 1, 3.

Rn 8),[24] der Regelverjährung unterfallen oder nach einer speziellen Frist verjähren[25] (z.B. §§ 196, 197, 438, 479, 548, 634a, 1057 oder 2332). Bedeutung zukommen kann der Regelung des § 203 darüber hinaus aber auch bei **sondergesetzlich geregelten Ansprüchen**. Grundsätzlich unproblematisch ist dies der Fall, sofern hinsichtlich der Verjährung ausdrücklich auf die §§ 194 ff. verwiesen wird (siehe die Beispiele bei § 195 Rn 17). Zu beachten ist dabei allerdings, dass die Anwendung der Hemmungsvorschriften (und damit auch des § 203) z.T. für geringfügige Ansprüche eingeschränkt ist (vgl. § 5 Abs. 3 S. 4 GKG, § 17 Abs. 3 S. 3 KostO, § 8 Abs. 3 S. 4 GvKostG, § 2 Abs. 4 S. 2 JVEG i.V.m. § 5 Abs. 3 S. 4 GKG: Bei Beträgen unter 25 EUR wird die Verjährung nicht gehemmt.). Vollständig ausgeschlossen wird die Anwendung der allgemeinen Hemmungstatbestände in § 759 Abs. 3 S. 2 HGB.[26]

Fehlt es bei außerhalb des BGB geregelten Ansprüchen sowohl an einer dem § 203 vorgehenden speziellen Hemmungsregelung als auch an einer ausdrücklichen Bezugnahme auf die §§ 203 ff., werden Letztere im Rahmen der Lückenfüllung regelmäßig entsprechend herangezogen (siehe hierzu auch § 195 Rn 18). Die Analogie schließt dann § 203 mit ein.

11 Die Anwendbarkeit des § 203 ist nicht auf zivilrechtliche Ansprüche beschränkt. Soweit die Vorschriften des allgemeinen Verjährungsrechts auch auf **öffentlich-rechtliche Ansprüche** erstreckt werden – sei es infolge ausdrücklicher Verweisung (vgl. § 62 S. 2 VwVfG[27]), sei es durch richterrechtlich legitimierte Analogie (vgl. § 194 Rn 16) – kommt im Falle von Verhandlungen der Hemmungstatbestand gleichfalls zum Tragen.[28]

12 Über § 939 Abs. 1 erstreckt sich die Wirkung des § 203 auch auf die **Ersitzung**. Ist der Herausgabeanspruch gegen den Eigenbesitzer oder den sein Besitzrecht von diesem ableitenden Besitzmittler durch Verhandlungen gem. § 203 gehemmt, wird zugleich das Ende der Ersitzungszeit (§ 937 Abs. 1) entsprechend hinausgeschoben.

II. Verhandlungen über den Anspruch (S. 1)

13 **1. Gegenstand der Verhandlungen.** § 203 hemmt die Verjährung, wenn zwischen Gläubiger und Schuldner Verhandlungen über den Anspruch oder die den Anspruch begründenden Umstände schweben. Der **Umfang der Hemmungswirkung** richtet sich dabei nach dem von den Parteien bestimmten Gegenstand der Verhandlungen. Fehlt es an einer ausdrücklichen Bestimmung der Ansprüche oder Anspruchsteile, die von der Hemmung erfasst sein sollen, ist durch **Auslegung** der Verhandlungserklärungen zu ermitteln, welche Ansprüche der Verhandlungsgegenstand einbeziehen soll.[29] Im Zweifel sind alle Ansprüche Gegenstand der Verhandlung, die aus dem Lebenssachverhalt, über den diskutiert wird, erwachsen und die auf dasselbe oder ein vergleichbares Gläubigerinteresse gerichtet sind, über dessen Befriedigung durch den Schuldner verhandelt wird.[30] Missverständlich ist in diesem Zusammenhang die Formulierung von *Peters*, nach der von der Hemmungswirkung des § 203 *alle Rechte* erfasst werden, die sich aus dem Lebenssachverhalt herleiten, d.h. auch Rücktritts- und Minderungsrechte.[31] Tatsächlich hat die Hemmung jedoch nur indirekt Auswirkungen auf diese Gestaltungsrechte. Soweit in § 218 die Durchsetzbarkeit des Rücktritts- bzw. (i.V.m. §§ 438 Abs. 5, 634a Abs. 5) des Minderungsrechts von der Verjährung des Leistungs- oder Nacherfüllungsanspruchs abhängt, führen Verhandlungen der Parteien lediglich zu einer Hemmung der Verjährung Letzterer. Wird dadurch der Eintritt der Verjährung hinausgezögert, kann der Schuldner die Einrede des § 218 Abs. 1 S. 1 nicht vor Ablauf der gehemmten Verjährungsfrist erheben. Streitig ist, ob auch die durch den Rücktritt begründeten Ansprüche nur innerhalb der Frist geltend gemacht werden können, die für den (Nach-)Erfüllungsanspruch maßgebend ist.[32]

14 Die Gesetzesbegründung geht zu Recht davon aus, dass bei Verhandlungen über einen vertraglichen Anspruch in der Regel auch möglicherweise konkurrierend oder alternativ gegebene Ansprüche aus Delikt oder

---

24 Erman/*Schmidt-Räntsch*, § 203 Rn 3.
25 Staudinger/*Peters*, § 203 Rn 5.
26 Der pauschale Verweis in der Lit., § 203 fände uneingeschränkt auf alle Ansprüche Anwendung (so Bamberger/Roth/*Spindler*, § 203 Rn 2), ist daher zu weitgehend.
27 S. zu der Annahme einer dynamischen Verweisung in § 62 VwVfG auf die neuen Verjährungsregelungen des BGB auch *Guckelberger*, Die Verjährung im Öffentlichen Recht, 2004, S. 617 f. Soweit die dem § 62 S. 2 VwVfG entsprechenden Regelungen der Landesgesetze auf die Vorschriften des BGB verweisen, hält *Guckelberger* diese allerdings für verfassungswidrig und votiert für die Fortgeltung der §§ 194 ff. a.F.; *Guckelberger*, a.a.O., S. 634 f.
28 Palandt/*Heinrichs*, § 203 Rn 1; *Stumpf*, NVwZ 2003, 1198, 1201 f. Kritisch hinsichtlich einer pauschalen Übernahme des § 203 in das Verwaltungsrecht, vor allem in den Bereichen der klassischen Hoheitsverwaltung, *Guckelberger*, a.a.O., 600.
29 Palandt/*Heinrichs*, § 203 Rn 3; *Krämer*, ZAP 2004, 117, 118; Erman/*Schmidt-Räntsch*, § 203 Rn 6.
30 AnwK-SchuldR/*Mansel*, § 203 Rn 3; ebenso MüKo/*Grothe*, § 203 Rn 7; Palandt/*Heinrichs*, § 203 Rn 3; Erman/*Schmidt-Räntsch*, § 203 Rn 6.
31 Staudinger/*Peters*, § 203 Rn 15.
32 Vgl. hierzu ausf. *Mansel/Budzikiewicz*, Jura 2003, 1, 9.

absolutem Recht Gegenstand der Verhandlungen sind.[33] Unter dem Begriff des Anspruchs in § 203 ist nicht die einzelne materiell-rechtliche Anspruchsgrundlage, sondern das aus dem Lebenssachverhalt hergeleitete Begehren auf Befriedigung eines Interesses zu verstehen.[34] Sollten die Parteien den Sachverhalt irrtümlich unter eine falsche Anspruchsgrundlage subsumiert haben, ist dies unbeachtlich; gehemmt ist in diesem Fall der tatsächlich gegebene Anspruch.[35] Das Begehren braucht weder besonders konkretisiert noch beziffert zu sein, wie aus der Formulierung „oder die den Anspruch begründenden Umstände" folgt.[36] Unschädlich ist daher, wenn im Zeitpunkt der Verhandlungen noch nicht alle Schadensteile benannt werden können.[37] Die Hemmungswirkung tritt auch für künftige Schädigungsfolgen ein – vorausgesetzt, die Verjährung ist hinsichtlich dieser überhaupt schon angelaufen (vgl. in diesem Zusammenhang den von der Rechtsprechung entwickelten Grundsatz der Schadenseinheit; § 199 Rn 19 ff.). Letztlich wird hier eine **parallele Wertung zu § 199 Abs. 1** gezogen werden können. Sind die Voraussetzungen erfüllt, die § 199 Abs. 1 Nr. 1 an die Entstehung eines Anspruchs knüpft (vgl. § 199 Rn 16 ff.) und haben Gläubiger und Schuldner Kenntnis von den den Anspruch begründenden Umständen (§ 199 Abs. 1 Nr. 2; vgl. § 199 Rn 27 ff.), ist die Verjährung – unabhängig davon, ob sich diese nach §§ 195, 199 oder nach einer Sonderregelung richtet – in dem Umfang gehemmt, in dem der Anspruch i.S.d. § 199 Abs. 1 Nr. 1 entstanden ist.

Haben die Parteien ausnahmsweise nur über einen **abtrennbaren Teil** des streitigen Anspruchs verhandelt (z.B. nur über die Höhe des Schmerzensgeldes, nicht aber über den Anspruch auf Ersatz der Behandlungskosten oder auf Rentenansprüche wegen Erwerbsminderung), ist die Hemmungswirkung auf diesen beschränkt; im Übrigen läuft die Frist weiter. Als Ausnahme zu der prinzipiell umfassenden Hemmung aller Einzelansprüche ist eine derartige Beschränkung allerdings nur dann anzunehmen, wenn der dahin gehende Wille des Schuldners eindeutig zu belegen ist.[38] Keine Einschränkung der Hemmungswirkung liegt grds. vor, wenn Pflichtversicherer und Geschädigter Regulierungsverhandlungen führen; hier ist auch der Anspruch gegen den versicherten Schädiger, auf den sich die Hemmungswirkung *qua lege* erstreckt (vgl. § 3 Nr. 3 S. 4 PflVG) in vollem Umfang, nicht nur bis zur Höhe der Deckungssumme gehemmt.[39]

15

Ist der Verjährungsverlauf für Ansprüche gegen verschiedene Schuldner nicht ausnahmsweise aneinander gekoppelt (z.B. nach § 3 Nr. 3 S. 4 PflVG,[40] § 129 Abs. 1 HGB[41]), gilt für die Verjährung bei einer Gesamtschuld der **Grundsatz der Einzelwirkung** (§ 425). Die Hemmung gem. § 203 kommt daher nur für den Schuldner zum Tragen, der die Verhandlungen führt.[42] Ebenfalls nur singuläre Konsequenzen haben die Verhandlungen zwischen Berechtigtem und Verpflichtetem im Fall der Gesamtgläubigerschaft (§ 428) sowie in den von § 432 erfassten Fällen (vgl. §§ 429 Abs. 3 S. 1, 432 Abs. 2).[43] Die Verhandlung hemmt hier nur die Verjährung des Anspruchs des agierenden Gläubigers.

16

Zur Anwendbarkeit des § 213 auf die (Ablauf-)Hemmung nach § 203 siehe § 213 Rn 5.

17

2. Begriff der Verhandlungen. a) Allgemeines. Die zur Verjährungshemmung führenden Verhandlungen müssen zwischen dem Schuldner und dem Gläubiger oder ihren Vertretern[44] schweben. Der Terminus der „schwebenden Verhandlungen" entspricht dem des § 852 Abs. 2 a.F.; er ist **weit zu verstehen**.[45] Auf das

18

---

33 S. BT-Drucks 14/6040, S. 112. Vgl. hierzu auch die alte Rspr. zu § 852 Abs. 2 a.F., nach der im Fall der Verhandlungen über deliktische Ansprüche auch die Verjährung konkurrierender vertraglicher Schadensersatzansprüche gehemmt wurde; so BGHZ 93, 64, 69; BGH NJW 1998, 1142.
34 S. BT-Drucks 14/6040, S. 112.
35 Vgl. Erman/*Schmidt-Räntsch*, § 203 Rn 6.
36 S. BT-Drucks 14/6040, S. 112.
37 Staudinger/*Peters*, § 203 Rn 14.
38 Bejaht von BGH NJW 1998, 1142 (zu § 852 Abs. 2 a.F.): Beschränkung der Verhandlungen zwischen Schädiger und Geschädigtem auf den Teil des Schadens, für den keine Deckung von der Versicherung erlangt wird; abgelehnt von BGH VersR 1985, 1141, 1142 (zu § 3 Nr. 3 S. 3 PflVG): Anmeldung des Schadens bei der Versicherung ist grds. nicht auf einzelne Ansprüche beschränkt; OLG Rostock OLG-NL 2001, 172, 173: fehlende Angabe des Schädigers im Betreff der Korrespondenz zwischen Haftpflichtversicherung des Arbeitgebers des Schädigers und Krankenversicherung des Geschädigten führt nicht zu einer Beschränkung der Hemmungswirkung.

39 BGHZ 83, 162, 166 ff.
40 BGHZ 83, 162, 166 ff.; BGH VersR 1985, 1141, 1142; Palandt/*Heinrichs*, § 203 Rn 3; Bamberger/Roth/*Spindler*, § 203 Rn 6; vgl. auch OLG Rostock OLG-NL 2001, 172, 173 (zu § 852 Abs. 2 a.F.): Verhandlungen der Krankenversicherung einer in einem Alten- und Pflegeheim untergebrachten und dort durch eine Angestellte verletzten Patientin mit der Haftpflichtversicherung des Heimträgers hemmen auch die Ansprüche gegen die Angestellte.
41 Staudinger/*Peters*, § 203 Rn 6.
42 MüKo/*Grothe*, § 203 Rn 7; Mansel/Budzikiewicz, Das neue Verjährungsrecht, 2002, § 3 Rn 49; Staudinger/*Peters*, § 203 Rn 6; Bamberger/Roth/*Spindler*, § 203 Rn 6.
43 Staudinger/*Peters*, § 203 Rn 6.
44 Vgl. hierzu Staudinger/*Peters*, § 203 Rn 9; Erman/*Schmidt-Räntsch*, § 203 Rn 7.
45 Palandt/*Heinrichs*, § 203 Rn 2; Mankowski/Höpker, MDR 2004, 721, 722; Soergel/*Niedenführ*, § 203 Rn 4; Erman/*Schmidt-Räntsch*, § 203 Rn 4; Bamberger/Roth/*Spindler*, § 203 Rn 4.

Fallmaterial zur Auslegung des Begriffs im Rahmen des § 852 Abs. 2 a.F. kann bei der Auslegung des § 203 zurückgegriffen werden.[46]

19 Für die Annahme schwebender Verhandlungen i.S.d. § 203 S. 1 genügt **jeder Meinungsaustausch** über den Anspruch oder die ihn begründenden Umstände, sofern der Schuldner nicht sofort und eindeutig jede Anspruchserfüllung ablehnt.[47] Verhandlungen schweben schon dann, wenn der Schuldner Erklärungen abgibt, die dem Gläubiger die Annahme gestatten, der Schuldner lasse sich auf Erörterungen über die Berechtigung des Anspruchs ein. Nicht erforderlich ist, dass dabei eine Vergleichsbereitschaft oder eine Bereitschaft zum Entgegenkommen signalisiert wird.[48] Verhandelt werden kann **auch mündlich**; eine besondere Form der Verhandlungsakte ist nicht vorgeschrieben.[49] Selbst schlüssiges Handeln kann den Voraussetzungen des § 203 S. 1 genügen.[50]

20 Wird zuerst der **Ersatz eindeutig abgelehnt**, aber zu einem späteren Zeitpunkt dann doch mit Verhandlungen begonnen, so ist für den Beginn der Hemmungswirkung nach § 203 S. 1 der spätere Zeitpunkt entscheidend.[51] Gleiches gilt, wenn bereits **beendete Verhandlungen** nach einiger Zeit **erneut geführt** werden; in diesem Fall wird die nach dem Ende der ersten Verhandlungen fortlaufende Verjährungsfrist mit der Aufnahme der neuen Verhandlungen *ex nunc* ein zweites Mal gehemmt.[52]

21 Einzelfälle: Ein ausreichendes Verhandeln – nicht eine Ablehnung der Anspruchserfüllung – liegt beispielsweise vor, wenn der Schuldner erklärt, er sei zur **Aufklärung des** von dem Gläubiger angesprochenen **Sachverhalts** bereit, doch setze das voraus, dass der Gläubiger den dem Anspruch zugrunde liegenden Sachverhalt im Detail schildere und belege; erst dann seien sachdienliche Auskünfte des Schuldners möglich. Pauschale Vorwürfe würden zurückgewiesen.[53] Dementsprechend zieht bereits die **Vereinbarung eines Termins zur sachlichen Erörterung** die Hemmung der Verjährung nach sich.[54] Auch die Bereitschaft des Schuldners, seinen Standpunkt, der Anspruch sei verjährt, in einer Sammelbesprechung zu erläutern, kann die Voraussetzungen des § 203 S. 1 erfüllen.[55]

22 Gleichfalls als Verhandlung zu werten ist die Erklärung des Verpflichteten, er werde nach Abschluss eines bestimmten Verfahrens **unaufgefordert auf die Sache zurückkommen**.[56] Anders jedoch, wenn der Schuldner nach Ablehnung einer Einstandspflicht darum bittet, den Vorgang kurzfristig wegen eines anhängigen Rechtsstreits zurückzustellen, und er dem Gläubiger anbietet, diesen über den Ausgang des Verfahrens zu informieren.[57]

Ausreichend ist hingegen, dass sich der **Schuldner** selbst **an den Gläubiger wendet** und nachfragt, ob bzw. welche Ansprüche geltend gemacht werden, ohne zugleich eine Einstandspflicht von vornherein abzulehnen.[58] Gleiches gilt, wenn der Gläubiger auf Initiative des Schuldners hin mitteilt, er stufe das Bestehen eines Anspruchs als ernsthaft in Betracht kommend ein, er werde sich aber zu dem Anspruch erst nach Abschluss staatsanwaltlicher Ermittlungen äußern.[59]

23 Hat der Schuldner allerdings die Anspruchserfüllung zunächst eindeutig abgelehnt, dann liegt **kein erneutes Verhandeln** vor, wenn er auf die **Gegenvorstellung** des Gläubigers lediglich zurückhaltend erwidert, dass

---

[46] Soergel/*Niedenführ*, § 203 Rn 4; *Weyer*, NZBau 2002, 366, 368.
[47] BGH NJW 2004, 1654; 2001, 885, 886; NJW-RR 2001, 1168, 1169; VersR 2001, 1167; NJW 1998, 730 u. 2819; NJW-RR 1991, 475.
[48] BGH NJW 2004, 1654 f.; NJW-RR 2001, 1168, 1169; VersR 2001, 1167; NJW 2001, 885 u. 1723; Palandt/*Heinrichs*, § 203 Rn 2; *Mankowski/Höpker*, MDR 2004, 721, 722; Bamberger/Roth/*Spindler*, § 203 Rn 4.
[49] *Mankowski/Höpker*, MDR 2004, 721, 722; *Krämer*, ZAP 2004, 117, 118; Staudinger/*Peters*, § 203 Rn 10.
[50] Staudinger/*Peters*, § 203 Rn 10.
[51] Vgl. hierzu auch OLG Düsseldorf, Urt. v. 29.10.2001 – 1 U 39/01 JURIS-Dok.-Nr. KORE554792002: Nach Ablehnung der gem. § 3 Nr. 3 S. 3 PflVG angemeldeten Ansprüche werden doch noch Regulierungsverhandlungen aufgenommen. Die Verjährungshemmung richtet sich jetzt nicht mehr nach § 3 Nr. 3 PflVG, sondern nach § 852 Abs. 2 a.F.; bestätigt durch BGH VersR 2003, 99, 100 (§ 3 Nr. 3 S. 3 PflVG kommt nur bei erstmaliger Geltendmachung von Ansprüchen aus einem Unfall gegenüber dem Pflichtversicherer zur Anwendung; bei erneuten Verhandlungen ist § 852 Abs. 2 a.F. maßgeblich); krit. *Reiff*, LMK 2003, 99 f.
[52] Palandt/*Heinrichs*, § 203 Rn 2; *Kniffka/Koeble*, Kompendium des Baurechts, 2. Aufl. 2004, Rn 118; Staudinger/*Peters*, § 203 Rn 12; Erman/*Schmidt-Räntsch*, § 203 Rn 5. Differenzierend Bamberger/Roth/*Spindler*, § 203 Rn 5 (bei unmittelbarem zeitlichem Zusammenhang beginnt die Hemmung im Zeitpunkt der ersten Verhandlungen); dagegen zu Recht *Mankowski/Höpker*, MDR 2004, 721, 723.
[53] BGH NJW-RR 2001, 1168, 1169; MüKo/*Grothe*, § 203 Rn 5; *Mankowski/Höpker*, MDR 2004, 721, 723; vgl. auch Erman/*Schmidt-Räntsch*, § 203 Rn 4.
[54] *Mankowski/Höpker*, MDR 2004, 721, 722.
[55] BGH NJW 1997, 3447, 3448 f.
[56] BGH VersR 1975, 440, 441; OLG Saarbrücken VersR 1990, 1024, 1025; MüKo/*Grothe*, § 203 Rn 5; Bamberger/Roth/*Spindler*, § 203 Rn 4.
[57] OLG Saarbrücken VersR 1990, 1024, 1025.
[58] BGH NJW 2001, 1723.
[59] BGH VersR 2001, 1167 f.; *Mankowski/Höpker*, MDR 2004, 721, 723.

er derzeit keine Veranlassung zur erneuten Anspruchsprüfung sehe, sich aber einer solchen Prüfung künftig nicht verschließen werde, wenn ihm noch weitere Tatsachen und Beweismittel zugänglich gemacht würden.[60]

Sind die Parteien dazu **verpflichtet, Verhandlungen zu führen**, so ist die Verjährung nach § 203 bereits dann gehemmt, wenn der Verpflichtete zur Aufnahme der Verhandlungen aufgefordert oder die Durchführung eines Mediationsverfahrens vorgeschlagen wird. Die Hemmung dauert an, bis der Schuldner zu erkennen gibt, dass er seiner Verhandlungspflicht nicht nachkommen wird. Liegt eine **Mediationsklausel** vor, genügt die Einleitung des Verfahrens, um die Voraussetzungen des § 203 S. 1 zu erfüllen.[61]

Erklärt sich der Verpflichtete damit einverstanden, eine **ärztliche Schlichtungsstelle einzuschalten**, ist nach § 203 S. 1 der Anspruch bis zum Abschluss des Schlichtungsverfahrens gehemmt.[62] Wird dann die Bekanntgabe des Güteantrages veranlasst, tritt neben die Hemmung nach § 203 zugleich jene nach § 204 Abs. 1 Nr. 4. Die beiden Hemmungstatbestände stehen nicht in einem Konkurrenzverhältnis, sondern können nebeneinander zur Anwendung gebracht werden.[63]

Verjährungshemmende Verhandlungen können auch durch den **Verzicht auf die Einrede der Verjährung** aufgenommen werden. Bittet der Gläubiger zunächst lediglich darum, auf die Verjährungseinrede zu verzichten ohne zugleich konkrete Ansprüche geltend zu machen, und geht der Schuldner hierauf ein, führt bereits der Verjährungsverzicht zu einer Hemmung, wenn der Berechtigte zu der Annahme gelangen durfte, dass mögliche Ansprüche geprüft werden und über diese verhandelt werden wird.[64] Zur Frage der Anwendbarkeit des § 203 im Falle von unter altem Recht abgegebenen und nach § 225 S. 1 a.F. nichtigen Verzichtserklärungen siehe Art. 229 § 6 EGBGB Rn 55, 47 ff.

Kein Verhandeln i.S.d. § 203 S. 1, jedoch evtl. ein Fall des § 212 Abs. 1 Nr. 1, der zum Neubeginn der Verjährung führt, sind hingegen die Stundung (hier ggf. auch Hemmung nach § 205), Abschlagszahlung, Zinszahlung, Sicherheitsleistung und jedes andere **Anerkenntnis**.[65]

Auch in der **(schriftlichen oder mündlichen) Anspruchserhebung** durch den Gläubiger allein liegt kein ausreichendes Verhandeln, da für dessen Annahme stets eine Entgegnung des Schuldners erforderlich ist, die über die bloße Erfüllungsverweigerung hinausgeht (zu speziellen Hemmungstatbeständen der Anspruchserhebung siehe Rn 7).[66] Sowohl die strikte Ablehnung der Anspruchserfüllung (unabhängig davon, ob diese begründet wird[67]) als auch bloßes Schweigen der anderen Seite verhindern daher grds. die Aufnahme verjährungshemmender Verhandlungen (zum Sonderfall einer Verhandlungspflicht siehe aber Rn 24).[68] Gleiches gilt, wenn auf eine nicht näher konkretisierte Regressanzeige lediglich eine **standardisierte Eingangsbestätigung** zurückgesandt wird.[69]

b) § 203 als partielle Nachfolgenorm des § 639 Abs. 2 a.F. Unterzieht sich der Unternehmer im Einverständnis mit dem Besteller der Prüfung des Vorhandenseins eines Werkmangels oder der Beseitigung des Mangels, so ist darin nach dem Willen des Gesetzgebers[70] ebenfalls ein Verhandeln im Sinne des § 203 zu sehen.[71] Im bisherigen Recht hatte § 639 Abs. 2 a.F. einen entsprechenden speziellen Hemmungstatbestand vorgesehen (vgl. auch Rn 1). Die Vorschrift wurde aufgehoben. Der Gesetzgeber geht davon aus, dass § 203 diese Lücke schließt.

---

60 OLG Köln NJW-RR 2000, 1411 (zu § 651g Abs. 2 a.F.); vgl. hierzu auch *Mankowski/Höpker*, MDR 2004, 721, 723.
61 Ausf. hierzu *Eidenmüller*, SchiedsVZ 2003, 163, 167; ebenfalls Palandt/*Heinrichs*, § 203 Rn 2.
62 OLG Naumburg OLG-NL 2002, 241, 245 (zu § 852 Abs. 2 a.F.); OLG Zweibrücken NJW-RR 2001, 667, 670 (zu § 852 Abs. 2 a.F.); Bamberger/Roth/*Spindler*, § 203 Rn 4.
63 *Eidenmüller*, SchiedsVZ 2003, 163, 166; *Friedrich*, MDR 2004, 481, 483; MüKo/*Grothe*, § 203 Rn 6; Staudinger/*Peters*, § 203 Rn 3; a.A. Erman/*Schmidt-Räntsch*, § 203 Rn 4 (Verhandlungen vor einer ärztlichen Schieds- oder Gutachtenstelle fallen nicht unter § 203, sondern werden ausschließlich von § 204 Abs. 1 Nr. 4 erfasst); *Wagner*, ZKM 2002, 103, 107.
64 BGH NJW 2004, 1654, 1655 (zu § 852 Abs. 2 a.F.).
65 Ebenso *Mankowski/Höpker*, MDR 2004, 721, 723.
66 *Mankowski/Höpker*, MDR 2004, 721, 722 (außergerichtliche Aufforderung zur Nacherfüllung hemmt nicht); Staudinger/*Peters*, § 203 Rn 7 (keine Hemmung durch Mahnung). A.A. *Reinking*, ZGS 2002, 140, 143.
67 Erman/*Schmidt-Räntsch*, § 203 Rn 4.
68 Henssler/von Westphalen/*Bereska*, Praxis der Schuldrechtsreform, 2. Aufl. 2003, § 203 Rn 3 f.; *Mankowski/Höpker*, MDR 2004, 721, 722.
69 Palandt/*Heinrichs*, § 203 Rn 2; *Mankowski/Höpker*, MDR 2004, 721, 722; Erman/*Schmidt-Räntsch*, § 203 Rn 4.
70 BT-Drucks 14/6040, S. 111, 267.
71 Krit. zu dieser Annahme: *Dauner-Lieb*, Stellungnahme zum Entwurf eines Gesetzes zur Modernisierung des Schuldrechts, B.II.5., abrufbar unter: http://www.uni-koeln.de/jur-fak/lbrah/Publ_pdf/stellungnahme.pdf.

30 Es besteht jedenfalls weitgehend Einigkeit, dass die bisher unter § 639 Abs. 2 a.F. fallenden Sachverhalte auch nach neuem Recht eine Hemmung begründen sollen. Man wird die Annahme des Gesetzgebers teilen und im Regelfall die Zusage einer **Mängelprüfung** durch den Unternehmer oder Verkäufer einschließlich der Mängelprüfung selber (ggf. auch unter Einholung eines Gutachtens[72]) als Verhandeln i.S.d. § 203 S. 1 qualifizieren können.[73] Denn der Begriff des Verhandelns ist weit zu verstehen. Ein (stillschweigendes) Verhandeln liegt bereits vor, wenn das Schuldnerverhalten bei dem Gläubiger den Eindruck erweckt, der Schuldner lasse sich auf Erörterungen über die Berechtigung des Anspruchs ein (vgl. Rn 18 f.).

Sollte § 203 in einem solchen Fall ausnahmsweise nicht eingreifen, kommt eine **stillschweigende Verjährungsabrede** nach § 202 in Betracht mit dem Inhalt, dass die Verjährung während der Mängelprüfung durch den Unternehmer bis zur Mitteilung des Ergebnisses der Prüfung gehemmt ist. Dabei ist für das Ende der Hemmung auf den Zugang der Mitteilung beim Besteller abzustellen.

Nicht als Verhandeln gewertet werden kann hingegen die **bloße Mängelrüge** durch den Besteller.[74] Gleiches gilt, wenn der Mangel vom Schuldner (z.B. Tragwerksplaner) zwar **besichtigt** wird, dieser jedoch keine Anstrengungen unternimmt, zur Aufklärung der Mängelursache beizutragen.[75]

31 Ein Verhandeln i.S.d. § 203 kann im Regelfall auch dann angenommen werden, wenn sich die Parteien auf die **Durchführung eines Nachbesserungsversuchs** einigen, denn der Unternehmer lässt sich dadurch – ähnlich wie bei einer Mängeluntersuchung – auf eine Diskussion über anspruchsbegründende Tatsachen ein.[76] Das genügt für ein Verhandeln i.S.d. § 203 (siehe Rn 19, 30). Im bisherigen Recht jedenfalls war die Hemmung infolge einer analogen Anwendung des § 639 Abs. 2 a.F. anerkannt.[77]

32 Sollte eine solche Einordnung als Verhandlung im Einzelfall nicht möglich sein, so ist in aller Regel von einer **stillschweigend vereinbarten Verjährungshemmung** (§ 202) der Mängelgewährleistungsansprüche für die Zeit der Durchführung eines Nachbesserungsversuchs ab Einigung über die Durchführung des Versuchs auszugehen. Denn beide Parteien wollen und können redlicherweise aus der Durchführung der Nachbesserungsversuche keine für den Gläubiger nachteiligen Verjährungsfolgen ableiten.

Ausnahmsweise kann in der Vornahme der Nachbesserungsversuche auch ein **Anerkenntnis** i.S.d. § 212 Abs. 1 Nr. 1 liegen, das dann zu einem Verjährungsneubeginn führt (vgl. § 212 Rn 13).[78] In diesem Fall kumulieren Neubeginn und Hemmung: Die infolge des Anerkenntnisses neu in Lauf gesetzte Verjährungsfrist wird aufgrund der Einigung über die Durchführung einer Nacherfüllung zugleich unmittelbar gem. § 203 gehemmt. Die Hemmung dauert an bis zum Ende der Verhandlungen (siehe hierzu Rn 38 ff.); danach steht dem Gläubiger erneut die gesamte Frist zur Verfügung.[79] Letztlich wird ein Anerkenntnis jedoch nur dann anzunehmen sein, wenn der Schuldner tatsächlich davon ausgeht, dass der Gläubiger einen Anspruch auf Nacherfüllung gem. § 437 Nr. 1 bzw. § 634 Nr. 1 besitzt und dies auch zum Ausdruck bringt.[80] Geht der In-Anspruch-Genommene auf das Nacherfüllungsverlangen lediglich aus Gefälligkeit und ohne Anerkennung

---

72 *Kniffka/Koeble*, Kompendium des Baurechts, 2. Aufl. 2004, Rn 116; Soergel/*Niedenführ*, § 203 Rn 5 (Beginn der Hemmung bereits mit der Einigung, einen Gutachter beizuziehen, nicht erst mit dem Zugang des Gutachtens beim Unternehmer).
73 Ausf. hierzu *Weyer*, NZBau 2002, 366, 369; vgl. ferner Henssler/von Westphalen/*Bereska*, Praxis der Schuldrechtsreform, 2. Aufl. 2003, § 203 Rn 10; Palandt/*Heinrichs*, § 203 Rn 2; *Mankowski/Höpker*, MDR 2004, 721, 723; Soergel/*Niedenführ*, § 203 Rn 5; Bamberger/Roth/*Spindler*, § 203 Rn 4. A.A. *Schwenker*, EWiR 2002, 331, 332.
74 *Kniffka/Koeble*, Kompendium des Baurechts, 2. Aufl. 2004, Rn 116.
75 BGH NJW 2002, 288, 289 sowie unter Hinw. auf diese Entscheidung Palandt/*Heinrichs*, § 203 Rn 2; Soergel/*Niedenführ*, § 203 Rn 5; *Weyer*, NZBau 2002, 366, 369.
76 Palandt/*Heinrichs*, § 203 Rn 2; *Reinking*, ZGS 2002, 140, 143; Bamberger/Roth/*Spindler*, § 203 Rn 4; *Wagner*, ZIP 2002, 789, 794; *Weyer*, NZBau 2002, 366, 369; vgl. auch Dauner-Lieb/Arnold/Dötsch/Kitz/*Arnold*, Fälle zum Neuen Schuldrecht, 2002, S. 329; *ders.*, ZGS 2002, 438, 440; *Auktor*, NJW 2003, 120, 122, die zwar die Annahme von Verhandlungen ablehnen, jedoch für eine analoge Anwendung des § 203 eintreten. A.A. *Schwenker*, EWiR 2002, 331, 332.
77 BGH NJW 1999, 2961; Palandt/*Putzo*, 60. Aufl. 2001, § 477 Rn 17; Palandt/*Sprau*, 60. Aufl. 2001, § 639 Rn 6.
78 *Kniffka/Koeble*, Kompendium des Baurechts, 2. Aufl. 2004, Rn 116.
79 Vgl. Staudinger/*Peters*, § 203 Rn 2; *Weyer*, NZBau 2002, 366, 370.
80 *Arnold*, ZGS 2002, 438, 440; Staudinger/*Peters*, § 203 Rn 2; *Weyer*, NZBau 2002, 366, 370.

einer Rechtspflicht ein, kommt ein Anerkenntnis nicht in Betracht;[81] die Nacherfüllung kann hier nur zu einer Hemmung gem. § 203 führen.[82]

Keine Hemmungswirkung kommt der schlichten **Aufforderung zur Nacherfüllung** zu.[83] Solange sich der (vermeintliche) Schuldner nicht mit einem Nachbesserungsversuch einverstanden erklärt, handelt es sich bei dem Begehren des Gläubigers lediglich um eine einseitige Anspruchserhebung, die noch kein Verhandeln darstellt (vgl. Rn 28). 33

c) § 203 als Nachfolgenorm zu § 651g Abs. 2 S. 3. Die Geltendmachung des Gewährleistungsanspruchs durch den Reisenden führte unter altem Recht nach dem aufgehobenen § 651g Abs. 2 S. 3 a.F. zu einer Hemmung. Im neuen Recht begründen die von dieser Vorschrift bisher erfassten Tatbestände nur noch unter den Voraussetzungen des § 203 S. 1 die Hemmung der Verjährung. Der Gesetzgeber ging davon aus, dass der neue Hemmungstatbestand in den Fällen des früheren § 651g Abs. 2 S. 3 a.F. stets erfüllt sein wird.[84] Das ist aber nicht zwingend so, da nach § 651g Abs. 2 S. 3 a.F. bereits die bloße Geltendmachung des Anspruchs durch den Reisenden die Hemmung auslöste. § 203 setzt demgegenüber eine inhaltliche (siehe Rn 28) Äußerung des Reiseveranstalters voraus. Erst dann liegt ein Verhandeln im Sinne des § 203 S. 1 vor. Die **Regelung stellt den Reisenden** daher **schlechter**, als dies vor Aufhebung des § 651g Abs. 2 S. 3 a.F. der Fall war. Jedoch wird diese Verschlechterung der Rechtsstellung durch die Verlängerung der Verjährungsfrist von sechs Monaten auf zwei Jahre (§ 651g Abs. 2 S. 1) ausgeglichen. Vor diesem Hintergrund ist die Aufhebung der Norm rechtspolitisch hinnehmbar. Zur Übergangsproblematik siehe Rn 47 f. 34

Die Verjährungsfrist des § 651g Abs. 2 S. 1 kann bis auf ein Jahr verkürzt werden (§ 651m S. 2). Bei der Inhaltskontrolle einer entsprechenden Verjährungsverkürzung nach § 307 wird zu berücksichtigen sein, ob dem Reisenden im Ausgleich für die Verkürzung eine gegenüber den Voraussetzungen des § 203 erleichterte Möglichkeit zur Verjährungshemmung allein durch die Mängelrüge (ähnlich § 651g Abs. 2 S. 3 a.F.) eingeräumt wird.[85] 35

III. Rechtsfolgen

1. Beginn und Ende der Hemmung (S. 1). Von dem Beginn der Verhandlungen an bis zur Verweigerung der Fortsetzung der Verhandlungen ist die Verjährung gehemmt. Der Gesetzgeber hat davon abgesehen, besondere Kriterien für den Beginn und das Ende der Verhandlungen (und damit der Hemmungsdauer) aufzustellen, da die Art und Weise, wie über streitige oder zweifelhafte Ansprüche verhandelt werden könne, so vielgestaltig sei, dass sie sich einer weiter gehenden Regelung entziehe.[86] Im Wesentlichen wird daher auch in diesem Punkt auf die zu §§ 639 Abs. 2, 852 Abs. 2 a.F. in Rechtsprechung und Literatur entwickelten Maßstäbe zurückgegriffen werden können. 36

Kommen Verhandlungen i.S.d. § 203 zustande (siehe hierzu Rn 18 ff.), **beginnt** die Hemmung rückwirkend zu dem Zeitpunkt, in dem der Anspruch gegenüber dem Schuldner geltend gemacht wurde[87] oder aber der die Initiative ergreifende Schuldner sich erstmals an den Gläubiger gewandt hat. 37

Mit der ausdrücklichen Erklärung des Gläubigers oder des Schuldners, die Verhandlungen nicht mehr weiterführen zu wollen, **endet** in jedem Fall die Hemmung. Der ausdrücklichen Erklärung steht ein **klares und eindeutiges Verhalten** einer Partei gleich, welches die Verhandlungsbeendigung zum Ausdruck 38

---

81 *Arnold*, ZGS 2002, 438, 440; vgl. auch *Reinking*, ZGS 2002, 140, 144 f.; *Weyer*, NZBau 2002, 366, 370. A.A. *von Westphalen*, ZGS 2002, 19, 21.

82 Ebenso *Kniffka/Koeble*, Kompendium des Baurechts, 2. Aufl. 2004, Rn 116; Staudinger/*Peters*, § 203 Rn 8; vgl. auch zu § 639 Abs. 2 a.F. BGH WM 1977, 823. A.A. Erman/*Schmidt-Räntsch*, § 203 Rn 4 unter Hinw. auf AG Hannover RRa 2001, 225. Die Entscheidung bezieht sich jedoch auf den Sonderfall, dass ein Reiseveranstalter Ansprüche zunächst entsprechend § 651g Abs. 2 S. 3 a.F. zurückgewiesen hatte und erst auf ein erneutes Schreiben des Reisenden mitteilte, er sei bei Anerkennung einer Rechtspflicht bereit, einen bestimmten Betrag zu zahlen. Hier führte die nachträgliche Zahlung nicht zu einer erneuten Hemmung nach § 651g Abs. 2 S. 3 a.F. Ähnlich hat zuletzt der BGH in Bezug auf die Hemmung nach § 3 Nr. 3 S. 3 PflVG entschieden (BGH VersR 2003, 99, 100); danach kommt die Sonderregelung nur bei erstmaliger Geltendmachung von Ansprüchen aus einem Unfall gegenüber dem Pflichtversicherer zur Anwendung; bei erneuten Verhandlungen soll hingegen auf § 852 Abs. 2 a.F. (heute: § 203) abzustellen sein. Da § 852 Abs. 2 a.F. jedoch unter altem Recht auf reisevertragliche Gewährleistungsansprüche keine Anwendung fand, kann der Entscheidung des AG Hannover für die Auslegung des neuen Rechts keine Indizwirkung zukommen.

83 *Mankowski/Höpker*, MDR 2004, 721, 722; *Reinking*, ZGS 2002, 140, 142.

84 BT-Drucks 14/6040, S. 91, 97, 111, 269.

85 So auch *Mankowski/Höpker*, MDR 2004, 721, 724.

86 BT-Drucks 14/6040, S. 112.

87 BGH VersR 1962, 615, 616; *Mankowski/Höpker*, MDR 2004, 721, 724; Staudinger/*Peters*, § 203 Rn 9.

bringt.⁸⁸ Insoweit ist ein strenger Maßstab zugrunde zu legen.⁸⁹ Leugnet der Schuldner zwar, aus dem geltend gemachten Anspruch verpflichtet zu sein, erweckt er beim Gläubiger jedoch den Eindruck, grds. weiterhin an einer gütlichen Einigung interessiert zu sein, und sei es nur aus Kulanz, liegt noch kein Abbruch der Verhandlungen vor.⁹⁰ Haben sich die Parteien indes über das Bestehen oder Nichtbestehen des Anspruchs endgültig geeinigt, ist das Ziel der Verhandlungen erreicht und diese damit grds. beendet.⁹¹ Liegt ein Fall vor, der nach § 639 Abs. 2 a.F. zur Hemmung geführt hat (einverständliche **Mängelprüfung** oder **Mängelbeseitigung**), enden die Verhandlungen allerdings erst dann, wenn der Verkäufer oder der Unternehmer das Ergebnis der Prüfung mitteilt, eine neue Sache liefert bzw. das nachgebesserte Werk zurückgibt und den Mangel für beseitigt erklärt oder die Fortsetzung der Beseitigung verweigert.⁹² Soll das nachgebesserte Werk durch den Besteller abgenommen werden, enden die Verhandlungen mit der Abnahme.⁹³

39 Die Festlegung des Endes von Verhandlungen ist bei einem schlichten **„Einschlafen" der Gespräche** ohne eindeutige Erklärung eines Beteiligten über das Ende seiner Verhandlungsbereitschaft problematisch (vgl. hierzu auch Rn 52).⁹⁴ Das Gesetz verzichtet auf eine gesetzliche Regelung für diesen Fall. In der Gesetzesbegründung wird die Lösung im Einzelfall der Rechtsprechung überlassen, so wie es auch bei dem bisherigen § 852 Abs. 2 der Fall war. Rechtsprechung und Lehre zu § 852 Abs. 2 a.F. sehen für den Fall des „Einschlafens" der Verhandlungsgespräche vor, dass die Hemmung in dem Zeitpunkt endet, in welchem der nächste Verhandlungsschritt nach Treu und Glauben zu erwarten gewesen wäre.⁹⁵ Das gilt ausweislich der Gesetzesbegründung auch für § 203.⁹⁶ Wann mit dem nächsten Schritt zu rechnen gewesen wäre, lässt sich nicht allgemeinverbindlich festlegen. Insofern ist stets auf die Besonderheiten des in Rede stehenden Falles abzustellen.⁹⁷

40 **Verschleppt** eine Partei die Verhandlungen, indem sie zögerlich und hinhaltend verhandelt, so kann in diesem Verhalten ausnahmsweise eine Fortsetzungsverweigerung gesehen werden, sofern eindeutig und klar feststellbar ist, dass diese Partei eine Anspruchsklärung und -erledigung nicht beabsichtigt. Unabhängig davon steht es der Gegenseite frei, durch Abbruch der Verhandlungen auf das Verschleppen zu reagieren und auf diese Weise die Verjährungshemmung zu beenden.

41 **2. Wirkung.** Die Wirkung der Hemmung richtet sich nach § 209. Danach wird der Zeitraum, während dessen die Verjährung gehemmt ist (hier also die Dauer der Verhandlungen), in die Verjährungsfrist nicht eingerechnet. Voraussetzung für die Aussetzung des Fristlaufs ist jedoch, dass die Verjährungsfrist zu Beginn der Verhandlungen noch nicht abgelaufen war. Andernfalls vermag selbst die Bereitschaft des Verpflichteten, die Sache nochmals zu prüfen, nicht dazu zu führen, dass die bereits eingetretene Verjährung wieder aufgehoben wird.⁹⁸

42 **3. Ablaufhemmung (S. 2).** Da das Ende der Verhandlungen für den Gläubiger überraschend eintreten kann, ist in S. 2 eine besondere Ablaufhemmung vorgesehen. Dadurch soll ihm genügend Zeit gegeben werden, im Fall eines unerwarteten Abbruchs der Verhandlungen Rechtsverfolgungsmaßnahmen zu prüfen und gegebenenfalls einzuleiten.⁹⁹ Die Verjährung tritt frühestens **drei Monate** nach dem Ende der Ver-

---

88 BGH NJW 1998, 2819; *Mankowski/Höpker*, MDR 2004, 721, 725; Soergel/*Niedenführ*, § 203 Rn 7; Erman/*Schmidt-Räntsch*, § 203 Rn 5; Bamberger/Roth/*Spindler*, § 203 Rn 7.
89 *Mankowski/Höpker*, MDR 2004, 721, 726; Bamberger/Roth/*Spindler*, § 203 Rn 7.
90 *Mankowski/Höpker*, MDR 2004, 721, 726; Soergel/*Niedenführ*, § 203 Rn 7.
91 Staudinger/*Peters*, § 203 Rn 13; vgl. auch Palandt/*Heinrichs*, § 203 Rn 4 zur Beendigung von Verhandlungen über den Ausgleich von möglichen Spätfolgen.
92 *Auktor*, NJW 2003, 120, 122; *Weyer*, NZBau 2002, 366, 369.
93 *Kniffka/Koeble*, Kompendium des Baurechts, 2. Auflage 2004, Rn 117; *Weyer*, NZBau 2002, 366, 370.
94 BT-Drucks 14/6040, S. 112 unter Hinw. auf *Mansel*, in: Ernst/Zimmermann (Hrsg.), Zivilrechtswissenschaft und Schuldrechtsreform, 2001, S. 333, 398.
95 BT-Drucks 14/6040, 112 unter Hinw. auf BGH NJW 1986, 1337, 1338; zust. *Willingmann*, in: Micklitz/Pfeiffer u.a. (Hrsg.), Schuldrechtsreform und Verbraucherschutz, S. 1, 34; Staudinger/*Peters*, § 203 Rn 13; s. aus der neueren Rspr. etwa BGH NJW-RR 2001, 1168, 1169; OLG Düsseldorf VersR 1999, 68.
96 BT-Drucks 14/6040, S. 112; zweifelnd *Dobmaier*, AnwBl 2002, 107, 108.
97 *Schwenker*, EWiR 2002, 331, 332. Beispiele: OLG Celle EWiR 2002, 331 (1 Jahr, nachdem die Parteien über einen Zeitraum von etwa 10 Jahren verhandelt hatten, der Unternehmer jedoch der zugesagten Mängelprüfung und -beseitigung nicht nachgekommen ist); OLG Düsseldorf VersR 1999, 68, 69 (ca. 1 Monat, wenn die andere Partei um dringende Mitteilung über den Stand der Angelegenheit gebeten hat); OLG Karlsruhe NJW-RR 1994, 594, 596 (ca. 6 Wochen nach dem letzten Schreiben der Gegenseite).
98 BGH NJW 2003, 1524, 1525.
99 BT-Drucks 14/7052, S. 180 hat die ursprünglich vorgesehene Zwei- auf eine Dreimonatsfrist erweitert.

handlungen ein. Diese kurze Mindestfrist bis zum Eintritt der Verjährung genügt, da der Gläubiger im Rahmen der Verhandlungen bereits mit der Durchsetzung des Anspruchs befasst ist.[100] Von Relevanz ist die Ablaufhemmung des S. 2 vor allem dann, wenn die verjährungshemmenden Verhandlungen erst kurz vor dem Ablauf der Verjährungsfrist aufgenommen wurden. Hier tritt die Verjährung trotz einer ggf. nur noch wenige Tage andauernden Restfrist erst drei Monate nach dem Ende der Verhandlungen ein. Stand zu Beginn der Hemmung nach S. 1 hingegen noch eine Frist von drei oder mehr Monaten zur Verfügung, läuft die Ablaufhemmung nach S. 2 leer.[101] Das Regelungsziel, dem Gläubiger noch eine Überlegungsfrist von mindestens drei Monaten zur Verfügung zu stellen, wird auch ohne Rückgriff auf S. 2 erreicht.[102]

IV. Verhältnis zu anderen Vorschriften

Ähnlich dem aufgehobenen § 651g Abs. 2 S. 3 a.F. knüpfen auch nach der Reform noch einige Sonderregelungen in ihrem sachlichen Anwendungsbereich bereits an die (schriftliche) Anspruchserhebung die Hemmung der Verjährung (vgl. Rn 7). Angesprochen sind die §§ 3 Nr. 3 S. 3 und 4, 12 Abs. 3 S. 3 PflVG, der § 12 Abs. 2 VVG und der § 439 Abs. 3 HGB sowie Art. 32 Nr. 2 CMR und Art. 58 § 3 CIM. In welchem Verhältnis diese Regelungen zu dem neuen Hemmungstatbestand des § 203 stehen, ist in der Literatur umstritten. Teilweise wird die Auffassung vertreten, § 439 Abs. 3 HGB und Art. 32 Abs. 2 CMR gingen § 203 als *leges speciales* vor, so dass die allgemeine Hemmungsregelung des § 203 neben diesen Vorschriften keine Anwendung finde.[103] Dabei wird jedoch verkannt, dass, jedenfalls soweit **§ 439 Abs. 3 HGB** betroffen ist, die Regelungen ohne weiteres nebeneinander zur Anwendung kommen können. Die Vorschriften stehen angesichts der unterschiedlichen Voraussetzungen, die an den Eintritt der Hemmungswirkung gestellt werden (schriftliche Anspruchserhebung auf der einen Seite, formlose Verhandlungen auf der anderen Seite), nicht im Verhältnis von *lex generalis* zu *lex specialis*, sondern ergänzen sich gegenseitig.[104] Friktionen sind dadurch nicht zu befürchten; die Regelungen lassen sich ohne Wertungswidersprüche nebeneinander handhaben. Lehnt der Frachtführer etwa die schriftlich geltend gemachten Ansprüche strikt und endgültig ab, ist wie bisher die Hemmung nach § 439 Abs. 3 HGB beendet; § 203 kommt nicht zur Anwendung. Lässt sich der Frachtführer hingegen nach Anmeldung der Ansprüche i.S.d. § 439 Abs. 3 HGB oder auch unabhängig von diesen, etwa weil der Berechtigte sich nur mündlich geäußert hat, auf Verhandlungen ein, kommt jetzt neben oder anstelle des § 439 Abs. 3 HGB auch die Hemmung nach § 203 zum Tragen. Für deren Beendigung ist dann auf die oben dargestellten Regeln abzustellen (Rn 38 ff.).

Die vorstehende Wertung gilt gleichermaßen für die Sondertatbestände der **§§ 3 Nr. 3 S. 3 und 4, 12 Abs. 3 S. 3 PflVG** und **§ 12 Abs. 2 VVG**. Auch diese verdrängen § 203 nicht, sondern stehen neben der allgemeinen Hemmungsregelung des Verhandelns.[105]

Ob die vorstehenden Überlegungen auch auf das Verhältnis von **Art. 32 Nr. 2 CMR** und **Art. 58 § 3 CIM** zu § 203 übertragen werden können, ist in erster Linie davon abhängig, ob die jeweiligen Übereinkommen die Frage der Hemmung abschließend regeln. In diesem Fall wäre die Anwendung des § 203 ausgeschlossen. Sowohl Art. 32 Abs. 3 CMR als auch Art. 58 § 5 CIM verweisen jedoch für die Hemmung und Unterbrechung der Verjährung ergänzend auf das Recht des angerufenen Gerichts (Art. 32 Abs. 2 CMR) bzw. des Landesrechts (Art. 58 § 5 CIM). Angesichts dessen bestehen keine Bedenken, auch im Anwendungsbereich dieser Übereinkommen § 203 parallel zu den genannten Sondervorschriften heranzuziehen.[106]

---

100 BT-Drucks 14/6040, S. 112; BT-Drucks 14/7052, S. 180.
101 Palandt/*Heinrichs*, § 203 Rn 5; Staudinger/*Peters*, § 203 Rn 17; Erman/*Schmidt-Räntsch*, § 203 Rn 8. A.A. *Lenkeit*, BauR 2002, 196, 219.
102 *Weyer*, NZBau 2002, 366, 370.
103 *Harms*, TranspR 2001, 294, 297; lediglich in Bezug auf § 439 Abs. 3 HGB: Palandt/*Heinrichs*, § 203 Rn 1; *Pfeiffer*, in: Westermann (Hrsg.), Das Schuldrecht 2002, S. 215, 234; *von Waldstein/Holland*, TranspR 2003, 387, 395; anders, nämlich ausschließlich hinsichtlich Art. 32 Abs. 2 CMR: AnwK-SchuldR/*Mansel*, § 203 Rn 2 (s. hierzu aber Rn 45).
104 Vgl. die Vorauflage, AnwK-SchuldR/*Mansel*, § 203 Rn 2, sowie *Eidenmüller*, SchiedsVZ 2003, 163, 166 (Fn 17); MüKo/*Grothe*, § 203 Rn 12; Staudinger/*Peters*, § 203 Rn 20.
105 Ebenso bereits die Vorauflage, AnwK-SchuldR/*Mansel*, § 203 Rn 2; des Weiteren MüKo/*Grothe*, § 203 Rn 12; s. auch *Eidenmüller*, SchiedsVZ 2003, 163, 166 (Fn 17); Palandt/*Heinrichs*, § 203 Rn 1 für § 12 Abs. 3 S. 3 PflVG.
106 So zu Art. 32 Abs. 2 CMR: *Eidenmüller*, SchiedsVZ 2003, 163, 166 (Fn 17); MüKo/*Grothe*, § 203 Rn 12; *Koller*, TranspR 2001, 425, 427. Die abweichende Ansicht der Vorauflage wird nicht mehr aufrechterhalten.

V. Übergangsrecht

46 Haben die Parteien bereits vor In-Kraft-Treten des SchuldRModG am 1.1.2002 Verhandlungen über einen Anspruch oder die den Anspruch begründenden Umstände geführt, diese jedoch erst nach dem 31.12.2001 beendet, richtet sich die intertemporale Anwendbarkeit des § 203 nach Art. 229 § 6 Abs. 1 S. 1 EGBGB. Die Neuregelung kommt danach unabhängig von dem Beginn der Verhandlungen frühestens am 1.1.2002 zum Tragen (vgl. im Einzelnen Art. 229 § 6 EGBGB Rn 34).

47 Kam den vor dem 1.1.2002 begonnenen Verhandlungen bereits nach §§ 639 Abs. 2, 651g Abs. 2 S. 3 oder 852 Abs. 2 a.F. Hemmungswirkung zu, bleibt gem. Art. 229 § 6 Abs. 1 S. 2 EGBGB die Anwendbarkeit dieser Normen bis zum 31.12.2001 unberührt. Ab dem 1.1.2002 ist dann auf die Regelungen des neuen Rechts zu rekurrieren. Sollten die den Tatbestand der alten Hemmungsregelungen erfüllenden Umstände auch nach dem 31.12.2002 weiterhin vorliegen, kann eine Hemmung nur noch unter den Voraussetzungen des § 203 sowie ggf. des § 202 (vgl. Rn 32) eintreten. Sollten diese nicht erfüllt sein (und kann auch nicht ausnahmsweise von einem Anerkenntnis des Schuldners i.S.d. § 212 Abs. 1 Nr. 1 ausgegangen werden; vgl. Rn 32), läuft die bis zum 31.12.2001 gehemmte Verjährungsfrist ab dem 1.1.2002 weiter (zur Bestimmung der nach dem 31.12.2001 maßgeblichen Frist s. Art. 229 § 6 EGBGB Rn 42 ff.).

48 Diese **Übergangssituation kann zu unbefriedigenden Ergebnissen führen**. Hat ein Reisender etwa gem. § 651g Abs. 2 S. 3 a.F. seine Gewährleistungsansprüche vor dem 1.1.2002 geltend gemacht, war die alte sechsmonatige Verjährungsfrist des § 651g Abs. 2 S. 1 a.F. bislang bis zur schriftlichen Zurückweisung der Ansprüche gehemmt. Aufgrund der Aufhebung der reiserechtlichen Hemmungsregelung durch das SchuldRModG endet die Hemmung, sollten nicht ausnahmsweise die Voraussetzungen des § 203 erfüllt sein (vgl. Rn 34), jedoch auch ohne eine entsprechende Äußerung des Reiseveranstalters spätestens mit Ablauf des 31.12.2001. Am 1.1.2002 läuft dann die sechsmonatige Verjährungsfrist des § 651g Abs. 2 S. 1 a.F. weiter. Die neue zweijährige Frist des § 651g Abs. 1 S. 1 ist, obwohl am 1.1.2002 in Kraft getreten, nicht heranzuziehen, da nach Art. 229 § 6 Abs. 3 EGBGB im Übergangsfall die kürzere alte Frist weiter Gültigkeit besitzt. Damit steht der Reisende durch die Kombination alter und neuer Regelungen jedoch schlechter als dies der Fall wäre, wenn nur altes oder nur neues Recht angewandt würde. Im ersten Fall käme zwar die alte Sechsmonatsfrist des § 651g Abs. 2 S. 1 a.F. zum Tragen, diese kann jedoch durch bloße Anmeldung des Anspruchs gehemmt werden, im zweiten Fall ist eine derartige Hemmung zwar nicht mehr vorgesehen, die Frist ist jedoch auf zwei Jahre verlängert worden. Die durch das Übergangsrecht bedingte Anwendbarkeit der kurzen Frist ohne den Ausgleich einer einseitig durch die Geltendmachung des Anspruchs zu bewirkenden Hemmung zwingt den Gläubiger nunmehr dazu, unmittelbar nach Beendigung der ursprünglich durch § 651g Abs. 2 S. 3 a.F. bewirkten Hemmung gerichtliche Schritte gegen den Schuldner einzuleiten. Von der erneuten In-Lauf-Setzung der Verjährungsfrist am 1.1.2002 werden allerdings viele Reisende überrascht worden sein. Um der unbeabsichtigten Friktion in Überleitungsfällen zu begegnen, sollte daher nicht nur auf die Hemmungsmöglichkeiten des § 204 Abs. 1 verwiesen, sondern eine Auflösung im Wege der Anpassung in Erwägung gezogen werden.[107] Möglich ist dies entweder durch eine teleologische Reduktion des Art. 229 § 6 Abs. 3 EGBGB in der Form, dass lediglich die Verweisung in Art. 229 § 6 Abs. 1 S. 1 EGBGB zum Tragen kommt, mithin ausnahmsweise die längere neue Frist des § 651g Abs. 2 S. 1 ab dem 1.1.2002 Gültigkeit besitzt (kollisionsrechtliche Lösung), oder aber man führt eine materiellrechtliche Anpassung dergestalt durch, dass die Regelung des § 203 ausnahmsweise auch die bisher von § 651g Abs. 2 S. 3 behandelten Konstellationen umfasst. Vorzugswürdig erscheint der erstgenannte Weg.

C. Weitere praktische Hinweise

I. Beweislast

49 Darlegungs- und beweispflichtig für den **Beginn der Verhandlungen** ist nach allg. Ansicht der sich auf die Hemmungswirkung des § 203 berufende Gläubiger.[108] Für die **Beendigung der Verhandlungen** trägt nach herrschender Ansicht der Schuldner die Darlegungs- und Beweislast.[109] Begründet wird die vorbeschriebene Teilung der Beweislast regelmäßig mit dem Hinweis, dass die mit dem Ende der Verhandlungen verbundene Beendigung der Hemmungswirkung eine für den Schuldner vorteilhafte Rechtsfolge zeitige und daher nach

---

[107] Vgl. zu diesem aus dem Internationalen Privatrecht bekannten Begriff *Kegel/Schurig*, § 8, S. 357 ff.
[108] Staudinger/*Peters*, § 203 Rn 19; *von Waldstein/Holland*, TranspR 2003, 387, 395; *Weyer*, NZBau 2002, 366, 370; ferner MüKo/*Grothe*, § 203 Rn 1; Staudinger/*Niedenführ*, Vorbem. zu § 203 Rn 12.
[109] Staudinger/*Peters*, § 203 Rn 19; *von Waldstein/Holland*, TranspR 2003, 387, 395; *Weyer*, NZBau 2003, 366, 370. A.A. MüKo/*Grothe*, § 203 Rn 1, der allg. die Beweislast für Beginn und Dauer der Hemmung dem Gläubiger auferlegt.

allgemeinen Beweislastregeln von Letzterem zu belegen sei.[110] Ebenfalls auf die allgemeinen Regeln verweist allerdings auch die Gegenmeinung, nach welcher der Gläubiger nicht nur für die den Hemmungsbeginn auslösenden Tatsachen, sondern auch für deren Fortbestand beweisbelastet ist, sollte der Schuldner die den Hemmungsfortbestand tragenden Tatsachen substantiiert bestreiten.[111]

Zuzugeben ist beiden Ansichten, dass in § 203 eine ausdrückliche Bestimmung der Beweislast fehlt, so dass grundsätzlich auf die allgemein anerkannte Grundregel zurückzugreifen ist, nach der die Beweislast für rechtshemmende Tatsachen (zu denen auch die die Verjährung stützenden Tatsachen zählen) der Anspruchsgegner trägt, während dem Anspruchsteller die Beweislast für die Tatsachen obliegt, welche die Hemmung des Anspruchs hindern. Einwendungen gegen die Hemmungshinderung hat dann wiederum der Anspruchsgegner zu beweisen, etc.[112]

Für die hier zu beantwortende Frage, wer die Beweislast für den Abbruch der Verhandlungen trägt, gibt dieser Grundsatz jedoch keine klare Antwort. Die an den Verhandlungsbeginn geknüpfte Verjährungshemmung und der an die Beendigung der Verhandlungen geknüpfte Fortgang des Verjährungslaufs sind nicht Rechtsfolgen zweier sich gegenüberstehender Vorschriften, deren Voraussetzungen eindeutig von unterschiedlichen Parteien zu beweisen sind, sondern resultieren aus derselben Norm: § 203 S. 1. Dem Schuldner kann daher nur dann die Beweislast für den Abbruch der Verhandlungen auferlegt werden, wenn der Tatbestand des § 203 einer Untergliederung zugänglich sein sollte, die entsprechend der obigen Grundregel eine unterschiedliche Beweislastverteilung auch für die verschiedenen Tatbestandsmerkmale des S. 1 erlaubt.[113] Voraussetzen würde dies, dass der Gesetzgeber die Beendigung der Verhandlungen als rechtshindernde Tatsache im Verhältnis zu dem die Hemmung begründenden Verhandlungsbeginn ausgestalten wollte. *Leipold* spricht in allgemeinem Zusammenhang von einem Regel-Ausnahme-Verhältnis: Kann eine Rechtsfolge als Regelfall betrachtet werden, muss derjenige, der sich auf die Ausnahme beruft, deren Voraussetzungen darlegen und beweisen.[114] Die nach dem Verhandlungsbeginn einsetzende Hemmung der Verjährung müsste danach der vom Gesetz vorgesehene Regelfall sein, die Beendigung durch Verhandlungsabbruch die (vom Schuldner zu beweisende) Ausnahme. Ob ein derartiges Verständnis des S. 1 möglich ist, muss im Wege der Auslegung[115] ermittelt werden. Dabei ist zu berücksichtigen, dass die Hemmung während des Andauerns von Verhandlungen eine Ausprägung des Grundsatzes von Treu und Glauben darstellt (vgl. Rn 3). Schon der Verhandlungsbeginn erfüllt damit im Grunde die Voraussetzungen eines eigenen Rechtssatzes, nämlich des § 242, der in dem spezielleren S. 1 lediglich aufgeht. Hat der Gläubiger den Beginn der Verhandlungen dargelegt (und ggf. bewiesen), kann er sich auf die Hemmungswirkung des S. 1 berufen. Die Hemmung endet dann erst mit dem Verhandlungsabbruch (S. 1: „[...] die Verjährung [ist] gehemmt, bis der eine oder der andere Teil die Fortsetzung der Verhandlungen verweigert"). Solange sich keine Partei auf den Verhandlungsabbruch beruft, wirkt sich die Hemmung zugunsten des Gläubigers aus. Die mit dem Verhandlungsbeginn verbundene Verjährungshemmung ließe sich unter diesem Gesichtspunkt mit der herrschenden Ansicht durchaus als der vom Gesetz vorgezeichnete Regelfall auffassen. Die Beendigung der Verhandlungen und damit der Fortgang des Verjährungslaufs wäre dann die Ausnahme von dieser Regel und als solche vom Schuldner darzulegen und zu beweisen.

Zwingend ist dieser Ansatz jedoch nicht. So mag die Gegenansicht darauf verweisen, dass dem Gesetz keine Vermutung dafür zu entnehmen ist, dass einmal begründete Verhandlungen auch fortgesetzt werden. Zudem kann dann, wenn man das Gewicht stärker auf die mit dem Verjährungseintritt verbundene Rechtssicherheit legt, argumentiert werden, dass nicht nur der Beginn der Verhandlungen, sondern auch deren Andauern als die Verjährung hindernde und daher vom Gläubiger zu beweisende Tatsachen zu werten sind.

---

110 So ausdr. *von Waldstein/Holland*, TranspR 2003, 387, 395; ferner Staudinger/*Peters*, § 203 Rn 19; *Weyer*, NZBau 2003, 366, 370.
111 MüKo/*Grothe*, § 203 Rn 1 unter Hinweis auf Staudinger/*Peters*, Neubearbeitung 2001, § 202 a.F. Rn 35. *Peters* bezieht seine Aussage allerdings nur auf die Hemmung nach § 202 Abs. 1 a.F. (jetzt § 205; vgl. hierzu Staudinger/*Peters*, § 205 Rn 28), d.h. für de Fall des Vorliegens eines Leistungsverweigerungsrechts.
112 Vgl. nur BGH NJW 1999, 352, 353; Zöller/*Greger*, ZPO, vor § 284 Rn 17; Stein/Jonas/*Leipold*, ZPO, § 286 Rn 38; Thomas/Putzo/*Reichold*, ZPO, vor § 284 Rn 23.
113 Zu der grundsätzlichen Möglichkeit einer derartigen Untergliederung eines Rechtssatzes unter dem Aspekt der Beweislasttragung s. Stein/Jonas/*Leipold*, ZPO § 286 Rn 45 f.
114 Stein/Jonas/*Leipold*, ZPO § 286 Rn 45.
115 Zur Auslegung von verjährungsrechtlichen Vorschriften s. Palandt/*Heinrichs*, Überbl. vor § 194 Rn 12.

II. Vermeidung von Beweisschwierigkeiten

50 Da der Gesetzgeber an den Beginn und das Ende der Verhandlungen keine formalen Bedingungen geknüpft hat, sind für den Nachweis der hemmungsbegründenden wie -beendenden Voraussetzungen Beweisschwierigkeiten zu erwarten. Um diesen bereits im Vorfeld zu begegnen, ist es zweckmäßig, mündliche Verhandlungen oder Verhandlungen per E-Mail deutlich zu **dokumentieren**. Sinnvoll erscheint es, mündliche Verhandlungen in einem nachfolgenden Schreiben (Ergebnisprotokoll etc.) an die andere Seite zu protokollieren.[116] Der **Gläubiger**, der dadurch den Beweis der Verjährungshemmung führen will, wird dabei den inhaltlichen Aspekt der Verhandlungen betonen.

51 Der **Schuldner**, der den Eintritt der Hemmung nach § 203 vermeiden möchte, darf sich auf eine sachliche Anspruchserörterung nicht einlassen und diese auch nicht in Aussicht stellen, will er das Eingreifen des Hemmungstatbestands vermeiden. Er muss deutlich machen, dass er die Anspruchserfüllung ablehnt und darüber auch nicht zu verhandeln bereit ist.[117] Entsprechendes gilt, wenn an einer Fortsetzung der Verhandlungen kein Interesse mehr besteht.

52 Auch der **Gläubiger** ist daran interessiert, durch die Mitteilung des Abbruchs der Verhandlungen die Hemmung nach § 203 zu beseitigen. Auf diese Weise schafft er Rechtsklarheit über das sonst schwer zu bestimmende Ende der Hemmung und vermeidet Streit über den Verjährungseintritt. Er sollte daher beim **„Einschlafen" der Verhandlungen** dem Schuldner das Ende seiner Verhandlungsbereitschaft und das Scheitern der Verhandlungen mitteilen.

53 Ist der Gläubiger noch gesprächsbereit, will er jedoch Rechtsklarheit schaffen, so kann er stattdessen den Schuldner **zur inhaltlichen Äußerung** bis zu einem Stichtag **auffordern** und mitteilen, dass er dann, wenn sich der Schuldner nicht bis zu dem Stichtag über den Anspruch oder die anspruchsbegründenden Tatsachen äußert, das weitere Verhandeln über den Anspruch ablehnt.[118] Ein solches Vorgehen kennt die Versicherungswirtschaft infolge der ähnlichen Rechtslage gem. § 12 Abs. 2 VVG und § 3 Abs. 3 Nr. 3 PflVG (vgl. Rn 7).

III. Vertragliche Vereinbarungen

54 **1. Beginn und Ende der Verhandlungen.** Es empfiehlt sich, bereits in Verträgen den Zeitpunkt zu vereinbaren, ab welchem **Verhandlungen** als **begonnen** und als **gescheitert** gelten, um auf diese Weise den Anfang und das Ende der Hemmung nach § 203 vertraglich zu bestimmen.[119] Denkbar wäre etwa die Vereinbarung eines Schriftformerfordernisses.[120] Für die Fixierung des Verhandlungsendes wird vorgeschlagen, in Anlehnung an Art. 14:304 PECL (vgl. Rn 9) den Zeitpunkt der letzten im Rahmen der Verhandlungen abgegebenen Erklärung als für die Beendigung der Verhandlungen maßgeblich festzulegen.[121]

Umstritten ist, ob die Anwendbarkeit des § 203, zumindest individualvertraglich, auch **vollständig ausgeschlossen** werden kann.[122] Vor dem Hintergrund der im Verjährungsrecht geltenden Parteiautonomie bestehen hiergegen in den Grenzen des § 202 keine Bedenken.

55 Zweifelhaft ist jedoch, ob auch in **AGB** der Hemmungsgrund der Verhandlung des § 203 ausgeschlossen oder eingeschränkt werden kann,[123] etwa dahin, dass nur den Verhandlungen Hemmungswirkung zukommt, die eine bestimmte Vertragspartei, z.B. der Schuldner, eingeleitet hat. Es spricht vieles dafür, dass eine solche Regelung unangemessen i.S.d. § 307 Abs. 2 Nr. 1 ist, weil sie beide Seiten ungleich behandelt.[124]

56 **2. Nachbesserung.** Steht die Durchführung von **Nachbesserungsversuchen** in Rede, sollte vereinbart werden, dass die Verjährung der Mängelgewährleistungsansprüche wegen der geltend gemachten Mängel, zu deren Behebung der Nachbesserungsversuch dient, während der Dauer der Nachbesserung bis zur Verweigerung der (weiteren) Nachbesserung gehemmt ist. Für den Schuldner wäre eine vereinbarte Hemmung

---

116 Ebenso *Mankowski/Höpker*, MDR 2004, 721, 723.
117 Vgl. auch Henssler/von Westphalen/*Bereska*, Praxis der Schuldrechtsreform, 2. Aufl. 2003, § 203 Rn 3; *Mankowski/Höpker*, MDR 2004, 721, 723.
118 Vgl. auch *Eidenmüller*, SchiedsVZ 2003, 163, 167, der auf diesem Weg auch Sicherheit hinsichtlich des Verhandlungsbeginns schaffen möchte.
119 S. *Eidenmüller*, SchiedsVZ 2003, 163, 167; *Mankowski/Höpker*, MDR 2004, 721, 727; *Wagner*, ZfIR 2002, 257, 259; *Ziegler/Rieder*, ZIP 2001, 1789, 1799.
120 *Eidenmüller*, SchiedsVZ 2003, 163, 167.
121 *Krämer*, ZGS 2003, 379, 383.

122 Einen Ausschluss für zulässig halten: *Eidenmüller*, SchiedsVZ 2003, 163, 167; *Hakenberg*, DRiZ 2002, 370, 375; vgl. auch *Mankowski/Höpker*, MDR 2004, 721, 727, die § 203 zwar grds. als dispositiv ansehen, eine Einschränkung des § 203 S. 2 jedoch nur in engen Grenzen zulassen wollen. Gegen die Abdingbarkeit des § 203: Staudinger/*Peters*, § 203 Rn 18.
123 Vgl. *Eidenmüller*, SchiedsVZ 2003, 163, 169 unter Hinw. auf §§ 307, 309 Nr. 7a) und b), Nr. 8b) ff) Hs. 1 Alt. 1.
124 *Mankowski/Höpker*, MDR 2004, 721, 727; Staudinger/*Peters*, § 203 Rn 18.

für alle bestehenden Mängelgewährleistungsansprüche hinsichtlich des Nachbesserungsgegenstandes vorteilhafter. Allerdings könnte ein solcher umfassender Hemmungstatbestand im Einzelfall nach entsprechender Gesamtwürdigung unangemessen i.S.d. § 307 Abs. 2 Nr. 1 und in **AGB** deshalb unwirksam sein. Denn die Hemmung würde auch solche, gegebenenfalls noch unerkannten Mängel erfassen, die nicht der Grund für die Nachbesserungsversuche sind.

§ 204 Hemmung der Verjährung durch Rechtsverfolgung

(1) ¹Die Verjährung wird gehemmt durch
1. die Erhebung der Klage auf Leistung oder auf Feststellung des Anspruchs, auf Erteilung der Vollstreckungsklausel oder auf Erlass des Vollstreckungsurteils,
2. die Zustellung des Antrags im vereinfachten Verfahren über den Unterhalt Minderjähriger,
3. die Zustellung des Mahnbescheids im Mahnverfahren,
4. die Veranlassung der Bekanntgabe des Güteantrags, der bei einer durch die Landesjustizverwaltung eingerichteten oder anerkannten Gütestelle oder, wenn die Parteien den Einigungsversuch einvernehmlich unternehmen, bei einer sonstigen Gütestelle, die Streitbeilegungen betreibt, eingereicht ist; wird die Bekanntgabe demnächst nach der Einreichung des Antrags veranlasst, so tritt die Hemmung der Verjährung bereits mit der Einreichung ein,
5. die Geltendmachung der Aufrechnung des Anspruchs im Prozess,
6. die Zustellung der Streitverkündung,
7. die Zustellung des Antrags auf Durchführung eines selbständigen Beweisverfahrens,
8. den Beginn eines vereinbarten Begutachtungsverfahrens oder die Beauftragung des Gutachters in dem Verfahren nach § 641a,
9. die Zustellung des Antrags auf Erlass eines Arrests, einer einstweiligen Verfügung oder einer einstweiligen Anordnung, oder, wenn der Antrag nicht zugestellt wird, dessen Einreichung, wenn der Arrestbefehl, die einstweilige Verfügung oder die einstweilige Anordnung innerhalb eines Monats seit Verkündung oder Zustellung an den Gläubiger dem Schuldner zugestellt wird,
10. die Anmeldung des Anspruchs im Insolvenzverfahren oder im Schifffahrtsrechtlichen Verteilungsverfahren,
11. den Beginn des schiedsrichterlichen Verfahrens,
12. die Einreichung des Antrags bei einer Behörde, wenn die Zulässigkeit der Klage von der Vorentscheidung dieser Behörde abhängt und innerhalb von drei Monaten nach Erledigung des Gesuchs die Klage erhoben wird; dies gilt entsprechend für bei einem Gericht oder bei einer in Nummer 4 bezeichneten Gütestelle zu stellende Anträge, deren Zulässigkeit von der Vorentscheidung einer Behörde abhängt,
13. die Einreichung des Antrags bei dem höheren Gericht, wenn dieses das zuständige Gericht zu bestimmen hat und innerhalb von drei Monaten nach Erledigung des Gesuchs die Klage erhoben oder der Antrag, für den die Gerichtsstandsbestimmung zu erfolgen hat, gestellt wird, und
14. die Veranlassung der Bekanntgabe des erstmaligen Antrags auf Gewährung von Prozesskostenhilfe; wird die Bekanntgabe demnächst nach der Einreichung des Antrags veranlasst, so tritt die Hemmung der Verjährung bereits mit der Einreichung ein.

(2) ¹Die Hemmung nach Absatz 1 endet sechs Monate nach der rechtskräftigen Entscheidung oder anderweitigen Beendigung des eingeleiteten Verfahrens. ²Gerät das Verfahren dadurch in Stillstand, dass die Parteien es nicht betreiben, so tritt an die Stelle der Beendigung des Verfahrens die letzte Verfahrenshandlung der Parteien, des Gerichts oder der sonst mit dem Verfahren befassten Stelle. ³Die Hemmung beginnt erneut, wenn eine der Parteien das Verfahren weiter betreibt.

(3) ¹Auf die Frist nach Absatz 1 Nr. 9, 12 und 13 finden die §§ 206, 210 und 211 entsprechende Anwendung.

Literatur: *Ebert*, Verjährungshemmung durch Mahnverfahren, NJW 2003, 732; *Eidenmüller*, Die Auswirkung der Einleitung eines ADR-Verfahrens auf die Verjährung, SchiedsVZ 2003, 163; *Friedrich*, Verjährungshemmung durch Güteverfahren, NJW 2003, 1781; *Köhne/Langner*, Geltendmachung von Gegenforderungen im internationalen Schiedsverfahren, RIW 2003, 361; *Kuntze-Kaufhold/Beichel-Benedetti*, Verjährungsrechtliche Auswirkungen durch das Europäische Zustellungsrecht, NJW 2003, 1998; *Maurer*, Verjährungshemmung durch vorläufigen Rechtsschutz, GRUR 2003, 208; *Meyer*, Verjährung von Schadensersatzansprüchen bei bezifferter verdeckter Teilklage, NJW 2002, 3067; *Peters*, Der Antrag auf Gewährung von Prozesskostenhilfe und die Hemmung der Verjährung, JR 2004, 137; *Schach*, Hemmung der Verjährungszustellung „demnächst", GE 2002, 1118; *Spickhoff*, Verjährungsunterbrechung durch ausländische Beweissicherungsverfahren, IPRax 2001, 37; *Staudinger/Eidenmüller*, Verjährungshemmung leicht gemacht: Prospekthaftung der Telekom vor der Gütestelle, NJW 2004, 23; *Weyer*, Selbständiges Beweisverfahren und Verjährung von Baumängelansprüchen nach künftigem Recht, BauR 2001, 1807; *Windthorst*, Die Wirkung des Antrags auf Feststellung der Zulässigkeit eines schiedsrichterlichen Verfahrens (§ 1032 Abs. 2 ZPO) auf die Verjährung, SchiedsVZ 2004, 230.

A. Allgemeines 1	(Abs. 1 Nr. 7) 78
B. Regelungsgehalt 10	8. Begutachtungsverfahren (Abs. 1 Nr. 8) . 83
I. Anwendungsbereich 10	9. Zustellung eines Antrags auf einst-
II. Antragstellung durch den Berechtigten 12	weiligen Rechtsschutz (Abs. 1 Nr. 9) ... 88
III. Rechtsmissbrauch, § 242 14	10. Anmeldung im Insolvenzverfahren
IV. Hemmungstatbestände (Abs. 1) 15	(Abs. 1 Nr. 10) 95
1. Klageerhebung (Abs. 1 Nr. 1) 15	11. Beginn des Schiedsverfahrens
a) Fortsetzung des alten Rechts 15	(Abs. 1 Nr. 11) 96
b) Klagearten 16	12. Antragseinreichung bei einer Behörde
aa) Hilfsweise Antragstellung und	(Abs. 1 Nr. 12) 101
Widerklage 17	13. Antragseinreichung bei einem höheren
bb) Stufenklage 19	Gericht (Abs. 1 Nr. 13) 104
cc) Künftige Leistungen 22	14. Veranlassung der Bekanntgabe des
dd) Adhäsionsverfahren 23	Antrags auf Prozesskostenhilfe
ee) Rechtsverfolgung im Ausland .. 24	(Abs. 1 Nr. 14) 106
c) Wirksame Klageerhebung 26	V. Ende der Hemmung (Abs. 2) 111
d) Eintritt der Hemmungswirkung ... 35	1. Allgemeines 111
e) Umfang der Hemmung 38	2. Sechsmonatige Nachfrist (Abs. 2 S. 1) .. 112
aa) Sachliche Reichweite 38	3. Beginn der Nachfrist (Abs. 2 S. 1) 116
bb) Persönliche Reichweite 40	a) Rechtskräftige Entscheidung 117
f) Titelverjährung 43	b) Anderweitige Beendigung 118
g) Rücknahme oder Abweisung der	4. Verfahrensstillstand (Abs. 2 S. 2 und 3) .. 124
Klage als unzulässig 44	a) Verfahrensuntätigkeit (Abs. 2 S. 2) .. 124
2. Antrag im vereinfachten Unterhalts-	b) Weiterbetreiben (Abs. 2 S. 3) 127
verfahren (Abs. 1 Nr. 2) 45	c) Verfahrensstillstand aus triftigem
3. Mahnbescheid (Abs. 1 Nr. 3) 50	Grund, insbesondere Musterprozesse 129
4. Veranlassung der Bekanntgabe des	VI. Hemmung der Monatsfristen des Abs. 1
Güteantrags (Abs. 1 Nr. 4) 58	Nr. 9, 12 und 13 (Abs. 3) 131
5. Aufrechnung im Prozess (Abs. 1 Nr. 5) . 65	VII. Übergangsrecht 132
6. Streitverkündung (Abs. 1 Nr. 6) 70	C. Weitere praktische Hinweise 133
7. Selbständiges Beweisverfahren	

A. Allgemeines

1 Nach § 204 führt die Geltendmachung des Anspruchs in einer Klage oder in anderen förmlichen Verfahren grundsätzlich (vgl. Rn 10, 14) zu einer Hemmung der Verjährung. Der Verjährungslauf wird für die Dauer der Hemmung angehalten (zu den Wirkungen einer Verjährungshemmung siehe im Einzelnen § 209 Rn 7 ff.). Zweck des § 204 ist der Schutz des Gläubigers davor, dass der Anspruch während des Verfahrens zu seiner Durchsetzung verjährt, oder aber davor, dass Verjährung eintritt, nachdem der Anspruch mit der Möglichkeit einer rechtskräftigen Entscheidung über diesen in das Verfahren über einen anderen Anspruch eingeführt wurde (Prozessaufrechnung, § 322 Abs. 2 ZPO).[1] Dieser Schutz wird gewährleistet, indem dem Gläubiger nach dem Ende des Verfahrens der Rest der gehemmten (angehaltenen) Verjährungsfrist zur Verfügung steht, ergänzt um eine sechsmonatige Nachfrist nach Maßgabe des Abs. 2 S. 1 und S. 2.

2 Nach **bisherigem Recht** hatte die rechtsförmliche Anspruchserhebung regelmäßig zu einer Unterbrechung (nach neuer Terminologie: Neubeginn) der Verjährung geführt, siehe vor allem §§ 209 f. a.F. und § 220 a.F. Nach Beendigung der Unterbrechung begann dann die Verjährung in der vollen Länge der Frist erneut von vorne zu laufen (§ 217 a.F.). Diese Regelung hatte bereits das am Anfang des Vorhabens der Kodifizierung eines neuen Verjährungsrechts stehende Gutachten von *Peters/Zimmermann* als unsystematisch und über das Schutzziel hinausreichend kritisiert. Sachgerechter sollte nach Ansicht der beiden Gutachter statt der Unterbrechung eine Verjährungshemmung sein.[2]

3 Der Gesetzgeber des SchuldRModG ist dieser Kritik gefolgt.[3] Entsprechend den Vorschlägen der Gutachter[4] sieht Abs. 1 in den Fällen der §§ 209, 210, 220 a.F. mit Ausnahme des Falles des § 209 Abs. 2 Nr. 5 a.F. (Vornahme einer Vollstreckungshandlung; nunmehr geregelt in dem Neubeginntatbestand des § 212 Abs. 1 Nr. 2) statt bisher eine Unterbrechung jetzt eine Hemmung der Verjährung vor.

---

1 BT-Drucks 14/6040, S. 112.
2 *Peters/Zimmermann*, Der Einfluß von Fristen auf Schuldverhältnisse, in: Bundesministerium der Justiz (Hrsg.), Gutachten und Vorschläge zur Überarbeitung des Schuldrechts, Band I, 1981, S. 260 ff., 308.
3 BT-Drucks 14/6040, S. 112 f.
4 *Peters/Zimmermann*, a.a.O., S. 307 ff., 316 f. zu §§ 205 ff. des dortigen Entwurfs.

Darüber hinaus verallgemeinert Abs. 1 einige spezielle Hemmungstatbestände des alten Rechts und schafft wenige – in Anlehnung an bisherige Rechtsprechungsentwicklungen[5] – neu. Zu weiteren Hemmungstatbeständen außerhalb des BGB siehe vor §§ 203–213 Rn 11.

Die Umgestaltung der bisherigen Unterbrechungstatbestände zu Hemmungstatbeständen ist im Ergebnis weniger einschneidend, als es zunächst den Anschein hat.[6] Schon unter altem Recht war in den Fällen, in denen die Klage zu einem rechtskräftigen Titel oder zur Abweisung der Klage in der Sache selbst führte, die nach Abschluss des Verfahrens (§ 211 Abs. 1 a.F., § 217 Hs. 2 a.F.) erneut anlaufende alte Verjährungsfrist nicht mehr von Interesse, da jetzt entweder die lange Verjährungsfrist für titulierte Ansprüche lief oder aber rechtskräftig feststand, dass der Anspruch nicht gegeben war.

Entsprechendes gilt nach neuem Recht: Bei **Verfahrenserfolg** ergibt sich für den Regelfall der Hemmung nach Abs. 1 Nr. 1 eine neue, dreißigjährige Verjährungsfrist nach § 197 Abs. 1 Nr. 3, so dass der Hemmung der alten Frist keine Bedeutung mehr zukommt; bei rechtskräftiger **Klageabweisung** oder der Entscheidung über das Nichtbestehen der Gegenforderung im Fall der Aufrechnung (vgl. § 322 Abs. 2 ZPO) läuft die Verzögerung des Verjährungseintritts nach Abs. 1 Nr. 1 bzw. Nr. 5 ins Leere.

Unterschiede zwischen der alten Unterbrechungsregelung und den Hemmungstatbeständen des § 204 sind allerdings zu verzeichnen, wenn der **Prozess in Stillstand** gerät. Jedoch wurde zu dem nach altem Recht vorgesehenen Neubeginn der Verjährung bereits kritisch angemerkt, es sei nicht einzusehen, weshalb die Verjährung in diesem Fall zwingend neu in Lauf gesetzt werden sollte. Es könne gute Gründe (z.B. Vergleichsverhandlungen) dafür geben, die Sache einschließlich der Verjährung in der Schwebe zu halten.

Bedeutsam war die Verjährungsunterbrechung des alten Rechts ferner in den Fällen der **Klagerücknahme** oder der **Abweisung der Klage** durch Prozessurteil. Hier ließ das bisherige Recht (§ 212 a.F.) die Unterbrechung rückwirkend entfallen; sie trat wieder ein, wenn der Gläubiger binnen sechs Monaten nach Rücknahme oder Klageabweisung erneut Klage erhob. Der Sache nach war das jedoch auch eine bloße Hemmung der Verjährung.

Für die Unterbrechung der Verjährung durch Maßnahmen nach dem bisherigen § 209 Abs. 2 waren weit gehend die gleichen Erwägungen anzustellen. Dort, wo die Unterbrechung praktische Wirkungen hatte, wirkte sie sich im Ergebnis wie eine Hemmung aus. Vor diesem Hintergrund war der durch das SchuldRModG vollzogene Schritt von der Unterbrechung zur Hemmung der Verjährung konsequent.

§ 204 findet auf einige **gesetzliche Ausschlussfristen** kraft Verweisung entsprechende Anwendung. Hierzu zählen § 160 Abs. 1 S. 3 HGB sowie §§ 45 Abs. 2 S. 2, 133 Abs. 4 S. 2, 157 Abs. 2 S. 2, 224 Abs. 3 S. 2 UmwG. Außerhalb ausdrücklicher Verweisungen ist eine Übertragung des § 204 auf (gesetzliche oder vereinbarte) Fristen grundsätzlich nicht möglich.[7]

Die **Grundregeln des Europäischen Vertragsrechts** (dazu vor §§ 194–218 Rn 14 ff.) enthalten keine dem § 204 unmittelbar entsprechende Vorschrift. In Art. 14:302 der Principles of European Contract Law (PECL)[8] findet sich aber zumindest eine partiell ähnliche Regelung. Die Norm statuiert eine Verjährungshemmung für den Fall, dass ein gerichtliches Verfahren über den Anspruch eingeleitet wird (Art. 14:302 Abs. 1 PECL). Die Hemmung soll andauern, bis über den Anspruch rechtskräftig entschieden wurde oder der Rechtsstreit anderweitig erledigt ist (Art. 14:302 Abs. 2 PECL). Eine dem § 204 Abs. 2 entsprechende Nachfrist von sechs Monaten ist nicht vorgesehen. Für Schiedsverfahren sowie für alle anderen Verfahren, die eingeleitet werden, um eine vollstreckbare Urkunde zu erhalten, soll die Hemmungsregelung des Art. 14:302 Abs. 1 und Abs. 2 PECL entsprechend gelten (Art. 14:302 Abs. 1 PECL).

---

5 Näher *Zimmermann/Leenen u.a.*, JZ 2001, 684, 696.
6 Zu der nachfolgenden Kritik an den Unterbrechungstatbeständen des alten Rechts s. BT-Drucks 14/6040, S. 112 in Übernahme von *Peters/Zimmermann*, a.a.O., S. 260 ff., 308.
7 Soergel/*Niedenführ*, vor § 203 Rn 10. Zu der Anwendbarkeit des § 204 auf tarifliche Ausschlussfristen vgl. LAG Chemnitz, Urt. v. 14.7.2003 – 3 Sa 814/02, JURIS-Dok.-Nr. KARE600009365 (eine Anwendung des § 204 auf tarifliche Ausschlussfristen ist nicht möglich); a.A. *Fromm*, ZTR 2003, 70, 72 f. (Kündigungsschutzklage führt auch zur Hemmung sog. zweistufiger tariflicher Ausschlussfristen).
8 In deutscher Sprache veröffentlicht in ZEuP 2003, 895 ff. Art. 14:302 PECL entspricht Art. 17:106 PECL der vorherigen Fassung, abgedruckt in ZEuP 2001, 400.

B. Regelungsgehalt

I. Anwendungsbereich

10 § 204 findet grundsätzlich auf **alle verjährbaren Ansprüche** Anwendung, sofern diese zumindest in Bezug auf die Frage der Hemmung vollständig oder ergänzend den Regelungen des allgemeinen Verjährungsrechts in §§ 203 ff. unterfallen.[9] Beachtet werden muss allerdings, dass die Anwendung des § 204 in einigen Sondergesetzen für geringfügige Ansprüche **eingeschränkt** ist (vgl. § 5 Abs. 3 S. 4 GKG; § 17 Abs. 3 S. 3 KostO; § 8 Abs. 3 S. 4 GvKostG; § 2 Abs. 4 S. 2 JVEG i.V.m. § 5 Abs. 3 S. 4 GKG: Bei Beträgen unter 25 EUR wird die Verjährung nicht gehemmt.). Vollständig **ausgeschlossen** wird die Anwendung der allgemeinen Hemmungstatbestände (und damit auch des § 204) in § 759 Abs. 3 S. 2 HGB.

11 Über § 939 Abs. 1 erstreckt sich die Wirkung des § 204 auch auf die **Ersitzung**. Ist der Herausgabeanspruch gegen den Eigenbesitzer oder den sein Besitzrecht von diesem ableitenden Besitzmittler durch Maßnahmen der Rechtsverfolgung i.S.d. Abs. 1 gehemmt, wird zugleich das Ende der Ersitzungszeit (§ 937 Abs. 1) entsprechend hinausgeschoben.

II. Antragstellung durch den Berechtigten

12 Die Anträge, welche nach Abs. 1 zur Hemmung führen, müssen stets von dem zur Anspruchserhebung Berechtigten gestellt werden, um die Verjährung zu hemmen (vgl. auch Rn 26, 33 f., 74).[10] Dieser Grundsatz war schon im bisherigen Recht anerkannt (vgl. auch § 209 Abs. 1 a.F., der ausdrücklich die Klage des „Berechtigten" voraussetzte)[11] und gilt unter neuem Recht fort. Als **Berechtigter** i.S.d. Abs. 1 ist dabei nicht nur der ursprüngliche Rechtsinhaber sowie dessen Rechtsnachfolger (z.B. Erbe oder Zessionar) zu betrachten, sondern auch der wirksam zur Durchsetzung einer Forderung kraft Gesetzes oder kraft gewillkürter Prozessstandschaft Ermächtigte.[12]

13 Die volle **Ausschöpfung der Verjährungsfrist** bis zum letzten Tag ist zulässig. Der Antrag, der zur Hemmung führt, kann daher erst in letzter Minute gestellt werden.[13] Die Bestimmung von Beginn und **Ende der Verjährungsfrist** ist auf der Grundlage der §§ 186 ff. durchzuführen. § 193 kommt zumindest entsprechend zur Anwendung (vgl. auch § 193 Rn 2 f.), so dass sich der Eintritt der Verjährung in den Fällen, in denen der Fristablauf rechnerisch nach § 188 auf einen Wochenend- oder Feiertag fiele, auf den nächsten Werktag (24.00 Uhr) verschiebt.[14]

III. Rechtsmissbrauch, § 242

14 Zu beachten ist, dass rechtsmissbräuchliche Rechtsverfolgungsmaßnahmen im Sinne des Abs. 1 aus allgemeinen Überlegungen **keine Hemmungswirkung** hervorrufen können.[15] Reicht etwa ein Gläubiger in halbjährlicher Folge mehrere gleichgerichtete Anträge ein, die stets kurzfristig zurückgenommen werden, liegt die Annahme des Rechtsmissbrauchs nahe.[16] Die Berufung auf die Verjährungshemmung wäre dann gem. § 242 unbeachtlich.[17]

IV. Hemmungstatbestände (Abs. 1)

15 **1. Klageerhebung (Abs. 1 Nr. 1). a) Fortsetzung des alten Rechts.** Die Hemmung durch Klageerhebung bzw. Antragstellung gem. Abs. 1 Nr. 1 entspricht **§ 209 Abs. 1 a.F.** in seinem sachlichen Anwendungsbereich, nicht aber in der Rechtsfolge (jetzt Hemmung statt bisher Unterbrechung).[18] Daher kann zur Auslegung des Abs. 1 Nr. 1 auf die Ergebnisse der Rechtsprechung und Lehre zu § 209 Abs. 1 a.F. im Grundsatz zurückgegriffen werden, wenn dabei die unterschiedliche Rechtsfolgenanordnung beachtet wird.

---

9 Zur Anwendbarkeit des § 204 im öffentlichen Recht vgl. *Guckelberger*, Die Verjährung im Öffentlichen Recht, 2004, S. 600 f.; ferner BSG, Urt. v. 12.2.2004 – B 13 RJ 58/03 R, JURIS-Dok.-Nr. KSRE036831522: § 204 Abs. 2 S. 2 ist auf das sozialrechtliche Verwaltungsverfahren nicht entspr. anwendbar.

10 Ausf. und mit zahlreichen Beispielen Staudinger/*Peters*, § 204 Rn 6 ff.

11 S. nur BGH NJW 1999, 3707; 1993, 1916 m.w.N.

12 BGH NJW 1999, 3707; Staudinger/*Peters*, § 204 Rn 9 f.

13 S. bspw. BGHZ 70, 235, 239 (zur Hemmung nach § 203 Abs. 2 a.F. durch Einreichung eines PKH-Antrages). Vgl. auch Palandt/*Heinrichs*, § 204 Rn 8; Staudinger/*Peters*, § 204 Rn 34 (jeweils zur Hemmung nach Abs. 1 Nr. 1).

14 BGH WM 1978, 461, 464 (noch zu § 209 Abs. 1 a.F.); Palandt/*Heinrichs*, § 204 Rn 8; Staudinger/ *Peters*, § 204 Rn 34.

15 Vgl. auch MüKo/*Grothe*, § 204 Rn 3 für den Fall, dass die Klage nicht zum Zwecke der Durchsetzung des Anspruchs, sondern ausschließlich aufgrund der Hemmungswirkung erhoben wird.

16 Vgl. auch *Ebert*, NJW 2003, 732, 733.

17 BT-Drucks 14/6857, S. 43.

18 BT-Drucks 14/6040, S. 113.

Soweit § 209 Abs. 1 a.F. von „Klage auf Befriedigung" gesprochen hat, wird in Abs. 1 Nr. 1 durch den Begriff „Klage auf Leistung" der Einklang mit der **Terminologie der ZPO** hergestellt. Eine sachliche Änderung ist damit nicht verbunden.[19]

b) Klagearten. Der Tatbestand des Abs. 1 Nr. 1 setzt die **Klage auf Leistung** oder auf **positive**[20] **Feststellung** eines Anspruchs (§ 256 ZPO), auf **Erteilung der Vollstreckungsklausel**[21] (§§ 731, 796, 797, 797a, 800 ZPO) oder auf **Erlass eines Vollstreckungsurteils** (§§ 722, 1060, 1061 ZPO) voraus.

Zumindest **entsprechend** heranzuziehen ist die letzte Alternative des Abs. 1 Nr. 1, sofern ein ausländisches Urteil im Inland auch auf andere Weise als durch Klage auf Erlass eines Vollstreckungsurteils zur Zwangsvollstreckung zugelassen werden kann (z.B. nach Art. 38 EuGVVO i.V.m. § 4 Abs. 1 AVAG durch den **Antrag auf Vollstreckbarerklärung**[22] oder aufgrund der Verordnung zur Einführung eines europäischen Vollstreckungstitels für unbestrittene Forderungen[23] durch Antrag an das in- oder ausländische Ursprungsgericht auf Bestätigung der Entscheidung als **Europäischer Vollstreckungstitel**). In diesem Fall tritt die Hemmungswirkung des Abs. 1 Nr. 1 aufgrund der Antragstellung ein, sofern eine Anhörung des Schuldners nicht vorgesehen ist (vgl. § 6 Abs. 1 AVAG), im Übrigen mit der Zustellung des verfahrenseinleitenden bzw. eines diesem vergleichbaren Schriftstücks (vgl. Artt. 13 ff. VO (EG) Nr. 805/2004). Entsprechendes gilt bei Anträgen auf Vollstreckbarkeitserklärung **in- oder ausländischer Schiedssprüche bzw. -vergleiche.** Auch hier ist auf den Gedanken des Abs. 1 Nr. 1 letzte Alt. abzustellen und der Antragstellung Hemmungswirkung i.S.d. der genannten Vorschrift zuzusprechen.[24]

aa) Hilfsweise Antragstellung und Widerklage. Der nach Abs. 1 Nr. 1 in seiner Verjährung zu hemmende Anspruch kann sowohl im Hauptantrag als auch **hilfsweise** geltend gemacht werden.[25] Im letztgenannten Fall tritt die Hemmung schon in dem Zeitpunkt ein, in dem der Hilfsantrag in den Prozess eingeführt wird, sei es bei Klageerhebung zusammen mit dem Hauptantrag, sei es ggf. erst im Wege der Klageänderung (vgl. Rn 27). Die Hemmungswirkung ist von der Entscheidung über den Hilfsantrag unabhängig und entfällt auch dann nicht rückwirkend, wenn dem Hauptantrag stattgegeben werden sollte.[26] In diesem Fall gilt für den zugesprochenen Anspruch mit der Rechtskraft der Entscheidung die dreißigjährige Titelverjährung des § 197 Abs. 1 Nr. 3 (vgl. auch Rn 5), hinsichtlich des hilfsweise verfolgten Anspruchs bleibt dagegen die ursprüngliche Verjährungsfrist nach Maßgabe des Abs. 1 Nr. 1 gehemmt; sie läuft erst nach Ablauf der in Abs. 2 S. 1 statuierten Nachfrist weiter.[27]

Die Hemmungswirkung kommt jedoch nicht nur dem in der ursprünglichen Klage verfolgten Anspruch zugute; auch ein in der **Widerklage** geltend gemachter Anspruch wird nach Abs. 1 Nr. 1 mit der Einführung in den Prozess in der Verjährung gehemmt (vgl. auch Rn 27).[28]

bb) Stufenklage. Eine im Wege der **Stufenklage** (§ 254 ZPO) erhobene Leistungsklage, die in der ersten Stufe lediglich auf Auskunftserteilung gerichtet ist, hemmt bereits die Verjährung des erst durch diese zu konkretisierenden Leistungsanspruchs.[29] Der unbezifferte Hauptanspruch muss allerdings in Verbindung mit

---

19 BT-Drucks 14/6040, S. 113.
20 Eine negative Feststellungsklage führt nicht zur Verjährungshemmung zugunsten des sich verteidigenden Antragsgegners; BGH NJW 1994, 3107, 3108; 1972, 1043; MüKo/*Grothe*, § 204 Rn 4, 7; Palandt/*Heinrichs*, § 204 Rn 3; Bamberger/Roth/*Henrich*, § 204 Rn 3; Soergel/*Niedenführ*, § 204 Rn 2; Staudinger/*Peters*, § 204 Rn 39; Erman/*Schmidt-Räntsch*, § 204 Rn 2; a.A. OLG Schleswig NJW 1976, 970; Jauernig/*Jauernig*, § 204 Rn 2. Möchte der Gläubiger die Hemmungswirkung des Abs. 1 Nr. 1 herbeiführen, bleibt es ihm unbenommen, selber (Wider-)Klage zu erheben; vgl. MüKo/*Grothe*, § 204 Rn 7; Staudinger/*Peters*, § 204 Rn 39.
21 Erforderlich zur Herbeiführung der Hemmungswirkung ist eine auf Erteilung der Vollstreckungsklausel gerichtete Klage; wird lediglich ein Antrag auf Erteilung der Vollstreckungsklausel gestellt, genügt dies den Voraussetzungen des Abs. 1 Nr. 1 nicht; Staudinger/*Peters*, § 204 Rn 45.
22 Vgl. hierzu MüKo/*Grothe*, § 204 Rn 5; Bamberger/Roth/*Henrich*, § 204 Rn 5; Staudinger/*Peters*, § 204 Rn 46; Erman/*Schmidt-Räntsch*, § 204 Rn 2.
23 VO (EG) Nr. 805/2004 v. 21.4.2004, ABlEG Nr. L 143/15.
24 MüKo/*Grothe*, § 204 Rn 5; Staudinger/*Peters*, § 204 Rn 47.
25 MüKo/*Grothe*, § 204 Rn 6; Palandt/*Heinrichs*, § 204 Rn 3; Bamberger/Roth/*Henrich*, § 204 Rn 6; Soergel/*Niedenführ*, § 204 Rn 10; Staudinger/*Peters*, § 204 Rn 15; Erman/*Schmidt-Räntsch*, § 204 Rn 2.
26 MüKo/*Grothe*, § 204 Rn 6.
27 MüKo/*Grothe*, § 204 Rn 6.
28 *McGuire*, Verfahrenskoordination und Verjährungsunterbrechung im Europäischen Prozessrecht, 2004, S. 235; Erman/*Schmidt-Räntsch*, § 204 Rn 2.
29 BGH NJW 1999, 1101; OLG Celle NJW-RR 1995, 1411; OLG Schleswig FamRZ 2003, 1696; AG Köln FamRZ 2004, 468 (sämtlich noch zu § 209 Abs. 1 a.F.); Palandt/*Heinrichs*, § 204 Rn 2; Bamberger/Roth/*Henrich*, § 204 Rn 2; Staudinger/*Peters*, § 204 Rn 15; Erman/*Schmidt-Räntsch*, § 204 Rn 2.

dem Auskunftsanspruch geltend gemacht worden sein; die bloße Ankündigung der intendierten Rechtsverfolgung genügt den Anforderungen des Abs. 1 Nr. 1 nicht.[30] Eine zunächst isoliert (d.h. nicht im Wege der Stufenklage) erhobene Klage auf Auskunft oder Rechnungslegung und ggf. auf eidesstattliche Versicherung hemmt daher nicht den später getrennt verfolgten Leistungsanspruch, mag dessen Bezifferung auch durch die Auskunft erst möglich geworden sein.[31]

20 Der Hauptanspruch wird durch die Stufenklage **zunächst uneingeschränkt gehemmt**.[32] Beziffert der Gläubiger die Leistungsklage später, sei es aufgrund der Auskunftserteilung, sei es aufgrund sonstiger Informationen oder auch nur im Wege der Schätzung, soll die Verjährung des eingeklagten Anspruchs jedoch nach überwiegender Auffassung **rückwirkend** lediglich **in Höhe der benannten Summe** oder hinsichtlich der Gegenstände gehemmt sein, die auf letzter Stufe verfolgt werden.[33] Die Rechtsprechung hat bereits in Bezug auf die Verjährungsunterbrechung nach § 209 Abs. 1 a.F. die Auffassung vertreten, der im Wege der Stufenklage geltend gemachte Hauptanspruch sei *ab initio* nur in der Höhe rechtshängig geworden, in der er später konkretisiert werde.[34] Daher könne auch die Unterbrechung der Verjährung durch Klageerhebung (jetzt: Verjährungshemmung) nur in diesem Umfang eingreifen. Mache der Gläubiger einen geringeren Zahlungsanspruch geltend, als dies nach Auskunftserteilung möglich erscheine, sei davon auszugehen, dass der Gläubiger von Beginn an nicht mehr habe verlangen wollen als maximal die bezifferte Summe.[35] Es steht zu erwarten, dass diese Rechtsprechung auch unter neuem Recht fortgesetzt wird.

21 Zu einer umfassenden Unterbrechung der Verjährung des Leistungsanspruchs nach § 209 Abs. 1 a.F. sollte es unter altem Recht hingegen kommen, wenn der **Zahlungsanspruch nach Erfüllung der Hilfsansprüche** auf Auskunft und eidesstattliche Versicherung **nicht beziffert** wurde. In diesem Fall entfiel nach höchstrichterlicher Rechtsprechung die Unterbrechung nicht rückwirkend, sondern endete gem. § 211 Abs. 2 S. 1 a.F. an dem Tag, an dem der Gläubiger alle für die Verfolgung des Zahlungsanspruchs notwendigen Informationen erhalten hatte.[36] Unter neuem Recht wird, jedenfalls in der Literatur, Entsprechendes in Bezug auf die Hemmung nach Abs. 1 Nr. 1 vertreten.[37] Dem ist zuzustimmen. Durch die Erhebung der Stufenklage wird der Hauptanspruch zunächst in vollem Umfang gehemmt (siehe Rn 19 f.). Die Hemmungswirkung ist dabei gänzlich unabhängig von der später erteilten Auskunft. Die Auskunft soll die Bezifferung lediglich erleichtern; der Gläubiger ist an diese jedoch nicht gebunden. Er kann sowohl die vom Schuldner bezeichnete Summe als auch einen höheren (oder niedrigeren) Wert für die weitere Verfolgung des Leistungsbegehrens einsetzen. Verzichtet der Gläubiger nach Auskunftserteilung und ggf. eidesstattlicher Versicherung darauf, den Hauptanspruch weiter zu verfolgen, ist die zunächst unbeziffert auf letzter Stufe verfolgte Forderung in voller Höhe bis zu dem in Abs. 2 bezeichneten Zeitpunkt (Beendigung oder Stillstand des Verfahrens) gehemmt. Bleibt der Gläubiger mit seiner Forderung unter der durch die Auskunftserteilung ermittelten Summe, kann grds. auf die unter Rn 20 widergegebene Wertung der Rechtsprechung verwiesen werden, nach der zu vermuten ist, dass der Anspruch bereits bei Klageerhebung nur bis zu einer bestimmten Maximalgrenze geltend gemacht werden sollte. Kann der Gläubiger allerdings belegen, dass er sich erst nachträglich entschlossen hat, lediglich einen **Teil seines Anspruchs weiter zu verfolgen**, ist der Anspruch in voller Höhe rechtshängig geworden und damit auch gehemmt. Die Hemmung in Bezug auf den nicht weiter verfolgten Teilanspruch endet dann, wie vorstehend dargestellt, nach Maßgabe des Abs. 2; für den bezifferten Anspruchsteil besteht die Hemmung fort.

22 cc) **Künftige Leistungen.** Abs. 1 Nr. 1 erfasst nicht nur bei Klageerhebung bereits fällige Ansprüche; grds. können auch Klagen auf **künftige** oder **wiederkehrende Leistungen** (§§ 257 ff. ZPO) die Hemmung der Verjährung der betreffenden Ansprüche bewirken.[38] Gleiches gilt in Bezug auf jene Ansprüche, die im Zeitpunkt der Klageeinreichung zwar bereits fällig waren, deren Verjährung jedoch erst nach diesem Zeitpunkt beginnt (z.B. aufgrund der Ultimoverjährung gem. § 199 Abs. 1). Zu der Wirkung der Hemmung nach Abs. 1 Nr. 1 in den vorgenannten Konstellationen vgl. Rn 36.

---

30 MüKo/*Grothe*, § 204 Rn 39; Staudinger/*Peters*, § 204 Rn 15; krit. im Hinblick auf § 1613 Abs. 1; *Büttner*, FamRZ 2002, 361, 362.
31 BAG NJW 1996, 1693; OLG Celle NJW-RR 1995, 1411 (beide noch zu § 209 Abs. 1 a.F.); Zöller/*Greger*, ZPO, § 254 Rn 2; MüKo/*Grothe*, § 204 Rn 4, 11; Palandt/*Heinrichs*, § 204 Rn 13; Erman/*Schmidt-Räntsch*, § 204 Rn 2.
32 BGH NJW 1992, 2563 (noch zu § 209 Abs. 1 a.F.); Soergel/*Niedenführ*, § 204 Rn 39.
33 MüKo/*Grothe*, § 204 Rn 11; Palandt/*Heinrichs*, § 204 Rn 2; Soergel/*Niedenführ*, § 204 Rn 39; Staudinger/*Peters*, § 204 Rn 15.
34 Vgl. BGH NJW 1992, 2563 f.; OLG Hamburg FamRZ 1983, 602.
35 OLG Hamburg FamRZ 1983, 602.
36 BAG NJW 1986, 2527; vgl. auch BGH NJW 1992, 2563.
37 Soergel/*Niedenführ*, § 204 Rn 39.
38 Palandt/*Heinrichs*, § 204 Rn 2; Bamberger/Roth/*Henrich*, § 204 Rn 2; Soergel/*Niedenführ*, § 204 Rn 4; Erman/*Schmidt-Räntsch*, § 204 Rn 2.

dd) Adhäsionsverfahren. Auch die Stellung eines **Antrags im Adhäsionsverfahren** (vgl. § 404 Abs. 2 StPO) vermag zur Verjährungshemmung zu führen.[39] Form und Inhalt des Antrags müssen in diesem Fall allerdings den Voraussetzungen einer Zivilklage vor dem Amtsgericht entsprechen.[40] Nicht erforderlich für die Bewirkung der Hemmung ist hingegen die Zustellung des Adhäsionsantrags an den Beschuldigten (vgl. § 404 Abs. 1 S. 3 StPO) oder die Durchführung einer Hauptverhandlung.[41] Die Hemmung nach Abs. 1 Nr. 1 beginnt unabhängig von den letztgenannten Ereignissen unmittelbar mit der Antragstellung gem. § 404 Abs. 1 S. 1 und 2 StPO.

ee) Rechtsverfolgung im Ausland. Der Eintritt der Hemmungswirkung nach Abs. 1 Nr. 1 setzt nicht voraus, dass der Gläubiger seine Rechte in einem inländischen Rechtsstreit verfolgt. Im Wege der **Substitution**[42] kann die in Abs. 1 Nr. 1 zunächst in Blick genommene Klageerhebung vor einem deutschen Gericht grds. auch durch eine funktional äquivalente Handlungsalternative des ausländischen Rechts ersetzt werden. Die wohl überwiegende Auffassung in Rechtsprechung und Literatur bejahte bislang eine Verjährungsunterbrechung nach dem gemäß den Regeln des deutschen internationalen Privatrechts anwendbaren § 209 Abs. 1 a.F. durch Klageerhebung im Ausland, wenn die angestrebte Entscheidung in Deutschland anerkennungsfähig gewesen wäre.[43] Diese Auffassung wird partiell unter neuem Recht auf die Verjährungshemmung nach Abs. 1 Nr. 1 übertragen. Hemmung durch Klageerhebung vor einem ausländischen Gericht könnte danach grds. nur dann eintreten, wenn zu erwarten steht, dass die angestrebte Entscheidung den Voraussetzungen des § 328 ZPO, einem internationalen Anerkennungsabkommen oder der EuGVVO genügen wird.[44]

In der neueren Literatur finden sich allerdings vermehrt Stimmen, die eine Abkehr von der strikten Orientierung an den für die Anerkennung ausländischer Urteile nach § 328 ZPO gestellten Anforderungen befürworten. Hiernach soll den Voraussetzungen des Abs. 1 Nr. 1 bereits dann Genüge getan sein, wenn der Gläubiger im Ausland nach den Vorgaben der *lex fori* wirksam Klage erhoben hat und dem Schuldner die Möglichkeit angemessener Verteidigung gewährt wurde (vgl. § 328 Abs. 1 Nr. 2 ZPO, Art. 34 Nr. 2 EuGVVO).[45] Gefordert werden damit die Kriterien, die auch im Fall einer inländischen Klage vorliegen müssen, um die Hemmung der Verjährung nach Abs. 1 Nr. 1 zu begründen (vgl. hierzu im Einzelnen Rn 26 ff.). Dieser Ansatz erscheint überzeugend. Dem Gesetz ist nicht zu entnehmen, dass bei ausländischem Forum strengere Anforderungen an die Bewirkung der Hemmung zu stellen sind als im Inland.[46] Eine vor einem deutschen Gericht erhobene Klage muss weder zulässig noch begründet sein, um die Konsequenzen des Abs. 1 Nr. 1 zu zeitigen (vgl. auch Rn 32); gefordert wird lediglich eine wirksame Klageerhebung des Berechtigten (vgl. hierzu Rn 26 ff.). Die Hemmungswirkung des Abs. 1 Nr. 1 rechtfertigt sich dann aber daraus, dass der Gläubiger – für den Schuldner erkennbar – deutlich macht, seine Rechte im Wege der Klage vor Gericht verfolgen zu wollen.[47] Angesichts dessen wird man auch einer im Ausland erhobenen Klage

---

[39] OLG Rostock OLG-NL 2000, 117, 118 (dort auch zu Beginn und Ende der Verjährungsunterbrechung nach § 209 Abs. 1 a.F.; die Grundsätze können auf die Hemmung nach Abs. 1 Nr. 1 übertragen werden); Bamberger/Roth/*Henrich*, § 204 Rn 83; *Jaeger*, ZGS 2003, 329, 330; Erman/*Schmidt-Räntsch*, § 204 Rn 11. Zu den Voraussetzungen der Hemmung durch einen Adhäsionsantrag vgl. OLG Karlsruhe NJW-RR 1997, 508 (dort noch zu § 209 a.F.).

[40] OLG Hamm NJW 1978, 2209; OLG Karlsruhe NJW-RR 1997, 508.

[41] OLG Rostock OLG-NL 2000, 117, 118; *Jaeger*, ZGS 2003, 329, 330.

[42] Zur Substitution allgemein s. *Mansel*, in: FS W. Lorenz 1991, S. 689 ff.

[43] Vgl. statt vieler RGZ 129, 385, 389 f.; LG Duisburg IPRspr 1985 Nr. 43; *Taupitz*, IPRax 1996, 140, 145. Zum gesamten Streitstand unter altem Recht s. die Darstellung bei *McGuire*, Verfahrenskoordination und Verjährungsunterbrechung im Europäischen Prozessrecht, 2004, S. 221 ff. und MüKo/*Spellenberg*, Art. 32 EGBGB Rn 80 ff.

[44] Palandt/*Heinrichs*, § 204 Rn 3; Erman/*Schmidt-Räntsch*, § 204 Rn 10a; Palandt/*Heldrich*, Art. 32 EGBGB Rn 6; Erman/*Hohloch*, Art. 32 EGBGB Rn 14.

[45] MüKo/*Grothe*, § 204 Rn 9; Bamberger/Roth/*Henrich*, § 204 Rn 20; *McGuire*, Verfahrenskoordination und Verjährungsunterbrechung im Europäischen Prozessrecht, 2004, S. 225 ff.; *Wolf*, in: FS Kostas E. Beys 2003, S. 1741, 1747 f., 1751 f.; vgl. auch *Geimer*, Int. Zivilprozessrecht, 5. Aufl. 2005, Rn 2831 ff. (Gegenseitigkeit i.S.d. § 328 Abs. 1 Nr. 5 ZPO muss nicht verbürgt sein); Soergel/*Niedenführ*, § 204 Rn 12 (Hemmung nach Abs. 1 Nr. 1 jedenfalls in den Fällen, in denen die Einrede der ausländischen Rechtshängigkeit erhoben werden könnte); restriktiver Staudinger/*Peters*, § 204 Rn 41 (Voraussetzungen des § 328 Abs. 1 Nr. 1, 2 und 5 ZPO müssen vorliegen). Ebenso bereits zum alten Recht: *Looschelders*, IPRax 1998, 296, 302 f.; Soergel/*Lüderitz*, Anh. Art. 10 Rn 121; MüKo/*Spellenberg*, Art. 32 EGBGB Rn 84 f.

[46] Vgl. Bamberger/Roth/*Henrich*, § 204 Rn 20. S.a. OLG Düsseldorf NJW 1978, 1752, wonach auch die vor einem unzuständigen Gericht eines Vertragsstaates des EuGVÜ erhobene Klage zur Verjährungsunterbrechung nach § 209 Abs. 1 a.F. (jetzt § 204 Abs. 1 Nr. 1) führt.

[47] Vgl. OLG Naumburg FamRZ 2001, 1006 (noch zu § 209 a.F.); MüKo/*Grothe*, § 204 Rn 3 m.w.N.

Hemmungswirkung zusprechen können, sofern der Berechtigte das Verfahren **wirksam angestrengt** hat und dem Schuldner in angemessener Form die **Möglichkeit der Verteidigung** gewährt wurde.[48]

Von der vorstehenden Problematik zu trennen ist die Frage, welche Voraussetzungen vorliegen müssen, damit eine im Ausland erwirkte Entscheidung die dreißigjährige Titelverjährung nach § 197 Abs. 1 Nr. 3 auslöst; vgl. hierzu die Ausführungen unter § 197 Rn 55.

26 **c) Wirksame Klageerhebung.** Der Hemmungstatbestand ist erfüllt mit der wirksamen Erhebung der Klage vor Ablauf der Verjährungsfrist.[49] Erforderlich ist die Klageerhebung durch den zur Verfolgung des Anspruchs Berechtigten (näher Rn 33 f.); Beklagter muss der Schuldner der eingeklagten Forderung sein (Rn 29).

27 Nach § 253 Abs. 1 ZPO erfolgt die Klageerhebung durch **Zustellung der Klageschrift**; ist die Klage gem. § 496 ZPO zum Protokoll der Geschäftsstelle angebracht worden, wird sie durch **Zustellung des Protokolls** erhoben (§ 498 ZPO). Die Zustellung (auch die öffentliche Zustellung)[50] wirkt nach § 167 ZPO (früher: § 270 Abs. 3 ZPO a.F.) auf den Zeitpunkt der Klageeinreichung – und damit ggf. auch auf die Zeit vor Eintritt der Verjährung – zurück, sofern sie demnächst erfolgt.[51] Wird der (unverjährte) Anspruch erst im Laufe des Prozesses **nachträglich** geltend gemacht (z.B. durch Klageerweiterung, Klageänderung oder Widerklage), führt auch dies zur Verjährungshemmung nach Abs. 1 Nr. 1.[52] Für die Bestimmung des Hemmungsbeginns ist in diesem Fall auf den Tag der Geltendmachung in der mündlichen Verhandlung oder auf die Zustellung eines den Erfordernissen des § 253 Abs. 2 Nr. 2 entsprechenden Schriftsatzes abzustellen (vgl. § 261 Abs. 2 ZPO).[53]

28 Der Eintritt der Hemmung nach Abs. 1 Nr. 1 setzt voraus, dass die Klage **wirksam** erhoben wurde.[54] Erforderlich ist die Einhaltung der Vorgaben des **§ 253 Abs. 2 Nr. 2 ZPO**:[55] Die Klageschrift muss neben der bestimmten Angabe des Gegenstandes und des Grundes des erhobenen Anspruchs einen bestimmten Klageantrag enthalten. Der Anspruch, dessen Verjährung unterbrochen werden soll, muss auf der Grundlage dieser inhaltlichen Angaben eindeutig zu identifizieren sein.[56] Gegebenenfalls ist die in der Klageschrift verkörperte Willenserklärung auszulegen.[57]

29 Der Auslegung zugänglich ist auch die in **§ 253 Abs. 2 Nr. 1 Alt. 1 ZPO** geforderte Bezeichnung der Parteien, namentlich des Beklagten. Hemmungswirkung entfaltet nur die gegen den wahren Schuldner gerichtete Klage.[58] Sind die den Schuldner betreffenden Angaben unrichtig, kann der Verpflichtete aus den Angaben in der Klageschrift jedoch zweifelsfrei ermittelt werden, so ist dieser trotz der unrichtigen Bezeichnung Partei des Verfahrens geworden.[59]

---

48 Vgl. Bamberger/Roth/*Henrich*, § 204 Rn 20; *McGuire*, Verfahrenskoordination und Verjährungsunterbrechung im Europäischen Prozessrecht, 2004, S. 225 f.; ferner *Wolf*, in: FS Kostas E. Beys 2003, S. 1741, 1750 ff., der für die Substitution der in Abs. 1 genannten Hemmungsgründe allgemein wie Kriterien aufzeigt, die das im Ausland durchgeführte Verfahren aufweisen muss, um die Hemmungswirkung des Abs. 1 herbeizuführen.

49 Staudinger/*Peters*, § 204 Rn 34 (keine Wiedereinsetzung in den vorherigen Stand möglich).

50 BGH NJW 2002, 827, 830 f. (noch zu § 209 Abs. 1 a.F. und § 270 Abs. 3 ZPO a.F.; *in casu* war die öffentliche Zustellung allerdings unwirksam); AG Köln FamRZ 2004, 468; Staudinger/*Peters*, § 204 Rn 33 (dort auch zu der Hemmungswirkung bei ungerechtfertigter Bewilligung der öffentlichen Zustellung).

51 BGH BauR 2004, 1002, 1003 f. (Verzögerung durch Zustellung an eine nicht vertretungsberechtigte Behörde); BGH NJW 2003, 2830, 2831 (Zustellung der Klage im Ausland); OLG Naumburg NJW-RR 2003, 1662, 1663; AG Köln FamRZ 2004, 468 f. (Verzögerung der Zustellung aufgrund fehlgeschlagenen Zustellungsversuchs im Ausland); Zöller/*Greger*, ZPO, § 167 Rn 3. Vgl. zu der Auslegung des Terminus „demnächst" Zöller/*Greger*, ZPO, § 167 Rn 10 ff.; ferner Palandt/*Heinrichs*, § 204 Rn 7; Soergel/*Niedenführ*, § 204 Rn 7; Staudinger/*Peters*, § 204 Rn 35. Zu den Auswirkungen der EuZVO auf die Frage, ob noch i.S.d. § 167 ZPO „demnächst" zugestellt wurde, s. *Kuntze-Kaufhold/Beichel-Benedetti*, NJW 2003, 1998 ff.

52 Staudinger/*Peters*, § 204 Rn 37; Erman/*Schmidt-Räntsch*, § 204 Rn 5.

53 Soergel/*Niedenführ*, § 204 Rn 37; Staudinger/*Peters*, § 204 Rn 6, 37.

54 BGH NJW-RR 1997, 1216, 1217; NJW-RR 1989, 508; NJW 1959, 1819; OLG Naumburg FamRZ 2001, 1006.

55 BGH NJW-RR 1997, 1216, 1217; Palandt/*Heinrichs*, § 204 Rn 4; Bamberger/Roth/*Henrich*, § 204 Rn 12; Staudinger/*Peters*, § 204 Rn 28, 30; Erman/*Schmidt-Räntsch*, § 204 Rn 5.

56 MüKo/*Grothe*, § 204 Rn 23; Palandt/*Heinrichs*, § 204 Rn 4.

57 BGH NJW-RR 1997, 1216, 1217; Staudinger/*Peters*, § 204 Rn 28; *Wolf*, in: FS E. Schumann 2001, S. 579, 585 f. Zu der Frage, ob Anlagen zur Klageschrift für die Auslegung herangezogen werden können, s. *Schach*, GE 2002, 1543, 1544.

58 Palandt/*Heinrichs*, § 204 Rn 12; Bamberger/Roth/*Henrich*, § 204 Rn 11; Staudinger/*Peters*, § 204 Rn 12; Erman/*Schmidt-Räntsch*, § 204 Rn 4.

59 Palandt/*Heinrichs*, § 204 Rn 4.

Die nach § 253 Abs. 1 Nr. 1 Alt. 2 ZPO notwendige Bezeichnung des Gerichts setzt dessen Individualisierbarkeit voraus; nicht erforderlich für die Wirksamkeit der Klage ist die Nennung des in der Sache zuständigen Gerichts.[60]

Um die Klage vom Klageentwurf abgrenzen zu können, ist die **Unterzeichnung** der Klageschrift zwingend.[61] Streitig ist, ob der Unterzeichnete auch postulationsfähig sein muss.[62]

Liegen die Voraussetzungen einer wirksamen Klageerhebung vor, tritt die Hemmungswirkung nach Abs. 1 Nr. 1 selbst dann ein, wenn die Klage **unzulässig**[63] (vgl. hierzu auch Rn 30) oder **unbegründet** (bzw. bereits unschlüssig)[64] sein sollte.[65]

Die Klage muss allerdings von dem **Berechtigten**[66] erhoben worden sein. Zur Klageerhebung i.S.d. Abs. 1 Nr. 1 berechtigt ist derjenige, der die materiellrechtliche Verfügungsbefugnis über den geltend gemachten Anspruch innehat (vgl. auch Rn 12).[67] Dies wird häufig, muss aber nicht notwendig der Rechtsträger sein; die Berechtigung zur Klageerhebung kann sich auch – ausschließlich oder kumulativ[68] – aus gesetzlicher oder gewillkürter Prozessstandschaft ergeben (z.B. im Fall der Nachlass- oder Insolvenzverwaltung,[69] Vertretung Minderjähriger oder Geschäftsunfähiger,[70] offen gelegte oder allseits bekannte Einziehungsermächtigung [auch stille Sicherungszession][71] – hier selbst bei fehlendem eigenem Interesse des Ermächtigten, da Letzteres die Klage zwar unzulässig aber nicht unwirksam macht[72]).[73]

War der Kläger im Zeitpunkt der Klageerhebung Berechtigter, tritt er den geltend gemachten Anspruch jedoch noch vor Beendigung des Verfahrens an einen Dritten ab, so wird gem. § 265 ZPO die Hemmungswirkung dadurch nicht berührt.[74] Die Hemmung dauert auch dann weiter an, wenn der Zedent es versäumt haben sollte, die Klage auf Leistung an den Zessionar umzustellen; der Kläger läuft in diesem Fall lediglich Gefahr, dass die Klage mangels Prozessführungsbefugnis abgewiesen wird.[75]

War der im eigenen Namen agierende Kläger bei Klageerhebung **nicht berechtigt** i.S.d. Abs. 1 Nr. 1, erlangte er die Berechtigung jedoch noch vor der Beendigung des Verfahrens (z.B. durch Genehmigung der Klageerhebung durch den Berechtigten,[76] Parteiwechsel,[77] Aufhebung der Nachlassverwaltung,[78] nachträgliche Erlangung des eingeklagten Anspruchs,[79] etwa als Zessionar[80] oder Erbe), so wird die Verjährung *ex*

---

60 OLG Naumburg FamRZ 2001, 1006; Staudinger/*Peters*, § 204 Rn 25, 28; Soergel/*Niedenführ*, § 204 Rn 9.
61 Bamberger/Roth/*Henrich*, § 204 Rn 11; Staudinger/*Peters*, § 204 Rn 28; Erman/*Schmidt-Räntsch*, § 204 Rn 3.
62 Postulationsfähigkeit als Wirksamkeitskriterium verlangen: OLG Naumburg FamRZ 2001, 1006; MüKo/*Grothe*, § 204 Rn 22; Palandt/*Heinrichs*, § 204 Rn 4; Erman/*Schmidt-Räntsch*, § 204 Rn 3. Dagegen: *Gottwald*, FamRZ 2001, 1007; Bamberger/Roth/*Henrich*, § 204 Rn 12; Staudinger/*Peters*, § 204 Rn 28.
63 OLG Naumburg FamRZ 2001, 1006; MüKo/*Grothe*, § 204 Rn 25; Soergel/*Niedenführ*, § 204 Rn 9; Staudinger/*Peters*, § 204 Rn 24; vgl. auch OLG Düsseldorf NJW 1978, 1752 für die Erhebung der Klage vor einem unzuständigen Gericht eines Vertragsstaates des EuGVÜ.
64 BGH NJW-RR 1996, 1409, 1410 (noch zu § 209 Abs. 1 a.F.).
65 BGH NJW-RR 2003, 784 (zu § 209 a.F.: fehlende Begründungselemente können noch während des Rechtsstreits vorgetragen werden); Palandt/*Heinrichs*, § 204 Rn 5; Bamberger/Roth/*Henrich*, § 204 Rn 13; *McGuire*, Verfahrenskoordination und Verjährungsunterbrechung im Europäischen Prozessrecht, 2004, S. 221; Erman/*Schmidt-Räntsch*, § 204 Rn 3.
66 BGH NJW 1999, 2110, 2111; OLG Düsseldorf NJW 1994, 2423; MüKo/*Grothe*, § 204 Rn 17; Palandt/*Heinrichs*, § 204 Rn 9; Bamberger/Roth/*Henrich*, § 204 Rn 8; Soergel/*Niedenführ*, § 204 Rn 17; Staudinger/*Peters*, § 204 Rn 6.
67 BGH NJW 1999, 2110, 2111; BGHZ 46, 221, 229; OLG Schleswig FamRZ 2003, 1696 (sämtlich zu der entsprechenden Problematik i.R.d. § 209 Abs. 1 a.F.); Palandt/*Heinrichs*, § 204 Rn 9; Soergel/*Niedenführ*, § 204 Rn 17.
68 Vgl. Palandt/*Heinrichs*, § 204 Rn 9 (Bsp.: Berechtigung von Pfändungsschuldner und -gläubiger im Fall der Pfändung und Überweisung einer Forderung zur Einziehung; vgl. § 836 ZPO).
69 BGHZ 46, 221, 229 (im Fall der Nachlassverwaltung ist verfügungsbefugt nur der Nachlassverwalter, nicht der Erbe); Staudinger/*Peters*, § 204 Rn 9.
70 Staudinger/*Peters*, § 204 Rn 9.
71 BGH NJW 1999, 2110, 2111 (noch zu § 209 a.F.).
72 BGHZ 78, 1, 5 (noch zu § 209 a.F.); MüKo/*Grothe*, § 204 Rn 19; Palandt/*Heinrichs*, § 204 Rn 9; Soergel/*Niedenführ*, § 204 Rn 20; Staudinger/*Peters*, § 204 Rn 10.
73 Weitere Beispiele bei MüKo/*Grothe*, § 204 Rn 17 ff.; Bamberger/Roth/*Henrich*, § 204 Rn 9; Soergel/*Niedenführ*, § 204 Rn 17 ff.; Staudinger/*Peters*, § 204 Rn 7 ff.; Erman/*Schmidt-Räntsch*, § 204 Rn 4. Ausf. zur Hemmung im Fall der Abtretung: MüKo/*Grothe*, § 204 Rn 18; Soergel/*Niedenführ*, § 204 Rn 21 ff.; Staudinger/*Peters*, § 204 Rn 10.
74 Palandt/*Heinrichs*, § 204 Rn 9; Staudinger/*Peters*, § 204 Rn 10.
75 BGH NJW 1984, 2102, 2104 (noch zu § 211 a.F.).
76 OLG Schleswig FamRZ 2003, 1696 (noch zu § 209 a.F.); Palandt/*Heinrichs*, § 204 Rn 11; Staudinger/*Peters*, § 204 Rn 11.
77 BGH NJW-RR 1989, 1269 f. (noch zu §§ 209, 212 Abs. 2 a.F.); MüKo/*Grothe*, § 204 Rn 20; Palandt/*Heinrichs*, § 204 Rn 11; Staudinger/*Peters*, § 204 Rn 11.
78 BGHZ 46, 221, 229 f.
79 Staudinger/*Peters*, § 204 Rn 11.
80 Palandt/*Heinrichs*, § 204 Rn 10.

nunc mit dem Erwerb der materiellen Berechtigung gehemmt. Eine Rückwirkung auf den Zeitpunkt der Klageerhebung erfolgt nicht.[81] Sollte vor Bewirkung der Hemmung bereits Verjährung eingetreten sein, bleibt diese auch dann bestehen, wenn die Klage zwar noch in unverjährter Zeit erhoben wurde, der Kläger die Verfügungsbefugnis jedoch erst nach dem Verjährungseintritt erlangte.

Von der vorstehenden Konstellation der fehlenden Berechtigung zur Klageerhebung im eigenen Namen zu unterscheiden ist die **fehlende Vertretungsmacht** des einen fremden Anspruch verfolgenden Klägers. Genehmigt der Berechtigte in diesem Fall das Handeln des vollmachtlosen Vertreters, kommt der Genehmigung Rückwirkung zu.[82] Die Verjährung gilt selbst dann als mit Erhebung der Klage (die im Übrigen wirksam sein muss)[83] gehemmt, wenn zwischen Klageerhebung und Genehmigung ohne die Hemmungswirkung des Abs. 1 Nr. 1 Verjährung eingetreten wäre.

35 **d) Eintritt der Hemmungswirkung.** Die Hemmungswirkung setzt am **Tag der Klageerhebung** ein (rückwirkend um 0.00 Uhr, vgl. § 209 Rn 7), sofern die Verjährung schon vor diesem Zeitpunkt in Lauf gesetzt wurde. War die Verjährung bereits aufgrund eines anderen Hemmungsgrundes als dem des Abs. 1 Nr. 1 angehalten worden (z.B. nach § 203 oder §§ 207, 208), tritt die Hemmung durch Klageerhebung neben die bereits bewirkte Hemmung. Es kommt in diesem Fall zu einer Überlagerung der jeweiligen Hemmungszeiträume.[84]

36 Liegt der Zeitpunkt, zu dem die Verjährung beginnen sollte, nach demjenigen der Klageerhebung, aber vor der Beendigung oder dem Stillstand des Verfahrens (z.B. Zustellung der Klageschrift vor Verjährungsbeginn nach § 199 Abs. 1; Klage auf künftige Leistungen), ist die Verjährungsfrist unmittelbar in dem Moment ihres Beginns gehemmt;[85] sie wird frühestens mit Ablauf der in Abs. 2 S. 1 statuierten Nachfrist in Lauf gesetzt (sofern nicht andere Hemmungsgründe, z.B. nach §§ 203 oder 207, 208 fortwirken oder die Titelverjährung nach § 197 Abs. 1 Nr. 3 oder Nr. 4 zum Tragen kommt; vgl. Rn 43).

37 Wird das Verfahren noch vor dem Tag des Verjährungsbeginns beendet (z.B. durch Klagerücknahme oder -abweisung; vgl. hierzu auch Rn 7) oder gerät es vor diesem Zeitpunkt in Stillstand, so greift die Hemmung nach Abs. 1 Nr. 1 nicht ein; die Verjährung beginnt vielmehr unbeeinflusst durch Abs. 1 Nr. 1 zu dem gesetzlich vorgesehenen Zeitpunkt zu laufen.[86] Dies gilt selbst dann, wenn der Fristbeginn noch innerhalb der sechsmonatigen Nachfrist des Abs. 2 liegen sollte. Beginnt die Verjährung nicht während der Zeitspanne, in welcher der Gläubiger seine Rechte mit den in Abs. 1 bezeichneten Mitteln verfolgt, muss dieser auch nicht davor geschützt werden, dass der Anspruch während des Verfahrens zu seiner Durchsetzung verjährt (vgl. Rn 1). Da die Verjährung erst nach der Beendigung des Verfahrens bzw. nach dessen Stillstand beginnt, steht dem Gläubiger auch ohne die Hemmung nach Abs. 1 Nr. 1 die volle Verjährungsfrist zur Verfügung, um ggf. eine erneute Rechtsverfolgung zu initiieren. Eine Verschiebung des Verjährungseintritts gem. Abs. 2 ist in den Fällen, in denen die Verjährung nicht nach Abs. 1 Nr. 1 gehemmt wurde, weder durch das Gesetz vorgegeben noch erscheint eine solche vor dem Hintergrund des Vorstehenden notwendig.

38 **e) Umfang der Hemmung. aa) Sachliche Reichweite.** Maßgebend für den Umfang der Hemmung nach Abs. 1 Nr. 1 ist in erster Linie der den prozessualen Anspruch bildende **Streitgegenstand** der betreffenden Klage.[87] Nach h.M. wird dieser bestimmt durch den Klageantrag und den zu seiner Begründung vorgetragenen Lebenssachverhalt.[88] Durch Klageerhebung gem. Abs. 1 Nr. 1 gehemmt sind damit jedenfalls alle materiellrechtlichen Ansprüche, deren Rechtsfolge den Klageantrag stützt und deren tatbestandliche Voraussetzungen durch den vorgebrachten Lebenssachverhalt erfüllt werden.[89]

---

81 BGH NJW-RR 1989, 1269 (Parteiwechsel); BGHZ 46, 221, 229 f. (Aufhebung der Nachlassverwaltung); OLG Celle, Urt. v. 8.2.2001–2 U 157/99 JURIS Dok.-Nr. KORE522592001 (nachträgliche Genehmigung der Abtretung); OLG Schleswig FamRZ 2003, 1696 (Genehmigung durch den Berechtigten); MüKo/*Grothe*, § 204 Rn 20; Bamberger/Roth/*Henrich*, § 204 Rn 10; Staudinger/*Peters*, § 204 Rn 11.
82 MüKo/*Grothe*, § 204 Rn 20; Palandt/*Heinrichs*, § 204 Rn 11; Bamberger/Roth/*Henrich*, § 204 Rn 10.
83 Vgl. MüKo/*Grothe*, § 204 Rn 20.
84 Staudinger/*Peters*, § 204 Rn 5.
85 Bamberger/Roth/*Henrich*, § 204 Rn 2; Soergel/*Niedenführ*, § 204 Rn 4.
86 Vgl. Bamberger/Roth/*Henrich*, § 204 Rn 2, der allerdings auf die Fälligkeit, nicht auf den Verjährungsbeginn abstellt, der nach § 199 Abs. 1 auch auf einen späteren Zeitpunkt datieren kann. A.A. Staudinger/*Peters*, § 204 Rn 38.
87 BGH NJW 2000, 2678, 2679; 1999, 2110, 2111 (beide noch zu § 209 a.F.); MüKo/*Grothe*, § 204 Rn 10; Palandt/*Heinrichs*, § 204 Rn 13; Erman/*Schmidt-Räntsch*, § 204 Rn 7.
88 BGH NJW-RR 1997, 1216, 1217; NJW 1996, 1743; 1995, 1614; 1993, 2439, 2440; MüKo/*Grothe*, § 204 Rn 10; Bamberger/Roth/*Henrich*, § 204 Rn 17.
89 Staudinger/*Peters*, § 204 Rn 13. Zu der Frage der Hemmungswirkung im Fall der bezifferten verdeckten Teilklage vgl. BGH JR 2003, 246 (st. Rspr., *in casu* noch zu § 209 Abs. 1 a.F.) m. abl. Anm. *Zeuner*, JR 2003, 247; krit. auch *Meyer*, NJW 2002, 3067.

Hemmung der Verjährung durch Rechtsverfolgung § 204

Unter altem Recht (§ 209 Abs. 1 a.F.) ist in der Rechtsprechung über den Streitgegenstand hinaus eine Ausweitung der Unterbrechungswirkung befürwortet worden, wenn der zunächst nicht streitgegenständliche Anspruch mit einer zuvor eingeklagten Forderung wesensgleich war und der nunmehr vorgetragene Lebenssachverhalt in seinem Kern bereits Gegenstand der Erstklage gewesen ist.[90] Diese Wertung wird in der Literatur partiell auf die Hemmung nach Abs. 1 Nr. 1 übertragen.[91] Das Bedürfnis für eine derartige extensive Handhabung der Hemmungswirkung durch Klageerhebung ist unter neuem Recht jedoch wesentlich geringer als dies noch in Bezug auf die Unterbrechung nach § 209 Abs. 1 a.F. der Fall war. Infolge der Neuregelung des **§ 213** erstreckt sich die Wirkung der Hemmung nach Abs. 1 Nr. 1 nunmehr ohnehin auf solche Ansprüche, die zwar nicht mehr vom Streitgegenstandsbegriff erfasst sind, jedoch aus demselben Grund wahlweise neben dem von der Hemmung erfassten Anspruch oder an seiner Stelle gegeben sind (zu Einzelheiten vgl. die Kommentierung zu § 213).

Auf **Gestaltungsrechte** (insb. Rücktritt und Minderung) findet die Hemmungsregelung des Abs. 1 Nr. 1 keine unmittelbare Anwendung. Die Vorschrift wirkt sich jedoch indirekt über § 218 auch auf diese aus (vgl. die dortige Kommentierung).[92] 39

bb) Persönliche Reichweite. Von der Hemmung der Verjährungsfrist begünstigt bzw. belastet werden grds. nur der Gläubiger und der Schuldner, in deren Person die Voraussetzungen des Abs. 1 Nr. 1 erfüllt sind. Bei einer Gesamtschuld gilt der **Grundsatz der Einzelwirkung** (§ 425 Abs. 1 und 2).[93] Eine Erstreckung der gegen einen Schuldner erwirkten Hemmung auf weitere Verpflichtete ist nur in Ausnahmefällen vorgesehen (so z.B. nach § 3 Nr. 3 S. 4 PflVG,[94] § 129 Abs. 1 HGB[95]). Keine derartige Ausnahme stellt die **notwendige Streitgenossenschaft** i.S.d. § 62 ZPO dar. Die Schuldner bleiben in diesem Fall selbständige Streitparteien in jeweils besonderen Prozessrechtsverhältnissen zu dem gemeinsamen Gläubiger.[96] Ebenfalls nur Wirkung für den einzelnen Kläger zeitigt die Klageerhebung im Fall der **Gesamtgläubigerschaft** (§ 428) sowie in den von § 432 erfassten Fällen (vgl. §§ 429 Abs. 3 S. 1, 432 Abs. 2). Die Rechtsverfolgung hemmt hier nur die Verjährung des Anspruchs des klagenden Gläubigers bzw. im Fall der Prozessstandschaft desjenigen, von dem die Berechtigung zur Klageerhebung abgeleitet wird. 40

Kommt es auf Schuldnerseite zu einer **Rechtsnachfolge**, so muss der Rechtsnachfolger die nach Abs. 1 Nr. 1 bewirkte Hemmung der Verjährung gegen sich gelten lassen.[97] Zur Abtretung des Anspruchs durch den Gläubiger während des Prozesses vgl. Rn 33. 41

Wird bei einer durch **Bürgschaft** gesicherten Forderung die Verjährung des Anspruchs des Gläubigers gegen den Hauptschuldner gehemmt, so hat dies entsprechend dem vorstehenden Grundsatz (Rn 40) keine unmittelbaren Auswirkungen auf den Lauf der Verjährungsfrist des Anspruchs gegen den Bürgen.[98] Konsequenzen hat die Hemmung des Anspruchs des Gläubigers gegen den Hauptschuldner für den Bürgen nur insoweit, als dieser die Einrede der Verjährung der Hauptschuld nach § 768 Abs. 1 S. 1 erst entsprechend später geltend machen kann.[99] 42

f) Titelverjährung. Hat die **Klage Erfolg**, dann beginnt mit Rechtskraft der zusprechenden Entscheidung oder eines Prozessvergleichs die dreißigjährige Verjährungsfrist des § 197 Abs. 1 Nr. 3 bzw. Nr. 4. Die zunächst nach Abs. 1 Nr. 1 bewirkte Hemmung ist in diesem Fall durch das Anlaufen der neuen Verjährungsfrist obsolet geworden. Die Frist des § 197 Abs. 1 Nr. 3 bzw. Nr. 4 wird von der Hemmungswirkung des Abs. 1 Nr. 1 nicht erfasst; d.h. insb. die sechsmonatige Nachfrist des Abs. 2 hat keine Auswirkungen auf den Beginn der nach Maßgabe des § 201 anlaufenden Titelverjährung. 43

g) Rücknahme oder Abweisung der Klage als unzulässig. Das Gesetz sieht davon ab, entsprechend **§ 212 Abs. 1 a.F.** und den auf diese Vorschrift verweisenden Bestimmungen der §§ 212a–215 und 220 a.F. rückwirkend die bereits begründete Hemmung wieder entfallen zu lassen, wenn die Klage oder der sonstige Antrag zurückgenommen oder durch Prozessurteil abgewiesen wird. Durch die Umstellung von der Unterbrechungs- auf die Hemmungswirkung wird in deutlich geringerem Maße als bisher auf den Lauf der Verjährung eingewirkt. Die Aussetzung des Fristlaufs für die Dauer des Verfahrens und der sechsmonatigen 44

---

90 BGH NJW 1996, 1743; OLG Köln ZIP 2001, 563, 565.
91 So MüKo/*Grothe*, § 204 Rn 10.
92 Vgl. auch Staudinger/*Peters*, § 204 Rn 48.
93 Staudinger/*Peters*, § 204 Rn 12.
94 OLG Hamm VersR 2002, 564, 565 (noch zu § 209 Abs. 1 a.F.); Bamberger/Roth/*Henrich*, § 204 Rn 11.
95 Staudinger/*Peters*, § 204 Rn 12; Erman/*Schmidt-Räntsch*, § 204 Rn 4.
96 BGH NJW 1996, 1060, 1061 (noch zu § 209 Abs. 1 a.F.).
97 Staudinger/*Peters*, § 204 Rn 12.
98 Soergel/*Niedenführ*, § 204 Rn 30.
99 Staudinger/*Peters*, § 204 Rn 12.

Nachfrist bleibt daher auch dann wirksam, wenn die Klage zurückgenommen oder als unzulässig abgewiesen wird.[100]

45 **2. Antrag im vereinfachten Unterhaltsverfahren (Abs. 1 Nr. 2).** Abs. 1 Nr. 2 knüpft die Verjährungshemmung an den Antrag im vereinfachten Verfahren über den Unterhalt Minderjähriger (§§ 645 ff. ZPO). Die Vorschrift entspricht mit der Maßgabe der erläuterten Umstellung auf den Hemmungstatbestand (Rn 1 ff.) dem bisherigen **§ 209 Abs. 2 Nr. 1b a.F.**[101] Insofern kann auch hier – unter Berücksichtigung des Rechtsfolgenunterschieds – auf die Ergebnisse der Rechtsprechung und Lehre zu § 209 Abs. 2 Nr. 1b a.F. im Grundsatz zurückgegriffen werden.

In Einklang mit der Überschrift von Buch 6 Titel 2 Abschnitt 2 der ZPO wird in Abs. 1 Nr. 2 nunmehr von dem „vereinfachten Verfahren über den Unterhalt Minderjähriger" gesprochen und nicht mehr, wie noch in § 209 Abs. 2 Nr. 1b a.F., von dem „vereinfachten Verfahren zur Festsetzung von Unterhalt".[102]

46 Die Hemmung nach Abs. 1 Nr. 2 **beginnt** mit der Zustellung des Antrags nach § 645 Abs. 1 ZPO oder einer Mitteilung über seinen Inhalt (vgl. § 647 Abs. 1 ZPO). Bei einer demnächst erfolgenden Zustellung beginnt die Hemmung entsprechend § 647 Abs. 2 ZPO i.V.m. § 167 ZPO mit der Antragseinreichung bei Gericht.[103]

47 Ebenso wie bei der Klageerhebung (Abs. 1 Nr. 1; Rn 30) wird die Hemmungswirkung nicht dadurch berührt, dass der Festsetzungsantrag bei einem **unzuständigen Gericht** angebracht wurde.[104]

48 Streitig ist, welche inhaltlichen **Voraussetzungen** der Antrag im vereinfachten Unterhaltsverfahren erfüllen muss, um die Hemmungswirkung nach Abs. 1 Nr. 2 herbeizuführen. Zum Teil wird bereits als ausreichend erachtet, dass der verfolgte Anspruch auf Unterhalt individualisierbar ist; die in § 646 Abs. 1 ZPO für die Formulierung des Antrages aufgestellten Kriterien seien für die Hemmung durch Zustellung des Antrages nach Abs. 1 Nr. 2 ohne Bedeutung.[105] Andere Stimmen fordern dagegen die Einhaltung zumindest des § 646 Abs. 1 Nr. 1 ZPO,[106] partiell auch des § 646 Abs. 1 Nr. 1, 2, 4 und 6 ZPO.[107]

49 Die **Wirkung der Hemmung** gem. Abs. 1 Nr. 2 richtet sich nach § 209 (siehe dort). Zu der Hemmung nach Abs. 1 Nr. 2 kann parallel jene nach Abs. 1 Nr. 1 treten, sofern eine Partei gem. §§ 650, 651 Abs. 1 S. 1 ZPO die **Durchführung des streitigen Verfahrens** beantragt.[108] Wird der Antrag innerhalb von sechs Monaten nach Zugang der Mitteilung über das Vorliegen von Einwendungen i.S.d. § 650 S. 1 ZPO gestellt,[109] so gilt der Rechtsstreit gem. § 651 Abs. 2 S. 1 und Abs. 3 ZPO als mit der Zustellung des Festsetzungsantrags rechtshängig geworden. Die Fiktion bewirkt zugleich die rückwirkende Hemmung nach Abs. 1 Nr. 1 (analog);[110] Abs. 1 Nr. 2 verliert in diesem Fall seine eigenständige Bedeutung.[111]

50 **3. Mahnbescheid (Abs. 1 Nr. 3).** Nach Abs. 1 Nr. 3 führt jetzt auch die Zustellung des Mahnbescheids im Mahnverfahren zur Hemmung der Anspruchsverjährung. Die Norm entspricht mit der Maßgabe der oben erläuterten Umstellung (Rn 1 ff.) auf den Hemmungstatbestand dem bisherigen **§ 209 Abs. 2 Nr. 1 a.F.**;[112] die zum alten Recht gefundenen Auslegungsergebnisse können bei der Anwendung des Abs. 1 Nr. 3 daher weiterhin herangezogen werden.

51 Die Hemmung **beginnt** mit der Zustellung des wirksamen Mahnbescheids (vgl. Rn 52) gem. § 166 Abs. 2 ZPO im Verfahren nach §§ 688 ff. ZPO;[113] erfolgt die Zustellung demnächst, so beginnt die Hemmung

---

100 BT-Drucks 14/6040, S. 118; eine entspr. andersgerichtete Prüfbitte des Bundesrats blieb im Gesetzgebungsverfahren ohne Wirkung, s. BT-Drucks 14/6857, S. 7 f., 43. Ebenso Henssler/von Westphalen/*Bereska*, Praxis der Schuldrechtsreform, 2. Aufl. 2003, § 204 Rn 5, 7; MüKo/*Grothe*, § 204 Rn 25.
101 BT-Drucks 14/6040, S. 113.
102 BT-Drucks 14/6040, S. 113.
103 Näher Staudinger/*Peters*, § 204 Rn 51. Zur Auslegung des Terminus „demnächst" vgl. Zöller/*Greger*, ZPO, § 167 Rn 10 ff.
104 MüKo/*Grothe*, § 204 Rn 28; Palandt/*Heinrichs*, § 204 Rn 17; Bamberger/Roth/*Henrich*, § 204 Rn 21; Soergel/*Niedenführ*, § 204 Rn 49; Staudinger/*Peters*, § 204 Rn 49.
105 MüKo/*Grothe*, § 204 Rn 28; Palandt/*Heinrichs*, § 204 Rn 17; Soergel/*Niedenführ*, § 204 Rn 49.
106 Staudinger/*Peters*, § 204 Rn 49.
107 Bamberger/Roth/*Henrich*, § 204 Rn 21.
108 Vgl. Palandt/*Heinrichs*, § 204 Rn 35; Staudinger/ *Peters*, § 204 Rn 52.
109 Die Sechsmonatsfrist resultiert aus § 651 Abs. 6 ZPO.
110 Vgl. auch MüKo/*Grothe*, § 204 Rn 78; Erman/ *Schmidt-Räntsch*, § 204 Rn 41, die jeweils gestützt auf § 651 Abs. 2 S. 1 ZPO von einer Fortdauer der Hemmung ausgehen.
111 Staudinger/*Peters*, § 204 Rn 150.
112 BT-Drucks 14/6040, S. 113.
113 Funktional dem Mahnbescheid nach Abs. 1 Nr. 3 gleichwertig ist der schweizerische Zahlungsbefehl; vgl. BGH NJW-RR 2002, 937, 938 (noch zu § 209 Abs. 1 Nr. 1 a.F.); s.a. *Geimer*, Int. Zivilprozessrecht, 5. Aufl. 2005, Rn 2829 (Fn 143).

schon mit der Antragseinreichung bei Gericht (§ 167 ZPO;[114] früher: § 693 Abs. 2 ZPO a.F.).[115] Wird der Mahnantrag wegen eines Mangels i.S.d. § 691 Abs. 1 ZPO zurückgewiesen, gilt die Verjährung gem. § 691 Abs. 2 ZPO trotz Zurückweisung bereits als mit der Einreichung oder Anbringung des Antrags gehemmt, sofern innerhalb eines Monats nach Zustellung der Zurückweisung Klage eingereicht und diese i.S.d. § 167 ZPO demnächst zugestellt wird.[116] Die Hemmung richtet sich in derartigen Fällen allerdings nicht nach Abs. 1 Nr. 3 (mangels Zustellung des Mahnantrags), sondern unmittelbar nach Abs. 1 Nr. 1.[117] Wird innerhalb der von § 691 Abs. 2 ZPO aufgestellten Frist nach Zurückweisung ein berichtigter Mahnantrag eingereicht und dessen Zustellung demnächst bewirkt, muss § 691 Abs. 2 ZPO jedenfalls entsprechend gelten.[118] Nach der hier vertretenen Auffassung wird die Verjährung auch bei erneuter Antragstellung i.S.d. § 688 Abs. 1 ZPO rückwirkend nach § 691 Abs. 2 ZPO (analog) i.V.m. Abs. 1 Nr. 3 gehemmt, und zwar selbst dann, wenn in der Zwischenzeit ohne die Hemmungswirkung des Abs. 1 Nr. 3 bereits Verjährung eingetreten wäre.

52 Die Hemmung nach Abs. 1 Nr. 3 wird nur dann bewirkt, wenn der Mahnbescheid im Zeitpunkt der Zustellung wirksam ist.[119] Maßgebend hierfür sind die Anforderungen des § 690 Abs. 1 Nr. 1–3 ZPO.[120] § 690 Abs. 1 Nr. 1 ZPO fordert die **Bezeichnung der Parteien**, ihrer gesetzlichen Vertreter und des Prozessbevollmächtigten. Zu diesen Merkmalen vgl. bereits Rn 26, 33 f.; die dortigen Anmerkungen zu Abs. 1 Nr. 1 gelten entsprechend. Nach § 690 Abs. 1 Nr. 3 ZPO muss der Antrag zudem den mit dem Mahnbescheid zu verfolgenden Anspruch bezeichnen unter bestimmter Angabe der verlangten Leistung. Gewährleistet werden soll die **Individualisierbarkeit des Anspruchs**. Der BGH sieht dieses Kriterium als erfüllt an, wenn die Ausführungen des Antragstellers so konkret sind, dass sie die Grundlage eines Vollstreckungstitels bilden können und der Schuldner in die Lage versetzt wird zu entscheiden, ob er Verteidigungsmaßnahmen gegen die Rechtsverfolgung ergreifen möchte.[121] Ist den vorstehenden Voraussetzungen Genüge getan, fehlen jedoch zur Zeit der Zustellung noch einzelne Anspruchsvoraussetzungen, soll dies nach Ansicht des BGH die Hemmung nicht hindern; die betreffenden Begründungselemente könnten vielmehr auch dann noch während des Rechtsstreits vorgebracht werden, wenn ohne eine Einflussnahme auf den Verjährungslauf zu diesem Zeitpunkt bereits Verjährung eingetreten wäre.[122]

53 Eine **handschriftliche Unterzeichnung** des Antrags (vgl. § 690 Abs. 2 ZPO) ist, anders als im Fall der Hemmung durch Klageerhebung gem. Abs. 1 Nr. 1 (vgl. Rn 31), für die Bewirkung der Hemmung nach Abs. 1 Nr. 3 nicht erforderlich.[123] Der Mangel stellt lediglich einen Zurückweisungsgrund dar (vgl. § 691 Abs. 1 Nr. 1 ZPO); wird er nicht bemerkt und der Mahnbescheid trotz Fehlens der Unterschrift erlassen, liegt eine wirksame gerichtliche Entscheidung vor, die nach Zustellung zur Verjährungshemmung führt. Ebenfalls im Rahmen des Abs. 1 Nr. 3 unbeachtlich ist die Nichterfüllung der in **§ 690 Abs. 1 Nr. 4 und 5 ZPO** aufgestellten Anforderungen.[124]

---

114 Umstritten ist, in welchem Umfang die Monatsfrist des § 691 Abs. 2 ZPO bei der Konkretisierung des Terminus „demnächst" in § 167 ZPO Beachtung finden soll. Zum Teil wird dem Antragsteller eine Frist von einem Monat zugestanden zwischen Mitteilung des Grundes der Verzögerung und Eingang der fehlenden Angaben bei Gericht sowie eine zusätzliche nach § 167 ZPO zu bestimmende Frist für die demnächst zu bewirkende Zustellung: OLG Hamburg NJW-RR 2003, 286 (dort noch zu § 693 Abs. 2 ZPO a.F.); *Ebert*, NJW 2003, 732; *Zöller/ Greger*, ZPO, § 167 Rn 11; *Zöller/Vollkommer*, ZPO, § 691 Rn 4. Enger hingegen BGH NJW 2002, 2794; *Palandt/Heinrichs*, § 204 Rn 18; *Bamberger/Roth/ Henrich*, § 204 Rn 22; *Staudinger/Peters*, § 204 Rn 54, die bereits die Zustellung des Mahnbescheids beim Schuldner innerhalb der Monatsfrist des § 691 Abs. 2 ZPO fordern.
115 *Schach*, GE 2002, 1118, 1119. Zu der Bewertung eines Verschuldens des Antragstellers bei der Verzögerung der Zustellung vgl. *Staudinger/Peters*, § 204 Rn 56.
116 Zur Fristberechnung unter Berücksichtigung der Entscheidung des BGH v. 21.3.2002 (NJW 2002, 2794) vgl. *Schach*, GE 2002, 1118, 1119.
117 *Zöller/Vollkommer*, ZPO, § 691 Rn 5.
118 Vgl. *Zöller/Vollkommer*, ZPO, § 691 Rn 5.
119 Vgl. BGH WM 2000, 2375, 2378. Werden die Anforderungen, die an einen wirksamen Mahnbescheid zu stellen sind, erst nach der Zustellung erfüllt, insb. die Forderung erst nachträglich ausreichend individualisiert, kann Hemmung nur *ex nunc* eintreten; eine Rückwirkung findet nicht statt, BGH a.a.O.
120 *Bamberger/Roth/Henrich*, § 204 Rn 22.
121 St. Rspr., vgl. zuletzt (zu § 209 Abs. 2 Nr. 1 a.F.) BGH NJW 2001, 305, 306; 2000, 1420, jeweils m.w.N. S. im Übrigen die Beispiele bei *Palandt/ Heinrichs*, § 204 Rn 18; *Soergel/Niedenführ*, § 204 Rn 56.
122 BGH WM 2003, 1439; im Erg. zust. *Voit*, WuB IV A § 209 BGB 1.03, der allerdings die Formulierung des BGH als zu allgemein erachtet und eine Konkretisierung vorschlägt.
123 BGHZ 86, 313, 323 f.; *Bamberger/Roth/Henrich*, § 204 Rn 22; *Staudinger/Peters*, § 204 Rn 54.
124 *Staudinger/Peters*, § 204 Rn 54 (in Bezug auf § 690 Abs. 1 Nr. 5 ZPO).

54 Wurde der Mahnantrag bei einem **unzuständigen Gericht** eingereicht, hindert dies in Parallelität zu Abs. 1 Nr. 1 (dort Rn 30, 32) die Hemmung nach Abs. 1 Nr. 3 nicht.[125] § 690 Abs. 1 Nr. 2 ZPO verlangt lediglich die Bezeichnung des Gerichts, bei dem der Antrag gestellt wird; die Nennung des in der Sache zuständigen Gerichts ist für die Bewirkung der Rechtsfolgen des Abs. 1 Nr. 3 nicht erforderlich.

55 Die **Wirkung der Hemmung** gem. Abs. 1 Nr. 3 bestimmt sich nach § 209; zum Eintritt der Hemmungswirkung gelten die Ausführungen zu Abs. 1 Nr. 1 entsprechend (vgl. dort Rn 35 ff.).

Schließt sich an das Mahnverfahren nach Widerspruch oder Einspruch des Antragsgegners das **Verfahren vor dem Prozessgericht** an, so bleibt die Verjährung trotz Beendigung des Mahnverfahrens weiterhin gehemmt;[126] die Hemmungswirkung resultiert nunmehr allerdings aus Abs. 1 Nr. 1, der in der vorliegenden Konstellation zumindest entsprechende Anwendung findet.[127] Der Rechtsstreit, während dessen Fortführung die Verjährung nach Abs. 1 Nr. 1 (analog) gehemmt wird, gilt gem. § 696 Abs. 2 S. 1 ZPO bzw. § 700 Abs. 2 ZPO bereits als mit der Zustellung des Mahnbescheids rechtshängig geworden. Abs. 1 Nr. 1 tritt infolgedessen rückwirkend neben Abs. 1 Nr. 3, der dadurch seine eigenständige Bedeutung verliert.[128]

56 Hinsichtlich des **Umfangs der Hemmungswirkung** durch Zustellung des Mahnbescheids gelten die Grundsätze, die auch der Hemmung durch Klageerhebung (Abs. 1 Nr. 1) zugrunde liegen (vgl. Rn 38 ff.).

57 Bei der Umstellung von der Unterbrechungs- auf die Hemmungswirkung der Zustellung des Mahnbescheids hat der Gesetzgeber davon abgesehen, eine dem **§ 213 a.F.** entsprechende Regelung in das neue Recht aufzunehmen. Wird der Mahnantrag zurückgenommen oder verliert der Mahnbescheid gem. § 701 ZPO seine Kraft, führt dies daher nicht zu einer rückwirkenden Aufhebung der Hemmung. Die nach Abs. 1 Nr. 3 bewirkte Aussetzung des Fristlaufs für die Dauer des Verfahrens und die sich anschließende sechsmonatige Nachfrist (Abs. 2 S. 1 bzw. S. 2) bleibt unangetastet.[129] Gleiches gilt, wenn die Sache nach Erhebung des Widerspruchs nicht alsbald die Streitgericht abgegeben werden sollte (vgl. § 696 Abs. 3 ZPO).[130] Auch in diesem Fall kann allenfalls ein Stillstand des Verfahrens konstatiert werden, welcher nach Abs. 2 S. 2 die Nachfrist des Abs. 2 S. 1 auslöst und damit das Ende der Hemmung bedingt, sofern nicht vor Ablauf der Sechsmonatsfrist das Verfahren weiter betrieben wird (Abs. 2 S. 3);[131] den nach Abs. 1 Nr. 3 zuvor ausgelösten Eintritt der Hemmung sowie die bisherige Hemmungsdauer berührt der Verfahrensstillstand nicht.

58 **4. Veranlassung der Bekanntgabe des Güteantrags (Abs. 1 Nr. 4).** Die Hemmung infolge Veranlassung der Bekanntgabe des Güteantrags (Abs. 1 Nr. 4) beruht auf **§ 209 Abs. 2 Nr. 1a a.F.**; die Regelung ist jedoch nicht nur von einem Unterbrechungstatbestand auf einen Hemmungstatbestand umgestellt worden, sie hat darüber hinaus auch weitere Änderungen erfahren (siehe im Folgenden). Dies ist bei der Heranziehung der Rechtsprechung zum bisherigen Recht für die Auslegung der Vorschrift zu beachten.

Die funktionslose Wendung des bisherigen Rechts, der Güteantrag müsse in der Form der Geltendmachung eines Anspruchs angebracht werden, wurde fallen gelassen. Ferner wird in Einklang mit der Formulierung des § 794 Abs. 1 Nr. 1a ZPO vereinfacht von einer „durch die Landesjustizverwaltung eingerichteten oder anerkannten Gütestelle" gesprochen. So konnte die im bisherigen § 209 Abs. 2 Nr. 1a a.F. enthaltene Verweisung auf § 794 Abs. 1 Nr. 1 ZPO entfallen, ohne dass damit eine sachliche Änderung verbunden wäre.[132]

59 Abs. 1 Nr. 4 erkennt Hemmungswirkung zunächst den Anträgen bei einer **Gütestelle** der in **§ 794 Abs. 1 Nr. 1 ZPO** und in **§ 15a Abs. 1 S. 1 EGZPO** bezeichneten Art zu. Zudem wird durch Abs. 1 Nr. 4 der Anwendungsbereich auf die Verfahren vor einer „**sonstigen Gütestelle**, die Streitbeilegung betreibt", erweitert. Damit sind Gütestellen im Sinne von **§ 15a Abs. 3 EGZPO** gemeint. Die Hemmungswirkung nach Abs. 1 Nr. 4 durch einen Güteantrag vor einer sonstigen Gütestelle setzt allerdings in Übereinstimmung mit § 15a Abs. 3 S. 1 EGZPO voraus, dass der Einigungsversuch von den Parteien einvernehmlich unternommen wird,[133] wobei dieses Einvernehmen nach § 15a Abs. 3 S. 2 EGZPO bei branchengebundenen Gütestellen

---

125 BGHZ 86, 313, 322; MüKo/*Grothe,* § 204 Rn 30; Palandt/*Heinrichs,* § 204 Rn 18; Bamberger/Roth/ Henrich, § 204 Rn 22; Soergel/*Niedenführ,* § 204 Rn 58; Staudinger/*Peters,* § 204 Rn 54; Erman/ *Schmidt-Räntsch,* § 204 Rn 13.

126 Palandt/*Heinrichs,* § 204 Rn 36; *Mansel/Budzikiewicz,* Das neue Verjährungsrecht, 2002, § 8 Rn 47.

127 MüKo/*Grothe,* § 204 Rn 82 ff.; Bamberger/Roth/ Henrich, § 204 Rn 59 (unter Hinweis auf § 696 Abs. 1 S. 4 ZPO); Erman/*Schmidt-Räntsch,* § 204 Rn 42 (unter Hinweis auf § 697 Abs. 2 S. 1 ZPO).

128 Staudinger/*Peters,* § 204 Rn 150.

129 *Ebert,* NJW 2003, 732, 733; Bamberger/Roth/ Henrich, § 204 Rn 54.

130 *Ebert,* NJW 2003, 732, 733; Palandt/*Heinrichs,* § 204 Rn 18; Erman/*Schmidt-Räntsch,* § 204 Rn 13.

131 S. *Ebert,* NJW 2003, 732, 733.

132 Zu beiden sprachlichen Änderungen s. BT-Drucks 14/6040, S. 113 f.

133 MüKo/*Grothe,* § 204 Rn 31; Bamberger/Roth/ Henrich, § 204 Rn 23; Staudinger/*Peters,* § 204 Rn 59.

oder den Gütestellen der Industrie- und Handelskammern, der Handwerkskammern oder der Innungen unwiderleglich vermutet wird. Damit ist die bislang bestehende verjährungsrechtliche Benachteiligung der Verfahren vor solchen Gütestellen beseitigt worden.[134]

Nicht in dem Katalog des Abs. 1 Nr. 4 aufgeführt sind die in **§ 15 Abs. 6 S. 1 ZPO** erwähnten, durch Landesrecht anerkannten Gütestellen. Es bestehen jedoch keine Bedenken, auch diese als Gütestellen i.S.d. Abs. 1 Nr. 4 anzuerkennen.[135]

Ob bzw. wie weit der Anwendungsbereich des Abs. 1 Nr. 4 darüber hinaus ausgedehnt werden kann, ist in der Literatur umstritten. Verschiedentlich befürwortet wird eine Verjährungshemmung auch für parteiautonom vereinbarte Verfahren vor **in-**[136] oder **ausländischen**[137] **Gütestellen**, wobei wiederum Divergenzen hinsichtlich der Frage bestehen, ob auch einem Schlichtungsverfahren vor der ICC in Paris Hemmungswirkung beizumessen ist.[138] Vertreter einer restriktiveren Auslegung des Abs. 1 Nr. 4 wollen die Regelung demgegenüber strikt auf die obligatorische Streitschlichtung begrenzen.[139] Einigkeit scheint jedoch insoweit zu bestehen, als für *ad-hoc*-Gütestellen Abs. 1 Nr. 4 in keinem Fall gelten soll.[140]

Nach dem bisherigen § 209 Abs. 2 Nr. 1a a.F. wurde die Verjährung bereits durch die bloße Einreichung (Anbringung) des Güteantrags unterbrochen. Da aber grundsätzlich nur solche Rechtsverfolgungsmaßnahmen verjährungsrechtliche Wirkung entfalten können, die dem Schuldner bekannt werden, stellt Abs. 1 Nr. 4 jetzt abweichend vom alten Recht für den **Hemmungsbeginn** nicht mehr auf die Einreichung ab, sondern auf die **Veranlassung der Bekanntgabe** des Güteantrags.[141]

Abs. 1 Nr. 4 Hs. 2 sieht ausdrücklich den Beginn der Verjährungshemmung schon im Zeitpunkt der **Einreichung des Güteantrags** vor, sofern die Veranlassung der Bekanntgabe des Antrags demnächst[142] nach dessen Einreichen erfolgt. Auf die Bekanntgabe des Güteantrags – wie es der Regierungsentwurf noch vorsah[143] – konnte der Gesetzgeber nicht abstellen, weil eine Bekanntgabe durch förmliche Zustellung von § 15a EGZPO nicht vorgeschrieben ist. Daher kann auch eine formlose Bekanntgabe, insbesondere durch einfachen Brief, erfolgen. In diesen Fällen ist jedoch zu besorgen, dass der Schuldner bestreitet, den Brief erhalten zu haben, was in der Praxis kaum zu widerlegen ist und die Hemmungsregelung untauglich werden ließe. Es erschien dem Rechtsausschuss des Deutschen Bundestags daher sachgerecht, auf das – aktenmäßig nachprüfbare – Vorgehen der Gütestelle abzustellen. Wenn die Gütestelle die Bekanntgabe des Güteantrags veranlasst, also beispielsweise den an den Schuldner adressierten Brief mit dem Güteantrag zur Post gibt, sollen die Voraussetzungen für die Hemmung erfüllt sein.[144] Nach Abs. 1 Nr. 4 kann somit weiterhin in rechtsstaatlich bedenklicher Weise eine Verjährungshemmung ohne Verfahrenskenntnis des Schuldners eintreten.[145]

Der Güteantrag muss durch den Berechtigten gestellt worden sein (vgl. Rn 33 f.); ein alleiniges Tätigwerden des Verpflichteten führt nicht zur Verjährungshemmung.[146]

Ohne Bedeutung für den Hemmungseintritt nach Abs. 1 Nr. 4 ist hingegen, ob der Güteantrag bei der **örtlich**[147] und **sachlich**[148] **zuständigen Gütestelle** eingereicht wird.[149]

---

134 BT-Drucks 14/6040, S. 114; *Friedrich*, NJW 2003, 1781.
135 *Eidenmüller*, SchiedsVZ 2003, 163, 165; *Friedrich*, NJW 2003, 1781; *ders.*, MDR 2004, 481, 483 (Fn 29); *Staudinger/Eidenmüller*, NJW 2004, 23, 24.
136 *Friedrich*, NJW 2003, 1781, 1782; MüKo/*Grothe*, § 204 Rn 31; Palandt/*Heinrichs*, § 204 Rn 19; Erman/*Schmidt-Räntsch*, § 204 Rn 16.
137 MüKo/*Grothe*, § 204 Rn 31; Palandt/*Heinrichs*, § 204 Rn 19; Erman/*Schmidt-Räntsch*, § 204 Rn 16; auch *Friedrich*, NJW 2003, 1781, 1782, sofern funktionale Gleichwertigkeit besteht.
138 Dafür: *Friedrich*, NJW 2003, 1781, 1782; MüKo/*Grothe*, § 204 Rn 31. Dagegen: Palandt/*Heinrichs*, § 204 Rn 19; Soergel/*Niedenführ*, § 204 Rn 62.
139 So *Eidenmüller*, SchiedsVZ 2003, 163, 168, 169; vgl. auch *Staudinger/Eidenmüller*, NJW 2004, 23, 24, 25.
140 So ausdr. *Friedrich*, NJW 2003, 1781, 1783.
141 Vgl. hierzu MüKo-ZPO/*Wolf*, 2. Aufl. 2002, Aktualisierungsband, § 15a ZPO Rn 3.
142 Vgl. zur Auslegung dieses Begriffs die zu § 167 ZPO gewonnenen Erkenntnisse.
143 BT-Drucks 14/6040, S. 113 f.
144 BT-Drucks 14/7052, S. 181; a.A. Palandt/*Heinrichs*, § 204 Rn 19; Staudinger/*Peters*, § 204 Rn 60: Maßgeblich ist die Bekanntgabe, nicht deren Veranlassung.
145 Ebenso Bamberger/Roth/*Henrich*, § 204 Rn 24; Staudinger/*Eidenmüller*, NJW 2004, 23, 25.
146 Palandt/*Heinrichs*, § 209 Rn 19; Bamberger/Roth/ *Henrich*, § 204 Rn 26; a.A. *Friedrich*, NJW 2003, 1781, 1783; MüKo-ZPO/*Wolf*, 2. Aufl. 2002, Aktualisierungsband, § 15a ZPO Rn 3.
147 BGHZ 123, 337 (zum bisherigen Recht); *Friedrich*, NJW 2003, 1781, 1782; Palandt/*Heinrichs*, § 204 Rn 19; Bamberger/Roth/*Henrich*, § 204 Rn 23; *Mansel/Budzikiewicz*, Das neue Verjährungsrecht, 2002, § 8 Rn 49.
148 Str., wie hier: *Friedrich*, NJW 2003, 1781, 1782; Bamberger/Roth/*Henrich*, § 204 Rn 23; *Mansel/ Budzikiewicz*, Das neue Verjährungsrecht, 2002, § 8 Rn 49; ferner *Eidenmüller*, SchiedsVZ 2003, 163, 168; Palandt/*Heinrichs*, § 209 Rn 19, die allerdings solche Fälle ausschließen wollen, in denen der Gläubiger unredlich handelt.
149 Krit. Staudinger/*Eidenmüller*, NJW 2004, 23 ff.

64 Zu einer neben Abs. 1 Nr. 4 parallel bestehenden oder ggf. auch vorgreifenden Hemmung nach § 203 (vgl. § 203 Rn 24 f.).

65 **5. Aufrechnung im Prozess (Abs. 1 Nr. 5).** Abs. 1 Nr. 5 regelt die Hemmung der Verjährung bei Geltendmachung der Aufrechnung im Prozess.[150] Die Vorschrift entspricht mit der Maßgabe der bereits erläuterten Umstellung auf den Hemmungstatbestand (Rn 1 ff.) dem bisherigen **§ 209 Abs. 2 Nr. 3 a.F.**; auf Rechtsprechung und Literatur zum bisherigen Recht kann daher im Grundsatz zurückgegriffen werden.

66 Hat die Aufrechnung Erfolg, so stellt sich die Verjährungsfrage nicht, da die Forderung, deren Verjährungshemmung nach Abs. 1 Nr. 5 zu bewirken wäre, erloschen ist (vgl. § 389). Abs. 1 Nr. 5 erfasst daher nur solche Ansprüche, bei denen die Aufrechnung nicht durchgreift, etwa weil eine Eventualaufrechnung wegen Klageabweisung nicht berücksichtigt wurde[151] oder die Aufrechnung prozess- oder materiellrechtlich unzulässig war.[152]

67 Die Hemmung der (unverjährten)[153] Gegenforderung **beginnt** mit der Erklärung der Aufrechnung im Prozess bzw. mit dem Prozessvortrag der außerprozessualen Aufrechnung durch den aufrechnenden Beklagten oder (seltener) den Kläger.[154] Auf eine Zustellung oder Bekanntgabe der Aufrechnungserklärung ist nicht abzustellen. Ist die Aufrechnungserklärung in einem Schriftsatz enthalten, so bedarf dieser nach § 270 S. 1 ZPO nicht der Zustellung, da die Aufrechnung kein Sachantrag ist.[155]

68 Die Hemmung nach Abs. 1 Nr. 5 tritt nur hinsichtlich des von der (erfolglosen) Aufrechnung erfassten Anspruchsteils ein; dieser kann (für jede der zur Aufrechnung gestellten Forderungen)[156] **maximal** die **Höhe der Klageforderung** erreichen.[157]

69 Zur **Aufrechnung nach Eintritt der Verjährung** siehe § 215 und die dortige Kommentierung.

70 **6. Streitverkündung (Abs. 1 Nr. 6).** Nach Abs. 1 Nr. 6 führt auch die wirksame Streitverkündung (§§ 72 ff. ZPO; Rn 74) zur Hemmung der Verjährung. Mit dieser Regelung wird an den bisherigen **§ 209 Abs. 2 Nr. 4 a.F.** angeknüpft. Wie in den übrigen Fällen des Abs. 1 wird auch hier auf einen Hemmungstatbestand umgestellt. Für die Auslegung des Abs. 1 Nr. 6 können die Erkenntnisse zum bisherigen Recht jedoch weiter herangezogen werden.

71 Weggelassen wurde gegenüber dem bisherigen § 209 Abs. 2 Nr. 4 a.F. die irreführende Einschränkung auf die Streitverkündung „in dem Prozesse, von dessen Ausgange der Anspruch abhängt".[158] Die Verjährungswirkung der Streitverkündung war schon nach altem Recht – aus der Sicht der h.M. – nicht davon abhängig, dass die tatsächlichen Feststellungen des Vorprozesses für den späteren Prozess maßgebend sein müssen.[159] Entsprechend sieht die überwiegende Auffassung auch unter neuem Recht **Präjudizialität** nicht als Voraussetzung an für die Herbeiführung der Hemmungswirkung nach Abs. 1 Nr. 6.[160]

---

150 Zu der analogen Anwendung der Vorschrift (i.V.m. Abs. 1 Nr. 11) im Fall der Geltendmachung der Aufrechnung in einem (internationalen) Schiedsverfahren vgl. *Köhne/Langner*, RIW 2003, 361, 365; Erman/*Schmidt-Räntsch*, § 204 Rn 18.
151 BGH NJW 1990, 2680, 2681 (noch zu § 209 Abs. 2 Nr. 3 a.F.).
152 MüKo/*Grothe*, § 204 Rn 33; Jauernig/*Jauernig*, § 204 Rn 7; *Köhne/Langner*, RIW 2003, 361, 365; Soergel/*Niedenführ*, § 204 Rn 67; Staudinger/*Peters*, § 204 Rn 67; Erman/*Schmidt-Räntsch*, § 204 Rn 18. Zu Beispielen s. Palandt/*Heinrichs*, § 204 Rn 20; Bamberger/Roth/*Henrich*, § 204 Rn 27; Staudinger/*Peters*, § 204 Rn 67.
Zu der Frage, in welchem Umfang die Voraussetzungen des § 387 vorliegen müssen, um eine Hemmung nach Abs. 1 Nr. 5 zu rechtfertigen, vgl. Bamberger/Roth/*Henrich*, § 204 Rn 27; Jauernig/*Jauernig*, § 204 Rn 7; Staudinger/*Peters*, § 204 Rn 67 ff.
153 Der Lauf einer bereits eingetretenen Verjährung kann nicht rückwirkend über Abs. 1 Nr. 5 gehemmt werden; ist Verjährung eingetreten, kommt eine Aufrechnung mit dem betreffenden Anspruch nur noch unter den Voraussetzungen des § 215 in Betracht.
154 Zur Möglichkeit des Klägers, die Hemmung durch Aufrechnung herbeizuführen, s. MüKo/*Grothe*, § 204 Rn 33; Bamberger/Roth/*Henrich*, § 204 Rn 27; Staudinger/*Peters*, § 204 Rn 65; Erman/*Schmidt-Räntsch*, § 204 Rn 18; a.A. Soergel/*Niedenführ*, § 204 Rn 66.
155 BT-Drucks 14/6040, S. 114.
156 Vgl. MüKo/*Grothe*, § 204 Rn 34; Palandt/*Heinrichs*, § 204 Rn 20; Bamberger/Roth/*Henrich*, § 204 Rn 27; Staudinger/*Peters*, § 204 Rn 73; Erman/*Schmidt-Räntsch*, § 204 Rn 18.
157 BGH NJW 1990, 2680, 2681; MüKo/*Grothe*, § 204 Rn 34; Palandt/*Heinrichs*, § 204 Rn 20; Soergel/*Niedenführ*, § 204 Rn 66; Staudinger/*Peters*, § 204 Rn 73; Erman/*Schmidt-Räntsch*, § 204 Rn 18.
158 S. zum Folgenden BT/Drucks 14/6040, S. 114.
159 BGHZ 36, 212, 214; 65, 127; 70, 187; 134, 190; gegen die h.M. (mit ausf. Nachw.) Staudinger/*Peters*, 13. Bearbeitung 1995, § 209 Rn 89 f.
160 Erman/*Schmidt-Räntsch*, § 204 Rn 19; MüKo/*Grothe*, § 204 Rn 36; ferner Palandt/*Heinrichs*, § 204 Rn 21; Bamberger/Roth/*Henrich*, § 204 Rn 29; Soergel/*Niedenführ*, § 204 Rn 71: Die Hemmung nach Abs. 1 Nr. 6 wird auch dann bewirkt, wenn der Streitverkünder im Vorprozess obsiegen sollte. A.A. Staudinger/*Peters*, § 204 Rn 78 ff.

Durch die Neuformulierung des Abs. 1 Nr. 6 wurde der Anerkennung der Hemmungswirkung einer Streitverkündung im **selbständigen Beweisverfahren** in der bisherigen Rechtsprechung des BGH[161] Rechnung getragen.[162] Deren Gleichstellung mit der Streitverkündung im Prozess ist jetzt ebenso zwanglos möglich wie mit der **Streitverkündung im PKH-Verfahren**.[163]

Keine Hemmungswirkung erkannte der BGH, jedenfalls unter altem Recht (§ 209 Abs. 2 Nr. 4 a.F.), der **Beiladung im Verwaltungsstreit** nach § 65 Abs. 1 VwGO zu; in der betreffenden Entscheidung hat das Gericht bereits angedeutet, keine Veranlassung zu sehen, diese Rechtsprechung unter neuem Recht aufzugeben.[164]

Zur Klarstellung verweist Abs. 1 Nr. 6 für den **Beginn** der Hemmung ausdrücklich auf die nach § 73 S. 2 ZPO erforderliche Zustellung der Streitverkündung; die Hemmung tritt jedoch bereits mit der Einreichung der Streitverkündungsschrift bei Gericht ein, sofern die Zustellung demnächst erfolgt (§ 167 ZPO).

Um die Hemmungswirkung des Abs. 1 Nr. 6 herbeizuführen muss die **Streitverkündung** nach h.M. **zulässig** sein (vgl. § 72 ZPO).[165] Wie auch sonst im Rahmen der Hemmungsgründe des Abs. 1 hemmt zudem nur die durch den **Berechtigten** vorgenommene Streitverkündung (vgl. hierzu Rn 33 f.).[166]

Nach § 73 S. 1 ZPO setzt eine wirksame Streitverkündung die **Angabe ihres Grundes** voraus, d.h. des in § 72 Abs. 1 ZPO beschriebenen potenziellen Anspruchs zwischen Streitverkünder und Streitverkündungsempfänger. Die Angaben in der Streitverkündungsschrift müssen den Anspruch gegen den Streitverkündeten so genau bezeichnen, dass dieser in die Lage versetzt wird zu entscheiden, ob er dem Streit beitreten möchte.[167] Ist eine **Individualisierung** der gegen den Streitverkündeten gerichteten Ansprüche nicht möglich, kommt eine Hemmung nach Abs. 1 Nr. 6 nicht in Betracht.

Der Eintritt der Hemmungswirkung nach Abs. 1 Nr. 6 setzt nicht voraus, dass dem Verpflichteten der Streit in einem inländischen Prozess verkündet wurde. Im Wege der Substitution[168] kann die Streitverkündung grds. auch in einem **ausländischen Prozess** erfolgen, sofern eine funktionale Äquivalenz zwischen dem deutschen und dem betreffenden ausländischen Rechtsinstitut besteht.[169] Aus den gleichen Gründen bezogen auf das Parallelproblem in Nr. 1 (Rn 24 f.) ist die Anerkennungsfähigkeit der im Ausland ergangenen Entscheidung nicht Voraussetzung für den Eintritt der Hemmungswirkung nach Abs. 1 Nr. 6.[170] Erforderlich ist – wie bei der Streitverkündung im Inlandsprozess – lediglich die Zulässigkeit der Einbeziehung des Dritten nach dem ausländischen Prozessrecht, die Vornahme der Einbeziehung durch den Berechtigten, die Individualisierung der gegen den Dritten behaupteten Ansprüche sowie die erwähnte Äquivalenz der Rechtsinstitute.[171]

Die **Wirkung der Hemmung** gem. Abs. 1 Nr. 6 bestimmt sich nach § 209 (vgl. im Einzelnen die dortige Kommentierung). Erfasst wird der in der Streitverkündung bezeichnete Anspruch in dem Umfang, wie er sich aus den gesamten tatsächlichen und rechtlichen Grundlagen des Urteils ergibt; eine Beschränkung auf die mit der Urteilsformel ausgesprochene Entscheidung erfolgt nicht.[172]

Bei der Umstellung von der Unterbrechungs- auf die Hemmungswirkung der Zustellung der Streitverkündung hat der Gesetzgeber darauf verzichtet, eine dem **§ 215 Abs. 2 a.F.** entsprechende Regelung in das neue Recht aufzunehmen. Die Hemmung bleibt daher auch dann wirksam, wenn der Berechtigte nicht innerhalb von sechs Monaten nach Prozessbeendigung Klage auf Befriedigung oder Feststellung des in der Verjährung gehemmten Anspruchs erhebt.

7. Selbständiges Beweisverfahren (Abs. 1 Nr. 7). Abs. 1 Nr. 7 übernimmt die bisher in den §§ 477 Abs. 2, 639 Abs. 1 a.F. für Gewährleistungsansprüche aus Kauf- und Werkvertrag vorgesehene Unter-

---

161 BGHZ 134, 190.
162 BT-Drucks 14/6040, S. 114.
163 Vgl. OLG Hamm NJW 1994, 203 (noch zu § 209 Abs. 2 Nr. 4 a.F.); Palandt/*Heinrichs*, § 204 Rn 21; Soergel/*Niedenführ*, § 204 Rn 69.
164 BGH VersR 2003, 873, 874 f.
165 *Grothe*, LM H. 7/2002 Bl. 1210, 1213; Palandt/*Heinrichs*, § 204 Rn 21; *Mansel/Budzikiewicz*, Das neue Verjährungsrecht, 2002, § 8 Rn 54; Soergel/*Niedenführ*, § 204 Rn 70; Erman/*Schmidt-Räntsch*, § 204 Rn 19; a.A. Bamberger/Roth/*Henrich*, § 204 Rn 29.
166 Palandt/*Heinrichs*, § 204 Rn 21; Bamberger/Roth/*Henrich*, § 204 Rn 29; Soergel/*Niedenführ*, § 204 Rn 69; Staudinger/*Peters*, § 204 Rn 77.
167 BGH NJW 2002, 1414, 1416 (noch zu § 209 Abs. 2 Nr. 4 a.F.); Bamberger/Roth/*Henrich*, § 204 Rn 28; Staudinger/*Peters*, § 204 Rn 77.
168 Zur Substitution allg. s. *Mansel*, in: FS W. Lorenz 1991, S. 689 ff.
169 Soergel/*Niedenführ*, § 204 Rn 71.
170 MüKo/*Grothe*, § 204 Rn 38; Bamberger/Roth/*Henrich*, § 204 Rn 29; Erman/*Schmidt-Räntsch*, § 204 Rn 29; vgl. auch *Geimer*, Int. Zivilprozessrecht, 5. Aufl. 2005, Rn 2837; a.A. Palandt/*Heinrichs*, § 204 Rn 21; Staudinger/*Peters*, § 204 Rn 85; enger in den Voraussetzungen auch Wieczorek/Schütze/*Mansel*, Zivilprozeßordnung und Nebengesetze, 3. Aufl. 1994, § 68 ZPO Rn 21 ff.
171 S. dazu *Geimer*, a.a.O., Rn 2837.
172 BGH NJW 2002, 1414, 1416; Erman/*Schmidt-Räntsch*, § 204 Rn 19.

brechungsregelung als einen **allgemeinen Hemmungstatbestand**, der alle der Verjährung unterworfenen Ansprüche erfassen kann. Der Antrag auf Durchführung eines selbständigen Beweisverfahrens (§§ 485 ff. ZPO) unterbrach die Verjährung nach §§ 477 Abs. 2, 639 Abs. 2 a.F. nur für die Gewährleistungsansprüche des Käufers oder Bestellers, nicht jedoch für die Ansprüche des Verkäufers oder Unternehmers oder für die Ansprüche aus sonstigen Verträgen. Es war schon nach bisherigem Recht kein tragender Grund ersichtlich, weshalb der Antrag auf Beweissicherung allein bei Gewährleistungsansprüchen aus Kauf- und Werkvertrag und nicht bei anderen Ansprüchen Einfluss auf den Lauf der Verjährung haben sollte. Das gilt erst recht für das neue Recht, in welchem die Sonderbehandlung der kauf- und werkvertraglichen Gewährleistungsansprüche zurückgedrängt wurde.[173]

Die **Auslegung** des Abs. 1 Nr. 7 kann sich in Grundzügen an Erkenntnissen zu §§ 477 Abs. 2, 639 Abs. 1 a.F. orientieren.

79 Die Hemmung **beginnt** nach Abs. 1 Nr. 7 ausdrücklich erst mit der Zustellung des Antrags auf Durchführung des selbständigen Beweisverfahrens; es gilt jedoch die Vorwirkung des § 167 ZPO bei demnächst erfolgender Zustellung.

80 Zu berücksichtigen ist, dass den Antrag auf Durchführung des Beweissicherungsverfahrens nach § 485 ZPO auch der Schuldner stellen kann. Es ist aber wegen der rechtserhaltenden Funktion des Verfahrens anerkannt, dass **nur ein vom Gläubiger beantragtes Verfahren** zugleich die Verjährung hemmt.[174] Erlangt der Antragsteller erst nach Verfahrensbeginn die Gläubigerstellung, tritt die Hemmungswirkung des Abs. 1 Nr. 7 *ex nunc* ein – vorausgesetzt, der betreffende Anspruch ist nicht bereits verjährt.[175]

Umstritten ist, ob ein vom Unternehmer lediglich zum Zwecke der **Bestätigung der Mangelfreiheit** eingeleitetes selbständiges Beweisverfahren die Hemmungswirkung des Abs. 1 Nr. 7 herbeizuführen vermag.[176]

81 Die Wirkung des Abs. 1 Nr. 7 kann nur gegenüber dem als Gegner im Verfahren **benannten Schuldner** eintreten,[177] da die Hemmung – mit der Maßgabe des § 167 ZPO (vgl. Rn 79) – erst mit der Zustellung des Antrags auf Verfahrensdurchführung beginnt.

82 Im Wege der Substitution[178] kann bei funktionaler Vergleichbarkeit[179] auch ein **im Ausland durchgeführtes Beweissicherungsverfahren** zur Verjährungshemmung nach Abs. 1 Nr. 7 führen.[180] Auf die internationale Zuständigkeit des die Beweisanordnung treffenden ausländischen Gerichts kommt es dabei nicht an.[181]

83 **8. Begutachtungsverfahren (Abs. 1 Nr. 8).** Durch Abs. 1 Nr. 8 werden von den Parteien vereinbarte Begutachtungsverfahren und das spezielle Begutachtungsverfahren nach § 641a zur Erwirkung der werkvertraglichen Fertigstellungsbescheinigung dem selbständigen Beweisverfahren, das nach § 485 ZPO gleichfalls die Begutachtung durch einen Sachverständigen zum Gegenstand haben kann, in ihrer verjährungsrechtlichen Wirkung gleichgestellt.

84 Die Hemmung **beginnt** bei dem vereinbarten **Begutachtungsverfahren** mit dessen Beginn, um der Vielfältigkeit der Parteivereinbarungen Rechnung zu tragen. Die Kenntnis des Schuldners von der Hemmung ist unproblematisch, da nur vereinbarte und damit unter Mitwirkung des Schuldners erfolgende Begutachtungsverfahren die Hemmungswirkung auslösen.[182] Den Parteien ist zu empfehlen, bei der Regelung des vereinbarten Begutachtungsverfahrens auch den Beginn und das Ende der Hemmungswirkung nach Abs. 1 Nr. 8 zu **regeln** (zur Vertragsfreiheit im Verjährungsrecht siehe § 202).

85 Unter das **parteivereinbarte Begutachtungsverfahren** fällt sowohl das Schiedsgutachten[183] als auch das von den Parteien gemeinsam oder von einer Partei mit Einverständnis der anderen Partei eingeholte Privatgutachten. Nicht ausreichend dürfte eine Begutachtung durch eine Partei selbst sein. Das kannte § 639 Abs. 2 a.F.; der Gesetzgeber sieht diese Norm in § 203 als aufgegangen an, nicht aber in § 204 Abs. 1 Nr. 8.

---

173 BT-Drucks 14/6040, S. 114.
174 BGH NJW 1993, 1916 (zum bisherigen Recht); s. ferner BGH NJW 1980, 1485; BGHZ 72, 23, 29; MüKo/*Grothe*, § 204 Rn 40; Bamberger/Roth/ *Henrich*, § 204 Rn 30; Zöller/*Herget*, ZPO, vor § 485 Rn 3; *Lenkeit*, BauR 2002, 196, 216.
175 MüKo/*Grothe*, § 204 Rn 40; Palandt/*Heinrichs*, § 204 Rn 22.
176 Dagegen: *Lenkeit*, BauR 2002, 196, 216; *Weyer*, BauR 2001, 1807, 1810. Dafür: Erman/*Schmidt-Räntsch*, § 204 Rn 20; vgl. auch MüKo/*Grothe*, § 204 Rn 40, der jedenfalls im Falle eines Gegenantrags des Schuldners ein Ende des Verfahrens i.S.d. Abs. 2 S. 1 erst mit Zustellung des zweiten Gutachtens annimmt.

177 BGH NJW 1980, 1485 (zum bisherigen Recht); MüKo/*Grothe*, § 204 Rn 40; Palandt/*Heinrichs*, § 204 Rn 22; Bamberger/Roth/*Henrich*, § 204 Rn 30; Erman/*Schmidt-Räntsch*, § 204 Rn 20.
178 Zur Substitution allg. s. *Mansel*, in: FS W. Lorenz 1991, S. 689 ff.
179 Vgl. hierzu auch *Mankowski*, WiR 1999, 345, 346; *Spickhoff*, IPRax 2001, 37, 39 f.
180 MüKo/*Grothe*, § 204 Rn 42; Staudinger/*Peters*, § 204 Rn 86; Erman/*Schmidt-Räntsch*, § 204 Rn 20.
181 MüKo/*Grothe*, § 204 Rn 42; *Spickhoff*, IPRax 2001, 37, 39; a.A. LG Hamburg IPRax 2001, 45, 47 (dort noch zum alten Recht).
182 BT-Drucks 14/6040, S. 114.
183 Erman/*Schmidt-Räntsch*, § 204 Rn 21.

Das in Abs. 1 Nr. 8 aufgeführte Verfahren des § 641a dient zur Feststellung der Mangelfreiheit, um daran die Abnahmefiktion des § 641a Abs. 1 zu knüpfen. Das Verfahren ist sowohl für die Gewährleistungsansprüche des Bestellers als auch für die Vergütungsansprüche des Unternehmers von Bedeutung. Die Hemmung nach Abs. 1 Nr. 8 erfasst daher beide Ansprüche.

Bei dem Verfahren nach § 641a stellt Abs. 1 Nr. 8 für den Hemmungsbeginn auf die nach § 641a Abs. 2 S. 2 erforderliche Beauftragung des Gutachters durch den Unternehmer ab. Die Kenntnis des Bestellers von der Hemmung durch die Beauftragung des Gutachters soll durch die Einladung zum Besichtigungstermin nach § 641a Abs. 3 S. 1 sichergestellt sein.[184]

Gehemmt wird die Verjährung für **alle Ansprüche**, zu deren Klärung das Begutachtungsverfahren eingeleitet wurde.[185]

9. Zustellung eines Antrags auf einstweiligen Rechtsschutz (Abs. 1 Nr. 9). Nach **bisherigem Recht** waren Anträge auf Erlass einer einstweiligen Verfügung oder eines Arrestes ohne Einfluss auf den Lauf der Verjährungsfrist.[186] Allein soweit Anträge des einstweiligen Rechtsschutzes als Vollstreckungsmaßnahmen qualifiziert werden konnten,[187] haben sie nach § 209 Abs. 2 Nr. 5 a.F. die Verjährung unterbrochen. Umstritten war in diesem Zusammenhang die Qualifikation der mit in die einstweilige Verfügung aufgenommenen Strafandrohung (zu der Einstufung unter neuem Recht siehe Rn 89).[188]

Abs. 1 Nr. 9 regelt nun allgemein die Hemmung infolge eines Antrags auf Erlass eines Arrestes, einer einstweiligen Verfügung oder einer einstweiligen Anordnung. Dieser eigenständige Hemmungsgrund ist **neu**.[189] Auf die Qualifikation als Vollstreckungsmaßnahme kommt es für Abs. 1 Nr. 9 nicht mehr an.

Soweit ein Antrag des einstweiligen Rechtsschutzes **zugleich** als Antrag auf Vornahme einer Vollstreckungshandlung zu qualifizieren ist, beginnt die Verjährung gemäß **§ 212 Abs. 1 Nr. 2** neu (zum Zusammentreffen von Hemmung und Neubeginn vgl. § 209 Rn 9). Wegen des neu geschaffenen Hemmungstatbestands des Abs. 1 Nr. 9 ist eine rein an verjährungsrechtlichen Zwecken und Zielen orientierte vollstreckungsrechtliche Qualifikation von Anträgen künftig auf jeden Fall abzulehnen; daher ist jedenfalls nach neuem Recht die einstweilige Verfügung mit Strafandrohungsbeschluss nicht als Vollstreckungsmaßnahme, die zum Neubeginn der Verjährung nach § 212 Abs. 1 Nr. 2 führt, einzustufen.[190]

Der Gesetzgeber begründet den neuen Hemmungstatbestand wie folgt:[191] Bislang fehlten diese Fälle bei der Aufzählung der gerichtlichen Maßnahmen in § 209 a.F., da mit einem entsprechenden Antrag nicht der Anspruch selbst, sondern dessen Sicherung geltend gemacht wird. Der Gesetzgeber hat dennoch ein praktisches Bedürfnis der Verjährungshemmung für die Fälle anerkannt, in denen mit der einstweiligen Verfügung – wenn auch nur vorläufig – Befriedigung wegen eines Anspruchs erreicht werden kann. Dies sind die Fälle der so genannten **Leistungsverfügung**. Betroffen sind in erster Linie (wettbewerbsrechtliche) **Unterlassungsansprüche**.[192] Soweit in diesen Fällen der Anspruch selbst im Wege eines Antrags auf Erlass einer einstweiligen Verfügung geltend gemacht werden kann, wird in diesem Verfahren nicht nur über die Sicherung des Anspruchs, sondern über die vorläufige Befriedigung des Gläubigers entschieden. Der Gläubiger hat dann häufig kein Interesse mehr an dem Hauptsacheverfahren. Da jedoch die Unterlassungsansprüche nach § 21 Abs. 1 UWG einer sechsmonatigen Verjährungsfrist unterliegen, ist der Gläubiger mitunter gezwungen, ein Hauptsacheverfahren allein zur Verjährungsunterbrechung anhängig zu machen, um zu verhindern, dass während eines sich hinziehenden Verfahrens auf Erlass einer einstweiligen Verfügung die Verjährung eintritt. Entsprechendes gilt für den **presserechtlichen Gegendarstellungsanspruch**, der innerhalb der in den Landespressegesetzen bestimmten Aktualitätsgrenzen geltend gemacht werden muss. Der Arrest, die einstweilige Verfügung und die einstweilige Anordnung stehen in ihrer Rechtsschutzfunktion dem in Abs. 1 Nr. 7 geregelten selbständigen Beweisverfahren und dem in Abs. 1 Nr. 8 geregelten Begutachtungsverfahren nicht nach. Auch dort ist der Anspruch selbst nicht unmittelbarer Verfahrensgegenstand.

---

184 BT-Drucks 14/6040, S. 115.
185 Palandt/*Heinrichs*, § 204 Rn 23; Bamberger/Roth/ *Henrich*, § 204 Rn 32.
186 BGH NJW 1979, 217.
187 S. dazu Palandt/*Heinrichs*, 60. Aufl. 2001, § 209 Rn 21.
188 Qualifikation als Vollstreckungshandlung: OLG Hamm NJW 1977, 2319; abl.: BGH NJW 1979, 217; s. Palandt/*Heinrichs*, 60. Aufl. 2001, § 209 Rn 22.
189 Ausf. zu dem entsprechenden, nicht vollständig deckungsgleichen Normvorschlag des DiskE *Baronikians*, WRP 2001, 121; zur Fassung des RegE s. *Zimmermann/Leenen u.a.*, JZ 2001, 684,

696, jeweils m. Nachw. des Gutachtens *Peters/ Zimmermann* und des Abschlussberichts.
190 Im Erg. ebenso zum bisherigen Recht: BGH NJW 1979, 217.
191 Zum Folgenden BT-Drucks 14/6040, S. 115.
192 *Maurer*, GRUR 2003, 208, 211 f. weist darauf hin, dass neben einem Unterlassungsanspruch möglicherweise gegebene, jedoch mit dem einstweiligen Verfügungsverfahren nicht verfolgte Auskunfts- oder Schadensersatzansprüche nicht von der Hemmung nach Abs. 1 Nr. 9 erfasst werden; eine Wirkungserstreckung über § 213 komme nicht in Betracht.

91 Auf eine unterschiedliche Behandlung der einzelnen Arten der einstweiligen Verfügung, der einstweiligen Anordnung und des Arrestes – **sichernder einstweiliger Rechtsschutz/erfüllungsbezogener einstweiliger Rechtsschutz** – kann nach Auffassung des Gesetzgebers verzichtet werden, weil sie künftig nur eine Hemmung, nicht aber die Unterbrechung bewirken. Diese Wirkung ist weit weniger einschneidend.[193]

92 Nicht eindeutig geregelt ist, welche Ansprüche der Hemmungstatbestand des Abs. 1 Nr. 9 erfasst. Richtigerweise wird von der **Hemmung erfasst** der durch den Antrag des einstweiligen Rechtsschutzes zu **sichernde Anspruch**,[194] aber auch der im Wege der ausnahmsweise zulässigen Leistungsverfügung zu **erfüllende Anspruch**.[195] Das ist sachgerecht, denn die Grenzen zwischen Sicherungsverfügung und Leistungsverfügung sind nicht selten fließend. Zudem können Umstände des Einzelfalls den Anwendungsbereich einer Leistungsverfügung ausweiten, wenn etwa der Gläubiger auf die Erfüllung unter besonderen Umständen unabweisbar angewiesen ist. Schließlich führen auch ein Feststellungsurteil (Abs. 1 Nr. 1), die Streitverkündung (Abs. 1 Nr. 6), das selbständige Beweissicherungsverfahren (Abs. 1 Nr. 7) und das Begutachtungsverfahren (Abs. 1 Nr. 8) nicht zur Anspruchserfüllung, sondern – im weiteren Sinne – zur Anspruchssicherung.

93 Die Hemmung **beginnt** grundsätzlich mit der **Zustellung** des jeweiligen Antrags. Dies stellt sicher, dass die Hemmung nicht eintritt, ohne dass der Schuldner hiervon Kenntnis erlangt. Aus § 167 ZPO ergibt sich die Rückwirkung der Hemmungswirkung auf den Zeitpunkt der Einreichung des Antrags.[196]

94 Vielfach wird jedoch über das Gesuch ohne mündliche Verhandlung entschieden und der Antrag daher nicht zugestellt. Für diesen Fall sieht Abs. 1 Nr. 9 Alt. 2 vor, dass die Hemmungswirkung bereits mit der **Einreichung** des Antrags eintritt, jedoch unter der prozessualen Bedingung steht, dass der Arrestbefehl, die einstweilige Verfügung oder die einstweilige Anordnung innerhalb von einem Monat nach Erlass dem Antragsgegner zugestellt wird. Diese (auflösende) Bedingung vermeidet eine „heimliche" Hemmung, die beispielsweise zu besorgen wäre, wenn der Gläubiger von einem ohne Kenntnis des Schuldners ergangenen Sicherungsmittel keinen Gebrauch macht. Tritt die Bedingung nicht ein, weil das Gericht einen nicht zugestellten Antrag ablehnt und es daher überhaupt nicht zu einem Arrestbefehl usw. kommt, der zugestellt werden könnte, ist die fehlende Hemmungswirkung unschädlich.[197] Der Regierungsentwurf hatte ursprünglich eine Dreimonatsfrist vorgesehen; sie wurde auf eine Einmonatsfrist reduziert, um die Zustellungsfrist an die Vollziehungsfrist des § 929 Abs. 2 ZPO anzugleichen.[198]

95 **10. Anmeldung im Insolvenzverfahren (Abs. 1 Nr. 10).** Abs. 1 Nr. 10 (Anmeldung des Anspruchs im Insolvenzverfahren oder im Schifffahrtsrechtlichen Verteilungsverfahren) entspricht mit der Maßgabe der erläuterten Umstellung auf den Hemmungstatbestand (Rn 1 ff.) dem bisherigen **§ 209 Abs. 2 Nr. 2 a.F.** Dessen Fallmaterial kann daher zur Auslegung des Abs. 1 Nr. 10 unter Beachtung des genannten Rechtsfolgenunterschieds weiter benutzt werden.

96 **11. Beginn des Schiedsverfahrens (Abs. 1 Nr. 11).** Abs. 1 Nr. 11 greift hinsichtlich des schiedsrichterlichen Verfahrens gemäß §§ 1025 ff. ZPO den Gedanken des bisherigen **§ 220 Abs. 1 a.F.** auf. Diese Vorschrift behandelte die Unterbrechung der Verjährung von Ansprüchen, die vor einem Schiedsgericht geltend zu machen sind, durch Verweisung auf die für gerichtliche Maßnahmen geltenden Vorschriften. Jedoch wurde in Abs. 1 Nr. 11 nicht mehr lediglich die entsprechende Anwendung der für die Klageerhebung geltenden Vorschriften angeordnet, sondern eine eigene Hemmungsregelung aufgenommen; damit sollen Unklarheiten hinsichtlich der Frage vermieden werden, wann man im Schiedsverfahren von einer der Klageerhebung vergleichbaren Situation sprechen kann.

97 Abs. 1 Nr. 11 **erfasst alle Ansprüche**, die in einem schiedsrichterlichen Verfahren geltend gemacht werden.[199]

---

193 BT-Drucks 14/6040, S. 115.
194 Nur den zu sichernden Anspruch erwähnend *Heinrichs*, BB 2001, 1417, 1421.
195 So BT-Drucks 14/6040, S. 115; *Harms*, TranspR 2000, 294, 295 (dort weiterführende Hinw.); Palandt/*Heinrichs*, § 204 Rn 24; *Maurer*, GRUR 2003, 208, 211; Erman/*Schmidt-Räntsch*, § 204 Rn 24. Nur die Leistungsverfügung erwähnend: *Willingmann*, S. 1, 35; tendenziell für eine Beschränkung auf Leistungsverfügungen *Zimmermann/Leenen u.a.*, JZ 2001, 684, 696.
196 BT-Drucks 14/6040, S. 115; *Maurer*, GRUR 2003, 208, 209.

197 Zum Vorstehenden: BT-Drucks 14/6040, S. 115. Krit. *Maurer*, GRUR 2003, 208, 210, der anmerkt, dass im Fall der Zurückweisung des Verfügungsantrags wegen fehlender Glaubhaftmachung des Verfügungsgrundes aufgrund Abs. 1 Nr. 9 Alt. 2 doch wieder Verjährung des zu sichernden Anspruchs droht.
198 BT-Drucks 14/7052, S. 181; dazu, dass eine Angleichung dennoch nicht vollständig verwirklicht wurde, *Maurer*, GRUR 2003, 208, 209 (Fn 12).
199 Zu der analogen Anwendung der Vorschrift (i.V.m. Abs. 1 Nr. 5) im Fall der Geltendmachung der Aufrechnung in einem (internationalen) Schiedsverfahren vgl. *Köhne/Langner*, RIW 2003, 361, 365.

§ 204 Hemmung der Verjährung durch Rechtsverfolgung

Die Hemmung setzt mit dem **Beginn** des schiedsrichterlichen Verfahrens ein. Der Verjährungsbeginn ist in § 1044 ZPO geregelt. Der Gesetzgeber hat jedoch ausdrücklich auf einen zunächst vorgesehenen Verweis auf § 1044 ZPO verzichtet, damit der Anwendungsbereich des Abs. 1 Nr. 11 nicht allein auf Schiedsverfahren in Deutschland beschränkt ist.[200] Welche **ausländischen Schiedsverfahren** unter Abs. 1 Nr. 11 fallen, ist eine Frage des Internationalen Privat- und Verfahrensrechts[201] und zugleich eine Substitutionsfrage.[202] Im Rahmen der Prüfung des Abs. 1 Nr. 11 ist für jedes Schiedsverfahren, das der Norm unterfällt, nach seinen eigenen Regeln der Beginn des Verfahrens festzustellen. Soweit danach auch Parteiabreden über den Schiedsverfahrensbeginn zulässig sind – wie beispielsweise nach § 1044 Abs. 1 S. 1 Hs. 1 ZPO –, sind dennoch rechtliche Unsicherheiten insoweit kaum zu befürchten; dies gilt insbesondere auch deshalb, weil sich die Parteien regelmäßig eines institutionalisierten Schiedsgerichts bedienen, dessen Schiedsverfahrensordnung die Frage des Verfahrensbeginns üblicherweise regelt.[203]

98

Der Übernahme des bisherigen **§ 220 Abs. 2 a.F.** (siehe § 197 Rn 54, 56) bedurfte es nicht.[204] Diese Vorschrift betraf den Fall, dass zur Durchführung des Schiedsverfahrens noch die Ernennung des oder der Schiedsrichter oder die Erfüllung sonstiger Voraussetzungen erforderlich war. Die Unterbrechung der Verjährung trat in diesen Fällen nach bisherigem Recht bereits dann ein, wenn der Berechtigte alles zur Erledigung der Sache seinerseits Erforderliche vorgenommen hatte. Damit sollte verhindert werden, dass die Unterbrechung der Verjährung durch Umstände verzögert wird, auf die der Berechtigte keinen Einfluss hat. Auf die Ernennung eines Schiedsrichters kommt es aber nach dem neuen § 1044 ZPO nicht mehr an. Auch die Erfüllung sonstiger Voraussetzungen ist für die Hemmung der Verjährung nicht ausschlaggebend.[205] Vielmehr liegt es – beim Fehlen anderer Parteiabsprachen im Sinne von § 1044 Abs. 1 S. 1 Hs.1 ZPO – allein in der Hand des Anspruchsberechtigten, den Empfang des Antrags, die Streitigkeit einem Schiedsgericht vorzulegen, zu bewirken.

99

Schiedsgutachtenverträge unterfallen Abs. 1 Nr. 8.

100

12. Antragseinreichung bei einer Behörde (Abs. 1 Nr. 12). In Abs. 1 Nr. 12 (Antragseinreichung bei der Behörde) wurde die erste Alternative des bisherigen **§ 210 S. 1 a.F.** übernommen. Wie auch in den anderen Fällen des Abs. 1 wurde dabei von einem Unterbrechungs- auf einen Hemmungstatbestand umgestellt. Anders als noch in § 210 S. 1 a.F. vorgesehen, wird indes nicht mehr an die Zulässigkeit des Rechtswegs, sondern an die der Klage angeknüpft. Schon bislang wurde § 210 a.F. allerdings immer dann angewendet, wenn eine behördliche Entscheidung oder ein behördliches Vorverfahren Zulässigkeitsvoraussetzung für die Erhebung der Klage war.[206] Nach überwiegender Auffassung in der Literatur soll die Hemmung nach Abs. 1 Nr. 12, ebenso wie jene nach Abs. 1 Nr. 13 (Rn 105), nur dann eintreten, wenn die Behörde über das Gesuch zur Entscheidung eine **Sachentscheidung** trifft.[207] Jedenfalls soweit Abs. 1 Nr. 13 betroffen ist, hat der BGH demgegenüber jüngst die Auffassung vertreten, dass die Verjährungshemmung nicht vom Erfolg des Antrags auf Bestimmung des zuständigen Gerichts abhängen kann.[208] Weder der Wortlaut des Abs. 1 Nr. 13 noch Sinn und Zweck der Vorschrift oder die Interessen der Beteiligten sollen danach den Schluss zulassen, dass eine Sachentscheidung erforderlich ist, um die Verjährungshemmung zu rechtfertigen. Der Vergleich mit den Hemmungsgründen in Abs. 1 Nr. 1–4 zeige im Gegenteil, dass die Hemmung der Verjährung durch Rechtsverfolgung i.S.d. § 204 regelmäßig auch dann eintrete, wenn die angerufene Stelle keine Entscheidung treffe, z. B. weil der jeweilige Antrag im Laufe des Verfahrens zurückgenommen wird. Die Hemmung nach Abs. 1 Nr. 5 durch Aufrechnung des Anspruchs im Prozess greife darüber hinaus sogar ausschließlich dann ein, wenn die Aufrechnung unzulässig oder unmöglich sei, mithin gerade keine Sachentscheidung betreffend den zur Aufrechnung gestellten Anspruch ergehe. Angesichts dessen sei nicht ersichtlich, aus welchem Grund hinsichtlich der Hemmung nach Abs. 1 Nr. 13 eine Ausnahme von dem vorstehenden Grundsatz zu machen und eine Sachentscheidung zu fordern sein sollte. Im Übrigen entwerte ein derartiges Erfordernis den Hemmungsgrund des Abs. 1 Nr. 13 auch erheblich, da der Gläubiger immer damit rechnen müsse, dass das angerufene Gericht keine Sachentscheidung erlasse und damit einer Verjährungshemmung die Grundlage entzöge.

101

Die vorstehend dargestellte Argumentation überzeugt. Zwar betreffen die Ausführungen des BGH in erster Linie die Hemmung nach Abs. 1 Nr. 13; da sich die für Abs. 1 Nr. 13 ausgebreitete Problematik im

---

200 BT-Drucks 14/7052, S. 181.
201 S. *Geimer*, Int. Zivilprozessrecht, 5. Aufl. 2005, Rn 3845 ff.; *Junker*, KTS 1987, 45.
202 Zur Substitution allg. s. *Mansel*, in: FS W. Lorenz 1991, S. 689 ff.
203 BT-Drucks 14/6857, S. 8 und 44 f.
204 S. dazu und zum Folgenden BT-Drucks 14/6040, S. 115 f.
205 BT-Drucks 14/6040, S. 116; s. noch *Harms*, TranspR 2001, 294, 296.
206 Palandt/*Heinrichs*, 60. Aufl. 2001, § 210 Rn 1.
207 MüKo/*Grothe*, § 204 Rn 54; Palandt/*Heinrichs*, § 204 Rn 27; AnwK-SchuldR/*Mansel*, § 204 Rn 34; Soergel/*Niedenführ*, § 204 Rn 91; gegen Staudinger/*Peters*, § 204 Rn 106.
208 BGH ZIP 2004, 2194 ff.

Ergebnis von derjenigen im Rahmen des Abs. 1 Nr. 12 jedoch nicht unterscheidet, können die zu Abs. 1 Nr. 13 gemachten Ausführungen auf die Hemmung durch Einreichung des Antrags bei einer Behörde übertragen werden. Für die Bewirkung einer Hemmung nach Abs. 1 Nr. 12 ist daher ebenso wenig eine Sachentscheidung zu fordern wie für die vom BGH in Blick genommene Hemmung nach Abs. 1 Nr. 13.[209]

102 Der zweite Halbsatz des Abs. 1 Nr. 12 sieht die entsprechende Anwendung für bei einem Gericht oder bei einer Gütestelle i.S.d. Abs. 1 Nr. 4 zu stellende Anträge, deren Zulässigkeit von der **Vorentscheidung einer Behörde** abhängt, vor. Schon in dem bisherigen § 210 a.F. war als Alternative zur Klage der Güteantrag genannt. Hinzu kommen bei Gericht zu stellende Anträge wie der Prozesskostenhilfeantrag nach Abs. 1 Nr. 14, dessen Zulässigkeit genauso von einer behördlichen Entscheidung abhängen kann wie die Klage, für die Prozesskostenhilfe begehrt wird.[210]

103 Um einer „heimlichen" Hemmung vorzubeugen, wird aus § 210 a.F. die (auflösende) **Bedingung** in Abs. 1 Nr. 12 übernommen, dass innerhalb von drei Monaten nach Erledigung des Gesuchs die Klage erhoben werden muss. Zudem erscheint es bei einem Verfahren zur Herbeiführung der Zulässigkeit der Klage sachgerecht, die Hemmung nur dann vorzusehen, wenn der Gläubiger die Angelegenheit anschließend weiterbetreibt.[211] Die Dreimonatsfrist beginnt mit dem Zugang der Entscheidung bei dem Gläubiger.[212]

104 **13. Antragseinreichung bei einem höheren Gericht (Abs. 1 Nr. 13).** Abs. 1 Nr. 13 betrifft die Hemmung der Verjährung durch Einreichung eines Antrags bei einem höheren Gericht, wenn dieses das zuständige Gericht zu bestimmen hat und innerhalb von drei Monaten nach Erledigung des Gesuchs die Klage erhoben oder der Antrag, für den die Gerichtsstandsbestimmung zu erfolgen hat, gestellt wird.[213] Dadurch wird der Unterbrechungstatbestand des **§ 210 S. 1 Alt. 2 a.F.** in das neue Recht als Hemmungsregelung übernommen.

105 Um auch hier einer „heimlichen" Hemmung vorzubeugen, wird – wie in § 210 a.F. – zur Vermeidung des nachträglichen Wegfalls der Hemmung vorausgesetzt, dass innerhalb von **drei Monaten** nach Erledigung des Gesuchs die Klage erhoben bzw. der Antrag, für welchen die Gerichtsstandsbestimmung zu erfolgen hatte, gestellt wird. Die Gerichtsstandsbestimmung nach § 36 ZPO ist nämlich nicht nur auf den Fall der Klageerhebung anzuwenden, sondern beispielsweise auch für den Fall, dass das für einen Mahnantrag zuständige Gericht bestimmt werden muss.[214] Wie bei Abs. 1 Nr. 12 beginnt die Dreimonatsfrist mit dem Zugang der Entscheidung bei dem Gläubiger.[215] Ebenso wie bei Abs. 1 Nr. 12 (vgl. Rn 101) wird auch im Rahmen des Abs. 1 Nr. 13 **nicht** vorausgesetzt, dass es sich um eine **Sachentscheidung** handelt.[216]

106 **14. Veranlassung der Bekanntgabe des Antrags auf Prozesskostenhilfe (Abs. 1 Nr. 14).** Abs. 1 Nr. 14 führt als **neuen Hemmungstatbestand** die Veranlassung der Bekanntgabe des erstmaligen Antrags auf Gewährung von Prozesskostenhilfe (§§ 114 ff. ZPO) ein. Dadurch wird sichergestellt, dass die bedürftige Partei zur Rechtsverfolgung ebenso viel Zeit hat wie diejenige, die das Verfahren selbst finanzieren muss.[217]

Nach **bisherigem Recht** war nicht gesetzlich geregelt, wie sich der Antrag auf Prozesskostenhilfe für die Klage zur Geltendmachung eines Anspruchs auf dessen Verjährung auswirkt. Nach der Rechtsprechung hemmte der Prozesskostenhilfeantrag nach § 203 Abs. 2 a.F. die Verjährung, wenn er rechtzeitig vor Ablauf der Verjährung gestellt wurde. Allerdings musste der Antrag ordnungsgemäß begründet, vollständig und mit den erforderlichen Unterlagen versehen sein.[218] Zudem musste der Antragsteller davon ausgegangen sein, er sei im Sinne der Anforderungen an die Gewährung von Prozesskostenhilfe bedürftig.[219]

107 Anträge, deren **Bekanntgabe** von dem Gericht **nicht veranlasst** wird, bewirken keine Hemmung.[220] Dies ist sachgerecht, denn dann handelt es sich entweder um von vorneherein aussichtslose Gesuche oder um solche, bei denen zugleich der Antrag auf Erlass eines Arrestes, einer einstweiligen Verfügung oder einer einstweiligen Anordnung gestellt wird und die Hemmung bereits durch Abs. 1 Nr. 9 sichergestellt ist.[221]

---

209 Anders noch die Vorauflage, AnwK-SchuldR/*Mansel*, § 204 Rn 34.
210 BT-Drucks 14/6040, S. 116.
211 BT-Drucks 14/6040, S. 116.
212 Palandt/*Heinrichs*, § 204 Rn 27.
213 Zu einer analogen Anwendung des Abs. 1 Nr. 13 bei Einreichung eines Antrags auf Feststellung der Zulässigkeit des Schiedsverfahrens gem. § 1032 Abs. 2 Alt. 1 ZPO vgl. *Windthorst*, SchiedsVZ 2004, 230 ff.
214 BT-Drucks 14/6040, S. 116.
215 Palandt/*Heinrichs*, § 204 Rn 28.
216 BGH ZIP 2004, 2194 ff.; Staudinger/*Peters*, § 204 Rn 110; a.A. MüKo/*Grothe*, § 204 Rn 57; Palandt/

Heinrichs, § 204 Rn 28; Soergel/*Niedenführ*, § 204 Rn 91; ebenso noch AnwK-SchuldR/*Mansel*, § 204 Rn 38.
217 BT-Drucks 14/6040, S. 116.
218 BGHZ 70, 235, 237; BGH NJW 1989, 3149; OLG Hamm NJW-RR 1999, 1678.
219 BGH VersR 1982, 41; OLG Düsseldorf WM 1998, 1628.
220 Zur Pflicht des angerufenen Gerichts, den PKH-Antrag bekannt zu geben, sowie zu einer möglichen Amtshaftung vgl. *Peters*, JR 2004, 137, 138 f.
221 BT-Drucks 14/6040, S. 116 f.

Hemmung der Verjährung durch Rechtsverfolgung § 204

Die Hemmungswirkung kommt ausdrücklich **nur** dem **erstmaligen Antrag** zu.[222] So wird verhindert, dass sich der Gläubiger hinsichtlich eines Anspruchs durch gestaffelte Prozesskostenhilfeanträge eine mehrfache Verjährungshemmung verschafft.[223] Erstmaliger Antrag meint nicht den ersten gestellten Antrag, sondern den **ersten Antrag** (bezogen auf dieselbe Streitsache), dessen **Bekanntgabe veranlasst** wurde. Ansonsten könnte das „Hemmungsrecht" durch unzulässige Anträge, die das Gericht nicht zur Bekanntgabe auf den Weg bringt, „verbraucht" werden. Eine solche Rechtsfolge ist nicht beabsichtigt; es soll lediglich die mehrfach hintereinander geschaltete Hemmungsherbeiführung durch gestaffelte Anträge vermieden werden.

108

Nach der Gesetzesbegründung[224] ist es für die Hemmung **nicht erforderlich** – anders als nach der bisherigen Rechtsprechung zu § 203 Abs. 2 a.F. –, dass der Antrag **ordnungsgemäß begründet**, vollständig, von den erforderlichen Unterlagen begleitet und von der subjektiven Ansicht der Bedürftigkeit (siehe Rn 106) getragen ist. Der Gesetzgeber begründet das damit, dass solche Einschränkungen nur dann zwingend seien, wenn man die Hemmung durch Antrag auf Prozesskostenhilfe aus § 203 Abs. 2 a.F. herleite und die Unfähigkeit, die erforderlichen Vorschüsse zu leisten, als höhere Gewalt ansehe, die auch durch zumutbare Maßnahmen nicht überwunden werden könne. Im Rahmen einer gesetzlichen Neuregelung erscheine es nicht angebracht, zum Nachteil des Bedürftigen für den Prozesskostenhilfeantrag besondere Anforderungen gesetzlich vorzugeben. Auf solche Vorgaben werde auch bei den in den übrigen Nummern genannten Hemmungstatbeständen verzichtet. Der insbesondere aus der Kostenfreiheit des Prozesskostenhilfeverfahrens resultierenden Missbrauchsgefahr werde dadurch begegnet, dass nur dem erstmaligen Antrag Hemmungswirkung zuerkannt wird. Die Frage der **Mindestanforderungen** an den Antrag überlässt der Gesetzgeber der Rechtsprechung.[225]

109

Für den Eintritt der Hemmung wird vorauszusetzen sein, dass der Antrag die Parteien individualisierbar benennt und das Streitverhältnis so ausreichend darstellt (§ 117 Abs. 1 S. 2 ZPO), dass die von der Verjährungshemmung erfassten Ansprüche dem Grunde nach identifiziert werden können. Im Übrigen setzt der Hemmungsbeginn die Veranlassung der Bekanntgabe des Antrags an den Gegner voraus (siehe sogleich Rn 110), die aber bei unzureichenden Anträgen regelmäßig nicht erfolgen wird.

Aus den gleichen Gründen wie bei dem Antrag an die Gütestelle (Abs. 1 Nr. 4, Rn 61) **beginnt** die **Hemmung** mit der Veranlassung der Bekanntgabe des Antrags auf Prozesskostenhilfe.[226] Wird die Bekanntgabe demnächst nach der Einreichung des Antrags veranlasst, so tritt die Hemmung der Verjährung bereits mit der Einreichung ein (Abs. 1 Nr. 14 letzter Hs.).[227]

110

V. Ende der Hemmung (Abs. 2)

1. Allgemeines. Abs. 2 bestimmt das Ende der Hemmung in den in Abs. 1 genannten Fällen. Der **Beginn** der Hemmung ist jeweils in Abs. 1 mitgeregelt (siehe aber zum erneuten Hemmungsbeginn bei Beendigung des Verfahrensstillstands Rn 127).

111

Abs. 2 ersetzt **§ 211 Abs. 1 a.F.** und die vergleichbaren oder auf ihn verweisenden Bestimmungen der **§§ 212a–215, 220 a.F.** mit dem Unterschied, dass nicht die Beendigung der Unterbrechung, sondern der Verjährungshemmung geregelt wird.

2. Sechsmonatige Nachfrist (Abs. 2 S. 1). Die **Hemmung erstreckt sich** über das gesamte, durch einen Antrag im Sinne von Abs. 1 eröffnete Verfahren und über den Zeitraum von weiteren sechs Monaten nach der Verfahrensbeendigung. Die Gewährung der sechsmonatigen **Nachfrist** erklärt sich durch die Umstellung von der Unterbrechungs- auf die Hemmungswirkung und die dadurch bewirkte geringere Intensität der Einwirkung auf den Lauf der Verjährung. Insbesondere bei Verfahren, die nicht mit einer Sachentscheidung enden, muss dem Gläubiger noch eine Frist bleiben, in der er – verschont von dem Lauf der Verjährung – weitere Rechtsverfolgungsmaßnahmen einleiten kann. Dies ist beispielsweise der Fall bei der Geltendmachung der Aufrechnung, wenn über die Aufrechnungsforderung nicht entschieden wurde, bei einem selbständigen Beweisverfahren oder bei einem Prozesskostenhilfeverfahren. Die Sechsmonatsfrist entspricht verschiedenen vergleichbaren Regeln des bisherigen Rechts (§§ 211 Abs. 2 S. 1, 212a–215, 220 a.F.). Sie ist ausreichend lang, damit sich der Gläubiger über die weitere Anspruchsprüfung und Rechtsverfolgung nach Verfahrensbeendigung klar werden kann,[228] sofern das beendete Verfahren den Anspruch nicht bereits erledigt oder infolge rechtskräftiger Entscheidung gemäß § 197 Abs. 1 Nr. 3 eine neue, dreißigjährige Frist in Gang gesetzt hat.

112

---

222 Bei wiederholten Anträgen kann ggf. ein Rückgriff auf § 206 in Betracht kommen; vgl. Peters, JR 2004, 137, 139.
223 BT-Drucks 14/6040, S. 116 f.
224 BT-Drucks 14/6040, S. 116.
225 BT-Drucks 14/6040, S. 116.
226 BT-Drucks 14/7052, S. 181.
227 Vgl. hierzu AG Bad Iburg WuM 2003, 208.
228 Zum Vorstehenden s. BT-Drucks 14/6040, S. 117.

113 Hat der Gläubiger einen **Titel im Sinne des § 197 Abs. 1 Nr. 3–5** erwirkt, dann läuft ab Rechtskraft des Titels (bzw. des diesem Zeitpunkt durch § 201 gleichgestellten Moments) eine neue Verjährungsfrist für den rechtskräftig (oder anderweitig i.S.d. § 197 Abs. 1 Nr. 3–5) festgestellten Anspruch. Die Hemmung nach Abs. 1, die den ursprünglichen, jetzt festgestellten Anspruch ergriffen hat und nach dem Gesetzestext des Abs. 2 noch sechs Monate andauern soll, ist obsolet geworden. Das bringt das Gesetz allerdings nicht zum Ausdruck.

114 Zweifelhaft ist, ob die Sechsmonatsfrist auch für die gehemmten Ansprüche gelten soll, deren Verjährungsfrist **weniger als sechs Monate** beträgt, wie das beispielsweise bei der Dreimonatsfrist der §§ 61 Abs. 2 und 113 Abs. 3 HGB der Fall ist. Doch sieht Abs. 2 für solche Ausnahmefälle keine Reduzierung der sechsmonatigen Nachfrist vor. Das ist unbillig (vgl. auch §§ 210 Abs. 1 S. 2 und 211 S. 2, die den hier angesprochenen Gedanken für die Ablaufhemmung nach §§ 210 Abs. 1 S. 1 und 211 S. 1 umgesetzt haben). Es bleibt abzuwarten, ob die Rechtsprechung im Einzelfall hier Abhilfe über § 242 schaffen kann.

115 Die **Kürze der Nachfrist** führt dazu, dass der Gläubiger in den Fällen, in welchen er die Hemmung durch solche Verfahren herbeigeführt hat, die nicht mit einer „Feststellung" im Sinne des § 197 Abs. 1 Nr. 3–5 (welche die dreißigjährige Verjährung eröffnet) enden, derartige Verfahren nach Hemmungsfortfall einleiten muss.[229] Das kann im Ergebnis zu einem erhöhten Klageanfall führen. Daher kann die Umwandlung zahlreicher Unterbrechungstatbestände in Hemmungstatbestände aus rechtspraktischer Sicht nicht uneingeschränkt begrüßt werden.

116 **3. Beginn der Nachfrist (Abs. 2 S. 1).** Die sechsmonatige Nachfrist, deren Ablauf das Ende der Hemmung markiert, beginnt mit der rechtskräftigen Entscheidung oder – falls eine solche Entscheidung im konkreten Einzelfall nicht ergeht oder nach Verfahrenstypus nicht ergehen kann – mit der anderweitigen Beendigung des Verfahrens.

117 **a) Rechtskräftige Entscheidung.** Entscheidend ist nach Abs. 2 S. 1 Hs. 1 der **Eintritt** der formellen **Rechtskraft** der Entscheidung, die das Verfahren abschließt, welches durch den die Hemmung begründenden (Klage-)Antrag eröffnet wurde.

Nach dem aufgehobenen § 219 a.F. (siehe auch bei § 197) standen rechtskräftige **Vorbehaltsurteile** nach den §§ 302 und 599 ZPO dem rechtskräftigen Urteil i.S.d. § 211 Abs. 1 a.F. gleich. Damit sollte klargestellt werden, dass die nach bisherigem Recht durch die Erhebung der Klage bewirkte Unterbrechung bis zum Erlass des Vorbehaltsurteils und nicht noch bis zum Abschluss eines Nachverfahrens andauerte. Auf diese Klarstellung verzichtet das Gesetz jetzt. Dass es hinsichtlich des Endes der Hemmungswirkung allein auf den Eintritt der formellen Rechtskraft des Vorbehaltsurteils ankommt und nicht auf die erst mit dem Abschluss des Nachverfahrens eintretende Rechtskraft, sieht der Gesetzgeber als selbstverständlich an.[230]

118 **b) Anderweitige Beendigung.** Sofern ein Verfahren ohne abschließende rechtskräftige Entscheidung endet, ist für den Beginn der Nachfrist die Verfahrensbeendigung entscheidend (Abs. 2 S. 1 Hs. 2). Auf die Beendigung (und nicht die Erledigung) ist abzustellen, weil manche Verfahren ohne einen besonderen Erledigungsakt enden. Die **Beendigung** ist für jedes der in Abs. 1 genannten Verfahren anhand seiner eigenen Regeln zu ermitteln. Hier sollen nur einige herausgegriffen werden:[231]

119 Ohne eigentlichen Erledigungsakt endet regelmäßig das **selbständige Beweisverfahren**[232] (Abs. 1 Nr. 7). Auch in § 477 Abs. 2 a.F. wurde auf die Beendigung des selbständigen Beweisverfahrens (nicht eines sich eventuell anschließenden Prozesses; für diesen kommt eine eigenständige Hemmung durch Klageerhebung nach Abs. 1 Nr. 1 in Betracht) abgestellt. Insoweit können Rechtsprechung und Lehre zu § 477 Abs. 2 a.F. zur Auslegung des Abs. 2 S. 1 Hs. 2 bezogen auf das selbständige Beweisverfahren herangezogen werden. Entscheidend ist die sachliche Erledigung des Verfahrens, die etwa durch die Erstattung oder Erläuterung des im selbständigen Beweisverfahren erstellten Gutachtens, die Verlesung des Protokolls oder – sofern keine mündliche Verhandlung stattfindet – mit Zugang des schriftlichen Gutachtens bei den Parteien (soweit diese keine Einwendungen, Anträge oder ergänzende Fragen i.S.d. § 411 Abs. 4 ZPO

---

229 Vgl. auch *Krämer*, ZGS 2003, 379, 383, der in diesem Zusammenhang von einer „potenziellen Verjährungsfalle" spricht.
230 BT-Drucks 14/6040, S. 99 f.
231 Krit. zu der Vorgängernorm des § 204 Abs. 2 vor allem hinsichtlich des einstweiligen Rechtsschutzes insb. *Baronikians*, WRP 2001, 122; *Zimmermann/Leenen u.a.*, JZ 2001, 684, 696.
232 BT-Drucks 14/7052, S. 181.

vorbringen)[233] oder mit Zurückweisung oder Zurücknahme des Antrags[234] eintritt. Hat das Gericht in dem selbständigen Beweisverfahren nach § 414 Abs. 4 ZPO eine Frist gesetzt, so endet die Hemmung jetzt sechs Monate nach fruchtlosem Verstreichen der Frist, nicht etwa mit Ablauf der Frist selbst.[235]

Bei dem in **Abs. 1 Nr. 8** genannten **Verfahren nach § 641a** ist das Verfahren beendet (und beginnt die Hemmungsnachfrist des Abs. 2), wenn die erteilte Fertigstellungsbescheinigung dem Besteller zugeht (§ 641a Abs. 5 S. 2), wenn der Gutachter die Erteilung der Bescheinigung wegen Nichtvorliegens der Voraussetzungen ablehnt, sonst mit Zurücknahme des Auftrags durch den Unternehmer.

Bei dem **vereinbarten Begutachtungsverfahren** entscheiden die Parteivereinbarungen über die Beendigung des Begutachtungsverfahrens, hilfsweise die Grundsätze, die für die Auslegung des § 641a entwickelt wurden. Danach ist der Gutachter verpflichtet, eine Bescheinigung zu erteilen, wenn er die Freiheit von Mängeln festgestellt hat. Liegen Mängel vor, wird sich in der Regel aus der Beauftragung ergeben, dass er den Unternehmer über das Ergebnis zu unterrichten hat. Dies ist dann die Beendigung des Verfahrens.[236]

Das **Prozesskostenhilfeverfahren** (Abs. 1 Nr. 14) ist mit der unanfechtbaren Entscheidung über den Antrag beendet. In diesem Zeitpunkt beginnt die Nachfrist des Abs. 2 S. 1. Die einfache unbefristete Beschwerde ist durch das ZPO-Reformgesetz mit Wirkung zum 1.1.2002 durch die sofortige Beschwerde ersetzt, für die eine Beschwerdefrist von zwei Wochen gilt (§ 569 Abs. 1 S. 1 ZPO),[237] so dass auch im Prozesskostenhilfeverfahren Entscheidungen unanfechtbar werden können.[238]

Die Regelung des **§ 214 Abs. 3 und 4 a.F.**, welche für die Dauer der Verjährungsunterbrechung bei der Anmeldung des Anspruchs im **Insolvenzverfahren** oder im Schifffahrtsrechtlichen Verteilungsverfahren (Abs. 1 Nr. 10) galt, wurde nicht in das neue Recht übernommen, da hierfür kein Bedürfnis bestand. Der Gläubiger wird anderweitig vor der Verjährung geschützt.[239]

4. Verfahrensstillstand (Abs. 2 S. 2 und 3). a) Verfahrensuntätigkeit (Abs. 2 S. 2). Abs. 2 S. 2 und 3 regelt den Fall, dass die Parteien das Verfahren nicht mehr betreiben und das Verfahren infolge der Untätigkeit der Parteien zum Stillstand kommt. In diesem Fall wird die Hemmung beendet, um eine dauerhafte Verjährungshemmung zu vermeiden. Die Regelung lehnt sich an **§ 211 Abs. 2 a.F.** an, der für die Fälle der §§ 212a–215 und 220 a.F. galt. Angesichts der großen Zahl der rechtshängig gemachten, aber anschließend nicht weiter betriebenen Prozesse entspricht die Regelung einem praktischen Bedürfnis, da sonst zahlreiche Forderungen nie verjähren würden.[240]

Vorausgesetzt wird erstens eine **Verfahrensuntätigkeit** beider Parteien.[241] Zweitens muss die Untätigkeit **Ursache** des Verfahrensstillstands sein. Drittens bedarf es eines **Verfahrensstillstands**. Er ist gegeben, wenn das Gericht gemäß §§ 251 Abs. 1, 251a Abs. 3 ZPO das Ruhen des Verfahrens angeordnet hat oder das Verfahren faktisch zum Stillstand gekommen ist.[242]

Aus dem Erfordernis der Ursächlichkeit der Verfahrensuntätigkeit der Parteien für den Verfahrensstillstand folgt indirekt eine vierte Voraussetzung. Der Verfahrensstillstand darf **nicht** auf die **Untätigkeit des Gerichts** zurückzuführen sein, sofern es von Amts wegen tätig sein müsste. Wie im bisherigen Recht[243] ist die Beendigung der Hemmung nicht gerechtfertigt, wenn es Amtspflicht des Gerichts ist, das Verfahren in Gang zu halten.[244] Daher ist kein Hemmungsende gegeben, wenn etwa eine Partei gerichtliche Auflagen nicht erfüllt.[245]

---

233 OLG Frankfurt ZGS 2004, 398; AG Schöneberg MM 2003, 299; *Schreiber*, JR 2004, 201 f. (Anm. zu BGHZ 150, 55, dort noch zu § 477 Abs. 2 a.F. Zu § 477 a.F. s. etwa BGHZ 150, 55; 53, 43; 60, 212; BGH NJW 1993, 851; *Weyer*, BauR 2001, 1807, 1811.
234 So zur Erledigung BT-Drucks 14/6040, S. 117; Gleiches gilt für die Beendigung des Verfahrens: BT-Drucks 14/7052, S. 181.
235 So aber die Rspr. zum bisherigen Recht: OLG Düsseldorf BauR 2001, 675.
236 So zur Erledigung: BT-Drucks 14/6040, S. 117; Gleiches gilt für die Beendigung des Verfahrens: BT-Drucks 14/7052, S. 181.
237 S. *Hartmann*, NJW 2001, 2577, 2595.
238 Zur fehlenden Fristgebundenheit der Beschwerde im Prozesskostenhilfeverfahren vor dem 1.1.2002 s. *Zöller/Philippi*, ZPO, 22. Aufl. 2001, § 127 Rn 31; zum daraus erwachsenden Problem der Verfahrensbeendigung nach bisherigem Recht s. BT-Drucks 14/6040, S. 117.
239 Näher BT-Drucks 14/6040, S. 117 f.
240 BT-Drucks 14/6040, S. 118.
241 Betrieben werden müssen i.S.d. Abs. 2 S. 2 allerdings nur solche Verfahren, für die der Beibringungsgrundsatz gilt; das sozialrechtliche Verwaltungsverfahren, das von der Offizialmaxime beherrscht wird, ist die Regelung daher nicht entspr. anwendbar; BSG, Urt. v. 12.2.2004 – B 13 RJ 58/03 R, JURIS-Dok.-Nr. KSRE036831522.
242 S. dazu näher BGH NJW-RR 1988, 279 (zum bisherigen Recht); Palandt/*Heinrichs*, § 204 Rn 48; Bamberger/Roth/*Henrich*, § 204 Rn 73.
243 S. Palandt/*Heinrichs*, 60. Aufl. 2001, § 211 Rn 4.
244 Zust. erwähnt auch in BT-Drucks 14/6857, S. 45; nicht ausdr. abl. BT-Drucks 14/7052, S. 181; Bamberger/Roth/*Henrich*, § 204 Rn 72 mit Beispielen.
245 BGH NJW 2000, 132; OLG Hamm NJW-RR 1999, 575.

126 Sind diese vier Voraussetzungen erfüllt, dann tritt für die Zwecke des Abs. 2 S. 1 an die Stelle der Verfahrensbeendigung die **letzte Verfahrenshandlung** einer der Parteien oder des Gerichts bzw. der sonst mit dem Verfahren befassten Stelle im Falle der außergerichtlichen Verfahren des Abs. 1 (wie etwa dem Begutachtungsverfahren nach Abs. 1 Nr. 8). Mit dieser letzten Verfahrenshandlung beginnt dann die **sechsmonatige Nachfrist** des Abs. 2 S. 1, mit deren Ablauf die Hemmung endet. Durch die Nachfrist erhalten die Parteien ausreichend Gelegenheit, sich zu vergewissern, ob der Prozess tatsächlich in Stillstand geraten ist.[246] Wird daher ein Mahnverfahren infolge eines Widerspruchs nicht mehr weiter betrieben, so endet die Hemmungswirkung nach Ablauf der Nachfrist.[247]

127 **b) Weiterbetreiben (Abs. 2 S. 3).** Nach Abs. 2 S. 3 beginnt die Hemmung erneut, wenn eine der Parteien das Verfahren weiter betreibt. Auch das Weiterbetreiben durch den **Schuldner** kann daher die erneute Verjährungshemmung auslösen.

Es genügt **jede (Prozess-)Handlung**, die darauf abzielt und dafür geeignet ist, das Verfahren erneut in Gang zu bringen, selbst wenn die Handlung erfolglos bleibt.[248] Ausreichend hierfür sind – auch unzulässige – Terminsanträge, Prozesskostenhilfeanträge, die Einlegung von Rechtsbehelfen, die Zahlung eines weiteren Kostenvorschusses[249] etc. Die bloße Mitteilung, das Verfahren solle fortgesetzt werden, ist nicht hinreichend, da darin noch kein erneutes Betreiben des Verfahrens liegt.[250] Kein Weiterbetreiben ist die Beantragung eines selbständigen Beweisverfahrens, denn dieses ist ein eigenständiges Verfahren.[251]

128 Eine **Kenntniserlangung** des Verfahrensgegners von der das Verfahren weiter betreibenden Handlung ist für die Zwecke des Abs. 2 S. 3 nicht erforderlich.[252]

129 **c) Verfahrensstillstand aus triftigem Grund, insbesondere Musterprozesse.** Der Gesetzgeber hat – trotz einer entsprechenden Prüfbitte des Bundesrats und einer zustimmenden Äußerung der Bundesregierung[253] – im letzten Stadium des Gesetzgebungsverfahrens (im Rechtsausschuss des Deutschen Bundestages)[254] auf die Einschränkung verzichtet, wonach ein Stillstand durch Nichtbetreiben des Verfahrens dann die Hemmung nicht beendet, wenn das Nichtbetreiben auf einem „triftigen Grund" beruht. Seinen **Regelungsverzicht** begründet er nicht inhaltlich. Der Gesetzgeber sieht zwar die Sachgerechtigkeit dieser Einschränkung, die bereits durch die Rechtsprechung zum bisherigen Recht entwickelt wurde. Doch meint er, dass die Aufnahme dieses durch die Rechtsprechung geprägten, unbestimmten Rechtsbegriffs keine Erleichterung in der Rechtsanwendung bringen würde.[255]

Daher ist – mit der bisherigen Rechtsprechung[256] und der Gesetzesbegründung – auch für Abs. 2 davon auszugehen, dass eine **teleologische Reduktion** der Vorschrift zu erfolgen hat: Die Hemmung endet nicht, wenn die Untätigkeit des Berechtigten einen **triftigen Grund** hat.[257]

130 Die Anhängigkeit eines Musterprozesses selbst ist jedoch noch kein triftiger Grund.[258] Hinzuweisen ist allerdings darauf, dass die Parteien gemäß § 202 Abs. 2 in einer **Musterprozessvereinbarung**[259] die Hemmung der Verjährung bis zum Abschluss eines Musterprozesses vereinbaren können; dies ist auch stillschweigend möglich.

---

246 BT-Drucks 14/6040, S. 118.
247 S. Henssler/von Westphalen/*Bereska*, Praxis der Schuldrechtsreform, 2. Aufl. 2003, § 204 Rn 83.
248 BGH NJW 2001, 218, 220; NJW-RR 1994, 514; OLG Frankfurt ZGS 2004, 398.
249 Vgl. OLG Frankfurt ZGS 2004, 398 f.
250 OLG Nürnberg NJW-RR 1995, 1091.
251 BGH NJW 2001, 218, 220.
252 Palandt/*Heinrichs*, § 204 Rn 50.
253 BT-Drucks 14/6857, S. 8 f., 45.
254 BT-Drucks 14/7052, S. 181.
255 BT-Drucks 14/7052, S. 181.
256 S. dazu BGH NJW 2001, 218, 219; 1999, 1101, 1102; 1999, 3774; BGHZ 106, 295, 299; BGH NJW 1998, 2274 und ferner BT-Drucks 14/6857, S. 8 f., 45.
257 OLG Frankfurt NZBau 2004, 338, 339 (dort zum Abwarten der Berufungsentscheidung bei Honorarteilklage eines Architekten); *Ebert*, NJW 2003, 732, 733; Palandt/*Heinrichs*, § 204 Rn 47; Bamberger/Roth/*Henrich*, § 204 Rn 74 ff.; Erman/*Schmidt-Räntsch*, § 204 Rn 55.
258 BGH NJW 2001, 218, 220; 1998, 2274, 2277 f. m.w.N.
259 Zum bisherigen Recht s. *Wagner*, NJW 2001, 182, 183 f.; zum neuen Recht: Erman/*Schmidt-Räntsch*, § 204 Rn 55.

VI. Hemmung der Monatsfristen des Abs. 1 Nr. 9, 12 und 13 (Abs. 3)

Nach Abs. 3 finden auf die Dreimonatsfristen des Abs. 1 Nr. 12 und 13 und auf die einmonatige Frist des Abs. 1 Nr. 9 die Vorschriften über die Hemmung bei höherer Gewalt (§ 206), die Ablaufhemmung bei nicht voll Geschäftsfähigen (§ 210) und die Ablaufhemmung in Nachlassfällen (§ 211) entsprechende Anwendung. Hinsichtlich der Fälle des Abs. 1 Nr. 12 und 13 entspricht dies § 210 S. 2 a.F.; die Regelung wird nun auf den neuen Hemmungstatbestand des Abs. 1 Nr. 9 ausgedehnt.[260]

VII. Übergangsrecht

Der intertemporale Geltungsbereich der Hemmungsregelungen des zum 1.1.2002 in Kraft getretenen § 204 wird durch Art. 229 § 6 Abs. 1 S. 1 EGBGB bestimmt. Danach findet die Neuregelung auf alle Ansprüche Anwendung, die an diesem Tag bestehen und noch nicht verjährt sind. Von der Überleitungsvorschrift erfasst sind sowohl die Fälle, in denen altes und neues Recht inhaltlich identisch sind (vgl. Art. 229 § 6 EGBGB Rn 25) als auch die Vorschriften, in denen neue Hemmungsvorschriften durch das SchuldRModG statuiert wurden (z.B. § 204 Abs. 1 Nr. 9 sowie § 204 Abs. 1 Nr. 7, soweit andere als die in §§ 477 Abs. 2, 548 Abs. 3 und 639 Abs. 1 a.F. genannten Fälle erfasst sind; vgl. Art. 229 § 6 EGBGB Rn 34). Eine eigenständige Übergangsregelung enthält Art. 229 § 6 Abs. 2 für die Umwandlung von Unterbrechungstatbeständen des alten Rechts in neurechtliche Hemmungstatbestände (vgl. Art. 229 § 6 EGBGB Rn 30 ff.); die Vorschrift wird ergänzt durch Art. 229 § 6 Abs. 1 S. 3 EGBGB, der die Fortwirkung des § 212 a.F. in Übergangsfällen vorgibt (vgl. Art. 229 § 6 EGBGB Rn 26 ff.).

C. Weitere praktische Hinweise

Darlegungs- und beweispflichtig für das Vorliegen der in Abs. 1 Nr. 1–14 aufgeführten Hemmungsgründe ist nach allgemeiner Ansicht derjenige, der sich auf den jeweiligen Hemmungsgrund beruft.[261] Die Beweislast für das Vorliegen der Ereignisse, welche den Beginn der sechsmonatigen Nachfrist und damit das Ende der Hemmung auslösen, insb. der Stillstand des Verfahrens (Abs. 2 S. 2),[262] soll dann beim Schuldner liegen.[263]

§ 205 Hemmung der Verjährung bei Leistungsverweigerungsrecht

[1]Die Verjährung ist gehemmt, solange der Schuldner aufgrund einer Vereinbarung mit dem Gläubiger vorübergehend zur Verweigerung der Leistung berechtigt ist.

Literatur: Lakkis, Die Verjährungsvereinbarung nach neuem Recht, AcP 203 (2003), 763; Lehmacher, Das neue Verjährungsrecht unter besonderer Berücksichtigung der Teilungsabkommen, die BG 2003, 384.

A. Allgemeines	1	III. Wirkung der Hemmung	15
B. Regelungsgehalt	6	IV. Übergangsrecht	16
I. Anwendungsbereich	6	C. Weitere praktische Hinweise	17
II. Voraussetzungen	10		

A. Allgemeines

Die Neuregelung des § 205 beruht auf § 202 Abs. 1 a.F.;[1] die Vorschriften decken sich jedoch nur zum Teil. Nach § 205 hemmen nur Leistungsverweigerungsrechte die Verjährung, die vorübergehend sind[2] und zugleich auf einer Vereinbarung beruhen. Vorübergehende gesetzliche Leistungsverweigerungsrechte (z.B. §§ 273, 1000, § 369 HGB) hemmen die Verjährung jedenfalls nicht nach § 205.

Die **Differenzierung** zwischen **vereinbarten und gesetzlichen Leistungsverweigerungsrechten** mag zunächst überraschen, ist der Gläubiger doch in beiden Fällen in derselben Lage, seinen Leistungsanspruch vorübergehend nicht durchsetzen zu können. Die Unterscheidung ist jedoch eine Konzession an den

---

260 BT-Drucks 14/6040, S. 118.
261 Vgl. nur Henssler/von Westphalen/Bereska, Praxis der Schuldrechtsreform, 2. Aufl. 2003, Vorbem. zu §§ 203–213 Rn 5; Palandt/Heinrichs, § 204 Rn 55; Soergel/Niedenführ, vor § 203 Rn 12.
262 MüKo/Grothe, § 204 Rn 76; Staudinger/Peters, § 204 Rn 135.
263 Henssler/von Westphalen/Bereska, Praxis der Schuldrechtsreform, 2. Aufl. 2003, Vorbem. zu §§ 203–213 Rn 5; Palandt/Heinrichs, § 204 Rn 55; Soergel/Niedenführ, vor § 203 Rn 12.

1 BT-Drucks 14/6040, S. 118.
2 Zum Grund für diese Differenzierung zwischen vorübergehenden und dauerhaften Leistungsverweigerungsrechten s. Staudinger/Peters, § 205 Rn 4.

Umstand, dass die **rechtspolitische Rechtfertigung** des § 202 a.F. umstritten war. Die Gutachter *Peters/Zimmermann*[3] sprachen sich sogar für die ersatzlose Streichung der Norm aus, da alle Anwendungsfälle über andere rechtliche Konstruktionen mit gleichem Ergebnis gelöst werden könnten, insbesondere durch Rückgriff auf das vielfach in einer Stundung enthaltene **Anerkenntnis** (das unter altem und neuem Recht zum Verjährungsneubeginn führt, vgl. § 212 Abs. 1 Nr. 1) oder durch parteiautonome Manipulation der Anspruchsentstehung (regelmäßig ab Fälligkeit; vgl. § 199 Rn 16 f.). Im bisherigen[4] wie im neuen Recht[5] bestimmt die Anspruchsentstehung allein oder zusammen mit anderen Umständen den Verjährungsbeginn (vgl. §§ 199 Abs. 1, 200). Vereinbaren die Parteien daher noch vor der Entstehung (Fälligkeit) des Anspruchs, dass der Gläubiger seine Rechte aus dem Anspruch nicht vor einem bestimmten Datum verfolgen kann, entspricht dies zumeist einer Verschiebung des Fälligkeitstermins und damit einer **Disposition über den Verjährungsbeginn** (vgl. zur Zulässigkeit einer solchen Vereinbarung auch § 202 Rn 11, 13). Die in § 205 (bzw. § 202 Abs. 1 a.F.) statuierte Hemmung aufgrund des Leistungsverweigerungsrechts würde in diesem Fall mangels einer bereits laufenden Verjährungsfrist leer laufen. Auch das bislang unter § 202 a.F. subsumierte *pactum de non petendo* konnte nach Ansicht der Gutachter befriedigend durch §§ 852 Abs. 2, 225 a.F. (jetzt: §§ 202, 203) erfasst werden. § 202 a.F. habe daher vor allem Bedeutung für Ausweichversuche dort, wo strenger formulierte Unterbrechungs- oder Hemmungstatbestände nicht eingriffen.[6] Der Abschlussbericht[7] teilte diese Auffassung grundsätzlich. Es wurde aber bezweifelt, dass tatsächlich alle nachträglichen Vereinbarungen, die dem Schuldner einen Aufschub gewähren, als Anerkenntnis gewertet werden könnten.

3 Um einen **Auffangtatbestand** für verjährungsrelevante Parteivereinbarungen zu schaffen, die nicht bereits durch andere Tatbestände des Verjährungsrechts erfasst werden, ist § 202 Abs. 1 a.F. in der reduzierten Form des § 205 aufrechterhalten worden.[8] Soweit neben den Voraussetzungen des § 205 auch jene des § 212 Abs. 1 Nr. 1 (vgl. Rn 2) oder weiterer Hemmungstatbestände erfüllt sind (z.B. des § 203), überlagert sich die Wirkung der betreffenden Vorschriften.[9]

4 Ist der Gläubiger nicht aus rechtlichen, sondern aus **tatsächlichen Gründen** an der Geltendmachung seines Anspruchs gehindert, kommt nicht § 205, sondern allenfalls § 206 (Verjährungshemmung bei höherer Gewalt) zur Anwendung.[10]

5 In den **Grundregeln des Europäischen Vertragsrechts**[11] (dazu vor §§ 194–218 Rn 14 ff.), die allgemeine Verjährungsregeln enthalten, findet sich eine dem § 205 entsprechende Vorschrift nicht. Die Grundregeln beschränken sich auf die allgemeine Statuierung einer Ablaufhemmung bei Verhandlungen (Art. 14:304) sowie eines Verjährungsneubeginns im Fall des Anerkenntnisses (Art. 14:401).

B. Regelungsgehalt

I. Anwendungsbereich

6 Der Hemmungstatbestand des § 205 findet grundsätzlich auf **alle verjährbaren Ansprüche** Anwendung, vorausgesetzt, diese unterliegen zumindest in Bezug auf die Frage der Hemmung vollständig oder ergänzend den Regelungen des allgemeinen Verjährungsrechts.[12] Zu beachten ist allerdings, dass die Anwendung des § 205 in einigen Sondergesetzen für geringfügige Ansprüche **eingeschränkt** ist (vgl. § 5 Abs. 3 S. 4 GKG; § 17 Abs. 3 S. 3 KostO; § 8 Abs. 3 S. 4 GvKostG; § 2 Abs. 4 S. 2 JVEG i.V.m. § 5 Abs. 3 S. 4 GKG: Bei Beträgen unter 25 EUR wird die Verjährung nicht gehemmt.). Vollständig **ausgeschlossen** wird die Anwendung der allgemeinen Hemmungstatbestände (und folglich auch des § 205) in § 759 Abs. 3 S. 2 HGB.

---

3 *Peters/Zimmermann*, Der Einfluß von Fristen auf Schuldverhältnisse, in: Bundesministerium der Justiz (Hrsg.), Gutachten und Vorschläge zur Überarbeitung des Schuldrechts, Band I, 1981, S. 253, 308, 324.
4 § 198 S. 1 a.F.
5 § 199 Abs. 1 Nr. 1 und § 200 S. 1.
6 *Peters/Zimmermann*, a.a.O., S. 253, 308, 324.
7 Bundesministerium der Justiz (Hrsg.), Abschlußbericht der Kommission zur Überarbeitung des Schuldrechts, 1992, S. 88.
8 S. Abschlußbericht, a.a.O., S. 88; BT-Drucks 14/6040, S. 118.
9 Krit. zu der möglichen Parallelität von Hemmung und Neubeginn nach §§ 205 und 212 Abs. 1 Nr. 1 *Peters*, JZ 2003, 838, 839: Der durch § 205 gewährte Schutz sei im Fall eines mit dem Leistungsverweigerungsrecht verbundenen Anerkenntnisses unverhältnismäßig, da die nach § 212 Abs. 1 Nr. 1 neu in Lauf gesetzte Verjährungsfrist zusätzlich durch § 205 gehemmt werde und nach Ende der Hemmung wieder in voller Länge zur Verfügung stehe.
10 Soergel/*Niedenführ*, § 205 Rn 3; Staudinger/*Peters*, § 205 Rn 1, 7 (dort auch zur Abgrenzung zwischen § 205 und § 206).
11 In deutscher Sprache veröffentlicht in ZEuP 2003, 895 ff.
12 Zur grundsätzlichen Anwendbarkeit des § 205 auch im öffentlichen Recht vgl. *Guckelberger*, Die Verjährung im Öffentlichen Recht, 2004, S. 601 f.; Bamberger/Roth/*Henrich*, § 205 Rn 1; Staudinger/*Peters*, § 205 Rn 27. Soweit allerdings die dem § 62 S. 2 VwVfG entsprechenden Regelungen der Landesgesetze auf die Vorschriften des BGB verweisen, hält *Guckelberger* diese für verfassungswidrig und votiert für die Fortgeltung der §§ 194 ff. a.F. (a.a.O., S. 634 f.).

Über § 939 Abs. 2 erstreckt sich die Wirkung des § 205 auch auf die **Ersitzung**. Ist die Verjährung des Herausgabeanspruchs gegen den Eigenbesitzer oder den sein Besitzrecht von diesem ableitenden Besitzmittler gem. § 205 gehemmt, wird zugleich das Ende der Ersitzungszeit (§ 937 Abs. 1) hinausgeschoben. 7

Entsprechend heranzuziehen sein soll die Vorschrift auf den Lauf einer **Klagefrist**, wenn der mit der Klage verfolgte Anspruch (*in casu* Gehaltsforderungen) in einem zuvor geführten Kündigungsschutzprozess bereits Gegenstand eines Prozessvergleichs war. In diesem Fall spricht nach Ansicht der Rechtsprechung vieles dafür, eine Hemmung der Klagefrist analog § 205 bis zum Widerruf des Prozessvergleichs anzunehmen.[13] 8

Auf **Gestaltungsrechte** (insb. Rücktritt und Minderung) findet die Vorschrift keine unmittelbare Anwendung. Die Hemmung nach § 205 kann sich jedoch indirekt über § 218 auch auf diese auswirken (vgl. die dortige Kommentierung). 9

II. Voraussetzungen

§ 205 setzt ein **vorübergehendes** vereinbartes Leistungsverweigerungsrecht des Schuldners voraus. Ist der Schuldner auf Dauer berechtigt, die Leistung zu verweigern, greift § 205 nicht ein. In diesem Fall könnte eine Hemmung der Ansprüche des Gläubigers seine Rechtsposition kaum verbessern; ein entsprechender Tatbestand würde regelmäßig leer laufen.[14] 10

Das Leistungsverweigerungsrecht muss auf einer (ausdrücklichen oder stillschweigenden[15]) **Vereinbarung**[16] zwischen Schuldner und Gläubiger beruhen. § 205 erfasst daher vor allem, aber nicht ausschließlich,[17] die **Stundung**[18] und das sog. *pactum de non petendo* (Stillhalteabkommen).[19] Stundung und *pactum de non petendo* wurden schon unter altem Recht als wesentliche Anwendungsfälle des § 202 Abs. 1 a.F. erachtet. Die hierzu im Rahmen des alten Rechts gewonnenen Erkenntnisse können daher auf das neue Recht grundsätzlich übertragen werden;[20] allerdings wird jeweils kritisch zu überprüfen sein, ob die Änderungen des neuen Rechts, insb. die Ausweitung der Parteiautonomie in § 202 und die Schaffung neuer Hemmungstatbestände in § 204 Abs. 1, ggf. eine Neubewertung erforderlich machen. 11

Wird ein vorübergehendes Leistungsverweigerungsrecht vereinbart, welches mit einem gesetzlichen Leistungsverweigerungsrecht identisch ist (und nur **vertraglich nachvollzogen** wird), so liegt kein vereinbartes Leistungsverweigerungsrecht i.S.v. § 205 vor.[21] Hatten die Parteien bei der Vereinbarung jedoch den Willen, durch diese Einfluss auf die Verjährungshemmung nach § 205 zu nehmen, so kann die Vereinbarung unter den Voraussetzungen des § 202 S. 2 als verjährungserschwerende Vereinbarung qualifiziert werden.[22] 12

---

13 LAG Berlin, Urt. v. 10.10.2003 – 6 Sa 1058/03, JURIS-Dok.-Nr. KARE600009329. Vgl. aber auch Staudinger/*Peters*, § 205 Rn 22: keine direkte Anwendung des § 205 auf die Verjährung des Lohnanspruchs, wenn zuvor Kündigungsschutzklage zu erheben war; MüKo/*Grothe*, § 205 Rn 10: keine direkte Hemmung nach § 205 bei Abschluss eines Vergleichs.
14 Vgl. auch MüKo/*Grothe*, § 205 Rn 2.
15 Vgl. BGH NJW 2002, 1488, 1489 (noch zu § 202 Abs. 1 a.F.); Staudinger/*Peters*, § 205 Rn 9 (dort zur stillschweigenden Vereinbarung einer Stundung, mit Beispielen) und Rn 17 (dort zum konkludenten Abschluss eines *pactum de non petendo*, mit Beispielen).
16 Z.T. wird eine analoge Anwendung des § 205 befürwortet, wenn sich ein gesetzliches Leistungsverweigerungsrecht in der Wirkung von einem vereinbarten nicht unterscheidet: so Palandt/*Heinrichs*, § 205 Rn 3; Bamberger/Roth/*Henrich*, § 205 Rn 7 (jeweils unter Hinw. auf die unrichtige Abtretungsanzeige, § 409 Abs. 1). Dies erscheint nicht unproblematisch. Die für den Schuldner nachteilige Hemmungswirkung rechtfertigt sich in den von § 205 erfassten Fällen nicht zuletzt dadurch, dass der Schuldner an der Begründung des Leistungsverweigerungsrechts mitgewirkt hat; bei einem gesetzlichen Leistungshindernis trägt diese Begründung nicht. Zudem ist einem gesetzlichen Leistungsverweigerungsrecht jedenfalls dann keine Hemmungswirkung zuzusprechen, wenn es in der Hand des Gläubigers liegt, dieses zu beseitigen (s.a. Rn 14); vgl. Staudinger/*Peters*, § 205 Rn 5, 20 ff. Gegen eine analoge Anwendung des § 205 auch MüKo/*Grothe*, § 205 Rn 2; Erman/*Schmidt-Räntsch*, § 205 Rn 8.
17 Zu weiteren Beispielen vgl. MüKo/*Grothe*, § 205 Rn 7 ff.; Bamberger/Roth/*Henrich*, § 205 Rn 6 (Kontokorrent, Ausschluss von Gewährleistungsansprüchen gegen den Leasinggeber bei gleichzeitiger Abtretung entsprechender Ansprüche gegen den Lieferanten); Staudinger/*Peters*, § 205 Rn 19 ff.; Erman/*Schmidt-Räntsch*, § 205 Rn 4 (Inzahlungnahme eines Wechsels) und 7 (Kontokorrent).
18 S. näher Staudinger/*Peters*, § 205 Rn 8 ff.
19 Allg. M., vgl. nur Palandt/*Heinrichs*, § 205 Rn 2; *Ott*, MDR 2002, 1, 5; Erman/*Schmidt-Räntsch*, § 205 Rn 5. Zum *pactum* s. näher Staudinger/*Peters*, § 205 Rn 14 ff.
20 Soergel/*Niedenführ*, § 205 Rn 8 (zum *pactum de non petendo*); explizit zu der Bewertung des Teilungsabkommens als *pactum de non petendo* durch die Rspr. (vgl. zuletzt BGH VersR 2003, 1547): *Lehmacher*, die BG 2003, 384, 389.
21 Ebenso Erman/*Schmidt-Räntsch*, § 205 Rn 2.
22 Ebenso *Birr*, Verjährung und Verwirkung, 2003, Rn 90; MüKo/*Grothe*, § 205 Rn 2.

13 Soweit der BGH nach neuester Rechtsprechung die Ansicht vertritt, bei Zinsen aus **Sicherungsgrundschulden** sei die Verjährung nicht in entsprechender Anwendung des § 202 Abs. 1 a.F. bis zum Eintritt des Sicherungsfalls gehemmt,[23] hindert ihn der Wortlaut des neuen § 205 nicht, diese Rechtsprechung fortzusetzen.[24]

14 Unter altem Recht unterschied § 202 a.F. sachgerecht[25] zwischen **hinzunehmenden** (§ 202 Abs. 1 a.F.) und den anderen, von dem Gläubiger **beseitigbaren** (§ 202 Abs. 2 a.F.) vorübergehenden **Leistungshindernissen**. Diese Unterscheidung nimmt § 205 seinem Wortlaut nach nicht mehr auf. Im Zweifel wird diese Differenzierung bei der Auslegung der vereinbarten Leistungsverweigerungsrechte durch **ergänzende Vertragsauslegung** aber wieder aufzunehmen sein. Die vorübergehenden Leistungsverweigerungsrechte, welche der Gläubiger selbst beseitigen kann (wie z.B. solche, die mit § 320 vergleichbar, wenn auch nicht damit identisch – siehe Rn 12 – sind), sollen im Zweifel nicht die Verjährung hemmen, weil der Gläubiger ansonsten einseitig den Hemmungseintritt steuern könnte.[26]

III. Wirkung der Hemmung

15 Die Wirkung der Hemmung richtet sich nach § 209 (vgl. die dortige Kommentierung). Die **Hemmungsdauer** ist von der jeweiligen Parteivereinbarung abhängig und ggf. im Wege der Auslegung zu ermitteln.

Im Rahmen des § 202 a.F. gestand die Rechtsprechung in den Fällen, in denen der Schuldner auf die Geltendmachung der Verjährungseinrede zunächst auf unbestimmte Zeit verzichtet hatte, später jedoch erklärte, sich an diesen Verzicht nicht mehr gebunden zu fühlen, eine kurze **Überlegungsfrist** zu, innerhalb derer der Gläubiger über eine eventuelle Klageerhebung befinden konnte (vgl. zu dieser Rechtsprechung und deren Bewertung unter neuem Recht auch § 203 Rn 8).[27] Diese Rechtsprechung wird in der Literatur z.T. auf die Hemmung nach § 205 übertragen.[28] Eine derartige Karenzfrist wird man dem Gläubiger jedoch nur dann zugestehen können, wenn (a.) das Ende der Hemmung für ihn überraschend kam und (b.) unmittelbar nach Ende der Hemmung Verjährung eintreten würde. Treffen beide Umstände zusammen, kann dem Gläubiger gem. § 242 in Anlehnung an die vorstehende Rechtsprechung auch nach Ablauf der Verjährungsfrist ein kurzer Zeitrahmen zugestanden werden, um sich über das weitere Vorgehen Klarheit zu verschaffen.

IV. Übergangsrecht

16 Zum Übergangsrecht siehe Art. 229 § 6 EGBGB Rn 24 f.

C. Weitere praktische Hinweise

17 **Darlegungs-** und **beweispflichtig** für das Vorliegen eines Leistungsverweigerungsrechts im Sinne des § 205 ist nach allg. Ansicht der sich auf den Eintritt der Hemmung berufende Gläubiger.[29] Ist der Hemmungseintritt unstreitig oder dessen Voraussetzungen bewiesen, soll es nach herrschender Auffassung stets Sache des Schuldners sein, die Tatsachen darzulegen und ggf. zu beweisen, die zum Ende der Hemmung führen.[30] Vorliegend würde danach der Schuldner die Beweislast für die Behauptung des Fortfalls des Leistungsverweigerungsrechts tragen. Diese Ansicht ist jedoch nicht unbestritten. Ein Teil der Literatur tritt dafür ein, dass dann, wenn der Schuldner das Vorliegen der den Hemmungsfortbestand tragenden Tatsachen substantiiert bestreitet, der Gläubiger auch die Beweislast dafür trägt, dass das Leistungsverweigerungsrecht während des von ihm geltend gemachten Zeitraums andauerte.[31] Zur Begründung wird vorgetragen, dass die mit dem Bestehen (Eintritt und Fortbestand) eines Leistungsverweigerungsrechts verbundene Hemmungswirkung eine für den Gläubiger vorteilhafte Rechtsfolge darstelle und daher nach allgemeinen Beweislastregeln von diesem zu belegen sei. Ebenfalls auf die allgemeinen Regeln verweist allerdings auch die herrschende Ansicht, nach

---

23 BGH NJW 1999, 3705, 3707; s. dazu näher § 202 Rn 58.
24 Darauf weist hin BT-Drucks 14/6040, S. 118; ebenso MüKo/*Grothe*, § 205 Rn 10; Palandt/*Heinrichs*, § 205 Rn 2; Soergel/*Niedenführ*, § 205 Rn 15; Erman/*Schmidt-Räntsch*, § 205 Rn 5. Insoweit zust. auch *Lakkis*, AcP 203 (2003), 763, 780, die jedoch die Rspr. des BGH im Erg. ablehnt (a.a.O., S. 777 ff., 782); krit. auch Staudinger/*Peters*, § 205 Rn 24.
25 Staudinger/*Peters*, 13. Bearb. 1995, § 202 Rn 5.
26 Ebenso MüKo/*Grothe*, § 205 Rn 2.
27 BGH WM 1983, 472, 474 (dort ca. dreieinhalb Monate); OLG Düsseldorf NJW 2002, 2265 (dort fünfeinhalb Wochen).
28 Erman/*Schmidt-Räntsch*, § 205 Rn 5 a.E.
29 Staudinger/*Peters*, § 205 Rn 28; ferner Henssler/von Westphalen/*Bereska*, Praxis der Schuldrechtsreform, 2. Aufl. 2003, vor §§ 203–213 Rn 5; MüKo/*Grothe*, § 203 Rn 1; Soergel/*Niedenführ*, vor § 203 Rn 12, die allgemein die Beweislast für den Beginn der Hemmung dem Gläubiger auferlegen.
30 Henssler/von Westphalen/*Bereska*, a.a.O., vor §§ 203–213 Rn 5; Soergel/*Niedenführ*, vor § 203 Rn 12; ebenso noch zum alten Recht Baumgärtel/*Laumen*, Handbuch der Beweislast im Privatrecht, 2. Aufl. 1991, § 202 a. F. Rn 2 im Anschluss an BGH WM 1977, 823 f.
31 Staudinger/*Peters*, § 205 Rn 28; ferner MüKo/*Grothe*, § 203 Rn 1.

welcher der Schuldner die Tatsachen darzulegen und zu beweisen hat, aus denen sich die Beendigung der Hemmung ergibt.[32]

Die von den Vertretern beider Ansichten in Anspruch genommene allgemeine Grundregel sieht vor, dass die Beweislast für rechtshemmende Tatsachen (zu denen auch die die Verjährung stützenden Tatsachen zählen) der Anspruchsgegner trägt, während dem Anspruchsteller die Beweislast für die Tatsachen obliegt, welche die Hemmung des Anspruchs hindern. Einwendungen gegen die Hemmungshinderung hat dann wiederum der Anspruchsgegner zu beweisen, etc.[33]

Die Beantwortung der Frage, wer die Beweislast für den Fortbestand bzw. die Aufhebung des Leistungsverweigerungsrechts trägt, hängt davon ab, wie der Begriff der Hinderung der Anspruchshemmung im Hinblick auf § 205 verstanden wird. Sieht man als die Einrede der Verjährung hindernd nicht nur den Eintritt, sondern auch den Fortbestand der Verjährungshemmung an, so stützt die allgemeine Beweislastregelung die Auffassung, nach der der Gläubiger den Eintritt und (im Bestreitensfalle) den Fortbestand des Leistungsverweigerungsrechts zu beweisen hat. Indes ist dieser Ansatz keineswegs zwingend. Ebenfalls vertretbar erscheint es, bereits innerhalb der Regelung des § 205 eine Aufteilung der Beweislast in der Weise vorzunehmen, dass lediglich der Eintritt der Hemmung und damit die Vereinbarung eines Leistungsverweigerungsrechts vom Gläubiger zu beweisen ist, die Aufhebung dieses Rechts jedoch als die Verjährungshemmung hindernd im Sinne der allgemeinen Beweislastregelung betrachtet wird und daher vom Schuldner darzulegen und zu beweisen ist. Im Einzelnen kann hinsichtlich beider Ansätze auf die ausführliche Darlegung der Parallelproblematik in § 203 Rn 49 verwiesen werden.

§ 206 Hemmung der Verjährung bei höherer Gewalt

[1]**Die Verjährung ist gehemmt, solange der Gläubiger innerhalb der letzten sechs Monate der Verjährungsfrist durch höhere Gewalt an der Rechtsverfolgung gehindert ist.**

Literatur: *Peters*, Der Bürge und die Einrede der Verjährung der Hauptschuld, NJW 2004, 1430.

A. Allgemeines	1	2. Erfasste Ansprüche	12
B. Regelungsgehalt	7	II. Rechtsfolgen	14
I. Anwendungsbereich	7	III. Übergangsrecht	17
1. Höhere Gewalt	7	C. Weitere praktische Hinweise	18

A. Allgemeines

§ 206 ordnet die Hemmung der Verjährung an, solange der Gläubiger innerhalb der letzten sechs Monate der Verjährungsfrist durch höhere Gewalt an der Rechtsverfolgung gehindert ist. Die Vorschrift entspricht in ihrem sachlichen Gehalt **§ 203 a.F.**; eine inhaltliche Änderung war durch die Neuformulierung nicht beabsichtigt. Der in § 203 Abs. 1 a.F. noch ausdrücklich erwähnte Fall des **Stillstands der Rechtspflege** hat im neuen Recht keine gesonderte Regelung mehr erfahren, sondern ist nunmehr als ein Unterfall der höheren Gewalt anzusehen.[1]

Zur Auslegung des § 206 können die Ergebnisse herangezogen werden, die Rechtsprechung und Lehre im Hinblick auf § 203 Abs. 1 und 2 a.F. erzielt haben.[2]

Unter altem Recht wurde auch die Einreichung eines vollständigen und ordnungsgemäß begründeten **Gesuchs um Prozesskostenhilfe** als Fall des § 203 Abs. 2 a.F. qualifiziert (siehe auch § 204 Rn 106).[3] Diese Rechtsprechung hat mit In-Kraft-Treten des SchuldRModG an Bedeutung verloren. Die Hemmung infolge Beantragung von Prozesskostenhilfe richtet sich nunmehr, jedenfalls soweit der **erstmalige Antrag** betroffen ist, nach dem neu eingefügten § 204 Abs. 1 Nr. 14 (näher § 204 Rn 106 ff.).[4] Der Gläubiger steht sich damit im Regelfall besser als dies nach § 203 Abs. 2 a.F. der Fall war bzw. nach § 206 der Fall wäre. Zum einen kommt die Hemmung nach § 204 Abs. 1 nicht nur innerhalb der letzten sechs Monate vor Verjährungseintritt,

---

32 So ausdr. Henssler/von Westphalen/*Bereska*, a.a.O., vor §§ 203–213 Rn 5.
33 Vgl. nur BGH NJW 1999, 352, 353; Zöller/*Greger*, ZPO, vor § 284 Rn 17; Stein/Jonas/*Leipold*, ZPO, § 286 Rn 38; Thomas/Putzo/*Reichold*, ZPO, vor § 284 Rn 23.
1 BT-Drucks 14/6040, S. 118 f.

2 Ebenso Henssler/von Westphalen/*Bereska*, Praxis der Schuldrechtsreform, 2. Aufl. 2003, § 206 Rn 2; Soergel/*Niedenführ*, § 206 Rn 1.
3 BGH FamRZ 2004, 177; BGH NJW 2001, 2545, 2546; 1994, 3360, 3361; OLG Köln NJW 1994, 3360, 3361.
4 Staudinger/*Peters*, § 206 Rn 19; ferner Erman/*Schmidt-Räntsch*, § 206 Rn 8.

sondern zu jedem Zeitpunkt des Fristlaufes zum Tragen, zum anderen wird das Ende der Hemmungsfrist nach § 204 Abs. 2 stets um volle sechs Monate hinausgeschoben. Bei **wiederholten Anträgen**, die nicht mehr von § 204 Abs. 1 Nr. 14 erfasst werden, kann aber ggf. auch weiterhin ein Rückgriff auf § 206 angezeigt sein.[5]

3   Nicht gefolgt worden ist bei der Neukonzeption des § 206 dem Vorschlag,[6] die Hemmung in Fällen höherer Gewalt auf alle Situationen, in welchen der Gläubiger in den letzten sechs Monaten der ablaufenden Verjährungsfrist **ohne** sein **Verschulden** an der Rechtsverfolgung gehindert ist, auszudehnen. Der Gesetzgeber weist u.a. darauf hin, dass die Gründe dafür, einen Anspruch nicht rechtzeitig einzuklagen, sehr vielfältig sein können. Dennoch habe die zum alten Recht ergangene Rechtsprechung in den Fällen bloß fehlenden Verschuldens keine Hemmung angenommen.[7] Der Gesetzgeber hat diese Wertung übernommen.[8] *De lege lata* ist die gesetzgeberische Entscheidung zu akzeptieren.

4   § 206 findet auf sonstige Fristen, insb. auf einige **gesetzliche Ausschlussfristen,** kraft Verweisung entsprechende Anwendung. Hierzu zählen §§ 124 Abs. 2 S. 2, 204 Abs. 3, 802 S. 3, 939 Abs. 2, 1002 Abs. 2, 1317 Abs. 1 S. 3, 1600b Abs. 6 S. 2, 1762 Abs. 2 S. 3, 1944 Abs. 2 S. 3, 1954 Abs. 2 S. 2, 1997, 2082 Abs. 2 S. 2, 2283 Abs. 2 S. 2 sowie sondergesetzlich §§ 26 Abs. 1 S. 3, 160 Abs. 1 S. 3 HGB, §§ 45 Abs. 2 S. 2, 133 Abs. 4 S. 2, 157 Abs. 2 S. 2, 224 Abs. 3 S. 2 UmwG und, eingefügt durch das Gesetz zur Anpassung von Verjährungsvorschriften an das Gesetz zur Modernisierung des Schuldrechts, § 327 Abs. 4 AktG.[9]

Außerhalb ausdrücklicher Verweisungen ist bei der Übertragung des § 206 auf (gesetzliche oder vereinbarte) Fristen Zurückhaltung geboten. Im Regelfall hat die Verhinderung des Betroffenen aufgrund höherer Gewalt keine Auswirkungen auf den Lauf von Ausschluss- oder sonstigen Fristen.[10]

5   In der Literatur auf Kritik gestoßen war der durch das SchuldRModG in § 1997 a.F. (bis 14.12.2004) erfolgte Austausch des § 203 Abs. 1 a.F. (bis 31.12.2001) durch § 206.[11] Aufgrund der Neuregelung kam es nicht mehr nur bei dem Stillstand der Rechtspflege zu einer **Hemmung des Laufs der Inventarfrist** (wie noch in §§ 1997, 203 Abs. 1 a.F. [bis 31.12.2001] vorgesehen), sondern in allen Fällen höherer Gewalt. Diese Ausweitung führte zu Friktionen im Verhältnis zu § 1996 a.F. (bis 14.12.2004), der die Hinderung des Erben an der Inventarerrichtung durch höhere Gewalt gleichfalls, jedoch mit gänzlich anderen Konsequenzen regelte.[12] Durch das am 15.12.2004 in Kraft getretene Gesetz zur Anpassung von Verjährungsvorschriften an das Gesetz zur Modernisierung des Schuldrechts ist nunmehr eine Änderung der §§ 1996 und 1997 a.F. (bis 14.12.2004) erfolgt. Danach ist in § 1997 der Verweis auf § 206 aufgegeben und zugleich die Voraussetzungen des § 1996 Abs. 1 gelockert worden. Dementsprechend kann der Erbe jetzt nicht nur dann eine neue Inventarfrist beantragen, wenn er durch höhere Gewalt an der Inventarerrichtung gehindert war, sondern in allen Fällen fehlenden Verschuldens.[13]

6   § 206 entspricht im Wesentlichen Art. 14:303 der **Principles of European Contract Law** (*Lando*-Principles; zu diesen siehe vor § 194–218 Rn 14 ff.).[14] Anders als § 206 verwendet Art. 14:303 Abs. 1 PECL allerdings nicht nur den abstrakten Begriff der höheren Gewalt, sondern fordert konkreter, dass der Gläubiger durch einen Hinderungsgrund von der Geltendmachung seines Anspruchs abgehalten werden muss, der außerhalb

---

5 Ausf. hierzu Staudinger/*Peters*, § 206 Rn 19 ff.
6 *Peters/Zimmermann*, Der Einfluss von Fristen auf Schuldverhältnisse, in: Bundesministerium der Justiz (Hrsg.), Gutachten und Vorschläge zur Überarbeitung des Schuldrechts, Band I, 1981, S. 252, 308; abl. BT-Drucks 14/6040, S. 118 f.
7 BGH NJW 1975, 1466 (zu spät behobene Beweisschwierigkeiten); KG und OLG Hamm NJW 1980, 242 ff., 244, 246 (verfassungswidriges Gesetz); BAG NJW 1962, 1077 f. gegen BGH DB 1961, 1257 (geänderte Rspr.).
8 BT-Drucks 14/6040, S. 119.
9 Vgl. Art. 11 Nr. 7 VerjAnpG; BT-Drucks 15/3653 i.d.F. 15/4060. Das Gesetz ist am 15.12.2004 in Kraft getreten; ausf. hierzu *Thiessen*, ZHR 168 (2004), 503 ff.
10 MüKo/*Grothe*, § 206 Rn 2; Palandt/*Heinrichs*, § 206 Rn 3; Soergel/*Niedenführ*, § 206 Rn 3; Staudinger/*Peters*, § 206 Rn 31 unter Hinw. auf die entspr. Rspr. unter § 203 a.F. zu §§ 586 Abs. 2 S. 2, 958 Abs. 2 ZPO und Art. 8 Finanzvertrag v. 30.3.1955. Für eine entspr. Anwendung des § 206 auf tarifvertragliche Ausschlussfristen aber *Krause*, RdA 2004, 106, 110; vgl. auch LAG Berlin, v. 10.10.2003–6 Sa 1058/03,

JURIS-Dok.-Nr. KORE600009329, dort aber letztlich offen gelassen.
11 *Siegmann*, ZEV 2003, 179, 180 f.; ferner Staudinger/*Marotzke*, § 1996 Rn 2, 4, 8.
12 Eindrücklich *Siegmann*, ZEV 2003, 179, 180.
13 Vgl. Art. 7 Nr. 3 und Nr. 4 VerjAnpG; BT-Drucks 15/3653 i.d.F. 15/4060. Die Neufassungen lauten wie folgt:
§ 1996 Abs. 1: „War der Erbe ohne sein Verschulden verhindert, das Inventar rechtzeitig zu errichten, die nach den Umständen gerechtfertigte Verlängerung der Inventarfrist zu beantragen oder die in Absatz 2 bestimmte Frist von zwei Wochen einzuhalten, so hat ihm auf seinen Antrag das Nachlassgericht eine neue Inventarfrist zu bestimmen."
§ 1997: „Auf den Lauf der Inventarfrist und der im § 1996 Abs. 2 bestimmten Frist von zwei Wochen finden die für die Verjährung geltenden Vorschriften des § 210 entsprechende Anwendung."
14 In deutscher Sprache veröffentlicht in ZEuP 2003, 895 ff. Art. 14:303 PECL entspricht Art. 17:107 PECL der vorherigen Fassung, abgedruckt in ZEuP 2001, 400, 401.

seines Einflussbereiches liegt und dessen Vermeidung oder Überwindung von ihm vernünftigerweise nicht erwartet werden konnte.

B. Regelungsgehalt

I. Anwendungsbereich

1. Höhere Gewalt. Der Gesetzgeber hat auf eine Legaldefinition der höheren Gewalt verzichtet. Rechtsprechung und Literatur zu § 203 Abs. 2 a.F. haben den Begriff in Anlehnung an den Terminus des unabwendbaren Zufalls i.S.d. § 233 Abs. 1 ZPO a.F. allerdings dahin gehend konkretisiert, dass ein Ereignis eingetreten sein muss, durch das der Gläubiger an der Verfolgung seiner Rechte selbst unter Wahrung der äußersten, billigerweise zu erwartenden Sorgfalt und Anstrengung gehindert worden wäre.[15] Diese Voraussetzungen sind nunmehr auf § 206 zu übertragen.[16]

Bereits leichte Fahrlässigkeit des Anspruchsberechtigten oder seines (gesetzlichen oder rechtsgeschäftlichen) Vertreters, insb. auch seines Prozessbevollmächtigten,[17] steht der Annahme höherer Gewalt entgegen.[18] Anzulegen ist dabei der **Sorgfaltsmaßstab**, der von der jeweiligen Person in der betreffenden sozialen Situation und des jeweiligen Bildungsstandes erwartet werden kann.[19] Fehlende Rechtskenntnis oder ein Rechtsirrtum sind regelmäßig keine Fälle höherer Gewalt.[20] Wurde die Fehlvorstellung des Gläubigers jedoch durch eine Behörde oder ein Gericht hervorgerufen oder verstärkt, ist der Berechtigte dann entlastet, wenn er das Verschulden der betreffenden Organe auch bei ihm zumutbarer angemessener Sorgfalt nicht hätte erkennen können.[21] Gleiches gilt bei fehlerhaftem Verhalten eines Notars.[22]

Die Annahme höherer Gewalt ist nicht davon abhängig, ob das betreffende Ereignis außerhalb der Einflusssphäre des Gläubigers liegt (z.B. **Verzögerung der Briefbeförderung**, sofern diese auch eine Wiedereinsetzung nach § 233 ZPO rechtfertigen würde)[23] oder in dessen Person begründet ist.[24] Auch eine unerwartete schwere **Krankheit**[25] oder die **Entführung** des Anspruchsberechtigten oder seines gesetzlichen Vertreters können daher die Rechtsfolge des § 206 zeitigen.[26]

Der **Stillstand der Rechtspflege**, der in § 203 Abs. 1 a.F. noch einen eigenständigen Hemmungsgrund bildete, ist unter neuem Recht als ein Fall höherer Gewalt i.S.d. § 206 zu qualifizieren (vgl. Rn 1). Dieser liegt vor, wenn der Gläubiger an der Verfolgung seiner Rechte deshalb gehindert ist, weil die Organe der Rechtspflege, auf deren Tätigkeit der Gläubiger bei der Durchsetzung seines Anspruchs angewiesen ist, ihre Tätigkeit eingestellt haben, sei es aufgrund faktischer Zwänge (z.B. Schließung des Gerichts wegen Hochwassers, Epidemien, terroristischer Anschläge etc.), sei es aufgrund einer Verweigerung des Tätigwerdens im konkreten Fall.[27]

---

15 St. Rspr., vgl. statt vieler BAG NJW 2003, 2849, 2850; BGH NJW 1997, 3164; 1994, 2752, 2753; jeweils m.w.N.

16 OLG Jena AuR 2003, 157; *Birr*, Verjährung und Verwirkung, 2003, Rn 91; MüKo/*Grothe*, § 206 Rn 3; Palandt/*Heinrichs*, § 206 Rn 4; *Larenz/Wolf*, BGB AT, § 17 Rn 53; Soergel/*Niedenführ*, § 206 Rn 4; Staudinger/*Peters*, § 206 Rn 26; Erman/*Schmidt-Räntsch*, § 206 Rn 4. Nach *Peters*, NJW 2004, 1430 f., soll § 206 auch in dem Fall Wirkung zeitigen, dass der Gläubiger eine durch Bürgschaft gesicherte Forderung gegenüber dem Hauptschuldner nicht mit den in § 204 Abs. 1 aufgeführten Instituten verfolgen kann. Hier soll die Verjährung nach § 206 innerhalb der letzten sechs Monate der Verjährungsfrist gehemmt sein, um dem Bürgen die Berufung auf die Verjährung der Hauptschuld (vgl. § 768 Abs. 1 S. 1) zu versagen.

17 BGH NJW 1997, 3164; 1994, 2752, 2753; OLG Hamm NJW-RR 1994, 522, 523; MüKo/*Grothe*, § 206 Rn 4; Palandt/*Heinrichs*, § 206 Rn 4; Soergel/*Niedenführ*, § 206 Rn 4; Staudinger/*Peters*, § 206 Rn 27.

18 BGH NJW 1997, 3164; BayObLG 1989, 116, 121; MüKo/*Grothe*, § 206 Rn 3; Bamberger/Roth/*Henrich*, § 206 Rn 3; Erman/*Schmidt-Räntsch*, § 206 Rn 4.

19 BayObLG 1989, 116, 122; Staudinger/*Peters*, § 206 Rn 27.

20 BGH NJW 1997, 3164; *Birr*, Verjährung und Verwirkung, 2003, Rn 91; MüKo/*Grothe*, § 206 Rn 6; Palandt/*Heinrichs*, § 206 Rn 6; Bamberger/Roth/*Henrich*, § 206 Rn 4; Soergel/*Niedenführ*, § 206 Rn 8; Erman/*Schmidt-Räntsch*, § 206 Rn 5.

21 BAG NJW 2003, 2849, 2850; 1997, 3164; 1994, 2752, 2753.

22 OLG Hamm NJW-RR 1994, 522, 523; Palandt/*Heinrichs*, § 206 Rn 4; Bamberger/Roth/*Henrich*, § 206 Rn 3; Soergel/*Niedenführ*, § 206 Rn 4; Erman/*Schmidt-Räntsch*, § 206 Rn 4.

23 OLG Jena AUR 2003, 157; OLG Karlsruhe NJW 2001, 3557.

24 MüKo/*Grothe*, § 206 Rn 3; Staudinger/*Peters*, § 206 Rn 3 f.; a.A. Bamberger/Roth/*Henrich*, § 206 Rn 3, der ein von außen kommendes Ereignis verlangt.

25 *Birr*, Verjährung und Verwirkung, 2003, Rn 91; Staudinger/*Peters*, § 206 Rn 17.

26 Weitere Beispiele aus der Rspr. zu § 203 Abs. 2 a.F. bei MüKo/*Grothe*, § 206 Rn 8; Palandt/*Heinrichs*, § 206 Rn 6; Soergel/*Niedenführ*, § 206 Rn 5; Erman/*Schmidt-Räntsch*, § 206 Rn 7.

27 BAG NJW 2003, 2849, 2850; MüKo/*Grothe*, § 206 Rn 7; Palandt/*Heinrichs*, § 206 Rn 4; Bamberger/Roth/*Henrich*, § 206 Rn 5; Erman/*Schmidt-Räntsch*, § 206 Rn 6.

11 Keine Fälle höherer Gewalt sollen ausweislich der Gesetzesbegründung[28] hingegen zu spät behobene **Beweisschwierigkeiten**,[29] die fehlerhafte Einschätzung der Erfolgsaussichten wegen Zugrundelegung eines **verfassungswidrigen Gesetzes** sowie die **Änderung der Rechtsprechung**[30] sein.[31]

12 **2. Erfasste Ansprüche.** § 206 findet auf alle verjährbaren Ansprüche Anwendung, sofern diese zumindest in Bezug auf die Frage der Hemmung vollständig oder ergänzend den Regelungen des allgemeinen Verjährungsrechts in §§ 203 ff. unterfallen. Die Anwendbarkeit des § 206 ist dabei nicht auf zivilrechtliche Ansprüche beschränkt. Soweit die Vorschriften des allgemeinen Verjährungsrechts auch auf öffentlich-rechtliche Ansprüche erstreckt werden – sei es infolge ausdrücklicher Verweisung (vgl. § 62 S. 2 VwVfG[32]), sei es durch richterrechtlich legitimierte Analogie (vgl. § 194 Rn 16) – kommt der Tatbestand der Hemmung wegen höherer Gewalt dort gleichfalls zum Tragen.[33]

13 Auf Gestaltungsrechte (insb. Rücktritt und Minderung) findet die Vorschrift keine unmittelbare Anwendung. Die Hemmung nach § 206 wirkt sich jedoch indirekt über § 218 auch auf diese aus (vgl. die dortige Kommentierung).

II. Rechtsfolgen

14 Der Verjährungslauf ist gehemmt, sofern die höhere Gewalt innerhalb der letzten sechs Monate der Verjährungsfrist vorliegt. Die Wirkung der Hemmung richtet sich dabei nach § 209; der Zeitraum, während dessen die Verjährung gehemmt ist, wird in die Verjährungsfrist mithin nicht eingerechnet (näher zur Berechnung des Hemmungszeitraumes § 209 Rn 7 f.). Nach dem Ende der Hemmung läuft die restliche Verjährungsfrist weiter.

15 Sollten die Parteien im Rahmen des § 202 Abs. 1 eine **Verjährungsfrist von weniger als sechs Monaten** vereinbart haben, tritt an die Stelle der in § 206 vorgesehenen Sechsmonatsfrist diese kürzere Frist.[34]

16 Dem Hemmungstatbestand des § 206 kann frühestens mit Beginn (0.00 Uhr; vgl. § 187 Abs. 2) des ersten Tages der sechsmonatigen Restfrist[35] der Verjährung Wirkung zukommen. Selbst dann, wenn der Hemmungsgrund der höheren Gewalt bereits vor diesem Zeitpunkt vorlag, kommt eine frühere Hemmung nicht in Betracht.[36] Die Hemmungswirkung dauert an, solange die höhere Gewalt vorliegt. Nach verbreiteter Ansicht soll der Hemmungszeitraum jedoch **maximal sechs Monate** umfassen.[37] Die Hemmung soll spätestens mit Ablauf des Tages beendet sein, zu dem ohne die Anwendung des § 206 Verjährung eingetreten wäre.[38] Würde etwa der Gläubiger am 5.7. einen schweren Unfall erleiden, der ihn während der folgenden vier Wochen an der Verfolgung seiner Rechte hindert, so wäre die Verjährung eines Anspruchs, die grds. am 10.7. eingetreten wäre, lediglich vom 5.7. (0.00 Uhr) bis zum 10.7. (24.00 Uhr) gehemmt. Die Restfrist von sechs Tagen liefe am 11.7. (0.00 Uhr) an und wäre am 16.7. (24.00 Uhr) abgelaufen – ohne dass der Gläubiger noch die Möglichkeit gehabt hätte, seinen Anspruch zu verfolgen. Die dieser Lösung zugrunde liegende Auslegung des § 206 setzt voraus, dass unter den „letzten sechs Monaten der Verjährungsfrist" die fiktive ungehemmte Restfrist gemeint ist. Der Wortlaut der Norm gibt dies indes nicht zwingend vor. Die Regelung stellt ohne weitere Einschränkungen darauf ab, dass die höhere Gewalt innerhalb der letzten sechs Monate der Verjährungsfrist vorliegen muss. Ob damit die fiktive ungehemmte oder die reale gehemmte Frist gemeint ist, bleibt unklar. Mit der Formulierung des § 206 zu vereinbaren wäre jedenfalls auch die zweite Lösung. Da in jedem Fall in dem Moment des fiktiven Verjährungseintritts immer noch die nicht abgelaufene, maximal sechsmonatige Restfrist zur Verfügung steht, liegt die höhere Gewalt (sollte sie denn fortbestehen) auch nach diesem Zeitpunkt weiterhin „innerhalb der letzten sechs Monate der Verjährungsfrist" vor.

---

28 BT-Drucks 14/6040, S. 119.
29 Vgl. auch Staudinger/*Peters*, § 206 Rn 7.
30 Vgl. näher MüKo/*Grothe*, § 206 Rn 5; Palandt/*Heinrichs*, § 206 Rn 7; Soergel/*Niedenführ*, § 206 Rn 9 f.; Staudinger/*Peters*, § 206 Rn 8 ff.
31 Weitere Beispiele für die Ablehnung höherer Gewalt aus der Rspr. zu § 203 Abs. 2 a.F. bei MüKo/*Grothe*, § 206 Rn 8; Bamberger/Roth/*Henrich*, § 206 Rn 6; Soergel/*Niedenführ*, § 206 Rn 7; Erman/*Schmidt-Räntsch*, § 206 Rn 7.
32 S. zu der Annahme einer dynamischen Verweisung in § 62 VwVfG auf die neuen Verjährungsregelungen des BGB auch *Guckelberger*, Die Verjährung im Öffentlichen Recht, 2004, S. 617 f. Soweit die dem § 62 S. 2 VwVfG entsprechenden Regelungen der Landesgesetze auf die Vorschriften des BGB verweisen, hält *Guckelberger* diese allerdings für verfassungswidrig und votiert für die Fortgeltung der §§ 194 ff. a.F. (a.a.O., S. 634 f.).
33 Für die Anwendbarkeit des § 206 im öffentlichen Recht ausdrücklich *Guckelberger*, a.a.O., S. 601.
34 Bamberger/Roth/*Henrich*, § 206 Rn 2; a.A. Staudinger/*Peters*, § 206 Rn 2.
35 Zu deren Berechnung vgl. das Beispiel bei OLG Köln NJW 1994, 3360, 3361.
36 Bamberger/Roth/*Henrich*, § 206 Rn 2; Soergel/*Niedenführ*, § 206 Rn 2.
37 S. nur Bamberger/Roth/*Henrich*, § 206 Rn 2; Staudinger/*Peters*, § 206 Rn 2.
38 Bamberger/Roth/*Henrich*, § 206 Rn 2.

III. Übergangsrecht

Zum Übergangsrecht siehe Art. 229 § 6 EGBGB Rn 24 f.

C. Weitere praktische Hinweise

Darlegungs- und **beweispflichtig** für das Vorliegen höherer Gewalt ist nach allg. Ansicht der sich auf die Hemmungswirkung des § 206 berufende Gläubiger.[39] Sind die Tatsachen, aus denen sich die Hemmung nach § 206 ergibt, unstreitig oder hat der Gläubiger hierfür den Beweis erbracht, soll nach herrschender Auffassung in Literatur und Rechtsprechung der Schuldner die Darlegungs- und Beweislast dafür tragen, dass bzw. wann die Verjährungshemmung beendet worden ist.[40] Zur Begründung wird vorgebracht, dass die Beendigung der Hemmungswirkung eine für den Schuldner vorteilhafte Rechtsfolge darstelle und daher nach allgemeinen Beweislastregeln von Letzterem zu beweisen sei.[41] Ebenfalls auf die allgemeinen Regeln verweist allerdings auch die Gegenansicht, nach welcher der Gläubiger nicht nur für die den Hemmungsbeginn auslösenden Tatsachen (hier: Eintritt der höheren Gewalt), sondern auch für deren Fortbestand beweisbelastet ist, sollte der Schuldner die den Hemmungsfortbestand tragenden Tatsachen substantiiert bestreiten.[42]

Die von den Vertretern beider Ansichten in Anspruch genommene allgemeine Grundregel sieht vor, dass die Beweislast für rechtshemmende Tatsachen (zu denen auch die die Verjährung stützenden Tatsachen zählen) der Anspruchsgegner trägt, während dem Anspruchsteller die Beweislast für die Tatsachen obliegt, welche die Hemmung des Anspruchs hindern. Einwendungen gegen die Hemmungshinderung hat dann wiederum der Anspruchsgegner zu beweisen, etc.[43]

Die Beantwortung der Frage, wer die Beweislast für die Dauer bzw. das Ende der höheren Gewalt trägt, hängt davon ab, wie der Begriff der Hinderung der Anspruchshemmung im Hinblick auf § 206 verstanden wird. Sieht man als die Einrede der Verjährung hindernd nicht nur den Eintritt, sondern auch den Fortbestand der Verjährungshemmung an, so stützt die allgemeine Beweislastregelung die Auffassung, nach welcher der Gläubiger sowohl für den Eintritt als auch für die Dauer der höheren Gewalt beweisbelastet ist. Legt man den Tatbestand des § 206 hingegen so aus, dass lediglich der Eintritt der höheren Gewalt als die Anspruchshemmung hindernd vom Anspruchsteller zu beweisen ist, die Beendigung der höheren Gewalt jedoch als ihrerseits die Verjährungshemmung hindernd vom Anspruchsgegner, so vermag die allgemeine Beweislastregel auch die Ansicht zu stützen, nach welcher die Beweislast für den Zeitpunkt der Beendigung der höheren Gewalt dem Schuldner aufzuerlegen ist. Zu Einzelheiten kann hinsichtlich beider Ansätze auf die ausführliche Darstellung der Parallelproblematik in § 203 Rn 49 verwiesen werden.

§ 207 Hemmung der Verjährung aus familiären und ähnlichen Gründen

(1) ¹Die Verjährung von Ansprüchen zwischen Ehegatten ist gehemmt, solange die Ehe besteht. ²Das Gleiche gilt für Ansprüche zwischen
1. Lebenspartnern, solange die Lebenspartnerschaft besteht,
2. Eltern und Kindern und dem Ehegatten eines Elternteils und dessen Kindern während der Minderjährigkeit der Kinder,
3. dem Vormund und dem Mündel während der Dauer des Vormundschaftsverhältnisses,
4. dem Betreuten und dem Betreuer während der Dauer des Betreuungsverhältnisses und
5. dem Pflegling und dem Pfleger während der Dauer der Pflegschaft.

³Die Verjährung von Ansprüchen des Kindes gegen den Beistand ist während der Dauer der Beistandschaft gehemmt.

(2) ¹§ 208 bleibt unberührt.

---

39 BAG NJW 2003, 2849, 2850; BGH NJW 1994, 2752, 2754 (beide noch zu § 203 a.F.); ferner Henssler/von Westphalen/*Bereska*, Praxis der Schuldrechtsreform, 2. Aufl. 2003, vor §§ 203–213 Rn 5; MüKo/*Grothe*, § 203 Rn 1; Staudinger/*Niedenführ*, Vorbem. zu § 203 Rn 12, die allg. Beweislast für den Beginn der Hemmung dem Gläubiger auferlegen.
40 BGH NJW 1994, 2752, 2754 (zu § 203 a.F.). Allg. die Beweislast für die Beendigung der Hemmung dem Schuldner auferlegend: Henssler/von Westphalen/*Bereska*, a.a.O., vor §§ 203–213 Rn 5; Staudinger/*Niedenführ*, Vorbem. zu § 203 Rn 12.
41 So ausdr. Henssler/von Westphalen/*Bereska*, a.a.O., vor §§ 203–213 Rn 5.
42 MüKo/*Grothe*, § 203 Rn 1.
43 Vgl. nur BGH NJW 1999, 352, 353; Zöller/*Greger*, ZPO, vor § 284 Rn 17; Stein/Jonas/*Leipold*, ZPO, § 286 Rn 38; Thomas/Putzo/*Reichold*, ZPO, vor § 284 Rn 23.

A. Allgemeines	1	III. Analoge Anwendung auf nichteheliche Lebensgemeinschaften	21
B. Regelungsgehalt	6	IV. Hemmung nach § 208 (Abs. 2)	25
I. Anwendungsbereich (Abs. 1 S. 1 und S. 2)	6	V. Übergangsrecht	27
1. Einbezogener Personenkreis	6	C. Weitere praktische Hinweise	28
2. Erfasste Ansprüche	14		
II. Rechtsfolgen	17		

A. Allgemeines

1 § 207 regelt die Verjährungshemmung aus familiären oder personenbezogenen Gründen.[1] Nach Abs. 1 S. 1 unterliegt die Verjährung von Ansprüchen zwischen Ehegatten der Hemmung, solange die Ehe besteht.[2] Das Gleiche gilt nach Abs. 1 S. 2 für Ansprüche zwischen Lebenspartnern, solange die Lebenspartnerschaft besteht, zwischen Eltern und Kindern und dem Ehegatten eines Elternteils und dessen Kindern während der Minderjährigkeit der Kinder, dem Vormund und dem Mündel während der Dauer des Vormundschaftsverhältnisses, dem Betreuten und dem Betreuer während der Dauer des Betreuungsverhältnisses, und dem Pflegling und dem Pfleger während der Dauer der Pflegschaft. Zudem ist in Abs. 1 S. 3 die Hemmung der Verjährung von Ansprüchen des Kindes gegen den Beistand während der Dauer der Beistandschaft vorgesehen.

2 Soweit die Vorschrift die Ansprüche zwischen Ehegatten, Lebenspartnern, Eltern und minderjährigen Kindern sowie Vormund und Mündel in Blick nimmt, soll die Hemmung den auf gegenseitige Rücksichtnahme gegründeten Familienfrieden vor Störungen durch die klageweise Geltendmachung von Ansprüchen bewahren.[3] Ein vergleichbares Näheverhältnis existiert im Fall der Betreuung, Pflegschaft oder Beistandschaft im Regelfall nicht. Hier wird durch die Hemmung jedoch der zumeist vorhandenen strukturellen Überlegenheit des Betreuers, Pflegers oder Beistands Rechnung getragen.[4]

3 Die Neuregelung des § 207 beruht im Wesentlichen auf **§ 204 a.F.** § 207 Abs. 1 S. 1 regelt die Hemmung unter **Ehegatten**. Die Vorschrift ist wortgleich mit § 204 S. 1 a.F. § 207 Abs. 1 S. 2 Nr. 3 entspricht § 204 S. 2 letzter Hs. a.F. und betrifft die Hemmung der Ansprüche zwischen dem **Vormund** und dem Mündel (§§ 1773 ff.). § 207 Abs. 1 S. 1 Nr. 2 Alt. 1 deckt sich mit § 204 S. 2 erster Hs. a.F. und statuiert die Hemmung der Ansprüche zwischen **Eltern und Kindern**.

Zur Auslegung dieser Regelungen kann auf die Rechtsprechung und Literatur zu § 204 a.F. zurückgegriffen werden.

4 Der Anwendungsbereich des Hemmungstatbestandes des § 207 wurde gegenüber § 204 a.F. zudem sachgerecht erweitert. Gehemmt werden jetzt auch Ansprüche zwischen **Lebenspartnern** (Abs. 1 S. 2 Nr. 1), zwischen **Stiefeltern** und Stiefkindern (Ehegatten eines Elternteils und dessen Kindern; Abs. 1 S. 2 Nr. 2 Alt. 2), im Falle der **Betreuung** (Abs. 1 S. 1 Nr. 4) und der **Beistandschaft** (Abs. 1 S. 3).

5 Die **Grundregeln des Europäischen Vertragsrechts** (dazu vor §§ 194–218 Rn 14 ff.) enthalten keine dem § 207 entsprechende Vorschrift. In Art. 14:305 Abs. 2 der Principles of European Contract Law (PECL)[5] findet sich aber zumindest eine partiell ähnliche Regelung. Die Norm statuiert eine Ablaufhemmung im Hinblick auf Ansprüche zwischen einer geschäftsunfähigen oder in der Geschäftsfähigkeit beschränkten Person und ihrem Vertreter. Derartige Ansprüche sollen nicht vor dem Ende eines Jahres nach dem Zeitpunkt ablaufen, in dem die Person unbeschränkt geschäftsfähig wird oder ein Vertreter bestellt worden ist.

B. Regelungsgehalt

I. Anwendungsbereich (Abs. 1 S. 1 und S. 2)

6 **1. Einbezogener Personenkreis.** Nach Abs. 1 S. 1 ist die Verjährung von Ansprüchen zwischen **Ehegatten** während der Dauer der Ehe gehemmt. Die Voraussetzungen der Hemmungsregelung sind mit der wirksamen[6] Eheschließung erfüllt. Eine bereits vor diesem Zeitpunkt angelaufene Verjährungsfrist wird daher

---

1 BT-Drucks 14/6040, S. 119; teilweise krit. *Mansel*, Die Reform des Verjährungsrechts, in: Ernst/Zimmermann (Hrsg.), Zivilrechtswissenschaft und Schuldrechtsreform, 2001, S. 333, 398 f. (bezogen auf Ansprüche unter Ehegatten); grds. krit. Staudinger/*Peters*, § 207 Rn 2 f.; s.a. *Zimmermann/Leenen u.a.*, JZ 2001, 684, 695.

2 Das LG Mainz hat durch Beschl. v. 23.4.2002 – 4 O 149/01, JURIS-Dok.-Nr. KORE427712003, die Frage der Vereinbarkeit des § 204 S. 1 a.F. (jetzt § 207 Abs. 1 S. 1) mit Art. 6 GG dem BVerfG vorgelegt.

3 BT-Drucks 14/6040, S. 119; BT-Drucks 14/6857, S. 9.

4 BT-Drucks 14/6040, S. 119.

5 In deutscher Sprache veröffentlicht in ZEuP 2003, 895 ff.

6 Die Hemmungswirkung wird auch durch eine aufhebbare Ehe (vgl. §§ 1313 ff.) begründet, solange diese nicht durch Aufhebungsurteil beendet wurde; Palandt/*Heinrichs*, § 207 Rn 2; Bamberger/Roth/*Henrich*, § 207 Rn 2; Soergel/*Niedenführ*, § 207

mit dem Beginn des Tages der Eheschließung (0.00 Uhr; vgl. zur Berechnung des Hemmungszeitraumes § 209 Rn 7 ff.) *ex nunc* gehemmt. Der bereits abgelaufene Teil der Verjährungsfrist bleibt dabei allerdings unberührt, so dass nach Wegfall des Hemmungsgrundes lediglich die noch nicht abgelaufene Restfrist weiterläuft. Die Verjährung von Ansprüchen, die erst während der Ehe entstehen oder deren Verjährung zumindest erst nach der Eheschließung beginnt (z.B. aufgrund der Jahresendverjährung nach § 199 Abs. 1), unterliegt hingegen gem. Abs. 1 S. 1 unmittelbar der Hemmung; die vollständige Frist kann frühestens mit der Beendigung der Ehe beginnen.

Ebenfalls gehemmt sind nach Abs. 1 S. 2 Nr. 1 die Ansprüche zwischen **Lebenspartnern** solange die Lebenspartnerschaft besteht. Die Hemmungswirkung des § 207 setzt in diesem Fall mit der Erklärung nach § 1 Abs. 1 S. 1 LPartG ein. Ob auch eine wegen Verstoßes gegen § 1 Abs. 2 oder § 1 Abs. 1 S. 4 i.V.m. § 6 Abs. 1 LPartG unwirksame Lebenspartnerschaft Hemmungswirkung entfalten kann, ist streitig.[7] Im Übrigen gilt das unter Rn 6 Gesagte.   7

Ansprüche zwischen **Eltern und Kindern** und dem Ehegatten eines Elternteils und dessen Kindern sind während der Minderjährigkeit der Kinder gehemmt (Abs. 1 S. 2 Nr. 2). Voraussetzung der Hemmungswirkung ist im Fall **leiblicher Kindschaft** lediglich die Feststellung der Abstammung (vgl. §§ 1591, 1592).[8] Das Zusammenleben des jeweiligen Elternteils mit dem Kind ist ebenso wenig erforderlich wie die Übertragung des Sorgerechts.[9]   8

Ist das Kind **adoptiert** worden, besteht das nach Abs. 1 S. 2 Nr. 2 für die Hemmung erforderliche Eltern-Kind-Verhältnis ausschließlich zu den Adoptiveltern;[10] mit der Adoption ist das Verwandtschaftsverhältnis zu den bisherigen Eltern erloschen (§ 1755) und damit auch der Rechtsgrund für die Hemmung der in diesem Verhältnis begründeten Ansprüche.[11]

Abs. 1 S. 2 Nr. 2 Alt. 2 erfasst nunmehr auch die Ansprüche zwischen **Stiefeltern und Stiefkindern**. Ausdrücklich einbezogen sind nach dem Wortlaut der Regelung allerdings nur die Kinder, die Schuldner oder Gläubiger des Ehegatten eines Elternteils sind. Die Vorschrift sollte nach der Gleichbehandlung von Ehe und Lebenspartnerschaft in Abs. 1 S. 1 und in Abs. 1 S. 2 Nr. 1 jedoch auch auf die Lebenspartner der Eltern ausgedehnt werden.[12]   9

Nach Abs. 1 S. 2 Nr. 3, 4 und 5 unterliegen der Hemmung schließlich auch Ansprüche zwischen **Vormund** (einschließlich des Gegenvormundes, § 1792)[13] und Mündel (vgl. §§ 1773 ff.) während der Dauer des Vormundschaftsverhältnisses,[14] zwischen dem Betreuten und dem **Betreuer** (§§ 1896 ff.) während der Dauer des Betreuungsverhältnisses[15] sowie zwischen dem Pflegling und dem **Pfleger** (§§ 1909 ff.) während der Dauer der Pflegschaft. Zudem sieht Abs. 1 S. 3 die Hemmung der Verjährung von Ansprüchen des Kindes gegen den **Beistand** (vgl. §§ 1712 ff.) während der Dauer der Beistandschaft vor.   10

Abs. 1 S. 1 und S. 2 Nr. 1–5 stellen rein **formal** auf das Vorliegen der dort aufgeführten Rechtsverhältnisse ab. Ob sich der einzelne Gläubiger tatsächlich in seiner Entscheidungsfreiheit beeinträchtigt fühlt oder das Verhältnis zum Schuldner durch eine Rechtsverfolgung Belastungen ausgesetzt wäre, ist für die Anwendbarkeit der Regelung ohne Bedeutung.[16] Die Hemmung beginnt vielmehr ungeachtet der Umstände des Einzelfalles, sobald die in Abs. 1 aufgeführten Voraussetzungen objektiv gegeben sind.   11

Rn 6; Staudinger/*Peters*, § 207 Rn 9; Erman/*Schmidt-Räntsch*, § 207 Rn 5. Nicht erfasst ist hingegen die Nichtehe; MüKo/*Grothe*, § 207 Rn 4; Bamberger/Roth/*Henrich*, § 207 Rn 2; Soergel/*Niedenführ*, § 207 Rn 6; Staudinger/*Peters*, § 207 Rn 9; Erman/*Schmidt-Räntsch*, § 207 Rn 5.

7 Gegen eine Hemmung: Erman/*Schmidt-Räntsch*, § 207 Rn 6 (bei Verstoß gegen § 1 Abs. 2 LPartG). Für eine Hemmung: Bamberger/Roth/*Henrich*, § 207 Rn 3.
8 Erman/*Schmidt-Räntsch*, § 207 Rn 9.
9 MüKo/*Grothe*, § 207 Rn 7.
10 MüKo/*Grothe*, § 207 Rn 7.
11 Staudinger/*Peters*, § 207 Rn 11; Erman/*Schmidt-Räntsch*, § 207 Rn 9.
12 MüKo/*Grothe*, § 207 Rn 7; Staudinger/*Peters*, § 207 Rn 11; Erman/*Schmidt-Räntsch*, § 207 Rn 10; mit Einschränkungen auch Bamberger/Roth/*Henrich*, § 207 Rn 4. Vgl. auch BT-Drucks 14/6857, S. 45 f.
13 Bamberger/Roth/*Henrich*, § 207 Rn 5; Soergel/*Niedenführ*, § 207 Rn 12; Staudinger/*Peters*, § 207 Rn 12; Erman/*Schmidt-Räntsch*, § 207 Rn 11.
14 Die Hemmung erfasst nicht Vergütungsansprüche und Ansprüche auf Aufwendungsersatz des Vormunds gegen die Staatskasse; LG München FamRZ 1998, 323, 324 (zu § 204 a.F.).
15 Die Hemmung erfasst nicht Vergütungsansprüche und Aufwendungsersatz des Betreuers gegen die Staatskasse; LG München FamRZ 1998, 323, 324 (zu § 204 a.F.).
16 MüKo/*Grothe*, § 207 Rn 2; Staudinger/*Peters*, § 207 Rn 5.

12 Die Hemmung dauert an, solange das prägende Rechtsverhältnis besteht. Sie **endet** im Fall der:
- Ehe (Abs. 1 S. 1) durch: Rechtskraft des (auch ausländischen)[17] Scheidungs- oder Aufhebungsurteils, Tod eines Ehegatten, Wiederverheiratung nach Todeserklärung (§ 1319 Abs. 2);[18]
- Lebenspartnerschaft (Abs. 1 S. 2 Nr. 1) durch: Aufhebung (§ 15 LPartG), Tod eines Lebenspartners;
- Minderjährigkeit der Kinder bei Eltern-Kind-Verhältnis (Abs. 1 S. 2 Nr. 2 Alt. 1) durch: Erreichen der Volljährigkeit des Kindes (§ 2), Adoption hinsichtlich der Hemmung im Verhältnis zu den leiblichen Eltern[19] (vgl. § 1755), Aufhebung der Adoption hinsichtlich der Hemmung im Verhältnis zu den Adoptiveltern (vgl. § 1764 Abs. 2 und 3), rechtskräftige Anfechtung der Vaterschaft;[20]
- Minderjährigkeit der Kinder und Bestehen der Ehe oder Lebenspartnerschaft (vgl. Rn 9) des Elternteils mit dem Stiefelternteil (doppelte Voraussetzung, Abs. 1 S. 2 Nr. 2 Alt. 2): wie vorstehend; zudem: Beendigung der Ehe[21]/Lebenspartnerschaft der Eltern;[22]
- Vormundschaft (Abs. 1 S. 2 Nr. 3) gem. den Vorgaben der §§ 1882, 1884;
- Betreuung (Abs. 1 S. 2 Nr. 4) gem. den Vorgaben der §§ 1908b, 1908d;
- Pflegschaft (Abs. 1 S. 2 Nr. 5) gem. den Vorgaben der §§ 1918, 1919;
- Beistandschaft (Abs. 1 S. 3) gem. § 1715.

13 Sollten die in Abs. 1 S. 1 und S. 2 bezeichneten Rechtsverhältnisse zunächst aufgehoben bzw. beendet, zu einem späteren Zeitpunkt aber **wieder neu begründet** worden sein (z.B. erneute Eheschließung,[23] Aufhebung der Adoption[24] etc.), so wird die Verjährungsfrist, die nach Wegfall der Hemmungsgründe zunächst weitergelaufen ist, nach erneuter Erfüllung der Tatbestandsvoraussetzungen des Abs. 1 ein weiteres Mal gehemmt – vorausgesetzt, in der Zwischenzeit ist nicht Verjährung eingetreten.

14 **2. Erfasste Ansprüche.** Die Hemmung nach Abs. 1 schließt **alle der Verjährung unterliegenden Ansprüche** zwischen den in der Vorschrift genannten Personen ein.[25] Aus welchem Schuldverhältnis der Anspruch resultiert, ist ohne Belang.[26] Erfasst sind rechtsgeschäftliche (d.h. insb. vertragliche) ebenso wie auf Gesetz beruhende Ansprüche (neben familienrechtlichen Ansprüchen [etwa auf Zugewinnausgleich[27] oder Unterhalt] z.B. auch solche aus c.i.c. bzw. § 311 Abs. 2, GoA, Delikt[28] oder ungerechtfertigter Bereicherung), Ansprüche aus mehrseitigen ebenso wie aus einseitig begründeten Rechtsverhältnissen (z.B. Vermächtnis). Die Hemmung nach § 207 kommt auch dann zum Tragen, wenn die betreffenden Ansprüche bereits vor Eintritt der in Abs. 1 aufgeführten familiären oder personenbezogenen Hemmungsgründe entstanden sein sollten.[29] In diesem Fall zeitigt § 207 allerdings erst nach Erfüllung der Voraussetzungen des Abs. 1 S. 1 bzw. S. 2 Wirkung (vgl. Rn 6); zudem darf der Anspruch bei Begründung des hemmungsbedingenden Näheverhältnisses noch nicht verjährt sein. Nicht erforderlich ist, dass der Anspruch in der Person des nach Abs. 1 von der Hemmung begünstigten Gläubigers entstanden ist. Der Anwendungsbereich des § 207 ist auch dann eröffnet, wenn der privilegierte Gläubiger den Anspruch erst durch **Rechtsnachfolge** (z.B. Abtretung oder Erbschaft) erwirbt.[30] In diesem Fall ist die Verjährung des (noch unverjährten) Anspruchs mit dem Erwerb der Gläubigerstellung gehemmt.

---

17 Str. ist die Beendigung der Hemmung im Fall ausländischer Scheidungsurteile; vgl. OLG Celle NJW 1967, 783: Aufhebung der Wirkung des § 204 a.F. auch ohne Durchführung eines Anerkennungsverfahrens; ebenso MüKo/*Grothe*, § 207 Rn 5; Bamberger/Roth/*Henrich*, § 207 Rn 2; Soergel/*Niederführ*, § 207 Rn 8; ähnlich Erman/*Schmidt-Räntsch*, § 207 Rn 5 (auch nicht anerkennungsfähige Scheidungen beenden die Hemmung nach Abs. 1 S. 1); ferner Palandt/*Heinrichs*, § 207 Rn 2 (Beendigung der Hemmung auch bei fehlender Anerkennung, sofern sich der Gläubiger dauernd im Ausland aufhält). A.A. Staudinger/*Peters*, § 207 Rn 9 (Anerkennung erforderlich).
18 MüKo/*Grothe*, § 207 Rn 5; Bamberger/Roth/*Henrich*, § 207 Rn 2; Staudinger/*Peters*, § 207 Rn 9; Erman/*Schmidt-Räntsch*, § 207 Rn 5.
19 Soergel/*Niederführ*, § 207 Rn 11.
20 MüKo/*Grothe*, § 207 Rn 8; Bamberger/Roth/*Henrich*, § 207 Rn 4.
21 Soergel/*Niederführ*, § 207 Rn 11.
22 MüKo/*Grothe*, § 207 Rn 8.
23 Vgl. AG Biedenkopf FamRZ 2003, 1392 (Hemmung des aus der ersten Ehe resultierenden Zugewinnausgleichsanspruchs nach erneuter Eheschließung).
24 MüKo/*Grothe*, § 207 Rn 8.
25 BGH NJW-RR 1987, 407 (zu § 204 S. 1 a.F.); MüKo/*Grothe*, § 207 Rn 2; Soergel/*Niederführ*, § 207 Rn 5.
26 Palandt/*Heinrichs*, § 207 Rn 1; Bamberger/Roth/*Henrich*, § 207 Rn 1; Erman/*Schmidt-Räntsch*, § 207 Rn 1.
27 AG Biedenkopf FamRZ 2003, 1392 (zu § 204 a.F.).
28 Vgl. BGH NJW-RR 1987, 407 ff.; OLG Celle OLGR 2001, 185: § 204 S. 1 a.F. (jetzt § 207 Abs. 1 S. 1) ist selbst dann anwendbar, wenn der geschädigte Ehepartner statt des unfallverursachenden Partners auch dessen Versicherung unmittelbar in Anspruch nehmen könnte; ebenso zu § 204 S. 2 a.F. (jetzt § 207 Abs. 1 S. 2 Nr. 2) OLG Hamm VersR 1998, 1392, 1393 f.
29 Soergel/*Niederführ*, § 207 Rn 7; Staudinger/*Peters*, § 207 Rn 6; Erman/*Schmidt-Räntsch*, § 207 Rn 3.
30 Staudinger/*Peters*, § 207 Rn 6; Erman/*Schmidt-Räntsch*, § 207 Rn 3.

Auf **Gestaltungsrechte** (insb. Rücktritt und Minderung) findet die Vorschrift keine unmittelbare Anwendung. Die Hemmung nach § 207 wirkt sich jedoch indirekt über § 218 auch auf diese aus (vgl. die dortige Kommentierung).

Nach § 213 erstreckt sich die Wirkung einer Hemmung auch auf die Ansprüche, die aus demselben Grund wahlweise neben dem von der Hemmung erfassten Anspruch oder an seiner Stelle gegeben sind. Für die Hemmung nach Abs. 1 hat diese Regelung indes keine eigenständige Bedeutung, da dieser bereits sämtliche gegen oder für die in Abs. 1 S. 1 und 2 genannten Personen laufenden Fristen erfasst. Einer Wirkungserstreckung gem. § 213 bedarf es daher nicht.[31]

II. Rechtsfolgen

Ist der Anspruch bei Begründung der in Abs. 1 S. 1 und 2 aufgeführten Rechtsverhältnisse noch nicht verjährt, so wird der Fristlauf ausgesetzt, sobald und solange der Hemmungstatbestand der Regelung erfüllt ist. Die Wirkung der Hemmung richtet sich nach § 209; der Zeitraum, während dessen die Verjährung gehemmt ist, wird in die Verjährungsfrist mithin nicht eingerechnet (näher zur Berechnung des Hemmungszeitraumes § 209 Rn 7 ff.).

Beendet ist die Hemmung spätestens dann, wenn die in Abs. 1 bezeichneten familiären oder personenbezogenen Beziehungen nicht mehr vorliegen (vgl. Rn 12). Die Hemmungswirkung kann aber auch schon vor diesem Zeitpunkt aufgehoben werden. Dies ist der Fall, wenn die Forderung durch Rechtsgeschäft oder kraft Gesetzes **auf einen sonstigen**, nicht von Abs. 1 privilegierten **Gläubiger übergeht** (z.B. infolge Abtretung oder Rechtsnachfolge von Todes wegen).[32] Mit dem Wechsel der Gläubigerstellung endet dann auch die Hemmung.[33] Sollte zu einem späteren Zeitpunkt eine Rückübertragung (z.B. durch erneute Zession, Rechtsnachfolge des Zedenten in die Stellung des Zessionars etc.) stattfinden, wird die noch nicht abgelaufene Verjährungsfrist allerdings erneut gehemmt.[34]

§ 207 kann im Einzelfall – wenn die betreffenden Rechtsverhältnisse lebenslang andauern (z.B. Ehe oder Lebenspartnerschaft) – zu während der Lebenszeit des Schuldners unverjährbaren Ansprüchen führen. Das BGB kennt – anders als z.B. in Art. 14:307 PECL vorgesehen – **keine** allgemein geltende **Höchstdauer** der Hemmung (vgl. vor §§ 203–213 Rn 10).

Die Hemmung ist **beidseitig**, d.h. es ist grundsätzlich unbeachtlich, welcher der Beteiligten Gläubiger des gehemmten Anspruchs ist. Der Gesetzgeber geht davon aus, dass stets ein ausreichendes Näheverhältnis der Beteiligten untereinander besteht, das eine beidseitige Hemmung rechtfertigt.[35] Lediglich bei der **Beistandschaft** ist die Hemmung **einseitig** (Abs. 1 S. 3); nur Ansprüche des Kindes gegen den Beistand werden gehemmt, nicht aber umgekehrt Ansprüche des Beistands gegen das Kind.

III. Analoge Anwendung auf nichteheliche Lebensgemeinschaften

Der Gesetzgeber hat die Erweiterung der Vorschrift auf die Partner einer **nichtehelichen Lebensgemeinschaft** sowie auf das Verhältnis des Kindes und des **Lebensgefährten des Elternteils** ausdrücklich abgelehnt.[36] Die Bundesregierung führte hierzu in ihrer Gegenäußerung aus, die Verhältnisse nichtehelicher Lebensgefährten sollten nicht punktuell, sondern im Rahmen einer umfassenden Betrachtung geregelt werden. Solange der Gesetzgeber an seiner bisherigen Grundsatzentscheidung festhielte, die ehe- oder familienähnlichen Verhältnisse nicht mit einem besonderen rechtlichen Rahmen auszustatten, sei es nicht opportun, eine vereinzelte Regelung in Form einer Verjährungshemmung zu statuieren. Der Rechtsprechung bleibe es allerdings unbenommen, im Einzelfall in entsprechender Anwendung des § 207 eine Verjährungshemmung anzunehmen, wenn ein der Ehe oder Familie vergleichbares Näheverhältnis bestehe.[37] Bisher standen die Gerichte derartigen richterlichen Ausweitungen des Anwendungsbereichs des § 204 a.F. (jetzt § 207) wegen des Grundsatzes der Rechtssicherheit indes kritisch gegenüber.[38]

---

31 Vgl. Staudinger/*Peters*, § 213 Rn 9.
32 OLG Brandenburg NJW-RR 2002, 362, 363 (zu § 204 a.F.).
33 Palandt/*Heinrichs*, § 207 Rn 1; Soergel/*Niedenführ*, § 207 Rn 5; Staudinger/*Peters*, § 207 Rn 6; Erman/ *Schmidt-Räntsch*, § 207 Rn 4.
34 MüKo/*Grothe*, § 207 Rn 2; Palandt/*Heinrichs*, § 207 Rn 1; Bamberger/Roth/*Henrich*, § 207 Rn 1; Soergel/*Niedenführ*, § 207 Rn 5; Staudinger/*Peters*, § 207 Rn 6; Erman/*Schmidt-Räntsch*, § 207 Rn 4.

35 Zu dem teilweisen Meinungswechsel im Gesetzgebungsverfahren hinsichtlich der Ausgestaltung des Hemmungstatbestandes als ein- oder beidseitig s. BT-Drucks 14/6040, S. 119; BT-Drucks 14/6857, S. 9, 45 f.; BT-Drucks 14/7052, S. 181.
36 S. die Prüfbitte des Bundesrats und die ablehnende Gegenäußerung der Bundesregierung: BT-Drucks 14/ 6857, S. 9, 45 f.
37 BT-Drucks 14/6857, S. 46.
38 S. OLG Köln NJW-RR 2000, 558.

22 In der Literatur wird die Frage der analogen Anwendung des Abs. 1 auf nichteheliche Lebensgemeinschaften streitig diskutiert. Zum Teil wird eine Analogie grds. befürwortet mit dem Argument, die Zielsetzung der Hemmung nach Abs. 1 erfasse diese Form des partnerschaftlichen Zusammenlebens in gleicher Weise wie die Ehe oder die Lebenspartnerschaft. Die Belastung, die eine Durchsetzung der Ansprüche innerhalb der Lebensgemeinschaft mit sich bringe, unterscheide sich regelmäßig nicht von derjenigen, die bei den gesetzlich begünstigten Näheverhältnissen zu befürchten stünde.[39]

23 Wollte man der aus dem Vorstehenden postulierten Analogiefähigkeit des Abs. 1 folgen, würde dies allerdings erhebliche **Abgrenzungsschwierigkeiten** mit sich bringen. So stellt sich bereits die Frage, wann eine nichteheliche Lebensgemeinschaft ein der Ehe oder Lebenspartnerschaft vergleichbares Näheverhältnis aufweist, so dass die Hemmung analog Abs. 1 gerechtfertigt wäre.[40] Es mangelt insofern an objektivierbaren Merkmalen, da ein der Eheschließung oder der Eintragung der Lebenspartnerschaft vergleichbarer Akt fehlt. Auch die Bestimmung des Endes der Hemmung wäre kaum trennscharf möglich – ein punktuelles Ereignis wie jenes der Rechtskraft eines Scheidungsurteils oder der gerichtlichen Aufhebung der Lebenspartnerschaft liegt im Fall der Beendigung einer nichtehelichen Lebensgemeinschaft regelmäßig nicht vor.

24 Darüber hinaus könnten mit der gleichen Berechtigung, mit der die Partner einer nichtehelichen Lebensgemeinschaft in den Anwendungsbereich des Abs. 1 einbezogen werden sollen, auch in einem Haushalt lebende Geschwister, Enkel und Großeltern, Schwäger etc. auf eine analoge Anwendung des Abs. 1 verweisen.[41] Es stellt sich die Frage, wo die Grenze der Analogiefähigkeit gezogen werden sollte. In jedem Fall verlöre die Regelung des § 207 durch eine fallbezogene und wertungsabhängige Ausweitung ihre klare Struktur. Voraussehbarkeit der Verjährungsgrenzen und damit Rechtssicherheit sind jedoch wesentliche Charakteristika des Verjährungsrechts.[42] Angesichts der aufgezeigten, mit einer Analogie verbundenen Unwägbarkeiten, aber auch vor dem Hintergrund der Ausnahmestellung, die die Regelung einnimmt,[43] sollte von einer Übertragung der Hemmung nach Abs. 1 auf nicht in der dortigen Aufzählung genannte, lediglich faktisch enge Beziehungen einschließlich der nichtehelichen Lebensgemeinschaft kein Gebrauch gemacht werden.[44]

IV. Hemmung nach § 208 (Abs. 2)

25 Abs. 2 stellt klar, dass im Fall von Ansprüchen wegen Verletzung der sexuellen Selbstbestimmung das Vorliegen der Hemmungsvoraussetzungen des § 207 eine weitere Hemmung nach § 208 nicht ausschließt.[45] Die beiden Tatbestände können nebeneinander zur Anwendung gebracht werden. In Betracht kommt dies etwa dann, wenn einem Kind gegen einen Elternteil oder den Ehegatten eines Elternteils ein Anspruch i.S.d. § 208 zusteht. In diesem Fall ist die Hemmung nach § 207 Abs. 1 S. 2 Nr. 2 mit Erreichen der Volljährigkeit (§ 2) beendet; die zunächst parallel zu jener nach Abs. 1 S. 2 Nr. 2 laufende Hemmung nach § 208 S. 1 wirkt zumindest bis zur Vollendung des 21. Lebensjahres fort, im Fall fortgesetzter häuslicher Gemeinschaft mit dem Schädiger sogar bis zu deren Beendigung (§ 208 S. 2).

26 Die Nennung des § 208 in Abs. 2 besitzt lediglich **exemplarischen Charakter**; es handelt sich nicht um eine abschließende Aufzählung der neben § 207 anwendbaren Hemmungsregelungen. Vielmehr können weitere Tatbestände der Hemmung, der Ablaufhemmung oder auch des Neubeginns parallel herangezogen werden. So steht es dem Gläubiger frei, seine Rechte zu verfolgen und neben der Hemmung gem. § 207 auch eine solche nach § 204 Abs. 1 herbeizuführen oder aber im Wege der Verhandlungen mit dem Schuldner über § 203 zu einer Anspruchshemmung zu gelangen. Entsprechendes gilt in Bezug auf den Verjährungsneubeginn. Erkennt der Schuldner den in der Verjährung nach § 207 gehemmten Anspruch an, so beginnt die Verjährung nach § 212 Abs. 1 Nr. 1 neu, wird jedoch erst nach Ende der gem. § 207 bewirkten Hemmung wieder in Lauf gesetzt.

---

[39] Erman/*Schmidt-Räntsch*, § 207 Rn 7; für eine Analogie bei Vorliegen eines der Ehe oder Lebenspartnerschaft entsprechenden Näheverhältnisses auch MüKo/*Grothe*, § 207 Rn 10.

[40] Bamberger/Roth/*Henrich*, § 207 Rn 7 hält eine Analogie bei besonderer Intensität und Länge der Beziehung für möglich. Indes sind auch diese Kriterien unscharf und lassen eine konkrete Fristenbestimmung nicht zu.

[41] Gegen die Einbeziehung anderer Gemeinschaften als jener der nichtehelichen Lebensgemeinschaft allerdings auch Erman/*Schmidt-Räntsch*, § 207 Rn 8.

[42] Vgl. auch BGH NJW-RR 1987, 407, 409, der aus denselben Gründen eine Reduktion des Anwendungsbereichs des § 204 S. 1 a.F. abgelehnt hat.

[43] Vgl. Bamberger/Roth/*Henrich*, § 207 Rn 7.

[44] Ebenso Palandt/*Heinrichs*, § 207 Rn 2; Soergel/*Niedenführ*, § 207 Rn 6; Staudinger/*Peters*, § 207 Rn 7. *Peters* weist unzutr. auf eine abweichende Meinung in AnwK-SchuldR/*Mansel*, § 207 Rn 6 hin; die dortigen Ausführungen geben lediglich die Stellungnahme der Bundesregierung wieder, stimmen dieser jedoch nicht zu.

[45] BT-Drucks 14/7052, S. 181.

V. Übergangsrecht

Gem. Art. 229 § 6 Abs. 1 S. 1 EGBGB finden die durch das SchuldRModG eingefügten verjährungsrechtlichen Neuregelungen – und damit auch § 207, soweit dieser über den Tatbestand des § 204 a.F. hinausgeht – ab dem 1.1.2002 auf alle an diesem Tag bestehenden und noch nicht verjährten Ansprüche Anwendung (näher Art. 229 § 6 EGBGB Rn 5 ff., 24 f., 34). Bereits vor dem 1.1.2002 angelaufene, bislang von § 204 a.F. nicht erfasste und damit ungehemmte Verjährungsfristen werden folglich *ex nunc* ab dem 1.1.2002 gehemmt.[46] Kam es bei Ansprüchen, die zwar nicht unter § 204 a.F. fielen, wohl aber die Voraussetzungen des § 207 Abs. 1 erfüllen, bereits vor dem Stichtag zu einer Hemmung (z.B. aufgrund von Verhandlungen nach § 852 Abs. 2 a.F.) oder zu einem Neubeginn (z.B. nach § 208 a.F. infolge Anerkenntnisses), bleiben die betreffenden Hemmungs- bzw. Neubeginntatbestände für die Zeit bis zum 31.12.2001 weiter wirksam (Art. 229 § 6 Abs. 1 S. 2 EGBGB); danach kommt § 207 Abs. 1 S. 2 Nr. 1, Nr. 2 Alt. 2, Nr. 4 und Abs. 1 S. 3 (evtl. neben § 203 oder § 212 Abs. 1 Nr. 1) zum Tragen. 27

Soweit § 207 den Hemmungstatbestand des § 204 a.F. fortsetzt, kommt es für Altansprüche am 1.1.2002 lediglich zu einem Normenwechsel; die unter altem Recht initiierte Hemmung wird ohne Unterbrechung nach § 207 fortgesetzt.

C. Weitere praktische Hinweise

Darlegungs- und **beweispflichtig** für das Vorliegen der Tatsachen, die den **Beginn der Hemmung** nach §§ 203–208 auslösen, ist nach allgemeiner und zu befürwortender Ansicht der Anspruchsteller.[47] Im Rahmen des § 207 folgt daraus, dass jeweils der sich auf die Hemmung berufende Gläubiger vorzutragen und ggf. zu beweisen hat, dass das in Abs. 1 S. 1 bzw. S. 2 benannte, die Hemmung begründende Rechtsverhältnis entstanden ist. 28

Wer den Fortbestand bzw. den **Wegfall der** die **Hemmung** tragenden Tatsachen zu beweisen hat, ist losgelöst von § 207 für alle Hemmungstatbestände streitig. Vertreten werden die folgenden Ansichten: Sind die Voraussetzungen eines der Hemmungstatbestände der §§ 203–208 unstreitig oder bewiesen, so soll es nach herrschender Auffassung dem Schuldner obliegen, die Tatsachen darzulegen und ggf. zu beweisen, die zum Ende der Hemmung führen.[48] Konkretisiert auf die Fälle des § 207 würde danach der Schuldner die Beweislast für die Behauptung der Aufhebung bzw. Beendigung der in Abs. 1 S. 1 und S. 2 aufgeführten Rechtsverhältnisse tragen. Ein anderer Teil der Literatur vertritt demgegenüber die Ansicht, dass der Gläubiger dann, wenn der Schuldner das Vorliegen der den Hemmungsfortbestand tragenden Tatsachen substantiiert bestreitet, auch die Beweislast dafür trägt, dass der Hemmungsgrund während des gesamten von ihm geltend gemachten Zeitraums vorlag.[49] Zu Einzelheiten sowie der Auseinandersetzung mit beiden Ansätzen kann auf die ausführliche Darstellung der Parallelproblematik in § 203 Rn 49 verwiesen werden. 29

§ 208 Hemmung der Verjährung bei Ansprüchen wegen Verletzung der sexuellen Selbstbestimmung

[1]Die Verjährung von Ansprüchen wegen Verletzung der sexuellen Selbstbestimmung ist bis zur Vollendung des 21. Lebensjahrs des Gläubigers gehemmt. [2]Lebt der Gläubiger von Ansprüchen wegen Verletzung der sexuellen Selbstbestimmung bei Beginn der Verjährung mit dem Schuldner in häuslicher Gemeinschaft, so ist die Verjährung auch bis zur Beendigung der häuslichen Gemeinschaft gehemmt.

Literatur: *Hoffmann*, Materielle Entschädigung nach sexuellem Missbrauch, JAmt 2003, 222; *Keiser*, Mehr Opferschutz durch veränderte Verjährungsvorschriften für deliktische Ansprüche?, FPR 2002, 1; *Krämer*, Verjährungshemmung bei Ansprüchen wegen Verletzung der sexuellen Selbstbestimmung gem. § 208 BGB, ZFE 2003, 363.

---

46 Staudinger/*Peters*, § 207 Rn 10, 11.
47 Henssler/von Westphalen/*Bereska*, Praxis der Schuldrechtsreform, 2. Aufl. 2003, vor §§ 203–213 Rn 5; MüKo/*Grothe*, § 203 Rn 1; Soergel/*Niedenführ*, vor § 203 Rn 12.
48 So allg. und ohne ausdr. Bezug zu § 207: Henssler/von Westphalen/*Bereska*, a.a.O., vor §§ 203–213 Rn 5; Soergel/*Niedenführ*, vor § 203 Rn 12; ebenso noch zum alten Recht Baumgärtel/*Laumen*, Handbuch der Beweislast im Privatrecht, 2. Aufl. 1991, § 202 a.F. Rn 2 unter Berufung auf BGH WM 1977, 823 f.
49 So allg. und ohne ausdr. Bezug zu § 207: MüKo/*Grothe*, § 203 Rn 1.

A. Allgemeines 1	II. Hemmung während der häuslichen
I. Normzweck 1	Gemeinschaft (S. 2) 18
1. Grundsatz 1	1. Erfasste Ansprüche 18
2. Regelung des S. 1 5	a) Anspruchsgrundlage 18
3. Regelung des S. 2 7	b) Schuldner und Gläubiger ... 19
II. Opfer nicht sexuell motivierter Gewalt 8	2. Häusliche Gemeinschaft 20
B. Regelungsgehalt 9	a) Begriffsbestimmung 21
I. Hemmung bis zum 21. Lebensjahr (S. 1) .. 9	b) Zeitpunkt 22
1. Erfasste Ansprüche 9	c) Analoge Anwendung 24
a) Anspruchsgrundlagen 9	3. Hemmungsdauer 25
b) Schuldner und Gläubiger ... 12	III. Hemmungshindernde Vereinbarungen 29
2. Hemmung 13	IV. Übergangsrecht 30
a) Beginn 13	C. Weitere praktische Hinweise 31
b) Ende 17	

A. Allgemeines

I. Normzweck

1. Grundsatz. Mit Einführung des § 208 hat der Gesetzgeber einen neuen Hemmungstatbestand in Bezug auf die Verjährung von Ansprüchen wegen Verletzung der sexuellen Selbstbestimmung geschaffen. Diese Ansprüche sind nach S. 1 nunmehr bis zur Vollendung des 21. Lebensjahres des Gläubigers gehemmt. Lebt der Gläubiger bei Beginn der Verjährung mit dem Schuldner in häuslicher Gemeinschaft, so dauert nach S. 2 die Hemmung bis zur Beendigung der häuslichen Gemeinschaft an.

§ 208 hat im bisherigen Recht kein Vorbild, sieht man von dem einen faktischen Teilbereich erfassenden § 204 a.F. (jetzt § 207 Abs. 1 S. 1, Abs. 1 S. 2 Nr. 2) ab. Die Vorschrift ist einer teilparallelen strafrechtlichen Hemmungsvorschrift (§ 78b Abs. 1 Nr. 1 StGB a.F.)[1] nachgebildet. Nach der Intention des Gesetzgebers soll sie den Schutz von Minderjährigen, die Opfer von Verletzungen ihrer sexuellen Selbstbestimmung geworden sind (S. 1), und von Personen, die in der gleichen Weise durch Schädiger verletzt wurden, die mit ihnen in häuslicher Gemeinschaft leben (S. 2), verbessern.[2]

Die **Grundregeln des Europäischen Vertragsrechts** (dazu vor §§ 194–218 Rn 14 ff.), die allgemeine Verjährungsregeln enthalten, haben auf eine § 208 entsprechende Vorschrift verzichtet, da die Problematik nicht punktuell allein im Verjährungsrecht geregelt werden könne.[3]

§ 208 ist eine von verschiedenen **gesetzgeberischen Maßnahmen** zum Schutz der sexuellen Selbstbestimmung. Durch das Zweite Gesetz zur Änderung schadensrechtlicher Vorschriften vom 19.7.2002 wurde mit § 825[4] ein Schadensersatzanspruch wegen Verletzung der sexuellen Selbstbestimmung mit Schmerzensgeldfolge (§ 253 Abs. 2) eingefügt.[5]

2. Regelung des S. 1. Die **Gesetzesbegründung** zu S. 1[6] weist darauf hin, dass der bis zum 31.12.2001 bestehende zivilrechtliche Schutz Lücken aufwies. Nicht selten verzichteten die zur Vertretung der Kinder berufenen Eltern auf die Verfolgung der zivilrechtlichen Ansprüche der verletzten Kinder. Die Motive hierfür seien vielfältig; sie reichten von einer Beschützung der Kinder vor den mit der Rechtsverfolgung einhergehenden, insbesondere seelischen Belastungen bis hin zu den eher zweifelhaften Motiven der „Rücksichtnahme" auf den Täter oder der Angst vor einem „Skandal". Die deliktischen Ansprüche aus § 823 wegen Verletzung der sexuellen Selbstbestimmung eines Kindes verjähren – wenn keine Hemmung nach § 207 Abs. 1 S. 2 Nr. 2 eintritt – gemäß §§ 195, 199 Abs. 1 in drei Jahren, beginnend mit dem Schluss des Jahres, in dem der Anspruch entstanden ist und Kenntniserlangung im Sinne des § 199 Abs. 1 Nr. 2 vorliegt, wobei es auf die Kenntnis des gesetzlichen Vertreters ankommt (siehe § 199 Rn 58).[7] So könnten ohne eine Hemmungsregelung Ansprüche noch während der Minderjährigkeit des Opfers verjähren. Mit § 208 soll dies ausgeschlossen werden. Nach Erreichen der Volljährigkeit kann das Opfer selbst entscheiden, ob es seine unverjährten Ansprüche verfolgen will oder nicht, sofern – so ist zu ergänzen – die gesetzlichen Vertreter des Kindes nicht wirksam auf den Anspruch gegen den Schädiger namens des Kindes verzichtet haben.

---

1 Die Vorschrift ist mit Wirkung vom 1.4.2004 geändert worden (BGBl I 2003 S. 3007).
2 S. BT-Drucks 14/6040, S. 97, 119; 14/7052, S. 179. Krit. hinsichtlich des Erfolges dieser Zielsetzung *Keiser*, FPR 2002, 1, 3.
3 *Zimmermann/Leenen u.a.*, JZ 2001, 684, 697.
4 Vgl. hierzu *Haas/Horcher*, DStR 2001, 2118, 2121.
5 Am 1.4.2004 ist zudem das Gesetz zur Änderung der Vorschriften über die Straftaten gegen die sexuelle Selbstbestimmung und zur Änderung anderer Vorschriften v. 27.12.2003 (BGBl I S. 3007) in Kraft getreten. Vgl. hierzu *Duttge/Hörnle/Renzikowski*, NJW 2004, 1065 ff.
6 BT-Drucks 14/6040, S. 119.
7 *Henssler/von Westphalen/Bereska*, Praxis der Schuldrechtsreform, 2. Aufl. 2003, § 208 Rn 3; *Erman/Schmidt-Räntsch*, § 208 Rn 1.

Die Hemmung dauert bis zur **Vollendung des 21. Lebensjahres** des Opfers, da minderjährige Opfer von Verletzungen der sexuellen Selbstbestimmung auch nach Erlangung der vollen Geschäftsfähigkeit mit 18 Jahren häufig emotional nicht in der Lage sind, ihre Ansprüche wegen solcher Taten selbst zu verfolgen. Im Interesse des Opferschutzes wird deshalb nicht auf die Volljährigkeit, sondern auf das 21. Lebensjahr abgestellt. Dieser Zeitpunkt ist den Grenzen des § 105 JGG entlehnt.[8] Eine darüber hinaus reichende Verjährungsfrist bzw. Hemmungsdauer wurde in der Literatur befürwortet,[9] konnte sich aber nicht durchsetzen.

3. Regelung des S. 2. Nach S. 2, der erst während des Gesetzgebungsverfahrens nachträglich eingefügt wurde, soll die Verjährung auch während der Zeit gehemmt sein, in der Gläubiger und Schuldner zusammen in häuslicher Gemeinschaft leben. Das Opfer von Ansprüchen wegen Verletzung der sexuellen Selbstbestimmung ist – so die Gesetzesbegründung[10] – oftmals wegen der Rücksichtnahme auf eine häusliche Gemeinschaft mit dem Täter nicht in der Lage, seine Ansprüche zu verfolgen (siehe noch Rn 20).

Es ist sachgerecht, dass die Ansprüche des Geschädigten so lange gehemmt sind, bis die häusliche Gemeinschaft beendet ist und er die für eine Verfolgung seiner Ansprüche notwendige Ungebundenheit von den Zwängen der Hausgemeinschaft erlangt.

II. Opfer nicht sexuell motivierter Gewalt

Kritisch ist zu sehen, dass der Hemmungstatbestand des § 208 nur für Ansprüche wegen der Verletzung der sexuellen Selbstbestimmung gilt, nicht aber bei vorsätzlicher widerrechtlicher Verletzung des Körpers, der Gesundheit und der Freiheit.[11] Damit werden die Opfer **nicht sexuell motivierter Gewalt** weniger stark geschützt als die Opfer sexuell motivierter Gewalt.[12] Diese Wertung ist kaum nachvollziehbar,[13] insbesondere wenn man die gesetzgeberischen Aktivitäten zum Schutz vor (häuslicher) Gewalt in die Betrachtung einbezieht.[14] Die Entwurfsfassung vom 7.2.2001[15] behandelte in § 214 beide Opfergruppen noch gleich und sah die Hemmung für entsprechende Ansprüche beider Gruppen vor.

B. Regelungsgehalt
I. Hemmung bis zum 21. Lebensjahr (S. 1)

1. Erfasste Ansprüche. a) Anspruchsgrundlagen. Der Hemmung des S. 1 unterliegen **alle Ansprüche** wegen Verletzung der sexuellen Selbstbestimmung. Dabei ist nicht erforderlich, dass die Anspruchsgrundlage ausschließlich eine Vorschrift zum Schutze dieses Rechtsgutes ist.[16] Eine derartige Einschränkung sah eine frühere Entwurfsfassung (§ 214 Abs. 1 Nr. 2 in der Fassung v. 7.2.2001, siehe Rn 8) noch vor. Im Laufe des Gesetzgebungsverfahrens ist der sachliche Anwendungsbereich der in § 208 getroffenen Regelung dann jedoch ohne nähere Begründung erweitert worden. Auch **allgemeine Anspruchsgrundlagen** wie § 823 Abs. 1[17] oder **vertragliche Anspruchsgrundlagen** wie insb. §§ 241 Abs. 2, 280 Abs. 1[18] werden jetzt von der Hemmung des § 208 erfasst, sofern der im konkreten Einzelfall erhobene Anspruch nach Überzeugung des mit der Hemmungsprüfung befassten Gerichts auf einer Verletzung der sexuellen Selbstbestimmung beruht.[19]

---

8 BT-Drucks 14/6040, S. 119.
9 S. dazu ausf. *Egermann*, ZRP 2001, 343 ff.; s. allg. auch *Mansel*, in: Ernst/Zimmermann (Hrsg.), Zivilrechtswissenschaft und Schuldrechtsreform, 2001, S. 333, 396 f.
10 BT-Drucks 14/7052, S. 181.
11 Vgl. auch Henssler/von Westphalen/*Bereska*, a.a.O., § 208 Rn 7; MüKo/*Grothe*, § 208 Rn 4; *Krämer*, ZFE 2003, 363; Staudinger/*Peters*, § 208 Rn 2.
12 *Krämer*, ZFE 2003, 363 (Fn 7) weist zudem darauf hin, dass eine exakte Trennung oft nur schwer möglich ist.
13 Krit. deshalb auch *Dauner-Lieb/Arnold*, Anmerkungen zur neuesten Fassung des Verjährungsrechts in der konsolidierten Fassung eines Diskussionsentwurfs eines Schuldrechtsmodernisierungsgesetzes, zu § 209 BGB-NF; *Zimmermann/Leenen u.a.*, JZ 2001, 684, 696 f.
14 S. das Gesetz zur Ächtung der Gewalt in der Erziehung und zur Änderung des Kindesunterhaltsrechts v. 2.11.2000 (BGBl I S. 1479); ferner das Gesetz zur Verbesserung des zivilgerichtlichen Schutzes bei Gewalttaten und Nachstellungen sowie zur Erleichterung der Überlassung der Ehewohnung bei Trennung v. 11.12.2001 (BGBl I Nr. 63 S. 3513).
15 Sog. neue Fassung 1; zu dieser Entwurfsfassung s. *Zimmermann/Leenen u.a.*, JZ 2001, 684, 685.
16 Soergel/*Niedenführ*, § 208 Rn 3. Vgl. auch MüKo/*Grothe*, § 208 Rn 4; Henssler/von Westphalen/*Bereska*, a.a.O., § 208 Rn 7; Staudinger/*Peters*, § 208 Rn 2 f. (es ist nicht erforderlich, dass zugleich eine Straftat nach §§ 176 ff. StGB vorliegt).
17 Die Gesetzesbegründung nennt Ansprüche aus § 823 beispielhaft als von § 208 erfasst: BT-Drucks 14/6040, S. 119.
18 Zust. MüKo/*Grothe*, § 208 Rn 4; Bamberger/Roth/*Henrich*, § 208 Rn 2; Staudinger/*Peters*, § 208 Rn 3; Erman/*Schmidt-Räntsch*, § 208 Rn 2.
19 Krit. zu dieser Erweiterung *Zimmermann/Leenen u.a.*, JZ 2001, 684, 697; zust. dagegen *Krämer*, ZFE 2003, 363.

10 **In erster Linie** in Betracht kommen § 823 Abs. 1 und § 823 Abs. 2 in Verbindung mit §§ 174 ff. StGB[20] (auch in den Fällen der §§ 26, 27 und 30 StGB)[21] sowie der zum 1.8.2002 neugefasste § 825 (vgl. Rn 4). § 823 Abs. 1 schützt Teilbereiche der sexuellen Selbstbestimmung durch den Schutz der Rechtsgüter Leben, Körper, Gesundheit, Freiheit und durch den Schutz des allgemeinen Persönlichkeitsrechts. Die sexuelle Selbstbestimmung ist als Teil des allgemeinen Persönlichkeitsrechts vom Schutzbereich des § 823 Abs. 1 erfasst.[22] Der Gesetzgeber sieht die sexuelle Selbstbestimmung zudem als eigenständiges Rechtsgut. Das wird deutlich in § 253 Abs. 2, der die sexuelle Selbstbestimmung eigens als geschütztes Rechtsgut erwähnt und den Anspruch auf ein Schmerzensgeld bei dessen Verletzung eröffnet, sowie durch § 825, der vorsieht, dass derjenige, der einen anderen durch Hinterlist, Drohung oder Missbrauch eines Abhängigkeitsverhältnisses zur Vornahme oder Duldung sexueller Handlungen bestimmt, diesem zum Ersatz des daraus entstehenden Schadens verpflichtet ist.

11 § 208 setzt **keine besondere Rechtsfolge** der gehemmten Ansprüche voraus. Die Norm gilt daher für Schadensersatz-, Schmerzensgeld- und Unterlassungsansprüche gleichermaßen.[23]

12 **b) Schuldner und Gläubiger.** S. 1 setzt voraus, dass die Verletzung der sexuellen Selbstbestimmung vor Vollendung des **21. Lebensjahrs** des Verletzten erfolgte; die Minderjährigkeit des verletzten Gläubigers zur Zeit der Verletzungshandlung wird nicht verlangt.[24] Die Hemmung nach S. 1 kommt sowohl zum Zuge, wenn die Tat an einem minderjährigen Opfer verübt wird, als auch, wenn die Tat zwischen der Vollendung des 18. und des 21. Lebensjahrs des Opfers geschieht.[25] Ein besonderes Verwandtschafts- oder Näheverhältnis oder das Vorliegen einer häuslichen Gemeinschaft zwischen Gläubiger und Schuldner fordert S. 1 für den Eintritt der Hemmungsfolge nicht.[26]

13 **2. Hemmung. a) Beginn.** Die Hemmung nach S. 1 beginnt vor der Vollendung des 21. Lebensjahrs des Verletzten für den Normalfall, dass sich die Verjährung nach der **allgemeinen Frist** der §§ 195, 199 Abs. 1 richtet, mit dem Schluss des Jahres, in dem der Anspruch entstanden ist und Kenntniserlangung i.S.d. § 199 Abs. 1 Nr. 2 vorliegt. Da die allgemeine Verjährungsfrist erst zu diesem Zeitpunkt beginnt, kann auch die Hemmung nicht früher einsetzen. Anderes gilt regelmäßig hinsichtlich der parallel zu der Frist der §§ 195, 199 Abs. 1 laufenden **Höchstfristen** nach § 199 Abs. 2 und 3. Da diese bereits von dem Zeitpunkt des den Schaden auslösenden Ereignisses (§ 199 Abs. 2 und Abs. 3 S. 1 Nr. 2) bzw. der Entstehung der Schadensersatzansprüche (§ 199 Abs. 3 S. 1 Nr. 1) oder im Fall eines Anspruchs auf Unterlassen von der Zuwiderhandlung (§ 199 Abs. 5) an zu berechnen sind, setzt auch die Hemmung dieser Fristen schon mit der Erfüllung der jeweiligen Tatbestandsmerkmale ein.[27]

14 Problematisch im Rahmen der von § 208 erfassten Ansprüche ist allerdings, welche der Verjährungshöchstfristen des § 199 Abs. 2 und 3 heranzuziehen sind. Soweit die Verletzung der sexuellen Selbstbestimmung auch als Verletzung des Körpers, des Lebens, der Gesundheit oder der Bewegungsfreiheit[28] des Geschädigten qualifiziert werden kann, gilt die Frist des **§ 199 Abs. 2**. Soweit nicht diese, sondern allein andere Rechtsgüter wie das allgemeine Persönlichkeitsrecht und das daraus hervorgehende Recht auf sexuelle Selbstbestimmung (vgl. Rn 10) verletzt sind, verbleibt es bei der Verjährungshöchstfrist des **§ 199 Abs. 3**.[29] Es erscheint *de lege lata* nicht möglich, den Kreis der durch § 199 Abs. 2 geschützten Rechtsgüter um die des allgemeinen Persönlichkeitsrechts und des Rechts auf sexuelle Selbstbestimmung zu erweitern,[30] auch wenn das im Hinblick auf das Recht der sexuellen Selbstbestimmung in der Logik des § 825 BGB läge. Hier wäre eine Änderung des § 199 Abs. 2 wünschenswert. Bis zu einer Gesetzesänderung jedoch beträgt die Verjährungshöchstfrist für einen Schadensersatzanspruch, der allein auf eine Verletzung des eigenständigen

---

20 Zuletzt geändert durch das Gesetz zur Änderung der Vorschriften über die Straftaten gegen die sexuelle Selbstbestimmung und zur Änderung anderer Vorschriften v. 27.12.2003 (BGBl I S. 3007).
21 MüKo/*Grothe*, § 208 Rn 4; Palandt/*Heinrichs*, § 208 Rn 2; Staudinger/*Peters*, § 208 Rn 3.
22 *Haas/Horcher*, DStR 2001, 2118, 2121; Staudinger/*Peters*, § 208 Rn 3; vgl. auch Palandt/*Sprau*, § 825 Rn 1.
23 Staudinger/*Peters*, § 208 Rn 3 mit Beispielen.
24 Erman/*Schmidt-Räntsch*, § 208 Rn 4.
25 BT-Drucks 14/6040, S. 119.
26 Die Vorgänger-Norm im Gesetzgebungsverfahren, § 214 Nr. 2 BGB-KF, verlangte noch das Vorliegen einer häuslichen Gemeinschaft oder eines ähnlichen Näheverhältnisses. Krit. zu dem letzten Begriff wegen seiner Unbestimmtheit *Dauner-Lieb/Arnold/Dötsch/Kitz*, Anmerkungen zur konsolidierten Fassung des Diskussionsentwurfs eines Schuldrechtsmodernisierungsgesetzes, Anmerkung zu § 214.
27 Bamberger/Roth/*Henrich*, § 208 Rn 5. Zu der parallelen Hemmung der allg. Verjährungsfrist nach §§ 195, 199 Abs. 1 und der jeweils maßgeblichen Höchstfristen des § 199 Abs. 2–4 s.a. *Mansel/Budzikiewicz*, Das neue Verjährungsrecht, 2002, § 3 Rn 71.
28 Dazu, dass auf die Bewegungsfreiheit abzustellen ist, s. *Mansel/Budzikiewicz*, a.a.O., § 3 Rn 151.
29 *Mansel/Budzikiewicz*, a.a.O., § 8 Rn 133.
30 S. *Mansel/Budzikiewicz*, a.a.O., § 3 Rn 152.

Schutzguts des Rechts der sexuellen Selbstbestimmung (oder des umfassenderen allgemeinen Persönlichkeitsrechts) gestützt werden kann, nach § 199 Abs. 3 S. 1 zehn Jahre ab Anspruchsentstehung (§ 199 Abs. 3 S. 1 Nr. 1) bzw. dreißig Jahre ab anspruchsbegründender Handlung (§ 199 Abs. 3 S. 1 Nr. 2). Abzustellen ist dann auf die Frist, die früher zur Verjährung führt, § 199 Abs. 3 S. 2.

Unterfällt der zu hemmende Anspruch ausnahmsweise nicht der allgemeinen Verjährungsfrist (z.B. bei **familienrechtlichen Ansprüchen**, § 197 Abs. 1 Nr. 2),[31] beginnt die Verjährung und damit auch die Hemmung nach § 208 mit der Anspruchsentstehung (§ 200).

Werden die **Ansprüche** des Gläubigers **tituliert**, unterliegen diese mit der Rechtskraft der Entscheidung oder der Errichtung des vollstreckbaren Titels (§ 201) der dreißigjährigen Frist des § 197 Abs. 1 Nr. 3 bzw. Nr. 4. Es stellt sich die Frage, ob für den Fall, dass der nach § 201 zu bestimmende Fristbeginn vor der Vollendung des 21. Lebensjahrs des Gläubigers liegt, die neue Verjährungsfrist ebenfalls nach § 208 gehemmt ist. Der Wortlaut der Regelung schließt die Anwendung auf die Titelverjährung jedenfalls nicht aus. Dennoch sollte die Wirkung des § 208 auf bereits titulierte Ansprüche nicht erstreckt werden. Da sich die Gefahr, der die Regelung entgegenwirken möchte, nämlich eine durch die Untätigkeit des Gläubigers bzw. seines Vertreters verursachte Verjährung noch während der Minderjährigkeit bzw. vor der Vollendung des 21. Lebensjahres des Opfers, auch ohne eine Hemmung keinesfalls realisieren könnte, widerspräche eine Ausdehnung des § 208 auf die dreißigjährige Verjährungsfrist nach § 197 Abs. 1 Nr. 3 und 4 klar dem Normzweck. Nach der Ratio des § 208 soll die Hemmung vor einem vorzeitigen Rechtsverlust infolge Passivität schützen, nicht jedoch eine zusätzliche Verzögerung des Verjährungseintritts trotz Rechtsverfolgung gewähren.

b) Ende. Die Hemmung nach S. 1 **endet** mit der Vollendung des 21. Lebensjahres des Opfers.[32] Danach läuft die Verjährungsfrist, d.h. im Regelfall die Frist der §§ 195, 199 Abs. 1, erstmals an, sofern nicht andere Hemmungsgründe (z.B. §§ 204 Abs. 1 Nr. 1 bzw. Abs. 2, 207 Abs. 1, 208 S. 2) vorliegen. Ist der Gläubiger vor Vollendung des 21. Lebensjahres **verstorben**, tritt die Beendigung der Hemmung bereits zu diesem Zeitpunkt ein.[33]

II. Hemmung während der häuslichen Gemeinschaft (S. 2)

1. Erfasste Ansprüche. a) Anspruchsgrundlage. Hinsichtlich der von S. 2 erfassten Ansprüche gilt das zu S. 1 Gesagte (Rn 9 ff.).

b) Schuldner und Gläubiger. Anders als S. 1 stellt S. 2 **kein Alterserfordernis** für den verletzten Gläubiger auf.[34] Die Hemmung des S. 2 greift auch bei der Verletzung des Rechts auf sexuelle Selbstbestimmung eines Volljährigen, der mit dem Täter in häuslicher Gemeinschaft lebt. Der Normzweck stellt im Gegensatz zu S. 1 nicht auf altersbedingte Rücksichtnahmen (Rn 7) ab.

2. Häusliche Gemeinschaft. § 208 will die **Entschließungsfreiheit** zur Rechtsverfolgung schützen (Rn 7). Diese Freiheit ist durch die Rücksichtnahmen und faktischen Herrschaftsverhältnisse bedroht, die in dem Näheverhältnis der ständig zusammenlebenden Personen wurzeln.

a) Begriffsbestimmung. Der Begriff der häuslichen Gemeinschaft wird im BGB mit unterschiedlichen Inhalten verwendet, vgl. §§ 617 Abs. 1 S. 1, 1567 Abs. 1, 2028 Abs. 1, siehe auch § 1969 Abs. 1 S. 1 (Hausstand).

Für die Zwecke des § 208 S. 2 ist das **gemeinsame Wohnen** von Opfer und Schädiger in derselben Wohnung[35] zu fordern.[36] Es ist unschädlich, wenn auch andere Personen zur häuslichen Gemeinschaft gehören.[37] Nicht vorausgesetzt wird, dass die häusliche Gemeinschaft im Melderegister nach Melderecht dokumentiert ist, denn der Begriff der häuslichen Gemeinschaft stellt allein auf die tatsächlichen Verhältnisse ab.[38] Maßgeblich ist, ob die Parteien gemeinsamen Wohnraum teilen und in einem Näheverhältnis leben, das geeignet ist, die Rechtsverfolgung zu erschweren. Ein gemeinsames Wohnen kommt daher auch dann in

---

31 Vgl. Jauernig/*Jauernig*, § 197 Rn 6.
32 Zur Berechnung s. Henssler/von Westphalen/*Bereska*, Praxis der Schuldrechtsreform, 2. Aufl. 2003, § 208 Rn 10.
33 Bamberger/Roth/*Henrich*, § 208 Rn 4; Staudinger/*Peters*, § 208 Rn 4.
34 MüKo/*Grothe*, § 208 Rn 6; Soergel/*Niedenführ*, § 208 Rn 6.

35 S. BT-Drucks 14/7052, S. 181.
36 Näher Staudinger/*Peters*, § 208 Rn 5.
37 Henssler/von Westphalen/*Bereska*, Praxis der Schuldrechtsreform, 2. Aufl. 2003, § 208 Rn 4; MüKo/*Grothe*, § 208 Rn 6; Palandt/*Heinrichs*, § 208 Rn 4.
38 MüKo/*Grothe*, § 208 Rn 6; Krämer, ZAP 2004, 117, 122; Erman/*Schmidt-Räntsch*, § 208 Rn 5.

Betracht, wenn die gemeinsame Wohnung von Schädiger und Opfer nicht die einzige Wohnung eines der beiden ist, aber beide im Wesentlichen in der gemeinsamen Wohnung leben.[39]

22 **b) Zeitpunkt.** S. 2 setzt voraus, dass die häusliche Gemeinschaft **bei Beginn** der Verjährung besteht, anderenfalls kommt die Hemmung nach S. 2 nicht in Betracht. Im Regelfall, in dem der nach § 208 zu hemmende Anspruch der allgemeinen Verjährungsfrist nach §§ 195, 199 Abs. 1 unterliegt, bedeutet dies, dass Täter und Opfer sowohl im Moment der Anspruchsentstehung i.S.d. § 199 Abs. 1 Nr. 1 und der Anspruchskenntnis i.S.d. § 199 Abs. 1 Nr. 2[40] als auch bei Beginn der Verjährung zum Schluss des Jahres, in dem die Voraussetzungen des § 199 Abs. 1 erstmals erfüllt sind, ununterbrochen in häuslicher Gemeinschaft gelebt haben müssen. In der Kommentarliteratur wird regelmäßig als ausreichend erachtet, dass die Parteien an dem nach § 199 Abs. 1 bestimmten Jahresende in häuslicher Gemeinschaft lebten. Ein Zusammenleben im Zeitpunkt der Schädigung wird nicht gefordert.[41] Die gegenteilige, hier vertretene Auffassung stelle eine unzulässige teleologische Reduktion des § 208 dar, da es sich hierbei, gegen den Wortlaut des § 208, um eine einschränkende Auslegung zulasten des Opfers handele.[42] Tatsächlich widerspricht die Forderung des Zusammenlebens im Moment der Anspruchsentstehung jedoch weder dem Wortlaut noch dem Zeck des § 208. Es wird übersehen, dass zwar die Frist der §§ 195, 199 Abs. 1 als Ultimo-Verjährung ausgestaltet ist, nicht jedoch jene der Höchstfristen des § 199 Abs. 2 und 3. Die Hemmung dieser Fristen setzt voraus, dass Gläubiger und Schuldner tatsächlich schon in dem Zeitpunkt zusammengelebt haben, in dem die Verletzungshandlung erfolgte (§ 199 Abs. 2 und Abs. 3 S. 1 Nr. 2) bzw. die Schadensersatzansprüche entstanden sind (§ 199 Abs. 3 S. 1 Nr. 1); vgl. Rn 13 f. Der von § 208 in Bezug genommene Beginn der Verjährung liegt damit nicht erst am Jahresende, sondern bereits mit der Tathandlung vor. Bestand in diesem Moment keine häusliche Gemeinschaft zwischen Täter und Opfer, kommt eine Hemmung daher auch dann nicht in Betracht, wenn die Parteien noch vor dem Jahresende zusammenziehen sollten. Eine andere Auslegung wäre nur dann gerechtfertigt, wenn grundsätzlich auch ein Zusammenleben erst nach dem Verjährungsbeginn die Hemmungswirkung des § 208 auslösen würde. Dies ist jedoch nach überwiegender Auffassung nicht der Fall (siehe Rn 24).

23 Ein Auseinanderfallen des Zeitpunkts der Verletzungshandlung und der Begründung der häuslichen Gemeinschaft hindert die Hemmung nach S. 2 allerdings dann nicht, wenn der Anspruch des Opfers erst nach der schädigenden Tat entstanden ist, etwa dann, wenn ein unvorhersehbarer Spätschaden (z.B. Kosten einer überraschend notwendig gewordenen besonderen Therapie) auftritt. Die Verjährung des Anspruch, mit dem dieser Schaden geltend gemacht wird, beginnt nach den Regeln der Schadenseinheit (s. bei §§ 195, 199) nicht vor dem Eintritt des unvorhersehbaren Spätschadens. Leben die Parteien im Zeitpunkt des Schadenseintritts weiterhin (oder nunmehr) in häuslicher Gemeinschaft, wird der Anspruch unmittelbar nach S. 2 gehemmt.[43]

24 **c) Analoge Anwendung.** Aus dem Wortlaut des § 208, der klar auf das Bestehen einer häuslichen Gemeinschaft zu Beginn der Verjährung abstellt, ist zu folgern, dass eine **analoge Anwendung** der Norm auf Personen, die nicht in häuslicher Gemeinschaft leben, nicht möglich ist, selbst wenn ein enges Näheverhältnis zwischen ihnen das Opfer an der Rechtsverfolgung hindern sollte.[44] Auch kommt nach dem Gesetzeswortlaut eine Anwendung des S. 2 nicht in Betracht, wenn die häusliche Gemeinschaft erst nach dem Verjährungsbeginn begründet wurde[45] oder die Parteien nach deren Beendigung erneut zusammenleben.[46] Das erscheint wenig sachgerecht, hindert doch das durch die häusliche Gemeinschaft begründete (oder gegebenenfalls

---

39 Zust. *Birr*, Verjährung und Verwirkung, 2003, Rn 94; *Krämer*, ZFE 2003, 363, 364; a.A. *Soergel/Niedenführ*, § 208 Rn 7.

40 Vgl. *Mansel/Budzikiewicz*, Das neue Verjährungsrecht, 2002, § 8 Rn 138.

41 *Henssler/von Westphalen/Bereska*, a.a.O., § 208 Rn 5; *MüKo/Grothe*, § 208 Rn 7; *Bamberger/Roth/Henrich*, § 208 Rn 5; *Palandt/Heinrichs*, § 208 Rn 4; *Krämer*, ZFE 2003, 363, 364; *Staudinger/Peters*, § 208 Rn 6.

42 So *Henssler/von Westphalen/Bereska*, a.a.O., § 208 Rn 5.

43 Ein Problem erblickt *Krämer*, ZFE 2003, 363, 365, darin, dass die häusliche Gemeinschaft bei Spätschäden bereits vor deren Eintritt aufgehoben sein kann und es dann nicht mehr zu einer Hemmung nach S. 2 kommt. Eine Hemmung der Verjährung ist jedoch nicht mehr erforderlich, wenn sich das Opfer aufgrund der Trennung vom Schuldner nicht länger in der von S. 2 in Blick genommenen Zwangslage befindet. Wird der Spätschaden erkennbar, steht dem Gläubiger die gesamte Verjährungsfrist zur Verfolgung seiner Ansprüche zur Verfügung, ohne dass er dem belastenden Einfluss des Schädigers ausgesetzt wäre.

44 *Henssler/von Westphalen/Bereska*, a.a.O., § 208 Rn 8; *MüKo/Grothe*, § 208 Rn 6; *Staudinger/Peters*, § 208 Rn 2 (keine Anwendbarkeit bei Belästigungen am Arbeitsplatz); *Erman/Schmidt-Räntsch*, § 208 Rn 6.

45 *Palandt/Heinrichs*, § 208 Rn 4; *Bamberger/Roth/Henrich*, § 208 Rn 5; *Soergel/Niedenführ*, § 208 Rn 7; *Staudinger/Peters*, § 208 Rn 6; *Erman/Schmidt-Räntsch*, § 208 Rn 5. A.A. *MüKo/Grothe*, § 208 Rn 7.

46 *Staudinger/Peters*, § 208 Rn 5. A.A. *Bamberger/Roth/Henrich*, § 208 Rn 7 (erneute Hemmung im Fall der Wiederaufnahme der häuslichen Gemeinschaft).

intensivierte) Näheverhältnis auch in diesem Fall die Entschließungsfreiheit und damit die Rechtsverfolgung. Offenbar soll S. 2 jedoch – soweit es wie im Regelfall um Schadensersatz geht – nur die in der (ersten) häuslichen Gemeinschaft erkennbar gewordenen (Rn 22 f.) Schadensersatzansprüche erfassen.

3. Hemmungsdauer. Die Hemmung des S. 2 **beginnt** mit der Verletzung der sexuellen Selbstbestimmung während der häuslichen Gemeinschaft (näher Rn 21 ff.). Sie **endet** mit deren Beendigung durch Trennung der Parteien.[47] Nach dem Ende der Hemmung steht dem Gläubiger noch die gesamte Verjährungsfrist zur Verfügung; liegen die Voraussetzungen anderer Hemmungsgründe vor (z.B. §§ 204 Abs. 1 Nr. 1 bzw. Abs. 2, 207 Abs. 1) kann der Fristlauf aber auch weiterhin ausgesetzt sein. Hinsichtlich der Hemmung titulierter Ansprüche durch S. 2 gelten die Ausführungen unter Rn 16 entsprechend.

Die Hemmung nach S. 2 ist zum einen eine **Anschlussregelung** zu der Verjährungshemmung nach S. 1. Lebt der durch S. 1 begünstigte Gläubiger bereits bei Verjährungsbeginn (siehe Rn 22 f.) und über die Vollendung des 21. Lebensjahres hinaus in häuslicher Gemeinschaft mit dem Schuldner, dauert die Hemmung bis zur Beendigung der häuslichen Gemeinschaft fort.[48]

Zum anderen wirkt die Hemmung nach S. 2 aber auch in anderen als den von S. 1 erfassten Fällen: Kommt es beispielsweise zu Verletzungen der sexuellen Selbstbestimmung innerhalb einer **nichtehelichen Lebensgemeinschaft** von zwei volljährigen Partnern, so ist auch hier die Verjährung gehemmt, bis die häusliche Gemeinschaft endet, also einer der Partner aus der gemeinsamen Wohnung auszieht.[49]

§ 208 kann im Einzelfall, wenn die häusliche Gemeinschaft lebenslang andauert, zu – während der Lebenszeit des Geschädigten – unverjährbaren Ansprüchen führen. Das erscheint rechtspolitisch zweifelhaft.[50] Es wäre sachgerecht gewesen, eine Höchstgrenze der Verjährungshemmung vorzusehen (zur Höchstgrenze der Verjährung siehe vor §§ 203–213 Rn 10).

III. Hemmungshindernde Vereinbarungen

§ 208 ist wegen seines Schutzcharakters (Rn 5 f., 7, 20) nach der hier vertretenen Ansicht als **zwingendes Recht** anzusehen; er ist nicht durch verjährungserleichternde Abreden nach § 202 abänderbar.[51]

IV. Übergangsrecht

Gem. Art. 229 § 6 Abs. 1 S. 1 EGBGB finden die durch das SchuldRModG eingefügten verjährungsrechtlichen Neuregelungen – und damit auch § 208 – ab dem 1.1.2002 auf alle an diesem Tag bestehenden und noch nicht verjährten Ansprüche Anwendung (näher Art. 229 § 6 EGBGB Rn 5 ff.). Bereits vor dem 1.1.2002 angelaufene, bislang ungehemmte Verjährungsfristen werden damit *ex nunc* am 1.1.2002 bis zur Vollendung des 21. Lebensjahres des Gläubigers (S. 1) bzw. bis zur Beendigung der häuslichen Gemeinschaft (S. 2) gehemmt.[52] Kam es bereits vor dem Stichtag zu einer Hemmung, z.B. nach § 204 a.F. oder ggf. im Fall von Verhandlungen nach § 852 Abs. 2 a.F., bleiben die betreffenden Hemmungstatbestände für die Zeit bis zum 31.12.2001 weiter wirksam (Art. 229 § 6 Abs. 1 S. 2 EGBGB); danach kommt § 208 (evtl. neben § 203) zum Tragen.[53]

C. Weitere praktische Hinweise

Die **Darlegungs-** und **Beweislast** für das Vorliegen der Tatsachen, die den **Beginn der Hemmung** auslösen, trägt nach allg. Ansicht der Anspruchsteller.[54] Dieser ohne Differenzierung für sämtliche Hemmungstatbestände der §§ 203–208 vertretenen Auffassung ist für die Hemmung nach § 208 zu entnehmen, dass der Gläubiger vorzutragen und ggf. zu beweisen hat, dass er im Fall des S. 1 zu Beginn des reklamierten Hemmungszeitraumes das 21. Lebensjahr noch nicht vollendet hatte. Im Fall des S. 2 obliegt ihm die Darlegungs- und Beweislast zumindest dafür, dass er im Moment der Anspruchsentstehung in häuslicher Gemeinschaft mit dem Schuldner lebte. Ob er auch beweisbelastet ist hinsichtlich der Fortdauer der Hemmung, d.h. insbesondere bei Eingreifen der Regelverjährung nach §§ 195, 199 Abs. 1 für das ununterbrochene

---

47 Näher hierzu Bamberger/Roth/*Henrich*, § 208 Rn 6. Vgl. auch Erman/*Schmidt-Räntsch*, § 208 Rn 6 (nicht erforderlich ist die Beendigung des Rechtsverhältnisses, das der häuslichen Gemeinschaft zugrunde lag).
48 BT-Drucks 14/7052, S. 181.
49 BT-Drucks 14/7052, S. 181.
50 Vgl. auch *Derleder/Meyer*, KJ 2002, 325, 336.
51 Zust. Henssler/von Westphalen/*Bereska*, Praxis der Schuldrechtsreform, 2. Aufl. 2003, § 208

Rn 11; Soergel/*Niedenführ*, § 208 Rn 10; Erman/*Schmidt-Räntsch*, § 208 Rn 8. A.A. Staudinger/*Peters*, § 208 Rn 7.
52 S. hierzu auch *Budzikiewicz*, AnwBl 2002, 394, 399.
53 Vgl. hierzu auch *Hoffmann*, JAmt 2003, 222, 224.
54 Henssler/von Westphalen/*Bereska*, Praxis der Schuldrechtsreform, 2. Aufl. 2003, vor §§ 203–213 Rn 5; MüKo/*Grothe*, § 203 Rn 1; Soergel/*Niedenführ*, § 203 Rn 12.

Zusammenleben vom Zeitpunkt der Anspruchsentstehung bis zum Verjährungsbeginn (vgl. Rn 22), wird in Literatur und Rechtsprechung nicht gesondert problematisiert. Diskutiert wird lediglich allgemein und losgelöst von § 208, wer den Fortbestand bzw. den **Wegfall der** die **Hemmung** tragenden Tatsachen zu beweisen hat. Hierzu werden folgende Ansichten vertreten: Nach herrschender Auffassung soll es, wenn die Voraussetzungen eines der Hemmungstatbestände der §§ 203–208 unstreitig oder durch den Gläubiger bewiesen sind, stets Aufgabe des Schuldners sein, die Tatsachen darzulegen und ggf. zu beweisen, die zum Ende der Hemmung führen.[55] Im Rahmen des § 208, vor allem des S. 2, würde dieser Ansatz zur Folge haben, dass der Schuldner darlegen und beweisen müsste, wann der Gläubiger das 21. Lebensjahr vollendet hatte (S. 1) bzw. wann die häusliche Gemeinschaft beendet wurde (S. 2).

32 Die vorstehende Wertung ist jedoch nicht unstreitig. Ein Teil der Literatur vertritt abweichend die Ansicht, dass der Gläubiger dann, wenn der Schuldner das Vorliegen der für den Hemmungsfortbestand tragenden Tatsachen substantiiert bestreitet, auch die Beweislast dafür trägt, dass der Hemmungsgrund während des gesamten von ihm geltend gemachten Zeitraums vorlag.[56] Vorliegend würde dies bedeuten, dass der Gläubiger auch dafür beweisbelastet ist, dass die Voraussetzungen des S. 1 bzw. des S. 2 jedenfalls so lange andauerten, dass dem Schuldner die Berufung auf die Verjährung zu versagen ist.

Zu Einzelheiten sowie der Auseinandersetzung mit beiden Ansätzen kann auf die ausführliche Darstellung der Parallelproblematik in § 203 Rn 49 verwiesen werden.

§ 209 Wirkung der Hemmung

[1]Der Zeitraum, während dessen die Verjährung gehemmt ist, wird in die Verjährungsfrist nicht eingerechnet.

A. Allgemeines 1	B. Regelungsgehalt 7
I. Normzweck 1	I. Berechnung des Hemmungszeitraumes 7
II. Sonderfall: Ablaufhemmung 3	II. Übergangsrecht 10
III. Sachliche und persönliche Reichweite der Hemmung 4	

A. Allgemeines

I. Normzweck

1 Die Vorschrift beschreibt die Auswirkungen der Hemmung auf den Lauf der Verjährungsfrist. Sind die Voraussetzungen eines Hemmungstatbestandes erfüllt, so wird nach § 209 der **Fristlauf** während des Zeitraums der Hemmung **ausgesetzt** (näher Rn 7 f.). War die Verjährungsfrist im Zeitpunkt der Hemmung schon angelaufen, läuft nach dem Wegfall des Hemmungsgrundes lediglich die noch offene Restfrist weiter. Kommt es schon vor dem Verjährungsbeginn zu einer Hemmung (verhandeln die Parteien z.B. im Fall der Verjährung nach §§ 195, 199 Abs. 1 bereits vor dem Jahresende oder erhebt der Gläubiger vor diesem Zeitpunkt Klage), steht der Gläubiger nach Beendigung der Hemmung die volle, da bislang noch nicht angelaufene Verjährungsfrist zur Verfügung. Diese beginnt unmittelbar nach dem Ende der Hemmung, sofern der Verjährungsbeginn in die Zeit der Hemmung gefallen wäre,[1] ansonsten im Zeitpunkt des gesetzlich oder vertraglich vorgesehenen Fristbeginns (die Hemmung wirkt sich in diesem Fall letztlich nicht aus).

2 § 209 findet auf sämtliche zivilrechtlichen Hemmungsvorschriften Anwendung, unabhängig davon, ob diese innerhalb des BGB oder sondergesetzlich kodifiziert sind.[2] Soweit außerhalb des BGB in zivilrechtlichen oder öffentlichrechtlichen Vorschriften auf die Hemmungsregelungen der §§ 203 ff. verwiesen wird, schließt dies § 209 mit ein. Die Regelung führt den bisherigen **§ 205 a.F. unverändert** fort.[3] Die Ergebnisse in Rechtsprechung und Lehre zu § 205 a.F. können daher auch für die Auslegung des § 209 herangezogen werden.[4]

---

55 So allg.: Henssler/von Westphalen/*Bereska*, a.a.O., vor §§ 203–213 Rn 5; Soergel/*Niedenführ*, vor § 203 Rn 12; ebenso noch zum alten Recht Baumgärtel/*Laumen*, Handbuch der Beweislast im Privatrecht, 2. Aufl. 1991, § 202 a.F. Rn 2 unter Berufung auf BGH WM 1977, 823 f.

56 So allg. MüKo/*Grothe*, § 203 Rn 1.
1 Vgl. Bamberger/Roth/*Henrich*, § 209 Rn 2.
2 MüKo/*Grothe*, § 209 Rn 1.
3 BT-Drucks 14/6040, S. 120.
4 Henssler/von Westphalen/*Bereska*, Praxis der Schuldrechtsreform, 2. Aufl. 2003, § 209 Rn 1.

II. Sonderfall: Ablaufhemmung

Nicht von der Regelung erfasst wird die Ablaufhemmung (z.B. §§ 210, 211, 438 Abs. 3 S. 2, 479 Abs. 2, 634a Abs. 3 S. 2, 2031 Abs. 1 S. 2). Zwar stellt diese einen Unterfall der Hemmung dar, ihr liegt jedoch eine andere Methodik zugrunde. Anders als in § 209 für die Fälle der Hemmung vorgesehen, ruht bei der Ablaufhemmung nicht der Lauf der Verjährung, sondern es wird ein bestimmter Zeitpunkt festgesetzt, zu dem die Verjährung frühestens eintreten kann (vgl. vor §§ 203–213 Rn 1, 4). Hemmung und Ablaufhemmung können nebeneinander zur Anwendung kommen. Partiell ist eine Kombination beider Institute bereits von Gesetzes wegen vorgesehen (vgl. § 203); im Übrigen kann eine gesetzlich in ihrem Ablauf gehemmte Frist aber auch durch die Handlung einer oder beider Parteien zusätzlich gehemmt werden (z.B. durch Verhandlungen oder Klageerhebung; vgl. hierzu auch § 211 Rn 12).

III. Sachliche und persönliche Reichweite der Hemmung

Durch § 209 geregelt werden ausschließlich die Folgen der Hemmung für die Berechnung des Laufs der Verjährungsfrist. Nicht beantwortet wird die Frage des **sachlichen** und **persönlichen Anwendungsbereichs** der Hemmungstatbestände. Die sachliche Reichweite wird in erster Linie durch die einzelnen Hemmungsvorschriften selbst bestimmt (siehe auch § 213 Rn 5). Für die Fälle elektiver oder alternativer Anspruchskonkurrenz findet sich zudem eine gesetzliche Erweiterung des sachlichen Anwendungsbereichs in § 213 (vgl. die dortige Kommentierung).

Persönlich von der Hemmung begünstigt bzw. belastet werden grds. nur der Gläubiger und der Schuldner, in deren Person der Hemmungsgrund verwirklicht ist. Bei einer Gesamtschuld gilt der **Grundsatz der Einzelwirkung** (§ 425 Abs. 1 und 2). Eine Ausweitung der gegen einen Schuldner erwirkten Hemmung auf weitere Verpflichtete ist nur in Ausnahmefällen vorgesehen (so z.B. nach § 3 Nr. 3 S. 4 PflVG, § 129 Abs. 1 HGB). Entsprechendes gilt im Fall der Gesamtgläubigerschaft (§ 429 Abs. 3 i.V.m. § 425) sowie in den von § 432 erfassten Fällen (vgl. § 432 Abs. 2). Gehemmt wird jeweils nur die Verjährung der Ansprüche des Gläubigers, der die Voraussetzungen des betreffenden Hemmungstatbestandes persönlich erfüllt.

Kommt es auf Gläubiger- oder auf Schuldnerseite zur **Rechtsnachfolge** in einen in der Verjährung gehemmten Anspruch, so bleibt der in der Vergangenheit verstrichene Hemmungszeitraum unangetastet.[5] Eine Fortsetzung der Hemmung für oder gegen den Rechtsnachfolger setzt dann allerdings voraus, dass sich der Hemmungsgrund auch auf diesen persönlich erstreckt.[6]

Wird bei einer durch **Bürgschaft** gesicherten Forderung der Anspruch des Gläubigers gegen den Hauptschuldner gehemmt, so hat dies entsprechend dem vorstehenden Grundsatz (Rn 5) keine unmittelbaren Auswirkungen auf den Lauf der Verjährungsfrist des Anspruchs gegen den Bürgen.[7] Beide Ansprüche verjähren völlig unabhängig voneinander.[8] Konsequenzen hat die Verzögerung des Verjährungseintritts im Verhältnis Gläubiger und Hauptschuldner für den Bürgen nur insoweit, als dieser die Einrede der Verjährung der Hauptschuld nach § 768 Abs. 1 S. 1 erst zu einem entsprechend späteren Zeitpunkt geltend machen kann.[9]

Erhebt der Bürge die **Einrede der Vorausklage**, so ist nach § 771 S. 2 die Verjährung des Anspruchs des Gläubigers gegen den Bürgen gehemmt, bis der Gläubiger eine Zwangsvollstreckung gegen den Hauptschuldner ohne Erfolg versucht hat.[10] Verhindert der Gläubiger in diesem Fall den Eintritt der Verjährung des Hauptanspruchs z.B. durch Klageerhebung (vgl. § 204 Abs. 1 Nr. 1), so ist sowohl die Verjährung des Anspruchs gegen den Bürgen über § 771 S. 2 gehemmt als auch dessen Möglichkeit, sich auf § 768 Abs. 1 S. 1 zu berufen, hinausgezögert. Sollte der Gläubiger jedoch die Ergreifung verjährungshemmender Maßnahmen gegenüber dem Hauptschuldner versäumen, so nützt ihm die nach § 771 S. 2 bewirkte Hemmung des Anspruchs gegen den Bürgen dann nichts mehr, wenn sich dieser nach Verjährung des Anspruchs gegen den Hauptschuldner auf § 768 Abs. 1 S. 1 beruft.[11]

---

5 Bamberger/Roth/*Henrich*, § 209 Rn 3; Soergel/*Niedenführ*, § 209 Rn 3; Erman/*Schmidt-Räntsch*, § 209 Rn 4.
6 Staudinger/*Peters*, § 209 Rn 4.
7 Staudinger/*Peters*, § 209 Rn 4.
8 MüKo/*Grothe*, § 209 Rn 2; Hohmann, WM 2004, 757, 761.
9 MüKo/*Grothe*, § 209 Rn 2; Bamberger/Roth/*Henrich*, § 209 Rn 3; Staudinger/*Peters*, § 209 Rn 4; Erman/*Schmidt-Räntsch*, § 209 Rn 4.
10 Vgl. auch *Peters*, NJW 2004, 1430, 1431.
11 Krit. zu der Frage, ob sich auch der selbstschuldnerische Bürge stets auf die Verjährung der Hauptschuld berufen kann, wenn der Anspruch zwar ihm gegenüber gehemmt ist, nicht jedoch gegenüber dem Hauptschuldner, *Peters*, NJW 2004, 1430, 1431.

B. Regelungsgehalt
I. Berechnung des Hemmungszeitraumes

7 Die Berechnung des Zeitraumes, um den der Eintritt der Verjährung aufgrund der Hemmung hinausgeschoben wird, erfolgt unter Einschluss sowohl des Tages, an dem der Hemmungsgrund eingetreten ist, als auch des Tages, an dem dieser weggefallen ist.[12] Da es sich bei der Hemmung **nicht** um eine **Frist i.S.d. § 186** handelt, finden die Auslegungsvorschriften der §§ 187 ff., insb. der §§ 187 Abs. 1, 188, grds. keine Anwendung.[13] Der Verjährungslauf wird vielmehr mit Ablauf des vor dem hemmenden Ereignis liegenden Tages (24.00 Uhr) angehalten und zu Beginn des Tages (0.00 Uhr), der auf den Tag der Beendigung der Hemmung folgt, wieder mit der noch ausstehenden Restfrist in Lauf gesetzt.[14]

Heranzuziehen sind die §§ 187 f. allerdings, sofern der Gesetzgeber die zunächst unbestimmte Hemmungsdauer um eine statische Frist ergänzt oder durch eine solche konkretisiert hat. So sieht etwa § 204 Abs. 2 eine Verschiebung des Endes der Hemmung um sechs Monate vor. Beginn und Ende dieser Zeitspanne werden, obwohl Teil des Hemmungszeitraumes (es handelt sich nicht um eine Ablaufhemmung),[15] nach §§ 187 Abs. 1, 188 Abs. 2 und 3 bestimmt.[16] Auch die Berechnung der für die Hemmung bei höherer Gewalt nach § 206 maßgeblichen letzten sechs Monate der Verjährungsfrist erfolgt nach §§ 187 f. (vgl. § 206 Rn 16).

8 **Beispiel:** Für einen der allgemeinen Verjährung nach §§ 195, 199 Abs. 1 unterliegenden Anspruch beginnt der Lauf der Verjährungsfrist am 31.12.2003 (24.00 Uhr). Am 21.9.2004 erhebt der Gläubiger Klage, so dass die Verjährung gem. §§ 204 Abs. 1 Nr. 1, 209 gehemmt ist. Das Verfahren gerät wegen Untätigkeit der Parteien in Stillstand; die letzte Verfahrenshandlung i.S.d. § 204 Abs. 2 S. 2 erfolgt am 14.1.2005. In diesem Fall ist die Verjährung, beginnend mit dem 21.9.2004 (0.00 Uhr), bis zum 14.7.2005 (24.00 Uhr) gehemmt (die ergänzende Sechsmonatsfrist des § 204 Abs. 2 beginnt gem. § 187 Abs. 1 am 15.1.2005 und endet gem. § 188 Abs. 2 mit Ablauf des 14.7.2005). Die dreijährige Verjährungsfrist des § 195, die vor der Hemmung bereits bis zum 20.9.2004 (24.00 Uhr) gelaufen war, läuft am 15.7.2005 (0.00 Uhr) weiter,[17] so dass die Verjährung, die ohne die Hemmung am 31.12.2006 (24.00 Uhr) eingetreten wäre, nunmehr am 23.10.2007 (24.00 Uhr) eintritt. Berechnet wird dieses neue Fristende durch Addition des Hemmungszeitraums von insgesamt 297 Tagen (gerechnet einschließlich des 21.9.2004 und des 14.7.2005) zu der noch ausstehenden Restfrist (hier von 832 Tagen). Nicht möglich wäre demgegenüber eine abstrakte Berechnung des neuen Verjährungszeitpunktes unter Zugrundelegung des § 191.[18] Die Verjährungsfrist ist ungeachtet der Hemmung ein zusammenhängender Zeitraum (*tempus continuum*), auf den § 191, der lediglich das *tempus utile* in Blick nimmt,[19] keine Anwendung findet.

9 Die Verjährung eines Anspruchs kann sowohl nacheinander **mehrmals gehemmt** werden als auch gleichzeitig **gehemmt und dem Neubeginn unterworfen** sein. Kommt es während einer noch andauernden Hemmung zu einem Verjährungsneubeginn (vgl. § 212), so steht dem Gläubiger nach dem Ende der Hemmung (die von dem Neubeginn unberührt bleibt) erneut die gesamte Verjährungsfrist zur Verfügung.[20] Eine **Höchstdauer** der Hemmung (wie auch der Ablaufhemmung) ist grds. nicht vorgesehen,[21] so dass der Verjährungseintritt ggf. auch über Jahrzehnte hinausgeschoben werden kann (vgl. vor §§ 203–213 Rn 10; zu der Begrenzung vertraglich vereinbarter Hemmungs- oder Ablaufhemmungstatbestände nach § 202 Abs. 2 siehe aber § 202 Rn 37 ff.). Lediglich in speziellen Tatbeständen findet sich ein maximaler Hemmungszeitraum für einzelne Sonderfälle, so beispielsweise in § 497 Abs. 3 S. 3 für die Hemmung bei Ansprüchen auf Darlehensrückerstattung und Zinszahlung beim Verbraucherdarlehen (zehn Jahre).

---

12 MüKo/*Grothe*, § 209 Rn 4; Palandt/*Heinrichs*, § 209 Rn 1; im Erg. auch *Kirchhof*, WM 2002, 2037, 2038 (mit Fn 6), allerdings unter missverständlichem Hinweis auf § 187 Abs. 1.

13 MüKo/*Grothe*, § 209 Rn 4; Soergel/*Niedenführ*, § 209 Rn 2; Staudinger/*Peters*, § 209 Rn 7; Erman/*Schmidt-Räntsch*, § 209 Rn 1.

14 *Kirchhof*, WM 2002, 2037, 2038 weist darauf hin, dass damit im Fall der Hemmung am letzten Tag der Verjährungsfrist dem Gläubiger nach Beendigung der Hemmung erneut ein voller Tag zur Verfügung steht.

15 Staudinger/*Peters*, § 209 Rn 8.

16 Palandt/*Heinrichs*, § 204 Rn 33.

17 Es kommt nicht zu einer erneuten Verschiebung des Fristbeginns auf das Jahresende; § 199 Abs. 1 findet in diesem Zusammenhang keine Anwendung; MüKo/*Grothe*, § 209 Rn 2; Bamberger/Roth/*Henrich*, § 209 Rn 2; Staudinger/*Peters*, § 209 Rn 7; Erman/*Schmidt-Räntsch*, § 209 Rn 2.

18 MüKo/*Grothe*, § 209 Rn 4; Bamberger/Roth/*Henrich*, § 209 Rn 2; Soergel/*Niedenführ*, § 209 Rn 2; Staudinger/*Peters*, § 209 Rn 7.

19 HKK/*Hermann*, §§ 186–193 Rn 8.

20 Bamberger/Roth/*Henrich*, § 209 Rn 4; Staudinger/*Peters*, § 209 Rn 5; vgl. auch Erman/*Schmidt-Räntsch*, § 209 Rn 3.

21 Palandt/*Heinrichs*, § 209 Rn 1; Bamberger/Roth/*Henrich*, § 209 Rn 1; Staudinger/*Peters*, § 209 Rn 7; Erman/*Schmidt-Räntsch*, § 209 Rn 1.

II. Übergangsrecht

Die Anwendbarkeit des neuen Hemmungsrechts in Übergangssituationen regelt Art. 229 § 6 Abs. 1 und 2 EGBGB (vgl. hierzu die dortige Kommentierung). 10

§ 210 Ablaufhemmung bei nicht voll Geschäftsfähigen

(1) ¹Ist eine geschäftsunfähige oder in der Geschäftsfähigkeit beschränkte Person ohne gesetzlichen Vertreter, so tritt eine für oder gegen sie laufende Verjährung nicht vor dem Ablauf von sechs Monaten nach dem Zeitpunkt ein, in dem die Person unbeschränkt geschäftsfähig oder der Mangel der Vertretung behoben wird. ²Ist die Verjährungsfrist kürzer als sechs Monate, so tritt der für die Verjährung bestimmte Zeitraum an die Stelle der sechs Monate.

(2) ¹Absatz 1 findet keine Anwendung, soweit eine in der Geschäftsfähigkeit beschränkte Person prozessfähig ist.

A. Allgemeines 1	2. Beginn der Frist des Abs. 1 S. 1 bzw. Abs. 1 S. 2 17
B. Regelungsgehalt 4	3. Erneuter Beginn der Ablaufhemmung .. 19
I. Anwendungsbereich 4	III. Konkurrenzen 20
1. Mangelnde oder beschränkte Geschäftsfähigkeit (Abs. 1 S. 1) 4	IV. Übergangsrecht 21
2. Ausnahme: Prozessfähigkeit (Abs. 2) ... 7	C. Weitere praktische Hinweise 22
3. Mangel der gesetzlichen Vertretung (Abs. 1 S. 1) 8	I. Beweislast 22
4. Erfasste Ansprüche 11	1. Voraussetzungen des Abs. 1 S. 1 ... 22
II. Rechtsfolgen (Abs. 1 S. 1 und 2) 14	2. Voraussetzungen des Abs. 2 25
1. Grundsatz 14	II. Vermeidung von Beweisschwierigkeiten ... 26

A. Allgemeines

§ 210 enthält eine Ablaufhemmung für **Ansprüche von und gegen geschäftsunfähige oder beschränkt geschäftsfähige Personen**. Die Vorschrift entspricht – bis auf wenige sprachliche Veränderungen – § 206 a.F., mit einer sachlichen Änderung: Die Ablaufhemmung der Verjährung von Ansprüchen, die gegen den Geschäftsunfähigen oder beschränkt Geschäftsfähigen gerichtet sind, kannte § 206 Abs. 1 a.F. nicht.[1] § 206 a.F. war eine Schutznorm für Personen ohne volle Geschäftsfähigkeit. Dieser Normcharakter hat sich verändert. § 210 sieht jetzt auch eine Ablaufhemmung zulasten des bezeichneten Personenkreises vor. Damit sollen Anwendungsschwierigkeiten des (von der ZPO-Reform 2001/2002 unberührt gebliebenen) § 57 ZPO ausgeglichen werden.[2] Davon abgesehen können die bisherigen Ergebnisse der Rechtsprechung und Lehre zu § 206 a.F. jedoch für die Auslegung des § 210 ohne weiteres herangezogen werden.[3] 1

Die Vorschrift findet auf einige **gesetzliche Ausschlussfristen** kraft Verweisung entsprechende Anwendung. Hierzu zählen §§ 124 Abs. 2 S. 2, 204 Abs. 3, 802 S. 3, 939 Abs. 2, 1002 Abs. 2, 1317 Abs. 1 S. 3, 1600b Abs. 6 S. 2,[4] 1762 Abs. 2, 1944 Abs. 2 S. 3,[5] 1954 Abs. 2 S. 2, 1997, 2082 Abs. 2 S. 2,[6] 2283 Abs. 2 S. 2 sowie sondergesetzlich §§ 26 Abs. 1 S. 3, 27 Abs. 2 S. 2, 139 Abs. 3 S. 2, 160 Abs. 1 S. 3 HGB, §§ 45 Abs. 2 S. 2, 133 Abs. 4 S. 2, 157 Abs. 2 S. 2, 224 Abs. 3 S. 2 UmwG und, eingefügt durch das Gesetz zur Anpassung von Verjährungsvorschriften an das Gesetz zur Modernisierung des Schuldrechts, § 327 Abs. 4 AktG.[7] 2

Außerhalb derartiger ausdrücklicher Verweisungen ist bei der Übertragung des § 210 auf gesetzliche Ausschlussfristen Zurückhaltung geboten. Angesichts der detaillierten Regelung dieser Frage im BGB

---

1 S. nur BGH NJW 1979, 1983 f.
2 Dazu BGH NJW 1979, 1983 f.; näher BT-Drucks 14/6040, S. 120.
3 Ebenso: *Birr*, Verjährung und Verwirkung, 2003, Rn 98; Soergel/*Niedenführ*, § 210 Rn 1.
4 Zur intertemporalen Anwendbarkeit des § 1600b Abs. 6 S. 2 i.V.m. § 210 vgl. OLG Celle, Beschl. v. 12.3.2002–15 WF 44/02, JURIS-Dok.-Nr. KORE557292002. Das Gericht lehnt die Anwendung des § 210 auf bereits angelaufene Fristen ab; vgl. dagegen Art. 229 § 6 EGBGB Rn 36, 66.
5 Vgl. hierzu BGH WM 2000, 2246, 2248 (zu § 206 a.F.).
6 Vgl. zur Hemmung der Anfechtungsfrist des § 2082 Abs. 1, Abs. 2 S. 1 nach §§ 2082 Abs. 2 S. 2, 210 Abs. 1 im Fall der Übergehung eines Minderjährigen *Joussen*, ZEV 2003, 181, 184.
7 Vgl. Art. 11 Nr. 7 VerjAnpG; BT-Drucks 15/3653 i.d.F. 15/4060. Das Gesetz ist am 15.12.2004 in Kraft getreten; ausf. zu den Neuerungen *Thiessen*, ZHR 168 (2004), 503 ff.

sowie in den o.g. Sondergesetzen ist grundsätzlich **keine Analogiefähigkeit** gegeben.[8] Bejaht wurde allerdings die entsprechende Anwendung des § 206 a.F. (u.a.) im Fall der Ausschlussfrist des § 12 StrEG (Entschädigungsanspruch für Strafverfolgungsmaßnahmen)[9] und des § 1290 Abs. 2 RVO[10] (vgl. jetzt § 99 Abs. 1 SGB VI). Gleiches dürfte nunmehr für § 210 gelten.[11] Offen gelassen worden ist die Anwendbarkeit des § 206 a.F. auf § 314 RVO (vgl. jetzt § 191 Nr. 3 SGB V).[12]

Gegen eine Ausweitung des Anwendungsbereichs des § 210 auf **vertragliche Ausschlussfristen** (sofern angesichts der mangelnden Geschäftsfähigkeit überhaupt wirksam vereinbart) bestehen hingegen keine grundsätzlichen Bedenken.[13]

3 § 210 entspricht weitgehend Art. 14:305 Abs. 1 der **Principles of European Contract Law** (PECL, *Lando-Principles*; dazu vor §§ 194–218 Rn 14 ff.).[14] Abweichend von § 210 sieht Art. 14:305 Abs. 1 PECL allerdings eine erheblich längere Mindestfrist bis zum Eintritt der Verjährung vor. Die Verjährungsfrist läuft danach nicht vor dem Ablauf eines Jahres nach dem Zeitpunkt ab, in dem die ursprünglich geschäftsunfähige oder in der Geschäftsfähigkeit beschränkte Person unbeschränkt geschäftsfähig wird oder ein Vertreter bestellt worden ist. Eine Einschränkung entsprechend Abs. 1 S. 2 findet sich in Art. 14:305 Abs. 1 PECL nicht. Dies erklärt sich vor dem Hintergrund, dass die Principles of European Contract Law eine unter einem Jahr liegende gesetzliche oder vertraglich vereinbarte Verjährungsfrist nicht vorsehen,[15] eine Verkürzung der einjährigen Ablaufhemmung durch im Einzelnen maßgebliche kürzere Fristen mithin nicht in Betracht kommt. Nicht in Art. 14:305 PECL aufgenommen wurde zudem eine dem § 210 Abs. 2 entsprechende Ausnahmeregelung.

B. Regelungsgehalt

I. Anwendungsbereich

4 **1. Mangelnde oder beschränkte Geschäftsfähigkeit (Abs. 1 S. 1).** Die Ablaufhemmung nach Abs. 1 S. 1 setzt zunächst voraus, dass der Schuldner oder der Gläubiger eines der Verjährung unterliegenden Anspruchs nicht oder nur beschränkt geschäftsfähig ist. Wann diese Voraussetzungen erfüllt sind, geben § 104 (für die Geschäftsunfähigkeit) und § 106 (für die beschränkte Geschäftsfähigkeit Minderjähriger) vor. Bedingung für die Anwendbarkeit des Abs. 1 ist, dass sich die fehlende unbeschränkte Geschäftsfähigkeit auch konkret auf den in Rede stehenden Anspruch bezieht. Ist eine Person lediglich partiell geschäftsunfähig, so kommt Abs. 1 nicht zum Tragen, wenn der fragliche Anspruch nicht in den Kreis der Angelegenheiten fällt, zu deren Wahrnehmung der Betroffene außerstande ist.[16] Gleiches gilt für beschränkt geschäftsfähige Minderjährige, sofern diese Gläubiger oder Schuldner eines Anspruchs sind, der aus einem Rechtsgeschäft resultiert, für das der Minderjährige nach §§ 112, 113 unbeschränkt geschäftsfähig ist (vgl. auch § 210 Abs. 2 i.V.m. § 52 ZPO).[17]

5 Nach § 1903 Abs. 1 S. 2 kommt § 210 entsprechend zur Anwendung, wenn für einen Betreuten ein **Einwilligungsvorbehalt** angeordnet wurde. Dies gilt unabhängig davon, ob der Betroffene zugleich die Voraussetzungen des § 104 Nr. 2 erfüllt. Ist der unter Einwilligungsvorbehalt stehende Betreute allerdings auch geschäftsunfähig, findet § 210 nicht nur über § 1903 Abs. 1 S. 2 entsprechend, sondern nach Abs. 1 S. 1 auch unmittelbar Anwendung. Ungeachtet dessen kann sich aber auch in diesem Fall der Rückgriff auf § 1903 Abs. 1 S. 2 empfehlen, wenn der Beweis der Geschäftsunfähigkeit schwierig zu führen sein

---

8 MüKo/*Grothe*, § 210 Rn 7; Soergel/*Niedenführ*, § 210 Rn 6; Staudinger/*Peters*, § 210 Rn 9; vgl. auch BSG NJW 1964, 124; a.A. Palandt/*Heinrichs*, § 210 Rn 2; Erman/*Schmidt-Räntsch*, § 210 Rn 10 (§ 210 ist für gesetzliche Ausschlussfristen grds. entspr. heranzuziehen).
9 BGHZ 79, 1, 2 ff.
10 BSG NJW 1974, 519, 520. Ebenfalls entspr. angewandt wurde § 206 a.F. auf die Frist zur Anzeige der Weiterversicherung gem. § 313 Abs. 2 S. 1 RVO (BSG NJW 1964, 124, 125) sowie auf die Ausschlussfristen des § 1418 RVO und der Art. § 44 S. 4, Art. 2 § 51a Abs. 3 S. 1 ArVNG (vgl. die Nachweise bei BSG SozR 3–2200 § 314 Nr. 1).
11 Soergel/*Niedenführ*, § 210 Rn 6.
12 BSG SozR 3–2200 § 314 Nr. 1. Der Geschäftsunfähigkeit des Betroffenen wurde dann allerdings als allg. Erwägungen Rechnung getragen. Ähnlich BSG SozR 3–5420 § 24 Nr. 1 in Bezug auf § 24 Abs. 1 Nr. 2 KVLG 1989.
13 MüKo/*Grothe*, § 210 Rn 7; Staudinger/*Peters*, § 210 Rn 10; Erman/*Schmidt-Räntsch*, § 210 Rn 10; a.A. Soergel/*Niedenführ*, § 210 Rn 6.
14 In deutscher Sprache veröffentlicht in ZEuP 2003, 895 ff. Art. 14:305 Abs. 1 PECL entspricht Art. 17:109 Abs. 1 PECL der vorherigen Fassung, abgedruckt in ZEuP 2001, 400, 401.
15 Vgl. *Mansel/Budzikiewicz*, Das neue Verjährungsrecht, 2002, § 1 Rn 35.
16 MüKo/*Grothe*, § 210 Rn 2; Bamberger/Roth/*Henrich*, § 210 Rn 2; Staudinger/*Peters*, § 210 Rn 4; Erman/*Schmidt-Räntsch*, § 210 Rn 6.
17 MüKo/*Grothe*, § 210 Rn 2; Palandt/*Heinrichs*, § 210 Rn 3; Bamberger/Roth/*Henrich*, § 210 Rn 2; Soergel/*Niedenführ*, § 210 Rn 7; Staudinger/*Peters*, § 210 Rn 4; Erman/*Schmidt-Räntsch*, § 210 Rn 6.

sollte (vgl. Rn 22 f.). Hier vermag ggf. der Hinweis auf die Anordnung des Einwilligungsvorbehalts über die Beweisschwierigkeiten hinwegzuhelfen.

Nicht übertragbar ist die Regelung des Abs. 1 auf **juristische Personen**. Der fehlenden Vertretung ist hier auf anderem Wege (z.B. durch die Bestellung eines Notvorstandes gem. § 29) Rechnung zu tragen.[18] Unter altem Recht wurde eine entsprechende Anwendung des § 206 a.F. auch auf die Fälle abgelehnt, in denen ein Anspruch auf Übertragung des Eigentums gepfändet wurde und gem. **§ 848 ZPO ein Sequester** zu bestellen war[19] oder in denen Maßnahmen zur Sicherung gem. **§ 21 InsO** in Rede standen. Ob diese Ansicht auch unter neuem Recht aufrechtzuerhalten ist, ist in der Literatur streitig.[20] Letztlich ist die Situation in den beiden genannten Fällen jedoch auch nach der Neuregelung des § 210 nicht mit den dort erfassten Konstellationen vergleichbar. Die Erweiterung auf Ansprüche gegen einen nicht voll geschäftsfähigen Schuldner wurde eingefügt, um zu verhindern, dass der Gläubiger sich nur deswegen veranlasst sehen könnte, Maßnahmen zur Klärung der Geschäftsfähigkeit zu ergreifen, weil der Eintritt der Verjährung droht. Sowohl § 848 ZPO als auch § 21 InsO sollen dagegen den Gläubiger primär davor bewahren, dass sich die Vermögenslage aus sonstigen Gründen zu seinen Lasten verschlechtert.[21] Soweit § 848 ZPO betroffen ist, steht es dem Gläubiger zudem frei, die Bestellung eines Sequesters zu beantragen und damit den zu seinen Lasten bestehenden Mangel der Vertretung zu beheben. Eine analoge Anwendung des § 210 erscheint vor diesem Hintergrund auch weiterhin nicht angezeigt.

2. Ausnahme: Prozessfähigkeit (Abs. 2). Nach Abs. 2 findet Abs. 1 keine Anwendung, wenn eine Person trotz beschränkter Geschäftsfähigkeit prozessfähig ist. Die Regelung ist von geringer Bedeutung. Soweit über § 52 ZPO hier die Fälle der §§ 112, 113 erfasst sind,[22] hätte es der Regelung nicht bedurft, da schon die Auslegung des Abs. 1 S. 1 zu demselben Ergebnis geführt hätte (vgl. Rn 4).[23] Von praktischer Relevanz ist Abs. 2 daher allenfalls in den Konstellationen, in denen dem beschränkt Geschäftsfähigen über § 52 ZPO hinaus Prozessfähigkeit zuerkannt wird; vgl. etwa § 607 Abs. 1 ZPO (Ehesachen) und § 640b S. 1 ZPO (Anfechtung der Vaterschaft).[24]

3. Mangel der gesetzlichen Vertretung (Abs. 1 S. 1). Zum Tragen kommt die Ablaufhemmung nach Abs. 1 S. 1 nur dann, wenn ein gesetzlicher Vertreter des nicht oder beschränkt Geschäftsfähigen fehlt. Gesetzlicher Vertreter eines **Minderjährigen** sind in der Regel die Eltern; übernehmen können diese Aufgabe aber auch ein Vormund (§§ 1773 ff.), ein Pfleger (§ 1909) oder ein Beistand (§§ 1712 ff.). Für **Volljährige**, die entweder geschäftsunfähig i.S.d. § 104 Nr. 2 sind oder für die ein Einwilligungsvorbehalt angeordnet wurde (vgl. Rn 5), ist gesetzlicher Vertreter der Betreuer (§§ 1896 ff.).

Bereits unter altem Recht wurde eine analoge Anwendung des § 206 a.F. bei Fehlen eines **Insolvenzverwalters** (§§ 56 ff. InsO) angenommen, Letzterer mithin als gesetzlicher Vertreter der Insolvenzmasse angesehen. Dem ist auch unter neuem Recht zu folgen.[25]

Der **gesetzliche Vertreter fehlt**, wenn dieser entweder überhaupt nicht existiert (z.B. Tod der Eltern, fehlende Betreuung eines geschäftsunfähigen Volljährigen) oder rechtliche Hinderungsgründe einer Vertretung entgegenstehen.[26] Aus rechtlichen Gründen ausgeschlossen ist die Vertretung etwa in den Fällen der §§ 1629 Abs. 2 S. 1, 1795, 181 oder nach Entziehung der Vertretungsmacht für bestimmte Angelegenheiten gem. §§ 1629 Abs. 2 S. 3, 1796 sowie stets bei fehlender Geschäftsfähigkeit (§ 104 Nr. 2) des Vertreters.[27]

Voraussetzung für die Anwendbarkeit des Abs. 1 S. 1 ist im Fall lediglich partieller Vertretungsbefugnis, dass die Vertretung gerade für den in Rede stehenden Anspruch rechtlich ausgeschlossen ist. Bei bloß tatsächlicher Verhinderung an der Wahrnehmung der übertragenen Aufgaben kommt die Ablaufhemmung nach Abs. 1 nicht zum Tragen (z.B. Auslandsreise, Erkrankung, Arbeitsüberlastung).[28] Ebenfalls ausgeschlossen ist die Anwendung des Abs. 1, wenn es zu einem (übergangslosen) Wechsel in der Vertretung kommt und der neue Vertreter sich erst einen Überblick über die rechtlichen Verhältnisse des Schuldners verschaffen muss.[29] Denn

---

18 MüKo/*Grothe*, § 210 Rn 2; Staudinger/*Peters*, § 210 Rn 2; Erman/*Schmidt-Räntsch*, § 210 Rn 8.
19 BGH WM 1967, 657, 658.
20 Gegen eine Analogie: Staudinger/*Peters*, § 210 Rn 4. Für eine Analogie zumindest im Hinblick auf § 848 Abs. 2 ZPO: Erman/*Schmidt-Räntsch*, § 210 Rn 11. Offen gelassen von MüKo/*Grothe*, § 210 Rn 2.
21 Vgl. zu § 848 ZPO die Ausführungen in BGH WM 1967, 657, 658.
22 Vgl. Staudinger/*Peters*, § 210 Rn 8.
23 Erman/*Schmidt-Räntsch*, § 210 Rn 9.
24 MüKo/*Grothe*, § 210 Rn 2.
25 MüKo/*Grothe*, § 210 Rn 3; *Kirchhof*, WM 2002, 2037, 2039; Staudinger/*Peters*, § 210 Rn 5; Erman/*Schmidt-Räntsch*, § 210 Rn 7.
26 MüKo/*Grothe*, § 210 Rn 4; Soergel/*Niedenführ*, § 210 Rn 7; Erman/*Schmidt-Räntsch*, § 210 Rn 7.
27 MüKo/*Grothe*, § 210 Rn 4; Staudinger/*Peters*, § 210 Rn 6.
28 MüKo/*Grothe*, § 210 Rn 4; Palandt/*Heinrichs*, § 210 Rn 3; Bamberger/Roth, *Henrich*, § 210 Rn 4; Soergel/*Niedenführ*, § 210 Rn 7; Staudinger/*Peters*, § 210 Rn 6; Erman/*Schmidt-Räntsch*, § 210 Rn 7.
29 Staudinger/*Peters*, § 210 Rn 6.

Abs. 1 S. 1 ist bereits dann unanwendbar, wenn ein gesetzlicher Vertreter für den konkret betroffenen Anspruch rein faktisch vorhanden ist; ob dieser arbeitsfähig oder arbeitswillig ist, ist ohne Bedeutung.[30]

10 § 210 enthält über das Vorstehende hinaus keine weiteren Einschränkungen. Daher greift die Vorschrift zugunsten des Gläubigers eines geschäftsunfähigen oder beschränkt geschäftsfähigen Schuldners auch dann ein, wenn der Gläubiger sich nicht im Rahmen des § 57 ZPO darum bemüht hat, den Mangel der Vertretung zu beseitigen. Der Gläubiger soll nicht veranlasst werden, möglicherweise zum Nachteil des Schuldners, Maßnahmen zur Klärung der Geschäftsfähigkeit nur deswegen zu ergreifen, um die drohende Verjährung abzuwenden. Die Ablaufhemmung kann nach Abs. 1 selbst dann eintreten, wenn der Gläubiger die **fehlende volle Geschäftsfähigkeit** seines Schuldners **nicht erkannt** hat.[31]

11 **4. Erfasste Ansprüche.** § 210 findet auf alle verjährbaren Ansprüche Anwendung, sofern diese zumindest in Bezug auf die Frage der Hemmung, der Ablaufhemmung und des Neubeginns vollständig oder ergänzend den Regelungen des allgemeinen Verjährungsrechts in §§ 203 ff. unterfallen. Die Anwendbarkeit des § 210 ist dabei nicht auf zivilrechtliche Ansprüche beschränkt. Soweit die Vorschriften des allgemeinen Verjährungsrechts auch auf öffentlich-rechtliche Ansprüche erstreckt werden – sei es infolge ausdrücklicher Verweisung (vgl. § 62 S. 2 VwVfG[32]), sei es durch richterrechtlich legitimierte Analogie (siehe § 194 Rn 16) – kommt der Tatbestand der Ablaufhemmung wegen fehlender Geschäftsfähigkeit gleichfalls zum Tragen.

12 Auf **Gestaltungsrechte** (insb. Rücktritt und Minderung im Falle kauf- oder werkvertraglicher Ansprüche des nicht voll Geschäftsfähigen gegen Dritte sowie umgekehrt) findet die Vorschrift keine unmittelbare Anwendung. Die Ablaufhemmung wirkt sich jedoch indirekt über § 218 auch auf diese aus (vgl. die dortige Kommentierung).

13 Nach § 213 erstreckt sich die Wirkung einer Ablaufhemmung auf die Ansprüche, die aus demselben Grund wahlweise neben dem oder anstelle des in seinem Ablauf gehemmten Anspruch(s) gegeben sind. Für die Ablaufhemmung nach § 210 hat diese Regelung indes keine eigenständige Bedeutung, da Abs. 1 S. 1 bereits sämtliche gegen oder für den nicht voll Geschäftsfähigen laufenden Fristen erfasst. Einer Wirkungserstreckung gem. § 213 bedarf es daher nicht.[33]

II. Rechtsfolgen (Abs. 1 S. 1 und 2)

14 **1. Grundsatz.** Nach Abs. 1 S. 1 tritt die Verjährung nicht vor dem Ablauf von **sechs Monaten** nach dem Zeitpunkt ein, in dem der Betreffende unbeschränkt geschäftsfähig oder der Mangel der Vertretung behoben wird. Ansprüche, die nicht schon verjährt waren, als der in Abs. 1 S. 1 bezeichnete Zustand (fehlende Geschäftsfähigkeit, mangelnde Vertretung) eingetreten ist, verjähren danach unabhängig von der in diesem Moment noch zur Verfügung stehenden Restfrist frühestens sechs Monate nach den genannten Zeitpunkten. Ohne Bedeutung ist in diesem Zusammenhang, wie lange der Mangel der gesetzlichen Vertretung andauerte; selbst eine wenige Tage oder Stunden andauernde Verhinderung löst die Rechtsfolgen des Abs. 1 aus.[34]

15 Relevant ist die Ablaufhemmung des S. 1 allerdings nur dann, wenn zu Beginn der Berechnung der Sechsmonatsfrist die restliche Verjährungsfrist weniger als sechs Monate umfasst und es zu einer entsprechenden Verjährungsverzögerung auch weder durch eine (Ablauf-)Hemmung noch durch einen Neubeginn der Verjährung nach anderen Vorschriften kommt oder gekommen ist (vgl. hierzu auch Rn 20). In diesem Fall wird der Eintritt der Verjährung, der grds. vor dem nach Abs. 1 S. 1 (i.V.m. §§ 187 Abs. 1, 188 Abs. 2) zu errechnenden Termin läge, auf den Tag hinausgeschoben, der sechs Monate nach der Erlangung der unbeschränkten Geschäftsfähigkeit oder der Behebung des Mangels der Vertretung liegt.[35]

16 Ist die Verjährungsfrist des Anspruchs (gemeint ist die ursprüngliche Frist, nicht die Restfrist) kürzer als sechs Monate, so wird nach Abs. 1 S. 2 die Zeitspanne von sechs Monaten durch diese **kürzere Frist** ersetzt. Dem Gläubiger soll nicht mehr Zeit zur Verfügung stehen, als dies der Fall wäre, wenn nach Eintritt der gem. Abs. 1 S. 1 die Ablaufhemmung auslösenden Ereignisse die volle Verjährungsfrist neu anlaufen würde.[36] Im Übrigen gilt das in Rn 14 f. Ausgeführte entsprechend.

---

30 MüKo/*Grothe*, § 210 Rn 4; Soergel/*Niedenführ*, § 210 Rn 7.
31 BT-Drucks 14/6040, S. 120.
32 Staudinger/*Peters*, § 210 Rn 11; s. zu der Annahme einer dynamischen Verweisung in § 62 VwVfG auf die neuen Verjährungsregelungen des BGB auch *Guckelberger*, Die Verjährung im Öffentlichen Recht, 2004, S. 617 f. Soweit die dem § 62 S. 2 VwVfG entspr. Regelungen der Landesgesetze auf die Vorschriften des BGB verweisen, hält *Guckelberger* diese allerdings für verfassungswidrig und votiert für die Fortgeltung der §§ 194 ff. a.F. (a.a.O., S. 634 f.).
33 Vgl. Staudinger/*Peters*, § 213 Rn 9; a.A. Bamberger/Roth/*Henrich*, § 210 Rn 1.
34 MüKo/*Grothe*, § 210 Rn 6; Bamberger/Roth/*Henrich*, § 210 Rn 6; Staudinger/*Peters*, § 210 Rn 6.
35 Erman/*Schmidt-Räntsch*, § 210 Rn 3.
36 MüKo/*Grothe*, § 210 Rn 6.

2. Beginn der Frist des Abs. 1 S. 1 bzw. Abs. 1 S. 2. Die in Abs. 1 S. 1 bzw. in Abs. 1 S. 2 vorgesehene Ablaufhemmung beginnt, nachdem der Betroffene unbeschränkt geschäftsfähig geworden oder der Mangel der Vertretung behoben ist. Gem. § 187 Abs. 1 wird die Frist am Tag nach dem für den Beginn der Ablaufhemmung maßgeblichen Ereignis um 0.00 Uhr in Lauf gesetzt.

Beispiel: Verstirbt der gesetzliche Vertreter eines Minderjährigen eine Woche, bevor ein gegen diesen gerichteter Anspruch mit einer Verjährungsfrist von mehr als sechs Monaten verjährt, und wird ein neuer Vertreter am 15.6. bestellt, so beginnt die sechsmonatige Ablaufhemmung des Abs. 1 S. 1 gem. § 187 Abs. 1 am 16.6. (0.00 Uhr) und endet gem. § 188 Abs. 2 am 15.12. (24.00 Uhr). Da die Verjährung ohne die Ablaufhemmung bereits vor diesem Zeitpunkt eingetreten wäre, kommt ein Fristlauf über den 15.12. hinaus nicht mehr in Betracht; der Anspruch ist vielmehr mit Ablauf dieses Tages verjährt.

3. Erneuter Beginn der Ablaufhemmung. Der Verjährungseintritt nach Ablauf der Frist des Abs. 1 S. 1 bzw. des Abs. 1 S. 2 setzt voraus, dass während des Fristlaufs der Mangel der Vertretung nicht erneut eintritt. Sollten die Voraussetzungen des Abs. 1 S. 1 während der maßgeblichen Frist zu irgendeinem Zeitpunkt ein weiteres Mal erfüllt sein, etwa weil der Vertreter verstorben ist oder der Geschäftsunfähige nach einer lichten Phase wieder in den Zustand des § 104 Nr. 2 verfällt, läuft die Frist nicht weiter. Sie wird vielmehr erneut in Lauf gesetzt, sobald wiederum unbeschränkte Geschäftsfähigkeit eintritt bzw. der Mangel der Vertretung behoben wird.[37]

III. Konkurrenzen

Die Ablaufhemmung nach § 210 schließt die parallele (Ablauf-)Hemmung oder den Neubeginn nach anderen Vorschriften nicht aus. Erhebt beispielsweise der gesetzliche Vertreter innerhalb der Sechsmonatsfrist des Abs. 1 S. 1 (oder der nach Abs. 1 S. 2 zu berechnenden kürzeren Frist) Klage oder kommt es zu Verhandlungen zwischen dem Vertreter und dem Anspruchsgegner, stehen die Wirkung des Abs. 1 und jene des § 203 bzw. § 204 Abs. 1 Nr. 1, Abs. 2 zunächst nebeneinander. Sollte die ursprüngliche Verjährungsfrist im Zeitpunkt der Erfüllung des weiteren Hemmungstatbestandes noch nicht abgelaufen sein, wird der Fristlauf gem. § 209 ausgesetzt. Abs. 1 kommt dann nur noch in den Fällen Bedeutung zu, in denen die Hemmungswirkung vor Ablauf der Frist des Abs. 1 S. 1 oder des Abs. 1 S. 2 aufgehoben wird und es ohne die Ablaufhemmung des § 210 zu einem Verjährungseintritt vor dem danach bestimmten Zeitpunkt käme. Tritt die Verjährung hingegen auch ohne § 210 später als nach Ablauf der dort bestimmten Ablaufhemmung ein, läuft die Vorschrift leer. Entsprechendes gilt, wenn im Zeitpunkt der Hemmung die Verjährungsfrist ohne § 210 bereits abgelaufen wäre. In diesem Fall führt die Hemmung zwar nicht zu einer Aussetzung der noch laufenden Frist, der Eintritt der Verjährung ist aber dennoch so lange aufgeschoben, bis der Hemmungsgrund wegfällt und ggf. eine sich anschließende gesonderte Ablaufhemmungsfrist abgelaufen ist (vgl. etwa § 203 S. 2). Ist in diesem Zeitpunkt auch die Frist des Abs. 1 S. 1 bereits überschritten, tritt in dem Moment Verjährung ein; ansonsten bleibt es bei dem nach Abs. 1 S. 1 bestimmten Verjährungseintritt.

IV. Übergangsrecht

Zum Übergangsrecht siehe Art. 229 § 6 EGBGB Rn 36, 38.

C. Weitere praktische Hinweise

I. Beweislast

1. Voraussetzungen des Abs. 1 S. 1. Darlegungs- und **beweispflichtig** für das Vorliegen der Voraussetzungen des Abs. 1 S. 1 soll nach allgemeiner Ansicht jeweils der sich auf die Ablaufhemmung berufende Gläubiger sein.[38] Da Abs. 1 S. 1 kumulativ mangelnde Geschäftsfähigkeit sowie fehlende gesetzliche Vertretung voraussetzt, muss der Gläubiger jedenfalls darlegen und ggf. beweisen, dass zumindest für einen bestimmten Zeitpunkt vor dem Eintritt der Verjährung beide Umstände vorlagen. Ist dem Genüge getan, stellt sich die unmittelbar anschließende Frage, wer die Beweislast dafür trägt, dass der Betroffene wieder unbeschränkt geschäftsfähig geworden ist oder der Mangel der Vertretung behoben wurde. In der vorstehend aufgeführten Literatur und Rechtsprechung finden sich hierzu keine konkretisierenden Ausführungen; es wird

---

37 Soergel/*Niedenführ*, § 210 Rn 8; Erman/*Schmidt-Räntsch*, § 210 Rn 4.
38 Zur Ablaufhemmung bei Ansprüchen gegen einen nicht voll Geschäftsfähigen: *Birr*, Verjährung und Verwirkung, 2003, Rn 97; MüKo/*Grothe*, § 210 Rn 5. Zur Ablaufhemmung bei Ansprüchen des nicht voll Geschäftsfähigen: BGH WM 2000, 2246, 2248 (noch zu § 206 a.F.).

lediglich allgemein darauf hingewiesen, dass der Gläubiger die Voraussetzungen des Abs. 1 S. 1 zu beweisen hat.[39]

23 Ein dem vorbeschriebenen ähnliches Problem existiert allerdings im Hinblick auf die Hemmung nach §§ 203–208: Für diese Tatbestände ist streitig, wer den Fortbestand bzw. den Wegfall der die Hemmung tragenden Tatsachen zu beweisen hat, wenn die Voraussetzungen eines der Hemmungstatbestände der §§ 203–208 unstreitig oder durch den Gläubiger bewiesen sind. Nach herrschender Auffassung ist es im letztgenannten Fall stets Aufgabe des Schuldners, die Tatsachen darzulegen und ggf. zu beweisen, die zum Ende der Hemmung führen.[40] Nach anderer Ansicht soll der Gläubiger auch die Beweislast dafür tragen, dass der Hemmungsgrund während des gesamten von ihm geltend gemachten Zeitraums vorlag, wenn der Schuldner das Vorliegen der den Hemmungsfortbestand tragenden Tatsachen substantiiert bestritten hat.[41] Zu Einzelheiten sowie der Auseinandersetzung mit beiden Ansätzen kann auf die ausführliche Darstellung der Problematik in § 203 Rn 49 verwiesen werden.

24 Überträgt man den im Hinblick auf die Hemmung geführten Streit auf den Tatbestand des Abs. 1 S. 1, würde es entsprechend der zu dem Problem der Beweislastverteilung im Rahmen der §§ 203–208 vertretenen herrschenden Meinung dem Schuldner eines von § 210 betroffenen Anspruchs obliegen, darzulegen und ggf. zu beweisen, wann die unstreitig gegebenen oder vom Gläubiger jedenfalls für einen konkreten Zeitpunkt bewiesenen Voraussetzungen der Norm nicht mehr vorlagen, so dass die in Abs. 1 S. 1 vorgesehene Sechsmonatsfrist (oder die nach Abs. 1 S. 2 zu berechnende kürzere Frist) in Lauf gesetzt wurde. Folgt man der Gegenansicht, wäre hingegen der Gläubiger gehalten, nicht nur das punktuelle Vorliegen der Voraussetzungen des Abs. 1 S. 1 zu beweisen, sondern auch deren fortgesetzte Erfüllung.

25 **2. Voraussetzungen des Abs. 2.** Macht der Schuldner die Ausnahmeregelung des Abs. 2 geltend, so trägt er diesbezüglich die Darlegungs- und Beweislast.

II. Vermeidung von Beweisschwierigkeiten

26 Die Neuregelung des Abs. 1 kommt dem Gläubiger eines nicht voll geschäftsfähigen Schuldners nur dann zugute, wenn dieser im Falle eines Rechtsstreits tatsächlich die mangelnde Geschäftsfähigkeit nachweisen kann. Bestehen Zweifel an der Beweisbarkeit der Voraussetzungen des Abs. 1 S. 1, so ist zu erwägen, trotz der rechtlich vorgesehenen Begünstigung, zur Wahrung der eigenen Rechte gegen den Schuldner – ggf. unter Heranziehung des § 57 ZPO – innerhalb der Frist vorzugehen, die zur Verfügung stünde, wenn die Ablaufhemmung des Abs. 1 nicht zum Tragen käme.[42]

---

§ 211 Ablaufhemmung in Nachlassfällen

[1]Die Verjährung eines Anspruchs, der zu einem Nachlass gehört oder sich gegen einen Nachlass richtet, tritt nicht vor dem Ablauf von sechs Monaten nach dem Zeitpunkt ein, in dem die Erbschaft von dem Erben angenommen oder das Insolvenzverfahren über den Nachlass eröffnet wird oder von dem an der Anspruch von einem oder gegen einen Vertreter geltend gemacht werden kann. [2]Ist die Verjährungsfrist kürzer als sechs Monate, so tritt der für die Verjährung bestimmte Zeitraum an die Stelle der sechs Monate.

---

39 Vgl. aber in allg. Zusammenhang Stein-Jonas/*Leipold*, ZPO, § 286 Rn 46, wonach bei Nachweis der Geschäftsunfähigkeit in einem konkreten Moment das Vorliegen eines *lucidum intervallum* von demjenigen zu beweisen ist, der seine Rechte darauf stützt.
40 Henssler/von Westphalen/*Bereska*, Praxis der Schuldrechtsreform, 2. Aufl. 2003, vor §§ 203–213 Rn 5; Soergel/*Niedenführ*, vor § 203 Rn 12; ebenso noch zum alten Recht Baumgärtel/*Laumen*, Handbuch der Beweislast im Privatrecht, 2. Aufl. 1991, § 202 a.F. Rn 2 unter Berufung auf BGH WM 1977, 823 f.
41 MüKo/*Grothe*, § 203 Rn 1.
42 *Birr*, Verjährung und Verwirkung, 2003, Rn 97; MüKo/*Grothe*, § 210 Rn 5; Palandt/*Heinrichs*, § 210 Rn 2.

§ 211 Ablaufhemmung in Nachlassfällen

A. Allgemeines	1	2. Beginn der Frist des S. 1 bzw. des S. 2	10
B. Regelungsgehalt	5	3. Erneuter Beginn der Ablaufhemmung	11
I. Anwendungsbereich (S. 1)	5	III. Konkurrenzen	12
II. Rechtsfolgen (S. 1 und 2)	7	IV. Übergangsrecht	13
1. Grundsatz	7	C. Weitere praktische Hinweise	14

A. Allgemeines

§ 211 regelt die Ablaufhemmung der Verjährung von Ansprüchen, die zu einem Nachlass gehören oder sich gegen einen Nachlass richten. Die Vorschrift soll verhindern, dass die betreffenden Ansprüche verjähren, ohne dass dem jeweiligen Gläubiger ausreichend Zeit zur Verfügung gestanden hätte, seine Rechte zu verfolgen.[1] Erben und Nachlassgläubiger sollen gleichermaßen davor bewahrt werden, ihre Ansprüche allein deswegen nicht mehr durchsetzen zu können, weil in unverjährter Zeit aufgrund des Erbfalls eine Verfolgung der Ansprüche nicht oder nicht mehr möglich war. Diese Gefahr besteht u.a. deshalb, weil nach § 1958 ein gegen den Nachlass gerichteter Anspruch nicht vor der Annahme der Erbschaft gegen den Erben gerichtlich geltend gemacht werden kann. Umgekehrt wäre ohne die Ablaufhemmung nach § 211 ein in den Nachlass fallender Anspruch durch den Erben nicht mehr durchsetzbar, wenn der erstberufene Erbe die Erbschaft ausschlüge und die Verjährung noch vor der Ausschlagung eingetreten wäre. 1

Die Ablaufhemmung nach § 211 **entspricht** sachlich **§ 207 a.F.** Bedenken gegen § 211 oder besondere Probleme waren im Gesetzgebungsverfahren nicht aufgetreten.[2] § 207 a.F. wurde daher, von geringfügigen sprachlichen Überarbeitungen abgesehen, als neuer § 211 beibehalten. Rechtsprechung und Literatur zum bisherigen Recht können dementsprechend für die Auslegung des § 211 auch weiterhin ergänzend herangezogen werden.[3]

Die Vorschrift findet auf einige gesetzliche **Ausschlussfristen** kraft Verweisung entsprechende Anwendung. Hierzu zählen §§ 124 Abs. 2 S. 2, 204 Abs. 3, 802 S. 3, 939 Abs. 2, 1002 Abs. 2, 1954 Abs. 2 S. 2, 2082 Abs. 2 S. 2 sowie sondergesetzlich §§ 26 Abs. 1 S. 3, 160 Abs. 1 S. 3 HGB, §§ 45 Abs. 2 S. 2, 133 Abs. 4 S. 2, 157 Abs. 2 S. 2, 224 Abs. 3 S. 2 UmwG und, eingefügt durch das Gesetz zur Anpassung von Verjährungsvorschriften an das Gesetz zur Modernisierung des Schuldrechts, § 327 Abs. 4 AktG.[4] 2

Die entsprechende Anwendbarkeit des § 207 a.F. ist unter altem Recht zudem im Fall der Ausschlussfrist des § 89b Abs. 4 S. 2 HGB (Ausgleichsanspruch des Handelsvertreters) angenommen worden.[5] Gleiches dürfte nunmehr für § 211 gelten.[6]

Eine eigene Ablaufhemmung besteht für den **Herausgabeanspruch des fälschlicherweise für tot Erklärten** in § 2031 (vgl. hierzu die Kommentierung dort).

Die Ablaufhemmung des § 211 erfasst nach § 213 auch jene Ansprüche, die zu den in § 211 genannten in **elektiver** (oder alternativer) **Konkurrenz** stehen.[7] 3

§ 211 entspricht im Wesentlichen Art. 14:306 der **Principles of European Contract Law** (PECL, *Lando-Principles*; dazu vor §§ 194–218 Rn 14 ff.).[8] Anders als § 211 sieht Art. 14:306 PECL allerdings eine deutlich längere Mindestfrist bis zum Eintritt der Verjährung vor. Die Verjährung tritt danach nicht vor dem Ablauf eines Jahres nach dem Zeitpunkt ein, in dem der Anspruch hätte geltend gemacht werden können. Eine Einschränkung entsprechend S. 2 findet sich in Art. 14:306 PECL nicht. Dies beruht auf dem Umstand, dass die Principles of European Contract Law eine unter einem Jahr liegende gesetzliche oder vertraglich vereinbarte Verjährungsfrist nicht vorsehen,[9] eine Verkürzung der einjährigen Ablaufhemmung durch im Einzelnen maßgebliche kürzere Fristen mithin nicht in Betracht kommt. 4

---

1 *Amend*, JuS 2002, 743, 745; Soergel/*Niedenführ*, § 211 Rn 2.

2 BT-Drucks 14/6040, S. 120.

3 Henssler/von Westphalen/*Bereska*, Praxis der Schuldrechtsreform, 2. Aufl. 2003, § 211 Rn 1; *Birr*, Verjährung und Verwirkung, 2003, Rn 99; Soergel/*Niedenführ*, § 211 Rn 1.

4 Vgl. Art. 11 Nr. 7 VerjAnpG; BT-Drucks 15/3653 i.d.F. 15/4060. Das Gesetz ist am 15.12.2004 in Kraft getreten; vgl. zu den durch das VerjAnpG eingeführten Neuerungen auch *Thiessen*, ZHR 168 (2004), 503 ff.

5 BGHZ 73, 99, 102 f.

6 Im Zeitpunkt der vorstehenden Entscheidung (1978) sah die Regelung des § 89b Abs. 4 S. 2 HGB a.F. noch eine Frist von drei Monaten vor. Zwischenzeitlich wurde sie auf ein Jahr erhöht. Die damals tragenden Gründe sind dadurch jedoch nicht überholt, sondern können auf die Neufassung des § 89b Abs. 4 S. 2 HGB übertragen werden.

7 Bamberger/Roth/*Henrich*, § 211 Rn 1; a.A. wohl Staudinger/*Peters*, § 213 Rn 9.

8 In deutscher Sprache veröffentlicht in ZEuP 2003, 895 ff.; Art. 14:306 PECL entspricht Art. 17:110 PECL der vorherigen Fassung, abgedruckt in ZEuP 2001, 400, 401.

9 Vgl. *Mansel/Budzikiewicz*, Das neue Verjährungsrecht, 2002, § 1 Rn 35.

B. Regelungsgehalt

I. Anwendungsbereich (S. 1)

5 § 211 erfasst zunächst alle **zum Nachlass gehörenden** Ansprüche. Hierzu zählen sowohl die in den Nachlass gefallenen Forderungen des Erblassers gegen Dritte als auch solche Ansprüche, die erst nach dem Tod des Erblassers entstanden sind, jedoch gleichfalls als zum Nachlass gehörig betrachtet werden (z.B. Ansprüche nach § 857 i.V.m. § 861; § 1959 Abs. 1 i.V.m. §§ 681 S. 2, 667; § 2018).[10]

6 In den Anwendungsbereich des § 211 einbezogen sind des Weiteren die **gegen den Nachlass gerichteten** Ansprüche. Nach der Definition des § 1967 Abs. 2 fallen hierunter neben den vom Erblasser begründeten Schulden (Erblasserschulden) auch die den Erben als solchen treffenden Verbindlichkeiten (Erbfallschulden).[11] In erster Linie sind dies die Verbindlichkeiten aus Pflichtteilsrechten, Vermächtnissen und Auflagen, aber auch Ansprüche nach § 1959 Abs. 1 i.V.m. § 683, § 1968 oder § 2022.[12] Obwohl nicht in § 1967 Abs. 2 aufgeführt, gelten als Nachlassverbindlichkeiten zudem Nachlasskosten- oder Nachlassverwaltungsschulden sowie Nachlasserbenschulden (z.B. Ansprüche aus §§ 812 ff. wegen überzahlter Rentenleistungen).[13]

Auf **Gestaltungsrechte** (insb. Rücktritt und Minderung im Falle kauf- oder werkvertraglicher Ansprüche des Erblassers gegen Dritte sowie vice versa) findet die Vorschrift keine unmittelbare Anwendung. Die Ablaufhemmung wirkt sich jedoch indirekt über § 218 auch auf diese aus (vgl. die dortige Kommentierung).

II. Rechtsfolgen (S. 1 und 2)

7 **1. Grundsatz.** Nach S. 1 tritt die Verjährung eines der dort genannten Ansprüche nicht vor dem Ablauf von **sechs Monaten** nach der Annahme der Erbschaft, der Eröffnung des Insolvenzverfahrens oder der Einsetzung eines Vertreters ein. Ansprüche, die im Moment des Erbfalls noch nicht verjährt waren, verjähren danach unabhängig von der noch zur Verfügung stehenden Restfrist frühestens sechs Monate nach den genannten Zeitpunkten. Von Bedeutung ist die Ablaufhemmung des S. 1 immer dann, wenn zu Beginn der Berechnung der Sechsmonatsfrist die restliche Verjährungsfrist weniger als sechs Monate umfasst und es zu einer entsprechenden Verjährungsverzögerung auch weder durch eine (Ablauf-)Hemmung noch durch einen Neubeginn der Verjährung nach anderen Vorschriften kommt oder gekommen ist (vgl. hierzu auch Rn 12). In diesem Fall wird der Eintritt der Verjährung, der grds. vor dem nach S. 1 (i.V.m. §§ 187 Abs. 1, 188 Abs. 2) zu errechnenden Termin läge, auf den Tag hinausgeschoben, der sechs Monate nach der Erbschaftsannahme etc. liegt.

8 **Beispiel:** Verstirbt der Gläubiger eines Anspruchs eine Woche vor Ablauf einer mehr als sechs Monate betragenden Verjährungsfrist und nimmt der Erbe am 15.6. die Erbschaft an, so beginnt die sechsmonatige Ablaufhemmung des S. 1 gem. § 187 Abs. 1 am 16.6. (0.00 Uhr) und endet gem. § 188 Abs. 2 am 15.12. (24.00 Uhr). Da die Verjährung ohne die Ablaufhemmung bereits vor diesem Zeitpunkt eingetreten wäre, kommt ein Fristlauf über den 15.12. hinaus nicht mehr in Betracht; der Anspruch ist vielmehr mit Ablauf dieses Tages verjährt.

9 Sollte die Verjährungsfrist des Anspruchs (gemeint ist die ursprüngliche Frist, nicht die Restfrist) kürzer sein als sechs Monate, wird nach S. 2 die Zeitspanne von sechs Monaten durch diese **kürzere Frist** ersetzt. Dem Gläubiger soll nicht mehr Zeit zur Verfügung stehen, als dies der Fall wäre, wenn nach der Aufhebung der durch den Erbfall bedingten Hindernisse die volle Verjährungsfrist neu anlaufen würde. Im Übrigen gilt das unter Rn 7 Gesagte entsprechend.

10 **2. Beginn der Frist des S. 1 bzw. des S. 2.** Die Karenzfrist von sechs Monaten nach S. 1 bzw. die kürzere nach S. 2 zu bestimmende Frist beginnt (a.) mit der **Annahme der Erbschaft** (§§ 1943 ff.).[14] Sind mehrere

---

10 MüKo/*Grothe*, § 211 Rn 2; Bamberger/Roth/*Henrich*, § 211 Rn 2; Staudinger/*Peters*, § 211 Rn 2; Erman/*Schmidt-Räntsch*, § 211 Rn 2.

11 Bamberger/Roth/*Henrich*, § 211 Rn 2; Staudinger/*Peters*, § 211 Rn 3; Erman/*Schmidt-Räntsch*, § 211 Rn 2.

12 Weitere Beispiele bei AnwK-BGB/*Krug*, § 1967 Rn 43 ff.

13 Vgl. hierzu AnwK-BGB/*Krug*, § 1967 Rn 52 f. und 54 ff.

14 Zum Sonderfall der Vor- und Nacherbschaft vgl. Staudinger/*Peters*, § 211 Rn 4.

Personen erbberechtigt, beginnt die Frist nicht vor der Annahme durch den letzten Miterben.[15] (b.) Den Fristbeginn löst ebenfalls die **Eröffnung des Nachlassinsolvenzverfahrens** (§§ 315 ff. InsO) aus. Wird nach der Verfahrenseröffnung ein Anspruch gegen den Nachlass zur Nachlass-Insolvenztabelle angemeldet, so führt dies gem. § 204 Abs. 1 Nr. 10 zu einer zusätzlichen Verjährungshemmung einschließlich der nach § 204 Abs. 2 vorgesehenen sechsmonatigen Nachfrist.[16] Die Hemmung nach § 204 und die Ablaufhemmung nach § 211 ergänzen sich in diesem Fall (vgl. auch Rn 12). (c.) Schließlich wird die Frist des § 211 auch durch das Vorhandensein eines **Nachlassvertreters** ausgelöst. Als solche können agieren der Abwesenheitspfleger (§ 1911), der Nachlasspfleger (§§ 1960 ff.), der Nachlassverwalter (§§ 1981 ff.) sowie der Testamentsvollstrecker (§§ 2197). Voraussetzung für eine wirksame Vertretung des Nachlasses durch den Testamentsvollstrecker ist allerdings die Annahme des Amtes (§ 2202 Abs. 1). Dementsprechend kann auch die Frist des § 211 erst von diesem Zeitpunkt an gerechnet werden.[17] In den übrigen Fällen kommt es auf die gerichtliche Bestellung an.[18]

3. Erneuter Beginn der Ablaufhemmung. Der Verjährungseintritt nach Ablauf der Frist des S. 1 bzw. des S. 2 setzt voraus, dass der Erbe bzw. der Nachlassgläubiger während des Laufes der Frist ohne den erneuten Eintritt der durch den Erbfall bedingten Hindernisse die Möglichkeit hatte, seine Ansprüche geltend zu machen. Sollte der Nachlass während der maßgeblichen Frist zu irgendeinem Zeitpunkt wiederum nicht vertreten sein, etwa weil die Annahme der Erbschaft angefochten wird oder ein Vertreter nicht mehr zur Verfügung steht, läuft die Frist nicht weiter. Sie wird vielmehr erneut in Lauf gesetzt, sobald wiederum eines der in § 211 aufgeführten Ereignisse (Erbschaftsannahme, Eröffnung des Nachlassinsolvenzverfahrens, Nachlassvertretung) eintritt.[19]

III. Konkurrenzen

Die Ablaufhemmung nach § 211 schließt die parallele (Ablauf-)Hemmung oder den Neubeginn nach anderen Vorschriften nicht aus. Erhebt etwa der Erbe oder ein Nachlassgläubiger innerhalb der Sechsmonatsfrist des S. 1 (oder der nach S. 2 zu berechnenden kürzeren Frist) Klage oder kommt es zu Verhandlungen zwischen den Parteien, stehen die Wirkung des § 211 und jene des § 203 bzw. § 204 Abs. 1 Nr. 1, Abs. 2 zunächst nebeneinander. Sollte die ursprüngliche Verjährungsfrist im Zeitpunkt der Erfüllung des weiteren Hemmungstatbestandes noch nicht abgelaufen sein, wird der Fristlauf gem. § 209 ausgesetzt. § 211 kommt dann nur noch in den Fällen Bedeutung zu, in denen die Hemmungswirkung vor Ablauf der Frist des S. 1 oder des S. 2 aufgehoben wird und es ohne die Ablaufhemmung des § 211 zu einem Verjährungseintritt vor dem danach bestimmten Zeitpunkt käme. Tritt die Verjährung hingegen auch ohne § 211 später als nach Ablauf der dort bestimmten Ablaufhemmung ein, ist die Vorschrift bedeutungslos. Entsprechendes gilt, wenn im Zeitpunkt der Hemmung die Verjährungsfrist ohne § 211 bereits abgelaufen wäre. In diesem Fall führt die Hemmung zwar nicht zu einer Aussetzung der noch laufenden Frist, der Eintritt der Verjährung ist aber dennoch so lange aufgeschoben, bis der Hemmungsgrund wegfällt und ggf. eine sich anschließende gesonderte Ablaufhemmungsfrist (z. B. nach § 203 S. 2) abgelaufen ist. Ist in diesem Zeitpunkt auch die Frist des § 211 bereits überschritten, tritt in dem Moment Verjährung ein; ansonsten bleibt es bei dem nach § 211 bestimmten Verjährungseintritt.

IV. Übergangsrecht

Zum Übergangsrecht siehe Art. 229 § 6 EGBGB Rn 36 f.

---

15 MüKo/*Grothe*, § 211 Rn 3; Palandt/*Heinrichs*, § 211 Rn 1; Bamberger/Roth/*Henrich*, § 211 Rn 3; Soergel/*Niedenführ*, § 211 Rn 3; Erman/ *Schmidt-Räntsch*, § 211 Rn 5; differenzierend Staudinger/*Peters*, § 211 Rn 4: Bei Ansprüchen gegen den Nachlass kommt es auf den letzten Miterben an; bei Ansprüchen des Nachlasses gegen Dritte genügt bereits die Annahme durch einen Erben.

16 *Krug*, Die Auswirkungen der Schuldrechtsreform auf das Erbrecht, 2002, Rn 137 (S. 49); Erman/ *Schmidt-Räntsch*, § 211 Rn 5.

17 RGZ 100, 279, 281.

18 MüKo/*Grothe*, § 211 Rn 5; Palandt/*Heinrichs*, § 211 Rn 1; Bamberger/Roth/*Henrich*, § 211 Rn 5; Soergel/*Niedenführ*, § 211 Rn 3; Staudinger/*Peters*, § 211 Rn 5; Erman/*Schmidt-Räntsch*, § 211 Rn 5.

19 MüKo/*Grothe*, § 211 Rn 5; Bamberger/Roth/ *Henrich*, § 211 Rn 5; Soergel/*Niedenführ*, § 211 Rn 5; Staudinger/*Peters*, § 211 Rn 5; Erman/ *Schmidt-Räntsch*, § 211 Rn 5.

C. Weitere praktische Hinweise

14 **Darlegungs-** und **beweispflichtig** für das Vorliegen eines Nachlassfalles in unverjährter Zeit ist nach den allgemeinen Beweislastregeln (vgl. hierzu § 203 Rn 49) der sich auf die Ablaufhemmung des S. 1 berufende Gläubiger. Ist dieser Beweispflicht Genüge getan oder ist der Eintritt des Erbfalls unstreitig, schließt sich die Frage an, wer die Beweislast dafür trägt, dass die in S. 1 genannten Ereignisse eingetreten sind, die den Beginn der in der Vorschrift vorgesehenen Sechsmonatsfrist (oder der nach S. 2 zu berechnenden kürzeren Frist) bedingen (Annahme der Erbschaft, Eröffnung des Insolvenzverfahrens, Vorhandensein eines Nachlassvertreters). In Literatur und Rechtsprechung wird zu dieser Frage nicht ausdrücklich Stellung genommen. Jedoch existiert im Hinblick auf die Hemmung nach §§ 203–208 ein dem Vorbeschriebenen ähnliches Problem: Für diese Tatbestände ist streitig, wer den Fortbestand bzw. den Wegfall der die Hemmung tragenden Tatsachen zu beweisen hat, wenn die Voraussetzungen eines der Hemmungstatbestände der §§ 203–208 unstreitig oder durch den Gläubiger bewiesen sind. Nach herrschender Auffassung ist es im letztgenannten Fall stets Aufgabe des Schuldners, die Tatsachen darzulegen und ggf. zu beweisen, die zum Ende der Hemmung führen.[20] Nach anderer Ansicht soll dagegen der Gläubiger auch die Beweislast dafür tragen, dass der Hemmungsgrund während des gesamten von ihm geltend gemachten Zeitraums vorlag, wenn der Schuldner das Vorliegen der den Hemmungsfortbestand tragenden Tatsachen substantiiert bestritten hat.[21] Zu Einzelheiten sowie der Auseinandersetzung mit beiden Ansätzen kann auf die ausführliche Darstellung der Problematik in § 203 Rn 49 verwiesen werden.

15 Überträgt man den im Hinblick auf die Hemmung geführten Streit auf den Tatbestand des S. 1, so obliegt es entsprechend der zu dem Problem der Beweislastverteilung im Rahmen der §§ 203–208 vertretenen herrschenden Meinung dem Schuldner eines von § 211 betroffenen Anspruchs, darzulegen und ggf. zu beweisen, wann die Ereignisse eingetreten sind, welche die Fristen des S. 1 bzw. des S. 2 auslösen. Legt man die Gegenansicht zugrunde, wäre umgekehrt der Gläubiger gehalten, nicht nur den Eintritt des Nachlassfalles zu beweisen, sondern auch die Nichtannahme der Erbschaft, die Nichteröffnung des Insolvenzverfahrens und das Fehlen eines Nachlassvertreters.

§ 212 Neubeginn der Verjährung

(1) ¹Die Verjährung beginnt erneut, wenn
1. der Schuldner dem Gläubiger gegenüber den Anspruch durch Abschlagszahlung, Zinszahlung, Sicherheitsleistung oder in anderer Weise anerkennt oder
2. eine gerichtliche oder behördliche Vollstreckungshandlung vorgenommen oder beantragt wird.

(2) ¹Der erneute Beginn der Verjährung infolge einer Vollstreckungshandlung gilt als nicht eingetreten, wenn die Vollstreckungshandlung auf Antrag des Gläubigers oder wegen Mangels der gesetzlichen Voraussetzungen aufgehoben wird.

(3) ¹Der erneute Beginn der Verjährung durch den Antrag auf Vornahme einer Vollstreckungshandlung gilt als nicht eingetreten, wenn dem Antrag nicht stattgegeben oder der Antrag vor der Vollstreckungshandlung zurückgenommen oder die erwirkte Vollstreckungshandlung nach Absatz 2 aufgehoben wird.

Literatur: *Peters*, Das Anerkenntnis des Schuldners im System des Verjährungsrechts, JZ 2003, 838.

A. Allgemeines 1	a) Schuldner 14
I. Normgeschichte und Normzweck 1	b) Gläubiger 17
II. Europäisches Vertragsrecht 6	II. Vollstreckungsmaßnahmen (Abs. 1 Nr. 2) .. 18
III. Weitere Neubeginntatbestände 7	1. Grundsatz 18
IV. Ausschluss des Neubeginns 8	2. Maßgebliche Fristen 20
B. Regelungsgehalt 10	III. Aufhebung der Vollstreckungshandlung, Zurückweisung des Vollstreckungsantrags (Abs. 2 und 3) 22
I. Anerkenntnis (Abs. 1 Nr. 1) 10	
1. Sachlicher Anwendungsbereich 10	
2. Persönlicher Anwendungsbereich 14	IV. Rechtsfolgen 25

---

[20] Henssler/von Westphalen/*Bereska*, Praxis der Schuldrechtsreform, 2. Aufl. 2003, vor §§ 203–213 Rn 5; Soergel/*Niedenführ*, vor § 203 Rn 12; ebenso noch zum alten Recht Baumgärtel/*Laumen*, Handbuch der Beweislast im Privatrecht, 2. Aufl. 1991, § 202 a.F. Rn 2 unter Berufung auf BGH WM 1977, 823 f.

[21] MüKo/*Grothe*, § 203 Rn 1.

1. Zeitpunkt des Neubeginns 25		2. Sachliche Reichweite des Neubeginns .. 33	
a) Grundsatz 25		3. Persönliche Reichweite des Neubeginns 35	
b) Anerkenntnis 29		4. Zusammentreffen von Neubeginn und	
c) Vollstreckungshandlung 31		Hemmung oder Ablaufhemmung 37	
d) Dauerunterbrechung 32		C. Weitere praktische Hinweise 40	

A. Allgemeines

I. Normgeschichte und Normzweck

Nach In-Kraft-Treten des SchuldRModG ist in den §§ 203 ff. ein Neubeginn der Verjährung nur noch gem. § 212 für die Fälle des Anerkenntnisses des Anspruchs (Abs. 1 Nr. 1) sowie der Vornahme oder Beantragung einer gerichtlichen oder behördlichen Vollstreckungshandlung (Abs. 1 Nr. 2) vorgesehen. Im **alten Recht** war die nicht als Neubeginn, sondern als Unterbrechung bezeichnete Rechtsfigur (abgesehen von vereinzelten Sonderbestimmungen) mit zahlreichen unterschiedlichen Tatbeständen in den §§ 208–217 a.F. geregelt. Die meisten dieser früheren Unterbrechungsgründe sind seit dem 1.1.2002 nur noch Hemmungsgründe und werden jetzt durch §§ 204, 209 erfasst. Der Gesetzgeber entschied sich für eine Umwandlung in Hemmungsgründe, da die Unterbrechungstatbestände des bisherigen Verjährungsrechts im Einzelnen schwer zu rechtfertigende Differenzierungen enthielten. Darüber hinaus sah das bisherige Recht zahlreiche Fälle vor, in denen eine bestimmte Maßnahme die Verjährung unterbrach, ohne dass die daraus sich ergebende Folge – nämlich die In-Gang-Setzung einer neuen Verjährungsfrist – immer sachlich gerechtfertigt erschien.[1]

Der Einleitungssatz des Abs. 1 **definiert** den Neubeginn und übernimmt den sachlichen Gehalt des § 217 a.F. Der Neubeginn bewirkt danach, dass die bereits angelaufene, aber noch nicht abgelaufene (vgl. Rn 28) Verjährungszeit nicht beachtet wird und die Verjährungsfrist in voller Länge erneut zu laufen beginnt. Dabei ist wiederum die ursprünglich für den Anspruch kraft Gesetzes oder kraft vertraglicher Abrede (siehe § 202) geltende Verjährungsfrist zur Anwendung zu bringen.[2]

Verjährt der Anspruch in der allgemeinen Verjährungsfrist der §§ 195, 199 Abs. 1, so läuft nicht nur die Dreijahresfrist des § 195 neu an, sondern auch die Maximalfristen des § 199 Abs. 2–4. Dem wird zwar zumeist keine Bedeutung zukommen, da die Voraussetzungen des § 199 Abs. 1 sowohl bei einer Anerkennung durch den Schuldner (Abs. 1 Nr. 1) als auch bei der Beantragung oder Vornahme einer Vollstreckungshandlung (Abs. 1 Nr. 2) regelmäßig vorliegen. Sollte es allerdings aufgrund einer Schädigung zu Spätschäden kommen, die nicht von dem Grundsatz der Schadenseinheit[3] erfasst werden und damit nicht bereits dann als entstanden gelten, wenn sich die Vermögenslage des Geschädigten durch das schadenstiftende Ereignis diese Verschlechterung und sich diese dem Grunde nach verwirklicht hat, kann namentlich der Neubeginn der Höchstfrist des § 199 Abs. 2 doch relevant werden. Voraussetzung ist in diesem Fall allerdings, dass der Neubeginntatbestand auch den Anspruch auf Ersatz dieser Spätschäden mit umfasst.

Unterwirft sich der Schuldner mit dem Anerkenntnis zugleich der Zwangsvollstreckung in einer notariellen Urkunde (vgl. § 794 Abs. 1 Nr. 5 ZPO), so kommt es ggf. zu einem doppelten Neubeginn der Verjährung. Fallen der Zeitpunkt des Anerkenntnisses und jener der Errichtung des vollstreckbaren Titels zeitlich auseinander, wird die Verjährung zunächst nach Abs. 1 Nr. 1 neu in Lauf gesetzt. Mit der Tituierung beginnt die Frist dann wiederum erneut zu laufen; allerdings ist dies jetzt nicht mehr die ursprünglich für die Verjährung maßgebliche Frist, sondern die dreißigjährige Frist des § 197 Abs. 1 Nr. 4. Fallen Anerkenntnis und Titelerrichtung zusammen, verdrängt § 197 Abs. 1 Nr. 4 die Regelung des Abs. 1 Nr. 1.

Der Regelungsgehalt des § 212 entspricht auch in seinen Voraussetzungen dem bisherigen Recht. Die Regelung des Neubeginns der Verjährung infolge eines **Anerkenntnisses** in Abs. 1 Nr. 1 ist mit § 208 a.F. inhaltsgleich, mit der Ausnahme, dass in Abs. 1 Nr. 1 nun von „Schuldner" und „Gläubiger" statt „Verpflichteter" und „Berechtigter" die Rede ist.[4] Der Unterbrechungsgrund des § 209 Abs. 2 Nr. 5 a.F. (**Vollstreckungshandlung** bzw. **Vollstreckungsantrag**) wird jetzt in Abs. 1 Nr. 2 geregelt. Dabei wurde der Normtext gestrafft und auch inhaltlich verändert. Diese Änderungen dienen aber allein der Anpassung des Normtextes an das heutige Verständnis der Zwangsvollstreckung und der erleichterten Rechtsanwendung

---

1 BT-Drucks 14/6040, S. 91.
2 S. allerdings zu dem Sonderfall, dass der Unternehmer seine Pflicht zur Mängelbeseitigung anerkennt, nachdem der Besteller eines Bauwerkes Beseitigung der Mängel gem. § 13 Nr. 5 Abs. 1 S. 1 VOB/B i.d.F. von Juli 1990 nach Ablauf der Gewährleistungsfrist von mehr als drei, aber weniger als fünf Jahren verlangt hat, OLG Celle, Urt. v. 18.12.2003 – 6 U 121/03, JURIS-Dok.-Nr. KORE400282004. Nach Auffassung des Gerichts läuft in diesem Fall nicht die vereinbarte fünfjährige Frist erneut an, sondern die zweijährige Regelfrist des § 13 Nr. 4 VOB/B.
3 Vgl. hierzu *Mansel/Budzikiewicz*, Das neue Verjährungsrecht, 2002, § 3 Rn 80 ff.
4 Zur Kritik an der Begriffsauswechslung s. *Zimmermann/Leenen u.a.*, JZ 2001, 684, 698.

(Rn 19). Andere Normanwendungsergebnisse ergeben sich daraus nicht und waren auch nicht beabsichtigt.[5] Abs. 2 und Abs. 3 decken sich inhaltlich mit § 216 Abs. 1 und Abs. 2 a.F.

Insgesamt kann für die Anwendung des § 212 auf die zu den genannten Normen des bisherigen Rechts ergangene Rechtsprechung und die dazugehörige Lehre verwiesen werden.

II. Europäisches Vertragsrecht

6 § 212 entspricht im Grundsatz Art. 14:401 und Art 14:402 der Principles of European Contract Law (zu diesen siehe §§ 194 – 218 Rn 14 ff.).[6]

III. Weitere Neubeginntatbestände

7 Außerhalb der §§ 203 ff. finden sich **weitere Tatbestände des Neubeginns**, so etwa in § 5 Abs. 3 S. 2 GKG, § 17 Abs. 3 S. 2 KostO, § 8 Abs. 3 S. 2 GvKostG, § 2 Abs. 4 S. 2 JVEG i.V.m. § 5 Abs. 3 S. 2 GKG.[7]

IV. Ausschluss des Neubeginns

8 Einige **Sonderregeln** schließen für ihren Anwendungsbereich unter bestimmten Umständen den Neubeginn (und die Hemmung) aus. So findet bei **geringfügigen Ansprüchen** ein solcher Ausschluss durch § 5 Abs. 3 S. 4 GKG, § 17 Abs. 3 S. 3 KostO, § 8 Abs. 3 S. 4 GvKostG und § 2 Abs. 4 S. 2 JVEG i.V.m. § 5 Abs. 3 S. 4 GKG statt.

9 Einen vollständigen Ausschluss des Neubeginns (und der Hemmung) sieht § 759 Abs. 3 S. 2 HGB vor. Der Ausschluss betrifft allerdings nicht die Verjährung eines Anspruchs, sondern eine **Ausschlussfrist**.[8] § 759 HGB regelt, dass das **Pfandrecht eines Schiffsgläubigers** nach Ablauf eines Jahres seit der Entstehung der gesicherten Forderung erlischt. § 759 Abs. 2 HGB benennt Ausnahmen davon. So erlischt das Pfandrecht z.B. nicht, wenn der Gläubiger innerhalb der Jahresfrist die Beschlagnahme des Schiffes wegen des Pfandrechts erwirkt und das Schiff später im Wege der Zwangsvollstreckung veräußert wird, ohne dass das Schiff in der Zwischenzeit von einer Beschlagnahme zugunsten dieses Gläubigers frei geworden ist. Das SchuldRModG hat die Beschränkung hinzugefügt, dass (eine Hemmung, eine Ablaufhemmung oder) ein Neubeginn der Erlöschensfrist aus anderen als den in § 759 Abs. 2 HGB genannten Gründen nicht stattfindet.

B. Regelungsgehalt

I. Anerkenntnis (Abs. 1 Nr. 1)

10 **1. Sachlicher Anwendungsbereich.** Erkennt der Schuldner dem Gläubiger gegenüber den Anspruch an, so beginnt nach Abs. 1 Nr. 1 die Verjährungsfrist erneut zu laufen. Dabei setzt die Regelung nicht voraus, dass es sich bei dem Anerkenntnis um ein Schuldanerkenntnis i.S.d. § 781 handelt.[9] Unter Anerkenntnis im Sinne von Abs. 1 Nr. 1 ist vielmehr – wie nach bisherigem Recht (§ 208 a.F.) – **jedes**, auch rein tatsächliche, **Verhalten zu verstehen**, durch das der Schuldner sein Bewusstsein vom Bestehen des Anspruchs zumindest dem Grunde nach[10] unzweideutig zum Ausdruck bringt.[11] Ob eine Erklärung oder ein Verhalten des Schuldners diesen Voraussetzungen genügt, ist nach §§ 133, 157 analog auszulegen.[12] Das Gesetz nennt lediglich beispielhaft die Abschlagszahlung,[13] Zinszahlung und Sicherheitsleistung als Anerkenntnisakte. Im

---

5 BT-Drucks 14/6040, S. 121.
6 In deutscher Sprache veröffentlicht in ZEuP 2003, 895 ff. Die Artt. 14:401 und 14:402 PECL entsprechen Art. 17:112 PECL der vorherigen Fassung, abgedruckt in ZEuP 2001, 400, 401 f.
7 Weitere Beispiele bei MüKo/*Grothe*, § 212 Rn 23 f.; Staudinger/*Peters*, § 212 Rn 2 f., die jedoch in einigen Fällen nicht mehr dem aktuellen Stand entsprechen.
8 Auf Ausschlussfristen findet § 212 Abs. 1 Nr. 1 grds. keine entsprechende Anwendung, BGH MDR 2004, 26. Erfüllt der Schuldner die Voraussetzungen, die an das Vorliegen eines Anerkenntnisses gestellt werden, so soll nach BGH (a.a.O.) die Vorschrift jedoch in reduzierter Form jedenfalls insofern Geltung zukommen, als die in Rede stehende Ausschlussfrist (*in casu* § 7 Abs. 8 S. 2 VermG) zwar nicht neu anläuft, der Ablauf der Frist aber für eine gewisse Zeit keine Berücksichtigung findet.

9 Vgl. BGH VersR 1972, 372, 373 (zu § 208 a.F.).
10 Vgl. hierzu ausf. Staudinger/*Peters*, § 212 Rn 20; ferner Bamberger/Roth/*Henrich*, § 212 Rn 7 (wird dem Grunde nach anerkannt, führt dies zum Verjährungsneubeginn des gesamten Anspruchs ungeachtet etwaiger Einwendungen betreffend die Anspruchshöhe).
11 BGH NJW 2002, 2872, 2873; 1999, 1101, 1103; 1997, 516, 517; NJW-RR 1994, 373; OLG Köln VersR 1998, 1389; OLG Düsseldorf, Urt. v. 9.12.2003 –23 U 179/02, JURIS-Dok.-Nr. KORE417212004!; Bamberger/Roth/*Henrich*, § 212 Rn 2.
12 BGH NJW 2002, 2872, 2873 f.; Palandt/*Heinrichs*, § 212 Rn 2; Staudinger/*Peters*, § 212 Rn 7 a.E., 12.
13 Vgl. hierzu Soergel/*Niedenführ*, § 212 Rn 16; Staudinger/*Peters*, § 212 Rn 25 f.; Erman/*Schmidt-Räntsch*, § 212 Rn 9. Zur Reichweite der Anerkennungswirkung von Abschlagszahlungen bei Vorliegen mehrerer Forderungen vgl. OLG Oldenburg

Übrigen kann für die Auslegung des Abs. 1 Nr. 1 auf die zu § 208 a.F. ergangene Rechtsprechung und die zugehörige Literatur zurückgegriffen werden.[14]

Ein Anerkenntnis kann in (wirksamen oder nichtigen) Willenserklärungen enthalten sein.[15] Gibt der Schuldner ein **konstitutives Schuldanerkenntnis i.S.d. § 781** ab, erfüllt dies grds. zugleich die Voraussetzungen eines Anerkenntnisses im Sinne von Abs. 1 Nr. 1.[16] Zu beachten ist dabei allerdings, dass das konstitutive Schuldanerkenntnis nur dann auch zu einem Neubeginn der Verjährung des Grundgeschäftes führt, wenn dieses tatsächlich besteht und noch nicht verjährt ist (vgl. Rn 28). Liegt eine dieser Voraussetzungen nicht vor, so berührt dies zwar die Wirksamkeit des Schuldanerkenntnisses nicht, der Gläubiger kann jedoch lediglich aus § 781 gegen den Schuldner vorgehen. Sichert das Schuldanerkenntnis hingegen eine bestehende, unverjährte Schuld, so stehen dem Gläubiger der Anspruch aus dem Grundgeschäft und jener aus § 781 nebeneinander zur Verfügung. Das Grundgeschäft verjährt in diesem Fall beginnend mit dem Anerkenntnis erneut in der für dieses maßgeblichen Frist (vgl. Rn 2); die Forderung aus § 781 unterliegt demgegenüber unabhängig von dem Grundgeschäft der allgemeinen Verjährung nach §§ 195, 199 Abs. 1.

Auch ein **deklaratorisches Schuldanerkenntnis** erfüllt ohne weiteres die Voraussetzungen, die Abs. 1 Nr. 1 an ein Anerkenntnis stellt, ist jedoch gleichfalls nicht Bedingung für einen Verjährungsneubeginn.[17]

In der Gesetzesbegründung wird ausdrücklich klargestellt, dass dem Vorschlag, die **Aufrechnung** als Unterfall des Anerkenntnisses zu behandeln, nicht gefolgt wird. Wer gegen einen gegen ihn geltend gemachten Anspruch aufrechne, erkenne diesen in der Regel gerade nicht an, sondern bestreite ihn.[18] Die Gesetzesbegründung verweist insoweit auch auf die bisherige Rechtsprechung.[19] Es sei – wie bisher[20] – eine von der Rechtsprechung im Einzelfall individuell zu entscheidende Frage, unter welchen Voraussetzungen eine Aufrechnungserklärung ausnahmsweise zugleich als verjährungserneuerndes Anerkenntnis zu qualifizieren sei.[21]

Ausnahmsweise kann auch in einem **Nachbesserungsversuch** ein Anerkenntnis der Mängelgewährleistungsansprüche liegen (vgl. auch § 203 Rn 32). Dies ist der Fall, wenn der Nachbessernde aus der Sicht des anderen Teils nicht nur aus Kulanz oder zur gütlichen Streiterledigung nachbessert, sondern sein Verhalten dahin ausgelegt werden kann, dass er in Anerkennung seiner Pflicht zur Nachbesserung handelt.[22] Allerdings kann davon nur in besonders gelagerten Ausnahmesituationen ausgegangen werden, da jeder, der eine Nachbesserung unternimmt, seine Rechtsstellung über die Nachbesserung hinaus nicht wird verschlechtern wollen.

Zur Kumulation von Neubeginn gem. Abs. 1 Nr. 1 und Hemmung gem. § 203 im Fall des Anerkenntnisses der Nachbesserungspflicht vgl. § 203 Rn 32.

2. Persönlicher Anwendungsbereich. a) Schuldner. Nach Abs. 1 Nr. 1 muss das Anerkenntnis durch den Schuldner für eine ihn selbst verpflichtende Forderung abgegeben worden sein. Persönliches Handeln ist allerdings nicht erforderlich; der Schuldner **kann vertreten werden**.[23] Verhandlungsvollmacht des rechtsgeschäftlichen Vertreters ist in diesem Fall ausreichend.[24]

NJW-RR 1998, 1283 (analoge Anwendung von § 366 Abs. 1); OLG Köln VersR 1998, 1388, 1389 (analoge Anwendung von § 366 Abs. 2).

14 Vgl. die Beispiele für und gegen die Annahme eines Anerkenntnisses i.R.d. § 208 a.F. bei MüKo/*Grothe*, § 212 Rn 13 ff.; Palandt/*Heinrichs*, § 212 Rn 3 f.; Bamberger/Roth/*Henrich*, § 212 Rn 4 f.; Soergel/*Niedenführ*, § 212 Rn 18 ff.; Staudinger/*Peters*, § 212 Rn 11 ff. und 22 ff.

15 Palandt/*Heinrichs*, § 212 Rn 2; ferner Soergel/*Niedenführ*, § 212 Rn 8; Staudinger/*Peters*, § 212 Rn 8.

16 Erman/*Schmidt-Räntsch*, § 212 Rn 6.

17 Palandt/*Heinrichs*, § 212 Rn 2; Mansel/Budzikiewicz, Das neue Verjährungsrecht, 2002, § 3 Rn 55; Staudinger/*Peters*, § 212 Rn 6; *v. Waldstein/Holland*, TranspR 2003, 387, 395.

18 Nach Staudinger/*Peters*, § 212 Rn 27 soll in der Aufrechnung mit einer Gegenforderung allerdings stets das Anerkenntnis der Hauptforderung des Gläubigers gegen den Schuldner zu sehen sein; ebenso *Larenz/Wolf*, BGB AT, § 17 Rn 61. S. aber zuletzt wieder OLG Hamburg, Urt. v. 30.1.2003 – 6 U 189/02, JURIS-Dok.-Nr. KORE558992003

(kein Anerkenntnis, wenn auf die Verrechnung einer unstreitigen Forderung mit einem streitigen Anspruch hingewiesen wird).

19 BT-Drucks 14/6040, S. 120 unter Hinw. auf OLG Celle OLGZ 1970, 5, 6; BGHZ 58, 103, 105; OLG Koblenz VersR 1981, 167, 168.

20 S. insb. BGHZ 107, 395, 397.

21 Zust. MüKo/*Grothe*, § 212 Rn 15; Soergel/*Niedenführ*, § 212 Rn 22; Erman/*Schmidt-Räntsch*, § 212 Rn 10; vgl. auch Bamberger/Roth/*Henrich*, § 212 Rn 4.

22 BGH NJW 1999, 2961 f.; zust. Bamberger/Roth/*Henrich*, § 212 Rn 4; Erman/*Schmidt-Räntsch*, § 212 Rn 6, 11; vgl. auch MüKo/*Grothe*, § 212 Rn 15.

23 BGH WM 1996, 33, 35 (zu § 208 a.F.); MüKo/*Grothe*, § 212 Rn 9; Palandt/*Heinrichs*, § 212 Rn 6; Bamberger/Roth/*Henrich*, § 212 Rn 9; Staudinger/*Peters*, § 212 Rn 10.

24 MüKo/*Grothe*, § 212 Rn 9; Staudinger/*Peters*, § 212 Rn 10, jeweils mit dem Hinw., dass vollmachtlose Stellvertretung nicht genehmigt werden kann, eine eventuelle Genehmigung jedoch als eigenes Anerkenntnis wirkt.

Erkennt ein Sozius einer **BGB-Gesellschaft** (Erwerbsgesellschaft) einen gegen die Gesamtheit der Gesellschafter gerichteten Anspruch an, so wirkt diese Erklärung sowohl gegenüber der Gesamthand als auch gegenüber den persönlich haftenden Gesellschaftern.[25]

Ein Anerkenntnis durch den **Haftpflichtversicherer** bindet regelmäßig zugleich den Versicherten (Halter und berechtigten Fahrer); vgl. § 10 Abs. 5 AKB.[26] Dies gilt auch dann, wenn die anerkannten Ansprüche wegen Überschreitung der Deckungssumme den Versicherten persönlich treffen würden,[27] es sei denn, der Versicherer machte deutlich, dass er die Ansprüche nicht über die Deckungssumme hinaus anerkennen möchte.[28] Fehlt es an einer derartigen Beschränkung seitens des Versicherers, führt allein der Umstand, dass der Gläubiger selber nicht davon ausgegangen ist, dass die Zahlungen des Versicherers zu einem Verjährungsneubeginn des Anspruchs über die Deckungssumme hinaus geführt hat, nicht zu einer Beschränkung der Anerkenntniswirkung. Die Reichweite eines Anerkenntnisses bestimmt sich nicht in Abhängigkeit von der subjektiven Sicht des Geschädigten; die Erklärung oder das Verhalten des Anerkennenden ist vielmehr stets nach dem objektiven Empfängerhorizont auszulegen.[29]

15 Es bedarf wegen der den Schuldner belastenden Verjährungsfolge des Neubeginns der **Geschäftsfähigkeit** des anerkennenden Schuldners für ein wirksames Anerkenntnis.[30] Doch ist das verjährungsrechtliche Anerkenntnis keine rechtsgeschäftliche Willenserklärung, sondern eine geschäftsähnliche Handlung.[31] Die gesetzlichen Beispiele zeigen bereits deutlich, dass die Rechtsfolge des Neubeginns nicht deshalb eintritt, weil sie von dem Schuldner gewollt ist, sondern weil ein Schuldner durch ein solches Verhalten typischerweise das Vertrauen des Gläubigers weckt, der Schuldner werde sich der Forderungserfüllung nicht entziehen, so dass der Gläubiger von Zwangsmaßnahmen der Anspruchsdurchsetzung (noch) absieht.

16 Unterlag der Schuldner bei Abgabe des Anerkenntnisses einem **Irrtum** oder wurde er durch den Gläubiger **arglistig getäuscht**, so kann er die Erklärung nach §§ 119, 123 analog innerhalb der Fristen der §§ 121, 124 anfechten.[32] Ggf. steht dem Gläubiger in diesem Fall ein Schadensersatzanspruch entsprechend § 122 Abs. 1 zu.[33]

17 **b) Gläubiger.** Das Anerkenntnis des Schuldners muss gegenüber dem Gläubiger des anerkannten Anspruchs erfolgen. Dabei ist auf Seiten des Gläubigers wie auf Seiten des Schuldners **Stellvertretung** möglich.[34] Hat der Schuldner einen Dritten irrtümlich für den tatsächlichen Gläubiger gehalten, so führt das Anerkenntnis dennoch zu einem Verjährungsneubeginn, sofern dem Gläubiger das Verhalten des Schuldners zugetragen wird und der Schuldner sich letztlich gegenüber dem Berechtigten erklären wollte.[35] Auch die erbetene Übermittlung des Anerkenntnisses durch einen Boten genügt den Anforderungen des Abs. 1 Nr. 1, sofern dem Gläubiger die Nachricht wirklich überbracht wurde.[36] Erfüllt jedoch das Verhalten oder die Erklärung des Schuldners zwar objektiv die Voraussetzungen eines Anerkenntnisses, soll dieses aber nicht dem Gläubiger gegenüber abgegeben werden (z.B. Äußerungen, die im Vertrauen gegenüber Dritten gemacht werden), kommt es selbst dann nicht zu einem Neubeginn der Verjährung, wenn der Gläubiger hiervon Kenntnis erhält.[37]

---

25 BGH WM 1996, 33, 35 (Steuerberatersozietät).
26 BGH, Urt. v. 22.7.2004 – IX ZR 482/00, JURIS-Dok.-Nr. KORE311852004 (Anerkenntnis durch Zahlung des Versicherers); BGH VersR 1972, 372, 373 (zu § 208 a.F.).
27 BGH, Urt. v. 22.7.2004 – IX ZR 482/00, JURIS-Dok.-Nr. KORE311852004; BGH VersR 1972, 398, 399; 1964, 1199, 1200 (zu § 208 a.F.); Palandt/*Heinrichs*, § 212 Rn 6; Bamberger/Roth/*Henrich*, § 212 Rn 9; Staudinger/*Peters*, § 212 Rn 10.
28 BGH, Urt. v. 22.7.2004 – IX ZR 482/00, JURIS-Dok.-Nr. KORE311852004.
29 BGH, Urt. v. 22.7.2004 – IX ZR 482/00, JURIS-Dok.-Nr. KORE311852004.
30 Palandt/*Heinrichs*, § 212 Rn 2; Bamberger/Roth/*Henrich*, § 212 Rn 2; Staudinger/*Peters*, § 212 Rn 9.
31 MüKo/*Grothe*, § 212 Rn 6; Palandt/*Heinrichs*, § 212 Rn 2; Staudinger/*Peters*, § 212 Rn 8.
32 MüKo/*Grothe*, § 212 Rn 11; Bamberger/Roth/*Henrich*, § 212 Rn 2; Staudinger/*Peters*, § 212 Rn 9; a.A. Palandt/*Heinrichs*, § 212 Rn 2 (im Falle der Arglist allerdings kann sich der Gläubiger gem. § 242 auf das Anerkenntnis nicht berufen); Soergel/*Niedenführ*, § 212 Rn 6; Erman/*Schmidt-Räntsch*, § 212 Rn 12.
33 MüKo/*Grothe*, § 212 Rn 11; Bamberger/Roth/*Henrich*, § 212 Rn 2; Staudinger/*Peters*, § 212 Rn 9.
34 MüKo/*Grothe*, § 212 Rn 10; Bamberger/Roth/*Henrich*, § 212 Rn 10; Staudinger/*Peters*, § 212 Rn 30, jeweils mit Beispielen.
35 MüKo/*Grothe*, § 212 Rn 10; Bamberger/Roth/*Henrich*, § 212 Rn 11; Soergel/*Niedenführ*, § 212 Rn 12.
36 Palandt/*Heinrichs*, § 212 Rn 6.
37 MüKo/*Grothe*, § 212 Rn 10; Palandt/*Heinrichs*, § 212 Rn 6; Bamberger/Roth/*Henrich*, § 212 Rn 12; Staudinger/*Peters*, § 212 Rn 30; Erman/*Schmidt-Räntsch*, § 212 Rn 5.

II. Vollstreckungsmaßnahmen (Abs. 1 Nr. 2)

1. Grundsatz. Jeder Antrag des Gläubigers auf Zwangsvollstreckung[38] und jede gerichtliche oder behördliche Vollstreckungshandlung[39] lässt nach Abs. 1 Nr. 2 die Verjährung neu beginnen. 18
Bereits unter altem Recht (§ 209 Abs. 2 Nr. 5 a.F.) wurde einer Vollstreckungshandlung die **Zahlung durch den Drittschuldner** gleichgestellt.[40] Dem wird auch unter der Neuregelung in Abs. 1 Nr. 2 zu folgen sein.

Zur Auslegung des Abs. 1 Nr. 2 kann die zu § 209 Abs. 2 Nr. 5 a.F. bestehende Rechtsprechung und Literatur 19
herangezogen werden, auch wenn der Gesetzgeber durch die Neuformulierung in Abs. 1 Nr. 2 den Tatbestand des § 209 Abs. 2 Nr. 5 a.F. sprachlich verändert hat. Der Gesetzgeber wollte durch die Umformulierung keine inhaltlichen Änderungen vornehmen, sondern die Vorschrift nur an das moderne Vollstreckungsverständnis anpassen.[41] Abs. 1 Nr. 2 bringt nunmehr klar zum Ausdruck,[42] dass der Antrag, eine gerichtliche oder behördliche Vollstreckungshandlung vorzunehmen, und – davon losgelöst – zusätzlich auch die Vornahme einer solchen gerichtlichen oder behördlichen Vollstreckungshandlung die Verjährung jeweils neu beginnen lässt. Das bisherige Recht war bereits in diesem Sinne auszulegen – auch wenn diese Auslegung nicht zweifelsfrei war.[43] Die Neufassung des § 209 Abs. 2 Nr. 5 a.F. in Abs. 1 Nr. 2 hat die Fragen jetzt im Sinne der bisher h.M. geklärt.[44]

2. Maßgebliche Fristen. Unterliegt der titulierte Anspruch, für den eine Vollstreckungshandlung beantragt 20
oder vorgenommen wird, der Frist des § 197 Abs. 1 Nr. 3–5, so wird mit der Vollstreckungsmaßnahme erneut die dort vorgesehene Dreißigjahresfrist in Lauf gesetzt; in den von § 197 Abs. 2 erfassten Fällen künftig fällig werdender regelmäßig wiederkehrender Leistungen gilt Entsprechendes für die regelmäßige Verjährungsfrist des § 195.

Die ursprünglich für die Verjährung des Anspruchs maßgebliche Frist ist dagegen heranzuziehen, wenn 21
sich der Vollstreckungsversuch lediglich auf einen **vermeintlich titulierten Anspruch** bezieht. Zwar führt das Betreiben der Vollstreckung auch in diesem Fall zu einem Verjährungsneubeginn nach Abs. 1 Nr. 2, sofern der Anspruch noch nicht verjährt war;[45] mangels wirksamer Titulierung kam es jedoch nicht zu einer Unterstellung des Anspruchs unter das Verjährungsregime der §§ 197 Abs. 1 Nr. 3–5, 201 bzw. §§ 197 Abs. 2, 195, 201, so dass nur die Ursprungsfristen erneut in Lauf gesetzt werden können.

III. Aufhebung der Vollstreckungshandlung, Zurückweisung des Vollstreckungsantrags (Abs. 2 und 3)

Zur Regelung der Frage, wann der Verjährungsneubeginn nach Abs. 1 Nr. 2 wegen Mängeln der Zwangs- 22
vollstreckung oder Rücknahme des Antrags rückwirkend wieder entfällt, hat der Gesetzgeber mit Abs. 2 und 3 den bisherigen § 216 a.F. übernommen. Insoweit kann daher auf die Rechtsprechung und Lehre zu § 216 a.F. verwiesen werden.[46] Änderungen erfolgten nur terminologisch: „Gläubiger" statt „Berechtigter"; „Vollstreckungshandlung" statt „Vollstreckungsmaßregel".

Die dem bisherigen Recht[47] eigene Unterscheidung danach, dass der Neubeginn (die Unterbrechung) nur 23
entfällt, wenn die Voraussetzungen für die Zwangsvollstreckung (Titel, Klausel oder Zustellung) schlechthin fehlen,[48] und nicht schon dann, wenn die Vollstreckungshandlung etwa wegen Unpfändbarkeit der Sache (§ 811 ZPO) oder aufgrund einer Drittwiderspruchsklage (§ 771 ZPO) aufgehoben wird, gilt auch im neuen Recht.[49]

Abs. 2 kennt ebenso wenig wie der als Vorbild dienende § 216 Abs. 1 a.F. eine **Heilungsvorschrift** 24
entsprechend § 212 Abs. 2 a.F.; im bisherigen Recht war zunehmend die analoge Anwendung des für die

---

[38] Die Regelung setzt nicht voraus, dass der Antrag auch zugestellt wird; Palandt/*Heinrichs*, § 212 Rn 9; *Larenz/Wolf*, BGB AT, § 17 Rn 63.
[39] Vgl. hierzu die Beispiele bei MüKo/*Grothe*, § 212 Rn 18; Palandt/*Heinrichs*, § 212 Rn 10; Soergel/ *Niedenführ*, § 212 Rn 24 ff.; Staudinger/*Peters*, § 212 Rn 41 ff.; Erman/*Schmidt-Räntsch*, § 212 Rn 14.
[40] BGH NJW 1998, 1058, 1059.
[41] Vgl. BT-Drucks 14/6040, S. 121.
[42] S. dazu BT-Drucks 14/6040, 120 f.; s. die entspr. Kritik am bisherigen Recht insb. von Staudinger/ *Peters*, 13. Bearbeitung 1995, § 209 Rn 94–96.
[43] S. zu den Auslegungsfragen und ihrer Lösung in dem Sinne, der jetzt in Abs. 1 Nr. 2 Gesetz wurde, Staudinger/*Peters*, 13. Bearbeitung 1995, § 212 Rn 96.
[44] S. nur MüKo/*Grothe*, § 209 BGB Rn 26.
[45] OLG Köln WM 1995, 597, 600 (zu § 209 Abs. 2 Nr. 5 a.F.); vgl. auch Staudinger/*Peters*, § 212 Rn 38.
[46] Henssler/von Westphalen/*Bereska*, Praxis der Schuldrechtsreform, 2. Aufl. 2003, § 212 Rn 4 f.
[47] Staudinger/*Peters*, 13. Bearbeitung 1995, § 216 Rn 3 m.w.N.
[48] Nach OLG Jena NJW-RR 2001, 1648 ist dies nicht schon dann der Fall, wenn die Klausel nach Erinnerung des Vollstreckungsschuldners mangels hinreichender Bestimmtheit aufgehoben wird.
[49] BT-Drucks 14/6040, S. 121.

Unterbrechung durch Klageerhebung geltenden § 212 Abs. 2 a.F. auf die Fälle des § 216 Abs. 1 a.F. als zutreffend erachtet worden.[50]

§ 212 Abs. 2 a.F. wurde in das neue Recht infolge der Umgestaltung des Unterbrechungsgrundes der Klageerhebung (§ 209 Abs. 1 a.F.) in einen Hemmungsgrund (§ 204 Abs. 1 Nr. 1) nicht übernommen. Damit ist die Analogiebasis weggefallen. Eine Heilung entsprechend § 212 Abs. 2 a.F. findet im Falle des Verjährungsneubeginns infolge Zwangsvollstreckung nicht statt.[51] Dieses Ergebnis deckt sich im Übrigen mit dem Gesetzeswortlaut des bisherigen Rechts.

IV. Rechtsfolgen

25 **1. Zeitpunkt des Neubeginns. a) Grundsatz.** Sind die Voraussetzungen des Abs. 1 Nr. 1 oder Nr. 2 erfüllt, so wird die Verjährungsfrist in voller Länge erneut in Lauf gesetzt (vgl. Rn 2). Die Neubeginntatbestände des Abs. 1 sind Fälle einer **Augenblicksunterbrechung**.[52] Danach beginnt die neue Verjährungsfrist unmittelbar mit dem den Neubeginn auslösenden Ereignis (also dem Anerkenntnis, dem Vollstreckungsantrag oder der Vollstreckungshandlung) erneut von Anbeginn zu laufen.[53] Allerdings ist die infolge des Neubeginns erneut anlaufende Verjährungsfrist in Anwendung des § 187 Abs. 1 erst von dem auf die Verwirklichung des Neubeginntatbestands[54] folgenden Tag (0.00 Uhr) an zu berechnen.[55]

26 Führt Abs. 1 zum Neubeginn der **allgemeinen Verjährungsfrist** nach § 195, so gilt nichts anderes; insbesondere beginnt die neu anlaufende Verjährung nicht erst mit dem Schluss des Jahres, wie es § 199 Abs. 1 anordnet.[56] § 199 Abs. 1 kommt in diesem Fall nicht erneut zur Anwendung, weil der Beginn des neuen Fristlaufs bereits durch den insoweit spezielleren Abs. 1 geregelt wird.[57]

27 Werden allerdings die Voraussetzungen des Neubeginns schon vor dem gesetzlichen Verjährungsbeginn erfüllt (erkennt der Schuldner z.B. im Fall der Verjährung nach §§ 195, 199 Abs. 1 bereits vor dem Jahresende seine Verpflichtung an oder wird der Anspruch noch vor diesem Zeitpunkt tituliert), bleibt es bei dem gesetzlich oder vertraglich vorgesehenen späteren Fristbeginn (Abs. 1 Nr. 1 bzw. 2 wirkt sich in diesem Fall nicht aus).[58]

28 Wirkung zeitigen die Anerkennung bzw. die Beantragung oder Vornahme der Vollstreckungshandlung allerdings nur dann, wenn diese noch **vor Eintritt der Verjährung** vorgenommen werden. Abs. 1 führt nicht dazu, dass bei einem bereits verjährten Anspruch die Verjährungsfrist erneut in Lauf gesetzt wird.[59] Erkennt der Schuldner den Anspruch nach Ablauf der Verjährungsfrist an, kann darin aber ein **Verzicht auf die Erhebung der Verjährungseinrede** liegen.[60]

29 **b) Anerkenntnis.** Erkennt der Schuldner den Anspruch an, so ist für den Neubeginn der Zeitpunkt maßgeblich, in dem der Schuldner die entsprechende Erklärung abgibt oder sich so verhält, dass ein Rückschluss auf ein Anerkenntnis i.S.d. Abs. 1 Nr. 1 möglich ist.[61] Hat der Gläubiger erst zu einem späteren Zeitpunkt von dem Verhalten oder der Äußerung des Schuldners Kenntnis erlangt, so bleibt dennoch

---

50 BGHZ 122, 287, 296; Palandt/*Heinrichs*, 60. Aufl. 2001, § 216 Rn 1; Soergel/*Niedenführ*, 13. Aufl. 1999, § 216 Rn 2; tendenziell eher abl. MüKo/*Grothe*, § 216 Rn 2; abl. im Erg. Staudinger/*Peters*, 13. Bearbeitung 1995, § 216 Rn 2.

51 Zust. MüKo/*Grothe*, § 212 Rn 20; Erman/*Schmidt-Räntsch*, § 212 Rn 16. A.A. *Böckmann*, InVo 2003, 345, 347; Palandt/*Heinrichs*, § 212 Rn 12; Soergel/*Niedenführ*, § 212 Rn 33: Die Wirkung des Abs. 1 Nr. 2 bleibt nach § 204 Abs. 2 analog erhalten, sofern der Gläubiger innerhalb von sechs Monaten die in Abs. 1 Nr. 2 vorgesehenen Handlungen wiederholt.

52 S. *Mansel/Budzikiewicz*, Das neue Verjährungsrecht, 2002, § 7 Rn 19.

53 RGZ 128, 76, 80; BGH NJW 1979, 217; BGHZ 93, 287, 295; 122, 287, 293; 137, 193, 198.

54 BGH NJW 1998, 2972, 2973; OLG Celle, Urt. v. 18.12.2003–6 U 121/03, JURIS-Dok.-Nr. KORE400282004 zum Anerkenntnis.

55 Henssler/von Westphalen/*Bereska*, Praxis der Schuldrechtsreform, 2. Aufl. 2003, § 212 Rn 7; MüKo/*Grothe*, § 212 Rn 19; Bamberger/Roth/*Henrich*, § 212 Rn 14; Palandt/*Heinrichs*, § 212 Rn 8; Staudinger/*Peters*, § 212 Rn 7; Erman/*Schmidt-Räntsch*, § 212 Rn 2.

56 MüKo/*Grothe*, § 212 Rn 19; Soergel/*Niedenführ*, § 212 Rn 29; Erman/*Schmidt-Räntsch*, § 212 Rn 2. Zum bisherigen Recht (§ 201 a.F.) ebenso: BGHZ 86, 103; 93, 294; BAG NJW 1997, 3461, 3462.

57 Vgl. auch *Peters*, JZ 2003, 838.

58 Erman/*Schmidt-Räntsch*, § 212 Rn 2.

59 BGH NJW 1997, 516, 517; Henssler/von Westphalen/*Bereska*, Praxis der Schuldrechtsreform, 2. Aufl. 2003, § 212 Rn 1; MüKo/*Grothe*, § 212 Rn 1; Palandt/*Heinrichs*, § 212 Rn 2; Bamberger/Roth/*Henrich*, § 212 Rn 3.

60 Palandt/*Heinrichs*, § 212 Rn 2; Bamberger/Roth/*Henrich*, § 212 Rn 3; Soergel/*Niedenführ*, § 212 Rn 28; Staudinger/*Peters*, § 212 Rn 7; Erman/*Schmidt-Räntsch*, § 212 Rn 4.

61 OLG Celle, Urt. v. 18.12.2003–6 U 121/03, JURIS-Dok.-Nr. KORE400282004.

der Moment der **Abgabe des Anerkenntnisses** für die Berechnung der neu anlaufenden Verjährungsfrist maßgeblich.[62]

Wird der Anspruch **mehrfach anerkannt** – etwa mit jeder monatlichen Teilzahlung oder durch Zahlung auf einzelne Schadenspositionen[63] –, so liegt darin jeweils ein weiterer Fall des Neubeginns,[64] der sich grds. auf den gesamten Anspruch (z.B. aus Vertragsverletzung oder unerlaubter Handlung) bezieht.[65] 30

c) Vollstreckungshandlung. Im Falle des Abs. 1 Nr. 2 erfolgt der Neubeginn nicht erst mit Abschluss des Zwangsvollstreckungsverfahrens, sondern bereits unmittelbar mit Vornahme oder der Beantragung der Vollstreckungshandlung.[66] **Weitere Vollstreckungshandlungen** oder **-anträge** lassen die Verjährung ab diesem Zeitpunkt jeweils erneut beginnen.[67] 31

d) Dauerunterbrechung. Sofern außerhalb des BGB einzelne Vorschriften eine dauerhafte Unterbrechung, also keine Augenblicksunterbrechung anordnen, wird man auf den Rechtsgedanken des § 217 Hs. 2 a.F. zurückgreifen müssen, um die Wirkung einer dauerhaften Unterbrechung zu bestimmen. Bei einer Dauerunterbrechung beginnt die Verjährungsfrist (Neubeginn) danach erst mit der tatbestandlich bestimmten Beendigung der Unterbrechung erneut zu laufen. 32

2. Sachliche Reichweite des Neubeginns. Der Neubeginn betrifft den **Anspruch** oder den **abgrenzbaren Anspruchsteil**, für den der Tatbestand des Abs. 1 Nr. 1 bzw. Nr. 2 erfüllt ist. Soweit der Neubeginn nach Abs. 1 Nr. 1 in Rede steht, entscheidet ausschließlich der Schuldner darüber, ob er den Anspruch nur z.T. oder insgesamt anerkennt od lediglich ein bestimmter Anspruch erfasst ist oder ob auch die in elektiver oder alternativer Konkurrenz stehenden Ansprüche mit einbezogen sein sollen. Fehlt es an einer ausdrücklichen Äußerung des Schuldners, ist im Wege der Auslegung (§§ 133, 157 analog) zu bestimmen, welche Ansprüche in welchem Umfang von dem Anerkenntnis erfasst sein sollen. 33

Der Umfang des Neubeginns nach Abs. 1 Nr. 2 erfasst alle, aber auch nur die Ansprüche, auf die sich die Vollstreckungshandlung bezieht.[68] Ohne Bedeutung ist dabei, ob der Vollstreckungsversuch zum Erfolg führt. Den Neubeginn löst bereits der Antrag oder die Vornahme der Vollstreckungshandlung aus; ein erfolgreicher Abschluss ist nicht erforderlich.[69]

§ 213 findet im Rahmen des Abs. 1 Nr. 1, über dessen Reichweite allein der Schuldner bestimmt, keine Anwendung (vgl. auch § 213 Rn 5),[70] wohl aber im Hinblick auf die Reichweite des Neubeginns nach Abs. 1 Nr. 2. 34

3. Persönliche Reichweite des Neubeginns. Von dem Neubeginn der Verjährungsfrist begünstigt bzw. belastet werden grds. nur der Gläubiger und der Schuldner, in deren Person die Voraussetzungen des Abs. 1 Nr. 1 oder Nr. 2 erfüllt sind. Bei einer Gesamtschuld gilt der **Grundsatz der Einzelwirkung** (§ 425 Abs. 1 und 2);[71] zur Wirkungserstreckung des Anerkenntnisses eines Gesellschafters auf die Mitglieder einer BGB-Gesellschaft vgl. aber Rn 14. Eine Ausweitung des gegen einen Schuldner erwirkten Neubeginns auf weitere Verpflichtete ist nur in Ausnahmefällen vorgesehen (so z.B. nach § 3 Nr. 3 S. 4 PflVG,[72] § 129 Abs. 1 HGB[73]). Entsprechendes gilt im Fall der Gesamtgläubigerschaft (§ 429 Abs. 3 i.V.m. § 425)[74] sowie in den von § 432 erfassten Fällen (vgl. § 432 Abs. 2). Kommt es auf Schuldnerseite zu einer **Rechtsnachfolge** in 35

---

62 MüKo/*Grothe*, § 212 Rn 6; Palandt/*Heinrichs*, § 212 Rn 8; Bamberger/Roth/*Henrich*, § 212 Rn 14; Soergel/*Niedenführ*, § 212 Rn 6, 29; Staudinger/*Peters*, § 212 Rn 30 f. A.A. KG NJW-RR 1990, 1402, 1403 zu § 208 a.F. (Rechtsgedanke des § 130 bei Abgabe einer strafbewehrten Unterlassungserklärung).
63 Vgl. OLG Düsseldorf, Urt. v. 9.12.2003–23 U 179/02, JURIS-Dok.-Nr. KORE417212004 (zu § 208 a.F.).
64 MüKo/*Grothe*, § 212 Rn 2.
65 Soergel/*Niedenführ*, § 212 Rn 10; Erman/*Schmidt-Räntsch*, § 212 Rn 7; vgl. auch OLG Düsseldorf, Urt. v. 9.12.2003–23 U 179/02, JURIS-Dok.-Nr. KORE417212004.
66 RGZ 128, 76, 80; BGH NJW 1979, 217; BGHZ 93, 287, 295; 122, 287, 293; 137, 193, 198; Henssler/von Westphalen/*Bereska*, Praxis der Schuldrechtsreform, 2. Aufl. 2003, § 212 Rn 6; Bamberger/Roth/*Henrich*, § 212 Rn 13; Soergel/*Niedenführ*, § 212 Rn 30. A.A. Staudinger/*Peters*, § 212 Rn 35, der bis zur Befriedigung des Gläubigers von einem andauernden Erneuerungstatbestand ausgeht.
67 MüKo/*Grothe*, § 212 Rn 2; Erman/*Schmidt-Räntsch*, § 212 Rn 14 mit dem Hinw., dass es bei Pfändung durch den Gerichtsvollzieher regelmäßig zu einem zweimaligen Neubeginn, zunächst durch den Antrag und dann nochmals durch Vornahme der Vollstreckungshandlung, kommt.
68 Vgl. Palandt/*Heinrichs*, § 212 Rn 9.
69 Staudinger/*Peters*, § 212 Rn 46.
70 A.A. MüKo/*Grothe*, § 212 Rn 5.
71 MüKo/*Grothe*, § 212 Rn 4; Palandt/*Heinrichs*, § 212 Rn 8; Soergel/*Niedenführ*, § 212 Rn 15; Staudinger/*Peters*, § 212 Rn 16; Erman/*Schmidt-Räntsch*, § 212 Rn 8.
72 MüKo/*Grothe*, § 212 Rn 5.
73 MüKo/*Grothe*, § 212 Rn 4; Staudinger/*Peters*, § 212 Rn 16.
74 Staudinger/*Peters*, § 212 Rn 16.

einen Anspruch, dessen Verjährung nach Abs. 1 Nr. 1 oder Nr. 2 neu in Lauf gesetzt wurde, so muss der Rechtsnachfolger den Neubeginn der Verjährung gegen sich gelten lassen.[75] Streitig ist, ob das Anerkenntnis des Anspruchs auf den Pflichtteil durch den **Vorerben** auch zulasten des Nacherben wirkt.[76]

36 Kommt es bei einer durch **Bürgschaft** gesicherten Forderung zum Neubeginn der Verjährung des Anspruchs des Gläubigers gegen den Hauptschuldner, so hat dies entsprechend dem vorstehenden Grundsatz (Rn 35) keine unmittelbaren Auswirkungen auf den Lauf der Verjährungsfrist des Anspruchs gegen den Bürgen. Beide Ansprüche verjähren völlig unabhängig voneinander.[77] Konsequenzen hat der Verjährungsneubeginn im Verhältnis Gläubiger und Hauptschuldner für den Bürgen nur insoweit, als dieser die Einrede der Verjährung der Hauptschuld nach § 768 Abs. 1 S. 1 erst entsprechend später geltend machen kann (§ 767 Abs. 1 S. 3 und § 768 Abs. 2 sind in diesem Fall nicht heranzuziehen).[78]

37 **4. Zusammentreffen von Neubeginn und Hemmung oder Ablaufhemmung.** Auch eine **gehemmte Verjährung** kann grundsätzlich durch die Anordnung des Neubeginns in ihrem Ablauf beeinflusst werden[79] und umgekehrt.[80] Wird bei einer (z.B. nach § 203 S. 1 oder nach § 204 Abs. 1 und 2) gehemmten Verjährung der Neubeginn durch § 212 angeordnet, dann beginnt die Verjährungsfrist erst mit Beendigung der Hemmung erneut von Anfang an zu laufen.[81] Maßgeblicher Zeitpunkt für den Neubeginn wäre im Fall des § 203 S. 1 der Beginn (0.00 Uhr) des Tages nach der Beendigung der Verhandlungen (die Ablaufhemmung nach § 203 S. 2 ist nicht mehr Teil des Hemmungszeitraumes, sondern markiert nur den frühestmöglichen Verjährungszeitpunkt; vgl. § 203 Rn 42); im Fall der Hemmung gem. § 204 Abs. 1 und 2 würde die Verjährungsfrist am Tag nach dem gem. § 204 Abs. 2 zu bestimmenden Ende der Hemmung erneut in Lauf gesetzt.[82]

38 Fällt die Erfüllung der tatbestandlichen Voraussetzungen des Abs. 1 Nr. 1 oder Nr. 2 mit einer **Ablaufhemmung** zusammen (z.B. Anerkenntnis während des Laufs der Frist der §§ 203 S. 2, 210 Abs. 1 oder des § 211), so gilt das unter Rn 25 ff. Gesagte: Die Frist beginnt ohne weitere Verzögerung unmittelbar mit dem den Neubeginn auslösenden Ereignis.[83]

39 Solange der betreffende Anspruch nicht verjährt ist, kann der Tatbestand des Neubeginns beliebig oft erneut erfüllt werden, so dass es zu ganzen Abfolgen aneinander gereihter Verjährungsneubeginne kommen kann.[84] Eine allgemeine **Höchstgrenze** der Verjährungsverlängerung durch Neubeginn nach § 212 oder infolge anderer Tatbestände des Neubeginns besteht nicht[85] (zur Höchstgrenze der Verjährung siehe auch vor §§ 203–213 Rn 10; zu der Begrenzung vertraglich vereinbarter Neubeginntatbestände nach § 202 Abs. 2 siehe aber § 202 Rn 37 ff.).

C. Weitere praktische Hinweise

40 **Darlegungs- und Beweispflichtig** für das Vorliegen eines Anerkenntnisses i.S.d. Abs. 1 Nr. 1 oder der Beantragung oder Vornahme einer Vollstreckungshandlung i.S.d. Abs. 1 Nr. 2 ist der sich auf den Neubeginn berufende Gläubiger.[86] Macht der Schuldner den Nichteintritt des Neubeginns nach Abs. 2 oder 3 geltend, trägt er für diesen Vortrag die Beweislast.[87]

---

75 Bamberger/Roth/*Henrich*, § 212 Rn 3; Palandt/*Heinrichs*, § 212 Rn 8; Soergel/*Niedenführ*, § 212 Rn 14; Staudinger/*Peters*, § 212 Rn 16.
76 Für eine Wirkungserstreckung: Palandt/*Heinrichs*, § 212 Rn 6; Soergel/*Niedenführ*, § 212 Rn 14; Staudinger/*Peters*, § 212 Rn 10; dagegen: MüKo/*Grothe*, § 212 Rn 9.
77 MüKo/*Grothe*, § 212 Rn 4; *Hohmann*, WM 2004, 757, 761; Soergel/*Niedenführ*, § 212 Rn 15.
78 MüKo/*Grothe*, § 212 Rn 4; Staudinger/*Peters*, § 212 Rn 16. Vgl. ferner *Geldmacher*, NZM 2003, 502, 504 f., der auch dann von der Unanwendbarkeit der §§ 767 Abs. 1 S. 3, 768 Abs. 2 ausgeht, wenn das Anerkenntnis in einer vollstreckbaren Urkunde aufgenommen wurde, so dass sich zugleich die Verjährungsfrist gem. § 197 Abs. 1 Nr. 4 auf 30 Jahre verlängert hat; a.A. MüKo/*Grothe*, § 212 Rn 4.
79 Palandt/*Heinrichs*, § 212 Rn 2.
80 Soergel/*Niedenführ*, § 212 Rn 31.
81 Soergel/*Niedenführ*, § 212 Rn 31. Zum Verhältnis von Hemmung und Neubeginn (Unterbrechung) und umgekehrt s.a. BGHZ 109, 220, 223; BGH NJW 1995, 3380, 3381; ferner BGH NJW-RR 1988, 730, 731.
82 Staudinger/*Peters*, § 212 Rn 32.
83 Zu den Problemen bei einem Neubeginn im Fall des Vorliegens einer Ablaufhemmung nach § 438 Abs. 3 S. 2 s. *Mansel/Budzikiewicz*, Das neue Verjährungsrecht, 2002, § 5 Rn 119 ff.
84 Palandt/*Heinrichs*, § 212 Rn 8.
85 *Mansel/Budzikiewicz*, Das neue Verjährungsrecht, 2002, § 7 Rn 7.
86 Für den Beweis des Anerkenntnisses: BGH NJW 1997, 516, 517; MüKo/*Grothe*, § 212 Rn 12; Soergel/*Niedenführ*, § 212 Rn 34; Staudinger/*Peters*, § 212 Rn 33. Für den Beweis der Beantragung oder Vornahme einer Vollstreckungshandlung: Soergel/*Niedenführ*, § 212 Rn 34.
87 Soergel/*Niedenführ*, § 212 Rn 34.

| § 213 | **Hemmung, Ablaufhemmung und erneuter Beginn der Verjährung bei anderen Ansprüchen** |

Die Hemmung, die Ablaufhemmung und der erneute Beginn der Verjährung gelten auch für Ansprüche, die aus demselben Grunde wahlweise neben dem Anspruch oder an seiner Stelle gegeben sind.

Literatur: *Wolf*, Die Befreiung des Verjährungsrechts vom Streitgegenstandsdenken, in: FS Schumann 2001, S. 579.

A. Allgemeines 1	2. Erweiterung des gegenständ-
B. Regelungsgehalt 4	lichen Anwendungsbereichs
I. Hemmung, Ablaufhemmung und Neubeginn 4	von Hemmungs-, Ablaufhemmungs-
II. Erfasste Ansprüche 5	oder Neubeginnsnormen 6
1. Grundsatz 5	III. Rechtsfolge 13
	C. Weitere praktische Hinweise 14

A. Allgemeines

§ 213 erweitert den sachlichen Anwendungsbereich eines Hemmungs-, Ablaufhemmungs- oder Neubeginntatbestands auf die Ansprüche, die mit dem in seiner Verjährung unmittelbar beeinträchtigten Anspruch in **elektiver Konkurrenz** oder einem vergleichbaren Verhältnis stehen. Die Vorschrift nimmt den Regelungsgehalt der §§ 477 Abs. 3, 639 Abs. 1 a.F. in sich auf und verallgemeinert ihn. Erfasst sind nicht mehr nur die kauf- und werkvertraglichen Gewährleistungsrechte, sondern auch alle sonstigen Ansprüche, unabhängig davon, ob diese in oder außerhalb des BGB geregelt sind. Der Gesetzgeber hat sich damit der bisherigen Rechtsprechung angeschlossen, die bereits vor In-Kraft-Treten des SchuldRModG den Rechtsgedanken der §§ 477 Abs. 3, 639 Abs. 1 a.F. auf andere Ansprüche ausgedehnt hatte (Rn 11 f.). 1

Die Gesetzesbegründung erläutert den **Normzweck** des § 213 wie folgt: Der Gläubiger, der ein bestimmtes Interesse mit einem bestimmten Anspruch verfolgt, solle davor geschützt werden, dass inzwischen andere Ansprüche auf dasselbe Interesse verjähren, die von vornherein wahlweise neben dem geltend gemachten Anspruch gegeben seien oder auf die er stattdessen übergehen könne. Der Gläubiger solle nicht gezwungen werden, mit Hilfsanträgen im Prozess oder durch andere Maßnahmen den Ablauf der Verjährungsfrist der weiteren Ansprüche abzuwenden. Der Schuldner sei insoweit nicht schutzbedürftig, da er durch den Neubeginn, die Ablaufhemmung oder die Hemmung hinsichtlich des einen Anspruchs hinreichend gewarnt sei und sich auf die Rechtsverfolgung des Gläubigers hinsichtlich der übrigen Ansprüche einstellen könne.[1] 2

Neben § 213 findet sich auch in einigen **Sondergesetzen** eine Ausdehnung des Anwendungsbereichs der Hemmungs-, Ablaufhemmungs- und Neubeginntatbestände des allgemeinen und besonderen Verjährungsrechts, vgl. etwa § 159 Abs. 4 HGB oder § 3 Nr. 3 S. 4 PflVG. Die vorgenannten Regelungen behandeln allerdings den von § 213 nicht erfassten Fall einer Ausdehnung der (Ablauf-)Hemmungs- oder Neubeginnswirkung auf einen anderen Schuldner. Aufgrund der unterschiedlichen Rechtsfolgen schließen sich § 213 und § 159 Abs. 4 HGB, § 3 Nr. 3 S. 4 PflVG nicht gegenseitig aus, sondern können ggf. kumulativ zur Anwendung gebracht werden. 3

B. Regelungsgehalt

I. Hemmung, Ablaufhemmung und Neubeginn

§ 213 findet Anwendung auf alle Tatbestände der Hemmung, der Ablaufhemmung und des Neubeginns der Verjährung.[2] In erster Linie erfasst sind damit die Regelungen der §§ 204–212 (§ 203 findet i.R.d. § 213 keine Anwendung, siehe Rn 5). Herangezogen werden kann § 213 aber auch hinsichtlich solcher (Ablauf-)Hemmungs- oder Unterbrechungstatbestände, die außerhalb des allgemeinen Verjährungsrechts geregelt sind (z.B. § 3 Nr. 3 S. 3 PflVG hinsichtlich des Umfangs der Hemmungswirkung bei Schadensersatzansprüchen). In der Praxis die größte Bedeutung kommt jedoch (wie bereits unter altem Recht) der Erstreckung einer nach § 204 Abs. 1 Nr. 1 durch Klageerhebung erwirkten Hemmung auf **streitgegenstandsfremde Ansprüche** zu. 4

---

1 BT-Drucks 14/6040, S. 121. 2 Palandt/*Heinrichs*, § 213 Rn 1; Soergel/*Niedenführ*, § 213 Rn 3.

II. Erfasste Ansprüche

1. Grundsatz. Grundsätzlich wirkt ein Hemmungs-, Ablaufhemmungs- oder Neubeginntatbestand nur für die materiell-rechtlichen Ansprüche, die er tatbestandlich erfasst.[3] So bezieht sich § 204 Abs. 1 Nr. 1 nur auf die Ansprüche, die der Streitgegenstand der erhobenen Klage erfasst.[4] Die Hemmung nach § 203 betrifft die Ansprüche oder Anspruchsteile, welche Gegenstand der Verhandlung waren (§ 203 Rn 13 ff.), der Neubeginn nach § 212 Abs. 1 Nr. 1 gilt nur für die Ansprüche, die der Schuldner auch anerkennt (§ 212 Rn 33 f.)[5] etc. Jede dieser Hemmungs-, Ablaufhemmungs- oder Neubeginnsnormen bestimmt selbst ihren gegenständlichen Anwendungsbereich. Dieser legt fest, welche Ansprüche durch die Norm in dem Lauf ihrer Verjährungsfrist beeinflusst werden.[6]

2. Erweiterung des gegenständlichen Anwendungsbereichs von Hemmungs-, Ablaufhemmungs- oder Neubeginnsnormen. § 213 macht eine **Ausnahme** von dem Grundsatz (Rn 5), wonach jede verjährungsbeeinflussende Norm ihren gegenständlichen Anwendungsbereich selbst regelt. Ansprüche (künftig: miterfasste Ansprüche), die aus demselben Grund neben oder wahlweise an der Stelle des in der Verjährung gehemmten, ablaufgehemmten oder vom Neubeginn betroffenen Anspruchs (künftig: betroffener Anspruch) gegeben sind, werden von der Hemmungs-, Ablaufhemmungs- bzw. Neubeginnswirkung gleichfalls umfasst. Bedeutung kommt § 213 immer dann zu, wenn sich die Erstreckung der (Ablauf-)Hemmung oder des Neubeginns nicht schon aus anderen Gründen ergibt (z.B. Ausdehnung der Hemmungswirkung nach § 204 Abs. 1 Nr. 1 auf alle vom Streitgegenstand umfassten materiellrechtlichen Anspruchsgrundlagen, parteiautonome Bestimmung des Verhandlungsumfangs i.R.d. § 203).[7]

Um den Anwendungsbereich des § 213 zu eröffnen,[8] müssen folgende Voraussetzungen erfüllt sein: (a.) Erfasst sind nur solche Ansprüche, die dem Gläubiger **gegen denselben Schuldner** zustehen.[9] Stellt sich etwa nachträglich heraus, dass gegen die falsche Person geklagt wurde, ist der Anspruch gegen den wahren Schuldner nicht gehemmt. Für den Fall der Gesamtschuld ergibt sich die Unanwendbarkeit des § 213 bereits aus § 425 Abs. 2. (b.) Die miterfassten Ansprüche und der betroffene Anspruch müssen aufgrund der gesetzlichen oder vertraglichen Regelung von vornherein dem Gläubiger **zur Wahl stehen**, oder es muss ihm gestattet sein, in Verfolgung seiner Interessen von einem zum anderen Anspruch überzugehen. Ein solches Verhältnis liegt nach der Gesetzesbegründung nicht vor zwischen dem Erfüllungsanspruch und dem Anspruch auf Ersatz des Verzögerungsschadens.[10] Ebenfalls nicht erfasst sein sollen Wahlschuldverhältnisse (§ 262), da hier nur ein einziger Anspruch mit alternativem Inhalt vorliegt.[11] (c.) Die Ansprüche müssen **aus demselben Grund** gegeben sein, d.h. aus demselben Lebenssachverhalt resultieren.[12] Dieses Tatbestandsmerkmal wurde erst während des Gesetzgebungsverfahrens zur Klarstellung[13] eingefügt.[14] Um die befürchteten Abgrenzungsschwierigkeiten i.R.d. § 213 zumindest zu vermindern, sollte im Normtext verdeutlicht werden, dass nur diejenigen Ansprüche von der Wirkungserstreckung betroffen werden, die auf das gleiche Interesse gerichtet sind (vgl. Rn 2).[15] Da jedoch dem Begriff des Interesses im Gesetz an verschiedenen Stellen unterschiedliche Bedeutung zukommt, wurde letztendlich die Formulierung „aus

---

[3] S. dazu grundlegend *Henckel*, JZ 1962, 335 ff.

[4] Vgl. hierzu BGH NJW 2000, 3492, 3493; Staudinger/*Peters*, § 213 Rn 1.

[5] *Mansel/Budzikiewicz*, Das neue Verjährungsrecht, 2002, § 7 Rn 23; Staudinger/*Peters*, § 213 Rn 8 mit dem Hinw., dass § 213 aus diesem Grund auf den Neubeginn nach § 212 Abs. 1 Nr. 1 keine Anwendung findet (anders *ders.* allerdings in § 212 Rn 17) Staudinger/*Peters*, § 212 Rn 16. A.A. *Ritzmann*, MDR 2003, 430, 431 (§ 213 erfasst auch das Anerkenntnis).

[6] Ungenau in ihrer Verallgemeinerung die Ausführungen in BT-Drucks 14/6040, S. 121, wonach der Neubeginn oder die Hemmung der Verjährung den Anspruch im Sinne des Prozessrechts erfasst, unabhängig davon, ob er aus einer oder mehreren Anspruchsgrundlagen des materiellen Rechts hergeleitet wird. Diese allgemeine Aussage ist etwa für § 203 nicht zutr., weil dort der Umfang der Verhandlungen den Umfang der Hemmung bestimmt. Der Regelung des § 213 kommt im Hinblick auf § 203 keine Bedeutung zu, da ausschließlich die Parteien entscheiden, inwieweit sich die Hemmung nach § 203 auch gegenüber weiteren Ansprüchen auswirken soll. Vgl. hierzu auch Staudinger/*Peters*, § 213 Rn 8.

[7] Vgl. MüKo/*Grothe*, § 213 Rn 2; Soergel/*Niedenführ*, § 213 Rn 4; Erman/*Schmidt-Räntsch*, § 213 Rn 1.

[8] Zu einigen der folgenden Punkte s. BT-Drucks 14/6040, S. 121 f.; BT-Drucks 6857, S. 10, 44.

[9] Bamberger/Roth/*Henrich*, § 213 Rn 2; Soergel/*Niedenführ*, § 213 Rn 6; Staudinger/*Peters*, § 213 Rn 2; Erman/*Schmidt-Räntsch*, § 213 Rn 2; *Wolf*, in: FS Schumann 2001, S. 579, 587.

[10] BT-Drucks 14/6040, S. 121 f.; BT-Drucks 14/6857, S. 10, 44; BT-Drucks 14/7052, S. 182.

[11] BT-Drucks 14/6857, S. 46. A.A. *Wolf*, in: FS Schumann 2001, S. 579, 591.

[12] Staudinger/*Peters*, § 213 Rn 3.

[13] S. die Kritik bei *Zimmermann/Leenen u.a.*, JZ 2001, 684, 697; Prüfbitte des Bundesrats, BT-Drucks 14/6857, S. 10.

[14] S. BT-Drucks 14/6857, S. 44; BT-Drucks 14/7052, S. 182.

[15] BT-Drucks 14/6857, S. 10.

demselben Grund" vorgezogen.[16] In der Literatur wird daraus geschlossen, es genüge, wenn der Rechtsgrund der jeweiligen Ansprüche „im Kern" identisch sei.[17] Hiervon sei etwa auszugehen bei allen in § 437 bzw. in § 634 aufgeführten Rechten.[18] Dass die in diesen Vorschriften benannten Rechte auf demselben Grund beruhen, erscheint nicht fraglich. Alle Gewährleistungsrechte des Kauf- oder Werkvertragsrechts gründen letztlich auf dem Umstand, dass die Leistung des Käufers oder Unternehmers mangelhaft war.[19] Dies gilt jedoch auch für den Anspruch auf Ersatz des Mangelfolgeschadens, der nach §§ 437 Nr. 3, 280 Abs. 1 ebenfalls zu ersetzen ist. Letzterer steht jedoch nicht wahlweise neben den übrigen in § 437 genannten Rechten, sondern kann jeweils zusätzlich geltend gemacht werden (vgl. Rn 9).[20] Daraus folgt, dass ein Abstellen auf den gleichen Grund zwar notwendiges, aber nicht hinreichendes Kriterium ist, um die in § 213 geforderte Alternativität der Ansprüche zu konkretisieren. Tatsächlich muss auch das angestrebte Interesse im weitesten Sinne das gleiche sein.[21] Damit ist nicht notwendig das gleiche wirtschaftliche Interesse gemeint, auch wenn dies häufig vorliegen wird. Vielmehr muss der Gläubiger durch den miterfassten Anspruch nach Wertung des Gesetzes in ähnlicher Weise befriedigt werden.

Unzutreffend sind die Ausführungen von *Peters*; er kritisiert die Forderung eines die Identität des Grundes ergänzenden Tatbestandsmerkmals des vergleichbaren (wirtschaftlichen) Interesses mit dem Hinweis auf den von § 213 erfassten Übergang von kauf- bzw. werkvertraglichem Nachbesserungsanspruch auf den Rücktritt, dem ersichtlich nicht das gleiche wirtschaftliche Interesse zugrunde liege.[22] Dabei wird jedoch übersehen, dass es sich bei dem Rücktritt (ebenso wie bei der Minderung) nicht um Ansprüche, sondern um Rechte handelt. Diese unterfallen nicht der Verjährung (und damit auch nicht der Regelung des § 213), sondern können von dieser allenfalls indirekt über § 218 Abs. 1 i.V.m. §§ 438 Abs. 4 und 5, 634a Abs. 4 und 5 beeinflusst werden.

Von § 213 erfasst werden sollen jedenfalls die Fälle **elektiver** (oder auch alternativer) **Anspruchskonkurrenz**.[23] Mit Ansprüchen, die neben den betroffenen Anspruch treten, sind somit **keine Nebenleistungsansprüche** wie etwa Zinsansprüche gemeint, die neben dem Hauptanspruch bestehen; für Nebenleistungsansprüche gilt § 217.[24] Bei elektiver Konkurrenz gibt es keine Haupt- und Nebenansprüche, sondern nur nebeneinander bestehende Ansprüche, bei welchen der Gläubiger (nach seiner Wahl) endgültig nur den einen oder den anderen verwirklichen kann. Kennzeichen der elektiven Konkurrenz ist somit, dass die alternativ nebeneinander gegebenen Ansprüche erlöschen, wenn einer von ihnen endgültig gewählt wird. Nicht in die Wirkungserstreckung des § 213 einbezogen sind daher der Leistungsanspruch und der Anspruch auf Schadensersatz wegen Verzögerung der Leistung, da diese sich nicht gegenseitig ausschließen, sondern **kumulativ** geltend gemacht werden können (vgl. auch Rn 7).[25] Gleiches gilt für die nebeneinander verfolgbaren Ansprüche auf Ersatz des **materiellen** und des **immateriellen Schadens** oder des Erfüllungsanspruchs und des Anspruchs aus §§ 241 Abs. 2, 280 Abs. 1 (früher pVV).[26]

Auch wenn die Ansprüche auf **unterschiedliche Pflichtverletzungen**[27] oder, insb. im Kauf- und Werkvertragsrecht, auf **verschiedene Mängel** gestützt werden,[28] kommt eine Wirkungserstreckung über § 213 nicht in Betracht. Hier fehlt es an dem Merkmal des gleichen Grundes. Dies ist gleichermaßen der Fall, wenn die Ansprüche aus **unterschiedlichen Schäden** resultieren.[29]

---

16 Nach Erman/*Schmidt-Räntsch*, § 213 Rn 3 ist dadurch der Fokus weniger auf die Entsprechung der Anspruchsziele als vielmehr auf den durch sie geprägten Sachverhalt gelegt worden.
17 Palandt/*Heinrichs*, § 213 Rn 2; Bamberger/Roth/*Henrich*, § 213 Rn 2.
18 Palandt/*Heinrichs*, § 213 Rn 2.
19 Staudinger/*Peters*, § 213 Rn 3.
20 Staudinger/*Peters*, § 213 Rn 6.
21 Vgl. MüKo/*Grothe*, § 213 Rn 3.
22 Staudinger/*Peters*, § 213 Rn 4 gegen AnwK-SchuldR/*Mansel*, § 213 Rn 5.
23 BT-Drucks 14/6857, S. 46. Zur elektiven Konkurrenz s. *Larenz/Wolf*, BGB AT, 8. Aufl. 1997, § 18 III 2 (Rn 24 f.); *Medicus*, Schuldrecht I, AT, 14. Auflage 2003, Rn 186: Die Konkurrenz kann auch zwischen Ansprüchen und Gestaltungsrechten bestehen (beachte aber, dass die Gestaltungsrechte des Rücktritts und der Minderung nur indirekt über § 218 von der Verjährung betroffen sind; näher § 218 Rn 12 ff.).
24 MüKo/*Grothe*, § 213 Rn 4; Bamberger/Roth/*Henrich*, § 213 Rn 3. Missverständlich Staudinger/*Peters*, § 213 Rn 7, der ausführt, der zweite Anspruch sei einschließlich etwaiger Verzugszinsen gehemmt. Die Wirkungserstreckung der Hemmung auf den Zinsanspruch ergibt sich nicht aus § 213, sondern aus § 217 aufgrund der Hemmung des Hauptanspruchs.
25 MüKo/*Grothe*, § 213 Rn 4; Soergel/*Niedenführ*, § 213 Rn 10; Staudinger/*Peters*, § 213 Rn 6; Erman/*Schmidt-Räntsch*, § 213 Rn 5.
26 Staudinger/*Peters*, § 213 Rn 6.
27 Vgl. BGH NJW 2000, 2678, 2679; dazu Henssler/von Westphalen/*Bereska*, Praxis der Schuldrechtsreform, 2. Aufl. 2003, § 213 Rn 9; Bamberger/Roth/*Henrich*, § 213 Rn 6.
28 MüKo/*Grothe*, § 213 Rn 5.
29 Staudinger/*Peters*, § 213 Rn 3.

9 § 213 gilt hingegen jeweils für die einzelnen in § 437[30] geregelten **kaufvertraglichen Ansprüche** (Nacherfüllung, Schadensersatz statt der Leistung)[31] oder jeweils für die einzelnen in § 634[32] geregelten **werkvertraglichen Ansprüche**,[33] soweit diese alternativ gegeben sind[34] und aus demselben Mangel resultieren.[35] Gleiches gilt für die von § 651g erfassten **reiserechtlichen Ansprüche**.[36] Sofern die gewährleistungsrechtlichen Ansprüche nebeneinander stehen (z.B. Nachbesserungsanspruch und Ersatz des Mangelfolgeschadens, Rn 7) kommt eine Wirkungserstreckung verjährungsverzögernder Tatbestände indes nicht in Betracht. Hier fehlt es an dem Merkmal der Alternativität. Auch ein **deliktischer Anspruch**, der aus einem Sachverhalt resultiert, welcher zugleich zu einem Sachmangelanspruch aus Kauf-, Werk- oder Reisevertrag führt, steht zu diesem insoweit nicht in elektiver Konkurrenz, als der eine nicht erlischt, wenn der andere gewählt wird.

10 Erfasst sind hingegen der Anspruch auf Erfüllung und der **Schadensersatzanspruch statt der Leistung** gem. § 281 (einschließlich des Anspruchs aus § 284),[37] die wahlweise zur Verfügung stehenden Ansprüche bei **Haftung des Vertreters ohne Vertretungsmacht** gem. § 179 Abs. 1,[38] der Erfüllungsanspruch und der **Anspruch auf Vertragsstrafe** gem. § 340,[39] der Anspruch auf Schadensersatz und der Anspruch auf das **stellvertretende Commodum** gem. § 285[40] sowie der Anspruch auf Naturalrestitution und auf Zahlung des hierfür erforderlichen Geldbetrages gem. § 249.[41]

11 Weitere Einzelfälle aus der **Rechtsprechung zum bisherigen Recht**:[42] Das alte Recht kannte keine allgemeine Regelung, welche § 213 entsprochen hätte, sondern nur die punktuellen Vorschriften der §§ 477 Abs. 3, 639 Abs. 1 für das Kauf- und Werkvertragsrecht, deren Rechtsgedanke aber erweiternd angewandt wurde. Eine **Wirkungserstreckung** wurde bejaht: für den Anspruch auf **Kapitalabfindung** im Verhältnis zum Anspruch auf Geldrente;[43] für den Anspruch auf **Herausgabe** einer Sache im Verhältnis zum Anspruch auf Schadensersatz wegen Unmöglichkeit der Herausgabe;[44] für die Klage auf Schadensersatz wegen **Verschweigens eines Mangels** hinsichtlich der Minderung[45] (beachte, dass die Minderung jetzt ein Gestaltungsrecht ist, das – wie alle Gestaltungsrechte – nicht der Verjährung unterliegt; zu den zeitlichen Grenzen der Geltendmachung siehe § 218); für die Klage auf Ersatz der **Mängelbeseitigungskosten** hinsichtlich des Anspruchs auf Schadensersatz;[46] für die Zahlungsklage auf Schadensersatz wegen Belastung mit einer Verbindlichkeit im Verhältnis zum **Freistellungsanspruch**;[47] für die Klage gegen den beschenkten Erben auf Pflichtteilsergänzung (§ 2325) hinsichtlich des **Pflichtteilsanspruchs**[48] oder des **Duldungsanspruchs nach § 2329**;[49] für die Klage auf Zahlung von Werklohn hinsichtlich des im Falle der Nichtigkeit des Vertrages gegebenen Anspruchs aus **Bereicherung**;[50] für die Inanspruchnahme verwaltungsgerichtlichen

---

30 S. zum Verhältnis elektiver Konkurrenz der kaufvertraglichen Gewährleistungsansprüche nach bisherigem Recht Soergel/*Huber*, § 477 Rn 67–69.
31 Dass der Anspruch auf Schadensersatz zumeist noch eine vorhergehende Fristsetzung erfordert, hindert die Anwendung des § 213 nicht; Staudinger/*Peters*, § 213 Rn 3.
32 S. zum Verhältnis elektiver Konkurrenz der werkvertraglichen Gewährleistungsansprüche nach bisherigem Recht Staudinger/*Peters*, § 639 Rn 25–28.
33 *Lenkeit*, BauR 2002, 196, 220.
34 MüKo/*Grothe*, § 213 Rn 4; Soergel/*Niedenführ*, § 213 Rn 7.
35 MüKo/*Grothe*, § 213 Rn 5; Erman/*Schmidt-Räntsch*, § 213 Rn 3 f.; *Wolf*, in: FS Schumann 2001, S. 579, 590.
36 *Wolf*, in: FS Schumann 2001, S. 579, 591.
37 Henssler/von Westphalen/*Bereska*, Praxis der Schuldrechtsreform, 2. Aufl. 2003, § 213 Rn 6; Staudinger/*Peters*, § 213 Rn 3.
38 Henssler/von Westphalen/*Bereska*, a.a.O., § 213 Rn 5; MüKo/*Grothe*, § 213 Rn 4; Bamberger/Roth/*Henrich*, § 213 Rn 4; *Wolf*, in: FS Schumann 2001, S. 579, 591.
39 Henssler/von Westphalen/*Bereska*, a.a.O., § 213 Rn 5; Bamberger/Roth/*Henrich*, § 213 Rn 4; *Wolf*, in: FS Schumann 2001, S. 579, 591.
40 *Wolf*, in: FS Schumann 2001, S. 579, 591. Zur Herausgabe des stellvertretenden Commodums im Kaufrecht sowie zur Frage der Verjährung vgl. auch *Mansel/Budzikiewicz*, Jura 2003, 1, 9 f.

41 *Wolf*, in: FS Schumann 2001, S. 579, 591.
42 S. *Henckel*, JZ 1962, 335 ff. Die folgende Zusammenstellung ist teilweise BT-Drucks 14/6040, S. 121 f. = Abschlussbericht, 96 entnommen; s. dazu noch *Peters/Zimmermann*, 260 f., 323 (§ 209). Weitere Beispiele finden sich bei Palandt/*Heinrichs*, § 213 Rn 2 f.; Bamberger/Roth/*Henrich*, § 213 Rn 5.
43 RGZ 77, 213 ff. mit umstr. Begründung, s. *Henckel*, JZ 1962, 335, 337.
44 RGZ 109, 234 ff.
45 RGZ 134, 272.
46 BGHZ 58, 30.
47 BGH NJW 1985, 1152; BGHZ 104, 268, 271 f. (Unterbrechung des Schadensersatzanspruchs – heute Hemmung – beim Schadensersatzanspruch betrifft die Pflicht zum Schadensersatz als solche und beschränkt sich nicht auf die einzelnen Ausprägungen in Abhängigkeit von dem Stand der Schadensentwicklung). Ebenso für § 213: Jauernig/*Jauernig*, § 204 Rn 3.
48 BGH NJW 1983, 388, 389.
49 BGH NJW 1974, 1327; 1983, 388, 389.
50 BGH NJW 2000, 3492, 3493, allerdings unter Hinw. auf die Identität des Streitgegenstandes; dennoch als Beispiel für ein Alternativverhältnis i.S.d. § 213 aufgeführt bei MüKo/*Grothe*, § 213 Rn 3 (Fn 7), 4; Palandt/*Heinrichs*, § 213 Rn 1, 2; Bamberger/Roth/*Henrich*, § 213 Rn 5. Zutr. von nur einem prozessualen Anspruch und damit von einem allein über § 204 Abs. 1 zu erfassenden Fall geht dagegen Staudinger/*Peters*, § 213 Rn 3, aus.

Rechtsschutzes hinsichtlich des zivilrechtlichen **Amtshaftungsanspruchs**.[51] Diese Fälle führen auch nach § 213 zu einer Wirkungserstreckung der (Ablauf-)Hemmung oder des Neubeginns.[52]

Die Abgrenzung im Einzelnen war im **bisherigen Recht** unsicher und nicht immer stringent. **Keine Erstreckung** der Unterbrechungswirkung wurde nach bisherigem Recht etwa zugestanden für die – mangels Vorliegens der Voraussetzung des bisherigen § 326 a.F. unbegründete – Klage auf Schadensersatz hinsichtlich des Anspruchs auf Erfüllung,[53] für die Klage auf Leistung hinsichtlich des Schadensersatzanspruchs wegen Verzögerung der Leistung[54] und für die Klage auf den großen Pflichtteil hinsichtlich des Anspruchs auf Zugewinnausgleich.[55] Diese Wertungen können unter **neuem Recht** nur im Hinblick auf den Erfüllungsanspruch im Verhältnis zum Anspruch auf Ausgleich des Verzugsschadens aufrechterhalten werden (vgl. Rn 7). Der Fall der sich gegenseitig ausschließenden Ansprüche auf Leistung auf der einen und Schadensersatz wegen Nichterfüllung auf der anderen Seite erfüllen ohne weiteres die Voraussetzungen des § 213.[56] Gleiches gilt hinsichtlich des Anspruchs auf den großen Pflichtteil im Hinblick auf den Zugewinnausgleichsanspruch.[57]

III. Rechtsfolge

Liegen die Voraussetzungen des § 213 vor, erstreckt sich die Hemmung, die Ablaufhemmung oder der Neubeginn auf die Verjährung aller von der Regelung einbezogenen Ansprüche. Dies führt allerdings nicht zu einer Parallelisierung aller Verjährungsläufe. Die Hemmung oder der Neubeginn greift bei jedem Anspruch in dem Verjährungsstadium ein, in dem sicher dieser im Zeitpunkt des hemmenden oder den Neubeginn auslösenden Ereignisses befindet. Verjährungsbeginn, frühere Hemmungszeiträume etc. bleiben unberührt.[58] Entsprechendes gilt, sofern einer der von § 213 erfassten Ansprüche schon vor der in Rede stehenden Hemmung bzw. vor dem Neubeginn verjährt sein sollte.[59] § 213 hebt eine bereits eingetretene Verjährung nicht wieder auf.

C. Weitere praktische Hinweise

Zurzeit ist noch nicht absehbar, in welchem Umfang die Rechtsprechung § 213 tatsächlich zur Anwendung bringen wird. Die bereits vom Gesetzgeber prognostizierten Abgrenzungsschwierigkeiten lassen Unsicherheiten in der Rechtsanwendung erwarten. Es erscheint daher ratsam, zumindest in den Fällen, in denen unter altem Recht nicht von einer Wirkungserstreckung ausgegangen wurde,[60] nicht unbesehen auf die Anwendung der Vorschrift zu vertrauen.[61] Bestehen Zweifel an dem Umfang eines Hemmungs- oder Neubeginntatbestandes, sollte sicherheitshalber die verjährungsrelevante Handlung für alle infrage kommenden Ansprüche wiederholt werden.

---

51 BGHZ 138, 247, 251; zust. *Guckelberger*, Die Verjährung im Öffentlichen Recht, 2004, S. 602. A.A. *Dötsch*, NWVBl 2001, 385, 388 (Analogie zu § 204 Abs. 1 Nr. 1, Nr. 12).
52 Soergel/*Niedenführ*, § 213 Rn 9; Erman/*Schmidt-Räntsch*, § 213 Rn 5; ferner Henssler/von Westphalen/*Bereska*, Praxis der Schuldrechtsreform, 2. Aufl. 2003, § 213 Rn 4.
53 BGHZ 104, 6, 12. Krit. zu dieser Entscheidung *Wolf*, in: FS Schumann 2001, S. 579, 586 f.
54 BGH VersR 1959, 701 und OLG Hamm VersR 1981, 947.
55 BGH NJW 1983, 388.
56 Palandt/*Heinrichs*, § 213 Rn 3; Erman/*Schmidt-Räntsch*, § 213 Rn 5; a.A. Soergel/*Niedenführ*, § 213 Rn 11. Soweit *Schmidt-Räntsch*, a.a.O., aus der Vorauflage dieser Kommentierung in AnwK-SchuldR/*Mansel*, § 213 Rn 9 eine gegenteilige Auffassung ableitet, beruht dies ersichtlich auf einem Missverständnis. Die Vorauflage hat sich auf eine Darstellung der alten Rechtslage beschränkt, ohne diese im Hinblick auf die Neuregelung des § 213 zu werten.
57 Staudinger/*Peters*, § 213 Rn 5. A.A. ohne Begründung: Bamberger/Roth/*Henrich*, § 213 Rn 6; Erman/*Schmidt-Räntsch*, § 213 Rn 5. Die weite Formulierung des § 213 lässt jedoch nicht erkennen, aus welchem Grund der Anspruch auf den großen Pflichtteil und jener auf Zugewinnausgleich nicht von der Wirkungserstreckung erfasst sein sollen. Beide Ansprüche beruhen auf demselben Grund (gesetzlicher Güterstand, Tod eines Ehegatten), richten sich gegen denselben Schuldner (Erbe), stehen wahlweise nebeneinander und sollen dem gleichen Interesse dienen.
58 Staudinger/*Peters*, § 213 Rn 9.
59 Erman/*Schmidt-Räntsch*, § 213 Rn 4.
60 Vgl. die Beispiele bei Bamberger/Roth/*Henrich*, § 213 Rn 6.
61 Vgl. auch Henssler/von Westphalen/*Bereska*, Praxis der Schuldrechtsreform, 2. Aufl. 2003, § 213 Rn 7.

Titel 3. Rechtsfolgen der Verjährung

§ 214 Wirkung der Verjährung

(1) ¹Nach Eintritt der Verjährung ist der Schuldner berechtigt, die Leistung zu verweigern.

(2) ¹Das zur Befriedigung eines verjährten Anspruchs Geleistete kann nicht zurückgefordert werden, auch wenn in Unkenntnis der Verjährung geleistet worden ist. ²Das Gleiche gilt von einem vertragsmäßigen Anerkenntnis sowie einer Sicherheitsleistung des Schuldners.

Literatur: Siehe vor §§ 194–218.

A. Allgemeines 1	I. Dauerndes Leistungsverweigerungsrecht (Abs. 1) 2
B. Regelungsgehalt 2	II. Keine Rückforderung (Abs. 2) 7

A. Allgemeines

1 § 214 entspricht in beiden Absätzen dem § 222 a.F.; geregelt ist die Wirkung der Verjährung. Die Vorschrift hat sich in der Praxis bewährt. Sie ist in ihrem sachlichen Gehalt nicht umstritten. Der Gesetzgeber sah deshalb keinen Anlass zu Änderungen. Er hat lediglich **geringe Anpassungen** an den heutigen Sprachgebrauch vorgenommen.¹ § 214 ist nahezu wortgleich mit Art. 14:501 der Grundregeln des Europäischen Vertragsrechts (zu diesen vor §§ 194–218 Rn 14 ff.).

B. Regelungsgehalt

I. Dauerndes Leistungsverweigerungsrecht (Abs. 1)

2 Der Eintritt der Verjährung beseitigt den Anspruch als solchen nicht, gibt dem Schuldner aber ein dauerndes Leistungsverweigerungsrecht in Form einer Einrede (**Abs. 1**). Daher bleibt es dem Schuldner überlassen, ob er sich auf die Verjährung beruft oder trotz Bestehens der Einrede erfüllt.

3 Eine ausdrückliche Berufung auf die Verjährung ist nicht erforderlich; es genügt, wenn sich aus den **Umständen** ergibt, dass der Schuldner aufgrund Zeitablaufs endgültig die Leistung verweigern will.² Die Verjährungseinrede ist geschäftsähnliche Handlung mit gestaltender Wirkung; sie braucht daher nur einmal erhoben zu werden³ und wirkt im Prozess für die nächste Instanz fort.⁴

4 Ob im Prozess ein **richterlicher Hinweis** auf die mögliche Verjährung zulässig oder sogar geboten ist, ist umstritten. Auszugehen ist vom **Grundsatz der Parteiherrschaft** im Zivilprozess, nach dem es den Parteien zukommt, die entscheidungserheblichen Gesichtspunkte vorzutragen. Im Rahmen der materiellen Prozessleitungspflicht des § 139 ZPO hat der Richter die Parteien zu vollständiger Aufklärung über alle entscheidungserheblichen prozessualen und materiellen Tatsachen zu veranlassen.⁵ Von dieser richterlichen Hinweispflicht ist aber die Einrede der Verjährung jedenfalls dann nicht erfasst, wenn der bisherige Parteivortrag keinerlei Ansatzpunkte dafür gegeben hat, dass sich der Beklagte hiermit verteidigen will.⁶ Etwas anderes kann aber dann gelten, wenn das Gericht auf von den Parteien bislang nicht berücksichtigte Umstände hinweist, aus denen sich allerdings zumindest für die anwaltlich vertretene Partei ohne weiteres mittelbar ergeben muss, dass der geltend gemachte Anspruch verjährt ist.⁷

5 Ein **Verzicht** auf die Einrede der Verjährung ist im Rahmen des § 202 möglich, siehe näher dort Rn 43 ff.

6 Die Erhebung der Einrede der Verjährung kann unter besonderen Umständen gem. **§ 242** ausgeschlossen sein. Dies kann nur dann in Betracht kommen, wenn der Gläubiger aufgrund des Schuldnerverhaltens darauf vertraute und vertrauen durfte, dieser werde die Einrede nicht mehr erheben.⁸ Hat der Schuldner den Gläubiger also durch sein Verhalten von der Erhebung der verjährungshemmenden (§ 204 Abs. 1 Nr. 1) Klage abgehalten, so stellt es **rechtsmissbräuchliches Verhalten** dar, wenn er die Einrede der Verjährung im

---

1 BT-Drucks 14/6040, S. 122.
2 Staudinger/*Peters*, § 214 Rn 8.
3 *Schlosser*, JuS 1966, 263.
4 BGH NJW 1990, 326, 327.
5 Vgl. nur Thomas/Putzo/*Reichold*, ZPO, § 139 Rn 3.
6 So nun BGH NJW 2004, 164 m. zust. Anm. *Becker-Eberhard*, LMK 2004, 32; krit. *Wernicke*, JA 2004, 331, 332–334; genauso ein Teil der Rspr. und Lit., vgl. die Übersicht bei Staudinger/*Peters*, § 214 Rn 14–16; a.A. noch KG NJW 2002, 1732 (bereits zu § 139 ZPO n.F.); BayObLG NJW 1999, 1875 (zu § 139 ZPO a.F.).
7 BGH NJW 1998, 612.
8 St. Rspr., vgl. etwa BGH NJW-RR 1993, 1059, 1061 m.w.N.; ausf. Staudinger/*Peters*, § 214 Rn 17–24.

späteren Prozess dennoch erhebt.[9] Die Erhebung der Einrede der Verjährung kann sich auch als treuwidrig erweisen, wenn der Schuldner zuvor durch vertragswidriges Verhalten den Eintritt der Verjährungshemmung verhindert hat.[10]

II. Keine Rückforderung (Abs. 2)

Hat der Schuldner die Forderung trotz eingetretener Verjährung erfüllt, so kann er das Geleistete nicht über Bereicherungsrecht zurückfordern, **Abs. 2 S. 1**. Gleichermaßen muss er sich an einem formgültigen Anerkenntnis (§ 781, beachte die Ausnahme des § 782 und des § 350 HGB) und an einer geleisteten Sicherheitsleistung festhalten lassen (**Abs. 2 S. 2**). Dies gilt unabhängig davon, ob der Schuldner vom Eintritt der Verjährung wusste oder nicht. Ist die Leistung jedoch **nicht freiwillig** erfolgt, etwa dann, wenn zur Abwendung der Zwangsvollstreckung geleistet wurde, oder dann, wenn wegen einer verjährten Forderung vollstreckt wurde, so bleibt eine Rückforderung nach § 813 Abs. 1 S. 1 möglich.[11]

§ 215 Aufrechnung und Zurückbehaltungsrecht nach Eintritt der Verjährung

¹Die Verjährung schließt die Aufrechnung und die Geltendmachung eines Zurückbehaltungsrechts nicht aus, wenn der Anspruch in dem Zeitpunkt noch nicht verjährt war, in dem erstmals aufgerechnet oder die Leistung verweigert werden konnte.

Literatur: Siehe vor §§ 194–218.

A. Allgemeines	1	II. Zurückbehaltungsrecht	4
B. Regelungsgehalt	3	III. Unanwendbarkeit	6
I. Aufrechnung	3		

A. Allgemeines

§ 215 beabsichtigt **keine Änderung** gegenüber dem bisherigen Recht.[1] Soweit § 215 die **Aufrechnung** auch mit verjährten Ansprüchen zulässt, wenn nur die Aufrechnungslage noch in unverjährter Zeit bestanden hat, entspricht § 215 der Vorschrift des **§ 390 S. 2 a.F.**; diese Norm wurde in § 215 ohne inhaltliche Änderung übernommen.[2] § 390 S. 2 a.F. wurde aufgehoben (siehe dort). Die zu § 390 S. 2 a.F. ergangene Rechtsprechung und die zugehörige Literatur kann grundsätzlich für die Anwendung des § 215 nutzbar gemacht werden.

Die Grundregeln des **Europäischen Vertragsrechts** (siehe vor §§ 194–218 Rn 14 ff.) kennen mit Art. 14:503 eine § 215 vergleichbare Vorschrift, die aber einige andere Regelungen trifft. Art. 14:503 gelingt ein besserer Ausgleich zwischen der Schuldner- und der Gläubigerinteressen als § 215. Art. 14:503 lautet: „Auch nach Eintritt der Verjährung kann mit einem Anspruch aufgerechnet werden, sofern nicht der Schuldner die Einrede der Verjährung zuvor geltend gemacht hat oder er sie innerhalb von zwei Monaten geltend macht, nachdem ihm die Erklärung der Aufrechnung zugegangen ist."

---

[9] Dazu ist nicht unbedingt Arglist erforderlich, vgl. BGH WM 2002, 1842, 1843.
[10] So in einem Fall, in dem der Schuldner seinen Wohnsitz ohne Mitteilung einer neuen Anschrift in dem Bewusstsein verlegte, dass der Gläubiger alsbald ein Mahnverfahren einleiten würde, vgl. BGH, Urt. v. 14.9.2004 – XI ZR 248/03. Nach neuem Recht hätte in diesem Fall der Lauf der Verjährung mangels Kenntnis der Anschrift des Schuldners noch gar nicht begonnen (s. dazu § 199 Rn 36). Bedeutung hätte der Wohnsitzwechsel daher allenfalls bei Verstreichen der Maximalfrist erlangen können.
[11] BGH NJW 1993, 3318, 3320; Bamberger/Roth/Henrich, § 214 Rn 6; Staudinger/Peters, § 214 Rn 35; MüKo/Grothe, § 214 Rn 9 m.w.N.
[1] BT-Drucks 14/6040, S. 122.
[2] Krit. zu vorausgegangenen Entwurfsfassungen Haug, S. 180 ff.; Bydlinski, S. 381, 400; tendenziell positiv aber Piekenbrock, S. 309, 337 ff. Krit. zu § 390 S. 2 a.F. Peters/Zimmermann, S. 266; Bydlinski, AcP 196 (1996), 293; Zimmermann, in: FS Dieter Medicus 1999, S. 721 ff.

B. Regelungsgehalt

I. Aufrechnung

3 § 215 bildet eine **Ausnahme** zum Verbot der Aufrechnung mit einer einredebehafteten Forderung, § 390. Mit einer verjährten Forderung kann danach noch aufgerechnet werden, wenn diese bei Eintritt der Aufrechnungslage noch unverjährt war. Dies gilt auch dann, wenn die Forderung, mit der aufgerechnet werden soll, vom Schuldner zuvor eingeklagt worden war und die Klage wegen Eintritts der Verjährung rechtskräftig abgewiesen worden war.[3]

II. Zurückbehaltungsrecht

4 Im Gegensatz zu § 390 S. 2 a.F. stellt § 215 der Aufrechnung die Geltendmachung eines Zurückbehaltungsrechts ausdrücklich gleich. Bereits von der bisherigen Rechtsprechung wurde § 390 S. 2 a.F. auf die Geltendmachung eines Zurückbehaltungsrechts entsprechend angewandt.[4] Voraussetzung ist allerdings, dass die Verjährung derjenigen Forderung, auf die das Zurückbehaltungsrecht gestützt wird, zur Zeit der Entstehung der Gegenforderung noch nicht verjährt war. Dagegen ist es unschädlich, dass sich der Schuldner nicht bereits zu diesem Zeitpunkt auf das Zurückbehaltungsrecht berufen hat.[5]

5 § 215 gilt auch für den Fall, dass die Einrede des nichterfüllten Vertrags (**§ 320**) erhoben wird, auch wenn strittig ist, ob § 320 ein Zurückbehaltungsrecht oder ein Leistungsverweigerungsrecht begründet.[6] Doch bestand im bisherigen Recht Einvernehmen, dass die Einrede des § 320 BGB auch bei Verjährungseintritt erhalten bleiben soll.[7] § 215 wollte daran nichts ändern.[8]

III. Unanwendbarkeit

6 Keine Anwendung findet § 215 auf einen gem. § 1613 Abs. 1 ausgeschlossenen **Unterhaltsanspruch**.[9]

7 Auf wegen Ablaufs einer **Ausschlussfrist** erloschene Ansprüche ist § 215 nicht entsprechend anwendbar.[10]

§ 216 Wirkung der Verjährung bei gesicherten Ansprüchen

(1) ¹Die Verjährung eines Anspruchs, für den eine Hypothek, eine Schiffshypothek oder ein Pfandrecht besteht, hindert den Gläubiger nicht, seine Befriedigung aus dem belasteten Gegenstand zu suchen.

(2) ¹Ist zur Sicherung eines Anspruchs ein Recht verschafft worden, so kann die Rückübertragung nicht aufgrund der Verjährung des Anspruchs gefordert werden. ²Ist das Eigentum vorbehalten, so kann der Rücktritt vom Vertrag auch erfolgen, wenn der gesicherte Anspruch verjährt ist.

(3) ¹Die Absätze 1 und 2 finden keine Anwendung auf die Verjährung von Ansprüchen auf Zinsen und andere wiederkehrende Leistungen.

Literatur: Siehe vor §§ 194–218.

A. Allgemeines 1	II. Nicht-akzessorische Sicherungsrechte 5
B. Regelungsgehalt 4	III. Nicht erfasste Sicherheiten 7
I. Akzessorische Sicherungsrechte 4	IV. Wiederkehrende Leistungen 9

---

3 BGH WM 1971, 1366, 1367; Staudinger/*Peters*, § 215 Rn 8; MüKo/*Grothe*, § 215 Rn 3.
4 BGHZ 48, 116 f.; 53, 122, 125; s. ferner Soergel/ *Zeiss*, § 390 Rn 1 m.w.N.
5 BGHZ 53, 122, 125; Palandt/*Heinrichs*, § 215 Rn 3; Staudinger/*Peters*, § 215 Rn 12; Bamberger/Roth/ *Henrich*, § 215 Rn 3; a.A. *Canaris*, JZ 1967, 756, 758.
6 S. nur Soergel/*Wiedemann*, § 320 Rn 8 ff.
7 S. nur – mit unterschiedlicher dogmatischer Begründung – Soergel/*Wiedemann*, § 320 Rn 46; MüKo/*Grothe* § 215 Rn 4, beide jew. m. Nachw.; *Ernst*, AcP 199 (1999), 485, 496 f.
8 Zimmermann/Leenen/Mansel/Ernst, JZ 2001, 684, 697.
9 BGH NJW 1984, 2158, 2160.
10 So der GemS der Obersten Gerichte des Bundes, DB 1974, 586 unter Aufgabe von BGHZ 26, 304, 308; umfängliche Nachw. bei Staudinger/*Peters*, § 215 Rn 15.

A. Allgemeines

Abs. 1, Abs. 2 S. 1 und Abs. 3 haben – bei geringfügigen sprachlichen Änderungen – denselben Inhalt wie § 223 Abs. 1, Abs. 2 und Abs. 3 a.F.[1] Die zu § 223 a.F. bestehende Rechtsprechung und Literatur kann für die Auslegung und Anwendung des § 216 herangezogen werden.

Abs. 2 S. 2 ist eine neue Gesetzesnorm. Sie ist kodifiziertes Richterrecht, da durch die Vorschrift die h.M.[2] zum bisherigen Recht, welche § 223 a.F. auf den **Eigentumsvorbehalt** analog angewandt hat,[3] im neuen Recht gesetzlich festgeschrieben wurde. Auch zur Anwendung des Abs. 2 S. 2 kann somit auf die einschlägige Rechtsprechung zum bisherigen Recht zurückgegriffen werden.

Die Vorschrift hat keine Entsprechung in den Grundregeln des **Europäischen Vertragsrechts** (siehe dazu vor §§ 194–218 Rn 14 ff.). Sie ist technisch nicht geglückt, rechtspolitisch fragwürdig und war schon bisher insgesamt starker **Kritik** ausgesetzt.[4]

B. Regelungsgehalt

I. Akzessorische Sicherungsrechte

Hypothek und Pfandrecht sind akzessorische Sicherungsrechte. **Abs. 1** macht für diese eine ausdrückliche Ausnahme von diesem Grundsatz, so dass die Sachhaftung fortbesteht, auch wenn der gesicherten Forderung die Einrede der Verjährung entgegensteht. Erfasst sind sowohl vertragliche als auch gesetzliche Pfandrechte,[5] das Pfändungspfandrecht,[6] die Hypothek, die Schiffshypothek (§ 8 SchiffsRG), die Arresthypothek (§ 932 ZPO)[7] und das Registerpfandrecht an Flugzeugen (§ 98 Abs. 2 LuftfzRG).

II. Nicht-akzessorische Sicherungsrechte

Abs. 2 S. 1 erweitert die Regel des Abs. 1 auf nicht-akzessorische Sicherungsrechte. Die Verjährung einer Forderung hat danach auf die für sie bestellten abstrakten Sicherheiten keine Auswirkung. Darunter fallen insbesondere die Sicherungsübereignung und Sicherungsabtretung, aber auch Grundschulden[8] sowie das Sicherungsrecht, das auf einer vereinbarten Hinterlegung beim Notar beruht.[9]

Auch der **Eigentumsvorbehalt** (§ 449) wird durch die Verjährung der Kaufpreisforderung nicht wirkungslos (**Abs. 2 S. 2**). Ein Rücktritt bleibt daher in Abweichung von § 218 auch bei Verjährung möglich (§ 218 Abs. 1 S. 3 i.V.m. Abs. 2 S. 2).

III. Nicht erfasste Sicherheiten

Keine Anwendung findet § 216 auf die **Vormerkung** (§ 883). Nach § 886 kann der Schuldner die Beseitigung der Vormerkung verlangen, wenn dem durch sie gesicherten Anspruch eine peremptorische Einrede entgegensteht. Dies gilt auch für die Verjährung.[10]

Auch die **Bürgschaft** fällt nicht unter § 216, da § 768 ausdrücklich anordnet, dass sich der Bürge auf die Verjährung der Hauptforderung berufen kann. Für eine analoge Anwendung ist kein Raum, da § 216 sich nur auf dingliche Sicherheiten bezieht.[11] Dies gilt nach § 768 Abs. 2 selbst dann, wenn der Hauptschuldner auf die Einrede verzichtet hat.

---

1 Ausf. dazu BT-Drucks 14/6040, S. 122 ff.
2 S. dazu BGHZ 34, 191, 195; 70, 96, 98; BGH NJW 1979, 2195, 2196; Erman/*Schmidt-Räntsch*, § 216 Rn 4 m.w.N.; nach neuem Recht nunmehr auch Staudinger/*Peters*, § 216 Rn 7; a.A. zum alten Recht *van Look/Stoltenberg*, WM 1990, 661 ff.
3 Ausf. Erörterungen dazu in BT-Drucks 14/6040, S. 123 f.
4 S. *Zimmermann/Leenen/Mansel/Ernst*, JZ 2001, 684, 698; *Habersack*, Diskussionsbeitrag, in: Ernst/Zimmermann, S. 427; *Mansel*, S. 333, 402; zum bisherigen Recht s. die Nachw. von *van Look/Stoltenberg*, WM 1990, 661 ff.
5 OLG Celle WM 1985, 547; Palandt/*Heinrichs*, § 215 Rn 3; Soergel/*Niedenführ*, § 216 Rn 6; Erman/*Schmidt-Räntsch*, § 216 Rn 3.
6 Staudinger/*Peters*, § 216 Rn 4 m.w.N.
7 OLG Celle WM 1985, 547, 548; OLG Dresden OLGRep. 2002, 422; Erman/*Schmidt-Räntsch*, § 216 Rn 2.
8 BGH NJW 1993, 3318; Soergel/*Niedenführ*, § 216 Rn 8.
9 BGH NJW 2000, 1331; Palandt/*Heinrichs*, § 216 Rn. 3; Erman/*Schmidt-Räntsch*, § 216 Rn 4; a.A. Staudinger/*Peters*, § 216 Rn 5 und *ders.*, JZ 2000, 892 f.
10 Soergel/*Niedenführ*, § 216 Rn 12; Erman/*Schmidt-Räntsch*, § 216 Rn 5; MüKo/*Grothe*, § 216 Rn 3; Staudinger/*Peters*, § 216 Rn 4.
11 BGH NJW 1998, 981, 982; MüKo/*Grothe*, § 216 Rn 3.

IV. Wiederkehrende Leistungen

9 Abs. 3 will verhindern, dass sich durch die Aufsummierung von Zinsen und anderen wiederkehrenden Leistungen (zum Begriff vgl. § 197 Rn 75 ff.) eine für den Schuldner erdrückende Last bildet, und schränkt die Abs. 1 und 2 daher ein. Ist der Anspruch hierauf verjährt, so kann sich der Gläubiger auch nicht mehr aus der hierfür gestellten Sicherheit befriedigen; dies gilt genauso für dingliche Sicherheiten.[12] Dem Schuldner steht dann ein Anspruch auf Rückgabe der Sicherheit zu.[13] Ist diese bereits verwertet, so kann er Auskehrung des Erlöses verlangen, soweit dieser auf die Zinsen anzurechnen wäre.[14]

10 Nicht erfasst von Abs. 3 sind die als Zuschlag zu den Zinsen zu entrichtenden **Tilgungs- und Amortisationsbeträge**.[15]

§ 217 Verjährung von Nebenleistungen

[1]Mit dem Hauptanspruch verjährt der Anspruch auf die von ihm abhängigen Nebenleistungen, auch wenn die für diesen Anspruch geltende besondere Verjährung noch nicht eingetreten ist.

Literatur: Siehe vor §§ 194–218.

A. Allgemeines	1	I. Gleichlauf von Haupt- und Nebenleistung	4
B. Regelungsgehalt	4	II. Abhängige Nebenleistungen	5

A. Allgemeines

1 § 217 entspricht – von geringfügigen sprachlichen Änderungen abgesehen – dem **§ 224 a.F.**; die Gesetzesbegründung[1] macht deutlich, dass die bisherige Auslegung des § 224 a.F. auf § 217 übertragen werden soll. Somit können die Ergebnisse von Rechtsprechung und Lehre zu § 224 für die Auslegung des § 217 nutzbar gemacht werden.

2 § 217 ist von der Wirkungserstreckung von Hemmungs-, Ablaufhemmungs- und Neubeginnstatbeständen auf Ansprüche in **elektiver Konkurrenz** zu dem betroffenen Anspruch abzugrenzen (siehe dazu § 213 Rn 8).

3 Inhaltsgleich mit § 217, aber klarer und prägnanter formuliert, ist Art. 14:502 der Grundregeln des **Europäischen Vertragsrechts** (zu diesen siehe vor §§ 194–218 Rn 14 ff.).

B. Regelungsgehalt

I. Gleichlauf von Haupt- und Nebenleistung

4 § 217 bestimmt, dass Ansprüche auf Nebenleistungen mit dem Hauptanspruch verjähren, auch wenn die für sie geltende besondere Verjährung noch nicht vollendet ist. Dadurch wird gewährleistet, dass Ansprüche auf Nebenleistungen **spätestens** mit dem Hauptanspruch verjähren. Unabhängig davon kann die Verjährung für Ansprüche auf Nebenleistungen auch schon früher verjähren. Ansprüche auf Ersatz von Verzugsschäden unterfallen wie bisher ebenfalls dieser Regelung.[2] § 217 dient damit dem Schutz der Dispositionsfreiheit des Schuldners; dieser soll sich nicht gegen einen Nebenanspruch verteidigen müssen, wenn der Hauptanspruch bereits verjährt ist.[3] Aus diesem Schutzzweck folgt aber auch, dass eine Verjährung des Nebenanspruchs nicht eingreift, wenn dieser eingeklagt ist, bevor der Hauptanspruch verjährt ist.[4] Gleiches gilt bei einem Anerkenntnis.[5]

---

[12] BGH NJW 1993, 3318, 3320; MüKo/*Grothe*, § 216 Rn 5.
[13] Staudinger/*Peters*, § 216 Rn 9; Soergel/*Niedenführ*, § 216 Rn 14.
[14] BGH NJW 1993, 3318, 3319 f.; Staudinger/*Peters*, § 216 Rn 9.
[15] MüKo/*Grothe*, § 216 Rn 5 m.w.N.; Hohmann, WM 2004, 757, 759.

[1] BT-Drucks 14/6040, S. 124.
[2] S. zum bisherigen Recht BGH NJW 1995, 252.
[3] BGH NJW 1995, 252, 253; Bamberger/Roth/ Henrich, § 217 Rn 1.
[4] BGH NJW 1995, 252, 253; Soergel/*Niedenführ*, § 217 Rn 3.
[5] Soergel/*Niedenführ*, § 217 Rn 5; MüKo/*Grothe*, § 217 Rn 3.

II. Abhängige Nebenleistungen

Dabei handelt es sich um solche Nebenleistungen, die zusätzlich zur Hauptschuld zu erbringen sind und mit dieser in **Zusammenhang** stehen, insbesondere vertragliche und gesetzliche Zinsen, auch solche aus Verzug,[6] sowie Ansprüche auf Früchte, Nutzungen und Kosten.

Keine abhängigen Nebenleistungen sind daher alle selbständig wiederkehrenden Leistungen wie Unterhaltszahlungen, Renten oder die einzelnen Ansprüche aus einem Dauerschuldverhältnis.[7]

§ 218 Unwirksamkeit des Rücktritts

(1) [1]Der Rücktritt wegen nicht oder nicht vertragsgemäß erbrachter Leistung ist unwirksam, wenn der Anspruch auf die Leistung oder der Nacherfüllungsanspruch verjährt ist und der Schuldner sich hierauf beruft. [2]Dies gilt auch, wenn der Schuldner nach § 275 Abs. 1 bis 3, § 439 Abs. 3 oder § 635 Abs. 3 nicht zu leisten braucht und der Anspruch auf die Leistung oder der Nacherfüllungsanspruch verjährt wäre. [3]§ 216 Abs. 2 Satz 2 bleibt unberührt.

(2) [1]§ 214 Abs. 2 findet entsprechende Anwendung.

Literatur: Siehe vor §§ 194–218.

A. Allgemeines 1	4. Berufung auf Verjährung 10
B. Regelungsgehalt 2	II. Rechtsfolgen 12
I. Gesetzliches Rücktrittsrecht (Abs. 1) 2	1. Rücktritt nach Eintritt der Verjährung .. 12
1. Anwendungsbereich 2	2. Rücktritt vor Eintritt der Verjährung ... 16
2. Keine Analogiefähigkeit 6	III. Mängeleinrede 18
3. Verjährung des Hauptanspruchs 7	

A. Allgemeines

Der Rücktritt ist als **Gestaltungsrecht** ausgeformt. Da nach § 194 Abs. 1 nur Ansprüche verjähren (näher § 194 Rn 2 ff.), musste ein Weg gefunden werden, den ansonsten wegen Unverjährbarkeit des Rücktrittsrecht zeitlich unbegrenzt möglichen Rücktritt zu verhindern. Diese Aufgabe hat § 218 übernommen, der die Unwirksamkeit des Rücktritts regelt, wenn die zu dem Gestaltungsrecht des Rücktritts parallel bestehenden Leistungs- und Nacherfüllungsansprüche verjährt sind. Bedeutsam wird § 218 vor allem deswegen, weil der Rücktritt im Kaufrecht (§ 437 Nr. 2) und im Werkvertragsrecht (634 Nr. 3) die Institute der Wandelung (§§ 462, 465, 467 a.F. bzw. § 634 a.F.) und der Minderung (§§ 462, 472 a.F. bzw. § 634 a.F.) ersetzt hat, die als Ansprüche ausgestaltet und daher ohne weiteres verjährbar waren.

B. Regelungsgehalt

I. Gesetzliches Rücktrittsrecht (Abs. 1)

1. Anwendungsbereich. Die Vorschrift erfasst den gesetzlichen Rücktritt wegen Pflichtverletzung aufgrund Nichtleistung oder nicht vertragsgemäßer Leistung. Der Anwendungsbereich der Vorschrift deckt sich mit dem des § 323. Hauptanwendungsbereich sind die Ansprüche wegen **Mängelgewährleistung** im Kaufrecht (§§ 437 Nr. 2, 438 Abs. 4 S. 1) und im Werkvertragsrecht (§§ 634 Nr. 3, 634a Abs. 4 S. 1). Ausdrücklich gleichgestellt ist die **Minderung** (§§ 438 Abs. 5, 634a Abs. 5). Daneben ist die Vorschrift anwendbar auf Rücktrittsrechte wegen verspäteter Leistung wie z.B. § 376 Abs. 1 S. 1 HGB. Zweifelhaft ist hingegen ihre Anwendbarkeit bez. § 30 VerlG.

Eine **Ausnahme** gilt nach **Abs. 1 S. 3** i.V.m. § 216 Abs. 2 S. 2 für den Kauf unter **Eigentumsvorbehalt** (§ 449). Tritt der Verkäufer hier nach §§ 449 Abs. 2, 323 wegen Nichtzahlung des Kaufpreises zurück, so steht dem der Eintritt der Verjährung bezüglich des Kaufpreisanspruchs nicht entgegen. Damit wurde die bereits vor der Reform der h.M. für diese Konstellation durch analoge Anwendung des § 223 a.F.[1] erreichte Lösung kodifiziert. Zum Bestand von dinglichen Sicherungsrechten bei Verjährung der gesicherten Forderung siehe § 216 Rn 4 ff.

---

6 BT-Drucks 14/6040, S. 124; Palandt/*Heinrichs*, § 217 Rn 1; Erman/*Schmidt-Räntsch*, § 217 Rn 1; MüKo/*Grothe*, § 217 Rn 1.

7 Staudinger/*Peters*, § 217 Rn 10; MüKo/*Grothe*, § 217 Rn 4.

1 BGHZ 70, 96, 98 ff.; BGH NJW 1979, 2196; *Zimmermann/Leenen/Mansel/Ernst*, JZ 2001, 684, 697.

4 Bei einem **vertraglich vereinbarten Rücktrittsrecht** führt der bloße Fristablauf zur Unwirksamkeit der Rücktrittserklärung. Für eine Anwendung von Abs. 1 besteht hier kein Bedarf, da der Rücktrittsgegner auch für den Fall, dass keine Ausschlussfrist vereinbart wurde, über § 350 ausreichend geschützt ist.[2] Dies gilt auch dann, wenn zwischen den Parteien vereinbart ist, dass bei Leistungsstörungen ein Rücktrittsrecht entstehen soll. Auch dann ist Abs. 1 nur für den Fall anwendbar, dass gleichzeitig die Voraussetzungen eines gesetzlichen Rücktrittsrechts vorliegen.[3]

5 Da Abs. 1 ein Rücktrittsrecht wegen Pflichtverletzung des (Nach-)Erfüllungsanspruchs voraussetzt, ist er auf den Rücktritt wegen Verletzung einer vertraglichen Nebenpflicht nach **§ 324 unanwendbar**.[4]

6 **2. Keine Analogiefähigkeit.** § 218 kann nicht analog auf andere Gestaltungsrechte angewandt werden. Hierfür besteht auch kein Bedarf, da insoweit meist in Spezialregelungen Ausschlussfristen bestehen, wie z.B. für die Anfechtung in §§ 121, 124 oder für die Kündigung in den §§ 314 Abs. 3, 543 Abs. 2, 561 Abs. 1 S. 1, 569 Abs. 3; 626, 723. Auch auf das rechtsähnliche Widerrufsrecht (vgl. § 357 Abs. 1 S. 1) kann Abs. 1 nicht angewendet werden, da auch hier mit § 355 Abs. 1 S. 2 eine eigene Regelung für die Dauer der Geltendmachung geschaffen wurde. Im Übrigen ist § 218 aufgrund seines Charakters als speziell für den gesetzlichen Rücktritt geschaffene Sondervorschrift einer Analogie ohnehin nicht zugänglich.[5]

7 **3. Verjährung des Hauptanspruchs.** Abs. 1 S. 1 setzt voraus, dass der Hauptleistungsanspruch oder der wegen Vorliegens eines Mangels gem. §§ 437 Nr. 1, 439 bzw. §§ 634 Nr. 1, 635 entstandene Nacherfüllungsanspruch verjährt sind. Dabei richtet sich die Verjährungsfrist für den Anspruch auf Erfüllung nach den §§ 195, 199; für den Nacherfüllungsanspruch gelten § 438 bzw. § 634a.

8 Die Rücktritts- und Minderungsrechte sind nach **Abs. 1 S. 2** auch für den Fall unwirksam, dass der Verkäufer nach §§ 275 Abs. 1–3, 439 Abs. 3 bzw. 635 Abs. 3 nicht zu leisten braucht, der Anspruch auf die Leistung oder auf Nacherfüllung aber verjährt wäre, wenn er bestehen würde. Diese Regelung wurde in das Gesetz aufgenommen, um zu verhindern, dass der Käufer bei unbehebbaren Sach- und Rechtsmängeln sein Rücktritts- oder Minderungsrecht zeitlich unbefristet ausüben kann.[6] Braucht der Verkäufer nämlich nach § 275 Abs. 1 wegen eines unbehebbaren Mangels nicht zu leisten, etwa weil der als unfallfrei verkaufte Gebrauchtwagen letztlich doch vor Gefahrübergang in einen Unfall verwickelt war,[7] scheidet ein Anspruch auf Leistung oder (im konkreten Fall) auf Nacherfüllung aus. Fehlt es aber an einem solchen Anspruch, kann dieser auch nicht verjähren, so dass bei wörtlicher Auslegung des Abs. 1 S. 1 das Rücktritts- oder Minderungsrecht des Käufers nach §§ 437 Nr. 2, 326 Abs. 5, 323 zeitlich unbegrenzt ausgeübt werden könnte. Damit würde dem Käufer zugleich die Möglichkeit eröffnet, den gezahlten Kaufpreis noch nach Jahren zurückzufordern. Der durch den Rücktritt begründete Anspruch auf Rückzahlung nach § 346 Abs. 1 entsteht schließlich erst mit der Erklärung des Rücktritts, der das vertragliche Schuldverhältnis in ein Rückgewährschuldverhältnis umgestaltet. Da der Rückzahlungsanspruch gemäß §§ 195, 199 aber erst drei Jahre nach dem Schluss des Jahres, in dem der Anspruch entstanden ist und der Käufer hiervon Kenntnis hatte oder haben musste, verjährt, hätte es der Käufer in der Hand, die Rückzahlung beliebig hinauszuschieben.

9 Dogmatisch nicht zwingend ist bei der Formulierung des Abs. 1 S. 2, dass die Regelung auch die Fälle umfasst, in denen sich der Schuldner lediglich auf ein Leistungsverweigerungsrecht nach §§ 275 Abs. 2 und 3, 439 Abs. 3 und 635 Abs. 3 beruft. Im Gegensatz zu § 275 Abs. 1 ist hier der Anspruch nicht ausgeschlossen und somit grundsätzlich einer Verjährung zugänglich. Aufgrund der auch sonst erfolgten Gleichbehandlung aller Fälle des § 275 und aus Gründen der Rechtsklarheit hielt es der Gesetzgeber jedoch für zweckmäßig, eine ausdrückliche Normierung vorzunehmen.[8]

10 **4. Berufung auf Verjährung.** Die Unwirksamkeit des Rücktritts tritt nicht automatisch ein; vielmehr muss sich der Schuldner auf die Verjährung des Leistungs- oder Nacherfüllungsanspruchs berufen. Auf diese Weise wird ein Gleichlauf der Anspruchsverjährung und der zeitlichen Begrenzung des Gestaltungsrechts im Prozess erreicht.[9] Bei der Berufung des Schuldners auf die Verjährung handelt es sich aber nicht um eine

---

2 Soergel/*Niedenführ*, § 218 Rn 3; MüKo/*Grothe*, § 218 Rn 2.
3 MüKo/*Grothe*, § 218 Rn 2; a.A. Erman/*Schmidt-Räntsch*, § 218 Rn 3; Palandt/*Heinrichs*, § 218 Rn 2; Bamberger/Roth/*Henrich*, § 218 Rn 2.
4 AnwK-SchuldR/*Büdenbender*, § 218 Rn 14; Erman/*Schmidt-Räntsch*, § 218 Rn 3; Bamberger/Roth/*Henrich*, § 218 Rn 2.
5 Vgl. MüKo/*Grothe*, § 218 Rn 3; Soergel/*Niedenführ*, § 218 Rn 5.
6 Vgl. *Knütel*, NJW 2001, 2519.
7 Beispiel nach BT-Drucks 14/6857, S. 27 (Nr. 93).
8 Vgl. Rechtsausschuss, BT-Drucks 14/7052, S. 182.
9 BT-Drucks 14/6040, S. 124; Soergel/*Niedenführ*, § 218 Rn 1; MüKo/*Grothe*, § 218 Rn 6.

Einrede, sondern um ein **Gestaltungsrecht sui generis**, weil die Ausübung nicht anspruchshemmend wirkt, sondern sich gegen das Gestaltungsrecht des Rücktritts richtet.[10]

Eine **Frist** zur Geltendmachung **besteht nicht**.[11] Der Schuldner kann sich im Prozess daher bis zum Ende der letzten mündlichen Verhandlung auf die Unwirksamkeit des Rücktritts berufen. Auch insoweit besteht ein Gleichlauf mit der Einrede der Verjährung. Darin liegt keine ungerechtfertigte Benachteiligung des Käufers bzw. Bestellers: Ist das Schuldverhältnis zu diesem Zeitpunkt bereits rückabgewickelt, so bleibt die Berufung auf die Unwirksamkeit des Rücktritts für ihn wegen Abs. 2 i.V.m. § 214 Abs. 2 ohne Konsequenzen (siehe dazu Rn 14). Wenn hingegen noch keine Rückabwicklung erfolgt ist, so stellt die Unsicherheit darüber, ob sich der Verkäufer bzw. Unternehmer auf die Unwirksamkeit des Rücktritts beruft, keine unbillige Benachteiligung des Käufers bzw. Bestellers dar, da es allein in seiner Hand liegt, den Rücktritt zu erklären und so den Gegner zur Äußerung zu zwingen. Eine Verwirkung des Rechts aus Abs. 1 (allgemein dazu vor §§ 194–218 Rn 29) ist daher in aller Regel nicht denkbar.[12]

II. Rechtsfolgen

1. Rücktritt nach Eintritt der Verjährung. Beruft sich der Schuldner auf die Verjährung des (Nach-) Erfüllungsanspruchs, so werden Rücktritt bzw. Minderung dadurch mit Wirkung *ex nunc* **wirkungslos**.[13] Hierfür spricht die Wertung des Gesetzgebers in Abs. 2, wonach eine bereits begonnene Rückabwicklung nicht mehr verändert werden soll (dazu sogleich Rn 14). Die gegenteilige Auffassung, die von einer *ex-tunc*-Wirkung ausgeht,[14] führt aber – bei richtiger Anwendung des Abs. 2 – nicht zu abweichenden Ergebnissen.

Das ursprüngliche Schuldverhältnis lebt dadurch wieder auf: Ansprüche aus §§ 346, 347 fallen weg; die Minderung wird wirkungslos, so dass der Anspruch auf Zahlung des vollen Kaufpreises bzw. Werklohns wieder entsteht.

Haben die Parteien bereits mit der Rückabwicklung begonnen oder wurde aufgrund der Minderung bereits ein Teil des Kaufpreises oder Werklohns zurückgezahlt, so ordnet **Abs. 2 i.V.m. § 214 Abs. 2** an, dass bereits erfolgte Leistungen nicht zurückgefordert werden können. Dadurch wird der Bestand der bereits begonnenen Rückabwicklung bereicherungsfest gestellt. Für eine Anwendung von § 813 ist schon begrifflich kein Raum, da keine Einrede vorliegt.[15] Aus dem Zweck des § 214 Abs. 2 folgt auch, dass der Ausschluss der Rückgängigmachung sowohl für die Leistung als auch für die **Gegenleistung** gilt. Hat der Gläubiger also sein Rücktrittsrecht ausgeübt und die mangelhafte Kaufsache bzw. das mangelhafte Werk bereits zurückgegeben, so kann er diese auch bei Vorliegen der Voraussetzungen des § 218 nicht zurückverlangen.[16] Hierfür spräche allenfalls der Wortlaut des § 214 Abs. 2, der nur den Anspruch erwähnt, nicht aber die Gegenleistung. Für eine Privilegierung des Zurücktretenden gibt es aber keinen Grund, zumal § 218 gerade dem Schutz des Schuldners dient.[17]

Auch ist eine Reduzierung des Anwendungsbereichs von Abs. 2 auf die Fälle, in denen die beiderseitig erbrachten Leistungen bereits vollständig rückabgewickelt wurden,[18] weder mit dem Wortlaut noch mit dem Zweck der Norm zu vereinbaren. Soweit wegen dem unterschiedlichen Stand der Rückabwicklung eine der Parteien benachteiligt wird, ist dies aber nach dem klaren Wortlaut des Abs. 2 hinzunehmen. Hat der Käufer also nach Ablauf der Verjährungsfrist den Rücktritt erklärt und die mangelhafte Kaufsache bereits zurückgegeben, bevor der Rücktrittsgegner sich auf § 218 beruft, so hat er weder einen Anspruch auf Rückzahlung des Kaufpreises noch kann er wegen Abs. 2 den Kaufgegenstand wieder zurückfordern. Der Verkäufer hingegen hat es in der Hand, durch die Geltendmachung des § 218 die ihm jeweils günstigere Rechtsfolge herbeizuführen.

2. Rücktritt vor Eintritt der Verjährung. Durch die Erklärung des Rücktritts beginnt **keine neue Verjährungsfrist** des Anspruchs auf Rückgewähr (§ 346 Abs. 1); vielmehr läuft die alte Frist des § 438 weiter;[19] Gleiches gilt auch für die Minderung. Die **gegenteilige Auffassung** hingegen will den Anspruch

---

10 AnwK-SchuldR/*Büdenbender*, § 218 Rn 9; MüKo/*Grothe*, § 218 Rn 6; Staudinger/*Peters*, § 218 Rn 3; Soergel/*Niedenführ*, § 218 Rn 7 und wohl auch Palandt/*Heinrichs*, § 218 Rn 1. A.A. Erman/*Schmidt-Räntsch*, § 218 Rn 5 (Einrede).
11 Soergel/*Niedenführ*, § 218 Rn 1; Palandt/*Heinrichs*, § 218 Rn 5; Erman/*Schmidt-Räntsch*, § 218 Rn 5.
12 Vgl. Staudinger/*Peters*, § 218 Rn 3. Zur Verwirkung Erman/*Schmidt-Räntsch*, § 218 Rn 5.
13 AnwK-SchuldR/*Büdenbender*, § 218 Rn 23; Bamberger/Roth/*Henrich*, § 218 Rn 10; Palandt/*Heinrichs*, § 218 Rn 6; MüKo/*Grothe*, § 218 Rn 7; Jauernig/*Jauernig*, § 218 Rn 2.
14 Staudinger/*Peters*, § 218 Rn 4.
15 Vgl. MüKo/*Grothe*, § 218 Rn 8.
16 Dafür aber Palandt/*Heinrichs*, § 218 Rn 6.
17 Ausf. MüKo/*Grothe*, § 218 Rn 8.
18 So Staudinger/*Peters*, § 218 Rn 5.
19 *Wagner*, ZIP 2002, 789, 791 f.; *Reinking*, ZGS 2002, 140, 142; Staudinger/*Peters*, § 218 Rn 6; *Mansel*/*Budzikiewicz*, Jura 2003, 1, 9.

aus Rücktritt der regelmäßigen Verjährung aus §§ 195, 199 unterstellen.[20] Dies würde dazu führen, dass es der Käufer oder Besteller in der Hand hätte, durch bloße Ausübung eines Gestaltungsrechts die Verjährungsfrist um mindestens drei Jahre zu erhöhen. Darin läge aber ein Wertungswiderspruch zu den anderen Gewährleistungsrechten Nacherfüllung und Schadensersatz: Hier kann eine vergleichbare Hinauszögerung des Verjährungseintritts nur durch Klageerhebung oder Einleitung eines anderen förmlichen Verfahrens erreicht werden (§ 204).[21] Der Gesetzgeber hat lediglich den Vorrang der Nacherfüllung statuiert (§§ 281 Abs. 1 S. 1, 323 Abs. 1, 440). Es ist aber kein Grund ersichtlich, der die Durchbrechung des verjährungsrechtlichen Gleichlaufs der Gewährleistungsrechte durch diese verdeckte Privilegierung des Rücktritts und der Minderung rechtfertigen könnte;[22] vielmehr handelt es sich um einen unbeabsichtigten Nebeneffekt der Konstruktion als Gestaltungsrecht.

17 Dogmatisch folgt die hier vertretene Lösung aus einer ergänzenden Auslegung des § 218.[23] Dessen *ratio* ist es, den Schuldner den Konsequenzen des Rücktritts nicht länger auszusetzen als denen des Leistungs- oder Nacherfüllungsverlangens (siehe Rn 1). Daraus folgt, dass die durch den Rücktritt begründeten Ansprüche nur innerhalb der für die Verjährung des (Nach-)Erfüllungsanspruchs maßgeblichen Frist geltend gemacht werden können. Diese Wertung kann über die Verweisungen der §§ 438 Abs. 4 S. 1, Abs. 5 bzw. 634a Abs. 4 S. 1, Abs. 5 auch ins Kauf- und Werkvertragsrecht übertragen werden. Folglich sind die speziellen Verjährungsvorschriften der §§ 438, 634a auch auf die durch Rücktritt oder Minderung begründeten Ansprüche anzuwenden. Zur Vermeidung des Rechtsverlusts stehen dem Schuldner die allgemeinen verjährungshemmenden und -unterbrechenden Maßnahmen zur Verfügung.

III. Mängeleinrede

18 Nach § 438 Abs. 4 S. 2 und Abs. 5 Alt. 2 bzw. § 634a Abs. 4 S. 2 und Abs. 5 Alt. 2 kann der Käufer bzw. Besteller trotz Unwirksamkeit des Rücktritts oder der Minderung nach Abs. 1 die Zahlung des Kaufpreises insoweit **verweigern**, als er aufgrund des Rücktritts oder der Minderung hierzu berechtigt sein würde (Mängeleinrede). Eine Mängelanzeige vor Ablauf der Verjährungsfrist ist für die Geltendmachung der Einrede nicht erforderlich.

19 Von Bedeutung ist die Möglichkeit der Mängeleinrede für den Käufer bzw. Besteller in den Fällen, in denen sich der Verkäufer bzw. Unternehmer nach Abs. 1 auf die Unwirksamkeit von Rücktritt oder Minderung berufen kann, sein eigener Anspruch auf Kaufpreiszahlung jedoch gem. §§ 195, 199 noch nicht verjährt ist. Dadurch wird der **Fristenunterschied** zwischen der Verjährung der Mängelgewährleistung und der Regelverjährung ausgeglichen.[24]

20 Wenn der Verkäufer bzw. Unternehmer allerdings von seinem Recht auf Leistungsverweigerung Gebrauch macht, soll er auch nicht besser stehen, als dies bei fristgerechter Geltendmachung des Rücktrittsrechts der Fall gewesen wäre. §§ 438 Abs. 4 S. 3 bzw. 634a Abs. 4 S. 3 eröffnen dem Verkäufer bzw. Unternehmer daher die Möglichkeit, vom Vertrag zurückzutreten und die Rückgabe der Kaufsache zu verlangen.

§ 219 – 225 (weggefallen)

---

20 MüKo/*Grothe*, § 218 Rn 4; Palandt/*Heinrichs*, § 218 Rn 7; vgl. auch *Reinking*, ZGS 2002, 140, 141.
21 *Wagner*, ZIP 2002, 789, 791 f.
22 A.A. MüKo/*Grothe*, § 218 Rn 4: Dieses Ergebnis sei als Entscheidung des Gesetzgebers hinzunehmen.
23 Vgl. *Mansel/Budzikiewicz*, Jura 2003, 1, 9.
24 Ausf. zur Mängeleinrede *Mansel/Budzikiewicz*, § 5 Rn 29–43 (Kaufrecht) und § 5 Rn 216–223 (Werkvertragsrecht).

Abschnitt 6
Ausübung der Rechte, Selbstverteidigung, Selbsthilfe

§ 226 Schikaneverbot

¹Die Ausübung eines Rechts ist unzulässig, wenn sie nur den Zweck haben kann, einem anderen Schaden zuzufügen.

Literatur: *Merz*, Vom Schikaneverbot zum Rechtsmissbrauch, ZfRV 1977, 162.

A. Allgemeines 1	1. Unzulässigkeit der Rechtsausübung ohne Eingriff in Bestand des Rechts 7
B. Regelungsgehalt 2	2. Notwehr gegen schikanöse Rechtsausübung 8
I. Anwendungsbereich 2	
II. Art des ausgeübten Rechts 3	3. Schadensersatz 9
III. Zweckbestimmung der Schadenszufügung . 4	V. Einzelfälle 10
1. Objektiver Tatbestand 4	1. Unzulässige Rechtsausübung bejaht ... 10
2. Subjektiver Tatbestand 5	2. Unzulässige Rechtsausübung verneint .. 11
3. Alle denkbaren Schäden 6	C. **Weitere praktische Hinweise** 12
IV. Rechtsfolgen 7	

A. Allgemeines

§ 226 betrifft eine gesetzlich geregelte Fallgruppe des Verbots der unzulässigen Rechtsausübung. Die praktische Bedeutung der Vorschrift ist im Hinblick auf den sehr eng gefassten Tatbestand gering, nachdem nach der Rechtsprechung des Bundesgerichtshofs jeder andere Zweck als eine Schadenszufügung objektiv ausgeschlossen sein muss.¹

1

B. Regelungsgehalt

I. Anwendungsbereich

Die Vorschrift gilt im Bereich der gesamten Privatrechtsordnung, darüber hinaus auch im öffentlichen Recht und im Prozessrecht.²

2

II. Art des ausgeübten Rechts

§ 226 betrifft subjektive Rechte aller Art, also neben Ansprüchen im Sinne von § 194 Abs. 1 auch Gestaltungsrechte, absolute Rechte und Gegenrechte.³

3

III. Zweckbestimmung der Schadenszufügung

1. Objektiver Tatbestand. § 226 setzt voraus, dass die Rechtsausübung **objektiv** keinen anderen Zweck haben kann, als den, einem anderen Schaden zuzufügen.⁴ Es genügt somit nicht, dass jemand von seinem Recht in missbilligender Absicht Gebrauch macht; vielmehr muss feststehen, dass die Rechtsausübung keinerlei Vorteil zu bringen vermag, sondern lediglich zur Schädigung eines anderen taugt.⁵

4

2. Subjektiver Tatbestand. Die objektiv bezweckte Schadensstiftung muss in **subjektiver** Hinsicht vom Vorsatz des Rechtsausübenden erfasst sein. Der Vorsatz muss sich sowohl auf die Schädigungshandlung beziehen als auch die Schadenszufügung erfassen.⁶ Die Absicht der Schadenszufügung (Schikaneabsicht) ist jedoch nicht erforderlich.⁷

5

---

1 Vgl. BGH NJW 1975, 1314.
2 Soergel/*Fahse*, § 226 Rn 2; Bamberger/Roth/*Dennhardt*, § 226 Rn 2; Palandt/*Heinrichs*, § 226 Rn 2.
3 Bamberger/Roth/*Dennhardt*, § 226 Rn 3.
4 Staudinger/*Werner*, § 226 Rn 9; MüKo/*Grothe*, § 226 Rn 3; BGH NJW 1975, 1314.
5 Soergel/*Fahse*, § 226, Rn 5.
6 MüKo/*Grothe*, § 226 Rn 3; Staudinger/*Werner*, § 226 Rn 10; Soergel/*Fahse*, § 226 Rn 8.
7 MüKo/*Grothe*, § 226 Rn 3; Staudinger/*Werner*, § 226 Rn 10; a.A. Erman/*Wagner*, § 226 Rn 5.

6 **3. Alle denkbaren Schäden.** Jede Art von **Schaden** wird von § 226 erfasst, also sowohl materielle als auch immaterielle Schäden. Der Schaden muss nicht eingetreten sein.[8]

IV. Rechtsfolgen

7 **1. Unzulässigkeit der Rechtsausübung ohne Eingriff in Bestand des Rechts.** Die Ausübung des Rechts ist unzulässig, sein Bestand wird jedoch nicht berührt. Sofern zu einem späteren Zeitpunkt die schikanösen Umstände entfallen sind, kann das Recht wieder ausgeübt werden.[9]

8 **2. Notwehr gegen schikanöse Rechtsausübung.** Die schikanöse Rechtsausübung ist rechtswidrig und damit im Sinne von § 227 notwehrfähig, sofern die weiteren Voraussetzungen dieser Vorschrift vorliegen.

9 **3. Schadensersatz.** § 226 ist ein **Schutzgesetz** i.S.v. **§ 823 Abs. 2**.[10] Der Gegner kann daher einen etwa eingetretenen Schaden liquidieren und, sofern Wiederholungsgefahr gegeben ist, analog § 1004 Abs. 1 S. 2 auf Unterlassung klagen.[11]

V. Einzelfälle

10 **1. Unzulässige Rechtsausübung bejaht:**
- Aufrechterhaltung einer werktitelverletzenden Domain durch den Inhaber mit dem alleinigen Ziel, diese für den Verletzten zu sperren.[12]
- Registrierung eines fremden, mit der Marke eines Unternehmens gleich lautenden Internet-Domain-Namens ohne nachvollziehbares eigenes Interesse.[13]
- Blockierung der einzigen Einfahrt zu einem Waldgrundstück ohne Verfolgung von Eigentümerinteressen.[14]
- Ausschluss eines Einzelnen ohne triftigen Grund von der allgemein gestatteten Benutzung eines Grundstücksteils als Weg.[15]
- Vollstreckungsmaßnahmen wie die Vollstreckung eines Haftbefehls wegen einer Forderung über 2,10 DM mit dem Ziel, den Schuldner zu schikanieren.[16]
- Verweigerung der Zahlung eines Vollstreckungsschuldners, der einen Geldbetrag Zug um Zug gegen Übergabe einer nahezu wertlosen Couch zahlen soll, mit der Behauptung, es handle sich nicht um die geschuldete Couch.[17]

11 **2. Unzulässige Rechtsausübung verneint:**
- Geltendmachung der Blockposition durch einen Mitgesellschafter bei der Übertragung von Geschäftsanteilen im Wege vorweggenommener Erbfolge durch einen anderen Mitgesellschafter auf dessen Sohn.[18]
- Kündigung des Girokontos der NPD durch die kontoführende Bank.[19]
- Kündigung des Postbank-Girokontos der Scientology Mission e.V.[20]
- Geltendmachung des Rechts des Wohnungseigentümers auf Einsicht in die der Jahresabrechnung zugrunde liegenden Belege, auch wenn der Verwalter einer Großanlage hierdurch in praktische Nöte gerät.[21]
- Geltendmachung der Nichtigkeit eines durch unangefochtenen Mehrheitsbeschluss begründeten Sondernutzungsrechts, für welchen ausschließlich vernünftige Gründe sprechen, während das Anliegen des einzelnen Wohnungseigentümers deutlich weniger gewichtig erscheint.[22]
- Nichtausübung des Rechts eines Wohnungseigentümers für die Dauer von 15 Jahren auf Beseitigung einer baulichen Anlage, sofern der Inhaber des Rechtes nicht gewusst hat, dass ihm dieses zusteht.[23]

---

[8] Soergel/*Fahse*, § 226 Rn 9.
[9] MüKo/*Grothe*, § 226 Rn 7; Staudinger/*Werner*, § 226 Rn 7.
[10] Bamberger/Roth/*Dennhardt*, § 226 Rn 7; Soergel/*Fahse*, § 226 Rn 11; Palandt/*Heinrichs*, § 226 Rn 3.
[11] Bamberger/Roth/*Dennhardt*, § 226 Rn 7.
[12] KG NJOZ 2003, 2773.
[13] OLG Frankfurt MDR 2000, 1268 f.
[14] OLG Düsseldorf NJW-RR 2001, 162 f.
[15] OLG Düsseldorf NJW RR 2001, 162.
[16] LG Köln DGVZ 1991, 75.
[17] LG Berlin NJW-RR 1989, 638 f. (Anm: wohl sehr weit gehend).
[18] OLG Brandenburg NZG 2002, 872 f.
[19] OLG Brandenburg NJW 2001, 450; OLG Köln NJW 2001, 452; LG Köln NJW 2001, 82.
[20] LG Ulm NJW 1996, 3347.
[21] BayObLG NJW-RR 2000, 1466 ff.
[22] OLG Köln NJW-RR 2001, 1304 ff.
[23] BayObLG NJW 1997, 1492 ff.

C. Weitere praktische Hinweise

§ 226 ist im Prozess von Amts wegen zu beachten. Die **Beweislast** für die Voraussetzungen des § 226, einschließlich der Tatsachen, aus denen sich ergibt, dass ein anderer Zweck als der Schädigungszweck nicht möglich ist, trägt derjenige, der sich auf die Vorschrift beruft.[24]

Weil der Bestand des Rechts unberührt bleibt, erschöpft sich die **Rechtskraftwirkung** eines auf § 226 gestützten klageabweisenden Urteils in der Feststellung, dass die Rechtsausübung in dem zur Entscheidung gelangten Fall unzulässig war.[25]

§ 227 Notwehr

(1) ¹Eine durch Notwehr gebotene Handlung ist nicht widerrechtlich.

(2) ¹Notwehr ist diejenige Verteidigung, welche erforderlich ist, um einen gegenwärtigen rechtswidrigen Angriff von sich oder einem anderen abzuwenden.

Literatur: *Alwart*, Zum Begriff der Notwehr, JuS 1996, 953; *Braun*, Subjektive Rechtfertigungselemente im Zivilrecht?, NJW 1998, 941; *Edenfeld*, Der Schuldner am Pranger – Grenzen zivilrechtlicher Schuldbeitreibung, JZ 1998, 645 ff.; *v. Feldmann*, Selbsthilfe im Rechtssystem, NJW 1987, 119; *Horst*, Der Nachbar als „Big Brother" – Grenzen zulässiger Videoüberwachung, NZM 2000, 937; *Löwisch*, Besitzwehr zur Durchsetzung eines Hausverbots, NJW 1994, 2596; *Mitsch*, Notwehr gegen fahrlässig provozierten Angriff, JuS 2001, 751; *Pelz*, Notwehr- und Notstandsrechte und der Vorrang obrigkeitlicher Hilfe, NStZ 1995, 305; *Schmidhäuser*, Die Begründung der Notwehr, GA 1991, 97; *Schreiber*, Die Rechtfertigungsgründe des BGB, Jura 1997, 29; *Simon*, Einschränkung des Notwehrrechts bei unvermeidbar irrendem Angreifer, JuS 2001, 639.

A. Allgemeines 1	2. Erforderlichkeit der Verteidigungshandlung 15
B. Regelungsgehalt 2	III. Einschränkungen des Notwehrrechts 16
I. Notwehrlage (Abs. 2) 2	1. Unzulässige Rechtsausübung 16
1. Angriff 2	2. Notwehrprovokation 18
2. Angriffsobjekt 4	3. Angriffe schuldlos Handelnder 20
a) Allgemein 4	IV. Nothilfe 21
b) Einzelfälle 7	V. Rechtsfolgen (Abs. 1) 22
aa) Notwehr bejaht 7	1. Rechtmäßigkeit der Notwehrhandlung .. 22
bb) Notwehr verneint 8	2. Notwehrexzess 23
3. Gegenwärtigkeit des Angriffs 9	VI. Putativnotwehr 24
4. Rechtswidrigkeit des Angriffs 11	C. Weitere praktische Hinweise 29
II. Verteidigungshandlung 14	
1. Verteidigungswille 14	

A. Allgemeines

Die Notwehrbegriffe des § 227 und des § 32 StGB stimmen überein.[1] Sie beruhen auf dem Gedanken, dass das Recht dem Unrecht nicht zu weichen braucht. Beide Vorschriften dienen dem Schutz des angegriffenen Rechtsguts und zugleich der Bewährung der Rechtsordnung.[2]

B. Regelungsgehalt

I. Notwehrlage (Abs. 2)

1. Angriff. Angriff ist die **von einem Menschen drohende Verletzung** rechtlich geschützter Interessen. Da ein **Verschulden nicht erforderlich** ist, kann der Angriff auch von einem Kind, einem Bewusstlosen oder einem Geisteskranken ausgehen.[3] Daher sind auch die Angriffe durch diese Personen notwehrfähig. Der von einem Tier oder einer Sache ausgehenden Gefahr kann gemäß § 228 durch eine Notstandshandlung begegnet werden.

Ein Angriff setzt **aktives Verhalten** voraus. Bloße Untätigkeit stellt keinen Angriff dar, selbst wenn eine gesetzliche oder vertragliche Pflicht zum Handeln besteht. Es muss jedoch geprüft werden, ob tatsächlich

---

24 Soergel/*Fahse*, § 226 Rn 13, 14.
25 Soergel/*Fahse*, § 226 Rn 15.
1 Palandt/*Heinrichs*, § 227 Rn 1; Soergel/*Fahse*, § 227 Rn 1, einschr. MüKo/*Werner*, § 227 Rn 1,6 für den Fall des unechten Unterlassungsdelikts im Strafrecht.

2 Palandt/*Heinrichs*, § 227 Rn 1.
3 BayObLG NJW 1991, 2031.

ein Unterlassen vorliegt oder ob sich das Verhalten bei wertender Betrachtung nicht doch als aktives Tun darstellt.[4]

2. Angriffsobjekt. a) Allgemein. Objekt eines Angriffs können **sämtliche Rechtsgüter** sein, so vor allem Leben, Gesundheit Freiheit, aber auch das Eigentum, die Ehre, das Allgemeine Persönlichkeitsrecht, das Hausrecht,[5] das Recht am eigenen Bild u.a.[6]

Nicht geschützt ist das **Recht am eigenen Arbeitsplatz**.[7] Die **Ehe** ist zwar ein vom Gesetz geschütztes Rechtsgut, gleichwohl sind ehewidrige Handlungen nicht notwehrfähig.[8]

Rechtsgüter von Staat und Allgemeinheit sind grundsätzlich notwehrfähig, soweit es den Staat als Fiskus anbelangt. Die Rechtsordnung als Ganzes ist dagegen ebenso wenig notwehrfähig wie Rechtsgüter der Allgemeinheit bzw. die öffentliche Sicherheit und Ordnung.[9]

b) Einzelfälle. aa) Notwehr bejaht:

– **Verletzungen des Persönlichkeitsrechts** durch unerlaubtes Fotografieren dürfen grundsätzlich durch Festhalten der Kamera zur Verhinderung weiterer Aufnahmen sowie durch Wegnahme des darin befindlichen Films zur Unterbindung dessen missbräuchlicher Verwendung abgewehrt werden.[10]

– Auch die **Bordgewalt des Flugkapitäns** ist neben gewissen hoheitlichen Ergänzungen im Kerngehalt ein zivilrechtlicher Gehalt eigen. Er übt nicht nur den Besitz und damit das „Hausrecht" bezüglich des Flugzeuges und die damit verbundenen Besitzschutzpositionen aus, sondern kann zu Selbsthilfe, Notwehr und Nothilfe greifen und im Notstandsfall auf fremde Sachen einwirken.[11]

– Auch die Verletzung des **Jagdausübungsrechts** begründet die Notwehr. Das Aufscheuchen von Enten während der Jagd verletzt das Jagdausübungsrecht und die daraus abgeleitete Jagdausübungsbefugnis als sonstige Rechte im Sinne von § 823. Der Grundstückseigentümer ist bei einer unmittelbaren Gefährdung von Leben, Gesundheit und Eigentum durch Munition, die anlässlich einer nahebei durchgeführten Entenjagd auf sein Grundstück abgeschossen wird, nicht auf die Möglichkeit zivilgerichtlicher Abwehrmaßnahmen oder verwaltungsgerichtlicher Verfahren gegen die Entscheidung der Jagdbehörde beschränkt; er darf vielmehr bei Inanspruchnahme des ihm zustehenden Notwehrrechts die geeigneten und notwendigen Maßnahmen ergreifen, um der Gefahr unmittelbar entgegenzuwirken, etwa auch die Jagd ganz unterbinden. Bei der Abwehr von Besitz- oder Eigentumsstörungen ist vom Grundstückseigentümer das Übermaßverbot zu beachten.[12]

bb) Notwehr verneint:

– Eine nicht von der Gewerkschaft getragene **Arbeitsniederlegung** der Arbeitnehmer eines Betriebes mit dem Ziel der Wiedereinstellung von Arbeitnehmern, denen aus betriebsbedingten Gründen gekündigt wurde, ist eine rechtswidrige Arbeitsniederlegung. Sie ist nicht durch Notwehr gerechtfertigt.[13]

– Die **Überwachung einer gemeinsamen Hauseinfahrt** zweier zerstrittener Nachbarn durch einen der beiden Nachbarn stellt einen Eingriff in das Persönlichkeitsrecht des anderen (nicht zustimmenden) Nachbarn dar. Sie ist auch nicht durch Notwehr gerechtfertigt, um eventuelle Übergriffe durch den anderen Nachbarn zu verhindern und Benutzern des Weges, insbesondere Familienangehörigen, ein „gewisses Sicherheitsgefühl" zu vermitteln.[14]

3. Gegenwärtigkeit des Angriffs. Gegenwärtig ist ein Angriff, der bereits stattfindet oder der unmittelbar bevorsteht, also auch schon dann, wenn das geschützte Rechtsgut noch nicht verletzt ist, sich aber unmittelbar eine Verletzungshandlung entwickeln kann.[15] So stellt nicht erst das Anlegen der Waffe, sondern bereits der Griff zu ihr den gegenwärtigen Angriff dar. Nicht ausreichend ist jedoch eine innere Willenshaltung des vermutlichen Angreifers, welcher noch keine nach außen gerichtete Betätigung entspricht.[16] Begehrt jemand über mehrere Stunden in aggressiver Weise Einlass in ein Jugendzentrum, obwohl ihm seit Jahren bekannt ist, dass er dort Hausverbot hat, und schreckt er dabei auch nicht vor körperlichen Angriffen gegen Sachen und gegen die ihm den Zutritt verwehrenden ehrenamtlichen Helfer zurück, steht ein rechtswidriger Angriff unmittelbar bevor. Gegen diesen als gegenwärtig anzusehenden Angriff ist körperliche Gewalt in Form eines oder mehrerer gezielter Faustschläge, um diese Angriffsbereitschaft endgültig zu beenden, eine erforderliche Verteidigung i.S.v. § 227 Abs. 2.[17]

---

4 Vgl. Bamberger/Roth/*Dennhardt*, § 227 Rn 6.
5 A.A. OLG Frankfurt NJW 1994, 946 f.
6 Vgl. Palandt/*Heinrichs*, § 227 Rn 3.
7 BAG NJW 1979, 236 f.
8 OLG Köln NJW 1975, 2344 f.
9 MüKo/*Grothe*, § 227 Rn 6.
10 OLG Düsseldorf NJW 1994, 1971 ff.
11 OLG Celle NJW 1982, 770 f.
12 OLG Hamm OLGR Hamm 1992, 83 ff.
13 BAG AP GG Art. 9 Arbeitskampf Nr. 58.
14 LG Berlin NJW 1988, 346 f.
15 Soergel/*Fahse*, § 227 Rn 13.
16 MüKo/*Grothe*, § 227 Rn 7.
17 OLGR Köln 2001, 7–8 (red. Leitsatz und Gründe).

Der **Angriff dauert an**, bis die Gefährdung bzw. Verletzung des geschützten Rechtsguts nicht mehr besteht. Es genügt für die Fortdauer, dass weitere Tätlichkeiten des Angreifers ernsthaft zu besorgen sind. Gegen den flüchtenden Dieb darf daher so lange Notwehr geübt werden, wie er noch bestrebt ist, sich die Beute zu sichern.[18] **Nicht mehr gegenwärtig** ist ein abgeschlossener, aufgegebener oder fehlgeschlagener Angriff.[19] Die Bezeichnung eines Gegners als „geisteskrank" in einem Zivilprozess ist nicht zulässig, wenn sie nur der Diffamierung der Person gilt und keinen sachlichen Bezug zur Rechtsverfolgung oder -verteidigung hat. Sie ist auch dann nicht durch Notwehr gerechtfertigt, wenn der Gegner seinerseits beleidigende Schriftsätze verfasst hat, weil es schon an der Gegenwärtigkeit des Angriffs fehlt.[20]

4. Rechtswidrigkeit des Angriffs. Rechtswidrig ist jeder Angriff, zu dessen Duldung der Angegriffene nicht verpflichtet ist; die Rechtsgutverletzung indiziert die Rechtswidrigkeit.[21] Die Rechtswidrigkeit des Angriffs fehlt, wenn dem Angreifer seinerseits ein erfolgsbezogener Rechtfertigungsgrund zur Seite steht. Notwehr gegen Notwehr ist daher nicht möglich.[22] Bei einer einverständlichen Rauferei liegen keine wechselseitigen Notwehrlagen vor.[23]

Eine **Amtshandlung** ist ein rechtswidriger Angriff, wenn es an den rechtlichen Voraussetzungen für das Handeln im konkreten Fall fehlt.[24] Das Rechtsstaatsprinzip erlaubt Notwehr gegen nichtige Amtshandlungen. Die durch ein Gericht willkürlich vorgenommene Verneinung einer Notwehrsituation im Zusammenhang mit der Festnahme durch einen Polizeibeamten kann die Verfassungsbeschwerde begründen.[25] Der Geschädigte muss im Rahmen eines gegen ihn gerichteten Polizeieinsatzes beweisen, dass der Polizeibeamte das rechtsstaatliche Prinzip der Verhältnismäßigkeit der Mittel oder die Grenzen einer erforderlichen Abwehrhandlung überschritten hat.[26]

Im Übrigen können sich auch **Polizeibeamte** auf § 227 berufen. Der Auffassung, dass die Überschreitung der landesrechtlichen Bestimmungen über den **Schusswaffengebrauch** ungeachtet etwaiger Notrechtsverweisungen ein rechts- und amtswidriges Verwaltungshandeln gegen den betroffenen Bürger begründet, ist im Bereich der Staatshaftung jedenfalls dann nicht zu folgen, wenn es um die Abwehr eines rechtswidrigen Angriffs auf Leib und Leben eines Beamten geht. Hat ein Beamter im Wege der Notwehr oder Nothilfe rechtmäßig den Angreifer verletzt, kann nicht dieselbe Handlung wegen Verstoßes gegen die vom allgemeinen Notwehrrecht abweichenden landesrechtlichen Regelungen über den Schusswaffengebrauch als rechtswidrige Amtspflichtverletzung oder rechtswidrige Maßnahme der Polizei eingestuft werden.[27]

II. Verteidigungshandlung

1. Verteidigungswille. Die Verteidigungshandlung muss von einem Verteidigungswillen getragen sein. Der Notwehrausübende muss den Schutz der angegriffenen Rechtsgüter bezwecken.[28] Der Umstand, dass sein Handeln daneben durch andere Motive wie etwa Wut und Rache mitbestimmt wird, ist unbeachtlich.[29]

2. Erforderlichkeit der Verteidigungshandlung. Die Erforderlichkeit der Verteidigungshandlung ist *ex ante* nach objektiven Gesichtspunkten zu beurteilen. Erforderlich ist jede Verteidigung, die zur Abwehr des Angriffs zumindest teilweise geeignet ist und zugleich das mildeste Gegenmittel darstellt.[30] Maßgebend sind Stärke und Hartnäckigkeit des Angriffs sowie die dem Angegriffenen zur Verfügung stehenden Verteidigungsmittel.[31] Erforderlich kann danach sowohl die rein defensive Abwehr des Angriffs (sog. **Schutzwehr**) als auch die Abwehr in Gestalt eines Gegenangriffs (sog. **Trutzwehr**) sein.[32] Schusswaffengebrauch ist nur in ernster Gefahrenlage gerechtfertigt. Für ihn gilt grundsätzlich die Abfolge: Drohung, Warnschuss, Schuss in die Beine.[33]

---

18 RGZ 111, 370, 371.
19 Staudinger/*Werner*, § 227 Rn 10.
20 OLG Köln NJW-RR 1992, 1247 ff.
21 Soergel/*Fahse*, § 227 Rn 15.
22 MüKo/*Grothe*, § 227 Rn 9.
23 BGH NJW 1990, 2263 f.
24 Soergel/*Fahse*, § 227, Rn 15.
25 BVerfG NJW 1991, 3023 ff.
26 OLG Düsseldorf NJW-RR 1996, 22.
27 OLG Celle NJW-RR 2001, 1033 ff.
28 Bamberger/Roth/*Dennhardt*, § 227 Rn 13. Gegen die h.M. *Braun*, NJW 1998, 941.
29 Vgl. BGH NStZ 2000, 365 f.
30 MüKo/*Grothe*, § 227 Rn 10.
31 Bamberger/Roth/*Dennhardt*, § 227 Rn 15.
32 MüKo/*Grothe*, § 227 Rn 10.
33 Vgl. BGH NStZ 87, 322.

III. Einschränkungen des Notwehrrechts

16 1. Unzulässige Rechtsausübung. Das Notwehrrecht steht unter dem anerkannten Vorbehalt der unzulässigen Rechtsausübung, es kann daher in besonderen Einzelfällen als rechtsmissbräuchlich bewertet und eingeschränkt oder sogar ausgeschlossen werden.[34] Danach ist etwa eine außer allem Verhältnis zu dem angegriffene Rechtsgut stehende Verteidigungsmaßnahme ungerechtfertigt.[35] So rechtfertigt das widerrechtliche Betreten eines Grundstücks nicht die Verteidigung des Hausrechts durch Schusswaffengebrauch. Dieses Verhalten stellt sich als Missbrauch des Notwehrrechts dar.[36]

17 Die **schweren Folgen** einer durch Notwehr gebotenen Handlung führen jedoch nicht zur Rechtswidrigkeit. Selbst wenn es durch eine (leichte) Körperverletzung (hier: Stoß gegen die Brust) zum Tod des (64-jährigen) Verletzten gekommen ist (infolge eines bei einem Sturz zugezogenen schweren Schädel-Hirn-Traumas mit Subduralhämatom), kann sich der Schädiger u.U. auf rechtfertigende Notwehr berufen, so dass (auf den Alleinerben übergegangene) Schadensersatz- und Schmerzensgeldansprüche zu verneinen sind. Dieser Fall ist gegeben, wenn der Schädiger als Reaktion auf eine nachhaltige Verletzung seiner Ehre und der Ehre seiner Partnerin (hier: Bezeichnung als „Ausländerschlampe") versucht hat, weitere verbale Angriffe mit einer leichten Tätlichkeit zu unterbinden.[37]

18 2. Notwehrprovokation. Das Notwehrrecht des Provokateurs erfährt eine deutliche Einschränkung. Diese Einschränkungen zeichnen sich insbesondere dadurch aus, dass an das Merkmal der Erforderlichkeit der Verteidigungshandlung strengere Anforderungen zu stellen sind. Der in eine Notwehrlage geratene Provokateur ist verpflichtet, jeden anderen möglichen, für die Rechtsgüter des Angreifers weniger gefährlichen Weg zu benutzen. Solange ihm Schutzwehr Aussicht auf Erfolg bieten kann, darf er nicht zur Trutzwehr übergehen. Er muss dabei sogar geringe Beeinträchtigungen und Verletzungen hinnehmen. Ihm wird ferner zugemutet, dem Angriff auch dann auszuweichen, wenn dies als Flucht angesehen werden könnte.

19 Im Falle der **Absichtsprovokation**, also der zielgerichteten Herbeiführung der Notwehrlage, ist das Notwehrrecht gänzlich zu versagen, da in Wirklichkeit eine Notwehrlage auf Seiten des „Angreifers" vorliegt.[38]

20 3. Angriffe schuldlos Handelnder. Gegenüber Angriffen schuldlos Handelnder (Kinder, Geisteskranke, Betrunkene) ist die Notwehr zwar nicht ausgeschlossen, aber eingeschränkt. Kann der Angegriffene ausweichen, so ist eine über die bloße Schutzwehr hinausgehende Verteidigung unzulässig. Ist ein Ausweichen nicht möglich, darf der Angegriffene zur Trutzwehr übergehen, die durch die Verteidigung herbeigeführte Verletzung darf aber nicht außer Verhältnis zu dem drohenden Schaden stehen.[39]

IV. Nothilfe

21 Auch die Verteidigung fremder Rechtsgüter fällt als Nothilfe unter Abs. 2. Die Erforderlichkeit der Nothilfehandlung beurteilt sich nach den Grundsätzen der Eigenwehr unter Berücksichtigung der Beteiligung des Nothelfers, dem unter Umständen ein milderes Mittel zur Verfügung steht.[40] Das Recht der Nothilfe zum Schutz privater Bürger steht auch Polizeibeamten zu. Was der normale Bürger darf, kann den zu seinem Schutz tätigen Hoheitsorganen nicht verwehrt werden.[41]

V. Rechtsfolgen (Abs. 1)

22 1. Rechtmäßigkeit der Notwehrhandlung. Die zur Abwehr einer Notwehrlage erforderliche Verteidigung ist rechtmäßig. Der Verteidiger ist daher nicht zum Schadensersatz verpflichtet. Sein Handeln ist weder widerrechtlich noch strafbar. Daher ist es auch nicht notwehrfähig. Sie stellt auch keine verbotene Eigenmacht i.S.v. § 869 dar. Dies gilt jedoch nur so lange, als sich der Handelnde innerhalb der Grenzen erlaubter Notwehr bewegt. So begehrt der Vermieter, der gegen den erklärten Willen des Mieters dessen Balkon betritt, zwar einen Hausfriedensbruch, der für den Vermieter eine Notwehrsituation schafft. Dessen Drohung, er werde den Vermieter sogleich vom Balkon werfen, stellt jedoch einen Notwehrexzess dar, der dem Vermieter seinerseits ein Notwehrrecht gibt (siehe Rn 23). Dieser begeht jedoch seinerseits wegen der schuldhaften Provokation der Notwehrlage einen Notwehrexzess, wenn er dem Mieter mittels einer mitgeführten Eisenstange einen mit voller Wucht auf den Kopf geführten Schlag versetzt.[42]

---

[34] Bamberger/Roth/*Dennhardt*, § 227 Rn 20.
[35] Soergel/*Fahse*, § 227 Rn 39.
[36] OLG Karlsruhe RuS 1979, 143 f. = VersR 1979, 453 f.
[37] OLGR Hamm 2001, 43–46 (red. Leitsatz und Gründe).
[38] BGH NJW 1983, 2267; 2001, 1075.
[39] Soergel/*Fahse*, § 227 Rn 40.
[40] Bamberger/Roth/*Dennhardt*, § 227 Rn 23.
[41] MüKo/*Grothe*, § 227 Rn 12 m.w.N.; ebenso OLG Celle NJW-RR 2001, 1033.
[42] OLG Karlsruhe RuS 1990, 233 ff.

2. Notwehrexzess.
Überschreitet der Verteidiger das zulässige Maß der Abwehr (intensiver Notwehrexzess) oder ist der Angriff zum Zeitpunkt der Verteidigung nicht mehr gegenwärtig (extensiver Notwehrexzess), ist das Handeln nicht gemäß § 227 gerechtfertigt. Er haftet daher für von ihm angerichtete Schäden nach Delikt, wobei sein Verschulden zu prüfen ist. Seine Haftung ist danach z.B. ausgeschlossen, wenn er über die Stärke des Angriffs ohne Vorwerfbarkeit irrte und deshalb Angriffsmaßnahmen ergriffen hat, die objektiv nicht erforderlich waren.[43]

VI. Putativnotwehr

Glaubt sich der Handelnde irrtümlich angegriffen, liegen jedoch die Voraussetzungen einer Notwehr überhaupt nicht vor (Putativnotwehr), so wird das Verhalten nicht durch § 227 gedeckt, eine dem Angreifer zugefügte Rechtsgutverletzung bleibt daher rechtswidrig. Ansprüche aus unerlaubter Handlung hängen in diesen Fällen davon ab, ob der Irrtum zumindest auf Fahrlässigkeit beruhte. Ist das Verhalten entschuldbar, entfällt die Schadensersatzpflicht.[44]

Bedrängt bei einem Flirt ein junger Mann ein sechzehnjähriges Mädchen dergestalt, dass er seine beiden Arme links und rechts von ihr über ihren Kopf an die Wand hält, wo sie eingeklemmt steht und diese äußert: „Hör auf, lass mich in Ruhe! Geh weg", so kann ein Dritter daraus schuldlos eine Privatnothilfesituation ableiten, die es ihm erlaubt, dem vermeintlichen Angreifer des Mädchens einen Faustschlag ins Gesicht zu geben, um das Mädchen zu befreien.[45]

Der Bewohner eines einsam gelegenen Gutshofes, der bemerkt, dass ein Fremder zu mitternächtlicher Stunde das Haus umschleicht, handelt in einem entschuldigten Irrtum über das Vorliegen einer Notwehrlage, wenn er daraufhin mit einer Schrotflinte bewaffnet den Hof betritt und damit einen Warnschuss in die Luft abgibt, weil der aus dem Garten herauskommende Fremde trotz mehrfacher Aufforderung nicht stehen bleibt, sondern sich bis auf 1 1/2 bis 2 m nähert. Dem Fremden steht daher für angeblich durch den Schuss verursachte Hörschäden kein Schadensersatzanspruch zu.[46]

Auch im Rahmen der Putativnotwehr ist der Gesichtspunkt der Notwehrprovokation zu berücksichtigen. Reagiert der Provozierte mit einem Faustschlag in das Gesicht des Provozierenden und tritt danach eine gewisse zeitliche Zäsur ein, so ist die Wirkung der Provokation beendet.[47]

Da infolge der irrtümlichen Annahme einer Notwehrsituation der Vorsatz des Schädigers entfällt, erhält dieser von seiner **Haftpflichtversicherung Versicherungsschutz**. Der Vorsatzausschluss des § 4 Abs. 2 Nr 1 AHB greift nicht ein, wenn eine Putativnotwehrsituation festgestellt werden kann. Die Herbeiführung des Versicherungsfalls kann dann nicht mehr als vorsätzlich gewertet werden, da der Vorsatz auch das Wissen um die Rechtswidrigkeit umfassen muss, eine solche Kenntnis aber bei der irrigen Annahme einer Notwehrsituation nicht gegeben ist.[48]

C. Weitere praktische Hinweise

Notwehr begründet eine rechtshindernde Einwendung, deren tatsächliche Voraussetzungen nach allgemeinen Regeln derjenige darlegen und beweisen muss, der sich darauf beruft.

Die Darlegungs- und Beweislast dafür, dass der Verteidiger die Grenzen der Notwehr überschritten hat, obliegt dem Angreifer. Insofern geht ein *non liquet* zulasten desjenigen, dem ein rechtswidriger Angriff nachgewiesen worden ist.[49]

§ 228 Notstand

¹Wer eine fremde Sache beschädigt oder zerstört, um eine durch sie drohende Gefahr von sich oder einem anderen abzuwenden, handelt nicht widerrechtlich, wenn die Beschädigung oder die Zerstörung zur Abwendung der Gefahr erforderlich ist und der Schaden nicht außer Verhältnis zu der Gefahr steht. ²Hat der Handelnde die Gefahr verschuldet, so ist er zum Schadensersatz verpflichtet.

---

43 RGZ 84, 306, 308; 118, 120.
44 Soergel/*Fahse*, § 227 Rn 49.
45 OLG Koblenz RuS 1998, 111 f.
46 OLG Düsseldorf NJW-RR 1996, 1112 f.
47 OLG Düsseldorf VersR 1999, 857 f. = MDR 1998, 1227 f.
48 OLG Karlsruhe RuS 1995, 9; ebenso OLG Düsseldorf VersR 1994, 850–852.
49 MüKo/*Grothe*, § 227 Rn 23.

Literatur: *Allgaier*, Zum Verhältnis und zur Abgrenzung von defensivem und aggressivem Notstand, VersR 1989, 788 ff.; *Braun*, Subjektive Rechtfertigungselemente im Zivilrecht?, NJW 1998, 941; *Eberbach*, Heimliche Aids-Tests, NJW 1987, 1470; *Foerste*, Lauschzeugen im Zivilprozess, NJW 2004, 262; *Janker*, Heimliche HIV-Antikörpertests – strafbare Körperverletzung?, NJW 1987, 2897; *Joerden, Jan C.*, Interessenabwägung im rechtfertigenden Notstand bei mehr als einem Eingriffsopfer, GA 1993, 245 ff.; *Kaufmann*, Die Radbruchsche Formel vom gesetzlichen Unrecht und vom übergesetzlichen Recht in der Diskussion um das im Namen der DDR begangene Unrecht, NJW 1995, 81; *Pawlik*, Der rechtfertigende Defensivnotstand im System der Notrechte, GA 2003, 12 ff.; *Pelz*, Notwehr- und Notstandsrechte und der Vorrang obrigkeitlicher Hilfe, NStZ 1995, 305; *Schwintowski*: Äußerungen zur Kredit(un)würdigkeit in der Medienöffentlichkeit, NZG 2003, 810.

A. Allgemeines 1	2. Erforderlichkeit der Notstandshandlung . 9
B. Regelungsgehalt 2	3. Verhältnismäßigkeit der Notstands-
I. Notstandslage 2	handlung 10
1. Drohende Gefahr 2	4. Subjektiver Tatbestand 17
2. Geschütztes Rechtsgut 3	III. Rechtsfolgen 18
3. Gefahrverursachende fremde Sache 4	1. Rechtfertigung der Notstandshandlung .. 18
a) Die Sache selbst 4	2. Schadensersatzpflicht bei Verschulden .. 20
b) Kausalität 5	IV. Putativnotstand 21
c) Fremdheit der Sache 7	C. Weitere praktische Hinweise 22
II. Notstandshandlung 8	I. Beweislast 22
1. Begriff 8	II. Anspruch auf Aufwendungsersatz 24

A. Allgemeines

1 Die Vorschrift regelt den so genannten **Verteidigungsnotstand** im Gegensatz zu dem in § 904 geregelten **Angriffsnotstand**. Während im Fall des § 228 die drohende Gefahr von der geschädigten bzw. zerstörten Sache selbst ausgeht, stellt die fremde Sache in § 904 nicht die Gefahrenquelle dar. Dort wird die Sache lediglich als Mittel dazu verwendet, einer von anderer Seite ausgehenden (gegenwärtigen) Gefahr zu begegnen, die einen unverhältnismäßig hohen Schaden zu verursachen droht.[1] Im Fall des § 904 bedarf es der Abwägung, ob dem an der Gefahrenentstehung Unbeteiligten eine Aufopferung seines Sachinteresses zuzumuten ist – dies erklärt den engeren Tatbestand dieser Vorschrift und den dort normierten verschuldensunabhängigen Schadensersatzanspruch[2] –, während der Handelnde im Rahmen des defensiven Notstands nur zum Schadensersatz verpflichtet ist, wenn er die Gefahr verschuldet hat.

B. Regelungsgehalt

I. Notstandslage

2 **1. Drohende Gefahr.** Diese liegt vor, wenn nach den tatsächlichen Umständen die **Wahrscheinlichkeit eines schädigenden Ereignisses** besteht und die Gefahr jederzeit in einen Schaden umschlagen kann oder wenn der Schaden zwar erst später einzutreten droht, eine wirksame Abwehr aber nur durch sofortiges Handeln möglich ist.[3] **Nicht notwendig** ist, dass die **Gefahr gegenwärtig** sein muss, wie dies § 34 StGB und § 904 voraussetzen. § 228 erfordert damit einen geringeren Wahrscheinlichkeitsgrad für das Eintreten der Gefahr.[4] Die **Möglichkeit eines bloß künftigen Gefahreneintritts genügt** jedoch **nicht**, es müssen vielmehr **konkrete Anhaltspunkte für eine zeitnahe Gefahrverwirklichung** gegeben sein.[5]

3 **2. Geschütztes Rechtsgut.** Notstandsfähig ist jedes geschützte Rechtsgut, einschließlich Besitz und Nutzung fremder Sachen.[6] Unter Umständen kommen auch Rechtsgüter der Allgemeinheit in Betracht, da – im Unterschied zum Notwehrtatbestand – keine gleichzeitige Verfolgung von Individualinteressen gefordert ist; erfasst sind auch bloße Vermögensinteressen oder Konflikte im Straßenverkehr.[7]

4 **3. Gefahrverursachende fremde Sache. a) Die Sache selbst.** Die Gefahr muss von der Sache (§ 90) selbst ausgehen, welche durch die Notstandshandlung beschädigt bzw. zerstört wird. Ausreichend ist es jedoch, wenn bereits der Zustand der Sache die Gefahr erzeugt (z.B. ein gefährlicher Stoff).[8] § 228 regelt daher den **Fall des defensiven Notstands,** während § 904 den Fall des aggressiven Notstands regelt. Gemäß § 90a S. 3 sind auf Tiere die für Sachen geltenden Vorschriften entsprechend anzuwenden, soweit nicht etwas anderes bestimmt ist. Daher gilt § 228 auch bei Gefahren, welche durch Tiere ausgehen.

---

1 AnwK-BGB/*Ring*, § 904 Rn 3.
2 Vgl. Bamberger/Roth/*Dennhardt*, § 228 Rn 1.
3 Soergel/*Fahse*, § 228 Rn 3.
4 Bamberger/Roth/*Dennhardt*, § 228 Rn 4; Soergel/*Fahse*, § 228 Rn 12; MüKo/*Grothe*, § 228 Rn 5.
5 Erman/*Wagner*, § 228 Rn 3.
6 Erman/*Wagner*, § 228 Rn 3.
7 Bamberger/Roth/*Dennhardt*, § 228 Rn 4.
8 Staudinger/*Werner*, § 228 Rn 9.

b) Kausalität. Unstreitig sind die Voraussetzungen des § 228 erfüllt, wenn die beschädigte Sache ohne Zwischenschaltung einer weiteren Gefahrenquelle als Gefahrenquelle wirkt (**unmittelbare Kausalität**).[9] Streitig ist jedoch, ob die Notstandshandlung auch gerechtfertigt ist, wenn die beschädigte Sache ein Medium bildet, welches die Gefährlichkeit einer anderen Sache lediglich vermittelt, ohne selbst die eigentliche Gefahrenquelle darzustellen (**mittelbare Kausalität**).[10] Nach früher herrschender Ansicht war in diesen Fällen die Notstandshandlung lediglich nach § 904 gerechtfertigt. Nach nunmehr herrschender Ansicht[11] genügt mittelbare Kausalität.

Um Wertungswidersprüche mit der gesetzgeberischen Regelung in § 904 zu vermeiden, wird zumindest zu fordern sein, dass sich in diesem Fall ein latentes Bedrohungspotenzial der betreffenden Sache verwirklicht hat.[12]

c) Fremdheit der Sache. Über den Wortlaut des § 228 hinaus ist die Vorschrift entsprechend anwendbar auf Fälle, in denen die Gefahr durch eine herrenlose Sache droht.[13]

II. Notstandshandlung

1. Begriff. Die Notstandshandlung besteht in dem Beschädigen oder Zerstören der die Gefahr verursachenden fremden Sache. Begrifflich umfasst sind jedoch auch Einwirkungen geringerer Intensität auf die Sache, wie etwa deren kurzfristige Inbesitznahme.[14]

2. Erforderlichkeit der Notstandshandlung. Die Erforderlichkeit der Notstandshandlung ist *ex ante* nach objektiven Gesichtspunkten zu beurteilen. Der **Grundsatz des geringstmöglichen Eingriffs** ist zu beachten, d.h. unter mehreren gleich geeigneten Abwehrmöglichkeiten ist die am wenigsten schädigende auszuwählen; der Handelnde hat gegebenenfalls ein weniger eingriffsintensives Abwehrmittel auszuprobieren[15] und wird, soweit dies im Einzelfall möglich ist, auch darauf verwiesen werden können, der Gefahr durch Flucht auszuweichen oder staatliche Hilfspersonen herbeizurufen.[16]

3. Verhältnismäßigkeit der Notstandshandlung. Der durch die Beschädigung oder Zerstörung der fremden Sache verursachte Schaden darf nicht außer Verhältnis zur abgewendeten Gefahr stehen. Der drohende Schaden kann geringer sein als der durch die Notstandshandlung zugefügte Schaden.

So sind etwa Stockschläge des Besitzer eines Dackels auf einen Boxerhund, welcher den Dackel angegriffen und ihm bereits mehrere **Bisswunden** beigebracht hat, auch dann gerechtfertigt, wenn sie dazu dienten, die beiden Hunde zu trennen, und der Boxer an den Stockschlägen stirbt. Hieran ändert auch der Umstand nichts, dass der Boxer ein wertvoller Rassehund war und als Spielgefährte eines behinderten Kindes diente.[17]

Wird ein **Briefträger** in Ausübung seines Dienstes von Hunden angefallen und gebissen (hier: drei Dackel) und reagieren die Hunde weder auf Kommandos des Hundehalters, noch sind sie sonst zu beruhigen, liegt eine Notstandslage vor, in der er sich mit einem Knüppel wehren darf. Der Schutz von Leben und Gesundheit des Briefträgers geht dem Interesse an der Unversehrtheit der Hunde vor.[18]

Auch die Tötung eines in eine **Schafherde** eingedrungenen Schäferhundes, der sich in ein Schaf verbissen hat, ist gerechtfertigt, selbst wenn das Schaf wirtschaftlich weit weniger wert ist als ein ausgebildeter Schäferhund.[19] Die in der Rechtsgemeinschaft herrschenden Wertanschauungen bilden die Grundlage der vorzunehmenden Abwägung.[20]

Höchstpersönliche Rechtsgüter des Handelnden, insbesondere Leben und körperliche Unversehrtheit stehen danach im Rang über jedwedem materiellen oder ideellen Interesse des Eigentümers der Sache. So kann etwa die Beschädigung eines abstürzenden Privatflugzeuges gerechtfertigt sein, um hierdurch die eigene Überlebenschance zu erhöhen.[21] Eine Einschränkung ist jedoch u.U. angebracht, wenn die Zerstörung einer

---

9 So schon RGZ 71, 240; 88, 211, 214.
10 Z.B. ein brennendes Schiff, dessen Öl vernichtet werden muss, damit sich der Brand nicht weiter ausbreitet, vgl. RGZ 143, 382, 387.
11 Soergel/*Fahse*, § 228 Rn 13; Staudinger/*Werner*, § 228 Rn 10; a.A. MüKo/*Grothe*, § 228 Rn 6.
12 Erman/*Wagner*, § 228 Rn 4; für eine krit. Kausalitätsbetrachtung auch Bamberger/Roth/*Dennhardt*, § 228 Rn 6.
13 Bamberger/Roth/*Dennhardt*, § 228 Rn 7, a.A. Soergel/*Fahse*, § 228 Rn 15, welcher einen Schutz des Notstandstäters in diesen Fällen nicht für erforderlich erachtet.
14 Soergel/*Fahse*, § 226 Rn 16.
15 MüKo/*Grothe*, § 228 Rn 7.
16 Bamberger/Roth/*Dennhardt*, § 228 Rn 8.
17 OLG Koblenz NJW-RR 1989, 541 ff.
18 OLG Hamm NJW-RR 1997, 467 f.
19 OLG Hamm NJW-RR 1995, 279 ff.
20 Soergel/*Fahse*, § 226 Rn 19.
21 OLG Hamm NJW-RR 2001, 237 ff.

extrem wertvollen Sache erforderlich wäre, um eine geringfügige Beeinträchtigung der körperlichen Integrität abzuwenden. In diesem Fall kann die Berufung auf § 228 gemäß § 242 rechtsmissbräuchlich sein.[22]

15 Stehen sich Sachgüter gegenüber, müssen die wirtschaftlichen Werte gegeneinander abgewogen werden, wobei die gefährdete Sache nicht gleichwertig sein muss. Der **Wert der gefährdeten Sache ist im unbedrohten Zustand** zu ermitteln.[23] Demgegenüber kann der Wert der Sache, von der die Gefahr ausgeht, durch die gefahrbegründenden Umstände (z.B. Ausbruch eines Feuers) bereits gemindert sein.[24]

16 Ein berechtigtes Affektionsinteresse des Eigentümers der bedrohten Sache ist zu berücksichtigen.[25]

17 **4. Subjektiver Tatbestand.** § 228 setzt voraus, dass der Handelnde bei der Gefahrenabwehr mit **Verteidigungswillen** handelt, also zum Zwecke der Abwehr der Gefahr. Der Verteidigungswille ist kein rechtsgeschäftlicher Wille, setzt somit keine Geschäftsfähigkeit, sondern lediglich einen natürlichen Handlungswillen voraus.[26] Er muss nicht alleiniges Motiv des Handelns sein.[27]

III. Rechtsfolgen

18 **1. Rechtfertigung der Notstandshandlung.** Die Beschädigung oder Zerstörung der fremden Sache ist gerechtfertigt. Die Tat ist weder widerrechtlich noch strafbar. Daher ist sie auch nicht notwehrfähig. Sie stellt auch keine verbotene Eigenmacht im Sinne von § 869 dar.

19 Schadensersatzansprüche aus Delikt sind mangels Rechtswidrigkeit nicht gegeben. Auch Inhaber öffentlich-rechtlicher Befugnisse können sich auf § 228 BGB berufen. So sind etwa die öffentlich-rechtlichen Befugnisse der Feuerwehr nach Artt. 24 und 25 BayFwG abschließend. Ergänzende Befugnisse können sich aus den Bestimmungen über den zivil- und strafrechtlichen Notstand (§§ 228, 904 BGB, §§ 34, 35 StGB) ergeben, wobei die Vorschriften über den zivilrechtlichen Notstand zur Ergänzung der öffentlich-rechtlichen Regelung der Befugnisse der Feuerwehr entsprechend anzuwenden sind.[28]

20 **2. Schadensersatzpflicht bei Verschulden.** Nach § 228 S. 2 ist der Handelnde zum Schaden verpflichtet, wenn er die Gefahr verschuldet hat. Das Verschulden muss sich auf die Herbeiführung der Gefahr beziehen, nicht auf die Zerstörung der Sache. Als Verschulden genügt die Außerachtlassung der im Verkehr erforderlichen Sorgfalt.[29] § 254 ist anwendbar.[30] Die Schadensersatzpflicht setzt nach h.M. Deliktsfähigkeit analog §§ 828, 829 voraus.[31]

IV. Putativnotstand

21 Der Handelnde haftet im Übrigen nach Delikt, sofern die Voraussetzungen des § 228 S. 1 nicht erfüllt waren, also entweder die Notstandshandlung nicht erforderlich war, der angerichtete Schaden außer Verhältnis zur drohenden Gefahr stand oder eine Notstandslage überhaupt nicht vorlag (sog. Putativnotstand) und der Täter sich hierüber in fahrlässiger Weise im Irrtum befand. War der Irrtum unvermeidbar, haftet der Handelnde nicht. Eine analoge Anwendung des § 904 S. 2 auf Fälle, in denen der Irrtum unvermeidbar war, ist nicht angezeigt. Für einen verallgemeinerungsfähigen verschuldensunabhängigen Schadensersatzanspruch, der das System der §§ 823 ff. durchbricht, fehlt in § 904 jede Grundlage.[32]

C. Weitere praktische Hinweise

I. Beweislast

22 Die Beweislast für die Voraussetzungen des Notstandes trägt derjenige, der den Notstand geltend macht.

23 Im Fall des S. 2 trägt allerdings der Inhaber des Eingriffsgutes die Darlegungs- und Beweislast für das Verschulden des Handelnden.[33]

---

22 Bamberger/Roth/*Dennhardt*, § 228 Rn 9; Palandt/*Heinrichs*, § 228 Rn 8; Soergel/*Fahse*, § 228 Rn 19; Erman/*Wagner*, § 228 Rn 7.
23 Staudinger/*Werner*, § 228 Rn 17; Bamberger/Roth/*Dennhardt*, § 228 Rn 10.
24 MüKo/*Grothe*, § 228 Rn 8.
25 OLG Koblenz NJW-RR 1989, 541: Tötung eines wertvollen Rassehundes zur Rettung der eigenen „Promenadenmischung".
26 Staudinger/*Werner*, § 228 Rn 20.
27 Staudinger/*Werner*, § 228 Rn 20; Soergel/*Fahse*, § 228 Rn 22; a.A. MüKo/*Grothe*, § 228 Rn 9.
28 BayObLGZ 2002, 35 ff.
29 Soergel/*Fahse*, § 228 Rn 26.
30 Staudinger/*Werner*, § 228 Rn 26; Soergel/*Fahse*, § 228 Rn 26; MüKo/*Grothe*, § 226 Rn 11.
31 Soergel/*Fahse*, § 228 Rn 28; MüKo/*Grothe*, § 226 Rn 11; Palandt/*Heinrichs*, § 228 Rn 9; Staudinger/*Werner*, § 228 Rn 7.
32 MüKo/*Grothe*, § 228 Rn 13; wohl auch Soergel/*Fahse*, § 228 Rn 30.
33 Bamberger/Roth/*Dennhardt*, § 228 Rn 13.

II. Anspruch auf Aufwendungsersatz

Im Fall der **Beschädigung der eigenen Sache** zum Zwecke der Schonung der fremden Sache, von der 24
die Gefahr ausgeht, führt der Handelnde ein fremdes Geschäft und erlangt unter den Voraussetzungen der
§§ 667 ff. (Geschäftsführung ohne Auftrag) einen Aufwendungsersatzanspruch gegen den Eigentümer dieser
Sache.[34]

§ 229 Selbsthilfe

¹Wer zum Zwecke der Selbsthilfe eine Sache wegnimmt, zerstört oder beschädigt oder wer zum Zwecke der Selbsthilfe einen Verpflichteten, welcher der Flucht verdächtig ist, festnimmt oder den Widerstand des Verpflichteten gegen eine Handlung, die dieser zu dulden verpflichtet ist, beseitigt, handelt nicht widerrechtlich, wenn obrigkeitliche Hilfe nicht rechtzeitig zu erlangen ist und ohne sofortiges Eingreifen die Gefahr besteht, dass die Verwirklichung des Anspruchs vereitelt oder wesentlich erschwert werde.

Literatur: *Bernsmann*, Zur strafrechtlichen Beurteilung der eigenmächtigen „In-Pfand-Nahme", NJW 1982, 2214; *Bongartz*, Selbsthilfe nach § 229 BGB trotz diplomatischer Immunität?, MDR 1995, 780; *Braun*, Subjektive Rechtfertigungselemente im Zivilrecht?, NJW 1998, 94; *v. Feldmann*, Selbsthilfe im Rechtssystem, NJW 1987, 119; *Hauraund/Vahle*, Eigenmächtige Durchsetzung von Rechten, DVP 2002, 223 ff.; *Horst*, Selbsthilfemöglichkeiten bei der Abwicklung beendeter Mietverhältnisse, NZM 1998, 1391; *Knoche/Biersack*, Das zwangsvollstreckungsrechtliche Prioritätsprinzip und seine Vereitelung in der Praxis, NJW 2003, 476; *Krüger*, Grund und Grenzen der Festnahmebefugnis des Betreibers einer SB-Tankstelle gegenüber zahlungsunwilligen und/oder -unfähigen Kunden, NZV 2003, 218.

A. Allgemeines	1	b) Gefahr der Vereitelung oder Erschwerung der Anspruchsverwirklichung	5
B. Regelungsgehalt	2	II. Mittel der Selbsthilfe	7
I. Voraussetzungen der Selbsthilfe	2	1. Wegnahme einer Sache des Schuldners	7
1. Bestehen eines Anspruchs	2	2. Zerstörung oder Beschädigung der Sache	8
2. Gefährdung der Anspruchsverwirklichung durch Fehlen des staatlichen Rechtsschutzes	4	3. Festnahme des Schuldners	9
		III. Beweislast	10
a) Obrigkeitliche Hilfe	4	IV. Irrtumsfälle	11
		V. Rechtsfolgen	12

A. Allgemeines

Die Vorschrift gestattet ausnahmsweise ein angreifendes Verhalten gegen fremde Rechtsgüter zur Durchsetzung eines eigenen Rechts. Grundsätzlich ist es Aufgabe des Staates, seinen Bürgern Rechtsschutz zu bieten, damit sich das Recht und nicht das „Recht des Stärkeren" durchsetzt. Grundgedanke der Selbsthilfe ist, dass jemand berechtigt ist, selbst zu handeln, weil er bei drohender Rechtsgefährdung die Hilfe des Staates nicht rechtzeitig erlangen kann. Selbsthilfe darf den Anspruch nur vorläufig sichern.[1]

B. Regelungsgehalt

I. Voraussetzungen der Selbsthilfe

1. Bestehen eines Anspruchs. Die Vorschrift setzt das Bestehen eines bürgerlich-rechtlichen Anspruchs 2 voraus, wonach der Berechtigte von einem anderen ein Tun, Dulden oder Unterlassen verlangen kann (§ 194 Abs. 1). Sämtliche bürgerlich-rechtlichen Ansprüche kommen in Betracht, etwa aus § 1 UWG.[2] Von § 229 sind nur klagbare und vollstreckbare Ansprüche erfasst, so dass Wettschulden (§ 762) und persönliche Dienstleistungen (§ 888 Abs. 3 ZPO) nicht erzwungen werden können. Bedingte und betagte Ansprüche sind selbsthilfefähig.[3]

Vermeintliche Ansprüche können nicht im Wege der Selbsthilfe durchgesetzt werden. So ist etwa das Personal 3 eines Supermarktes zur Kontrolle der von den Kunden mitgeführten Taschen nur dann berechtigt, wenn ein konkreter Diebstahlsverdacht vorliegt. Eine Hinweistafel auf beabsichtigte Taschenkontrollen für die Fälle, in denen die Kunden der Bitte, die Taschen vor Betreten der Geschäftsräume abzugeben, nicht nachkommen,

---

34 Soergel/*Fahse*, § 228 Rn 31.
1 Vgl. Soergel/*Fahse*, § 229 Rn 1.
2 OLG Stuttgart NJW-RR 1996, 1515 ff. (Beseitigung eines Wettbewerbsverstoßes durch hälftiges Überkleben des Plakates des Mitbewerbers).

3 Palandt/*Heinrichs*, § 229 Rn 1, 2; Bamberger/Roth/*Dennhardt*, § 228 Rn 2, 3; Soergel/*Fahse*, § 228 Rn 7.

stellt weder eine rechtsverbindliche Ausgestaltung des Hausrechts noch eine Allgemeine Geschäftsbedingung dar und kann eine Taschenkontrolle nicht rechtfertigen.[4]

2. Gefährdung der Anspruchsverwirklichung durch Fehlen des staatlichen Rechtsschutzes.
a) Obrigkeitliche Hilfe. Obrigkeit im Sinne von § 229 sind alle zuständigen Staatsorgane, also Gerichte, Gerichtsvollzieher, Polizei. Daher ist Selbsthilfe nicht erlaubt, wenn dem Anspruchsinhaber zuzumuten ist, einstweiligen Rechtsschutz (Arrest, einstweilige Verfügung, einstweilige Anordnung) zu beantragen, ein Vollstreckungsorgan hinzuziehen (§§ 887, 890, 892, 892a ZPO) oder vor dem Abschleppen eines die Grundstückseinfahrt versperrenden Fahrzeugs die Polizei hinzuzuziehen.[5]

b) Gefahr der Vereitelung oder Erschwerung der Anspruchsverwirklichung. Ein Zuwarten muss die Gefahr in sich bergen, dass die Verwirklichung des Anspruchs aus objektiver Sicht vereitelt oder wesentlich erschwert wird. Nachdem es der Zweck der Vorschrift ist, den Gläubiger vor einem unlauteren Verhalten des Schuldners zu schützen, genügt es nicht, wenn sich der Schuldner in einer schlechten Vermögenslage befindet, dem Gläubiger Beweisschwierigkeiten drohen oder die Gefahr der Anspruchsbeeinträchtigung durch den drohenden Zugriff anderer Gläubiger auf des Vermögen des Schuldners besteht.[6]

Der Anspruchsgefährdung steht die Möglichkeit, Schadensersatz zu erlangen, nicht entgegen; der Berechtigte braucht seinen Anspruch nicht für einen Ersatz hingeben, der in der Regel den Erfüllungswert unterschreitet.[7] Bei einer Geldforderung kann hingegen eine dingliche oder sonst taugliche Sicherheitsleistung (§ 232) genügen, um den Gläubiger ausreichend zu sichern und das Selbsthilferecht auszuschließen.[8]

II. Mittel der Selbsthilfe

1. Wegnahme einer Sache des Schuldners. Ausgenommen von der Wegnahme sind Sachen des Schuldners, welche der Pfändung nicht unterliegen (§ 811 ZPO).[9] Die Selbsthilfe darf nicht dazu führen, dass die dem Schuldnerschutz dienenden zwangsvollstreckungsrechtlichen Vorschriften unterlaufen werden.

2. Zerstörung oder Beschädigung der Sache. Diese Handlungen sind – anders als die Wegnahme – endgültige, nicht nur vorläufige Maßnahmen. Sie sind nach Sinn und Zweck der Selbsthilfe nur als subsidiäre Hilfsmaßnahmen zur Ermöglichung der Wegnahme einer Sache, Festnahme des Verpflichteten oder Erzwingung der Duldung einer Handlung zulässig.[10]

3. Festnahme des Schuldners. Die Festnahme ist nur bei **Fluchtverdacht** zulässig. Weil der Berechtigte im Falle der Festnahme gemäß § 239 Abs. 2 den persönlichen Sicherungsarrest beantragen muss, ist die Festnahme auch nur zulässig, wenn die Voraussetzungen für deren Erlass (vgl. §§ 916, 918 ZPO) erfüllt sind.[11] Das Festnahmerecht deckt die damit verbundenen Eingriffe in die Rechtsgüter des Festgenommenen, weshalb diesem ein Notwehrrecht nicht zusteht und im Falle der Gegenwehr der Gläubiger seinerseits zur Notwehr berechtigt ist. So handelt etwa die Bedienung eines Lokals rechtmäßig, wenn sie den Gast, der das Lokal ohne Zahlung eines von ihm beanstandeten Essens verlassen will, zurückhält, um dessen Personalien zur Klärung der bestehenden Rechtslage festzustellen. Dem Gast steht gegen diesen Angriff auf seine Fortbewegungsfreiheit kein Notwehrrecht zu.[12] Auch wenn die Voraussetzungen eines Festnahmerechts gemäß § 127 StPO nicht vorliegen, kann die Festnahme eines zahlungsunwilligen Taxigastes zwecks Feststellung der Personalien durch die Polizei gerechtfertigt sein.[13]

III. Beweislast

Die Beweislast für die Voraussetzungen der berechtigten Selbsthilfe trägt der Handelnde, denn er beruft sich auf einen rechtshindernden Einwand.[14]

---

4 BGH NJW 1994, 188 ff.
5 Soergel/*Fahse*, § 229 Rn 10.
6 Bamberger/Roth/*Dennhardt*, § 228 Rn 5.
7 MüKo/*Grothe*, § 229 Rn 5.
8 Bamberger/Roth/*Dennhardt*, § 228 Rn 5.
9 Soergel/*Fahse*, § 229 Rn 17; Bamberger/Roth/ *Dennhardt*, § 229 Rn 7.
10 Soergel/*Fahse*, § 229 Rn 19.
11 Bamberger/Roth/*Dennhardt*, § 229 Rn 8; Soergel/ *Fahse*, § 229 Rn 20; a.A. MüKo/*Grothe*, § 229 Rn 8.
12 BayObLG NJW 1991, 934.
13 OLG Düsseldorf NJW 1991, 2716 ff.
14 Palandt/*Heinrichs*, § 229 Rn 9, unter Verweis auf § 227 Rn 13.

IV. Irrtumsfälle

Wer irrtümlich annimmt, in berechtigter Selbsthilfe zu handeln, haftet gemäß § 231 verschuldensunabhängig für die hierdurch verursachten Schäden.

V. Rechtsfolgen

Die von § 229 gedeckte Selbsthilfe ist rechtmäßig und stellt keine verbotene Eigenmacht dar. Dem Schuldner stehen wegen der im Rahmen der Selbsthilfe erfolgten Verletzung seiner Rechtsgüter weder Ansprüche aus positiver Vertragsverletzung noch Ansprüche aus Delikt zu. Notwehr ist gegen sie nicht zulässig.

§ 230 Grenzen der Selbsthilfe

(1) ¹Die Selbsthilfe darf nicht weiter gehen, als zur Abwendung der Gefahr erforderlich ist.

(2) ¹Im Falle der Wegnahme von Sachen ist, sofern nicht Zwangsvollstreckung erwirkt wird, der dingliche Arrest zu beantragen.

(3) ¹Im Falle der Festnahme des Verpflichteten ist, sofern er nicht wieder in Freiheit gesetzt wird, der persönliche Sicherheitsarrest bei dem Amtsgericht zu beantragen, in dessen Bezirk die Festnahme erfolgt ist; der Verpflichtete ist unverzüglich dem Gericht vorzuführen.

(4) ¹Wird der Arrestantrag verzögert oder abgelehnt, so hat die Rückgabe der weggenommenen Sachen und die Freilassung des Festgenommenen unverzüglich zu erfolgen.

Literatur: *Schünemann*, Selbsthilfe im Rechtssystem – Eine dogmatische Studie am Beispiel der §§ 227, 228 ff., 1985.

A. Allgemeines 1	2. Im Falle der Festnahme des
B. Regelungsgehalt 2	Verpflichteten (Abs. 3) 4
I. Erforderlichkeit (Abs. 1) 2	III. Folgen der Verzögerung bzw. Ablehnung
II. Verhalten nach Ausübung der Selbsthilfe .. 3	des Arrestantrags (Abs. 4) 6
1. Im Falle der Wegnahme einer Sache	IV. Rechtsfolgen 7
(Abs. 2) 3	

A. Allgemeines

Während § 229 die Voraussetzungen der Selbsthilfe regelt, bestimmt § 230, in welchem Umfang diese zulässig ist, und weiter, wie derjenige, der sich zulässiger Selbsthilfe bedient hat, im Weiteren vorgehen muss.

B. Regelungsgehalt

I. Erforderlichkeit (Abs. 1)

Die Selbsthilfe darf nur so weit gehen, als dies – aus objektiver Sicht – zur Abwendung der Gefahr für die Anspruchsverwirklichung erforderlich ist, sonst ist die Maßnahme rechtswidrig. Hierfür trägt derjenige, der sich auf Selbsthilfe beruft, die Beweislast.[1]

II. Verhalten nach Ausübung der Selbsthilfe

1. Im Falle der Wegnahme einer Sache (Abs. 2). Die Selbsthilfe ist eine der Staatsgewalt vorauseilende, vorläufige, private Vollstreckung.[2] Deshalb hat der Handelnde im Falle der Wegnahme einer Sache, sofern er nicht bereits über einen Vollstreckungstitel verfügt, mit welchem er die Zwangsvollstreckung betreiben kann, gemäß §§ 916, 917 ZPO den dinglichen Arrest zu beantragen bzw. für denn Fall, dass er über einen nicht auf Zahlung von Geld gerichteten Anspruch verfügt, den Erlass einer einstweiligen Verfügung gemäß §§ 935, 936 ZPO.[3]

2. Im Falle der Festnahme des Verpflichteten (Abs. 3). Der vorläufig vom Gläubiger festgenommene Schuldner ist gemäß Abs. 3 unverzüglich, d.h. spätestens am Tage nach der Festnahme[4] dem Amtsgericht vorzuführen. Örtlich zuständig ist das Amtsgericht, in dessen Bezirk die Festnahme erfolgt ist.

---

1 Soergel/*Fahse*, § 230 Rn 2.
2 Soergel/*Fahse*, § 230 Rn 3.
3 Bamberger/Roth/*Dennhardt*, § 230 Rn 3.
4 Vgl. § 128 Abs. 1 S. 1 StPO.

5 Zugleich hat der Gläubiger den persönlichen Arrest gemäß §§ 916, 918 ZPO bzw. die Haftanordnung im Wege der einstweiligen Verfügung gemäß §§ 935, 940 ZPO zu beantragen.

III. Folgen der Verzögerung bzw. Ablehnung des Arrestantrags (Abs. 4)

6 Der Gläubiger ist verpflichtet, unverzüglich in das Verfahren über die Gewährung einstweiligen Rechtsschutzes überzugehen. Kommt er dieser Pflicht nicht unverzüglich nach bzw. wird ihm dieser Rechtsschutz nicht gewährt, hat er die weggenommene Sache unverzüglich zurückzugeben bzw. den Festgenommenen unverzüglich freizulassen. Den Instanzenzug kann er nicht abwarten. Bereits bei Ablehnung seines Antrags in der ersten Instanz hat er gemäß Abs. 4 vorzugehen.[5]

IV. Rechtsfolgen

7 Sofern die gemäß § 229 zulässigerweise vorgenommene Selbsthilfe sich innerhalb der Grenzen des § 230 bewegt, ist sie rechtmäßig. Sofern dies nicht der Fall ist, ist sie rechtswidrig und löst, da § 230 Schutzgesetz im Sinne von § 823 Abs. 2 ist, Schadensersatzansprüche nach dieser Vorschrift aus.[6]

§ 231 Irrtümliche Selbsthilfe

[1]Wer eine der in § 229 bezeichneten Handlungen in der irrigen Annahme vornimmt, dass die für den Ausschluss der Widerrechtlichkeit erforderlichen Voraussetzungen vorhanden seien, ist dem anderen Teil zum Schadensersatz verpflichtet, auch wenn der Irrtum nicht auf Fahrlässigkeit beruht.

A. Allgemeines 1	III. Deliktsfähigkeit 4
B. Regelungsgehalt 2	IV. Schadensersatzanspruch 5
I. Widerrechtliche Selbsthilfe 2	V. Verjährung 6
II. Verschuldensunabhängige Haftung 3	

A. Allgemeines

1 § 231 begründet eine **schuldunabhängige Schadensersatzpflicht** in Form einer gesetzlichen Risikozurechnung, welche an die besondere Gefährlichkeit der erlaubten Selbsthilfe anknüpft.[1] Sie beruht auf der Überlegung, dass derjenige, der von der nur ausnahmsweise zulässigen Selbsthilfebefugnis Gebrauch macht, auf eigene Gefahr handelt.[2]

B. Regelungsgehalt

I. Widerrechtliche Selbsthilfe

2 Diese liegt sowohl dann vor, wenn die in § 229 normierten Voraussetzungen der Selbsthilfe nicht vorgelegen haben (Putativselbsthilfe), als auch dann, wenn der zur Selbsthilfe Berechtigte die Grenzen der Selbsthilfe überschritten hat (Selbsthilfeexzess).

II. Verschuldensunabhängige Haftung

3 Hat der Täter schuldhaft (vorsätzlich oder fahrlässig) ein durch § 823 Abs. 1 BGB geschütztes Rechtsgut verletzt, haftet er bereits nach dieser Vorschrift. § 231 erweitert die Haftung desjenigen auf sämtliche Fälle, in denen die Selbsthilfe nicht durch § 229 gedeckt war, ohne dass ein Verschulden des Handelnden zu prüfen wäre. Liegen die Voraussetzungen beider Vorschriften vor, gelangen sie nebeneinander zur Anwendung.[3]

---

5 Bamberger/Roth/Dennhardt, § 230 Rn 5; Staudinger/Werner, § 230 Rn 3.
6 Palandt/Heinrichs, § 230 Rn 2; Bamberger/Roth/Dennhardt, § 230 Rn 5.

1 MüKo/Grothe, § 231 Rn 2; Staudinger/Werner, § 231 Rn 3; a.A. Palandt/Heinrichs, § 231 Rn 1, der von einer gesetzlichen Gefährdungshaftung ausgeht.
2 Staudinger/Werner, § 231 Rn 2.
3 MüKo/Grothe, § 231 Rn 1.

III. Deliktsfähigkeit

Nach herrschender Meinung[4] ist Deliktsfähigkeit nicht erforderlich. Dies ist abzulehnen. Die Vorschrift des § 231 geht, wie sich aus der Formulierung ergibt, davon aus, dass der Handelnde grundsätzlich zurechnungsfähig ist[5] und der gesetzgeberische Zweck der Risikozurechnung (Rn 1) bei einem Minderjährigen (§ 828 Abs. 1) bzw. einem gemäß § 827 Deliktsunfähigen ersichtlich verfehlt wäre.

IV. Schadensersatzanspruch

Sind die vorgenannten Voraussetzungen erfüllt, schuldet der Handelnde Ersatz des Schadens in vollem Umfang. § 254 BGB ist allerdings anwendbar.[6]

V. Verjährung

Der Anspruch verjährt gemäß der Neuregelung des § 195 in drei Jahren.

---

[4] Staudinger/*Werner*, § 231 Rn 3; MüKo/*Grothe*, § 231 Rn 2; Erman/*Wagner*, § 231 Rn 2; Soergel/*Fahse*, § 231 Rn 3; zu Recht a.A. Bamberger/Roth/*Dennhardt*, § 231 Rn 1.

[5] Bamberger/Roth/*Dennhardt*, § 231 Rn 1.

[6] BGH NJW 1977, 1818; Bamberger/Roth/*Dennhardt*, § 231 Rn 1; MüKo/*Grothe*, § 231 Rn 2.

Abschnitt 7
Sicherheitsleistung

Vorbemerkungen zu §§ 232 – 240

A. Materiell-rechtliche Sicherheitsleistungen   1
B. Sondervorschriften   2
  I. Prozessuale Sicherheitsleistungen   2
  II. Sicherheitsleistung des Steuerpflichtigen   3
  III. Sicherheitsleistung im Rahmen der Zwangsvollstreckung   4
  IV. Sicherheitsleistung nach dem Börsengesetz   5
C. Anderweitige Vereinbarungen über die Art der Sicherheitsleistung   6

A. Materiell-rechtliche Sicherheitsleistungen

Die §§ 232 ff. BGB finden Anwendung, wenn ein Schuldner nach gesetzlichen Vorschriften (z.B. §§ 468, 843 Abs. 2 S. 1, 1039 Abs. 1 S. 2, 1051, 1067 Abs. 2, 2128 Abs. 1 BGB; § 753 HGB; § 54 InvG; § 9b KAGG, § 7 AbfVerbrG; §§ 225, 303, 321 AktG; § 213 InsO) oder behördlicher Anordnung (z.B. nach § 82 AuslG) verpflichtet oder befugt ist, Sicherheit zu leisten. Darüber hinaus finden sie Anwendung, wenn ein Gläubiger als Sicherungsnehmer und sein Schuldner oder ein Dritter als Sicherungsgeber durch Rechtsgeschäft die Pflicht oder auch das Recht zur Sicherheitsleistung begründen.[1]

1

B. Sondervorschriften

I. Prozessuale Sicherheitsleistungen

Für prozessuale Sicherheiten gilt der Katalog des § 232 nicht. Vielmehr kann das Gericht gemäß § 108 Abs. 1 S. 1 ZPO nach freiem Ermessen bestimmen, in welcher Art und Höhe Sicherheit zu leisten ist. Die Vorschriften des § 234 Abs. 2 und des § 235 sind jedoch gemäß § 108 Abs. 2 ZPO entsprechend anwendbar. Im Falle der Sicherheitsleistung durch Hinterlegung von Geld oder Wertpapieren nimmt § 108 Abs. 1 S. 2 ZPO Bezug auf § 234 Abs. 1 und 3. § 239 ist im Falle der Sicherheitsleistung durch Stellung eines Bürgen ebenfalls analog anwendbar.[2]

2

II. Sicherheitsleistung des Steuerpflichtigen

§§ 232 ff. gelten nicht. Die Sicherheitsleistung bestimmt sich nach §§ 241 ff. AO 1977.

3

III. Sicherheitsleistung im Rahmen der Zwangsvollstreckung

§ 69 ZVG enthält hierzu eine von § 232 abweichende eigenständige Regelung.

4

IV. Sicherheitsleistung nach dem Börsengesetz

Die Leistung der Sicherheit bestimmt sich nach § 19 Abs. 1 BörsG i.V.m. der Börsenordnung.

5

C. Anderweitige Vereinbarungen über die Art der Sicherheitsleistung

Die Regelungen der §§ 232 ff. sind nicht zwingend. Durch vertragliche Vereinbarung kann von ihnen abgewichen werden.[3]

6

§ 232 Arten

(1) [1]Wer Sicherheit zu leisten hat, kann dies bewirken
durch Hinterlegung von Geld oder Wertpapieren,
durch Verpfändung von Forderungen, die in das Bundesschuldbuch oder in das Landesschuldbuch eines Landes eingetragen sind,
durch Verpfändung beweglicher Sachen,
durch Bestellung von Schiffshypotheken an Schiffen oder Schiffsbauwerken, die in einem deutschen Schiffsregister oder Schiffsbauregister eingetragen sind,

---

1 BGH NJW 1986, 1038.
2 Zöller/Herget, ZPO, § 108 Rn 7.
3 Soergel/Fahse, vor § 232 Rn 10.

durch Bestellung von Hypotheken an inländischen Grundstücken,
durch Verpfändung von Forderungen, für die eine Hypothek an einem inländischen Grundstück besteht, oder
durch Verpfändung von Grundschulden oder Rentenschulden an inländischen Grundstücken.

(2) ¹Kann die Sicherheit nicht in dieser Weise geleistet werden, so ist die Stellung eines tauglichen Bürgen zulässig.

Literatur: *Kobler*, Die Fälle der Sicherheitsleistung im Bürgerlichen Gesetzbuch, ZZP 102 (1989), 58; *Kohler*, Die Fälle der Sicherheitsleistung im Bürgerlichen Gesetzbuch – Normgründe, Erfüllungszwang, ZZP 102 (1989), 58–79; *Kotzur*, Sicherheitsleistung durch Beibringung einer Prozeßbürgschaft mit befreiender Hinterlegungsklausel?, DGVZ 1990, 161; *Kraemer*, Kaution und Mietbürgschaft nach der Mietrechtsreform, NZM 2001, 737; *Liebelt-Westphal*, Die gesetzliche Deckungsgrenze bei der Gewährung von Sicherheiten, ZIP 1997, 230.

A. Allgemeines 1	4. Verpfändung beweglicher Sachen 8
B. Regelungsgehalt 5	5. Bestellung von Hypotheken, Grund- und
I. Grundsatz der Realsicherheit 5	Rentenschulden 9
1. Katalog des 232 Abs. 1 5	II. Wahlrecht des Sicherungsgebers 10
2. Hinterlegung von Geld oder	III. Subsidiäre Bestellung einer Personal-
Wertpapieren 6	sicherheit (Abs. 2) 11
3. Verpfändung von Forderungen 7	C. Weitere praktische Hinweise 12

A. Allgemeines

1 Die Vorschrift stellt demjenigen, der gemäß Rechtsgeschäft, Gesetz oder gerichtlicher Anordnung Sicherheit zu leisten hat, einen Katalog der zugelassenen Sicherungsmittel zur Verfügung.

2 **Für prozessuale Sicherheiten gilt der Katalog des § 232 nicht.** Vielmehr kann das Gericht gemäß § 108 Abs. 1 S. 1 ZPO nach freiem Ermessen bestimmen, in welcher Art und Höhe Sicherheit zu leisten ist. Die Vorschriften des § 234 Abs. 2 und des § 235 sind jedoch gemäß § 108 Abs. 2 ZPO entsprechend anwendbar. Im Falle der Sicherheitsleistung durch Hinterlegung von Geld oder Wertpapieren nimmt § 108 Abs. 1 S. 2 Bezug auf § 234 Abs. 1 und 3. § 239 ist im Falle der Sicherheitsleistung durch Stellung eines Bürgen ebenfalls analog anwendbar.¹

3 Der Katalog des § 232 **gilt ferner nicht** für die Sicherheitsleistung des **Steuerpflichtigen**, welche sich nach §§ 241 ff. AO 1977 bestimmt, für die Sicherheitsleistung im Rahmen der **Zwangsvollstreckung** welche in § 69 ZVG geregelt ist, sowie für die Sicherheitsleistung nach dem **Börsengesetz**, welche sich nach § 19 Abs. 1 BörsG i.V.m. der Börsenordnung bestimmt.

4 Die Vorschrift findet auch dann keine Anwendung, wenn die Parteien eine abweichende Regelung getroffen haben. Die Regelungen der §§ 232 ff. sind nicht zwingend. Durch vertragliche Vereinbarung kann von ihnen abgewichen werden.²

B. Regelungsgehalt

I. Grundsatz der Realsicherheit

5 **1. Katalog des 232 Abs. 1.** Grundsätzlich hat der Sicherungsgeber seine Sicherungsmittel aus dem Katalog der Realsicherheiten des Abs. 1 zu wählen, die **Sicherheitsleistung durch Stellung eines tauglichen Bürgen** (vgl. § 239) ist gemäß Abs. 2 **subsidiär**.

6 **2. Hinterlegung von Geld oder Wertpapieren.** Die Hinterlegung von Geld oder Wertpapieren regeln die §§ 233–235. Hinterlegungsfähig sind gemäß § 234 Inhaberpapiere. Diese müssen gemäß § 234 Abs. 1 S. 1 mündelsicher im Sinne des § 1807 Abs. 1 Nr. 4 sein. Der Kurswert der Wertpapiere muss den zu sichernden Betrag gemäß § 234 Abs. 3 um ein Drittel übersteigen. Im Falle eines Kursrückgangs entsteht eine Ergänzungspflicht gemäß § 240. Die Hinterlegung hat nach den Regeln der Hinterlegungsordnung zu erfolgen. Die Aufgaben der Hinterlegungsstellen sind den Amtsgerichten übertragen (§ 1 Abs. 2 HinterlO). Hinterlegungskasse ist die Kasse der jeweiligen Justizverwaltung (§ 1 Abs. 3 HinterlO). § 235 ermöglicht dem Hinterleger die Realisierung eines eingetretenen Kursgewinns, indem er ihm das Recht einräumt, hinterlegte Wertpapiere gegen andere Wertpapiere oder gegen Geld umzutauschen.

7 **3. Verpfändung von Forderungen.** Die Sicherheitsleistung durch Verpfändung von Forderungen ist in **§ 236** geregelt. Danach kann Sicherheit ausschließlich durch börsennotierte Schuldbuchforderungen, die in

---

1 Zöller/*Herget*, ZPO, § 108 Rn 7.   2 Soergel/*Fahse*, vor § 232 Rn 10.

das Bundesschuldbuch[3] (Abs. 1 Fall 1) oder in das Schuldbuch eines Landes (Abs. 1 Fall 2) eingetragen sind, geleistet werden. Weil deren Wert infolge der Abhängigkeit vom Wert der hinterlegten Wertpapiere schwankt, ist der Sicherungswert auf drei Viertel des Kurswertes begrenzt.

4. Verpfändung beweglicher Sachen. § 237 regelt die Verpfändung beweglicher Sachen. Sicherheit kann danach nur bis zur Höhe von zwei Dritteln des Schätzwertes geleistet werden. Sachen, deren Verderb zu besorgen ist oder deren Aufbewahrung mit besonderen Schwierigkeiten verbunden ist, können zurückgewiesen werden (§ 237 S. 2). 8

5. Bestellung von Hypotheken, Grund- und Rentenschulden. Die Bestellung von Hypotheken, Grund- und Rentenschulden ist in § 238 geregelt. Die genannten Sicherungsmittel sind nur dann zur Sicherheitsleistung geeignet, wenn sie **mündelsicher** sind. Die Mündelsicherheit bestimmt sich nach § 1807 Abs. 1 Nr. 1, Abs. 2. Danach kommen nur **sichere** Hypotheken, Grundschulden oder Rentenschulden an einem **inländischen Grundstück** in Betracht. 9

II. Wahlrecht des Sicherungsgebers

Der Sicherungsgeber kann unter den Sicherungsmitteln des Abs. 1 **wählen**.[4] Er kann verschiedene Sicherungsmittel **kombinieren**.[5] Die Auswahlberechtigung begründet kein Wahlschuldverhältnis zwischen den Beteiligten. Dies bedeutet, dass die Wahl nicht durch Erklärung gegenüber dem anderen Teil ausgeübt wird, sie ist vielmehr erst erfolgt, wenn die Sicherheit tatsächlich bestellt ist.[6] 10

III. Subsidiäre Bestellung einer Personalsicherheit (Abs. 2)

Die Stellung eines im Sinne von § 239 tauglichen Bürgen ist gemäß Abs. 2 nur zulässig, wenn der Sicherungsgeber zur Leistung von Sicherheiten im Sinne von Abs. 1 nicht in der Lage ist, was er im Bestreitensfall beweisen muss.[7] 11

C. Weitere praktische Hinweise

Der **Klageantrag auf Leistung einer Sicherheit** richtet sich auf Leistung einer nach Maßgabe des § 232 Abs. 1 zu erbringenden hinreichenden Sicherheit nach Wahl des Schuldners. Eine bestimmte Leistung aus dem Katalog des Abs. 1 kann der Kläger im Hinblick auf die Wahlfreiheit des Sicherungsgebers nicht fordern.[8] 12

---

§ 233 Wirkung der Hinterlegung

¹Mit der Hinterlegung erwirbt der Berechtigte ein Pfandrecht an dem hinterlegten Geld oder an den hinterlegten Wertpapieren und, wenn das Geld oder die Wertpapiere in das Eigentum des Fiskus oder der als Hinterlegungsstelle bestimmten Anstalt übergehen, ein Pfandrecht an der Forderung auf Rückerstattung.

Literatur: *Walker*, Sicherheitsleistung durch Hinterlegung von Geld beim Notar, EWiR 2000, 465.

A. Allgemeines 1	1. Pfandrecht 6
B. Regelungsgehalt 2	2. Eintritt des Sicherungsfalls 7
I. Hinterlegung 2	C. Weitere praktische Hinweise 8
II. Wirkung der Hinterlegung 6	

A. Allgemeines

Die Vorschrift dient dem Schutz des Sicherungsnehmers vor sicherungswidrigen Verfügungen des Sicherungsgeber sowie vor Zugriffen Dritter, indem sie ihm bei Hinterlegung ein Pfandrecht gemäß § 1257 einräumt. 1

---

[3] § 7 des Bundeswertpapierverwaltungsgesetzes – BwpVerWG – v. 11.12.2001 (BGBl I S. 3519).
[4] Palandt/*Heinrichs*, § 232 Rn 1; MüKo/*Grothe*, § 232 Rn 1.
[5] Bamberger/Roth/*Dennhardt*, § 232 Rn 4; MüKo/*Grothe*, § 232 Rn 2.
[6] Staudinger/*Werner*, § 232 Rn 12.
[7] Bamberger/Roth/*Dennhardt*, § 232 Rn 6; Soergel/*Fahse*, § 232 Rn 13; Palandt/*Heinrichs*, § 232 Rn 4.
[8] MüKo/*Grothe*, § 232 Rn 2; Bamberger/Roth/*Dennhardt*, § 232 Rn 4; Palandt/*Heinrichs*, § 232 Rn 1.

B. Regelungsgehalt

I. Hinterlegung

2 Die Hinterlegung hat nach den Regeln der Hinterlegungsordnung zu erfolgen.[1] Die Aufgaben der Hinterlegungsstellen sind den Amtsgerichten übertragen (§ 1 Abs. 2 HinterlO). Hinterlegungskasse ist die Kasse der jeweiligen Justizverwaltung (§ 1 Abs. 3 HinterlO). Die Hinterlegung erfolgt durch gesetzliche (seit 1.1.2002 in Euro) oder gesetzlich zugelassene Zahlungsmittel (§ 7 Abs. 1 HinterlO) oder durch Wertpapiere, Urkunden oder Kostbarkeiten (§ 9 Abs. 1 HinterlO).

3 **Gesetzliche Zahlungsmittel** gehen in das Eigentum des Landesfiskus über (§ 7 Abs. 1 HinterlO). Sie werden nach Maßgabe des § 8 HinterlO **verzinst**. Das gesetzliche Pfandrecht des Berechtigten entsteht in diesem Fall an der Forderung auf Rückerstattung.

4 Andere Zahlungsmittel (gültige ausländische Münzen und Banknoten) sowie Wertpapiere, Urkunden oder Kostbarkeiten werden unverändert aufbewahrt (§§ 7 Abs. 2 S. 1, 8 Abs. 1 HinterlO).

5 Der **Sicherungswert gesetzlicher Zahlungsmittel** entspricht ihrem **Nennwert**, bei **anderen Zahlungsmitteln** ist ein **Abschlag von einem Viertel des Kurswertes** vorzunehmen.[2]

II. Wirkung der Hinterlegung

6 **1. Pfandrecht.** Der Sicherungsnehmer erwirbt ein **gesetzliches Pfandrecht** an der Forderung auf Rückerstattung bzw. an den unverändert aufzubewahrenden Gegenständen.

7 **2. Eintritt des Sicherungsfalls.** Der Berechtigte kann im Fall des Eintritts des Sicherungsfalls die Befriedigung aus dem Pfandrecht verfolgen (§§ 1228 Abs. 1, 1231, 1282 Abs. 2, 1288 Abs. 2). Die Herausgabe durch die Hinterlegungsstelle erfolgt bei Nachweis der Berechtigung (§ 13 Abs. 1 HinterlO) durch Vorlage einer Freigabeerklärung des Hinterlegers oder durch Vorlage einer rechtskräftigen Entscheidung gegen den Hinterleger, durch welche die Berechtigung des Sicherungsnehmers zum Empfang der hinterlegten Sicherheit rechtskräftig festgestellt ist (§ 13 Abs. 2 HinterlO).

C. Weitere praktische Hinweise

8 Der Sicherungsberechtigte kann auf die Einhaltung des § 232 verzichten. Die Beteiligten können im Rahmen der Vertragsfreiheit von den Regelungen der §§ 232 ff. abweichen.[3]

§ 234 Geeignete Wertpapiere

(1) [1]Wertpapiere sind zur Sicherheitsleistung nur geeignet, wenn sie auf den Inhaber lauten, einen Kurswert haben und einer Gattung angehören, in der Mündelgeld angelegt werden darf. [2]Den Inhaberpapieren stehen Orderpapiere gleich, die mit Blankoindossament versehen sind.

(2) [1]Mit den Wertpapieren sind die Zins-, Renten-, Gewinnanteil- und Erneuerungsscheine zu hinterlegen.

(3) [1]Mit Wertpapieren kann Sicherheit nur in Höhe von drei Vierteln des Kurswerts geleistet werden.

A. Allgemeines 1	III. Mündelsicherheit 4
B. Regelungsgehalt 2	IV. Ergänzungspapiere (Abs. 2) 5
I. Inhaberpapiere 2	V. Wertgrenze (Abs. 3) 6
II. Kurswert 3	

A. Allgemeines

1 § 232 Abs. 1 erlaubt die Sicherheitsleistung durch Hinterlegung von Wertpapieren. § 234 regelt einschränkend, welche Wertpapiere zur Hinterlegung geeignet sind.

---

[1] HinterlO vom 10.3.1937 (RGBl I S. 285; BGBl III S. 300–315), zuletzt geändert durch Gesetz zur Änderung der Bundesgebührenordnung für Rechtsanwälte v. 20.8.1990 (BGBl I S. 1765), Abdruck in Schönfelder Nr. 121.
[2] Bamberger/Roth/*Dennhardt*, § 233 Rn 3.
[3] MüKo/*Werner*, § 232 Rn 1.

B. Regelungsgehalt

I. Inhaberpapiere

Hinterlegungsfähig sind Inhaberpapiere. Das sind solche Papiere, bei denen der Aussteller dem jeweiligen Inhaber die Leistung verspricht. Die Durchsetzbarkeit ist also an die Innehabung (nicht notwendig den unmittelbaren Besitz) des Papiers geknüpft, die Inhaberschaft begründet die widerlegbare Vermutung der materiellen Berechtigung.[1] Inhaberpapiere sind Inhaberschuldverschreibungen (§§ 793 ff.) und Inhaberaktien (§ 10 AktG).[2] Neben den Inhaberpapieren sind gemäß Abs. 1 S. 2 Orderpapiere mit Blankoindossament hinterlegungsfähig.

II. Kurswert

Eine amtliche Kurswertfestsetzung ist nicht erforderlich. Es reicht aus, dass ein nach Angebot und Nachfrage bestimmbarer Marktpreis besteht.[3]

III. Mündelsicherheit

Die Mündelsicherheit ist in § 1807 Abs. 1 Nr. 4 geregelt. Erforderlich ist danach, dass die Wertpapiere von der Bundesregierung mit Zustimmung des Bundesrates zur Anlegung von Mündelgeld für geeignet erklärt worden sind.

IV. Ergänzungspapiere (Abs. 2)

Mit den Wertpapieren müssen die in Abs. 2 bezeichneten Ergänzungspapiere hinterlegt werden.

V. Wertgrenze (Abs. 3)

Der Kurswert der Wertpapiere muss den zu sichernden Betrag demnach um ein Drittel übersteigen. Im Falle eines Kursrückgangs entsteht eine Ergänzungspflicht gemäß § 240.

§ 235 Umtauschrecht

¹Wer durch Hinterlegung von Geld oder von Wertpapieren Sicherheit geleistet hat, ist berechtigt, das hinterlegte Geld gegen geeignete Wertpapiere, die hinterlegten Wertpapiere gegen andere geeignete Wertpapiere oder gegen Geld umzutauschen.

Literatur: *Treber, J.,* Der Austausch von prozessualen Sicherheitsleistungen, WM 2000, 343.

A. Allgemeines 1	II. Geeignetheit des Tauschobjekts 3
B. Regelungsgehalt 2	C. Weitere praktische Hinweise 4
I. Anwendungsbereich 2	

A. Allgemeines

Die Vorschrift soll es dem Hinterleger ermöglichen, entweder über hinterlegtes Geld oder über hinterlegte Wertpapiere zu verfügen, indem sie dem Sicherungsgeber das Recht zum einseitigen Austausch von ihrer Natur her gleichwertigen Sicherheiten einräumt.[1] Damit schafft sie eine Ausnahme vom Prinzip der Bindung an das einmal gewählte Sicherungsmittel.[2] Praktische Bedeutung gewinnt § 235 in den Fällen, in denen der Sicherungsgeber einen zwischenzeitlich eingetretenen Kursgewinn durch Verkauf der hinterlegten Wertpapiere realisieren will.

---

1 Palandt/*Sprau,* Einf. v. § 793 Rn 3.
2 Vgl. Palandt/*Heinrichs,* § 232 Rn 1.
3 Staudinger/*Werner,* § 234 Rn 1; Soergel/*Fahse,* § 234 Rn 3.

1 Soergel/*Fahse,* § 235 Rn 1.
2 MüKo/*Grothe,* § 235 Rn 1.

B. Regelungsgehalt

I. Anwendungsbereich

2 § 235 gestattet nur den Tausch zwischen den genannten Sicherungsmitteln. Ein Umtausch anderer Werte ist nicht möglich. Hierzu bedarf es der Zustimmung des Sicherungsnehmers.[3]

II. Geeignetheit des Tauschobjekts

3 Weil der Sicherungsnehmer gleichwertig abgesichert werden muss, ist Sicherheit in der Höhe zu leisten, welche dem aktuellen Wert der zunächst hinterlegten Gegenstände entspricht. § 234 Abs. 3 ist zu beachten.[4]

C. Weitere praktische Hinweise

4 In den übrigen Fällen des § 232 Abs. 1 ist ein Austausch nur mit Zustimmung des Berechtigten möglich. Ein Anspruch auf Erteilung der Zustimmung besteht grundsätzlich nicht. Im Einzelfall kann jedoch geprüft werden, ob die Verweigerung der Zustimmung gegen Treu und Glauben (§ 242) verstößt. Dies kann unter Umständen im Falle des Eintritts einer erheblichen Übersicherung angenommen werden.[5] Für den Fall der Verweigerung des Austausches einer gleichwertigen Prozessbürgschaft hat der Bundesgerichtshof dies bejaht.[6]

§ 236 Buchforderungen

[1]Mit einer Schuldbuchforderung gegen den Bund oder gegen ein Land kann Sicherheit nur in Höhe von drei Vierteln des Kurswerts der Wertpapiere geleistet werden, deren Aushändigung der Gläubiger gegen Löschung seiner Forderung verlangen kann.

Literatur: *Keller*, Das Bundeswertpapierverwaltungsgesetz – Abschied vom Reichsschuldbuchrecht sowie den reichsrechtlichen Depotverordnungen der Jahre 1940–1942, BKR 2002, 49; *Löber*, Der Entwurf einer Richtlinie für Finanzsicherheiten, BKR 2001, 118.

A. Allgemeines 1	II. Keine entsprechende Anwendbarkeit auf
B. Regelungsgehalt 2	nicht börsennotierte Schuldbuchforderungen ... 4
I. Börsennotierte Schuldbuchforderungen 2	

A. Allgemeines

1 Die Vorschrift regelt, in welchem Umfang mit Schuldbuchforderungen gegen den Bund bzw. ein Land Sicherheit geleistet werden kann.

B. Regelungsgehalt

I. Börsennotierte Schuldbuchforderungen

2 Die Vorschrift betrifft ausschließlich börsennotierte Schuldbuchforderungen, die in das Bundesschuldbuch[1] oder in das Schuldbuch eines Landes (§ 232 Abs. 1) eingetragen sind. Staatsschuldenbücher bestehen in den Bundesländern Baden-Württemberg, Bayern, Berlin, Bremen, Hamburg, Hessen, Niedersachsen, Nordrhein-Westfalen, Rheinland-Pfalz, Sachsen-Anhalt und Schleswig-Holstein.[2] Weil deren Wert der Forderungen infolge der Abhängigkeit vom Wert der hinterlegten Wertpapiere schwankt, ist der Sicherungswert auf drei Viertel des Kurswertes begrenzt.[3] Eine entsprechende Regelung enthält § 234 Abs. 3 für Wertpapiere im Sinne von § 234 Abs. 1.

3 Buchforderungen gegen eine Gemeinde sind zur Sicherheitsleistung nicht geeignet.[4]

---

3 Erman/*Schmidt-Räntsch*, § 235 Rn 3.
4 Vgl. Bamberger/Roth/*Dennhardt*, § 240 Rn 2.
5 Bamberger/Roth/*Dennhardt*, § 240 Rn 2; Soergel/*Fahse*, § 235 Rn 2.
6 BGH NJW 1994, 1351.

1 § 7 des Bundeswertpapierverwaltungsgesetzes – BwpVerWG – vom 11.12.2001 (BGBl I S. 3519).
2 Vgl. MüKo/*Säcker*, Art. 97 EGBGB § 97 Rn 2.
3 Soergel/*Fahse*, § 236 Rn 1.
4 Palandt/*Heinrichs*, § 236 Rn 1.

II. Keine entsprechende Anwendbarkeit auf nicht börsennotierte Schuldbuchforderungen

Die Vorschrift ist auf nicht börsennotierte Schuldbuchforderungen (z.B. Bundesschatzbriefe) nicht anwendbar. Der Sicherungswert dieser Forderungen entspricht dem Nennwert.[5]

§ 237 Bewegliche Sachen

¹Mit einer beweglichen Sache kann Sicherheit nur in Höhe von zwei Dritteln des Schätzungswerts geleistet werden. ²Sachen, deren Verderb zu besorgen oder deren Aufbewahrung mit besonderen Schwierigkeiten verbunden ist, können zurückgewiesen werden.

Literatur: *Canaris*, Voraussetzungen und Inhalt des Anspruchs auf Freigabe von Globalsicherheiten gemäß § 242 BGB, ZIP 1997, 813; *Grönwoldt*, Anmerkung zur Entscheidung des Großen Senats des BGH zur Freigabe bei revolvierenden Globalsicherheiten, DB 1998, 364; *Schwab, M.*, Globalsicherheiten und Freigabeklauseln vor dem Großen Senat, WM 1997, 1883.

A. Allgemeines 1	2. Bedingte Eignung (S. 2) 3
B. Regelungsgehalt 2	II. Wertobergrenze 5
I. Zur Sicherheitsleistung geeignete Sachen .. 2	III. Vornahme der Sicherheitsleistung 6
1. Unbedingte Eignung 2	

A. Allgemeines

§ 232 Abs. 1 gestattet die Sicherheitsleistung durch Verpfändung beweglicher Sachen. § 237 dient dem Interesse des Sicherungsnehmers, der sich in der Regel keine verderblichen oder schwer aufzubewahrenden Sachen aufdrängen lassen will. Die Vorschrift berücksichtigt auch den schwankenden Wert beweglicher Sachen.

B. Regelungsgehalt

I. Zur Sicherheitsleistung geeignete Sachen

1. Unbedingte Eignung. Unbedingt geeignet sind nur **bewegliche Sachen,** bei denen die Voraussetzungen des S. 2 nicht zutreffen.

2. Bedingte Eignung (S. 2). Sachen im Sinne von S. 2 sind bedingt geeignet, der Sicherungsnehmer kann sie zurückweisen. Wenn er der Sicherheitsleistung ausdrücklich zustimmt, kann er diese Zustimmung unter den Voraussetzungen des § 119 Abs. 2 anfechten. Das Unterlassen der Zurückweisung aufgrund Unkenntnis der Regelung des § 237 kann nicht angefochten werden, da insoweit lediglich ein Rechtsirrtum vorliegt. Der Sicherungsnehmer kann jedoch etwa bei eingetretenem Verderb der beweglichen Sachen gemäß § 240 vorgehen.[1]

Gemäß § 1218 Abs. 2 hat der Pfandgläubiger dem Verpfänder von dem **drohenden Verderb unverzüglich Anzeige** zu machen, sofern die Anzeige nicht untunlich ist. Die Anzeigepflicht gilt in erweiterter Auslegung des § 1218 Abs. 2 auch für den Fall, dass der Verpfänder die drohende Wertminderung nicht kennt und der Pfandgläubiger dies weiß oder wissen musste. Umgekehrt besteht in einschränkender Auslegung des § 1218 Abs. 2 keine Anzeigepflicht, wenn sich die Sache gemäß § 1206 im Mitbesitz des Verpfänders befindet, weil der Pfandgläubiger dann den drohenden Verderb selbst erkennen kann.[2] Die **Anzeige** ist namentlich bei unbekanntem Wohnort des Verpfänders **untunlich**, die Beweislast für die Untunlichkeit trägt der Pfandgläubiger.[3]

---

5 Vgl. Bamberger/Roth/*Dennhardt*, § 236 Rn 1.
1 Staudinger/*Werner*, § 237 Rn 3.
2 AnwK-BGB/*Bülow*, § 1218 Rn 16.
3 AnwK-BGB/*Bülow*, § 1218 Rn 17.

II. Wertobergrenze

5 Der Sicherheitswert ist auf zwei Drittel des – notfalls vom Sicherungsgeber zu beweisenden – Schätzwertes begrenzt; zu ermitteln ist dabei der gewöhnliche Verkaufswert (**Verkehrswert**), so dass individuelle und ideelle Bewertungen außer Ansatz bleiben.[4]

III. Vornahme der Sicherheitsleistung

6 Die Sicherheitsleistung erfolgt durch Verpfändung gemäß § 1205, bei Luftfahrzeugen durch Bestellung eines Registerpfandrechts, bei Schiffen durch Bestellung einer Schiffshypothek.

§ 238 Hypotheken, Grund- und Rentenschulden

(1) ¹Eine Hypothekenforderung, eine Grundschuld oder eine Rentenschuld ist zur Sicherheitsleistung nur geeignet, wenn sie den Voraussetzungen entspricht, unter denen am Orte der Sicherheitsleistung Mündelgeld in Hypothekenforderungen, Grundschulden oder Rentenschulden angelegt werden darf.

(2) ¹Eine Forderung, für die eine Sicherungshypothek besteht, ist zur Sicherheitsleistung nicht geeignet.

A. Allgemeines 1	II. Keine Sicherheitsleistung für Forderungen,
B. Regelungsgehalt 2	für die eine Sicherungshypothek besteht
I. Mündelsicherheit 2	(Abs. 2) 4
	C. Weitere praktische Hinweise 5

A. Allgemeines

1 Nach § 232 kann Sicherheit u.a. durch Verpfändung von Hypothekenforderungen bzw. von Grund- oder Rentenschulden geleistet werden. § 238 bestimmt hierzu einschränkend, dass die genannten Sicherungsmittel nur dann zur Sicherheitsleistung geeignet sind, wenn sie **mündelsicher** sind.

B. Regelungsgehalt

I. Mündelsicherheit

2 Die Mündelsicherheit bestimmt sich nach § 1807 Abs. 1 Nr. 1, Abs. 2. Danach kommen nur **sichere** Hypotheken, Grundschulden oder Rentenschulden an einem **inländischen Grundstück** in Betracht.

3 Nach **§ 1807 Abs. 2** können die **Landesgesetze** für die innerhalb ihres Geltungsbereichs belegenen Grundstücke die Grundsätze bestimmen, nach denen die Sicherheit einer Hypothek, einer Grundschuld oder einer Rentenschuld festzustellen ist. Soweit einschlägige Regelungen bestehen, wird für die Mündelsicherheit eines Grundpfandrechs zumeist verlangt, dass es innerhalb der ersten Hälfte oder der ersten sechs Zehntel des Grundstückswertes (Verkehrswertes, gemeinen Werts) liegt. Wenn keine landesrechtliche Regelung besteht (so etwa in Niedersachsen, Rheinland-Pfalz und Schleswig-Holstein), liegt es nahe, sich an dieser Grenze zu orientieren.[1]

II. Keine Sicherheitsleistung für Forderungen, für die eine Sicherungshypothek besteht (238 Abs. 2)

4 Sicherungshypotheken (§§ 1184 ff.) sind wegen ihrer Abhängigkeit von der zu sichernden Forderung kein geeignetes Sicherungsmittel.[2]

C. Weitere praktische Hinweise

5 Die Sicherheitsleistung erfolgt gemäß § 232 durch Verpfändung nach §§ 1291, 1280, 1273.

6 Die Sicherheitsleistung durch Bestellung von Schiffshypotheken bzw. die Bestellung von Registerpfandrechten an Luftfahrzeugen regelt § 237.

---

[4] Bamberger/Roth/*Dennhardt*, § 237 Rn 1.
[1] MüKo/*Schwab*, § 1817 Rn 1.

[2] Palandt/*Heinrichs*, § 238 Rn 1.

§ 239 Bürge

(1) ¹Ein Bürge ist tauglich, wenn er ein der Höhe der zu leistenden Sicherheit angemessenes Vermögen besitzt und seinen allgemeinen Gerichtsstand im Inland hat.
(2) ¹Die Bürgschaftserklärung muss den Verzicht auf die Einrede der Vorausklage enthalten.

Literatur: *Beuthien*, Bürgschaft einer Kreditgenossenschaft als Sicherheit i.S.v. § 108 ZPO, NJW 1994, 2070; *Ehricke*, Der taugliche Bürge gem. § 239 BGB auf dem Prüfstand des Gemeinschaftsrechts, EWS 1994, 259; *Fuchs, A.*, Sicherheitsleistung durch Bürgschaften ausländischer Banken?, RIW 1996, 280; *Horsch/Hänsel*, Konzernbürgschaften – taugliche Sicherungsmittel nach § 648a BGB?, BauR 2003, 462; *Klawikowski, H.*, Die Sicherheitsleistung im Zwangsversteigerungsverfahren, Rpfleger 1996, 265; *Kleine-Möller*, Die Sicherung bauvertraglicher Ansprüche durch Bankbürgschaft und Bankgarantie, NZBau 2002, 585; *Ralle*, Bürgertauglichkeit i.S. des § 239 Abs. 1 BGB, WiB 1996, 87; *Zeller*, Bestellung einer prozessualen Sicherheit durch Bürgschaft einer französischen Bank ohne allgemeinen Gerichtsstand in Deutschland, EWiR 1995, 1139.

A. Allgemeines 1	2. Allgemeiner Gerichtsstand im Inland ... 4
B. Regelungsgehalt 2	III. Verzicht des Bürgen auf die Einrede der
I. Unfähigkeit zur Sicherheitsleistung	Vorausklage 5
gemäß § 232 Abs. 1 2	**C. Weitere praktische Hinweise** 6
II. Tauglichkeit des Bürgen 3	I. Beweispflicht 6
1. Vermögen 3	II. Sicherheitsleistung gemäß § 108 Abs. 1 ZPO 7

A. Allgemeines

Die Vorschrift regelt die Fälle, in denen der Sicherungsgeber gemäß § 232 Abs. 2 ausnahmsweise Sicherheit durch die Stellung eines tauglichen Bürgen leisten darf, weil ihm die Mittel zur Leistung der Sicherheit gemäß § 232 Abs. 1 fehlen. 1

B. Regelungsgehalt

I. Unfähigkeit zur Sicherheitsleistung gemäß § 232 Abs. 1

Der Sicherungsgeber darf zur Sicherheitsleistung gemäß § 232 Abs. 1 nicht in der Lage sein. 2

II. Tauglichkeit des Bürgen

1. Vermögen. Der Bürge ist nur tauglich, wenn die Summe seiner geldwerten Güter unter Abzug der Schulden einschließlich der unpfändbaren Gegenstände die Höhe der zu leistenden Sicherheit übersteigt.[1] Verlangt ist daher ein hinreichendes Eigenkapital, das die jederzeitige Zahlung und notfalls Vollstreckbarkeit der Bürgschaftsschuld gewährleistet.[2] 3

2. Allgemeiner Gerichtsstand im Inland. Bei Verlegung des Gerichtstandes des Bürgen ins Ausland verliert dieser seine Bürgentauglichkeit. Dies löst die Ergänzungspflicht des Sicherungsgebers gemäß § 240 aus. Die Vorschrift ist „europafreundlich" auszulegen. Unter Inland ist daher auch das sog. EU-Inland zu verstehen (siehe Rn 7).[3] 4

III. Verzicht des Bürgen auf die Einrede der Vorausklage

Der Bürge muss in der Bürgschaftserklärung auf sein Recht aus § 771 S. 1 verzichten. Die gesamte Bürgschaftserklärung einschließlich des Verzichts auf die Einrede der Vorausklage bedarf außer im Fall des § 350 HGB der Schriftform (§ 766 S. 1). Im Fall des § 349 HGB ist der Verzicht auf die Einrede der Vorausklage entbehrlich. Eine Prozessbürgschaft muss gemäß § 108 Abs. 1 S. 2 ZPO grundsätzlich zudem unwiderruflich, unbefristet und unbedingt sein. 5

---

1 Soergel/*Fahse*, § 239 Rn 2.
2 BayObLG DB 1988, 1846.
3 Staudinger/*Werner*, § 239 Rn 3; Palandt/*Heinrichs*, § 239 Rn 1; Soergel/*Fahse*, § 239 Rn 4; MüKo/*Grothe*, § 239 Rn 1; a.A. Bamberger/Roth/*Dennhardt*, § 232 Rn 2, der eine Änderung des § 239 für erforderlich hält.

C. Weitere praktische Hinweise

I. Beweispflicht

6 Für die Voraussetzung des § 232 Abs. 2 sowie für die Tauglichkeit des Bürgen ist der Sicherungsgeber beweispflichtig.[4] Wenn ein Sicherungsgeber die im Zwangsversteigerungstermin gemäß § 70 Abs. 2 ZVG zu leistende sofortige Sicherheit durch einen Bürgen erbringen will, ist dies möglich, der Bonitätsnachweis muss jedoch bis zum Schluss der Versteigerung erbracht werden.[5] Das Registergericht kann in dem Fall, dass sich bei einer Einmanngründung einer GmbH für die restliche, nicht eingezahlte Stammeinlage die 100%ige Tochtergesellschaft der Gründungsgesellschaft verbürgt hat, einen Bonitätsnachweis verlangen und für den Fall, dass dieser nicht erbracht wird, die Eintragung der Gesellschaft ablehnen.[6]

II. Sicherheitsleistung gemäß § 108 Abs. 1 ZPO

7 Die Vorschrift des § 239 ist im Rahmen der Bestimmung der prozessualen Sicherheitsleistung gemäß § 108 Abs. 1 ZPO nicht entsprechend anwendbar. Daher kann das Gericht im Rahmen der Entscheidung gemäß § 711 i.V.m. § 108 ZPO eine im EU-Ausland als Zollbürgin zugelassene Bank zur Sicherheitsleistung durch Bürgschaft zulassen, wenn ein hinreichender EU-Auslandsbezug besteht, sich die Bank in der Bürgschaftsurkunde der Geltung deutschen Rechts und der internationalen Zuständigkeit eines deutschen Gerichts unterwirft sowie einen in Deutschland ansässigen Zustellungsbevollmächtigten benennt.[7] Die Gegenmeinung[8] berücksichtigt nicht, dass der Gesetzgeber in § 108 Abs. 2 ZPO ausdrücklich nur die entsprechende Anwendung der §§ 234 Abs. 2 und 235 anordnet, weshalb eine planwidrige Lücke des Gesetzes, welche durch die analoge Anwendung des Abs. 1 geschlossen werde müsste, nicht vorliegt.

§ 240 Ergänzungspflicht

[1]Wird die geleistete Sicherheit ohne Verschulden des Berechtigten unzureichend, so ist sie zu ergänzen oder anderweitige Sicherheit zu leisten.

Literatur: *Heide,* Anspruch auf nachträgliche Erhöhung der Kreditsicherung, Grundeigentum 2002, 711.

A. Allgemeines 1	IV. Ausnahmen 5
B. Regelungsgehalt 2	V. Beweislast 6
I. Unzureichende Sicherheit 2	VI. Wahlrecht des Verpflichteten ... 7
II. Nachträglich eingetretene Umstände 3	VII. Verjährung 8
III. Fehlendes Verschulden des Sicherungsnehmers 4	

A. Allgemeines

1 Die Vorschrift ordnet für den Fall einer **nachträglich** unzureichend gewordenen Sicherheit eine Ergänzungs- bzw. Erneuerungspflicht des zur Leistung der Sicherheit Verpflichteten an.

B. Regelungsgehalt

I. Unzureichende Sicherheit

2 Sie kann eintreten durch **Wertminderung der geleisteten Sicherheit**, etwa durch Untergang der verpfändeten Sache, Kursfall bei hinterlegten Wertpapieren, Vermögensverschlechterung bei Bürgen oder durch **Erhöhung des Sicherungsbedarfs** etwa bei Erhöhung der zu sichernden Forderung.[1]

---

4 Staudinger/*Werner,* § 232 Rn 5.
5 OLG Hamm NJW-RR 1987, 1016 ff.
6 Vgl. BayObLG DNotZ 1989, 390 ff.
7 OLG Hamburg NJW 1995, 2859 ff.

8 Zöller/*Herget,* ZPO, § 108 Rn 7; wohl auch Thomas/Putzo/*Putzo,* ZPO, § 108 Rn 7.
1 Soergel/*Fahse,* § 240 Rn 1, 2.

II. Nachträglich eingetretene Umstände

War die Sicherheit von vornherein unzureichend, ist § 240 nicht – auch nicht entsprechend – anwendbar. In diesem Fall kann sich ein Anspruch auf Ergänzung nur unmittelbar aus der gesetzlichen oder vertraglichen Pflicht zur Sicherheitsleistung ergeben, die Auslegung kann jedoch ergeben, dass der Schuldner seine Pflicht zur Sicherheitsleistung bereits vollständig erfüllt hat.[2]

III. Fehlendes Verschulden des Sicherungsnehmers

Eine Ergänzungspflicht besteht nicht, wenn die Sicherheit durch Verschulden des Sicherungsnehmers unzureichend geworden ist.[3] Bei Mitverschulden kann der Sicherungsnehmer keine Rechte herleiten, wenn ihn insofern ein **Verschulden** trifft. Fällt beiden Teilen ein Verschulden zur Last, so kommt eine nach § 254 eingeschränkte Ergänzungspflicht aus dem Gesichtspunkt der positiven Vertragsverletzung in Betracht.[4]

IV. Ausnahmen

Haben die Parteien Sicherheitsleistung durch einen bestimmten Gegenstand vereinbart, begründet dessen Wertminderung im Zweifel keine Ergänzungspflicht.[5] Nach § 551 Abs. 3 S. 2 können Mieter und Vermieter durch übereinstimmende Vereinbarung anstelle der Anlage der Mietkaution als Sparanlage eine andere, unter Umständen auch riskantere Anlageform wählen. Hierbei sollen beide Vertragsparteien ihr jeweils bewusst eingegangenes Verlustrisiko tragen, weshalb eine Ergänzungspflicht des Mieters bei Verlust der Kaution ausscheidet.[6]

V. Beweislast

Der Sicherungsnehmer trägt die Beweislast für seine Behauptung, die Sicherheitsleistung sei nachträglich unzureichend geworden. Die Beweislast für das anspruchsausschließende Verschulden trägt der Sicherungsgeber.

VI. Wahlrecht des Verpflichteten

Der gemäß § 240 Verpflichtete hat die Wahl, ob er statt der unzureichend gewordenen Sicherheit eine neue, gemäß §§ 232 ff. zugelassene Sicherheit leistet oder die unzureichend gewordene Sicherheit ergänzt.[7]

VII. Verjährung

Die Verjährung des Anspruchs aus § 240 bestimmt sich nach dem zugrunde liegenden Schuldverhältnis.[8]

---

2 Vgl. BGH LM Nr. 1 zu § 240; Staudinger/*Werner*, § 240 Rn 2; Soergel/*Fahse*, § 240 Rn 3.
3 Soergel/*Fahse*, § 240 Rn 3.
4 MüKo/*Grothe*, § 240 Rn 1.
5 BGH LM Nr. 1 zu § 240.
6 *Krämer*, NZM 2001, 737, 739.
7 Staudinger/*Werner*, § 240 Rn 3.
8 Bamberger/Roth/*Dennhardt*, § 240 Rn 2.

Einführungsgesetz zum Bürgerlichen Gesetzbuche
Vom 18.8.1896 (RGBl S. 604; BGBl III 400-1)
In der Fassung der Bekanntmachung vom 21.9.1994 (BGBl I S. 2494, ber. 1997 I S. 1061)

Zuletzt geändert durch Gesetz vom 9.12.2004 (BGBl I S. 3214)

Erster Teil
Allgemeine Vorschriften

Erstes Kapitel. Inkrafttreten. Vorbehalt für Landesrecht. Gesetzesbegriff

Artikel 1 [Inkrafttreten; Vorbehalt für Landesrecht]

(1) ¹Das Bürgerliche Gesetzbuch tritt am 1. Januar 1900 gleichzeitig mit einem Gesetz, betreffend Änderungen des Gerichtsverfassungsgesetzes, der Zivilprozeßordnung und der Konkursordnung, einem Gesetz über die Zwangsversteigerung und die Zwangsverwaltung, einer Grundbuchordnung und einem Gesetz über die Angelegenheiten der freiwilligen Gerichtsbarkeit in Kraft.

(2) ¹Soweit in dem Bürgerlichen Gesetzbuch oder in diesem Gesetz die Regelung den Landesgesetzen vorbehalten oder bestimmt ist, daß landesgesetzliche Vorschriften unberührt bleiben oder erlassen werden können, bleiben die bestehenden landesgesetzlichen Vorschriften in Kraft und können neue landesgesetzliche Vorschriften erlassen werden.

Artikel 2 [Gesetzesbegriff]

¹Gesetz im Sinne des Bürgerlichen Gesetzbuchs und dieses Gesetzes ist jede Rechtsnorm.

Zweites Kapitel. Internationales Privatrecht

Erster Abschnitt. Verweisung

Artikel 3 Allgemeine Verweisungsvorschriften

(1) ¹Bei Sachverhalten mit einer Verbindung zum Recht eines ausländischen Staates bestimmen die folgenden Vorschriften, welche Rechtsordnungen anzuwenden sind (Internationales Privatrecht). ²Verweisungen auf Sachvorschriften beziehen sich auf die Rechtsnormen der maßgebenden Rechtsordnung unter Ausschluß derjenigen des Internationalen Privatrechts.

(2) ¹Regelungen in völkerrechtlichen Vereinbarungen gehen, soweit sie unmittelbar anwendbares innerstaatliches Recht geworden sind, den Vorschriften dieses Gesetzes vor. ²Regelungen in Rechtsakten der Europäischen Gemeinschaften bleiben unberührt.

(3) ¹Soweit Verweisungen im Dritten und Vierten Abschnitt das Vermögen einer Person dem Recht eines Staates unterstellen, beziehen sie sich nicht auf Gegenstände, die sich nicht in diesem Staat befinden und nach dem Recht des Staates, in dem sie sich befinden, besonderen Vorschriften unterliegen.

Literatur: *Basedow*, Der kollisionsrechtliche Gehalt der Produktionsfreiheiten im europäischen Binnenmarkt: favor offerentis, RabelsZ 59 (1995), 1; *Brechmann*, Die richtlinienkonforme Auslegung, 1994; *Bruinier*, Der Einfluss der Grundfreiheiten auf das Internationale Privatrecht, 2003; *Calliess/Ruffert* (Hrsg.), Kommentar zur EUV/EGV, 2. Auflage 2003; *Dohrn*, Die Kompetenzen der Europäischen Gemeinschaft im Internationalen Privatrecht, 2004; *Drasch*, Das Herkunftslandprinzip im Internationalen Privatrecht, 1997; *Freitag*, Der Einfluss des Europäischen Gemeinschaftsrechts auf das Internationale Produkthaftungsrecht, 2000; *Grabitz/Hilf* (Hrsg.), Kommentar zum Recht der Europäischen Gemeinschaften, Loseblatt; *Grundmann*, Qualifikation gegen die Sachnorm, 1985; *Heyn*, Die „Doppel-" und „Mehrfachqualifikation" im IPR, 1986; *Hug*, Die Substitution im IPR, 1983; *Kieninger*, Mobiliarsicherheiten im Europäischen Binnenmarkt, 1996; *Kreuzer*, Einheitsrecht als Ersatzrecht. Zur Frage der Nichtermittelbarkeit fremden Rechts, NJW 1983, 1943; *Mankowski*, Privatgutachten über ausländisches Recht – Erstattungsfähigkeit der Kosten, MDR 2001, 194; *Meyer-Sparenberg*, Staatsvertragliche Kollisionsnormen, 1990; *Mistelis*, Charakterisierungen und Qualifikation im Internationalen Privatrecht, 1999; *Müller*, Zur Nichtfeststellbarkeit des kollisionsrechtlich berufenen ausländischen Rechts, NJW 1981, 481; *Reithmann/Martiny*, Internationales Vertragsrecht, 6. Auflage 2004; *Schurig*, Kollisionsnorm und Sachnorm, 1981; *Sonnenberger*, Europarecht und Internationales Privatrecht, ZVglRWiss 95 (1996), 3; *Streinz* (Hrsg.), Kommentar zu EUV/EGV, 2003; *Weber*, Die Theorie der Qualifikation, 1986; *Wengler*, Der deutsche Richter vor unaufklärbarem und unbestimmtem ausländischem Recht, JR 1983, 221.

A. **Allgemeines (Abs. 1)** 1	2. Ermittlung ausländischen Rechts 40
I. Begriff und Gegenstand des IPR, Rechtsquellen 1	a) Freibeweisverfahren 40
1. Begriff und Gegenstand (Abs. 1 S. 1) .. 1	b) Verfahren des einstweiligen Rechtsschutzes 45
2. Auslandsberührung 2	c) Praktische Hinweise zur Ermittlung des ausländischen Rechts 46
3. Aufbau des EGBGB, Rechtsquellen ... 3	3. Fehlende Ermittelbarkeit des ausländischen Rechts 50
4. Abgrenzungsfragen 8	IX. Innerdeutsches Kollisionsrecht 51
II. Grundprinzipien des IPR 15	B. **Staatsvertragliches IPR (Abs. 2 S. 1)** 53
III. Aufbau von Kollisionsnormen, Qualifikation, Anknüpfung, Erstfrage, Vorfrage 18	I. Grundlagen 53
1. Qualifikation 19	1. Allgemeines 53
2. Anknüpfung 22	2. Besonderheiten staatsvertraglicher Kollisionsnormen 55
a) Allgemeines 22	II. Vorrang ratifizierter völkerrechtlicher Vereinbarungen (Abs. 2 S. 1) 57
b) Erstfrage, Vorfrage 23	C. **Europäische Gemeinschaft und IPR (Abs. 2 S. 2)** 58
c) Anknüpfungspunkte 26	I. Allgemeines 58
d) Statutenwechsel 29	1. Gemeinschaftsrecht als Quelle des IPR . 59
IV. Verweisungstechnik 31	2. Gemeinschaftsrecht als Schranke 63
1. Einseitige und allseitige Kollisionsnormen 31	II. Vorrang des Gemeinschaftsrechts (Abs. 2 S. 2) 65
2. Sach- und Gesamtnormverweisung (Abs. 1 S. 2) 32	D. **Einzel- und Gesamtstatut (Abs. 3)** 66
V. Angleichung, Anpassung 33	I. Allgemeines 66
VI. Substitution, Handeln unter falschem Recht 34	II. Einzelheiten 67
VII. Gesetzesumgehung (fraus legis) 37	
VIII. Anwendung und Ermittlung ausländischen Rechts 38	
1. Anwendung ausländischen Rechts von Amts wegen 38	

A. Allgemeines (Abs. 1)

I. Begriff und Gegenstand des IPR, Rechtsquellen

1. Begriff und Gegenstand (Abs. 1 S. 1). Gem. Abs. 1 S. 1 befasst sich das Internationale Privatrecht (IPR) als übergeordnetes Kollisionsrecht (Metarecht) mit der Bestimmung des auf einen Sachverhalt mit Verbindung zum Recht (mindestens) eines ausländischen Staates anzuwendenden Rechts. In diesem Sinne enthält es für sämtliche Bereiche des materiellen Zivilrechts Regelungen, die vorgeben, welche in- oder ausländische Rechtsordnung zur Anwendung auf einen Sachverhalt berufen ist. Deutsches IPR ist entgegen seiner missverständlichen Bezeichnung **nationales** (deutsches) **Recht**. Denn vorbehaltlich vorrangiger europa- oder völkerrechtlicher Vereinheitlichung des Kollisionsrechts (vgl. dazu Abs. 2 und näher Rn 53 ff.) legt jeder Staat autonom fest, ob und welche Kollisionsnormen er schafft. Die Vorschriften des deutschen IPR finden daher nur Anwendung, wenn entweder über den Sachverhalt vor deutschen Gerichten gestritten wird oder in einem Rechtsstreit vor ausländischen Gerichten das Kollisionsrecht des angerufenen Gerichts auf deutsches Recht einschließlich des deutschen IPR verweist.

2. Auslandsberührung. Gem. Abs. 1 S. 1 erfordert eine Anwendung der Artt. 3 ff. einen Auslandsbezug des Sachverhalts. Demgegenüber scheinen „reine Inlandssachverhalte" ohne weiteres ausschließlich dem deutschen materiellen Recht zu unterliegen. Eine abstrakte Definition des erforderlichen Auslandsbezuges ist allerdings nicht möglich. Hierfür sind vielmehr die jeweils einschlägigen Kollisionsnormen und die **Umstände des Einzelfalls** maßgeblich.[1] Ein Auslandsbezug kann sich insbesondere aus der ausländischen Staatsangehörigkeit, dem Wohnsitz oder dem gewöhnlichen Aufenthalt der Parteien ergeben, aber auch aus dem ausländischen Ort der Vornahme des Geschäfts, der Belegenheit des Geschäftsgegenstandes, dem Vorliegen einer Rechtswahl etc.

---

[1] MüKo/*Sonnenberger*, Art. 3 EGBGB Rn 2 f.; Staudinger/*Hausmann*, Art. 3 EGBGB Rn 4 ff. m.w.N. zur teilw. abweichenden untergerichtlichen Rspr. Wie hier auch BT-Drucks 10/504, S. 35.

Art. 3 EGBGB — Allgemeine Verweisungsvorschriften

3. Aufbau des EGBGB, Rechtsquellen. Die wesentlichen Kollisionsnormen des **autonomen deutschen Kollisionsrechts** sind die Artt. 3–46 EGBGB. Daneben bestehen zahlreiche Einzelregelungen in Spezialgesetzen, vgl. insbesondere Artt. 7–15 EGVVG, Artt. 90–96 WG (siehe die Kommentierung dort), Artt. 60–66 ScheckG. Da es weder sachgerecht noch möglich ist, für jede Vorschrift des Sachrechts eine eigenständige Kollisionsnorm zu bilden, fasst das IPR regelmäßig größere sachrechtliche Normgruppen kollisionsrechtlich zusammen, sog. **System- oder Normgruppenbildung**.[2] Entsprechend der Grobgliederung des deutschen materiellen Zivilrechts enthält das EGBGB neben allgemeinen Vorschriften (Artt. 3–12) Regelungen des Internationalen Familien- (Artt. 13–24), Erb- (Artt. 25, 26) und Vertragsrechts (Artt. 27–37), der gesetzlichen Schuldverhältnisse (Artt. 38–42) und des Internationalen Sachenrechts (Artt. 43–46).

Aufgrund der in den Jahren 1986 und 1999 erfolgten weitgehenden Kodifikation des deutschen IPR in den Artt. 3 ff.[3] hat die Bedeutung **gewohnheits- und richterrechtlichen Kollisionsrechts** erheblich abgenommen. Ihm kommt praktische Bedeutung insbesondere für Rechtsfälle aus der Zeit vor den IPR-Reformen zu. Beide Rechtsquellen spielen auch dort eine Rolle, wo gesetzliche Kollisionsnormen fehlen. Das gilt insbesondere für das Internationale Gesellschaftsrecht, das früher durch die deutsche, in letzter Zeit durch die europäische Judikatur geprägt wurde (dazu Anhang zu Art. 12 EGBGB), für die Bestimmung des auf Vollmachten anwendbaren Rechts (dazu Anhang zu Art. 32 EGBGB), für das Internationale Wertpapierrecht sowie insgesamt für die Auslegung des europäischen bzw. des auf der Grundlage europäischer Richtlinien ergangenen nationalen Rechts.

Das **Verfassungsrecht** selbst enthält keine eigenständigen internationalprivatrechtlichen Kollisionsnormen. Doch lässt sich aus dem in Art. 3 Abs. 1 GG enthaltenen Verbot, ungleiche Sachverhalte ohne Rechtfertigung gleich zu behandeln, folgern, dass eine fehlende Berücksichtigung der Auslandsbeziehung eines Sachverhaltes verfassungswidrig wäre. Insoweit lässt sich Art. 3 GG als Geltungsgrund des IPR verstehen.[4] Die Verfassung kann, insbesondere durch die Grundrechte, Vorgaben für die Ausgestaltung einfachrechtlicher Kollisionsnormen machen. So sind zahlreiche Kollisionsnormen, insbesondere des Internationalen Familienrechts, bzw. deren Anwendung als mit den Grundrechten, insbesondere dem Gleichheitssatz, für unvereinbar erklärt worden, weil sie Männer und Frauen ohne hinreichende Rechtfertigung ungleich behandelten.[5]

Das **Völkerrecht** ist Quelle des IPR, soweit die Bundesrepublik bi- und multilaterale völkerrechtliche Abkommen auf dem Gebiet des IPR abgeschlossen hat. Einzelstaatliches IPR begrenzende Funktion kommt dem Völkerrecht anders als dem Verfassungsrecht dagegen praktisch nicht zu.[6] Näher zu staatsvertraglichen Kollisionsnormen Rn 53 ff.

Zunehmende Bedeutung erlangen ausdrückliche oder ungeschriebene Kollisionsnormen in Rechtsakten der **Europäischen Gemeinschaft** und in der Rechtsprechung des EuGH (näher Rn 58 ff.).

4. Abgrenzungsfragen. Abzugrenzen ist das Internationale Privatrecht vom **Internationalen Zivilprozessrecht** (IZPR). Während das IZPR die prozessualen Besonderheiten von Rechtsfällen mit Auslandsberührung regelt, befasst sich das IPR allein mit der Ermittlung des anzuwendenden materiellen Rechts. **Internationales Öffentliches Recht** und **Internationales Strafrecht** bestimmen den Anwendungsbereich der nationalen Verwaltungs- bzw. Strafrechtsordnungen. Eine gewisse Nähe des IPR zum öffentlichen Recht folgt daraus, dass das IPR den internationalen Anwendungsbereich des deutschen Sachrechts festlegt. Anders als das internationale öffentliche Recht bestimmt es aber ausschließlich für Rechtsfragen aus dem Bereich des materiellen Zivilrechts die anwendbare Rechtsordnung.[7]

Das **interlokale Privatrecht** bestimmt als Kollisionsrecht (ähnlich dem IPR) in Staaten mit mehreren Teilrechtsordnungen (etwa USA) die jeweils anwendbare Teilrechtsordnung, näher dazu Art. 4 Abs. 3 (Art. 4 Rn 20 ff.).

Das **Internationale Einheitsrecht** basiert auf staatsvertraglichen Vorschriften, die unmittelbar geltendes Sachrecht enthalten (etwa UN-Kaufrecht bzw. CISG). Im Anwendungsbereich des Einheitsrechts erübrigt sich grundsätzlich eine kollisionsrechtliche Prüfung. Ausnahmen gelten, falls das betreffende Abkommen den Rückgriff auf das IPR ausdrücklich vorsieht (vgl. Art. 1 Abs. 1 Buchst. b CISG) oder das Abkommen

---

2 Vgl. MüKo/*Sonnenberger*, Einl. IPR Rn 458 ff.
3 Zur jüngeren Gesetzgebungsgeschichte vgl. Palandt/*Heldrich*, vor Art. 3 EGBGB Rn 13 ff.; Erman/*Hohloch*, Einl. Art. 3 EGBGB Rn 19 ff. m.w.N.
4 MüKo/*Sonnenberger*, Einl. IPR Rn 1 m.w.N. in Fn 1.
5 Vgl. etwa die „Spanierentscheidung" BVerfGE 31, 58 ff. = NJW 1971, 2121 = FamRZ 1972, 16 m. Anm. *Sturm* = JZ 1974, 661 m. Anm. *Fischer*:
Verfassungswidrigkeit der Anwendung spanischen Eheschließungsrechts, das einer geschiedenen Frau die Wiederverheiratung untersagte. Allg. Palandt/*Heldrich*, Einl. vor Art. 3 EGBGB Rn 11 f.
6 *Kropholler*, IPR, § 8 I; Staudinger/*Sturm/Sturm* (2003), Einl. IPR Rn 431 ff.
7 MüKo/*Sonnenberger*, Einl. IPR Rn 197 m.w.N.

eine Regelungslücke enthält, die nicht durch Extrapolation seiner Vorschriften autonom, sondern nur durch Rückgriff auf ein nationales Recht geschlossen werden kann.

11 Der Begriff des **Fremdenrechts** bezeichnet die Sondervorschriften des inländischen materiellen Rechts, die nach ihrem Tatbestand ausschließlich für Ausländer gelten (Art. 86, 88 EGBGB, AuslG).[8] Nahe verwandt damit sind sonstige **sachrechtlichen Vorschriften mit internationalen Tatbestandsmerkmalen** (etwa §§ 1944 Abs. 3, 1954 Abs. 3, 2251 BGB, § 92c HGB), die als Bestandteil des erst durch das IPR zur Anwendung berufenen materiellen deutschen Rechts den Besonderheiten der Auslandsbeziehung des Sachverhalts Rechnung tragen sollen.

12 Bei sog. **selbstbeschränkten Sachnormen** handelt es sich um Vorschriften in sachrechtlichem Kontext, die ihren internationalen Anwendungsbereich selbst bestimmen, ohne dass es eines Rückgriffs auf das IPR bedarf (vgl. etwa §§ 449 Abs. 3, 451h Abs. 3, 466 Abs. 4 HGB). Derartige Vorschriften enthalten damit sowohl einen sach- wie einen kollisionsrechtlichen Teil.[9]

13 **International zwingende Normen** sind Vorschriften des Sachrechts (regelmäßig aus dem Bereich des öffentlichen Rechts oder des Sozialrechts), die unabhängig von bzw. sogar entgegen dem nach allgemeinen kollisionsrechtlichen Grundsätzen ermittelten Sachstatut Geltung verlangen.[10]

14 Zwischen Kollisions- und Sachrecht angesiedelt sind die geschriebenen oder ungeschriebenen Regelungen, die nicht die Anwendung, sondern die bloße **Beachtung ausländischen Rechts** anordnen, vgl. etwa Art. 32 Abs. 2 oder die Grundsätze zur Beachtung ausländischer Verhaltensvorschriften im Rahmen des Deliktsstatuts (vgl. Art. 40 Rn 14 f.). Es handelt sich in diesen Fällen regelmäßig um die sachrechtliche Berücksichtigung der Auslandsbeziehung des Sachverhalts, nicht um Kollisionsnormen im engeren Sinne; im Einzelfall kann aber im kollisionsrechtlichen Sinne die Anwendung fremden Rechts in das Ermessen des Gerichts gestellt werden.[11]

II. Grundprinzipien des IPR

15 Zu den Idealvorstellungen des IPR zählt, dass ein Sachverhalt von allen Gerichten weltweit nach derselben Rechtsordnung und damit auch in der Sache identisch beurteilt wird (sog. **internationaler Entscheidungseinklang**).[12] Dieses Ziel ließe sich allerdings nur durch eine umfassende Vereinheitlichung des Sach- oder zumindest des Kollisionsrechts vollständig realisieren. In Ermangelung einer derartigen Harmonisierung entscheidet die internationale Zuständigkeit der nationalen Gerichte auch über das anzuwendende IPR und damit mittelbar über das anzuwendende Recht. Doch kann auch bei Auslegung und Anwendung des eigenen Kollisionsrechts auf die Wertungen fremder Rechtsordnungen Rücksicht genommen und so eine mit dem fremden Recht unvereinbare Entscheidung verhindert werden. Dem Ziel des Entscheidungseinklanges dient insbesondere der in Art. 4 Abs. 1 S. 1 angeordnete Grundsatz der Beachtlichkeit von Rück- oder Weiterverweisungen. Er führt dazu, dass das inländische Gericht zumindest kollisionsrechtlich ebenso entscheidet wie das ausländische (vgl. Art. 4 Rn 1).

16 Vom äußeren zu unterscheiden ist der sog. **interne Entscheidungseinklang**, d.h. die möglichst kohärente Beurteilung des Sachverhalts durch das angerufene inländische Gericht.[13] Der interne Entscheidungseinklang wird insbesondere problematisch, wenn das Gericht fremdes Kollisions- oder Sachrecht anwendet, das den Sachverhalt rechtlich anders würdigt als das deutsche. So ist es unangemessen, eine Ehe aufgrund von Art. 14 als im Inland wirksam zu behandeln, ihre Scheidung durch deutsche Gerichte aber deswegen zu verweigern, weil das gem. Art. 17 ermittelte Scheidungsstatut von einer Nicht-Ehe ausgeht und eine Scheidung damit ablehnt. Hier ist im Interesse der Einheitlichkeit der Entscheidung auch im Rahmen der Anwendung des ausländischen Scheidungsrechts der Bestand der Ehe vorauszusetzen (Art. 17 Rn 46).

17 Das deutsche IPR geht von der grundsätzlichen **Gleichwertigkeit der Privatrechtsordnungen** aus.[14] Kollisionsnormen des deutschen IPR bestimmen daher bewusst[15] nicht einseitig den Anwendungsbereich deutschen Rechts, sondern können gleichberechtigt auch zur Anwendung ausländischen Rechts führen (sog. **allseitiges Kollisionsrecht**). Hiervon bestehen Ausnahmen: Einseitige Kollisionsnormen bestimmen lediglich, wann inländisches Recht anwendbar ist, ohne den Fall zu regeln, wie zu verfahren ist, wenn ihre Tatbestandsvoraussetzungen nicht vorliegen. International zwingende Bestimmungen gem. Art. 34 setzen sich auch gegen das

---

8 Dazu Bamberger/Roth/*Lorenz*, Einl. IPR Rn 11; Staudinger/*Sturm/Sturm*, Einl. IPR Rn 465 ff.
9 *v. Bar/Mankowski*, IPR I, § 4 Rn 7 ff.
10 Reithmann/Martiny/*Freitag*, Rn 399 ff.; vgl. auch die Kommentierung zu Art. 34 EGBGB.
11 Näher *Kegel/Schurig*, S. 304.

12 Vgl. BT-Drucks 10/504, S. 38; *Kegel/Schurig*, S. 122 f.; *Kropholler*, § 6.
13 *Kegel/Schurig*, S. 141 f.; *v. Bar/Mankowski*, IPR I, Rn 194.
14 *Kegel/Schurig*, § 2; MüKo/*Sonnenberger*, Einl. IPR Rn 441.
15 Vgl. BT-Drucks 10/504, S. 29.

an sich anwendbare Recht durch. Der Vorbehalt des *ordre public* gem. Art. 6 kontrolliert das Ergebnis der Anwendung fremden Rechts. Schließlich enthalten zahlreiche neuere Vorschriften des gemeinschaftsrechtlichen IPR Regelungen, die im Interesse inländischer bzw. im Gebiet der Europäischen Gemeinschaft befindlicher Personen unabhängig vom Vorliegen einer Rechtswahl die Geltung der sachrechtlichen Mindeststandards des inländischen Rechts bzw. des Rechts eines Mitgliedstaates der Europäischen Gemeinschaft vorschreiben, vgl. Artt. 29 Abs. 1, 29a Abs. 1, 30 Abs. 2.

III. Aufbau von Kollisionsnormen, Qualifikation, Anknüpfung, Erstfrage, Vorfrage

Kollisionsnormen sind regelmäßig dergestalt in Tatbestand und Rechtsfolge unterteilt, dass sie bei Erfüllung der jeweiligen Tatbestandsvoraussetzungen als Rechtsfolge das anzuwendende Recht bestimmen. Anderes gilt für sog. Hilfsnormen, die der Ausfüllung oder Ergänzung anderer Kollisionsnormen dienen und keinen eigenen Verweis auf eine bestimmte Rechtsordnung aussprechen (etwa Art. 5 Abs. 3, Art. 6).

1. Qualifikation. Für jede Kollisionsnorm ist zunächst ihr Anwendungsbereich zu bestimmen (sog. Qualifikation), d.h. festzustellen, welche Rechts- bzw. Sachverhaltsfragen der Norm (sog. **Anknüpfungsgegenstand**) unterliegen. Da das deutsche IPR Bestandteil des deutschen Rechts ist, sind bei der Qualifikation grundsätzlich die Kriterien des deutschen, nicht dagegen diejenigen des möglicherweise erst über die betreffende Kollisionsnorm zu berufenden Rechts (sog. Sachstatut oder *lex causae*), maßgeblich (sog. Qualifikation nach der **lex fori**).[16] Hierbei bieten die Normkategorien des deutschen Sachrechts ein wichtiges Indiz. Streitigkeiten über Sachverhalte, die nach deutschem Sachrecht etwa dem Familienrecht zuzuordnen sind, werden in der Regel auch dem Internationalen Familienrecht der Artt. 13 ff. unterfallen. Es kann aber geboten sein, für die Zwecke des Kollisionsrechts von den Kategorien des nationalen Sachrechts abzuweichen und auf spezifische Besonderheiten des Auslandsbezugs und der Wertungen anderer Rechtsordnungen Rücksicht zu nehmen.[17] Soweit ausländische Rechtsinstitute, die dem deutschen Recht unbekannt sind, kollisionsrechtlich zu würdigen sind, ist diejenige inländische Kollisionsnorm anzuwenden, die der Regelung inländischer Rechtsverhältnisse dient und die dem ausländischen Institut funktionell vergleichbar ist.[18] So ist etwa die in lateinischen Rechtsordnungen bekannte Trennung der Eheleute von Tisch und Bett als Vorstufe zur Ehescheidung im deutschen Kollisionsrecht nach Art. 17 (dazu Art. 17 Rn 51), die im US-amerikanischen Recht prozessual qualifizierte Verjährung nach deutschem Verständnis als Teil des jeweiligen Sachstatuts zu behandeln.[19]

Umstritten, aber ohne große praktische Bedeutung ist der **Gegenstand der Qualifikation**, d.h. die Frage, ob der jeweilige Lebenssachverhalt oder aber Rechtsfragen unter die einschlägigen Kollisionsnormen zu subsumieren sind.[20]

Hinweis: Der zur Beurteilung stehende Sachverhalt ist stets vorab summarisch nach allen in Betracht kommenden Rechtsordnungen sowohl sach- als auch kollisionsrechtlich zu würdigen. Aus den gefundenen Resultaten ergibt sich, welche Rechts- bzw. Sachverhaltsfrage kollisionsrechtlich problematisch sein könnte. Sodann ist am Maßstab des eigenen IPR zu fragen, welche Kollisionsnorm des deutschen Rechts diesbezüglich einschlägig ist.

2. Anknüpfung. a) Allgemeines. Auf der Rechtsfolgenseite schreibt die Kollisionsnorm unter Bezugnahme auf einen oder mehrere Aspekte des Sachverhalts (sog. Anknüpfungspunkte) fest, welche Rechtsordnung anzuwenden ist. So bestimmt sich etwa gem. Art. 18 Abs. 1 S. 1 das Unterhaltsstatut nach dem gewöhnlichen Aufenthalt des Unterhaltsberechtigten.

b) Erstfrage, Vorfrage. Häufig setzen in- oder ausländische Kollisionsnormen ausdrücklich oder implizit das (Nicht-)Bestehen präjudizieller Rechtsverhältnisse voraus. So erfordert Art. 17, der das auf die Scheidung anwendbare Recht bestimmt, das Bestehen einer Ehe. Das präjudizielle Rechtsverhältnis Ehe wird in diesem Fall als **Erstfrage** bzw. kollisionsrechtliche Vorfrage bezeichnet. Ähnliche Probleme können sich auch bei präjudiziellen Rechtsverhältnissen stellen, die im Rahmen in- oder ausländischer Sachnormen eine Rolle

---

16 Ganz h.M., BGHZ 29, 137, 139 = NJW 1959, 717; BGHZ 44, 121, 124 = NJW 1963, 593 m. Anm. *Wengler*; BGHZ 47, 324, 332 = NJW 1967, 2109. Zu anderen Ansätzen Erman/*Hohloch*, Einl. Art. 3 EGBGB Rn 39 f.
17 Ausf. *Schurig*, a.a.O.; *Grundmann*, a.a.O. Beispiele bei *v. Bar/Mankowski*, IPR I, § 7 Rn 169.
18 BGHZ 29, 137, 139 = NJW 1959, 717; Soergel/*Kegel*, vor Art. 3 EGBGB Rn 120; MüKo/*Sonnenberger*, Einl. IPR Rn 464 ff.
19 BGH NJW 1960, 1721 f.
20 Ausf. *Heyn*, a.a.O.; *Weber*, a.a.O.; *Mistelis*, a.a.O.

spielen (sog. **Vorfragen**). Verweist etwa Art. 17 für eine Scheidung auf ausländisches Recht, so werden dessen materiell-rechtliche Bestimmungen eine Scheidung in der Regel nur zulassen, wenn eine Ehe vorliegt. Ein sachlicher Grund, beide Arten präjudizieller Rechtsverhältnisse begrifflich und sachlich zu unterscheiden, besteht nicht.[21]

24 Die Behandlung von Vor- und Erstfragen ist äußerst umstritten. Rechtsprechung und herrschende Meinung postulieren den **Grundsatz der selbständige Anknüpfung**.[22] Das ist für die Erstfrage offensichtlich, soweit es hier um die Abgrenzung der Anwendungsbereiche der inländischen Kollisionsnormen und damit um die Qualifikation geht. Doch auch in Bezug auf Vorfragen ist nur durch die selbständige Anknüpfung sichergestellt, dass der Sachverhalt aus Sicht des inländischen Rechts einheitlich beurteilt wird (innerer Entscheidungseinklang, vgl. Rn 16). Im Übrigen ist jeweils die einzelne Kollisionsnorm daraufhin zu überprüfen, ob sie nicht **ausnahmsweise** eine unselbständige Anknüpfung erfordert, insbesondere weil ein besonderes Bedürfnis an der Beachtung der Wertungen des ausländischen Kollisionsrechts, d.h. an äußerem Entscheidungseinklang (vgl. Rn 15), besteht. Dies ist der Fall bei staatsvertraglichen Kollisionsnormen, da sich hier der erwünschte Vereinheitlichungseffekt nur erreichen lässt, wenn die Vor- und Erstfragen nach der einheitlich bestimmten *lex causae* und nicht nach einer vom Gerichtsstand abhängigen *lex fori* beantwortet werden.[23] Ebenso ist unselbständig anzuknüpfen bei Vor- bzw. Erstfragen betreffend Fragen der Staatsangehörigkeit und des Namensrechts, da diese Materien umfassend der Regelung durch den Heimatstaat des Betroffenen unterstellt werden (vgl. Art. 5 Rn 7, Art. 7 Rn 6).

25 Die selbständige Anknüpfung kann zu **Wertungswidersprüchen** (Normenmangel bzw. -häufung) führen, wenn das für die Erst- bzw. Vorfrage (z.B. Bestand einer Ehe) maßgebliche Recht zu einem anderen Ergebnis kommt als das für die Hauptfrage (z.B. Scheidung) berufene. Geht etwa das über Art. 13 berufene Ehestatut vom Vorliegen einer wirksamen Ehe aus, gelten die Eheleute im Inland als verheiratet. Verneint demgegenüber das über Artt. 17 Abs. 1, 14 Abs. 1 berufene Scheidungsstatut den Bestand der Ehe, käme eine Scheidung an sich nicht in Betracht. Im Sonderfall des Art. 17 Abs. 1 hilft dessen S. 2, sonst ist gegebenenfalls anzupassen (dazu Rn 33).

26 **c) Anknüpfungspunkte.** Im Hinblick auf die vom Gesetzgeber verwendeten rechtlichen und tatsächlichen Anknüpfungspunkte vgl. die Kommentierung zu den Einzelvorschriften des EGBGB. Gelegentlich verwendet der Gesetzgeber sog. **kumulative Anknüpfungen**, bei denen das betroffene Recht bzw. Rechtsverhältnis nur wirksam ist, wenn es die Wirksamkeitserfordernisse aller aufgrund der unterschiedlichen Anknüpfungspunkte ermittelten Rechtsordnungen erfüllt (etwa Artt. 13 Abs. 1, 17 Abs. 3, 18 Abs. 3, 23, 31 Abs. 2). Im Ergebnis setzt sich damit das „strengste" Recht durch. Auch die Rechtsfolgen der Unwirksamkeit bestimmen sich nach dieser Rechtsordnung.[24]

27 Bei der **alternativen Anknüpfung** (vgl. Artt. 11 Abs. 1, 40 Abs. 1) enthält die Kollisionsnorm Verweise auf mehrere Rechte. Die Entscheidung zwischen diesen Rechtsordnungen wird nach dem Inhalt der befragten Rechte getroffen, wobei die Kollisionsnorm vorgibt, ob das „strengere" oder „mildere" Recht berufen wird (so genügt hinsichtlich von Formanforderungen gem. Art. 11 Abs. 1 die Einhaltung der Vorgaben entweder des Geschäftsstatuts oder des Ortsrechts, bei Art. 40 Abs. 1 hat der Geschädigte die Wahl zwischen dem Recht des Handlungs- und demjenigen des Erfolgsortes).

28 Bei der sog. **akzessorischen Anknüpfung** bestimmt sich das auf einen Anknüpfungsgegenstand anwendbare Recht nach dem Recht, das für einen anderen Anknüpfungsgegenstand ermittelt wurde (vgl. etwa Art. 41 Abs. 2 Nr. 1: Geltung des Vertragsstatuts auch für deliktsrechtliche Ansprüche). Zu den unterschiedlichen Anknüpfungen vgl. die Kommentierung der Einzelbestimmungen des EGBGB sowie im Hinblick auf die Problematik des *renvoi* Art. 4 Rn 16 ff.

29 **d) Statutenwechsel.** Es kann vorkommen, dass sich im Laufe des Bestandes eines Rechts oder Rechtsverhältnisses der Anknüpfungspunkt ändert. So führt Art. 43 Abs. 1, wonach eine Mobilie dem Recht ihres jeweilige Belegenheitsstaates unterliegt, dazu, dass bei einer Verbringung der Sache über die Grenze auch das auf sie anwendbare Recht wechselt. Es hängt von der jeweiligen Kollisionsnorm ab, ob die Veränderung

---

[21] Wie hier Bamberger/Roth/*Lorenz*, Einl. IPR Rn 63 ff.; Erman/*Hohloch*, Einl. Art. 3 EGBGB Rn 41.
[22] BGHZ 43, 213, 218 = NJW 1965, 1129; BGH NJW 1981, 1900 ff. = IPRax 1982, 198 m. Anm. *Denzler*; BGH NJW 1997, 2114 = JuS 1997, 850 m. Anm. *Hohloch*; Bamberger/Roth/*Lorenz*, Einl. IPR Rn 71 ff.; Palandt/*Heldrich*, vor Art. 3 EGBGB Rn 29; a.A. MüKo/*Sonnenberger*, Einl. IPR Rn 497 ff. m.w.N.
[23] Palandt/*Heldrich*, vor Art. 3 EGBGB Rn 30; Erman/ *Hohloch*, Einl. Art. 3 EGBGB Rn 43; OLG Karlsruhe FamRZ 2003, 956; a.A. etwa *Meyer-Sparenberg*, S. 146.
[24] BGH FamRZ 1991, 300, 303 = JuS 1992, 261 m. Anm. *Hohloch*; vgl. auch Bamberger/Roth/ *Lorenz*, Einl. IPR Rn 38.

des Anknüpfungspunktes einen Wechsel des anwendbaren Rechts bewirkt (sog. Statutenwechsel) oder ob der Sachverhalt bereits unwandelbar an das Recht angeknüpft war, das sich bei seiner erstmaligen Beurteilung ergab. Allerdings ist davon auszugehen, dass für den Fall, dass ein Recht bzw. Rechtsverhältnis bereits nach einer Rechtsordnung wirksam entstanden ist, diese Rechtsposition nicht mehr durch spätere Statutenwechsel beeinträchtigt werden kann (Schutz wohlerworbener Rechte).[25]

Vom Statutenwechsel zu unterscheiden sind **Änderungen im anwendbaren Recht selbst**. Hier sind die allgemeinen Grundsätze des intertemporalen Rechts der jeweiligen Rechtsordnungen anzuwenden.

IV. Verweisungstechnik

1. Einseitige und allseitige Kollisionsnormen. Auf der Rechtsfolgenseite enthält die Kollisionsnorm einen Verweis auf das anzuwendende Recht. Dieser kann in der Form neutral formuliert sein, dass je nach Sachverhalt in- oder ausländisches Recht zur Anwendung kommt (sog. allseitige Kollisionsnormen). Die Kollisionsnorm kann sich aber auch auf die Bestimmung des Anwendungsbereichs des inländischen Rechts beschränken (sog. einseitige Kollisionsnormen). Das EGBGB folgt grundsätzlich der Technik allseitiger Kollisionsnormen.[26]

2. Sach- und Gesamtnormverweisung (Abs. 1 S. 2). Der von Kollisionsnormen ausgesprochene Verweis auf das ausländische Recht kann einen unterschiedlichen Umfang haben. So berufen viele inländische Kollisionsnormen das Recht des betreffenden ausländischen Staates in seiner Gesamtheit, d.h. einschließlich des Kollisionsrechts (sog. Gesamtverweisung). In diesem Fall ist anhand des Kollisionsrechts der bezeichneten Rechtsordnung weiter zu ermitteln, ob diese die Verweisung annimmt oder aber aufgrund abweichender kollisionsrechtlicher Bewertung des Sachverhaltes auf die deutsche oder eine dritte Rechtsordnung zurück- bzw. weiterverweist (sog. *renvoi*). Denkbar ist auch, dass das deutsche IPR direkt auf ausländisches Sachrecht verweist (sog. Sachnormverweisung), so z.B. gem. Art. 35 Abs. 1 im Bereich des Internationalen Vertragsrechts oder im Fall des Art. 4 Abs. 2. In derartigen Fällen hat gem. Abs. 1 S. 2 das Kollisionsrecht des betreffenden ausländischen Staates außer Betracht zu bleiben. Ob eine Gesamt- oder Sachnormverweisung vorliegt, ist anhand des Wortlauts der betreffenden Kollisionsnorm sowie von Art. 4 zu ermitteln, Einzelheiten siehe dort.

V. Angleichung, Anpassung

Die gleichzeitige Anwendung unterschiedlicher Rechtsordnungen auf einen Sachverhalt kann zu **Normmangel bzw. -häufung** führen. Das betrifft insbesondere das Internationale Erbrecht, wenn das ausländische Erbstatut den Nachlass anders als das deutsche Recht nicht einheitlich behandelt, sondern zwischen der Vererbung von Mobilien und Immobilien unterscheidet. Unterliegen diese unterschiedlichen Rechten, kann das auch zu jeweils unterschiedlichen Erbquoten führen. Die auftretenden Spannungen sind dadurch zu beseitigen, dass möglichst bereits auf der kollisionsrechtlichen Ebene der Umfang der Verweisung bzw. zumindest das sachrechtliche Resultat angepasst wird.[27]

VI. Substitution, Handeln unter falschem Recht

Es kommt vor, dass Sachverhalte bzw. Rechtsverhältnisse dem Recht eines Staates unterliegen, die Parteien jedoch auf dem Territorium eines anderen Staates und damit auch nach dessen Vorschriften gehandelt haben. Hier stellt sich die Frage, ob die Vornahme von Handlungen im Ausland den Anforderungen der *lex causae* genügt. Unterliegt beispielsweise ein Immobilienkaufvertrag deutschem Recht, haben aber die Parteien die Beurkundung vor einem ausländischen Notar vornehmen lassen, stellt sich (unabhängig davon, dass gem. Art. 11 Abs. 1 grundsätzlich die Einhaltung der Ortsform genügt) die Frage, ob die Auslandsbeurkundung den Anforderungen des § 311b BGB genügt und diese „substituiert".

Zunächst ist die Sachnorm der *lex causae* zu befragen, ob sie Auslandsvorgänge überhaupt gestattet bzw. erfasst. Ist dies – anders als etwa bei der Auflassungsform des § 925 BGB[28] – der Fall, kommt es weiter darauf an, ob der Auslandsvorgang dem an sich vorgesehenen inländischen **gleichwertig** ist. Dies ist im Wege einer wertenden Betrachtung unter Berücksichtigung der jeweiligen Regelungszwecke und

---

25 BGHZ 63, 107, 111 f.; BGH NJW 1996, 2096 f. = IPRax 1998, 211 m. Anm. *Michaels*.
26 Ausf. MüKo/*Sonnenberger*, Einl. IPR Rn 439 ff.; *Kegel/Schurig*, S. 301 f.; *v. Bar/Mankowski*, IPR I, § 1 Rn 17.
27 BGH DtZ 1993, 278, 280 = ZIP 1993, 948; BayObLGZ 1995, 366 f. = FamRZ 1996, 694.
28 BGH WM 1968, 1170, 1171; KG MDR 1987, 56 = NJW-RR 1986, 1462.

inhaltlichen Anforderungen der in- und ausländischen Vorschriften festzustellen.[29] Vgl. im Einzelnen dazu die Kommentierung bei den entsprechenden Kollisionsnormen, insbesondere Art. 11 Rn 12, 19 ff.[30]

36 Mit der Substitution verwandt, von dieser aber zu unterscheiden ist das sog. **Handeln unter falschem Recht**. Hierbei wird ein Rechtsgeschäft vollständig oder teilweise an einem kollisionsrechtlich nicht berufenen Recht ausgerichtet. Dies hat Bedeutung insbesondere im Erbrecht, etwa wenn ein Erblasser in Verkennung des Umstandes, dass Art. 25 die Rechtsnachfolge von Todes wegen an die Staatsangehörigkeit anknüpft, inhaltlich gemäß den Vorschriften seines Aufenthaltsstaates testiert. In derartigen Fällen ist zunächst zu überlegen, ob die erkennbare Ausrichtung des Rechtsgeschäfts an dem an sich nicht berufenen Recht eine (konkludente) Rechtswahl beinhaltet. Scheitert dies, etwa weil die Materie der Rechtswahl nicht zugänglich ist, so ist zu versuchen, dem Missverständnis im Rahmen des berufenen Sachrechts, insbesondere durch Auslegung und Anwendung zivilrechtlicher Generalklauseln, Rechnung zu tragen.[31]

VII. Gesetzesumgehung (fraus legis)

37 Anders als zahlreiche ausländische Rechte enthält das kodifizierte deutsche IPR keine allgemeine Regelung, die sich mit den Folgen missbräuchlicher kollisionsrechtlicher Gestaltungen (*fraus legis, fraude à la loi*) befasst. Zu denken ist an Konstellationen, in denen von Rechtswahlbefugnissen in fraudulöser Weise Gebrauch gemacht oder durch Manipulation insbesondere tatsächlicher, aber auch rechtlicher Anknüpfungspunkte das anwendbare Recht beeinflusst wird, etwa indem eine Partei ihren Wohnsitz in das In- oder Ausland verlegt bzw. ihre Staatsangehörigkeit wechselt, um dort eine Scheidung zu erreichen, die ihr sonst nicht möglich wäre etc. In aller Regel besteht kein Bedürfnis für eine allgemeine kollisionsrechtliche Missbrauchskontrolle, da sich die meisten Problemfälle bereits im Rahmen der jeweiligen Kollisionsnorm erfassen lassen. Bei unerträglichen Ergebnissen der Anwendung ausländischen Rechts hilft zudem der *ordre public* des Art. 6. Nur ganz ausnahmsweise sind kollisionsrechtliche Gestaltungen, die **ausschließlich** der **Umgehung** berechtigter inländischer Wertungen dienen, nicht anzuerkennen.[32]

VIII. Anwendung und Ermittlung ausländischen Rechts

38 **1. Anwendung ausländischen Rechts von Amts wegen.** Ist nach deutschem IPR ausländisches Recht berufen, so hat das deutsche Gericht diese Verweisung gem. Abs. 1 **von Amts wegen** zu beachten und das ausländische Recht ebenfalls von Amts wegen und nicht nur auf Rüge einer Partei (oder beider) anzuwenden und zu ermitteln.[33] Das fremde Recht ist von den deutschen Gerichten so anzuwenden, wie es von den Gerichten des betreffenden ausländischen Staates praktiziert wird.[34] Dennoch bestehen Besonderheiten. Insbesondere muss das inländische Gericht den Inhalt des fremden Rechts nicht kennen, sondern hat diesen lediglich hinreichend zu ermitteln (dazu sogleich Rn 40 ff.).

39 Die fehlerhafte Anwendung ausländischen ist anders als diejenige inländischen Rechts gem. § 545 Abs. 1 ZPO **nicht revisibel**.[35] Allerdings kann mit dem Rechtsmittel gerügt werden, das Gericht sei seiner Verpflichtung zur Aufklärung des Inhalts des ausländischen Rechts nicht hinreichend nachgekommen. Die **Grenzziehung** zwischen beiden Aspekten ist teilweise fließend. Erfolg hat das Rechtsmittel, wenn sich nachweisen lässt, dass das Gericht den ersichtlichen Inhalt des ausländischen Rechts nicht zur Kenntnis genommen und damit nicht ermittelt hat.[36]

40 **2. Ermittlung ausländischen Rechts. a) Freibeweisverfahren.** Die Ermittlung ausländischen Rechts gem. § 293 ZPO bzw. (in Verfahren der Freiwilligen Gerichtsbarkeit) gem. § 12 FGG erfolgt im Freibeweis-

---

29 BGHZ 80, 76, 78 = NJW 1981, 400 = IPRax 1983, 79 m. Anm. *Firsching*; BGHZ 105, 324, 338 = NJW-RR 1989, 160.
30 Erman/*Hohloch*, vor Art. 3 EGBGB Rn 47; Bamberger/Roth/*Lorenz*, Einl. IPR Rn 91; Ausf. Nachw. unter „Weitere Nachw." bei *Hug*, a.a.O.; *v. Bar/Mankwoski*, IPR I, § 7 Rn 239 ff.
31 Vgl. Soergel/*Kegel*, vor Art. 3 EGBGB Rn 165; *v. Bar/Mankowski*, IPR I, § 7 Rn 247 f.; Bamberger/Roth/*Lorenz*, Einl. IPR Rn 93.
32 BGHZ 78, 318, 325 f. = NJW 1981, 522 = IPRax 1981, 130 m. Anm. *Großfeld*; Staudinger/*Blumenwitz*, Art. 6 EGBGB Rn 55 ff.; Palandt/*Heldrich*, vor Art. 3 EGBGB Rn 25 f.; ausf. Nachw. auch zum Schrifttum bei *v. Bar/Mankowski*, IPR I, § 7 Rn 128 ff.

33 Unstr., etwa BGHZ 36, 348, 353 = NJW 1962, 961; BGHZ 136, 380, 386 = NJW 1998, 1395; BGH NJW-RR 2002, 1359, 1360; Soergel/*Kegel*, vor Art. 3 EGBGB Rn 166; Bamberger/Roth/*Lorenz*, Einl. IPR Rn 79.
34 Etwa BGH NJW 1991, 1418, 1419; 1992, 3106 f.
35 BGHZ 3, 342, 346; 118, 151, 163 = NJW 1992, 2026 = IPRax 1993 m. Anm. *Hanisch*; Bamberger/Roth/*Lorenz*, Einl. IPR Rn 87; Palandt/*Heldrich*, vor Art. 3 EGBGB Rn 37.
36 Etwa BGHZ 36, 348, 353 = NJW 1962, 961; BGH NJW 1991, 634, 635 = IPRax 1991, 345 m. Anm. *v. Hoffmann*; BGHZ 118, 151, 163 = NJW 1992, 2026 = IPRax 1993 m. Anm. *Hanisch*; BGH NJW-RR 2002, 1359, 1360. Näher dazu etwa *Pfeiffer*, NJW 2002, 3306 ff. m.w.N.

Allgemeine Verweisungsvorschriften   **Art. 3 EGBGB**

verfahren.[37] Keine besonderen Maßnahmen sind erforderlich, wenn das Gericht den Inhalt des ausländischen Rechts selbst hinreichend genau kennt.[38] Auch das Recht der ehem. DDR haben die deutschen Gerichte selbst zu erforschen und zu kennen.[39] Ist dem Gericht das ausländische Recht nicht bzw. nicht genügend bekannt, stehen ihm unterschiedliche Mittel zur Verfügung. Es kann sich der Hilfe der Parteien bedienen, Gutachten bei in- oder ausländischen Gutachtern in Auftrag geben oder im Wege der Rechtshilfe von Behörden ausländische Staaten anfordern.

Große Bedeutung kommt der gerichtlichen Bestellung insbesondere **inländischer Gutachter** zu. Soweit ein Gutachten zum fremden Recht eingeholt wird, ist das Gericht an dessen Inhalt nicht gebunden, sondern hat das Gutachten nach allgemeinen Grundsätzen frei zu würdigen. Stellungnahmen des Gutachtens zum deutschen Recht einschließlich des kollisionsrechtlichen Ausgangspunktes sind zwar zulässig, für das Gericht aber grundsätzlich ohne Bedeutung.   **41**

Die **Beanspruchung der Parteien** bei der Ermittlung des fremden Rechts kann insbesondere dadurch erfolgen, dass das Gericht den Vortrag der im ausländischen Recht kundigen bzw. beratenen Partei heranzieht oder sich auf von den Parteien in Auftrag gegebene Gutachten stützt. Die Einschaltung der Parteien bei der Ermittlung ausländischen Rechts macht dessen hinreichende Erforschung nicht entbehrlich. Auch ist bei mangelnder Mitwirkung der zur Ermittlung aufgeforderten Partei ein *non liquet* **unzulässig**.[40] Hier ist entweder anderweitig nachzuforschen oder nach den Grundsätzen der Nichtermittelbarkeit des ausländischen Rechts vorzugehen (Rn 50). Allerdings kann die fehlende Befolgung einer gerichtlichen Aufforderung zur Mitwirkung bei der Ermittlung fremden Rechts gleichwohl Rechtsnachteile zur Folge haben, etwa wenn die Partei die für sie günstigen Hinweise auf eine bestimmte ausländische Rechtspraxis zu spät, unvollständig bzw. gar nicht beibringt.[41]   **42**

Hinweis: Hinsichtlich der **Erstattungsfähigkeit** der für **Privatgutachten** zum ausländischen Recht aufgewendeten Kosten ist zu unterscheiden: Soweit die Partei vom Gericht zur Beibringung eines Gutachten aufgefordert wurde, bestehen gegen die Erstattungsfähigkeit keine Bedenken. Gleiches gilt, wenn die Beauftragung des Gutachters erforderlich war, um den Klageanspruch schlüssig vortragen zu können oder um umgekehrt die Schlüssigkeit/Richtigkeit des gegnerischen Vorbringens zum ausländischen Recht zu widerlegen. Dagegen sind Gutachten zum deutschen Kollisionsrecht keinesfalls erstattungsfähig, da dieses auch vom inländischen Gericht von Amts wegen anzuwenden ist.[42]   **43**

Der Regelung der **Rechtshilfe** bei der Ermittlung ausländischen Rechts dient das praktisch wenig bedeutsame Londoner Europäische Abkommen betreffend Auskünfte über ausländisches Recht vom 7.6.1968[43] nebst Ausführungsgesetz.[44] Sachlich nicht einschlägig ist dagegen die Europäische Beweisverordnung,[45] die lediglich eine Fortentwicklung des auf „klassische" Beweisaufnahmen im Ausland beschränkten Haager Übereinkommens vom 18.3.1970 über die Beweisaufnahme im Ausland in Zivil- und Handelssachen[46] bezweckt.   **44**

b) Verfahren des einstweiligen Rechtsschutzes. In Verfahren des einstweiligen Rechtsschutzes sind aufgrund der Eilbedürftigkeit der Sache und der zum Teil unverhältnismäßig langwierigen Ermittlung des ausländischen Rechts die Anforderungen an dessen Ermittlung reduziert. Ein pauschaler Rückgriff auf die *lex fori* kommt – außerhalb von Art. 24 Abs. 3 – gleichwohl nicht in Betracht. Im Übrigen ist umstritten, ob es genügt, wenn der Antragsteller den Inhalt des ausländischen Rechts glaubhaft macht[47] oder lediglich der Grad der Überzeugung des Gerichts vom Inhalt des fremden Rechts geringer sein muss.[48]   **45**

c) Praktische Hinweise zur Ermittlung des ausländischen Rechts. Als **Gutachter** bieten sich die jeweiligen Inhaber von Lehrstühlen für Internationales Privatrecht/Rechtsvergleichung an den juristischen   **46**

---

[37] BGH NJW 1961, 410 f.; 1963, 252, 253 = JZ 1963, 214 m. Anm. *Steindorff*.
[38] Vgl. BGH NJW 2002, 3335 ff. (Anwendung des Rechts von Costa Rica durch den BGH).
[39] BGH FamRZ 1997, 494, 496.
[40] BGH NJW 1961, 410 f.; BGHZ 69, 387, 393 ff. = NJW 1978, 496 = FamRZ 1978, 771 m. Anm. *Dilger*; BAG NZA 1996, 994, 996.
[41] BGH NJW 1973, 1581, 1583: keine Verletzung der Aufklärungspflicht des deutschen Gerichts i.S.d. § 293 ZPO, wenn dieses dem nicht belegten Hinweis einer Partei auf die abweichende Rspr. im Ausland nicht nachgeht und der Partei die Beibringung der behaupteten Entscheide zumutbar war.
[42] Ausf. *Mankowski*, MDR 2001, 194 ff. m.w.N.; vgl. auch Palandt/*Heldrich*, Einf. vor Art. 3 EGBGB Rn 34.
[43] BGBl II 1974, S. 938. Zu den Vertragsstaaten vgl. den jährlichen Fundstellennachw. B zum BGBl II sowie *Jayme/Hausmann*, Nr. 200.
[44] BGBl I 1974 S. 1433.
[45] Verordnung (EG) Nr. 1206/2001 des Rates vom 28.5.2001 über die Zusammenarbeit zwischen den Gerichten der Mitgliedstaaten auf dem Gebiet der Beweisaufnahme in Zivil- und Handelssachen, ABlEG 2001 Nr. L 174/1.
[46] BGBl II 1977 S. 1472.
[47] So OLG Hamburg IPRax 1990, 400 f. m. Anm. *Mankowski* = RIW 1990, 225 f.
[48] Näher *v. Bar/Makowski*, IPR I, Rn 102 ff.; Bamberger/Roth/*Lorenz*, Einl. IPR Rn 79.

Fakultäten sowie das in Hamburg ansässige Max-Planck-Institut für Ausländisches und Internationales Privatrecht an. Diese werden regelmäßig auch als von den Gerichten bestellte Gutachter tätig. In Nordrhein-Westfalen sieht ein älterer justizinterner Erlass vor, dass die Gerichte bei dem Institut für Internationales und Ausländisches Privatrecht der Universität zu Köln auslandsrechtliche Gutachten einholen. Daneben ist auf eine Liste möglicher Gutachter zu verweisen, die regelmäßig in der DNotZ publiziert wird.[49] Diese begrüßenswerte Liste beruht allerdings auf dem Grundsatz der Selbstbenennung und ist deshalb unvollständig.

47 Eine Auswahl der durch die genannten Institute erstatteten Gutachten wird in den durch das Kölner Universitäts- und das Hamburger Max-Planck-Institut herausgegebenen Jahresbänden *Gutachten zum Internationalen und Ausländischen Privatrecht (IPG)* veröffentlicht. Gutachten zum italienischen Recht finden sich regelmäßig im Jahrbuch für Italienisches Recht. Deutsche Gerichtsentscheidungen zum Internationalen Privatrecht und zum ausländischen Recht werden in den von dem Hamburger Max-Planck-Institut herausgegebenen Jahresbänden *Die deutsche Rechtsprechung auf dem Gebiete des Internationalen Privatrechts (IPRspr)* veröffentlicht.

48 Im **Internet** sind die Gesetze zahlreicher Staaten, häufig aber auch Gerichtsentscheidungen (zumindest der Obergerichte) abrufbar. Umfangreiche, nach Staaten sortierte Link-Listen bietet z.B. das juristische Internetprojekt der Universität Saarbrücken (http://www.jura.uni-sb.de/internet/) oder die Internetseite www.ipr.uni-koeln.de (Juristische Links).

49 Hilfreich können ferner die nachfolgenden **Bibliographien, Gesetzessammlungen** und Erläuterungswerke sein: *von Bar*, Ausländisches Privat- und Privatverfahrensrecht in deutscher Sprache. Systematische Nachweise aus Schrifttum, Rechtsprechung und Gutachten 1990–2003, 5. Auflage 2004 (auch als CD-ROM); *Bergmann/Ferid/Henrich* (Hrsg.), Internationales Ehe- und Kindschaftsrecht (Losebl.); *Ferid/Firsching/Dörner/Hausmann* (Hrsg.), Internationales Erbrecht (Losebl.). Daneben gibt es zahllose rechtsvergleichende Überblicke zu Einzelfragen.

50 **3. Fehlende Ermittelbarkeit des ausländischen Rechts.** Es kann vorkommen, dass der Inhalt des ausländischen Rechts nicht ermittelbar ist, etwa weil der betreffende Staat untergegangen ist, keine Gutachter für die betreffende Rechtsordnung zur Verfügung stehen und auch im Wege der Rechtshilfe oder sonstigem Wege der Inhalt des Rechts nicht herauszufinden ist. In diesen Ausnahmefällen ist nach der Rechtsprechung **deutsches Recht als Ersatzrecht** anzuwenden.[50] Zum Teil wird demgegenüber die Anwendung eines Rechts, das dem nicht ermittelbaren am nächsten steht, gefordert.[51] Für die Geltung deutschen Rechts als Ersatzrecht sprechen nicht nur Praktikabilitätserwägungen, sondern auch der Umstand, dass andernfalls ein Recht zur Anwendung käme, das von keiner Kollisionsnorm berufen ist.

IX. Innerdeutsches Kollisionsrecht

51 In **intertemporaler** Hinsicht spielen das Verhältnis des bundesdeutschen Rechts zu demjenigen der ehem. DDR sowie die eventuelle Fortgeltung von Verträgen der ehem. DDR (beschränkt auf das Gebiet der neuen Länder) noch immer eine gewisse Rolle. Mit dem Wirksamwerden des Beitritts der ehem. DDR zur Bundesrepublik am 3.10.1990 wurde das bundesdeutsche **Privatrecht** nach Maßgabe der Artt. 230–237 grundsätzlich auf das Beitrittsgebiet erstreckt. Praktische Bedeutung erlangt das Recht der ehem. DDR wegen Art. 235 § 1 Abs. 1 vor allem für Erbfälle im Beitrittsgebiet aus der Zeit vor dem 3.10.1990.

52 Soweit nach intertemporalen Grundsätzen ein Altfall vorliegt, der Bezüge zum Gebiet der Bundesrepublik und der ehem. DDR aufweist, ist festzustellen, ob das damalige Recht der Bundesrepublik oder dasjenige der ehem. DDR Anwendung findet. Eine ausdrückliche Regelung der Materie bestand (und besteht) nicht. Die Bundesrepublik hat die ehem. DDR nicht als eigenständiges Völkerrechtssubjekt anerkannt, so dass Sachverhalte mit Bezug zur ehem. DDR nicht unmittelbar nach kollisionsrechtlichen, sondern nach **interlokalen** Grundsätzen zu behandeln waren. In Ermangelung eines eigenen interlokalen deutsch-deutschen Privatrechts galten jedoch die Grundsätze des allgemeinen IPR der Artt. 3 ff. entsprechend.[52] Aus Sicht der ehem. DDR waren Bundesrepublik und ehem. DDR selbständige Staaten, so dass für grenzüberschreitende Sachverhalte das im Rechtsanwendungsgesetz (RAG) vom 5.12.1975[53] normierte Kollisionsrecht der ehem.

---

49 Zuletzt DNotZ 2003, 310 ff.
50 Etwa BGHZ 21, 155 f.; 69, 387 f. = NJW 1978, 496 = FamRZ 1978, 771 m. Anm. *Dilger*.
51 *Wengler*, JR 1983, 221 f.; *Müller*, NJW 1981, 481 ff.; *Kreuzer*, NJW 1983, 1943 ff.; Palandt/*Heldrich*, vor Art. 3 EGBGB Rn 36.
52 BGHZ 40, 32, 34; 85, 16, 19 ff. = NJW 1983, 279 = IPRax 1983, 184 m. Anm. *v. Bar*; BGHZ 124, 270, 272 ff. = NJW 1994, 582 = IPRax 1995, 114 m. Anm. *Dörner*.
53 Gesetz über die Anwendung des Rechts auf internationale zivil-, familien- und arbeitsrechtliche Beziehungen sowie auf internationale Wirtschaftsverträge (GBl I 1975 S. 748), abgedruckt in: *Jayme/Hausmann*, Nr. 3.

DDR anzuwenden war. Das Kollisionsrecht des RAG ist demnach anzuwenden, wenn die Artt. 3 ff. (als interlokale Kollisionsnormen) eine Gesamtverweisung im Sinne des Art. 4 Abs. 1 auf das Recht der ehem. DDR enthalten.

B. Staatsvertragliches IPR (Abs. 2 S. 1)

I. Grundlagen

1. Allgemeines. Gem. Abs. 2 S. 1 gehen in von der Bundesrepublik unterzeichneten völkerrechtlichen Verträgen enthaltene Kollisionsnormen dem autonomen deutschen IPR vor. Voraussetzung hierfür ist, dass der Bundestag die Bundesregierung zur Vertragsunterzeichnung nach Maßgabe der Art. 23, 59 GG durch Verabschiedung eines Ratifikationsgesetzes ermächtigt und das Abkommen anschließend von der Regierung ratifiziert wird. Regelmäßig weiterhin erforderlich ist zudem die Hinterlegung einer Ratifikationsurkunde bei der anderen Vertragspartei bzw. einem Depositar, bei multilateralen Verträgen gegebenenfalls auch der Hinterlegung einer bestimmten Mindestzahl von Ratifikationsurkunden auch durch andere Vertragsstaaten. **Nachweise** zu den geltenden völkerrechtlichen Vereinbarungen der Bundesrepublik finden sich im jeweils zum Jahresende erscheinenden Fundstellennachweis B zum BGBl II sowie bei *Jayme/Hausmann* (Hrsg.), Internationales Privat- und Verfahrensrecht.

53

Ob eine staatsvertragliche Regelung überhaupt eine Kollisionsnorm enthält, ist durch Auslegung zu ermitteln. Erforderlich ist jedenfalls, dass die betreffende Vorschrift so **bestimmt** gefasst ist, dass Einzelne daraus Rechte herleiten können (*„self executing"*), was bei explizit kollisionsrechtlichen Abkommen allerdings kaum Probleme bereiten wird. In einigen Ausnahmefällen hat die Bundesrepublik (etwa im Fall des Europäischen Übk. über das auf schuldrechtliche Verhältnisse anwendbare Recht von 1980[54] und des Haager Unterhaltsabk. vom 1973[55]) einen **Vorbehalt** gegen die unmittelbare Geltung des Abkommens im Inland eingelegt und die entsprechenden Kollisionsregeln stattdessen in das EGBGB (Artt. 27 ff., Art. 18) übernommen.

54

2. Besonderheiten staatsvertraglicher Kollisionsnormen. Staatsvertragliche Kollisionsnormen sind z.T. abweichend vom sonstigen deutschen IPR zu behandeln. Das betrifft zunächst ihre **Auslegung**. Völkerrechtliche Abkommen sind grundsätzlich autonom, d.h. nach eigenen völkerrechtlichen Maßstäben auszulegen, um die bezweckte Rechtsvereinheitlichung zu erreichen. Das gilt auch dann, wenn die vertragliche Kollisionsnorm in deutsches Recht umgesetzt wurde;[56] was Art. 36 für den Fall des Internationalen Vertragsrechts ausdrücklich anordnet. Zu beachten ist, dass für die Auslegung nur die Fassungen der Abkommen in den sog. **„authentischen Vertragssprachen"** verbindlich sind. Diese werden im jeweiligen Vertrag definiert.

55

Staatsvertragliche Kollisionsnormen lassen grundsätzlich **keine Rück- bzw. Weiterverweise** im Sinne des Art. 4 Abs. 1 zu (vgl. Art. 4 Rn 15). **Vor- bzw. Erstfragen** in staatsvertraglichen Kollisionsnormen sind regelmäßig **unselbständig anzuknüpfen** (Rn 24).

56

II. Vorrang ratifizierter völkerrechtlicher Vereinbarungen (Abs. 2 S. 1)

Da völkerrechtliche Abkommen in Deutschland durch einfaches Bundesgesetz ratifiziert werden, ließe sich ohne Abs. 2 S. 1 daran denken, den Grundsatz des Vorrangs der *lex posterior* anzuwenden, so dass spätere einfache Gesetze die Abkommen ändern könnten. Dies wird durch Abs. 2 S. 1 im Sinne des **Vorrangs des Abkommens** ausgeschlossen. Ob Abs. 2 S. 1 auch den Vorrang von Abkommen gegenüber solchen Vorschriften des EGBGB anordnet, die von der Bundesrepublik ratifizierte Abkommen durch deren Inkorporation umzusetzen, ist zwar umstritten, aber ohne praktische Bedeutung.[57]

57

C. Europäische Gemeinschaft und IPR (Abs. 2 S. 2)

I. Allgemeines

Das Recht der Europäischen Gemeinschaft hat zunehmenden Einfluss auch auf das deutsche IPR. Dabei kann das Gemeinschaftsrecht **Quelle** des IPR sein, mitgliedstaatliche Kollisionsnormen aber auch **beschränken**. In beiden Fällen zu beachten ist der **Vorrang des Gemeinschaftsrechts** vor den mitgliedstaatlichen Rechtsordnungen (Rn 65).

58

---

54 BGBl II 1986 S. 810.
55 BGBl II 1986 S. 837.
56 BGHZ 52, 216, 219 f. = NJW 1969, 2083; BGH NJW 1976, 1583, 1584 (dazu *Geimer*, WM 1977, 66 ff.).

57 Offen gelassen bei BGH NJW 2001, 2387 m. Anm. *Meyer-Mews* = IPRax 2001, 454 f. m. Anm. *Matscher*; FamRZ 2001, 412. Weitere Nachw. bei Erman/*Hohloch*, Art. 3 EGBGB Rn 10; MüKo/*Sonnenberger*, Art. 3 EGBGB Rn 14.

Art. 3 EGBGB

59 **1. Gemeinschaftsrecht als Quelle des IPR.** Die Gemeinschaft kann in Rechtsakten des **Sekundärrechts** kollisionsrechtliche Regelungen treffen. Eine entsprechende **Gesetzgebungskompetenz** wurde bislang im Zusammenhang mit Rechtsakten, die das materielle Zivilrecht harmonisieren, aus Art. 90 EGV abgeleitet. Seit dem Vertrag von Amsterdam[58] ist die Gemeinschaft gem. Art. 65 Buchst. b EGV allgemein zur „Förderung der Vereinbarkeit der in den Mitgliedstaaten geltenden Kollisionsnormen" zuständig, allerdings nur insoweit, als die Kollisionsrechtsvereinheitlichung dem „reibungslosen Funktionieren des Binnenmarktes" dient. Ob die Gemeinschaft damit das gesamte Kollisionsrecht auch außerhalb des unmittelbar binnenmarktrelevanten internationalen Wirtschafts- und Verbraucherrechts angleichen kann, ist umstritten.[59]

60 Fragen zur **Auslegung des Gemeinschaftsrechts** sind von den mitgliedstaatlichen Gerichten gem. Art. 220 EGV dem EuGH vorzulegen. Das Vorlagerecht ist in Bezug auf Rechtsakte, die auf der Grundlage des Art. 65 EGV ergangen sind, gem. Art. 68 Abs. 1 EGV auf konkret letztinstanzliche Gerichte beschränkt. Fragen zur **Gültigkeit** von EG-Rechtsakten können stets vorgelegt werden.[60]

61 Hinsichtlich der Form etwaiger sekundärrechtlicher Rechtsakte ist zu unterscheiden. In **Richtlinien** enthaltene Kollisionsnormen sind von den Mitgliedstaaten in deren jeweiliges nationales Recht umzusetzen. Umsetzungsfehler sind im Wege der richtlinienkonformen Auslegung des nationalen Rechts möglichst zu beheben.[61] Scheitert eine richtlinienkonforme Auslegung, kommt ein Anspruch des durch den Umsetzungsfehler Geschädigten nach den Grundsätzen der gemeinschaftsrechtlichen Haftung der Mitgliedstaaten für legislatives Unrecht in Betracht.[62] Demgegenüber wirkt Richtlinienkollisionsrecht wegen des **Verbots der horizontalen Drittwirkung** von Richtlinien im Verhältnis zwischen Privaten[63] – auch im Bereich des Verbraucherschutzrechts[64] – nicht unmittelbar anspruchsbegründend, -ausschließend oder -modifizierend. Soweit die Gemeinschaft Kollisionsnormen in **Verordnungen** erlässt,[65] gelten diese unmittelbar in allen Mitgliedstaaten und sind von den Gerichten auch im Verkehr zwischen Privaten anzuwenden.

62 Umstritten ist, ob den **Grundfreiheiten des EG-Vertrages** kollisionsrechtlicher Charakter dergestalt eignet, dass sie bei binnenmarktrelevanten Sachverhalten die Anwendung der einen oder anderen mitgliedstaatlichen Rechtsordnung vorschreiben. Zum Teil wird insbesondere aus Art. 28 EGV im Bereich des Warenverkehrs ein sog. **Herkunftslandsprinzip** abgeleitet, wonach stets das Heimatrecht des Waren- bzw. Diensteanbieters bzw. das diesem günstigere Recht anzuwenden sei.[66] Begründet wird dies damit, dass nur so ein beschränkungsfreier Waren- und Dienstleistungsverkehr gewährleistet sei. Nach der zutreffenden Gegenansicht lässt sich den Grundfreiheiten kein kollisionsrechtlicher Gehalt entnehmen, insbesondere da sie auch die Nachfragerfreiheit schützen. In diesem Sinne hat implizit auch die **Rechtsprechung** entschieden. Der EuGH beschränkt sich darauf, im Einzelfall das Ergebnis der Rechtsanwendung auf ihre Vereinbarkeit mit dem Gemeinschaftsrecht zu überprüfen, ohne zwischen Sach- und Kollisionsrecht zu unterscheiden. Danach ist insbesondere im Internationalen Gesellschaftsrecht die unbeschränkte Anwendung der Sitztheorie auf im Ausland wirksam gegründete Gesellschaften ebenso unzulässig wie die unterschiedslose Anwendung inländischen Wettbewerbsrechts auf Ausländer. Der Sache nach handelt es sich um eine sachrechtliche Korrektur des über das Kollisionsrecht gefundenen Ergebnisses.[67]

63 **2. Gemeinschaftsrecht als Schranke.** Vorrangiges europäisches Recht beschränkt nationales Kollisionsrecht, wenn einzelne Normen oder ihre Anwendung **gegen Grundsätze des primären oder sekundären Gemeinschaftsrechts verstoßen**. Insbesondere ist bei der Wahl der Anknüpfungspunkte darauf zu achten, dass nicht unter Verstoß gegen das Diskriminierungsverbot des EG-Vertrages bzw. die Grundfreiheiten

---

[58] BGBl II 1998 S. 387; BGBl II 1999 S. 296.
[59] Dazu Streinz/*Leible*, Art. 65 EGV Rn 1 ff.; ausf. *Dohr*, a.a.O., m. zahlr. Nachw.
[60] Str., wie hier *Streinz/Weiß*, Art. 68 EGV Rn 4; Calliess/Ruffert/*Brechmann*, Art. 68 EGV Rn 3. A.A. Grabitz/Hilf/Röben, Art. 68 EGV Rn 4 (El. 1999); *Pache/Knauff*, NVwZ 2004, 16 ff.
[61] Dazu Streinz/*Streinz*, Art. 10 EGV Rn 35; Calliess/Ruffert/*Kahl*, Art. 10 EGV Rn 40 ff.; ausf. *Brechmann*, a.a.O.
[62] Seit EuGH verb. Rs. C-6/90 u. C-9/90 „Frankovich u.a./Italien", Slg. 1991, I-5357 = NJW 1992, 165.
[63] EuGH Rs. C-91/92 „Facchini Dori/Recreb", Slg. 1994, I-3325 Rn 22 ff. = NJW 1994, 2423.
[64] EuGH Rs. C-192/94 „El Corte Inglès", Slg. 1996, I-1281 Rn 15 ff. = NJW 1996, 1401. Zur kollisionsrechtlichen Durchsetzung materiell-rechtlicher Verbraucherschutzvorschriften des nationalen Rechts, das auf Richtlinienvorgaben beruht, Reithmann/Martiny/*Freitag*, Rn 414 ff. sowie BGHZ 135, 124, 136 = NJW 1997, 1697 = IPRax 1998, 285 m. Anm. *Ebke* = RIW 1997, 875 m. Anm. *Mankowski*.
[65] Vgl. insb. den Entwurf einer Verordnung des Europäischen Parlaments und des Rates über das auf außervertragliche Schuldverhältnisse anzuwendende Recht („Rom II"), KOM (2003), 427 endg.; siehe dazu den Anhang zu Art. 40 EGBGB.
[66] *Basedow*, RabelsZ 59 (1995), 1 ff.; *Drasch*, S. 301 ff.; *Höpping*, Auswirkungen der Warenverkehrsfreiheit auf das IPR, 1997, S. 103 ff.
[67] Ausf. *Freitag*, S. 290 ff.; *Bruinier*, a.a.O.; *Sonnenberger*, ZVglRWiss 95 (1996), 3 ff.; Palandt/*Heldrich*, Art. 3 EGBGB Rn 10.

EU-Ausländers anders (schlechter) als Deutsche behandelt werden.[68] So wurden die deutschen Vorschriften des IZPR zur Prozesskostensicherheit für Ausländer im Anwendungsbereich des EG-Vertrages für unzulässig erklärt.[69] Ebenfalls denkbar ist eine gemeinschaftsrechtliche Kontrolle des Ergebnisses der kombinierten Anwendung von Kollisions- und Sachrecht auf einen Sachverhalt, insbesondere im Bereich des Art. 34.[70]

Kein Verstoß gegen den EG-Vertrag liegt dagegen darin, dass auf Sachverhalte mit Bezug zum EU-Ausland anderes Recht angewendet wird als auf reine Inlandssachverhalte. Denn die Gemeinschaft hat die unterschiedlichen Zivilrechtsordnungen der Mitgliedstaaten hinzunehmen, so dass es bei grenzüberschreitenden Sachverhalten stets der Bestimmung des anwendbaren Rechts bedarf. 64

II. Vorrang des Gemeinschaftsrechts (Abs. 2 S. 2)

Gem. Abs. 2 S. 2 bleiben Regelungen in Rechtsakten der Europäischen Gemeinschaft von den Bestimmungen des EGBGB „unberührt". Nachdem der Vorrang des Gemeinschaftsrechts vor den mitgliedstaatlichen Rechten sowohl aus Sicht des europäischen wie auch des deutschen Rechts grundsätzlich außer Frage steht, hat die Vorschrift grundsätzlich nur **deklaratorische Bedeutung**.[71] Der Vorrang betrifft lediglich Kollisionsnormen in **unmittelbar anwendbaren Rechtsakten** der Gemeinschaft, d.h. in Verordnungen, Entscheidungen und völkerrechtlichen Verträgen der Gemeinschaft mit anderen Staaten. Demgegenüber wirkt Richtlinienkollisionsrecht wegen des Verbots der horizontalen Drittwirkung von Richtlinien im Verhältnis zwischen Privaten nicht unmittelbar anspruchsbegründend, -ausschließend oder -modifizierend. Es ist jedoch im Rahmen der richtlinienkonformen Auslegung mitgliedstaatlichen Rechts zu beachten (vgl. Rn 61). Insbesondere gilt, dass der nationale Gesetzgeber regelmäßig nicht gegen das grundsätzlich vorrangige Richtlinienrecht verstoßen, sondern dieses korrekt umsetzen will. 65

D. Einzel- und Gesamtstatut (Abs. 3)

I. Allgemeines

Gem. Abs. 3 beziehen sich Verweisungen in den Artt. 13–26, die das Vermögen einer Person als Ganzes dem Recht eines Staates unterstellen, nicht auf solche Vermögensgegenstände, die sich nicht in dem Staat der *lex causae* befinden und die nach dem Recht des Staates, in dem sie sich befinden, besonderen Vorschriften unterliegen. Die Vorschrift erklärt sich vor dem Hintergrund, dass die Artt. 14, 15, 17, 21, 24, 25 im Sinne einer „Globalverweisung" das anwendbare Recht im Hinblick auf das Vermögen einer Person als Ganzes bestimmen. Derartige Globalverweisungen gelten gem. Abs. 3 insoweit nicht, als sie Vermögensgegenstände erfassen würden, die nach dem Recht des Staates, in dem sie sich befinden (sog. *lex rei sitae*), kollisionsrechtlich gesondert behandelt werden. Dieser Vorrang des „Einzelstatuts" vor dem „Gesamtstatut" berücksichtigt, dass der Staat der Belegenheit seine Vorschriften ohnehin praktisch gegen das vom deutschen Kollisionsrecht anderweitig bestimmte Gesamtstatut durchsetzen kann.[72] Praktisch betrifft Abs. 3 insbesondere den Bereich des Erbrechts. Während das deutsche Recht in den Artt. 25, 26 den Nachlass insgesamt dem Heimatrecht des Erblassers unterstellt, sehen viele Staaten (insbesondere des anglo-amerikanischen Rechtskreises, aber auch die ehem. DDR) vor, dass sich die Erbfolge in auf ihrem Territorium belegenes unbewegliches Vermögen zwingend nach ihrem Recht richtet. 66

II. Einzelheiten

Welche Vermögensgegenstände in den **Anwendungsbereich** der Sonderregelungen des ausländischen Belegenheitsrechts fallen, bestimmt dieses selbst.[73] Es kann sich um unbewegliche oder bewegliche körperliche Gegenstände, aber auch um Forderungen etc. handeln.[74] Ob sich ein Vermögensgegenstand in dem betreffenden ausländischen Staat befindet, entscheidet das deutsche Recht.[75] 67

Zu den Sondervorschriften des ausländischen Rechts, die ein von der Globalverweisung abweichendes Sonderregime anordnen, zählen nur solche, die in Bezug auf einzelne Vermögensgegenstände wegen deren 68

---

68 Unstr., Palandt/*Heldrich*, Art. 3 EGBGB Rn 12; Erman/*Hohloch*, Einl. Art. 3 EGBGB Rn 62 m.w.N.
69 EuGH Rs. C-20/92 „Hubbard/Hamburger", Slg. 1993-I, 3777 Rn 14 = NJW 1993, 2431 = IPRax 1994, 203 m. Anm. *Kaum*; EuGH Rs. C-323/95 „Hayes/Kronenberger", Slg. 1997-I, 1711 Rn 5 = RIW 1997, 419 m. Anm. *Schütze*.
70 Ausf. Reithmann/Martiny/*Freitag*, Rn 408 ff.
71 Unstr., vgl. MüKo/*Sonnenberger*, Art. 3 EGBGB Rn 16 m.w.N.

72 BT-Drucks 10/504, S. 36; vgl. auch BGHZ 131, 22, 29 f. = ZIP 1995, 1775 = IPRax 1997, 41 m. Anm. *Solomon*.
73 BayObLGZ 1998, 242, 247 = IPRax 2000, 309, 312 m. Anm. *Andrae*; KG FGPrax 2000, 244, 245; KG RPfleger 2001, 79, 80.
74 BayObLG a.a.O.
75 BayObLG und KG a.a.O.; ebenso wohl BGHZ 131, 22, 28 = ZIP 1995, 1775 = IPRax 1997, 41 m. Anm. *Solomon*.

Belegenheit eine Sonderregelung treffen. Unter Abs. 3 fallen Vorschriften, die ein **materiell-rechtliches Sonderregime** für bestimmte Vermögensgegenstände begründen. Dazu zählt insbesondere die Begründung von Sondervermögen, die vom Gesamtvermögen abgesondert sind, etwa bei der Sondernachfolge des Hoferben bei Anerbrechten betreffend land- und forstwirtschaftliche Anwesen i.S.d. Art. 68,[76] sowie bei den Lehen und Fideikommissionen nach früherem Recht.[77] Umstritten ist die Anwendung von Abs. 3 auf die erbrechtliche Nachfolge in deutsche Personengesellschaften. Allerdings spielt es im Ergebnis keine Rolle, ob man die Nachfolge in eine GbR, oHG oder KG bereits im Wege der Qualifikation aus dem Anwendungsbereich der Artt. 25, 26 ausklammert und dem Gesellschaftsstatut zuordnet[78] oder aber sie zwar als vom Erbstatut grundsätzlich erfasst ansieht, den Vorrang des Gesellschaftsrechts aber über Abs. 3 sicherstellt.[79]

69 Mittlerweile unstreitig ist, dass Abs. 3 auch auf **kollisionsrechtliche Sonderregelungen**, insbesondere in Bezug auf die Anknüpfung der erbrechtlichen Nachfolge in Immobilien, anwendbar ist.[80] Derartige Vorschriften ausländischer Rechte (insbesondere des anglo-amerikanischen Rechtskreises, aber auch Rumäniens[81] und wegen § 25 Abs. 2 RAG auch der ehem. DDR[82]) stellen den Großteil der Anwendungsfälle der Vorschrift. Soweit die Artt. 25, 26 zur Geltung des Rechts eines Staates führen, der Nachlass aber auch Grundstücke in einem Staat etwa der USA umfasst, die nach dem Kollisionsrecht dieses Staates wegen ihrer Belegenheit zwingend dessen Recht unterliegen, ist dies zu beachten. Das führt im Ergebnis zur Nachlassspaltung. Nicht unter Abs. 3 fallen demgegenüber ausländische Kollisionsregelungen, die nicht an die Belegenheit der Vermögensgegenstände anknüpfen, sondern lediglich eine von der deutschen Anknüpfung abweichende Verweisung enthalten.[83] Abs. 3 ist nicht anwendbar auf im Wege der Gesamtrechtsnachfolge von Todes wegen übergegangene Ansprüche nach dem Vermögensgesetz, die daraus resultieren, dass Immobilienbesitz des Erblassers in der ehem. DDR enteignet wurde.[84]

70 Ob und inwieweit die aus dem Auseinanderfallen von Gesamtstatut und Einzelstatut resultierenden **Wertungswidersprüche** im Wege der Angleichung (Rn 33) zu bewältigen sind, ist insbesondere unter Berücksichtigung von Inhalt und Zweck der deutschen Globalverweisung zu beurteilen. Insoweit ist auf die diesbezüglichen Kommentierungen zu verweisen. So ist etwa im Bereich der Artt. 25, 26 die durch Abs. 3 bewirkte Nachlassspaltung grundsätzlich zu beachten. Die jeweiligen Teile des Nachlasses sind daher wie gesonderte Nachlässe zu behandeln, ohne dass ein Ausgleich zwischen ihnen stattfinden würde, selbst wenn dies zur Reduzierung von Pflichtteilen führte.[85] Anderes gilt aber, wenn die Anwendung der beiden Rechte zu Resultaten führt, die dem Willen des Erblassers widersprechen.[86]

71 **Anderes** gilt für öffentlich-rechtliche Genehmigungserfordernisse für den Grundstücksverkehr,[87] Regelungen über die Zuweisung von Hausrat und Ehewohnung bei Getrenntleben der Eheleute[88] sowie die Vorschriften über den Versorgungsausgleich der §§ 1587 ff. BGB. Diese Bestimmungen fallen nicht in den Anwendungsbereich des Abs. 3.

---

76 BGH MDR 1965, 818 f.; OLG Oldenburg IPRspr 1979 Nr. 135.
77 Ausf. MüKo/*Sonnenberger*, Art. 3 EGBGB Rn 31 ff.
78 Staudinger/*Dörner*, Art. 25 EGBGB Rn 524; Staudinger/*Hausmann*, Art. 3 EGBGB Rn 73; MüKo/*Sonnenberger*, Art. 3 EGBGB Rn 36.
79 So Palandt/*Heldrich*, Art. 3 EGBGB Rn 13; Erman/ *Hohloch*, Art. 3 EGBGB Rn 16.
80 BGH NJW 1993, 1920, 1921 = IPRax 1994, 375 m. Anm. *Dörner*; BayObLG NJW-RR 1990, 1033 = FamRZ 1990, 1223; BayObLGZ 2003, 68, 72 = FamRZ 2003, 1595; Palandt/*Heldrich*, Art. 3 EGBGB Rn 18; Bamberger/Roth/*Lorenz*, Art. 3 EGBGB Rn 13.
81 BayObLGZ 1996, 165 ff. = NJW-RR 1997, 201 = FamRZ 1997, 318.
82 Dazu etwa BGHZ 131, 22, 26 f. = ZIP 1995, 1775 = IPRax 1997, 41 m. Anm. *Solomon*; BGHZ 146, 311, 313 f. = NJW 2001, 2396; BayObLG NJW 2003, 216, 217 = FamRZ 2003, 121; BayObLG FamRZ 2003, 1327, 1330.

83 BayObLGZ 2003, 68, 72 = FamRZ 2003, 1595; OLG Zweibrücken FamRZ 1998, 263, 264 = IPRax 1999, 110 m. Anm. *Kartzke*; Erman/*Hohloch*, Art. 3 EGBGB Rn 15; MüKo/*Sonnenberger*, Art. 3 EGBGB Rn 20 ff.
84 BGHZ 131, 22 ff. = ZIP 1995, 1775 = IPRax 1997, 41 m. Anm. *Solomon*; KG FamRZ 1996, 569 ff.
85 BGH NJW 1993, 1920, 1921 = IPRax 1994, 375 m. Anm. *Dörner*.
86 Vgl. auch OLG Hamm FamRZ 1998, 121, 122 ff.; BayObLG FamRZ 1999, 1470, 1471 f.
87 BGH NJW 1969, 369. Inländische Genehmigungserfordernisse sind aber regelmäßig über Art. 34 durchzusetzen, vgl. Reithmann/Martiny/ *Freitag*, Rn 421.
88 Palandt/*Heldrich*, Art. 3 EGBGB Rn 17; Erman/ *Hohloch*, Art. 3 EGBGB Rn 16; a.A. KG IPRspr 1996 Nr. 76. Heute ist die Frage in Art. 17a EGBGB geregelt.

Artikel 4 Rück- und Weiterverweisung; Rechtsspaltung

(1) ¹Wird auf das Recht eines anderen Staates verwiesen, so ist auch dessen Internationales Privatrecht anzuwenden, sofern dies nicht dem Sinn der Verweisung widerspricht. ²Verweist das Recht des anderen Staates auf deutsches Recht zurück, so sind die deutschen Sachvorschriften anzuwenden.

(2) ¹Soweit die Parteien das Recht eines Staates wählen können, können sie nur auf die Sachvorschriften verweisen.

(3) ¹Wird auf das Recht eines Staates mit mehreren Teilrechtsordnungen verwiesen, ohne die maßgebende zu bezeichnen, so bestimmt das Recht dieses Staates, welche Teilrechtsordnung anzuwenden ist. ²Fehlt eine solche Regelung, so ist die Teilrechtsordnung anzuwenden, mit welcher der Sachverhalt am engsten verbunden ist.

Literatur: *Dörner*, Moderne Anknüpfungstechniken im internationalen Personen- und Familienrecht, StAZ 1990, 1, 4; *Ebenroth/Eyles*, Der Renvoi nach der Novellierung des deutschen Internationalen Privatrechts, IPRax 1989, 1; *Graue*, Rück- und Weiterverweisung (Renvoi) in den Haager Abkommen, RabelsZ 57 (1993), 26; *Kahn*, Gesetzeskollision – Ein Beitrag zur Lehre des internationalen Privatrechts, JherJb 30 (1891), 1; *Kratzke*, Renvoi und Sinn der Verweisung, IPRax 1988, 8; *Kreuzer*, Einheitsrecht als Ersatzrecht – Zur Frage der Nichtermittelbarkeit fremden Rechts, NJW 1983, 2943; *Kropholler*, Der Renvoi im vereinheitlichten Kollisionsrecht, in: FS Henrich 2000, S. 393; *Kühne*, Der Anwendungsbereich des Renvoi im Lichte der Entwicklung des IPR, in: FS Ferid 1988, S. 251; *Mäsch*, Der *Renvoi* – Plädoyer für die Begrenzung einer überflüssigen Rechtsfigur, RabelsZ 61 (1997), 285; *Michaels*, Der Abbruch der Weiterverweisung im deutschen internationalen Privatrecht, RabelsZ 61 (1997), 685; *Otto*, Die Bedeutung des Art. 4 Abs. 3 bei der Verweisung auf das Recht eines Mehrrechtsstaates, IPRax 1994, 1; *Rauscher*, Die Ausschaltung fremden interlokalen Rechtes durch Art. 4 Abs. 3 Satz 1 EGBGB, IPRax 1987, 206; *ders.*, Sachnormverweisungen aus dem Sinn der Verweisung, NJW 1988, 2151; *Schröder*, Vom Sinn der Verweisung im internationalen Schuldvertragsrecht, IPRax 1987, 90; *Sonnentag*, Der Renvoi im Internationalen Privatrecht, 2001; *Spickhoff*, Die engste Verbindung im interlokalen und internationalen Familienrecht, JZ 1993, 336; *Stoll*, Kollisionsrechtliche Fragen bei räumlicher Spaltung des anwendbaren Rechts, in: FS Keller 1989, S. 511.

- A. Allgemeines ... 1
- B. Regelungsgehalt ... 4
  - I. Gesamtverweisung (Abs. 1 S. 1) ... 4
    1. Ausländisches Recht ohne eigene Kollisionsnormen ... 5
    2. Qualifikationsverweis ... 6
    3. Anzahl der zu beachtenden Weiterverweisungen ... 7
    4. Teilweiser Rück- bzw. Weiterverweis ... 8
    5. Fehlende Ermittelbarkeit des ausländischen Kollisionsrechts ... 9
  - II. Bloße Sachnormverweisung ... 10
    1. Ausdrücklicher Sachrechtsverweis ... 11
    2. „Sinn der Verweisung" (Abs. 1 S. 1 Hs. 2) ... 13
       a) Deutsches Kollisionsrecht verweist auf deutsches Recht ... 14
       b) Völkerrechtliche Vereinbarungen ... 15
       c) Alternativanknüpfungen ... 16
       d) Anknüpfung an die engste Verbindung ... 17
       e) Akzessorische Anknüpfungen ... 18
    3. Abbruch der Verweisungskette (Abs. 1 S. 2) ... 19
  - III. Verweisung auf das Recht von Staaten mit mehreren Teilrechtsordnungen (Abs. 3) ... 20
    1. Allgemeines ... 20
    2. Voraussetzungen für die Unteranknüpfung gem. Abs. 3 ... 21
    3. Durchführung der Unteranknüpfung (Abs. 3 S. 1) ... 23
    4. Interreligiöses und interpersonales Recht ... 25

A. Allgemeines

Nach Abs. 1 S. 1 Hs. 1 gilt im deutschen IPR der **Grundsatz der Gesamt- oder Kollisionsnormverweisung**.[1] Wird von einer inländischen Kollisionsnorm auf ausländisches Recht verwiesen, so ist dieses einschließlich seines IPR anzuwenden. Die Kollisionsnormen des ausländischen Rechts sind demnach daraufhin zu untersuchen, ob sie zur Geltung ihres eigenen Sachrechts führen, d.h. die Verweisung annehmen oder ob sie ihrerseits auf ein drittstaatliches Recht weiter- bzw. auf das deutsche Recht zurückverweisen (sog. *renvoi*). Davon zu unterscheiden ist die von Art. 3 Abs. 1 S. 2 definierte Sachnormverweisung, bei der auf das ausländische Recht unter Ausschluss des Kollisionsrechts verwiesen wird.

Rechtspolitisch ist die Beachtlichkeit des *renvoi* umstritten.[2] Abs. 1 S. 1 Hs. 1 beruht auf dem Gedanken des sog. „äußeren Entscheidungseinklangs", wonach es eines der Ziele des deutschen Kollisionsrechts ist, den Sachverhalt im Einklang mit den Wertungen der anderen betroffenen Rechtsordnungen zu entscheiden (vgl. Art. 3 Rn 15). Ein Gericht des Staates, dessen Recht von der deutschen Kollisionsnorm berufen wird, würde

---

1 Ausf. zum Nachfolgenden *Sonnentag*, a.a.O.
2 Grundsätzlich gegen den *renvoi* bereits *Kahn*, JherJb 30 (1891), 1, 32; *Mäsch*, RabelsZ 61 (1997), 285 m.w.N.; vgl. auch die Nachw. bei MüKo/*Sonnenberger*, Art. 4 EGBGB Rn 15 ff. und Staudinger/*Hausmann*, Art. 4 EGBGB Rn 12 ff.

stets zunächst ebenfalls sein eigenes Kollisionsrecht anwenden und danach entscheiden, welchem Recht der Sachverhalt unterliegt.[3] Die Beachtung des *renvoi* ist aber nicht nur erforderlich, um die Beeinflussung des anwendbaren Rechts durch Wahl des angerufenen Gerichts (**forum shopping**) zu vermeiden. Verringert wird insbes. im Internationalen Familien- und Erbrecht die Anzahl sog. **„hinkender Rechtsverhältnisse"**, die nach dem Recht eines Staates als gültig, nach dem eines anderen als ungültig behandelt werden und damit für die Betroffenen mit großer Rechtsunsicherheit behaftet sind. Die Beachtlichkeit eines Rückverweises auf deutsches Recht erleichtert zudem die Rechtsfindung und -anwendung im Inland. Umgekehrt kann der *renvoi* die Rechtsanwendung erheblich erschweren, da er gegebenenfalls die Prüfung weiterer ausländischer Rechtsordnungen erforderlich macht. Das erhöht auch die Fehleranfälligkeit der betreffenden Rechtsfindung. Schließlich sei darauf hingewiesen, dass die in Abs. 1 S. 1 Hs. 2 enthaltene Ausnahmeregelung, wonach ein *renvoi* ausscheidet, wenn dies dem Sinn der Verweisung widerspricht, zu einer der umstrittensten Regelungen des IPR überhaupt gehört. Die Zahl der Ausnahmen vom Grundsatz der Gesamtverweisung ist groß und führt im Ergebnis dazu, dass Gesamtverweisungen eher die Ausnahme denn die Regel sind.

3 **Hinweis:** Im Einzelfall ist stets zunächst die einschlägige deutsche Kollisionsnorm (einschließlich der diesbezüglichen Kommentierungen) daraufhin zu untersuchen, ob eine Gesamt- oder eine Sachnormverweisung vorliegt. Erst in zweiter Linie ist auf die nachstehenden allgemeinen Grundsätze zurückzugreifen.[4]

B. Regelungsgehalt

I. Gesamtverweisung (Abs. 1 S. 1)

4 Liegt eine Gesamtverweisung des deutschen IPR auf ein ausländisches Recht vor, ist das Kollisionsrecht des betreffenden Staates daraufhin zu untersuchen, ob es seinerseits einen *renvoi* auf deutsches oder ein drittstaatliches Recht ausspricht. Maßgeblich bei dieser Beurteilung sind die Auslegungsgrundsätze und rechtlichen Maßstäbe des betreffenden ausländischen Rechts. Daraus folgt, dass selbst dann, wenn das ausländische Recht die betreffende Rechtsfrage bzw. den Sachverhalt anders qualifiziert als das deutsche, diese abweichende Qualifikation zu beachten ist (sog. ***renvoi* kraft Qualifikationsdifferenz**).[5] Wird etwa ein haftungsrechtlicher Sachverhalt nach deutschem Verständnis deliktsrechtlich behandelt und verweist der insoweit einschlägige Art. 40 auf ein fremdes Recht, das die Frage vertragsrechtlich qualifiziert, dann ist anhand des ausländischen Internationalen Vertragsrechts festzustellen, ob dieses die Verweisung annimmt oder einen *renvoi* ausspricht.

5 **1. Ausländisches Recht ohne eigene Kollisionsnormen.** Schwierigkeiten ergeben sich, wenn das ausländische Recht für den Anknüpfungsgegenstand keine eigenen Kollisionsnormen kennt. Dies betrifft in der Praxis regelmäßig den anglo-amerikanischen Rechtskreis. Anglo-amerikanische Rechte enthalten im Bereich des Internationalen Familien- und Erbrechts häufig nur wenige echte Kollisionsnormen. Stattdessen wird nach dem Grundsatz verfahren, dass ein Gericht, das nach seinem Prozessrecht für eine Klage zuständig ist, stets auch sein eigenes Familien- oder Erbrecht anwendet. Die Zuständigkeit besteht nur, wenn eine Partei (oder beide) ihren Aufenthalt (*domicile*) in dem betreffenden Staat hat (bzw. haben). Eine solche auf die internationale Zuständigkeit abstellende Regelung wird von der Rechtsprechung – in Übereinstimmung mit dem Willen des Gesetzgebers[6] und dem wohl herrschenden Schrifttum[7] – dahin gehend verstanden, dass sie auf das deutsche Recht zurückverweist, wenn die für die Zuständigkeitsbegründung maßgebliche Partei ihr *domicile* in Deutschland hat (sog. **versteckter Rückverweis**).[8]

6 **2. Qualifikationsverweis.** Es kann vorkommen, dass ein fremdes Kollisionsrecht nicht selbst über die Qualifikation eines Anknüpfungsgegenstandes entscheidet, sondern insoweit auf ein anderes Recht verweist (sog. Qualifikationsverweis), etwa indem es das Recht des Lageortes darüber entscheiden lässt, ob eine Sache

---

3 Ausf. *Sonnentag*, S. 116 ff. m.w.N.
4 Vgl. auch die umfassende Übersicht zu den einzelnen Vorschriften bei Staudinger/*Hausmann*, Art. 4 EGBGB Rn 147–323.
5 BGHZ 24, 352, 355 = NJW 1957, 1316; BGH NJW 1980, 2016, 2017 m. Anm. *Samtleben* = IPRax 1981, 25 m. Anm. *Firsching*.
6 BT-Drucks 10/504, S. 38 f.
7 Soergel/*Kegel*, Art. 4 EGBGB Rn 16; Erman/*Hohloch*, Art. 4 EGBGB Rn 6; Palandt/*Heldrich*, Art. 4 EGBGB Rn 2; Staudinger/*Haussmann*, Art. 4

EGBGB Rn 75 ff. m.w.N.; krit. Bamberger/Roth/*Lorenz*, Art. 4 EGBGB Rn 12; *Mäsch*, RabelsZ 61 (1997), 285, 300 f.; a.A. MüKo/*Sonnenberger*, der Sachnormverweisung annimmt.
8 KG NJW 1960, 248, 250 f. (Adoption); OLG Bamberg FamRZ 1979, 930 (Scheidung); OLG Stuttgart IPRax 1987, 121, 122 m. Anm. *Adam* (Versorgungsausgleich); OLG Zweibrücken, FamRZ 1999, 940 = NJW-RR 1999, 948 = JuS 1999, 1233 Anm. *Hohloch*; OLG Hamburg IPRax 2002, 304 m. Anm. *Andrae/Essebier* = FamRZ 2001, 916.

beweglich oder unbeweglich ist.[9] Das kommt häufig in Nachlassfällen vor, wenn der Erblasser im Zeitpunkt seines Todes die Staatsangehörigkeit eines Staates des anglo-amerikanischen Rechtskreises besaß. Hier verweist Art. 26 für die Erbfolge auf das betreffende ausländische Recht, das jedoch regelmäßig zwischen der Vererbung des beweglichen und der des unbeweglichen Nachlasses unterscheidet. Während bewegliche Sachen nach dem Recht am letzten Wohnsitz (*domicile*) vererbt werden, unterliegen Immobilien regelmäßig dem Erbrecht des Belegenheitsstaates, der darüber zu entscheiden hat, was er unter diesem Begriff versteht. Gehört zu dem Nachlass Immobilienbesitz in Deutschland, so ist diese Unterscheidung für das deutsche Recht anhand der zu Artt. 15 Abs. 2 Nr. 3 und 25 Abs. 2 entwickelten Kriterien vorzunehmen.[10]

3. Anzahl der zu beachtenden Weiterverweisungen.
Gem. Abs. 1 S. 1 ist ein *renvoi* des vom deutschen IPR erstberufenen ausländischen Rechts auf das Recht eines Drittstaates beachtlich. Wegen der Seltenheit der Fälle bewusst[11] nicht geregelt wurde hingegen die Anzahl der darüber hinaus zu beachtenden Weiterverweisungen, falls das Recht des Drittstaates seinerseits einen *renvoi* (auf das Recht eines vierten Staates) ausspricht etc. Es entspricht allerdings ganz herrschender Auffassung, dass auch solche weiteren *renvois* zu beachtenden sind.[12] Sobald eines der betroffenen Rechte auf das Recht eines Staates weiter- oder rückverweist, der in der Verweisungskette bereits vorkam, ist die Verweisung (analog Abs. 1 S. 2) bei dieser Rechtsordnung abzubrechen.[13]

4. Teilweiser Rück- bzw. Weiterverweis.
Beachtlich ist auch ein teilweiser Rück- bzw. Weiterverweis (Teil-*renvoi*).[14] Hierzu kommt es, wenn das ausländische Recht anders qualifiziert bzw. anknüpft als das deutsche und etwa bei der kollisionsrechtlichen Behandlung der Rechtsnachfolge von Todes wegen zwischen dem beweglichen und dem unbeweglichen Nachlass differenziert.

5. Fehlende Ermittelbarkeit des ausländischen Kollisionsrechts.
Ein Sonderproblem stellt die fehlende Ermittelbarkeit des ausländischen Kollisionsrechts dar. Sollte sich der Inhalt des ausländischen Kollisionsrechts tatsächlich einmal nicht feststellen lassen (und nicht lediglich etwa eine abweichende Qualifikation oder ein „versteckter Rückverweis" vorliegen), so sind jedoch nicht die allgemeinen Grundsätze über die Nichtermittelbarkeit ausländischen Rechts (dazu Art. 3 Rn 50) entsprechend anzuwenden,[15] sondern, da sich äußerer Entscheidungseinklang und damit der Zweck der Gesamtverweisung von vornherein nicht realisieren lässt, die Kollisions- in eine Sachnormverweisung umzudeuten.[16]

II. Bloße Sachnormverweisung

Unter bestimmten Umständen kommt lediglich eine Sachnormverweisung in Betracht. Wann dies der Fall ist, lässt sich nur zum Teil abstrakt entscheiden. In der Regel bedarf es einer Untersuchung der jeweiligen inländischen Kollisionsnorm.

1. Ausdrücklicher Sachrechtsverweis.
Zahlreiche Kollisionsnormen enthalten ausdrückliche Sachrechtsverweise bzw. schließen Gesamtverweisungen aus. So beziehen sich die Artt. 11 Abs. 1, 2 u. 4, 15 Abs. 3, 26 für bestimmte Einzelfragen unmittelbar auf sachrechtliche Regelungen; die Frage nach einem Sachnorm- bzw. Gesamtverweis stellt sich hier von vornherein nicht.[17] Ausdrückliche Sachnormverweise enthalten die Artt. 12, 17a Abs. 1, 18 Abs. 1 u. 3. Gem. Art. 35 scheidet im gesamten deutschen Internationalen Vertragsrecht der Artt. 27–34 der *renvoi* aus. Das entspricht dem Charakter der Artt. 27 ff. als Vorschriften des (in das deutsche Recht umgesetzten) völkervertraglichen Kollisionsrechts (Art. 3 Rn 56 ff.) sowie der ausdrücklichen Vorgabe des Art. 15 EVÜ (zu Einzelheiten siehe die Kommentierung zu Art. 35).

---

9 Zu einem derartigen Fall etwa BGHZ 144, 251 = NJW 2000, 2421 = IPRax 2002, 40 m. Anm. *Umbeck* = JR 2001, 234 m. Anm. *Rauscher* (Qualifikation von Nachlassgegenständen als beweglich bzw. unbeweglich nach dem Recht von Ohio/USA).

10 BGHZ 144, 251, 252 = NJW 2000, 2421 = IPRax 2002, 40 m. Anm. *Umbeck* = JR 2001, 234 Anm. *Rauscher*.

11 Vgl. BT-Drucks 10/504, S. 38.

12 Palandt/*Heldrich*, Art. 4 EGBGB Rn 3; Erman/*Hohloch*, Art. 4 EGBGB Rn 9; Soergel/*Kegel*, Art. 4 EGBGB Rn 19; Bamberger/Roth/*Lorenz*, Art. 4 EGBGB Rn 15.

13 Str., wie hier Palandt/*Heldrich*, Art. 4 EGBGB Rn 3; Bamberger/Roth/*Lorenz*, Art. 4 EGBGB Rn 15; a.A. die sog. „*foreign court*-Theorie", vgl. *Michaels*, RabelsZ 61 (1997), 685, 701 ff.; Erman/*Hohloch*, Art. 4 EGBGB Rn 9; Staudinger/*Haussmann*, Art. 4 EGBGB Rn 56: Über den Abbruch sollen die vom deutschen Recht berufenen ausländischen Kollisionsrechte nach ihrem IPR entscheiden. Diese Regel ist freilich übermäßig kompliziert und unpraktikabel.

14 Staudinger/*Hausmann*, Art. 4 EGBGB Rn 60; Bamberger/Roth/*Lorenz*, Art. 4 EGBGB Rn 16.

15 So aber *Kegel/Schurig*, § 10 VI; *Kreuzer*, NJW 1983, 1943, 1946 ff.

16 MüKo/*Sonnenberger*, Art. 4 EGBGB Rn 69 f.; Bamberger/Roth/*Lorenz*, Art. 4 EGBGB Rn 17.

17 *Kratzke*, IPRax 1988, 8; Erman/*Hohloch*, Art. 4 EGBGB Rn 15. Vgl. i.d.S. auch BT-Drucks 18/504, S. 38.

12 Grundsätzlich nicht in Betracht kommt gem. **Abs. 2** eine Gesamtverweisung auch in allen sonstigen Bereichen, in denen die Parteien das anwendbare Recht durch Rechtswahl bestimmen können. Das betrifft die Artt. 10 Abs. 2 u. 3, 14 Abs. 2 u. 3, 15 Abs. 2 u. 3, 17 Abs. 1 S. 1, 25 Abs. 2, 42, 46. Abs. 2 bezweckt die Schaffung von Rechtssicherheit, indem er bestimmt, dass sich das anwendbare Recht unmittelbar aus der Rechtswahlvereinbarung ergibt. Die Annahme eines Sachnormverweises wird regelmäßig auch dem Willen der Parteien entsprechen. Rechtspolitisch ist der Ausschluss vertraglicher Gesamtverweisungen gleichwohl nicht nachvollziehbar, da die Parteien ganz ausnahmsweise ein Interesse daran haben können, eine Gesamtverweisung zu vereinbaren. *De lege lata* bleibt aber auch hier das Verbot des Abs. 2 zu beachten.[18]

13 **2. „Sinn der Verweisung" (Abs. 1 S. 1 Hs. 2).** Schwieriger festzustellen ist, ob eine Gesamtverweisung im Sinne des Abs. 1 S. 1 Hs. 2 „dem Sinn der Verweisung widerspricht" (sog. Sinnklausel) mit der Folge, dass lediglich eine Sachnormverweisung vorliegt.[19]

14 **a) Deutsches Kollisionsrecht verweist auf deutsches Recht.** Das ist zunächst der Fall bei Vorschriften des deutschen Kollisionsrechts, die auf deutsches Recht verweisen (Artt. 9 S. 2, 10 Abs. 2 Nr. 2, Abs. 3 Nr. 2, 13 Abs. 2 u. 3, 16, 17 Abs. 1 S. 2, 18 Abs. 2 u. 5, 24 Abs. 1 S. 2). Eine nochmalige Prüfung des deutschen IPR ist hier entbehrlich.[20]

15 **b) Völkerrechtliche Vereinbarungen.** Gesamtverweisungen scheiden regelmäßig aus bei Kollisionsnormen, die in unmittelbar anwendbaren völkerrechtlichen Vereinbarungen bzw. in den derartige Verträge umsetzenden Vorschriften des deutschen Rechts (etwa Artt. 18, 26) enthalten sind.[21] Dies folgt daraus, dass völkerrechtliche Verträge auf dem Gebiet des Kollisionsrechts die einheitliche Rechtsanwendung befördern wollen, die darunter litte, wenn manche Mitgliedstaaten Gesamt-, andere aber Sachnormenverweisungen annähmen. Nicht ausgeschlossen ist, dass entgegen der geschilderten Regel eine völkervertragliche Kollisionsnorm ausnahmsweise eine Gesamtverweisung ausspricht. Das wird aber in der Regel ausdrücklich geschehen.[22] Gleiches wie für völkerrechtliche Verträge gilt grundsätzlich auch für Kollisionsnormen im **Recht der Europäischen Gemeinschaften.** Diese regeln jedoch regelmäßig ausdrücklich, ob sie Sachnorm- oder Gesamtverweise enthalten.

16 **c) Alternativanknüpfungen.** Alternativanknüpfungen enthalten die Artt. 11 Abs. 1, 14 Abs. 4 S. 2 Hs. 2, 15 Abs. 3, 19 Abs. 1 S. 2 u. 4, 20 Abs. 1, 26, 40 Abs. 1, 4.[23] Derartige Regelungen verfolgen das Ziel, eine Partei (oder beide) kollisionsrechtlich dadurch zu bevorzugen, dass mehrere Rechtsordnungen miteinander verglichen werden und im Ergebnis das einer Partei (oder beiden) günstigere Recht berufen wird. Diesem **Günstigkeitsprinzip** widerspräche es nach einhelliger Ansicht, wenn ein Vergleich deswegen ausschiede, weil eine der beiden zu vergleichenden Rechtsordnungen unmittelbar oder mittelbar auf die andere weiterverweist und im Ergebnis damit lediglich eine Rechtsordnung berufen würde.[24] Sehr umstritten im Zusammenhang mit Alternativanknüpfungen ist jedoch, ob Gesamtverweisungen überhaupt ausgeschlossen sind, ob sie nur beachtlich sind, wenn sie den Begünstigten materiellrechtlich besser stellen, bzw. ob sie nur ausnahmsweise unterbleiben sollen, wenn das von der Alternativanknüpfung gewünschte Ergebnis andernfalls materiellrechtlich nicht erreicht würde, oder ob Gesamtverweisungen so lange beachtlich sind, wie sie nicht zur Beschränkung der Zahl der alternativ zur Verfügung stehenden Rechtsordnungen führen, bzw. ob eine Einzelfallprüfung angezeigt ist.[25] Bei der Stellungnahme ist zu beachten, dass Abs. 1 vom Grundsatz der Gesamtverweisung ausgeht. Für die Annahme von Sachnormverweisen spricht jedoch, dass die Bestimmung der anwendbaren Rechtsordnung bei Alternativanknüpfungen vom Inhalt des materiellen Rechts abhängig gemacht wird. Ein Günstigkeitsprinzip dergestalt, dass im Interesse des Begünstigten nur, aber auch so lange von Gesamtverweisungen auszugehen sei, bis die dem Begünstigten materiellrechtlich

---

18 Wie hier Palandt/*Heldrich*, Art. 4 EGBGB Rn 11; MüKo/*Sonnenberger*, Art. 4 EGBGB Rn 71. Für Zulassung von Gesamtverweisen etwa *Schröder*, IPRax 1987, 90, 92 m.w.N.; Erman/*Hohloch*, Art. 4 EGBGB Rn 14; MüKo/*Martiny*, Art. 35 EGBGB Rn 5 f.; Soergel/*v. Hoffmann*, Art. 35 EGBGB Rn 7. Differenzierend *Rauscher*, NJW 1988, 2151, 2153.

19 Ausf. *Kühne*, in: FS Ferid 1988, S. 251 ff.; *Rauscher*, NJW 1988, 2151; *Ebenroth/Eyles*, IPRax 1989, 1; *Kartzke*, IPRax 1988, 8.

20 BT-Drucks 10/504, S. 35; *Ebenroth/Eyles*, IPRax 1989, 1, 3; Erman/*Hohloch*, Art. 4 EGBGB Rn 15.

21 Unstr., vgl. Palandt/*Heldrich*, Art. 4 EGBGB Rn 13; Bamberger/Roth/*Lorenz*, Art. 4 EGBGB Rn 7; Erman/*Hohloch*, Art. 4 EGBGB Rn 16; ausf. *Kropholler*, in: FS Henrich 2000, S. 393 ff. und *Graue*, RabelsZ 57 (1993), 26 ff.

22 Aufzählung derartiger Regelungen bei *Kropholler*, in: FS Henrich 2000, S. 393, 394 ff.

23 Für das Günstigkeitsprinzip nach den Art. 29 Abs. 1, 30 Abs. 1 wird der *renvoi* bereits durch Art. 35 ausgeschlossen.

24 BT-Drucks 10/5632, S. 39; *Ebenroth/Eyles*, IPRax 1989, 1, 10; differenzierend Erman/*Hohloch*, Art. 4 EGBGB Rn 19; a.A. wohl nur Soergel/*Kegel*, Art. 4 EGBGB Rn 28.

25 Nachw. bei *Sonnentag*, S. 203 ff.

günstigste Rechtsordnung gefunden ist, überzeugt vor dem Normzweck der Alternativanknüpfung nicht. Es führte nicht nur zu willkürlichen Ergebnissen, sondern ist auch unpraktikabel.[26] Bei Alternativanknüpfungen ist daher stets vom Vorliegen von Sachnormverweisen auszugehen, Weiter- oder Rückverweisungen durch das Kollisionsrecht der ermittelten Rechtsordnungen haben außer Betracht zu bleiben.[27]

d) Anknüpfung an die engste Verbindung. Umstritten ist die Anwendung der „Sinnklausel" auch bei Kollisionsnormen, die eine Anknüpfung an die engste Verbindung vorsehen. Die wohl herrschende Auffassung geht davon aus, Kollisionsnormverweisungen widersprächen hier dem Zweck der Anknüpfung.[28] Dem ist zuzustimmen. Eine engere als die engste Verbindung gibt es gerade nicht,[29] und es wäre sinnwidrig, die nach den Kriterien des deutschen (Kollisions-)Rechts als am besten zur Entscheidung des Sachverhaltes ermittelte Rechtsordnung über einen eventuellen *renvoi* wieder auszuschalten.[30]

17

e) Akzessorische Anknüpfungen. Ebenfalls umstritten ist die Anwendung der Sinnklausel auf akzessorische Anknüpfungen (etwa gem. Art. 41 Abs. 2 Nr. 1) und auf Anknüpfungen, die einen Verweis auf ein anderes Statut vorsehen (vgl. Artt. 15 Abs. 1, 17 Abs. 1, die auf Art. 14 verweisen). Zum Teil wird vertreten, für das „akzessorisch" anzuknüpfende Statut gelte das für die Hauptfrage ermittelte Sachrecht unter Ausschluss des Kollisionsrechts,[31] andere schließen eine Sachverweisung überhaupt aus.[32] Zutreffend ist demgegenüber eine Differenzierung:[33] Akzessorische Anknüpfungen im engeren Sinne (Artt. 38 Abs. 1, 39 Abs. 2, 40 Abs. 4 und 41 Abs. 1 Nr. 1) beruhen auf dem Gedanken, dass die von der akzessorischen Anknüpfung betroffenen Materien aufgrund inhaltlicher, d.h. sachrechtlicher Zusammenhänge nach demselben Recht zu beurteilen sind wie die Hauptmaterie. In diesen Fällen scheidet eine Gesamtverweisung aus, da sie den materiellrechtlichen Sinnzusammenhang der Materien zerreißen würde. Demgegenüber beruhen die Artt. 15, 17 nicht auf dem Gedanken des inneren Zusammenhangs des Haupt- und des akzessorischen Anknüpfungsgegenstandes. Der Verweis auf das Ehewirkungsstatut soll hier lediglich als Ersatz für die Schaffung eigener Kollisionsnormen dienen. Gegen einen Gesamtverweis bestehen in diesem Fall daher keine Bedenken (näher Art. 17 Rn 23 ff.).

18

3. Abbruch der Verweisungskette (Abs. 1 S. 2). Abs. 1 S. 2 bricht die Verweisungskette ab, wenn das ausländische IPR auf deutsches Recht zurückverweist; in diesem Fall ist deutsches Sachrecht anzuwenden. Ein Abbruch der Verweisungskette ist schon zur Verhinderung eines „Endlosverweises" geboten und die Anwendung deutschen Rechts der Entscheidungsfindung durch die inländischen Gerichte dienlicher als diejenige einer fremden Rechtsordnung.[34]

19

III. Verweisung auf das Recht von Staaten mit mehreren Teilrechtsordnungen (Abs. 3)

1. Allgemeines. In vielen Staaten (insbes. USA, Vereinigtes Königreich, Spanien, Mexiko, Serbien-Montenegro, Australien) (sog. Mehrrechtsstaaten) gilt in unterschiedlichen Teilen des Territoriums ganz oder teilweise unterschiedliches Privatrecht (sog. Teil- oder Partikularrechtsordnungen). Vergleichbares galt in der Zeit vor dem 3.10.1990 auch für Sachverhalte mit Bezug zum Gebiet der Bundesrepublik und der ehem. DDR (vgl. Art. 3 Rn 51 f.). In Fällen einer derartigen **territorialen Rechtsspaltung** ist gegebenenfalls durch sog. Unteranknüpfung zu entscheiden, auf welche der Teilrechtsordnungen sich die vom deutschen Recht ausgesprochene Verweisung bezieht. Ähnliche Problemstellungen können sich ergeben, wenn das ausländische Recht für Personen unterschiedlicher ethnischer Abstammung oder religiöser Überzeugung unterschiedliche Rechtsregeln vorhält (sog. **interpersonale** bzw. **interreligiöse Rechtsspaltung**). Art. 35 Abs. 2 enthält für das Internationale Vertragsrecht eine Art. 4 Abs. 3 verdrängende Spezialregelung (siehe die Kommentierung zu Art. 35 EGBGB).

20

---

26 Vgl. Soergel/*Kegel*, Art. 4 EGBGB Rn 28, der allerdings prinzipiell den *renvoi* auch im Rahmen von Alternativanknüpfungen zulassen will.
27 Wie hier *Baum*, Alternativanknüpfungen, 1985, S. 58, 257; *Schröder*, Das Günstigkeitsprinzip im internationalen Privatrecht, 1996, S. 148 f.; *Kühne*, in: FS Ferid 1988, S. 251, 258; *Rauscher*, NJW 1988, 2151, 2153; *Ebenroth/Eyles*, IPRax 1989, 1, 10.
28 Erman/*Hohloch*, Art. 4 EGBGB Rn 18; Palandt/*Heldrich*, Art. 4 EGBGB Rn 8; Staudinger/*Hausmann*, Art. 4 EGBGB Rn 97 ff. m.w.N.
29 *Sonnentag*, S. 171.
30 A.A. *Kühne*, in: FS Ferid 1988, S. 251, 260 ff.; *Kartzke*, IPRax 1988, 8, 9 f.; *Rauscher*, NJW 1988,

2151, 2154; *Ebenroth/Eyles*, IPRax 1989, 1, 11; Bamberger/Roth/*Lorenz*, Art. 4 EGBGB Rn 8; MüKo/*Sonnenberger*, Art. 4 EGBGB Rn 28.
31 Erman/*Hohloch*, Art. 4 EGBGB Rn 14.
32 *Rauscher*, NJW 1988, 2151, 2154.
33 Palandt/*Heldrich*, Art. 4 EGBGB Rn 9; Bamberger/Roth/*Lorenz*, Art. 4 EGBGB Rn 9; MüKo/*Sonnenberger*, Art. 4 EGBGB Rn 27; *Rauscher*, NJW 1988, 2151, 2154; *Kartzke*, IPRax 1988, 8, 10 f.; *Kühne*, in: FS Ferid 1988, S. 251, 262 ff.; *Ebenroth/Eyles*, IPRax 1989, 1, 12; *Dörner* StAZ 1990, 1, 4.
34 Krit. MüKo/*Sonnenberger*, Art. 4 EGBGB Rn 34.

Art. 4 EGBGB — Erster Teil Allgemeine Vorschriften

21 **2. Voraussetzungen für die Unteranknüpfung gem. Abs. 3.** Eine Unteranknüpfung gem. Abs. 3 kommt nicht in Betracht, falls das Recht des Gesamtstaates, auf das vom deutschen Recht im Wege der Gesamtverweisung verwiesen wird, über ein einheitliches **Internationales Privatrecht** verfügt, das für alle Teilrechtsordnungen verbindlich entscheidet, dass die Verweisung nicht angenommen und die Rechtsfrage daher weiter- oder rückverwiesen wird. Dieses Ergebnis folgt daraus, dass die international-privatrechtliche Frage der interlokalen vorgeschaltet ist und auf der Ebene des IPR in dem Mehrrechtsstaat in diesem Fall gerade keine Rechtsspaltung besteht.[35] Anderes gilt, wenn der Mehrrechtsstaat auch kollisionsrechtlich gespalten ist, d.h. auch das IPR von Teilgebiet zu Teilgebiet unterschiedlich ist. Hier ist gemäß den nachstehenden Grundsätzen (Rn 23 f.) zu verfahren und nur dann eine Unteranknüpfung vorzunehmen, wenn das deutsche Recht nicht die anwendbare Teilrechtsordnung unmittelbar im Sinne der Rn 22 selbst bestimmt.[36]

22 Nach dem Wortlaut der Vorschrift („ohne die maßgebende zu bezeichnen") kommt eine Unteranknüpfung gem. Abs. 3 S. 1 nach herrschender Ansicht nicht in Betracht, wenn das **deutsche IPR** die anzuwendende Teilrechtsordnung selbst bestimmt.[37] Dies ist der Fall, wenn der Anknüpfungspunkt der deutschen Kollisionsnorm auf besondere lokalisierende Aspekte abstellt, etwa im Rahmen der Anknüpfung an den gewöhnlichen Aufenthalt, den Vornahme- oder den Tatort oder die Belegenheit einer Sache. In diesem Fall gilt die vom deutschen Kollisionsrecht bezeichnete Teilrechtsordnung selbst dann, wenn der Mehrrechtsstaat über ein eigenes sog. interlokales Privatrecht verfügt, das zur Geltung eines anderen Partikularrechts führen würde. Diese Regelung ist rechtspolitisch missglückt, da sie die Wertungen des ausländischen Rechts ignoriert und den von Abs. 1 bezweckten Entscheidungseinklang infrage stellt.[38] Es wird daher zum Teil gefordert, Abs. 3 S. 1 nur anzuwenden, soweit der ausländische Mehrrechtsstaat über kein interlokales Privatrecht verfügt[39] bzw. die Anwendung der Vorschrift auf Sachnormverweise zu beschränken.[40] Dem ist aber aufgrund des eindeutigen Gesetzeswortlautes und des entsprechenden Willens des Gesetzgebers[41] *de lege lata* nicht zu folgen. Zudem ist im Falle einer Gesamtverweisung nicht ausgeschlossen, dass die vom deutschen Recht unmittelbar bestimmte Teilrechtsordnung die Verweisung ablehnt und einen *renvoi* ausspricht.[42]

23 **3. Durchführung der Unteranknüpfung (Abs. 3 S. 1).** Ist eine Unteranknüpfung vorzunehmen, entscheidet gem. Abs. 3 S. 1 grundsätzlich das **interlokale Privatrecht** des ausländischen Gesamtstaates, welche Teilrechtsordnung anzuwenden ist.[43] Diesbezüglich gelten keine Besonderheiten. Fehlt es an einem gesamtstaatlichen interlokalen Privatrecht, ist gem. Abs. 3 S. 2 diejenige Teilrechtsordnung anzuwenden, zu der der Sachverhalt unter Würdigung aller Umstände des Einzelfalles die engste Beziehung aufweist. Wie bei jeder Anknüpfung kommt es hierbei insbesondere auf die Lokalisierung der von der deutschen Kollisionsnorm verwendeten Anknüpfungspunkte an, die zu Art. 5 Abs. 1 S. 1 entwickelten Grundsätze (Art. 5 Rn 22 ff.) gelten entsprechend. In dem für die Anwendung des Abs. 3 besonders relevanten Bereich des Internationalen Familien- und Erbrechts ist daher regelmäßig auf den (letzten) gewöhnlichen Aufenthalt derjenigen Person(en) abzustellen, auf die es nach der deutschen Kollisionsnorm ankommt.[44]

24 Da Abs. 3 S. 2 lediglich der Bestimmung der anzuwendenden interlokalen Rechtsordnung dient, ist ein **renvoi** durch des benannte interlokale Privatrecht auf ein anderes Teilrecht des betreffenden Staates ebenso wenig ausgeschlossen wie eine Rück- oder Weiterverweisung auf das Recht eines anderen Staates.[45]

25 **4. Interreligiöses und interpersonales Recht.** Einige (insbesondere islamische und afrikanische) Staaten behandeln Angehörige unterschiedlicher Religions- oder Stammeszugehörigkeiten insbesondere in familienrechtlichen Angelegenheiten unterschiedlich.[46] Insoweit sind die zu **Abs. 3** entwickelten Grundsätze

---

35 *Stoll*, in: FS Keller 1989, S. 511, 514; *Otto*, IPRax 1994, 1, 2; Bamberger/Roth/*Lorenz*, Art. 4 EGBGB Rn 21.
36 Ebenso Bamberger/Roth/*Lorenz*, Art. 4 EGBGB Rn 21.
37 *Stoll*, in: FS Keller 1989, S. 511, 515; Erman/*Hohloch*, Art. 4 EGBGB Rn 22; Bamberger/Roth/*Lorenz*, Art. 4 EGBGB Rn 19; Palandt/*Heldrich*, Art. 4 EGBGB Rn 14.
38 Krit. etwa Staudinger/*Hausmann*, Art. 4 EGBGB Rn 336 m.w.N. sowie das nachfolgende Schrifttum.
39 *Spickhoff*, JZ 1993, 336, 337; wohl auch MüKo/*Sonnenberger*, Art. 4 EGBGB Rn 98 ff.
40 So *Rauscher*, IPRax 1987, 206 ff.
41 Regierungsbegründung, BT-Drucks 10/504, S. 40.
42 Palandt/*Heldrich*, Art. 4 EGBGB Rn 15; Bamberger/Roth/*Lorenz*, Art. 4 EGBGB Rn 21; Erman/*Hohloch*, Art. 4 EGBGB Rn 22.
43 Zum ehem. jugoslawischen Recht OLG Düsseldorf FamRZ 1995, 1203; OLG Frankfurt IPRax 2001, 140 m. Anm. *Henrich*; zum US-amerikanischen Recht etwa OLG Zweibrücken NJW-RR 1999, 948 = JuS 1999, 1233 m. Anm. *Hohloch*.
44 Ausf. Nachw. bei MüKo/*Sonnenberger*, Art. 4 EGBGB Rn 102; Erman/*Hohloch*, Art. 4 EGBGB Rn 24.
45 Erman/*Hohloch*, Art. 4 EGBGB Rn 26 m.w.N.; zum interlokalen Weiterverweis MüKo/*Sonnenberger*, Art. 4 EGBGB Rn 104.
46 Zum iranischen Recht etwa OLG Saarbrücken FamRZ 1992, 848 = IPRax 1993, 100 m. Anm. *Henrich*.

entsprechend anzuwenden.⁴⁷ Hat die Anwendung des ausländischen interreligiösen bzw. interpersonalen Privatrechts nach deutschem Verständnis (Art. 3 GG) eine nicht gerechtfertigte diskriminierende Differenzierung zur Folge, ist ein Verstoß gegen den inländischen *ordre public* (Art. 6) zu prüfen.

Artikel 5   Personalstatut

(1) ¹Wird auf das Recht des Staates verwiesen, dem eine Person angehört, und gehört sie mehreren Staaten an, so ist das Recht desjenigen dieser Staaten anzuwenden, mit dem die Person am engsten verbunden ist, insbesondere durch ihren gewöhnlichen Aufenthalt oder durch den Verlauf ihres Lebens. ²Ist die Person auch Deutscher, so geht diese Rechtsstellung vor.

(2) ¹Ist eine Person staatenlos oder kann ihre Staatsangehörigkeit nicht festgestellt werden, so ist das Recht des Staates anzuwenden, in dem sie ihren gewöhnlichen Aufenthalt oder, mangels eines solchen, ihren Aufenthalt hat.

(3) ¹Wird auf das Recht des Staates verwiesen, in dem eine Person ihren Aufenthalt oder ihren gewöhnlichen Aufenthalt hat, und ändert eine nicht voll geschäftsfähige Person den Aufenthalt ohne den Willen des gesetzlichen Vertreters, so führt diese Änderung allein nicht zur Anwendung eines anderen Rechts.

Literatur: *Baetge*, Der gewöhnliche Aufenthalt im IPR, 1994; *v. Bar*, Exklusivnormen und deutsches Personalstatut, IPRax 1985, 272; *Benicke*, Auswirkungen des neuen Staatsangehörigkeitsrechts auf das IPR, IPRax 2000, 171; *Benicke/ Zimmermann*, Internationales Namensrecht im Spannungsfeld zwischen Internationalem Privatrecht, Europäischem Gemeinschaftsrecht und Europäischer Menschenrechtskonvention, IPRax 1995, 141; *Börner*, Palästina und die Palästinenser im IPR, IPRax 1997, 47; *Budzikiewicz*, Folgen der Mehrstaatigkeit nach der Reform des deutschen Staatsangehörigkeitsrechts (Tagungsbericht der deutsch-türkischen Juristenvereinigung), IPRax 2001, 493; *Dethloff*, Doppelstaatsangehörigkeit und Internationales Privatrecht, JZ 1995, 64; *Dörner*, Moderne Anknüpfungstechniken im internationalen Personen- und Familienrecht, StAZ 1990, 1; *Fischer*, Gemeinschaftsrecht und kollisionsrechtliches Staatsangehörigkeitsprinzip, in: v. Bar (Hrsg.), Europäisches Gemeinschaftsrecht und IPR, 1991, S. 157; *Fuchs*, Neues Staatsangehörigkeitsrecht und Internationales Privatrecht, NJW 2000, 489; *Gaudemet-Tallon*, Nationalité, statut personnel et droits de l'homme, in: FS Erik Jayme 2004, S. 205; *Gruber*, Kollisionsrechtliche Implikationen des neuen Staatsangehörigkeitsrechts, IPRax 1999, 426; *Hailbronner/Renner*, Staatsangehörigkeitsrecht – Kommentar, 3. Auflage 2001; *Hellwig*, Die Staatsangehörigkeit als Anknüpfung im deutschen IPR, 2001; *Henrich*, Abschied vom Staatsangehörigkeitsprinzip?, in: FS Hans Stoll 2001, S. 437; *ders.*, Parteiautonomie, Privatautonomie und kulturelle Identität, in: FS Erik Jayme 2004, S. 321; *Jayme*, Kulturelle Identität und Internationales Privatrecht, in: ders., Kulturelle Identität und Internationales Privatrecht, 2003, S. 5; *ders.*, Nation und Staat im internationalen Privatrecht, in: Jayme/Mansel, Nation und Staat im internationalen Privatrecht, 1990, S. 3; *ders.*, Zur Ehescheidung von Doppelstaatern mit verschiedener effektiver Staatsangehörigkeit, IPRax 2002, 209; *F. K. Juenger*, The National Law Principle, in: Gerkens, u.a. (Hrsg.), Mélanges Fritz Sturm, Bd. II, Liège 1999, S. 1519; *Kohler*, Verständigungsschwierigkeiten zwischen europäischem Gemeinschaftsrecht und IPR, in: Mansel u.a. (Hrsg.), FS Erik Jayme 2004, Bd. 1 S. 445; *Kropholler*, Der gewöhnliche Aufenthalt des Kindes und das Aufenthaltsbestimmungsrecht, in: FS Erik Jayme 2004, S. 471; *Mankowski*, Kulturelle Identität und Internationales Privatrecht, IPRax 2004, 282; *Mansel*, Personalstatut, Staatsangehörigkeit und Effektivität, 1988; *ders.*, Doppelstaater mit Drittstaatenaufenthalt und die Bestimmung ihrer effektiven Staatsangehörigkeit, IPRax 1985, 209; *ders.*, Vertragsautonome Mehrstaateranknüpfung und nicht feststellbare Effektivität, IPRax 1988, 22; *ders.*, Das Staatsangehörigkeitsprinzip im deutschen und gemeinschaftsrechtlichen Internationalen Privatrecht, in: Jayme (Hrsg.), Kulturelle Identität und Internationales Privatrecht, 2003, S. 119; *Martiny*, Probleme der Doppelstaatsangehörigkeit im deutschen Internationalen Privatrecht, JZ 1993, 1145; *Rauscher*, Heimatlos in Europa? – Gedanken gegen eine Aufgabe des Staatsangehörigkeitsprinzips im IPR, in: FS Erik Jayme 2004, 719; *W.-H. Roth*, Der Einfluss der Grundfreiheiten auf das internationale Privatrecht, in: Baur/Mansel, Systemwechsel im europäischen Kollisionsrecht nach Amsterdam und Nizza, 2002, S. 47; *Spickhoff*, Grenzpendler als Grenzfälle: Zum „gewöhnlichen Aufenthalt" im IPR, IPRax 1995, 185; *ders.*, Asylbewerber und gewöhnlicher Aufenthalt, IPRax 1990, 225.

---

47 Unstr., Palandt/*Heldrich*, vor Art. 3 EGBGB Rn 4; Soergel/*Kegel*, Art. 4 EGBGB Rn 49; Bamberger/ Roth/*Lorenz*, Art. 4 EGBGB Rn 18.

A. Allgemeines

I. Überblick

1 Die Vorschrift enthält unter dem Oberbegriff Personalstatut für die Anknüpfungsmerkmale Staatsangehörigkeit und Aufenthalt ergänzende Regelungen. Die Anknüpfung an die Staatsangehörigkeit bedarf der näheren Konkretisierung, wenn die betreffende Person mehreren Staaten angehört (Abs. 1), wenn sie keine Staatsangehörigkeit besitzt oder eine Staatsangehörigkeit nicht festgestellt werden kann (Abs. 2). Die Bedeutung des Abs. 2 ist aufgrund vorrangiger, allerdings inhaltsgleicher staatsvertraglicher Kollisionsnormen gering (vgl. Anhang I zu Art. 5 Rn 1). Bei nicht voll geschäftsfähigen Personen wird die Anknüpfung an den gewöhnlichen oder schlichten Aufenthalt an den Willen des gesetzlichen Vertreters gekoppelt (Abs. 3). Diese Sondervorschrift soll dem sog. *legal kidnapping* entgegenwirken. Sie wird vom Haager Kindesentführungsabkommen und mit dem In-Kraft-Treten der Brüssel II-VO teilweise überlagert (vgl. Anhang I zum III. Abschnitt EGBGB).

2 **1. Personalstatut.** Rechtliche Fähigkeiten und persönliche Verhältnisse einer natürlichen Person[1] werden von den Vorschriften des besonderen Teils des deutschen IPR dem Recht desjenigen Staates unterstellt, dem die Person am engsten verbunden ist (Personalstatut[2]). Die Staatsangehörigkeit ist der bestimmende Anknüpfungspunkt, daneben stehen der gewöhnliche oder der schlichte Aufenthalt. So verweisen auf die Staatsangehörigkeit etwa Art. 7 Abs. 1 (Geschäftsfähigkeit), Art. 9 S. 1 (Todeserklärung), Art. 10 Abs. 1 (Name), Art. 13 Abs. 1 (Eheschließung), Art. 14 Abs. 1 Nr. 1 (Allgemeine Ehewirkungen), Art. 15 Abs. 1 (Güterstand), Art. 17 Abs. 1 (Ehescheidung), Art. 18 Abs. 4 (Scheidungsunterhalt), Art. 19 Abs. 1 S. 2 (Abstammung), Art. 22 (Adoption), Art. 24 (Betreuung, Vormundschaft, Pflegschaft), Art. 25 (Erbrecht). Ferner spielt die Staatsangehörigkeit dort eine Rolle, wo die engste Beziehung angeknüpft wird und Berührungspunkte für ein Rechtsanwendungsinteresse festzustellen sind (etwa für das objektive Vertragsstatut, Art. 28 Abs. 1, oder im Rahmen der sog. Ausweichklauseln, Art. 28 Abs. 5, im Deliktsrecht, Art. 41; kaum praktisch allerdings beim Sachenrecht, Art. 46).

3 Der gewöhnliche Aufenthalt (Umweltrecht) ist vorrangig im Kindschaftsrecht (Artt. 19–21) und alternativ zu der Staatsangehörigkeit beim Unterhalt (Art. 18 Abs. 1 S. 1 u. 2) maßgeblich. Daneben gilt der gewöhnliche Aufenthalt subsidiär in Art. 5 Abs. 2 Hs. 1; Art. 14 Abs. 1 Nr. 2. Der schlichte Aufenthalt ist stets nur eine Hilfsanknüpfung, falls ein gewöhnlicher Aufenthalt nicht besteht (Abs. 2 Hs. 2). Im staatsvertraglichen Kollisionsrecht wie im gemeinschaftsrechtlichen Kollisionsrecht ist der gewöhnliche Aufenthalt als Anknüpfungskriterium, und zwar aus Gründen des Schutzes, der Fürsorge, der Praktikabilität oder zur Vermeidung von Diskriminierungen im Bereich des Personalstatutes, von zentraler Bedeutung. Das künftige

---

[1] Das ist die untechnische Umschreibung des Anknüpfungsgegenstandes, den das Personalstatut umfasst (s. auch folgende Fn).
[2] Der Begriff Personalstatut fasst die Anknüpfungsgegenstände Personen-, Familien- und Erbrecht untechnisch zusammen. Art. 5 ist aber keine Kollisionsnorm, sondern kollisionsrechtliche Hilfsnorm, vgl. Bamberger/Roth/*Lorenz*, Art. 5 EGBGB Rn 1.

Familien- und Erbkollisionsrecht im EG-Recht[3] wird möglicherweise eine Kombination aus Staatsangehörigkeit, gewöhnlichem Aufenthalt und Wohnsitz (Domizil).

2. Wohnsitz und domicile. Der Wohnsitz ist im deutschen IPR kein Anknüpfungsmerkmal.[4] Verwendet wird der Wohnsitzbegriff aber in Art. 12 Abs. 1 der Genfer Flüchtlingskonvention (GFK) und in Art. 12 Abs. 1 des UN-Übereinkommen über die Rechtsstellung der Staatenlosen. Der Wohnsitzbegriff ist dort im Kontext des Staatsvertrages autonom auszulegen. Dabei können die nationalen Auslegungsspielräume zugunsten einer einheitlichen Auslegung genutzt werden, was zu einer Angleichung des Wohnsitzbegriffes an den des **gewöhnlichen Aufenthaltes** führt (vgl. Anhang I zu Art. 5 Rn 6; Anhang II zu Art. 5 Rn 26). Die inländischen Vorschriften über den Wohnsitz in §§ 7–11 BGB sind daher praktisch ohne Bedeutung.[5]

Dagegen ist die Anknüpfung an das „*domicile*" im angelsächsischen Recht (mit eigenständiger Doktrin[6]) verbreitet und spielt im Rahmen der Rück- und Weiterverweisungen (Art. 4 Abs. 1 u. 3) eine beträchtliche Rolle. Die Auslegung dieses Begriffs ist – wie stets – nach dem jeweiligen ausländischen Recht zu bestimmen. In den Grundzügen ähnelt das *domicile* der Staatsangehörigkeit und weniger dem gewöhnlichen Aufenthalt, weil es von einer **Heimatverbundenheit** der Person ausgeht. Jede Person erwirbt mit der Geburt das *domicile of origin* des Vaters oder bei Nichtehelichkeit oder Vorversterben des Vaters das der Mutter. Das *domicile of origin* drückt die Zugehörigkeit zu einem einheitlichen Rechtsgebiet aus,[7] es ist unwandelbar und unverlierbar. Es kann aber zeitweilig oder dauerhaft verdrängt werden durch ein *domicile of choice*. An seine Begründung werden besondere Anforderungen gestellt, wobei das englische Recht strenger ist als die US-amerikanischen Teilrechtsordnungen.[8] Die Niederlassung muss in der Absicht genommen werden, dort für immer oder auf unbestimmte Zeit zu bleiben. Dies kann für Soldaten auch der Stationierungsort sein.[9]

II. Staatsangehörigkeit

1. Staatsangehörigkeitsprinzip. Das deutsche autonome Internationale Privatrecht (Artt. 3 ff.) beruht maßgeblich auf dem Staatsangehörigkeitsprinzip. Damit wird nicht die völkerrechtliche Personalhoheit und das Schutzgebot der Staatsangehörigkeit,[10] sondern ein kollisionsrechtlicher Gerechtigkeitsgedanke verwirklicht. Der Gesetzgeber geht mit der Anknüpfung an die Staatsangehörigkeit davon aus, dass die betreffende Person am engsten mit dem Staat verbunden ist, dessen Staatsangehörigkeit sie besitzt. Personalstatut ist deshalb das sog. Heimatrecht. Die Richtigkeit dieser Annahme und ihre Zeitgemäßheit sind umstritten.[11] Neuere Rechtsentwicklungen deuten international und auf europäischer Ebene einen **Rückzug des Staatsangehörigkeitsprinzips** zugunsten einer Anknüpfung an den gewöhnlichen Aufenthalt an.[12] Eine Diskriminierung aufgrund der Staatsangehörigkeit, bezogen auf das allgemeine Diskriminierungsverbot in Art. 12 EGV sowie bezogen auf die besonderen Diskriminierungsverbote aus den Grundfreiheiten,[13] liegt

---

3 Zum Stand der gegenwärtigen Entwicklung und mit einem eigenen Vorschlag für ein europäisches Personalstatut, *Rauscher*, in: FS Jayme 2004, S. 719, 728 ff., 738 ff.

4 Gleichbedeutend mit dem deutschsprachigen Begriff Domizil. Eine Ausnahme besteht im Hinblick auf die Testamentsform, Art. 26 Abs. 1 S. 1 Nr. 3 Alt. 1. Anders im Verfahrensrecht, dort kommt dem Wohnsitzbegriff noch eine stärkere Bedeutung zu; vgl. *Kegel/Schurig*, § 13 II 3, S. 440.

5 Mangels Auslegungshinweisen im Staatsvertrag ist auf den gewöhnlichen Aufenthalt, nicht dagegen auf das nationale Wohnsitzrecht (§§ 7 ff. BGB) zurückzugreifen; *Erman/Hohloch*, Art. 5 EGBGB Rn 45.

6 Dazu Staudinger/*Mankowski*, Vorbem. zu Art. 13 EGBGB Rn 20–27; *Dicey/Morris/McClean*, The Conflict of Laws, 13. Aufl. London 2000, S. 115 ff.

7 *v. Bar/Mankowski*, IPR I, § 7 Rn 25 f.

8 Vgl. Staudinger/*Mankowski*, Vorbem. zu Art. 13 EGBGB Rn 20 ff.

9 OLG Zweibrücken NJW-RR 1999, 948; AG Landstuhl FamRZ 2003, 1300; AG Heidelberg IPRax 1988, 113.

10 Vgl. Staudinger/*Blumenwitz*, Anh. II zu Art. 5 EGBGB Rn 2 u. 13.

11 Unter dem Blickwinkel der praktischen Parteiinteressen generell abl. und für ein fakultatives Kollisionsrecht, Staudinger/*Sturm/Sturm*, Einl. zum IPR Rn 183 ff.; gegen eine Anknüpfung an die Staatsangehörigkeit ferner *F. K. Juenger*, The National Law Principle, in: Gerkens, u.a. (Hrsg.), Mélanges Fritz Sturm, Bd. II, S. 1519, 1526 ff.; grds. sehr skeptisch auch *Mankowski*, IPRax 2004, 282, 285.

12 Im Hinblick auf das durch Staatsverträge und künftig durch gemeinschaftsrechtliche Normen geschaffene Kollisionsrecht, vgl. dazu *Henrich*, in: FS Stoll 2001, S. 437 ff. Zu gegenläufigen Entwicklungen im Hinblick auf die osteuropäischen Transformationsstaaten s. *Mansel*, Staatsangehörigkeitsprinzip, S. 119, 124 ff. ebenso aus französischer Sicht und der Menschenrechte, vgl. *Gaudemet-Tallon*, in: FS Jayme 2004, S. 205, 214 ff.; gegen eine Aufgabe der Staatsangehörigkeitsanknüpfung *Rauscher*, in: FS Jayme 2004, S. 719, 736 f.

13 Art. 12 hat gegenüber den besonderen Diskriminierungsverboten aus den Grundfreiheiten nur eine Auffangfunktion; vgl. Streinz/*Streinz*, EUV/EGV, 2003, Art. 12 EGV Rn 14 ff.

in der Anknüpfung an das Heimatrecht grundsätzlich aber nicht,[14] zumindest nicht ohne weiteres.[15] Auch das rechtspolitische Interesse nach Assimilierung rechtfertigt eine Abkehr vom Staatsangehörigkeitsprinzip nicht.[16] Für die Anknüpfung an das Recht der Staatsangehörigkeit spricht die oftmals Identität stiftende **Verbundenheit der Person** zu ihrem Heimatstaat und dessen Kultur, die sich auch in den personenrechtlichen Wertungen widerspiegelt.[17] Ferner ist der Gleichlauf mit dem staatlichen Wahlrecht und die damit verbundene demokratische Legitimation des angewandten Rechts ein überzeugendes Argument zugunsten der Staatsangehörigkeitsanknüpfung.[18] Eine Flexibilisierung durch Einführung eines **Optionsrechts** zugunsten des Aufenthaltsrechts erscheint aber sinnvoll. Eine solche Rechtswahlmöglichkeit ist im Hinblick auf migrierende heterogene Bevölkerungsgruppen *de lege ferenda* zu befürworten.[19]

7 **2. Bestimmung der Staatsangehörigkeit.** Jeder Staat entscheidet selbst und autonom, welche Personen ihm angehören. Die Staatsangehörigkeit einer Person wird daher ausschließlich nach dem Staatsangehörigkeitsrecht des betreffenden Staates[20] geregelt.[21] Soweit der Erwerb oder der Verlust der Staatsangehörigkeit von privatrechtlichen Statusfragen abhängen (Eheschließung, Adoption usf.), sind diese **Vorfragen** nach demselben Recht zu bestimmen (unselbständige Anknüpfung der Vorfrage).[22] Ausnahmsweise ist das ausländische Staatsangehörigkeitsrecht nicht anzuwenden (Art. 6, *ordre public*), wenn etwa willkürlich oder aus politischen, religiösen oder rassischen Gründen die Staatsangehörigkeit entzogen wurde.[23] Auf die völkerrechtliche Anerkennung des betreffenden Staates oder auf die Völkerrechtskonformität geänderter Staatsgrenzen kommt es nicht an.[24] Maßgebend ist, dass eine Staatsgewalt effektiv ausgeübt wird, dass eine eigene Rechtsordnung besteht und die konstitutiven Merkmale eines Staates vorliegen (Staatsgewalt, Staatsvolk, Staatsgebiet).[25]

8 Die Frage des Erwerbs oder Verlusts der Staatsangehörigkeit ist nach dem Staatsangehörigkeitsrecht in dem für den Erwerbstatbestand jeweils maßgebenden Zeitpunkt (Geburt, Annahme als Kind, ggf. Eheschließung) festzustellen. Diese **intertemporale Bestimmung** des maßgeblichen Rechts ist aufgrund der häufig weit zurückreichenden Zeitpunkte und entsprechend veränderten Rechtslagen zum Teil mit erheblichen Schwierigkeiten verbunden.

9 **3. Erwerb und Verlust der deutschen Staatsangehörigkeit.** Erwerb und Verlust der deutschen Staatsangehörigkeit richten sich nach dem Staatsangehörigkeitsgesetz v. 22.7.1913 (StAG[26]), welches bis zur Reform 1999 Reichs- und Staatsangehörigkeitsgesetz, RuStAG, hieß.[27] Die weitere Reformgesetzgebung durch das

---

14 Wegen seiner unterschiedslosen Geltung generell verneinend *Kegel/Schurig*, § 4 II, S. 224 (Gegenteil); *v. Bar/Mankowski*, IPR I, § 3 Rn 41 (Gegenteil; Ausnahmen aber bei Art. 5 Abs. 1 S. 1 und S. 2); MüKo/*Sonnenberger*, Einl. IPR Rn 145.
15 Staudinger/*Blumenwitz*, Anh. I zu Art. 5 EGBGB Rn 29; Erman/*Hohloch*, Einl. Art. 3 EGBGB Rn 62 und Art. 5 EGBGB Rn 6; restriktiver *Mansel*, Staatsangehörigkeitsprinzip, S. 119, 147 f. (als Rechtfertigungstatbestand anzuerkennen); ähnlich *W.-H. Roth*, S. 47, 49; *Fischer*, S. 157, 161.
16 Vgl. *v. Bar/Mankowski*, IPR I, § 7 Rn 19 ff.
17 *Jayme*, Kulturelle Identität, S. 5, 10; *Kegel/Schurig*, § 13 II 3, S. 448; Staudinger/*Blumenwitz*, Anh. I zu Art. 5 EGBGB Rn 14; skeptisch dagegen *Henrich*, in: FS Jayme 2004, S. 321, 323; abl. *Mankowski*, IPRax 2004, 282, 285.
18 *Mansel*, Staatsangehörigkeitsprinzip, S. 119, 135 f.
19 *Mansel*, Staatsangehörigkeitsprinzip, S. 119, 138 f. (unter Hinweis auf Bikulturalität, Transnationalität und ethnische Kolonien als Globalisierungsphänomene); dem Optionsmodell zust. *Henrich*, in: FS Jayme 2004, S. 321, 327 f.
20 Eine Darstellung des Staatsangehörigkeitsrechts der meisten ausländischen Staaten bei Staudinger/*Blumenwitz*, Anh. III zu Art. 5.
21 Das folgt aus dem völkerrechtlichen Grundsatz der Personalhoheit, vgl. Staudinger/*Blumenwitz*, Anh. I zu Art. 5 EGBGB Rn 13.
22 H.M., Staudinger/*Sturm/Sturm*, Einl. zum IPR Rn 246; Staudinger/*Blumenwitz*, Art. 5 EGBGB Rn 3; MüKo/*Sonnenberger*, Einl. IPR Rn 642; Erman/*Hohloch*, Einl. Art. 3 EGBGB Rn 62.
23 Anders aber, wenn Festhalten an der entzogenen Staatsangehörigkeit dem Interesse des Betroffenen ebenso widerspricht, Staudinger/*Sturm/Sturm*, Einl. zum IPR Rn 435.
24 Staudinger/*Sturm/Sturm*, Einl. zum IPR Rn 437.
25 Das ist im Hinblick auf eine palästinensische Staatsangehörigkeit fraglich. Abl. und auf eine israelische Aufenthaltsberechtigung abstellend, MüKo/*Sonnenberger*, Einl. IPR Rn 651; *Looschelders*, IPR, Art. 5 Rn 6; vgl. ferner *Börner*, IPRax 1997, 47, 48 f.
26 Gesetz v. 15.7.1999 (BGBl I S. 1618 ff.). In Kraft getreten am 1.1.2000. Zuletzt geändert durch Art. 5 des Gesetzes zur Steuerung und Begrenzung der Zuwanderung und zur Regelung des Aufenthalts und der Integration von Unionsbürgern und Ausländern (ZuwanderungsG) v. 30.7.2004 (BGBl I S. 1950, 1996 ff.). Die Änderungen durch das ZuwanderungsG treten mit Wirkung zum 1.1.2005 in Kraft (Art. 15 Abs. 3 Nr. 4).
27 Zu den Auswirkungen der Reform auf das Internationale Privatrecht: *Gruber*, IPRax 1999, 426; *Benicke*, IPRax 2000, 171; *Zimmermann*, IPRax 2000, 180; *Fuchs*, NJW 2000, 489.

Zuwanderungsgesetz[28] bringt mit Wirkung zum 1.1.2005 Änderungen, die nachfolgend berücksichtigt sind. In den Grundzügen gilt danach Folgendes:

a) Erwerbstatbestände. Erworben wird die deutsche Staatsangehörigkeit nach § 3 StAG durch Geburt, Erklärung, Annahme als Kind oder durch Einbürgerung. Die Eheschließung führt dagegen nur zu Erleichterungen bei der Einbürgerung (§ 9 StAG). Für den Erwerb durch Geburt genügt es, wenn ein Elternteil Deutscher ist. Ist nur der Vater Deutscher und sind die Eltern nicht verheiratet, so ist Anerkennung oder Feststellung der Vaterschaft notwendig (§§ 4 Abs. 1 S. 2, 5 StAG).[29] Bei Geburt des Kindes im Ausland nach dem 1.1.2000 bedarf es der Anzeige innerhalb eines Jahres bei der zuständigen deutschen Auslandsvertretung (§ 4 Abs. 4 StAG).[30] Der Staatsangehörigkeitserwerb durch Legitimation (Eheschließung der Eltern oder Ehelicherklärung) ist nur noch für vor dem 1.7.1993 geborene Kinder von Bedeutung. Sie können bis zum 23. Lebensjahr die deutsche Staatsangehörigkeit durch Erklärung erwerben (§ 5 StAG). Die Adoption durch einen Deutschen vermittelt dem minderjährigen Kind nach § 6 StAG ebenfalls die deutsche Staatsangehörigkeit. Auch eine Auslandsadoption genügt, sofern sie die wesentlichen Merkmale einer Inlandsadoption erfüllt (vgl. Art. 22 EGBGB Rn 10). Diese Erwerbsgründe folgen dem Abstammungs- oder *ius-sanguinis*-Prinzip.

Die deutsche Staatsangehörigkeit können auch Kinder ausländischer Eltern erwerben und zwar entweder *ipso iure*, wenn das Kind nach dem 31.12.1999 im Inland geboren wurde, oder auf Antrag, wenn es nach dem 31.12.1989 geboren und zwischen dem 1.1. und dem 31.12.2000 einen Antrag auf befristete Einbürgerung nach § 40b StAG gestellt hat. Der Erwerb findet statt, wenn ein Elternteil seit acht Jahren rechtmäßig seinen gewöhnlichen Aufenthalt im Inland hat[31] und Unionsbürger oder gleichgestellter Staatsangehöriger eines EWR-Staates ist. Für andere Ausländer bedarf es der Aufenthaltserlaubnis-EU[32] oder einer Niederlassungserlaubnis[33] (§ 4 Abs. 3 StAG, Territorialitäts- oder *ius-soli-Prinzip*). Die damit regelmäßig verbundene Mehrstaatigkeit wird durch den Optionszwang (§ 29 StAG) wieder beseitigt.[34] Das Ausländerkind muss zwischen dem 18. und 23. Lebensjahr eine Erklärung darüber abgeben, welche Staatsangehörigkeit es beibehalten möchte. Geht dadurch die deutsche Staatsangehörigkeit wieder verloren, so führt dies allerdings regelmäßig im Hinblick auf Abs. 1 S. 2 zu einem Statutenwechsel. Der Erwerb der deutschen Staatsangehörigkeit durch Einbürgerung richtet sich nach den neu geregelten und erweiterten Vorschriften der §§ 8 ff. StAG in Verbindung mit den ebenfalls neu eingeführten Bestimmungen des Aufenthaltsgesetzes.[35]

Eine nach dem Staatsbürgergesetz der früheren DDR[36] erworbene **DDR-Staatsangehörigkeit** hatte in den Grenzen des *ordre public*[37] auch den Erwerb der gesamtdeutschen Staatsangehörigkeit zur Folge.[38] Mit dem Einigungsvertrag vom 31.8.1990 ist die DDR-Staatsbürgerschaft untergegangen, während die (gesamt-)deutsche Staatsangehörigkeit erhalten blieb.

b) Verlusttatbestände. Der Verlust der deutschen Staatsangehörigkeit darf nach **Art. 16 Abs. 1 S. 2 GG** nicht ohne gesetzliche Grundlage und gegen oder ohne den Willen des Betroffenen nur dann eintreten, wenn der Betroffene dadurch nicht staatenlos wird. Die in Art. 17 Nr. 1–6 StAG aufgezählten Verlustgründe sind danach abschließend. Die nicht erwähnte **Eheschließung** bewirkt daher auch dann keinen Staatsangehörig-

---

28 Das Zuwanderungsgesetz v. 20.6.2002 (BGBl I S. 1946) war durch Urt. des BVerfG v. 18.12.2002 (NJW 2003, 339 ff.) aufgehoben worden. Das Verfahren über das erneut eingebrachte Gesetz, BT-Drucks 15/420; BR-Drucks 22/03, ist abgeschlossen durch das ZuwanderungsG v. 30.7.2004.
29 Das umfasst auch eine anzuerkennende Vaterschaftsfeststellung im Ausland, vgl. Bamberger/Roth/*Lorenz*, Art. 5 EGBGB Rn 3.
30 Die Ausschlussregelung dient der Vermeidung von Mehrstaatigkeit und greift nicht, wenn das Kind anderenfalls staatenlos würde, vgl. Hailbronner/*Renner*, Staatsangehörigkeitsrecht, § 4 Rn 45.
31 Unterbrechung und Anrechnung von Aufenthaltszeiten werden in § 12b StAG geregelt.
32 Sie wird erteilt für Angehörige von Unionsbürgern, die selbst nicht Unionsbürger sind (§ 2 des Freizügigkeitsgesetzes/EU).
33 Unbefristeter Aufenthaltstitel i.S.v. § 9 des AufenthaltsG.
34 Vgl. zur Kritik *Rittstieg*, zit. bei *Budzikiewicz*, (Tagungsbericht der deutsch-türkischen Juristenvereinigung), IPRax 2001, 493 f.
35 Die Voraussetzungen der Einbürgerung sind durch die §§ 10–12b StAG weit gehend in das Staatsangehörigkeitsgesetz integriert worden. Zu den bisherigen Anforderung nach dem AusländerG vgl. *Hailbronner/Renner*, §§ 7 ff.; Staudinger/*Blumenwitz*, Anh. II zu Art. 5 EGBGB Rn 100 ff.
36 Vgl. dazu Staudinger/*Blumenwitz*, Anh. II zu Art. 5 EGBGB Rn 85 ff.
37 Dazu BVerwG NJW 1986, 1506. Der Verlust der DDR-Staatsbürgerrechts ist dagegen ohne Bedeutung.
38 Das in der Bundesrepublik geltende Staatsangehörigkeitsrecht ging stets von einer einheitlichen deutschen Staatsangehörigkeit aus; vgl. BVerfG NJW 1988, 1313; und statt aller Palandt/*Heldrich*, Anh. II zu Art. 5 EGBGB Rn 9.

keitsverlust, wenn dadurch *ipso iure* eine fremde Staatsangehörigkeit hinzu erworben wurde.[39] Ein Verlust der Staatsbürgerschaft der früheren **DDR** berührte den Bestand der gesamtdeutschen Staatsangehörigkeit nicht.[40] Der Verlust der deutschen Staatsangehörigkeit tritt ein durch Entlassung (§§ 17 Nr. 1, 18 ff. StAG), Erwerb einer ausländischen Staatsangehörigkeit auf Antrag, sofern keine Genehmigung zur Beibehaltung der deutschen Staatsangehörigkeit erteilt wurde (§§ 17 Nr. 2, 25 Abs. 1 StAG[41]), durch Verzicht (§§ 17 Nr. 3, 26 StAG), durch Adoption durch einen Ausländer (§§ 17 Nr. 4, 27 StAG), durch freiwilligen Eintritt in den Militärdienst eines anderen Staates (§§ 17 Nr. 5, 28 StAG) oder durch Erklärung (§§ 17 Nr. 6, 29 StAG).

14 Der Verlust der Staatsangehörigkeit durch Erklärung nach § 29 StAG soll die Mehrstaatigkeit wieder beseitigen, die durch die *iure soli* erworbene deutsche Staatsangehörigkeit nach § 4 Abs. 3 StAG regelmäßig eingetreten ist (Rn 11). Der Verlust tritt ein, wenn der Betroffene für die ausländische und damit gegen die *iure soli* erworbene deutsche Staatsangehörigkeit **optiert** (§ 29 Abs. 1 und Abs. 2 S. 1 StAG). Der Verlust tritt ferner ein, wenn der Betroffene zwar für die deutsche Staatsangehörigkeit optiert, aber nicht fristgerecht die Aufgabe oder den Verlust der bisherigen Staatsangehörigkeit nachgewiesen hat oder eine Behaltensgenehmigung besitzt (§ 29 Abs. 3 S. 2 u. 3, Abs. 4 StAG). Der Verlust der nach § 4 Abs. 3 StAG erworbenen deutschen Staatsangehörigkeit tritt ferner ein, wenn der Betroffene bis zur Vollendung seines 23. Lebensjahres **keine Erklärung** abgegeben hat (§ 29 Abs. 2 S. 2). Hierüber ist er nach § 29 Abs. 5 StAG zu belehren.[42] Bestand insoweit die Möglichkeit zur Einflussnahme für den Betroffenen, liegt auch in diesem Fall keine nach Art. 16 Abs. 1 S. 1 GG unzulässige Entziehung der deutschen Staatsangehörigkeit vor.[43]

15 Der Entzug der Staatsangehörigkeit durch **nationalsozialistisches Unrecht** wird nach Maßgabe des Art. 116 Abs. 2 GG für unwirksam erklärt. Ist früheren deutschen Staatsangehörigen die deutsche Staatsangehörigkeit aus politischen, rassischen oder religiösen Gründen entzogen worden, so sind sie auf Antrag wieder einzubürgern (S. 1). Die Betroffenen gelten als nicht ausgebürgert, wenn sie ihren Wohnsitz nach dem 8.5.1945 in Deutschland mit Gebietsstand vom 31.12.1937 genommen und keinen gegen die Beibehaltung der deutschen Staatsangehörigkeit gerichteten Willen geäußert haben (S. 2). Die Wohnsitznahme führt zu der rückwirkenden Fiktion der fortbestehenden Staatsangehörigkeit.[44] Kollisionsrechtlich sind jedoch aus Gründen des Vertrauensschutzes Ausnahmen von dieser Rückwirkung zuzulassen.[45]

III. Aufenthalt

16 **1. Der gewöhnliche Aufenthalt.** Das Anknüpfungsmerkmal „gewöhnlicher Aufenthalt" ist gesetzlich nicht näher konkretisiert. Rechtsprechung[46] und Lehre[47] stellen auf den **Daseinsmittelpunkt** einer Person und dabei auf tatsächliche subjektive und objektive Umstände ab. Die Abgabe rechtserheblicher Erklärungen ist keine Voraussetzung. Der gewöhnliche Aufenthalt von Kindern wird daher auch nicht von denen der Eltern abgeleitet, sondern selbständig festgestellt. Von daher ist der untechnische Begriff **„faktischer Wohnsitz"** berechtigt.[48] Der Wille zum dauerhaften oder unbestimmten Verbleib (*animus manendi*)[49] ist als tatsächlicher Umstand von indizieller Bedeutung. Dies gilt ebenfalls für den Elternwillen in Bezug auf den gewöhnlichen Aufenthalt des Kindes (Abs. 3).

---

39 Anders nur, wenn der Erwerb der fremden Staatsangehörigkeit einen Antrag oder eine gesonderte Erklärung voraussetzt; dann hängt der Erhalt der deutschen Staatsangehörigkeit von der Genehmigung nach § 25 StAG ab, vgl. Erman/Hohloch, Art. 5 EGBGB Rn 25.
40 Vgl. statt aller Palandt/*Heldrich*, Anh. II zu Art. 5 EGBGB Rn 9.
41 Dies gilt nach der Neuregelung ab dem 1.1.2000 auch bei einem bestehenden Inlandswohnsitz; vgl. Staudinger/*Blumenwitz*, Anh. II zu Art. 5 EGBGB Rn 124 ff.
42 *Hellwig*, S. 147 ff.
43 Die Möglichkeit der Einflussnahme genügt nach allg. Auffassung, vgl. *Jarass/Pieroth*, GG, 6. Aufl. 2003, Art. 16 Rn 8.
44 *Jarass/Pieroth*, GG, 6. Aufl. 2003, Art. 116 Rn 14; Staudinger/*Blumenwitz*, Anh. IV zu Art. 5 EGBGB Rn 24 ff.
45 So kann eine Eheschließung aufgrund der Rückwirkung nicht nachträglich als nichtig angesehen werden, BGHZ 27, 375, 380 ff. Ebenso soll ein einmal begründetes Güterrechtsstatut (gemeinsame Staatsangehörigkeit im Zeitpunkt der Eheschließung) nicht aufgrund der Rückwirkung geändert werden, vgl. OLG Düsseldorf IPRax 1981, 219; Erman/Hohloch, Art. 5 EGBGB Rn 34.
46 BGH NJW 1975, 1068; BGHZ 78, 293, 295; BGH NJW 2002, 2955; 1993, 2047, 2048.
47 *Kegel/Schurig*, § 13 III 3a, S. 471; *Raape/Sturm*, IPR, S. 130; *Kropholler*, IPR, § 39 II, S. 279 (mit Begriffsdifferenzierungen je nach Regelungszusammenhang); Staudinger/*Blumenwitz*, Art. 5 EGBGB Rn 43; Erman/*Hohloch*, Art. 5 EGBGB Rn 47.
48 BGHZ 78, 293, 295; *Kegel/Schurig*, § 13 III 3a, S. 471; Palandt/*Heldrich*, Art. 5 EGBGB Rn 10.
49 Vgl. ebenso den tatsächlichen Willen hervorhebend *Baetge*, S. 133; MüKo/*Sonnenberger*, Einl. IPR Rn 668; *v. Bar/Mankowski*, IPR I, § 7 Rn 26.

17 Der **tatsächliche Lebensmittelpunkt** ist danach zu bestimmen, wo der Schwerpunkt aller sozialen, kulturellen und wirtschaftlichen Beziehungen der Person liegt.[50] In erster Linie sind die familiären und beruflichen Beziehungen ausschlaggebend. Bei Tagespendlern (Grenzgänger) und Wochenendheimfahrern wird der Wohnort der Familie, bei Familienbesuchern (Jahresurlaub und einzelne Wochenenden) wird der Arbeitsort regelmäßig den Schwerpunkt bilden.[51] Es können sich auch Pattsituationen ergeben (Wanderarbeitnehmer, Halbjahresurlauber) usf. Ein Teil der Lehre geht hier von der Möglichkeit aus, dass **mehrere Daseinsmittelpunkte** gleichzeitig oder alternierend[52] bestehen können, und fragt nach dem effektiveren gewöhnlichen Aufenthalt (Abs. 1 S. 1 analog).[53] Die dadurch erreichte Differenzierung nach Effektivität lässt sich als feinere Differenzierung bereits in die Schwerpunktbildung selbst integrieren und erscheint daher unnötig.[54]

18 Eine **Änderung des gewöhnlichen Aufenthalts** tritt ein, wenn die betreffende Person ihren bisherigen Daseinsmittelpunkt aufgibt. Ob und ab welchem Zeitpunkt eine solche Aufgabe stattgefunden hat, ist nach den **Kriterien der Schwerpunktbildung** festzustellen. Bis zu dem Zeitpunkt der Verlagerung des Schwerpunktes bleibt der bisherige gewöhnliche Aufenthalt erhalten. Die Begründung eines neuen gewöhnlichen Aufenthalts kann nach den Umständen bereits vor jeder sozialen Integration mit dem Umzug anzunehmen sein oder sich erst anhand objektiver Anhaltspunkte über eine erfolgte Integration ergeben. Nach Ablauf von sechs bis zwölf Monaten[55] am neuen Aufenthaltsort ist von einem Aufenthaltswechsel im Regelfall auszugehen.[56] Subjektive Momente wie der fehlende oder vorhandene Rückkehrwille sind in diesem Zusammenhang von maßgeblicher Bedeutung.[57] Besteht ein Rückkehrwille, können **auch längerfristige Aufenthalte unbeachtlich** sein (Internat,[58] Auslandsstudium,[59] Stationierung,[60] Heilanstalt,[61] Strafhaft und Kriegsgefangenschaft[62]). Fehlt er, so wird auch ein sofortiger Aufenthaltswechsel häufig zu bejahen sein. Anderes gilt aber, wenn der weitere Verbleib am neuen Aufenthaltsort praktisch ausgeschlossen ist. Hiervon ist etwa bei einem Asylbewerber auszugehen, der in absehbarer Zeit wieder abgeschoben werden wird.[63]

19 Der selbständig zu bestimmende **Daseinsmittelpunkt des Kindes** ergibt sich in gleicher Weise aus dem Schwerpunkt seiner persönlichen Bindungen (etwa bei einer Trennung der Eltern).[64] Bei einem Aufenthaltswechsel ohne den Willen des zur Aufenthaltsbestimmung berechtigten Elternteils (Kindesentführung) greift ergänzend Abs. 3 ein. Danach ist der Aufenthaltswechsel nur ein (schwaches) Indiz für eine Änderung des gewöhnlichen Aufenthalts des Kindes (siehe Rn 44).

20 **2. Der schlichte Aufenthalt.** Nicht jede Person muss einen gewöhnlichen Aufenthalt besitzen (Nichtsesshafte, Landfahrer, Flüchtlinge). Aber nur im Falle einer entsprechenden **gesetzlichen Anordnung** ist ersatzweise auf den (schlichten) Aufenthalt abzustellen (Artt. 5 Abs. 2 Hs. 2; 24 Abs. 1 S. 2 Hs. 2 sowie Art. 12 Abs. 1 GFK).[65] Ferner knüpfen die dem Verkehrsschutz dienenden Vorschriften der Artt. 12 und 16 an den schlichten Aufenthalt an. Der schlichte Aufenthalt ist jeder Ort, an dem sich die Person über

---

50 Erman/*Hohloch*, Art. 5 EGBGB Rn 47.
51 *Spickhoff*, IPRax 1995, 185, 187.
52 *v. Bar/Mankowski*, IPR I, § 7 Rn 24 Fn 83: Sommer in Hamburg, Winter in Palma de Mallorca.
53 *Spickhoff*, IPRax 1995, 185, 189; *Raape/Sturm*, IPR, S. 130; Erman/*Hohloch*, Art. 5 EGBGB Rn 55; Soergel/*Kegel*, Art. 5 EGBGB Rn 49.
54 Ebenso *Looschelders*, IPR, Art. 5 Rn 8; MüKo/*Sonnenberger*, Einl. IPR Rn 667; Palandt/*Heldrich* Art. 5 EGBGB Rn 10.
55 Die Dauer von 6 Monaten entspricht Art. 8 Abs. 1 des Europäischen Sorgerechtsübereinkommens v. 20.5.1980 (BGBl 1990 II S. 220). 12 Monate entsprechen Art. 12 Haager Kindesentführungsübereinkommen v. 25.10.1980 (BGBl 1990 II S. 206).
56 Das gilt für Minderjährige als Faustregel, vgl. *Kropholler*, IPR, § 39 II, S. 278; Palandt/*Heldrich*, Art. 5 EGBGB Rn 10.
57 Das bedeutet jedoch nicht, dass stets ein entsprechender subjektiver Wille vorliegen muss (so die subjektive Theorie, *Raape/Sturm*, IPR, S. 130). Vielmehr kann bei einer langen Verweildauer der Wille unbeachtlich sein. Für die herrschende sog. objektive Theorie vgl. Staudinger/*Blumenwitz*, Art. 5 EGBGB Rn 46.
58 BGH NJW 1975, 1068; 1993, 2047, 2048.
59 OLG Hamm FamRZ 1989, 1331 = IPRax 1990, 58 m. Anm. *Henrich*.
60 Umstände des Einzelfalls, vorgesehene Verweildauer: OLG Zweibrücken NJW-RR 1999, 948; AG Landstuhl FamRZ 2003, 1300.
61 Anders nur bei Bleibewillen nach Abschluss, *Kegel/Schurig*, § 13 III 3a, S. 472.
62 In diesen Fällen wird meist auf das zwangsweise Verbringen oder Verbleiben abgestellt, welches die Begründung eines neuen gewöhnlichen Aufenthalts hindere, so etwa Palandt/*Heldrich*, Art. 5 EGBGB Rn 10; ähnlich wie hier *Kropholler*, IPR, § 39 II, S. 282.
63 Die Aufenthaltsberechtigung und die Entscheidung über den Asylantrag sind als rechtliche Fakten nur ein Indiz für die Prognose des weiteren Verbleibs (bevorstehende Abschiebung), vgl. *Spickhoff*, IPRax 1990, 225 ff.; *Looschelders*, IPR, Art. 5 Rn 10; MüKo/*Sonnenberger*, Einl. IPR Rn 665; OLG Bremen FamRZ 1992, 962, 963; OLG Koblenz FamRZ 1998, 536; bejahend nur für den Fall, dass eine soziale Integration des Asylbewerbers bereits stattgefunden hat, Palandt/*Heldrich*, Art. 5 EGBGB Rn 10.
64 BGH IPRax 2003, 145; BGH NJW 1981, 520; OLG Nürnberg IPRax 2003, 147, 148; OLG Bremen FamRZ 1992, 962, 963; KG FamRZ 1998, 440, 441; OLG Düsseldorf FamRZ 1999, 112.
65 *v. Bar/Mankowski*, IPR I, § 7 Rn 30.

eine gewisse Dauer hin aufhält. Nur flüchtige Kontakte (Durchreise, Ausflug usf.) genügen grundsätzlich nicht.[66] Anders aber, wenn sich ein fixierbarer Lebensmittelpunkt für eine Person nicht finden lässt. Hier macht eine Differenzierung nach Flüchtigkeitsgraden keinen Sinn.[67] Ist die Ersatzanknüpfung an den schlichten Aufenthalt gesetzlich **nicht** vorgesehen, so ist an den letzten gewöhnlichen Aufenthalt der Person anzuknüpfen.[68] Ist dieser nicht feststellbar, so gilt die *lex fori*.

B. Regelungsgehalt
I. Doppel- und Mehrstaater (Abs. 1)

21 Besitzt eine Person zwei oder mehrere Staatsangehörigkeiten (Doppelstaater/Mehrstaater),[69] so muss entschieden werden, welche Staatsangehörigkeit für die Anknüpfung maßgeblich ist. Die Vorschrift unterscheidet danach, ob die Person nur fremde Staatsangehörigkeiten (S. 2) oder auch die deutsche Staatsangehörigkeit besitzt (S. 2).

22 **1. Ohne deutsche Staatsangehörigkeit (Abs. 1 S. 1).** Gehört die Person mehreren Staaten an, so ist das Recht des Staates anzuwenden, mit dem die Person am engsten verbunden ist (**Grundsatz der engsten Verbindung**). Die so ermittelte Staatsangehörigkeit wird als die „effektive Staatsangehörigkeit" bezeichnet.[70] Das bedeutet nicht, dass die verdrängte Staatsangehörigkeit lediglich formal anerkannt würde oder eine Kontrolle über fremde Staatsangehörigkeitsrechte stattfindet.[71] Es geht vielmehr allein darum, die stärkere Verbundenheit festzustellen, um so die **effektive Staatsangehörigkeit** zur kollisionsrechtlichen Bestimmung des anwendbaren Rechts auszuwählen.[72] Das ist im Kern eine rechtssoziologische Fragestellung.[73] Zur Konkretisierung der engsten Verbindung der Person nennt das Gesetz den gewöhnlichen Aufenthalt oder den Verlauf des Lebens. Sämtliche weiteren Umstände, etwa die Sprache, die Religion und andere, die persönliche Identität ausbildende Faktoren (kulturelle Prägung,[74] persönliche Bindungen durch Beruf, Schule, Familie oder Freunde, staatsbürgerliche Rechte [Wahlen] und Pflichten [Wehrdienst]) sind ebenfalls zu berücksichtigen und insgesamt zu gewichten.[75] Als **Gewichtungsregel** gibt der gewöhnliche Aufenthalt regelmäßig den Ausschlag. Liegt dieser in einem Drittstaat, so erlangen der Lebensverlauf und damit auch die frühere Entwicklung und der vormalige gewöhnliche Aufenthalt hervorgehobene Bedeutung.[76] Formalisierte Regeln[77] sind jedoch nicht sinnvoll. Entscheidend sollte das **Gesamtbild** sein.

---

66 *Kegel/Schurig*, § 13 III 3a, S. 472.
67 Zu Recht *v. Bar/Mankowski*, IPR I, § 7 Rn 30; *Soergel/Kegel*, Art. 5 EGBGB Rn 50; KG FamRZ 1968, 489 (Fundort einer Leiche).
68 *Staudinger/Blumenwitz*, Art. 5 EGBGB Rn 50; dagegen für *lex fori Raape/Sturm*, IPR, Bd. 1, 6. Aufl. 1977, S. 131.
69 Zu den Gründen der zunehmenden Entstehung von Mehrstaatigkeit, vgl. *v. Bar/Mankowski*, IPR I, § 7 Rn 114 ff.; zu den Auswirkungen der Mehrstaatigkeit nach der Reform des StAG, vgl. *Budzikiewicz*, (Tagungsbericht der deutsch-türkischen Juristenvereinigung), IPRax 2001, 493 ff.; s. ferner Rn 10 f.
70 Vgl. zur Begriffsgeschichte *Mansel*, Personalstatut, Staatsangehörigkeit und Effektivität, Rn 174 ff.
71 Vgl. *v. Bar/Mankowski*, IPR I, § 7 Rn 117.
72 Ebenso gut lässt sich von der effektiveren Staatsangehörigkeit sprechen, *Jayme*, IPRax 1983, 222; *Mansel*, Personalstatut, Staatsangehörigkeit und Effektivität, Rn 226.
73 Die Effektivität eines rechtlichen Statusverhältnisses verlangt eine personale rechtssoziologische Bestimmung der bestehenden Wirkungen des rechtlichen Statusverhältnisses auf die Person und der Rechtserwartungen der betroffenen Person in Bezug auf das Statusverhältnis; vgl. *M. Rehbinder*, Rechtssoziologie, 4. Aufl. 2000, Rn 4 ff. (zur Bestimmung der faktischen Geltung von Rechtssätzen). *Erman/Hohloch*, Art. 5 EGBGB Rn 5 spricht treffend von einer „Individualerhebung" und MüKo/*Sonnenberger*, Art. 5 EGBGB Rn 4 von einer Tatfrage. Die dogmatische Struktur soll dagegen als sog. normativer Realtypus im Sinne der Larenzschen Typenlehre zu verstehen sein, *Mansel*, Personalstatut, Staatsangehörigkeit und Effektivität, Rn 227 f. Das beschreibt zwar Art. 5 aus dem Blickwinkel einer Gesetzestypologie, verdeckt m.E. aber den Umstand, dass hier Rechtswirkungen personal festzustellen sind und dies ein originär rechtssoziologischer Ansatz ist.
74 Skeptisch dazu *Mankowski*, IPRax 2004, 282, 285 f.; anerkennd noch *Staudinger/Mankowski*, Art. 14 EGBGB Rn 36; dieser weiche Faktor ist im Übrigen aber allg. anerkannt, wenngleich eine Abgrenzung zu den übrigen Merkmalen zu verschwimmen droht, vgl. *Staudinger/Blumenwitz*, Art. 5 EGBGB Rn 15; *Staudinger/Weick*, Art. 9 EGBGB Rn 52; *Palandt/Heldrich*, Art. 5 EGBGB Rn 2; *Looschelders*, IPR, Art. 5 Rn 22; und nachfolgende Fn.
75 Vgl. AG Freiburg FamRZ 2002, 888 = IPRax 2002, 223; dazu *Jayme*, IPRax 2002, 209; OLG München FamRZ 1994, 634 (kulturelle Prägung); OLG Frankfurt FamRZ 1994, 715 f. und *Mansel*, Personalstatut, Staatsangehörigkeit und Effektivität, Rn 304.
76 Für eine nur vergangenheitsbezogene Betrachtung des Lebenslaufs *Dörner*, StAZ 1990, 1, 2.
77 Dafür *Soergel/Kegel*, Art. 5 EGBGB Rn 9; *Kegel/Schurig*, § 13 II 5, S. 454; abl. aber *Staudinger/Blumenwitz*, Art. 5 EGBGB Rn 15; *Erman/Hohloch*, Art. 5 EGBGB Rn 5; *Palandt/Heldrich*, Art. 5 EGBGB Rn 2.

Ebenfalls zu berücksichtigen ist im Rahmen des Lebensverlaufs die **Zukunftsplanung** und der diesbezüglich aktuell erklärte Wille der Person.[78] Der Wille ist für sich betrachtet und im Übrigen aber ohne eigenständige Bedeutung, denn eine (indirekte) Rechtswahlmöglichkeit sieht Art. 5 nicht vor.[79] Lässt sich dennoch kein klares Bild gewinnen oder sind die relevanten Umstände unaufklärbar, so ist **ersatzweise** an den gewöhnlichen Aufenthalt anzuknüpfen (Abs. 2 analog).[80]

Stellt das Kollisionsrecht auf eine gegenwärtige oder vergangene gemeinsame Staatsangehörigkeit zweier Personen ab (etwa für die Ehewirkungen in Art. 14 Abs. 1 Nr. 1), so ist für den ausländischen Mehrstaater ebenso allein seine effektive Staatsangehörigkeit maßgeblich.[81] Sind beide Personen Mehrstaater, so liegt eine gemeinsame Staatsangehörigkeit im Sinne dieser Vorschrift nur vor, wenn die effektive Staatsangehörigkeit jedes Einzelnen auch die gemeinsame Staatsangehörigkeit ist.[82] Anders bei Abs. 1 S. 2 (siehe Rn 27).

Besitzt der ausländische Mehrstaater auch eine nichteffektive Staatsangehörigkeit eines EU-Mitgliedstaates, so ist der Vorrang der effektiven Staatsangehörigkeit einzuschränken. Durch die Anwendung des Drittstaatenrechts (Recht der effektiven Staatsangehörigkeit) dürfen dem Unionsbürger die Gewährleistungen des Gemeinschaftsrechts (Wahrnehmung der Grundfreiheiten) nicht entzogen oder beschränkt werden. Liegt eine dahin gehende Einschränkung vor, weil die gemeinschaftsrechtlichen Vorschriften für den Betroffenen günstiger sind, kann er sich insoweit auf das Gemeinschaftsrecht berufen.[83] Rechtstechnisch kommt dazu eine Sonderanknüpfung zugunsten des Gemeinschaftsrechts nach Günstigkeit oder die Anwendung des Gemeinschaftsrechts nach Maßgabe eines gemeinschaftsrechtlichen *ordre public* in Betracht.[84]

2. Auch die deutsche Staatsangehörigkeit (Abs. 1 S. 2). Besitzt die Person neben einer oder mehreren ausländischen Staatsangehörigkeiten auch die deutsche, so ist sie allein maßgebend (Abs. 1 S. 2). Es kommt weder darauf an, ob die deutsche die effektive Staatsangehörigkeit ist, noch darauf, ob zu Deutschland sonst überhaupt irgendeine (aktuelle) Beziehung besteht. Der Gesetzgeber hat sich aus Gründen der Praktikabilität und Rechtssicherheit und in Kenntnis des Für und Wider für diese rechtspolitisch sehr zweifelhafte[85] Regelung entschieden.[86] Sie **widerspricht dem Grundgedanken** des IPR nach räumlicher Gerechtigkeit im Sinne der engsten Beziehung und verhindert internationalen Entscheidungseinklang, weil viele Staaten eine solche Regelung vorsehen. Gefördert wird ferner die Entstehung hinkender Rechtsverhältnisse, d.h. solcher Rechtsverhältnisse, die in einem Staat als wirksam, im anderen dagegen als unwirksam anzusehen sind. Das Problem hat sich durch die Reform des Staatsangehörigkeitsgesetzes noch verschärft, weil das Optionsmodell bis zum Entscheidungszeitpunkt zur Anwendung des Abs. 1 S. 2 führt und ferner der Verlust der deutschen Staatsangehörigkeit automatisch einen Statutenwechsel bewirkt. Nur für **Altfälle** (vor In-Kraft-Treten des IPR-Reformgesetzes zum 1.9.1986) kommt daher die frühere Rechtsprechung des BGH noch zum Tragen, wonach sich eine wesentlich engere Beziehung zu dem ausländischen Heimatstaat als zu Deutschland[87] durchsetzt.[88]

Stellt das Kollisionsrecht auf eine gegenwärtige oder vergangene gemeinsame Staatsangehörigkeit zweier Personen ab (so für die Ehewirkungen in Art. 14 Abs. 1 Nr. 1), ist für den auch-deutschen Mehrstaater allein seine deutsche Staatsangehörigkeit maßgeblich (Abs. 1 S. 2). Sind beide Personen auch-deutsche Mehrstaater, so liegt darin die gemeinsame Staatsangehörigkeit ungeachtet der Frage, ob die deutsche Staatsangehörigkeit auch nur für einen von beiden die effektive Staatsangehörigkeit darstellt.[89] Anders bei Abs. 1 S. 1 (siehe Rn 24).

---

78 BayObLG 1984, 162, 164; krit. insoweit *Mansel*, IPRax 1985, 209, 212.
79 Ebenso Bamberger/Roth/*Lorenz*, Art. 5 EGBGB Rn 6; *Dethloff*, JZ 1995, 64, 69.
80 OLG Frankfurt FamRZ 1994, 715, 716; Erman/ *Hohloch*, Art. 5 EGBGB Rn 5; *Looschelders*, IPR, Art. 5 Rn 22; MüKo/*Sonnenberger*, Art. 5 EGBGB Rn 6; Staudinger/*Blumenwitz*, Art. 5 EGBGB Rn 16; differenzierend *Mansel*, IPRax 1988, 22, 23 (bei gleich effektiven Staatsangehörigkeiten Aufenthaltsrecht nur, wenn beide Heimatrechte zu unterschiedlichen Ergebnissen gelangen).
81 Staudinger/*Mankowski*, Art. 14 EGBGB Rn 36.
82 AG Freiburg FamRZ 2002, 888 = IPRax 2002, 223; dazu *Jayme*, IPRax 2002, 209 (Doppelstaater mit doppelt gemeinsamer, aber jeweils nicht effektiver Staatsangehöriger haben nach diesen Grundsätzen keine (aktuelle) gemeinsame Staatsangehörigkeit i.S.v. Art. 14 Abs. 1 Nr. 1 EGBGB); übersehen von AG Rastatt IPRax 2001, 152 m. Anm. *Jayme*; OLG Frankfurt FamRZ 1994, 715 f. (Gründe für einen Staatsangehörigkeitserwerb).
83 *v. Bar*/*Mankowski*, IPR I, § 3 Rn 41.
84 Offen gelassen bei Staudinger/*Blumenwitz*, Anh. I zu Art. 5 EGBGB Rn 29 und 33.
85 Vgl. *Benicke*, IPRax 2000, 171, 176 f.; für eine Abschaffung *de lege ferenda Fuchs*, NJW 2000, 489, 491; mit Änderungsvorschlag *Gruber*, IPRax 1999, 426, 429.
86 BT-Drucks 10/504, 40 f.
87 BGHZ 75, 32, 39 ff.; BGH NJW 1980, 2016; für Altfälle vgl. BayObLG 2000, 18, 22.
88 Zur geschichtlichen Entwicklung des Vorrangs der effektiven Staatsangehörigkeit auch gegenüber der deutschen Staatsangehörigkeit vgl. *Hellwig*, S. 44 ff.; daran anknüpfend auch nach der Reform *Benicke*, IPRax 2000, 171, 179.
89 Staudinger/*Mankowski*, Art. 14 EGBGB Rn 36; Erman/*Hohloch*, Art. 5 EGBGB Rn 6; Palandt/ *Heldrich*, Art. 5 EGBGB Rn 3.

28 Die in der Lehre verbreitet befürwortete Nichtanwendbarkeit des Abs. 1 S. 2 im Wege einer **teleologischen Reduktion** ist bei der eindeutigen Gesetzeslage nicht zu legitimieren.[90] Der von Abs. 1 S. 2 verfolgte Zweck (Praktikabilität und Rechtssicherheit) wird zwar in Fällen, in denen die deutsche Staatsangehörigkeit vollkommen ineffektiv ist, regelmäßig nicht gefährdet sein. Die Gesetzesanwendung steht aber nicht nach denselben Zweckmäßigkeitserwägungen zur Disposition des Rechtsanwenders, die auch der Gesetzgeber seiner Entscheidung zugrunde gelegt hat.[91] Auch die Voraussetzungen für eine gesetzesübersteigende Rechtsfortbildung liegen nicht vor.[92] Dies gilt gleichermaßen bezogen auf die *iure soli* erworbene deutsche Staatsangehörigkeit von Kindern ausländischer Eltern im Inland nach Art. 4 Abs. 3 StAG.[93] Verlieren diese die deutsche Staatsangehörigkeit nach § 29 StAG wieder, so tritt grundsätzlich[94] ein Statutenwechsel ein.

29 In besonders gelagerten Einzelfällen wird aber der Vorrang der deutschen Staatsangehörigkeit nach Abs. 1 S. 2 als unzulässige Inländer-Diskriminierung durch das Gemeinschaftsrecht verdrängt (Art. 12 EGV). Die sachfremde Ungleichbehandlung liegt dann in dem aufgezwungenen deutschen Personalstatut[95] (vgl. zur Vereinbarkeit des Kollisionsrechts mit dem Gemeinschaftsrecht Art. 3 EGBGB Rn 63 und oben Rn 6).

30 **3. Keine Anwendung des Abs. 1.** Abs. 1 findet **ausdrücklich** keine Anwendung im Falle des Art. 26 Abs. 1 Nr. 1 und bei einer **Rechtswahl** nach Artt. 10 Abs. 2, 3; 14 Abs. 2. Gewählt werden kann auch die nicht effektive und die nicht deutsche Staatsangehörigkeit. Dies gilt entsprechend für die Rechtswahlmöglichkeit nach Art. 15 Abs. 2 Nr. 1 analog (str.).

31 Auch für Alternativanknüpfungen (Artt. 19 Abs. 1 S. 2 u. 3, 20, 23) wird im Interesse günstiger Ergebnisse nach teilweise vertretener Auffassung die Anwendung des Abs. 1 verneint.[96] Die durch Abs. 1 bewirkte Einengung der in Betracht kommenden Rechtsordnungen ist hier jedoch hinnehmbar, weil ohnehin mehrere Rechtsordnungen alternativ nebeneinander stehen.[97]

32 Keine Anwendung findet Abs. 1 im Anwendungsbereich **staatsvertraglichen** Kollisionsrechts. Das ergibt sich bereits aus der Quellenlage und dem Vorrang der Staatsverträge nach Art. 3 Abs. 2. Eine entsprechende Anwendung des Abs. 1 ist aber auch bei fehlenden abkommenseigenen Regeln abzulehnen, weil sie die Entwicklung einer solchen einheitlichen Regel eher behindert.[98]

33 Keine Anwendung findet Abs. 1 schließlich im **Internationalen Verfahrensrecht**. Die Gleichwertigkeit aller Staatsangehörigkeiten lässt stets auch eine nicht effektive deutsche Staatsangehörigkeit genügen.[99] Dies gilt bei der Begründung einer internationalen Zuständigkeit aufgrund der deutschen Staatsangehörigkeit (§§ 606a

---

90 So *Mansel*, Personalstatut, Staatsangehörigkeit und Effektivität, Rn 272; *v. Bar/Mankowski*, IPR I, § 7 Rn 119; MüKo/*Sonnenberger*, Art. 5 EGBGB Rn 13 f.; *Looschelders*, IPR, Art. 5 Rn 25; offen gelassen von Staudinger/*Blumenwitz*, Art. 5 EGBGB Rn 25.

91 Bei der teleologischen Argumentation wird übersehen, dass das Gesetz nur dann teleologisch erweitert oder reduziert werden darf, wenn der Regelungsplan des Gesetzes diesen Eingriff erlaubt (sog. Lücke im Gesetz). Sie fehlt. Wie hier OLG Hamm IPRspr 1993 Nr. 77; *Martiny*, JZ 1993, 1145, 1147; *Martiny*, zit. nach *Budzikiewicz*, (Tagungsbericht der deutsch-türkischen Juristenvereinigung), IPRax 2001, 496 f.; *Kegel/Schurig*, § 13 II 5, S. 456; Erman/*Hohloch*, Art. 5 EGBGB Rn 6; Palandt/*Heldrich*, Art. 5 EGBGB Rn 3; ebenso wohl Bamberger/Roth/ *Lorenz*, Art. 5 EGBGB Rn 7 (aber Rn 9).

92 Anerkannt nur im Falle einer rechtsethischen Notwendigkeit, aufgrund der Natur der Sache geboten oder bei einem unabweisbaren Bedürfnis des Rechtsverkehrs; vgl. *Larenz/Canaris*, Methodenlehre der Rechtswissenschaft, 3. Aufl. 1995, S. 232 ff.

93 Gegen die Anwendung des Art. 5 Abs. 1 S. 2 in Fällen der „deutschen Staatsangehörigkeit auf Zeit" aber LG Karlsruhe StAZ 2001, 111; generell gegen eine Anwendung des Art. 5 Abs. 1 S. 2 in diesen Fällen *Gruber*, IPRax 1999, 426, 429; abl. allg. M., *Benicke*, IPRax 2000, 171, 177; *Looschelders*, IPR, Art. 5 Rn 26 m.w.N.

94 Nicht bei einer unwandelbaren Anknüpfung, etwa der des Güterstandes, Art. 15 Abs. 1.

95 Zu einer namensrechtlichen Inländerdiskriminierung, vgl. *Benicke/Zimmermann*, IPRax 1995, 141, 144 f.; zust. *v. Bar/Mankowski*, IPR I, § 3 Rn 41; zu einer namensrechtlichen Diskriminierung Belgiens in Bezug auf den Geburtsnamen von belgisch-spanischen Kindern EuGH v. 2.10.2003, Rs. C-148/02 – García Avello; dazu *Henrich*, FamRZ 2004, 17; *Kohler*, Verständigungsschwierigkeiten zwischen europäischem Gemeinschaftsrecht und IPR, in: Mansel u.a. (Hrsg.), FS Jayme 2004, S. 445, 454 f.

96 Palandt/*Heldrich*, Art. 5 EGBGB Rn 4.

97 Vgl. *Mansel*, Personalstatut, Staatsangehörigkeit und Effektivität, Rn 416; Erman/*Hohloch*, Art. 5 EGBGB Rn 7; *Looschelders*, IPR, Art. 5 Rn 28.

98 Offen gelassen von OLG Nürnberg IPRax 2003, 147, 148; Anwendung verneint von OLG Düsseldorf NJW-RR 1994, 5, 6 (zu Art. 3 MSA); für eine entspr. Anwendung aber Erman/*Hohloch*, Art. 5 EGBGB Rn 8; dagegen wie hier *Mansel*, Personalstatut, Staatsangehörigkeit und Effektivität, Rn 436 (zu Art. 18); *Looschelders*, IPR, Art. 5 Rn 30; Bamberger/Roth/*Lorenz*, Art. 5 EGBGB Rn 10; MüKo/*Sonnenberger*, Art. 5 EGBGB Rn 12.

99 BGH FamRZ 1997, 1070, 1071; Bamberger/Roth/ *Lorenz*, Art. 5 EGBGB Rn 10.

Abs. 1, 640a Abs. 2 ZPO; §§ 35b Abs. 1, 36 Abs. 2, 43a Abs. 1, 3, 43b Abs. 1, 3 u. 4 FGG) ebenso wie für die Anerkennung und Vollstreckbarerklärung (§§ 328 Abs. 1 Nr. 1, 723 Abs. 2 S. 2 ZPO; 16a Nr. 1 FGG).

II. Staatenlose und Personen mit nicht feststellbarer Staatsangehörigkeit (Abs. 2)

1. Anknüpfung an den gewöhnlichen Aufenthalt. Besitzt eine Person keine Staatsangehörigkeit oder ist diese nicht feststellbar, so ist an den gewöhnlichen Aufenthalt der Person (Rn 16 ff.) oder hilfsweise an den (schlichten) Aufenthalt (Rn 20) anzuknüpfen. Das Anknüpfungsmerkmal Staatsangehörigkeit wird durch Abs. 2 ersetzt, ohne dass damit eine darüber hinausgehende kollisionsrechtliche Wertung eingeführt würde.[100] Auch die Ersatzanknüpfungen an den gewöhnlichen Aufenthalt und ggf. weiter an den schlichten Aufenthalt führen daher zu einer Verweisung unter Einschluss des ausländischen Kollisionsrechts, wenn die Kollisionsnorm eine solche **Gesamtverweisung** ausspricht (Art. 4 Abs. 1 S. 1).

Mit einem Aufenthaltswechsel der betreffenden Person tritt ein Statutenwechsel ein, sofern die Anknüpfung **wandelbar** ausgestaltet ist, d.h. nicht auf einen bestimmten Zeitpunkt abstellt. Stellt sie dagegen auf einen bestimmten Zeitpunkt ab (etwa Art. 15 Abs. 1), so ist der (gewöhnliche) Aufenthalt zu diesem Zeitpunkt maßgeblich. Befindet sich eine Person auf der Durchreise und hat weder einen gewöhnlichen noch einen schlichten Aufenthalt, so kann nicht weiter ersatzweise an einen früheren (letzten) gewöhnlichen Aufenthalt angeknüpft werden, weil Abs. 2 einen Vergangenheitsbezug nicht herstellen will.[101] In diesem Falle ist die *lex fori* anzuwenden.

2. Feststellung der Staatenlosigkeit. Die Ursachen für die Entstehung der Staatenlosigkeit sind vielfältig. Sie reichen von zufälligen Konstellationen bei der Geburt eines Kindes in einem Staat, welcher dem Abstammungsprinzip folgt und dessen Eltern einem Staat des *ius soli* angehören, bis hin zu Auswanderung und Ausbürgerung. Die Staatenlosigkeit ist von Amts wegen anhand der betreffenden Staatsangehörigkeitsrechte festzustellen (*de-jure*-**Staatenlosigkeit**). Eine Bindung an Entscheidungen ausländischer Behörden besteht dabei nicht.[102] Auf das Fehlen eines völkerrechtlichen Schutzes durch den Heimatstaat kommt es kollisionsrechtlich dagegen nicht an (*de-facto*-Staatenlosigkeit).[103]

Kann die Staatsangehörigkeit **nicht positiv festgestellt** werden, so ist der Betroffene als Staatenloser zu behandeln.[104] Auf eine wahrscheinliche oder auf eine frühere Staatsangehörigkeit sollte nicht abgestellt werden.[105] Ferner kommt es auf die Gründe für die Nichtfeststellbarkeit der Staatsangehörigkeit nicht an. Erfasst werden etwa Asylbewerber, die ihren Pass verloren oder vernichtet haben.[106] Desgleichen Fälle, in denen die (völkerrechtliche) Existenz des Staates zu verneinen ist.[107]

Staatenlose und die ihnen gleichgestellten Personen mit nicht feststellbarer Staatsangehörigkeit, die sich im Inland aufhalten, haben somit ein deutsches Personalstatut. Grundsätzlich gelten für sie daher auch all jene kollisionsrechtlichen Regelungen, die unmittelbar an die **Rechtsstellung als Deutscher** anknüpfen (etwa Art. 13 Abs. 2 u. 3, 17 Abs. 1 S. 2, 18 Abs. 5).[108] Abs. 2 läuft nach dieser Auffassung im praktischen Ergebnis auf eine Inländergleichbehandlung hinaus.[109] Eine Ausnahme ist für solche **Exklusivnormen** geboten, die eine besondere Privilegierung aufgrund der Staatsangehörigkeit aussprechen (Art. 38 a.F.). Im geltenden Recht trifft dies praktisch nur noch auf Art. 91 Abs. 2 S. 2 WG und Art. 60 Abs. 2 S. 2 ScheckG zu.[110]

3. Keine Anwendung des Abs. 2. Der Anwendungsbereich von Abs. 2 ist aufgrund vorrangiger staatsvertraglicher Regelungen sehr begrenzt. Das **UN-Übereinkommen über die Rechtsstellung der Staatenlosen** (Anhang I zu Art. 5) besitzt Vorrang gegenüber Abs. 2 (Art. 3 Abs. 2). Die **Genfer Flüchtlingskonvention**

---

100 Vgl. die stattdessen in der Lit. vorgeschlagene Anknüpfung Staatenloser an ihre „Nation": *Jayme*, Nation und Staat, S. 3, 8; abl. jüngst *Mankowski*, IPRax 2004, 282, 286.
101 *Raape/Sturm*, IPR, S. 131 (unter Hinweis auf Flüchtlinge); *Looschelders*, IPR, Art. 5 Rn 31; a.A. *Staudinger/Blumenwitz*, Art. 5 EGBGB Rn 50.
102 BGH IPRspr 77 Nr. 110; BGH WM 1987, 217.
103 *Staudinger/Blumenwitz*, Art. 5 EGBGB Rn 33 f.
104 OLG Hamm FamRZ 1995, 1602, 1603; MüKo/*Sonnenberger*, Art. 5 EGBGB Rn 30 f.
105 Für ein bewegliches System von Hilfslösungen dagegen *Kegel/Schurig*, § 15 V 1, S. 511 f. Gegen diesen pragmatischen Lösungsweg spricht der klare Wortlaut des Art. 5 Abs. 2; abl. *Looschelders*, IPR,

Art. 5 Rn 32; MüKo/*Sonnenberger*, Art. 5 EGBGB Rn 30.
106 Palandt/*Heldrich*, Art. 5 EGBGB Rn 6.
107 Im Hinblick auf Palästina vgl. Rn 7.
108 OLG Köln FamRZ 1996, 946, 947; BGH IPRax 1985, 292 (keine Anwendung, wenn Deutsche gerade wegen ihrer Staatsangehörigkeit begünstigt werden sollen).
109 Ähnlich *Looschelders*, IPR, Art. 5 Rn 33; MüKo/*Sonnenberger*, Art. 5 EGBGB Rn 29.
110 Gegen die Sinnhaftigkeit einer solchen Differenzierung *v. Bar*, IPRax 1985, 272 f.; gegen die Anwendung von Art. 5 Abs. 2 auf Exklusivnormen generell, Bamberger/Roth/*Lorenz*, Art. 5 11; für Differenzierung im Einzelfall Erman/*Hohloch*, Art. 5 EGBGB Rn 14.

und die weiteren sondergesetzlichen Regelungen (vgl. Anhang II zu Art. 5) gehen Abs. 2 als *lex specialis* vor.[111] Abgestellt wird bei diesen vorrangigen Regelungen zum Teil auf den Wohnsitz der staatenlosen Person. Aus deutscher Sicht wird der Wohnsitzbegriff aber im Sinne des gewöhnlichen Aufenthalts interpretiert (siehe Rn 4),[112] so dass im praktischen Ergebnis keine Abweichungen bestehen.

III. Aufenthaltswechsel ohne Willen des eingeschränkt Geschäftsfähigen (Abs. 3)

40 Nach der allgemeinen Regel kann bereits die tatsächliche Änderung des gewöhnlichen oder schlichten Aufenthalts, ggf. verbunden mit dem entsprechenden Willen des Betroffenen, zu einem Statutenwechsel führen und damit für die rechtliche Anerkennung eines Aufenthaltswechsels genügen (siehe Rn 18). Abs. 3 erschwert einen solchen Statutenwechsel für nicht voll geschäftsfähige Personen. Bei ihnen ist auch der Wille des gesetzlichen Vertreters zu berücksichtigen. Abs. 3 weist insoweit Parallelen zum abgeleiteten Wohnsitz des Kindes nach § 11 BGB auf.

41 Die Sonderregel des Abs. 3 soll insbesondere **internationalen Kindesentführungen** entgegenwirken. Dabei stehen die Fälle des sog. *legal kidnapping* im Vordergrund. Der nicht oder nicht allein sorgeberechtigte Elternteil verbringt das Kind in ein Land, in dem er entweder eine für ihn günstigere Sorgerechtsentscheidung auf der Grundlage des dortigen Rechts erstrebt oder durch den Statutenwechsel aus inländischer Sicht zumindest das für ihn günstigere Recht zur Anwendung gelangen lassen will.[113] Diesem Bestreben wirkt Abs. 3 entgegen. Die Vorschrift ist aber nicht auf Kindesentführungen beschränkt, sondern allgemein auf Personen bezogen, die nicht voll geschäftsfähig sind.

42 **1. Voraussetzungen, Vorfragen (Abs. 3).** Zunächst ist die fehlende oder beschränkte **Geschäftsfähigkeit** der betroffenen Person zu ermitteln; Art. 7 Abs. 1 spricht hierfür eine Gesamtverweisung auf das Heimatrecht des Betroffenen aus (vgl. Art. 7 Rn 6).

43 Abs. 3 setzt ferner voraus, dass der Aufenthaltswechsel ohne den Willen des gesetzlichen Vertreters erfolgt ist. Die fehlende Zustimmung genügt. Danach ist zunächst wiederum im Wege der selbständig anzuknüpfenden **Vorfrage** zu klären, welche Person(en) gesetzlicher Vertreter des Betroffenen ist (sind). Art. 21 stellt für das **Eltern-Kind-Verhältnis** auf das Recht am Ort des gewöhnlichen Aufenthalts des Kindes ab.[114] Hier ist allerdings nach dem Schutzzweck der Vorschrift nicht auf den geänderten neuen, sondern auf den gewöhnlichen bisherigen Aufenthaltsort des Kindes vor dem fraglichen Aufenthaltswechsel abzustellen.[115] Besteht nach diesem Recht eine gemeinsame Vertretung des Kindes (wie etwa nach §§ 1626 f., 1631 Abs. 1 BGB), so genügt es, wenn die Aufenthaltsänderung ohne oder gegen den Willen **eines** zur Aufenthaltsbestimmung berechtigten Elternteils erfolgt ist.

44 **2. Rechtsfolge des Abs. 3.** Die Rechtsfolge des Abs. 3 ist schwach formuliert. Danach führt der Aufenthaltswechsel ohne den Willen des gesetzlichen Vertreters „allein nicht" zur Anwendung eines anderen Rechts. Bezweckt ist mit dieser Aussage eine flexible Handhabung und Anpassung an die Rechtsprechung zu Art. 1 des Haager Minderjährigen Schutzabkommens (MSA; vgl. Anhang II zu Art. 24 EGBGB). Ein Aufenthaltswechsel ohne den Willen des gesetzlichen Vertreters erschwert einen Statutenwechsel, schließt ihn aber nicht aus. Die auf einer tatsächlichen Integration beruhende Begründung eines gewöhnlichen Aufenthalts kann durch das Aufenthaltsbestimmungsrecht nicht verhindert werden. Ausgeschlossen ist regelmäßig[116] der sofortige Statutenwechsel durch Verbringung an einen anderen Ort.[117] Verlangt werden mithin zusätzliche, einen Statutenwechsel rechtfertigende Umstände. Liegt etwa eine feste und dauerhafte Eingliederung des Betroffenen in seine neue soziale Umgebung vor (Einschulung des Kindes, Integration in die Lebensumwelt), so kann ein Statutenwechsel zu bejahen sein. Der entgegenstehende Wille der oder des Sorgeberechtigten ist aber als **Indiz gegen die Eingliederung** zu berücksichtigen.[118] Dagegen führt ein fehlender Rückholwille und

---

111 *Raape/Sturm*, IPR, S. 133; Palandt/*Heldrich*, Art. 5 EGBGB Rn 7, *Looschelders*, IPR, Art. 5 Rn 35.
112 BT-Drucks 10/504, S. 41; Erman/*Hohloch*, Art. 5 EGBGB Rn 16; MüKo/*Sonnenberger*, Einl. IPR Rn 661.
113 Vgl. etwa BGH IPRax 2003, 145; OLG Nürnberg IPRax 2003, 147 (jeweils im Anwendungsbereich des MSA).
114 Auch dabei handelt es sich um eine Gesamtnormverweisung (Art. 4 Abs. 1 S. 1). Es sind also Rück- und Weiterverweisungen zu beachten, vgl. Staudinger/*Henrich*, Art. 21 EGBGB Rn 32–35; anders im Anwendungsbereich des MSA, vgl. Anhang II zu Art. 24 EGBGB.
115 BT-Drucks 10/504, S. 42; Palandt/*Heldrich*, Art. 5 EGBGB Rn 11; Erman/*Hohloch*, Art. 5 EGBGB Rn 19.
116 Vgl. aber BGH IPRax 2003, 145 (sofortiger Wechsel des gewöhnlichen Aufenthalts).
117 *Looschelders*, IPR, Art. 5 Rn 43; vgl. *Kropholler*, in: FS Jayme 2004, S. 471, 474 f. (umgekehrt kann aber durch das Aufenthaltsbestimmungsrecht ein gewöhnlicher Aufenthalt des Kindes sofort begründet werden).
118 BGH NJW 1981, 520; OLG Bamberg NJW-RR 1990, 774; OLG Celle FamRZ 1991, 1221; OLG Hamm NJW-RR 1997, 5, 6.

das Unterlassen geeigneter Maßnahmen (Gerichtsschutz) eher zu einer Bejahung des Statutenwechsels.[119] Im Übrigen können die in den internationalen Übereinkommen zugrunde gelegten Zeitspannen (6 Monate/ 1 Jahr) als Anhaltspunkt dienen.

3. Keine Anwendung des Abs. 3. Abs. 3 wird verdrängt, soweit der Anwendungsbereich des **Haager Minderjährigenschutzabkommens** von 1961 (MSA) eröffnet ist (vgl. Anhang II zu Art. 24 EGBGB). Dort gelten in der Sache aber dieselben Grundsätze zu Art. 1 und 3 MSA.[120] Vorrangige Bedeutung hat ferner das **Haager Kindesentführungsübereinkommen** von 1980 (HKÜ, vgl. Anhang IV zu Art. 24 EGBGB), nach dessen Art. 12 Abs. 1 u. 2 ein Rückgabeantrag nach Jahresfrist und Einleben des Kindes in die neue Umgebung zurückzuweisen ist. Das Luxemburger Europäische Sorgerechtsübereinkommen von 1980 schafft ferner verfahrensrechtliche Erleichterungen für die Rückführung unzulässig verbrachter Kinder (vgl. Anhang V zu Art. 24 EGBGB). Die am 1.3.2001 für die EG-Mitgliedstaaten mit Ausnahme Dänemarks in Kraft getretene **EheVO I**[121] verweist in Art. 4 für die Zuständigkeit in Fällen der Kindesentführung auf die Regelungen in Art. 1 und 3 des MSA.

Am 1.3.2005 wird die ebenfalls vorrangige **EheVO II** in Kraft treten.[122] Nach deren Art. 10 bleibt im Falle einer Kindesentführung (widerrechtliches Verbringen oder Zurückhalten des Kindes) ein faktischer Aufenthaltswechsel für die Zuständigkeit aufgrund des gewöhnlichen Aufenthalts des Kindes unbeachtlich.

---

119 OLG Nürnberg IPRax 2003, 147, 148; Erman/ *Hohloch*, Art. 5 EGBGB Rn 19.
120 BGH IPRax 2003, 145; OLG Nürnberg IPRax 2003, 147, 148 zu beiden Entscheidung *Bauer*, IPRax 2003, 135, 136 f.
121 Verordnung (EG) Nr. 1347/2000 des Rates v. 29.5.2000 über die Zuständigkeit und die Anerkennung und Vollstreckung von Entscheidungen in Ehesachen und in Verfahren betreffend die elterliche Verantwortung v. 29.5.2000 (ABlEG 2000, Nr. L 160, S. 19).
122 Verordnung (EG) Nr. 2201/2003 des Rates über die Zuständigkeit und Anerkennung und Vollstreckung von Entscheidungen in Ehesachen und in Verfahren betreffend die elterliche Verantwortung und zur Aufhebung der VO EG Nr. 1347/2000 v. 27.11.2003 (ABlEG 2003, Nr. L 338, S. 1); ausf. dazu Anhang I zum III. Abschnitt EGBGB.

Anhang I zu Art. 5 EGBGB

New Yorker UN-Übereinkommen über die Rechtsstellung der Staatenlosen[1]

Kapitel I. Allgemeine Bestimmungen

StaatlÜbk Art. 1   Definition des Begriffs „Staatenloser"

(1) Im Sinne dieses Übereinkommens ist ein „Staatenloser" eine Person, die kein Staat aufgrund seines Rechtes als Staatsangehörigen ansieht.

(2) Dieses Übereinkommen findet keine Anwendung
i) auf Personen, denen gegenwärtig ein Organ oder eine Organisation der Vereinten Nationen, mit Ausnahme des Hohen Flüchtlingskommissars der Vereinten Nationen, Schutz oder Beistand gewährt, solange sie diesen Schutz oder Beistand genießen;
ii) auf Personen, denen die zuständigen Behörden des Landes, in dem sie ihren Aufenthalt genommen haben, die Rechte und Pflichten zuerkennen, die mit dem Besitz der Staatsangehörigkeit dieses Landes verknüpft sind;
iii) auf Personen, bei denen aus schwerwiegenden Gründen die Annahme gerechtfertigt ist,
   a) daß sie ein Verbrechen gegen den Frieden, ein Kriegsverbrechen oder ein Verbrechen gegen die Menschlichkeit im Sinne der internationalen Übereinkünfte begangen haben, die abgefaßt wurden, um Bestimmungen hinsichtlich derartiger Verbrechen zu treffen;
   b) daß sie ein schweres nichtpolitisches Verbrechen außerhalb ihres Aufenthaltslands begangen haben, bevor sie dort Aufnahme fanden;
   c) daß sie sich Handlungen zuschulden kommen ließen, die den Zielen und Grundsätzen der Vereinten Nationen zuwiderlaufen.

StaatlÜbk Artt. 2 – 11   (nicht abgedruckt)

Kapitel II. Rechtsstellung

StaatlÜbk Art. 12[2]   Personalstatut

(1) Das Personalstatut eines Staatenlosen bestimmt sich nach den Gesetzen des Landes seines Wohnsitzes oder, wenn er keinen Wohnsitz hat, nach den Gesetzen seines Aufenthaltslandes.

(2) Die von einem Staatenlosen früher erworbenen, sich aus seinem Personalstatut ergebenden Rechte, insbesondere die aus der Eheschließung, werden von jedem Vertragsstaat vorbehaltlich der nach seinen Gesetzen gegebenenfalls zu erfüllenden Förmlichkeiten geachtet; hierbei wird vorausgesetzt, daß es sich um ein Recht handelt, das nach den Gesetzen dieses Staates anerkannt worden wäre, wenn der Berechtigte nicht staatenlos geworden wäre.

StaatlÜbk Artt. 13 – 42   (nicht abgedruckt)

Literatur: *Börner*, Palästina und die Palästinenser im IPR, IPRax 1997, 47.

A. Allgemeines 1	II. Personalstatut des Staatenlosen (Art. 12 Abs. 1 StaatlÜbk.) 6
B. Regelungsgehalt 3	
I. Anwendungsbereich (Art. 1 StaatlÜbk.) ... 3	

---

[1] Vom 28.9.1954 (BGBl II S. 474), in deutscher Übersetzung. Authentisch sind gleichberechtigt der englische, französische und spanische Text.

[2] Einen Vorbehalt zu Art. 12 haben *Botsuana* und *Schweden* erklärt. Die Vorschrift bindet beide Staaten nicht.

A. Allgemeines

1 Das UN-Übereinkommen über die Rechtsstellung der Staatenlosen vom 28.9.1954 ist für die Bundesrepublik Deutschland am 24.1.1977 in Kraft getreten[3] (zu den weiteren Mitgliedstaaten der Konvention[4]). Das Übereinkommen verdrängt in seinem Anwendungsbereich die Vorschrift des Art. 5 Abs. 2. Nur für Staatenlose, für die das Abkommen nach Art. 1 Abs. 2 nicht gilt, bleibt Art. 5 Abs. 2 anwendbar (zum Vorrang der staatsvertraglichen Regelung im Sinne von Art. 3 Abs. 2 vgl. Art. 3 EGBGB Rn 57). Das Übereinkommen wird seinerseits **verdrängt durch** die speziellere[5] **Genfer Flüchtlingskonvention (GFK)** für staatenlose Flüchtlinge. Aufgrund der praktisch wortgleichen Vorschrift des Art. 12 GFK bleibt dies aber ohne praktische Auswirkung. Auch die gemeinschaftsrechtliche Mindestharmonisierung des Flüchtlingsrechts (Richtlinie des Rates v. 29.4.2004, 2004/83/EG),[6] die staatenlose Flüchtlinge ebenso erfasst, lässt das Personalstatut aus Art. 12 GFK unberührt (siehe Anhang II zu Art. 5 Rn 25).

2 Das Personalstatut eines Staatenlosen im Sinne des Übereinkommens (Art. 1) ist das Recht seines Wohnsitz- oder ersatzweise seines Aufenthaltslandes (Art. 12 Abs. 1; zum Begriff Personalstatut vgl. Art. 5 EGBGB Rn 2), wobei Wohnsitz im Sinne von gewöhnlicher Aufenthalt zu verstehen ist. Ferner werden durch das Übereinkommen die auf dieser Grundlage erworbenen Rechte des Staatenlosen geschützt (Art. 12 Abs. 2). Daneben enthält die Staatenlosenkonvention in Art. 16[7] eine prozessuale Schutzvorschrift über den Zugang zu den Gerichten.

B. Regelungsgehalt

I. Anwendungsbereich (Art. 1 StaatlÜbk)

3 Der Begriff des Staatenlosen im Sinne von Art. 1 Abs. 1 der Staatenlosenkonvention entspricht jenem des Art. 5 Abs. 2 EGBGB. Maßgebend ist danach die festgestellte Staatenlosigkeit oder die nicht feststellbare Staatsangehörigkeit der betreffenden Person (vgl. Art. 5 EGBGB Rn 36). Erfasst werden auch (staatenlose) Flüchtlinge. Für sie gelten allerdings bereits die spezielleren Vorschriften für Flüchtlinge (siehe Rn 1). Art. 12 Abs. 1 ist *loi uniforme* und greift daher auch dann ein, wenn die staatenlose Person keinen Wohnsitz bzw. (gewöhnlichen) Aufenthalt im Inland oder sonst in einem Mitgliedstaat hat.[8]

4 Keine Anwendung findet das Abkommen auf Staatenlose, die eine bevorzugte Behandlung aufgrund einer besonderen Schutzstellung nach Art. 1 Abs. 2 i) und ii) erhalten. Den Schutz und Beistand der Vereinten Nationen (i) erhalten gegenwärtig **Palästina-Flüchtlinge** durch die *United Nations Relief and Works Agency for Palestine Refugees* (UNRWA).[9] Besonderen staatlichen Schutz (ii) erhalten bezogen auf Deutschland die staatenlosen **Volksdeutschen**. Auf sie ist Art. 116 GG anzuwenden (vgl. Anhang II zu Art. 5 Rn 6).

5 Keine Anwendung findet das Abkommen ferner auf Staatenlose, die unter dem begründeten schwerwiegenden Verdacht stehen (iii), ein völkerrechtswidriges Verbrechen (a), ein schweres sonstiges Verbrechen im Ausland (b) oder eine „UN-widrige" Handlung (c) begangen zu haben. Dieser Ausnahmetatbestand hat bislang keine praktische Bedeutung erlangt. Als Verdachtsregel ist sie verfassungsrechtlich bedenklich.[10]

II. Personalstatut des Staatenlosen (Art. 12 Abs. 1 StaatlÜbk)

6 Der Wohnsitzbegriff in Art. 12 Abs. 1 ist aus deutscher Sicht im Sinne des gewöhnlichen Aufenthalts und der Aufenthalt im Sinne des schlichten Aufenthalts zu verstehen (Art. 5 Abs. 2 EGBGB, vgl. dort Rn 34). Diese **transformierende Gleichsetzung der Begriffe** Wohnsitz und gewöhnlicher Aufenthalt legitimiert sich aus der Überlegung, dass jeder Mitgliedstaat den Wohnsitzbegriff zur Erreichung der Abkommensziele und im Rahmen seiner völkerrechtlich zulässigen Auslegungskompetenz selbst interpretieren darf.[11] Eine Interpretation im Sinne des gewöhnlichen Aufenthalts (faktischer Wohnsitz) ist hier vorzugswürdig (vgl. Art. 5 Rn 16 ff.).

---

3 Ratifikation in BGBl II 1976 S. 474; Bekanntmachung über das In-Kraft-Treten in BGBl II 1977 S. 235.
4 Vgl. *Jayme/Hausmann*, Nr. 12 Fn 1 (Stand 1.7.2004) oder Fundstellennachweis B zum BGBl mit Länderübersicht im Registerteil 2003, S. 340 und S. 509.
5 *Raape/Sturm*, IPR, Bd. 1, 6. Aufl. 1977, S. 133; offen gelassen bei Staudinger/*Blumenwitz*, Art. 5 EGBGB Rn 61; Palandt/*Heldrich*, Anh. I zu Art. EGBGB 5 Rn 2.
6 Richtlinie des Rates über Mindestnormen für die Anerkennung und den Status von Drittstaatsangehörigen oder Staatenlosen als Flüchtlinge oder als Personen, die anderweitig internationalen Schutz benötigen und über den Inhalt des zu gewährenden Schutzes, ABlEU v. 30.9.2004, L 304/12.
7 Abgedruckt bei *Jayme/Hausmann*, Nr. 214.
8 MüKo/*Sonnenberger*, Art. 5 EGBGB Anh. I Rn 8; *Looschelders*, IPR, Anhang zu Art. 5 Rn 14.
9 *Börner*, IPRax 1997, 47, 52.
10 MüKo/*Sonnenberger*, Art. 5 EGBGB Anh. I Rn 2.
11 Staudinger/*Blumenwitz*, Art. 5 EGBGB Rn 63–66; Erman/*Hohloch*, Art. 5 EGBGB Rn 58.

Art. 12 Abs. 1 entspricht auch in der Funktion Art. 5 Abs. 2 EGBGB. Es handelt sich bei dieser Vorschrift nicht selbst um eine Kollisionsnorm, sondern um eine kollisionsrechtliche Hilfsnorm (Ersetzung des Anknüpfungsmerkmals Staatsangehörigkeit). **Rück- und Weiterweisungen** sind daher nach Maßgabe der kollisionsrechtlichen Verweisungsnorm beachtlich.[12]

7

Art. 12 Abs. 2 wiederholt einen allgemeinen kollisionsrechtlichen Grundsatz, wonach **wohlerworbene Rechte**, d.h. hier solche, die aufgrund des früheren Personalstatuts des Staatenlosen entstanden sind, bestehen bleiben.

8

Anhang II zu Art. 5 EGBGB: Sonderregelungen für Flüchtlinge, Verschleppte und Vertriebene

Literatur: *Börner*, Palästina und die Palästinenser im IPR, IPRax 1997, 47; *Henrich*, Parteiautonomie, Privatautonomie und kulturelle Identität, in: Mansel u.a. (Hrsg.), FS Jayme 2004, S. 321; *Jayme*, Zum Personalstatut der „Kontingentflüchtlinge", IPRax 1981, 73; *ders.*, Neue Bestimmungen zum Personalstatut der Asylberechtigten, IPRax 1984, 114; *Lass*, Der Flüchtling im deutschen IPR, 1995; *Peters*, Die Entwicklung des Vertriebenen- und Ausländerrechts in den Jahren 1993–1999, NVwZ 2000, 1372; *Spickhoff*, Asylbewerber und gewöhnlicher Aufenthalt, IPRax 1990, 225; *Wendehorst*, Inzidentprüfung der Flüchtlingseigenschaft im Unterhaltsprozeß – Zur Bindung der Zivilgerichte an verwaltungsgerichtliche Feststellungen, IPRax 1999, 276. Siehe auch die Literatur bei Art. 5 EGBGB.

A. Allgemeines 1	2. Gesetz über die Rechtsstellung heimatloser Ausländer (HeimatlAuslG) . 14
B. Einzelregelungen 4	3. Genfer UN-Abkommen über die Rechtsstellung der Flüchtlinge vom 28.7.1951 nebst Zusatzprotokoll vom 31.1.1967 17
I. Volksdeutsche Flüchtlinge und Vertriebene (Art. 9 II Ziff. 5 FamRÄndG, Art. 116 GG) 4	
1. Grundgedanke und praktische Relevanz der Gleichstellung 4	
2. Art. 116 Abs. 1 GG 6	a) Allgemeines 17
3. Kollisionsrechtliche Gleichstellung nach Art. 9 Abs. 2 Ziff. 5 FamRÄndG, Art. 116 Abs. 1 GG 9	b) Anwendungsbereich 18
	c) Personalstatut 28
	4. Asylverfahrensgesetz 30
II. Nichtdeutsche Flüchtlinge und Verschleppte 10	5. Gesetz über Maßnahmen für im Rahmen humanitärer Hilfsaktionen aufgenommene Flüchtlinge (KontingentG) 36
1. AHK-Gesetz Nr. 23 über die Rechtsverhältnisse verschleppter Personen und Flüchtlinge 10	

A. Allgemeines

Die erzwungene Entwurzelung der Person von ihrer Heimat und Kultur ebenso wie der Zerfall und die Neugliederung von Staaten und Rechtsordnungen charakterisieren übergreifend die kollisionsrechtlichen Fragestellungen für Flüchtlinge und Vertriebene. Das Schicksal von Flucht und Vertreibung verlangt primär nach Solidarität und Unterstützung im Aufnahmestaat. Der rechtliche Schutz und die staatliche Fürsorge sind Gegenstand einer Reihe von nationalen Gesetzen und völkerrechtlichen Abkommen für die davon betroffenen Personen. Diese lassen sich einteilen in ausländische und staatenlose Flüchtlinge einerseits und in volksdeutsche Flüchtlinge und ausgebürgerte Deutsche andererseits (Art. 116 GG; nachfolgend Rn 4). In der rechtspraktischen Bedeutung werden die Sonderregelungen des deutschen Staatsangehörigkeitsrechts (vgl. dazu Art. 5 EGBGB Rn 15) als Bestandteil der rechtlichen Wiedergutmachung für das nationalsozialistische Unrecht aber völlig hinter dem internationalen Flüchtlingsrecht zurücktreten. In dessen Mittelpunkt steht die **Genfer Flüchtlingskonvention (GFK)** vom 28.7.1951 mit dem Zusatzprotokoll vom 31.1.1967. Die verschiedenen deutschen Gesetze betreffend ausländische Flüchtlinge und politisch Verfolgte (Art. 16a Abs. 1 GG) gruppieren sich um diese Konvention herum und erweitern ihren Anwendungsbereich (nachfolgend Rn 10).

1

Der Europäische Rat hat auf dem Gipfel von Tampere (1999) die Schaffung eines Gemeinsamen Europäischen Asylsystems für die Europäische Union zum Ziel erklärt und in der Folge eine Mindestharmonisierung durch zwei parallele Richtlinienvorhaben verfolgt. Der geänderte Richtlinienvorschlag über Mindestnormen für das Verfahren zur Anerkennung der Flüchtlingseigenschaft befindet sich in einem fortgeschrittenen

2

---

12 *Raape/Sturm*, IPR, Bd 1, 6. Aufl. 1977, S. 132 f.; *Bamberger/Roth/Lorenz*, Art. 5 EGBGB Rn 33; MüKo/*Sonnenberger*, Art. 5 EGBGB Anh. I Rn 11; Staudinger/*Hausmann*, Art. 4 EGBGB Rn 126; jetzt auch Staudinger/*Blumenwitz*, Art. 5 EGBGB Rn 70; a.A. *Erman/Hohloch*, Art. 5 EGBGB Rn 65 (Sachnormverweisung); differenzierend *Looschelders*, IPR, Anh. zu Art. 5 Rn 15 (renvoi im Einzelfall unbeachtlich).

Stadium und steht vor dem voraussichtlich baldigen Abschluss.[1] Angenommen ist bereits die **Richtlinie zum materiellen Flüchtlingsrecht** (Richtlinie des Rates v. 29.4.2004, 2004/83/EG),[2] die eine uneingeschränkte und umfassende Anwendung der GFK anstrebt (Ziff. 2 der Erwägungsgründe) und insbesondere eine einheitliche Auslegung und Ausgestaltung des Flüchtlingsstatus erreichen will. Die Richtlinie lässt die GFK (im Übrigen) unberührt (Art. 20 Abs. 1) und enthält auch keine kollisionsrechtliche Regelung. Sie belässt ferner den Mitgliedstaaten die Möglichkeit, günstigere Regeln beizubehalten oder zu schaffen (Art. 3 und Ziff. 8 der Erwägungsgründe).[3] Sofern die Richtlinie Konkretisierungen nahe legt, die den nachfolgend behandelten Bereich berühren, wird auf die entsprechenden Regeln der Richtlinie hingewiesen.

3 Kollisionsrechtlich erlangt die Anknüpfung an den **gewöhnlichen Aufenthalt** die allein maßgebliche Bedeutung und führt meist zu einem **deutschen Personalstatut**. Der Grundgedanke geht dahin, die Flüchtlinge nicht zu zwingen, weiterhin nach den Gesetzen eines Staates zu leben, aus dem sie geflohen sind, von dem sie sich endgültig abgewandt haben. Die rechtliche Eingliederung in ihrem Lebensumfeld (Umweltrecht) erleichtert dabei auch die Integration im Zufluchtstaat und folgt einem mutmaßlichen Interesse nach Assimilierung. Dies trifft allerdings nicht auf alle Flüchtlingsgruppen in gleichem Umfange zu. Nicht selten ist das Aufnahmeland nur eine vorübergehende Zufluchtstätte. Die Flüchtlinge wollen ihre kulturelle Identität nicht aufgeben und hoffen auf eine baldige Rückkehr. Es bietet sich *de lege ferenda* daher auch hier an, ein Optionsrecht einzuführen.[4]

B. Einzelregelungen

I. Volksdeutsche Flüchtlinge und Vertriebene (Art. 9 II Ziff. 5 FamRÄndG, Art. 116 GG)

Art. 9 II Ziff. 5 FamRÄndG

1–4. (...)

5. [1]Soweit im deutschen bürgerlichen Recht oder im deutschen Verfahrensrecht die Staatsangehörigkeit einer Person maßgebend ist, stehen den deutschen Staatsangehörigen die Personen gleich, die, ohne die deutsche Staatsangehörigkeit zu besitzen, Deutsche im Sinne des Artikels 116 Abs. 1 des Grundgesetzes sind. [2]Rechtskräftige gerichtliche Entscheidungen bleiben unberührt.

6. (...)

Art. 116 GG

(1) [1]Deutscher im Sinne dieses Grundgesetzes ist vorbehaltlich anderweitiger gesetzlicher Regelung, wer die deutsche Staatsangehörigkeit besitzt oder als Flüchtling oder als Vertriebener deutscher Volkszugehörigkeit oder als dessen Ehegatte oder Abkömmling in dem Gebiete des Deutschen Reiches nach dem Stande vom 31. Dezember 1937 Aufnahme gefunden hat.

(2) [1]Frühere deutsche Staatsangehörige, denen zwischen dem 30. Januar 1933 und dem 8. Mai 1945 die Staatsangehörigkeit aus politischen, rassischen oder religiösen Gründen entzogen worden ist, und ihre Abkömmlinge sind auf Antrag wieder einzubürgern. [2]Sie gelten als nicht ausgebürgert, sofern sie nach dem 8. Mai 1945 ihren Wohnsitz in Deutschland genommen haben und nicht einen entgegengesetzten Willen zum Ausdruck gebracht haben.

4 **1. Grundgedanke und praktische Relevanz der Gleichstellung.** Art. 9 Abs. 2 Ziff. 5 FamRÄndG erklärt die zivilrechtliche und damit auch die kollisionsrechtliche Gleichstellung volksdeutscher Flüchtlinge und Vertriebener mit deutschen Staatsangehörigen. Damit wird die von Art. 116 Abs. 1 GG angeordnete Gleichstellung einfachgesetzlich umgesetzt,[5] wonach neben deutschen Staatsangehörigen auch all jene

---

1 Vgl. Pressemitteilung des Rates vom 29.4.2004, EuZW 2004, 358; der geänderte Vorschlag für eine „Richtlinie des Rates über für Verfahren in den Mitgliedstaaten zur Zuerkennung oder Aberkennung der Flüchtlingseigenschaft" ist als Dokument Nr. 8741/04 abrufbar im Internet: http://ue.eu.int.

2 Richtlinie des Rates über Mindestnormen für die Anerkennung und den Status von Drittstaatsangehörigen oder Staatenlosen als Flüchtlinge oder als Personen, die anderweitig internationalen Schutz benötigen und über den Inhalt des zu gewährenden Schutzes, ABlEU v. 30.9.2004, L 304/12.

3 Die Frist zur Umsetzung läuft bis zum 10.10.2006 (Art. 38).

4 Vgl. zu dem Vorschlag, *de lege ferenda* Flüchtlingen ein Optionsrecht zugunsten ihres bisherigen Personalstatuts einzuräumen, *Henrich*, in: FS Jayme 2004, S. 321, 328.

5 Die Vorschrift ist durch das Familienrechtsänderungsgesetz v. 11.8.1961 (BGBl I S. 1221) eingeführt worden. Sie hat nur deklaratorische Bedeutung und „wirkt" (daher) auf den Zeitpunkt des In-Kraft-Tretens von Art. 116 GG am 24.5.1949 zurück, OLG Celle FamRZ 1995, 1228; vgl. allg.M., Palandt/*Heldrich*, Anh. II zu Art. 5 EGBGB Rn 12.

Sonderregelungen für Flüchtlinge, Verschleppte und Vertriebene — Anh II zu Art. 5 EGBGB

Flüchtlinge und Vertriebene Deutsche im Sinne des Grundgesetzes sind, die als volkszugehörig gelten und Aufnahme im Reichsgebiet nach dem Gebietsstand vom 31.12.1937 gefunden haben (sog. **Statusdeutsche**). Die Gleichstellung durch Art. 116 Abs. 1 GG, Art. 9 Abs. 2 Ziff. 5 FamRÄndG hat künftig nur noch eingeschränkte Bedeutung. Nach § 40a S. 1 StAG erwarben Statusdeutsche kraft Gesetzes mit Wirkung zum 1.8.1999 („an diesem Tag") die deutsche Staatsangehörigkeit. Für Spätaussiedler, ihre Ehegatten und Abkömmlinge findet ein solcher übergeleiteter Staatsangehörigkeitserwerb statt, wenn ihnen vor dem 1.8.1999 eine Spätaussiedlerbescheinigung erteilt wurde (§ 40a S. 2 StAG i.V.m. § 15 BVFG[6]). Wurde und wird diese Bescheinigung nach diesem Zeitpunkt erteilt, so tritt der Erwerb mit der Erteilung ein (§ 7 S. 1 StAG). Er erstreckt sich dann nur noch auf die Kinder, die ihre Deutscheneigenschaft von dem nach S. 1 begünstigten Elternteil ableiten (§ 7 S. 2 StAG).[7] Die Gleichstellung ist damit **nur noch von Bedeutung**, soweit es bei der Anwendung der Kollisionsnormen auf die Deutscheneigenschaft vor dem Zeitpunkt 1.8.1999 ankommt (Altfälle) oder danach bis zu einer Erteilung der Bescheinigung im Sinne von § 7 StAG.

2. Art. 116 Abs. 1 GG. Art. 116 Abs. 1 GG verlangt für die Gleichstellung von Deutschen ohne deutsche Staatsangehörgkeit, dass es sich erstens um einen Flüchtling oder Vertriebenen handelt (§ 1 BVFG), der zweitens eine deutsche Volkszugehörigkeit aufweist (§ 6 BVFG[8]) und drittens aufgrund von Flucht oder Vertreibung Aufnahme im Reichsgebiet mit Gebietsstand zum 31.12.1937 gefunden hat. Jedenfalls seit dem In-Kraft-Treten des 2+4-Vertrages zum 3.10.1993 umfasst das Aufnahmegebiet durch die territoriale Veränderung (endgültige Nichtzugehörigkeit der Ostgebiete) das heutige Bundesgebiet.[9] Finden Ehegatten und Abkömmlinge des Statusdeutschen Aufnahme im Gebiet nach Art. 116 Abs. 1 GG, so erwerben sie – falls sie nicht selbst Flüchtlinge oder Vertriebene sind – als *personae coniunctae* originär die Statusdeutscheneigenschaft. Für einen derivativen Erwerb bei Heirat oder Geburt nach Abschluss der Vertreibung oder Flucht und Aufnahme im Bundesgebiet gelten die Erwerbsgründe des StAG analog.[10]

Eine Sonderregelung gilt für sog. **Spätaussiedler**, d.h. Volksdeutsche, die seit dem 1.3.1993 im Rahmen eines normalen Aufnahmeverfahrens nach Deutschland gekommen sind. Sie werden nach § 4 Abs. 3 BVFG i.V.m. Art. 116 Abs. 1 GG den deutschen Staatsangehörigen ebenfalls gleichgestellt. Das gilt für Ehegatten und Abkömmlinge des Spätaussiedlers nur unter der weiteren Voraussetzung, dass diese in den Aufnahmebescheid nach Maßgabe des neu geregelten § 27 Abs. 1 S. 2 BVFG mit einbezogen wurden.

Rechtlicher Schutz in den Fällen der Ausbürgerung aufgrund nationalsozialistischen Unrechts wird durch **Art. 116 Abs. 2 GG** gewährleistet. Die Ausbürgerung ist danach unwirksam und die deutsche Staatsangehörigkeit wird als fortbestehend behandelt, wenn die betroffene Person nach dem 8.5.1945 ihren tatsächlichen Wohnsitz im Bundesgebiet genommen und keinen entgegengesetzten Willen zum Ausdruck gebracht hat (Abs. 2 S. 2 GG). In jedem Falle besteht aber ein Wiedereinbürgerungsanspruch (Abs. 2 S. 1 GG; vgl. näher Art. 5 EGBGB Rn 15).

3. Kollisionsrechtliche Gleichstellung nach Art. 9 Abs. 2 Ziff. 5 FamRÄndG, Art. 116 Abs. 1 GG. Soweit Kollisionsnormen an die Staatsangehörigkeit oder an die Eigenschaft als Deutscher anknüpfen (sog. Exklusivnormen), gelten die volksdeutschen Flüchtlinge und Vertriebenen sowie deren Abkömmlinge und Ehegatten im Sinne von Art. 116 Abs. 1 GG als Deutsche (**Statusdeutsche**).[11] Besitzt ein Statusdeutscher auch eine ausländische Staatsangehörigkeit, so gilt der Vorrang der deutschen Staatsangehörigkeit für Mehrstaater nach **Art. 5 Abs. 1 S. 2 EGBGB** (vgl. dort Rn 26 ff.) auch für ihn. Der Erwerb des deutschen Personalstatuts durch einen volksdeutschen Flüchtling oder Vertriebenen tritt mit der Aufnahme im Reichsgebiet, jedoch frühestens mit dem In-Kraft-Treten des Grundgesetzes am 24.5.1949 ein. Der Gleichstellung im Sinne von Art. 116 Abs. 1 GG kommt kollisionsrechtlich daher keine Rückwirkung zu. Sie wirkt *ex*

---

6 Bundesvertriebenengesetz v. 19.5.1953 in der Fassung v. 2.6.1993 (BGBl I S. 829), zuletzt geändert durch Art. 6 des Zuwanderungsgesetzes v. 30.7.2004 (BGBl I S. 1950, 1999 f.).

7 *Fuchs*, NJW 2000, 489, 490.

8 Zu den Voraussetzungen vgl. jüngst BVerwG NVwZ 2004, 753 (Sprachfähigkeit); *Peters*, NVwZ 2000, 1372 ff.

9 Staudinger/*Blumenwitz*, Anh. IV zu Art. 5 EGBGB Rn 15; generell auf das Bundesgebiet abstellend

MüKo/*Sonnenberger*, Art. 5 EGBGB Anh. II Rn 26; unter Hinw. auf BVerwG DÖV 1972, 238; BayObLG IPRspr 1975 Nr. 184. Differenzierend Erman/*Hohloch*, Art. 5 EGBGB Rn 40.

10 BVerwGE 8, 340 ff.; Staudinger/*Blumenwitz*, Anh. IV zu Art. 5 EGBGB Rn 16; MüKo/*Sonnenberger*, Art. 5 EGBGB Anh. II Rn 29.

11 BGHZ 121, 305, 314; OLG Hamm FamRZ 2001, 918, 919.

nunc.[12] Die Rechtsstellung eines Statusdeutschen geht durch die Verlegung des dauernden Aufenthalts in das Ausland als öffentlichrechtlicher Status nicht verloren;[13] etwas anderes gilt nur bei Rückkehr in einen Staat des Vertreibungsgebietes oder bei Erwerb einer ausländischen Staatsangehörigkeit, die zum Verlust der deutschen Staatsangehörigkeit geführt hätte.[14]

II. Nichtdeutsche Flüchtlinge und Verschleppte

1. AHK-Gesetz Nr. 23 über die Rechtsverhältnisse verschleppter Personen und Flüchtlinge.

Erster Teil. Allgemeine Vorschriften

AHK-G Art. 1 Soweit das Einführungsgesetz zum Bürgerlichen Gesetzbuch bestimmt, daß die Gesetze des Staates, dem eine Person angehört, maßgebend sind, werden die Rechtsverhältnisse einer verschleppten Person oder eines Flüchtlings nach dem Recht des Staates beurteilt, in welchem die Person oder der Flüchtling zu der maßgebenden Zeit den gewöhnlichen Aufenthalt hat oder gehabt hat, oder, falls ein gewöhnlicher Aufenthalt fehlt, nach dem Recht des Staates, in welchem die Person oder der Flüchtling sich zu der maßgebenden Zeit befindet oder befunden hat.

AHK-G Art. 2 Artikel 1 findet keine Anwendung auf die in Artikel 24 und 25 des Einführungsgesetzes zum Bürgerlichen Gesetzbuch[15] geregelten Gegenstände.

AHK-G Artt. 3 – 9 (...)

Dritter Teil. Schlußvorschriften

AHK-G Art. 10 Im Sinne dieses Gesetzes bedeutet:

a) Der Ausdruck „verschleppte Personen und Flüchtlinge" Personen, die nicht die deutsche Staatsangehörigkeit besitzen oder deren Staatsangehörigkeit nicht festgestellt werden kann, sofern sie ihren Aufenthalt im Gebiet der Bundesrepublik haben und eine amtliche Bescheinigung darüber besitzen, daß sie der Obhut der internationalen Organisation unterstehen, die von den Vereinten Nationen mit der Betreuung der verschleppten Personen und Flüchtlinge beauftragt ist;

b) der Ausdruck „Deutschland" die Länder Baden, Bayern, Bremen, Brandenburg, Hansestadt Hamburg, Hessen, Niedersachsen, Mecklenburg-Pommern, Nordrhein-Westfalen, Rheinland-Pfalz, Sachsen, Sachsen-Anhalt, Schleswig-Holstein, Thüringen, Württemberg-Baden, Württemberg-Hohenzollern und Groß-Berlin.

10 Das AHK-Gesetz Nr. 23 über die Rechtsverhältnisse verschleppter Personen und Flüchtlinge im Bundesgebiet vom 17.3.1950[16] richtet sich an die im Zusammenhang mit dem Zweiten Weltkrieg stehenden Flüchtlinge und Verschleppten, die zumindest einen schlichten Aufenthalt in Deutschland haben (bzw. im kollisionsrechtlich relevanten Zeitpunkt hatten), eine Obhutsbescheinigung der UN-Flüchtlingsbehörde besitzen und nicht unter Art. 116 Abs. 1 GG fallen, d.h. die weder deutsche Staatsangehörige noch Statusdeutsche sind. Erfasst werden damit ausländische Staatsangehörige, Staatenlose und Personen, deren Staatsangehörigkeit nicht feststellbar ist (Art. 10a),[17] sowie jene Abkömmlinge oder Ehegatten, die ihren staatsangehörigkeitsrechtlichen Status von einer Person dieses Kreises ableiten.[18]

---

12 BGHZ 121, 305, 314; BGH NJW 1993, 2244, 2245; OLG Hamm StAZ 1999, 75, 76; OLG Stuttgart StAZ 1999, 78; BayObLGZ 1999, 153, 157; vgl. MüKo/*Sonnenberger*, Art. 5 EGBGB Anh. II Rn 28 und 35; Erman/*Hohloch*, Art. 5 EGBGB Rn 42; *Looschelders*, IPR, Anh. zu Art. 5 Rn 7. Das gilt auch für die Frage der Begründung eines Güterstandes nach Art. 15: keine rückwirkende Neuanknüpfung, passim.

13 Staudinger/*Blumenwitz*, Anh. IV zu Art. 5 EGBGB Rn 19 f. und ebenso zur Möglichkeit des Verzichts.

14 Vgl. MüKo/*Sonnenberger*, Art. 5 EGBGB Anh. II Rn 30.

15 Vgl. jetzt Art. 25 EGBGB i.d.F. des IPR-G v. 25. 7. 1986.

16 ABl AHK 140, in Kraft seit 1.4.1950 i.d.F. des AHKG Nr. 48 v. 1.3.1951 (ABl AHK 808).

17 Neben undurchsichtigen Staatsangehörigkeitsverhältnissen sollte auch den Schwierigkeiten der Rechtsanwendung des fremden Rechts vorgebeugt werden, so dass auch eine festgestellte ausländische Staatsangehörigkeit der Anwendung nicht entgegensteht, vgl. Staudinger/*Blumenwitz*, Anh. IV zu Art. 5 EGBGB Rn 36 u. 38; anders Erman/*Hohloch*, Art. 5 EGBGB Rn 70.

18 Ein abgeleiteter Schutzstatus ist auch aus deutscher Sicht im Hinblick auf die gesetzliche Regelung in Art. 1 Abs. 2 HeimatAuslG anzuerkennen; vgl. MüKo/*Sonnenberger*, Art. 5 EGBGB Anh. II Rn 56.

Sonderregelungen für Flüchtlinge, Verschleppte und Vertriebene   **Anh II zu Art. 5 EGBGB**

Anknüpfungspunkte sind nach Art. 1 der gewöhnliche Aufenthalt, ersatzweise der schlichte Aufenthalt (die Anknüpfung erfolgt in Anlehnung an Art. 5 Abs. 2 EGBGB; siehe dazu dort Rn 34 ff.). Sie ersetzen die Staatsangehörigkeitsanknüpfung des IPR vollumfänglich.[19] Ausgenommen ist nach Art. 2 nur das Erbstatut (Artt. 24, 25 EGBGB a.F. = Artt. 25, 26 EGBGB n.F.).   11

Die Vorschriften haben seit dem In-Kraft-Treten der GFK zum 24.12.1953 kaum noch eine praktische Bedeutung. Die Flüchtlingskonvention (Art. 12 Abs. 1) ist als *lex posterior* vorrangig.[20] Das AHK-Gesetz Nr. 23 **gilt daher nur** für verschleppte Personen, die nicht zugleich Flüchtlinge im Sinne der Konvention sind. Ferner gilt sie intertemporal für Flüchtlinge in der Zeit bis zum In-Kraft-Treten der GFK.[21]   12

2. Gesetz über die Rechtsstellung heimatloser Ausländer im Bundesgebiet (HeimatlAuslG).

HeimatlAuslG § 8   [Erworbene Rechte, Eheschließung]

[1]Hat ein heimatloser Ausländer vor Inkrafttreten dieses Gesetzes nach anderen als den deutschen Vorschriften Rechte erworben, so behält er diese, sofern die Gesetze des Ortes beobachtet sind, an dem das Rechtsgeschäft vorgenommen ist. [2]Dies gilt insbesondere für eine vor Inkrafttreten dieses Gesetzes geschlossene Ehe.

Das Gesetz über die Rechtsstellung heimatloser Ausländer im Bundesgebiet vom 25.4.1951 (HeimatlAuslG)[22] enthält selbst keine Regelung über das Personalstatut heimatloser Ausländer.[23] Kollisionsrechtlich bedeutsam ist Art. 8 HeimatlAuslG nur insofern, als es das nach Art. 1 AHK-Gesetz Nr. 23 (vgl. Rn 11) bestehende Personalstatut um ein Rückwirkungsverbot zum Schutz vormals erworbener Rechte ergänzt. Das entspricht bereits den allgemeinen Grundsätzen über die Tragweite eines Statutenwechsels (vgl. Art. 3 Rn 29).   13

Art. 8 HeimatlAuslG ist sprachlich missglückt. Die Vorschrift stellt klar, dass das deutsche Personalstatut des heimatlosen Ausländers nach Art. 1 AHK-Gesetz nur für Vorgänge ab dem 1.4.1950 (In-Kraft-Treten des AHK-Gesetzes Nr. 23) gilt[24] und damit vor diesem Zeitpunkt unter anderem Recht erworbene Rechte oder Rechtsstellungen nicht beeinträchtigt werden. Art. 8 HeimatlAuslG wird im Anwendungsbereich der GFK von der entsprechenden Vorschrift des Art. 12 Abs. 2 verdrängt.   14

3. Genfer UN-Abkommen über die Rechtsstellung der Flüchtlinge vom 28.7.1951 nebst Zusatzprotokoll vom 31.1.1967. a) Allgemeines. Das Genfer UN-Abkommen über die Rechtsstellung der Flüchtlinge vom 28.7.1951 (GFK) ist in der Bundesrepublik Deutschland am 24.12.1953 in Kraft getreten.[25] Es dient dem rechtlichen Schutz und der Eingliederung von ausländischen Flüchtlingen in Deutschland. Das Zusatzprotokoll über die Rechtsstellung der Flüchtlinge vom 31.1.1967[26] erweitert den Anwendungsbereich des Übereinkommens, indem es dessen räumliche und zeitliche Grenzen zur Bestimmung der Flüchtlingseigenschaft für nicht anwendbar erklärt. Kollisionsrechtlich regelt das Abkommen das Personalstatut durch Anknüpfung an den Wohnsitz (gewöhnlichen Aufenthalt) und den Schutz wohlerworbener Rechte des Flüchtlings (Art. 12 GFK).   15

---

19 Unter Einschluss der sog. Exklusivnormen (vgl. Art. 5 EGBGB Rn 38). So jetzt und im Hinblick auf die geringe Bedeutung der Vorschrift MüKo/*Sonnenberger*, Art. 5 EGBGB Anh. II Rn 57; Erman/*Hohloch*, Art. 5 EGBGB Rn 70.
20 *Raape/Sturm*, IPR, S. 154; Staudinger/*Blumenwitz*, Anh. IV zu Art. 5 EGBGB Rn 45; MüKo/*Sonnenberger*, Art. 5 EGBGB Anh. II Rn 20.
21 MüKo/*Sonnenberger*, Art. 5 EGBGB Anh. II Rn 54 f. und 20 f.
22 BGBl I 1951 S. 269, zuletzt geändert durch Art. 7 des Zuwanderungsgesetzes vom 30.7.2004 (BGBl I S. 1950, 2000 f.).
23 Palandt/*Heldrich*, Anh. II zu Art. 5 EGBGB Rn 17; a.A. OLG Celle FamRZ 1987, 837.
24 Staudinger/*Blumenwitz*, Anh. IV zu Art. 5 EGBGB Rn 44; Soergel/*Kegel*, Anh. nach Art. 5 EGBGB Rn 22; Bamberger/Roth/*Lorenz*, Art. 5 EGBGB Rn 45.
25 Art. 2 des Gesetzes v. 1.9.1953 (BGBl II S. 559). Völkerrechtlich gilt es für die Bundesrepublik Deutschland seit dem 22.4.1954 (BGBl II S. 619). Das Abkommen gilt heute für 141 Staaten, vgl. Fundstellennachweis B zum BGBl mit Länderübersicht im Registerteil 2003, S. 340 und S. 509.
26 BGBl II 1969 S. 1294.

b) Anwendungsbereich

Genfer UN-Abkommen über die Rechtsstellung der Flüchtlinge[27]

Kapitel I. Allgemeine Bestimmungen

GFK Art. 1 Definition des Begriffs „Flüchtling"

A.

Im Sinne dieses Abkommens findet der Ausdruck „Flüchtling" auf jede Person Anwendung:
1. Die in Anwendung der Vereinbarungen vom 12. Mai 1926 und 30. Juni 1928 oder in Anwendung der Abkommen vom 28. Oktober 1933 und 10. Februar 1938 und des Protokolls vom 14. September 1939 oder in Anwendung der Verfassung der Internationalen Flüchtlingsorganisation als Flüchtling gilt.

Die von der Internationalen Flüchtlingsorganisation während der Dauer ihrer Tätigkeit getroffenen Entscheidungen darüber, daß jemand nicht als Flüchtling im Sinne ihres Statuts anzusehen ist, stehen dem Umstand nicht entgegen, daß die Flüchtlingseigenschaft Personen zuerkannt wird, die die Voraussetzungen der Ziffer 2 dieses Artikels erfüllen;

2. Die infolge von Ereignissen, die vor dem 1. Januar 1951 eingetreten sind, und aus der begründeten Furcht vor Verfolgung wegen ihrer Rasse, Religion, Nationalität, Zugehörigkeit zu einer bestimmten sozialen Gruppe oder wegen ihrer politischen Überzeugung sich außerhalb des Landes befindet, dessen Staatsangehörigkeit sie besitzt, und die den Schutz dieses Landes nicht in Anspruch nehmen kann oder wegen dieser Befürchtungen nicht in Anspruch nehmen will; oder die sich als staatenlos infolge solcher Ereignisse außerhalb des Landes befindet, in welchem sie ihren gewöhnlichen Aufenthalt hatte, und nicht dorthin zurückkehren kann oder wegen der erwähnten Befürchtungen nicht dorthin zurückkehren will.

Für den Fall, daß eine Person mehr als eine Staatsangehörigkeit hat, bezieht sich der Ausdruck „das Land, dessen Staatsangehörigkeit sie besitzt" auf jedes der Länder, dessen Staatsangehörigkeit diese Person hat. Als des Schutzes des Landes, dessen Staatsangehörigkeit sie hat, beraubt, gilt nicht eine Person, die ohne einen stichhaltigen, auf eine begründete Befürchtung gestützten Grund den Schutz eines der Länder nicht in Anspruch genommen hat, deren Staatsangehörigkeit sie besitzt.

B.

1. Im Sinne dieses Abkommens können die im Artikel 1 Abschnitt A enthaltenen Worte „Ereignisse, die vor dem 1. Januar 1951 eingetreten sind" in dem Sinne verstanden werden, daß es sich entweder um

    a) „Ereignisse, die vor dem 1. Januar 1951 in Europa eingetreten sind" oder

    b) „Ereignisse, die vor dem 1. Januar 1951 in Europa oder anderswo eingetreten sind"

    handelt. Jeder vertragschließende Staat wird zugleich mit der Unterzeichnung, der Ratifikation oder dem Beitritt eine Erklärung abgeben, welche Bedeutung er diesem Ausdruck vom Standpunkt der von ihm aufgrund dieses Abkommens übernommenen Verpflichtung zu geben beabsichtigt.[28]

2. Jeder vertragschließende Staat, der die Formulierung zu a) angenommen hat, kann jederzeit durch eine an den Generalsekretär der Vereinten Nationen gerichtete Notifikation seine Verpflichtungen durch Annahme der Formulierung b) erweitern.

C.

Eine Person, auf die die Bestimmungen des Absatzes A zutreffen, fällt nicht mehr unter dieses Abkommen,

1. wenn sie sich freiwillig erneut dem Schutz des Landes, dessen Staatsangehörigkeit sie besitzt, unterstellt; oder
2. wenn sie nach dem Verlust ihrer Staatsangehörigkeit diese freiwillig wiedererlangt hat; oder
3. wenn sie eine neue Staatsangehörigkeit erworben hat und den Schutz des Landes, dessen Staatsangehörigkeit sie erworben hat, genießt; oder

---

[27] Übersetzung; authentisch sind gleichberechtigt der englische und der französische Text.

[28] Zur Auslegung des Abschnitts A hat *Burundi* bisher keine Erklärung abgegeben.
Eine Erklärung i.S.v. von Abschnitt B Ziff. 1a, haben *Kongo, Madagaskar, Malta, Monaco* und die *Türkei* abgegeben.
Die Bundesrepublik Deutschland und alle übrigen Vertragsstaaten des Übk. legen den Abschnitt A i.S.v. Abschnitt B Ziff. 1b, d.h. ohne geographische Beschränkung auf Europa, aus.

4. wenn sie freiwillig in das Land, das sie aus Furcht vor Verfolgung verlassen hat oder außerhalb dessen sie sich befindet, zurückgekehrt ist und sich dort niedergelassen hat; oder
5. wenn sie nach Wegfall der Umstände, aufgrund deren sie als Flüchtling anerkannt worden ist, es nicht mehr ablehnen kann, den Schutz des Landes in Anspruch zu nehmen, dessen Staatsangehörigkeit sie besitzt.
Hierbei wird jedoch unterstellt, daß die Bestimmung dieser Ziffer auf keinen Flüchtling im Sinne der Ziffer 1 des Abschnitts A dieses Artikels Anwendung findet, der sich auf zwingende, auf früheren Verfolgungen beruhende Gründe berufen kann, um die Inanspruchnahme des Schutzes des Landes abzulehnen, dessen Staatsangehörigkeit er besitzt;
6. wenn es sich um eine Person handelt, die keine Staatsangehörigkeit besitzt, falls sie nach Wegfall der Umstände, aufgrund deren sie als Flüchtling anerkannt worden ist, in der Lage ist, in das Land zurückzukehren, in dem sie ihren gewöhnlichen Wohnsitz hat. Dabei wird jedoch unterstellt, daß die Bestimmung dieser Ziffer auf keinen Flüchtling im Sinne der Ziffer 1 des Abschnitts A dieses Artikels Anwendung findet, der sich auf zwingende, auf früheren Verfolgungen beruhende Gründe berufen kann, um die Rückkehr in das Land abzulehnen, in dem er seinen gewöhnlichen Aufenthalt hatte.

D.

Dieses Abkommen findet keine Anwendung auf Personen, die zur Zeit den Schutz oder Beistand einer Organisation oder einer Institution der Vereinten Nationen, mit Ausnahme des Hohen Kommissars der Vereinten Nationen für Flüchtlinge, genießen.
Ist dieser Schutz oder diese Unterstützung aus irgendeinem Grunde weggefallen, ohne daß das Schicksal diese Personen endgültig gemäß den hierauf bezüglichen Entschließungen der Generalversammlung der Vereinten Nationen geregelt worden ist, so fallen diese Personen ipso facto unter die Bestimmungen dieses Abkommens.

E.

Dieses Abkommen findet keine Anwendung auf eine Person, die von den zuständigen Behörden des Landes, in dem sie ihren Aufenthalt genommen hat, als eine Person anerkannt wird, welche die Rechte und Pflichten hat, die mit dem Besitz der Staatsangehörigkeit dieses Landes verknüpft sind.[29]

F.

Die Bestimmungen dieses Abkommens finden keine Anwendung auf Personen, in bezug auf die aus schwerwiegenden Gründen die Annahme gerechtfertigt ist,
a) daß sie ein Verbrechen gegen den Frieden, ein Kriegsverbrechen oder ein Verbrechen gegen die Menschlichkeit im Sinne der internationalen Vertragswerke begangen haben, die ausgearbeitet worden sind, um Bestimmungen bezüglich dieser Verbrechen zu treffen;
b) daß sie ein schweres nichtpolitisches Verbrechen außerhalb des Aufnahmelandes begangen haben, bevor sie dort als Flüchtling aufgenommen wurden;
c) daß sie sich Handlungen zuschulden kommen ließen, die den Zielen und Grundsätzen der Vereinten Nationen zuwiderlaufen.

GFK Artt. 2–11. (...)

Genfer Protokoll über die Rechtsstellung der Flüchtlinge[30]
Vom 31. Januar 1967[31] (BGBl II 1969 S. 1294)

Art. I. Allgemeine Bestimmung.

(1) Die Vertragsstaaten dieses Protokolls verpflichten sich, die Artikel 2 bis 34 des Abkommens auf Flüchtlinge im Sinne der nachstehenden Begriffsbestimmungen anzuwenden.

(2) Außer für die Anwendung des Absatzes 3 dieses Artikels bezeichnet der Ausdruck „Flüchtling" im Sinne dieses Protokolls jede unter die Begriffsbestimmung des Artikels 1 des Abkommens fallende

---

29 S. dazu Art. 9 Abs. 2 Ziff. 5 FamRÄndG (Rn 4).
30 Übersetzung; authentisch sind gleichberechtigt der englische und der französische Text.
31 Das Protokoll ist für die Bundesrepublik Deutschland am 5.11.1969 in Kraft getreten (Bek. v. 14.4.1970, BGBl II, S. 194). Es gilt im Verhältnis zu den Vertragsstaaten des Genfer UN-Abk. v. 28.7.1951, mit Ausnahme von *Madagaskar, Monaco, St. Kitts und Nevis, St. Vincent* und den *Grenadinen* sowie *Weißrußland*. Vertragsstaaten nur des Protokolls sind Kap Verde, Venezuela und die *Vereinigten Staaten*.

Person, als seien die Worte „infolge von Ereignissen, die vor dem 1. Januar 1951 eingetreten sind, und ..." sowie die Worte „... infolge solcher Ereignisse" in Artikel I, Abschnitt A, Absatz 2 nicht enthalten.

(3) Dieses Protokoll wird von seinen Vertragsstaaten ohne jede geographische Begrenzung angewendet; jedoch finden die bereits nach Artikel 1, Abschnitt B, Absatz 1, Buchstabe a) des Abkommens abgegebenen Erklärungen von Staaten, die schon Vertragsstaaten des Abkommens sind, auch aufgrund dieses Protokolls Anwendung, sofern nicht die Verpflichtungen des betreffenden Staates nach Artikel 1, Abschnitt B, Absatz 2 des Abkommens erweitert worden sind.[32]

Art. II – VII. (...)

16 Der Flüchtlingsstatus (Konventionsflüchtling) kann erstens auf der Entscheidung einer UN-Flüchtlingsorganisation beruhen. Dabei handelt es sich um Entscheidungen auf der Grundlage der in Art. 1 A Nr. 1 GFK genannten früheren Flüchtlingsabkommen. Der Flüchtlingsstatus wird durch die Vorlage entsprechender Ausweisdokumente nachgewiesen (sog. Nansen- oder IRO-Flüchtlinge[33]).

17 Der Flüchtlingsstatus kann zweitens (und das ist der Regelfall) nach Maßgabe des Art. 1 A Nr. 2 – F, Art. I des Zusatzprotokolls GFK durch die Behörden und Gerichte der Mitgliedstaaten jeweils in den betreffenden staatlichen Verfahren festgestellt werden. Eine harmonisierte Anwendung des Begriffs „Flüchtling" wird im Rahmen der EU durch die „Richtlinie des Rates über Mindestnormen für die Anerkennung und den Status von Drittstaatsangehörigen oder Staatenlosen als Flüchtlinge oder als Personen, die anderweitig internationalen Schutz benötigen und über den Inhalt des zu gewährenden Schutzes" (Richtlinie des Rates v. 29.4.2004, 2004/83/EG) hergestellt werden[34] (vgl. Rn 2).

18 Aus deutscher Sicht kommt der bestandskräftigen Entscheidung des Bundesamtes für Migration und Flüchtlinge (vormals Bundesamt für die Anerkennung ausländischer Flüchtlinge) **Bindungswirkung** zu, soweit dieses nach § 2 Abs. 1 AsylVerfG die Asylberechtigung positiv anerkannt oder nach § 3 AsylVfG eine der in § 60 Abs. 1 des AufenthaltsG (vormals § 51 Abs. 1 AuslG) bezeichnete Gefahr im Rahmen eines Asylverfahrens festgestellt hat (§ 4 AsylVfG). Hat ein Zivilgericht gleichwohl begründete erhebliche Zweifel an der Flüchtlingseigenschaft, kann es die Aufhebung des Anerkennensbescheids anregen und das Verfahren nach § 148 ZPO aussetzen.[35] Die Bindungswirkung bezieht sich dagegen **nicht auf ablehnende** behördliche oder gerichtliche Entscheidungen.[36]

19 Das Durchlaufen eines Anerkennungsverfahrens ist jedoch keine Voraussetzung aus international-privatrechtlicher Sicht.[37] Es entscheiden im Übrigen die Gerichte **inzident** über die Flüchtlingseigenschaft und sind an (sonstige) behördliche Entscheidungen nicht gebunden. Auch behördliche Entscheidungen eines anderen Vertragsstaates sind nicht bindend, sondern nur als gewichtiges Indiz zu werten.[38] Eine Bindung ergibt sich jedoch im Hinblick auf ausländische Gerichtsentscheidungen aus anderen Mitgliedstaaten, sofern diese rechtskräftig über den Status des Flüchtlings entschieden haben[39] und diese Entscheidungen in Deutschland anzuerkennen sind (§ 328 ZPO). Der Flüchtling und die in seinem familiären Schutzbereich stehenden Personen besitzen insoweit einen klagbaren Anspruch auf Feststellung und Anerkennung des Status als Flüchtling. Auch das Asylverfahrensrecht wird EU-einheitlich harmonisiert werden. Der geänderte

---

32 S. hierzu die Anm. zu Art. 1, Abschnitt B des Genfer UN-Abk. v. 28.7.1951.

33 *Fritjof Nansen* war der erste Hohe Kommissar des Völkerbundes für das Flüchtlingswesen. Man spricht daher auch von einem Nansen-Pass. IRO war die frühere und 1952 umgewandelte UN-Flüchtlingsbehörde; vgl. eingehend mit Nachw. MüKo/*Sonnenberger*, Art. 5 EGBGB Anh. II Rn 65.

34 ABlEU v. 30.9.2004, L 304/12. Die Frist zur Umsetzung läuft am 10.10.2006 ab (Art. 38). Die Richtlinie geht zurück auf den Richtlinienentwurf auf Vorschlag der Kommission (KOM/2001/510 endg, ABlEG 2002 C 51 E, 325). Die Begriffsbestimmung „Flüchtling" orientierte sich bereits bisher an dem allerdings rechtsunverbindlichen „Gemeinsamen Standpunkt betreffend die harmonisierte Anwendung des Begriffs ‚Flüchtling' in Art. 1 FlüchtlKonv" (ABlEG 1996 L 63, 2).

35 Vgl. *Wendehorst*, IPRax 1999, 276, 277; Bamberger/Roth/*Lorenz*, Art. 5 EGBGB Rn 38.

36 Das gilt trotz § 4 AsylVfG. Grund: Art. 51 Abs. 1 AuslG stimmt nicht vollständig mit dem Anwendungsbereich des Abkommens überein. Die Flüchtlingseigenschaft kann daher trotz ablehnender Entscheidung vorliegen; vgl. Palandt/*Heldrich*, Anh. II zu Art. 5 EGBGB Rn 31; MüKo/*Sonnenberger*, Art. 5 EGBGB Anh. II Rn 65; Erman/*Hohloch*, Art. 5 EGBGB Rn 96; a.A. VGH Mannheim VBl BW 2001, 151, 152; Staudinger/*Blumenwitz*, Anh. IV zu Art. 5 EGBGB Rn 56.

37 Deshalb muss aber nicht die Bindungswirkung einer innerstaatlich bereits getroffenen Entscheidung im Rahmen eines Asylverfahrens verneint werden. Missverständlich daher Bamberger/Roth/*Lorenz*, Art. 5 EGBGB Rn 28.

38 Palandt/*Heldrich*, Anh. II zu Art. 5 EGBGB Rn 26; aus österreichischer Sicht OGH IPRax 1999, 260 mit Aufsatz *Wendehorst*, IPRax 1999, 276.

39 Eine nur inzidenter getroffene Anerkennungs- oder Ablehnungsentscheidung genügt dagegen nicht.

Richtlinienvorschlag über Mindestnormen für das Verfahren zur Anerkennung der Flüchtlingseigenschaft ist aber noch nicht angenommen.[40]

Die festzustellende **Flüchtlingseigenschaft** wird von Art. 1 A Nr. 2 – F GFK als ein Statusverhältnis persönlich, räumlich, zeitlich und sachlich definiert, wobei Art. I Abs. 2 und 3 des Zusatzprotokolls GFK die räumlichen und zeitlichen Begrenzungen nach Art. 1 A und B GFK von der Anwendung ausnimmt, so dass **weltweit** alle gegenwärtigen und auch künftigen Fluchtbewegungen in den Anwendungsbereich des Übereinkommens fallen (jüngst etwa aus Afghanistan, Iran, Jugoslawien). Voraussetzung ist, dass die betroffene Person aus der begründeten **Furcht vor Verfolgung** wegen ihrer Rasse, Religion, Nationalität, Zugehörigkeit zu einer bestimmten sozialen Gruppe oder wegen ihrer politischen Überzeugung ihr Herkunftsland[41] verlassen hat bzw. verfolgungsbedingt dorthin nicht zurückkehren kann oder will. Eine Flucht im engeren Sinne ist demnach nicht erforderlich (Exil). Die subjektive Furcht vor Verfolgung muss auf objektiven Beweggründen (Verfolgungsmaßnahme des Herkunftsstaates) beruhen.[42]

Das Übereinkommen erfasst staatenlose und auch Flüchtlinge, die eine oder mehrere Staatsangehörigkeiten besitzen (Doppel- und Mehrstaater). Besteht eine oder bestehen mehrere Staatsangehörigkeiten, so ist weitere Voraussetzung, dass der Flüchtling den Schutz keiner seiner Staatsangehörigkeiten in Anspruch nehmen kann oder will (Art. 1 A Nr. 2 Abs. 1 und 2 GFK).

Art. 1 GFK und Art. I des Zusatzprotokolls lassen offen, ob das Übereinkommen auch auf die Ehefrau und die Abkömmlinge des Flüchtlings anwendbar ist, sofern diese die Flüchtlingseigenschaft nicht in der eigenen Person erfüllen (sog. **abgeleiteter Flüchtlingsstatus**). Die Rechtsprechung und ein Teil der Lehre bejahen dies für minderjährige Kinder und die Ehefrau, wenn diese auch ihre Staatenlosigkeit oder ihre Staatsangehörigkeit von dem Flüchtling ableiten.[43] Richtigerweise ist das zu verneinen, denn die Konvention enthält hierfür keine Anhaltspunkte (anders dagegen im Rahmen des AHK-Gesetz Nr. 23 über die Rechtsverhältnisse verschleppter Personen und Flüchtlinge, siehe Rn 10). Die Frage geht vielmehr dahin, ob die tatsächliche familiäre Verbundenheit der Ehefrau oder dem Abkömmling einen **eigenen Flüchtlingsstatus** vermittelt.[44]

Diesen Standpunkt nimmt auch die EG-Richtlinie 2004/83/EG v. 29.4.2004 zum materiellen Flüchtlingsrecht ein (Erwägungsgrund Nr. 27; Artt. 1c, 9 Abs. 1 u. 3, 10; vgl. Rn 2). Zur Wahrung des Familienverbands erhalten Familienangehörige, die die Flüchtlingseigenschaft nicht besitzen, einen abgeleiteten besonderen Schutzstatus. Erfasst werden Ehegatten, rechtlich anerkannte Lebenspartner (anerkannt nach Maßgabe des gemeinsamen Aufenthaltsstaates), leibliche und angenommene Kinder (Art. 2h). Für diesen Personenkreis gilt das Personalstatut aus Art. 12 GFK mithin nicht. Die rechtliche Stellung eines Partners im Sinne von Art. 2h der Richtlinie wird kollisionsrechtlich dem Recht des Mitgliedstaat zugewiesen, in dem sich die Partner aufhalten.

Die Flüchtlingseigenschaft geht **verloren**, wenn der Flüchtling selbst wieder Beziehungen zu seinem Herkunftsland aufnimmt (Art. 1 C Nr. 1–4 GFK) oder die objektiven Gründe für die Flucht entfallen sind (Art. 1 C Nr. 5 GFK).

Ausgenommen von der Anwendung des Abkommens sind anderweitig durch die UN geschützte Personen (Art. 1 D GFK; etwa die Palästina-Flüchtlinge[45]), anderweitig durch den Aufenthaltsstaat geschützte

---

40 Vgl. Pressemitteilung des Rates vom 29.4.2004, EuZW 2004, 358; der geänderte Vorschlag für eine „Richtlinie des Rates über für Verfahren in den Mitgliedstaaten zur Zuerkennung oder Aberkennung der Flüchtlingseigenschaft" ist als Dokument Nr. 8741/04 abrufbar im Internet: http://ue.eu.int.

41 Vgl. Art. 1 A Nr. 2 Abs. 2 FlüchtlKonv: Das ist das Land, dessen Staatsangehörigkeit die Person besitzt, dessen Schutz sie aber nicht in Anspruch nehmen kann oder will, oder, bei einer staatenlosen Person, das Land in dem sie ihren gewöhnlichen Aufenthalt hatte.

42 Das sind staatliche Maßnahmen gegen Leben, Freiheit, Gesundheit oder die materielle Existenzgrundlage. Auch die Verfolgung durch Untergrundorganisationen oder bei Kämpfen zwischen Volksgruppen kommt in Betracht; MüKo/Sonnenberger, Art. 5 EGBGB Anh. II Rn 67; Erman/Hohloch, Art. 5 EGBGB Rn 81 (Abwägung im Einzelfall); vgl. Staudinger/Blumenwitz, Anh. IV zu Art. 5 EGBGB Rn 62–63 (sofern die legale Staatsgewalt den Opfern im eigenen Land keinen Schutz gewähren kann).

43 AG Schöneberg StAZ 1996, 209; BayObLGZ 1999, 27, 30 Anm. Hohloch JuS 2000, 297; Erman/Hohloch, Art. 5 EGBGB Rn 83.

44 Ist dies nicht der Fall, besteht grundsätzlich auch kein Anlass, von der Regelanknüpfung abzuweichen, vgl. zum Namensrecht AG Rottweil IPRax 2004, H. 4 Info S. XI.; OLG Düsseldorf StAZ 1989, 281, 282; MüKo/Sonnenberger, Art. 5 EGBGB Anh. II Rn 71; Bamberger/Roth/Lorenz, Art. 5 EGBGB Rn 25; zweifelnd bereits Jayme, IPRax 1981, 73, 75; weiter gehend möchte Lass, Der Flüchtling im deutschen IPR, 1995, S. 51, in diesen Fällen den Tatbestand der indirekten Verfolgung etablieren; skeptisch Sonnenberger, passim.

45 Sie werden von der United Nations Relief and Works Agency for Palestine Refugees (UNRWA) betreut. Entfällt die Betreuung, wird die Konvention ipso facto wieder anwendbar, vgl. dazu Börner, IPRax 1997, 47, 48 f.

Personen (Art. 1 E GFK; etwa die Statusdeutschen, d.h. die volksdeutschen Flüchtlinge und Vertriebenen gemäß Art. 116 Abs. 1 GG) und Personen, bei denen aus schwerwiegenden Gründen der Verdacht besteht, dass sie ein Kriegsverbrechen, Verbrechen gegen die Menschlichkeit usf. oder eine „UN-widrige" Handlung begangen haben (Art. 1 F GFK).[46]

c) Personalstatut

Genfer UN-Abkommen über die Rechtsstellung der Flüchtlinge (Forts).

Kapitel II. Rechtsstellung

GFK Art. 12 Personalstatut

(1) Das Personalstatut jedes Flüchtlings bestimmt sich nach dem Recht des Landes seines Wohnsitzes oder, in Ermangelung eines Wohnsitzes, nach dem Recht seines Aufenthaltslandes.

(2) Die von einem Flüchtling vorher erworbenen und sich aus seinem Personalstatut ergebenden Rechte, insbesondere die aus der Eheschließung, werden von jedem vertragschließenden Staat geachtet, gegebenenfalls vorbehaltlich der Formalitäten, die nach dem in diesem Staat geltenden Recht vorgesehen sind. Hierbei wird jedoch unterstellt, daß das betreffende Recht zu demjenigen gehört, das nach den Gesetzen dieses Staates anerkannt worden wäre, wenn die in Betracht kommende Person kein Flüchtling geworden wäre.

GFK Artt. 13–46 (...)

25 Das Personalstatut des Flüchtlings wird nach Art. 12 Abs. 1 GFK an seinen Wohnsitz ersatzweise an seinen Aufenthalt angeknüpft, um dem Flüchtling eine rechtliche Heimat außerhalb des Fluchtstaates zu bieten. Es ersetzt damit kollisionsrechtlich das Anknüpfungsmerkmal der Staatsangehörigkeit und ggf. auch das des früheren gewöhnlichen Aufenthalts, falls dies zur Anwendung des Rechts des Fluchtstaates führen würde (Art. 14 Abs. 1 Nr. 2 Alt. EGBGB).[47]

26 Der Wohnsitzbegriff in Art. 12 Abs. 1 GFK ist im Sinne des **gewöhnlichen Aufenthalts** und der Aufenthalt im Sinne des schlichten Aufenthalts zu verstehen. Diese Interpretation ist ebenso wie bei der parallelen Regelung in Art. 12 Abs. 1 des UN-Übereinkommens über die Rechtsstellung der Staatenlosen (vgl. Anhang I zu Art. 5 EGBGB Rn 6) zulässig, weil jeder Mitgliedstaat den Wohnsitzbegriff zur Erreichung der Abkommensziele und im Rahmen seiner völkerrechtlich zulässigen Auslegungskompetenz selbst interpretieren darf.[48] Für Konventionsflüchtlinge tritt mithin das Anknüpfungsmerkmal des gewöhnlichen Aufenthalts an die Stelle einer Anknüpfung an die Staatsangehörigkeit (siehe hierzu Art. 5 EGBGB Rn 16 ff.).

27 **Rück- und Weiterweisungen** sind nach Maßgabe der kollisionsrechtlichen Verweisungsnorm zu beachten. Dies gilt ausnahmsweise dann nicht, wenn die Rück- oder Weiterverweisung zu dem Heimatstaat führt,[49] der gleichzeitig Fluchtstaat ist. Ein solcher *renvoi* widerspricht dem Zweck der Konvention, den Flüchtling von der Rechtsordnung des Verfolgerstaates zu entkoppeln und unter Schutz zu stellen.[50]

28 Art. 12 Abs. 1 GFK kommt keine Rückwirkung zu. Es führt für den Flüchtling zu einem Statutenwechsel, sobald der Flüchtlingsstatus *de facto* vorliegt. Art. 12 Abs. 2 S. 1 GFK wiederholt daher den allgemeinen

---

46 Diese Außerschutzstellung hat bislang keine praktische Bedeutung erlangt und ist als Verdachtsregel verfassungsrechtlich bedenklich; Staudinger/*Blumenwitz*, Anh. IV zu Art. 5 EGBGB Rn 49; MüKo/*Sonnenberger*, Art. 5 EGBGB Anh. II Rn 73 u. Anh. I Rn 2; zur parallelen Problematik s. bereits Anhang I zu Art. 5 EGBGB Rn 5.

47 Die Konvention sieht hierfür keine Ersatzanknüpfung vor. Die Lösung ist nach dem deutschen Kollisionsrecht zu suchen. Notfalls ist an die *lex fori* anzuknüpfen; vgl. MüKo/*Sonnenberger*, Art. 5 EGBGB Anh. II Rn 75; *Looschelders*, IPR, Anh. zu Art. 5 Rn 22.

48 Staudinger/*Blumenwitz*, Anh. IV zu Art. 5 EGBGB Rn 67; Erman/*Hohloch*, Art. 5 EGBGB Rn 84; *Looschelders*, IPR, Anh. zu Art. 5 Rn 20.

49 OLG Hamm IPRspr 1991, Nr. 74; OLG Hamm IPRspr 1992, Nr. 144; Raape/*Sturm*, IPR, Bd 1, 6. Aufl. 1977, S. 153; *Looschelders*, IPR, Anh. zu Art. 5 Rn 21; Bamberger/Roth/*Lorenz*, Art. 5 EGBGB Rn 33 (Fall des Art. 4 Abs. 1 S. 1 a.E. EG); MüKo/*Sonnenberger*, Art. 5 EGBGB Anh. II Rn 83 f.; Staudinger/*Hausmann*, Art. 4 EGBGB Rn 125; Staudinger/*Blumenwitz*, Anh. IV zu Art. 5 EGBGB Rn 68.

50 Die Gegenauffassung gelangt zu einer Sachnormverweisung ebenfalls unter Hinweis auf den Zweck des Abkommens, aber mit der Einschränkung, dass das Einzelstatut beachtlich bleibt (Art. 3 Abs. 3 EGBGB), Erman/*Hohloch*, Art. 5 EGBGB Rn 87; Palandt/*Heldrich*, Anh. II zu Art. 5 EGBGB Rn 28; Soergel/*Kegel*, Anh. nach Art. 5 EGBGB Rn 74.

kollisionsrechtlichen Grundsatz, wonach vorher **wohlerworbene Rechte** bestehen bleiben (etwa im Hinblick auf einen Namenserwerb[51] oder auf eine Heirat[52]). Dies gilt nicht, wenn die Beibehaltung des Rechts gegen den *ordre public* des Aufnahmelandes verstößt (Art. 12 Abs. 2 S. 2 GFK).

Art. 12 der GFK findet ferner ergänzend Anwendung auf die Haager Vereinbarung über Flüchtlingsseeleute v. 23.11.1957 (sog. fliegende Holländer).[53]

4. Asylverfahrensgesetz

AsylVfG § 1   Geltungsbereich (gültig bis 31.12.2004)

(1)[1]Dieses Gesetz gilt für Ausländer, die Schutz als politisch Verfolgte nach Artikel 16 a Abs. 1 des Grundgesetzes oder Schutz vor Abschiebung oder einer sonstigen Rückführung in einen Staat beantragen, in dem ihnen die in § 51 Abs. 1 des Ausländergesetzes bezeichneten Gefahren drohen.

(2) –[1]Dieses Gesetz gilt nicht
1. für heimatlose Ausländer im Sinne des Gesetzes über die Rechtsstellung heimatloser Ausländer im Bundesgebiet in der im Bundesgesetzblatt Teil III, Gliederungsnummer 243-1, veröffentlichten bereinigten Fassung, zuletzt geändert durch Artikel 4 des Gesetzes vom 9. Juli 1990 (BGBl I S. 1354),
2. für Ausländer im Sinne des Gesetzes über Maßnahmen für im Rahmen humanitärer Hilfsaktionen aufgenommene Flüchtlinge vom 22. Juli 1980 (BGBl I S. 1057), zuletzt geändert durch Artikel 5 des Gesetzes vom 9. Juli 1990 (BGBl I S. 1354).

AsylVfG § 1   Geltungsbereich (gültig ab 1.1.2005)

(1)[1]Dieses Gesetz gilt für Ausländer, die Schutz als politisch Verfolgte nach Artikel 16 a Abs. 1 des Grundgesetzes oder Schutz vor Abschiebung oder einer sonstigen Rückführung in einen Staat beantragen, in dem ihnen die in § 60 Abs. 1 des Aufenthaltsgesetzes bezeichneten Gefahren drohen.

(2)[1]Dieses Gesetz gilt nicht für heimatlose Ausländer im Sinne des Gesetzes über die Rechtsstellung heimatloser Ausländer im Bundesgebiet in der im Bundesgesetzblatt Teil III, Gliederungsnummer 243-1, veröffentlichten bereinigten Fassung in der jeweils geltenden Fassung.

AsylVfG § 2   Rechtsstellung Asylberechtigter

(1) [1]Asylberechtigte genießen im Bundesgebiet die Rechtsstellung nach dem Abkommen über die Rechtsstellung der Flüchtlinge vom 28. Juli 1951 (BGBl 1953 II S. 559).

(2) [1]Unberührt bleiben die Vorschriften, die den Asylberechtigten eine günstigere Rechtsstellung einräumen.

(3) [1]Ausländer, denen bis zum Wirksamwerden des Beitritts in dem in Artikel 3 des Einigungsvertrages genannten Gebiet Asyl gewährt worden ist, gelten als Asylberechtigte.

AsylVfG § 3   Rechtsstellung sonstiger politisch Verfolgter (gültig bis 31.12.2004)

[1]Ein Ausländer ist Flüchtling im Sinne des Abkommens über die Rechtsstellung der Flüchtlinge, wenn das Bundesamt oder ein Gericht unanfechtbar festgestellt hat, daß ihm in dem Staat, dessen Staatsangehörigkeit er besitzt oder in dem er als Staatenloser seinen gewöhnlichen Aufenthalt hatte, die in § 51 Abs. 1 des Ausländergesetzes bezeichneten Gefahren drohen.

AsylVfG § 3   Rechtsstellung sonstiger politisch Verfolgter (gültig ab 1.1.2005)

[1]Ein Ausländer ist Flüchtling im Sinne des Abkommens über die Rechtsstellung der Flüchtlinge, wenn das Bundesamt für Migration und Flüchtlinge oder ein Gericht unanfechtbar festgestellt hat, daß ihm in dem Staat, dessen Staatsangehörigkeit er besitzt oder in dem er als Staatenloser seinen gewöhnlichen Aufenthalt hatte, die in § 60 Abs. 1 des Aufenthaltsgesetzes bezeichneten Gefahren drohen.

---

51 BayObLG 68, 7; 71, 204; OLG Hamm OLGZ 1983, 46, 55.
52 OVG RhPf IPRspr 1993 Nr. 54.
53 Vgl. m. Nachw. Staudinger/*Blumenwitz*, Anh. IV zu Art. 5 EGBGB Rn 69 f.

AsylVfG § 4 Verbindlichkeit asylrechtlicher Entscheidungen (gültig bis 31.12.2004)

¹Die Entscheidung über den Asylantrag ist in allen Angelegenheiten verbindlich, in denen die Anerkennung oder das Vorliegen der Voraussetzungen des § 51 Abs. 1 des Ausländergesetzes rechtserheblich ist. ²Dies gilt nicht für das Auslieferungsverfahren.

AsylVfG § 4 Verbindlichkeit asylrechtlicher Entscheidungen (gültig ab 1.1.2005)

¹Die Entscheidung über den Asylantrag ist in allen Angelegenheiten verbindlich, in denen die Anerkennung oder das Vorliegen der Voraussetzungen des § 60 Abs. 1 des Aufenthaltsgesetzes rechtserheblich ist. ²Dies gilt nicht für das Auslieferungsverfahren.

30 § 2 Abs. 1 u. 3 und § 3 des Gesetzes zur Neuregelung des Asylverfahrens vom 26.6.1992 (AsylVfG)[54] erweitern den Anwendungsbereich der GFK. **Anerkannten Asylberechtigten**, einschließlich jenen aus der früheren DDR (§ 2 Abs. 3 AsylVfG), und anerkannten sonstigen politisch Verfolgten wird danach die Rechtsstellung nach der GFK zuerkannt.[55] Asylberechtigte und die ihnen gleichgestellten politisch Verfolgten erhalten daher den Schutz der Konvention, auch wenn sie nicht zugleich als Konventionsflüchtling einzustufen sind.[56]

31 Das Asylverfahrensrecht wird EU-einheitlich harmonisiert werden. Der geänderte Richtlinienvorschlag über Mindestnormen für das Verfahren zur Anerkennung der Flüchtlingseigenschaft ist noch nicht angenommen[57] (vgl. Rn 2).

32 Asylberechtigt sind nach Art. 16a Abs. 1 GG alle politisch verfolgten Ausländer. Nicht asylberechtigt sind Ausländer, die aus einem EG-Land oder einem anderen Drittstaat einreisen, in dem die Anwendung der FlüchtlingsKonv und der Europäischen Menschenrechtskonvention (EMRK) sichergestellt ist (Art. 16a Abs. 2 GG).[58] Das Asylverfahrensgesetz findet darüber hinaus keine Anwendung auf heimatlose Ausländer im Sinne des HeimatlAuslG (§ 1 Abs. 2 AsylVfG; siehe Rn 13 f.). Der Status eines Asylberechtigten erlischt nach § 72 AsylVfG kraft Gesetzes oder durch die Rücknahme bzw. den Widerruf der Anerkennungsentscheidung (§ 73 AsylVfG).

33 Kollisionsrechtlich ist Art. 12 GFK somit auf anerkannte Asylberechtigte und festgestellt politisch Verfolgte anwendbar. Die Anknüpfung des Personalstatuts an den Wohnsitz (Art. 12 Abs. 1 GFK), verstanden und interpretiert im Sinne des **gewöhnlichen Aufenthalts**, und ersatzweise die Anknüpfung an den schlichten Aufenthalt (vgl. Rn 26), gelten daher auch für diesen Personenkreis. Diese Anknüpfung tritt vollumfänglich an die Stelle der Anknüpfung an die Staatsangehörigkeit. § 2 Abs. 2 AsylVfG rechtfertigt eine kollisionsrechtliche Günstigkeitsregel, die einen Rückgriff auf das Heimatrecht im Einzelfall ermöglicht.[59]

34 **Bindungswirkung** haben die positiven Anerkennungsentscheidungen des Bundesamtes für Migration und Flüchtlinge (vormals Bundesamt für die Anerkennung ausländischer Flüchtlinge), § 4 AsylVfG; nicht dagegen die ablehnenden Verwaltungsentscheidungen[60] (vgl. Rn 18). Hat ein Zivilgericht gleichwohl begründete erhebliche Zweifel an der Flüchtlingseigenschaft, kann es die Aufhebung des Anerkennensbescheids anregen und das Verfahren nach § 148 ZPO aussetzen.[61]

35 Familienangehörige (Ehefrauen und Kinder) können – außer in der eigenen Person – den Status eines Asylberechtigten auch abgeleitet erlangen (**Familienasyl**, § 26 AsylVfG). Allerdings setzt auch diese abgeleitete Schutzstellung eine förmliche Anerkennungsentscheidung zugunsten des Angehörigen voraus,

---

54 BGBl I 1992 S. 1126 i.d.F. der Bekanntmachung v. 27.7.1993 (BGBl I S. 1361), zuletzt geändert durch Art. 6 des Zuwanderungsgesetzes v. 30.7.2004 (BGBl I S. 1950, 1989 ff.).
55 § 2 Abs. 1 AsylVfG meint anerkannte Asylberechtigte, vgl. BGH FamRZ 1993, 47, 48; *Jayme*, IPRax 1984, 114, 115.
56 MüKo/*Sonnenberger*, Art. 5 EGBGB Anh. II Rn 86.
57 Vgl. Pressemitteilung des Rates v. 29.4.2004, EuZW 2004, 358; der geänderte Vorschlag für eine „Richtlinie des Rates über für Verfahren in den Mitgliedstaaten zur Zuerkennung oder Aberkennung der Flüchtlingseigenschaft" ist als Dokument Nr. 8741/04 abrufbar im Internet http://ue.eu.int.
58 Vgl. etwa *Jarass/Pieroth*, GG, 6. Aufl. 2003, Art. 16a Rn 4 ff.
59 OLG Düsseldorf StAZ 1989, 281, 282; *Jayme*, IPRax 1984, S. 114, 115; Palandt/*Heldrich*, Anh. II zu Art. 5 EGBGB Rn 32; abl. MüKo/*Sonnenberger*, Art. 5 EGBGB Anh. II Rn 94; Erman/*Hohloch*, Art. 5 EGBGB Rn 93; *Looschelders*, IPR, Anh. zu Art. 5 Rn 26; Soergel/*Kegel*, Anh. nach Art. 5 EGBGB Rn 97; Bamberger/Roth/*Lorenz*, Art. 5 EGBGB Rn 41.
60 Vgl. Palandt/*Heldrich*, Anh. II zu Art. 5 EGBGB Rn 31; MüKo/*Sonnenberger*, Art. 5 EGBGB Anh. II Rn 87; Erman/*Hohloch*, Art. 5 EGBGB Rn 96.
61 Vgl. *Wendehorst*, IPRax 1999, 276, 277; Bamberger/Roth/*Lorenz*, Art. 5 EGBGB Rn 38.

so dass die Frage des abgeleiteten Erwerbs hier nicht eigenständig zu beantworten ist.[62] Zur eigenständigen Stellung von Familienangehörigen im Sinne von Art. 2h der Richtlinie 2004/83/EG siehe Rn 22.

5. Gesetz über Maßnahmen für im Rahmen humanitärer Hilfsaktionen aufgenommene Flüchtlinge (KontingentG)

KontingentG § 1   Rechtsstellung

(1) [1]Wer als Ausländer im Rahmen humanitärer Hilfsaktionen der Bundesrepublik Deutschland aufgrund der Erteilung einer Aufenthaltserlaubnis vor der Einreise in der Form des Sichtvermerks oder aufgrund einer Übernahmeerklärung nach § 33 Abs. 1 des Ausländergesetzes im Geltungsbereich dieses Gesetzes aufgenommen worden ist, genießt im Geltungsbereich dieses Gesetzes die Rechtsstellung nach den Artikeln 2 bis 34 des Abkommens über die Rechtsstellung der Flüchtlinge vom 28. Juli 1951 (BGBl 1953 II, S. 559).

(2) [1]Auch ohne Aufenthaltserlaubnis oder Übernahmeerklärung genießt die Rechtsstellung nach Absatz 1, wer als Ausländer vor Vollendung des 16. Lebensjahres und vor dem Inkrafttreten des Gesetzes zur Neuregelung des Ausländerrechts im Rahmen humanitärer Hilfsaktionen der Bundesrepublik Deutschland im Geltungsbereich dieses Gesetzes aufgenommen worden ist.

(3) [1]Dem Ausländer wird eine unbefristete Aufenthaltserlaubnis erteilt.

KontingentG § 2a   Erlöschen der Rechtsstellung

(1) [1]Die Rechtsstellung nach § 1 erlischt, wenn der Ausländer
1. sich freiwillig oder durch Annahme oder Erneuerung eines Nationalpasses erneut dem Schutz des Staates, dessen Staatsangehörigkeit er besitzt, unterstellt oder
2. nach Verlust seiner Staatsangehörigkeit diese freiwillig wiedererlangt hat oder
3. auf Antrag eine neue Staatsangehörigkeit erworben hat und den Schutz des Staates, dessen Staatsangehörigkeit er erworben hat, genießt.

(2) (...)

Das Gesetz über Maßnahmen für im Rahmen humanitärer Hilfsaktionen aufgenommene Flüchtlinge vom 22.7.1980 (KontingentG)[63] tritt mit Wirkung zum 1.1.2005 außer Kraft.[64] Es behält aber über diesen Zeitpunkt hinaus Bedeutung für die bis zum Außer-Kraft-Treten aufgenommenen Flüchtlinge. Nach § 103 des AufenthaltsG gelten die §§ 2a und 2b (Erlöschen des Flüchtlingsstatus) fort. Daraus ergibt sich auch, dass der einmal erworbene Flüchtlingsstatus durch die Aufhebung des Gesetzes **nicht verloren** geht.

Das Gesetz erstreckt den Anwendungsbereich der GFK auf Ausländer, die im Rahmen humanitärer Hilfsaktionen in der Bundesrepublik Aufnahme gefunden haben. Einer weiter gehenden Feststellung der Flüchtlingseigenschaft bedarf es in diesen Fällen nicht.[65] Aufgrund der vergleichbaren Interessenlage werden diese sog. **Kontingentflüchtlinge** den Konventionsflüchtlingen gleichgestellt.

§ 1 Abs. 1 KontingentG setzte die Erteilung einer Aufenthaltserlaubnis vor der Einreise in der Form eines Sichtvermerks (§ 3 Abs. 1 u. 3 AuslG) oder eine Übernahmeerklärung (§ 33 Abs. 1 AuslG) voraus. Für Jugendliche unter 16 Jahren genügte die tatsächliche Aufnahme im Sinne einer Eingliederung durch die deutschen Behörden.[66] Die Aufnahme stellt einen **Akt der humanitären Hilfeleistung** dar, auf die kein subjektiv-öffentlicher Anspruch besteht.[67] Ein abgeleiteter Flüchtlingsstatus aufgrund Abstammung oder

---

62 Ebenso Bamberger/Roth/*Lorenz*, Art. 5 EGBGB Rn 39; MüKo/*Sonnenberger*, Art. 5 EGBGB Anh. II Rn 89; im Übrigen scheidet ein abgeleitetes Personalstatut aber aus, vgl. zum Namensrecht AG Rottweil IPRax 2004, H. 4 Info S. XI.
63 BGBl I 1980 S. 1057, zuletzt geändert durch Gesetz vom 29.10.1997 (BGBl I S. 2584). Dem Gesetz kommt keine Rückwirkung zu (§ 6 KontingentG).
64 Art. 15 Abs. 3 Nr. 3 des Zuwanderungsgesetzes v. 30.7.2004 (BGBl I S. 1950, 2009 f.).
65 Betroffen waren bislang Personengruppen wie etwa die sog. *„boat-people"* aus dem südostasiatischen Raum sowie Flüchtlinge aus Argentinien, Chile und Uganda, vgl. Staudinger/*Blumenwitz*, Anh. IV zu Art. 5 EGBGB Rn 78; eine Anerkennung als Asylberechtigte erfolgt hier regelmäßig nicht; Erman/*Hohloch*, Art. 5 EGBGB Rn 91.
66 Diese Regelung galt für Aufnahmen bis zum In-Kraft-Treten des AuslG zum 1.1.1991 (§ 15 Abs. 2). Die bloße Verbringung von Kindern ins Inland genügt für eine Aufnahme im Sinne einer Eingliederung nicht, vgl. MüKo/*Sonnenberger*, Art. 5 EGBGB Anh. II Rn 96.
67 Staudinger/*Blumenwitz*, Anh. IV zu Art. 5 EGBGB Rn 79.

Heirat wird nicht anerkannt.[68] Die Bescheinigung nach § 2 KontingentG hat lediglich deklaratorischen Charakter (str.[69]).

39 Kollisionsrechtlich ist damit Art. 12 GFK anwendbar und ersetzt die Anknüpfung an die Staatsangehörigkeit. Der Wohnsitzbegriff (Art. 12 Abs. 1 GFK) ist zu verstehen und zu interpretieren im Sinne des **gewöhnlichen Aufenthalts**; ersatzweise ist an den schlichten Aufenthalt anzuknüpfen (vgl. Rn 26). Die Kontingentflüchtlinge haben somit das deutsche Personalstatut.[70] Im Falle eines Statutenwechsels, etwa aufgrund des Erlöschens der Rechtsstellung nach § 2a KontingentG, bleiben die erworbenen Rechte nach den allgemeinen kollisionsrechtlichen Grundsätzen bestehen (vgl. Rn 28).

40 Die Aufhebung des KontingentG führt künftig dazu, dass Ausländer in vergleichbarer Situation ihrem Heimatrecht unterstehen (Art. 5 Abs. 1 S. 1 EGBGB), sofern sie nicht als Flüchtlinge im Sinne der GFK anzusehen sind. Dies gilt für die zum vorübergehenden Schutz auf der Grundlage eines Beschlusses des Rates der Europäischen Union nach § 24 Abs. 1 AufenthaltsG aufgenommenen Ausländer wie auch für jene, die nach § 25 Abs. 4 AufenthaltsG aus dringenden humanitären oder persönlichen Gründen eine Aufenthaltserlaubnis für einen vorübergehenden Aufenthalt erhalten haben.

---

68 MüKo/*Sonnenberger*, Art. 5 EGBGB Anh. II Rn 97; a.A. *Jayme*, IPRax 1984, 114, 115; Staudinger/*Blumenwitz*, Anh. IV zu Art. 5 EGBGB Rn 79; Erman/*Hohloch*, Art. 5 EGBGB Rn 91.

69 MüKo/*Sonnenberger*, Art. 5 EGBGB Anh. II Rn 97; Staudinger/*Blumenwitz*, Anh. IV zu Art. 5 EGBGB Rn 79; Bamberger/Roth/*Lorenz*, Art. 5 EGBGB Rn 42; a.A., d.h. konstitutiven Charakter, Erman/*Hohloch*, Art. 5 EGBGB Rn 91; Palandt/*Heldrich*, Anh. II zu Art. 5 EGBGB Rn 33.

70 Anders nur bei Aufnahme im Ausland.

Artikel 6 Öffentliche Ordnung (ordre public)

¹Eine Rechtsnorm eines anderen Staates ist nicht anzuwenden, wenn ihre Anwendung zu einem Ergebnis führt, das mit wesentlichen Grundsätzen des deutschen Rechts offensichtlich unvereinbar ist. ²Sie ist insbesondere nicht anzuwenden, wenn die Anwendung mit den Grundrechten unvereinbar ist.

Literatur: *Basedow*, Die Verselbständigung des europäischen ordre public, in: Coester u.a. (Hrsg.), Privatrecht in Europa, FS Hans Jürgen Sonnenberger 2004, S. 291; *Behrens*, Die Bedeutung des Kollisionsrechts für die ‚Globalisierung' der Wirtschaft, in: Basedow u.a. (Hrsg.), Aufbruch nach Europa: 75 Jahre MPI (2001), S. 381; *Bitterich*, Die analoge Anwendung des Art. 29a Abs. 1, 2 EGBGB auf Verbraucherschutzrichtlinien ohne kollisionsrechtlichen Rechtssetzungsauftrag, VuR 2002, 155; *Brüning*, Die Beachtlichkeit des fremden ordre public, 1997; *Dörner*, Haftung für Gewinnzusagen, in: Bork u.a. (Hrsg.), FS Helmut Kollhosser, Band II, 2004, S. 75; *ders.*, Bürgenhaftung und ordre public, in: Berger (Hrsg.), FS Otto Sandrock 2000, S. 205; *ders.*, Zur Beerbung eines in der Bundesrepublik Deutschland verstorbenen Iraners, IPRax 1994, 33; *Felke/Jordans*, Internationalrechtliche Fragen von Gewinnzusagen, IPRax 2004, 409; *Fetsch*, Eingriffsnormen und EG-Vertrag: die Pflicht zur Anwendung der Eingriffsnormen anderer EG-Staaten, 2001; *Fischer*, Abschied vom ordre public beim Abschluss von Börsentermingeschäften im Ausland, IPRax 1999, 450; *Freitag/Leible*, Internationaler Anwendungsbereich der Handelsvertreterrichtlinie – Europäisches Handelsvertreterrecht weltweit?, RIW 2001, 287; *Gebauer*, Gesamtverweisung und ordre public, in: Mansel u.a. (Hrsg.), FS Erik Jayme 2004, S. 413; *Girsberger*, Sittenwidrigkeit der Finanzierung von internationalen Waffengeschäften, IPRax 2003, 545; *Habermeier*, Neue Wege zum Wirtschaftskollisionsrecht, 1997; *Herrmann*, Die Anerkennung US-amerikanischer Urteile in Deutschland unter Berücksichtigung des ordre public, 2000; *Heß*, Urteilsfreizügigkeit und ordre public-Vorbehalt bei Verstößen gegen Verfahrensgrundrechte und Marktfreiheiten, IPRax 2001, 301; *Heßler*, Islamischrechtliche Morgengabe; vereinbarter Vermögensausgleich im deutschen Scheidungsfolgenrecht, IPRax 1988, 95; *Hüßtege*, Braucht die Verordnung über den europäischen Vollstreckungstitel eine ordre-public-Klausel?, in: Mansel u.a. (Hrsg.), FS Erik Jayme 2004, S. 371; *Jayme*, Methoden der Konkretisierung des ordre public im internationalen Privatrecht, 1989; *ders.*, Kulturelle Identität und Kindeswohl im internationalen Kindschaftsrecht, IPRax 1996, 237; *ders.*, Nationaler ordre public und europäische Integration, 2000 (Zweitabdruck in: Jayme, Wiener Vorträge, 2001, S. 265); *ders.*, Zum internationalen Geltungswillen der europäischen Regeln über den Handelsvertreterausgleich, IPRax 2001, 190; *Junker*, Das internationale Privat- und Verfahrensrecht im Zugriff der europäischen Union, in: Coester u.a. (Hrsg.), Privatrecht in Europa, FS Hans Jürgen Sonnenberger 2004, S. 418; *ders.*, Empfiehlt es sich, Art. 7 EVÜ zu revidieren oder aufgrund der bisherigen Erfahrungen zu präzisieren?, IPRax 2000, 65; *Kindler*, Rechtswahlfestigkeit des Handelsvertreterausgleichs bei Tätigkeitsausübung im Mitgliedstaat, aber Sitz im Drittstaat, BB 2001, 10; *Kohler*, Verständigungsschwierigkeiten zwischen europäischem Gemeinschaftsrecht und IPR, in: Mansel u.a. (Hrsg.), FS Erik Jayme 2004, Bd. 1, S. 445; *Kropholler/von Hein*, Spezielle Vorbehaltsklauseln im internationalen Privat- und Verfahrensrecht der unerlaubten Handlungen, in: FS Hans Stoll 2001, S. 553; *Leipold*, Der Anspruch aus Gewinnzusage (§ 661a BGB) in dogmatischer Betrachtung, in: Heinrich (Hrsg.), FS Musielak 2004, S. 317; *St. Lorenz*, Deutscher Gleichbehandlungsgrundsatz und fremdes Kollisionsrecht: oder: Soll am deutschen (Grundrechts-) Wesen die Welt genesen?, in: Gerkens u.a. (Hrsg.), Mélanges Fritz Sturm, Bd. II, Liège 1999, S. 1559; *ders.*, „RGZ 106, 82 ff. revisited": Zur Lückenfüllungsproblematik beim ordre public in „Ja/Nein-Konflikten", IPRax 1999, 429; *ders.*, renvoi und ausländischer ordre public, in: Schütze (Hrsg.), Einheit und Vielfalt des Rechts, FS Reinhold Geimer 2002, S. 555; *W. Lorenz*, Rechtsfolgen ausländischer Eingriffsnormen – Zur Lehre vom Vernichtungsstatut, in: Mansel u.a. (Hrsg.), FS Erik Jayme 2004, S. 549; *Looschelders*, Die Ausstrahlung der Grund- und Menschenrechte auf das Internationale Privatrecht, RabelsZ 65 (2001) 463; *Mäsch*, Der Pflichtvergessene Anwalt „und die hinkende Ausländerehe" oder: Der BGH im Kampf mit der Verfassung, IPRax 2004, 421; *Mankowski*, Kulturelle Identität und Internationales Privatrecht, IPRax 2004, 282; *ders.*, Entwicklungen im IPR und IZPR 2003/2004, RIW 2004, 481 und 587; *Martiny*, Spiel und Wette im Internationalen Privat- und Verfahrensrecht, in: Rauscher (Hrsg.), FS W. Lorenz zum 80. Geburtstag, 2001, S. 375; *ders.*, Die Zukunft des europäischen ordre public, in: Coester u.a. (Hrsg.), Privatrecht in Europa, FS Hans Jürgen Sonnenberger 2004, S. 523; *Marx*, Der verfahrensrechtliche ordre public bei der Anerkennung und Vollstreckung ausländischer Schiedssprüche in Deutschland, 1994; *Matscher*, Der verfahrensrechtliche ordre public im Spannungsfeld von EMRK und Gemeinschaftsrecht, IPRax 2001, 428; *Pfeiffer*, Eingriffsnormen und ihr sachlicher Regelungsgegenstand, in: Schütze (Hrsg.), Einheit und Vielfalt des Rechts, FS Reinhold Geimer 2002, S. 821; *ders.*, Die revisionsgerichtliche Kontrolle der Anwendung ausländischen Rechts, NJW 2002, 3306; *ders.*, Einheitliche unmittelbare und unbedingte Urteilsgeltung in Europa, in: Mansel u.a. (Hrsg.), FS Erik Jayme 2004, S. 675; *Reich*, EuZW 2001, 51 (Anm. zu Rs. Ingmar); *W.H. Roth*, Der Einfluss des europäischen Gemeinschaftsrechts auf das Internationale Privatrecht, RabelsZ 55 (1991) 623; *ders.*, Ausländische Eingriffsnormen und Reform des römischen EWG-Übereinkommens, in: Fuchs u.a., FS Ulrich Immenga 2004, S. 331; *ders.*, Zur Wählbarkeit nichtstaatlichen Rechts, in: Mansel u.a. (Hrsg.), FS Erik Jayme 2004, S. 757; *Sandrock*, „Scharfer" ordre public interne und „laxer" ordre public international? in: Coester u.a. (Hrsg.), Privatrecht in Europa, FS Hans Jürgen Sonnenberger 2004, S. 615; *A. Schnyder*, Wirtschaftskollisionsrecht, 1990; *ders.*, „Zwingendes" Recht im internationalen Wirtschaftsrecht nach der neueren Rechtsprechung des EuGH, in: Baur/Mansel, Systemwechsel im Internationalen Privatrecht nach Amsterdam und Nizza, 2001, S. 81; *G. Schulze*, Bedürfnis und Leistungsfähigkeit im internationalen Unterhaltsrecht, 1998; *ders.*, Datum-Theorie und narrative Norm – zu einem Privatrecht für die multikulturelle Gesellschaft, in: Jayme (Hrsg.), Kulturelle Identität und Internationales Privatrecht, 2003, S. 155; *ders.*, Anerkennung einer ausländischen Entscheidung bei Einwand struktureller ungleicher Verhandlungsstärke und nicht wirksamer Vertretung im Erstverfahren (Art. 27 Nr. 1 und Nr. 2 EuGVÜ), IPRax 1999, 342; *Schurig*, Kollisionsnorm und Sachrecht, 1981; *ders.*, Zwingendes Recht, „Eingriffsnormen" und neues IPR, RabelsZ 54 (1990), 217; *ders.*, ‚Ingmar' und die ‚international zwingende' Handelsvertreter-Richtlinie oder: Die Urzeugung einer Kollisionsnorm, in: Mansel u.a. (Hrsg.), FS Erik Jayme 2004, S. 837; *Schütze*, Überlegungen zur Anerkennung und Vollstreckbarerklärung US-amerikanischer Zivilurteile in Deutschland – Zur Kumulierung von Ordre-public-Verstößen –, in: Schütze (Hrsg.), Einheit und Vielfalt des Rechts, FS Reinhold Geimer 2002, S. 1025; *Schwark*, Ordre public und Wandel grundlegender Wertvorstellungen am Beispiel ausländischer Börsentermingeschäfte, in: Berger (Hrsg.), FS Otto Sandrock 2000, S. 881; *Sonnenberger*, Die Eingriffsnorm – ein internationalprivatrechtliches δκανξαλΟν?, in: FS Wolfgang Fikentscher 1998, S. 283; *Spickhoff*, Der ordre public im internationalen Privatrecht. Entwicklung – Struktur – Konkretisierung, 1989; *A. Staudinger*, Internationales Verbraucherschutzrecht made in Germany, RIW 2000, 416; *A. Stein*, Der Europäische Vollstreckungstitel für unbestrittene Forderungen tritt in Kraft – Aufruf zu einer nüchternen Betrachtung, IPRax 2004, 181; *Stoll*, Fragen der Selbstbeschränkung des gemeinschaftlichen Rechts der internationalen Schuldverträge in Europa – Eine Skizze –, in: Mansel u.a. (Hrsg.), FS Erik Jayme 2004, S. 905; *F. Sturm*, Durchbruch der Grundrechte in Fällen mit Auslandsberührung, FamRZ 1972, 16; *Völker*, Zur Dogmatik des ordre public. Die Vorbehaltsklauseln bei der Anerkennung fremder gerichtlicher Entscheidungen und ihr Verhältnis zum ordre public des Kollisionsrechts, 1998; *Voltz*, Menschenrechte und ordre public im Internationalen Privatrecht, 2002.

A. Allgemeines 1	b) Kontrolle des Anwendungsergebnisses (Auswirkungsregel) 28
I. Überblick 1	2. Verstoß gegen wesentliche Grundsätze des deutschen Rechts (S. 1) 32
II. Begriffsabgrenzungen 3	a) Wesentlicher Grundsatz des deutschen Rechts 33
1. Ordre public 3	b) Offensichtliche Unvereinbarkeit (Relativität des ordre public) 36
2. International zwingende Sachnormen ... 5	aa) Offensichtlichkeit des Verstoßes (Schwere) 37
a) Sachnormen des deutschen Rechts (inländische Eingriffsnormen) 5	bb) Hinreichender Inlandsbezug (räumliche Nähe) 38
b) International zwingende Sachnormen fremder Rechte (ausländische Eingriffsnormen) 9	cc) Gegenwartsbeziehung (zeitliche Nähe) 43
3. Ordre public international und ordre public interne 10	3. Verstoß gegen Grundrechte (S. 2) 46
4. Völkerrechtlicher, europäischer und gemeinschaftsrechtlicher ordre public .. 12	a) Grundrechtskollisionsrecht 48
5. Innerdeutscher ordre public 16	b) Gleichstellung von EMRK und völkerrechtlich verbürgten Menschenrechten 51
III. Formen der ordre-public-Kontrolle 17	II. Rechtsfolgen eines ordre-public-Verstoßes . 52
1. Allgemeine, besondere und spezielle (staatsvertragliche) ordre-public-Klausel 17	1. Grundsatz 52
2. Erst- und zweitstaatliche ordre-public-Kontrolle 19	2. Lückenschließung 53
3. Beachtung eines ausländischen (fremden) ordre public 21	C. Überblick nach Rechtsgebieten (Einzelfälle) 57
B. Regelungsgehalt 25	I. Allgemeiner Teil 58
I. Voraussetzungen eines ordre-public-Verstoßes 25	II. Schuldrecht 59
1. Ausländische Rechtsnorm und Kontrolle des Anwendungsergebnisses 25	III. Sachenrecht 60
a) Ausländische Rechtsnorm 26	IV. Familienrecht 61
	V. Erbrecht 63

A. Allgemeines

I. Überblick

1 Bevor Rechtsfolgen einer ausländischen Rechtsnorm im Inland in Geltung gesetzt werden dürfen, verlangt Art. 6 eine Ergebniskontrolle (*ordre-public*-Vorbehalt). Die auf der Grundlage ausländischen Rechts zu treffende Entscheidung muss mit den inländischen Rechtswertungen im Ergebnis vereinbar sein. Die hier nach der Generalklausel des Art. 6 zu erstellende **Vereinbarkeitsrelation** ist vor dem Hintergrund der Grundgedanken des Kollisionsrechts zu verstehen und nach diesen auszurichten. Das erste Axiom liegt in der allgemeinen Anerkennung fremder Rechtsordnungen als gleichwertig. Das zweite besagt, dass das räumlich und darum auch das sachlich beste Recht von den Kollisionsnormen ausgewählt und zur Anwendung berufen wird. Die Anwendung der fremden Rechtsnorm soll deshalb erst und nur dann durch Art. 6 ausgeschlossen werden (sog. negative *ordre-public*-Funktion), wenn das Ergebnis der Rechtsanwendung mit *wesentlichen* Grundsätzen des deutschen Rechts *offensichtlich unvereinbar* ist (S. 1). Das ist insbesondere der Fall, wenn sie mit den Grundrechten unvereinbar ist (S. 2). Art und Intensität der Inlandsbeziehung haben maßgeblichen Einfluss auf die Akzeptanzfrage.

2 In einem weiteren, zweiten Arbeitsschritt ist das **Ersatzrecht** zu bestimmen, welches die Entscheidung stattdessen tragen soll. Die Ersatzrechtsbildung und Anwendung (sog. positive *ordre-public*-Funktion) ist von Art. 6 nicht geregelt.[1] Bei der *ordre-public*-Kontrolle stehen daher weniger die unverzichtbaren oder

---

[1] Die auf eine positive Funktion hinweisende Bezeichnung „*ordre public*" ist für Art. 6 insofern missverständlich, vgl. MüKo/*Sonnenberger*, Art. 6 EGBGB Rn 9 u. 17.

unantastbaren Grundlagen der heimischen Rechtsordnung im Vordergrund[2] als vielmehr ein eigenständiger kollisionsrechtlicher Schutzgedanke. Aus der Warte der inländischen Rechtswertungen sichert der *ordre public* räumlich relational einen rechtlichen Mindeststandard für ein gerechtes Ergebnis im Einzelfall. Dieser spezifische Schutzgedanke erlaubt es zwar nicht, Art. 6 als (verdeckte) Vertrauensschutzregel einzusetzen oder als Ausweichklausel in Härtefällen zu nutzen.[3] Dennoch ist es die Person und weniger das Staatsinteresse, die hier beim kollisionsrechtlichen „Sprung ins Dunkle"[4] geschützt wird.

II. Begriffsabgrenzungen

1. Ordre public. Der deutsche **Rechtsbegriff** *ordre public* ist dem französischen Recht entlehnt. Dort stand und steht er als positiver Ordnungsbegriff für die Summe aller nationalen Rechtsnormen, die absolute Geltung im jeweiligen Staatsgebiet beanspruchen. Gekennzeichnet ist damit der unverrückbare Kern, die Grundprinzipien der Rechtsordnung.[5] Das bedeutet einerseits die vertragliche Unabdingbarkeit wie darüber hinaus die international zwingende Geltung einzelner Rechtssätze.[6] Diese international zwingenden Sachnormen, die sich stets gegenüber den kollisionsrechtlich berufenen fremden Sachnormen durchsetzen, werden ausgehend von der französischen Lehre verbreitet auch als *lois d'application immédiate* bezeichnet.[7] Entsprechend kann gleichbedeutend von positiven *ordre-public*-Normen (*lois d'ordre public*) gesprochen werden,[8] bei denen der Ausschluss des fremden und die Anwendung des eigenen Rechts in einem Akt zusammenfallen. Dagegen ist der in Art. 6 definierte deutsche *ordre-public*-Begriff auf den Ausschluss des fremden Rechts beschränkt und macht diesen Ausschluss von einer Unvereinbarkeitsrelation und dem Ergebnis der Rechtsanwendung im Einzelfall abhängig.[9] In seiner negativen Funktion kennzeichnet er den Ausnahmecharakter gegenüber dem prinzipiell anwendbaren fremden Recht. Die eigenen (positiven) Rechtswertungen wirken allein bei der Frage nach dem Ausschluss des fremden Rechts.[10]

Die Verwendung des französischsprachigen Begriffs zeigt im deutschen Sprachgebrauch an, dass ein Fall des grenzüberschreitenden Rechtsverkehrs betroffen ist. Der deutschen Übersetzung „öffentliche Ordnung" fehlt diese grenzüberschreitende (internationale) Konnotation, weshalb der Überschrift des Art. 6 die Bezeichnung *ordre public* in Klammern angefügt wurde.[11] Eine inhaltliche Änderung ist durch die Bezeichnung nicht eingetreten. Die Rechtsprechung zur Vorgängernorm des Art. 30 a.F. kann deshalb weiterhin berücksichtigt werden.[12]

2. International zwingende Sachnormen. a) Sachnormen des deutschen Rechts (inländische Eingriffsnormen). Die den *lois d'application immédiate* rechtstechnisch entsprechenden international zwingenden Sachnormen des deutschen Rechts werden nicht über Art. 6 zur Anwendung gebracht. Ihnen liegt ein gesondert auszuweisender eigener Rechtsanwendungsbefehl zu Grunde, der durch Auslegung der betroffenen

---

2 Das entspricht der (ganz überwiegend) auf hoheitliche Souveränitätsinteressen abstellenden traditionellen Sicht, *v. Bar/Mankowski*, IPR I, § 7 Rn 258, und wird auch von der Begründung des Regierungsentwurfs betont, BT-Drucks 10/504, S. 42; Gerechtigkeitsvorstellungen stehen dagegen auch bei *Kegel/Schurig*, § 16 I, S. 520 f. im Vordergrund.
3 *v. Bar/Mankowski*, IPR I, § 7 Rn 259; Bamberger/Roth/*St.Lorenz*, Art. 6 EGBGB Rn 4.
4 Mit dieser Metapher wird die *ordre-public*-Kontrolle klassischerweise legitimiert. Vgl. *Raape/Sturm*, IPR, S. 199.
5 Das gilt nicht nur für den französischen Sprachgebrauch, sondern als genereller Bedeutungsgehalt des *„ordre public"*, vgl. *Basedow*, in: FS Sonnenberger 2004, S. 291; BVerfG NJW 2004, 3099; BGH NJW 2003, 2097, 2099 (zur Justiziabilität innerkirchlicher Maßnahmen).
6 Die Erweiterung des zwingenden Charakters vom nationalen auf den internationalen Bereich beruht auf dem romanischen Einfluss auf das französische Recht und geht auf *Mancini* zurück, vgl. *Jayme*, Methoden, S. 61 ff.; ferner Staudinger/*Blumenwitz*, Art. 6 EGBGB Rn 11 mit Überblick über die verschiedenen *ordre-public*-Konzepte in anderen Rechtsordnungen, Rn 177 ff.

7 Die unmittelbare Geltung beruht auf der Vorstellung, dass diese Sachnormen von den Kollisionsnormen (*lois de conflit*) unabhängig sind und daher unmittelbar zur Anwendung gelangen. Der Rechtsanwendungsbefehl lässt sich aber nicht einfach wegdenken. Er folgt notwendig aus der Metaordnung des Kollisionsrechts. Diese Sachnormen enthalten daher jeweils einen (ungeschriebenen) auf sie bezogenen Rechtsanwendungsbefehl (einseitige einzelnormbezogene Kollisionsnorm); vgl. Staudinger/*Sturm/Sturm*, Einl. zum IPR Rn 14 ff.; *v. Bar/Mankowski*, IPR I, § 4 Rn 12.
8 Staudinger/*Sturm/Sturm*, Einl. zum IPR Rn 15.
9 Die negative Konzeption ist in allen modernen kollisionsrechtlichen Gesetzen Europas vorherrschend, vgl. *Spickhoff*, S. 62 ff.; gleichzeitig haben jedoch auch die international zwingenden Normen an Bedeutung gewonnen, *Basedow*, in: FS Sonnenberger 2004, S. 291, 298; *Martiny*, Die Zukunft des europäischen *ordre public*, in: FS Sonnenberger 2004, S. 523, 539.
10 Von daher kann man den negativen *ordre public* auch als Variante des positiven *ordre public* verstehen, vgl. *Raape/Sturm*, IPR, S. 200; *Kegel/Schurig*, § 16 I, S. 518 f.
11 BT-Drucks 10/504, S. 42; *Jayme*, Methoden, S. 10.
12 Allg.M., vgl. Staudinger/*Blumenwitz*, Art. 6 EGBGB Rn 2.

Sachnorm dieser selbst zu entnehmen ist (sog. Sonderanknüpfung). Der international zwingende Charakter kann auf einer ausdrücklichen gesetzlichen Anordnung beruhen (etwa §§ 449 Abs. 3, 466 Abs. 4 HGB[13]) oder er ist – wie regelmäßig – durch Interpretation der Sachnorm jeweils konkret festzustellen.[14] Die Sonderanknüpfung der Sachnorm steht außerhalb des IP-rechtlichen Systems und geht den Verweisungen des geschriebenen und ungeschriebenen Regelkollisionsrechts einschließlich Art. 6 vor. Die auf diesem dogmatisch eigenständigen Wege (und insofern unmittelbar) zur Anwendung gebrachten Normen werden daher auch als (inländische) **Eingriffsnormen** bezeichnet.[15] Für den Bereich des internationalen Schuldvertragsrechts setzt Art. 34 derart sonderangeknüpfte Sachnormen voraus und stellt deren Vorrang gegenüber dem (an sich) berufenen fremden Sachrecht klar.[16] Die Kriterien zur Bestimmung international zwingenden Rechts wie auch die notwendigen Schranken für diesen sachrechtlichen Durchgriff sind umstritten. Die zentrale Frage nach einer klaren Abgrenzung zwischen kollisionsrechtlicher Anknüpfungsregel und eingriffsrechtlicher Sonderanknüpfung[17] ist noch nicht verlässlich beantwortet (vgl. Art. 34 EGBGB Rn 19 ff.). Bei allzu großzügiger Handhabung wird das Regelkollisionsrecht weitgehend verdrängt. Auch kann die Vereinbarkeit mit dem Gemeinschaftsrecht zweifelhaft sein. Ein allfälliger Eingriff muss von den Schranken des Diskriminierungsverbots (Art. 12 EGV) und den Schranken der Grundfreiheiten gedeckt sein. Auf den damit verbundenen Problemen beruht die im Schrifttum verschiedentlich erhobene Forderung nach einer eigenen Systembildung für die Anwendung von Eingriffsnormen im Gemeinschaftsrecht.[18]

6 Eingriffsnormen sind öffentlich-rechtlicher oder privatrechtlicher Natur. Sie haben stets einen besonderen wirtschafts- oder sozialpolitischen Ordnungsgehalt (Ausfuhrverbote, Preis- und Devisenvorschriften, Kartellbestimmungen, Urheberschutz, Mieter- und Verbraucherschutzvorschriften [str.], Kulturgüterschutzregeln usf.). Erfasst werden diejenigen Vorschriften eines bestimmten Wirtschafts- oder Sozialsystems, die überindividuellen staatlichen Interessen dienen und eine **systemregulierende Funktion** übernehmen.[19] Einer solchen Qualifikation steht es nicht entgegen, wenn die betreffende Vorschrift auch dem Interessenaus-

---

13 Ausdr. Hinw. auf Art. 34 in BT-Drucks 13/8445, S. 88.
14 Umschrieben wird dies auch mit dem (internationalen) Anwendungsinteresse, bzw. rechtspolitisch mit dem „Anwendungswillen" einer Norm; vgl. krit. *Kegel/Schurig*, § 6 I 5, S. 308 f., der aus den Sachinteressen der betreffenden Norm die kollisionsrechtlichen Interessen ableitet und in eine (isolierte ungeschriebene) einseitige Kollisionsnorm für die Anwendung der Sachnorm überführt, vgl. ‚Ingmar' und die ‚international zwingende' Handelsvertreter-Richtlinie oder: Die Urzeugung einer Kollisionsnorm, in: Mansel u.a. (Hrsg.), FS Jayme 2004, S. 837, 845 (dort aber für eine allseitige Anknüpfung an den Tätigkeitsort).
15 „Eingriffsnorm" ist eine ältere Bezeichnung, die weitgehend synonym zum Begriff der „international zwingenden Norm" verwendet wird; vgl. *Junker*, IPRax 2000, 65, 66. Art. 7 des Europäischen Vertragsrechtsübereinkommens (EVÜ) handelt von den „Zwingenden Vorschriften" und enthält in seinem Abs. 2 die staatsvertragliche Grundlage des Art. 34 EGBGB. Für eine daraus abgeleitete Begriffsdifferenzierung zugunsten einer europäischen Kategorie der international zwingenden Sachnorm vgl. *Jayme*, IPRax 2001, 190, 191 (voreuropäischer Begriff der Eingriffsnorm); abl. *v. Bar/Mankowski*, IPR I, § 4 Rn 87.
16 Art. 34 klärt nur die Konkurrenz zweier kollisionsrechtlicher Entscheidungen: Die Verweisungen des Regelkollisionsrechts (Artt. 27 ff.) treten gegenüber der Anwendungsentscheidung der international zwingenden Sachnorm zurück. Dieser Vorrang der spezielleren Rechtsanwendungsentscheidung (*lex-specialis*-Regel) ist im Bereich des Internationalen Schuldvertragsrechts aufgrund der staatsvertraglichen Bindung (Art. 36) auch gegenüber den Wertungen des EVÜ zu behaupten. Darin liegt die Funktion des Art. 34, vgl. *Sonnenberger*, in: FS Fikentscher 1998, S. 283, 288; *v. Bar/Mankowski*, IPR I, § 4 Rn 86. Zur Funktion und Wirkungsweise des Art. 34 vgl. *Schurig*, RabelsZ 54 (1990), 217, 221 ff.
17 Um diese beiden getrennt zu haltenden Normkategorien kreist die aktuelle Rspr. auf nationaler und europäischer Ebene zum Internationalen Schuldvertragsrecht, vgl. *Mankowski*, RIW 2004, 481, 487 ff.
18 Für ein Modell nach dem Marktauswirkungsprinzip etwa *Habermeier*, Neue Wege zum Wirtschaftskollisionsrecht, 1997, S. 90 ff.; sich distanzierend und für ein eigenes bewegliches System zugunsten einer europäischen *rule of reason* A. *Schnyder*, „Zwingendes" Recht, in: Baur/Mansel, Systemwechsel im Internationalen Privatrecht nach Amsterdam und Nizza, 2001, S. 81, 83; *ders.*, Wirtschaftskollisionsrecht, S. 4 ff.; ebenso für den Bereich des Gemeinschaftsrechts *W.H. Roth*, RabelsZ 55 (1991), 623, 663 f., der aus den Freiheiten und Gemeinschaftstreue eine Verpflichtung zur Durchsetzung des Eingriffsrechts anderer Mitgliedstaaten herleitet. Darauf aufbauend entwickelt *Fetsch*, S. 340 ff. aus den (zu koordinierenden) Schranken der Grundfreiheiten ein allseitiges Kollisionssystem.
19 Daher handelt es sich etwa bei § 49b Abs. 2 Alt. 2 BRAO (Verbot über die Vereinbarung eines anwaltlichen Erfolgshonorars) um eine Eingriffsnorm (Struktur des Justizwesens und Ausrichtung des Anwaltsstandes werden durch diese Norm [mit-]gesteuert); offen gelassen von BGH AnwBl 2003, 721; die Vorinstanz hatte Eingriffsqualität bejaht, OLG Frankfurt IPRax 2002, 399, 400; ebenso zust. *Mankowski*, RIW 2004, 481, 488.

gleich der beteiligten Parteien dient.[20] Eine Schwerpunktbildung[21] wird in Mischfällen häufig aber in recht vage Abwägungsmodelle münden.[22] Die Bestimmung des räumlich-territorialen Anwendungsbereichs einer Norm nach ihrem sachrechtlichen Gehalt bedarf in Pattsituationen daher einer weiteren dogmatischen Beschränkung. Abstrakt lässt sich diese über die Frage gewinnen, ob die Anwendung der Norm zur Erreichung ihres sachrechtlichen Regelungsziels zwingend erforderlich ist.[23] Relativierend ist ferner der Inlandsbezug des Falles zu berücksichtigen.[24]

Die §§ 138, 242 BGB sind lediglich **einfach zwingende** (d.h. internrechtlich durch Vertrag nicht abdingbare) Rechtsnormen. Sie gehören nicht zu den international zwingenden Vorschriften, weil sie ausschließlich dem gerechten Ausgleich von Parteiinteressen dienen.[25] Bei Anwendung fremden Rechts ist ihre Geltung deshalb nur als Folge einer Rechtswahlbeschränkung unter den Voraussetzungen der Artt. 27 Abs. 3, 29 Abs. 1, 30 Abs. 1[26] oder als Wertungsgrundlage bei Anwendung des allgemeinen *ordre-public*-Vorbehalts des Art. 6 möglich.[27]

7

Eine Sonderstellung nehmen zwingende inländische Sachnormen ein, die auf EG-rechtlicher Grundlage beruhen (bspw. § 661a BGB[28]). Existieren für sie kollisionsrechtliche Regelungen und führen diese ins Inland, so ist die Frage nach dem international zwingenden Charakter für das Ergebnis meist nicht mehr ausschlaggebend.[29] Dennoch muss unterschieden werden.[30] Nach Art. 29a (d.i. die Umsetzung des zugrunde liegenden Richtlinienkollisionsrechts für Verbraucher) wird die Anwendung von **gemeinschaftsrechtlich zwingenden Sachnormen** nach den dort aufgestellten räumlichen Anknüpfungsvoraussetzungen durchgesetzt. Fehlt eine kollisionsrechtliche Regelung, so muss der international zwingende Anwendungsbereich der Richtlinie durch Auslegung bestimmt werden. Der EuGH[31] hat den zwingenden Charakter in Bezug

8

---

20 Eingriffsrecht ist auf die Korrektur von systemischem Marktversagen, nicht dagegen von immanentem Marktversagen (gestörter Interessenausgleich), vgl. *Behrens*, S. 381, 387.
21 Der Schwerpunkt muss danach in der Verfolgung eines staatlichen Interesse liegen, verneint etwa von BGHZ 135, 124, 129 (Rechtswahl bei Haustürgeschäften zugunsten des Rechts der Isle-of-Man); ebenso BAG DB 1990, 1666, 1668 (Kündigungsschutz); BAG IPRax 1994, 123, 128 (Betriebsübergang); BGHZ 133, 399, 401 (Eingriffsqualität bejaht für die HOAI); BGH NJW 2003, 2020, 2021; *v. Bar/Mankowski*, IPR I, § 4 Rn 95 ff.; *Kropholler*, IPR, § 3 II 3, S. 21 f.; MüKo/*Sonnenberger*, Einl. IPR Rn 46 ff.
22 Krit. *Schurig*, RabelsZ 54 (1990), 217, 228 ff.; nach der neueren Rspr. des BAG soll es genügen, dass eine dem privaten Interessenausgleich dienende Norm zumindest auch öffentliche Gemeinwohlinteressen verfolgt; BAG IPRax 2003, 258, 261; zust. *Looschelders*, Art. 34 Rn 21; zu Recht abl. *Stoll*, Fragen der Selbstbeschränkung des gemeinschaftlichen Rechts der internationalen Schuldverträge in Europa – Eine Skizze –, in: Mansel u.a. (Hrsg.), FS Jayme 2004, S. 905.
23 Das überindividuelle Regelungsinteresse und der individuelle Interessenausgleich fallen hier in eins. Für eine solche positivistische Beschränkung ganz generell *Pfeiffer*, Eingriffsnormen, in: FS Geimer 2002, S. 821, 827.
24 Auch das ergibt sich nicht aus Art. 34 (so Palandt/*Heldrich*, Art. 34 EGBGB Rn 3), sondern ist prinzipiell von der Sachnorm und damit von der ihr zugrunde liegenden gesetzgeberischen Entscheidung abhängig, vgl. *v. Bar/Mankowski*, IPR I, § 4 Rn 86.
25 BGHZ 135, 124, 139; Palandt/*Heldrich* Art. 34 EGBGB Rn 3; Staudinger/*Magnus*, Art. 34 EGBGB Rn 85; MüKo/*Martiny*, Art. 34 EGBGB Rn 62b; a.M.: LG Tübingen NJW-RR 1995, 1142; LG Duisburg NJW-RR 1995, 883; LG Detmold NJW 1994, 3301, 3302.
26 Sie lassen sich als international zwingende Vorschriften kraft Kollisionsrechts bezeichnen; vgl. zu diesem Zwischenbereich *v. Bar/Mankowski*, IPR I, § 4 Rn 87.
27 Palandt/*Heldrich* Art. 34 EGBGB Rn 3; Erman/*Hohloch*, Art. 34 EGBGB Rn 13.
28 Vgl. zum Meinungsstand der ip-rechtlichen Einstufung des § 661a BGB (Gewinnzusage) und mit Nachw. zur Rspr. Mankowski, RIW 2004, 587, 592; § 661a BGB wird als Eingriffsnorm (Art. 34) eingestuft von *St. Lorenz*, IPRax 2002, 192, 195 f.; zust. bei sachlich abweichender deliktischer Qualifikation *Felke/Jordans*, IPRax 2004, 409, 411 f.; für eine analoge Anwendung von Art. 29 Abs. 2 wegen der Geldzuwendung, *Leipold*, Der Anspruch aus Gewinnzusagen (§ 661a) in dogmatischer Betrachtung, in: FS Musielak 2004, S. 317, 334; überzeugend *Dörner*, Haftung für Gewinnzusagen, in: FS Kollhosser, Bd II, 2004, S. 75, 78 ff.; zur sachlichen Qualifikation der Gewinnzusage vgl. BGH NJW 2004, 3039, 3040; *Piekenbrock/G.Schulze*, IPRax 2003, 328, 331 f.
29 Daher hat der BGH offen gelassen, ob § 49b Abs. 2 Alt. 2 BRAO (Verbot über die Vereinbarung eines anwaltlichen Erfolgshonorars) eine Eingriffsnorm darstellt, weil sie sowieso über Art. 29 Abs. 1 berufen sei, BGH AnwBl 2003, 721; die Vorinstanz hatte dies bejaht, OLG Frankfurt IPRax 2002, 399, 400.
30 Zutr. *Mankowski*, RIW 2004, 481, 487 zu BGH AnwBl 2003, 721 („Insoweit tritt der BGH auf eine Mine in einem stark verminten Gelände").
31 EuGH NJW 2001, 2007, 2008 f. (Ingmar); zu den sachlichen Anforderungen an international zwingendes Sachrecht nahm der EuGH Stellung in Rs. C-369/96 und C-376/96, Slg. I-8453 Rn 30 – Arblade und definierte wie folgt: „Nationale Vorschriften..., deren Einhaltung als so entscheidend für die Wahrung der politischen, sozialen oder wirtschaftlichen Organisation des betreffenden Mitgliedstaates angesehen wird, dass ihre Beachtung für alle Personen, die sich im nationalen Hoheitsgebiet des Mitgliedstaates befinden, und für jedes dort lokalisierte Rechtsverhältnis vorgeschrieben ist".

auf den Ausgleichsanspruch des Handelsvertreters auf der Grundlage der Handelsvertreterrichtlinie[32] unter der Voraussetzung bejaht, dass der Sachverhalt einen starken Gemeinschaftsbezug aufweist (Tätigkeit des Handelsvertreters im Gebiet eines Mitgliedstaates genügt). Das wirft die Frage auf, ob das transformierte Sachrecht (hier § 89b HGB) als Eingriffsnorm im Wege der Sonderanknüpfung (gestattet von Art. 34) zur Anwendung gelangt oder ob § 29a entsprechend angewendet werden kann.[33] Entgegen der h.M.[34] ist eine analoge Anwendung des § 29a vorzugswürdig, weil sie die Kategorie der international zwingenden Sachnorm (des Eingriffsrechts) von binnenmarktpolitischen Wertungskriterien freihält, die vorrangig den privaten Interessenausgleich betreffen[35] (vgl. ferner Art. 29a EGBGB Rn 49 f.).

9   **b) International zwingende Sachnormen fremder Rechte (ausländische Eingriffsnormen).** Vom Regelungsbereich des *ordre public* zu unterscheiden sind ferner die ausländischen international zwingenden Sachnormen. Eine allgemeine Regelung[36] – wie Art. 34 – gibt es für sie nicht.[37] Die Anwendung wird überwiegend befürwortet für die Eingriffsnormen des kollisionsrechtlich ohnehin berufenen fremden Rechts.[38] Es handelt sich regelmäßig um Vorschriften, die einen öffentlich-rechtlichen Charakter haben. Darüber hinaus können drittstaatliche Eingriffsnormen im Schuldvertragsrecht durch die Abwahlschranken (Artt. 27 Abs. 3, 29 Abs. 1, 30 Abs. 1) zur Anwendung gelangen, weil diese Kollisionsnormen bereits einfach zwingende drittstaatliche Sachnormen aus dem sog. Einbettungsstatut (das abgewählte Recht der engsten Verbindung) berufen. Der Bundesgerichtshof und ein Teil der Lehre lehnen eine weiter gehende Anwendung ausländischer Eingriffsnormen ab.[39] Berücksichtigung finden kann das Eingriffsrecht hiernach aber bei der Sachrechtsanwendung, und zwar bei der Konkretisierung von Generalklauseln und unbestimmten Rechtsbegriffen der *lex causae*. Ist deutsches Recht berufen, so sind im Rahmen von §§ 138, 242, 313 f. BGB faktische Rechtslagen im Ausland in die Auslegung einzubeziehen[40] (vgl. Art. 34 EGBGB Rn 38 ff.).

10 **3. Ordre public international und ordre public interne.** Gesetzgeber und Rechtslehre wollten mit der Übernahme des fremdsprachlichen *ordre-public*-Begriffs nicht auch die romanische Lehre vom *ordre public* übernehmen. Die von der französischen und der italienischen Doktrin stammende Unterscheidung zwischen dem *ordre public international* und dem *ordre public interne* bezeichnet mit dem Begriff des *ordre public interne* das Kontrollinstrumentarium für den inländischen Rechtsverkehr, das im deutschen Recht den vertraglich nicht abdingbaren zwingenden Normen des Privatrechts entspricht (§§ 104 ff., 134, 138, 242, 278 Abs. 3, 475 BGB usf.). Die Übernahme des fremdsprachlichen Begriffs *ordre public interne* ist dafür nicht erforderlich. Der *ordre public* im deutschen Sprachgebrauch ist immer „international". Soweit

---

32 Richtlinie 86/653/EWG v. 18.12.1986.
33 Vgl. zum Streitstand *Bitterich*, VuR 2002, 155, 161 ff. (für § 29a analog); ebenso *v. Bar/Mankowski*, IPR I, § 4 Rn 103.
34 *Staudinger/Magnus*, Art. 34 EGBGB Rn 93; *Looschelders*, Art. 34 Rn 17; *Kindler*, BB 2001, 10, 12; anders *Schurig*, ‚Ingmar' und die ‚international zwingende' Handelsvertreter-Richtlinie oder: Die Urzeugung einer Kollisionsnorm, in: Mansel u.a. (Hrsg.), FS Jayme 2004, S. 837, 846 f., der eine eigenständige Kollisionsnorm (allseitige Anknüpfung an den Tätigkeitsort des Handelsvertreters) vorschlägt.
35 Die bisherigen Qualifikationsmaßstäbe wären anderenfalls nicht mehr aufrechtzuerhalten, vgl. *Jayme*, IPRax 2001, 190, 191; *Reich*, EuZW 2001, 51, 52; ebenso *Freitag/Leible*, RIW 2001, 287, 289.
36 Eine entsprechende Regelung enthält aber Art. VIII des Abkommens von Bretton-Woods über den Internationalen Währungsfonds v. 1./22.7.1944, der die Berücksichtigung ausländischer Devisenbestimmungen vorsieht (BGBl II 1952 S. 637, 728).
37 Die Bundesrepublik Deutschland hat sich die Anwendung des Art. 7 Abs. 1 EVÜ, die eine Anwendung drittstaatlicher Eingriffsnormen vorsieht, gemäß Art. 22 Abs. 1a EVÜ aus Gründen der Rechtssicherheit vorbehalten (vgl. BT-Drucks 10/504, S. 34, 83). Das steht einer entsprechenden Anwendung dieser Norm oder der des Art. 34 entgegen, nicht aber der Berücksichtigung ausländischer Eingriffsnormen insgesamt, vgl. MüKo/*Martiny*, Art. 34 EGBGB Rn 46 ff.
38 Nach dieser sog. Einheitsanknüpfung (i.e.S. Schuldstatutstheorie) hat es – bezogen auf das Schuldrecht – damit sein Bewenden, BGH NJW 1998, 2452, 2453; Palandt/*Heldrich* Art. 34 EGBGB Rn 6; gegen die Einbeziehung von Eingriffsnormen in die allg. Verweisung *Schurig*, RabelsZ 54 (1990), 217, 244 ff.; *v. Bar/Mankowski*, IPR I, § 4 Rn 120, S. 284; MüKo/*Martiny*, Art. 34 EGBGB Rn 41.
39 BGHZ 34, 169, 177; 59, 82, 85 f.; 94, 268, 271; zu dem ausgreifenden Streit und den unterschiedlichen dogmatischen Lösungswegen vgl. Staudinger/*Sturm/Sturm*, Einl. zum IPR Rn 33 ff.
40 Vgl. zu der in diesen Fällen vorzugwürdig anwendbaren Datum-Theorie *Jayme*, Ausländische Rechtsregeln und Tatbestand inländischer Sachnormen – Betrachtungen zu Ehrenzweigs Datum-Theorie, in: GS Albert A. Ehrenzweig 1976, S. 35, 49 ff.; *v. Bar/Mankowski*, IPR I, § 4 Rn 124 ff., 286 ff.; zust. W. *Lorenz*, Rechtsfolgen ausländischer Eingriffsnormen – Zur Lehre vom Vernichtungsstatut, in: Mansel u.a. (Hrsg.), FS Jayme 2004, S. 549, 559; dagegen seine Bedenken gegen eine kollisionsrechtliche Lösung über Art. 7 Abs. 1 EVÜ hat *Junker*, IPRax 2000, 65, 72; zur Rezeption der Datum-Theorie vgl. G. *Schulze*, Datum-Theorie und narrative Norm, a.a.O., S. 155, 159 f.

der Bundesgerichtshof den Begriff des *„ordre public international"* aus dem deutschen Internationalen Privatrecht hergeleitet hat,[41] beruht dies auf einem Missverständnis.[42]

Das hindert zwar nicht, mit dem BGH im deutschen internationalen Verfahrensrecht von einem *ordre public international* zu sprechen, sofern damit eine gegenüber Art. 6 abgeschwächte Kontrollintensität für das Anerkennungsrecht ausgedrückt werden soll.[43] Wiederum in Anlehnung an die französische Doktrin wird insoweit präziser aber auch von einem *ordre public attenue* gesprochen.[44] Die Bezeichnung „international" ist von daher nicht nur missverständlich, sondern vor allem entbehrlich.[45]

4. Völkerrechtlicher, europäischer und gemeinschaftsrechtlicher ordre public. Werden das Kollisionsrecht und das anwendbare Sachrecht auf ihre Vereinbarkeit mit Normen und Rechtswertungen des Völkerrechts überprüft, etwa im Hinblick auf Verstöße gegen die Europäische Menschenrechtskonvention (EMRK) oder zur Beachtung der UN-Kinderrechtekonvention,[46] so lässt sich auch von einem **völkerrechtlichen** (internationalen oder europäischen) *ordre public* sprechen.[47] Aus der Stellung des Völkerrechts im innerstaatlichen Recht ergibt sich bereits, dass und inwieweit völkerrechtliche Normen zu den wesentlichen Grundsätzen des deutschen Rechts im Sinne von Art. 6 S. 1 zählen (Artt. 25, Art. 59 Abs. 2 GG). Eine dogmatisch eigenständige Bedeutung besitzt das Völkerrecht hierbei insofern, als es nach Art. 25 S. 2 GG Vorrang gegenüber dem einfachen Recht und damit auch gegenüber Art. 6 S. 1 besitzt. Das ist bei der Konkretisierung des *ordre public* zu berücksichtigen und gebietet, etwa bei Verstößen gegen völkerrechtliches *ius cogens*, auf den Inlandsbezug des streitigen Sachverhalts ggf. ganz zu verzichten. Das relativierende Kriterium der Binnenbeziehung ist hier – wie auch bei Grundrechtsverstößen (Art. 6 S. 2) – nach dem materiell vorrangigen Kontrollrecht selbst zu bestimmen[48] (siehe Rn 51).

Stammen die rechtlichen Kontrollmaßstäbe aus dem Gemeinschaftsrecht, so kann von einem **gemeinschaftsrechtlichen (europäischen)** *ordre public* gesprochen werden. Dies gilt insbesondere im Hinblick auf das innerstaatlich vorrangige und unmittelbar anwendbare primäre und sekundäre Gemeinschaftsrecht. Namentlich die Diskriminierungsverbote und Grundfreiheiten sowie die Verordnungen und Richtlinien mit Bedeutung für das Privatrecht sind Bestandteil der innerstaatlichen Ordnung und gehören damit zu den wesentlichen Grundsätzen des deutschen Rechts im Sinne von Art. 6 S. 1. Sie reichern den nationalen *ordre public* an.[49] EG-Richtlinien sollen einschränkend erst mit ihrer innerstaatlichen Umsetzung zum Kontrollmaßstab gehören.[50]

---

41 Die Entscheidungen betreffen in der Sache jedoch den anerkennungsrechtlichen *ordre public*: BGHZ 48, 327, 331 (zu § 328 Abs. 1 Nr. 4 ZPO); BGH NJW 1978, 1114, 1115 (zu Art. V Abs. 3 des Deutsch-britischen Abkommens v. 14.6.1960 über die gegenseitige Anerkennung und Vollstreckung von gerichtlichen Entscheidungen in Zivil- und Handelssachen); BGHZ 98, 70, 73 (§ 1044 ZPO a.F.); BGHZ 138, 331 (Art. 2 Abs. 1 des dt-österreichischen Vertrages v. 6.6.1959); BGH IPRax 1999, 371, 373 (Art. 27 Nr. 1 EuGVÜ); BGH IPRax 2001, 580 (§ 1061 ZPO).
42 Vgl. *Sandrock*, in: FS Sonnenberger 2004, S. 615, 617 f.
43 ABl. *Sandrock*, in: FS Sonnenberger 2004, S. 615, 648 f.
44 Sog. *„effet atténué de la reconnaissance"* (abgeschwächte Wirkung der Anerkennung); entspr. für die Anerkennung ausländischer Entscheidungen BGHZ 138, 331; BGH IPRax 1999, 371, 372; h.M. *Zöller/Geimer*, ZPO, § 328 Rn 152b; MüKo/*Sonnenberger*, Art. 6 EGBGB Rn 22; Staudinger/*Blumenwitz*, Art. 6 EGBGB Rn 100; krit zu dieser Differenzierung *Völker*, S. 53; *G. Schulze*, IPRax 1999, 342, 344.
45 Staudinger/*Blumenwitz*, Art. 6 EGBGB Rn 62 u. 101.
46 Zur Beachtung des Art. 20 Abs. 3 der UN-Kinderrechtskonvention bei ausländischem Adoptionsverbot im Rahmen der *ordre-public*-Kontrolle vgl. OLG Karlsruhe FamRZ 1998, 56, 57 (*Kafala*); *Jayme*, IPRax 1996, 237, 242.
47 Eine weiter gehende Unterscheidung zwischen international-privatrechtlichem und völkerrechtlichem *ordre public* stellt auf die unterschiedlichen Rechtsgebiete ab, innerhalb deren die Vorbehaltsklauseln Anwendung finden und als deren Rechtsbestandteil sie dann eigenständig geltend gemacht werden. Der völkerrechtliche *ordre public* ist danach Bestandteil des Völkerrechts und dient dem Schutz der zwischenstaatlichen Ordnung, vgl. Staudinger/*Blumenwitz*, Art. 6 EGBGB Rn 64; *Girsberger*, IPRax 2003, 545, 548 f. (bez. Sittenwidrigkeit der Finanzierung von Waffengeschäften).
48 Die Auslegung der völkerrechtlichen Rechtsnorm muss danach ergeben, ob und inwieweit sie im konkreten Fall Geltung beansprucht. Dies lässt sich als Grundrechts- oder Völkerrechtskollisionsrecht bezeichnen, vgl. *v. Bar/Mankowski*, IPR I, § 7 Rn 261 (Grundrechte).
49 BGHZ 123, 268, 278 (zu Art. 27 EuGVÜ); *Kropholler*, IPR, § 36 III, S. 244 f.; MüKo/*Sonnenberger*, Art. 6 EGBGB Rn 19; Palandt/*Heldrich*, Art. 6 EGBGB Rn 8; Erman/*Hohloch*, Art. 6 EGBGB Rn 23. Daraus können sich Verschärfungen wie auch Milderungen gegenüber einer rein nationalen *ordre-public*-Kontrolle ergeben. Zur Schrankenwirkung vgl. EuGH C-7/98, Slg. 2000 I-1935 Rn 22 – Krombach; *Jayme*, Nationaler ordre public und europäische Integration, a.a.O., S. 265, 275 ff.; *v. Bar/Mankowski*, IPR I, § 7 Rn 272.
50 Palandt/*Heldrich*, Art. 6 EGBGB Rn 8; *Looschelders*, Art. 6 Rn 15; m.E. genügt die Umsetzungsverpflichtung. Mit dem Ablauf der Umsetzungsfrist gehört die Richtlinie zum wertungsmäßigen Bestand der innerstaatlichen Ordnung. In diesem Sinne wohl auch Erman/*Hohloch*, Art. 6 EGBGB Rn 23.

14 Eigenständige Bedeutung besitzt der **europäische ordre public**, weil und soweit neben den materiellen Wertungsgrundlagen auch die Kontrollinstrumentarien aus dem Gemeinschaftsrecht stammen[51] und durch die europäischen Gerichte ausgebildet werden.[52] Das gemeinschaftsrechtliche Kollisionsrecht[53] einschließlich der damit untrennbar verbundenen Kontrolle des berufenen Sachrechts wird von den europäischen Gerichten selbständig entwickelt und den nationalen Gerichten zur Anwendung vorgegeben.[54] Funktional können daher Rechtssätze drittstaatlicher Rechtsordnungen und auch solche anderer Mitgliedstaaten der Gemeinschaft im Wege der *ordre-public*-Kontrolle abgewehrt werden, soweit sie gegen das Gemeinschaftsrecht verstoßen. Aufgeworfen ist hierbei ferner die Frage, ob der Inlandsbezug auch durch einen Binnenmarktbezug oder einen Bezug zu einem anderen Mitgliedstaat der EU ersetzt werden kann[55] (vgl. dazu Rn 41).

15 Besteht der Verstoß im Verhältnis zu einem anderen Mitgliedstaat darin, dass eine **Richtlinie nicht fristgerecht oder gemeinschaftsrechtswidrig umgesetzt** wurde, und lässt sich dieser Mangel nicht durch eine gemeinschaftsrechtskonforme Anwendung des fremden Rechts beseitigen, so ist streitig, ob das Gemeinschaftsrecht im Wege des *ordre public* zur Anwendung gebracht werden darf oder gar muss.[56] M.E. sollte die Anwendung des Art. 6 auch hier möglich bleiben, jedoch im Einzelfall nach den allgemeinen Kriterien geprüft werden, ob die gemeinschaftsrechtliche Wertung als ein „wesentlicher Grundsatz" des Gemeinschaftsrechts[57] anzusehen ist, was keineswegs stets der Fall sein wird. Im Verhältnis der Mitgliedstaaten untereinander tritt die *ordre-public*-Kontrolle im Prozess der Rechtsangleichung insgesamt aber immer stärker zurück.[58]

16 **5. Innerdeutscher ordre public.** Solange es im Verhältnis zur früheren DDR ein interlokales Kollisionsrecht gab, gab es aus beiderlei Sicht (jeweils) auch einen **innerdeutschen** *ordre public*. Die insoweit bejahte analoge Anwendung des Art. 6 in Bezug auf Regeln des DDR-Rechts ist mit dem Einigungsvertrag entfallen.[59] Soweit früheres DDR-Recht intertemporal noch berufen wird, ist es unter Berücksichtigung des mit der Wiedervereinigung eingetretenen Wertewandels und im Übrigen nun unmittelbar am Maßstab des

---

51 Von daher ist Art. 29a als Bestandteil eines eigenständigen europäischen *ordre public* zu verstehen.
52 *Basedow*, in: FS Sonnenberger 2004, S. 291, 294 und 319 (mit Vorschlag für eine gesetzliche Verankerung in Art. 34 der EuGVVO und Art. 20 EVÜ).
53 Zum ersten Mal verwendet und dargelegt bei *Jayme/Kohler*, Europäisches Kollisionsrecht 1994; Quellenpluralismus und offene Konflikte, IPRax 1994, 405 ff.
54 Die nationalen Gerichte wenden das so geschaffene Kontrollrecht vor einem nationalstaatlichen Hintergrund mit der Pflicht zur Durchsetzung des europäischen Rechts an. Die unterschiedliche Perspektive rechtfertigt die Distinktion; vgl. Basedow, in: FS Sonnenberger 2004, S. 291, 294 und 319.
55 Vorsichtig bejahend für Rechtsgebiete, die mit der europäischen Integration zusammenhängen, Staudinger/*Blumenwitz*, Art. 6 EGBGB Rn 157; abl., weil *de lege lata* ohne Rechtsgrundlage, Bamberger/Roth/*St.Lorenz*, Art. 6 EGBGB Rn 15; MüKo/*Sonnenberger*, Art. 6 EGBGB Rn 86.
56 Bezogen auf die Durchsetzung der Pflichten aus der EMRK wird dies einhellig bejaht; vgl. Staudinger/*Blumenwitz*, Art. 6 EGBGB Rn 84 m.w.N. (Kontrollpflicht beruht auf Art. 1 EMRK). Im Falle fehlerhafter oder unterbliebener Richtlinienumsetzung im fremden Recht wird zunächst ergänzend die Umsetzung der Richtlinie im Inland als Voraussetzung für ihre Durchsetzung angesehen, vgl. Palandt/*Heldrich*, Art. 6 EGBGB Rn 8; *Looschelders*, Art. 6 Rn 15 (hier jeweils ohne ausdrückliche Stellungnahme zu Binnensachverhalten); weit gehend und unabhängig von inländischer Umsetzung Brödermann/Iversen/*Iversen*, IPR, Rn 1052, 1063; wohl auch *Kropholler*, IPR, § 36 III, S. 244 f.; Erman/*Hohloch*, Art. 6 EGBGB Rn 23; insgesamt abl., insb. wegen der dadurch erzwungenen horizontalen Drittwirkung, *Martiny*, in: FS Sonnenberger 2004, S. 523, 538; ebenso abl. *Looschelders*, Art. 29a Rn 15; Staudinger/*Magnus*, Art. 29a EGBGB Rn 22; mit anderer Begründung *Staudinger*, RIW 2000, 416, 417 (Verbraucherschutzrecht kann nicht allg. als grundlegende Wertung angesehen werden).
57 Im Unterschied zu „wesentlichen Grundsätzen des (europäisch angereicherten) deutschen Rechts".
58 Im Anerkennungsrecht ist die Abschaffung der *ordre-public*-Kontrolle erwogen worden, vgl. zust. *Heß*, IPRax 2001, 301, 305. Sie ist allg. bereits in das Rechtsmittelverfahren verschoben (Artt. 41 S. 1, 45 Abs. 1 EuGVVO) und für bestimmte Segmente aufgegeben (Abschaffung der Exequatur für unbestrittene Forderungen zum 21.1.2005; Art. 5 EuVTVO (EG) Nr. 805/2004 v. 21.4.2004); zu den Gründen und ihren Vorteilen *A. Stein*, IPRax 2004, 181, 182 ff.; zust. *Hüßtege*, in: FS Jayme 2004, S. 371, 385; für eine generelle Abschaffung noch zu früh, *Pfeiffer*, in: FS Jayme 2004, S. 675, 690.
59 BGHZ 127, 195, 204; 127, 297, 309; zust.: MüKo/*Sonnenberger*, Art. 6 EGBGB Rn 41; Palandt/*Heldrich* Art. 34 EGBGB Rn 12; Bamberger/Roth/*St. Lorenz*, Art. 6 EGBGB Rn 6.

Grundgesetzes zu messen.[60] Das nimmt eine entsprechende Anwendung des Art. 6 gleichsam vorweg und steht im Ergebnis einer *ordre-public*-Kontrolle zumindest nahe.[61]

III. Formen der ordre-public-Kontrolle

1. Allgemeine, besondere und spezielle (staatsvertragliche) ordre-public-Klausel. Neben Art. 6 gibt es Vorbehaltsklauseln für einzelne Rechtsgebiete oder auch nur Rechtsfragen. Man spricht hier von **besonderen Vorbehaltsklauseln**, wie beispielsweise Art. 13 Abs. 2 (Hindernisse bei der Eheschließung), Art. 17 Abs. 1 S. 2 (Hindernisse bei der Ehescheidung); Art. 18 Abs. 7 (Unterhaltsbemessung)[62] oder Art. 40 Abs. 3 (Kappung übermäßiger und Ausschluss zweckverfremdeter Schadensersatzansprüche).[63] Sind die tatbestandlichen Voraussetzungen der besonderen Vorbehaltsklauseln nicht erfüllt, so kann regelmäßig auf die allgemeine Vorbehaltsklausel des Art. 6 zurückgegriffen werden, weil die besonderen Schutzklauseln nur einen Minimalschutz sicherstellen wollen.[64]

17

Vorbehaltsklauseln in Staatsverträgen gehen Art. 6 aufgrund der Vorrangregel des Art. 3 Abs. 2 vor. Ihre Bezeichnung als **spezielle** (staatsvertragliche) **Vorbehaltsklausel** ist quellentheoretisch zu verstehen. Damit ist nicht notwendig eine inhaltlich speziellere Regelung gemeint. Fehlt eine entsprechende staatsvertragliche Vorbehaltsklausel, so muss durch Auslegung des Staatsvertrages zunächst geklärt werden, ob nationale Vorbehalte ausgeschlossen werden sollten, oder ob ein Rückgriff auf nationales Recht (Art. 6) zulässig ist.[65]

18

2. Erst- und zweitstaatliche ordre-public-Kontrolle. Art. 6 bezieht sich auf die Anwendung ausländischen Rechts soweit die Kollisionsnormen des EGBGB dies anordnen (Art. 3 Abs. 1 S. 1). Dem steht der **anerkennungsrechtliche** *ordre public* gegenüber, der die Anerkennung und Vollstreckung ausländischer Urteile oder urteilsvertretender Erkenntnisse im Inland unter Vorbehalt stellt (etwa §§ 328 Abs. 1 Nr. 4, 723 Abs. 2 S. 2 ZPO, 16 Nr. 4 FGG sowie Artt. 34 Nr. 1, 45 Abs. 1 S. 1 EuGVVO). Bei dieser zweitstaatlichen Anerkennung ist die ausländische Entscheidung in verfahrensrechtlicher Hinsicht (rechtliches Gehör, Vertretung im Erstverfahren, Unabhängigkeit des Gerichts usf.) und in materiellrechtlicher Hinsicht auf ihre Vereinbarkeit mit inländischen Rechtswertungen zu überprüfen. Entsprechend wird im internationalen Zivilverfahrensrecht der **verfahrensrechtliche** *ordre public* von dem **materiellrechtlichen** *ordre public* unterschieden. Die gesetzlichen Kriterien sind bei der *ordre-public*-Kontrolle im Anerkennungsrecht mit denen des Art. 6 praktisch identisch (vgl. § 328 Abs. 1 Nr. 4 ZPO). Dennoch entspricht es verbreiteter Auffassung im Schrifttum und in der Rechtsprechung des BGH, eine andere Gewichtung vorzunehmen und eine eigenständige Begrifflichkeit (*ordre public attenué*; *ordre public international*) für das internationale Verfahrensrecht zu entwickeln (siehe Rn 11).[66] Einen eigenständigen Charakter erlangt hier auch ein **gemeinschaftsrechtlicher** (europäischer) **Standard** bei der Urteilsanerkennung.[67]

19

Das gilt der Sache nach ebenso für den **schiedsverfahrensrechtlichen** *ordre public* bei der Anerkennung in- und ausländischer Schiedssprüche (§§ 1059 Abs. 2 Nr. 2 Buchst. b, 1060 Abs. 2 S. 1 ZPO sowie § 1061

20

---

60 BGHZ 117, 135, 138: verfassungskonforme Auslegung; BGHZ 124, 270, 277: Korrektur nach elementaren Rechtsprinzipien wie den guten Sitten und Treu und Glauben.

61 BGHZ 127, 195, 204 f.; damit bleiben Vorschriften und Auslegungskriterien, die spezifische Wertungen des totalitären Systems zum Ausdruck bringen, unberücksichtigt, vgl. Staudinger/*Blumenwitz*, Art. 6 EGBGB Rn 87 f.; Bamberger/Roth/*St.Lorenz*, Art. 6 EGBGB Rn 6; Erman/*Hohloch*, Art. 6 EGBGB Rn 25.

62 Man kann diese Vorschrift auch als international-privatrechtliche Sachnorm einstufen, weil sie eine sachrechtliche Regelung (Bemessung des Unterhaltsbetrages nach Bedürfnis und Leistungsfähigkeit) unabhängig von dem kollisionsrechtlichen Verweisungsergebnis vorschreibt („selbst wenn das anzuwendende Recht etwas anderes bestimmt"); in diesem Sinne etwa *Jayme*, Methoden, S. 26 f.; Palandt/*Heldrich*, Art. 18 EGBGB Rn 20. Die sachrechtliche Vorgabe ist aber prinzipienartig abstrakt und inhaltlich nicht sinnvoll konkretisierbar. Sie lässt sich nur in Relation zu dem Unterhaltsstatut bestimmen und als Kontroll- und Korrekturinstrument einsetzen. Von daher ist es vorzugswürdig, sie insoweit als eine besondere Vorbehaltsklausel einzustufen. Daneben besitzt die Norm auf sachrechtlicher Ebene auch eine narrative Funktion, vgl. *G. Schulze*, Bedürfnis und Leistungsfähigkeit, S. 335 f.

63 *Kropholler*, IPR, § 36 VIII, S. 253 f. spricht hier von speziellen Vorbehaltsklauseln; *Kropholler/von Hein*, in: FS Stoll 2001, S. 553 ff.

64 Vgl. *Jayme*, Methoden S. 23 f. im Anschluss an *Ferid*, IPR, 3. Aufl. 1986, S. 3–30.

65 *Kropholler*, IPR, § 36 VI, S. 250 f.

66 Hierfür spricht, dass die Entscheidung bereits Rechtswirkungen im Erststaat erlangt hat. Sie ist *fait accompli*. Ihre Nichtanerkennung führt zu hinkenden Rechtsverhältnissen. Auch ist der Inlandsbezug der *res iudicata* meist schwächer; Zöller/*Geimer*, ZPO, § 328 Rn 152b; MüKo/*Sonnenberger*, Art. 6 EGBGB Rn 22.

67 Vgl. etwa *Heß*, IPRax 2001, 301, 305 f.; *Matscher*, IPRax 2001, 428, 430 ff.; zur rasanten Entwicklung vgl. *Junker*, in: FS Sonnenberger 2004, S. 418, 421 ff.

Abs. 1 ZPO i.V.m. Art. V Abs. 2 lit. b des New Yorker Übereinkommens über die Anerkennung und Vollstreckung ausländischer Schiedssprüche vom 10.6.1958).[68]

21 **3. Beachtung eines ausländischen (fremden) ordre public.** Der *ordre-public*-Vorbehalt einer ausländischen Rechtsordnung (ausländischer oder fremder *ordre public*) ist zu beachten, sofern er nach dem Grundsatz der kollisionsrechtlichen Gesamtverweisung (Art. 4 Abs. 1 S. 1) in den Verweisungsvorgang integriert ist. Als kollisionsrechtliche Regelung der berufenen Rechtsordnung gehört er zu deren Anwendung dazu.[69] Wird die Verweisung angenommen, so ist er funktionslos. Bedeutung erlangen kann der fremde *ordre public* nur, wenn das berufene Kollisionsrecht eine andere Rechtsordnung zur Anwendung beruft, mithin eine **Rück-**[70] oder **Weiterverweisung**[71] ausspricht, die aus der Sicht des erstberufenen Rechts zu einem anstößigen Ergebnis führen. Decken sich die inländischen Wertungen mit den Wertungen des erstberufenen Rechts, so ist es sachgerecht, auf den fremden *ordre public* abzustellen, weil dies zur Anwendung des nach eigener kollisionsrechtlicher Wertung richtigen fremden Sachrechts führt. Die Anwendung der *lex fori* wäre hier reines Heimwärtsstreben.[72]

22 Verletzt das Anwendungsergebnis der *lex causae* dagegen nur die **Wertungen des weiterverweisenden Rechts**, nicht aber die eigenen, so ist die Beachtung des fremden *ordre public* ebenso zu befürworten, solange und soweit dies nicht zu einem Verstoß gegen die eigenen Wertungen führt.[73] Verweist das erstberufene Recht zur deutschen Rechtsordnung zurück (*renvoi*), so kann es folglich ebenso geboten sein, das eigene Recht unter Beachtung der fremden Wertung zu korrigieren.[74] Die fremde Sachnorm, die der ausländische *ordre public* ersatzweise beruft, bricht sich in diesen Fällen aber regelmäßig seinerseits an Art. 6 und den inländischen Gerechtigkeitsvorstellungen, so dass sie unbeachtet bleibt und der Rückverweisung zu folgen ist.[75]

23 Der *ordre public* eines Drittstaates, dessen Recht kein Glied in der Verweisungskette bildet, ist nicht zu beachten.[76] Für eine negative *ordre-public*-Kontrolle gibt es hier weder Bedarf noch einen Ansatzpunkt. Soweit sach- oder kollisionsrechtliche Wertungen des drittstaatlichen Rechts Geltung beanspruchen, kommt deren Berücksichtigung im Rahmen von Art. 3 Abs. 3 (vorrangiges Einzelstatut) oder auf materiellrechtlicher Ebene als faktische Rechtslage (sog. datum) in Betracht. Die Anwendung drittstaatlichen Eingriffsrechts im Wege der Sonderanknüpfung scheidet dagegen aus (vgl. Rn 9).

24 Eine Beachtung des ausländischen *ordre public* ergibt sich ferner im Bereich des internationalen Zuständigkeitsrechts. § 606a Abs. 1 Nr. 4 ZPO macht die internationale Zuständigkeit deutscher Gerichte in Ehesachen von einer positiven Anerkennungsprognose abhängig, wenn nur einer der ausländischen Ehegatten seinen gewöhnlichen Aufenthalt im Inland hat. Hier wird der anerkennungsrechtliche *ordre public*[77] der jeweiligen Heimatstaaten in die eigene Zuständigkeitsprüfung integriert.

B. Regelungsgehalt

I. Voraussetzungen eines ordre-public-Verstoßes

25 **1. Ausländische Rechtsnorm und Kontrolle des Anwendungsergebnisses.** Ansatzpunkt der *ordre-public*-Kontrolle ist die Anwendung einer ausländischen Rechtsnorm, wie sie sich aus dem internationalprivatrechtlichen Verweisungssystem ergibt. Dies setzt die kollisionsrechtliche Bestimmung der anzuwendenden Rechtsordnung und die sachrechtliche Lösung der aufgeworfenen Rechtsfrage voraus. Daher ist zunächst das anwendbare ausländische Recht nach den hierfür maßgebenden verfahrensrechtlichen Grundsätzen zu

---

68 *Marx*, S. 70 ff.
69 Das ist zu trennen von der ebenso zu bejahenden Frage, ob das ausländische Kollisionsrecht gegen den inländischen *ordre public* verstoßen kann und wie in diesen Fällen das Ersatzrecht zu bilden ist, vgl. dazu *Gebauer*, in: FS Jayme 2004, S. 413, 414 ff. (s. dazu ferner unten Rn 27).
70 OLG Karlsruhe IPRspr 1970, Nr. 83 (Verstoß des deutschen Rechts gegen algerischen *ordre public* bei Legitimation durch nachfolgende Eheschließung. Im Erg. wurde dies als Verstoß gegen den eigenen *ordre public* angesehen).
71 Beachtlichkeit bejaht von RGZ 132, 416, 418; OLG Frankfurt IPRax 2001, 403, 405.
72 Die *ordre-public*-widrige *lex causae* ist dann unter Rückgriff auf die Sachnormen des erstberufenen Rechts zu korrigieren, *Gebauer*, in: FS Jayme 2004, S. 413, 421.
73 *Gebauer*, in: FS Jayme 2004, S. 413, 423; *Kegel/Schurig*, § 10 VI, S. 409; *Kropholler*, IPR, § 36 VII 2, S. 252; Staudinger/*Blumenwitz*, Art. 6 EGBGB Rn 90 f.; Palandt/*Heldrich*, Art. 6 EGBGB Rn 8; MüKo/*Sonnenberger*, Art. 6 EGBGB Rn 73.
74 Souveränitäts- und Zumutbarkeitsbedenken sind nicht berechtigt, vgl. zutr. *Gebauer*, in: FS Jayme 2004, S. 413, 426; a.A. *St. Lorenz*, in: FS Geimer 2002, S. 555, 563 f. (führt zu einer falschen Anwendung des deutschen Rechts).
75 MüKo/*Sonnenberger*, Art. 6 EGBGB Rn 73; *Looschelders*, Art. 6 Rn 14.
76 *Kropholler*, IPR, § 36 VII 2, S. 252; Palandt/*Heldrich*, Art. 6 EGBGB Rn 8; anders dagegen *Brüning*, S. 283 ff., 285.
77 Nicht dagegen der materiellrechtliche *ordre public*, vgl. Zöller/*Geimer*, ZPO, § 606a Rn 65.

ermitteln. Das eigene Kollisionsrecht muss das Gericht kennen, das fremde Recht muss es von Amts wegen feststellen.[78] Ein *ordre-public*-Verstoß **auf Verdacht** ist unzulässig.[79] Bei **Nichtermittelbarkeit** des berufenen Rechts folgt dessen Nichtanwendung und die Ersatzrechtsbestimmung nicht aus Art. 6, sondern aus den von Rechtsprechung und Lehre hierfür eigens entwickelten Grundsätzen (grundsätzlich Anwendung der *lex fori*[80]). Bei Unklarheiten und Normwidersprüchen im fremden Recht sind diese im Wege der Anpassung zu beseitigen. Die Anpassung (Angleichung, vgl. Art. 3 EGBGB Rn 33) hat Vorrang gegenüber der *ordre-public*-Kontrolle.[81]

a) Ausländische Rechtsnorm. Die Kontrolle ist auf das Ergebnis der Anwendung staatlicher[82] Rechtsnormen gerichtet. Dazu gehören das geschriebene und ungeschriebene ausländische Recht sowie die allgemeinen Rechtsgrundsätze, wie sie in dem fremden forum (*foro proprio*) angewendet werden. Umfasst werden in Fällen einer Gesamtverweisung daher **auch die ausländischen Kollisionsnormen**, die von der inländischen Verweisungsnorm berufen sind (Art. 4 Abs. 1 S. 1). 26

Streitig ist, ob die Befolgung einer anstößigen ausländischen Kollisionsnorm (etwa eine nach Art. 3 Abs. 2 GG gleichheitswidrige Rück- oder Weiterverweisung[83]) bereits ein *ordre-public*-widriges Anwendungsergebnis darstellt oder ob sich die Anstößigkeit erst aus dem sachrechtlichen Gesamtergebnis ergeben kann (so die h.M.[84]). Überzeugender ist es, auf das Anwendungsergebnis der Kollisionsnorm abzustellen und nicht erst auf das Ergebnis des materiellen Rechts. Hier werden wesentliche Grundsätze des deutschen Kollisionsrechts verletzt, nicht dagegen solche des materiellen Rechts. Auch wenn der Gleichheitssatz in beiden Segmenten des inländischen Rechts Geltung beansprucht, so ist es doch die **kollisionsrechtliche Ungleichbehandlung**, die in diesen Fällen in Rede steht und sich in der Anwendung des Rechts einer bestimmten Rechtsordnung manifestiert. Es ist daher nur konsequent auf das Ergebnis des Verweisungsbefehls (die gleichheitswidrige Berufung einer Rechtsordnung) zu schauen und nicht auf das sachrechtliche Anwendungsergebnis.[85] Damit wird auch nicht etwa abstrakt jede diskriminierende Verweisung zu einem *ordre-public*-Verstoß[86] und das ausländische Kollisionsrecht einer nicht zulässigen Grundrechtsbindung[87] unterworfen. Maßgebend ist, ob die Befolgung des Verweisungsbefehls aus der Sicht des deutschen Kollisionsrechts nicht mehr hinnehmbar erscheint, weil keine persönliche Verbindung zu der berufenen Rechtsordnung besteht und daher auch eine (hypothetische) Ersatzanknüpfung nicht zu demselben Anwendungsergebnis führen könnte.[88] 27

b) Kontrolle des Anwendungsergebnisses (Auswirkungsregel). Das Ergebnis der Rechtsanwendung ist auf seine Vereinbarkeit mit den inländischen Rechtswertungen zu überprüfen. Maßgebend ist nicht, ob die ausländische Rechtsnorm und die ihr zugrunde liegenden Wertungen für sich gesehen anstößig sind, sondern ob deren fallbezogene Anwendung zu einem Ergebnis führt, welches offensichtlich gegen wesentliche Grundsätze des deutschen Rechts verstößt (Auswirkungsregel). Hierzu ist eine **zweistufige Analyse** zunächst über die Anstößigkeit der berufenen ausländischen Rechtsnorm (oder über das Fehlen einer erwarteten 28

---

78 BGH NJW 2002, 3335; 1998, 1395, 1396; 1997, 324, 325; vgl. eingehend Staudinger/*Sturm/Sturm*, Einl. zum IPR Rn 286; zur Ermittlung nach Maßgabe des § 293 ZPO, vgl. Zöller/*Geimer*, ZPO, § 293 Rn 1 ff.; zum revisionsrechtlichen Kontrollumfang vgl. *Pfeiffer*, NJW 2002, 3306 ff.
79 Bamberger/Roth/*St.Lorenz*, Art. 6 EGBGB Rn 12; Palandt/*Heldrich*, Art. 6 EGBGB Rn 5; *Spickhoff*, S. 79.
80 Staudinger/*Sturm/Sturm*, Einl. zum IPR Rn 297–299 m.w.N.
81 Staudinger/*Blumenwitz*, Art. 6 EGBGB Rn 60 u. 103; Palandt/*Heldrich*, Art. 6 EGBGB Rn 5; *Looschelders*, Art. 6 EGBGB Rn 12.
82 Nicht erfasst werden Normen, die etwa der *lex mercatoria* zugerechnet werden, oder andere nichtstaatlichen Rechtsregeln (wie UNIDROIT-Principles udgl. Für sie gilt das kollisionsrechtliche Anknüpfungssystem grundsätzlich nicht (Art. 3 Abs. 1 S. 1; ebenso nicht für verbandsrechtliche Regelwerke wie die FIS-Regeln der internationalen Skiverbandes, dazu OLG Hamm NJW-RR 2001, 1537, 1538) oder OLG Karlsruhe NJW-RR 2004, 1257 (zur Rechtsnormqualität von Wettsegelbestimmungen); einbezogen sind die nichtstaatlichen Normen aber, soweit die *lex causae* ihre Einbeziehung erlaubt; vgl. *W. H. Roth*, Zur Wählbarkeit nichtstaatlichen Rechts, in: Mansel u.a. (Hrsg.), FS Jayme 2004, S. 757, 768 ff. (befürwortet eine weitergehende Öffnung); ebenso *Brödermann*, Die erweiterten UNIDROIT-Principles 2004, RIW 2004, 721, 726 f.
83 *Raape/Sturm*, IPR, Bd 1, S. 221 ff.
84 *St. Lorenz*, in: Mélanges Fritz Sturm 1999, Bd. II, S. 1559, 1570 f.; zust. *v. Bar/Mankowski*, IPR I, § 7 Rn 276; *Kropholler*, IPR, § 24 II 2, S. 165 f. (aber: Korrektur über Art. 4 Abs. 1 S. 1: keine Gesamtverweisung wegen Widerspruchs gegen den Sinn der Verweisung); Bamberger/Roth/*St.Lorenz*, Art. 6 EGBGB Rn 11 u. 23; Erman/*Hohloch*, Art. 6 EGBGB Rn 20; Staudinger/*Blumenwitz*, Art. 6 EGBGB Rn 104; MüKo/*Sonnenberger*, Art. 6 EGBGB Rn 45 u. 47; Palandt/*Heldrich*, Art. 6 EGBGB Rn 7.
85 Art. 6 dient der Bewahrung und Durchsetzung inländischer Gerechtigkeitsvorstellungen, die sich entspr. dieser Wertung auch im materiellrechtlichen Erg. auswirken. Sie ist dagegen keine Regel zum Ausgleich materiellrechtlicher Nachteile.
86 So *Raape/Sturm*, IPR, Bd 1, S. 221.
87 *Looschelders*, RabelsZ 65 (2001) S. 463, 478 u. 490.
88 *Gebauer*, in: FS Jayme 2004, S. 413, 420 f.

Regelung im fremden Recht[89]) und sodann über die daraus folgende Anstößigkeit ihres Ergebnisses im konkreten Fall einer reinen Ergebnisschau vorzuziehen. Das zweistufige Modell zwingt zu einer präziseren Fundierung des Eingriffs.[90]

29 Ein **Verstoß** bleibt danach **unbeachtlich, wenn** er **im Ergebnis nicht wirksam** wird, sei es, weil das deutsche Recht zu demselben oder einem ähnlichen und damit noch hinnehmbaren Ergebnis führen würde, sei es, weil das anstößige fremde Recht den partiellen Rechtsverstoß an anderer Stelle im Ergebnis kompensiert.[91] So ist die Bevorzugung des Vaters im iranischen Sorgerecht hinzunehmen, wenn die väterliche Sorge im konkreten Fall dem Kindeswohl besser entspricht.[92] Das Adoptionsverbot des islamischen Rechts ist unschädlich, wenn ein Ersatzinstitut wie die *Kafala* (Schutzzusage) im konkreten Fall eine für das Kind förderliche Betreuung (ähnlich einer Pflegefamilie) ermöglicht und dies dem Wohl des Kindes und der Entwicklung seiner kulturellen Identität besser entspricht als eine inländische Adoption.[93] Das einseitige Verstoßungsrecht des Mannes ist unbeachtlich, wenn die Frau darin eingewilligt hat oder die Scheidung auch nach dem deutschen Recht verlangt werden könnte.[94] Dasselbe gilt, wenn eine anstößige erbrechtliche Schlechterstellung durch einen güterrechtlichen Ausgleich oder einen Unterhaltsanspruch gegen die Erben im einheitlich berufenen fremden Recht ausgeglichen wird, so dass im konkreten Ergebnis die partielle Anstößigkeit beseitigt ist.

30 Das Ergebnis einer Rechtsanwendung kann für sich genommen nicht gegen wesentliche Grundsätze des deutschen Rechts verstoßen. Die praktische Folge der Rechtsanwendung ist ein Faktum (Zuweisung eines Rechts oder Rechtsgutes) und als solches wertneutral.[95] Als ein rechtlich generiertes Faktum (durch fallbezogene Rechtsanwendung) ist das Ergebnis dagegen nicht ohne Rücksicht auf die Wertung der anzuwendenden Norm zu denken. Ein anstößiges Ergebnis beruht in Fällen einer nicht anstößigen Normaussage daher auf Friktionen, die durch das kollisionsrechtliche Verweisungssystem erst erzeugt worden sind.[96] Sie sind daher auch durch **Anpassung des ausländischen Rechts** (Angleichung, Art. 3 EGBGB Rn 33) aufzulösen.[97]

31 Rechtsnormen, die zwar für sich genommen noch hinnehmbare Verstöße gegen wesentliche inländische Rechtsgrundsätze erzeugen, aber in ihrer Summe ein insgesamt nicht mehr akzeptables Gesamtergebnis generieren, sollten ebenso insgesamt von Art. 6 ausgeschlossen werden können. Im Anerkennungsrecht wird diese **Kumulierung** von *ordre-public*-Verstößen befürwortet, weil und soweit die teilweise Nichtanerkennung (Teilanerkennung)[98] nur in besonderen Ausnahmesituationen eine Lösung bietet.[99] Entsprechend ist auch für Art. 6 auf der Ebene des allgemeinen Kollisionsrechts eine solche Häufung denkbar.

32 **2. Verstoß gegen wesentliche Grundsätze des deutschen Rechts (S. 1).** Art. 6 ist eine **eng auszulegende** Ausnahmevorschrift. Voraussetzung ist die offensichtliche Unvereinbarkeit mit wesentlichen Grundsätzen des deutschen Rechts. In ständiger Rechtsprechung konkretisiert der BGH den Verstoßtatbestand mit der Fragestellung, „ob das Ergebnis der Anwendung des ausländischen Rechts zu den Grundgedanken der deutschen Regelung und der in ihnen liegenden Gerechtigkeitsvorstellungen in so starkem Widerspruch steht, dass es von uns für untragbar gehalten wird".[100]

33 **a) Wesentlicher Grundsatz des deutschen Rechts.** Die Ausgangsüberlegung der *ordre-public*-Kontrolle setzt bei der Bewertung und Analyse des eigenen Rechts an. Der Kontrollmaßstab ist nach der vorgenannten Formel des BGH nach den Grundgedanken und Gerechtigkeitsvorstellungen des deutschen Rechts auszurichten, die den einzelnen deutschen Sach- oder Kollisionsnormen zu Grunde liegen. Betroffen

---

89 MüKo/*Sonnenberger*, Art. 6 EGBGB Rn 48 (fehlende Legitimationsmöglichkeit für nichteheliche Kinder). Das Beispiel dürfte nach Abschaffung der Legitimation heute überholt sein.
90 *Spickhoff*, S. 79 f.; *Dörner*, IPRax 1994, 33, 35 f.; *ders.*, in: FS Sandrock 2000, S. 205, 213 f.; anerkennend v. *Bar/Mankowski*, IPR I, § 7 Rn 266 Fn 1128.
91 Bamberger/Roth/*St.Lorenz*, Art. 6 EGBGB Rn 9.
92 BGH NJW-RR 1993, 962, 963.
93 OLG Karlsruhe FamRZ 1998, 56, 57; vgl. dazu *Jayme*, IPRax 1999, 49 f. u. IPRax 1996, 237, 238; *Mankowski*, IPRax 2004, 282, 288.
94 OLG Köln FamRZ 2002, 166; BayObLGZ 1998, 109; OLG Hamm IPRax 1995, 174, 175; dagegen aber OLG Stuttgart IPRax 2000, 427 ff.; OLG Düsseldorf FamRZ 1998, 1114.
95 Ähnlich *Dörner*, IPRax 1994, 33, 35.
96 Für eine Anwendung bei reinen Ergebnisverstößen aber Staudinger/*Blumenwitz*, Art. 6 EGBGB Rn 107 unter Hinweis auf RGZ 150, 283 (Rechtsschutzlosigkeit wegen wesenseigener Unzuständigkeit für einen Ausspruch über die Trennung von Tisch und Bett); ebenso Bamberger/Roth/*St.Lorenz*, Art. 6 EGBGB Rn 9; MüKo/*Sonnenberger*, Art. 6 EGBGB Rn 47 m.w.N.
97 *Looschelders*, Art. 6 Rn 12; *Spickhoff*, S. 80.
98 Teilbarkeit ist insb. bei Leistungsurteilen in Geld möglich. Art. 40 Abs. 3 Nr. 1 sieht dies für das internationale Deliktsrecht vor. Teilanerkennung im Vollstreckungsverfahren in Bezug auf *punitive damages*, BGHZ 118, 312, 330; Zöller/*Geimer*, ZPO, § 328 Rn 279.
99 Hier aber wegen der Unteilbarkeit von Verfahrensverstößen, *Schütze*, in: FS Geimer 2002, S. S. 1025, 1039 ff.; gegen die Zulässigkeit der Kumulierung *Herrmann*, S. 274 ff.
100 BGHZ 50, 370, 376; 75, 32, 43; 104, 240, 243; 123, 268, 270; BGH IPRax 2001, 586, 587.

sein muss ein Rechtsgrundsatz, der sich aus dem **Zweck** des betroffenen Gesetzes ergeben oder auch nur in Generalklauseln manifestieren oder aus vorrechtlichen Wertmaßstäben wie den **guten Sitten oder Treu und Glauben** folgen kann.[101] Bei den Grundrechten handelt es sich stets um wesentliche Rechtsgrundsätze (S. 2).

Die **Wesentlichkeit** wird ausgehend von der reichsgerichtlichen Rechtsprechung[102] und den Gesetzesmaterialien[103] verbreitet dramatisierend umschrieben. Der „Kernbestand der inländischen Rechtsordnung" darf danach nicht „angetastet" werden oder die Rechtsanwendung darf nicht zu einer „schwerwiegenden, untragbaren und tief greifenden Abweichung von inländischen Grundsatznormen" führen.[104] Das Pathos zeigt an, dass dogmatische Grundsätze zur Bestimmung eines wesentlichen Rechtsgrundsatzes weitgehend fehlen. Jedenfalls muss der Begründungsaufwand gesteigert werden,[105] um den *ordre-public*-Verstoß gegenüber der akzeptierten Differenz unterscheidbar zu halten.

34

Ein deutliches Indiz gegen die Wesentlichkeit eines inländischen Rechtssatzes ist dessen rechtspolitische Erschütterung im Inland und die damit regelmäßig einhergehende schwindende Verankerung des Grundsatzes im Gesamtsystem.[106] Ein **Anschauungswandel** kann ebenso durch rechtspolitische Verstärkungen beeinflusst sein, die den einfachen Rechtssatz sukzessive zu einem Grundsatz aufwerten. Zweifelhaft ist aber, ob dies doktrinär vorgegeben werden kann, so etwa im Hinblick auf die Abschaffung der Legitimation (vgl. Art. 21 EGBGB Rn 1) der der Entmündigung im Inland (vgl. Art. 7 EGBGB Rn 26). Diese gesetzgeberischen Entscheidungen dürften erst nach längerer Zeit und unter Abstützung rechtsvergleichender Standards auch zur Vermeidung von Glaubwürdigkeitsverlusten zum „unantastbaren Kernbestand" gehören. Anerkannt ist, dass zu diesem Kernbestand inländischer Rechtswertung ebenso europäische oder internationale (völkerrechtliche) Standards gehören und in die Konkretisierung einfließen.[107] Sie zu bilden und fallbezogen zu konkretisieren, bereitet zwar gegebenenfalls Schwierigkeiten, ist aber beim *ordre public* rechtsstaatliches Gebot. Dies gilt auch für Normen aus Rechtsquellen, die (noch) keine unmittelbare innerstaatliche Geltung besitzen, wie etwa die EMRK oder gemeinschaftsrechtliche Richtlinien. Auch EG-Richtlinienrecht, das im Inland nach Ablauf der Umsetzungsfrist und damit gemeinschaftsrechtwidrig noch nicht oder fehlerhaft umgesetzt worden ist, beeinflusst daher die Wertungsgrundlage des *ordre public* (vgl. Rn 15).[108]

35

b) Offensichtliche Unvereinbarkeit (Relativität des *ordre public*). Die Vereinbarkeitsrelation zwischen dem Anwendungsergebnis des ausländischen Rechts und den inländischen Gerechtigkeitsvorstellungen wird weit gezogen. Sie ist erst dann überschritten, wenn die Unvereinbarkeit unter einer räumlichen und zeitlichen Perspektive offensichtlich ist (Relativität des *ordre public*). Darin zeigt sich der Ausnahmecharakter des *ordre-public*-Vorbehalts. Er wird auf spezifisch kollisionsrechtliche Weise nach Kriterien der räumlichen Verbundenheit des Sachverhalts mit dem Forum sowie unter Berücksichtigung der Folgen der Entscheidung im Inland (Stärke der Inlandsbeziehung) umgesetzt.

36

aa) Offensichtlichkeit des Verstoßes (Schwere). Das Merkmal der Offensichtlichkeit meint nicht die einfache Erkennbarkeit des Rechtsverstoßes (beweisrechtliches Evidenzkriteriums), sondern die materiellrechtliche Evidenz im Sinne von Schwere („*manifestement*").[109] Der *ordre-public*-Vorbehalt ist damit auf

37

---

101 In Fortsetzung der früheren Dichotomie des Art. 30 a.F., der auf den Zweck des betroffenen Gesetzes und die guten Sitten abstellte; vgl. *Looschelders*, Art. 6 Rn 13. Der Unterschied gegenüber den sachrechtlichen Vorschriften der §§ 138, 242 BGB ergibt sich aus der räumlichen Relativität (s. unten Rn 38); ebenso *Völker*, S. 162.

102 St. Rspr. des Reichsgerichts, beginnend RGZ 60, 296, 300 bis RGZ 169, 240, 245, und des frühen BGH (BGHZ 22, 162, 167; 28, 375, 384 f.; 35, 329, 337). Diese stellten auf die staatliche und gesellschaftliche Integrität des Gemeinwesens ab und sprachen von einem Angriff auf die Grundlagen des deutschen staatlichen oder wirtschaftlichen Lebens; vgl. krit. *Raape/Sturm*, IPR, Bd 1, S. 211. Auch obergerichtliche Urteile neueren Datums verfolgen einen staatsautoritären Begründungsansatz, vgl. OLG Bremen NJW-RR 1996, 1029, 1030; BayObLGZ 1993, 222, 223.

103 Begründung des Regierungsentwurfs BT-Drucks 10/504, S. 43.

104 Staudinger/*Blumenwitz*, Art. 6 EGBGB Rn 117 m.w.N.

105 *Jayme*, Methoden, S. 12.

106 *Jayme*, Methoden, S. 59 f. (zur erbrechtlichen Stellung des Lebensgefährten im deutschen Recht und ihrer sukzessiven Veränderung durch die Rspr.; hier die Gewährung des Dreißigsten nach § 1931 Abs. 1 BGB analog); vgl. desgleichen zu den gewandelten Überzeugungen im Zusammenhang mit Börsentermingeschäften, *Schwark*, in: FS Sandrock 2000, S. 881, 885 ff.; *Fischer*, IPrax 1999, 450 ff.

107 Bamberger/Roth/*St.Lorenz*, Art. 6 EGBGB Rn 13; MüKo/*Sonnenberger*, Art. 6 EGBGB Rn 19 u. 67.

108 Vgl. Palandt/*Heldrich*, Art. 6 EGBGB Rn 8; Erman/*Hohloch*, Art. 6 EGBGB Rn 23; einschränkend *Looschelders*, Art. 6 Rn 15; insgesamt abl., auch wegen der dadurch erzwungenen horizontalen Drittwirkung, *Martiny*, in: FS Hans Jürgen Sonnenberger 2004, S. 523, 538.

109 Das Merkmal der Offensichtlichkeit wurde übernommen von dem Europäischen Vertragsrechtsübereinkommen, Art. 16 EVÜ; vgl. *Kegel/Schurig*, § 16 III 3, S. 529.

besonders schwere Verstöße beschränkt. Die Offensichtlichkeit des Verstoßes wird verbreitet als „schlechthin untragbar[110]" oder mit anderen, eher an das Rechtsgefühl appellierenden Formulierungen („nicht hinnehmbarer Widerspruch", „krasser Unterschied",[111] „besonders krasser Verstoß"[112]) beschrieben. In der Sache wird auch hier ein gesteigerter Begründungsaufwand gefordert.[113] Ansatzpunkt ist der Sinn und Zweck der ausländischen Rechtsnorm. Durch eine funktionale Betrachtung können fremdartig wirkende Rechtsfiguren – wie etwa die Morgengabe des islamischen Rechts[114] oder das französische besitzlose Registerpfandrecht[115] – akzeptiert werden. Daneben kommt der Verankerung des ausländischen Rechtssatzes in seinem originären Geltungsbereich indizielle Bedeutung zu. Ist er dort selbst rechtspolitisch umstritten (erschüttert) und einem Anschauungswandel unterworfen, so ist seine Durchsetzung im Inland eher als offensichtlich unvereinbar einzustufen und abzuwehren. Geht dieser Wandel bereits so weit, dass die fremde Anwendungsmethodik eine teleologische (restriktive oder erweiternde) Auslegung oder gar eine Fortbildung des ausländischen Rechtssatzes ermöglicht, ist der Wertungswiderspruch auf diesem Wege zu beseitigen. Es besteht die Pflicht zu authentischer Anwendung des berufenen Rechts (vgl. dazu Art. 3 EGBGB Rn 38 f.). Ebenso kann ein entgegenstehender rechtsvergleichender und internationaler Standard die Akzeptanz des fremden Rechtssatzes schwächen.[116]

38 **bb) Hinreichender Inlandsbezug (räumliche Nähe).** Die Vereinbarkeit des fremden Rechts mit den eigenen wesentlichen Rechtsgrundsätzen hängt maßgeblich von dem **ungeschriebenen Tatbestandsmerkmal** der Inlandsbeziehung des Sachverhalts ab. Die Intensität der Inlandsbeziehung steht in einem komparativen Wechselverhältnis zur Schwere des Rechtsverstoßes. Je geringer die Inlandsbeziehung ist, desto eher ist ein offensichtlicher Rechtsverstoß noch hinnehmbar. Je stärker der Inlandsbezug ist, desto eher begründet er die Unvereinbarkeit. Die Schwere des Rechtsverstoßes ist ebenfalls als Variable ausgestaltet. Je schwerer der Rechtsverstoß, desto geringer sind die Anforderungen an den Inlandsbezug.[117] Feste Regeln für diesen prozeduralisierten Abwägungsprozess lassen sich aber nicht angeben.

39 Als Sachverhaltsmomente für die Inlandsbeziehung kommen grundsätzlich sämtliche Umstände in Betracht, die eine sinnvolle Verknüpfung mit dem Inland herstellen. Im Vordergrund stehen die **deutsche Staatsangehörigkeit** und der (gewöhnliche) **Inlandsaufenthalt** eines oder mehrerer Beteiligter. Daneben können die inländische Vermögensbelegenheit, der inländische Unternehmenssitz, der Ort einer Handlung, der Zahlungsort usf. in die Betrachtung einbezogen werden.[118] In einem zweiten Schritt sind die bestehenden Elemente zu bewerten und zu gewichten. Die deutsche Staatsangehörigkeit und der Inlandsaufenthalt haben besonderes Gewicht. Zu berücksichtigen ist ferner auch die **qualitative und quantitative Intensität des jeweiligen Inlandsbezuges**. So kann etwa der Grad der Assimilierung zugewanderter Ausländer zu berücksichtigen sein, ihre noch – oder nicht mehr – bestehende kulturelle Verbundenheit zu ihrem Heimatstaat durch Religion, Pflege von Brauchtum, die tatsächliche Aufenthaltsdauer im Inland usf. Auch die Auswirkungen, die das Eingreifen des *ordre public* im Inland für die Beteiligten (etwa Kinder) haben würde, können berücksichtigt werden.[119]

40 Eine theoretische Frage ist es, ob in bestimmten Fällen (z.B. bei schwersten Menschenrechtsverletzungen) auf das Merkmal der Inlandsbeziehung verzichtet werden kann, etwa weil eine Pflicht zu ihrer Durchsetzung unabhängig von einer einfachgesetzlich bestimmten Inlandsbeziehung besteht. Ganz ohne Inlandsbeziehung tritt die Rechtsfrage nach einem Verstoß gegen den inländischen *ordre public* nicht auf. Eine bestehende

---

110 So die in st. Rspr. vom BGH gebrauchte Formel, s. BGHZ 123, 268, 270.
111 *Jayme*, Methoden, S. 33.
112 Bamberger/Roth/*St.Lorenz*, Art. 6 EGBGB Rn 15.
113 *Jayme*, Methoden, S. 12.
114 BGH IPRax 1988, 109, 110 (Brautgabe mit vereinbarter Fälligkeit für den Zeitpunkt der Verstoßung entspricht funktional einer Unterhaltsvereinbarung i.S.v. § 1585c BGB); dazu *Heßler*, PRax 1988, 95 ff.
115 BGHZ 39, 173, 180 (funktionale Entsprechung im Sicherungseigentum); vgl. *Rakob*, Ausländische Mobiliarsicherungsrechte im Inland, 2001, S. 38 ff.
116 *Jayme*, Methoden, S. 44 ff.; 49 ff. Ein solcher Standard ist durch rechtsvergleichende Umschau und nach dem Fallmaterial zu Art. 6 zu gewinnen, die Internationalität dagegen aus international vereinheitlichten Rechtssätzen und sonstigen internationalen Regeln (völkerrechtliche Anreicherung).
117 Die beiden Variablen werden meist in einem komparativen Satz miteinander verbunden: Je geringer die Inlandsbeziehung, desto schwerere Verstöße sind hinnehmbar, vgl. BGHZ 28, 375, 385; 118, 312, 349; *Looschelders*, Art. 6 Rn 18.
118 Allg.M.: MüKo/*Sonnenberger*, Art. 6 EGBGB Rn 83; Bamberger/Roth/*St.Lorenz*, Art. 6 EGBGB Rn 15.
119 So hat der BGH bei der Frage, ob ein italienisches Legitimationshindernis gegen den deutschen *ordre public* verstößt, die nachteiligen Auswirkungen für die betroffenen im Inland lebenden Kinder berücksichtigt und einen Verstoß aus diesem Grund bejaht, vgl. BGHZ 50, 370, 378; dazu *Jayme*, Methoden, S. 47.

internationale Zuständigkeit deutscher Gerichte vermittelt stets ein *minimum contact*.[120] Aber auch die Grund- oder Menschenrechte verlangen nach Durchsetzung nur in einer räumlichen Relation zum Inland. Diese Geltungsbeschränkung folgt allerdings nicht aus S. 2, sondern aus den Grundrechten selbst (sog. Grundrechtskollisionsrecht; vgl. dazu näher Rn 48).[121]

Der **Bezug des Sachverhalts zu einem EU-Mitgliedstaat** oder ein sonstiger EU-Binnenbezug (vermittelt durch die Entscheidungsfolgen) können genügen und damit einen fehlenden Inlandsbezug ersetzen oder einen schwachen Bezug verstärken.[122] Der verletzte Rechtsgrundsatz muss auf innerstaatlich geltendem europäischem Recht beruhen, eingeschlossen nationalen Vorschriften europäischen Ursprungs (Transformationsrecht). Der Gemeinschaftsbezug vermittelt der europäischen oder gemeinschaftsrechtlichen Norm den Geltungsanspruch nur für den konkreten Fall auf der Ebene der *ordre-public*-Kontrolle. Die Durchsetzung der Sachnorm (bzw. ihres normativen Gehalts) erfolgt aber indirekt (negative Ausschlusswirkung), sie ist ergebnisabhängig und subsidiär. 41

Für die direkte und unbedingte Durchsetzung kommt vorrangig eine sachnormbezogene Sonderanknüpfung in Betracht. Liegen die Voraussetzungen hierfür nicht vor, etwa weil die Vorschrift keinen überwiegend ordnungspolitischen Gehalt aufweist (vgl. Rn 6), so ist weiter vorrangig eine Anknüpfung durch eine besondere einseitige Kollisionsnorm in Betracht zu ziehen. Entsprechend ist gemeinschaftsrechtliches Kollisionsrecht bereits positivrechtlich ausgebildet in Art. 29 a. Auch hier genügt der Bezug zu einem Mitgliedstaat der EU oder des EWR. Kommt eine analoge Anwendung dieser Vorschrift nicht in Betracht (vgl. Rn 8), so ist letztlich Art. 6 einschlägig. Dabei ist einschränkend zu berücksichtigen, dass nicht die einfache Rechtsverletzung, sondern die Unvereinbarkeit mit einem wesentlichen Grundsatz des Gemeinschaftsrechts festgestellt werden muss. Die Frage steht damit insgesamt im Zusammenhang mit der Herausbildung eines eigenständigen europäischen *ordre public* (siehe Rn 14 m.w.N.). 42

cc) Gegenwartsbeziehung (zeitliche Nähe). Maßgeblicher Zeitpunkt für die Bestimmung der inländischen Rechtswertung ist die gerichtliche Entscheidung.[123] Das Abstellen auf einen früheren Zeitpunkt, an dem sich der infrage stehende Sachverhalt ereignet hat, ist nicht möglich. Zwischenzeitlich gewandelte Grundanschauungen setzen sich durch. Überholte Wertungen können über Art. 6 nicht rückwirkend noch geltend gemacht werden. 43

Der *ordre-public*-Vorbehalt darf ferner nicht rückwirkend und unbesehen in Rechtsverhältnisse eingreifen, die im Ausland rechtswirksam begründet oder beseitigt worden sind. Der *ordre public* würde hier möglicherweise neues Unrecht schaffen. So ist etwa bei der Beurteilung einer lange zurückliegenden ausländischen Ehescheidung oder des Eigentumserwerbs von Kunstgegenständen im Ausland trotz gegebener Anstößigkeit mit einer Korrektur durch den *ordre public* Zurückhaltung geboten.[124] 44

Keine eigenständige Bedeutung kommt dem Umstand zu, ob die Anwendung des *ordre public* eine Hauptfrage des Sachverhalts oder nur eine **Vorfrage** betrifft. Die Inlandsbeziehung und die Gegenwartsberührung der Vorfrage sind in Bezug auf die Entscheidung in der Hauptfrage zu beantworten. Entscheidend ist daher stets, ob das Ergebnis insgesamt anstößig ist.[125] Dies wird etwa verneint, wenn der Anspruch auf Ehegattenunterhalt (Hauptfrage) auf einer im Ausland zulässig geschlossenen polygamen Ehe (Vorfrage) beruht. Eine polygame Ehe lässt sich im Inland dagegen nicht begründen. Die Zurückhaltung bei der 45

---

120 Die bloße Befassung eines deutschen Gerichts oder einer Behörde mit dem Sachverhalt genügt insofern. Anders aber, soweit die Befassung nur die Zuständigkeitsprüfung des Gerichts und damit die Zulässigkeit der Klage betrifft. Ebenso Bamberger/Roth/*St.Lorenz*, Art. 6 EGBGB Rn 15 (bei besonders krassen Verstößen ist die internationale Zuständigkeit ausreichend); im Erg. ebenso Staudinger/*Blumenwitz*, Art. 6 EGBGB Rn 154 u. 161 (bei völkerrechtlichen Verstößen); MüKo/*Sonnenberger*, Art. 6 EGBGB Rn 84 (eklatante Verstöße gegen die Menschenwürde u. bei Verletzung von Normen des Völkerrechts).
121 v. Bar/*Mankowski*, IPR I, § 7 Rn 261; Bamberger/Roth/*St.Lorenz*, Art. 6 EGBGB Rn 14.
122 Abl. MüKo/*Sonnenberger*, Art. 6 EGBGB Rn 86; Bamberger/Roth/*St.Lorenz*, Art. 6 EGBGB Rn 15.
123 Allg.M.: BGHZ 138, 331, 335; BGH NJW-RR 1993, 1519; Bamberger/Roth/*St.Lorenz*, Art. 6 EGBGB Rn 13; Soergel/*Kegel*, Art. 6 EGBGB Rn 29.
124 MüKo/*Sonnenberger*, Art. 6 EGBGB Rn 89; entspr. wurde die Polygamie nicht mehr erwähnt von BSG IPRax 2003, S. 267 (auf mehrere Frauen aufgeteilte Witwenrente eines marokkanischen Versicherten, m. Anm. *Jayme*). Ebenso BVerfGE 62, 323 (Witwenrente trotz einer aus inländischer Sicht nicht wirksam geschlossenen Ehe im Ausland), wobei Korrektur auf der Ebene der Vorfragenanknüpfung möglich ist, vgl. dazu *Kropholler*, IPR, § 32 II, S. 217 f.; andere Beurteilung jetzt aber für eine im Inland (!) hinkend geschlossene Ehe vor einem griechisch-orthodoxen Geistlichen, BGH IPRax 2004, 438; zu Recht krit. und für Heilungsmöglichkeit (§ 1310 Abs. 3 BGB) *Pfeiffer*, LMK 2003, 128 f.; Bedenken gegen die Entscheidung aus verfassungsrechtlicher Sicht von *Mäsch*, IPRax 2004, 421, 424.
125 *Spickhoff*, S. 100.

ordre-public-Kontrolle ist hier eine Folge des schwächeren Inlands- und Gegenwartsbezuges der für anstößig gehaltenen Polygamie.[126]

46 **3. Verstoß gegen Grundrechte (S. 2).** Nach S. 2 ist eine ausländische Rechtsnorm insbesondere dann nicht anzuwenden, wenn ihre Anwendung mit den Grundrechten unvereinbar ist. Es hätte keiner ausdrücklichen Hervorhebung bedurft, dass die Grundrechte zu den wesentlichen Grundsätzen des deutschen Rechts gehören. Klargestellt hat der Gesetzgeber damit aber, dass die Grundrechtsprüfung im Rahmen der *ordre-public*-Kontrolle zu erfolgen hat.[127] Bei Grundrechtsverstößen ist folglich ebenso auf das Ergebnis der Rechtsanwendung abzustellen[128] und nicht eine Überprüfung der ausländischen Rechtsnorm am Maßstab der Grundrechte durchzuführen.[129] Ferner findet damit die im **„Spanier-Beschluss"** des BVerfG ausgesprochene Grundrechtsbindung bei der Anwendung des Kollisionsrechts und des berufenen fremden Rechts gesetzliche Anerkennung.[130]

47 S. 2 stellt auf die (einfache) Unvereinbarkeit mit den Grundrechten ab. Das qualifizierende Merkmal „offensichtlich" fehlt. Darin liegt zunächst nur die Klarstellung, dass jeder Grundrechtsverstoß als offensichtlich (im Sinne von schwerwiegend, vgl. Rn 37) einzustufen ist.[131] Darüber hinaus wird für Grundrechtsverstöße in Fällen des S. 2 die Kontrollprüfung verschoben. Eine Unterscheidung zwischen tragbaren und untragbaren Grundrechtsverletzungen ist nicht (mehr) möglich.[132] Die Schwere des Verstoßes kann also **nicht als Variable** im Rahmen der Vereinbarkeitsrelation eingesetzt werden (vgl. Rn 38).

48 a) Grundrechtskollisionsrecht. Dies bedeutet nicht, dass jedes Anwendungsergebnis, das bei einem reinen Inlandsfall als Grundrechtsverstoß einzustufen wäre, stets einen Verstoß gegen den *ordre public* bedeutet.[133] Die Auslandsverknüpfung des Sachverhalts ist auch bei Grundrechtsverstößen zu berücksichtigen. S. 2 deutet dies an, indem er auf die Unvereinbarkeit und nicht auf einen Verstoß gegen die Grundrechte abstellt. Inhaltlich sagt S. 2 über die Methode zur Konkretisierung einer Unvereinbarkeit aber nichts aus. Abstrakt differenzierende Regeln über den internationalen Geltungsbereich der Grundrechte sind nur in Ansätzen vorhanden (sog. Grundrechtskollisionsrecht). Das betroffene Grundrecht ist danach für den konkret zu entscheidenden Fall auf seinen internationalen Geltungsanspruch hin auszulegen. Hierbei ist zu prüfen, ob das Grundrecht nach „Wortlaut, Inhalt und Funktion unter der Berücksichtigung der Gleichstellung anderer Staaten und der Eigenständigkeit ihrer Rechtsordnungen für auslandsbezogene Sachverhalte Geltung verlangt".[134] Diese fallbezogene Konkretisierung soll der **sachlich-persönlichen Besonderheiten** des Falles wie auch dem **Grad der Inlandsbeziehungen** Rechnung tragen.[135]

49 Die dafür maßgeblichen Kriterien sind die **Inlandsbeziehung** und die **Gegenwartsberührung** des Sachverhalts. Das entspricht der Prüfung im Rahmen von S. 1. Je stärker der Inlandsbezug ist, desto eher ist ein *ordre-public*-Verstoß zu bejahen. Je schwächer die Inlandsbeziehung ist, desto eher ist ein Verstoß zu verneinen. Die Frage nach der Schwere des Grundrechtsverstoßes darf bei dieser Abwägung nicht in Ansatz gebracht werden (siehe Rn 47). Sie wird aber verlagert in die Beurteilung, ob im konkreten Fall überhaupt ein Grundrechtsverstoß zu bejahen ist. Die „sachlich-persönlichen Besonderheiten" des Falles und der konkrete Geltungsanspruch des Grundrechts in Bezug auf den Sachverhalt ermöglichen die Berücksichtigung von relativierenden oder verschärfenden Umständen.

50 Die Konkretisierung der Grundrechtsschranken nach der Funktion des Grundrechts als subjektives Abwehrrecht, objektive Institutsgarantie, allgemeine Wertentscheidung oder als soziales Leistungsrecht kann

---

126 Mitunter werden diese Zusammenhänge als sachliche Relativität von der räumlichen und zeitlichen Relativität unterschieden, vgl. MüKo/*Sonnenberger*, Art. 6 EGBGB Rn 87; Staudinger/*Blumenwitz*, Art. 6 EGBGB Rn 159 u. 163.

127 Eine unmittelbare Anwendung der Grundrechte als Schranke für die Anwendung ausländischen Rechts im Inland wird damit abgelehnt; vgl. zur Entstehungsgeschichte *Jayme*, Methoden, S. 14 f. Dies entspricht auch der Lehre von der Drittwirkung der Grundrechte, vgl. Staudinger/*Blumenwitz*, Art. 6 EGBGB Rn 136.

128 Bamberger/Roth/*St.Lorenz*, Art. 6 EGBGB Rn 14. Die Grundrechtsbindung nach Art. 1 Abs. 3 GG zwingt den inländischen Richter zu einer Ergebniskontrolle, berechtigt aber nicht zu einer Normenkontrolle, weil der ausländische Gesetzgeber der Grundrechtsbindung des Art. 1 Abs. 3 GG nicht unterliegt, vgl. *Looschelders*, RabelsZ 65 (2001), 463, 478.

129 Das hindert nicht daran, in einer zweistufigen Analyse zunächst eine Prüfung auf Normebene und sodann im Hinblick auf das Erg. vorzunehmen, vgl. oben Rn 28.

130 BVerfGE 31, 58 ff. (gleichheitswidrige Anknüpfung an Mannesrecht); *Sturm*, FamRZ 1972, 16; Staudinger/*Sturm/Sturm*, Einl. zum IPR Rn 763 m.w.N.

131 Staudinger/*Blumenwitz*, Art. 6 EGBGB Rn 134 m.w.N.

132 *Spickhoff*, S. 124; *Looschelders*, RabelsZ 65 (2001), 463, 479 jeweils mit Nachw. zum früheren Rechtszustand.

133 BGHZ 63, 219, 226; 120, 29, 34.

134 BVerGE 31, 58, 86 f.

135 BGHZ 63, 219, 226; 120, 29, 34; OLG Düsseldorf FamRZ 1997, 882; *Dörner*, in: FS Otto Sandrock 2000, S. 205, 208.

hier in bestimmten Fällen zusätzliche Anhaltspunkte für die Vereinbarkeitsprüfung liefern. Führt etwa die Anwendung des fremden Rechts zu einer Einschränkung von subjektiven Freiheitsrechten eines Beteiligten, so wird diese Einschränkung durch dessen **Einwilligung** neutralisiert.[136] Ebenso ist es zum Schutz der betroffenen Frauen unbedenklich, wenn eine im Ausland geschlossene polygame Ehe im Inland einvernehmlich fortgesetzt wird.[137] Bei objektiven Wertentscheidungen soll der Inlandsbezug im Vordergrund stehen und bei Schutz- und Beistandsansprüchen (wie etwa dem Vollstreckungsschutz) soll dem Maß der Inlandsbeziehung größte Bedeutung zukommen.[138] Allerdings wird auch hier die Unterscheidung nach der Schwere des Verstoßes im Verhältnis zur Intensität des Inlandsbezuges wieder durch eine Hintertür eingeführt.

b) Gleichstellung von EMRK und völkerrechtlich verbürgten Menschenrechten. Grundrechte im Sinne von S. 2 sind jene des Grundgesetzes und der Länderverfassungen.[139] Der Gesetzgeber hielt ferner die von der Europäischen Menschenrechtskonvention und die in anderen internationalen Übereinkommen geschützten Menschenrechte von S. 2 für erfasst.[140] Von Teilen des Schrifttums werden diese aber S. 1 zugeordnet, weil und soweit ihnen innerstaatlich nur einfacher Gesetzesrang zukommt.[141] Mit einer Zuordnung zu S. 1 ist der Toleranzrahmen für das berufene Recht prinzipiell zwar weiter gesteckt, weil der Rechtsverstoß „offensichtlich" sein muss. Im Ergebnis dürfte sich dies aber kaum je auswirken. Für eine Einordnung unter S. 2 spricht die Autonomie dieser Normen gegenüber dem nationalen Recht, ihr (indirekter) Vorrang gegenüber nationalen Wertungen nach Art. 1 Abs. 2 GG und nach dem Grundsatz der Völkerrechtsfreundlichkeit[142] sowie die Herausbildung eigenständiger kollisionsrechtlicher Kriterien in Bezug auf deren internationalen Geltungsbereich.[143] Sie ähneln damit eher dem *ordre public* bei Grundrechtsverstößen nach S. 2 als Verstößen gegen wesentliche Rechtsgrundsätze des materiellen Rechts im Sinne von S. 1.

II. Rechtsfolgen eines ordre-public-Verstoßes

1. Grundsatz. Liegt ein *ordre-public*-widriges Ergebnis im Sinne von S. 1 oder S. 2 vor, so sind diejenigen Rechtsnormen des berufenen Rechts nicht anzuwenden, auf denen der Verstoß beruht. Die angeordnete **Ausschlusswirkung** (negative *ordre-public*-Wirkung) besagt nur, dass der inkriminierte ausländische Rechtssatz im konkreten Fall im Inland keine Geltung erlangt. Das berufene Recht bleibt im Übrigen anwendbar (Grundsatz möglichst weit gehender Schonung des fremden Rechts). Die Lücke im fremden Recht (Auswahl der ausgeschlossenen Rechtssätze) ist aus dem Blickwinkel der *lex fori* zu bestimmen. Das eigene Recht gibt damit auch wertungsmäßig den äußeren Rahmen vor, innerhalb dessen das ersatzweise anzuwendende Recht bestimmt oder gebildet werden kann. Die *lex fori* bildet daher stets den Ausgangspunkt für die Ersatzrechtslösung.[144]

2. Lückenschließung. Art. 6 ist eine Ausnahmevorschrift und stört den äußeren internationalen Entscheidungseinklang des kollisionsrechtlichen Verweisungssystems. Das **Ersatzrecht** zur Ausfüllung der Lücke

---

136 Ein Verstoß liegt damit bezogen auf das Erg. (Auswirkungsregel) nicht vor.

137 *Ordre public* wird nicht mehr erwähnt in BSG IPRax 2003, S. 267 (auf mehrere Frauen aufgeteilte Witwenrente eines marokkanischen Versicherten, m. Anm. *Jayme*). Dasselbe gilt auch bei einer sonst unwirksamen Eheschließung im Ausland, vgl. BVerfGE 62, 323 (Witwenrente trotz einer aus inländischer Sicht nicht wirksam geschlossenen Ehe im Ausland). Zur Korrektur auf der Ebene der Vorfragenanknüpfung vgl. *Kropholler*, IPR, § 32 II, S. 217 f.; Heilung abgelehnt dagegen in Bezug auf eine im Inland (!) hinkend geschlossene Ehe vor einem griechisch-orthodoxen Geistlichen, BGH IPRax 2004, 438; zu Recht krit. und für Heilungsmöglichkeit (§ 1310 Abs. 3 BGB) *Pfeiffer*, LMK 2003, 128 f.; Bedenken gegen die Entscheidung aus verfassungsrechtlicher Sicht von *Mäsch*, IPRax 2004, 421, 424.

138 Vgl. *Looschelders*, Art. 6 Rn 29 und 30; *Dörner*, in: FS Sandrock 2000, S. 205, 209; in Bezug auf den Vollstreckungsschutz des strukturell unterlegenen Bürgen BGH IPRax 1999, 371 (nur bei besonders krasser struktureller Unterlegenheit); krit. *G. Schulze*, IPRax 1999, 342, 345.

139 Die Grundrechte der Länderverfassungen werden ebenfalls erfasst, vgl. Palandt/*Heldrich*, Art. 6 EGBGB Rn 7; Erman/*Hohloch*, Art. 6 EGBGB Rn 21; *Looschelders*, Art. 6 Rn 22.

140 BT-Drucks 10/504, S. 44; ebenso Palandt/*Heldrich*, Art. 6 EGBGB Rn 7.

141 MüKo/*Sonnenberger*, Art. 6 EGBGB Rn 50; *Looschelders*, Art. 6 Rn 22.

142 In Bezug auf die Frage, ob ausländische Normen, die vom EGMR für menschenrechtswidrig erklärt worden sind, aus deutscher Sicht noch angewendet werden dürfen (EGMR EuGRZ 1979, 454 – Marckx) vgl. Staudinger/*Blumenwitz*, Art. 6 EGBGB Rn 82 f. m.w.N.

143 *Voltz*, S. 96 ff.

144 Diesen Ausgangspunkt betonen auch *v. Bar/Mankowski*, IPR I, § 7 Rn 287; *St. Lorenz*, IPRax 1999, 429, 431; Bamberger/Roth/*St.Lorenz*, Art. 6 EGBGB Rn 17. Das wird leicht übersehen, wenn sogleich davon die Rede ist, dass die Lückenfüllung aus dem anwendbaren Recht selbst heraus erfolgen soll; so bereits in den Materialien BT-Drucks 10/504, S. 44 f.; ferner etwa Erman/*Hohloch*, Art. 6 EGBGB Rn 26; Palandt/*Heldrich*, Art. 6 EGBGB Rn 13.

soll deshalb – wiederum nach dem Schonungsgrundsatz – primär auf der Grundlage und nach den Wertungen im berufenen Recht gesucht werden. Diese von Rechtsprechung[145] und weiten Teilen der Lehre[146] befürwortete Lückenfüllung nach Maßgabe der *lex causae* ist nur in seltenen Fällen sinnvoll durchführbar. Daher stellt die Gegenmeinung primär auf die Wertungen der *lex fori* ab und beschränkt die bestehenden Entscheidungsspielräume nach den Wertungen der *lex causae*. Sie genügt damit ebenfalls dem Grundsatz der Schonung des fremden Rechts.[147] Im Ergebnis führen beide Ansätze oftmals zu übereinstimmenden Lösungen. Überzeugender ist es, die Lösung aus dem **Blickwinkel der *lex fori*** zu suchen.

54 Lässt die Ausfüllung der Lücke – wie häufig – nur eine **Ja/Nein-Entscheidung** zu, so ist das Ergebnis bereits durch die Wertung der *lex fori* vorgegeben. Ein diskriminierendes Ehehindernis bleibt danach schlicht unbeachtet.[148] Die Zuerkennung eines erzwingbaren Anspruches aus Spiel- oder Wettschulden kann nur als Naturalobligation bestehen bleiben.[149] Die fehlende Möglichkeit einer Vaterschaftsanerkennung kann nur[150] durch das deutsche Recht geschaffen werden.[151] Ebenso kann die Versagung eines Unterhaltsanspruches durch die *lex causae* nur durch Gewährung eines Anspruches durch die *lex fori* ausgeglichen werden. Ob in diesem Falle die Grundlage des Anspruches in einer eigens gebildeten Sachnorm der *lex causae* zu suchen ist, bleibt für sich gesehen ohne Bedeutung. Erst bei der weiteren Frage nach der Höhe des zuzuerkennenden Unterhaltsbetrages können Wertungsdifferenzen austariert werden. Richtiger Ausgangspunkt bleibt aber auch hier das ggf. zu modifizierende deutsche Unterhaltsrecht. Art. 18 Abs. 7 schafft in diesem Fall die Grundlage für einen angepassten und nach beiden Seiten verteilungsgerecht zu bestimmenden Unterhaltsbetrag.[152]

55 Vergleichbar liegt es, wenn eine **quantitative „Wie-Frage"** in anstößiger Weise entschieden wird. Ist die Höhe eines Zahlungsanspruches mit der *lex fori* unvereinbar, etwa im Falle eines anwaltlichen Erfolgshonorars,[153] so ist der Anspruch auf das nach inländischen Vorstellungen gerade noch erträgliche Maß zu kürzen, was aber keineswegs die Anwendung der Sätze des RVG bzw. der früheren BRAGO bedeutet. Der Gesetzgeber hat in Art. 40 Abs. 3 Nr. 1 und 2 eine parallele Lösung für übersetzte Schadensersatzansprüche, vornehmlich des angloamerikanischen Rechts geschaffen (*multiple damages* und *punitive damages*; vgl. Art. 40 EGBGB). Ob man den so bestimmten Anspruch als eine Modifikation der *lex causae*,[154] als eigenständig ausgebildete Sachnorm[155] oder als entwickelte Sachnorm des deutschen Rechts zur Behebung eines Normenmangels[156] betrachtet, bleibt sich im Ergebnis gleich. Stets bilden die Wertungen der *lex fori* den Rahmen, innerhalb dessen das Ergebnis noch liegen muss.

56 Dies gilt in gleicher Weise im Falle **unterschiedlicher Verjährungsregeln**. Eine nach schweizerischem Recht unverjährbare Forderung ist danach auf das gerade noch erträgliche inländische Höchstmaß zu kürzen. Die Verjährungsfrage hätte vom Reichsgericht[157] somit und zum damaligen Zeitpunkt längstens 30 Jahre betragen dürfen (§ 195 BGB a.F.). Eine längere Frist (vielleicht 50 Jahre[158]) stünde der Unverjährbarkeit zwar wertungsmäßig näher, hat aber auch im fremden Recht keine Grundlage, sondern substituiert den

---

145 BGHZ 120, 29, 37; OLG Zweibrücken NJW-RR 2002, 581; OLG Schleswig NJW-RR 2001, 1372 f.; OLG Düsseldorf FamRZ 1998, 1113.
146 Erman/*Hohloch*, Art. 6 EGBGB Rn 26; Palandt/ *Heldrich*, Art. 6 EGBGB Rn 13; nach Fallgruppen unterscheidend *Kropholler*, IPR, § 36 V, S. 248 f.; ferner wird vorgeschlagen, für die Lückenschließung fallbezogene Sachnormen auszubilden, um so eine bestmögliche Schonung des fremden Rechts zu erreichen, Soergel/*Kegel*, Art. 6 EGBGB Rn 35; *Kegel/Schurig*, § 16 VI, S. 538.
147 *v. Bar/Mankowski*, IPR I, § 7 Rn 285 ff.; *St. Lorenz* IPRax 1999, 429, 431; Bamberger/Roth/*St.Lorenz*, Art. 6 EGBGB Rn 17.
148 Auch das bedeutet die Anwendung der *lex fori*, die das fragliche Ehehindernis eben nicht vorsieht.
149 OLG Hamm NJW-RR 1997, 1007; *Martiny*, in: FS W. Lorenz 2001, S. 375, 389 ff.
150 Bei einer solchen Schlussfolgerung ist allerdings Vorsicht geboten. So kann etwa ein ausländisches generelles Adoptionsverbot wie im islamischen Recht zwar allein durch eine inländische Adoption überwunden werden. Im Einzelfall ist aber die *lex causae* vorrangig, wenn ein Ersatzinstitut wie die *Kafala* (Schutzzusage) im konkreten Fall eine für das Kind förderliche Betreuung (ähnlich in einer Pflegefamilie) ermöglicht und dies dem Wohl des Kindes und der Entwicklung seiner kulturellen Identität besser entspricht als eine inländische Adoption; OLG Karlsruhe FamRZ 1998, 56, 57; vgl. dazu *Jayme*, IPRax 1996, 237, 238; insoweit im Ansatz zust. *Mankowski*, IPRax 2004, 282, 288.
151 Entspr. war nach früherem Rechtszustand die fehlende Legitimationsmöglichkeit nur durch Legitimation nach deutschem Recht zu erreichen, vgl. Staudinger/*Blumenwitz*, Art. 6 EGBGB Rn 172 m.w.N.
152 BGH NJW 1991, 2212; vgl. näher *G. Schulze*, Bedürfnis und Leistungsfähigkeit, S. 182; Soergel/ *Kegel*, Art. 18 EGBGB Rn 22.
153 BGHZ 44, 183, 190 (Kürzung nach allgemeinen Billigkeitserwägungen); ähnlich BGHZ 118, 312, 333 f. (Teilanerkennung bei Schadensersatz wegen *punitive damages*).
154 Der modifizierende Eingriff müsste hier in der Anwendung des § 138 BGB, selbst wiederum modifiziert im Sinne einer Teilnichtigkeit, liegen.
155 *Kegel/Schurig*, § 16 VI, S. 539; *Schurig*, Kollisionsnorm und Sachrecht, S. 261.
156 *v. Bar/Mankowski*, IPR I, § 7 Rn 286; *St. Lorenz* IPRax 1999, 429, 431; Bamberger/Roth/*St.Lorenz*, Art. 6 EGBGB Rn 17.
157 RGZ 106, 82.
158 *Kegel/Schurig*, § 16 VI, S. 539.

anstößigen Rechtssatz in freirechtlicher Weise. Die Lösung des Reichsgerichts, die Verjährung auf die sonst längste Frist nach dem schweizerischen Verjährungsrecht (zehn Jahre) abzukürzen, war von der negativen Ausschlusswirkung des *ordre public* nicht umfasst. Dieser schließt Fristenregeln im fremden Recht bis zu 30 Jahren jedenfalls nicht aus. Die *lex fori* legt mithin die Grenzen fest (und muss sie in der Entscheidungssituation festlegen)[159], bei deren Überschreitung die Unvereinbarkeit beginnt, und sie grenzt damit ebenso den Rahmen für die Ersatzrechtsbildung in dieser Richtung ein.[160]

C. Überblick nach Rechtsgebieten (Einzelfälle)

Die Rechtsprechung zu Art. 30 a.F. (bis zum 1.9.1986) kann weiterhin berücksichtigt werden. Art. 6 hat an dem sachlichen Rechtszustand nichts geändert. Da die Vorschrift auf das Ergebnis im Einzelfall abstellt, sind konkretisierende Aussagen über die *ordre-public*-Widrigkeit bestimmter ausländischer Rechtssätze oder Wertungen nicht möglich und nicht gewollt. Das Fallmaterial ist groß und den Erläuterungen der jeweils einschlägigen Kollisionsnormen zu entnehmen. Nachfolgend ist daher nur auf einige typische und wichtige Fälle hinzuweisen.

I. Allgemeiner Teil

Der Verlust der Rechtsfähigkeit mit dem Eintritt ins Kloster („Klostertod")[161] begründet einen *ordre-public*-Verstoß. Ein Verstoß ist auch zu bejahen, wenn ein neunjähriges Mädchen von ihrem Heimatrecht für volljährig und geschäftsfähig erklärt wird.[162] Die Abschaffung von Adelsprädikaten im Ausland verstößt grundsätzlich nicht gegen den *ordre public*.[163] Ein ungewöhnlicher Vorname grundsätzlich ebenfalls nicht.[164] Auch die fehlende Rechtsfähigkeit zum Abschluss von Außenhandelsverträgen begründet keinen *ordre-public*-Verstoß,[165] gleichfalls nicht das fehlende Verbot des Selbstkontrahierens (§ 181 BGB)[166] oder die fehlende Ausrichtung der Auslegung von Willenserklärungen nach dem Empfängerhorizont.[167] Fristunterschiede bei der Verjährung sind unbeachtlich, die fehlende Verjährbarkeit dagegen anstößig.[168]

II. Schuldrecht

Gegen den deutschen *ordre public* verstößt die Inanspruchnahme aus einer Bürgschaft, wenn der Bürge seine Anteile an der Hauptschuldnerin durch entschädigungslose Enteignung verloren hat und von einem staatlich beherrschten Privatunternehmen aus der Bürgschaft in Anspruch genommen wird.[169] Keinen Verstoß gegen den *ordre public* bedeutet die Anpassung einer Forderung an die Geldentwertung,[170] die Vereinbarung eines Erfolgshonorars mit einem ausländischen Anwalt,[171] ein freies Kündigungsrecht von Dienstverträgen[172] oder das Fehlen einer mit § 817 S. 2 BGB vergleichbaren Kondiktionssperre.[173] Als *ordre-public*-widrig angesehen wurde die Umgehung des Haftungsausschlusses nach §§ 636 f. RVO (jetzt §§ 7 ff. SGB VII)[174] und Schadensersatz in Form von *punitive* und *treble damages* ab einer bestimmten Höhe, nicht dagegen die Erstattung fiktiver Behandlungskosten als Schadensposten.[175]

---

159 Es handelt sich daher auch nicht lediglich um ein Scheinproblem. So aber *St. Lorenz*, IPRax 1999, 429, 431; Bamberger/Roth/*St.Lorenz*, Art. 6 EGBGB Rn 17. Zutr. *v. Bar/Mankowski*, IPR I, § 7 Rn 286 Fn 1237.
160 Das schweizerische Verjährungsrecht war danach nur in dem Umfange von der Anwendung ausgeschlossen, als es eine Verjährungsfrist von länger als 30 Jahren vorsah. Weiter konnte die Ausschlusswirkung nicht reichen und daher auch keine Ersatzrechtslösung begründet werden; vgl. ähnlich *v. Bar/Mankowski*, IPR I, § 7 Rn 286; *St. Lorenz* IPRax 1999, 429, 432; Bamberger/Roth/*St.Lorenz*, Art. 6 EGBGB Rn 17.
161 RGZ 32, 173.
162 OLG Köln FamRZ 1997, 1240.
163 BVerwG NJW 1960, 452.
164 OLG Bremen NJW-RR 1996, 1029, 1030 (je nach Kindeswohl); OLG Düsseldorf NJW-RR 1989, 1033, 1034 (Vorname ohne geschlechtsspezifische Zuordnung zulässig).
165 BGH NJW 1998, 2452, 2453.
166 RG JW 1928, 2013.
167 OLG Hamm NJW-RR 1998, 1542.
168 RGZ 151, 193, 201 (Frist); RGZ 106, 82 (Unverjährbarkeit).
169 BGHZ 104, 240.
170 BGH NJW 1993, 1801.
171 BGH NJW 1992, 3096, 3101.
172 BAG RIW 1975, 521; bejaht dagegen bei vertraglichem Verzicht auf Kündigungsschutz, BAG NJW 1979, 1119.
173 BGH NJW 1966, 730.
174 BGHZ 123, 268, 275 f.
175 BGHZ 118, 312 (anerkennungsrechtlicher *ordre public*). Eine abweichende Schadensberechnung genügt grundsätzlich nicht, BGHZ 141, 286, 299; vgl. jetzt Art. 40 Abs. 3.

III. Sachenrecht

60 Gegen den *ordre public* verstößt die entschädigungslose Enteignung von Vermögensgegenständen außerhalb des enteignenden Staates.[176] Der sachenrechtliche *ordre public* wird nicht verletzt durch das besitzlose Registerpfandrecht nach französischem Recht.[177]

IV. Familienrecht

61 Im Internationalen Familienrecht ergeben sich oftmals *ordre-public*-Verstöße im Zusammenhang mit stark religiös geprägten Rechten. Aber auch sonst kommt dem *ordre public* hier eine stärkere Bedeutung zu. Im **Internationalen Verlöbnisrecht** wurde die Vereinbarung einer Vertragsstrafe bei Scheitern der Eheschließung für *ordre-public*-widrig gehalten (§ 1297 Abs. 2 BGB).[178] Die Versagung von Kranzgeld erschien früher ebenfalls *ordre-public*-widrig.[179] Im Bereich der **Eheschließung** bleiben Ehehindernisse, die auf rassischen, religiösen oder politischen Gründen beruhen, unbeachtet (sie werden vorrangig von Art. 13 Abs. 2 erfasst und ausgeschlossen). Das Verbot der Mehrehe (§ 1306 BGB) hindert eine Eheschließung im Inland, steht aber der Beachtung einer im Ausland geschlossenen polygamen Ehe nicht entgegen.[180] Die Stellvertretung im Willen ist bei der Eheschließung *ordre-public*-widrig.[181] Im Bereich der **allgemeinen Ehewirkungen** verstößt die gesetzliche Vertretung der Ehefrau durch den Mann gegen den *ordre public*.[182] Die fehlende Möglichkeit der Wohnungszuweisung nach fremdem Recht[183] hat sich durch die Anknüpfung nach Art. 17a an das deutsche Recht erledigt.

62 Im Bereich des **Internationalen Scheidungsrechts** sind Privatscheidungen/Verstoßungen (*talaq*) im Inland wegen des gerichtlichen Scheidungsmonopols ausgeschlossen (Art. 17 Abs. 2). Scheidungshindernisse des berufenen Rechts können unter bestimmten Voraussetzungen durch eine Scheidung nach deutschem Recht überwunden werden (Art. 17 Abs. 1 S. 2). Einseitige Privatscheidungen im Ausland (etwa durch *talaq*) sind im Hinblick auf das rechtliche Gehör und wegen Ungleichbehandlung der Frau bedenklich. Ausländische Scheidungsverbote wurden nicht als *ordre-public*-widrig angesehen.[184] Ebenfalls nicht Scheidungen auf der Grundlage des Verschuldensprinzips.[185] Die Versagung von Unterhalt bei Scheidungsverschulden des Unterhaltsberechtigten verstößt nicht gegen den *ordre public*,[186] ohne Verschulden bei betreuungsbedürftigen Kindern und in Härtefällen dagegen schon.[187] Im **Kindschaftsrecht** ist mit der Einführung vielfältiger Alternativanknüpfungen (Artt. 19 ff.) der *ordre public* zurückgedrängt worden. Gegen den *ordre public* kann ein allein dem Vater zustehendes Sorgerecht nach dem iranischen Recht verstoßen, wenn im Einzelfall das Kindeswohl nicht gewahrt ist.[188] Die Adoptionsvoraussetzung der Kinderlosigkeit steht dem *ordre public* entgegen, wenn die Annahme dem Kindeswohl entspricht.[189] Das Adoptionsverbot des islamischen Rechts ist nicht anstößig, wenn das berufene Recht ein Ersatzinstitut wie die *Kafala* (Schutzzusage) kennt, das im konkreten Fall eine für das Kind förderliche Betreuung (ähnlich in einer Pflegefamilie) ermöglicht.[190]

V. Erbrecht

63 Die Benachteiligung weiblicher gesetzlicher Erben (geringere Erbquote) nach islamischem Recht wurde nicht als *ordre-public*-widrig eingestuft,[191] ebenfalls nicht ein gesetzliches Erbrecht der Lebensgefährtin.[192] Das Fehlen eines Pflichtteils- oder Noterbrechts ist nicht *ordre-public*-widrig,[193] auch nicht die Versagung eines Pflichtteilsrechts[194] oder eines vorzeitigen Erbausgleiches für nichteheliche Kinder.[195]

---

176 BGHZ 104, 240, 244; BVerfG NJW 1991, 1594 ff.; 1996, 1666, 1671.
177 BGHZ 39, 173.
178 LG Bochum FamRZ 1990, 883.
179 BGHZ 28, 375, 385; aufgegeben von BGHZ 62, 283.
180 BVerwGE 71, 228 (entscheidend sei der Inlandsbezug); BSG IPRax 2003, S. 267 (auf mehrere Frauen aufgeteilte Witwenrente, m. Anm. *Jayme*).
181 AG Gießen StAZ 2001, 39; anders bei gebundener Stellvertretung oder Botschaft (Formfrage), BGHZ 29, 137, 143; KG FamRZ 1973, 313, 315; BayObLG StAZ 2001, 66, 67.
182 LG Berlin FamRZ 1993, 198.
183 OLG Celle FamRZ 1999, 443; OLG Frankfurt FamRZ 1994, 633, 634.
184 BGH NJW 1972, 161; 1977, 1014 (portugiesisches Recht).
185 BGH IPRax 1983, 180, 182; OLG Oldenburg FamRZ 1990, 632; BayObLG FamRZ 1993, 1469.
186 OLG Bremen IPRax 1998, 366 f.
187 BGH FamRZ 1991, 925; OLG Hamm FamRZ 1999, 1142; OLG Zweibrücken FamRZ 2000, 32.
188 BGHZ 120, 29; BGH NJW-RR 1993, 962, 963.
189 OLG Zweibrücken NJW-RR 2001, 1372; AG Siegen IPRax 1993, 184 f.; AG Heidenheim IPRspr. 1996 Nr. 111; a.A. AG Weilheim IPRax 1982, 161.
190 OLG Karlsruhe FamRZ 1998, 56, 57.
191 Bedenklich OLG Hamm FamRZ 1993, 111; LG Heidelberg IPRspr 1991 Nr. 142.
192 BayObLG NJW 1976, 2076.
193 BGH NJW 1993, 1920, 1921.
194 RG JW 12, 22; LG Köln FamRZ 1976, 170.
195 LG Stuttgart FamRZ 1998, 1627.

Zweiter Abschnitt. Recht der natürlichen Personen und der Rechtsgeschäfte

Artikel 7 Rechtsfähigkeit und Geschäftsfähigkeit

(1) ¹Die Rechtsfähigkeit und die Geschäftsfähigkeit einer Person unterliegen dem Recht des Staates, dem die Person angehört. ²Dies gilt auch, soweit die Geschäftsfähigkeit durch Eheschließung erweitert wird.

(2) ¹Eine einmal erlangte Rechtsfähigkeit oder Geschäftsfähigkeit wird durch Erwerb oder Verlust der Rechtsstellung als Deutscher nicht beeinträchtigt.

Literatur: *Baetge*, Anfechtung der Rechtsfolgen bei fehlender Geschäftsfähigkeit, IPRax 1996, 185; *Basedow*, in: Gottwald (Hrsg.), Materielles Recht und Prozessrecht und die Auswirkungen der Unterscheidung im Recht der internationalen Zwangsvollstreckung, 1992, S. 131; *Benicke/Zimmermann*, Internationales Namensrecht im Spannungsfeld zwischen Internationalem Privatrecht, Europäischem Gemeinschaftsrecht und Europäischer Menschenrechtskonvention, IPRax 1995, 141; *Ebenroth*, Neuere Entwicklungen im deutschen internationalen Gesellschaftsrecht – Teil 1, JZ 1988, 18; *Fischer*, Gemeinschaftsrecht und kollisionsrechtliches Staatsangehörigkeitsprinzip, in: v. Bar (Hrsg.), Europäisches Gemeinschaftsrecht und IPR, 1991, S. 157; *Jessurun d'Oliveira*, Transsexualität im internationalen Privatrecht, IPRax 1987, 189; *Lipp*, Verkehrsschutz und Geschäftsfähigkeit im IPR, RabelsZ 63 (1999) 107; *Pagenstecher*, Werden die Partei- und Prozeßfähigkeit eines Ausländers nach seinem Personalstatut oder nach den Sachnormen der lex fori beurteilt?, ZZP 64 (1951), 249.

A. Allgemeines 1	II. Geschäftsfähigkeit natürlicher Personen
I. Überblick 1	(Abs. 1 S. 1) 16
II. Vorrangiges Recht 3	1. Anwendungsbereich 16
III. Kollisionsrechtliche Regeln 5	2. Abgrenzung und ausgeschlossene
B. Regelungsgehalt 9	Materien 18
I. Rechtsfähigkeit natürlicher Personen	3. Beginn und Ende der Geschäftsfähigkeit
(Abs. 1 S. 1) 9	(Entmündigung) 24
1. Beginn der Rechtsfähigkeit 12	III. Erweiterung der Geschäftsfähigkeit durch
2. Ende der Rechtsfähigkeit 14	Eheschließung (Abs. 1 S. 2) 28
	IV. Statutenwechsel (Abs. 2) 29

A. Allgemeines

I. Überblick

Der **zweite Abschnitt** enthält zu dem Gebiet „Recht der natürlichen Personen und Rechtsgeschäfte" nur einzelne fragmentarische kollisionsrechtliche Regelungen (Artt. 7–12). Das Recht der natürlichen Personen ist in Art. 7 (Rechts- und Geschäftsfähigkeit), Art. 9 (Todeserklärung) und Art. 10 (Name) erfasst. Art. 8 betraf die Entmündigung und ist mit dem BetreuungsG zum 1.1.1992 aufgehoben worden. Die Rechtsgeschäftslehre wird nur von Art. 11 (Form der Rechtsgeschäfte) und Art. 12 (eine ergänzende Verkehrsschutzvorschrift für die Rechts-, Geschäfts- und Handlungsfähigkeit beim Vertragsschluss im Inland) gesetzlich geregelt. Keine geschriebenen Kollisionsnormen bestehen zu den juristischen Personen und Personenvereinigungen (vgl. dazu Anhang zu Art. 12 EGBGB) sowie zu Stellvertretung und Vollmacht (vgl. dazu Anhang zu Art. 32 EGBGB). Andere rechtsgeschäftliche Fragen wie Vertragsschluss, Willensmängel und Verjährung werden vom internationalen Schuldvertragsrecht erfasst (vgl. Artt. 31, 32). 1

Art. 7 bestimmt, nach welchem Recht die Rechtsfähigkeit und die Geschäftsfähigkeit einer natürlichen Person zu beurteilen ist. Abs. 1 S. 1 spricht für beide Fähigkeiten eine Anknüpfung an die Staatsangehörigkeit der Person[1] aus. Diese Anknüpfung gilt nach Abs. 1 S. 2 auch für den Sonderfall, dass die Eheschließung den Umfang der Geschäftsfähigkeit erweitert. Abs. 2 dient dem Schutz wohlerworbener Rechte im Falle des Erwerbs oder des Verlustes der deutschen Staatsangehörigkeit oder der Rechtsstellung als Deutscher (im Sinne von Art. 116 Abs. 1 GG, d.h. als Statusdeutscher; vgl. dazu Anhang II zu Art. 5 EGBGB Rn 9). 2

---

1 Soweit Rechtsfähigkeit bereits für die Zuschreibung von Personalität (Person) für erforderlich angesehen wird, bedarf es des logischen Vorgriffs: Über die Rechtsfähigkeit entscheidet danach das Recht, welches – Rechtsfähigkeit vorausgesetzt – das Personalstatut wäre; vgl. Staudinger/*Hausmann*, Art. 7 EGBGB Rn 11.

II. Vorrangiges Recht

3 Gemeinschaftsrechtliche Regelungen zu Fragen der Rechts- und Geschäftsfähigkeit bestehen nicht. Ein Verstoß gegen besondere oder gegen das allgemeine Diskriminierungsverbot (Art. 12 EGV) liegt in der Anknüpfung an die Staatsangehörigkeit grundsätzlich nicht[2] (vgl. zur Vereinbarkeit des Kollisionsrechts mit dem Gemeinschaftsrecht Art. 3 EGBGB Rn 63, und in Bezug auf das Anknüpfungsmerkmal der Staatsangehörigkeit vgl. Art. 5 EGBGB Rn 6). Das Haager Erwachsenenschutzabkommen vom 2.10.2000 mit seiner Anknüpfung für Schutzmaßnahmen an die *lex fori* (Art. 13) ist von Deutschland gezeichnet, bislang aber nicht ratifiziert.[3]

4 Art. 8 Abs. 3 S. 1 des Deutsch-Iranischen Niederlassungsabkommens vom 17.12.1929[4] verdrängt Abs. 1 (Vorrang des Staatsvertrages, Art. 3 Abs. 2). Danach gilt ebenfalls das jeweilige Heimatrecht der Person (die heimischen Gesetze). Es handelt sich aber um eine Sachnormverweisung. Rück- und Weiterverweisungen kommen daher, anders als bei Abs. 1, nicht in Betracht.[5] Abs. 2 (wohlerworbene Rechte) und Art. 12 (Verkehrsschutz beim Vertragsabschluss) bleiben im Verhältnis zum Iran als allseitige Regelung anwendbar (Art. 8 Abs. 3 S. 2 dt.-iran. Niederlassungsabk.).

III. Kollisionsrechtliche Regeln

5 Art. 7 gilt nicht für juristische Personen (zu deren Rechtsstatus vgl. Anhang zu Art. 12 EGBGB). Die Anknüpfung an die Staatsangehörigkeit der natürlichen Person (Abs. 1 S. 1) wird aus Verkehrsschutzgründen ferner nach Kriterien des **Vertrauensschutzes** nach Maßgabe des **Art. 12** verdrängt. Danach gilt beim Vertragsabschluss für die Rechts- und Geschäftsfähigkeit abweichend das Recht am Abschlussort (siehe Art. 12 EGBGB Rn 1).

6 Die Anknüpfung an die Staatsangehörigkeit nach Art. 7 hat unabhängig von den übrigen Kollisionsnormen und damit unabhängig von dem auf den Sachverhalt im Übrigen anzuwendenden Recht zu erfolgen.[6] Bei der Rechts- und Geschäftsfähigkeit nach Art. 7 handelt es sich um eine stets selbständig anzuknüpfende **Teilfrage**.[7] Das gilt ausnahmsweise nicht für die sog. besonderen Rechts- und Geschäftsfähigkeiten, die in einem unmittelbaren Sachzusammenhang zu der betroffenen Rechtsmaterie stehen (bspw. die Deliktsfähigkeit; nachfolgend Rn 10). Diese Fragen unterstehen dem in der Hauptfrage anzuwendenden Recht (Wirkungsstatut).

7 Bei Abs. 1 handelt es sich um eine **Gesamtverweisung** (Art. 4 Abs. 1 S. 1). Rück- und Weiterverweisungen durch die Kollisionsnormen des Heimatrechts sind daher zu beachten. Sie führen dann etwa zum Recht am Ort des gewöhnlichen Aufenthalts oder zum Wohnsitzrecht des Betroffenen. Besitzt die Person mehrere Staatsangehörigkeiten, so ist bei auch deutschen Mehrstaatern die deutsche Staatsangehörigkeit maßgebend (Art. 5 Abs. 1 S. 2), andernfalls ist nach Art. 5 Abs. 1 S. 1 die effektive Staatsangehörigkeit zu ermitteln. Besitzt die Person keine Staatsangehörigkeit oder ist diese nicht feststellbar, so tritt an die Stelle der Anknüpfung an die Staatsangehörigkeit die Anknüpfung an den gewöhnlichen Aufenthalt, ersatzweise an den schlichten Aufenthalt (Art. 5 Abs. 2; ggf. die vorrangigen Regelungen zum **Personalstatut**, vgl. Art. 5 EGBGB Rn 39).

8 Das nach Abs. 1 berufene Recht kann in der konkreten Rechtsanwendung auch gegen den *ordre public* verstoßen (Art. 6). Das ist praktisch selten. Hiervon ist im Hinblick auf den Minderjährigenschutz aber etwa auszugehen, wenn das berufene Recht ein 9-jähriges Mädchen für volljährig und geschäftsfähig erklärt.[8] Ebenso begründet die Aberkennung der Geschäftsfähigkeit im Zusammenhang mit einem Strafurteil

---

[2] So aber *Fischer*, S. 157, 161; Erman/*Hohloch*, Art. 7 EGBGB Rn 2 (per se kein Verstoß); MüKo/*Birk*, Art. 7 EGBGB Rn 84 f. (zumeist durch sachliche Gründe gerechtfertigt); bezüglich einer namensrechtlichen Inländerdiskriminierung bejahend *Benicke/Zimmermann*, IPRax 1995, 141, 144 ff.; zust. v. *Bar/Mankowski*, IPR I, § 3 Rn 41.

[3] *Jayme/Hausmann*, Vor Nr. 20 Fn 1; *Siehr*, RabelsZ 2000, 715 ff. (Text S. 752 ff.).

[4] RGBl II 1930 S. 1006; das Abkommen erfasst u.a. die Fragen der Geschäftsfähigkeit, Volljährigkeit, Vormundschaft, Pflegschaft, Entmündigung. Text abgedruckt bei *Jayme/Hausmann*, Nr. 23 mit Fn 2.

[5] Erman/*Hohloch*, Art. 7 EGBGB Rn 2.

[6] Der Gesetzgeber hat sich damit gegen eine Anknüpfung nach Maßgabe des in der Hauptfrage berufenen Rechts entschieden (sog. Wirkungsstatut). So etwa das schweizerische Recht: Art. 34 Abs. 2 IPRG.

[7] Bamberger/Roth/*Mäsch*, Art. 7 EGBGB Rn 1; *Looschelders*, IPR, Art. 7 Rn 1; im Erg. gleich, aber mit abweichender Diktion, Palandt/*Heldrich*, Art. 7 EGBGB Rn 1 (selbständig anzuknüpfende Vorfrage); zur Abgrenzung von Teil- und Vorfrage vgl. Staudinger/Sturm/*Sturm*, Einl. zum IPR Rn 252.

[8] OLG Köln FamRZ 1997, 1240; zust. Staudinger/*Hausmann*, Art. 7 EGBGB Rn 23; *Looschelders*, IPR, Art. 7 Rn 5.

("bürgerlicher Tod"),[9] die Beschränkung der Geschäftsfähigkeit von Ehefrauen[10] oder unter besonderen Umständen eine Entmündigung einen *ordre-public*-Verstoß (siehe Rn 26 f.).

B. Regelungsgehalt
I. Rechtsfähigkeit natürlicher Personen (Abs. 1 S. 1)

Rechtsfähigkeit bedeutet die **allgemeine Fähigkeit** einer natürlichen Person, Träger von Rechten und Pflichten zu sein. Praktisch bedeutsam sind dabei die Fragen nach dem Beginn und dem Ende der Rechtsfähigkeit. Art. 9 enthält eine ergänzende Regelung für die Fälle, in denen der Tod oder der Todeszeitpunkt ungewiss sind (vgl. Erl. zu Art. 9 EGBGB). 9

Nicht erfasst von Art. 7 werden die **besonderen Rechtsfähigkeiten**. Die Deliktsfähigkeit, d.h. die personalen Voraussetzungen für eine deliktische Verantwortlichkeit (vgl. §§ 827 ff. BGB) wie auch der Deliktsschutz (etwa der Schutz des *nasciturus* bei einer pränatalen Schädigung) sind nach dem Deliktsstatut zu beurteilen.[11] Die Fähigkeit zum Erwerb von Grundstücken untersteht ebenfalls nicht dem Heimatrecht, sondern dem Belegenheitsrecht (Ausländer werden fremdenrechtlich in einigen Staaten vom Grundstückserwerb ausgeschlossen).[12] Die Erbfähigkeit, etwa die des *nasciturus* (vgl. § 1923 Abs. 2 BGB), ist nach dem Erbstatut zu bestimmen (Art. 25 EGBGB Rn 3). 10

Die verfahrensrechtliche **Parteifähigkeit** einer natürlichen Person bestimmt sich, wie das Verfahrensrecht grundsätzlich, nach der *lex fori*. Soweit das deutsche Verfahrensrecht auf die Rechtsfähigkeit zur Bestimmung der Parteifähigkeit abstellt (§ 50 Abs. 1 ZPO), ist sie, die Rechtsfähigkeit,[13] aber nach dem durch Art. 7 berufenen Personalstatut zu bestimmen.[14] Die streitige Frage nach einem eigenständigen ZPO-Kollisionsrecht[15] wirkt sich hier nicht aus (zur Parteifähigkeit von Juristischen Personen und diesen gleichgestellten Personenvereinigungen vgl. Anhang zu Art. 12 EGBGB Rn 12). 11

1. Beginn der Rechtsfähigkeit. Jede zivilisierte Rechtsordnung verleiht allen ihr unterstehenden Menschen die Rechtsfähigkeit.[16] Unterschiede bestehen aber im **Zeitpunkt des Beginns** der Rechtsfähigkeit. Das Personalstatut entscheidet daher, ab wann ein Mensch im Rechtssinne existiert und ihm die Rechtsfähigkeit zuerkannt wird. Dies hat kollisionsrechtlich insbesondere Auswirkungen auf den Erbgang. So beginnt die Rechtsfähigkeit in Deutschland mit Vollendung der Geburt (§ 1 BGB), in Frankreich bereits mit der Lebensfähigkeit des Neugeborenen (Art. 725 franz. Code civil) oder in Spanien erst 24 Stunden nach der Geburt (Art. 30 des span. Código Civil: „mit menschlichem Antlitz"). 12

Auch die **Geschlechtszugehörigkeit** sowie die Anerkennung einer Geschlechtsumwandlung sind nach dem Personalstatut (Abs. 1 S. 1) zu entscheiden.[17] Bei deutschem Personalstatut gilt das Gesetz über die Änderung des Vornamens und die Festlegung der Geschlechtszugehörigkeit vom 10.9.1980.[18] 13

2. Ende der Rechtsfähigkeit. Das von Abs. 1 S. 1 berufene Heimatrecht bestimmt ferner über das Ende der Rechtsfähigkeit. Das ist der **Tod** im Rechtssinne. Die Feststellung des Todes und des Todeszeitpunktes als rechtserhebliche Tatsache richtet sich konkret jedoch stets nach dem Ortsrecht, im Inland also nach den geltenden medizinischen Erkenntnissen.[19] Zur Rechtslage bei Verschollenen vgl. Art. 9 EGBGB Rn 7. 14

---

9 Bei lebenslänglicher Freiheitsstrafe nach dem Recht des Staates New York (Civil Death), in Gabun und Australien; vgl. mit Nachw. *Kegel/Schurig*, § 17 I 1, S. 545; ebenso zu dem heute überholten Klostertod (Verlust der Rechtsfähigkeit durch Eintritt ins Kloster), vgl. RGZ 32, 173.
10 Staudinger/*Hausmann*, Art. 7 EGBGB Rn 57 ff.
11 MüKo/*Birk*, Art. 7 EGBGB Rn 17 u. 18; Bamberger/Roth/*Mäsch*, Art. 7 EGBGB Rn 16.
12 Die fremdenrechtliche Beschränkung ist als Datum unabhängig von dem berufenen Recht zu beachten, wird mit diesem aber regelmäßig übereinstimmen (*lex rei sitae*). Vgl. ähnlich Erman/*Hohloch*, Art. 7 EGBGB Rn 7.
13 Es geht mithin nicht um die kollisionsrechtliche Bestimmung der Parteifähigkeit nach dem Heimatrecht der betroffenen Partei, sondern um jene der Rechtsfähigkeit als verfahrensrechtliche Voraussetzung der Parteifähigkeit (Vorfrage), vgl. *Basedow*, S. 131, 147.
14 Unter Beachtung von Rück- und Weiterverweisungen ebenso Erman/*Hohloch*, Art. 7 EGBGB Rn 25; Bamberger/Roth/*Mäsch*, Art. 7 EGBGB Rn 11; *Looschelders*, IPR, Art. 7 Rn 8; Palandt/*Heldrich*, Art. 7 EGBGB Rn 2.
15 *Pagenstecher*, ZZP 64 (1951), 249, 251 ff.; dagegen Erman/*Hohloch*, Art. 7 EGBGB Rn 24; *v. Bar/Mankowski*, IPR I, § 5 Rn 85 ff. m.w.N.
16 Vgl. auch Art. 6 der Allgemeinen Erklärung der Menschenrechte vom 10.12.1948; Art. 16 des Internationalen Paktes über bürgerliche und polititsche Rechte vom 19.12.1966.
17 Allg.M., OLG Karlsruhe StAZ 2003, 139; LG Stuttgart StAZ 1999, 15; AG Hamburg StAZ 1984, 42; MüKo/*Birk*, Art. 7 EGBGB Rn 16; Palandt/*Heldrich*, Art. 7 EGBGB Rn 6 (Art. 7 analog).
18 BGBl I 1980 S. 1654 – Transsexuellengesetz betrifft Vornamensänderung (§ 1) und gerichtliche Feststellung der Geschlechtszugehörigkeit (§ 8); dazu *Jessurun d'Oliveira*, IPRax 1987, 189 ff.
19 Staudinger/*Hausmann*, Art. 7 EGBGB Rn 30; a.A. Erman/*Hohloch*, Art. 7 EGBGB Rn 4 (Verfahrensrecht, daher *lex fori*).

15 Die rechtliche Erfassung Verstorbener kann mangels fortbestehender Rechtsträgerschaft nicht ohne weiteres im Sinne einer nachwirkenden Rechtsfähigkeit oder als eine Rechtsstellung des Verstorbenen (postmortale Teilrechtsfähigkeit) verstanden werden. Der **postmortale Persönlichkeitsschutz** sollte aber dennoch dem Personalstatut (Abs. 1 S. 1) und nicht dem Delikts- oder dem Erbstatut unterstellt werden. Schutz und Andenken eines Verstorbenen sind weniger eine Frage der deliktischen Umweltbedingungen oder der vermögensrechtlichen Erbfolgeregelung. Die Stellung der Person im Gefüge der Rechtsordnung umfasst auch die Frage nach dem Schutz Verstorbener und die Befugnis zur Ausübung der Persönlichkeitsrechte eines Verstorbenen. Sie sind daher sachlich am besten dem Personalstatut zuzuweisen.[20]

II. Geschäftsfähigkeit natürlicher Personen (Abs. 1 S. 1)

16 **1. Anwendungsbereich.** Geschäftsfähigkeit bedeutet die allgemeine Fähigkeit einer natürlichen Person, selbstbestimmt Rechtswirkungen durch Rechtsgeschäfte und Rechtshandlungen herbeizuführen.[21] Abs. 1 S. 1 erfasst zunächst die **Voraussetzungen der Geschäftsfähigkeit**. Das betrifft die verschiedenen Geschäftsfähigkeitsstufen (volle und beschränkte Geschäftsfähigkeit, Teilgeschäftsfähigkeit, Geschäftsunfähigkeit), die Voraussetzungen einer erweiterten Geschäftsfähigkeit (vgl. etwa §§ 110, 112, 113 BGB) auch durch Eheschließung (Art. 7 Abs. 1 S. 2) sowie die Umstände, die zum Verlust oder der Beschränkung der Geschäftsfähigkeit führen (geistige und körperliche Gebrechen und Behinderungen) und Entmündigung oder vergleichbare ausländische Rechtsinstitute.

17 Praktisch bedeutsam ist die Frage, ob auch die **rechtlichen Folgen fehlender Geschäftsfähigkeit** (Nichtigkeit, schwebende [Un-]Wirksamkeit, Anfechtbarkeit, Konvaleszenz durch Erfüllung, Genehmigung usf.) dem Personalstatut unterstellt sind. Die sachliche Verzahnung von Voraussetzungen und Folgen mangelnder Geschäftsfähigkeit ist naturgemäß eng und ihre Aufspaltung führt zu erheblichen Anpassungsproblemen. Die Anwendung des Abs. 1 S. 1 ist deshalb mit der herrschenden Meinung[22] zu bejahen.

18 **2. Abgrenzung und ausgeschlossene Materien.** Nicht zum Anwendungsbereich gehören die **Beschränkungen** der Geschäftsfähigkeit durch **Heirat**. Sie unterfallen Artt. 14 und 15 und sind ggf. *ordre-public*-widrig (vgl. Art. 6 EGBGB Rn 61). Abs. 1 S. 2 betrifft nur die Erweiterung der Geschäftsfähigkeit durch Heirat.

19 Ob und inwieweit die Vornahme eines Rechtsgeschäfts **Geschäftsfähigkeit voraussetzt** (vgl. bspw. die Zulässigkeit eines minderjährigen Stellvertreters, § 165 BGB), ist nicht nach dem Personalstatut, sondern nach dem Wirkungsstatut zu beurteilen.[23] Wer gesetzlicher Vertreter eines nicht oder beschränkt Geschäftsfähigen ist, richtet sich nach dem Statut des Vertretungsverhältnisses, bei Minderjährigen nach dem Eltern-Kind-Verhältnis (Artt. 1, 2 MSA, Art. 21 EGBGB). Voraussetzungen und Wirkungen der Betreuung sind nach Art. 24 zu beurteilen.

20 Ebenfalls nicht in den Anwendungsbereich des Abs. 1 S. 1 fällt die **Rückabwicklung** eines infolge fehlender Geschäftsfähigkeit unwirksamen (nichtigen) Vertrages. Nach Art. 32 Abs. 1 Nr. 5 richtet sich die Rückabwicklung nach dem Geschäftsstatut.[24]

21 **Besondere geschäftliche Fähigkeiten** einer natürlichen Person in Teilrechtsgebieten sind selbständig kollisionsrechtlich geregelt (Wechsel- und Scheckrecht: Art. 91 WG; Art. 60 ScheckG) oder sind dem Wirkungsstatut zu entnehmen. Die Deliktsfähigkeit untersteht dem Deliktsstatut (Art. 40), die Ehemündigkeit dem Eheschließungsstatut (Art. 13 Abs. 1), die güterrechtlichen Verfügungsbeschränkungen dem Güterrechtsstatut (Art. 15)[25] und die Testierfähigkeit untersteht dem Erbstatut (Art. 25).

---

20 Ebenso MüKo/*Birk*, Art. 7 EGBGB Rn 15; Staudinger/*Dörner*, Art. 25 EGBGB Rn 24; a.A. Staudinger/*Hausmann*, Art. 7 EGBGB Rn 68 (kumulative Anknüpfung von Personal- und Deliktsstatut); Erman/*Hohloch*, Art. 7 EGBGB Rn 5; Bamberger/Roth/*Mäsch*, Art. 7 EGBGB Rn 15 (jeweils Deliktsstatut).

21 Die Qualifikation des Begriffs „Geschäftsfähigkeit" erfolgt nach der *lex fori*, wobei andere ausländische Begriffsverwendungen mit demselben Ordnungszweck ohne Rücksicht auf die Benennung (etwa Handlungsfähigkeit) oder die rechtstechnische Einordnung ebenso erfasst werden; vgl. Erman/*Hohloch*, Art. 7 EGBGB Rn 8.

22 OLG Hamm NJW-RR 1996, 1144; *Baetge*, IPRax 1996, 185, 187 f.; Reithmann/Martiny, Internationales Vertragsrecht, 6. Aufl. 2003, Rn 2016; Staudinger/*Hausmann*, Art. 7 EGBGB Rn 71; Soergel/*Kegel*, Art. 7 EGBGB Rn 7; Erman/*Hohloch*, Art. 7 EGBGB Rn 14; Palandt/*Heldrich*, Art. 7 EGBGB Rn 5; Bamberger/Roth/*Mäsch*, Art. 7 EGBGB Rn 28; *Looschelders*, IPR, Art. 7 Rn 15; a.A. OLG Düsseldorf IPRax 1996, 199; MüKo/*Birk*, Art. 7 EGBGB Rn 35 (jeweils Wirkungsstatut).

23 MüKo/*Birk*, Art. 7 EGBGB Rn 27; Erman/*Hohloch*, Art. 7 EGBGB Rn 16; *Looschelders*, IPR, Art. 7 Rn 14.

24 Vgl. Erman/*Hohloch*, Art. 7 EGBGB Rn 16.

25 Soweit sie keinen güterrechtlichen Charakter haben oder es sich um Interzessionsbeschränkungen handelt (etwa Eingehung von Bürgschaften unter Ehegatten), richten sich diese nach dem Ehewirkungsstatut (Art. 14); vgl. Erman/*Hohloch*, Art. 7 EGBGB Rn 10.

Rechtsfähigkeit und Geschäftsfähigkeit   **Art. 7 EGBGB**

Die **Prozessfähigkeit**, d.h. die Fähigkeit, Prozesshandlungen selbst oder als Vertreter wirksam vorzunehmen 22
oder entgegenzunehmen (prozessuale Handlungsfähigkeit),[26] bestimmt sich als verfahrensrechtliche Frage
nach der *lex fori*. Vor inländischen Gerichten gelten daher die §§ 51 ff. ZPO. § 52 ZPO stellt auf die Fähigkeit
ab, sich durch Verträge zu verpflichten. Fraglich ist, ob damit rein materiellrechtlich die §§ 104 ff. BGB
anzuwenden sind oder ob sich die Geschäftsfähigkeit nach dem Personalstatut (Abs. 1 S. 1, Heimatrecht)
zu richten hat. Die Unterscheidung ist nur bei einem ausländischen Personalstatut relevant. Insoweit enthält
§ 55 Hs. 1 ZPO aber eine spezielle Regelung, wonach ein Ausländer die Prozessfähigkeit vor deutschen
Gerichten besitzt, wenn er nach seinem Heimatrecht zur Prozessführung befugt ist. Damit wird nicht fremdes
Prozessrecht angewendet, sondern der verfahrensrechtliche Status des Ausländers in seinem Heimatland
für inländische Verfahren als ausreichend anerkannt.[27] Nach § 55 Hs. 2 ZPO ist die Prozessfähigkeit
alternativ nach dem Recht des Prozessgerichts und damit nach dem deutschen materiellen Recht zu prüfen
(§ 52 ZPO i.V.m. §§ 104 ff. BGB).[28] Der Betroffene ist mithin prozessfähig, wenn die diesbezüglichen
Voraussetzungen seines Heimatrechts oder des deutschen Rechts erfüllt sind. Entsprechend zu beurteilen
ist die Verfahrensfähigkeit in der freiwilligen Gerichtsbarkeit[29] (zur Prozessfähigkeit von juristischen Personen
und diesen gleichgestellten Personenvereinigungen vgl. Anhang zu Art. 12 EGBGB).

Art. 7 findet keine Anwendung auf die **Kaufmannseigenschaft** einer Person. Diese ist eine Besonderheit 23
des deutschen Handelsrechts. Eine Sonderanknüpfung würde häufig zu Wertungswidersprüchen mit dem
Wirkungsstatut führen. Nach überwiegender Auffassung ist daher das Wirkungsstatut maßgebend, d.h. das
Recht, dem das Rechtsgeschäft, innerhalb dessen die Kaufmannseigenschaft von Bedeutung ist, untersteht.[30]

3. Beginn und Ende der Geschäftsfähigkeit (Entmündigung).
Das von Abs. 1 S. 1 berufene Heimat- 24
recht bestimmt, wann eine Person beschränkt oder voll geschäftsfähig wird. Das betrifft sowohl die zumeist
maßgeblichen **Altersgrenzen** (7 und 18 Jahre)[31] als auch die vorzeitige Erweiterung der beschränkten
Geschäftsfähigkeit zu einer partiellen Geschäftsfähigkeit im Sinne der §§ 112, 113 BGB. Ebenso entscheidet
das Heimatrecht über eine mögliche vorzeitige Emanzipation (Milderung der Beschränkungen) oder
Volljährigkeitserklärung.[32] Werden diese Rechtsakte von Behörden oder Gerichten ausgesprochen, so sind
die ausländischen Entscheidungen nach § 16a FGG anzuerkennen.[33] Voraussetzung ist nach § 16a Nr. 1 FGG
insbesondere die Zuständigkeit des ausländischen Gerichts entsprechend den deutschen Vorschriften, §§ 43
Abs. 1, 35b FGG (Spiegelbildprinzip).

Das Ende der Geschäftsfähigkeit untersteht ebenso wie Beschränkungen der Geschäftsfähigkeit dem Hei- 25
matrecht des Betroffenen. Kollisionsrechtlich gesondert geregelt ist die **Betreuung** Volljähriger in Art. 24,
die wie die gesetzliche Vormundschaft über Minderjährige und die Pflegschaft alternativ dem Heimatrecht
des Betroffenen oder bei Aufenthalt im Inland dem deutschen Recht untersteht. Die danach praktisch häufige
Anwendung des deutschen Betreuungsrechts (§§ 1896 ff. BGB) führt bei Anordnung eines Einwilligungsvorbehalts zu einer beschränkten Geschäftsfähigkeit des Betreuten (§ 1903 BGB).

Die **Entmündigung** ist in Deutschland zum 1.1.1992 durch das BetreuungsG[34] insgesamt abgeschafft 26
worden. Dabei sind auch die kollisionsrechtliche Regelung (Art. 8: Entmündigung von Ausländern im Inland
nach deutschem Recht) und die Vorschrift zur internationalen Zuständigkeit in Entmündigungssachen (§ 648a
ZPO) weggefallen. Die Entmündigung eines Ausländers im Inland ist danach aber auch auf der Grundlage
seines Heimatrechts praktisch nicht mehr möglich (Abs. 1 S. 1 oder Art. 24 Abs. 1 S. 1).[35] Art. 24 Abs. 1

---

26 Zöller/*Vollkommer*, ZPO, § 52 Rn 1.
27 Wie hier *v. Bar/Mankowski*, IPR I, § 5 Rn 92; Erman/*Hohloch*, Art. 7 EGBGB Rn 26; im Erg. ebenso, aber unter modifizierender Anwendung von Art. 7, *Looschelders*, IPR, Art. 7 Rn 18; Soergel/*Kegel*, Art. 7 EGBGB Rn 9. Eine Anwendung des Art. 7 befürworten dagegen Palandt/*Heldrich*, Art. 7 EGBGB Rn 4; Bamberger/Roth/*Mäsch*, Art. 7 EGBGB Rn 33.
28 A.A. Bamberger/Roth/*Mäsch*, Art. 7 EGBGB Rn 33; Zöller/*Vollkommer*, ZPO, § 52 Rn 3 (Anknüpfung der Geschäftsfähigkeit nach Art. 7).
29 BayObLGZ 2002, 99, 101; *Kegel/Schurig*, § 17 I 2b, S. 560.
30 Staudinger/*Hausmann*, Art. 7 EGBGB Rn 60 u. 62; MüKo/*Birk*, Art. 7 EGBGB Rn 44; Erman/*Hohloch*, Art. 7 EGBGB Rn 11; *Looschelders*, IPR, Art. 7 Rn 19; Bamberger/Roth/*Mäsch*, Art. 7 EGBGB Rn 40; a.A. *Ebenroth*, JZ 1988, 18, 19; Palandt/*Heldrich*, Art. 7 EGBGB Rn 7 (jeweils das Recht am Ort der gewerblichen Niederlassung der betroffenen Person).
31 Übersichten zu den Altersgrenzen für die Volljährigkeit nach ausländischen Rechten bei Staudinger/*Hausmann*, Anh. Art. 7 EGBGB Rn 62 ff. (Stand 2000); Bamberger/Roth/*Mäsch*, Anh. nach Art. 7 EGBGB Rn 57 (Stand 2003); *Brandhuber/Zeyringer*, Standesamt und Ausländer, Loseblatt 25. Lieferung, 2004.
32 Die Volljährigkeitserklärung war früher in §§ 3 –5 BGB geregelt und ist mit Einführung des Volljährigkeitsalters von 18 Jahren abgeschafft worden, vgl. *Hepting*, FamRZ 1975, 451.
33 Vgl. zur Vornahme im Inland und zur Anerkennung ausl. Entscheidungen, Erman/*Hohloch*, Art. 7 EGBGB Rn 27 ff.
34 Gesetz v. 12.9.1990 (BGBl I S. 2002).
35 Dafür aber *Kegel/Schurig*, § 17 I 2 S. 564.

S. 2 stellt in einem solchen Fall stets alternativ eine deutsche Betreuung zur Wahl („kann"). Gegenüber einer ausländischen Entmündigung ist eine Betreuung zum Wohl des Betroffenen immer vorzugswürdig. Dem Schutz der Würde und dem Schutz der allgemeinen Handlungsfreiheit des Betroffenen ist so in jedem Falle besser gedient als durch eine Entmündigung. Danach bleibt aus deutscher Sicht kein Raum mehr für eine Entmündigung im Inland.[36] Eines Rückgriffes auf den *ordre public* (Art. 6) bedarf es insoweit nicht.[37]

27 **Ausländische Entmündigungsentscheidungen** sind im Inland nach Maßgabe des § 16a FGG anzuerkennen. Als funktionsäquivalente Entscheidungen gegenüber den Entscheidungen in Betreuungssachen (fürsorgende Gerichtsbarkeit) folgt ihre Anerkennung dem Verfahren der freiwilligen Gerichtsbarkeit. Auf die Form der Entscheidung als Beschluss oder Urteil kommt es nicht an.[38] Voraussetzung ist nach § 16a Nr. 1 FGG wiederum die Internationale Zuständigkeit des ausländischen Gerichts nach den deutschen Zuständigkeitsvorschriften (§§ 43 Abs. 1, 35b FGG,[39] Spiegelbildprinzip). Die Entmündigung kann ferner einen Verstoß gegen den *ordre public* bedeuten (§ 16a Nr. 4 FGG). Ist ein Deutscher im Staat seines gewöhnlichen Aufenthalts entmündigt worden, so ist diese Entscheidung nach der überwiegenden Meinung zwar ebenfalls grundsätzlich anzuerkennen, jedoch nur mit den Wirkungen einer Betreuung unter Einwilligungsvorbehalt nach dem deutschen Recht (§ 1903 BGB). Nur so lasse sich ein Verstoß gegen den *ordre public* vermeiden.[40] Ein solcher Automatismus ist abzulehnen.[41] Die Frage nach einem *ordre-public*-Verstoß sollte hier wie stets einer Einzelfallprüfung vorbehalten bleiben (vgl. Art. 6 EGBGB Rn 36 ff.).

III. Erweiterung der Geschäftsfähigkeit durch Eheschließung (Abs. 1 S. 2)

28 Abs. 1 S. 2 weist auch die Frage der Erweiterung der Geschäftsfähigkeit durch Eheschließung dem Personalstatut (Anknüpfung an die Staatsangehörigkeit des Nupturienten) zu. Der Gesetzgeber hat sich damit gegen eine Zuordnung zum Recht der allgemeinen Ehewirkungen (Art. 14) entschieden. Knüpft eine Rechtsordnung an die Eheschließung Minderjähriger oder sonst beschränkt Geschäftsfähiger die **Emanzipation** (erweiterte beschränkte Geschäftsfähigkeit) oder die **Volljährigkeit** (volle Geschäftsfähigkeit; „Heirat macht mündig"),[42] so werden diese Rechtsfolgen der Geschäftsfähigkeit und damit dem Heimatrecht der Person zugeordnet. Dagegen sind Beschränkungen der Geschäftsfähigkeit durch Heirat nach Artt. 14, 15 und Art. 6 zu beurteilen (siehe Rn 18).

IV. Statutenwechsel (Abs. 2)

29 Ändert sich das Personalstatut der Person durch Erwerb oder Verlust einer Staatsangehörigkeit oder durch einen Aufenthaltswechsel (Art. 5 Abs. 1 oder 2), so beurteilt sich die Rechts- und Geschäftsfähigkeit der Person mit sofortiger Wirkung (*ex nunc*) nach dem neuen Heimatrecht. Abs. 2 stellt für diesen Fall sicher, dass eine einmal erlangte Rechts- oder Geschäftsfähigkeit nicht verloren geht und die betroffene Person durch den Statutenwechsel keinen Rechtsverlust erleidet (**Schutz wohlerworbener Rechte**). Wer nach seinem bisherigen Heimatrecht volljährig war, bleibt dies auch nach seinem neuen („*semel maior, semper maior*"). Der Statutenwechsel kann also nur zum Erwerb der Rechts- oder Geschäftsfähigkeit führen, nicht aber zu ihrem Verlust.

30 Ausdrücklich wird dieser Schutz von Abs. 2 nur für den Fall eines Statutenwechsels durch Erwerb oder Verlust der deutschen Staatsangehörigkeit ausgesprochen. Der Grund für die Beschränkung auf den Erwerb oder Verlust der deutschen Staatsangehörigkeit liegt in der Rücksichtnahme des Gesetzgebers gegenüber fremden Rechtsordnungen. Es sollte der Eindruck vermieden werden, man wolle in fremde Rechtsordnungen eingreifen.[43] Nach allgemeiner Meinung **gilt Abs. 2** aber in allen[44] anderen Fällen eines Statutenwechsels **entsprechend**.[45] Bei dem Wechsel ausländischer Staatsangehörigkeiten wird durch den Schutz wohlerwor-

---

36 Im Erg. ebenso *Kropholler*, IPR, § 42 II, S. 313; *Erman/Hohloch*, Art. 8 EGBGB Rn 2; *Looschelders*, IPR, Art. 7 Rn 21; *Bamberger/Roth/Mäsch*, Art. 7 EGBGB Rn 50.
37 *Erman/Hohloch*, Art. 8 EGBGB Rn 2.
38 *Kegel/Schurig*, § 17 I 2, S. 564 u. S. 551.
39 International Zuständig sind danach die Behörden und Gerichte des Heimatstaates oder des Staates des gewöhnlichen Aufenthalts des Betroffenen.
40 *Kropholler*, IPR, § 42 II, S. 314; *v. Bar*, IPR II, Rn 48; *Palandt/Heldrich*, Art. 7 EGBGB Rn 9; *Looschelders*, IPR, Art. 7 Rn 21; generell die Anerkennungsfähigkeit verneinend *Erman/Hohloch*, Art. 8 EGBGB Rn 3.
41 Zutr. *Bamberger/Roth/Mäsch*, Art. 7 EGBGB Rn 50 (kein sofortiger und vollständiger Wertungswandel durch die Gesetzesänderung).
42 So etwa das türkische und das französische Recht, vgl. *Staudinger/Hausmann*, Art. 7 EGBGB Rn 39.
43 BT-Drucks 10/504, S. 45.
44 Auch wenn der Statutenwechsel durch einen Wohnsitz oder Aufenthaltswechsel ausgelöst wurde; vgl. *Bamberger/Roth/Mäsch*, Art. 7 EGBGB Rn 46.
45 *Kegel/Schurig*, § 17 I 2, S. 560 f.; *Kropholler*, IPR, § 42 I, S. 310 f.; *Staudinger/Hausmann*, Art. 7 EGBGB Rn 81 u. 83; *MüKo/Birk*, Art. 7 EGBGB Rn 77; *Palandt/Heldrich*, Art. 7 EGBGB Rn 8; *Looschelders*, IPR, Art. 7 Rn 26; *Bamberger/Roth/Mäsch*, Art. 7 EGBGB Rn 45; im Erg. ebenso *Erman/Hohloch*, Art. 7 EGBGB Rn 22.

bener Rechte nicht in eine der betroffenen Rechtsordnungen eingegriffen, sondern lediglich allgemein und **allseitig** eine kollisionsrechtliche Abgrenzungsentscheidung getroffen.

Knüpft das frühere Heimatrecht die Zuerkennung einer erweiterten Rechtsstellung an denselben Rechtsakt, der auch den Statutenwechsel auslöst (bspw. Eheschließung führt zur Emanzipation und zum Wechsel der Staatsangehörigkeit), so hat ein Erwerb unter dem bisherigen Recht noch nicht stattgefunden. Maßgebend ist allein das neue Heimatrecht. § 7 Abs. 2 ist nicht anwendbar.[46]

31

Artikel 8 Entmündigung (weggefallen)

Zur Frage der Entmündigung nach ausländischem Recht in Deutschland und der Anerkennung ausländischer Entmündigungsentscheidungen vgl. Art. 7 EGBGB Rn 26 und 27 sowie zur Anwendung des dt.-iranischen Niederlassungsabkommens auf die Entmündigung Art. 7 EGBGB Rn 4.

1

Anhang zu Art. 8: Haager Entmündigungsabkommen vom 17.7.1905

Das Haager Abkommen über die Entmündigung und gleichartige Fürsorgemaßnahmen vom 17.7.1905[1] ist von der Bundesrepublik Deutschland am 21.1.1992 gekündigt worden und zum 23.8.1992 außer Kraft getreten. Es galt bis zu diesem Zeitpunkt noch im Verhältnis zu Italien und war insoweit als vorrangiges staatsvertragliches Kollisionsrecht auch auf die Betreuung anzuwenden (Art. 13 Entmündigungs-Abk.).

2

An die Stelle des Entmündigungsabkommens soll das Haager Erwachsenenschutzabkommen vom 2.10.2000 treten. Es sieht eine Anknüpfung für Schutzmaßnahmen an die *lex fori* (Art. 13) vor. Das Abkommen ist von Deutschland gezeichnet, bislang aber nicht ratifiziert.[2] Die Ratifikation wird allerdings vorbereitet.

3

Artikel 9 Todeserklärung

[1]Die Todeserklärung, die Feststellung des Todes und des Todeszeitpunkts sowie Lebens- und Todesvermutungen unterliegen dem Recht des Staates, dem der Verschollene in dem letzten Zeitpunkt angehörte, in dem er nach den vorhandenen Nachrichten noch gelebt hat. [2]War der Verschollene in diesem Zeitpunkt Angehöriger eines fremden Staates, so kann er nach deutschem Recht für tot erklärt werden, wenn hierfür ein berechtigtes Interesse besteht.

Literatur: *Dörner*, Nachlaßspaltung – und die Folgen, IPRax 1994, 362; *Jayme/Haack*, Die Kommorientenvermutung im Internationalen Erbrecht bei verschiedener Staatsangehörigkeit der Verstorbenen, ZVglRWiss 84 (1985), 80; *Kühne*, Das internationale Personen- und Eherecht im Regierungsentwurf des Gesetzes zur Neuregelung des IPR, StAZ 1984, 3; *Vékas*, Zur Bindung an die Todesfeststellung durch ein ausländisches Gericht, IPRax 1982, 142.

A. Allgemeines 1	1. Anwendungsbereich 11
I. Vorrangiges Recht 3	2. Berechtigtes Interesse an der Anwendung des deutschen Verschollenheitsrechts ... 13
II. Allgemeine kollisionsrechtliche Fragen 6	
B. Regelungsgehalt 7	C. Verfahrensrecht 16
I. Todeserklärung, Todesfeststellung, Todesvermutungen (S. 1) 7	I. Internationale Zuständigkeit, § 12 VerschG . 16
II. Kommorientenvermutung 9	II. Anerkennung ausländischer Entscheidungen, § 16a FGG, § 328 ZPO 18
III. Todeserklärung nach deutschem Recht (S. 2) 11	

A. Allgemeines

Art. 9 ergänzt Art. 7 in Bezug auf das Ende der Rechtsfähigkeit durch den Tod. Sachlich erfasst werden zwei Fragestellungen: Der Eintritt des Todes einer natürlichen Person ist ungewiss (Verschollenheit). Der Zeitpunkt des Todes einer verstorbenen Person ist ungewiss. Nach dem deutschen materiellen Recht werden beide Fragen durch das Verschollenheitsgesetz geregelt und in getrennten Verfahren abgehandelt (vgl.

1

---

46 MüKo/*Birk*, Art. 7 EGBGB Rn 75; *Looschelders*, IPR, Art. 7 Rn 27.
1 RGBl 1912 S. 463; abgedruckt bei Erman/*Arndt*, 8. Aufl., Anh. zu Art. 8 EGBGB.
2 *Jayme/Hausmann*, Vor Nr. 20 Fn 1; dazu *Siehr*, RabelsZ 2000, 715 ff. (Text S. 752 ff.).

Verfahren bei Todeserklärung nach §§ 1 Abs. 1, 2 ff., 13 ff. VerschG[1] und bei Feststellung der Todeszeit nach §§ 1 Abs. 2, 39, 44 VerschG.

2 S. 1 beruft für diese Fragen das Heimatrecht des Verschollenen zum Zeitpunkt des Eintritts der Verschollenheit bzw. das Heimatrecht des Verstorbenen zum Zeitpunkt seines Todes. S. 2 ermöglicht bei berechtigtem Interesse ersatzweise eine Todeserklärung nach dem deutschen Recht. Die Verschollenheitsfragen unterstehen also nicht dem Wirkungsstatut, in dessen Zusammenhang sie relevant werden (meist das Erb- oder Familienstatut), sondern sie werden gesondert angeknüpft (selbständige Teilfrage, vgl. ebenso Art. 7 EGBGB Rn 6). Ausnahmen gelten für die Sonderregelungen des deutschen Versorgungs- und Sozialversicherungsrechts,[2] die aufgrund der besonderen Sachnähe dem Wirkungsstatut zugeordnet werden.[3]

I. Vorrangiges Recht

3 Neben Art. 9 enthält **Art. 2 § 1 Abs. 4 S. 1 VerschÄndG**[4] eine ergänzende Sonderregelung für verschollene Personen mit ausländischem Personalstatut, die im Zusammenhang mit dem zweiten Weltkrieg verschollen sind. Eine Todeserklärung nach deutschem Recht ist für diesen Personenkreis insbesondere ohne den Nachweis eines besonderen Interesses (wie bei S. 2) möglich. Die Vorschrift lautet:

VerschÄndG Art. 2 § 1

(1) [1]Wer vor dem 1. Juli 1948 im Zusammenhang mit Ereignissen oder Zuständen des letzten Krieges vermisst worden und seitdem unter Umständen, die ernstliche Zweifel an seinem Fortleben begründen, verschollen ist, kann für tot erklärt werden.

(2)–(3) ...

(4) [1]Die Absätze 1–3 gelten auch für einen Verschollenen, der in dem letzten Zeitpunkt, in dem er nach den vorhandenen Nachrichten noch gelebt hat, Angehöriger eines fremden Staates oder staatenlos war,
a) wenn er in diesem Zeitpunkt seinen Wohnsitz oder seinen Aufenthalt im Geltungsbereich dieses Gesetzes hatte oder als Angehöriger der ehemaligen deutschen Wehrmacht am letzten Kriege teilgenommen hat, oder
b) wenn der Ehegatte, ein ehelicher oder ein diesem rechtlich gleichgestellter Abkömmling oder ein anderer nach § 16 des Verschollenheitsgesetzes antragsberechtigter Verwandter des Verschollenen seinen Wohnsitz oder seinen gewöhnlichen Aufenthalt im Geltungsbereich dieses Gesetzes hat und die Todeserklärung beantragt.

4 Gemeinschaftsrechtliche Regelungen zu Fragen der Verschollenheit bestehen nicht. Die UN-Konvention über die Todeserklärung Verschollener vom 6.4.1950 ist für die Bundesrepublik Deutschland zum 24.1.1967 wieder außer Kraft getreten.[5] Die Haager Konvention über das auf die Rechtsnachfolge von Todes wegen anwendbare Recht vom 1.8.1989 ist bislang nicht in Kraft getreten und von Deutschland auch nicht gezeichnet worden.[6]

5 S. 1 wird aber durch Art. 8 Abs. 3 S. 1 des Deutsch-Iranischen Niederlassungsabkommen vom 17.12.1929[7] verdrängt (Vorrang des Staatsvertrages, Art. 3 Abs. 2). Danach gilt zwar ebenfalls das jeweilige Heimatrecht der Person (die heimischen Gesetze). Es handelt sich aber um eine Sachnormverweisung. Rück- und Weiterverweisungen kommen daher, anders als bei S. 1, nicht in Betracht. S. 2 bleibt im Verhältnis zum Iran als zulässige Ausnahmevorschrift anwendbar (Art. 8 Abs. 3 S. 2 dt.-iran. Niederlassungs-Abk.).[8]

---

1 Verschollenheitsgesetz v. 15.1.1951 (BGBl I S. 63).
2 Vgl. § 180 BEG (Bundesentschädigungsgesetz); § 49 SGB VI (entspr. §§ 597, 1271 RVO a.F. sowie § 48 AngVG a.F.); § 52 BVersG, § 29 BeamtVG.
3 Staudinger/*Weick*, Art. 9 EGBGB Rn 49; dagegen wollen Erman/*Hohloch*, Art. 9 EGBGB Rn 5, und MüKo/*Birk*, Art. 9 EGBGB Rn 10 den räumlichen Anwendungsbereich aus dem Geltungswillen der betreffenden Vorschriften entnehmen.
4 BGBl I 1951 S. 59, 60 f.
5 BGBl II 1955 S. 706; die Konvention galt vom 29.2.1956 bis zum 24.1.1967; vgl. Soergel/*Kegel*, Art. 9 EGBGB Rn 41.
6 Zum Ratifikationsstand vgl. *Jayme/Hausmann*, Vor Nr. 60 Fn 2 (eine nicht amtliche Übersetzung des Textes der Konvention ist abgedruckt in IPRax 2000, 53).
7 RGBl II 1930 S. 1006; das Abk. erfasst u.a. die Fragen der Geschäftsfähigkeit, Volljährigkeit, Vormundschaft, Pflegschaft, Entmündigung; Text abgedruckt bei *Jayme/Hausmann*, Nr. 23 mit Fn 2.
8 *Looschelders*, IPR, Art. 9 Rn 25.

II. Allgemeine kollisionsrechtliche Fragen

S. 1 ist eine Gesamtverweisung (Art. 4 Abs. 1 S. 1). Rück- und Weiterverweisungen des Heimatrechts sind beachtlich.[9] Die Ersatzanknüpfungen für Mehrstaater, Staatenlose und Flüchtlinge finden ebenfalls Anwendung (vgl. Anhänge I und II zu Art. 5 EGBGB). Bei deutschen Mehrstaatern gilt der Vorrang des deutschen Rechts (Art. 5 Abs. 1 S. 2).

B. Regelungsgehalt

I. Todeserklärung, Todesfeststellung, Todesvermutungen (S. 1)

Die Überschrift Todeserklärung ist dem deutschen System der Verschollenheit entlehnt, welches die Vermutung des Todes nach Ablauf einer Verschollenheitsperiode von einem gerichtlichen Beschluss, der Todeserklärung, abhängig macht (§ 2 VerschG). Daneben kennt das deutsche Verschollenheitsrecht noch das Verfahren auf Feststellung der Todeszeit (§ 39 VerschG) sowie verfahrensunabhängige Vermutungsregeln (Lebensvermutung nach § 10 und Kommorientenvermutung nach § 11 VerschG). Die kollisionsrechtliche Vorschrift in Art. 9 will auch die Verschollenheitsregelungen anderer nationaler Rechtsordnungen erfassen, die entweder nur Todesvermutungen (*common law*) oder vorläufige Verschollenheitserklärungen (*déclaration d'absence* in Frankreich und dem romanischen Rechtskreis) kennen.[10] Art. 9 umfasst daher **funktional den gesamten Bereich der Verschollenheit**. Das betrifft die Voraussetzungen und Wirkungen einer Todes- oder Verschollenheitserklärung, Voraussetzungen und Wirkungen einer bloßen Feststellung des Todes oder des Todeszeitpunktes sowie Lebens- und Todesvermutungen.

Die Anknüpfung nach S. 1 an das Heimatrecht stellt auf den letzten Zeitpunkt ab, in dem die verschollene Person nach den vorhandenen Nachrichten noch gelebt hat. In Verfahren auf Feststellung der Todeszeit einer verstorbenen Person ist dessen Staatsangehörigkeit im Zeitpunkt des Todes maßgeblich.[11]

II. Kommorientenvermutung

Ebenfalls unter S. 1 fallen die Vermutungsregeln bei gemeinsamem Versterben (sog. Kommorientenvermutung). Sind zwei oder mehrere Personen bei demselben Ereignis ums Leben gekommen, so muss ggf. geklärt werden, in welcher Reihenfolge sie gestorben sind. Insbesondere im Hinblick auf die Erbfolge kann diese Frage Bedeutung erlangen (vgl. § 1923 BGB). Für Deutschland wird von § 11 VerschG das gleichzeitige Versterben vermutet, wenn die beteiligten Personen verstorben oder für tot erklärt wurden und dabei nicht festgestellt werden konnte, wer vor dem anderen starb. Diese Vermutung gilt unabhängig von einer gemeinsamen Gefahrensituation. Andere Rechtsordnungen entscheiden anders.[12] Für **jeden Beteiligten** ist **gesondert** die Vermutungsregel seines Heimatrechts zu ermitteln.

Kommt es bei verschiedenen Heimatrechten der Beteiligten zu einander widersprechenden Vermutungsregeln (bspw. überlebt nach dem Heimatrecht des Ehemannes A der Mann im Zweifel eine Frau, nach dem Heimatrecht der Ehefrau B überlebt die Frau im Zweifel einen Mann) so ist dieser (logische) Widerspruch im Wege der **Anpassung** zu beseitigen (vgl. zur Anpassung als kollisionsrechtlicher Kontrollmechanismus Art. 3 Rn 33). Nach einem Teil der Lehre erfolgt die Anpassung auf der Ebene des materiellen Rechts, d.h. es wird das anwendbare Recht angepasst, wobei das gleichzeitige Versterben als sachgerecht angesehen wird.[13] Nach anderer, überwiegender Auffassung bedarf es einer Anpassung auf der Ebene des Kollisionsrechts. Die

---

9 Und zwar auch dann, wenn die Verschollenheit in dem jeweiligen Sachrechtsgebiet (Erbrecht, Familienrecht, Sozialrecht) punktuell mitgeregelt ist. Maßgebend ist dann die entsprechende Kollisionsnorm (sog. Qualifikationsrückverweisung).
10 Vgl. Staudinger/*Weick*, Art. 9 EGBGB Rn 11 ff. zu den nationalen Verschollenheitsregelungen für Österreich, Schweiz, Frankreich, England. *Kegel/Schurig*, § 17 I 1e, f, S. 550, auch Spanien.
11 Damit ist ggf. ein logischer Vorgriff verbunden.

12 Nach Alter und Geschlecht differenziert das franz. Recht, Art. 720–722 Code civil; nach *common law* wird der Tod in der Reihe der Lebensalter vermutet; rechtsvergleichender Überblick bei *Jayme/Haack* ZVglRWiss 84 (1985), 80, 82.
13 *Dörner*, IPRax 1994, 362, 365; Staudinger/*Dörner*, Art. 25 EGBGB Rn 95; *Looschelders*, IPR, Art. 9 Rn 8; Bamberger/Roth/*St. Lorenz*, Art. 25 EGBGB Rn 23.

dazu benötigte Ersatzanknüpfung folgt der gesetzlichen Anknüpfung der familienrechtlichen Beziehung der Beteiligten (Ehewirkungsstatut; Eltern-Kind-Verhältnis) oder sonst der gemeinsam engsten Verbindung.[14]

III. Todeserklärung nach deutschem Recht (S. 2)

1. Anwendungsbereich. S. 2 ist eine **Ausnahmevorschrift** zu der Regelanknüpfung des S. 1. Bei Verschollenen mit ausländischem Personalstatut kann danach ausnahmsweise das deutsche Recht anzuwenden sein. Die Vorschrift ist trotz ihres Ausnahmecharakters nicht auf Verfahren der Todeserklärung (§§ 1 Abs. 1, 2 ff., 13 ff. VerschG) beschränkt. Über seinen Wortlaut hinaus ermöglicht S. 2 auch Verfahren auf Feststellung des Todes und der Todeszeit (§§ 1 Abs. 2, 39, 44 VerschG). S. 2 ist hier entsprechend anwendbar.[15] Ebenso ist die Formulierung „Angehörige eines fremden Staates" dahin auszulegen, dass auch Staatenlose und Flüchtlinge mit einem ausländischen Personalstatut erfasst werden (d.h. ihren gewöhnlichen Aufenthalt im Ausland haben, vgl. Art. 5 EGBGB Rn 34 ff.).

Allein die Möglichkeit, eine Entscheidung nach deutschem Recht über S. 2 zu erlangen, führt zur Anwendbarkeit der Lebensvermutung des **§ 10 VerschG**. Hintergrund ist der Umstand, dass diese Lebensvermutung nur *vor* einer Todeserklärung wirkt. Enthält das Personalstatut des Verschollenen eine kürzere Lebensvermutung, so geht diese aus Gründen des Verkehrsschutzes vor.[16]

2. Berechtigtes Interesse an der Anwendung des deutschen Verschollenheitsrechts. Voraussetzung ist ein berechtigtes Interesse an der Anwendung des deutschen materiellen Verschollenheitsrechts. Das berechtigte Interesse ist in S. 2 **subjektlos formuliert**. Es kann sich daher sowohl um die berechtigten Interessen betroffener Personen (Ehegatten oder Angehörige des Verschollenen, Vertragspartner, Mitgesellschafter) als auch um Ordnungsinteressen aus der Sicht der Rechtspflege oder des Gesetzgebers handeln. Das Bestehen eines solchen Interesses wird gemeinhin unter Berücksichtigung aller Umstände des Einzelfalls bestimmt und läuft auf die Feststellung hinaus, dass der Sachverhalt einen ausreichenden Inlandsbezug besitzt. Ein Gleichlauf mit dem Merkmal des „berechtigten Interesses" zur Begründung der internationalen Zuständigkeit deutscher Gerichte nach Art. 12 Abs. 2 VerschG besteht nicht.[17]

Die **einschlägigen Kriterien** sind: der letzte gewöhnliche Aufenthalt des Verschollenen im Inland,[18] die deutsche Staatsangehörigkeit oder der inländische gewöhnliche Aufenthalt des Ehegatten oder der betroffenen Angehörigen, im Inland belegenes Vermögen, ein nach deutschem Recht zu beurteilendes Rechtsverhältnis, für das die Todeserklärung relevant ist. Die Gewichtung der Kriterien ist uneinheitlich. Zumeist wird das Vorliegen **einer dieser Inlandsbezüge** für ausreichend angesehen.[19] Dafür sprechen insbesondere die Gesetzesmaterialien.[20] Einschränkungen sind angebracht, sofern die Inlandsbelegenheit einzelner Vermögensgegenstände oder die Herrschaft des deutschen Rechts über ein tangiertes Rechtsverhältnis den einzigen Inlandsbezug darstellen. Das berechtigte Interesse besteht hier allein in einem Verkehrs- und Ordnungsinteresse. Das genügt für ein Abgehen des primär berufenen Heimatrechts des Verschollenen nach S. 1 nicht.[21] Erforderlich sind daher weitere, einen hinreichenden Inlandsbezug herstellende Momente.[22]

---

14 *Jayme/Haack*, ZVglRWiss 84 (1985), 80, 96; *v. Bar/Mankowski*, IPR I, § 7 Rn 255; Palandt/*Heldrich*, Art. 9 EGBGB Rn 2; Bamberger/Roth/*Mäsch*, Art. 9 EGBGB Rn 8; Staudinger/*Weick*, Art. 9 EGBGB Rn 61 (Angleichung über die Kollisionsnormen und subsidiär Angleichung über die Sachnormen); ähnlich Erman/*Hohloch*, Art. 9 EGBGB Rn 14 (primär kollisionsrechtlich zu lösen durch eine Ersatzanknüpfung an eine enge Beziehung, wozu bereits ein gemeinsamer Aufenthalt genügen soll; führt das zu keiner Lösung, so soll durch eine „natürlichere Sicht" das gleichzeitige Versterben im Sinne von Art. 11 VerschG anzunehmen sein).

15 Einhellige Meinung, vgl. Staudinger/*Weick*, Art. 9 EGBGB Rn 63.

16 *Kegel/Schurig*, § 17 I 1 f, S. 553 (Verkehrsschutz bedeutet hier das Interesse an einer schnellen Bereinigung durch „Liquidierung des Verschollenen"). Insg. zust., aber gegen die Berücksichtigung einer kürzeren Vermutungsdauer nach dem Heimatrecht, Staudinger/*Weick*, Art. 9 EGBGB Rn 71.

17 Die Rechtsanwendungsfrage ist nach der Systematik des Art. 9 (primäre Anwendung des Heimatrechts nach S. 1) strenger zu beurteilen als die Zuständigkeitsfrage, Palandt/*Heldrich*, Art. 9 EGBGB Rn 3; Erman/*Hohloch*, Art. 9 EGBGB Rn 7; Bamberger/Roth/*Mäsch*, Art. 9 EGBGB Rn 9.

18 Gegen die Berücksichtigung dieses Umstandes grds. aber Bamberger/Roth/*Mäsch*, Art. 9 EGBGB Rn 9 (ohne Relevanz für ein Interesse anderer Personen an der Todeserklärung nach dem deutschen Recht).

19 Palandt/*Heldrich*, Art. 9 EGBGB Rn 3; *Looschelders*, IPR, Art. 9 Rn 13.

20 Danach soll das berechtigte Interesse in Anlehnung an die Ausnahmetatbestände des früheren Art. 12 Abs. 2–4 VerschG a.F. bestimmt werden können, BT-Drucks 10/504, S. 46; krit. gegen die Tradierung dieses Kriterienkatalogs MüKo/*Birk*, Art. 9 EGBGB Rn 26 und Bamberger/Roth/*Mäsch*, Art. 9 EGBGB Rn 9.

21 Das genügte auch nach dem früheren Rechtszustand nur für eine territorial beschränkte Todeserklärung; Staudinger/*Weick*, Art. 9 EGBGB Rn 65 spricht sich daher in diesen Fällen für eine solche Beschränkungsmöglichkeit durch einschr. Auslegung des Art. 9 S. 2 aus.

22 Erman/*Hohloch*, Art. 9 EGBGB Rn 9 und MüKo/*Birk*, Art. 9 EGBGB Rn 26 verlangen allg. und ohne jede Schematisierung einen hinreichenden Inlandsbezug.

Ferner ist nach überwiegender Auffassung das berechtigte Interesse auch ohne einen relevanten Inlandsbezug zu bejahen, wenn das primär berufene ausländische Recht keine entsprechenden Regelungen enthält (weder eine Todeserklärung noch funktional gleichartige Rechtsinstitute).[23]

C. Verfahrensrecht

VerschG § 12

(1) ¹Für Todeserklärungen und Verfahren bei Feststellung der Todeszeit sind die deutschen Gerichte zuständig, wenn der Verschollene oder der Verstorbene in dem letzten Zeitpunkt, in dem er nach den vorhandenen Nachrichten noch gelebt hat,
1. Deutscher war oder
2. seinen gewöhnlichen Aufenthalt im Inland hatte.

(2) ¹Die deutschen Gerichte sind auch dann zuständig, wenn ein berechtigtes Interesse an einer Todeserklärung oder Feststellung der Todeszeit durch sie besteht.

(3) ¹Die Zuständigkeit nach den Absätzen 1 und 2 ist nicht ausschließlich.

I. Internationale Zuständigkeit, § 12 VerschG

Deutsche Gerichte sind international zuständig, wenn der Verschollene zum Zeitpunkt der letzten Nachricht bzw. der Verstorbene bei seinem Tod Deutscher[24] war (Abs. 1 Nr. 1, **Heimatzuständigkeit**). Ferner dann, wenn der Verschollene/Verstorbene seinen gewöhnlichen Aufenthalt im Inland hatte. Erfasst werden damit die im Inland lebenden Ausländer, Flüchtlinge und Staatenlosen (Abs. 1 Nr. 2, **Aufenthaltszuständigkeit**). Ein dritter Zuständigkeitsgrund ist das Bestehen eines berechtigten Interesses an einer Todeserklärung, der Feststellung der Todeszeit oder den entsprechenden ausländischen Funktionsäquivalenten (Abs. 2, **Zuständigkeit kraft berechtigten Interesses**). Das berechtigte Interesse ist – wie bei S. 2 – nach den Umständen des Einzelfalls zu bestimmen.[25] Das Interesse ist hier aber auf eine Entscheidung im Inland und nicht auf eine Entscheidung nach deutschem Recht gerichtet. Daraus können sich Unterschiede zu S. 2 ergeben. So mag die Herbeiführung einer Entscheidung im Ausland für den Antragsteller unzumutbar sein, während die Anwendung seines Heimatrechts keine Schwierigkeiten bereitet. Ein Gleichlauf der Zuständigkeit und des anwendbaren Rechts ist aufgrund der gleich lautenden Formulierung in S. 2 und § 12 Abs. 2 VerschG jedenfalls nicht beabsichtigt. Nicht erforderlich ist das Bestehen eines rein objektiven Ordnungsinteresses des inländischen Rechtsverkehrs an einer Entscheidung.[26] § 12 Abs. 2 VerschG soll Zuständigkeitslücken schließen. Der Gedanke der **Fürsorgebedürfnis-Zuständigkeit**[27] dürfte daher vorzugswürdig sein. Aus diesem Grunde ist ein besonderer Inlandsbezug nicht zusätzlich zu fordern.[28]

Die nach § 14 VerschG sachlich zuständigen Amtsgerichte (Rechtspfleger, § 3 Nr. 1 lit. g RPflG)[29] entscheiden – wie stets – nach deutschem Verfahrensrecht (*lex fori*). Kommt es aufgrund der Verweisung in S. 1 zur Anwendung fremder Rechtsinstitute (etwa einer *déclaration d'absence* nach französischem Recht), so lassen sich die dadurch entstehenden Anpassungsprobleme durch eine sinngemäße Anwendung des deutschen Verfahrensrechts lösen.[30]

---

23 Staudinger/*Weick*, Art. 9 EGBGB Rn 69; Palandt/*Heldrich*, Art. 9 EGBGB Rn 3; *Looschelders*, IPR, Art. 9 Rn 13; dagegen verlangt Bamberger/Roth/*Mäsch*, Art. 9 EGBGB Rn 9 auch in diesen Fällen einen hinreichenden Inlandsbezug.
24 Deutscher Staatsangehöriger oder Statusdeutscher im Sinne von Art. 116 Abs. 1 GG, vgl. Anhang II zu Art. 5 EGBGB Rn 9.
25 Palandt/*Heldrich*, Art. 9 EGBGB Rn 3; *Looschelders*, IPR, Art. 9 Rn 15.
26 Erman/*Hohloch*, Art. 9 EGBGB Rn 7 und MüKo/*Birk*, Art. 9 EGBGB Rn 21.
27 *Kegel/Schurig*, § 17 I 1 f, S. 556.
28 Zu eng ist die von Bamberger/Roth/*Mäsch*, Art. 9 EGBGB Rn 13 vorgeschlagene Lösung, wonach ein besonderer Inlandsbezug das Einspringen gerade der deutschen Gerichte rechtfertigen soll. Das läuft auf eine *forum-non-conveniens*-Zuständigkeit hinaus, die das deutsche und kontinentaleuropäische Zuständigkeitsrecht nicht kennt.
29 Die örtliche Zuständigkeit ergibt sich nach §§ 15 –15b VerschG primär aus dem letzten Wohnsitz/gewöhnlichen Aufenthalt des Verschollenen im Inland, ersatzweise nach dem Wohnsitz/gewöhnlichen Aufenthalt des Antragstellers und dem Amtsgericht Berlin-Schöneberg.
30 Staudinger/*Weick*, Art. 9 EGBGB Rn 58; *Looschelders*, IPR, Art. 9 Rn 16.

II. Anerkennung ausländischer Entscheidungen, § 16a FGG, § 328 ZPO

18 Ausländische Todeserklärungen oder andere Verschollenheitsentscheidungen sind aus deutscher Sicht als Akte der freiwilligen Gerichtsbarkeit zu qualifizieren (vgl. § 13 VerschG). Für ihre Anerkennung bedarf es keines gesonderten Anerkennungsverfahrens. Die Anerkennung erfolgt in jedem innerstaatlichen Verfahren inzident und richtet sich unabhängig von der Form der Entscheidung (Urteil, Beschluss, Verwaltungsakt) nach § 16a FGG. Eine inhaltliche Überprüfung der ausländischen Entscheidung, etwa im Hinblick auf das angewandte Recht, findet außer im Rahmen der *ordre-public*-Kontrolle (§ 16a Nr. 4 FGG) nicht statt.[31] Enthält das ausländische Urteil lediglich Feststellungen auf der Grundlage einer Todesvermutung (etwa nach *common law*), so richtet sich die Anerkennung nach § 328 ZPO.[32]

19 Von praktisch besonderer Bedeutung ist nach § 16a Nr. 1 FGG die Internationale Zuständigkeit der ausländischen Gerichte aus der Sicht des deutschen Zuständigkeitsrechts (Spiegelbildprinzip). Die Todeserklärung eines Deutschen im Ausland ist danach anerkennungsfähig, wenn er im Entscheidungsstaat seinen letzten gewöhnlichen Aufenthalt hatte oder dort ein berechtigtes Interesse an einer Entscheidung bestand (§§ 12 Abs. 1 Nr. 2, 2 VerschG). Das deutsche Zuständigkeitsrecht beansprucht mithin **nicht die ausschließliche Zuständigkeit** für Todeserklärungen Deutscher (§ 12 Abs. 1 Nr. 1, Abs. 3 VerschG) und steht einer Anerkennung daher nicht entgegen.[33]

20 Anerkennungsfähig sind auch Entscheidungen, die eine bereits bestehende inländische oder ausländische Entscheidung nur abändern (etwa hinsichtlich des Todeszeitpunktes). Ein praktisch relevantes Anerkennungshindernis ergibt sich aber bei **konkurrierenden Todes- oder Verschollenheitsentscheidungen**. Nach § 16a Nr. 3 FGG ist die Anerkennung ausgeschlossen bei inhaltlicher Unvereinbarkeit der anzuerkennenden ausländischen Entscheidung mit einer früheren oder späteren inländischen Entscheidung über eine Todeserklärung.[34] Der Anerkennung steht ebenfalls ein schwebendes inländisches Verfahren entgegen, wenn es früher als das ausländische Verfahren rechtshängig war. Schließlich bildet auch eine frühere (anerkennungsfähige) ausländische Entscheidung ein Anerkennungshindernis.

21 Die Anerkennung bedeutet eine *ipso iure* eintretende **Wirkungserstreckung** der ausländischen Entscheidung im Inland. Der Anerkennungsrichter muss daher die Rechtswirkungen feststellen, die das ausländische Recht seiner Entscheidung gibt. Das betrifft allerdings nur jene Rechtswirkungen, die das Verschollenheitsrecht hervorbringt (Todes- oder Lebensvermutungen, Widerleglichkeit usf.), nicht dagegen die sich hieran anschließenden Folgen in anderen Rechtsgebieten (etwa die Eheauflösung, Wiederheirat oder die Erbfolge). Sie ergeben sich aus den jeweiligen Wirkungsstatuten (hier also dem Ehewirkungs- oder Erbstatut).[35]

Artikel 10 Name

(1) [1]Der Name einer Person unterliegt dem Recht des Staates, dem die Person angehört.

(2) [1]Ehegatten können bei oder nach der Eheschließung gegenüber dem Standesbeamten ihren künftig zu führenden Namen wählen
1. nach dem Recht eines Staates, dem einer der Ehegatten angehört, ungeachtet des Artikels 5 Abs. 1, oder
2. nach deutschem Recht, wenn einer von ihnen seinen gewöhnlichen Aufenthalt im Inland hat.

[2]Nach der Eheschließung abgegebene Erklärungen müssen öffentlich beglaubigt werden. [3]Für die Auswirkungen der Wahl auf den Namen eines Kindes ist § 1617c des Bürgerlichen Gesetzbuchs sinngemäß anzuwenden.

(3) [1]Der Inhaber der Sorge kann gegenüber dem Standesbeamten bestimmen, daß ein Kind den Familiennamen erhalten soll
1. nach dem Recht eines Staates, dem ein Elternteil angehört, ungeachtet des Artikels 5 Abs. 1,

---

31 Staudinger/*Weick*, Art. 9 EGBGB Rn 80.
32 Anders und stets nach § 16a FGG Staudinger/*Weick*, Art. 9 EGBGB Rn 78; wie hier *Looschelders*, IPR, Art. 9 Rn 17.
33 Zur Todeserklärung eines Deutschen in Polen vgl. BGH FamRZ 1994, 498 m. Anm. *Bosch* (500 f.); zur Todeserklärung eines Deutschen in Ungarn vgl. BGH IPRax 1982, 155; dazu *Vékás*, IPRax 1982, 142.
34 Die Unvereinbarkeit kann sowohl im Ausspruch oder der Ablehnung einer Todeserklärung wie auch in unterschiedlichen Wirkungen einer im Übrigen übereinstimmenden Todeserklärung nach ausländischem Recht liegen, vgl. MüKo/*Birk*, Art. 9 EGBGB Rn 39.
35 Erman/*Hohloch*, Art. 9 EGBGB Rn 3 u. 14; unzutr. daher MüKo/*Birk*, Art. 9 EGBGB Rn 36: Wird die Todeserklärung von einem ausländischen Ehescheidungsorgan ausgesprochen, so soll auch die Scheidungswirkung von der Anerkennung umfasst sein.

2. nach deutschem Recht, wenn ein Elternteil seinen gewöhnlichen Aufenthalt im Inland hat, oder
3. nach dem Recht des Staates, dem ein den Namen Erteilender angehört.
²Nach der Beurkundung der Geburt abgegebene Erklärungen müssen öffentlich beglaubigt werden.

(4) (aufgehoben)

Literatur: *Benicke,* Aktuelle Probleme des internationalen Namensrechts unter besonderer Berücksichtigung deutsch-spanischer Fälle, StAZ 1996, 97; *Christof Böhmer,* Die Transliteration ausländischer Namen, IPRax 1994, 80; *Bungert,* Ausländische Adelstitel, Schutz deutscher Minderheiten und § 3a Namensänderungsgesetz, IPRax 1994, 109; *Gaaz,* Zur Reichweite der Wahl eines gemeinsamen Familiennamens gemäß ausländischem Recht nach einem Statutenwechsel zum deutschen Recht, IPRax 2000, 115; *Henrich,* Die Namensführung von Ehegatten nach dem IPR-Gesetz oder: Was deutsche Gründlichkeit vermag, IPRax 1986, 333; *ders.,* Kollisionsrechtliche Aspekte der Neuordnung des Familiennamensrechts, IPRax 1994, 174; *ders.,* Die Vaterschaftsanerkennung mit Auslandsberührung und ihre Folgen für die Namensführung des Kindes, StAZ 1995, 284; *ders.,* Die Rechtswahl im internationalen Namensrecht und ihre Folgen, StAZ 1996, 129; *ders.,* Änderungen der internationalprivatrechtlichen Vorschriften im Regierungsentwurf zur Reform des Kindschaftsrechts, StAZ 1996, 353; *ders.,* Die Rück- und Weiterverweisung im Internationalen Privatrecht, vor allem bei der Namensführung in der standesamtlichen Praxis, StAZ 1997, 225; *ders.,* Das Kollisionsrecht im Kindschaftsrechtsreformgesetz, StAZ 1998, 1; *ders.,* Die Wirksamkeit der Adoption als Vorfrage für die Namensführung des Adoptierten, IPRax 1998, 96; *ders.,* Kindschaftsrechtsreformgesetz und IPR, FamRZ 1998, 1401; *ders.,* Namensrecht und Namensschutz im Dickicht der Qualifikation, in: FS Bernhard Großfeld 1999, S. 355; *ders.,* Wie soll unser Kind heißen? Ein Blick auf die Spielwiese des internationalen Namensrechts, in: GS Alexander Lüderitz 2000, S. 273; *Hepting,* Das internationale Ehenamensrecht in der Reform, StAZ 1994, 1; *ders.,* Regelungszwecke und Regelungswidersprüche im Namensrecht, StAZ 1996, 1; *ders.,* Das IPR des Kindesnamens nach der Kindschaftsrechtsreform, StAZ 1998, 133; *ders.,* Angleichung im internationalen Namensrecht – Was tun bei fehlenden Vor- oder Familiennamen?, StAZ 2001, 257; *Hepting/Martina Bauer,* Spanische Doppelnamen im deutschen Namensrecht – die letzte Kehrtwendung der Rechtsprechung?, IPRax 2000, 394; *Kraus,* Namensführung einer Deutschen nach Scheidung der Ehe mit einem Türken; nachträgliche Option zugunsten des Heimatrechts, StAZ 2003, 88; *Krömer,* Gestattet eine nachträgliche Wahl zum Ehenamensstatut gemäß Art. 10 Abs. 2 EGBGB namensrechtliche Erklärungen, die nach dem gewählten Recht an den Zeitpunkt der Eheschließung gebunden sind?, StAZ 2003, 116; *ders.,* Neubestimmung des Ehenamens und Übergang zu getrennter Namensführung nach Statutenwechsel, StAZ 2003, 229; *Pintens,* Name und Menschenrechtskonvention, in: FS Dieter Henrich 2000, S. 451; *Anton K. Schnyder,* Parteiautonomie im Internationalen Namensrecht, Liber amicorum Kurt Siehr 2000, S. 667; *Stoll,* Die Rechtswahl im Namens-, Ehe- und Erbrecht, 1991; *Fritz Sturm,* Kann sich in der Praxis das Persönlichkeitsrecht auf die Namensführung auswirken?, StAZ 1994, 370; *ders.,* Namensführung in gemischtnationalen Ehen, StAZ 1995, 255; *ders.,* Der Kindesname national und international, in: FS Gerhard Lüke 1997, S. 809; *ders.,* Europäisches Namensrecht im dritten Jahrtausend, in: FS Dieter Henrich 2000, S. 611; *Wagenitz* (Hrsg.), Familiennamensrechtsgesetz, 1994.

A. Allgemeines 1	a) Name und Namensführung 54
I. Systematische Einordnung 1	aa) Namenserwerb und
II. Praktische Bedeutung 4	Namensführung 54
III. Entstehungsgeschichte 5	bb) Schreibweise 55
IV. Zusammenspiel mit allgemeinen Fragen des IPR 8	cc) Behördliche Namensänderung .. 59
1. Rück- und Weiterverweisung 8	b) Einzelne Namensarten 63
2. Mehrstaater und Staatenlose 11	aa) Familienname 63
a) Grundsatz 11	bb) Vorname 69
b) Ausnahme bei Rechtswahltatbeständen 13	cc) Mittelname, Beiname 73
	dd) Zusammengesetzter Name, apellidos 74
c) Gemeinschaftsrechtlich verlangte Ausnahme 14	ee) Vatername 75
	ff) Individualname 78
3. Erst- und Vorfragen 16	gg) Künstlername, Aliasname, Pseudonym 80
a) Erstfragen 16	
b) Vorfragen 17	hh) Namenszusätze 82
4. Statutenwechsel 22	ii) Adelstitel 84
a) Grundsätzliches 22	jj) Akademische Grade 89
b) Statutenwechsel zum deutschen Recht 25	kk) Ehename 91
5. Angleichung und Anpassung 28	ll) Gebrauchsname, nom d'usage .. 93
a) Angleichungserklärung 30	c) Recht am eigenen Namen und Namensschutz 94
b) Statutenwechsel zum deutschen Recht 32	II. Rechtswahlbefugnis bei oder nach Eheschließung (Abs. 2) 95
c) Zusammengesetzte Namen 37	
d) Ehenamen 39	1. Rechtswahlbefugnis 95
e) Sonstige Fälle 41	a) Berechtigte 95
6. Ordre public 43	b) Kreis wählbarer Rechtsordnungen .. 98
V. Eingrenzung auf natürliche Personen 47	aa) Grundsätzliches 98
B. Regelungsgehalt 49	bb) Heimatrecht eines Ehegatten ... 101
I. Namensführung nach dem Personalstatut (Abs. 1) 50	cc) Deutsches Aufenthaltsrecht (mindestens) eines Ehegatten .. 104
1. Name als Persönlichkeitsteil 50	
2. Anwendung des Personalstatuts 51	dd) Ausländisches Aufenthaltsrecht (mindestens) eines Ehegatten .. 105
3. Umfang des Namensstatuts (Qualifikation) 54	

      c) Ausübung 108
      d) Ort der Eheschließung 112
   2. Zeitpunkt der Rechtswahl 113
      a) Rechtswahl vor der Ehe 113
      b) Rechtswahl bei der Eheschließung .. 114
      c) Rechtswahl nach der Eheschließung . 115
      d) Wiederholte oder neue Wahl 116
      e) Erlöschen der Rechtswahlbefugnis
         mit dem Ende der Ehe 119
   3. Form der Rechtswahl (Abs. 2 S. 2) 121
   4. Wirkung der Rechtswahl 125
      a) Wirkung für den Ehenamen 125
      b) Wirkung für den Namen eines
         (gemeinsamen) Kindes (Abs. 2 S. 3) . 131
         aa) Grundsätzliches 131
         bb) Deutsches Namensstatut des
            Kindes 133
         cc) Ausländisches Namensstatut des
            Kindes 135
III. Rechtswahlbefugnis des Personensorgeberechtigten für den Kindesnamen (Abs. 3) . 138
   1. Rechtswahlbefugnis 138
      a) Berechtigte 140
      b) Kreis wählbarer Rechtsordnungen .. 143
         aa) Heimatrecht eines Elternteils .. 144
         bb) Deutsches Aufenthaltsrecht eines
            Elternteils 148
         cc) Heimatrecht eines
            Namenserteilenden 150
      c) Ausübung 153
   2. Zeitpunkt der Rechtswahl 154
   3. Form der Rechtswahl 157
   4. Wirkung der Rechtswahl 161
   5. Mehrheit von Kindern 164
C. Weitere praktische Hinweise 166

A. Allgemeines

I. Systematische Einordnung

1 Mit Art. 10 wird der Name zu einem **eigenen Anknüpfungsgegenstand** erhoben und einem eigenen Namensstatut unterstellt. Er ist nicht Teil eines anderen Statuts. Insbesondere werden die Namen von Eheleuten nicht als Ehefolge oder Ehewirkung qualifiziert. Treffend ist Art. 10 in den Zusammenhang des Personalstatuts und derjenigen Anknüpfungsfragen, die eine Person allein betreffen, eingestellt.

2 Die kollisionsrechtliche Bewältigung von Namensfragen bewegt sich in einem **sachrechtlich bedingten Spannungsfeld**:[1] Dessen einer Pol ist die privatrechtliche Identifizierungs- und Kennzeichnungsfunktion des Namens für das Individuum, das persönliche Interesse am Namen als höchstpersönlichem Erkennungszeichen; dessen anderer Pol sind die Belange des öffentlichen Rechts, namentlich Kontrolle und Registrierung anhand der Identifizierungs- und Ordnungsfunktion des Namens. Außerdem gibt es die verfassungsrechtliche Dimension, dass der Name in Deutschland als Teil des allgemeinen Persönlichkeitsrechts durch Art. 2 Abs. 1 i.V.m. Art. 1 Abs. 1 GG geschützt ist; diese Dimension gilt es auch in Fällen mit Auslandsbezug zu beachten.[2]

3 Hinzu treten **unterschiedliche Traditionen** und erhebliche Divergenzen in den Sachrechten. Das Internationale Namensrecht muss in hohem Maße Phänomene und Gestaltungen bewältigen, welche das deutsche Sachrecht nicht kennt (z.B. Vaternamen, Mittelnamen, Beinamen, persönliche Namen). Namen müssen so eindeutig wie möglich sein. Daher kennen viele Staaten formelle Registrierungs- und Eintragungsverfahren, andere indes nicht.

II. Praktische Bedeutung

4 Die praktische Bedeutung des Internationalen Namensrechts ist sehr hoch. Dies gilt vor allem für Standesbeamte, mit der Standesamtsaufsicht betraute Stellen und die Gerichte im Instanzenzug gegen Entscheidungen der Standesämter. **Standesbeamte** sind die wahren Praktiker des Internationalen Namensrechts. Dessen Bedeutung wächst mit dem steigenden Anteil Nicht-Deutscher an der inländischen Wohnbevölkerung, mit der steigenden Zahl in Deutschland geschlossener Ehen mit Ausländerbeteiligung und mit der steigenden Zahl in Deutschland geborener Kinder mit ausländischer Staatsangehörigkeit oder aus gemischtnationalen Verbindungen.

III. Entstehungsgeschichte

5 Art. 10 ist eine vergleichsweise junge, aber trotzdem häufig geänderte Vorschrift. Er wurde erstmals mit dem **IPR-NeuregelungsG**[3] zum 1.9.1986 eingeführt. Die Grundregel des Abs. 1 kodifiziert den letzten Stand des früheren Richterrechts[4] und ist seither unverändert geblieben. Neben Abs. 1 wurden 1986 die damaligen Abs. 2–6 sowie Art. 220 Abs. 4, 5 als differenzierende Regeln eingefügt.

---

1 *Looschelders*, IPR, Art. 10 Rn 1.
2 S. z.B. BVerfG StAZ 2001, 207 = NJWE-FER 2001, 193.
3 BGBl I 1986 S. 1042.
4 BGHZ 56, 193, 195; 63, 107, 109; anders zuvor BGHZ 44, 121, 124.

Wegen der Komplexität und der inneren Spannungen des Gesamtsystems strich schon das **FamNamRG** vom 16.12.1993[5] mit Wirkung vom 17.4.1994 die vorherigen Abs. 3 und 4 sowie Art. 220 Abs. 4, 5.[6] Weitere Vereinfachung brachte die Kindschaftsrechtsreform, indem Art. 12 **KindRG**[7] zum 1.7.1998 sachrechtlich induziert auch die kollisionsrechtliche Differenzierung zwischen der Namensführung ehelicher und der Namensführung nichtehelicher Kinder entfallen ließ.[8]

Intertemporal richtet sich die Anwendbarkeit des Art. 10 nach Art. 220 Abs. 1. Er kommt also auf alle bei seinem In-Kraft-Treten noch nicht abgeschlossenen Vorgänge zur Anwendung. Umgekehrt findet altes IPR auf alle vor dem 1.9.1986 bereits abgeschlossenen Vorgänge Anwendung.[9] Die Änderungen durch das FamRNamG folgen intertemporal Art. 7 § 5 FamRNamG, jene durch das KindRG Art. 224 § 3 EGBGB.

IV. Zusammenspiel mit allgemeinen Fragen des IPR

1. Rück- und Weiterverweisung.
Rück- und Weiterverweisung richten sich nach den allgemeinen Regeln des Art. 4. Für den Grundtatbestand in Abs. 1 greifen Rück- und Weiterverweisung.[10] Trotz der öffentlich-rechtlichen Bezüge des Namens und der gewünschten Parallelität mit dem öffentlichen Recht widerspricht dies nicht dem Sinne der Verweisung gemäß Art. 4 Abs. 1 S. 1 Hs. 2.[11]

Rück- und Weiterverweisung werden insbesondere dann relevant, wenn das Heimatrecht des Namensträgers seinerseits nicht an die Staatsangehörigkeit, sondern an das **domicile** oder an den gewöhnlichen Aufenthalt anknüpft.[12] Möglich ist auch eine Rück- oder Weiterverweisung **kraft abweichender Qualifikation**, weil das berufene Recht den Namen eines Ehegatten als Ehewirkung oder den Namen eines Kindes als familienrechtliche Wirkung einordnet[13] und anders anknüpft.[14]

Für **Rechtswahltatbestände** wie Abs. 2 und Abs. 3 gilt Art. 4 Abs. 2.[15] Dieser greift unabhängig davon, ob die Rechtswahlbefugnis nur von mehreren gemeinsam (wie bei Abs. 2) oder durch einen Berechtigten allein (wie bei Abs. 3) ausgeübt werden darf. Rück- und Weiterverweisung scheiden daher für Abs. 2 und Abs. 3 aus. Eines Rückgriffs auf die so genannte Sinnklausel des Art. 4 Abs. 1 S. 1 Hs. 2 bedarf es auch für Abs. 3 nicht.[16] Die Möglichkeit eines *renvoi* begründet einen Unterschied zwischen Abs. 2, 3 und Abs. 1.[17]

2. Mehrstaater und Staatenlose. a) Grundsatz.
Für Mehrstaater und Staatenlose gilt im Internationalen Namensrecht grundsätzlich Art. 5. Bei **Mehrstaatern** ohne deutsche Staatsangehörigkeit kommt es prinzipiell nach Art. 5 Abs. 1 S. 1 auf deren effektive Staatsangehörigkeit an; bei Mehrstaatern mit deutscher Staatsangehörigkeit setzt sich aus deutscher Sicht immer die deutsche Staatsangehörigkeit nach Art. 5 Abs. 1 S. 2 durch, auch wenn sie nicht die effektive ist.[18] Für namensrechtlich relevante Vorgänge, die sich vor dem 1.9.1986 abgespielt haben, gilt Letzteres nicht; vielmehr muss sich bei ihnen auch die deutsche Staatsangehörigkeit einer Effektivitätsabwägung stellen.[19] Dies gilt auch, sofern sich der Vorgang zu einem Zeitpunkt abspielte, zu welchem die deutsche Rechtsprechung noch einen unbedingten Vorrang der deutschen Staatsangehörigkeit postulierte.[20]

Für **Staatenlose** tritt gemäß Art. 5 Abs. 2 an die Stelle der Staatsangehörigkeit als Anknüpfungspunkt der gewöhnliche Aufenthalt. Das Kind von Elternteilen, die beide in Deutschland leben und anerkannte **Flüchtlinge** oder **Asylbewerber** sind, teilt mit seinen Eltern das deutsche Personalstatut.[21]

---

5 BGBl I 1993 S. 2054.
6 Dazu *Hepting*, StAZ 1994, 1; *Coester*, FuR 1994, 1; *Henrich*, IPRax 1994, 174; *Bornhofen*, StAZ 1994, 141.
7 BGBl I 1997 S. 2942.
8 Dazu *Henrich*, StAZ 1996, 357; *F. Sturm*, in: FS G. Lüke 1997, S. 824; *Hepting*, StAZ 1998, 133.
9 S. nur BayObLG StAZ 2000, 148, 149; OLG Zweibrücken StAZ 1999, 208; AG Rottweil FamRZ 2000, 57.
10 BGH FamRZ 1999, 570; BayObLGZ 1996, 6, 10; OLG Hamm StAZ 1991, 138, 141; *Henrich*, StAZ 1997, 225.
11 *v. Bar*, IPR II, Rn 83; Palandt/*Heldrich*, Art. 10 EGBGB Rn 3; *Looschelders*, IPR, Art. 10 Rn 5.
12 *F. Sturm*, in: FS Henrich 2000, S. 611, 617.
13 So z.B. das französische Recht: Cass. civ. Rev. crit. dr. int. pr. 87 (1998), 72 m. Anm. *Hammje*.
14 *Hepting* StAZ 1994, 1, 3; *Henrich*, StAZ 1997, 225, 228 f.; *ders.*, in: GS Lüderitz 2000, S. 273, 274;

F. Sturm, in: FS Henrich 2000, S. 611, 617; Palandt/*Heldrich*, Art. 10 EGBGB Rn 3.
15 S. nur LG Berlin StAZ 2000, 217; *Henrich*, in: GS Lüderitz 2000, S. 273, 275; Palandt/*Heldrich*, Art. 10 EGBGB Rn 3.
16 Entgegen Erman/*Hohloch*, Art. 10 EGBGB Rn 5.
17 Übersehen von AG München StAZ 2002, 147.
18 S. nur BayObLG FamRZ 2000, 56; OLG Frankfurt OLGZ 1990, 139, 140 = StAZ 1990, 71; KG StAZ 1997, 175; OLG Hamm StAZ 1997, 325; OLG Frankfurt StAZ 2000, 238; OLG Hamm StAZ 2001, 331; LG München I StAZ 1999, 174; LG Karlsruhe StAZ 2001, 111; *Jauß*, StAZ 2001, 338, 339.
19 BayObLG StAZ 2000, 148, 149; OLG Bremen StAZ 1986, 9, 10; OLG Hamm NJW-RR 1999, 874, 876.
20 Entgegen OLG Zweibrücken StAZ 1999, 208.
21 BayObLG StAZ 1999, 169; *Homeyer*, StAZ 2003, 115, 116, sowie LG Rostock IPRspr 2001 Nr. 10 S. 24 f.

13 **b) Ausnahme bei Rechtswahltatbeständen.** Gesetzlich vorgesehene Ausnahmen gelten für Mehrstaater bei den Rechtswahltatbeständen nach Abs. 2 Nr. 1 und Abs. 3 Nr. 1. Beide Tatbestände sehen ausdrücklich von einer Anwendung des Art. 5 Abs. 1 ab. Wählbar ist unter ihnen also jeweils auch das Recht einer nicht effektiven Staatsangehörigkeit. Bei deutsch-ausländischen Mehrstaatern ist auch die Wahl des betreffenden ausländischen Rechts erlaubt.

14 **c) Gemeinschaftsrechtlich verlangte Ausnahme.** Eine weitere Ausnahme von dem Grundsatz, dass ineffektive Staatsangehörigkeiten bzw. bei deutsch-ausländischen Mehrstaatern die nicht-deutsche Staatsangehörigkeit unbeachtlich ist, erzwingt das europäische Gemeinschaftsrecht: Artt. 12, 17 EGV verwehren es einem Mitgliedstaat, seinen Angehörigen, die sowohl dessen Staatsangehörigkeit als auch die **Staatsangehörigkeit eines anderen EU-Mitgliedstaates** besitzen, die Namensführung nach dem Recht jenes zweiten Mitgliedstaates zu untersagen.[22] Einem entsprechenden Antrag auf Namensführung nach dem Recht des anderen Mitgliedstaates ist stattzugeben.[23]

15 Die mehrfache Staatsangehörigkeit stellt als solche bereits den notwendigen Gemeinschaftsbezug her und nimmt dem Sachverhalt den Charakter eines internen Sachverhalts.[24] Den Grundsatz der Unveränderlichkeit von Familiennamen lässt das Gemeinschaftsrecht als Rechtfertigungsgrund nicht gelten.[25] Für Mehrstaater mit Staatsangehörigkeit mehrerer EG-Staaten gilt also, dass alle Staatsangehörigkeiten gleichberechtigt sind und für die Namensführung unter Abs. 1 die Rechte der betroffenen Mitgliedstaaten alternativ zur Anwendung kommen können. Insoweit greift das Gemeinschaftsrecht in das IPR ein.[26]

16 **3. Erst- und Vorfragen. a) Erstfragen.** Erstfragen sind Rechtsbegriffe im Tatbestand einer deutschen Kollisionsnorm.[27] Sie sind ihrerseits immer über die Kollisionsnormen des deutschen Internationalen Privatrechts anzuknüpfen.[28] Im Zusammenhang mit Art. 10 können sich zuvörderst zwei verschiedene Erstfragen stellen: Zum einen ist für Abs. 2 erforderlich, dass eine wirksame Ehe geschlossen wurde und noch besteht. Zum anderen ist für Abs. 3 ein Personensorgeverhältnis festzustellen.

17 **b) Vorfragen.** Folgende Vorfragen können sich im Namensrecht auf der sachrechtlichen Ebene ergeben: ob eine Ehe besteht; ob eine Ehe geschieden oder auf sonstige Weise aufgehoben wurde; von wem ein Kind abstammt bzw. ob es von jemandem abstammt, der behauptet, seine Mutter oder sein Vater zu sein; ob eine Vaterschaft erfolgreich angefochten wurde; ob eine Adoption stattgefunden hat;[29] wer für ein Kind sorgeberechtigt ist.

18 Traditionell wird ganz vorherrschend eine **unselbständige Anknüpfung** namensrechtlicher Vorfragen bevorzugt.[30] Die Vorfrage würde danach gemäß dem Internationalen Privatrecht des Namensstatuts angeknüpft. Namensrechtliche Wirkungen soll ein deutsches Scheidungsurteil danach nur dann haben, wenn es im Staat des Namensstatuts anerkannt ist.[31] Nur für die (eheliche) Abstammung knüpft der BGH selbständig an.[32]

19 Vorzugswürdig ist die **selbständige Anknüpfung** von Vorfragen, d.h. dass die Vorfragen nach deutschem IPR angeknüpft werden.[33] Im Namensrecht geht es nahezu ausschließlich um Statusfragen als Vorfragen.

---

22 EuGH EWS 2003, 574 – M. Carlos Garcia Avello/Belgischer Staat.
23 EuGH EWS 2003, 574, 575 Rn 35 f. – M. Carlos Garcia Avello/Belgischer Staat; s.a. *Palmeri*, Europa e diritto privato, 2004, S. 217, 229 f.
24 EuGH EWS 2003, 574, 575 Rn 27 – M. Carlos Garcia Avello/Belgischer Staat.
25 EuGH EWS 2003, 574, 575 Rn 40–44 – M. Carlos Garcia Avello/Belgischer Staat.
26 *Schaafsma*, NJB 2004, 513, 519.
27 S. nur *Jochem*, FamRZ 1964, 392, 393; *Neuhaus*, Die Grundbegriffe des internationalen Privatrechts, 2. Aufl. 1976, S. 140 (§ 16 IV); *Winkler v. Mohrenfels*, RabelsZ 51 (1987), 20 f.; *v. Bar/Mankowski*, IPR I, § 7 Rn 186.
28 S. nur *Winkler v. Mohrenfels*, RabelsZ 51 (1987), 20 f.; *Mankowski*, in: FS Herber 1999, S. 147, 149; *v. Bar/Mankowski*, IPR I, § 7 Rn 186.
29 Näher dazu *Henrich*, IPRax 1998, 96.
30 BGHZ 90, 129, 140; BayObLGZ 1986, 155, 162; BayObLG FamRZ 1990, 93, 94; StAZ 1991, 191, 192; NJW 1992, 632 = FamRZ 1991, 1352; StAZ 1996, 202; FamRZ 2000, 700; StAZ 2002, 143, 145; BayObLGZ 2002, 299 = StAZ 2003, 13; OLG Hamburg StAZ 1976, 100; KG StAZ 1979, 267; 1988, 325 m. Anm. *Hepting*; OLG Karlsruhe FGPrax 1997, 144; OLG Hamm StAZ 2004, 171; FGPrax 2004, 115, 116 (Vorlagebeschluss); *Jayme*, IPRax 1981, 160; *Hausmann/Trabucchi*, StAZ 1982, 128; *Wengler*, IPRax 1987, 164; *F. Sturm*, StAZ 1990, 350; *Henrich*, StAZ 1996, 353, 357; *ders.*, FamRZ 1998, 1401; *ders.*, IPRax 1998, 96; Erman/*Hohloch*, Art. 10 EGBGB Rn 4 sowie OLG Karlsruhe FamRZ 1999, 253.
31 BayObLGZ 2002, 299.
32 BGH NJW 1986, 3022, 3023 = StAZ 1987, 16 (dazu *F. Sturm*, IPRax 1987, 1); dem folgend z.B. AG München StAZ 2002, 147.
33 Soergel/*Schurig*, Art. 10 EGBGB Rn 87–89; *Hepting*, StAZ 1998, 133, 142 f.; Staudinger/*Hepting*, Art. 10 EGBGB Rn 85–88; *Heldrich*, 50 Jahre BGH – FG aus der Wissenschaft, Bd. II, 2000, S. 733, 747 f.; *Kegel/Schurig*, S. 331 (§ 9 II 2 b); *v. Bar/Mankowski*, IPR I, § 7 Rn 211 f.; Palandt/*Heldrich*, Art. 10 EGBGB Rn 2; *Looschelders*, IPR, Art. 10 Rn 10 sowie OLG Düsseldorf FamRZ 1999, 328.

Statusfragen verlangen aber eine einheitliche Antwort, unabhängig von dem Zusammenhang, in dem sie sich stellen. Dass jemand nur für namensrechtliche Zwecke sorgeberechtigt wäre, sonst aber nicht, wäre ein absurdes Ergebnis. Dass jemand nur für namensrechtliche Zwecke verheiratet ist, wäre nicht minder absurd. Besondere Gründe, die eine abweichende Behandlung spezifisch der namensrechtlichen Vorfragen zwingend gebieten würden, bestehen nicht. Im Gegenteil könnte eine unselbständige Vorfragenanknüpfung das unerwünschte Ergebnis zeitigen, dass das Kind einen Namen führt, den keiner der Elternteile führt.[34]

Angebliche Verwerfungen im Sachrecht des Namensstatuts als Folge selbständiger Vorfragenanknüpfung entpuppen sich im Übrigen als nur scheinbare Probleme und lassen sich auf eben dieser Ebene des Sachrechts im Namensstatut lösen.[35] Verfehlte öffentlich-rechtliche Zuordnungsvorstellungen vom Namen, weil dieser ja in den öffentlichen Personalpapieren auftauche und ein öffentliches Ordnungsinteresse des Heimatstaates widerspiegele,[36] dürfen nicht durchschlagen.[37] Weder lässt sich Entscheidungseinklang garantieren, noch wäre die Passausstellung überhaupt eine taugliche Hauptfrage.[38] Ordnungsinteressen des Heimatstaates stellt das deutsche IPR durch die Wahlmöglichkeiten nach Abs. 2, 3 sowieso schon bei der Hauptfrage hintan; umso weniger vermögen sie eine Abweichung von der Regel der selbständigen Vorfragenanknüpfung zu begründen.[39]

Die **Anerkennung ausländischer Entscheidungen** (z.B. von Ehescheidungsurteilen oder Adoptionsbeschlüssen) kann eine Vorfragenanknüpfung ersetzen.[40] Die Vorfrage wird dann schon über das Internationale Zivilprozessrecht beantwortet. Anerkennungsrecht ist insoweit ein zweites, vorrangiges Kollisionsrechtssystem.[41] Ebenso entscheidet über ausgesprochene namensrechtliche Folgen eines deutschen Scheidungsurteils richtigerweise die deutsche *lex fori*.[42]

4. Statutenwechsel. a) Grundsätzliches. Das für den Namen maßgebliche Recht kann wechseln, indem sich der Anknüpfungspunkt verändert. Unter Abs. 1 tritt dies ein, wenn der Namensträger seine Staatsangehörigkeit wechselt. Außerdem kann sich das Namensstatut verändern, wenn eine Rechtswahlbefugnis nach Abs. 2 oder Abs. 3 ausgeübt wird. In allen diesen Fällen entscheidet dann das neue, vom dem neuen Anknüpfungspunkt bezeichnete Recht über den Namen.[43] Es erfolgt also ein Statutenwechsel.

Ob sich der Name als Folge des Statutenwechsels ändert, bestimmt das neue Namensstatut. Folgt dieses wie das deutsche Recht dem Grundsatz der **Namenskontinuität**, so ändert sich der Name nicht, sondern wird in der Gestaltung übernommen, wie er unter dem alten Namensstatut bestand.[44]

Indes muss das neue Recht dem Grundsatz der Namenskontinuität und der prinzipiellen Unveränderlichkeit des Namens nicht folgen. Es muss nicht anerkennen, was unter dem alten Namensstatut bestand. Es kann kraft eigener Entscheidung die Namensfrage von Grund auf neu stellen und *ab ovo* neu beantworten. Es kann auch ein Recht zur namensmäßigen Anpassung an die Umwelt gewähren.[45]

b) Statutenwechsel zum deutschen Recht. Bei Wechsel zum deutschen Recht (sei es unter Abs. 1 durch Einbürgerung, sei es durch Wahl nach Abs. 2 oder Abs. 3) können sich Ausnahmen vom sachrechtlichen Grundsatz der Namenskontinuität ergeben, indem ehemals deutsche Familiennamen wiederhergestellt werden oder wenn Übersiedler eine deutsche Namensform annehmen (soweit dies nach deutschem Recht zulässig ist) oder wenn bei Übersiedlern aus slawischen Ländern der Frauenname als eigenständige Form entfällt.[46] Eine automatische **Eindeutschung** bei Wechsel zum deutschen Recht ist abzulehnen (näher Rn 33). Ebenso wenig ist die Reihenfolge der Namen deutschen Gepflogenheiten anzupassen, sondern in der Prägung durch das alte Statut fortzuführen.[47]

---

34 *Krömer*, StAZ 2003, 219, 220.
35 Schönes Beispiel bei *Winkler v. Mohrenfels*, Jura 1992, 169, 174.
36 *v. Bar/Mankowski*, IPR I, § 7 Rn 212. Paraphrasiert bei Staudinger/*Hepting*, Art. 10 EGBGB Rn 85.
37 *Kegel/Schurig*, S. 331 (§ 9 II 2 b).
38 Näher *v. Bar*, IPR II, Rn 88.
39 Soergel/*Schurig*, Art. 10 EGBGB Rn 88; *Hepting*, StAZ 1998, 133, 142 f.; Staudinger/*Hepting*, Art. 10 EGBGB Rn 88; *v. Bar/Mankowski*, IPR I, § 7 Rn 212; *Looschelders*, IPR, Art. 10 Rn 10.
40 Vgl. OLG Karlsruhe FGPrax 1997, 144.
41 Eingehend *v. Bar/Mankowski*, IPR I, § 5 Rn 134– 140.
42 S. nur KG StAZ 1994, 192; OLG Düsseldorf StAZ 1999, 114; LG und AG Bonn StAZ 1988, 354; Staudinger/*Hepting*, Art. 10 EGBGB Rn 89; *Kraus*, StAZ 2003, 88; *Krömer*, StAZ 2003, 345; Palandt/ *Heldrich*, Art. 10 EGBGB Rn 2.
43 S. nur KG StAZ 1996, 301; AG Köln StAZ 2004, 173.
44 S. BGHZ 63, 107; 147, 159, 168; BayObLGZ 1989, 147, 150; OLG Hamm StAZ 1995, 238; KG StAZ 1996, 301 f.; OLG Hamm FGPrax 1999, 55.
45 OLG Hamburg StAZ 1977, 224; AG Hagen FamRZ 1995, 1357.
46 Erman/*Hohloch*, Art. 10 EGBGB Rn 6.
47 OLG Rostock StAZ 1994, 287.

26 **Aussiedler deutscher Volkszugehörigkeit** behalten bei Wechsel unter das deutsche Recht grundsätzlich ihren bisherigen Namen;[48] es findet keine rückwirkende Anwendung deutschen Rechts statt.[49] § 94 BVFG[50] erlaubt aber eine *ex nunc* wirkende sachrechtliche Anpassung an das deutsche Namensrecht, insbesondere durch Ablegen von Namensbestandteilen oder weiblichen Sonderfolgen oder positiv durch Annahme der männlichen oder der eingedeutschten Form des Familiennamens sowie durch Änderung des Vornamens. Dies gilt auch dann, wenn nur einer der Aussiedler-Ehegatten die Rechtsstellung eines Deutschen nach Art. 116 GG hat.[51] **Abkömmlinge** und **Ehegatten** können nach § 4 Abs. 3 S. 2 BVFG eine Statusdeutscheneigenschaft frühestens mit dem Entstehen des Spätaussiedlerstatus und einer darüber begründeten Statusdeutscheneigenschaft des Hauptbetroffenen ableiten.[52] Ein Statutenwechsel findet durch die bloße Aussiedlung noch nicht automatisch statt; vielmehr können auch Spätaussiedler weiterhin dem Recht einer beibehaltenen ausländischen Staatsangehörigkeit unterstehen.[53]

27 Daneben steht den Ehegatten offen, nach Abs. 2 Nr. 1 für ihre Namensführung deutsches Recht zu wählen, um einen neuen Ehenamen nach § 1355 BGB zu bilden.[54] Dies ist auch möglich, wenn die Ehegatten unter dem früheren Statut bereits einen Ehenamen bestimmt hatten.[55] Der Statutenwechsel ist indes (insbesondere bei Flüchtlingen) bereits vorher erfolgt, nicht erst durch die Rechtswahl.[56] Die Rechtswahl wird eine „**Sicherheitsrechtswahl**".[57]

28 **5. Angleichung und Anpassung.** Statutenwechsel oder **abgeleitete Namen**, deren Träger einem anderen Recht als Namensstatut untersteht als derjenige Namensträger, von welchem der Name abgeleitet wird, können eine Angleichung oder Anpassung erforderlich machen.[58] Eine Angleichung steht dagegen nicht infrage, wenn alle beteiligten Personen dasselbe Namensstatut haben (z.B. bei gleicher ausländischer Staatsangehörigkeit von Eltern und Kind).[59]

29 Bei einem **Konflikt zwischen materiellem Namensstatut und Personenstandsverfahrensrecht** geht im Zweifel das materielle Recht vor, weil das Verfahrensrecht nur dienende Funktion hat.[60] Das Verfahrensrecht soll die materielle Rechtslage abbilden helfen, sie aber nicht gestalten.[61]

30 **a) Angleichungserklärung.** Die in der Praxis (insbesondere bei einem Statutenwechsel zum deutschen Recht) üblich gewordene,[62] so genannte Angleichungserklärung ist keine Ausübung von wie auch immer gearteter Privat- oder Parteiautonomie seitens des Erklärenden, sondern nur ein mitwirkender Akt des Betroffenen, um die objektive Rechtsanwendung zu erleichtern.[63] Sie entfaltet keinerlei Bindungswirkung für die Standesämter und keinerlei Gestaltungswirkung.[64] Sie ist nur zweckmäßig, aber nicht erforderlich.[65]

31 Die Angleichungserklärung ist ein nützliches Hilfsmittel, um den Standesämtern die Arbeit zu erleichtern, die Kooperation des Betroffenen zu sichern und Rechtsstreitigkeiten zu vermeiden.[66] Zumal bei mehreren gleichwertigen Optionen (einer von zwei Namen muss in einen Familien-, der andere in einen Vornamen transponiert werden) macht es Sinn und fördert den Rechtsfrieden, den Betroffenen mitbestimmen zu lassen.[67] Später kann eine langjährige Namensführung schutzwürdiges und verfassungsrechtlich geschütztes **Vertrauen** begründen.[68]

32 **b) Statutenwechsel zum deutschen Recht.** Ein Wechsel zum deutschen Recht begründet keine eigentliche Anpassungslage, da zwei Rechte hier nicht neben-, sondern nacheinander anwendbar sind; trotzdem sind die Wertungen der Anpassungen mit denen des hier gegebenen Falles der **Transposition** vergleichbar.[69]

---

48 BGHZ 121, 305; BGH NJW 1993, 2244.
49 OLG Hamm StAZ 1994, 79; OLG Hamm FGPrax 1999, 55.
50 IdF durch das Gesetz v. 21.12.1992 (BGBl I 1992 S. 2094).
51 OLG Stuttgart StAZ 1999, 79 = FamRZ 1999, 1424; OLG Frankfurt StAZ 2000, 210.
52 *Ulrich Ott*, StAZ 2000, 343, 344.
53 S. nur *E. Jakob*, IPRax 2002, 577, 578; Palandt/*Heldrich*, Anh. Art. 5 EGBGB Rn 12.
54 BGHZ 147, 159; BGH FamRZ 2001, 1291; BayObLGZ 1999, 153; OLG Stuttgart FGPrax 1999, 54; 1999, 57; OLG Frankfurt StAZ 2000, 209; OLG Karlsruhe StAZ 2002, 203.
55 BGH FamRZ 2001, 1291.
56 *Hepting*, StAZ 2001, 257, 262, gegen AG Hagen StAZ 1995, 150.
57 S. *Wachsmann*, StAZ 2000, 220, 221.
58 S. unlängst z.B. LG Tübingen StAZ 2004, 137 (isländischer Vatersname und deutsches Recht).
59 *Hepting*, StAZ 2001, 257, 258.
60 Staudinger/*Hepting*, Art. 10 EGBGB Rn 31; *Hepting*, StAZ 2001, 257, 259. Strenger: BayObLG StAZ 1996, 41.
61 *Hepting*, StAZ 2001, 257, 259.
62 S. nur *Marcks*, StAZ 1991, 292, 293; *Wachsmann*, StAZ 1998, 323, 324.
63 *Hepting*, StAZ 2001, 257, 263; *Homeyer*, StAZ 2003, 115, 116.
64 *Hepting*, StAZ 2001, 257, 263 f.
65 Offen gelassen von LG Frankfurt StAZ 2003, 113, 114.
66 *Hepting*, StAZ 2001, 257, 264.
67 *Hepting*, StAZ 2001, 257, 264.
68 BVerfG StAZ 2001, 207.
69 *Hepting*, StAZ 2001, 257, 259, 261.

Ein Statutenwechsel zum deutschen Recht berechtigt nicht dazu, den bisherigen fremdsprachigen Namen nun in einer deutschen Übersetzung, also eingedeutscht zu führen.[70] Vielmehr ist grundsätzlich weiter der bisherige Name **ohne Eindeutschung** zu führen. Bestand unter altem Recht ein Wahlrecht zwischen verschiedenen Formen des Namens,[71] so ist für das neue Recht die zum Zeitpunkt des Statutenwechsels maßgebliche Namensform entscheidend.[72]

33

Führt eine Person nur einen einzigen **Eigennamen**, so ist nach dem Statutenwechsel dieser zum Familiennamen zu erheben.[73] Familienname wird auch ein **Vatername**, es sei denn, er wird zuvor nur als Zwischenname geführt.[74] Ein als Zwischenname geführter Vatername wird zum Vornamen.[75] Die Alternative besteht darin, einen solchen Vaternamen nach Wahl des Namensträgers erlöschen zu lassen.[76]

34

Führte ein eingebürgerter Angehöriger eines islamischen Staates zuvor Vater- und Großvaternamen, so verstieße die Übername aller **Glieder der Namenskette** als Familienname gegen das grundsätzliche Gebot des deutschen Rechts zu eingliedrigen Familiennamen. Es kann nur entweder der Vater- oder der Großvatername Familienname werden.[77] Spricht man dem Großvaternamen von vornherein die Eignung dazu ab, so wird notwendig der Vatername Familienname.[78] Der Nicht-Familienname kann nach Wunsch des Namensträgers wegfallen oder als Vorname weitergeführt werden.[79] „Ben" und „ibn" sind unselbständige Namensbestandteile.[80]

35

Namenszusätze wie „Singh" oder „Khan" sind zu übernehmen, da anderenfalls die Namenskontinuität nicht gewahrt würde und unter Umständen drohte, dass der Namensträger nur noch einen Eigennamen hat.[81] Am nächsten liegt die Übernahme als Familienname unter deutschem Recht.[82] Dafür spricht insbesondere die Namenskontinuität. „Singh" mag zwar ursprünglich eine religiöse Konnotation gehabt haben; dies macht „Singh" jedoch nicht ungeeignet als deutschen Familiennamen.[83] Würde die Übernahme als Familienname dazu führen, dass Töchter ursprünglich männliche Namenszusätze als Familiennamen führen müssten, so ist auch an einen Wegfall des Zusatzes zu denken, sofern dadurch nicht nur ein einziger Eigenname übrig bleibt.[84] Eine Alternative ist in jedem Fall, die Namenszusätze als Vornamen zu übernehmen, wenn der Namensträger dem zustimmt oder wenn Eltern dies für ihre Kinder so wollen.[85]

36

c) **Zusammengesetzte Namen.** Zusammengesetzte Namen des spanischen Rechtskreises (dazu Rn 74) werfen die Frage auf, ob beide Namensbestandteile (*apellidos*) zum Familiennamen gehören, also auch zum Ehenamen eines Partners oder zum Familiennamen eines Kindes unter deutschem Recht werden können. Diese Frage ist zu bejahen. Der funktionalen Gleichstellung des gesamten zusammengesetzten Namens mit einem deutschen Ehenamen steht die mangelnde Vererbbarkeit des zweiten Teils heute nicht mehr entgegen.[86] Wird deutsches Recht zum Ehenamensstatut gewählt und der Geburtsname der spanischen Ehefrau zum Ehenamen bestimmt, so wird der zweigliedrige Name Ehename.[87]

37

Erwirbt ein deutsches Kind den Familiennamen als Namen und ist Familienname ein zusammengesetzter Name, so werden beide Teile des zusammengesetzten Namens zum Geburtsnamen des Kindes.[88] Es gibt kein Verbot von **Doppelnamen als Geburtsnamen** mehr, das wesentlicher Bestandteil des deutschen Rechts wäre.[89] Dafür streitet spätestens die Möglichkeit der so genannten additiven Einbenennung[90] nach § 1618 Abs. 1 S. 2 BGB in der Fassung durch das KindRG.[91]

38

---

70 OLG Hamburg OLGZ 1990, 25, 30.
71 Insoweit abl. für das ungarische Recht BayObLGZ 1989, 147; anders OLG Hamburg StAZ 1990, 135 m. Anm. *Beitzke*; näher *Silagi*, StAZ 1992, 133.
72 OLG Hamburg StAZ 1990, 135 m. Anm. *Beitzke* sowie OVG Koblenz IPRax 1984, 216 LS m. Anm. *Henrich*.
73 *Jauß*, StAZ 1997, 214; *Hepting*, StAZ 2001, 257, 265; a.A. *Marcks*, StAZ 1990, 53.
74 *Hepting*, StAZ 2001, 257, 263, 265 sowie LG Hagen IPRspr 1997 Nr. 17.
75 OLG Hamm StAZ 1978, 67; OLG Köln StAZ 1980, 92, 93; *Gaaz*, StAZ 1994, 386, 387.
76 *Wachsmann*, StAZ 2000, 220, 221; *Hepting*, StAZ 2001, 257, 266.
77 OLG Hamm StAZ 1995, 240; *F. Sturm*, StAZ 1994, 370, 373.
78 So OLG Hamm StAZ 1995, 240.
79 *Hepting*, StAZ 2001, 257, 267.
80 Näher *F. Sturm*, in: FS Lange 1992, S. 957.
81 *Hepting*, StAZ 2001, 257, 266.
82 BayObLG StAZ 1999, 72; *Könnecke*, StAZ 1990, 229, 230.
83 BayObLG StAZ 2000, 235, 236; *Hepting*, StAZ 2001, 257, 266 f., gegen BayObLG StAZ 1987, 170; *Krömer*, StAZ 1996, 90; *Jauß*, StAZ 1997, 214, 215 (für „Kaur"); *dens.*, StAZ 2000, 182.
84 S. *Hepting*, StAZ 2001, 257, 267.
85 OLG Stuttgart StAZ 1988, 82; LG Leipzig StAZ 2001, 112; *Hepting*, StAZ 2001, 257, 267.
86 BGH FamRZ 1999, 570 unter Hinw. auf die deutsche Sachrechtslage nach BVerfGE 84, 9 = FamRZ 1991, 535; zust. insb. *Hepting/Bauer*, IPRax 2000, 394, 396 f. Anders zuvor BGHZ 109, 1; BayObLGZ 1987, 418 = StAZ 1998, 199.
87 AG Berlin-Schöneberg StAZ 1998, 180.
88 OLG Düsseldorf StAZ 1995, 41; *Hepting/Bauer*, IPRax 2000, 394, 398; Bamberger/Roth/*Mäsch*, Art. 10 EGBGB Rn 21; *Looschelders*, IPR, Art. 10 Rn 25.
89 BGH FamRZ 1999, 570; *Hepting/Bauer*, IPRax 2000, 394, 397 f.
90 Näher *Wagenitz*, FamRZ 1998, 1545, 1551.
91 *Hepting/Bauer*, IPRax 2000, 394, 398.

39 **d) Ehenamen.** Eine Anpassung kann für Ehenamen erforderlich werden, wenn das Namensstatut des einen Ehegatten automatisch einen Ehenamen vergibt, während das Namensstatut des anderen Ehegatten einen gemeinsamen Ehenamen von einer gemeinsamen Erklärung der Ehegatten abhängig macht (die konkret nicht erfolgt ist). Die Wahl des vom Namensstatut des ersten Ehegatten vorgegebenen Ehenamens wäre im Prinzip verwehrt, weil dieses Recht keine Privatautonomie kennt.[92]

40 So käme kein Ehename zustande, obwohl beide Rechte einen Ehenamen kennen und wollen. Richtigerweise ist daher im Wege der Anpassung dem ersten Ehegatten zu gestatten, entgegen seinem strikten Namensstatut an der Wahl seines Namens zum Ehenamen mitzuwirken. So erzielt man das vom ersten Recht vorgeschriebene und vom zweiten Recht erlaubte Ergebnis.[93] Dieser Weg ist aber nicht gangbar, wenn das Namensstatut des zweiten Ehegatten seinerseits strikt die Fortführung der bisherigen Namen vorschreiben sollte.

41 **e) Sonstige Fälle.** Denkbar ist auch, dass die Eintragung zwar dem tatsächlichen Vorgang und dem Wunsch der Beteiligten entspricht, aber keine im Staat des Namensstatuts zulässige Schreibweise darstellt. Dann eine Unrichtigkeit im Sinne von § 47 PStG zu verneinen[94] ist sehr formal und kann die Beteiligten in unnötige Schwierigkeiten bringen. Vielmehr ist eine Korrektur vorzunehmen. Das Verfahrensrecht muss hier seiner dienenden Funktion gerecht werden.

42 Ein **Änderungsverlangen einer ausländischen Stelle** allein ist noch kein anzuerkennender Hoheitsakt, der Wirkungen bei deutschem Namensstatut zeitigen würde, zumal dann, wenn er im Ergebnis nur eine andere Schreibweise des Namens nach der einschlägigen ISO-Transliterationsnorm wiedergibt.[95]

43 **6. Ordre public.** Auch die über ein ausländisches Namensstatut erzielten Ergebnisse unterliegen der Kontrolle durch den deutschen *ordre public*. *Ordre-public*-Verstöße können sich insbesondere aus **exzessiver Fremdbestimmung** des Namensträgers oder aus **fehlender Gleichberechtigung** der Geschlechter ergeben. Sachrechtlicher Mannesvorrang kann bei Inlandsaufenthalt von Ehegatten problematisch sein.[96]

44 Außerdem können nach dem Namensstatut zulässige **Vornamen** gegen den deutschen *ordre public* verstoßen, wenn sie den Namensträger der **Lächerlichkeit** preisgeben, anstößig sind oder den Namensträger belasten können.[97] Dies ist im Interesse des Kindeswohls geboten.[98] Namensänderungen Deutscher durch ausländische Gerichte sind nicht am materiellen *ordre public* zu kontrollieren (Namensstatut ist deutsches Recht), sondern am engeren anerkennungsrechtlichen *ordre public* des § 16a Nr. 4 FGG.[99] Bei hinreichendem Inlandsbezug kann eine **automatische Namenserstreckung auf Kinder** unabhängig von deren Alter und deren Zustimmung in Extremfällen zum Problem werden.[100]

45 Einige Rechtsordnungen, insbesondere von Bundesstaaten der USA und England, erlauben eine **private Namensänderung ohne besonderen Grund**. Bei starkem Inlandsbezug könnte man darin einen *ordre-public*-Verstoß sehen, weil es die Identifikationsfunktion des Namens aufstört.[101] Indes dürfte dies abzulehnen sein.[102] Auch nach der Namensänderung ist die betreffende Person über einen Namen identifizierbar. Dass jemand nun einen bestimmten Namen führt, also das Ergebnis der Rechtsanwendung, wird als solches kaum anstößig sein.[103] Nur der Erwerbsmodus ist anders. Behördliche Mitwirkung und Registrierung kann man aber kaum zu inländischen Rechtswerten erheben, die es mit dem *ordre public* zu schützen gälte. Versuchen, die eigene Identität durch Namenswechsel zu verschleiern und sich dadurch etwa dem Zugriff von Gläubigern zu entziehen, ist nicht über den Einsatz des *ordre public* im Namensrecht zu wehren, sondern über das Deliktsrecht. Dass der Böswillige faktisch den neuen Namen führt, vermöchte auch der namensrechtliche *ordre public* nicht zu verhindern. Das Schädigungspotenzial geht vom Faktischen aus, nicht von der Berechtigung zur Namensführung.

---

92 Staudinger/*Hepting*, Art. 10 EGBGB Rn 153.
93 Soergel/*Schurig*, Art. 10 EGBGB Rn 63n; Staudinger/*Hepting*, Art. 10 EGBGB Rn 149; *Looschelders*, IPR, Art. 10 Rn 21.
94 So LG Bremen StAZ 2000, 239.
95 LG Rostock IPRspr 2001 Nr. 10 S. 25.
96 Zurückhaltender LG Essen IPRspr 1998 Nr. 11b = IPRax 1999, 50 m. Anm. *Jayme*; AG Essen IPRspr 1998 Nr. 11a = IPRax 1998, 213 m. Anm. *Jayme*; *v. Bar*, IPR II, Rn 90; Staudinger/*Hepting*, Art. 10 EGBGB Rn 93.
97 *H. Dörner*, IPRax 1983, 287, 288 f.; Soergel/*Schurig*, Art. 10 EGBGB Rn 92; MüKo/*Birk*, Art. 10 EGBGB Rn 16. Beispiel: OLG Bremen StAZ 1996, 86 = NJW-RR 1996, 1029; LG Bremen StAZ 1996, 46: „Frieden Mit Gott Allein Durch Jesus Christus" nach südafrikanischem Recht (*ordre public*-Verstoß vom OLG verneint, vom LG bejaht).
98 Bamberger/Roth/*Mäsch*, Art. 10 EGBGB Rn 12.
99 Staudinger/*Hepting*, Art. 10 EGBGB Rn 96.
100 Staudinger/*Hepting*, Art. 10 EGBGB Rn 94.
101 So Erman/*Hohloch*, Art. 10 EGBGB Rn 13; s. auch LG Hagen IPRax 1985, 294; MüKo/*Birk*, Art. 10 EGBGB Rn 36.
102 Ebenso im Erg. BayObLG FamRZ 2000, 55; OLG Hamburg IPRspr 1980 Nr. 184.
103 Bamberger/Roth/*Mäsch*, Art. 10 EGBGB Rn 12; vgl. auch LG Heidelberg IPRspr 1988 Nr. 6.

Trennt ein ausländisches Namensstatut für Kindesnamen noch zwischen ehelicher und **nichtehelicher** 46
Kindschaft, so ist dies hinzunehmen und nicht *ordre-public*-widrig.[104] Nicht zum *ordre public* zählt auch
der **Grundsatz der Geschlechtsoffenkundigkeit** für Vornamen.[105]

V. Eingrenzung auf natürliche Personen

Art. 10 gilt grundsätzlich nur für den Namen natürlicher Personen. Dies ergibt sich allerdings nur indirekt 47
aus dem Wortlaut des Abs. 1. Dort geht es nur um den Namen einer Person. Gesellschaften, Vereinigungen
oder juristische Personen werden nicht ausdrücklich genannt und nicht ausdrücklich miteinbezogen. Durch
diese Nichtnennung werden sie ausgegrenzt. Der Gesetzgeber wollte nach der ganzen Genese nur den Namen
natürlicher Personen regeln, wie auch die nur für natürliche Personen sinnvollen Abs. 2 und 3 belegen.

Die Wertungsaussage des Abs. 1, dass der Name Teil der Persönlichkeit ist und deshalb dem Personalsta- 48
tut unterliegt, lässt sich aber auf die **Firma** von juristischen Personen, Gesellschaften und Vereinigungen
übertragen: Die Firma einer Gesellschaft richtet sich grundsätzlich nach dem Gesellschaftsstatut als dem
Personalstatut der Gesellschaft.[106] Methodisch ist dies als Analogie zu Abs. 1 einzuordnen.[107] Eine kennzeichenrechtsanaloge Einordnung mit Anwendung des Territorialitätsprinzips[108] ist abzulehnen.[109] Allerdings
kommt eine überlagernde Sonderanknüpfung von Marktrecht etwa für Verpflichtungen zum Führen von
Firmenzusätzen in Betracht.[110]

B. Regelungsgehalt

Art. 10 regelt die kollisionsrechtliche Anknüpfung der namensrechtlichen Fragen von natürlichen Personen. 49
Eigene Regeln über die Namensführung selbst enthält er grundsätzlich nicht. Er bestimmt nur das Namensstatut, nicht den Namen. Sein Abs. 1 enthält die Grundregel, Abs. 2 enthält eine wichtige Zusatzregel für
Verheiratete, Abs. 3 eine wichtige Zusatzregel für die Möglichkeiten des Namensstatuts bei Kindern. Die
Rechtswahlmöglichkeiten der Abs. 2 und 3 schaffen Gestaltungspotenzial, um unerwünschte Ergebnisse zu
vermeiden und erwünschte Ergebnisse herbeizuführen.

I. Namensführung nach dem Personalstatut (Abs. 1)

1. Name als Persönlichkeitsteil. Die Namensführung ist ein spezielles Persönlichkeitsrecht.[111] Sie macht 50
einen wesentlichen Teil der Persönlichkeit aus und definiert die Person in ihren Außenbezügen. Daher ist
die Anwendung einer mit der Person des Namensträgers verbundenen Rechtsordnung geboten, es sei denn,
der Namensträger selber oder eine befugte Person an dessen Stelle habe anders optiert. Als Attribut der
Persönlichkeit ist der Name Teil des Persönlichkeitsstatuts.[112]

2. Anwendung des Personalstatuts. Anknüpfungspunkt für das Namensstatut ist die **Staatsangehörig-** 51
keit des Namensträgers. Das Namensstatut ist ein Teil des Personalstatuts, und die Anknüpfung des Personalstatuts folgt im deutschen IPR grundsätzlich dem Staatsangehörigkeitsprinzip. Mit Blick auf den Namen
ist dies umso mehr gerechtfertigt, als in aller Regel amtliche Registrierungen im Heimatland erfolgen, schon
um darüber staatsbürgerliche Rechte und Pflichten ansetzen zu können. Außerdem stellt in aller Regel der
Heimatstaat die Ausweispapiere oder sonstigen Identifikationsdokumente für eine Person aus. Privatrechtliche und öffentlich-rechtliche Fragen werden im Prinzip (vorbehaltlich einer Rück- oder Weiterverweisung)
nach demselben Recht beurteilt; dies fördert Rechtssicherheit und Rechtsklarheit.[113]

Bei einer Eheschließung kommt es auf die **Staatsangehörigkeit der Ehegatten vor der Eheschließung** 52
an; dies gilt auch dann, wenn nach dem Staatsangehörigkeitsrecht eines betroffenen Staates dessen Staatsan-

---

104 Palandt/*Heldrich*, Art. 10 EGBGB Rn 20.
105 Bamberger/Roth/*Mäsch*, Art. 10 EGBGB Rn 12.
106 S. nur RGZ 117, 215, 218 – Eskimo Pie; BGH JZ 1958, 241, 242; BGH NJW 1971, 1522; BayObLG NJW 1986, 2029; KG IPRspr 1934 Nr. 13; OLG Hamburg IPRspr 1958/59 Nr. 43; *M. Wolff*, Das internationale Privatrecht Deutschlands, 3. Aufl. 1954, S. 112 f.; *Raape*, Internationales Privatrecht, 5. Aufl. 1961, S. 652 f.; *Beitzke*, in: Lauterbach (Hrsg.), Vorschläge und Gutachten zur Reform des deutschen internationalen Personen- und Sachenrechts, 1972, S. 94, 171; Staudinger/*Großfeld*, Int. GesR, Rn 319; *Geyrhalter/Gänßler*, NZG 2003, 409, 412; Palandt/*Heldrich*, Anh. Art. 12 EGBGB Rn 6.
107 OLG Köln DtZ 1991, 27, 28; Palandt/*Heldrich*, Art. 10 EGBGB Rn 5; Erman/*Hohloch*, Art. 10 EGBGB Rn 3.
108 Dafür *J. F. Baur*, AcP 167 (1967), 535, 553–557.
109 S. nur Soergel/*Kegel*, Anh. Art. 12 EGBGB Rn 13; Staudinger/*Großfeld*, Int. GesR, Rn 319.
110 Näher *Mankowski*, in: Hirte/Bücker (Hrsg.), Handbuch des grenzüberschreitenden Gesellschaftsrechts, 2004, E II sub 2 a bb.
111 Eingehend *Pintens*, in: FS Henrich 2000, S. 451.
112 Palandt/*Heldrich*, Art. 10 EGBGB Rn 1.
113 Palandt/*Heldrich*, Art. 10 EGBGB Rn 1.

gehörigkeit durch die Eheschließung entweder erworben wird oder verloren geht.[114] Dass die Namensführung in die Ehezeit fällt und damit in den Zeitraum, zu welchem eine neu erworbene Staatsangehörigkeit bereits besteht, verschlägt nicht.[115] Namenserwerb und Namensführung sind zweierlei. Richtigerweise gilt dies auch bei Fortfall einer früheren Staatsangehörigkeit wegen Verlusts als Folge der Heirat mit einem Ausländer.[116]

53 Anzuerkennende **Entscheidungen ausländischer Gerichte** entfalten nach ihrer inzident gemäß § 16a FGG erfolgenden Anerkennung in Deutschland Gestaltungswirkung. Die **Gestaltungswirkung** erstreckt sich auch auf einen namensrechtlichen Ausspruch z.B. im Rahmen eines Adoptionsdekrets.[117] Sie bindet deutsche Standesbeamte, so dass auch im gerichtlichen Verfahren nach § 45 Abs. 2 PStG oder nach § 47 Abs. 1 S. 2 PStG eine Änderung des Adoptionsdekrets nicht möglich ist.[118] In Betracht kommt nur eine isolierte Anfechtung der Namensbestimmung, sofern man darin keinen Verstoß gegen das Veränderungsverbot des § 56e S. 3 FGG sieht.[119]

54 **3. Umfang des Namensstatuts (Qualifikation). a) Name und Namensführung. aa) Namenserwerb und Namensführung.** Das Namensstatut regiert sowohl den Namenserwerb als auch die Namensführung. Eine unterschiedliche kollisionsrechtliche Behandlung beider wäre nicht zu rechtfertigen. Dass trotzdem unterschiedliche Rechte anwendbar sein können, ist keine Folge unterschiedlich ausgestalteter Anknüpfungstatbestände, sondern nur möglicherweise unterschiedlicher Anknüpfungszeitpunkte. Der Namenserwerb ist ein zeitlich fixierter Tatbestand, die Namensführung dagegen ein Dauertatbestand.[120] Eine „Änderung der Namensführung" ist freilich nichts anderes als der Erwerb eines neuen Namens.[121]

55 **bb) Schreibweise.** Das Namensstatut regiert zudem die Schreibweise.[122] Eine **Transliteration** bei der Übertragung in deutsche Personenstandsbücher richtet sich aber als verfahrensrechtliche Frage nach deutschem Recht.[123] Vorrangig ist indes als völkerrechtliche Sonderregelung das **CIEC-Abkommen Nr. 14** über die Angabe von Familiennamen und Vornamen in den Personenstandsbüchern.[124]

56 Besteht der Name unter dem Namensstatut aus lateinischen Schriftzeichen, so ist er nach Art. 2 CIEC-Abk. ohne Änderung oder Übersetzung buchstabengetreu zu übernehmen, unter Einschluss der vom Namensstatut verwendeten **diakritischen Zeichen**.[125] Einzelne dem deutschen Alphabet nicht geläufige Buchstaben sind zu tolerieren und wie diakritische Zeichen zu behandeln.[126] Als Faustregel lässt sich formulieren: Was in den Sonderzeichensätzen der geläufigen Textverarbeitungssoftware als **Sonderzeichen zum lateinischen Alphabet** verwendet wird, ist als Ergänzung zum lateinischen Alphabet hinzunehmen und lässt sich auch in der Praxis ohne größere technische Probleme darstellen.

57 Verwendet das Namensstatut ein anderes Alphabet oder Schriftzeichenreservoir als das lateinische Alphabet, so ist gemäß Art. 3 CIEC-Abk. eine Transliteration nach Maßgabe der von der International Standard Organization (ISO) empfohlenen Regeln vorzunehmen. **ISO-Transliterationsnormen** existieren für arabische, griechische, kyrillische und hebräische Schrift. Eine **Transkription** nach dem phonetischen Lautwert ist dagegen nicht zulässig.

58 Eine Transliteration ist zufolge Art. 2 Abs. 1 CIEC-Abk. entbehrlich, wenn der Name bereits in einer anderen Urkunde des Heimatstaates in lateinische Buchstaben übertragen worden ist. „Andere Urkunde" ist jede **öffentliche Urkunde aus dem Heimatstaat**, insbesondere neben Personenstandsurkunden ein Ausweisdokument wie ein Reisepass.[127] Die öffentliche Urkunde muss – entgegen früher in Deutschland vorherrschender Ansicht[128] – nicht von einem Standesbeamten ausgestellt sein.[129] § 49 Abs. 2 S. 3 DA stellt dies endgültig

---

114 BGH NJW 1979, 489, 490; AG Gießen StAZ 2002, 171, 172; MüKo/*Birk*, Art. 10 EGBGB Rn 78 f.; Staudinger/*Hepting*, Art. 10 EGBGB Rn 175.
115 Entgegen Bamberger/Roth/*Mäsch*, Art. 10 EGBGB Rn 33.
116 Entgegen MüKo/*Birk*, Art. 10 EGBGB Rn 35.
117 BayObLG StAZ 1985, 202; OLG Karlsruhe FamRZ 1999, 252 = StAZ 1997, 278 = IPRax 1998, 110; AG Karlsruhe StAZ 1990, 264; *Henrich*, in: FS B. Großfeld 1999, S. 355, 358.
118 BayObLG StAZ 1985, 202; OLG Karlsruhe FamRZ 1999, 252 = StAZ 1997, 278 = IPRax 1998, 110.
119 S. OLG Köln StAZ 1982, 278 einerseits und OLG Hamm StAZ 1983, 200 andererseits.
120 BGHZ 63, 107; BayObLGZ 1983, 168, 174; BayObLGZ 1989, 147, 150.
121 Staudinger/*Hepting*, Art. 10 EGBGB Rn 108.
122 S. nur BGHZ 121, 311; OLG Karlsruhe StAZ 1970, 311; OLG Zweibrücken StAZ 1993, 12; OLG Rostock StAZ 1994, 288; LG Oldenburg StAZ 1990, 196; AG Bonn StAZ 1986, 106; AG Rottweil StAZ 1993, 194.
123 S. nur BayObLGZ 1980, 409, 412–414; 1989, 360; 1989, 375; 1990, 221; OLG Hamburg StAZ 1977, 279; OLGZ 1981, 148, 149 f. Weitere Nachw. bei Soergel/*Schurig*,, Art. 10 EGBGB Rn 6 Fn 31.
124 Vom 13.9.1973 (BGBl II 1976 S. 1473; 1977 S. 254).
125 BayObLGZ 1977, 287, 294; KG StAZ 1968, 251; OLG Oldenburg StAZ 1990, 196.
126 LG Stuttgart StAZ 1986, 168; Staudinger/*Hepting*, Art. 10 EGBGB Rn 38; strenger OLG Celle StAZ 1998, 176 .
127 BGH FamRZ 1994, 225.
128 Insb. BayObLG StAZ 1984, 11; 1988, 203; OLG Hamm OLGZ 1982, 40; OLG Köln StAZ 1985, 209.
129 Einstimmiger Beschluss der Generalversammlung der CIEC vom 11.9.1992, zust. berichtet bei *Bornhofen*, StAZ 1993, 242; *C. Böhmer*, IPRax 1994, 80, 81.

klar. Eine zu rigide und strikte Handhabung der ISO-Regelung würde zudem ein Hindernis für die **Niederlassungsfreiheit** innerhalb der EU darstellen und deshalb gegen Art. 43 EG verstoßen.[130] Die Richtigkeit der Schreibweise wird aber insbesondere durch Auszüge aus einem ausländischen Personenstandsregister belegt.[131]

cc) Behördliche Namensänderung. Voraussetzungen und Wirkungen einer behördlichen Namensänderung bestimmen sich grundsätzlich ebenfalls nach dem Namensstatut. Die internationale Zuständigkeit für solche Änderungen ergibt sich im Verhältnis der Vertragsstaaten zueinander aus dem Istanbuler CIEC-Abkommen über die Änderung von Namen und Vornamen,[132] das nur geringe Bedeutung hat.[133] Behördliche Zuständigkeit und **Anerkennung behördlicher Änderungen** unterliegen im Übrigen den Grundsätzen des **Internationalen Öffentlichen Rechts**.

Eine **behördliche Namensänderung** kann **in Deutschland** auf Antrag oder Anregung des Namensträgers erfolgen, insbesondere soweit es um den nach deutschem Recht gebildeten Familiennamen eines ausländischen Ehegatten geht.[134] Die internationale Zuständigkeit deutscher Behörden besteht für Deutsche (auch im Sinne von Art. 116 GG[135]), außerdem für heimatlose Ausländer, Asylberechtigte und Flüchtlinge, die ihren gewöhnlichen Aufenthalt bzw. ihren Wohnsitz im Inland haben.[136]

Eine **Namensänderung durch Behörden des Heimatstaates** ist in Deutschland grundsätzlich anzuerkennen,[137] sofern sie nicht den deutschen anerkennungsrechtlichen *ordre public* analog § 328 Abs. 1 Nr. 4 ZPO, § 16a Abs. 1 Nr. 4 FGG verletzt (also insbesondere nicht gegen den erklärten Willen des Namensträgers zwangsweise erfolgt ist). Verbürgung der Gegenseitigkeit ist nicht erforderlich.[138] Für eine Änderung des Namens eines Deutschen durch ausländische Behörden fehlt es aus deutscher Sicht dagegen prinzipiell an der internationalen Zuständigkeit jener Behörden.[139] Dies gilt selbst bei deutsch-ausländischen Mehrstaatern.[140] Zusammengefasst kann man von einem **Grundsatz der Heimatzuständigkeit** sprechen. Besteht allerdings bereits ein „hinkender" Name, welchen der Namensträger nur im Inland führt, so kann dieser Inlandsname durch eine deutsche Behörde geändert werden.[141]

Um die „Namenshoheit" des Heimatstaates zu respektieren[142] und Divergenzen mit den vom Heimatstaat ausgestellten Ausweisen oder Identitätsnachweisen zu vermeiden, sollte man Namensänderungen durch drittstaatliche Behörden auch im Inland anerkennen, wenn der Heimatstaat sie seinerseits anerkannt hat. Als Anerkennung durch den Heimatstaat ist eine entsprechende Eintragung oder Änderung in den amtlichen Dokumenten anzusehen.[143] Die Anerkennung durch den Heimatstaat wird ihrerseits zur hinreichenden Voraussetzung für die Anerkennung in Deutschland.

b) Einzelne Namensarten. aa) Familienname. Dem Namensstatut unterliegt zuvörderst der **Familienname**, den eine Person führen darf oder muss. Dies gilt sowohl für den **Geburtsnamen** eines Kindes (also dessen ersten Namen) als auch für spätere Namen, z.B. einen Familiennamen kraft Ehenamens.

Das Namensstatut entscheidet, ob es **geschlechtsspezifische Endungen** von Familiennamen gibt.[144] Ein Beispiel für die Existenz weiblicher Suffixe ist etwa das tschechische Recht (z.B. Neumannova). Erwirbt ein Deutscher seinen Namen von einer anderen Person, deren Name nach ihrem Namensstatut geschlechtsspezifisch ausgestaltet ist, so soll nach deutschem Recht die männliche Form ohne weibliches Suffix als erworben

---

130 EuGH Slg. 1993, I-1191, I-1218 f. Rn 12–17 – Christos Konstantinidis; näher *Streinz*, StAZ 1993, 243; *Ludwig*, StAZ 1993, 301; *C. Böhmer*, IPRax 1994, 80; *Benicke/A. Zimmermann*, IPRax 1995, 141.
131 S. nur OLG Hamm StAZ 2004, 296 f.
132 Vom 4.9.1958 (BGBl II 1961 S. 1055).
133 Kurze Darstellung bei MüKo/*Birk*, Art. 10 EGBGB Rn 25–28.
134 BVerwG NJW 1986, 601; OVG Hamburg StAZ 1985, 45.
135 Bamberger/Roth/*Mäsch*, Art. 10 EGBGB Rn 27.
136 Nr. 2 Abs. 2 Allgemeine Verwaltungsvorschrift zum Gesetz über die Änderung von Familiennamen und Vornamen (NamÄndVwV) v. 11.8.1938 i.d.F. v. 18.4.1986 (BAnz 1986 Nr. 78).
137 OLG Bremen StAZ 1986, 9; Erman/*Hohloch*, Art. 10 EGBGB Rn 14.
138 Bamberger/Roth/*Mäsch*, Art. 10 EGBGB Rn 28.
139 BVerwG StAZ 1960, 76; BayObLG StAZ 1993, 388; BayObLGZ 2000, 24; OLG Hamm StAZ 1999, 40;
LG Hannover StAZ 1964, 250; LG Wiesbaden StAZ 1966, 87; *Gaaz*, StAZ 1989, 165, 168.
140 BayObLG StAZ 2000, 148, 150; OLG Hamm StAZ 1999, 40; *Gaaz*, StAZ 1994, 388; a.A. OVG Münster StAZ 1994, 195; Bamberger/Roth/*Mäsch*, Art. 10 EGBGB Rn 28 sowie OLG Bremen StAZ 1986, 9, 10.
141 *Henrich*, IPRax 1985, 273; *ders.*, StAZ 1996, 129, 134; Staudinger/*Hepting*, Art. 10 EGBGB Rn 59 sowie OVG Hamburg StAZ 1985, 45; Nr. 2 Abs. 3 NamÄndVwV.
142 Vgl. Staudinger/*Hepting*, Art. 10 EGBGB Rn 59.
143 AG Augsburg IPRspr 1977 Nr. 180; Staudinger/*Hepting*, Art. 10 EGBGB Rn 58.
144 S. nur BayObLGZ 1977, 287, 294; KG FamRZ 1968, 255; OLG Hamburg StAZ 1970, 52; LG StAZ 1977, 222; OLG Celle FamRZ 1991, 1100. Weitere Nachw. bei Soergel/*Schurig*, Art. 10 EGBGB Rn 6 Fn 22.

gelten.¹⁴⁵ Da es hier keine weibliche Namensform gebe, gelte dies selbst für eine nichteheliche Tochter, die ihren Namen von einer Statusdeutschen mit weiblicher polnischer Namensform erwerbe.¹⁴⁶ Eine andere Begründung sieht in dem weiblichen Suffix einen bloßen Namenszusatz, eine Konvention und Frage der bloßen Namensführung.¹⁴⁷ Die Alternative bestünde in einem Wahlrecht für den Namen der anderen Person, die ihren Namen ableitet.¹⁴⁸

65 Das Namensstatut ist auch für die **Reihenfolge von Vor- und Familiennamen** maßgeblich. Es kann anordnen, dass der Vorname dem Familiennamen voransteht und umgekehrt. Diese rechtlichen Maßstäbe gelten natürlich nur für den offiziellen Namen, nicht für die inoffizielle Namensführung. Sprechkonventionen regelt das Recht nicht, ebenso wenig Schreibtraditionen im alltäglichen Verkehr.

66 Ob und wie eine Person ihren Familiennamen ändern kann und darf, bestimmt das Namensstatut.¹⁴⁹ Es legt Umfang und Zuschnitt sachrechtlicher **Änderungsmöglichkeiten** fest. Insbesondere kann es so liberal sein, eine Namensänderung schon durch einfache oder qualifizierte Erklärung gegenüber den zuständigen Behörden zu erlauben. So verfahren etwa das englische Recht und die Rechte der US-Bundesstaaten. Das Namensstatut kann auf der anderen Seite streng jede Namensänderung auf rein freiwilliger, willensgetragener Basis untersagen. So entspricht es kontinentaleuropäischer Tradition.

67 Fragen der **Namenserstreckung**, also der Erstreckung des Ehenamens der Eltern auf ein Kind, regelt das Statut des Kindesnamens.¹⁵⁰ Dieses muss entscheiden, ob es den einheitlichen Familiennamen kennt. Außerdem beherrscht das Kindesnamensstatut die Frage nach der Erstreckung von Namensänderungen der Eltern: ob überhaupt und, wenn ja, unter welchen Zustimmungserfordernissen, wem gegenüber.¹⁵¹ Davon zu trennen ist die Namensänderung der Eltern; diese ist für den Kindesnamen eine Vorfrage und nach den Namensstatuten der Eltern zu beurteilen.¹⁵²

68 Die **Form namensrechtlich relevanter Erklärungen** richtet sich nach Art. 11. Solche Erklärungen sind also dann formwirksam, wenn sie den Formanforderungen des Namensstatuts oder den Formanforderungen des Rechts jenes Ortes genügen, an welchem sie abgegeben werden; es reicht, wenn den Formanforderungen eines dieser Rechte genügt ist.¹⁵³

69 **bb) Vorname.** Der Vorname richtet sich grundsätzlich nach dem Namensstatut. Das Namensstatut bestimmt darüber, welche Vornamen und wie viele Vornamen zulässig sind. Das Namensstatut gibt insbesondere dafür Maß, ob der Vorname einem Gebot der Geschlechtseindeutigkeit oder **Geschlechtsoffenkundigkeit** unterliegt. Es kann Positivlisten zulässiger oder Negativlisten nicht (oder zumindest nicht allein) zulässiger Vornamen aufstellen. Es kann auch bestimmte **Kombinationen** von Vornamen untersagen oder zulassen.

70 Wer zur **Vornamensgebung** berechtigt ist, bestimmt ebenfalls das Namensstatut.¹⁵⁴ Insoweit gilt es, eine Spaltung zwischen Namensgebung und Berechtigung dazu zu vermeiden.¹⁵⁵ Daher ist es nicht richtig, die Berechtigung von vornherein als Teil der Eltern-Kind-Beziehung zu qualifizieren und Art. 21 zu unterstellen.¹⁵⁶ Elternschaft kommt vielmehr mitsamt ihrer Anknüpfung im Wege der Vorfrage zum Zuge, wenn das Namensstatut die Berechtigung zur Namenserteilung den Elternteilen zuspricht. Die Vorfrage kann auch nach der Sorgeberechtigung lauten, sofern das Namensstatut darauf abstellt.

71 Das Namensstatut bestimmt auch darüber, welche aus seiner Sicht ausländischen Vornamen es zulässt.¹⁵⁷ Bei der Vornamensbildung kann ausnahmsweise eine zweite, kollisionsrechtlich verdrängte zweite Staatsangehörigkeit des Namensträgers eine Rolle spielen: Das Namensstatut kann darauf reagieren, indem es einen größeren Spielraum eröffnet, als es dies normalerweise täte, und auch Vornamen zulässt, die nach seinen normalen Regeln unzulässig wären.

---

145 OLG Hamm StAZ 1986, 10; LG Oldenburg StAZ 1992, 143; *Gaaz*, StAZ 1989, 171; *Kubitz*, StAZ 1985, 219.
146 LG Oldenburg StAZ 1992, 143.
147 BayObLGZ 1977, 287, 294.
148 Dafür Soergel/*Schurig*, Art. 10 EGBGB Rn 6.
149 S. nur VG Gießen StAZ 2004, 298.
150 S. nur BayObLG StAZ 1998, 284; Staudinger/*Hepting*, Art. 10 EGBGB Rn 306.
151 Staudinger/*Hepting*, Art. 10 EGBGB Rn 306.
152 Staudinger/*Hepting*, Art. 10 EGBGB Rn 307.
153 AG Berlin-Schöneberg StAZ 2002, 81, 82.
154 OLG Hamm IPRax 1983, 296; OLG Düsseldorf IPRspr 1989 Nr. 11; AG Essen IPRax 1998, 213; *H. Dörner*, IPRax 1983, 287 f.; *v. Bar*, IPR II, Rn 94; *Jayme*, IPRax 1999, 50; *Looschelders*, IPR, Art. 10 Rn 16.
155 *Looschelders*, IPR, Art. 10 Rn 16.
156 Dafür aber AG Duisburg IPRspr 1987 Nr. 80; MüKo/*Birk*, Art. 10 EGBGB Rn 26; Bamberger/Roth/*Mäsch*, Art. 10 EGBGB Rn 25.
157 S. nur OLG Hamm OLGZ 1985, 151; OLG Stuttgart StAZ 1988, 82; OLG Hamm StAZ 1988, 352; KG MDR 1991, 54; weitere Nachw. bei Soergel/*Schurig*, Art. 10 EGBGB Rn 6 Fn 32.

Jedenfalls das deutsche Sachrecht soll so verfahren[158] und außerdem ausländische Vorstellungen und Gebräuche mitberücksichtigen.[159] Allerdings führt dies nicht notwendig dazu, dass etwa der Grundsatz der Geschlechtseindeutigkeit von Vornamen aufgegeben würde.[160]

cc) Mittelname, Beiname. Die skandinavischen Rechte erlauben die Wahl von **Mittelnamen**. Gleiches gilt jedenfalls für die meisten Namensrechte der US-Bundesstaaten.[161] Ob Mittelnamen zulässig sind und, wenn ja, aus welchem Kreis sie geschöpft werden dürfen, bestimmt das Namensstatut. Es kann insbesondere erlauben, dass der Familienname eines Vorfahren geführt wird, auch von mehreren Geschwistern.[162] Grenzen werden teilweise hinsichtlich des von einem Elternteil in der Ehe aktuell geführten Namens gezogen.[163] Mittelnamen können auch Ausdruck der kulturellen Verbundenheit mit einem weiteren Staat sein.[164] Das Namensstatut hat auch über die Einordnung des Mittelnamens als Vor- oder Familiennamen zu bestimmen. Grundsätzlich dürfte der Mittelname, da frei gewählter und nicht vererblicher Name, als Vorname zu behandeln sein.[165]

dd) Zusammengesetzter Name, apellidos. Nach spanischem und portugiesischem Recht sowie den darauf aufbauenden lateinamerikanischen Rechten führen Personen einen **zusammengesetzten Namen** aus zwei Bestandteilen, den so genannten *apellidos*. Deren zweiter ist vom Namen der Mutter abgeleitet. Auf die nächste Generation geht dagegen nur der erste Bestandteil über. Inwieweit beide Teile Familienname sind, bestimmt das Namensstatut. Das Namensstatut bestimmt auch über die Reihenfolge der Namensteile und deren eventuelle Änderung, z.B. nach dem Willen des Namensträgers.[166] Bei deutschem Namensstatut des Ehepartners oder Kindes sind richtigerweise beide Namensteile Teil des Familiennamens (näher Rn 37).

ee) Vatername. Viele Rechte kennen einen **Vaternamen** oder **Großvaternamen**, teilweise mit entsprechenden Zusätzen für Sohnes- oder sogar Enkelverhältnisse. Dies gilt namentlich für arabische Rechtsordnungen (Zusatz „ben" oder „ibn" plus Name des Vaters oder Großvaters). Das isländische Recht wiederum benutzt den Vaternamen wie das deutsche Recht einen Familiennamen; andererseits ist der Vatername dort ein persönlicher Name und wird nicht vererbt (z.B. Gunnarsdottir für Gunnars Tochter).

Das **vietnamesische „Thi"** kennzeichnet das weibliche Geschlecht und lässt in Verbindung mit einem vorangestellten Vaternamen die Abstammung erkennen. Es ist – entgegen der lange gebräuchlichen Praxis in Deutschland[167] – kein echter Vorname, weil es bei der Eheschließung grundsätzlich verloren geht.[168]

Der typische Vatername hat eine Familiennamenskomponente, indem er die Abstammung erkennen lässt; andererseits ist er wie ein Vorname mit der einzelnen Person verbunden und unvererblich.[169] Er unterliegt jedenfalls dem Namensstatut. **Materiellrechtliche Einordnungsprobleme**, ob er eher dem Familiennamen oder eher dem Vornamen zuzuschlagen ist, ergeben sich prinzipiell, wenn der Träger eines Vaternamens unter ein Namensstatut kommt, welches den Vaternamen als Institut nicht kennt.[170] Unter deutschem Recht erscheint es eher sinnvoll, ihn zum Bereich der Vornamen zu zählen.[171] Die Rechtsprechung behandelt ihn zumindest im Ergebnis jedenfalls nicht als Familiennamen.[172]

ff) Individualname. Individualnamen sind höchstpersönliche Namen einer ganz bestimmten Person. Sie sind unvererblich und untrennbar mit ihrem Träger verbunden. Sie sind in einigen Rechtsordnungen (z.B. Indien, Pakistan) bekannt. Grundsätzlich unterliegen sie dem Namensstatut. Das deutsche Personenstandsverfahrensrechts muss sich insoweit einem ausländischen Namensstatut unterordnen. Teilweise wird ein

---

158 OLG Frankfurt StAZ 2000, 238; 2000, 267; OLG Stuttgart StAZ 2003, 141, 142.
159 OLG Celle StAZ 1989, 322; KG StAZ 1991, 45 = MDR 1991, 54; OLG Stuttgart StAZ 2003, 141, 142; AG Berlin-Schöneberg StAZ 1997, 16.
160 OLG Hamm StAZ 2001, 331; liberaler OLG Frankfurt StAZ 2000, 238.
161 Näher *M. Flessner*, StAZ 1993, 181.
162 OLG Frankfurt OLGZ 1976, 423 = StAZ 1976, 363; OLG Hamm OLGZ 1983, 42 = StAZ 1983, 71 m. Anm. *Drewello*.
163 KG StAZ 1999, 171.
164 *Kubitz*, StAZ 1993, 53; Staudinger/*Hepting*, Art. 10 EGBGB Rn 18.
165 Staudinger/*Hepting*, Art. 10 EGBGB Rn 18.
166 Art. 109 Abs. 2 Codigó Civil in Spanien erlaubt dem Namensträger, nach dem Erreichen der Volljährigkeit die Reihenfolge seiner *apellidos* zu ändern.
167 AG Köln StAZ 1981, 275; AG Bonn StAZ 1986, 252; *Drewello*, StAZ 1986, 259.
168 BezG Cottbus StAZ 1994, 194; Staudinger/*Hepting*, Art. 10 EGBGB Rn 8; näher *Jauß*, StAZ 1995, 153.
169 Staudinger/*Hepting*, Art. 10 EGBGB Rn 14.
170 Staudinger/*Hepting*, Art. 10 EGBGB Rn 16.
171 OLG Hamm OLGZ 1978, 129 = StAZ 1978, 65; Staudinger/*Hepting*, Art. 10 EGBGB Rn 17 sowie OLG Köln StAZ 1980, 92.
172 S. BGH NJW 1971, 1521 = FamRZ 1971, 429; OLG Hamm StAZ 1981, 190, 193; OLG Karlsruhe StAZ 1990, 72; LG Bonn StAZ 1984, 38; tendenziell anders LG Tübingen StAZ 2004, 137.

ausdrücklicher Ausweis als Individualname gefordert,[173] teilweise wird der Individualname (zu Unrecht[174]) wie ein deutscher Familienname behandelt.[175]

79 Nach dem Namensstatut haftet der Individualname seinem Träger an. Es kann sich allerdings die Frage ergeben, inwieweit der Name anderen Personen, die einem anderen Recht als ihrem Namensstatut unterstehen, weitergegeben werden kann. Wenn das Namensstatut jener anderen Person die Übertragbarkeit bejaht, ist der Widerspruch aufzulösen, im Zweifel zugunsten der für jene andere Person freundlicheren Variante. Daher kann ein Name, der nach dem Namensstatut seines Trägers Individualname ist, bei einer gemischtnationalen Ehe zum Ehenamen gemacht werden.[176] Er kann dann auch als Begleitname hinzugefügt werden.[177]

80 **gg) Künstlername, Aliasname, Pseudonym.** Die Berechtigung, einen Künstlernamen, Aliasnamen oder ein Pseudonym zu führen (hierher zählt auch der religiöse Ordensname,[178] z.B. Padre Guillermo, Mutter Isabella usw.), richtet sich nach dem Namensstatut.[179] In allen drei Fällen geht es um Namensformen oder Namensersetzungen. Gerade weil von der eigentlichen zivilrechtlichen Namensordnung abgewichen wird, muss das Namensstatut maßgebend sein.[180]

81 Zwar kann es sich sachrechtlich um einen Ausfluss des Persönlichkeitsrechts handeln. Dies heißt aber nicht, dass nur die Anknüpfungsregeln für Persönlichkeitsschutz und damit eine deliktische Qualifikation zum Zuge käme. Spätestens dann, wenn ein Pseudonym, Aliasname oder Künstlername auch in die Ausweispapiere eingetragen wird, entfällt zudem jedes Argument, dass dessen Unterstellung unter das Namensstatut zu Divergenzen führen könnte.[181] Deliktisch zu qualifizieren sind vielmehr nur der Schutz des Pseudonyms usw. und die mögliche Schädigung Dritter durch Gebrauch des Aliasnamens oder Pseudonyms, die eine Identifizierung erschwert.[182]

82 **hh) Namenszusätze.** In manchen Staaten sind Namenszusätze gebräuchlich. Zu nennen sind insbesondere die USA. Dort begegnen als nachgestellte Namenszusätze **junior** (jr., jun.) und **senior** (sr., sen.) oder römische Ziffern (z.B. David Lowe III). Prominent ist auch der Namenszusatz „**Singh**" (= Löwe) für Männer und „**Kaur**" (= Schmuck) für Frauen bei den Sikhs. Dem korrespondiert bei Pakistanis „**Khan**" und „**Begum**".

83 Ob solche Namenszusätze Namensbestandteile sind, entscheidet das Namensstatut. Ihnen aus deutscher Sicht den Namenscharakter zu versagen[183] kann keine Allgemeingültigkeit verlangen.[184] Damit provozierte man nur hinkende Führungen. Zum Ehenamen oder zum Familiennamen eines Kindes können sie in Deutschland nach herrschender Praxis nicht bestimmt werden.[185] Allerdings genießen „Singh" und „Kaur" als Ausübung der Religionsfreiheit grundrechtlichen Schutz und sind in die Personenstandsbücher aufzunehmen.[186] Im Übrigen sollte es Sache des Namensstatuts sein, zu bestimmen, ob ein Namenszusatz Vor- oder Familiennamensfunktion hat (was z.B. beim vietnamesischen „Van" changieren kann[187]).

84 **ii) Adelstitel.** Ob jemand einen Adelstitel als Namensbestandteil führen darf, richtet sich nach dem Personalstatut.[188] Dies gilt auch für eventuelle **weibliche Sonderformen**.[189] Das Namensstatut entscheidet, ob Teile der Adelsbezeichnung Namensbestandteil werden und, wenn ja, welche.[190]

85 Ein von einem anderen Staat als jenem des Namensstatuts **qua behördlichem Akt verliehener Adelstitel** kann in Deutschland nur Anwendung finden, wenn der betreffende behördliche Akt in Deutschland anzuerkennen ist. Folgt man der Lehre von der selbständigen Vorfragenanknüpfung, so kommt es auf eine Anerkennung durch das Namensstatut nicht an. Wird einem Deutschen im Ausland ein angeblicher Adelstitel

---

173 So KG StAZ 1993, 9.
174 Staudinger/*Hepting*, Art. 10 EGBGB Rn 20.
175 So BayObLG StAZ 1996, 41.
176 BayObLGZ 1987, 102, 107 = StAZ 1987, 168, 170; BayObLG StAZ 1993, 387; OLG Hamm StAZ 1978, 65, 67; OLG Köln StAZ 1980, 92 f.; OLG Köln StAZ 1988, 296.
177 AG Augsburg StAZ 1986, 137; a.A. AG Augsburg StAZ 1989, 262.
178 Staudinger/*Hepting*, Art. 10 EGBGB Rn 2.
179 Soergel/*Schurig*, Art. 10 EGBGB Rn 5 mit Fn 20; a.A. v. Bar, IPR II, Rn 91; Bamberger/Roth/*Mäsch*, Art. 10 EGBGB Rn 24.
180 Gegen Staudinger/*Hepting*, Art. 10 EGBGB Rn 2.
181 Gegen Bamberger/Roth/*Mäsch*, Art. 10 EGBGB Rn 24.
182 Insoweit zutr. Bamberger/Roth/*Mäsch*, Art. 10 EGBGB Rn 24.
183 So AG Coburg StAZ 1990, 106; AG Bad Kreuznach StAZ 1990, 107; Staudinger/*Hepting*, Art. 10 EGBGB Rn 8.
184 Vgl. Soergel/*Schurig*, Art. 10 EGBGB Rn 9.
185 BayObLGZ 1987, 102 = StAZ 1987, 168; OLG Oldenburg StAZ 1991, 154; OLG Jena StAZ 1996, 172; OLG Hamm StAZ 1998, 258, 259.
186 BayObLGZ 1987, 102 = StAZ 1987, 168; OLG Hamm StAZ 1998, 258, 259.
187 *Wohlgemuth*, StAZ 1989, 37; Staudinger/*Hepting*, Art. 10 EGBGB Rn 8.
188 S. nur BayObLGZ 1971, 90; 1971, 204; 1989, 147; BayObLG StAZ 1991, 43.
189 OLG Hamm OLGZ 1982, 34; auch StAZ 1986, 10, 11.
190 Soergel/*Schurig*,, Art. 10 EGBGB Rn 10.

verliehen, so ist dieser Titel in Deutschland nicht anzuerkennen und darf in Deutschland nicht geführt werden.[191] Mit Blick auf die weit verbreiteten Praktiken des Titelhandels und des Titelkaufs müssen hier generalpräventive Aspekte durchschlagen.

Das vom Personalstatut bezeichnete Recht ist maßgeblich dafür, ob der Adel (wie z.B. seit 1919 in Österreich) abgeschafft worden ist.[192] Das Namensstatut regiert die **Abschaffung des Adels**. Ein nach dem bisherigen Namensstatut verlorener Adelstitel lebt auch durch einen Wechsel unter deutsches Namensstatut nicht wieder auf; vielmehr bleiben Verlust oder Aberkennung wirksam.[193]

Insoweit kommt **nicht** das **Internationale Enteignungsrecht** in analoger Anwendung dergestalt zum Zuge, dass die Aberkennung des Adels territorial auf das Gebiet des aberkennenden Heimatstaats beschränkt wäre.[194] Namensführung verlangt nach Einheitlichkeit und grenzüberschreitender Wirkung.[195] Es geht nicht um einen Eingriff in Vermögenswerte, für den man territorial differenzieren könnte;[196] anders als bei Gesellschaften besteht auch keine Restpersönlichkeit im Ausland außerhalb des aberkennenden Heimatstaates. Zudem müsste man ansonsten umgekehrt fragen, ob die Verleihung eines Adelstitels nicht auch territorial begrenzt sein müsste.[197]

Bei **Wechsel unter das deutsche Recht** kommt nur unter Umständen eine Namensänderung nach § 3a NamÄndG[198] in Betracht.[199] Ausländische Adelsprädikate werden grundsätzlich weder übersetzt[200] noch im Wege der Namensänderung eingedeutscht, also deutschen Adelsprädikaten angepasst.[201] Eine Ausnahme wurde teilweise für Deutschbalten gemacht;[202] diese kann aber keinesfalls für einen nicht titulierten russischen Adel gelten.[203] Bei fortbestehendem ausländischem Namensstatut ist eine Übersetzung vorzunehmen, wenn das Namensstatut diese (als Übersetzung in die Sprache des jeweiligen gewöhnlichen Aufenthalts) ausnahmsweise selber vorsieht.[204]

jj) Akademische Grade. Ob akademische Grade Namensbestandteil sind, ist grundsätzlich dem Namensstatut zu entnehmen. Ihnen mit Blick auf die Einstellung des deutschen Sachrechts[205] *a priori* Namensfunktion abzusprechen[206] würde der geforderten allseitigen Perspektive nicht gerecht. Namensähnlichen Charakter könnte man ihnen schon angesichts ihres rechtlichen Schutzes und ihrer Fähigkeit, in Personenstandsbücher eingetragen zu werden,[207] auch aus einer rein deutschen Perspektive nicht schlechterdings absprechen.

Die Berechtigung, akademische Grade zu führen, unterliegt als solche nicht dem Namensstatut. Vielmehr folgt sie zunächst dem Recht jenes Staates, nach welchem der Grad (angeblich) verliehen wurde. Insoweit greift das **Recht der (angeblich) verleihenden Institution**. Allerdings wird es überlagert vom Recht des Staates, in welchem der Rechtsverkehr von der Titelführung betroffen ist.[208] Dieses muss darüber entscheiden, ob und in welchem Umfang es akademische Grade anerkennt, die von Institutionen eines (aus seiner Sicht) anderen Staates verliehen wurden. Hier kommen in Deutschland die Gesetze der Länder über das **Führen ausländischer akademischer Grade** oder internationale Übereinkommen[209] zum Zuge.[210] Ihren internationalen Anwendungsbereich müssen sie selber definieren. Sie müssen selber festlegen, bei welcher Nähe des Sachverhalts zu ihrem Erlassstaat sie eingreifen wollen. Tun sie dies nicht ausdrücklich, so sind die entsprechenden Kriterien durch Auslegung aus ihnen zu ermitteln.

---

191 Im Erg. ebenso, wenn auch mit anderer Begründung, *v. Bar*, IPR II, Rn 92; Bamberger/Roth/*Mäsch*, Art. 10 EGBGB Rn 28.
192 BVerwGE 9, 323; 24, 126; BVerwG StAZ 1981, 277, 278; FamRZ 1994, 36; BayVGH StAZ 1989, 77, 78; BayObLGZ 1960, 418, 422; 1961, 305, 309, 311 f.; 1964, 377, 379; 1968, 42; 1971, 204, 208, 214 und *obiter* BVerfGE 17, 199, 200.
193 BVerwG StAZ 1984, 103; BayObLGZ 1964, 377; 1971, 204; OVG Koblenz StAZ 1984, 105; *Bungert*, StAZ 1991, 273, 275; Palandt/*Heldrich*, Art. 10 EGBGB Rn 19.
194 Dafür aber *Kegel/Schurig*, S. 532 (§ 17 IV 2).
195 Erman/*Hohloch*, Art. 10 EGBGB Rn 10.
196 Vgl. *Bungert*, IPRax 1994, 109, 110; *Looschelders*, IPR, Art. 10 Rn 26.
197 Soergel/*Schurig*, Art. 10 EGBGB Rn 18.
198 I.d.F. durch das Ergänzungsgesetz v. 29.8.1961 (BGBl I S. 1261).
199 S. VGH Mannheim IPRax 1994, 136; *Bungert*, IPRax 1994, 109.
200 BayObLGZ 1989, 147; BayObLG StAZ 1991, 43. Anders aber OLG Hamburg StAZ 1990, 25.
201 BayVGH StAZ 1994, 13; Palandt/*Heldrich*, Art. 10 EGBGB Rn 10.
202 OLG Bremen OLGZ 1967, 229.
203 S. LG Verden StAZ 1990, 143.
204 BayObLG StAZ 1989, 345; Staudinger/*Hepting*, Art. 10 EGBGB Rn 34; Bamberger/Roth/*Mäsch*, Art. 10 EGBGB Rn 19.
205 BVerwGE 5, 291.
206 So Staudinger/*Hepting*, Art. 10 EGBGB Rn 9; Bamberger/Roth/*Mäsch*, Art. 10 EGBGB Rn 21.
207 BGHZ 38, 380; *Gaaz*, StAZ 1985, 189.
208 S. nur *Looschelders*, IPR, Art. 10 Rn 27.
209 Insbesondere das Europäische Übereinkommen über die Anerkennung von akademischen Graden und Hochschulzeugnissen v. 14.9.1959 (BGBl II 1969 S. 2057).
210 S. nur MüKo/*Birk*, Art. 10 EGBGB Rn 11.

91 **kk) Ehename.** Der Name des einzelnen Ehegatten nach der Eheschließung unterliegt grundsätzlich dem Recht des Staates, welchem der betreffende Ehegatte angehört.[211] Es gibt kein einheitliches gesetzliches Ehenamensstatut, das für den Ehenamen nach einem beiden Ehegatten verbundenen Recht suchen würde. Der Ehename ist gerade keine Ehewirkung und nicht nach Art. 14 anzuknüpfen. Vielmehr bleibt es bei den einzeln zu bestimmenden Personalstatuten. Die Ehegatten können aber eine namensrechtliche Rechtswahl nach Abs. 2 (dazu näher Rn 95–137) treffen, um ihrer beider Ehenamen einem für beide gemeinsamen Recht zu unterstellen oder zu entnehmen.

92 Für namensrechtliche Folgen einer Ehescheidung besteht keine Sonderregel. Sie richten sich daher für jeden bisherigen Ehegatten gemäß Abs. 1 nach seinem eigenen Personalstatut.[212] Eine besondere Rechtswahlbefugnis besteht für ehemalige Ehegatten nicht mehr. Auch ein zuvor gewähltes Ehenamensstatut regiert nicht die namensrechtlichen Folgen einer Eheauflösung, z.B. durch Scheidung.[213] Vielmehr ist auch insoweit auf die allgemeinen Namensstatute umzuschwenken.[214] Der Anwendungsbereich des gewählten Ehenamensstatuts darf nicht weiter sein als jener des nicht gewählten. Allerdings besteht beim nicht gewählten Kontinuität, da es durchgängig dem Heimatrecht jedes einzelnen Ehegatten folgt.

93 **ll) Gebrauchsname, nom d'usage.** In einigen Gesellschaften ist es üblich, dass die Ehefrau den Familiennamen des Mannes als so genannten Gebrauchsnamen oder *nom d'usage* mitbenutzt, obwohl sie dazu nach ihrem Namensstatut eigentlich nicht berechtigt ist, es sich beim Mannesnamen also nicht um den gemeinsamen Ehenamen handelt (z.B. wird in Spanien der Name des Ehemannes mit dem Bindewort „*de*" dem ersten Namensteil der Ehefrau hinzugefügt[215]). Teilweise wird der Gebrauchsname einem Pseudonym gleichgestellt.[216] Richtigerweise ist nach dem Statut des benutzten Namens zu beurteilen, ob die benutzende Person berechtigt ist (im Sinne einer rechtlichen Anerkennung, nicht einer rechtlichen Anordnung), den betreffenden Namen zu gebrauchen.[217]

94 **c) Recht am eigenen Namen und Namensschutz.** Vom Namen und der Berechtigung, einen Namen zu führen, ist das Recht am eigenen Namen zu unterscheiden. Das **Recht am eigenen Namen** ist ein besonderes Persönlichkeitsrecht und ein Schutzgut gegen deliktische Verletzungen. Es ist ebenso wie der **Namensschutz** deliktisch zu qualifizieren und über Artt. 40–42 (zukünftig über die Rom II-VO) anzuknüpfen.[218] Welchen Namen eine Person trägt, bestimmt sich als selbständig, d.h. über Art. 10 anzuknüpfende Vorfrage für den Deliktsschutz.[219]

II. Rechtswahlbefugnis bei oder nach Eheschließung (Abs. 2)

95 **1. Rechtswahlbefugnis. a) Berechtigte.** Zur Rechtswahl berechtigt sind die **Ehegatten**. Die Rechtswahlbefugnis steht nur beiden Ehegatten gemeinsam zu. Ein Ehegatte allein kann sie nicht wirksam ausüben. Die einseitige Unterstellung eines Ehegatten unter das deutsche Recht, wie sie Artt. 10 Abs. 3, 220 Abs. 4 in der vor 1994 geltenden Fassung erlaubten, gibt es nicht mehr.[220]

96 Der einzelne Ehegatte kann seinen Teil der Rechtswahlbefugnis prinzipiell delegieren. Die Rechtswahlbefugnis ist **kein höchstpersönliches Recht**, für das qua Sachentscheidung im Kollisionsrecht eine Stellvertretung ausgeschlossen wäre.

97 Anders verhält es sich nur, soweit man für die **Form der Rechtswahl** bei der Eheschließung an das Formstatut der Eheschließung selber anknüpft und dieses die persönliche Abgabe von Erklärungen verlangt (wie etwa das deutsche Recht in §§ 1310 f., 1355 Abs. 3 S. 1 BGB).

---

211 S. nur BayObLG IPRax 2002, 405, 408; AG Berlin-Schöneberg StAZ 2002, 81, 82.
212 OLG Hamm StAZ 2004, 171; AG Köln StAZ 2004, 173; AG Berlin-Schöneberg StAZ 1997, 39; Palandt/*Heldrich*, Art. 10 EGBGB Rn 12.
213 Dafür aber OLG Hamm StAZ 1999, 371; OLG Dresden StAZ 2004, 170 f.; *Stoll*, S. 70; Staudinger/*Hepting*, Art. 10 EGBGB Rn 148; Bamberger/Roth/*Mäsch*, Art. 10 EGBGB Rn 54.
214 *v. Bar*, IPR II, Rn 76 sowie *Henrich*, in: FS B. Großfeld 1999, S. 355, 362 f.
215 S. nur *Hepting/Bauer*, IPRax 2000, 394, 395.
216 So *v. Bar*, IPR II, Rn 91 Fn 348; Bamberger/Roth/*Mäsch*, Art. 10 EGBGB Rn 24; Palandt/*Heldrich*, Art. 10 EGBGB Rn 12.
217 Soergel/*Schurig*, Art. 10 EGBGB Rn 6.
218 BVerfG DtZ 1991, 27; OLG Stuttgart IPRspr 1988 Nr. 14; *J. F. Baur*, AcP 167 (1967), 535, 551; *R. Wagner*, Das deutsche internationale Privatrecht bei Persönlichkeitsrechtsverletzungen, 1986, S. 99 f.; *ders.*, JZ 1993, 1034, 1040 f.; *Looschelders*, ZvglRWiss 95 (1996), 48, 67; *ders.*, IPR, Art. 10 Rn 35; *Mankowski*, RabelsZ 63 (1999), 203, 280; *Henrich*, in: FS B. Großfeld 1999, S. 355, 358 f.; Palandt/*Heldrich*, Art. 10 EGBGB Rn 11.
219 *R. Wagner*, JZ 1993, 1034, 1036; *Looschelders*, ZvglRWiss 95 (1996), 48, 67; *ders.*, IPR, Art. 10 Rn 36; *Mankowski*, RabelsZ 63 (1999), 203, 279; *Henrich*, in: FS B. Großfeld 1999, S. 355, 359.
220 *Henrich*, IPRax 1994, 174, 175.

b) Kreis wählbarer Rechtsordnungen. aa) Grundsätzliches. Abs. 2 eröffnet **keine freie Rechtswahl.** 98
Wählbar sind nicht alle Rechtsordnungen, sondern nur solche, die bestimmte objektive Verbindungen zum Sachverhalt haben. Die nötigen objektiven Verbindungen formuliert S. 1 Nr. 1–3 grundsätzlich abschließend.

Andererseits ist die Wahl unter den von Abs. 2 S. 1 zur Verfügung gestellten Rechtsordnungen nicht dadurch 99 beschränkt, dass das gewählte Recht einen einheitlichen Familiennamen nach dem Vorbild des § 1355 Abs. 1 BGB verlangen würde.[221] Die Formulierung *„ihren künftig zu führenden Namen"* sollte insoweit keinen Anlass zu Missverständnissen geben. Wählbar ist vielmehr jedes Recht aus dem betreffenden Kreis, auch wenn es Namensverschiedenheit der Ehegatten kennt oder zulässt.[222] Darin liegt kein Widerspruch zu Art. 6 Abs. 1 GG.[223]

Für die Ehegatten steht regelmäßig die eigentliche Namenswahl im Vordergrund: Sie wollen als Ergebnis 100 bestimmte Namen führen? Es steht ihnen frei, aus dem Kreis des Abs. 2 S. 1 dasjenige Recht zu wählen, das ihnen sachrechtlich erlaubt, den oder die von ihnen gewollten Namen zu führen. Vom sachrechtlichen Ergebnis her angelegte **Rechtswahlplanung** ist zulässig.[224]

bb) Heimatrecht eines Ehegatten. Nach Abs. 2 S. 1 Nr. 1 können die Ehegatten das Heimatrecht jedes 101 Ehegatten als Ehenamensstatut wählen. Bei Mehrstaatern ist das Recht jeder Staatsangehörigkeit, auch einer nicht effektiven, wählbar. Wählbar ist natürlich auch das effektive Heimatrecht. Ehegatten wie Standesbeamten soll aber die Effektivitätsprüfung für die Staatsangehörigkeit hier erspart bleiben.[225] Divergierende Staatsangehörigkeiten der Ehegatten sind keine Voraussetzung für die Rechtswahlbefugnis.[226]

Ob das gewählte Heimatrecht vorher schon Namensstatut des betreffenden Ehegatten war, ist unerheblich. 102 Die Rechtswahl kann auch zum nach Abs. 1 bezeichneten Heimatrecht führen.[227] Im Unterschied zu Abs. 1 ist dann eine Rück- oder Weiterverweisung ausgeschlossen, so dass die Rechtswahl auch für den betreffenden Ehegatten eine besondere Wirkung entfalten kann.

Abs. 2 S. 1 Nr. 1 setzt keine Beziehung des anderen Ehegatten zum gewählten Recht voraus. Insbesondere 103 muss der andere Ehegatte dem betreffenden Staat nicht ebenfalls angehören, denn sonst wäre Abs. 2 S. 1 Nr. 1 neben Abs. 1 eigentlich überflüssig. Ebenso wenig ist erforderlich, dass der andere Ehegatte im Staat des gewählten Rechts seinen gewöhnlichen oder auch nur einen schlichten Aufenthalt haben müsste.

cc) Deutsches Aufenthaltsrecht (mindestens) eines Ehegatten. Abs. 2 S. 1 Nr. 2 erlaubt die Wahl 104 des deutschen Rechts, wenn mindestens einer der Ehegatten seinen **gewöhnlichen Aufenthalt in Deutschland** hat. Damit bildet er die Umweltbezogenheit des Namens ab und erlaubt eine Anpassung an die (gegebenenfalls neue) Umwelt, in welcher der Name geführt wird.[228] Es ist gleichgültig, welcher Ehegatte seinen gewöhnlichen Aufenthalt in Deutschland hat. Abs. 2 S. 1 Nr. 2 ist erst recht gegeben, wenn beide Ehegatten ihren gewöhnlichen Aufenthalt in Deutschland haben. Ein bloß schlichter Aufenthalt oder ein bloßer Wohnsitz nur eines Ehegatten in Deutschland reicht aber in keinem Fall.

dd) Ausländisches Aufenthaltsrecht (mindestens) eines Ehegatten. Abs. 2 S. 1 Nr. 2 formuliert nur 105 eine einseitige, keine allseitige Kollisionsnorm. Die Wahl eines ausländischen Aufenthaltsrechts erlaubt er nach seinem Wortlaut nicht. Daraus könnte man einen strikten **Umkehrschluss** ziehen und die Wahl eines ausländischen Aufenthaltsrechts schlechterdings ausschließen.[229] Immerhin spricht dafür, dass keine planwidrige, sondern zumindest bis 1994 eine „planvolle" Lücke vorlag, weil der deutsche Gesetzgeber Handlungsbedarf für deutsche Behörden nur bei einem Inlandsaufenthalt sah.[230] Eine Änderung des gesetzgeberischen Konzepts durch die 1994 erfolgte Änderung ist ebenfalls nicht ersichtlich.[231]

Sachgerechter erscheint jedoch eine **Analogie** zu Abs. 2 S. 1 Nr. 2.[232] Sie trägt einem als berechtigt 106 anzuerkennenden Anpassungsinteresse der Ehegatten Rechnung. Außerdem vermeidet sie in der Sache nicht erklärliche Ungleichbehandlungen: Warum sollte einem in der Schweiz lebenden deutsch-italienischen

---

221 Erman/*Hohloch,* Art. 10 EGBGB Rn 25.
222 Palandt/*Heldrich,* Art. 10 EGBGB Rn 16; Erman/*Hohloch,* Art. 10 EGBGB Rn 25.
223 BVerfG NJW 1988, 1577 f.; BayObLGZ 1999, 158 = FamRZ 1999, 326; OLG Hamm FGPrax 1999, 55, 56; OLG Hamm FamRZ 1999, 1426; AG Rottweil FamRZ 2002, 391.
224 Ebenso Erman/*Hohloch,* Art. 10 EGBGB Rn 25.
225 *F. Sturm,* StAZ 1995, 255 Fn. 1.
226 Bamberger/Roth/*Mäsch,* Art. 10 EGBGB Rn 38.
227 Palandt/*Heldrich,* Art. 10 EGBGB Rn 15.
228 BGHZ 147, 159, 168.
229 So Staudinger/*Hepting,* Art. 10 EGBGB Rn 161; Bamberger/Roth/*Mäsch,* EGBGB, Art. 10 Rn 43; Palandt/*Heldrich,* Art. 10 EGBGB Rn 15.
230 Soergel/*Schurig,* Art. 10 EGBGB Rn 30; Bamberger/Roth/*Mäsch,* EGBGB, Art. 10 Rn 43.
231 Bamberger/Roth/*Mäsch,* EGBGB, Art. 10 Rn 43.
232 So Soergel/*Schurig,* EGBGB, Art. 10 Rn 63d; *F. Sturm,* StAZ 1995, 255, 259; *ders.,* in: FS D. Henrich 2000, S. 611, 616 mit Fn 31; *Henrich,* in: FS B. Großfeld 1999, S. 355, 362.

Ehepaar die Wahl des Schweizer Rechts versagt sein (zumal sie nach Schweizer IPR eine entsprechende Wahlmöglichkeit hätten)?[233]

107 Hinkende Rechtsverhältnisse zu vermeiden (d.h. eine Namenswahl nach dem gewählten Namensstatut, welche das Aufenthaltsrecht nicht anerkennt) ist Sache der Ehegatten. Wenn hinkende Rechtsverhältnisse drohen, werden gut beratene Ehegatten keine Rechtswahl treffen. Im Gegenteil birgt die Versagung der Rechtswahl die Gefahr hinkender Rechtsverhältnisse, wenn das Aufenthaltsrecht seinerseits die Rechtswahl gestattet.

108 **c) Ausübung.** Die Rechtswahl bedarf des **Konsenses** zwischen beiden Ehegatten; eine einseitige Rechtswahl nur eines Ehegatten gibt es unter Abs. 2 nicht, sei es auch, dass sich nur für jenen Ehegatten namensrechtliche Änderungen ergeben würden.[234]

109 Für Zustandekommen und rechtsgeschäftliche Wirksamkeit der Rechtswahl ist nach dem allgemeinen Rechtsgedanken[235] des Art. 27 Abs. 4 i.V.m. Art. 31 Abs. 1 das in der Rechtswahl benannte Recht maßgebend. Die Rechtswahlbefugnis ist eine kollisionsrechtliche Befugnis. Obwohl das deutsche IPR sie gewährt, richtet sich die rechtsgeschäftliche Wirksamkeit der Rechtswahl nicht etwa automatisch nach deutschem Sachrecht.[236] Dies würde unzulässig die Grenze zwischen Sach- und Kollisionsrecht verschieben. Fehlerhafte Beratung über die Folgen einer Rechtswahl kann ein Anfechtungsrecht wegen Irrtums nach dem gewählten Recht auslösen.[237]

110 Eine wirksame Rechtswahl setzt auch voraus, dass die empfangszuständige (Amts-)Person überhaupt bereit ist, eine solche Erklärung entgegenzunehmen; solche Bereitschaft kann nicht unterstellt werden, wenn das IPR des Eheschließungsortes selber keine entsprechende Rechtswahl kennt.[238]

111 Die bloße **Unterzeichnung der Heiratsurkunde** mit einem bestimmten Namen ist noch keine Rechtswahl. Eine Rechtswahl liegt nicht vor, wenn die Ehegatten Namen, die ihnen vom Recht des Eheschließungsortes gesetzliche zugewiesen werden, widerspruchslos hinnehmen und in der Folgezeit führen; dann fehlt es am nötigen **Bewusstsein von Alternativen**.[239]

112 **d) Ort der Eheschließung.** Der Gesetzgeber hat die Inlandseheschließung als Normalfall des Abs. 2 vor Augen. Dies belegt schon die Kundgabe der Rechtswahl gegenüber dem Standesbeamten als einer typisch inländischen Erscheinung. Indes ist damit eine namensrechtliche Rechtswahl nach Abs. 2 für im Ausland geschlossene Ehen nicht ausgeschlossen. Zum einen ist die Rechtswahl schließlich noch jederzeit nach der Eheschließung möglich. Zum anderen differenziert Abs. 2 in seinem Wortlaut nicht ausdrücklich nach in- oder ausländischer Eheschließung und will deshalb beide erfassen.[240]

113 **2. Zeitpunkt der Rechtswahl. a) Rechtswahl vor der Ehe.** Die Rechtswahl in einem vor der Ehe abgeschlossenen Ehevertrag entfaltet als solche, da vorzeitig getroffen, keine Wirkungen. Anders verhält es sich aber, wenn sie dem Standesbeamten im Rahmen der Eheschließung mitgeteilt wird. Es darf keinen Unterschied machen, ob die Rechtswahl originär getroffen oder zuvor getroffen, jetzt aber in der Zeremonie mitgeteilt wird. Anderenfalls wäre zu raten, den Rechtswahlakt an sich vor dem Standesbeamten zu wiederholen.

114 **b) Rechtswahl bei der Eheschließung.** Seinem Wortlaut nach erfasst Abs. 2 S. 1 nicht nur die nachträgliche Rechtswahl nach der Eheschließung, sondern auch die Rechtswahl unmittelbar bei der Eheschließung. Nur Abs. 2 S. 2 gilt allein für die nachträgliche Rechtswahl.

115 **c) Rechtswahl nach der Eheschließung.** Die Ehegatten können jederzeit während ihrer Ehe eine namensrechtliche Rechtswahl treffen. Dies belegt Abs. 2 S. 2 eindeutig. Eine Änderung der objektiven

---

233 Anerkannt bei Bamberger/Roth/*Mäsch*, Art. 10 EGBGB Rn 43.
234 AG Köln StAZ 2004, 173; *F. Sturm*, StAZ 1995, 255, 257.
235 *Mankowski*, TranspR 1991, 253, 256; MüKo/*Spellenberg*, vor Art. 11 EGBGB Rn 6, Art. 31 Rn 7; MüKo/*Siehr*, Art. 14 EGBGB Rn 58; v. Bar/*Mankowski*, IPR I, § 7 Rn 82; Staudinger/*Mankowski*, Art. 14 EGBGB Rn 138 sowie OLG Zweibrücken DNotZ 2002, 588, 589.
236 So aber Staudinger/*Hepting*, Art. 10 EGBGB Rn 163; Palandt/*Heldrich*, Art. 10 EGBGB Rn 14; vgl. auch LG Stuttgart StAZ 2002, 341.
237 Vgl. LG Stuttgart StAZ 2002, 341; Palandt/*Heldrich*, Art. 10 EGBGB Rn 14. Anders aber wohl Staudinger/*Hepting*, Art. 10 EGBGB Rn 164.
238 BayObLGZ 1989, 363, 366 = StAZ 1990, 15; AG Gießen StAZ 2002, 171, 172; MüKo/*Birk*, Art. 10 EGBGB Rn 79; Staudinger/*Hepting*, Art. 10 EGBGB Rn 181.
239 AG Gießen StAZ 2002, 171, 172; *Stoll*, S. 72; Staudinger/*Hepting*, Art. 10 EGBGB Rn 181.
240 S. nur Staudinger/*Hepting*, Art. 10 EGBGB Rn 175.

Anknüpfungsverhältnisse ist nicht vorausgesetzt. Es bedarf keiner besonderen Voraussetzungen für eine nachträgliche Rechtswahl.

d) Wiederholte oder neue Wahl. Die Ehegatten können auch eine vorangegangene Rechtswahl durch **wiederholte oder neue Rechtswahl** beliebig ändern oder aufheben. Die Rechtswahlbefugnis ist kein Recht, das sich durch einmalige Ausübung verbrauchen würde, sondern besteht fort. Die Ehegatten können also beliebig oft eine Rechtswahl treffen. Gerade bei mehrmaligem Wechsel des gewöhnlichen Aufenthalts während der Ehezeit würde sonst das durchaus anerkannte Anpassungsinteresse missachtet. Aus der Bindungswirkung der Rechtswahl auf deren Unabänderlichkeit zu schließen[241] wäre fehlerhaft und überspannte die Bindungswirkung. 116

Die Konsumtion der Rechtswahlbefugnis durch einmalige Ausübung wäre so ungewöhnlich und stünde in so starkem Widerstreit zu allen für sonstige Rechtswahltatbestände geltenden Grundsätzen, dass sie ausdrücklich hätte angeordnet werden müssen, wenn der Gesetzgeber sie wirklich gewollt hätte. An einer solchen Verbrauchsanordnung fehlt es aber. Im Gegenteil deutet das „jederzeit" im Wortlaut auf Ausübbarkeit nach dem Belieben der Ehegatten, soweit nicht die Grenzen gesprengt werden, die in Abs. 2 ausdrücklich gezogen sind. 117

Im Übrigen hilft die Möglichkeit der Neuwahl über Probleme hinweg, die entstehen können, wenn die Ehegatten dem zunächst gewählten Recht größere Namenswahlfreiheit unterstellten, als dieses tatsächlich gewährt, und deshalb zunächst enttäuscht wurden:[242] Eine neue Rechtswahl korrigiert dann im Ergebnis die Fehleinschätzung, wenn das neu gewählte Recht es erlaubt, den gewünschten Namen zu führen. 118

e) Erlöschen der Rechtswahlbefugnis mit dem Ende der Ehe. Eine zeitliche Grenze der Rechtswahlbefugnis zieht die Beendigung der Ehe. Nach dem Ende der Ehe, namentlich durch Scheidung oder Tod, können die Ehegatten keine Rechtswahl mehr treffen.[243] Dazu besteht auch kein Bedürfnis mehr, da eine Rechtswahl sowieso nur *ex nunc* wirken könnte. 119

Eine analoge Anwendung des Abs. 2, um einem Ehegatten das Überwechseln zu seinem Heimatrecht zu gestatten,[244] steht mit der Zweiseitigkeit und Gemeinsamkeit der Rechtswahl für beide Ehegatten nicht in Einklang;[245] sie ist zudem überflüssig, wenn mit dem Ende der Ehe automatisch die jeweiligen Heimatrechte beider Ehegatten wieder die Namensstatute stellen (siehe Rn 92). 120

3. Form der Rechtswahl (Abs. 2 S. 2). Für die Form der **nachträglichen Rechtswahl** schreibt Abs. 2 S. 2 **öffentliche Beglaubigung** vor. Der Gesetzgeber hat dabei nur die Rechtswahl im Inland vor Augen und verlangt deshalb eine spezifische Form des inländischen Rechts. Öffentliche Beglaubigung meint die Form des § 129 BGB. Ein Schreiben der Eltern an das Standesamt mit dem Antrag, dass das Kind den Namen nach einem benannten Recht führen solle, genügt dem nicht.[246] Auf der anderen Seite kann nach § 15d Abs. 1 S. 3 PStG auch der Standesbeamte die öffentliche Beglaubigung vollziehen. 121

Bei Vornahme der **Rechtswahl im Ausland** ergibt sich das **Substitutionsproblem**, ob gleichwertige Formen des ausländischen Ortsrechts die öffentliche Beglaubigung zu ersetzen vermögen. Es ist nach allgemeinen Substitutionsmaßstäben zu lösen. Funktionelle Gleichwertigkeit sollte genügen. Wesentliche Funktionselemente, zu denen Entsprechungen in der ausländischen Ausgestaltung existieren sollten, sind eindeutige Dokumentation und Authentifikation der jeweils eigenen Erklärung durch die Parteien und dokumentierte Bestätigung der Erklärungsabgabe durch eine unabhängige, Reputation genießende und Seriosität verbürgende Amtsperson oder einen Notar. 122

Abs. 2 S. 2 hat im Prinzip sachrechtlichen Charakter, regelt aber die Form für die vom deutschen Recht gewährte namensrechtliche Rechtswahlbefugnis. Wie Art. 13 Abs. 3 verdrängt er daher die allgemeine Kollisionsnorm für die Formanknüpfung nach Art. 11.[247] 123

Für die **Rechtswahl bei Eheschließung** stellt Abs. 2 S. 2 keine ausdrückliche Sonderregel auf. Diese wird daher dem Formstatut der Eheschließung selber unterworfen,[248] das seinerseits über Art. 13 Abs. 3 (Inlandsheirat) oder Art. 11 (Auslandsheirat) zu ermitteln ist. Dass eine Art. 27 Abs. 4 vergleichbare Verweisung auf 124

---

241 So z.B. Bamberger/Roth/*Mäsch*, Art. 10 EGBGB Rn 48.
242 Auf solche Probleme macht *F. Sturm*, StAZ 1995, 255, 256 Fn 13 aufmerksam, will sie aber auf anderem Wege lösen.
243 Wagenitz/Bornhofen, Art. 10 Rn 16; *F. Sturm*, StAZ 1995, 255, 256; *Jauß*, StAZ 2001, 118, 119.
244 Dafür OLG Hamm StAZ 1999, 370, 371; OLG Dresden StAZ 170, 171; *Kraus*, StAZ 2003, 88.
245 Ebenso AG Köln StAZ 2004, 173.
246 BayObLG FamRZ 2000, 55 = StAZ 1999, 296.
247 Im Erg. ebenso Palandt/*Heldrich*, Art. 10 EGBGB Rn 14; Erman/*Hohloch*, Art. 10 EGBGB Rn 22; a.A. *Hepting*, StAZ 1996, 7; Staudinger/*Hepting*, Art. 10 EGBGB Rn 185.
248 *Hepting*, StAZ 1994, 1, 7; Bamberger/Roth/*Mäsch*, Art. 10 EGBGB Rn 47.

Art. 11 fehlt, stört nicht.[249] Art. 11 ist als allgemein gültige Kollisionsnorm aus sich selbst heraus anwendbar, soweit ihn Sonderregeln nicht verdrängen, und bedarf keiner Berufung durch eine spezielle Verweisung.

125 **4. Wirkung der Rechtswahl. a) Wirkung für den Ehenamen.** Eine kollisionsrechtliche Wahl des Namensstatuts ist noch keine sachrechtliche Namenswahl. Wahl des Namensstatuts und Wahl des Namens sind zwei verschiedene Dinge. Die Rechtswahl bewirkt zunächst nur, dass der Name nach dem gewählten Recht zu bilden und zu führen ist.[250] Auch unter dem gewählten Ehenamensstatut können die Ehegatten ihren Ehenamen nur unter jenen Voraussetzungen und gegebenenfalls Einschränkungen wählen, die jenes gewählte Recht vorsieht.[251] Dass jenes Recht über eine Wahl berufen ist, ändert seinen materiellen Gehalt nicht. Sieht es z.B. überhaupt keine nachträgliche Wahl des Ehenamens vor, so bleibt es dabei.

126 Eine wirksam getroffene Rechtswahl eröffnet alle Möglichkeiten, die Namen der Ehegatten so zu bilden, wie das gewählte Recht sie zur Verfügung stellt.[252] Sofern das gewählte Recht nur eine Art der Namensbildung kennt und zulässt, hat es bei genau dieser Art sein Bewenden.[253] Erlaubt das gewählte Recht den Ehegatten nicht den von diesen gewünschten Übergang von einem gemeinsamen Ehenamen zu getrennten Namen, so bleibt es bei dem gemeinsamen Ehenamen.[254] Stellt das gewählte Recht aber Wahlmöglichkeiten zur Auswahl, so können die Ehegatten ihre Auswahl in dem Rahmen und in den Grenzen treffen, wie das gewählte Recht sie vorsieht.[255] Bei Wahl deutschen Rechts und Wahl des Namens der Frau zum Ehenamen soll auch eine weibliche Sonderform, gebildet nach dem Recht der UdSSR, zum auch für den Ehemann gültigen Ehenamen werden können.[256]

127 Über den **Verbrauch von Namenswahlmöglichkeiten** entscheidet das gewählte Recht. Es kann den Ehegatten eine beliebig häufige Namenswahl freistellen. Es kann insoweit aber auch Grenzen ziehen. Es kann insbesondere eine nur einmalige Wahl erlauben. Es kann sogar anordnen, dass die Befugnis zur einmaligen Wahl bereits durch eine frühere Namenswahl unter einem anderen Recht verbraucht ist, weil den Ehegatten nur eine Wahl pro Ehe gestattet ist. Letzteres ist die Rechtslage unter § 1355 Abs. 3 BGB,[257] allerdings nicht für Spätaussiedler.[258]

128 Das gewählte Recht bestimmt auch, in welchem **zeitlichen Abstand von der Eheschließung** eine Namenswahl möglich ist und ob eine Namenswahl nur bei der Eheschließung erlaubt ist.[259] Die vom deutschen IPR eingeräumte Rechtswahlmöglichkeit hat keine sachrechtsmodifizierende Wirkung dergestalt, dass über sie immer die Möglichkeiten eröffnet sein müssten, welche das gewählte Recht bei der Eheschließung eröffnet.[260] Das deutsche Sachrecht ist liberal; § 1355 Abs. 3 BGB ist so auszulegen, dass eine Namensanpassung insbesondere an eine neue deutsche Umwelt nach Übersiedlung möglich wird und die von Abs. 2 Nr. 1 für das deutsche IPR gewährte Möglichkeit nicht auf der sachrechtlichen Ebene konterkariert wird.[261]

129 Das gewählte Recht regiert Bilden, Führen und Verlust des Ehenamens.[262] Es beherrscht auch die Frage, ob ein Ehegatte einen Beinamen führen darf oder gar muss.[263] Es entscheidet ebenfalls darüber, wie Doppelnamen zu bilden sind oder welche Grenzen für Doppelnamen bestehen.[264]

130 Abs. 2 eröffnet die Rechtswahl nur für den Ehenamen bzw. den in der Ehe geführten Namen der Ehegatten. Außerhalb dessen stehen das allgemeine Namensstatut jedes Ehegatten und das Namensschutzstatut.[265] Indes verdrängt das Ehenamensstatut für die Dauer der Ehe die allgemeinen Namensstatuten der Ehegatten.

---

249 Insoweit treffend Staudinger/*Hepting*, Art. 10 EGBGB Rn 185 gegen Palandt/*Heldrich*, Art. 10 EGBGB Rn 14.
250 S. nur AG Berlin-Schöneberg StAZ 2000, 241.
251 S. nur OLG Hamm StAZ 1999, 75 m.w.N.; *Hepting*, StAZ 1996, 235, 236; *Henrich*, IPRax 1997, 174, 175.
252 S. nur BayObLG FamRZ 2000, 55.
253 Erman/*Hohloch*, Art. 10 EGBGB Rn 25.
254 *Henrich*, IPRax 1994, 174, 175.
255 S. OLG Köln StAZ 1988, 296; FamRZ 1997, 942.
256 So LG Berlin NJW-RR 2000, 1247 = StAZ 2000, 109.
257 OLG Hamm FamRZ 1999, 1426 = FGPrax 1999, 55, 56; Soergel/*Schurig*, Art. 10 EGBGB Rn 63b; Bamberger/Roth/*Mäsch*, Art. 10 EGBGB Rn 53.
258 BGHZ 147, 159, 166 f. = FamRZ 2001, 903, 904; BayObLG StAZ 1999, 270; OLG Stuttgart StAZ 1999, 78, 79 = FamRZ 1999, 1425 = FGPrax 1999, 57, 58; OLG Frankfurt StAZ 2000, 209; LG Saarbrücken StAZ 1997, 306 = NJW-RR 1998, 583; AG Nürnberg StAZ 1997, 306; *Silagi*, StAZ 1999, 263, 265; *Gaaz*, IPRax 2000, 115, 116; a.A. OLG Hamm StAZ 1999, 75, 76 = FGPrax 1999, 55, 56; Bamberger/Roth/*Mäsch*, Art. 10 EGBGB Rn 53.
259 Erman/*Hohloch*, Art. 10 EGBGB Rn 25.
260 Entgegen *Krömer*, StAZ 2003, 116, 118 f.
261 BGHZ 147, 159, 166 f.
262 S. nur Erman/*Hohloch*, Art. 10 EGBGB Rn 26.
263 AG Berlin-Schöneberg StAZ 2002, 81.
264 OLG Karlsruhe FamRZ 1999, 160.
265 Erman/*Hohloch*, Art. 10 EGBGB Rn 26.

b) Wirkung für den Namen eines (gemeinsamen) Kindes (Abs. 2 S. 3). aa) Grundsätzliches. Nach Abs. 2 S. 3 ist für die Auswirkungen einer wirksamen[266] Wahl des Ehenamensstatuts auf den Namen eines Kindes § 1617c BGB entsprechend anzuwenden. Dies dient dem Schutz des Kindes und dazu, die namensrechtliche Selbstbestimmung des Kindes so weit wie möglich zu wahren.

Seinem Wortlaut nach bezieht sich Abs. 2 S. 3 nicht nur auf gemeinsame Kinder der Ehegatten, sondern ist weiter formuliert. Wörtlich genommen erfasst er alle Kinder beider Ehegatten, seien diese gemeinsame oder nicht. Ebenso wenig unterscheidet er danach, ob ein Ehegatte ein Kind des anderen Ehegatten angenommen und damit zu einem gemeinsamen Kind gemacht hat.

bb) Deutsches Namensstatut des Kindes. Die sinngemäße Anwendung des § 1617c BGB führt dazu, dass sich der neue Ehename, wie er nach dem gewählten Recht gebildet wird, nur dann auf das Kind erstreckt, wenn das Kind das fünfte Lebensjahr noch nicht vollendet hat oder eine Anschlusserklärung abgibt.[267] Die Altersgrenze wird rein faktisch bestimmt und rekurriert nicht tragend auf eine Art von Geschäftsfähigkeit, so dass keine Vorfrageananknüpfung erfolgt.

Für die **Anschlusserklärung des Kindes** ergibt sich die weitere Differenzierung aus § 1617c Abs. 2 S. 1, Abs. 1 S. 1 BGB:[268] Ist das Kind bereits älter als vierzehn Jahre, so kann es jene Erklärung nur selber abgeben, bedarf aber dafür nach § 1617c Abs. 1 S. 2 Hs. 2 BGB wiederum der Zustimmung seiner gesetzlichen Vertreter. Ist das Kind älter als fünf, aber jünger als vierzehn Jahre, so können entweder die gesetzlichen Vertreter die Anschlusserklärung abgeben oder das Kind mit Zustimmung der gesetzlichen Vertreter. Wer gesetzlicher Vertreter ist, ist eine selbständig anzuknüpfende Vorfrage.

cc) Ausländisches Namensstatut des Kindes. Allgemeines Namensstatut eines Kindes kann ausländisches Recht sein. § 1617c BGB ist weder direkt noch analog Teil dieses Namensstatuts. Man könnte ihn dann, wollte man der Anordnung des Abs. 2 S. 3 wörtlich folgen, nur im Wege der Sonderanknüpfung, dafür aber immer durchsetzen.[269]

Die Alternative besteht darin, das ausländische Namensstatut des Kindes über die Folgen der Rechts- und gegebenenfalls Namenswahl der Eltern auf den Kindesnamen entscheiden zu lassen.[270] Der Rechtsgedanke des Abs. 2 S. 3 lässt sich verallgemeinern, indem man die Regeln des Namensstatuts über die Folgen einer materiellrechtlichen Namenswahl der Eltern auf den Kindesnamen jedenfalls bei *ex-lege*-Änderung als Folge der Rechtswahl zur Anwendung bringt.

Eine allgemeine Anwendung des § 1617c BGB bei ausländischem Namensstatut wäre letztlich ein zu starker kollisionsrechtlicher Eingriff und würde nicht wünschbare hinkende Kindesnamen provozieren. Allenfalls mag man einem Normenmangel im ausländischen Namensstatut durch behutsame Lückenfüllung anhand des § 1617c BGB abhelfen, wenn dort überhaupt keine Normen für die Folgen beim Kindesnamen bestehen.[271] Die Altersgrenzen des § 1617c BGB international zwingend zu machen, würde diese Norm viel zu stark aufwerten.[272]

III. Rechtswahlbefugnis des Personensorgeberechtigten für den Kindesnamen (Abs. 3)

1. Rechtswahlbefugnis. Abs. 3 erlaubt dem Sorgeberechtigten, für den Namen des seiner Sorge unterworfenen Kindes eine Rechtswahl zu treffen. Gegenstand der Rechtswahl ist das Statut des Kindesnamens. Der Kindesname selber ist dann nach Maßgabe des gewählten Rechts zu bilden. Er bewegt sich nur auf der sachrechtlichen Ebene. Eine Rechtswahl ist keine direkte Namenswahl.[273] Umgekehrt folgt aus einer Namenswahl keine Rechtswahl.

Der Zweck der Rechtswahl liegt darin, die Namenstradition anderer Rechts- und Kulturkreise einhalten zu können oder für das Kind eine namensrechtliche Annäherung an sein familiäres oder lokales Umfeld zu ermöglichen.[274]

---

266 Vgl. BayObLG StAZ 1998, 281 = FamRZ 1999, 326.
267 S. nur *Looschelders,* IPR, Art. 10 Rn 50.
268 Vorbildlich BayObLG StAZ 1998, 281 = FamRZ 1999, 326.
269 Dafür *F. Sturm,* StAZ 1994, 370, 372; *ders.,* in: FS G. Lüke 1997, S. 809, 822 f.; Palandt/*Heldrich,* Art. 10 EGBGB Rn 18; Erman/*Hohloch,* Art. 10 EGBGB Rn 27.
270 Dafür *Henrich,* IPRax 1994, 174, 178; Soergel/ *Schurig,* Art. 10 EGBGB Rn 75 f.; Staudinger/ *Hepting,* Art. 10 EGBGB Rn 187, 308; Bamberger/ Roth/*Mäsch,* Art. 10 EGBGB Rn 57.
271 Soergel/*Schurig,* Art. 10 EGBGB Rn 75 f.; Bamberger/Roth/*Mäsch,* Art. 10 EGBGB Rn 57.
272 Staudinger/*Hepting,* Art. 10 EGBGB Rn 308.
273 S. nur BayObLGZ 1997, 167 = StAZ 1997, 275.
274 LG Berlin StAZ 2000, 217, 218; *Henrich,* StAZ 1996, 129, 133; *Hepting,* StAZ 1998, 133, 137; MüKo/*Birk,* Art. 10 EGBGB Rn 93, 98; Bamberger/ Roth/*Mäsch,* Art. 10 EGBGB Rn 60.

140 **a) Berechtigte.** Wahlberechtigt ist der **Sorgeberechtigte**. Wer sorgeberechtigt ist, ist über Art. 21 zu ermitteln.[275] Sind nach dem Personensorgestatut mehrere Personen sorgeberechtigt, so entscheidet das Personensorgestatut auch darüber, ob diese Personen immer gemeinsam handeln müssen, ob Zusammenwirken ausreicht oder ob gar die Personensorge jeweils von jedem Sorgeberechtigten allein wahrgenommen werden kann.[276] Bloße Elternschaft reicht nicht aus.[277]

141 Die Rechtswahlberechtigung ist nicht dergestalt beschränkt, dass ein zeitlicher Zusammenhang mit einer tatsächlichen Änderung der Anknüpfungsverhältnisse verlangt wäre.[278] Einer besonderen sachlichen Rechtfertigung im konkreten Einzelfall bedarf sie nicht.[279]

142 Ebenso wenig ist die Rechtswahlbefugnis auf Sachverhalte beschränkt, die einen Bezug zu Deutschland aufweisen.[280] Gesetzlicher Beleg dafür ist § 31a Abs. 2 S. 3 PStG: Die örtliche Zuständigkeit des Standesbeamten für die Entgegennahme der Rechtswahlerklärung setzt weder einen Aufenthalt oder eine Geburt in Deutschland noch die deutsche Staatsangehörigkeit eines Beteiligten noch ein in Deutschland geführtes Familienbuch voraus.[281] Umgekehrt ist auch jede Beschränkung dergestalt, dass nur Nicht-Deutschen die Wahl gestattet würde, entfallen.[282]

143 **b) Kreis wählbarer Rechtsordnungen.** Abs. 3 gestattet keine freie Rechtswahl (die erlauben würde, jedes Recht der Erde zu wählen), sondern nur eine beschränkte Rechtswahl. Der Sorgeberechtigte darf nur aus dem Kreis jener Rechte auswählen, die in S. 1 Nr. 1–3 zur Auswahl gestellt werden. Die einzelnen Rechtswahltatbestände sind untereinander disjunktiv. Es reicht aus, wenn einer von ihnen gegeben ist. Maßgeblicher Zeitpunkt für das Vorliegen der erforderlichen Anknüpfungstatsachen ist der Zeitpunkt, zu welchem das Wahlrecht ausgeübt wird, nicht der Zeitpunkt der Kindesgeburt.[283]

144 **aa) Heimatrecht eines Elternteils.** Nach Abs. 3 S. 1 Nr. 1 kann das **Heimatrecht jedes Elternteils** gewählt werden. Wer Elternteil ist, ist eine Erstfrage. Insbesondere setzt die Wahl des Vaterrechts voraus, dass die Vaterschaft rechtlich feststeht.[284] Erkennt der Vater nach dem einschlägigen Anerkennungsstatut die Vaterschaft schon vor der Geburt wirksam an, so ist eine pränatale Rechtswahl möglich.[285]

145 Der Elternteil, welcher dem Staat des gewählten Rechts angehört, muss nicht sorgeberechtigt sein. Es kann sich auch um einen nicht sorgeberechtigten Elternteil handeln. Wählbar ist bei Mehrstaatern jedes Heimatrecht, auch ein nicht effektives; Art. 5 Abs. 1 gilt hier ausdrücklich nicht.

146 Eine deutsche Staatsangehörigkeit des Elternteils oder des Kindes hindert nicht, dass eine ausländische Staatsangehörigkeit desselben oder des anderen Elternteils gewählt werden könnte.[286] Auch Art. 5 Abs. 1 S. 2 gilt eben nicht.[287] Sind beide Eltern Deutsche, so ist es unerheblich, ob das Kind eine ausländische Staatsangehörigkeit hat,[288] da Abs. 3 S. 1 Nr. 1 nur auf die Heimatrechte der Eltern abstellt.

147 Art. 5 Abs. 2 ist dagegen nicht ausgeschlossen. Bei **Flüchtlingen** tritt also an die Stelle der Staatsangehörigkeit der gewöhnliche Aufenthalt.[289] Gleiches gilt erst recht für **Staatenlose**. Das Aufenthaltsrecht ist hier als Recht des Personalstatuts an Stelle des Heimatrechts wählbar.

148 **bb) Deutsches Aufenthaltsrecht eines Elternteils.** Zweite Wahlmöglichkeit ist deutsches Recht, wenn ein Elternteil seinen gewöhnlichen Aufenthalt[290] in Deutschland hat. Wo das Kind oder der andere Elternteil seinen gewöhnlichen Aufenthalt hat, ist ohne Bedeutung.[291] Der inländische Aufenthalt des einen Elternteils reicht vollkommen aus. Dagegen ist unerheblich, ob der betreffende Elternteil im Inland seinen oder auch nur einen Wohnsitz hat.

149 Abs. 3 S. 1 Nr. 2 erlaubt nur die Wahl eines deutschen Umweltrechts, nicht dagegen die **Wahl eines ausländischen Umweltrechts**. Der Wortlaut der Norm ist eindeutig und wird durch den Umkehrschluss aus dem allseitig gefassten Abs. 3 S. 1 Nr. 1 untermauert. Gewollt ist die Möglichkeit zur Anpassung an eine deutsche Umwelt. Die Anpassung an die inländische Namensführung zu regeln, ist der deutsche Gesetzgeber

---

[275] S. nur OLG Düsseldorf FamRZ 1999, 328, 329; Henrich, in: GS Lüderitz 2000, S. 273, 279; Staudinger/Hepting, Art. 10 EGBGB Rn 244; Bamberger/Roth/Mäsch, Art. 10 EGBGB Rn 63.
[276] Bamberger/Roth/Mäsch, Art. 10 EGBGB Rn 63.
[277] S. nur LG Flensburg FamRZ 1996, 1500.
[278] So aber Hepting, StAZ 1998, 133, 140 f.
[279] Bamberger/Roth/Mäsch, Art. 10 EGBGB Rn 62.
[280] Bamberger/Roth/Mäsch, Art. 10 EGBGB Rn 64; Palandt/Heldrich, Art. 10 EGBGB Rn 20; a.A. Hepting, StAZ 1998, 133, 141.
[281] Bamberger/Roth/Mäsch, Art. 10 EGBGB Rn 64.
[282] Henrich, IPRax 1994, 174, 176.
[283] Bamberger/Roth/Mäsch, Art. 10 EGBGB Rn 68.
[284] Staudinger/Hepting, Art. 10 EGBGB Rn 240.
[285] Soergel/Schurig, Art. 10 EGBGB Rn 80; Staudinger/Hepting, Art. 10 EGBGB Rn 240.
[286] Staudinger/Hepting, Art. 10 EGBGB Rn 238; Palandt/Heldrich, Art. 10 EGBGB Rn 21.
[287] Soergel/Schurig, Art. 10 EGBGB Rn 75a.
[288] BayObLG FamRZ 2000, 55, 56.
[289] Bamberger/Roth/Mäsch, Art. 10 EGBGB Rn 67.
[290] Zum Begriff s. Art. 5 Rn 16.
[291] Staudinger/Hepting, Art. 10 EGBGB Rn 238.

befugt.[292] Die Wahl eines ausländischen Umweltrechts dagegen würde, da zugleich ein ausländischer Rechtsverkehr wesentlich betroffen wäre, die Gefahr einer hinkenden Rechtswahl, die von dem betreffenden ausländischen Staat nicht anerkannt würde, erhöhen.[293] Freilich würde dies wiederum nicht gelten, wenn jenes Umweltrecht seine eigene Wahl gestattete. Ein allseitiger Ausbau des Abs. 3 S. 1 Nr. 2 im Wege der **Analogie** müsste trotzdem die Hürde überwinden, dass es an einer planwidrigen Regelungslücke fehlen dürfte.[294]

cc) Heimatrecht eines Namenserteilenden. Abs. 3 S. 1 Nr. 3 erlaubt die Wahl des Heimatrechts einer Person, welche dem Kind den Namen erteilt. Gedacht ist insbesondere an die **Einbenennung** nach Art des § 1618 BGB mit Übernahme des Namens des Stiefelternteils. Ausnahmsweise sind hier kollisionsrechtliche Rechtswahl und sachrechtliches Ergebnis so eng miteinander verkoppelt, dass die Rechtswahl nur zuzulassen ist, wenn sie tatsächlich zu dem angestrebten sachrechtlichen Ergebnis (Namensangleichung mit dem Stiefelternteil) führt.[295] Im Gesetzeswortlaut kann man dies an der Namenserteilung (!) als Tatbestandsmerkmal festmachen. 150

Art. 5 Abs. 1 findet keine Anwendung.[296] Wählbar ist also auch ein nicht-effektives Heimatrecht des Namenserteilenden. Ob eine **Zustimmung seitens des Kindes** oder dessen Verwandten zur Namenserteilung notwendig ist und, wenn ja, unter welchen Kautelen und wie eine solche Zustimmung zu erteilen ist, ist zusätzlich, kumulativ nach Art. 23 gemäß dem Heimatrecht des Kindes zu beurteilen. 151

Für Abs. 3 S. 1 Nr. 3 muss der **Sorgeberechtigte** nicht zugleich Namenserteilender sein. Dies ist wichtig, denn es erlaubt für den Kindesnamen bei unverheirateten Eltern, die sorgeberechtigte Mutter das Heimatrecht eines späteren Ehemanns (der nicht der Vater ist) wählen und den Namen von diesem erteilen zu lassen.[297] 152

c) Ausübung. Der Sorgeberechtigte übt seine Rechtswahlbefugnis durch einseitige **Gestaltungserklärung** aus. Des Konsenses mit dem Kind bedarf er nicht. Entsprechendes gilt bei gemeinsam Sorgeberechtigten, welche die ihnen gemeinsam verliehene Gestaltungsmacht ausüben. Die rechtsgeschäftliche Wirksamkeit der Ausübung regiert analog Art. 27 Abs. 4 i.V.m. Art. 31 Abs. 1 das in der Rechtswahlerklärung bezeichnete Recht. 153

2. Zeitpunkt der Rechtswahl. Die Rechtswahlbefugnis nach Abs. 3 ist **nicht fristgebunden**.[298] Mangels ausdrücklich normierter Ausschlussfrist ist eine Rechtswahl daher jederzeit und auch in zeitlichem Abstand von dem letzten namensrechtlich relevanten Ereignis oder dem Erlangen der Sorgebefugnis möglich.[299] Eine Analogie zu § 1617b Abs. 1 BGB oder zu Art. 10 Abs. 3 S. 2; Abs. 4 S. 2 EGBGB a.F.[300] ist mangels planwidriger Regelungslücke abzulehnen.[301] 154

Das **Ende der Sorgebefugnis** markiert auch das Ende der Rechtswahlbefugnis. Wird der Sorgeunterworfene nach seinem über Art. 7 Abs. 1 zu bestimmenden Personalstatut volljährig und entfällt nach diesem Recht die Sorge, so erlischt auch die Rechtswahlbefugnis.[302] 155

Die einmalige Ausübung verbraucht die Befugnis zur erneuten Rechtswahl nicht. Eine einmal getroffene Rechtswahl ist nicht unveränderlich und ein für alle Mal bindend.[303] Vielmehr entspricht es den allgemeinen Grundsätzen der Parteiautonomie, dass die Rechtswalbefugnis auch nach ihrer ersten (und jeder späteren) Ausübung fortbesteht. 156

3. Form der Rechtswahl. Nach Abs. 3 S. 2 bedürfen **nach der Geburt bzw. erstmaligen Registrierung abgegebene Erklärungen** einschließlich der Rechtswahlerklärung der öffentlichen Beglaubigung. Insoweit besteht eine Sachregelung im IPR. Der Gesetzgeber hat für die **öffentliche Beglaubigung** die Charakteristika der inländischen öffentlichen Beglaubigung gemäß § 129 BGB vor Augen, beschränkt Abs. 3 S. 2 aber nicht auf die im Inland abgegebene Rechtswahlerklärung. Bei Abgabe der Rechtswahlerklärung im Ausland ist daher nach Möglichkeiten der Substitution durch funktionsäquivalente ausländische Erscheinungen zu suchen. Die Alternativanknüpfung der Form nach Art. 11 gilt jedenfalls nicht. 157

Für die Form einer bereits **vor oder bei der Geburt bzw. der erstmaligen Registrierung vorgenommenen Rechtswahl** enthält Abs. 3 S. 2 keine direkte Regelung. Zwei Alternativen stehen zur Auswahl: entweder 158

---

292 Staudinger/*Hepting*, Art. 10 EGBGB Rn 239.
293 Staudinger/*Hepting*, Art. 10 EGBGB Rn 239.
294 Vgl. Soergel/*Schurig*, Art. 10 EGBGB Rn 68.
295 Soergel/*Schurig*, Art. 10 EGBGB Rn 78; Bamberger/Roth/*Mäsch*, Art. 10 EGBGB Rn 67.
296 *Looschelders*, IPR, Art. 10 Rn 63; Palandt/*Heldrich*, Art. 10 EGBGB Rn 22.
297 S. *Henrich*, in: GS Lüderitz 2000, S. 273, 282.
298 S. nur LG Berlin StAZ 2003, 172, 173; Palandt/*Heldrich*, Art. 10 EGBGB Rn 21.
299 LG Berlin StAZ 2003, 172, 173.
300 Dafür Staudinger/*Hepting*, Art. 10 EGBGB Rn 256.
301 LG Berlin StAZ 2003, 172, 173.
302 Bamberger/Roth/*Mäsch*, Art. 10 EGBGB Rn 62.
303 A.A. Palandt/*Heldrich*, Art. 10 EGBGB Rn 22.

Abs. 3 S. 2 analog anzuwenden[304] oder dieselben formellen Anforderungen zu stellen, wie sie für eine materiellrechtliche Namenswahl bei der Geburt nach deutschem Recht bestehen, d.h. eine einfache formlose Erklärung gegenüber dem Standesbeamten genügen zu lassen.[305] Liberaler ist der zweite, methodisch vorzugswürdig der erste Ansatz. Er trennt zwischen Rechts- und Namenswahl, und er führt den Gedanken der spezifisch kollisionsrechtlichen Regelung weiter. Wenn man dem zweiten Ansatz folgt, ist eine persönliche Erklärung vor dem Geburtsstandesbeamten entsprechend § 17 Abs. 2 PStG zu verlangen.[306]

159 Keine eigentliche Formfrage ist die **Empfangsbedürftigkeit** der Rechtswahlerklärung. Amtsempfangsbedürftigkeit zur materiellen Voraussetzung analog § 130 Abs. 1 BGB zu erheben,[307] denkt einseitig von der Inlandsgestaltung her und verträgt sich nicht mit der richtigen Anwendung von Art. 27 Abs. 4 i.V.m. Art. 31 Abs. 1 analog auf die materiellen Aspekte der Rechtswahl.

160 Soweit nach dem gewählten Recht **Amtsempfangsbedürftigkeit** besteht, besteht in Deutschland Empfangszuständigkeit nach § 31a Abs. 2 PStG. Eine teleologische Reduktion des § 31a Abs. 2 S. 3 PStG bei Auslandsgeburt eines ausländischen Kindes[308] ist abzulehnen, wenn man richtigerweise keinen Inlandsbezug für die Rechtswahl fordert.

161 **4. Wirkung der Rechtswahl.** Eine Rechtswahl nach Abs. 3 betrifft nach dem klaren Wortlaut des Gesetzes **nur den Familiennamen**, nicht aber den Vornamen des Kindes.[309] Richtigerweise sind den Familiennamen hier auch die Vater- und Zwischennamen zuzuordnen, die ein Abstammungsverhältnis ausdrücken, selbst wenn sie als persönliche Namen nicht an folgende Generationen weitergegeben werden.[310]

162 Die Rechtswahlwirkung ist auf **Zwischennamen mit familiennamenähnlicher Funktion** auszudehnen, um z.B. zu verhindern, dass Geschwister verschiedene Namen führen, weil einem von ihnen im Gegensatz zu den anderen versagt wird, den Eigennamen des Vaters als weiteren Namen zu führen.[311]

163 Eine Rechtswahl entfaltet nur **Wirkung** *ex nunc*.[312] Rückwirkung entfaltet sie dagegen grundsätzlich nicht. Eine in zeitlichem Abstand von der Geburt und nach der Beurkundung der Geburt vorgenommene Rechtswahl bewirkt daher nur eine Änderung des Namens, beeinflusst aber nicht den Erwerb des ursprünglichen Geburtsnamens. Soweit die Rechtswahl Einfluss auf den Geburtsnamen haben soll, muss sie spätestens zeitgleich mit der Beurkundung der Geburt vorgenommen werden.[313] Dann entfaltet die Rechtswahl Rückwirkung auf den Zeitpunkt der Geburt.[314]

164 **5. Mehrheit von Kindern.** Haben Eltern **mehrere Kinder**, so kann für den Namen jedes einzelnen Kindes eine **eigene Rechtswahl** getroffen werden.[315] Im deutschen IPR gibt es kein Pendant zu § 1617 Abs. 1 S. 3 BGB, wonach nur eine einheitliche Rechtswahl für alle Kinder gestattet wäre. Vielmehr sind insoweit legitime Anpassungsinteressen anzuerkennen, namentlich bei Staatsangehörigkeits- oder Aufenthaltswechsel der Eltern oder eines Elternteils. Andererseits gibt es keine Beschränkung des Abs. 3 hinsichtlich nachgeborener Kinder auf Fälle, in denen sich die Anknüpfungsbedingungen geändert hätten.[316]

165 **Unterschiedliche Namensstatute** für mehrere Kinder bedingen nicht automatisch unterschiedliche Namen. Ist etwa deutsches Recht Namensstatut für das zweite Kind (sei es über Abs. 1, sei es kraft Rechtswahl nach Abs. 3), so ist auf der sachrechtlichen Ebene § 1617 Abs. 1 S. 3 BGB zu beachten: Der Name des zweiten Kindes ist **materiellrechtlich präjudiziert** durch den Namen des ersten Kindes, gleich unter welchem Recht der Name des ersten Kindes gebildet wird.[317]

---

304 Dafür *Hepting*, StAZ 1998, 133, 138.
305 Dafür Bamberger/Roth/*Mäsch*, Art. 10 EGBGB Rn 71 sowie BayObLG StAZ 1997, 174, 175; Palandt/*Heldrich*, Art. 10 EGBGB Rn 21.
306 *Wachsmann*, StAZ 1999, 339; Staudinger/*Hepting*, Art. 10 EGBGB Rn 245.
307 So Staudinger/*Hepting*, Art. 10 EGBGB Rn 246.
308 So Staudinger/*Hepting*, Art. 10 EGBGB Rn 246, 263.
309 BayObLG StAZ 2000, 235, 236; LG Karlsruhe StAZ 2001, 111.
310 *Henrich*, in: GS Lüderitz 2000, S. 273, 276 f. sowie *Kubitz*, StAZ 1997, 244; a.A. AG München StAZ 1992, 313.
311 AG Tübingen StAZ 2001, 112.
312 S. nur *Jauß*, StAZ 2001, 338, 339.
313 Staudinger/*Hepting*, Art. 10 EGBGB Rn 235.
314 Staudinger/*Hepting*, Art. 10 EGBGB Rn 249.
315 *Henrich*, StAZ 1996, 129, 134; Soergel/*Schurig*, Art. 10 EGBGB Rn 75b; Bamberger/Roth/*Mäsch*, Art. 10 EGBGB Rn 73; Palandt/*Heldrich*, Art. 10 EGBGB Rn 23.
316 So aber *Hepting*, StAZ 1998, 133, 139.
317 *Henrich*, StAZ 1996, 129, 134; Bamberger/Roth/*Mäsch*, Art. 10 EGBGB Rn 73.

C. Weitere praktische Hinweise

Eine **internationalnamensrechtliche Rechtswahl** kann helfen, Komplikationen bei der Anknüpfung zu vermeiden; dies gilt insbesondere bei im Inland geborenen Kindern aus gemischtnationalen Ausländerehen. Praktisch bezeichnen die Eltern einen gewünschten Namen, und der Standesbeamte prüft, ob die gewünschte Namensführung nach einem der in Abs. 3 wählbaren Rechte möglich ist. Nachfolgend wählen die Eltern dann das (oder ein) Recht, nach welchem die gewünschte Namensführung möglich ist.[318]

166

Allerdings birgt die namensrechtliche Rechtswahl eine große **Gefahr**: Da sie in ausländischen Kollisionsrechten zumeist unbekannt ist, kann sie dazu führen, dass die Namensführung einer Person aus deutscher Sicht einem anderen Recht unterliegt als aus der Sicht anderer Rechtsordnungen, insbesondere aus der Sicht des betreffenden Heimatstaates.[319] Misslichstes Ergebnis einer solchen Divergenz kann sogar eine so genannte **hinkende oder gespaltene Namensführung** sein, also dass aus der Sicht des einen Staates ein bestimmter Name zu führen ist, während aus deutscher Sicht ein anderer Name geführt werden darf.[320] Ein Standesbeamter soll die Wahlwilligen auf die mögliche Gefahr hinweisen.[321]

167

Nur ausnahmsweise, namentlich bei deutsch-ausländischen Doppelstaatlern, kann eine Rechtswahl umgekehrt helfen, eine hinkende Namensführung zu vermeiden.[322] Dies gilt insbesondere, wenn die Eltern des Kindes nicht miteinander verheiratet sind: Dann erlaubt die Wahl des Heimatrechts des nicht-deutschen Elternteils, dass das Kind in beiden Pässen denselben Namen führt.[323]

168

In jedem Fall muss man zwischen einer **kollisionsrechtlichen Rechtswahl** des Namensstatuts einerseits und einer **sachrechtlichen Namenswahl** andererseits unterscheiden. Die Rechtswahl als solche ist keine Namenswahl, sondern nur ein möglicher Zwischenschritt auf dem Weg zu einem gewünschten Namen. Umgekehrt gilt: Eine Namenswahl allein ist keine Rechtswahl.

169

Artikel 11 | Form von Rechtsgeschäften

(1) ¹Ein Rechtsgeschäft ist formgültig, wenn es die Formerfordernisse des Rechts, das auf das seinen Gegenstand bildende Rechtsverhältnis anzuwenden ist, oder des Rechts des Staates erfüllt, in dem es vorgenommen wird.

(2) ¹Wird ein Vertrag zwischen Personen geschlossen, die sich in verschiedenen Staaten befinden, so ist er formgültig, wenn er die Formerfordernisse des Rechts, das auf das seinen Gegenstand bildende Rechtsverhältnis anzuwenden ist, oder des Rechts eines dieser Staaten erfüllt.

(3) ¹Wird der Vertrag durch einen Vertreter geschlossen, so ist bei Anwendung der Absätze 1 und 2 der Staat maßgebend, in dem sich der Vertreter befindet.

(4) ¹Verträge, die ein dingliches Recht an einem Grundstück oder ein Recht zur Nutzung eines Grundstücks zum Gegenstand haben, unterliegen den zwingenden Formvorschriften des Staates, in dem das Grundstück belegen ist, sofern diese nach dem Recht dieses Staates ohne Rücksicht auf den Ort des Abschlusses des Vertrags und auf das Recht, dem er unterliegt, anzuwenden sind.

(5) ¹Ein Rechtsgeschäft, durch das ein Recht an einer Sache begründet oder über ein solches Recht verfügt wird, ist nur formgültig, wenn es die Formerfordernisse des Rechts erfüllt, das auf das seinen Gegenstand bildende Rechtsverhältnis anzuwenden ist.

Literatur: *Arnold*, Die Beglaubigungsverträge mit Frankreich und Italien, DNotZ 1975, 581; *Barmeyer*, Anerkennung ausländischer, insbesondere englischer Beurkundungen auf dem Gebiet des Gesellschaftsrechts, 1996; *Bausback*, Der dingliche Erwerb inländischer Grundstücke durch ausländische Gesellschaften, DNotZ 1996, 254; *Biehler*, Multinationale Konzerne und die Abhaltung einer Hauptversammlung nach deutschem Recht im Ausland, NJW 2000, 1243; *Bindseil*, Konsularisches Beurkundungswesen, DNotZ 1993, 5; *Blumenwitz*, Zum Kollisionsrecht der notariellen Urkunde, DNotZ 1968, 712; *Bokelmann*, GmbH-Gesellschafterversammlung im Ausland und Beurkundung durch ausländische Notare, NJW 1972, 1729; *Brambring*, Zur Anerkennung der ausländischen Beurkundung bei Geltung deutschen Rechts, NJW 1975, 1255; *Bredthauer*, Zur Wirksamkeit gesellschaftsrechtlicher Beurkundungen im Kanton Zürich, BB 1986, 1864; *Bungert*, Der internationale Anwendungsbereich von § 15 Abs. 3 und 4 GmbHG, DZWiR 1993, 494; *Bungert*, Hauptversammlungen deutscher Aktiengesellschaften und Auslandsbezug, AG 1995, 26; *Ebenroth/Wilken*, Entwicklungstendenzen im deutschen Internationalen Gesellschaftsrecht – Teil 2, JZ 1991, 1061; *Ettinger/Wolff*, Veräußerung von Anteilen an einer deutschen GmbH & Co. KG im Rahmen grenzüberschreitender Unternehmenskäufe, GmbHR 2002, 890; *Ferid*, Im Ausland erfüllte

---

[318] *Stoll* S. 204; *Henrich*, in: GS Lüderitz 2000, S. 273, 275.
[319] S. nur *Krömer*, StAZ 2003, 229, 230.
[320] *Henrich*, in: GS Lüderitz 2000, S. 273, 275.
[321] *Krömer*, StAZ 2003, 229, 230.
[322] *Henrich*, in: GS Lüderitz 2000, S. 273, 275 f.
[323] *Henrich*, in: GS Lüderitz 2000, S. 273, 280.

Tatbestandsmerkmale inländischer Sachnormen, GRUR Int. 1973, 472; *Gärtner/Rosenbauer*, Formbedürftigkeit gem. § 15 Abs. 3 und 4 GmbHG bei Verkauf und Abtretung von Anteilen an ausländischer Gesellschaft mit beschränkter Haftung, DB 2002, 1871; *Gätsch/Schulte*, Notarielle Beurkundung bei der Veräußerung von Anteilen an ausländischen Gesellschaften mbH in Deutschland, ZIP 1999, 1909; *Gätsch/Schulte*, Notarielle Beurkundung bei im Ausland erfolgenden GmbH-Anteilsveräußerungen, ZIP 1999, 1954; *Geimer*, Auslandsbeurkundungen im Gesellschaftsrecht, DNotZ 1981, 406; *Geyrhalter*, Internationale Cross Border-Transaktionen, RIW 2002, 386; *Goette*, Auslandsbeurkundungen im Kapitalgesellschaftsrecht, DStR 1996, 709 (= FS Boujong 1996, S. 131); *Goette*, Auslandsbeurkundungen im Kapitalgesellschaftsrecht, MittRhNotK 1997, 1; *Großfeld/Berndt*, Die Übertragung von deutschen GmbH-Anteilen im Ausland, RIW 1996, 625; *Heckschen*, Auslandsbeurkundung und Richtigkeitsgewähr, DB 1990, 161; *Heinz*, Beurkundung von Erklärungen zur Auflassung deutscher Grundstücke durch bestellte Notare im Ausland, RIW 2001, 928; *Janßen/Robertz*, Die Formwirksamkeit des internationalen GmbH-Unternehmenskaufs, GmbHR 2003, 433; *Knoche*, Wirksamkeit von Auslandsbeurkundungen im Gesellschaftsrecht, FS Rheinisches Notariat 1998, S. 297; *Köbl*, Die Bedeutung der Form im heutigen Recht, DNotZ 1983, 207; *Kröll*, Beurkundung gesellschaftsrechtlicher Beschlüsse durch einen ausländischen Notar, ZGR 2000, 111; *Kropholler*, Auslandsbeurkundungen im Gesellschaftsrecht, ZHR 140 (1976), 394; *Kuntze*, Zum internationalen Beurkundungsrecht, DB 1975, 193; *Küppers*, Grunderwerb im Ausland, DNotZ 1973, 645; *Lerch*, Beurkundung durch ausländischen Notar, DB 1992, 670; *Lichtenberger*, Das Gesetz zur Neuregelung des Internationalen Privatrechts, DNotZ 1986, 644; *Löber*, Beurkundung von Gesellschafterbeschlüssen einer deutschen GmbH vor spanischen Notaren, RIW 1989, 94; *Lorenz*, Internationale Erwachsenenadoption und lex loci actus, IPRax 1984, 193; *Loritz*, Rechtsfragen der notariellen Beurkundung bei Verkauf und Abtretung von GmbH-Geschäftsanteilen, DNotZ 2000, 90; *Ludwig*, Zur Form der ausländischen Vollmacht für inländische Gegenstände, NJW 1983, 495; *Ludwig*, Polnische öffentliche Urkunden im deutschen Rechtsverkehr – Teil II, NotBZ 2003, 216; *Maier-Reimer*, Veräußerung von GmbH-Anteilen vor Schweizer Notaren, BB 1974, 1230; *Mann*, Die Urkunde ausländischer Notare und der deutsche Rechtsverkehr, NJW 1955, 1177; *Mann*, Zur Auslegung des Art. 11, ZHR 138 (1974), 448; *Merkt*, Vertragsform beim Kauf von Anteilen an einer ausländischen Gesellschaft, ZIP 1994, 1417; *Merkt*, Internationaler Unternehmenskauf durch Beteiligungskauf, in: FS Sandrock 1995, S. 135; *Rehm*, Wirksamkeit in Deutschland vorgenommener Akte ausländischer Urkundspersonen, RabelsZ 64 (2000), 104; *Reithmann*, Die Form ausländischer Vollmachten, DNotZ 1956, 469; *Reithmann*, Substitution bei Anwendung der Formvorschriften des GmbH-Gesetzes, NJW 2003, 385; *Reithmann*, Beurkundung, Beglaubigung, Bescheinigung durch inländische und ausländische Notare, DNotZ 1995, 360; *Reuter*, Keine Auslandsbeurkundung im Gesellschaftsrecht?, BB 1998, 116; *Riedel*, Erklärung der Auflassung vor einem ausländischen Notar, DNotZ 1955, 521; *Riering*, Die Auslandsbeurkundung des deutschen Notars, IPRax 2000, 16; *Roth*, Legalisation und Apostille im Grundbuchverfahren, IPRax 1994, 86; *Scheftelowitz*, Das neue Notariatsgesetz in Israel, DNotZ 1978, 145; *Schervier*, Beurkundung GmbH-rechtlicher Vorgänge im Ausland, NJW 1992, 593; *H. Schmidt*, Beurkundungen im Ausland, DB 1974, 1216; *Schönwerth*, Die Form der Rechtsgeschäfte im IPR; *Sick/Schwarz*, Auslandsbeurkundungen im Gesellschaftsrecht, NZG 1998, 540; *Stürner*, Die notarielle Urkunde im europäischen Rechtsverkehr, DNotZ 1995, 343; *van Randenborgh/Kallmeyer*, Pro und Contra: Beurkundung gesellschaftsrechtlicher Vorgänge durch ausländische Notare?, GmbHR 1996, 908; *Weber*, Nochmals: Die Urkunde ausländischer, insbesondere englischer Notare und der deutsche Rechtsverkehr, NJW 1955, 1784; *Wilhelmi*, Der Notar in der Hauptversammlung der Aktiengesellschaft, BB 1987, 1331; *Winkler*, Beurkundung gesellschaftlicher Akte im Ausland, NJW 1974, 1032; *Winkler*, Übertragung eines GmbH-Geschäftsanteils im Ausland, Rpfleger 1978, 44; *Wolff*, Bestellung und Abberufung von GmbH-Geschäftsführern im Ausland, ZIP 1995, 1489; *Wolfsteiner*, Auslandsbeurkundung der Abtretung von Geschäftsanteilen an einer deutschen GmbH, DNotZ 1978, 532; *Wrede*, Nochmals: Zur Beurkundungspflicht bei der Übertragung von Anteilen an einer ausländischen Kapitalgesellschaft, GmbHR 1995, 365.

A. Allgemeines 1	bb) Abtretung von GmbH-Geschäftsanteilen 27
I. Normgeschichte und Übergangsrecht 1	c) Sonstige Vorgänge 28
II. Normzweck, Normstruktur, Anwendungsbereich 3	d) Inlandsbeurkundung 32
1. Normzweck 3	3. Ortsrecht 35
2. Normstruktur 4	a) Allgemeines 35
3. Anwendungsbereich 5	b) Lokalisierung des Vornahmeortes ... 36
III. Staatsvertragliche Regelungen 9	c) Einschränkungen bei gesellschaftsrechtlichen Vorgängen 37
IV. Qualifikation 10	
V. Substitution 12	4. Rechtswahl 41
VI. Renvoi 13	II. Distanzgeschäfte (Abs. 2) 44
VII. Ordre public 15	III. Vertretergeschäfte (Abs. 3) 46
B. Regelungsgehalt 17	IV. Grundstücksgeschäfte (Abs. 4) 47
I. Anknüpfung an das Geschäftsrecht oder Ortsrecht (Abs. 1) 17	V. Dingliche Rechtsgeschäfte (Abs. 5) ... 49
1. Grundsätzliches 17	1. Allgemeines 49
2. Geschäftsrecht 19	2. Anwendungsbereich des Abs. 5 ... 50
a) Gleichwertigkeit 20	C. Weitere praktische Hinweise 52
b) Gesellschaftsrechtliche Vorgänge ... 25	I. Formfragen im Zusammenhang mit dem Beurkundungsverfahren 52
aa) Beurkundungen, die die Gesellschaft in ihrem Bestand und ihrer Verfassung selbst betreffen 26	II. Gebührenerwägungen bei Auslandsbeurkundungen 55
	III. Registerrecht 57
	IV. Legalisation, Apostille und befreiende Abkommen 58

A. Allgemeines

I. Normgeschichte und Übergangsrecht

Art. 11 wurde im Rahmen der IPR-Reform 1986[1] neu gefasst. Inhaltlich entspricht er im Wesentlichen Art. 11 a.F., insbesondere blieb die alternative Anknüpfung an Geschäftsrecht und Ortsrecht bestehen. Im Zuge der Reform wurde Art. 9 des EG-Schuldvertragsübereinkommens vom 19.6.1980 (EVÜ) eingearbeitet (vgl. Rn 9).

Für das Übergangsrecht gilt Art. 220 Abs. 1. Dieser beruft für alle bis zum 1.9.1986 „abgeschlossenen Vorgänge" das bis zu diesem Datum geltende Kollisionsrecht. Probleme werfen die vor diesem Datum begründeten und über dieses Datum hinausreichenden Dauerschuldverhältnisse auf. Diese können nicht per se als „abgeschlossener Vorgang" angesehen werden. Vielmehr ist es heute unbestrittene Auffassung, dass sich die aus einem Dauerschuldverhältnis ergebenden Rechte und Pflichten aufspalten lassen in solche, die sich nach altem, und solche, die sich nach neuem (Kollisions-)Recht bestimmen.[2] Die Frage, ob das Dauerschuldverhältnis vor der IPR-Reform formgültig entstanden ist, ist hingegen als „abgeschlossener Vorgang" anzusehen und somit nach den alten Kollisionsnormen zu ermitteln.

II. Normzweck, Normstruktur, Anwendungsbereich

1. Normzweck. Durch Art. 11 wird für die Frage der Formgültigkeit eine Kollisionsnorm bereitgestellt, die unabhängig von der Ermittlung des Geschäftsstatuts (auch Wirkungsstatut oder *lex causae*) ist. Das Formstatut ist also vom Geschäftsstatut streng zu unterscheiden. Die Form kann, muss aber nicht nach dem Geschäftsrecht beurteilt werden. Art. 11 hält neben dem Geschäftsrecht das Ortsstatut bereit. Beide Alternativen stehen gleichberechtigt nebeneinander.[3] Zweck dieser alternativen Anknüpfungsmöglichkeiten ist der *favor negotii*:[4] Die Formwirksamkeit eines Rechtsgeschäfts soll begünstigt werden. Die Anwendbarkeit des Ortsrechts gibt den Parteien darüber hinaus Rechtssicherheit, da sie sich am Ort der Vornahme des Rechtsgeschäftes am leichtesten über die dort geltenden Formerfordernisse informieren können. Dies dient den Verkehrsinteressen der Parteien (*favor gerentis*).[5] Die Parteien können auch – im Rahmen der in Abs. 4 und 5 gesetzten Grenzen und im Rahmen des Anwendungsbereiches von Art. 11[6] – durch Verlagerung des Ortes, an dem das Rechtsgeschäft vorgenommen wird, ein Recht zur Anwendung kommen lassen, das weniger strenge Formerfordernisse aufstellt. Art. 11 nimmt durch die alternative Anknüpfung an das Ortsrecht bewusst in Kauf, dass das die u.U. strengeren Formvorschriften des Geschäftsstatuts durch das mildere Ortsrecht zur Makulatur werden. Kritik begegnet der alternativen Anknüpfung dann, wenn durch sie die den Schutz einer Vertragspartei bezweckende Warn-, Beweis- und Belehrungsfunktion der Formvorschriften konterkariert wird.[7] Der Wortlaut des Art. 11 ist aber trotz der Kritik eindeutig: Das mildere Formstatut setzt sich durch.

2. Normstruktur. **Abs. 1** stellt die Grundregel auf, dass sich die Formgültigkeit nach dem **Geschäftsrecht** oder alternativ nach dem Recht desjenigen Ortes richtet, an dem das Rechtsgeschäft vorgenommen wird (**Ortsrecht**). Da das Ortsrecht bei sog. Distanzverträgen, bei denen sich die beiden Parteien bei Vertragsschluss in verschiedenen Staaten befinden, nach Abs. 1 nicht ermittelt werden könnte, stellt **Abs. 2** klar, dass sich die Formgültigkeit des Vertrages aus den Ortsrechten beider Parteien ergeben kann. Da zusätzlich auch das Geschäftsstatut herangezogen werden kann, kommen bis zu drei verschiedene Rechtsordnungen in Betracht. Abs. 2 gilt ausdrücklich nur für Verträge, während Abs. 1 für alle Rechtsgeschäfte gilt. **Abs. 3** behandelt den Fall, in dem ein Vertreter bei einem Vertragsschluss mitwirkt. Hier kommt es für die Bestimmung des Ortsrechts i.S.v. Abs. 1 und 2 nicht auf den Standort des Vertretenen, sondern auf denjenigen des Vertreters an. Dies dient der Rechtssicherheit: Ein Vertragspartner, der mit einem Vertreter einen Vertrag schließt, kann unter Umständen nicht feststellen, wo sich der Vertretene befindet. Es soll vermieden werden, dass ein Recht zur Bestimmung der Formgültigkeit herangezogen wird, das bei Vertragsschluss nicht erkennbar ist. Abs. 4 und 5 schränken den *favor negotii* wieder ein. Nach **Abs. 4** müssen Grundstücksgeschäfte den zwingenden Formvorschriften des Belegenheitsrechtes (*lex rei sitae*) entsprechen. Sachenrechtliche Rechtsgeschäfte sind nach **Abs. 5** nur formgültig, wenn die Formvorschriften desjenigen Rechts eingehalten werden, das auf die

---

1 In Kraft seit dem 1.9.1986 (BGBl I S. 1142).
2 Vgl. für weitere Nachw. MüKo/*Sonnenberger*, Art. 220 EGBGB Rn 22; Staudinger/*Winkler von Mohrenfels*, Art. 11 EGBGB Rn 18.
3 *Goette*, MittRhNotK 1997, 1, 2.
4 BGHZ 57, 337, 340 f.; Staudinger/*Winkler von Mohrenfels*, Art. 11 EGBGB Rn 34 f.
5 Dazu ausdr. der Regierungsentwurf BT-Drucks 10/504, S. 48; Staudinger/*Winkler von Mohrenfels*,
Art. 11 EGBGB Rn 34; MüKo/*Spellenberg*, Art. 11 EGBGB Rn 1.
6 So ist dies z.B. für Verbraucherverträge wegen Art. 29 Abs. 3 nicht möglich.
7 Vgl. z.B. *Kropholler*, ZHR 140 (1976), 394, 399; Staudinger/*Winkler von Mohrenfels*, Art. 11 EGBGB Rn 37 ff.

Sache Anwendung findet. Auch hier müssen die Formvorschriften der nach Art. 43 Abs. 1 maßgeblichen *lex rei sitae* eingehalten werden. Die Berufung der *lex rei sitae* durch Abs. 4 und 5 rechtfertigt sich durch den engen Bezug zum Belegenheitsstaat.

5 **3. Anwendungsbereich.** Art. 11 findet auf (einseitige und zweiseitige) Rechtsgeschäfte aller Art Anwendung,[8] ist also – anders als das EVÜ – nicht auf vertragliche Schuldverhältnisse beschränkt. **Besondere Formanknüpfungsvorschriften** bestehen jedoch für Verfügungen von Todes wegen (dann Art. 26 bzw. Haager Testamentsformabkommen[9]),[10] für die Eheschließung im Inland (dann Art. 13 Abs. 3,[11] vgl. dort Rn 96 ff.), für die Begründung einer eingetragenen Lebenspartnerschaft (dann Art. 17b Abs. 1, vgl. dort Rn 28), für die Rechtswahl bei Eheverträgen (dann Art. 14 Abs. 4, vgl. dort Rn 43) und Art. 15 Abs. 3 (vgl. dort Rn 52), für die Rechtswahl bei Schuldverträgen (dann Art. 27 Abs. 4) und für Verbraucherverträge (dann Art. 29 Abs. 3 und Art. 29a Abs. 1). Besondere Formvorschriften bestehen auch für Gerichtsstandsvereinbarungen (dann Art. 23 EuGVVO[12] bzw. §§ 38 ff. ZPO[13]), Schiedsvereinbarungen (§ 1031 ZPO), im Scheck- und Wechselrecht (Artt. 92 Abs. 1 und 97 WG bzw. Artt. 62 Abs. 1 und 66 ScheckG), im internationalen Transportrecht,[14] im FernAbsG (§ 2 Abs. 3) und im TzWrG (§ 3).[15]

6 Art. 11 gilt auch für die Form von **Zustimmungen und Genehmigungen** von Privaten (z.B. schriftlich oder öffentlich beglaubigt),[16] auch wenn sich deren Erfordernis aus dem Geschäftsstatut ergibt, und für die Form von rechtsgeschäftsähnlichen Handlungen (z.B. Mahnung).[17] Er gilt auch für die Erteilung von Vollmachten,[18] für die Abtretung,[19] für die eidesstattliche Versicherung (z.B. im Erbscheinsantrag),[20] für die Bürgschaft,[21] für familienrechtliche Rechtsgeschäfte[22] und für nicht von Art. 26 bzw. dem Haager Testamentsübereinkommen[23] erfasste erbrechtliche Rechtsgeschäfte.[24]

7 **Art. 11 gilt nicht** für die Frage, welches Recht für die Form von **Verfahrenshandlungen** und gerichtlichen Entscheidungen maßgeblich ist. Deren Formgültigkeit bestimmt die *lex fori*,[25] ebenso die Frage, wie ein

---

8 Art. 11 gilt auch für Rechtswahlverträge, vgl. MüKo/*Spellenberg*, Art. 11 EGBGB Rn 9; a.A. Bamberger/Roth/*Mäsch*, Art. 11 EGBGB Rn 18.
9 Vom 5.10.1961 (BGBl II 1965 S. 1145), abgedruckt auch in: *Jayme/Hausmann*, Nr. 60.
10 Für alle sonstigen erbrechtlichen Rechtsgeschäfte (z.B. Erbverzichtsvertrag, Erbausschlagung) gilt Art. 11, vgl. BayObLG FamRZ 1994, 1354, 1356; MüKo/*Spellenberg*, Art. 11 EGBGB Rn 9.
11 Für im Ausland geschlossene Ehen gilt uneingeschränkt Art. 11; vgl. Bamberger/Roth/*Mäsch*, Art. 11 EGBGB Rn 3.
12 Verordnung Nr. 44/2001 des Rates vom 22.12.2000 (ABlEG Nr. L 12 vom 16.1.2001, S. 1).
13 BGHZ 59, 23, 29 = NJW 1972, 1622, 1624; BGH IPRax 1987, 107; für die Beurteilung der Formwirksamkeit von Gerichtsstandsvereinbarungen sind nur diese Vorschriften anwendbar, vgl. MüKo/*Spellenberg*, Art. 11 EGBGB Rn 7 und 17; Staudinger/*Winkler von Mohrenfels*, Art. 11 EGBGB Rn 90; krit. *Lorenz*, IPRax 1985, 256, 259 f.
14 CMR vom 19.5.1956 (BGBl II 1961 S. 1119 und BGBl II 1980 S. 733); CIM i.d.F. vom 7.2.1970 und CIV i.d.F. vom 7.2.1970, beide Bestandteil des COTIF (BGBl II 1985 S. 130).
15 Zur Anwendbarkeit der letztgenannten Vorschriften s. Bamberger/Roth/*Mäsch*, Art. 11 EGBGB Rn 6.
16 KG IPRax 1994, 217; S. *Lorenz*, IPRax 1994, 193 f.; MüKo/*Spellenberg*, Art. 11 EGBGB Rn 9 und 11.
17 MüKo/*Spellenberg*, Art. 11 EGBGB Rn 9; Staudinger/*Winkler von Mohrenfels*, Art. 11 EGBGB Rn 68 und 91; Bamberger/Roth/*Mäsch*, Art. 11 EGBGB Rn 17.
18 Auch für eine Adoptionsvollmacht, vgl. LG Augsburg FamRZ 1973, 160, 161.
19 Die Form des Abtretungsvertrages gehört zu den „Voraussetzungen, unter denen die Übertragung dem Schuldner entgegengehalten werden kann" i.S.v. Art. 33 Abs. 2 (BGHZ 87, 19, 23 = NJW 1983, 1487, 1488; *v. Bar*, IPRax 1992, 20, 22; Staudinger/*Winkler von Mohrenfels*, Art. 11 EGBGB Rn 78 m.w.N.); maßgeblich für das Geschäftsstatut ist also das Forderungsstatut. Art. 11 Abs. 5 ist auch nicht analog anwendbar. Bei der Abtretung ist aber immer fraglich, ob eine bestimmte Voraussetzung als Formfrage oder als materielle Voraussetzung zu qualifizieren ist (z.B. die „Signifikation" nach französischem Recht vgl. *Sonnenberger*, IPRax 1987, 221 ff. und Staudinger/*Winkler von Mohrenfels*, Art. 11 EGBGB Rn 80).
20 Staudinger/*Winkler von Mohrenfels*, Art. 11 EGBGB Rn 93 ordnet eine solche Versicherung als rechtsgeschäftsähnliche Handlung ein.
21 Der Bürgschaftsvertrag ist von der zu sichernden Forderung unabhängig, beurteilt sich folglich nach dem selbständig auf den Bürgschaftsvertrag anwendbaren Vertragsstatut (Staudinger/*Magnus*, Art. 28 EGBGB Rn 496 ff.). Die Bürgschaft kann also auch in Deutschland formfrei (trotz § 766 BGB) erklärt werden, wenn der Bürgschaftsvertrag durch Rechtswahl einem Recht unterstellt wird, das Formfreiheit vorsieht.
22 Z.B. Verlöbnis (BGH FamRZ 1959, 105, 106); Eheschließung (BGHZ 29, 137 = NJW 1959, 717; beachte hier aber Art. 13 Abs. 3); Eheverträge (BayObLG IPRax 1986, 379, 380); Trennungsvereinbarungen (OLG Zweibrücken IPRax 1988, 357, vgl. dazu *Rauscher*, IPRax 1989, 343, 346); Vaterschaftsanerkenntnisse (BGH NJW 1975, 1069; s. dazu auch die Kommentierung bei Art. 19 EGBGB Rn 51); Adoptionseinwilligungen (z.B. KG IPRax 1994, 217).
23 Vom 5.10.1961 (BGBl II 1965 S. 1145), abgedruckt auch in: *Jayme/Hausmann*, Nr. 60.
24 Wie Annahme und Ausschlagung der Erbschaft (BayObLG FamRZ 1994, 1354, 1356; Erbverzicht, Erbschaftskauf und Erbteilsabtretung (Staudinger/*Winkler von Mohrenfels*, Art. 11 EGBGB Rn 84).
25 MüKo/*Spellenberg*, Art. 11 EGBGB Rn 13.

Rechtsgeschäft im Prozess **bewiesen** werden muss.[26] Für die Zulässigkeit der Beweismittel bei Schuldverträgen gilt Art. 32 Abs. 3 S. 2). Einige ausländische Beweisvorschriften sind aber (nach der deutschen *lex fori*) als Formvorschriften zu qualifizieren und unterfallen dann Art. 11.[27]

Bestritten ist, dass Art. 11 uneingeschränkt auch auf gesellschaftsrechtliche Vorgängen anwendbar ist.[28] Dies sollte nach der Begründung des Regierungsentwurfs[29] für Rechtsakte, die die Verfassung von Gesellschaften betreffen, nicht der Fall sein. Allerdings ergibt sich aus dem Wortlaut des Gesetzes keine Ausklammerung dieses Bereiches aus dem Anwendungsbereich des Art. 11. Dieser und die Überschrift des 2. Abschnitts sprechen von Rechtsgeschäften.[30] Aus diesem Grund findet – wie auch schon vor der IPR-Reform – Art. 11 grundsätzlich auch hier Anwendung[31] (zur Ausnahme beim Ortsstatut siehe Rn 37 ff.).

III. Staatsvertragliche Regelungen

In Art. 11 wurde im Zuge der IPR-Reform 1986 (vgl. Rn 1 f.) das **EG-Schuldvertragsübereinkommen vom 19.6.1980** (EVÜ)[32] eingearbeitet. Die Regelungen des Art. 9 des Übk. entsprechen im Wesentlichen Art. 11.[33] Allerdings ist der Anwendungsbereich des Art. 11 weiter gefasst. Er gilt für Rechtsgeschäfte aller Art, während Art. 9 des EVÜ nur auf vertragliche Schuldverhältnisse anwendbar ist (vgl. Art. 1 EVÜ). Das Schuldvertragsübereinkommen gilt nicht direkt, sondern nur mittelbar durch Inkorporation in Art. 11. Bei der Auslegung ist es allerdings zu beachten und ein möglichst mit diesem übereinstimmendes Ergebnis zu erzielen.[34] Dies entspricht dem Gebot der einheitlichen Auslegung des Übereinkommens gem. Art. 36. Da die notarielle Beurkundung als Ausübung öffentlicher Gewalt in die Bereichsausnahme des Art. 45 EGV fällt, bestehen keine europarechtlichen Vorgaben für die Anknüpfung des Formstatuts.[35]

IV. Qualifikation

Art. 11 bestimmt das maßgebliche Recht, das auf die Formerfordernisse anwendbar ist. Dabei kann sich aber die Frage stellen, ob eine bestimmte Regel als Formvorschrift zu qualifizieren ist (dann Art. 11) oder ob es sich um eine Wirksamkeitsvoraussetzung des Rechtsgeschäfts handelt (dann Wirkungsstatut). Die Qualifikation einer Norm ist nach der *lex fori*, grundsätzlich also nach deutschem Recht vorzunehmen.[36] Eine Formvorschrift ist demnach eine Norm, die die Art und Weise der Äußerung einer Willenserklärung regelt (schriftlich, mündlich, eigenhändig, notariell beurkundet, beglaubigt, Zuziehung von Zeugen oder Amtspersonen).[37] Zudem haben Formvorschriften im deutschen Recht verschiedene Zwecke (Übereilungsschutz, Beratungsfunktion, Beweisfunktion, Richtigkeitsgewähr). Nach diesen Kriterien lässt sich ermitteln, ob eine bestimmte Norm als Formvorschrift zu qualifizieren ist. Die Grenzfragen sind zahlreich und nicht immer einfach zu beantworten.[38] Von großer praktischer Relevanz ist das Verbot von gemeinschaftlichen Testamenten

---

26 Palandt/*Heldrich*, Art. 11 EGBGB Rn 4.
27 So z.B. im US-amerikanischen Recht (Sec. 2–201 UCC) die Unklagbarkeit eines Kaufvertrages, bei dem der Kaufpreis 500 USD überschreitet und der Kaufvertrag nicht schriftlich geschlossen wurde, noch Teilleistungen erbracht wurden (so OLG Oldenburg RIW 1996, 66; Palandt/*Heldrich*, Art. 11 EGBGB Rn 4).
28 LG Augsburg NJW-RR 1997, 420; Staudinger/*Großfeld*, Int. GesR, Rn 467 und 498; *Großfeld/Berndt*, RIW 1996, 625 ff.; *Geimer*, DNotZ 1981, 406 ff.; *Schervier*, NJW 1992, 593, 594; *Ebenroth/Wilken*, JZ 1991, 1061, 1064; s. ausf. zur Entwicklung und Diskussion Staudinger/*Winkler von Mohrenfels*, Art. 11 EGBGB Rn 279 ff.
29 BT-Drucks 10/504, S. 49.
30 Auch die Ausnahme des Art. 37 Nr. 2 gilt *expressis verbis* nur für den ersten Unterabschnitt des fünften Abschnitts, so auch Palandt/*Heldrich*, Art. 11 EGBGB Rn 1; a.A. *Goette*, MittRhNotK 1997, 1, 3.
31 Soergel/*Kegel*, Art. 11 EGBGB Rn 24; Erman/*Hohloch*, Art. 11 EGBGB Rn 3; *Reuter*, BB 1998, 116, 118; *Bauer*, NZG 2001, 45; a.A. z.B. *Lichtenberger*, DNotZ 1986, 644, 653; *Heckschen*, DB 1990, 161 ff.; *Schervier*, NJW 1992, 593, 594; *Goette*, MittRhNotK 1997, 1, 3 (für Rechtsakte, die die Verfassung der Gesellschaft betreffen); *Knoche*, in: FS Rheinische Notariat 1998, S. 297, 301; *Kröll*, ZGR 2000, 111, 115.

32 Für Deutschland in Kraft getreten am 1.4.1991 (BGBl II S. 871); abgedruckt auch in *Jayme/Hausmann*, Nr. 171.
33 Zu den Abweichungen vgl. Staudinger/*Winkler von Mohrenfels*, Art. 11 EGBGB Rn 15 ff.
34 So Staudinger/*Winkler von Mohrenfels*, Art. 11 EGBGB Rn 14; MüKo/*Martiny*, Art. 36 EGBGB Rn 7 ff. (m.w.N.); *Reinhart*, RIW 1994, 445 ff.
35 Zur Möglichkeit der Beeinträchtigung der Grundfreiheiten durch Formvorschriften vgl. *Fetsch*, Eingriffsnormen und EG-Vertrag, 2002, S. 188 ff.
36 BGHZ 29, 137, 139 = NJW 1959, 717; Palandt/*Heldrich*, Art. 11 EGBGB Rn 3; MüKo/*Spellenberg*, Art. 11 EGBGB Rn 75; Bamberger/Roth/*Mäsch*, Art. 11 EGBGB Rn 20; krit. Staudinger/*Winkler von Mohrenfels*, Art. 11 EGBGB Rn 43.
37 Erman/*Hohloch*, Art. 11 EGBGB Rn 13; Bamberger/Roth/*Mäsch*, Art. 11 EGBGB Rn 20.
38 Formfrage ist die Zulässigkeit einer Handschuhehe (BGHZ 29, 137), ebenso das Verbot der Errichtung privatschriftlicher Testamente im Ausland (BGH NJW 1967, 1177), die Hinzuziehung von Zeugen oder Amtspersonen bei Heirat und Testament (MüKo/*Spellenberg*, Art. 11 EGBGB Rn 79 m.w.N.). Keine Formfrage ist das Verbot der Stellvertretung, die Registerpflichtigkeit (*Köbl*, DNotZ 1983, 207, 209; MüKo/*Spellenberg*, Art. 11 EGBGB Rn 78a; Bamberger/Roth/*Mäsch*, Art. 11 EGBGB Rn 25),

und Erbverträgen in anderen Rechtsordnungen. Hier ist darauf abzustellen, ob das Verbot dem Zweck dient, die Testierfreiheit bis zum Tode zu erhalten (dann Inhalt des Rechtsgeschäftes)[39] oder ob es dazu dient, die richtige Wiedergabe des Erblasserwillens zu erreichen (dann Form des Rechtsgeschäfts).[40]

11 Zu beachten ist, dass im Bereich der Schuldverträge wegen des EVÜ eine möglichst einheitliche Qualifikation geboten ist, die nach Möglichkeit auch die Qualifikation in den anderen Vertragsstaaten berücksichtigt.[41] Zur Qualifikation von Beweisvorschriften siehe Rn 7.

V. Substitution

12 Stellt das berufene Recht bestimmte Formerfordernisse auf (z.B. notarielle Beurkundung), so stellt sich die Frage, ob diese Erfordernisse auch außerhalb des räumlichen Geltungsbereichs dieses Statuts erfüllt werden können. Man spricht hier von Substitution.[42] Ob eine solche Substitution zulässig ist, hängt davon ab, ob der Auslandssachverhalt gleichwertig zu dem von der inländischen Sachnorm geforderten Erfüllungstatbestand ist. Dies ist letztlich eine Frage der Subsumtion: Kann dasjenige, was tatsächlich außerhalb des räumlichen Geltungsbereichs des Statuts stattgefunden hat, unter die Tatbestandsvoraussetzungen der Formvorschrift des Statuts subsumiert werden? Die Beantwortung der Frage hängt entscheidend von Sinn und Zweck der Formvorschrift ab.[43] Konkret stellt sich die Frage der Substitution zum einen bei Eheschließungen vor einem unzuständigen ausländischen Standesbeamten[44] und bei Beurkundungen von Rechtsgeschäften, für die das deutsche (Geschäfts-)Recht eine notarielle Beurkundung vorsieht (siehe dazu Rn 19 ff.).

VI. Renvoi

13 Ist die Formwirksamkeit eines **Schuldvertrages** nach dem Geschäftsstatut zu beurteilen, so ist die Beachtlichkeit eines *renvoi* schon wegen Art. 35 Abs. 1 ausgeschlossen.[45] Auch ein *renvoi* des Ortsrechts ist unbeachtlich.[46] Denn anders als in anderen Kollisionsregeln wird nicht auf das „Recht", sondern auf die „Formerfordernisse" des Vornahme- bzw. Aufenthaltsortes verwiesen. Aus diesem Wortlaut kann nur auf eine Sachnormverweisung geschlossen werden.[47] Dieses Ergebnis wird auch vom Normzweck gestützt. Denn es würde dem Interesse des *favor gerentis* widersprechen, wenn statt der den Parteien geläufigen Ortsform das Recht eines Drittstaates anwendbar wäre, auf den das Ortsrecht verweist.

14 Ist die Formwirksamkeit von **Rechtsgeschäften, die keine Schuldverträge sind**, zu beurteilen, so gilt für das Ortsrecht das oben (Rn 13) Gesagte: Ein *renvoi* ist unbeachtlich. Ist das Rechtsgeschäft hingegen nach dem Wirkungsstatut zu beurteilen, so wäre ein vom berufenen Recht ausgesprochener *renvoi* beachtlich.[48] Art. 35 Abs. 1 gilt dann nicht. Ein solcher *renvoi* hätte mittelbare Auswirkungen auf das Formstatut.[49] Dies wird zwar, teils unter Hinweis auf den Wortlaut des Abs. 1 („Formerfordernisse"),[50] teils unter Hinweis auf das Günstigkeitsprinzip[51] angezweifelt. Die Zweifel können aber nicht überzeugen, da das Geschäftsrecht erst ermittelt werden muss, bevor die Einhaltung der Formerfordernisse dieses Rechts überprüft werden kann. Würde man einen *renvoi* für das Formstatut nicht zulassen, so würde dies, wenn das Geschäftsstatut einen *renvoi* anordnet, zu einer „Spaltung" des Geschäftsstatuts führen (erstberufenes Geschäftsstatut für

---

das im anglo-amerikanischen Recht existierende Erfordernis der *consideration* (str., so auch Soergel/*Kegel*, Art. 11 EGBGB Rn 29; a.A. MüKo/*Spellenberg*, Art. 11 EGBGB Rn 79 m.w.N.), das Erfordernis von Zugang und Empfang einer Willenserklärung (Bamberger/Roth/*Mäsch*, Art. 11 EGBGB Rn 21); streitig ist z.B., wie Vorschriften über die Vertragsprache einzuordnen sind: für Zuordnung zum Wirkungsstatut Palandt/*Heldrich*, Art. 11 EGBGB Rn 3; für Zuordnung zu Art. 11 Downes/Heiss, ZVglRWiss 1999, 28, 41; *Freitag*, IPRax 1999, 142, 146.

39 So in Italien (OLG Frankfurt IPRax 1986, 111) und in den Niederlanden (OLG Düsseldorf NJW 1963, 2227, 2228).
40 So in Frankreich (MüKo/*Spellenberg*, Art. 11 EGBGB Rn 79c Fn 302) und in Portugal (*Jayme*, IPRax 1982, 210).
41 Palandt/*Heldrich*, Art. 11 EGBGB Rn 3.
42 Grundsätzlich zur Substitution: *Reithmann*, NJW 2003, 385; *Mansel*, Substitution im deutschen Zwangsvollstreckungsrecht, in: FS Lorenz 1991, S. 688; *Hug*, Die Substitution im IPR, 1983; *Schulz*, Die Subsumtion ausländischer Rechtstatsachen,
1997; *van Venrooy*, Internationalprivatrechtliche Substitution, 1999.
43 *Reithmann*, NJW 2003, 385 ff.
44 S. Staudinger/*Winkler von Mohrenfels*, Art. 11 EGBGB Rn 192.
45 BT-Drucks 10/503, S. 33, 62; MüKo/*Spellenberg*, Art. 11 EGBGB Rn 43; Staudinger/*Winkler von Mohrenfels*, Art. 11 EGBGB Rn 45.
46 KG IPRspr 1972 Nr. 6; Palandt/*Heldrich*, Art. 11 EGBGB Rn 1a; Staudinger/*Winkler von Mohrenfels*, Art. 11 EGBGB Rn 53; Erman/*Hohloch*, Art. 11 EGBGB Rn 5; a.A. MüKo/*Spellenberg*, Art. 11 EGBGB Rn 58, der eine Verweisung des Ortsrechts zulassen möchte, wenn sie zur Formgültigkeit führt. Dies ist m.E. aber mit dem Wortlaut nicht vereinbar.
47 BT-Drucks 10/504, S. 48.
48 MüKo/*Spellenberg*, Art. 11 EGBGB Rn 43; Staudinger/*Winkler von Mohrenfels*, Art. 11 EGBGB Rn 46; Palandt/*Heldrich*, Art. 11 EGBGB Rn 1a.
49 OLG Hamm StAZ 1991, 315, 317; Palandt/*Heldrich*, Art. 11 EGBGB Rn 1a.
50 *Kartzke*, IPRax 1988, 8.
51 *Ebenroth/Eyles*, IPRax 1989, 1, 10.

Formerfordernisse, durch *renvoi* berufenes Geschäftsrecht für alle sonstigen Fragen). Eine solche Aufspaltung wäre dem Bedürfnis nach einem einheitlichen Geschäftsstatut abträglich.[52] Aus diesem Grund ist auch ein Teil-*renvoi*, für das Formstatut, wie ihn manche Rechtsordnungen vorsehen, nach ganz überwiegender Auffassung[53] unbeachtlich. Dies muss auch im Rahmen von Abs. 5 gelten. Verweist etwa die *lex rei sitae* auf die Formvorschriften desjenigen Rechts, in dem das Rechtsgeschäft vorgenommen wurde, so wäre dies unbeachtlich.[54] Denn es ist ja gerade der Zweck des Abs. 5, dass die Formvorschriften des Belegenheitsstaates zwingend zur Anwendung kommen.

VII. Ordre public

Das durch Art. 11 gewonnene Recht steht grundsätzlich unter dem Vorbehalt des *ordre public* (Art. 6).[55] Allerdings ist dessen Anwendungsbereich denkbar gering,[56] da durch die Alternativität des Art. 11 deutlich wird, dass die deutschen Formvorschriften nicht zu den wesentlichen Grundsätzen des deutschen Rechts gehören.[57] So verstößt z.B. eine vor einem schweizerischen Notar vorgenommene Übertragung von GmbH-Geschäftsanteilen nicht gegen die guten Sitten.[58] Gleiches gilt für einen in Deutschland formlos abgeschlossenen Erwerbsvertrag über ein Grundstück, welches in einem Land belegen ist, das keine Formerfordernisse für derartige Verträge aufstellt.[59] Ebenso ist eine im Ausland nach den dortigen Formvorschriften (privatschriftlich[60] bzw. notariell beglaubigt) erteilte unwiderrufliche Vollmacht zur Veräußerung deutschen Grundbesitzes nicht *ordre-public*-widrig. Auch verstößt ein im Ausland nach den dortigen Formvorschriften wirksam geschlossener (schuldrechtlicher) Kaufvertrag nicht gegen den *ordre public*, da der durch § 311b Abs. 1 BGB verfolgte Zweck nicht zu den wesentlichen Grundsätzen des deutschen Rechts gehört[61] (zur Abwicklung eines solchen Kaufvertrages siehe Rn 30). Selbiges gilt für vergleichbare Formvorschriften, z.B. §§ 518, 766 BGB.[62] Generell wird man die „Formerschleichung" nicht als Verstoß gegen den *ordre public* ansehen können,[63] da Art. 11 durch die Alternativität zu erkennen gibt, dass auch mildere als die deutschen Formvorschriften ausreichen (siehe dazu auch Rn 3).

15

Denkbar wäre eine Verstoß gegen den *ordre public* bei geschlechtlichen, rassischen oder religiösen Formendiskriminierungen, wenn z.B. Frauen andere Formvorschriften einhalten müssten als Männer.[64]

16

B. Regelungsgehalt

I. Anknüpfung an das Geschäftsrecht oder Ortsrecht (Abs. 1)

1. Grundsätzliches. Abs. 1 gilt für alle Rechtsgeschäfte[65] und rechtsgeschäftsähnliche Handlungen (vgl. Rn 5 f.), beispielsweise auch bei der Adoptionseinwilligung[66] und beim Vaterschaftsanerkenntnis.[67] Das Rechtsgeschäft muss nur nach einem der beiden von Abs. 1 genannten Rechte formwirksam sein. Ist es nach einem dieser beiden Rechte formunwirksam, so kann sich die Formgültigkeit auch aus dem anderen Recht ergeben. Dieses ist dann nicht gesperrt. Zum Zweck der Alternativität[68] siehe Rn 3. Auf die Kenntnis der Parteien von der Alternativität kommt es nicht an.[69] Faktisch entfällt aber die Alternativität, wenn das Ortsrecht das vorgenommene Rechtsgeschäft überhaupt nicht kennt (Normenleere).[70] Umgekehrt ist dies

17

---

52 Staudinger/*Winkler von Mohrenfels*, Art. 11 EGBGB Rn 46.
53 *v. Bar*, IPR II, Rn 596; Staudinger/*Winkler von Mohrenfels*, Art. 11 EGBGB Rn 51; Erman/*Hohloch*, Art. 11 EGBGB Rn 5; a.A. MüKo/*Spellenberg*, Art. 11 EGBGB Rn 43.
54 Staudinger/*Winkler von Mohrenfels*, Art. 11 EGBGB Rn 52.
55 MüKo/*Spellenberg*, Art. 11 EGBGB Rn 35; Staudinger/*Winkler von Mohrenfels*, Art. 11 EGBGB Rn 54; Erman/*Hohloch*, Art. 11 EGBGB Rn 6; Palandt/*Heldrich*, Art 11 EGBGB Rn 1a.
56 Palandt/*Heldrich*, Art 11 EGBGB Rn 1a; MüKo/*Spellenberg*, Art. 11 EGBGB Rn 35; Erman/*Hohloch*, Art. 11 EGBGB Rn 6.
57 OLG Stuttgart IPRspr 1981 Nr. 12; MüKo/*Spellenberg*, Art. 11 EGBGB Rn 35; Staudinger/*Winkler von Mohrenfels*, Art. 11 EGBGB Rn 54.
58 OLG Frankfurt DB 1981, 1456, 1457.
59 RGZ 63, 18 ff.; OLG Köln IPRspr 1974 Nr. 15.
60 Z.B. OLG Stuttgart IPRspr 1981 Nr. 12 (Liechtenstein).
61 RGZ 121, 154, 156 f.
62 Staudinger/*Winkler von Mohrenfels*, Art. 11 EGBGB Rn 61.
63 Staudinger/*Winkler von Mohrenfels*, Art. 11 EGBGB Rn 61; MüKo/*Spellenberg*, Art. 11 EGBGB Rn 59.
64 Staudinger/*Winkler von Mohrenfels*, Art. 11 EGBGB Rn 54; MüKo/*Spellenberg*, Art. 11 EGBGB Rn 35.
65 Der Begriff „Rechtsgeschäft" ist nach der *lex fori* zu qualifizieren, so auch Erman/*Hohloch*, Art. 11 EGBGB Rn 11; a.A. Staudinger/*Winkler von Mohrenfels*, Art. 11 EGBGB Rn 68.
66 KG FamRZ 1993, 1363.
67 AG Karlsruhe DAVorm 1990, 391.
68 Die Alternativität kann entfallen, wenn das Geschäftsrecht dem Ortsrecht entspricht, wenn eines der beiden Rechte keine Formvorschriften für das zu beurteilende Rechtsgeschäft bereithält oder wenn das IPR des Geschäftsrechts alleine das Ortsrecht beruft.
69 MüKo/*Spellenberg*, Art. 11 EGBGB Rn 36.
70 OLG Bamberg FamRZ 2002, 1120; KG FamRZ 1993, 1363; *Bokelmann*, NJW 1972, 1729, 1731; *Lorenz*, IPRax 1994, 193, 196; Palandt/*Heldrich*, Art. 11 EGBGB Rn 11; MüKo/*Spellenberg*, Art. 11 EGBGB Rn 69.

beim Geschäftsstatut logisch nicht denkbar. Die völlige Unkenntnis des Ortsrechts ist aber selten gegeben. Es kommt nämlich nicht darauf an, dass die rechtliche Ausgestaltung des Rechtsgeschäfts im Geschäftsstatut und im Ortsrecht vollständig übereinstimmt. Das Ortsrecht kann also auch dann zur Anwendung kommen, wenn lediglich eine Übereinstimmung in den wesentlichen Zügen vorliegt.[71]

18 Die **Rechtsfolgen einer etwaigen Formunwirksamkeit** ergeben sich aus demjenigen Recht, welches zur Formunwirksamkeit führt.[72] Führen beide Rechte zur Formunwirksamkeit, so kann nach Sinn und Zweck der Alternativität (u.a. *favor negotii*) wiederum auch dasjenige angewendet werden, das die milderen Folgen der Formungültigkeit vorsieht (z.B. Heilungsmöglichkeit bzw. schwebende Unwirksamkeit statt Nichtigkeit).[73]

19 **2. Geschäftsrecht.** Das Geschäftsrecht bestimmt sich nach den Anknüpfungsregeln, die für dieses maßgeblich sind (z.B. bei Schuldverträgen nach den Artt. 27 ff.).[74] Bei der Prüfung, ob die Formerfordernisse des Geschäftsrechts eingehalten wurden, stellt sich häufig die Frage der Substitution (siehe grundlegend dazu Rn 12). Diese ist im Rahmen des Geschäftsstatuts nicht zu verwechseln mit der Anwendung der Ortsform. Denn bei der Substitution gelten die Formerfordernisse des Geschäftsrechts. Lediglich die Erfüllung dieser Formerfordernisse findet an einem anderen Ort als an demjenigen statt, an dem das Geschäftsrecht gilt.[75] Das Problem der Substitution stellt sich in der Regel, wenn das (deutsche) Geschäftsrecht notarielle Beurkundung vorsieht und diese im Ausland vorgenommen werden soll (vgl. dazu Rn 25 ff.). Es kann sich umgekehrt aber auch stellen, wenn ausländisches Geschäftsstatut gilt und der formgebundene Vorgang in Deutschland erfüllt wird (z.B. Verkauf von Anteilen an einer ausländischen Gesellschaft in Deutschland), vgl. dazu Rn 32 ff.

20 **a) Gleichwertigkeit.** Die Substitution einer nach dem Geschäftsrecht geforderten (inländischen) Beurkundung ist nur dann möglich, wenn der Tatbestand, durch den das Formerfordernis im Ausland erfüllt wird, der deutschen Form gleichwertig ist.[76] Für Beurkundungen (zu Beglaubigungen siehe Rn 28) bedeutet dies, dass die Urkundsperson und das Beurkundungsverfahren den Anforderungen des (deutschen) Geschäftsstatuts entsprechen müssen.[77] Die Gleichwertigkeit ist unter dem Aspekt von Sinn und Zweck der deutschen Formvorschrift zu beurteilen.

21 Zunächst ist es Voraussetzung, dass die ausländische **Urkundsperson** nach Vorbildung und Stellung im Rechtsleben eine der Tätigkeit des deutschen Notars entsprechende Funktion ausübt, also deren Unabhängigkeit und Zuverlässigkeit gesichert ist.[78] Eine Gleichstellung wird im Bereich des lateinischen Notariats[79] als möglich erachtet.[80] So wurde von der Rechtsprechung explizit die **Gleichwertigkeit der Urkundsperson bejaht** bei einem deutschen Notar,[81] bei einem österreichischen Notar,[82] bei einem spanischen Notar[82] und teilweise bei schweizerischen Notaren. Bei schweizerischen Notaren ist zu beachten, dass das Notariatswesen von Kanton zu Kanton unterschiedlich ausgestaltet ist.[83] Eine Gleichwertigkeit wurde explizit für die Notare der Kantone Ba-

---

71 Gesetzesbegründung BT-Drucks 10/504, S. 49; OLG Düsseldorf RIW 1989, 225; Palandt/*Heldrich*, Art. 11 EGBGB Rn 11.
72 RGZ 133, 161, 165 f.; OLG Celle NJW 1963, 2235 f.; MüKo/*Spellenberg*, Art. 11 EGBGB Rn 37.
73 MüKo/*Spellenberg*, Art. 11 EGBGB Rn 37, Palandt/*Heldrich*, Art. 11 EGBGB Rn 17.
74 Denkbar ist, dass beim Geschäftsrecht mehrere Rechtsordnungen maßgeblich sind (z.B. bei Art. 13 Abs. 1, Eheschließung, wenn nicht Art. 13 Abs. 3 S. 1 greift). In diesem Fall ergeben sich die Formerfordernisse aus der kumulativen Anwendung dieser Statute, vgl. Palandt/*Heldrich*, Art. 11 EGBGB Rn 5; MüKo/*Spellenberg*, Art. 11 EGBGB Rn 42.
75 Davon zu unterscheiden sind Urkunden, die von deutschen Konsularbeamten im Ausland aufgenommen werden. Diese stehen gem. § 10 Abs. 2 KonsularG inländischen Urkunden gleich.
76 Z.B. Staudinger/*Winkler von Mohrenfels*, Art. 11 EGBGB Rn 304.
77 Z.B. BGHZ 80, 76, 78 = DNotZ 1981, 451, 452; OLG Hamm NJW 1974, 1057; OLG Düsseldorf RIW 1989, 225; OLG München RIW 1998, 147; OLG Bamberg FamRZ 2002, 1120; MüKo/*Spellenberg*, Art. 11 EGBGB Rn 47.
78 *Stürner*, DNotZ 1995, 343, 347; MüKo/*Spellenberg*, Art. 11 EGBGB Rn 48; Staudinger/*Winkler von Mohrenfels*, Art. 11 EGBGB Rn 305.
79 Zum lateinischen Notariat allgemein vgl. *Fessler*, in: FS Rheinisches Notariat 1998, S. 451; *Stürner*, DNotZ 1995, 343 ff.; *Basedow*, RabelsZ 55 (1991), 409 ff.
80 *Basedow*, RabelsZ 55 (1991), 409, 428; *Stürner*, DNotZ 1995, 343, 347 f.; MüKo/*Spellenberg*, Art. 11 EGBGB Rn 48; Palandt/*Henrichs*, Art. 11 EGBGB Rn 7.
81 LG Kiel DB 1997, 1223; dazu tendierend BayObLG NJW 1978, 500.
82 *Löber*, RIW 1989, 94 m. Hinw. auf AG Groß-Gerau, Urt. v. 13.4.1988 – 6 AR 25/1988 – n.v.
83 Vgl. dazu *Santschi*, DNotZ 1962, 626 ff.; *Carlen*, Das Notariatsrecht der Schweiz, 1976.

sel,[84] Bern,[85] Zürich,[86] Zug[87] und Luzern[88] bejaht.[89] Explizit **abgelehnt** wurde die Gleichwertigkeit (für Beurkundungen) bei einem US-amerikanischen *notary public*.[90] Dieser hat lediglich die Funktion eines offiziellen Zeugen. Dies gilt auch für den dänischen Notar.[91] Von der Literatur wird für die englischen[92] und israelischen,[93] polnischen[94] und niederländischen[95] Notare die Gleichwertigkeit zwar erwogen. Sie ist aber wegen der unterschiedlichen Stellung dieser Beurkundungspersonen zu verneinen. Teilweise wird für die Gleichwertigkeit gefordert, dass der ausländische Notar nach der BNotO haftet.[96] Nur so könne die – nicht verzichtbare – materielle Richtigkeitsgewähr geleistet werden.

Weitere Voraussetzung der Gleichwertigkeit ist, dass das ausländische **Beurkundungsverfahren** den Zweck der Formvorschrift in gleicher Weise wie ein deutsches Beurkundungsverfahren erfüllt,[97] es also den tragenden Grundsätzen des deutschen Beurkundungsrechts entspricht. Die Beurkundung dient der Beweissicherung, der materiellen Richtigkeitsgewähr[98] sowie der Gewährleistung einer Prüfung und Belehrung durch den Notar.[99] Widerspricht das ausländische Beurkundungsverfahren zwingenden Vorschriften des Beurkundungsgesetzes (z.B. Erstellung einer Niederschrift, die vom Notar unterzeichnet wird, vgl. §§ 8, 13 Abs. 3 BeurkG), muss eine Gleichwertigkeit verneint werden. So kann auch eine Beurkundung bei einem Interessenkonflikt des Notars (§§ 6, 7, 27 BeurkG) nicht anerkannt werden.[100] Des Weiteren zählt das nach deutschem Beurkundungsrecht (§ 13 BeurkG) erforderliche Vorlesen einer Urkunde zu denjenigen Erfordernissen, die im ausländischen Beurkundungsverfahren eingehalten werden müssen.[101] Ohne Vorlesen läge eine Beglaubigung und keine Beurkundung vor.

22

Anderes muss grundsätzlich gelten für **Soll-Vorschriften des Beurkundungsgesetzes**,[102] deren Nichteinhaltung auch nach deutschem Recht die Beurkundung nicht unwirksam macht, sondern nur zu einer Amtspflichtverletzung des Notars führt.[103] Bei Nichteinhaltung der Soll-Vorschriften kann die Gleichwertigkeit nicht pauschal verneint werden. Angezweifelt werden muss aber, ob dies auch für den Verzicht auf die **Prüfungs- und Belehrungspflicht** des Notars gem. § 17 BeurkG (Soll-Vorschrift), einem wesentlichen Element des deutschen Beurkundungsverfahrens,[104] gilt. Nur bei Prüfung und Belehrung kann eine notarielle Beurkundung die dem Schutz der Parteien und Dritter dienende materielle Richtigkeitsgewähr bieten. Ansonsten könnte gleich beglaubigt und nicht beurkundet werden. Aus diesem Grund ist die Prüfung und Belehrung ein grundsätzlich unverzichtbares Merkmal des Beurkundungsverfahrens. Teilweise wird vertreten, sie sei verzichtbar.[105] Ein solcher Verzicht könne konkludent schon dadurch erklärt werden, dass der ausländische Notar herangezogen werde.[106] Dem kann aus den oben genannten Gründen (Richtigkeitsgewähr) nicht

23

---

84 OLG München NJW-RR 1998, 758; LG Nürnberg NJW 1992, 633.
85 OLG Hamburg IPRspr 1979 Nr. 9.
86 Z.B. RGZ 88, 227; BGHZ 80, 76, 78 = NJW 1981, 1160; OLG Frankfurt WM 1981, 946, 947; OLG Frankfurt IPRax 1983, 79, 80; LG Köln RIW 1989, 990; a.A. LG Augsburg DB 1996, 1666; *Geimer*, DNotZ 1981, 406, 410; *Heckschen*, DB 1990, 161 ff.; *Bredthauer*, BB 1986, 1864 ff.; Staudinger/*Winkler von Mohrenfels*, Art. 11 EGBGB Rn 321 bezweifelt die Gleichwertigkeit der Urkundsperson.
87 LG Stuttgart IPRspr 1976 Nr. 5a.
88 LG Koblenz IPRspr 1970 Nr. 144; diese ist Entscheidung ist jedoch krit. zu sehen, da der Kanton Luzern nicht zum Bereich des lateinischen Notariats gehört.
89 LG München RIW 1998, 147, 148 (Basel); für eine Gleichwertigkeit Genfer Notare: Staudinger/*Winkler von Mohrenfels*, Art. 11 EGBGB Rn 319; krit. *Schervier*, NJW 1992, 593, 596; *Knoche*, in: FS Rheinisches Notariat 1998, S. 297, 313 ff.
90 OLG Stuttgart DB 2000, 1218, 1219, dazu *Biehler*, NJW 2000, 1243, 1245; Bamberger/Roth/*Mäsch*, Art. 11 EGBGB Rn 36; die ältere Rspr. hat zwar die Beurkundung einer eidesstattlichen Versicherung im Rahmen eines Erbscheinsantrags (LG Mainz NJW 1958, 1496) und die Beurkundung einer unwiderruflichen Grundstücksvollmacht (LG Berlin IPRspr 1960/61 Nr. 144) vor einem *notary public* für zulässig erachtet. Dies ist jedoch im Hinblick auf die neue Rspr. zur Gleichwertigkeit (z.B. BGHZ 80, 76, 78) abzulehnen, so auch MüKo/*Spellenberg*, Art. 11 EGBGB Rn 49. Etwas anderes kann für Notare des Staates Louisiana gelten, die denjenigen des lateinischen Notariates entsprechen, vgl. MüKo/*Spellenberg*, Art. 11 EGBGB Rn 48 (m.w.N.).
91 *Randszus*, DNotZ 1977, 516, 527; *Cornelius*, DNotZ 1996, 352 ff.
92 Z.B. *Mann*, NJW 1955, 1177.
93 *Scheftelowitz*, DNotZ 1978, 145 ff.
94 *Ludwig*, NotBZ 2003, 216 ff.
95 *Luijten*, DNotZ 1965, 12 ff.; nur tendenziell: OLG Düsseldorf RIW 1989, 225.
96 *Schervier*, NJW 1992, 593, 595; a.A. Staudinger/*Winkler von Mohrenfels*, Art. 11 EGBGB Rn 308.
97 MüKo/*Spellenberg*, Art. 11 EGBGB Rn 47.
98 BGHZ 105, 324, 338; OLG Karlsruhe RIW 1979, 567, 568; LG Augsburg DB 1996, 1666.
99 BGHZ 105, 324, 338; Staudinger/*Winkler von Mohrenfels*, Art. 11 EGBGB Rn 305.
100 MüKo/*Spellenberg*, Art. 11 EGBGB Rn 51.
101 *Brambring*, NJW 1975, 1255, 1258; *Heckschen*, GmbHR 1991, 25 f.; *Schervier*, NJW 1992, 593, 596; *Knoche*, in: FS Rheinisches Notariat 1998, S. 297, 315; *Reithmann*, NJW 2003, 385, 388; a.A. OLG Hamburg IPRspr 1979 Nr. 9.
102 BGHZ 80, 76, 79 f. = NJW 1981, 1160.
103 Z.B. §§ 10 Abs. 2, 16 Abs. 2 S. 2 BeurkG.
104 *Schmidt*, DB 1974, 1216, 1218; *Winkler*, Rpfleger 1978, 44, 45.
105 BGHZ 80, 76, 78 = NJW 1981, 1160; so auch das OLG Düsseldorf RIW 1989, 225; zust. MüKo/*Spellenberg*, Art. 11 EGBGB Rn 53 ff.; Staudinger/*Winkler von Mohrenfels*, Art. 11 EGBGB Rn 307 ff.
106 BGH a.a.O.

zugestimmt werden.[107] Die vom Bundesgerichtshof in der Entscheidung vom 16.2.1981[108] vorgenommene Gleichsetzung von Beurkundung und Beglaubigung[109] trägt dem Umstand keine Rechnung, dass das deutsche (Geschäfts-)Recht bewusst für einige Vorgänge eine Beurkundung, und keine Beglaubigung vorsieht. Damit hat der Gesetzgeber klar gemacht, dass es für gewisse Vorgänge gerade nicht ausreicht, lediglich die Identität der unmittelbar Beteiligten zu prüfen. Nichts anderes kann aber der ausländische Notar, da er nicht notwendigerweise eine Ausbildung im deutschen Recht genossen hat und daher über die rechtliche Tragweite der Erklärungen in der Regel nicht zuverlässig belehren kann. Dass die ausländischen Notare dies selbst so sehen, zeigt sich an den Haftungsfreizeichnungen. Soweit die Beurkundung nur Folgen für die unmittelbar Beteiligten hat, mag dies noch hinnehmbar sein und die Belehrung und Prüfung als verzichtbar angesehen werden. Sobald aber auch Interessen von an der konkreten Beurkundung Unbeteiligten betroffen sind, kann auf Prüfung und Belehrung nicht verzichtet werden.[110] Dies wäre ein Verzicht zulasten Dritter. Der ausländische Notar muss also immer dann prüfen und belehren, wenn die Richtigkeitsgewähr auch Personen dient, die an der Urkunde nicht primär beteiligt sind.[111]

24 Auch wenn nach den vorgenannten Kriterien für den konkreten Fall keine Substitution möglich ist, kann sich gleichwohl die Formwirksamkeit aus der Einhaltung des Ortsrechts ergeben. Dazu und wann die Beachtung des Ortsrechts alleine nicht ausreicht, siehe Rn 35 ff.

25 **b) Gesellschaftsrechtliche Vorgänge.** Die Frage der Gleichwertigkeit einer Auslandsbeurkundung stellt sich insbesondere bei der Beurkundung gesellschaftsrechtlicher Vorgänge. Teilweise wird hier die Anwendbarkeit des Art. 11 gänzlich bestritten und die Form allein nach dem Gesellschaftsstatut beurteilt (siehe Rn 28).[112] Dies hätte zunächst nur zur Folge, dass die Ortsform nicht anwendbar ist (siehe dazu Rn 37), wohl aber das Geschäftsstatut, das dem Gesellschaftsstatut entspricht. Innerhalb dieser Auffassung gibt es darüber hinaus Stimmen, die eine Substitution durch Auslandsbeurkundung bei Geltung des Geschäftsrechts grundsätzlich ausschließen.[113] Richtigerweise ist jedoch zu unterscheiden zwischen Rechtsgeschäften, die die Verfassung der Gesellschaft, also deren Kernbereich betreffen (Rn 26) und Geschäftsanteilsabtretungen (Rn 27).

26 **aa) Beurkundungen, die die Gesellschaft in ihrem Bestand und ihrer Verfassung selbst betreffen.** Bei Beurkundungen, die die Gesellschaft in ihrem Bestand und ihrer Verfassung selbst betreffen, ist die Substitution durch eine ausländische Beurkundung nach den oben (Rn 20 ff.) genannten Grundsätzen nicht möglich.[114] Zweck der Beurkundung nach deutschem Recht ist u.a. die materielle Richtigkeitsgewähr, die auch Personen schützt, die nicht unmittelbar an der Urkunde beteiligt sind.[115] Diese Richtigkeitsgewähr kann hier nicht gewährleistet werden, da der beurkundende Auslandsnotar keine fundierten Rechtskenntnisse im deutschen Gesellschaftsrecht hat. Diese Rechtskenntnisse sind aber zur Gewährung der Richtigkeit der Urkunde notwendig.[116] Selbstverständlich gilt dies nur in den Fällen, in denen eine Beurkundung zwingend vorgeschrieben ist (nicht also bei vielen Vorgängen im Personengesellschaftsrecht). Zu den beurkundungspflichtigen und nicht substituierbaren Vorgängen gehören beispielsweise die Gründung, Satzungsände-

---

107 GroßKomm-AktG/*Röhricht*, 4. Aufl. 1996, § 23 Rn 53; *Lerch*, DB 1992, 670, 671; *Knoche*, in: FS Rheinisches Notariat 1998, S. 297, 316; ähnlich *Brambring*, NJW 1975, 1255, 1259; *Goette*, DStR 1996, 709, 713 und MittRhNotK 1997, 1, 5 (für Vorgänge, die Verfassung der Gesellschaft betreffen).
108 BGHZ 80, 76, 78 = NJW 1981, 1160.
109 So *Goette*, MittRhNotK 1991, 1, 4.
110 So auch *Goette*, MittRhNotK 1991, 1, 5.
111 So auch OLG Hamm NJW 1974, 1057, 1058; OLG Karlsruhe RIW 1979, 567; OLG Hamburg NJW-RR 1993, 1317; LG Augsburg DB 1996, 1666; LG München DNotZ 1976, 501, 504 m. Anm. *Brambring*; Staudinger/*Großfeld*, Int. GesR, Rn 468 ff.; *Hachenburg/Behrens*, GmbHG, 8. Aufl. 1992, Einl. Rn 101; *Geimer*, DNotZ 1981, 406 ff.; *Reithmann*, DNotZ 1956, 469, 471 und 476; *H. Schmidt*, DB 1974, 1216, 1219; ähnlich (Belehrungspflicht immer als erforderlich erachtend) *Weber*, NJW 1955, 1784, 1786, *Brambring*, NJW 1975, 1259, 1260 f.
112 LG Augsburg NJW-RR 1997, 420; Staudinger/*Großfeld*, Int. GesR, Rn 467 und 498; *Geimer*, DNotZ 1981, 406 ff.; *Ebenroth/Wilken*, JZ 1991, 1061, 1064.
113 LG Augsburg NJW-RR 1997, 420; Staudinger/*Großfeld*, Int. GesR, Rn 467 ff. und 497; *Knoche*, in: FS Rheinisches Notariat 1998, S. 297, 302 ff.; *Geimer*, DNotZ 1981, 406 ff.; in diese Richtung geht auch das Urteil des OLG Hamburg (NJW-RR 1993, 1317), nach dem eine Satzungsbestimmung, nach der die Abhaltung der Hauptversammlung einer AG auch im Ausland möglich sein soll, unzulässig ist.
114 So deutlich auch *Goette*, MittRhNotK 1991, 1, 5; Scholz/*Priester*, GmbHG, 9. Aufl. 2002, § 53 Rn 71 ff.; s. zu weiteren Nachw. auch die vorige Fn; a.A. BGHZ 80, 76; Lutter/*Hommelhoff*, GmbHG, 16. Aufl. 2004, § 53 Rn 16; Michalski/*Hoffmann*, GmbHG, 2002, § 53 Rn 78; jeweils m.w.N.
115 BGHZ 105, 324, 338; OLG Karlsruhe RIW 1979, 567, 568; LG Augsburg DB 1996, 1666.
116 OLG Karlsruhe RIW 1979, 567, 568; a.A. Staudinger/*Winkler von Mohrenfels*, Art. 11 EGBGB Rn 313.

rung[117] und Auflösung einer GmbH oder Aktiengesellschaft mit Sitz in Deutschland.[118] Des Weiteren sind alle Umwandlungsvorgänge bei deutschen Gesellschaften beurkundungspflichtig (§§ 13 Abs. 2, 125, 176, 193 Abs. 3 UmwG) und nicht substituierbar.[119] Für das Substitutionsverbot bei Vorgängen, die den Bestand der Gesellschaft betreffen, spricht das öffentliche Interesse an der Rechtssicherheit, soweit es um den Bestand und die Verfassung der Gesellschaft geht. Dafür spricht weiter, dass es die Aufgabe des deutschen Notars auf dem Gebiet der vorsorgenden Rechtspflege ist, die Handelsregister zu entlasten; ihm kommt die Rolle einer Vorprüfungsinstanz zu.[120] Sein Auftrag beschränkt sich nicht nur auf Prüfung zugunsten und Belehrung gegenüber den Parteien. Gerade seine Vorprüfung vor und während der Beurkundung, bevor also ein bestimmter gesellschaftsrechtlicher Vorgang zur Eintragung angemeldet wird, erleichtert die Arbeit der Registergerichte erheblich. Würde man die notarielle Beurkundung im Ausland auch für eintragungspflichtige Vorgänge zulassen, so würde dies die Arbeit der Freiwilligen Gerichtsbarkeit erheblich erschweren und – da der ausländische Notar des deutschen Rechts nicht hinreichend kundig sein kann – zu vielen Beanstandungen und Abweisungen von Eintragungsanträgen führen.

bb) Abtretung von GmbH-Geschäftsanteilen. Heftig umstritten ist die Frage, ob die Abtretung von GmbH-Geschäftsanteilen, die gem. §§ 15 Abs. 3 und 4 GmbHG der notariellen Form bedarf, vor einem ausländischen Notar beurkundet und diese Beurkundung substituiert werden kann. Während einige Stimmen[121] die Auslandsbeurkundung auch in diesem Fall nicht zulassen wollen, sieht sie ein Teil der Rechtsprechung[122] als möglich an, wenn die notarielle Beurkundung im Ausland gleichwertig im oben (Rn 20 ff.) genannten Sinne ist. Zu Recht wird eine generelle Unzulässigkeit der Substitution im Gesellschaftsrecht verneint.[123] Die Anteilsabtretung greift selbst nicht in den Bestand und die Verfassung der Gesellschaft ein und betrifft damit nicht Interessen von Personen, die an der Beurkundung nicht beteiligt sind. Sie kann daher anders als die oben unter Rn 26 behandelten Beurkundungen beurteilt werden. Dafür spricht auch, dass die Anteilsabtretung nicht im Register eingetragen werden muss. Während alle unter Rn 26 genannten Vorgänge zu ihrer Wirksamkeit einer Eintragung in das Handelsregister bedürfen, muss die GmbH-Anteilsabtretung dem Register vom Notar nur gem. § 40 GmbH angezeigt werden. Aus der Nichtanzeige ergeben sich keine gravierenden Konsequenzen. Letztlich ist es die Pflicht der Geschäftsführer, dass immer eine aktuelle Gesellschafterliste beim Register vorliegt. Auch das Argument, die nicht vorhandene Anzeigepflicht des ausländischen Notars (deutsche Notare müssen die Abtretung gem. § 54 EStDV anzeigen) ermutige zur Steuerhinterziehung, verfängt nicht. Die bloße Möglichkeit der Steuerhinterziehung kann nicht zu einer Einschränkung der Möglichkeiten wirtschaftlicher Transaktionen führen.

c) Sonstige Vorgänge. Bei **Unterschriftsbeglaubigungen** ist die Gleichwertigkeit wesentlich eher anzunehmen als bei Beurkundungen. Zwar muss auch hier Gleichwertigkeit bestehen, allerdings ist die Substitution anders zu beurteilen als bei der Beurkundung.[124] Die Beglaubigung der Unterschrift dient lediglich der Identitätsfeststellung und der Bezeugung, dass die Unterschrift von der identifizierten Person stammt. Eine inhaltliche Prüfungs- und Belehrungspflicht besteht, jedenfalls wenn der Notar die Urkunde nicht selbst entworfen hat, nicht. Eine Beglaubigung kann demnach von Notaren der meisten Kulturstaaten vorgenommen werden.[125]

---

117 Bei Aktiengesellschaften kommt hinzu, dass gem. § 121 Abs. 4 AktG die Hauptversammlung nur am Sitz der Aktiengesellschaft stattfinden soll. Zwar kann durch eine Satzungsbestimmung auch ein anderer Ort bestimmt werden, doch wird die Auswahl des Ortes von der h.M. auf das Inland beschränkt (OLG Hamm NJW 1974, 1057; OLG Hamburg IPRax 1994, 291 = NJW-RR 1993, 1317, 1318; LG Augsburg DB 1996, 1666; KölnerKomm/*Zöllner*, AktG, 2. Aufl. 1992, § 121 Rn 34; *Wilhelmi*, BB 1987, 1331; krit. MüKo/*Spellenberg*, Art. 11 EGBGB Rn 45b.

118 OLG Hamm NJW 1974, 1057; OLG Karlsruhe RIW 1979, 567 (Sitzverlegung); LG Augsburg NJW-RR 1997, 420; LG Mannheim IPRspr 99 Nr. 23 (Kapitalherabsetzung); AG Köln RIW 1989, 990 (Gewinnabführungsvertrag); *Goette*, MittRhNotK 1997, 1, 4; *Knoche*, in: FS Rheinisches Notariat 1998, S. 297, 302.

119 LG Augsburg DB 1996, 1666 (Verschmelzungen); a.A. LG Nürnberg-Fürth NJW 1992, 633; OLG Köln RIW 1989, 990.

120 Scholz/*Priester*, GmbHG, 9. Aufl. 2002, § 53 Rn 75a; *Bredthauer*, BB 1986, 1864, 1868.

121 LG München DNotZ 1976, 501; *Knoche*, in: FS Rheinisches Notariat 1998, S. 297, 306 ff.

122 BGHZ 80, 76, 78 = NJW 1981, 1160; BGH RIW 1989, 649.

123 OLG Köln WM 1988, 1749 f.; LG Köln RIW 1989, 990; LG Kiel DB 1997, 1223; *Loritz*, DNotZ 2000, 90, 108; *Bungert*, AG 1995, 26, 29 f.; *Ettinger/Wolff*, GmbHR 2002, 890, 893; *Kröll*, ZGR 2000, 111, 125: *Reuter*, BB 1998, 116 ff.; *Sick/Schwarz*, NZG 1998, 540 ff.; Palandt/*Heldrich*, Art. 11 EGBGB Rn 8.

124 Vgl. umfassend dazu *Reithmann*, DNotZ 1995, 360 ff.

125 *Blumenwitz*, DNotZ 1968, 712, 737; MüKo/*Spellenberg*, Art. 11 EGBGB Rn 49; OLG Köln RIW 1989, 565 (Belgien); OLG Zweibrücken FGPrax 1999, 86 (Kanada, Provinz Ontario).

29 **Anmeldungen zum Handelsregister** müssen in öffentlich beglaubigter Form, also mit Unterschriftsbeglaubigung (§§ 39, 40 BeurkG), erfolgen (§ 12 Abs. 1 HGB). Es ist allgemein anerkannt, dass auch die Beglaubigung durch einen (gleichwertigen) ausländischen Notar ausreicht[126] (siehe Rn 28). Enthält die Registeranmeldung jedoch eine Versicherung gem. § 8 Abs. 3 GmbHG, dass der Geschäftsführer über seine unbeschränkte Auskunftspflicht gegenüber dem Registergericht belehrt wurde, so ist zu beachten, dass diese Belehrung nur von einem deutschen Notar vorgenommen werden kann.[127] Eine solche Belehrung kann dann auch schriftlich erfolgen, muss aber in einer dem zu Belehrenden verständlichen Sprache abgefasst sein.

30 Bei **Verträgen über die Veräußerung eines Grundstücks** kann der schuldrechtliche Vertrag, der – wenn er deutschem Recht untersteht – gem. § 311b BGB der notariellen Beurkundung bedarf, vor einem ausländischen Notar beurkundet werden, sofern die Beurkundung gleichwertig ist (oder die Ortsform erfüllt ist[128]). Die Auflassung kann hingegen nicht vor einem ausländischem Notar, sondern muss vor einem deutschen Notar erklärt werden.[129] Dies ergibt sich aus § 925 BGB. Die Vorschrift spricht zwar nicht ausdrücklich von einem deutschen Notar. Zweck dieser Vorschrift und deren Auslegung ist es jedoch, die Schaffung nach deutschem Recht einwandfreier und unzweideutiger Unterlagen als Grundlage für den Vollzug der Eigentumsumschreibung im Grundbuch zu gewährleisten.[130]

31 Die Errichtung einer **vollstreckbaren Urkunde** ist gem. § 794 Nr. 5 ZPO nur vor einem deutschen Notar möglich. Unterwirft sich also bei einem im Ausland geschlossenen Kaufvertrag der Käufer hinsichtlich der Zahlung des Kaufpreises der sofortigen Zwangsvollstreckung, so wäre diese Urkunde in Deutschland nur nach Maßgabe des Art. 57 EUGVVO[131] bzw. der entsprechenden Vorschrift des Luganer Übereinkommens[132] möglich.[133]

32 **d) Inlandsbeurkundung.** Umgekehrt können deutsche Notare – jedenfalls aus der Sicht des deutschen Rechts (ob eine Substitution möglich ist, bestimmt dann ausschließlich das jeweilige ausländische Recht) – wirksam Vorgänge beurkunden, die ausländischem Recht unterliegen, z.B. Verträge über ausländische Grundstücke und über Geschäftsanteilsabtretungen. Dies ergibt sich indirekt aus § 17 Abs. 3 S. 2 BeurkG. Schließen die Parteien einen **Kaufvertrag über ein im Ausland belegenes Grundstück** und unterstellen sie diesen Vertrag dem deutschen Recht (was aus dessen Sicht nach Art. 27 möglich ist), so findet auch § 311b Abs. 1 BGB Anwendung: Der Vertrag bedarf der notariellen Form.[134] Wird diese nicht eingehalten, so kann eine Heilung in entsprechender Anwendung von § 311b Abs. 1 S. 2 BGB dadurch erfolgen, dass eine wirksame Eigentumsübertragung nach dem Recht des Belegenheitsstaates erfolgt, etwa dadurch, dass der Belegenheitsstaat bereits eine privatschriftliche Einigung das Eigentum übergehen lässt.[135] Dies gilt auch dann, wenn das Recht des Belegenheitsortes keine Auflassung und keine Grundbucheintragung kennt[136] oder wenn es die Eintragung in ein dem Grundbuch ähnliches Register in das Belieben der Parteien stellt.[137]

33 Umstritten ist die Beachtung deutscher Formvorschriften, wenn sich der (schuldrechtliche) Kaufvertrag über **Geschäftsanteile an einer ausländischen Gesellschaft** nach deutschem Recht richtet. Dies ist wegen § 15 Abs. 4 GmbHG nur bei der GmbH bzw. einer vergleichbaren ausländischen Gesellschaftsform relevant, da nur hier Beurkundungspflicht besteht. Zu Recht wird überwiegend die Auffassung vertreten, dass die nach deutschem Recht bestehende Beurkundungspflicht jedenfalls dann besteht, wenn die ausländische

---

126 OLG Naumburg NJW-RR 2001, 1183; *Reithmann*, NJW 2003, 386; Palandt/*Heldrich*, Art. 11 EGBGB Rn 8.
127 So z.B. LG Ulm Rpfleger 1988, 108; zust. *Schervier*, NJW 1992, 593, 595; a.A. LG Nürnberg Rpfleger 1994, 360, das die Belehrung durch einen niederländischen Notar ausreichen lässt.
128 Hier wäre allerdings die Beurkundung der Auflassung wegen § 925a BGB problematisch, da dieser die Vorlage eines der Form des § 311b BGB entsprechenden (oder gleichwertigen) schuldrechtlichen Vertrages verlangt.
129 OLG Köln DNotZ 1972, 489; BayObLG DNotZ 1978, 58; KG DNotZ 1987, 44; LG Ellwangen BWNotZ 2000, 45; *Kropholler*, ZHR 140 (1976), 394, 410; *Riedel*, DNotZ 1955, 521; Palandt/*Heldrich*, Art. 11 EGBGB Rn 9; *Bausback*, DNotZ 1996, 254; Staudinger/*Winkler von Mohrenfels*, Art. 11 EGBGB Rn 315; *Schotten*, Das internationale Privatrecht in der notariellen Praxis, 1995, S. 174 m.w.N.; MüKo/*Kanzleiter*, § 925 Rn 14; a.A. *Mann*, NJW 1955, 1177; MüKo/*Spellenberg*, Art. 11 EGBGB Rn 45; Staudinger/*Winkler von Mohrenfels*, Art. 11 EGBGB Rn 315; *Heinz*, RIW 2001, 928.
130 MüKo/*Kanzleiter*, § 925 Rn 13.
131 Verordnung Nr. 44/2001 des Rates v. 22.12.2000. (ABlEG Nr. L 12 v. 16.1.2001, S. 1).
132 Art. 50 (BGBl II 1994 S. 2660).
133 Näheres dazu *Riering*, IPrax 2000, 16, 17 f.
134 Z.B. BGHZ 52, 239; 53, 189, 194; 57, 337, 339; 73, 391.
135 BGHZ 73, 391; OLG München OLGZ 1974, 19.
136 OLG München OLGZ 1974, 19; Palandt/*Heldrich*, Art. 11 EGBGB Rn 6.
137 BGHZ 73, 391; Palandt/*Heldrich*, Art. 11 EGBGB Rn 6; das OLG Düsseldorf (NJW 1981, 529 f.) lehnt hingegen beim Verkauf einer spanischen Ferienimmobilie die Heilung nach § 311b Abs. 1 S. 2 BGB wegen der unvollständigen Erfüllung nach spanischem Recht ab (nur Übergang des Miteigentums an dem Grundstück, kein Übergang des Eigentums an der Eigentumswohnung).

Gesellschaft im Wesentlichen der deutschen GmbH entspricht.[138] Der durch § 15 Abs. 4 GmbHG bezweckte Schutz der Anleger vor einem leichtfertigen und spekulativen Handel mit Geschäftsanteilen muss auch für ausländische Gesellschaften gelten. Die Gegenmeinung will den Anwendungsbereich von § 15 Abs. 4 GmbHG auf deutsche Gesellschaften beschränken.[139]

Für die **dingliche Abtretung** gelten andere Erwägungen: Da Abs. 5 hier analog anwendbar ist, müssen zwingend die Formvorschriften des Gesellschaftsstatuts eingehalten werden. Deutsches Recht kann für die dingliche Abtretung gar nicht gewählt werden. Zum gleichen Ergebnis kommen auch diejenigen, die die Form gesellschaftsrechtlicher Vorgänge nicht nach Art. 11, sondern nach dem Gesellschaftsstatut beurteilen.[140] Hier ist lediglich eine Substitution möglich, wenn das ausländische Recht dies zulässt. Sieht z.B. das ausländische Recht nur einfache Schriftform vor, so wäre die Abtretung in dieser Form in Deutschland möglich. Dieses Ergebnis erscheint zunächst widersinnig, da für das dingliche Rechtsgeschäft u.U. mildere Formvorschriften zu erfüllen sind als für das schuldrechtliche Rechtsgeschäft. Die Parteien haben es jedoch in der Hand: Nur wenn sie das deutsche Recht wählen und den Kaufvertrag deutschen (Form-)Vorschriften unterstellen wollen, kommt Art. 15 Abs. 4 GmbH zur Anwendung. 34

3. Ortsrecht. a) Allgemeines. Es reicht auch aus, wenn das Rechtsgeschäft die Formerfordernisse desjenigen Ortes erfüllt, an dem es vorgenommen wird, ohne dass es auf die Aufenthaltsdauer des Erklärenden ankäme. Es gibt keinen Erfahrungssatz, dass bei Zuziehung eines ausländischen Notars die Formerfordernisse eingehalten wurden.[141] Zur Alternativität siehe Rn 17, zu den Einschränkungen durch Abs. 4 und 5 siehe Rn 47 f. und Rn 49 f. Da die Beachtung der Ortsform unabhängig von der Form des Geschäftsstatuts ist, kann die sie auch dann herangezogen werden, wenn das Geschäftsrecht dies nicht zulässt.[142] Auf die Gleichwertigkeit von Urkundsperson und Beurkundungsverfahren kommt es bei der Ortsform nicht an;[143] das Ortsrecht muss also nicht den Formerfordernissen des Geschäftsrechts entsprechen. Dies spielt nur bei der Substitution eine Rolle (vgl. dazu Rn 19). Die **„Formerschleichung"**, also das Aufsuchen eines anderen Landes gerade aufgrund der milderen Formvorschriften oder der geringeren Kosten, wird nicht wegen etwaiger Gesetzesumgehung sanktioniert.[144] Art. 11 lässt bewusst die Ortsform zu, ohne auf die Motivation eines Aufenthaltswechsels abzustellen (vgl. auch zum *ordre public* Rn 15). Für eine teleologische Reduktion, welche die durch Artikel 11 eröffneten Möglichkeiten wieder einschränkt, ergeben sich keine Anhaltspunkte.[145] Auch (schuldrechtliche) **Grundstückskaufverträge** über ein im Inland belegenes Grundstück können im Ausland entsprechend den geltenden Formvorschriften – also auch formlos – abgeschlossen werden (siehe auch Rn 30).[146] 35

b) Lokalisierung des Vornahmeortes. Hinsichtlich der Frage, wo der Vornahmeort liegt, ist zu differenzieren: Bei einseitigen Rechtsgeschäften ist der Vornahmeort dort, wo die Erklärung abgegeben wurde,[147] und zwar unabhängig davon, ob die Erklärung empfangsbedürftig ist oder nicht.[148] Auf den Zugang der Erklärung kommt es insofern nicht an. Bei Abgabe von Erklärungen über das **Internet** ist in der Regel der Ort „des Mausklicks" der Vornahmeort.[149] Bei zweiseitigen Rechtsgeschäften (Verträgen) kommt es auf denjenigen Ort an, an dem diejenige Erklärung abgegeben wird, die das Rechtsgeschäft wirksam werden lässt (Annahme).[150] Auch hier kommt es nicht auf die Empfangsbedürftigkeit an. Unabhängig davon ergeben sich bei 36

---

138 OLG Celle NJW-RR 1992, 1126, 1127; Soergel/ *Kegel*, Art. 11 EGBGB Rn 17; Staudinger/*Winkler von Mohrenfels*, Art. 11 EGBGB Rn 302 f.; MüKo/ *Spellenberg*, Art. 11 EGBGB Rn 39 (Fn 121); *Merkt*, ZIP 1994, 1417, 1424; Bamberger/Roth/*Mäsch*, Art. 11 EGBGB Rn 40.
139 OLG München NJW-RR 1993, 998, 999; *Bungert*, DZWiR 1993, 494, 497; *Gätsch/Schulte*, ZIP 1999, 1909, 1911 ff.; *Wrede*, GmbHR 1995, 365, 367 f.; *Gärtner/Rosenbauer*, DB 2002, 1871 ff.
140 So ausdr. MüKo/*Kindler*, Int. GesR, Rn 424 (m.w.N.).
141 So auch Palandt/*Heldrich*, Art. 11 EGBGB Rn 15; a.A. OLG Wiesbaden Rpfleger 1988, 17; OLG Zweibrücken FGPrax 1999, 86.
142 BGH NJW 1967, 1177; Palandt/*Heldrich*, Art. 11 EGBGB Rn 11.
143 *Bokelmann*, NJW 1972, 1729, 1731; MüKo/ *Spellenberg*, Art. 11 EGBGB Rn 74; *Janßen/Robertz*, GmbHR 2003, 433, 434; Palandt/*Heldrich*, Art. 11 EGBGB Rn 14.
144 OLG Frankfurt OLGZ 1967, 374 (zur Formerleichterung); RGZ 62, 379, 380 f. (zu Kostenüberlegungen); OLG Stuttgart Rpfleger 1982, 137; OLG Düsseldorf RIW 1989, 225; *Müller-Gindullis*, RabelsZ 38 (1974), 640, 644; *Maier-Reimer*, BB 1974, 1230, 1234; *Kropholler*, ZHR 76 (1976), 394, 399; krit. *Bredthauer*, BB 1986, 1864, 1865; a.A. *Reithmann*, DNotZ 1956, 469, 476; *Wolfsteiner*, DNotZ 1978, 532, 536; *Geimer*, DNotZ 1981, 406, 410.
145 MüKo/*Spellenberg*, Art. 11 EGBGB Rn 61.
146 RGZ 121, 154, 155 f.; BayOLG DNotZ 1978, 58 f.
147 MüKo/*Spellenberg*, Art. 11 EGBGB Rn 64.
148 Die Frage, ob ein Erklärung empfangsbedürftig ist, gehört nicht zur Form, vgl. AG Berlin-Schöneberg StAZ 2002, 81; Palandt/*Heldrich*, Art. 11 EGBGB Rn 15.
149 Bamberger/Roth/*Mäsch*, Art. 11 EGBGB Rn 43.
150 RGZ 62, 379; Palandt/*Heldrich*, Art. 11 EGBGB Rn 15.

Distanzgeschäften Erleichterungen aus Abs. 2 (siehe Rn 44 f.). Bei Vertretergeschäften ist gem. Abs. 3 der Ort maßgebend, an dem sich der Vertreter befindet.

37 **c) Einschränkungen bei gesellschaftsrechtlichen Vorgängen.** Die Ortsform kann allerdings nicht immer herangezogen werden. So reicht die Einhaltung der Ortsform bei der Beurkundung gesellschaftsrechtlicher Vorgänge grundsätzlich nicht aus[151] (zur vom Ortsrecht zu unterscheidenden Möglichkeit der Substitution bei Geltung des Geschäftsrechts siehe Rn 19). Art. 11 ist hier nicht uneingeschränkt anwendbar.[152] Einige Stimmen in der Literatur schränken diesen Grundsatz dahin gehend ein, dass nur bei eintragungspflichtigen Vorgängen, also solchen, die die Verfassung der Gesellschaft betreffen,[153] die Ortsform nicht möglich sein soll.[154] Für diese Einschränkung spricht die Begründung des Regierungsentwurfs,[155] nach dem Art. 11 „nicht die Form von Vorgängen regelt, die sich auf die Verfassung von Gesellschaften und juristischen Personen beziehen".

38 Diejenigen Stimmen hingegen, die – teils nur bezogen auf GmbH-Anteilsabtretungen – die Einhaltung der Ortsform dann als zulässig ansehen, wenn diese überhaupt eine Form bereithält,[156] vernachlässigen die mit Abs. 5 vergleichbare Interessenlage.[157] Nach dieser Vorschrift sind Verfügungen über Sachen nur gültig, wenn sie die Formerfordernisse des Wirkungsstatuts erfüllen. Für (dingliche) Anteilsabtretungen kann diese Vorschrift nicht direkt gelten, da Geschäftsanteile keine Sachen i.S.d. § 90 BGB sind.[158] Aber eine **analoge Anwendung des Abs. 5** wird für möglich erachtet[159] und ist auch geboten. Die Voraussetzungen für eine Analogie (Regelungslücke, Regelungsbedarf, vergleichbare Interessenlage) liegen hier vor. Wenn die Begründung für die Existenz von Abs. 5 das Interesse der Allgemeinheit an einer klaren dinglichen Rechtslage und die Nähe zu Grundbuchämtern oder vergleichbaren Registern[160] ist, so gilt dies ebenso für die registrierungs- bzw. anzeigepflichtigen gesellschaftsrechtlichen Vorgänge. Auch hier besteht eine Nähe zu den Registergerichten und ein erhebliches Interesse des Rechtsverkehrs an einer klaren und sicheren Rechtslage.[161] Dies hat der Gesetzgeber für die Anteilsabtretung durch die Erschwerung der Fungibilität von GmbH-Geschäftsanteilen (§ 15 Abs. 3, 4 GmbHG) zum Ausdruck gebracht.

39 Gleiches gilt für die beurkundungspflichtigen Vorgänge, die die Verfassung und den Bestand der Gesellschaft betreffen. Der Vorgang wirkt sich weit über den Kreis der unmittelbar Betroffenen hinaus aus, es besteht ein besonderes Interesse an der Richtigkeitsgewähr. Diesem Interesse wäre nicht entsprochen, wenn (nur) die Einhaltung einer ausländischen Ortsform ausreichend wäre (Stichwort: mündliche Errichtung einer deutschen Aktiengesellschaft im Ausland); des Weiteren kann auf die oben unter Rn 26 zum Geschäftsrecht

---

151 OLG Hamm NJW 1974, 1057; OLG Karlsruhe RIW 1979, 567, 568; LG Augsburg NJW-RR 1997, 420 = DB 1996, 1666; LG Mannheim IPRspr 1999 Nr. 23; Scholz/*Priester*, GmbHG, 9. Aufl. 2002, § 53 Rn 71 ff.; *Großfeld/Berndt*, RIW 1996, 625, 630; *H. Schmidt*, DB 1974, 1216 ff.; *van Randenborgh*, BB 1974, 483 ff.; *Winkler*, NJW 1974, 1032 f.; *van Randenborgh/Kallmeyer*, GmbHR 1996, 908, 909; *Brambring*, NJW 1974, 1255 ff.; *Kuntze*, DB 1975, 193, 194; *Barmeyer*, S. 74 f.; *Knoche*, in: FS Rheinisches Notariat 1998, S. 297, 303; *Janssen/Robertz*, GmbHR 2003, 433, 437; *Schervier*, NJW 1992, 593, 594 ff.; Geßler/Hefermehl/Eckhardt/Kropff/*Eckhardt*, AktG, 2. Aufl. 1984, § 23 Rn 29; Staudinger/*Großfeld*, Int. GesR, Rn 466 f. und 497; *Geimer*, DNotZ 1981, 406 ff.; *Ebenroth/Wilken*, JZ 1991, 1061, 1064 f.; *Löber*, RIW 1989, 94, 95; der BGH hat in seiner Entscheidung vom 16.2.1981 (BGHZ 80, 76 ff.) die Frage, ob Ortsrecht anwendbar sei, ausdrücklich offen gelassen, da in dem entschiedenen Fall jedenfalls die Formerfordernisse des Wirkungsstatuts im Wege der Substitution erfüllt waren.
152 A.A. OLG Frankfurt DNotZ 1982, 186 ff. (für GmbH-Anteilsabtretung); OLG Düsseldorf RIW 1989, 225 = GmbHR 1990, 169 (zur Satzungsänderung vor einem niederländischen Notar); *Maier-Reimer*, BB 1974, 1230 ff. (für GmbH-Anteilsabtretung); Palandt/*Heldrich*, Art. 11 EGBGB Rn 7 und 13.
153 *Goette*, MittRhNotK 1997, 1, 3 f.; Scholz/Westermann, GmbHG, 9. Aufl. 2002, Einl. Rn 93.
154 *Kropholler*, ZHR 140 (1976), 394, 402 f.; *Mann*, ZHR 138 (1974), 448, 455 f.; *Bredthauer*, BB 1986, 1864 f.; Scholz/Westermann, GmbHG, 9. Aufl. 2002, Einl. Rn 94; Hachenburg/Behrens, GmbHG, 8. Aufl. 1992, Einl. Rn 162; GroßKomm-AktG/*Röhricht*, 4. Aufl. 1996, § 23 Rn 48; *Goette*, MittRhNotK 1997, 1, 3; *Wolff*, ZIP 1995, 1489, 1491; *Geyrhalter*, RIW 2002, 386, 389; *Kröll*, ZGR 2000, 111, 122 ff.
155 BT-Drucks 10/504, S. 49.
156 BayObLG NJW 1978, 500; OLG Frankfurt DB 1981, 1456; OLG Stuttgart NJW 1981, 1176; OLG Düsseldorf RIW 1989, 225 = DB 1989, 169 (Satzungsänderung); *Merkt*, in: FS Sandrock 1995, S. 135, 156 (für Anteilsabtretung); *Reuter*, BB 1998, 116 ff.; Sick/Schwarz, NZG 1998, 540; *Loritz*, DNotZ 2000, 90, 105 f.; Gätsch/Schulte, ZIP 1999, 1954, 1956; *Bauer*, NZG 2001, 45, 46; Palandt/*Heldrich*, Art. 11 EGBGB Rn 13; MüKo/Spellenberg, Art. 11 EGBGB Rn 92.
157 *Schervier*, NJW 1992, 593, 598.
158 *Maier-Reimer*, BB 1974, 1230, 1233.
159 MüKo/Spellenberg, Art. 11 EGBGB Rn 92.
160 *Kropholler*, ZHR 140 (1976), 400 f. (m.w.N.); *Kegel*, in: FS Lewald 1953, S. 259, 274 ff.; krit. (da in manchen Ländern keine konstitutive Grundbuchwirkung existiert) MüKo/Spellenberg, Art. 11 EGBGB Rn 84.
161 *Schervier*, NJW 1992, 593, 598.

aufgeführten Argumente verwiesen werden. Die Registerpflichtigkeit ist ein Indiz dafür, dass die juristische Umwelt genauso berührt ist wie bei Grundstücksverfügungen.[162]

Der Registerrichter kann häufig nicht prüfen, welches die Ortsformvorschriften sind und wie sie eingehalten wurden. Eine starke Rechtsunsicherheit entstünde. Der Einwand, der Registerrichter (oder Rechtspfleger) könne sich im Wege des Amtsermittlungsgrundsatzes (§ 12 FGG) von der Wirksamkeit überzeugen, ist ein in der Praxis wenig verfängliches Argument. Die Amtsermittlung würde zu einer Vielzahl von externen Begutachtungen führen, die nicht nur teuer, sondern auch zeitraubend sind und somit die Spanne zwischen Antragstellung und Eintragung vergrößern würden. Das dies weder im Interesse der Gesellschaft noch des Rechtsverkehrs ist, liegt auf der Hand. Zunächst gilt dies für alle diejenigen Fälle, in denen die Eintragung in Handelsregister konstitutiv ist. Aber auch für Anteilsabtretungen (auch hier muss die Anteilsabtretung angezeigt werden, vgl. § 40 GmbHG) gilt das oben (Rn 39) Gesagte entsprechend. Denn der Rechtsverkehr hat ein Interesse daran zu wissen, wer Anteilsinhaber ist. Hier ist lediglich eine Substitution der vom Geschäftsstatut aufgestellten Formerfordernisse möglich (vgl. Rn 27). Bei juristischen Personen kann darüber hinaus das Personalstatut vorsehen, dass bestimmte Vorgänge im Inland stattfinden müssen (str. für die Hauptversammlung einer deutschen Aktiengesellschaft, wenn nichts anderes in der Satzung bestimmt ist,[163] und für die Gesellschafterversammlung einer GmbH[164]). 40

4. Rechtswahl. Die beiden in Abs. 1 genannten Alternativen sind nicht zwingend, sie können durch die Parteien modifiziert werden. Dies ist zum einen indirekt dadurch möglich, dass sie das maßgebliche Geschäftsrecht entsprechend Artt. 27 ff. bei Schuldverträgen selbst wählen. Soweit Abs. 1 auf das Geschäftsrecht verweist, käme dann das von den Parteien gewählte Recht zur Anwendung. Die Parteien können aber nach der herrschenden Meinung auch direkt entweder das Ortsrecht oder das Geschäftsrecht als für die Form maßgebliches Recht abbedingen[165] oder wählen.[166] Wenn sich diese Rechtswahl nur auf die Form bezöge, wäre dies eine (nach Art. 27 Abs. 1 S. 3 zulässige) Teilrechtswahl.[167] So kann z.B. die Maßgeblichkeit der Ortsform ausgeschlossen werden.[168] Der BGH hat einmal in der Wahl des deutschen Vertragsstatuts (= Geschäftsrecht) zugleich die stillschweigende Abwahl des Ortsrechts für die Form angenommen.[169] Ein anderes Mal hat er hingegen bei einer Wahl deutschen Geschäftsstatuts auch die Geltung von Abs. 1 als vereinbart angenommen.[170] Was von den Parteien gemeint ist, ist eine Frage des Parteiwillens und somit der Auslegung der Vereinbarung.[171] In der Regel wollen die Parteien mit der Rechtswahl die Ortsrecht ausschließen, wenn dieses nicht mit dem Geschäftsstatut übereinstimmt. Bei Verbraucherverträgen (Art. 29 Abs. 3), Arbeitsverträgen (Art. 30 Abs. 1) und bei den vom Anwendungsbereich des Art. 11 ausgenommenen Rechtsgeschäften (siehe Rn 5 ff.) ist die Rechtswahlmöglichkeit hingegen eingeschränkt. Von der kollisionsrechtlichen Rechtswahl ist die materiellrechtliche Formvereinbarung zu unterscheiden (nach deutschem Recht z.B. § 127 BGB). Deren Zulässigkeit und Voraussetzungen richten sich nach dem Geschäftsstatut.[172] 41

Wählen die Parteien bei einem Schuldvertrag gem. Art. 27 eine bestimmte Rechtsordnung, so ist die **Formgültigkeit des Rechtswahlvertrages** (Art. 29 Abs. 4 i.V.m. Art. 11) unabhängig von der Formgültigkeit des materiellen Vertrages (dann nur Art. 11) zu beurteilen.[173] 42

Wird bei Schuldverträgen die **Rechtswahl nachträglich** getroffen und stellt das neue Geschäftsstatut andere Formerfordernisse auf, so gilt mit dem Grundsatz des *favor negotii* i.V.m. Art. 27 Abs. 2 S. 2 dasjenige Recht mit den milderen Formvorschriften.[174] Ein ursprünglich ungültiger Vertrag kann also durch Formrechtswahl rückwirkend geheilt werden. Umgekehrt bleibt die ursprünglich vorhandene Formwirksamkeit auch dann erhalten, wenn das neu gewählte Recht Formunwirksamkeit annimmt. 43

---

162 *Kropholler*, ZHR 140 (1976), 402.
163 OLG Hamburg IPRax 1994, 291 = NJW-RR 1993, 1317 hat sich allerdings gegen die Möglichkeit ausgesprochen, eine derartige Satzungsbestimmung aufzunehmen; a.A. MüKo/*Spellenberg*, Art. 11 EGBGB Rn 45c (diskutiert dies bei der Frage der Gleichwertigkeit im Rahmen der Substitution); *Biehler*, NJW 2000, 1243, 1244.
164 *Scholz/Schmidt*, GmbHG, 9. Aufl. 2002, § 48 Rn 6 ff.; *Schervier*, NJW 1992, 593, 597.
165 BGHZ 57, 337, 339 = NJW 1972, 385; OLG Brandenburg RIW 1997, 424, 425; Staudinger/ *Winkler von Mohrenfels*, Art. 11 EGBGB Rn 208 (m.w.N.); a.A. Bamberger/Roth/*Mäsch*, Art. 11 EGBGB Rn 10.
166 Palandt/*Heldrich*, Art. 11 EGBGB Rn 2; MüKo/ *Spellenberg*, Art. 11 EGBGB Rn 31.
167 MüKo/*Spellenberg*, Art. 11 EGBGB Rn 31.
168 BGHZ 57, 337, 339 = NJW 1972, 385; Palandt/ *Heldrich*, Art. 11 EGBGB Rn 11; a.A. *Jayme*, NJW 1972, 1618.
169 BGHZ 57, 337, 3399 = NJW 1972, 385; krit. Bamberger/Roth/*Mäsch*, Art. 11 EGBGB Rn 10.
170 BGH NJW 1971, 323, 324.
171 So auch MüKo/*Spellenberg*, Art. 11 EGBGB Rn 32.
172 MüKo/*Spellenberg*, Art. 11 EGBGB Rn 34a (m.w.N.).
173 BGHZ 73, 391, 394; Palandt/*Heldrich*, Art. 11 EGBGB Rn 5.
174 *Spickhoff*, IPRax 1998, 462, 464; Bamberger/Roth/ *Mäsch*, Art. 11 EGBGB Rn 31.

II. Distanzgeschäfte (Abs. 2)

44 Abs. 2 eröffnet die Möglichkeit eines zusätzlichen Formstatuts. Bei Verträgen, bei denen sich die beiden Vertragsparteien in unterschiedlichen Staaten befinden,[175] kann sich die Formgültigkeit des Vertrages – neben dem Geschäftsstatut – auch nach den Rechten beider Staaten richten. Es kommt nicht darauf an, wo der Vertrag rechtswirksam – etwa durch Zugang der Annahmeerklärung – zustande kommt.[176] Abs. 2 spricht ausdrücklich nur von Verträgen. Andere Rechtsgeschäfte sind demnach vom Anwendungsbereich ausgeschlossen. So kann z.B. die Formwirksamkeit einer Willenserklärung, die in einem Staat abgegeben wird und im anderen Staat zugeht, nicht nach den Rechten beider Staaten beurteilt werden, sondern nur nach dem Recht des Staates, in dem die Willenserklärung abgegeben wurde. Auf die Art des Vertrages kommt es hingegen nicht an. So fallen auch einseitig verpflichtende Verträge, etwa ein Schenkungsvertrag[177] oder ein Bürgschaftsvertrag,[178] unter Abs. 2. Bei Letzterem genügt auch die Einhaltung des milderen, keine besondere Form verlangenden Ortsrechts einer Partei, auch wenn das Ortsrecht der anderen Partei eine besondere Form verlangt.[179]

45 Ist der Vertrag nach beiden Ortsrechten (und nach dem Geschäftsrecht) ungültig, so gilt hinsichtlich der Rechtsfolgen das zu Abs. 1 Gesagte (siehe Rn 18). Die Folgen der Formunwirksamkeit beurteilen sich nach dem milderen Recht.

III. Vertretergeschäfte (Abs. 3)

46 Abs. 3 stellt klar, dass es bei Vertretergeschäften für die Bestimmung des Ortes, an dem das Rechtsgeschäft vorgenommen wird, nicht auf den Aufenthalt des Vertretenen, sondern auf den des Vertreters ankommt. Dieser Abs. hat somit eine Hilfsfunktion für die Bestimmung des Ortsrechts. Trotz der Eingrenzung des Wortlauts auf „Verträge" muss Abs. 3 auch auf einseitige Rechtsgeschäfte durch einen Vertreter entsprechend angewendet werden.[180] Er gilt auch für Bürgschaftsverträge.[181] Für durch Boten (z.B. per Post) übermittelte Erklärungen gilt Abs. 3 nicht, hier muss auf den Ort der Abgabe der Erklärung abgestellt werden. Von der Frage der Formwirksamkeit des durch den Vertreter geschlossenen Hauptgeschäftes ist die Formwirksamkeit der Bevollmächtigung zu unterscheiden, hier kommt es auf die Formvorschriften des für die Vollmacht geltenden Geschäftsrechts oder auf die Formvorschriften desjenigen Ortes an, an dem die Vollmacht erklärt wird.

IV. Grundstücksgeschäfte (Abs. 4)

47 Abs. 4 beruht auf Art. 9 Abs. 6 EVÜ (vgl. Rn 1 und 9) und bezieht sich nur auf schuldrechtliche Grundstücksgeschäfte. Solche können zum einen Verträge sein, die ein dingliches Recht zum Gegenstand haben, und zum anderen solche, die ein Recht zur Nutzung eines Grundstücks zum Gegenstand haben. Auf die dinglichen Grundstücksgeschäfte selbst ist Abs. 5 anwendbar, zur Auflassung siehe auch Rn 29. Nach Abs. 4 sind die Formvorschriften des Rechts desjenigen Landes, in dem das vertragsgegenständliche Grundstück belegen ist, immer dann anwendbar, wenn das Belegenheitsrecht ausschließliche Geltung beansprucht.[182] Das deutsche Recht tut dies grundsätzlich nicht[183] (siehe auch Rn 15), so dass Abs. 1–3 uneingeschränkt anwendbar sind.[184] Ausnahmen werden nur für den Bereich des Mietrechts erwogen.[185] Ein Vertrag über ein deutsches Grundstück ist demnach auch im Ausland nach den dort geltenden Formvorschriften möglich (vgl. Rn 30). Ausländische Rechte können jedoch ausschließliche Geltung beanspruchen, z.B. das schweizerische Recht bei Kaufverträgen über schweizerische Grundstücke.[186] Sinn von Abs. 4 ist es, auf den Geltungsanspruch dieses Rechts Rücksicht zu nehmen, nicht zuletzt deshalb, weil man sich dagegen nicht durchsetzen könnte.[187]

48 Der Anwendungsbereich des Abs. 4 umfasst zunächst solche Geschäfte, die ein dingliches Recht zum Gegenstand haben, also nicht nur Veräußerungsgeschäfte. Somit unterfallen dem Anwendungsbereich auch die Übertragung und Einräumung beschränkter dinglicher Rechte (Grundpfandrechte, Nießbrauch, Wohnungs-

---

175 Auf den Aufenthalt oder gar den gewöhnlichen Aufenthalt kommt es insofern nicht an, vgl. MüKo/*Spellenberg*, Art. 11 EGBGB Rn 63.
176 MüKo/*Spellenberg*, Art. 11 EGBGB Rn 65.
177 Krit. dazu *v. Hoffmann*, IPR, § 7 Rn 41, S. 277.
178 BGHZ 121, 224, 235 = NJW 1993, 1126, 1128.
179 BGH, a.a.O.
180 MüKo/*Spellenberg*, Art. 11 EGBGB Rn 71; Bamberger/Roth/*Mäsch*, Art. 11 EGBGB Rn 52.
181 BGH NJW 1993, 1126, 1128.
182 OLG Brandenburg RIW 1997, 424, 425.
183 S. die Gesetzesbegründung in BT-Drucks 10/504, S. 49; Bamberger/Roth/*Mäsch*, Art. 11 EGBGB Rn 56.
184 *Mankowski*, RIW 1995, 1034, 1037 (m.w.N.).
185 Vgl. Bamberger/Roth/*Mäsch*, Art. 11 EGBGB Rn 56 (m.w.N.).
186 § 119 Abs. 3 S. 2 IPRG; hier gilt zwingend die Form der öffentlichen Beurkundung gem. § 216 Abs. 1 OR.
187 MüKo/*Spellenberg*, Art. 11 EGBGB Rn 88.

recht etc.). Unter Verträgen über die Nutzung eines Grundstücks sind Miete, Pacht und Nießbrauch[188] (auf Letzteren kann auch Abs. 5 zur Anwendung kommen) zu verstehen.

V. Dingliche Rechtsgeschäfte (Abs. 5)

1. Allgemeines. Abs. 5 schränkt die durch die alternativen Anknüpfungsmöglichkeiten der Abs. 1 und 2 eröffnete Formenvielfalt dadurch ein, dass für dingliche Rechtsgeschäfte die Formwirksamkeit nur durch dasjenige Recht bestimmt wird, das auf das seinen Gegenstand bildende Rechtsverhältnis anzuwenden ist. *De facto* ergibt sich daraus, dass bei Verfügungsgeschäften die *lex rei sitae* für die Beurteilung der Formwirksamkeit heranzuziehen ist, wenn nicht gem. Art. 46 ausnahmsweise ein anderes Recht Anwendung findet. Die Anwendbarkeit des Belegenheitsrechts folgt aus Art. 43. Der Grund für diese Sonderregelung liegt bei Grundstücken im Interesse der Allgemeinheit an einer klaren dinglichen Rechtslage und an der Nähe zu Grundbuchämtern oder vergleichbaren Registern.[189] Für Mobilien greift diese Rechtfertigung in Deutschland nicht, doch ist in anderen Ländern eine (quasi-)konstitutive Wirkung einer Registrierung – etwa bei Eigentumsvorbehaltsregistern – möglich. Die Anwendbarkeit des nach Abs. 5 berufenen Rechts ist zwingend, eine – auch einvernehmliche – Wahl eines anderen Rechts ist nicht möglich. 49

2. Anwendungsbereich des Abs. 5. Der gegenständliche Anwendungsbereich des Abs. 5 umfasst nicht nur Grundstücke (zur Auflassung, die zwingend vor einem deutschen Notar erklärt werden muss, siehe Rn 30) und grundstücksgleiche Rechte, sondern auch Sachenrechtsgeschäfte über Mobilien. Da der Wortlaut von „Sache" spricht und Sachen im deutschen Recht gem. § 90 BGB nur körperliche Gegenstände sind,[190] gilt Abs. 5 unbestritten nicht für Immaterialgüterrechte und Forderungsabtretungen.[191] Umstritten ist, ob die Regelung auch entsprechend auf die Übertragung von Geschäftsanteilen (siehe dazu Rn 38) und Erbteilen anwendbar[192] ist. Dies ist zu bejahen. Denn Abs. 5 bezweckt Rechtssicherheit bei denjenigen Verfügungsgeschäften, die eine bestimmte Nähe zu Registern haben. Zu weiteren Argumenten siehe Rn 39 ff. Die Form kann dabei jedoch im Wege der Substitution erfüllt werden (vgl. Rn 19 ff.). Denn auch hier werden die Formvorschriften des Geschäftsrechts erfüllt. Nur der tatsächliche Vorgang findet im Ausland statt. 50

Der *lex rei sitae* unterliegen sowohl Rechtsgeschäfte, durch die ein Recht an einer Sache begründet wird, als auch solche, mit denen über ein solches Recht verfügt wird.[193] Die schuldrechtlichen (Verpflichtungs-)Geschäfte sind davon jedoch nicht betroffen, auch wenn sie der Rechtsgrund für die Rechtsbegründung/Verfügung sind. Problematisch ist dabei die Behandlung solcher ausländischen Rechtsgeschäfte, die ein sachenrechtliches Vollzugsgeschäft als entbehrlich erachten. So bewirkt im französischen Recht der Abschluss des Kaufvertrages zugleich den Eigentumsübergang. In einem solchen Fall ist Abs. 5 wohl nicht anwendbar.[194] Von Abs. 5 wird nach h.M. nicht die Erteilung einer Vollmacht umfasst,[195] auch wenn diese unwiderruflich ist. Eine Grundstücksveräußerungs- oder Erwerbsvollmacht für ein inländisches Grundstück kann demnach im Ausland formfrei, also ohne Beachtung von § 311b BGB erteilt werden, wenn das ausländische Recht dies zulässt. 51

C. Weitere praktische Hinweise

I. Formfragen im Zusammenhang mit dem Beurkundungsverfahren

Ist nach dem Formstatut die Mitwirkung einer bestimmten Person bei dem Abschluss des Rechtsgeschäfts erforderlich, so sind auch die Regeln über die Beurkundungszuständigkeit von Behörden und Urkundspersonen (Standesbeamte, Notare)[196] und die Vorschriften über das Beurkundungsverfahren[197] diesem Recht zu entnehmen.[198] Dabei ist zu beachten, dass die Hoheitsbefugnisse eines deutschen Notars auf das deutsche 52

---

188 MüKo/*Spellenberg*, Art. 11 EGBGB Rn 89.
189 *Kropholler*, ZHR 140 (1976), 400 f. (m.w.N.); *Kegel*, in: FS Lewald 1953, S. 274 ff.; krit. (da in manchen Ländern keine konstitutive Grundbuchwirkung existiert) MüKo/*Spellenberg*, Art. 11 EGBGB Rn 84.
190 Die Qualifikation, was eine Sache ist, obliegt der *lex rei sitae*, vgl. MüKo/*Spellenberg*, Art. 11 EGBGB Rn 85.
191 MüKo/*Spellenberg*, Art. 11 EGBGB Rn 93 und 94a.
192 Dafür *Ludwig*, NJW 1983, 496; dagegen Palandt/*Heldrich*, Art. 11 EGBGB Rn 22.
193 Unter dem Begriff Verfügung, der grundsätzlich nach deutschem Recht zu qualifizieren ist, wird bekanntlich die Übertragung, inhaltliche Änderung, Belastung und Aufhebung eines Rechtes verstanden.
194 BGHZ 73, 391; OLG Köln OLGZ 77, 201; *Küppers*, DNotZ 1973, 645, 666; MüKo/*Spellenberg*, Art. 11 EGBGB Rn 84; a.A. Soergel/*Kegel*, Art. 11 EGBGB Rn 16; Palandt/*Heldrich*, Art. 11 EGBGB Rn 21.
195 OLG Stuttgart MDR 1981, 405; Palandt/*Heldrich*, Art. 11 EGBGB Rn 21; a.A. *Ludwig*, NJW 1983, 495; Staudinger/*Winkler von Mohrenfels*, Art. 11 EGBGB Rn 71.
196 OLG Zweibrücken StAZ 1979, 242; OLG Stuttgart FamRZ 1990, 559, 560; Palandt/*Heldrich*, Art. 11 EGBGB Rn 4.
197 Z.B. das Erfordernis einer ausreichenden Namensunterschrift, BGH FamRZ 2003, 675.
198 Bamberger/Roth/*Mäsch*, Art. 11 EGBGB Rn 24.

Staatsgebiet beschränkt sind.[199] Gilt also deutsches Formstatut, so ist eine Auslandsbeurkundung durch einen deutschen Notar nicht möglich.[200]

53 **Streitig** ist, ob dies auch dann gilt, wenn sich die **Tätigkeit der Urkundsperson** in **zwei Vorgänge** aufspalten lässt. So besteht der Vorgang der Unterschriftsbeglaubigung nach § 40 BeurkG aus der Sinneswahrnehmung (der Unterschriftszeichnung bzw. Anerkennung) und aus der Fertigung des Beglaubigungsvermerks. Kann in diesem Fall der Notar die Unterschrift im Ausland entgegennehmen und innerhalb Deutschlands den Beglaubigungsvermerk wirksam fertigen? Dies wird teilweise im Hinblick auf die Soll-Vorschrift des § 40 BeurkG für möglich erachtet.[201] Nach dieser Vorschrift soll eine Unterschrift nur dann beglaubigt werden, wenn die Unterschrift in Gegenwart des Notars vollzogen oder anerkannt wurde. Ein Verstoß führt nicht zur Unwirksamkeit, auch eine Fernbeglaubigung (z.B. telefonische Bestätigung des Unterzeichners, dass dies seine Unterschrift sei) ist wirksam, wenngleich amtspflichtswidrig. Gegen die Möglichkeit der Tätigkeit im Ausland, und sei diese Tätigkeit auch nur auf die Sinneswahrnehmung beschränkt, spricht richtigerweise jedoch, dass der Notar hoheitliche Befugnisse ausübt und eine hoheitliche Tätigkeit nicht in einem anderen Staatsgebiet ausüben darf.[202] Unstreitig hingegen ist, dass ein deutscher Notar nicht eine Hauptversammlung im Ausland aufnehmen, das Protokoll hingegen im Inland erstellen darf.[203]

54 Wirksame deutsche Urkunden können im Ausland auch die deutschen Konsularbeamten errichten (§ 10 KonsG). Deutsche Konsularbeamte sind insbesondere befugt, Auflassungen entgegenzunehmen und eidesstattliche Versicherungen (wie sie beispielsweise im Erbscheinsverfahren erforderlich sind) abzunehmen (§ 12 KonsG).[204]

II. Gebührenerwägungen bei Auslandsbeurkundungen

55 Gelegentlich – insbesondere bei sehr hohen Gegenstandswerten – wird erwogen, die Beurkundung des **schuldrechtlichen Grundstückskaufvertrages** oder sonstigen Übertragungsgeschäftes im Ausland in einem gleichwertigen Beurkundungsverfahren vorzunehmen und anschließend die Auflassung[205] vor einem deutschen Notar zu erklären. Ob sich damit tatsächlich Gebühren sparen lassen, hängt davon ab, wie das Oberlandesgericht, in dessen Bezirk die Auflassung erklärt werden soll, zu der Gebührenerhebung für die Auflassung steht. Während einige Oberlandesgerichte[206] von einer 5/10-Gebühr gem. § 38 Abs. 2 Nr. 6a KostO ausgehen, sehen andere[207] eine 20/10-Gebühr ausgelöst. § 36 Abs. 2 KostO. Nach § 38 Abs. 2 Nr. 6a KostO fällt die 5/10-Gebühr an, wenn „das zugrunde liegende Rechtsgeschäft bereits beurkundet ist". Legt man den Wortlaut so aus, dass es sich bei der vorangegangenen Beurkundung um eine solche im Sinne des Beurkundungsgesetzes im Geltungsbereich der Kostenordnung, also vor einem deutschen Notar, handeln muss, so wäre § 38 Abs. 2 KostO nicht einschlägig und somit eine 20/10-Gebühr zu erheben. Dafür spricht, dass bei einem vorausgegangenen inländischen Schuldvertrag der Prüfungsaufwand für den die Auflassung beurkundenden Notar in der Regel geringer ist als bei einem ausländischen Schuldvertrag. Dies rechtfertigt auch die höhere Gebühr. Zu den reinen Beurkundungsgebühren für die Auflassung kommen aber noch weitere Gebühren hinzu. Der deutsche Notar muss zum einen prüfen, ob das Verpflichtungsgeschäft formgerecht in einem gleichwertigen Beurkundungsverfahren errichtet worden ist. Diese Pflicht trifft ihn wegen § 925a BGB,[208] wonach der Notar die Auflassung nur beurkunden soll, wenn ein nach § 311b BGB wirksamer Vertrag vorgelegt wird. Hierfür müsste – jedenfalls für den Fall, dass lediglich 5/10-Gebühr für die

---

199 BGHZ 138, 359, 361 = NJW 1998, 2830, 2831; *Riering*, IPRax 2000, 16, 17; *Biehler*, NJW 2000, 1243, 1245; Palandt/*Heldrich*, Art. 11 EGBGB Rn 4; Staudinger/*Winkler von Mohrenfels*, Art. 11 EGBGB Rn 277 f., m.w.N.
200 Nehmen hingegen ausländische Urkundspersonen Beurkundungen in Deutschland vor, so führt dies nicht zwingend zur Unwirksamkeit. Es ist dann anhand des ausländischen Rechts zu prüfen, ob dieses eine solche Beurkundung zulässt und eine Substitution ermöglicht; vgl. dazu *Rehm*, RabelsZ 64 (2000), 104 ff.
201 *Winkler*, BeurkG, 15. Aufl. 2003, Einl. Rn 46 und § 40 Rn 35; Schippel/*Schippel*, BNotO, 7. Aufl. 2000, § 11a Rn 1.
202 Wie hier Staudinger/*Winkler von Mohrenfels*, Art. 11 EGBGB Rn 278 f.; *Arndt/Lerch/Sandkühler*, BNotO, 5. Aufl. 2003, § 11 Rn 9 und 11; *Huhn/v. Schuckmann*, BeurkG, 3. Aufl. 1995, § 2 Rn 31 ff.; *Blumenwitz*, DNotZ 1968, 712, 720.
203 OLG Hamburg NJW-RR 1993, 1317; Staudinger/*Winkler von Mohrenfels*, Art. 11 EGBGB Rn 278.
204 Allgemein zum konsularischen Beurkundungswesen vgl. *Bindseil*, DNotZ 1993, 5 ff.
205 Diese ist notwendigerweise vor einem deutschen Notar zu erklären, s. oben Rn 30.
206 OLG Köln RNotZ 2002, 239; OLG Karlsruhe JurBüro 1998, 155; OLG Jena NJW-RR 1998, 645; OLG Celle JurBüro 1997, 207; OLG Zweibrücken DNotZ 1997, 245 f.; OLG Düsseldorf DNotZ 1991, 410; OLG Stuttgart DNotZ 1991, 411; zust. *Hartmann*, Kostengesetze, 32. Aufl. 2003, § 38 KostO Rn 24 ff.
207 OLG Hamm ZNotP 1998, 301 ff. = NJW-RR 1999, 77; BayObLG DNotZ 1978, 58; so auch Notarkasse, Streifzug durch die Kostenordnung, 5. Aufl. 2002, S. 18; *Assenbacher/Mathias*, KostO, 15. Aufl. 2004, S. 66; *Bengel*, in: Korintenberg/Lappe/Bengel/Reimann, KostO, 15. Aufl. 2002, § 38 Rn 50; *Lappe*, DNotZ 1991, 413 ff.; *Knoche*, RNotZ 2002, 241 ff.
208 *Knoche*, RNotZ 2002, 241, 242.

Auflassung angesetzt wird – eine 5/10-Gebühr gem. § 147 Abs. 2 KostO anzusetzen sein. Da der Notar des Weiteren die Urkunde vollzieht, d.h. sämtliche erforderliche Genehmigungen und Bescheinigungen einholt und den Antrag einreicht, ist eine weitere Vollzugsgebühr gem. § 147 Abs. 2 KostO (5/10) anzusetzen.

Das keine einheitliche Rechtsprechung zum Gebührensatz in diesen Fällen vorliegt, liegt daran, dass eine Divergenzbeschwerde zum BGH bislang nicht möglich war. Dies ist aber seit Änderung der KostO zum 1.1.2002 gem. § 28 Abs. 2 FGG i.V.m. § 156 Abs. 4 S. 4 KostO möglich. Eine klarstellende Entscheidung des BGH ist demnach zu erwarten.

III. Registerrecht

Welche Wirkungen Registereintragungen (z.B. Handelsregister und Grundbuch) haben, ob sie also konstitutiv oder rein deklaratorisch wirken, entscheidet das Geschäftsrecht, nicht das Formstatut.[209] Dieses wird bei registerpflichtigen Vorgängen wegen Abs. 5 in den meisten Fällen mit dem Geschäftsstatut übereinstimmen (siehe zur entsprechenden Anwendung auf gesellschaftsrechtliche Vorgänge Rn 38). Das Registerverfahren, die Wirkungen der Registereintragung[210] und die Frage, wie bestimmte Nachweise zu erbringen sind (z.B. durch öffentliche Urkunden), regelt das Recht des Registerortes.[211] Zur Beglaubigung von Handelsregisteranmeldungen durch einen ausländischen Notar und zur Belehrung gem. § 8 Abs. 3 GmbHG siehe Rn 29, zur Legalisation siehe Rn 58.

IV. Legalisation, Apostille und befreiende Abkommen

Neben der materiellen Formwirksamkeit eines Rechtsgeschäfts stellt sich bei öffentlichen Urkunden die Frage des Gebrauchs außerhalb des Errichtungsstaates. Dies ist keine Frage des Art. 11.[212] Die Frage stellt sich sowohl für ausländische öffentliche Urkunden, die im Inland gebraucht, als auch für inländische öffentliche Urkunden, die im Ausland gebraucht werden sollen. Ausländische Urkunden werden in Deutschland grundsätzlich als öffentlich anerkannt, wenn sie die äußeren Merkmale einer öffentlichen Urkunde enthalten.[213] Deren Echtheit muss jedoch häufig nachgewiesen werden, insbesondere wenn die Urkunde im Zivilprozess (§ 415 ZPO), bei einem öffentlichen Register (z.B. Handelsregister (§ 12 HGB) oder Grundbuchamt (§ 29 GBO) vorgelegt wird. Zum Echtheitsnachweis bedarf die ausländische öffentliche Urkunde grundsätzlich der **Legalisation**, vgl. § 438 Abs. 2 ZPO.[214] Dies bedeutet, dass die Echtheit der Urkunde durch die Auslandsvertretung (für Deutschland die Konsulate, vgl. § 13 KonsularG) desjenigen Staates bestätigt wird, in dem die Urkunde verwendet werden soll. Soll eine ausländische Urkunde in Deutschland verwendet werden, so kann ein deutscher Konsul (im Ausland) diese legalisieren. Legalisation bedeutet nicht Prüfung der materiellen Formwirksamkeit. Es wird lediglich deren Echtheit bestätigt, gegebenenfalls durch Angabe, ob die Person, die die Urkunde aufgenommen hat, zuständig war und ob die Urkunde in der den Gesetzen des Ausstellungsstaates entsprechenden Form aufgenommen worden ist, § 13 Abs. 4 KonsularG.[215] Soll umgekehrt eine deutsche Urkunde für den Gebrauch im Ausland legalisiert werden, so bedarf es in vielen Fällen einer vorherigen Zwischenbeglaubigung durch den Präsidenten des zuständigen Landgerichts, u.U. auch einer weiteren Zwischenbeglaubigung durch den Bundesjustizminister und Endbeglaubigung durch das Auswärtige Amt, das diese Befugnisse auf das Bundesverwaltungsamt im Köln übertragen hat.[216]

Von dem teilweise aufwändigen Verfahren der Legalisation kann abgesehen werden, wenn die **Apostille** ausreicht. Dies ist immer dann der Fall, wenn zwischen Deutschland und dem anderen Staat das Haager Übereinkommen zur Befreiung von der Legalisation[217] gilt.[218] An die Stelle der Legalisation tritt dann die Apostille als Echtheitsnachweis, die insofern einfacher zu erlangen ist, als sie von den zuständigen

---

209 MüKo/*Spellenberg*, Art. 11 EGBGB Rn 27; Erman/*Hohloch*, Art. 11 EGBGB Rn 13; Bamberger/Roth/*Mäsch*, Art. 11 EGBGB Rn 25.
210 Hinzukommen muss jedoch, dass für das Recht, dem das Folgegeschäft unterliegt, der gute Glaube an eine (nicht) bestehende Registereintragung überhaupt Bedeutung zukommt, vgl. MüKo/*Spellenberg*, Art. 11 EGBGB Rn 29.
211 Bamberger/Roth/*Mäsch*, Art. 11 EGBGB Rn 25; MüKo/*Spellenberg*, Art. 11 EGBGB Rn 30.
212 BayObLG DNotZ 1993, 397 = IPRax 1994, 122; dazu *Roth*, IPRax 1994, 86.
213 *Meikel/Brambring*, GBO, 8. Aufl. 1998, § 29 Rn 241; *Huhn/v. Schuckmann*, BeurkG, 3. Aufl. 1995, § 1 Rn 39; *Zimmermann*, in: Beck'sches Notarhandbuch, 4. Aufl. 2000, S. 1132.
214 Diese Vorschrift gilt entsprechend im Verfahren der Freiwilligen Gerichtsbarkeit, vgl. Bamberger/Roth/*Mäsch*, Art. 11 EGBGB Rn 72.
215 *Zimmermann*, in: Beck'sches Notarhandbuch, 4. Aufl. 2000, S. 1132.
216 *Zimmermann*, a.a.O., S. 1134; zu einer Aufstellung, wann welche Legalisationen erforderlich sind, s.a. *Zimmermann*, a.a.O., S. 1135 ff.
217 Vom 5.10.1961 (BGBl II 1965 S. 876); in Deutschland in Kraft seit dem 13.2.1966 (BGBl II S. 106); abgedruckt auch in *Jayme/Hausmann*, Nr. 250.
218 Zur Liste der beigetretenen Staaten s. *Jayme/Hausmann*, Nr. 250 Fn 1 und *Zimmermann*, a.a.O., S. 1135 ff.

Behörden des Errichtungsstaates erteilt wird.[219] Die Zuständigkeit ist in Deutschland nicht bundeseinheitlich geregelt,[220] in der Regel ist der Präsident des jeweiligen Landgerichts zuständig.[221]

60 Ganz von dem Erfordernis der Echtheitsbestätigung befreit sind Urkunden für den Rechtsverkehr zwischen Deutschland und Staaten, mit denen ein entsprechendes **bilaterales Abkommen** besteht. So ist es – teils mit großen Einschränkungen[222] – im Verhältnis zu Belgien,[223] Dänemark,[224] Frankreich,[225] Griechenland,[226] Italien,[227] Österreich[228] und der Schweiz.[229] Des Weiteren sind Befreiungen vorgesehen für Urkunden von Konsuln,[230] Auszüge aus Personenstandsbüchern[231] und Personenstandsurkunden.[232]

Artikel 12   Schutz des anderen Vertragsteils

¹Wird ein Vertrag zwischen Personen geschlossen, die sich in demselben Staat befinden, so kann sich eine natürliche Person, die nach den Sachvorschriften des Rechts dieses Staates rechts-, geschäfts- und handlungsfähig wäre, nur dann auf ihre aus den Sachvorschriften des Rechts eines anderen Staates abgeleitete Rechts-, Geschäfts- und Handlungsunfähigkeit berufen, wenn der andere Vertragsteil bei Vertragsabschluß diese Rechts-, Geschäfts- und Handlungsunfähigkeit kannte oder kennen mußte. ²Dies gilt nicht für familienrechtliche und erbrechtliche Rechtsgeschäfte sowie für Verfügungen über ein in einem anderen Staat belegenes Grundstück.

Literatur: *Fischer*, Verkehrsschutz im Internationalen Privatrecht, 1990; *Lipp*, Verkehrsschutz und Geschäftsfähigkeit im IPR, RabelsZ 63 (1999), 107; *Schotten*, Schutz des Rechtsverkehrs im Internationalen Privatrecht, DNotZ 1994, 670.

A. Allgemeines	1	B. Regelungsgehalt		9
I. Normgeschichte und Übergangsrecht	1	I. Abschlussort		9
II. Normzweck, Normstruktur, Anwendungsbereich	2	II. Fehlende Fähigkeit		11
1. Normzweck	2	III. Fehlende Kenntnis und keine fahrlässige Unkenntnis		14
2. Normstruktur	3	IV. Rechtsfolge		16
3. Persönlicher Anwendungsbereich	4	V. Ausgenommene Rechtsgeschäfte (S. 2)		17
4. Sachlicher Anwendungsbereich	5	**Anhang: Juristische Personen und Gesellschaften**		
III. Staatsvertragliche Regelungen	6			
IV. Renvoi, ordre public	7			

A. Allgemeines

I. Normgeschichte und Übergangsrecht

1 Art. 12 wurde im Rahmen der IPR-Reform 1986[1] eingeführt und entspricht inhaltlich im Wesentlichen Art. 11 des EG-Schuldvertragsübereinkommens vom 19.6.1980 (EVÜ), vgl. Rn 6. Vor der Reform befand sich die entsprechende Regelung in Art. 7 Abs. 3 a.F., der nach Art. 220 für alle bis zum 1.9.1986 „abgeschlossenen Vorgänge" gilt. Art. 12 unterscheidet sich von Art. 7 Abs. 3 a.F. dadurch, dass nun der gute Glaube des Vertragspartners („kennen musste") von Bedeutung ist.

---

219 Eine Übersicht der zuständigen ausländischen Stellen findet sich bei *Bülow/Böckstiegel/Geimer/Schütze*, Int. Rechtsverkehr, Stand November 2003, Bd. 2 D. II 1 f. und bei *Zimmermann*, in: Beck'sches Notarhandbuch, 4. Aufl, 2000, S. 1135 ff.
220 Gem. Art. 2 Abs. 1 des deutschen Zustimmungsgesetzes v. 21.6.1965 (BGBl II S. 875) bestimmen die Bundesregierung und die Landesregierungen oder die von diesen ermächtigten obersten Bundes- oder Landesbehörden in ihrem jeweiligen Geschäftsbereich die zuständigen Behörden. Als zuständige Behörde kann auch der Präsident eines Gerichts bestimmt werden. Vgl. auch die Verordnung vom 27.6.1970 (BGBl I S. 905).
221 Für Nordrhein-Westfalen bspw. ergibt sich das aus der Rechtsverordnung zur Regelung der Zuständigkeit für die Erteilung der Apostille vom 8.2.1966 (GV NW 1966, S. 36).
222 S. dazu *Zimmermann*, a.a.O., S. 1132 f.
223 Abk. v. 13.5.1975 (BGBl II 1980 S. 813). Deutschland sieht das Übk. als verbindlich an, Belgien wegen eines Fehlers im Ratifikationsverfahren hingegen nicht.
224 Abk. v. 17.6.1936 (BGBl II 1953 S. 186).
225 Abk. v. 13.9.1971 (BGBl II 1974 S. 1074); dazu auch *Arnold*, DNotZ 1975, 581 ff.
226 Abk. v. 11.5.1938 (RGBl II 1939 S. 848).
227 Abk. v. 7.6.1969 (BGBl II 1974 S. 1069).
228 Abk. v. 21.6.1923 (RGBl II 1924 S. 61).
229 Abk. v. 14.2.1907 (RGBl II S. 411).
230 Europäisches Übereinkommen v. 7.6.1968 (BGBl II 1971 S. 86).
231 Abk. v. 27.9.1956 (BGBl II 1961 S. 1056).
232 Abk. v. 3.6.1982 (BGBl II 1983 S. 699) und Abk. v. 26.9.1957 (BGBl II 1961 S. 1067).
1 In Kraft seit dem 1.9.1986 (BGBl I S. 1142).

II. Normzweck, Normstruktur, Anwendungsbereich

1. Normzweck. Art. 12 bezweckt den Schutz des Rechtsverkehrs. Der Vertragspartner wird vor dem zusätzlichen Risiko geschützt, das dadurch entsteht, dass er mit einem Ausländer kontrahiert, der nach seinem Recht (Personalstatut) nicht oder nur beschränkt geschäftsfähig (bzw. handlungs- oder rechtsfähig) ist. Dieser Schutz wird durch die (allseitige) Alternativanknüpfung bewerkstelligt. Von der allgemeinen Regel des Art. 7 Abs. 1 wird eine Ausnahme gemacht: Unter der Voraussetzung, dass der andere Vertragsteil die nach Art. 7 Abs. 1 (Personalstatut) bestimmte Rechts-, Geschäfts- oder Handlungsunfähigkeit (vgl. Art. 7) nicht kannte bzw. nicht kennen musste, kann sich der Unfähige nicht darauf berufen, wenn nach dem Recht des Abschlussortes keine solche Unfähigkeit bestand. Im Mittelpunkt steht also der Schutz des Vertrauens, nicht – wie in Art. 11 – des *favor negotii*.[2] Dieser Vertrauensschutz, der am Abschlussort gelten muss, setzt sich gegenüber den (Schutz-)Regeln des Personalstatuts des (Geschäfts-)Unfähigen durch. Nach deutschem Sachrecht ist zwar der gute Glaube in die Geschäftsfähigkeit nicht geschützt. Die Existenz des Art. 12 rechtfertigt sich aber dadurch, dass durch die Ausländereigenschaft einer Vertragspartei ein zusätzliches (Minderjährigen-)Risiko geschaffen wird (z.B. durch eine andere Altersgrenze bei der Geschäftsfähigkeit). Da der inländische Vertragspartner die ausländischen Bestimmungen in der Regel nicht kennt, muss er sich nur an den Regeln festhalten lassen, die am Abschlussort gelten und denen er sich durch die Teilnahme am Rechtsverkehr unterworfen hat.[3]

2. Normstruktur. S. 1 stellt die allgemeine Regel auf, von der S. 2 für bestimmte Rechtsgeschäfte eine Ausnahme macht.

3. Persönlicher Anwendungsbereich. Art. 12 gilt nur für natürliche Personen, deren nach Art. 7 bestimmtes Personalstatut einem anderen Recht als dem des Abschlussortes unterliegt.[4] Möglich ist die analoge Anwendung auf ausländische juristische Personen.[5] Zur Anwendung des Art. 12 im Internationalen Gesellschaftsrecht siehe Anhang zu Art. 12 EGBGB Rn 14.

4. Sachlicher Anwendungsbereich. Art. 12 spricht in S. 1 von Verträgen, in S. 2 hingegen von Rechtsgeschäften. Daraus folgert die herrschende Meinung, dass der gesamte Art. 12 auf alle empfangsbedürftigen Rechtsgeschäfte – also auch einseitige Rechtsgeschäfte – anwendbar ist.[6] Auch Verfügungsgeschäfte sind von S. 1 umfasst. Denn S. 2 stellt klar, dass nur Verfügungen über Grundstücke besonderen Regeln unterliegen. Für die Schlüsselgewaltgeschäfte enthält Art. 16 Abs. 2 eine Sonderregel. Verfügungs- und Verpflichtungsbeschränkungen (im deutschen Recht z.B. §§ 1365, 1369 BGB) unterfallen Art. 12.[7] Für die Bestimmung der Partei- und Prozessfähigkeit ist Art. 12 nicht anwendbar.[8] Ob Geschäftsfähigkeit überhaupt erforderlich ist, richtet sich nach der *lex causae*. Art. 12 kann auch für den Umfang und die Beschränkung gesetzlicher Vertreter Minderjähriger bzw. Geschäftsunfähiger **analog** angewendet werden.[9] Eine analoge Anwendung des Art. 12 in Bezug auf den guten Glauben an das Bestehen und den Umfang einer Vollmacht ist hingegen nicht angezeigt.[10] Dies regelt sich allein nach dem Vollmachtsstatut.

---

2 MüKo/*Spellenberg*, Art. 12 EGBGB Rn 6a.
3 *Lipp*, RabelsZ 63 (1999) 107, 137.
4 Art. 12 gilt auch für Vertragspartner gleicher Nationalität, wenn sie sich an einem anderen Abschlussort befinden. Allerdings wird hier der gute Glaube an vorhandene Geschäftsfähigkeit aufgrund der Kenntnis der eigenen Rechtsordnung in der Regel fehlen.
5 BGH NJW 1998, 2452; *Bausback*, DNotZ 1994, 254, 259; Palandt/*Heldrich*, Anh. Art. 12 EGBGB Rn 2; Staudinger/*Großfeld*, Int. GesR, Rn 281; *Fischer*, S. 211 ff.; *Kalign*, DB 1985, 1449, 1452; MüKo/*Spellenberg*, Art. 12 EGBGB Rn 12; das LG München (ZIP 1999, 1680) hat Art. 12 auf eine nach ausländischem Recht nicht rechtsfähige Vorgesellschaft mit dem Ergebnis angewendet, dass deutsches Recht anwendbar war; a.A. Palandt/*Heldrich*, Art. 12 EGBGB Rn 2.
6 MüKo/*Spellenberg*, Art. 12 EGBGB Rn 18; *Fischer*, S. 42 ff.; *Lichtenberger*, DNotZ 1986, 644, 652; Bamberger/Roth/*Mäsch*, Art. 12 EGBGB Rn 11; a.A. Palandt/*Heldrich*, Art. 12 EGBGB Rn 2.
7 Palandt/*Heldrich*, Art. 12 EGBGB Rn 5 m.w.N.; a.A. Bamberger/Roth/*Mäsch*, Art. 12 EGBGB Rn 41 (für die Anwendung von Art. 16 Abs. 2).
8 Dies gilt auch, wenn das anwendbare Prozessrecht hinsichtlich der Parteifähigkeit auf die Rechtsfähigkeit abstellt, vgl. Bamberger/Roth/*Mäsch*, Art. 12 EGBGB Rn 17 und 20.
9 MüKo/*Spellenberg*, Art. 12 EGBGB Rn 27; Bamberger/Roth/*Mäsch*, Art. 12 EGBGB Rn 39; Palandt/*Heldrich*, Art. 12 EGBGB Rn 5 (sogar für eine direkte Anwendung.
10 MüKo/*Spellenberg*, Art. 12 EGBGB Rn 34a; Bamberger/Roth/*Mäsch*, Art. 12 EGBGB Rn 40.

III. Staatsvertragliche Regelungen

6 Art. 12 entspricht im Wesentlichen Art. 11 EVÜ.[11] Allerdings geht der Anwendungsbereich des Art. 12 weiter: er gilt für Rechtsgeschäfte aller Art, während Art. 11 des EVÜ nur auf vertragliche Schuldverhältnisse anwendbar ist (vgl. Art. 1 EVÜ). Zur Beachtung des EVÜ bei der Auslegung vgl. Art. 11 EGBGB Rn 9.

IV. Renvoi, ordre public

7 Das durch Art. 12 berufene Recht des Abschlussortes ist ausweislich des Wortlauts eine Sachnormverweisung. Ein *renvoi* ist also nicht zu beachten.[12] Die Alternativanknüpfung des Art. 12 kommt aber nur zum Tragen, wenn sich die Rechts-, Geschäfts- oder Handlungsunfähigkeit nicht schon aus Art. 7 ergibt. Dieser wiederum lässt einen *renvoi* zu (vgl. Art. 7 EGBGB Rn 7).

8 Das durch Art. 12 gewonnene Recht steht grundsätzlich unter dem Vorbehalt des *ordre public* (Art. 6). Die am Recht des ausländischen Abschlussortes geltenden Sachvorschriften gelten also dann nicht, wenn sie gegen den deutschen *ordre public* verstoßen. Insoweit gilt dasselbe wie bei Art. 7 (siehe dort Rn 8).

B. Regelungsgehalt

I. Abschlussort

9 Voraussetzung für die Anwendbarkeit von Art. 12 ist zunächst, dass sich bei Vertragsschluss (bzw. Vornahme des Rechtsgeschäfts) beide Parteien im selben Staat befinden. Das bedeutet nicht, dass die Parteien beide persönlich am selben Ort anwesend sein müssen. Es darf sich lediglich nicht um ein Distanzgeschäft (also Anwesenheit in verschiedenen Staaten) handeln. Bei einer Willenserklärung unter Abwesenden kommt es auf den Zeitpunkt der Abgabe und nicht auf den des Zugangs an.[13] Auch die zufällige, kurze Anwesenheit reicht aus. Dem Gesetzeswortlaut ist keine gegenteilige Einschränkung zu entnehmen. So kann Art. 12 auch gelten bei Geschäften unter Mitgliedern einer Reisegruppe im Ausland,[14] man wird dann aber fragen müssen, ob Gutgläubigkeit des Vertragspartners vorhanden war. Irrt sich der andere Vertragsteil über den Aufenthaltsort des (geschäfts-)unfähigen Vertragspartners, so hat dies keine Auswirkungen auf die Anwendbarkeit der Norm. Art. 12 stellt lediglich auf den tatsächlichen Aufenthaltsort ab.[15]

10 Wird der Vertrag auf der geschäftsunfähigen Seite durch einen Stellvertreter geschlossen, so kommt es – entsprechend Art. 11 Abs. 3 – auf den Aufenthaltsort des Stellvertreters an.[16] Denn auch hier verlässt sich der andere Vertragsteil darauf, dass das Recht des Abschlussortes gilt. Abschlussort ist der Ort, an dem inländische Vertragspartner und der Stellvertreter des ausländischen Vertragsteils anwesend sind, denn an diesem Ort werden die Willenserklärungen abgegeben. Ist der Vertreter selbst (geschäfts-)unfähig, so kommt es auf ebenfalls auf dessen Aufenthaltsort an.[17]

II. Fehlende Fähigkeit

11 Die Partei muss nach ihrem Personalstatut rechts-, geschäfts- oder handlungsunfähig sein, nach dem Ortsrecht diese Fähigkeit aber besitzen. Die **Rechtsfähigkeit** wird fast immer vorhanden sein. Sollte dies bei einer natürlichen Person nicht der Fall sein, dürfte dies gegen den *ordre public* verstoßen.[18] Sollte eine ausländische juristische Person nicht rechtsfähig sein, so dürfte in den meisten Fällen auch das deutsche Recht im Ergebnis zu einer Rechtsunfähigkeit kommen, so dass Art. 12 tatbestandlich nicht einschlägig wäre.

12 In der Praxis kommt der **Geschäftsfähigkeit**, also der Fähigkeit, Rechte und Pflichten zu begründen oder zu gestalten, eine herausgehobene Bedeutung zu. Sie bestimmt sich nach dem Personalstatut gem. Art. 7 (siehe

---

11 Für Deutschland in Kraft getreten am 1.4.1991 (BGBl II S. 871); abgedruckt auch in *Jayme/Hausmann*, Nr. 171; rein sprachlich gibt es eine Abweichung: Art. 12 spricht von „Kennenmüssen", Art. 11 EVÜ hingegen von „Fahrlässigkeit".

12 H.M., vgl. z.B. MüKo/*Spellenberg*, Art. 12 EGBGB Rn 56; Bamberger/Roth/*Mäsch*, Art. 12 EGBGB Rn 6; a.A. Soergel/*Kegel*, Art. 12 EGBGB Rn 26.

13 Bamberger/Roth/*Mäsch*, Art. 12 EGBGB Rn 30.

14 So auch Bamberger/Roth/*Mäsch*, Art. 12 EGBGB Rn 24, MüKo/*Spellenberg*, Art. 12 EGBGB Rn 38; a.A. *Lipp*, RabelsZ 63 (1999), 107, 134 f.

15 *Fischer*, S. 53 f., und *Spellenberg* (in: MüKo, Art. 12 EGBGB Rn 36a) sind hingegen der Ansicht, dass in dem Fall, in dem der Vertragspartner irrig annimmt, der Erklärende befinde sich im Ausland, Art. 12 keine Anwendung findet. Ein solches Abstellen auf den Rechtsschein weicht aber m.E. von dem Wortlaut des Art. 12 ab, der gerade keine Rechtsscheinhaftung verkörpert; so auch Bamberger/Roth/*Mäsch*, Art. 12 EGBGB Rn 31.

16 Wie hier *Liessem*, NJW 1989, 497, 501; Palandt/*Heldrich*, Art. 12 EGBGB Rn 2; Erman/*Hohloch*, Art. 12 EGBGB Rn 9; a.A. MüKo/*Spellenberg*, Art. 12 EGBGB Rn 37; *Schotten*, DNotZ 1994, 670, 671; Bamberger/Roth/*Mäsch*, Art. 12 EGBGB Rn 26.

17 Bei einem Boten stellt sich diese Frage nicht, da dieser selbst keine eigene Willenserklärung abgibt.

18 MüKo/*Spellenberg*, Art. 12 EGBGB Rn 21; Bamberger/Roth/*Mäsch*, Art. 12 EGBGB Rn 16.

dort Rn 9 ff.) und hängt in der Regel vom Alter oder von bestimmten geistigen Eigenschaften ab. Besondere Geschäftsfähigkeiten für bestimmte Sachbereiche (z.B. Testierfähigkeit) werden – wie bei Art. 7 (vgl. dort Rn 10) – von Art. 12 nicht umfasst, sondern richten sich nach dem Wirkungsstatut.[19] Wird das Rechtsgeschäft in Deutschland vorgenommen, gelten die §§ 104 ff. BGB, also auch § 113 BGB (Teilgeschäftsfähigkeit bei Dienst- oder Arbeitsverhältnis). Art. 12 ist auch anwendbar, wenn der Ausländer in seinem Heimatstaat entmündigt wurde.[20] Ob aus der Sicht des Vornahmestaates eine solche Entmündigung zu beachten ist, hängt von der Anerkennungsfähigkeit der Entmündigungsentscheidung ab (vgl. dazu Art. 7 EGBGB Rn 24 ff.). Das deutsche Recht ist dann bei Beurteilung der Geschäftsfähigkeit insofern milder, als es keine vollständige Entmündigung kennt, sondern gem. § 1903 BGB allenfalls einen Einwilligungsvorbehalt des Betreuers vorsieht.

Der weiter in Art. 12 aufgeführte Begriff der **Handlungsfähigkeit** existiert im deutschen materiellen Recht nicht. Er wird in der Literatur zumeist als Oberbegriff für Geschäfts- und Deliktsfähigkeit verwendet.[21] Da sich die Deliktsfähigkeit nach dem Deliktsstatut bestimmt und die Geschäftsfähigkeit bereits in Art. 12 aufgeführt ist, kommt der Handlungsfähigkeit keine besondere Bedeutung zu.[22] Dass dieser Begriff in Art. 12 zu finden ist, basiert wohl eher auf der wörtlichen Übernahme des französischen Begriffes *„capacité"* aus dem EVÜ.[23]

13

III. Fehlende Kenntnis und keine fahrlässige Unkenntnis

Der (geschäfts-)unfähige Ausländer kann sich auf die fehlende Fähigkeit nur dann berufen, wenn der Vertragspartner diese nicht kannte und auch nicht kennen musste. Aufgrund der Anlehnung an die in § 122 Abs. 2 BGB verwendete Terminologie ist als Fahrlässigkeitsmaßstab § 276 BGB heranzuziehen.[24] Die Beweislast für die bewusste Kenntnis oder fahrlässige Unkenntnis des Vertragspartners trägt der Geschäftsunfähige.[25] Der Vertragspartner ist dann durch die Anwendung des Ortsrechts geschützt, wenn er entweder nicht von der ausländischen Staatsangehörigkeit des Geschäftsunfähigen wusste oder wenn er zwar davon Kenntnis hatte, ihm aber die von dem Ortsrecht abweichenden Regeln zur Geschäftsfähigkeit nicht bekannt waren. Der Vertragspartner kann sich jedoch nicht darauf berufen, er habe das Alter des Ausländers nicht gekannt,[26] ebenso nicht darauf, dass er nicht gewusst habe, dass überhaupt ausländisches Recht zur Anwendung kommt.[27]

14

Problematisch ist es, zu bestimmen, wann die **Unkenntnis vorwerfbar** ist. Hier kommt es darauf an, worauf sich die Unkenntnis bezieht. Die Unkenntnis des Vertragspartners hilft diesem nicht, wenn er in Ausübung seiner gewerblichen Tätigkeit eine grenzüberschreitende Reise („Kaffeefahrt") des Geschäftsunfähigen veranlasst hat (vgl. auch Art. 29 Abs. 1 Nr. 3).[28] Liegt ein solcher Fall nicht vor, wird man abwägen müssen. Hätte sich der Vertragspartner auch bei einem rein nationalen Geschäft Gedanken über die Geschäftsfähigkeit machen müssen, so gilt dies entsprechend bei internationalen Fällen. Geht es beispielsweise um ein Geschäft von großer wirtschaftlicher Bedeutung, gilt ein strengerer Fahrlässigkeitsmaßstab als bei alltäglichen Geschäften.[29] Wird das Geschäft notariell beurkundet, prüft der Notar die Geschäftsfähigkeit, vgl. § 11 BeurkG. Bei Zweifeln über die Geschäftsfähigkeit eines Ausländers soll er darauf gem. § 17 Abs. 3 BeurkG hinweisen. Kennt der Vertragspartner die Ausländereigenschaft des Geschäftsunfähigen, so ist dies allein nicht ausreichend, fahrlässige Unkenntnis zu begründen.[30] Der Vertragspartner ist aber dann nicht geschützt, wenn er das ausländische Recht kennen müsste, etwa weil er im Staat des Geschäftsunfähigen seinen gewöhnlichen Aufenthalt hat oder (auch) dieselbe Staatsangehörigkeit besitzt.

15

---

19 Eine dem Art. 12 entspr. Norm gibt es für die Wechselfähigkeit (Art. 91 Abs. 2 WG) und die Scheckfähigkeit (Art. 60 Abs. 2 ScheckG).
20 MüKo/*Spellenberg*, Art. 12 EGBGB Rn 26b; Palandt/*Heldrich*, Art. 12 EGBGB Rn 4.
21 MüKo/*Spellenberg*, Art. 12 EGBGB Rn 22; Erman/*Hohloch*, Art. 12 EGBGB Rn 10.
22 *Schotten*, DNotZ 1994, 670; Bamberger/Roth/*Mäsch*, Art. 12 EGBGB Rn 22; a.A. Erman/*Hohloch*, Art. 12 EGBGB Rn 11 und Palandt/*Heldrich*, Art. 12 EGBGB Rn 5, die diesen Begriff auf familienrechtliche Handlungsbeschränkungen anwenden wollen.
23 Bamberger/Roth/*Mäsch*, Art. 12 EGBGB Rn 22; Erman/*Hohloch*, Art. 12 EGBGB Rn 10.

24 MüKo/*Spellenberg*, Art. 12 EGBGB Rn 50.
25 *Wolfsteiner*, DNotZ 1987, 67, 82; MüKo/*Spellenberg*, Art. 12 EGBGB Rn 50c; Bamberger/Roth/*Mäsch*, Art. 12 EGBGB Rn 14.
26 MüKo/*Spellenberg*, Art. 12 EGBGB Rn 47.
27 *v. Bar*, IPR II, Rn 59; Bamberger/Roth/*Mäsch*, Art. 12 EGBGB Rn 32; differenzierend MüKo/*Spellenberg*, Art. 12 EGBGB Rn 46 (nur Irrtum über eigenes Kollisionsrecht unbeachtlich).
28 Bamberger/Roth/*Mäsch*, Art. 12 EGBGB Rn 12.
29 *Schotten*, DNotZ 1994, 670, 672.
30 *Schotten*, DNotZ 1994, 670, 672; *Liessem*, NJW 1989, 497, 501.

IV. Rechtsfolge

16 Liegen die tatbestandlichen Voraussetzungen des Art. 12 vor, kann sich der geschäftsunfähige Ausländer nicht auf seine Geschäftsunfähigkeit berufen. Das Rechtsgeschäft ist also dann wirksam zustande gekommen, wenn es unter Inländern ebenfalls wirksam wäre. Bei Kenntnis oder fahrlässiger Unkenntnis des Vertragspartners richtet sich die Wirksamkeit des Rechtsgeschäfts nach dem Personalstatut des Geschäftsunfähigen.[31] Dass der Geschäftsunfähige sich auf die Unfähigkeit „berufen" kann, bedeutet nicht, dass es sich dabei um eine Einrede handelt, die nur bei aktivem Vorbringen im Prozess berücksichtigt wird. Diese Frage bestimmt sich vielmehr nach dem Personalstatut, das zur Geschäftsunfähigkeit führt.[32] Beurteilen Heimatrecht und Ortsrecht die Geschäftsunfähigkeit unterschiedlich, so setzt sich das günstigere Recht, welches die Geschäftsfähigkeit annimmt, durch. Es besteht aber kein Wahlrecht des Vertragspartners.[33] Kommen sowohl das Ortsrecht als auch das Heimatrecht zum Ergebnis, dass das Rechtsgeschäft mangels Geschäftsfähigkeit ungültig ist, so bestimmen sich die Rechtsfolgen nach dem milderen Recht (vgl. auch Art. 11 EGBGB Rn 18).[34]

V. Ausgenommene Rechtsgeschäfte (S. 2)

17 S. 1 gilt nicht für **familien- und erbrechtliche Rechtsgeschäfte**. So sind vom Anwendungsbereich ausgeschlossen das Verlöbnis, die Adoption, der Ehevertrag, die Vaterschaftsanerkennung, die Errichtung und die Aufhebung von Testamenten und Erbverträgen, die Erbausschlagung und der Erbverzicht. Hier handelt es sich nicht um Verkehrsgeschäfte, also nicht um solche Geschäfte, bei denen ein Verkehrsschutz erforderlich ist.[35] Auch **Verfügungen**[36] **über ausländische Grundstücke**[37] unterfallen nicht S. 1. Hier kommt dem Verkehrsschutz ein geringeres Gewicht zu. Für den Verfügenden ist das Geschäft aber von gesteigerter Bedeutung.[38] Nicht zu vernachlässigen ist auch das Durchsetzungsmonopol des Belegenheitsstaates.[39] Art. 12 unterfallen aber sämtliche schuldrechtlichen Grundstücksgeschäfte. In allen Fällen des S. 2 richtet sich die (Geschäfts-)Fähigkeit allein nach Art. 7 (selbständige Anknüpfung der Vorfrage).

---

31 Palandt/*Heldrich*, Art. 12 EGBGB Rn 3.
32 Erman/*Hohloch*, Art. 12 EGBGB Rn 13; Bamberger/Roth/*Mäsch*, Art. 12 EGBGB Rn 36.
33 Dies ist umstritten, wie hier: Bamberger/Roth/*Mäsch*, Art. 12 EGBGB Rn 37; Soergel/*Kegel*, Art. 12 EGBGB Rn 3; Staudinger/*Hausmann*, Art. 12 EGBGB Rn 70; die Gegenmeinung: Fischer, S. 115 ff.; *Schotten*, DNotZ 1994, 670, 672; unentschlossen: MüKo/*Spellenberg*, Art. 12 EGBGB Rn 57a.
34 MüKo/*Spellenberg*, Art. 12 EGBGB Rn 57; Bamberger/Roth/*Mäsch*, Art. 12 EGBGB Rn 35.
35 BT-Drucks 10/504, S. 50.
36 Der Begriff der Verfügung ist nach deutschem Recht zu qualifizieren, vgl. Palandt/*Heldrich*, Art. 12 EGBGB Rn 6.
37 Der Begriff des Grundstücks folgt der *lex rei sitae*, vgl. MüKo/*Spellenberg*, Art. 12 EGBGB Rn 66.
38 BT-Drucks 10/504, S. 50.
39 MüKo/*Spellenberg*, Art. 12 EGBGB Rn 63.

Anhang zu Art. 12 EGBGB: Juristische Personen und Gesellschaften

Literatur: *Altmeppen,* Parteifähigkeit, Sitztheorie und „Centros", DStR 2000, 1061; *ders.,* Schutz vor „europäischen" Kapitalgesellschaften, NJW 2004, 97; *Altmeppen/Wilhelm,* Gegen die Hysterie um die Niederlassungsfreiheit der Scheinauslandsgesellschaften, DB 2004, 1083; *Andersen/Sorensen,* Free Movement of Companies from a Nordic Perspective, 6 Maastricht Journal (1999), 55; *Basedow,* Das internationale Privatrecht in den Zeiten der Globalisierung, in: FS Stoll 2001, S. 405; *Baudenbacher/Buschle,* Niederlassungsfreiheit für EWR-Gesellschaften nach Überseering, IPRax 2004, 26; *Bausback,* Der dingliche Erwerb inländischer Grundstücke durch ausländische Gesellschaften, DNotZ 1996, 254; *Bayer,* Die EuGH-Entscheidung Inspire Art und die deutsche GmbH im Wettbewerb der europäischen Rechtsordnungen, BB 2003, 2357; *Bayer,* Auswirkungen der Niederlassungsfreiheit nach den EuGH-Entscheidungen Inspire Art und Überseering auf die deutsche Mitbestimmung, Die AG 2004, 534; *Bechtel,* Parteifähigkeit trotz Verlegung des Gesellschaftssitzes nach Deutschland, NZG 2001, 21; *Becker,* Baldiges neues Gründungsverfahren in Frankreich: die französische „Blitz-S.A.R.L.", GmbHR 2003, 706; *Behrens,* Niederlassungsfreiheit und internationales Gesellschaftsrecht, RabelsZ 52 (1988), 498; *ders.,* Anerkennung, internationale Sitzverlegung und grenzüberschreitende Umstrukturierung von Gesellschaften nach dem Centros-Urteil des EuGH, JBl 2001, 341; *ders.,* Das Internationale Gesellschaftsrecht nach dem Centros-Urteil des EuGH, IPRax 1999, 323; *ders.,* Das internationale Gesellschaftsrecht nach dem Überseering-Urteil des EuGH und den Schlussanträgen zu Inspire Art, IPRax 2003, 193; *ders.,* Die GmbH im ausländischen und internationalen Recht, 1997; *ders.,* Die Umstrukturierung von Unternehmen durch Sitzverlegung oder Fusion über die Grenze im Lichte der Niederlassungsfreiheit im Europäischen Binnenmarkt, ZGR 1994, 1; *ders.,* EuGH entscheidet über Sitzverlegung von Gesellschaften, EuZW 2000, 385; *ders.,* EuGH klärt Niederlassungsfreiheit von Gesellschaften, EuZW 2002, 737; *ders.,* Gemeinschaftsrechtliche Grenzen der Anwendung inländischen Gesellschaftsrechts auf Auslandsgesellschaften, IPRax 2004, 20; *ders.,* Identitätswahrende Sitzverlegung einer Kapitalgesellschaft von Luxemburg in die Bundesrepublik Deutschland, RIW 1986, 590; *ders.,* Reaktionen mitgliedstaatlicher Gerichte auf das Centros-Urteil des EuGH, IPRax 2000, 384; *Beitzke,* Internationalrechtliches zur Gesellschaftsfusion, in: FS Hallstein 1966, S. 14; *Berndt,* Die Rechtsfähigkeit US-amerikanischer Kapitalgesellschaften im Inland, JZ 1996, 187; *Bernstorff,* Das Betreiben einer englischen Limited in Deutschland, RIW 2004, 498; *Binz/Mayer,* Die ausländische Kapitalgesellschaft & Co KG im Aufwind?, GmbHR 2003, 249; *Bogdan,* Restrictions Limiting the Right of Foreigners to acquire real Property in Sweden, RabelsZ 41 (1977), 536; *Borges,* Die Sitztheorie in der Centros-Ära: Vermeintliche Probleme und unvermeidliche Änderungen, RIW 2000, 167; *ders.,* Gläubigerschutz bei ausländischen Gesellschaften mit inländischem Sitz, ZIP 2004, 733; *Breuninger/Krüger,* Die abnehmende Lokalisierung von Unternehmen als Rechtsproblem im internationalen Steuer- und Gesellschaftsrecht, in: FS Rädler 1999, S. 79; *Bruns,* Zur Reichweite der Haftung wegen existenzvernichtenden Eingriffs, NZG 2004, 409; *Bungert,* Deutsch-amerikanisches internationales Gesellschaftsrecht, ZVglRWiss 93 (1994), 117; *ders.,* Konsequenzen der Centros-Entscheidung des EuGH für die Sitzanknüpfung des deutschen internationalen Gesellschaftsrechts, DB 1999, 1841; *Busekist,* „Umwandlung einer GmbH in eine im Inland ansässige EU-Kapitalgesellschaft am Beispiel der englischen Ltd., GmbHR 2004, 650; *Däubler,* Mitbestimmung und Betriebsverfassung im Internationalen Privatrecht, RabelsZ 39 (1975), 444; *Deininger,* Körperschaftsteuerrechtliche Auswirkungen der Überseering-Entscheidung des EuGH, IStR 2003, 214; *Doralt,* Österreichischer OHG zur verschmelzenden Umwandlung über die Grenze nach Deutschland, NZG 2004, 396; *Dorr/Stukenborg,* „Going to the Chapel": Grenzüberschreitende Ehen im Gesellschaftsrecht – Die ersten transnationalen Verschmelzungen nach dem UmwG 1994, DB 2003, 647; *Dötsch,* Körperschaftsteuerliche Behandlung der Verlegung des Sitzes bzw. der Geschäftsleitung einer Kapitalgesellschaft über die Grenze, BB 1998, 1029; *Drobnig,* Gemeinschaftsrecht und Internationales Gesellschaftsrecht: „Daily Mail" und die Folgen, in: *v. Bar,* Europäisches Gesellschaftsrecht und IPR, 1991, S. 185; *Drygala,* Stand und Entwicklung des europäischen Gesellschaftsrechts, ZEuP 2004, 337; *Ebenroth,* Die Anerkennungsproblematik im Internationalen Gesellschaftsrecht, NJW 1988, 2137; *Ebenroth/ Auer,* Internationales Gesellschaftsrecht: Anmerkung zum Beschluß des BayObLG, 7.5.1992, JZ 1993, 375; *Ebenroth/ Bippus,* Die staatsvertragliche Anerkennung ausländischer Gesellschaften in Abkehr von der Sitztheorie, DB 1988, 842; *Ebenroth/Einsele,* Gründungstheorie und Sitztheorie in der Praxis – zwei vergleichbare Theorien?, ZVglRWiss 87 (1989), 218; *Ebenroth/Eyles,* Die innereuropäische Verlegung des Gesellschaftssitzes als Ausfluß der Niederlassungsfreiheit, DB 1989, 363; *Ebenroth/Kemner/Willburger,* Die Auswirkungen des genuine-link-Grundsatzes auf die Anerkennung US-amerikanischer Gesellschaften in Deutschland, ZIP 1995, 972; *Ebenroth/Offenloch,* Kollisionsrechtliche Untersuchung grenzüberschreitender Ausgliederungen, RIW 1997, 1; *Ebert/Levedag,* Die zugezogene „private company limited by shares (Ltd.)" nach dem Recht von England und Wales als Rechtsformalternative für in- und ausländische Investoren in Deutschland, GmbHR 2003, 1337; *Ebke,* Das Schicksal der Sitztheorie nach dem Centros-Urteil des EuGH, JZ 1999, 656; *ders.,* Unternehmensrecht und Binnenmarkt – E pluribus unum?, RabelsZ 62 (1998), 195; *ders.,* Gesellschaften aus Delaware auf dem Vormarsch: Der BGH macht es möglich, RIW 2004, 740; *van Efferink/Ebert/Levedag,* Die zugezogene niederländische B.V. als Rechtsformalternative zur deutschen GmbH für in- und ausländische Investoren in Deutschland, GmbHR 2004, 880; *Eidenmüller,* Mobilität und Restrukturierung von Unternehmen im Binnenmarkt, JZ 2004, 24; *ders.,* Wettbewerb der Gesellschaftsrechte in Europa, ZIP 2002, 2233; *ders.* (Hrsg.), Ausländische Kapitalgesellschaften im deutschen Recht, 2004; *Eidenmüller/Rehm,* Niederlassungsfreiheit versus Schutz des inländischen Rechtsverkehrs: Konturen des Europäischen Internationalen Gesellschaftsrechts, ZGR 2004, 159; *Einsele,* Kollisionsrechtliche Behandlung des Rechts verbundener Unternehmen, ZGR 1996, 40; *Embid Irujo,* Eine spanische „Erfindung" im Gesellschaftsrecht: Die „Sociedad limitada nueva empresa" – die neue unternehmerische GmbH, RIW 2004, 760; *Emmerich,* Anmerkungen zu der Vulkan-Doktrin, Die AG 2004, 423; *Europäische Kommission,* Studie über die Verlegung des Sitzes einer Gesellschaft von einem Mitgliedstaat in einen anderen, Luxemburg, 1993; *Fischer,* Verkehrsschutz im internationalen Vertragsrecht, 1990; *Fleischer,* Der Rechtsmissbrauch zwischen Gemeineuropäischem Privatrecht und Gemeinschaftsprivatrecht, JZ 2003, 865; *Floer,* Internationale Reichweite der Prospekthaftung, 2002; *Forsthoff,* EuGH fördert Vielfalt im Gesellschaftsrecht, DB 2002, 2471; *ders.,* Rechts- und Parteifähigkeit ausländischer Gesellschaften mit Verwaltungssitz in Deutschland? – Die Sitztheorie vor dem EuGH, DB 2000, 1109; *Fränkel,* Der Irrgarten des internationalen Privatrechts, RabelsZ 4 (1930), 239; *Freitag,* Der Wettbewerb der Rechtsordnungen im internationalen Gesellschaftsrecht, EuZW 1999, 267; *ders.,* Zur Ermittlung des Gesellschaftsstatuts bei Nichtexistenz eines effektiven Verwaltungssitzes, NZG 2000, 357;

Fröhlingsdorf, Die neue spanische GmbH: Neues Unternehmen, RIW 2003, 584; *Geyrhalter*, Niederlasungsfreiheit contra Sitztheorie – Good Bye Daily Mail, EWS 1999, 201; *Geyrhalter/Gänßler*, „Inspire Art" – Briefkastengesellschaft „on the move", DStR 2003, 2167; *Göttsche*, Das Centros-Urteil des EuGH und seine Auswirkungen, DStR 1999, 1403; *Grasmann*, System des internationalen Gesellschaftsrechts, 1970; *Großerichter*, Ausländische Kapitalgesellschaften im deutschen Rechtsraum: Das deutsche Internationale Gesellschaftsrecht und seine Perspektiven nach der Entscheidung „Überseering", DStR 2003, 159; *ders.*, Vom Umgang mit ausländischen Zivilrechtsklagen im Bereich EG-vertraglicher Grundfreiheiten: Eine Zwischenbilanz der Diskussion um Niederlassungsfreiheit und Sitzanknüpfung, in: FS Sonnenberger 2004, S. 369; *Großfeld*, Internationales Umwandlungsrecht, Die AG 1996, 302; *Großfeld/Erlinghagen*, Internationales Unternehmensrecht und deutsche unternehmerische Mitbestimmung, JZ 1993, 224; *Großfeld/Jasper*, Identitätswahrende Sitzverlegung und Fusion von Kapitalgesellschaften in die Bundesrepublik Deutschland, RabelsZ 53 (1989), 52; *Großfeld/König*, Das Internationale Gesellschaftsrecht in der Europäischen Gemeinschaft, RIW 1992, 433; *Grundmann*, Europäisches Gesellschaftsrecht, 2004; *Guillaume/v. Kraack-Blumenthal*, How to set up a private limited company, oder: Wie gründe ich eine „britische GmbH"?, Steueranwaltsmagazin 2003, 99; *Habersack*, Europäisches Gesellschaftsrecht, 2. Auflage 2003; *Habersack/Verse*, Wrongful Trading – Grundlage einer europäischen Insolvenzverschleppungshaftung?, ZHR 168 (2004), 174; *Halen*, Das internationale Gesellschaftsrecht nach dem Überseering-Urteil des EuGH, WM 2003, 571; *Happ/Holler*, „Limited" statt GmbH? – Risiken und Kosten werden gern verschwiegen, DStR 2004, 730; *Heidenhain*, Ausländische Gesellschaften mit deutschem Verwaltungssitz in Deutschland, NZG 2002, 1141; *Heinz*, Die englische Limited – Eine Darstellung des Gesellschafts- und Steuerrechts mit Gesetzesauszügen und Mustern, 2004; *Heinze*, Probleme der Mitbestimmung und Betriebsverfassung bei einer grenzüberschreitenden Umstrukturierung von Unternehmen im Binnenmarkt, ZGR 1994, 47; *Hirsch/Britain*, Artfully Inspired – Werden deutsche Gesellschaften englisch?, NZG 2003, 1100; *Hirte*, Die Entwicklung des Unternehmens- und Gesellschaftsrechts in Deutschland in den Jahren 2000 bis 2002, NJW 2003, 1090; *Hoffmann*, Das Anknüpfungsmoment der Gründungstheorie, ZVglRWiss 101 (2002), 283; *ders.*, Die Bildung der Aventis S.A. – Ein Lehrstück des Europäischen Gesellschaftsrechts, NZG 1999, 1077; *ders.*, Die Niederlassungsfreiheit der Gesellschaften im Europäischen Binnenmarkt nach Überseering und Inspire Art: Auswirkungen auf die grenzüberschreitende Verschmelzung, EuR 2004, Beiheft 3, 127; *ders.*, Neue Möglichkeiten zur identitätswahrenden Sitzverlegung in Europa?, JNW 164 (2000), 43; *Horn*, Deutsches und europäisches Gesellschaftsrecht und die EuGH-Rechtsprechung zur Niederlassungsfreiheit – Inspire Art, NJW 2004, 893; *ders.*, Internationale Unternehmenszusammenschlüsse, ZIP 2000, 473; *Jaeger*, Kapitalgesellschaften in Portugal – Internationales Privatrecht und Fremdenrecht, IPrax 1987, 46; *Jung*, Hereinverschmelzung zur Aufnahme und Niederlassungsfreiheit, GPR 2004, 87; *Kallmeyer*, Grenzüberschreitende Verschmelzungen und Spaltungen?, ZIP 1996, 535; *Kallmeyer*, Tragweite des Überseeringurteils vom EuGH vom 5.11.2002 zur grenzüberschreitenden Sitzverlegung, DB 2002, 2521; *ders.*, Vor- und Nachteile der englischen Limited im Vergleich zur GmbH oder GmbH & Co. KG, DB 2004, 636; *Kanzleiter*, „Inspire Art" – die Konsequenzen, DNotZ 2003, 885; *Kern*, Überseering – Rechtsangleichung und gegenseitige Anerkennung, 2004; *Kersting*, Rechtswahlfreiheit im Europäischen Gesellschaftsrecht nach „Überseering" – Ein Richtlinienvorschlag, NZG 2003, 9; *Kieninger*, Wettbewerb der Privatrechtsordnungen im Europäischen Binnenmarkt, 2002; *dies.*, Niederlassungsfreiheit als Rechtswahlfreiheit, ZGR 1999, 724; *dies.*, Internationales Gesellschaftsrecht nach „Centros", „Überseering" und „Inspire Art": Antworten, Zweifel und offene Fragen, ZEuP 2004, 685; *Kindler*, „Inspire Art" – Aus Luxemburg nichts Neues zum internationalen Gesellschaftsrecht, NZG 2003, 1086; *ders.*, Anerkennung der Scheinauslandsgesellschaft und Niederlassungsfreiheit, IPrax 2003, 41; *ders.*, Die „Aschenputtel"-Limited und andere Fälle der Mehrfachqualifikation im Schnittfeld des internationalen Gesellschafts-, Delikts- und Insolvenzrechts, in: FS Jayme 2004, S. 409; *ders.*, Internationales Gesellschaftsrecht am Scheideweg, RIW 2000, 649; *ders.*, Italienisches Handels- und Wirtschaftsrecht, 2002; *ders.*, Niederlassungsfreiheit für Scheinauslandsgesellschaften, NJW 1999, 1993; *ders.*, Auf dem Weg zur Europäischen Briefkastengesellschaft, NJW 2003, 1073; *Kleinert/Probst*, Endgültiges Aus für Sonderanknüpfungen bei (Schein-)Auslandsgesellschaften, DB 2003, 2217; *Kleinert/Probst*, Scheinauslandsgesellschaften – Erneute Betonung der Niederlassungsfreiheit durch den EuGH, MDR 2003, 1265; *Knapp*, Überseering: Zwingende Anerkennung von ausländischen Gesellschaften, DNotZ 2003, 85; *Knobbe-Keuk*, Niederlassungsfreiheit: Diskriminierungs- oder Beschränkungsverbot, DB 1990, 2573; *ders.*, Umzug von Gesellschaften in Europa, ZHR 154 (1990), 325; *Koppensteiner*, Centros und die Folgen, VGR 2 (2000), 151; *ders.*, Internationale Unternehmungen im deutschen Gesellschaftsrecht, 1971; *Korn/Thaler*, Das Urteil des EuGH in der Rs. Centros: Ein Meilenstein für das europäische Gesellschaftskollisionsrecht, WBl 1999, 247; *Korner*, Das Kollisionsrecht der Kapitalgesellschaften in den Vereinigten Staaten von Amerika unter besonderer Berücksichtigung der Pseudo-Foreign Corporations, 1989; *Kronke*, Deutsches Gesellschaftsrecht und grenzüberschreitende Strukturänderungen, ZGR 1994, 26; *Krupski*, Zur Spaltung des auf ausländische Kapitalgesellschaften mit Sitz in Spanien anzuwendenden Rechts, ZVglRWiss 96 (1997), 406; *Lanzius*, Die Directors Disqualification des englischen Rechts – ein Baustein zum Schutz des deutschen Rechtsverkehrs vor Scheinauslandsgesellschaften, ZInsO 2004, 296; *Lehmann*, Fällt die Sitztheorie jetzt auch international?, RIW 2004, 816; *Lehner*, Die steuerliche Ansässigkeit von Kapitalgesellschaften, RIW 1998, 201; *Leible*, Kollisionsrechtlicher Verbraucherschutz im EVÜ und in EG-Richtlinien, in: Schulte-Nölke/Schulze, Rechtsangleichung und nationale Privatrechte, 1999, S. 353; *ders.*, Niederlassungsfreiheit und Sitzverlegungsrichtlinie, ZGR 2004, 531; *ders.*, Parteiautonomie im IPR – Allgemeines Anknüpfungsprinzip oder Verlegenheitslösung, in: FS Jayme 2004, S. 485; *Leible/Hoffmann*, „Überseering" und das deutsche Gesellschaftskollisionsrecht, ZIP 2003, 925; *Leible/Hoffmann*, Die Grundbuchfähigkeit der Scheinauslandsgesellschaft – (teilweise) Aufgabe der Sitztheorie?, NZG 2003, 259; *Leible/Hoffmann*, Überseering und das (vermeintliche) Ende der Sitztheorie, RIW 2002, 925; *Leible/Hoffmann*, Vom „Nullum" zur Personengesellschaft – Die Metamorphose der Scheinauslandsgesellschaft im deutschen Recht, DB 2002, 2204; *Leible/Hoffmann*, Wie inspiriert ist „Inspire Art"?, EuZW 2003, 677; *Lennerz*, Die internationale Verschmelzung und Spaltung unter Beteiligung deutscher Gesellschaften, 2001; *Lutter*, Überseering und die Folgen, BB 2003, 7; *ders.*, Umstrukturierung von Unternehmen über die Grenze: Versuch eines Resümees, ZGR 1994, 87; *Mankowski*, Entwicklungen im Internationalen Privat- und Prozessrecht 2003/2004, RIW 2004, 481; *Martin-Ehlers*, Gemeinschaftsrechtliche Aspekte der Urteile von Centros bis Inspire Art: Der „verständige Gläubiger", in: Sandrock/Wetzler (Hrsg.), Deutsches Gesellschaftsrecht im Wettbewerb der Rechtsordnungen, 2004, S. 1; *Mäsch*, Der renvoi – Plädoyer für die Begrenzung einer überflüssigen Rechtsfigur, RabelsZ 61 (1997), 285; *Maul*, Probleme im Rahmen von grenzüberschreitenden Unternehmensverbindungen, NZG 1999, 741; *Maul/Schmidt*, Inspire Art – Quo vadis Sitztheorie?, BB 2003, 2297; *Maul/Teichmann/Wenz*, Der Richtlinienvorschlag zur grenzüberschreitenden Verschmelzung von Kapitalgesellschaften, BB 2003, 2633; *Meilicke*, Die

Niederlassungsfreiheit nach Überseering – Rückblick und Ausblick nach Handelsrecht und Steuerrecht, GmbHR 2003, 793; *ders.*, Sitztheorie versus Niederlassungsfreiheit?, GmbHR 2000, 693; *Merkt*, US-amerikanisches Gesellschaftsrecht, 1991; *ders.*, Die Pluralisierung des europäischen Gesellschaftsrechts, RIW 2004, 1; *Michalski*, Grundzüge des internationalen Gesellschaftsrechts, NZG 1998, 762; *Mülbert/Schmolke*, Die Reichweite der Niederlassungsfreiheit von Gesellschaften – Anwendungsgrenzen der Artt. 43 ff. EGV bei kollisions- und sachrechtlichen Niederlassungshindernissen, ZVglRWiss 100 (2001), 272; *Müller-Bonnani*, Unternehmensmitbestimmung nach „Überseering" und „Inspire Art", GmbHR 2003, 1235; *Nappenbach*, Parteiautonomie im internationalen Gesellschaftsrecht, 2002; *Neuling*, Deutsche GmbH und englische private company, 1997; *Ott*, Die rechtsüberschreitende Verschmelzung nach Centros, Überseering und Inspire Art, in: Sandrock/Wetzler (Hrsg.), Deutsches Gesellschaftsrecht im Wettbewerb der Rechtsordnungen, 2004, S. 199; *Ottersbach*, Rechtsmissbrauch bei den Grundfreiheiten des europäischen Binnenmarktes, 2001; *Paefgen*, Auslandsgesellschaften und Durchsetzung deutscher Schutzinteressen nach Überseering, DB 2003, 487; *ders.*, Gezeitenwechsel im Gesellschaftskollisionsrecht, WM 2003, 561; *ders.*, Umwandlung über die Grenze – ein leichtes Spiel, IPRax 2004, 132; *ders.*, Umwandlung, europäische Grundfreiheiten und Kollisionsrecht, GmbHR 2004, 463; *Paulus*, Änderungen des deutschen Insolvenzrechts durch die Europäische Insolvenzverordnung, ZIP 2002, 729; *Picot/Land*, Der internationale Unternehmenskauf, DB 1998, 1601; *Pluskat*, Der neue Entwurf für eine europäische Verschmelzungsrichtlinie – Transnationale Fusionen in Europa damit in greifbare Nähe gerückt?, EWS 2004, 1; *Recq/S. Hoffmann*, Die französische S.A.R.L. als GmbH-Ersatz?, GmbHR 2004, 1070; *Rehberg*, Internationales Gesellschaftsrecht im Wandel, IPRax 2003, 175; *Reichert/Brandes*, Mitbestimmung der Arbeitnehmer in der SE: Gestaltungsfreiheit und Bestandsschutz, ZGR 2003, 767; *Riedemann*, Das Auseinanderfallen von Gesellschafts- und Insolvenzstatut, GmbHR 2004, 345; *Riegger*, Centros – Überseering – Inspire Art: Folgen für die Praxis, ZGR 2004, 510; *Roth*, Centros: Viel Lärm um Nichts?, ZGR 2000, 311; *ders.*, Die Sitzverlegung vor dem EuGH, ZIP 2000, 1597; *ders.*, Internationales Gesellschaftsrecht nach Überseering, IPRax 2003, 117; *Sack*, Auswirkungen der Artt. 52, 58 EWGV auf das internationale Gesellschaftsrecht, JuS 1990, 352; *Sandrock*, Centros: Ein Etappensieg für die Überlagerungstheorie, BB 1999, 1337; *ders.*, Die Konkretisierung der Überlagerungstheorie in einigen zentralen Einzelfragen, in: FS Beitzke 1979, S. 669; *ders.*, Die multinationalen Kooperationen im Internationalen Privatrecht, BerGesVR 18 (1978), 169; *ders.*, Die Schrumpfung der Überlagerungstheorie, ZVglRWiss 102 (2003), 447; *ders.*, Ein amerikanisches Lehrstück für das Kollisionsrecht der Kapitalgesellschaften, RabelsZ 42 (1978), 227; *ders.*, Gehören die deutschen Regelungen über die Mitbestimmung auf Unternehmensebene wirklich zum deutschen ordre public?, Die AG 2004, 57; *ders.*, Sitztheorie, Überlagerungstheorie und EWG-Vertrag: Wasser, Öl und Feuer, RIW 1989, 505; *Sandrock/Austmann*, Das Internationale Gesellschaftsrecht nach der Daily Mail-Entscheidung des EuGH: Quo vadis?, RIW 1989, 249; *Schack*, Das IPR – Ein Buch mit sieben Siegeln, reif für das moderne Antiquariat?, in: Liber Amicorum Kegel, 2002, S. 179; *Schanze/Jüttner*, Anerkennung und Kontrolle ausländischer Gesellschaften – Rechtslage und Perspektiven nach der Überseering-Entscheidung des EuGH, Die AG 2003, 30; *Schanze/Jüttner*, Die Entscheidung für Pluralität: Kollisionsrecht und Gesellschaftsrecht nach der EuGH-Entscheidung „Inspire Art", Die AG 2003, 661; *Schiessl*, Leitungs- und Kontrollstrukturen im internationalen Wettbewerb, ZHR 167 (2003), 235; *Schmidt*, Sitzverlegungsrichtlinie, Freizügigkeit und Gesellschaftsrechtspraxis, ZGR 1999, 28; *Schmidt-Kessel*, Verbot des Rechtsmissbrauchs im Gemeinschaftsprivatrecht, Jahrbuch Junger Zivilrechtswissenschaftler 2000 (2001), S. 61; *Schohe*, Die Haftung juristischer Personen für ihre Organe im internationalen Privatrecht, 1991; *Schön*, Der Rechtsmissbrauch im Europäischen Gesellschaftsrecht, in: FS Wiedemann 2002, S. 1271; *Schulze/Sester*, Höchstrichterliche Harmonisierung der Kollisionsregeln im europäischen Gesellschaftsrecht, EWS 2002, 545; *Schumann*, Die englische Limited mit Verwaltungssitz in Deutschland: Kapitalaufbringung, Kapitalerhaltung und Haftung bei Insolvenz, DB 2004, 743; *Schwark*, Globalisierung, Europarecht und Unternehmensmitbestimmung im Konflikt, Die AG 2004, 173; *Schwarz*, Europäisches Gesellschaftsrecht, 2000; *ders.*, Sitzverlegung einer GmbH in das EU-Ausland, NZG 2001, 613; *Sedemund/Hausmann*, Niederlassungsfreiheit contra Sitztheorie – Abschied von Daily Mail?, BB 1999, 810; *Seydel*, Konzernbildungskontrolle bei der AG, 1995; *Sonnenberger*, Französisches Handels- und Wirtschaftsrecht, 1991; *Sonnenberger/Großerichter*, Konfliktlinien zwischen internationalem Gesellschaftsrecht und Niederlassungsfreiheit, RIW 1999, 721; *Spellenberg*, Geschäftsstatut und Vollmacht im internationalen Privatrecht, 1979; *Spindler/Berner*, Inspire Art – Der europäische Wettbewerb um das Gesellschaftsrecht ist endgültig eröffnet, RIW 2003, 949; *dies.*, Der Gläubigerschutz im Gesellschaftsrecht nach Inspire Art, RIW 2004, 7; *Steiger*, Grenzüberschreitende Fusion und Sitzverlegung nach spanischem und portugiesischem Recht, 1996; *ders.*, Identitätswahrende Sitzverlegung von Gesellschaften aufgrund bilateraler Staatsverträge?, RIW 1999, 169; *Steindorff*, Centros und das Recht auf die günstigste Rechtsordnung, JZ 1999, 1140; *ders.*, Einzelfragen zur Reichweite des Mitbestimmungsgesetzes, ZHR 141 (1977), 457; *Terlau*, Das internationale Privatrecht der Gesellschaft bürgerlichen Rechts, 1999; *Thüsing*, Deutsche Unternehmensmitbestimmung und europäische Niederlassungsfreiheit, ZIP 2004, 381; *Timme/Hülk*, Das Ende der Sitztheorie im Internationalen Gesellschaftsrecht?, JuS 1999, 1055; *Timmerman*, Sitzverlegung von Kapitalgesellschaften nach niederländischem Recht und die 14. EU-Richtlinie, ZGR 1999, 148; *Timmermanns*, Die europäische Rechtsangleichung im Gesellschaftsrecht, RabelsZ 48 (1984), 1; *Triebel/von Hase*, Wegzug und grenzüberschreitende Umwandlung deutscher Gesellschaften nach „Überseering" und „Inspire Art", BB 2003, 2409; *Ulmer*, Die Anerkennung US-amerikanischer Gesellschaften in Deutschland, IPRax 1996, 100; *ders.*, Gläubigerschutz bei Scheinauslandsgesellschaften, NJW 2004, 1201; *Unzicker*, Niederlassungsfreiheit der Kapitalgesellschaften in der EU nach der Centros- und der Überseering-Entscheidung des EuGH, 2004; *Vietz*, Verabschiedung des Gesetzes über die neue Blitz-GmbH in Spanien, GmbHR 2003, 523; *Wachter*, Auswirkungen des EuGH-Urteils in Sachen Inspire Art Ltd. auf Beratungspraxis und Gesetzgebung, GmbHR 2004, 88; *ders.*, Errichtung, Publizität, Haftung und Insolvenz von Zweigniederlassungen ausländischer Kapitalgesellschaften nach „Inspire Art", GmbHR 2003, 1254; *Wackerbarth*, Grenzen der Leitungsmacht in der internationalen Unternehmensgruppe, 2001; *Walden*, Das Kollisionsrecht der Personengesellschaften im deutschen, europäischen und US-amerikanischen Recht, 2001; *ders.*, Niederlassungsfreiheit, Sitztheorie und der Vorlagebeschluss des VII. Zivilsenats des BGH vom 30.3.2000, EWS 2001, 256; *Weiss/Herrmann*, Welthandelsrecht, 2003; *Weller*, „Inspire Art": Weitgehende Freiheiten beim Einsatz ausländischer Briefkastengesellschaften, DStR 2003, 1800; *ders.*, Das Internationale Gesellschaftsrecht in der neuesten BGH-Rechtsprechung, IPRax 2003, 324; *ders.*, Einschränkung der Gründungstheorie bei missbräuchlicher Auslandsgründung?, IPRax 2003, 207; *ders.*, Scheinauslandsgesellschaften nach Centros, Überseering und Inspire Art: Ein neues Anwendungsfeld für die Existenzvernichtungshaftung, IPRax 2003, 207; *Wenglorz*, Die grenzüberschreitende Heraus-Verschmelzung einer deutschen Kapitalgesellschaft: Und es geht doch!, BB 2004, 1061; *Werlauff*, Ausländische Gesellschaften für inländische Aktivitäten, ZIP 1999, 867; *Wessel/Ziegenhain*, Sitz- und Gründungstheorie im internationalen Gesellschaftsrecht, GmbHR 1988, 423; *Westhoff*, Die Gründung einer britischen

Kapitalgesellschaft mit Verwaltungssitz im Inland und die Pflichten ihrer laufenden Geschäftstätigkeit – „How to set up a Limited?", ZInsO 2004, 289; *Wetzler*, Rechtspolitische Herausforderungen, in: Sandrock/Wetzler (Hrsg.), Deutsches Gesellschaftsrecht im Wettbewerb der Rechtsordnungen, 2004, S. 129; *Wiedemann*, Internationales Gesellschaftsrecht, in: FS Kegel 1977, S. 187; *Windbichler/Bachmann*, Corporate Governance und Mitbestimmung als „wirtschaftsrechtlicher ordre public", in: FS Bezzenberger 2000, S. 797; *Ziemons*, Freie Bahn für den Umzug von Gesellschaften nach Inspire Art?!, ZIP 2003, 1913; *Zimmer*, Internationales Gesellschaftsrecht und Niederlassungsfreiheit: Das Rätsel vor der Lösung, BB 2000, 1361; *ders.*, Internationales Gesellschaftsrecht, 1996; *ders.*, Mysterium Centros, ZHR 164 (2000), 23; *ders.*, Nach „Inspire Art": Grenzenlose Gestaltungsfreiheit für deutsche Unternehmen?, NJW 2003, 3585; *ders.*, Von Debraco bis DaimlerChrysler: Alte und neue Schwierigkeiten bei der internationalgesellschaftsrechtlicher Sitzbestimmung, in: Baums/Hopt/Horn, Corporations, Capital Markets and Business in the Law, 2000, S. 655; *ders.*, Wie es euch gefällt? Offene Fragen nach dem Überseering-Urteil des EuGH, BB 2003, 1; *Zimmermann*, Das Rechtsmissbrauchsverbot im Recht der Europäischen Gemeinschaften, 2002.

A. Grundlagen 1	Personen mit tatsächlichem Sitz oder Hauptniederlassung in der Gemeinschaft 78
I. Der Regelungsbereich des Internationalen Gesellschaftsrechts 1	
1. Überblick 1	b) Nach dem Recht eines anderen Mitgliedstaates gegründete juristische Personen mit Satzungssitz in der Gemeinschaft und tatsächlicher und dauerhafter Verbindung zur Wirtschaft eines Mitgliedstaates 81
2. Die Anerkennung als zentrale gesellschaftskollisionsrechtliche Fragestellung 3	
3. Innenverhältnis der Gesellschaft 9	
4. Außenverhältnis der Gesellschaft 13	
a) Außenbeziehungen 14	c) Nach dem Recht eines anderen Mitgliedstaates gegründete juristische Personen nur mit Satzungssitz in der Gemeinschaft 82
b) Haftung der Gesellschafter 19	
5. Handelsrechtliche Fragen 21	
6. Unternehmerische Mitbestimmung 23	
7. Gründung, Auflösung und Liquidation .. 27	d) Nach inländischem Recht gegründete juristische Personen 86
8. Formvorschriften 29	
II. Die anzuwendende Kollisionsnorm: Traditionelle Anknüpfungslehren 30	e) Nach drittstaatlichem Recht gegründete juristische Personen 90
1. Überblick 30	3. Zusammenfassung 91
2. Sitztheorie 31	II. Behandlung der nach EU-mitgliedstaatlichem Recht gegründeten Körperschaften im Inland 93
3. Gründungstheorie 36	
a) Common Law 37	
b) Kontinentaleuropäische Gründungstheorien 39	1. Anknüpfung des Gesellschaftsstatuts ... 94
	2. Sitzverlegung 95
c) Gründungstheorie und Statutenwechsel 44	3. Status in Deutschland als Zweigniederlassung 97
4. Weitere Anknüpfungslehren 46	a) Auslandsgesellschaft als Zweigniederlassung 97
5. Rück- und Weiterverweisung 47	
6. Stand und Bedeutung der Diskussion in Deutschland 48	b) Anwendung der §§ 13d ff. HGB ... 98
	c) Sanktionierung der Anmeldepflicht . 101
III. Gesellschaftskollisionsrecht, Sitzverlegung und Niederlassungsfreiheit 50	d) Zusammenfassung 107
	4. Reichweite zulässiger Überlagerungen des Gesellschaftsstatuts 108
1. Bisherige Behandlung der grenzüberschreitenden Sitzverlegung im deutschen Recht 51	a) Haftungstatbestände 110
	b) Kapitalschutzrecht 114
2. Vereinbarkeit mit der Niederlassungsfreiheit des EGV 56	c) Mitbestimmungsrecht 116
	d) Firmenrecht 119
a) Vorgeschichte 56	aa) Informationsmodell und Offenlegung des Gesellschaftsstatuts . 119
b) „Centros" 58	
c) „Überseering" 60	bb) Verwechslungsgefahr bei den Rechtsformzusätzen 122
d) „Inspire Art" 62	
e) Fazit 65	cc) Zulässiges Maß der Überlagerung der Firmenbildung 124
IV. Notwendige Differenzierungen der Fragestellung 66	
	dd) Sanktionierung der irreführenden Firmierung 127
B. Juristische Personen 68	
I. Europarechtliche Gründungstheorie 68	e) Minderheitenschutz 129
1. Grundlagen 68	III. Nach deutschem Recht gegründete Körperschaften 131
a) Kollisionsrechtliche und materiellrechtliche Lösung 68	
	1. Anknüpfung des Gesellschaftsstatuts ... 131
b) Kollisionsrechtliche Lösung des EuGH 70	2. Sitzverlegung 136
	IV. Nach drittstaatlichem Recht gegründete Gesellschaften 139
c) Europarechtliche Gründungstheorie: Die Kollisionsnorm der Niederlassungsfreiheit 73	1. Grundsätzliche Behandlung 139
	2. Ausnahmen aufgrund völkerrechtlicher Verträge 144
d) Anknüpfungsmoment 76	a) EWR/EFTA 144
2. Reichweite 77	b) Bilaterale Verträge, insbesondere mit den USA 145
a) Nach dem Recht eines anderen Mitgliedstaates gegründete juristische	

c) GATS ... 146	III. Kollisionsrechtliche Behandlung niederlassungsberechtigter Personengesellschaften .. 168
C. **Personengesellschaften** ... 150	1. Anknüpfung ... 168
I. Ausgangslage bezüglich der Anknüpfungslehren ... 150	2. Sitzverlegung ... 170
1. Bedeutung der Anknüpfung ... 150	3. Status in Deutschland ... 171
2. Anwendbarkeit der Sitz- und Gründungstheorien ... 151	4. Überlagerung ... 172
3. Anknüpfung nach vertragsrechtlichen Grundsätzen: Rechtswahlfreiheit statt Gründungstheorie ... 154	IV. Kollisionsrechtliche Behandlung anderer, insbesondere deutscher Personengesellschaften ... 177
4. Qualifikation der Kommanditgesellschaft 155	D. **Sonderfragen** ... 179
5. Fragestellungen aus Sicht der Niederlassungsfreiheit ... 156	I. Grenzüberschreitende Umwandlungen 179
II. Niederlassungsfreiheit und Personengesellschaft ... 157	1. Kombinationslehre als Kollisionsnorm des Umwandlungsrechts ... 179
1. Anwendungsbereich der Niederlassungsfreiheit ... 157	2. Zulässigkeit nach dem UmwG ... 180
2. Mangelnde Übertragbarkeit der „Überseering"-Entscheidung ... 158	3. Grenzüberschreitende Verschmelzung und Niederlassungsfreiheit ... 181
3. Realisierung der Niederlassungsfreiheit im Personengesellschaftsrecht ... 162	4. Grenzüberschreitende Spaltung ... 184
a) Personengesellschaft ist keine Fiktion 162	5. Anpassung ... 185
b) Pflicht zur Achtung der Rechtsform . 163	II. Internationales Konzernrecht ... 186
c) Anforderungen des Art. 48 EGV bei Personengesellschaften ... 164	E. **Praktische Hinweise zur internationalen Rechtsformwahl** ... 188
d) Zusammenfassung ... 167	I. Die englische Limited als Alternative zur GmbH ... 188
	1. Vorteile ... 188
	2. Nachteile und Gefahren ... 192
	II. Gefahren weiterer Kapitalgesellschaftsformen ... 195

A. Grundlagen

I. Der Regelungsbereich des Internationalen Gesellschaftsrechts

1. Überblick. Das Internationale Gesellschaftsrecht regelt als Teil des nationalen Kollisionsrechts die Frage, „nach welcher Rechtsordnung gesellschaftsrechtliche Beziehungen zu beurteilen sind."[1] Wie stets bei Fragen des Internationalen Privatrechts erfolgt diese Anknüpfung aus der Sicht des Kollisionsrechts des Forumstaates, der Richter wendet daher das Internationale Gesellschaftsrecht seines Heimatstaates an und ermittelt mit dessen Hilfe und ggf. unter Beachtung von **Rück- und Weiterverweisungen** (Rn 47) das Gesellschaftsstatut. Grundsätzlich handelt es sich bei den Verweisungen des Internationalen Gesellschaftsrechts um **Gesamtverweisungen**, also Verweisungen auch auf das Internationale Privatrecht des Staates, auf dessen Recht verwiesen wird.[2]

1

Das Gesellschaftsstatut ist für die Entscheidung über alle Fragen berufen, die das Innenverhältnis der Gesellschaft zu ihren Gesellschaftern, das Verhältnis unter den Gesellschaftern, soweit es unmittelbar aus der Gesellschaftszugehörigkeit resultiert, sowie Stellung und Auftreten der Gesellschaft im Außenverhältnis betreffen. Darüber hinaus wird aber auch das **Verhältnis Dritter** zu den Gesellschaftern vom Gesellschaftsstatut geregelt, sofern die Frage sich gerade auf die Stellung als Gesellschafter bezieht. Letztere Fallgruppe betrifft insbesondere die Frage der Haftung des Gesellschafters für Verbindlichkeiten der Gesellschaft. Das Bestehen oder die Durchbrechung eines Haftungsprivilegs der Gesellschafter, das typischerweise bei Kapitalgesellschaften mit eigener Rechtspersönlichkeit vorliegt, bemisst sich daher grundsätzlich nach dem Gesellschaftsstatut.

2

2. Die Anerkennung als zentrale gesellschaftskollisionsrechtliche Fragestellung. Eine zentrale Problematik des Internationalen Gesellschaftsrechts ist die Anerkennung des Status und ggf. der Rechtspersönlichkeit einer Gesellschaft im Inland. Insbesondere die Rechtspersönlichkeit, aber auch eine Teilrechtsfähigkeit kann grundsätzlich nur von der zur Anwendung berufenen Rechtsordnung gewährt werden. Beruft sich die Gesellschaft im Inland, etwa zur Begründung ihrer Parteifähigkeit vor inländischen Gerichten, auf ihren Status, wird dieser nur dann anerkannt, wenn die aus Sicht des inländischen Kollisionsrechts berufene Rechtsordnung ihn verliehen hat. **Nichtanerkennung** bedeutet, dass die im Inland angewendete

3

---

[1] Staudinger/*Großfeld*, Int. GesR, Rn 1; Michalski/*Leible*, GmbHG, Bd. 1, 2001, Syst. Darst. 2 Rn 1; MüKo/*Kindler*, Bd. 11, 3. Aufl. 1999, Int. GesR, Rn 1 ff.

[2] OLG Hamm NJW 2001, 2183; OLG Frankfurt NJW 1990, 2204; Michalski/*Leible*, GmbHG, Bd. 1, 2001,

Syst. Darst. 2 Rn 4 ff.; *Kegel/Schurig*, § 17 II 1; MüKo/*Kindler*, Bd. 11, 3. Aufl. 1999, Int. GesR, Rn 1 ff.; a.A. aber Bamberger/Roth/*Mäsch*, Anh. zu Art. 12 EGBGB Rn 9, 15; *ders.*, RabelsZ 61 (1997), 285, 291 (für Sachnormverweisung, zumindest bei Anwendung der Sitztheorie).

Gesellschaftskollisionsnorm nicht zur Anwendung der Rechtsordnung führt, die den Status verliehen hat. Anerkannt wird dann nur der Status, den die Gesellschaft nach dem so ermittelten Gesellschaftsstatut hat.

4 Unter der Anerkennung einer Gesellschaft ist also heute[3] nichts anderes zu verstehen als die **Ermittlung und Anwendung des Gesellschaftsstatuts**. Bedeutung hat dies vor allem für die Frage, ob die Gesellschaft als juristische Person mit eigener **Rechtspersönlichkeit** anerkannt wird: Hierzu ermittelt der Rechtsanwender zunächst das Gesellschaftsstatut mit Hilfe seines eigenen Kollisionsrechts. Sodann prüft er, ob die Voraussetzungen der Verleihung der Rechtspersönlichkeit gerade dieses Rechts erfüllt sind. Ist das der Fall, wird die Gesellschaft auch im Inland als juristische Person anerkannt. Es wird also nicht notwendigerweise die Erfüllung der inländischen Gründungsvoraussetzungen verlangt. Ist allerdings eine fremde Rechtsordnung als Gesellschaftsstatut ermittelt worden, erfolgt die Anerkennung mit der von diesem Recht gewährten Rechtspersönlichkeit und in der fremden Rechtsform. Fehlt es dagegen an den Voraussetzungen, von denen das Gesellschaftsstatut die Verleihung der Rechtspersönlichkeit abhängig macht, wird die Gesellschaft auch dann nicht als juristische Person anerkannt, wenn die Gründungsvoraussetzungen des Forumstaates oder eines dritten Staates erfüllt sind. Praktisch bedeutet die Nichtanerkennung vor allem, dass den Gesellschaftern und Organmitgliedern das der juristischen Person verliehene Haftungsprivileg nicht zugute kommen kann.

5 Die Anerkennungsproblematik kann allerdings auch bei **Personengesellschaften** eine bedeutende Rolle spielen. Besonders deutlich zeigt sich dies an dem Haftungsprivileg des Kommanditisten, das nur bei Anerkennung als Gesellschaft der Rechtsordnung, nach deren Recht die Voraussetzungen der Haftungsbeschränkung gegeben sind, besteht, spielt aber auch für Bestehen und Reichweite einer Teilrechtsfähigkeit der Gesellschaft eine Rolle.

6 Dagegen bedeutet die Nichtanerkennung eines bestimmten Status (insbesondere als juristische Person) nicht, dass das betroffene Gebilde nicht als Gesellschaft anerkannt würde. Vielmehr ist auch die der Fiktion der Rechtspersönlichkeit entkleidete Personenvereinigung als solche zu betrachten und ihr die Rechtsform des berufenen Gesellschaftsrechts zuzuerkennen, deren Voraussetzungen sie objektiv erfüllt. So wird eine nach ausländischem Recht gegründete Körperschaft, die aus kollisionsrechtlicher Sicht dem deutschen Gesellschaftsstatut unterliegt, vor deutschen Gerichten zutreffend als Gesellschaft bürgerlichen Rechts oder, bei Vorliegen der Voraussetzungen, als offene Handelsgesellschaft aufgefasst.[4] Trotz Nichtanerkennung der Rechtspersönlichkeit kann daher im Inland zumindest eine **Teilrechtsfähigkeit** gegeben sein. Eine völlige Nichtanerkennung als Gesellschaft tritt daher nur ein, wenn die objektiven Voraussetzungen keiner Gesellschaftsform vorliegen, insbesondere bei nur einem Beteiligten. Zum Eingriff der Niederlassungsfreiheit in das autonome Gesellschaftskollisionsrecht der EU-Mitgliedstaaten vgl. aber sogleich Rn 50 ff.

7 Es zeigt sich somit, dass die kollisionsrechtliche Anknüpfung von größter Bedeutung für die Gesellschaft und ihre Gesellschafter ist, da von ihr die Anerkennung des für die gesellschaftsrechtlichen Verhältnisse von den Beteiligten zugrunde gelegten Status abhängt. Insbesondere bei den **Körperschaften** ist mit einer vom Gründungsrecht abweichenden Anknüpfung, also bei Annahme eines Statutenwechsels, die Folge der Nichtanerkennung der Rechtspersönlichkeit verbunden, da die Gründungsvoraussetzungen typischerweise nur in einem Staat erfüllt werden. Insoweit muss man nur darauf hinweisen, dass für die Entstehung der juristischen Person regelmäßig eine konstitutive **Registereintragung** erforderlich ist, die nur im Gründungsstaat bewirkt werden kann. Wird dessen Recht kollisionsrechtlich nicht (mehr) als Gesellschaftsstatut berufen, folgt hieraus ohne weiteres die Nichtanerkennung der Körperschaft. Die Anerkennung hängt daher wesentlich von der Kollisionsnorm ab, die der Forumstaat zur Anwendung bringt: Verweist das Kollisionsrecht unveränderlich auf das **Gründungsrecht**, kommt eine Nichtanerkennung schon nicht in Betracht. Nur wenn ein tatsächliches, nicht notwendig auf den Gründungsstaat verweisendes und insbesondere **veränderliches Anknüpfungsmoment** zur Anwendung kommt, kann die Folge der Nichtanerkennung überhaupt eintreten.

8 Hieraus könnte man nun schließen, dass das Kollisionsrecht der Gesellschaft in diesen Fällen die Anerkennung entzieht und insbesondere die Sitztheorie, nach der allein die Annahme eines Statutenwechsels in Betracht kommt, dadurch die Mobilität der Gesellschaften beschränkt. Wichtig für das Verständnis international-gesellschaftsrechtlicher Fragestellungen erscheint dagegen die Erkenntnis, dass das Kollisionsrecht die Anerkennung weder bewirken noch verhindern kann. Insoweit ist zu beachten, dass **kollisions- und sachrechtliche Fragestellungen** nicht vermischt werden dürfen.[5] Kollisionsrechtlichen Charakter hat nur die Frage nach dem anwendbaren Recht, dem Gesellschaftsstatut, während sich die Zuerkennung von

---

[3] Zur Entwicklung des Begriffs der Anerkennung vgl. Michalski/*Leible*, GmbHG, Bd. 1, 2001, Syst. Darst. 2 Rn 58; MüKo/*Kindler*, Bd. 11, 3. Aufl. 1999, Int. GesR, Rn 227 ff.; Staudinger/*Großfeld*, Int. GesR, Rn 162 ff.

[4] BGH DB 2002, 2039; dazu ausf. *Leible/Hoffmann*, DB 2002, 2203 ff.

[5] Hierzu grundlegend *Behrens*, RIW 1986, 590 ff.; ausf. *K. Schmidt*, ZGR 1999, 22 f.; *Hoffmann*, ZHR 164 (2000), 43 ff.

Rechtspersönlichkeit und -fähigkeit allein nach dem materiellen Gesellschaftsrecht bemisst. Die **Kollisionsnorm** gibt nur vor, ob die Anerkennungsfrage wegen der Anwendung eines anderen als des Gründungsrechts überhaupt problematisch werden kann. Die Entscheidung über die Anerkennung liegt aber allein beim **materiellen Recht**, das durchaus so gestaltet werden kann, dass auch in den Fällen eines Statutenwechsels die Identität und damit die im Ausland verliehene Rechtspersönlichkeit anerkannt wird.

3. Innenverhältnis der Gesellschaft. Das Gesellschaftsstatut beherrscht zunächst unstreitig alle Fragen des Innenverhältnisses der Gesellschaft. Hierzu gehört zunächst die **Organisation** der Gesellschaft selbst, also die **Organstruktur**, die **Kompetenzverteilung** einschließlich der Geschäftsführungsbefugnis, das **Satzungsrecht** sowie die **Kapitalverfassung** (Kapitalaufbringung einschließlich der Wirksamkeit von Sacheinlagen, Kapitalschutz, Kapitaländerungen). Ebenfalls zum Innenverhältnis zählen die Beziehungen der Gesellschaft zu ihren Gesellschaftern, insbesondere die Rechtsstellung der Gesellschafter sowie die unmittelbar aus dem Gesellschaftsverhältnis resultierenden Rechte und Pflichten (**Einlage- und Beitragspflichten, Treuepflichten, Gewinnansprüche, Teilhabe- und Mitverwaltungsrechte einschließlich der Klage- und Anfechtungsbefugnis**) und die aus der Verletzung solcher Pflichten resultierenden Schadensersatzansprüche. Dies betrifft insbesondere die Haftung wegen sorgfaltswidriger Geschäftsführung.

Auch in den Fällen der Fremdorganschaft gilt nichts anderes für die **Haftung der Geschäftsführer oder Organmitglieder** gegenüber der Gesellschaft, soweit diese an die Organstellung anknüpft, nicht an den Anstellungsvertrag. Dagegen unterliegen außergesellschaftsrechtliche Beziehungen (insbes. Austauschverträge) zwischen Gesellschaft und Gesellschaftern nicht dem Gesellschaftsstatut, sondern sind eigenständig anzuknüpfen. Die Verbindung zum Gesellschaftsverhältnis kann aber insbesondere im Rahmen des Art. 28 Abs. 1 und 5 zu berücksichtigen sein.

Ebenfalls dem Gesellschaftsstatut unterliegen die Beziehungen zwischen den Gesellschaftern, soweit diese sich aus dem Gesellschaftsverhältnis (z.B. in Form der auch zwischen den Gesellschaftern wirkenden **Treuepflicht**) ergeben oder sich unmittelbar hierauf beziehen. Letzteres betrifft vertragliche Nebenabreden, durch die die Ausübung der Gesellschafterrechte geregelt wird (insbesondere **Stimmbindungsverträge**), nicht aber solche, durch die lediglich schuldrechtliche Ansprüche zwischen Gesellschaftern begründet werden, auch wenn diese einen (dann im Rahmen des Art. 28 zu berücksichtigenden) Bezug zum Gesellschaftsverhältnis aufweisen. Soweit die Anknüpfung an das Gesellschaftsstatut reicht, scheidet eine Rechtswahl der Parteien auch bei solchen Nebenabreden aus.

Als Teil der Innenbeziehungen unterliegen zuletzt auch die **Änderungen des Gesellschafterbestandes** dem Gesellschaftsstatut. Dies gilt allerdings nur für die gesellschaftsrechtliche Seite, also Möglichkeit, Voraussetzungen und Verfahren des Ausscheidens oder Hinzutretens eines Gesellschafters, seiner Ausschließung oder der Übertragung eines Gesellschaftsanteils. Besteht darüber hinaus ein **schuldrechtliches Kausalverhältnis** (z.B. ein Anteilskauf), ist dieses gesondert nach vertragsrechtlichen Grundsätzen anzuknüpfen. Lediglich der gesellschaftsrechtliche Vollzug des Vertrages unterliegt dann dem Gesellschaftsstatut. Oftmals wird allerdings auch das Kausalverhältnis gesellschaftsrechtlich zu qualifizieren sein, etwa der Zeichnungsvertrag bei Kapitalerhöhung oder die Aufnahme in eine Personengesellschaft, die unmittelbar im Gesellschaftsvertrag geregelt wird.

4. Außenverhältnis der Gesellschaft. Beim Außenverhältnis ist zunächst zu differenzieren zwischen den **Außenbeziehungen der Gesellschaft** selbst und der **Außenhaftung** der Gesellschafter für die Verbindlichkeiten der Gesellschaft.

a) Außenbeziehungen. Für die Außenbeziehungen der Gesellschaft selbst ist zunächst die Frage der **Rechtsfähigkeit** relevant. Diese richtet sich grundsätzlich nach dem Gesellschaftsstatut, das also darüber entscheidet, ob und ggf. durch welche Rechtsgeschäfte das Gesellschaftsvermögen wirksam verpflichtet werden kann.[6] Soweit sich die für die Gesellschaft handelnden Personen bei Abschluss des entsprechenden Vertrages allerdings physisch außerhalb des Staates des Gesellschaftsstatuts befunden haben, kommt nach ganz h.M. eine **Sonderanknüpfung** der Rechtsfähigkeit analog Art. 12 in Betracht.[7] Dies bedeutet, dass der Gesellschaft im Interesse des Verkehrsschutzes dieselbe Rechtsfähigkeit zugebilligt wird wie der äquivalenten Gesellschaftsform des Rechts des Vertragsschlussstaates. Voraussetzung ist allerdings, dass

---

6 Soergel/*Lüderitz*, Anh. Art. 10 EGBGB Rn 17 ff.; MüKo/*Kindler*, Bd. 11, 3. Aufl. 1999, Int. GesR, Rn 196 ff.; zu Einzelfällen vgl. Michalski/*Leible*, GmbHG, Bd. 1, 2001, Syst. Darst. 2 Rn 85 ff.

7 Michalski/*Leible*, GmbHG, Bd. 1, 2001, Syst. Darst. 2 Rn 83 f.; *Fischer*, S. 213 f.; MüKo/*Ebenroth*,

nach Art. 10 EGBGB Rn 264 f.; OLG Stuttgart NJW 1974, 1627 = RIW 1975, 108; krit. *Kropholler*, IPR, § 55 II 1; abl. Soergel/*Lüderitz*, Anh. Art. 10 EGBGB Rn 20.

der Vertragspartner sich einerseits ebenfalls physisch im Vertragsschlussstaat befunden hat, andererseits dessen **Gutgläubigkeit** in Hinblick auf die fehlende Rechtsfähigkeit (näher zu den Voraussetzungen vgl. die Kommentierung zu Art. 12 EGBGB Rn 9 ff.).

15 Kernproblem hierbei ist die Frage, wann von **fahrlässiger Unkenntnis** ausgegangen werden kann, sofern dem Vertragspartner zumindest bekannt ist, mit einer Auslandsgesellschaft zu kontrahieren.[8] Eine entsprechende Erkundigungsobliegenheit, an deren Verletzung man den Vorwurf der Fahrlässigkeit knüpfen könnte, wird man nur dann annehmen können, wenn sich Zweifel bezüglich der Rechtsfähigkeit aufdrängen oder bereits im Raum stehen (wenn etwa die Frage von einem Verhandlungsbeteiligten aufgeworfen worden ist) oder wenn die Hinnahme einer rechtlichen Unsicherheit als **unvernünftig** erscheint. Letzteres ist dann der Fall, wenn die ökonomische Bedeutung des Vertrages im Verhältnis zu dem mit der rechtlichen Prüfung verbundenen Aufwand eine Prüfung als angezeigt erscheinen lässt. Daher wird bei den meisten Verträgen des internationalen Handels- und Wirtschaftsverkehrs, die typischerweise erhebliche ökonomische Bedeutung haben, eine Sonderanknüpfung ausscheiden.

16 Von der Rechtsfähigkeit zu trennen ist die Frage der **Geschäftsfähigkeit** der Gesellschaft. Anders als bei natürlichen Personen geht es hierbei um die Frage der Vertretungsmacht der Organe, also das rechtliche Vermögen, die Gesellschaft im Außenverhältnis zu verpflichten. Grundsätzlich kommt auch insoweit das Gesellschaftsstatut zur Anwendung, dieses entscheidet über **Organstellung, Umfang und Mängel der Vertretungsmacht**.[9] Fehlt es danach an einer wirksamen Verpflichtung der Gesellschaft, kommt Art. 12 analog zur Anwendung.[10] Befinden sich also Gesellschaftsorgan und Geschäftspartner im selben Staat und wäre nach dem Recht des Vertragsschlussstaates bei einer vergleichbaren Gesellschaft die Vertretungsmacht zu bejahen gewesen, kommt dieses **günstigere Ortsrecht** zur Anwendung. Zum Erfordernis der Gutgläubigkeit des Vertragspartners gelten die Ausführungen zur Rechtsfähigkeit entsprechend. Das Gesellschaftsstatut regelt indes nur die organschaftliche, nicht dagegen die rechtsgeschäftlich begründete Vertretungsmacht einschließlich der Vertretungsmacht kaufmännischer Hilfspersonen.[11] Diese richtet sich grundsätzlich nach dem **Vollmachtstatut** (dazu näher Anhang zu Art. 32 EGBGB Rn 1 ff.).

17 Nicht unter das Gesellschaftsstatut fällt dagegen die Frage der **Deliktsfähigkeit**, also der Haftung für unerlaubte Handlungen der für die Gesellschaft handelnden natürlichen Personen. Diese Frage richtet sich vielmehr nach dem **Deliktsstatut** (Art. 40).[12]

18 Ebenfalls nach dem Gesellschaftsstatut bestimmen sich **Partei- und Prozessfähigkeit** der Gesellschaft vor deutschen Gerichten. Dies ergibt sich für die Parteifähigkeit richtigerweise jedoch nicht aus einer Anwendung von § 50 Abs. 1 ZPO, sondern aus einer besonderen **prozessualen Kollisionsnorm**, die auf das Gesellschaftsstatut verweist.[13] Fehlt es danach an der Prozessfähigkeit, kommt jedoch zusätzlich § 50 Abs. 1 ZPO zur Anwendung, so dass die Parteifähigkeit vor deutschen Gerichten stets zu bejahen ist, wenn die Gesellschaft nach ihrem Gesellschaftsstatut **entweder Partei- oder Rechtsfähigkeit** genießt.[14] Ähnliches gilt für die **Prozessfähigkeit**, also Fähigkeit und Vertretungsmacht zur Abgabe prozessualer Erklärungen. Auch insoweit gilt zunächst das Gesellschaftsstatut, fehlt es danach aber an der Prozessfähigkeit, ist auf § 55 ZPO zurückzugreifen. Ist die ausländische Gesellschaft also einer prozessfähigen deutschen Gesellschaftsform vergleichbar, ist sie vor deutschen Gerichten unter denselben Voraussetzungen prozessfähig.[15] Dies bedeutet

---

8 Allein die Kenntnis, mit einer Auslandsgesellschaft zu kontrahieren, genügt jedenfalls nicht für die Annahme fahrlässiger Unkenntnis, vgl. MüKo/*Kindler*, Bd. 11, 3. Aufl. 1999, Int. GesR, Rn 432; Bamberger/Roth/*Mäsch*, Art. 12 EGBGB Rn 32; wohl auch Staudinger/*Großfeld*, Int. GesR, Rn 281; wohl enger Soergel/*Lüderitz*, Anh. Art. 10 EGBGB Rn 39.

9 Allg. Ansicht: MüKo/*Spellenberg*, vor Art. 11 EGBGB Rn 181; Michalski/*Leible*, GmbHG, Bd. 1, 2001, Syst. Darst. 2 Rn 95 m.w.N.; Kegel/Schurig, § 17 II 1; Staudinger/*Großfeld*, Int. GesR, Rn 289; Soergel/*Lüderitz*, Anh. Art. 10 EGBGB Rn 28 ff.; BGHZ 32, 256, 258; 40, 197; 128, 41, 44.

10 Allg. Ansicht: Kegel/Schurig, § 17 II 2; *Fischer*, S. 201 f., 228 f.; Staudinger/*Großfeld*, Int. GesR, Rn 264; krit. Soergel/*Lüderitz*, Anh. Art. 10 EGBGB Rn 39.

11 Hinzuweisen ist in diesem Zusammenhang indes auf die Entscheidung BGH NJW 1992, 618, wonach die Vertretungsmacht des Prokuristen anhand der Sitztheorie anzuknüpfen ist. Hierin wird man aber keine Erstreckung des Gesellschaftsstatuts auf die Prokura zu sehen haben, sondern vielmehr die Herbeiführung eines Gleichlaufs der Kollisionsnormen, vgl. dazu MüKo/*Kindler*, Bd. 11, 3. Aufl. 1999, Int. GesR, Rn 176; Michalski/*Leible*, GmbHG, Bd. 1, 2001, Syst. Darst. 2 Rn 96; *Spellenberg*, S. 225.

12 Michalski/*Leible*, GmbHG, Bd. 1, 2001, Syst. Darst. 2 Rn 88; *Schohe*, S. 25 ff., 53 f.; Soergel/*Lüderitz*, Anh. Art. 10 EGBGB Rn 26.

13 Staudinger/*Großfeld*, Int. GesR, Rn 292; Soergel/*Lüderitz*, Anh. Art. 10 EGBGB Rn 35.

14 OLG Frankfurt IPRax, 1982, 201; Michalski/*Leible*, GmbHG, Bd. 1, 2001, Syst. Darst. 2 Rn 89; Soergel/*Lüderitz*, Anh. Art. 10 EGBGB Rn 29.

15 Michalski/*Leible*, GmbHG, Bd. 1, 2001, Syst. Darst. 2 Rn 91; Staudinger/*Großfeld*, Int. GesR, Rn 295; Soergel/*Lüderitz*, Anh. Art. 10 EGBGB Rn 34.

vor allem, dass die **organschaftliche Vertretungsmacht** die Abgabe prozessualer Erklärungen vor deutschen Gerichten auch dann umfasst, wenn sie nach dem Gesellschaftsstatut fehlt, aber bei einer vergleichbaren deutschen Gesellschaft vorliegen würde.

b) Haftung der Gesellschafter. Die Haftung der Gesellschafter für Gesellschaftsschulden im Außenverhältnis richtet sich ebenfalls nach dem Gesellschaftsstatut.[16] Die Anerkennung der Gesellschaft bedeutet vor allem, dass die Haftungsverfassung des Statuts und damit auch ein **Haftungsprivileg** (im Sinne einer Beschränkung auf das Gesellschaftsvermögen) zur Anwendung kommt. Andererseits gilt dies natürlich auch für Vorschriften, die eine gesellschaftsrechtliche Haftung gerade anordnen, was insbesondere im Personengesellschaftsrecht große Bedeutung hat (z.B. § 128 HGB). Irrelevant für die Anknüpfung der Haftungsverfassung ist hingegen die Frage, aus welchem Rechtsgrund heraus die Gesellschaftsschuld entstanden ist.

Als problematisch erscheint lediglich die **Qualifikation** verschiedener Anspruchsgrundlagen: Nur gesellschaftsrechtlich zu qualifizierende Ansprüche unterliegen dem Gesellschaftsstatut, nicht hingegen insolvenz-, vertrags- oder deliktsrechtliche. Schon bisher standen insoweit die Fälle der **Durchgriffshaftung** im Mittelpunkt, die überwiegend gesellschaftsrechtlich einzuordnen waren.[17] In jüngster Zeit hat die Frage in Bezug auf die Haftungsverfassung der inländischen Auslandsgesellschaft stark an Bedeutung gewonnen, wobei aus deutscher Sicht die Fragen der zutreffenden Qualifikation der Existenzvernichtungs- sowie der Insolvenzverschleppungshaftung, aber auch der Möglichkeit einer Sonderanknüpfung von Haftungsnormen im Vordergrund stehen (näher Rn 110 ff.).

5. Handelsrechtliche Fragen. Handelsrechtliche Fragen sind grundsätzlich vom Gesellschaftsstatut zu trennen und eigenständig anzuknüpfen. Dies gilt insbesondere für die Frage, ob eine Gesellschaft als **Kaufmann** zu behandeln ist, was sich ausschließlich nach dem **Geschäftsstatut** des Rechtsgeschäfts bemisst, in dessen Zusammenhang die Kaufmannseigenschaft Bedeutung hat.[18]

Lediglich in Bezug auf das **Firmenrecht** (einschließlich des bürgerlich-rechtlichen Namensrechts) gilt insoweit eine Ausnahme, als das Gesellschaftsstatut darüber entscheidet, welche Firma bzw. welcher Name der Gesellschaft zusteht.[19] Dies gilt insbesondere für den **Rechtsformzusatz**, der nicht nur die Rechtsform selbst anzeigt, sondern auch einen Hinweis auf das Gesellschaftsstatut gibt.[20] Begrenzt ist die Anwendung des ausländischen Firmenrechts aber durch den inländischen *ordre public*, der verletzt ist, soweit die Firmierung zu wesentlichen Fehlvorstellungen über die Rechtsverhältnisse der Gesellschaft führt. Jedenfalls der **Kerngehalt des deutschen Firmenrechts** gehört somit zum *ordre public*, soweit der Verkehrsschutz dies erfordert. Zum Sonderfall der Firmierung inländischer EU-Auslandsgesellschaften vgl. Rn 119 ff.

6. Unternehmerische Mitbestimmung. Nach dem Gesellschaftsstatut bemisst sich auch die dem internen Organisationsrecht der Gesellschaft zuzurechnende unternehmerische Mitbestimmung, also die Frage der Vertretung von Arbeitnehmern in den Gesellschaftsorganen.[21] Dies gilt auch bei Tochtergesellschaften ausländischer Unternehmen, soweit sie deutschem Recht unterliegen, während auf Tochtergesellschaften deutscher Gesellschaften, die ausländischem Recht unterliegen, deutsches Mitbestimmungsrecht grundsätzlich nicht anzuwenden ist.

Aufgrund des hohen Mitbestimmungsniveaus geht es insoweit praktisch vor allem um die Anwendbarkeit deutschen Rechts, deren „Umgehung" durch Nutzung ausländischer Rechtsformen im Inland möglichst ausgeschlossen werden soll. Diesem Zweck dient die Erhebung der Mitbestimmung zum *ordre public*.[22] Da

---

16 BGHZ 25, 127; BGH NJW 1959, 1873; OLG Düsseldorf IPRax 1996, 128, 130; OLG München NJW 1986, 2197; MüKo/*Kindler*, Bd. 11, 3. Aufl. 1999, Int. GesR, Rn 486 ff.; Michalski/*Leible*, GmbHG, Bd. 1, 2001, Syst. Darst. 2 Rn 108; Staudinger/*Großfeld* Int. GesR, Rn 348; a.A. *Grasmann*, Rn 928.

17 BGHZ 78, 318, 334; BGH NJW 1957, 1435; MüKo/*Kindler*, Bd. 11, 3. Aufl. 1999, Int. GesR, Rn 490; Michalski/*Leible*, GmbHG, Bd. 1, 2001, Syst. Darst. 2 Rn 112.

18 Heute ganz h.M.: OLG München NJW, 1967, 1326, 1328; Michalski/*Leible*, GmbHG, Bd. 1, 2001, Syst. Darst. 2 Rn 102 ff. m.w.N.; MüKo/*Kindler*, Bd. 11, 3. Aufl. 1999, Int. GesR, Rn 73; Staudinger/*Großfeld*, Int. GesR, Rn 326.

19 RGZ 117, 215 (218); BGH NJW 1958, 17 f.; BayObLG NJW 1986, 3029; *Baumbach/Hopt*, HGB, 30. Aufl. 2000, § 17 Rn 48; MüKo-HGB/*Bokelmann*, § 13d Rn 19; *Michalski*, NZG 1998, 762, 763; Palandt/ *Heldrich*, Anh. zu Art. 12 EGBGB Rn 8; Michalski/*Leible*, GmbHG, Bd. 1, 2001, Syst. Darst. 2 Rn 99; Ebenroth/Boujong/Joost/*Zimmer*, HGB, 2001, Anh. § 17 Rn 29., a.A. MüKo/*Kindler*, Bd. 11, 3. Aufl. 1999, Int. GesR, Rn 148 ff.

20 EuGH EuZW 2003, 687 ff.; dazu näher: *Leible/ Hoffmann*, EuZW 2003, 677, 680 f.

21 BGHZ 82, 188 ff.; BGH DB 1982, 42; Staudinger/ *Großfeld*, Int. GesR, Rn 510; MüKo/*Kindler*, Int. GesR, Rn 451; *Steindorff*, ZHR 141 (1977), 457 ff.; *Heinze*, ZGR 1994, 47 ff.

22 Vor allem Staudinger/*Großfeld*, Int. GesR, Rn 510; ferner Michalski/*Leible*, GmbHG, Bd. 1, 2001, Syst. Darst. 2 Rn 116 m.w.N.

aber Art. 6 lediglich die Nichtanwendung ausländischen Rechts, nicht aber die Anwendung inländischen Rechts entgegen der kollisionsrechtlichen Anknüpfung ermöglicht, wurden in der Vergangenheit Ansätze zur **Erweiterung der Mitbestimmung** entwickelt. Als problematisch wurde vor allem der Fall inländischer Zweigniederlassungen von Auslandsgesellschaften angesehen, die schon für sich oberhalb der Mitbestimmungsgrenzen liegen. Teilweise wurde vertreten, in diesen Fällen wäre eine **zwangsweise Einbringung** des Betriebs in eine Tochtergesellschaft deutschen Rechts erforderlich,[23] ferner sollte eine „**Auflösungssperre**"[24] bei Erreichen der Mitbestimmungsgrenze die **Flucht in die Zweigniederlassung** verhindern. Diese rein rechtspolitisch motivierten Versuche der Ausdehnung der deutschen Mitbestimmung über den vom Gesetzgeber angeordneten Anwendungsbereich hinaus sind abzulehnen, ihre Begründung *de lege lata* ist wenig überzeugend.

25 Die Diskussion um den Schutz der deutschen Mitbestimmung gegen „Umgehungen", also die legitime Nutzung kollisionsrechtlicher Gestaltungsmöglichkeiten, hat sich inzwischen allerdings ganz auf die Frage der **Sonderanknüpfung des Mitbestimmungsrechts** bei EU-Auslandsgesellschaften verschoben (dazu ausführlich Rn 116 ff.). Soweit man eine solche für die inländische Auslandsgesellschaft anerkennt, ist auch der Weg für die Anwendung auf sonstige Zweigniederlassungen geebnet.

26 Von dieser gesellschaftskollisionsrechtlichen Fragestellung zu trennen ist indes die **territoriale Reichweite** des Mitbestimmungsrechts, etwa bei Ermittlung der Arbeitnehmerzahl, des Stimmrechts oder für Zwecke der Konzernmitbestimmung. Dies ist keine kollisionsrechtliche Frage, sondern eine Frage des Regelungsanspruchs des materiellen Mitbestimmungsrechts. Grundsätzlich gilt die Aussage von *Koppensteiner*, wonach „die Reichweite der Regeln über die Konzernmitbestimmung an den Landesgrenzen endet".[25] Für andere Teile des Mitbestimmungsrechts gilt richtigerweise nichts anderes.[26] Zur betrieblichen Mitbestimmung vgl. Art. 30 EGBGB Rn 30 f.

27 **7. Gründung, Auflösung und Liquidation.** Voraussetzungen und Verfahren der **Gründung** einer Gesellschaft unterliegen selbstverständlich dem Gesellschaftsstatut. Schließlich ist es gerade die wirksame Gründung unter dem anwendbaren Recht, die zur Anerkennung der Gesellschaft führt. Hierzu gehören etwa die Anforderungen an den **Gesellschaftsvertrag**, aber auch die **Registereintragung** und die Rechtsfolgen der Gründung. Ebenfalls unstreitig unterliegt die **echte Vorgesellschaft** bereits dem Statut der in Aussicht genommenen Gesellschaft,[27] was insbesondere für Fragen der Haftung der Beteiligten große Relevanz hat. Dagegen sind **Vorgründungsgesellschaft** und **unechte Vorgesellschaft** (bei der die Eintragung nicht mehr ernstlich verfolgt wird[28]) nach ihrem objektiven Charakter anzuknüpfen. Dieser kann – je nach Ausgestaltung und Sichtweise der *lex fori* – gesellschaftsrechtlicher oder schuldrechtlicher Art sein,[29] jedenfalls unterliegen derartige Beziehungen nicht dem Recht der zu gründenden Gesellschaft.

28 Spiegelbildlich zur Gründung unterliegen auch **Auflösung und Liquidation** dem Gesellschaftsstatut. Dies betrifft die **Auflösungsgründe**, das einzuhaltende **Verfahren** sowie die Rechtsfolgen der Auflösung, sowie Bestellung, Befugnisse und Vertretungsmacht der **Liquidatoren** bis hin zum Vorgang der **Abwicklung** selbst. Ebenso wie bei der werbenden Gesellschaft kommt bei Rechtsgeschäften mit den Liquidatoren eine analoge Anwendung des Art. 12 in Betracht (zu den Voraussetzungen Rn 14 f.).

29 **8. Formvorschriften.** Die **Form** von Rechtsgeschäften wird grundsätzlich gemäß Art. 11 alternativ nach dem **Wirkungsstatut** oder nach dem Recht des Vornahmeorts (**Ortsform**) angeknüpft. Bei gesellschaftsrechtlichen Rechtsgeschäften genügt daher jedenfalls die vom Gesellschaftsstatut vorgeschriebene Form. Dies betrifft etwa Abschluss und Änderung des Gesellschaftsvertrags, Beschlussfassung oder die Anteilsübertragung. Umstritten ist in diesem Zusammenhang jedoch, ob auch im Gesellschaftsrecht die Beurkundung nach der Ortsform anzuerkennen ist oder ob es einer **teleologischen Reduktion des Art. 11** bedarf (ausführlich Art. 11 EGBGB Rn 37 ff.). Umstritten ist ferner, ob und unter welchen Voraussetzungen die vom deutschen Gesellschaftsstatut vorgeschriebene notarielle Form auch durch **Beurkundung einer**

---

23 *Däubler*, RabelsZ 39 (1975), 444, 474.
24 Staudinger/*Großfeld*, Int. GesR, Rn 522.
25 *Koppensteiner*, Internationale Unternehmen, S. 135; Michalski/*Leible*, GmbHG, Bd. 1, 2001, Syst. Darst. 2 Rn 117; Staudinger/*Großfeld*, Int. GesR, Rn 511 f.
26 Näher zu dieser Problematik: Soergel/*Lüderitz*, Anh. Art. 10 EGBGB Rn 44 m.w.N.; MüKo/*Kindler*, Bd. 11, 3. Aufl. 1999, Int. GesR, Rn 451.
27 BGHZ 134, 333; OLG München NZG, 1998, 181; BayOBLGZ 1965, 294; OLG München IPRspr 1966/67 Nr. 15; OLG Nürnberg IPRspr 1966/67 Nr. 17;
Staudinger/*Großfeld*, Int. GesR, Rn 261; MüKo/*Kindler*, Bd. 11, 3. Aufl. 1999, Int. GesR, Rn 418.
28 Zum Begriff vgl. *K. Schmidt*, GesR, 4. Aufl. 2002, S. 290 f., 1016 f.; *Hueck/Windbichler*, GesR, 20. Aufl. 2003, § 35 Rn 25.
29 Michalski/*Leible*, GmbHG, Bd. 1, 2001, Syst. Darst. 2 Rn 64, weist zutr. darauf hin, dass gerade nach deutschem Recht die Vorgründungsgesellschaft regelmäßig als BGB-Gesellschaft aufzufassen ist, so dass vor deutschen Gerichten eine gesellschaftsrechtliche Qualifikation nahe liegt.

ausländischen Urkundsperson gewahrt werden kann (ausführlich Art. 11 EGBGB Rn 25 ff.).[30] Die Zugehörigkeit der Formvorschriften für gesellschaftsrechtliche Rechtsgeschäfte zum Gesellschaftsstatut ist allerdings unstrittig.

II. Die anzuwendende Kollisionsnorm: Traditionelle Anknüpfungslehren

1. Überblick. Bezüglich der anzuwendenden Kollisionsnorm besteht international traditionell keine Einigkeit. Im Wesentlichen wird zwischen der **Sitz- und der Gründungstheorie** unterschieden.[31] Die Sitztheorie gilt innerhalb der Europäischen Union zunächst in Deutschland, darüber hinaus aber auch in Österreich, Frankreich, Portugal, Belgien, Luxemburg und Griechenland.[32] In Italien gilt die Sitztheorie insoweit, als die Anknüpfung von Gesellschaften mit Verwaltungssitz oder „Hauptgegenstand" in Italien anhand der Sitztheorie erfolgt, während andernfalls auf das Gründungsrecht verwiesen wird.[33] Dagegen wird in Europa für Kapitalgesellschaften die Gründungstheorie im Vereinigten Königreich, Irland, den Niederlanden, Spanien, Dänemark und Schweden zugrunde gelegt.[34] Zu den Personengesellschaften vgl. Rn 150 ff.

2. Sitztheorie. Nach der Sitztheorie ist das Anknüpfungsmoment des Gesellschaftsstatuts allein der **reale Sitz** der Gesellschaft, also der Ort, der den **räumlichen Schwerpunkt der gesellschaftlichen Leitungstätigkeit** darstellt. Die Feststellung dieses – oftmals ausdrücklich als „**Hauptverwaltung**"[35] oder „**Verwaltungssitz**"[36] bezeichneten – Sitzes kann mitunter schwierig sein, insbesondere, wenn ein Unternehmen über mehrere Niederlassungen verfügt. Zur Abgrenzung des für die Anknüpfung relevanten Sitzes von einfachen Niederlassungen oder Betriebsstätten wird von der deutschen Rechtsprechung darauf abgestellt, an welchem Ort „die grundlegenden Entscheidungen der Unternehmensleitung effektiv in laufende Geschäftsführungsakte umgesetzt werden."[37] Es geht also nicht etwa um den Ort, an dem das maßgebliche Gremium (Haupt- oder Gesellschafterversammlung) tagt, sondern um den Ort, von dem aus die **wesentlichen Verwaltungsfunktionen im Tagesgeschäft** regelmäßig ausgeübt werden, was am „Tätigkeitsort der Geschäftsführung und der dazu berufenen Vertretungsorgane" der Fall ist. Ebenso wenig kann auf den wirtschaftlichen Schwerpunkt des Unternehmens abgestellt werden, da es gerade auf die Ausübung der Leitungsfunktionen ankommt, nicht die gesamte wirtschaftliche Betätigung.

Im Gegensatz zur Rechtslage in Deutschland ist die Sitztheorie in **Österreich** sogar gesetzlich verankert. Nach § 10 IPRG kommt es für die Anknüpfung des Gesellschaftsstatuts auf den „tatsächlichen Sitz der Hauptverwaltung" an. Für die Bestimmung dieses tatsächlichen oder „wahren"[38] Sitzes stellt die österreichische Lehre und Rechtsprechung auf dieselben Merkmale wie die deutsche Rechtsprechung ab, insbesondere den „Ort, an dem die grundlegenden Entscheidungen der Unternehmensführung effektiv in laufende Geschäftsführungakte umgesetzt werden."[39] Inhaltlich dürfte sich dieser Begriff wohl nicht von dem in Deutschland verwendeten unterscheiden. Allerdings wurde die Anwendung der Sitztheorie auf nach EU-ausländischem Recht gegründete Gesellschaften vom OGH bereits im Jahr 1999 aufgrund der Niederlassungsfreiheit eingeschränkt.[40]

Für **Frankreich** bestimmt Art. 1837 des Code Civil, dass alle Gesellschaften französischem Recht unterworfen sind, die ihren Sitz auf französischem Territorium haben. Zwar können sich Dritte auch auf den Satzungssitz („*siège statutaire*") berufen, nicht jedoch die Gesellschaft, wenn sich der tatsächliche Sitz („*siège reel*") an einem anderen Ort befindet. Der danach für die Anknüpfung ausschlaggebende Gesellschaftssitz (auch als „*siège social*" bezeichnet) ist der Ort, an dem durch Vermittlung ihrer Verwaltungsmitglieder

---

30 Die – von der an dieser Stelle vertretenen Meinung erheblich abweichende – Sichtweise des Verfassers zu diesen Streitfragen ist nachzulesen bei Michalski/*Hoffmann*, GmbHG, Bd. 2, 2001, § 53 Rn 74 ff.
31 Zu weiteren Theorien, die sich meist als Spielarten der Sitz- oder der Gründungstheorie darstellen, vgl. die Überblicke bei Staudinger/*Großfeld*, Int. GesR, Rn 26 ff.; MüKo/*Kindler*, Bd. 11, 3. Aufl. 1999, Int. GesR, Rn 258 ff.; *Grasmann*, S. 114 ff., 244 ff.
32 Vgl. die Nachw. bei *Hoffmann*, ZHR 164 (2000), 43, 44.
33 Vgl. Art. 25 ital. IPRG; dazu näher *Kindler*, Italienisches Handels- und Wirtschaftsrecht, 2002, § 7 Rn 38 ff.
34 Vgl. die Nachw. bei *Hoffmann*, ZHR 164 (2000), 43, 45.
35 Vgl. den Wortlaut von § 10 des österreichischen IPRG („tatsächlicher Sitz seiner Hauptverwaltung").
36 Vgl. BGHZ 97, 269 („tatsächlicher Verwaltungssitz"); Art. 3 Abs. 1 portugiesisches CSC („hauptsächlicher und effektiver Sitz der Verwaltung"); Art. 25 ital. IPRG („Verwaltungssitz").
37 Statt vieler: BGHZ 97, 269, 272; Staudinger/*Großfeld*, Int. GesR, Rn 228; MüKo/*Kindler*, Bd. 11, 3. Aufl. 1999, Int. GesR, Rn 316; Michalski/*Leible*, GmbHG, Bd. 1, 2001, Syst. Darst. 2 Rn 48.
38 öOGH RdW 1999, 719 = NZG 2000, 36, 37.
39 öOGH WBl. 1998, 136 (unter ausdr. Verweis auf BGHZ 97, 269); ebenso *Schwimann*, IPR, S. 56; *Koppensteiner*, GmbHG, 2. Aufl. 1999, Allg. Einl. Rn 17.
40 öOGH RdW 1999, 719 = NZG 2000, 36 m. Anm. *Kieninger*; dazu krit. *Schwimann*, NZG 2000, 230; *Nowotny*, RdW 1999, 697.

(*"dirigeants"*) die grundlegenden Manifestationen ihrer rechtlichen Existenz herbeigeführt werden.[41] Dies wird man nur so verstehen können, dass es ebenfalls auf den Ort der laufenden Geschäftsführung durch die „dirigeants" ankommt.[42] Zu unterscheiden ist der *„siège social"* ferner vom *„siège d'exploitation"*, an dem die eigentliche wirtschaftliche Tätigkeit von den untergeordneten Personen ausgeübt wird.[43] Auch insoweit wird also auf die tatsächliche Tätigkeit der Leitungsorgane abgestellt, nicht aber auf den Schwerpunkt der wirtschaftlichen Tätigkeit der Gesellschaft. Ganz ähnlich verweist das portugiesische Kollisionsrecht auf den „hauptsächlichen und effektiven Sitz der Verwaltung" der Gesellschaft, wobei sich aber die Gesellschaft nicht auf ein abweichendes Personalstatut berufen kann, wenn sich der Satzungssitz in Portugal befindet.[44] Für die Anknüpfung kommt es somit ebenfalls auf den Ort der Geschäftsleitung, nicht der wirtschaftlichen Tätigkeit an.

34 Diese kurze, rechtsvergleichende Bestandsaufnahme hat gezeigt, dass unter den europäischen Sitztheoriestaaten über ihr Anknüpfungsmoment weitgehende Einigkeit besteht. Es kommt entscheidend auf den Ort an, wo die Personen tätig werden, die die tatsächliche Leitungsfunktion bezüglich des Tagesgeschäfts ausüben, wo also die **Verwaltungstätigkeit auf höchster Ebene** ausgeübt wird. Dieser Ort ist auch dann als **Hauptverwaltung** der Gesellschaft anzusehen, wenn der Schwerpunkt der wirtschaftlichen Tätigkeit (etwa der produzierende Betrieb) sich an anderer Stelle befindet. Irrelevant ist auch, wo die Personen tätig werden, die lediglich die wesentlichen strategischen Entscheidungen für die Gesellschaft treffen, nicht aber das Tagesgeschäft bestimmen.

35 Somit zeigt sich, dass das **Anknüpfungsmoment der Sitztheorie** unzweifelhaft keinen rechtlichen, sondern einen rein **tatsächlichen Charakter** hat. Hieraus ergibt sich, dass es grundsätzlich als wandelbar anzusehen ist, bei Anwendung der Sitztheorie also das Gesellschaftsstatut infolge von tatsächlichen Veränderungen wechseln kann. Diese von der Sitztheorie eröffnete Möglichkeit des Statutenwechsels steht aber nicht als solche einer Verlegung des Verwaltungssitzes entgegen, da erst das **materielle Gesellschaftsrecht** des bisherigen und des neuen Statuts über seine gesellschaftsrechtlichen Folgen und den Fortbestand der Gesellschaft entscheidet. So finden sich etwa im portugiesischen Recht Vorschriften über einen identitätswahrenden, statutenwechselnden Zuzug ausländischer Kapitalgesellschaften, die lediglich zu bestimmten Anpassungen an das neue Gesellschaftsstatut verpflichtet werden.[45] Dies bedeutet, dass eine tatsächlich nach **Portugal** zuziehende Gesellschaft als Körperschaft ohne Neugründung anerkannt wird, sofern nicht das materielle Gesellschaftsrecht des Wegzugstaats zwingend die Auflösung vorsieht.[46] Gleichzeitig wird die Gesellschaft aber dem neuen Recht unterstellt, nach dem sich seine Rechtsverhältnisse zukünftig bemessen. Dies zeigt: Die Möglichkeit einer statutenändernden Verlegung des tatsächlichen Sitzes über die Grenze ist mit der kollisionsrechtlichen Sitztheorie also nicht nur vereinbar, sondern eine notwendige Folge ihrer Anwendung, während rechtliche Beschränkungen des Vorgangs allein dem materiellen Recht entspringen können (näher zur Behandlung der Sitzverlegung vgl. Rn 51 ff.).

36 **3. Gründungstheorie.** Die **Gründungstheorie** knüpft das Gesellschaftsstatut dagegen anhand eines rein rechtlichen, nicht tatsächlichen Umstands an. Zwischen den einzelnen Gründungstheoriestaaten sind allerdings gewisse Differenzierungen zu beachten.[47]

---

41 Vgl. *Dalloz*, Code Civil, 1997, Nr. 1 zu Art. 1837 CC.
42 *Sonnenberger*, Rn VIII 63 („Ort, an dem sich die Geschäftsleitung befindet").
43 *Dalloz*, Code Civil, 1997, Nr. 1 zu Art. 1837 CC.
44 Art. 3 Abs. 1 CSC; deutsche Übersetzung bei *Jayme*, IPrax 1987, 46; dazu näher *Steiger*, Grenzüberschreitende Fusion und Sitzverlegung nach spanischem und portugiesischem Recht, 1996, S. 260 ff.
45 Vgl. Art. 3 Abs. 2 CSC; deutsche Übersetzung bei *Jayme*, IPRax 1987, 46; dazu bereits *Leible/Hoffmann*, DB 2002, 2205.
46 Dies nehmen etwa Rspr. und h.L. in Deutschland an, vgl. Staudinger/*Großfeld*, Int. GesR, Rn 608 ff., Rn 634; *Zimmer*, Internationales Gesellschaftsrecht, 1996, S. 199; *Kegel/Schurig*, § 17 II; MüKo/*Kindler*, Bd. 11, 3. Aufl. 1999, Int. GesR, Rn 395; aus der Rspr. zuletzt OLG Hamm NZG 2001, 562; OLG Düsseldorf NZG 2001, 506; ferner BGHZ 25, 134, 144; BayObLGZ 1992, 113, 116; RGZ 7, 68; 88, 53; 107, 94.
47 Ausf. zum Anknüpfungsmoment der Gründungstheorie (unter Berücksichtigung auch der USA und der Schweiz) *Hoffmann*, ZVglRWiss 101 (2002), 283 ff.

a) Common Law. Im Rechtskreis des *Common Law* ist als Anknüpfungsmoment das „*domicile*" der Gesellschaft anzusehen, worunter allein der **Ort der ursprünglichen Inkorporation** zu verstehen ist.[48] „The domicile of a corporation is in the country under whose law it is incorporated".[49] Es geht also um das Recht, unter dem die Gründer die Gesellschaft errichtet und dessen Gründungsvoraussetzungen sie erfüllt haben. Dabei geht das Kollisionsrecht davon aus, dass für die Errichtung von Gesellschaften mit eigener Rechtspersönlichkeit regelmäßig eine Registrierung oder Eintragung der Gesellschaft im Inkorporationsstaat erforderlich ist. Die Errichtung der Gesellschaft unter einer bestimmten Rechtsordnung wird demnach durch diese Registrierung nach außen sichtbar, so dass der Ort der Registrierung praktisch als Anknüpfungsmoment herangezogen werden kann. Die Anknüpfung des Gesellschaftsstatuts erfolgt demnach an das Recht des Staates, in dem die Gesellschaft registriert worden ist,[50] weil die Gründer die Wahl des Inkorporationsrechts durch die Wahl des Registrierungsortes ausüben. Nur wenn es an einer Registrierung fehlt, wird man auf anderem Wege das Inkorporationsstatut ermitteln müssen.[51]

37

Dieses Gründungsstatut ist **grundsätzlich unwandelbar**, da die ursprüngliche Inkorporation als historische Tatsache keiner nachträglichen Änderung zugänglich ist. Während es den natürlichen Personen offen steht, ihr „*domicile*" durch Begründung eines „*domicile of choice*" (und damit ihr Personalstatut) zu verändern,[52] wird den Körperschaften eine derartige Möglichkeit nicht eingeräumt. Diese sind vielmehr während ihrer gesamten Existenz an das „*domicile of origin*" gebunden. In diesem Sinn ist vor allem der Kernsatz des englischen „*leading case*" *Gasque v. Inland Revenue Commissioners*[53] zu verstehen, wo festgestellt wird: „The domicile of origin ... clings to it [the company] throughout its existence." Dieser Standpunkt wird auch in der Literatur einhellig geteilt[54] und lässt sich praktisch in allen *Common-Law*-Rechtsordnungen nachweisen.[55] Während also das „*domicile*" bei natürlichen Personen eine tatsächliche Komponente hat und daher veränderlich ist, stellt es bei Gesellschaften ein rechtliches Konstrukt dar, dass von der Gründungstheorie des *Common Law* grundsätzlich als unabänderlich angesehen wird. Lediglich auf spezialgesetzlicher Grundlage, durch das

38

---

48 *Gasque v. Inland Revenue Commissioners*, [1940] 2 K.B. 80, 84; *Todd v. Egyptian Delta Land and Investment Company Ltd.* [1928] 1 K.B. 152, 173; *Kuenigl v. Donnersmarck* [1955] 1 Q.B. 515, 535; *Dicey/Morris*, Conflict of Laws, 13th Ed., 30–002; *Smith's* Conflict of Laws, 2nd Ed. 1999, S. 85; *Morris*, Conflict of Laws, 5th Ed. (McClean), S. 43 f.; *Cheshire and North's* Private International Law, 13th. Ed. 1999, S. 175; für Irland: *Binchy*, Irish Conflicts of Law, 1988, S. 484; für Australien: *Nygh*, Conflict of Laws in Australia, 3rd Ed. 1976, S. 392; *Sykes/Pryles*, Australian Private International Law, 2nd Ed. 1987, S. 355 f.; für Schottland: *Carse v. Coppen*, 1951 S.C. 233, 243 f.; *Anton/Beaumont*, Private International Law, 2nd Ed. 1990, Ch. 28; *Crawford*, International Private Law in Scotland, 1998, 7.02; für Kanada: *McLeod*, Conflict of Laws, 1983, S. 459; für Indien: *Diwan*, Private International Law, 1988, S. 382; ausf. zum Anknüpfungsmoment der Gründungstheorie vgl. *Hoffmann*, ZVglRWiss 101 (2002), 283 ff.

49 *Dicey/Morris*, Conflict of Laws, 13th Ed., Rule 152 (1); ebenso für das kanadische Recht: *McLeod*, The Conflict of Laws, 1983, Rule 144; für das schottische Recht: *Crawford*, International Private Law in Scotland, 1998, 7.02; für das australische Recht: *Nygh*, Conflict of Laws in Australia, 1976, S. 392 („place of incorporation"); für das indische Recht: *Diwan*, Private International Law – Indian and English, 1988, S. 381 f. („country where it has been created, i.e. the place or country of its incorporation").

50 So ausdr.: *Gasque v. Inland Revenue Commissioners*, a.a.O., 80; („place of its registration"); *Kuenigl v. Donnersmarck*, [1955] 1 Q.B. 535; *Dicey/Morris*, Conflict of Laws, 13th Ed., 30–002; für Schottland: *Carse v. Coppen*, 1951 S.C. 233, 243 f.: „A company's domicile is created by registration", zitiert nach: *Anton/Beaumont*, Private International Law, 2nd Ed. 1990, Ch. 28; ebenso *Crawford*, International Private Law in Scotland, 1998, 7.02.

51 Vgl. *Anton/Beaumont*, Private International Law, 2nd Ed. 1990, Ch. 28: „the domicile of a company is simply the place where it is formed, in the case of a registered company, the place of its registration and formal incorporation". Vgl. ferner *Kuenigl v. Donnersmarck*, [1955] 1 Q.B. 535 (Anknüpfung an Registrierung, nur wenn diese nicht erforderlich Anknüpfung an Inkorporation).

52 Erforderlich ist dafür die Begründung eines neuen festen Aufenthalts, der von dem Willen getragen wird, dort nachhaltig und zeitlich unbegrenzt zu verbleiben, vgl. *Dicey/Morris*, Conflict of Laws, 13th Ed., 6–033 ff. (Rule 10, S. 117 ff.).

53 [1940] 2 K.B. 80, 84; ebenso: *Todd v. Egyptian Delta Land and Investment Company Ltd.* [1928] 1 K.B. 152, 173; *Kuenigl v. Donnersmarck* [1955] 1 Q.B. 515, 535.

54 *Dicey/Morris*, Conflict of Laws, 13th Ed., 30–002; *Smith's* Conflict of Laws, 2nd Ed. 1999, S. 85; *Morris*, Conflict of Laws, 5th Ed. (McClean), S. 43 f.; *Cheshire and North's* Private International Law, 13th. Ed. 1999, S. 175.

55 Vgl. für Irland: *Binchy*, Irish Conflicts of Law, 1988, S. 484; für Australien: *Nygh*, Conflict of Laws in Australia, 3rd Ed. 1976, S. 392; *Sykes/Pryles*, Australian Private International Law, 2nd Ed. 1987, S. 355 f.; für Schottland: *Carse v. Coppen*, 1951 S.C. 233, 243 f.; *Anton/Beaumont*, Private International Law, 2nd Ed. 1990, Ch. 28; *Crawford*, International Private Law in Scotland, 1998, 7.02; für Kanada: *McLeod*, Conflict of Laws, 1983, S. 459; für Indien: *Diwan*, Private International Law, 1988, S. 382.

kollisionsrechtliche *Common Law* verdrängt wird, käme die Anerkennung einer Änderung des *„domicile"* einer Körperschaft in Betracht.[56]

39 **b) Kontinentaleuropäische Gründungstheorien.** Ähnliches gilt für die Gründungstheorie des **niederländischen Rechts**, wo im Ergebnis ebenfalls allein der (unveränderliche) Ort der ursprünglichen Inkorporation für die Anknüpfung maßgeblich ist. Dies ergibt sich aus Art. 2 des Gesetzes über das Kollisionsrecht der Körperschaften vom 17.12.1997, wonach es für die Anknüpfung auf den Sitz nach dem Gründungsvertrag oder der Gründungsurkunde (Gründungssitz) ankommt, sofern dieser auf dem Gebiet des Staates liegt, nach dessen Recht die Gesellschaft errichtet worden ist.[57] Schon die zweite Bedingung deutet darauf hin, dass es maßgeblich allein auf den Ort der ursprünglichen Inkorporation ankommt. Außerdem wird – wie ein Vergleich mit dem Sachrecht zeigt – schon terminologisch zwischen dem Gründungssitz (*„ingevolge de oprichtingsovereenkomst of akte van oprichting haar zetel"*) und dem Satzungssitz (*„statutaire zetel"*) unterschieden. Dies zeigt, dass nur der ursprüngliche Sitz kollisionsrechtliche Bedeutung hat, und insbesondere eine Verweisung auf das Recht des aktuellen Satzungssitzes nicht angeordnet wird. Insoweit ist auch zu beachten, dass nach materiellem Gesellschaftsrecht die Gründungurkunde (*„akte van oprichting"*) u.a. die Satzung (*„statuten"*) der Gesellschaft enthalten muss,[58] der nachträglichen Änderung aber nur die Satzung zugänglich ist.[59] Im Ergebnis zeigt dies, dass auch in den Niederlanden das Gesellschaftskollisionsrecht grundsätzlich auf den unveränderlichen Ort der ursprünglichen Inkorporation abstellt und ein Statutenwechsel (zumindest für niederländische Gesellschaften) nicht vorgesehen ist.[60]

40 Dagegen beschreitet das **dänische Kollisionsrecht** einen etwas anderen Weg, wobei man die Verweisungsnorm treffender als **Registrierungstheorie** charakterisieren kann. Dies bedeutet, dass bei eintragungspflichtigen Gesellschaften als maßgebliches Anknüpfungsmoment die Registrierung angesehen wird.[61] Dem dänischen Recht unterliegt daher eine Gesellschaft, die bei dem *„Erhvervs- og Selskabsstyrelsen"* eingetragen ist.[62] Zwar hat jede dänische Gesellschaft auch einen dänischen Satzungssitz, doch wird dieser dadurch nicht zum Anknüpfungsmoment.[63] Vielmehr ist der inländische Satzungssitz nach dem Gesellschaftssachrecht Eintragungsvoraussetzung. Bemerkenswert ist ferner, dass nach materiellem Gesellschaftsrecht der Satzungssitz nur am Ort der Hauptverwaltung genommen werden darf.[64] Registrierung, Satzungs- und tatsächlicher Sitz im Sinne der Sitztheorie fallen dadurch für dänische Gesellschaften notwendig zusammen. Die allseitige Kollisionsnorm, die schließlich auch die Anknüpfung von Gesellschaften ermöglichen muss, die diese sachrechtlichen Voraussetzungen nicht erfüllen, stellt dennoch allein auf die Registrierung ab.

41 Dies bedeutet aber auch, dass das Anknüpfungsmoment keine unveränderliche historische Tatsache ist, sondern zumindest theoretisch einer **Veränderung** zugänglich ist. Wenn dennoch der Wechsel des Gesellschaftsstatuts vom dänischen zum z.B. schwedischen Recht derzeit nicht möglich ist,[65] liegt dies daran, dass das materielle Gesellschaftsrecht Dänemarks diese Möglichkeit nicht vorsieht. Nichts spricht aber gegen

---

56 Solche Regelungen können im U.S.-amerikanischen und australischen Recht gefunden werden, nach Kenntnis des Verfassers indes weder im Vereinigten Königreich noch in Irland, vgl. hierzu ausf. *Hoffmann*, ZVglRWiss 101 (2002), 283, 291 f., 297 ff.
57 Wet van 17 december 1997, houdende regels van internationaal privaatrecht met betrekking tot corporaties (Wet conflictenrecht corporaties), Staatsblad 1997, S. 699; auszugsweise Übersetzung bei *Timmerman*, ZGR 1999, 148, 154.
58 Vgl. Art. 66 Abs. 1 B.W. (für die N.V.); Art. 177 Abs. 1 B.W. (für die B.V.).
59 Vgl. Art. 121 Abs. 1 B.W. (für die N.V.); Art. 231 Abs. 1 B.W. (für die B.V.).
60 Eine Abweichung besteht nach Art. 4 des Gesetzes lediglich für die Sitzverlegung ausländischer Gesellschaften, bei denen auch das niederländische Recht den (von beiden betroffenen Rechten ermöglichten) Statutenwechsel anerkennt. Dies ist aber schon insoweit eine Selbstverständlichkeit, als Gesellschaftskollisionsnormen grundsätzlich als Gesamtverweisungen anzusehen sind und die Sitzverlegung im Rahmen einer Weiterverweisung beachtlich ist. Praktische Folge des Art. 4 ist daher lediglich eine Umkehr der Verweisungskette, die sich im Erg. nur in einem engen Ausnahmefall auswirkt, vgl. hierzu näher *Hoffmann*, ZVglRWiss 101 (2002), 302 f.
61 *Andersen/Sorensen*, 6 Maastricht Journal (1999), 55 f. mit Verweis auf ein Urteil des Hoge Rad, Ugeskrift for Retsvaesen (1998), S. 1071 und Nachw. aus der nordischen Lit.; *Werlauff*, ZIP 1999, 867, 874; Behrens/*Carsten*, Die GmbH im ausländischen und internationalen Recht, Rn DK 49; für das schwedische Recht ferner *Bogdan*, RabelsZ 41 (1977), 536, 539.
62 Vgl. zur Registrierung etwa § 11 des Gesetzes über Anteilsgesellschaften vom 2.5.1996, abgedruckt bei *Behrens*, Die GmbH im ausländischen und internationalen Recht, S. 782 ff., 793.
63 Jedenfalls im schwedischen Recht ist der Satzungssitz aber subsidiäres Anknüpfungsmoment bei nicht eintragungspflichtigen Gesellschaften, vgl. *Bogdan*, RabelsZ 41 (1977), 536, 539.
64 Vgl. § 5 Nr. 2 des Gesetzes über Anteilsgesellschaften, a.a.O., sowie Behrens/*Carsten*, Die GmbH im ausländischen und internationalen Recht, Rn DK 49.
65 So ausdr. *Andersen/Sorensen*, 6 Maastricht Journal (1999), 54 f.: Statutenwechsel nur durch Auflösung und Neugründung möglich.

die Berücksichtigung eines nach anderen Rechten verlegten Eintragungssitzes schon bei Anwendung der Kollisionsnorm, nicht erst im Rahmen einer etwaigen Weiterverweisung.

Ähnlich wie das dänische Recht knüpft auch das **spanische Recht** an einen zwar rechtlichen, aber nicht unveränderlichen Umstand an. Nach Art. 5 Abs. 1 des Gesetzes über Aktiengesellschaften und Art. 6 Abs. 1 des Gesetzes über Gesellschaften mit beschränkter Haftung kommt es vielmehr auf das *„domicilio"* der Gesellschaft an, also den Satzungssitz.[66] Allerdings ist die Kollisionsnorm einseitig formuliert, regelt also nur die Anknüpfung des spanischen Gesellschaftsstatuts. Welches Recht bei ausländischem Satzungssitz zur Anwendung kommt, ist vielmehr in Art. 15 des Handelsgesetzbuchs normiert, der der Gründungstheorie folgt: Anknüpfungspunkt ist hier nicht der Satzungssitz, sondern die **Gründung im Ausland**.[67]

Konsequenz der Anknüpfung zumindest inländischer Gesellschaften anhand des Satzungssitzes ist, dass – ähnlich der dänischen Rechtslage – eine Veränderung des Anknüpfungsmoments und damit ein Statutenwechsel grundsätzlich denkbar ist. Allerdings ist es den Gesellschaften spanischen Rechts materiellrechtlich nicht möglich, sich durch Satzungssitzverlegung dem spanischen Gesellschaftsstatut zu entziehen.[68] Zulässig ist dagegen der Erwerb der spanischen Nationalität durch eine Auslandsgesellschaft, wenn diese sowohl ihren Satzungssitz nach Spanien verlegt als auch ihr sonstiges Satzungsrecht an das neue Gesellschaftsstatut anpasst.[69] Dieser – auch nur eine enge Fallgruppe betreffende – Statutenwechsel ist im Recht der Gründungstheoriestaaten eine Ausnahme und Besonderheit des spanischen Rechts. Kollisionsrechtlich möglich, allerdings materiellrechtlich untersagt,[70] sind auch die Verlegung des tatsächlichen Verwaltungssitzes in das Ausland sowie der Zuzug der Hauptverwaltung einer Auslandsgesellschaft.[71]

c) Gründungstheorie und Statutenwechsel. Es zeigt sich somit, dass die Gründungstheorie regelmäßig an ein **unveränderliches Moment** anknüpft und dadurch einem Statutenwechsel grundsätzlich ablehnend gegenübersteht. Selbst in den Gründungstheoriestaaten, deren Kollisionsrecht formal an einen veränderlichen Umstand anknüpfen, wird die Änderung des Anknüpfungsmoments auf der materiellrechtlichen Ebene in den meisten Fällen verhindert. Soweit auf spezialgesetzlicher Grundlage ein Statutenwechsel ermöglicht wird, ist dieser im Rahmen der Gründungstheorie ein **das Kollisionsrecht modifizierender Fremdkörper**.[72] Lediglich im spanischen Recht, das für die einseitige Anknüpfung der spanischen Kapitalgesellschaften auch nicht der klassischen Gründungstheorie folgt, sondern ein abweichendes Anknüpfungsmoment zugrunde legt, ist der nachträgliche Erwerb des spanischen Gesellschaftsstatuts anerkannt.

Dies bedeutet, dass die Gründungstheorie zwar die **tatsächliche Mobilität** im Sinne einer Verwaltungssitzverlegung, nicht aber die **rechtliche Mobilität** ermöglicht. Während das Kollisionsrecht der Gründungstheo-

---

[66] Vgl. hierzu ausf. *Steiger*, Grenzüberschreitende Fusion und Sitzverlegung nach spanischem und portugiesischem Recht, 1996, S. 162 ff.
[67] Vgl. den Wortlaut der Vorschrift: „... las Companias constituidas en el extranjero podran ejercer el comercio en Espana con sujecion a las Leyes de su pais".
[68] Die Verlegung des Satzungssitzes in das Ausland ist nach Art. 149 Abs. 2 des Gesetzes über Aktiengesellschaften, Art. 72 Abs. 2 des Gesetzes über GmbH nur zulässig, wenn dies von einem besonderen völkerrechtlichen Abkommen mit dem Zuzugsstaat ermöglicht wird. Hieran fehlt es bisher im Verhältnis zu den anderen EU-Mitgliedstaaten.
[69] *Steiger*, Grenzüberschreitende Fusion, S. 200 ff.
[70] Nach Art. 5 Abs. 2 des Gesetzes über Aktiengesellschaften und Art. 6 Abs. 2 des Gesetzes über GmbH muss der Satzungssitz einer Gesellschaft, deren Hauptniederlassung sich in Spanien befindet, ebenfalls in Spanien genommen werden.
[71] Ausf. *Steiger*, Grenzüberschreitende Fusion, S. 188, 195 f.
[72] *Hoffmann*, ZVglRWiss 101 (2002), 283 ff. mit ausf. Auseinandersetzung; ebenso bereits *ders.*, ZHR 164 (2000), 43 ff.; 55; a.A. dagegen *Mülbert/Schmolke*, ZVglRWiss 100 (2001), 272; sowie *Grundmann*, Europäisches Gesellschaftsrecht, Rn 775 (in Fn 62) unter Verweis auf die Entscheidung Hughes v. Hannover Rückversicherungs-Aktiengesellschaft (1997), 1 B.C.L.C. 497 (C.A.) = [1997] EWCA Civ 857 (unter www.bailii.org): Diese Entscheidung betraf die *„redomestication"* einer Gesellschaft, die nach dem Recht des U.S.-Bundesstaates Massachusetts gegründet worden war, und ihr *„domicile"* statutenändernd nach Bermuda verlegt hat. Aus Sicht des englischen Kollisionsrechts ging es also um eine *Weiterverweisung*, während zunächst das Gründungsrecht befragt wurde! Schon deshalb kann man dieser Entscheidung nicht entnehmen, dass der Statutenwechsel im Recht des Vereinigten Königreichs verankert wäre – ein nach ausländischem Recht vorgesehener Statutenwechsel wird lediglich im Rahmen der Weiterverweisung anerkannt (dazu bereits *Hoffmann*, a.a.O., 290 f. m.w.N.). Aus Sicht des U.S.-amerikanischen Kollisionsrechts ist aber festzustellen, dass die Verlegung des *„domicile"* nicht aufgrund des Common Law, sondern – ganz in Übereinstimmung mit der hier vertretenen Sichtweise – auf spezialgesetzlicher Grundlage erfolgte, vgl. dazu die Sachverhaltsdarstellung: „The second principal step was to ,redomesticate' itself to Bermuda. This step involved transferring its domicile as permitted by s.49A Massachusetts Insurance Code and being ,continued' into Bermuda as an ,exempted Company' in accordance with Part XA Bermudian Companies Act 1981."

riestaaten an die Verlegung der Hauptverwaltung keine Rechtsfolgen knüpft,[73] verhindert es die nachträgliche Änderung des Gesellschaftsstatuts. Eine Art Rechtswahlfreiheit wird nur den Gründern eingeräumt, die in der Tat ohne Rücksicht auf den Ort der geplanten Geschäftstätigkeit zwischen verschiedenen Gesellschaftsrechten wählen können. Ist der Gründungsvorgang aber abgeschlossen, wird die Gesellschaft für die Dauer ihrer Existenz an die getroffene Wahl gebunden, eine Änderung setzt die Auflösung und Neugründung voraus. Der **„Wettbewerb der Gesetzgeber"** im Gesellschaftsrecht[74] kann daher auch unter Geltung der Gründungstheorie nur sehr bedingt funktionieren. Im Gegensatz zu den Beschränkungen in den Sitztheoriestaaten ist diese Einschränkung der rechtlichen Mobilität schon auf das Kollisionsrecht zurückzuführen, nicht erst auf die materiellrechtliche Ebene.

46 **4. Weitere Anknüpfungslehren.** In der Literatur wurden außer den beiden traditionellen Anknüpfungslehren einige weitere Konzeptionen entwickelt, die sich als Modifikationen oder **Mischformen** der traditionellen Kollisionsnormen darstellen.[75] Hervorzuheben ist insoweit die von *Sandrock*[76] entwickelte **Überlagerungstheorie**, die eine Modifizierung der Gründungstheorie darstellt und zwischen Innen- und Außenstatut unterscheidet: Die Gründungsanknüpfung gilt danach uneingeschränkt für die Fragen der Gründung, der Anerkennung und des Innenverhältnisses. Zwar gilt auch für das Außenstatut, also Fragen des Verhältnisses zu „unmittelbaren privatrechtlichen Gesellschaftsinteressenten", zunächst die Gründungsanknüpfung, der Sitzstaat (im Sinne des tatsächlichen Verwaltungssitzes) ist aber befugt, sein zwingendes Recht auf Verlangen dieser Interessenten (z.B. Gläubiger, Minderheitsgesellschafter oder Arbeitnehmer, auch für Frage der Mitbestimmung) auf die Auslandsgesellschaft anzuwenden und so das Gründungsrecht zu überlagern und damit zu verdrängen.[77] Diese Theorie konnte sich zwar im deutschen Internationalen Gesellschaftsrecht zunächst nicht durchsetzen, hat aber in neuester Zeit durch die Rechtsprechung des EuGH in den Rechtssachen „Überseering" und „Inspire Art" (näher Rn 60 ff.) ihre Renaissance erlebt, da sie trotz der nunmehr europarechtlich verankerten Gründungsanknüpfung für EU-Auslandsgesellschaften den Weg zu einer Berücksichtigung der Interessen im Sitzstaat weist. Wie *Sandrock*[78] selbst herausgearbeitet hat, bedarf es dazu allerdings einer **„Schrumpfung" der Überlagerungstheorie** auf das europarechtlich zulässige Maß der Überlagerung des Gründungsstatuts (näher Rn 108 ff.).

47 **5. Rück- und Weiterverweisung.** Da es sich bei den Verweisungen des Internationalen Gesellschaftsrechts um **Gesamtverweisungen** handelt[79] (Rn 1), sind **Rück- und Weiterverweisungen** bei der Anknüpfung zu beachten. Auch aus Sicht der Sitztheorie ist also nicht immer das Sitzrecht berufen. So unterliegt etwa eine nach deutschem Recht gegründete Gesellschaft mit Verwaltungssitz in den Niederlanden weiterhin dem deutschen Gesellschaftsstatut, da das Sitzrecht zurückverweist (zur materiellrechtlichen Folge der Auflösung der Gesellschaft vgl. aber Rn 54). Eine nach holländischem Recht gegründete Gesellschaft mit Verwaltungssitz in England wäre auch aus Sicht der Sitztheorie als holländische Gesellschaft zu behandeln, da das Sitzrecht weiterverweist und das Gründungsrecht die Verweisung annimmt.[80] Bei einer französischen Gesellschaft, die ihren Verwaltungssitz in den Niederlanden hat, käme es aus Sicht der Sitztheorie darauf an, welche Rechtsordnung die Verweisungskette abbricht: Das Sitzrecht folgt der Gründungstheorie und verweist daher auf das französische Gründungsrecht weiter, welches wiederum auf das Sitzrecht zurückverweist. Da kein Recht die Verweisung annimmt, bedarf es des Abbruchs der Verweisungskette, was in Deutschland etwa

---

73 Dagegen setzt auch das materielle Recht vieler Gründungstheoriestaaten voraus, dass Satzungssitz und Hauptverwaltung am selben Ort bzw. beide im Inland genommen werden müssen, wogegen durch eine isolierte Verwaltungssitzverlegung zwingend verstoßen würde, vgl. etwa für Spanien: Artt. 5 Abs. 2, 6 Abs. 1 des Gesetzes über Aktiengesellschaften, Artt. 6 Abs. 2, 7 Abs. 1 des Gesetzes über GmbH; für Dänemark: § 5 Nr. 2 des Gesetzes über Anteilsgesellschaften, abgedruckt bei *Behrens*, Die GmbH im ausländischen und internationalen Recht, S. 782 ff., 793.
74 Hierzu umfassend: *Kieninger*, Wettbewerb der Privatrechtsordnungen im Europäischen Binnenmarkt, S. 105 ff.
75 Zu nennen sind etwa die auf *Zimmer*, Internationales Gesellschaftsrecht, 1996, zurückgehende Kombinationslehre, oder die von *Grasmann*, S. 343 ff., vertretene Differenzierungslehre. Bei *Grasmann*, S. 116 ff., findet sich auch ein Überblick über die älteren Varianten der Sitzanknüpfung.
76 Grundlegend: *Sandrock*, BerGesVR 18 (1978), S. 169 ff.; weiterentwickelt in: *ders.*, in: FS Beitzke 1979, S. 669 ff.; *ders.*, RIW 1989, 505 ff.; abschließend dann auf das europarechtlich zulässige Maß geschrumpft in: *ders.*, ZVglRWiss 102 (2003), 447 ff.
77 Vgl. die Ausformulierung der Überlagerungstheorie bei *Sandrock*, BerGesVR 18 (1978), S. 169 ff., 251 f.
78 ZVglRWiss 102 (2003), 447 ff.
79 OLG Hamm NJW 2001, 2183; OLG Frankfurt NJW 1990, 2204; Michalski/*Leible*, GmbHG, Bd. 1, 2001, Syst. Darst. 2 Rn 4 ff.; Kegel/Schurig, § 17 II 1; MüKo/*Kindler*, Bd. 11, 3. Aufl. 1999, Int. GesR, Rn 1 ff.; a.A. aber Bamberger/Roth/*Mäsch*, Anh. zu Art. 12 EGBGB, Rn 9, 15; *ders.*, RabelsZ 61 (1997), 285, 291 (für Sachnormverweisung, zumindest bei Anwendung der Sitztheorie).
80 Dies entspricht der Konstellation in OLG Frankfurt NJW 1990, 2204 (unter Beteiligung anderer Gründungstheoriestaaten).

durch die Vorschrift des Art. 4 Abs. 1 S. 2 erfolgt. Dies zeigt, dass die unterschiedlichen Anknüpfungen in den verschiedenen Staaten die Kollisionsrechtslage nicht unerheblich verkomplizieren.

6. Stand und Bedeutung der Diskussion in Deutschland.
Trotz vielfältiger gegenteiliger Stimmen in der Literatur, entspricht es der seit einem Jahrhundert gefestigten Rechtsprechung, dass das **autonome deutsche Gesellschaftskollisionsrecht** der Sitztheorie folgt. Spätestens seit den 1980er Jahren hat sich die Diskussion daher auch zu der Frage hin verlagert, ob die Auswirkungen der Sitztheorie mit der von Artt. 43, 48 EGV gewährleisteten **Niederlassungsfreiheit** vereinbar sind. Dieser, vor allem von der EuGH-Entscheidung „Daily Mail" aus dem Jahr 1988 geprägte Streit erreichte im Anschluss an die Entscheidung „Centros" von 1999 seinen Höhepunkt.

Seit den Entscheidungen „Überseering" von 2002 und „Inspire Art" von 2003 haben diese Diskussionen indes nur noch rechtshistorische Bedeutung. Trotz einiger Bewertungsunterschiede steht nunmehr fest, dass sich aus der **Niederlassungsfreiheit konkrete gesellschaftskollisionsrechtliche Vorgaben** ergeben, die zu einer Gründungsanknüpfung der betroffenen Gesellschaften führen (näher Rn 60 ff.). Ebenso steht jedoch fest, dass es neben diesem europarechtlich vorgeprägten Bereich weiterhin ein autonomes Internationales Gesellschaftsrecht geben wird, das für im Inland oder außerhalb der EU gegründete Gesellschaften Geltung beansprucht (näher Rn 131 ff.). Durch diese Entwicklung hat die Diskussion um die im deutschen Recht anzuwendende Kollisionsnorm einen ganz neuen Akzent erhalten. Es geht nicht mehr darum, aus mehreren möglichen Lehren eine auszuwählen, sondern darum, ein in sich **konsistentes gesellschaftskollisionsrechtliches System** zu entwerfen. Eine solche, der Vermeidung von Wertungswidersprüchen und unnötiger Überkomplexität der Anknüpfung verpflichtete Lösung kann sicher nicht dadurch erreicht werden, dass man kritiklos an der traditionellen Sitzanknüpfung festhält. Es gilt vielmehr zu erkennen, dass bei der Diskussion um Sitz- und Gründungsanknüpfung jetzt andere Interessen und andere Argumente eine Rolle spielen, als dies noch vor „Überseering" der Fall war. Neue Fragestellungen erfordern neue Antworten! Es bedarf daher für das autonome deutsche Recht einer **neuen Entscheidung über die Kollisionsnorm**, kein stereotypes Festhalten an der Tradition der Sitztheorie (zum autonomen Recht näher Rn 131 ff.).

III. Gesellschaftskollisionsrecht, Sitzverlegung und Niederlassungsfreiheit

Wie bereits angedeutet wird das Gesellschaftskollisionsrecht innerhalb der EU inzwischen maßgeblich von der Anwendung der **Niederlassungsfreiheit** der Artt. 43, 48 EGV geprägt. Diese Rechtslage ist das Resultat einer längeren Entwicklung, die in den Entscheidungen „Überseering" und „Inspire Art" ihren vorläufigen Abschluss gefunden hat. Um die Bedeutung dieser Entscheidungen überhaupt erfassen zu können, ist im Folgenden in der gebotenen Kürze die Entwicklung zu skizzieren. Ausgangspunkt ist dabei die Fallgruppe der **grenzüberschreitenden Sitzverlegung**, die im Zentrum der Frage des Verhältnisses von Sitztheorie und Niederlassungsfreiheit steht.

1. Bisherige Behandlung der grenzüberschreitenden Sitzverlegung im deutschen Recht.
Unter der Fallgruppe der grenzüberschreitenden Sitzverlegung soll hier nur die Verlegung des tatsächlichen Sitzes einer Gesellschaft verstanden werden, also der **Hauptverwaltung**. Ob diese mit der Verlegung auch des **Satzungssitzes** einhergeht, ist irrelevant.[81]

Das bisherige deutsche Recht nahm bezüglich der Sitzverlegung eine äußerst **restriktive Sichtweise** ein, die auf einer Kombination von kollisionsrechtlicher Sitztheorie und materiellem Gesellschaftsrecht beruhte. Wie gezeigt (Rn 35), ordnet die Sitztheorie im Fall der grenzüberschreitenden Verlegung des Verwaltungssitzes einen **Statutenwechsel** an, also dass der Gesellschaft ihr bisheriges Statut entzogen wird und fortan dem Zuzugsrecht untersteht. Fehlen besondere Vorschriften für die Ermöglichung eines solchen Vorgangs, wird das Zuzugsrecht die Frage stellen, ob die Gesellschaft die nach nationalem Recht bestehenden Gründungsvoraussetzungen erfüllt. Regelmäßig setzt zumindest die Gründung einer mit dem Haftungsprivileg ausgestatteten juristischen Person eine inländische Registereintragung voraus. Da die zuziehende Gesellschaft diese Voraussetzung nicht erfüllen kann, wenn es an einem besonderen Transferverfahren für die Registrierung fehlt, setzte der Zuzug in einen Sitztheoriestaat bisher meist eine **Neugründung** voraus. Die dadurch neu entstehende Gesellschaft wäre aber nicht mit der zugezogenen Auslandsgesellschaft identisch, vielmehr könnte auf sie nur unter **Abwicklung im Heimatstaat** (und einer eventuellen Schlussbesteuerung der stillen Reserven) das Vermögen der Gesellschaft übertragen werden. Eine **identitätswahrende Sitzverlegung** in einen Sitztheoriestaat hinein konnte daher bisher nur auf der Grundlage spezieller Zuzugsvorschriften gelingen.[82]

---

81 Vgl. näher *Hoffmann*, ZHR 164 (2000), 43, 45 ff.

82 Solche Vorschriften existieren z.B. in Portugal, vgl. Art. 3 Abs. 2 Codigo das Sociedades Comerciais

53 Im deutschen materiellen Gesellschaftsrecht fehlen derartige Vorschriften völlig, so dass ein identitätswahrender Zuzug bisher nicht möglich war. Vorschläge in der Literatur, durch analoge Anwendung des **Umwandlungsrechts** derartige Normen bereitzustellen, konnten sich in der Rechtsprechung nicht durchsetzen.[83] Die Anerkennung als juristische Person setzte die Erfüllung aller Gründungsvoraussetzungen des deutschen Rechts voraus, so dass davon ausgegangen wurde, „dass eine im Ausland wirksam gegründete, in der Bundesrepublik zunächst als rechtsfähig anerkannte Gesellschaft ihre Rechtsfähigkeit verliert, wenn sie ihren ständigen Verwaltungssitz in der Bundesrepublik Deutschland nimmt."[84] Lange Zeit wurde die zugezogene Auslandsgesellschaft als „rechtlich inexistent"[85] und daher ohne Rücksicht auf ihren tatsächlichen Charakter als nicht rechts- und parteifähig angesehen, letztlich also als ein **juristisches Nullum**.[86] Erst im Jahr 2002 konnte sich der BGH[87] dazu durchringen, das zugezogene Gebilde zumindest als **rechtsfähige Personengesellschaft** der Rechtsform, deren Voraussetzungen objektiv erfüllt werden (OHG, BGB-Gesellschaft), anzuerkennen. Diese Rechtsprechung bedeutete letztlich nur, dass „die zugezogene Gesellschaft ist, was sie nach deutschem Gesellschaftsrecht ist."[88] Es handelt sich aber nicht mehr um die ursprüngliche Gesellschaft ausländischen Rechts, sondern um eine Neugründung in Deutschland, die lediglich von den weniger formalen Gründungsvoraussetzungen des Personengesellschaftsrechts profitiert. Rechtspersönlichkeit und Haftungsprivileg gehen durch den Zuzug jedenfalls verloren.

54 Ähnliches gilt für die Verlegung der Hauptverwaltung aus Deutschland heraus, da diese **„Flucht" aus dem Gesellschaftsstatut** nach deutschem materiellem Gesellschaftsrecht (nach Rechtsprechung und h.M.) unabhängig von der Anerkennung im Zuzugsstaat oder einer Rückverweisung auf deutsches Recht zur Auflösung der Gesellschaft führt.[89] Gesellschaftsrechtlich wird dies üblicherweise damit begründet, dass der Verlegungsbeschluss als **Auflösungsbeschluss** interpretiert wird.[90] Die Folge der Auflösung tritt richtigerweise aber erst bei Grenzübertritt ein und hängt nicht davon ab, dass die Gesellschafter einen entsprechenden Beschluss gefasst haben. Die Auflösung wird daher vom deutschen Gesellschaftsrecht unmittelbar an den **Verlust des Gesellschaftsstatuts** geknüpft und ist nur zu erklären, indem man diesen als **ungeschriebenen Auflösungsgrund** anerkennt.[91]

55 Zusammenfassend lässt sich also festhalten, dass das materielle deutsche Recht bisher sowohl den Zuzug als auch den Wegzug von Gesellschaften mit der Nichtanerkennung bzw. der Auflösung sanktioniert hat und so in Zusammenwirken mit der Sitztheorie grenzüberschreitende Mobilität von Gesellschaften auch im Verhältnis zu anderen EU-Staaten effektiv verhindert hat.

56 **2. Vereinbarkeit mit der Niederlassungsfreiheit des EGV. a) Vorgeschichte.** Diese materiellrechtlichen Konsequenzen der Anwendung der Sitztheorie werden schon seit langem als nicht mit der Niederlassungsfreiheit konform angesehen.[92] Die Kombination aus Sitzanknüpfung und Nichtermöglichung des Statutenwechsels sorgt dafür, dass die Gesellschaft nicht nur in ihrem Gründungsstatut, sondern – zumindest in Bezug auf die Hauptverwaltung – auch physisch in ihrem **Gründungsstaat festgehalten** wird. Darüber hinaus wird auch Gesellschaften aus anderen Mitgliedstaaten der **tatsächliche Zuzug** unmöglich gemacht, soweit in dem Sitztheoriestaat keine materiellrechtliche Zuzugsregelung besteht. Den Gesellschaften wurde

---

(CSC), übersetzt bei *Jayme*, IPrax 1987, 46; dazu bereits *Leible/Hoffmann*, DB 2002, 2203, 2205; vgl. ferner die umfassende Untersuchung der *Europäischen Kommission*, Studie über die Verlegung des Sitzes einer Gesellschaft von einem Mitgliedstaat in einen anderen, Luxemburg, 1993.

83 Grundlegend: *Behrens* RIW 1986, 590 ff.; ferner: *K. Schmidt*, ZGR 1999, 28; *Großfeld/Jasper*, RabelsZ 53 (1989), 52, 58 ff.; *Behrens/Behrens*, Die GmbH im ausländischen und internationalen Recht, IPR Rn 65 m.w.N.

84 BGH IPRax 2000, 423 = EuZW 2000, 412 (Vorlagebeschluss zum Verfahren „Überseering"); ähnlich bereits BGHZ 97, 269, 272.

85 OLG München, NJW-RR 1995, 703, 704; ähnlich LG Aurich IPRspr 1968/69, Nr. 14.

86 Näher: Staudinger/*Großfeld*, Int. GesR, Rn 427 ff.; *Michalski/Leible*, GmbHG, Bd. 1, 2001, Syst. Darst. 2 Rn 135 ff. m.w.N.; s.a. BGH DB 2000, 1114.

87 BGH IPRax 2003, 62 = NJW 2002, 3539 = BB 2002, 2031 mit Anm. *Gronstedt* = MDR 2002, 1382 m. Anm. *Haack* = EWiR 2002, 971 (*Emde*) = JuS 2003, 88 (*Hohloch*); vgl. dazu die Besprechungsaufsätze von *Kindler*, IPrax 2003, 41; *Leible/Hoffmann*, DB 2002, 2203.

88 *Leible/Hoffmann*, DB 2002, 2203, 2204.

89 Staudinger/*Großfeld*, Int. GesR, Rn 608 ff., 634; *Zimmer*, Internationales Gesellschaftsrecht, 1996, S. 199; *Kegel/Schurig*, § 17 II; MüKo/*Kindler*, Bd. 11, 3. Aufl. 1999, Int. GesR, Rn 395; aus der Rspr. zuletzt OLG Hamm NZG 2001, 562; OLG Düsseldorf NZG 2001, 506; ferner BGHZ 25, 134, 144; BayObLGZ 1992, 113, 116; RGZ 7, 68; 88, 53; 107, 94.

90 *Schwarz*, NZG 2001, 613; Staudinger/*Großfeld*, Int. GesR, Rn 631; *Ebenroth/Auer*, JZ 1993, 375.

91 Näher: Michalski/*Hoffmann*, GmbHG, Bd. 2, 2001, § 53 Rn 118.

92 Grundlegend: *Behrens*, RabelsZ 52 (1988), 499; *ders.*, ZGR 1994, 1; *Knobbe-Keuk*, DB 1990, 2573; *dies.*, ZHR 154 (1990), 325; *Sandrock*, RIW 1989, 505; *v. Bar/Drobnig*, Europäisches Gemeinschaftsrecht und IPR, 1991, S. 185; *Koppensteiner*, Internationale Unternehmen im deutschen Gesellschaftsrecht, 1971, S. 116 f.; *Wiedemann*, in: FS Kegel 1977, S. 187; *Timmermanns*, RabelsZ 48 (1984), 1.

demnach bisher entgegen Artt. 43, 48 EGV die durch die Niederlassungsfreiheit vermittelte **tatsächliche Freizügigkeit** verweigert. Welche Konsequenzen indes aus der Niederlassungsfreiheit für die Anwendung der Sitztheorie zu ziehen sind, war in der reichhaltigen Literatur bis zuletzt heftig umstritten.[93]

Erst in jüngster Zeit ist durch entsprechende Vorgaben aus Luxemburg eine gewisse Klärung eingetreten. Ausgangspunkt der Rechtsprechung des EuGH war die berühmte **„Daily Mail"**-Entscheidung aus dem Jahr 1988, wo es um ein steuerrechtliches Genehmigungserfordernis für den Wegzug der Hauptverwaltung einer Gesellschaft aus einem Gründungstheoriestaat (Vereinigtes Königreich) in einen anderen Gründungstheoriestaat (Niederlande) ging. Der die Diskussion für mehr als ein Jahrzehnt prägende Kernsatz der Entscheidung bestimmte, dass die Niederlassungsfreiheit „beim derzeitigen Stand des Gemeinschaftsrechts einer Gesellschaft, die nach dem Recht eines Mitgliedstaats gegründet ist und in diesem ihren satzungsmäßigen Sitz hat, nicht das Recht (gewährt), den Sitz ihrer Geschäftsleitung in einen anderen Mitgliedstaat zu verlegen."[94] Auch wenn die Entscheidung nicht in einem gesellschaftsrechtlichen Zusammenhang erging, wurde hieraus geschlossen, dass der EuGH auch die mobilitätsfeindlichen Konsequenzen der Anwendung der Sitztheorie als mit der Niederlassungsfreiheit vereinbar ansah.[95]

b) „Centros". Erst die „Centros"-Entscheidung[96] aus dem Jahr 1999 hat wieder Bewegung in die Frage gebracht. Hierbei ging es um die Begründung einer Zweigniederlassung einer Gesellschaft aus einem Gründungstheoriestaat (Vereinigtes Königreich) in einem anderen Gründungstheoriestaat (Dänemark), wobei die Gesellschaft ihre gesamte Geschäftstätigkeit über diese Zweigniederlassung abwickeln sollte und die Gründer dänische Staatsangehörige waren. Im Gründungsstaat verblieb lediglich eine Zustelladresse. Das dänische Registeramt wollte die Eintragung der Zweigniederlassung als rechtsmissbräuchlich verweigern, da die Gründung im Vereinigten Königreich offenbar in erster Linie der Umgehung des dänischen Mindestkapitalerfordernisses diente. Der EuGH hielt die Verweigerung der Eintragung indes für einen **Verstoß gegen die sekundäre Niederlassungsfreiheit**, da es nicht rechtsmissbräuchlich sei, „wenn ein Staatsangehöriger eines Mitgliedstaats, der eine Gesellschaft gründen möchte, diese in dem Mitgliedstaat errichtet, dessen gesellschaftsrechtlichen Vorschriften ihm die größte Freiheit lassen, und in anderen Mitgliedstaaten Zweigniederlassungen gründet."[97]

Im Anschluss an die „Centros"-Entscheidung wurde intensiv über die Frage diskutiert, ob der EuGH damit von den Aussagen der „Daily Mail"-Entscheidung abgerückt ist. Insbesondere die Tatsache, dass wiederum nur Gründungstheoriestaaten betroffen waren und die Sitztheorie somit wieder nicht direkt angesprochen werden musste, aber auch die Anwendung der sekundären anstelle der primären Niederlassungsfreiheit, obwohl im Gründungsstaat keine Hauptniederlassung bestand, gab Anlass zu Spekulationen über die Reichweite der Entscheidung und ihre Auswirkungen auf die Sitztheoriestaaten.[98]

---

93 Zum Streitstand unmittelbar vor der Entscheidung „Überseering" vgl. mit umfassenden Nachw. Michalski/*Leible*, GmbHG, Bd. 1, 2001, Syst. Darst. 2 Rn 15 ff.

94 EuGH, Rs. 81/87, Slg. 1988, 5483 ff., 5512, Tz 12 – „Daily Mail"; dazu: *Behrens*, IPRax 1989, 354; *Ebenroth/Eyles*, DB 1989, 363 und 413; *Sack*, JuS 1990, 352; *Sandrock/Austmann*, RIW 1989, 249.

95 *Behrens*, ZGR 1994, 1, 20 f.; *Ebenroth/Eyles*, DB 1989, 363, 372; Staudinger/*Großfeld*, Int. GesR, Rn 123; *Großfeld/König*, RIW 1992, 433, 435; *Kindler*, NJW 1999, 1993, 1997.

96 EuGH, Slg. 1999, I-1459 ff. = IPRax 1999, 364 = NJW 1999, 2027 = NZG 1999, 297 mit Anm. *Leible*.

97 EuGH, Slg. 1999, I-1459 ff., Tz 27 – „Centros"; aus der umfangreichen Lit. zu dieser Entscheidung sind hervorzuheben: *Freitag*, EuZW 1999, 267; *Kieninger*, ZGR 1999, 724; *Steindorff*, JZ 1999, 1140; *Ebke*, JZ 1999, 656; *Zimmer*, ZHR 164 (2000), 23; *Behrens*, IPRax 1999, 323; *W.-H. Roth*, ZGR 2000, 311; *Kindler*, NJW 1999, 1993; umfassende Nachw. bei: Michalski/*Leible*, GmbHG, Bd. 1, 2001, Syst. Darst. 2 Rn 20.

98 Vgl. einerseits (keine Bedeutung für Sitztheoriestaaten): *Ebke*, JZ 1999, 656, 658; *Görk*, MittBayNot 1999, 300, 302; *Kindler*, NJW 1999, 1993, 1997; *Lange*, DNotZ 1999, 599, 606; *Sonnenberger/Großerichter*, RIW 1999, 721, 726; *Timme/Hülk*, JuS 1999, 1055, 1058; *Hoffmann*, ZHR 164 (2000), 43, 48 f.; wohl auch *W.-H. Roth*, ZGR 2000, 311, 326 f., andererseits (Entscheidung schränkt Anwendung der Sitztheorie ein): *Behrens*, IPRax 1999, 323, 325 ff.; *Bungert*, DB 1999, 1841, 1843; *Dautzenberg*, FR 1999, 451, 452; *Freitag*, EuZW 1999, 267, 269; *Göttsche*, DStR 1999, 1403, 1406; *Kieninger*, ZGR 1999, 724, 746; *Koppensteiner*, VGR 2 (2000), 151, 182 f.; *Korn/Thaler*, WBl 1999, 247, 254; *Sandrock*, BB 1999, 1337, 1341; *Leible*, NZG 1999, 300, 301; *Steindorff*, JZ 1999, 1140, 1141; *Geyrhalter*, EWS 1999, 201, 203; *Meilicke*, DB 1999, 625. 627 f.; *Neye*, EWiR 259, 260; *Risse*, MDR 1999, 752, 753; *Sedemund/Hausmann*, BB 1999, 810.

60 **c) „Überseering".** Erst im Jahr 2002 trat mit der Entscheidung in der Rechtssache „Überseering"[99] eine gewisse Klärung der Frage ein. Das Urteil betraf die Rechtsstellung einer nach niederländischem Recht gegründeten Gesellschaft nach der Verlegung ihrer Hauptverwaltung in die Bundesrepublik Deutschland.[100] Der EuGH hielt es für nicht mit der Niederlassungsfreiheit vereinbar, einer derartig zugezogenen Auslandsgesellschaft die **Rechts- und Parteifähigkeit** aufgrund des von der Sitztheorie angeordneten Statutenwechsels abzuerkennen und die Gesellschaft so zur Neugründung zu zwingen. Allerdings anerkannte der EuGH, dass „ein Mitgliedstaat die Möglichkeit hat, einer nach seiner Rechtsordnung gegründeten Gesellschaft Beschränkungen hinsichtlich der Verlegung ihres tatsächlichen Verwaltungssitzes aus seinem Hoheitsgebiet aufzuerlegen, damit sie die nach dem Recht dieses Staates zuerkannte Rechtspersönlichkeit beibehalten kann."[101] Er bestätigte somit das Recht der Mitgliedstaaten, für die ihrem Recht unterliegenden Gesellschaften **Wegzugsbeschränkungen** bis hin zur Auflösung bei Grenzübertritt zu errichten. Für zuziehende Gesellschaften verlangte er dagegen aufgrund der Niederlassungsfreiheit ihre Anerkennung in allen Mitgliedstaaten, in denen sie sich niederlassen wollen,[102] und zwar gerade **als Gesellschaft ihres Gründungsrechts**, da sie „jenseits der nationalen Rechtsordnung, die ihre Gründung und ihre Existenz regelt, keine Realität hat."[103] Die Mitgliedstaaten haben daher wegen Artt. 43, 48 EGV gerade „die Rechtsfähigkeit ... zu achten, die diese Gesellschaft nach dem Recht ihres Gründungsstaats besitzt."[104]

61 Der EuGH hat somit einerseits nur den Zuzug in einen Mitgliedstaat der Niederlassungsfreiheit unterstellt, nicht aber auch den Wegzug, und andererseits nicht die materiellrechtlichen Auswirkungen der Sitztheorie, sondern bereits die **Anwendung der Sitztheorie** selbst als mit Artt. 43, 48 EGV inkompatibel angesehen. Letzteres zeigt, dass die Entscheidung unmittelbar in das Gesellschaftskollisionsrecht der Mitgliedstaaten eingreift und diesen nicht die Wahl überlässt, ob sie auf **kollisions- oder materiellrechtlichem Wege** die Zuzugsmöglichkeit schaffen wollen.[105] Die **Rechtfertigung von Beschränkungen** wird zwar grundsätzlich als möglich angesehen, nicht aber in Bezug auf die grundsätzliche Anerkennung der Gesellschaft.[106]

62 **d) „Inspire Art".** Beschränkungen der Niederlassungsfreiheit in Form von **Überlagerungen des Gesellschaftsstatuts** waren dann im Jahr 2003 Gegenstand der Entscheidung „Inspire Art".[107] Darin ging es um ein niederländisches Gesetz, durch das Gesellschaften ausländischen Rechts, die ihre gesamte Geschäftstätigkeit von den Niederlanden aus entfalten („**formal ausländische Gesellschaft**"), besondere Pflichten auferlegt und besonderen Sanktionen unterworfen wurden.[108] In der Entscheidung hat der EuGH zunächst zwischen Regelungen innerhalb und außerhalb des Anwendungsbereichs der Zweigniederlassungsrichtlinie[109] differenziert und Erstere am Maßstab des (abschließenden) Richtlinienrechts gemessen. Insbesondere der Erlass weiter gehender **Offenlegungsvorschriften** ist den Mitgliedstaaten damit verwehrt.

63 Hieraus wird deutlich, dass der EuGH zugezogene Auslandsgesellschaften auch dann als **Zweigniederlassungen** im Sinne des europäischen Rechts betrachtet, wenn keine Hauptniederlassung im Ausland besteht.

---

99 EuGH, Slg. I-2002, 9919 („Überseering") = IPrax 2003, 65 = NJW 2002, 3614 = EuZW 2002, 754 m. Anm. *Wernicke* = IStR 2002, 809 m. Anm. *Sedemund* und *Schnitger* = EWS 2002, 569 m. Anm. *Hirte* = MDR 2003, 96 m. Anm. *Haack* = JA 2003, 267 m. Anm. *Timme/Hülk*. Vgl. auch die Besprechungsaufsätze von *Binz/Mayer*, GmbHR 2003, 249; *Deininger*, IStR 2003, 214; *Eidenmüller*, ZIP 2002, 2233; *Forsthoff*, DB 2002, 2471; *Großerichter*, DStR 2003, 159; *von Halen*, WM 2003, 571; *Heidenhain*, NZG 2002, 1141; *Kallmeyer*, DB 2002, 2521; *Kersting*, NZG 2003, 9; *Kindler*, NJW 2003, 1073; *Knapp*, DNotZ 2003, 85, *Leible/Hoffmann*, RIW 2002, 925; *Lutter*, BB 2003, 7; *Paefgen*, DB 2003, 487; *ders.*, WM 2003, 561; *Roth*, IPRax 2003, 117; *Schanze/Jüttner*, AG 2003, 30; *Schulze/Sester*, EWS 2002, 545; *Zimmer*, BB 2003, 1. Monographisch nunmehr *Kern*, a.a.O.; *Unzicker*, a.a.O.

100 Die Entscheidung ging auf einen Vorlagebeschluss des BGH zurück, vgl. BGH IPRax 2000, 423 = EuZW 2000, 412 = NZG 2000, 926 m. Anm. *Bous*, NZG 2000, 1025; dazu *Altmeppen*, DStR 2000, 1061; *Bechtel*, NZG 2001, 21; *Behrens*, EuZW 2000, 385; *ders.*, IPRax 2000, 384; *Forsthoff*, DB 2000, 1109; *Jaeger*, NZG 2000, 918; *Kindler*, RIW 2000, 649; *Meilicke*, GmbHR 2000, 693; *W.-H. Roth*, ZIP 2000,

1597; *Walden*, EWS 2001, 256; *Zimmer*, BB 2000, 1361.

101 EuGH, a.a.O., Tz 70.
102 EuGH, a.a.O., Tz 59.
103 EuGH, a.a.O., Tz 81.
104 EuGH, a.a.O., Tz 95.
105 Näher und insoweit krit.: *Leible/Hoffmann*, RIW 2002, 925 ff.
106 EuGH, a.a.O., Tz 92 f.
107 EuGH, IPRax 2004, 46 = NJW 2003, 3331. Dazu: *Altmeppen*, NJW 2004, 97; *Behrens*, IPRax 2004, 20; *Bayer*, BB 2003, 2357; *Eidenmüller/Rehm*, ZGR 2004, 159; *Geyrhalter/Gänßler*, DStR 2003, 2167; *Hirsch/Britain*, NZG 2003, 1100; *Horn*, NJW 2004, 893; *Kanzleiter*, DNotZ 2003, 885; *Kersting/Schindler*, RdW 2003, 621; *Kindler*, NZG 2003, 1086; *Kleinert/Probst*, DB 2003, 2217; *dies.*, MDR 2003, 1265; *Leible/Hoffmann*, EuZW 2003, 677; *Maul/Schmidt*, BB 2003, 2297; *Müller-Bonanni*, GmbHR 2003, 1235; *Sandrock*, ZVglRWiss 102 (2003), 447; *Schanze/Jüttner*, Die AG 2003, 661; *Spindler/Berner*, RIW 2003, 949; *Triebel/v. Hase*, BB 2003, 2409; *Ulmer*, NJW 2004, 1201; *Wachter*, GmbHR 2003, 1254; *Weller*, DStR 2003, 1800; *Ziemons*, ZIP 2003, 1913; *Zimmer*, NJW 2003, 3585.
108 Näher: *Leible/Hoffmann*, EuZW 2003, 677.
109 Richtlinie 89/666/EWG, ABlEG 1989 Nr. L 395, S. 36 ff.

In Bezug auf die Niederlassungsfreiheit liegt die Bedeutung des Urteils darin, dass der EuGH feststellte, dass allein die Anerkennung der Gesellschaft nicht geeignet ist, das Vorliegen eines Beschränkungstatbestands zu verneinen (Tz 99 ff.). Denn die Anerkennung ändert nichts daran, dass das Gesellschaftsstatut durch zwingende Vorschriften des niederländischen Gesellschaftsrechts überlagert wird, sofern eine in einem anderen Mitgliedstaat wirksam gegründete Gesellschaft ihre Tätigkeiten ausschließlich oder nahezu ausschließlich im Staat der Zweigniederlassung ausübt. Bereits das ist Beschränkung genug. Schon „Überseering" hat deutlich gemacht, dass die Gesellschaft so anzuerkennen ist, wie sie ist, d.h. einschließlich der nach dem Gründungsrecht gewährten Haftungsprivilegien etc.

Jede **Durchbrechung des Gesellschaftsstatuts**, und sei es auch „nur" durch Sonderanknüpfungen, beschränkt die Gesellschaft in der Ausübung ihrer Niederlassungsfreiheit und bedarf der Rechtfertigung.[110] Dafür müssten die überlagernden Regelungen in **nicht diskriminierender Weise** angewandt werden, ausnahmsweise aus **zwingenden Gründen des Allgemeininteresses** gerechtfertigt sein, sofern sie zur Erreichung des verfolgten Zieles **geeignet, erforderlich und verhältnismäßig i.e.S.** sind. Der EuGH lässt offen, ob Vorschriften über das Mindestkapital einer Gesellschaft überhaupt zur Gewährung von Gläubigerschutz geeignet sind,[111] da potenzielle Gläubiger bereits durch das Auftreten der Inspire Art Ltd. „als Gesellschaft englischen Rechts und nicht als niederländische Gesellschaft" hinreichend darüber unterrichtet sind, dass sie anderen Rechtsvorschriften als denen des niederländischen Rechts unterliegt (Tz 135).

e) Fazit. Zusammenfassend lässt sich also festhalten, dass aufgrund der skizzierten Entwicklung heute das Gesellschaftskollisionsrecht der Mitgliedstaaten wesentlich von den Vorgaben der Niederlassungsfreiheit der Artt. 43, 48 EGV geprägt wird. Dies gilt nicht nur für die anzuwendende **Kollisionsnorm** selbst, sondern auch für die Möglichkeit der **Anwendung zwingenden Rechts** des Sitzstaates. Die folgende Darstellung des in Deutschland geltenden Internationalen Gesellschaftsrechts wird sich an diesen Vorgaben orientieren, den verbleibenden Spielraum für Überlagerungen abstecken und das daraus resultierende Erfordernis einer Fortentwicklung des autonomen deutschen Gesellschaftskollisionsrechts aufzeigen.

IV. Notwendige Differenzierungen der Fragestellung

Das bisherige deutsche Gesellschaftskollisionsrecht war von **Einheitlichkeit** geprägt. Bei der Anwendung der Sitztheorie wurde weder zwischen Körperschaften und Personengesellschaften noch nach dem Gründungsstaat der Gesellschaft differenziert. Aufgrund der nunmehr zu beachtenden europarechtlichen Vorgaben bedarf es allerdings einer Unterscheidung zwischen Sachverhalten innerhalb und außerhalb des Anwendungsbereichs dieser Vorgaben. Dem soll in der folgenden Darstellung durch eine doppelte Differenzierung Rechnung getragen werden: Einerseits wird zwischen dem Kollisionsrecht der **Körperschaften** und dem der **Personengesellschaft** unterschieden, andererseits zwischen nach **inländischem Recht**, nach **EU-ausländischem Recht** und nach **drittstaatlichem Recht** gegründeten Gesellschaften.

Mit der Differenzierung der Darstellung ist aber nicht gesagt, dass im Ergebnis keine **einheitlich anzuwendende Kollisionsnorm** gefunden werden kann. Diese könnte sich allerdings nicht an der traditionellen Sitztheorie orientieren, sondern nur aus einer **Verallgemeinerung der kollisionsrechtlichen Vorgaben der Niederlassungsfreiheit** resultieren. Ob die deutsche Rechtsprechung sich zu einer solchen einheitlichen Lösung mit ihren unbestreitbaren Vorteilen einer Vermeidung der Zersplitterung und Überkomplizierung des Gesellschaftskollisionsrechts wird durchringen können, wird erst die Zukunft zeigen. Erforderlich wäre dafür jedenfalls eine weitgehende Abwendung von der Tradition der Sitztheorie.

B. Juristische Personen

I. Europarechtliche Gründungstheorie

1. Grundlagen. a) Kollisionsrechtliche und materiellrechtliche Lösung. Wie bereits erwähnt hat der EuGH durch die Entscheidung „Überseering" einen tiefen Eingriff zumindest in das Kollisionsrecht derjenigen Mitgliedstaaten vorgenommen, die bisher der Sitztheorie folgten. Nach Ansicht des EuGH liegt die Beschränkung der Niederlassungsfreiheit der Überseering B.V. nicht erst in der Verweigerung der aktiven Parteifähigkeit vor deutschen Gerichten, sondern bereits in der **Nichtanerkennung** der vom niederländischen Recht verliehenen und danach weiter bestehenden **Rechtspersönlichkeit**. Die Artt. 43, 48 EGV verpflichten daher die Mitgliedstaaten nicht nur dazu, auf der sachrechtlichen Ebene die Prozessfähigkeit der zugezogenen

---

110 So bereits *Leible/Hoffmann*, EuZW 2003, 677, 681.

111 Abl. hingegen Generalanwalt *Alber*, NZG 2003, 262 Rn 141 ff.; deutlich außerdem bereits EuGH, Slg. 1999, I-1459 Rn 35 – „Centros".

Gesellschaft sicherzustellen, sondern bereits zur **Anerkennung der Gesellschaft** auf der kollisionsrechtlichen Ebene. Letzteres bedeutet nichts anderes, als dass die Auslandsgesellschaft das Recht genießt, ihr Gesellschaftsstatut auch nach der Verlegung des Verwaltungssitzes beizubehalten. Das nationale Kollisionsrecht darf also keinen Statutenwechsel anordnen, sondern ist verpflichtet, die Auslandsgesellschaft als solche im Inland zu akzeptieren und damit die Anknüpfung des Gesellschaftsstatuts an das Gründungsrecht vorzunehmen.[112]

69 Diese kollisionsrechtliche Bedeutung der Entscheidung „Überseering" ist indes weder unkritisch zu sehen noch in der Literatur unumstritten. Grundsätzlich ist davon auszugehen, dass das Ziel der Zuerkennung von Rechts- und Parteifähigkeit auf unterschiedlichen Wegen erreicht werden kann. Einerseits ist es möglich, durch eine Anwendung der **Gründungsanknüpfung** die im Ausland verliehene Rechtsfähigkeit anzuerkennen. Andererseits kann aber auch unter Geltung der Sitztheorie der zugezogenen Gesellschaft nach inländischem Recht die Rechts- und Parteifähigkeit zuerkannt werden. In diese Richtung ging etwa das angesprochene Urteil der BGH,[113] der noch kurz vor der „Überseering"-Entscheidung die zugezogene Auslandsgesellschaft als **Personengesellschaft** behandeln und ihr auf diesem Weg die (inzwischen auch für die Gesellschaft bürgerlichen Rechts anerkannte[114]) Rechts- und Parteifähigkeit zuerkennen wollte – freilich ohne ihre vom Ausland verliehene Rechtspersönlichkeit und das damit verbundene Haftungsprivileg anzuerkennen. Darüber hinaus könnte aber das **materielle Gesellschaftsrecht** so gestaltet werden, dass es durch eine spezielle Zuzugsregelung auf die Erfüllung der Gründungsvoraussetzungen verzichtet und so die im Ausland verliehene Rechtspersönlichkeit unter Anpassung der Satzung an das neue Gesellschaftsstatut in das Inland überführt. An den Statutenwechsel würde dann nicht mehr die Sanktion des Erfordernisses von Auflösung und Neugründung geknüpft. Eine solche materiellrechtliche Lösung lag etwa dem Vorentwurf für eine europäische **Sitzverlegungsrichtlinie**[115] zugrunde, so dass man davon ausgehen sollte, dass eine solche Lösung den Anforderungen der Niederlassungsfreiheit genügt und die Entscheidung darüber, welcher Weg eingeschlagen wird, den Mitgliedstaaten zusteht.[116]

70 **b) Kollisionsrechtliche Lösung des EuGH.** Dennoch hat der EuGH in der „Überseering"-Entscheidung ausgesprochen, „dass in dem Fall, dass eine Gesellschaft, die nach dem Recht des Mitgliedstaats gegründet worden ist, in dessen Hoheitsgebiet sie ihren satzungsmäßigen Sitz hat, in einem anderen Mitgliedstaat von ihrer Niederlassungsfreiheit Gebrauch macht, dieser andere Mitgliedstaat nach den Artt. 43 und 48 EGV verpflichtet ist, die Rechtsfähigkeit und damit die Parteifähigkeit zu achten, die diese Gesellschaft nach dem **Recht ihres Gründungsstaats** besitzt."[117] Ob diese Aussage tatsächlich bedeutet, dass der EuGH den Mitgliedstaaten die Gründungsanknüpfung vorschreibt, war in der deutschen Literatur zunächst heftig umstritten. Teilweise wurde insoweit vertreten, dass diesen Anforderungen bereits die Anerkennung als Personengesellschaft im Sinne der BGH-Rechtsprechung genügt, da Rechts- und Parteifähigkeit nur zu „achten" seien. Eine Anerkennung der vom Gründungsrecht gewährten und ausgestalteten Rechts- und Parteifähigkeit sei daher nicht zwingend, sondern bereits ihre Zuerkennung nach dem vom Gesellschaftsstatut des Zuzugsstaats bestimmten Recht ausreichend. Überwiegend wurde allerdings schon „Überseering" für sich als **Eingriff in das Kollisionsrecht** interpretiert.[118]

---

112 Dies ergibt sich insb. aus Tz 95 sowie aus den Randziffern 59, 80, 81 und 84 des Urteils „Überseering", hierzu ausf.: *Leible/Hoffmann*, RIW 2002, 925, 928.

113 BGH IPRax 2003, 62 = NJW 2002, 3539 = BB 2002, 2031 mit Anm. *Gronstedt* = MDR 2002, 1382 m. Anm. *Haack* = EWiR 2002, 971 (*Emde*) = JuS 2003, 88 (*Hohloch*); vgl. dazu die Besprechungsaufsätze von *Kindler*, IPrax 2003, 41; *Leible/Hoffmann*, DB 2002, 2203.

114 BGHZ 146, 341.

115 Vorentwurf der Kommission zu einer Richtlinie über die Verlegung des Gesellschaftssitzes innerhalb der EU vom 22.4.1997; abgedruckt in ZIP 1997, 1721, ZGR 1999, 157; dazu ausf. *Hoffmann*, ZHR 164 (2000), 43.

116 Zur Kritik an der „Überseering"-Entscheidung aus diesem Gesichtspunkt: *Leible/Hoffmann*, RIW 2002, 925, 928 f.

117 EuGH, a.a.O., Tz 95 („Überseering").

118 Vgl. einerseits (Behandlung als rechtsfähige Personengesellschaft genügt den Anforderungen des EuGH): *Großerichter*, DStR 2003, 159, 166; *Kindler*, NJW 2003, 1073, 1076 f.; *Neye*, EWiR 2002, 1003, 1004; *Wernicke*, EuZW 2002, 758, 760; *Roth*, IPRax 2003, 117, 122 ff., andererseits (Eingriff in das Kollisionsrecht der Mitgliedstaaten): *Leible/Hoffmann*, RIW 2003, 925, 928 ff.; *dies.*, NZG 2003, 259, 260; *dies.*, BB 2003, 543; *Binz/Mayer*, GmbHR 2003, 249, 254; *Deininger*, IStR 2003, 214; *Eidenmüller*, ZIP 2002, 2233, 2241; *Forsthoff*, DB 2002, 2471, 2475; *von Halen*, WM 2003, 571, 575; *Heidenhain*, NZG 2002, 1141, 1143; *Hirte*, EWS 2002, 573, 574; *ders.*, NJW 2003, 1090, 1091 f.; *Kallmeyer*, DB 2002, 2521, 2522; *Kersting*, NZG 2003, 9; *Lutter*, BB 2003, 7, 9; *Paefgen*, WM 2003, 561, 563 ff.; *ders.*, DB 2003, 487; *Rehberg*, IPrax 2003, 175, 180; *Schanze/Jüttner*, AG 2003, 30, 33; *Schulze/Sester*, EWS 2002, 545, 549; *Sedemund*, IStR 2002, 816; *Zimmer*, BB 2003, 1, 3; ausf. zum Meinungsstand: *Leible/Hoffmann*, ZIP 2003, 925 ff.

Auch die deutsche Rechtsprechung ist – angeführt vom BayObLG[119] und dem OLG Zweibrücken[120] – alsbald auf diese Linie eingeschwenkt.[121] Eine höchstrichterliche Klärung durch den BGH, der vor allem aufgrund der **fehlenden Identität** zwischen einer inländischen Personen- und einer ausländischen Kapitalgesellschaft und dem mit der Niederlassungsfreiheit unvereinbaren **Verlust des Haftungsprivilegs** eine kollisionsrechtliche Bedeutung annahm, erfolgte bereits im März 2003.[122] Durch die Entscheidung „Inspire Art" wurde der Streit obsolet, da darin ausgesprochen wurde (Tz 99 ff.), dass schon jede Überlagerung des Gesellschaftsstatuts und insbesondere jeder Eingriff in die Haftungsverfassung Beschränkungen der Niederlassungsfreiheit darstellen. Die Annahme einer kollisionsrechtlichen Neutralität der Niederlassungsfreiheit ist damit erkennbar unvereinbar.[123]

Somit ist davon auszugehen, dass in den von dem Urteil „Überseering" erfassten Fallgruppen vorrangig eine vom EuGH unmittelbar Artt. 43, 48 EGV entnommene Kollisionsnorm anzuwenden ist, die man nach der Diktion des Urteils wohl nur als **Gründungstheorie** bezeichnen kann. Anwendung findet danach die „nationale Rechtsordnung, die ihre Gründung und ihre Existenz regelt" (Tz 81), ferner ist gerade die Rechtsfähigkeit „zu achten, die diese Gesellschaft nach dem Recht ihres Gründungsstaates besitzt" (Tz 95).

c) Europarechtliche Gründungstheorie: Die Kollisionsnorm der Niederlassungsfreiheit. Der genaue Inhalt der so definierten Verweisungsnorm, die man zur Abgrenzung von den Anknüpfungen der nationalen Rechtsordnungen wohl am besten als **europarechtliche Gründungstheorie** bezeichnet, bedarf näherer Betrachtung. Festzuhalten ist zunächst, dass die Norm nicht in die übliche Unterscheidung von Sachnorm- und Gesamtverweisung (dazu Art. 4 EGBGB Rn 4 ff.) einzuordnen ist. Schließlich hat der Gründungsstaat die Möglichkeit, aufgrund des Wegzugs der Gesellschaft die Zuordnung zu seinem Recht als Gesellschaftsstatut zu entziehen. Dies ergibt sich aus der Bestätigung der „Daily Mail"-Grundsätze und der damit verbundenen Nichtanerkennung eines Rechts auf Wegzug aus dem Gründungsstaat. Macht der Gründungsstaat hiervon durch die Gestaltung seines materiellen Rechts oder seines Kollisionsrechts Gebrauch, lässt er keine Rechtspersönlichkeit bestehen, die der Zuzugsstaat anerkennen müsste. Dies zeigt sich etwa in der Formulierung in Tz 81 des Urteils „Überseering", es gehe um die nationale Rechtsordnung, die die „Existenz regelt", sich also weiterhin für anwendbar hält. Um eine Sachnormverweisung kann es sich somit nicht handeln.

Es bedarf vielmehr einer Prüfung, ob die Verweisung vom Gründungsrecht angenommen wird oder ob das Kollisionsrecht des Gründungsstaates der Gesellschaft ihr Statut entzogen hat. Aber auch um eine klassische Gesamtverweisung handelt es sich nicht, da die Mitgliedstaaten nur dazu verpflichtet werden, die nach dem Gründungsrecht bestehende Rechtsfähigkeit anzuerkennen, nicht aber eine Rechtsfähigkeit, die sich erst aufgrund einer Weiterverweisung auf das Recht eines dritten Mitgliedstaates ergibt, selbst wenn dieses auf das Gründungsrecht zurückverweist. Auch in diesen Fällen hat das Gründungsrecht durch Nichtannahme der Verweisung der Gesellschaft das Statut entzogen und damit der zwingenden Anerkennung durch die anderen Mitgliedstaaten die Grundlage genommen. Dies bedeutet, dass die Verweisungskette bei Nichtannahme durch das Gründungsrecht unmittelbar abgebrochen wird. Es handelt sich folglich um eine **Gesamtverweisung, die keinen** renvoi **anerkennt**. Schon hierdurch unterscheidet sie sich von den Gründungstheorien nationalen Rechts.

Dieser Charakter zeigt, dass es sich nur um eine **vorrangige Verweisungsnorm** handelt, die der Ergänzung durch **subsidiäres nationales Kollisionsrecht** bedarf. Schließlich lässt die Norm keine Anknüpfung zu, wenn das Gründungsrecht die Verweisung nicht annimmt. Da die Mitgliedstaaten in dieser Situation nicht mehr zur Anerkennung verpflichtet sind, können sie insoweit auf ihr autonomes Kollisionsrecht zurückgreifen.

d) Anknüpfungsmoment. Zu klären ist nunmehr, was als genaues Anknüpfungsmoment der europarechtlichen Gründungstheorie anzusehen ist. Wie gesehen, verweist der EuGH ausdrücklich auf das Recht des

---

119 ZIP 2003, 398 = NZG 2003, 290 mit Bespr. *Leible/Hoffmann*, NZG 2003, 259.
120 BB 2003, 864; a.A. aber noch die Vorinstanz LG Frankenthal, NJW 2003, 762 = BB 2003, 542 mit Anm. *Leible/Hoffmann*.
121 Ausf. zur frühen Rspr. nach „Überseering": *Leible/Hoffmann*, ZIP 2003, 925, 926 f.
122 BGH IPRax 2003, 265 = NJW 2003, 1461; dazu *Leible/Hoffmann*, ZIP 2003, 925; *Merkt*, RIW 2003, 458; *Eidenmüller*, JZ 2003, 525; *Weller*, IPRax 2003, 324.
123 So konzediert nunmehr etwa *Altmeppen*, NJW 2004, 97, 100 zumindest, dass die Sitztheorie zugunsten der Gründungstheorie aufzugeben ist, soweit die aus der Sitztheorie abgeleiteten Ergebnisse gegen die Niederlassungsfreiheit verstoßen. Insb. *Altmeppen/Wilhelm*, DB 2004, 1083, 1086, wollen aber offenbar keine Kollisionsnorm aus der Niederlassungsfreiheit, sondern eine neu gestaltete „Sitztheorie" anwenden, die mit der bisherigen „nichts zu tun hat" und sich aus der „Natur der Sache" ergibt. Weiterhin eine kollisionsrechtliche Relevanz der Rspr. leugnet indes *Kindler*, NJW 2003, 1073, 1076 f. (zu „Überseering") und NZG 2003, 1086, 1089 (zu „Inspire Art").

Gründungsstaates, das „Gründung und Existenz" der Gesellschaft regelt. Ebenso wie von den nationalen Gründungstheorien[124] wird damit auf das von den Gründern gewählte, grundsätzlich unabänderliche[125] Statut der **ursprünglichen Inkorporation** abgestellt. Dieses Statut fällt aufgrund materiellrechtlicher Vorschriften regelmäßig mit dem (grundsätzlich nur innerstaatlich veränderlichen[126]) **Satzungssitz** zusammen. Letzterer ist aber nicht als Anknüpfungsmoment relevant. Wenn der EuGH mehrfach darauf abstellt, dass sich im Gründungsstaat auch der Satzungssitz der Überseering B.V. befindet, spielt das nur für die **Voraussetzungen des Art. 48 EGV** eine Rolle, nicht aber für die formulierte Kollisionsnorm. Praktisch tritt das Gründungsstatut vor allem dadurch zu Tage, dass die erforderliche Registrierung im Gründungsstaat vorzunehmen ist. Man kann also für die Ermittlung des Statuts auf den Ort der ursprünglichen (nicht immer der aktuellen) **Registereintragung** der Gesellschaft abstellen.[127]

77 **2. Reichweite.** Die Reichweite der Anknüpfung anhand der europarechtlichen Gründungstheorie richtet sich nach dem in Art. 48 EGV niedergelegten Anwendungsbereich der **Niederlassungsfreiheit** bei Gesellschaften und wird für inländische Gesellschaften durch die „Daily Mail"-Doktrin begrenzt. Da es sich nur um eine vorrangige Anknüpfungsnorm handelt, bleibt es im Übrigen bei der Anwendung des **autonomen Kollisionsrechts** der Mitgliedstaaten (dazu dann Rn 131 ff., 177 f.). Im Einzelnen sind folgende Fallgruppen zu unterscheiden:

78 **a) Nach dem Recht eines anderen Mitgliedstaates gegründete juristische Personen mit tatsächlichem Sitz oder Hauptniederlassung in der Gemeinschaft.** Diese Fallgruppe ist der direkte Anwendungsfall der Entscheidung „Überseering". Es besteht kein Zweifel daran, dass diese Gesellschaften nach der Formulierung des Art. 48 EGV in den Anwendungsbereich der Niederlassungsfreiheit fallen und daher aufgrund der europarechtlichen Gründungstheorie als Gesellschaften ausländischen Rechts anzuerkennen sind, solange das ausländische Recht selbst der Gesellschaft die Anerkennung nicht wieder entzogen hat, also insbesondere die Verweisung annimmt. Anzumerken ist dabei, dass es auf den **tatsächlichen Sitz** oder die **Hauptniederlassung** vor der Verlegung ins Inland ankommt, weil sich danach bemisst, ob sich die Gesellschaft für den Zuzug auf die Niederlassungsfreiheit berufen kann. War schon der Zuzug nicht von der Niederlassungsfreiheit gedeckt, besteht auch kein Anspruch auf Anerkennung im Inland. Schließlich will die Gesellschaft gerade zu diesem Zeitpunkt von ihrer Niederlassungsfreiheit „Gebrauch machen" (Tz 80 des Urteils „Überseering").

79 Aus der beschriebenen Ausgestaltung der nunmehr vorrangig anzuwendenden Kollisionsnorm ergibt sich, dass auch bezüglich dieser Gesellschaften der Unterschied zwischen **Sitz- und Gründungstheoriestaaten** noch eine große Rolle spielt. Handelt es sich um eine Gesellschaft aus einem Gründungstheoriestaat (wie im Fall der niederländischen Überseering B.V.), wird die Verweisung ohne weiteres angenommen. Handelt es sich aber um eine Gesellschaft aus einem Sitztheoriestaat, ist das nicht der Fall, sofern dieser auch weiterhin für inländische Gesellschaften an der Sitzanknüpfung festhält (Fallgruppe d, Rn 86 ff.). Da Rück- und Weiterverweisungen unter der europarechtlichen Gründungstheorie unbeachtlich sind, ist eine Anknüpfung mit ihrer Hilfe nicht möglich. Daher ist nun subsidiär auf die **autonome Kollisionsnorm** des nationalen Rechts abzustellen. Die Niederlassungsfreiheit steht der Sitzanknüpfung jetzt nicht mehr entgegen, weil das Gründungsrecht selbst der Gesellschaft die Anerkennung entzogen hat.

80 Im praktischen Ergebnis steht damit der **grenzüberschreitende Zuzug** nur Gesellschaften aus Gründungstheoriestaaten offen, während Gesellschaften aus Sitztheoriestaaten auch dann nicht anerkannt werden müssen, wenn das Gründungsstatut keine materiellrechtliche Auflösung der Gesellschaft „an der Grenze" anordnet (dazu Rn 54).

81 **b) Nach dem Recht eines anderen Mitgliedstaates gegründete juristische Personen mit Satzungssitz in der Gemeinschaft und tatsächlicher und dauerhafter Verbindung zur Wirtschaft eines Mitgliedstaates.** Der Anwendungsbereich der Niederlassungsfreiheit setzt nicht voraus, dass ein tatsächlicher Sitz oder eine Hauptniederlassung in der Gemeinschaft belegen sind. Vielmehr genügt nach dem Wortlaut des Art. 48 EGV auch die alleinige Existenz eines **Satzungssitzes** in einem Mitgliedstaat. Als unstreitig kann man die Niederlassungsberechtigung dieser Gesellschaften jedenfalls dann ansehen, wenn eine tatsächliche und dauerhafte wirtschaftliche Verbindung zum Gemeinschaftsgebiet besteht. In diesem Fall haben sie das

---

124 Zu deren Anknüpfungsmoment vgl. rechtsvergleichend *Hoffmann*, ZVglRWiss 101 (2002), 283.
125 Vgl. z.B. *Gasque v. Inland Revenue Commissioners*, [1940] 2 K.B. 80, 84 (für das englische Recht); rechtsvergleichend: *Hoffmann*, ZVglRWiss 101 (2002), 287, 300 ff.

126 Vgl. für das britische Recht: Sec. 2 (7) Companies Act 1985.
127 So ausdr. für das englische Recht: *Gasque v. Inland Revenue Commissioners*, [1940] 2 K.B. 80 („*place of its registration*"); weitere Nachw. bei Rn 37 f.

Recht, durch Zuzug auch den tatsächlichen Sitz in die Gemeinschaft zu verlegen und als Gesellschaft des Gründungsstaates unter denselben Voraussetzungen anerkannt zu werden wie Gesellschaften in den unter Rn 78 behandelten Fällen.

c) Nach dem Recht eines anderen Mitgliedstaates gegründete juristische Personen nur mit Satzungssitz in der Gemeinschaft. Schwieriger ist die Frage zu beantworten, ob auch bei Fehlen einer solchen tatsächlichen und dauerhaften Verbindung zur Wirtschaft eines Mitgliedstaates allein aufgrund des **Satzungssitzes** bereits die Niederlassungsfreiheit zu gewähren ist. Problematisch ist insoweit, dass es sich hierbei eigentlich nur um „*pseudo-EU-corporations*" handelt, die außer dem Inkorporationsstatut keinen Bezug zur Gemeinschaft aufweisen, also ihrer wirtschaftlichen Tätigkeit lediglich außerhalb des Gemeinschaftsgebiets nachgehen. Der Satzungssitz vermittelt keine tatsächliche Beziehung, sondern dient insbesondere in den Ländern des *Common-Law*-Rechtskreises („*registered office*") nur als inländische **Zustelladresse**.[128] Dessen „Belegenheit" in der Gemeinschaft ist also nur eine Formalie, eine verpflichtende Angabe in der Gründungsurkunde ohne größere Bedeutung für die Gesellschaft. Insbesondere ist in den Gründungstheoriestaaten ohne inländischen Satzungssitz aber eine Inkorporation nicht möglich,[129] so dass das Merkmal keinen **zusätzlichen Gemeinschaftsbezug** vermittelt. Auch die nachträgliche Verlegung aus dem Gründungsstaat heraus ist gesellschaftsrechtlich nicht möglich.[130] 82

Betrachtet man den Wortlaut des Art. 48 EGV, fällt auf, dass die Inkorporation unter dem Statut eines Mitgliedstaates allein nicht ausreichen soll, sondern es eines zusätzlichen verbindenden Merkmals bedarf. Dennoch soll der Satzungssitz, der gerade keine zusätzliche Verbindung herstellt, hierfür bereits genügen. Das erscheint als inhaltlich widersprüchlich. In der Literatur wird daher teilweise die Ansicht vertreten, Art. 48 EGV enthalte für diese Fälle die aus dem Allgemeinen Niederlassungsprogramm[131] entnommene **ungeschriebene Voraussetzung** der „tatsächlichen und dauerhaften **Verbindung zur Wirtschaft** eines Mitgliedstaates".[132] 83

Auch wenn in der Sache viel für eine derart einschränkende Interpretation der Niederlassungsfreiheit spricht, hat der EuGH schon im Urteil „Überseering" durch den Verweis auf das „Centros"[133] gegenteilig Stellung bezogen (Tz 75). Dort ging er eindeutig von einer **Gleichwertigkeit** von satzungsmäßigem Sitz, Hauptverwaltung und Hauptniederlassung für die Bestimmung der „Zugehörigkeit zur Rechtsordnung eines Mitgliedstaates" aus[134] und sah die Centros Ltd. als Gesellschaft mit „Sitz in einem anderen Mitgliedstaat" an, obwohl dort nur der Satzungssitz belegen war.[135] Nochmals bestätigt wurde dies in Tz 97 des Urteils „Inspire Art". Dem kann man entnehmen, dass der EuGH sich in konsequenter Anwendung des Wortlauts des Art. 48 EGV mit dem **Satzungssitz ohne wirtschaftliche Verbindung** zum Gemeinschaftsgebiet zufrieden gibt. Ganz auf dieser Linie liegt es, wenn der EuGH in „Inspire Art" (Tz 95) bekräftigt, dass „es für die Anwendung der Vorschriften über die Niederlassungsfreiheit ohne Bedeutung ist, dass eine Gesellschaft in einem Mitgliedstaat nur errichtet wurde, um sich in einem zweiten Mitgliedstaat niederzulassen, in dem die Geschäftstätigkeit im Wesentlichen oder ausschließlich ausgeübt werden soll." Dies zeigt, dass den Anforderungen des Art. 48 EGV auch dann genügt ist, wenn zum Zeitpunkt der Ausübung des Niederlassungsrechts noch gar keine wirtschaftliche Verbindung zu einem Mitgliedstaat besteht, weil die wirtschaftliche Tätigkeit erst nach dem Zuzug aufgenommen wird. Demnach greift die Niederlassungsfreiheit auch ein, wenn bereits bei **Gründung** der tatsächliche Verwaltungssitz im **Zuzugsstaat** liegt.[136] 84

Auch aus dem Kriterium der **Ansässigkeit** in Art. 43 S. 2 EGV, dem der EuGH weder in „Centros" noch in „Inspire Art" eigenständige Bedeutung beigemessen hatte,[137] lässt sich für die hier interessierenden Fälle keine zusätzliche Voraussetzung herleiten, da es nur für die sekundäre Niederlassungsfreiheit Bedeutung 85

---

128 Vgl. § 287 Companies Act 1985; *Charlesworth & Morse*, Company Law, 15th Ed. 1995, S. 62 f.; ähnlich in Irland: *Forde*, Company Law, 1992, S. 45 (2.32); näher *Hoffmann*, ZVglRWiss 101 (2002), 283, 292 ff.
129 Für das britische Recht: Sec. 2 (1) (b), Sec. 287 (1) Companies Act 1985.
130 Vgl. für das britische Recht: Sec. 2 (7) Companies Act 1985.
131 ABlEG 1962, Nr. 2, S. 36.
132 Dafür etwa, in: *Lenz/Ehrhardt*, EG-Vertrag, 2. Aufl. 1999, Art. 48 Rn 4; *Bleckmann*, Europarecht, 6. Aufl. 1997, Rn 1619; dagegen aber *Schwarze/Müller-Huschke*, EU-Kommentar, 2000, Art. 48 Rn 11 f.; *Calliess/Ruffert/Bröhmer*, EUV/EGV, 2. Aufl. 2002, Art. 48 Rn 7; *Grabitz/Hilf/Randelzhofer/Forsthoff*, EGV, Art. 48 Rn 22 f.
133 EuGH, Slg. 1999, I-1459 – „Centros".
134 EuGH, Slg. 1999, I-1459, 1491, Tz 20 – „Centros", unter Verweis auf die Urteile „Segers", Slg. 1986, 2375, 2387, Tz 13; „Kommission/Frankreich", Slg. 1986, 273, 304, Tz 18; „Commerzbank", Slg. 1993, I-4017, 4043, Tz 13; „ICI", Slg. 1998, I-4695, 4721, Tz 20.
135 EuGH, Slg. 1999, I-1459, 1492, Tz 21 – „Centros".
136 In diesem Sinne bereits *Leible/Hoffmann*, ZIP 2003, 925, 929.
137 Dazu näher *Kieninger*, ZGR 1999, 724 ff.

hat.[138] Konsequenz hieraus ist, dass auch „*pseudo-EU-corporations*" im Inland anhand der europarechtlichen Gründungstheorie anzuknüpfen und demnach analog der Fallgruppe a) (Rn 78) zu behandeln sind.

86 **d) Nach inländischem Recht gegründete juristische Personen.** Ganz im Gegensatz zur Behandlung der ausländischen Gesellschaften stehen die Auswirkungen des Urteils auf die Anknüpfung des Gesellschaftsstatuts bei einer Verlegung des tatsächlichen Verwaltungssitzes **inländischer Gesellschaften**. Wie bereits angesprochen (Rn 60) hat der EuGH in „Überseering" ausdrücklich die „Daily Mail"-Doktrin insoweit bestätigt, als dem Gründungsstaat das Recht zuerkannt wird, den Gesellschaften „Beschränkungen hinsichtlich der Verlegung ihres tatsächlichen Verwaltungssitzes aus seinem Hoheitsgebiet aufzuerlegen, damit sie die ihr nach dem Recht dieses Staates zuerkannte Rechtspersönlichkeit beibehalten" können (Tz 70). Der Gründungsstaat kann daher die Gesellschaft bei Grenzübertritt **auflösen** und ist nicht verpflichtet, die von ihm verliehene Rechtspersönlichkeit nach der Sitzverlegung weiterhin anzuerkennen. Die Niederlassungsfreiheit ist in diesen Konstellationen nach Ansicht des EuGH offenbar schon nicht anwendbar. Ein Recht auf den **identitätswahrenden Wegzug** wird nicht anerkannt.

87 Kollisionsrechtlich bedeutet dies, dass dem nationalen Recht keine Vorgaben für die Behandlung der nach inländischem Recht gegründeten Gesellschaften gemacht werden. Insoweit bleibt die Anwendung der Sitztheorie weiterhin zulässig, und zwar auch nach der Sitzverlegung aus dem Gründungsstaat heraus. Führt die Anknüpfung dazu, dass aus Sicht des Gründungsstaates ein fremdes Recht als Gesellschaftsstatut zur Anwendung kommt, ist das mit dem **Entzug der** vom Gründungsrecht verliehenen **Rechtspersönlichkeit** gleichzusetzen. Die Auswirkungen einer beschränkten Fortgeltung der Sitztheorie wurden bereits in Rn 80 aufgezeigt: Im Ergebnis bedeutet dies, dass die Verpflichtung zur Anerkennung der ausländischen Rechtspersönlichkeit praktisch nur gegenüber den **Gesellschaften aus Gründungstheoriestaaten** besteht. Den Umzug von einem Sitztheoriestaat in einen anderen Sitztheoriestaat ermöglicht die Niederlassungsfreiheit dagegen nicht. Soweit **materiellrechtliche Wegzugsbeschränkungen** wie die Auflösung „an der Grenze" bestehen, kommt eine Sitzverlegung auch unabhängig vom Kollisionsrecht nicht in Betracht, da das Gründungsrecht dann keine Rechtsfähigkeit bestehen lässt, die vom Zuzugsstaat anerkannt werden könnte.

88 Erkennbar wird eine wenig zufrieden stellende Folge der Konstruktion des EuGH. Auch nach „Überseering" sind nur Gesellschaften aus Gründungstheoriestaaten **„Niederlassungsberechtigte gleichen Rechts"**.[139] Dagegen bleiben Gesellschaften aus Staaten, die weiterhin im autonomen Kollisionsrecht der Sitztheorie folgen, praktisch denselben Restriktionen unterworfen, die ihre grenzüberschreitende Mobilität schon bisher in höchst bedenklicher Weise beschränkt haben. Das führt zu einer rechtspolitisch kaum zu rechtfertigenden **Ungleichbehandlung** zwischen den europäischen Gesellschaften und verdeutlicht das weiterhin bestehende Bedürfnis nach einer materiellrechtlichen Harmonisierung der grenzüberschreitenden Sitzverlegung durch eine 14. gesellschaftsrechtliche Richtlinie.[140] Die Konstruktion ist auch Gegenstand vielfältiger Kritik in der Literatur gewesen,[141] und es bleibt zu hoffen, dass der EuGH in der Zukunft seinen Standpunkt überdenkt. Schließlich ist es auch sonst in der EuGH-Rechtsprechung anerkannt, dass die Niederlassungsfreiheit nicht nur den Zugang zu anderen Mitgliedstaaten und ihren Märkten schützt, sondern ebenso ein Recht darauf gewährt wird, den **Heimatstaat zu verlassen**.[142] Es ist nicht recht ersichtlich, warum den Gesellschaften dieser Aspekt des Schutzes vorenthalten werden sollte.

89 Zu betonen ist jedoch, dass jeder Mitgliedstaat das Maß an **Freizügigkeit seiner Gesellschaften** durch die Gestaltung des autonomen Kollisionsrechts (und des materiellen Rechts) selbst in der Hand hat. Aus deutscher Sicht müssen daher die Anstrengungen darauf gerichtet werden, die Rechtsprechung davon zu überzeugen, dass die von ihr errichteten Mobilitätshindernisse aufzugeben sind, um gleiche Bedingungen für deutsche Kapitalgesellschaften zu schaffen.

90 **e) Nach drittstaatlichem Recht gegründete juristische Personen.** Schon nach dem eindeutigen Wortlaut des Art. 48 EGV können Gesellschaften, die nicht nach dem Recht eines Mitgliedstaates gegründet wor-

---

138 Vgl. den Wortlaut des Art. 43 S. 2 EGV; der Übertragung des Merkmals auf die primäre Niederlassungsfreiheit entspricht der dargestellte Streit um das Erfordernis einer wirtschaftlichen Verbindung zur Gemeinschaft; vgl. Schwarze/*Müller-Huschke*, EU-Kommentar, 2000, Art. 48 Rn 11.
139 Diese Formulierung stammt von *Behrens*, EuZW 1998, 353.
140 Zum möglichen Inhalt einer solchen Richtlinie vgl. *Leible*, ZGR 2004, 531.

141 Vgl. z.B. *Bayer*, BB 2003, 2357, 2363; *Behrens*, IPRax 2003, 193, 197 f.; *Grundmann*, Europäisches Gesellschaftsrecht, Rn 778; *Kieninger*, ZEuP 2004, 685, 694 ff.; *Mankowski*, RIW 2004, 481, 484; *Horn*, NJW 2004, 893, 897; *Maul/Schmidt*, BB 2003, 2297, 2300; *Meilicke*, GmbHR 2003, 793, 803; *Stieb*, GmbHR 2004, 492, 493; *Triebel/v. Hase*, BB 2003, 2409, 2411.
142 EuGH, Slg. 1979, 399 – „Knoors"; Slg. 1979, 437 – „Auer"; Slg. 1981, 2311 – „Broekmeulen"; näher: v.d.Groeben/Schwarze/Tiedje/Troberg, EUV/EGV, Art. 43 Rn 89 f.

den sind, sich auch nicht auf die Niederlassungsfreiheit berufen. Eine Anknüpfung nach der europarechtlichen Gründungstheorie ist selbst dann nicht erforderlich, wenn ein starker tatsächlicher Bezug zur Gemeinschaft, sei es aufgrund der Geschäftstätigkeit, sei es aufgrund der Nationalität der Gesellschafter, vorhanden ist. Derartige Gesellschaften sind daher ausschließlich nach **autonomem nationalem Kollisionsrecht** zu behandeln, ihnen kann grundsätzlich z.B. die Rechts- und Parteifähigkeit auch vollständig vorenthalten werden. Zu Sonderfällen aufgrund völkerrechtlicher Verträge vgl. Rn 144 ff.

3. Zusammenfassung. Zusammenfassend bedeutet die „Überseering"-Entscheidung, dass den Sitztheoriestaaten die Anwendung ihrer Kollisionsnorm im Anwendungsbereich der Niederlassungsfreiheit untersagt wird. Vielmehr entnimmt der EuGH unmittelbar den Artt. 43, 48 EGV eine eigenständige europäische Kollisionsnorm, die als **„europarechtliche Gründungstheorie"** bezeichnet werden kann und die auf mitgliedstaatliche Kapitalgesellschaften zwingend vorrangig anzuwenden ist. Diese Kollisionsnorm verweist für die Anknüpfung des Gesellschaftsstatuts immer dann auf das **Recht des Inkorporationsstaates**, wenn die betroffene Gesellschaft

– nach dem Recht eines anderen Mitgliedstaates **wirksam gegründet** worden ist,
– zumindest ihren **Satzungssitz** in der Gemeinschaft hat,
– nach ihrem Gründungsrecht als **juristische Person** ausgestaltet ist und
– ihr vom Gründungsrecht nicht aufgrund ihres Wegzugs die Rechtspersönlichkeit wieder **aberkannt** worden ist.

Liegt auch nur eine dieser Voraussetzungen nicht vor, kann der Mitgliedstaat die Anknüpfung anhand seines eigenen Kollisionsrechts vornehmen, für das das Gemeinschaftsrecht keine Vorgaben macht.[143] Bedeutsam ist dies vor allem für die nach dem **eigenen Recht** gegründeten Gesellschaften: Ihnen kann beim Wegzug ohne weiteres das Gründungsstatut entzogen werden, insbesondere durch Anwendung der Sitztheorie. Dies würde auch eine Anerkennung durch die anderen Mitgliedstaaten verhindern. Zu den Personengesellschaften vgl. Rn 150 ff. Sind hingegen sämtliche Voraussetzungen erfüllt, müssen Auslandsgesellschaften auch nach Sitzverlegung ins Inland ohne Annahme eines Statutenwechsels als solche, d.h. als holländische BV, englische Ltd. etc., anerkannt werden. Letztlich handelt es sich um nichts anderes als die Anwendung des **Herkunftslandsprinzips** im Gesellschaftsrecht.[144]

II. Behandlung der nach EU-mitgliedstaatlichem Recht gegründeten Körperschaften im Inland

Aufgrund dieser veränderten kollisionsrechtlichen Situation ergeben sich nun völlig neuartige Fragestellungen für das deutsche Recht. Die wohl wichtigste Frage ist die Behandlung von Gesellschaften, die nach EU-ausländischem Recht gegründet worden sind, im Inland. Insoweit bedarf es auch heute noch einer **Differenzierung** zwischen Gesellschaften, die lediglich in Deutschland tätig sind, und solchen, die ihren **tatsächlichen Sitz**, also ihre Hauptverwaltung im Inland haben. Für Letztere hatte sich unter Geltung der Sitztheorie der Begriff der **„Scheinauslandsgesellschaft"** eingebürgert, da es sich nur scheinbar um Auslandsgesellschaften handelte, tatsächlich aber deutsches Recht Gesellschaftsstatut war. Obwohl bis heute der Begriff in diesem Sinne verwendet wird,[145] hat er durch die Anwendung der europarechtlichen Gründungstheorie auf diese Gesellschaften seine Berechtigung verloren. Es empfiehlt sich daher, in Zukunft die Gesellschaft ausländischen Rechts mit Sitz in Deutschland als **inländische Auslandsgesellschaft** zu bezeichnen.

1. Anknüpfung des Gesellschaftsstatuts. Schon aus dem bisher Gesagten ergibt sich, dass die Anknüpfung des Gesellschaftsstatuts aufgrund der „Überseering"-Grundsätze nicht mehr anhand des autonomen deutschen Kollisionsrechts erfolgt, sondern anhand der europarechtlichen Gründungstheorie.[146] Nur außerhalb von deren Anwendungsbereich kann das deutsche Recht frei über die Anknüpfung entscheiden und könnte noch die Sitztheorie anwenden. Das danach ermittelte Gesellschaftsstatut regelt die Rechtsverhältnisse auch nicht nur punktuell, sondern grundsätzlich für den gesamten, oben (Rn 3 ff.) dargelegten Regelungsbereich. Teilweise wird zwar geltend gemacht, dass die europarechtlich vorgegebene Anknüpfung nur die **Grundlagen der Gesellschaft**, insbesondere das Gründungsrecht, erfasst. Für die weiter gehenden Fragen, insbesondere des **Kapital- und Gläubigerschutzes**, bestünden dagegen keine Vorgaben, so dass es

---

143 Ausf. *Leible/Hoffmann*, RIW 2002, 925, 930 f.
144 *Leible/Hoffmann*, RIW 2002, 925, 932.
145 Zuletzt etwa von *Ulmer*, NJW 2004, 1201; *Altmeppen/Wilhelm*, DB 2004, 1083.
146 Davon, dass die Entscheidungen „Überseering" und „Inspire Art" keinerlei kollisionsrechtliche Bedeutung haben, geht vor allem noch aus: *Kindler*, NJW 2003, 1073, 1076 f.; *ders.*, NZG 2003, 1086, 1089. In diesem Sinne auch *Großerichter*, in: FS Sonnenberger 2004, S. 369 ff.

insoweit in Deutschland bei einer Sitzanknüpfung bleiben soll.[147] Diese Aufteilung des einheitlichen Gesellschaftsstatuts hätte zur Folge, dass es – anders als bei Annahme einer Sonderanknüpfung von Einzelfragen (dazu Rn 108 ff.) – nicht einmal einer Rechtfertigung am Maßstab der Niederlassungsfreiheit bedürfte. Die damit verbundene weitgehende Erstreckung der deutschen Haftungsverfassung auf die Auslandsgesellschaft ist mit dem Urteil „Inspire Art" wohl kaum vereinbar,[148] da dort eine haftungsrechtlich relevante Überlagerung des Gesellschaftsstatuts gerade als Beschränkung der Niederlassungsfreiheit aufgefasst worden ist.[149] Es bleibt daher auch für die inländische Auslandsgesellschaft dabei, dass die Anknüpfung anhand der europarechtlichen Gründungstheorie zu einem **einheitlichen Gesellschaftsstatut** führt und innerhalb von dessen Regelungsbereich eine Anwendung von Vorschriften des Sitzstaates nur aufgrund einer gesondert am Maßstab der Niederlassungsfreiheit zu rechtfertigenden **Sonderanknüpfung** möglich ist (Rn 108 ff.).

95 **2. Sitzverlegung.** Aus der Anwendung der europarechtlichen Gründungstheorie ergibt sich ferner unmittelbar die Zulässigkeit von **Sitzverlegungen**, soweit diese vom Gründungsrecht ermöglicht werden. Die Sitzverlegung nach Deutschland ist danach uneingeschränkt möglich, sofern das Gründungsrecht die Gesellschaft nicht aufgrund der Sitzverlegung als aufgelöst behandelt oder ihr durch Anwendung der Sitztheorie ihr Statut an der Grenze entzieht. In beiden Fällen gewährt das Gründungsrecht keine Rechtsfähigkeit mehr, die das Zuzugsrecht anerkennen könnte, so dass das autonome Kollisionsrecht über die Anknüpfung befindet. Bei Zuzug einer Gesellschaft aus einem Sitztheoriestaat kommt dabei übrigens stets inländisches Recht zur Anwendung, unabhängig von der im Inland geltenden Kollisionsnorm: Unter der Sitztheorie ergibt sich dies unmittelbar aus dem inländischen Verwaltungssitz, unter der Gründungstheorie ergäbe sich dieselbe Folge aus einer Rückverweisung auf das Sitzrecht, die vom deutschen Recht nach Art. 4 Abs. 1 S. 2 angenommen wird. Bezüglich zuziehender Gesellschaften aus Sitztheoriestaaten (etwa österreichische GmbHs[150]) behält also die Rechtsprechung des BGH zur Behandlung als **rechtsfähige Personengesellschaft**[151] ihre Bedeutung.

96 Ebenfalls möglich ist die Sitzverlegung einer in Deutschland **ansässigen Auslandsgesellschaft** in einen **Drittstaat**. Da Wegzugsbeschränkungen nur für die nach eigenem Recht gegründeten Gesellschaften erlassen werden können, werden inländische Auslandsgesellschaften hiervon nicht erfasst. Die mit der europarechtlichen Gründungstheorie verbundene Mobilitätsgarantie gilt also nicht nur für das Verlassen des Gründungsstaates, sondern auch für weitere Sitzverlegungen. Nur das Gründungsrecht kann diese Umzugsfreiheit beschränken.

97 **3. Status in Deutschland als Zweigniederlassung. a) Auslandsgesellschaft als Zweigniederlassung.** Aus Sicht des deutschen Rechts stellt sich vor allem die Frage, welcher **Status** der inländischen Auslandsgesellschaft einzuräumen ist. Die Entscheidung „Inspire Art" gibt insoweit wichtige Hinweise, als der EuGH darin vorgibt, dass die Gesellschaft auch dann der Zweigniederlassungsrichtlinie[152] (Elfte Richtlinie) unterliegt, wenn die gesamte Geschäftstätigkeit vom Zuzugsstaat aus entfaltet wird. Der europarechtliche Begriff der Zweigniederlassung setzt also keine ausländische Hauptniederlassung im wirtschaftlichen Sinne voraus, sondern greift auch bei einem ausländischen Satzungssitz. Die inländische Auslandsgesellschaft genießt somit im Inland den rechtlichen Status einer **Zweigniederlassung** und ist dementsprechend anhand der nationalen Umsetzungsvorschriften zur **Elften Richtlinie** zu behandeln.[153] Da deren Vorschriften abschließend sind, also gerade in Bezug auf die Offenlegung nicht nur eine Mindest-, sondern eine **Vollharmonisierung** enthalten,[154] sind die Mitgliedstaaten auch daran gehindert, in deren Regelungsbereich weiter gehende Vorschriften zu erlassen.

98 **b) Anwendung der §§ 13d ff. HGB.** Im deutschen Recht war man bisher davon ausgegangen, dass die Eintragung einer Zweigniederlassung im Sinne der §§ 13d ff. HGB eine Hauptniederlassung (§ 13d Abs. 1 HGB) bzw. den Gesellschaftssitz (§§ 13d Abs. 1, 13e Abs. 1, 13f Abs. 1 HGB) im Ausland voraussetzt. Dabei wurde unter dem **„Sitz"** allein die **Hauptverwaltung** im Sinne der Sitztheorie verstanden,[155] so dass

---

147 Hierfür vor allem *Altmeppen*, NJW 2004, 97, 100 ff.; ähnlich *Altmeppen/Wilhelm*, DB 2004, 1083.
148 So im Erg. auch *Ulmer*, NJW 2004, 1201, 1206.
149 EuGH, a.a.O., Tz 142.
150 In Österreich gilt nach § 10 IPRG im autonomen Kollisionsrecht die Sitztheorie.
151 BGH IPRax 2003, 62 = NJW 2002, 3539 = BB 2002, 2031 mit Anm. *Gronstedt* = MDR 2002, 1382 m. Anm. *Haack* = EWiR 2002, 971 (*Emde*) = JuS 2003, 88 (*Hohloch*); vgl. dazu die Besprechungsaufsätze von *Kindler*, IPrax 2003, 41; *Leible/Hoffmann*, DB 2002, 2203.
152 Richtlinie 89/666/EWG, ABlEG 1989 Nr. L 395, S. 36 ff. Abgedruckt bei: *Habersack*, Europäisches Gesellschaftsrecht, Rn 134.
153 *Behrens*, IPRax 2004, 20, 24.
154 EuGH, IPRax 2004, 46 = NJW 2003, 3331, Tz 69 – „Inspire Art".
155 Näher *Kindler*, NJW 1993, 3301, 3304; ferner MüKo/*Kindler*, Bd. 11, 3. Aufl. 1999, Int. GesR, Rn 785; Ebenroth/Boujong/Joost/*Pentz*, HGB, § 13d Rn 14; MüKo-HGB/*Bokelmann*, § 13d Rn 7; Heymann/Sonnenschein/Weitemeyer, HGB, 2. Aufl. 1995, § 13d Rn 2.

die Vorschriften auf Niederlassungen aller Gesellschaften anwendbar waren, die aus Sicht des deutschen Kollisionsrechts nicht dem deutschen Gesellschaftsstatut unterlagen. Geht man von dieser Begriffsbestimmung aus, müsste man eigentlich annehmen, dass das deutsche Recht für die Eintragung des Zuzugs der Hauptverwaltung einer Auslandsgesellschaft gar kein Verfahren bereitstellt – und demnach auch keine Eintragungspflicht begründet. Schließlich handelt es sich bei der inländischen Auslandsgesellschaft um eine solche mit **Sitz und Hauptniederlassung im Inland**, so dass §§ 13d ff. HGB schon nicht anwendbar wären. Die Vorschriften über die Eintragung von Zweigniederlassungen inländischer Gesellschaften passen schon wegen des Umfangs der Offenlegung und des Verfahrensablaufs gar nicht auf die Situation des Zuzugs. Und als Neugründung kann die Gesellschaft aufgrund der Niederlassungsfreiheit gerade nicht behandelt werden.

Schon in Hinblick auf „Centros" und „Überseering" war davon auszugehen, dass die Eintragung als Zweigniederlassung nicht wegen des Fehlens einer ausländischen Hauptniederlassung verweigert werden kann.[156] Nach der Entscheidung „Inspire Art" wird man nun den Schluss ziehen müssen, dass die Vorschriften – **richtlinienkonform ausgelegt** – auch auf die zugezogene **Hauptverwaltung** einer Auslandsgesellschaft anzuwenden sind, und zwar unabhängig davon, ob diese als **Zweigniederlassung deklariert** wird. Hieraus ergibt sich nicht nur, dass das Eintragungsverfahren der §§ 13d ff. HGB auch für inländische Auslandsgesellschaften zur Verfügung stehen muss, sondern auch, dass die Auslandsgesellschaft nach ihrem Zuzug der **Publizitätspflicht** unterliegt.[157] Nur so kann der europarechtlich vorgegebenen **Gleichstellung von Zweigniederlassung und Sitzverlegung** im deutschen Recht Rechnung getragen werden.

Demnach erfasst der Begriff der „Zweigniederlassung" i.S.d. §§ 13d ff. HGB jede inländische Niederlassung einer Gesellschaft im Sinne von Art. 48 EGV, die unter Berücksichtigung der „Überseering"-Grundsätze nicht deutschem Recht unterliegt. Dies kann man vor allem dadurch erreichen, dass man den Begriff des „Sitzes" (§§ 13d Abs. 1, 13e Abs. 1, 13 f Abs. 1 HGB) so auslegt, dass er in Übereinstimmung mit Art. 48 EGV alternativ den „satzungsmäßigen Sitz", die „Hauptverwaltung" oder die „Hauptniederlassung" bezeichnet. Hierin kann man eine **europarechtliche Sitzdefinition** sehen, die für die Zwecke der Anwendung von Normen, die der Umsetzung einer Richtlinie dienen, der nationalen Sitzdefinition vorgeht. Nur so wird gewährleistet, dass das Registerverfahren allen niederlassungsberechtigten Gesellschaften offen steht und für Gesellschaften, die dem „Recht eines anderen Mitgliedstaats unterliegen" (Art. 1 Abs. 1 Elfte Richtlinie) bei Niederlassung in Deutschland in jedem Fall Publizitätspflicht besteht. Denn gerade Letzteres scheint Sinn und Zweck der Konstruktion des EuGH zu sein: „Publizitätslose Niederlassungen kann es somit nicht geben."[158]

c) Sanktionierung der Anmeldepflicht. Von der Frage der Publizitätspflicht zu trennen ist indes die Frage der Sanktionierung der darauf bezogenen Anmeldepflicht. Dieser kommt zentrale Bedeutung zu, da die Publizität praktisch das einzige Instrument zum Schutz der inländischen Verkehrskreise ist. Verstößt die inländische Auslandsgesellschaft gegen die Anmeldepflicht, vereitelt sie praktisch das vom EuGH verfolgte Schutzkonzept. Will man aber den Status als Zweigniederlassung von der Erfüllung der Anmeldepflicht abhängig machen, kann dies nur über deren Sanktionierung erfolgen. Richtigerweise sollte dieser also erhebliche **statusrechtliche Bedeutung** zukommen. Wird lediglich ein Verfahren zur Erzwingung der Anmeldung vorgesehen, kann die Gesellschaft evtl. jahrelang im Zuzugsstaat tätig sein, bevor das Registergericht auf sie aufmerksam wird und die Anmeldung durchsetzt. Mit dem beabsichtigten Schutz inländischer Verkehrskreise, denen die erforderliche Informationsquelle über die Gesellschaftsverhältnisse vorenthalten wird, ist das kaum vereinbar. Es soll hier nicht problematisiert werden, ob das Zwangsgeldverfahren nach § 14 HGB vor diesem Hintergrund überhaupt als hinreichend wirksam und abschreckend anzusehen ist, um den Anforderungen des Art. 12 der Elften Richtlinie zu genügen.[159] Denn jedenfalls aus Sicht des Schutzes inländischer Interessen sollte das deutsche Recht einen **zusätzlichen Sanktionsmechanismus** auf der privatrechtlichen Ebene installieren, um das rechtswidrige **Informationsdefizit** zu kompensieren und die inländischen Auslandsgesellschaften effektiv zur Erfüllung der Anmeldepflicht zu zwingen.

Zu berücksichtigen ist insoweit, dass diese Sanktionierung **diskriminierungsfrei** erfolgen muss.[160] Das bedeutet, dass die Rechtsfolgen der Nichteintragung nicht über diejenigen der Nichteintragung einer deutschen GmbH bei Geschäftsaufnahme hinausgehen dürfen. Die Feststellung einer Diskriminierung setzt voraus, dass man einen Vergleichsfall des nationalen Rechts ermittelt. In Betracht kommen insoweit nur die ursprüngliche

---

156 Vgl. die Nachw. aus der Rspr. bei *Leible/Hoffmann*, ZIP 2003, 925, 926 f.
157 In diesem Sinne auch *Riegger*, ZGR 2004, 510.
158 *Behrens*, IPrax 2004, 20, 24.
159 Die Publizitätswirkungen des § 15 HGB sind bei völlig fehlender Eintragung wenig einschneidend. Krit. zur Wirksamkeit des Durchsetzungsverfahrens nach § 14 HGB mit Hinweis auf die fehlende Möglichkeit der Durchsetzung gegenüber Personen, die sich nicht im Inland aufhalten, auch MüKo/*Kindler*, Bd. 11, 3. Aufl. 1999, Int. GesR, Rn 835.
160 So ausdr. EuGH, IPrax 2004, 46 = NJW 2003, 3331 – „Inspire Art".

Anmeldung der GmbH oder aber die Anmeldung der Zweigniederlassung einer Inlandsgesellschaft. Da gerade der erstmaligen Offenlegung in einem Mitgliedstaat auch nach der Elften Richtlinie[161] besondere Bedeutung zukommt, kann man als zutreffenden **Vergleichsfall** wohl nur die erstmalige Anmeldung der GmbH bei Geschäftsaufnahme ansehen.[162]

103 Dies bedeutet, dass die nicht in das deutsche Handelsregister eingetragene inländische Auslandsgesellschaft haftungsrechtlich einer **Vor-GmbH** gleichgestellt werden kann, ohne dass darin eine Diskriminierung oder ein Verstoß gegen die Elfte Richtlinie zu sehen wäre. Insbesondere kann eine **Handelndenhaftung** nach dem Vorbild des § 11 Abs. 2 GmbHG für inländische Rechtshandlungen im deutschen Recht verankert werden, die mit dem Zuzug der Zweigniederlassung bzw. Hauptverwaltung beginnt und mit der Eintragung ins Handelsregister endet. Eine solche Regelung erscheint zum Schutz der inländischen Verkehrsinteressen durchaus als sachgerecht.

104 Es verbleibt noch die Frage, ob es hierfür eines Tätigwerdens des Gesetzgebers bedarf oder man diese Folge nicht auch aus einer **analogen Anwendung des § 11 Abs. 2 GmbHG** schon *de lege lata* herleiten kann. Hierfür müsste man zunächst auf der kollisionsrechtlichen Ebene dazu kommen, dass die Frage der Handelndenhaftung nicht nach dem Gesellschaftsstatut, sondern dem Sitzrecht bestimmt wird. Es bedürfte also einer **Sonderanknüpfung** dieser Frage anhand des Niederlassungsortes, was man damit begründen kann, dass es gerade um den Schutz der dortigen Verkehrskreise und die Sanktionierung einer am Niederlassungsort bestehenden Verpflichtung geht. Derartige Sonderanknüpfungen sind im Zweigniederlassungsrecht nicht unbekannt, durch sie wird etwa bezüglich der Kaufmannseigenschaft und der Rechnungslegung der engen Beziehung zum Niederlassungsstaat Rechnung getragen.[163] Eine Beschränkung der Niederlassungsfreiheit liegt bei einer solchen Sonderanknüpfung schon deshalb nicht vor, weil es sich gerade um die **Ausfüllung des Sanktionierungsgebots** des Art. 12 der Elften Richtlinie handelt.

105 Auch die Voraussetzungen einer Analogie zwischen Vor-GmbH und inländischer Auslandsgesellschaft vor Eintragung können als gegeben angesehen werden. Die Regelungslücke ergibt sich daraus, dass wegen der Nichtanwendbarkeit der Sitztheorie eine **Lücke in der Schutzkonzeption** des deutschen Rechts aufgetreten ist, während die vergleichbare Interessenlage schon der Erwägung zu entnehmen ist, dass die Gewährung des Haftungsprivilegs bei der Neugründung ebenso wie beim Zuzug nur aufgrund der Offenlegung am Tätigkeitsort der Gesellschaft gerechtfertigt ist. Auch wenn demnach die analoge Anwendung des § 11 Abs. 2 GmbHG auf die nicht eingetragene inländische Auslandsgesellschaft als möglich erscheint, wäre es schon im Interesse der Rechtssicherheit vorzugswürdig, wenn der Gesetzgeber die Frage in Anlehnung an das Regelungsmodell dieser Norm durch (nicht diskriminierende) Sondervorschriften für Auslandsgesellschaften lösen würde, die systematisch etwa bei §§ 13d ff. HGB eingefügt werden könnten.

106 Unabhängig davon, ob eine derartige Handelndenhaftung im Wege der Rechtsfortbildung oder durch den Gesetzgeber begründet wird, stellt sich die Frage, ob diese auf alle Fälle der Begründung einer Zweigniederlassung bezogen werden müsste oder man diese Haftung auf Gesellschaften mit tatsächlichem Verwaltungssitz im Inland beschränken kann. Betrachtet man die gemeinschaftsrechtliche Lage, ist zunächst kein Grund ersichtlich, dass eine derartige Differenzierung in Hinblick auf das Diskriminierungsverbot (Artt. 12, 43 EGV) unzulässig wäre. Denn es handelt sich beim Fortbestehen einer ausländischen Hauptniederlassung nicht um ein Kriterium, dessen Anwendung direkt oder indirekt zu einer Ungleichbehandlung aufgrund der Staatsangehörigkeit führen würde. Die inländischen Gesellschaften werden ohnehin stets von § 11 Abs. 2 GmbHG erfasst, so dass die Differenzierung praktisch eine **Privilegierung** bestimmter ausländischer Gesellschaften gegenüber den Inlandsgesellschaften enthält, also allenfalls eine Inländerdiskriminierung.[164] Es bestehen allerdings starke Bedenken bezüglich der Sachgerechtigkeit einer solchen Differenzierung, da die inländischen Verkehrsinteressen durch die fehlende Eintragung unabhängig davon betroffen werden, ob die Gesellschaft zusätzlich über eine ausländische Hauptniederlassung verfügt.

107 **d) Zusammenfassung.** Zusammenfassend genießt somit die inländische Auslandsgesellschaft den **Status einer Zweigniederlassung** im Sinne der Elften Richtlinie, so dass die deutschen Umsetzungsvorschriften in § 13d ff. HGB im Wege der **richtlinienkonformen Auslegung** auf diese anzuwenden sind. Bei Verstoß gegen die Offenlegungspflicht kann und sollte das inländische Recht schon *de lege lata* eine **Handelndenhaftung** analog § 11 Abs. 2 GmbHG annehmen und so den Genuss des Haftungsprivilegs des Gründungsrechts von der Publizität im Inland abhängig machen.

---

161 Vgl. Art. 5 der ZweigniederlassungsRL (Richtlinie 89/666/EWG, ABlEG 1989 Nr. L 395, S. 36 ff.).
162 Näher: *Leible/Hoffmann*, EuZW 2003, 677, 678 f.
163 Näher: MüKo/*Kindler*, Bd. 11, 3. Aufl. 1999, Int. GesR, Rn 143.
164 Zur Zulässigkeit der Inländerdiskriminierung vgl. Streinz/*Streinz*, EUV/EGV, 2001, Art. 12 EGV Rn 58 ff. m.w.N.

4. Reichweite zulässiger Überlagerungen des Gesellschaftsstatuts. Die Frage, der im Anschluss an die Entscheidung „Inspire Art" sicherlich die meiste Aufmerksamkeit im Schrifttum gewidmet wurde, ist die nach Zulässigkeit und Grenzen von **Sonderanknüpfungen** einzelner Fragen, insbesondere des Haftungsrechts. Insoweit geht es um nichts anderes als den Grundgedanken der von *Sandrock* begründeten **Überlagerungstheorie**, wonach auch bei grundsätzlicher Maßgeblichkeit des Gründungsrechts spezifische Interessen im Sitzstaat durch Inlandsrecht zu schützen sind (dazu schon Rn 46). Da solche Überlagerungen aber grundsätzlich als **Beschränkungen der Niederlassungsfreiheit** anzusehen sind,[165] können sie nur anerkannt werden, soweit sie anhand des Maßstabs der **zwingenden Allgemeininteressen** gerechtfertigt werden können.[166]

Von der Überlagerung im Wege der Sonderanknüpfung ist indes die Frage der **Qualifikation** von Haftungstatbeständen zu unterscheiden. Unter Qualifikation ist die Zuordnung eines rechtlichen Tatbestandes zu den Systembegriffen zu verstehen, an die das Kollisionsrecht anknüpft (näher Art. 3 EGBGB Rn 19 ff.). Es geht konkret um die **Abgrenzung** der Reichweite des Gesellschaftsstatuts im Verhältnis etwa zum Delikts- oder zum Insolvenzstatut, bezüglich derer auch die Auslandsgesellschaft den allgemeinen Gesetzen und Kollisionsnormen unterliegt. Bedeutung hat auch dies vor allem für einzelne Haftungstatbestände: Soweit diese gesellschaftsrechtlich zu qualifizieren sind, müsste ihre Anwendung auf die Auslandsgesellschaft als Überlagerung am Maßstab der Niederlassungsfreiheit gemessen werden. Soweit sie aber dem Insolvenz- oder Deliktsstatut unterliegen und deren Anknüpfungsnormen auf das Sitzrecht verweisen, befindet sich der Sitzstaat bei deren Anwendung in Bezug auf Artt. 43, 48 EGV im „sichersten Hafen".[167] Bei der Diskussion einzelner Regelungen sind beide Aspekte zu berücksichtigen, da eine Sonderanknüpfung anhand der Überlagerungstheorie überhaupt nur aufgrund einer **gesellschaftsrechtlichen Qualifikation** in Betracht kommt. Dennoch sind beide Aspekte aber zu trennen, da die Anwendung des allgemeinen rechtlichen Rahmens auf Auslandsgesellschaften keiner Rechtfertigung bedarf. Die Vorgaben der Niederlassungsfreiheit wären aber zu beachten, wenn man durch Qualifikation das Gesellschaftsstatut gezielt verengen und so gesellschaftsrechtsspezifische Regelungen in das Delikts- oder Insolvenzstatut überführen wollte.[168]

a) Haftungstatbestände.[169] Bei der Diskussion um die Anwendung von **Haftungstatbeständen** des deutschen Rechts auf inländische Auslandsgesellschaften ist zunächst daran zu erinnern, dass in erster Linie das Gesellschaftsstatut darüber bestimmt, ob und unter welchen Voraussetzungen Gesellschafter und Geschäftsleiter persönlich für die Gesellschaftsschulden haften. Wendet man diese konsequent an, wozu natürlich auch der deutsche Richter bei entsprechender Anknüpfung berechtigt und verpflichtet ist, sind in den meisten Fällen die Schutzlücken nicht so groß, dass eine Korrektur angezeigt wäre.[170] Denn auch z.B. das englische Gesellschaftsrecht verfügt durchaus über wirksame Instrumente zur **Verhinderung des Missbrauchs** der „Limited", etwa in Form des Tatbestandes des *„wrongful trading"* oder der Durchgriffshaftung (*„piercing the corporate veil"*). Näher Rn 193.

Die **Insolvenzverschleppungshaftung** ist zunächst trotz ihrer delikts- und insolvenzrechtlichen Bezugspunkte[171] gesellschaftsrechtlich zu qualifizieren.[172] Dies liegt daran, dass die Haftung an eine im Gesellschaftsrecht verankerte Pflicht der Geschäftsleiter anknüpft, die man nicht ohne weiteres auf Auslandsgesellschaften übertragen kann, da dadurch in die Organzuständigkeiten eingegriffen würde. Auch die **Insolvenzantragspflicht** bei Überschuldung kann nur schwerlich auf eine Gesellschaft ohne festes Grundkapital übertragen werden. Eine **Sonderanknüpfung** dieses Tatbestandes[173] dürfte ebenfalls ausscheiden, da man diese nicht auf die Antragspflicht selbst beschränken könnte: Die Antragspflicht führt zur Überwachungspflicht, die Überwachungspflicht zum Erfordernis der Erstellung der Überschuldungsbilanz, die sinnvollerweise nur nach Maßgabe des deutschen Rechts erstellt werden könnte. Dies zeigt, dass die Sonderanknüpfung der Antragspflicht zu einer sehr weitgehenden Überlagerung des Innenrechts der Gesellschaft bis hin zu einer

---

165 EuGH, IPRax 2004, 46 = NJW 2003, 3331 – „Inspire Art".
166 *Sandrock*, ZVglRWiss 102 (2003), 447 ff., bezeichnet die darauf beruhende Beschränkung als „Schrumpfung" der Überlagerungstheorie.
167 Den Begriff verwendet *Ulmer*, NJW 2004, 1201, 1207, in diesem Zusammenhang.
168 In diese Richtung deuten manche Qualifikationslösungen in der Lit., z.B. die Anwendung von „Mehrfachqualifikationen" bei *Kindler*, in: FS Jayme 2004, S. 409 ff.
169 *Eidenmüller*, in: Eidenmüller (Hrsg.), § 4 Rn 7 ff.
170 Zutr. *Behrens*, IPRax 2004, 20, 24.
171 Anspruchsgrundlage dieser Haftung ist § 823 Abs. 2 BGB i.V.m. § 64 Abs. 1 GmbHG bzw. § 92 Abs. 2 AktG.
172 Zutr. *Ulmer*, NJW 2004, 1201, 1207; *Altmeppen/Wilhelm*, DB 2004, 1083, 1088; *Spindler/Berner*, RIW 2004, 7, 12; wohl auch *Bayer*, BB 2003, 2357, 2365; unentschieden: *Zimmer*, NJW 2003, 3585, 3590; a.A. *Borges*, ZIP 2004, 733, 739.
173 Dafür aber offenbar *Borges*, ZIP 2004, 733, 740, der von einer „analogen Anwendung" spricht.

gesonderten Bilanzierung führen würde, die sich in Hinblick auf die Niederlassungsfreiheit kaum rechtfertigen ließe.[174] Ein **Normenmangel** ist aufgrund dieser Lösung übrigens auch dann nicht zu befürchten, wenn das Gründungsrecht die funktionsäquivalenten Schutznormen insolvenzrechtlich ausgestaltet hat: Ein inländisches Gericht wäre schließlich nicht an diese Einordnung gebunden, sondern würde diese ebenfalls anhand der Systembegriffe der *lex fori* qualifizieren[175] und somit ebenfalls dem Gesellschaftsstatut zuweisen. Soweit diese Schutzinstrumente also zumindest Grundlage privatrechtlicher Haftungsansprüchen sein können, ist der inländische Richter unabhängig von ihrer Qualifikation nach der *lex causae* zu ihrer Anwendung als Teil des Gesellschaftsstatuts verpflichtet.

112 Gesellschaftsrechtlich zu qualifizieren sind ferner die Fälle der **Durchgriffshaftung** einschließlich der **Existenzvernichtungshaftung**.[176] Soweit hier mitunter eine deliktsrechtliche Qualifikation[177] in Betracht gezogen wird, ist darauf hinzuweisen, dass die Anwendung des § 826 BGB neben einer gesellschaftsrechtlichen Haftung in Betracht kommt, mit dieser aber nicht identisch ist.[178] Bezüglich dieser Ansprüche ist mit der h.M.[179] grundsätzlich die Möglichkeit einer **Überlagerung** des Gesellschaftsstatuts anzuerkennen. Voraussetzung ist allerdings, dass die damit verbundene Beschränkung der Niederlassungsfreiheit im konkreten Fall **gerechtfertigt** werden kann. Insoweit kommen zwei unterschiedliche Begründungen in Betracht: Zunächst könnte das vom EuGH anerkannte **Missbrauchsverbot** eingreifen. Der Anwendungsbereich der Niederlassungsfreiheit ist ausnahmsweise nicht eröffnet, wenn sich Staatsangehörigen unter Missbrauch der durch den EG-Vertrag geschaffenen Möglichkeiten der Anwendung des nationalen Rechts entziehen, also sich missbräuchlich oder in betrügerischer Absicht auf Gemeinschaftsrecht berufen.[180] Allein die Wahl eines laxeren Gesellschaftsstatuts zur Umgehung strengerer Gründungsvorschriften im Staat der Zweigniederlassung ist freilich nicht zur Begründung eines solchen Missbrauchs geeignet. Erforderlich wäre vielmehr ein **konkreter Missbrauch**, der insbesondere in den Fällen der **Existenzvernichtungshaftung** – die ja letztlich nichts anderes als Haftung für den Missbrauch der juristischen Person enthält[181] – in Betracht kommt.[182] Gerade aufgrund der Tendenzen in der deutschen Rechtsprechung, diese Fallgruppe zunehmend weit auszulegen,[183] ist bezüglich einer generellen Aussage jedoch Vorsicht geboten. Der Missbrauch muss konkret nachgewiesen werden.[184]

113 Daneben kommt aber auch eine Rechtfertigung nach den allgemeinen Grundsätzen in Betracht: Mitgliedstaatliche Maßnahmen, die die Niederlassungsfreiheit beschränken, sind nicht per se verboten, sondern können, wenn sie in nichtdiskriminierender Weise angewandt werden, ausnahmsweise aus **zwingenden Gründen des Allgemeininteresses** gerechtfertigt sein, sofern sie zur Erreichung des verfolgten Zieles geeignet, erforderlich und verhältnismäßig i.e.S. sind.[185] Zwar ist insbesondere der **Gläubigerschutz** grundsätzlich als ein derartiges zwingendes Allgemeininteresse anerkannt, die Rechtsprechung des EuGH deutet allerdings auf eine sehr **restriktive Handhabung** hin.[186] Soweit die Gläubiger bereits durch das Auftreten als Auslandsgesellschaft geschützt sind, also das fremde Gesellschaftsstatut offensichtlich war, kommt eine Beschränkung zum Zwecke des Gläubigerschutzes nicht in Betracht.[187] Die Information der Gläubiger, die

---

174 A.A. *Borges*, ZIP 2004, 733, 740, der aber ganz isoliert auf die Antragspflicht abstellt, ohne die angesprochenen Weiterungen für das Innenrecht in den Blick zu nehmen.

175 Zur umstrittenen Frage der Qualifikation anhand der *lex fori* vgl. zuletzt BGHZ 119, 392; näher zu dieser Frage vgl. Art. 3 EGBGB Rn 19 ff.

176 *Ulmer*, NJW 2004, 1201, 1208; *Sandrock*, ZVglRWiss 102 (2003), 447, 484 f.; *Spindler/Berner*, RIW 2004, 7, 11.

177 *Schanze/Jüttner*, Die AG 2003, 665, 669 f.; *Zimmer*, NJW 2003, 3585, 3588 f.; *Kindler*, in: FS Jayme 2004, S. 409, 416 f.

178 Zutr. *Ulmer*, NJW 2004, 1201, 1208.; ähnlich *Bayer*, BB 2003, 2357, 2364 f. (der ausdr. zwischen den Anspruchsgrundlagen differenziert).

179 *Sandrock*, ZVglRWiss 102 (2003), 447, 484 ff.; *Ulmer*, NJW 2004, 1201, 1208; *Bayer*, BB 2003, 2357, 2364 f.; *Eidenmüller*, ZIP 2002, 2233, 2242; *Weller*, IPRax 2004, 207; *Eidenmüller/Rehm*, ZGR 2004, 159, 182; *Zimmer*, NJW 2003, 3585, 3589; a.A. *Kieninger*, ZEuP 2004, 685, 699.

180 Zum Rechtsmissbrauch im Gemeinschaftsrecht vgl. *Fleischer*, JZ 2003, 865; *Ottersbach*, a.a.O.; *Schmidt-Kessel*, a.a.O.; *Schön*, in: FS Wiedemann 2002, S. 1271; *Zimmermann*, a.a.O.

181 Vgl. BGHZ 151, 181, 187. Auf den Zusammenhang weist zutr. *Borges*, ZIP 2004, 733, 742 hin; ferner *Drygala*, ZEuP 2004, 337, 347.

182 Ähnlich: *Spindler/Berner*, RIW 2004, 7, 9, die aber einen solchen „konkreten Missbrauch" nur bei „betrügerischer Absicht" anerkennen.

183 Näher: *Emmerich*, Die AG 2004, 423; vgl. zuletzt OLG Rostock, ZIP 2004, 385 (Erstreckung der Haftung auf den Geschäftsführer einer Gesellschafterin); hierzu krit. *Bruns*, NZG 2004, 409.

184 Zu einem solchen Missbrauchsfall, der nach Ansicht des AG Hamburg die Aberkennung des Haftungsprivilegs einer englischen Ltd. rechtfertigte, vgl. AG Hamburg, IPRax 2003, 534 = NJW 2003, 2835 = NZI 2003, 442 mit Anm. *Mock/Schildt* = DStR 2003, 1763 mit Anm. *Lürken*; dazu auch *Weller*, IPRax 2003, 520.

185 EuGH, IPRax 2004, 46 = NJW 2003, 3331 – „Inspire Art"; Slg. 1999, I-1459, Rn 34 – „Centros"; Slg. 1995, I-4165, Tz 37 – „Gebhard".

186 In diesem Sinne auch *Ziemons*, ZIP 2003, 1913, 1917.

187 EuGH, IPRax 2004, 46 = NJW 2003, 3331 – „Inspire Art".

sich dann selbst schützen können, geht also der Überlagerung vor. Innerhalb dieses engen Rahmens ist es allerdings durchaus denkbar, dass im **Einzelfall** gläubigerschützende Überlagerungen zu rechtfertigen sind, beispielsweise zugunsten von Deliktsgläubigern[188] materiell unterkapitalisierter Gesellschaften. Der Nachweis, dass nach dem Gesellschaftsstatut hinreichende Schutzinstrumente nicht gegeben sind, dürfte im Rahmen der Erforderlichkeit nicht zu verlangen sein.[189]

b) Kapitalschutzrecht. Im Bereich des Rechts der **Kapitalaufbringung und -erhaltung** sowie des **Eigenkapitalersatzrechts** können nur in ganz engen Grenzen Überlagerungen angenommen werden. Insoweit ist zunächst festzustellen, dass der EuGH ein vorgeschriebenes **Mindestkapital** schon nicht als geeignet ansieht, die Gesellschaftsgläubiger zu schützen.[190] Vorschriften, die an den Schutz eines solchen Mindestkapitals anknüpfen und dessen Entzug sanktionieren, dürften im Wesentlichen dieses Schicksal teilen.[191] Wie *Sandrock* treffend bemerkt, verletzen die Vorschriften über Kapitalaufbringung und -erhaltung „nahezu sämtliche Schranken, die das Europarecht gegenüber Eingriffen in die Niederlassungsfreiheit aufgerichtet hat."[192] Dies gilt richtigerweise auch für **Rückzahlungsansprüche** aus §§ 30, 31 GmbHG, die bei Fehlen eines festen Stammkapitals schon keinen Sinn machen und die für den Gläubigerschutz ebenso ungeeignet sind, wie das Mindestkapital selbst.[193] Soweit die Auszahlungen zur Insolvenz der Gesellschaft führen, ist aus dem Aspekt des Missbrauchs vielmehr eine **Existenzvernichtungshaftung** in den Blick zu nehmen. Diese hat bei inländischen Auslandsgesellschaften insoweit einen weiteren Anwendungsbereich als bei deutschen Gesellschaften, als sie gegenüber § 31 GmbHG nicht subsidiär ist.[194] Schutzlücken können daher mit diesem Instrument geschlossen werden.

114

Bezüglich des **Eigenkapitalersatzrechts**[195] ist zu unterscheiden: Ansprüche aus den sog. **Rechtsprechungsgrundsätzen** analog §§ 30, 31 GmbHG sind nicht anders zu behandeln als der direkte Anwendungsbereich der Vorschriften, so dass keine Sonderanknüpfung in Betracht kommt, sondern zu prüfen ist, ob die Rückzahlung sich als existenzvernichtender Eingriff darstellt. Dagegen knüpfen die Vorschriften der §§ 32a, 32b GmbHG, §§ 135, 146 InsO und § 6 AnfG an die Durchführung des **Insolvenzverfahrens** an und entfaltet seine Rechtsfolgen gerade innerhalb dieses Verfahrens. Diese sind daher insolvenzrechtlich zu qualifizieren und unterliegen als Teil der *lex fori concursus* der Anknüpfung nach der EuInsVO.[196]

115

c) Mitbestimmungsrecht. Erwartungsgemäß kontrovers verläuft die Diskussion bezüglich der Überlagerung des Gesellschaftsstatuts für die Zwecke der unternehmerischen Mitbestimmung. Man wird wohl behaupten können, dass sich hierin die rechtspolitische Haltung der Autoren zur Mitbestimmungsfrage widerspiegelt. Ob die Mitbestimmung zwingenden Gründen des Allgemeininteresses dient und demnach eine Sonderanknüpfung des Mitbestimmungsrechts vor dem Hintergrund der Niederlassungsfreiheit gerechtfertigt werden kann, ist letztlich eine ebensolche **Glaubensfrage** wie diejenige nach der Vereinbarkeit der Mitbestimmung mit Art. 14 GG, an der sich die deutsche Rechtswissenschaft in den 1970er Jahren aufgerieben hat. Ebenso wie damals wird es auch heute einer expliziten höchstrichterlichen Entscheidung bedürfen, um die Frage zu klären – damals durch das BVerfG,[197] heute durch den EuGH.

116

Der politische Charakter der Fragestellung macht eine Prognose dieser Entscheidung schwierig, wenn nicht sogar unmöglich. Auch wenn sicherlich viele gute Gründe gegen eine solche Überlagerung sprechen,[198] darf

117

---

188 *Spindler/Berner*, RIW 2004, 7, 14.
189 Näher: *Ulmer*, NJW 2004, 1201, 1208 f.; *Borges*, ZIP 2004, 733, 741 f.; a.A. *Spindler/Berner*, RIW 2004, 7, 14; *Kieninger*, ZEuP 2004, 685, 700 ff.
190 EuGH, Slg. 1999, I-1459 Tz 35 – „Centros".
191 So auch *Eidenmüller/Rehm*, ZGR 2004, 159, 181.
192 ZVglRWiss 102 (2003), 447, 479.
193 A.A. wohl *Ulmer*, NJW 2004, 1201, 1209.
194 Ohnehin ist die Subsidiarität kritisch zu sehen, vgl. *Emmerich*, Die AG 2004, 423, 428.
195 Zu den Differenzierungen vgl. statt vieler: *Michalski/Heidinger*, GmbHG, Bd. 1, 2001, §§ 32a, 32b Rn 249 ff.
196 *Ulmer*, NJW 2004, 1201, 1207; *Paulus*, ZIP 2002, 729, 734; *Zimmer*, NJW 2003, 3585, 3589 (der allerdings die Vorfrage des eigenkapitalsetzenden Charakters nach dem Gesellschaftsstatut beantworten will; hiergegen spricht, dass die Vorschriften dann in den meisten Fällen inhaltsleer wären, man müsste also dann zumindest eine Sonderanknüpfung der Vorfrage an das Sitzrecht in den Blick nehmen); *Kindler*, NZG 2003, 1086, 1090; a.A. aber wohl *Borges*, ZIP 2004, 733, 743.
197 BVerfGE 50, 290.
198 Man kann wohl behaupten, dass die ganz überwiegende Meinung in der Lit. sich gegen die Zulässigkeit einer Überlagerung mit Mitbestimmungsrecht ausgesprochen hat, vgl.: *Sandrock*, Die AG 2004, 57; *Sandrock*, ZVglRWiss 102 (2003), 447, 493 ff.; *Windbichler/Bachmann*, in: FS Bezzenberger 2000, S. 799 ff.; *Schiessl*, ZHR 167 (2003), 235, 239 ff.; *Eidenmüller/Rehm*, ZGR 2004, 159, 184 f.; *Mankowski*, RIW 2004, 481, 483; *Martin-Ehlers*, in: Sandrock/Wetzler, S. 1, S. 30 f.; *Müller-Bonanni*, GmbHR 2003, 1235, 1237 f.; *Schanze/Jüttner*, Die AG 2003, 661, 668; *Schwark*, Die AG 2004, 173, 177 ff.; *Horn*, NJW 2004, 893, 900; *Ziemons*, ZIP 2003, 1913, 1917 f.; a.A. (für Möglichkeit der Überlagerung): *Altmeppen/Wilhelm*, DB 2004, 1083, 1089; *Bayer*, Die AG 2004, 534; *Drygala*, ZEuP 2004, 337, 348 f.; *Bayer*, BB 2003, 2357, 2365; *Roth*, ZGR 2000, 311, 333; *Thüsing*, ZIP 2004, 381 (mit ausf. Begründung); differenzierend: *Rehberg*, in: Eidenmüller (Hrsg.), § 6 Rn 1 ff.

man doch nicht vergessen, dass gerade die Mitbestimmungsfrage die Entwicklung des europäischen Gesellschaftsrechts fast 30 Jahre lang paralysiert hat – und die letztlich gefundene Lösung die Mitbestimmung in großem Umfang berücksichtigt.[199] Ob der EuGH vor diesem Hintergrund bereit sein wird, explizit einen **mitbestimmungsfreien Zuzug** primärrechtlich zu gewährleisten, erscheint schon deshalb als fraglich, weil er dadurch den Spielraum für eine sekundärrechtliche Lösung des Problems in einer zukünftigen **Sitzverlegungsrichtlinie**[200] verengen würde. Andererseits sind die praktischen Probleme, die mit einer **Überlagerung der Organisationsverfassung** einer fremden Rechtsform durch Mitbestimmungsrecht verbunden wären, nicht von der Hand zu weisen – wenn diese, wie die Europäische Aktiengesellschaft zeigt, grundsätzlich auch lösbar sind. Fraglich ist nur, ob sie auch ohne spezifisch auf diese Situation zugeschnittene Normen lösbar sind.

118 An dieser Stelle genügt es wohl, die **Frage** als **offen** zu kennzeichnen und eine baldige Vorlage der Frage an den EuGH anzuregen. Anbieten würde sich dies innerhalb eines **Statusverfahrens** nach § 98 AktG, sobald in Deutschland eine inländische Auslandsgesellschaft mit mehr als 500 Arbeitnehmern auftritt. Dieses Verfahren ist bei einer Ungewissheit über das Erfordernis der Bildung eines Aufsichtsrats, die bei der GmbH regelmäßig auftritt, analog heranzuziehen.[201]

119 **d) Firmenrecht. aa) Informationsmodell und Offenlegung des Gesellschaftsstatuts.** Das Firmenrecht regelt, unter welchem Namen eine Gesellschaft im Rechtsverkehr auftritt, und bestimmt sich einschließlich des Rechtsformzusatzes grundsätzlich nach dem Gesellschaftsstatut[202] (Rn 22). Der EuGH misst der Firmierung unter dem **Rechtsformzusatz** offenbar große Bedeutung bei, beruht doch gerade hierauf die **Information** der potenziellen Gläubiger bezüglich des fremden Gesellschaftsstatuts. In der Entscheidung „Inspire Art" führte er aus, Beschränkungen zum Zwecke des Gläubigerschutzes kämen schon deshalb nicht in Betracht, weil „Inspire Art als Gesellschaft englischen Rechts und nicht als niederländische Gesellschaft auftritt." (Tz 135). Der Gerichtshof geht also offenbar davon aus, dass Auslandsgesellschaften unter **Angabe ihres Personalstatuts** „auftreten", vor allem also entsprechend firmieren und es auf Geschäftsbriefen (sowie wohl auch im Register) offen legen.[203]

120 Die Elfte Richtlinie[204] sieht eine derartige Pflicht aber gerade nicht vor: Nach Art. 2 Buchst. d bedarf es lediglich der Offenlegung der **„Firma** und der **Rechtsform** der Gesellschaft", nicht aber der Angabe des Gesellschaftsstatuts. Im Umkehrschluss zu Art. 8 Buchst. c der Richtlinie, der nur für Gesellschaften aus Drittstaaten eine solche Offenlegung explizit vorschreibt, ergibt sich für Gesellschaften aus den Mitgliedstaaten, dass sie nicht zur Angabe ihres Gesellschaftsstatuts verpflichtet werden können – schließlich ist die Regelung der Publizitätsgegenstände in Art. 2 abschließend.[205]

121 Angesichts dessen drängt sich natürlich die Frage auf, wieso der EuGH gleichwohl meint, dass die Auslandsgesellschaft stets als Gesellschaft ihres Personalstatuts auftritt? Der Grund dürfte einerseits darin zu sehen sein, dass das offen zu legende und auf den Geschäftsbriefen anzugebende Register (Art. 2 Buchst. c und Art. 6 Elfte Richtlinie i.V.m. Art. 4 Publizitätsrichtlinie[206]) auf das nach der „Überseering"-Entscheidung regelmäßig maßgebliche Gründungsrecht schließen lässt.[207] Ebensolche Indizwirkung hat auch der auf den Geschäftsbriefen anzugebende **Satzungssitz**. Eine explizite Angabe ist aber nicht vorgesehen. Wer also aufmerksam das Kleingedruckte auf dem Briefkopf liest oder gleich Einsicht in das Handelsregister nimmt, kann unschwer das Personalstatut der Gesellschaft ermitteln. Man wird dem EuGH aber kaum unterstellen können, dass er in Anbetracht dieser Informationsmöglichkeiten eines problembewussten und rechtskundigen Dritten davon ausgeht, dass „potenzielle Gläubiger hinreichend darüber unterrichtet [sind], dass [die Gesellschaft] anderen Rechtsvorschriften als denen unterliegt", die im Inland für die Gründung einer Kapitalgesellschaft gelten (Tz 135 des Urteils „Inspire Art"). Vielmehr dürfte der Gerichtshof damit meinen,

---

199 Zur Mitbestimmungslösung, die sich zunächst in der Mitbestimmungsrichtlinie zur Europäischen Aktiengesellschaft niedergeschlagen hat (Richtlinie 2001/86/EG, ABlEG 2001 Nr. L 294, S. 22 ff.; abgedruckt bei *Habersack*, Europäisches Gesellschaftsrecht, Rn 420); vgl. näher *Heinze*, ZGR 2002, 66; *Reichert/Brandes*, ZGR 2003, 767.
200 Hierzu näher: *Leible*, ZGR 2004, 531.
201 *Michalski/Heyder*, GmbHG, Bd. 2, 2001, § 52 Rn 41 m.w.N.
202 RGZ 117, 215 (218); BGH NJW 1958, 17 f.; BayObLG NJW 1986, 3029; *Baumbach/Hopt*, HGB, 30. Aufl. 2000, § 17 Rn 48; MüKo-HGB/*Bokelmann*, § 13d Rn 19; *Michalski*, NZG 1998, 762, 763; Palandt/*Heldrich*, Anh. zu Art. 12 EGBGB Rn 8; Michalski/*Leible*, GmbHG, Bd. 1, 2001, Syst. Darst. 2 Rn 99; Ebenroth/Boujong/Joost/*Zimmer*, HGB, 2001, Anh. § 17 Rn 29.
203 Zu diesem „Informationsmodell" des EuGH vgl. auch *Merkt*, RIW 2004, 1, 6.
204 Zweigniederlassungsrichtlinie 89/666/EWG, ABlEG 1989 Nr. L 395, S. 36 ff. (abgedruckt bei: *Habersack*, Europäisches Gesellschaftsrecht, Rn 134).
205 EuGH IPRax 2004, 46 = NJW 2003, 3331 – „Inspire Art".
206 Richtlinie 68/151/EWG, ABlEG 1968 Nr. L 64, S. 8 ff. (abgedruckt in *Habersack*, Europäisches Gesellschaftsrecht, Rn 133).
207 Näher *Leible/Hoffmann*, RIW 2002, 925, 930 f.

dass sich bereits aus der Firma, unter der die Gesellschaft im Inland auftritt, ergibt, dass die Gesellschaft ausländischem Recht unterliegt.

bb) Verwechselungsgefahr bei den Rechtsformzusätzen. Im konkreten Fall der „Inspire Art Ltd." im niederländischen Rechtsverkehr mag das stimmen. Verallgemeinern lässt sich dieser Gedanke jedoch nur in begrenztem Maße. Es ist Vorsicht geboten. Denn das Firmenrecht ist in Europa nicht harmonisiert. Selbst der Rechtsformzusatz des Heimatrechts erlaubt nicht immer eine **eindeutige Zuordnung** zu einer bestimmten Rechtsordnung: So kann etwa eine „S.A." alternativ dem französischen, belgischen, luxemburgischen, portugiesischen oder spanischen Recht unterliegen. Ähnliche Probleme treten bei der „S.A.R.L." (Frankreich, Luxemburg) oder sogar der „GmbH" (Deutschland, Österreich) auf. Selbst bei der „Ltd." („*private limited company*") kann man nicht erkennen, ob sie englischem, schottischem oder irischem Recht unterliegt.[208] Dennoch spielt der Aspekt der Erkennbarkeit des ausländischen Gesellschaftsstatuts eine **zentrale Rolle** in der Argumentation des EuGH, schließt er doch allein damit eine Rechtfertigung aufgrund des Gläubigerschutzes aus. 122

Eine in sich schlüssige Lösung ergibt sich nur, wenn der EuGH implizit davon ausgeht, dass die Mitgliedstaaten die Möglichkeit haben, den Gesellschaften ein **eindeutiges Auftreten** als Auslandsgesellschaft vorzuschreiben, indem er insbesondere dem Sitzrecht die Befugnis zubilligt, europarechtskonform die **Firmenbildung** zu überlagern.[209] Gleichzeitig ist es dem nationalen Recht aber verwehrt, zusätzliche Verpflichtungen bezüglich der Offenlegung der Gesellschaften zu begründen. Beides lässt sich nur schwer voneinander trennen, wie insbesondere die im Fall „Inspire Art" streitgegenständliche Angabe als „formal ausländische Gesellschaft" zeigt: Verpflichtet man die Gesellschaft dazu, diese Angabe in ihre Firma aufzunehmen, wird sie einerseits als Firmenbestandteil offen gelegt, andererseits müsste die Gesellschaft unter dieser Angabe im Rechtsverkehr auftreten und sie daher auch auf ihren Geschäftsbriefen angeben.[210] Derselbe Erfolg, der vom EuGH als richtlinienwidrig betrachtet wurde, hätte also auch über das Firmenrecht erreicht werden können. Dies zeigt, dass Vorschriften über die Firmierung der Auslandsgesellschaft ebenfalls an der Elften Richtlinie zu messen sind und daher **keine zusätzliche Offenlegung** insbesondere des Gesellschaftsstatuts vorgeschrieben werden kann.[211] 123

cc) Zulässiges Maß der Überlagerung der Firmenbildung. Das nationale Recht muss also befugt sein, den Auslandsgesellschaften ein eindeutiges Auftreten als Auslandsgesellschaft vorzuschreiben, darf aber zu diesem Zweck keine zusätzliche Offenlegung verlangen. Betrachtet man Tz 135 des Urteils „Inspire Art" genauer, kommt es dem EuGH nicht darauf an, dass die potenziellen Gläubiger gerade darüber unterrichtet sind, dass es sich bei der Inspire Art Ltd. um eine Gesellschaft englischen Rechts handelt. Entscheidend ist vielmehr, dass sie „hinreichend darüber unterrichtet [sind], dass sie anderen Rechtsvorschriften als denen unterliegt, die in den Niederlanden die Gründung von Gesellschaften mit beschränkter Haftung regeln" (Tz 135). Dafür genügt die Firmierung als „Ltd.", obwohl sich daraus nicht ergibt, ob die Gesellschaft englischem, schottischem oder irischem Recht unterliegt. 124

Das bedeutet: Die Mitgliedstaaten können von den Auslandsgesellschaften nur verlangen, so zu firmieren, dass zweifelsfrei ersichtlich ist, dass es sich nicht um eine Gesellschaft inländischen Rechts handelt. Kommt es dem so gewarnten potenziellen Gläubiger darauf an, das Gesellschaftsstatut in Erfahrung zu bringen, müsste er entsprechende Nachforschungen anstellen – etwa durch einen Blick auf die Angabe des Gründungsregisters. Eine Firmierung unter dem **Rechtsformzusatz des Heimatstaats**[212] wird daher regelmäßig den vom EuGH zugrunde gelegten Anforderungen an den Verkehrsschutz genügen. Nur in den Fällen, in denen eine **Verwechselungsgefahr** mit inländischen Rechtsformzusätzen besteht, sind die Mitgliedstaaten befugt, im Interesse des Verkehrsschutzes eine Überlagerung der Firmenbildung vorzunehmen und zu verlangen, dass sich die Eigenschaft als ausländische Gesellschaft zweifelsfrei aus der Firmierung ergibt.[213] Der Inspire 125

---

208 Eine Übersicht über die abgekürzten Rechtsformzusätze innerhalb der EU findet sich bei *Schwarz*, Europäisches Gesellschaftsrecht, 2000, S. 169 ff.
209 So auch *Rehberg*, in: Eidenmüller (Hrsg.), § 5 Rn 57 ff.
210 Die Angabe der Firma auf den Geschäftsbriefen ist zwar weder in der Ersten noch in der Elften Richtlinie vorgesehen, dürfte aber wohl als selbstverständlich vorausgesetzt worden sein.
211 A.A. *Rehberg*, in: Eidenmüller (Hrsg.), § 5 Rn 64 f.
212 Es wird hier davon ausgegangen, dass europaweit kein Recht existiert, dass eine Firmierung von Körperschaften ohne Rechtsformzusatz erlaubt. Wäre das der Fall, müsste man konsequenterweise den Sitzstaaten auch erlauben, die Verwendung eines unterscheidungsfähigen Rechtsformzusatzes überhaupt vorzuschreiben.
213 So schon für das bisherige Recht Ebenroth/Boujong/Joost/*Zimmer* HGB, 2001, Anh. § 17 Rn 30; insoweit auch MüKo-HGB/*Bokelmann*, § 13d Rn 20. Soweit *Bokelmann* (a.a.O., Rn 19) darüber hinaus die zusätzliche Angabe z.B. „beschränkt haftende Gesellschaft französischen Rechts" fordert, erscheint dies nicht als mit der Elften Richtlinie vereinbar.

Art Ltd. könnte demnach in Irland vorgeschrieben werden als „Ltd. (England)" zu firmieren, nicht aber in den Niederlanden. Ganz ähnlich könnte das deutsche Recht eine Firmierung als „GmbH österreichischen Rechts" verlangen, während deutsche und österreichische GmbH in Frankreich denselben Rechtsformzusatz verwenden können. Dagegen wäre das deutsche Recht (im Gegensatz zum französischen) daran gehindert, bei der Firmierung einer S.A. zusätzliche Anforderungen zu stellen. Nur so kann das Spannungsverhältnis zwischen abschließender Offenlegung und Erkennbarkeit der Eigenschaft als ausländische Gesellschaft schlüssig aufgelöst werden.[214]

126 *De lege lata* lässt sich eine solche Pflicht zur Firmierung als Auslandsgesellschaft bereits dem **Grundsatz der Firmenwahrheit** (§ 18 Abs. 2 HGB) entnehmen. Als tragender Grundsatz des deutschen Firmenrechts ist dieser besonders geeignet, durch **Überlagerung** des Gesellschaftsstatuts in dem europarechtlich nicht nur zulässigen, sondern sogar geforderten Maße die Erkennbarkeit des fremden Gesellschaftsstatuts sicherzustellen. Auch wenn die Firma selbst daher nach ausländischem Gründungsrecht zu bilden ist, folgt der Schutz inländischer Verkehrskreise vor irreführenden Firmen zumindest insoweit deutschem Sitzrecht, als die Irreführung das Gesellschaftsstatut betrifft.

127 **dd) Sanktionierung der irreführenden Firmierung.** Zentrale Bedeutung kommt ferner der **Sanktionierung** dieser Anforderungen an die Firmierung zu. Rechtsfolgen eines Verstoßes gegen den Grundsatz der Firmenwahrheit können grundsätzlich treffen den unter der Firma handelnden, nicht aber die dahinterstehenden natürlichen Personen. Nur soweit diesen selbst ein Fehlverhalten sowie Verschulden nachzuweisen ist, kommt im Einzelfall eine deliktsrechtliche Haftung in Betracht. In dem hier interessierenden Fall der Irreführung über das Gesellschaftsstatut beseitigt die falsche Firmierung aber gerade den Kern des **Gläubigerschutzes durch Information**, auf dem die Konzeption des EuGH beruht. Die Verhängung einer weit reichenden Haftungssanktion durch das Sitzrecht ist daher europarechtlich nicht nur unter dem Gesichtspunkt des Missbrauchsverbots zur Bekämpfung von Betrug gerechtfertigt, sondern geradezu geboten. Auch insoweit bedarf es allerdings nicht unbedingt eines gesetzgeberischen Tätigwerdens, vielmehr kann durch Rechtsfortbildung eine angemessene Sanktion erreicht werden.

128 Konkret geht es hier um den Fall des Auftretens einer ausländischen Gesellschaft als „GmbH" oder ganz ohne Rechtsformzusatz, der die Eigenschaft als Körperschaft anzeigt. Nach den **Grundsätzen der Rechtsscheinhaftung**[215] muss sich der Handelnde, dem der Gebrauch der unzulässigen Firma zuzurechnen ist, den von ihm gesetzten Schein entgegenhalten lassen. Tritt die Auslandsgesellschaft im Inland **als „GmbH"** auf, muss sich der Handelnde so behandeln lassen, als wäre er tatsächlich für eine deutsche GmbH aufgetreten. Da diese GmbH aber nicht in das Handelsregister eingetragen ist, haftet er persönlich für die von ihm eingegangene Verbindlichkeit **analog § 11 Abs. 2 GmbHG**. Tritt die Auslandsgesellschaft dagegen ganz **ohne Rechtsformzusatz** auf, wird dadurch der Rechtsschein erzeugt, dass Unternehmensträger jedenfalls nicht eine beschränkt haftende Körperschaft ist, da eine Haftungsbeschränkung firmenrechtlich stets deutlich zu machen ist (Rechtsgedanke des § 19 Abs. 2 HGB). Auch insoweit ist also eine **persönliche Haftung nach Rechtsscheinsgrundsätzen** anzuerkennen,[216] soweit der Rechtsschein den Gesellschaftern zurechenbar ist. Die Entwicklung der Haftungssanktion aus allgemeinen Grundsätzen des deutschen Rechts zeigt auch, dass es sich hierbei um eine **nichtdiskriminierende Sanktion** handelt, der europarechtlich keine Bedenken entgegenstehen.

129 **e) Minderheitenschutz.** Nicht in Betracht kommt eine Überlagerung des Gesellschaftsstatuts bezüglich Vorschriften, die das **Innenverhältnis** der Gesellschaft betreffen, auch soweit Regelungen zum Schutz von **Minderheitsgesellschaftern** betroffen sind. Wenn schon den Belangen des Gläubigerschutzes weitgehend dadurch genügt wird, dass diese über das fremde Gesellschaftsstatut informiert werden, gilt dies erst recht für die Gesellschafter selbst. Wer sich an einer Gesellschaft beteiligt, muss sich über seine rechtliche Position in dem Unternehmen informieren und seine Anlageentscheidung hieran ausrichten. Dies gilt auch für den Fall späterer Änderungen im Gesellschafterbestand und eine daraus resultierende Veränderung der rechtlichen Position des Minderheitsgesellschafters. Denn auch mit solchen Veränderungen muss man rechnen und sich ggf. im Rahmen des Gesellschaftsstatuts absichern.[217] Zwingende Gründe des Allgemeininteresses streiten jedenfalls nicht dafür, dem Gesellschafter eine vorteilhaftere Position zu sichern, als er sie aufgrund seiner **privatautonomen Anlageentscheidung** beanspruchen kann.[218]

130 Während also der gesellschaftsrechtliche Minderheitenschutz keine Sonderanknüpfung rechtfertigen kann, ist darauf hinzuweisen, dass es auch **kapitalmarktrechtlich** zu qualifizierende Schutzinstrumente gibt,

---

214 So bereits *Leible/Hoffmann*, EuZW 2003, 677, 680 f.; zust. *Eidenmüller/Rehm*, ZGR 2004, 159, 183.
215 Näher: *Baumbach/Hopt*, HGB, § 5 Rn 9 ff.
216 BGH NJW 1996, 2645; NJW 1991, 2627.
217 A.A. *Sandrock*, ZVglRWiss 102 (2003), 447, 481 f.
218 Ebenso: *Eidenmüller/Rehm*, ZGR 2004, 159, 182 f.

die eigenen Kollisionsnormen folgen. Paradigma ist etwa das Übernahmerecht, wenn auch gerade das deutsche WpÜG nur bei Zielgesellschaften deutschen Rechts Geltung beansprucht.[219] Soweit derartige Schutzinstrumente an kapitalmarktrechtliche Umstände wie etwa die Zulassung zum Börsenhandel im Inland anknüpfen, steht die Niederlassungsfreiheit einer Anwendung auf Gesellschaften ausländischen Rechts nicht entgegen.

III. Nach deutschem Recht gegründete Körperschaften

1. Anknüpfung des Gesellschaftsstatuts. Wie bereits dargelegt (Rn 86) enthält die Rechtsprechung des EuGH zur Niederlassungsfreiheit keine Vorgaben für die kollisionsrechtliche Behandlung von Gesellschaften, die nach eigenem Recht gegründet worden sind. Insoweit bleibt es also bei der Maßgeblichkeit des **autonomen deutschen Gesellschaftskollisionsrechts**.

131

Damit ist aber noch nichts darüber gesagt, welcher Kollisionsnorm das autonome deutsche Recht heute folgt. Traditionell gilt in Deutschland die **Sitztheorie** (Rn 31). Die Konsequenzen dieser Anknüpfung innerhalb eines von den „Überseering"-Grundsätzen geprägten Europa wurden aber bereits aufgezeigt: Die autonome Sitzanknüpfung entzieht der Gesellschaft bei Verlassen des bisherigen Sitzstaates das Gesellschaftsstatut, so dass keine Grundlage für eine Anerkennung im Zuzugsstaat mehr besteht. Wendet die deutsche Rechtsprechung also im autonomen Recht weiterhin die Sitztheorie an, beraubt sie die deutschen Gesellschaften der **Vorteile der grenzüberschreitenden Mobilität**, die sie aufgrund der Niederlassungsfreiheit eigentlich genießen sollten.

132

Das unbeirrte Festhalten an der Sitztheorie hat aber weitere Nachteile:[220] Es ist unschwer zu erkennen, dass das die europarechtlichen Vorgaben bei Beibehaltung der Sitztheorie im autonomen Recht zu einer für den Rechtsanwender **kaum mehr überschaubaren Rechtslage** führt. Es entsteht ein **gespaltenes Kollisionsrecht**, das nicht nur danach differenziert, ob der Sachverhalt Bezüge zu EG- und Nicht-EG-Staaten aufweist, sondern weiterhin danach unterscheidet, ob der in der Gemeinschaft belegene Staat, in dem die Gesellschaft wirksam gegründet worden ist, der Gründungs- oder Sitztheorie folgt. Die ohnehin oft gescholtene Komplexität des Kollisionsrechts wird weiter erhöht.[221] Das Internationale Gesellschaftsrecht wird immer mehr zum **Irrgarten**,[222] in dem sich der kollisionsrechtlich oft ungeübte Rechtsanwender hoffnungslos verlaufen kann.

133

Angesichts dieser Situation stellt sich die Frage immer dringender, ob es nicht an der Zeit ist, auch im deutschen Kollisionsrecht grundsätzlich die **Gründungs- an die Stelle der Sitztheorie** treten zu lassen. Hierfür lassen sich in der Tat einige Argumente ins Feld führen. Zum einen kann nur so die mit „Überseering" entstandene Komplexität des deutschen Internationalen Gesellschaftsrechts auf ein für den Rechtsanwender erträgliches Maß zurückgeführt werden. Recht muss verständlich sein, damit es seine Gestaltungs-, Steuerungs- und Stabilisierungsfunktion entfalten kann. Für eine Zuwendung zur Gründungstheorie spricht zum anderen aber auch die damit einhergehende verstärkte Beachtung der Parteiautonomie, die auch in anderen Bereichen des Kollisionsrechts zunehmend Bedeutung gewinnt.[223] Hinzu kommt der mit der Gründungstheorie verbundene Gewinn an **Rechtssicherheit**. Sie schafft eindeutigere Anknüpfungspunkte als die Sitztheorie, da sich Inkorporations- und Registrierungsort einer Gesellschaft meist leichter feststellen lassen als ihr tatsächlicher Verwaltungssitz.[224] Das ist gerade angesichts der zunehmenden Möglichkeit einer Verbindung von Unternehmensteilen mittels der Telekommunikation („**virtuelle Unternehmen**") und des Trends zu **transnationalen Unternehmen** (DaimlerChrysler etc.) von besonderer Bedeutung.[225] Und schließlich bewahrt sie den Rechtsverkehr vor **Schein- oder hinkenden Gesellschaften**, da alle einmal wirksam gegründeten Gesellschaften ohne Wenn und Aber als existent behandelt werden.[226] Insoweit hat

134

---

219 Näher: *Schwark/Noack*, Kapitalmarktrechts-Kommentar, 3. Aufl. 2004, §§ 1, 2 WpÜG Rn 23 ff.
220 Dazu bereits *Leible/Hoffmann*, RIW 2002, 925, 932.
221 Dabei handelte es sich allerdings um kein originär international-gesellschaftsrechtliches Problem, wie etwa ein Blick auf das Verbraucherkollisionsrecht deutlich macht; vgl. dazu *Leible*, in: Schulte-Nölke/Schulze, Rechtsangleichung und nationale Privatrechte, 1999, S. 353 ff.
222 Vgl. den Beitrag „Der Irrgarten des internationalen Privatrechts" von *Fränkel*, RabelsZ 4 (1930), 239, 241.
223 Zur Bedeutung der Parteiautonomie im Internationalen Gesellschaftsrecht vgl. *Nappenbach*, a.a.O.
224 Vgl. dazu exemplarisch OLG Frankfurt NZG 1999, 1097 = GmbHR 1999, 1254 m. Anm. *Borges* = RIW 2000, 56 m. Anm. *Haack* = EWiR § 50 ZPO 2/99 (*Kindler*), sowie die Besprechungsaufsätze von *Bechtel*, NZG 2001, 21; *Borges*, RIW 2000, 167; *Freitag*, NZG 2000, 357.
225 Vgl. dazu *Borges*, RIW 2000, 167, 171 ff.; *Breuninger/Krüger*, in: FS Rädler 1999, S. 79 ff.; *Zimmer*, in: Baums/Hopt/Horn, Corporations, Capital Markets and Business in the Law, 2000, S. 655 ff.
226 *Michalski/Leible*, GmbHG, Bd. 1, 2001, Syst. Darst. 2 Rn 8.

der Übergang zur Gründungsanknüpfung für deutsche Gesellschaften sogar Rückwirkungen auf das EU-Ausland, da den dortigen Rechtsanwendern beim Verkehr mit deutschen GmbHs die Notwendigkeit einer Überprüfung des Verwaltungssitzes abgenommen würde. Gerade der ausländische Rechtsverkehr würde also vor nach deutschem Recht gegründeten, aber tatsächlich aufgelösten bzw. fremdem Recht unterliegenden Gesellschaften geschützt werden.

135 Es ist somit für eine **grundsätzliche Neuorientierung** bezüglich der autonomen Gesellschaftskollisionsnorm zu plädieren[227] und die Rechtsprechung aufzufordern, diese Forderung umzusetzen. Die neue kollisionsrechtliche Situation, die durch die Entscheidung „Überseering" eingetreten ist, bedarf einer neuen Bewertung, der man durch ein Festhalten an einer nicht mehr passenden Tradition nicht gerecht werden kann. Ob das Erfordernis einer solchen Neubewertung allerdings von der Rechtsprechung bereits erkannt worden ist, darf bezweifelt werden. In den ersten Entscheidungen nach „Überseering" klang zwar mitunter eine „Aufgabe der Sitztheorie" an,[228] es ist jedoch an keiner Stelle ersichtlich geworden, dass dies auch für nach deutschem Recht gegründete Gesellschaften und damit außerhalb der europarechtlichen Vorgaben gelten soll. Insbesondere eine Entscheidung des BayObLG[229] schien zwar in die Richtung einer umfassenden Aufgabe der Sitztheorie zu deuten, zwischenzeitlich hat gerade dieses Gericht allerdings explizit bestätigt, dass ein **Wegzug deutscher Gesellschaften** von der Rechtsprechung auch nach „Überseering" nicht toleriert wird.[230] Auch der Folgeentscheidung des BGH[231] zur Rechtssache „Überseering" lassen sich keine über die Behandlung zuziehender Auslandsgesellschaften hinausgehenden Aussagen entnehmen.[232] Die Diskussion steht aber noch am Anfang, und auch die Rechtsprechung kann kein Interesse an einem **zersplitterten, kaum noch anwendbaren Gesellschaftskollisionsrecht** haben.

136 **2. Sitzverlegung.** Soll das hier propagierte Ziel der Einräumung grenzüberschreitender Mobilität für deutsche Gesellschaften erreicht werden, bedarf es aber nicht nur der Neuorientierung im Bereich des Kollisionsrechts, sondern ebenfalls der **Aufgabe der materiellrechtlichen Wegzugshindernisse** des deutschen Gesellschaftsrechts. Dies kann weitgehend, wenn auch nicht vollständig durch die Rechtsprechung erreicht werden: Bleibt nach der Verlegung der Hauptverwaltung in das Ausland die Anknüpfung an das deutsche Gesellschaftsstatut erhalten, entfallen die Gründe für die Auflösung „an der Grenze" weitgehend. Insbesondere die Anwendbarkeit der Schutzinstrumente des deutschen Rechts bleibt unverändert und kann zumindest innerhalb der EU auch nicht vom ausländischen Recht ausgehebelt werden. Sogar das Mitbestimmungsrecht bleibt unangetastet. Die Rechtsprechung müsste also lediglich ihre (ohnehin unzutreffende[233]) Interpretation des Verlegungsbeschlusses als Auflösungsbeschluss aufgeben.

137 Allerdings bedarf eine deutsche Körperschaft nach § 4a GmbHG und § 5 AktG stets eines **inländischen Satzungssitzes**, der sich zwar nicht am Ort der Hauptverwaltung befinden muss, grundsätzlich aber zumindest einen hinreichenden **Bezug zur Unternehmenstätigkeit** aufweisen muss, insbesondere durch einen Betrieb. Dies bedeutet, dass auch die Rechtsprechung *de lege lata* die grenzüberschreitende Sitzverlegung deutscher Gesellschaften nur insoweit ermöglichen kann, als zumindest ein Betrieb im Inland verbleibt, der einen zulässigen inländischen Satzungssitz (und damit eine inländische Register- und Gerichtszuständigkeit) begründet. Zwar wäre es denkbar, aufgrund der Worte „in der Regel" (§ 4a Abs. 2 GmbHG, § 5 Abs. 2 AktG) bei im Ausland ansässigen Gesellschaften von einer Ausnahme auszugehen, doch würde sich m.E. eine solche Interpretation zu weit von der gesetzgeberischen Intention entfernen. Die Ermöglichung deutscher Briefkastengesellschaften, die im Inland nur noch einen Zustellungsbevollmächtigten haben, wäre danach dem Gesetzgeber vorbehalten.

138 Soweit zumindest ein Betrieb im Inland verbleibt, die Gesellschaft also physisch präsent ist, Zustellungen vorgenommen werden können und zumindest ein Grundbestand an Zugriffsmasse vorliegt, spricht nichts dagegen, die Gesellschaft frei über den vorzugswürdigen Ort der Lokalisierung ihrer Hauptverwaltung entscheiden zu lassen. Die eigentlich problematischen Fälle werden durch das Erfordernis eines inländischen Satzungssitzes und die materiellrechtlichen Anforderungen an diesen ohnehin ausgeschlossen.

---

227 In diesem Sinne auch *Kieninger*, ZEuP 2004, 685, 702 f.; *Wetzler*, in: Sandrock/Wetzler, S. 129 ff.
228 Vgl. die Darstellung bei *Leible/Hoffmann*, ZIP 2003, 925, 926 f.
229 BayObLG ZIP 2003, 398 = NZG 2003, 290; dazu *Leible/Hoffmann*, NZG 2003, 259.
230 BayObLG GmbHR 2004, 490 *m. Anm. Stieb*.
231 BGH IPRax 2003, 265 = ZIP 2003, 718; dazu *Weller*, IPRax 2003, 324.
232 Näher: *Leible/Hoffmann*, ZIP 2003, 925, 928 f.
233 Dazu Michalski/*Hoffmann*, GmbHG, Bd. 2, 2001, § 53 Rn 118.

IV. Nach drittstaatlichem Recht gegründete Gesellschaften

1. Grundsätzliche Behandlung. Vorbehaltlich auf völkerrechtlichen Verträgen beruhender Ausnahmen (Rn 144 ff.) kann das deutsche Recht frei darüber entscheiden, welche Kollisionsnorm es auf Gesellschaften anwendet, die nach dem Recht von Staaten gegründet worden sind, die nicht der EU angehören. Nach traditionellem Verständnis bedeutet dies, dass insoweit die **Sitztheorie** zur Anwendung käme und insbesondere bei Zuzug ins Inland nach der Rechtsprechung des BGH (Rn 53) von einer **rechtsfähigen Personengesellschaft** auszugehen wäre.

Nach der hier vertretenen Ansicht ist im Interesse einer einheitlichen Kollisionsnorm dagegen auch auf derartige drittstaatliche Gesellschaften in Deutschland die **Gründungstheorie** anzuwenden. Dadurch wird die **Rechtssicherheit** gefördert, da die inländischen Verkehrskreise nur schwer überblicken können, wo sich die Hauptverwaltung einer Gesellschaft befindet. Unerträglich wird die Unsicherheit vor allem bei „**mobilen" Gesellschaften** mit minimaler organisatorischer Struktur, bei denen sich der Verwaltungssitz praktisch mit dem Aufenthaltsort der dahinter stehenden natürlichen Personen verändert. Dass bei derartigen Gesellschaften die Sitztheorie keine überzeugenden Ergebnisse liefert, hat auch die deutsche Rechtsprechung eingesehen.[234]

Anzuerkennen ist aber, dass die Gründungstheorie nicht ohne **Einschränkungen** gelten kann, sondern auch schützenswerten Interessen des Staates, mit dem die Gesellschaft aufgrund ihres tatsächlichen Verwaltungssitzes eng verbunden ist, Rechnung tragen muss. Einer schrankenlosen Heranziehung des Gründungsrechts redet niemand das Wort. Schließlich gilt selbst in den USA – insbesondere nach den negativen Erfahrungen mit den sog. „*pseudo-foreign corporations*" – die Gründungstheorie nicht in reiner Form.[235] Im Zentrum der kommenden Diskussion sollten daher nicht das Anknüpfungsmoment, sondern die Zulässigkeit und Reichweite von die Anknüpfung an den Gründungssitz durchbrechender Sonderanknüpfungen stehen. Wenn Differenzierungen zwischen Sachverhalten inner- und außerhalb des Anwendungsbereichs der Niederlassungsfreiheit möglich und angezeigt sind, dann hier. Von einer Briefkastengesellschaft oder „*Offshore Corporation*" aus Saint Kitts and Nevis oder Vanuatu[236] wird man in stärkerem Maße die **Beachtung deutscher Schutznormen** verlangen können als von einer englischen Ltd.[237]

Das Entscheidende ist dabei, dass das deutsche Recht die **Reichweite der Überlagerung** mit Sitzrecht in diesen Fällen autonom bestimmen kann. Es ist also nicht gehindert, weit reichende Überlagerungen der Haftungsverfassung und des Firmenrechts vorzunehmen, die weit über das am Maßstab der Niederlassungsfreiheit zu Rechtfertigende hinausgehen könnten. Die Diskussion über die Frage, welche Überlagerungen in diesem Zusammenhang notwendig oder zumindest zweckmäßig sind, ob dies insbesondere nur zum Gläubiger- und Verkehrsschutz oder auch zum Zweck des Minderheitenschutzes erfolgen sollte, hat noch nicht einmal begonnen. Ausgangspunkt kann aber nur die von *Sandrock*[238] vor mehr als einem Vierteljahrhundert ausgearbeitete „ungeschrumpfte"[239] **Überlagerungstheorie** sein, die bereits ein vollständiges Konzept für die sinnvolle Reichweite von Sonderanknüpfungen enthielt. Sicher scheint zu sein, dass man die inländischen Interessen, deren Schutz die Sitztheorie bezweckt, auch auf diesem Wege berücksichtigen kann.

Bisher lässt sich indes noch keine Bereitschaft der deutschen **Rechtsprechung** erkennen, die Sitztheorie für Gesellschaften aus Drittstaaten aufzugeben. Das BayObLG[240] hat noch nach der Entscheidung „Überseering" an der Sitzanknüpfung bei einer sambesischen Gesellschaft festgehalten. Inwieweit die Entwicklung des Gesellschaftskollisionsrechts auch in diesem Bereich für ein Umdenken sorgt, wird erst die Zukunft zeigen können. Die nachfolgend aufzuzeigenden völkerrechtlichen Ausnahmen, die bereits heute in erheblichem Umfang die Anwendung der Gründungstheorie auch auf drittstaatliche Gesellschaften vorgeben, sollten ein weiteres Argument dafür sein, dass nur durch einen umfassenden Wechsel zur Gründungstheorie eine überschaubare Rechtslage erreicht wird.

---

234 OLG Frankfurt NZG 1999, 1097 = GmbHR 1999, 1254.
235 Vgl. dazu z.B. *Ebenroth/Einsele*, ZVglRWiss 87 (1989), 218, 218 ff.; *Korner*, a.a.O.; *Merkt*, Rn 156 ff.; *Sandrock*, RabelsZ 42 (1978), 227, 246 ff.
236 Derartige Offshore-Jurisdiktionen verfügen oftmals über eigenständige Gesellschaftsrechte für „Offshore Corporations", die überhaupt nur für die Geschäftstätigkeit mit Gebietsfremden zur Verfügung stehen und die in steuer-, aufsichts- und gesellschaftsrechtlicher Hinsicht privilegiert sind.
237 So bereits *Leible/Hoffmann*, RIW 2002, 925, 935.
238 Grundlegend: *Sandrock*, BerGesVR 18 (1978), S. 169 ff.; weiterentwickelt in: *ders.*, in: FS Beitzke 1979, S. 669 ff.
239 Die von *Sandrock* inzwischen vorgenommene „Schrumpfung" der Überlagerungstheorie (ZVglRWiss 102 (2003), 447) beruhte auf der Reduzierung auf das nach Art. 43, 48 EGV zulässige Maß, die im hier interessierenden Zusammenhang aber gerade nicht zu beachten sind.
240 RIW 2003, 387.

144 **2. Ausnahmen aufgrund völkerrechtlicher Verträge. a) EWR/EFTA.** Völkervertragliche Sonderregelungen für das Gesellschaftskollisionsrecht ergeben sich zunächst aus dem **EWR-Abkommen**. Gesellschaften aus den EWR/EFTA-Staaten genießen gemäß den Artt. 31, 34 EWR-Abkommen, die weitestgehend den Artt. 43, 48 EGV nachgebildet sind, in vergleichbarer Weise **Niederlassungsfreiheit** wie die EU-Gesellschaften. Praktisch betrifft dies Gesellschaften aus **Liechtenstein, Island** und **Norwegen**. Nach ständiger Rechtsprechung des EFTA-Gerichtshofes sind diese Vorschriften ebenso auszulegen wie die korrespondierenden Vorschriften des EGV, so dass insbesondere die Rechtsprechung des EuGH übertragen werden kann.[241] Das OLG Frankfurt hat daraus zutreffend den Schluss gezogen, dass „die Grundsätze des Überseering-Urteils des EuGH zur Anerkennung ausländischer Gesellschaften auf eine in einem EWR-Staat wirksam gegründete Gesellschaft übertragbar sind".[242] Demnach sind auch Gesellschaften aus EWR/EFTA-Staaten anhand der **europarechtlichen Gründungstheorie** anzuknüpfen und keinen weiter gehenden Sonderanknüpfungen auszusetzen als EU-Gesellschaften.[243]

145 **b) Bilaterale Verträge, insbesondere mit den USA.** Vorrangiges Gesellschaftskollisionsrecht ist mitunter auch in bilateralen völkerrechtlichen Verträgen verankert. Während die **gegenseitige Anerkennung** von Gesellschaften häufiger Gegenstand von Niederlassungs-, Handels- und Freundschaftsverträgen ist, haben diese doch meist keine kollisionsrechtliche Bedeutung.[244] Eine Ausnahme gilt vor allem für das Verhältnis zu den **USA**. Nach Art. XXV Abs. 5 S. 2 des **Freundschafts-, Handels- und Schifffahrtsvertrags** zwischen der Bundesrepublik Deutschland und den Vereinigten Staaten von Amerika vom 29.10.1954[245] gelten „Gesellschaften, die entsprechend den Gesetzen und sonstigen Vorschriften des einen Vertragsteils in dessen Gebiet errichtet sind, ... als Gesellschaften dieses Vertragsteils; ihr rechtlicher Status wird in dem Gebiet des anderen Vertragsteils anerkannt". Ob es sich dabei um eine kollisionsrechtliche Regelung handelt, die gem. Art. 3 Abs. 2 S. 1 als **völkervertragliches IPR** dem autonomen IPR vorgeht, war bislang umstritten und höchstrichterlich nicht geklärt.[246] Der XI. Zivilsenat des BGH hat sich – obwohl der Sachverhalt keinerlei Notwendigkeit für eine Festlegung begründete[247] – erst vor kurzem für eine **Gründungsanknüpfung** entschieden.[248] Der VIII. Zivilsenat des BGH hat sich dem mittlerweile angeschlossen.[249] Gefordert wird nicht einmal das Vorliegen eines in der Literatur verschiedentlich verlangten[250] *„genuine link"*-Erfordernis-

---

241 Ausf. und mit Nachw. aus der Rspr. des EFTA-Gerichtshofes: *Baudenbacher/Buschle*, IPRax 2004, 26, 27.
242 OLG Frankfurt, IPRax 2004, 56.
243 Näher: *Baudenbacher/Buschle*, IPRax 2004, 26 ff.
244 Näher für den Deutsch-Französischen Niederlassungs- und Schifffahrtsvertrag von 1956 (BGBl II 1957 S. 1662 ff.), der für die Anerkennung sowohl die Gründung als auch den Verwaltungssitz im selben Vertragsstaat vorschreibt: *Hoffmann*, NZG 1999, 1077, 1080. Umstritten ist die kollisionsrechtliche Bedeutung dagegen für den Deutsch-Spanischen Niederlassungsvertrag (BGBl II 1972 S. 1041), vgl. dazu *Ebenroth/Bippus*, DB 1988, 842, 843; *Krupski*, ZVglRWiss 96 (1997), 406, 423; *Steiger*, RIW 1999, 169; ausf. *Steiger*, Grenzüberschreitende Fusion, S. 169 ff. Zu weiteren Verträgen vgl. MüKo/*Kindler*, Bd. 11, 3. Aufl. 1999, Int. GesR Rn 238 f.
245 BGBl II 1956 S. 487. In Kraft seit dem 14.7.1956 (BGBl II 1956 S. 763).
246 Für eine kollisionsrechtliche Sichtweise OLG Zweibrücken NJW 1987, 2168; OLG Celle WM 1992, 1703, 1706; OLG Düsseldorf NJW-RR 1995, 1124; RIW 1996, 859; *Ebenroth/Bippus*, DB 1988, 842, 843; *Ebenroth*, NJW 1988, 2137; *Großfeld/Erlinghagen*, JZ 1993, 224; Michalski/*Leible*, GmbHG, Bd. 1, 2001, Syst. Darst. 2 Rn 43; Scholz/*Westermann*, GmbHG, 9. Aufl. 2000, Einl. Rn 133; dagegen OLG Hamm NJOZ 2002, 2723, 2725; *Berndt*, JZ 1996, 187; Ebke, RabelsZ 62 (1998), 195, 211; Staudinger/*Großfeld*, Int. GesR, Rn 211; *Kegel/Schurig*, 8. Aufl. 2000, S. 515; *Lehner*, RIW 1998, 201, 208 f. Anscheinend gänzlich übersehen von OLG München ZIP 2002, 2123.
247 Nach Feststellung des BGH war die Limited Partnership nach dem Recht des Staates New York gegründet, im dortigen Register eingetragen und hatte dort auch ihren Sitz.
248 Vgl. BGH ZIP 2002, 1155 = WM 2002, 1186 = BB 2002, 1227 = NJW-RR 2002, 1359, 1360.
249 BGH ZIP 2003, 720 = WM 2003, 699 = DB 2003, 818 = BB 2003, 810 m. Anm. *Kindler*.
250 OLG Düsseldorf NJW-RR 1995, 1124, 1125; *Bausback*, DNotZ 1996, 254, 258; *Ebenroth/Bippus*, DB 1988, 842, 844 ff.; *Ebenroth*, NJW 1988, 2137; *Ebenroth/Kemner/Willburger*, ZIP 1995, 972; *Ebenroth/Offenloch*, RIW 1997, 1, 2; *Picot/Land*, DB 1998, 1601, 1606. Gegen das Erfordernis eines *„genuine link"* hingegen *Bungert*, WM 1995, 2125, 2128 ff.; Michalski/*Leible*, GmbHG, Bd. 1, 2001, Syst. Darst. 2 Rn 45; Bamberger/Roth/*Mäsch*, Anh. Art. 12 EGBGB Rn 3; *Ulmer*, IPRax 1996, 100, 101; *Wessel/Ziegenhain*, GmbHR 1988, 423, 431.

ses.²⁵¹ Bei der Bestimmung des Gesellschaftsstatuts ist daher zumindest im Verhältnis zu den USA aufgrund höchstrichterlicher Maßgabe in Abkehr von der Sitztheorie an die Gründung der Gesellschaft nach dem Recht eines **Einzelstaates der USA** anzuknüpfen, und zwar mangels Statuierung eines *„genuine link"*-Erfordernisses auch bei sog. *„pseudo foreign corporations"*. Bisher weitgehend ungeklärt ist dagegen die Frage, inwieweit die Anerkennung des „rechtlichen Status" die **Überlagerung** des Gesellschaftsstatuts zulässt.²⁵² Insoweit wird man dem Sitzrecht wohl einen **größeren Spielraum** einräumen müssen, als dies unter Geltung der Niederlassungsfreiheit der Fall ist. Zuletzt hat der BGH indes die Haftungsverfassung einer inländischen US-Gesellschaft ausschließlich nach dem Delawarer Gründungsrecht bestimmt.²⁵³

c) GATS. Eine ganz neue Fragestellung²⁵⁴ bezieht sich darauf, ob auch das unter dem Dach der WTO geschlossene **General Agreement on Trade in Services (GATS)** insoweit kollisionsrechtliche Vorgaben macht, als es den Marktzugang fremder Dienstleistungserbringer gewährt und somit auch deren **Anerkennung** verlangt. Festzustellen ist zunächst, dass die Frage nach der unmittelbaren Anwendbarkeit der Vorschriften²⁵⁵ insoweit keine Rolle spielt, da zumindest die völkerrechtskonforme Auslegung des ohnehin nicht kodifizierten Gesellschaftskollisionsrechts erforderlich ist.²⁵⁶ In der Sache ergibt sich aus Art. XXVIII (m) (i) GATS, dass die **Zurechnung juristischer Personen** anhand der Gründung unter dem Recht eines Mitglieds erfolgt, sofern nur in irgendeinem WTO-Mitgliedstaat eine **erhebliche Geschäftstätigkeit** ausgeübt wird.²⁵⁷ Der Entzug von Handelsvorteilen ist nur möglich, wenn die Gesellschaft in diesem Sinne nicht einem anderen WTO-Mitglied zuzurechnen ist (Art. XXVII c GATS).

146

Die Verbindung zum Gesellschaftskollisionsrecht ergibt sich aus der auch niederlassungsrechtlichen Bedeutung des Abkommens, das sich nach Art. I Abs. 2 c GATS auch auf die Erbringung von Dienstleistungen mittels **„kommerzieller Präsenz" (Modus 3)** bezieht. Soweit in diesem Modus gemäß Art. XVI GATS Marktzugangsverpflichtungen in den entsprechenden Listen begründet und keine spezifischen Vorbehalte erklärt wurden,²⁵⁸ können die Mitglieder nach Art. XVI Abs. 2 e GATS die Wahl **„bestimmter Arten rechtlicher Unternehmensformen"** nicht beschränken. Hieraus folgt, dass einer Gesellschaft, die aufgrund ihres Gründungsrechts einem WTO-Mitglied zuzurechnen ist und die im Inland von einem in der Verpflichtungsliste²⁵⁹ eingeräumten Recht auf Marktzugang in Modus 3 Gebrauch machen will, weder die Gründung eines inländischen Tochterunternehmens vorgeschrieben noch die Erbringung unter der Rechtsform des Heimatrechts verweigern, so dass insbesondere auch Zweigniederlassungen der Zugang zu gewähren ist. Da aber die Zurechnung der Nationalität der Gesellschaft nach Maßgabe der Gründungstheorie erfolgt, gibt es im GATS keine Grundlage dafür, einer Gesellschaft die Handelsvorteile zu entziehen, nur weil sie bei Begründung ihrer kommerziellen Präsenz im Inland auch ihre **Hauptverwaltung im Inland** genommen hat. Eine Einordnung als deutsche Personengesellschaft aufgrund der Anwendung der Sitztheorie würde der Gesellschaft nicht nur entgegen Art. XVI GATS die **Rechtsform** vorschreiben, sondern mangels Identität von inländischer Personen- und ausländischer Kapitalgesellschaft der „juristischen Person des anderen Mitglieds" die **Handelsvorteile vollständig entziehen**. Hieraus ist zu folgern, dass die Anwendung der Sitztheorie auf Gesellschaften, die nach dem Recht eines WTO-Mitglieds gegründet worden sind, schon vor ihrem Zuzug eine „Geschäftstätigkeit von erheblichem Umfang" innerhalb der WTO ausgeübt haben²⁶⁰ und im

147

---

251 In BGH ZIP 2002, 1155 kam es darauf nicht an, da die Gesellschaft ihren Sitz in New York hatte. In BGH BB 2003, 810 wurde indes ausdr. festgestellt, dass der Verwaltungssitz in Deutschland situiert ist. Dass nach dem gegebenen Sachverhalt offenbar „kein Anhaltspunkt für das Fehlen tatsächlicher Verbindungen zu den USA" bestand (so *Kindler*, BB 2003, 812), ist pure Spekulation und lässt sich weder dem von der Vorinstanz (OLG Hamm NJOZ 2002, 2724) noch dem vom BGH geschilderten Sachverhalt entnehmen. Der BGH formuliert im Übrigen ohne jede Einschränkung: „Die Anerkennung des rechtlichen Status durch Art. XXV Abs. 5 Satz 2 des deutsch-amerikanischen Vertrages bedeutet zugleich, dass für eine Gesellschaft, die in dem Gebiet des einen Vertragsteils errichtet worden ist, die Regeln der Rechtsordnung dieses Vertragsteils die Voraussetzungen festlegen, unter denen diese Gesellschaft in dem Gebiet des anderen Vertragsteils als Rechtssubjekt handeln kann." (BGH ZIP 2003, 720, 721).

252 Ausf. Überlegungen hierzu finden sich bei *Bungert*, ZVglRWiss 93 (1994), 117, der von einem gespaltenen Gesellschaftsstatut ausgeht und gerade das Innenrecht der Gesellschaft dem Sitzrecht unterstellen will. Dies widerspricht erkennbar der hier vertretenen Einheitlichkeit der Kollisionsnorm.

253 BGH RIW 2004, 787; dazu näher *Ebke*, RIW 2004, 740.

254 Soweit ersichtlich erstmals aufgeworfen wurde die Frage von *Leible*, ZGR 2004, 531. Ausf. nunmehr *Lehmann*, RIW 2004, 816.

255 Hierzu näher: Weiss/Herrmann/*Weiss*, Rn 139 ff.

256 Zutr. *Lehmann*, RIW 2004, 816.

257 Zu Art. XXVIII (m) als Zurechnungsnorm vgl. Weiss/Herrmann/*Ohler*, Rn 848.

258 Zur Struktur der spezifischen Verpflichtungen nach dem GATS vgl. Weiss/Herrmann/*Ohler*, Rn 872 ff.

259 Die von der EU/Deutschland eingegangenen Verpflichtungen gehen auch in Modus 3 sehr weit und enthalten keinen allgemeinen Vorbehalt bezüglich der zulässigen Rechtsformen.

260 Dieses Erfordernis ergibt sich aus der Zurechnungsregel des Art. XXVIII (m) (i) GATS und schließt den Marktzugang durch Briefkastengesellschaften aus.

Inland Dienstleistungen in Form der kommerziellen Präsenz im Rahmen der spezifischen Verpflichtungen der Bundesrepublik Deutschland erbringen wollen, gegen das GATS verstößt. Diesen Gesellschaften ist vielmehr in der von ihnen durch Inkorporation gewählten Rechtsform im Inland Marktzugang zu gewähren, so dass es kollisionsrechtlich der Anwendung der **Gründungstheorie** bedarf. Für die Zulässigkeit von **Überlagerungen** des Gesellschaftsstatuts ist darauf abzustellen, ob die konkrete Rechtsanwendung zu einem **Entzug von Handelsvorteilen** führt, also den Marktzugang beeinträchtigt oder einen Verstoß gegen das Gebot der Inländerbehandlung (Art. XVII GATS) oder der Meistbegünstigung (Art. II GATS) enthält. Auch insoweit wird man davon ausgehen können, dass dieser Maßstab **weniger streng** ist als die Niederlassungsfreiheit des EGV.

148 Es trifft sicherlich zu, dass nicht damit zu rechnen ist, dass die Bundesrepublik Deutschland in absehbarer Zeit von der WTO, insbesondere im Rahmen eines **Streitbeilegungsverfahrens**, dazu gezwungen wird, die kollisionsrechtlichen Schlüsse aus ihren Marktzugangsverpflichtungen zu ziehen.[261] Das ändert aber nichts daran, dass die deutsche Rechtsprechung aufgrund der **Völkerrechtsfreundlichkeit** der deutschen Rechtsordnung dazu verpflichtet ist, die Verpflichtungen aus dem GATS bei der innerstaatlichen Rechtsanwendung zu berücksichtigen. Jedenfalls bei fehlender widersprechender nationaler Gesetzesnorm gibt es keine Rechtfertigung dafür, einen gültigen völkerrechtlichen Vertrag bei der Rechtsanwendung zu ignorieren. Es liegt also in der **Verantwortung der Rechtsprechung**, die Konsequenzen auf der aufgezeigten WTO-rechtlichen Lage im deutschen Recht zu ziehen. Die fehlende Kontrolle durch einen übergeordneten Gerichtshof kann keine Rechtfertigung dafür sein, sich dieser Verantwortung zu entziehen.

149 Gerade das im Verhältnis zu **146 anderen Mitgliedern** geltende GATS macht deutlich, dass ein vollständiger Übergang zur Gründungsanknüpfung angezeigt ist. Die eintretende Differenzierung der Kollisionsnorm nicht nur nach Gründungsstaat, sondern auch nach Tätigkeitsfeld, wäre geradezu unerträglich. Die Rechtsprechung kann kaum ernsthaft die Rechtsanwender darauf verweisen wollen, bei der Ermittlung des Gesellschaftsstatuts zu prüfen, ob im Tätigkeitsbereich der Gesellschaft eine **spezifische Marktzugangsverpflichtung** nach dem GATS besteht. Ansonsten wird der Umgang mit der WTO-Datenbank „*Documents Online*",[262] die die Verpflichtungslisten zugänglich macht, bald zum Handwerkszeug des Gesellschaftskollisionsrechts gehören. Die Rechtsprechung wäre gut beraten, sich schon im eigenen Interesse dies völkerrechtskonform durch Anwendung der **Gründungstheorie** zu ersparen.

C. Personengesellschaften

I. Ausgangslage bezüglich der Anknüpfungslehren

150 **1. Bedeutung der Anknüpfung.** Während bisher nur von juristischen Personen, also Gebilden mit eigener Rechtspersönlichkeit, ausgegangen wurde, stellt sich die Frage, inwieweit diese Grundsätze auch auf **Personenvereinigungen ohne eigene Rechtspersönlichkeit** zu übertragen sind. Betroffen sind von der Fragestellung vor allem die Personenhandelsgesellschaften, die Gesellschaften bürgerlichen Rechts und die nichtrechtsfähigen Vereine. Diesen kommt nach deutschem Recht zwar (Teil-)Rechtsfähigkeit zu,[263] sie sind aber nicht durch eine eigene Rechtspersönlichkeit gegenüber ihren Gesellschaftern verselbständigt. Trotzdem ist es zumindest im bisherigen deutschen Recht anerkannt, dass auch diese Vereinigungen nicht nach schuldrechtlichen Grundsätzen anzuknüpfen sind, sondern ein **einheitliches Gesellschaftsstatut** in Anwendung der Sitztheorie zu ermitteln ist.[264] Auch wenn im Personengesellschaftsrecht ein generelles Haftungsprivileg fehlt, ist die Anknüpfung auch praktisch von höchster Relevanz, wie allein schon die **beschränkte Kommanditistenhaftung** deutlich macht: Verlegt eine ausländische Kommanditgesellschaft ihren tatsächlichen Sitz nach Deutschland, haften alle Gesellschafter nach § 176 HGB unbeschränkt für Verbindlichkeiten, die bis zur Eintragung der Haftungsbeschränkung in das Handelsregister begründet worden sind.[265]

151 **2. Anwendbarkeit der Sitz- und Gründungstheorien.** Aus Sicht der **Sitztheorie** steht also einer Übertragung der Grundsätze des Körperschaftsrechts auf die Anknüpfung der Personengesellschaft nichts entgegen. Allerdings würde dies dazu führen, dass in Anwendung der „Überseering"-Grundsätze zumindest die eu-

---

261 Dazu näher *Lehmann*, RIW 2004, 816.
262 Unter http://docsonline.wto.org frei zugänglich.
263 Dies gilt aufgrund des Verweises auf das Recht der BGB-Gesellschaft in § 54 BGB seit Anerkennung von deren Rechtsfähigkeit (BGHZ 146, 341) sogar für den „nichtrechtsfähigen" Verein, der nunmehr zutreffender als Verein ohne Rechtspersönlichkeit bezeichnet werden sollte.
264 Ausf.: *Walden*, Das Kollisionsrecht der Personengesellschaften, S. 55 ff.; ferner: Staudinger/*Großfeld*, Int. GesR, Rn 746 ff.; MüKo/*Kindler*, Bd. 11, 3. Aufl. 1999, Int. GesR, Rn 191 ff., jew. mit umfassenden Nachw.
265 So im Erg. Staudinger/*Großfeld*, Int. GesR, Rn 767.

roparechtliche Gründungstheorie in weitem Umfang auf die Personengesellschaft anzuwenden wäre. Diese Schlussfolgerung stößt nun allerdings auf Bedenken, da die **Gründungstheorie** allein die Anknüpfung von Körperschaften betrifft. Sie stellt auf die **Inkorporation** der Gesellschaft ab. Betrachtet man die wichtigsten europäischen Gründungstheoriestaaten, lässt sich dies zweifelsfrei nachweisen.

So gilt etwa die gesetzliche Regelung der Gründungstheorie in den **Niederlanden** ausdrücklich nur für „Körperschaften".[266] Für die in **Dänemark** geltende Registrierungstheorie[267] ergibt sich dies bereits daraus, dass nur für Körperschaften ein konstitutives Registrierungserfordernis besteht, während Personengesellschaften allein bei Betrieb eines Unternehmens und zudem nur deklaratorisch in das Handelsregister einzutragen sind.[268] Die Registrierungstheorie würde bei dänischen Personengesellschaften also ins Leere gehen. Im Rechtskreis des *Common Law* fällt auf, dass sowohl in der Literatur als auch in der Rechtsprechung zur Gründungstheorie stets ausdrücklich auf die Eigenschaft als Körperschaft und den Vorgang der Inkorporation abgestellt wird[269] (näher Rn 37 f. m.w.N.). Auch die Zuschreibung eines *„domicile of origin"*, also die personenrechtliche Analogie, auf der die Gründungstheorie beruht,[270] setzt die eigenständige Rechtspersönlichkeit voraus. Schließlich kann nur eine Person ein *„domicile"* besitzen. Allerdings wird das Kollisionsrecht der *„partnership"* praktisch nicht diskutiert. Nur im Rahmen des Internationalen Sachenrechts werden die Anteile an der *„partnership"* als am tatsächlichen Unternehmenssitz belegen angesehen, während bei Anteilen an Körperschaften auf den Inkorporationsort abzustellen ist.[271] Dies ist ein deutlicher Hinweis auf die Nichtgeltung der Gründungstheorie für Personengesellschaften.

Im Ergebnis ist daher festzuhalten, dass die Anknüpfung des Statuts von Personengesellschaften anhand der Gründung in Europa unbekannt ist und mangels eines formalisierten Gründungsvorgangs mit konstitutiver Registereintragung auch wenig Sinn macht. Auf welches Recht sollte denn bei einer konkludenten Gründung einer Gelegenheitsgesellschaft auch verwiesen werden? Zu erinnern ist insoweit daran, dass das Anknüpfungsmoment der Gründungstheorie gerade nichts mit dem Ort der Gründungshandlung zu tun hat (ausführlich Rn 36 ff.).

3. Anknüpfung nach vertragsrechtlichen Grundsätzen: Rechtswahlfreiheit statt Gründungstheorie. Die Tatsache, dass die Gründungstheorie für die Anknüpfung der Personengesellschaft nicht zur Verfügung steht, bedeutet indes nicht, dass mangels Alternative die Sitztheorie anzuwenden wäre und dass die daraus resultierenden Folgen ohne weiteres europarechtskonform wären. Vielmehr ist die Alternative zu einer gesellschaftsrechtlichen Anknüpfung der Personengesellschaft in einer **vertragsrechtlichen Anknüpfung** zu sehen: Jedenfalls im Rechtskreis des *Common Law* wird die Personengesellschaft („*partnership*") nicht als rechtsfähiges, von ihren Mitgliedern rechtlich verselbständigtes Gebilde angesehen, sondern lediglich als eine Form eines Vertrages, eine **relative „Beziehung"**[272] zwischen Personen: „A company is a legal entity distinct from the members forming the company, while a partnership has no legal existence apart from its individual members."[273] Aus praktischen Gründen kann sie zwar unter ihrer Firma klagen oder Eigentum erwerben, eine rechtliche Verselbständigung, wie sie etwa bei der deutschen OHG besteht, ist ihr aber fremd. Die Haftung der Gesellschafter für die Schulden der *partnership* beruht daher auch auf der Ausübung rechtsgeschäftlicher **Vertretungsmacht**, hat also ebenfalls eine vertragsrechtliche, keine gesellschaftsrechtliche Grundlage.[274] Dieses Verständnis der Personengesellschaft lässt es als nachvollziehbar erscheinen, dass auch die Anknüpfung vertragsrechtlichen Regeln folgt. Insbesondere das U.S.-amerikanische Restatement (2nd) stellt als Standpunkt des *Common Law* daher auf eine Anknüpfung des Innenverhältnisses nach

---

[266] Art. 1 Wet van 17 december 1997, houdende regels van internationaal privaatrecht met betrekking tot corporaties (Wet conflictenrecht corporaties), Staatsblad 1997, S. 699; erhältlich über www.overheid.nl; Übersetzung bei *Timmerman*, ZGR 1999, 148 (in Fn 1). Näher hierzu *Hoffmann*, ZVglRWiss 101 (2002), 283, 301 ff.

[267] *Andersen/Sorensen*, 6 Maastricht Journal (1999), 55 f. mit Verweis auf ein Urteil des Hoge Rad, Ugeskrift for Retsvaesen (1998), S. 1071 und Nachw. aus der nordischen Lit.; *Werlauff*, ZIP 1999, 867, 874; *Behrens/Carsten*, Rn DK 49; für das schwedische Recht ferner *Bogdan*, RabelsZ 41 (1977), 536, 539.

[268] Vgl. *Dübeck*, Einführung in das dänische Recht, 1996, S. 272 ff.

[269] *Gasque v. Inland Revenue Commissioners*, [1940] 2 K.B. 80, 84.

[270] *Gasque v. Inland Revenue Commissioners*, [1940] 2 K.B. 80, 84; *Dicey/Morris*, Conflict of Laws, 13th Ed. 2000, 30–002; *Nygh*, Conflict of Laws in Australia, S. 392; *Crawford*, International Private Law in Scotland, 7.02.; näher *Hoffmann*, ZVglRWiss 101 (2002), 283, 289.

[271] *Dicey/Morris*, The Conflict of Laws, 13th. Ed. 2000, Vol. 2, 22–044 (für companies), 22–049 (für partnerships).

[272] Vgl. Sec. 1 des britischen Partnership Act 1890: „relation".

[273] *Dobson/Schmitthoff*, Charlesworth's Business Law, 15th Ed., S. 282. Anders ist dies aber bei *partnerships* nach schottischem Recht, vgl. Sec. 4 (2) Partnership Act 1890.

[274] *Dobson/Schmitthoff*, Charlesworth's Business Law, 15th Ed., S. 287 ff.

vertragsrechtlichen Grundsätzen ab, während die Frage der Haftung der Gesellschaft und der Partner für im Namen der Gesellschaft vorgenommene Handlungen sich nach dem **Vollmachtstatut** bestimmt.[275]

155 **4. Qualifikation der Kommanditgesellschaft.** Die Kommanditgesellschaft (*Limited Partnership*) wird im Gegensatz dazu als eine „Mischung" zwischen *partnership* und Körperschaft angesehen.[276] Nach Sec. 5 und Sec. 8 des britischen Limited Partnership Act 1907 bedarf diese Gesellschaftsform der Registrierung in einer der Körperschaft vergleichbaren Weise. Bevor diese Registrierung erfolgt ist, gelangt die Limited Partnership als solche nicht zur Entstehung, sondern wird nach Sec. 5 als einfache *partnership* und die Kommanditisten als „*general partners*" (Komplementäre) behandelt. Bezüglich dieser Gesellschaftsform wäre also tatsächlich eine Anknüpfung anhand der Gründungstheorie möglich. Diese Nähe einer Form der Personengesellschaft zur Körperschaft stellt indes die Aussage, dass es sich bei der Gründungstheorie um eine rein körperschaftsrechtliche Norm handelt, nicht infrage. Vielmehr bedarf es aufgrund des **Mischcharakters** einer **Qualifikation** der konkret betrachteten Gesellschaftsform: Soweit die Ausgestaltung überwiegend körperschaftlich ist, sollte man sie auch als Körperschaft behandeln, andernfalls konsequent als nur vertragsrechtliche Personengesellschaft.[277] Jedenfalls das US-amerikanische Recht scheint sich für eine **Qualifikation als Körperschaft** und damit eine Anwendung der Gründungstheorie entschieden zu haben.[278] Ist eine Gesellschaft körperschaftlich organisiert, zumindest teilrechtsfähig, besteht ein Haftungsprivileg und ist dieses an eine konstitutive Registereintragung gebunden, steht einer körperschaftlichen Qualifikation nichts entgegen. Diese Gesellschaften, die eine der deutschen KG vergleichbare Struktur aufweisen, sind demnach entsprechend der oben entwickelten **Grundsätze für juristische Personen** zu behandeln.[279]

156 **5. Fragestellungen aus Sicht der Niederlassungsfreiheit.** Da das Internationale Vertragsrecht auf dem **Grundsatz der Parteiautonomie** beruht,[280] führt eine vertragsrechtliche Anknüpfung der Personengesellschaft zu ganz ähnlichen Ergebnissen wie die Gründungstheorie im Kapitalgesellschaftsrecht: Die Wahl des Statuts liegt in der Hand der Gründer, ohne dass es auf den Ort der Geschäftstätigkeit ankäme. Vor dem Hintergrund der Entscheidung „Überseering" stellt sich daher zunächst die Frage, inwieweit sich der **Niederlassungsfreiheit** des EGV auch Vorgaben für das **Kollisionsrecht der Personengesellschaft** entnehmen lassen. Im Anschluss sind dann die Konsequenzen für das deutsche Gesellschaftskollisionsrecht zu ziehen.

II. Niederlassungsfreiheit und Personengesellschaft

157 **1. Anwendungsbereich der Niederlassungsfreiheit.** Zunächst ist festzuhalten, dass sich auch Personengesellschaften grundsätzlich auf die **Niederlassungsfreiheit** berufen können. Denn nach allgemeiner Auffassung[281] fallen trotz der Formulierung „sonstige juristische Personen" nicht nur Körperschaften, sondern zumindest auch teilrechtsfähige Gebilde in deren Anwendungsbereich, soweit sie nur einen **Erwerbszweck** verfolgen. Die deutsche Fassung verwendet hierfür das Wort „Gesellschaften" als Oberbegriff. In der englischen Fassung ist dagegen von „*companies and firms*" die Rede, da unter „*companies*" im englischen Recht nur inkorporierte Gesellschaften verstanden werden, während „*firm*" die Bezeichnung für ein als Personengesellschaft („*partnership*") geführtes Unternehmen ist.[282] Schon dies zeigt, dass der Anwendungsbereich mehr umfassen muss als allein Körperschaften.

---

275 ALI, Restatement (2nd) of Conflicts of Law, § 294 i.V.m. §§ 187 f.; § 295 i.V.m. § 292. Während das Restatement das *Common Law* abbildet, hat in den letzten Jahren eine einheitliche Anknüpfung des Gesellschaftsstatuts anhand der Sitztheorie, nämlich dem Ort des „chief executive office", (vgl. § 106 Revised Uniform Partnership Act 1994; dazu ausf. *Terlau*, S. 48 ff.) an Bedeutung gewonnen. Auch insoweit kommt also gerade nicht die Gründungstheorie zur Anwendung. Zur Entwicklung des Kollisionsrechts der *partnership* in den USA vgl. die ausf. Darstellung bei *Walden*, Das Kollisionsrecht der Personengesellschaften, S. 287 ff.

276 *Dobson/Schmitthoff*, Charlesworth's Business Law, 15th Ed., S. 305 („cross between a partnership and a limited company").

277 In diesem Sinne: ALI, Restatement (2nd) of Conflicts of Law, Chapter 13 („Business Corporations"), Introductory Note: „These attributes are also enjoyed in varying degrees by limited partnerships, joint stock associations and business trusts ... to the extent that they enjoy the same attributes as business corporations, the choice of law rules stated in this Chapter should usually be applicable to them."

278 Vgl. die Darstellung bei *Walden*, Das Kollisionsrecht der Personengesellschaften, S. 312 ff.

279 Zuzugeben ist, dass eine Qualifikation nach der deutschen *lex fori* dieses Erg. nicht stützen kann, sondern es hierfür einer international-privatrechtlichen Qualifikation bedarf, näher: *Kegel/Schurig*, S. 296 ff.

280 Zur Parteiautonomie insb. bei der *partnership* nach US-Recht vgl. *Walden*, Das Kollisionsrecht der Personengesellschaften, S. 292 ff.

281 Streinz/*Müller-Graff*, EUV/EGV, 2001, Art. 48 Rn 4; Grabitz/Hilf/*Randelzhofer/Forsthoff*, EGV, Art. 58 Rn 7, Schwarze/*Müller-Huschke*, EGV, Art. 48 Rn 3; Callies/Ruffert/*Bröhmer*, EUV/EGV, Art. 48 Rn 4.

282 Vgl. Sec. 4 (1) Partnership Act 1890.

2. Mangelnde Übertragbarkeit der „Überseering"-Entscheidung.

Auf den ersten Blick mag man daher meinen, auch **Personengesellschaften** hätten aufgrund der Niederlassungsfreiheit ein Recht auf Anerkennung als **Gesellschaft ausländischen Rechts**. Gleichwohl kann man der Entscheidung „**Überseering**"[283] wohl keine dahin gehende Aussage entnehmen. Zwar ist dort durchgängig von „Gesellschaften" die Rede, was zumindest in der deutschen Fassung so allgemein formuliert ist, dass man es als Verweis auf den Anwendungsbereich des Art. 48 EGV verstehen kann. Aber schon ein Blick in die englische Urteilsfassung zeigt, dass der EuGH sich wohl allein mit der Niederlassungsfreiheit von Körperschaften befasst hat. Dort wird nämlich durchgängig nur der Begriff der „*companies*" benutzt, während die „*firms*" keine Erwähnung finden. Auf den Wortlaut des Art. 48 EGV wird also gerade nicht abgestellt. Zu bedenken ist außerdem, dass der EuGH grundsätzlich von der **Anerkennung der Rechtsfähigkeit** spricht. Es ist aber kaum zu erwarten, dass der EuGH hiermit die Trennung zwischen rechtsfähigen und nicht rechtsfähigen Personengesellschaften vornehmen will, weil diese Unterscheidung als recht willkürlich erscheint und nicht annähernd so trennscharf ist wie die Abgrenzung nach der Eigenständigkeit der Rechtspersönlichkeit. So wäre die BGB-Gesellschaft noch vor zwei Jahren nicht erfasst gewesen, wohl aber unter Zugrundelegung der heutigen Sichtweise des BGH.[284] Noch gravierender ist aber, dass etwa eine „*partnership*" englischen Rechts keine Rechtsfähigkeit genießt, wohl aber die (im selben Gesetz geregelte) „*partnership*" schottischen Rechts.[285] Nennenswerte materiellrechtliche Unterschiede sind hiermit indes nicht verbunden. Ferner stellt der EuGH an mehreren Stellen des Urteils „Überseering" nicht nur auf die Rechtsfähigkeit, sondern auf die „**Rechtspersönlichkeit**" ab (Tz 62, 65, 70, 71, 73). Auch dies deutet darauf hin, dass eine Aussage zu den Personengesellschaften nicht beabsichtigt ist.

Auch in der Sache ist eine Erstreckung der vom EuGH Artt. 43, 48 EGV entnommenen **europarechtlichen Gründungstheorie** auf Personengesellschaften nicht angezeigt. Die Anerkennung der im Ausland verliehenen Rechtsfähigkeit korrespondiert mit den stark formalisierten Gründungsvoraussetzungen der Körperschaften und insbesondere mit der Registrierung im Gründungsstaat. Hiermit ist die Gründung einer Personengesellschaft, die grundsätzlich sogar konkludent erfolgen kann und jedenfalls keine konstitutive Registereintragung kennt, nicht vergleichbar. Ferner passt die Argumentation, die Gesellschaft hätte „jenseits der nationalen Rechtsordnung, die ihre Gründung und Existenz regelt, keine Realität", schon nicht auf Personengesellschaften. Gemeint ist damit, dass die **Fiktion der Rechtspersönlichkeit** juristischer Personen zwingend an das Gründungsrecht gebunden ist. Fehlt es aber schon an dieser Fiktion, hat die Aussage keine Bedeutung. Schließlich ist das **Zusammenwirken in der Personengesellschaft** keine Fiktion, sondern Realität, die auch außerhalb des Gründungsstaates nicht geleugnet werden kann. Die Personengesellschaft mag bei der Sitzverlegung im Einzelfall ihre Rechtsfähigkeit verlieren, nicht aber ihre im Zusammenwirken der Gesellschafter fußende Existenz.

Entscheidend gegen eine Erstreckung der Gründungsanknüpfung spricht aber, dass diese im Internationalen Privatrecht der Personengesellschaft ein **Fremdkörper** wäre. Eine Gründungstheorie für Personengesellschaften gibt es, wie gezeigt (Rn 151 ff.), nicht. Jedenfalls kann man dem EuGH nicht unterstellen, er wolle entgegen der Rechtstradition der Mitgliedstaaten die Personengesellschaft in die verpflichtende Gründungsanknüpfung einbeziehen. Die Entscheidung „Überseering" hat daher keine Bedeutung für Personengesellschaften, der EuGH hat sich darin – trotz der allgemeinen Diktion zumindest der deutschen Sprachfassung – **ausschließlich mit Körperschaften** beschäftigt.[286]

Damit soll allerdings nicht gesagt werden, dass in der Sache eine **uneingeschränkte Anwendung der Sitzanknüpfung auf Personengesellschaften** keinen Verstoß gegen die Niederlassungsfreiheit enthalten könnte. Vielmehr ist diese Frage offen, da vom EuGH noch nicht geklärt. Schon der Wortlaut des Art. 48 EGV gibt indes vor, dass die Stärkung der Niederlassungsfreiheit die Personengesellschaften nicht ganz unberührt lassen kann. Nur aus „Überseering" ergibt sich dies nicht.[287]

3. Realisierung der Niederlassungsfreiheit im Personengesellschaftsrecht. a) Personengesellschaft ist keine Fiktion.

Sieht man einmal von den Fällen der beschränkten Kommanditistenhaftung ab (die nach hier vertretener Ansicht ohnehin körperschaftsrechtlich einzuordnen ist), sind die Auswirkungen der Sitztheorie im Personengesellschaftsrecht nicht so einschneidend wie bei den Körperschaften. Wie bereits angesprochen fußt die Personengesellschaft im Zusammenwirken der Gesellschafter, nicht in einer an ein bestimmtes Verfahren geknüpften Fiktion. Aus diesem Grund hängt die Anerkennung einer Perso-

---

[283] EuGH, Slg. I-2002, 9919 („Überseering") = IPrax 2003, 65 = NJW 2002, 3614.
[284] Sog. „Weißes Roß"-Doktrin, vgl. BGHZ 146, 341.
[285] Vgl. Sec. 4 (2) Partnership Act 1890.
[286] So bereits *Leible/Hoffmann*, RIW 2002, 925, 932.
[287] Die Äußerung bei *Leible/Hoffmann*, RIW 2002, 925, 932, wonach bei Personengesellschaften „weiterhin eine Sitzanknüpfung zulässig bleibt", ist in diesem Sinne zu verstehen.

nengesellschaft auch nicht von besonderen Gründungsvoraussetzungen ab, die nach dem Gesellschaftsstatut zu ermitteln wären. Vielmehr entsteht – und das nicht nur nach deutschem Verständnis – die Gesellschaft bereits durch das einen konkludenten Vertragsschluss enthaltende **zweckgerichtete Zusammenwirken**. Anders als bei Körperschaften wird eine real existierende Gesellschaft unabhängig von ihrer Anknüpfung also stets anerkannt, in Deutschland zumindest als rechts- und parteifähige **Gesellschaft deutschen Rechts**.[288] Da die Personengesellschaft auch keine eigenständige Rechtspersönlichkeit hat, ist die im Inland anerkannte Gesellschaft selbst dann mit der ursprünglich ausländischen Gesellschaft **identisch**, wenn sie dem inländischen Recht unterstellt wird. Eine Neugründung, deren Erfordernis der EuGH geradezu als „Negierung der Niederlassungsfreiheit"[289] ansah, ist also keinesfalls erforderlich. Insoweit genügt hier die Zuerkennung der Rechts- und Parteifähigkeit nach inländischem Recht, da – wie gezeigt (Rn 158 f.) – die Pflicht zur Achtung dieser Fähigkeiten, „die diese Gesellschaft nach dem Recht ihres Gründungsstaates besitzt" (Tz 95 des Urteils „Überseering"), schon aus kollisionsrechtlichen Gründen nicht übertragbar ist.

163 **b) Pflicht zur Achtung der Rechtsform.** Es stellt sich somit bezüglich der Personengesellschaft die in „Überseering" aufgeworfene Frage nach einer **Pflicht zur Anerkennung** schon nicht. Bezüglich der Niederlassungsfreiheit ist vielmehr zu fragen, ob diese eine allgemeine Pflicht zur **Achtung der Rechtsform** enthält, deren körperschaftsrechtliche Ausformung die europarechtliche Gründungstheorie ist.[290] Hinweise hierfür kann man eher der Entscheidung **„Inspire Art"**[291] entnehmen: Geht man von der in Art. 48 EGV verankerten niederlassungsrechtlichen **Gleichstellung von Personen- und Kapitalgesellschaften** aus, bedeutet die Aussage, dass die Verpflichtung, das Recht des Zuzugsstaates zu beachten, ohne weiteres die Ausübung der Niederlassungsfreiheit behindert (Tz 101 des Urteils „Inspire Art"), dass auch Personengesellschaften nicht ohne weiteres ein abweichendes Recht übergestülpt werden kann. Denn die Anwendung der **Sitztheorie** hat auf Personengesellschaften eine ganz ähnliche **Wirkung** wie **Sonderanknüpfungen** im Körperschaftsrecht: In beiden Fällen steht nicht die grundsätzliche Anerkennung zur Disposition, sondern nur die rechtliche Stellung der Beteiligten, vor allem in Bezug auf die Haftung. Auch bei grundsätzlich unbeschränkter Haftung der Gesellschafter kann diese doch ganz unterschiedlich ausgestaltet sein (z.B. akzessorische, gesamtschuldnerische, quotale oder subsidiäre Haftung) und auch in ihrem Reichweite (etwa bei Eintritt und Ausscheiden) Unterschiede aufweisen. Diese die Außenhaftung betreffenden Fragen sind auch typischerweise nicht privatautonom durch die Gesellschafter zu regeln, sondern zwingend. Die Sitzanknüpfung der Personengesellschaft führt also zu vergleichbaren Folgen wie die Überlagerung des Körperschaftsrechts und sollte daher in Übereinstimmung mit der Wertung des Urteils „Inspire Art" ebenfalls als **Beschränkung der Niederlassungsfreiheit** aufgefasst werden.

164 **c) Anforderungen des Art. 48 EGV bei Personengesellschaften.** Hieraus folgt, dass auch die Personengesellschaft das Recht hat, in der von ihr gewählten **Rechtsform** im Inland behandelt zu werden. Auch für diese stellt es keinen Missbrauch dar, das Recht eines Staates zu wählen, obwohl die Geschäftstätigkeit in einem anderen Mitgliedstaat ausgeübt werden soll.[292] Voraussetzung ist allerdings, dass die Personengesellschaft niederlassungsberechtigt ist, also den **Anforderungen des Art. 48 EGV** genügt. Insoweit sind indes die Anforderungen erheblich höher als im Körperschaftsrecht. Erforderlich sind die **Gründung** nach den Rechtsvorschriften eines Mitgliedstaats sowie der zusätzliche **territoriale Bezug** zum Gemeinschaftsgebiet, vermittelt durch satzungsmäßigen Sitz, Hauptverwaltung oder Hauptniederlassung. Die Gründung nach dem mitgliedstaatlichem Recht setzt natürlich voraus, dass dieses Recht kollisionsrechtlich überhaupt zur Verfügung steht. Soweit ein Mitgliedstaat der Personengesellschaft nach vertragsrechtlichen Grundsätzen **Parteiautonomie** gewährt, steht das nicht infrage. Die Anknüpfung ergibt sich dann – ganz unabhängig vom Ort des Vertragsschlusses oder der Tätigkeit – schon aus der Rechtswahl.

165 Schwieriger ist dagegen die Herstellung des territorialen Bezugs: Geht man davon aus, dass der **„satzungsmäßige Sitz"**, also das *„registered office"* der englischen Sprachfassung, eine spezifische verfahrensrechtliche Bedeutung für den Inkorporationsvorgang hat, kann man dem nicht einfach jede in eine Satzung aufgenommene Sitzbestimmung gleichstellen. Dafür spricht auch, dass etwa der britische Partnership Act von 1890 weder eine Satzung noch einen Sitz vorsieht. Gerade die ganz spezifische Bedeutung, die dem

---

288 Illustriert wird dies durch die Entscheidung BGH IPRax 2003, 62: Soll schon eine zuziehende Körperschaft ohne weiteres als Personengesellschaft anerkannt werden, kann für ausländische Personengesellschaften nichts anderes gelten.

289 EuGH Slg. I-2002, 9919 („Überseering") = IPrax 2003, 65 = NJW 2002, 3614.

290 Wohl für eine solche Pflicht auch in Bezug auf Personengesellschaften: Terlau, S. 142; dagegen aber *Walden*, Das Kollisionsrecht der Personengesellschaften, S. 247 f. (allerdings noch auf der Grundlage der „Daily Mail"-Rspr.).

291 EuGH, IPRax 2004, 46 = NJW 2003, 3331 – „Inspire Art".

292 EuGH, IPRax 2004, 46 = NJW 2003, 3331 – „Inspire Art"; EuGH, Slg. 1999, I-1459 = NJW 1999, 2027 – „Centros".

Terminus „*registered office*" im britischen Recht zukommt und den der EGV übernommen hat, deutet darauf hin, dass dieser nur bei **Körperschaften** (oder den gleichgestellten Kommanditgesellschaften[293]) vorliegen kann – nicht aber bei Personengesellschaften. Diese sind also nur dann als niederlassungsberechtigt anzusehen, wenn sie schon vor der Ausübung ihrer Freiheit im Gemeinschaftsgebiet ihre **Hauptverwaltung** oder **Hauptniederlassung** hatten. Anders als bei den Körperschaften ist daher zwar die Sitzverlegung einer existierenden, bereits wirtschaftlich tätigen Gesellschaft von der Niederlassungsfreiheit gedeckt, nicht aber eine **erstmalige Tätigkeitsaufnahme**. Insoweit besteht also ein erheblicher Unterschied in der Reichweite der Niederlassungsfreiheit für Personen- und Kapitalgesellschaften, der sich aber unmittelbar aus dem Wortlaut des Art. 48 EGV ergibt.

Beschränkt wird die Reichweite der Niederlassungsfreiheit ferner durch die „Daily Mail"-Doktrin, also dem Recht des Staates, dessen Recht die Gesellschaft unterliegt, dieser das Statut auch wieder zu entziehen und damit auch der Anwendung seines Gesellschaftsrechts durch andere Mitgliedstaaten die Grundlage zu entziehen.[294] Diese Aussage des EuGH ist auch auf Personengesellschaften zu übertragen, da ihre Niederlassungsfreiheit nicht weiter gehen kann, als bei Körperschaften.

d) Zusammenfassung. Zusammenfassend unterliegt die Anknüpfung der Personengesellschaft damit zwar nicht der europarechtlichen Gründungstheorie, wohl aber einer **beschränkten europarechtlichen Rechtswahlfreiheit**: Die Rechtswahl der Gesellschafter ist auch im Inland beachtlich, sofern die Gesellschaft einem Recht unterstellt wurde, das diese Freiheit gewährt, und zumindest der ursprüngliche Verwaltungssitz oder die Hauptniederlassung in einem Staat genommen wurde, der diese Rechtswahl akzeptiert (insbesondere im Staat des gewählten Rechts). Letzteres fehlt immer dann, wenn das autonome Kollisionsrecht dieses Mitgliedstaates der Sitztheorie folgt. Denn die erstmalige Etablierung im Gemeinschaftsgebiet gewährt die Niederlassungsfreiheit gerade nicht, und eine Anwendung der Sitztheorie würde die Gesellschaft dem Recht dieses Staates unterwerfen und so die Wirkung der Rechtswahl beseitigen. Soweit die europarechtliche Rechtswahlfreiheit reicht, sind bei einer Sitzverlegung ins Inland **Überlagerungen** des Gesellschaftsstatuts nur insoweit zulässig, wie diese anhand der Niederlassungsfreiheit gerechtfertigt werden können.

III. Kollisionsrechtliche Behandlung niederlassungsberechtigter Personengesellschaften

1. Anknüpfung. Die aufgezeigte europarechtliche Situation muss somit – ähnlich wie im Bereich der Körperschaften – bei der Anknüpfung des Gesellschaftsstatuts berücksichtigt werden. Bevor die Kollisionsnorm des autonomen Rechts angewendet werden kann, bedarf es der Prüfung, ob es nach Artt. 43, 48 EGV der **Anerkennung einer Rechtswahl** bedarf. Lässt sich keine Rechtswahl feststellen, kann ohne weiteres das autonome Kollisionsrecht angewendet werden. Besteht eine – auch konkludente, etwa durch Anknüpfung der Gesellschaft anhand eines bestimmten Rechts – Rechtswahl der Gesellschafter, ist zunächst das Bestehen von **Parteiautonomie** im gewählten (mitgliedstaatlichen) Recht zu prüfen. Ist dies zu bejahen, ist festzustellen, ob die Gesellschaft **Sitz** oder **Hauptniederlassung** innerhalb der Gemeinschaft hat. Ist auch dies zu bejahen, ist danach zu fragen, ob dieser Staat nach seinem autonomen Recht die **Rechtswahl akzeptiert**, also keine zwingende Sitzanknüpfung vornimmt. Hat die Gesellschaft seit ihrer Gründung ihren Sitz innerhalb des Gemeinschaftsgebiets verlegt, genügt es, wenn im **ursprünglichen Sitzstaat** die Voraussetzung gegeben war. Denn bei allen nachfolgenden Sitzverlegungen konnte sich die Gesellschaft dann ja bereits auf die europarechtliche Rechtswahlfreiheit berufen.

Sofern diese Voraussetzungen bezüglich der Personengesellschaft erfüllt sind, ist die Gesellschaft auch im Inland aufgrund der vorrangigen, unmittelbar aus der Niederlassungsfreiheit abgeleiteten **europarechtlichen Rechtswahlfreiheit** anhand der Rechtswahl der Gesellschafter anzuknüpfen. Maßgeblich ist jedoch nur die **ursprüngliche Rechtswahl**, da der EuGH ein Recht auf identitätswahrende Änderung des Gesellschaftsstatuts, also rechtliche Mobilität, auch im Körperschaftsrecht nicht gewährt. Eine Änderung der Rechtswahl ist daher wie eine **Neugründung** zu behandeln. Fehlt es an einer der Voraussetzungen, erfolgt die Anknüpfung anhand der autonomen Kollisionsnorm des nationalen Rechts (zur in Deutschland anzuwenden Norm Rn 178).

2. Sitzverlegung. Bereits aus diesen Grundsätzen folgt, dass auch Personengesellschaften grundsätzlich das Recht haben, ihren **tatsächlichen Sitz** innerhalb der EU zu verlegen, ohne dadurch ihr Gesellschaftsstatut zu verlieren. Die Voraussetzungen ergeben sich aus den Ausführungen zur Anknüpfung (Rn 168). Anzumerken

---

[293] Hinzuweisen ist darauf, dass bei der Limited Partnership zwar kein „*registered office*" existiert, aber der „*principal place of business*" (der auch die Zuständigkeit bestimmt) ins Register einzutragen ist, vgl. Sec. 8 (c) Limited Partnership Act 1907.

[294] EuGH, IPRax 2004, 46 = NJW 2003, 3331 – „Inspire Art"; EuGH, Slg. I-2002, 9919 („Überseering") = IPrax 2003, 65 = NJW 2002, 3614.

bleibt, dass die „Daily Mail"-Doktrin auch hier ein Recht auf Sitzverlegung aus dem Staat, dessen Gesellschaftsstatut zur Anwendung kommt, ausschließt. Soweit also die Voraussetzungen der europarechtlichen Rechtswahlfreiheit nicht vorliegen und das autonome Kollisionsrecht sich für anwendbar erklärt, ist das inländische Recht nicht daran gehindert, bei **Wegzug** die Gesellschaft aufzulösen, ihr kollisionsrechtlich das Statut zu entziehen oder auch für die gesellschaftsrechtliche Haftung der Gesellschafter weiterhin inländisches Recht anzuwenden. Ein Recht der Gesellschafter, sich einer bestimmten Ausgestaltung ihrer Haftung durch Sitzverlegung zu entziehen, ist in keinem Fall anzuerkennen.

171 **3. Status in Deutschland.** Im Gegensatz zur Körperschaft (Rn 97 ff.) ist die zugezogene Personengesellschaft im Inland **nicht als Zweigniederlassung** zu behandeln. Dies wäre sinnlos, da für Personengesellschaften keine europäischen Sekundärrechtsvorschriften existieren, die diesen Status vergleichbar der Elften Richtlinie[295] ausgestalten würden. Die Gesellschaft hat schlicht den **Status einer Gesellschaft ausländischen Rechts** mit Sitz im Inland, die zunächst einmal keinen speziellen Vorschriften unterliegt und nach ihrem Heimatrecht zu behandeln ist. Inländische Verkehrsschutzinteressen sind daher allein durch Überlagerungen zu berücksichtigen, deren Zulässigkeit am Maßstab der „zwingenden Gründe des Allgemeininteresses" zu messen ist.

172 **4. Überlagerung.** Eine wesentliche Rolle nimmt somit die Frage der Reichweite zulässiger Überlagerungen des Gesellschaftsstatuts ein. Zentraler Aspekt ist auch hier der **Gläubigerschutz**, der nach dem Konzept des EuGH vor allem durch **Information** zu gewährleisten ist. Zentrale Punkte sind insoweit **Publizität** und **Firmierung**. Will man einen der Rechtslage im Kapitalgesellschaftsrecht vergleichbaren Schutz erreichen, bedarf es einer Anerkennung von **Sonderanknüpfungen** für die Frage der Offenlegung, insbesondere der **Registereintragung** am Ort des tatsächlichen Sitzes. Nur so lässt sich das Fehlen einer Harmonisierung dieser Frage kompensieren. Zu prüfen wäre konkret aber noch die Erforderlichkeit des Umfangs der Offenlegung. Insoweit kann die Erste Richtlinie (Publizitätsrichtlinie) als europarechtlicher Maßstab[296] dienen: Das darin vorgeschriebene Maß an Offenlegung wird man (soweit übertragbar) grundsätzlich auch bei Personengesellschaft vorsehen dürfen. Erforderlich ist aber die **Diskriminierungsfreiheit**, es darf also nur die Publizität verlangt werden, die auch für inländische Gesellschaften gilt. Gerade dies wird gewährleistet, wenn man lediglich die Vorschriften des inländischen Gesellschaftsstatuts durch Sonderanknüpfung anwendet, also keine Sondervorschriften schafft. Bezüglich der **Sanktionierung** wird man allerdings nicht einfach auf die wenig einschneidenden Sanktionen des Rechts der OHG zurückgreifen können, da diese nur vor dem Hintergrund der ohnehin bestehenden Haftung aus § 128 HGB verständlich sind: Eine zusätzliche Haftungssanktion wäre daher sinnlos. Ebenso wie im Körperschaftsrecht sollte daher die Berufung auf eine demgegenüber **verminderte Haftung** von der Erfüllung der Publizitätspflicht abhängig gemacht werden: Besteht also im deutschen Recht eine Pflicht zur Eintragung, ist diese durch eine **Sonderanknüpfung des deutschen Haftungsrechts** zu sanktionieren.

173 Bezüglich der **Firmierung** ist auf die Ausführungen in Rn 119 ff. zu verweisen: Zwar ist die Firma nach Maßgabe des Gesellschaftsstatuts zu bilden, doch bleibt es dem Sitzstaat unbenommen, durch eine Sonderanknüpfung des **Grundsatzes der Firmenwahrheit** zumindest sicherzustellen, dass der Charakter als Gesellschaft ausländischen Rechts deutlich wird. Andernfalls haften diejenigen, denen der so gesetzte **Rechtsschein** zurechenbar ist, wie die Gesellschafter einer deutschen OHG oder GbR.

174 Ansonsten dürften im Personengesellschaftsrecht Überlagerungen in noch geringerem Umfang zulässig sein als im Körperschaftsrecht. Aufgrund der zumindest im Grundsatz bestehenden **persönlichen Haftung** der Gesellschafter ist die Notwendigkeit gerade bezüglich des Gläubigerschutzes erheblich geringer. Eine Überlagerung der Haftungsverfassung wird – außer in den genannten Fällen (Rn 172 f.) – wohl allenfalls in **Missbrauchs- oder Betrugsfällen** in Betracht kommen, wenn etwa in betrügerischer Absicht eine Rechtsordnung gewählt wurde, die einen bestimmten Haftungsaspekt nicht kennt. Grundsätzlich gilt aber auch hier, dass die Wahl eines vorteilhaften Statuts keinen Missbrauch darstellt.

175 Auch bezüglich des **Innenverhältnisses** ist im Wesentlichen auf die Ausführungen zur Körperschaft zu verweisen, so dass sich eine Überlagerung regelmäßig nicht rechtfertigen lassen wird. Im Personengesellschaftsrecht gilt noch stärker als im Körperschaftsrecht, dass die Information über die Rechtsverhältnisse der

---

[295] Zweigniederlassungsrichtlinie 89/666/EWG, ABlEG 1989 Nr. L 395, S. 36 ff. (abgedruckt in *Habersack*, Europäisches Gesellschaftsrecht, Rn 134). Deren Vorschriften sind lediglich auf Kapitalgesellschaften anwendbar.

[296] Die Elfte Richtlinie ist dagegen kein geeigneter Maßstab, da sie von einer bereits erfolgten Offenlegung im Heimatstaat ausgeht, an der es hier typischerweise fehlen wird.

Gesellschaft in der eigenen Verantwortung des Gesellschafters liegt. Missbrauchsfälle sind wohl allenfalls in Bezug auf **Publikumspersonengesellschaften** denkbar.[297]

Es kann hier nicht der Anspruch erhoben werden, die möglichen Überlagerungen bereits umfassend aufzuzeigen. Die Diskussion ist noch ganz am Anfang. Jedenfalls ergibt sich ein schlüssiges Konzept nur, wenn man die weitgehende Gleichstellung von Personen- und Kapitalgesellschaften in Art. 48 EGV ernst nimmt und die **Wertungen des EuGH** konsequent auf das Personengesellschaftsrecht überträgt.

IV. Kollisionsrechtliche Behandlung anderer, insbesondere deutscher Personengesellschaften

Außerhalb des Anwendungsbereichs der europarechtlichen Rechtswahlfreiheit, insbesondere für Gesellschaften, die mit **tatsächlichem Sitz in Deutschland** gegründet werden, erfolgt die Anknüpfung allein nach der **autonomen Kollisionsnorm** des deutschen Rechts. Soweit also die oben begründeten, doch recht engen Voraussetzungen (Rn 168) nicht gegeben sind, kann ohne weiteres an der Sitzanknüpfung festgehalten werden. Dasselbe gilt – vorbehaltlich der bereits erörterten (Rn 144 ff.) völkerrechtlichen Verträge[298] – für Personengesellschaften aus **Drittstaaten**. Verlegen diese ihren Verwaltungssitz ins Inland, käme deutsches Recht ohne weiteres zur Anwendung.

Die Parallele zwischen **Gründungstheorie** und **Rechtswahlfreiheit** ist nicht zu übersehen. In wesentlichen Punkten lässt sich das hier vorgebrachte Plädoyer für einen Übergang zur Gründungsanknüpfung auf die Gewährung von Rechtswahlfreiheit im autonomen Kollisionsrecht übertragen. Hält die Rechtsprechung für das autonome Recht an der Sitztheorie fest, verweigert sie den Gesellschaften, die ihren Sitz in Deutschland nehmen wollen, nicht nur die Rechtswahlfreiheit, sondern auch die **Möglichkeit nachträglicher Sitzverlegung** unter Mitnahme ihres Gesellschaftsstatuts. Die Argumentation soll hier nicht noch einmal wiederholt werden. Jedenfalls erscheint es als angebracht, im Rahmen der nach „Überseering" und „Inspire Art" fälligen Neuorientierung des deutschen Gesellschaftskollisionsrechts auch über die Behandlung von Personengesellschaften neu nachzudenken. Die Einräumung von Rechtswahlfreiheit wäre nur konsequent, sofern man sich auch im Körperschaftsrecht zur Gründungstheorie bekennen würde. Über Ausgestaltung und Überlagerungen zugunsten inländischer Verkehrsinteressen wären ebenfalls in vergleichbarer Weise Lösungen zu finden. Der **Parteiautonomie** als allgemeinem und grundlegendem **Anknüpfungsprinzip** des IPR[299] kann nur so auch im Internationalen Gesellschaftsrecht der gebührende Raum eingeräumt und die zwingende Anknüpfung auf rechtfertigungsbedürftige Ausnahmefälle[300] reduziert werden.

D. Sonderfragen

I. Grenzüberschreitende Umwandlungen

1. Kombinationslehre als Kollisionsnorm des Umwandlungsrechts. Bei grenzüberschreitenden **Umwandlungsvorgängen**, insbesondere der **Verschmelzung**, ist zunächst das Gesellschaftsstatut beider Beteiligten bezüglich Zulässigkeit, Voraussetzungen und Verfahren zu befragen.[301] Für jede Gesellschaft ist also getrennt zu ermitteln, welche Voraussetzungen für die Durchführung der Verschmelzung zu erfüllen sind, welche Minderheits- und Gläubigerrechte zu beachten sind und ob der Vorgang überhaupt zugelassen wird. Nach dieser **Kombinationslehre** (oder **Vereinigungstheorie**) ist also ein Zusammenwirken beider Rechtsordnungen erforderlich, wobei der Vorgang nur gelingen kann, wenn er auf beiden Seiten materiellrechtlich zugelassen wird, entsprechende Vorschriften bereitgestellt werden und diese nicht zueinander inkompatibel

---

297 Allerdings unterliegt die Prospekthaftung ohnehin nicht der Anknüpfung anhand des Gesellschaftsstatuts, sondern folgt kapitalmarktrechtlichen Grundsätzen, vgl. dazu näher *Floer*, a.a.O.

298 Die hier vertretene kollisionsrechtliche Bedeutung des GATS (Rn 146 ff.) lässt sich wohl nur im Ansatz auf Personengesellschaften übertragen: Zwar ist in Art. XXVIII I) GATS von juristischen Personen die Rede, diese werden aber als „rechtsfähige Organisationseinheiten" unter ausdrücklichem Einschluss von „Personengesellschaften" definiert. Da bei der Personengesellschaft indes die Anerkennung selbst nicht infrage steht, wäre – ebenso wie bei den Überlagerungen des Statuts der Körperschaft – zu prüfen, ob die Anwendung des Sitzrechts zu einem Entzug der Handelsvorteile führt.

299 Dazu zuletzt: *Leible*, in: FS Jayme 2004, S. 485 ff., speziell zum Int. Gesellschaftsrecht S. 497 ff.

300 Für eine solche Reduzierung der objektiven Anknüpfung insb. *Schack*, in: Liber Amicorum Kegel 2002, S. 179, S. 196; ferner: *Basedow*, in: FS Stoll 2001, S. 405, 413; *Leible*, in: FS Jayme 2004, S. 485, 503.

301 So grundlegend *Beitzke*, in: FS Hallstein 1966, S. 14 ff.; *Koppensteiner*, S. 255 ff.; ferner: Michalski/*Leible*, GmbHG, Bd. 1, 2001, Syst. Darst. 2 Rn 150; MüKo/*Kindler*, Bd. 11, 3. Aufl. 1999, Int. GesR, Rn 661 ff.; Staudinger/*Großfeld*, Int. GesR, Rn 683; *Behrens*, ZGR 1994, 1, 13; *Horn*, ZIP 2000, 473, 477; *Hoffmann*, NZG 1999, 1077, 1078; *Dorr/Stukenborg*, DB 2003, 647, 648; *Picot/Land*, DB 1998, 1601, 1605 f.

sind, etwa durch völlig unterschiedliche Wirkungen. Es bedarf also zumindest auf der Rechtsfolgenseite einer **Mindestübereinstimmung der Rechtsordnungen**.[302]

180 **2. Zulässigkeit nach dem UmwG.** Für das deutsche Recht ist die **Zulässigkeit der grenzüberschreitenden Umwandlung** streitig, da man § 1 Abs. 1 UmwG so auslegen kann, dass das UmwG für grenzüberschreitende Vorgänge nicht zur Verfügung steht und somit das deutsche Recht seine Mitwirkung verweigert.[303] Zwingend ist eine solche Auslegung nicht, vielmehr erschließt sie sich überhaupt erst aus der Gesetzgebungsgeschichte.[304] Von kollisionsrechtlichem Interesse ist insoweit, dass mit dem „Sitz im Inland" in der Vorschrift nicht Satzungssitz, sondern der **Verwaltungssitz** gemeint ist[305] und die Vorschrift so der **Verzahnung mit der Sitztheorie** dient. Wäre es anders,[306] würde die Vorschrift entweder als eigenständige Kollisionsnorm ein besonderes, vom Gesellschaftsstatut abgekoppeltes Umwandlungsstatut begründen und so das UmwG auch auf Auslandsgesellschaften zur Anwendung bringen. Dies würde nicht nur der Kombinationslehre widersprechen, es würde auch zu einer weitgehenden **Überlagerung der Kompetenzordnung** des Gesellschaftsstatuts führen. Würde man die Vorschrift dagegen als eine reine Sachnorm interpretieren, die erst aufgrund der Anknüpfung anhand der Sitztheorie zur Anwendung kommt und den inländischen Satzungssitz als zusätzliche Voraussetzung begründet,[307] hätte sie lediglich die Funktion, den Inlandsgesellschaften mit ausländischem Satzungssitz die Umwandlung zu verweigern.[308] Da eine deutsche Kapitalgesellschaft aufgrund des Sachrechts ohne inländischen Satzungssitz nicht entstehen kann, würde dies allein **Personengesellschaften** betreffen. Insoweit ist daran zu erinnern, dass aus Sicht der Sitztheorie eine zugezogene ausländische Kapitalgesellschaft im Inland als OHG oder GbR zu behandeln ist.[309] Eine Personengesellschaft hat aber gar **keinen Satzungssitz** in dem formalen Sinn des Kapitalgesellschaftsrechts, vielmehr ist mit dem Begriff des Sitzes in § 106 HGB stets der Ort des tatsächlichen Verwaltungssitzes gemeint, der selbst dann maßgebend ist, wenn der Gesellschaftsvertrag – der eine solche Bestimmung gar nicht enthalten muss – einen anderen Ort als „Sitz" bestimmt.[310] Aus diesem Grund geht auch das Argument fehl, dass der Begriff des Sitzes vom Gesetzgeber stets im Sinne des statutarischen Sitzes gemeint wäre:[311] Dies trifft zwar auf das Kapital-, nicht aber das Personengesellschaftsrecht zu – und das UmwG regelt beide Typengruppen.

---

302 öOGH, IPRax 2004, 128 (mit Nachw. aus der österreichischen Lit.); dazu *Doralt*, NZG 2004, 396; *Paefgen*, IPRax 2004, 132; ferner: MüKo/*Kindler*, Bd. 11, 3. Aufl. 1999, Int. GesR, Rn 674; Staudinger/*Großfeld*, Int. GesR, Rn 685; Michalski/*Leible*, GmbHG, Bd. 2, 2001, § Rn 153; *Großfeld/Jasper*, RabelsZ 53 (1989), 52; *Behrens*, ZGR 1994, 1, 13 ff.; *Grundmann*, Europäisches Gesellschaftsrecht, Rn 782.
303 Zu den verschiedenen Meinungen im Schrifttum bezüglich der Bedeutung von § 1 Abs. 1 UmwG für grenzüberschreitende Verschmelzungen vgl. statt vieler die Darstellung bei *Lennerz*, S. 39 ff. mit umfassenden Nachw.
304 Ausf. *Hoffmann*, EuR 2004, Beiheft 3, 127, 131 f.
305 So auch die h.M.: *Dorr/Stukenborg*, DB 2003, 647 ff.; *Lennerz*, S. 43 ff.; Sagasser/Bula/Brünger/*Sagasser*, Umwandlungen, 3. Aufl. 2002, Rn B 28; *Hoffmann*, NZG 1999, 1077, 1082; *ders.*, EuR 2004, Beiheft 3, 127, 132 f.; *Dehmer*, UmwG/UmwStG, 2. Aufl. 1996; Rn 5 zu § 1 UmwG; *Kallmeyer*, UmwG, 2. Aufl. 2001, § 1 Rn 14; *Großfeld*, Die AG 1996, 302; Widmann/Mayer/*Schwarz*, Loseblatt, Einf. UmwG, Rn 1.10.
306 Für einen Verweis auf den Satzungssitz etwa Lutter/*Lutter*, UmwG, 2. Aufl. 2000, Rn 1, § 1 Rn 7; Semler/Stengel/*Semler*, UmwG, 2003, § 1 Rn 49; MüKo/*Kindler*, Bd. 11, 3. Aufl. 1999, Int. GesR, Rn 685; *Dötsch*, BB 1998, 1029, 1030.
307 In diesem Sinne Semler/Stengel/*Semler*, UmwG, 2003, § 1 Rn 49 ff.
308 *Lennerz*, S. 44, spricht darüber hinaus den Fall an, dass eine Gesellschaft mit deutschem Satzungssitz und Verwaltungssitz im Ausland aufgrund einer Rückverweisung dem deutschen Gesellschaftsstatut unterliegt (also seinen Verwaltungssitz in einem Gründungstheoriestaat hat). Eigenständige Bedeutung hätte das Satzungssitzerfordernis in diesem Fall aber gerade nicht, da schon die Rückverweisung voraussetzt, dass die (sachrechtlich ohnehin aufgelöste) Gesellschaft in Deutschland ursprünglich inkorporiert worden ist (zum Anknüpfungsmoment der Gründungstheorie vgl. ausf. *Hoffmann*, ZVglRWiss 101 (2002), 283 ff.) und demnach auch einen deutschen Satzungssitz hat. Richtigerweise kann dieser auch nicht nachträglich ins Ausland verlegt werden, da ein entsprechender Änderungsbeschluss nichtig wäre, vgl. Michalski/*Hoffmann*, GmbHG, Bd. 2, 2001, § 53 Rn 116 m.w.N.
309 BGH IPRax 2003, 62 = NJW 2002, 3539 = BB 2002, 2031 mit Anm. *Gronstedt* = MDR 2002, 1382 m. Anm. *Haack* = EWiR 2002, 971 (*Emde*) = JuS 2003, 88 (*Hohloch*); vgl. dazu die Besprechungsaufsätze von *Kindler*, IPrax 2003, 41; *Leible/Hoffmann*, DB 2002, 2203.
310 Ganz h.M.: BGH BB 1957, 799; Baumbach/*Hopt*, HGB, § 106 Rn 8; Münchener HdB. GesR/*Bezzenberger*, Bd. 2, § 3 Rn 126; Ebenroth/Boujong/Joost/*Boujong*, HGB, § 106 Rn 13; Heymann/*Emmerich*, HGB, 2. Aufl. 1995, § 106 Rn 7; a.A. nur Staub/*Ulmer*, HGB, 4. Aufl. 1995, Bd. 2, § 106 Rn 22.
311 So etwa Semler/Stengel/*Semler*, UmwG, 2003, § 1 Rn 51; ähnlich MüKo/*Kindler*, Bd. 11, 3. Aufl. 1999, Int. GesR, Rn 685: Die von *Semler* in Bezug genommenen Normen (z.B. § 16 UmwG) verweisen auf den Sitz des Rechtsträgers im Sinne des jeweils anwendbaren Sachrechts. Dies ist bei Kapitalgesellschaften aufgrund von § 4a GmbHG, § 5 AktG „unzweifelhaft" der Satzungssitz, bei Personenhandelsgesellschaften aber wegen § 106 HGB ebenso „unzweifelhaft" der tatsächliche Sitz.

3. Grenzüberschreitende Verschmelzung und Niederlassungsfreiheit.[312] Seit langem umstritten ist ferner, ob die **restriktive Auslegung** des UmwG bezüglich grenzüberschreitender Verschmelzungen innerhalb der EU mit der **Niederlassungsfreiheit des EGV** vereinbar ist. Vor allem *Lutter*[313] plädiert dafür, das UmwG europarechtskonform dahin auszulegen, dass es sowohl der Durchführung von Herein- wie auch von Herausverschmelzungen[314] nicht entgegensteht. Ansatzpunkt hierfür war schon bisher die Parallele zur Fallgruppe der Sitzverlegung, da es sich in beiden Fällen um „Ortsveränderungen" der Gesellschaft handele, die der EGV gewährleiste. Die Frage hat durch die „Überseering"-Rechtsprechung stark an Aktualität gewonnen[315] und liegt derzeit durch ein **Vorabentscheidungsersuchen** des LG Koblenz[316] dem EuGH vor.

181

Richtigerweise ist in Übertragung der „Überseering"-Grundsätze zwar ein **Recht auf Hinein-**, nicht aber auf **Herausverschmelzung** anzuerkennen. Die entscheidende Überlegung ist, dass die grenzüberschreitende Verschmelzung durch eine vorangegangene Sitzverlegung und anschließende innerstaatliche Verschmelzung substituiert werden kann. Letztere kann der zugezogenen Auslandsgesellschaft (trotz fremdem Gesellschaftsstatut) vom deutschen Recht nicht verweigert werden, da die Niederlassungsfreiheit vor allem ein Diskriminierungsverbot[317] enthält, so dass die zugezogene Auslandsgesellschaft nicht weniger günstig als eine Inlandsgesellschaft zu behandeln ist. Wenn also das UmwG die Möglichkeit der Verschmelzung der äquivalenten deutschen Gesellschaftsform einräumt, wäre die Verweigerung dieses Rechts als klare Diskriminierung zu werten, die an dem Gesellschaftsstatut und damit an der „Staatsangehörigkeit" der Auslandsgesellschaft anknüpft. Das Recht auf Hineinverschmelzung ergibt sich also aus einer Kombination der beiden Aspekte der Niederlassungsfreiheit, dem **Beschränkungs-** und dem **Diskriminierungsverbot**.[318]

182

Anders ist demgegenüber die Fallgruppe der **Hinausverschmelzung** einzuordnen. Diese würde voraussetzen, dass der inländische Rechtsträger zunächst seinen Sitz verlegt und anschließend im Ausland verschmilzt. Da es dem inländischen Recht aber freisteht, der Gesellschaft bei Grenzübertritt Statut und rechtliche Existenz zu entziehen, ist es auch nicht verpflichtet, die Hinausverschmelzung zuzulassen.[319] Zumindest nach der Rechtsprechung des EuGH wird der Sachverhalt in Anwendung der „Daily Mail"-Doktrin nicht von der Niederlassungsfreiheit erfasst. Das deutsche Recht ist also nicht verpflichtet, seine Normen für diesen Vorgang zur Verfügung zu stellen, und kann seine im Rahmen der Kombinationslehre erforderliche Mitwirkung verweigern. Geht man von der Wertung der „Daily Mail"-Doktrin aus, ist kein Grund ersichtlich, im Rahmen des Verschmelzungsrechts der Niederlassungsfreiheit eine **weiter gehende Mobilität** zu entnehmen als im Rahmen der Sitzverlegung – auch wenn man dies rechtspolitisch für wünschenswert hält.[320]

183

4. Grenzüberschreitende Spaltung. Die grenzüberschreitende **Spaltung** dürfte demgegenüber nicht von der Niederlassungsfreiheit erfasst sein. Kann nach der Rechtsprechung des EuGH der Gesellschaft deutschen Rechts die Mobilität vollständig vorenthalten werden, kann nichts anderes für Teile des Unternehmens gelten. Die Abspaltung eines inländischen Unternehmensteils in eine Gesellschaft deutscher Rechtsform ist schon deshalb nicht von der Niederlassungsfreiheit gedeckt, weil es den Mitgliedstaaten freisteht, an welche Voraussetzungen sie die Beibehaltung (und Zuerkennung) der von ihnen verliehenen Rechtspersönlichkeit knüpft (Tz 70 des Urteils „Überseering"). Die **Zuerkennung der Rechtspersönlichkeit** kann also auch im

184

---

312 Ausf.: *Rehm/Engert*, in: Eidenmüller (Hrsg.), § 4 Rn 55 ff.
313 Lutter/*Lutter*, UmwG, 2. Aufl. 2000, Bd. 1, § 1 Rn 9 ff.; *ders.*, ZGR 1994, 87, 90; ausf. *Lennerz*, S. 66 ff.; ferner: *Kallmeyer*, UmwG, 2. Aufl. 2001, § 1 Rn 12 f.; *ders.*, ZIP 1996, 535, 537; *Dorr/Stukenborg*, DB 2003, 647, 648; *Kronke*, ZGR 1994, 26, 30; *Horn*, ZIP 2003, 473, 477; *Bungert*, Die AG 1995, 489, 502; dagegen aber Semler/Stengel/Semler/Stengel, UmwG, 2003, Einl. A Rn 114; auf der Grundlage der „Daily Mail"-Rspr. *Hoffmann*, NZG 1999, 1077, 1083; MüKo/*Kindler*, Bd. 11, 3. Aufl. 1999, Int. GesR, Rn 688; *Behrens*, ZGR 1994, 1, 20 ff.; *ders.*, JBl 2001, 341, 355.
314 Unter einer Hereinverschmelzung ist eine Verschmelzung zu verstehen, bei der die überlebende Gesellschaft deutschem Recht unterliegt, unter der Herausverschmelzung ein Vorgang mit überlebender Auslandsgesellschaft.
315 Vgl. dazu die Beiträge von *Dorr/Stukenborg*, DB 2003, 647; *Triebel/v. Hase*, BB 2003, 2409; *Paefgen*, GmbHR 2004, 463; *Hoffmann*, EuR 2004, Beiheft 3, 127; *Jung*, GPR 2004, 87; *Wenglorz*, BB 2004, 1061; vgl. ferner den Vorschlag der Kommission für eine Richtlinie über die Verschmelzung von Kapitalgesellschaften aus verschiedenen Mitgliedstaaten vom 18.11.2003, Dokument KOM (2003), 703; dazu *Maul/Teichmann/Wenz*, BB 2003, 2633; *Pluskat*, EWS 2004, 1.
316 LG Koblenz WM 2003, 1990 = GmbHR 2003, 1213; anhängig beim EuGH als Rs. C-411/03 „SEVIC Systems AG", ABlEG 2003 Nr. C 289, S. 13. Dazu: *Jung*, GPR 2004, 87.
317 Vgl. den Wortlaut des Art. 43 Abs. 2 EGV; dazu statt aller: Streinz/*Müller-Graff*, EUV/EGV, 2001, Art. 43 Rn 40 ff.; *Streinz*, Europarecht, 6. Aufl. 2003, Rn 754.
318 Ausf.: *Hoffmann*, EuR 2004, Beiheft 3, 127, 135 ff.; ähnlich *Paefgen*, GmbHR 2004, 463, 466 ff.; *Jung*, GPR 2004, 87, 88; *Wenglorz*, BB 2004, 1061, 1063; *Drygala*, ZEuP 2004, 337, 353 f.; *Ott*, in: Sandrock/Wetzler, S. 199 ff.
319 Im Erg. ebenso *Eidenmüller*, JZ 2004, 24, 31; a.A. aber *Paefgen*, GmbHR 2004, 463, 471; *Wenglorz*, BB 2004, 1061, 1063.
320 *Hoffmann*, EuR 2004, Beiheft 3, 127, 138.

Rahmen einer Spaltung von einer Auslandsgesellschaft nur im Rahmen des nationalen Rechts verlangt werden. Rechtliche Mobilität gewährleistet die Niederlassungsfreiheit gerade nicht. Die Niederlassungsfreiheit verlangt lediglich die Anerkennung der aus der Spaltung nach EU-ausländischem Recht hervorgegangenen Gesellschaften, soweit sie die Anforderungen der europarechtlichen Gründungstheorie erfüllen, und dies auch dann, wenn es sich um die Abspaltung inländischer Vermögensteile auf eine Gesellschaft ausländischen Rechts handelt.

185 **5. Anpassung.** Bei der Auslegung des § 1 UmwG sind diese Vorgaben der Niederlassungsfreiheit zu beachten, wobei eine überzeugende Lösung eine **Öffnung des UmwG** auch für Vorgänge außerhalb des Anwendungsbereichs der Niederlassungsfreiheit erfordert.[321] Steht eine Inkompatibilität der beteiligten Umwandlungsrechte (insbesondere der Rechtsfolgen) der Durchführung entgegen, bedarf es zumindest im Anwendungsbereich der Niederlassungsfreiheit einer **Anpassung** durch eine europarechtskonforme Auslegung der Vorschriften, nötigenfalls auch eines unmittelbaren Rückgriffs auf die **europarechtlichen Grundsätze des Umwandlungsrechts**, wie sie insbesondere in der Verschmelzungsrichtlinie[322] niedergelegt sind.[323]

II. Internationales Konzernrecht

186 Nur angedeutet werden können die Grundsätze des **Konzernkollisionsrechts**, bei denen es sich nicht um eigenständige Kollisionsnormen handelt, sondern um **Zuordnungsnormen** zu den Gesellschaftsstatuten der beteiligten Gesellschaften.[324] Grundsätzlich bestimmt sich der konzernrechtliche Schutz der **abhängigen Gesellschaft** nach deren Gesellschaftsstatut, ebenso die Fälle einer speziellen **konzernrechtlichen Durchgriffshaftung**[325] der Gesellschaftsgläubiger auf das Vermögen eines Gesellschafters. Organisationsrechtliche Fragen, wie etwa Zuständigkeiten im Rahmen einer **Konzerneingangskontrolle** oder die Grenzen der **Einflussnahme des herrschenden Gesellschafters** auf die Gesellschaftsorgane, unterliegen dagegen dem Gesellschaftsstatut des jeweils betroffenen Rechtsträgers. Auch insoweit werden in der Regel die wesentlichen Fragen bezüglich der Untergesellschaft auftreten, aber auch in der Obergesellschaft können durchaus z.B. Hauptversammlungskompetenzen im Rahmen der Konzernbildung zu beachten sein.[326] Ähnliches gilt im **Vertragskonzernrecht**.[327] Während die Kompetenzen zu Abschluss oder Beendigung des Unternehmensvertrages sich nach dem jeweiligen Gesellschaftsstatut richten, unterliegen die Wirkungen des Vertrages jedenfalls insoweit dem Statut der abhängigen Gesellschaft, als der Vertrag den Schutz von Gesellschaft und außenstehenden Gesellschaftern sowie das Weisungsrecht des herrschenden Unternehmens und Ausschüttungen bzw. die Gewinnabführung regelt.

187 In Bezug auf die **Niederlassungsfreiheit** stellt sich auch hier die Frage nach der Überlagerung des Gesellschaftsstatuts der abhängigen Gesellschaft anhand des Sitzrechts. Für die Fälle der Existenzvernichtung, die gerade in konzernrechtlichen Zusammenhängen große Bedeutung hat, kann auf die Ausführungen in Rn 112 verwiesen werden. Ob darüber hinaus die konzernrechtlichen Schutzvorschriften des AktG auf EU-Auslandsgesellschaften angewendet werden können, erscheint indes als fraglich. Die Missbrauchsfälle dürften von der **Existenzvernichtungshaftung** hinreichend erfasst sein, eine weiter gehende Überlagerung aus Gründen des Gläubigerschutzes erscheint kaum als erforderlich. Auch insoweit gilt, dass der Anwendungsbereich dieser Haftung bei Auslandsgesellschaften größer sein kann als speziell bei der deutschen AG, die bereits durch die vorrangig heranzuziehenden gesetzlichen Vorschriften (§§ 293 ff. AktG) geschützt werden. Auch der Gesichtspunkt des **Minderheitenschutzes** in der abhängigen Gesellschaft kann grundsätzlich keine andere Sichtweise rechtfertigen, da auch der Schutz der Gesellschaft im Konzernzusammenhang grundsätzlich ein Umstand ist, den ein Gesellschafter bei seiner Anlageentscheidung zu berücksichtigen hat.[328] Ausnahmen dürften allenfalls bei konkreten Missbrauchs- oder Betrugsfällen in Betracht zu ziehen

---

321 Ausf. *Hoffmann*, EuR 2004, Beiheft 3, 127, 139 f.
322 Abgedruckt in *Habersack*, Europäisches Gesellschaftsrecht, Rn 258.
323 In diesem Sinn auch Lutter/*Lutter*, UmwG, 2. Aufl. 2000, Bd. 1, § 1 Rn 11 ff.
324 Ausf. zum Konzernkollisionsrecht: *Wackerbarth*, S. 101 ff.; Staudinger/*Großfeld*, Int. GesR, Rn 556 ff.; MüKo/*Kindler*, Bd. 11, 3. Aufl. 1999, Int. GesR, Rn 549 ff.; MüKo-AktG/*Altmeppen*, Einl. v. § 291 Rn 35 ff.; *Emmerich/Sonnenschein/Habersack*, Konzernrecht, 7. Aufl. 2001, S. 166 ff., S. 397 f.; *Emmerich/Habersack*, Aktien- und GmbH-Konzernrecht, 3. Aufl. 2003, § 291 Rn 33 ff.,

§ 311 Rn 21; Michalski/*Leible*, GmbHG, Bd. 1, 2001, Syst. Darst. 2, Rn 159 ff.; *Einsele*, ZGR 1996, 40; *Maul*, NZG 1999, 741.
325 Einer Abgrenzung zu anderen Fällen der Durchgriffshaftung bedarf es also nicht, da die Anknüpfung dieselbe ist.
326 Statt vieler: *Seydel*, Konzernbildungskontrolle bei der AG, 1995; *Emmerich/Sonnenschein/Habersack*, Konzernrecht, 7. Aufl. 2001, S. 118 ff. m.w.N.
327 Ausf.: *Wackerbarth*, S. 435 ff.
328 In diesem Sinne *Sandrock*, ZVglRWiss 102 (2003), 447, 482 ff.

sein, wenn etwa über die Absicht der Konzerneinbindung oder den rechtlichen Schutz der Gesellschafter getäuscht worden ist.[329]

E. Praktische Hinweise zur internationalen Rechtsformwahl
I. Die englische Limited als Alternative zur GmbH

1. Vorteile. Ganz im Mittelpunkt des praktischen Interesses steht seit der Entscheidung „Überseering" die *private limited company* (abgekürzt plc oder Ltd.) englischen Rechts, die vielfältig, nicht zuletzt von professionellen Inkorporationsunternehmen als Alternative zur GmbH für die inländische Geschäftstätigkeit propagiert wird. Vor allem rechtlich unerfahrenen Unternehmern wird von derartigen Kreisen, aber auch von den Medien eine gefahrlose und kostengünstige Möglichkeit der Haftungsbeschränkung vorgespiegelt, so dass in der Beratungspraxis eine zunehmende **Nachfrage** nach dieser Rechtsform zu erwarten ist. Es empfiehlt sich daher, sich zumindest mit den grundsätzlichen Vor- und Nachteilen der plc vertraut zu machen, was durch eine zunehmende an den Bedürfnissen der deutschen Praxis ausgerichtete Literatur erleichtert wird.[330]

Der gerade für Kleinunternehmen relevante Vorteile einer solchen Gesellschaftsform liegt zunächst auf der Hand: Die plc kennt **kein Mindestkapital**, und dementsprechend auch keine Regeln zur Kapitalaufbringung. Wer also nicht in der Lage ist, für seine Unternehmensgründung das deutsche Mindestkapital aufzubringen, erhält dadurch eine Möglichkeit zur Inkorporation. Soweit sich dieser Umstand als der Hauptanreiz für die Gründung inländischer „*Limiteds*" erweist, sind die Auswirkungen auf die Kreditwürdigkeit dieser Gesellschaften absehbar.[331] Ein **Kostenvorteil** ist ferner die weitgehende **Formfreiheit**, die im Gegensatz zu den teuren Beurkundungserfordernissen des deutschen GmbH-Rechts steht. Darüber hinaus ist es jedoch schwer, gerade für Kleinunternehmen interessante Vorteile der plc zu finden. Insbesondere die Ausgestaltung der inneren Struktur der Gesellschaft[332] kann zwar im Einzelfall zu bevorzugen sein, erscheint aber kaum als generell vorteilhaft.[333]

Am anderen Ende der Skala findet sich der nur für Großunternehmen relevante Vorteil des Fehlens einer **unternehmerischen Mitbestimmung**.[334] Inwieweit dieser Vorteil bei tatsächlichem Sitz in Deutschland gegenüber einer Sonderanknüpfung Bestand haben wird, muss erst die Zukunft zeigen. Verlassen kann man sich auf die Mitbestimmungsfreiheit derzeit nicht (Rn 116 ff.).

Es bleibt der Vorteil, sich durch die Wahl ausländischen Rechts **unliebsamen Instrumenten** des deutschen Gesellschaftsrechts entziehen zu können. Bei dieser Motivation ist allerdings – gerade aus Sicht des Beraters – höchste Vorsicht geboten: Zu berücksichtigen sind nicht nur die skizzierten möglichen **Sonderanknüpfungen** des Sitzrechts, sondern auch die korrespondierenden **Schutzvorschriften des englischen Rechts**. Denn bei genauer Betrachtung ist dieses nicht so „*liberal*", wie es mitunter dargestellt wird.[335]

2. Nachteile und Gefahren. Nicht verschwiegen werden sollten daher in der Beratungspraxis die vielfältigen Nachteile und Gefahren, die mit einer plc verbunden sind. Zu nennen sind zunächst die **Kosten**: Nimmt man einen Inkorporationsdienstleister in Anspruch, der nicht nur eine einmalige Gebühr veranschlagt, sondern laufende Kosten für das „*registered office*" usw. in Rechnung stellt, ist innerhalb der ersten zehn Jahre mit Gesamtkosten von ca. 9.000 EUR zu rechnen[336] – trotz Formfreiheit der Errichtung! Hinzu kommt, dass die plc nicht nur in England, sondern zusätzlich als **Zweigniederlassung** im Inland anzumelden ist (Rn 97), was doppelten Verwaltungsaufwand sowie im Inland Beibringung und Übersetzung der ausländischen Urkunden erfordert. Die **Rechnungslegung** ist nach britischem Recht zu erstellen, was der heimische Steuerberater im Zweifel nicht ohne weiteres vermag. Die Sanktion für die Nichteinreichung der Rechnungslegung ist drakonisch: Sie führt letztlich zur Löschung der Gesellschaft, und damit zum **Verlust**

---

329 Als Beispiel sei der Fall genannt, dass die Geltung des deutschen Vertragskonzernrechts vorgespiegelt wird, obwohl auch im Vertragskonzern die Anknüpfung objektiv anhand des Gesellschaftsstatuts der abhängigen Gesellschaft erfolgt (vgl. MüKo-AktG/ Altmeppen, Einl. vor § 291 Rn 50).
330 Dazu ausf.: *Rehm*, in: Eidenmüller (Hrsg.), § 10; *Heinz*, a.a.O.; ferner: *Kallmeyer*, DB 2004, 636; *Schumann*, DB 2004, 743; *Ebert/Levedag*, GmbHR 2003, 1337; *v. Busekist*, GmbHR 2004, 650; *Happ/Holler*, DStR 2004, 730; *Westhoff*, ZInsO 2004, 289; *Guillaume/ v. Kraack-Blumenthal*, Steueranwaltsmagazin 2003, 99; *von Bernstorff*, RIW 2004, 498; zu Einzelaspekten: *Lanzius*, ZInsO 2004, 296; *Habersack/Verse*, ZHR 168 (2004), 174; *Riedemann*, GmbHR 2004, 345.
331 Zutr. *Kallmeyer*, DB 2004, 636.
332 Näher: *Heinz*, S. 25 ff.; *Ebert/Levedag*, GmbHR 2003, 1337, 1340 ff.
333 Zum Steuerrecht vgl. ausf. *Heinz*, S. 55 ff.
334 *Kallmeyer*, DB 2004, 636, 638.
335 Ein ausf. Rechtsvergleich liegt vor von *Neuling*, a.a.O.
336 Vgl. *Ulmer*, NJW 2004, 1201 (in Fn 6); *Wachter*, GmbHR 2004, 88, 94.

des **Haftungsprivilegs**.[337] Nicht zu unterschätzen ist auch der Aufwand, der aus der Unkenntnis des fremden Rechts und seiner Vorgaben resultiert und erhöhten Beratungsbedarf nach sich zieht. Diese Umstände zeigen, dass die deutsche GmbH gerade für das Kleinunternehmen in der Regel die billigere Rechtsform sein dürfte. Schließlich ist es besser, das Mindestkapital in den Aufbau des Unternehmens zu investieren, als einen großen Teil dieses Betrags dem zusätzlichen Aufwand und dem Inkorporationsunternehmer zu opfern.

193 Aber auch die gesellschaftsrechtlichen **Haftungsgefahren** sind bei der plc nicht zu unterschätzen. Zunächst ist darauf hinzuweisen, dass die **Vermögensbindung** erheblich strenger ist als im deutschen Recht, und somit der Zugriff auf das Gesellschaftsvermögen (über ausgewiesene Gewinne hinaus) nicht möglich ist.[338] Eine persönliche Haftung der Gesellschafter kommt in Betracht nach den Grundsätzen der **Durchgriffshaftung** („*piercing the corporate veil*"), etwa bei Strohmanngesellschaften, die nur eine „reine Fassade" darstellen, bei Sphärenvermischung oder sonstigen Missbrauchsfällen – wenn dieses Instrument auch sehr zurückhaltend angewendet wird.[339] Praktisch bedeutsam ist aber vor allem die insolvenzrechtliche Haftung wegen „*wrongful trading*", nach der die Geschäftsleiter, faktischen Geschäftsleiter und „Schattendirektoren"[340] im Fall der Insolvenz der Gesellschaft auf Schadensersatz haften, soweit sie nach Eintritt einer negativen Fortführungsprognose nicht jeden vernünftigen Schritt eingeleitet haben, um den Gläubigerausfall zu minimieren.[341] Dieses Instrument erfüllt also Funktionen sowohl der deutschen Insolvenzschleppungshaftung als auch des Eigenkapitalersatzrechts. Die Haftungsgefahren hieraus sind nicht zu unterschätzen.

194 Diese Aspekte zeigen, dass die englische plc wohl entgegen der auf Hochglanz gedruckten Anpreisungen der Inkorporationsbranche doch nicht dem gelobten Land des Kapitalgesellschaftsrechts entsprungen ist. Jedem Existenzgründer ist zu raten, seine nunmehr um einen internationalen Aspekt bereicherten Alternativen bei der Rechtsformwahl sorgfältig abzuwägen und sich vorab über Kosten und Risiken zu informieren. Die Herausforderung, diesen Prozess auch mit international-privatrechtlicher und rechtsvergleichender Fachkompetenz zu begleiten, kommt jedenfalls auf die deutsche **Beratungspraxis** zu und sollte ob der **Haftungsrisiken** nicht auf die leichte Schulter genommen werden.

II. Gefahren weiterer Kapitalgesellschaftsformen

195 Hinzuweisen ist noch darauf, dass der viel zitierte **Wettbewerb der Gesetzgeber** in Europa auch im Gesellschaftsrecht anderer Staaten schon jetzt zu massiven Liberalisierungen insbesondere bezüglich des Mindestkapitalerfordernisses geführt hat. Solche Gesetzesänderungen waren in letzter Zeit in **Frankreich**[342] und **Spanien**[343] zu verzeichnen. Insoweit ist aber an die Grenzen der europarechtlichen Gründungstheorie zu erinnern: Ein Recht auf Anerkennung in Deutschland besteht nur, wenn das Heimatrecht der Gesellschaft nicht an der Grenze ihr Statut entzieht.[344] Will man eine bestimmte Gesellschaftsform nutzen, muss man sich aus Beratungssicht also nicht nur mit dem materiellen, sondern auch mit dem **Kollisionsrecht des jeweiligen Staates** befassen. Für die genannten Beispiele bedeutet dies: Die französische S.A.R.L. mit frei wählbarem Grundkapital kann in Deutschland wegen der in Frankreich geltenden Sitztheorie nicht genutzt werden.[345] Die „kleine GmbH" des spanischen Rechts kann dagegen wegen der dort geltenden Gründungsanknüpfung (Rn 42)[346] auch in Deutschland Bedeutung erlangen – sofern sich dies materiellrechtlich als vorteilhaft erweist.[347]

---

337 *Kallmeyer*, DB 2004, 636, 637; *v. Bernstorff*, RIW 2004, 498, 502.
338 *Kallmeyer*, DB 2004, 636, 637.
339 Ausf. *Gower's* Principles of Modern Company Law, 5th Ed., S. 108 ff.; ferner: *Neuling*, S. 94 ff.; *Heinz*, S. 45 f.; *Ebert/Levedag*, GmbHR 2003, 1337, 1340; *v. Bernstorff*, RIW 2004, 498, 502.
340 Hierunter sind Personen zu verstehen, deren Weisungen die Geschäftsleiter üblicherweise befolgen, so dass vor allem beherrschende Gesellschafter hiervon erfasst werden dürften, vgl. näher *Habersack/Verse*, ZHR 168 (2004), 174, 189 ff.
341 Ausf. zu diesem Tatbestand *Habersack/Verse*, ZHR 168 (2004), 174.
342 Dazu: *Wachter*, GmbHR 2003, R 377; *Becker*, GmbHR 2003, 706.
343 Dazu: *Fröhlingsdorf*, RIW 2003, 584; *Vietz*, GmbHR 2003, 523.
344 Bedeutung kann daher etwa die niederländische B.V. erlangen, vgl. hierzu näher *van Etterink/Ebert/Lovedag*, GmbHR 2004, 880.
345 Dies verkennen *Recq/S. Hoffmann*, GmbHR 2004, 1070. Gleiches gilt übrigens auch im Fall des Übergangs der deutschen Rspr. auf eine Gründungsanknüpfung, da die in Frankreich geltende Sitztheorie auf das deutsche Recht zurückverweisen und das deutsche Recht die Rückverweisung annehmen würde.
346 Dies trifft trotz der dortigen Modifikationen zu, vgl. näher *Steiger*, Grenzüberschreitende Fusion, S. 157 ff.
347 Zum spanischen GmbH-Recht vgl. einführend *Michalski/Leible*, GmbHG, Bd. 1, 2001, Syst. Darst. 2, Rn 235 ff., m.w.N.; zur neuen Form der „Kleinen GmbH" vgl. näher *Embid Irujo*, RIW 2004, 760.

Dritter Abschnitt. Familienrecht

Artikel 13 Eheschließung*

(1) ¹Die Voraussetzungen der Eheschließung unterliegen für jeden Verlobten dem Recht des Staates, dem er angehört.

(2) ¹Fehlt danach eine Voraussetzung, so ist insoweit deutsches Recht anzuwenden, wenn
1. ein Verlobter seinen gewöhnlichen Aufenthalt im Inland hat oder Deutscher ist,
2. die Verlobten die zumutbaren Schritte zur Erfüllung der Voraussetzung unternommen haben und
3. es mit der Eheschließungsfreiheit unvereinbar ist, die Eheschließung zu versagen; insbesondere steht die frühere Ehe eines Verlobten nicht entgegen, wenn ihr Bestand durch eine hier erlassene oder anerkannte Entscheidung beseitigt oder der Ehegatte des Verlobten für tot erklärt ist.

(3) ¹Eine Ehe kann im Inland nur in der hier vorgeschriebenen Form geschlossen werden. ²Eine Ehe zwischen Verlobten, von denen keiner Deutscher ist, kann jedoch vor einer von der Regierung des Staates, dem einer der Verlobten angehört, ordnungsgemäß ermächtigten Person in der nach dem Recht dieses Staates vorgeschriebenen Form geschlossen werden; eine beglaubigte Abschrift der Eintragung der so geschlossenen Ehe in das Standesregister, das von der dazu ordnungsgemäß ermächtigten Person geführt wird, erbringt vollen Beweis der Eheschließung.

Literatur: *Andrae*, Internationales Familienrecht, 1999; *Bergmann/Ferid/Henrich*, Internationales Ehe- und Kindschaftsrecht mit Staatsangehörigkeitsrecht, Loseblatt, Stand: 2003; *Böhmer/Finger*, Internationales Familienrecht, 24 Lfg. 2002; *Henrich*, Internationales Familienrecht, 2. Auflage 2000; *Hepting/Gaaz*, Personenstandsrecht, 38. EL, 2003; *Jayme*, Die Wiederanwendung der Haager Familienrechtsabkommen von 1902 und 1905, NJW 1965, 13; *Martiny*, Internationales Privatrecht, in: Hausmann/Hohloch (Hrsg.), Das Recht der nichtehelichen Lebensgemeinschaft, 1999, S. 561; *Schwimann*, Der rätselhafte Art. 13 Abs. 2 EGBGB n.F., StAZ 1988, 35; *Striewe*, Ausländisches und Internationales Privatrecht der nichtehelichen Lebensgemeinschaft, 1986; *ders.*, Zum Internationalen Privatrecht der nichtehelichen Lebensgemeinschaft, IPRax 1983, 248; *Sturm*, Die Nichtehe und ihre Heilung im Alltag des Standesbeamten, StAZ 1999, 289; *Wagner*, Das neue Internationale Privat- und Verfahrensrecht zur eingetragenen Lebenspartnerschaft, IPRax 2001, 281.

A. Allgemeines 1	h) Verwandtschaft, Schwägerschaft, Adoption 52
I. Ehe 1	i) Ehehindernis der Religionsverschiedenheit 54
II. Hinweise zum ausländischen Recht 5	
B. Regelungsgehalt 6	j) Ehehindernisse staatspolitischer Prägung 56
I. Sachliche Voraussetzungen (Abs. 1) 6	
1. Anwendungsbereich 6	k) Sonstige Ehehindernisse 58
2. Anknüpfung 7	5. Fehlen der sachlichen Eheschließungsvoraussetzungen 60
3. Allgemeine Fragen des IPR 10	a) Beabsichtigte Inlandstrauung 60
a) Statutenwechsel 10	b) Erfolgte Eheschließung 61
b) Renvoi 14	aa) Gestaltungs- und Feststellungsklage 64
c) Mehrrechtsstaaten 15	
d) Gesetzesumgehung 16	bb) Nichtigkeit kraft Gesetzes 65
e) Ordre public 19	cc) Klagebefugnis 66
aa) Inländische Eheverbote 19	dd) Heilung 68
bb) Ausländische Eheverbote 22	ee) Grundsatz des ärgeren Rechts .. 69
4. Sachliche Ehevoraussetzungen im Einzelnen 23	c) Folgewirkungen 75
	6. Abgrenzung zum Scheidungsstatut 78
a) Einseitige oder zweiseitige Ehemängel 23	II. Ordre public (Abs. 2) 81
	1. Hintergrund, Zielstellung, Anwendungsbereich 81
b) Ehemündigkeit 24	
c) Zustimmung Dritter 26	2. Voraussetzungen 84
d) Eheschließungswille 28	3. Verhältnis zu Art. 6 93
e) Scheinehe 31	a) Beabsichtigte Inlandstrauung 94
f) Doppelehe 33	b) Bereits geschlossene Ehen 95
aa) Existenz der Vorehe als Vorfrage 35	III. Form der Eheschließung (Abs. 3, Art. 11 Abs. 1–3) 96
bb) Vorfrage der Auflösung der Vorehe 36	
	1. Inlands- und Auslandseheschließung ... 96
(1) Bei Eingehen einer Zweitehe 36	2. Ort der Eheschließung 97
	3. Inlandseheschließung 100
(2) Bei Bestehen einer Zweitehe 42	a) Inlandsform 100
cc) Todeserklärung 48	aa) Grundsatz (S. 1) 100
g) Geschlechtsverschiedenheit 50	

* Für die Mitarbeit an der Kommentierung des Art. 13 EGBGB danke ich Frau Wiss. Mitarbeiterin *Janina Cholstinina* und Herrn Referendar *Dr. Danny Hochheim*.

- bb) Hinkende Ehen 102
- cc) Reichweite 103
- dd) Heilung 106
- b) Auslandsform (S. 2) 115
  - aa) Ursprung 115
  - bb) Voraussetzungen 116
    - (1) Person des Verlobten 116
    - (2) Trauungsperson 118
  - cc) Formerfordernis 122
  - dd) Beweis der Eheschließung (S. 2 Hs. 2) 124
- 4. Auslandseheschließung 125
  - a) Grundsatz der alternativen Anknüpfung 125
  - b) Rück- und Weiterverweisung 127
    - aa) Ortsrecht 127
    - bb) Geschäftsrecht 128
  - c) Ort der Eheschließung 129
  - d) Eheschließungsstatut 131
    - aa) Ausländisches Eheschließungsstatut 131
    - bb) Deutsches Eheschließungsstatut 133
      - (1) Grundsatz 133
      - (2) Ausnahmen 134
        - (a) Deutsche Konsularbeamte 134
        - (b) Ermächtigte Trauungsperson eines Drittstaates 138
  - e) Anwendungsbereich des Formstatuts 140
  - f) Übergreifende Probleme 145
    - aa) Handschuhehe und Stellvertretung im Willen 145
    - bb) Aufgebot, Ehefähigkeitszeugnis 150
- C. **Weitere praktische Hinweise (Personenstandsrecht)** 154
  - I. Eheschließung im Inland 154
  - II. Ausstellung eines Ehefähigkeitszeugnisses . 156
  - III. Familienbuch 158
  - IV. Rechtsmittel 163
  - V. Streitige Gerichtsbarkeit 164
    - 1. Internationale Zuständigkeit 164
    - 2. Verfahren 165
    - 3. Anerkennung ausländischer Entscheidungen 166
  - VI. Befreiung von Ehehindernissen 168
- D. **Anhänge I–III zu Art. 13 EGBGB** 172
  - I. Anhang I: Verlöbnis 172
    - 1. Begriff 172
    - 2. Anknüpfung der Verlobung 173
    - 3. Anknüpfung der Rechtsfolgen der Auflösung 175
    - 4. Anwendungsbereich 181
  - II. Anhang II: Nichteheliche Lebensgemeinschaft 184
    - 1. Allgemeines 184
      - a) Einführung 184
      - b) Abgrenzung 186
    - 2. Einzelne Probleme 190
      - a) Begründung 190
      - b) Unterhalt 191
      - c) Eltern-Kind-Beziehungen 193
      - d) Gesetzliche Erben, Verfügungen von Todes wegen 194
      - e) Innen-, insbesondere Vermögensbeziehungen 195
      - f) Auflösung 200
      - g) Beziehungen zu Dritten 203
    - 3. Weitere praktische Hinweise 204
      - a) Rechtswahl 204
      - b) Internationale Zuständigkeit 205
  - III. Anhang III: Haager Eheschließungsübereinkommen 206
    - 1. Einführung 206
    - 2. Verhältnis zum autonomen Kollisionsrecht 207
    - 3. Zeitlicher Anwendungsbereich 208
    - 4. Räumlich-personeller Anwendungsbereich (Art. 8) 211
      - a) Räumlich 212
      - b) Personell 213
    - 5. Beziehung zu einem anderen Vertragsstaat 214
    - 6. Drittstaater (Art. 8 Abs. 3 HEheSchlÜ) . 215
    - 7. Sachliche Ehevoraussetzungen (Art. 1 Hs. 1 HEheSchlÜ) 217
    - 8. Gesamtverweisung (Art. 1 Hs. 2 EheSchlÜ) 219
    - 9. Vorfrage (Artt. 1, 2 Abs. 2 und 3 HEheSchlÜ) 220
    - 10. Ordre public 221
    - 11. Eheverbote des Ortsrechts (Art. 2 HEheSchlÜ) 222
    - 12. Eheverbote des Heimatrechts (Art. 3 HEheSchlÜ) 224
    - 13. Ehefähigkeitszeugnis (Art. 4 HEheSchlÜ) 225
    - 14. Eheschließungen in Form des Ortsrechts (Art. 5 HEheSchlÜ) 227
    - 15. Aufgebot (Art. 5 Abs. 3 HEheSchlÜ) . 231
    - 16. Diplomatische und konsularische Ehe (Art. 6 HEheSchlÜ) 233
    - 17. Eheschließung in der Form des Heimatrechts (Art. 7 HEheSchlÜ) 234
    - 18. EheSchlÜ (Text) 235

A. Allgemeines

I. Ehe

1 Gegenstand von Art. 13 ist das Eingehen einer Ehe. Der international-privatrechtliche **Begriff der Ehe** geht weiter als im materiellen deutschen Recht.[1] Die Abgrenzung, insbesondere zu den nichtehelichen Lebensgemeinschaften, ist nach der funktionalen Qualifikationsmethode vorzunehmen. Es ist nach der Stellung, dem Sinn und dem Zweck der Lebensgemeinschaft gemäß dem ausländischen Recht zu fragen und dann mit der Institution der Ehe im deutschen Recht zu vergleichen. Als Ehe ist anzusehen, „was in einem bestimmten Kulturkreis als die typische Normalform des Zusammenlebens der Geschlechter angesehen wird [... und dort] alle Rechtsfolgen einer Ehe hat".[2] Keine Ehe ist eine Verbindung, bei der die Partner gerade nicht

---

[1] Hierzu ausf. *Henrich*, § 1 I, S. 20 f.

[2] *Henrich*, § 1 I, S. 21.

den Willen haben, eine Ehe einzugehen, oder die in der betreffenden Rechtsordnung als Alternative zur Ehe begriffen wird. Merkmal ist weiterhin die Geschlechtsverschiedenheit beider Partner;[3] rechtlich anerkannte **gleichgeschlechtliche Partnerschaften** unterliegen dem Art. 17b, selbst dann, wenn sie im ausländischen Recht von der Institution der Ehe erfasst werden.

Auch sog. **postmortale Eheschließungen**, d.h. solche, die nach dem Tod eines Verlobten erfolgen, fallen nicht unter Art. 13, da eine Lebensgemeinschaft nicht begründet werden kann.[4] Dagegen erfasst Art. 13 die in ausländischen Rechtsordnungen zugelassenen **polygamen Ehen**.[5] Die Form der Eheschließung ist für die Qualifikation unerheblich. Auch formlose Eheschließungen – sog. faktische Ehen –, wie z.B. *common law marriages* in einigen Bundesstaaten der USA[6] und früher sog. faktische Sowjetehen, sind einbezogen.[7]

Art. 13 ist heranzuziehen sowohl für die Fragen, ob die Voraussetzungen für die Eheschließung im Inland bestehen, als auch dafür, ob eine Ehe wirksam zustande gekommen ist. Für die Formwirksamkeit einer im Ausland geschlossenen Ehe ist Art. 11 maßgeblich (Rn 96).

Art. 13 findet Anwendung auf Eheschließungen seit dem 1.9.1986.[8] Vorher geschlossene Ehen sind nach Art. 13 a.F. sowie § 15a EheG (Art. 220 Abs. 1) zu beurteilen. Eine inhaltliche Änderung ist nicht eingetreten. Für die neuen Bundesländer ist für die vor dem 3.10.1990 geschlossenen Ehen Art. 236 § 1 zu beachten.[9]

II. Hinweise zum ausländischen Recht

Vorschriften des internationalen und des materiellen Eheschließungsrechts wichtiger Länder mit Erläuterungen sind in deutscher Übersetzung in der Loseblattsammlung von *Bergmann/Ferid/Henrich* (hrsg. vom Verlag für Standesamtswesen, Frankfurt/M.) abgedruckt. Wichtige Hinweise finden sich auch in den „Gutachten zum internationalen und ausländischen Privatrecht" (IPG) (hrsg. vom Alfred Metzner Verlag, Frankfurt/M.).

B. Regelungsgehalt

I. Sachliche Voraussetzungen (Abs. 1)

1. Anwendungsbereich. Unter den Voraussetzungen der Eheschließung sind die **sachlichen Voraussetzungen** zu verstehen, während die Formerfordernisse von Abs. 3 oder Art. 11 erfasst sind. Alles, was nicht zu den Formerfordernissen (hierzu Rn 103 ff.) gehört und keinen verfahrensrechtlichen Charakter trägt, ist als sachliche Voraussetzung zu qualifizieren.[10] Hierzu gehören insbesondere: Ehefähigkeit, Zustimmung anderer Personen, Ehewille und Willensmängel, Ehehindernisse, Rechtsfolgen und Heilung von sachlichen Ehemängeln (im Einzelnen Rn 23 ff.).

2. Anknüpfung. Die sachlichen Voraussetzungen bestimmen sich für jeden Verlobten gesondert nach seinem Heimatrecht. Wird sein **Personalstatut** durch ein anderes Recht bestimmt, tritt dieses an die Stelle des Heimatrechts. Das berufene Recht wird mit dem Begriff „**Eheschließungsstatut**" bezeichnet. Es kommt auf das Personalstatut zum Zeitpunkt der Eheschließung an – **Grundsatz der Unwandelbarkeit** (zu den Ausnahmen siehe Rn 10 ff.). Erwerb oder Verlust der Staatsangehörigkeit durch die Eheschließung bzw. danach bleiben grundsätzlich außer Betracht.[11] Für **Mehrstaater** ist die maßgebliche Rechtsordnung i.V.m. Art. 5 Abs. 1 zu bestimmen. Ist der Verlobte auch Deutscher, regeln sich die Ehevoraussetzungen nach deutschem Recht, ansonsten kommt es für Mehrstaater auf das Recht des Heimatstaates an, mit dem er am engsten verbunden ist (siehe Art. 5 EGBGB Rn 21 ff.).[12]

---

3 MüKo/*Coester*, Art. 13 EGBGB Rn 4; Soergel/*Schurig*, Art. 13 EGBGB Rn 5.
4 MüKo/*Coester*, Art. 13 EGBGB Rn 4a; i.E. Soergel/*Schurig*, Art. 13 EGBGB Rn 45, 47; a.A. (Zulässigkeit als materielle Ehevoraussetzung) u.a. OLG Karlsruhe StAZ 1990, 353; i.E. Erman/*Hohloch*, Art. 13 EGBGB Rn 24; Staudinger/*Mankowski*, Art. 13 EGBGB Rn 192 ff.
5 Erman/*Hohloch*, Art. 13 EGBGB Rn 13 m.w.N.; MüKo/*Coester*, Art. 13 EGBGB Rn 4.
6 RGZ 138, 214, 216 f.; AG Mainz IPRspr 1954/55 Nr. 83.
7 RGZ 157, 257, 259.
8 BGH FamRZ 1997, 542, 543 = NJW 1997, 2114 m. Anm. *Hohloch*, JuS 1997, 850; offen gelassen von BGH NJW 1991, 3088, 3090 = FamRZ 1991, 300; Soergel/*Schurig*, Art. 220 EGBGB Rn 18.
9 Erman/*Hohloch*, Art. 13 EGBGB Rn 11; MüKo/*Coester*, Art. 13 EGBGB Rn 129; Soergel/*Schurig*, Art. 13 EGBGB Rn 174 f.
10 *Kegel/Schurig*, § 20 IV 1b, S. 798 f.; MüKo/*Coester*, Art. 13 EGBGB Rn 7.
11 BGHZ 27, 375, 380 f. = FamRZ 1958, 367 = NJW 1958, 1627 m. Anm. *Beitzke*, JZ 1959, 123 und *Pohle*, MDR 1959, 197; Soergel/*Schurig*, Art. 13 EGBGB Rn 32 m.w.N.
12 U.a. OLGR Nürnberg 1997, 278 = FamRZ 1998, 1109; Johannsen/Henrich/*Henrich*, Art. 13 EGBGB Rn 2.

8 Bei **Staatenlosen** wird i.V.m. Art. 12 Staatenlosenkonvention[13] auf das Recht des Wohnsitzstaates und mangels eines solchen auf das Recht des Aufenthaltsortes zur Zeit der Eheschließung verwiesen. Der Wohnsitz ist hierbei i.S.d. gewöhnlichen Aufenthalts auszulegen (siehe Art. 5 EGBGB Rn 6). Dasselbe gilt für Personen, deren Personalstatut sich zur Zeit der Eheschließung nach Art. 12 GFK[14] bestimmt. Hierzu gehören Asylberechtigte (§ 2 AsylVfG), internationale Flüchtlinge i.S.d. Art. 1 GFK i.V.m. dem Protokoll über die Rechtsstellung der Flüchtlinge vom 31.1.1967 sowie Personen, deren Rechtsstellung sich nach dem Gesetz über Maßnahmen für im Rahmen humanitärer Hilfsaktionen aufgenommene Flüchtlinge[15] (näher Art. 5 EGBGB Rn 1 ff.) bestimmt. Für Ehen, die vor dem Zeitpunkt des Erwerbs der Rechtsstellung nach der GFK geschlossen wurden, beurteilt sich die materielle Wirksamkeit nach dem Recht des Staates, dessen Staatsangehörigkeit der Ehegatte zur Zeit der Eheschließung besaß.

9 Für Personen, die nach ihrer Aufnahme in die Bundesrepublik den Status eines Deutschen i.S.d. **Art. 116 Abs. 1 GG** besitzen (hierzu Art. 5 EGBGB Rn 6 ff.), beurteilen sich die Ehevoraussetzungen i.V.m. Art. 9 Abs. 2 Nr. 5 FamRÄndG nach deutschem Recht. Haben sie die Ehe vor ihrer Aufnahme geschlossen, kommt es auf ihr Personalstatut zum Eheschließungszeitpunkt an.

10 **3. Allgemeine Fragen des IPR. a) Statutenwechsel.** Aus dem **Grundsatz der Unwandelbarkeit** folgt, dass eine nach den Eheschließungsstatuten gültige Ehe durch späteren Wechsel der Personalstatuten nicht zu einer ungültigen oder vernichtbaren Ehe werden kann.[16]

11 An diesem Grundsatz wird jedoch nicht ausnahmslos festgehalten, wenn es um eine Ehe geht, der zur Zeit der Eheschließung Ehehindernisse nach dem Personalstatut eines oder beider Verlobten entgegenstanden, soweit die Eheleute zum Zeitpunkt der Entscheidung über die Wirksamkeit der Ehe gemeinsam das Personalstatut eines Staates besitzen, nach dessen Rechtsordnung die Ehe keinen Mangel aufweist.

12 Die **Rechtsprechung** hat sich verschiedentlich *obiter dicta* für eine **Heilung** ausgesprochen, wenn gemäß dem nach der Eheschließung erworbenen gemeinsamen Heimatrecht die Ehe materiell wirksam ist.[17] Zwei Entscheidungen sind in diesem Zusammenhang von Bedeutung. In RGZ 132, 416 ging es um das Ehehindernis der Religionsverschiedenheit nach dem Eheschließungsstatut. Das RG bestimmte das auf die Nichtigkeitsklage anwendbare Recht analog dem Scheidungsstatut u.a. mit der Begründung, dass der deutsche Richter keine Veranlassung hat, eine Ehe für nichtig zu erklären, die im Heimatstaat der Ehegatten als gültig behandelt wird.[18] Im zweiten, durch das KG[19] entschiedenen Fall ging es um den Mangel der Doppelehe nach deutschem Recht bei einer Ehe zwischen einer Deutschen, die später die niederländische Staatsangehörigkeit unter Verlust der deutschen angenommen hatte, und einem Niederländer. Beide lebten vor und nach der Eheschließung in den Niederlanden. Die Vorehe des Ehemannes mit einer Deutschen war durch ein niederländisches Gericht geschieden worden, die Nichtanerkennungsfähigkeit der Scheidung war nach Art. 7 § 1 FamRÄndG festgestellt. Das KG hat in Bezug auf die deutsche Frau einen nachträglichen Statutenwechsel vom deutschen zum niederländischen Recht mit der Begründung angenommen, dass eine Ehe zu erhalten sei, die im Geltungsbereich eines Rechts geschlossen wurde, dem zum Zeitpunkt der Entscheidung beide Partner unterstanden und nach dem die Ehe mangelfrei ist, wenn zudem eine völlige und dauerhafte Lösung von der deutschen Rechtsordnung erfolgt war.[20] Die Entscheidung ist u.a. auf Kritik gestoßen, weil bei der Vorfragenproblematik das Weiterbestehen der Erstehe mit einer Deutschen vom Standpunkt des deutschen Rechts unberücksichtigt blieb.[21]

13 In der **Literatur** wird eine Heilung durch Statutenwechsel – mit unterschiedlichen Voraussetzungen – überwiegend für möglich angesehen.[22] Von einer Heilung ist nur dann auszugehen, wenn beide Ehegatten

---

13 New Yorker UN-Übereinkommen über die Rechtsstellung der Staatenlosen v. 28.9.1954 (BGBl II 1976 S. 474); Text siehe Anhang I zu Art. 5 EGBGB und *Jayme/Hausmann*, Nr. 12.

14 Genfer UN-Abkommen über die Rechtsstellung der Flüchtlinge v. 28.7.1951 (BGBl II 1953 S. 560); Protokoll v. 31.1.1967 (BGBl II 1969 S. 1294); abgedruckt in Anhang II zu Art. 5 EGBGB Rn 15 und in *Jayme/Hausmann*, Nr. 10 bzw. 11.

15 BGBl I 1980 S. 1057; abgedruckt in Anhang II zu Art. 5 EGBGB vor Rn 36.

16 U.a. BGHZ 27, 375, 380 f. = FamRZ 1958, 367 = NJW 1958, 1627; KG IPRspr 1970 Nr. 57; *v. Bar*, IPR II, Rn 134.

17 RG JW 1938, 855; BGHZ 27, 375, 380 ff. = FamRZ 1958, 367 = NJW 1958, 1627; KG IPRspr 1970 Nr. 57; a.A. LG Kiel IPRspr 1960/61 Nr. 92 (die Möglichkeit der Heilung nicht angesprochen).

18 RGZ 132, 416, 419; hierzu *Siehr*, in: FS Ehrenzweig 1976, S. 136 ff.

19 KG OLGZ 1987, 433 = IPRax 1987, 33 = FamRZ 1987, 950 m. Anm. *Siehr*, IPRax 1987, 19.

20 KG OLGZ 1987, 433, 435 = IPRax 1987, 33 = FamRZ 1987, 950 m. Anm. *Siehr*, IPRax 1987, 19.

21 Zur Entscheidung *Andrae*, Rn 110; MüKo/*Coester*, Art. 13 EGBGB Rn 14; *Siehr*, IPRax 1987, 19.

22 U.a. *Beitzke*, JZ 1959, 125; *Siehr*, IPRax 1987, 19; *ders.*, in: FS Ehrenzweig 1976, S. 140 ff.; MüKo/*Coester*, Art. 13 EGBGB Rn 12 ff.; Staudinger/*Mankowski*, Art. 13 EGBGB Rn 90 ff.; abl. *Henrich*, § 1 VII, S. 41, für den Status, jedoch für Anerkennung von Ehewirkungen bei hinkenden Ehen; auch abl. Soergel/*Schurig*, Art. 13 EGBGB Rn 33 f.; *Kegel/Schurig*, § 20 IV 1c, S. 808.

sich von der Rechtsordnung dauerhaft gelöst haben, nach der die Ehe nichtig oder vernichtbar ist. Die Eheleute müssen weiterhin in dem Staat, dessen Recht nunmehr gemeinsames Personalstatut ist, auch ihren Lebensmittelpunkt haben.[23] Bei der Abwägung sind Rechtspositionen Dritter, etwa des Partners einer Vorehe, zu berücksichtigen.[24] Bei einem ausländischen Eheschließungsstatut kommt dem *ordre public* Vorrang vor dem Statutenwechsel zu.[25] Wenn ein Ehehindernis nach dem ursprünglichen ausländischen Eheschließungsstatut gemäß Abs. 2 oder Art. 6 nicht zu beachten ist, ist ein Statutenwechsel überflüssig. Bei dem Ehemangel der Doppelehe ist zudem die den Umständen des Einzelfalls gerecht werdende Lösung für die Anknüpfung der Vorfrage der Existenz der Erstehe dem Statutenwechsel für das Eheschließungsstatut insgesamt vorzuziehen (zu Vorfragen Rn 35 ff.). Stellt sich die Frage der Wirksamkeit der Ehe als Vorfrage und unterliegt die Hauptfrage (z.B. die Rechtsnachfolge von Todes wegen) dem nach der Eheschließung erworbenen gemeinsamen Heimatrecht, kommt auch eine unselbständige Anknüpfung der Vorfrage in Betracht, was die Rechtsprechung bisher jedoch abgelehnt hat.[26] Liegen ausnahmsweise die Voraussetzungen eines Statutenwechsels zugunsten der Ehewirksamkeit vor (*favor matrimonii*), tritt die Heilung *ex nunc*, also mit dem Statutenwechsel ein.[27]

b) Renvoi. Rück- und Weiterverweisung sind nach Art. 4 Abs. 1 zu beachten. Sie kommen relativ häufig vor, weil andere Rechtsordnungen z.T. an den Eheschließungsort (bspw. Südafrika, Argentinien, Paraguay, Uruguay)[28] oder den Wohnsitz (bspw. Großbritannien, Peru)[29] anknüpfen. Bei der Anwendung ausländischen Kollisionsrechts ist eine eventuell vom deutschen Recht abweichende Qualifikation zu beachten (z.B. statt Beurteilung als materielle Ehevoraussetzung Qualifikation als Formproblem).[30]

14

c) Mehrrechtsstaaten. Abs. 1 kann zu der Rechtsordnung eines Staates führen, dessen Kollisionsrecht und/oder materielles Recht für die Eheschließung territorial oder personal gespalten ist. Die maßgebliche Teilrechtsordnung ist gemäß Art. 4 Abs. 3 zu bestimmen (näher Art. 4 EGBGB Rn 20 ff.).

15

d) Gesetzesumgehung. Es wird zwischen echter und unechter Gesetzesumgehung unterschieden. Bei der **echten Gesetzesumgehung** führen ein oder beide Verlobte die Änderung ihres Personalstatuts herbei, um Ehehindernisse, die nach dem bisherigen Personalstatut bestehen, zu umgehen. Hierzu gehört auch die bewusste Herbeiführung einer Rück- oder Weiterverweisung, wenn das Heimatrecht an den Wohnsitz oder den Eheschließungsort anknüpft. Es bleibt in solchen Fällen bei der Anwendung von Abs. 1 und Art. 4 Abs. 1, die Gesetzesumgehungsabsicht wird toleriert.[31] Das schließt nicht aus, dass materiellrechtlich eine Korrektur mit Hilfe der *ordre-public-*Klausel erfolgt, wenn deren Voraussetzungen vorliegen.

16

Bei der **unechten Gesetzesumgehung** schließen die Eheleute vom Standpunkt des Rechts des Eheschließungsortes eine wirksame Ehe, ohne eine Änderung ihres Eheschließungsstatuts vom Standpunkt des deutschen Rechts herbeigeführt zu haben. Typische Beispiele sind die sog. Gretna-Green-Trauungen[32] und Tondern-Ehen.[33] Die materielle Wirksamkeit der Ehe wird gemäß Abs. 1 für jeden Partner nach seinem Heimatrecht (Gesamtverweisung) beurteilt.

17

Haben die Verlobten den Eheschließungsort ins Ausland verlagert, um das Erfordernis der Beibringung eines Ehefähigkeitszeugnisses oder die Befreiung hiervon nach § 1309 BGB zu umgehen, berührt dies die materiellrechtliche Wirksamkeit nicht. Selbst eine ohne Ehefähigkeitszeugnis oder Befreiung hiervon im Inland geschlossene Ehe ist wirksam, wenn den Anforderungen der Eheschließungsstatuten Rechnung getragen ist (zum Ehefähigkeitszeugnis siehe Rn 154 ff., 168 ff.).

18

---

23 Ausf. *Siehr*, in: FS Ehrenzweig 1976, S. 143 ff.; *ders.*, IPRax 1987, 19 ff.; MüKo/*Coester*, Art. 13 EGBGB Rn 17.

24 *Siehr*, IPRax 1987, 19, 21; MüKo/*Coester*, Art. 13 EGBGB Rn 18; entgegen KG OLGZ 1987, 433, 435 = IPRax 1987, 33.

25 BGH FamRZ 1997, 542, 543 = NJW 1997, 2114; *Hohloch*, JuS 1997, 850; *Siehr*, in: FS Ehrenzweig 1976, S. 140.

26 Für das Erbrecht BGH NJW 1981, 1900 m. Anm. *Hausmann*, FamRZ 1981, 833 und *Denzler*, IPRax 1982, 181; OLG Hamm FamRZ 1993, 607 m. Anm. *Haas*, FamRZ 1993, 610; differenziert LG Stuttgart FamRZ 1969, 542 (betrifft Formmangel); MüKo/*Birk*, Art. 25 EGBGB Rn 81; Palandt/*Heldrich*, Art. 25 EGBGB Rn 17.

27 A.A. Staudinger/*Mankowski*, Art. 13 EGBGB Rn 98.

28 AG Tübingen IPRspr 1990 Nr. 73a = ZfJ 1992, 48 m. Anm. *Coester*, S. 141; Staudinger/*Mankowski*, Art. 13 EGBGB Rn 62.

29 OLG Karlsruhe IPRspr 1994 Nr. 69 = StAZ 1994, 286 (Ghana); Staudinger/*Mankowski*, Art. 13 EGBGB Rn 60 f.

30 *v. Bar*, IPR II, Rn 129; *v. Bar/Mankowski*, IPR I, § 7 Rn 149 f.

31 U.a. *v. Bar*, IPR II, Rn 130.

32 Eheschließung deutscher Minderjähriger in Schottland, nicht mehr möglich, dazu *Marcks*, StAZ 1985, 19.

33 Eheschließung vor allem italienischer Staatsangehöriger unter der Bedingung des Scheidungsverbots nach italienischem Recht, hierzu: *Jayme/Krause*, IPRax 1983, 307; Staudinger/*Mankowski*, Art. 13 EGBGB Rn 70 ff.

19 **e) Ordre public. aa) Inländische Eheverbote.** Art. 6 ist anzuwenden, wenn im ausländischen Recht Eheverbote, die das deutsche Recht vorsieht, fehlen und dies in Bezug auf die betreffende Eheschließung zu einer wirksamen Ehe führen würde, was im Ergebnis die Grundrechte oder wesentliche Grundprinzipien des deutschen Rechts verletzen würde.[34] Für Art. 6 ist maßgebend, ob es um eine Zulassung der Eheschließung im Inland geht oder ob die Wirksamkeit einer bereits (im Ausland) geschlossenen Ehe zu beurteilen ist.

20 Im ersteren Fall stellt bereits die Mitwirkung des Standesbeamten an einer solchen Eheschließung den hinreichenden Inlandsbezug für die Anwendung von Art. 6 dar, um das inländische Verbot der Kinderehe,[35] das Inzestverbot[36] und das Verbot der Doppelehe auch entgegen dem nach Abs. 1 maßgeblichen Recht zur Anwendung zu bringen (hierzu Rn 33 ff.).

21 Ob der Wirksamkeit einer bereits geschlossenen Ehe, die den Erfordernissen ausländischen Sachrechts genügt, der *ordre public* entgegensteht, ist nicht abstrakt zu prüfen, sondern hängt davon ab, welche Rechtsfolgen dies für das konkret geltend gemachte Begehren hat. Es kommt für die Beurteilung auf den Zeitpunkt der Entscheidung an. Das gilt auch für den erforderlichen Inlandsbezug.[37] Geht es um die Rechtswirkungen einer unter der Herrschaft einer fremden Rechtsordnung begründeten Ehe – z.B. um den Unterhalt oder das Erbrecht –, ist Art. 6 nicht heranzuziehen, wenn lediglich die Begründung und nicht die Rechtswirkungen der Ehe den Grundsätzen des deutschen Eherechts widersprechen.[38] Zudem kann die Anwendung des *ordre public* auf eine bereits geschlossene Ehe keine weiter gehende Folge haben, als für die Verletzung dieses Eheverbotes nach inländischem Recht vorgesehen ist. So führt die Anwendung der *ordre-public*-Klausel auf eine im Ausland geschlossene Kinder- oder polygame Ehe nicht zu deren Nichtigkeit, sondern zu ihrer Aufhebbarkeit nach § 1314 BGB.[39]

22 **bb) Ausländische Eheverbote.** Wegen des Zusammenhangs zu Abs. 2 wird auf Rn 81 ff. verwiesen. Inwieweit einzelne Ehehindernisse oder ihr Fehlen nach dem ausländischen Recht dem *ordre public* widersprechen, wird in den sachlichen Ehevoraussetzungen im Einzelnen behandelt (vgl. Rn 23 ff.).

23 **4. Sachliche Ehevoraussetzungen im Einzelnen. a) Einseitige oder zweiseitige Ehemängel.** Bei einer Eheschließung, bei der jeder Verlobte einem anderen Sachrecht unterliegt, ist zu prüfen, ob die Ehehindernisse einseitig oder zweiseitig ausgestaltet sind. Ein **einseitiges Ehehindernis** stellt nur dann ein Hindernis für die Eheschließung dar und führt zu Ehemängeln, wenn es auf den Verlobten zutrifft, dessen Eheschließungsstatut es vorschreibt. Bei **zweiseitigem Ehehindernis** fordert das Eheschließungsstatut, dass das Ehehindernis für beide Verlobten beachtet wird. Ob ein Ehehindernis ein- oder zweiseitig ist, entscheidet das anwendbare Sachrecht für jeden Verlobten.[40]

24 **b) Ehemündigkeit.** Die Ehemündigkeit bestimmt sich für jeden Ehegatten nach seinem Eheschließungsstatut.[41] Stellt dieses hierfür auf die Geschäftsfähigkeit ab, ist Art. 7 Abs. 1 anzuwenden (Vorfrage, selbständige Anknüpfung).[42] Steht nach ausländischem Recht der Ehefähigkeit die Entmündigung entgegen, ist die Vorfrage ihrer Wirksamkeit dann positiv zu beantworten, wenn sie gemäß § 16a FGG anzuerkennen ist. Das jeweilige Eheschließungsstatut entscheidet über die Befreiung von der Altersgrenze.[43] Das Verbot einer Kinderehe ist vom Standpunkt des deutschen Rechts als zweiseitiges Ehehindernis anzusehen, um solchen Ehen Deutscher entgegenzuwirken.[44] Die Altersgrenze wird zum Teil bei 14, nach überwiegender Ansicht bei 16 Jahren gesehen.[45] Der Schließung einer Kinderehe im Inland von Personen mit ausländischem Personalstatut steht Art. 6 entgegen. Die Wirksamkeit einer im Ausland geschlossenen Ehe kann bei ausreichendem Inlandsbezug gegen Art. 6 verstoßen. Die Rechtsfolgen der Anwendung von Art. 6 können nicht weiter als nach deutschem Recht (§§ 1314, 1315 BGB) gehen. Deshalb sollte Art. 6 nicht herangezogen werden, wenn der Minderjährige, nachdem er volljährig geworden ist, die Ehe bestätigt und mit dem anderen Partner eine Lebensgemeinschaft geführt hat (Rechtsgedanke des § 1315 Abs. 1 Nr. 1 BGB).[46]

---

[34] *v. Bar*, IPR II, Rn 151.
[35] MüKo/*Coester*, Art. 13 EGBGB Rn 24, 27.
[36] AG Hanau FamRZ 2004, 949, 950; *v. Bar*, IPR II, Rn 151.
[37] So OLG Hamm IPRspr 1960/61 Nr. 115; MüKo/*Sonnenberger*, Art. 6 EGBGB Rn 85 m.w.N.
[38] Im Erg. LG Frankfurt FamRZ 1976, 217; MüKo/*Sonnenberger*, Art. 6 EGBGB Rn 87.
[39] AG Hanau FamRZ 2004, 949, 950.
[40] Etwa *v. Bar*, IPR II, Rn 148.
[41] So u.a. AG Hannover FamRZ 2002, 1116 f.; OLG Köln FamRZ 1999, 1130.
[42] U.a. *Henrich*, § 1 II 7, S. 27; Erman/*Hohloch*, Art. 13 EGBGB Rn 24 m.w.N.; MüKo/*Coester*, Art. 13 EGBGB Rn 28.
[43] Erman/*Hohloch*, Art. 13 EGBGB Rn 24; MüKo/*Coester*, Art. 13 EGBGB Rn 27.
[44] *v. Bar*, IPR II, Rn 147 Fn 254; MüKo/*Coester*, Art. 13 EGBGB Rn 27; für einseitiges Ehehindernis Staudinger/*Mankowski*, Art. 13 EGBGB Rn 203.
[45] *Henrich*, § 1 II 5, S. 26; MüKo/*Coester*, Art. 13 EGBGB Rn 27; Staudinger/*Mankowski*, Art. 13 EGBGB Rn 203.
[46] AG Hannover FamRZ 2002, 1116.

In der Literatur wird vorgeschlagen, Art. 7 Abs. 2 analog auf die Ehemündigkeit anzuwenden.[47] Dem ist nicht zu folgen. Die Ehemündigkeit kann der Geschäftsfähigkeit nicht gleichgesetzt werden, da beide verschiedene Bedeutungen besitzen.

c) Zustimmung Dritter. Ob ein Verlobter der Zustimmung Dritter zur Eheschließung bedarf, ist nach seinem Eheschließungsstatut zu beurteilen. Dieses Recht bestimmt darüber, ob und durch wen die Zustimmung ersetzt oder hiervon befreit werden kann.[48] Die gesetzliche Vertretung Minderjähriger ist selbständig anzuknüpfen.[49]

Bei fehlender Zustimmung, die nach dem Eheschließungsstatut die Heirat eines Volljährigen hindert, ist Abs. 2 zu prüfen.[50] Das Erfordernis der Zustimmung des Vaters zur Eheschließung der volljährigen Tochter nach ausländischem Recht verstößt indessen gegen Art. 6, weil nicht nur das Grundrecht auf Eheschließungsfreiheit, sondern auch das Benachteiligungsverbot wegen des Geschlechts verletzt ist.[51] Einer Befreiung von diesem Ehehindernis bedarf es zur Eheschließung im Inland nicht, dem FamG fehlt für die Erteilung einer solchen Befreiung auf Antrag die wesenseigene Zuständigkeit.[52]

d) Eheschließungswille. Welche Anforderungen an den Eheschließungswillen zu stellen sind, bestimmt für jeden Verlobten sein Eheschließungsstatut. Es entscheidet auch darüber, ob bei der Eheschließung **Willensmängel** (wie fehlende Ernstlichkeit, Geistesstörung, Irrtum, Täuschung oder Drohung) vorliegen und welche Wirkungen diese auf die Wirksamkeit der Ehe (etwa Aufhebbarkeit, Nichtigkeit oder Anfechtbarkeit) haben.[53]

Bei Willensmängeln, wie Geschäftsunfähigkeit, Bewusstlosigkeit oder vorübergehender Störung der Geistesfähigkeit, kann es sich um ein zweiseitiges Ehehindernis handeln.[54]

Auch die Zulässigkeit und die Rechtsfolgen von Eheschließungserklärungen unter einer **Bedingung** oder einer **Befristung** unterliegen dem Eheschließungsstatut. Es handelt sich um Fragen, die als sachliche Ehevoraussetzungen zu qualifizieren sind.[55] Soweit für beide Verlobte ein ausländisches Eheschließungsstatut gilt, kann eine zeitlich befristete oder bedingte Ehe im Inland nicht eingegangen werden, weil sie im offensichtlichen Widerspruch zu den Grundvorstellungen über die Ehe im deutschen Recht steht.[56] Ob eine im Ausland unter ausländischem Eheschließungsstatut geschlossene Zeitehe – z.B. nach iranischem Recht – ordre-public-widrig ist, ist umstritten.[57] Ein genügender Inlandsbezug fehlt jedenfalls dann, wenn beide Partner ein ausländisches Eheschließungsstatut besitzen und zum Zeitpunkt der Eheschließung ihren gewöhnlichen Aufenthalt nicht in Deutschland haben.

e) Scheinehe. In § 1310 Abs. 1 Hs. 2 i.V.m. § 1314 Abs. 2 Nr. 5 BGB ist mit dem Aufhebungsgrund der fehlenden Absicht beider Verlobten, eine eheliche Lebensgemeinschaft zu gründen, zugleich ein materielles Ehehindernis normiert.[58] Die Bestimmung ist anwendbar, wenn sich die materiellen Voraussetzungen für die Eheschließung wenigstens eines Verlobten nach deutschem Recht richten.[59] Allgemein bestimmen die Eheschließungsstatuten beider Ehegatten kumulativ, ob eine beabsichtigte Scheinehe ein Ehehindernis darstellt. Gilt für beide Ehepartner insoweit ausländisches Recht und besteht danach kein Ehehindernis, stellt sich die Frage, ob der Standesbeamte gleichwohl nach § 1310 Abs. 1 S. 2 Hs. 2 BGB die Mitwirkung an der Eheschließung verweigern kann.[60] Erwogen wird, die Mitwirkung bei einer Eheschließung zu verweigern, wenn

---

47 MüKo/*Coester*, Art. 13 EGBGB Rn 27; Staudinger/*Mankowski*, Art. 13 EGBGB Rn 206; a.A. Kegel/*Schurig*, § 20 IV. 1. b bb, S. 800; Staudinger/*Mankowski*, Art. 13 EGBGB Rn 79.
48 MüKo/*Coester*, Art. 13 EGBGB Rn 29; BGH IPRspr 1964/65 Nr. 88; OLG Frankfurt MDR 1951, 299 = IPRspr 1950/51 Nr. 126; OLGR Nürnberg 1997, 278 = FamRZ 1998, 1109.
49 MüKo/*Coester*, Art. 13 EGBGB Rn 29; Staudinger/*Mankowski*, Art. 13 EGBGB Rn 214.
50 LG Kassel StAZ 1990, 169, 170 = IPRspr 1990 Nr. 66 m. Anm. *Kremer*, StAZ 1990, 171; MüKo/*Coester*, Art. 13 EGBGB Rn 29; a.A. Erman/*Hohloch*, Art. 13 EGBGB Rn 24.
51 Richtig LG Kassel StAZ 1990, 169, 171 = IPRspr 1990 Nr. 66 (Iran).
52 LG Kassel StAZ 1990, 169, 170 = IPRspr 1990 Nr. 66.
53 U.a. RG IPRspr 1931 Nr. 58; OLG Frankfurt FamRZ 1987, 155 = IPRspr 1986 Nr. 54; OLG München IPRspr 1950/51 Nr. 132; MüKo/*Coester*, Art. 13 EGBGB Rn 33; Staudinger/*Mankowski*, Art. 13 EGBGB Rn 432.
54 RG JW 1937, 2039 (Geschäftsunfähigkeit bei Eheschließung); i.E. MüKo/*Coester*, Art. 13 EGBGB Rn 61; a.A. Kegel/*Schurig*, § 20 IV 1 b bb, S. 800 ff.
55 MüKo/*Coester*, Art. 13 EGBGB Rn 34; Staudinger/*Mankowski*, Art. 13 EGBGB Rn 793.
56 So i.E., jedoch Doppelqualifikation auch als Formfrage MüKo/*Coester*, Art. 13 EGBGB Rn 34; Staudinger/*Mankowski*, Art. 13 EGBGB Rn 794.
57 MüKo/*Coester*, Art. 13 EGBGB Rn 34 m.w.N. bejahend; Staudinger/*Mankowski*, Art. 13 EGBGB Rn 793 abl. m.w.N.
58 KGR Berlin 2001, 165 = FamRZ 2001, 1610.
59 S. Nachw. in vorheriger Fn; AG Heilbronn StAZ 2000, 176 = FamRZ 2000, 1364; *Hepting*, FamRZ 1998, 713, 721; Palandt/*Brudermüller*, § 1310 Rn 8.
60 Bejahend MüKo/*Müller-Gindullis*, § 1310 Rn 15; abl. *Gaaz*, StAZ 1998, 241, 242 f.; *Henrich*, in: FS

sie darauf zielt, einem Partner das Aufenthaltsrecht zu verschaffen (sog. Aufenthaltsehe). Gestützt werden diese Überlegungen auf Art. 6,[61] dem allgemeinen Verbot des Rechtsmissbrauchs oder auf die Qualifikation von § 1310 Abs. 1 S. 2 Hs. 2 BGB als Annex zur Eheschließungsform bzw. verfahrensrechtliche Vorschrift.[62]

32 Alle Begründungen rufen Widerspruch hervor. § 1310 Abs. 1 S. 2 Hs. 2 BGB zielt auf die Verhinderung von Eheschließungen, die materiellrechtliche Ehemängel aufweisen. Solche sind jedoch dem Eheschließungsstatut, vorbehaltlich des *ordre public*, zu entnehmen. Liegt danach kein Ehehindernis vor, darf der Standesbeamte die Eheschließung nicht verweigern. Gegen die Heranziehung des *ordre public* spricht, dass die deutsche Regelung erst 1998 eingeführt wurde und sich nicht auf eine vorher allgemein anerkannte Rechtspraxis stützen konnte.[63] Gegen den Gedanken des allgemeinen Verbots des Rechtsmissbrauchs spricht, dass im Falle eines solchen die Korrektur über den *ordre public* erfolgt. Bei einer schon geschlossenen Ehe kann § 1314 Abs. 2 Nr. 5 BGB nicht über den *ordre public* herangezogen werden.[64] Das Kollisionsrecht kann nicht die Funktion übernehmen, die dem Aufenthaltsrecht zukommt.

33 **f) Doppelehe.** Hinsichtlich des Ehehindernisses der Doppelehe unterliegt jeder Verlobte seinem Eheschließungsstatut. Dieses bestimmt für ihn darüber, ob es sich um ein einseitiges oder zweiseitiges Ehehindernis handelt. In den Ländern, in denen das Prinzip der Einehe gilt, ist das Verbot der Mehrehe ein zweiseitiges Ehehindernis. In islamischen Rechtsordnungen ist es dem Mann vielfach – an bestimmte Voraussetzungen gebunden – gestattet, mehrere Frauen zu heiraten.[65] Aufgrund des Kumulationsprinzips des Abs. 1 setzt sich bezüglich des Verbots und der statusrechtlichen Folgen der Doppelehe das strengere Recht durch (vgl. Rn 69). Der Eheschließung einer Frau, deren Eheschließungsstatut die Mehrehe verbietet, mit einem verheirateten Mann, dessen Eheschließungsstatut ihm die Eingehung einer weiteren Ehe gestattet, steht das Verbot der Mehrehe entgegen. Sehen beide Statuten kein Verbot vor, ist die Eheschließung im Inland durch Art. 6 gehindert.[66] Bei geschlossenen Ehen ist zu berücksichtigen, dass die Verletzung des Prinzips der Einehe im deutschen Recht lediglich zu einer aufhebbaren Ehe führt. Eine polygame Ehe, die im Ausland unter Beteiligung eines Verlobten mit deutschem Personalstatut geschlossen wurde, verletzt § 1306 BGB.[67] Solange die Ehe nicht für aufgehoben erklärt worden ist, ist auf Antrag ein Familienbuch (§ 15a PStG) anzulegen.[68] Art. 6 gebietet es nicht, eine im Ausland wirksam geschlossene polygame Ehe den Regeln des deutschen Rechts für die Doppelehe zu unterwerfen, selbst soweit einer der Beteiligten inzwischen ein deutsches Personalstatut erworben hat.[69]

34 Um eine potenziell polygame Ehe handelt es sich, wenn der Verlobte ledig ist und für ihn ein polygames Eheschließungsstatut zur Anwendung gelangt.[70] Ob dies ein Ehehindernis für die Frau darstellt, bestimmt das für sie geltende Eheschließungsstatut; für das deutsche Sachrecht trifft dies nicht zu.[71] Schließt der Ehemann später nach seinem Heimatrecht eine Zweitehe, unterliegt die Frage, ob dies zur Auflösung der Erstehe berechtigt, dem nach Art. 17 Abs. 1 maßgeblichen Recht, weil es sich um eine Störung der Ehe handelt, die erst nach der Eheschließung eingetreten ist (vgl. Art. 17 EGBGB Rn 49 f.).

35 **aa) Existenz der Vorehe als Vorfrage.** Der Grundsatz der Einehe ist nur verletzt, wenn eine Vorehe geschlossen wurde und diese zum Zeitpunkt der zweiten Eheschließung nicht aufgehoben ist. Die Frage nach der Begründung der Vorehe wird vom Standpunkt des deutschen Rechts entschieden (selbständige Anknüpfung der Vorfrage).[72] Das nach deutschem Kollisionsrecht maßgebliche Recht für die Vorehe

---

Rolland 1999, S. 170 f.; *Hepting*, FamRZ 1998, 713, 721 f.; *Wolff*, FamRZ 1998, 1477; Palandt/*Heldrich*, Art. 13 EGBGB Rn 22.

[61] *Henrich*, in: FS Rolland 1999, S. 172; *Hepting/Gaaz*, § 5a PStG Rn 74 f., 93 und III-409 f.
[62] KGR Berlin 2001, 165 = FamRZ 2001, 1610 (*obiter*); MüKo/*Müller-Gindullis*, § 1310 Rn 15.
[63] Erman/*Roth*, § 1310 Rn 7; generell abl. *Kartzke*, Scheinehen zur Erlangung aufenthaltsrechtlicher Vorteile, Diss. 1990, S. 107; *Lüderitz* in: FS Oehler 1985, S. 490 mit Einschränkungen; MüKo/*Coester*, Art. 13 EGBGB Rn 43.
[64] Anders *Henrich* in: FS Rolland 1999, S. 173; MüKo/*Müller-Gindullis*, § 1314 Rn 38; *Spellenberg*, IPRax 1992, 233, 237; Staudinger/*Mankowski*, Art. 13 EGBGB Rn 341.
[65] Aufzählung der Rechtsordnungen, nach denen Mehrehe erlaubt ist, bei Staudinger/*Mankowski*, Art. 13 EGBGB Rn 239 ff.
[66] U.a. *v. Bar*, IPR II, Rn 140; MüKo/*Coester*, Art. 13 EGBGB Rn 45 m.w.N.; *Spickhoff*, JZ 1991, 323, 327.
[67] OLG Zweibrücken FamRZ 2004, 950.
[68] AG Bremen StAZ 1991, 232 = IPRspr 1990 Nr. 69.
[69] OLG Hamm StAZ 1986, 352 = IPRspr 1986 Nr. 53; LG Frankfurt FamRZ 1976, 217; *v. Bar*, IPR II, Rn 134. Nachzugerlaubnis für die zweite Ehefrau u.a. BVerwG IPRax 1985, 351 (Bericht *Henrich*); VG Gelsenkirchen FamRZ 1975, 338 m. Anm. *Jayme*, FamRZ 1975, 338 und *Cullmann*, FamRZ 1976, 313; a.A. OVG Münster IPRax 1985, 351 = IPRspr 1985 Nr. 2.
[70] *v. Bar*, IPR II, Rn 140.
[71] MüKo/*Coester*, Art. 13 EGBGB Rn 45; *Spickhoff*, JZ 1991, 323, 327; zu ausländischen Rechtsordnungen Staudinger/*Mankowski*, Art. 13 EGBGB Rn 249 f. m.w.N.
[72] BGH FamRZ 1997, 542, 543 = NJW 1997, 2114; BGH FamRZ 1976, 336, 338; OLG Koblenz IPRax 1996, 278, 279 m. Anm. *Jayme*; Soergel/*Schurig*, Art. 13 EGBGB Rn 17; *Henrich*, § 1 II 7, S. 27; differenzierter *Hepting/Gaaz*, Bd. 2, Rn III-373.

bestimmt darüber, ob diese wirksam zustande gekommen ist und, soweit danach Ehemängel vorliegen, ob für den Fall der Wiederverheiratung von der Existenz der Ehe auszugehen ist.[73] Eine kollisionsrechtliche Prüfung entfällt, wenn die Ehe durch inländisches Urteil oder hier anerkannte ausländische Entscheidung aufgehoben, für nichtig erklärt oder ihre Nichtexistenz festgestellt worden ist (siehe Rn 37).

bb) Vorfrage der Auflösung der Vorehe. (1) Bei Eingehen einer Zweitehe. Existiert eine Vorehe, die die Eheschließung hindern würde, stellt sich die Frage, ob diese Vorehe aufgelöst oder für nichtig erklärt worden ist. Bei Verlobten mit unterschiedlichem Personalstatut ist sie für jeden gesondert zu beantworten. 36

Für einen **Verlobten mit deutschem Eheschließungsstatut** (auch durch Rückverweisung) ist die Vorfrage vom Standpunkt des deutschen Rechts zu lösen. Das Ehehindernis der Doppelehe besteht nicht, wenn die Ehe durch ein deutsches rechtskräftiges Urteil, durch eine hier anerkannte ausländische Entscheidung oder Privatscheidung aufgelöst oder für nichtig erklärt wurde. Ausländische Eheauflösungen, die von Art. 7 § 1 FamRÄndG erfasst werden, erfüllen diese Voraussetzung erst mit der förmlichen Feststellung der Anerkennungsfähigkeit durch die Landesjustizverwaltung (hierzu Anhang II zum III. Abschnitt, Art. 7 FamRÄndG). Im Übrigen ist im Verfahren der Befreiung von der Beibringung des Ehefähigkeitszeugnisses oder durch den Standesbeamten selbst (bei Vorlage eines Zeugnisses) die Anerkennungsfähigkeit inzident zu prüfen. Betroffen sind Entscheidungen, die Artt. 21 ff. EheVO 2003 unterliegen (siehe Anhang I zum III. Abschnitt, Art. 21 EheVO Rn 1 ff.), sowie Entscheidungen eines Gerichts des Staates, dem beide Ehegatten angehören (Art. 7 § 1 Abs. 1 S. 3 FamRÄndG; näher Anhang II zum III. Abschnitt, Art. 7 FamRÄndG Rn 18). 37

Wird die Nichtanerkennungsfähigkeit festgestellt, besteht das Ehehindernis der Doppelehe nach § 1306 BGB.[74] Fehlt die förmliche Feststellung, ist die Eheschließung gehindert[75] und die Erteilung eines Ehefähigkeitszeugnisses durch die deutsche Behörde für den inländischen Verlobten blockiert. 38

Für **Verlobte mit ausländischem Eheschließungsstatut** ist die Lösung der Vorfrage von der Zielstellung geprägt, eine hinkende Zweitehe zu verhindern, die dadurch verursacht wird, dass das deutsche Recht und das ausländische Eheschließungsstatut die Frage der Auflösung der Vorehe unterschiedlich beantworten. Die Vorfrage der Auflösung der Vorehe ist jedenfalls dann positiv zu beantworten, wenn diese sowohl vom Standpunkt des deutschen Rechts als auch des auf die Hauptfrage anwendbaren Rechts aufgelöst ist.[76] 39

Auf die Auflösung der Vorehe aus der Sicht des Heimatrechts der Verlobten kommt es nur dann nicht an, wenn die Vorehe von Beginn an eine hinkende Inlandsehe ist, d.h. nur vom Standpunkt des deutschen Rechts existiert, z.B. weil das Verbot der Religionsverschiedenheit nach dem Heimatrecht der Ehegatten entgegensteht.[77] 40

Ist die Vorehe vom Standpunkt beider Rechtsordnungen oder nur des deutschen Rechts nicht aufgelöst, steht der Eheschließung das Verbot der Doppelehe nach dem Eheschließungsstatut entgegen. Ist die Vorehe nur nach dem ausländischen Recht nicht aufgelöst, ist das Ehehindernis der Doppelehe nach dem ausländischen Eheschließungsstatut unbeachtlich, wenn die Voraussetzungen des Abs. 2 vorliegen (siehe Rn 83).[78] 41

(2) Bei Bestehen einer Zweitehe. Vom Grundsatz her ist der Mangel der Doppelehe für eine bereits geschlossene Ehe nach demselben Schema zu prüfen. In diesem Zusammenhang hat der BGH in einer Entscheidung, in der es um die Nichtigkeit der Ehe wegen Verletzung des Verbots der Doppelehe nach türkischem Recht ging, die Auffassung vertreten, dass sich die Vorfrage, ob die Vorehe durch ein Gericht eines Drittstaates wirksam aufgelöst worden ist, jedenfalls auch nach Art. 7 § 1 FamRÄndG, mithin nach deutschem Recht, richtet.[79] In einer anderen Entscheidung, die eine Vorehe betraf, welche durch ein deutsches Gericht geschieden worden ist, wurde geprüft, ob dies zu ihrer Auflösung aus der Sicht des Heimatrechts des ausländischen Verlobten geführt hat.[80] 42

---

73 OLGR Frankfurt 2001, 322 = FamRZ 2002, 705: Eine wegen Bigamie vorliegende Nichtehe nach philippinischem Recht hindert die Wiederverheiratung, solange die Nichtehe gerichtlich nicht festgestellt ist.
74 OLGR Nürnberg 1997, 278 = FamRZ 1998, 1109; Palandt/*Heldrich*, Art. 13 EGBGB Rn 7.
75 BayObLGZ 1975, 44 = FamRZ 1975, 582 = NJW 1975, 1077 m. Anm. *Geimer*; Staudinger/*Mankowski*, Art. 13 EGBGB Rn 303 f.
76 *Andrae*, Rn 87 ff.; i.E. MüKo/*Coester*, Art. 13 EGBGB Rn 46; Palandt/*Heldrich*, Art. 13 EGBGB Rn 7.
77 KG OLGZ 1976, 149 = FamRZ 1976, 353 m. krit. Anm. *Görgens*, StAZ 1977, 79; MüKo/*Coester*, Art. 13 EGBGB Rn 47.
78 Im. Erg. MüKo/*Coester*, Art. 13 EGBGB Rn 47 f.; Palandt/*Heldrich*, Art. 13 EGBGB Rn 7.
79 BGH FamRZ 2001, 991, 992; OLGR Nürnberg 1997, 278 = FamRZ 1998, 1109; so auch OLG Düsseldorf FamRZ 1975, 584 = NJW 1975, 1081 m. Anm. *Geimer*, FamRZ 1975, 586; Palandt/*Heldrich*, Art. 13 EGBGB Rn 7.
80 BGH FamRZ 1997, 542, 543 = NJW 1997, 2114; vor der „Spanierentscheidung" des BVerfG BGHZ 41, 136 = FamRZ 1964, 188 = NJW 1964, 976

43 Das KG wich von der kumulativen Vorgehensweise bei der Prüfung der Auflösung der Vorehe ab, als es eine geschlossene Zweitehe nicht als Doppelehe ansah, obwohl die zuvor im Ausland durchgeführte Privatscheidung der Erstehe nach Art. 7 § 1 Abs. 1 FamRÄndG nicht anerkannt war.[81]

44 Das ausländische Recht ist für die Vorfrage dann unbeachtlich, wenn seine Anwendung gegen den durch die Grundrechte mitbestimmten *ordre public* bei hinreichendem Inlandsbezug verstößt (Abs. 2 bzw. Art. 6; vgl. Rn 81 ff.). Kein Verstoß gegen den *ordre public* liegt jedoch vor, wenn das ausländische Recht die Anerkennung des deutschen Scheidungsurteils von einem förmlichen Verfahren abhängig macht.[82]

45 War die Erstehe nach ausländischem Recht zur Zeit der Schließung der Zweitehe bereits aufgelöst, jedoch ein Anerkennungsverfahren nach Art. 7 § 1 FamRÄndG nicht durchgeführt worden, kann es auf Antrag nachgeholt werden. Die Feststellung der Anerkennungsfähigkeit wirkt auf den Zeitpunkt des Wirksamwerdens der Scheidung nach dem Recht des Erlassstaates (bei gerichtlicher Entscheidung) oder nach dem die Scheidung erfolgt ist (bei Privatscheidung) zurück.

46 Gegen das kumulative Herangehen an die Lösung des Vorfragenproblems sind bei bereits geschlossenen Zweitehen Bedenken angebracht. Es geht nicht mehr darum, hinkende Zweitehen zu verhindern und die Ehegatten dazu anzuhalten, alle zumutbaren Schritte zu unternehmen, damit die Erstehe nach deutschem Recht und ihrem Heimatrecht aufgelöst ist. Die Anforderungen an die Wirksamkeit der Zweitehe sollten nicht dadurch erhöht werden, dass für die Frage der Auflösung der Vorehe kumulativ sowohl die deutsche als auch die ausländische Rechtsordnung, eingeschränkt durch Abs. 2 und Art. 6, herangezogen werden. Diese Methode ist im Interesse des inneren und des internationalen Entscheidungseinklangs nur gerechtfertigt, wenn es darum geht, ob die Ehe im Inland geschlossen werden kann.

47 Da eine Kumulation interessenwidrig ist, muss man sich entweder für die prozessrechtliche oder für die materiellrechtliche Lösung der Vorfrage entscheiden. Der prozessrechtlichen Lösung kommt im Allgemeinen der Vorrang zu.[83] Eine Eheschließung nach einer in Deutschland durchgeführten oder anerkannten Nichtigkeitserklärung oder Auflösung einer Vorehe ist grundsätzlich nicht deshalb fehlerhaft, weil das Heimatrecht eines Verlobten diese Auflösung nicht anerkennt. Ob sich die Verlobten um eine Anerkennung oder um erneute Scheidung im Heimatstaat bemüht haben, muss deshalb als unerheblich angesehen werden. Im Einzelfall kann jedoch die materiellrechtliche Lösung interessengerechter sein, insbesondere dann, wenn die Vorehe oder die Zweitehe zum Zeitpunkt der Eheschließung keinen Inlandsbezug aufweist und die Zweitehe im Ausland geschlossen wurde, ohne dass eine Gesetzesumgehung vorliegt.[84] Damit wird dem Umstand Rechnung getragen, dass die Partner bei der Eheschließung nicht damit rechnen konnten, die Wirksamkeit ihrer Ehe werde von der Anerkennung der Scheidung der Vorehe in Deutschland abhängig gemacht. Solche Fälle treten in der Rechtspraxis jedoch kaum auf.[85]

48 **cc) Todeserklärung.** Bei der Todeserklärung des Partners aus erster Ehe wird nach h.M. zunächst nicht danach gefragt, ob die Erstehe dadurch aufgelöst ist, da dies zur Anknüpfung über Art. 17 Abs. 1 führen würde.[86] Vielmehr wird direkt geprüft, ob die Todeserklärung die Wiederverheiratungsfähigkeit des überlebenden Ehegatten bewirkt. Diese Frage untersteht dem Eheschließungsstatut.[87] Soweit das Heimatrecht beider Verlobten das Verbot der Mehrehe vorsieht, muss die Todeserklärung nach beiden gemäß Abs. 1 maßgeblichen Rechtsordnungen die Eheschließungsfähigkeit herbeiführen. Die materiellrechtliche Vorfrage einer wirksamen Todeserklärung des Partners aus vorangegangener Ehe ist nach derselben Methode wie die Vorfrage der Eheauflösung zu beurteilen.[88]

49 Bei deutschem Eheschließungsstatut kommt es darauf an, ob eine Todeserklärung seitens des Vormundschaftsgerichts vorliegt oder eine ausländische Todeserklärung hier gemäß § 16a FGG anerkannt ist, was inzident zu prüfen ist. Bei ausländischem Eheschließungsstatut ist zusätzlich zu prüfen, ob auch vom Standpunkt

---

m. Anm. *Dieckmann*, JuS 1966, 99, 102; zum Streit *Hausmann*, FamRZ 1981, 833; für unselbständige Anknüpfung OLG München IPRax 1988, 354, 356 m. Anm. *Winkler v. Mohrenfels*, IPRax 1988, 341; MüKo/*Coester*, Art. 13 EGBGB Rn 46; für ausschließlich selbständige Anknüpfung (prozessuale Lösung) Erman/*Hohloch*, Art. 13 EGBGB Rn 31; *Kegel/Schurig*, § 20 IV 1 b bb, S. 801.

81 KG StAZ 1984, 309 = IPRspr 1984 Nr. 44 m. Anm. *Bürgle*, StAZ 1985, 104.
82 BGH FamRZ 1997, 542 = NJW 1997, 2114; i.E. MüKo/*Coester*, Art. 13 EGBGB Rn 54; Staudinger/*Mankowski*, Art. 13 EGBGB Rn 295 f.
83 Soergel/*Schurig*, Art. 13 EGBGB Rn 61; *Kegel/Schurig*, § 20 IV 1 b bb, S. 801.
84 Z.B. bei KG StAZ 1984, 309; hierzu *v. Bar*, IPR II, Rn 144.
85 Als Beispiel KG StAZ 1984, 309; LG Hamburg IPRspr 1976 Nr. 32; Staudinger/*Mankowski*, Art. 13 EGBGB Rn 312 f.
86 BSGE 65, 48; MüKo/*Winkler v. Mohrenfels*, Art. 17 EGBGB Rn 21; Palandt/*Heldrich*, Art. 17 EGBGB Rn 15; Staudinger/*Mankowski*, Art. 13 EGBGB Rn 322.
87 MüKo/*Coester*, Art. 13 EGBGB Rn 45; Soergel/*Schurig*, Art. 13 EGBGB Rn 39; Staudinger/*Mankowski*, Art. 13 EGBGB Rn 321; nicht eindeutig BSGE 65, 48; AG Lüneburg IPRspr 1970 Nr. 1a.
88 Staudinger/*Mankowski*, Art. 13 EGBGB Rn 323 f.; MüKo/*Coester*, Art. 13 EGBGB Rn 56.

dieser Rechtsordnung der Ehegatte aus der Vorehe für tot erklärt ist (Kumulation von prozessrechtlicher und materiellrechtlicher Lösung). Trifft Letzteres nicht zu oder kennt das ausländische Recht die Wiedererlangung der Ehefähigkeit durch Todeserklärung nicht, ist das Ehehindernis der Doppelehe nach dem Heimatrecht unbeachtlich, wenn die Voraussetzungen des Abs. 2 vorliegen.

g) Geschlechtsverschiedenheit. Die Eingehung einer rechtlich anerkannten gleichgeschlechtlichen Partnerschaft unterliegt nicht Art. 13, sondern Art. 17b. Das gilt auch, soweit das Heimatrecht der Beteiligten die beabsichtigte Verbindung als Ehe ansieht. Maßgeblicher Zeitpunkt für die Geschlechtsverschiedenheit ist der Zeitpunkt der Eheschließung. Welches Geschlecht die Eheschließungswilligen haben und inwieweit eine rechtlich anzuerkennende Geschlechtsumwandlung vorliegt, bestimmt sich analog Art. 7 Abs. 1 nach dem jeweiligen Personalstatut.[89] Ist aufgrund der so festgestellten Geschlechtsverschiedenheit Abs. 1 für die materiellen Ehevoraussetzungen maßgeblich, bestimmt das Eheschließungsstatut für beide Partner, inwieweit die Transsexualität eines Partners ein Ehehindernis darstellt.

Verweigert ein ausländisches Eheschließungsstatut trotz rechtlich anerkannter Geschlechtsumwandlung die Eheschließung, ist dieses Ehehindernis unter den Voraussetzungen des Abs. 2 oder Art. 6 unbeachtlich.[90]

h) Verwandtschaft, Schwägerschaft, Adoption. Ehehindernisse der Verwandtschaft,[91] Schwägerschaft[92] und der Milchverwandtschaft[93] bestimmen sich für jeden Verlobten nach seinem Eheschließungsstatut. Die Anwendung von Art. 6 kommt in Betracht, wenn das ausländische Recht gegenüber Ehen von Blutsverwandten das Inzestverbot des § 1307 BGB nicht vorsieht.[94] Strengere Verbote sind grundsätzlich zu beachten.[95] Bei den Ehehindernissen der Schwägerschaft oder sehr weiter Verwandtschaft kann Abs. 2 anwendbar sein.[96]

Ob eine Adoption die Eheschließung hindert, ist dem Eheschließungsstatut zu entnehmen.[97] Das vorausgesetzte Adoptionsverhältnis wird nach h.M. bei einer hinkenden Adoption, d.h. bei einer solchen, die nur nach deutschem Recht oder nur nach dem Eheschließungsstatut besteht, verneint.[98] Für bereits geschlossene Ehen sollte die Vorfrage dagegen allein gemäß dem Eheschließungsstatut entschieden werden, da nach deutschem Recht die Nichtbeachtung des Ehehindernisses der Adoption keine Auswirkungen auf die Wirksamkeit der Ehe hat.[99] Die Wirkung einer Eheschließung auf das Adoptionsverhältnis unterliegt jedoch dem Adoptionsstatut.[100]

i) Ehehindernis der Religionsverschiedenheit. Ehehindernisse der Religionsverschiedenheit sind in Rechtsordnungen anzutreffen, in denen das Eherecht durch religiöses Recht geprägt ist.[101] Bei Inlandstrauungen sind solche Verbote wegen Verletzung des *ordre public* (Art. 6, Grundrechtsverstoß gegen die Religionsfreiheit) sowie nach Abs. 2 unbeachtlich.[102]

Die Rechtsfolgen der Nichtbeachtung der Religionsverschiedenheit nach dem Heimatrecht bleiben bei geschlossenen Ehen auch dann unbeachtlich, wenn der ausreichende Inlandsbezug erst nach Eheschließung herbeigeführt wird.[103]

---

89 Im Erg. KG StAZ 2002, 307, 308; LG Stuttgart StAZ 1999, 15, 16; AG Hamburg StAZ 1984, 42, 43; MüKo/*Coester*, Art. 13 EGBGB Rn 38; Palandt/*Heldrich*, Art. 7 EGBGB Rn 6.
90 AG Hamburg StAZ 1984, 42, 43; MüKo/*Coester*, Art. 13 EGBGB Rn 38 m.w.N.; Staudinger/*Mankowski*, Art. 13 EGBGB Rn 185.
91 OLG Düsseldorf FamRZ 1969, 654.
92 OLGR Stuttgart 2000, 157 = FamRZ 2000, 821.
93 Hierzu Staudinger/*Mankowski*, Art. 13 EGBGB Rn 232.
94 Erman/*Hohloch*, Art. 13 EGBGB Rn 28.
95 OLG Düsseldorf FamRZ 1969, 654; Erman/*Hohloch*, Art. 13 EGBGB Rn 28; MüKo/*Coester*, Art. 13 EGBGB Rn 40.
96 Erman/*Hohloch*, Art. 13 EGBGB Rn 28; MüKo/*Coester*, Art. 13 EGBGB Rn 40.
97 Palandt/*Heldrich*, Art. 13 EGBGB Rn 8; MüKo/*Coester*, Art. 13 EGBGB Rn 41; *Kegel/Schurig*, § 20 IV 1 b bb, S. 803.
98 MüKo/*Coester*, Art. 13 EGBGB Rn 41; Staudinger/*Mankowski*, Art. 13 EGBGB Rn 348 ff.; a.A. (unselbständige Anknüpfung) MüKo/*Schwimann*, 2. Aufl. 1990, Art. 13 EGBGB Rn 41; Staudinger/*v. Bar/Gamillscheg*, 10. Aufl. 1978, Art. 13 EGBGB Rn 385.
99 MüKo/*Coester*, Art. 13 EGBGB Rn 41; anders Staudinger/*Mankowski*, Art. 13 EGBGB Rn 351; *Dorenberg*, Hinkende Rechtsverhältnisse im internationalen Familienrecht, 1968, S. 170.
100 Staudinger/*Mankowski*, Art. 13 EGBGB Rn 351.
101 Zu ausländischen Rechtsordnungen u.a. *Elwan*, IPRax 1986, 124 (Iran); *Kropp*, StAZ 1984, 216 (Iran); *Krüger*, StAZ 1984, 336 (Iran); IPG 1967/68 Nr. 19 (jüdisches Recht); Übersicht bei Staudinger/*Mankowski*, Art. 13 EGBGB Rn 388 ff.
102 OLG Hamm IPRspr 1976 Nr. 33; BGHZ 56, 180 = FamRZ 1971, 366 = NJW 1971, 1519; *Krüger*, StAZ 1984, 337; *Zimmermann*, StAZ 1980, 139; i.E. MüKo/*Coester*, Art. 13 EGBGB Rn 62; Palandt/*Heldrich*, Art. 13 EGBGB Rn 2, 8; Soergel/*Schurig*, Art. 13 EGBGB Rn 127; Staudinger/*Mankowski*, Art. 13 EGBGB Rn 395.
103 Im Erg. MüKo/*Coester*, Art. 13 EGBGB Rn 62; Staudinger/*Mankowski*, Art. 13 EGBGB Rn 397; *Krömer*, StAZ 2001, 43; *Strumpel*, StAZ 1972, 228.

56 **j) Ehehindernisse staatspolitischer Prägung.** Ehehindernissen der Rassenverschiedenheit, unterschiedlicher Staatsangehörigkeit und der Zugehörigkeit zu verschiedenen sozialen Schichten ist auf gleiche Weise wie Ehehindernissen der Religionsverschiedenheit zu begegnen. Ferner besteht die Möglichkeit, sie aufgrund ihres politisch diskriminierenden Charakters als ausländische Eingriffsnormen zu qualifizieren, die im Inland unbeachtet bleiben.[104]

57 Bedarf die Eheschließung nach dem Heimatrecht der staatlichen Genehmigung (etwa für Staatsbedienstete und Militärangehörige), ist diese beizubringen. Inwieweit bei fehlender staatlicher Genehmigung die Eheschließung im Inland wegen des Inlandsbezuges zulässig ist, beurteilt sich nach Abs. 2.[105]

58 **k) Sonstige Ehehindernisse. Wartefristen** oder **Eheverbote** als Scheidungsfolgen bestimmen sich für jeden Verlobten nach seinem Eheschließungsstatut. Sie bleiben wegen Verletzung der Eheschließungsfreiheit unbeachtet, wenn Abs. 2 oder Art. 6 eingreifen.[106]

59 Die **Morgengabe** nach islamischen Rechtsordnungen hat verschiedene Funktionen zu erfüllen, was ihre Qualifikation im Kollisionsrecht erschwert (vgl. Art. 14 EGBGB Rn 82 ff.). Soweit es um die Morgengabevereinbarung als Eheschließungsvoraussetzung geht, ist sie nach den Eheschließungsstatuten für beide Verlobte zu beurteilen.[107]

60 **5. Fehlen der sachlichen Eheschließungsvoraussetzungen. a) Beabsichtigte Inlandstrauung.** Bestehen nach dem gemäß Abs. 1 unter Beachtung von Art. 4 Abs. 1 maßgeblichen Recht für einen oder beide Partner sachliche Ehehindernisse, kann die Ehe im Inland nicht geschlossen werden.[108] Etwas anderes gilt nur dann, wenn die Ehehindernisse nach Abs. 2 oder Art. 6 nicht zu beachten sind (hierzu Rn 81 ff.). Der Eheschließung entgegen steht auch ein nach dem Eheschließungsstatut aufschiebendes Eheverbot, dessen Verletzung die Gültigkeit der gleichwohl geschlossenen Ehe nicht beeinträchtigen würde.[109]

61 **b) Erfolgte Eheschließung.** Ist eine Ehe im In- oder Ausland geschlossen, obwohl nach dem gemäß Abs. 1 maßgeblichen Recht die sachlichen Ehevoraussetzungen nicht vorlagen, bestimmt das verletzte Recht über die Rechtsfolgen für den Bestand der Ehe. Das gilt dann nicht, wenn der Ehemangel, der sich aus einem ausländischen Recht ergibt, nach Abs. 2 oder Art. 6 nicht zu beachten ist. Maßgeblich ist also das Eheschließungsstatut, für das sich, bezogen auf diesen Teilkomplex, auch der Begriff **Ehebeseitigungsstatut** findet. Die Zuordnung zum Eheschließungsstatut rechtfertigt sich, weil es um die Rechtsfolgen von Ehemängeln geht, die zum Zeitpunkt der Eheschließung vorlagen.

62 Dieses Recht entscheidet insbesondere darüber,

63 – ob der Mangel überhaupt Folgen für den Bestand der Ehe hat und – wenn dies zutrifft
– ob die Ehe deswegen aufhebbar, anfechtbar oder kraft Gesetzes nichtig ist.[110]

64 **aa) Gestaltungs- und Feststellungsklage.** Ist die Ehe nach dem Ehebeseitigungsstatut **aufhebbar** oder **anfechtbar**, bedarf es im Inland einer entsprechenden Gestaltungsklage.[111] Ob das Urteil *ex tunc* oder *ex nunc* auf den Bestand der Ehe wirkt, richtet sich ebenfalls nach dem Ehebeseitigungsstatut. Ihm wird auch insoweit gefolgt, als es die Rechtsfolgen des Mangels nicht in der Aufhebbarkeit oder Anfechtbarkeit der Ehe sieht, sondern ihn als einen Scheidungsgrund einstuft. Dementsprechend muss dann der Antrag lauten. Die unterschiedliche Qualifikation ist bereits für Art. 4 Abs. 1 zu beachten, denn die Verweisung erfolgt auf den Teil des ausländischen IPR, der nach den dortigen Auffassungen die Rechtsfolgen des betreffenden Ehemangels erfasst (Qualifikation nach anwendbarem IPR).[112]

65 **bb) Nichtigkeit kraft Gesetzes.** Bei Nichtigkeit kraft Gesetzes bestimmt das Ehebeseitigungsstatut, ob es zu seiner Geltendmachung der gerichtlichen Feststellung bedarf oder die Nichtigkeit auch ohne entspre-

---

104 MüKo/*Coester*, Art. 13 EGBGB Rn 35, 65.
105 Verstoß gegen *ordre public* bejahend OLG Köln FamRZ 1969, 335; *Wolff*, Das IPR Deutschlands, 3. Aufl. 1954, S. 190; MüKo/*Coester*, Art. 13 EGBGB Rn 66; Staudinger/*Mankowski*, Art. 13 EGBGB Rn 411 f.
106 Palandt/*Heldrich*, Art. 13 EGBGB Rn 2; MüKo/*Coester*, Art. 13 EGBGB Rn 58; Staudinger/*Mankowski*, Art. 13 EGBGB Rn 366.
107 OLG Köln IPRspr 1982 Nr. 43; OLG Düsseldorf FamRZ 1993, 188, 187; MüKo/*Coester*, Art. 13 EGBGB Rn 60; *Heldrich*, IPRax 1983, 64; *Kutzur*, IPRax 1993, 305, 306.
108 U.a. OLG Hamburg IPRspr 1983 Nr. 50; MüKo/*Coester*, Art. 13 EGBGB Rn 75; Soergel/*Schurig*, Art. 13 EGBGB Rn 98; zu Beweisfragen BayObLGR 1997, 31 = FamRZ 1997, 817.
109 BGH StAZ 1971, 195.
110 Aus der Rspr.: BGH FamRZ 2001, 991; OLG Hamburg StAZ 1988, 132; LG Hamburg IPRspr 1974 Nr. 50; 1973 Nr. 34; 1973 Nr. 35; 1973 Nr. 37; RGZ 136, 142; RG JW 1938, 855; MüKo/*Coester*, Art. 13 EGBGB Rn 78; Palandt/*Heldrich*, Art. 13 EGBGB Rn 11.
111 Palandt/*Heldrich*, Art. 13 EGBGB Rn 11.
112 MüKo/*Coester*, Art. 13 EGBGB Rn 82.

chenden gerichtlichen Ausspruch feststeht.[113] Dies war unter der Geltung des § 23 EheG umstritten. Nach herrschender Meinung besitzt das in der Vorschrift zum Ausdruck kommende Gestaltungsklageprinzip kein solches Gewicht im deutschen Eherecht, dass es mittels des *ordre public* gegenüber Lösungen ausländischer Rechtsordnungen, die vom Erfordernis des gerichtlichen Ausspruchs absehen, durchzusetzen wäre.[114] Eine Mindermeinung vertrat das Erfordernis einer Ehenichtigkeitsklage, gestützt auf den angenommenen *ordre-public*-Charakter von § 23 EheG und das Argument der Rechtssicherheit.[115]

cc) Klagebefugnis. Auch die Frage, wer zur Erhebung einer Gestaltungs- oder Feststellungsklage **aktiv- 66 legitimiert** ist, bestimmt das Ehebeseitigungsstatut.[116] Das betrifft sowohl die Klagebefugnis der Ehegatten als auch Dritter sowie des Ehegatten aus früherer Ehe und Erben. Ist deutsches Recht Ehebeseitigungsstatut, ergibt sich die Klagebefugnis der zuständigen inländischen Verwaltungsbehörde aus § 1316 BGB.[117] Bei ausländischem Ehebeseitigungsstatut stellt sich zunächst die Frage nach der Berechtigung der ausländischen Behörde zur Klageerhebung. Wegen des hoheitlichen Charakters – die Klage dient der Durchsetzung von staatlichen Ordnungsinteressen – wird sie verneint.[118] Klagebefugt ist allein die deutsche Verwaltungsbehörde. Umstritten ist, ob die deutsche Verwaltungsbehörde die Klage auf der Grundlage des Ehebeseitigungsstatuts (an Stelle der ausländischen Behörde) oder des deutschen Rechts erheben kann.[119] Die vermittelnde Auffassung – der zu folgen ist – will sowohl berücksichtigen, dass sich die statusrechtlichen Folgen aus dem ausländischen Recht ergeben, als auch, dass die Verwaltungsbehörde zur Wahrung inländischer öffentlicher Interessen tätig wird. Sie läuft auf eine Kumulation beider Rechtsordnungen hinaus. Die Grenze für die Klagebefugnis ist durch § 1316 BGB gesetzt. Sie besteht nur dann, wenn der Mangel zur Zeit der Antragstellung auch nach ausländischem Recht gegeben ist (z.B. darf der Mangel der Doppelehe nicht geheilt und nach ausländischem Recht die Klagebefugnis nicht auf Private beschränkt sein).[120]

Das Eheschließungsstatut ist auch für die **Fristen einer Klageerhebung** heranzuziehen. 67

dd) Heilung. Das Eheschließungsstatut, aus dem sich Mängel der Ehe ergeben, entscheidet über die 68 Möglichkeiten und Voraussetzungen ihrer Heilung, z.B. bei Auflösung der Erstehe, Bestätigung oder Zeitablauf.[121]

ee) Grundsatz des ärgeren Rechts. Regeln sich die Voraussetzungen für die Eheschließung materiell- 69 rechtlich für jeden Ehegatten nach einer anderen Rechtsordnung und liegt nach dem Heimatrecht nur eines Partners ein Ehemangel vor, bestimmt dieses Recht über die statusrechtlichen Rechtsfolgen. Oft ist es jedoch so, dass nach dem Heimatrecht beider Partner ein Ehemangel besteht. Der in der Praxis häufig auftretende Fall ist der der Doppelehe, wenn beide Heimatrechte vom Prinzip der Einehe ausgehen. Nach dem sog. Grundsatz des ärgeren Rechts sind die statusrechtlichen Rechtsfolgen – wenn sie in beiden Rechtsordnungen unterschiedlich ausgestaltet sind – dem Recht zu entnehmen, das diesbezüglich die **strengeren Rechtsfolgen** vorsieht.[122] Ein nach beiden Rechtsordnungen vorliegender Mangel bei der Eheschließung ist folglich nur dann geheilt, wenn dies beide Rechtsordnungen vorsehen. Trifft das nicht zu, sind die Rechtsfolgen dem Recht zu entnehmen, nach dem keine Heilung eingetreten ist.[123]

---

113 U.a. OLGR Frankfurt 2001, 322 = FamRZ 2002, 705; LG Kiel IPRspr 1960/61 Nr. 92; OLG Hamburg StAZ 1988, 132, 134; Palandt/*Heldrich*, Art. 13 EGBGB Rn 11.
114 U.a. NJW 1991, 3088, 3090 = BGH FamRZ 1991, 300 (Doppelehe); OLG Köln IPRspr 1971 Nr. 63 = StAZ 1972, 140; MüKo/*Coester*, Art. 13 EGBGB Rn 79 m.w.N.; Staudinger/*Mankowski*, Art. 13 EGBGB Rn 451.
115 *Ficker*, StAZ 1952, 117, 118; Staudinger/*Mankowski*, Art. 13 EGBGB Rn 451 f. m.w.N.
116 U.a. BT-Drucks 10/504, S. 52; LG München IPRspr 1952/53 Nr. 109; Erman/*Hohloch*, Art. 13 EGBGB Rn 36; Staudinger/*Mankowski*, Art. 13 EGBGB Rn 455; differenzierend Palandt/*Heldrich*, Art. 13 EGBGB Rn 11.
117 U.a. AG Heidelberg IPRax 1986, 165.
118 *Beitzke*, RabelsZ 23 (1958), 708; *Dölle*, in: FS Boehmer 1954, S. 139; Staudinger/*Mankowski*, Art. 13 EGBGB Rn 462 ff.
119 Für Art. 13 Abs. 1 u.a. *Beitzke*, RabelsZ 23 (1958), 708, 726; *Dölle*, in: FS Boehmer 1954, S. 135; MüKo/*Coester*, Art. 13 EGBGB Rn 79; a.A. dargestellt in Staudinger/*Mankowski*, Art. 13 EGBGB Rn 465 m.w.N.
120 Staudinger/*Mankowski*, Art. 13 EGBGB Rn 462 f.; Staudinger/*v. Bar/Gamillscheg*, 10. Aufl. 1978, Art. 13 EGBGB Rn 502.
121 AG Hannover FamRZ 2002, 1116, 1117; LG Hamburg FamRZ 1974, 96; Erman/*Hohloch*, Art. 13 EGBGB Rn 35.
122 BGH NJW 1991, 3088, 3090 = FamRZ 1991, 300 m. Anm. *Hohloch*, JuS 1992, 261; BayObLGZ 1993, 222; OLGR Frankfurt 2001, 322 = FamRZ 2002, 705; OLG Koblenz IPRax 1996, 278, 279; OLG Düsseldorf IPRax 1993, 251 = FamRZ 1992, 815 m. Anm. *Henrich*, IPRax 1993, 236; OLG Zweibrücken FamRZ 2004, 950; für die Anwendung des Scheidungsstatuts *Lüderitz*, IPR, Rn 339.
123 BGHZ 149, 357, 360 ff. = FamRZ 2002, 604 = NJW 2002, 1268; OLG Oldenburg IPRax 2001, 143, 144; OLGR Nürnberg 1997, 278 = FamRZ 1998, 1109 (jedoch Aufhebungsklage abgewiesen wegen unzulässiger Rechtsausübung); *Henrich*, § 1 VII, S. 39; Staudinger/*Mankowski*, Art. 13 EGBGB Rn 443.

70 Die Rechtsfolge der **Nichtehe** hat **Vorrang** vor der *ipso iure* nichtigen Ehe, die geltend gemacht werden muss; diese wiederum vor der vernichtbaren Ehe, bei Letzterer die Rechtsfolge der *ex-tunc-* vor der *ex-nunc*-Ehevernichtung.[124] Die Rechtsfolge der Nichtehe verstößt nicht gegen Art. 6.[125] Ist nach dem einen (ausländischen) Eheschließungsstatut die Nichtigkeits- bzw. Aufhebungsklage unbegründet, weil der Mangel der Doppelehe nicht (mehr) besteht, und nach dem anderen (deutschen) Eheschließungsstatut unzulässig, weil rechtsmissbräuchlich, ist Letzteres das ärgere Recht.[126] Das Prinzip des ärgeren Rechts ist dadurch entschärft, dass es nur dann greift, wenn im konkreten Fall die Voraussetzungen für die statusrechtlichen Rechtsfolgen **nach beiden Rechtsordnungen** vorliegen. Hierzu gehört auch das Erfordernis der gerichtlichen Geltendmachung.[127] Stellt z.B. in einer gemischt-nationalen Ehe, bei der Abs. 1 für nur einen Partner zum deutschen Recht führt, ein Ehegatte den Antrag auf Aufhebung der Ehe wegen Verletzung des Verbots der Mehrehe, setzt sich das strengere ausländische Eheschließungsstatut nur dann durch, wenn die Ehe danach *ipso iure* ohne gerichtliche Geltendmachung nichtig ist. Bedarf es nach ausländischem Recht der gerichtlichen Geltendmachung, sind deren Voraussetzungen mit dem Antrag auf Aufhebung der Ehe nicht erfüllt. Der Antrag auf Aufhebung ist jedoch nicht abzuweisen, vielmehr ist ihm stattzugeben und das ausländische Recht auf Ehemängel zu prüfen.[128]

71 Die Gerichte waren verschiedentlich mit Eheanfechtungsklagen bzw. Aufhebungsanträgen nach deutschem Recht als ärgerem Recht in den Fällen befasst, in denen nach ausländischem Recht der **Mangel der Doppelehe** nicht bestand oder geheilt war und die Ehe zum Zeitpunkt der Entscheidung auch aus der Sicht des deutschen Rechts aufgelöst war. In BGHZ 149, 357 wurde der Aufhebungsantrag des Ehegatten aus der ersten Ehe als missbräuchliche Rechtsausübung für unzulässig erklärt. Das OLG Nürnberg wies die Klage des Staatsanwalts nach § 24 EheG (nunmehr Antrag der Verwaltungsbehörde gemäß § 1316 Abs. 3 BGB) als unzulässig zurück, weil die Zweitehe durch Art. 6 Abs. 1 GG geschützt ist.[129]

72 Zur Frage, ob der von einem Ehegatten erhobenen Eheaufhebungs- bzw. Ehenichtigkeitsklage das ausländische Scheidungsurteil entgegensteht, siehe Anhang I zum III. Abschnitt, Art. 21 EheVO 2003 Rn 39.

73 Welches Recht heranzuziehen ist, wenn die statusrechtlichen **Rechtsfolgen** in beiden Rechtsordnungen **gleichartig** sind, ist umstritten. Diese Frage ist von Bedeutung, weil auch die weiteren Folgewirkungen überwiegend dem Ehebeseitigungsstatut unterstellt werden (siehe Rn 75 ff.). Folgende Auffassungen werden hierzu vertreten:
– Anwendung des Rechts, das einschließlich der Folgewirkungen die strengeren Rechtsfolgen vorsieht[130]
– Anwendung des Heimatrechts der verletzten Person[131]
– Kumulierung beider Statuten für jede Einzelfrage[132]
– Anwendung des Prinzips der engsten Beziehung.[133]

74 Letztere Ansicht ist zu bevorzugen. Sie führt zu einer einheitlichen neutralen Anknüpfung. Maßgeblich ist das Eheschließungsstatut für den Ehegatten, zu dessen Gebiet beide Ehepartner bei Eheschließung oder danach, insbesondere durch den gemeinsamen gewöhnlichen Aufenthalt, die engste Beziehung hatten.[134]

75 c) **Folgewirkungen.** **Unterhaltsrechtliche Ansprüche** regeln sich nach dem Haager Übereinkommen über das auf Unterhaltspflichten anzuwendende Recht vom 2.10.1973 (HUntÜ)[135] (siehe Art. 18 EGBGB Rn 93 ff.), die **namensrechtlichen Folgen** nach Art. 10.[136]

76 Die **persönlichen und vermögensrechtlichen Beziehungen** der Partner untereinander (wie Güterrecht und Versorgungsausgleich) unterstehen dem Recht, das auf die statusrechtlichen Folgen des Ehemangels

---

124 Hierzu u.a. BGH NJW 1991, 3088, 3090 = FamRZ 1991, 300 m. Anm. *Hohloch*, JuS 1992, 261; BayObLGZ 1993, 222; OLG Düsseldorf IPRax 1993, 251 = FamRZ 1992, 815 m. Anm. *Henrich*, IPRax 1993, 236; OLG Hamburg OLGZ 1988, 151.
125 BGH NJW 1991, 3088, 3090 = FamRZ 1991, 300; OLGR Frankfurt 2001, 322 = FamRZ 2002, 705.
126 BGHZ 149, 357, 360 ff. = FamRZ 2002, 604 = NJW 2002, 1268; OLGR Nürnberg 1997, 278 = FamRZ 1998, 1109 zur Klage des Staatsanwalts nach § 24 EheG, nunmehr § 1316 Abs. 3 BGB.
127 MüKo/*Coester*, Art. 13 EGBGB Rn 80.
128 So i.E. Staudinger/*Mankowski*, Art. 13 EGBGB Rn 444.
129 OLGR Nürnberg 1997, 278 = FamRZ 1998, 1108.
130 Staudinger/*Mankowski*, Art. 13 EGBGB Rn 445.
131 OLG Düsseldorf IPRax 1993, 251, 252 = FamRZ 1992, 815 m. Anm. *Henrich*, IPRax 1993, 236.
132 Erman/*Hohloch*, Art. 13 EGBGB Rn 38; Palandt/*Heldrich*, Art. 13 EGBGB Rn 14; Soergel/*Schurig*, Art. 13 EGBGB Rn 110.
133 MüKo/*Coester*, Art. 13 EGBGB Rn 80; ähnlich *Henrich*, § 1 VII, S. 40 (gemeinsamer gewöhnlicher Aufenthalt bei oder unmittelbar nach Eheschließung); auch *ders.*, IPRax 1993, 236, 237.
134 MüKo/*Coester*, Art. 13 EGBGB Rn 80.
135 BGBl II 1986 S. 837; abgedruckt in *Jayme/Hausmann*, Nr. 41.
136 Kegel/*Schurig*, § 20 IV 3., S. 813; MüKo/*Coester*, Art. 13 EGBGB Rn 83; Staudinger/*Mankowski*, Art. 13 EGBGB Rn 475.

Anwendung findet.[137] Die sozialrechtlichen Folgen von fehlerhaften Ehen, insbesondere bei Doppelehen, richten sich nach deutschem Recht.

Rechtsprechung und Lehre haben vor In-Kraft-Treten des KindschaftsreformG den **Status der Kinder** aus fehlerhaften Ehen (Ehelichkeit/Nichtehelichkeit) überwiegend diesem Recht unterstellt.[138] Dies wird auch bis heute vertreten.[139] Nach a.A. war hierfür die Kollisionsnorm für die (eheliche) Abstammung heranzuziehen.[140] Das deutsche materielle Recht unterscheidet nicht mehr zwischen ehelichen und nichtehelichen Kindern. Die Frage nach dem Status kann sich nur noch als Vorfrage aus ausländischem Recht ergeben. Sie ist unselbständig anzuknüpfen, richtet sich folglich nach dem IPR des Staates, dessen Recht auf die Hauptfrage (etwa Erb-, Sorge- und Unterhaltsrecht) Anwendung findet.

6. Abgrenzung zum Scheidungsstatut. Die Abgrenzung zum Scheidungsstatut kann Probleme bereiten, wenn derselbe Ehemangel zu einer nichtigen bzw. vernichtbaren Ehe nach dem gemäß Abs. 1 anwendbaren Recht führt, er aber auch nach der gemäß Art. 17 Abs. 1 maßgeblichen Rechtsordnung einen Scheidungsgrund darstellt bzw. ein Umstand ist, der für die Zerrüttung der Ehe spricht (z.B. Geisteskrankheit oder Impotenz von Beginn an).

In solchen Fällen ist zu prüfen, ob überhaupt nach den Eheschließungsstatuten eine Ehe besteht, denn die Existenz der Ehe wird von Art. 17 Abs. 1 vorausgesetzt (als Erstfrage oder kollisionsrechtliche Vorfrage bezeichnet). Weist die Ehe danach einen Mangel auf, kommt es auf die Rechtsfolgen für die Existenz der Ehe nach dem verletzten Recht an. Handelt es sich um eine von Beginn an nichtige Ehe, die nach dieser Rechtsordnung nicht scheidbar ist, hat ein Antrag auf Scheidung keinen Erfolg; der Antragsteller ist auf eine Feststellungs- oder Gestaltungsklage nach dem Ehebeseitigungsstatut beschränkt (vgl. Rn 64 ff.). In den anderen Fällen einer aufhebbaren oder anfechtbaren Ehe kann der Antragsteller wählen, ob er die Scheidung (dann Art. 17 Abs. 1) oder die Aufhebung/Nichtigkeitserklärung (dann Abs. 1) beantragt.[141]

Es kann auch vorkommen, dass das nach Abs. 1 maßgebliche Recht den konkreten Ehemangel als Scheidungsgrund behandelt, das nach Art. 17 Abs. 1 maßgebliche Recht ihn als Nichtigkeits-, Anfechtungs- oder Aufhebungsgrund ansieht. Dieses Problem löst sich mittels der funktionellen Qualifikation. Zu Abs. 1 gehören Ehemängel, die bereits zur Zeit der Eheschließung vorhanden sind, während Art. 17 Abs. 1 Störungen erfasst, die sich im Verlauf der Ehe einstellen.[142] Die Verweisung ist eine kanalisierte Verweisung,[143] es wird auf den Teil des ausländischen Rechts in Gesamtverweisung verwiesen, der den konkreten Ehemangel betrifft. Insoweit wird der Qualifikation des ausländischen IPR gefolgt. Durch Umqualifikation kann es zur Rückverweisung auf das deutsche Recht, zur Annahme der Verweisung und (selten) zur Weiterverweisung kommen. Materiellrechtlich findet am Ende der Verweisungsoperation immer der Teil des in- oder ausländischen Rechts Anwendung, der diesen ursprünglichen Ehemangel umfasst. Dementsprechend ist der Antrag auf Nichtigkeitserklärung/Aufhebung der Ehe oder Scheidung zu stellen.

II. Ordre public (Abs. 2)

1. Hintergrund, Zielstellung, Anwendungsbereich. In Abs. 2 sind die Grundsätze, die das BVerfG in seiner „Spanier-Entscheidung" vom 4.5.1971[144] aufgestellt hat, und die Konsequenzen, die daraus für die Eheschließung entwickelt wurden,[145] verallgemeinernd gesetzlich geregelt. Ziel ist es, eine Balance zwischen zwei Anliegen zu erreichen. Zum einen soll eine Grundrechtsverletzung ausgeschlossen werden, die dadurch entsteht, dass die Inlandstrauung wegen eines Ehehindernisses nach dem gemäß Abs. 1 maßgeblichen

---

137 AG Düsseldorf IPRax 1998, 41 m. Anm. *Jayme*; *Kegel/Schurig*, § 20 IV 3, S. 813; MüKo/*Coester*, Art. 13 EGBGB Rn 83.

138 U.a. OLG Hamm FamRZ 1973, 456 m. Anm. *Bosal*; OLG Köln IPRspr 1971 Nr. 63 = StAZ 1972, 140; BayObLG FamRZ 1964, 45, 46; MüKo/*Coester*, Art. 13 EGBGB Rn 83.

139 Erman/*Hohloch*, Art. 13 EGBGB Rn 38; Palandt/ *Heldrich*, Art. 13 EGBGB Rn 13.

140 U.a. LG Siegen IPRspr 1966/67 Nr. 92 = StAZ 1967, 158 m. Anm. *Jayme*, StAZ 1967, 158, 161; *Neuhaus*, FamRZ 1965, 541; *Wengler*, JR 1963, 41.

141 Vernichtbare bzw. aufhebbare Ehe kann geschieden werden, Soergel/*Schurig*, Art. 13 EGBGB Rn 3; Staudinger/*Mankowski*, Art. 17 Rn 80.

142 MüKo/*Winkler v. Mohrenfels*, Art. 17 Rn 24; MüKo/ *Coester*, Art. 13 EGBGB Rn 7.

143 Im Erg. *Henrich*, § 1 VII, S. 38.

144 BVerfGE 31, 58 = FamRZ 1971, 414 = NJW 1971, 1509. Zu entscheiden war, ob die Nichtbefreiung eines Ausländers, der eine Deutsche heiraten will, von der Beibringung eines Ehefähigkeitszeugnisses das Grundrecht auf Eheschließungsfreiheit verletzt, wenn das Heimatrecht die Scheidung von bürgerlichen Ehen nicht zulässt und die Entscheidung des Gerichts eines anderen Staates als dem eigenen *ordre public* widersprechend die Anerkennung versagt.

145 So OLG Hamm FamRZ 1982, 166; 1977, 384; NJW 1977, 1014; OLG Hamburg IPRspr 1977 Nr. 54; BGH NJW 1972, 1619.

ausländischen Recht abgelehnt wird. Zum anderen soll möglichst ein Statuseinklang mit dem ausländischen Recht erreicht werden, um eine sog. hinkende Ehe zu verhindern.[146]

82 Nach h.M. ist Abs. 2 sachlich nicht auf den Fall der im Heimatstaat nicht anerkannten Voreheauflösung beschränkt, sondern erstreckt sich auf alle Ehehindernisse, die das Grundrecht auf **Eheschließungsfreiheit** verletzen.[147]

83 Abs. 2 stellt eine **spezielle** ordre-public-Vorschrift dar.[148] Er betrifft unmittelbar die Zulässigkeit einer Eheschließung im Inland.[149] Die Entscheidung darüber, ob seine Voraussetzungen vorliegen, wird in der Rechtspraxis hauptsächlich im Rahmen der Befreiung von der Beibringung des Ehefähigkeitszeugnisses nach § 1309 BGB vom Präsidenten des Oberlandesgerichts getroffen.[150]

84 **2. Voraussetzungen.** Ein nach dem gemäß Abs. 1 i.V.m. Art. 4 Abs. 1 berufenen ausländischen Recht bestehendes materielles Ehehindernis ist unbeachtlich, wenn folgende Voraussetzungen **kumulativ** zutreffen:

85 – Das **ausländische Recht lässt die Eheschließung** im konkreten Fall aus Gründen **nicht zu**, die dem Anwendungsbereich des Abs. 1 zuzurechnen sind, bspw. Doppelehe, Religionsverschiedenheit, fehlende Zustimmung Dritter.

86 – Das **Ehehindernis würde bei Anwendung des deutschen Sachrechts nicht bestehen**, entweder weil das deutsche Recht das Ehehindernis nicht kennt oder weil es im konkreten Fall die Voraussetzungen hierfür nicht als gegeben ansieht.

87 – Zumindest einer der Verlobten muss zum Zeitpunkt der Eheschließung Deutscher sein, ein **deutsches Personalstatut** aus anderem Grund besitzen (z.B. Flüchtling, Staatenloser) oder seinen **gewöhnlichen Aufenthalt in der Bundesrepublik Deutschland** haben (Nr. 1). Damit ist der notwendige Inlandsbezug für die Geltung des Grundrechts auf Eheschließungsfreiheit bei auslandsbezogenen Sachverhalten für eine Inlandstrauung bestimmt (siehe jedoch Rn 94).

88 – Die Partner müssen **zumutbare Schritte** unternommen haben, um die Voraussetzungen für die Eheschließung nach dem gemäß Abs. 1 maßgeblichen Recht zu erfüllen (Nr. 2). Mit diesem Erfordernis soll erreicht werden, dass in dem Heimatstaat die Ehe als wirksam anerkannt, demnach eine „hinkende Inlandsehe" (zum Begriff siehe Rn 102) verhindert wird.
In der Literatur finden sich Auffassungen, die Nr. 2 auf im Heimatstaat nicht anerkannte Eheauflösungen beschränken[151] oder gerade diese vom Anwendungsbereich ausnehmen wollen.[152] Die h.M. lehnt dies ab und kann dabei auf den Wortlaut der Regelung und ihren Zweck („Statuseinklang mit dem Heimatrecht") verweisen.[153]
Die Begründung des Regierungsentwurfs zur Neuregelung des IPR geht von einer strengen Auslegung der Nr. 2 aus. Nur wenn etwaige Schritte wegen der Praxis des Heimatstaates aussichtslos sind, sind sie den Verlobten als unzumutbar zu ersparen.[154] Beschwerlichkeit und lange Verfahrensdauer begründen danach keine Unzumutbarkeit.[155] Insgesamt ist eine Tendenz zur Auflockerung der Anforderungen zu verzeichnen.[156]

89 Zumutbar ist, die förmliche Anerkennung eines Eheurteils eines deutschen Gerichts oder des Gerichts eines Drittlandes im Heimatstaat zu betreiben[157] bzw., soweit es nicht aussichtslos ist,[158] im Heimatstaat die Auflösung der Erstehe herbeizuführen. Eine erneute Scheidung kann jedoch nur dann gefordert werden, wenn ihre Wiederholung relativ unproblematisch ist (z.B. je nach Ausgestaltung: Privatscheidung nach religiösem Recht oder Scheidung nach dem Zerrüttungsprinzip infolge längerer Trennung).
Bei Personen, die ihren Heimatstaat aus Verfolgungsgründen verlassen haben, ist zu prüfen, ob sie nicht ein deutsches Eheschließungsstatut besitzen; dann kommt es auf Verbote nach dem Heimatrecht nicht an.
Die Frage nach der Zumutbarkeit von Schritten stellt sich jedoch bei zweiseitigen Ehehindernissen dann, wenn der andere Verlobte dieselbe Staatsangehörigkeit, aber nicht das Personalstatut eines internationalen

---

146 Im Erg. BT-Drucks 10/504, S. 53; MüKo/*Coester*, Art. 13 EGBGB Rn 23b; *Schwimann*, StAZ 1988, 35, 37.
147 U.a. MüKo/*Coester*, Art. 13 EGBGB Rn 23d; Soergel/*Schurig*, Art. 13 EGBGB Rn 50; a.A. MüKo/ *Schwimann*, 2. Aufl. 1990, Art. 13 EGBGB Rn 23g.
148 Allg.M., u.a. *v. Bar*, IPR II, Rn 150; *Schwimann*, StAZ 1988, 35, 36.
149 Soergel/*Schurig*, Art. 13 EGBGB Rn 55; *Andrae*, Rn 65.
150 BT-Drucks 10/504, S. 52.
151 *v. Bar*, IPR II, Rn 153–155.
152 *Lüderitz*, IPR, Rn 334.
153 U.a. MüKo/*Coester*, Art. 13 EGBGB Rn 23e; *v. Bar*, IPR II, Rn 153; *Kropholler*, IPR, § 44 I, S. 328; *Spickhoff*, Der ordre public im IPR, 1989, S. 277; einschr. Böhmer/Finger/*Finger*, Art. 13 Rn 92.
154 BT-Drucks 10/504, S. 53.
155 Hierzu *Schwimann*, StAZ 1988, 35, 37 m.w.N.
156 Im Erg. MüKo/*Coester*, Art. 13 EGBGB Rn 23h; Soergel/*Schurig*, Art. 13 EGBGB Rn 54.
157 BT-Drucks 10/504, S. 53; BGH NJW 1997, 2114, 2115 = FamRZ 1997, 542; OLGR Hamm 2003, 297, 298; OLG Köln NJW 1990, 644.
158 BGH NJW 1997, 2114, 2115 = FamRZ 1997, 542.

Flüchtlings bzw. Asylbewerbers besitzt. Während das OLG Köln trotz möglicher Nachteile für den asylberechtigten Verlobten Schritte nach Nr. 2 verlangte, ging das LG Kassel von einer Unzumutbarkeit aus.[159] Es bedarf der Bewertung des Einzelfalls, jedoch ist die Erreichung des äußeren Entscheidungseinklangs nicht ein so hohes Ziel, dass an die Unzumutbarkeit äußerst strenge Anforderungen zu stellen sind. Außerdem müssen die Schritte auf das Ehe- und Eheverfahrensrecht beschränkt sein und z.B. nicht Religionswechsel, Aufgabe politischer Tätigkeiten, Absolvierung des Militärdienstes oder die Befreiung vom Eheverbot der höheren Weihen betreffen.[160]

Schritte zur Beseitigung des Ehehindernisses sind auch dann nicht erforderlich, wenn diese selbst den Grundrechten widersprechen.[161] Das trifft auf das Erfordernis der Einholung der Zustimmung des Ehevormundes und deren Ersetzung durch das Gericht für die volljährige Frau zu;[162] nicht jedoch für Wartefristen[163] hinsichtlich einer erneuten Eheschließung, um eine mögliche Schwangerschaft der Frau aus vorangegangener Ehe abzuklären. 90

– Die **Versagung der Eheschließung** nach ausländischem Recht muss **mit dem Grundrecht auf Eheschließungsfreiheit unvereinbar** sein (Nr. 3). Von einer **Grundrechtsverletzung** ist stets auszugehen – ohne dass eine Wertung vorzunehmen ist –, wenn das ausländische Ehehindernis der Doppelehe auf der Annahme der Existenz einer Vorehe beruht, die nach deutschem Recht aufgelöst ist, weil (alternativ) 91
  – ein diesbezügliches deutsches Urteil ergangen oder eine ausländische Eheauflösung in der Bundesrepublik Deutschland anerkannt ist (eingehend Rn 36) oder
  – der Partner aus der Vorehe eines Verlobten durch eine diesbezügliche Entscheidung eines deutschen Gerichts oder eine hier anerkannte ausländische Entscheidung für tot erklärt wurde (näher Rn 48 ff.).

Bei **anderen Ehehindernissen** nach ausländischem Recht bedarf es einer Wertung, ob ihre Beachtung zu einer Verletzung des Grundrechts auf Eheschließungsfreiheit führen würde. Sind die Voraussetzungen des Abs. 2 Nr. 1–3 erfüllt, ist das nach dem ausländischen Eheschließungsstatut bestehende Ehehindernis unbeachtlich. 92

3. Verhältnis zu Art. 6. Abs. 2 stellt eine spezielle Vorbehaltsklausel dar, die Vorrang vor Art. 6 hat.[164] Abs. 2 ist auf die Eheschließung im Inland gerichtet und erfasst den Fall, dass die Nichtzulassung der Eheschließung aufgrund der Eheverbote nach dem ausländischen Recht zur Verletzung der Eheschließungsfreiheit führen würde. 93

a) Beabsichtigte Inlandstrauung. Hier ist in erster Linie Abs. 2 anzuwenden. Wenn durch das Ehehindernis (auch) andere wesentliche Grundsätze des deutschen Rechts, insbesondere andere Grundrechte, wie die Religionsfreiheit oder der Grundsatz der Nichtdiskriminierung, verletzt werden, ist (daneben) Art. 6 heranzuziehen.[165] Dabei kann ein anderer Inlandsbezug (bspw. die bloße Inlandstrauung) ausreichend sein und das Erfordernis von Abs. 2 Nr. 2 entfallen, um den *ordre public* zur Anwendung zu bringen. Dies wird einhellig für den Fall einer besonders gravierenden Verletzung der Eheschließungsfreiheit vertreten.[166] 94

b) Bereits geschlossene Ehen. Soweit die Voraussetzungen für die Anwendung von Abs. 2 im Zeitpunkt der Eheschließung vorlagen und danach ein ausländisches Ehehindernis nicht zu beachten war, ist die geschlossene Ehe materiellrechtlich fehlerfrei. Im Übrigen ist Art. 6 zu prüfen, wenn die Wirksamkeit bereits geschlossener Ehen zu beurteilen ist. Abs. 2 Nr. 1 und 2 sind nicht zwingend Anwendungsvoraussetzungen. Im Rahmen des Art. 6 ist bei der Gesamtwürdigung zu berücksichtigen, inwieweit die Partner zumutbare Schritte zur Beseitigung von Ehehindernissen nach dem Heimatrecht unternommen haben. Soweit zur Zeit der Eheschließung die Voraussetzungen für die Anwendung des *ordre public* in Bezug auf das ausländische Ehehindernis vorlagen, bleibt es bei seiner Anwendung, auch wenn sich später das ausländische Recht geändert hat[167] oder der Inlandsbezug entfallen ist. Das folgt aus dem Grundsatz der Unwandelbarkeit der kollisionsrechtlichen Anknüpfung zugunsten der Wirksamkeit der Ehe.[168] Waren jedoch im Zeitpunkt der Eheschließung die Voraussetzungen für die Anwendung des *ordre public* nicht gegeben, liegen sie aber zur 95

---

159 OLG Köln NJW 1990, 644, 645; LG Kassel StAZ 1990, 169 m. Anm. *Kremer*.
160 Nach altem Recht OLG Hamm DVBl 1974, 685, 687 = StAZ 1974, 66; *v. Bar*, IPR II, Rn 153; i.E. Staudinger/*Mankowski*, Art. 13 EGBGB Rn 132.
161 *Spickhoff*, JZ 1971, 323, 326.
162 LG Kassel StAZ 1990, 169 m. Anm. *Kremer*; *v. Bar*, IPR II, Rn 153, Fn 267.
163 Staudinger/*Mankowski*, Art. 13 EGBGB Rn 143.
164 MüKo/*Coester*, Art. 13 EGBGB Rn 24; Soergel/*Schurig*, Art. 13 EGBGB Rn 73.
165 *v. Bar*, IPR II Rn 150; *Spickhoff*, JZ 1971, 323, 326; Soergel/*Schurig*, Art. 13 EGBGB Rn 73.
166 *Spickhoff*, JZ 1971, 323, 326; Soergel/*Schurig*, Art. 13 EGBGB Rn 73; *v. Bar*, IPR II, Rn 150.
167 BGH NJW 1997, 2114, 2115 = FamRZ 1997, 542 m. Anm. *Hohloch*, JuS 1997, 850.
168 *v. Bar*, IPR II, Rn 134.

Zeit der Entscheidung vor (bspw. nunmehr Inlandsbezug oder Wandlung der Anschauungen über tragende Rechtsgrundsätze), ist Art. 6 zugunsten der Ehewirksamkeit zur Anwendung zu bringen.[169]

III. Form der Eheschließung (Abs. 3, Art. 11 Abs. 1–3)

96 **1. Inlands- und Auslandseheschließung.** Für die Form wird zwischen Inlands- und Auslandseheschließung unterschieden. Während eine Ehe im Inland, soweit nicht die speziellen Voraussetzungen des Abs. 3 S. 2 vorliegen, ausschließlich nach deutschen Formvorschriften geschlossen werden kann (näher Rn 100 ff.), ist eine im Ausland geschlossene Ehe nach den allgemeinen Vorschriften für die Form von Rechtsgeschäften gemäß Art. 11 Abs. 1 formwirksam, wenn sie den Formerfordernissen des Orts- oder Geschäftsrechts entspricht (eingehend Rn 125 ff.).

97 **2. Ort der Eheschließung.** Ort der Eheschließung ist der Ort, an dem die Verlobten ihre Willenserklärungen, gerichtet auf die Eingehung der Ehe, abgeben. Wird die Ehe im Rahmen **einer förmlichen Trauungszeremonie** unter Mitwirkung einer besonderen Trauungsperson (wie Standesbeamter, Bürgermeister oder Geistlicher) geschlossen, ist Eheschließungsort der Ort, an dem in Anwesenheit dieser Trauungsperson die Zeremonie stattfindet.[170] Das gilt auch dann, wenn ein oder beide Verlobten bei der Trauung nicht persönlich anwesend sind, sondern von Dritten vertreten werden.[171]

98 Bei **Konsens-Ehen ohne förmliche Trauungszeremonie** kommt es auf den Ort an, an dem sich die Verlobten zur Zeit der Abgabe ihrer Erklärungen befinden.[172] Bei **Eheschließungen unter Abwesenden** sind Eheschließungsorte die Orte, an denen sich die Eheschließenden zum Zeitpunkt der Abgabe ihrer Erklärung aufhalten.[173] Gibt einer der Verlobten seine Konsenserklärung in Deutschland ab, handelt es sich (auch) um eine in Deutschland geschlossene Ehe, deren Formwirksamkeit nach Abs. 3 zu beurteilen ist.[174] Wegen Missachtung von § 1310 Abs. 1 BGB liegt eine Nichtehe vor (siehe Rn 123).

99 Manche Rechtsordnungen (z.B. Korea, Japan) sehen zwar keine förmliche Trauungszeremonie vor, ordnen jedoch die **Registrierung des Ehekonsenses mit konstitutiver Wirkung** für die Eheschließung an.[175] Für den Eheschließungsort soll es in diesen Fällen auf den Amtssitz des Registerbeamten ankommen.[176] So wurde die Eheschließung zweier Koreaner, die den Ehekonsens in Deutschland erzielten und die Eheschließung per Post in Korea angemeldet hatten, als in Korea geschlossen angesehen.[177] Für diese Lösung spricht, dass der Eheschließungsort unzweifelhaft festgestellt werden kann und sie zugunsten der Formwirksamkeit der Ehe wirkt. Dagegen ist jedoch vorzubringen, dass Art. 11 Abs. 1–3 auf den Ort der Abgabe der Willenserklärungen und nicht des Wirksamwerdens des Rechtsgeschäfts abstellen. Zudem wird der Eheschließungsort dann von der Regelung der Eheschließung des Landes abhängig, das erst über die Anknüpfung an den Eheschließungsort ermittelt werden soll. Auch bei solchen Eheschließungen ist deshalb der Grundregel zu folgen.

100 **3. Inlandseheschließung. a) Inlandsform. aa) Grundsatz (S. 1).** Nach der Grundsatzregel (S. 1) kann eine Ehe im Inland lediglich in der hier vorgeschriebenen Form geschlossen werden (Ausnahme unter Rn 115 ff.). Zulässig ist nur die obligatorische, vor dem deutschen Standesbeamten geschlossene Zivilehe. Eine Ehe kommt daher nicht wirksam zustande, wenn die Verlobten im Inland die Eheschließung unter Einhaltung der Formerfordernisse der ausländischen Rechte vornehmen, die gemäß Abs. 1 über die materiellen Eheschließungsvoraussetzungen bestimmen.

101 Für Eheschließungen auf dem Gelände diplomatischer und konsularischer **Vertretungen ausländischer Staaten** sowie im **Stationierungsgebiet ausländischer Truppen** in Deutschland gilt S. 1, denn hierbei handelt es sich um inländisches Territorium. Eheschließungen nach ausländischen Formvorschriften sind nur

---

[169] v. Bar/Mankowski, IPR I, § 7 Rn 268; v. Bar, IPR II, Rn 150; Soergel/Schurig, Art. 6 Rn 29.
[170] U.a. BGHZ 29, 137, 143 f. = FamRZ 1959, 143 = NJW 1959, 717 m.w.N.; OLG Bremen FamRZ 1975, 209 m.w.N.; KG FamRZ 1958, 324, 325 f.; MüKo/Coester, Art. 13 EGBGB Rn 92; Palandt/Heldrich, Art. 13 EGBGB Rn 10; Soergel/Schurig, Art. 13 EGBGB Rn 80.
[171] U.a. KG OLGZ 1973, 435, 438 f.; KG FamRZ 1958, 324, 325; Dieckmann, Die Handschuhehe, 1959, S. 87.
[172] MüKo/Coester, Art. 13 EGBGB Rn 92 m.w.N.
[173] Erman/Hohloch, Art. 13 EGBGB Rn 58; MüKo/Coester, Art. 13 EGBGB Rn 92 m.w.N.
[174] MüKo/Coester, Art. 13 EGBGB Rn 112.
[175] Hierzu LG Hamburg IPRspr 1977 Nr. 51 = StAZ 1977, 342; Beitzke, StAZ 1964, 25; Sakurada, StAZ 1975, 85, 87; Schurig, StAZ 1971, 94, 95 f.; Suzuki, RabelsZ 19 (1954) 104, 110 f.
[176] LG Hamburg IPRspr 1977 Nr. 51 = StAZ 1977, 342; AG Tübingen IPRax 1989, 379; MüKo/Coester, Art. 13 EGBGB Rn 92 m.w.N.; Staudinger/Mankowski, Art. 13 EGBGB Rn 479 ff.
[177] LG Hamburg IPRspr 1977 Nr. 51 = StAZ 1977, 342; LG Frankenthal FamRZ 1975, 698, 699; zust. MüKo/Coester, Art. 13 EGBGB Rn 92, 105; Staudinger/Mankowski, Art. 13 EGBGB Rn 481.

formwirksam, soweit die gesetzlichen oder staatsvertraglichen Ausnahmeregelungen greifen (siehe Rn 119, 121).

bb) Hinkende Ehen. Abs. 3 S. 1 führt unter Umständen zu „hinkenden" Ehen. Eine hinkende Ehe entsteht dadurch, dass
- die Eheleute den Formerfordernissen des deutschen Ortsrechts nachkommen, ihr Heimatrecht jedoch zwingend die Beachtung des eigenen Rechts vorschreibt („**hinkende Inlandsehe**"),[178] oder
- die Ehe in Deutschland nicht vor dem deutschen Standesbeamten, sondern in einer vom Heimatrecht anerkannten Form geschlossen wird (bspw. konfessionelle oder bloße Konsens-Eheschließung), ohne dass das deutsche Recht oder staatsvertragliche Bestimmungen dies zulassen („**hinkende Auslandsehe**"; typische Beispiele: katholische,[179] griechisch-orthodoxe[180] und muslimische[181] Eheschließungen sowie Militärtrauungen[182]).

102

cc) Reichweite. Als **Formerfordernisse des deutschen Rechts** sind einzuordnen:
- die Erklärung des Ehekonsenses vor dem Standesbeamten (§ 1310 Abs. 1 BGB)
- die Eheschließung vor dem Scheinstandesbeamten (§ 1310 Abs. 2 BGB)
- die persönliche Abgabe der Erklärung bei gleichzeitiger Anwesenheit der Eheschließenden vor dem Standesbeamten (§ 1311 BGB)
- der Ablauf der Trauung, die Zeugen und die Eintragung der Eheschließung (§ 1312 BGB).

103

Kein Formerfordernis ist die Beibringung des Ehefähigkeitszeugnisses nach § 1309 BGB. Die Erfüllung zusätzlicher, dem Heimatrecht entstammender Formerfordernisse steht der Formwirksamkeit der Eheschließung nach deutschem Recht ebenfalls nicht entgegen.

104

Das deutsche Recht als Formstatut bestimmt auch über die Rechtsfolgen der Nichteinhaltung der Formvorschriften für das Zustandekommen der Ehe. Ehekonsenserklärungen im Inland, die nicht vor dem Standesbeamten abgegeben werden, führen zu einer Nichtehe. Die Verletzung des Gebots der persönlichen und gleichzeitigen Anwesenheit der Verlobten zieht die Rechtsfolge der aufhebbaren Ehe nach sich (§ 1314 Abs. 1 BGB), während die Verletzung von § 1312 BGB als Ordnungsvorschrift den Bestand der Ehe nicht berührt.

105

dd) Heilung. Das inländische Recht als Formstatut bestimmt auch über die Möglichkeiten der Heilung von Formmängeln einer im Inland geschlossenen Ehe.[183] § 1315 Abs. 2 Nr. 2 BGB, der die Aufhebung einer Ehe, die unter Verletzung von § 1311 S. 1 BGB geschlossen wurde, unter bestimmten Voraussetzungen ausschließt, ist deshalb unabhängig von dem auf die sachlichen Eheschließungsvoraussetzungen anwendbaren Recht heranzuziehen, wenn sich die Form der Eheschließung nach deutschem Recht richtet.

106

§ 1310 Abs. 3 BGB bestimmt, unter welchen Voraussetzungen eine nicht formwirksam geschlossene Ehe als geschlossen angesehen wird, wenn die Ehegatten den Ehekonsens erklärt haben. Zu seinem Anwendungsbereich werden unterschiedliche Auffassungen vertreten. Nach der einen ist die Vorschrift nur anwendbar, wenn beide Partner ein deutsches Personalstatut besitzen oder deutsches Recht durch Rückverweisung auf die materiellen Ehevoraussetzungen anwendbar ist.[184] Die andere Ansicht lehnt diese Voraussetzung ab.[185] Letzterer ist zuzustimmen. § 1310 Abs. 3 BGB ist keine *ordre-public*-Vorschrift, sondern eine des materiellen deutschen Rechts, die die Härte der Sanktion „Nichtehe" in engen Grenzen aufhebt.[186] Sie ist jedenfalls anzuwenden, wenn auch nach Abs. 3 S. 1 i.V.m. § 1310 Abs. 1 BGB wegen nicht standesamtlicher Trauung eine Nichtehe vorliegen würde (siehe Rn 98, 123).[187]

107

§ 1310 Abs. 3 BGB ist am 1.7.1998 in Kraft getreten und findet auch auf die vor diesem Zeitpunkt geschlossenen Ehen Anwendung (Art. 226 Abs. 3). Vor dem In-Kraft-Treten der Vorschrift wurde in international gelagerten Fällen in Rechtsprechung und Lehre ausgiebig erörtert, ob und unter welchen Voraussetzungen

108

---

178 U.a. BGHZ 73, 370 = FamRZ 1979, 467 = NJW 1979, 1775; KG OLGZ 1976, 149 = FamRZ 1976, 353; OLG Celle NJW 1962, 1160; BayObLGZ 1963, 265 = FamRZ 1964, 45; MüKo/*Coester*, Art. 13 EGBGB Rn 101; Soergel/*Schurig*, Art. 13 EGBGB Rn 84.
179 BSGE 45, 180 = FamRZ 1978, 240 = NJW 1978, 2472; LSG Hamburg FamRZ 1986, 994; AG Karlsruhe IPRspr 1975 Nr. 39a (Polen).
180 OLG Koblenz IPRspr 1975 Nr. 35 = StAZ 1976, 172; OLG Celle FamRZ 1965, 43 = NJW 1965, 224; LG Mannheim IPRspr 1952/53 Nr. 96.
181 AG Bonn StAZ 1982, 249.
182 BSG IPRax 1983, 126 = FamRZ 1981, 767 = NJW 1981, 2655; AG Pinneberg FamRZ 1978, 893.
183 MüKo/*Coester*, Art. 13 EGBGB Rn 125; *Henrich*, § 1 7, S. 39; Staudinger/*Mankowski*, Art. 13 EGBGB Rn 497; *v. Bar*, IPR II, Rn 166.
184 *Bosch*, FamRZ 1997, 138, 139; Erman/*Hohloch*, Art. 13 EGBGB Rn 45; Palandt/*Heldrich*, Art. 13 EGBGB Rn 21.
185 *Sturm*, StAZ 1999, 285, 293 f.
186 *Hepting*, IPRax 1994, 355, 358.
187 BayObLG FamRZ 1995, 602, 604 f. = BayObLGZ 1994, 227; AG Kassel StAZ 1998, 81; *Sturm*, StAZ 1999, 285, 293; i.E. MüKo/*Müller-Gindullis*, § 1310 Rn 25.

die Rechtsfolge der Nichtehe bei nicht amtlicher inländischer Eheschließung, etwa im typischen Fall einer hinkenden Auslandsehe (bspw. Trauung in religiöser Form; Rn 102), abzumildern ist.

109 Die herrschende Rechtsprechung hat an der statusrechtlichen Folge der Nichtehe bei Verletzung von Abs. 3 S. 1 festgehalten.[188] In besonderen Härtefällen, die nunmehr meist unter § 1310 Abs. 3 BGB fallen würden, ließ die Rechtsprechung hinkenden Ehen einzelne Wirkungen zukommen. Das betraf insbesondere die Anerkennung von sozialrechtlichen Wirkungen (Hinterbliebenenrente).[189] So hat das BVerfG § 2264 RVO (jetzt § 46 SGB IV) unter Heranziehung des Art. 6 Abs. 1 GG dahin gehend ausgelegt, dass Witwer i.S.d. Vorschrift auch ein hinterbliebener Ehegatte aus einer hinkenden Ehe ist.[190] Diese Rechtsprechung behält ihre Bedeutung in Fällen, die nicht vom § 1310 Abs. 3 BGB erfasst werden, weil die dort geforderten Tätigkeiten des Standesbeamten nicht vorliegen.[191]

In einer jüngeren Entscheidung hat der BGH die Auffassung vertreten, dass allein ein 26 Jahre dauerndes Zusammenleben der Partner und gemeinsame Kinder aus der Verbindung nicht ausreichen, um den Mangel der Eheschließung auszugleichen.[192] Ohne qualifizierte Mitwirkung eines Standesbeamten kommt danach eine Heilung nicht in Betracht. Die Entscheidungen des BSG und des BVerfG zur Wirkung solcher hinkenden Ehen im Sozialrecht, gestützt auf Art. 6 Abs. 1 GG, sind nach dem BGH nicht auf die zivilrechtlichen Beziehungen der Ehegatten übertragbar, denn hier handele es sich um einen besonderen Ehebegriff im Sozialrecht. Diese Ansicht ruft mit Recht Bedenken hervor, weil Art. 6 Abs. 1 GG nicht nur den sozialrechtlichen, sondern auch den familienrechtlichen Schutzmechanismus, wie den Versorgungsausgleich, umfasst.[193]

110 Entspricht eine in Deutschland geschlossene Ehe nicht den Anforderungen des § 1310 BGB, ist die Ehe formwirksam zustande gekommen, wenn die Ehegatten später die Eheschließung im Ausland nach dortigem Recht formwirksam wiederholen oder ein konstitutiv wirkendes Ehebestätigungsverfahren nach dem Ortsrecht durchgeführt wird.[194]

111 Die Rechtsprechung und – vor allem – die Lehre haben ferner kollisionsrechtliche Möglichkeiten der Auflockerung der zwingenden Inlandsform gesucht. Entgegen dem Grundsatz der Unwandelbarkeit wurde verschiedentlich eine **„Heilung durch Statutenwechsel"** angenommen.[195] Der Nachteil dieser Lösung besteht darin, dass sie nur für bestimmte Fallkonstellationen und nicht allgemein verwendbar ist.

112 Stellt sich die Existenz der Ehe als materiellrechtliche Vorfrage in Fällen, in denen die Hauptfrage ausländischem Recht unterliegt, kann erwogen werden, ob die **Vorfrage unselbständig anzuknüpfen** ist.[196] Die Formstrenge des deutschen Rechts bleibt unberücksichtigt, wenn das Kollisionsrecht des Rechts, das auf die Hauptfrage Anwendung findet, für die Form auf ein Recht verweist, nach dem die Ehe formwirksam zustande gekommen ist. Mögliche Anwendungsbereiche sind insbesondere Erb- und Namensrecht sowie Abstammung und Unterhalt. Es bedarf jeweils einer Einzelfallbewertung. Die Rechtsprechung steht bisher einer unselbständigen Anknüpfung reserviert gegenüber.[197]

113 Liegt eine „hinkende" Auslandsehe vor (hierzu Rn 102), könnte man daran denken, ein **Feststellungsurteil** über den Bestand der Ehe in dem Heimatstaat zu erwirken, nach dessen Recht die Ehe wirksam besteht.

---

188 BSG IPRspr 1989 Nr. 82 (jedoch keine Anwendung, wenn ein Partner zur Zeit der Eheschließung [auch] die deutsche Staatsangehörigkeit besitzt oder es sich nicht um eine hinkende Ehe handelt); BSGE 45, 180 = FamRZ 1978, 240 = NJW 1978, 2472; BSG IPRax 1983, 126 = FamRZ 1981, 767 = NJW 1981, 2655; anders OLG Köln OLGZ 1994, 195 = IPRax 1994, 371 = NJW 1993, 2755 m. Anm. *Hepting*, IPRax 1994, 355; OLG Nürnberg FamRZ 1965, 380; BGH FamRZ 2003, 838 = IPRax 2004, 438, m. Anm. *Borgmann*, FamRZ 2003, 844; *Mäsch*, IPRax 2004, 421. Nach KG FamRZ 1996, 944 = StAZ 1996, 204 ist solchen Ehen jedenfalls die personenrechtliche Anerkennung zu versagen, soweit es um Eintragungen in Personenstandsbücher mit Beweisfunktion hinsichtlich des Familienstandes geht (wie Heirats- und Familienbuch); bei der Eintragung des Familienstandes eines Verstorbenen in das Sterbebuch kann der Ehegatte nach § 37 Abs. 1 Nr. 2 PStG mit dem Zusatz vermerkt werden, dass die Ehe nach deutschem Recht nicht wirksam war.

189 BSGE 46, 104, 106 = FamRZ 1978, 587 = NJW 1979, 1792; LSG Stuttgart FamRZ 1974, 259; BSG FamRZ 1983, 251; BSGE 33, 219, 221 = FamRZ 1972, 131 = NJW 1972, 1021.

190 BVerfGE 62, 323 = IPRax 1984, 88 = NJW 1983, 511.

191 MüKo/*Müller-Gindullis*, § 1310 Rn 25; *Sturm*, StAZ 1999, 289, 295.

192 BGH FamRZ 2003, 838, 839 = IPRax 2004, 438 m. Anm. *Borgmann*, FamRZ 2003, 844; *Masch*, IPRax 2004, 421.

193 *Mäsch*, IPRax 2004, 421, 424.

194 OLGR Hamm 2000, 93 = FamRZ 2000, 823 (marokkanische Ehebestätigungsverfahren, bei Eheschließung nach islamischem Recht in Deutschland).

195 OLG München RzW 1965, 169; OLG Koblenz IPRspr 1975 Nr. 39a (Wiedergutmachungsfälle); KG OLGZ 1986, 433 = IPRax 1987, 33 m. Anm. *Siehr*.

196 U.a. BayObLGZ 1990, 1 = FamRZ 1990, 797 = IPRax 1991, 119 (für die Legitimation nach ausländischem Recht); *Hepting*, IPRax 1994, 355, 357 ff.; MüKo/*Coester*, Art. 13 EGBGB Rn 125; *Wengler*, NJW 1981, 2617 ff.; *ders.* IPRax 1984, 68 ff.; *Böhmer*, in: FS Firsching 1985, S. 41 ff.; a.A. *Bayer/Knorzer/Wandt*, FamRZ 1983, 770, 772 ff.; Staudinger/*Mankowski*, Art. 13 EGBGB Rn 536 ff.

197 OLG Hamm FamRZ 1982, 166, 167 m. Anm. *Rau*.

Ob eine solche Entscheidung in Deutschland anerkannt wird, ist allerdings fraglich. Rechtsprechung hierzu existiert nicht; die Literaturauffassungen gehen auseinander. Gegen eine Anerkennung wird vorgebracht, dass Abs. 3 S. 1 zum Kernbestand der deutschen IPR-Ordnung gehört.[198] Dafür spricht jedoch, dass Rechtsprechung und Lehre verschiedene Möglichkeiten erwogen haben, die strenge Rechtsfolge der Verletzung von Abs. 3 S. 1 einzuengen und nunmehr auch mit § 1310 Abs. 3 BGB eine gesetzliche Regelung existiert. Der *ordre public* steht der Anerkennung eines positiven Feststellungsurteils nicht entgegen, wenn eine tatsächlich gelebte Gemeinschaft von Mann und Frau betroffen ist.[199] Dieses Ergebnis folgt aus der Relativität des *ordre public*, der auch eine zeitliche Komponente enthält.

Ebenfalls umstritten ist der umgekehrte Fall, in dem es um die Anerkennung einer ausländischen Entscheidung geht, die eine nach deutschem Recht formgültig im Inland geschlossene Ehe („hinkende" Inlandsehe; siehe Rn 102) für nichtig erklärt. Vorzuziehen ist hier die Auffassung, die die Anerkennung wegen des Verstoßes gegen den *ordre public* ablehnt,[200] vorausgesetzt, die ausländische Entscheidung führt im Ergebnis zur Einschränkung der Eheschließungsfreiheit im Inland,[201] weil hier lebende Eheschließungswillige die einzig zur Verfügung stehende Eheschließungsform nicht nutzen können. 114

b) Auslandsform (S. 2). aa) Ursprung. Das EGBGB a.F. enthielt keine Ausnahme zur Inlandsformregelung. 1947 ist durch den Kontrollrat § 15a EheG eingeführt worden, der inhaltlich Abs. 3 S. 2 entspricht und weiterhin auf die vor dem 1.9.1986 geschlossenen Ehen Anwendung findet (Art. 220 Abs. 1). Die Vorschrift sollte den Staatsangehörigen der Besatzungsmächte ermöglichen, Ehen in Deutschland nach den Formvorschriften ihrer Heimatländer eingehen zu können.[202] Sie hat später in der Rechtspraxis für Eheschließungen von Ausländern in Deutschland allgemein breite Nutzung erfahren.[203] 115

bb) Voraussetzungen. (1) Person des Verlobten. Keiner der Verlobten darf unmittelbar vor der Eheschließung die deutsche Staatsangehörigkeit besitzen oder Deutscher i.S.d. Art. 116 Abs. 1 GG sein. Der Ausschluss betrifft auch Deutsche, die zu diesem Zeitpunkt zusätzlich noch eine oder mehrere ausländische Staatsangehörigkeiten besitzen.[204] Er bezieht sich auf Verlobte, die, ohne Deutsche zu sein, ein deutsches Personalstatut haben (insbesondere Staatenlose, internationale Flüchtlinge oder Asylberechtigte[205]). 116

Mindestens einer der Verlobten muss Angehöriger des Staates sein, dessen Regierung die Person, vor der die Ehe geschlossen wird, ermächtigt hat. Der andere Verlobte kann dieselbe Staatsangehörigkeit, die eines dritten Staates oder keine Staatsangehörigkeit besitzen. 117

(2) Trauungsperson. Es muss eine ordnungsgemäße Ermächtigung der Trauungsperson erfolgt sein. Hierunter ist jede nach dem Recht des ermächtigenden Staates wirksame Verleihung der staatlichen Trauungsbefugnis speziell für das Ausland zu verstehen.[206] Die Ermächtigung kann sich entweder auf eine allgemeine Norm oder auf einen einzelnen Verwaltungsakt des Ermächtigungs-/Entsendestaates gründen. Die Trauungsperson muss nicht die Staatsangehörigkeit des ermächtigenden Staates besitzen.[207] 118

Gründet sich die Ermächtigung auf eine allgemeine Rechtsvorschrift, muss sich aus der ausländischen Regelung die Befugnis eines solchen Funktionsträgers zur Auslandstrauung ergeben. Die die Trauung vornehmende Person muss in Übereinstimmung mit der ausländischen Rechtsordnung für dieses Amt bestellt sein. Einer individuellen Bekanntgabe bedarf es nicht.[208] Infrage kommt die Ermächtigung der Konsularbeamten und/oder diplomatischer Vertreter zur Eheschließung aufgrund einer Rechtsvorschrift des Entsendestaates oder eines Konsularvertrages zwischen dem Entsendestaat und der Bundesrepublik.[209] Die Befugnis lässt sich nicht unmittelbar aus Art. 5 Buchst. f Wiener Übereinkommen über konsularische Beziehungen vom 119

---

198 Erman/*Hohloch* Art. 13 EGBGB Rn 46 m.w.N.; MüKo/*Coester*, Art. 13 EGBGB Rn 101.
199 Für eine Anerkennung *Bayer/Knorzer/Wandt*, FamRZ 1983, 770, 774 ff.
200 KG OLGZ 1976, 149 = FamRZ 1976, 353; *Bayer/Knorzer/Wandt*, FamRZ 1983, 770, 776; a.A. *Görgens*, StAZ 1977, 79; Palandt/*Heldrich*, Art. 13 EGBGB Rn 21.
201 KG OLGZ 1976, 149 = FamRZ 1976, 353.
202 Eingehend BayObLGZ 1988, 86.
203 Hierzu Erman/*Hohloch*, Art. 13 EGBGB Rn 48.
204 *Hepting/Gaaz*, § 11 EheG Rn 47; MüKo/*Coester*, Art. 13 EGBGB Rn 103; Staudinger/*Mankowski*, Art. 13 EGBGB Rn 623.
205 Soergel/*Schurig*, Art. 13 EGBGB Rn 87; MüKo/*Coester*, Art. 13 EGBGB Rn 103.
206 BGHZ 43, 213, 220 f. = FamRZ 1965, 311 = NJW 1965, 1129; Erman/*Hohloch*, Art. 13 EGBGB Rn 50; MüKo/*Coester*, Art. 13 EGBGB Rn 104.
207 U.a. *Bornhofen*, StAZ 1981, 269, 271; Erman/*Hohloch*, Art. 13 EGBGB Rn 50; Staudinger/*Mankowski*, Art. 13 EGBGB Rn 628.
208 MüKo/*Coester*, Art. 13 EGBGB Rn 104 m.w.N.
209 BayObLGZ 1988, 86 (Türkei); *Hepting/Gaaz*, § 11 EheG Rn 72; MüKo/*Coester*, Art. 13 EGBGB Rn 104.

24.4.1963[210] ableiten.[211] Eine allgemeine gesetzliche Ermächtigung durch den ausländischen Staat wird auch für Truppenoffiziere mit standesamtlichen Befugnissen und andere Militärstandesbeamten angenommen.[212]

120 Fehlt eine generelle gesetzliche Ermächtigung, bedarf es einer individuellen Benennung der Trauungsperson durch die Regierung des betreffenden Staates. Dies trifft auf Priester und andere Geistliche – einschließlich Militärgeistliche – zu,[213] weil ihre allgemeine Befugnis zur Eheschließung in den Heimatländern nicht auf einer staatlichen Bestellung, sondern auf der Hinnahme der religiösen Eheschließung durch diesen Staat beruht.[214] Die Rechtsprechung[215] ist vom Erfordernis der persönlichen Benennung durch die Regierung des Entsendestaates für Priester der griechisch-orthodoxen Kirche und katholische Priester (Italien, Polen, Spanien, lateinamerikanische Staaten) ausgegangen.[216]

121 In der Verwaltungspraxis benennt die Botschaft des Entsendestaates die zur Eheschließung ermächtigte Person dem Auswärtigen Amt, das seinerseits der Botschaft den Eingang der Mitteilung mit Datum bestätigt. Über den Vorgang informiert die ausländische Botschaft ihre Konsule in Deutschland. Diese beglaubigen die Abschriften über vollzogene Eheschließungen, die als Grundlage für die Eintragung durch den deutschen Standesbeamten dienen, nur dann, wenn auf oben beschriebene Weise eine ordnungsgemäße Ermächtigung erfolgt ist.[217] Die Benennung hat keine Rückwirkung für Eheschließungen, die zuvor ohne die Ermächtigung vorgenommen wurden.[218]

122 cc) Formerfordernis. Die Eheschließung hat in der nach dem ausländischen Recht vorgeschriebenen Form zu erfolgen. Nach diesem Recht richtet sich, ob eine Handschuhehe zulässig ist (zum Begriff siehe Rn 146),[219] weiterhin bestimmt es über die Rechtsfolgen von Formverletzungen und Möglichkeiten ihrer Heilung.

123 Abs. 3 S. 2 sieht als eigenständiges sachrechtliches Formerfordernis des deutschen Rechts vor, dass die Eheschließung „vor" der Trauungsperson zu erfolgen hat. Probleme ergeben sich in Bezug auf Rechtsordnungen, die eine solche Mitwirkung bei der Abgabe der Willenserklärungen nicht vorsehen (so Japan, Korea, Vietnam, Ägypten; siehe auch Rn 98 f.). Wird der Ehekonsens in der im ausländischen Recht vorgeschriebenen Form (formlos, schriftlich, beurkundet u.Ä.) unter (nach ausländischem Recht nicht erforderlicher) Anwesenheit der ermächtigten Trauungsperson geschlossen, ist den Erfordernissen des S. 2 Rechnung getragen. Hiervon ist auch auszugehen, wenn die Partner eine bereits nach dem Heimatrecht erfolgte Eheschließung persönlich und gleichzeitig anwesend anmelden, weil die ermächtigte Person sich vom Eheschließungswillen überzeugen kann und damit vom Formzweck genüge getan ist.[220] Das trifft jedoch nicht mehr zu, wenn die Anmeldung bspw. per E-Mail oder Post übersandt wird. Ist die Eheschließung nicht „vor" der ermächtigten Trauungsperson erfolgt, handelt es sich vom Standpunkt des deutschen Rechts um eine Nichtehe.[221]

124 dd) Beweis der Eheschließung (S. 2 Hs. 2). Vollen Beweis erbringt nach S. 2 Hs. 2 eine beglaubigte Abschrift der Eintragung der Eheschließung in ein Register, das von der dazu ordnungsgemäß ermächtigten Person geführt wird. Zum Teil wird die Regelung dahin gehend verstanden, dass andere Beweismittel als der Nachweis der Eintragung nicht zulässig sind.[222] Damit würde der Eintragung faktisch die Bedeutung einer zusätzlichen Formwirksamkeitsvoraussetzung zukommen. Nach anderer Auffassung[223] – der zu folgen

---

210 BGBl II 1969 S. 1587.
211 U.a. *Hepting*, StAZ 1987, 154, 159; Staudinger/*Mankowski*, Art. 13 EGBGB Rn 630.
212 OLG Hamm OLGZ 1986, 135 = FamRZ 1986, 678 m. Anm. *Beitzke*, IPRax 1987, 17 und *Bosch*, FamRZ 1986, 679; *Bornhofen*, StAZ 1981, 269, 270 ff.; *Henrich*, FamRZ 1986, 841, 842; *Hepting*, StAZ 1987, 154, 158; Staudinger/*Mankowski*, Art. 13 EGBGB Rn 633–635 m.w.N.; zweifelnd Erman/*Hohloch*, Art. 13 EGBGB Rn 50.
213 U.a. BGHZ 43, 213, 220 f. = FamRZ 1965, 311 = NJW 1965, 1129; BSG IPRspr 1975 Nr. 33b; BSGE 33, 219, 221 = FamRZ 1972, 131 = NJW 1972, 1021; KG IPRspr 1966/67 Nr. 65; OLG Bremen NJW 1964, 1828.
214 BGHZ 43, 213, 225.
215 A.A. OLG Köln FamRZ 1964, 210; OLG Düsseldorf FamRZ 1965, 144 = NJW 1965, 1140.
216 U.a. BayObLGZ 1965, 450 = FamRZ 1966, 147, 148; BSGE 33, 219, 221; AG Karlsruhe IPRspr 1975 Nr. 39a; m.w.N. Staudinger/*Mankowski*, Art. 13 EGBGB Rn 639.
217 Im Einzelnen *Hepting/Gaaz*, § 11 EheG Rn 62 ff.; Staudinger/*Mankowski*, Art. 13 EGBGB Rn 643. Listen ermächtigter Personen werden beim Bundesverwaltungsamt, Referat III A6 (Eupener Straße 125, 50993 Köln), aufbewahrt.
218 H.M., u.a. BGH FamRZ 2003, 838, 839 = IPRax 2004, 438 m. Anm. *Borgmann*, FamRZ 2003, 844; *Mäsch*, IPRax 2004, 421; BGHZ 43, 213, 226; BayObLGZ 1994, 227 = FamRZ 1995, 602.
219 Erman/*Hohloch*, Art. 13 EGBGB Rn 59; MüKo/*Coester*, Art. 13 EGBGB Rn 112; a.A. *Rauscher*, StAZ 1985, 101, 102.
220 *Sakurada*, StAZ 1975, 85, 87 f.; *Schurig*, StAZ 1971, 94; a.A. *Beitzke*, StAZ 1964, 25 f.
221 *Beitzke*, StAZ 1964, 25 f.; MüKo/*Coester*, Art. 13 EGBGB Rn 105.
222 So wohl BGHZ 43, 213, 226; *v. Bar*, IPR II, Rn 178; *Hepting/Gaaz*, § 11 EheG Rn 97; Staudinger/*Mankowski*, Art. 13 EGBGB Rn 648.
223 BayObLGZ 1988, 86; VG Stuttgart IPRspr 1991 Nr. 73; MüKo/*Coester*, Art. 13 EGBGB Rn 106; Palandt/*Heldrich*, Art. 13 EGBGB Rn 29; Soergel/*Schurig*, Art. 13 EGBGB Rn 92.

ist – bedeutet voller Beweis nicht ausschließlicher Beweis. Die Regelung des Hs. 2 besagt lediglich, dass der Standesbeamte bei Vorlage der beglaubigten Abschrift keine weiteren Ermittlungen anzustellen hat. Zu prüfen bleibt jedoch, ob die Eheschließenden und die „ermächtigte" Person die Anforderungen von S. 2 Hs. 1 erfüllen.[224]

4. Auslandseheschließung. a) Grundsatz der alternativen Anknüpfung. Nach Art. 11 Abs. 1 ist die Ehe formwirksam zustande gekommen, wenn sie den Formerfordernissen entweder des Rechts am Eheschließungsort oder des Rechts bzw. der Rechte entspricht, die für die materiellrechtlichen Ehevoraussetzungen gelten (alternative Verweisung zugunsten der Formwirksamkeit auf das Orts- und das Geschäftsrecht). Es genügt, wenn die Formerfordernisse einer der beiden Rechtsordnungen erfüllt sind; ohne Belang ist, wenn die andere Rechtsordnung die Ehe nicht als formwirksam ansieht. Heiraten z.B. zwei deutsche Staatsangehörige jüdischen Glaubens in Israel nach Ortsform, ist die Ehe formwirksam, obgleich das deutsche Eherecht die obligatorische Zivileheschließung vorschreibt.

Weist die Eheschließung nach beiden Statuten Formmängel auf, die unterschiedlicher Art sein können, ist das Recht maßgeblich, das die weniger gravierenden Rechtsfolgen für den Bestand der Ehe vorsieht.[225]

b) Rück- und Weiterverweisung. aa) Ortsrecht. Die Verweisung auf das Ortsrecht ist Sachnormverweisung. Ist nach den Sachvorschriften des Rechts des Eheschließungsortes die Ehe formwirksam zustande gekommen, bleibt das Kollisionsrecht außer Betracht. Umstritten ist, ob zugunsten der Formwirksamkeit der *renvoi* zu beachten ist, wenn nach dem materiellen Ortsrecht die Eheschließung nicht formwirksam ist.[226] Es handelt sich hierbei um ein für die Praxis wenig relevantes Problem, weil das Ortsrecht die Verweisung stets annehmen wird. Sieht es außerdem eine alternative Anknüpfung vor und kommt es zur Rückverweisung auf das deutsche Recht, führt diese ins Leere, denn die deutsche standesamtliche Eheschließung findet im Ausland nicht statt (siehe hierzu und zu den Ausnahmen Rn 133 ff.). Übrig bleibt nur der Fall, dass eine Weiterverweisung z.B. auf das Recht des gemeinsamen *domicile* oder gewöhnlichen Aufenthalts erfolgt und dies nicht bereits das alternativ durch Art. 11 Abs. 1 S. 1 Alt. 1 berufene Recht ist. Dem der alternativen Anknüpfung zugrunde liegenden Günstigkeitszweck in Art. 11 Abs. 1 würde es nicht widersprechen, einer solchen Weiterverweisung zu folgen, wenn sie im Ergebnis zu einer formwirksamen Ehe führt.[227] Gefolgt wird auch einer Vorschrift des Ortsrechts, die die Eheschließung von Ausländern nach ausländischen Formvorschriften an bestimmte Sachvoraussetzungen knüpft.[228]

bb) Geschäftsrecht. Der Charakter der Verweisung auf das Geschäftsrecht leitet sich aus der streng akzessorischen Anknüpfung ab. Sinn und Zweck der Verweisung ist es, einen Gleichlauf von Sach- und Formstatut zu erreichen. Die Formgültigkeit richtet sich nach dem Recht/den Rechten, die auf die sachlichen Eheschließungsvoraussetzungen unter Beachtung des *renvoi* Anwendung finden.[229] Diesem Recht sind die materiellrechtlichen Formvorschriften zu entnehmen, insoweit ist die Verweisung in Bezug auf die Form selbst Sachnormverweisung.[230]

c) Ort der Eheschließung. Art. 11 Abs. 2 lässt es für einen Vertrag unter Abwesenden genügen, dass der Vertrag formwirksam nach dem Recht eines der Staaten ist, in dem sich die Partner bei Abgabe ihrer Willenserklärungen befinden. Diese Vorschrift findet keine Anwendung auf die Ferntrauung, die dadurch charakterisiert ist, dass die Eheschließung vor der Trauungsperson in Abwesenheit eines oder beider Verlobten erfolgt. Die Formwirksamkeit richtet sich nach Art. 11 Abs. 1, weil nur der Ort, an dem der Trauungsvorgang stattfindet, als Eheschließungsort anzusehen ist (siehe Rn 97). In der Lehre ist umstritten, ob Art. 13 Abs. 2 auf Konsens-Ehen, die unter Abwesenden geschlossen werden, anwendbar ist.[231] Jedenfalls

---

224 Hierzu Staudinger/*Mankowski*, Art. 13 EGBGB Rn 650; BayObLGZ 1965, 450 = FamRZ 1966, 147; OLG Hamm FamRZ 1967, 570; OLG Oldenburg StAZ 1970, 74 f.; § 241 Abs. 1 S. 1 Nr. 2 und § 188a I DA i.d.F. v. 27.7.2000.
225 Staudinger/*Mankowski*, Art. 13 EGBGB Rn 763; Palandt/*Heldrich*, Art. 13 EGBGB Rn 19.
226 Hierzu v. *Bar*, IPR II, Rn 159 ff.; MüKo/*Coester*, Art. 13 EGBGB Rn 91; Soergel/*Schurig*, Art. 13 EGBGB Rn 124.
227 Hierzu OLG Hamm FamRZ 1992, 351; *Kegel/Schurig*, § 10 V, § 405 m.w.N.; a.A. MüKo/*Coester*, Art. 13 EGBGB Rn 91.
228 Z.B. OLG Köln StAZ 1972, 140 (Eheschließung eines Kubaners mit einer Spanierin vor dem kubanischen Konsul in Frankreich nach kubanischen Formvorschriften).
229 U.a. OLG Hamm FamRZ 1992, 351; MüKo/*Coester*, Art. 13 EGBGB Rn 91; Staudinger/*Mankowski*, Art. 13 EGBGB Rn 496.
230 MüKo/*Coester*, Art. 13 EGBGB Rn 91; Palandt/*Heldrich*, Art. 13 EGBGB Rn 1a; OLG Hamm FamRZ 1992, 351; a.A Staudinger/*Mankowski*, Art. 13 EGBGB Rn 495.
231 Für die Heranziehung Erman/*Hohloch*, Art. 13 EGBGB Rn 58 m.w.N., jedoch nicht bei Scheinehen, wegen Heranziehung des Art. 6 EGBGB; a.A. Soergel/*Schurig*, Art. 13 EGBGB Rn 79; *Ferid*, IPR, Rn 8–52; offen gelassen von MüKo/*Coester*, Art. 13 EGBGB Rn 92.

ist Art. 13 Abs. 3 dann heranzuziehen, wenn sich einer der Erklärungsorte in Deutschland befindet (hierzu Rn 98). Bei Eheschließungen durch einen Stellvertreter für einen oder beide Verlobte ist Art. 11 Abs. 3 maßgebend. Für die Formwirksamkeit der Eheschließung kommt es nicht auf den Ort der Bevollmächtigung des Vertreters durch den Verlobten an, sondern auf den Ort, an dem der Vertreter die zur Ehe führende Erklärung (vor der Trauungsperson) abgibt (zum Ort der Eheschließung siehe Rn 97 ff.; zur Zulässigkeit der Vertretung siehe Rn 145 ff.). Hiervon ist die Formwirksamkeit der Vollmacht zu unterscheiden, die selbständig nach Art. 11 Abs. 1 anzuknüpfen ist.

130 Bei der **Trauung auf Schiffen** in internationalen Gewässern kommt es auf das Recht des Flaggenstaates, bei **Flugzeugen** auf das Registrierungsland, wenn sich das Flugzeug auf einem den Luftraum eines Staates überschreitenden Flug befindet, an.[232] Nach dieser Rechtsordnung richtet sich auch, ob der Kapitän trauungsbefugt ist.

131 **d) Eheschließungsstatut. aa) Ausländisches Eheschließungsstatut.** Haben die Ehegatten ein gemeinsames ausländisches Heimatrecht i.S.d. Abs. 1, ist die Ehe wirksam zustande gekommen, wenn den Formerfordernissen dieses Rechts entsprochen ist (z.B. religiöse oder Konsens-Eheschließung nach dem Heimatrecht). Es kommt nicht darauf an, ob das Ortsrecht diese Ehe gleichfalls für formwirksam ansieht und ob das Heimatrecht die Verweisung für die Form der Eheschließung annimmt (siehe Rn 127).

132 Führt Abs. 1 für jeden Verlobten zu einem anderen ausländischen Eheschließungsstatut, ist die Ehe nur formwirksam zustande gekommen, wenn die Formerfordernisse beider Rechtsordnungen eingehalten worden sind (kumulative Anknüpfung). Weist die Ehe nach beiden Rechtsordnungen Formmängel auf, ist das Recht entscheidend, das die strengeren Rechtsfolgen für den Bestand der Ehe vorsieht.[233] Bei Heilung der Formmängel nach dem „ärgeren Recht" bleiben die Formmängel nach dem weniger strengen Recht zu beachten.

133 **bb) Deutsches Eheschließungsstatut. (1) Grundsatz.** Regeln sich die sachlichen Voraussetzungen für die Eheschließung (auch) nach deutschem Recht, kann die Ehe nur nach der Ortsform (Art. 11 Abs. 1 Alt. 2) und nicht in der Form geschlossen werden, die das Geschäftsrecht (Art. 11 Abs. 1 Alt. 1) vorsieht. Die als hoheitlich einzustufende Tätigkeit des Standesbeamten nach §§ 1310 und 1312 BGB ist auf das Inland beschränkt,[234] wodurch eine Eheschließung in dieser Form im Ausland ausgeschlossen ist.

134 **(2) Ausnahmen. (a) Deutsche Konsularbeamte.** Die Eheschließung kann nach deutschen Formvorschriften durch einen dazu ermächtigten deutschen Konsularbeamten im Ausland erfolgen. Rechtsgrundlage für die Tätigkeit des Konsularbeamten als Standesbeamter im Verhältnis zum Gastland sind entweder Regelungen in Staatsverträgen,[235] bilaterale Konsularabkommen,[236] die Nutzung der Meistbegünstigungsklausel[237] oder innerstaatliche Rechtsvorschriften des Gastlandes.[238] Allgemeine innerstaatliche (bundesdeutsche) Rechtsgrundlage für die Trauungsermächtigung ist § 8 Abs. 1 KonsularG.[239] Danach sind deutsche Konsularbeamte im Ausland in bestimmten, vom Auswärtigen Amt bezeichneten Konsularbezirken zur Trauung befugt. In den vom Auswärtigen Amt herausgegebenen Verzeichnissen der Vertretungen der Bundesrepublik Deutschland im Ausland sind die zur Vornahme von Eheschließungen ermächtigten Auslandsvertretungen besonders gekennzeichnet.[240] Deren Anzahl ist jedoch gering, hauptsächlich liegen sie in Staaten mit islamischer Rechtsordnung. Die in solchen Konsularbezirken tätigen Berufskonsularbeamten sind zur Eheschließung ermächtigt, wenn sie die Befähigung zum Richteramt haben (§ 19 Abs. 1 KonsularG) oder wenn sie hierzu vom Auswärtigen Amt besonders bevollmächtigt sind (§ 19 Abs. 2 S. 1 KonsularG). Da sie gemäß § 8 Abs. 1 S. 2 KonsularG als Standesbeamte i.S.d. BGB gelten, findet auf sie § 1310 Abs. 2 BGB

---

232 Hierzu u.a. MüKo/*Coester*, Art. 13 EGBGB Rn 113; Soergel/*Schurig*, Art. 13 EGBGB Rn 81; Staudinger/*Mankowski*, Art. 13 EGBGB Rn 739.

233 MüKo/*Coester*, Art. 13 EGBGB Rn 110, 121; Soergel/*Schurig*, Art. 13 EGBGB Rn 112.

234 AG Kassel StAZ 1998, 81; MüKo/*Coester*, Art. 13 EGBGB Rn 110; Soergel/*Schurig*, Art. 13 EGBGB Rn 83; LG Hamburg IPRspr 1977 Nr. 51 = StAZ 1977, 342.

235 Art. 5 Pariser CIEC-Übereinkommen zur Erleichterung der Eheschließung im Ausland v. 10.9.1964.

236 Z.B. Konsularvertrag mit der *Sowjetunion* v. 25.4.1958 (BGBl II 1959 S. 233); Regierungsabkommen mit *Japan* v. 27.6.1957, BAnz Nr. 174 v. 11.9.1957; Konsularvertrag mit der *Türkei*

v. 28.5.1929 (RGBl II 1930 S. 748). Hierzu und zur Rechtslage vor dem Zweiten Weltkrieg vgl. Böhmer/Finger/*Finger*, 6.7.

237 So nach dem Vertrag mit *Thailand* (früher Siam) v. 30.12.1937 (RGBl II 1938 S. 52). Der Vertrag enthält eine Meistbegünstigungsklausel hinsichtlich beiderseitiger konsularischer Befugnisse. Solche Klauseln gibt es auch in anderen Verträgen, doch wird sie von keinem anderen Staat auf Eheschließungen angewandt.

238 Z.B. 1. Kapitel § 6 Gesetz Nr. 942 v. 14.12.1973 in Schweden.

239 Konsulargesetz v. 11.9.1974 (BGBl I 1974 S. 2317).

240 Die Verzeichnisse werden ständig aktualisiert und sind über den Bundesanzeigerverlag zu beziehen; im Internet unter: http://www.bundesanzeiger.de.

(Scheinstandesbeamte) Anwendung. Der nicht ordnungsgemäß ermächtigte Konsularbeamte, der das Amt i.S.d. § 8 KonsularG in dem besonderen Konsularbezirk ausübt und den Heiratseintrag vornimmt, gilt als Standesbeamter.

§ 8 Abs. 1 S. 1 KonsularG beschränkt die Ermächtigung des Konsularbeamten, Eheschließungen vorzunehmen, auf Verlobte, von denen mindestens einer Deutscher und keiner von ihnen (auch) Angehöriger des Empfangsstaates ist.[241] In der vom Auswärtigen Amt vorgenommenen besonderen Bezeichnung des Konsularbezirkes erfolgt regelmäßig eine weitere Beschränkung des Personenkreises dahin gehend, dass beide Verlobte Deutsche sein müssen.[242] Zudem weist das Auswärtige Amt darauf hin, dass die Eheschließung vor einem deutschen Konsularbeamten nur dann möglich ist, wenn mindestens einer der Verlobten seinen Wohnsitz im Amtsbezirk der jeweiligen Vertretung hat. Folglich steht diese Möglichkeit Touristen nicht zur Verfügung.[243] Die Eheschließung ist nur wirksam, wenn sie in dem besonders bezeichneten Konsularbezirk stattfindet und die Eheschließenden die personellen Voraussetzungen für eine Eheschließung vor dem deutschen Konsularbeamten erfüllen. 135

Die Eheschließung unterliegt hinsichtlich der Form deutschem Recht. In der Literatur wird die Auffassung vertreten, dass dies für Eheschließungen zwischen Deutschen aus Art. 11 Abs. 1 Alt. 1,[244] zwischen Deutschen und Angehörigen dritter Staaten aus Art. 11 Abs. 1 Alt. 2[245] folge. 136

§ 8 Abs. 1 S. 3 Hs. 2 und Abs. 2 KonsularG lassen jedoch eine andere Interpretation zu. Nach diesen Regelungen liegt der für die örtliche Zuständigkeit maßgebliche Sitz des als Standesbeamter tätigen Konsularbeamten (§ 50 Abs. 2 PStG) bei der Bundesregierung bzw. mit Zugang des Heiratseintrags beim Standesbeamten des Standesamtes I in Berlin. Die gesetzliche Regelung fingiert demnach eine inländische Eheschließung mit der Folge, dass sich die Inlandsform aus Abs. 3 ableitet. Zudem folgt daraus, dass es für die Formwirksamkeit nur darauf ankommt, dass die deutschen Vorschriften über die Eheschließung vor dem Konsularbeamten und über die Form der Eheschließung eingehalten werden. Die Anerkennung der Eheschließung durch das Gastland ist insoweit unerheblich. Sie wird jedoch regelmäßig vorliegen, weil die Benennung des besonderen Konsularbezirks in der Rechtspraxis davon abhängt, dass das Gastland derartige Eheschließungen zulässt.[246] 137

(b) Ermächtigte Trauungsperson eines Drittstaates. Schließt ein Deutscher eine Ehe mit dem Angehörigen eines Drittstaates (nicht des Staates, in dem die Ehe geschlossen wird) vor der hierzu ermächtigten Trauungsperson durch die Regierung des Drittlandes, ist sie als formwirksam anzusehen, wenn 138
– das Recht des Eheschließungsortes unter Einschluss von Staatsverträgen mit dem Drittstaat diese Eheschließung auf seinem Territorium zulässt (insoweit Anwendung von Art. 11 Abs. 1 Alt. 2 verbunden mit einer Weiterverweisung auf das Recht des Drittstaates) **und**
– die Formvorschriften des Drittstaates für die Eheschließung im Ausland eingehalten sind
(Beispiel: Eheschließung in der schwedischen Botschaft in Portugal zwischen einer Deutschen und einem Schweden).[247]

Entsprechendes gilt für die Form der Eheschließung von Angehörigen dritter Staaten vor dem hierzu ermächtigten Vertreter der Regierung eines Drittstaates (Beispiel: Eheschließung einer Spanierin mit einem Kubaner im kubanischen Generalkonsulat in Frankreich).[248] 139

e) Anwendungsbereich des Formstatuts. Dem Formstatut unterliegen alle privatrechtlichen Fragen der äußeren Gestaltung des Eheschließungsaktes.[249] Es ist insbesondere auf folgende Fragen anwendbar: 140
– Eheschließung in staatlicher (ziviler) oder religiöser Form sowie die Möglichkeit ihrer Wahl durch die Eheleute[250]

---

241 Staudinger/*Mankowski*, Art. 13 EGBGB Rn 730.
242 Eheschließungen zwischen Deutschen und Ausländern aus Drittstaaten sind in deutschen Vertretungen in Libyen, Pakistan, Saudi-Arabien und den Vereinigten Arabischen Emiraten möglich. Hierbei ist darauf hinzuweisen, dass diese Länder keine Ehefähigkeitszeugnisse ausstellen und somit vorab eine Befreiung von der Beibringung des Ehefähigkeitszeugnisses erteilt werden muss, § 1309 Abs. 2 BGB.
243 Auch bestehen in den einzelnen Ländern/ Konsularbezirken teilweise weitere Einschränkungen (z.B. dass keiner der Verlobten Moslem sein darf) oder zusätzliche Anforderungen, wie eine zusätzliche Registrierung in dem jeweiligen Land; vgl. Staudinger/*Mankowski*, Art. 13 EGBGB Rn 732.
244 Staudinger/*Mankowski*, Art. 13 EGBGB Rn 731; MüKo/*Coester*, Art. 13 EGBGB Rn 81.
245 MüKo/*Coester*, Art. 13 EGBGB Rn 114.
246 Staudinger/*Mankowski*, Art. 13 EGBGB Rn 733 ff.
247 *Könnecke*, StAZ 1993, 199.
248 OLG Köln StAZ 1972, 140, 141; hierzu auch *Bargen*, StAZ 1994, 325.
249 BGHZ 29, 137, 140 = FamRZ 1959, 143 = NJW 1959, 717; BayObLG StAZ 2000, 145, 146; MüKo/ *Coester*, Art. 13 EGBGB Rn 84 m.w.N.
250 Überblick über einzelne Länder Staudinger/ *Mankowski*, Art. 13 EGBGB Rn 659.

- Erfordernis eines Trauungsaktes
- Form der Willenserklärung eines Verlobten (z.B. mündlich, notariell beurkundet, formlos)
- Trauungsperson (Person, vor der die Eheschließung erfolgt oder die die Trauung vornimmt, etwa Standesbeamter, Priester, Friedensrichter), ihre Ermächtigung und Zuständigkeiten[251]
- Erfordernis von Zeugen und ihre persönlichen Voraussetzungen[252]
- Erfordernis der persönlichen Anwesenheit der Verlobten vor der Trauungsperson, Zulässigkeit und Voraussetzungen von Ferntrauung und Handschuhehe (siehe Rn 145 ff.)
- Trauungsstätte (z.B. Kirche)
- Registrierung der Eheschließung/des Ehekonsenses und ihre konstitutive oder deklaratorische Wirkung für die Wirksamkeit der Ehe[253]
- Wirkungen von Formverstößen für die Wirksamkeit der Ehe (so, ob die Ehe *ipso iure* unwirksam [Nichtehe], anfechtbar [nichtig im Sinne von vernichtbar] ist oder ein Formverstoß ohne Folgen für das Eheband vorliegt, sowie darüber, wie der Mangel geltend zu machen ist, einschließlich der Klagebefugnis;[254] für Nebenfolgen vgl. Rn 75 ff.)
- Möglichkeit der Heilung von Formmängeln.

141 Die **Heilung von Formmängeln** bestimmt sich nach dem Recht, dem die Formerfordernisse entnommen werden, einschließlich der Gesetze mit rückwirkender Heilung. In der Rechtspraxis erlangten die in der Türkei nach der Säkularisierung in islamisch-religiöser Traditionsform geschlossenen Ehen besondere Bedeutung, die durch die türkische Gesetzgebung zu verschiedenen Zeitpunkten rückwirkend als wirksam bestimmt wurden.[255]

142 Darüber hinaus kommt die Heilung von Formmängeln einer im Ausland geschlossenen Ehe nach deutschem Recht in Betracht. Die Rechtsfolge einer Nichtehe oder einer nichtigen Ehe wird überwunden, wenn die Voraussetzungen von § 1310 Abs. 3 BGB gegeben sind. Die Vorschrift ist anwendbar, wenn der deutsche Standesbeamte die vorgesehenen Handlungen vorgenommen hat. Diese sind nicht nur Sachvoraussetzungen für die statusrechtliche Heilung, sondern bringen auch den notwendigen Inlandsbezug bei Auslandstrauung zum Ausdruck. § 1310 Abs. 3 BGB kann auch herangezogen werden, wenn die Formwirksamkeit der Eheschließung zweifelhaft, die Erklärung des Ehekonsenses jedoch zweifelsfrei ist.[256]

143 Vor In-Kraft-Treten von § 1310 Abs. 3 BGB ist die Heilung von Formmängeln einer Auslandstrauung in Bezug auf einzelne Rechtsfolgen aus dem allgemeinen Prinzip der Freiheit der Eheschließung oder aus Art. 6 Abs. 1 GG abgeleitet worden, sofern die Ehegatten langjährig als verheiratet zusammengelebt hatten. Einen besonderen Gesichtspunkt hierbei bildete die Unmöglichkeit oder Unzumutbarkeit der Nutzung der Ortsform zum Zeitpunkt der Eheschließung.[257] Diese Rechtsprechung hat in solchen Fällen weiterhin Bedeutung, in denen die Voraussetzungen für die Anwendung von § 1310 Abs. 3 BGB nicht vorliegen.

144 Vereinzelt wird auch die Heilung einer formunwirksamen Auslandstrauung durch „Statutenwechsel" vertreten, wobei die Formwirksamkeit nach dem Recht der gemeinsamen Staatsangehörigkeit beurteilt wird, die erst nach der Eheschließung erworben worden ist.[258]

145 **f) Übergreifende Probleme. aa) Handschuhehe und Stellvertretung im Willen.** Wird die Ehe nicht persönlich, sondern durch Boten oder Stellvertreter geschlossen, kommt nach der funktionellen Qualifikationsmethode entweder eine Zuordnung zum Formstatut oder zum Sachstatut infrage.

146 Einerseits kann es um die Zulässigkeit der persönlichen Abwesenheit eines oder beider Verlobten bei der Eheschließung gehen. Bei dieser **Stellvertretung in der Erklärung** hat die Mittelsperson nur die vom Vertretenen vorgegebene Konsenserklärung vor dem Trauungsorgan abzugeben, ohne eigene Entscheidungsfreiheit über die Partnerwahl (Handschuhehe) zu besitzen. Zulässigkeit und Voraussetzungen der persönlichen

---

251 BGHZ 29, 137, 140; BayObLG StAZ 2000, 145, 146; Staudinger/*Mankowski*, Art. 13 EGBGB Rn 786 m.w.N.
252 OLG Düsseldorf IPRax 1993, 331 = FamRZ 1993, 187 (Marokko) m. Anm. *Börner*, StAZ 1993, 377 ff. und *Kotzur*, IPRax 1993, 305, 306.
253 AG Hannover FamRZ 2002, 1116, 1118 m.w.N.; MüKo/*Coester*, Art. 13 EGBGB Rn 87; Staudinger/*Mankowski*, Art. 13 EGBGB Rn 797.
254 RGZ 133, 161, 164 ff.; BayObLG StAZ 2000, 145, 146; OLG Düsseldorf FamRZ 1993, 1083, 1084 f.; MüKo/*Coester*, Art. 13 EGBGB Rn 124.
255 Hierzu *Ansay*, StAZ 1982, 70; *Arslan*, StAZ 1976, 99; Böhmer/Finger/*Finger*, Art. 13 Rn 96 m.w.N.; *Dilger*, StAZ 1976, 353.
256 Z.B. AG Hannover FamRZ 2002, 1116, 1118.
257 OLG München FamRZ 1968, 599; OLG Stuttgart FamRZ 1963, 39, 42 f.
258 OLG München StAZ 1993, 151, 152 m. krit. Anm. *Bungert*, StAZ 1993, 140, 146; Staudinger/*Mankowski*, Art. 13 EGBGB Rn 519 m.w.N.; eher abl. BGH FamRZ 1978, 232; Bayer/Körzer/*Wandt*, FamRZ 1983, 770, 773 ff.

Abwesenheit und die Erklärung durch Dritte unterliegen dem Formstatut.[259] Hierzu wird auch das Handeln unter fremdem Namen bei der Eheschließung gerechnet (verdeckte Stellvertretung).[260] Bei Eheschließung im Inland findet vorbehaltlich Abs. 3 deutsches Recht, also § 1311 BGB Anwendung. Bei Eheschließung im Ausland kommt die Ehe zustande, wenn entweder den diesbezüglichen Voraussetzungen des Vornahmeortes (zum Eheschließungsort siehe Rn 97 ff.) oder den Rechten Genüge getan ist, die die materiellen Ehevoraussetzungen regeln.[261] Gestattet das auf die Form anwendbare Recht die Handschuhehe oder die verdeckte Stellvertretung nicht, sind die Rechtsfolgen für den Ehestatus diesem Recht zu entnehmen.[262]

Andererseits kann die (Un-)Zulässigkeit der **Stellvertretung im Willen** betroffen sein. Im Gegensatz zur Handschuhehe hat der Vertreter bei der Willenserklärung die (Mit-)Entscheidung über das „Ob" der Eheschließung oder über die Wahl des Partners.[263] Im deutschen Recht ist die Unzulässigkeit der Stellvertretung im Willen als zweiseitiges Ehehindernis ausgestaltet. Bei deutschem Personalstatut führt die Nichtbeachtung daher zur Nichtehe.[264] Der Schließung einer solchen Ehe im Inland zwischen Personen mit ausländischem Personalstatut steht Abs. 3 S. 1 i.V.m. § 1311 S. 1 BGB entgegen, weil sie auch nicht das Erfordernis der gleichzeitigen und persönlichen Anwesenheit vor dem Standesbeamten erfüllt.

Ob eine durch Stellvertretung im Willen nach dem Eheschließungsstatut wirksam geschlossene Ehe[265] wegen Verstoßes gegen Art. 6 nicht anzuerkennen ist, hängt vom Einzelfall ab.[266] Zu fragen ist insbesondere:
- In welchem Zusammenhang stellt sich die Frage der Wirksamkeit?
- Haben die Ehegatten nach Eheschließung eine eheliche Lebensgemeinschaft gewollt begründet?
- Wie lange besteht die Lebensgemeinschaft?
- Sind aus ihr Kinder hervorgegangen?

Lässt das auf die Form der Eheschließung anwendbare Ortsrecht sowohl die Handschuhehe als auch die Vertretung im Willen in Bezug auf die Eheschließung zu, kommt es für die Qualifikation auf die Ausgestaltung der Vollmacht und den Gebrauch durch den Bevollmächtigten an. Enthält die Vollmacht zur Eheschließung die konkrete Weisung hinsichtlich der Person des anderen Ehegatten und hält sich der Bevollmächtigte an diese Weisung, ohne von der in der Rechtsordnung des Eheschließungsortes vorgesehenen Möglichkeit des Abweichens Gebrauch zu machen, ist diese Eheschließung als Handschuhehe zu qualifizieren. Maßgeblich ist das auf die Form der Eheschließung anwendbare Recht.[267]

bb) Aufgebot, Ehefähigkeitszeugnis. Das **Aufgebot** wird überwiegend zur Form gerechnet.[268] Überzeugender ist jedoch die verfahrensrechtliche Zuordnung, weil das Aufgebot nicht die Konsenserklärung betrifft, sondern dem Trauungsorgan zur Ermittlung von Ehehindernissen dient. Entsprechendes gilt für das Ehefähigkeitszeugnis. Jedenfalls ergibt sich das Erfordernis eines Aufgebots und eines Ehefähigkeitszeugnisses aus dem Recht des Eheschließungsortes; das Heimatrecht beider Verlobten bleibt außer Betracht.

Ein **Ehefähigkeitszeugnis** ist gemäß § 1309 BGB beizubringen, wenn die Ehe in Deutschland vor dem Standesbeamten oder vor einem deutschen Konsularbeamten im Ausland geschlossen werden soll und die Voraussetzungen für die Eheschließung ausländischem Recht unterliegen.

---

259 U.a. BGHZ 29, 137, 139; OLG Karlsruhe StAZ 1994, 286; LG Stuttgart StAZ 1992, 379; OLG Hamm StAZ 1986, 134; rechtsvergleichender Gesamtüberblick *Coester-Waltjen/Coester*, International Encyclopedia of Comparative Law, Chapter 3, 1997, sec 129–133; Staudinger/*Mankowski*, Art. 13 EGBGB Rn 754 f.; zum Kollisionsrecht umfassend *Dieckmann*, Die Handschuhehe deutscher Staatsangehöriger nach deutschem IPR, 1959.
260 OLG Karlsruhe StAZ 1994, 286; *Beitzke*, in: FS Dolle 1963, S. 244 ff.
261 U.a. BGHZ 29, 137, 143 f. = FamRZ 1959, 143 = NJW 1959, 717; BayObLGZ 2000, 335 = StAZ 2001, 66; LG Stuttgart StAZ 1992, 379.
262 OLG Karlsruhe StAZ 1994, 286.
263 U.a. BGHZ 29, 137, 140 ff. (*obiter*); KG OLGZ 1973, 435, 439 f. (*obiter*); v. *Bar*, IPR II, Rn 163; Erman/*Hohloch*, Art. 13 EGBGB Rn 25; Staudinger/*Mankowski*, Art. 13 EGBGB Rn 218 ff.
264 Fehlerhaft Art. 6 angewandt: AG Gießen StAZ 2001, 39; *Rauscher*, StAZ 1985, 101, 102; Staudinger/*Mankowski*, Art. 13 EGBGB Rn 219.
265 Teilweise in islamischen Rechtsordnungen, z.B. Pakistan, s. *Rauscher*, StAZ 1985, 101.
266 BGHZ 29, 137, 140 ff. (*obiter*); KG OLGZ 1973, 435, 439 f. (*obiter*); AG Gießen StAZ 2001, 39 (Anlegung eines Familienbuches gestützt auf Art. 6 [*ordre public*] abgelehnt); *Deuchler*, in: FS Raape 1948, S. 88; MüKo/*Coester*, Art. 13 EGBGB Rn 32; Erman/*Hohloch*, Art. 13 EGBGB Rn 24; Soergel/*Schurig*, Art. 13 EGBGB Rn 80; eher abl.: OLG Celle FamRZ 1958, 30.
267 BayObLGZ 2000, 335; KG FamRZ 1973, 313, 315; Staudinger/*Mankowski*, Art. 13 EGBGB Rn 221.
268 U.a. BGHZ 29, 137, 149; RGZ 88, 191, 193; BayObLG StAZ 2000, 145, 146; BayObLG FamRZ 1997, 818, 819 (Heimat nach philippinischem Recht); Soergel/*Schurig*, Art. 13 EGBGB Rn 8; Staudinger/*Mankowski*, Art. 13 EGBGB Rn 772.

152 Die h.M. hält ein Ehefähigkeitszeugnis auch für erforderlich, wenn das ausländische Recht auf das deutsche zurückverweist.[269] Für eine Nichteinbeziehung spricht, dass das Ehefähigkeitszeugnis dem Aufspüren von materiellen Ehehindernissen dient. Wenn die Ehehindernisse dem deutschen Recht unterliegen, schafft das Ehefähigkeitszeugnis hierfür keine Erleichterung, sondern erschwert ohne ausreichenden Grund die Eheschließung.

153 Keines Ehefähigkeitszeugnisses bedürfen Verlobte, die ein deutsches Personalstatut besitzen, ohne Deutsche zu sein (siehe Rn 7 f.; zu den Anforderungen an das Ehefähigkeitszeugnis, seinen Wirkungen, zur Zulässigkeit und den Voraussetzungen für die Befreiung von der Beibringung siehe § 1309 BGB). Inwieweit Deutsche bei Eheschließung im Ausland ein Ehefähigkeitszeugnis ihrer Heimatbehörde vorlegen müssen, bestimmt sich nach dem Recht des Eheschließungsortes. Die Ausstellung in Deutschland regelt sich nach § 69b PStG (näher Rn 156 f.).

C. Weitere praktische Hinweise (Personenstandsrecht)

I. Eheschließung im Inland

154 Der Standesbeamte hat bei Anmeldung der Eheschließung zu prüfen, ob der Eheschließung ein **Ehehindernis** entgegensteht. Zur Erleichterung dieser Prüfung haben Personen, die hinsichtlich der Voraussetzungen für die Eheschließung ausländischem Recht unterliegen, vorbehaltlich Abs. 2, dem Standesbeamten ein **Ehefähigkeitszeugnis** der inneren Behörde ihres Heimatstaates vorzulegen.[270] Vom Erfordernis der Beibringung kann der Präsident des zuständigen Oberlandesgerichts nach § 1309 Abs. 2 BGB eine Befreiung erteilen.[271]

155 Das beigebrachte Ehefähigkeitszeugnis entbebt den Standesbeamten nicht von der **Prüfung** des Vorliegens **der materiellen Voraussetzungen** für die Eheschließung nach dem hierfür maßgeblichen Recht.[272] Es bindet den Standesbeamten nicht.[273] Dem Standesbeamten ist durch Urkunden der Nachweis über die Auflösung einer Vorehe zu erbringen. Bei ausländischen Entscheidungen in Ehesachen kommt es darauf an, ob diese einer förmlichen Anerkennung gemäß Art. 7 § 1 Abs. 1 S. 1 FamRÄndG bedürfen oder nicht (siehe Rn 37). Unterliegen sie nicht Art. 7 § 1 Abs. 1 S. 1 FamRÄndG, wird inzident, d.h. ohne Einschaltung der zuständigen Landesjustizverwaltung, geprüft, ob die Voraussetzungen der Anerkennung erfüllt sind[274] (hierzu auch Rn 37). Wird eine Befreiung von der Beibringung des Ehefähigkeitszeugnisses beim Präsidenten des Oberlandesgerichts nach § 1309 Abs. 2 BGB beantragt, erfolgt die Prüfung im Rahmen dieses Verfahrens. Eine ausländische Entscheidung bezogen auf eine Vorehe, die dem Art. 7 § 1 Abs. 1 S. 1 FamRÄndG unterliegt, bedarf der formellen Anerkennung durch die zuständige Landesjustizverwaltung als Voraussetzung für die erneute Eheschließung (siehe insgesamt Anhang II zum III. Abschnitt, Art. 7 FamRÄndG).

II. Ausstellung eines Ehefähigkeitszeugnisses

156 Die Ausstellung eines Ehefähigkeitszeugnisses, das ein Deutscher für die Eheschließung im Ausland benötigt, erfolgt **auf Antrag durch den Standesbeamten**. Ein solches Zeugnis erhalten auch Staatenlose, heimatlose Ausländer, Asylberechtigte und internationale Flüchtlinge mit gewöhnlichem Aufenthalt in Deutschland (§ 69b PStG). Das Ehefähigkeitszeugnis wird nur erteilt, wenn der beabsichtigten Eheschließung **kein Hindernis nach deutschem Recht** entgegensteht. Für die Erteilung sind dieselben Unterlagen beizubringen wie bei der Anmeldung der Eheschließung in Deutschland. Im Verhältnis zu Italien, Luxemburg, den Niederlanden, Österreich, Portugal, der Schweiz, Spanien und der Türkei findet das Münchener CIEC-Übereinkommen über die Ausstellung von (mehrsprachigen) Ehefähigkeitszeugnissen vom 5.9.1980 Anwendung.[275] Verein-

---

[269] BT-Drucks 13/4898, S. 15; *Hepting*, FamRZ 1998, 713, 718; Palandt/*Budermüller*, § 1309 Rn 6; Hepting/Gaaz/*Gaaz*, Bd. 1, § 5a Rn 38; Erman/*Roth*, § 1309 Rn 3; a.A. Palandt/*Heldrich*, Art. 13 EGBGB Rn 22; vgl. § 166 Abs. 3 S. 1 Dienstanweisung für die Standesbeamten und ihre Aufsichtsbehörden (DA).

[270] Ausf. u.a. MüKo/*Müller-Gindullis*, § 1309 Rn 2 ff.

[271] Näher u.a. MüKo/*Müller-Gindullis*, § 1309 Rn 15.

[272] BayObLG StAZ 1998, 252, 253; Hepting/Gaaz/*Gaaz*, Bd. 1, § 5 Rn 15; Hepting/Gaaz/*Hepting*, Bd. 2, Rn III-321.

[273] BGHZ 46, 87, 92 = NJW 1966, 1811; vgl. § 172 Abs. 1 S. 1 DA.

[274] § 159 Abs. 4 DA; s.u.a. Hepting/Gaaz/*Gaaz*, Bd. 1, § 5 Rn 45 f.; Hepting/Gaaz/*Hepting*, Bd. 2, Rn III-590 ff.

[275] BGBl II 1997 S. 1087; Bekanntmachung v. 25.5.1999 (BGBl II S. 486). Ausgestellt wird das Ehefähigkeitszeugnis im Rahmen des CIEC-Übereinkommens durch die vom jeweiligen Vertragsstaat benannte Behörde (Art. 8) gem. dem vom Übereinkommen vorgeschriebenen Muster für Angehörige des Heimatstaates (Art. 1) sowie Flüchtlinge und Staatenlose, deren Personalstatut sich nach dem Recht dieses Staates richtet (Art. 2). Einer Beglaubigung des Ehefähigkeitszeugnisses (Legalisation) bedarf es nicht. Näher u.a. Böhmer/*Finger*/*Finger*, 6.3A.

barungen mit Luxemburg,²⁷⁶ Österreich²⁷⁷ und der Schweiz²⁷⁸ enthalten darüber hinaus Regelungen, die die Beschaffung des Ehefähigkeitszeugnisses zusätzlich erleichtern.²⁷⁹

Die **örtliche Zuständigkeit** bestimmt sich nach dem Wohnsitz, subsidiär nach dem (letzten) gewöhnlichen Aufenthalt. Fehlt es an einem jetzigen und früheren gewöhnlichen Aufenthalt in Deutschland, ist der Standesbeamte des Standesamtes I Berlin zuständig.²⁸⁰ 157

III. Familienbuch

Das Familienbuch wird **von Amts wegen** angelegt, wenn die Ehe vor einem deutschen Standesbeamten geschlossen worden ist.²⁸¹ Hierunter fallen auch Eheschließungen vor den dazu ermächtigten deutschen Konsularbeamten. Ohne Bedeutung für die Anlegung ist die Staatsangehörigkeit der Eheleute und ob sie nach der Eheschließung ihren Wohnsitz oder gewöhnlichen Aufenthalt im Ausland haben. 158

Auf Antrag kann das Familienbuch angelegt werden, wenn die Ehe im Ausland geschlossen wurde und ein Ehegatte oder der Antragsteller Deutscher ist.²⁸² Gleichgestellt sind Staatenlose, heimatlose Ausländer, Asylberechtigte und internationale Flüchtlinge mit gewöhnlichem Aufenthalt in Deutschland.²⁸³ Beantragt werden kann die Anlegung eines Familienbuches für eine Ehe, die nach Abs. 3 S. 2 geschlossen wurde (siehe Rn 115 ff.). Antragsberechtigt sind grundsätzlich alle Personen, die in das Familienbuch einzutragen sind (Ehegatten, deren Eltern und Kinder). Der Antrag ist an keine Frist gebunden. Nicht erforderlich ist ferner, dass die Ehe noch besteht oder die Ehegatten noch leben.²⁸⁴ Der Antragsteller muss die vom Standesbeamten zu beurkundenden Angaben durch Beurkundungen in anderen Personenstandsbüchern, in- oder ausländische Personenstandsurkunden oder andere öffentliche Urkunden, ersatzweise kirchliche oder andere beweiskräftige Bescheinigungen, notfalls durch Versicherungen an Eides statt nachweisen.²⁸⁵ Die Würdigung ist unter Berücksichtigung der Gesamtheit der Umstände vorzunehmen.²⁸⁶ 159

Für die Frage, wann ausländische Urkunden, insbesondere Heiratsurkunden, Beweiskraft besitzen, enthalten die **§§ 109–111 und 114 DA** eine Regelung. Der Standesbeamte hat zu prüfen, ob der Nachweis über eine förmliche Eheschließung erbracht ist und auch, ob eine nach materiellem Recht (form-)wirksame Ehe zustande gekommen ist.²⁸⁷ Die Prüfung schließt die Frage ein, nach welchem Recht die Wirksamkeit der Eheschließung und die sonstigen Wirksamkeitsvoraussetzungen für die Ehe zu beurteilen sind.²⁸⁸ Ist der Standesbeamte von der wirksamen Eheschließung im Ausland überzeugt, hat er die Anlegung vorzunehmen; bei Zweifeln darf und muss er den Sachverhalt durch Ermittlungen aufklären (§ 15b Abs. 2 PStG). Er kann hierüber die Entscheidung des AmtsG herbeiführen (§ 45 Abs. 2 PStG). 160

Ein Familienbuch kann nicht angelegt werden, wenn die im Ausland geschlossene Ehe nach ausländischem Recht wegen **Bigamie** eine Nichtehe ist.²⁸⁹ Wird sie aus diesem Grund nach dem anwendbaren Recht dagegen durch Nichtigkeitsklage vernichtet, ist ein Familienbuch anzulegen.²⁹⁰ 161

Für die Eintragung der Aufhebung oder Scheidung der Ehe sowie der Feststellung des Nichtbestehens der Ehe in das Familienbuch gemäß § 14 Abs. 1 Nr. 2 und 3 PStG gelten – soweit sie durch ausländische Entscheidung erfolgte – die Ausführungen unter Rn 61 ff. entsprechend. 162

---

276 Deutsch-luxemburgisches Abkommen v. 3.6.1982 (BGBl II 1983 S. 698; BGBl II 1984 S. 188).
277 Deutsch-österreichischer Vertrag v. 18.11.1980 (BGBl II 1981 S. 1050; BGBl II 1982 S. 207 und S. 459).
278 Deutsch-schweizerische Vereinbarung v. 6.6.1956 (BGBl II 1960 S. 453 und S. 2123).
279 Angehörige eines Vertragsstaates können den Antrag auf Ausstellung des beizubringenden Ehefähigkeitszeugnisses bei beabsichtigter Eheschließung im anderen Vertragsstaat auch bei dem Standesbeamten stellen, bei dem die Eheschließung angemeldet wird. Zudem muss das Ehefähigkeitszeugnis nicht legalisiert werden. Vgl. in Bezug auf eine Eheschließung in Deutschland §§ 169, 169a, 169b DA; eingehend zu den Vereinbarungen u.a. Böhmer/Finger/*Böhmer*, 6.4.1 bis 6.4.3.
280 § 69b Abs. 1 PStG; Erklärung der Bundesregierung zum Beitritt zum CIEC-Übereinkommen (BGBl II 1999 S. 486).
281 § 12 Abs. 1 PStG, §§ 223, 228, 233a, 246 DA.
282 § 15a Abs. 1 PStG; §§ 241–245 DA.
283 Zur Definition s. § 147 DA.
284 BayObLG StAZ 2000, 296, 298 m.w.N.; OLG Karlsruhe StAZ 1994, 286; Hepting/Gaaz/*Gaaz*, Bd. 1, § 15a Rn 38; vgl. § 15a Abs. 3 S. 3 PStG.
285 Näher § 225 Abs. 1 DA.
286 Hierzu BayObLG StAZ 2000, 296; BayObLG IPRspr 1988 Nr. 93; Hepting/Gaaz/*Gaaz*, Bd. 1, § 5 Rn 24.
287 BGH FamRZ 1991, 300, 301 f. = StAZ 1991, 187, 188 f.; hierzu *Knauber*, StAZ 1993, 69 ff.; vgl. § 15b Abs. 2 PStG.
288 OLG Karlsruhe StAZ 1994, 286.
289 OLG Hamburg StAZ 1987, 311.
290 OLG Karlsruhe StAZ 1994, 286, 287; AG Bremen StAZ 1991, 232 = IPRspr 1990 Nr. 69.

IV. Rechtsmittel

163 Bei Ablehnung des Antrags auf Eheschließung, auf Erteilung eines Ehefähigkeitszeugnisses und auf Anlegung eines Familienbuches können die Beteiligten **beim zuständigen AG** beantragen, den Standesbeamten anzuhalten, die Amtshandlung vorzunehmen (§ 45 Abs. 1 PStG). Einem vom Standesbeamten oder der Aufsichtsbehörde beantragten Verfahren können die Beteiligten in jedem Stadium dieses Verfahrens beitreten (§ 48 Abs. 2 PStG). Das Verfahren ist im Einzelnen in **§§ 45–50 PStG** geregelt. Es unterliegt im Übrigen dem **FGG**.

V. Streitige Gerichtsbarkeit

164 **1. Internationale Zuständigkeit.** Die Internationale Zuständigkeit der deutschen Gerichte in Verfahren, die die Aufhebung oder Nichtigkeitserklärung der Ehe betreffen, bestimmt sich nach **Artt. 2 ff. EheVO 2003**. Eine **Restzuständigkeit nach § 606a ZPO** wird über Art. 7 EheVO 2003 eröffnet, soweit nicht die Gerichte anderer Mitgliedstaaten nach der EheVO 2003 zuständig sind (für weitere Einzelheiten siehe Anhang I zum III. Abschnitt). Nicht erfasst werden Verfahren betreffend die Feststellung des Bestehens oder Nichtbestehens der Ehe. Hier ergibt sich die internationale Zuständigkeit allein aus § 606a ZPO.[291]

165 **2. Verfahren.** Das Verfahren unterliegt dem deutschen Recht. Nachgewiesen werden können ausländische Eheschließungen mit jedem geeigneten Mittel (bspw. Urkunden, eidesstattliche Versicherungen und Zeugenaussagen).[292]

166 **3. Anerkennung ausländischer Entscheidungen.** Die Anerkennung von Entscheidungen der Gerichte der Mitgliedstaaten der EU (mit Ausnahme Dänemarks) über die Ungültigkeitserklärung einer Ehe richtet sich nach **Artt. 21 ff. EheVO 2003**. Soweit sich bilaterale Abkommen mit den Mitgliedstaaten der EU zur Anerkennung von Entscheidungen in Zivil- und Handelssachen auch auf Ehesachen beziehen,[293] finden sie nur noch Anwendung auf Entscheidungen über die Feststellung des Bestehens oder Nichtbestehens der Ehe. Von den bilateralen Abkommen mit den Nichtmitgliedstaaten erfassen das Abkommen mit der Schweiz[294] sowie der Vertrag mit Tunesien[295] Entscheidungen in Ehesachen.

167 Im Übrigen richtet sich die Anerkennung nach § 328 Abs. 1 ZPO. Das Erfordernis der Gegenseitigkeit entfällt gemäß Art. 7 § 1 Abs. 1 S. 2 FamRÄndG. Im Verhältnis zwischen bilateralem Abkommen und § 328 ZPO gilt das **Günstigkeitsprinzip**.[296] Damit sie im Inland Wirkung entfalten, bedürfen alle ausländischen Entscheidungen mit Ausnahme der Entscheidungen, die der EheVO 2003 sowie der EheVO 2000 unterliegen und solcher von Gerichten des Staates, dem beide Ehegatten angehören, der förmlichen **Feststellung** ihrer **Anerkennungsfähigkeit durch die zuständige Landesjustizverwaltung** (Art. 7 § 1 FamRÄndG; näher zur Anerkennung Anhang II zum III. Abschnitt, § 7 FamRÄndG).

VI. Befreiung von Ehehindernissen

168 Von Ehehindernissen nach ausländischem Recht, die für die Eheschließung im Inland aus *ordre-public*-Gründen gemäß Abs. 2 oder Art. 6 nicht zu beachten sind, erfolgt keine förmliche Befreiung durch inländische Gerichte oder Behörden. In einem solchen Fall erteilt der Präsident des zuständigen Oberlandesgerichts

---

[291] So u.a. auch *Helms*, FamRZ 2001, 257, 259; MüKo-ZPO/*Gottwald*, Art. 1 EheGVO Rn 2; a.A. (EheVO 2003) *Hau*, FamRZ 1999, 484, 485; Zöller/*Geimer*, ZPO, Anh. II A, Art. 1 Rn 8; Thomas/Putzo/*Hüßtege*, ZPO, Art. 1 EheVO Rn 2 m.w.N.

[292] BayObLG IPRspr 1988 Nr. 59; MüKo/*Coester*, Art. 13 EGBGB Rn 137.

[293] Hinsichtlich der Anerkennung von Entscheidungen in Zivil- und Handelssachen unter Einschluss der Ehesachen sind in Bezug auf die Mitgliedstaaten der EU für die Bundesrepublik Deutschland in Kraft: das Abkommen mit Belgien v. 30.6.1958 (BGBl II 1959 S. 765); der Vertrag mit Griechenland v. 4.11.1961 (BGBl II 1963 S. 109); das Abkommen mit Italien v. 9.3.1936 (RGBl II 1937 S. 145; BGBl II 1952 S. 986); der Vertrag mit Spanien v. 14.11.1983 (BGBl II 1987 S. 34); das Abkommen mit dem Vereinigten Königreich Großbritannien und Nordirland v. 14.7.1960 (BGBl II 1961 S. 301). Für weitere Einzelheiten s.u.a. *Nagel/Gottwald*, Int. Zivilprozessrecht, 5. Aufl. 2002, § 13 V, S. 712 ff.; *Böhmer/Finger/Finger*, 8.5.2–8.5.11.

[294] Abkommen v. 2.11.1929 (RGBl II 1930 S. 1066). Näher u.a. *Nagel/Gottwald*, Int. Zivilprozessrecht, 5. Aufl. 2002, § 13 V 9, S. 751 ff.; *Böhmer/Finger/Finger*, 8.5.1.

[295] Vertrag v. 19.7.1966 (BGBl II 1969 S. 890). Näher u.a. *Nagel/Gottwald*, Int. Zivilprozessrecht, 5. Aufl. 2002, § 13 V 11, S. 762 ff.; *Böhmer/Finger/Finger*, 8.5.9.

[296] BGH IPRax 1989, 104, 106 = FamRZ 1987, 580, 582 = NJW 1987, 3083, 3084; *Geimer*, Int. Zivilprozessrecht, 5. Aufl. 2005, Rn 2766; *Andrae*, Rn 128 m.w.N.

die Befreiung von der Beibringung des Ehefähigkeitszeugnisses nach **§ 1309 Abs. 2 BGB**, soweit im Übrigen die materiellen Voraussetzungen für die Eheschließung vorliegen.[297]

Die internationale Zuständigkeit der Gerichte und das anwendbare Recht für die **Befreiung eines Minderjährigen vom Erfordernis der Ehemündigkeit**, der seinen gewöhnlichen Aufenthalt in einem Mitgliedstaat hat, richtet sich nach dem **MSA**. *Hepting* sieht zwar lediglich die Ersetzung der Zustimmung des gesetzlichen Vertreters als Schutzmaßnahme i.S.d. MSA an,[298] dem ist jedoch nicht zuzustimmen, denn auch die Zustimmung des FamG nach § 1303 Abs. 2 BGB dient dem Schutz des Minderjährigen.[299] In allen anderen Fällen ergibt sich die internationale Zuständigkeit deutscher Gerichte für die als FGG-Maßnahme zu qualifizierende[300] Befreiung von Ehehindernissen aus **§ 35b FGG**, auf den § 43 Abs. 1 FGG verweist.[301] Deutsche Gerichte sind zuständig, wenn der Verlobte, der die Befreiung begehrt, Deutscher ist.[302] Gleichgestellt sind Personen, die, ohne Deutsche zu sein, ein deutsches Personalstatut besitzen (hierzu Rn 8). Übereinstimmung besteht auch dahin gehend, dass die deutschen Gerichte darüber hinaus international zuständig sind, soweit ein konkretes Fürsorgebedürfnis vorliegt (§ 35b Abs. 2 FGG).[303]

169

Umstritten ist, ob darüber hinaus eine allgemeine internationale Zuständigkeit der deutschen Gerichte besteht, wenn der betreffende Verlobte seinen **gewöhnlichen Aufenthalt im Inland** hat (§ 35b Abs. 1 Nr. 2 FGG).[304] Dies ist zu bejahen, denn das Gleichlaufprinzip, d.h. die Übereinstimmung von internationaler Zuständigkeit und anwendbarem Recht, ist nicht zwingend.[305] Von der internationalen ist die **weseneigene Zuständigkeit** zu unterscheiden.[306] Den deutschen Gerichten fehlt die weseneigene Zuständigkeit für Befreiungen nach ausländischem Recht, soweit Ehehindernisse staatspolitischer, rassistischer oder religiöser Art betroffen sind. Diese Ehehindernisse finden jedoch gemäß Abs. 2 und Art. 6 regelmäßig keine Beachtung.

170

Ausländische gerichtliche oder behördliche Befreiungen von Ehehindernissen werden nach **§ 16a FGG** anerkannt.[307] Für die Frage, ob das ausländische Gericht international zuständig war, ist **§ 35b i.V.m. § 43 Abs. 1 FGG spiegelbildlich** heranzuziehen. Bei Befreiung eines Minderjährigen vom Erfordernis der Ehemündigkeit hat **Art. 7 MSA Vorrang**, soweit es sich um eine Entscheidung aus einem Mitgliedstaat handelt (siehe Rn 169).

171

D. Anhänge I–III zu Art. 13 EGBGB

I. Anhang I: Verlöbnis

1. Begriff. Verlöbnis ist die Rechtsbeziehung zwischen zwei Personen unterschiedlichen Geschlechts, die durch das wechselseitige Eheversprechen begründet wird. Eine gesetzliche Regelung fehlt.

172

2. Anknüpfung der Verlobung. Die Voraussetzungen für eine wirksame Verlobung werden in **entsprechender Anwendung von Art. 13 Abs. 1** für jeden Partner nach seinem Personalstatut beurteilt.[308] **Rück- und Weiterverweisungen** sind zu beachten. Die Verlobung ist wirksam, wenn ihr nach den danach maßgebenden Rechten kein Hindernis entgegensteht. Ein Zustandekommen wird nicht dadurch gehindert, dass das Heimatrecht eines Partners das Verlöbnis als Rechtsinstitut nicht kennt und deshalb keine Bestimmungen für das Zustandekommen bereithält.[309]

173

---

297 BGH NJW 1977, 1014; 1972, 1619; BGHZ 56, 180; OLG Hamm FamRZ 1977, 323; LG Kassel StAZ 1990, 169, 171; eingehend u.a. MüKo/*Müller-Gindullis*, § 1309 Rn 12 ff.; Staudinger/*Strätz*, § 1309 Rn 33 ff.
298 Hepting/Gaaz/*Hepting*, Bd. 2, Rn III-343 und III-355.
299 Palandt/*Brudermüller*, § 1303 Rn 5.
300 Hepting/Gaaz/*Hepting*, Bd. 2, Rn III-348.
301 Hepting/Gaaz/*Hepting*, Bd. 2, Rn III-344.
302 H.M., u.a. OLG Hamm OLGZ 1974, 370 = NJW 1974, 1626; Hepting/Gaaz/*Hepting*, Bd. 2, Rn III-345; m.w.N. Palandt/*Heldrich*, Art. 13 EGBGB Rn 12; MüKo/*Coester*, Art. 13 EGBGB Rn 68.
303 MüKo/*Coester*, Art. 13 EGBGB Rn 68; Staudinger/*Mankowski*, Art. 13 EGBGB Rn 170; Hepting/Gaaz/*Hepting*, Bd. 2, Rn III-347.
304 Bejahend u.a. Henrich, § 1 VI, S. 38; Hepting/Gaaz/*Hepting*, Bd. 2, III-347; Staudinger/*Mankowski*, Art. 13 EGBGB Rn 163; Soergel/*Schurig*, Art. 13 EGBGB Rn 114; a.A. Ermann/*Hohloch*, Art. 13 EGBGB Rn 41; einschr. MüKo/*Coester*, Art. 13 EGBGB Rn 69.
305 Hepting/Gaaz/*Hepting*, III-347; a.A. MüKo/*Coester*, Art. 13 EGBGB Rn 69.
306 Weiterführend u.a. *Andrae*, Rn 138 ff.; *Kropholler*, IPR, § 57 II, S. 560 ff.; *Schack*, Int. Zivilverfahrensrecht, 3. Aufl. 2002, Rn 503 ff.
307 Zu § 16a FGG ausf. u.a. Keidel/Kuntze/Winkler/*Zimmermann*, § 16a Rn 1 ff.; *Geimer*, Int. Zivilprozessrecht, 5. Aufl. 2005, Rn 2882 ff.
308 U.a. BGHZ 28, 375, 376 f.; OLG Hamm FamRZ 1971, 321; *Kropholler*, IPR, § 44 IV 1, S. 332; *Henrich*, § 1 VIII, S. 42; *v. Bar*, IPR II, Rn 111; Soergel/*Schurig*, vor Art. 13 EGBGB Rn 14; Staudinger/*Mankowski*, Anh. Art. 13 EGBGB Rn 10.
309 U.a. OLG Zweibrücken FamRZ 1986, 354, 355; *Henrich*, § 1 VIII, S. 42; *v. Bar*, IPR II, Rn 111; Erman/*Hohloch*, vor Art. 13 EGBGB Rn 5; Staudinger/*Mankowski*, Anh. Art. 13 EGBGB Rn 13; differenzierter Soergel/*Schurig*, vor Art. 13 EGBGB Rn 14.

174 Die **Form** richtet sich nach **Art. 11 Abs. 1 und 2**.[310] Die Verlobung ist formwirksam zustande gekommen, wenn sie entweder nach dem Heimatrecht beider Ehegatten oder nach dem Recht des Staates formwirksam vorgenommen ist, in dem sie stattfand.[311]

175 **3. Anknüpfung der Rechtsfolgen der Auflösung.** Bei den Rechtswirkungen des Verlöbnisses geht es in der Rechtspraxis ausschließlich um Ansprüche bei Auflösung des Verlöbnisses. Haben die Verlobten ein **gemeinsames Personalstatut**, bestimmen sich die Rechtsfolgen der Auflösung im Verhältnis der Verlobten zueinander nach diesem Recht.

176 Bei **unterschiedlichem Personalstatut** hält die **Rechtsprechung** noch immer an der Anknüpfung an das **Heimatrecht des in Anspruch Genommenen** fest.[312] Auf diese Weise wird nach Ansicht des BGH der Natur des Verlöbnisses als eines die Ehe vorbereitenden familienrechtlichen Vertrages am besten entsprochen.[313] Die Verpflichtungen aus dem Verlöbnis und seiner Auflösung werden für jeden Partner gemäß dem ihm am nächsten stehenden Recht beurteilt. Für diese Anknüpfung wird weiter angeführt, dass Ausländerinnen, die durch deutsche Männer mit einem Eheversprechen in die Bundesrepublik Deutschland gelockt werden, dann dem Schutz des deutschen Verlöbnisrechts unterstehen.[314] In der älteren Rechtsprechung ist auch die kumulative Anknüpfung vertreten worden. Danach besteht ein Anspruch nur, wenn auch das Heimatrecht des anderen Partners einen gleichartigen Anspruch vorsieht (Rechtsgedanke des ärgeren Rechts analog Art. 13 Abs. 1).[315]

177 In der **Literatur** wird die Verweisung auf das Heimatrecht des in Anspruch Genommenen überwiegend abgelehnt.[316] Gegen sie spricht, dass sie zu einer Statutenspaltung führt, wenn die Verlobten unterschiedliche Personalstatute besitzen. Bei gleicher Handlungsweise kann dies dazu führen, dass der eine Partner in Anspruch genommen werden kann, der andere aber nicht, weil sein Personalstatut spezielle Rechtsfolgen der Auflösung des Verlöbnisses nicht kennt. Das deutsche Kollisionsrecht vermeidet weit gehend eine Statutenspaltung. Auch der Schutzzweck der materiellrechtlichen Normen rechtfertigt diese Anknüpfung nicht. Er führt eher zu der Person, die auf das Verlöbnis vertraute. Schließlich hatte die Verweisung auf das Heimatrecht des in Anspruch Genommenen in der Rechtspraxis regelmäßig zur Folge, dass Ansprüche aus dem sog. Verlöbnisbruch dem Heimatrecht des Mannes unterstellt werden.[317]

178 Die **Lehre** bevorzugt bei unterschiedlichem Personalstatut in Anlehnung an Art. 14 Abs. 1 Nr. 2 überwiegend die Anknüpfung an den **gemeinsamen gewöhnlichen Aufenthalt** in einem Staat, was zu der Rechtsordnung führt, mit der die Verlobten gemeinsam am engsten verbunden sind.[318] Diese Anknüpfung rechtfertigt sich vor allem in den Fällen, in denen damit zugleich das Heimatrecht eines Verlobten berufen wird. Für die Anknüpfung ist auf den Zeitpunkt der Verlobung abzustellen; nur subsidiär auf einen späteren gemeinsamen gewöhnlichen Aufenthalt, soweit ihn ein Verlobter noch im Zeitpunkt der Aufhebung des Verlöbnisses innehat.

179 Bei fehlendem gemeinsamen gewöhnlichen Aufenthalt bevorzugt die Lehre wiederum die Anwendung des **Heimatrechts eines Verlobten**.[319] Aber auch die Kumulation beider Rechtsordnungen zugunsten des in Anspruch Genommenen[320] und das vorzugswürdige Prinzip der engsten Verbindung (analog Art. 14 Abs. 1 Nr. 3)[321] werden vertreten.

---

310 U.a. *Kropholler*, IPR, § 44 IV 1, S. 332; *Henrich*, § 1 VIII 1, S. 43; Soergel/*Schurig*, vor Art. 13 EGBGB Rn 14; zur Qualifikation *v. Bar*, IPR II, Rn 112.

311 Vorschriften, die den Schadensersatz wegen Auflösung des Verlöbnisses von der Wahrung einer bestimmten Form der Verlobung abhängig machen, sind kollisionsrechtlich den Rechtsfolgen der Auflösung zuzuordnen, vgl. Staudinger/*Mankowski*, Anh. Art. 13 EGBGB Rn 16; *v. Bar*, IPR II, Rn 112.

312 BGHZ 28, 375, 378 f.; 132, 105 = IPRax 1997, 187, 190 = FamRZ 1996, 601, 604; OLG Düsseldorf FamRZ 1992, 1295; OLG Zweibrücken FamRZ 1986, 354, 355; Palandt/*Heldrich*, Art. 13 EGBGB Rn 30.

313 BGHZ 28, 375, 378.

314 Vgl. *Henrich*, § 1 VIII 1, S. 43.

315 LG Hamburg NJW 1955, 548, 549; IPRspr 1954/55, Nr. 76; KG IPRspr 1934 Nr. 41; OLG München, Zeitschrift für Rechtspflege in Bayern 1929, 333; abl. BGHZ 28, 375, 380.

316 U.a. *Kropholler*, IPR, § 44 IV 3, S. 332 f.; *Mankowski*, IPRax 1997, 173, 178 ff.; Soergel/*Schurig*, vor Art. 13 EGBGB Rn 18; *Gottwald*, JZ 1997, 92, 94; *Henrich*, § 1 VIII 1, S. 43; *v. Bar*, IPR II, Rn 115.

317 *v. Bar*, IPR II, Rn 114.

318 U.a. *Kropholler*, IPR, § 44 IV 3, S. 333; Soergel/*Schurig*, vor Art. 13 EGBGB Rn 18; Erman/*Hohloch*, vor Art. 13 EGBGB Rn 7; *Mankowski*, IPRax 1997, 173, 178 ff.; Staudinger/*Mankowski*, Anh. Art. 13 EGBGB Rn 19 ff.; *Schwimann*, ZfRV 1974, 198, 204; MüKo/*Coester*; vor Art. 13 EGBGB Rn 4.

319 Recht des Anspruchstellers: *Schwimann*, ZfRV 1974, 198, 204; Recht des in Anspruch Genommenen: *Henrich*, § 1 VIII 1, S. 43; MüKo/*Coester*, vor Art. 13 EGBGB Rn 4.

320 Soergel/*Schurig*, vor Art. 13 EGBGB Rn 18.

321 U.a. Staudinger/*Mankowski*, Anh. Art. 13 EGBGB Rn 32; *Mankowski*, IPRax 1997, 173, 180; i.E. wohl auch Erman/*Hohloch*, vor Art. 13 EGBGB Rn 7.

Die Verweisung ist eine **Gesamtverweisung**. In Betracht kommt auch eine Rückverweisung des ausländi- 180
schen IPR auf das deutsche Recht kraft **abweichender Qualifikation**. Hauptbeispiel hierfür – und oft
dargestellt – ist die Qualifikation im französischen und belgischen Recht als deliktsrechtlich.[322]

4. Anwendungsbereich. Vom Verlöbnisstatut werden insbesondere erfasst: 181
– die Herausgabe von Zuwendungen, die im Hinblick auf die Verlobung getätigt wurden,
– der Ersatz von Aufwendungen für die Vorbereitung der vereinbarten Eheschließung und
– der Ersatz eines Vertrauensschadens.

Wird der Anspruch auch auf **deliktsrechtliche Tatbestände** (wie Betrug oder Vorspiegelung der Heiratsab- 182
sicht mit dem Ziel, den anderen Partner zum Geschlechtsverkehr zu bewegen) gestützt, kommt zusätzlich eine
Beurteilung der Ansprüche nach dem Deliktsstatut in Betracht.[323] Der BGH hat in einem Fall des Betruges die
akzessorische Anknüpfung des Deliktsstatuts an das Verlöbnisstatut abgelehnt, was im Ergebnis richtig war,
weil der Anspruch aus dem Verlöbnis dem Heimatrecht des in Anspruch Genommenen unterstellt wurde.[324]

Ansprüche Dritter auf Herausgabe der Verlobungsgeschenke und anderer Zuwendungen, insbesondere des 183
Brautgeldes, wegen Auflösung des Verlöbnisses werden teils dem Verlöbnisstatut[325] und teils dem Vertragsstatut[326] unterstellt. Vorzuziehen ist eine Zuordnung zum Vertragsstatut. Die Zuordnung zum Verlöbnisstatut
führt mit Blick auf die Rechtsprechung, die für das Verlöbnis an der Anwendung des Heimatrechts des
in Anspruch Genommenen festhält, zu einer nicht sachgerechten Anknüpfung für die Zuwendung Dritter.
Mangels – auch stillschweigender – Rechtswahl (Art. 27) bestimmt sich das maßgebliche Recht nach Art. 28
Abs. 2, was regelmäßig zur Anknüpfung an den gewöhnlichen Aufenthalt des Zuwendenden führt. Nur wenn
die Beteiligten eine gemeinsame Staatsangehörigkeit besitzen, verdrängt diese den gewöhnlichen Aufenthalt
aufgrund des engeren Zusammenhangs zum Verlöbnis.

II. Anhang II: Nichteheliche Lebensgemeinschaft

1. Allgemeines. a) Einführung. Die nichteheliche Lebensgemeinschaft ist in **Deutschland** im bürgerli- 184
chen Recht nicht gesondert geregelt, obwohl sie ein typisches soziales Phänomen darstellt. **In einer Reihe
ausländischer Rechtsordnungen** sind dagegen Regelungen anzutreffen. Hier kann von einem eigenständigen Rechtsinstitut gesprochen werden.[327] Typisches Beispiel sind die Rechtsordnungen der Nachfolgestaaten
des früheren Jugoslawiens, die die nichteheliche Lebensgemeinschaft in ihren Gesetzen über Ehe- und Familienbeziehungen und selbst im IPR-Gesetz regeln.[328] In Schweden existiert ein Gesetz über das gemeinsame
Heim Zusammenlebender (Partner einer nichtehelichen Lebensgemeinschaft).[329]

Die Rechtsprechung hat sich zum **Kollisionsrecht** bisher nicht platziert.[330] In der Lehre werden unterschied- 185
liche Auffassungen vertreten. Eine geht dahin, die nichteheliche Lebensgemeinschaft im Prinzip den Regeln

---

322 *v. Bar*, IPR II, Rn 116 m.w.N.; *Kropholler*, IPR, § 44 IV 3, S. 333; *Henrich*, § 1 VIII 1, S. 43; Staudinger/*Mankowski*, Anh. Art. 13 EGBGB Rn 35 ff.; zur Qualifikation von Ansprüchen nach ausländischem Recht u.a. Soergel/*Schurig*, vor Art. 13 EGBGB Rn 21.
323 Erman/*Hohloch*, vor Art. 13 EGBGB Rn 8; Staudinger/*Mankowski*, Anh. Art. 13 EGBGB Rn 35.
324 BGH FamRZ 1996, 601, 604 f.; zust. MüKo/*Coester*, vor Art. 13 EGBGB Rn 5; *Gottwald*, JZ 1997, 93; für akzessorische Anknüpfung *Kropholler*, IPR, § 44 IV 3, S. 333.
325 OLG Düsseldorf FamRZ 1992, 1295; KG FamRZ 1990, 45; Staudinger/*Mankowski*, Anh. Art. 13 EGBGB Rn 42; MüKo/*Coester*, vor Art. 13 EGBGB Rn 5.
326 OLG Düsseldorf FamRZ 1983, 1229; OLG Köln FamRZ 1994, 1523, 1524 (Rückforderung des Brautgeldes).
327 *Martiny*, S. 564; *Röthel*, ZRP 1999, 511, 514; *Striewe*, § 4, S. 138; *v. Bar*, IPR II, Rn 118; *Schotten*, IPR, Rn 257; MüKo/*Coester*, Art. 13 EGBGB Rn 6 m.w.N.
328 Vgl. Art. 39 des Gesetzes v. 15.7.1982 über die Regelung der Kollision von Gesetzen mit den Vorschriften anderer Staaten in bestimmten Verhältnissen (IPRG), der von den Teilrepubliken übernommen worden ist; eine deutsche Übersetzung findet sich in RabelsZ 1985, 544, 551; Bergmann/Ferid/Henrich/*Geč-Koršec/Kraljić*, Kroatien, S. 29; dazu u.a. Bergmann/Ferid/Henrich/*Geč-Koršec*, Jugoslawien, S. 18; *Striewe*, § 13 I, S. 350 ff.; zur Regelung im materiellen Recht s. bspw. Art. 16, 293 f. und 338 f. des *serbischen* Gesetzes über die Ehe und die Familienbeziehungen v. 22.4.1980 i.d.F. v. 30.5.1994, Artt. 11, 261–263 und 296 des *montenegrinischen* Familiengesetzes v. 23.3.1989 sowie Artt. 3, 226–229 und 262 des *kroatischen* Familiengesetzes v. 16.12.1998; deutsche Übersetzung bei Bergmann/Ferid/Henrich/*Geč-Koršec*, Jugoslawien, S. 41 ff. und 89 ff. sowie Bergmann/Ferid/Henrich/*Geč-Koršec/Kraljić*, Kroatien, S. 33 ff.; dazu auch *Striewe*, § 4, S. 139 ff.; *Siehr*, IPR, § 14 I, S. 79.
329 Eine deutsche Übersetzung ist abgedruckt in Bergmann/Ferid/Henrich/*Carsten*, Schweden, S. 102 ff.; s.a. *Agell*, FamRZ 1990, 817 ff.; *Heilmann*, JA 1990, 116 ff.; *Radau*, MDR 1989, 703 ff.; *Spindler*, FamRZ 1988, 913 ff.
330 OLG Zweibrücken FamRZ 1994, 982 = NJW-RR 1993, 1478 – Qualifikation offen gelassen, da die möglichen Qualifikationen alle zum deutschen Recht führen; *Kropholler*, IPR, § 46 V, S. 364; Erman/*Hohloch*, vor Art. 13 EGBGB Rn 10.

des internationalen Schuldvertragsrechts zu unterstellen (Artt. 27 und 28).[331] Nach anderer Auffassung untersteht eine vertraglich gestaltete nichteheliche Lebensgemeinschaft den Artt. 27 und 28, soweit es sich nicht um typische ehe(güter)rechtliche Regelungen handelt.[332] Ob solche Vorschriften einbezogen werden können, soll sich nach den eherechtlichen Kollisionsnormen bestimmen.[333] Bei fehlender vertraglicher Vereinbarung soll sich die Rechtsanwendung nach der Art des geltend gemachten Anspruchs richten.[334] Eine zunehmend an Bedeutung gewinnende Auffassung will die nichteheliche Lebensgemeinschaft international familienrechtlich qualifizieren.[335] Hierfür sprechen sowohl tatsächliche als auch rechtliche Gründe. Die nichteheliche Lebensgemeinschaft kann sowohl eine Alternative zur Ehe als auch ein davor gelagertes Verhältnis sein. Den Interessen der Beteiligten wird am ehesten entsprochen, wenn die kollisionsrechtliche Lösung nicht von völlig anderen Prinzipien beherrscht wird. Dem personalen, in erster Linie nicht wirtschaftlichen Charakter der Beziehung wird weder eine schuldrechtliche noch eine gesellschaftsrechtliche Qualifikation gerecht. Für eine familienrechtliche Anknüpfung spricht auch, dass im deutschen Sachrecht der familienrechtliche Charakter der nichtehelichen Lebensgemeinschaft zunehmend an Gewicht gewinnt. Deutliches Beispiel hierfür ist die Reform des Kindschaftsrechts. Das IPR muss zudem der Rechtsentwicklung in anderen Ländern Rechnung tragen. Soweit die nichteheliche Lebensgemeinschaft geregelt ist, erfolgt dies im Rahmen des Familienrechts.[336]

186 **b) Abgrenzung.** Die Frage, ob die konkret betroffene Partnerschaft unter den Begriff nichteheliche Lebensgemeinschaft fällt, stellt auf der Ebene des Kollisionsrechts ein **Qualifikationsproblem** dar.[337]

187 Im Kern werden Beziehungen zwischen einem Mann und einer Frau erfasst, die miteinander nicht verheiratet sind und auf Dauer zusammenleben. Die Beziehung beruht auf dem freien Entschluss der Partner und kann von ihnen jederzeit ohne Rechtsgrund aufgehoben werden. Charakteristisch ist die gewollte Nichtehelichkeit der Beziehung.[338] Äußerlich muss die Lebensgemeinschaft in Erscheinung treten; regelmäßig durch einen gemeinsamen Haushalt. Deshalb wird stets ein gemeinsamer Lebensmittelpunkt vorhanden sein.[339] Das Statut für die nichteheliche Lebensgemeinschaft findet auch Anwendung, wenn im Heimatrecht der Partner die nichteheliche Lebensgemeinschaft als ein Rechtsinstitut ausgestaltet ist, das der Ehe weit gehend angenähert ist. Es erfasst auch die Lebensgemeinschaft von Verlobten. Nicht erfasst werden fehlerhafte Ehen. Deren Rechtswirkungen bestimmen sich nach dem Recht, nach dem sich die Eheschließung richtet und dessen Erfordernisse nicht eingehalten wurden (hierzu mit Nachweisen Rn 60 ff.).

188 Vom Anhang II nicht erfasst werden **registrierte (formalisierte) heterosexuelle Lebensgemeinschaften**, die nicht die Anforderungen der Ehe i.S.d. Art. 13 erfüllen. Aufgrund ihres gewissen statusrechtlichen Charak-

---

331 Palandt/*Heldrich*, Art. 13 EGBGB Rn 3, Art. 17 Rn 14; MüKo/*Wacke*, nach § 1302 Anh. Rn 62; Erman/*Hohloch*, vor Art. 13 EGBGB Rn 13 (für Vermögensbeziehungen, soweit nichteheliche Lebensgemeinschaft nicht bereits im Ausland begründet wurde und dort Sonderreglungen bestehen); *Siehr*, IPR, § 14 IV, S. 80 (für die Abwicklung); weitere Nachw. bei *Martiny*, S. 567.
332 *Henrich*, § 1 VIII 2a, S. 44 ff.; ohne Einschränkung *Siehr*, IPR, § 14 S. 79 ff.
333 *Henrich*, § 1 VIII 2a, S. 46.
334 *Henrich*, § 1 VIII 2b, S. 46 ff.; *Siehr*, IPR, § 14 III und IV, S. 80, der für die Abwicklung und die Wirkungen jedoch das Recht des gewöhnlichen Aufenthalts heranzieht.
335 U.a. *Striewe*, IPRax 1983, 248, 250; Staudinger/*Mankowski*, Anh. Art. 13 EGBGB Rn 59 ff.; *Hausmann*, in: FS Henrich 2000, S. 249; *Andrae*, Rn 812; MüKo/*Coester*, Art. 13 EGBGB Rn 6;

MüKo/*Siehr*, Art. 14 EGBGB Rn 139 f. m.w.N.; differenzierend *Martiny*, S. 567 f.
336 *Striewe*, § 4, S. 151; *Rauscher*, IPR, S. 187; *v. Bar*, IPR II, Rn 118; *Martiny*, S. 564 f.; s.a. die Nachw. oben in Fn 323 und 324 sowie in Bezug auf die kanadische Provinz Neufundland *Wengler*, IPRax 1991, 72 f.
337 Zur Qualifikation s.u.a. *Kegel/Schurig*, § 7, S. 325 ff.; *Siehr*, IPR, § 49 II, S. 29 ff.; MüKo/*Sonnenberger*, Einl. IPR, Rn 444 ff.
338 Zu den „Ehen minderen Rechts" einiger südamerikanischer Staaten, die die deutsche Rechtspraxis bisher nicht beschäftigt haben, Soergel/*Schurig*, Art. 13 EGBGB Rn 6 m.w.N. in Fn 17; Staudinger/*Mankowski*, Anh. Art. 13 EGBGB Rn 44 ff.
339 Näher *Martiny*, S. 568 f.; zur begrifflichen Erfassung im deutschen materiellen Recht *Grziwotz*, FamRZ 1994, 1217 f.; *ders.*, Nichteheliche Lebensgemeinschaft, 1999, § 3; zur Abgrenzung allg. *Striewe*, § 3, S. 44 ff.; Staudinger/*Mankowski*, Anh. Art. 13 EGBGB Rn 75; Soergel/*Schurig*, Art. 13 EGBGB Rn 5 ff. und 78.

ters[340] wird vorgeschlagen, Artt. 13–17 entsprechend heranzuziehen.[341] Wegen der internationalen Seltenheit dieser Erscheinung ist wohl eine Analogie zu Art. 17b Abs. 1–3 vertretbar.[342] Die Kappungsregelung des Art. 17b Abs. 4 ist jedoch nicht heranzuziehen.[343] Im Verhältnis zum gutgläubigen Dritten entfaltet eine solche Partnerschaft im inländischen Rechtsverkehr zudem keine weiteren Wirkungen als eine nichteheliche Lebensgemeinschaft nach deutschem Recht.

Nichtregistrierte (nicht formalisierte) gleichgeschlechtliche Partnerschaften sind kollisionsrechtlich entsprechend der nichtehelichen Lebensgemeinschaft zu behandeln. Voraussetzung ist, dass die Merkmale der nichtehelichen Lebensgemeinschaft – von der Geschlechtsverschiedenheit abgesehen – gegeben sind.[344] Auf **registrierte (formalisierte) gleichgeschlechtliche Partnerschaften** findet Art. 17b Anwendung.

2. Einzelne Probleme. a) Begründung. Für die Begründung der nichtehelichen Lebensgemeinschaft ist Art. 13 Abs. 1 nicht analog anwendbar,[345] da nach deutschem Recht die nichteheliche Lebensgemeinschaft wegen ihrer beliebigen Gestaltung und Aufhebbarkeit keine Statusbeziehung darstellt. Ob eine nichteheliche Lebensgemeinschaft besteht, stellt sich gegenwärtig nur als Vorfrage, bspw. im Sorge-, Unterhalts- und Erbrecht sowie im öffentlichen Recht (etwa im Sozialrecht). In diesem Zusammenhang hat *Rauscher* zu Recht darauf hingewiesen, dass der Begriff der „nichtehelichen Lebensgemeinschaft" gegenwärtig im Gegensatz zur Ehe nicht wechselseitig zwischen den beteiligten Rechtsordnungen austauschbar ist.[346] Diese sehen andere tatsächliche Voraussetzungen vor, um eine die angeordneten Rechtsfolgen rechtfertigende Partnerbeziehung anzunehmen. Daher ist die Frage nach dem Bestehen der Gemeinschaft dem **Sachrecht** des Staates zu unterstellen, das auf die **Hauptfrage** Anwendung findet, und nicht erneut (selbständig oder unselbständig) kollisionsrechtlich anzuknüpfen.[347]

b) Unterhalt. Ob und inwieweit innerhalb der nichtehelichen Lebensgemeinschaft der eine Partner dem anderen **außerhalb eines Vertrages** Unterhalt schuldet, bestimmt sich nach dem HUntÜ oder Art. 18.[348] Primär findet das Recht des gewöhnlichen Aufenthalts des den Unterhalt Fordernden, subsidiär das gemeinsame Heimatrecht und das Recht des Gerichtsstaates Anwendung, soweit nach vorgehender Verweisung kein Anspruch besteht.[349] Haben beide Partner die deutsche Staatsangehörigkeit und der in Anspruch Genommene den gewöhnlichen Aufenthalt im Inland, ist ausschließlich deutsches Recht anwendbar.[350] Dagegen ist Art. 18 Abs. 4 (Art. 8 HUntÜ), der nachehelichen Unterhalt regelt, auch nicht analog heranzuziehen,[351] weil es im Gegensatz zur Ehe keine Statusentscheidung gibt. Jedoch sollte für die Anknüpfung, soweit es um Unterhalt nach der Aufhebung der Lebensgemeinschaft geht, auf den Zeitpunkt der Trennung abgestellt werden.

---

340 Zum Unterschied zur nicht formalisierten Lebensgemeinschaft *Röthel*, IPRax 2000, 74, 75; Soergel/*Schurig*, vor Art. 13 EGBGB Rn 34. In der Lit. erfolgt oft keine Differenzierung; vgl. MüKo/*Coester*, Art. 13 EGBGB Rn 6; Erman/*Hohloch*, vor Art. 13 EGBGB Rn 10 ff.; aufgrund geringer Bedeutung für entbehrlich gehalten von *Martiny*, S. 569. Wichtigstes Beispiel für eine registrierte (formalisierte) heterosexuelle Lebensgemeinschaft ist der französische Lebenspartnerschaftsvertrag „*pacte civil de solidarité*" (PACS), der bei Gericht registriert wird (vgl. Art. 515–1 bis 515–7 des französischen Code Civil); näher mit deutscher Übersetzung u.a. Bergmann/Ferid/Henrich/*Chaussade-Klein*, Frankreich, S. 28e und 117 ff.; *Röthel*, ZRP 1999, 511, 514 ff.; weitere Beispiele bei *Striewe*, § 3 III, S. 92 ff.
341 Palandt/*Heldrich*, Art. 17b EGBGB Rn 11. So auch die hauptsächlich vertretene Auffassung vor Einführung von Art. 17b; dazu u.a. *Röthel*, IPRax 2000, 74, 76 ff.; MüKo/*Coester*, Art. 13 EGBGB Rn 6; MüKo/*Siehr*, Art. 14 EGBGB Rn 136 und 138; Soergel/*Schurig*, vor Art. 34 m.w.N.
342 *Wagner*, IPRax 2001, 281, 292; *Rauscher*, IPR, S. 188 ff.
343 So auch *Wagner*, IPRax 2001, 281, 292.
344 So noch ohne Berücksichtigung der eingetragenen Lebenspartnerschaft *Martiny*, S. 569.
345 Wie hier Palandt/*Heldrich*, Art. 13 EGBGB Rn 3; *Lüderitz*, IPR, Rn 360; *Rauscher*, IPR, S. 187;

Erman/*Hohloch*, vor Art. 13 EGBGB Rn 12; *Siehr*, IPR, § 14 II, S. 81; a.A. *Kropholler*, IPR, § 46 V, S. 364; differenzierend: MüKo/*Winkler v. Mohrenfels*, Art. 17 EGBGB Rn 82; MüKo/*Coester*, Art. 13 EGBGB Rn 6.
346 *Rauscher*, IPR, S. 187.
347 *Rauscher*, IPR, S. 187; ähnlich, jedoch auf Art. 13 Abs. 1 zugreifend für die Frage, ob den Rechtsfolgen nichtehelicher Lebensgemeinschaft Hindernisse entgegenstehen, Staudinger/*Mankowski*, Anh. Art. 13 EGBGB Rn 77 f.; dagegen gänzlich a.A. Erman/*Hohloch*, vor Art. 13 EGBGB Rn 11.
348 Die Abgrenzung kann offen bleiben, da beide Regelungen zu identischen Ergebnissen führen; vgl. Staudinger/*Mankowski*, Anh. Art. 13 EGBGB Rn 51 ff. und 87; *Andrae*, Rn 813; *Martiny*, S. 575 ff.; auf Art. 18 abstellend *Henrich*, § 1 VIII, S. 49; Erman/*Hohloch*, vor Art. 13 EGBGB Rn 11; *Reng*, Unterhaltsansprüche aufgrund nichtehelicher Lebensgemeinschaft, 1999, S. 186; das HUntÜ heranziehend MüKo/*Siehr*, Art. 18 Anh. 1 Rn 38.
349 Art. 18 Abs. 1 und 2 bzw. Art. 4, 5 und 6 HUntÜ.
350 Art. 18 Abs. 5 bzw. Art. 15 HUntÜ; s.a. *Martiny*, S. 576.
351 *Lüderitz*, IPR, Rn 360; a.A. *Kropholler*, IPR, § 46 V, S. 364; *Martiny*, S. 581; *Abel*, Die Qualifikation der Schenkung, 1997, S. 137 ff.; Soergel/*Schurig*, vor Art. 13 EGBGB Rn 35.

Gewährt das nach Art. 18 (bzw. dem HUntÜ) maßgebliche Recht einen Unterhaltsanspruch, bestimmt dieses Recht, welche Kriterien die nichteheliche Lebensgemeinschaft hierfür zu erfüllen hat (siehe Rn 190).[352]

192 **Vertraglich begründete Unterhaltspflichten** sind, sofern sie nicht lediglich eine schon gesetzliche Pflicht konkretisieren, nach dem auf die Vermögensbeziehungen anwendbaren Recht zu beurteilen (Rn 195).[353]

193 **c) Eltern-Kind-Beziehungen.** Auf die Eltern-Kind-Beziehungen innerhalb der nichtehelichen Lebensgemeinschaft ist Art. 21 anwendbar. Die **Elternschaft** bestimmt sich nach Artt. 19 und 20.

194 **d) Gesetzliche Erben, Verfügungen von Todes wegen.** Dem Erbstatut (Art. 25) ist zu entnehmen,[354] ob der nichteheliche Lebenspartner zum Kreis der gesetzlichen Erben gehört und inwieweit der Erblasser Verfügungen von Todes wegen zugunsten des Partners treffen konnte. Auch hier sind die Anforderungen, die an die nichteheliche Lebensgemeinschaft zu stellen sind, dem Hauptstatut zu entnehmen (siehe Rn 190).

195 **e) Innen-, insbesondere Vermögensbeziehungen.** Die Partner können ausdrücklich oder mit hinreichender Sicherheit erkennbar für ihre Vermögensbeziehungen eine **vorrangige Rechtswahl** zumindest in analoger Anwendung des Art. 15 Abs. 2 treffen.[355] Zum Teil wird für eine unbeschränkte Rechtswahlmöglichkeit eingetreten.[356] Für ihre **Form** gelten nicht die Anforderungen des Art. 15 Abs. 3 i.V.m. Art. 14 Abs. 4,[357] sondern allein des Art. 11. Das deutsche Recht schreibt keine Form vor.[358]

196 Die **Auffassungen zur Anknüpfung bei fehlender Rechtswahl** stimmen dahin gehend überein, dass der gemeinsame gewöhnliche Aufenthalt dann entscheidend ist, wenn die Partner kein gemeinsames Personalstatut besitzen. Dies wird je nach konzeptionellem Ausgangspunkt aus Art. 28 Abs. 1, 2 und 5 (schuldrechtliche Qualifikation), Art. 14 Abs. 1 Nr. 2 analog (familienrechtliche Qualifikation) oder einer eigenständigen Regel abgeleitet.

197 Ganz offen ist die Anknüpfung, wenn die Partner über ein gemeinsames Personalstatut und einen gemeinsamen gewöhnlichen Aufenthalt in einem anderen Staat verfügen. In diesem Fall wird überwiegend die Anknüpfung an das gemeinsame Heimatrecht in Analogie zu Art. 14 Abs. 1 vertreten.[359] Nach anderer Ansicht kommt es auf den gemeinsamen gewöhnlichen Aufenthalt an.[360] Vertreten wird auch das Prinzip der engsten Verbindung, wobei gemeinsamer gewöhnlicher Aufenthalt und Staatsangehörigkeit Einzelfall bezogen angemessen Berücksichtigung finden sollen.[361]

198 Für den Vorrang der gemeinsamen Staatsangehörigkeit spricht, dass diese Anknüpfung nach deutschem Kollisionsrecht bei personalen Rechtsverhältnissen Vorrang hat und im Allgemeinen die engste Verbindung einer Person zu einer Rechtsordnung zum Ausdruck bringt. Bei der nichtehelichen Lebensgemeinschaft gilt danach ebenso wie bei der Ehe die Vermutung, dass das gemeinsame Heimatrecht das Innenverhältnis stärker als der gemeinsame gewöhnliche Aufenthalt prägt.[362] Ferner kann angeführt werden, dass grundsätzlich ein Gleichlauf in der Anknüpfung mit dem Verlöbnis und der Ehe erreicht wird. Andererseits gewinnt die Anknüpfung an den gewöhnlichen Aufenthalt auch im internationalen Familienrecht an Bedeutung. Sie herrscht im Unterhaltsrecht sowie im Abstammungs- und Kindschaftsrecht. Wesentliches Merkmal der nichtehelichen Lebens-

---

352 So wohl auch *Grziwotz*, Nichteheliche Lebensgemeinschaft, 1999, § 32 Rn 9; anders *Erman/Hohloch*, vor Art. 13 EGBGB Rn 11.

353 *MüKo/Winkler v. Mohrenfels*, Art. 17 EGBGB Rn 84; für die Anwendung der Artt. 27 und 28 *v. Bar*, IPR II, Rn 120; *Abel*, Die Qualifikation der Schenkung, 1997, S. 133 ff.; *Reng*, Unterhaltsansprüche aufgrund nichtehelicher Lebensgemeinschaft, 1999, S. 186; *Grziwotz*, Nichteheliche Lebensgemeinschaft, 1999, § 32 Rn 7; *Martiny*, S. 581; offen gelassen OLG Zweibrücken FamRZ 1994, 982 = NJW-RR 1993, 1478.

354 BayObLG NJW 1976, 2076; *v. Bar*, IPR II, Rn 120; *Rauscher*, IPR, S. 187; *Erman/Hohloch*, vor Art. 13 EGBGB Rn 11; MüKo/*Coester*, Art. 13 EGBGB Rn 6; *Staudinger/Mankowski*, Anh. Art. 13 EGBGB Rn 55; *Striewe*, § 14 II 1, S. 361 ff.

355 *Schotten*, IPR, Rn 257; *Henrich*, § 1 VIII 2a, S. 45; *v. Bar*, IPR II, Rn 122; auch *Martiny*, S. 575 f.; *Staudinger/Mankowski*, Anh. Art. 13 EGBGB Rn 85; *Soergel/Schurig*, vor Art. 13 EGBGB Rn 31.

356 *Lüderitz*, IPR, Rn 360; MüKo/*Winkler v. Mohrenfels*, Art. 17 Rn 85; *Palandt/Heldrich*, Art. 13 EGBGB Rn 3.

357 *Soergel/Schurig*, vor Art. 13 EGBGB Rn 31; *Staudinger/Mankowski*, Anh. Art. 13 EGBGB Rn 86; *Lüderitz*, IPR, Rn 360.

358 MüKo/*Winkler v. Mohrenfels*, Art. 17 Rn 85; *Martiny*, S. 575; für einfache Schriftform *Staudinger/Mankowski*, Anh. Art. 13 EGBGB Rn 86.

359 Für den Vorrang der gemeinsamen Staatsangehörigkeit u.a. *v. Bar*, IPR II, Rn 122; *Henrich*, § 1 VIII 2b aa, S. 47; *Soergel/Schurig*, vor Art. 13 EGBGB Rn 30; MüKo/*Winkler v. Mohrenfels*, Art. 17 Rn 84; *Šarčević*, ZVglRWiss 84 (1985), 274, 280; *Martiny*, S. 570 und 573; *Striewe*, § 14 II 2d aa, S. 385; *ders.*, IPRax 1983, 248, 250; MüKo/*Sonnenberger*, Einl. IPR Rn 480.

360 *Siehr*, IPR, § 14 III, S. 80; *Andrae*, Rn 819; für ergänzende Anwendung schuld- und sachenrechtlicher Anknüpfungsregeln *Erman/Hohloch*, vor Art. 13 EGBGB Rn 12 f.

361 *Palandt/Heldrich*, Art. 17b Rn 11; *Henrich*, FamRZ 1986, 841 ff.; vgl. MüKo/*Wacke*, nach § 1302 Rn 61; a.A. *v. Bar*, IPR II, Rn 122.

362 *Staudinger/Mankowski*, Anh. Art. 13 EGBGB Rn 66.

gemeinschaft ist die gemeinsame Haushaltsführung am gemeinsamen Lebensmittelpunkt. Sie unterscheidet sich durch ihren fehlenden statusrechtlichen Charakter und aufgrund der Freiheit der Gestaltung und der Beliebigkeit der Auflösung von der Ehe. Der Stetigkeit der Beziehung kommt eine geringere Bedeutung zu. Die eherechtlichen Bestimmungen passen zum Teil nicht auf die Gemeinschaft. Das betrifft insbesondere Art. 13 (Zustandekommen der Gemeinschaft) und Art. 15 (Unwandelbarkeit des Güterrechtsstatuts).[363] Insgesamt ist deshalb der Auffassung zu folgen, die eine dem Statutenwechsel zugängliche **einheitliche Anknüpfung an den gemeinsamen gewöhnlichen Aufenthalt der Partner** favorisiert.[364] Eine im Inland begründete und gelebte Lebensgemeinschaft richtet sich nach deutschem Recht. Bei Aufenthaltswechsel sind die allgemeinen Regeln für den Statutenwechsel heranzuziehen. Die rechtlichen Wirkungen der Beziehungen bestimmen sich nach dem Recht des neuen gewöhnlichen Aufenthalts. Einen gemeinsamen gewöhnlichen Aufenthalt wird es regelmäßig geben. Hilfsweise ist auf den letzten gemeinsamen gewöhnlichen Aufenthalt bei Bestehen der Gemeinschaft abzustellen. Die Verweisung ist eine **Gesamtnormverweisung** (Art. 4 Abs. 2).

Das für die inneren Vermögensbeziehungen maßgebliche Recht bestimmt über die **Rechte und Pflichten der Partner zueinander**, auch über eine Haftungsbegrenzung und die Hemmung der Verjährung von Ansprüchen sowie die Ausgleichsansprüche im Innenverhältnis bei Inanspruchnahme durch Dritte. Wem **Vermögenswerte**, wie dingliche Rechte und Forderungen, zugeordnet sind, bestimmt sich nach dem betreffenden Einzelstatut.[365] Sieht das für die inneren Vermögensbeziehungen maßgebliche Recht eine **Sonderordnung für das Vermögen** vor (Gesamtstatut), hat dieses Vorrang.[366] Bei Statutenwechsel für das Gesamtstatut wird die nach bisherigem Statut erfolgte Zuordnung von bereits vorhandenen Vermögensgegenständen anerkannt.

199

f) Auflösung. Die **vermögensrechtliche Abwicklung** nach Auflösung der nichtehelichen Lebensgemeinschaft richtet sich nach dem für die Innenbeziehungen maßgeblichen Recht. Dieses Recht bestimmt darüber, ob hierfür eine Sonderordnung existiert oder davon abgesehen ist, und auch darüber, ob die Regelungen eines bestimmten Rechtsinstituts hierauf analog Anwendung finden. Hierzu gehört auch der im deutschen Recht herrschende Grundsatz, dass zwischen den Partnern bei Trennung grundsätzlich kein Ausgleich stattfindet. Das Gleiche gilt, soweit im Ausnahmefall auch ohne ausdrücklich oder stillschweigend geschlossenen Gesellschaftsvertrag ein Ausgleich nach den **Regeln der BGB-Gesellschaft** erfolgt.[367]

200

Ebenso sind Ansprüche zu behandeln, die sich auf den **Wegfall der Geschäftsgrundlage** oder auf **ungerechtfertigte Bereicherung** (hier auch über die akzessorische Anknüpfung nach Art. 41) stützen, soweit sie sich nicht auf besondere schuldrechtliche oder gesellschaftsrechtliche Vereinbarungen zwischen den Partnern beziehen.[368] Ansprüche der Partner aus einzelnen **schuldrechtlichen Sonderverbindungen** (Schenkung, Darlehen, Übernahme einer Bürgschaft oder vertraglich vereinbarte Innengesellschaft) unterliegen dem Statut dieser Beziehungen, das nach Artt. 27 und 28 zu bestimmen ist.[369] Sind die Schuldverträge zwischen den Parteien in die Gestaltung der nichtehelichen Lebensgemeinschaft eingebettet, wird bei fehlender Rechtswahl das Prinzip der engsten Verbindung oft zum Gleichlauf der Anknüpfungen führen. Werden verschiedene Rechtsordnungen berufen, hat bei Anpassungsproblemen das Statut der nichtehelichen Lebensgemeinschaft als Hauptbeziehung Vorrang. Dieses Statut entscheidet darüber, ob die Abwicklungsvorschriften für die Gemeinschaft abschließenden Charakter haben und inwieweit schuldrechtliche Ansprüche aus Sonderverbindungen zulässig sind.[370] Entsprechendes gilt für das Verhältnis zu den Ausgleichs- und Rückforderungsansprüchen bei Auflösung des Verlöbnisses, wenn gleichzeitig eine nichteheliche Lebensgemeinschaft beendet wird.

201

---

363 S. hierzu *Lüderitz*, IPR, Rn 360; gegen eine unwandelbare Anknüpfung der güterrechtlichen Beziehungen *Henrich*, § 1 VIII 2b aa, S. 47; a.A. Staudinger/*Mankowski*, Anh. Art. 13 EGBGB Rn 82 f.; *Martiny*, S. 574; MüKo/*Siehr*, Art. 15 Rn 201; *Rauscher*, IPR, S. 187.

364 *Lüderitz*, IPR, Rn 360; Ferid/*Böhmer*, IPR, Rn 8–197,1; Erman/*Hohloch*, vor Art. 13 EGBGB Rn 12 f., der jedoch die Vermögensordnung dem jeweiligen Einzel-(Sach-, Schuld- oder Gesellschafts-)statut unterstellt; gegen einen Statutenwechsel *Siehr*, IPR, § 14 III, S. 80; so für Frankreich Tribunal de Grande Instance de Paris 21.11.1983 Rev.crit.dr.int.priv. 73 (1984), 628 m. krit. Anm. *Lagard*.

365 *Martiny*, S. 573; für Rechte an Sachen gilt Art. 43.

366 Konzeptionell wie hier, aber ausgehend von einer Analogie zu Art. 15 Abs. 1, *Martiny*, S. 574.

367 Zum deutschen Sachrecht u.a. BGH NJW 1999, 2964; 1997, 3371; BGHZ 132, 141 = NJW-RR 1996, 1473; BGH NJW 1983, 1055; *Sandweg*, BWNotZ 1991, 61, 64 f.; *Grziwotz*, FamRZ 1994, 1217, 1222 ff.

368 So auch Soergel/*Schurig*, vor Art. 13 EGBGB Rn 30; a.A. *Henrich*, § 1 VIII 2b cc, S. 50 (konnexes Vertragsstatut bzw. Recht des Staates, in dem Bereicherung eingetreten ist). Zu dieser Anknüpfung für bereicherungsrechtliche Ansprüche führt Art. 41 auch bei schuldrechtlicher Qualifikation.

369 Soergel/*Schurig*, vor Art. 13 EGBGB Rn 33; *Andrae*, Rn 821; *Hausmann*, in: FS Henrich 2000, S. 249; *Martiny*, S. 568; MüKo/*Coester*, Art. 13 EGBGB Rn 6.

370 Konzeptionell vergleichbar, jedoch die nichteheliche Lebensgemeinschaft in Analogie zu Artt. 14 und 15 anknüpfend, *Martiny*, S. 578 ff.

202 Für **Wohnung und Hausrat** findet Art. 17a analog Anwendung.[371] Die Frage, **ob und wann** die nichteheliche Lebensgemeinschaft aufgelöst ist, richtet sich nach dem auf die Hauptfrage anwendbaren Sachrecht. Dem Vorschlag, Art. 17 Abs. 1 hier analog anzuwenden, ist nicht zu folgen.[372] Ist im Einzelfall die Aufhebung isoliert streitig, unterliegt das Feststellungsbegehren dem für die Innenbeziehungen der Gemeinschaft maßgeblichen Recht zum Zeitpunkt der vermeintlichen Auflösung.

203 **g) Beziehungen zu Dritten.** Für die Beziehungen zu Dritten wird zum Teil vorgeschlagen, die Rechtswirkungen der nichtehelichen Lebensgemeinschaft dem Recht zu unterstellen, dem die betreffende Beziehung mit dem Dritten unterliegt (z.B. Kauf, Kreditvertrag oder Bürgschaft).[373] Nach anderer Auffassung, der gefolgt werden sollte, richtet sich diese Frage nach dem **auf das Innenverhältnis anwendbaren Recht**. Zugunsten des inländischen Rechtsverkehrs ist jedoch der Rechtsgedanke der **Artt. 16 Abs. 2, 17b Abs. 2 S. 2** heranzuziehen.[374] Der Dritte kann darauf vertrauen, dass die deutschen Vorschriften Anwendung finden, wenn das Rechtsgeschäft hier vorgenommen wird und die Vermögensbeziehungen der Lebenspartner einem ausländischen Recht unterliegen, soweit dies für den Dritten günstiger ist. **§ 563 Abs. 2 BGB** ist anzuwenden, wenn die Mietwohnung im Inland belegen ist.

204 **3. Weitere praktische Hinweise. a) Rechtswahl.** Der Rechtsanwalt sollte seinem Mandanten wegen der Rechtsunsicherheit eine Rechtswahl mit seinem Lebenspartner empfehlen.[375] Da die Rechtswahl im Inland (Art. 11 Abs. 1 Alt. 2) **an keine Form gebunden** ist, braucht sie nicht notariell beurkundet zu werden. Sie kann sich auch auf **Teilgebiete** erstrecken. Für das Erbrecht ist jedoch Art. 25 Abs. 2 zu beachten. Für den Unterhalt ist sie nur außerhalb der gesetzlichen Unterhaltspflicht möglich. In Sorgerechtssachen ist eine Rechtswahl gänzlich ausgeschlossen. Die Rechtswahl kann zu jeder Zeit erfolgen. Sie kann also auch noch im Zeitpunkt der Abwicklung getroffen, die Abwicklungsvereinbarung demnach mit einer Rechtswahl verbunden werden.

205 **b) Internationale Zuständigkeit.** Die internationale Zuständigkeit für Klagen der Partner gegeneinander richtet sich – von Sorgerechts- und Erbrechtssachen abgesehen – nach der **EuGVVO**,[376] da es sich um keine Statussache und kein eheliches Güterrecht handelt. Ist der räumliche Anwendungsbereich der EuGVVO nicht eröffnet, finden **§§ 12 ff. ZPO** Anwendung. § 606a ZPO und die Verbundzuständigkeit in Ehesachen können nicht analog herangezogen werden.[377]

III. Anhang III: Haager Eheschließungsübereinkommen

206 **1. Einführung.** Mit dem Haager Eheschließungsübereinkommen (HEheSchlÜ)[378] wurde das Ziel verfolgt, Ehen unter den Angehörigen der Vertragsstaaten zu erleichtern und den Wirkungsbereich religiöser Ehehindernisse einzugrenzen. Dieses Anliegen ist in den innerstaatlichen gesetzlichen Regelungen der europäischen Staaten heute konsequenter als im Übereinkommen verwirklicht, so dass es inhaltlich teilweise keine Bedeutung hat.

207 **2. Verhältnis zum autonomen Kollisionsrecht.** In ihrem Anwendungsbereich verdrängen die Kollisionsnormen des HEheSchlÜ die Vorschriften des EGBGB.[379] Im Ergebnis besteht weit gehend Identität.

208 **3. Zeitlicher Anwendungsbereich.** Das HEheSchlÜ ist für das Deutsche Reich am 1.8.1904 in Kraft getreten.[380] Es gilt heute nur noch im Verhältnis zu **Italien**.

209 Für die Frage der Wirksamkeit früher geschlossener Ehen findet es aufgrund der Unwandelbarkeit der Anknüpfung Anwendung, wenn nach Art. 8 HEheSchlÜ der räumlich-personelle Anwendungsbereich des Übereinkommens zum Zeitpunkt der Eheschließung eröffnet war, d.h. die dort vorausgesetzte Beziehung zu einem Vertragsstaat bestand.[381]

210 Im Verhältnis zu folgenden Staaten gilt bzw. galt das HEheSchlÜ:[382]

---

371 Trotz der Regelung des Art. 17a gegen analoge Anwendung des Art. 17 *Rauscher*, IPR, S. 187.
372 Anders *Rauscher*, IPR, S. 187; MüKo/*Winkler v. Mohrenfels*, Art. 17 Rn 83 f.; *Martiny*, S. 578 m.w.N.
373 *Striewe*, § 14 I, S. 358; Staudinger/*Mankowski*, Anh. Art. 13 EGBGB Rn 56; *Martiny*, S. 582.
374 *Rauscher*, IPR, S. 190; *Henrich*, § 1 VIII 2c, S. 51; dagegen den Anknüpfungsgegenstand des Art. 16 Abs. 2 verneinend Staudinger/*Mankowski*, Anh. Art. 13 EGBGB Rn 56.
375 So auch *Schotten*, IPR, Rn 258.
376 Anders wohl *Wagner*, IPRax 2001, 281.
377 So wohl auch *Wagner*, IPRax 2001, 281, 283.
378 Haager Abkommen zur Regelung des Geltungsbereichs der Gesetze auf dem Gebiete der Eheschließung v. 12.6.1902 (RGBl 1904 S. 221), Text siehe Rn 235.
379 U.a. *Jayme*, NJW 1965, 13, 16.
380 RGBl 1904 S. 221 und 249.
381 *Jayme*, NJW 1965, 13, 14.
382 Gestützt auf *Böhmer/Finger/Böhmer*, 6.2 Rn 7 ff.

	Beginn	Suspendierung[383]	wieder anwendbar[384]	Beendigung
Belgien	1.8.1904 (RGBl S. 240)			1.6.1919 Kündigung (RGBl S. 197)
Frankreich	1.8.1904 (RGBl S. 289)			1.6.1914 Kündigung (RGBl S. 9)
Italien[385]	19.9.1905 (RGBl S. 716) 22.7.1929 (RGBl II S. 635)	28.8.1916 (Krieg) 23.10.1943 (Krieg)	1.5.1952 (BGBl II 1955 S. 188)	
Luxemburg	1.8.1904 (RGBl S. 249)	10.5.1943 (Krieg)	1.5.1953 (BGBl I 1955 S. 188)	1.6.1983 (BGBl II 1989 S. 69)
Niederlande	1.8.1904 (RGBl S. 249)	10.5.1940 (Krieg)	24.12.1954 (BGBl II 1955 S. 1)	1.6.1979 (BGBl II 1977 S. 448)
Polen	25.8.1929 (RGBl II S. 640)	1.9.1939 (Krieg)	nicht wieder anwendbar erklärt	
Portugal	2.5.1907 (RGBl S. 84)			10.1.1920 (Art. 282 Versailler Vertrag)
Rumänien	1.8.1904 (RGBl S. 284)	10.1.1920 (Art. 282 Versailler Vertrag)	6.8.1940 (RGBl II S. 140)	2.8.1944 (Krieg)[386]
Schweden	1.8.1904 (RGBl S. 249)			1.6.1959 (BGBl II S. 582)
Schweiz	16.9.1905 (RGBl S. 716)			1.6.1974 (BGBl II 1977 S. 1028)
Ungarn	22.11.1911 (RGBl S. 119)			1.6.1974 (BGBl II S. 42)

Die **DDR** erklärte die Wiederanwendbarkeit des HEheSchlÜ mit Wirkung vom 19.1.1958;[387] mit dem 3.10.1990 gilt es aufgrund von Art. 11 EinigungsV.[388]

4. Räumlich-personeller Anwendungsbereich (Art. 8 EheSchlÜ). Das HEheSchlÜ ist nicht universell anwendbar, ersetzt also die Bestimmungen des EGBGB nicht allgemein (**keine** *loi uniforme*). Es findet vielmehr nur dann Anwendung, wenn die in Art. 8 HEheSchlÜ vorausgesetzten Berührungen zu einem Vertragsstaat im Zeitpunkt der Eheschließung vorliegen.

---

383 Zur Suspendierung u.a. *Jayme*, NJW 1965, 13, 14.
384 Zum Problem der Rückwirkung u.a. *Jayme*, NJW 1965, 13, 15.
385 Hierzu eingehend *Jayme*, NJW 1965, 13, 14.
386 Wie hier u.a. auch Staudinger/v. Bar/v. Bar, 12. Aufl. 1992, Vorbem. zu Art. 13 EGBGB Rn 84 m.w.N.;
a.A. Soergel/*Kegel*, 10. Aufl. 1970, Art. 13 EGBGB Rn 115.
387 Bekanntmachung v. 16.9.1959 (GBl I 1959, S. 505).
388 BGBl II 1990 S. 885.

212 **a) Räumlich.** Die Ehe muss im europäischen Gebiet eines Vertragsstaates geschlossen worden sein (Art. 8 Abs. 1 und Art. 9 HEheSchlÜ). Das Übereinkommen findet demnach keine Anwendung auf eine 1970 zwischen einem Italiener und einer Deutschen in Dänemark geschlossene Ehe, denn Dänemark war zu keinem Zeitpunkt Vertragsstaat.[389] Das HEheSchlÜ würde jedoch Anwendung finden, wenn die Ehe in den Niederlanden geschlossen worden wäre, weil die Niederlande zum maßgeblichen Zeitpunkt ein Vertragsstaat waren. Nicht anzuwenden ist das HEheSchlÜ dagegen bei gegenwärtiger Eheschließung, da die Niederlande das Übereinkommen gekündigt haben.

213 **b) Personell.** Mindestens einer der Eheschließenden muss Angehöriger eines Vertragsstaates sein. Das Übereinkommen findet demnach Anwendung, wenn es um die Wirksamkeit einer Ehe britischer Staatsangehöriger geht, die in Italien die Ehe geschlossen haben, einer der Ehegatten jedoch die deutsche oder die italienische Staatsangehörigkeit besitzt. Sind beide Eheschließenden staatenlos, findet das Übereinkommen keine Anwendung. Besitzt einer von ihnen die Staatsangehörigkeit eines Mitgliedstaates, ist es dagegen anzuwenden. In diesem Fall regeln sich die sachlichen Ehevoraussetzungen für den Staatenlosen nach dem Recht des gewöhnlichen Aufenthalts (vgl. Art. 12 Staatenlosenkonvention).[390]

214 **5. Beziehung zu einem anderen Vertragsstaat.** Räumlich oder personell muss nach h.M. eine Beziehung zu beiden Vertragsstaaten bestehen.[391] Bei Eheschließung in Deutschland muss daher mindestens einer der Verlobten die italienische Staatsangehörigkeit besitzen; bei Eheschließung in Italien wenigstens einer die deutsche. Das Übereinkommen ist jedoch auch anzuwenden, wenn ein deutsches Gericht die Wirksamkeit einer Ehe zu beurteilen hat, die in einem anderen Vertragsstaat durch einen Angehörigen dieses Staates mit einem Drittstaater geschlossen wurde.

215 **6. Drittstaater (Art. 8 Abs. 2 HEheSchlÜ).** Die Vertragsstaaten sind nicht verpflichtet, auf der Grundlage der Kollisionsnormen des HEheSchlÜ das Recht eines Drittstaates anzuwenden. Da das Übereinkommen die sachlichen Ehevoraussetzungen dem Grundsatz nach an das Heimatrecht knüpft, folgt daraus, dass in Bezug auf Drittstaater das EGBGB Anwendung findet.

216 Schließt z.B. ein Italiener mit einer Französin in Deutschland die Ehe, bestimmen sich die sachlichen Ehevoraussetzungen für den Italiener nach dem HEheSchlÜ, für die Französin gemäß Artt. 13 Abs. 1, 4 Abs. 1 EGBGB in Gesamtverweisung nach französischem Recht. Für die Form der Eheschließung ist wiederum auf das HEheSchlÜ abzustellen.

217 **7. Sachliche Ehevoraussetzungen (Art. 1 Hs. 1 HEheSchlÜ).** Verwiesen wird auf das Heimatrecht jedes Verlobten hinsichtlich seiner Ehevoraussetzungen. Die Vorschrift umfasst dieselben Fragen wie Art. 13 Abs. 1 EGBGB (vgl. Rn 10 ff.).

218 Für Mehrstaater existiert keine Regelung. Wie bei anderen Haager Übereinkommen wird Streit darüber geführt, ob vom Grundsatz der effektiven Staatsangehörigkeit auszugehen (diese Ansicht ist zu bevorzugen)[392] oder ob Art. 5 Abs. 1 EGBGB entsprechend heranzuziehen[393] ist.

219 **8. Gesamtverweisung (Art. 1 Hs. 2 HEheSchlÜ).** Das HEheSchlÜ geht vom Prinzip der Gesamtverweisung aus. Die Vorschrift des Art. 1 Hs. 2 HEheSchlÜ hat jedoch keine praktische Bedeutung, da auch in Italien die Heimatrechtsanknüpfung gilt. Das Recht eines Drittstaates und damit ein Kollisionsrecht kommt über Art. 1 Hs. 2 HEheSchlÜ nicht zur Anwendung, selbst soweit es auf das Recht eines Vertragsstaates zurückverweist (Art. 8 Abs. 2 HEheSchlÜ).

220 **9. Vorfrage (Artt. 1, 2 Abs. 2 und 3 HEheSchlÜ).**[394] Beim Ehehindernis der Doppelehe stellt sich die Frage, ob die Vorehe besteht. Die Vorfrage nach dem Fortbestand einer Vorehe ist nach h.M. vom Standpunkt des Heimatrechts des jeweiligen Verlobten aus zu beurteilen[395] (materiellrechtliche Lösung, die

---

389 BGH FamRZ 1997, 542, 543.
390 Böhmer/Finger/*Böhmer*, 6.2 Rn 28.
391 RGZ 78, 235; Böhmer/Finger/*Böhmer*, 6.2 Rn 15; Staudinger/*Mankowski*, Art. 13 EGBGB Rn 13 m.w.N.; *Müller-Freienfels*, in: FS Ficker 1967, S. 303 und 308; a.A. KG JW 1937, 2039.
392 Soergel/*Kegel*, vor Art. 19 EGBGB Rn 38 (MSA); Staudinger/*Kropholler*, Vorbem. zu Art. 19 EGBGB Rn 339 m.w.N. (MSA); *ders.*, IPR, § 37 II 1b, S. 261; *Henrich*, § 7 II 1b (3), S. 272.
393 Staudinger/*Mankowski*, Art. 13 EGBGB Rn 54; Böhmer/Finger/*Böhmer*, 6.2 Rn 28; Palandt/

Heldrich, Anh. zu Art. 24 Rn 19 (MSA); *Jayme*, NJW 1965, 13, 16.
394 Historisch – unter den Bedingungen des Verbots der Ehescheidung für Italiener nach ital. Recht vor 1970 – *Jayme*, NJW 1965, 13, 18 f.
395 Böhmer/Finger/*Böhmer*, 6.2 Rn 30; Staudinger/v. Bar/*v. Bar*, 12. Aufl. 1992, Vorbem. zu Art. 13 EGBGB Rn 87; *Jayme*, FamRZ 1967, 197, 198; *ders.*, NJW 1965, 13, 18; umfassend und m.w.N. Soergel/*Schurig*, Art. 13 EGBGB Rn 135 f., der allerdings für eine selbständige Anknüpfung eintritt.

der unselbständigen Anknüpfung entspricht). Jedoch ist nach Art. 2 Abs. 3 S. 1 HEheSchlÜ kein Vertragsstaat verpflichtet, eine Ehe schließen zu lassen, die vom Standpunkt seiner Rechtsordnung wegen der Existenz einer Vorehe das Verbot der Doppelehe verletzen würde. Daraus folgt, dass für die Eheschließung im Inland die Vorfrage der Auflösung der Vorehe vom Standpunkt des ausländischen Heimatrechts und des deutschen Rechts zu prüfen ist. Nach erfolgter Eheschließung in einem anderen Vertragsstaat ist hingegen die Vorfrage allein aus der Sicht des jeweiligen Heimatrechts zu entscheiden (Art. 2 Abs. 3 S. 2 HEheSchlÜ).

10. Ordre public. Das HEheSchlÜ sieht keine allgemeine *ordre-public*-Klausel vor. Die Artt. 2 und 3 HEheSchlÜ enthalten spezielle *ordre-public*-Klauseln, die die Anwendung des Rechts eines Vertragsstaates in einem anderen Vertragsstaat ausschließen. Art. 6 EGBGB ist nach h.M. nicht subsidiär heranzuziehen.[396]

221

11. Eheverbote des Ortsrechts (Art. 2 HEheSchlÜ). Vorgesehen ist die Möglichkeit, die Eheschließung abzulehnen, wenn nach dem Recht des Eheschließungsortes ein in **Abs. 1** bezeichnetes Ehehindernis besteht, soweit es das Heimatrecht nicht vorsieht. Die spezielle *ordre-public*-Klausel des Abs. 1 ist aufgrund der materiellrechtlichen Bestimmungen Deutschlands und Italiens zu den Eheverboten für die deutsche Rechtspraxis ohne Bedeutung. Das absolute Verbot der Verwandtenehe (ohne Befreiungsmöglichkeit) ist in beiden Rechtsordnungen deckungsgleich.[397] Für die Schwägerschaft gibt es im deutschen Recht kein Verbot mehr.[398] Das deutsche Recht kennt zudem kein Verbot der Eheschließung wegen (versuchten) Ehegattenmordes.[399]

222

Abs. 2 betrifft das Ehehindernis der Doppelehe und Hindernisse religiöser Natur. Letztere kommen in beiden Rechtsordnungen jedoch nicht vor.

Abs. 3 hat in deutsch-italienischen Fällen in Bezug auf die Doppelehe seine Bedeutung aufgrund der Zulassung der Scheidung in Italien 1970 verloren (zur Vorfragenproblematik siehe Rn 220).

223

12. Eheverbote des Heimatrechts (Art. 3 HEheSchlÜ). Die Vorschrift ist heute ohne sachlichen Anwendungsbereich, weil beide Vertragsstaaten keine Ehehindernisse ausschließlich aus Gründen religiöser Natur kennen.

224

13. Ehefähigkeitszeugnis (Art. 4 HEheSchlÜ). Jeder Vertragsstaat ist gemäß **Abs. 1** berechtigt, von den Angehörigen der anderen Vertragsstaaten ein Ehefähigkeitszeugnis zu verlangen. Im Verhältnis zu Italien ist die Ausstellung von Ehefähigkeitszeugnissen zwischenstaatlich im Münchener CIEC-Übereinkommen über die Ausstellung von Ehefähigkeitszeugnissen vom 5.9.1980[400] geregelt; Art. 4 Abs. 2 HEheSchlÜ ist gegenstandslos.

225

Bei Eheschließung Deutscher in Italien ergibt sich aus Art. 116 Abs. 1 CC die Pflicht der Vorlage eines Ehefähigkeitszeugnisses. Ein solches stellt der deutsche Standesbeamte aus. Die Zuständigkeit ist in § 69 PStG geregelt (siehe hierzu Rn 156 f.). Für die Eheschließung in Deutschland wird italienischen Staatsangehörigen das Ehefähigkeitszeugnis über die konsularischen Vertretungen durch den örtlich zuständigen (italienischen) Standesbeamten erteilt.[401]

226

14. Eheschließungen in Form des Ortsrechts (Art. 5 HEheSchlÜ). Abs. 1 bestimmt, dass die Ehe als formwirksam anzuerkennen ist, wenn diese entsprechend dem Recht am Ort der Eheschließung formwirksam geschlossen wurde.

227

Der Ort der Eheschließung ist wie im autonomen IPR auszulegen (siehe Rn 97 ff.). Dasselbe gilt für den Anwendungsbereich des Formstatuts und die Abgrenzung zum Sachstatut (vgl. Rn 103 ff.).

228

Abs. 2 hat keine Bedeutung mehr, da das italienische Recht neben der religiösen auch eine zivile Eheschließung zulässt[402] und die zwingend religiöse Eheschließung im Heimatstaat gerade Voraussetzung für die Anwendung des Abs. 2 ist.

229

---

396 U.a. OLG Hamm FamRZ 1974, 457, 458; Soergel/Schurig, Art. 13 EGBGB Rn 138 f. Im Einzelnen zu den Vorarbeiten am Übereinkommen sowie der Rspr. und den Literaturmeinungen *Jayme*, NJW 1965, 13, 17 f.
397 § 1307 BGB bzw. Art. 87 Abs. 1 Nr. 1 und 2 CC; bei Onkeln, Tanten, Nichten und Neffen ist Befreiungsmöglichkeit gegeben, Art. 87 Abs. 1 Nr. 3, Abs. 4 CC.
398 Jedoch Art. 87 Abs. 1 Nr. 4 CC für Verschwägerte 1. Grades.
399 So aber Art. 88 CC.
400 BGBl II 1997 S. 1087; Bekanntmachung v. 25.5.1999 (BGBl II S. 486).
401 *Böhmer/Finger/Böhmer*, 6.2 Rn 41; vgl. § 166 Abs. 4 Dienstanweisung für die Standesbeamten und ihre Aufsichtsbehörden (DA).
402 U.a. Staudinger/*Mankowski*, Art. 13 EGBGB Rn 10; *Jayme*, FamRZ 1976, 361, 362; *Luther*, StAZ 1970, 33, 34; insoweit fehlerhaft OLG Stuttgart FamRZ 1976, 359, 360 = IPRspr 1975 Nr. 77.

230 Der Verweis auf das Ortsrecht schließt bei Eheschließung in Deutschland die Formwirksamkeit der Ehe nach Art. 13 Abs. 3 S. 2 EGBGB unter der Beteiligung eines italienischen Staatsangehörigen ein; z.B. Eheschließung eines Italieners mit einer Griechin vor dem ordnungsgemäß ermächtigten Archimandriten in Deutschland.[403] Entsprechendes gilt für die Eheschließung in Italien, soweit das italienische Recht die Eheschließung durch dazu ermächtigte Personen anderer Staaten zulässt.[404]

231 **15. Aufgebot (Art. 5 Abs. 3 HEheSchlÜ).** Nach dieser Bestimmung muss dem deutschen Standesbeamten bei Eheschließung eines italienischen Staatsangehörigen die Durchführung des Aufgebots, das nach Art. 115 Abs. 2 CC bei Eheschließung im Ausland vorgeschrieben ist, nachgewiesen werden. In der Rechtspraxis stellen die italienischen Behörden das Ehefähigkeitszeugnis nur aus, wenn diesem Erfordernis nachgekommen worden ist.

232 Die Nichtbeachtung von Art. 115 Abs. 2 CC hat in Deutschland keine Auswirkungen auf die Wirksamkeit der Ehe, und auch das italienische Recht knüpft an die Verletzung dieser Bestimmung keine Nichtigkeitsfolgen.[405]

233 **16. Diplomatische und konsularische Ehe (Art. 6 HEheSchlÜ).** Abs. 1 hat für die Eheschließung im Inland keine über Art. 13 Abs. 3 S. 2 EGBGB hinausgehende Bedeutung. Deutsche Konsularbeamte sind in Italien zu Eheschließungen nicht ermächtigt (siehe hierzu auch Rn 134 ff.). Umstritten ist, ob Art. 6 HEheSchlÜ auch auf Eheschließungen vor konsularischen und diplomatischen Vertretungen eines Drittstaates in einem Vertragsstaat Anwendung findet.[406]

234 **17. Eheschließung in der Form des Heimatrechts (Art. 7 HEheSchlÜ).** Die Vorschrift behandelt den Fall, dass die Ortsform bei der Eheschließung nicht eingehalten wurde, jedoch das Heimatrecht beider Eheschließenden die gewählte Form zulässt. Aus Art. 7 HEheSchlÜ ergibt sich, dass die Ehe als formwirksam anzusehen ist, wenn nach dem Kollisionsrecht der *lex fori* die Beachtung der Heimatrechte ausreichend ist. Das trifft nach der Vorschrift selbst dann zu, wenn das Recht des Eheschließungsortes die Einhaltung der Ortsform zwingend vorschreibt. Insoweit nimmt Art. 7 HEheSchlÜ hinkende Ehen in den Vertragsstaaten in Kauf. Schließen zwei Italiener oder ein Italiener und eine Spanierin in Deutschland nur kirchlich die Ehe, liegt nach deutschem Recht eine Nichtehe vor (vgl. Art. 13 Abs. 3 S. 1 EGBGB, § 1310 Abs. 1 BGB; siehe Rn 107). Das italienische Recht betrachtet die Ehe dagegen auf der Grundlage von Art. 7 HEheSchlÜ i.V.m. Art. 28 ital. IPRG und Art. 82 f. CC sowie dem jeweiligen Sondergesetz als formwirksam.[407]

18. EheSchlÜ (Text)

Haager Abkommen zur Regelung des Geltungsbereichs der Gesetze auf dem Gebiete der Eheschließung[408] (HEheSchlÜ)

HEheSchlÜ Art. 1

235 Das Recht zur Eingehung der Ehe bestimmt sich in Ansehung eines jeden der Verlobten nach dem Gesetz des Staates, dem er angehört (Gesetz des Heimatstaats), soweit nicht eine Vorschrift dieses Gesetzes ausdrücklich auf ein anderes Gesetz verweist.

HEheSchlÜ Art. 2

(1) Das Gesetz des Ortes der Eheschließung kann die Ehe von Ausländern untersagen, wenn sie verstoßen würde gegen seine Vorschriften über
1. die Grade der Verwandtschaft und Schwägerschaft, für die ein absolutes Eheverbot besteht;
2. das absolute Verbot der Eheschließung zwischen den des Ehebruchs Schuldigen, wenn auf Grund dieses Ehebruchs die Ehe eines von ihnen aufgelöst worden ist;
3. das absolute Verbot der Eheschließung zwischen Personen, die wegen gemeinsamer Nachstellung nach dem Leben des Ehegatten eines von ihnen verurteilt worden sind.

---

403 OLG Stuttgart, FamRZ 1976, 359, 360 = IPRspr 1975 Nr. 77; Staudinger/*Mankowski*, Art. 13 EGBGB Rn 10; Staudinger/*v. Bar*/*v. Bar*, 12. Aufl. 1992, Vorbem. zu Art. 13 EGBGB Rn 89.
404 AG Memmingen IPRax 1983, 300 mit zust. Anm. *Jayme*, jedoch Anwendung von Art. 6.
405 Vgl. Staudinger/*v. Bar*/*v. Bar*, 12. Aufl. 1992, Vorbem. zu Art. 13 EGBGB Rn 90 m.w.N.; Art. 5 Abs. 3 Hs. 2 HEheSchlÜ.
406 Bejahend AG Memmingen IPRax 1983, 300; *Jayme* ebenda; a.A. wohl Staudinger/*Mankowski*, Art. 13 EGBGB Rn 13.
407 Hierzu Böhmer/Finger/*Böhmer*, 6.2 Rn 48.
408 Vom 12. Juni 1902 (RGBl 1904 S. 221) – Übersetzung, authentisch ist allein der französische Text.

(2) Ist die Ehe ungeachtet eines der vorstehend aufgeführten Verbote geschlossen, so kann sie nicht als nichtig behandelt werden, falls sie nach dem im Artikel 1 bezeichneten Gesetz gültig ist.

(3) Unbeschadet der Bestimmungen des Artikel 6 Abs. 1 dieses Abkommens ist kein Vertragsstaat verpflichtet, eine Ehe schließen zu lassen, die mit Rücksicht auf eine vormalige Ehe oder auf ein Hindernis religiöser Natur gegen seine Gesetze verstoßen würde. Die Verletzung eines derartigen Ehehindernisses kann jedoch die Nichtigkeit der Ehe in einem anderen Lande als in dem, wo die Ehe geschlossen wurde, nicht zur Folge haben.

HEheSchlÜ Art. 3
(1) Das Gesetz des Ortes der Eheschließung kann, ungeachtet der Verbote des im Artikel 1 bezeichneten Gesetzes, die Ehe von Ausländern gestatten, wenn diese Verbote ausschließlich auf Gründen religiöser Natur beruhen.

(2) Die anderen Staaten sind berechtigt, einer unter solchen Umständen geschlossenen Ehe die Anerkennung als einer gültigen Ehe zu versagen.

HEheSchlÜ Art. 4
(1) Die Ausländer müssen zum Zwecke ihrer Eheschließung nachweisen, daß sie den Bedingungen genügen, die nach dem im Artikel 1 bezeichneten Gesetz erforderlich sind.

(2) Dieser Nachweis kann durch ein Zeugnis der diplomatischen oder konsularischen Vertreter des Staates, dem die Verlobten angehören, oder durch irgendein anderes Beweismittel geführt werden, je nachdem die Staatsverträge oder die Behörden des Landes, in welchem die Ehe geschlossen wird, den Nachweis als genügend anerkennen.

HEheSchlÜ Art. 5
(1) In Ansehung der Form ist die Ehe überall als gültig anzuerkennen, wenn die Eheschließung dem Gesetz des Landes, in welchem sie erfolgt ist, entspricht.

(2) Doch brauchen die Länder, deren Gesetzgebung eine religiöse Trauung vorschreibt, die von ihren Angehörigen unter Nichtbeachtung dieser Vorschrift im Ausland eingegangenen Ehen nicht als gültig anerkennen.

(3) Die Vorschriften des Gesetzes des Heimatstaates über das Aufgebot müssen beachtet werden; doch kann das Unterlassen dieses Aufgebots die Nichtigkeit der Ehe nur in dem Lande zur Folge haben, dessen Gesetz übertreten worden ist.

(4) Eine beglaubigte Abschrift der Eheschließungsurkunde ist den Behörden des Heimatlandes eines jeden der Ehegatten zu übersenden.

HEheSchlÜ Art. 6
(1) In Ansehung der Form ist die Ehe überall als gültig anzuerkennen, wenn sie vor einem diplomatischen oder konsularischen Vertreter gemäß seiner Gesetzgebung geschlossen wird, vorausgesetzt, daß keiner der Verlobten dem Staat, wo die Ehe geschlossen wird, angehört und dieser Staat der Eheschließung nicht widerspricht. Ein solcher Widerspruch kann nicht erhoben werden, wenn es sich um eine Ehe handelt, die mit Rücksicht auf eine vormalige Ehe oder ein Hindernis religiöser Natur gegen seine Gesetze verstoßen würde.

(2) Der Vorbehalt des Artikel 5 Abs. 2 findet auf die diplomatischen oder konsularischen Eheschließungen Anwendung.

HEheSchlÜ Art. 7
Eine Ehe, die in dem Land, in welchem sie geschlossen wurde, in Ansehung der Form nichtig ist, kann gleichwohl in den anderen Ländern als gültig anerkannt werden, wenn die durch das Gesetz des Heimatstaats eines jeden der Verlobten vorgeschriebene Form beobachtet worden ist.

HEheSchlÜ Art. 8
(1) Dieses Abkommen findet nur auf solche Ehen Anwendung, welche im Gebiet der Vertragsstaaten zwischen Personen geschlossen sind, von denen mindestens eine Angehöriger eines dieser Staaten ist.

(2) Kein Staat verpflichtet sich durch dieses Abkommen zur Anwendung eines Gesetzes, welches nicht dasjenige eines Vertragsstaats ist.

HEheSchlÜ Artt. 9–12
(nicht abgedruckt)

Artikel 14 Allgemeine Ehewirkungen*

(1) ¹Die allgemeinen Wirkungen der Ehe unterliegen
1. dem Recht des Staates, dem beide Ehegatten angehören oder während der Ehe zuletzt angehörten, wenn einer von ihnen diesem Staat noch angehört, sonst
2. dem Recht des Staates, in dem beide Ehegatten ihren gewöhnlichen Aufenthalt haben oder während der Ehe zuletzt hatten, wenn einer von ihnen dort noch seinen gewöhnlichen Aufenthalt hat, hilfsweise
3. dem Recht des Staates, mit dem die Ehegatten auf andere Weise gemeinsam am engsten verbunden sind.

(2) ¹Gehört ein Ehegatte mehreren Staaten an, so können die Ehegatten ungeachtet des Artikels 5 Abs. 1 das Recht eines dieser Staaten wählen, falls ihm auch der andere Ehegatte angehört.

(3) ¹Ehegatten können das Recht des Staates wählen, dem ein Ehegatte angehört, wenn die Voraussetzungen des Absatzes 1 Nr. 1 nicht vorliegen und
1. kein Ehegatte dem Staat angehört, in dem beide Ehegatten ihren gewöhnlichen Aufenthalt haben, oder
2. die Ehegatten ihren gewöhnlichen Aufenthalt nicht in demselben Staat haben.

²Die Wirkungen der Rechtswahl enden, wenn die Ehegatten eine gemeinsame Staatsangehörigkeit erlangen.

(4) ¹Die Rechtswahl muß notariell beurkundet werden. ²Wird sie nicht im Inland vorgenommen, so genügt es, wenn sie den Formerfordernissen für einen Ehevertrag nach dem gewählten Recht oder am Ort der Rechtswahl entspricht.

Literatur: *Andrae*, Internationales Familienrecht, 1999; *Heldrich*, Das juristische Kuckucksei aus dem Morgenland, IPRax 1983, 64; *Henrich*, Internationales Familienrecht, 2. Auflage 2000; *ders.*, Das internationale Eherecht nach der Reform, FamRZ 1986, 841; *Kühne*, Die außerschuldvertragliche Parteiautonomie im neuen Internationalen Privatrecht, IPRax 1987, 69; *Spickhoff*, Die engste Verbindung im interlokalen und internationalen Familienrecht, JZ 1993, 336.

A. Allgemeines 1	e) Sonstiges 51
I. Deutsch-Iranisches Niederlassungsabkommen 1	IV. Allgemeine Fragen des Internationalen Privatrechts 52
II. Funktionen 4	1. Renvoi 52
III. Altehen 6	2. Vorfragen 56
B. Regelungsgehalt 7	3. Ordre public 59
I. Überblick 7	4. Rechtsspaltung, Mehrrechtsstaat 60
II. Gesetzliches Ehewirkungsstatut (Abs. 1) ... 10	5. Staatensukzession 62
1. Gemeinsames Personalstatut (Nr. 1) ... 10	V. Anwendungsbereich 63
2. Gemeinsamer gewöhnlicher Aufenthalt (Nr. 2) 16	1. Grundsätzliches 63
a) Anknüpfungsgrundsätze 16	2. Einzelne Problemfelder 64
b) Begriff des gewöhnlichen Aufenthalts 19	a) Herstellung der ehelichen Lebensgemeinschaft, Getrenntleben . 64
c) Begründung des gewöhnlichen Aufenthalts 20	b) Lebensmittelpunkt 65
d) Verhältnis zum Aufenthaltsrecht 24	c) Gegenseitige Unterstützung und Hilfeleistung 66
3. Grundsatz der engsten Verbindung (Nr. 3) 25	d) Unerlaubte Handlung 67
a) Kriterien für die Abwägung 26	e) Wohnsitz/Domicile 68
b) Fallkonstellationen 30	f) Hausratverteilung und Zuweisung der Ehewohnung 69
c) Keine engste Verbindung 33	g) Verpflichtungs- und Verfügungsbeschränkungen 70
III. Gewähltes Ehewirkungsstatut (Abs. 2–4) .. 34	h) Verpflichtungsermächtigung (Schlüsselgewalt) 73
1. Gemeinsames Heimatrecht (Abs. 2) 34	i) Unbenannte Zuwendungen 74
2. Heimatrecht eines Ehegatten (Abs. 3) .. 38	j) Verträge zwischen Ehegatten 75
3. Weitere übergreifende Fragen zur Rechtswahl 43	k) Bürgschaft, Schuldbeitritt, Garantie . 77
a) Form (Abs. 4) 43	l) Rückgabeansprüche von Verlobungs- und Hochzeitsgeschenken 78
b) Art der Rechtswahl 46	m) Eigentumsvermutungen 79
c) Zeitpunkt der Rechtswahl 49	n) Verjährung 80
d) Zustandekommen, Wirksamkeit und Auslegung der Rechtswahl 50	

* Für die Mitarbeit an der Kommentierung des Art. 14 EGBGB danke ich Herrn Wiss. Mitarbeiter *Mario Nawroth*.

o) Zwangsvollstreckung	81	b) Anwendung deutschen Rechts	88
3. Sonderfall Morgengabe	82	c) Beziehung zur Türkei	90
a) Qualifikation	83		

A. Allgemeines

I. Deutsch-Iranisches Niederlassungsabkommen

Vorrang vor Art. 14 hat Art. 8 Abs. 3 Deutsch-Iranisches Niederlassungsabkommen[1] (vgl. Art. 3 Abs. 2 S. 1). Die Kollisionsnorm ist auf Ehen zwischen Ehegatten gemeinsamer deutscher Staatsangehörigkeit im Iran und gemeinsamer iranischer Staatsangehörigkeit in Deutschland anwendbar, jedoch ausgeschlossen, wenn wenigstens einer der Eheleute die Staatsangehörigkeit beider Vertragsstaaten besitzt.[2] Darüber hinaus ist das Abkommen nicht einschlägig, wenn das Personalstatut eines oder beider Ehegatten sich nicht nach der Staatsangehörigkeit richtet. Das trifft zu, wenn mindestens einer von ihnen anerkannter Asylberechtigter in der Bundesrepublik oder internationaler Flüchtling i.S.d. GFK[3] ist.[4]

1

Die Vorschrift führt für die Ehe zweier iranischer Staatsangehöriger zum iranischen Recht. Vom Anwendungsbereich erfasst sind insbesondere allgemeine Ehewirkungen,[5] eheliches Güterrecht und Scheidung,[6] Versorgungsausgleich[7] und Unterhalt.[8]

2

Die Vorschrift enthält selbst keine *ordre-public*-Klausel. Über Art. 8 Abs. 3 S. 2 Deutsch-Iranisches Niederlassungsabkommen, wonach Einschränkungen der Verweisung auf das Heimatrecht zulässig sind, soweit sie allgemein gegenüber jedem Staat erfolgen, ist Art. 6 anwendbar.[9] Daher setzt sich auch Art. 17 Abs. 3 S. 2 (Versorgungsausgleich) im Rahmen des Abkommens durch.[10] Zudem ist Art. 17a (Ehewohnung und Hausrat) als eine Einschränkung in diesem Sinne anzusehen.[11]

3

II. Funktionen

Das allgemeine Ehewirkungsstatut nach Art. 14 ist sowohl **Grundkollisionsnorm**[12] als auch **Auffangregelung**. Grundkollisionsnorm ist die Vorschrift deshalb, weil andere Kollisionsnormen des Eherechts auf Art. 14 verweisen.[13] Für das Kindschaftsrecht hat die Norm hingegen seit der Neufassung von Artt. 19–21 durch das Kindschaftsreformgesetz[14] ihre zentrale Bedeutung verloren. Verwiesen wird lediglich noch auf das gesetzliche Ehewirkungsstatut bei der Abstammung eines Kindes (Art. 19 Abs. 1 S. 3) und bei der Annahme als Kind (Art. 22 Abs. 1 S. 2); für das Eltern-Kind-Verhältnis ist die Relevanz entfallen. Infolgedessen sollte man insoweit nicht mehr von einem einheitlichen Familienstatut,[15] sondern eher von einem Ehestatut sprechen. Eine einheitliche Anknüpfung erleichtert die Rechtsanwendung, insbesondere

4

---

[1] Niederlassungsabkommen zwischen dem Deutschen Reich und dem Kaiserreich Persien v. 17.2.1929 (RGBl II 1930 S. 1006, II 1931 S. 9 und BGBl II 1955 S. 829).

[2] BGH IPRax 1986, 382, 383 = FamRZ 1986, 344, 345; BGHZ 60, 68, 74; OLG Bremen IPRax 1985, 296, 297; Erman/*Hohloch*, Art. 14 EGBGB Rn 5; Soergel/*Kegel*, vor Art. 3 EGBGB Rn 46; *Looschelders*, IPR, Art. 14 Rn 39; *Schotten/Wittkowski*, FamRZ 1995, 264, 265 f.

[3] Genfer UN-Abkommen über die Rechtsstellung der Flüchtlinge v. 28.7.1951 (BGBl II 1953 S. 560).

[4] BGH IPRax 1991, 54 = NJW 1990, 636; BayObLGZ 2000, 335, 338; KG NJW-RR 1994, 199; MüKo/*Siehr*, Art. 14 EGBGB Rn 4; Staudinger/*Mankowski*, Art. 14 EGBGB Rn 5a; *Schotten/Wittkowski*, FamRZ 1995, 264, 266.

[5] MüKo/*Siehr*, Art. 14 EGBGB Rn 4; detailliert dazu Böhmer/Finger/*Finger*, 5.4 Rn 42 ff.

[6] Vgl. dazu die „einen Teil des Abkommens selbst" bildende Erklärung (Schlussprotokoll, RGBl II 1930 S. 1012); Erman/*Hohloch*, Art. 14 EGBGB Rn 35; Staudinger/*Mankowski*, Art. 14 EGBGB Rn 5.

[7] OLG Köln FamRZ 2002, 613; OLG Oldenburg FamRZ 1995, 1590; Böhmer/Finger/*Finger*, 5.4 Rn 70.

[8] BGH IPRax 1986, 382, 384 = FamRZ 1986, 344; OLG Oldenburg IPRax 1981, 136, 137; AG Kerpen FamRZ 2001, 1526; *Schotten/Wittkowski*, FamRZ 1995, 264, 268; verkannt von OLG Zweibrücken, FamRZ 2001, 920, 921.

[9] BGHZ 120, 29, 32 = IPRax 1993, 102; OLG Bremen FamRZ 1999, 1520, 1521; OLG Düsseldorf FamRZ 1998, 1113, 1114; MüKo/*Sonnenberger*, Art. 6 EGBGB Rn 29 Fn 95; Soergel/*Kegel*, vor Art. 3 EGBGB Rn 46; *Schotten/Wittkowski*, FamRZ 1995, 264, 267; a.A. Staudinger/*Blumenwitz*, Art. 6 EGBGB Rn 52; *Beitzke*, IPRax 1981, 122, 123 (zu Art. 30 a.F.).

[10] So auch OLG Oldenburg FamRZ 1995, 1590; Palandt/*Heldrich*, Art. 17 EGBGB Rn 21; MüKo/*Winkler von Mohrenfels*, Art. 17 EGBGB Rn 202; *Schotten/Wittkowski*, FamRZ 1995, 264, 267; a.A. OLG Köln FamRZ 2002, 613, 614 m.w.N.

[11] Böhmer/Finger/*Finger*, 5.4 Rn 69.

[12] Andere sprechen von „Grundsatzkollisionsnorm" (Palandt/*Heldrich*, Art. 14 EGBGB Rn 1), „Grundnorm" (Staudinger/*Mankowski*, Art. 14 EGBGB Rn 2; *Schotten*, IPR, Rn 128; *Henrich*, FamRZ 1986, 841, 843) bzw. „Zentralnorm" (Erman/*Hohloch*, Art. 14 EGBGB Rn 2).

[13] Vgl. insb. Art. 15 Abs. 1 und Art. 17 Abs. 1 S. 1.

[14] V. 16.12.1997 (BGBl I 1997 S. 2942), in Kraft seit 1.7.1998.

[15] So Palandt/*Heldrich*, Art. 14 EGBGB Rn 1; *Looschelders*, IPR, Art. 14 Rn 1.

werden die Qualifikationsprobleme entschärft, wenn die infrage kommenden Kollisionsnormen im konkreten Fall zur selben Rechtsordnung führen. Ein einheitliches Statut besteht jedoch nur im Idealfall. Nicht selten sind in der Rechtspraxis für die einzelnen Probleme unterschiedliche Rechtsordnungen heranzuziehen. So sind wichtige Ehewirkungen und Scheidungsfolgen Gegenstand spezieller Kollisionsnormen.[16] Zudem wird zwar in Artt. 15 Abs. 1, 17 Abs. 1 S. 1, 19 Abs. 1 S. 3 und 22 Abs. 1 S. 2 auf Anknüpfungen des Art. 14 verwiesen, jedoch jeweils auf bestimmte unterschiedliche Zeitpunkte abgestellt, während Art. 14 selbst eine wandelbare Anknüpfung vorsieht.

5 Die **Wandelbarkeit der Anknüpfung** bedeutet, dass es auf den Zeitpunkt während des Bestehens der Ehe ankommt, zu dem das Ereignis stattfand, um dessen rechtliche Beurteilung es geht. Ändern sich die Berührungen der Eheleute zu der Rechtsordnung, auf die es für die Anknüpfung ankommt, führt dies zum Wechsel der anwendbaren Rechtsordnung. Fragen des Statutenwechsels sind in der Rechtspraxis bisher nicht aufgetreten, zu lösen sind sie nach den allgemeinen Grundsätzen für den Statutenwechsel.[17] Verbietet z.B. das ursprüngliche Ehewirkungsstatut die Schenkung unter Ehegatten, wird eine unter diesem Statut vorgenommene Schenkung nicht nachträglich wirksam, weil für die Ehe nunmehr ein anderes Recht gilt. Im umgekehrten Fall des Wechsels zu einer Rechtsordnung, die die Schenkung verbietet, behält die Schenkung, die nach dem alten Statut zulässig war, ihre Wirkung.

III. Altehen

6 Nach Art. 220 Abs. 2 (für die alten Bundesländer) unterliegen die Wirkungen von Ehen, die vor dem In-Kraft-Treten des EGBGB n.F. geschlossen wurden, für die Zeit vom 1.9.1986 an den neuen Regelungen. Entsprechendes gilt nach Art. 236 § 2 seit dem 3.10.1990 auch für die neuen Bundesländer.

B. Regelungsgehalt

I. Überblick

7 In erster Linie bestimmt das Gesetz das Ehewirkungsstatut durch eine stufenweise Anknüpfung (vgl. Abs. 1), auch Kegel'sche Leiter genannt. Mit ihr soll einerseits der Gleichberechtigung der Geschlechter und andererseits der engsten gemeinsamen Verbindung der Eheleute zu einer bestimmten Rechtsordnung Rechnung getragen werden.[18] **Anknüpfungsleiter** bedeutet, dass der Reihenfolge der in Abs. 1 genannten Anknüpfungen bei der Prüfung zu folgen ist. Sind die Voraussetzungen für die vorrangig bezeichnete Anknüpfung erfüllt, sind die nachfolgenden Stufen ausgeschlossen.[19]

8 Die Ehepartner haben die Möglichkeit, das auf die allgemeinen Ehewirkungen anwendbare Recht unter eng begrenzten Voraussetzungen zu wählen (vgl. Abs. 2–4). Eine wirksame **Rechtswahl** verdrängt das gemäß objektiver Anknüpfung anwendbare Recht. In der Rechtspraxis spielt die Rechtswahl für das Ehewirkungsstatut wegen der äußerst eingeschränkten Möglichkeiten eine untergeordnete Rolle.[20]

9 Soweit andere Kollisionsnormen auf die Anknüpfung nach Art. 14 verweisen, ist darauf zu achten, ob der Verweis nur die objektive Anknüpfung erfasst (wie Artt. 19 Abs. 1 S. 3, 22 Abs. 1 S. 2) oder auch die subjektive Anknüpfung mit einbezieht (wie Artt. 15 Abs. 1, 17 Abs. 1 S. 1).

II. Gesetzliches Ehewirkungsstatut (Abs. 1)

10 **1. Gemeinsames Personalstatut (Nr. 1).** Angeknüpft wird an das gemeinsame Heimatrecht der Ehegatten, vorrangig an die aktuell gemeinsam bestehende (Alt. 1) und nachrangig an die letzte gemeinsame Staatsangehörigkeit (Alt. 2); bei dem Verweis durch andere Kollisionsnormen auf das Ehewirkungsstatut zu den dort bestimmten Zeitpunkten.

11 Hat einer oder haben beide Ehepartner **mehrere ausländische Staatsangehörigkeiten**, ist von einer gemeinsamen Staatsangehörigkeit nur auszugehen, wenn diese für beide Ehepartner die effektive Staatsangehörigkeit i.S.d. Art. 5 Abs. 1 S. 1 ist.[21] Besitzt z.B. der eine Ehegatte die Staatsangehörigkeit der Staaten A und B und

---

16 Für das Unterhaltsrecht Art. 18 und für das Namensrecht Art. 10.
17 Vgl. dazu *Kropholler*, IPR, § 27, S. 184 ff.
18 Vgl. BT-Drucks 10/504, S. 54.
19 BGH IPRax 1995, 111, 113; OLG Zweibrücken FamRZ 1999, 940; MüKo/*Siehr*, Art. 14 EGBGB Rn 12; Staudinger/*Mankowski*, Art. 14 EGBGB Rn 27; Böhmer/Finger/*Finger*, Art. 14 Rn 8; *Andrae*, Rn 190.
20 Erman/*Hohloch*, Art. 14 EGBGB Rn 20; Soergel/*Schurig*, Art. 14 EGBGB Rn 16; *Henrich*, § 2 I 1, S. 58; gegen eine solche Verallgemeinerung wendet sich *Schotten*, IPR, Rn 126.
21 OLG München FamRZ 1994, 634; OLG Frankfurt FamRZ 1994, 715, 716; Palandt/*Heldrich*, Art. 14 EGBGB Rn 7; MüKo/*Siehr*, Art. 14 EGBGB Rn 20; *Looschelders*, IPR, Art. 14 Rn 17; *Henrich*, § 2 I 1, S. 57.

der andere die der Staaten A und C, dann wird durch Nr. 1 das Recht des Staates A nur berufen, wenn für beide die Staatsangehörigkeit des Staates A die effektive ist. Selbst soweit die Ehegatten dieselben mehrfachen Staatsangehörigkeiten besitzen, also beide die der Staaten A und B, bestimmt sich das maßgebliche Recht nach Nr. 1 nur, wenn für beide Eheleute dieselbe Staatsangehörigkeit die effektive i.S.v. Art. 5 Abs. 1 S. 1 ist.[22]

Besitzt einer der Eheleute auch die **deutsche Staatsangehörigkeit**, kommt es für die Anknüpfung nur auf diese an (Art. 5 Abs. 1 S. 2).[23] Art. 14 Nr. 1 Alt. 1 ist nicht anwendbar, wenn der eine Ehegatte eine ausländische Staatsangehörigkeit besitzt, der andere Ehegatte dieselbe ausländische, zugleich aber auch die deutsche Staatsangehörigkeit innehat.[24] Wie in Bezug auf Art. 5 Abs. 1 S. 2 ist ebenso für das Ehewirkungsstatut in der Literatur kritisch bewertet worden, dass dies im Ergebnis zur Anwendung des deutschen Rechts führen kann, obwohl keiner der Beteiligten eine tatsächlich gelebte Beziehung zu Deutschland hat.[25] Zum Teil wird daher bei Nr. 1 für eine Einschränkung von Art. 5 Abs. 1 S. 2 eingetreten,[26] andere lehnen dies ab.[27] Letzterem ist wegen der eindeutigen gesetzlichen Anordnung und aus Gründen der Rechtssicherheit zu folgen (vgl. Art. 5 Rn 27 ff.). 12

Deutsche i.S.d. Art. 116 Abs. 1 GG,[28] die bis zum 1.8.1999 nicht die deutsche Staatsangehörigkeit besaßen, haben an diesem Tag gemäß § 40a StAG[29] die deutsche Staatsangehörigkeit erworben. Geht es um das Ehewirkungsstatut vor diesem Zeitpunkt, ergibt sich aus Art. 9 Abs. 2 Nr. 5 FamRÄndG,[30] dass sie für die Anknüpfung nach Art. 14 den deutschen Staatsangehörigen ab dem Zeitpunkt gleichgestellt sind, zu dem sie den Status nach Art. 116 Abs. 1 GG erwarben.[31] Das deutsche Personalstatut hat dann Vorrang vor einer eventuell daneben bestehenden ausländischen Staatsangehörigkeit.[32] 13

Wird das Personalstatut eines oder beider Ehegatten durch den gewöhnlichen Aufenthalt bestimmt, wird teilweise[33] die Anwendung von Nr. 1 abgelehnt. Dies betrifft hauptsächlich **Staatenlose** (vgl. Art. 12 Abs. 1 Staatenlosenkonvention[34] und Art. 5 Abs. 2), internationale **Flüchtlinge** (vgl. Art. 12 Abs. 1 GFK[35]), **Asylberechtigte** (vgl. § 2 Abs. 1 AsylVfG;[36] auch abgelehnte Asylbewerber können Flüchtlinge i.S.d. GFK sein[37]) sowie **Ausländer**, deren Rechtsstellung sich nach § 1 Abs. 1 des Gesetzes über Maßnahmen für im Rahmen humanitärer Hilfsaktionen aufgenommene Flüchtlinge[38] richtet. Das Ehewirkungsstatut für die Ehe solcher Personen bestimmt sich nach dieser Auffassung primär nach Nr. 2. Dogmatisch kann dem nicht gefolgt werden.[39] Der Begriff „Staatsangehörigkeit" (Synonym für Personalstatut nach deutschem IPR) 14

---

22 AG Freiburg IPRax 2002, 223, 224 = FamRZ 2002, 888 (französische und libanesische Staatsangehörigkeit); Staudinger/*Mankowski*, Art. 14 EGBGB Rn 38.

23 BGH IPRax 1995, 111, 113 = FamRZ 1994, 434; BayObLG FamRZ 1998, 1594, 1596; AG Leverkusen FamRZ 2002, 1484, 1485; AG Hamburg FamRZ 2000, 958; Palandt/*Heldrich*, Art. 14 EGBGB Rn 7; Böhmer/Finger/*Finger*, Art. 14 Rn 9; Soergel/*Schurig*, Art. 14 EGBGB Rn 5; Staudinger/ *Mankowski*, Art. 14 EGBGB Rn 34; *Dethloff*, JZ 1995, 64, 67.

24 BayObLG IPRax 1995, 324, 325 m.w.N.; *Dethloff*, JZ 1995, 64, 67.

25 Vgl. vor allem MüKo/*Siehr*, Art. 14 EGBGB Rn 22; ders., IPR, S. 14; ders., in: FS Ferid 1988, S. 433, 443; ferner krit. Staudinger/*Mankowski*, Art. 14 EGBGB Rn 34; Böhmer/Finger/*Finger*, Art. 14 Rn 9a.

26 MüKo/*Siehr*, Art. 14 EGBGB Rn 22 a.E.; *Benicke*, IPRax 2000, 171, 178 i.V.m. 176 f.

27 OLG Düsseldorf FamRZ 1994, 1261, 1262 = NJW-RR 1994, 1221; Erman/*Hohloch*, Art. 14 EGBGB Rn 13; *Looschelders*, IPR, Art. 14 Rn 17; Reithmann/Martiny/*Hausmann*, Internationales Vertragsrecht, 6. Aufl. 2004, Rn 2675.

28 Grundgesetz für die Bundesrepublik Deutschland v. 23.5.1949 (BGBl S. 1).

29 Staatsangehörigkeitsgesetz v. 22.7.1913 (RGBl S. 583), geändert d. Gesetz v. 15.7.1999 (BGBl I S. 1618).

30 Gesetz zur Vereinheitlichung und Änderung familienrechtlicher Vorschriften (Familienrechtsänderungsgesetz) v. 11.8.1961 (BGBl I S. 1221).

31 Vgl. BGHZ 121, 305, 314 = FamRZ 1993, 935 = NJW 1993, 2241; OLG Köln NJW 1993, 336 (zu Art. 10); Palandt/*Heldrich*, Art. 5 EGBGB Rn 12; MüKo/*Sonnenberger*, Art. 5 EGBGB Rn 28.

32 OLG Köln NJW 1993, 336; BayObLGZ 1991, 400, 403 (jeweils zu Art. 10); Palandt/*Heldrich*, Art. 5 Rn 3; MüKo/*Sonnenberger*, Art. 5 EGBGB Rn 28.

33 OLG Nürnberg FamRZ 2002, 324, 325; Erman/ *Hohloch*, Art. 14 EGBGB Rn 14; MüKo/*Siehr*, Art. 14 EGBGB Rn 26.

34 New Yorker UN-Übereinkommen über die Rechtsstellung der Staatenlosen v. 28.9.1954 (BGBl II 1976 S. 474).

35 Genfer UN-Abkommen über die Rechtsstellung der Flüchtlinge v. 28.7.1951 (BGBl II 1953 S. 560).

36 Asylverfahrensgesetz i.d.F. der Bekanntmachung v. 27.7.1993 (BGBl I S. 1361).

37 OLG Nürnberg FamRZ 2002, 324, 325, jedoch übersehen, dass bei nicht verdrängter Staatsangehörigkeit durch Flüchtlingsstatus das Deutsch-Iranische Niederlassungsabkommen dem Art. 14 vorgeht; Palandt/*Heldrich*, Anh. zu Art. 5 EGBGB Rn 31 a.E.; Soergel/*Kegel*, Art. 5 EGBGB Rn 87.

38 V. 22.7.1980 (BGBl I S. 1057).

39 Wie hier u.a. OLG Köln FamRZ 1999, 1517; OLG Celle FamRZ 1998, 757 f.; OLG Hamm FamRZ 1992, 1181; Palandt/*Heldrich*, Art. 14 EGBGB Rn 2; Staudinger/*Mankowski*, Art. 14 EGBGB Rn 33; *Looschelders*, IPR, Art. 14 Rn 20; Böhmer/Finger/ *Finger*, Art. 14 Rn 11; *Schotten*, IPR, Rn 111.

sollte für die Anknüpfung im EGBGB, insbesondere jedoch im Verhältnis von Art. 13 und Art. 14, nicht unterschiedlich ausgelegt werden. Zudem stehen Art. 5 Abs. 2 bzw. die staatsvertraglichen Bestimmungen zum Personalstatut entgegen. Bei der konkreten Rechtsanwendung kommen beide Auffassungen in der Regel zur selben Rechtsordnung. Das trifft jedoch dann nicht zu, wenn der betreffende Ehegatte keinen gewöhnlichen Aufenthalt hat und sich deshalb sein Personalstatut nach dem schlichten Aufenthalt gemäß den oben genannten Bestimmungen bemisst.

15 Haben die Eheleute zum maßgeblichen Zeitpunkt **keine** gemeinsame Staatsangehörigkeit,[40] dann kommt es nach **Abs. 1 Nr. 1 Alt. 2** darauf an, ob sie während der Ehe eine hatten, die einer von ihnen ununterbrochen beibehalten hat.[41] Diese Stufe der Leiter entfällt für Art. 15 Abs. 1, weil hier auf den Zeitpunkt der Eheschließung abgestellt wird (vgl. Art. 15 EGBGB Rn 11).[42] Entscheidend ist, dass es ein gemeinsames Personalstatut während der Ehe gab und einer der Eheleute es noch ununterbrochen bis zu dem für die Anknüpfung maßgeblichen Zeitpunkt beibehalten hat.[43] Ziel der Regelung ist es, eine Kontinuität der Anknüpfung zu erreichen und einen Statutenwechsel, der nur von einem Ehegatten verursacht wird, zu vermeiden.[44] Ist etwa ein Ehepaar mit der Staatsangehörigkeit des Staates X in Deutschland eingereist und hat nur einer von ihnen mit der Einreise oder danach ein deutsches Personalstatut erworben, der andere aber die Staatsangehörigkeit des Staates X beibehalten, ist das Recht des Staates X Ehewirkungsstatut, auch wenn beide ihren gewöhnlichen Aufenthalt in Deutschland haben.[45] Erwirbt einer der Eheleute eine weitere Staatsangehörigkeit und behält der andere die bisherige gemeinsame Staatsangehörigkeit bei, trifft auf jeden Fall Nr. 1 zu, entweder weil die gemeinsame Staatsangehörigkeit die relevante[46] für beide oder die übereinstimmende die letzte gemeinsame relevante ist, die einer noch innehat. Erwerben beide eine weitere (jeweils andere) Staatsangehörigkeit, trifft Nr. 1 nur zu, wenn entweder für beide oder für einen die gemeinsame ursprüngliche Staatsangehörigkeit ununterbrochen i.S.d. Art. 5 Abs. 1 die relevante ist. Soweit beide dieselbe Staatsangehörigkeit hinzuerwerben, kommt es darauf an, ob die neuerworbene für beide die relevante Staatsangehörigkeit i.S.d. Art. 5 Abs. 1 ist. Wenn dies der Fall ist, richtet sich das Ehewirkungsstatut ab dem Zeitpunkt des Erwerbs durch beide nach dem hinzugekommenen Heimatrecht, auch wenn später mit Verlegung des Lebensmittelpunktes die ersterworbene Staatsangehörigkeit für einen der Ehepartner wieder die relevante wird.

16 **2. Gemeinsamer gewöhnlicher Aufenthalt (Nr. 2). a) Anknüpfungsgrundsätze.** Mangels eines (letzten) gemeinsamen Heimatrechts ist der gemeinsame gewöhnliche Aufenthalt (Alt. 1) und, fehlt ein solcher, der letzte gemeinsame gewöhnliche Aufenthalt entscheidend, sofern ein Ehegatte dort noch diesen hat (Alt. 2). Bei den anderen zu Art. 14 führenden Normen kommt es auf den dort konkret bezeichneten Zeitpunkt für den gemeinsamen gewöhnlichen Aufenthalt an. Folgerichtig findet Nr. 2 Alt. 2 im Rahmen der Verweisung des Art. 15 Abs. 1 keine Anwendung.[47]

17 Die Voraussetzungen sind erfüllt, wenn jeder Ehegatte an **einem beliebigen Ort in demselben Staat** seinen gewöhnlichen Aufenthalt hat.[48] Für jeden Ehegatten ist getrennt der gewöhnliche Aufenthalt festzustellen und danach zu prüfen, ob beide sich im selben Staat befinden.

18 Haben die Ehepartner zum maßgebenden Zeitpunkt keinen gemeinsamen gewöhnlichen Aufenthalt, kommt es auf den letzten gemeinsamen gewöhnlichen Aufenthalt während der Ehe an. Voraussetzung ist, dass einer der Ehepartner diesen gewöhnlichen Aufenthalt ununterbrochen beibehalten hat.[49] Zunächst ist hierfür festzustellen, in welchem Staat die Ehegatten zu dem für die Anknüpfung maßgeblichen Zeitpunkt ihren

---

40 Bei Staatenlosen etc. tritt an die Stelle der Staatsangehörigkeit ihr durch den gewöhnlichen Aufenthalt bestimmtes Personalstatut; vgl. auch OLG Köln FamRZ 1999, 1517; OLG Celle FamRZ 1998, 757, 758; OLG Karlsruhe FamRZ 1996, 1146, 1147.
41 Krit. zu dieser Einschränkung *Kegel/Schurig*, § 20 V 1a, S. 833; dagegen positive Betrachtung bei Staudinger/*Mankowski*, Art. 14 EGBGB Rn 39.
42 Palandt/*Heldrich*, Art. 15 EGBGB Rn 17; Soergel/*Schurig*, Art. 15 EGBGB Rn 7 m.w.N.
43 Krit. *Kropholler*, IPR, § 45 II 3b, S. 343; MüKo/*Siehr*, Art. 14 EGBGB Rn 17 a.E., aber Rückgriff auf freiwillige Aufgabe beschränkt; dagegen zu Recht Staudinger/*Mankowski*, Art. 14 EGBGB Rn 49; Böhmer/Finger/*Finger*, Art. 14 Rn 10 und 14.
44 Vgl. BT-Drucks 10/504 S. 55; Staudinger/ *Mankowski*, Art. 14 EGBGB Rn 40.
45 Vgl. LG Hamburg FamRZ 1999, 253, 254; AG Lebach IPRspr 1999, Nr. 92 = DAVorm 2000, 435.
46 Auch im Rahmen dieser Stufe der Anknüpfung gilt Art. 5, vgl. Soergel/*Schurig*, Art. 14 EGBGB Rn 8; Staudinger/*Mankowski*, Art. 14 EGBGB Rn 46; a.A. AG Hamburg FamRZ 2000, 958.
47 Palandt/*Heldrich*, Art. 15 EGBGB Rn 18; Soergel/ *Schurig*, Art. 15 EGBGB Rn 11 m.w.N.
48 Erman/*Hohloch*, Art. 14 EGBGB Rn 15; MüKo/ *Siehr*, Art. 14 EGBGB Rn 29; Soergel/*Schurig*, Art. 14 EGBGB Rn 11; *Looschelders*, IPR, Art. 14 Rn 21; Böhmer/Finger/*Finger*, Art. 14 Rn 17; *Schotten*, IPR, Rn 112; *v. Bar/Mankowski*, IPR I, § Rn 23 Fn 77.
49 BGH IPRax 1994, 131, 133 = FamRZ 1993, 798 = NJW 1993, 2047; KG FamRZ 2002, 840, 841; *v. Bar*, IPRax 1994, 100, 102; MüKo/*Siehr*, Art. 14 EGBGB Rn 30; Staudinger/*Mankowski*, Art. 14 EGBGB Rn 63; Soergel/*Schurig*, Art. 14 EGBGB Rn 13.

gewöhnlichen Aufenthalt haben, denn einer davon kommt nur für die Anknüpfung infrage. Danach ist zu prüfen, ob sie in einem dieser Staaten in der davorliegenden Ehezeit beide ihren gewöhnlichen Aufenthalt hatten. Trifft das zu, darf der Ehegatte, der in diesem Staat seinen gewöhnlichen Aufenthalt hat, diesen seit dem letzten Zeitpunkt des gemeinsamen gewöhnlichen Aufenthalts nicht aufgegeben haben. Es reicht nicht aus, wenn dieser Ehegatte zwischenzeitlich den gewöhnlichen Aufenthalt in diesem Land verloren hatte und ihn später wieder begründet hat. Sofern einer der Ehegatten den gemeinsamen gewöhnlichen Aufenthalt nicht mehr innehat und nicht bekannt ist, ob der andere Ehegatte ihn beibehalten hat, scheidet diese Anknüpfungsstufe gleichsam aus.[50]

b) Begriff des gewöhnlichen Aufenthalts. Der gewöhnliche Aufenthalt ist weder im staatsvertraglichen noch im autonomen deutschen IPR legal definiert. Rechtsprechung[51] und Literatur[52] beziehen sich für die Begriffsbestimmung auch auf eine Empfehlung des Europarates zur Vereinheitlichung der Rechtsbegriffe „Wohnsitz" und „Aufenthalt" aus dem Jahre 1972.[53] Danach setzt der gewöhnliche Aufenthalt zunächst einen Aufenthalt in dem betreffenden Land voraus. Einen Aufenthalt hat eine Person in einem Land, wenn sie dort während eines gewissen Zeitraums faktisch wohnt. Die Anwesenheit muss nicht notwendigerweise ununterbrochen andauern. Für die weitere Frage, ob ein Aufenthalt als gewöhnlicher Aufenthalt anzusehen ist, sind vor allem die objektiven Merkmale der Dauer und die Beständigkeit des Aufenthalts sowie andere Umstände zu berücksichtigen, die dauerhafte Beziehungen zwischen einer Person und ihrem Aufenthalt anzeigen.[54] Demgemäß wird vom gewöhnlichen Aufenthalt einer Person in einem Staat gesprochen, in dem sich ihr **Daseinsmittelpunkt** befindet.[55] Es ist der Ort, an dem sie sich nicht nur vorübergehend aufhält, an dem der **Schwerpunkt ihrer Bedingungen**, insbesondere in persönlicher und beruflicher Hinsicht, besteht.[56] Der gewöhnliche Aufenthalt wird durch eine zeitweilige Abwesenheit, auch längerer Dauer, normalerweise nicht aufgehoben, sofern die Absicht besteht, an den früheren Aufenthalt zurückzukehren.[57]

c) Begründung des gewöhnlichen Aufenthalts. Der gewöhnliche Aufenthalt kann sich auf zweifache Weise ergeben.[58] Einerseits wird er durch einen tatsächlich nicht zu geringen Aufenthalt in einem Staat und die dadurch entstandenen Bindungen der verschiedensten Art begründet.[59] Bei dieser **faktischen Begründung** ist der subjektive Wille der Person, ihren Lebensmittelpunkt in diesem Staat zu errichten, nicht erforderlich. Notwendig ist eine gewisse Integration in die dortigen gesellschaftlichen Verhältnisse und die Aufnahme objektiv feststellbarer sozialer Beziehungen, was bei längerem Aufenthalt regelmäßig anzunehmen ist.[60] Letzteres trifft jedoch nicht zu, wenn der Aufenthalt von Beginn an unfreiwillig ist, z.B. Gefangenschaft oder Geiselnahme.[61] Hier kann von einer sozialen Integration nicht ausgegangen werden.[62] Allerdings kann sich ein vormals zwangsweiser Aufenthalt später in einen freiwilligen Aufenthalt mit der Möglichkeit der Begründung eines gewöhnlichen Aufenthalts entwickeln.[63]

Andererseits wird der gewöhnliche Aufenthalt auch ohne eine längere Aufenthaltsdauer begründet, wenn von vornherein ein langfristiges Verweilen und die Integration in die gesellschaftlichen Beziehungen in diesem Land **beabsichtigt** sind.[64] Aus den Umständen muss sich ergeben, dass zukünftig dieser Ort Lebensmittelpunkt sein soll.[65] Ein Aufenthalt muss jedoch auch hier begründet sein.

---

50 AG Leverkusen FamRZ 2002, 1484, 1485.
51 Vgl. z.B. BGH IPRax 1994, 131, 133.
52 Vgl. Staudinger/*Blumenwitz*, Art. 5 EGBGB Rn 464; *v. Bar/Mankowski*, IPR I, § 7 Rn 23; *Kropholler*, IPR, § 39 II 1c, S. 280.
53 S. *Loewe*, ÖJZ 1974, 144 ff. (mit Einleitung und Motiven); in Auszügen auch bei Staudinger/*Blumenwitz*, Art. 5 EGBGB Rn 464.
54 U.a. BGH IPRax 1994, 131, 133; KG FamRZ 2002, 840, 841; Staudinger/*Blumenwitz*, Art. 5 EGBGB Rn 465.
55 St. Rspr., vgl. BGH FamRZ 1975, 272, 273; *Henrich*, § 2 I 2b, S. 60.
56 BGH IPRax 1994, 131, 133; Palandt/*Heldrich*, Art. 5 Rn 10; Staudinger/*Mankowski*, Art. 14 EGBGB Rn 52; Soergel/*Kegel*, Art. 5 Rn 44 f. mit umfangreichen Verweisen auf weitere Rspr.
57 BGH IPRax 1994, 131, 133; MüKo/*Sonnenberger*, Einl. IPR Rn 665; Palandt/*Heldrich*, Art. 5 EGBGB Rn 10; Böhmer/Finger/*Finger*, Art. 14 Rn 15; Soergel/*Kegel*, Art. 5 EGBGB Rn 46 m.w.N.
58 Deutlich *Andrae*, Rn 125; *Kilian*, IPRax 1995, 9, 10; *Spickhoff*, JZ 1993, 336, 342; *ders.*, IPRax 1990, 225, 227; *Henrich*, FamRZ 1986, 841, 846.
59 Hierzu BGH IPRax 1994, 131, 133; BGHZ 78, 293, 295 = FamRZ 1981, 135; *v. Bar/Mankowski*, IPR I, § 7 Rn 23.
60 Vgl. Staudinger/*Mankowski*, Art. 14 EGBGB Rn 54.
61 Vgl. OLG Koblenz FamRZ 1998, 756, 757; OLG Köln FamRZ 1996, 946 f.; *Henrich*, § 2 I 2b, S. 62.
62 Hierzu mit weiteren Literaturangaben MüKo/*Sonnenberger*, Einl. IPR Rn 668.
63 *Henrich*, § 2 I 2b, S. 62.
64 BGHZ 78, 293, 295; OLG Rostock IPRax 2001, 588, 589; *Andrae*, Rn 125; Soergel/*Kegel*, Art. 5 EGBGB Rn 54 m.w.N.; *v. Bar/Mankowski*, IPR I, § 7 Rn 23; *Henrich*, § 2 I 2b, S. 61; *Spickhoff*, JZ 1993, 336, 342.
65 BGH IPRax 1994, 131, 133; Palandt/*Heldrich*, Art. 5 EGBGB Rn 10; Staudinger/*Mankowski*, Art. 14 EGBGB Rn 53.

22 Ob eine Person in Bezug auf die kollisionsrechtliche Anknüpfung einen gewöhnlichen Aufenthalt gleichzeitig[66] in verschiedenen Staaten haben kann, ist umstritten.[67] Die ablehnende Auffassung ist vorzugswürdig, weil der Daseinsmittelpunkt schlichtweg auf einen Ort verweist.

23 Der gewöhnliche Aufenthalt kann ausnahmsweise ganz fehlen.[68] Der BGH hat dies für den Fall angenommen, dass ein Ehegatte mit dem anderen Ehegatten in ein anderes Land umzieht, sich jedoch nicht sicher ist, ob er am neuen Aufenthalt bleiben wird oder wieder zurückkehrt. Hier kann ein neuer gewöhnlicher Aufenthalt nicht von Beginn an angenommen werden, der alte gewöhnliche Aufenthalt ist jedoch aufgegeben, wenn der Aufenthalt im anderen Staat nicht nur als vorübergehend angezeigt ist.[69]

24 **d) Verhältnis zum Aufenthaltsrecht.** Eine illegal in Deutschland eingereiste Person kann auch ohne Aufenthaltserlaubnis einen gewöhnlichen Aufenthalt in Deutschland im kollisionsrechtlichen Sinne begründen; jedoch nur durch längeren Aufenthalt und soziale Integration.[70] Der Wille, in Deutschland zu bleiben, reicht bei erst kurzem Aufenthalt nicht aus, wenn dem subjektiven Wollen des längerfristigen Aufenthalts fremdenrechtliche Bestimmungen offensichtlich entgegenstehen.[71] Der einmal entstandene gewöhnliche Aufenthalt entfällt nicht dadurch, dass der Asylantrag abgelehnt und die Ausreise angeordnet wurde.[72] Die Faktizität wiegt hier schwerer als die rechtliche Situation.[73]

25 **3. Grundsatz der engsten Verbindung (Nr. 3).** Versagt auch die Anknüpfung an einen (früheren) gemeinsamen Aufenthalt, ist das Recht zu ermitteln, mit dem die Ehepartner auf andere Weise gemeinsam am engsten verbunden sind. Diese generalklauselartige Anknüpfung erfordert eine Einzelfallentscheidung.[74]

26 **a) Kriterien für die Abwägung.** Das Gesetz gibt keinen Hinweis, welche Faktoren einzubeziehen sind. Die im Regierungsentwurf enthaltene beispielhafte Aufzählung „insbesondere durch den Verlauf der ehelichen Lebensgemeinschaft oder durch den Ort der Eheschließung"[75] wurde zu Recht weggelassen. Sie hätte von vornherein den Blickwinkel der vielgestaltigen Möglichkeiten eingeengt. Daneben wären wieder neue Zweifelsfragen aufgetaucht (Verlauf der Ehe?).[76] Außerdem ist der Ort der Eheschließung nicht selten zufällig und für sich allein wenig kennzeichnend für eine Ehe.[77]

27 In die Konkretisierung sind – ohne Rangfolge, Gewichtung oder Vollständigkeit – einzubeziehen:[78] die gemeinsame soziale Bindung der Ehegatten an einen Staat durch Herkunft (i.w.S.), Kultur, Sprache oder berufliche Tätigkeit; der gemeinsame einfache Aufenthalt, allerdings nicht nur ganz vorübergehender Natur; der letzte gemeinsame gewöhnliche Aufenthalt, wenn zwar beide Ehegatten ihn aufgegeben haben, aber einer von ihnen dem betreffenden Staat noch angehört; der beabsichtigte Erwerb einer gemeinsamen Staatsangehörigkeit; die beabsichtigte Begründung eines gemeinsamen gewöhnlichen Aufenthalts;[79] letztlich auch der Ort der Eheschließung, soweit die Verbindung zu dem betreffenden Staat nicht rein zufällig ist und durch weitere Indizien verstärkt wird,[80] insbesondere wenn ein Ehegatte die Staatsangehörigkeit dieses Staates besitzt (bzw. besaß) und/oder dort seinen gewöhnlichen Aufenthalt hat (bzw. hatte).[81] Auch

---

66 Ein alternierender Aufenthalt ist möglich, vgl. *v. Bar/Mankowski*, IPR I, § 7 Rn 24 Fn 83.
67 Befürwortend: BayObLGZ 1996, 122, 124; KG FamRZ 1987, 603, 605 = NJW 1988, 328; Erman/*Hohloch*, Art. 14 EGBGB Rn 15 i.V.m. Art. 5 EGBGB Rn 55; Soergel/*Kegel*, Art. 5 EGBGB Rn 49 i.V.m. 75; *v. Hoffmann*, IPR, § 5 Rn 80, S. 195; Staudinger/*Blumenwitz*, Art. 5 EGBGB Rn 469 m.w.N.; *Spickhoff*, IPRax 1995, 185, 189. Differenzierend: *Kropholler*, IPR, § 39 II 6a, S. 285 f. Ablehnend: Böhmer/Finger/*Finger*, Art. 14 Rn 15; Palandt/*Heldrich*, Art. 5 EGBGB Rn 10; MüKo/*Sonnenberger*, Einl. IPR Rn 667; Staudinger/*Mankowski*, Art. 14 EGBGB Rn 53; *Henrich*, § 2 I 2b, S. 62.
68 BGH IPRax 1994, 131, 133; krit. *Kropholler*, IPR, § 39 II 6b, S. 286.
69 BGH IPRax 1994, 131, 133; zust. *v. Bar*, IPRax 1994, 100, 102.
70 OLG Bremen FamRZ 1992, 962; OLG Hamm IPRax 1990, 247, 248; Palandt/*Heldrich*, Art. 5 Rn 10; *Kilian*, IPRax 1995, 9, 11.
71 OLG Koblenz FamRZ 1998, 756; OLG Köln FamRZ 1996, 946; OLG Bremen FamRZ 1992, 962, 963; Palandt/*Heldrich*, Art. 5 Rn 10; Böhmer/Finger/*Finger*, Art. 14 Rn 16; *Kilian*, IPRax 1995, 9, 11; a.A. *v. Hoffmann*, IPR, § 5 Rn 83, S. 196; *Spickhoff*, IPRax 1990, 225, 228.
72 OLG Nürnberg FamRZ 2002, 324; MüKo/*Sonnenberger*, Einl. IPR Rn 665; Böhmer/Finger/*Finger*, Art. 14 Rn 16.
73 *Henrich*, § 2 I 2b, S. 62.
74 Palandt/*Heldrich*, Art. 14 EGBGB Rn 10; Staudinger/*Mankowski*, Art. 14 EGBGB Rn 64; Soergel/*Schurig*, Art. 14 EGBGB Rn 14.
75 Vgl. BT-Drucks 10/504, S. 9 und 55.
76 BT-Drucks 10/5632, S. 41 (Bericht des Rechtsausschusses).
77 OLG Düsseldorf FamRZ 2003, 381; AG Hannover FamRZ 2000, 1576; Palandt/*Heldrich*, Art. 14 EGBGB Rn 9; MüKo/*Siehr*, Art. 14 EGBGB Rn 37; Staudinger/*Mankowski*, Art. 14 EGBGB Rn 66.
78 Vgl. allg. dazu den Bericht des Rechtsausschusses, BT-Drucks 10/5632, S. 41.
79 OLG Köln FamRZ 1990, 1590; AG Hannover NJWE-FER 2001, 279, 280 = IPRspr 2001 Nr. 64 und FamRZ 2000, 1576.
80 BGH IPRax 1994, 131, 133; OLG Celle FamRZ 1998, 686, 687; *Looschelders*, IPR, Art. 14 Rn 25.
81 OLG Düsseldorf FamRZ 2003, 381.

eine gemeinsame Erklärung der Ehegatten, sie seien mit einer bestimmten Rechtsordnung gemeinsam am engsten verbunden, ist ein deutliches Indiz.[82] Weitere Faktoren sind der Geburts- bzw. Aufenthaltsort von gemeinsamen Kindern.[83]

Fraglich ist, ob die **Zugehörigkeit beider Ehegatten zu einer Religionsgemeinschaft** (regelmäßig Islam) bei unterschiedlicher Staatsangehörigkeit eine engste Verbindung i.S.d. Nr. 3 zu dem Heimatrecht eines der Ehegatten, das durch diese Religion im Eherecht geprägt ist, zum Ausdruck bringt. Zwar wird dies als eine zulässige Anknüpfungsmöglichkeit bei im Wesentlichen übereinstimmenden Rechtssystemen in beiden Heimatstaaten angesehen, selbst wenn die Ehegatten ihren Aufenthalt getrennt in verschiedenen Staaten haben.[84] Voraussetzung hierfür ist aber, dass beide Ehegatten mit dem Rechtssystem eines dieser Staaten hinreichend eng verbunden sind. Hierfür kann sprechen, dass die Ehegatten sonstige soziale und kulturelle Verbindungen zu diesem Staat gemeinsam gepflegt haben. Ist einer der Ehegatten (auch) Deutscher, ist hiervon nicht auszugehen.[85] Zusätzliche Gesichtspunkte, die bei deutscher Staatsangehörigkeit (beachte Art. 5 Abs. 1 S. 2) gegen die besondere Berücksichtigung der Zugehörigkeit zu derselben Religionsgemeinschaft sprechen, liegen vor, wenn die Ehe niemals in dem anderen Heimatstaat gelebt wurde und/oder der deutsche Ehepartner im zeitlichen Zusammenhang zur Eheschließung zum Islam übergetreten ist.[86]   28

Die Häufung von Kontakten der Eheleute zu einer Rechtsordnung verstärkt deren Gewicht für die Anknüpfung im Verhältnis zu anderen.[87]   29

b) Fallkonstellationen. In der Rechtspraxis haben sich verschiedene Fallkonstellationen herausgebildet. In der **ersten Gruppe** hatten die Eheleute zwar zu einem Zeitpunkt in der Vergangenheit eine gemeinsame Staatsangehörigkeit bzw. einen gemeinsamen gewöhnlichen Aufenthalt, aber beide haben die Verbindungen zu dem betreffenden Recht abgebrochen.[88] Für beide wird das Personalstatut nicht mehr durch die Staatsangehörigkeit, sondern durch den gewöhnlichen Aufenthalt bestimmt, der in unterschiedlichen Drittstaaten liegt. Haben sich die Ehegatten aus Verfolgungsgründen vom Heimatstaat abgewandt, sind sie jedoch weiterhin u.a. kulturell, sprachlich, familiär und/oder durch die Religion mit der Gesellschaft ihres Heimatstaates verbunden, kommt über Nr. 3 die Anwendung des Rechts dieses Staates in Betracht, soweit sich der Widerspruch zum Machtsystem nicht auch auf das Familienrecht erstreckt.[89]   30

Eine **zweite Fallsituation** ist gegeben, wenn die Eheleute verschiedene Staatsangehörigkeiten haben und gemeinsam in einem Drittstaat ihren Lebensmittelpunkt hatten, den beide zum maßgeblichen Zeitpunkt von Nr. 2 nicht mehr innehaben.[90] Hier gewinnt ein früherer gemeinsamer gewöhnlicher Aufenthalt von längerer Dauer besonderes Gewicht, es sei denn, beide Eheleute sind mit einem anderen Kulturkreis verbunden und das dort geltende Recht weicht grundlegend von den übereinstimmenden Vorstellungen zum Eherecht ihrer Heimatländer ab.[91]   31

Fallgruppe drei hat zum Gegenstand, dass ein gemischtnationales Ehepaar von Beginn der Ehe an keinen gemeinsamen gewöhnlichen Aufenthalt hat. Diese Situation tritt relativ häufig bei der Bestimmung des Ehewirkungsstatuts im Zeitpunkt der Eheschließung für das Güterrechtsstatut auf (hierzu Art. 15 EGBGB Rn 13), ist aber auch für das Scheidungsstatut anzutreffen.[92] In die Abwägung einzubeziehen sind Planungen der Ehegatten über einen zukünftigen gemeinsamen Lebensmittelpunkt sowie eventuell über den Erwerb einer gemeinsamen Staatsangehörigkeit, insbesondere wenn ein Ehegatte mit dem betreffenden Staat eng verbunden ist, auch soweit diese Vorstellungen nicht verwirklicht wurden.[93] Zu beachten ist auch ein gemeinsamer schlichter Aufenthalt.[94] Dem Eheschließungsort kommt dann Gewicht zu, wenn ein Ehegatte die Staatsangehörigkeit dieses Staates besitzt (bzw. besaß) und/oder dort seinen gewöhnlichen Aufenthalt hat (bzw. hatte).[95]   32

---

82 MüKo/*Siehr*, Art. 14 EGBGB Rn 37.
83 AG Würzburg FamRZ 1998, 1591; MüKo/*Siehr*, Art. 14 EGBGB Rn 37.
84 So auch KG FamRZ 2002, 840, 841; MüKo/*Siehr*, Art. 14 EGBGB Rn 37.
85 Hierzu insgesamt KG FamRZ 2002, 840, 841.
86 Vgl. KG FamRZ 2002, 840, 841.
87 BGH IPRax 1994, 131, 133 f.; Staudinger/*Mankowski*, Art. 14 EGBGB Rn 79.
88 Bsp.: Iranische Ehegatten flüchten aus ihrer Heimat, der Mann nach Deutschland, die Frau in die USA; vgl. OLG München IPRax 1989, 238.
89 Vgl. dazu *Andrae*, Rn 198 f.
90 Bsp.: Eine Deutsche und ein Franzose lebten gemeinsam in New York, etwa wegen eines mehrjährigen beruflichen Aufenthaltes.
91 Bsp. wie eben, allerdings gemeinsamer Lebensort im Iran; vgl. auch Staudinger/*Mankowski*, Art. 14 EGBGB Rn 77.
92 AG Hannover NJWE-FER 2001, 279 = IPRspr 2001 Nr. 64; Staudinger/*Mankowski*, Art. 14 EGBGB Rn 72.
93 OLG Köln FamRZ 1998, 1590; AG Hannover NJWE-FER 2001, 279, 280 = IPRspr 2001 Nr. 64; AG Hannover FamRZ 2000, 1576; *v. Bar*, IPR II, Rn 206.
94 Vgl. Staudinger/*Mankowski*, Art. 14 EGBGB Rn 74; *v. Bar*, IPR II, Rn 206.
95 OLG Düsseldorf FamRZ 2003, 381; Staudinger/*Mankowski*, Art. 14 EGBGB Rn 73.

33 **c) Keine engste Verbindung.** Lässt sich bei Abwägung aller Umstände eine engste Verbundenheit nicht feststellen, ist deutsches Recht maßgeblich.[96] Dies rechtfertigt sich daraus, dass aufgrund der Vorschriften über die Zuständigkeit die deutschen Gerichte mit der konkreten Ehe nur befasst sind, wenn ein ausreichender Inlandsbezug die internationale Zuständigkeit eröffnet.[97]

III. Gewähltes Ehewirkungsstatut (Abs. 2–4)

34 **1. Gemeinsames Heimatrecht (Abs. 2).** Die Ehegatten können das gemeinsame Heimatrecht wählen, auch soweit es für die objektive Bestimmung des Ehewirkungsstatuts außer Betracht bleibt,[98] weil die Vorschrift Art. 5 Abs. 1 ausdrücklich ausnimmt. Der typische Fall ist der, dass ein deutscher Staatsangehöriger, der auch die Staatsangehörigkeit des Staates A besitzt, einen Angehörigen des Staates A heiratet. Nach Abs. 1 wäre das Recht ihres gemeinsamen Aufenthalts (Nr. 2) maßgeblich, denn Nr. 1 findet keine Anwendung, weil es für den Doppelstaater nach Art. 5 Abs. 1 S. 2 allein auf seine deutsche Staatsangehörigkeit ankommt. Abs. 2 eröffnet für dieses Ehepaar die Möglichkeit, das Recht des Staates A als gemeinsames Heimatrecht zu wählen.

35 Umstritten ist, ob die Rechtswahl zugunsten eines gemeinsamen Heimatrechts zulässig ist, das bereits gesetzliches Ehewirkungsstatut nach Abs. 1 Nr. 1 ist. Besitzen oder erwerben beide Ehepartner zusätzlich zur Staatsangehörigkeit des Staates A auch die des Staates B und ist Letztere für die objektive Anknüpfung wegen Art. 5 Abs. 1 entscheidend, können sie das Recht des Staates A wählen und damit erreichen, dass das gesetzliche Ehewirkungsstatut (Recht des Staates B) nicht zur Anwendung kommt.

36 Können die Ehegatten jedoch auch das bereits nach Abs. 1 Nr. 1 maßgebliche Recht des Staates B wählen? Die ablehnende Auffassung[99] meint, dass es dafür keinen Anlass gibt. Die Rechtswahl sei nur in engen Grenzen zulässig und der Wunsch nach Ausschluss des *renvoi* legitimiere dies nicht, zumal die Vorschrift nur das Problem der Mehrstaater regeln wolle.[100] Die Gegenmeinung[101] – der zu folgen ist – kann darauf verweisen, dass Abs. 2 im Unterschied zu Abs. 3 nicht den einschränkenden Bezug auf Abs. 1 Nr. 1 vorsieht. Auch die Ausschaltung des *renvoi* ist legitim, denn den Ehegatten geht es regelmäßig um die Anwendung eines bestimmten Sachrechts. Zudem beugt eine solche Rechtswahl einem Statutenwechsel vor, denn es kann durchaus sein, dass bei identischen Doppelstaatern die relevante Staatsangehörigkeit durch Verlegung des ehelichen Daseinsmittelpunktes wechselt. Die Rechtswahl schafft Rechtssicherheit und macht die Anknüpfung unabhängig vom Wechsel des gewöhnlichen Aufenthalts, kommt also dem Interesse nach Stetigkeit der Anknüpfung entgegen. Sie befreit die Ehegatten von einer Effektivitätsprüfung.[102]

37 Die Wirkungen der Rechtswahl nach Abs. 2 enden, wenn die Ehegatten sie aufheben; dann erfolgt die Bestimmung des maßgebenden Rechts objektiv.[103] Die Eheleute können die Rechtswahl auch ändern, indem sie ein anderes zulässiges Recht wählen.[104] Aufgrund des kollisionsrechtlichen Charakters von Aufhebung und Änderung der Rechtswahl unterliegen diese den Formerfordernissen des Abs. 4.[105] Fraglich ist, ob die Rechtswahl analog Abs. 3 S. 2 endet. Dies wird zum Teil vertreten.[106] Die zutreffende Gegenauffassung[107] weist darauf hin, dass ein solcher Tatbestand nach den Grundsätzen der Parteiautonomie und aus Gründen des Vertrauensschutzes ausdrücklich normiert sein muss.[108] Zudem ist diese Lösung konsequent, weil die Ehegatten im Rahmen des Abs. 2 bereits die gemeinsame relevante Staatsangehörigkeit wählen

---

[96] KG FamRZ 2002, 840, 842; Palandt/*Heldrich*, Art. 14 EGBGB Rn 10; MüKo/*Siehr*, Art. 14 EGBGB Rn 38; Erman/*Hohloch*, Art. 14 EGBGB Rn 18; Böhmer/Finger/*Finger*, Art. 14 Rn 23; *Spickhoff*, JZ 1993, 336, 341 f.
[97] A.A. Staudinger/*Mankowski*, Art. 14 EGBGB Rn 81 (ohne eine andere Anknüpfung aufzustellen); Soergel/*Schurig*, Art. 14 EGBGB Rn 15 sowie *Kegel/Schurig*, § 20 V 1a, S. 833 (kumulative Berufung der beiden Heimatrechte nach dem Grundsatz des schwächeren Rechts).
[98] Wenn diese Staatsangehörigkeit nach Art. 5 Abs. 1 S. 1 (nicht effektive Staatsangehörigkeit) oder Art. 5 Abs. 1 S. 2 (Vorrang der deutschen Staatsangehörigkeit) nicht zu berücksichtigen ist.
[99] Palandt/*Heldrich*, Art. 14 EGBGB Rn 12; Erman/*Hohloch*, Art. 14 EGBGB Rn 20; Soergel/*Schurig*, Art. 14 EGBGB Rn 19; *Looschelders*, IPR, Art. 14 Rn 30; Böhmer/Finger/*Finger*, Art. 14 Rn 26; *Schotten*, IPR, Rn 118; *v. Bar*, IPR II, Rn 199 Fn 459; *Lichtenberger*, in: FS Ferid 1988, S. 269, 273.
[100] Vgl. *Looschelders*, IPR, Art. 14 Rn 30.
[101] MüKo/*Siehr*, Art. 14 EGBGB Rn 41; Staudinger/*Mankowski*, Art. 14 EGBGB Rn 172; Reithmann/Martiny/*Hausmann*, Internationales Vertragsrecht, 6. Aufl. 2004, Rn 2679; *Kühne*, IPRax 1987, 69, 70 f.
[102] Ausf. dazu Staudinger/*Mankowski*, Art. 14 EGBGB Rn 171 ff.
[103] Palandt/*Heldrich*, Art. 14 EGBGB Rn 16; MüKo/*Siehr*, Art. 14 EGBGB Rn 44.
[104] Soergel/*Schurig*, Art. 14 EGBGB Rn 21; Erman/*Hohloch*, Art. 14 EGBGB Rn 26; *Looschelders*, IPR, Art. 14 Rn 31.
[105] MüKo/*Siehr*, Art. 14 EGBGB Rn 61; Staudinger/*Mankowski*, Art. 14 EGBGB Rn 149; *Schotten*, IPR, Rn 123.
[106] *Schotten*, IPR, Rn 122; *Kühne*, IPRax 1987, 69, 72.
[107] Palandt/*Heldrich*, Art. 14 EGBGB Rn 15; MüKo/*Siehr*, Art. 14 EGBGB Rn 43; Soergel/*Schurig*, Art. 14 EGBGB Rn 20; Staudinger/*Mankowski*, Art. 14 EGBGB Rn 177; *Looschelders*, IPR, Art. 14 Rn 31; Böhmer/Finger/*Finger*, Art. 14 Rn 27.
[108] Staudinger/*Mankowski*, Art. 14 EGBGB Rn 176.

können.¹⁰⁹ Weiterhin spricht der Wille des Gesetzgebers dafür.¹¹⁰ Hätte er Abs. 3 S. 2 als allgemeinen Beendigungsgrund für die Rechtswahl setzen wollen, hätte er es rechtstechnisch anders lösen müssen. Aus der Vorschrift ergibt sich gerade im Wege eines Umkehrschlusses die vorzuziehende Meinung. Letztlich endet die Rechtswahl nicht, wenn später ihre Voraussetzungen wegfallen.¹¹¹

2. Heimatrecht eines Ehegatten (Abs. 3). Nach S. 1 können die Eheleute das Heimatrecht eines Partners wählen. Die Rechtswahl ist nach dem Wortlaut der Vorschrift ausgeschlossen, wenn sich das anwendbare Recht bereits aus Abs. 1 Nr. 1 ergibt; die Ehegatten dürfen also weder eine gemeinsame Staatsangehörigkeit noch eine frühere gemeinsame Staatsangehörigkeit besitzen, die einer noch innehat, wobei für Doppelstaater Art. 5 Abs. 1 zu beachten ist.

38

Weiterhin knüpft die Norm die Zulässigkeit der Rechtswahl an zusätzliche Voraussetzungen. Haben die Ehegatten einen gemeinsamen gewöhnlichen Aufenthalt, ist die Rechtswahl nur statthaft, wenn keiner der Ehegatten die Staatsangehörigkeit dieses Staates besitzt (**Abs. 3 S. 1 Nr. 1**). Dabei meint Staatsangehörigkeit die i.S.d. Art. 5 Abs. 1 relevante, weil nur diese anknüpfungsbedeutend ist und zusammen mit dem gemeinsamen gewöhnlichen Aufenthalt zu einer solch starken Verbindung führt, die den Ausschluss der Rechtswahl rechtfertigt.¹¹² Heiratet die Staatsangehörige des Staates A den Staatsangehörigen des Staates B und leben sie in Deutschland, können sie das Recht des Staates A oder B wählen. Hat jedoch einer von ihnen (auch) die deutsche Staatsangehörigkeit, ist die Rechtswahl nicht zulässig.

39

Die Rechtswahl ist alternativ gemäß **Abs. 3 S. 1 Nr. 2** möglich, wenn die Ehegatten ihren gewöhnlichen Aufenthalt in unterschiedlichen Staaten haben. Es kommt nicht darauf an, ob beide oder einer von ihnen die Staatsangehörigkeit des jeweiligen Aufenthaltsstaates besitzen.

40

Umstritten ist, ob die Möglichkeit der Wahl des Heimatrechts bei einem **Mehrstaater** sich nur auf dessen relevante Staatsangehörigkeit i.S.d. Art. 5 Abs. 1 bezieht¹¹³ oder ob auch das Recht der nichtrelevanten Staatsangehörigkeit gewählt werden kann.¹¹⁴ In der Rechtspraxis ist das Problem bisher nicht aufgetreten. Vorzugswürdig ist die Beschränkung, denn die Wahl der nichtrelevanten Staatsangehörigkeit nur eines Partners weist nicht die für die Rechtswahl erforderliche und vom Gesetzgeber gewollte enge Beziehung zu der gewählten Rechtsordnung auf.

41

Die getroffene Rechtswahl können die Ehegatten jederzeit aufheben oder durch eine neue Rechtswahl ändern;¹¹⁵ für die Form gilt auch hier Abs. 4. Darüber hinaus enden die Wirkungen der Rechtswahl gemäß Abs. 3 S. 2, wenn die Eheleute eine gemeinsame Staatsangehörigkeit – relevante i.S.d. Art. 5 Abs. 1¹¹⁶ – erwerben. Das bedeutet, dass sich das Ehewirkungsstatut dann nach Abs. 1 Nr. 1 richtet. Dagegen berührt die Begründung eines gemeinsamen gewöhnlichen Aufenthalts in einem Land, dessen Staatsangehörigkeit einer der Ehegatten besitzt, die Wirkungen der Rechtswahl nicht.

42

3. Weitere übergreifende Fragen zur Rechtswahl. a) Form (Abs. 4). Für eine **im Inland** vorgenommene Rechtswahl ist zwingend die notarielle Beurkundung vorgeschrieben (**Abs. 4 S. 1**). Ist das Erfordernis nicht eingehalten, ist die Rechtswahl (form-)nichtig; das maßgebliche Recht bestimmt sich nach Abs. 1.¹¹⁷ Umstritten ist, ob den Anforderungen des § 1410 BGB¹¹⁸ in Bezug auf die Anwesenheit beider Teile zur Niederschrift des Notars Rechnung zu tragen ist. Die Argumente dafür¹¹⁹ und dagegen¹²⁰ halten

43

---

109 Palandt/*Heldrich*, Art. 14 EGBGB Rn 15; MüKo/ *Siehr*, Art. 14 EGBGB Rn 43; Soergel/*Schurig*, Art. 14 EGBGB Rn 20.
110 Vgl. BT-Drucks 10/504, S. 56.
111 Vgl. MüKo/*Siehr*, Art. 14 EGBGB Rn 43; Böhmer/ *Finger*/*Finger*, Art. 14 Rn 27; a.A. Soergel/*Schurig*, Art. 14 EGBGB Rn 20.
112 So auch Staudinger/*Mankowski*, Art. 14 EGBGB Rn 191 f.; *Looschelders*, IPR, Art. 14 Rn 32; *Kühne*, IPRax 1987, 69, 71; a.A. MüKo/*Siehr*, Art. 14 EGBGB Rn 48; Soergel/*Schurig*, Art. 14 EGBGB Rn 24; Böhmer/Finger/*Finger*, Art. 14 Rn 32.
113 Erman/*Hohloch*, Art. 14 EGBGB Rn 22; Staudinger/*Mankowski*, Art. 14 EGBGB Rn 182 ff.; *Looschelders*, IPR, Art. 14 Rn 34; MüKo/*Siehr*, Art. 14 EGBGB Rn 48 für Art. 14 Abs. 3 Nr. 1; Böhmer/Finger/*Finger*, Art. 14 Rn 32; Reithmann/Martiny/Hausmann, Internationales Vertragsrecht, 6. Aufl. 2004, Rn 2680; *v. Bar*, IPR II, Rn 200; *Kühne*, IPRax 1987, 69, 71; *Wegmann*, NJW 1987, 1740, 1741.

114 Palandt/*Heldrich*, Art. 14 EGBGB Rn 13; Soergel/ *Schurig*, Art. 14 EGBGB Rn 22; MüKo/*Siehr*, Art. 14 EGBGB Rn 49 für Art. 14 Abs. 3 Nr. 2; *Schotten*, IPR, Rn 119; *Lichtenberger*, in: FS Ferid 1988, S. 269, 273; *Kegel/Schurig*, § 20 V 1b, S. 834.
115 Vgl. MüKo/*Siehr*, Art. 14 EGBGB Rn 51.
116 Erman/*Hohloch*, Art. 14 EGBGB Rn 26; MüKo/ *Siehr*, Art. 14 EGBGB Rn 26; Soergel/*Schurig*, Art. 14 EGBGB Rn 26; *Wegmann*, NJW 1987, 1740, 1741; *Kühne*, IPRax 1987, 68, 72; a.A. Palandt/ *Heldrich*, Art. 14 EGBGB Rn 13; *v. Hoffmann*, IPR, § 8 Rn 28, S. 297.
117 OLG Düsseldorf FamRZ 1995, 932; Palandt/ *Heldrich*, Art. 14 EGBGB Rn 13; Staudinger/ *Mankowski*, Art. 14 EGBGB Rn 118.
118 Bürgerliches Gesetzbuch i.d.F. der Bekanntmachung v. 2.1.2002 (BGBl I S. 42).
119 Vgl. Staudinger/*Mankowski*, Art. 14 EGBGB Rn 120 m.w.N.
120 Soergel/*Schurig*, Art. 14 EGBGB Rn 32 m.w.N.

sich die Waage. Das Problem entsteht in der Rechtspraxis kaum, da die Rechtswahlklausel regelmäßig im Ehevertrag Aufnahme findet. Aus Gründen der Rechtssicherheit sollte in der Vertragspraxis auch für die Rechtswahlklausel auf die Einhaltung von § 1410 BGB geachtet werden.

44 Werden die Erklärungen **im Ausland** abgegeben, genügt es gemäß **Abs. 4 S. 2**, wenn für die Rechtswahl die Formerfordernisse für einen Ehevertrag nach dem gewählten Recht oder am Ort der Rechtswahl eingehalten worden sind (Sachnormverweisung[121]). Es schadet also nicht, dass das gewählte Recht oder das am Ort der Rechtswahl geltende Recht eine Rechtswahl für die Ehewirkungen nicht kennen.[122] Daneben ist zu berücksichtigen, dass die Rechtswahl ein eigenständiger (kollisionsrechtlicher) Vertrag ist. Es kommt demnach nicht darauf an, ob es sich bei der Urkunde, in der die Rechtswahlklausel enthalten ist, um einen Ehevertrag handelt.[123] Entscheidend ist, dass die Rechtswahl[124] – bei der konkludenten Rechtswahl die Bestimmungen, aus denen auf die Rechtswahl geschlossen wird – den Formerfordernissen eines Ehevertrags nach diesem Recht entspricht. Eine Gleichwertigkeit der ausländischen mit der inländischen Form ist nicht erforderlich.[125]

45 Versteckt enthält Abs. 4 S. 2 noch eine weitere Möglichkeit für die Form aufgrund einer Gesamtbetrachtung mit S. 1. Eine Beurkundung durch einen ausländischen Notar ist ausreichend, soweit der ausländische Notar dem deutschen Notar und der Beurkundungsvorgang dem im deutschen Recht vorgeschriebenen gleichwertig ist.[126] Zulässig ist ferner die Beurkundung durch den Konsularbeamten einer deutschen Auslandsvertretung.[127]

46 **b) Art der Rechtswahl.** Die Rechtswahl kann **ausdrücklich**, aber auch **konkludent**[128] erfolgen, wenn sie sich mit hinreichender Sicherheit aus der Vereinbarung der Partner und den Umständen ergibt, die zur Vereinbarung führten.

47 In der Rechtspraxis hat die **konkludente Rechtswahl** vor allem Bedeutung im Hinblick auf Eheschließungen nach religiösem Recht erlangt. Von einer solchen ist nicht auszugehen, wenn angesichts des ausländischen Eheschließungsorts die Klauseln im Ehevertrag nur als Hinweis auf den Eheschließungsritus nach religiösem Recht oder als bloße Feststellung der Geltung des Rechts des Eheschließungsorts zu verstehen sind.[129] Eine Rechtswahl erfordert einen nach außen tretenden realen Parteiwillen, sich dem Recht eines bestimmten Staates zu unterstellen. Dieser kann auch in der ehevertraglichen Vereinbarung eines für eine Rechtsordnung charakteristischen Rechtsinstituts ihren Ausdruck finden. Die Vereinbarung einer Morgengabe im Rahmen einer islamischen Trauung ohne weitere deutliche Hinweise reicht für die Annahme einer Rechtswahl jedoch nicht aus, zumal damit allgemein den im Islam verbreiteten Vorstellungen und den zwingenden Voraussetzungen für die Eheschließung Rechnung getragen wird, ohne dass damit zugleich eine Unterstellung der gesamten Ehewirkungen unter das Recht des Eheschließungsorts gewollt ist (vgl. auch Rn 82 ff.). Dagegen liegt eine Rechtswahl vor, wenn die Eheleute mit der Vereinbarung festlegen wollten, dass angesichts ihres künftigen gemeinsamen Lebensmittelpunkts in Deutschland für ihre Ehe und ihre Ehewirkungen das ausländische Recht gelten soll, mit dem sie gemeinsam durch Religion, Sprache, Familie usw. verbunden sind.[130]

48 Ein ausschließlich güterrechtliche Fragen unter Einschluss des Versorgungsausgleichs regelnder Ehevertrag indiziert keine Rechtswahl für das Ehewirkungsstatut.[131]

49 **c) Zeitpunkt der Rechtswahl.** Da das Ehewirkungsstatut wandelbar ist, ist auch die Rechtswahl an keinen Zeitpunkt gebunden. Sie ist bereits vor der Eheschließung möglich und kann auch zu einer Zeit erfolgen, in

---

121 MüKo/*Siehr*, Art. 14 EGBGB Rn 60; Erman/*Hohloch*, Art. 14 EGBGB Rn 6 und 24; *Looschelders*, IPR, Art. 14 Rn 36.
122 BayObLG FamRZ 1998, 1594, 1596; MüKo/*Siehr*, Art. 14 EGBGB Rn 60; *Börner*, IPRax 1995, 309, 312.
123 Übersehen von BayObLG FamRZ 1998, 1594, 1596.
124 Vgl. BayObLG FamRZ 2003, 381, 383.
125 Staudinger/*Mankowski*, Art. 14 EGBGB Rn 132; a.A. *Börner*, IPRax 1995, 309, 312.
126 So auch Staudinger/*Mankowski*, Art. 14 EGBGB Rn 126; Soergel/*Schurig*, Art. 14 EGBGB Rn 32; *Looschelders*, IPR, Art. 14 Rn 36; *Wagner*, IPRax 2000, 512, 513. Das Problem ist in der Rspr. zum Eherecht bisher nicht aufgetreten; vorhandene Rspr. bezieht sich auf das Gesellschaftsrecht; weiterführend Staudinger/*Mankowski*, a.a.O. Rn 127 ff.
127 S. dazu das Konsulargesetz v. 11.9.1974 (BGBl I S. 2317), insb. §§ 10, 11.
128 Vgl. BayObLG FamRZ 2003, 381, 383 und FamRZ 1998, 1594, 1596; Staudinger/*Mankowski*, Art. 14 EGBGB Rn 143; Böhmer/Finger/*Finger*, Art. 14 Rn 36.
129 Vgl. BayObLG FamRZ 2003, 381, 383; *Börner*, IPRax 1995, 309, 313 Fn 41.
130 BayObLG FamRZ 1998, 1594: Ehe eines deutsch-syrischen Staatsangehörigen mit einer Syrerin bei Eheschließung in Syrien, Abschluss eines Ehevertrages nach islamrechtlichen und gesetzlichen Grundsätzen mit der Sonderbedingung, dass die Ehefrau mit dem Mann im dauernden Aufenthalt im Ausland, insb. Deutschland lebt.
131 Staudinger/*Mankowski*, Art. 14 EGBGB Rn 144.

dem die Bedingungen für eine Rechtswahl nicht gegeben sind (vorsorgliche Rechtswahl).[132] Allerdings treten die Wirkungen der Rechtswahl erst ein, wenn die gesetzlichen Voraussetzungen hierfür erfüllt sind.[133] Die Rechtswahl kann auch noch im Rahmen einer Scheidungsvereinbarung bzw. zur Vorbereitung der Scheidung getroffen werden; nur muss sie sich auf die Ehewirkungen und nicht nur auf die Scheidung beziehen.[134]

d) Zustandekommen, Wirksamkeit und Auslegung der Rechtswahl. Artt. 27 Abs. 4, 31 Abs. 1 bringen den allgemeinen Grundsatz zum Ausdruck, dass das Zustandekommen und die rechtsgeschäftliche Wirksamkeit der Rechtswahl nach dem gewählten Recht zu beurteilen ist (siehe Art. 27 EGBGB Rn 1 ff.). Diese kollisionsrechtliche Regel ist auch auf die Rechtswahl im Eherecht anwendbar.[135] Erfasst sind grundsätzlich Zustandekommen, Willensmängel und Auslegung.[136] Die Zulässigkeit der Rechtswahl als solche, die wählbare Rechtsordnung und der Umfang der Rechtswahl sind hiervon jedoch abzugrenzen; sie bestimmen sich stets nach inländischem Recht.[137]

50

e) Sonstiges. Von der Rechtswahl erfasst sind die Rechtsfragen, die unmittelbar dem Ehewirkungsstatut unterliegen. Sie erstreckt sich auch auf die Bereiche, für die in gesonderten Kollisionsnormen auf das gesamte Ehewirkungsstatut von Art. 14 (Artt. 15 Abs. 1,[138] 17 Abs. 1 S. 1) verwiesen wird. Die Rechtswahl gilt jedoch nicht für diejenigen Vorschriften, die nur auf das objektive Ehewirkungsstatut verweisen (Artt. 19 Abs. 1 S. 3, 22 Abs. 1 S. 2).

51

IV. Allgemeine Fragen des Internationalen Privatrechts

1. Renvoi. Die Verweisung auf ausländisches Recht durch eine **wirksame Rechtswahl** der Ehepartner ist immer eine Sachnormenverweisung (vgl. Art. 4 Abs. 2).

52

Im Gegensatz dazu sind für das **gesetzliche Ehewirkungsstatut** Rück- und Weiterverweisung zu beachten (Art. 4 Abs. 1 S. 1). Besondere Bedeutung haben die Rück- und Weiterverweisungen des ausländischen IPR aufgrund des Wohnsitzprinzips. Umstritten ist, ob die Anknüpfung an die gemeinsame engste Verbindung der Ehepartner gemäß Abs. 1 Nr. 3 eine Verweisung auf die Sachvorschriften ausspricht.[139] Nach einer Auffassung ist der *renvoi* zu beachten, weil für den Abs. 1 insgesamt das Prinzip der Gesamtverweisung gelte.[140] Nach anderer Auffassung – der gefolgt wird – widerspricht eine Gesamtverweisung hier dem Sinn und Zweck kollisionsrechtlicher Verweisung (Art. 4 Abs. 1 S. 1 a.E.).[141] Die Anknüpfung beruht auf der Würdigung aller Umstände und den daraus resultierenden Rechtsanwendungsinteressen für den konkreten Einzelfall. Ausländisches Recht wird aufgrund dieser Anknüpfung nur berufen, wenn die Ehepartner weder eine gemeinsame deutsche Staatsangehörigkeit noch einen gemeinsamen gewöhnlichen Aufenthalt in Deutschland haben oder zuletzt hatten und auch keine sonstigen Umstände vorliegen, die eine Verweisung auf deutsches Recht sachgerecht erscheinen lassen. Der *renvoi* ist deshalb hier überflüssig (vgl. Art. 4 EGBGB Rn 17).

53

Qualifiziert das **fremde Kollisionsrecht** das betreffende materiellrechtliche Problem anders als das deutsche IPR, wird im Rahmen der Prüfung des *renvoi* auf die Kollisionsnorm des ausländischen Rechts verwiesen, die nach der dortigen Rechtsauffassung diesen Gegenstand erfasst.[142]

54

---

132 Palandt/*Heldrich*, Art. 14 EGBGB Rn 11; Erman/*Hohloch*, Art. 14 EGBGB Rn 23; Soergel/*Schurig*, Art. 14 EGBGB Rn 29; Staudinger/*Mankowski*, Art. 14 EGBGB Rn 145; Böhmer/Finger/*Finger*, Art. 14 Rn 25.

133 BT-Drucks 10/504, S. 56; MüKo/*Siehr*, Art. 14 EGBGB Rn 57; Soergel/*Schurig*, Art. 14 EGBGB Rn 29 m.w.N.

134 KG IPRax 2000, 544, 544 f. m.w.N.; Staudinger/*Mankowski*, Art. 14 EGBGB Rn 146.

135 Erman/*Hohloch*, Art. 14 EGBGB Rn 23; MüKo/*Siehr*, Art. 14 EGBGB Rn 58; Staudinger/*Mankowski*, Art. 14 EGBGB Rn 138; Böhmer/Finger/*Finger*, Art. 14 Rn 36; *Looschelders*, IPR, Art. 14 Rn 37; a.A. Palandt/*Heldrich*, Art. 14 EGBGB Rn 14 a.E.; *Börner*, IPRax 1995, 309, 313 f.

136 Vgl. Staudinger/*Mankowski*, Art. 14 EGBGB Rn 138 ff. m.w.N.

137 So auch Staudinger/*Mankowski*, Art. 14 EGBGB Rn 139; *Börner*, IPRax 1995, 309, 312 f.

138 Die Rechtswahl für das Ehewirkungsstatut erfasst das Ehegüterrechtsstatut nur, wenn sie vor oder bei Eheschließung erfolgt ist. Dies folgt aus der Verweisung des Art. 15 Abs. 1 auf das Recht der allgemeinen Ehewirkungen zum Zeitpunkt der Eheschließung. Außerdem hat eine gesonderte Rechtswahl für das Ehegüterrechtsstatut Vorrang (vgl. Art. 15 Abs. 2).

139 Vgl. dazu ausf. *Sonnentag*, Der Renvoi im internationalen Privatrecht, Diss. 2001, S. 171 ff.

140 AG Hannover FamRZ 2000, 1576; MüKo/*Sonnenberger*, Art. 4 EGBGB Rn 28; Soergel/*Schurig*, Art. 14 EGBGB Rn 70; Staudinger/*Hausmann*, Art. 4 EGBGB Rn 99; *Looschelders*, IPR, Art. 14 Rn 9; *Schotten*, IPR, Rn 114.

141 MüKo/*Siehr*, Art. 14 EGBGB Rn 119; Palandt/*Heldrich*, Art. 14 EGBGB Rn 3; Erman/*Hohloch*, Art. 14 EGBGB Rn 6, 18; Böhmer/Finger/*Finger*, Art. 14 Rn 5; *Henrich*, § 2 I 2d, S. 64.

142 U.a. BGHZ 24, 352, 355; BGH NJW 1980, 2016, 2017.

55 In ausländischen Rechtsordnungen sind **gleichberechtigungswidrige Anknüpfungen** im Ehe(wirkungs)recht immer seltener anzutreffen. Soweit im konkreten Fall die Verweisung nach Abs. 1 zu einer solchen Rechtsordnung führt, ist zu prüfen, ob die Anwendung des ausländischen Kollisionsrechts durch Art. 6 ausgeschlossen ist. Art. 6 bezieht sich nicht nur auf das ausländische Sach-, sondern auch auf das Kollisionsrecht.[143] Entscheidend ist, ob durch die Anwendung gleichberechtigungswidriger Kollisionsnormen eine Verletzung des Grundrechts nach Art. 3 Abs. 2 GG vorliegt. Die Grundrechte verbieten die Anwendung ausländischen Rechts jedoch nur, soweit sie wegen genügend enger Inlandsbeziehungen Geltung beanspruchen und die Anwendung im konkreten Fall zu einem verfassungswidrigen Ergebnis führen. Für den Ausschluss des *renvoi* reicht es nicht aus, abstrakt einen Verstoß des ausländischen Kollisionsrechts gegen den Gleichberechtigungsgrundsatz festzustellen. Verweist das ausländische IPR, z.B. durch Anknüpfung an das Heimatrecht des Ehemannes, auf das deutsche Recht zurück, ist diese Rückverweisung grundsätzlich anzunehmen, weil die Anwendung deutschen Sachrechts die Ehefrau regelmäßig nicht benachteiligt, das Ergebnis der Anwendung folglich nicht gleichberechtigungswidrig ist. Verweist das ausländische Recht auf sich selbst, dann ist das Ergebnis gleichfalls nicht grundrechtswidrig, denn dieses Recht ist gemäß den in Art. 14 festgelegten, die Gleichheit der Geschlechter beachtenden, Anknüpfungsregeln bestimmt worden.

56 **2. Vorfragen.** Art. 14 setzt voraus, dass zwischen den Partnern zum maßgeblichen Zeitpunkt eine Ehe besteht; d.h. die Ehe muss wirksam geschlossen worden und darf noch nicht beendet sein (kollisionsrechtliche Vorfrage oder Erstfrage). Die Frage nach dem wirksamen Zustandekommen der Ehe ist **selbständig** nach Art. 13, bei Eheschließung im Ausland für die Form zusätzlich nach Art. 11, zu prüfen. Die Ehe ist aufgelöst, wenn ein entsprechendes deutsches Urteil ergangen ist oder eine diesbezügliche ausländische Entscheidung hier anerkannt wird.

57 Die Prüfung kann einerseits dazu führen, dass die Ehe nach dem deutschen internationalen Eheschließungsrecht nicht wirksam eingegangen ist. Dann treten keine Wirkungen der Ehe ein.[144]

58 Andererseits kann die Prüfung ergeben, dass eine Ehe nur vom Standpunkt des deutschen Rechts, nicht aber aus der Sicht der ausländischen Rechtsordnung besteht, die nach Art. 14 berufen ist (sog. **hinkende [Inlands-]Ehe**). Die h.M. beurteilt die Ehewirkungen in diesem Fall ohne Differenzierung nach dem gemäß Art. 14 maßgeblichen ausländischen Recht.[145] Jedoch wendet sie in Bezug auf die Scheidung und die Scheidungsfolgen einer solchen Ehe deutsches Recht an.[146] Dies wird damit begründet, dass die Ehe nach ausländischem Recht nicht gelebt würde und zudem beim Ehehindernis der Religionsverschiedenheit regelmäßig auch keine adäquaten Normen dieses Rechts für die Scheidung zur Verfügung stünden (hierzu und zu den entgegenstehenden Auffassungen Art. 17 EGBGB Rn 45 ff.). Konsequent ist es deshalb, soweit die Scheidung und die Scheidungsfolgen wegen Nichtanerkennung der Ehe nicht dem gemäß Art. 17 Abs. 1 S. 1 i.V.m. Art. 14 Abs. 1 maßgeblichen Recht, sondern dem deutschen Recht unterstellt werden, dies auch für die Ehewirkungen zu vertreten. Sieht das deutsche und das ausländische Recht die Ehe zwar als wirksam an, ist sie aber vom Standpunkt des Ehewirkungsstatuts bereits aufgelöst, aus der Sicht des deutschen Rechts jedoch nicht, da die Scheidung hier nicht anerkannt ist, dann bestimmen sich die Wirkungen dieser hinkenden Ehe nach dem gemäß Art. 14 maßgeblichen Ehewirkungsstatut. Das ist deshalb gerechtfertigt, weil die Ehe in einem solchen Fall auch gemäß dem ausländischen Recht gelebt wurde und einem Statutenwechsel begegnet wird.

59 **3. Ordre public.** Bisweilen sind im anzuwendenden ausländischen materiellen Recht die Ehewirkungen betreffende **gleichberechtigungswidrige Bestimmungen** anzutreffen, z.B. die Minderung der Geschäftsfähigkeit der Ehefrau als Folge der Eheschließung, das Abhängigmachen der Aufnahme einer Berufstätigkeit von der Zustimmung des Mannes, die Verpflichtung zur alleinigen Führung des Haushalts oder die gesetzliche Vertretung der Ehefrau durch den Ehemann in bestimmten Prozessen.[147] Bei hinreichendem Inlandsbezug sind sie nach Art. 6 S. 2 i.V.m. Art. 3 Abs. 2 GG unbeachtlich.[148]

---

143 Palandt/*Heldrich*, Art. 4 EGBGB Rn 9; *Andrae*, Rn 207 m.w.N.
144 Erman/*Hohloch*, Art. 14 EGBGB Rn 9; Staudinger/*Mankowski*, Art. 14 EGBGB Rn 23.
145 So bereits KG NJW 1963, 51, 53; Palandt/*Heldrich*, Art. 14 EGBGB Rn 17; Erman/*Hohloch*, Art. 14 EGBGB Rn 9; *Looschelders*, IPR, Art. 14 Rn 8; Staudinger/*Mankowski*, Art. 14 EGBGB Rn 19 m.w.N.; MüKo/*Siehr*, Art. 14 EGBGB Rn 116; Soergel/*Schurig*, Art. 14 EGBGB Rn 69 mit Nachw. für die a.A., die die Wirkungen einer solchen Ehe dem deutschen Recht entnimmt.
146 OLG Zweibrücken FamRZ 2001, 920, 921; OLG Koblenz FamRZ 1994, 1262, 1263 = NJW-RR 1994, 647; OLG Hamm FamRZ 1994, 1182; BT-Drucks 10/504, S. 60.
147 LG Berlin FamRZ 1993, 198.
148 Staudinger/*Mankowski*, Art. 14 EGBGB Rn 232; Soergel/*Schurig*, Art. 14 EGBGB Rn 75; *Looschelders*, IPR, Art. 14 Rn 11.

4. Rechtsspaltung, Mehrrechtsstaat. Wird für das Ehewirkungsstatut auf das Heimatrecht verwiesen, das für diesen Regelungsbereich kein einheitliches Recht bereithält, ist die maßgebliche Rechtsordnung gemäß Art. 4 Abs. 3 zu bestimmen (vgl. Art. 4 EGBGB Rn 20 ff.). In Betracht kommt eine territoriale (z.B. USA), eine personale (z.B. Israel) oder eine sowohl räumliche als auch personale Rechtsspaltung (z.B. Malaysia). Auch bei dem Verweis auf die Rechtsordnung eines Mehrrechtsstaates ist zunächst der *renvoi* zu prüfen, sofern er beachtlich ist (siehe Rn 52 ff.). Hat die ausländische Rechtsordnung ein einheitliches IPR, ist dieses heranzuziehen. Fehlt es daran, ist bei Anknüpfung an die gemeinsame Staatsangehörigkeit nach Abs. 1 Nr. 1 das Kollisionsrecht der Teilrechtsordnung heranzuziehen, mit der die Eheleute am engsten verbunden sind. In erster Linie kommt es hierbei auf ihren gegenwärtigen oder früheren gemeinsamen Aufenthalt an. Im Übrigen sind die Kriterien für Abs. 1 Nr. 3 entsprechend heranzuziehen.

Nimmt das ausländische Recht die Verweisung an, gilt nach Art. 4 Abs. 3: In erster Linie bestimmt sich die anwendbare Teilrechtsordnung nach dem hierfür vorgesehenen (interlokalen bzw. interpersonalen) Kollisionsrecht des Gesamtstaates. Fehlt es daran, ist die maßgebende Teilrechtsordnung nach dem Grundsatz der engsten Verbindung auszuwählen; es kommt auf die gemeinsame engste Verbindung der Eheleute an (analog Abs. 1 Nr. 3). Problematisch sind Fälle, in denen keine gemeinsame engste Verbindung zu einer bestimmten Teilrechtsordnung (etwa einem US-amerikanischen Bundesstaat) existiert und die Teilrechtsordnungen in der Lösung nicht übereinstimmen. Zu favorisieren ist hier die Anknüpfung an den gemeinsamen gewöhnlichen Aufenthalt nach Abs. 1 Nr. 2, weil der Verweis auf das gemeinsame Heimatrecht gescheitert ist.[149]

5. Staatensukzession. Hatten die Ehegatten die gemeinsame Staatsangehörigkeit eines Staates, der inzwischen zerfallen ist oder von dem sich Teile als Staaten abgespalten haben (z.B. Sowjetunion, Jugoslawien, Tschechoslowakei), gilt für das Ehewirkungsstatut aufgrund seiner Wandelbarkeit Folgendes: Haben die Ehegatten nunmehr eine gemeinsame Staatsangehörigkeit, dann kommt es auf diese an. Dagegen kann die frühere gemeinsame Staatsangehörigkeit nicht als Anknüpfungspunkt dienen, wenn beide nunmehr die Staatsangehörigkeit unterschiedlicher Staaten besitzen, die sich auf dem Territorium des zerfallenen Staates befinden. Das gilt selbst dann, wenn einer der Staaten rechtlich mit dem Altstaat identisch ist. In diesen Fällen kommt es für die Anknüpfung auf den gemeinsamen gewöhnlichen Aufenthalt oder den letzten gemeinsamen gewöhnlichen Aufenthalt an (Abs. 1 Nr. 2).[150] Letzterer führt jedoch dann nicht zur maßgeblichen Rechtsordnung, wenn dieser Aufenthalt zeitlich vor der Staatensukzession lag. In diesem Fall wird über diesen gewöhnlichen Aufenthalt keine enge Verbindung der Ehegatten zur Rechtsordnung eines der nunmehr bestehenden Staaten zum Ausdruck gebracht. Die Anknüpfung ist in diesem Fall nach dem Prinzip der engsten Verbindung (Abs. 1 Nr. 3) vorzunehmen. Soweit eine engste Verbindung nicht festgestellt werden kann, ist deutsches Recht anzuwenden (siehe Rn 33).

V. Anwendungsbereich

1. Grundsätzliches. Der unmittelbare Anwendungsbereich des Ehewirkungsstatuts ist eingeschränkt, weil es keine Anwendung findet, soweit die betreffende Rechtsfrage als güterrechtlich (dann Art. 15), als unterhaltsrechtlich (dann UntÜ,[151] Art. 18) oder als Scheidungsfolge (dann Art. 17 Abs. 1) qualifiziert wird. Zudem richtet sich der Versorgungsausgleich nach Art. 17 Abs. 3, die Nutzungsbefugnis für die im Inland belegene Ehewohnung und den im Inland befindlichen Hausrat nach Art. 17a. Vom Ehewirkungsstatut erfasst werden (lediglich) die Rechtsbeziehungen der Ehepartner zueinander, die sich auf die Ehe als solche beziehen und keinen Sonderregelungen[152] unterliegen.

2. Einzelne Problemfelder. a) Herstellung der ehelichen Lebensgemeinschaft, Getrenntleben. Dem Art. 14 unterliegen die Klagen auf Herstellung der ehelichen Lebensgemeinschaft oder umgekehrt auf Feststellung des Rechts auf Getrenntleben bzw. deren (Un-)Klagbarkeit.[153]

---

[149] *Kropholler*, IPR, § 29 II 1c, S. 200; a.A. *Hay*, IPRax 1988, 267 (Recht des US-Bundesstaates, dessen Gerichte aus bundesverfassungsrechtlicher Sicht der USA für die Streitsache zuständig sind); *Bungert*, IPRax 1993, 16 (Recht der Hauptstadt – hier Washington).

[150] OLG Düsseldorf FamRZ 1995, 932, 933; AG Heidelberg IPRax 1999, 386 (LS mit Anm. *Jayme*); *Jayme*, IPRax 1992, 333 (Anm. zu AG Böblingen, ebd.).

[151] Haager Übereinkommen über das auf Unterhaltspflichten anzuwendende Recht v. 2.10.1973 (BGBl II 1986 S. 837).

[152] Neben den gerade genannten Vorschriften gilt z.B. für das Ehenamensrecht Art. 10.

[153] BGH NJW 1976, 1028 = FamRZ 1976, 202; OLG München FamRZ 1986, 807; KG FamRZ 1968, 646; Palandt/*Heldrich*, Art. 14 EGBGB Rn 18; Erman/*Hohloch*, Art. 14 EGBGB Rn 29; Staudinger/*Mankowski*, Art. 14 EGBGB Rn 243 und 245; MüKo/*Siehr*, Art. 14 EGBGB Rn 79 f. und 82 f.; Soergel/*Schurig*, Art. 14 EGBGB Rn 40; *Henrich*, § 2 II 1, S. 66.

65 **b) Lebensmittelpunkt.** Dem Ehewirkungsstatut unterfällt außerdem die materiellrechtliche (familienrechtliche) Frage, ob ein Ehegatte den Lebensmittelpunkt mit dem anderen teilen muss. Soweit die danach berufene Vorschrift das Problem gleichberechtigungswidrig löst, gilt das unter Rn 55 Ausgeführte.

66 **c) Gegenseitige Unterstützung und Hilfeleistung.** Zum Ehewirkungsstatut gehört die Pflicht zur gegenseitigen Unterstützung und Hilfeleistung,[154] was auch die Obligation zur Mitwirkung bei der Verfolgung von Rechtsangelegenheiten, z.B. durch Auskunftserteilung, einschließt.[155] Das maßgebliche Recht bestimmt zudem darüber, ob der Auskunftsanspruch auch nach Beendigung der Ehe geltend gemacht werden kann. Demgegenüber unterliegen Auskunftsansprüche, die der Aufklärung des Umfangs der Ansprüche der Ehegatten zueinander dienen, dem Recht, das auf den betreffenden Anspruch Anwendung findet.[156]

67 **d) Unerlaubte Handlung.** Ansprüche zwischen Ehegatten wegen Ehestörungen (Unterlassung/Schadensersatz) sind ebenfalls Art. 14 unterstellt,[157] während Ansprüche von Ehegatten gegen Dritte als deliktsrechtlich zu qualifizieren sind.[158] Die sonstige deliktische Haftung der Ehegatten untereinander richtet sich allerdings nach den Artt. 40 ff.[159] Im Rahmen des Art. 41 kommt eine akzessorische Anknüpfung an das Ehewirkungsstatut infrage, wenn es um Ansprüche wegen der Verletzung spezifisch familien- und ehebezogener Pflichten geht.[160] Die Rechtsprechung hat aber eine Berücksichtigung des Familienstatuts abgelehnt, soweit es die Haftung wegen Verletzung allgemeiner Verhaltenspflichten (z.B. im Verkehr) und allgemeiner Straftatbestände (wie Betrug) betrifft.[161] Dem Deliktsstatut unterliegt zudem der allgemeine Haftungsmaßstab, wohingegen dem nach Art. 14 berufenen Recht zu entnehmen ist, ob davon abweichend für die Eheleute zueinander ein besonderer Haftungsmaßstab gilt.[162] Das Ehewirkungsstatut entscheidet also darüber, ob Ehegatten einander besondere Sorgfalt schulden, ob ihre Haftung gemildert, aufgehoben oder verschärft ist. Dagegen ist das Deliktsstatut für die Frage heranzuziehen, inwieweit eine Haftungsmilderung für den Ehegatten auch auf die Haftpflichtversicherung zurückwirkt.

68 **e) Wohnsitz/Domicile.** Es gibt immer noch Rechtsordnungen, in denen die Ehefrau einen vom Ehemann abhängigen Wohnsitz besitzt,[163] der Ehemann ein diesbezügliches einseitiges Bestimmungsrecht hat; mitunter ist der Familienwohnsitz auch durch gegenseitiges Einverständnis festzulegen.[164] Für das Ehewirkungsstatut hat ein ausländischer Wohnsitz-/*domicile*-Begriff im Kollisionsrecht im Rahmen der Gesamtverweisung Bedeutung, weil sich die Auslegung des fremden Kollisionsrechts nach dortigem Recht richtet.[165] Eine sich daraus ergebende gleichberechtigungswidrige Anknüpfung ist nach dem unter Rn 55 Dargelegten zu behandeln.[166] Besteht allerdings keine enge Verbindung zum deutschen Recht oder kommt das deutsche Kollisionsrecht bei anderer Anknüpfung zum selben Ergebnis, liegt keine *ordre-public*-Widrigkeit vor.[167] Entsprechendes gilt bei Relevanz des Wohnsitzes im ausländischen materiellen Recht.[168]

69 **f) Hausratverteilung und Zuweisung der Ehewohnung.** Über die Qualifikation des Anspruchs auf Hausratverteilung und auf Zuweisung der Ehewohnung herrscht Streit.[169] Einerseits wird die Zuordnung zu den allgemeinen Ehewirkungen bzw. im Falle einer Scheidung zum Scheidungsstatut nach Art. 17 Abs. 1

---

154 BGH NJW 1976, 1588, 1589; Staudinger/*Mankowski*, Art. 14 EGBGB Rn 253; MüKo/*Siehr*, Art. 14 EGBGB Rn 97; Böhmer/Finger/*Finger*, Art. 14 Rn 51.
155 BGH FamRZ 1984, 465, 466 = NJW 1984, 2040; Palandt/*Heldrich*, Art. 14 EGBGB Rn 18; Staudinger/*Mankowski*, Art. 14 EGBGB Rn 253; *Henrich*, § 2 II 1, S. 66.
156 Palandt/*Heldrich*, Art. 14 EGBGB Rn 18; Böhmer/Finger/*Finger*, Art. 14 Rn 48.
157 Wie hier BGH NJW 1990, 706, 707; OLG Hamm NJW-RR 1998, 1542; Palandt/*Heldrich*, Art. 14 EGBGB Rn 18; Erman/*Hohloch*, Art. 14 EGBGB Rn 29; Staudinger/*Mankowski*, Art. 14 EGBGB Rn 262; Soergel/*Schurig*, Art. 14 EGBGB Rn 45.
158 Insoweit allg. Auffassung, vgl. Erman/*Hohloch*, Art. 14 EGBGB Rn 29; Staudinger/*Mankowski*, Art. 14 EGBGB Rn 262; MüKo/*Siehr*, Art. 14 EGBGB Rn 84; Böhmer/Finger/*Finger*, Art. 14 Rn 54.
159 MüKo/*Siehr*, Art. 14 EGBGB Rn 109; Soergel/*Schurig*, Art. 14 EGBGB Rn 45.
160 M.w.N. Staudinger/*Mankowski*, Art. 14 EGBGB Rn 279; MüKo/*Siehr*, Art. 14 EGBGB Rn 109.
161 Z.B. BGH IPRax 1997, 187, 191 = NJW 1996, 1411 (zur Verlobung); BGHZ 119, 137, 144 f.
162 Vgl. Erman/*Hohloch*, Art. 14 EGBGB Rn 31; Staudinger/*Mankowski*, Art. 14 EGBGB Rn 279; *Henrich*, § 2 II 1, S. 66.
163 So in Indien, vgl. OLG Hamburg, IPRax 2002, 304 m. Anm. *Andrae/Essebier*, IPRax 2002, 294, 297.
164 S. dazu die rechtsvergleichenden Ausführungen bei Staudinger/*Mankowski*, Art. 14 EGBGB Rn 218 ff.
165 Erman/*Hohloch*, Art. 14 EGBGB Rn 30; MüKo/*Siehr*, Art. 14 EGBGB Rn 87; Soergel/*Schurig*, Art. 14 EGBGB Rn 43 und 56.
166 S.a. Palandt/*Heldrich*, Art. 14 EGBGB Rn 18; Soergel/*Schurig*, Art. 14 EGBGB Rn 43 und 56; Staudinger/*Mankowski*, Art. 14 EGBGB Rn 229; Böhmer/Finger/*Finger*, Art. 14 Rn 56.
167 So in Bezug auf das abhängige *domicile* der Ehefrau nach indischem Recht *Andrae/Essebier*, IPRax 2002, 294, 297 (Anm. zu OLG Hamburg IPRax 2002, 304).
168 *Henrich*, § 2 II 10, S. 75.
169 Vgl. zuletzt ausf. *Finger*, FuR 2000, S. 1 ff. und 64 ff.

S. 1 befürwortet,[170] andererseits sollen diese Fragen dem Unterhaltsstatut[171] entnommen werden.[172] Mit der Einführung des Art. 17a ist der Problematik im Wesentlichen die praktische Bedeutung entzogen worden, da die Gerichte regelmäßig mit Streitfällen über Hausrat und Wohnung befasst sind, die im Inland belegen sind. Befinden sich diese jedoch im Ausland, ist eine Qualifikationsentscheidung erforderlich. Hier ist die Unterstellung unter Art. 14, im Scheidungsfall unter Art. 17 Abs. 1 S. 1, zu bevorzugen, weil eine unterhaltsrechtliche Qualifikation nicht überzeugt.[173] Dagegen spricht, dass die Hausratverteilung die Versorgung beider Ehepartner mit diesen Gütern sicherstellen soll. Auch bei der Zuweisung der Ehewohnung fehlt es an der für den Unterhalt typischen Konstellation der Leistungsfähigkeit eines Partners, weil es um die Aufteilung bisher gemeinsamer materieller Grundlagen geht.

g) **Verpflichtungs- und Verfügungsbeschränkungen.** Diese können Art. 14 oder Art. 15 zugeordnet sein. Dienen sie dem Schutz der ehelichen Lebensgemeinschaft unabhängig vom Güterstand, sind sie den allgemeinen Ehewirkungen zuzurechnen; sind sie jedoch Ausfluss eines bestimmten Güterstandes oder dienen seiner Sicherung, sind sie als güterrechtlich zu qualifizieren.[174] Einen Hinweis hierfür gibt die Stellung der Regelung im Eherecht, die endgültige Entscheidung ist jedoch entsprechend der Funktion der Regelung zu treffen. Eventuell kommt auch eine doppelte Zuordnung infrage. 70

Besonders umstritten ist die Qualifikation bei Beschränkungen, die den **Hausrat und die Ehewohnung** betreffen,[175] weil im deutschen Recht hierzu eine Regelung nur für die Zugewinngemeinschaft, in ausländischen Rechtsordnungen eine solche Einschränkung oft unabhängig vom Güterstand, getroffen ist.[176] Als Lösung bietet sich eine Doppelqualifikation an.[177] Dem Ehewirkungsstatut sind Beschränkungen zu entnehmen, die unabhängig vom Güterstand eingreifen. Sieht das Ehewirkungsstatut keine derartigen Regelungen vor oder bindet es sie an einen bestimmten Güterstand, wie bei § 1369 BGB, ist das Güterrechtsstatut gefragt. Regelt dieses das Problem nicht für die einzelnen Güterstände gesondert, sondern unabhängig vom Güterstand als *régime primaire*, dann ist die Verweisung auch darauf zu erstrecken. Ein solches Vorgehen rechtfertigt sich aus zwei Gründen. Zum einen besitzen derartige Normen auch den Charakter einer Sonderordnung für das Vermögen der Ehegatten, eine Aufnahme in die einzelnen Güterstände ist entbehrlich, wenn die Regelung für alle Güterstände gleichermaßen erfolgt. Zum anderen wird ein durch Verweisung hervorgetretener Normenmangel durch Anpassung beseitigt. 71

Manche Rechtsordnungen beschränken zum Schutz der ehelichen Lebensgemeinschaft die **Kündigung der Ehewohnung** durch einen Ehepartner. Dogmatisch ist eine Qualifikation als Ehewirkung angezeigt.[178] Jedoch sollte wegen der Parallele zur Hausrats- und Wohnungszuweisung bei Belegenheit im Inland Art. 17a entsprechende Anwendung finden. 72

h) **Verpflichtungsermächtigung (Schlüsselgewalt).** Inwieweit Ehegatten gesetzlich in Bezug auf den anderen Ehegatten eine Vertretungsmacht und/oder eine (Mit-)Verpflichtungsermächtigung besitzen, bestimmt sich, soweit sich die Regelung nicht auf einen einzelnen Güterstand bezieht, nach dem durch Art. 14 berufenen Recht.[179] § 1357 ist also anwendbar, wenn deutsches Recht Ehewirkungsstatut ist.[180] Das Ehewirkungsstatut entscheidet über die Voraussetzungen, den Umfang und die Widerspruchsrechte sowie 73

---

170 OLG Celle FamRZ 1999, 443; OLG Stuttgart FamRZ 1998, 1321, 1322; Palandt/*Heldrich*, Art. 14 EGBGB Rn 18; Soergel/*Schurig*, Art. 14 EGBGB Rn 50; Staudinger/*Mankowski*, Art. 14 EGBGB Rn 272, 292; *Rausch*, NJW 1994, 2120, 2128.
171 OLG Koblenz IPRax 1991, 263 = NJW-RR 1991, 522; OLG Hamm IPRax 1990, 114, 114 f.; AG Kerpen FamRZ 1997, 893, 894; *Henrich*, § 2 II 1, S. 67; *Kegel/Schurig*, § 20 V 3, S. 837; *Kropholler*, IPR, § 45 II 1, S. 341; *Brudermüller*, FamRZ 1999, 193, 204; *Weber*, IPRax 1990, 95, 98 (zugleich Besprechung von OLG Hamm, a.a.O.); ausf. *Banse*, Qualifikation der Zuweisung der Ehewohnung, Diss. 1995, S. 72 ff.
172 Teilweise wird nach dem Zusammenhang differenziert, vgl. MüKo/*Siehr*, Art. 14 EGBGB Rn 104 f. Daneben werden vereinzelt die Maßgeblichkeit der *lex rei sitae* und der *lex fori* vertreten, vgl. mit Nachw. Erman/*Hohloch*, Art. 14 EGBGB Rn 33.
173 Staudinger/*Mankowski*, Art. 14 EGBGB Rn 272; *Looschelders*, IPR, Art. 14 Rn 5.
174 Palandt/*Heldrich*, Art. 14 EGBGB Rn 18; MüKo/*Siehr*, Art. 14 EGBGB Rn 114; *Henrich*, § 2 II 8, S. 73 ff.
175 Für Art. 14: v. *Bar*, IPR II, Rn 241; grds. auch Staudinger/*Mankowski*, Art. 14 EGBGB Rn 303. Für Art. 15: Soergel/*Schurig*, Art. 15 EGBGB Rn 33 m.w.N.
176 Vgl. dazu die Hinw. bei Staudinger/*Mankowski*, Art. 14 EGBGB Rn 302.
177 So auch Staudinger/*Mankowski*, Art. 14 EGBGB Rn 303; *Henrich*, § 2 II 8, S. 74.
178 Palandt/*Heldrich*, Art. 14 EGBGB Rn 18; *Henrich*, § 2 II 9, S. 75.
179 OLG Celle IPRax 1993, 96; Erman/*Hohloch*, Art. 14 EGBGB Rn 31; MüKo/*Siehr*, Art. 14 EGBGB Rn 113; Soergel/*Schurig*, Art. 14 EGBGB Rn 44; Staudinger/*Mankowski*, Art. 14 EGBGB Rn 297; *Henrich*, § 2 II 1, S. 66; *Jayme*, IPRax 1993, 80, 81.
180 So i.E. – trotz falscher IPR-Prüfung – BGH IPRax 1993, 97 m. Anm. *Jayme* = JR 1992, 498 m. Anm. *Böhmer*.

den Ausschluss der Verpflichtungsermächtigung. Zum Schutz des inländischen Rechtsverkehrs ist jedoch bei ausländischem Ehewirkungsstatut Art. 16 Abs. 2 zu beachten, wenn sich der Dritte auf § 1357 BGB beruft.

74 **i) Unbenannte Zuwendungen.** Diese richten sich unter Ehegatten nicht nach dem Ehewirkungsstatut. Vertreten wird entweder eine schuldvertragliche[181] oder eine güterrechtliche[182] Qualifikation.[183]

75 **j) Verträge zwischen Ehegatten.** Ausländische Rechtsordnungen beschränken mitunter die Zulässigkeit von bestimmten Verträgen zwischen den Ehegatten, wie Schenkung und Kauf.[184] Hierzu sind auch Sondervorschriften über den Widerruf und die Anfechtung solcher Verträge unter Ehegatten zu zählen. Beschränkungen, die sich auf alle Güterstände beziehen, richten sich nach dem Ehewirkungsstatut.[185] Sie sind nur dann als güterrechtlich zu qualifizieren, wenn sie Ausfluss und Folge eines bestimmten Güterstandes ist.[186] Für die praktische Rechtsanwendung bedeutet dies, dass zunächst das Ehewirkungsstatut zu befragen ist, ob es Einschränkungen dieser Art für die Ehe im Allgemeinen kennt, und zusätzlich das Ehegüterrechtsstatut, jedoch nur soweit es Einschränkungen für den Güterstand vorsieht, in dem die Ehegatten leben.

76 Inwieweit Verbote von **Gesellschaftsverträgen** zwischen Ehegatten bestehen, ist nach h.M. dem Güterrechtsstatut zu entnehmen.[187] Diesem Recht sollen auch Beschränkungen unterliegen, die sich auf **Ehegattenarbeitsverträge** beziehen.[188] Dagegen spricht jedoch, dass diese im Kontext der Verpflichtung der Ehegatten stehen, zum Familienunterhalt beizutragen oder sogar im Unternehmen des anderen Ehepartners mitarbeiten zu müssen.[189] Deshalb ist die Anwendung von Art. 14 vorzugswürdig, soweit sich das Verbot nicht auf einen bestimmten Güstand bezieht. Die Verträge selbst unterliegen dem nach Artt. 27 ff. maßgeblichen Recht, Gesellschaftsverträge dem Gesellschaftsstatut. Haben die Schuldverträge einen starken familiären Bezug, z.B. bei Schenkung oder unentgeltlicher Darlehensgewährung, kommt mangels Rechtswahl eine akzessorische Anknüpfung an das Ehewirkungsstatut infrage, wenn sich daraus die engste Verbindung zu einer Rechtsordnung gemäß Art. 28 ergibt.

77 **k) Bürgschaft, Schuldbeitritt, Garantie.** Ausländische Rechtsordnungen erfordern mitunter die Zustimmung des anderen Ehegatten für den Abschluss solcher Rechtsgeschäfte.[190] Die Rechtsprechung qualifiziert diese sog. Interzessionsverbote für Ehegatten nicht ehewirkungsrechtlich. Der BGH hat das Zustimmungserfordernis des Ehegatten zur Bürgschaftserklärung als eine besondere Schuldnerschutzvorschrift angesehen und dem Vertragsstatut unterstellt;[191] das OLG Köln folgt dem für den Schuldbeitritt.[192] Gegen diese Zuordnungen sind in der Literatur Bedenken erhoben worden. Es handelt sich um Schutzvorschriften für die eheliche Lebensgemeinschaft. Mit ihnen soll verhindert werden, dass ein Ehepartner ohne Zustimmung des anderen durch Übernahme derartiger Verpflichtungen die Vermögensgrundlage der Familie gefährdet und je nach Güterstand auch eine Inanspruchnahme des anderen Ehepartners infrage kommt. Deshalb ist eine familienrechtliche Qualifikation angezeigt und die Zuordnung zum Ehewirkungsstatut zu bevorzugen, soweit die Regelung für alle Güterstände gleichermaßen gilt.[193] Zu berücksichtigen ist im Rahmen der Prüfung des *renvoi* freilich eine abweichende Qualifikation der ausländischen Rechtsordnung. Außerdem ist der inländische Verkehrsschutz (analog Art. 12 bzw. 16 Abs. 2) zu beachten.[194]

---

181 Z.B. BGHZ 119, 392, 395 = IPRax 1995, 399; Staudinger/*Mankowski*, Art. 14 EGBGB Rn 294 a.E.; *Schotten*, IPR, Rn 233; *Lorenz*, FamRZ 1993, 393, 396 (zugleich Besprechung von BGH, a.a.O.).
182 Z.B. *Andrae*, Rn 299; Reithmann/Martiny/*Hausmann*, Internationales Vertragsrecht, 6. Aufl. 2004, Rn 2785; *Winkler v. Mohrenfels*, IPRax 1995, 379, 381 (zugleich Besprechung von BGHZ 119, 392).
183 Ausf. und mit weiteren Nachw. *Andrae*, Rn 291 ff.
184 Rechtsvergleichende Ausführungen bei Staudinger/*Mankowski*, Art. 14 EGBGB Rn 290 f.; *Henrich*, § 2 II 5, S. 72.
185 Palandt/*Heldrich*, Art. 14 EGBGB Rn 18; Erman/*Hohloch*, Art. 14 EGBGB Rn 32; MüKo/*Siehr*, Art. 14 EGBGB Rn 108; Soergel/*Schurig*, Art. 14 EGBGB Rn 63; Böhmer/Finger/*Finger*, Art. 14 Rn 68; *v. Bar*, IPR II, Rn 192.
186 Böhmer/Finger/*Finger*, Art. 14 Rn 68; *Kühne*, FamRZ 1969, 371, 376 ff.; a.A. (stets ehewirkungsrechtlich) Staudinger/*Mankowski*, Art. 14 EGBGB Rn 293 und – nur die Vorfrage des Güterstandes dem Art. 15 unterstellend – *Henrich*, § 2 II 5, S. 72.
187 OLG Stuttgart NJW 1958, 1972; Palandt/*Heldrich*, Art. 14 EGBGB Rn 18; Erman/*Hohloch*, Art. 14 EGBGB Rn 32; Soergel/*Schurig*, Art. 14 EGBGB Rn 63; Staudinger/*Mankowski*, Art. 14 EGBGB Rn 312; Böhmer/Finger/*Finger*, Art. 14 Rn 68a.
188 FG Düsseldorf RIW 1987, 644; Erman/*Hohloch*, Art. 14 EGBGB Rn 32; wohl auch *v. Bar*, IPR II, Rn 192 Fn 429.
189 Staudinger/*Mankowski*, Art. 14 EGBGB Rn 294.
190 Vgl. die Beispiele bei Staudinger/*Mankowski*, Art. 14 EGBGB Rn 234.
191 BGH NJW 1977, 1011, 1012 mit Anm. *Jochem*, NJW 1977, 1012 f. und *Kühne*, JZ 1977, 439 ff.
192 OLG Köln RIW 1998, 148, 149.
193 Palandt/*Heldrich*, Art. 14 EGBGB Rn 18; Erman/*Hohloch*, Art. 14 EGBGB Rn 30; Staudinger/*Mankowski*, Art. 14 EGBGB Rn 237; MüKo/*Siehr*, Art. 14 EGBGB Rn 91; *Henrich*, § 2 II 7, S. 73.
194 *Kegel/Schurig*, § 20 V 3, S. 839 Fn 253.

l) Rückgabeansprüche von Verlobungs- und Hochzeitsgeschenken. Die Rechtsprechung ist verschiedentlich mit Rückgabeansprüchen von Verlobungs- und Hochzeitsgeschenken bei Scheitern der Ehe insbesondere mit Bezug zur Türkei befasst worden.[195] Ein familienrechtlicher Anspruch, wonach jeder Ehegatte sein persönliches Vermögen bei Scheidung zurückerhält, soweit er unabhängig vom Güterstand ist, unterliegt als Scheidungsfolge dem Ehewirkungsstatut zur Zeit der Rechtshängigkeit des Scheidungsantrags. Den bereicherungsrechtlichen Herausgabeanspruch eines Ehegatten gegen den anderen wird man akzessorisch an dieses Statut knüpfen können (Art. 41 Abs. 1 und 2 Nr. 1). Die eigentumsrechtliche Zuordnung bestimmt sich nach der *lex rei sitae* zum Zeitpunkt des Vollzugsgeschäfts. Ob ein Ehegatte oder beide Eigentümer der Geschenke geworden sind, ist jedoch dem nach Art. 14 zum Zeitpunkt der Schenkung maßgeblichen Recht zu entnehmen.[196] Möglich ist auch ein sachenrechtlicher Herausgabeanspruch, der sich nach dem Lageort der Geschenke zum Zeitpunkt der Geltendmachung richtet.[197] Ein sich auf den Widerruf der Schenkung stützender Herausgabeanspruch unterliegt dem auf die Schenkung anwendbaren Recht.[198] Soweit alle Beteiligten (Ehegatten, Schenker) die gemeinsame Staatsangehörigkeit haben, wird an diese angeknüpft;[199] entweder liegt eine konkludente Rechtswahl vor oder die Verweisung ergibt sich aus Art. 28 Abs. 5.

m) Eigentumsvermutungen. Dem nach Art. 14 maßgeblichen Recht sind Eigentumsvermutungen zu entnehmen, die unabhängig vom Güterstand bestehen (z.B. § 1362 BGB). Für im Inland belegene bewegliche Sachen ist bei ausländischem Ehewirkungsstatut die Verkehrsschutzvorschrift des Art. 16 Abs. 2 zu beachten.[200]

n) Verjährung. Eine Teilanknüpfung für Sonderbestimmungen, die die Verjährung von Ansprüchen der Ehegatten gegeneinander abweichend vom allgemeinen Verjährungsrecht regeln, findet nicht statt. Wie die Verjährung im Allgemeinen sind sie dem Recht zu entnehmen, das auf den betreffenden Anspruch Anwendung findet.[201]

o) Zwangsvollstreckung. Verbote oder Beschränkungen der Zwangsvollstreckung wegen Ansprüchen der Ehegatten gegeneinander gehören zum Anwendungsbereich des Art. 14, während sich die Zwangsvollstreckung im Übrigen nach der *lex fori* richtet.[202]

3. Sonderfall Morgengabe. Besondere Schwierigkeiten treten im Zusammenhang mit der dem deutschen Recht unbekannten Morgengabe[203] auf, die ein zentrales Rechtsinstitut im islamischen Eherecht darstellt.[204] Die Ehegatten treffen in der Eheschließungsurkunde, die nach islamischem Recht aufgesetzt ist, oder in einem gesonderten Vertrag eine Vereinbarung über die Leistung einer Morgengabe des Mannes an die Frau. Ein Teilbetrag wird meist bei der Heirat geleistet, der andere ist je nach Vereinbarung auf Verlangen der Frau sofort zahlbar oder erst bei Auflösung der Ehe durch Tod oder Scheidung.[205] Die Morgengabe hat eine Vielzahl von Funktionen zu erfüllen, wobei auch der Zusammenhang zu den islamischrechtlichen Traditionen zu beachten ist (u.a. die Zulassung der Polygamie, die Aufhebung der Ehe durch (grundlose) Verstoßung (*talaq*), das weitgehende Fehlen eines nachehelichen Unterhaltsanspruchs und die geringe Erbberechtigung der Ehefrau).[206] In einigen Staaten wird das Versprechen als Gültigkeitsvoraussetzung für die Ehe angesehen, in den meisten Ländern wird sie für eine Ehewirkung gehalten.[207]

---

195 Z.B. OLG Köln NJW-RR 1994, 200; LG Tübingen FamRZ 1992, 1437; LG Berlin FamRZ 1993, 198; zu Zuständigkeitsfragen vgl. OLG Köln FamRZ 1994, 1476; OLG Hamm FamRZ 1993, 211.
196 LG Berlin FamRZ 1993, 198; *Henrich*, § 2 II 4, S. 71.
197 OLG Köln NJW-RR 1994, 200.
198 A.A. *Henrich*, § 2 II 4, S. 71, der eine familienrechtliche Qualifikation befürwortet.
199 Vgl. auch OLG Köln NJW-RR 1994, 200; LG Tübingen FamRZ 1992, 1437.
200 Palandt/*Heldrich*, Art. 14 EGBGB Rn 18; Erman/ *Hohloch*, Art. 14 EGBGB Rn 32; MüKo/*Siehr*, Art. 14 EGBGB Rn 115; Staudinger/*Mankowski*, Art. 14 EGBGB Rn 304; Soergel/*Schurig*, Art. 14 EGBGB Rn 65; Böhmer/Finger/*Finger*, Art. 14 Rn 61; *Andrae*, Rn 215; *Henrich*, § 2 II 1, S. 66 f.
201 MüKo/*Siehr*, Art. 14 EGBGB Rn 111; Staudinger/ *Mankowski*, Art. 14 EGBGB Rn 283; *Henrich*, § 2 II 6, S. 72.
202 Erman/*Hohloch*, Art. 14 EGBGB Rn 32; MüKo/ *Siehr*, Art. 14 EGBGB Rn 112; Böhmer/Finger/ *Finger*, Art. 14 Rn 62 und 68 b.
203 Arabisch „*mahr*", türkisch „*mehir*". Daneben finden sich die Begriffe „Brautgabe" und „Heiratsgeld". Zu Bezeichnungen in anderen Sprachen *Krüger*, FamRZ 1977, 114 Fn 2.
204 Von *Heldrich*, IPrax 1983, 64 stammt der Begriff „das juristische Kuckucksei aus dem Morgenland".
205 OLG München IPRspr 1985 Nr. 67; *Henrich*, § 2 II 3, S. 69.
206 S. *Andrae*, Rn 282; *Rauscher*, DEuFamR 1999, 194, 196; *Heldrich*, IPrax 1983, 64; *Krüger*, FamRZ 1977, 114.
207 Nach *Henrich*, § 2 II 3, S. 69 sehen die Morgengabe als Ehewirkung Syrien, Libyen und Kuwait an; wohl auch Jordanien, vgl. KG FamRZ 1980, 470, 471; s.a. *Krüger*, FamRZ 1977, 114, 115.

83 **a) Qualifikation.** Wie aus den vorstehenden Ausführungen bereits deutlich wird, ist eine eindeutige internationalprivatrechtliche Zuordnung zum Anwendungsbereich einer deutschen Kollisionsnorm problematisch. Aus diesem Grund gehen die Meinungen auseinander. Einigkeit besteht noch darüber, dass sich die Frage, ob eine Morgengabevereinbarung bzw. die Leistung der Morgengabe Voraussetzung für eine wirksame Eheschließung ist, nach dem gemäß Art. 13 Abs. 1 anwendbaren Recht bestimmt.[208] Im Übrigen kommt eine Zuordnung zum Unterhalts-, Güterrechts-, Ehewirkungs- (bzw. Scheidungs-) und Erbstatut in Betracht. Eine Entscheidung ist nur dann erforderlich, wenn dies im konkreten Fall zu verschiedenen Rechtsordnungen führt.[209] Für die Lösung des Qualifikationsproblems werden zwei Auffassungen vertreten.

84 Eine Meinung bevorzugt eine **Mehrfachqualifikation**;[210] die Zuweisung der Morgengabe zum Anwendungsbereich einer Kollisionsnorm ist von ihrer überwiegenden Funktion im Zeitpunkt der Fälligkeit oder Geltendmachung abhängig.[211] Wird die Morgengabe während des Bestehens der Ehe geltend gemacht, wird sie überwiegend als allgemeine Ehewirkung[212] qualifiziert, ferner güterrechtlich.[213] Im Zusammenhang mit der Geltendmachung bzw. Fälligkeit der Morgengabe bei Ehescheidung, der in der Rechtspraxis am häufigsten auftretende Fall, wird mehrheitlich eine unterhaltsrechtliche Qualifikation vertreten.[214] Eine solche Qualifikation führt dazu, dass das der Ehescheidung zugrunde liegende Recht gemäß Art. 8 Abs. 1 UntÜ (Art. 18 Abs. 4) über den Anspruch auf die Morgengabe entscheidet. Zum gleichen Ergebnis führt regelmäßig die Qualifikation als Scheidungsfolge[215] (allgemeine Ehewirkung), weil hier auf den Zeitpunkt der Rechtshängigkeit des Scheidungsantrags abzustellen ist. Daneben findet sich eine güterrechtliche Qualifikation.[216] Wird die Morgengabe erst bei Auflösung der Ehe infolge des Todes des Ehemannes verlangt, findet eine erbrechtliche Qualifikation statt.[217]

85 Nach anderer Auffassung ist eine **Einheitsqualifikation** vorzunehmen und die Einordnung des Versprechens einer Morgengabe nicht vom Zeitpunkt der Geltendmachung abhängig zu machen.[218] Dass die Morgengabe verschiedene Funktionen im materiellen Recht erfüllt, befreit nicht von der Aufgabe einer eindeutigen kollisionsrechtlichen Zuordnung, die den spezifischen internationalprivatrechtlichen Interessen in Bezug auf dieses Rechtsinstitut Rechnung tragen muss.[219] Aber auch hier stellt sich wiederum die Frage, welcher Kollisionsnorm die Morgengabe zu unterstellen ist. Vertreten wird sowohl eine Anwendung von Art. 14[220] als auch von Art. 15.[221] Für die Subsumtion unter Art. 14 wird vorgebracht, dass in einer Reihe islamischer Rechtsordnungen die Verpflichtung zur Zahlung der Morgengabe für eine Ehewirkung gehalten wird.[222] Zudem ist die Morgengabe nicht von einem bestimmten Güterstand abhängig.[223] Außerdem würden bei einer güterrechtlichen Qualifikation der Morgengabe Zweifel über das anwendbare Recht auftauchen, wenn ein gemischtnationales Paar im Zeitpunkt der Eheschließung in Deutschland lebt.[224]

---

208 Palandt/*Heldrich*, Art. 13 EGBGB Rn 9; Erman/*Hohloch*, Art. 13 EGBGB Rn 33; *v. Hoffmann*, IPR, § 6 Rn 9, S. 211. Regelmäßig ist aber die Morgengabevereinbarung in den islamischen Rechtsschulen keine Wirksamkeitsvoraussetzung für die Gültigkeit einer Ehe, vgl. AG Würzburg FamRZ 1998, 1591; *Öztan*, FamRZ 1998, 624; *Heldrich*, IPRax 1983, 64.

209 So hat die Rspr. letztlich die Frage offen gelassen, weil also Lösung zum gleichen Recht geführt hat, vgl. BGH FamRZ 1999, 217 = NJW 1999, 574, und IPRax 1988, 109, 110 = FamRZ 1987, 463; OLG Hamm FamRZ 1991, 1319, 1320; OLG München IPRspr 1985 Nr. 67.

210 Zum Begriff vgl. MüKo/*Sonnenberger*, Einl. IPR Rn 481 ff.

211 Palandt/*Heldrich*, Art. 13 EGBGB Rn 9; wohl auch *Kegel/Schurig*, § 7 III 3b cc aaa, S. 350; Böhmer/Finger/*Finger*, Art. 14 Rn 72; *Hohloch*, JuS 1999, 707; *Heldrich*, IPRax 1983, 64.

212 OLG Nürnberg FamRZ 2001, 1613; Palandt/*Heldrich*, Art. 14 EGBGB Rn 18 u. Art. 13 EGBGB Rn 9; Erman/*Hohloch*, Art. 14 EGBGB Rn 34; Staudinger/*Mankowski*, Art. 14 EGBGB Rn 294; *v. Bar*, IPR II, Rn 192; *Heldrich*, IPRax 1983, 64, 65.

213 *Henrich*, § 5 IV 2b, S. 188; *Heßler*, IPRax 1988, 95, 96.

214 KG FamRZ 1988, 296 u. FamRZ 1980, 470, 471; AG Fürth FPR 2002, 450, 451; AG Kerpen FamRZ 1999, 1429; Palandt/*Heldrich*, Art. 13 EGBGB Rn 9; *Henrich*, § 5 IV 2b, S. 188; *Heßler*, IPRax 1988, 95, 97; tendenziell auch OLG Celle FamRZ 1998, 374, 375.

215 *v. Bar*, IPR II, Rn 192; *Heldrich*, IPRax 1983, 64, 65.

216 OLG Frankfurt FamRZ 1996, 1478, 1479; OLG Düsseldorf FamRZ 1998, 623, 624; OLG Köln IPRax 1983, 73 und OLG Bremen FamRZ 1980, 606, 607 (die letzten beiden Gerichte wohl die Einheitsqualifikation zugrunde legend).

217 Palandt/*Heldrich*, Art. 13 EGBGB Rn 9; *v. Hoffmann*, IPR, § 6 Rn 9, S. 212; *Kropholler*, IPR, § 17 I, S. 126; *Heldrich*, IPRax 1983, 64, 65.

218 OLG Köln IPRax 1983, 73; OLG Bremen FamRZ 1980, 606, 607 (beide nicht eindeutig); MüKo/*Siehr*, Art. 15 EGBGB Rn 97; *Rauscher*, DEuFamR 1999, 194, 195.

219 I.d.S. auch MüKo/*Siehr*, Art. 15 EGBGB Rn 97; *Rauscher*, DEuFamR 1999, 194, 195.

220 So wohl OLG Köln NJW-RR 1994, 200; *Henrich*, § 2 II 3, S. 69.

221 OLG Bremen FamRZ 1980, 606, 607; MüKo/*Siehr*, Art. 15 EGBGB Rn 106 u. Art. 15 EGBGB Rn 97; Soergel/*Schurig*, Art. 14 EGBGB Rn 48 und Art. 15 EGBGB Rn 35; *Rauscher*, DEuFamR 1999, 194, 197.

222 *Henrich*, § 2 II 3, S. 69.

223 Staudinger/*Mankowski*, Art. 14 EGBGB Rn 274.

224 Näher *Henrich*, § 2 II 3, S. 70.

Für die Zuordnung zum Güterrechtsstatut wird argumentiert, dass „die Morgengabe in einem Ehevertrag festgelegt wird, der – wie das Ehegüterrecht – die Ehe stabilisiert und die Ehefrau – wie durch den Zugewinnausgleich – für die Zeit nach Auflösung der Ehe finanziell sichern soll".[225] Es überwiegt das Interesse an der Stabilität der Anknüpfung, denn die Ehepartner müssen bei ihrer Vereinbarung wissen, welchem Recht diese gegenwärtig und auch in Zukunft untersteht,[226] die bewegliche Anknüpfung nach Art. 14 ist weniger sachgemäß als eine güterrechtliche Qualifikation.[227] 86

Vorzuziehen ist eine **einheitliche Qualifikation**.[228] Die Zuordnung zum Erbstatut im Falle des Todes des Ehemannes scheidet aus, weil es sich um ein familienrechtliches Institut und um Ansprüche wegen Auflösung der Ehe handelt; dieser Ausgleich tritt zeitlich vor die erbrechtliche Abwicklung. Auch eine unterhaltsrechtliche Qualifikation überzeugt nicht, da die Morgengabe – entsprechend der Fälligkeitsvereinbarung – völlig unabhängig von der konkreten Leistungsfähigkeit des Mannes und der Bedürftigkeit der Frau zu zahlen ist.[229] Außerdem schuldet der Ehemann nach islamischem Recht der Ehefrau während der Ehe den Unterhalt; Unterhaltsanspruch und Anspruch auf Morgengabe stehen nebeneinander. Zwar kann der Morgengabe im Scheidungsfall im konkreten Fall unterhaltssichernde Funktion zukommen, nach der rechtlichen Ausgestaltung soll aber die Zahlungsverpflichtung des Mannes gerade nicht von seiner Leistungsfähigkeit und der Bedürftigkeit der Ehefrau abhängen.[230] Unterhaltsrechtlich zu beurteilen ist lediglich, ob der Frau zusätzlich zur Morgengabe ein Unterhaltsanspruch zusteht.[231] Die Entscheidung kann deshalb nur zwischen dem Ehewirkungsstatut (bzw. Scheidungsstatut) und dem Güterrechtsstatut fallen. Hier ist entscheidend, dass es sich um einen durch Vertrag begründeten vermögensrechtlichen Anspruch handelt, der mit Eingehung der Ehe entsteht und zum Teil während der Ehe, mitunter – je nach Vereinbarung – auch erst bei Beendigung der Ehe, abgefordert werden kann. Das Interesse an einer einheitlichen Anknüpfung des Zustandekommens und der Wirksamkeit der Vereinbarung einerseits und der sich daraus ergebenden Rechte und Pflichten andererseits sprechen für die Unterstellung unter das Güterrechtsstatut. Die Ehegatten müssen bei Eingehung der Ehe das maßgebliche Recht für ihre Vereinbarung zu diesem Zeitpunkt, aber auch für die Zukunft, erkennen können. Eine Unterstellung unter das Ehewirkungsstatut hätte einen Statutenwechsel zur Konsequenz, wenn sich die Kriterien der Anknüpfung gemäß Art. 14 während des Verlaufs der Ehe ändern. Für eine Zuordnung zu Art. 15 spricht auch, dass die Morgengabe als Annex zum Güterstand der Gütertrennung nach islamischem Recht begriffen werden kann. Nicht zuletzt ist auf den Vorzug größerer Praktikabilität hinzuweisen, der der anderen Ansicht offensichtlich fehlt. 87

b) Anwendung deutschen Rechts. Die kollisionsrechtliche Verweisung kann zur Folge haben, dass die Morgengabevereinbarung dem deutschen Recht unterliegt. Materielle Wirksamkeit, Anfechtungsrechte, Wegfall der Geschäftsgrundlage usw. bestimmen sich unter Berücksichtigung der ausländischen Vorschriften und Vorstellungen über die Morgengabe nach den deutschen Sachnormen.[232] Ist die Vereinbarung in Deutschland geschlossen worden, muss sie zudem nach deutschem Recht formwirksam sein, bei Abschluss im Ausland genügt die Einhaltung der Ortsform (Art. 11 Abs. 1). 88

Der BGH hat die Annahme eines abstrakten Leistungsversprechens zu Recht abgelehnt, wenn die Vereinbarung ausdrücklich als Morgengabe bezeichnet worden ist und bestimmte – dem islamischen Recht entlehnte – Voraussetzungen aufgeführt sind, an die die Verpflichtungen des Ehemannes geknüpft sind.[233] Die Vereinbarung ist – gegebenenfalls ergänzend – in Abhängigkeit davon auszulegen, welcher Funktion der Morgengabe die Parteien ein Schwergewicht beimessen wollen.[234] Ergibt die Auslegung, dass die Partner die güterrechtlichen Verhältnisse nicht unberührt lassen, vielmehr vor allem abweichend von den gesetzlichen Vorschriften der Zugewinngemeinschaft regeln wollten, dann unterliegt der Vertrag nach deutschem Recht der Form des § 1410 BGB.[235] Wollten die Parteien auch oder nur unterhaltsrechtliche Beziehungen gestalten, kann in der Vereinbarung, falls sie im Übrigen am Formerfordernis des § 1410 BGB scheitert, auch ein – nach § 1585c BGB möglicher – Abfindungsvertrag zu sehen sein, der formfrei ist.[236] 89

---

225 MüKo/*Siehr*, Art. 15 EGBGB Rn 97; i.d.S. auch Soergel/*Schurig*, Art. 15 EGBGB Rn 35.
226 MüKo/*Siehr*, Art. 15 EGBGB Rn 97.
227 MüKo/*Siehr*, Art. 14 EGBGB Rn 106; Soergel/*Schurig*, Art. 14 EGBGB Rn 48 a.E.
228 Vgl. bereits die gegen die Mehrfachqualifikation vorgebrachten Argumente bei *Andrae*, Rn 287–289.
229 Soergel/*Schurig*, Art. 14 EGBGB Rn 48; Staudinger/*Mankowski*, Art. 14 EGBGB Rn 275.
230 *Henrich*, § 2 II 3, S. 70.
231 So auch *v. Bar*, IPR II, Rn 192 a.E.
232 Vgl. auch *Heßler*, IPRax 1988, 95, 97.
233 BGH FamRZ 1999, 217, 218 = NJW 1999, 574; so auch *Rauscher*, DEuFamR 1999, 194; a.A. OLG Hamm FamRZ 1988, 516, 518; Staudinger/*Mankowski*, Art. 14 EGBGB Rn 294.
234 BGH FamRZ 1999, 217, 218 = NJW 1999, 574.
235 Vgl. auch OLG Celle FamRZ 1998, 374, 375.
236 BGH IPRax 1988, 109, 113; AG Memmingen IPRax 1985, 230, 231 (LS m. Anm. *Henrich*).

90 c) Beziehung zur Türkei. Besonderheiten gelten für eine Morgengabe dann, wenn die Partner (ein Partner) die türkische Staatsangehörigkeit haben oder türkischer Abstammung sind.[237] Im türkischen bürgerlichen Recht ist die *„Mehir"* als Institution nicht mehr vorhanden und auch gewohnheitsrechtlich nicht anerkannt.[238] Ungeachtet dessen wird bei einer islamischen Trauung, die neben der vorausgegangenen zivilen Eheschließung erfolgt, vielfach eine *„Mehir"* getroffen. Ihre rechtliche Einordnung ist in der Türkei umstritten. Sie wird wohl überwiegend als Schenkungsversprechen,[239] u.a. auch als Schuldversprechen oder als Parteienvereinbarung über die Nebenfolgen der Scheidung qualifiziert.[240] Diesen Unterschied zu islamisch geprägten Rechtsordnungen haben die deutschen Gerichte mitunter nicht beachtet.[241] Aus ihm folgt, dass die Morgengabe in Fällen mit Bezug zur Türkei durchaus als Schuldvertrag qualifiziert werden kann.[242] Zu prüfen ist eine (auch stillschweigende) Rechtswahl (Art. 27) und, mangels einer solchen, Art. 28, wobei wegen des Bezugs zum Eherecht eine akzessorische Anknüpfung an ein türkisches Ehewirkungsstatut zum Zeitpunkt der Schenkungsvereinbarung (Prinzip der engsten Verbindung gemäß Art. 28 Abs. 5) in Betracht kommt.[243] Die Form der Vereinbarung bestimmt sich nach Art. 11 alternativ nach dem Schenkungsstatut oder dem Ortsrecht.[244]

Artikel 15   Güterstand

(1) ¹Die güterrechtlichen Wirkungen der Ehe unterliegen dem bei der Eheschließung für die allgemeinen Wirkungen der Ehe maßgebenden Recht.

(2) ¹Die Ehegatten können für die güterrechtlichen Wirkungen ihrer Ehe wählen
1. das Recht des Staates, dem einer von ihnen angehört,
2. das Recht des Staates, in dem einer von ihnen seinen gewöhnlichen Aufenthalt hat, oder
3. für unbewegliches Vermögen das Recht des Lageorts.

(3) ¹Artikel 14 Abs. 4 gilt entsprechend.

(4) ¹Die Vorschriften des Gesetzes über den ehelichen Güterstand von Vertriebenen und Flüchtlingen bleiben unberührt.

Literatur: *Andrae*, Internationales Familienrecht, 1999; *Bergmann/Ferid*, Internationales Ehe- und Kindschaftsrecht, Loseblatt; *Clausnitzer/Schotten*, Zur Anwendbarkeit des § 1371 Abs. 1 BGB bei ausländischem Erb- und deutschem Güterrechtsstatut, MittRhNotK 1987, 15; *Henrich*, Internationales Familienrecht, 2. Auflage 2000; *Jayme*, Intertemporales und Internationales Ehegüterrecht – einige vorläufige Betrachtungen, IPRax 1987, 95; *Ludwig*, Zur Anwendbarkeit des Art. 3 Abs. 3 EGBGB im Internationalen Ehegüterrecht bei der Berechnung des Zugewinnausgleichs nach deutschem Recht, DNotZ 2000, 663; *Mankowski/Osthaus*, Gestaltungsmöglichkeiten durch Rechtswahl beim Erbrecht des überlebenden Ehegatten in internationalen Fällen, DNotZ 1997, 10; *Schotten*, Das Internationale Privatrecht in der notariellen Praxis, 1995; *V. Stoll*, Die Rechtswahl im Namens-, Ehe- und Erbrecht, 1991; *Wegmann*, Rechtswahlmöglichkeiten im Internationalen Familienrecht, NJW 1987, 1740.

A. Allgemeines 1	cc) Gemeinsame engste Verbindung, Art. 14 Abs. 1 Nr. 3 14
I. Normzweck 1	c) „Mittelbare Rechtswahl" über Art. 14 Abs. 2–4 17
II. Staatsverträge 2	
B. Regelungsgehalt 5	d) Die Durchbrechungen der Unwandelbarkeit 20
I. Die Anknüpfung des Ehegüterstatuts 5	
1. Vorrang des Einzelstatuts, Art. 3 Abs. 3 . 5	aa) Wandelbarkeit infolge Rück- oder Weiterverweisung 21
2. Objektive Anknüpfung nach Abs. 1 9	
a) Normzweck 9	bb) Rechtswahl gem. Abs. 2 22
b) Objektive Anknüpfungsgrundsätze nach Art. 14 Abs. 1 10	cc) Art. 220 Abs. 3 und Art. 15 Abs. 4 23
aa) Gemeinsame Staatsangehörigkeit, Art. 14 Abs. 1 Nr. 1 10	dd) Keine Unwandelbarkeit des Sachrechts („Versteinerung") .. 24
bb) Gemeinsamer gewöhnlicher Aufenthalt, Art. 14 Abs. 1 Nr. 2 . 13	e) Rück- und Weiterverweisung, Art. 4 . 26

---

237 Dazu ausf. *Öztan*, FamRZ 1998, 624 ff.
238 *Öztan*, FamRZ 1998, 624, 624 f.
239 So OLG Nürnberg FamRZ 2001, 1613; OLG Köln NJW-RR 1994, 200.
240 Näher *Öztan*, FamRZ 1998, 624, 625 f.
241 So OLG Düsseldorf FamRZ 1998, 623, 624.
242 A.A. *Böhmer/Finger/Finger*, Art. 14 Rn 72 a.E., der die ausländische Sicht nicht beachtet, eine Morgengabe annimmt und wohl die familienrechtliche Anknüpfung befürwortet.
243 OLG Köln NJW-RR 1994, 200.
244 Nach türkischem Recht genügt für eine Schenkung die Schriftform ohne notarielle Beurkundung, s. OLG Nürnberg FamRZ 2001, 1613; *Öztan*, FamRZ 1998, 624, 625.

| | aa) Anknüpfung nach Abs. 1 i.V.m. Art. 14 Abs. 1 26
| | bb) Anknüpfung nach Abs. 1 i.V.m. Art. 14 Abs. 2 und 3 31
| f) Mehrrechtsstaaten, Art. 4 Abs. 3; Staatenzerfall 33
| 3. Unmittelbare Rechtswahl des Ehegüterstatuts 35
| a) Rechtswahl nach Abs. 2 und 3 35
| | aa) Normzweck 35
| | bb) Die wählbaren Rechte (Abs. 2) . 36
| | | (1) Heimatrecht eines Ehegatten (Abs. 2 Nr. 1) . 36
| | | (2) Gewöhnlicher Aufenthalt eines Ehegatten (Abs. 2 Nr. 2) 37
| | | (3) Recht des Lageortes für unbewegliches Vermögen (Abs. 2 Nr. 3) 38
| | cc) Die Rechtswahlvereinbarung .. 45
| | | (1) Rechtsnatur, Inhalt, Zustandekommen und Wirksamkeit 45
| | | (2) Form (Abs. 3 i.V.m. Art. 14 Abs. 4) 52
| | | (3) Zeitpunkt 54
| | | (4) Wirkungen 57
| | | (5) Änderung, Aufhebung ... 61
| | dd) Rück- oder Weiterverweisung .. 62
| | ee) Mehrrechtsstaaten 63
| b) Rechtswahl nach ausländischem Recht 64
II. Der Umfang des Ehegüterstatuts 65
1. Allgemeines 65
2. Gesetzliches Güterrecht 68
a) Entstehung des Güterstandes 68
b) Wirkungen des Güterstandes 69

c) Beendigung des Güterstandes 72
3. Eheverträge 75
a) Begriff des Ehevertrages 75
b) Abschluss 76
c) Inhalt und Wirkungen 78
d) Aufhebung und Änderung 82
4. Abgrenzung zu anderen Statuten 83
a) Eheschließungsstatut 83
b) Scheidungsstatut 85
c) Statut der allgemeinen Ehewirkungen 87
d) Erbstatut 90
e) Statut des einzelnen Schuldverhältnisses 96
f) Sachstatut der Einzelgegenstände ... 98
g) Formstatut 105
III. Spaltung des Ehegüterstatuts 106
1. Grundsatz der Einheit des Güterstatuts und Entstehungsgründe der Spaltung ... 106
2. Folgen der Spaltung 108
3. Ordre public, Art. 6 110
C. Weitere praktische Hinweise 113
I. Einfluss und Feststellung des anwendbaren Güterrechts 113
II. Die Rechtswahl nach Abs. 2 115
1. Allgemeines 115
2. Rechtswahl nach Abs. 2 Nr. 3 im Besonderen 120
3. Formulierungsbeispiele 121
a) Rechtswahl nach Abs. 2 Nr. 1 oder 2 121
b) Rechtswahl nach Abs. 2 Nr. 3 122
III. Feststellung des ausländischen Rechts 123
Anhänge
I. Haager Ehewirkungsabkommen
II. Gesetz über den ehelichen Güterstand von Vertriebenen und Flüchtlingen
III. Art. 220 Abs. 3 EGBGB

A. Allgemeines

I. Normzweck

Art. 15 bestimmt das auf die güterrechtlichen Wirkungen einer Ehe anwendbare Recht. Gemeint ist damit die Summe der Rechtssätze, die sich mit der ehebedingten Sonderordnung der Vermögensverhältnisse der Eheleute befassen. Kennzeichnend für die Anknüpfung sind vier Charakteristika, die jedoch nicht ausnahmslos gelten. Erstens der Gleichlauf mit dem allgemeinen Ehewirkungsrecht. Zweitens die Unwandelbarkeit des Statuts. Drittens die Einheit des Güterstatuts. Viertens die Möglichkeit einer Rechtswahl. **1**

II. Staatsverträge

Der einzige bilaterale Staatsvertrag, der Art. 15 vorgeht, ist das **Niederlassungsabkommen zwischen dem Deutschen Reich und dem Kaiserreich Persien** vom 17.2.1929.[1] Es unterwirft im Anwendungsbereich seines Art. 8 Abs. 3 die Angehörigen der Vertragsstaaten den Vorschriften ihres Heimatrechts und gilt nach dem zugehörigen Schlussprotokoll[2] ausdrücklich auch für das eheliche Güterrecht. Allerdings greift das Niederlassungsabkommen hier nur dann ein, wenn beide Ehegatten ausschließlich und gemeinsam entweder die iranische oder die deutsche Staatsangehörigkeit besitzen.[3] Es regelt das Güterstatut deshalb nur für **2**

---

1 RGBl II 1930 S. 1006; Bekanntmachung RGBl II 1931 S. 9 i.V.m. der Bekanntmachung über die Wiederanwendung der deutsch-iranischen Vorkriegsverträge v. 15.8.1955 (BGBl II 1955 S. 829).
2 RGBl II 1930 S. 1012.
3 Im Bereich des Familienrechts gilt dies allg. hinsichtlich der am jeweiligen Rechtsverhältnis Beteiligten, vgl. BGHZ 60, 68, 74 (für die elterliche Sorge); BGH IPRax 1986, 382, 383 f. (für elterliche Sorge und Unterhalt); OLG Hamm IPRax 1994, 49, 53; OLG München IPRax 1989, 238, 240 (für Scheidungsstatut); OLG Oldenburg IPRax 1981, 136, 137 (für Ehegattenunterhalt); AG Hamburg IPRspr 1992 Nr. 122 (für Anspruch auf Morgengabe); Schotten/Wittkowski, FamRZ 1995, 264, 265; Dörner, IPRax 1994, 33, 34; Staudinger/Mankowski, Art. 15 EGBGB Rn 4; MüKo/Siehr, Art. 14 EGBGB Rn 4, Art. 15 EGBGB Rn 4; Soergel/Kegel, vor Art. 3 EGBGB Rn 46.

rein iranische Ehepaare und rein deutsche Ehepaare, aber nicht, wenn mindestens einer der Eheleute die Staatsangehörigkeit beider Vertragsstaaten besitzt.[4] Im Rahmen dieses persönlichen Anwendungsbereiches des Staatsvertrages ist den Ehegatten eine parteiautonome Bestimmung des Güterstatuts verwehrt.[5] Bei einer rein iranischen Ehe ist damit jegliche Möglichkeit einer Rechtswahl nach Abs. 2 ausgeschlossen.[6] Ein wichtiger Unterschied zu Art. 15 besteht auch darin, dass das durch das deutsch-iranische Niederlassungsabkommen bestimmte Güterstatut wandelbar ist, da es keinen maßgeblichen Zeitpunkt für die Anknüpfung festlegt.[7] Eine Veränderung der Staatsangehörigkeit eines oder beider Eheleute kann daher insbesondere dazu führen, dass statt des Abkommens das autonome Kollisionsrecht nunmehr zur Anwendung kommt und umgekehrt (im Falle eines solchen Statutenwechsels gelten die unter Rn 58 dargelegten Grundsätze entsprechend).[8]

3 Deutschland ist dem **Haager Übereinkommen über das auf Ehegüterstände anzuwendende Recht** vom 14.3.1978[9] bisher nicht beigetreten. Gegenwärtig ist es nur in Frankreich, Luxemburg und den Niederlanden in Kraft (jeweils seit 1.9.1992). Es spielt deshalb aus deutscher Sicht nur dann eine Rolle, wenn eine Gesamtverweisung auf das Recht eines dieser Staaten stattfindet.[10]

4 Die **Europäische Union** hat auf der Basis des Art. 65 Buchst. b EGV Bestrebungen in Gang gesetzt, im Rahmen einer Europäisierung des internationalen Familien- und Erbrechts auch Rechtsakte betreffend das anwendbare Recht in Güterstandssachen zu erstellen.[11] Konkrete Vorhaben haben sich daraus bislang noch nicht ergeben.

B. Regelungsgehalt

I. Die Anknüpfung des Ehegüterstatuts

5 **1. Vorrang des Einzelstatuts, Art. 3 Abs. 3.** Grundsätzlich bestimmt das Güterstatut als Gesamtstatut, ob und inwieweit ein bestimmter Gegenstand durch das Ehegüterrecht in seiner Zuordnung beeinflusst wird.[12] Art. 3 Abs. 3 (siehe ausführlich zu dieser Vorschrift Art. 3 EGBGB Rn 66 ff.) gebietet den Vorrang des Einzelstatuts jedoch für solche Gegenstände, die sich nicht in dem Staat befinden, dessen Recht Güterrechtsstatut ist, wenn sie nach dem Recht desjenigen Staates, in dem sie sich befinden, besonderen Vorschriften unterliegen. Insoweit sind diese Sondervorschriften anzuwenden.

6 Einigkeit besteht dabei darüber, dass Art. 3 Abs. 3 solche **materiellrechtlichen Vorschriften** meint, die von der allgemeinen Grundregel der Zuordnung zum Ehegut für spezielle Fälle aus politischen oder wirtschaftspolitischen Gründen abweichen, etwa im Falle von Fideikommissen, Lehen, Stiftungsgütern, Stammgütern und ähnlichen Sondervermögen, die politischen oder wirtschaftspolitischen Zwecken dienen und bestimmte Personen vor anderen begünstigen.[13] Nicht darunter fallen güterrechtliche Vorschriften, die bei gewissen Güterständen für verschiedene Vermögensmassen, z.B. Sondergut, Vorbehaltsgut, Gesamtgut, bestimmte Regeln aufstellen, sondern nur solche Vorschriften, die für ein Sondervermögen eine spezielle güterrechtliche Regelung vorschreiben.[14] Die Bedeutung des Art. 3 Abs. 3 ist insofern in der Praxis jedoch sehr eingeschränkt.[15] In Deutschland gibt es keine Gegenstände, die in diesem Sinne güterrechtlich anders

---

4 *Schotten/Wittkowski*, FamRZ 1995, 264, 265; MüKo/ *Siehr*, Art. 14 EGBGB Rn 4; noch nicht gerichtlich entschieden ist offenbar die Konstellation, dass etwa bei gemeinschaftlicher iranischer Staatsangehörigkeit bei mindestens einem Ehegatten noch die Angehörigkeit zu einem Drittstaat hinzukommt; Palandt/*Heldrich*, Anh. zu Art. 24 EGBGB Rn 53 und auch *v. Bar*, IPR II, Rn 210, stellen auf die (effektiv) iranische Staatsangehörigkeit ab; demgegenüber gehen *Schotten/Wittkowski*, FamRZ 1995, 264, 265, Fn 27 offensichtlich davon aus, dass die iranische Staatsangehörigkeit vorgeht, und zwar unabhängig davon, ob sie effektiv ist.

5 *Schotten/Wittkowski*, FamRZ 1995, 264, 268; Staudinger/*Mankowski*, Art. 15 EGBGB Rn 4; anders allerdings für den Bereich der Rechtswahl gem. Art. 25 Abs. 2 im Bereich des internationalen Erbrechts Staudinger/ *Dörner*, Vorbem. zu Artt. 25 f. EGBGB Rn 149 (unter Hinweis auf LG Hamburg IPRspr 1991 Nr. 142, das zwar Art. 25 Abs. 2 anwendet, aber auf die Problematik nicht eingeht).

6 *Schotten/Wittkowski*, FamRZ 1995, 264, 268 m.w.N.

7 *Schotten/Wittkowski*, FamRZ 1995, 264, 267 f.; *Schotten*, Rn 134.

8 Wobei beim Wechsel vom Niederlassungsabkommen zum Art. 15 Abs. 1, wie dort festgelegt, der Zeitpunkt der Eheschließung entscheidet und nicht etwa der Zeitpunkt des Statutenwechsels, vgl. *v. Bar*, IPR II, Rn 210.

9 Abgedruckt in RabelsZ 41 (1977), 554 ff. (französischer und englischer Text), ausf. dazu *v. Bar*, RabelsZ 57 (1993), 63, 80 f., 108 ff.

10 Vgl. z.B. OLG Düsseldorf FGPrax 2000, 5.

11 Aktionsplan des Rates und der Kommission v. 3.12.1998, IPRax 1999, 288; *Jayme*, IPRax 2000, 165, 166; *Sonnenberger*, ZVglRWiss 100 (2001), 107, 121, 135; *Kohler*, FamRZ 2002, 709; krit. Palandt/*Heldrich*, Art. 3 Rn 13.

12 Staudinger/*Mankowski*, Art. 15 EGBGB Rn 18.

13 *Ludwig*, DNotZ 2000, 663, 669; MüKo/*Siehr*, Art. 15 EGBGB Rn 134.

14 MüKo/*Siehr*, Art. 15 EGBGB Rn 134; Staudinger/ *Mankowski*, Art. 15 EGBGB Rn 19.

15 *Ludwig*, DNotZ 2000, 663, 669.

behandelt würden als andere Gegenstände der Eheleute, so dass im Bereich des Güterrechts der Vorrang des Einzelstatuts nur für Gegenstände im Ausland Bedeutung haben kann.[16]

Es ist umstritten, ob als besondere Vorschriften auch **kollisionsrechtliche Regelungen** anzusehen sind, die eine Vermögensspaltung vorsehen (siehe ausführlich Art. 3 Rn 69). Die h.M., die dies bejaht,[17] eröffnet dem Art. 3 Abs. 3 damit seinen praktisch eigentlichen Anwendungsbereich.[18] Wenn und soweit das IPR des Belegenheitsstaates auf sein Sachrecht gerade als *lex rei sitae* für die dort belegenen Gegenstände verweist, wird dies als Einzelstatut anerkannt. Bedeutung hat dies vor allem dann, wenn Grundbesitz in einem Staat belegen ist, dessen IPR eine Spaltung des Güterstatuts derart vornimmt, dass für unbewegliches Vermögen an die Belegenheit angeknüpft wird, für bewegliches hingegen an die Staatsangehörigkeit, den Wohnsitz oder das Domizil.[19] Beschränkt auf die in diesem Staat belegenen unbeweglichen Sachen setzt sich somit dessen Güterrecht unabhängig davon durch, ob Art. 15 auf das Recht dieses Staates verweist.

Umstritten ist auch das **Verhältnis von Art. 3 Abs. 3 zu Art. 15 Abs. 2**. Richtiger Ansicht nach kann das Einzelstatut auch nicht durch eine **Rechtswahl** gem. Abs. 2 überwunden werden.[20] Damit bleiben wiederum insbesondere am Belegenheitsort geltende kollisionsrechtliche Vorschriften, die Grundbesitz der *lex rei sitae* unterwerfen, gegen eine Rechtswahl resistent, es sei denn, sie lassen selbst eine parteiautonome Anknüpfung des Güterstatuts zu.[21] Nur so kann den Gedanken, die Art. 3 Abs. 3 zugrunde liegen, nämlich dem Interesse an der Anwendung der sachnäheren Rechtsordnung und dem Interesse an einer am Lageort durchsetzbaren anwendbaren Rechtsordnung, Rechnung getragen werden.[22]

2. Objektive Anknüpfung nach Abs. 1. a) Normzweck. Aus Abs. 1 werden drei Grundsätze für die Anknüpfung der güterrechtlichen Wirkungen einer Ehe erkennbar, deren Durchführung jedoch im internationalen Ehegüterrecht insgesamt durch mannigfache Ausnahmen gekennzeichnet ist. Erstens geht es um die **Einheit des Güterstatuts** (vgl. dazu ausführlich Rn 106). Zweitens strebt die Kollisionsnorm durch die Verweisung auf Art. 14 den **Gleichlauf mit dem allgemeinen Ehewirkungsstatut** im Interesse einer möglichst einheitlichen Anknüpfung aller Rechtsbeziehungen zwischen den Ehegatten und im Verhältnis zu ihren Kindern (Familienstatut) an.[23] Dabei soll auch eine verfassungskonforme, dem Gleichberechtigungsgrundsatz des Art. 3 Abs. 2 GG genügende objektive Anknüpfung des Ehegüterrechts gewährleistet werden. Drittens, und dies durchbricht sogleich auch wieder den Gleichlauf mit dem grundsätzlich wandelbaren allgemeinen Ehewirkungsstatut, schreibt Abs. 1 die **Unwandelbarkeit** des objektiven Ehegüterstatuts als Ausgangspunkt fest.[24] Damit soll das Kontinuitätsinteresse der Ehegatten wie auch des Rechtsverkehrs gewahrt bleiben.[25] Hintergrund ist der sachenrechtliche Bezug der güterrechtlichen Verhältnisse. Außerdem werden Schwierigkeiten vermieden, die im Falle der Überleitung des Güterstandes auftreten, wenn der Anknüpfungspunkt sich verändert. Ein Güterstandswechsel ohne den Willen der Ehegatten findet damit

---

16 MüKo/*Siehr*, Art. 15 EGBGB Rn 22, 135; vgl. auch Soergel/*Schurig*, Art. 15 EGBGB Rn 66.
17 Z.B. Staudinger/*Mankowski*, Art. 15 EGBGB Rn 20; MüKo/*Siehr*, Art. 15 EGBGB Rn 136; die Rspr., die insoweit mit der h.M. konform geht, bezieht sich, soweit ersichtlich, allerdings bisher nur auf das Erbstatut (vgl. die Nachw. bei Art. 3 EGBGB Rn 69); a.A. Soergel/*Schurig*, Art. 15 EGBGB Rn 66; *Wochner*, in: FS Wahl 1973, S. 161, 184; *Ludwig*, DNotZ 2000, 663 ff., folgt der h.M. jedenfalls insoweit nicht, als es um die Einbeziehung im Ausland belegenen Vermögens in die Berechnung des Zugewinnausgleichs nach §§ 1373 ff. BGB geht, insoweit gelte Art. 3 Abs. 3 nicht; dagegen ausdr. Palandt/*Heldrich*, Art. 3 EGBGB Rn 18.
18 Staudinger/*Mankowski*, Art. 15 EGBGB Rn 20.
19 Vgl. das Beispiel bei *Schotten*, Rn 155, 397: Englisches IPR knüpft im Falle des Fehlens einer Rechtswahl die güterrechtlichen Wirkungen der Ehe für bewegliches Vermögen an das Domizil, für unbewegliches Vermögen an die *lex rei sitae* des jeweiligen Grundbesitzes.
20 Staudinger/*Mankowski*, Art. 15 EGBGB Rn 21; *Ludwig*, DNotZ 2000, 663, 674 ff.; Gutachten DNotI-Report 1993, Heft 6, S. 4; a.A. *Stoll*, S. 106 f.; der einen Vorrang der Rechtswahl gegenüber kollisionsrechtlichen Sonderanknüpfungen vertritt; *Schotten*, Rn 155, 165, geht zwar von einem Vorrang des Art. 3 Abs. 3 vor einem durch Rechtswahl bestimmten Güterrechtsstatut aus, lässt aber eine Rechtswahl gerade im Hinblick auf das Einzelstatut zu; vgl. auch MüKo/*Siehr*, Art. 15 EGBGB Rn 138, der ausführt, dass eine Rechtswahl, die ausdr. das ganze, also auch das Art. 3 Abs. 3 unterfallende Vermögen erfasst, diesem Artikel vorgeht, wenn es um ausländische Kollisionsnormen als „besondere Vorschriften" geht, nicht jedoch, soweit es um besondere Vorschriften für gewisse Sondervermögen geht (MüKo/*Siehr*, Art. 15 EGBGB Rn 137).
21 *Stoll*, S. 107 Fn 173, weist darauf hin, dass etwa im US-amerikanischen Recht die Maßgeblichkeit der *lex rei sitae* für unbewegliches Vermögen hinter eine Rechtswahl des Güterstatutes zurücktritt; dadurch relativiert sich die Praxisrelevanz des erörterten Problems.
22 *Ludwig*, DNotZ 2000, 663, 676.
23 Palandt/*Heldrich*, Art. 15 EGBGB Rn 1.
24 Zu den rechtshistorischen Hintergründen *Gamillscheg*, in: FS Bötticher 1969, S. 143 ff.
25 Staudinger/*Mankowski*, Art. 15 EGBGB Rn 45.

regelmäßig nicht statt. Der Unwandelbarkeitsgrundsatz[26] hält dadurch die Eheleute an einem Recht fest, ohne dass die Rechtsordnung von sich aus auf spätere Veränderungen der Lebensverhältnisse reagieren kann, selbst wenn sie dazu führen, dass die Eheleute keinerlei Beziehungen zum Ehegüterstatut mehr haben.

10 **b) Objektive Anknüpfungsgrundsätze nach Art. 14 Abs. 1. aa) Gemeinsame Staatsangehörigkeit, Art. 14 Abs. 1 Nr. 1.** Die Verweisung auf Art. 14 Abs. 1 Nr. 1 bewirkt, dass es in erster Linie auf ein gemeinsames Heimatrecht der Ehegatten im Zeitpunkt der Eheschließung ankommt (Art. 14 Abs. 1 Nr. 1 Alt. 1). Bei Mehrstaatern zählt insoweit eine etwaige deutsche, ansonsten die effektive Staatsangehörigkeit, Art. 5 Abs. 1.[27] Die Effektivität muss schon zur Zeit der Eheschließung vorliegen, wobei sie jedoch *ex post* im Lichte der erst danach offenbar gewordenen Umstände beurteilt werden darf.[28] Für Staatenlose ist statt auf die Staatsangehörigkeit auf den gewöhnlichen Aufenthalt, ersatzweise den einfachen Aufenthalt abzustellen, Art. 5 Abs. 2 (zu Flüchtlingen und Asylberechtigten siehe Art. 5 EGBGB Rn 37 ff.).

11 Da Abs. 1 auf den Zeitpunkt der Eheschließung abstellt, kann die vergangenheitsbezogene zweite Alternative des Art. 14 Abs. 1 Nr. 1 keine Rolle spielen, denn sie bezieht sich auf Gemeinsamkeiten „während der Ehe".[29]

12 Angesichts des Wortlauts des Abs. 1 ist es evident, dass eine erst nach der Eheschließung erworbene Staatsangehörigkeit im Zusammenhang mit Art. 14 Abs. 1 Nr. 1 ohne Bedeutung ist, selbst wenn bereits bei der Eheschließung die Absicht eines entsprechenden Staatsangehörigkeitserwerbes bestand.[30] Schwierigkeiten bereitet hingegen der automatische Erwerb der **Staatsangehörigkeit durch die Heirat** selbst. Richtigerweise ist eine solche Staatsangehörigkeit nicht zu berücksichtigen.[31] Anderenfalls würde diejenige Rechtsordnung bevorzugt, deren Staatsangehörigkeitsrecht einen solchen automatischen Erwerb vorsieht.[32] Ist die neue gemeinsame Staatsangehörigkeit die effektive, so wird sich ohnehin regelmäßig über Abs. 1 i.V.m. Art. 14 Abs. 1 Nr. 2 dasselbe Ergebnis zeigen.[33] Die Instanzrechtsprechung, die zum alten IPR für die Beachtlichkeit der erworbenen Staatsangehörigkeit sich aussprach, kann nicht ohne weiteres übernommen werden, da es ihr

---

26 Er ist rechtspolitisch umstr., vgl. z.B. *Schurig*, JZ 1985, 559 ff.; *Basedow*, NJW 1986, 2971, 2976; er ist auch rechtsvergleichend keinesfalls die Regel, so knüpft etwa das schweizerische Recht den internen, also zwischen den Ehegatten geltenden Güterstand bei objektiver Anknüpfung an den jeweiligen gemeinsamen Wohnsitz, wobei ein etwaiger Statutenwechsel sogar auf den Zeitpunkt der Eheschließung zurückwirkt (Art. 55 Abs. 1 IPRG; vgl. *Schwenzer*, DNotZ 1991, 419, 430; *Jametti Greiner/Geiser*, ZBernJV 127 (1991), 1, 18), in Italien ist das Ehegüterstatut gem. Art. 30 Abs. 1 IPRG wandelbar (vgl. *Maglio/Thorn*, ZVglRWiss 96 (1997), 347, 360), im englischen Common Law wird für Immobilien das Recht des Lageortes, für Mobilien (wohl) wandelbar das Recht des ehelichen Domizils herangezogen (vgl. *Staudinger/Mankowski*, Art. 15 EGBGB Rn 52).

27 MüKo/*Siehr*, Art. 15 EGBGB Rn 16, will dann, wenn eine nicht effektive deutsche Staatsangehörigkeit (z.B. Deutsch-Italiener mit gewöhnlichem Aufenthalt in Italien) mit einer ausschließlichen deutschen Staatsangehörigkeit (Auslandsdeutsche mit gewöhnlichem Aufenthalt in Italien) zusammentrifft, im Wege einer teleologischen Reduktion die nicht effektive deutsche Staatsangehörigkeit ganz oder zumindest dann unbeachtet lassen, wenn die Eheleute im Ausland geheiratet haben und nach dem dort geltenden IPR keine Wahlmöglichkeit hatten (Italien kennt inzwischen eine Rechtwahl, vgl. Art. 30 italienisches IPRG); diese Einschränkung ist jedoch *contra legem*.

28 MüKo/*Siehr*, Art. 15 EGBGB Rn 15.

29 Soergel/*Schurig*, Art. 15 EGBGB Rn 7; Palandt/*Heldrich*, Art. 15 EGBGB Rn 16; *Schotten*, Rn 136.

30 BGH NJW 1988, 638; *Jayme*, IPRax 1986, 95; a.A. i.V.m. § 19 i.V.m. § 18 Abs. 1 Nr. 1 österreichisches IPRG *Schwimann*, JBl 1979, 341, 351: Zeitpunkt der Eheschließung sei für die Herstellung der erforderlichen Gemeinsamkeit nicht zu eng zu fassen, Staatsangehörigkeitserwerb einige Wochen nach Eheschließung kann ausreichen.

31 Vgl. BGHZ 72, 163, 165 f., zur Anknüpfung des Ehenamens nach altem IPR; ausf. Staudinger/*Mankowski*, Art. 15 EGBGB Rn 32 ff.; Palandt/*Heldrich*, Art. 15 EGBGB Rn 17; a.A. zum alten IPR OLG Düsseldorf MittRhNotK 1984, 62, 63, und OLG Karlsruhe NJW 1984, 570 f., sowie BayObLGZ 1975, 153 ff.; MüKo/*Siehr*, Art. 15 EGBGB Rn 11 f., will eine durch Heirat hinzuerworbene Staatsangehörigkeit dann beachten, wenn die frühere Staatsangehörigkeit dadurch nicht verloren geht und die erworbene gemeinsame Staatsangehörigkeit effektiv ist; in dem Fall, dass ein Ehegatte die Staatsangehörigkeit des anderen erwirbt und gleichzeitig seine bisherige verliert oder vorher staatenlos war, neigt er zur Berücksichtigung der erworbenen Staatsangehörigkeit, wenn der fragliche Ehepartner schon vor diesem Erwerb eine enge Beziehung zum neuen Heimatstaat hatte; ebenso *Mansel*, Personalstatut, Staatsangehörigkeit und Effektivität, 1988, Rn 281; ähnlich Soergel/*Schurig*, Art. 15 EGBGB Rn 5, der es sogar genügen lassen will, dass die neu erworbene Staatsangehörigkeit bald nach der Heirat zur „effektiven" geworden ist; vgl. auch *Schurig*, JZ 1985, 559 (561); zum schweizerischen Recht, wo in Art. 54 Abs. 2 IPRG in bestimmten Fällen subsidiär ebenso das gemeinsame Heimatrecht der Ehegatten eine Rolle spielt, entscheiden hingegen *Schwenzer*, DNotZ 1991, 419, 430, und *Jametti Greiner/Geiser*, ZBernJV 127 (1991), 1, 16, wie hier.

32 MüKo/*Siehr*, Art. 15 EGBGB Rn 12, für den Fall, dass der Ehegatte, der die Staatsangehörigkeit neu hinzuerwirbt, gleichzeitig seine alte verliert bzw. vorher staatenlos war und er außerdem keine enge Beziehung zum neuen Heimatstaat hatte.

33 MüKo/*Siehr*, Art. 15 EGBGB Rn 11.

häufig darum ging, durch die Beachtung einer solchermaßen begründeten gemeinsamen Staatsangehörigkeit die verfassungswidrige Anknüpfung des Art. 15 a.F. zu vermeiden.[34]

bb) Gemeinsamer gewöhnlicher Aufenthalt, Art. 14 Abs. 1 Nr. 2. Liegt, auch unter Beachtung des Art. 5, keine gemeinsame Staatsangehörigkeit der Eheleute bei Eheschließung vor, so kommt es gemäß der Verweisung auf Art. 14 Abs. 1 Nr. 2 Alt. 1 auf den gemeinsamen gewöhnlichen Aufenthalt (siehe ausführlich zum Begriff Art. 5 EGBGB Rn 16 ff.) in diesem Zeitpunkt an. Probleme entstehen auch bei der Anwendung dieser Norm infolge der unwandelbaren Zugrundelegung des Zeitpunkts der Heirat. Dabei ist wiederum unbestritten, dass auch insoweit die vergangenheitsbezogene Variante des Art. 14 Abs. 1 Nr. 2 Alt. 2 keine Rolle spielen kann.[35] Für die Anwendung des Art. 14 Abs. 1 Nr. 2 Alt. 1 genügt der gemeinsame Aufenthalt im selben Staat, Aufenthalt auch am selben Ort ist nicht erforderlich.[36] Ebenso wenig muss zum gemeinsamen gewöhnlichen Aufenthalt im selben Staat eine entsprechende Staatsangehörigkeit hinzukommen.[37] Einem bei Heirat noch nicht bestehenden gemeinsamen Aufenthalt kann nicht durch Art. 14 Abs. 1 Nr. 2, sondern nur durch Art. 14 Abs. 1 Nr. 3 zum Durchbruch verholfen werden.[38] Diese Konstellation wird sich häufig ergeben, weil Ehegatten unterschiedlicher nationaler Herkunft nicht selten erst nach der Eheschließung einen gemeinsamen Lebensmittelpunkt begründen. Haben sie dagegen bereits bei der Heirat einen gemeinsamen gewöhnlichen Aufenthalt und beabsichtigen von vornherein nur, diesen später zu verlegen, so muss es gemäß Abs. 1 i.V.m. Art. 14 Abs. 1 Nr. 2 bei der Verweisung auf das Recht des Staates des gemeinsamen gewöhnlichen Aufenthalts bei der Eheschließung verbleiben.[39] Die Eheleute müssen sich in diesem Fall mit einer Rechtswahl behelfen.

cc) Gemeinsame engste Verbindung, Art. 14 Abs. 1 Nr. 3. Führt weder die Nr. 1 noch die Nr. 2 des Art. 14 Abs. 1 zum Ziel, so kommt es gem. dem Auffangtatbestand des Art. 14 Abs. 1 Nr. 3 auf eine sonstige gemeinsame engste Verbindung der Ehegatten an. Auch hier bedingt der in Abs. 1 niedergelegte Grundsatz der Unwandelbarkeit Modifikationen dahin gehend, dass diese gemeinsame engste Verbindung gerade bei der Eheschließung vorhanden sein muss.

Bedeutsam sind hier vor allem zu diesem Zeitpunkt bereits bestehende gemeinsame **Zukunftspläne**, die sich auf die in Art. 14 Abs. 1 Nr. 1 und 2 niedergelegten Anknüpfungspunkte beziehen, also die bereits bei der Heirat bestehende Absicht, später eine gemeinsame Staatsangehörigkeit oder einen gemeinsamen gewöhnlichen Aufenthalt zu erwerben.[40] Überwiegend wird dafür gefordert, dass diese Planung später auch tatsächlich realisiert wird.[41] Darauf, ob die Absicht verwirklicht wurde, kann es jedoch nicht entscheidend ankommen.[42] Auch die bloße gemeinsame Absicht verbindet nämlich bereits die Ehegatten miteinander, wenngleich in dem Falle, dass sie nicht zur Realisierung kommt, diese Verbindung schwer beweisbar sein wird. Überhaupt birgt natürlich das Abstellen auf bloße Zukunftspläne im Zeitpunkt der Heirat nicht unerhebliche Beweisschwierigkeiten.[43] Wenn versucht wird, dem dadurch zu begegnen, dass objektive Anzeichen und Ansätze bereits zum Zeitpunkt der Eheschließung (beispielsweise dass einer der Ehegatten das gemeinsam zu bewohnende Haus schon erworben hat) gefordert werden,[44] so ist die Einordnung dieses Diktums als materiellrechtliches Erfordernis des Abs. 1 i.V.m. Art. 14 Abs. 1 Nr. 3 zweifelhaft, denn es scheint sich letztendlich diesbezüglich um die Frage nach Beweisbarkeit der Zukunftspläne zu handeln. Führen solche gemeinsamen Zukunftspläne nicht (allein) zur engsten gemeinsamen Verbindung, so sind andere Gemeinsamkeiten zu berücksichtigen, die vor Eheschließung bestanden haben, insbesondere

---

34 Vgl. OLG Karlsruhe NJW 1984, 570, 571; OLG Düsseldorf MittRhNotK 1984, 62, 63; vgl. auch *Schurig*, JZ 1985, 559.
35 Statt aller Staudinger/*Mankowski*, Art. 15 EGBGB Rn 28; *Schotten*, Rn 136; Palandt/*Heldrich*, Art. 15 EGBGB Rn 16, 18.
36 Palandt/*Heldrich*, Art. 15 EGBGB Rn 18.
37 Palandt/*Heldrich*, Art. 15 EGBGB Rn 18; MüKo/*Siehr*, Art. 15 EGBGB Rn 18.
38 Soergel/*Schurig*, Art. 15 EGBGB Rn 9; MüKo/*Siehr*, Art. 15 EGBGB Rn 19; Staudinger/*Mankowski*, Art. 15 EGBGB Rn 29 f.; Palandt/*Heldrich*, Art. 15 EGBGB Rn 18; Begründung BT-Drucks 10/504, S. 58.
39 MüKo/*Siehr*, Art. 15 EGBGB Rn 19; a.A. Soergel/*Schurig*, Art. 15 EGBGB Rn 9, der hier Art. 14 Abs. 1 Nr. 2 verneinen und zu Art. 14 Abs. 1 Nr. 3 übergehen will und damit das Rangverhältnis von Art. 14 Abs. 1 Nr. 2 und Nr. 3 in diesem Fall ins Gegenteil verkehrt.
40 Vgl. BGH NJW 1988, 638; Soergel/*Schurig*, Art. 15 EGBGB Rn 12; Bamberger/Roth/*Otte*, Art. 15 EGBGB Rn 12; Staudinger/*Mankowski*, Art. 15 EGBGB Rn 37; MüKo/*Siehr*, Art. 15 EGBGB Rn 20; Palandt/*Heldrich*, Art. 15 EGBGB Rn 19.
41 Vgl. Soergel/*Schurig*, Art. 15 EGBGB Rn 12; wohl auch MüKo/*Siehr*, Art. 15 EGBGB Rn 20; Staudinger/*Mankowski*, Art. 15 EGBGB Rn 37 f.
42 So auch Palandt/*Heldrich*, Art. 15 EGBGB Rn 19; Bamberger/Roth/*Otte*, Art. 15 EGBGB Rn 31.
43 *Basedow*, NJW 1986, 2971, 2976; Staudinger/*Mankowski*, Art. 15 EGBGB Rn 38.
44 Vgl. Staudinger/*Mankowski*, Art. 15 EGBGB Rn 37 f.; Palandt/*Heldrich*, Art. 15 EGBGB Rn 19.

gemeinsame soziale Bindungen an einen Staat durch Herkunft, Kultur, Sprache oder berufliche Tätigkeit, gemeinsamer schlichter Aufenthalt sowie der Ort der Eheschließung.[45]

16 Der Fall, dass zum maßgeblichen Zeitpunkt **überhaupt keine gemeinsamen Verbindungen** zu einem Staat bestehen, kann nur selten und nach sorgfältiger Überprüfung aller Umstände des Einzelfalles angenommen werden. In der Literatur wird dann als äußerste Hilfslösung die kumulative Berufung der beiden Heimatrechte nach dem Grundsatz des schwächeren Rechts befürwortet,[46] d.h. es kommen nur die Wirkungen zum Tragen, die beiden Rechten gemeinsam sind. Ein solches Vorgehen ist jedoch für das Güterstatut ungeeignet, da angesichts der unterschiedlichen, komplizierten und strukturabhängigen Regelungszusammenhänge der Güterstände schon die Vergleichbarkeit der jeweiligen Rechtspositionen auf unüberwindliche Grenzen stoßen kann.[47] Damit verbleibt als letzte Möglichkeit nur die ebenfalls unbefriedigende[48] Zugrundelegung des Ortes der Eheschließung, so zufällig dieser auch manchmal sein mag.[49]

17 c) **„Mittelbare Rechtswahl" über Art. 14 Abs. 2–4.** Da Abs. 1 auf Art. 14 in seiner Gesamtheit verweist, ist auch ein zum Zeitpunkt der Eheschließung nach Art. 14 Abs. 2 oder Abs. 3 gewähltes allgemeines Ehewirkungsstatut (siehe dazu Art. 14 EGBGB Rn 34 ff.) für die Bestimmung des Ehegüterstatuts zu berücksichtigen. Nachdem sich in dieser Situation das allgemeine Ehewirkungsstatut nach dieser Rechtswahl richtet, kann hier Art. 14 Abs. 1 Nr. 1–3 keine Rolle spielen. Haben die Eheleute gleichzeitig mit der Wahl des allgemeinen Ehewirkungsstatuts oder später gem. Abs. 2 auch hinsichtlich des Ehegüterstatuts eine parteiautonome Bestimmung getroffen, so geht in güterrechtlicher Hinsicht die Rechtswahl nach Abs. 2, sobald sie getroffen wurde, der Verweisung des Abs. 1 auf Art. 14 Abs. 2 und 3 vor.

18 Außerdem bedingt die Unwandelbarkeit des Ehegüterstatuts, dass die Rechtswahl gem. Art. 14 Abs. 2 oder 3 **vor oder bei der Eheschließung** getroffen sein muss, um im Rahmen des Abs. 1 beachtlich sein zu können.[50] Andererseits kann auch eine spätere Aufhebung oder Änderung einer bei Heirat bereits bestehenden ehewirkungsrechtlichen Rechtswahl sich nicht auf das Ehegüterrecht auswirken,[51] es sei denn sie beinhaltet auch eine wirksame Rechtswahl bzgl. des Ehegüterstatuts gem. Abs. 2. Entsprechendes gilt, wenn eine Rechtswahl gem. Art. 14 Abs. 3 S. 1, die vor der Heirat getroffen wurde, später nach Art. 14 Abs. 3 S. 2 endet.[52]

19 Wenn *Schurig*[53] davon ausgeht, eine Rechtswahl nach Art. 14 Abs. 2 oder 3 im unmittelbaren Zusammenhang mit der Eheschließung solle auch im Rahmen des Abs. 1 beachtlich sein, so kann dies nur für eine Rechtswahl unmittelbar vor der Eheschließung oder gleichzeitig mit der Eheschließung gelten. Eine unmittelbar **nach der Eheschließung** getroffene Rechtswahl muss darauf überprüft werden, ob sie auch eine Rechtswahl i.S.d. Abs. 2 beinhaltet.[54]

20 d) **Die Durchbrechungen der Unwandelbarkeit.** Die Unwandelbarkeit wird in mehreren Konstellationen derart durchbrochen, dass hier das Güterstatut doch wandelbar ist (zum deutsch-iranischen Abkommen vgl. Rn 2; für innerdeutsche Fälle vgl. Art. 236 § 3).

21 aa) **Wandelbarkeit infolge Rück- oder Weiterverweisung.** Da und soweit für Abs. 1 der Grundsatz der Gesamtverweisung gem. Art. 4 Abs. 1 S. 1 gilt (siehe insoweit Rn 26 ff.) und das sonach zu befragende IPR der verwiesenen Rechtsordnung seinerseits das Ehegüterstatut anders als das deutsche Recht wandelbar anknüpft, so wird solchen „wandelnden" fremden Kollisionsnormen Folge geleistet, denn die

---

45 Palandt/*Heldrich*, Art. 15 EGBGB Rn 19, hinsichtlich des gemeinsamen schlichten Aufenthalts mit der Einschränkung, dass dieser nicht ganz vorübergehender Natur sein darf, und hinsichtlich des Eheschließungsortes, dass er nicht ganz zufällig gewählt ist.
46 Soergel/*Schurig*, Art. 15 EGBGB Rn 13; Bamberger/Roth/*Otte*, Art. 15 EGBGB Rn 12.
47 Das gibt *Schurig*, JZ 1985, 559 m.w.N., selbst zu, wenngleich bezogen auf die Frage nach der Kumulation der Staatsangehörigkeiten als Hauptanknüpfungspunkt für das Ehegüterstatut.
48 Das ist *Schurig*, JZ 1985, 559, 564, einzuräumen.
49 Im Regierungsentwurf zu Art. 14 Abs. 1 Nr. 3 war ursprünglich der Nachsatz vorgesehen: „insbesondere durch den Verlauf der ehelichen Lebensgemeinschaft oder durch den Ort der Eheschließung" (BT-Drucks 10/504, S. 9); aus der Streichung dieses Nachsatzes im Gesetzgebungsverfahren ergibt sich jedoch nichts gegen die hier vertretene Lösung.
50 Z.B. *Jayme*, IPRax 1986, 265, 266; MüKo/*Siehr*, Art. 15 EGBGB Rn 21; *Schotten*, Rn 136; Staudinger/*Mankowski*, Art. 15 EGBGB Rn 79.
51 *V. Bar*, IPR II, Rn 212 Fn 511.
52 *Kühne*, IPRax 1987, 69, 73; Soergel/*Schurig*, Art. 15 EGBGB Rn 15.
53 Soergel/*Schurig*, Art. 15 EGBGB Rn 14.
54 Soergel/*Schurig*, Art. 15 EGBGB Rn 14, erkennt an, dass es hier darum geht, dass im Zweifel die Ehegatten auch und gerade eine Wahl des Güterrechts gewollt haben werden, so dass jedenfalls im Wege der Auslegung oder der ergänzenden Auslegung die Rechtswahl auf das Güterstatut erstreckt werden kann.

Durchführung des *renvoi* hat insoweit Vorrang.[55] Ändert sich hier der nach dem fraglichen fremden IPR maßgebliche Anknüpfungspunkt, so ist der daraus folgende Statutenwechsel als Ergebnis des *renvoi* anzuerkennen.[56] Im Rahmen einer etwaigen Rück- oder Weiterverweisung sind auch nach der Eheschließung erfolgende Änderungen im internationalen Güterrecht der verwiesenen Rechtsordnung bedeutsam.[57] Ob dies zu einer Änderung des anwendbaren Sachrechts auf die güterrechtlichen Verhältnisse führt, muss dann von den intertemporalen Regelungen des fraglichen IPR beantwortet werden.[58]

bb) Rechtswahl gem. Abs. 2. Die wichtigste Durchbrechung des Unwandelbarkeitsgrundsatzes bringt Abs. 2 (siehe dazu ausführlich Rn 35 ff.), der durch die Eröffnung der Rechtswahl den Eheleuten gerade ermöglicht, auf Veränderungen der Lebensverhältnisse zu reagieren.[59] 22

cc) Art. 220 Abs. 3 und Art. 15 Abs. 4. Eine nachträgliche Änderung des Güterstatuts kann sich auch ergeben aus Art. 220 Abs. 3 (siehe dazu Anh. III zu Art. 15) sowie aus dem in Abs. 4 vorbehaltenen Gesetz über den ehelichen Güterstand von Vertriebenen und Flüchtlingen (siehe dazu Anhang II zu Art. 15). 23

dd) Keine Unwandelbarkeit des Sachrechts („Versteinerung"). Der Grundsatz der Unwandelbarkeit bezieht sich nur auf die kollisionsrechtliche Ebene. Er bedeutet nicht, dass die Eheleute innerhalb des so gefundenen Güterrechtsstatuts an die sachrechtliche Gesetzeslage zum Zeitpunkt der Eheschließung gebunden wären. Ändern sich die materiellen Rechtssätze des Güterrechtsstatuts, so können die neuen Rechtssätze auch für im Zeitpunkt der Änderung bereits bestehende Ehen gelten; dies richtet sich nach den Überleitungsvorschriften und intertemporalen Regeln dieser Sachrechtsordnung, da das Güterstatut auch über die Folgen einer **Veränderung der sachrechtlichen Vorschriften** zu entscheiden hat.[60] 24

Davon ging jedoch die sog. **Versteinerungslehre** in bestimmten Fällen ab.[61] Anlass hierfür waren die nach dem Zweiten Weltkrieg einsetzenden umfassenden Migrationsbewegungen. Hatten die Eheleute durch Änderung ihrer Staatsangehörigkeit und des gewöhnlichen Aufenthalts jegliche Beziehung zu dem Staat des Güterstatuts verloren, so sollte auf ihre güterrechtlichen Verhältnisse das Sachrecht in der Gestalt fortgelten, in der es bei Emigration, Vertreibung oder Flucht bestanden hat. Sie sollten so vor den Rechtsänderungen eines Staates, mit dem sie nichts mehr zu tun haben wollten, geschützt werden.[62] Die Problematik der Versteinerungslehre ist durch das Gesetz über den ehelichen Güterstand von Vertriebenen und Flüchtlingen vom 4.8.1969 (siehe dazu Anhang II zu Art. 15) wesentlich entschärft.[63] Die Lehre wird im Übrigen heutzutage zu Recht abgelehnt, vor allem, weil sie zu einer Petrifizierung veralteter Rechtszustände führen kann.[64] Allerdings mag für sie in Ausnahmefällen ein Bedürfnis dann weiterbestehen, wenn es darum geht, Rechtsänderungen im Güterstatut abzuwehren, die in vorgefundene, wenngleich unabgeschlossene subjektive Rechtspositionen beeinträchtigend eingreifen wollen.[65] Dogmatisch richtig und, um den Ausnahmecharakter solcher Versteinerungen klarzulegen, sinnvoll sind solche Konstellationen als Fälle des *ordre public* einzuordnen.[66] 25

e) Rück- und Weiterverweisung, Art. 4. aa) Anknüpfung nach Abs. 1 i.V.m. Art. 14 Abs. 1. Für die Verweisung aufgrund Abs. 1 i.V.m. Art. 14 Abs. 1 Nr. 1–3 gilt der Grundsatz der **Gesamtverweisung** des Art. 4 Abs. 1. Rück- und Weiterverweisungen des IPR der berufenen Rechtsordnung sind deshalb beachtlich. 26

---

55 *Schurig*, JZ 1985, 559, 562; MüKo/*Siehr*, Art. 15 EGBGB Rn 125; Staudinger/*Mankowski*, Art. 15 EGBGB Rn 51; Soergel/*Schurig*, Art. 15 EGBGB Rn 64; *Schotten*, Rn 144; vgl. zum alten IPR auch KG IPRspr 1934 Nr. 45; OLG Hamm IPRspr 1974 Nr. 62; unzutreffenderweise teilweise einschr. AG Dortmund FamRZ 1999, 1507.

56 Erman/*Hohloch*, Art. 15 EGBGB Rn 11.

57 Soergel/*Schurig*, Art. 15 EGBGB Rn 29; Staudinger/*Mankowski*, Art. 15 EGBGB Rn 56; unter den Voraussetzungen der sog. Versteinerungslehre (s. dazu ausf. Rn 25) wurde in der älteren Rspr. teilweise davon ausgegangen, dass auch das ausländische IPR versteinere; vgl. OLG Stuttgart NJW 1958, 1972; OLG Hamm NJW 1977, 1591.

58 Staudinger/*Mankowski*, Art. 15 EGBGB Rn 56; Soergel/*Schurig*, Art. 15 EGBGB Rn 29.

59 Staudinger/*Mankowski*, Art. 15 EGBGB Rn 46.

60 Vgl. z.B. AG Frankfurt IPRspr 1985 Nr. 65a/OLG Frankfurt IPRspr 1985 Nr. 65b; OLG Karlsruhe IPRax 1990, 122, 124 mit Aufsatz *Jayme*, S. 102; OLG Frankfurt NJW-RR 1994, 72, 73; BayObLGZ 1992, 85; *Gamillscheg*, in: FS Bötticher 1969, S. 143, 147 f.; *Henrich*, IPRax 2001, 113, 114; MüKo/*Siehr*, Art. 15 EGBGB Rn 62; Soergel/*Schurig*, Art. 15 EGBGB Rn 29; Staudinger/*Mankowski*, Art. 15 EGBGB Rn 47.

61 Vgl. z.B. BGHZ 40, 32, 35; BayObLGZ 1959, 89, 102; OLG Hamm NJW 1977, 1591; LG Wuppertal IPRspr 1987 Nr. 54.

62 Staudinger/*Mankowski*, Art. 15 EGBGB Rn 59.

63 Vgl. *Gamillscheg*, in: FS Bötticher 1969, S. 143, 147 ff.

64 Vgl. MüKo/*Siehr*, Art. 15 EGBGB Rn 65; Staudinger/*Mankowski*, Art. 15 EGBGB Rn 60: „zeitbedingte Erscheinung des Ost-West-Konflikts"; Palandt/*Heldrich*, Art. 15 EGBGB Rn 3; Soergel/*Schurig*, Art. 15 EGBGB Rn 29.

65 Vgl. MüKo/*Sonnenberger*, Einl. IPR Rn 598.

66 Ausf. MüKo/*Sonnenberger*, Einl. IPR Rn 584 ff.; Staudinger/*Mankowski*, Art. 15 EGBGB Rn 61.

Art. 15 EGBGB — Erster Teil Allgemeine Vorschriften

Relevant ist dies dann, wenn das fremde IPR in der Anknüpfung zwischen allgemeinen Ehewirkungen sowie Ehegüterrecht unterscheidet[67] und die dortige Anknüpfung des Güterstatuts von der deutschen abweicht.

27 Deshalb kann es vor allem dann zu einem *renvoi* kommen, wenn das gemeinsame Heimatrecht der Ehegatten dem Aufenthalts- oder Domizilprinzip folgt oder wenn die verwiesene Rechtsordnung Mobilien und Immobilien des Ehevermögens trennt, regelmäßig dahin gehend, dass Immobilien der jeweiligen *lex rei sitae* unterworfen werden, während die Mobilien dem Aufenthalts- bzw. Domizilrecht oder dem (gemeinsamen) Heimatrecht unterliegen.[68] Einer solchermaßen begründeten Güterrechtsspaltung (**partielle Rück- bzw. Weiterverweisung**) folgen wir. Das gilt auch, wenn und soweit die verwiesene Rechtsordnung anders als Abs. 1 wandelbar anknüpft (siehe Rn 21) oder wenn sie eine Rechtswahl im weiteren Umfange als Abs. 2 zulässt (siehe dazu Rn 64).

28 Ein anzuerkennender *renvoi* kann seinen Grund auch darin haben, dass die ausländische Kollisionsrechtsordnung den aus unserer Sicht güterrechtlich zu bewertenden Tatbestand anders einordnet und nicht ihre güterrechtliche Kollisionsnorm, sondern eine andere zur Anwendung beruft (**Rück- oder Weiterverweisung infolge abweichender Qualifikation**). Dann wenden auch wir im Rahmen des Art. 4 Abs. 1 diese andere Kollisionsnorm an.[69] Da die Auslegung der fremden Kollisionsnormen auf der Grundlage der betreffenden ausländischen Rechtsordnung erfolgt,[70] entscheidet diese Rechtsordnung nicht nur über die Qualifikation, sondern auch über den Inhalt der Begriffe, die den Anknüpfungspunkt bilden, z.B. Wohnsitz, Domizil, wie auch die sonstigen Tatbestandsmerkmale der Kollisionsnorm. Das ist vor allem dann relevant, wenn das fremde IPR bewegliches und unbewegliches Vermögen unterscheidet und es um die Bestimmung geht, welche Gegenstände jeweils darunter fallen. Gerade hier kann es dann aber häufig sein, dass diese Rechtsordnung die Begriffsbestimmung wiederum einer anderen Rechtsordnung überlässt, z.B. die Bestimmung des Begriffs des unbeweglichen Vermögens der *lex rei sitae*. Auch eine solche Qualifikationsrück- oder -weiterverweisung ist zu beachten.

29 Die nach wie vor heftig umstrittene Frage, ob auch eine Verweisung auf das Recht der engsten Verbindung gem. **Abs. 1 i.V.m. Art. 14 Abs. 1 Nr. 3** als Gesamtverweisung aufzufassen ist oder ob dies nicht dem Sinn der Verweisung widerspräche (Art. 4 Abs. 1 S. 1 letzter Hs.), wird man in dem Sinne zu beantworten haben, dass es auch hier beim Grundsatz der Gesamtverweisung verbleibt.[71] Dies vor allem deshalb, weil die vorgängigen Anknüpfungen nach Abs. 1 i.V.m. Art. 14 Abs. Nr. 1 und 2 unzweifelhaft Gesamtverweisungen sind und für die hilfsweise Anknüpfung an die engste Verbindung nichts anderes gelten sollte[72] und außerdem die akzessorische Anknüpfung an das Ehewirkungsstatut ohnehin nicht den Gleichlauf beider Statute (Ehewirkungs- und Güterstatut) zum Hauptziel haben kann, weil Art. 14 Abs. 1 wandelbar anknüpft.[73]

30 Teilweise[74] wird angenommen, die Beachtung einer Rück- oder Weiterverweisung widerspreche dann i.S.d. Art. 4 Abs. 1 S. 1 letzter Hs. dem Sinn der Verweisung, wenn das fremde IPR **nicht geschlechtsneutral**, also insbesondere an das Mannesrecht anknüpft, es sei denn, der andere Ehepartner erfüllt zufällig *in casu* dieselben Anknüpfungsmerkmale. Richtigerweise handelt es sich hierbei jedoch um eine Frage des *ordre public* (Art. 6; siehe ausführlich Rn 110).[75]

31 **bb) Anknüpfung nach Abs. 1 i.V.m. Art. 14 Abs. 2 und 3.** Die Einordnung der Anknüpfung nach Abs. 1 i.V.m. Art. 14 Abs. 2 und 3 in das System des Art. 4 ist seit der Schaffung dieser Vorschriften

---

[67] MüKo/*Siehr*, Art. 15 EGBGB Rn 123; zu prüfen ist dann natürlich an dieser Stelle die ausländische Kollisionsnorm für das Güterrecht, während die Kollisionsnorm, die dort für die allgemeinen Ehewirkungen besteht, bereits eine Stufe vorher im Rahmen der Verweisung des Art. 14 Abs. 1 zu beachten ist.
[68] Staudinger/*Mankowski*, Art. 15 EGBGB Rn 39 f.; vgl. z.B. OLG Hamburg IPRax 2002, 304, 306: nach englischem Recht gilt, wenn ein Ehevertrag fehlt, für das bewegliche Vermögen als Regel das Recht des Staates, in dem die Ehegatten ihr „*matrimonial domicile*" haben, für unbewegliches Vermögen dagegen die *lex rei sitae*.
[69] Lehrreich insoweit OGH IPRax 1995, 42 mit ausf. Aufsatz *S. Lorenz*, S. 47: Der OGH unterwirft, was jedoch in der österreichischen Lehre sehr umstr. ist, die Übertragung der Ehewohnung als Bestandteil des ehelichen Gebrauchsvermögens anlässlich der Scheidung dem Scheidungsstatut; vgl. auch IPG 1980/81 Nr. 29 (München), wonach insoweit aus deutscher Sicht das Güterstatut gilt; AG Emmendingen IPRspr 2000 Nr. 54: für Vermögensaufteilung im Fall der Scheidung nach englischem Kollisionsrecht auf die Kollisionsregel für die Ehescheidung zurückzugreifen.
[70] Vgl. BGHZ 24, 352, 355.
[71] Z.B. v. *Bar/Mankowski*, IPR I, Rn 229; *Rauscher*, NJW 1988, 2151, 2154; MüKo/*Siehr*, Art. 15 EGBGB Rn 123; a.A. z.B. Palandt/*Heldrich*, Art. 15 EGBGB Rn 2.
[72] v. *Bar/Mankowski*, IPR I, Rn 229; *Rauscher*, NJW 1988, 2151.
[73] *Rauscher*, NJW 1988, 2151, 2154.
[74] BGH NJW 1988, 638; MüKo/*Siehr*, Art. 15 EGBGB Rn 126.
[75] *Rauscher*, NJW 1988, 2151, 2152; *Eule*, MittBayNot 2003, 335, 340.

umstritten.⁷⁶ Dieser Problematik muss im jeweiligen Einzelfall gedanklich die Frage vorweggestellt werden, ob nicht die Ehegatten sowohl eine ehewirkungs- als auch eine ehegüterrechtliche Rechtswahl getroffen haben.⁷⁷ Nur wenn keine güterrechtliche Rechtswahl nach Abs. 2 vorliegt, kann das Problem im Rahmen der Verweisung nach Abs. 1 i.V.m. Art. 14 Abs. 2 bzw. 3 zum Tragen kommen. Dann stellt sich zunächst die Frage, ob diese letztere Verweisung nicht ihrerseits eine Rechtswahl des Güterstatuts i.S.d. Art. 4 Abs. 2 ist, so dass auf dieser Grundlage ein *renvoi* auszuschließen wäre.⁷⁸

Allerdings hat hier die Rechtswahl nach Art. 14 Abs. 2 bzw. 3 nur mittelbare Geltung für das Güterstatut, die auf gesetzlicher Anordnung und nicht auf dem Parteiwillen beruht.⁷⁹ Es liegt gerade keine unmittelbare Wahl des Ehegüterstatuts vor.⁸⁰ Damit ist zwar eine Sachnormverweisung nach Art. 4 Abs. 2 ausgeschlossen, zur Bejahung einer Gesamtnormverweisung muss jedoch noch die Hürde des Art. 4 Abs. 1 S. 1 letzter Hs. (Sachnormverweisung aufgrund des Sinns der Verweisung) genommen werden.⁸¹ Eine Gesamtnormverweisung ist aber hier nicht deswegen ausgeschlossen, weil die akzessorische Anknüpfung des Abs. 1 an das Ehewirkungsstatut dies gebieten würde, denn damit sollte nicht der Hauptzweck eines einheitlichen Familienstatuts verfolgt werden.⁸² Es ist auch nicht ersichtlich, warum hier ein stärkeres Interesse an der Voraussehbarkeit des anwendbaren Ehegüterrechts bestehen sollte.⁸³ Da hier ebenso wie bei der Verweisung nach Abs. 1 i.V.m. Art. 14 Abs. 1 keine Rechtswahl des Ehegüterstatuts vorliegt, haben die Eheleute gerade keine Vorausschau bzgl. des Güterstatuts getroffen, obwohl sie wegen der Rechtswahl des Ehewirkungsstatuts dazu umso mehr Anlass gehabt hätten. Demnach ist auch bei einer Verweisung nach Abs. 1 i.V.m. Art. 14 Abs. 2 und 3 ein etwaiger *renvoi* zu beachten.⁸⁴

f) Mehrrechtsstaaten, Art. 4 Abs. 3; Staatenzerfall. Gerade im Bereich des Güterrechtes ist das Phänomen nicht selten, dass in einem Staat insoweit **Rechtszersplitterung** herrscht. So gibt es etwa in den USA⁸⁵ verschiedene Güterrechtsordnungen in den Einzelstaaten (interlokale Rechtsspaltung). Ähnliches gilt in Kanada⁸⁶ und auch in Spanien, wo in bestimmten Foralrechtsgebieten vom gemeinspanischen Codigo civil abweichende Güterrechte bestehen.⁸⁷ Andere Staaten spalten das anwendbare Güterrecht personell, insbesondere nach religiösen oder stammesrechtlichen Aspekten auf, so häufig in Asien und Afrika.⁸⁸ Im Falle der Verweisung auf einen Staat mit Rechtszersplitterung ist die anwendbare Teilrechtsordnung über Art. 4 Abs. 3 zu bestimmen (siehe Art. 4 EGBGB Rn 20 ff.).

Die Grundsätze des Art. 4 Abs. 3 wird man auch dann anwenden, um die Nachfolgerechtsordnung festzustellen, wenn nach dem maßgeblichen Zeitpunkt der Eheschließung derjenige **Staat**, auf dessen Rechtsordnung verwiesen wird, in Einzelstaaten **zerfällt**.⁸⁹ Demgegenüber neigt die Rechtsprechung unter Berufung auf den Grundsatz der Unwandelbarkeit dazu, das Statut nach der Rechtslage festzustellen, die vor dem Staatenzerfall bestanden hat, mit der Folge, dass eine Anwendung des neuen IPR des infolge des Zerfalls entstandenen neuen Staates nicht mehr zu erfolgen hat.⁹⁰ Das läuft aber auf eine auch mit dem Unwandelbarkeitsgrundsatz nicht verfolgte kollisionsrechtliche „Versteinerung" hinaus.⁹¹

3. Unmittelbare Rechtswahl des Ehegüterstatuts. a) Rechtswahl nach Abs. 2 und 3. aa) Normzweck. Die Zulässigkeit einer parteiautonomen Festlegung des Güterstatuts ist eine Neuerung im deutschen internationalen Güterrecht, die mit der IPR-Reform von 1986 eingeführt wurde. Den Eheleuten soll auf diesem Wege unter bewusster Durchbrechung des Unwandelbarkeitsgrundsatzes die Möglichkeit gegeben

---

76 Für Einordnung als Sachnormverweisung z.B. Staudinger/*Mankowski*, Art. 15 EGBGB Rn 84 ff.; MüKo/*Siehr*, Art. 15 EGBGB Rn 129; Palandt/*Heldrich*, Art. 15 EGBGB Rn 2; *Kartzke*, IPRax 1988, 8, 10 f.; Erman/*Hohloch*, Art. 15 EGBGB Rn 7; Bamberger/Roth/*Otte*, Art. 15 EGBGB Rn 13, 76.
77 Staudinger/*Mankowski*, Art. 15 EGBGB Rn 87; *Kühne*, IPRax 1987, 69, 73.
78 Dafür Palandt/*Heldrich*, Art. 15 EGBGB Rn 2; *Kartzke*, IPRax 1988, 8, 11; Erman/*Hohloch*, Art. 15 EGBGB Rn 7.
79 *Kühne*, IPRax 1987, 69, 73; Staudinger/*Mankowski*, Art. 15 EGBGB Rn 84.
80 *Rauscher*, NJW 1988, 2151, 2154.
81 Für eine Sachnormverweisung gem. Art. 4 Abs. 1 S. 1 letzter Hs. Staudinger/*Mankowski*, Art. 15 EGBGB Rn 87 ff.
82 *Rauscher*, NJW 1988, 2151, 2154.
83 So aber *Kartzke*, IPRax 1988, 8, 11; Staudinger/*Mankowski*, Art. 15 EGBGB Rn 87.
84 Ebenso *Kühne*, IPRax 1987, 69, 73; *Rauscher*, NJW 1988, 2151, 2154; *Schotten*, Rn 166.
85 *Henrich/Rieck*, in: Bergmann/Ferid/Henrich, Internationales Ehe- und Kindschaftsrecht, USA, 1994, S. 63 ff.
86 *Rieck*, in: Bergmann/Ferid/Henrich, Internationales Ehe- und Kindschaftsrecht, Kanada, 1998, S. 25 f.
87 Vgl. den Beispielsfall bei *Kropholler*, IPR, § 29 II 2; sowie *Rau/Daum*, in: Bergmann/Ferid/Henrich, Internationales Ehe- und Kindschaftsrecht, Spanien, 1998, S. 19.
88 Vgl. MüKo/*Sonnenberger*, Art. 4 EGBGB Rn 84 ff.
89 Vgl. *Großerichter/Bauer*, RabelsZ 65 (2001), 201, 213 ff.: Bestimmung der Nachfolgerechtsordnung im Falle Jugoslawiens mit Hilfe der engsten Verbindung entspr. Art. 4 Abs. 3 S. 2.
90 Vgl. OLG Frankfurt IPRax 2001, 140, 141; BayObLG DNotZ 1992, 575, 577.
91 *Großerichter/Bauer*, RabelsZ 65 (2001), 201, 206.

werden, das anwendbare Güterrecht an veränderte Lebens- bzw. Vermögensverhältnisse anzupassen.[92] Demgemäß ist eine freie Rechtswahl nicht gestattet, sondern es werden nur bestimmte Rechtsordnungen zur Auswahl gestellt, wenngleich darüber hinaus keine weiteren Voraussetzungen für die Rechtswahl erforderlich sind und die Parteiautonomie erheblich weiter geht als die in Art. 14 Abs. 2 und 3 gewährte. Dabei ist es auch unerheblich, wie die gewählte oder abgewählte ausländische Rechtsordnung sowie das Statut der allgemeinen Ehewirkungen zur Rechtswahl des Güterstatuts stehen.[93] Damit birgt die gem. Abs. 2, 3 zulässige Rechtswahl das Risiko in sich, dass sie im Ausland nicht anerkannt wird. Sie kann deshalb, wenn die fragliche ausländische Rechtsordnung aufgrund objektiver Anknüpfung zu einem anderen Sachrecht gelangt, zu „hinkenden" Güterrechtsverhältnissen führen.[94]

36 **bb) Die wählbaren Rechte (Abs. 2). (1) Heimatrecht eines Ehegatten (Abs. 2 Nr. 1).** Die Eheleute haben die Möglichkeit, das Heimatrecht eines von ihnen zum Ehegüterstatut zu wählen. Bei Mehrstaatern kommt es nicht darauf an, welche Staatsangehörigkeit die maßgebende i.S.d. Art. 5 Abs. 1 ist, sondern jedes der Heimatrechte steht für die Parteiautonomie zur Auswahl.[95] Nicht Voraussetzung ist, dass beide Eheleute diesem Staat angehören. Gehören sie ihm beide an, so schließt dies nicht aus, das Recht dieses Staates zu wählen, selbst wenn es schon über Abs. 1 i.V.m. Art. 14 Abs. 1 Nr. 1 zur Anwendung berufen ist.[96] Eine solche Rechtswahl kann sinnvoll sein, um eine etwaige Rück- oder Weiterverweisung auf der Basis des Abs. 1 auszuschalten.

37 **(2) Gewöhnlicher Aufenthalt eines Ehegatten (Abs. 2 Nr. 2).** Gleichrangig neben einem Heimatrecht steht den Ehegatten gem. Abs. 2 Nr. 2 das Recht des gewöhnlichen Aufenthaltes eines von ihnen zur Auswahl. Dies gilt auch dann, wenn sie dieselbe Staatsangehörigkeit haben, denn die Parteiautonomie nach Abs. 2 Nr. 2 hat gerade den Sinn, eine Anpassung des Güterrechts an das tatsächliche Umweltrecht zu ermöglichen.[97] Deshalb wird auch nicht vorausgesetzt, dass beide Eheleute ihren gewöhnlichen Aufenthalt in verschiedenen Staaten haben.[98]

38 **(3) Recht des Lageortes für unbewegliches Vermögen (Abs. 2 Nr. 3).** Mit der Möglichkeit, für unbewegliches Vermögen das Recht der jeweiligen *lex rei sitae* zu wählen, wird es den Eheleuten an die Hand gegeben, auch eine gegenständlich beschränkte Rechtswahl vorzunehmen. Dies steht im Gegensatz zu Abs. 2 Nr. 1 und 2, wo sich die Rechtswahl auf alle güterrechtlichen Beziehungen auswirkt. Eine dem Abs. 2 Nr. 3 ähnliche beschränkte Rechtswahl kennt Art. 25 Abs. 2 für das internationale Erbrecht. Allerdings handelt es sich dort nur um eine einseitige Rechtswahlmöglichkeit beschränkt auf das deutsche Belegenheitsrecht, während Abs. 2 Nr. 3 eine **allseitige Rechtswahlmöglichkeit** auch auf ausländische Belegenheitsrechte beinhaltet.

39 Die auf die *lex rei sitae* bezogene Rechtswahl führt zur **Spaltung des Güterstatuts** (vgl. Rn 106 ff.). Soweit sie nicht eingreift, richtet sich hinsichtlich der anderen Vermögensgegenstände das Güterstatut grundsätzlich entweder nach der objektiven Anknüpfung des Abs. 1 oder aber nach einer Rechtswahl gem. Abs. 2 Nr. 1 oder 2, soweit die Eheleute auch davon Gebrauch gemacht haben. Sie haben also die Möglichkeit, die Rechtswahlmöglichkeiten in Abs. 2 Nr. 1, 2 einerseits und Abs. 2 Nr. 3 andererseits zu kombinieren.[99]

40 Es dürfte keinem Zweifel unterliegen, dass es den Ehegatten offen steht, unbewegliche Vermögensgegenstände, die sich **in verschiedenen Staaten** befinden, auch entsprechend unterschiedlich zu behandeln.[100] Es steht ihnen frei, für im Staat A belegenen Grundbesitz das dortige Güterrecht zu wählen, für im Staat B belegenes unbewegliches Vermögen es dagegen bei der im Übrigen, grundsätzlich gem. Abs. 1 oder Abs. 2 Nr. 1 bzw. 2 zu bestimmenden Güterrechtsordnung zu belassen.

---

92 Regierungsbegründung BT-Drucks 10/504, S. 58.
93 MüKo/*Siehr*, Art. 15 EGBGB Rn 35; Staudinger/*Mankowski*, Art. 15 EGBGB Rn 127.
94 Soergel/*Schurig*, Art. 15 EGBGB Rn 16; Staudinger/*Mankowski*, Art. 15 EGBGB Rn 127; Schotten, in: FS Geimer 2002, S. 1013, 1020, der jedoch davon ausgeht, dass es bei einer Rechtswahl im Güterrecht nur selten der Fall sei, dass sie in einem anderen Staat nicht anerkannt wird.
95 Sehr strittig; wie hier *Mansel*, Personalstatut, Staatsangehörigkeit und Effektivität, 1988, Rn 412; Soergel/*Schurig*, Art. 15 EGBGB Rn 18; *Siehr*, in: FS Geimer 2002, S. 1097, 1110; Palandt/*Heldrich*, Art. 15 EGBGB Rn 22; Bamberger/Roth/*Otte*, Art. 15 EGBGB Rn 21; *Schotten*, Rn 154; a.A. ausf. Staudinger/*Mankowski*, Art. 15 EGBGB Rn 133 ff.; *Henrich*, S. 97 f.
96 Staudinger/*Mankowski*, Art. 15 EGBGB Rn 140 ff.
97 *Schotten*, Rn 156; *Wegmann*, NJW 1987, 1740, 1742.
98 Allg. Ansicht, z.B. Bamberger/Roth/*Otte*, Art. 15 EGBGB Rn 22.
99 Beispiel nach *Schotten*, Rn 159: Eheleute, Ehemann Deutscher, Ehefrau Italienerin, haben Grundbesitz in Deutschland, Italien und Frankreich; sie können z.B. wählen für den Grundbesitz das jeweilige Lagerecht nach Art. 15 Abs. 2 Nr. 3 und für das übrige Vermögen nach Art. 15 Abs. 2 Nr. 1 italienisches bzw. deutsches Recht.
100 *Kühne*, IPRax 1987, 69, 73; Staudinger/*Mankowski*, Art. 15 EGBGB Rn 217.

Eine ganz andere, sehr umstrittene Frage ist, ob auch innerhalb des in einem bestimmten Staat belegenen unbeweglichen Vermögens differenziert und die Wahl der *lex rei sitae* entsprechend gegenständlich auf einzelne oder mehrere Gegenstände des Immobiliarvermögens in diesem Staat beschränkt werden kann. Richtigerweise wird man eine solche **partielle Rechtswahl** innerhalb des Abs. 2 Nr. 3 zulassen, da in diese Richtung schon der Wortlaut des Gesetzes geht und sie außerdem keine größeren Schwierigkeiten aufwirft, denn die Rechtswahl nach Abs. 2 Nr. 3 als solche führt bereits zu einer Spaltung des Güterstatuts und eine partielle Rechtswahl würde nur die vermögensbezogenen Grenzen zwischen den Statuten anders setzen.[101] 41

Ein wiederum gänzlich anderes, vom jeweiligen Sachrecht zu entscheidendes Problem ist, ob dann, wenn aufgrund Rechtswahl für mehrere unbewegliche Vermögensgegenstände das Lagegüterrecht bestimmt wurde, für diese Gegenstände **verschiedene Güterstände** vereinbart werden können. Soweit deutsches Recht gewählt wurde, ist dies wegen des Gebots der Einheitlichkeit des Güterstandes nicht möglich.[102] 42

Der **Begriff des „unbeweglichen Vermögens"** bedarf der näheren Ausfüllung. Hierüber entscheidet das deutsche Recht, und zwar für kollisionsrechtliche Zwecke eigenständig.[103] Die Ausfüllung des Begriffs sollte parallel zu Art. 25 Abs. 2 erfolgen. Im Einzelnen gilt Folgendes: Zum unbeweglichen Vermögen gehören z.B.: 43
– Grundstücke, Gebäude und sonstige wesentliche Bestandteile,
– Zubehör,[104]
– grundstücksgleiche Rechte wie Erbbaurecht, Wohnungseigentum, Teileigentum, Bergwerkseigentum, Stockwerkseigentum, Fischereirechte nach Landesrecht,
– Rechte, die mit dem Eigentum am Grundstück verbunden sind (vgl. § 96 BGB),
– dingliche Rechte am Grundbesitz, auch Grundpfandrechte.[105]

Nicht zum unbeweglichen Vermögen gehören z.B.: 44
– schuldrechtliche Ansprüche auf Übertragung unbeweglichen Vermögens im vorstehenden Sinne, z.B. Grundstücke oder Grundstücksrechte, auch wenn die Ansprüche vormerkungsgesichert sind,[106]
– auf unbewegliches Vermögen bezogene Miet- und Pachtforderungen,[107]
– Anteile an Gesamthandsgemeinschaften wie Erbengemeinschaft und Personengesellschaft, auch wenn ihr Vermögen ausschließlich aus Grundbesitz besteht,[108]
– Rechte an Schiffen und Schiffsbauwerken, auch wenn diese registriert sind,[109]
– abgetrennte Bestandteile und Früchte,[110]
– Surrogate von unbeweglichem Vermögen;[111] die Wirkung einer Rechtswahl gem. Abs. 2 Nr. 3 endet daher, wenn alle betreffenden Gegenstände des unbeweglichen Vermögens am Lageort aus dem ehelichen Vermögen ausscheiden, insbesondere weil sie an einen Dritten veräußert werden.[112]

cc) Die Rechtswahlvereinbarung. (1) Rechtsnatur, Inhalt, Zustandekommen und Wirksamkeit. Die Rechtswahlvereinbarung ist ein **kollisionsrechtlicher Verweisungsvertrag** und als solcher ein Vertrag *sui generis*.[113] Sie entfaltet nur Wirkungen auf der kollisionsrechtlichen Ebene[114] und muss daher streng von einem etwa gleichzeitig und auch in derselben Urkunde geschlossenen Ehevertrag, der 45

---

101 Für die partielle Rechtswahl auch die einzig bekannte Gerichtsentscheidung LG Mainz NJW-RR 1994, 73, 74, und z.B. *Böhringer*, BWNotZ 1987, 104, 109; *Andrae*, Rn 225; Palandt/*Heldrich*, Art. 15 EGBGB Rn 22; Soergel/*Schurig*, Art. 15 EGBGB Rn 21; Bamberger/Roth/*Otte*, Art. 15 EGBGB Rn 24; a.A. z.B. *Schotten*, Rn 163; *Kühne*, IPRax 1987, 69, 73; *Langenfeld*, BWNotZ 1986, 153; problematisch würde allerdings eine zeitliche Staffelung mehrerer partieller Wahlen des deutschen Rechts bei Zugewinngemeinschaft, vgl. Staudinger/*Mankowski* Art. 15 EGBGB Rn 223.
102 LG Mainz NJW-RR 1994, 73, 74; Staudinger/*Mankowski*, Art. 15 EGBGB Rn 228 m.w.N.; a.A. *Lichtenberger*, in: FS Ferid 1988, S. 269, 280.
103 MüKo/*Siehr*, Art. 15 EGBGB Rn 31; *Andrae*, Rn 225; Palandt/*Heldrich*, Art. 15 EGBGB Rn 22; *Böhringer*, BWNotZ 1987, 104, 109; die Gegenmeinung will dagegen die Begriffsbildung dem Recht des Lageortes entnehmen, vgl. Soergel/*Schurig*, Art. 15 EGBGB Rn 22; Staudinger/*Mankowski*, Art. 15 EGBGB Rn 162 ff.; *Kühne*, IPRax 1987, 69, 73; *Schotten*, Rn 160.
104 A.A. *Schotten*, Rn 162.
105 A.A. Soergel/*Schurig*, Art. 15 EGBGB Rn 22.
106 A.A. *Wegmann*, NJW 1987, 1740, 1743; *Dörner*, DNotZ 1988, 67, 96 (zu Art. 25 Abs. 2); *Lichtenberger*, in: FS Ferid 1988, S. 269, 285.
107 A.A. *Dörner*, DNotZ 1988, 67, 96 (zu Art. 25 Abs. 2).
108 A.A. MüKo/*Siehr*, Art. 15 EGBGB Rn 33; *Dörner*, DNotZ 1988, 67, 95 f. (zu Art. 25 Abs. 2); *Reithmann*, DNotZ 1996, 227, 228; eine entspr. kollisionsrechtliche Aufspaltung von Nachlässen, in denen sich Grundbesitz befindet, schlägt *Krzywon*, BWNotZ 1986, 154, 160 und 1987, 4, 5, für Art. 25 Abs. 2 vor.
109 MüKo/*Siehr*, Art. 15 EGBGB Rn 33.
110 Staudinger/*Mankowski*, Art. 15 EGBGB Rn 177.
111 Staudinger/*Mankowski*, Art. 15 EGBGB Rn 178.
112 Staudinger/*Mankowski*, Art. 15 EGBGB Rn 150.
113 *Schotten*, Rn 168.
114 *Schotten*, Rn 168; Staudinger/*Mankowski*, Art. 15 EGBGB Rn 126.

nur der sachrechtlichen Ebene zugeordnet werden kann, unterschieden werden.[115] Deshalb ist die Wahl deutschen Rechts grundsätzlich auch dann gültig, wenn aus einem anderen Grunde der Ehevertrag teilweise unwirksam sein sollte.[116] Außerdem ist es demzufolge auch nicht möglich, in einem unmittelbaren Zugriff einen bestimmten Güterstand des gewünschten Rechtes zu wählen.[117] Geschieht dies dennoch, so muss durch Auslegung geklärt werden, ob darin sowohl der kollisionsrechtliche Rechtswahlvertrag als auch der sachrechtliche Ehevertrag liegen.

46 Das Zustandekommen und die rechtsgeschäftliche Wirksamkeit der zur Rechtswahl erforderlichen **Einigung** sind nach dem gewählten Recht zu beurteilen (Rechtsgedanke der Artt. 27 Abs. 4, 31 Abs. 1).[118]

47 Die Rechtswahl muss **nicht ausdrücklich** erfolgen, obwohl im Interesse der Rechtssicherheit dies natürlich dringend geraten werden muss.[119] Vor allem dann, wenn eine solche ausdrückliche Erklärung fehlt, kommt es zu Auslegungszweifeln. Hier muss dann geklärt werden, ob tatsächlich ein Wille beider Ehegatten bezogen auf eine kollisionsrechtliche Bestimmung des anwendbaren Güterrechts vorliegt.[120]

48 Hierzu seien folgende **Beispiele aus Rechtsprechung und Literatur** genannt, wenngleich nie vergessen werden darf, dass die Auslegung im Einzelfall zu entscheiden hat:
 – Die ehevertraglich getroffene Vereinbarung einer Morgengabe im Rahmen der Eheschließung und entsprechend der islamischen Tradition am Eheschließungsort stellt keine Rechtswahl des Güterstatuts dar.[121]
 – Vereinbaren Ehegatten als Käufer im Rahmen eines Grundstückkaufvertrages mit dem Verkäufer, dass der Kaufvertrag deutschem Recht unterliegen soll, so liegt hierin selbstverständlich nur eine Rechtswahl bezüglich des Kaufvertrages und nicht auch eine hinsichtlich des auf die Ehe der Käufer anwendbaren Güterrechts.[122]
 – Aus einer Rechtswahl für eine Scheidungsfolgenvereinbarung kann sich eine ehegüterrechtliche Rechtswahl ergeben.[123]
 – Wird im unmittelbaren Zusammenhang mit der Eheschließung eine Rechtswahl nach Art. 14 Abs. 2 oder 3 vorgenommen, so sollte mit der Annahme, dass damit auch und gerade die Wahl des Güterrechts gewollt sein soll, vorsichtig umgegangen werden, vor allem dann, wenn die Eheleute juristisch beraten wurden.[124]
 – Ebenso ist Vorsicht bei der Auslegung geboten, wenn Eheleute mit gewöhnlichem Aufenthalt im Ausland einen Ehevertrag auf der Grundlage des dort geltenden Sachrechts abschließen; hier muss geprüft werden, ob sie sich des versteckten kollisionsrechtlichen Gehalts ihrer Vereinbarung hinreichend bewusst waren oder nur irrtümlich ein falsches Recht ihrem Ehevertrag zugrunde gelegt haben.[125]

49 Die Rechtswahl wird im Normalfall **wirksam**, sobald sie formgerecht erklärt ist.[126] Sie kann allerdings auch unter einer **Bedingung oder Befristung** vorgenommen werden.[127] Letztendlich stellt es auch nichts anderes als eine aufschiebende Bedingung dar, wenn die Rechtswahl getroffen wird vor der Eheschließung oder vor dem Vorliegen der in Abs. 2 genannten Voraussetzungen.

50 Die Rechtswahl kann in das deutsche **Güterrechtsregister** eingetragen werden (vgl. Art. 16). Die Eintragung hat jedoch keine konstitutive Bedeutung.[128]

51 Ob die Rechtswahl im Ausland **Anerkennung** findet, bemisst sich natürlich nach dem dortigen Recht, so dass die Gefahr hinkender Güterrechtsverhältnisse besteht.[129]

---

115 *Schotten*, Rn 169; *Lichtenberger*, in: FS Ferid 1988, S. 269, 272.
116 OLG Frankfurt NJW-RR 1990, 582; MüKo/*Siehr*, Art. 15 EGBGB Rn 37.
117 *Schotten*, DNotZ 1999, 326, 330.
118 Staudinger/*Mankowski*, Art. 15 EGBGB Rn 104; *Stoll*, S. 200; *Andrae*, Rn 230.
119 Bamberger/Roth/*Otte*, Art. 15 EGBGB Rn 27; anders möglicherweise Palandt/*Heldrich*, Art. 15 EGBGB Rn 23: muss ausdr. erfolgen; OLG Hamm FamRZ 2002, 459: muss ausdr. beurkundet werden.
120 Soergel/*Schurig*, Art. 15 EGBGB Rn 16.
121 OLG Frankfurt FamRZ 1996, 1478, 1479; *Henrich*, in: FS Sonnenberger 2004, S. 389, 395; vgl. aber auch BayObLG NJW-RR 1998, 1538, 1539.
122 LG Augsburg MittBayNot 1995, 233 m. zust. Anm. *Geimer*.
123 Restriktiver dagegen OLG Hamm FamRZ 2002, 459.
124 Anders Soergel/*Schurig*, Art. 15 EGBGB Rn 14: im Zweifel auch Wahl des Güterrechts gewollt.
125 Staudinger/*Mankowski*, Art. 15 EGBGB Rn 106; vgl. auch Soergel/*Schurig*, Art. 15 EGBGB Rn 16; MüKo/*Siehr*, Art. 15 EGBGB Rn 41, sieht, da der Wille der Ehegatten klar zum Ausdruck komme, nach dem Ehegüterrecht ihres Aufenthaltsstaates leben zu wollen, in einem solchen Ehevertrag zugleich eine gültige Rechtswahl diesbezüglich; *Sonnenberger*, in: FS Geimer 2002, S. 1241, 1246, sieht bei einem vor einem französischen Notar abgeschlossenen Ehevertrag, in dem ausdr. die „universelle Gütergemeinschaft" nach Art. 1526 französischer C.c. gewählt wurde, eine Rechtswahl zugunsten des französischen Rechts.
126 Soergel/*Schurig*, Art. 15 EGBGB Rn 23.
127 *Mankowski/Osthaus*, DNotZ 1997, 10, 19.
128 *Schotten*, Rn 178.
129 *Mankowski/Osthaus*, DNotZ 1997, 10, 24.

(2) Form (Abs. 3 i.V.m. Art. 14 Abs. 4). Die Rechtswahlvereinbarung muss die in Art. 14 Abs. 4 vorgeschriebene Form wahren (siehe ausführlich Art. 14 EGBGB Rn 43 ff.). Über den Wortlaut hinaus ist es dann, wenn das gewählte Recht oder das Recht des Staates, in dem die Rechtswahl vorgenommen wird (Ortsrecht), eine Rechtswahl des Güterstatuts zulassen, ausreichend, wenn diese Form eingehalten wird (Übertragung des Rechtsgedankens des **Art. 11 Abs. 1** auf die Ebene des Kollisionsrechts und dort bezogen auf die rechtsgeschäftliche Rechtswahlvereinbarung).[130] Dies gilt jedoch nur, wenn die Rechtswahl im Ausland vorgenommen wird. Für im Inland vorgenommene Rechtswahl verbleibt es in jedem Falle bei Abs. 3 i.V.m. Art. 14 Abs. 4 S. 1.

Trotz des Formerfordernisses muss die Rechtswahl zwar nicht ausdrücklich erfolgen, jedoch wird man entsprechend der so genannten **Andeutungstheorie**[131] verlangen müssen, dass der Wille zur Rechtswahl in der entsprechenden Form irgendeinen Ausdruck gefunden hat. Auch in formeller Hinsicht gilt, dass Rechtswahlvereinbarung und etwa gleichzeitig abgeschlossener sachrechtlicher **Ehevertrag getrennt** auf die Einhaltung ihrer jeweiligen Formerfordernisse geprüft werden müssen.[132]

(3) Zeitpunkt. Die Rechtswahlvereinbarung kann jederzeit getroffen werden, auch während der Ehe, und auch schon davor. Im letzteren Falle wird sie mit der Eheschließung wirksam. Bei Rechtswahl während der Ehe ist es nicht erforderlich, dass sich Umstände zwischen dem Zeitpunkt der Eheschließung und dem der Rechtswahl geändert haben.[133] Von der Rechtswahlmöglichkeit kann auch bereits Gebrauch gemacht werden, bevor die nach Abs. 2 Nr. 1 bis 3 maßgeblichen Erfordernisse vorliegen.[134] Auch hier entfaltet sie ihre Wirksamkeit jedoch erst dann, wenn diese Erfordernisse gegeben sind. Entsprechendes gilt bei aufschiebend bedingter oder aufschiebend befristeter Rechtswahl, denn entscheidend ist, dass die Voraussetzungen für die Rechtswahl nur im Zeitpunkt des beabsichtigten Eintritts ihrer Wirkungen vorliegen müssen.[135]

Haben die Eheleute ein Recht gewählt, für das die Voraussetzungen des Abs. 2 Nr. 1 bis 3 im Zeitpunkt ihrer Erklärung noch nicht vorliegen, und haben sie aber nicht ausdrücklich klargestellt, dass es sich dabei um eine parteiautonome Regelung handelt, die unter einer entsprechenden aufschiebenden Bedingung des Eintritts dieser Voraussetzungen steht, so entscheidet die Auslegung, ob die Vereinbarung als entsprechende vorgreifliche Wahl zu verstehen ist. Im Zweifel wird hiervon jedoch auszugehen sein.[136]

Wirkungslos ist eine Rechtswahl, die sich auf im Zeitpunkt ihrer Vornahme nicht mehr bestehende Voraussetzungen, also ein früheres Heimatrecht eines Ehegatten oder einen vergangenen gewöhnlichen Aufenthalt, stützt.[137]

(4) Wirkungen. Die Rechtswahl hat zur Folge, dass die güterrechtlichen Wirkungen der Ehe vom Zeitpunkt der Wirksamkeit der Rechtswahl an dem gewählten Recht unterliegen.[138] Erfasst wird dabei von Abs. 2 Nr. 1 und 2 grundsätzlich das gesamte Vermögen, da dort die Rechtswahl nicht territorial oder gegenständlich beschränkt werden darf.[139] Hingegen kommt es bei der Rechtswahl im Falle des Abs. 2 Nr. 3 regelmäßig zur Güterrechtsspaltung (siehe Rn 107). Treffen die Eheleute nicht zusätzlich auch noch **sachrechtliche Regelungen**, so kommt der gesetzliche Güterstand der gewählten Rechtsordnung zum Tragen.[140] Wollen die Eheleute von diesem gesetzlichen Güterstand abweichen, so bedürfen sie zusätzlich zur kollisionsrechtlichen Rechtswahl eines sachrechtlichen Ehevertrages.[141]

Eine Rechtswahl der Ehe führt zum **Statutenwechsel**, es sei denn es wird die Rechtsordnung gewählt, die schon aufgrund objektiver Anknüpfung zur Anwendung kam. Ein solcher Statutenwechsel bewirkt gezwungenermaßen auch eine Änderung des Güterstandes der Eheleute. Der alte Güterstand muss also in den neuen übergeleitet werden. Die Abwicklung des alten Güterstandes, nämlich seine Beendigung

---

130 Vgl. z.B. Art. 53 Abs. 1 S. 1 schweizerisches IPRG: Schriftform für die Rechtswahlvereinbarung; Staudinger/*Mankowski*, Art. 15 EGBGB Rn 101 f.; MüKo/*Siehr*, Art. 15 EGBGB Rn 40; Bamberger/Roth/*Otte*, Art. 15 EGBGB Rn 27; *Schotten*, Rn 176; solange allerdings eine bestätigende Rspr. fehlt, ist es für die Praxis zu empfehlen, bei der Form der Rechtswahl nach dem Wortlaut des Art. 14 Abs. 4 zu verfahren, vgl. Staudinger/*Mankowski*, a.a.O., Rn 102.
131 Vgl. BGHZ 63, 359, 362; 80, 242, 246; 86, 41; 87, 150, 154; *Rudolf*, Handbuch Testamentsauslegung und -anfechtung, 2000, Rn 33 ff.
132 MüKo/*Siehr*, Art. 15 EGBGB Rn 39.
133 MüKo/*Siehr*, Art. 15 EGBGB Rn 36.
134 Soergel/*Schurig*, Art. 15 EGBGB Rn 23.
135 Vgl. BT-Drucks 10/504 S. 59; *Mankowski/Osthaus*, DNotZ 1997, 10, 18; Bamberger/Roth/*Otte*, Art. 15 EGBGB Rn 16.
136 Staudinger/*Mankowski*, Art. 15 EGBGB Rn 110.
137 MüKo/*Siehr*, Art. 15 EGBGB Rn 36; *Mankowski/Osthaus*, DNotZ 1997, 10, 18.
138 *Schotten*, DNotZ 1999, 326, 327.
139 MüKo/*Siehr*, Art. 15 EGBGB Rn 51; *Böhringer*, BWNotZ 1987, 104, 109.
140 Bei der Wahl deutschen Rechts also die Zugewinngemeinschaft, wobei Stichtag für die Berechnung des Anfangsvermögens gem. § 1374 Abs. 1 BGB dann der Zeitpunkt des Wirksamwerdens der Rechtswahl ist; *Schotten*, DNotZ 1999, 326, 327.
141 *Schotten*, Rn 169.

und deren Folgen, d.h. die daraus resultierenden Rechte, Ansprüche und Pflichten, unterliegen dem alten Güterstatut.[142] Die Abwicklung eines Güterstandes ist eine letzte Wirkung des alten Güterrechts und das neue Güterrecht kann diese Aufgabe nicht übernehmen, zumal es den bisherigen Güterstand vielleicht gar nicht kennt.[143] Die solchermaßen nach dem alten Recht zu definierenden Rechte und Pflichten, insbesondere z.B. Auseinandersetzungsansprüche, werden nunmehr, da sie als Aktiva bzw. Passiva zu dem Vermögen der Eheleute gehören, vom neuen Güterrecht übernommen.[144] Der Wechsel des anwendbaren Güterrechts zeitigt Rechtsfolgen nur für die Zukunft. Eine echte **Rückwirkung** auf kollisionsrechtlicher Ebene kann es hier **nicht** geben.[145] Nur auf sachrechtlicher Ebene besteht die Möglichkeit zu prüfen, ob das neue Güterrechtsstatut es zulässt, dass die Eheleute sich güterrechtlich so stellen, als ob der neue Güterstand von Anfang an gegolten hätte.[146]

59 Fallen, nachdem die Rechtswahl einmal wirksam geworden ist, ihre tatbestandlichen Voraussetzungen gem. Abs. 2 später wieder weg, so bleibt die Rechtswahl dennoch wirksam.[147]

60 Eine **Versteinerung** des gewählten Sachrechts (vgl. Rn 24 f.) auf dem Stand zum Zeitpunkt der Rechtswahl gibt es als solche **nicht**. Ändern sich die sachrechtlichen Normen, so ist es Aufgabe des zugehörigen intertemporalen Rechts, die Auswirkungen auf bereits bestehende Ehen zu regeln.[148]

61 **(5) Änderung, Aufhebung.** Die Folgen der Rechtswahl, die Bindung an sie und die sonstigen Wirkungen, enden, sobald sie aufgehoben oder geändert wird. Die Aufhebung ist jederzeit zulässig. Dasselbe gilt im Grundsatz für die Änderung der Rechtswahlvereinbarung, wobei sie jedoch den Erfordernissen des Abs. 2 Nr. 1 bis 3 entsprechen muss. Sowohl die Aufhebung wie auch die Änderung wirken nur für die Zukunft.[149] Die Aufhebung bedarf als *actus contrarius* zur bisherigen Rechtswahl der Form des Abs. 3,[150] die Änderung, da sie eine neue Rechtswahl beinhaltet, sowieso. Die Aufhebung bewirkt, dass ab ihrer Wirksamkeit wieder das objektive Güterstatut nach Abs. 1 zur Anwendung gelangt, allerdings unwandelbar bezogen nicht auf den Zeitpunkt der Eheschließung, sondern den der Aufhebung.[151] Da dieser letztgenannte zeitliche Aspekt jedoch sehr umstritten und gerichtlich nicht geklärt ist, mag es sich regelmäßig empfehlen, keine reine Aufhebung vorzunehmen, sondern sie mit einer neuen Rechtswahl zu verbinden.

62 **dd) Rück- oder Weiterverweisung.** Aufgrund der Rechtswahl kommt das Sachrecht der gewählten Rechtsordnung zur Geltung; ein etwaiger *renvoi* ist unbeachtlich, Art. 4 Abs. 2. Wollen die Ehegatten bei ihrer Rechtswahlvereinbarung das IPR der gewählten Rechtsordnung in irgendeiner Form mitberücksichtigen, so steht ihnen hier nur das Instrument entsprechend bedingter Rechtswahlvereinbarungen zur Verfügung.[152]

63 **ee) Mehrrechtsstaaten.** Wählen die Ehegatten das Recht eines Staates, der für das Güterrecht mehrere Teilrechtsordnungen kennt, und ist die Frage, welche der Teilrechtsordnungen gemeint ist, auch nicht durch Auslegung zu lösen, so ist mit Hilfe des Art. 4 Abs. 3 die maßgebende Teilrechtsordnung zu bestimmen.[153] Ist dabei eine territoriale Rechtsspaltung gegeben, so kann bei einer Rechtswahl auf der Grundlage des Abs. 2 Nr. 2 nur die Teilrechtsordnung gemeint sein, wo sich der gewöhnliche Aufenthalt befindet, im Falle des Abs. 2 Nr. 3 diejenige Teilrechtsordnung, wo das unbewegliche Vermögen belegen ist. Die Wahl einer anderen Teilrechtsordnung ist hier grundsätzlich ausgeschlossen.

64 **b) Rechtswahl nach ausländischem Recht.** Lässt das von Abs. 1 berufene ausländische objektive Güterstatut eine Rechtswahl zu, so kann auch davon Gebrauch gemacht werden. Natürlich handelt es sich dann nicht um eine Rechtswahl gem. Abs. 2, sondern um eine solche aufgrund des ausländischen Rechts, welcher über die Beachtlichkeit des *renvoi* auch aus unserer Sicht Anerkennung zukommt.[154] Bedeutung

---

142 *Schotten*, DNotZ 1999, 326, 331 ff.; Soergel/*Schurig*, Art. 15 EGBGB Rn 24; *Wegmann*, NJW 1987, 1740, 1744; *Kropholler*, IPR, § 45 III 3d; a.A. Staudinger/*Mankowski*, Art. 15 EGBGB Rn 120 ff.; Bamberger/Roth/*Otte*, Art. 15 EGBGB Rn 17; *Mankowski*/*Osthaus*, DNotZ 1997, 10, 23 f.
143 MüKo/*Siehr*, Art. 15 EGBGB Rn 54.
144 Ausf. *Schotten*, DNotZ 1999, 331 ff., sowie *ders.*, Rn 173.
145 *Schotten*, Rn 167; *ders.*, DNotZ 1999, 326, 327; Soergel/*Schurig*, Art. 15 EGBGB Rn 24; a.A. *Mankowski*/*Osthaus*, DNotZ 1997, 10, 21 f.; Staudinger/*Mankowski*, Art. 15 EGBGB Rn 116.
146 Soergel/*Schurig*, Art. 15 EGBGB Rn 24; ausf. *Schotten*, DNotZ 1999, 326, 329 f.
147 Bamberger/Roth/*Otte*, Art. 15 EGBGB Rn 19.
148 MüKo/*Siehr*, Art. 15 EGBGB Rn 45.
149 Bamberger/Roth/*Otte*, Art. 15 EGBGB Rn 19; *Schotten*, Rn 167.
150 *Lichtenberger*, DNotZ 1986, 644, 658; *v. Bar*, IPR II, Rn 203.
151 Sehr str.; *Stoll*, S. 84 Fn 90; *Wegmann*, NJW 1987, 1740, 1744; MüKo/*Siehr*, Art. 15 EGBGB Rn 58; Staudinger/*Mankowski*, Art. 15 EGBGB Rn 113; a.A. Soergel/*Schurig*, Art. 15 EGBGB Rn 25; *Schotten*, Rn 167 Fn 174.
152 Ausf. Staudinger/*Mankowski*, Art. 15 EGBGB Rn 125.
153 MüKo/*Siehr*, Art. 15 EGBGB Rn 133.
154 *Mankowski*/*Osthaus*, DNotZ 1997, 10, 13 f.; *Schotten*, Rn 153.

hat dies vor allem dann, wenn die Rechtsordnung, auf die Abs. 1 verweist, eine freie, d.h. nicht auf bestimmte Rechtsordnungen beschränkte Rechtswahl kennt, so z.B. Österreich (§ 19 IPRG), Rumänien (Art. 21 Abs. 2 IPRG) und wohl auch England, Schottland, Australien, die meisten Einzelstaaten der USA sowie Belgien.[155] Beschränkte Rechtswahlmöglichkeiten existieren etwa in der Schweiz (Art. 52 IPRG), der Türkei (Art. 14 Abs. 1 IPRG), Spanien (Art. 9 Abs. 2, 3 C.c.), Portugal (Art. 53 C.c.), Italien (Art. 30 Abs. 1 S. 2 IPRG),[156] Schweden[157] sowie auf der Basis des Haager Übereinkommens über das auf eheliche Güterstände anzuwendende Recht auch in Frankreich, den Niederlanden und Luxemburg.

II. Der Umfang des Ehegüterstatuts

1. Allgemeines. Der Begriff „**güterrechtliche Wirkungen** der Ehe" bezieht sich auf diejenigen materiellen Rechtssätze, die mit der Schaffung, Änderung, Aufhebung und Abwicklung von Sonderordnungen des Vermögens beider Ehegatten zu tun haben.[158] Dazu gehören aber auch solche Vorschriften, die von einer Sonderordnung des Vermögens von Mann und Frau während und aufgrund der Ehe eigens absehen („restlose" Gütertrennung).[159] Bei den güterrechtlichen Normen lässt sich, je nachdem, ob die vermögensbezogenen Wirkungen einem gemeinsam geäußerten rechtsgeschäftlichen Willen der Beteiligten entspringen oder ganz einfach kraft Gesetzes eintreten, das vertragliche Güterrecht vom gesetzlichen Güterrecht unterscheiden.[160] 65

Im Falle der Qualifikation ausländischer Normen ist die Prüfung nicht eng an den güterrechtlichen Begriffen und Konstruktionen des deutschen Rechts auszurichten, vielmehr sind auch solche Beziehungen zwischen den Ehegatten einzubeziehen, die sich im Verständnis des deutschen Güterrechts funktionell als Regelung der Vermögensordnung in der Ehe einordnen lassen.[161] Dabei ist davon auszugehen, dass es fast immer einen Hinweis auf die Zugehörigkeit zum Güterrecht bedeutet, wenn die ausländische Norm nicht unabhängig vom Güterstand, sondern nur bei einem bestimmten Güterstand eingreift.[162] 66

Für **eheähnliche Gemeinschaften** gilt Art. 15 grundsätzlich nicht. Ihre vermögensrechtlichen Folgen regeln das Vertrags- oder Gesellschaftsstatut bzw. für die dingliche Rechtslage das Sachenrechtsstatut.[163] Geht es jedoch um eine ausländische Rechtsordnung, die solchen Gemeinschaften, gegebenenfalls unter bestimmten Voraussetzungen, eine besondere vermögensrechtliche Ordnung zuweist, die vom allgemeinen Schuld-, Gesellschafts- oder Sachenrecht abweicht, so wird man diesbezüglich wohl Art. 15 entsprechend anwenden können.[164] 67

2. Gesetzliches Güterrecht. a) Entstehung des Güterstandes. Das Güterstatut entscheidet, ob und wie sich die güterrechtlichen Verhältnisse der Eheleute infolge ihrer Eheschließung gestalten.[165] Es befindet dabei insbesondere darüber, welcher von mehreren Güterständen der betreffenden Rechtsordnung als gesetzlicher maßgebend ist.[166] 68

b) Wirkungen des Güterstandes. Das Güterstatut regelt die Wirkungen des maßgeblichen Güterstandes, insbesondere, welche **Gütermassen** zu unterscheiden sind und wie diese im Einzelnen ausgestaltet sind, z.B. Gesamt-, Vorbehalts-, Sonder-, Gemeinschafts- oder Eigengut. Das Güterstatut entscheidet damit auch, welche Art Beteiligung bei gemeinschaftlich gehaltenen Gegenständen vorliegt.[167] Das Gleiche gilt beim Erwerb eines Gegenstandes für die Frage, welcher Masse dieser Gegenstand zugehört, insbesondere ob ein Erwerb zum Alleineigentum möglich ist oder ob er in ein Gesamtgut fällt,[168] wobei es auch eine Rolle spielen 69

---

155 Vgl. *Mankowski/Osthaus*, DNotZ 1997, 10, 14 f.
156 *Maglio/Thorn*, ZVglRWiss 96 (1997), 347, 361.
157 *Mankowski/Osthaus*, DNotZ 1997, 10, 15.
158 *Niewöhner*, MittRhNotK 1981, 219.
159 Soergel/*Schurig*, Art. 15 EGBGB Rn 32; Staudinger/*Mankowski*, Art. 15 EGBGB Rn 231.
160 *Niewöhner*, MittRhNotK 1981, 219.
161 OLG Hamm NJW-RR 1992, 1220, 1222, zum Anspruch auf Herausgabe des persönlichen Vermögens nach türkischem Recht im Falle der Scheidung.
162 Staudinger/*Mankowski*, Art. 15 EGBGB Rn 233.
163 Palandt/*Heldrich*, Art. 15 EGBGB Rn 24; a.A. *Striewe*, IPRax 1983, 248, 250.
164 Vgl. *Henrich*, in: FS Beitzke 1979, S. 507, 513; MüKo/*Siehr*, Art. 15 EGBGB Rn 199 ff., der allerdings wohl auf jede nichteheliche Lebensgemeinschaft Art. 15 entsprechend anwenden will; *Andrae*, Rn 816 ff., will auf den gemeinsamen gewöhnlichen Aufenthalt der Partner abstellen.
165 MüKo/*Siehr*, Art. 15 EGBGB Rn 70.
166 Vgl. zu den gesetzlichen Güterständen in Europa *Pintens*, FamRZ 2003, 329, 333 f.; ein rechtsvergleichender Überblick über die verschiedenen Möglichkeiten (z.B. Gütertrennung, allgemeine Gütergemeinschaft, Fahrnisgemeinschaft, Errungenschaftsgemeinschaft, aufgeschobene Gütergemeinschaft, Zugewinngemeinschaft) findet sich bei Staudinger/*Mankowski*, Art. 15 EGBGB Rn 235 ff.; Länderübersicht über den gesetzlichen Güterstand bei *Süß*, Rpfleger 2003, 53, 60 ff.
167 Vgl. z.B. LG Frankfurt IPRspr 1975 Nr. 53: gemeinsames Bankkonto.
168 Z.B. RGZ 96, 96, 97: Erwerb eines Schmerzensgeldanspruches; BayObLG IPRax 1986, 379; BayObLGZ 1992, 85, 86; OLG Oldenburg Rpfleger 1991, 412; *Riering*, IPRax 1998, 322: dingliche Berechtigung an Gesellschaftsanteilen bei in Gütergemeinschaft lebenden Ehegatten; die

kann, mit welchen Mitteln (Eigen- oder gemeinschaftliche Mittel) der Gegenstand erworben wurde (zu den Auswirkungen auf die Verfügungsgeschäfte und den Grundbuchverkehr bei Immobilien siehe Rn 98 ff.). Hiermit hängt es eng zusammen, dass auch **Erwerbs- und Verfügungsbefugnisse** sowie Beschränkungen derselben dem Güterstatut unterfallen.[169] Gemeint sind etwa Zustimmungserfordernisse oder gerichtliche Genehmigungserfordernisse. Das Gleiche gilt für **Verwaltungsbefugnisse** und für **Nutzungsbefugnisse** bezogen auf das Vermögen. Dabei sind jeweils auch die zu beachtenden Sorgfaltspflichten dem Ehegüterstatut zu entnehmen.[170] Voraussetzung für die güterrechtliche Qualifikation solcher Befugnisse bzw. Beschränkungen ist jeweils, dass sie integraler Bestandteil des maßgebenden Güterstandes sind und nicht etwa ohne Rücksicht auf diesen generell für Eheleute gelten.[171] Deshalb sind die Verfügungsbeschränkungen nach §§ 1365, 1369 BGB der güterrechtlichen Anknüpfung zu unterwerfen, da sie nur für die Zugewinngemeinschaft angeordnet sind.[172]

70 Zu den güterrechtlichen Wirkungen gehört auch, ob und inwieweit ein Ehegatte aus güterrechtlichen Gründen für Schulden des anderen **haftet**[173] und welche Ausgleichs- bzw. Regressmöglichkeiten im Innenverhältnis zwischen den Ehegatten in einem solchen Falle zur Verfügung stehen.[174]

71 Als **güterrechtliche Wirkungen** sind **außerdem** noch zu nennen:
- Besonderheiten der Geschäftsfähigkeit, soweit sie vom Güterstand abhängen;[175]
- Befugnisse, die zur Geltendmachung von Rechten, deren eigentlicher Inhaber der andere Ehegatte ist, berechtigen,[176] wie auch allgemein Fragen der Klagebefugnis und Passivlegitimation des einzelnen Ehegatten hinsichtlich der ehelichen Güter auch im Verhältnis zu Dritten (die Prozessfähigkeit und Prozessstandschaft ist dem gegenüber prozessrechtlich zu qualifizieren);[177]
- auf das eheliche Vermögen bzw. dessen Verwaltung bzw. die güterrechtlichen Ansprüche bezogene Auskunftsansprüche;[178]
- die Auseinandersetzung des ehelichen Vermögens samt zugehöriger Auskunftspflichten und Ansprüche auf Sicherheitsleistung;[179]
- Modifikationen des Unterhaltsrechts oder von Prozesskostenvorschussansprüchen in Abhängigkeit von bestimmten Güterständen;[180]
- Schenkungsverbote zwischen Ehegatten, wenn sie Ausfluss bzw. Folge eines bestimmten Güterstandes sein sollten;[181]

Frage der Übertragbarkeit der Mitgliedschaftsrechte an einer Gesellschaft (z.B. § 717 BGB) ist jedoch eine Frage des Gesellschaftsstatuts, so RG JW 1938, 1718, 1719.
169 Vgl. OLG Düsseldorf IPRspr 1978 Nr. 55; BayObLG JZ 1954, 441; LG Aurich NJW 1991, 642; BayObLG NJW-RR 1992, 1235.
170 MüKo/*Siehr*, Art. 15 EGBGB Rn 75.
171 MüKo/*Siehr*, Art. 15 EGBGB Rn 73; deshalb fällt die für alle Güterstände geltende neue Verfügungsbeschränkung des Art. 194 Abs. 1 türkisches ZGB unter das allgemeine Ehewirkungsstatut, a.A. *Milzer*, RNotZ 2003, 514 f.
172 BayObLGZ 1976, 15; BayObLG JZ 1954, 441; Palandt/*Heldrich*, Art. 15 EGBGB Rn 25; Soergel/*Schurig*, Art. 15 EGBGB Rn 33; *Jayme*, in: FS Henrich 2000, S. 335, 340, betont dabei zu Recht, dass § 1365 BGB bei Geltung deutschen Güterrechtes auch auf bereits eine Bindung erzeugende Vorverträge anzuwenden ist, wie sie im romanischen Rechtskreis bei Grundstücksveräußerungen häufig anzutreffen sind; a.A. für § 1369 BGB Staudinger/*Mankowski*, Art. 15 EGBGB Rn 261: Anknüpfung über Art. 14.
173 BGH FamRZ 1998, 905, 906.
174 LG Hamburg IPRspr 1977 Nr. 65, differenzierend zwischen dem Regress aus dem familienrechtlichen Innenverhältnis und einem etwaigen Forderungsübergang; geht es hingegen um den Ausgleich von Fehlbeträgen auf einem gemeinsamen Bankkonto, das unabhängig vom Güterstand eingerichtet wurde, so ist dies nicht güterrechtlich zu qualifizieren, vgl. LG Stuttgart IPRax 1996, 140 m. zust. Anm. *Jayme*.
175 Staudinger/*Mankowski*, Art. 15 EGBGB Rn 266.
176 Vgl. LG Berlin FamRZ 1993, 198.
177 RGZ 96, 96, 97; Staudinger/*Mankowski*, Art. 15 EGBGB Rn 270.
178 OLG Hamm IPRax 1988, 108 mit Aufsatz *Jayme/Bissias*, S. 94.
179 BGH FamRZ 1986, 1200; OLG Hamburg FamRZ 2001, 916; OLG Stuttgart FamRZ 2002, 1032; fehlt im ausländischen Güterrecht trotz Ausschöpfung von Auslegungs- und Analogiemöglichkeiten (vgl. zum griechischen Recht *Kerameus*, IPRax 1990, 228) ein Auskunftsanspruch, so ist er durch Anpassung herzustellen, OLG Frankfurt NJW-RR 1991, 583; OLG Karlsruhe FamRZ 1995, 738, 740; nach AG Dortmund FamRZ 1999, 1507, kann dann, wenn ein Auskunftsanspruch zur Durchführung des Zugewinnausgleichs nach deutschem Recht eingeklagt wurde, aber englisches Güterrecht Anwendung findet, der Auskunftsanspruch nicht in einen Auskunftsanspruch umgedeutet werden, der die Übertragung bestimmter Vermögensgegenstände durch die andere Seite nach englischem Recht zum Ziel hat.
180 Staudinger/*Mankowski*, Art. 15 EGBGB Rn 272.
181 *Kühne*, FamRZ 1969, 371, 376; Staudinger/*Mankowski*, Art. 15 EGBGB Rn 267; der eigentliche Schenkungsvertrag ist gem. Art. 27 ff. anzuknüpfen; vgl. *Kühne*, a.a.O., S. 375; *Gamillscheg*, FamRZ 1969, 79, 80; anders jedoch BGH FamRZ 1969, 28, 30: Anknüpfung über Art. 15.

– Verbote von Gesellschaftsverträgen zwischen Ehegatten.[182]

c) Beendigung des Güterstandes. Das Güterstatut befindet auch über die Beendigung des Güterstandes, insbesondere über die **Gründe** dafür. Dazu rechnet in erster Linie die Scheidung, aber auch die Folgen von dem deutschen Recht nicht bekannten Phänomenen, wie etwa der Trennung von Tisch und Bett,[183] richten sich nach dem Güterstatut (vgl. Rn 85 f.). Kennt dieses Recht keine Trennung von Tisch und Bett, so sind seine Regeln über die Abwicklung nach Scheidung (oder sonstiger Eheauflösung) entsprechend anzuwenden.[184] In den Bereich des Art. 15 fallen auch Möglichkeiten, den Güterstand vor Auflösung der Ehe aufzuheben, z.B. der vorzeitige Ausgleich des Zugewinns nach deutschem Recht (§§ 1385 ff. BGB)[185] oder andere vorzeitige Beendigungsmöglichkeiten.[186]

Nicht nur die Gründe, sondern auch die **Folgen** der Beendigung sind güterrechtlich einzuordnen, also vor allem die güterrechtliche Auseinandersetzung.[187] Hier sind zu nennen etwa Zugewinnausgleichsansprüche,[188] Ansprüche eines Ehegatten auf Nießbrauchseinräumung am Vermögen des anderen,[189] Nutzungsersatzansprüche,[190] Verwendungsersatzansprüche und Herausgabeansprüche (vgl. Rn 103), z.B. hinsichtlich einer Mitgift[191] oder auf Herausgabe persönlicher Vermögensgegenstände.[192] Güterrechtlich sind insoweit auch zu qualifizieren die in manchen Rechtsordnungen den Gerichten eingeräumten Verteilungsbefugnisse.[193] Die güterrechtliche Einordnung der schuldrechtlichen Auseinandersetzungsansprüche teilen dazugehörige Nebenfragen wie die Verjährung,[194] der Einwand der Arglist,[195] Ansprüche auf vorläufige Sicherung des Ausgleichsanspruchs[196] und Auskunftsansprüche, vor allem soweit sie sich auf die Ermittlung des Vermögens des Anspruchsgegners richten.[197]

Endet der Güterstand vor der Auflösung der Ehe, so gehört es zum Güterstatut zu entscheiden, welcher Güterstand an die Stelle tritt und wie die Überleitung erfolgt; endet der Güterstand durch den Tod, ist die Frage güterrechtlich zu qualifizieren, ob es einen fortgesetzten Güterstand (vgl. §§ 1483 ff. BGB) gibt.[198] In gleicher Weise unterliegen dem Güterstatut Verträge zwischen den Ehegatten, die die Auseinandersetzung des güterrechtlichen Vermögens zum Gegenstand haben,[199] wobei solche güterrechtlichen Auseinandersetzungsverträge vor allem von Unterhaltsverträgen scharf getrennt werden müssen.[200]

3. Eheverträge. a) Begriff des Ehevertrages. Das Ehegüterstatut erfasst auch die ehevertragliche Regelung güterrechtlicher Beziehungen. Der Begriff des Ehevertrages, der in den einzelnen Sachrechten verschieden ausgelegt wird, muss im Rahmen des Art. 15 vom deutschen Kollisionsrecht ausgehend qualifiziert werden.[201] Vereinbarungen über den Versorgungsausgleich und Verträge mit Dritten sind danach kollisionsrechtlich keine Eheverträge.[202] Für die Abgrenzung zu gesellschaftsrechtlichen Verträgen wird die Faustformel vertreten, dass es sich bei dem Vertrag dann um einen Ehevertrag handelt, wenn er das gesamte Gütervermögen und nicht nur einzelne Vermögenswerte erfasst.[203]

---

182 RGZ 163, 367, 376; OLG Stuttgart NJW 1958, 1972; *Andrae*, Rn 250; konsequenterweise wird man hier ebenfalls voraussetzen müssen, dass das Verbot Ausfluss bzw. Folge eines bestimmten Güterstandes ist und demgemäß nicht zu den allgemeinen Ehewirkungen rechnet; nach OLG Stuttgart, a.a.O., soll auch der Gesellschaftsvertrag dem Güterstatut unterliegen; dagegen zu Recht Palandt/*Heldrich*, Art. 15 EGBGB Rn 25: Gesellschafts- bzw. Schuldvertragsstatut.
183 OLG Hamm NJW 1981, 2648, 2649; OLG Frankfurt IPRax 1986, 239, 240.
184 Staudinger/*Mankowski*, Art. 15 EGBGB Rn 289.
185 *Ludwig*, DNotZ 2000, 663, 664.
186 KG JW 1938, 1244; IPG 1973 Nr. 20 (Freiburg).
187 BGH NJW 1980, 2643, 2644; OLG Koblenz NJW-RR 1994, 648.
188 Vgl. BGH NJW 1980, 2643; FamRZ 1982, 358.
189 AG Frankfurt IPRspr 1991 Nr. 80.
190 OLG München IPRspr 1993 Nr. 59.
191 OLG Karlsruhe IPRax 1988, 294, wenn sie güterrechtliche Funktion hat; OLG Hamm NJW-RR 1992, 1220, 1222 betont, dass diesbezüglich hinsichtlich der Ausgestaltung des für die Ehe maßgeblichen Güterstandes nicht zu differenzieren sei, da es insoweit um die Beendigung des Güterstandes gehe.
192 OLG Hamm NJW-RR 1992, 1220, 1221, zum türkischen Recht; insoweit muss allerdings ggf. danach differenziert werden, ob der Anspruch eine güterrechtliche Grundlage hat oder, ähnlich § 985 BGB, sachenrechtlicher Natur und demgemäß nach der *lex rei sitae* anzuknüpfen ist, vgl. OLG Hamm, a.a.O.
193 Vgl. AG Dortmund FamRZ 1999, 1507: „transfer of property" nach sec. 24, 24 A und 25 englischer Matrimonial Causes Act 1973; ausf. Staudinger/*Mankowski*, Art. 15 EGBGB Rn 282.
194 OLG Frankfurt FamRZ 1987, 1147: Verjährungsfristen für Zugewinnausgleich; BGH NJW-RR 2002, 937.
195 Vgl. LG Ulm IPRspr 1964/65 Nr. 104.
196 OLG Düsseldorf NJW-RR 1994, 453.
197 BGH IPRspr 1979 Nr. 183b; FamRZ 1986, 1200; OLG Karlsruhe FamRZ 1995, 738, 740; OLG Stuttgart FamRZ 2002, 1032; s. Rn 71.
198 Staudinger/*Mankowski*, Art. 15 EGBGB Rn 275.
199 KG JW 1936, 2466 m. Anm. *Maßfeller*; OLG Stuttgart NJW 1958, 1972.
200 Staudinger/*Mankowski*, Art. 15 EGBGB Rn 291.
201 Staudinger/*Mankowski*, Art. 15 EGBGB Rn 299, 301.
202 Staudinger/*Mankowski*, Art. 15 EGBGB Rn 302 f.
203 OLG Stuttgart NJW 1958, 1972; Staudinger/*Mankowski*, Art. 15 EGBGB Rn 303.

76 **b) Abschluss.** Zu den „güterrechtlichen Wirkungen der Ehe" i.S.v. Art. 15 zählt auch die **Zulässigkeit** eines Ehevertrages und dessen **Gültigkeitsvoraussetzungen**.[204] Demgemäß unterfallen dem Güterstatut:
- zeitliche Einschränkungen für den Abschluss eines Ehevertrages.[205] In manchen Rechtsordnungen kann ein Ehevertrag nach der Eheschließung nicht mehr vereinbart werden oder nur bei bestimmter Dauer der Ehe;[206]
- etwaige Genehmigungserfordernisse, insbesondere von Seiten der Gerichte;[207]
- notwendige Registrierungen, insbesondere Eintragungen in ein Güterrechtsregister;[208]
- eine besondere, eigens geregelte Geschäftsfähigkeit zum Abschluss von Eheverträgen (vgl. § 1411 BGB).[209] Soweit sich der Abschluss nach der allgemeinen Geschäftsfähigkeit richtet, verbleibt es bei Art. 7. Einen besonderen Vertrauensschutz bezüglich der Geschäftsfähigkeit nach Art. 12 S. 1 gibt es wegen Art. 12 S. 2 nicht;
- die Beurteilung von Willensmängeln (Voraussetzungen, Folgen, Heilungsmöglichkeiten).[210]

77 Anzuwenden ist jeweils das zum **Zeitpunkt** des Abschlusses des Ehevertrages geltende Güterstatut. Wird der Ehevertrag bereits vor der Heirat abgeschlossen, so ist maßgeblich das erste Ehegüterstatut während der Ehezeit.[211]

78 **c) Inhalt und Wirkungen.** Zu den Aufgaben des durch Art. 15 bestimmten Statuts gehört auch die Regelung des Inhalts und der Wirkungen eines Ehevertrages.[212] **Beispielhaft** seien hier insoweit genannt:
- die Zulässigkeit bzw. das Verbot bestimmter Arten von Eheverträgen, z.B. ein Verbot so genannter **Stichwortverträge** wie es in § 1409 BGB enthalten ist, wonach der Güterstand nicht durch Verweisung auf nicht mehr geltendes oder ausländisches Recht bestimmt werden kann;[213]
- die Zulässigkeit der Aufnahme von **Verfügungen von Todes wegen** in einen Ehevertrag;[214]
- Regelungen über einzelne **Gütermassen**, z.B. Vorbehaltsgut, Gesamtgut, samt deren Teilung;[215]
- Zulässigkeit einer **fortgesetzten Gütergemeinschaft**;[216]
- Vereinbarungen über die **Verwaltung** und **Nutznießung**;[217]
- Modifizierungen der güterrechtlichen **Haftung** des einen Ehegatten für Schulden des anderen im Innen- und Außenverhältnis.

79 Große Schwierigkeiten bereitet seit jeher die Qualifikation der nach islamischem Recht vor, bei oder nach der Eheschließung im Rahmen eines „Ehevertrages" versprochene Braut- oder **Morgengabe** („*mahr*"). Teilweise wird eine erbrechtliche Einordnung vertreten, wenn der Anspruch beim Tod des Mannes geltend gemacht wird.[218] Tritt die Frage im Rahmen der Scheidung auf, so wird von manchen eine scheidungsrechtliche Qualifikation gemäß Art. 17 befürwortet,[219] andere betrachten die Morgengabe dann jedoch als Scheidungsunterhalt (Art. 18 Abs. 4).[220] Im Übrigen soll es sich regelmäßig um eine allgemeine Ehewirkung nach Art. 14 handeln.[221] Aber auch die Unterwerfung unter das Güterstatut findet sich in Rechtsprechung[222] und Literatur.[223] Tatsächlich kann eine Entscheidung nur danach erfolgen, welche Funktion die Morgengabe

---

204 Die Form richtet sich allerdings nach Art. 11 Abs. 1 bis 3 (s. Rn 105).
205 H.M.; a.A. *Grundmann*, FamRZ 1984, 445, der für die Frage nach der Zulässigkeit von Eheverträgen während der Ehe das Ehewirkungsstatut für sachgerecht hält.
206 BayObLGZ 1979, 89; z.B. Frankreich: Änderung der güterrechtlichen Rechtslage frühestens nach zweijährigem Bestand des ersten Güterstandes, Art. 1397 Abs. 1 C.c., vgl. *Sonnenberger*, in: FS Geimer 2002, S. 1241, 1250.
207 BayObLGZ 1979, 89; z.B. wiederum Frankreich: gerichtliche Bestätigung, sog. Homologation, der notariellen Änderungsurkunde bei Ehevertrag während der Ehe, Art. 1397 Abs. 1 C.c., vgl. *Sonnenberger*, in: FS Geimer 2002, S. 1241, 1250.
208 *Schotten*, Rn 209.
209 MüKo/*Siehr*, Art. 15 EGBGB Rn 87; Staudinger/*Mankowski*, Art. 15 EGBGB Rn 309; a.A. *Firsching*, DNotZ 1954, 229, 246 f.
210 Staudinger/*Mankowski*, Art. 15 EGBGB Rn 313.
211 RG Recht 1908 Nr. 2683.
212 Vgl. RG JW 1938, 1718, 1719.
213 Staudinger/*Mankowski*, Art. 15 EGBGB Rn 306; MüKo/*Siehr*, Art. 15 EGBGB Rn 95; § 1409 BGB ist sachrechtlicher Natur, was *v. Bar*, IPR II, Rn 209, zu Recht hervorhebt.
214 Staudinger/*Mankowski*, Art. 15 EGBGB Rn 306 (s. auch Rn 91).
215 RG JW 1938, 1718, 1719.
216 Staudinger/*Mankowski*, Art. 15 EGBGB Rn 306.
217 MüKo/*Siehr*, Art. 15 EGBGB Rn 98.
218 *Heldrich*, IPRax 1983, 64, 65; Palandt/*Heldrich*, Art. 13 EGBGB Rn 9; a.A. z.B. Soergel/*Schurig*, Art. 15 EGBGB Rn 35.
219 *v. Bar*, IPR II, Rn 192, 269, 297.
220 KG FamRZ 1988, 296; Bamberger/Roth/*Otte*, Art. 15 EGBGB Rn 63.
221 KG FamRZ 1980, 470; Bamberger/Roth/*Otte*, Art. 15 EGBGB Rn 63; Soergel/*Schurig*, Art. 15 EGBGB Rn 35, für den Fall, dass die Morgengabe von unbedeutendem Wert oder nur symbolisch ist oder eindeutig ausschließlich der Sicherung des laufenden Unterhalts dienen soll.
222 OLG Bremen FamRZ 1980, 606; LG Frankfurt IPRspr 1987 Nr. 52; OLG Köln NJW-RR 1994, 200.
223 MüKo/*Siehr*, Art. 15 EGBGB Rn 97, auch für die „*ketubah*" des jüdischen Rechts; Soergel/*Schurig*, Art. 15 EGBGB Rn 35, wenn die Morgengabe ein Ausgleich für die fehlende Beteiligung an vom Mann erworbenem Vermögen ist; *Andrae*, Rn 290.

im jeweiligen Zusammenhang haben soll und wie sie ausgestaltet ist.[224] Soweit von ihr die Wirksamkeit der Eheschließung abhängt, gilt Art. 13.[225] Wird der Anspruch vor Eingehung der Ehe geltend gemacht, findet das Verlöbnisstatut Anwendung.[226] Regelmäßig wird die Morgengabe als allgemeine Ehewirkung (Art. 14) zu betrachten sein.[227] In jedem Falle kann jedoch die Morgengabevereinbarung grundsätzlich nicht dahin gehend verstanden werden, dass im Übrigen auf unterhaltsrechtliche bzw. güterrechtliche Ansprüche verzichtet wird.[228]

Haben sich die Eheleute bei der Regelung in ihrem Ehevertrag irrtümlich an einer anderen Rechtsordnung orientiert als dem tatsächlich anwendbaren Güterstatut, so bestimmt selbstverständlich Letzteres über die Wirkungen des Vertrages. Bei solchem **Handeln unter falschem Recht** ist der im Ehevertrag niedergelegte Wille der Parteien soweit wie zulässig und möglich nach dem anwendbaren Güterrecht zu verwirklichen.[229] Nur dann, wenn wesentliche Vertragsteile danach unwirksam sind und deshalb anzunehmen ist, dass die Eheleute ohne diese den gesamten Vertrag nicht abgeschlossen hätten, ist er ungültig.[230] 80

Ein solches Handeln unter falschem Recht kann sich auch nachträglich infolge eines **Statutenwechsels** ergeben. Ändert sich das Güterstatut, vor allem wegen Rechtswahl gemäß Abs. 2, so richten sich die Wirkungen des Ehevertrages fortan nach dem neuen Güterrecht. Gemäß dem Rechtsgedanken des Art. 26 Abs. 5 bleibt jedoch für die Frage nach der Wirksamkeit der Errichtung des Ehevertrages das Güterstatut zum Zeitpunkt seines Abschlusses maßgeblich. 81

d) Aufhebung und Änderung. Die Abänderung und Aufhebung eines Ehevertrages unterliegt denselben Regeln wie der Abschluss.[231] Auch hier entscheidet das Güterstatut über die Zulässigkeit wie auch die Wirkungen einer solchen Maßnahme, insbesondere die etwaige Überleitung des bisherigen Güterstandes in den neu vereinbarten. 82

4. Abgrenzung zu anderen Statuten. a) Eheschließungsstatut. Eine Nichtehe bringt keine güterrechtlichen Ehewirkungen hervor.[232] Diese Vorfrage nach der **Gültigkeit der Ehe** ist selbständig anzuknüpfen, also was die materiellen Eheschließungsvoraussetzungen angeht nach Art. 13 Abs. 1, 2 und was die einzuhaltende Form der Eheschließung betrifft nach Art. 13 Abs. 3 bzw. Art. 11. Wie das anzuwendende Ehegüterstatut die Wirksamkeit der Ehe betrachtet, ist grundsätzlich ohne Bedeutung. Folglich kann es zu hinkenden Ehen kommen. Auch wenn die Ehe nur im Inland, nicht jedoch vom Güterstatut als wirksam angesehen wird, wird das Güterstatut nach den allgemeinen Regeln bestimmt.[233] 83

Wird eine Ehe wegen Eheschließungsmängeln für **nichtig erklärt, aufgehoben oder angefochten**, so richten sich die güterrechtlichen Wirkungen nach Art. 13 Abs. 1 und nicht nach Art. 15.[234] 84

b) Scheidungsstatut. Die Scheidung als Vorfrage beurteilt sich nach dem Scheidungsstatut (Art. 17 Abs. 1, 2) bzw. bei ausländischen Entscheidungen dem Anerkennungsrecht (EheVO; Art. 7 § 1 FamRÄndG; § 328 ZPO), die Auswirkungen dieses Tatbestandes auf den Güterstand jedoch nach dem Güterstatut.[235] Andere vermögensbezogene Folgen der Scheidung, wie Hausratsverteilung, Zuweisung der Ehewohnung und Versorgungsausgleich, unterliegen nicht Art. 15, sondern ihren eigenen Statuten.[236] 85

Entsprechendes gilt für die Folgen für das Güterrecht aus einer **Trennung von Tisch und Bett**. Freilich stellt sich bei Geltung deutschen Güterstatuts das Problem, dass das deutsche Recht eine Trennung von Tisch und Bett nicht vorsieht und deshalb auch keine auf diesen Fall besonders zugeschnittenen güterrechtlichen Regelungen kennt. Insoweit müssen im Wege der Anpassung diejenigen Vorschriften des deutschen Güterrechts 86

---

224 MüKo/*Winkler v. Mohrenfels*, Art. 17 EGBGB Rn 173.
225 OLG Düsseldorf FamRZ 1993, 187, 188; *Heldrich*, IPRax 1983, 64; krit. *Henrich*, in: FS Sonnenberger 2004, S. 389, 392: Formstatut.
226 LG Bochum FamRZ 1990, 882, 883; Palandt/*Heldrich*, Art. 13 EGBGB Rn 9.
227 Ausf. *Henrich*, in: FS Sonnenberger 2004, S. 389 ff.
228 Vgl. OLG Frankfurt FamRZ 1996, 1478, 1479; BGH NJW 1987, 2161; OLG Hamm FamRZ 1981, 875, 877; *Henrich*, in: FS Sonnenberger 2004, S. 389, 395.
229 MüKo/*Siehr*, Art. 15 EGBGB Rn 96.
230 MüKo/*Siehr*, Art. 15 EGBGB Rn 96.
231 MüKo/*Siehr*, Art. 15 EGBGB Rn 91.
232 MüKo/*Siehr*, Art. 15 EGBGB Rn 101.
233 MüKo/*Siehr*, Art. 15 EGBGB Rn 120; OLG Stuttgart FamRZ 1978, 507; vgl. auch OLG Frankfurt StAZ 1969, 154 m. Anm. *Lüderitz*; a.A. LG Düsseldorf MDR 1952, 623; LG Wuppertal StAZ 1964, 52.
234 AG Düsseldorf IPRspr 1995 Nr. 64; MüKo/*Coester*, Art. 13 EGBGB Rn 83; Palandt/*Heldrich*, Art. 13 EGBGB Rn 13; a.A. wohl OLG Nürnberg IPRspr 1978 Nr. 16; Erman/*Hohloch*, Art. 15 EGBGB Rn 35.
235 Z.B. OLG Frankfurt IPRax 1986, 239 mit Aufsatz *Jayme*, S. 227.
236 Zum Problem der nachehelichen Aufteilung der ehelichen Ersparnisse nach österreichischem Recht vgl. OGH IPRax 1995, 42 mit Aufsatz *S. Lorenz*, S. 47, sowie Soergel/*Schurig*, Art. 15 EGBGB Rn 43 Fn 75.

87 **c) Statut der allgemeinen Ehewirkungen.** Zum Statut der allgemeinen Ehewirkungen (Art. 14) gehören etwa die Hausratsverteilung und Wohnungszuweisung während bestehender Ehe,[238] Fragen zu Geschäften zur Deckung des Lebensbedarfs (vgl. § 1357 BGB)[239] sowie infolge der Ehe sich ergebende gemindertete Verwaltungs-, Verfügungs- und Klagebefugnisse wie auch etwaige hierauf beruhende Einschränkungen der Geschäftsfähigkeit.[240]

angewendet werden, die im Fall der Scheidung gelten, und nur, soweit diese keine passenden Regelungen vorsehen, ist im Wege der Angleichung auch das Trennungsstatut zu berücksichtigen.[237]

88 Allgemein gilt für die Abgrenzung zwischen allgemeinen Ehewirkungen und ehelichem Güterrecht, dass nach **Funktion und Zweck** der zu beurteilenden Erscheinung zu urteilen ist.[241] Regelungen, die für jede Ehe unabhängig vom Güterstand bestehen, unterliegen in der Regel dem Ehewirkungsstatut, während Vorschriften, die einen bestimmten Güterstand voraussetzen, nach dem Güterrechtsstatut zu beurteilen sind.[242] Gibt es in der fraglichen Rechtsordnung allerdings nur einen einzigen Güterstand, verbleibt es bei der funktionellen Qualifikation der jeweiligen Vorschrift in ihrem Sachzusammenhang unter Heranziehung rechtsvergleichender Gesichtspunkte.[243]

89 An der Schnittstelle zwischen Ehewirkungs- und Güterstatut muss nicht selten eine **Anpassung** vorgenommen werden. Beispielhaft[244] ist die Situation, dass die als allgemeines Ehewirkungsstatut heranzuziehende Rechtsordnung keine allgemeine **Verfügungsbeschränkung** kennt, sondern solches nur für bestimmte Güterstände vorsieht (z.B. § 1365 BGB), während das Güterstatut allgemein für alle Ehen und unabhängig vom Güterstand die Verfügungsbefugnis einschränkt (z.B. Art. 235 Abs. 1 brasilianischer C.c., der die Verfügungsmacht beschränkt, wenn ein Grundstück veräußert werden soll).[245] Ein solcher Normenmangel lässt sich dadurch lösen, dass man beispielsweise die Verfügungsbeschränkung nach dem an sich nicht anwendbaren Ehewirkungsrecht des Güterrechtsstatuts (im Beispiel also Art. 235 Abs. 1 brasilianischer C.c.) mit heranzieht.[246]

90 **d) Erbstatut.** Wird die Ehe durch den Tod eines Ehegatten aufgelöst, so treten im Grenzbereich zwischen Güter- und Erbrecht dann, wenn beide Materien nicht von derselben Rechtsordnung beherrscht werden, die Probleme auf, wie Erscheinungen der deutschen oder ausländischen Rechtsordnung zu qualifizieren sind und wie zwischen den einzelnen Rechtsordnungen eine etwaige Disharmonie durch Anpassung zu beseitigen ist.[247]

91 Werden ein **Ehe-** und ein **Erbvertrag** im Zusammenhang miteinander, insbesondere in einer Urkunde, geschlossen, so beurteilen sich die einzelnen Teile nach ihrem jeweiligen Statut.[248] Entscheidend ist nicht die Bezeichnung, sondern der materielle Inhalt der Vereinbarungen.[249] Dabei ist das Erbstatut auch dafür maßgebend, inwieweit durch Vertrag zwischen den Ehegatten das Pflichtteilsrecht dritter Personen beschränkt werden kann.[250] Das Gleiche (Geltung des Erbstatuts) gilt für die Frage, ob letztwillige Verfügungen in einem Ehevertrag enthalten sein dürfen.[251]

92 Im Übrigen ist Ausgangspunkt für die Qualifikation der grundsätzliche **Vorrang des Güterrechts** dahin gehend, dass es der Maßgabe des Güterstatuts unterliegt, wie der Güterstand aufgelöst wird und was davon als Anteil des Erblassers in dessen Nachlass fällt, während es vom Erbstatut bestimmt wird, wie die Rechtsnachfolge in den so bestimmten Nachlass erfolgt.[252] Folglich obliegt es insbesondere dem Güterstatut, zu entscheiden, wie gemeinschaftliche Gütermassen abgewickelt werden bzw. ob sie auch nach dem Tod fortzusetzen sind.[253]

---

237 Ähnlich Staudinger/*Mankowski*, Art. 15 EGBGB Rn 289 f.; anders Soergel/*Schurig*, Art. 15 EGBGB Rn 44, und wohl auch Bamberger/Roth/*Otte*, Art. 15 EGBGB Rn 62: güterrechtliche Wirkungen der Trennung von Tisch und Bett grundsätzlich dem Trennungsstatut zu entnehmen.
238 S. *Lorenz*, IPRax 1995, 47.
239 Bamberger/Roth/*Otte*, Art. 15 EGBGB Rn 60.
240 Soergel/*Schurig*, Art. 15 EGBGB Rn 33.
241 MüKo/*Siehr*, Art. 15 EGBGB Rn 102; *Schotten*, Rn 211.
242 *Schotten*, Rn 211; *Süß*, Rpfleger 2003, 53, 64.
243 Soergel/*Schurig*, Art. 15 EGBGB Rn 32.
244 Vgl. Soergel/*Schurig*, Art. 15 EGBGB Rn 33.
245 *Jayme*, in: FS Henrich 2000, S. 335, 337.
246 Soergel/*Schurig*, Art. 15 EGBGB Rn 33; *Henrich*, S. 74, und ihm folgend *Jayme*, in: FS Henrich 2000, S. 335, 339, wollen dagegen Art. 235 Abs. 1 brasilianischer C.c. von vornherein güterrechtlich qualifizieren.
247 Lösungsvorschläge bei *Braga*, in: FS Wengler Bd. II 1973, S. 191, 196 ff.
248 H.M., BayObLGZ 1981, 178; *Schotten*, Rn 212.
249 LG München I FamRZ 1978, 364 m. Anm. *Jayme*; Staudinger/*Mankowski*, Art. 15 EGBGB Rn 339.
250 *Henrich*, in: FS Schippel 1996, S. 905, 916; Staudinger/*Mankowski*, Art. 15 EGBGB Rn 339.
251 S.a. Staudinger/*Mankowski*, Art. 15 EGBGB Rn 306.
252 MüKo/*Siehr*, Art. 15 EGBGB Rn 109.
253 Ausf. Staudinger/*Mankowski*, Art. 15 EGBGB Rn 330 ff., insbesondere auch zur Anwachsung des Anteils der Verstorbenen an der Gütergemeinschaft an den überlebenden Teil, der güterrechtlich zu qualifizieren ist, wenn er außerhalb des Nachlasses erfolgt, vgl. OLG Hamburg NiemZ 18 (1908) 146.

Besondere Schwierigkeiten bereitet die im deutschen Recht gegebene Verzahnung der Berechtigung des 93
überlebenden Ehegatten in den §§ 1371 und 1931 BGB. Dabei ist man sich weitgehend einig, dass **§ 1371 Abs. 2 Hs. 1 BGB** güterrechtlich[254] und **§ 1371 Abs. 2 Hs. 2 und Abs. 3 BGB** erbrechtlich[255] zu qualifizieren sind.

In hohem Maße umstritten ist dagegen die Behandlung des güterrechtlichen Viertels nach **§ 1371 Abs. 1 BGB** 94
sowie des Ausbildungsanspruchs nach **§ 1371 Abs. 4 BGB**, der als inhärente Belastung des erhöhten Ehegattenerbrechts genauso behandelt werden muss.[256] Zu Recht hat sich nunmehr weitgehend eine güterrechtliche Qualifizierung durchgesetzt, so dass das güterrechtliche Viertel zu gewähren ist, wenn deutsches Güterrecht berufen ist.[257] Freilich birgt das Zusammentreffen von deutschem Güterrecht mit ausländischem Erbrecht geradezu klassische Anpassungsprobleme in sich. Dabei ist in einem ersten Schritt für jede Rechtsordnung getrennt zu prüfen, welche Ansprüche der überlebende Ehegatte hätte, wenn ausschließlich diese Rechtsordnung, also sowohl güter- als auch erbrechtlich, zur Anwendung käme. Ein Anpassungsbedarf besteht nur dann, wenn man in einem zweiten Schritt feststellt, dass durch das von unserem IPR angeordnete Nebeneinander des einen Güterrechts mit dem anderen Erbrecht der überlebende Ehegatte mehr bekäme als nach der für ihn günstigeren der beiden Rechtsordnungen (Normenhäufung) oder er weniger bekäme als nach der für ihn ungünstigeren der beiden Rechtsordnungen (Normenmangel). Bewegt sich sein Anspruch hingegen wertmäßig dazwischen, so besteht kein Anpassungsbedarf.[258] Überwiegend wird vorgeschlagen, die Anpassung derart vorzunehmen, dass der Ehegatte im Fall des Normenmangels mindestens bzw. im Fall der Normenhäufung höchstens das erhält, was ihm nach jedem der beiden Rechte für sich betrachtet zustünde, d.h. es ist in die aus dem Normenmangel bzw. der Normenhäufung sich ergebende Rechtslage im geringstmöglichen Umfang einzugreifen, um den nach den Einzelrechten „zulässigen Bereich" zu erreichen.[259]

Die den Erbteil des überlebenden Ehegatten zu seinen Gunsten erhöhende Vorschrift des **§ 1931 Abs. 4 BGB** 95
ist dem Erbrecht zuzuordnen und setzt demgemäß die Berufung deutschen Rechtes als Erbstatut voraus; bei Anwendung ausländischen Güterrechts fordert sie jedoch, dass die dort vorgesehene Gütertrennung der deutschen funktionell vergleichbar ist,[260] und zwar vor allem im Hinblick auf die güterrechtlichen Ansprüche des überlebenden Ehegatten beim Tod des anderen.

e) Statut des einzelnen Schuldverhältnisses. Einzelne Schuldverhältnisse der Ehegatten untereinan- 96
der oder zu Dritten, insbesondere Schuldverträge, auch Gesellschaftsverhältnisse, werden grundsätzlich nicht vom Güterrechtsstatut beherrscht, sondern der Rechtsordnung, die auf das einzelne Rechtsverhältnis Anwendung findet, also z.B. Schuldvertrags- oder Gesellschaftsstatut.[261] Das Güterrechtsstatut entscheidet jedoch darüber, ob und inwieweit für solche Rechtsverhältnisse güterrechtliche Tatbestände und Rechtsfolgen erheblich sind.[262] Solche speziellen güterrechtlichen Tatbestände bzw. Rechtsfolgen können etwa sein güterrechtliche Schenkungs- oder Gesellschaftsverbote,[263] Erwerbs- oder Verfügungsbeschränkungen aufgrund

---

254 BayObLGZ 1980, 276, 284; Erman/*Hohloch*, Art. 15 EGBGB Rn 38; Staudinger/*Mankowski*, Art. 15 EGBGB Rn 365.
255 *Thiele*, FamRZ 1958, 393, 398; Erman/*Hohloch*, Art. 15 EGBGB Rn 38; Staudinger/*Mankowski*, Art. 15 EGBGB Rn 365; anders MüKo/*Siehr*, Art. 15 EGBGB Rn 116: § 1371 Abs. 3 nur anwendbar, wenn deutsches Recht Ehegüter- und Erbstatut ist.
256 Staudinger/*Mankowski*, Art. 15 EGBGB Rn 367.
257 OLG Karlsruhe NJW 1990, 1420, 1421 – jedenfalls, wenn auch deutsches Erbrecht gilt; OLG Hamm IPRspr 1995 Nr. 119; LG Mosbach ZEV 1998, 489; Erman/*Hohloch*, Art. 15 EGBGB Rn 37; LG Bonn IPRspr 1984 Nr. 115; Soergel/*Schurig*, Art. 15 EGBGB Rn 38, 40; *Derstadt*, IPRax 2001, 84, 89; *Looschelders*, Die Anpassung im internationalen Privatrecht, 1995, S. 313 ff.; für erbrechtliche Einordnung sprach sich z.B. aus *Bärmann*, AcP 157 (1958/59), 145, 198; eine Anwendung des § 1371 Abs. 1 BGB nur dann, wenn deutsches Recht als Güter- und Erbstatut berufen ist, befürworten z.B. OLG Düsseldorf IPRspr 1987 Nr. 105; *Schotten*, Rn 212, 288 ff., nach denen andernfalls nur der Zugewinnausgleich gemäß § 1371 Abs. 2 BGB verlangt werden könne; vgl. auch MüKo/*Siehr*, Art. 15 EGBGB Rn 115, der § 1371 Abs. 1 BGB auch bei ausländischem Erbstatut anwenden will, wenn insoweit im Einzelfall eine Substitution deutschen Erbrechts durch das ausländische möglich ist; ähnlich Palandt/*Heldrich*, Art. 15 EGBGB Rn 26.
258 *Dörner*, IPRax 1994, 33, 34 f.; Staudinger/*Mankowski*, Art. 15 EGBGB Rn 378; anders MüKo/*Siehr*, Art. 15 EGBGB Rn 111: keine Anpassung, wenn Ehegatte infolge des Auseinanderfallens von Ehegüter- und Erbstatut mehr als bei Identität beider Statute erhält.
259 Staudinger/*Mankowski*, Art. 15 EGBGB Rn 378; Palandt/*Heldrich*, Art. 15 EGBGB Rn 26; LG Mosbach ZEV 1998, 489, 490; im Erg. auch *Krug*, ZErB 2002, 221, 223; a.A. MüKo/*Siehr*, Art. 15 EGBGB Rn 118: das Recht, das dem Ehegatten die stärkere vermögensrechtliche Position gibt, soll verwirklicht werden; andere detailliertere Lösungsvorschläge bei Soergel/*Schurig*, Art. 15 EGBGB Rn 39 f.
260 H.M., *Riering*, in: Dittmann/Reimann/Bengel, Testament und Erbvertrag, 4. Aufl. 2002, B Rn 53; *Jayme*, in: FS Ferid 1978, S. 221, 232; a.A.: Soergel/*Schurig*, Art. 15 EGBGB Rn 41.
261 BGHZ 119, 392, 394; RG JW 1938, 1718, 1719.
262 Soergel/*Schurig*, Art. 15 EGBGB Rn 37.
263 BGHZ 119, 392, 394.

des Güterstandes, aber auch Haftungs- und Berechtigungsfragen, z.B. die Haftung eines Gesamtgutes für von einem Ehegatten begründete Verbindlichkeiten sowie die Zugehörigkeit von Ansprüchen zu einer bestimmten Gütermasse. Das Güterstatut befindet beispielsweise auch über die Frage der dinglichen Berechtigung von in Güter- oder Errungenschaftsgemeinschaft lebenden Ehegatten an einer Gesellschaft.[264]

97 Vorstehende Grundsätze gelten auch für **unbenannte Zuwendungen**. Diese sind in erster Linie dem Schuldvertragsstatut nach Artt. 27 ff. zu unterwerfen.[265] Auch die Ausgleichsregeln beim Scheitern der Ehe sind diesem Statut zu entnehmen.[266] Diese Rechtsordnung kann aber vorsehen, dass dabei das Güterrecht eine Rolle spielt. Sie entscheidet dann auch, ob eine Substitution erfolgen soll oder ob der Güterstand echte Vorfrage ist, die dann selbständig nach Art. 15 angeknüpft werden muss.[267]

98 **f) Sachstatut der Einzelgegenstände.** Das Güterstatut muss auch gegenüber den Rechtsordnungen, die die vom Güterrecht beeinflussten Einzelgegenstände in dinglicher Hinsicht beherrschen, abgegrenzt werden, also bei Sachen vom insoweit maßgeblichen Recht des Lageortes (*lex rei sitae*) und bei Forderungen sowie Rechten vom Statut dieses betreffenden Gegenstandes. Das Güterrecht nimmt hier in vielfacher Weise Einfluss, etwa auf die Art gemeinschaftlichen Eigentums, die Zuordnung zu den Gütermassen, Regelungen über Verfügungsbefugnisse oder die Besitzlage. Als **Grundsatz** lässt sich für diese Abgrenzung formulieren:[268] Das Güterstatut bestimmt nicht nur, welche Gütermassen überhaupt zu unterscheiden sind, sondern auch, ob der einzelne Gegenstand überhaupt in die Gütermasse fällt, wenn ja, in welche Gütermasse er gehört und welche Lasten und Beschränkungen kraft Güterrechts an ihm entstehen sollen. Ob diese Rechtsänderungen tatsächlich eintreten können, entscheidet das Statut des Einzelgegenstandes. Das Güterstatut sagt also, welche vermögensrechtlichen Folgen die Eheschließung oder ein Ehevertrag, grundsätzlich auch gegenüber Dritten, hervorruft.[269] Das Statut des Einzelgegenstandes befindet darüber, ob es eine solche vom Güterrecht vorgesehene dingliche Änderung auch vollzieht. Ihm obliegt beispielsweise die Ausgestaltung des Inhalts dinglicher Rechte und Pflichten, die Festsetzung, wie über sie verfügt wird, sowie das Aufstellen von Publizitätserfordernissen.[270] Geraten Güterstatut und Einzelstatut in Konflikt, weil sich das anwendbare Güterrecht beispielsweise am Lageort der Sache nicht durchsetzen lässt, so gebührt dem **Einzelstatut** regelmäßig der **Vorrang**.[271]

99 Welche Anforderungen an eine vom Güterstatut angeordnete oder vorausgesetzte rechtsgeschäftliche **Verfügung** über eine Sache zu stellen sind, wie sich insbesondere der Eigentumserwerb vollzieht, unterliegt daher in sachenrechtlicher Hinsicht der *lex rei sitae*.[272] Das gilt ebenso für die Frage eines etwaigen gutgläubigen Erwerbs Dritter.[273] Auch eine güterrechtlich erzwungene automatische Vergemeinschaftung eines Gegenstandes ist darauf zu überprüfen, ob sie dem Einzelstatut nicht fremd ist. Das Güterrechtsstatut kann keine Rechtsfolgen anordnen, die dem Einzelgegenstandsstatut nach ihrer Art unbekannt sind, insbesondere kann ein Gemeinschaftseigentum nicht in einem Staat entstehen, in dem es diese Eigentumsform überhaupt nicht gibt.[274] Dabei ist nicht erforderlich, dass dem Einzelstatut der das gemeinschaftliche Eigentum begründende Güterstand genau in der Form auch bekannt ist, wie ihn das Güterstatut vorsieht. Demgemäß kann unproblematisch auch eine in Deutschland belegene Sache zu einem Gesamtgut nach ausländischem Recht, etwa der Errungenschaftsgemeinschaft nach italienischem Recht, erworben werden, weil dem deutschen Recht ein Gesamthandseigentum als solches bekannt ist.[275] Auflassungen in einem unzutreffenden Gemeinschaftsverhältnis bleiben grundsätzlich wirksam.[276]

100 Es ist außerdem Sache der *lex rei sitae*, bei **beschränkt dinglichen Rechten** die Frage zu beantworten, wie und mit welchem Inhalt sie entstehen können.[277] Verlangt das Recht des Lageortes für die Entstehung des dinglichen Rechts eine Übertragungshandlung, während das Güterstatut darauf verzichtet, so sind die Eheleute zur Vornahme der Übertragung verpflichtet.[278] Nach deutschem Recht als Einzelstatut nicht anerkannt werden können (ehe-)vertragliche Verfügungsbeschränkungen, da sie dem **§ 137 BGB** widersprechen.[279]

---

264 *Riering*, IPRax 1998, 322; vgl. auch RG JW 1938, 1718, 1719.
265 BGHZ 119, 392, 394 f.; *S. Lorenz*, FamRZ 1993, 393, 394; Staudinger/*Mankowski*, Art. 15 EGBGB Rn 414 ff.; a.A. *Winkler v. Mohrenfels*, IPRax 1995, 379, 381 f.; *Jayme/Kohler*, IPRax 1993, 357, 369.
266 BGHZ 119, 392, 395 ff.
267 Staudinger/*Mankowski*, Art. 15 EGBGB Rn 417.
268 Staudinger/*Mankowski*, Art. 15 EGBGB Rn 388.
269 MüKo/*Siehr*, Art. 15 EGBGB Rn 105.
270 *Niewöhner*, MittRhNotK 1981, 219, 221.
271 *Niewöhner*, MittRhNotK 1981, 219, 221.
272 KG NJW 1973, 428.
273 Staudinger/*Mankowski*, Art. 15 EGBGB Rn 259.
274 Soergel/*Schurig*, Art. 15 EGBGB Rn 36.
275 Vgl. Staudinger/*Mankowski*, Art. 15 EGBGB Rn 395; *Süß*, Rpfleger 2003, 53, 60, hält aber die deutsche Grundbuchpraxis, ggf. Ehegatten „in Gütergemeinschaft niederländischen Rechts" einzutragen, für bedenklich.
276 *Schöner/Stöber*, Grundbuchrecht, 13. Aufl. 2004, Rn 3416; *Bader*, MittRhNotK 1994, 161, 166.
277 Vgl. BGH NJW 1995, 58, zum Vindikationslegat; KG NJW 1973, 428.
278 RG JW 1903, 250; Staudinger/*Mankowski*, Art. 15 EGBGB Rn 390.
279 KG NJW 1973, 428, 429; *Jayme/v. Olshausen*, FamRZ 1973, 281, 284.

Ist deutsches Recht außerdem Sachrechtsstatut für ein Grundstück, so ist die Vermutung des **§ 891 BGB** auch auf den güterrechtlich relevanten eingetragenen Rechtsinhalt des Grundbuchs zu beziehen.[280]

Zum Art. 15 gehört der Einfluss des Güterstandes auf die Besitzverhältnisse, während der **Besitz** selbst und sein Schutz der *lex rei sitae* bzw. dem Deliktsstatut unterfallen.[281]

Herausgabeansprüche sind danach einzuordnen, wo sie ihre Grundlage haben. Liegt diese im Eigentum, so gilt das Sachstatut.[282] Beruht der Anspruch dagegen auf dem güterrechtlichen Verhältnis der Ehegatten, gilt das Güterstatut.[283]

Geht es um Grundstücke, so kommt neben dem Güterstatut und dem Sachenrechtsstatut auch noch das **Grundbuchverfahrensrecht**, das der *lex fori* unterliegt, zum Tragen. Die sich aus einer Einbindung eines deutschen Grundstückes in ein gemeinschaftliches Gut nach ausländischem Güterrecht ergebende Bindung ist nach § 47 GBO als gemeinschaftliches Rechtsverhältnis zu bezeichnen.[284] Auch hier gilt, dass eine Gesamtberechtigung aus einem fremden Güterstand, die dem deutschen Recht vollends wesensfremd ist, nicht eingetragen werden kann.[285] Ein bloßer Wechsel eines ausländischen gesetzlichen Güterstandes wegen einer dortigen Gesetzesänderung berechtigt nicht automatisch zur Eintragung eines Amtswiderspruchs gegen die nach früherem Güterstand erfolgte Eintragung, sondern die Überleitung in das neue Recht bestimmt sich nach den im ausländischen Güterrecht vorgesehenen Vorschriften.[286] Hat das Grundbuchamt den Verdacht, dass die Eintragung eines Ehegatten als Alleineigentümer das Grundbuch unrichtig machen würde, weil nach dem ausländischen Güterrecht der andere Ehegatte eine Mitberechtigung erlangt, so reicht dies nicht, um die Eintragung als Alleineigentümer abzulehnen; vielmehr darf dies nur im Falle einer sicheren Kenntnis seitens des Grundbuchamts erfolgen.[287] In gleicher Weise darf das Grundbuchamt bei Eintragung von Auflassungsvormerkungen ohne konkrete Anhaltspunkte nicht prüfen, ob dem späteren Alleinerwerb ein güterrechtliches Hindernis entgegenstehen könnte.[288] Wird daraufhin die Vormerkung für nur einen Ehegatten eingetragen, fällt jedoch der gesicherte Anspruch aufgrund des Güterrechtes auch dem anderen, z.B. als Gesamtgut der italienischen *„comunione dei beni"* zu, so ist das Grundbuch unrichtig.[289] Einen vormerkungsfähigen Alleinübertragungsanspruch des erwerbenden Ehegatten unabhängig vom Güterstand gibt es (auch) hier nicht.[290]

g) Formstatut. Die Teilfrage der Form eines Ehevertrages unterliegt Art. 11 Abs. 1 bis 3, so dass der Ehevertrag formell entweder dem Güterstatut oder dem Ortsrecht entsprechen muss.[291] Das gilt auch, wenn die verwiesene Rechtsordnung den formfreien Abschluss zulässt.[292] Kennt die verwiesene Rechtsordnung das Institut des Ehevertrages nicht und sieht deshalb auch keine Formregelung vor, so geht die Verweisung insoweit ins Leere und es gelten die Folgen, die diese Rechtsordnung bei Formmängeln vorschreibt, d.h. der Ehevertrag wird nach dieser Rechtsordnung regelmäßig formunwirksam sein.[293]

III. Spaltung des Ehegüterstatuts

1. Grundsatz der Einheit des Güterstatuts und Entstehungsgründe der Spaltung. Das deutsche internationale Güterrecht wird vom Grundsatz der **Einheit des Güterstatuts** beherrscht, wonach die güterrechtlichen Verhältnisse sowohl in zeitlicher als auch in gegenständlicher Hinsicht einer einzigen Rechtsordnung unterliegen. Anders als nach zahlreichen ausländischen Kollisionsrechten gilt damit eine einheitliche Rechtsordnung als Gesamtstatut für alle Vermögensgegenstände der Eheleute, gleichgültig, wo sich diese Gegenstände befinden und welcher Art sie sind.

Der Grundsatz vom Gesamtstatut wird jedoch mehrfach durchbrochen. Als **Ursachen** hierfür kommen in Betracht:

---

[280] KG NJW 1973, 428; Palandt/*Heldrich*, Art. 15 EGBGB Rn 25.
[281] LG München I IPRspr 1962/63 Nr. 88; Staudinger/*Mankowski*, Art. 15 EGBGB Rn 391.
[282] Staudinger/*Mankowski*, Art. 15 EGBGB Rn 393; vgl. OLG Köln NJW-RR 1994, 200.
[283] OLG Hamm NJW 1995, 133.
[284] OLG Oldenburg IPRspr 1991 Nr. 81.
[285] Vgl. KG NJW 1973, 428; *Rauscher*, Rpfleger 1985, 52.
[286] OLG Frankfurt NJW-RR 1994, 72, 73.
[287] BayObLG NJW-RR 1992, 1235; OLG Hamm NJW-RR 1996, 530, 531; OLG Karlsruhe Rpfleger 1994, 948.
[288] BayObLG IPRax 1986, 301; AG Schwabach Rpfleger 1983, 429 m. zust. Anm. *Ertl*; a.A. *Rauscher*, Rpfleger 1985, 52 ff.
[289] A.A. BayObLG IPRax 1986, 301.
[290] *Jayme*, IPRax 1986, 290; a.A. *Amann*, Rpfleger 1986, 117 ff.
[291] OLG Zweibrücken FamRZ 1988, 623, 624.
[292] Staudinger/*Mankowski*, Art. 15 EGBGB Rn 320.
[293] Staudinger/*Mankowski*, Art. 15 EGBGB Rn 321 ff.; vgl. zum Parallelproblem bei Versorgungsausgleichsregelungen OLG Bamberg NJW-RR 2002, 1153, 1154.

- die Beachtlichkeit einer Rück- oder Weiterverweisung im Rahmen des Abs. 1 (siehe Rn 27). Folgt die verwiesene ausländische Rechtsordnung in ihrem Kollisionsrecht dem Grundsatz der Einheit nicht, sondern spaltet nach verschiedenen Vermögensmassen, insbesondere nach Mobilien und Immobilien, so werden diese Vermögensmassen den entsprechend unterschiedlichen Rechtsordnungen unterworfen. Eine Spaltung des Güterstatuts kann dabei im Wege des *renvoi* auch dadurch entstehen, dass das ausländische IPR wandelbar anknüpft und im Falle eines solchen Wandels das neue Statut nur das künftig zu erwerbende Vermögen erfasst, so dass dadurch unterschiedlich angeknüpfte Vermögensmassen entstehen;[294]
- Art. 3 Abs. 3 (siehe Rn 5 ff.). Diese Vorschrift führt zur Anwendung der güterrechtlichen Vorschriften des Belegenheitsrechts abweichend vom Gesamtstatut;[295]
- die Rechtswahl nach Abs. 2 Nr. 3 (siehe Rn 38 ff.). Hier richtet sich das unbewegliche Vermögen nach dem gewählten Recht, für das übrige Vermögen gilt das gem. Abs. 1 oder Abs. 2 Nr. 1 oder 2 zu bestimmende Güterstatut.

108 **2. Folgen der Spaltung.** Güterrechtsspaltung bedeutet Unterwerfung verschiedener Teile des Vermögens der Ehegatten unter verschiedenartiges Ehegüterrecht.[296] Jede Vermögensmasse ist nach den dafür maßgebenden güterrechtlichen Vorschriften **gesondert zu beurteilen**, und zwar, als wäre die jeweils andere Vermögensmasse nicht vorhanden.[297] So kann es sich etwa bei der einen Masse um Gesamthandsvermögen handeln, während für die andere ein Zugewinnausgleich bei Beendigung erforderlich ist.[298] Auch nach Verfügungsbeschränkungen ist entsprechend getrennt zu fragen.[299] Für die Anwendung des § 1365 BGB gilt die dem deutschen Recht unterliegende Vermögensmasse als ganzes Vermögen.[300]

109 Das Nebeneinander unterschiedlicher Güterrechte kann jedoch vor allem bei der Abwicklung und Auseinandersetzung zu **Anpassungsproblemen** führen.[301] Widersprüchliche Ergebnisse können sich z.B. zeigen, wenn isoliert auf einen Teil des Vermögens das Zugewinnausgleichsverfahren nach deutschem Recht durchzuführen ist.[302] Kennt das beim Tod eines Ehegatten anzuwendende Erbstatut, so wie das deutsche Recht, nur einheitliche Erbquoten für einen Nachlass und ist das deutsche Güterrecht und damit auch § 1371 Abs. 1 BGB (siehe Rn 94) infolge Spaltung nur auf einen Teil des güterrechtlichen Vermögens anzuwenden, so ergibt sich die Schwierigkeit, dass das „güterrechtliche Viertel" bezogen auf den Gesamtnachlass nicht beziffert werden kann.[303] Beruht die Spaltung auf einer Rechtswahl nach Abs. 2 Nr. 3, so mag man solche Schwierigkeiten gegebenenfalls durch zusätzliche erbrechtliche Rechtswahl nach Art. 25 Abs. 2 vermeiden können.[304] Dennoch sind Anpassungsprobleme bei der Statutenspaltung grundsätzlich nie vollständig auszuschließen. Eine Möglichkeit, die Spaltung von vornherein zu vermeiden (außer in Fällen des Art. 3 Abs. 3, vgl. Rn 8), bieten die umfänglichen Rechtswahltatbestände des Abs. 2 Nr. 1 und 2. Außerdem können auf sachrechtlicher Ebene durch entsprechende (ehevertragliche) Vereinbarungen die Güterstände einander angenähert werden.

110 **3. Ordre public, Art. 6.** Da auch fremdes Kollisionsrecht dem *ordre public* widersprechen kann, sind vor allem gegen den Gleichberechtigungsgrundsatz verstoßende Anknüpfungen des **ausländischen IPR** dem Verdikt des Art. 6 verfallen.[305] In manchen Rechtsordnungen bestehen noch solche Anknüpfungen an das Mannesrecht, wenngleich deutlich seltener als früher.

111 Etwa anwendbares **ausländisches Sachrecht** ist ebenfalls in erster Linie an dem verfassungsrechtlichen Grundsatz der Gleichberechtigung zu messen. Zwar ist in der deutschen Rechtsprechung bisher kein Fall

---

294 Vgl. *Niewöhner*, MittRhNotK 1981, 219, 222; *Maglio/Thorn*, ZVglRWiss 96 (1997), 347, 360 f. (für Italien).
295 Stellvertretend für alle Staudinger/*Mankowski*, Art. 15 EGBGB Rn 70.
296 *Niewöhner*, MittRhNotK 1981, 219, der auch betont (S. 220), dass dieses kollisionsrechtliche Phänomen von der etwaigen Möglichkeit auf der Ebene des Sachrechts, Eheverträge gegenständlich zu beschränken, unterschieden werden muss.
297 Palandt/*Heldrich*, Art. 15 EGBGB Rn 22; *Schotten*, Rn 151.
298 *Schotten*, Rn 151; Palandt/*Heldrich*, Art. 15 EGBGB Rn 22.
299 *Schotten*, Rn 151; Palandt/*Heldrich*, Art. 15 EGBGB Rn 22.
300 *Süß*, ZNotP 1999, 385, 387.
301 *Schotten*, Rn 151.
302 Ausf. *Süß*, ZNotP 1999, 385, 388 ff., mit Vorschlägen, diese im Vereinbarungswege zu vermeiden; *Ludwig*, DNotZ 2000, 663 ff., der für den Fall des Art. 3 Abs. 3 versucht, der Aufspaltung möglichst von vornherein zu entgehen; *Schotten*, Rn 50; *Henrich*, FamRZ 1986, 841, 847; *Wegmann*, NJW 1987, 1740, 1744.
303 *Süß*, ZNotP 1999, 385, 392 f., nach dem sich hier eine entsprechende Anwendung von § 1371 Abs. 2 BGB anbietet.
304 *Süß*, ZNotP 1999, 385, 393.
305 A.A. *Kartzke*; IPRax 1988, 8, 11 f.; *Ebenroth/Eyles*, IPRax 1989, 1, 11; *Henrich*, S. 103; *S. Lorenz*, in: FS Sturm Bd. II 1999, S. 1559, 1563 ff.; wie hier *Kropholler*, IPR, § 24 II 2b; Bamberger/Roth/*Otte*, Art. 15 EGBGB Rn 78; allerdings wird das dann nicht gelten, wenn der „benachteiligte" Ehegatte zufällig dieselben Anknüpfungsmerkmale wie von der fremden Kollisionsnorm vom anderen Ehegatten vorausgesetzt erfüllt, vgl. MüKo/*Siehr*, Art. 15 EGBGB Rn 126.

eines Verstoßes veröffentlicht worden,[306] jedenfalls könnte das deutsche Recht aber eine Quasi-Entmündigung der Frau durch ausschließliche Verwaltungs- und Verfügungsbefugnisse des Mannes nicht hinnehmen.[307] Hiergegen schützt die Möglichkeit im ausländischen Recht, einen anderen, gleichberechtigungskonformen Güterstand zu wählen, nicht, weil dafür beide Ehegatten bereit sein müssten.[308] Da das deutsche Güterrecht selbst die Gütertrennung kennt, kann es einen zu geringen Vergemeinschaftungsgrad im Rahmen des Art. 6 nicht geben,[309] so dass eine ausländische Gütertrennung nicht anstößig ist.[310]

Voraussetzung für einen Verstoß gegen Art. 6 ist natürlich immer der dort geforderte entsprechende **Inlandsbezug** (vgl. Art. 6 EGBGB Rn 38 ff.).[311]

112

C. Weitere praktische Hinweise

I. Einfluss und Feststellung des anwendbaren Güterrechts

Für die Praxis ist von Bedeutung, vor allem auch dann an das internationale Güterrecht zu denken, wenn **nur ein Ehegatte** an einem Rechtsgeschäft **beteiligt** werden soll. Beispiele sind etwa der Erwerb, sei es bei Gründung der Gesellschaft oder später durch Abtretung, eines Gesellschaftsanteils durch nur einen Ehegatten. Hier kann das Güterrecht ggf. zu einer Vergemeinschaftung dieses Gegenstands führen, obwohl dies von den Beteiligten nicht gewollt ist.[312]

113

Vergessen darf auch nicht werden, dass selbst in vermeintlich „offensichtlich inländischen" Fällen sich aufgrund der Anknüpfung an die Umstände zur **Zeit der Eheschließung** (Abs. 1) ein ausländischer Güterstand ergeben kann, so dass bei entsprechenden Anzeichen es sich empfiehlt, nicht nur die aktuelle Staatsangehörigkeit zu erfragen.[313]

114

II. Die Rechtswahl nach Abs. 2

1. Allgemeines. Die durch Abs. 2 ermöglichte Rechtswahl ist als Instrumentarium vorsorgender Rechtspflege von unschätzbarem Wert, z.B. aus folgenden Gründen:
– die Wahl deutschen Ehegüterrechts eröffnet die Anwendung der vollen Ehevertragsfreiheit des BGB;[314]
– durch Rechtswahl kann gerade bei gemischt-nationalen Ehen die Frage nach dem anwendbaren Güterrecht auf eine verlässliche Grundlage gestellt werden;[315]
– sie ermöglicht die Anpassung an ein, gegebenenfalls auch neues oder zukünftiges Umweltrecht der Ehegatten; deshalb sollte bei der Rechtswahl beachtet werden, in welchem Staat die Ehe gegenwärtig oder auch später tatsächlich geführt wird bzw. werden soll;[316]
– sie ist interessant insbesondere auch für Ehen, die vor dem 1.4.1953 geschlossen wurden und daher gemäß Art. 220 Abs. 3 S. 6 weiterhin nach dem Mannesrecht (Art. 15 a.F.) angeknüpft werden;[317]
– es kann auch sinnvoll sein, diejenige Rechtsordnung zum Güterstatut nochmals vorsorglich zu wählen, die schon aufgrund objektiver Anknüpfung zur Anwendung kommt.[318] Unsicherheiten der Anknüpfung nach Abs. 1, insbesondere auch die im Wege eines *renvoi* eventuell bedeutsame Anknüpfung nach ausländischem Recht, können auf diese Weise ausgeräumt werden.

115

Allerdings löst eine Rechtswahl nicht automatisch alle Rechtsanwendungsprobleme. Liegen mögliche Gerichtsstände im Ausland, sind dort etwa Gegenstände belegen oder die Ehegatten haben dort ihren gewöhnlichen Aufenthalt, so muss bedacht werden, dass die infrage kommende ausländische Rechtsordnung die Rechtswahl möglicherweise nicht **anerkennt**. Vor- und Nachteile der Rechtswahl sind gegebenenfalls im Einzelfall gegeneinander abzuwägen.[319]

116

---

306 MüKo/*Siehr*, Art. 15 EGBGB Rn 140; Staudinger/*Mankowski*, Art. 15 EGBGB Rn 73, die LG Berlin FamRZ 1993, 198 f., richtigerweise dem Bereich des Art. 14 zuordnen, da die dortige Beschränkung der Aktivlegitimation der Ehefrau unabhängig vom Güterstand war.
307 Staudinger/*Mankowski*, Art. 15 EGBGB Rn 72.
308 MüKo/*Siehr*, Art. 15 EGBGB Rn 142.
309 Staudinger/*Mankowski*, Art. 15 EGBGB Rn 72.
310 OLG Düsseldorf FamRZ 1981, 50, 51; OLG Karlsruhe IPRax 1990, 122, 124, mit Aufsatz *Jayme*, S. 102.
311 Vgl. auch BR-Drucks 319/68, S. 5: ausländische, kraft Unwandelbarkeit weiter geltende Bestimmungen, welche die Frau benachteiligen, verstoßen auf jeden Fall dann gegen den *ordre public*, wenn die Ehegatten Deutsche mit dem gewöhnlichen Aufenthalt im Inland geworden sind; dagegen dürfte wohl allein das Vorhandensein von Vermögen in Deutschland nicht genügen, unentschieden insoweit *Eule*, MittBayNot 2003, 335, 340.
312 Praktisch bedeutsam ist z.B. der Erwerb durch einen Ehegatten, der im italienischen gesetzlichen Güterstand der „*comunione dei beni*" lebt, die der Sache nach eine Errungenschaftsgemeinschaft darstellt.
313 *Süß*, ZNotP 1999, 385, 393.
314 *Langenfeld*, BWNotZ 1986, 153.
315 *Basedow*, NJW 1986, 2971, 2976.
316 Bamberger/Roth/*Otte*, Art. 15 EGBGB Rn 18.
317 Bamberger/Roth/*Otte*, Art. 15 EGBGB Rn 20.
318 Vgl. *Langenfeld*, BWNotZ 1986, 153.
319 Staudinger/*Mankowski*, Art. 15 EGBGB Rn 128.

117 Machen die Ehegatten von **Art. 14 Abs. 2–4** Gebrauch und wählen das Statut der allgemeinen Ehewirkungen, so sollten sie gleichzeitig auch ihr Ehegüterstatut nach Abs. 2 wählen. Andernfalls können Auslegungszweifel entstehen, ob die Rechtswahl des allgemeinen Ehewirkungsstatuts auch die des Güterstatuts enthält, und es kann auf die höchstrichterlich noch ungeklärte Frage ankommen, ob im Rahmen der Anknüpfung nach Abs. 1 i.V.m. Art. 14 Abs. 2 und 3 ein etwaiger *renvoi* beachtlich ist (vgl. Rn 31 f.).[320]

118 Da Anpassungs- und Koordinationsschwierigkeiten vor allem im Verhältnis von Ehegüter- und **Erbstatut** auftreten können, sollten die Eheleute ihr Ehegüterstatut auch im Hinblick auf das anwendbare Erbrecht sorgsam wählen.[321] Eine, in ihrer Reichweite allerdings nur beschränkte Option eröffnen dabei Abs. 2 Nr. 3 hinsichtlich des Güterstatuts und Art. 25 Abs. 2 hinsichtlich des Erbstatuts, nach denen für inländisches unbewegliches Vermögen beide Statute in Richtung auf das deutsche Sachrecht harmonisiert werden können.[322] Teilweise wird der Versuch unternommen, beide Statute dadurch vollständig zu koordinieren, dass eine auf den Tod bedingte Rechtswahl des Güterstatuts derart vorgenommen werden soll, dass anwendbares Güterrecht das dann als Erbstatut anzuwendende Recht sein soll.[323] Da hierbei die Rechtswahl auf den Tag vor dem bedingungsauslösenden Tod des erstversterbenden Ehegatten zurückwirken soll,[324] die Zulässigkeit einer solchen Rückwirkung jedoch rechtlich mehr als unsicher ist (vgl. Rn 58), kann zu dieser Gestaltung nicht geraten werden.

119 Neben der auf kollisionsrechtlicher Ebene gegebenen Gestaltungsmöglichkeit des Abs. 2 darf in Fällen mit Auslandsberührung auch nicht vergessen werden, die sachrechtlichen Möglichkeiten eines **Ehevertrages** auszuschöpfen. Vor allem dann, wenn bei Spaltung des Ehegüterstatuts deutsches Güterrecht mit einem fremden zusammentrifft, kann auf ehevertraglichem Wege, z.B. durch Übergang von der Zugewinngemeinschaft zur Gütertrennung mit ausführlichen Regelungen zu einem Vermögensausgleich bei Beendigung der Ehe, das deutsche Güterrecht dem im Übrigen anzuwendenden ausländischen Güterstand angepasst werden und so Koordinationsschwierigkeiten verhindert werden.[325]

120 **2. Rechtswahl nach Abs. 2 Nr. 3 im Besonderen.** Die auf unbewegliches Vermögen beschränkte Rechtswahl des Lagerechtes gemäß Abs. 2 Nr. 3, die vor allem einen Weg eröffnen sollte, um die praktische Rechtsanwendung beim Erwerb in Deutschland belegenen Grundbesitzes durch ausländische Ehegatten zu erleichtern,[326] ist nicht nur vorteilhaft, sondern auch mit **Unsicherheiten bzw. Nachteilen** behaftet:
– Wird diese Rechtswahl mit einem ehevertraglichen Güterstand des gewählten Sachrechts verbunden, der von der Einheitlichkeit des Güterstandes ausgeht, und unterliegt aber das restliche Vermögen der Ehegatten aufgrund objektiver Anknüpfung schon demselben Güterstatut und herrscht insoweit der gesetzliche Güterstand, so würde hier u.U. gegen das sachrechtliche Gebot der Einheitlichkeit des Güterstandes verstoßen;[327] es muss deswegen das Augenmerk auch darauf gerichtet werden, welches Güterrecht im Übrigen Anwendung findet;
– die (weitere) Begrenzung der Rechtswahl auf einzelne Gegenstände des Immobiliarvermögens im Belegenheitsstaat ist höchstrichterlich nicht geklärt (vgl. Rn 41);
– Abs. 2 Nr. 3 führt regelmäßig zur Vermögensspaltung; dadurch verkompliziert sich die Rechtslage,[328] gerade mit Blick auf das Zusammentreffen verschiedener sachrechtlicher Güterstände, so dass es sich gegebenenfalls empfehlen kann, durch ehevertragliche Modifikation die unterschiedlichen anwendbaren Güterstände einander anzunähern.

121 **3. Formulierungsbeispiele. a) Rechtswahl nach Abs. 2 Nr. 1 oder 2.** Eine **unbeschränkte Rechtswahl** kann etwa wie folgt formuliert werden:[329]

„1. Sachstand
(Angaben der Eheleute insbesondere zu Staatsangehörigkeit und gewöhnlichem Aufenthalt bei Eheschließung und heute bzw. Planungen für die Zukunft; ggf. frühere Rechtswahl und Angaben über Belegenheit des Vermögens)

---

320 MüKo/*Siehr*, Art. 15 EGBGB Rn 130.
321 MüKo/*Siehr*, Art. 15 EGBGB Rn 118.
322 *Mankowski/Osthaus*, DNotZ 1997, 10, 12 f.; *Henrich*, FamRZ 1986, 841, 847.
323 Ausf. *Mankowski/Osthaus*, DNotZ 1997, 10, 16 ff.
324 *Mankowski/Osthaus*, DNotZ 1997, 10, 27.
325 Vgl. *Süß*, ZNotP 1999, 385, 393.
326 BT-Drucks 10/5632, S. 42; *Schotten*, Rn 157.
327 *Langenfeld*, BWNotZ 1986, 153.
328 Ein Teil der Lit. steht deshalb der gegenständlich beschränkten Rechtswahl skeptisch gegenüber;

vgl. *Basedow*, NJW 1986, 2971, 2976: zu Art. 15 Abs. 2 Nr. 3 nur zu raten, wenn besonderes Bedürfnis; *Langenfeld*, BWNotZ 1986, 153: Zugewinngemeinschaft nur für den Grundbesitz in Deutschland unpraktikabel; *Süß*, ZNotP 1999, 385, 393: Rechtslage würde langfristig u.U. noch weiter kompliziert.
329 Teilweise nach *Schotten*, Rn 230; weiteres Formulierungsbeispiel bei *Langenfeld*, Handbuch der Eheverträge und Scheidungsvereinbarungen, 4. Aufl. 2000, Rn 676, 990.

2. Rechtswahl

Wir wählen für die gesamten güterrechtlichen Wirkungen unserer Ehe das deutsche Recht. Die Rechtswahl soll nach Möglichkeit auch im Ausland wirken.

Wir beantragen die Eintragung der Rechtswahl in das Güterrechtsregister des zuständigen deutschen Amtsgerichts. Wir weisen den Notar jedoch an, den Eintragungsantrag hierzu nur auf besondere schriftliche Anweisung eines von uns zu stellen.

Der Notar hat insbesondere auf Folgendes hingewiesen:
- Es ist fraglich, ob die Rechtswahl im Ausland anerkannt wird;
- durch die Rechtswahl wird das bisher evtl. geltende ausländische Güterrecht abgewählt;
- es gehört nicht zu den Amtspflichten eines deutschen Notars, ausländisches Recht zu kennen oder darüber zu belehren und beraten;
- es kann Klarheit über Fragen des ausländischen Rechts geschaffen werden durch Einholung eines Gutachtens eines Universitäts- oder sonstigen Institutes oder ein ausländischer Rechtsberater um Rat ersucht werden.

Der Notar hat insbesondere über die Grundzüge des gewählten Güterrechts belehrt.

Ein Verzeichnis über den Bestand und den Wert des einem jedem von uns gehörenden Vermögens wollen wir zurzeit nicht aufstellen; die Bedeutung eines solchen Verzeichnisses ist uns bekannt.

3. *(Ggf. ehevertragliche Regelungen bzgl. der Auseinandersetzung des bisherigen Güterstandes und Regelungen gemäß dem nunmehr geltenden Sachrecht, z.B. Rückbeziehung des Zugewinnausgleichs auf den Zeitpunkt der Eheschließung).*"

b) Rechtswahl nach Abs. 2 Nr. 3. Formulierungsmöglichkeit einer **gegenständlich beschränkten Rechtswahl**:[330]

„1. Sachstand
(Grundsätzlich wie unter Rn 121; aber auch Darlegungen zum unbeweglichen Vermögen)

2. Rechtswahl
Wir wählen für die güterrechtlichen Wirkungen unserer Ehe für unser gesamtes in Deutschland belegenes jetziges und zukünftiges unbewegliches Vermögen das deutsche Recht.

(Im Übrigen grundsätzlich entsprechend Rn 121; allerdings können die Hinweise noch um Folgendes ergänzt werden:)
- Durch die Rechtswahl entsteht grundsätzlich eine Güterrechtsspaltung, die zu rechtlichen Problemen führen kann;
- es können insbesondere Abgrenzungsprobleme entstehen, welche Gegenstände der einen, welche der anderen Gütermasse zuzurechnen sind.

3. *(Grundsätzlich wie unter Rn 121; ggf. dabei auch Koordinierung der verschiedenen durch die Rechtsspaltung aufeinander treffenden Güterstände).*"

III. Feststellung des ausländischen Rechts

Für die Klärung, welchen Inhalt das ausländische Güterrecht, und zwar IPR wie auch Sachrecht, hat, können z.B. folgende Darstellungen hilfreich sein:
- *Bergmann/Ferid/Henrich*, Internationales Ehe- und Kindschaftsrecht, Loseblatt (IPR und Sachrecht)
- *Schotten*, Das Internationale Privatrecht in der notariellen Praxis, 1995, Rn 389 ff. (IPR und Sachrecht)
- *Bauer/von Oefele/Schaub*, GBO, 1999, F Rn 319 ff. (IPR und Sachrecht)
- DNotI (Hrsg.), Notarielle Fragen des internationalen Rechtsverkehrs, 1995 (Sachrecht)
- Beck'sches Notarhandbuch/*Zimmermann*, 3. Auflage 2000, G Rn 132 f. (Sachrecht).

---

330 Nach *Schotten*, Rn 231; weitere Formulierungsbeispiele bei *Langenfeld*, Handbuch der Eheverträge und Scheidungsvereinbarungen, 4. Aufl. 2000, Rn 993; *Brambring*, Ehevertrag und Vermögenszuordnung unter Ehegatten, 5. Aufl. 2003, Rn 136.

Anhang I zu Art. 15 EGBGB

Haager Ehewirkungsabkommen vom 17.7.1905[1]

Das Haager Ehewirkungsabkommen vom 17.7.1905 hat die Bundesrepublik Deutschland mit Wirkung zum 23.8.1987 **gekündigt**.[2] Das Abkommen hat jedoch noch Einfluss auf diejenigen Ehen mit oder zwischen ausländischen Partnern, die zu einem Zeitpunkt geschlossen worden sind, zu dem die Heimatstaaten noch Vertragsstaaten des Abkommens waren (vgl. Art. 10 des Abkommens).[3]

Allerdings ist die Anwendbarkeit des **Art. 2** des Abkommens, der in Ermangelung eines Ehevertrages für die **güterrechtlichen Wirkungen** der Ehe auf das Recht des Heimatstaates des Ehemannes zur Zeit der Eheschließung verwies, erheblich eingeschränkt. Diese Vorschrift war wegen Verstoßes gegen Art. 3 Abs. 2 GG verfassungswidrig.[4] Die daraus sich ergebenden Übergangsprobleme sind durch entsprechende Anwendung des Art. 220 Abs. 3 EGBGB zu lösen.[5] Deshalb gilt Art. 2 Abs. 1 des Abkommens grundsätzlich nur noch für vor dem 1.4.1953 geschlossene Ehen.[6] Auch für diese „Uraltehen" besteht jedoch die Rechtswahlmöglichkeit entsprechend Art. 220 Abs. 3 S. 6 Hs. 2 EGBGB.[7]

Dem Verdikt der Verfassungswidrigkeit verfällt auch Art. 5 Abs. 1 Alt. 1 des Abkommens, wonach für Inhalt und Wirkungen eines nicht während der Ehe geschlossenen **Ehevertrages** das Heimatrecht des Mannes zur Zeit der Eheschließung maßgeblich sein soll.[8] Wie in Art. 4 Abs. 1 des Abkommens für die Ehevertragszulässigkeit (nicht aber die Ehevertragsfähigkeit, vgl. Art. 3 des Abkommens) sowie Art. 5 Abs. 1 Alt. 2 des Abkommens für Inhalt und Wirkungen eines während der Ehe geschlossenen Ehevertrages gemäß Art. 5 Abs. 1 Alt. 2 des Abkommens muss es demnach auch hier auf die gemeinsame Staatsangehörigkeit der Eheleute zum maßgeblichen Zeitpunkt (im Falle des Art. 5 Abs. 1 Alt. 1 die Eheschließung) ankommen. Gemischtnationale Ehen fallen somit nicht unter diese den Ehevertrag betreffenden Vorschriften.[9] Bei Doppelstaatern kommt es auf die effektive Staatsangehörigkeit an.[10]

Anhang II zu Art. 15 EGBGB

Gesetz über den ehelichen Güterstand von Vertriebenen und Flüchtlingen[1]

GüterstG § 1

(1) Für Ehegatten, die Vertriebene oder Sowjetzonenflüchtlinge sind (§§ 1, 3 und 4 des Bundesvertriebenengesetzes), beide ihren gewöhnlichen Aufenthalt im Geltungsbereich dieses Gesetzes haben und im gesetzlichen Güterstand eines außerhalb des Geltungsbereiches dieses Gesetzes maßgebenden Rechts leben, gilt vom Inkrafttreten dieses Gesetzes an das eheliche Güterrecht des Bürgerlichen Gesetzbuches. Das Gleiche gilt für Ehegatten, die aus der sowjetischen Besatzungszone Deutschlands oder dem sowjetisch besetzten Sektor von Berlin zugezogen sind, sofern sie im Zeitpunkt des Zuzugs deutsche Staatsangehörige waren oder, ohne die deutsche Staatsangehörigkeit zu besitzen, als Deutsche im Sinne des Artikels 116 Abs. 1 des Grundgesetzes Aufnahme gefunden haben.

---

1 RGBl 1912 S. 453, 475.
2 BGBl II 1986 S. 505; das Abkommen galt am Schluss nur noch im Verhältnis zu Italien; es ist abgedruckt bei Staudinger/*Mankowski*, Art. 14 EGBGB Rn 6; Soergel/*Schurig*, Anh. Art. 16 EGBGB Rn 3.
3 *Schotten*, Das IPR in der notariellen Praxis, 1995, Rn 133; Staudinger/*Mankowski*, Art. 15 EGBGB Rn 4; ausf. zu den Vertragsstaaten v. *Bar*, RabelsZ 57 (1993), 63, 77 ff.
4 BGH NJW 1987, 583; 1988, 638; FamRZ 1988, 40, 41.
5 BGH NJW 1987, 583, 584; 1988, 638; FamRZ 1988, 40, 41; mit erheblichen Modifikationen Soergel/*Schurig*, Anh. Art. 16 EGBGB Rn 5 ff.
6 *Jayme*, IPRax 1987, 95; *Ultsch*, MittBayNot 1994, 279, 280.
7 Staudinger/*Mankowski*, Art. 15 EGBGB Rn 4.
8 *Jayme*, IPRax 1986, 361, 362; *Schotten*, Das IPR in der notariellen Praxis, 1995, Rn 133 Fn 83.
9 BayObLG IPRax 1986, 379, 380 mit Aufsatz *Jayme*, S. 361, 362.
10 BayObLG IPRax 1986, 379, 381 mit Aufsatz *Jayme*, S. 361, 362.
1 Vom 4.8.1969 (BGBl I 1969 S. 1067).

(2) Die Vorschriften des Absatzes 1 gelten nicht, wenn im Zeitpunkt des Inkrafttretens der bisherige Güterstand im Güterrechtsregister eines Amtsgerichts im Geltungsbereich dieses Gesetzes eingetragen ist.

(3) Für die Berechnung des Zugewinns gilt, wenn die in Absatz 1 genannten Voraussetzungen für die Überleitung des gesetzlichen Güterstandes in das Güterrecht des Bürgerlichen Gesetzbuches bereits damals vorlagen, als Anfangsvermögen das Vermögen, das einem Ehegatten am 1. Juli 1958 gehörte. Liegen die Voraussetzungen erst seit einem späteren Zeitpunkt vor, so gilt als Anfangsvermögen das Vermögen, das einem Ehegatten in diesem Zeitpunkt gehörte. Soweit es in den §§ 1374, 1376 des Bürgerlichen Gesetzbuches auf den Zeitpunkt des Eintritts des Güterstandes ankommt, sind diese Vorschriften sinngemäß anzuwenden.

GüterstG § 2

(1) Jeder Ehegatte kann, sofern nicht vorher ein Ehevertrag geschlossen worden oder die Ehe aufgelöst ist, bis zum 31. Dezember 1970 dem Amtsgericht gegenüber erklären, dass für die Ehe der bisherige gesetzliche Güterstand fortgelten solle. § 1411 des Bürgerlichen Gesetzbuches gilt entsprechend.

(2) Wird die Erklärung vor dem für die Überleitung in das Güterrecht des Bürgerlichen Gesetzbuches vorgesehenen Zeitpunkt abgegeben, so findet die Überleitung nicht statt.

(3) Wird die Erklärung nach dem Zeitpunkt der Überleitung des Güterstandes abgegeben, so gilt die Überleitung als nicht erfolgt. Aus der Wiederherstellung des ursprünglichen Güterstandes können die Ehegatten untereinander und gegenüber einem Dritten Einwendungen gegen ein Rechtsgeschäft, das nach der Überleitung zwischen den Ehegatten oder zwischen einem von ihnen und dem Dritten vorgenommen worden ist, nicht herleiten.

GüterstG § 3

Tritt von den in § 1 Abs. 1 genannten Voraussetzungen für die Überleitung des Güterstandes die Voraussetzung, dass beide Ehegatten ihren gewöhnlichen Aufenthalt im Geltungsbereich dieses Gesetzes haben, erst nach dem Inkrafttreten des Gesetzes ein, so gilt für sie das Güterrecht des Bürgerlichen Gesetzbuches vom Anfang des nach Eintritt dieser Voraussetzung folgenden vierten Monats an. § 1 Abs. 2, 3 Satz 2, 3 ist entsprechend anzuwenden. Die Vorschriften des § 2 gelten mit der Maßgabe, dass die Erklärung binnen Jahresfrist nach dem Zeitpunkt der Überleitung abgegeben werden kann.

GüterstG § 4

(1) Für die Entgegennahme der in den §§ 2, 3 vorgesehenen Erklärung ist jedes Amtsgericht zuständig. Die Erklärung muß notariell beurkundet werden.

(2) Haben die Ehegatten die Erklärung nicht gemeinsam abgegeben, so hat das Amtsgericht sie dem anderen Ehegatten nach den für Zustellungen von Amts wegen geltenden Vorschriften der Zivilprozessordnung bekanntzumachen. Für die Zustellung werden Auslagen nach § 137 Nr. 2 der Kostenordnung nicht erhoben.

(3) Wird mit der Erklärung ein Antrag auf Eintragung in das Güterrechtsregister verbunden, so hat das Amtsgericht den Antrag mit der Erklärung an das Registergericht weiterzuleiten.

(4) Der aufgrund der Erklärung fortgeltende gesetzliche Güterstand ist, wenn einer der Ehegatten dies beantragt, in das Güterrechtsregister einzutragen. Wird der Antrag nur von einem Ehegatten gestellt, so soll das Registergericht vor der Eintragung den anderen Ehegatten hören. Besteht nach Lage des Falles begründeter Anlass zu Zweifeln an der Richtigkeit der Angaben über den bestehenden Güterstand, so hat das Registergericht die erforderlichen Ermittlungen vorzunehmen.

GüterstG § 5

Für die Beurkundung der Erklärung nach § 2 Abs. 1, für die Aufnahme der Anmeldung zum Güterrechtsregister und für die Eintragung in das Güterrechtsregister beträgt der Geschäftswert 3000 Deutsche Mark.

GüterstG § 6

Dieses Gesetz gilt nach Maßgabe des § 13 des Dritten Überleitungsgesetzes vom 4. Januar 1952 (Bundesgesetzblatt I S. 1) auch im Land Berlin.

GüterstG § 7

Dieses Gesetz tritt am 1. Oktober 1969 in Kraft; die §§ 2, 4 und 5 treten jedoch am Tage nach der Verkündung in Kraft.

Literatur: *Bürgel*, Die Neuregelung des ehelichen Güterstandes von Vertriebenen und Flüchtlingen, NJW 1969, 1838; *Firsching*, Zum Güterstandsgesetz vom 4.8.1969, FamRZ 1970, 452; *Henrich*, Zum Güterstand deutsch-österreichischer Sowjetzonenflüchtlinge, IPRax 1981, 162; *ders.*, Nochmals: Staatsangehörigkeit und Güterstand deutsch/österreichischer Sowjetzonenflüchtlinge, IPRax 1983, 25; *Scheugenpflug*, Güterrechtliche und erbrechtliche Fragen bei Vertriebenen, Aussiedlern und Spätaussiedlern, MittRhNotK 1999, 372; *Silagi*, Zu Güterstand und Staatsangehörigkeit deutsch-österreichischer Sowjetzonenflüchtlinge, IPRax 1982, 100; *Wandel*, Kuckuckseier nicht nur zur Osterzeit – Zum Güterrecht der Spätaussiedler, BWNotZ 1994, 85; *Wassermann*, Die güterrechtlichen Beziehungen von Übersiedlern aus der DDR, FamRZ 1990, 333.

A. Allgemeines 1	2. Gewöhnlicher Aufenthalt in der Bundesrepublik Deutschland; maßgeblicher Zeitpunkt (§§ 1 Abs. 1, 3 S. 1) 12
B. Regelungsgehalt 2	
I. Voraussetzungen der Überleitung des Güterstatuts 2	
1. Betroffener Personenkreis 2	3. Fremdes Güterstatut (§ 1 Abs. 1 S. 1) .. 13
a) Vertriebene i.S.d. § 1 BVFG (§ 1 Abs. 1 S. 1) 3	4. Gesetzlicher Güterstand (§ 1 Abs. 1 S. 1) 15
b) Sowjetzonenflüchtlinge i.S.d. § 3 BVFG (§ 1 Abs. 1 S. 1) 5	5. Keine Eintragung im Güterrechtsregister (§§ 1 Abs. 2, 3 S. 2) 16
c) Sowjetzonenflüchtlingen gleichgestellte Personen i.S.d. § 4 BVFG a.F. (§ 1 Abs. 1 S. 1) 6	6. Keine Erklärung der Fortgeltung des bisherigen Güterstandes (§§ 2, 3 S. 3, §§ 4, 5) 17
d) Spätaussiedler i.S.d. § 4 BVFG n.F. (§ 1 Abs. 1 S. 1) 7	II. Rechtsfolgen 18
	1. Überleitung in die Zugewinngemeinschaft (§§ 1 Abs. 1 S. 1, 3 S. 1) 18
e) Übersiedler aus der SBZ und dem Sowjetsektor Berlins (§ 1 Abs. 1 S. 2) 11	2. Besonderheiten des Zugewinnausgleichs 20
	C. Weitere praktische Hinweise 21

A. Allgemeines

Der kollisionsrechtliche Grundsatz der Unwandelbarkeit des Güterstatuts war unbefriedigend für Millionen deutscher Staats- oder Volkszugehöriger, die in den Jahrzehnten nach dem zweiten Weltkrieg aus den Gebieten bzw. Staaten, die östlich der alten Bundesrepublik Deutschland lagen, flüchteten oder vertrieben wurden. Ihre Erwartung, dass güterrechtlich für sie das Recht des Staates gelte, in dem sie als Flüchtlinge oder Vertriebene von vorne neu angefangen haben, wurde durch die Unwandelbarkeit enttäuscht und auch die so genannte Versteinerungslehre (vgl. Art. 15 EGBGB Rn 25) konnte dem nicht effizient abhelfen. Der Gesetzgeber hat hierauf mit dem Gesetz über den ehelichen Güterstand von Vertriebenen und Flüchtlingen vom 4.8.1969 reagiert, welches in Art. 15 Abs. 4 ausdrücklich vorbehalten ist. Es überführt den Güterstand der von ihm erfassten Personen in den Güterstand der Zugewinngemeinschaft. Die Unwandelbarkeit des Art. 15 Abs. 1 wird hier also nach dem Prinzip durchbrochen: einmalige Wandlung, nicht generelle Wandelbarkeit.[2]

---

2 Staudinger/*Mankowski*, Art. 15 EGBGB Rn 422.

B. Regelungsgehalt

I. Voraussetzungen der Überleitung des Güterstatuts

1. Betroffener Personenkreis. Das Vertriebenengüterstandsgesetz gilt nach seinem § 1 Abs. 1 für Vertriebene, Flüchtlinge und gewisse andere Personen. Soweit dabei auf das BVFG Bezug genommen wird, ist entscheidend, dass dessen gesetzliche Voraussetzungen tatsächlich erfüllt sind, was im jeweiligen Fall zu prüfen ist; eine etwaige behördliche Anerkennung als Vertriebener oder Flüchtling ist insoweit nur deklaratorisch, kann jedoch bei der Prüfung nach dem Vertriebenengüterstandsgesetz als Ermittlungsbehelf verwendet werden.[3]

a) Vertriebene i.S.d. § 1 BVFG (§ 1 Abs. 1 S. 1). § 1 Abs. 1 S. 1 betrifft zunächst die Vertriebenen wie sie in **§ 1 BVFG** definiert sind:[4]

BVFG § 1 – Vertriebener

(1) Vertriebener ist, wer als deutscher Staatsangehöriger oder deutscher Volkszugehöriger seinen Wohnsitz in den ehemals unter fremder Verwaltung stehenden deutschen Ostgebieten oder in den Gebieten außerhalb der Grenzen des Deutschen Reiches nach dem Gebietsstande vom 31. Dezember 1937 hatte und diesen im Zusammenhang mit den Ereignissen des zweiten Weltkrieges infolge Vertreibung, insbesondere durch Ausweisung oder Flucht, verloren hat. Bei mehrfachem Wohnsitz muss derjenige Wohnsitz verlorengegangen sein, der für die persönlichen Lebensverhältnisse des Betroffenen bestimmend war. Als bestimmender Wohnsitz im Sinne des Satzes 2 ist insbesondere der Wohnsitz anzusehen, an welchem die Familienangehörigen gewohnt haben.

(2) Vertriebener ist auch, wer als deutscher Staatsangehöriger oder deutscher Volkszugehöriger
1. nach dem 30. Januar 1933 die in Absatz 1 genannten Gebiete verlassen und seinen Wohnsitz außerhalb des Deutschen Reiches genommen hat, weil aus Gründen politischer Gegnerschaft gegen den Nationalsozialismus oder aus Gründen der Rasse, des Glaubens oder der Weltanschauung nationalsozialistische Gewaltmaßnahmen gegen ihn verübt worden sind oder ihm drohten,
2. aufgrund der während des zweiten Weltkrieges geschlossenen zwischenstaatlichen Verträge aus außerdeutschen Gebieten oder während des gleichen Zeitraumes aufgrund von Maßnahmen deutscher Dienststellen aus den von der deutschen Wehrmacht besetzten Gebieten umgesiedelt worden ist (Umsiedler),
3. nach Abschluss der allgemeinen Vertreibungsmaßnahmen vor dem 1. Juli 1990 oder danach im Wege des Aufnahmeverfahrens vor dem 1. Januar 1993 die ehemals unter fremder Verwaltung stehenden deutschen Ostgebiete, Danzig, Estland, Lettland, Litauen, die ehemalige Sowjetunion, Polen, die Tschechoslowakei, Ungarn, Rumänien, Bulgarien, Jugoslawien, Albanien oder China verlassen hat oder verlässt, es sei denn, dass er, ohne aus diesen Gebieten vertrieben und bis zum 31. März 1952 dorthin zurückgekehrt zu sein, nach dem 8. Mai 1945 einen Wohnsitz in diesen Gebieten begründet hat (Aussiedler),
4. ohne einen Wohnsitz gehabt zu haben, sein Gewerbe oder seinen Beruf ständig in den in Absatz 1 genannten Gebieten ausgeübt hat und diese Tätigkeit infolge Vertreibung aufgeben musste,
5. seinen Wohnsitz in den in Absatz 1 genannten Gebieten gemäß § 10 des Bürgerlichen Gesetzbuchs durch Eheschließung verloren, aber seinen ständigen Aufenthalt dort beibehalten hatte und diesen infolge Vertreibung aufgeben musste,
6. in den in Absatz 1 genannten Gebieten als Kind einer unter Nummer 5 fallenden Ehefrau gemäß § 11 des Bürgerlichen Gesetzbuchs keinen Wohnsitz, aber einen ständigen Aufenthalt hatte und diesen infolge Vertreibung aufgeben musste.

(3) Als Vertriebener gilt auch, wer, ohne selbst deutscher Staatsangehöriger oder deutscher Volkszugehöriger zu sein, als Ehegatte eines Vertriebenen seinen Wohnsitz oder in den Fällen des Absatzes 2 Nr. 5 als Ehegatte eines deutschen Staatsangehörigen oder deutschen Volkszugehörigen den ständigen Aufenthalt in den in Absatz 1 genannten Gebieten verloren hat.

(4) Wer infolge von Kriegseinwirkungen Aufenthalt in den in Absatz 1 genannten Gebieten genommen hat, ist jedoch nur dann Vertriebener, wenn es aus den Umständen hervorgeht, dass er sich auch nach dem Kriege in diesen Gebieten ständig niederlassen wollte, oder wenn er diese Gebiete nach dem 31. Dezember 1989 verlassen hat.

---

[3] BGH NJW 1982, 1937, 1938; *Henrich*, IPRax 1983, 25, 26.
[4] Wiedergegeben ist hier die aktuelle Fassung des § 1 BVFG; sie weicht von der Fassung, die beim In-Kraft-Treten des Vertriebenengüterstandsgesetzes galt, nur unerheblich ab.

G. über den ehel. Güterstand von Vertriebenen und Flüchtlingen Anh II zu Art. 15 EGBGB

Das nach dem BVFG bedeutsame Kriterium der „deutschen Volkszugehörigkeit" bemisst sich nach § 6 BVFG. Von Interesse ist im vorliegenden Zusammenhang außerdem, dass nach § 1 Abs. 3 BVFG als Vertriebener auch der Ehegatte gilt, wenn er nicht selbst deutscher Staatsangehöriger oder Volkszugehöriger ist. Erfasst sind über § 1 Abs. 2 Nr. 2 und 3 BVFG außerdem die so genannten Umsiedler und Aussiedler.

b) Sowjetzonenflüchtlinge i.S.d. § 3 BVFG (§ 1 Abs. 1 S. 1). Erfasst werden von § 1 Abs. 1 weiterhin die Sowjetzonenflüchtlinge des **§ 3 BVFG**:[5]

BVFG § 3 – Sowjetzonenflüchtling

(1) Sowjetzonenflüchtling ist ein deutscher Staatsangehöriger oder deutscher Volkszugehöriger, der seinen Wohnsitz in der sowjetischen Besatzungszone oder im sowjetisch besetzten Sektor von Berlin hat oder gehabt hat und von dort vor dem 1. Juli 1990 geflüchtet ist, um sich einer von ihm nicht zu vertretenden und durch die politischen Verhältnisse bedingten besonderen Zwangslage zu entziehen. Eine besondere Zwangslage ist vor allem dann gegeben, wenn eine unmittelbare Gefahr für Leib und Leben oder die persönliche Freiheit vorgelegen hat. Eine besondere Zwangslage ist auch bei einem schweren Gewissenskonflikt gegeben. Wirtschaftliche Gründe sind als besondere Zwangslage anzuerkennen, wenn die Existenzgrundlage zerstört oder entscheidend beeinträchtigt worden ist oder wenn die Zerstörung oder entscheidende Beeinträchtigung nahe bevorstand.

(2) Von der Anerkennung als Sowjetzonenflüchtling ist ausgeschlossen,
1. wer in der sowjetischen Besatzungszone und im sowjetisch besetzten Sektor von Berlin herrschenden System erheblich Vorschub geleistet hat,
2. wer während der Herrschaft des Nationalsozialismus oder in der sowjetischen Besatzungszone oder im sowjetisch besetzten Sektor von Berlin durch sein Verhalten gegen die Grundsätze der Menschlichkeit oder Rechtsstaatlichkeit verstoßen hat,
3. wer die freiheitliche demokratische Grundordnung der Bundesrepublik Deutschland einschließlich des Landes Berlin bekämpft hat.

(3) § 1 Abs. 1 Satz 2 und 3, Abs. 2 Nr. 4 bis 6, Abs. 3 und 4 ist sinngemäß anzuwenden.

Auch hier gilt gemäß § 3 Abs. 3 BVFG die Gleichstellung des Ehegatten nach § 1 Abs. 3 BVFG. Außerdem muss zumindest deutsche Volkszugehörigkeit (§ 6 BVFG) vorliegen. Diese setzt im hier interessierenden Zusammenhang voraus, dass die betreffenden Personen einer deutschen Minderheit in einem Staat mit fremdnationaler Mehrheit angehört haben, was bei Personen mit österreichischer Staatsangehörigkeit, die aus der DDR kommen, zu verneinen ist.[6] Eine solche Person kann daher allenfalls als Ehegatte gemäß § 3 Abs. 3 i.V.m. § 1 Abs. 3 BVFG in den Anwendungsbereich des § 1 Abs. 1 S. 1 fallen.

c) Sowjetzonenflüchtlingen gleichgestellte Personen i.S.d. § 4 BVFG a.F. (§ 1 Abs. 1 S. 1). Das BVFG und insbesondere sein § 4 ist mit Wirkung vom 1.1.1993 neu gefasst worden. § 4 BVFG erfasste in seiner vorherigen Fassung solche Personen, die Sowjetzonenflüchtlingen gleichgestellt waren. Der Inhaltswechsel dieser Vorschrift soll gewiss nichts daran ändern, dass dieser Personenkreis weiterhin unter § 1 Abs. 1 S. 1 fällt, so dass **§ 4 BVFG a.F.** insoweit von Bedeutung bleibt.[7] Diese Vorschrift hatte folgenden Wortlaut:

BVFG a.F. § 4 – Sowjetzonenflüchtlingen gleichgestellte Personen

(1) Einem Sowjetzonenflüchtling wird gleichgestellt ein deutscher Staatsangehöriger oder deutscher Volkszugehöriger, der im Zeitpunkt der Besetzung seinen Wohnsitz in der sowjetischen Besatzungszone oder im sowjetisch besetzten Sektor von Berlin gehabt und sich außerhalb dieser Gebiete aufgehalten hat, dorthin jedoch nicht zurückkehren konnte, ohne sich offensichtlich einer von ihm nicht zu vertretenden und unmittelbaren Gefahr für Leib und Leben oder die persönliche Freiheit auszusetzen.

(2) § 1 Abs. 1 Satz 2 und 3 Abs. 2 Nr. 1, 4 bis 6, Abs. 3 und 4 sowie § 3 Abs. 2 Nr. 2 und 3 sind sinngemäß anzuwenden.

d) Spätaussiedler i.S.d. § 4 BVFG n.F. (§ 1 Abs. 1 S. 1). § 4 BVFG n.F. definiert nunmehr die so genannten Spätaussiedler:

---

[5] Wiedergegeben ist hier die aktuelle Fassung des § 3 BVFG; sie weicht von der Fassung, die beim In-Kraft-Treten des Vertriebenengüterstandsgesetzes galt, nur unerheblich ab.

[6] BGH NJW 1982, 1937, 1938; Henrich, IPRax 1983, 25, 26.

[7] Soergel/Schurig, Art. 15 EGBGB Rn 73.

Sieghörtner 1599

BVFG n.F. § 4 – Spätaussiedler

(1) Spätaussiedler ist in der Regel ein deutscher Volkszugehöriger, der die Republiken der ehemaligen Sowjetunion, Estland, Lettland oder Litauen nach dem 31. Dezember 1992 im Wege des Aufnahmeverfahrens verlassen und innerhalb von sechs Monaten im Geltungsbereich des Gesetzes seinen ständigen Aufenthalt genommen hat, wenn er zuvor
1. seit dem 8. Mai 1945 oder
2. nach seiner Vertreibung oder der Vertreibung eines Elternteils seit dem 31. März 1952 oder
3. seit seiner Geburt, wenn er vor dem 1. Januar 1993 geboren ist und von einer Person abstammt, die die Stichtagsvoraussetzung des 8. Mai 1945 nach Nummer 1 oder des 31. März 1952 nach Nummer 2 erfüllt, es sei denn, dass Eltern oder Voreltern ihren Wohnsitz erst nach dem 31. März 1952 in die Aussiedlungsgebiete verlegt haben,
seinen Wohnsitz in den Aussiedlungsgebieten hatte.

(2) Spätaussiedler ist auch ein deutscher Volkszugehöriger aus den Aussiedlungsgebieten des § 1 Abs. 2 Nr. 3 außer den in Absatz 1 genannten Staaten, der die übrigen Voraussetzungen des Absatzes 1 erfüllt und glaubhaft macht, dass er am 31. Dezember 1992 oder danach Benachteiligungen oder Nachwirkungen früherer Benachteiligungen aufgrund deutscher Volkszugehörigkeit unterlag.

(3) Der Spätaussiedler ist Deutscher im Sinne des Artikels 116 Abs. 1 des Grundgesetzes. Sein nichtdeutscher Ehegatte, wenn die Ehe zum Zeitpunkt des Verlassens der Aussiedlungsgebiete mindestens drei Jahre bestanden hat, und seine Abkömmlinge erwerben diese Rechtsstellung mit der Aufnahme im Geltungsbereich des Gesetzes. Sie sind auf Antrag nach Maßgabe des Gesetzes zur Regelung von Fragen der Staatsangehörigkeit in der im Bundesgesetzblatt Teil III, Gliederungsnummer 102–5, veröffentlichten bereinigten Fassung, das zuletzt durch Artikel 3 des Gesetzes vom 29. Juni 1977 (BGBl I S. 1101) geändert worden ist, einzubürgern.

9 **Spätaussiedler** soll nur sein oder werden können, wer vor dem 1.1.1993 geboren wurde.[8] Eine etwaige deutsche Staatsangehörigkeit soll für diesen Status unerheblich sein.[9] Anders als nach § 1 Abs. 3 BVFG erhält der Ehegatte keinen eigenen Status mehr, ist jedoch unter den Voraussetzungen des § 4 Abs. 3 BVFG n.F. als Deutscher i.S.d. Art. 116 Abs. 1 GG anzusehen.[10]

10 An dieser Stelle wirkt sich die Neufassung des BVFG zum 1.1.1993 auf § 1 Abs. 1 S. 1 aus. Begreift man § 1 Abs. 1 als eine analogiefeindliche Ausnahmeregelung, die auf die zur Zeit des In-Kraft-Tretens des Vertriebenengüterstandsgesetzes geltende Fassung des BVFG verweist, so können konsequenterweise hierin die Spätaussiedler i.S.d. § 4 BVFG n.F. nicht einbezogen werden.[11] Der Gesetzeszweck der Integrationsförderung würde durch einen solchen Ausschluss der Spätaussiedler jedoch verfehlt.[12] Das hätte der Gesetzgeber nicht gewollt, wenn er sich der insoweit bestehenden Regelungslücke bewusst gewesen wäre.[13] Die Spätaussiedler sind deshalb im Wege der Analogie in das Vertriebenengüterstandsgesetz mit einzubeziehen.[14] Beachtet werden muss dabei allerdings, dass § 4 BVFG n.F. nicht die Regelung für den Ehegatten in § 1 Abs. 3 BVFG einbezieht. Deshalb gilt das Vertriebenengüterstandsgesetz hier nur für Ehen, bei denen beide Ehegatten Spätaussiedler sind, oder wenn die Ehe eines Spätaussiedlers mit einem nicht deutschstämmigen Partner zum Zeitpunkt der Aussiedlung mindestens drei Jahre bestanden hat (vgl. § 4 Abs. 3 S. 2 BVFG n.F.).[15]

11 e) **Übersiedler aus der SBZ und dem Sowjetsektor Berlins (§ 1 Abs. 1 S. 2).** Einbezogen werden in das Vertriebenengüterstandsgesetz gemäß dessen § 1 Abs. 1 S. 2 Ehegatten, die aus der sowjetischen Besatzungszone oder dem sowjetisch besetzten Sektor von Berlin zugezogen sind. Hier müssen beide Ehegatten zum Zeitpunkt des Zuzugs die deutsche Staatsangehörigkeit oder zumindest die Eigenschaft als

---

8 *Scheugenpflug*, MittRhNotK, 1999, 372, 375.
9 *Scheugenpflug*, MittRhNotK, 1999, 372, 375; *Gaa-Unterpaul*, NJW 1993, 2080, 2081.
10 *Scheugenpflug*, MittRhNotK, 1999, 372, 375; *Gaa-Unterpaul*, NJW 1993, 2080, 2081.
11 So Palandt/*Heldrich*, Anhang zu Art. 15 EGBGB Rn 2; MüKo/*Siehr*, Art. 16 EGBGB Anh. Rn 8 Fn 4.
12 Staudinger/*Mankowski*, Art. 15 EGBGB Rn 440.
13 *Scheugenpflug*, MittRhNotK 1999, 372, 376.
14 *Wandel*, BWNotZ 1994, 85, 87 f.; *Scheugenpflug*, MittRhNotK 1999, 372, 376; Staudinger/*Mankowski*, Art. 15 EGBGB Rn 439 ff.; Erman/*Hohloch*, Art. 15 EGBGB Rn 51; Soergel/*Schurig*, Art. 15 EGBGB Rn 74, ist der Auffassung, dass die Spätaussiedler unmittelbar unter das Vertriebenengüterstandsgesetz fallen, weil sie ohne die Änderung des BVFG weiterhin von § 1 Abs. 2 Nr. 3 BVFG erfasst würden und der Gesetzgeber außerdem die Verweisung auf § 4 BVFG stehen gelassen hat; eine die Spätaussiedler ausdr. einbeziehende Gesetzesänderung ist geplant, *Finger*, FuR 2002, 342, 344.
15 *Wandel*, BWNotZ 1994, 85, 87 Fn 18; Staudinger/*Mankowski*, Art. 15 EGBGB Rn 441; a.A. *Scheugenpflug*, MittRhNotK 1999, 372, 376: analoge Anwendung des Vertriebenengüterstandsgesetzes auf alle Spätaussiedlerehen unabhängig davon, ob beide Ehegatten den Spätaussiedlerstatus innehaben oder nur einer.

Deutsche nach Art. 116 Abs. 1 GG besessen haben.[16] § 1 Abs. 1 S. 2 gilt auch für Übersiedler, die nach Öffnung der innerdeutschen Grenze am 9.11.1989 und vor der Wiedervereinigung am 3.10.1990 in die Bundesrepublik Deutschland zugezogen sind.[17] Für die Zeit danach finden dagegen die Vorschriften des Einigungsvertrages, insbesondere Art. 234 § 4, Anwendung.[18]

2. Gewöhnlicher Aufenthalt in der Bundesrepublik Deutschland; maßgeblicher Zeitpunkt (§§ 1 Abs. 1, 3 S. 1). Die Ehegatten müssen ihren gewöhnlichen Aufenthalt in der Bundesrepublik Deutschland genommen haben, und zwar entweder zum Zeitpunkt des In-Kraft-Tretens des Vertriebenengüterstandsgesetzes (§ 1 Abs. 1) oder danach (§ 3 S. 1). Der Aufenthaltserwerb der Ehegatten muss dabei nicht gleichzeitig, sondern kann auch nacheinander erfolgen.[19] Für Ehen, die vor dem maßgeblichen Zeitpunkt bereits beendet waren, z.B. durch Scheidung[20] oder durch Tod,[21] gilt das Vertriebenengüterstandsgesetz nicht, da es grundsätzlich keine Rückwirkung entfaltet.[22]

3. Fremdes Güterstatut (§ 1 Abs. 1 S. 1). Die Eheleute müssen „im gesetzlichen Güterstand eines außerhalb des Geltungsbereichs dieses Gesetzes maßgebenden Rechts leben." Diese Voraussetzung ist nicht erfüllt, wenn bereits nach unserem Kollisionsrecht bundesrepublikanisches Güterrecht zur Anwendung berufen ist.[23] „Außerhalb des Geltungsbereichs dieses Gesetzes maßgebendes Recht" ist auch das Güterrecht, das in der DDR galt.[24]

Als problematisch hat sich die Konstellation erwiesen, in der der anzuwendende gesetzliche Güterstand zwar einer anderen Rechtsordnung entstammte, aber als **deutsches Partikularrecht** berufen war und wegen seiner Gleichheitssatzwidrigkeit gemäß Artt. 3 Abs. 2, 117 Abs. 1 GG zum 1.4.1953 in einen Güterstand der Gütertrennung überführt worden ist. Hierunter fällt einmal das österreichische ABGB, das im so genannten Protektorat Böhmen und Mähren als deutsches Partikularrecht vor allem für die Sudetendeutschen galt,[25] sowie der ehemals preußische Teil Polens, der nach 1918 das Güterrecht des BGB beibehalten hatte.[26] In beiden Rechten wurde der Ehemann derart bevorzugt, dass gemäß Artt. 3 Abs. 2, 117 Abs. 1 GG *ex constitutione* mit dem 1.4.1953 Gütertrennung an die Stelle des bisherigen Güterstandes trat.[27] Insoweit ist man sich wohl in Rechtsprechung und h. L. einig, dass auch für solche Vertriebene bzw. Flüchtlinge bzw. Aus- oder Übersiedler, insbesondere Sudetendeutsche, eine Weiterleitung in den Güterstand der Zugewinngemeinschaft nach BGB erfolgt ist, soweit kein Ehegatte widersprochen hat; umstritten ist jedoch der Weg dahin.[28] Nahe liegen hier eine entsprechende Anwendung des Art. 8 Abschnitt I Nr. 3 Gleichberechtigungsgesetz. Diese Vorschrift spricht zwar nur vom Güterstand der Verwaltung und Nutznießung und meint damit unmittelbar nur den alten gesetzlichen Güterstand des BGB.[29] Dass daneben am 31.3.1953 auch andere gesetzliche Güterstände als deutsches Partikularrecht bestanden und wegen Verfassungswidrigkeit überleitungsbedürftig waren, hat der Gesetzgeber hierbei offensichtlich übersehen.

4. Gesetzlicher Güterstand (§ 1 Abs. 1 S. 1). Die Eheleute dürfen keinen Ehevertrag geschlossen haben, sondern müssen im gesetzlichen Güterstand leben.

5. Keine Eintragung im Güterrechtsregister (§§ 1 Abs. 2, 3 S. 2). Der bisherige gesetzliche Güterstand darf nicht in einem bundesrepublikanischen Güterrechtsregister eingetragen sein. Lag eine solche Eintragung

---

16 BGH NJW 1982, 1937, 1939.
17 *Schotten*, Das IPR in der notariellen Praxis, 1995, Rn 143.
18 *V. Bar*, IPR II, Rn 218; *Schotten*, Das IPR in der notariellen Praxis, 1995, Rn 143.
19 Vgl. AG Wolfratshausen IPRax 1982, 23; MüKo/*Siehr*, Art. 16 Anh. EGBGB Rn 10.
20 Vgl. IPG 1971 Nr. 18.
21 OLG Hamm NJW 1977, 1591, 1593.
22 Palandt/*Heldrich*, Anh. zu Art. 15 EGBGB Rn 2; MüKo/*Siehr*, Art. 16 Anh. EGBGB Rn 5; Soergel/*Schurig*, Art. 15 EGBGB Rn 79, will jedoch aus allg. Flüchtlingsüberlegungen für vor dem 1.10.1969 bereits beendete Ehen Wandelbarkeit annehmen.
23 Soergel/*Schurig*, Art. 15 EGBGB Rn 78; Staudinger/*Mankowski*, Art. 15 EGBGB Rn 423; a.A. *Wassermann*, FamRZ 1990, 333, 334 für die Konstellation, dass Übersiedler aus der DDR dem Güterrecht der Bundesrepublik deswegen unterlagen, weil sie ihre DDR-Staatsangehörigkeit verloren hatten und deshalb das wandelbar anknüpfende RAG der DDR auf westdeutsches Recht verwies.
24 MüKo/*Siehr*, Art. 16 Anh. EGBGB Rn 13.
25 BGH FamRZ 1976, 612, 613.
26 Staudinger/*Mankowski*, Art. 15 EGBGB Rn 428 f.
27 Staudinger/*Mankowski*, Art. 15 EGBGB Rn 428 ff.; BGH FamRZ 1976, 612, 613.
28 Vgl. BGH FamRZ 1976, 612, 614: Analogie zu Art. 8 Abschnitt I Gleichberechtigungsgesetz oder zum Vertriebenengüterstandsgesetz liege nahe; ebenso MüKo/*Siehr*, Art. 16 Anh. EGBGB Rn 14; Staudinger/*Mankowski*, Art. 15 EGBGB Rn 432 ff., neigen der Anwendung des Vertriebenengüterstandsgesetzes zu; Soergel/*Schurig*, Art. 15 EGBGB Rn 78, verfolgt einen völlig anderen Weg und nimmt Wandelbarkeit bei Flüchtlingen an; Palandt/*Heldrich*, Anh. zu Art. 15 EGBGB Rn 3, äußert sich nur dahin gehend, dass das Vertriebenengüterstandsgesetz hier keine Anwendung findet.
29 Soergel/*Schurig*, Art. 15 EGBGB Rn 78.

vor, so soll das alte Güterrecht in versteinerter Form ohne Beachtung von Wandlungen des maßgeblichen Sachrechts fortgelten.[30]

17 **6. Keine Erklärung der Fortgeltung des bisherigen Güterstandes (§§ 2, 3 S. 3, §§ 4, 5).** Die Überleitung des Güterstandes wird verhindert, wenn auch nur ein Ehegatte in gehöriger Form erklärt, dass der bisherige Güterstand fortgelten soll. Die Erklärung muss, wenn die Überleitung mit dem In-Kraft-Treten des Gesetzes erfolgt ist, bis zum 31.12.1970 abgegeben werden (§ 2 Abs. 1 S. 1), ansonsten binnen Jahresfrist nach dem Zeitpunkt der Überleitung (§ 3 S. 3).

II. Rechtsfolgen

18 **1. Überleitung in die Zugewinngemeinschaft (§§ 1 Abs. 1 S. 1, 3 S. 1).** Rechtsfolge des Vertriebenengüterstandsgesetzes ist die Überleitung des bisherigen Güterstandes in das Güterrecht des BGB, und zwar, da das Gesetz bei Vorliegen eines Ehevertrages keine Anwendung findet, in den Güterstand der Zugewinngemeinschaft. Art. 15 Abs. 1 EGBGB wird dadurch verdrängt.[31] Diese Überleitung nach dem Vertriebenengüterstandsgesetz gilt im Übrigen ohne Differenzierung nach Art, Herkunftsland und sonstiger Vorgeschichte des mitgebrachten Güterstandes.[32] Die Überleitung erfolgt zeitlich zum In-Kraft-Treten des Vertriebenengüterstandsgesetzes (§ 1 Abs. 1 S. 1). Nehmen die Ehegatten erst nach diesem Zeitpunkt ihren gewöhnlichen Aufenthalt in der Bundesrepublik Deutschland, so kommt es zur Überleitung mit dem Anfang des nach Eintritt dieser Voraussetzung folgenden vierten Monats (§ 3 S. 1). Begründen die Ehegatten dabei nicht gleichzeitig ihren gewöhnlichen Aufenthalt in der Bundesrepublik, sondern zeitlich versetzt, kommt es für den Beginn dieser Viermonatsfrist auf das Eintreffen des zuletzt kommenden Ehegatten an.[33]

19 Die Überleitung vollzieht sich entsprechend den Regelungen beim Statutenwechsel im Falle einer Rechtswahl nach Art. 15 Abs. 2 EGBGB (vgl. Art. 15 EGBGB Rn 58). Der bisherige Güterstand wird also nach seinen Regeln abgewickelt. Daraus resultierende Ansprüche und Rechte fallen in das Anfangsvermögen im Sinne der Zugewinngemeinschaft.[34]

20 **2. Besonderheiten des Zugewinnausgleichs.** Die Regelungen des Zugewinnausgleiches werden dahin gehend modifiziert, dass als Anfangsvermögen das Vermögen gilt, das einem Ehegatten am 1.7.1958 gehörte (§ 1 Abs. 3 S. 1). Liegen die Voraussetzungen erst später vor, so gilt als Anfangsvermögen das Vermögen des jeweiligen Ehegatten in diesem Zeitpunkt (§§ 1 Abs. 3 S. 2, 3 S. 2).

C. Weitere praktische Hinweise

21 Die Einzelheiten des Vertriebenengüterstandsgesetzes sind, sowohl was die Voraussetzungen als auch was die Rechtsfolgen angeht, höchstrichterlich nicht geklärt. Eine Rechtswahl gemäß Art. 15 Abs. 2 EGBGB kann im Einzelfall helfen. Dies mag gerade für die praktisch häufigen Spätaussiedler gelten, weil die grundlegende Frage nach deren Einordnung in den personellen Anwendungsbereich des Gesetzes bisher nicht entschieden ist (vgl. Rn 10).

Anhang III zu Art. 15 EGBGB: Art. 220 Abs. 3 EGBGB

Artikel 220 **Übergangsvorschrift zum Gesetz vom 25. Juli 1986 zur Neuregelung des Internationalen Privatrechts**

(1)–(2) (...)

(3) ¹Die güterrechtlichen Wirkungen von Ehen, die nach dem 31. März 1953 und vor dem 9. April 1983 geschlossen worden sind, unterliegen bis zum 8. April 1983
1. dem Recht des Staates, dem beide Ehegatten bei der Eheschließung angehörten, sonst
2. dem Recht, dem die Ehegatten sich unterstellt haben oder von dessen Anwendung sie ausgegangen sind, insbesondere nach dem sie einen Ehevertrag geschlossen haben, hilfsweise

---

30 Staudinger/*Mankowski*, Art. 15 EGBGB Rn 422.
31 MüKo/*Siehr*, Art. 16 Anh. EGBGB Rn 18.
32 BGH NJW 1982, 1937, 1938.
33 AG Wolfratshausen IPRax 1982, 23, 24.

34 MüKo/*Siehr*, Art. 16 Anh. EGBGB Rn 17; Staudinger/*Mankowski*, Art. 15 EGBGB Rn 425; vgl. auch OLG Brandenburg DtZ 1997, 204, Palandt/ *Heldrich*, Anh. zu Art. 15 EGBGB Rn 3.

3. dem Recht des Staates, dem der Ehemann bei der Eheschließung angehörte.
²Für die Zeit nach dem 8. April 1983 ist Artikel 15 anzuwenden. ³Dabei tritt für Ehen, auf die vorher Satz 1 Nr. 3 anzuwenden war, an die Stelle des Zeitpunkts der Eheschließung der 9. April 1983. ⁴Soweit sich allein aus einem Wechsel des anzuwendenden Rechts zum Ablauf des 8. April 1983 Ansprüche wegen der Beendigung des früheren Güterstands ergeben würden, gelten sie bis zu dem in Absatz 1 genannten Tag als gestundet. ⁵Auf die güterrechtlichen Wirkungen von Ehen, die nach dem 8. April 1983 geschlossen worden sind, ist Artikel 15 anzuwenden. ⁶Die güterrechtlichen Wirkungen von Ehen, die vor dem 1. April 1953 geschlossen worden sind, bleiben unberührt; die Ehegatten können jedoch eine Rechtswahl nach Artikel 15 Abs. 2 und 3 treffen.

(4)–(5) (...)

Literatur: *Eule*, Fortgeltung des nach Art. 220 Abs. 3 S. 1 Nr. 2 EGBGB angeknüpften Ehegüterrechtsstatut über den 08.04.1983 hinaus teilweise verfassungswidrig – was nun?, MittBayNot 2003, 335; *Henrich*, Internationales Familienrecht, 2. Auflage 2000; *St. Lorenz*, Das intertemporale internationale Ehegüterrecht nach Art. 220 III EGBGB und die Folgen des Statutenwechsels, 1991; *Mansel*, Das „Ausgehen" von der Geltung österreichischen Ehegüterrechts sowie dessen „Weiterwirken" und die Verfassungsmäßigkeit des Art. 220 Abs. 3 EGBGB – Eine Fallskizze – , in: FS Geimer 2002, S. 625; *Rauscher*, Art. 220 III EGBGB verfassungswidrig?, NJW 1987, 531; *Schotten*, Das Internationale Privatrecht in der notariellen Praxis, 1995.

A. Allgemeines 1	(2) Ausgehen von der Anwendung eines Rechts (Art. 220 Abs. 3 S. 1 Nr. 2 Alt. 2) 17
B. Regelungsgehalt 5	
I. Eheschließung vor dem 1.4.1953 (Art. 220 Abs. 3 S. 6) 5	
1. Objektive Anknüpfung (Art. 220 Abs. 3 S. 6 Hs. 1) 5	cc) Einzelfälle 19
2. Rechtswahl (Art. 220 Abs. 3 S. 6 Hs. 2) 8	dd) Verfassungsrechtlich gebotene Einschränkungen 21
II. Eheschließung nach dem 31.3.1953 und vor dem 9.4.1983 (Art. 220 Abs. 3 S. 1–4) 9	d) Staatsangehörigkeit des Ehemannes (Art. 220 Abs. 3 S. 1 Nr. 3) 27
1. Wirkungen bis zum 8.4.1983 (Art. 220 Abs. 3 S. 1) 9	2. Wirkungen ab 9.4.1983 (Art. 220 Abs. 3 S. 2–4) 29
a) Allgemeines 9	a) Allgemeines 29
b) Gemeinsame Staatsangehörigkeit (Art. 220 Abs. 3 S. 1 Nr. 1) 10	b) Bedeutung des Anknüpfungswechsels 32
c) Unterstellen unter ein Recht oder Ausgehen von der Anwendung eines Rechtes (Art. 220 Abs. 3 S. 1 Nr. 2) . 13	c) Differenzierung nach den Tatbeständen des Art. 220 Abs. 3 S. 1 Nr. 1–3 35
aa) Allgemeines 13	d) Rechtswahl nach Art. 220 Abs. 3 S. 2 i.V.m. Art. 15 Abs. 2, 3 39
bb) Begriffsbestimmungen 16	III. Eheschließung nach dem 8.4.1983 (Art. 220 Abs. 3 S. 5) 40
(1) Unterstellen unter ein Recht (Art. 220 Abs. 3 S. 1 Nr. 2 Alt. 1) 16	C. Weitere praktische Hinweise 41

A. Allgemeines

Art. 15 Abs. 1 und Abs. 2 Hs. 1 a.F. knüpften in ihrer Interpretation als allseitige Kollisionsnorm die güterrechtlichen Verhältnisse nach dem Heimatrecht des Ehemanns zur Zeit der Eheschließung an. Trotz Art. 3 Abs. 2 GG gingen Rechtsprechung und Lehre überwiegend von der Verfassungsmäßigkeit und damit Fortgeltung dieser Anknüpfung aus,[1] bis das BVerfG durch Beschluss vom 22.2.1983 gegenteilig entschied. Durch diese Nichtigerklärung des Art. 15 Abs. 1, 2 Hs. 1 a.F. war klargestellt, dass es seit dem 1.4.1953 (zu diesem Datum trat gemäß Art. 117 Abs. 1 GG dem Art. 3 Abs. 2 GG entgegenstehendes Recht außer Kraft) an einer Kollisionsnorm für die entsprechenden Konstellationen fehlte.[2] Die erwähnte Entscheidung des BVerfG wurde der Öffentlichkeit am 8.4.1983 in BGBl I S. 525 bekannt gemacht. Die Neuregelung des Art. 15 n.F. ist schließlich am 1.9.1986 in Kraft getreten.

Das hochkomplizierte Regelungswerk des Art. 220 Abs. 3 unternimmt den Versuch, für die vor der Neuregelung geschlossenen Ehen **Übergangsbestimmungen** zu schaffen und dabei die Folgen der Nichtigkeit von Art. 15 a.F. für die Vergangenheit zu neutralisieren.[3] Vor allem wollte der Gesetzgeber die Vertrauenslage der Eheleute schützen, also Rechtssicherheit durch Beibehaltung eines Rechtszustandes, von dem alle Betroffenen ausgehen konnten, wahren.[4] Die Übergangsregelung schafft deshalb drei Gruppen von Ehen,

---

1 Vgl. BGH NJW 1980, 2643; 1982, 1937, 1938.
2 *Mansel*, in: FS Geimer 2002, S. 625.
3 *St. Lorenz*, in: FS Sturm Bd. II 1999, S. 1559, 1562.
4 *Böhringer*, BWNotZ 1987, 104, 105.

unterschieden nach dem Eheschließungsdatum, und zwar jeweils bezogen auf die unterschiedlichen Vertrauenssituationen, die sich aus der vorstehend aufgeführten verfassungsrechtlichen Historie des internationalen Güterrechts ergeben.

3 Es ist selbstverständlich, dass für Ehen, die **nach** In-Kraft-Treten des Gesetzes zur Neuregelung des Internationalen Privatrechts am **1.9.1986 geschlossen** wurden, Art. 15 n.F. gilt. Dies ergibt sich schon aus Art. 220 Abs. 1; Art. 220 Abs. 3 muss hierzu nichts regeln.

4 Für Ehen, die **vor** dem **1.9.1986** bereits **aufgelöst** worden sind, insbesondere durch Tod oder Scheidung, spielt Art. 220 Abs. 3 nur eine Rolle, soweit sie güterrechtlich noch nicht vollständig abgewickelt waren,[5] z.B. weil fortgesetzte Gütergemeinschaft bestand oder noch Verfahren anhängig waren oder wurden.

B. Regelungsgehalt

I. Eheschließung vor dem 1.4.1953 (Art. 220 Abs. 3 S. 6)

5 **1. Objektive Anknüpfung (Art. 220 Abs. 3 S. 6 Hs. 1).** Für vor dem 1.4.1953 geschlossene Ehen bleibt alles beim Alten. Gemäß Art. 15 a.F. wird hier auf das Recht des Staates, dem der Ehemann zur Zeit der Eheschließung angehörte, für die güterrechtlichen Wirkungen verwiesen. Das ist **verfassungsgemäß**.[6] Dies ergibt sich zum einen aus Art. 117 Abs. 1 GG, der gegen Art. 3 Abs. 2 GG verstoßendes Recht bis zum 31.3.1953 in Kraft gelassen hat.[7] Es liegt damit auch keine unzulässige Ungleichbehandlung der vor und nach dem 1.4.1953 eingegangenen Ehen vor.[8] Zum anderen folgt dies aus dem auch im alten internationalen Ehegüterrecht gültigen Unwandelbarkeitsgrundsatz. Dieser begegnet jedoch keinen verfassungsrechtlichen Bedenken.[9]

6 Eine etwaige **Rück- oder Weiterverweisung** ist im Rahmen des Art. 15 a.F. zu beachten,[10] vgl. Art. 27 a.F.

7 War der Ehemann zum maßgeblichen Zeitpunkt **Doppelstaater**, so entscheidet die effektive Staatsangehörigkeit, und zwar selbst dann, wenn er auch Deutscher gewesen sein sollte; Art. 5 Abs. 1 S. 2 n.F. gilt nicht.[11]

8 **2. Rechtswahl (Art. 220 Abs. 3 S. 6 Hs. 2).** Seit 1.9.1986 können die Ehegatten für die güterrechtlichen Wirkungen ihrer Ehe eine Rechtswahl nach Art. 15 Abs. 2, 3 treffen. Eine vorher getroffene ist unwirksam.[12] Auch diese Regelung ist verfassungsrechtlich unbedenklich, da nur mit Willen beider Eheleute von der kollisionsrechtlichen Bestimmung ihres Güterrechtsstatuts nach Art. 15 a.F. abgewichen wird.[13] Die Voraussetzungen der Rechtswahl müssen jetzt vorliegen.[14] Die Rechtswahl liegt etwa nahe für eine vor dem 1.4.1953 geschlossene Ehe einer deutschen Frau mit einem Ausländer, wenn diese Ehe in güterrechtlicher Hinsicht in deutsches Recht überführt werden soll.[15]

II. Eheschließung nach dem 31.3.1953 und vor dem 9.4.1983 (Art. 220 Abs. 3 S. 1–4)

9 **1. Wirkungen bis zum 8.4.1983 (Art. 220 Abs. 3 S. 1). a) Allgemeines.** Art. 220 Abs. 3 S. 1–4 betrifft die Ehen, die in dem Zeitraum geschlossen wurden, in dem Art. 15 a.F. außer Kraft gewesen ist, man aber weitgehend noch von seiner Fortgeltung ausging. In Ersetzung der Anknüpfung an das Mannesrecht nach altem EGBGB werden solche Ehen rückwirkend nach der stufenweisen Anknüpfung des Art. 220 Abs. 3 S. 1 Nr. 1–3 behandelt. Dies gilt allerdings nur mit Wirkung bis zum 8.4.1983, da Art. 220 Abs. 3 Sätze 1–4 zwischen der Zeit bis zum 8.4.1983, für die S. 1 gilt, und der Zeit nach dem 8.4.1983, für die die S. 2–4 gelten, unterscheidet.[16]

10 **b) Gemeinsame Staatsangehörigkeit (Art. 220 Abs. 3 S. 1 Nr. 1).** Nach Art. 220 Abs. 3 S. 1 Nr. 1 soll in erster Linie das Recht des Staates, dem beide Ehegatten bei der Eheschließung angehören, maßgeblich sein.

---

5 Ausf. Staudinger/*Dörner*, Art. 220 EGBGB Rn 95; MüKo/*Siehr*, Art. 15 EGBGB Rn 147 f.; Soergel/*Schurig*, Art. 220 EGBGB Rn 57 f.
6 Palandt/*Heldrich*, Art. 15 EGBGB Rn 6; MüKo/*Siehr*, Art. 15 EGBGB Rn 150; Schotten Rn 180; zweifelnd *Schurig*, IPRax 1988, 88, 89; a.A. *St. Lorenz*, S. 53 ff.; *Rauscher*, NJW 1987, 531, 534, sieht Verfassungswidrigkeit darin, dass für vor dem 1.4.1953 geschlossene Ehen unwandelbar angeknüpft wird, während für für zwischen 31.3.1953 und 9.4.1983 geschlossene Ehen ein Statutenwechsel vorgesehen ist.
7 Staudinger/*Dörner*, Art. 220 EGBGB Rn 94; MüKo/*Siehr*, Art. 15 EGBGB Rn 150.
8 MüKo/*Siehr*, Art. 15 EGBGB Rn 150; a.A. *Rauscher*, NJW 1987, 531, 534.
9 Vgl. BVerfG NJW 1989, 1081.
10 *Schotten*, Rn 180; Staudinger/*Dörner*, Art. 220 EGBGB Rn 139.
11 Vgl. BGHZ 75, 32, 41; BGH NJW 1980, 2016, 2017.
12 A.A. für Rechtswahl zwischen 8.4.1983 und 1.9.1986 Soergel/*Schurig*, Art. 220 EGBGB Rn 38.
13 MüKo/*Sonnenberger*, Art. 220 EGBGB Rn 26.
14 *Schotten*, Rn 180; vgl. genauer Art. 15 EGBGB Rn 54 ff.
15 *Langenfeld*, BWNotZ 1986, 153.
16 Vgl. BGH NJW 1988, 638.

Verfassungsrechtliche Bedenken gegen die Rückwirkung der Vorschrift sind schon deshalb gegenstandslos, weil die in Art. 220 Abs. 3 S. 1 Nr. 1 enthaltene Anknüpfung zu keinem anderen Güterrechtsstatut führt, als es nach Art. 15 Abs. 1 i.V.m. 14 Abs. 1 Nr. 1 der Fall wäre.[17]

Für die Festlegung des gemeinsamen **Heimatrechts** gelten dieselben Grundsätze wie im Rahmen des Art. 15 Abs. 1 i.V.m. 14 Abs. 1 Nr. 1, insbesondere auch was die Behandlung von Staatenlosen, Flüchtlingen, Verschleppten, Asylberechtigten usw. betrifft.[18] Demnach genügt auch hier ein Staatsangehörigkeitserwerb im Zeitpunkt der Heirat nicht;[19] ebenso wenig die bloße, bei der Eheschließung bestehende Absicht eines Ehegatten, die Staatsangehörigkeit des anderen zu erwerben, da das Ehegüterrecht nach eindeutigen Verhältnissen im Einsatzzeitpunkt verlangt.[20] Dieser Umstand kann aber ggf. im Rahmen des Art. 220 Abs. 3 S. 1 Nr. 2 Bedeutung erlangen.[21] Bei Doppelstaatern gilt Art. 5 Abs. 1, und zwar einschließlich dessen S. 2, so dass eine etwaige deutsche Staatsangehörigkeit einer anderen, auch effektiven, vorgeht.[22]

Die Verweisung nach Art. 220 Abs. 3 S. 1 Nr. 1 ist **Gesamtverweisung**, so dass ein etwaiger *renvoi* zu beachten ist.[23] Im Anwendungsbereich dieser Vorschrift war eine Rechtswahl vor dem 9.4.1983 wirkungslos.[24]

c) Unterstellen unter ein Recht oder Ausgehen von der Anwendung eines Rechtes (Art. 220 Abs. 3 S. 1 Nr. 2). aa) Allgemeines. Führt Art. 220 Abs. 3 S. 1 Nr. 1 nicht zum Ziel, so erhebt der Gesetzgeber hilfsweise den subjektiven Willen bzw. die subjektiven Vorstellungen der Eheleute zum Anknüpfungspunkt, Art. 220 Abs. 3 S. 1 Nr. 2. Anzuwenden ist hiernach das Recht, dem sie sich unterstellt haben oder von dessen Anwendung sie ausgegangen sind, insbesondere nach dem sie einen Ehevertrag geschlossen haben. Diese Regelung ist in höchstem Maße unklar und umstritten.

Eine besondere **Form** erfordert die Willens- bzw. Vorstellungsäußerung nicht,[25] so dass sie durchaus konkludent erfolgen kann. Hat sich der Wille bzw. die Vorstellung der Parteien geändert, kommt es auf das Recht an, dem sie sich vor dem 9.4.1983 **zuletzt gemeinsam** unterstellt haben oder von welchem sie zuletzt übereinstimmend ausgegangen sind.[26] Ein nur einseitiger Sinneswandel eines Ehegatten ist aber unbeachtlich.[27] Eine Beschränkung in der Auswahl der nach Art. 220 Abs. 3 S. 1 Nr. 2 **berufbaren Rechte** gibt es angesichts des eindeutigen Wortlauts nicht.[28] Möglich ist z.B. auch die Berufung des Rechts des Lageorts für unbewegliches Vermögen.[29]

Das „Unterstellen" bzw. „Ausgehen" i.S.d. Art. 220 Abs. 3 S. 1 Nr. 2 führt unmittelbar zum fraglichen Sachrecht, auch wenn dieses ein ausländisches ist; ein etwaiger *renvoi* ist unbeachtlich, Art. 4 Abs. 1 S. 1 letzter Hs. oder Abs. 2.[30] Wenn hiergegen eingewandt wird, dies sei in den Fällen unrichtig, in denen die Anwendung des Art. 220 Abs. 3 S. 1 Nr. 2 darauf beruht, dass die Eheleute über den Inhalt des Art. 15 a.F. beraten wurden, da diese Verweisung auf das Mannesrecht Gesamtverweisung war,[31] so handelt es sich insoweit um ein Scheinproblem. War den Eheleuten nämlich bekannt, dass es sich dabei um eine IPR-Verweisung handelt, so wussten sie entweder, wo die Verweisungskette endet, und haben ihre Vorstellung dann auf das Ende dieser Verweisungskette bezogen, oder aber sie wussten über die Tatsache hinaus, dass ein etwaiger *renvoi* beachtlich sein würde, nicht, wie das ausländische Recht anknüpft; in diesem Falle kann Art. 220 Abs. 3 S. 1 Nr. 2 gar nicht eingreifen, weil keine Vorstellung der Eheleute über das tatsächlich anwendbare Sachrecht bestanden hat.

bb) Begriffsbestimmungen. (1) Unterstellen unter ein Recht (Art. 220 Abs. 3 S. 1 Nr. 2 Alt. 1). Ein Unterstellen i.S.d. Art. 220 Abs. 3 S. 1 Nr. 2 erfordert eine ausdrückliche oder konkludente Rechts-

---

17 MüKo/*Sonnenberger*, Art. 220 EGBGB Rn 29.
18 *Schotten*, Rn 207.
19 A.A. Staudinger/*Dörner*, Art. 220 EGBGB Rn 100.
20 BGH NJW 1988, 638, 640; *Jayme*, IPRax 1987, 95; Palandt/*Heldrich*, Art. 15 EGBGB Rn 8; a.A. KG IPRax 1987, 117, 119 f.; *Schurig*, IPRax 1988, 88, 90, wenn die Absicht auch verwirklicht wird.
21 BGH NJW 1988, 638, 640.
22 BGH NJW 1987, 583, 585; OLG Karlsruhe, IPRax 1990, 122, 123; Palandt/*Heldrich*, Art. 15 EGBGB Rn 8; a.A. *Jayme*, IPRax 1987, 95, 96; MüKo/*Siehr*, Art. 15 EGBGB Rn 158; *Schotten*, Rn 183.
23 Palandt/*Heldrich*, Art. 15 EGBGB Rn 8; Staudinger/*Dörner*, Art. 220 EGBGB Rn 139.
24 Soergel/*Schurig*, Art. 220 EGBGB Rn 40.
25 BGH NJW 1987, 583, 584; 1988, 638; *Henrich*, IPRax 1987, 93; *Sonnenberger*, in: FS Geimer 2002, S. 1241, 1246.
26 BGH FamRZ 1988, 40, 41; BGHZ 119, 392, 400.
27 Staudinger/*Dörner*, Art. 220 EGBGB Rn 114; vgl. auch BGHZ 119, 392, 400.
28 *Henrich*, IPRax 1987, 93; *Rauscher*, NJW 1987, 531, 534; a.A. *Böhringer*, BWNotZ 1987, 104, 106: Beschränkung des Art. 15 Abs. 2 gilt; ebenso *Lichtenberger*, DNotZ 1987, 297, 300, der dies zu Unrecht BGH NJW 1987, 583, entnehmen will; *Mansel*, in: FS Geimer 2002, S. 625, 631 f., will nur diejenigen Rechtsordnungen zulassen, welche nach ihren eigenen Regeln einen ehegüterrechtlichen Gerichtsstand für die Ehegatten eröffnet hätten.
29 *Böhringer*, BWNotZ 1987, 104, 106; Staudinger/*Dörner*, Art. 220 EGBGB Rn 117.
30 BGH NJW 1988, 638, 640; *Sonnenberger*, in: FS Geimer 2002, S. 1241, 1246; *Jayme*, IPRax 1987, 95, 96; a.A. *St. Lorenz*, S. 76, 91; *Rauscher*, NJW 1988, 2151, 2154.
31 So *Rauscher*, NJW 1988, 2151, 2154.

wahl.[32] Vorausgesetzt wird deshalb ein entsprechendes Erklärungsbewusstsein,[33] also der Wille zur Anwendung einer ganz bestimmten Rechtsordnung.[34] Da es sich um eine rechtsgeschäftliche Vereinbarung handelt, bedarf es eines übereinstimmenden Handelns, das objektiv geäußert, also irgendwie nach außen, wenn auch nur zwischen den Parteien, getreten sein muss.[35] Da nach altem Recht eine Rechtswahl als unzulässig angesehen wurde, dürfte ein solches Unterstellen nur selten vorgekommen sein.[36] Im Wesentlichen kommt es ausschließlich in Betracht, wenn die Eheleute den Inhalt des früheren Kollisionsrechts nicht gekannt oder verkannt haben – darüber werden sich Rechtsunkundige im Normalfall allerdings überhaupt keine Gedanken gemacht haben –, wenn sie auf der Basis eines fremden Kollisionsrechts gehandelt haben oder wenn sie die Hoffnung hatten, der Gesetzgeber werde später eine solche Wahl rückwirkend sanktionieren.[37] Deshalb liegt der tatsächliche Schwerpunkt des Art. 220 Abs. 3 S. 1 Nr. 2 auf der Alt. 2.

17 **(2) Ausgehen von der Anwendung eines Rechts (Art. 220 Abs. 3 S. 1 Nr. 2 Alt. 2).** Anders als das Unterstellen setzt das Ausgehen von der Anwendung einer bestimmten Rechtsordnung keinen zielgerichteten Willen zur Wahl eines bestimmten Güterrechtsstatuts voraus.[38] Es wird vom Gesetz jedoch einer (schlüssigen) Rechtswahl gleichgestellt.[39] Vom tatsächlichen Erscheinungsbild her gehen die solchermaßen fingierte Rechtswahl und die schlüssige Rechtswahl ineinander über.[40] Dennoch überschneiden sich die beiden Alternativen des Art. 220 Abs. 3 S. 1 Nr. 2 nicht, sondern sind juristisch voneinander zu unterscheiden, eben durch das für die Rechtswahl erforderliche Erklärungsbewusstsein.[41] Anders als beim Unterstellen setzen bei Art. 220 Abs. 3 S. 1 Nr. 2 Alt. 2 die Eheleute die Geltung eines bestimmten Güterrechts als gegeben voraus.[42] Ausreichend ist eine bloße Meinung der Ehegatten über die Anwendbarkeit einer bestimmten Rechtsordnung (ein Inkaufnehmen, Billigen, Hinnehmen, ein gewisses Wollen, sich damit Abfinden).[43] Die Ehegatten müssen willentlich, oder vielleicht besser: bewusst, eine bestimmte Güterrechtsordnung in das Konzept ihrer Ehe einbezogen haben.[44] Einer Vereinbarung wie bei der Rechtswahl bedarf es also nicht, wohl aber einer gleichgerichteten subjektiven Vorstellung beider Eheleute.[45]

18 Die Vorstellung der Parteien muss sich **eindeutig feststellen** lassen.[46] Dem genügt es jedenfalls, wenn im fraglichen, von Art. 220 Abs. 3 S. 1 betroffenen Zeitraum, das Ausgehen nach außen irgendwie erkennbar in Erscheinung getreten ist, wenn auch nur zwischen den Parteien und sei es auch nur durch Erklärungen oder Handlungen, die eine bestimmte Rechtsordnung voraussetzen oder diese hinnehmen oder die ohne diese nicht denkbar wären.[47] Ist die Bewusstseinslage nicht solchermaßen nach außen getreten, so wird es auch ausreichen müssen, wenn beide Eheleute übereinstimmend später erklären, seinerzeit nach einem bestimmten Eheguterstatut gelebt zu haben, solange keine objektiven Indizien gegen die Richtigkeit dieser Erklärung sprechen.[48] Der Wortlaut der Norm schränkt insoweit nicht ein und außer ihm spricht für eine weite Ausdehnung des Begriffs des „Ausgehens" die Rechtsprechung des BGH,[49] der das Gebot aufgestellt hat,

---

32 Vgl. BT-Drucks 10/5632, S. 46; BGH NJW 1987, 583, 584; OLG Hamburg IPRax 2002, 304, 306; *Mansel*, in: FS Geimer 2002, S. 625, 629; *Schotten*, Rn 185; a.A. Soergel/*Schurig*, Art. 220 EGBGB Rn 43 f.
33 *Mansel*, in: FS Geimer 2002, S. 625, 629.
34 KG IPRax 1988, 106; *Lichtenberger*, DNotZ 1987, 297, 298.
35 Vgl. KG IPRax 1988, 106; *Böhringer*, BWNotZ 1987, 104, 106; Staudinger/*Dörner*, Art. 220 EGBGB Rn 104.
36 *Henrich*, S. 109; *Schotten*, Rn 185.
37 Soergel/*Schurig*, Art. 220 EGBGB Rn 43; Staudinger/*Dörner*, Art. 220 EGBGB Rn 104.
38 OLG Hamburg IPRax 2002, 304, 306; KG IPRax 1988, 106, 107; *Mansel*, in: FS Geimer 2002, S. 625, 629; *Lichtenberger*, DNotZ 1987, 297, 298 f.
39 Vgl. BT-Drucks 10/5632, S. 46; BGH NJW 1987, 583, 584; 1988, 638, 640; Staudinger/*Dörner*, Art. 220 EGBGB Rn 105; *Schotten*, Rn 186: fingierte Rechtswahl.
40 BGH NJW 1988, 638, 640; *v. Bar*, IPR II, Rn 230; *Mansel*, in: FS Geimer 2002, S. 625, 635.
41 *Schotten*, Rn 186; anders BGH NJW 1988, 638, 640: „werden sich in der Praxis vielfach nicht zuverlässig unterscheiden lassen"; *Eule*, MittBayNot 2003, 335, 337: „Abgrenzung kaum möglich".
42 Staudinger/*Dörner*, Art. 220 EGBGB Rn 105.
43 *Böhringer*, BWNotZ 1987, 104, 106; *Lichtenberger*, DNotZ 1987, 297, 299.
44 OLG Hamburg IPRax 2002, 304, 306; *Mansel*, in: FS Geimer 2002, S. 625, 629; wenn teilweise geäußert wird, die Ehegatten müssten nach ihren gesamten Lebensumständen unbewusst wie selbstverständlich von einer Rechtsordnung ausgegangen sein, vgl. BGHZ 119, 392, 400; BGH FamRZ 1993, 289, 292; Palandt/*Heldrich*, Art. 15 EGBGB Rn 9, so kann sich diese Unbewusstheit nur auf die Hintergründe der Geltung der angenommenen Rechtsordnung, insbesondere auf den juristischen Grund deren Geltung, beziehen, da das Ausgehen als solches zumindest eine irgendwie geartete geistige Vorstellung erfordert.
45 Vgl. OLG Karlsruhe IPRax 1990, 122, 123; Palandt/*Heldrich*, Art. 15 EGBGB Rn 9.
46 *Henrich*, FamRZ 1986, 841, 848; *Böhringer*, BWNotZ 1987, 104, 106.
47 KG IPRax 1988, 106, 107; OLG Karlsruhe IPRax 1990, 122, 123; *Lichtenberger*, DNotZ 1987, 297, 299.
48 So Staudinger/*Dörner*, Art. 220 EGBGB Rn 106 f.; MüKo/*Siehr*, Art. 15 EGBGB Rn 167; Rspr. liegt insoweit, soweit ersichtlich, allerdings noch nicht vor.
49 NJW 1987, 583, 585.

Art. 220 Abs. 3 S. 1 Nr. 2 möglichst weit auszudehnen, um den Anwendungsbereich des verfassungsrechtlich problematischen Art. 220 Abs. 3 S. 1 Nr. 3 einzuschränken.

cc) Einzelfälle. Für die Entscheidung, ob die Ehegatten eine Vorstellung vom anwendbaren Güterrecht hatten, bedarf es einer Gesamtbetrachtung, in die alle äußeren Umstände einzubeziehen sind.[50] Allerdings darf es sich dabei nicht ausschließlich um rein objektive, nicht **güterrechtsspezifische** Vorgänge handeln, etwa Eheschließungsort, gewöhnlichen Aufenthalt, Erwerbstätigkeit, Vermögensbelegenheit.[51]

Ein Fall von Art. 220 Abs. 3 S. 1 Nr. 2 kann z.B. in folgenden Situationen gegeben sein:
- Vom Gesetz selbst erwähnt ist der Abschluss eines **Ehevertrages**. Die Eheleute müssen dabei aber erkennbar eine bestimmte Rechtsordnung zugrunde gelegt haben,[52] etwa indem ausdrücklich die Geltung eines Rechts vorausgesetzt oder auf einzelne Rechtsvorschriften oder typische Rechtsinstitute einer Rechtsordnung Bezug genommen wird.[53] Bei entsprechendem Rechtswahlwillen kann im (seltenen) Einzelfall sogar ein Unterstellen i.S.d. Alt. 1 vorliegen.[54] Der Ehevertrag muss nicht wirksam sein.[55] Auch aus dem Unterlassen eines Ehevertrages kann unter Umständen auf die Vorstellung der Beteiligten geschlossen werden.[56] Ist der Ehevertrag neutral gefasst, so dass er keinen Rückschluss auf eine Rechtsordnung zulässt, hilft er nicht weiter.[57] Die anlässlich der Eheschließung in einem islamisch geprägten Staat ehevertraglich getroffene Vereinbarung einer Morgengabe genügt grundsätzlich für ein Ausgehen i.S.d. Art. 220 Abs. 3 S. 1 Nr. 2 Alt. 2 nicht.[58]
- Unter denselben Voraussetzungen wie beim Ehevertrag kann man auch eine gemeinschaftliche **Verfügung von Todes wegen** (Erbvertrag, gemeinschaftliches Testament) als Indiz für die güterrechtlichen Vorstellung heranziehen.[59]
- Auch Erklärungen der Eheleute **gegenüber Dritten** können Indizien für Art. 220 Abs. 3 S. 1 Nr. 2 liefern. Hier können insbesondere Äußerungen gegenüber Grundbuchämtern, Notaren, auch gegenüber Kreditgebern[60] relevant sein. Gemeinsame Auflassungen, Vormerkungen bzw. entsprechende Eintragungen im Grundbuch können eine entscheidende Rolle spielen. Der entsprechende Tatbestand muss aber auf eine bestimmte Rechtsordnung schließen lassen.[61] Deshalb gibt die Eintragung in Bruchteilsgemeinschaft regelmäßig keinen Aufschluss, weil selbst beim Güterstand der Gütergemeinschaft ein Erwerb von Miteigentum durch Eheleute nicht ausgeschlossen sein muss.[62] Anders wäre es etwa, wenn die Beteiligten zunächst die Eintragung in einer fremden Gütergemeinschaft beantragt hatten und dies vom Grundbuchamt mit der Begründung zurückgewiesen wurde, deutsches Recht sei maßgeblich, und die Ehegatten hierauf mit dem Übergang zum Miteigentum reagiert haben; dies spricht für ein Ausgehen von deutschem Recht.[63] Da Art. 220 Abs. 3 S. 1 Nr. 2 einen gemeinsamen Willen bzw. ein gemeinsames Bewusstsein der Eheleute voraussetzt, hilft ein einseitiges Verhalten eines von ihnen grundsätzlich nicht weiter. Somit genügen die Eintragung einer Auflassungsvormerkung zugunsten eines Ehegatten, die Auflassung nur durch einen bzw. die Eintragung von Alleineigentum nicht, es sei denn, es kommen Indizien hinzu, die anzeigen, dass auch der andere Ehegatte eine Vorstellung vom anwendbaren Recht hatte, etwa weil der Alleinerwerb auf einer bestimmten Absprache mit dem Ehegatten beruhte.[64]

---

50 BGHZ 119, 392, 400; OLG Köln FamRZ 1996, 1479, 1480; OLG Karlsruhe IPRax 1990, 122, 123.
51 OLG Karlsruhe IPRax 1990, 122, 124; Staudinger/*Dörner*, Art. 220 EGBGB Rn 112; zumindest missverständlich BGHZ 119, 392, 400; unrichtig daher OLG Frankfurt FamRZ 1987, 1147, 1148: deutsches Recht, weil hier gewöhnlicher Aufenthalt und auch Erwerbstätigkeit samt Rentenversicherung; OLG Köln FamRZ 1996, 1479, 1480: deutsches Recht wegen Zuzugs nach Deutschland, (fast) keinem Auslandsvermögen, Schulbesuch der Tochter in Deutschland und, weil die Parteien sich stets an deutsche Behörden wandten; ebenso unrichtig FG Düsseldorf RIW 1987, 644.
52 *St. Lorenz*, S. 93 f.; MüKo/*Siehr*, Art. 15 EGBGB Rn 164.
53 Staudinger/*Dörner*, Art. 220 EGBGB Rn 108; z.B. OLG Stuttgart FamRZ 1991, 708, 709: Erklärung, wonach bisher gesetzlicher Güterstand der Zugewinngemeinschaft; ebenso *Mansel*, in: FS Geimer 2002, S. 625, 630; *Sonnenberger*, in: FS Geimer 2002, S. 1241, 1245 f.: Gütertrennung vereinbart und später Änderungen nach französischem Recht vorgenommen.
54 Staudinger/*Dörner*, Art. 220 EGBGB Rn 108.
55 OLG Stuttgart FamRZ 1991, 708, 709; Staudinger/*Dörner*, Art. 220 EGBGB Rn 108.
56 Staudinger/*Dörner*, Art. 220 EGBGB Rn 108.
57 MüKo/*Siehr*, Art. 15 EGBGB Rn 165.
58 OLG Frankfurt FamRZ 1996, 1478, 1479.
59 *Schotten*, Rn 187; MüKo/*Siehr*, Art. 15 EGBGB Rn 166.
60 MüKo/*Siehr*, Art. 15 EGBGB Rn 168; Staudinger/*Dörner*, Art. 220 EGBGB Rn 109.
61 Z.B. BGH IPRax 1988, 103, 104: Eintragung im Grundbuch als Miteigentümer in niederländischer Gütergemeinschaft; ebenso *Henrich*, IPRax 1987, 93, 94.
62 *Henrich*, IPRax 1987, 93, 94; Staudinger/*Dörner*, Art. 220 EGBGB Rn 109.
63 *Böhringer*, BWNotZ 1987, 104, 107: allerdings ohne weiteres nur gegenständlich beschränkt für das betreffende unbewegliche Vermögen.
64 Staudinger/*Dörner*, Art. 220 EGBGB Rn 111; MüKo/*Siehr*, Art. 15 EGBGB Rn 170.

- Kein ausreichendes Indiz stellt der Umstand dar, dass die **Eintragung** eines bestimmten ausländischen Güterstandes im deutschen **Güterrechtsregister unterblieben** ist, da keine Eintragungspflicht besteht und das Unterlassen ganz unterschiedliche Gründe haben kann.[65]

21 **dd) Verfassungsrechtlich gebotene Einschränkungen.** Die Zivilgerichte haben verfassungsrechtliche Bedenken gegenüber Art. 220 Abs. 3 S. 1 Nr. 2 stets verworfen.[66] Sie wollen im Gegenteil der Vorschrift einen möglichst weiten Anwendungsbereich zumessen, um den Anwendungsbereich des Art. 220 Abs. 3 S. 1 Nr. 3 einzuschränken.[67]

22 Tatsächlich verstößt die Vorschrift nicht gegen das verfassungsrechtliche **Rückwirkungsverbot**, auch wenn sie durch die nachträgliche Anknüpfung an die subjektive Einstellung der Ehegatten die Rechtslage rückwirkend verändert (echte Rückwirkung).[68] Die Rechtslage war vor der gesetzlichen Neuregelung unklar und unsicher und der Gesetzgeber hat anstelle der verfassungswidrigen Norm keine Regelung gesetzt, mit der auf keinen Fall zu rechnen war, sondern vielmehr Vertrauensgesichtspunkten in besonderem Maße Rechnung getragen.[69]

23 Gewichtiger ist hingegen der Einwand des Verstoßes gegen den **Gleichheitssatz** des Art. 3 Abs. 2 GG. Häufig, wenn nicht sogar regelmäßig, werden die Eheleute ihre Vorstellung vom anwendbaren Güterrecht aus entsprechenden Informationen über die geltende Rechtslage, hinsichtlich derer man damals mehrheitlich von der Verfassungsmäßigkeit des Art. 15 a.F. ausging, geschöpft haben, z.B. durch Auskünfte von Richtern, Notaren oder Rechtsanwälten.[70] Mit einer solchen Erkenntnis eines ihnen unerkannt verfassungswidrigen Zustandes werden sich die Ehegatten in aller Regel abgefunden haben.[71] Unter dem Deckmantel des Art. 220 Abs. 3 S. 1 Nr. 2 bleibt es damit in Wirklichkeit bei der verfassungswidrigen Regelung des Art. 15 a.F., so dass die Anknüpfung an das Mannesrecht perpetuiert wird, umso mehr, als nach der bisherigen Rechtsprechung der Zivilgerichte entgegen Art. 220 Abs. 3 S. 2 die Anknüpfung nach Art. 220 Abs. 3 S. 1 Nr. 2 über den 8.4.1983 hinaus wirken soll (vgl. Rn 36).[72]

24 Freilich zielt diese Kritik von vornherein nicht auf die **Alt. 1** des Art. 220 Abs. 3 S. 1 Nr. 2, denn eine etwaige echte Rechtswahl wird in aller Regel unbeeinflusst von Art. 15 a.F. sein, da dieser eine solche gar nicht zuließ, und sie auf einer bewussten Entscheidung beider Ehegatten beruht, die auch das Bewusstsein, Alternativen zu haben, voraussetzt.[73]

25 Die verfassungsrechtlich problematischen Konstellationen können nur im Anwendungsbereich des Ausgehens nach Art. 220 Abs. 3 S. 1 Nr. 2 **Alt. 2** auftreten. Insoweit hat das BVerfG[74] die Rechtslage etwas erhellt. Soweit die nach Art. 220 Abs. 3 S. 1 Nr. 2 Alt. 2 erfolgte Berufung des Heimatrechts des Ehemanns unbeschadet der Vorschrift des Art. 220 Abs. 3 S. 2 und unter Verdrängung des hierdurch bedingten Statutenwechsels auch für den Zeitraum nach dem 8.4.1983 als maßgeblich angesehen wird, verstößt dies gegen Art. 3 Abs. 2 GG. Der Beschluss des BVerfG bezieht sich also nur auf die Anknüpfung für die Zeit nach dem 8.4.1983, vgl. Art. 220 Abs. 3 S. 2. Ob die Anknüpfung an das „Ausgehen von der Anwendung" eines Rechts für den Übergangszeitraum bis zum 8.4.1983 einen Verstoß gegen Art. 3 Abs. 2 GG beinhalte, ließ das BVerfG offen.[75] Die Begründung des Gerichts spricht jedoch dafür, auch insoweit, d.h. für den hier interessierenden Zeitraum, den Verfassungsverstoß zu bejahen: ansonsten würde das alte, verfassungswidrige Kollisionsrecht aufrechterhalten; seit dem 31.3.1953 (!) ist ein schutzwürdiges Vertrauen in das Fortbestehen der früheren Rechtslage nicht mehr anzuerkennen.[76] Für die Entscheidung dieser Problematik spielt es natürlich auch eine Rolle, wie man den in Art. 220 Abs. 3 S. 2 angeordneten Anknüpfungswechsel versteht (vgl. ausführlich Rn 32 ff.).

26 Somit ist **Art. 220 Abs. 3 S. 1 Nr. 2** entgegen der bisherigen Zivilrechtsprechung und der bisherigen herrschenden Lehre wie folgt **einzuschränken**: die Vorstellung der Eheleute, das Güterrecht des Staates, dem der Ehemann angehört, sei als solches zur Anwendung berufen, kann nicht unter Art. 220 Abs. 3 S. 1 Nr. 2 Alt. 2 subsumiert werden. Art. 220 Abs. 3 S. 1 Nr. 2 bleibt damit anwendbar auf alle Fälle

---

65 Staudinger/*Dörner*, Art. 220 EGBGB Rn 110.
66 BGH NJW 1987, 583, 584; 1988, 638; FamRZ 1988, 40, 41.
67 Grundlegend BGH NJW 1987, 583, 585.
68 BGH NJW 1988, 638, 639; Palandt/*Heldrich*, Art. 15 EGBGB Rn 9; Staudinger/*Dörner*, Art. 220 EGBGB Rn 84; a.A. *Rauscher*, NJW 1987, 531, 533 f.
69 BGH NJW 1988, 638, 639; Staudinger/*Dörner*, Art. 220 EGBGB Rn 84.
70 *Schurig*, IPRax 1988, 88, 91; Staudinger/*Dörner*, Art. 220 EGBGB Rn 78.
71 *Rauscher*, NJW 1987, 531, 534.
72 Staudinger/*Dörner*, Art. 220 EGBGB Rn 78; *Schotten*, Rn 192.
73 Staudinger/*Dörner*, Art. 220 EGBGB Rn 79; Soergel/*Schurig*, Art. 220 EGBGB Rn 48; *Henrich*, IPRax 1987, 93, 95.
74 NJW 2003, 1656; zu Unrecht geht *Eule*, MittBayNot 2003, 335, 336 f., davon aus, dass der Beschluss sich auf beide Alternativen der Nr. 2 beziehe.
75 BVerfG NJW 2003, 1656, 1657.
76 BVerfG NJW 2003, 1656, 1657.

des „Unterstellens" i.S.d. Alt. 1 sowie auf diejenigen Situationen, in denen die Eheleute tatsächlich nicht vom Mannesrecht ausgehen, sondern z.B. vom gemeinsamen gewöhnlichen Aufenthalt oder einer anderen gleichheitssatzgemäßen Anknüpfungsregel.[77] Damit wird natürlich der Anwendungsbereich der Nr. 2 entgegen der Rechtsprechung des BGH nicht ausgeweitet (vgl. Rn 21), sondern vielmehr erheblich eingeengt. Außerdem werden der Praxis Differenzierungen abgefordert, die im Einzelfall nicht einfach sein werden. Dies betrifft zum einen die Abgrenzung zwischen der unbedenklichen Alt. 1 und der Alt. 2, zum anderen innerhalb der Letzteren die Klärung der Frage, ob im Einzelfall vom verfassungswidrigen Art. 15 a.F. ausgegangen wurde oder nicht. Diese Unterscheidungen sind jedoch möglich.[78]

d) Staatsangehörigkeit des Ehemannes (Art. 220 Abs. 3 S. 1 Nr. 3). Führen Art. 220 Abs. 3 S. 1 Nr. 1 und 2 zu keinem Ergebnis, so soll es gemäß Nr. 3 bei dem Recht des Staates, dem der Ehemann bei der Eheschließung angehörte, verbleiben.[79] Dieser „kollisionsrechtliche Wiedergänger"[80] des Art. 15 a.F. soll nach der Rechtsprechung verfassungsgemäß sein.[81] Der Versuch des BGH,[82] dies damit zu begründen, dass die Vorschriften nurmehr in einer relativ kleinen und ständig kleiner werdenden Zahl eine Rolle spiele, geht fehl. Dies ergibt sich schon aus der hier vertretenen Ansicht (vgl. Rn 26), wonach eine weite Auslegung des Art. 220 Abs. 3 S. 1 Nr. 2 nicht möglich ist. Außerdem bliebe im jeweiligen Einzelfall, auf den Nr. 3 doch anzuwenden wäre, die Ehefrau benachteiligt, so selten solche Fälle auch sein würden.[83] Ein schutzwürdiges Vertrauen in die Anknüpfung an das Mannesrecht ist seit 31.3.1953 nicht mehr anzuerkennen.[84] Die Vorschrift ist **verfassungswidrig**.[85] Der Gesetzgeber hat hier teilweise eine Regelung in Kraft gesetzt, die rückwirkend wiederum die Grundsätze des Art. 15 a.F. festschreibt.[86]

27

An die Stelle des Art. 220 Abs. 3 S. 1 Nr. 3 tritt als **Ersatzanknüpfung** Art. 15 Abs. 1 i.V.m. Art. 14 Abs. 1 Nr. 2 und 3.[87] Diese Regelung war als Ersatz für den verfassungswidrigen Art. 15 a.F. entwickelt worden[88] und ist trotz ihrer Rückwirkung auf den Eheschließungszeitpunkt verfassungsgemäß.[89]

28

2. Wirkungen ab 9.4.1983 (Art. 220 Abs. 3 S. 2–4). a) Allgemeines. Ehen, die nach dem 31.3.1953 und vor dem 9.4.1983 geschlossen worden sind, werden vom Gesetz zeitlich aufgespalten. Die Anknüpfung gemäß Art. 220 Abs. 3 S. 1 gilt nur bis zum 8.4.1983. Für die Zeit danach ist gemäß Art. 220 Abs. 3 S. 2 Art. 15 n.F. anzuwenden. Für Ehen, auf die vorher Art. 220 Abs. 3 S. 1 Nr. 3 anzuwenden war, tritt dabei an die Stelle des Zeitpunkts der Eheschließung der 9.4.1983, Art. 220 Abs. 3 S. 3.

29

Die Regelung ist **verfassungsrechtlich** unbedenklich, obwohl sie eine echte Rückwirkung beinhaltet, da sie den kollisionsrechtlichen Grundsatz der Unwandelbarkeit durchbricht, und obwohl sie eine Verschiedenbehandlung gegenüber Ehen, die vor dem 1.4.1953 geschlossen wurden, vorsieht, was aber nicht gegen Art. 3 Abs. 1 GG verstößt.[90]

30

Infolge des Anknüpfungswechsels kommt es auf Art. 15 Abs. 1 i.V.m. Art. 14 Abs. 1 Nr. 1 bis 3 an. Soweit gemäß Art. 220 Abs. 3 S. 3 Stichtag hierfür der 9.4.1983 ist, können auch die jeweiligen Alt. 2 des Art. 14 Abs. 1 Nr. 1 und 2 relevant werden, weil hier der Anknüpfungszeitpunkt der Eheschließung nachfolgt.[91] Im Rahmen des Art. 220 Abs. 3 S. 2 i.V.m. Art. 15 Abs. 1 i.V.m. Art. 14 Abs. 1 Nr. 1 ist bei Mehrstaatern Art. 5 Abs. 1 S. 2 (Vorrang der etwaigen deutschen Staatsangehörigkeit) zu beachten.[92]

31

---

77 Ähnlich *Puttfarken*, RIW 1987, 834, 840; weiter gehend *Winkler v. Mohrenfels*, IPRax 1995, 379, 383 f., der zusätzlich fordert, dass das anzuwendende Recht bei Beendigung des Güterstandes noch vom gemeinsamen Willen der Ehegatten getragen wird.
78 Vgl. Soergel/*Schurig*, Art. 220 EGBGB Rn 50; a.A. BGH NJW 1988, 638, 640: „kaum überwindliche praktische Schwierigkeiten"; vgl. auch *Eule*, MittBayNot 2003, 335, 337: Abgrenzung Alt. 1/Alt. 2 kaum möglich.
79 Gesamtverweisung; Bamberger/Roth/*Otte*, Art. 220 EGBGB Rn 24.
80 *Schurig*, IPRax 1988, 88, 93.
81 BGH NJW 1987, 583, 584 f.; 1988, 638, 639; ebenso *St. Lorenz*, in: FS Sturm Bd. II 1999, S. 1559, 1562 Fn 16; Palandt/*Heldrich*, Art. 15 EGBGB Rn 10.
82 NJW 1987, 583, 585.
83 Vgl. Soergel/*Schurig*, Art. 220 EGBGB Rn 52.
84 BVerfG NJW 2003, 1656, 1657; vgl. auch *Rauscher*, NJW 1987, 531, 536; a.A. BGH NJW 1987, 583, 584 f.: schutzwürdige Vertrauenstatbestände; MüKo/*Siehr*, Art. 15 EGBGB Rn 174, hält Nr. 3 für verfassungsgemäß, wenn konkretes Vertrauen eines Ehegatten nachgewiesen ist; dagegen zu Recht Staudinger/*Dörner*, Art. 220 EGBGB Rn 88 f.
85 *Basedow*, NJW 1986, 2971, 2974; *Rauscher*, NJW 1987, 531, 536; *Schurig*, IPRax 1988, 88, 93.
86 Vgl. *v. Bar/Ipsen*, NJW 1985, 2849, 2854; a.A. BGH NJW 1987, 583, 585.
87 *Dörner*, IPRax 1994, 33, 34; Staudinger/*Dörner*, Art. 220 EGBGB Rn 118.
88 *Puttfarken*, NJW 1987, 834, 840; *Schotten*, Rn 194.
89 Das lässt sich mittelbar BVerfG NJW 1989, 1081, entnehmen.
90 BVerfG NJW 1989, 1081; BGH NJW 1988, 638, 639; a.A. *Rauscher*, NJW 1987, 531, 533 f.
91 *Schotten*, Rn 197 Fn 243.
92 BGH NJW 1987, 583, 585; 1988, 638, 640; a.A. *Mansel*, in: FS Geimer 2002, S. 625, 634; Staudinger/*Dörner*, Art. 220 EGBGB Rn 122, für den Fall, dass ursprünglich gemäß S. Nr. 1 angeknüpft wurde, und wie hier jedoch, wenn vorher S. 1 Nr. 3 gegolten hat (a.a.O., Rn 128).

32 **b) Bedeutung des Anknüpfungswechsels.** Es ist sehr umstritten, wie der zum 9.4.1983 angeordnete Wechsel in den Anknüpfungsbestimmungen konstruktiv zu bewältigen ist. Die ganz h.M. hat von Anfang an den Gedankengang verworfen, aufgrund entsprechend gespaltenen Güterrechts zwei Vermögensmassen zu bilden und demgemäß zwei Güterrechtsordnungen nebeneinander auf Dauer anzuwenden, so dass Vermögen, das am 9.4.1983 bereits vorhanden war, dem alten Güterstand als „Sondervermögen" weiterhin unterstehen würde, und später hinzugekommenes jedoch dem neuen.[93] Ein solches dauerndes Nebeneinander unterschiedlicher Rechte wäre wenig sachgerecht, auch wegen möglicher Komplikationen im Rechtsverkehr mit Dritten, und wird durch den Gesetzeswortlaut auch nicht erfordert.[94]

33 Die Rechtsprechung hebt in eigenartiger Weise darauf ab, wann der zu beurteilende **güterrechtliche Vorgang** sich abspielt, worunter nicht der Vermögenserwerb, sondern insbesondere die Beendigung der Ehe oder des Güterstandes, etwa durch Tod oder Scheidung, zu verstehen sei.[95] Vor dem 9.4.1983 unterlag ein solcher Vorgang dem nach Art. 220 Abs. 3 S. 1 unterfallenden Recht, insbesondere für danach erfolgende Abwicklungen bzw. Auseinandersetzungen entscheidet Art. 220 Abs. 3 S. 2, und zwar für das ganze Vermögen, auch das am 9.4.1983 bereits vorhandene.[96] Eine gesonderte Auseinandersetzung des bis (einschließlich) 8.4.1983 vorhandenen Vermögens ist nicht vorzunehmen.[97] Diese Rechtsprechung muss so interpretiert werden, dass sie eine **Rückwirkung** des neuen Güterstatuts anordnet, so dass etwa in dem Fall, dass gemäß Art. 220 Abs. 3 S. 2 i.V.m. Art. 15 Abs. 1 deutsches Recht berufen wäre, als Anfangsvermögen im Rahmen des Zugewinnausgleichs auf den Zeitpunkt der bereits vor dem Statutenwechsel erfolgten Eheschließung abzustellen wäre.[98] Grundbuchrechtlich wird sonach eine Grundbuchberichtigung erforderlich, wenn sich Gesamthandseigentum in Miteigentum wandelt oder umgekehrt.[99] Verfassungsrechtlich hat die Lösung der Rechtsprechung den Vorteil, dass sie den als problematisch empfundenen Art. 220 Abs. 3 S. 1 Nr. 3 durch die Rückwirkung intertemporal fast völlig zum Verschwinden bringt.[100] Andererseits bleibt erstens unklar, was der BGH genau unter dem Begriff „zu beurteilender güterrechtsrelevanter Vorgang" versteht.[101] Zweitens geht Art. 220 Abs. 3 S. 4 von einer Überleitung der Güterstände *ex nunc* zum 9.4.1983 aus, und nicht davon, dass der neue Güterstand dem bisherigen Zeitraum *ex tunc* gewissermaßen „übergestülpt" wird.[102] Ziel des S. 4 ist es, die Verjährung der Ansprüche zu verhindern, die mit der IPR-Reform rückwirkend zum 9.4.1983 entstanden sind, da die Eheleute von diesen Ansprüchen erst nach der Reform Kenntnis erlangt haben.[103]

34 Richtigerweise findet deshalb im Falle des Art. 220 Abs. 3 S. 2 ein **Statutenwechsel** statt, der demjenigen vergleichbar ist, der bei einer Rechtswahl während der Ehe gemäß Art. 15 Abs. 2 stattfindet. Beide Fälle sind gleich zu behandeln (vgl. Art. 15 EGBGB Rn 58). Der bisherige Güterstand ist nach seinen Regeln aufzulösen; die hieraus sich ergebenden Rechte, Ansprüche usw. werden vom neuen Güterstand als jeweilige Rechtspositionen der Eheleute übernommen.[104] Nach S. 4 gilt ein etwaiger Ausgleichsanspruch, der durch die Abwicklung des alten Güterstandes zum 9.4.1983 entsteht, als bis zum 1.9.1986 gestundet.[105]

---

93 BGH NJW 1987, 583, 584; *Rauscher*, NJW 1987, 531, 532; Staudinger/*Dörner*, Art. 220 EGBGB Rn 134.
94 BGH NJW 1987, 583, 584; *Rauscher*, NJW 1987, 531, 532; MüKo/*Siehr*, Art. 15 EGBGB Rn 189.
95 BGH NJW 1987, 583, 584; 1988, 638, 639; BGHZ 119, 392, 398; OLG Hamm IPRax 1994, 49, 53; dem folgen z.B. Palandt/*Heldrich*, Art. 15 EGBGB Rn 12; Erman/*Hohloch*, Art. 15 EGBGB Rn 48; *Kropholler*, IPR, § 45 III 4b; *Henrich*, IPRax 1987, 93, 94.
96 BGH NJW 1988, 638, 639; OLG Hamm IPRax 1994, 49, 53; Palandt/*Heldrich*, Art. 15 EGBGB Rn 13.
97 BGH NJW 1988, 638, 639; BGHZ 119, 392, 399; OLG Hamm IPRax 1994, 49, 53; Palandt/*Heldrich*, Art. 15 EGBGB Rn 13.
98 Vgl. BGH NJW 1987, 583, 584; 1988, 638, 639: „vorhandenes und künftiges Vermögen"; Palandt/*Heldrich*, Art. 15 EGBGB Rn 13; MüKo/*Sonnenberger*, Art. 220 EGBGB Rn 29; dagegen meint *Lichtenberger*, DNotZ 1987, 297, 301, man dürfe den BGH nicht im Sinne eines „rückwirkenden Statutenwechsels" derart missverstehen, dass rückwirkend ab Eheschließung der Zugewinn ausgeglichen werden müsste.
99 Palandt/*Heldrich*, Art. 15 EGBGB Rn 13.
100 Soergel/*Schurig*, Art. 220 EGBGB Rn 53.
101 MüKo/*Sonnenberger*, Art. 220 EGBGB Rn 29.
102 *Rauscher*, NJW 1987, 531, 532.
103 BT-Drucks 10/5632, S. 46; Staudinger/*Dörner*, Art. 220 EGBGB Rn 135; BGH NJW 1988, 638, 639, will dagegen Art. 220 Abs. 3 S. 4 nur darauf beziehen, dass die Ehe nach dem 8.4.1983, jedoch vor dem In-Kraft-Treten der Neuregelung geschieden worden ist und sich erst aufgrund der Neuregelung ein güterrechtlicher Anspruch ergibt; Palandt/*Heldrich*, Art. 15 EGBGB Rn 14, will die Norm auf Ehen beschränken, die zwischen 8.4.1983 und 1.9.1986 geschlossen worden sind; hiergegen spricht jedoch die systematische Stellung des S. 4, Staudinger/*Dörner*, Art. 220 EGBGB Rn 135.
104 Staudinger/*Dörner*, Art. 220 EGBGB Rn 133 ff.; *Rauscher*, NJW 1987, 531, 532, der allerdings eine Überleitung einer Gütertrennung in eine Gütergemeinschaft, die nach ihrer materiellen Ausgestaltung auch Altvermögen erfasst, im Hinblick auf Art. 14 Abs. 1 GG für problematisch hält; Soergel/*Schurig*, Art. 220 EGBGB Rn 56; *Schotten*, Rn 199; MüKo/*Sonnenberger*, Art. 220 EGBGB Rn 29: Eheleute so zu behandeln, als ob sie bis zum 8.4.1983 eine erste Ehe geführt haben und ab 9.4.1983 eine zweite eingegangen sind; *St. Lorenz*, S. 119 ff.
105 Staudinger/*Dörner*, Art. 220 EGBGB Rn 133.

c) Differenzierung nach den Tatbeständen des Art. 220 Abs. 3 S. 1 Nr. 1–3. Hat für die Ehe vor dem 9.4.1983 **Art. 220 Abs. 3 S. 1 Nr. 1** gegolten, so ist danach Art. 15 anzuwenden, und zwar hinsichtlich Art. 15 Abs. 1 bezogen auf den Zeitpunkt der Eheschließung. Art. 220 Abs. 3 S. 3 ist nicht analog anzuwenden.[106] Ein Statutenwechsel findet in dieser Situation deshalb nicht statt, weil die Anknüpfungen des Art. 220 Abs. 3 S. 1 Nr. 1 und S. 2 i.V.m. Art. 15 Abs. 1 i.V.m. Art. 14 Abs. 1 Nr. 1 übereinstimmen.[107] Anders wäre es nur dann, wenn man hier die Frage nach der Anwendbarkeit des Art. 5 Abs. 1 S. 2 unterschiedlich beantworten würde (vgl. Rn 11, 31). 35

Es besteht grundsätzliche Einigkeit, dass die Fälle nach **Art. 220 Abs. 3 S. 1 Nr. 2** entgegen dem Wortlaut des Art. 220 Abs. 3 S. 2 auch über den dort hinaus genannten Zeitpunkt weiterwirken.[108] Ein Statutenwechsel findet nicht statt. Dem steht auch die Formvorschrift des Art. 15 Abs. 3 nicht entgegen.[109] Entgegen der Rechtsprechung der Zivilgerichte macht jedoch ein großer Teil der Literatur in den Fällen, in denen die Eheleute in verfassungsrechtlich bedenklicher Weise von der Geltung des Mannesrechts ausgegangen waren (vgl. Rn 23 ff.), eine Ausnahme und lässt hier einen Statutenwechsel gemäß Art. 220 Abs. 3 S. 2 stattfinden, für den Art. 220 Abs. 3 S. 3 entsprechend gelten soll.[110] Diese Meinung hat durch das BVerfG[111] im Ergebnis Unterstützung gefunden (vgl. Rn 25). Nach der hier vertretenen Meinung (vgl. Rn 26) ergibt sich in diesen verfassungsrechtlich problematischen Fällen ohnehin kein Statutenwechsel, weil insoweit Art. 220 Abs. 3 S. 1 Nr. 2 bereits vor dem 9.4.1983 nicht angewendet werden durfte, sondern nach Art. 15 n.F. anzuknüpfen war. 36

Nach dem Gesetz soll bei bisheriger Geltung des Mannesrechtes **(Art. 220 Abs. 3 S. 1 Nr. 3)** regelmäßig ein Statutenwechsel gemäß Art. 220 Abs. 3 S. 2–4 stattfinden. Geht man jedoch mit der hier vertretenen Ansicht von der Verfassungswidrigkeit des S. 1 Nr. 3 aus (vgl. Rn 27), so ändert sich die Anknüpfung nicht, und zwar auch deswegen, weil mit S. 1 Nr. 3 auch S. 3 fällt und insoweit nichtig ist.[112] 37

Nach den hier vertretenen Auffassungen findet ein Statutenwechsel gemäß Art. 220 Abs. 3 S. 2–4 sonach in keinem Falle statt. 38

d) Rechtswahl nach Art. 220 Abs. 3 S. 2 i.V.m. Art. 15 Abs. 2, 3. Hat vor dem 9.4.1983 kein „Unterstellen" oder „Ausgehen" von einer bestimmten Rechtsordnung stattgefunden, so ist danach die Rechtswahl nach Art. 15 Abs. 2, 3 möglich. Dabei sind die Einschränkungen des Art. 15 Abs. 2 ebenso zu beachten wie die Formvorschriften des Art. 15 Abs. 3.[113] 39

III. Eheschließung nach dem 8.4.1983 (Art. 220 Abs. 3 S. 5)

Für nach dem 8.4.1983 geschlossene Ehen gilt gemäß Art. 220 Abs. 3 S. 5 in vollem Umfang Art. 15 n.F. Die damit verbundene Rückwirkung ist verfassungsrechtlich unbedenklich wegen der zweifelhaften Rechtslage nach dem 8.4.1983.[114] Bedeutung hat die Norm nur für Eheschließungen bis zum In-Kraft-Treten des IPR-Neuregelungsgesetzes am 1.9.1986.[115] Insbesondere gilt, dass bei Mehrstaatern gegebenenfalls Art. 5 Abs. 1 S. 2 zu beachten ist[116] und neben den Voraussetzungen des Art. 15 Abs. 2 eine Rechtswahl auch die Form des Art. 15 Abs. 3 wahren muss.[117] 40

---

106 Vgl. OLG Frankfurt NJW-RR 1994, 72, 73; Staudinger/*Dörner*, Art. 220 EGBGB Rn 121; Soergel/*Schurig*, Art. 220 EGBGB Rn 40; teilweise abweichend MüKo/*Siehr*, Art. 15 EGBGB Rn 178.
107 Soergel/*Schurig*, Art. 220 EGBGB Rn 40; *Puttfarken*, RIW 1987, 834, 836.
108 BGH NJW 1987, 583, 584; 1988, 638, 639; BGHZ 119, 392, 398; BT-Drucks 10/5632, S. 46.
109 BGH NJW 1987, 583, 584; Staudinger/*Dörner*, Art. 220 EGBGB Rn 124.
110 Vgl. *Henrich*, IPRax 1987, 93, 94 f.; Soergel/*Schurig*, Art. 220 EGBGB Rn 48 ff.; Staudinger/*Dörner*, Art. 220 EGBGB Rn 126 f.; ähnlich auch MüKo/*Siehr*, Art. 15 EGBGB Rn 181 ff.; a.A. *Mansel*, in: FS Geimer 2002, S. 625, 636; *Eule*, MittBayNot 2003, 335, 339, will nach dem 8.4.1983 nicht S. 3 analog anwenden, sondern Wandelbarkeit annehmen.
111 NJW 2003, 1656.
112 Staudinger/*Dörner*, Art. 220 EGBGB Rn 129 f.; *Schotten*, Rn 200.
113 Vgl. BGH NJW 1987, 583, 584; *Schotten*, Rn 195; *Böhringer*, BWNotZ 1987, 104, 106.
114 *Rauscher*, NJW 1987, 531, 536; Staudinger/*Dörner*, Art. 220 EGBGB Rn 92.
115 Staudinger/*Dörner*, Art. 220 EGBGB Rn 137.
116 Vgl. BGH NJW 1987, 583, 584; OLG Karlsruhe IPRax 1990, 122, 123 f.; a.A. *Schurig*, IPRax 1988, 88, 89; Staudinger/*Dörner*, Art. 220 EGBGB Rn 138.
117 Staudinger/*Dörner*, Art. 220 EGBGB Rn 138; *Böhringer*, BWNotZ 1987, 104, 105; zweifelnd *Henrich*, IPRax 1987, 93, 95, MüKo/*Sonnenberger*, Art. 220 EGBGB Rn 28.

C. Weitere praktische Hinweise

41 Angesichts der Kompliziertheit der Regelung des Art. 220 Abs. 3, die durch verfassungsrechtliche Probleme noch verschärft wird, mag es sich im Einzelfall empfehlen, durch eine **Rechtswahl** gemäß Art. 15 Abs. 2, 3 jedenfalls *ex nunc* die Frage des anwendbaren Güterrechtes zu klären. Das gilt vor allem für Ehen, die nach dem 31.3.1953 und vor dem 9.4.1983 geschlossen worden sind.

42 Teilweise wird es für solche Ehen auch empfohlen, mit Wirkung auch für die Vergangenheit zu **bestätigen**, dass die Ehegatten sich gemäß Art. 220 Abs. 3 S. 1 Nr. 2 einem bestimmten Recht unterstellt hatten bzw. von dessen Anwendung ausgegangen waren.[118] Dabei wird vorsichtshalber geraten, diese Erklärung im Rahmen des Art. 15 Abs. 2 zu halten und zu beurkunden.[119] Die Möglichkeit einer solchen Bestätigung wird allerdings teilweise bestritten[120] und sie widerspricht möglicherweise der häufig getroffenen Aussage, dass das „Ausgehen" i.S.d. Art. 220 Abs. 3 S. 1 Nr. 2 Alt. 2 nach außen irgendwie erkennbar in Erscheinung getreten sein muss (vgl. Rn 18). Der Erfolg einer solchen Bestätigung ist also nicht gewiss.

---

118 Jeweils mit Formulierungsbeispielen: *Schotten*, Rn 203 ff.; *Böhringer*, BWNotZ 1987, 104, 108; *Lichtenberger*, DNotZ 1987, 297, 299 f.

119 *Lichtenberger*, DNotZ 1987, 297, 300; *Böhringer*, BWNotZ 1987, 104, 108.

120 *Soergel/Schurig*, Art. 220 EGBGB Rn 49 Fn 57.

Artikel 16 Schutz Dritter

(1) ¹Unterliegen die güterrechtlichen Wirkungen einer Ehe dem Recht eines anderen Staates und hat einer der Ehegatten seinen gewöhnlichen Aufenthalt im Inland oder betreibt er hier ein Gewerbe, so ist § 1412 des Bürgerlichen Gesetzbuchs entsprechend anzuwenden; der fremde gesetzliche Güterstand steht einem vertragsmäßigen gleich.

(2) ¹Auf im Inland vorgenommene Rechtsgeschäfte ist § 1357, auf hier befindliche bewegliche Sachen § 1362, auf ein hier betriebenes Erwerbsgeschäft sind die §§ 1431 und 1456 des Bürgerlichen Gesetzbuchs sinngemäß anzuwenden, soweit diese Vorschriften für gutgläubige Dritte günstiger sind als das fremde Recht.

Literatur: *Bader*, Der Schutz des guten Glaubens in Fällen mit Auslandsberührung, MittRhNotK 1994, 161; *Liessem*, Guter Glaube beim Grundstückserwerb von einem durch seinen Güterstand verfügungsbeschränkten Ehegatten?, NJW 1989, 497; *Reithmann/Martiny* (Hrsg.), Internationales Vertragsrecht, 6. Auflage 2004; *Schotten*, Der Schutz des Rechtsverkehrs im Internationalen Privatrecht, DNotZ 1994, 670; *ders.*, Das Internationale Privatrecht in der notariellen Praxis, 1995.

A. Allgemeines 1	1. Voraussetzungen 14
B. Regelungsgehalt 5	a) Fremdes Statut 14
I. Güterrechtliche Wirkungen (Abs. 1) 5	b) Inlandsbezug 15
1. Voraussetzungen 5	c) Guter Glaube 16
a) Fremdes Güterrechtsstatut 5	d) Günstigkeit 17
b) Inlandsbezug 6	2. Rechtsfolgen 18
c) Keine Eintragung und keine Kenntnis 10	III. Analoge Anwendung des Art. 16 21
2. Rechtsfolgen 12	C. Weitere praktische Hinweise 24
II. Verkehrsschutz nach Abs. 2 14	

A. Allgemeines

Als Exklusivnorm, d.h. einseitige Kollisionsnorm zum **Schutz des inländischen Rechtsverkehrs**, erklärt   1
Art. 16 bestimmte Vorschriften des deutschen Eherechts für anwendbar.[1] Das Vertrauen des Geschäftsverkehrs in die Anwendung des deutschen Rechts wird insoweit geschützt vor den abweichenden Vorschriften des nach allgemeinen Grundsätzen (Artt. 14, 15) an sich anwendbaren ausländischen Güterrechts bzw. Rechts der allgemeinen Ehewirkungen. Dadurch sollen Gefahren für den Rechtsverkehr, die sich aus dem ausländischen Recht ergeben können, abgewehrt werden, insbesondere Beschränkungen der Handlungsfreiheit der einzelnen Ehegatten etwa in Form von Zustimmungserfordernissen, anderen Einschränkungen der Verfügungsbefugnis oder im Vergleich zu § 1357 BGB eingeschränkte Mitverpflichtungsbefugnisse nach ausländischem Recht.[2] Da es um das Handeln, vor allem um die Haftung gegenüber dem Rechtsgeschäftsgegner geht, betrifft Art. 16 nur das Außenverhältnis zu Dritten, aber nicht das Innenverhältnis zwischen den Ehegatten.[3] Für dieses gelten weiterhin Artt. 14 und 15 bzw. vorrangige Staatsverträge.[4]

Eine (stillschweigende) **Rechtswahl** zur Herbeiführung der in Art. 16 genannten Verkehrsschutzregeln   2
des deutschen Rechts zwischen dem Dritten und den Ehegatten gibt es nicht.[5] Wenn der BGH[6] anderes angenommen hat, kann dies nur so verstanden werden, dass die Beteiligten sich in schuldrechtlicher Weise haben so stellen wollen, als seien die Vorschriften anwendbar.

Im Vergleich zu **Art. 16 a.F.** enthält die gegenwärtige Fassung einige Abänderungen im Detail. Die alte   3
Fassung ist nur noch heranzuziehen für Sachverhalte, die vor dem 1.9.1986 liegen.[7] Rechtsprechung zu Art. 16 a.F./n.F. gibt es nur vereinzelt.[8] Angesichts der Häufigkeit, in der auf die allgemeinen Ehewirkungen oder das Güterrecht ausländisches Recht berufen ist, wird dies der tatsächlichen **Bedeutung** der Vorschrift nicht gerecht. Hintergrund ist wohl, dass die von Art. 16 geregelten Fragen nur selten streitig werden.[9]

---

1 Staudinger/*Mankowski*, Art. 16 EGBGB Rn 1, 5; Bamberger/Roth/*Otte*, Art. 16 EGBGB Rn 2.
2 Vgl. Staudinger/*Mankowski*, Art. 16 EGBGB Rn 2.
3 Staudinger/*Mankowski*, Art. 16 EGBGB Rn 1, 3; *Schotten*, Rn 220; Palandt/*Heldrich*, Art. 16 EGBGB Rn 3.
4 Bamberger/Roth/*Otte*, Art. 16 EGBGB Rn 2.
5 Staudinger/*Mankowski*, Art. 16 EGBGB Rn 52; *Böhmer*, JR 1992, 500; *Jayme*, IPRax 1993, 80, 81.
6 NJW 1992, 909, zu Art. 16 Abs. 2.
7 MüKo/*Siehr*, Art. 16 EGBGB Rn 45.
8 Z.B. BGH NJW 1992, 909; LG Aurich NJW 1991, 642; KG DNotZ 1933, 112; OLG Breslau JW 1930, 1880; AG Wedel IPRspr 1972 Nr. 54.
9 MüKo/*Siehr*, Art. 16 EGBGB Rn 20.

4   **Staatsverträge** gehen gemäß Art. 3 Abs. 2 S. 1 dem Art. 16 vor. Das insoweit einzig interessante deutsch-iranische Niederlassungsabkommen gestattet gemäß seinem Art. 8 Abs. 3 S. 2 jedoch die Anwendung des Art. 16, so dass tatsächlich keine Verdrängung durch internationale Übereinkommen stattfindet.[10]
    In Bezug auf Grundstücke kann in seinem Anwendungsbereich **§ 892 BGB** helfen.[11] **Art. 6** wird durch Art. 16, soweit dieser eingreift, verdrängt.[12]

B. Regelungsgehalt

I. Güterrechtliche Wirkungen (Abs. 1)

5   **1. Voraussetzungen. a) Fremdes Güterrechtsstatut.** Es muss ein ausländisches Güterstatut (einschließlich des Rechts der früheren DDR) berufen sein, wobei es gleichgültig ist, ob dies auf einer objektiven Verweisung oder einer entsprechenden Rechtswahl beruht.[13] Ebenso wenig spielt es eine Rolle, ob die Eheleute in einem gesetzlichen oder vertragsmäßigen Güterstand dieses Güterstatutes leben.[14] Art. 16 ist auch anwendbar, soweit fremdes Güterrecht nur für Vermögensteile gilt.[15]

6   **b) Inlandsbezug.** Als Inlandsbezug erfordert der Wortlaut des Abs. 1, dass **ein Ehegatte** seinen gewöhnlichen Aufenthalt in Deutschland hat oder hier ein Gewerbe betreibt. Dabei muss es sich nicht um den Ehegatten handeln, der im Außenverhältnis gegenüber dem Dritten auftritt, sondern es genügt z.B. auch, dass der Inlandsbezug beim nichtkontrahierenden Ehegatten gegeben ist.[16] Eine Kenntnis des Dritten vom inländischen gewöhnlichen Aufenthalt bzw. Gewerbebetrieb fordert der Wortlaut des Gesetzes auch hier nicht.[17]

7   Der Begriff des **Gewerbes** hat sich grundsätzlich an der GewO zu orientieren.[18] Vorausgesetzt ist demnach eine selbständige, erlaubte, auf Gewinnerzielung gerichtete und auf gewisse Dauer ausgeübte Tätigkeit im wirtschaftlichen Bereich mit Ausnahme der Urproduktion, der freien Berufe, der öffentlichen Unternehmen und der bloßen Verwaltung und Nutzung eigenen Vermögens.[19] Die Tätigkeit muss, um „inländisch" zu sein, von einem Ort im Inland ausgehen und nicht nur vom Ausland her hier einwirken.[20] Deshalb reichen reine Messevertretungen oder Kundenbesuche mit Vertragsabschluss im Inland nicht aus.[21] Andererseits muss der inländische Betrieb weder einziger noch überwiegender Ausgangspunkt der Tätigkeit des Gewerbes sein.[22] Kein Gewerbebetrieb eines Ehegatten liegt vor, wenn Träger des Gewerbes eine Gesellschaft mit eigener Rechtsfähigkeit, u.U. also auch eine BGB-Gesellschaft, ist und der Ehegatte nur für diese Gesellschaft (als Geschäftsführer oder Gesellschafter) handelt.[23] Bei ausländischen Gesellschaften richtet es sich nach deren Gesellschaftsstatut, ob sie selbst Träger von Rechten und Pflichten sind.[24]

8   Auf Seiten des Dritten ist ein Inlandsbezug, beispielsweise gewöhnlicher Aufenthalt in Deutschland oder deutsche Staatsangehörigkeit, ohne Bedeutung.[25] Auch im Ausland belegene Immobilien werden grundsätzlich von Abs. 1 erfasst.[26] Da Art. 16 jedoch den inländischen Rechtsverkehr schützen soll, wird man fordern müssen, dass das Rechtsgeschäft, um das es gemäß § 1412 Abs. 1 Hs. 1 BGB geht, **im Inland vorgenommen**

---

10 MüKo/*Siehr*, Art. 16 EGBGB Rn 3; *Schotten/Wittkowski*, FamRZ 1995, 264, 267; Bamberger/Roth/*Otte*, Art. 16 EGBGB Rn 5.
11 Reithmann/Martiny/*Hausmann*, Internationales Vertragsrecht, Rn 2710, 2798; *Bader*, MittRhNotK, 1994, 161, 164.
12 Bamberger/Roth/*Otte*, Art. 16 EGBGB Rn 3; Staudinger/*Mankowski*, Art. 16 EGBGB Rn 2.
13 *V. Bar*, IPR II, Rn 234; Erman/*Hohloch*, Art. 16 EGBGB Rn 7.
14 MüKo/*Siehr*, Art. 16 EGBGB Rn 6; *Schotten*, Rn 213.
15 Soergel/*Schurig*, Art. 16 EGBGB Rn 3.
16 Staudinger/*Mankowski*, Art. 16 EGBGB Rn 20 ff.; Bamberger/Roth/*Otte*, Art. 16 EGBGB Rn 18 f.
17 A.A. Bamberger/Roth/*Otte*, Art. 16 EGBGB Rn 18.
18 Staudinger/*Mankowski*, Art. 16 EGBGB Rn 23; a.A. Soergel/*Schurig*, Art. 16 EGBGB Rn 4; MüKo/*Siehr*, Art. 16 EGBGB Rn 12.
19 Staudinger/*Mankowski*, Art. 16 EGBGB Rn 23.
20 Soergel/*Schurig*, Art. 16 EGBGB Rn 4.
21 Bamberger/Roth/*Otte*, Art. 16 EGBGB Rn 19; MüKo/*Siehr*, Art. 16 EGBGB Rn 12.
22 Bamberger/Roth/*Otte*, Art. 16 EGBGB Rn 19.
23 Ausf. Staudinger/*Mankowski*, Art. 16 EGBGB Rn 26 ff.
24 Staudinger/*Mankowski*, Art. 16 EGBGB Rn 28.
25 *Schotten*, Rn 214; Staudinger/*Mankowski*, Art. 16 EGBGB Rn 29; Reithmann/Martiny/*Hausmann*, Internationales Vertragsrecht, Rn 2803; differenzierend Erman/*Hohloch*, Art. 16 EGBGB Rn 11; a.A. Bamberger/Roth/*Otte*, Art. 16 EGBGB Rn 21.
26 Gegenschluss aus Art. 12 S. 2; Staudinger/*Mankowski*, Art. 16 EGBGB Rn 72; a.A. *Gerfried Fischer*, Verkehrsschutz im internationalen Vertragsrecht, 1990, S. 161 f.

worden ist.[27] Handelt es sich dabei um ein Distanzgeschäft, so muss in diesem Sonderfall der Dritte seinen gewöhnlichen Aufenthalt bei der Vornahme im Inland gehabt haben.[28]

Geht es um **Urteile** i.S.d. Abs. 1 i.V.m. § 1412 Abs. 1 Hs. 2 BGB, so ist Inlandsbezug jedenfalls bei inländischen Erkenntnisprozessen gegeben.[29] Nach inzwischen wohl überwiegender Meinung kann jedoch auch ein ausländischer Rechtsstreit darunter fallen, wenn der Dritte infolge eines hinreichenden Inlandsbezuges ein konkretes Vertrauen auf die Geltung deutschen Güterrechts entwickelt hat.[30] Dabei wird man wieder Rückgriff nehmen können darauf, ob das Rechtsgeschäft, auf das sich der Rechtsstreit bzw. das Gerichtsurteil bezieht, im Inland vorgenommen wurde. Es kommt dann auf die Anhängigkeit im ausländischen Verfahren als Zeitpunkt für Abs. 1 i.V.m. § 1412 Abs. 1 Hs. 2 BGB an.[31]

c) Keine Eintragung und keine Kenntnis. Gemäß Abs. 1 i.V.m. § 1412 BGB wird der Verkehrsschutz versagt, wenn der ausländische Güterstand im deutschen **Güterrechtsregister eingetragen** ist. Dass der Dritte dies wusste oder dass er das Register gar nicht einsehen konnte, ist irrelevant.[32] Die Zuständigkeit des Registergerichts ergibt sich aus §§ 1558, 1559 BGB, Art. 4 EGHGB, die im Wege der Doppelfunktionalität auch die internationale Zuständigkeit regeln. Nicht geregelt ist darin der Fall, dass ein Ehegatte im Inland ein Gewerbe betreibt, ohne hier gewöhnlichen Aufenthalt zu haben und ohne Kaufmann zu sein. Hier ist international und örtlich zuständig das Gericht, in dessen Bezirk das Gewerbe betrieben wird.[33] Im Übrigen ergibt sich aus Abs. 1 letzter Hs., dass auch ein ausländischer gesetzlicher Güterstand eintragungsfähig sein muss.[34]

Schädlich ist außerdem positive **Kenntnis** davon, dass die Eheleute in einem ausländischen Güterstand leben. Dabei ist nicht erforderlich, dass der Dritte weiß, welcher ausländische Güterstand genau zur Anwendung kommt.[35] Fahrlässigkeit – selbst grobe – reicht ebenso wenig aus wie etwa die Kenntnis davon, dass es sich um ausländische Staatsangehörige handelt. Eine Nachforschungs- oder Ermittlungspflicht hat der Dritte nicht.[36]

2. Rechtsfolgen. Die Rechtsfolgen des Abs. 1 ergeben sich aus der angeordneten Anwendung des § 1412 BGB, wobei zu beachten ist, dass Ansprüche aus Gesetz hierunter nicht fallen, z.B. Prozesskostenforderungen,[37] Bereicherungsansprüche, Deliktsansprüche.[38] Die Ehegatten können aus ihrem ausländischen Güterstand dem Dritten gegenüber **keine Einwendungen** gegen ein Rechtsgeschäft bzw. Urteil herleiten, das zwischen einem von ihnen und dem Dritten vorgenommen worden bzw. ergangen ist.[39] Vielmehr wird der Dritte derart geschützt, dass ihm gegenüber die Eheleute so behandelt werden, als gelte das deutsche Güterrecht, und zwar mit allen, auch für den Dritten negativen, Konsequenzen, insbesondere Einwendungen der Ehegatten gegen ihn aus §§ 1363 ff. BGB, etwa § 1365 BGB.[40] Unerheblich ist, ob der im ausländischen Güterstand lebende Ehegatte auf Veräußerer- oder Erwerberseite auftritt.[41]

An sich ist Abs. 1 von Amts wegen zu berücksichtigen, der Dritte hat jedoch auch die Möglichkeit, auf dessen Schutz zu **verzichten** und sich stattdessen auf die Anwendung des ausländischen Ehegüterstatuts zu berufen.[42] Dann gilt das ausländische Güterrecht insgesamt. Die „Rosinen herauszupicken" aus jeder der beiden Rechtsordnungen, steht dem Dritten nicht zu.[43]

---

[27] Reithmann/Martiny/*Hausmann*, Internationales Vertragsrecht, Rn 2804; Staudinger/*Mankowski*, Art. 16 EGBGB Rn 30 ff.; *Schotten*, Rn 213, 217; a.A. Soergel/*Schurig*, Art. 16 EGBGB Rn 4; MüKo/*Siehr*, Art. 16 EGBGB Rn 13.
[28] Vgl. Staudinger/*Mankowski*, Art. 16 EGBGB Rn 32; Bamberger/Roth/*Otte*, Art. 16 EGBGB Rn 21.
[29] MüKo/*Siehr*, Art. 16 EGBGB Rn 19; Staudinger/ *Mankowski*, Art. 16 EGBGB Rn 34.
[30] Staudinger/*Mankowski*, Art. 16 EGBGB Rn 36; MüKo/*Siehr*, Art. 16 EGBGB Rn 19.
[31] MüKo/*Siehr*, Art. 16 EGBGB Rn 19; und Bamberger/Roth/*Otte*, Art. 16 EGBGB Rn 9, sprechen von „Rechtshängigkeit".
[32] *Schotten*, Rn 215.
[33] Soergel/*Schurig*, Art. 16 EGBGB Rn 5.
[34] BayObLGZ 1959, 89, 100 f.; OLG Köln DNotZ 1972, 182.
[35] MüKo/*Siehr*, Art. 16 EGBGB Rn 21; *Schotten*, Rn 216; *Liessem*, NJW 1989, 497, 500; a.A. Palandt/ *Heldrich*, Art. 16 EGBGB Rn 2; *Amann*, MittBayNot 1986, 222, 226.
[36] *Schotten*, Rn 216.
[37] OLG Breslau JW 1930, 1880.
[38] Soergel/*Schurig*, Art. 16 EGBGB Rn 6.
[39] *Schotten*, Rn 220.
[40] *Schotten*, Rn 220; Bamberger/Roth/*Otte*, Art. 16 EGBGB Rn 15 f.; vgl. auch LG Aurich NJW 1991, 642, 643.
[41] *Amann*, MittBayNot 1986, 222, 224; *Bader*, MittRhNotK 1994, 161, 163.
[42] *Schotten*, DNotZ 1994, 670, 678; *Amann*, MittBayNot 1986, 222, 224.
[43] Staudinger/*Mankowski*, Art. 16 EGBGB Rn 16.

II. Verkehrsschutz nach Abs. 2

14 **1. Voraussetzungen. a) Fremdes Statut.** Auch bei Abs. 2 ist zunächst Voraussetzung, dass hinsichtlich des fraglichen Aspektes ausländisches Recht zur Anwendung berufen wäre.

15 **b) Inlandsbezug.** Gemäß dem Wortlaut des Art. 16 ist für Abs. 2 nicht der gewöhnliche Aufenthalt oder Gewerbebetrieb eines Ehegatten im Inland erforderlich.[44] Vielmehr wird für jede Alternative des Abs. 2 der Inlandsbezug gesondert bestimmt. Hinsichtlich § 1357 BGB kommt es auf die Vornahme des Rechtsgeschäfts im Inland an. Entsprechend Art. 12 S. 1 müssen sich dabei beide Vertragspartner im Inland befinden.[45] Bei Stellvertretung ist entsprechend Art. 11 Abs. 3 auf den Vertreter abzustellen.

16 **c) Guter Glaube.** Der Dritte muss i.S.d. § 932 Abs. 2 BGB gutgläubig sein, d.h. er darf keine Kenntnis oder grob fahrlässige Unkenntnis davon haben, dass ausländisches Recht zur Anwendung gelangt. Maßgeblicher Zeitpunkt ist der Abschluss des Rechtsgeschäfts.[46] Um grobe Fahrlässigkeit annehmen zu können, müssen starke Anhaltspunkte vorliegen.[47]

17 **d) Günstigkeit.** Die in Abs. 2 genannten Normen des BGB werden nur für maßgeblich erklärt, soweit sie dem Dritten günstiger sind als das ausländische Recht. Entscheidend ist dabei nicht eine abstrakte Beurteilung, sondern ein konkreter Vergleich anhand einer Gesamtbetrachtung im Einzelfall.[48] Günstiger ist dabei grundsätzlich das Recht, das zur Wirksamkeit des Rechtsgeschäfts bzw. zur Zulässigkeit einer Vollstreckungshandlung führt, weil Abs. 2 dem Dritten kein Wahlrecht einräumen und ihm insbesondere auch keine Möglichkeit eröffnen will, sich von Rechtsgeschäften, die ihn nachträglich reuen, wieder zu lösen.[49] Nur wenn objektiv zweifelhaft ist, was für den Dritten günstiger ist, wird man diesem ein Wahlrecht einräumen.[50]

18 **2. Rechtsfolgen.** Rechtsfolge des Abs. 2 ist, dass die §§ 1357, 1362, 1431 bzw. 1456 BGB für anwendbar erklärt werden, wenn diese für den Dritten jeweils günstiger sind als das ausländische Recht.[51] Die Vorschrift bleibt außer Betracht, wenn bereits Abs. 1 ausreichenden Schutz gewährleistet.[52]

19 Abs. 2 Alt. 1 führt zu der dem Recht der allgemeinen Ehewirkungen zuzuordnenden Schlüsselgewalt des **§ 1357 BGB** einschließlich deren Beschränkungen oder Ausschließungen und ihrer Aufhebung.[53] Dabei geht es nur um die damit verbundene Verpflichtungsbefugnis, nicht um die in § 1357 BGB auch enthaltene Mitberechtigung zugunsten des nichtkontrahierenden Ehegatten.[54] Da gemäß § 1357 Abs. 2 S. 2 i.V.m. § 1412 BGB gegenüber einem unwissenden Dritten eine Beschränkung oder Ausschließung der Schlüsselgewalt nur gültig ist, wenn sie im Güterrechtsregister eingetragen ist, darf ein Antrag auf entsprechende Eintragung nicht wegen Geltung ausländischen Rechts abgelehnt werden.[55]

20 Abs. 2 Alt. 3 ordnet auf im Inland betriebene Erwerbsgeschäfte, wofür auch eine Zweigniederlassung ausreicht,[56] die Geltung der **§§ 1431, 1456 BGB** an. Der Begriff des Erwerbsgeschäfts ist wie in diesen Vorschriften zu verstehen (vgl. AnwK-BGB/*Völker*, § 1431 Rn 3 ff.).[57] Weitere Inlandsverknüpfungen, wie der Abschlussort des Geschäftes, werden nicht vorausgesetzt.[58] Alt. 3 soll sicherstellen, dass ein Geschäft mit einem unternehmerisch tätigen Ehegatten, das sich aus dem Betrieb des Erwerbsgeschäfts ergibt, nicht der Zustimmung des anderen Ehegatten bedarf.[59] Da es sich um eine güterrechtliche Frage handelt, spielt die Norm nur eine Rolle, wenn dem Dritten der ausländische Güterstand bekannt oder dieser eingetragen war; andernfalls greift bereits Abs. 1.[60] Alt. 3 überwindet im ausländischen Güterrecht vorgesehene Beschränkungen, die den in §§ 1431, 1456 BGB genannten gleich oder ähnlich wirksam sind,

---

44 Staudinger/*Mankowski*, Art. 16 EGBGB Rn 53, 61; a.A. Soergel/*Schurig*, Art. 16 EGBGB Rn 9; Bamberger/Roth/*Otte*, Art. 16 EGBGB Rn 32.
45 MüKo/*Siehr*, Art. 16 EGBGB Rn 33; Staudinger/*Mankowski*, Art. 16 EGBGB Rn 61; a.A. Bamberger/Roth/*Otte*, Art. 16 EGBGB Rn 35; Palandt/*Heldrich*, Art. 16 EGBGB Rn 3: Art. 11 Abs. 2 entspr.
46 Bamberger/Roth/*Otte*, Art. 16 EGBGB Rn 33.
47 Staudinger/*Mankowski*, Art. 16 EGBGB Rn 54; Erman/*Hohloch*, Art. 16 EGBGB Rn 22.
48 MüKo/*Siehr*, Art. 16 EGBGB Rn 27; Staudinger/*Mankowski*, Art. 16 EGBGB Rn 55.
49 Staudinger/*Mankowski*, Art. 16 EGBGB Rn 55 f.; a.A. Bamberger/Roth/*Otte*, Art. 16 EGBGB Rn 44.
50 MüKo/*Siehr*, Art. 16 EGBGB Rn 26; Staudinger/*Mankowski*, Art. 16 EGBGB Rn 57 f.
51 Soergel/*Schurig*, Art. 16 EGBGB Rn 9.
52 Bamberger/Roth/*Otte*, Art. 16 EGBGB Rn 29; Soergel/*Schurig*, Art. 16 EGBGB Rn 16.
53 Palandt/*Heldrich*, Art. 16 EGBGB Rn 3.
54 Staudinger/*Mankowski*, Art. 16 EGBGB Rn 60; Bamberger/Roth/*Otte*, Art. 16 EGBGB Rn 34.
55 MüKo/*Siehr*, Art. 16 EGBGB Rn 31 Fn 28.
56 Soergel/*Schurig*, Art. 16 EGBGB Rn 18; Staudinger/*Mankowski*, Art. 16 EGBGB Rn 78.
57 Staudinger/*Mankowski*, Art. 16 EGBGB Rn 77.
58 Soergel/*Schurig*, Art. 16 EGBGB Rn 18.
59 Staudinger/*Mankowski*, Art. 16 EGBGB Rn 80.
60 Bamberger/Roth/*Otte*, Art. 16 EGBGB Rn 39; Reithmann/Martiny/*Hausmann*, Internationales Vertragsrecht, Rn 2808.

unabhängig davon, aus welchem Güterstand sie resultieren.[61] Nach dem Günstigkeitsprinzip gilt natürlich das ausländische Recht, wenn es keine Zustimmungsvorbehalte kennt oder noch geringere Anforderungen im Zusammenhang mit der Begründung des Erwerbsgeschäfts aufstellt.[62]

Soweit §§ 1357, 1431, 1454 BGB auf **§ 1412 BGB** Bezug nehmen und dieser hinsichtlich einer Tatsache auf Kenntnis abstellt, bleibt es dabei; insoweit reicht grob fahrlässige Unkenntnis nicht aus.[63]

III. Analoge Anwendung des Art. 16

Eine analoge Anwendung des Abs. 1 wie auch Abs. 2 zum Schutze **ausländischen Rechtsverkehrs** wird dann von der h.M. bejaht, sofern der jeweilige fremde Staat seinen Verkehr in ähnlicher Weise schützt wie Art. 16.[64]

Eine Analogie zu Abs. 2 ist außerdem in Betracht zu ziehen, soweit es um Wirkungen ausländischen Rechts geht, die nicht güterrechtlich, sondern als **allgemeine Ehewirkungen** zu qualifizieren sind, und nicht unter Abs. 2 direkt fallen, aber zu Beschränkungen des inländischen Geschäftsverkehrs führen, z.B. ehebedingte Verminderungen der Geschäftsfähigkeit und Verbote, sich zugunsten des anderen Ehegatten z.B. zu verbürgen.[65]

Analogie zu Art. 16 wird schließlich erwogen, soweit fremdes Recht eine **rückwirkende Ehenichtigkeit oder Eheaufhebung** vorsieht, um den Rechtsverkehr vor den Folgen der Rückwirkung zu schützen.[66]

C. Weitere praktische Hinweise

Die Registereintragung des ausländischen Güterrechts kann sich aus Sicht der Ehegatten empfehlen, um die Wirkung des Abs. 1 auszuschließen. Dies gilt vor allem, wenn sie ausländisches Recht zum Güterstatut wählen. Diesbezüglich wird in der Literatur auch vertreten, dass der Notar dabei über Abs. 1 belehren müsse.[67]

Zu Hinweisen, die bei eventueller Geltung ausländischen Güterrechts im Zusammenhang mit Rechtsgeschäften mit Dritten erteilt werden können, gibt es Vorschläge bei *Amann*,[68] *Bader*[69] und *Schotten*[70].

Artikel 17 Scheidung

(1) ¹Die Scheidung unterliegt dem Recht, das im Zeitpunkt des Eintritts der Rechtshängigkeit des Scheidungsantrags für die allgemeinen Wirkungen der Ehe maßgebend ist. ²Kann die Ehe hiernach nicht geschieden werden, so unterliegt die Scheidung dem deutschen Recht, wenn der die Scheidung begehrende Ehegatte in diesem Zeitpunkt Deutscher ist oder dies bei der Eheschließung war.

(2) ¹Eine Ehe kann im Inland nur durch ein Gericht geschieden werden.

(3) ¹Der Versorgungsausgleich unterliegt dem nach Absatz 1 Satz 1 anzuwendenden Recht; er ist nur durchzuführen, wenn ihn das Recht eines der Staaten kennt, denen die Ehegatten im Zeitpunkt des Eintritts der Rechtshängigkeit des Scheidungsantrags angehören. ²Kann ein Versorgungsausgleich danach nicht stattfinden, so ist er auf Antrag eines Ehegatten nach deutschem Recht durchzuführen,
1. wenn der andere Ehegatte in der Ehezeit eine inländische Versorgungsanwartschaft erworben hat oder
2. wenn die allgemeinen Wirkungen der Ehe während eines Teils der Ehezeit einem Recht unterlagen, das den Versorgungsausgleich kennt,

soweit seine Durchführung im Hinblick auf die beiderseitigen wirtschaftlichen Verhältnisse auch während der nicht im Inland verbrachten Zeit der Billigkeit nicht widerspricht.

---

61 Soergel/*Schurig*, Art. 16 EGBGB Rn 17; Bamberger/Roth/*Otte*, Art. 16 EGBGB Rn 38; zu eng MüKo/*Siehr*, Art. 16 EGBGB Rn 39: „Ehegütergemeinschaft".
62 Staudinger/*Mankowski*, Art. 16 EGBGB Rn 81.
63 Soergel/*Schurig*, Art. 16 EGBGB Rn 16; Bamberger/Roth/*Otte*, Art. 16 EGBGB Rn 39; a.A. MüKo/*Siehr*, Art. 16 EGBGB Rn 40.
64 BT-Drucks 10/504, S. 59; Soergel/*Schurig*, Art. 16 EGBGB Rn 22; MüKo/*Siehr*, Art. 16 EGBGB Rn 42 f.; Bamberger/Roth/*Otte*, Art. 16 EGBGB Rn 12; a.A. Staudinger/*Mankowski*, Art. 16 EGBGB Rn 48 ff., 89 f.
65 Staudinger/*Mankowski*, Art. 16 EGBGB Rn 87 f.; Soergel/*Schurig*, Art. 16 EGBGB Rn 21; *Bader*, MittRhNotK 1994, 161, 163, wendet hier Art. 16 Abs. 1 analog an.
66 Soergel/*Schurig*, Art. 16 EGBGB Rn 25 f.
67 *Schotten*, Rn 178 Fn 201; MüKo/*Siehr*, Art. 16 EGBGB Rn 7; a.A. Beck'sches Notarhandbuch/*Zimmermann*, 3. Aufl. 2000, G Rn 126.
68 MittBayNot 1986, 222, 227 f.
69 MittRhNotK 1994, 161, 165.
70 Rn 226 und DNotZ 1994, 670, 682 f.

Art. 17 EGBGB

Literatur: *Andrae*, Internationales Familienrecht, 1999; *Andrae/Essebier*, Zur Scheidung einer Ehe zwischen einer deutschen Christin und einem indischen Schiiten, IPRax 2002, 294; *Beitzke*, Scheidung sunnitischer Libanesen, IPRax 1993, 231; *Dopffel*, Die Voraussetzungen der Ehescheidung im neuen Internationalen Privatrecht, FamRZ 1987, 1205; *Göppinger/Wax*, Unterhaltsrecht, 7. Auflage 1999; *Gottwald*, Deutsche Probleme Internationaler Familienverfahren, in: FS Nakamura 1996, S. 187; *Hay*, Die Anwendung US-amerikanischer Jurisdiction-Regeln als Verweisungsnorm bei Scheidung von in Deutschland wohnhaften Amerikanern, IPRax 1988, 265; *Henrich*, Internationales Familienrecht, 2. Auflage 2000; *ders.*, Internationales Scheidungsrecht, 7. Auflage 1998; *ders.*, Das internationale Eherecht nach der Reform, FamRZ 1986, 841; *Herfarth*, Die Scheidung nach jüdischem Recht im internationalen Zivilverfahrensrecht, 2000; *ders.*, Scheidung nach religiösem Recht durch deutsche Gerichte, IPRax 2000, 101; *Jayme*, Scheidung gemischtnationaler Ehen und Auslegung des Art. 17 Abs. 1 S. 2 EGBGB, IPRax 1987, 167; *Johannsen/Henrich*, Eherecht, 4. Auflage 2003; *Klattenhoff*, Das Internationale Privatrecht und der Versorgungsausgleich, FuR 2000, 49; *Kersting*, Der Anwendungsbereich des Art. 17 Abs. 1 S. 2 EGBGB, FamRZ 1992, 268; *Lüderitz*, Die Ehescheidung nach dem Gesetz zur Neuregelung des Internationalen Privatrechts, IPRax 1987, 74; *ders.*, Talâq vor deutschen Gerichten, in: FS Baumgärtel 1990, S. 333; *Piltz*, Internationales Scheidungsrecht, 1988; *Rahm/Künkel*, Handbuch des Familiengerichtsverfahrens, 1994; *H. Roth*, Übersehener Schuldausspruch und der Grundsatz der Einheitlichkeit der Entscheidung im Scheidungsverfahren, IPRax 2000, 292; *Rigaux*, „Versorgungsausgleich" und Art. 12 EC: Discriminations based on the nationality and German private international law, IPRax 2000, 287; *G. Wagner*, Scheidung von EU-Auslandsdeutschen nach Inlandsrecht – europarechtswidrig?, IPRax 2000, 512; *R. Wagner*, Versorgungsausgleich mit Auslandsberührung, 1996; *ders.*, Überlegungen zur Vereinheitlichung des Internationalen Privatrechts in Ehesachen in der Europäischen Union, FamRZ 2003, 803; *ders.*, Versorgungsausgleich bei deutsch/US-amerikanischer Ehe, IPRax 1999, 94; *Winkler v. Mohrenfels*, Hinkende Doppelehe, Vorfragenanknüpfung und Gestaltungswirkung inländischer Scheidungsurteile, IPRax 1988, 341.

A. Allgemeines	1
B. Regelungsgehalt	7
I. Anknüpfung des Scheidungsstatuts (Abs. 1)	7
1. Verweisung auf das allgemeine Ehewirkungsstatut (Abs. 1 S. 1)	7
a) Die Anknüpfung im Einzelnen	7
b) Maßgeblicher Zeitpunkt	15
c) Unteranknüpfung bei Mehrrechtsstaaten	20
d) Rück- und Weiterverweisung	23
aa) Allgemeine Grundsätze	23
bb) „Versteckte Rückverweisung"	26
2. Regelwidrige Anwendung des deutschen Rechts	30
a) Die Regelung des Abs. 1 S. 2	30
aa) Unmittelbare Anwendung der Vorschrift	30
(1) Kollisionsrechtliche Voraussetzungen	30
(2) Einfluss der EheVO 2003	40
bb) Analoge Anwendung, allseitiger Ausbau	42
b) Ehe mit beschränktem Wirkungskreis (hinkende Ehe)	45
II. Anwendungsbereich des Scheidungsstatuts	48
1. Begriff der Scheidung	48
a) Nachträgliche Auflösung oder Lockerung des Ehebandes	48
b) Vorfrage nach dem Bestehen einer Ehe	53
aa) Selbständige Anknüpfung	53
bb) Scheidbarkeit bei Nichtanerkennung des ersten Scheidungsurteils im Ausland	57
2. Materielle Scheidungsvoraussetzungen	58
a) Voraussetzungen im Einzelnen	58
b) Ordre public	62
3. Wirkungen der Scheidung	71
a) Wirkungen auf das Eheband, Möglichkeit der Wiederverheiratung	71
b) Nebenfolgen	72
aa) Schuldausspruch im Urteil	72
bb) Unterhaltspflichten	74
cc) Schadensersatzpflichten	76
dd) Widerruf von Schenkungen	78
ee) Anspruch auf Auszahlung der Morgengabe	79
ff) Zuweisung von Ehewohnung und Hausrat	80
c) Nicht vom Scheidungsstatut erfasste Fragen	81
III. Besonderheiten für das inländische Scheidungsverfahren nach ausländischem Recht	82
1. Anwendung deutschen Verfahrensrechts	82
a) Scheidungsmonopol deutscher Gerichte (Abs. 2)	82
b) Qualifikationsfragen	87
2. Unwirksamkeit von inländischen, nicht durch das Familiengericht ausgesprochenen Scheidungen	92
IV. Anknüpfung des Versorgungsausgleichs (Abs. 3)	102
1. Regelanknüpfung	102
a) Überblick	102
b) Maßgeblichkeit des Scheidungsstatuts	106
aa) Allgemeine Anknüpfungsgrundsätze	106
bb) Anwendung von Art. 17 i.V.m. Art. 14 im Einzelnen	111
cc) Rück- und Weiterverweisung	114
dd) Anknüpfung bei hinkender Ehe	118
c) Einschränkung durch zusätzliche Anwendung des Heimatrechts	120
aa) Wirkungsweise der Vorschrift im Allgemeinen	120
bb) Teleologische Reduktion bei Wahl des Ehewirkungsstatuts	122
cc) Alternative Sachnormverweisung auf das Heimatrecht der Ehegatten	123
dd) Kenntnis des Versorgungsausgleichs durch das ausländische Recht	126
ee) Rechtsfolge	132
2. Regelwidrige Durchführung nach deutschem Recht (Abs. 3 S. 2)	133
a) Überblick	133
b) Voraussetzungen	134
aa) Kein Stattfinden eines Versorgungsausgleichs	134
bb) Teleologische Reduktion bei Wahl des Ehewirkungsstatuts	137
cc) Antrag	138

dd) Vorliegen von Abs. 3 S. 2 Nr. 1 oder Nr. 2, kein Widerspruch zur Billigkeit 145	II. Kollisionsrechtliche Gestaltungsmöglichkeiten 167
c) Rechtsfolge 153	1. Rechtswahl 167
3. Feststellung und Bewertung ausländischer Anwartschaften 155	2. Rechtshängigkeitszeitpunkt 171
V. Vorrangige staatsvertragliche Abkommen .. 160	a) Allgemeine kollisionsrechtliche Bedeutung 171
C. Weitere praktische Hinweise 164	b) Der Zeitpunkt der Scheidbarkeit nach dem ausländischen Recht 172
I. Prozessuale Hinweise 164	c) Person des Antragstellers 174
1. Internationale Zuständigkeit 164	
2. Rechtshängigkeitseinwand 166	

A. Allgemeines

Abs. 1 S. 1 verweist für die Fragen der **Scheidung** auf das von Art. 14 bestimmte **Ehewirkungsstatut**. Es liegt also eine im Grundsatz einheitliche Anknüpfung von allgemeinen Ehewirkungen und den Regelungsfragen der Scheidung vor. Diese Koppelung von Scheidungs- und Ehewirkungsstatut lässt sich nur noch bedingt damit rechtfertigen, dass die Scheidung häufig die Verletzung von Pflichten voraussetzt, die dem allgemeinen Ehewirkungsstatut zu entnehmen sind.[1] Zunehmend setzt die Scheidung in vielen Staaten lediglich die Zerrüttung der Ehe und nicht mehr die Verletzung konkreter ehelicher Pflichten voraus. Auf der Ebene des materiellen Rechts ist damit – auch in Deutschland – eine weitgehende Entkoppelung des Scheidungs- vom allgemeinen Ehewirkungsrecht eingetreten.[2] Vor diesem Hintergrund lässt sich die in Art. 17 enthaltene Verweisung auf Art. 14 am besten damit erklären, dass die in Art. 14 enthaltenen Anknüpfungsmomente (insbesondere die Staatsangehörigkeit, hilfsweise der gemeinsame gewöhnliche Aufenthalt) auch für die Scheidung angemessen sind. Die Bezugnahme auf Art. 14 stellt damit nur eine redaktionelle Verkürzung einer eigenständigen scheidungsrechtlichen Anknüpfung dar.[3]

Abs. 1 S. 2 sieht – abweichend von der einheitlichen Anknüpfung der Scheidungs- und Ehewirkungsfragen – eine zusätzliche Möglichkeit der **Anwendung des deutschen Scheidungsrechts** vor. Voraussetzung ist, dass der die Scheidung begehrende Ehegatte im Zeitpunkt der Eheschließung bzw. bei Rechtshängigkeit des Scheidungsantrags Deutscher war und die Ehe nach dem gem. Abs. 1 S. 1 i.V.m. Art. 14 eigentlich anwendbaren ausländischen Recht nicht geschieden werden kann.

Art. 17 enthält nicht nur die Anknüpfung für die Voraussetzungen der Scheidung, sondern betrifft auch die Anknüpfung einiger wichtiger **scheidungsrechtlicher Nebenfolgen**. Insbesondere kommt Art. 17 wegen der in Art. 18 Abs. 4 enthaltenen Verweisung bei der wichtigen Frage des **Nachscheidungsunterhalts** zur Anwendung. Gerade die Beurteilung dieser scheidungsrechtlichen Nebenfolgen steht in der Praxis häufig im Vordergrund. Für güterrechtliche Fragen (Art. 15), die Verteilung der elterlichen Sorge (MSA) sowie das Namensrecht (Art. 10) gelten allerdings abweichende Sonderanknüpfungen.

Abs. 3 enthält schließlich eine Regelung für den **Versorgungsausgleich**. Auch für den Versorgungsausgleich ist grundsätzlich das Scheidungsstatut maßgeblich (Abs. 3 S. 1 Hs. 1). Allerdings ist diese Regel in Abs. 3 S. 1 Hs. 2, S. 2 durch verschiedene komplizierte Sonderregeln durchbrochen.

Art. 17 ist als deutsche Kollisionsnorm dann heranzuziehen, wenn der Scheidungsantrag bzw. der Versorgungsausgleich durch deutsche Gerichte zu behandeln ist. Daneben ist Art. 17 dann anzuwenden, wenn ausländisches Kollisionsrecht im Wege einer Gesamtverweisung deutsches Recht beruft. Die Sonderanknüpfung für deutsche Antragsteller nach Abs. 1 S. 2 gilt allerdings nur dann, wenn deutsche Gerichte über den Scheidungsantrag befinden.

Gegenüber Art. 17 vorrangige Staatsverträge spielen gegenwärtig kaum eine Rolle. Zu beachten ist lediglich das **deutsch-iranische Niederlassungsabkommen** vom 17.2.1929 (vgl. dazu Rn 161 ff.).[4] Auf der Ebene der **europäischen Gemeinschaft** ist durch die **EheVO** eine Vereinheitlichung in Fragen der internationalen Zuständigkeit sowie der Anerkennung ausländischer Scheidungsurteile erreicht worden (vgl. insoweit die ausf. Kommentierung der EheVO 2003 in Anhang I zum III Abschnitt EGBGB). Die EheVO 2003 führt aber keine Vereinheitlichung des Kollisionsrechts der Mitgliedstaaten herbei. Das somit jeweils nach wie vor anwendbare Kollisionsrecht der einzelnen Mitgliedstaaten weicht weiterhin erheblich voneinander ab.[5] Da ausländische Scheidungsurteile nach Maßgabe der Artt. 21 ff. EheVO 2003 unabhängig davon

---

1 So noch die Begründung zum Regierungsentwurf, BT-Drucks 10/504, S. 60.
2 Vgl. etwa *Pintens*, FamRZ 2003, 329, 335.
3 *Kropholler*, IPR, § 46 I 1; vgl. auch *Kersting*, FamRZ 1992, 268, 270; *Lüderitz*, IPRax 1987, 74 f.
4 Vgl. OLGR Frankfurt 2003, 303 (zum Versorgungsausgleich).
5 Vgl. den Überblick bei *Wagner*, FamRZ 2003, 803, 805 m.w.N.

anzuerkennen sind, welches Sachrecht im konkreten Fall angewendet worden ist, und die Artt. 3 ff. EheVO 2003 überdies zahlreiche konkurrierende Zuständigkeiten verschiedener Gerichte vorsehen, ergibt sich aus den Unterschieden der Kollisionsrechtsordnungen ein Anreiz zum sog. *forum shopping* (vgl. Rn 165 und Anhang I zum III Abschnitt, Art. 3 EheVO Rn 4 f.). Dementsprechend wird auf der Ebene des europäischen Gemeinschaftsrechts eine Vereinheitlichung des Kollisionsrechts der Mitgliedstaaten durch eine neue EG-Verordnung (Projekt **„Rom III"**) intensiv diskutiert und vorbereitet.[6] Angesichts der erheblichen Unterschiede der nationalen Kollisionsrechtsordnungen sind insoweit allerdings schwierige und wohl auch eher langwierige Verhandlungen zu erwarten.[7]

B. Regelungsgehalt

I. Anknüpfung des Scheidungsstatuts (Abs. 1)

7 **1. Verweisung auf das allgemeine Ehewirkungsstatut (Abs. 1 S. 1). a) Die Anknüpfung im Einzelnen.** Im Einzelnen kommt es für die Anknüpfung auf alle Anknüpfungen des Ehewirkungsstatuts nach Art. 14 Abs. 1 Nr. 1–3 an. Zu beachten sind daneben auch die Möglichkeiten der Rechtswahl nach Art. 14 Abs. 2 und Abs. 3. Soweit bei der Anknüpfung nach Art. 14 **Rück- und Weiterverweisungen** zu beachten sind (Art. 4), gilt dies auch für die Anknüpfung des Scheidungsstatuts (vgl. dazu Rn 23 ff.).

8 Maßgebend ist damit im Rahmen der objektiven Anknüpfung zunächst die **gemeinsame Staatsangehörigkeit** der Ehegatten (Art. 14 Abs. 1 Nr. 1 Alt. 1). Bei Mehrstaatern kommt es grundsätzlich auf die sog. effektive Staatsangehörigkeit an (Art. 5 Abs. 1 S. 1).[8] Die effektive Staatsangehörigkeit ist für jeden Ehegatten getrennt festzustellen.[9] Hat ein Mehrstaater auch die deutsche Staatsangehörigkeit, so ist allein diese maßgeblich (Art. 5 Abs. 1 S. 2).[10] Für **Staatenlose** (unter dem Geltungsbereich des New Yorker Übereinkommens) ist auf den gewöhnlichen bzw. einfachen Aufenthalt abzustellen. Dasselbe gilt für **Flüchtlinge** (mit Flüchtlingsstatus unter dem Genfer Abkommen) sowie ihnen gleichgestellte **Asylberechtigte**. Die Staatsbürgerschaft wird hier durch die Eigenschaft als Flüchtling bzw. Asylberechtigter verdrängt (vgl. näher Anhang II zu Art. 5 Rn 1 ff.).[11] **Volksdeutsche Flüchtlinge**, **Vertriebene** und ihnen gleichgestellte Personen (**Spätaussiedler**) sind nach Art. 116 GG deutsche Staatsangehörige.[12]

9 Besteht im maßgeblichen Zeitpunkt der Rechtshängigkeit des Scheidungsantrags keine aktuell gemeinsame, nach Art. 5 zu berücksichtigende Staatsangehörigkeit der Ehegatten, so kommt es auf die **letzte gemeinsame Staatsangehörigkeit** an, soweit zumindest einer der Ehegatten diese Staatsangehörigkeit noch besitzt (Art. 14 Abs. 1 Nr. 1 Alt. 2).[13] Art. 14 Abs. 1 Nr. 1 Alt. 2 kommt zunächst in den Fällen zur Anwendung, in denen einer der Ehegatten die Staatsangehörigkeit zwischenzeitlich gewechselt bzw. verloren hat.[14] Die Vorschrift gilt aber auch dann, wenn bei einem Mehrstaater – etwa deshalb, weil er seinen gewöhnlichen Aufenthalt in einen anderen Staat verlegt hat – zwischenzeitlich ein Wechsel der als i.S.d. Art. 5 Abs. 1 S. 1 effektiv anzusehenden Staatsangehörigkeit stattgefunden hat. Bei verheirateten Mehrstaatern reicht es für Art. 14 Abs. 1 Nr. 1 Alt. 2 aus, dass sie, wenn auch ggf. nur für einen kurzen Zeitraum, im Verlauf ihrer Ehe einmal eine gemeinsame effektive Staatsangehörigkeit hatten.[15] Auch bei Art. 14 Abs. 1 Nr. 1 Alt. 2 sind

---

6 Näheres ergibt sich zunächst aus dem Wiener Aktionsplan des Rates und der Kommission v. 3.12.1998 zur bestmöglichen Umsetzung der Bestimmungen des Amsterdamer Vertrages über den Aufbau eines Raums der Freiheit, der Sicherheit und des Rechts (ABlEG 1999, C 19/1 = IPRax 1999, 288, 290). In nächster Zeit wird die Europäische Kommission ein Weißbuch zu dem auf Scheidungen anwendbaren Recht vorlegen. Ob der Europäischen Gemeinschaft überhaupt die Kompetenz zur Schaffung eines einheitlichen Kollisionsrechts zusteht, erscheint zweifelhaft, dürfte aber letztlich zu bejahen sein, vgl. hierzu ausf. *Wagner*, RabelsZ 68 (2004), 119 f.

7 Zu ersten Überlegungen und Vorschlägen – die im Kern auf eine Zurückdrängung der Staatsangehörigkeitsanknüpfung und eine Primäranknüpfung an den gewöhnlichen Aufenthalt zielen – s. *Wagner*, FamRZ 2003, 803, 805 f. m.w.N.; *Hohloch*, in: FS Stoll 2001, S. 533 f.; *Henrich*, in: FS Hausheer 2002, S. 235, 240 ff.

8 OLG München FamRZ 1994, 634; *Jayme*, IPRax 2002, 209.

9 *Jayme*, IPRax 2002, 209.

10 BGH IPRax 1995, 111, 113 = FamRZ 1994, 435; OLG Hamm FamRZ 1997, 1228, 1229; BayObLG IPRax 1995, 324 = FamRZ 1994, 1263 = NJW-RR 1994, 771; OLG Düsseldorf FamRZ 1994, 1261, 1262.

11 OLG Nürnberg FamRZ 2002, 324, 325; OLG Karlsruhe FamRZ 1996, 1147; 1991, 83; OLG Hamm FamRZ 1992, 1181 m. Anm. *Henrich*, IPRax 1992, 390; AG Weilburg FamRZ 2000, 169, 170 = NJW-RR 1999, 1382.

12 OLG Celle FamRZ 1998, 757; OLG Karlsruhe FamRZ 1996, 1147; 1991, 83; OLG Hamm FamRZ 1992, 1181 m. Anm. *Henrich*, IPRax 1992, 390.

13 BGH IPRax 1995, 111, 113 = FamRZ 1994, 434; OLG Karlsruhe FamRZ 1996, 1146, 1147.

14 OLG Karlsruhe FamRZ 1996, 1146 (deutsches Personalstatut als letztes gemeinsames Personalstatut bei Verzicht eines der beiden Ehegatten auf Status als anerkannter Asylberechtigter).

15 *Jayme*, IPRax 2002, 209 zu AG Freiburg IPRax 2002, 223; *Johannsen/Henrich*, Art. 17 Rn 5.

im Übrigen die Hilfs- und Sonderanknüpfungen für Staatenlose, Flüchtlinge und Asylbewerber sowie Art. 5 Abs. 1 S. 2 zu beachten.[16]

Führt die Anknüpfung an die Staatsangehörigkeit nicht weiter, so ist auf das Recht des Staates abzustellen, in dem beide Ehegatten im Zeitpunkt der Rechtshängigkeit des Scheidungsantrags ihren **gewöhnlichen Aufenthalt** haben. Haben beide Ehegatten ihren gewöhnlichen Aufenthalt in verschiedenen Staaten, so ist das Recht des Staates maßgeblich, in dem sie zuletzt ihren gemeinsamen gewöhnlichen Aufenthalt hatten, sofern ein Ehegatte in diesem Staat noch seinen gewöhnlichen Aufenthaltsort hat.[17] Bezüglich des Begriffes des gewöhnlichen Aufenthalts bestehen bei Art. 17 keine Besonderheiten. Maßgeblich ist also, in welchem Staat die Ehegatten ihren **faktischen Lebensmittelpunkt**, also den Schwerpunkt ihrer familiären und beruflichen Bindungen haben (vgl. näher Art. 5 EGBGB Rn 16 ff.).[18]

10

Schlägt auch diese Anknüpfung fehl, so ist auf das Recht des Staates abzustellen, mit dem die Ehegatten auf andere Weise am **engsten verbunden** sind (Art. 14 Abs. 1 Nr. 3). Hierbei ist auf sämtliche Umstände des Einzelfalls abzustellen. Auch in der Vergangenheit liegende Umstände sind zu berücksichtigen.[19] In dem (seltenen) Fall der Nichtfeststellbarkeit eines engsten Bezugs greift die Praxis i.d.R. auf das deutsche Recht zurück.[20]

11

Haben die Parteien unter den Voraussetzungen des Art. 14 Abs. 2–4 das Ehewirkungsstatut gewählt, so ist diese **Rechtswahl** auch für das Scheidungsstatut maßgeblich. Die Wirksamkeit der Rechtswahl beurteilt sich nach den tatsächlichen Verhältnissen im Zeitpunkt der Vereinbarung.[21] Bei Altehen ist das für die Vereinbarung einschlägige Übergangsrecht zu beachten.[22] Wählen die Ehegatten ein bestimmtes Recht mit dem Ziel, auf diese Weise ein abweichendes Scheidungsstatut zu erlangen, ist diese Rechtswahl nicht mit dem Argument einer Gesetzesumgehung infrage zu stellen.[23] Auf die Möglichkeit einer Rechtswahl sollte auch in der Beratungspraxis hingewiesen werden. Die Rechtswahl muss vor der Rechtshängigkeit des Scheidungsantrags erfolgen (vgl. Rn 169).

12

Eine inhaltlich von vornherein nur auf das **Scheidungsstatut beschränkte isolierte Rechtswahl** ist nach h.M. allerdings unzulässig und unbeachtlich.[24] Zulässig ist nach h.M. nur eine Wahl des Ehewirkungsstatuts, die dann auch auf das Scheidungsstatut ausstrahlt. Dem ist entgegenzuhalten, dass die Freiheit zu einer auf das Scheidungsstatut beschränkten Rechtswahl im Wege eines *argumentum a maiore ad minus* aus Abs. 1 S. 1 i.V.m. Art. 14 Abs. 2–4 abgeleitet werden kann.[25] Im Übrigen ist nicht ersichtlich, warum etwa Ehegatten, die an der Fortführung der ehelichen Gemeinschaft kein Interesse mehr haben und denen es daher nur noch auf die baldmöglichst durchzuführende Scheidung ankommt, ihre Rechtswahl nicht auf das für sie praktisch allein interessante Scheidungsstatut beschränken dürfen. Das Argument, dass ein Gleichlauf zwischen dem allgemeinen Ehewirkungs- und dem Scheidungsstatut hergestellt werden soll, kann – gerade angesichts der Entkoppelung des materiellen Scheidungsrechts vom Recht der allgemeinen Ehewirkungen (Rn 1) – nicht mehr überzeugen.

13

In der Literatur wird allerdings vielfach vorgeschlagen, eine isolierte Rechtswahl jedenfalls i.d.R. durch Auslegung zu einer Wahl auch des Ehewirkungsstatuts zu machen, die erst in der letzten Sekunde vor Rechtshängigkeit des Scheidungsantrags wirksam wird.[26] Dadurch lässt sich eine Unwirksamkeit der Rechtswahl vielfach abwenden. Hierfür spricht, dass nach allgemeinen Interpretationsmaximen im Zweifel diejenige

14

---

16 OLG Karlsruhe FamRZ 1996, 1146, 1147 (für Asylberechtigte); a.A. (eine Anwendung von Art. 5 Abs. 1 S. 2 allerdings ohne nähere Begründung abl.) AG Hamburg FamRZ 2000, 958.
17 Vgl. hierzu AG Freiburg IPRax 2002, 223 mit abl. Anm. *Jayme*, S. 209 = FamRZ 2002, 888.
18 Etwa BGH NJW 1993, 2047, 2048 f. = FamRZ 1993, 798.
19 Staudinger/*Mankowski*, Art. 17 EGBGB Rn 138; *Kersting*, FamRZ 1992, 268, 269 f.; a.A. MüKo/*Winkler v. Mohrenfels*, Art. 17 EGBGB Rn 36.
20 KG FamRZ 2002, 804 f. = KGR Berlin 2002, 23 = FPR 2002, 304 (entgegen dem KG war allerdings ein engster Bezug zu Marokko festzustellen, da die Ehefrau marokkanische Staatsbürgerin mit gewöhnlichem Aufenthalt in Marokko war, der Eheschließungsort ebenfalls in Marokko lag und der Ehegatte zum islamischen Glauben übergetreten war und schließlich die Privatscheidung ebenfalls in Marokko vorgenommen hatte); zurückhaltend auch Erman/*Hohloch*, Art. 17 EGBGB Rn 9.

21 BayObLG IPRax 1995, 324, 326 = FamRZ 1994, 1263 = NJW-RR 1994, 771.
22 BayObLG IPRax 1995, 324, 326 = FamRZ 1994, 1263 = NJW-RR 1994, 771.
23 Die Gesetzesumgehung nicht gänzlich ausschließend Bamberger/Roth/*Otte*, Art. 17 EGBGB Rn 9; Erman/*Hohloch*, Art. 17 EGBGB Rn 21.
24 KG IPRax 2000, 544; BayObLG IPRax 1995, 324, 326 = FamRZ 1994, 1263 = NJW-RR 1994, 771; ebenso Erman/*Hohloch*, Art. 17 EGBGB Rn 21; Staudinger/*Mankowski*, Art. 17 EGBGB Rn 139; *Looschelders*, Art. 17 Rn 23; Soergel/*Schurig*, Art. 17 EGBGB Rn 21; *Kropholler*, IPR, § 46 I 1; *Wegmann*, NJW 1987, 1740, 1741; krit. hierzu *Wagner*, IPRax 2000, 512, 513 f.
25 Vgl. *Wagner*, IPRax 2000, 512, 514, der zutr. darauf hinweist, dass das Gesetz die Wahl des Ehewirkungsstatuts auch noch in „letzter Sekunde vor dem Scheidungsverfahren" zulasse, was der Wahl des Scheidungsstatuts praktisch gleichkomme.
26 *Wagner*, IPRax 2000, 512, 514; auch Staudinger/*Mankowski*, Art. 17 EGBGB Rn 139a.

Auslegung zu wählen ist, die die Nichtigkeit des Rechtsgeschäfts vermeidet.[27] Eine derartige Auslegung dürfte selbst dann möglich sein, wenn sich die Vereinbarung ihrem Wortlaut nach explizit nur auf das Scheidungsstatut bezieht.

15 **b) Maßgeblicher Zeitpunkt.** Die Scheidung unterliegt nach Abs. 1 S. 1 dem Recht, das im **Zeitpunkt des Eintritts der Rechtshängigkeit** des Scheidungsantrags gemäß Art. 14 maßgeblich ist. Wird das Scheidungsverfahren in Deutschland durchgeführt, kommt es auf den Zeitpunkt der Zustellung der Antragsschrift an (§§ 608, 261, 253 Abs. 1 ZPO). Wird das Scheidungsverfahren vor einem ausländischen Gericht durchgeführt – und verweist das ausländische Kollisionsrecht im Wege einer Gesamtverweisung auf das deutsche Recht –, so kommt es darauf an, wann nach der ausländischen *lex fori* Rechtshängigkeit eintritt bzw. ein der deutschen Rechtshängigkeit (Klagesperre) vergleichbarer Zustand erreicht wird.[28] Entsteht also nach dem anwendbaren ausländischen Verfahrensrecht der Rechtshängigkeitseinwand bereits mit Einreichung (nicht erst mit Zustellung) der Antragsschrift, so ist auf den Zeitpunkt der Einreichung abzustellen.[29] Entsteht nach dem ausländischen Verfahrensrecht der Rechtshängigkeitseinwand erst mit Zustellung oder u.U. erst nach Durchführung eines Gütetermins (Versöhnungsverfahrens), ist dieser Zeitpunkt maßgeblich.[30]

16 Fraglich ist, ob für die Bestimmung des Rechtshängigkeitszeitpunkts anstelle der §§ 608, 261, 253 Abs. 1 ZPO nach In-Kraft-Treten der EheVO 2003 auf **Art. 16 EheVO 2003** abzustellen ist.[31] Hiernach käme es auf den früher verwirklichten Akt – entweder die Anhängigkeit oder die Zustellung – an, wenn der noch fehlende Akt zeitig nachgeholt wird (vgl. näher Anhang I zum III. Abschnitt, Art. 16 EheVO Rn 1 ff.). Art. 16 EheVO 2003 müsste in der Konsequenz nicht nur für die Rechtshängigkeit bei den Gerichten anderer EG-Mitgliedstaaten, sondern auch für die Rechtshängigkeit bei deutschen Gerichten gelten. Bei Anwendung des Art. 16 EheVO 2003 würde man vielfach zu einer Vorverlagerung des Anknüpfungszeitpunkts gelangen und nachträgliche Entwicklungen – zwischen Klageeinreichung und -zustellung – von vornherein ausblenden. Art. 16 EheVO 2003 ist seinem sachlichen Anwendungsbereich nach aber nur eine Norm, die sich auf die Regelung einzelner ausgewählter prozessualer Fragen wie etwa der konkurrierenden Litispendenz bei Anrufung von Gerichten verschiedener Mitgliedstaaten bezieht und i.Ü. keinen Einfluss auf die kollisionsrechtliche Anknüpfung nehmen will. Insoweit dürfte es unabhängig von Art. 16 EheVO 2003 bei den oben dargestellten Regeln verbleiben.

17 Bei einer **Privatscheidung** kommt es nach h.M. auf den Zeitpunkt an, in dem der Antragsgegner erstmals förmlich mit der Scheidung befasst wird.[32] Bei der Scheidung durch Übergabe eines Scheidebriefs ist daher auf den Zeitpunkt der Übergabe abzustellen, bei der einvernehmlichen Vertragsscheidung auf den Zugang des Scheidungsangebots.[33] Etwas anderes gilt aber, wenn die Scheidung sogar gänzlich ohne förmliche Befassung des Scheidungsgegners wirksam wird. Wird also z.B. die Verstoßung nach dem islamischen Recht bereits mit der bloßen Abgabe der Verstoßungserklärung wirksam – ohne dass die Erklärung der Ehefrau zugehen muss[34] –, so ist auf den Zeitpunkt der Abgabe der Erklärung abzustellen.[35]

18 Änderungen, die nach dem dargestellten Zeitpunkt eintreten, sind für die kollisionsrechtliche Anknüpfung ohne Bedeutung. Das Scheidungsstatut ist also während des laufenden Scheidungsverfahrens **unwandelbar.**[36] Dies gilt allerdings nach h.L. dann nicht, wenn das ausländische Kollisionsrecht, auf das im Wege einer Gesamtverweisung verwiesen wird, seinerseits Änderungen der Anknüpfungstatsachen auch noch nach Rechtshängigkeit (etwa dem Wechsel der Staatsangehörigkeit oder des gewöhnlichen Aufenthalts) Bedeutung beimisst.[37] Dem ist nicht zuzustimmen, da auf diese Weise die mit Abs. 1 S. 1 angestrebte Unwandelbarkeit

---

27 *Wagner*, IPRax 2000, 512, 514.
28 Bamberger/Roth/*Otte*, Art. 17 EGBGB Rn 6; Erman/*Hohloch*, Art. 17 EGBGB Rn 17.
29 *Rauscher*, IPR, S. 180.
30 *Rauscher*, IPR, S. 180.
31 Grundsätzlich bejahend wohl Bamberger/Roth/*Otte*, Art. 17 EGBGB Rn 58; vgl. auch Erman/*Hohloch*, Art. 17 EGBGB Rn 17.
32 So bereits die Formulierung in der Begründung zum Regierungsentwurf, BT-Drucks 10/504, S. 60; vgl. hieran anschließend BGHZ 110, 267, 273 f. = NJW 1990, 2195, 2196 = FamRZ 1990, 607 (zur einvernehmlichen Privatscheidung einer in Thailand geschlossenen Ehe); OLG Celle FamRZ 1998, 686 (Scheidung nach dem japanischen Recht durch Vereinbarung).
33 Staudinger/*Mankowski*, Art. 17 EGBGB Rn 147.
34 Etwa auch OLG Frankfurt NJW 1990, 646.
35 *Rauscher*, IPR, S. 180. Nach dem BayObLG (IPRax 1995, 324, 325 = FamRZ 1994, 1263, 1264 = NJW-RR 1994, 771, 772) ist demgegenüber entweder auf den Zeitpunkt des Zugangs der Scheidungserklärung oder den Zeitpunkt der Registrierung abzustellen.
36 OLG Hamm FamRZ 1995, 933; vgl. bereits Begründung zum Regierungsentwurf, BT-Drucks 10/504, S. 60.
37 Erman/*Hohloch*, Art. 17 EGBGB Rn 11; Soergel/*Schurig*, Art. 17 EGBGB Rn 161; Bamberger/Roth/*Otte*, Art. 17 EGBGB Rn 58; Staudinger/*Mankowski*, Art. 17 EGBGB Rn 157. Aus BGH NJW 1982, 1940, 1941 = FamRZ 1982, 795, 796 = IPRax 1983, 190 ergibt sich für diese Frage nichts, weil der BGH dort lediglich feststellt, dass es im konkreten Fall nach dem französischen Kollisionsrecht für die Beurteilung der maßgeblichen Staatsangehörigkeit (ebenfalls) auf den Zeitpunkt der Klageerhebung ankomme.

des Scheidungsstatuts praktisch doch wieder preisgegeben würde.[38] Das ausländische Kollisionsrecht ist also bei der Prüfung einer Rück- oder Weiterverweisung so anzuwenden, wie es in dem durch Abs. 1 S. 1 bestimmten Zeitpunkt – der Rechtshängigkeit – aus Sicht eines ausländischen Richters anzuwenden wäre. Änderungen des anzuwendenden materiellen Sachrechts, die sich nach Eintritt der Rechtshängigkeit ergeben, sind allerdings auch nach Rechtshängigkeit nach Maßgabe der vom jeweiligen Sachrecht vorgesehenen Übergangsregeln zu berücksichtigen.[39] Abs. 1 S. 1 bewirkt m.a.W. keine „Versteinerung" des anzuwendenden Sachrechts.[40]

Die Unwandelbarkeit des Scheidungsstatuts kann für ein in Deutschland anhängiges Scheidungsverfahren u.a. dann praktische Bedeutung erlangen, wenn ein ausländisches Ehepaar in Deutschland die Einbürgerung beantragt hat. Soweit bei Rechtshängigkeit auf ausländisches Recht verwiesen wurde, bleibt es bei dieser Verweisung auf das ausländische Recht auch dann, wenn beide Ehegatten noch vor der letzten mündlichen Verhandlung die deutsche Staatsbürgerschaft erlangen.[41] Entspricht eine Scheidung nach deutschem Recht – etwa im Hinblick auf den Nachscheidungsunterhalt (Art. 18 Abs. 4) oder den Versorgungsausgleich (Abs. 3) – dem Interesse der Scheidungswilligen und liegt keine Rückverweisung des ausländischen auf das deutsche Recht vor, sollte daher der Scheidungsantrag erst nach der erfolgten Einbürgerung gestellt werden (vgl. auch Rn 171).

c) Unteranknüpfung bei Mehrrechtsstaaten. Verweist Abs. 1 i.V.m. Art. 14 auf einen Staat mit mehreren Teilrechtsordnungen, so ist nach Maßgabe des Art. 4 Abs. 3 eine Unteranknüpfung vorzunehmen. Eine Teilrechtsordnung liegt insbesondere dann vor, wenn für verschiedene Gebiete unterschiedliches Recht gilt, aber auch dann, wenn lediglich für einzelne Personen – etwa nach Maßgabe ihrer Religionszugehörigkeit – unterschiedliches Recht angewendet wird.[42]

Vorrangig ist zu prüfen, ob durch die Anknüpfung das maßgebende Recht nicht bereits als maßgebend bezeichnet wird (Art. 4 Abs. 3 S. 1). Dies kann bei einer Verweisung gem. Abs. 1 i.V.m. Art. 14 Abs. 1 Nr. 2 dann angenommen werden, wenn die Ehegatten ihren gemeinsamen bzw. letzten gemeinsamen gewöhnlichen Aufenthalt in derselben räumlichen Teilrechtsordnung – etwa einem Bundesstaat der Vereinigten Staaten – haben.[43] Die unmittelbare Verweisung auf die Teilrechtsordnung, in der die Ehegatten den gemeinsamen bzw. letzten gemeinsamen gewöhnlichen Aufenthalt haben, gilt nach h.L. selbst dann, wenn der betreffende Staat über ein interlokales Privatrecht verfügt und ggf. eine andere Teilrechtsordnung für maßgeblich halten würde.[44]

Wird – etwa im Falle der Anknüpfung an die Staatsangehörigkeit – keine Teilrechtsordnung als die maßgebende bezeichnet, so ist zu prüfen, ob der Staat selbst die maßgebende Teilrechtsordnung benennt (Art. 4 Abs. 3 S. 1). Im Falle der Vereinigten Staaten wird dies überwiegend verneint, da dort keine bundesrechtliche interlokale Kollisionsnorm existiere.[45] Liegt keine Bezeichnung der maßgeblichen Teilrechtsordnung vor, so ist das Recht der Teilrechtsordnung anzuwenden, mit welcher der Sachverhalt am engsten verbunden ist (Art. 4 Abs. 3 S. 2). Die Bestimmung der maßgeblichen Teilrechtsordnung kann in der Praxis dahingestellt bleiben, wenn alle in Betracht kommenden Teilrechtsordnungen eine Rückverweisung auf das deutsche Recht aussprechen. Eine derartige Vorgehensweise kommt vor allem im Verhältnis zu den Common-Law-Staaten in Betracht.[46]

---

38 Vgl. in einem anderen Zusammenhang (intertemporales Kollisionsrecht) BGH NJW 1990, 636, 637. Es solle durch Art. 17 verhindert werden, dass das Gericht „Gefahr läuft, bei einem Statutenwechsel während des weiteren Verfahrens mit einem Wechsel des Sachrechts und den sich daraus ergebenden, möglicherweise weitreichenden Konsequenzen für das Verfahren konfrontiert zu werden".
39 OLG Hamm NJW 1991, 3099 = FamRZ 1991, 1306; FamRZ 1989, 1191.
40 Staudinger/*Mankowski*, Art. 17 EGBGB Rn 130.
41 Krit. hierzu MüKo/*Winkler v. Mohrenfels*, Art. 17 EGBGB Rn 34.
42 Vgl. etwa zur interreligiösen Spaltung des libanesischen Familienrechts OLG Zweibrücken NJW-RR 2002, 581; zum pakistanischen Recht OLG Köln FamRZ 2002, 1481 = IPRax 2003, 358 (Leitsatz) m. Anm. *Jayme*; zum ägyptischen Familienrecht *Bälz*, IPRax 1996, 353; zum jordanischen Recht *Elwan/Ost*, IPRax 1996, 389.
43 Vgl. hierzu MüKo/*Sonnenberger*, Art. 4 EGBGB Rn 96 f. m.w.N.
44 Palandt/*Heldrich*, Art. 4 EGBGB Rn 14; Erman/*Hohloch*, Art. 4 EGBGB Rn 22; *Looschelders*, Art. 4 Rn 33; so auch Begründung zum RegE, BT-Drucks 10/504, S. 40; abweichend *Rauscher*, IPR, S. 87 f.; ders., IPRax 1987, 206, 209; *Spickhoff*, JZ 1993, 336, 337.
45 So etwa OLG Zweibrücken FamRZ 1999, 940 m.w.N.; *Henrich*, Int. Familienrecht, § 4 I 1c (S. 134); MüKo/*Winkler v. Mohrenfels*, Art. 17 EGBGB Rn 48; abweichend MüKo/*Sonnenberger*, Art. 4 EGBGB Rn 79 (das gesamtstaatliche Verfassungsrecht weise den Gliedstaaten die Jurisdiktionsgewalt zu und setze dabei voraus, dass die jeweilige lex fori angewendet werde); Staudinger/*Hausmann*, Art. 4 Rn 328; *Hay*, IPRax 1988, 265 f.
46 *Henrich*, Int. Familienrecht, § 4 I 1c (S. 134).

23 **d) Rück- und Weiterverweisung. aa) Allgemeine Grundsätze.** Soweit nach Art. 14 **Rück- und Weiterverweisungen** zu beachten sind (Art. 4), gilt dies mittelbar auch für die Anknüpfung des Scheidungsstatuts. Verweist das ausländische Recht auf das deutsche Recht zurück, wird diese Verweisung angenommen (Art. 4 Abs. 1 S. 2).

24 Art. 17 stellt ungeachtet dessen, dass er auf den Inhalt des Art. 14 Bezug nimmt, eine eigenständige Kollisionsnorm dar. Für die Frage der Rück- und Weiterverweisung bedeutet dies, dass die **ausländischen Kollisionsnormen des Scheidungsrechts** und nicht die ausländischen Kollisionsnormen des allgemeinen Ehewirkungsrechts heranzuziehen sind.[47] Das ausländische Kollisionsrecht ist hierbei so anzuwenden, wie es selbst angewendet sein will. Das ausländische Kollisionsrecht bestimmt auch, zu welchem Zeitpunkt bestimmte Anknüpfungstatsachen vorliegen müssen, damit es zu einer Rückverweisung kommt.[48] Grenze ist aber der in Abs. 1 S. 1 bestimmte Zeitpunkt der Rechtshängigkeit (vgl. Rn 18). Denkbar ist auch, dass das ausländische Kollisionsrecht bestimmte Scheidungsnebenfolgen anders qualifiziert als das deutsche Recht und daher nur partiell auf das deutsche Recht zurückverweist. Auch diese **abweichende Qualifikation** durch das ausländische Kollisionsrecht ist nach allgemeinen Grundsätzen zu beachten.[49]

25 Allgemein kommt einer Rückverweisung insbesondere dann Bedeutung zu, wenn Abs. 1 i.V.m. Art. 14 Abs. 1 Nr. 1 auf das Heimatrecht der Ehegatten verweist und das Kollisionsrecht des Heimatstaates dem **Domizilprinzip** folgt.[50] Eine Rückverweisung aufgrund des Domizilprinzips ist u.a. bei der Verweisung auf Staaten des anglo-amerikanischen Rechtskreises und Südamerika sowie auf Dänemark und Norwegen und ferner – bei gemischtnationalen Ehen – auf Frankreich, Österreich und Polen angenommen worden.[51] Eine Rückverweisung ist nach Art. 4 Abs. 2 ausgeschlossen, wenn die Ehegatten das Scheidungsstatut durch **Rechtswahl** bestimmt haben.[52]

26 **bb) „Versteckte Rückverweisung".** Gerade im Scheidungsrecht kommt der Rechtsfigur der sog. „versteckten Rückverweisung" erhebliche Bedeutung zu.[53] Viele Staaten – insbesondere solche aus dem anglo-amerikanischen Rechtskreis – sehen keine gesonderten Kollisionsnormen vor, sondern regeln nur die internationale Zuständigkeit ihrer Gerichte, die dann, wenn eine internationale Zuständigkeit besteht, stets ihr eigenes Recht anwenden. Eine Rückverweisung wird hier nicht aus bestehenden Kollisionsnormen, sondern aus den Vorschriften des ausländischen Zuständigkeitsrechts abgeleitet.

27 Eine versteckte Rückverweisung durch das englische bzw. irische Recht oder das Recht eines US-amerikanischen Bundesstaates kann nach allgemeiner Auffassung dann angenommen werden, wenn den deutschen Gerichten im Falle einer Anwendung der englischen, irischen bzw. US-amerikanischen Vorschriften die **alleinige** *jurisdiction* zukäme, was insbesondere der Fall ist, wenn das *domicile* und der gewöhnliche Aufenthalt der Ehegatten in Deutschland liegen.[54] Umstritten ist, ob eine versteckte Rückverweisung auch dann angenommen werden kann, wenn nach den englischen, irischen bzw. US-amerikanischen Vorschriften lediglich eine **konkurrierende** *jurisdiction* bestünde, insbesondere dann, wenn für die internationale Zuständigkeit auch das *domicile* bzw. der gewöhnliche Aufenthalt nur eines der Ehegatten im Inland als zuständigkeitsbegründend angesehen wird.[55] Überwiegend wird eine versteckte Rückverweisung bejaht,

---

47 Johannsen/Henrich, Art. 17 Rn 15 ff.; Looschelders, Art. 17 Rn 11; Lüderitz, IPRax 1987, 74, 76.
48 BGH NJW 1982, 1940, 1941 = FamRZ 1982, 795, 796 = IPRax 1983, 190; Staudinger/Mankowski, Art. 17 EGBGB Rn 157; Soergel/Kegel, Art. 17 Rn 161.
49 MüKo/Winkler v. Mohrenfels, Art. 17 EGBGB Rn 140.
50 Erman/Hohloch, Art. 17 EGBGB Rn 6; Zweifel bei Andrae/Essebier, IPRax 2002, 294, 297, für den Fall, dass die Ehegatten ihr jeweiliges domicile in unterschiedlichen Staaten haben.
51 OLG Hamm NJW 1991, 1301; LG Frankfurt FamRZ 1976, 640, 641 (England); OLG Köln IPRax 1989, 297 (Irland) m. Anm. Coester-Waltjen, S. 289; OLG Schleswig SchlHA 1982, 27 (Dänemark, Island); AG Hamburg IPRax 1987, 120 m. Anm. Samtleben, S. 96 = NJW-RR 1986, 374 (Peru); AG Detmold IPRspr 1989 Nr. 100, 233 = IPRax 1990, 415 Leitsatz); AG Freiburg IPRax 1989, 108; AG Bonn IPRax 1989, 108 m. Anm. Jayme (alle zu Argentinien); OLG Stuttgart FamRZ 1979, 1022 (Polen); BGH NJW 1982, 1940, 1941 = FamRZ 1982, 795, 796 = IPRax 1983, 190 (Frankreich); OLG München FamRZ 1986, 807 (Österreich); OLG Zweibrücken FamRZ 1999, 940 = NJW-RR 1999, 948; OLG Bamberg FamRZ 1979, 930; AG Heidelberg IPRspr 1989 Nr. 93, S. 221 = IPRax 1990, 126 (Leitsatz) m. Anm. Jayme; IPRspr 1987, Nr. 134 = IPRax 1988, 51 m. Anm. Jayme (alle zu US-amerikanischen Bundesstaaten).
52 Johannsen/Henrich, Art. 17 Rn 24; Henrich, Int. Familienrecht, § 4 I 1b (S. 127 f.).
53 Vgl. hierzu OLG Hamburg IPRax 2002, 304 = FamRZ 2001, 916 (Indien); OLG Zweibrücken FamRZ 1999, 940 = NJW-RR 1999, 948 (USA); OLG Hamm NJW 1991, 3101 (englisches Recht); OLG Stuttgart IPRax 1987, 121, 122 = FamRZ 1986, 687 (Großbritannien zum Versorgungsausgleich); AG Leverkusen FamRZ 2002, 1484, 1486 (Kasachstan); Staudinger/Mankowski, Art. 17 EGBGB Rn 154 f.; Johannsen/Henrich, Art. 17 Rn 18.
54 OLG Zweibrücken FamRZ 1999, 940, 941 = NJW-RR 1999, 948; MüKo/Winkler v. Mohrenfels, Art. 17 EGBGB Rn 44; Andrae, Rn 357.
55 Zum unvereinheitlichten englischen Zuständigkeitsrecht vgl. z.B. Andrae, Rn 352 ff.

da die Zuständigkeit und Rechtsmacht zur Entscheidung des Rechtsstreits nicht allein deshalb entfalle, weil daneben auch andere Gerichte zuständig gewesen wären.[56] Eine nur nach dem deutschen (nicht dem ausländischen) Zuständigkeitsrecht begründete Zuständigkeit führt aber nicht zur Annahme einer versteckten Rückverweisung.[57] Eine versteckte Rückverweisung wird verschiedentlich auch dann abgelehnt, wenn sich das *domicile* der Ehepartner in dem Staat befindet, auf dessen Rechtsordnung verwiesen wird, und nur der gewöhnliche Aufenthalt eines oder beider Ehepartner in Deutschland liegt. Dies lässt sich damit begründen, dass das *domicile* nach der Auffassung des anglo-amerikanischen Rechts einen stärkeren Bezug zu einer Rechtsordnung begründet als der gewöhnliche Aufenthalt.[58] Auf die voraussichtliche Anerkennung der deutschen Entscheidung im Ausland kommt es dagegen nach h.L. nicht an.[59]

Neu zu überlegen ist, ob eine versteckte Rückverweisung im Verhältnis zu Großbritannien und Irland noch angenommen werden kann, nachdem sich die internationale Zuständigkeit nunmehr einheitlich nach der **EheVO 2003** und nicht mehr nach dem unvereinheitlichten nationalen Recht richtet. Für eine grundsätzliche Beibehaltung der Lehre von der „versteckten Rückverweisung" spricht, dass sie nur eine Hilfskonstruktion des deutschen IPR ist, um eine Lückenhaftigkeit des ausländischen IPR zu überwinden.[60] Diese Lückenhaftigkeit des ausländischen IPR besteht auch nach In-Kraft-Treten der EheVO fort, da die EheVO selbst keine kollisionsrechtlichen Aussagen trifft. 28

Hiervon zu unterscheiden ist die Frage, ob die Lehre von der „versteckten Rückverweisung" nunmehr an den Zuständigkeitsregeln der EheVO oder aber nach wie vor an den (an sich verdrängten) Zuständigkeitsregeln des autonomen Zuständigkeitsrechts in Großbritannien bzw. Irland festzumachen ist. Nach der hier vertretenen Ansicht dürfte – wie bisher – auf die Regeln des autonomen Zuständigkeitsrechts Großbritanniens bzw. Irlands zurückzugreifen sein.[61] Diese Regeln enthalten nach wie vor eine Aussage darüber, wann – nach der Auffassung des durch das deutsche IPR für anwendbar erklärten Rechts – ein hinreichender Bezug zu einer bestimmten Rechtsordnung besteht. Zöge man schlicht die Regeln der EheVO heran, würde man dem englischen bzw. irischen Recht eine Rückverweisung zuschreiben, die es, näher betrachtet, gar nicht aussprechen will.[62] Dem lässt sich nicht entgegenhalten, dass die unvereinheitlichten Regeln über die internationale Zuständigkeit von der EheVO weitgehend verdrängt werden (vgl. Anhang I zum III. Abschnitt, Artt. 6, 7 EheVO). Denn vorliegend geht es nicht um eine zuständigkeitsrechtliche, sondern um eine (von der EheVO 2003 nicht berührte) kollisionsrechtliche Fragestellung. Größere praktische Unterschiede dürften sich hieraus allerdings nicht ergeben, da eine versteckte Rückverweisung durch das englische Recht bislang vielfach bereits dann angenommen wurde, wenn nur einer der Ehegatten seinen gewöhnlichen Aufenthalt in Deutschland hat und auch Art. 3 EheVO 2003 vornehmlich auf den gewöhnlichen Aufenthalt der Ehegatten abstellt.[63] 29

2. Regelwidrige Anwendung des deutschen Rechts. a) Die Regelung des Abs. 1 S. 2. aa) Unmittelbare Anwendung der Vorschrift. (1) Kollisionsrechtliche Voraussetzungen. Ist die Scheidung nach dem von Abs. 1 S. 1 i.V.m. Art. 14 zur Anwendung berufenen Recht nicht möglich, so kann die Scheidung unter den Voraussetzungen von Abs. 1 S. 2 nach dem **deutschen Recht** vorgenommen werden. Abs. 1 S. 2 führt dazu, dass die Scheidung – sowohl im Hinblick auf ihre Voraussetzungen als auch ihre Folgen – umfassend nach dem deutschen Sachrecht beurteilt wird.[64] Deutsches Sachrecht gilt sodann auch für die Scheidungsfolgen.[65] Der Versorgungsausgleich richtet sich nach Abs. 3 S. 1 aber weiterhin nach dem 30

---

56 Staudinger/*Mankowski*, Art. 17 EGBGB Rn 155; MüKo/*Winkler v. Mohrenfels*, Art. 17 EGBGB Rn 46; grundsätzlich auch *Andrae/Essebier*, IPRax 2002, 294, 297 (allerdings zumindest nicht in dem Fall, in dem beide Ehegatten ihr *domicile* in dem Staat haben, auf den verwiesen wird, selbst wenn die deutschen Gerichte vom Standpunkt des ausländischen Rechts dessen ungeachtet eine konkurrierende internationale Zuständigkeit haben sollten); vgl. auch KG NJW 1960, 248, 250 f.; OLG Stuttgart IPRax 1987, 121, 122 = FamRZ 1986, 687 (zum Versorgungsausgleich); AG Stuttgart IPRspr 1996 Nr. 64.
57 OLG Zweibrücken FamRZ 1999, 940 = NJW-RR 1999, 948 m. Anm. *Hohloch*, JuS 1999, 1233.
58 *Andrae*, Rn 362; a.A. *Henrich*, Int. Familienrecht, § 4 I 1b (S. 131).
59 MüKo/*Winkler v. Mohrenfels*, Art. 17 EGBGB Rn 46; *Andrae*, Rn 362; *Kegel/Schurig*, § 10 VI (S. 412); a.A. (differenzierend) *Henrich*, Int. Familienrecht, § 4 I 1b (S. 131 f.).
60 Vgl. etwa MüKo/*Sonnenberger*, Art 4 Rn 42; *Adam*, IPRax 1987, 98, 101; *Schwimann*, NJW 1976, 1000, 1002.
61 *Andrae/Essebier*, IPRax 2002, 294, 297; auch *Henrich*, Int. Familienrecht, § 4 I 1b (S. 131).
62 *Andrae/Essebier*, IPRax 2002, 294, 297.
63 *Henrich*, Int. Familienrecht, § 4 I 1b (S. 131 f.).
64 *Palandt/Heldrich*, Art. 17 EGBGB Rn 9 a.E.; Erman/*Hohloch*, Art. 17 EGBGB Rn 25; Bamberger/Roth/*Otte*, Art. 17 EGBGB Rn 10.
65 Erman/*Hohloch*, Art. 17 EGBGB Rn 25; *Looschelders*, Art. 17 Rn 31; *Rauscher*, IPR, S. 181; *Jayme*, IPRax 1987, 167, 168.

Scheidungsstatut des Abs. 1 S. 1.[66] Abs. 1 S. 2 verstößt nach h.L. nicht gegen das Diskriminierungsverbot des Art. 12 EGV.[67]

31 Eine Scheidung nach dem ausländischen Recht ist nicht möglich, wenn es eine Scheidung abstrakt oder wenigstens im konkreten Fall ausschließt.[68] Maßgeblich ist, ob der im konkreten Einzelfall gestellte Scheidungsantrag nach dem ausländischen Scheidungsstatut zu einer Scheidung führt oder nicht. Die Scheidung ist auch dann i.S.d. Art. 17 Abs. 1 S. 2 nicht möglich, wenn die Ehe lediglich auf Antrag des anderen Ehegatten geschieden werden könnte.[69] Dasselbe gilt, wenn das nach Abs. 1 S. 1 i.V.m. Art. 14 anwendbare Recht im konkreten Fall nur eine **Trennung von Tisch und Bett** zulässt.[70]

32 Nach h.M. reicht es für die Anwendung von Abs. 1 S. 2 ferner aus, wenn eine Scheidung nach dem ausländischen Recht **derzeit nicht möglich** ist, etwa deshalb, weil es eine längere Trennungsfrist vorsieht als das deutsche Recht.[71] Hierbei kommt es nicht darauf an, ob das ausländische Recht wesentlich strengere Anforderungen an die Scheidung stellt als das deutsche Recht, also etwa die Einhaltung einer erheblich längeren Trennungsfrist vorschreibt.[72] Bereits der Wortlaut von Abs. 1 S. 2 lässt für eine derartige Einschränkung der Vorschrift keinen Spielraum.[73] Eine restriktive Auslegung von Abs. 1 S. 2 wird auch nicht durch den europäischen Einigungsprozess erzwungen.[74]

33 Die Undurchführbarkeit der Scheidung nach dem gem. Abs. 1 S. 1 maßgebenden Recht muss **positiv festgestellt** werden.[75] Es kann also nicht einfach deutsches Recht angewandt werden mit der Begründung, die Ehe sei jedenfalls nach dem deutschen Recht scheidbar.[76] Dies ergibt sich insbesondere daraus, dass bei Anwendung des Abs. 1 S. 2 auch die Nebenfolgen nach dem deutschen Recht zu beurteilen sind und sich hier erhebliche Abweichungen vom Scheidungsstatut des Abs. 1 S. 1 i.V.m. Art. 14 ergeben können. Abs. 1 S. 2 kann auch nicht bereits deshalb angewendet werden, weil das für die Scheidung maßgebliche Sachrecht nicht bzw. gegenwärtig **nicht ermittelbar** ist. Vielmehr ist hier zunächst nach den allgemeinen Lösungsmöglichkeiten im Falle der Nichtfeststellbarkeit des anwendbaren Sachrechts zu verfahren, wobei allerdings nach vielfach vertretener Ansicht jedenfalls im Zweifel auf deutsches Recht zu rekurrieren ist (vgl. Art. 3 EGBGB Rn 50).[77]

34 Für die Frage der Scheidbarkeit nach dem ausländischen Recht kommt es nach h.M. auf den Zeitpunkt der **letzten mündlichen Verhandlung** an.[78] Der Vorrang des nach Abs. 1 S. 1 maßgeblichen Scheidungsstatuts ist auch noch vom OLG zu beachten. War also in der ersten Instanz die Ehe nach dem ausländischen Recht noch nicht scheidbar und wurde deshalb deutsches Recht angewendet, kommt vor dem OLG – wenn mittlerweile die Scheidbarkeit nach dem ausländischen Recht gegeben ist – das ausländische Scheidungs- und Scheidungsfolgenrecht zur Anwendung.[79] Die Gegenansicht stellt auf den Zeitpunkt der Rechtshängigkeit ab und beruft sich in diesem Zusammenhang auf den nach Abs. 1 S. 2 maßgeblichen Zeitpunkt für die kollisionsrechtliche Anknüpfung.[80] Der h.M. ist zuzustimmen. Der für die kollisionsrechtliche Anknüpfung

---

66 AG Mainz NJW-RR 1990, 779; Erman/*Hohloch*, Art. 17 EGBGB Rn 25; *Lüderitz*, IPRax 1987, 74, 78; *Jayme*, IPRax 1987, 167, 168.
67 *Wagner* IPRax 2000, 512, 518 f.; Erman/*Hohloch*, Art. 17 EGBGB Rn 23; *Rauscher*, IPR, S. 181.
68 OLG Köln FamRZ 1996, 946, 947; Johannsen/*Henrich*, Art. 17 Rn 26 ff.
69 Staudinger/*Mankowski*, Art. 17 EGBGB Rn 167; *Kersting*, FamRZ 1992, 268; *Dopffel*, FamRZ 1987, 1205, 1213.
70 Staudinger/*Mankowski*, Art. 17 EGBGB Rn 167; *Kersting*, FamRZ 1992, 268, 269.
71 OLG Zweibrücken, Urt. v. 14.3.2003 – 6 UF 81/01, JURIS-Dok.-Nr. KORE402472002; KG IPRax 2000, 544; OLG Celle FamRZ 1987, 159, 160 m. Anm. *Jayme*, IPRax 1987, 176; OLG Köln FamRZ 1996, 946, 947; AG Mainz NJW-RR 1990, 779; AG Mannheim IPRspr 1997 Nr. 75 (S. 140); *Henrich*, Int. Familienrecht, § 4 I 1d (S. 135); *Wagner*, IPRax 2000, 512, 515 f.
72 KG IPRax 2000, 544, 545; OLG Köln FamRZ 1996, 946, 947; OLG Celle IPRax 1987, 185, 186 (KPF); Staudinger/*Mankowski*, Art. 17 EGBGB Rn 168; *Looschelders*, Art. 17 Rn 29; *Wagner*, IPRax 2000, 512, 515 f.; *Kersting*, FamRZ 1992, 268 f.; a.A. aber OLG Köln IPRspr 1989 Nr. 89 (S. 211) = IPRax 1989, 310 (Leitsatz) m. Anm. *Jayme*; AG Bergisch-Gladbach IPRspr Nr. 1989 Nr. 89 (S. 211) = IPRax 1989, 310 (Leitsatz); AG Hamburg FamRZ 1998, 1590 (betr. italienisches Recht); für eine teleologische Reduktion der Vorschrift *Andrae*, Rn 339.
73 Staudinger/*Mankowski*, Art. 17 EGBGB Rn 168; abw. AG Bergisch-Gladbach IPRspr 1989 Nr. 89 (S. 211, 212) = IPRax 1989, 310 (Leitsatz).
74 KG IPRax 2000, 544, 545; a.A. AG Hamburg FamRZ 1998, 1590, 1591 (betr. italienisches Recht).
75 Johannsen/*Henrich*, Art. 17 Rn 27; *Rauscher*, IPR, S. 182.
76 Johannsen/*Henrich*, Art. 17 Rn 27.
77 *Looschelders*, Art. 17 Rn 30; MüKo/*Winkler v. Mohrenfels*, Art. 17 EGBGB Rn 55, 102a; *Kersting*, FamRZ 1992, 268, 271; a.A. Palandt/*Heldrich*, Art. 17 EGBGB Rn 9; Bamberger/Roth/*Otte*, Art. 17 EGBGB Rn 13; allg. zur den Lösungsmöglichkeiten bei der Nichtfeststellbarkeit des anwendbaren Rechts s. *K. Müller*, NJW 1981, 481 f.; zur Ersatzanknüpfung bei Art. 14 *Galster*, StAZ 1988, 160, 163.
78 Palandt/*Heldrich*, Art. 17 EGBGB Rn 9; Staudinger/*Mankowski*, Art. 17 EGBGB Rn 179 f.; Erman/*Hohloch*, Art. 17 EGBGB Rn 24; Soergel/*Schurig*, Art. 17 EGBGB Rn 42.
79 *Henrich*, Int. Familienrecht, § 4 I 1d (S. 136).
80 *Kersting*, FamRZ 1992, 268, 274.

maßgebliche Zeitpunkt ist von dem für das Sachrecht maßgeblichen Zeitpunkt zu trennen. Materiellrechtliche Sach- und Rechtsfragen sind grundsätzlich nach dem Stand der letzten mündlichen Verhandlung zu beurteilen. Hiermit wäre es nicht vereinbar, wenn die Möglichkeit einer Scheidung, die nach der Sach- und Rechtslage zum Zeitpunkt der letzten mündlichen Verhandlung besteht, außer Betracht zu bleiben hätte.[81] Im Übrigen gilt, dass die – regelwidrige bzw. vom Prinzip des engsten Bezugs abweichende – Anwendung des deutschen Rechts nach Möglichkeit vermieden werden sollte. Abs. 1 S. 2 wird vielfach als eine spezielle, die Scheidbarkeit der Ehe schützende *ordre-public*-Klausel verstanden.[82] Auf den *ordre public* ist aber erst als „*ultima ratio*" zurückzugreifen. Lässt indes bereits das nach Abs. 1 S. 1 i.V.m. Art. 14 maßgebliche Scheidungsstatut eine Scheidung im Zeitpunkt der letzten mündlichen Verhandlung zu, so besteht kein Bedürfnis für eine Anwendung des deutschen Rechts.

Von dem für Abs. 1 S. 2 maßgeblichen Zeitpunkt zu unterscheiden ist die Frage, wie das ausländische Scheidungsstatut **Trennungs- oder Wartezeiten** bemisst. Zu Recht wird darauf hingewiesen, dass das ausländische materielle Recht so anzuwenden ist, wie es von ausländischen Gerichten in der vergleichbaren Situation angewendet würde.[83] Sieht das ausländische materielle Recht vor, dass eine bestimmte Trennungsfrist bereits im Zeitpunkt der Rechtshängigkeit abgelaufen sein muss, führt dies – falls die Trennungsfrist tatsächlich erst später abläuft – zu einer Unbegründetheit des Scheidungsantrags nach dem ausländischen Recht und zu einer Anwendung von Abs. 1 S. 2.[84]

Voraussetzung für eine Anwendung des Abs. 1 S. 2 ist ferner, dass der die Scheidung begehrende Ehegatte bei Eintritt der Rechtshängigkeit des Scheidungsantrags **Deutscher** ist oder es bei der Eheschließung war. Bei mehrfacher Staatsangehörigkeit gilt Art. 5 Abs. 1 S. 2.[85] Die entsprechende Anwendung bei Staatenlosen, Asylbewerbern oder Flüchtlingen mit deutschem Personalstatut ist statthaft.[86] Einer Differenzierung danach, nur die erste Variante des Abs. 1 S. 2 (deutsche Staatsangehörigkeit bei Rechtshängigkeit), nicht aber die zweite Variante des Abs. 1 S. 2 (deutsche Staatsangehörigkeit bei Eheschließung) auf Flüchtlinge mit deutschem Personalstatut anzuwenden, ist nicht zuzustimmen.[87] Bereits der Wortlaut von Abs. 1 S. 2 lässt hierfür keinen Raum.

Der Verlust der deutschen Staatsangehörigkeit bzw. des deutschen Personalstatuts nach Rechtshängigkeit ist unerheblich. Umgekehrt reicht ein Erwerb der deutschen Staatsangehörigkeit erst **nach Rechtshängigkeit** nach Wortlaut und Systematik der Vorschrift nicht aus. Hier kommt nur ein erneuter Scheidungsantrag in Betracht. In Teilen der Rechtsprechung und Literatur wird allerdings darauf hingewiesen, dass der Zweck von Abs. 1 S. 2 – die Ermöglichung der Scheidung dann, wenn diese nach dem gem. Abs. 1 S. 1 maßgeblichen Statut ausscheidet – in diesem Fall verfehlt würde. Entgegen dem Wortlaut der Vorschrift und abweichend von der Begründung zum Regierungsentwurf[88] reiche es daher aus, wenn die deutsche Staatsangehörigkeit bis zum Zeitpunkt der letzten mündlichen Verhandlung erworben werde.[89] Dem steht die Überlegung entgegen, dass es nach Abs. 1 S. 1 i.V.m. Art. 14 selbst dann nicht zu einer Anwendung deutschen Rechts kommt, wenn beide Ehegatten nach Rechtshängigkeit die deutsche Staatsbürgerschaft erwerben. In diesem Fall über Abs. 1 S. 2 deutsches Recht nur deshalb anzuwenden, weil (lediglich) der Antragsteller nach Rechtshängigkeit die deutsche Staatsangehörigkeit erworben hat, erscheint widersprüchlich.[90]

---

81 Staudinger/*Mankowski*, Art. 17 EGBGB Rn 180.
82 Vgl. *Rauscher*, in: FS Geimer 2002, S. 883, 892 f.; *Looschelders*, Art. 17 Rn 24; MüKo/*Winkler v. Mohrenfels*, Art. 17 EGBGB Rn 50; vgl. auch Begründung zum Regierungsentwurf, BT-Drucks 10/504, 61.
83 MüKo/*Winkler v. Mohrenfels*, Art. 17 EGBGB Rn 57.
84 MüKo/*Winkler v. Mohrenfels*, Art. 17 EGBGB Rn 57.
85 OLG Celle FamRZ 1987, 159, 160; Staudinger/*Mankowski*, Art. 17 EGBGB Rn 171; Soergel/*Schurig*, Art. 17 EGBGB Rn 27; *Looschelders*, Art. 17 Rn 25; *Kersting*, FamRZ 1992, 268, 272.
86 OLG Zweibrücken NJW-RR 2002, 581, 582; OLG Köln FamRZ 1996, 946, 947; Staudinger/*Mankowski*, Art. 17 EGBGB Rn 172; *v. Bar*, IPR II, Rn 254; *Kersting*, FamRZ 1992, 268, 272 f.; *Lass*, Der Flüchtling im deutschen Internationalen Privatrecht, 1995, S. 169.
87 So aber *Kersting*, FamRZ 1992, 268, 272; *Rahm/Künkel/Breuer*, VIII Rn 207; zu Recht abl. Staudinger/*Mankowski*, Art. 17 EGBGB Rn 174.
88 Vgl. Begründung zum Regierungsentwurf, BT-Drucks 10/504, S. 60: „Ist die Scheidung nach Satz 1 nicht möglich und war der die Scheidung begehrende Ehegatte bei der Eheschließung oder ist er bei Eintritt der Rechtshängigkeit des Scheidungsantrags Deutscher, so ist nach Satz 2 ... deutsches Recht anzuwenden."
89 OLG Köln FamRZ 1996, 946, 947; auch OLG Zweibrücken NJW-RR 2002, 581; MüKo/*Winkler v. Mohrenfels*, Art. 17 EGBGB Rn 54; *Kropholler*, IPR, § 46 I 2 (S. 352); *Kersting*, FamRZ 1992, 268, 274 f.; *Lüderitz*, IPRax 1987, 74, 76; a.A. (für den Zeitpunkt der Rechtshängigkeit) Staudinger/*Mankowski*, Art. 17 EGBGB Rn 176; Palandt/*Heldrich*, Art. 17 EGBGB Rn 7; *Looschelders*, Art. 17 Rn 27; Bamberger/Roth/*Otte*, Art. 17 EGBGB Rn 12; Erman/*Hohloch*, Art. 17 EGBGB Rn 23; Soergel/*Schurig*, Art. 17 EGBGB Rn 41; *Henrich*, Int. Familienrecht, § 4 I 1d (S. 135); *v. Hoffmann*, IPR, § 8 Rn 51; *Rauscher*, IPR, S. 181; krit. auch *Dopffel*, FamRZ 1987, 1205, 1212; ohne Diskussion auf den Zeitpunkt der Rechtshängigkeit abstellend auch OLG Celle FamRZ 1987, 159, 160.
90 Soergel/*Schurig*, Art. 17 EGBGB Rn 41.

38 Weiterhin ist festzustellen, dass das Scheidungsverfahren auch dann, wenn der Antrag nach Prüfung des gem. Abs. 1 S. 1 maßgeblichen Rechts abgewiesen wird, aus Sicht des Antragstellers seinen Zweck erfüllt. Die Anwendung von Abs. 1 S. 2 setzt nämlich stets die Feststellung der Undurchführbarkeit der Scheidung nach dem gem. Abs. 1 S. 1 maßgebenden Recht voraus (vgl. Rn 33), so dass die Ergebnisse des ersten – erfolglosen – Scheidungsverfahrens für das zweite Verfahren Verwendung finden können. Eine Abweichung vom Wortlaut des Abs. 1 S. 2 und ein Abstellen auf einen Erwerb der deutschen Staatsangehörigkeit bis zum Zeitpunkt der letzten mündlichen Verhandlung hätte daher letztlich nur den positiven Effekt, dass die Kosten eines zweiten Scheidungsverfahrens vermieden werden könnten. Diese Kosten kann der Antragsteller aber auch dadurch vermeiden, dass er vorprozessual überprüft, ob die Ehe nach dem ausländischen Recht scheidbar ist und – für den Fall, dass er zum Ergebnis der Unscheidbarkeit kommt – mit der Antragstellung bis zum späteren Erwerb der deutschen Staatsangehörigkeit wartet. Schließlich ist darauf hinzuweisen, dass der Antragsteller möglicherweise nicht nach dem deutschen Recht geschieden werden will – etwa im Hinblick auf die dann ebenfalls dem deutschen Recht unterliegenden Nebenfolgen – und es bevorzugt, die Scheidbarkeit der Ehe nach dem ausländischen Recht abzuwarten (siehe dazu sogleich Rn 39).

39 Noch nicht näher behandelt wurde die Frage, ob der Antragsteller **auf die Anwendung von Abs. 1 S. 2 verzichten** kann mit der Folge, dass es bei der Anwendung des ausländischen Rechts und der Abweisung des Scheidungsantrags sein Bewenden hat. Für einen derartigen Verzicht kann im Einzelfall ein Interesse bestehen. Dies gilt etwa dann, wenn die Anwendung deutschen Rechts zu einer Nichtanerkennung der Scheidung in einem ausländischen Staat und damit zu einer hinkenden Ehe führen würde. Vor allem kann dem Antragsteller daran gelegen sein, dass die Scheidungsnebenfolgen wie insbesondere der Nachscheidungsunterhalt (Art. 18 Abs. 4) nicht nach dem deutschen Recht beurteilt werden. Abs. 1 S. 2 wird überwiegend als spezielle *ordre-public*-Norm aufgefasst, die die Scheidungsfreiheit des Antragstellers schützt.[91] Insoweit erscheint es konsequent, dass der Antragsteller auf diesen Schutz auch verzichten kann. Praktisch kommt der Frage aber nur dann Bedeutung zu, wenn der Antragsteller den Antrag nicht nach § 269 ZPO zurücknehmen kann.

40 **(2) Einfluss der EheVO 2003.** Zu beachten ist allerdings, dass die Regelung des Abs. 1 S. 2 mittlerweile an Bedeutung verloren hat, da in den von der Vorschrift erfassten Fällen vielfach keine Zuständigkeit deutscher Gerichte mehr besteht.[92] Für Fragen der internationalen Zuständigkeit ist auf die EheVO 2000 bzw. – ab dem 1.3.2005 – die insoweit inhaltsgleiche EheVO 2003[93] zurückzugreifen, die – vorbehaltlich nur der Artt. 6, 7 EheVO 2003 – das unvereinheitlichte nationale Zuständigkeitsrecht und damit insbesondere auch § 606a ZPO verdrängt (vgl. näher Anhang II zum III. Abschnitt, § 606a ZPO, Rn 1 ff.). Nach Art. 3 Abs. 1 lit. b EheVO 2003 wirkt (anders als nach dem grundsätzlich verdrängten § 606a Abs. 1 Nr. 1 ZPO) die deutsche Staatsangehörigkeit des Antragstellers allein nicht mehr zuständigkeitsbegründend. Vielmehr bedarf es einer gemeinsamen deutschen Staatsangehörigkeit beider Ehegatten. Im Übrigen kommt es nach Art. 3 Abs. 1 lit. a EheVO 2003 auf den gewöhnlichen Aufenthalt des Antragsgegners bzw. den (durch eine gewisse Aufenthaltsdauer qualifizierten) gewöhnlichen Aufenthalt des Antragstellers oder den gegenwärtigen bzw. auch vormaligen gewöhnlichen Aufenthalt beider Ehegatten in Deutschland an. Ist demnach eine internationale Zuständigkeit nach Art. 3 Abs. 1 EheVO 2003 gegeben, und ist der Antragsteller deutscher Staatsangehöriger, so kommt das deutsche Scheidungsrecht in aller Regel bereits über die allgemeine Anknüpfung nach Abs. 1 i.V.m. Art. 14 zur Anwendung.

41 Dass nach Art. 3 Abs. 1 EheVO 2003 eine internationale Zuständigkeit deutscher Gerichte besteht und nicht ohnehin (eine deutsche Staatsangehörigkeit des Antragstellers vorausgesetzt) über Abs. 1 i.V.m. Art. 14 deutsches Sachrecht zur Anwendung gelangt, ist nur noch im Ausnahmefall denkbar. Zu nennen ist etwa der Fall, dass der letzte gemeinsame gewöhnliche Aufenthalt der Ehegatten im Ausland liegt, zugleich aber (nur) einer der Ehegatten einen gewöhnlichen Aufenthalt nach Deutschland verlegt hat (vgl. i.E. Art. 3 lit. a Spiegelstrich 3–6 EheVO 2003) und das nach Abs. 1 i.V.m. Art. 14 Abs. 1 Nr. 2 Alt. 2 maßgebliche ausländische Recht keine Rückverweisung auf das deutsche Recht ausspricht. Daneben kommt eine Anwendung von Abs. 1 S. 2 in Betracht, wenn die Artt. 6, 7 EheVO 2003 ausnahmsweise einen Rückgriff auf das unvereinheitlichte nationale Zuständigkeitsrecht und damit auch auf § 606a Nr. 1 ZPO (Staatsangehörigkeit nur des Antragstellers) zulassen. Dies ist vor allem dann der Fall, wenn der Antragsgegner seinen gewöhnlichen Aufenthalt außerhalb der EG hat, er auch nicht die Staatsangehörigkeit eines EG-Mitgliedstaats besitzt (ausgenommen sind hierbei Großbritannien und Irland) und er auch nicht sein

---

[91] *Looschelders*, Art. 17 Rn 24; MüKo/*Winkler v. Mohrenfels*, Art. 17 EGBGB Rn 50; *Rauscher*, in: FS Geimer 2002, S. 883, 892 f.; in der Tendenz auch Begründung zum Regierungsentwurf, BT-Drucks 10/504, S. 61.

[92] *Rauscher*, Europäisches Zivilprozessrecht, 2003, Art. 2 Rn 3; *Wagner*, IPRax 2000, 512, 519.

[93] Text und Kommentierung in Anhang I zum III. Abschnitt.

domicile in Großbritannien oder Irland hat. Ferner darf sich darüber hinaus – nach h.L. – aus den Artt. 3, 4, 5 EheVO 2003 keine Zuständigkeit irgendeines anderen EG-Mitgliedstaates ergeben (vgl. hierzu i.E. Anhang I zum III. Abschnitt, Art. 6 EheVO Rn 1 ff.; Art. 7 EheVO Rn 1; Anhang II zum III. Abschnitt, § 606a ZPO, Rn 1 ff.).[94] Insgesamt wird deutlich, dass Abs. 1 S. 2 durch das Zuständigkeitsregime der EheVO 2003 erheblich an praktischer Wirksamkeit verloren hat (vgl. auch Anhang I zum III. Abschnitt, Art. 3 EheVO Rn 3).[95]

bb) Analoge Anwendung, allseitiger Ausbau. Nach h.L. kann Abs. 1 S. 2 auch dann (entsprechend) Anwendung finden, wenn ein Ehegatte mit deutscher Staatsangehörigkeit zwar nicht die Scheidung selbst beantragt, ihr aber im Laufe des Verfahrens **zustimmt**.[96] Hierfür spricht, dass es häufig nur vom Zufall abhängt, welcher der beiden scheidungswilligen Ehegatten den Antrag stellt. Die Frage ist aber in der Rechtsprechung noch nicht behandelt worden. Daher empfiehlt es sich, in Zweifelsfällen den Scheidungsantrag stets durch den deutschen Ehegatten stellen zu lassen (vgl. Rn 174). 42

In der Literatur wird darüber hinaus vorgeschlagen, Abs. 1 S. 2 Alt. 2 zu einer **allseitigen Kollisionsnorm** auszubauen.[97] Demnach wäre dann, wenn nach dem an sich einschlägigen Scheidungsstatut eine Scheidung nicht zulässig ist, generell auf das bei Eheschließung maßgebliche Heimatrecht des antragstellenden Ehegatten zurückzugreifen.[98] In der Rechtsprechung hat dieser Vorschlag keine Gefolgschaft gefunden. Ihm ist auch nicht zuzustimmen, da es sich bei Abs. 1 S. 2 der Konzeption nach um eine am materiellen Ergebnis orientierte Inländerschutzklausel handelt. Zwar ist die Bevorzugung deutscher Staatsangehöriger rechtspolitisch zweifelhaft. Dies allein reicht für eine gesetzesübersteigende Fortbildung des Abs. 1 S. 2 zu einer allseitigen Kollisionsnorm aber nicht aus.[99] Entsprechende Vorschläge, Abs. 1 S. 2 zu einer allseitigen Kollisionsnorm auszubauen, wurden bereits vor und während des laufenden Gesetzgebungsverfahrens unterbreitet.[100] Sie haben aber keinen Eingang in das Gesetz gefunden, so dass von einer bewussten gesetzgeberischen Entscheidung ausgegangen werden kann. Haben in einer gemischtnationalen Ehe beide Ehegatten die Scheidung beantragt und stellte man sodann analog Abs. 1 S. 2 auf die bei Eheschließung bestehenden Heimatrechte beider Ehegatten ab, so entstünde überdies das Problem, dass sich die beiden Heimatrechte inhaltlich widersprechen können.[101] Dies könnte insbesondere im Hinblick auf die scheidungsrechtlichen Nebenfolgen bedeutsam sein.[102] Ein allseitiger Ausbau der Vorschrift wird schließlich auch nicht durch den Gleichheitssatz (Art. 3 Abs. 1 GG)[103] oder das europäische Diskriminierungsverbot (Art. 12 EGV)[104] erzwungen. 43

Letztlich spricht gegen einen allseitigen Ausbau von Abs. 1 S. 2 auch, dass er sich – entgegen der Intention des Gesetzgebers – als Nachteil für deutsche Ehegatten auswirken würde. Diese müssten sich, wenn das ausländische Antrittsrecht ihres Ehepartners noch „scheidungsfreundlicher" ist als das deutsche, gegen ihren Willen mit einem für sie u.U. fernliegenden ausländischen Scheidungs(folgen)recht auseinander setzen. Für 44

---

94 Dänemark gilt in diesem Zusammenhang nicht als Mitgliedstaat (Art. 2 Nr. 3 EheVO).
95 *Wagner*, IPRax 2000, 512, 519; scharfe rechtspolitische Kritik hieran, weil dies zu einer Einschränkung der durch Art. 17 Abs. 1 S. 2 EGBGB gewährleisteten Scheidungsfreiheit nach deutschem Recht führe, bei *Rauscher*, Europäisches Zivilprozessrecht, 2003, Art. 2 Rn 3; *ders.*, in: FS Geimer 2002, S. 883 f.
96 *Looschelders*, Art. 17 Rn 26; Bamberger/Roth/*Otte*, Art. 17 EGBGB Rn 13; Erman/*Hohloch*, Art. 17 EGBGB Rn 23; *v. Bar*, IPR II, Rn 254; *Andrae*, Rn 335.
97 Bamberger/Roth/*Otte*, Art. 17 EGBGB Rn 13; *Kegel/Schurig*, § 20 VII 2a (1) bb (S. 866).
98 So Soergel/*Schurig*, Art. 17 EGBGB Rn 32; *Kegel/Schurig*, § 20 VII 2a (1) bb (S. 866); Bamberger/Roth/*Otte*, Art. 17 EGBGB Rn 13; abl. Staudinger/*Mankowski*, Art. 17 EGBGB Rn 164, 181; *Looschelders*, Art. 17 Rn 32; *v. Hoffmann*, IPR, § 8 Rn 51; *Andrae*, Rn 335; *Kersting*, FamRZ 1992, 268, 273 f.; *Jayme*, IPRax 1987, 167, 168.
99 Wie hier Staudinger/*Mankowski*, Art. 17 EGBGB Rn 164, 181.
100 Vgl. Begründung zum Regierungsentwurf, BT-Drucks 10/504, S. 60 zu einem Vorschlag des Deutschen Rats; aus der Lit. s. ferner *Makarov*, RabelsZ 17 (1952), 382, 390; *Gamillscheg*, RabelsZ 33 (1969), 654, 687 und 38 (1974), 507, 511; *Habscheid*, FamRZ 1975, 76, 78.
101 Vgl. zu diesem Argument auch die Begründung zum Regierungsentwurf, BT-Drucks 10/504, S. 61.
102 *Kersting*, FamRZ 1992, 268, 274. Hierzu wird von Vertretern der Gegenansicht vorgeschlagen, auf das jeweils schwächere der beiden Rechte abzustellen. Es soll m.a.W. eine bestimmte Nebenfolge nicht angeordnet werden können, wenn sie von einem Heimatrecht eines der Ehegatten nicht vorgesehen wird (Bamberger/Roth/*Otte*, Art. 17 EGBGB Rn 14; Soergel/*Schurig*, Art. 17 EGBGB Rn 32; *Kegel/Schurig*, § 20 VII 2a (1) bb (S. 866). Diesem Lösungsvorschlag ist zunächst entgegenzuhalten, dass ein „schwächeres" Recht u.U. nicht oder jedenfalls nur unter Schwierigkeiten feststellbar ist. Denkbar ist etwa, dass das eine Heimatrecht zwar einen zunächst niedrigeren Nachscheidungsunterhalt, aber eine kürzere Laufzeit des Unterhaltsanspruchs vorsieht. Im Übrigen gelangte man bei der Berufung des jeweils „schwächeren" Rechts zu einer Kombination zweier Rechtsordnungen, die letztlich dem Inhalt keiner der beiden Heimatrechtsordnungen (voll) entspricht.
103 So BGHZ 75, 241, 254 = NJW 1980, 47, 50 unter Hinw. auf BVerfGE 31, 58, 78 = NJW 1971, 1509, 1512; *Jayme*, IPRax 1987, 167, 168.
104 *Wagner* IPRax 2000, 512, 518 f.

45 **b) Ehe mit beschränktem Wirkungskreis (hinkende Ehe).** Nicht selten kommt es vor, dass eine geschlossene Ehe zwar von dem gemäß Artt. 13, 11 maßgeblichen Eheschließungsstatut, nicht aber von dem an sich anwendbaren Scheidungsstatut als wirksam angesehen wird (sog. **hinkende Ehe**, vgl. dazu Art. 13 EGBGB Rn 102). Denkbar ist etwa, dass das ausländische Scheidungsstatut zwingend eine religiöse Trauung vorschreibt, aber nur eine – nach dem gemäß Artt. 13 Abs. 3, 11 anwendbaren Recht formwirksame – standesamtliche Trauung stattgefunden hat.[105] Die Rechtsprechung wendet in diesem Fall Abs. 1 S. 2 analog an. Die Scheidung einer derartigen hinkenden Ehe erfolgt (unabhängig von der Staatsangehörigkeit des Antragstellers) also nach **deutschem Recht**, soweit die Ehe nach dem maßgeblichen ausländischen Scheidungsstatut im Zeitpunkt der letzten mündlichen Verhandlung nicht als wirksam angesehen wird.[106] Auch auf die Scheidungsnebenfolgen soll in diesem Fall das deutsche Sachrecht anwendbar sein.[107]

46 Die dargestellte Lösung enthält auch nach der hier vertretenen Ansicht einen richtigen Kern. Es besteht kein Anlass, die Ehegatten an die (möglicherweise) strengeren Vorschriften eines ausländischen Scheidungsstatuts zu binden, wenn dieses Scheidungsstatut selbst – weil es die Ehe ohnehin von vornherein für unwirksam hält – kein Interesse an der Aufrechterhaltung der Ehe hat.[108] Allerdings wird mit der generellen Anwendung des deutschen Scheidungsrechts der Schwerpunkt des Rechtsverhältnisses verfehlt. Nach der hier vertretenen Ansicht erscheint es aus diesem Grund vorzugswürdig, **primär das an sich einschlägige ausländische Scheidungsstatut anzuwenden** und hierbei entsprechend dem Ergebnis der selbständigen Anknüpfung der Vorfrage von einem wirksamen Zustandekommen der Ehe auszugehen.[109] Auf das deutsche Recht ist nur hilfsweise zu rekurrieren – nämlich dann, wenn das ausländische Scheidungsrecht (ein wirksames Bestehen der Ehe unterstellt) eine Scheidung nicht zulässt.[110] Die Anwendung des ausländischen Scheidungsstatuts auf die Hauptfrage der Scheidung entspricht einer konsequenten Durchführung des Grundsatzes, dass Vorfragen – hier die Vorfrage nach dem wirksamen Zustandekommen der Ehe – gesondert anzuknüpfen sind, aber im Übrigen auf die Anknüpfung der Hauptfrage keinen Einfluss haben. Auch bezüglich der **Nebenfolgen** sollte es bei der Anwendung des ausländischen Scheidungsstatuts sein Bewenden haben.[111] Gerade hier werden sich die Ehegatten vielfach auf die Geltung eines ausländischen Rechts eingestellt haben. Es vermag nicht zu überzeugen, dass sich die Unterhaltsverpflichtungen der Ehegatten letztlich nur deshalb, weil die Ehe nach einem ausländischen Recht nicht wirksam zustande gekommen ist, über Art. 18 Abs. 4 zwingend nach dem deutschen Recht beurteilen sollen (vgl. Rn 74). Besonders störend ist die Anwendung deutschen Sachrechts dann, wenn außer dem für die internationale Zuständigkeit erforderlichen Inlandsbezug – etwa dem gewöhnlichen Aufenthalt (nur) einer der Ehegatten, vgl. Anhang I zum III. Abschnitt, Art. 3 Abs. 1 lit. a EheVO – keine engere Beziehung zum deutschen Recht besteht.

47 Eine mit der skizzierten Problematik vergleichbare Frage stellt sich dann, wenn eine Ehe nach dem gemäß Art. 17 anwendbaren ausländischen Recht zunächst wirksam zustande gekommen ist, sodann aber durch ein ausländisches Gericht geschieden worden ist und das **Scheidungsurteil im Inland nicht**

---

[105] Zum Wandel des griechischen Rechts vgl. insoweit Staudinger/*Mankowski*, Art. 17 EGBGB Rn 89.
[106] OLG Zweibrücken FamRZ 2001, 920, 921; OLG Koblenz FamRZ 1994, 1262 = NJW-RR 1994, 647; OLG Hamm FamRZ 1994, 1182 = StAZ 1994, 221; OLG Karlsruhe IPRax 1990, 52, 52; OLG Stuttgart FamRZ 1980, 783, 784; dahingestellt von BGH, DAVorm 1982, 925; zust. Palandt/*Heldrich*, Art. 17 EGBGB Rn 10; Bamberger/Roth/*Otte*, Art. 17 EGBGB Rn 15; MüKo/*Winkler v. Mohrenfels*, Art. 17 EGBGB Rn 75; *Kropholler*, IPR, § 35 IV 2; abweichend Staudinger/*Mankowski*, Art. 17 EGBGB Rn 97; *Johannsen/Henrich*, Art. 17 Rn 34; *Galster*, StAZ 1988, 160, 164; letztlich auch Erman/*Hohloch*, Art. 17 EGBGB Rn 26 a.E. Die Anwendung deutschen Rechts entspricht auch der deutschen Rechtspraxis vor In-Kraft-Treten des Art. 17 n.F.; vgl. hierzu die Nachw. bei Staudinger/*Mankowski*, Art. 17 EGBGB Rn 88. Im Regierungsentwurf wird die Lösung der Frage bewusst offen gelassen (BT-Drucks 10/504, S. 59 f.).
[107] OLG Koblenz FamRZ 1994, 1262, 1263 = NJW-RR 1994, 647; auch OLG Zweibrücken FamRZ 2001, 920, 921; bzgl. des Versorgungsausgleichs abl. OLG Stuttgart FamRZ 1980, 783, 784.
[108] Staudinger/*Mankowski*, Art. 17 EGBGB Rn 90, 92; Soergel/*Schurig*, Art. 17 EGBGB Rn 34.
[109] Abweichend *Looschelders*, Art. 17 Rn 10, nach dessen Ansicht zwar das ausländische Scheidungsrecht, aber unter Ausschluss der der Scheidung entgegenstehenden Vorschriften anzuwenden ist. Damit gelangte man aber praktisch dazu, dass die Scheidung der (aus deutscher Sicht ja wirksam zustande gekommenen und damit in ihrem Bestand grundsätzlich schutzwürdigen) Ehe an überhaupt keine materiellen Voraussetzungen mehr geknüpft wäre.
[110] Im Erg. wie hier Staudinger/*Mankowski*, Art. 17 EGBGB Rn 97.
[111] Vgl. OLG Stuttgart FamRZ 1980, 783; im Erg. auch – mit der Begründung, dass eine kollisionsrechtliche Anpassung durchzuführen sei – *Johannsen/Henrich*, Art. 17 Rn 34; abweichend Soergel/*Schurig*, Art. 17 EGBGB Rn 34 (es sollen im Vergleich des ausländischen Scheidungsstatuts zum deutschen Recht stets die schwächeren Scheidungsfolgen gewählt werden).

anerkannt wird. Auch hier handelt es sich um eine nach dem Scheidungsstatut nicht (mehr) bestehende, aber im Inland (weiterhin) wirksame Ehe.[112] Die h.L. befürwortet hier – anders als bei einer von Anfang an unwirksamen Eheschließung – eine Anwendung des ausländischen Rechts.[113] Hierfür spricht, dass das ausländische (wenn auch im Inland nicht anerkennungsfähige) Urteil nicht nur über die Scheidung als solche, sondern über die Scheidungsnebenfolgen befunden hat und hierbei auf dem (aus der Sicht des ausländischen Kollisionsrechts) einschlägigen Sachrecht beruht. Möglicherweise handelt es sich um ausländisches Sachrecht, das auch bei Anwendung von Abs. 1 S. 1 i.V.m. Art. 14 von deutschen Gerichten heranzuziehen gewesen wäre. Dass die generelle Anwendung deutschen Rechts in diesem Fall gegen das Prinzip des engsten Bezugs verstoßen würde, ist offensichtlich. Die Anwendung deutschen Rechts könnte hier im Einzelfall zu erheblichen Widersprüchen zwischen dem deutschen und dem ausländischen Urteil führen und hinsichtlich der Nebenfolgen, wenn das deutsche Urteil seinerseits im Ausland nicht anerkannt wird, u.U. ein „Vollstreckungskarussell" in Gang setzen. Auf das deutsche Recht ist nur hilfsweise zu rekurrieren, wenn nach dem ausländischen Recht die Ehe – ihr Bestehen unterstellt – nicht scheidbar wäre. Bezüglich der Nebenfolgen sollte es in jedem Fall einheitlich bei dem gemäß Abs. 1 S. 1 i.V.m. Art. 14 anwendbaren ausländischen Recht verbleiben. Dieselben Grundsätze gelten schließlich für die Scheidung von Ehen, welche zuvor durch eine Privatscheidung aufgelöst worden sind, die im Inland wegen eines *ordre-public*-Verstoßes oder wegen einer Unvereinbarkeit mit Abs. 2 keine Wirkungen entfaltet.[114]

II. Anwendungsbereich des Scheidungsstatuts

1. Begriff der Scheidung. a) Nachträgliche Auflösung oder Lockerung des Ehebandes. Abs. 1 gilt zunächst für jede **Entscheidung**, die die nachträgliche Auflösung der Ehe zum Gegenstand hat, unabhängig davon, ob sie nach dem anzuwendenden Verfahrensrecht durch ein **Gericht**, eine **Behörde** oder durch ein **geistliches Gericht** erfolgt. Die Vorschrift gilt schließlich auch für die **Privatscheidung** durch einvernehmliches Rechtsgeschäft sowie für die einseitige **Verstoßung** nach dem islamischen Recht (vgl. hierzu Rn 69 ff., 84 ff., 94 ff.). 48

Erfasst werden aber auch sonstige Arten der nachträglichen Eheauflösung, die *ipso jure* eintreten. Zu nennen sind hier etwa die Eheauflösung aufgrund einer lebenslangen Freiheitsstrafe, der Wiederheirat eines der beiden Ehegatten oder eines Religionswechsels.[115] Insbesondere im zuletzt genannten Fall dürfte allerdings ein *ordre-public*-Verstoß (Art. 6) anzunehmen sein.[116] Erfasst wird ferner die **Eheauflösung durch Tod** oder Todeserklärung.[117] Die Todeserklärung sowie Lebens- und Todesvermutungen sind als Vorfragen nach Art. 9 gesondert anzuknüpfen. Ausländische Todeserklärungen sind nach Maßgabe von § 16a FGG bzw. nach § 328 ZPO anzuerkennen. Das Scheidungsstatut entscheidet auch darüber, ob die Ehe im Falle der Rückkehr eines für tot Erklärten und ggf. der Auflösung einer zwischenzeitlich eingegangenen Ehe wieder auflebt.[118] 49

Nicht anzuwenden ist Art. 17 auf die **anfängliche Unwirksamkeit der Eheschließung**. Insoweit ist Art. 13 heranzuziehen. Art. 13 gilt auch dann, wenn die Ehe wegen einer sonstigen Fehlerhaftigkeit der Eheschließung nachträglich aufgehoben werden soll. In Betracht kommen Formfehler bei der Eheschließung, aber auch Willensmängel oder sonstige Hinderungsgründe in der Person eines Ehegatten. Bei der Qualifikation ist auf das konkrete Antragsziel des Antragstellers abzustellen: Soweit er, gestützt auf die Fehlerhaftigkeit der Eheschließung, die nachträgliche Aufhebung der Ehe begehrt, gelten die Artt. 13, 11. Strebt der Antragsteller demgegenüber die Scheidung an, gilt Art. 17.[119] Soweit Abs. 1 i.V.m. Art. 14 eine Gesamtverweisung auf ausländisches Recht ausspricht, sind im Rahmen der Anwendung des ausländischen Kollisionsrechts nach allgemeinen internationalprivatrechtlichen Grundsätzen allein die dortigen Qualifikationsvorstellungen maßgebend.[120] Hiervon zu unterscheiden ist schließlich die Frage, ob nach dem letztlich anzuwendenden Sachrecht eine nachträgliche Aufhebung der Ehe überhaupt möglich ist bzw. ob die Fehlerhaftigkeit der Eheschließung zu einer nachträglichen Aufhebbarkeit oder (nur) Scheidbarkeit der Ehe führt. 50

---

112 Vgl. Soergel/*Schurig*, Art. 17 EGBGB Rn 35.
113 *Andrae*, Rn 342; *Kersting*, FamRZ 1992, 268, 272; auch MüKo/*Winkler v. Mohrenfels*, Art. 17 EGBGB Rn 80; *Beitzke*, IPRax 1993, 231, 234 (die umgekehrt bei einer ungültigen Eheschließung nur deutsches Scheidungsrecht anwenden wollen).
114 *Andrae*, Rn 342.
115 MüKo/*Winkler v. Mohrenfels*, Art. 17 EGBGB Rn 127; *Looschelders*, Art. 17 Rn 5.
116 Staudinger/*Mankowski*, Art. 17 EGBGB Rn 246; MüKo/*Winkler v. Mohrenfels*, Art. 17 EGBGB Rn 127.
117 Staudinger/*Mankowski*, Art. 17 EGBGB Rn 243 ff.; *Looschelders*, Art. 17 Rn 5.
118 Bamberger/Roth/*Otte*, Art. 17 EGBGB Rn 71; Staudinger/*Mankowski*, Art. 17 EGBGB Rn 244; *Kegel/Schurig*, § 20 VII 1 (S. 864); vgl. zum alten Recht auch BGHZ 42, 99.
119 MüKo/*Winkler v. Mohrenfels*, Art. 17 EGBGB Rn 26.
120 Vgl. MüKo/*Winkler v. Mohrenfels*, Art. 17 EGBGB Rn 25, 37.

51 Art. 17 gilt entsprechend für die bloße Lockerung des Ehebandes. Insbesondere ist Art. 17 auf die im ausländischen Recht z.T. noch vorhandene **Trennung von Tisch und Bett** anwendbar.[121] Dies ist damit zu rechtfertigen, dass die Trennung von Tisch und Bett, wenn auch nur eingeschränkt, die Funktionen übernimmt, die in Deutschland der Scheidung zufallen.[122] Die Trennung von Tisch und Bett ist mit dem deutschen *ordre public* vereinbar.[123] Auch die Umwandlung einer Trennung von Tisch und Bett in eine Scheidung ist nach Art. 17 zu beurteilen.[124] Ist zwischenzeitlich ein Statutenwechsel eingetreten, kann diese Umwandlungsentscheidung nach einem anderen Recht ergehen als die Entscheidung über die Trennung von Tisch und Bett.[125] In prozessualer Hinsicht ist die besondere Zuständigkeit nach Art. 5 EheVO 2003 zu beachten (vgl. Anhang I zum III. Abschnitt, Art. 5 EheVO Rn 1 ff.). Eine zwischen den Ehegatten abgeschlossene Trennungsvereinbarung, die auf eine Trennung von Tisch und Bett gerichtet ist, kann durch Urteil des Familiengerichts nach Maßgabe des anwendbaren ausländischen Rechts bestätigt werden.[126] Dagegen ist die **Berechtigung zum Getrenntleben** während einer ansonsten unverändert fortbestehenden Ehe nach Art. 14 zu beurteilen.[127]

52 Für die **Auflösung eingetragener Lebenspartnerschaften** trifft Art. 17b eine kollisionsrechtliche Sonderregelung. Umstritten ist, ob die Auflösung sonstiger **nichtehelicher Partnerschaften** nach Art. 17 (analog) zu beurteilen ist. Verbreitet wird dies – auch unter Hinweis auf die familienrechtliche Qualifikation durch ausländische Rechte – in der Tat befürwortet.[128] Güterrechtliche Ansprüche sollen dementsprechend analog Art. 15 angeknüpft werden.[129] Zu beachten ist allerdings, dass vertragliche, gesellschaftsrechtliche bzw. deliktsrechtliche Ansprüche jedenfalls nach den jeweils einschlägigen Kollisionsnormen anzuknüpfen sind. Für Unterhaltsansprüche zwischen den Partnern einer nichtehelichen Lebensgemeinschaft gilt Art. 18 (vgl. Art. 18 EGBGB Rn 49).

53 **b) Vorfrage nach dem Bestehen einer Ehe. aa) Selbständige Anknüpfung.** Art. 17 setzt den wirksamen Bestand einer Ehe voraus. Die Vorfrage des Bestehens der Ehe ist selbständig anzuknüpfen.[130] Die **Wirksamkeit der Eheschließung** bestimmt sich nach Artt. 11, 13. Ein inländisches Urteil, das über eine Nichtigkeitsklage ergeht, klärt die Vorfrage nach dem wirksamen Zustandekommen der Ehe endgültig. Dasselbe gilt für ein entsprechendes ausländisches Urteil, das im Inland anerkannt wird.[131]

54 Ist bereits ein **ausländisches Scheidungsurteil** ergangen, so hängt dessen Wirksamkeit von seiner Anerkennung im Inland ab. Bei Urteilen von anderen EG-Mitgliedstaaten (mit Ausnahme Dänemarks) sind hierbei die Artt. 21 ff. EheVO 2003 anzuwenden. Urteile der Gerichte von Drittstaaten sind nach Maßgabe des § 328 ZPO anzuerkennen. Hierbei ist das besondere **Anerkennungsverfahren vor den Landesjustizbehörden** nach Art. 7 § 1 FamRÄndG zu beachten. Ein inländisches Scheidungsverfahren ist bis zur Klärung der Anerkennung im Anerkennungsverfahren ggf. nach § 148 ZPO auszusetzen,[132] wenn damit für die Parteien des inländischen Verfahrens keine unzumutbaren Rechtsschutzbeeinträchtigungen verbunden sind.[133] Nach Ansicht des BGH kann bei einer offensichtlich nicht anerkennungsfähigen Auslandsscheidung das inländische Verfahren aber auch fortgesetzt und damit inzident über die Nichtanerkennung der ausländischen Scheidung entschieden werden.[134]

55 Geschieden werden können neben den fehlerfrei zustande gekommenen Ehen auch solche Ehen, die aufgrund einer Fehlerhaftigkeit bei der Eheschließung nicht unwirksam, sondern – etwa durch Nichtigkeitsklage – lediglich vernichtbar sind.[135] Scheidbar sind schließlich auch solche Ehen, die anfänglich unwirksam waren, aber – nach dem gem. Artt. 13, 11 anwendbaren Recht – zwischenzeitlich Wirksamkeit erlangt

---

121 BGHZ 47, 324 = NJW 1967, 2109 (zum italienischen Recht); BGH NJW 1988, 636, 637 = IPRax 1988, 173 = FamRZ 1987, 793; OLG Hamm FamRZ 1990, 61 = NJW-RR 1989, 1346; OLG Stuttgart NJW-RR 1989, 261; AG Lüdenscheid FamRZ 2002, 1486.
122 BGHZ 47, 324, 333.
123 So bereits BGHZ 47, 324, 333 f.
124 Bamberger/Roth/*Otte*, Art. 17 EGBGB Rn 63.
125 Bamberger/Roth/*Otte*, Art. 17 EGBGB Rn 63.
126 OLG Karlsruhe FamRZ 1991, 1308, 1309; OLG Düsseldorf FamRZ 1981, 146, 147; OLG Karlsruhe IPRax 1982, 75.
127 MüKo/*Winkler v. Mohrenfels*, Art. 17 EGBGB Rn 23.
128 Vgl. auch OLG Zweibrücken FamRZ 1994, 982, 983 = NJW-RR 1993, 1478 (die dort abgeschlossene Unterhaltsvereinbarung hätte aber richtigerweise nach dem Unterhaltsstatut beurteilt werden müssen); Bamberger/Roth/*Otte*, Art. 17 EGBGB Rn 16; v. Bar, IPR II, Rn 122.
129 Bamberger/Roth/*Otte*, Art. 17 EGBGB Rn 16.
130 OLG Zweibrücken FamRZ 1998, 1115; Staudinger/*Mankowski*, Art. 17 EGBGB Rn 73.
131 Staudinger/*Mankowski*, Art. 17 EGBGB Rn 80.
132 BGH NJW 1983, 514 = IPRax 1983, 292 = FamRZ 1982, 1203; OLG Köln FamRZ 1998, 1303.
133 BGH NJW 1983, 514 = IPRax 1983, 292 m. Anm. *Basedow*, S. 278 und *Bürgle*, S. 281 = FamRZ 1982, 1203; FamRZ 1991, 92, 93.
134 BGH NJW 1983, 514 = IPRax 1983, 292 = FamRZ 1982, 1203.
135 Staudinger/*Mankowski*, Art. 17 EGBGB Rn 80.

haben.[136] Schließlich kann auch eine Scheidung ergehen, wenn bereits eine gerichtliche Entscheidung über die Trennung von Tisch und Bett vorliegt.[137]

Nicht einfach zu beurteilen ist die Frage, welche Folgen ein deutsches Scheidungsurteil hat, das die Vorfrage nach dem Bestehen einer wirksamen Ehe zu Unrecht bejaht. Hierbei ist zu unterscheiden zwischen der Scheidung der Ehe und der Entscheidung über Scheidungsnebenfolgen. Materiell-rechtlich gesehen kann eine **Scheidung einer Nichtehe** keinerlei Wirkungen hervorrufen. Die mit dem Scheidungsausspruch intendierte materiell-rechtliche Gestaltungswirkung geht ins Leere.[138] Auch bei verfahrensrechtlicher Betrachtung ergibt sich kein anderes Ergebnis. Das Scheidungsurteil enthält – soweit man ihm als Gestaltungsurteil überhaupt eine Feststellungswirkung beimisst – jedenfalls keine rechtskräftige Feststellung über die Vorfrage nach dem Bestehen der Ehe.[139] Hinsichtlich der Scheidungsnebenfolgen entfaltet das (fälschlicherweise von einer wirksamen Ehe ausgehende) Urteil hingegen grundsätzlich Rechtskraft- und Gestaltungswirkung. Es ist insoweit zu behandeln wie sonstige unrichtige Urteile auch. Dies betrifft insbesondere Fragen des Unterhalts oder des Versorgungsausgleichs.[140]

bb) Scheidbarkeit bei Nichtanerkennung des ersten Scheidungsurteils im Ausland. Nach h.M. kommt ein zweites Scheidungsurteil im Inland auch dann nicht in Betracht, wenn ein zuvor im Inland ergangenes Scheidungsurteil im Heimatstaat der Ehegatten nicht anerkannt wird.[141] Umstritten ist, ob dies auch in dem (speziellen) Fall gilt, in dem eine Zweitscheidung im Heimatstaat nunmehr anerkennungsfähig wäre. In der Literatur wird die Möglichkeit einer erneuten Scheidung mit dem Hinweis darauf befürwortet, dass die Ehegatten nicht gezwungen werden dürften, auf Dauer in einer hinkenden Ehe zu leben.[142] Indes steht einem erneuten Scheidungsantrag die Rechtskraft des ersten Scheidungsurteils entgegen.[143] Durch die Annahme des Prozesshindernisses der Rechtskraft wird der Gefahr vorgebeugt, dass die Ehegatten das rechtskräftige Scheidungsurteil nachträglich inhaltlich infrage stellen können – etwa mit dem Vortrag, das Urteil weise kollisionsrechtliche oder sachliche Fehler auf und werde nur deshalb im Heimatstaat nicht anerkannt. Die Ehegatten können i.Ü., um den Zustand der hinkenden Ehe zu vermeiden, i.d.R. den Scheidungsantrag nochmals vor den Gerichten ihres Heimatstaates stellen. Sie sind also auch bei Verweigerung eines zweiten Scheidungsverfahrens im Inland zumeist nicht gezwungen, auf Dauer eine „hinkende Ehe" zu führen.[144]

2. Materielle Scheidungsvoraussetzungen. a) Voraussetzungen im Einzelnen. Nach dem von Art. 17 berufenen Scheidungsstatut beurteilt sich zunächst, ob die Ehe überhaupt geschieden werden kann. Im Übrigen richten sich die **Scheidungs- und Ehetrennungsgründe** nach dem anwendbaren Recht.[145] Hierzu zählen etwa die Verschuldensvoraussetzungen, die Zerrüttung,[146] die Bedeutung eines Widerspruchs des Antragsgegners gegen den Scheidungsantrag[147] sowie die Einhaltung bestimmter Trennungs- oder Wartefristen.[148] Trennungs- oder Wartefristen gehören nach den Grundsätzen der Qualifikation nach der lex fori auch dann zum Scheidungsstatut des Art. 17, wenn sie nach dem ausländischen Recht im Prozessrecht

---

136 OLG Zweibrücken FamRZ 1998, 1115 f.; AG Freiburg FamRZ 1991, 1304 (Legalisierung einer zunächst unwirksamen Imam-Ehe durch ein türk. Amnestiegesetz); Staudinger/*Mankowski*, Art. 17 EGBGB Rn 80; vgl. hierzu auch BGH FamRZ 2003, 838 f. (keine Heilung einer in Deutschland nicht vor dem Standesbeamten geschlossenen Ehe nach deutschem Recht) mit krit. Anm. *Pfeiffer*, LMK 2003, 128.

137 OLG Frankfurt FamRZ 1975, 632 m. Anm. *Wirth*; vgl. auch AG Rüsselsheim IPRspr 1985 Nr. 74, S. 210 = IPRax 1985, 229 (Leitsatz) m. Anm. *Jayme*.

138 Wie hier Staudinger/*Mankowski*, Art. 17 EGBGB Rn 77.

139 BGH FamRZ 2003, 838, 840 mit zust. Anm. *Borgmann*, FamRZ 2003, 844, 846; LG Bonn IPRax 1985, 353 mit zust. Anm. *Henrich*, IPRax 1985, 353; Staudinger/*Mankowski*, Art. 17 EGBGB Rn 78.

140 BGH FamRZ 2003, 838, 842; MüKo/*Winkler v. Mohrenfels*, Art. 17 EGBGB Rn 68; ausf. *Schwind*, RabelsZ 38 (1974), 523, 528 ff.

141 LG Wuppertal FamRZ 1972, 143; Soergel/*Schurig*, Art. 17 EGBGB Rn 10; *K. Müller*, RabelsZ 36 (1972), 60, 63; *Winkler v. Mohrenfels*, IPRax 1988, 341, 342.

142 Staudinger/*Mankowski*, Art. 17 EGBGB Rn 82.

143 Abweichend Staudinger/*Mankowski*, Art. 17 EGBGB Rn 82; vgl. auch *Hausmann*, Kollisionsrechtliche Schranken der Gestaltungskraft von Scheidungsurteilen, 1980, S. 106–112.

144 Soergel/*Schurig*, Art. 17 EGBGB Rn 10.

145 BGH NJW 1982, 1940, 1941; vgl. etwa AG Esslingen IPRax 1993, 250 m. Anm. *Beitzke*, S. 233.

146 Zum englischen Recht OLG Hamm NJW 1991, 3101; zum türkischen Recht OLG Hamm NJW 1991, 3099 = FamRZ 1991, 1306; NJW 1989, 2203 = FamRZ 1989, 991; FamRZ 1989, 1191; zum griechischen Recht OLG Stuttgart FamRZ 1992, 945; FamRZ 1994, 383.

147 Zum türkischen Recht: OLG Frankfurt FamRZ 1994, 1112; FamRZ 1993, 329 = NJW-RR 1993, 650; OLG Hamm FamRZ 1992, 946; 1992, 1436; NJW 1991, 3099 = FamRZ 1991, 1306; OLG Oldenburg NJW-RR 1994, 1222; FamRZ 1990, 632 = NJW-RR 1990, 262; OLG Düsseldorf FamRZ 1992, 946; Bamberger/Roth/*Otte*, Art. 17 EGBGB Rn 71.

148 OLG Hamm NJW 1991, 3099 = FamRZ 1991, 1306; AG Stuttgart-Bad Cannstatt IPRax 1986, 248.

geregelt sein sollten.¹⁴⁹ Besteht der Scheidungsgrund in einer **Unterhaltspflichtverletzung** – wie vielfach im islamischen Recht für die Frau –, so ist die Vorfrage nach dem Bestehen und dem Umfang von Unterhaltsansprüchen selbständig anzuknüpfen.¹⁵⁰

59 Auch das Einvernehmen sowie die **Einigung über bestimmte einzelne Scheidungsfolgen** sind materiellrechtlich zu qualifizieren. Das Scheidungsstatut legt fest, über welche Scheidungsfolgen eine Einigung vorliegen muss.¹⁵¹ Die Vorfrage nach dem wirksamen Zustandekommen der Vereinbarung ist – soweit sie gesondert angeknüpfte Regelungsgegenstände wie etwa den Unterhalt oder das Sorgerecht betrifft – nach dem jeweiligen Statut zu beurteilen.¹⁵² Formfragen sind nach Art. 11 anzuknüpfen. Ungeachtet der systematischen Stellung der Vorschrift sind die in § 630 ZPO vorgesehenen Einigungen und Erklärungen, soweit sie zur Erleichterung der Scheidung führen, materiellrechtlich zu qualifizieren. Dies ergibt sich schon daraus, dass § 630 ZPO ausdrücklich auf § 1565 i.V.m. § 1566 Abs. 1 BGB Bezug nimmt.¹⁵³ Als Formvorschrift anzusehen ist allerdings § 630 Abs. 2 S. 2 ZPO, der also immer dann zur Anwendung gelangt, wenn Art. 11 auf das deutsche Recht als Ortsrecht verweist.¹⁵⁴

60 Schließlich unterfallen auch das **Erlöschen eines Scheidungsgrunds** sowie sonstige Gegeneinwände des anderen Ehegatten dem Scheidungsstatut. In Betracht kommen hier u.a. ein Mitverschulden des anderen Ehegatten¹⁵⁵ oder eine Fristverstreichung.¹⁵⁶ Die Notwendigkeit eines **gerichtlichen Sühneversuchs** ist demgegenüber prozessual zu qualifizieren. Maßgeblich ist also insoweit die *lex fori* (vgl. Rn 88 f.).¹⁵⁷

61 Auch die Voraussetzungen für eine Auflösung der Ehe durch Vertrag oder einseitige **Verstoßung** richten sich nach dem von Art. 17 bestimmten Scheidungsstatut. Dem Scheidungsstatut ist auch zu entnehmen, welche Umstände **kraft Gesetzes** zu einer Eheauflösung führen. In Betracht kommen etwa der Tod eines Ehegatten,¹⁵⁸ die Todeserklärung sowie die Verurteilung zu einer lebenslangen Freiheitsstrafe.¹⁵⁹ Liegt eine Verurteilung zu einer lebenslangen Freiheitsstrafe durch ein aus der Sicht des Scheidungsstatuts ausländisches Gericht vor, ist durch Auslegung bzw. im Wege der Substitution zu klären, ob auch diese Verurteilung zu einer Auflösung der Ehe kraft Gesetzes führt.¹⁶⁰ Ein möglicher Grund für eine Auflösung der Ehe kraft Gesetzes ist daneben die Wiederheirat nach einem Wechsel der Religions- oder Staatszugehörigkeit. Hier kommt allerdings ein Verstoß gegen den deutschen *ordre public* in Betracht.¹⁶¹

62 **b) Ordre public.** Geht das anwendbare Recht für den konkreten Fall von einer **Unscheidbarkeit** der Ehe aus, so ist dann, wenn der die Scheidung begehrende Ehegatte bei Eheschließung oder Rechtshängigkeit des Scheidungsantrags Deutscher war, auf Abs. 1 S. 2 zurückzugreifen. In diesem Fall ist daher nicht zu prüfen, ob die Unscheidbarkeit der Ehe nach dem ausländischen Recht zu einem Verstoß gegen den deutschen *ordre public* führt (Art. 6).

63 Allerdings steht die – von der vorherigen Scheidung abhängige – Eheschließungsfreiheit nicht nur deutschen, sondern auch ausländischen Ehegatten zu.¹⁶² Insoweit kommt eine Prüfung des ausländischen Rechts nach Maßgabe des *ordre public* in Betracht. Hierbei ist allerdings zu beachten, dass auch die Wahrung des Fortbestands einer Ehe zu den schützenswerten deutschen Rechtsgrundsätzen gehört.¹⁶³ Dementsprechend verstößt es nach h.M. grundsätzlich nicht gegen den *ordre public*, wenn die Ehe nach dem anwendbaren Scheidungsstatut allgemein oder im konkreten Fall unscheidbar ist. Ein *ordre-public*-Verstoß scheidet

---

149 LG Berlin StAZ 1960, 175 m. Anm. *Henrich*; Staudinger/*Mankowski*, Art. 17 EGBGB Rn 227.
150 OLG Hamm IPRax 1995, 174, 176; Staudinger/*Mankowski*, Art. 17 EGBGB Rn 217; a.A. OLG Stuttgart FamRZ 1997, 882; ferner OLG Frankfurt OLGR 2001, 252; *Henrich*, IPRax 1995, 166; wohl auch (ohne Behandlung der Vorfragenproblematik) OLG Düsseldorf FamRZ 1998, 1113, 1114.
151 Staudinger/*Mankowski*, Art. 17 EGBGB Rn 229.
152 Staudinger/*Mankowski*, Art. 17 EGBGB Rn 231.
153 *Johannsen/Henrich*, Art. 17 Rn 41a; *Henrich*, Int. Familienrecht, § 4 I 2c dd (S. 145); MüKo/*Winkler v. Mohrenfels*, Art. 17 EGBGB Rn 380; vgl. auch *Jayme*, IPRax 1986, 248, 249.
154 *Andrae*, Rn 380.
155 BGH NJW 1982, 1940, 1941 = FamRZ 1982, 795, 796 = IPRax 1983, 190; OLG Frankfurt IPRax 1982, 22.
156 OLG Karlsruhe FamRZ 1990, 168, 169 = NJW-RR 1990, 777 (Verfall des Klagerechts nach portugiesischem Recht).
157 OLG Frankfurt FamRZ 2001, 293; OLG München IPRax 1989, 238, 241; OLG Bamberg IPRspr 1979, Nr. 61; *Johannsen/Henrich*, Art. 17 Rn 38; a.A. LG Hamburg StAZ 1977, 339.
158 OLG Köln IPRspr 1982 Nr. 43; Bamberger/Roth/ *Otte*, Art. 17 EGBGB Rn 71; Staudinger/*Mankowski*, Art. 17 EGBGB Rn 243 ff.; *Looschelders*, Art. 17 Rn 5.
159 MüKo/*Winkler v. Mohrenfels*, Art. 17 EGBGB Rn 21; *Looschelders*, Art. 17 Rn 5.
160 Staudinger/*Mankowski*, Art. 17 EGBGB Rn 215.
161 MüKo/*Winkler v. Mohrenfels*, Art. 17 EGBGB Rn 127.
162 BVerfGE 31, 58 = NJW 1971, 1509 = FamRZ 1971, 414.
163 OLG Karlsruhe NJW 1973, 425.

jedenfalls dann aus, wenn das gemeinsame Heimatrecht der Ehegatten berufen ist (Abs. 1 i.V.m. Art. 14 Abs. 1 Nr. 1).[164]

Sieht das ausländische Recht eine **leichtere Scheidbarkeit** der Ehe vor als das deutsche Recht, verstößt auch dies nicht gegen den *ordre public*.[165] Ein *ordre-public*-Verstoß liegt selbst dann nicht vor, wenn die Scheidung lediglich ein Einvernehmen der Ehegatten voraussetzt und keine weiteren Voraussetzungen wie etwa die Einhaltung von Trennungsfristen vorschreibt.[166] 64

Ein Verstoß gegen den *ordre public* liegt ferner grundsätzlich nicht darin, dass das Scheidungsstatut dem deutschen Recht **unbekannte Scheidungsgründe** vorsieht. Knüpft das Scheidungsstatut die Scheidung aber an rassische, politische oder religiöse Gründe – etwa den Abfall vom Islam –, kommt nach Lage des Einzelfalls ein *ordre-public*-Verstoß in Betracht.[167] Im Falle einer Verschuldensscheidung muss dem Ehegatten, der mit einem Schuldvorwurf überzogen wird, nach Ansicht des BGH eine angemessene Möglichkeit zur Verfügung stehen, ein Mitverschulden des anderen Ehegatten zur Geltung zu bringen und dadurch den – ihn u.U. psychisch oder sozial belastenden – Schuldvorwurf abzumildern.[168] 65

Eine Unvereinbarkeit mit dem *ordre public* kommt ferner dann in Betracht, wenn das anwendbare Scheidungsrecht die **Ehefrau diskriminiert**. Ein *ordre-public*-Verstoß liegt daher nahe, wenn das anwendbare Scheidungsrecht eine an keine wesentlichen Voraussetzungen gebundene einseitige **Verstoßung** (*talaq*) der Ehefrau durch den Ehemann vorsieht. Die Diskriminierung der Ehefrau liegt im Fall der Verstoßung darin, dass die Ehefrau zum Objekt einer bloßen Willkürentscheidung gemacht wird. Nach herrschender Auffassung ist die Verstoßung selbst dann mit Art. 6 unvereinbar, wenn beide Ehepartner ausländische Staatsangehörige sind und der Bezug zum deutschen Recht nur über den gewöhnlichen Aufenthalt eines der beiden Ehegatten hergestellt wird.[169] 66

Anders verhält es sich nach h.M. allerdings dann, wenn die **Ehefrau mit der Verstoßung einverstanden** ist, also praktisch eine einverständliche Scheidung vorliegt.[170] Dem ist zuzustimmen, da es nach Art. 6 nicht auf den Inhalt des ausländischen Rechts als solchen, sondern auf das praktische Ergebnis der Anwendung ausländischen Rechts im jeweiligen Einzelfall ankommt. Aufgrund ihrer Zustimmung ist die Frau nicht mehr als bloßes Objekt der männlichen Verstoßungsentscheidung anzusehen. Stets bedarf es aber der genauen Prüfung, ob tatsächlich eine auf Freiwilligkeit beruhende Zustimmung der Ehefrau vorliegt. Verbleiben Zweifel an der Freiwilligkeit, sollte nach der hier vertretenen Ansicht von einem *ordre-public*-Verstoß ausgegangen werden. Bei einer im Ausland ausgesprochenen Verstoßung reicht es aus, wenn die Ehefrau von der beabsichtigten Verstoßung vorab konkret Kenntnis erhält und diese zuvor, aber u.U. auch erst nachträglich billigt.[171] 67

---

164 BGHZ 41, 136, 147 = FamRZ 1964, 188; BGHZ 42, 7 = FamRZ 1964, 496; OLG Hamm NJW 1975, 2145, 2146; OLG Karlsruhe NJW 1973, 425; *Johannsen/Henrich*, Art. 17 Rn 28; *Henrich*, Int. Familienrecht, § 4 I 1e (S. 136); Erman/*Hohloch*, Art. 17 EGBGB Rn 34; Bamberger/Roth/*Otte*, Art. 17 EGBGB Rn 11; v. *Bar*, IPR II, Rn 255.

165 Staudinger/*Mankowski*, Art. 17 EGBGB Rn 108; MüKo/*Winkler v. Mohrenfels*, Art. 17 EGBGB Rn 102; *Johannsen/Henrich*, Art. 17 Rn 31; Bamberger/Roth/*Otte*, Art. 17 EGBGB Rn 11; Erman/*Hohloch*, Art. 17 EGBGB Rn 24; *Looschelders*, Art. 17 Rn 14; *Dopffel*, FamRZ 1987, 1205, 1213; aus der Rspr. vgl. OLG Hamm FamRZ 1997, 881 (kein Verstoß gegen den deutschen *ordre public*, wenn die Ehe nach dem anwendbaren türkischen Recht wegen Zerrüttung auch ohne Einhaltung eines Trennungsjahres geschieden werden kann).

166 *Johannsen/Henrich*, Art. 17 Rn 31; *Henrich*, Int. Familienrecht, § 4 I 1e (S. 137).

167 Staudinger/*Mankowski*, Art. 17 EGBGB Rn 109; vgl. hierzu *Müller-Freienfels*, in: FS Max Rheinstein II 1969, S. 890; zur Zwangsscheidung auf Popularklage wegen Abfalls vom Islam *Bälz*, IPRax 1996, 353.

168 BGH NJW 1982, 1940, 1942 = FamRZ 1982, 795, 796 = IPRax 1983, 190; zust. Staudinger/*Mankowski*, Art. 17 EGBGB Rn 110; Soergel/*Schurig*, Art. 17 EGBGB Rn 168.

169 Vgl. OLG München IPRax 1989, 238, 241 (gewöhnlicher Aufenthalt – nur – des Mannes in Deutschland und Geltung des deutschen Personalstatuts aufgrund seiner Asylberechtigung); *Bolz*, NJW 1990, 620, 621; krit. *Rauscher*, IPRax 2000, 391, 394.

170 BayObLG IPRax 1982, 104, 105; OLG Frankfurt IPRax 1985, 48 (Leitsatz) m. Anm. *Henrich*; OLG München IPRax 1980, 238 mit zust. Anm. *Jayme*, S. 223; AG Esslingen IPRax 1993, 250, 251 m. Anm. *Beitzke*, S. 231; AG Bonn IPRax 1985, 165; MüKo/*Winkler v. Mohrenfels*, Art. 17 EGBGB Rn 99; *Looschelders*, Art. 17 Rn 18; *ders.*, RabelsZ 56 (2001), 463, 488; *Rauscher*, IPRax 2000, 391, 394; *Lüderitz*, in: FS Baumgärtel 1990, S. 333, 338; *Beitzke*, IPRax 1993, 231, 234; *Bolz*, NJW 1990, 620, 621; *Jayme*, IPRax 1989, 223; *Dopffel*, FamRZ 1987, 1205, 1213; *Andrae*, Rn 366 abweichend (Verstoßung auch bei Zustimmung der Ehefrau mit Art. 6 unvereinbar) AG Frankfurt NJW 1989, 1434 = IPRax 1989, 237; AG München IPRax 1982, 250; Erman/*Hohloch*, Art. 17 EGBGB Rn 46; zweifelnd KG NJW-RR 1994, 199, 200.

171 BayObLG IPRax 1982, 104, 105; OLG Frankfurt IPRax 1985, 48 (Leitsatz) m. Anm. *Henrich*. In der Rspr. wird zuweilen ein Erfordernis der „Anhörung" der Ehefrau postuliert, was allerdings einer verfahrensrechtlichen Betrachtung entspricht, die auf die Privatscheidung nicht passt (krit. deshalb *Rauscher*, IPRax 2000, 391, 392 f.).

68 Nach der in der Rechtsprechung herrschenden Ansicht soll eine Verstoßung sogar dann mit dem deutschen *ordre public* vereinbar sein, wenn die verstoßene Ehefrau nicht ihre Zustimmung erklärt, aber die Ehe – wegen einer Zerrüttung des ehelichen Verhältnisses – im Übrigen auch nach dem deutschen Recht scheidbar wäre.[172] Hierfür spricht wiederum, dass es im Falle des *ordre public* nur auf das Ergebnis der Rechtsanwendung und nicht auf den Inhalt des ausländischen Rechts ankommt.[173]

69 Ist die Verstoßung im konkreten Fall mit Art. 6 unvereinbar, so ist ein maßgebliches **Ersatzrecht** heranzuziehen. I.d.R. ist hier das **deutsche Recht** anzuwenden. Dies ergibt sich aber nicht aus Abs. 1 S. 2 (analog), sondern aus den allgemeinen Grundsätzen zu Art. 6.[174] Bedeutsam ist diese Feststellung im Hinblick auf die Nebenfolgen der Scheidung (vgl. dazu Rn 72 ff.). Hier sollte es – nach dem Grundsatz der größtmöglichen Schonung des ausländischen Rechts – bei der Anwendung des ausländischen (islamischen) Rechts verbleiben.[175] Dies gilt nach der hier vertretenen Ansicht – obwohl Art. 18 Abs. 4 auf das tatsächlich angewendete Recht abstellt – auch für den Fall des Unterhalts. Denn praktisch wird das deutsche Recht hier letztlich nur als Ersatz für das eigentlich einschlägige ausländische Recht herangezogen.[176] Wendet man Art. 6 auf diese, das ausländische Recht möglichst „schonende" Weise an, so verliert die schwierige Frage nach der Vereinbarkeit des *talaq* mit dem deutschen *ordre public* an praktischer Bedeutung. Das islamische Recht wird in diesem Fall nur für den Scheidungsausspruch i.e.S., nicht aber für die praktisch bedeutsamen Nebenfolgen verdrängt, es sei denn, es liegt auch insoweit ein *ordre-public*-Verstoß vor. Zu verfahrensrechtlichen Fragen siehe Rn 84 ff., 92 ff.

70 Nach einer in der Rechtsprechung und Literatur mittlerweile herrschenden Ansicht ist dann, wenn das einschlägige Recht im konkreten Fall nur ein einseitiges Verstoßungsrecht des Mannes und demgegenüber kein Scheidungsrecht der Frau vorsieht,[177] eine noch weiter gehende Korrektur des islamischen Rechts vorzunehmen. Zum Zwecke der Vermeidung von Ungleichbehandlungen sei der Ehefrau in diesem Fall ein Scheidungsrecht nach dem ersatzweise heranzuziehenden deutschen Recht zuzubilligen.[178] Dem ist zuzustimmen. Zwar liegt in einer Unscheidbarkeit der Ehe als solcher grundsätzlich kein Verstoß gegen den *ordre public* (vgl. Rn 63). Der *ordre-public*-Verstoß ist aber in der **Ungleichbehandlung der Ehegatten** zu sehen, die mit Art. 3 GG nicht in Einklang zu bringen ist. Diese Ungleichbehandlung kann sinnvollerweise nicht dadurch behoben werden, dass man beiden Ehegatten das Scheidungsrecht entzieht,[179] sondern nur dadurch, dass man der Ehefrau – wie letztlich auch dem Ehemann (vgl. Rn 69) – die Möglichkeit der Scheidung nach dem deutschen Recht einräumt.[180] Eine zu weitgehende Verdrängung des an sich anwendbaren islamischen Rechts wird dadurch verhindert, dass man es im Hinblick auf die Nebenfolgen – vorbehaltlich einer Prüfung anhand des *ordre public* – wiederum bei dem an sich anwendbaren islamischen Recht belässt.[181]

71 **3. Wirkungen der Scheidung. a) Wirkungen auf das Eheband, Möglichkeit der Wiederverheiratung.** Nach dem von Art. 17 berufenen Recht bestimmen sich auch die Wirkungen der Scheidung. Das berufene Recht entscheidet darüber, ob das Eheband vollständig aufgelöst oder nur gelockert wird. Die

---

172 OLG Zweibrücken NJW-RR 2002, 581, 582; OLG Hamm IPRax 1995, 174, 176 mit zust. Anm. *Henrich*; OLG Stuttgart FamRZ 1997, 882, 883; OLG Köln FamRZ 1996, 1147; OLG Koblenz FamRZ 1993, 563, 564; OLG München IPRax 1989, 238 mit zust. Anm. *Jayme*, S. 223 = FamRZ 1994, 1263 = NJW-RR 1994, 771; AG Esslingen IPRax 1993, 250, 251; MüKo/*Winkler v. Mohrenfels*, Art. 17 EGBGB Rn 99; *Andrae*, Rn 366; *Looschelders*, Art. 17 Rn 18; *Beitzke*, IPRax 1993, 231, 234; *Bolz*, NJW 1990, 620, 621; a.A. Staudinger/*Mankowski*, Art. 17 EGBGB Rn 209 ff.
173 OLG München IPRax 1989, 238, 241.
174 Erman/*Hohloch*, Art. 17 EGBGB Rn 47.
175 Vgl. OLG Hamm IPRax 1995, 174, 177 (zum Geschiedenenunterhalt).
176 Wie hier OLG Hamm IPRax 1995, 174, 177.
177 Eine Scheidungsmöglichkeit der Ehefrau kann sich u.a. durch die Einräumung einer Scheidungsvollmacht ergeben (vgl. etwa *Rauscher*, IPRax 2000, 391, 393). Zur Möglichkeit der Scheidung durch Richterspruch bei grober Misshandlung oder Vernachlässigung der Ehefrau OLG Düsseldorf FamRZ 1998, 1113, 1114 (zum iranischen Recht); zum Scheidungsrecht der Frau bei Verletzung der Unterhaltspflicht OLG Frankfurt OLGR 2001, 252 (zum marokkanischen Recht).
178 OLG Köln FamRZ 2002, 166; OLG Zweibrücken NJW-RR 2002, 581, 582; OLG Hamm IPRax 1995, 174, 176 f. mit zust. Anm. *Henrich*, S. 166, 167; Staudinger/*Mankowski*, Art. 17 EGBGB Rn 113; MüKo/*Winkler v. Mohrenfels*, Art. 17 EGBGB Rn 124b; *Gottwald*, in: FS Nakamura 1996, S. 187, 192 f.; *Lüderitz*, in: FS Baumgärtel 1990, S. 333, 339; *Bolz*, NJW 1990, 620, 621; *Dopffel*, FamRZ 1987, 1205, 1214; *Stöcker*, RabelsZ 38 (1974), 79, 110; abl. Erman/*Hohloch*, Art. 17 EGBGB Rn 46; zweifelnd *Beitzke*, IPRax 1993, 231, 235.
179 OLG Hamm IPRax 1995, 174, 176; *Johannsen/Henrich*, Art. 17 Rn 29.
180 Die Anwendung der Scheidungsgründe, die das ausländische Recht dem Ehemann zubilligt, auf die Ehefrau ist demgegenüber nicht möglich. Es handelt sich hier um eine (unzulässige) Fortbildung des ausländischen Rechts (z.T. abw. – nicht allerdings in der Frage des *talaq* – *Andrae*, Rn 368, 369).
181 OLG Hamm IPRax 1995, 174, 176; *Beitzke*, IPRax 1993, 231, 235.

Möglichkeit der **Wiederverheiratung** ist demgegenüber nach Art. 13 zu beurteilen.[182] Innerhalb des von Art. 13 berufenen Rechts stellt sich die Frage nach der Wirksamkeit der Scheidung als Vorfrage. Hierbei werden Scheidungsurteile nach Maßgabe des Prozessrechts anerkannt; die Wirksamkeit von Privatscheidungen beurteilt sich nach Art. 17.

b) Nebenfolgen. aa) Schuldausspruch im Urteil. Ob ein Schuldausspruch zu erfolgen hat, ist ebenfalls nach dem Scheidungsstatut zu beurteilen.[183] Eine Schuldfeststellung hat jedenfalls dann auch im **Tenor** (nicht nur in den Gründen) eines deutschen Scheidungsurteils zu erscheinen, wenn eine Schuldfeststellung nach dem anwendbaren Scheidungsrecht geboten ist und ihr – über die zu erlassende Entscheidung hinaus – Bedeutung für die in Betracht kommenden Folgen zukommt.[184] Von dem Schuldausspruch kann im Einzelfall die Anerkennung des Urteils im Ausland abhängen.[185] 72

Unterbleibt der Schuldausspruch im Tenor, ist das Scheidungsurteil nur mit Rechtsmitteln angreifbar; eine Ergänzung nach § 321 ZPO scheidet aus.[186] In einem nachfolgenden Unterhaltsverfahren kann die für den Unterhaltsanspruch notwendige Schuldfeststellung aber i.d.R. nachgeholt werden, da bei einem bloßen Unterlassen der Schuldfeststellung weder das Verschulden noch des Nichtverschulden festgestellt ist, die Frage also weiterhin einer gerichtlichen Klärung zugänglich bleibt.[187] Etwas anderes gilt nur in dem Fall, in dem das ausländische Unterhaltsrecht ausschließlich die (formale) Feststellung des Verschuldens im Scheidungsurteil gelten lässt.[188] 73

bb) Unterhaltspflichten. Die Anknüpfung nach Art. 17 beeinflusst auch den **Nachscheidungsunterhalt** (Art. 18 Abs. 4 S. 1). Nach Art. 18 Abs. 4 kommt es auf das auf die Scheidung tatsächlich angewandte Recht an. Erfolgt die **Scheidung durch ein deutsches Gericht**, ergibt sich also ein unmittelbarer Gleichlauf zwischen dem nach Art. 17 anwendbaren Scheidungsrecht und dem anwendbaren Unterhaltsrecht. Dies gilt nach h.M. selbst dann, wenn auf die Scheidung nur deshalb deutsches Recht angewendet worden ist, weil es sich um eine nur nach dem deutschen Recht gültige und deshalb nach diesem wieder geschiedene **hinkende Ehe** gehandelt hat.[189] Dem ist nicht zuzustimmen. Jedenfalls die Nebenfolgen der Scheidung einer hinkenden Ehe sollten aus dem nach Abs. 1 S. 1 i.V.m. Art. 14 maßgeblichen Recht entnommen werden (vgl. Rn 45 ff.). 74

Ist die Scheidung durch ein (anzuerkennendes) **Urteil eines ausländischen Gerichts** erfolgt, kommt es darauf an, welches Scheidungsrecht durch das ausländische Gericht angewendet worden ist (vgl. näher Art. 18 EGBGB Rn 37). 75

cc) Schadensersatzpflichten. Nach Art. 17 ist auch die Ersatzpflicht des an der Scheidung schuldigen Ehegatten für materielle und immaterielle Schäden zu beurteilen. Dies gilt insbesondere für den Genugtuungsanspruch des unschuldig Geschiedenen nach **Art. 174 Abs. 2 türk. ZGB**.[190] Etwas anderes soll nur dann gelten, wenn die Schadensersatzpflicht unterhaltsrechtlichen Charakter hat, also etwa von der Bedürftigkeit bzw. der Leistungsfähigkeit der Ehegatten abhängig gemacht wird und in der Form einer Rentenzahlung erfolgen kann. In diesem Fall gilt Art. 18 Abs. 4.[191] Dies gilt z.B. für den Ersatzanspruch des unschuldig Geschiedenen nach Art. 174 Abs. 1 türk. ZGB, da dieser insbesondere auch den Wegfall des ehelichen Unterhaltsanspruchs kompensieren soll.[192] Da Art. 18 Abs. 4 das tatsächlich angewandte Scheidungsstatut für maßgeblich erklärt, kann die Unterscheidung zwischen dem Scheidungs- und Unterhaltsstatut zumindest immer dann offen bleiben, wenn der Scheidungsausspruch durch ein deutsches Gericht erfolgt. 76

---

182 Erman/*Hohloch*, Art. 17 EGBGB Rn 36.
183 BGH NJW 1982, 1940, 1941; NJW 1988, 636, 637 = FamRZ 1987, 793; IPRax 1988, 173. Hat allerdings ein Ehegatte in dem ausländischen Scheidungsverfahren auf die Feststellung einer Schuld seines Ehepartners verzichtet, so kann er nicht in Deutschland eine selbständige Klage auf ergänzende Feststellung einer Scheidungsschuld erheben (BGH FamRZ 1976, 614).
184 BGH NJW 1988, 636 = IPRax 1988, 173 = FamRZ 1987, 797; OLG Hamm IPRax 2000, 308 m. Anm. *Roth*, S. 292; OLG Zweibrücken FamRZ 1997, 430, 431; OLG Karlsruhe FamRZ 1995, 738; 1990, 168, 169 = NJW-RR 1990, 777, 778; OLG Hamm FamRZ 1989, 625; OLG Celle FamRZ 1989, 623, 624; OLG Bamberg FamRZ 1979, 514; OLG Hamm NJW 1978, 2452.
185 OLG Zweibrücken FamRZ 1997, 430, 431; OLG Karlsruhe FamRZ 1995, 738; 1990, 168 = NJW-RR 1990, 778 (zum portugiesischen Recht); OLG Hamm FamRZ 1989, 625; OLG Celle FamRZ 1989, 623 (zum polnischen Recht); OLG Hamm NJW 1978, 2452, 2453.
186 OLG Hamm IPRax 2000, 308 m. Anm. *Roth*, S. 292.
187 *Roth*, IPRax 2000, 292, 294.
188 OLG Hamm FamRZ 2000, 29 (zum polnischen Recht).
189 Bamberger/Roth/*Otte*, Art. 17 EGBGB Rn 80.
190 Vgl. OLG Frankfurt NJW-RR 2003, 725; FamRZ 1992, 1182; OLG Stuttgart FamRZ 1993, 974; AG Karlsruhe FamRZ 1988, 837, 838.
191 OLG Stuttgart FamRZ 1993, 975 (zum türkischen Recht); vgl. auch *Johannsen/Henrich*, Art. 18 Rn 25.
192 Göppinger/Wax/*Linke*, Rn 3106; vgl. auch *Rumpf*, Einführung in das türkische Recht, 2004, Rn 54 ff.; abweichend Staudinger/*Mankowski*, Art. 17 EGBGB Rn 277 (scheidungsrechtlich).

77 Der vom Scheidungsstatut vorgesehene Anspruch auf **immateriellen Schadensersatz** ist grundsätzlich mit dem deutschen *ordre public* vereinbar. Voraussetzung ist, dass er sich als Ausprägung des Schutzes des allgemeinen Persönlichkeitsrechts darstellt und schwerwiegende Verfehlungen und Verschulden voraussetzt.[193]

78 **dd) Widerruf von Schenkungen.** Art. 17 gilt auch für den Widerruf von Schenkungen, soweit der Widerrufsgrund speziell mit der Scheidung verknüpft ist.[194] Für den Widerruf aus allgemeinen schenkungsrechtlichen Gründen (z.B. grober Undank, Verarmung) gilt daneben das Schenkungsstatut.[195] Nach h.L. kann sich der Schenker das für ihn günstige Statut aussuchen.[196]

79 **ee) Anspruch auf Auszahlung der Morgengabe.** Art. 17 gilt nach sehr umstrittener Ansicht auch für den Anspruch auf noch nicht geleistete Morgengabe im Zusammenhang mit der Scheidung der Ehe.[197] Nach anderer Ansicht ist der Anspruch güterrechtlich[198] bzw. unterhaltsrechtlich[199] zu qualifizieren. Der BGH hat die Frage bislang offen gelassen, da die in Betracht kommenden Anknüpfungen zu demselben Recht führten.[200] Gegen eine generelle unterhaltsrechtliche Qualifikation spricht, dass der Anspruch auf Zahlung der Morgengabe nicht von einer Bedürftigkeit der Ehefrau abhängig gemacht wird und das islamische Recht der Ehefrau z.T. Unterhaltsansprüche zugesteht, die vom Bestehen oder Nichtbestehen eines Anspruchs auf Zahlung der Morgengabe nicht abhängen.[201] Für eine güterrechtliche Qualifikation spricht, dass hierdurch Statutenwechsel vermieden werden (vgl. Art. 14 Rn 82 ff.). Die im Rahmen einer religiösen Trauung geschlossene sog. **Ketubah-Vereinbarung** hat nach der Rechtsprechung unterhaltsrechtlichen Charakter.[202]

80 **ff) Zuweisung von Ehewohnung und Hausrat.** Die Zuweisung einer Ehewohnung und von Hausrat beurteilt sich nach Art. 17a, soweit es sich um in Deutschland belegene Gegenstände handelt. Sind die Gegenstände im Ausland belegen, ist der nur einseitig gefasste Art. 17a allerdings nicht anwendbar (vgl. näher Art. 17a Rn 16). In diesem Fall bleibt es nach umstrittener Ansicht bei der Anknüpfung an Art. 17; andere befürworten eine unterhaltsrechtliche Qualifikation und damit eine Anknüpfung nach Art. 18 Abs. 4 (vgl. näher Art. 17a EGBGB Rn 1).[203]

81 **c) Nicht vom Scheidungsstatut erfasste Fragen.** Die **namensrechtlichen** Scheidungsfolgen sind in Art. 10 geregelt. Für die Regelung des **Sorgerechts** der gemeinsamen Kinder gelten das **MSA** bzw. Art. 21. Auch die **sozialversicherungsrechtlichen Folgen** der Scheidung werden selbständig angeknüpft.[204]

III. Besonderheiten für das inländische Scheidungsverfahren nach ausländischem Recht

82 **1. Anwendung deutschen Verfahrensrechts. a) Scheidungsmonopol deutscher Gerichte (Abs. 2).** Nach Abs. 2 kann eine Ehe im Inland nur durch ein **gerichtliches Urteil** geschieden werden. Sieht das ausländische Recht eine Scheidung durch eine Behörde oder ein geistliches Gericht vor, ist dies aus deutscher Sicht unbeachtlich. Der Grund hierfür liegt darin, dass derartige **Zuständigkeitsfragen** verfahrensrechtlich

---

193 OLG Frankfurt NJW-RR 2003, 725; FamRZ 1992, 1182.
194 Eingehend *Kühne*, FamRZ 1969, 371, 375; ferner Erman/*Hohloch*, Art. 17 EGBGB Rn 37; Bamberger/Roth/*Otte*, Art. 17 EGBGB Rn 76.
195 Staudinger/*Mankowski*, Art. 17 EGBGB Rn 275; MüKo/*Winkler v. Mohrenfels*, Art. 17 EGBGB Rn 176; *Henrich*, Int. Familienrecht, § 4 II 6 (S. 157 f.); *Kühne*, FamRZ 1969, 371, 378.
196 Staudinger/*Mankowski*, Art. 17 EGBGB Rn 275; *Henrich*, Int. Familienrecht, § 4 II 6 (S. 157 f.); *Kühne*, FamRZ 1969, 371, 379.
197 OLG Celle FamRZ 1998, 374, 375; OLG Düsseldorf FamRZ 1998, 623 (auch eine güterrechtliche Qualifikation in Erwägung ziehend); OLG München IPRspr 1985 Nr. 67; LG Köln IPRspr 1980 Nr. 83; Erman/*Hohloch*, Art. 17 EGBGB Rn 38.
198 OLG Köln IPRax 1983, 73, 74 m. Anm. *Heldrich*, S. 64; OLG Bremen FamRZ 1980, 606; *Krüger*, FamRZ 1977, 115, 116.
199 OLG Zweibrücken IPRax 1984, 329; KG FamRZ 1980, 470 f.; AG Fürth FPR 2002, 450; AG Memmingen IPRax 1985, 230; AG Hamburg IPRax 1983, 74; auch OLG Hamm FamRZ 1992, 673, 675 = NJW 1992, 710; *Heßler*, IPRax 1988, 95, 97; *Henrich*, IPRax 1985, 230, 231.
200 BGH NJW 1999, 574, 575; FamRZ 1987, 463; ebenso OLG Köln IPRax 1983, 73.
201 Staudinger/*Mankowski*, Art. 17 EGBGB Rn 282.
202 OLG Düsseldorf FamRZ 2002, 1118.
203 Für Anwendung des Art. 17 OLG Düsseldorf FamRZ 1993, 575, 576; OLG Karlsruhe NJW 1997, 202 = FamRZ 1997, 33; OLG Stuttgart FamRZ 1997, 1086; OLG Hamm FamRZ 1998, 1530, 1531; a.A. KG FamRZ 1989, 74 (Recht des Lageortes für Ehewohnung); OLG Bamberg FamRZ 2001, 1316, 1317 (Art. 15 bzw. Art. 18); OLG Hamburg NJW-RR 2001, 1012, 1014 (Art. 28 bei Auflösung einer an Ehewohnung bestehenden GbR); offen gelassen in OLG Karlsruhe FamRZ 2000, 1577.
204 BSG NJWE-FER 1999, 255; MüKo/*Winkler v. Mohrenfels*, Art. 17 EGBGB Rn 185.

zu qualifizieren sind. Bei einem Scheidungsverfahren in Deutschland kommen nach dem *lex-fori*-Grundsatz allein deutsche Verfahrens- und damit auch Zuständigkeitsregeln zur Anwendung.[205]

Die deutschen Gerichte können den Scheidungsantrag nicht mit der Begründung als unzulässig zurückweisen, dass die von ihnen geforderte Tätigkeit einem staatlichen Gericht „wesensfremd" sei und ihnen deshalb die internationale Zuständigkeit fehle. Dies gilt nach dem BGH[206] und der ganz h.L. – aber entgegen dem KG – auch dann, wenn nach dem ausländischen Verfahrensrecht ein **geistliches Gericht** zuständig wäre.[207] Der Ausspruch eines Scheidungsurteils ist deutschen Gerichten nicht wesensfremd, und ein den deutschen Gerichten fremdes ausländisches Verfahren kommt nach dem *lex-fori*-Grundsatz ohnehin nicht zur Anwendung. Unzutreffend ist in diesem Zusammenhang schließlich das vom KG verwendete Argument, das ausländische Verfahren und das ausländische materielle Recht bildeten eine untrennbare Einheit, die nicht auseinander gerissen werden dürfe, da anderenfalls das ausländische Recht nicht sachgetreu angewendet werden würde.[208] Durch den verfahrensrechtlichen *lex-fori*-Grundsatz werden das Verfahrensrecht und das ausländische materielle Recht stets voneinander getrennt, ohne dass dies eine Rechtsverweigerung rechtfertigen würde.[209] Hinzuweisen bleibt schließlich darauf, dass die Ablehnung einer Entscheidung nur deshalb, weil eine angeblich „wesensfremde" richterliche Tätigkeit verlangt werde, einer verfassungswidrigen Rechtsverweigerung gleichkommen kann.[210]

83

In dem Fall, in dem das anzuwendende Scheidungsstatut eine **Scheidung durch Rechtsgeschäft** bzw. durch eine einem Rechtsgeschäft ähnliche Handlung (etwa durch einen einvernehmlichen Aufhebungsvertrag, die Übergabe eines Scheidebriefs oder eine einseitige Verstoßung) vorsieht, muss dieser Akt vor dem deutschen Gericht vorgenommen werden.[211] Es reicht aber auch aus, wenn der Verstoßungsakt außerhalb der Verhandlung vorgenommen und dem Gericht nur nachgewiesen wird.[212] Dies ist gerade im Falle des *talaq* zu empfehlen.[213] Sodann kann – auf der Grundlage dieses Rechtsgeschäfts – ein Scheidungsurteil ergehen. Erst das gerichtliche Urteil, nicht bereits das nach dem Scheidungsstatut vorgesehene Rechtsgeschäft führt die Gestaltungswirkung der Scheidung herbei.[214] Weigert sich der nach dem ausländischen Recht hierzu verpflichtete Ehegatte, an dem Scheidungsakt teilzunehmen – etwa dadurch, dass er sich nicht an der Übergabe des Scheidebriefs beteiligt –, so reicht es aus, wenn die Verpflichtung hierzu festgestellt wird. Die Nichtbeteiligung an dem Scheidungsakt ist vor deutschen Gerichten nach dem Rechtsgedanken des § 894 ZPO bedeutungslos.[215]

84

Unzureichend wären eine Vornahme der Privatscheidung im Inland und ein bloßer nachfolgender Antrag auf (bloße) Feststellung, dass die Ehe aufgrund der Vornahme eines solchen Rechtsgeschäfts im Inland nicht mehr besteht.[216] Die einseitige Verstoßung der Ehefrau durch den Ehemann verstößt dann, wenn die Ehefrau mit der Scheidung nicht einverstanden bzw. die Ehe bei Zugrundelegung deutschen Rechts nicht scheidbar ist, gegen den *ordre public* (vgl. Rn 66 ff.).

85

Fraglich ist, ob sämtliche Wirksamkeitsvoraussetzungen des privaten Scheidungsakts in Deutschland eingehalten werden müssen. Verbreitet geht man davon aus, dass z.B. bei der Privatscheidung nach dem islamischen Recht eine Verstoßung in der Gegenwart von zwei rechtschaffenden bzw. rechtgläubigen Zeugen

86

---

[205] *Rauscher*, IPR, S. 182; letztlich auch *Herfarth*, IPRax 2000, 101, 103; falsch daher KG FamRZ 1994, 839, 840, wonach das deutsche Recht „keine passenden Regeln" kenne, „durch die die Verfahrensvorschriften des jüdischen Rechts analog angewendet werden können"; in der Begründung abweichend (es liege ein Verstoß gegen den *ordre public* vor) Bamberger/Roth/*Otte*, Art. 17 EGBGB Rn 31; Erman/*Hohloch*, Art. 17 EGBGB Rn 46 a.E.
[206] BGH FamRZ 2004, 1952 f.
[207] Vgl. KG IPRax 2000, 126 m. Anm. *Herfarth*, S. 101 f. (betr. islamische Scheidung, die im Iran vor einem Sharia-Richter durchgeführt worden wäre); KG FamRZ 1994, 839, 840 (betr. Scheidung von Juden israelischer Staatsangehörigkeit); wie hier z.B. *Henrich*, Int. Familienrecht, § 4 I 2b (S. 144); *ders.*, IPRax 1995, 86, 88; *Andrae*, Rn 386 f.; *Gottwald*, in: FS Nakamura 1996, S. 189, 193 f.
[208] KG FamRZ 1994, 839, 840.
[209] Wie hier Soergel/*Schurig*, Art. 17 EGBGB Rn 64a; Staudinger/*Mankowski*, Art. 17 EGBGB Rn 223; *Looschelders*, Art. 17 Rn 41; Palandt/*Heldrich*, Art. 17 EGBGB Rn 11; zu den geschichtlichen Grundlagen der Lehre von der „wesenseigenen Zuständigkeit" *Jayme*, Religiöses Recht vor staatlichen Gerichten, 1999, S. 10 f.
[210] Vgl. KG IPRax 2000, 126, 127, das selbst darauf hinweist, dass die iranische Antragstellerin den Scheidungsprozess nicht persönlich im Iran führen konnte, weil sie im Falle der Einreise in den Iran dort ein Ausreiseverbot zu befürchten hätte. Nach Ansicht des KG hätte die Ehefrau aber vortragen müssen, dass das Scheidungsverfahren im Iran nicht in Abwesenheit der Ehefrau durch einen schriftlich oder fernmündlich beauftragten Rechtsanwalt hätte geführt werden können. Zu Recht krit. hierzu Soergel/*Schurig*, Art. 17 EGBGB Rn 64a; *Herfarth*, IPRax 2000, 101, 103; *Jayme*, Religiöses Recht vor staatlichen Gerichten, 1999, S. 2.
[211] Vgl. den Tatbestand bei OLG München IPRax 1989, 238, 241; ferner OLG Köln FamRZ 1996, 1147.
[212] *Henrich*, Int. Familienrecht, § 4 I 2b (S. 143); *Lüderitz*, in: FS Baumgärtel 1990, S. 333, 336.
[213] *Andrae*, Rn 384.
[214] A.A. *Kegel/Schurig*, § 20 VII 3b (S. 870).
[215] Soergel/*Schurig*, Art. 17 EGBGB Rn 64a.
[216] Staudinger/*Mankowski*, Art. 17 EGBGB Rn 187; a.A. *Kegel/Schurig*, § 20 VII 3b (S. 870).

zu erfolgen hat.[217] Nach der hier vertretenen Auffassung sollten derartige Voraussetzungen – bei einer Qualifikation aus der Sicht des deutschen Rechts – als nach Art. 11 anzuknüpfende Formvorschriften anzusehen sein, die in Deutschland nicht zwingend beachtet werden müssen.[218]

87 **b) Qualifikationsfragen.** Das Verfahren vor den deutschen Gerichten richtet sich auch im Übrigen nach der deutschen *lex fori*. Dies gilt zunächst für die Zulässigkeit des Antrags.[219] Zur gerichtlichen Zuständigkeit nach der EheVO 2003 und dem autonomen deutschen Recht siehe Anhang I und II zum III. Abschnitt.

88 Die Notwendigkeit eines vorgeschalteten **Versöhnungsverfahrens** ist verfahrensrechtlich zu qualifizieren.[220] Vor deutschen Gerichten sind daher derartige Versöhnungsverfahren nicht durchzuführen.[221] Eine Pflicht oder auch nur Möglichkeit zur unmittelbaren Anwendung ausländischen Verfahrensrechts besteht nach dem dargestellten *lex-fori*-Grundsatz selbst dann nicht, wenn es die Aussichten auf eine Anerkennung des Urteils im Ausland verbessern würde.[222]

89 Nach herrschender Ansicht können allerdings Verfahrensregeln des ausländischen Scheidungsstatuts berücksichtigt werden, wenn dies mit dem deutschen Verfahrensrecht vereinbar ist bzw. dieses einen entsprechenden Spielraum aufweist.[223] Ob eine **Versöhnung** der Parteien in Betracht kommt, kann im deutschen Verfahren zwar nicht durch ein formalisiertes Versöhnungsverfahren, aber dafür im Rahmen einer persönlichen Anhörung der Parteien gem. § 613 ZPO festgestellt werden. Ergeben sich begründete Anhaltspunkte für eine Versöhnung, kommt eine **Aussetzung nach § 614 ZPO** in Betracht.[224] Mit dem deutschen Verfahrensrecht nicht vereinbar – und auch in der Praxis kaum realisierbar – ist demgegenüber die **Beteiligung der Staatsanwaltschaft** oder einer anderen Behörde.[225]

90 Zuweilen knüpft das ausländische Recht an die Wirksamkeit der Ehescheidung noch weitere Verfahrensschritte wie etwa die **Eintragung der Scheidung in ein Register**. Da sich das Verfahren vor den deutschen Gerichten indes vollständig nach der deutschen *lex fori* beurteilt, steht die Nichteinhaltung dieser Verfahrensschritte der Wirksamkeit des Scheidungsurteils in Deutschland nicht entgegen. Hiervon zu unterscheiden ist die Frage, ob das ausländische Recht die Anerkennung des deutschen Urteils von der Eintragung der Scheidung in das ausländische Register abhängig macht. Ist dies der Fall, so ist die Scheidung bei Fehlen einer Registrierung möglicherweise nur in Deutschland, aber (noch) nicht im Ausland wirksam (sog. „hinkende" Scheidung bzw. Ehe). Die Ehegatten sollten allerdings – auch in den Urteilsgründen – auf die Notwendigkeit der Registrierung im Ausland hingewiesen werden.[226]

91 Auf ein vor deutschen Gerichten durchgeführtes **Verfahren zur Trennung von Tisch und Bett** sind die deutschen Verfahrensvorschriften für Scheidungsverfahren entsprechend anzuwenden. Die gilt auch für die Verbundsvorschriften.[227]

92 **2. Unwirksamkeit von inländischen, nicht durch das Familiengericht ausgesprochenen Scheidungen.** Eine **im Inland vorgenommene,** nicht durch das Familiengericht ausgesprochene Scheidung ist in

---

217 *Henrich*, Int. Familienrecht, § 4 I 2b (S. 143); OLG München IPRax 1989, 238, 241; vgl. ferner – zur Qualifikation sog. Get.-Statutes des Staates New York – *Herfarth*, IPRax 2002, 17 f.
218 *Andrae*, Rn 387 (zur im jüdischen Recht vorgesehenen Scheidungszeremonie).
219 *Henrich*, in: FS Bosch 1976, S. 411, 413.
220 OLG Frankfurt FamRZ 2001, 293; OLG München IPRax 1989, 238, 241 (zum Sühneversuch nach iranisch-islamischem Recht); Erman/*Hohloch*, Art. 17 EGBGB Rn 35; abweichend *Andrae*, Rn 376 (das Versöhnungsverfahren enthalte sowohl verfahrensrechtliche als auch materiellrechtliche Komponenten).
221 OLG München IPRax 1989, 238, 241; AG Lüdenscheid, FamRZ 2002, 1486; a.A. OLG Hamburg FamRZ 2001, 1007, 1008. Verlange das ausländische (hier: das afghanische) Scheidungsrecht zwingend einen richterlichen Versöhnungsversuch, dann müsse er auch in Deutschland unternommen werden, und der deutsche Richter „muss und kann insoweit ausländisches Verfahrensrecht anwenden".
222 Zutr. AG Lüdenscheid FamRZ 2002, 1486, 1488.
223 Vgl. OLG Bremen IPRax 1985, 47 (Leitsatz); OLG Karlsruhe IPRax 1982, 75, 76 (es sei anerkannt, dass auch bei Anwendung deutschen Verfahrensrechts die Grundsätze einer ausländischen Verfahrensordnung berücksichtigt werden müssen, wenn ausländische Verfahrensvorschriften der Sache nach mit dem anzuwendenden materiellen ausländischen Recht eng zusammenhingen); ferner OLG Frankfurt, IPRax 1983, 193 (Nr. 54c, Leitsatz); LG Hamburg, FamRZ 1972, 40, 41; vorsichtig auch AG Lüdenscheid FamRZ 2002, 1486, 1488; aus der Lit.: MüKo/*Winkler v. Mohrenfels*, Art. 17 EGBGB Rn 110; Erman/*Hohloch*, Art. 17 EGBGB Rn 44; *Andrae*, Rn 376.
224 AG Lüdenscheid FamRZ 2002, 1486, 1488; auch AG Leverkusen FamRZ 2002, 1636, 1637.
225 AG Lüdenscheid FamRZ 2002, 1486, 1488; abweichend Zöller/*Geimer*, ZPO, § 606a Rn 15 (Beiladung der nach § 1316 Abs. 1 Nr. 1 BGB durch LandesVO bestimmten Verwaltungsbehörde).
226 *Johannsen/Henrich*, Art. 17 Rn 40; *Henrich*, Int. Familienrecht, § 4 I 2b (S. 145); Erman/*Hohloch*, Art. 17 EGBGB Rn 45.
227 BGH NJW 1988, 636 = IPRax 1988, 173; OLG Frankfurt FamRZ 1994, 715 = NJW-RR 1995, 139; OLG Karlsruhe FamRZ 1991, 1308, 1309 m.w.N.; *Johannsen/Henrich*, Art. 17 Rn 44.

jedem Fall unwirksam, selbst wenn sie den Voraussetzungen des an sich maßgeblichen Scheidungsstatuts genügt.[228] Von Bedeutung ist dies etwa bei Inlandsscheidungen durch ein geistliches Gericht oder durch eine kirchliche Behörde[229] sowie insbesondere bei Privatscheidungen.[230] Anders verhält es sich aber, wenn ein kirchliches Urteil selbst noch keine zivilrechtlichen Wirkungen entfaltet und die Scheidung erst durch ein Delibationsurteil erfolgt, welches dem kirchlichen Urteil zivilrechtliche Wirkungen verleiht.[231]

Auch die in einer **Botschaft** oder einem Konsulat eines ausländischen Staates vorgenommene Scheidung ist eine Inlandsscheidung. Dies gilt auch dann, wenn es sich um die diplomatische Vertretung des Heimatstaates eines oder beider Ehegatten handelt.[232] Die Scheidung ist auch dann nach Abs. 2 unwirksam, wenn der diplomatische Vertreter nach dem Recht des Entsendestaates eine Scheidung aussprechen kann.[233] Etwas anderes würde nur dann gelten, wenn der diplomatische Vertreter nach dem deutschen Recht bzw. einem für Deutschland maßgeblichen Staatsvertrag dazu ermächtigt wäre, Scheidungen im Inland vorzunehmen, also insoweit einem deutschen Richter gleichstünde. Hiervon ist gegenwärtig aber nicht auszugehen.[234] Auch die Inlandsscheidung von solchen Personen, die nicht der deutschen Gerichtsbarkeit unterliegen (sog. extraterritorialen Personen, vgl. §§ 18–20 GVG), ist nach Abs. 2 unwirksam.[235] 93

Größere Schwierigkeiten bereitet die Beurteilung der Frage, wann eine reine **Privatscheidung** bzw. eine Privatscheidung mit nachfolgender Beteiligung ausländischer (Register-)Behörden als i.S.v. Abs. 2 im Inland vorgenommen anzusehen ist. Diese Frage stellt sich etwa im Falle der rechtsgeschäftlichen Scheidung nach dem islamischen[236] oder jüdischen Recht[237] oder bei dem Abschluss eines etwa nach dem Recht von Japan, Korea oder Thailand zulässigen Eheaufhebungsvertrages. Im Inland vorgenommen ist eine Scheidung nach h.M. jedenfalls dann, wenn ein für die Scheidung konstitutiver Teilakt im Inland vorgenommen wird.[238] Setzt die Scheidung mehrere konstitutive Teilakte voraus – etwa eine Erklärung der Ehegatten und die Eintragung der Scheidung in ein Register –, reicht es aus, wenn nur einer dieser Teilakte im Inland vorgenommen wird.[239] 94

Bei der Scheidung durch Übergabe eines Scheidebriefs kommt es auf den Ort der Übergabe an.[240] Bei der **Verstoßungserklärung** besteht ein konstitutiver Teilakt in der Abgabe der Verstoßungserklärung. Wird die Erklärung also im Inland vorgenommen, so liegt eine nach Abs. 2 unwirksame Inlandsscheidung vor. Abs. 2 ist auch dann einschlägig, wenn an der Scheidung nur Ausländer beteiligt sind und deren Heimatstaat die Scheidung anerkennt.[241] Der Umstand, dass eine im Ausland abgegebene Verstoßungserklärung ins Inland übermittelt wird, macht die Verstoßung – da sie nicht von einem Zugang der Erklärung bei der Ehefrau abhängt – allerdings nicht zu einer gemäß Abs. 2 unwirksamen Inlandsscheidung.[242] 95

Eine nach Abs. 2 unwirksame Inlandsscheidung liegt nach der Rechtsprechung auch dann vor, wenn die im Inland ausgesprochene **Verstoßung** – wie etwa im pakistanischen Recht – noch einer **Registrierung bzw. einer sonstigen behördlichen bzw. gerichtlichen Mitwirkung im Heimatstaat** bedarf.[243] Es kommt hierbei nach h.M. auch nicht darauf an, ob die Verstoßung bis zum Zeitpunkt ihrer Registrierung widerruflich ist, da auch eine widerrufliche Gestaltungserklärung (für den Fall des Unterlassens eines Widerrufs) Gestaltungswirkung entfaltet.[244] Nach der in der Literatur vertretenen Gegenansicht ist demgegenüber dann, wenn neben dem Ausspruch der Verstoßung noch gerichtliche Mitwirkungsakte erforderlich sind, nicht mehr von einer Inlandsscheidung auszugehen.[245] Hiergegen spricht, dass der Charakter der Verstoßungserklärung als privater, 96

---

228 BGHZ 82, 34, 45 = NJW 1982, 517 = FamRZ 1982, 44 = IPRax 1983, 37; OLG Stuttgart IPRax 1988, 172 mit krit. Anm. *Beule*, S. 150.
229 Hierzu AG Hamburg StAZ 1981, 83; JM Baden-Württemberg IPRax 1990, 51, 52 mit krit. Anm. *Jayme*, S. 32; *Krzywon*, StAZ 1989, 93, 105.
230 *Johannsen/Henrich*, Art. 17 Rn 35.
231 *Jayme*, IPRax 1990, 32.
232 BGHZ 82, 34 = NJW 1982, 517 = IPRax 1983, 37 = FamRZ 1982, 44; MüKo/*Winkler v. Mohrenfels*, Art. 17 EGBGB Rn 88; *Johannsen/Henrich*, Art. 17 Rn 35; Erman/*Hohloch*, Art. 17 EGBGB Rn 31.
233 Staudinger/*Mankowski*, Art. 17 EGBGB Rn 204.
234 Staudinger/*Mankowski*, Art. 17 EGBGB Rn 205.
235 Staudinger/*Mankowski*, Art. 17 EGBGB Rn 206.
236 Vgl. hierzu *Wiedensohler*, StAZ 1991, 40.
237 Vgl. dazu BGH IPRax 1995, 111 = FamRZ 1994, 434; KG FamRZ 1994, 839; *Herfarth*, IPRax 2002, 17 f.
238 Präs. OLG Frankfurt StAZ 2001, 37 (außergerichtliche Übereinkunft japanischer Ehegatten); MüKo/*Winkler v. Mohrenfels*, Art. 17 EGBGB Rn 90.
239 Staudinger/*Mankowski*, Art. 17 EGBGB Rn 189; Erman/*Hohloch*, Art. 17 EGBGB Rn 30, 31; *v. Bar*, IPR II, Rn 258.
240 MüKo/*Winkler v. Mohrenfels*, Art. 17 EGBGB Rn 92.
241 Vgl. bereits BGHZ 82, 34, 45 f. = NJW 1982, 517 = FamRZ 1982, 44 = IPRax 1983, 37.
242 Ohne nähere Problematisierung der Fragestellung auch OLG Frankfurt NJW 1990, 646; Erman/*Hohloch*, Art. 17 EGBGB Rn 31.
243 BayObLG FamRZ 1985, 75; OLG Düsseldorf IPRax 1986, 305 (Leitsatz m. Anm. *Henrich*); OLG Stuttgart IPRax 1988, 172, 173; Erman/*Hohloch*, Art. 17 EGBGB Rn 31; a.A. *Johannsen/Henrich*, Art. 17 Rn 35; *Henrich*, Int. Familienrecht, § 4 I 2b (S. 142 f.); *Beule*, IPRax 1988, 150, 151.
244 BayObLG FamRZ 1985, 75; auch OLG Stuttgart IPRax 1988, 172, 173 f.; a.A. *Beule*, IPRax 1988, 150, 152.
245 Zum pakistanischen Recht *Johannsen/Henrich*, Art. 17 Rn 35; *Henrich*, Int. Familienrecht, § 4 I 2b (S. 142 f.); *Beule*, IPRax 1988, 150, 151.

rechtsgestaltender Akt trotz der Mitwirkung eines Richters erhalten bleibt. Die Verstoßungserklärung bleibt auch hier bei wertender Betrachtung der letztlich maßgebende konstitutive Akt; sie wird in ihrer Bedeutung nicht auf einen bloßen Antrag auf Mitwirkung des Scheidungsrichters herabgemindert.

97 Beim **Eheaufhebungsvertrag** kommt es auf den Ort des Vertragsschlusses an. Problematisch ist hier die Beurteilung der – etwa postalisch geschlossenen – Distanzscheidung. Nach einer Ansicht liegt in diesem Fall kein für Abs. 2 erforderlicher „reiner" Inlandsfall mehr vor, wenn nur einer der Ehegatten seinen gewöhnlichen Aufenthalt im Inland hat und sich der Erklärungstatbestand dementsprechend nicht vollständig im Inland vollzieht.[246] Dies erscheint zweifelhaft. Geht man davon aus, dass eine Inlandsscheidung bereits dann vorliegt, wenn nur ein konstitutiver Teilakt im Inland vorgenommen wird, so liegt es nahe, im Falle des Aufhebungsvertrages von zwei Teilakten (nämlich Angebot und Annahme) auszugehen. Dementsprechend reicht es aus, wenn eine dieser Erklärungen im Inland vollzogen wird, wobei richtigerweise auf die Abgabe (nicht die lediglich passive Entgegennahme) einer Erklärung abzustellen ist.

98 Abs. 2 stellt seinem Wortlaut nach nur darauf ab, **wo die Scheidung vorgenommen wird**. Auf den gewöhnlichen Aufenthalt der beteiligten Ehegatten im In- oder Ausland kommt es daher für Abs. 2 grundsätzlich nicht an. Abs. 2 lässt es zu, dass sich die Ehegatten nur zum Zweck der Privatscheidung ins Ausland begeben. Denkbar ist etwa, dass beide Ehegatten ins Ausland reisen, um dort einen Eheaufhebungsvertrag abzuschließen, oder sich nur der Ehemann ins Ausland begibt, um dort eine Verstoßungserklärung nach dem islamischen Recht abzugeben. Eine erweiterte Auslegung des Abs. 2 – etwa dergestalt, dass eine Scheidung von Ehegatten mit gewöhnlichem Aufenthalt im Inland nur durch Urteil möglich ist – ist nicht vorzunehmen. Insbesondere kann auch keine fraudulöse Umgehung des deutschen Scheidungsmonopols angenommen werden.[247] Zu bedenken ist, dass über eine zu weite Auslegung des Abs. 2 eine Vielzahl an „hinkenden" Scheidungen und damit an hinkenden Ehen herbeigeführt würde. Ehegatten mit deutscher Staatsangehörigkeit sind bei reinen Privatscheidungen bereits hinreichend dadurch geschützt, dass über Abs. 1 i.V.m. Art. 14 Abs. 1 Nr. 1, 2 ohnehin deutsches Recht gilt und daher die Privatscheidung nach ausländischem Recht – unabhängig davon, wo sie vorgenommen wird – sowieso unwirksam ist.[248] In den übrigen Fällen ist die Grenze des *ordre public* zu beachten (vgl. Rn 66 f.).

99 Sehr fraglich ist, ob etwas anderes gilt, wenn die Ehegatten die Scheidung durch einen **Vertreter** oder **Boten** im Ausland vornehmen lassen, ohne selbst Deutschland zu verlassen. Maßgeblich ist darauf abzustellen, ob ein für die Scheidung unmittelbar konstitutiver Akt bereits mit der Beauftragung des Boten bzw. Vertreters oder erst der Abgabe bzw. Weiterleitung der Erklärung durch den Boten bzw. Vertreter oder erst deren Zugang beim anderen Ehegatten wirksam wird. Wird z.B. eine Verstoßungserklärung im Inland unterzeichnet und an einen im Ausland befindlichen Boten geschickt, der sie an die im Ausland befindliche Ehefrau übermittelt, liegt – wenn erst die Weiterleitung der Erklärung durch den Boten konstitutive Wirkung entfaltet – keine nach Abs. 2 unwirksame Inlandsscheidung vor.[249] Dasselbe gilt bei dem Einsatz von Vertretern.[250] Bei einer missbräuchlichen Verwendung der Vollmacht kommt allerdings ein *ordre-public*-Verstoß in Betracht. Dies kann insbesondere dann der Fall sein, wenn der Vertreter die Scheidung gegen den aktuellen Willen der Vertretenen herbeiführt.[251]

100 Abs. 2 findet nach seinem Sinn und Zweck nur Anwendung, wenn die Scheidung nicht ohnehin *ipso jure* eintritt, für die Scheidung also insbesondere ein richterlicher bzw. privater Gestaltungsakt erforderlich ist. Endet die Ehe nach dem anzuwendenden ausländischen Recht durch Tod oder andere Umstände **kraft Gesetzes**, ist Abs. 2 nicht einschlägig.[252]

101 Die Unwirksamkeit einer im Inland vorgenommenen Privatscheidung kann durch ein Feststellungsurteil nach § 632 ZPO n.F. geklärt werden (zur umstr. Anwendbarkeit der EheVO 2003 vgl. Anhang I zum III. Abschnitt, Art. 1 EheVO Rn 8 ff.).[253] Im Übrigen ist die Unwirksamkeit einer im Inland vorgenommenen Privatscheidung als Vorfrage zu klären.[254]

---

246 Staudinger/*Mankowski*, Art. 17 EGBGB Rn 198; BayObLG StAZ 1977, 309.
247 Staudinger/*Mankowski*, Art. 17 EGBGB Rn 200.
248 Vgl. BayObLG FamRZ 2003, 381; Staudinger/*Mankowski*, Art. 17 EGBGB Rn 200.
249 *Beule*, IPRax 1988, 150, 151; im Erg. auch – ein inländisches „Minimalgeschehen" annehmend – OLG Stuttgart NJW 1971, 994, 995; abweichend MüKo/*Winkler v. Mohrenfels*, Art. 17 EGBGB Rn 92.
250 OLG Frankfurt NJW 1990, 646 (ohne die Problematik näher zu erörtern).
251 OLG Frankfurt NJW 1990, 646, 647 (*in concreto* abl.).
252 MüKo/*Winkler v. Mohrenfels*, Art. 17 EGBGB Rn 93.
253 Erman/*Hohloch*, Art. 17 EGBGB Rn 32.
254 OLG Hamm IPRax 1989, 107 (Leitsatz) mit zust. Anm. *Henrich*; Palandt/*Heldrich*, Art. 17 EGBGB Rn 36; a.A. *Lüderitz*, in: FS Baumgärtel 1990, S. 333, 340 (Anwendbarkeit von Art. 7 § 1 Abs. 1 FamRÄndG auch insoweit).

IV. Anknüpfung des Versorgungsausgleichs (Abs. 3)

1. Regelanknüpfung. a) Überblick. Die Anknüpfung des Versorgungsausgleichs nach Abs. 3 ist kompliziert: Grundsätzlich gilt für den Versorgungsausgleich das nach Abs. 1 S. 1 i.V.m. Art. 14 maßgebliche Recht (Abs. 3 S. 1 Hs. 1), also das Scheidungsstatut. Die Durchführung eines Versorgungsausgleichs wird sodann aber in Abs. 3 S. 1 Hs. 2 an eine **weitere Voraussetzung** geknüpft. Ein Versorgungsausgleich findet danach nur statt, wenn ihn das materielle Recht eines der Staaten kennt, denen wenigstens einer der Ehegatten angehört. Abs. 3 S. 2 enthält sodann – gerade umgekehrt – eine **erweiterte Möglichkeit** der Durchführung eines Versorgungsausgleichs nach dem deutschen Recht. Abs. 3 S. 2 bezieht sich sowohl auf den Fall, in dem das an sich nach Abs. 3 S. 1, Abs. 1 i.V.m. Art. 14 anwendbare Recht keinen Versorgungsausgleich vorsieht, als auch auf den Fall, in dem die Durchführung eines Versorgungsausgleichs (erst) an der zusätzlichen Hürde des Abs. 3 S. 1 Hs. 2 (also der fehlenden Kenntnis der Heimatrechte der Ehegatten) scheitert. Abs. 3 S. 2 Nr. 1 stellt hierbei zentral auf den Erwerb inländischer Versorgungsanwartschaften ab. Nach Abs. 3 S. 2 Nr. 2 kommt es darauf an, dass die Ehegatten zumindest für einen gewissen Zeitraum unter einem Statut der allgemeinen Ehewirkungen gelebt haben, das den Versorgungsausgleich kennt. In beiden Fällen wird gefordert, dass die Durchführung eines Versorgungsausgleichs nicht der Billigkeit widerspricht.

Abs. 3 macht jedenfalls auf den ersten Blick den Eindruck eines inkonsequenten Hin und Her: Ausgangspunkt ist das Scheidungsstatut. Abs. 3 S. 1 Hs. 2 beschränkt sodann die Durchführung eines Versorgungsausgleichs nach dem deutschen Recht, während umgekehrt Abs. 3 S. 2 den Versorgungsausgleich nach dem deutschen Recht wieder fördert. Entscheidend für das Verständnis der Norm ist der Hinweis, dass die meisten **ausländischen Rechtsordnungen** den Versorgungsausgleich als Institut nicht kennen. Der deutsche Gesetzgeber wollte mit Abs. 3 dementsprechend zweierlei erreichen: Zum einen sollte ausländischen Ehegatten eine Durchführung des Versorgungsausgleichs nach dem deutschen Recht nicht ohne weiteres aufgezwungen werden. Dem trägt Abs. 3 S. 1 Hs. 2 mit der zusätzlichen Verweisung auf das Heimatrecht der Ehegatten Rechnung. Zum anderen sollte die Nichtdurchführung eines Versorgungsausgleichs nach dem ausländischen Recht aber auch nicht in jedem Fall hingenommen werden. Deshalb wird in den Fällen, in denen dies aufgrund eines starken Inlandsbezugs bzw. besonderer Vertrauensgesichtspunkte sachgerecht erscheint, das deutsche Versorgungsausgleichsrecht doch wieder zur Anwendung gebracht (Abs. 3 S. 2).[255]

Das Statut des Versorgungsausgleichs beherrscht die **Durchführung eines Versorgungsausgleichs** zwischen zu scheidenden bzw. geschiedenen Ehegatten. Hierbei kann es – insbesondere bei der Einbeziehung ausländischer Anwartschaften – zu erheblichen materiellrechtlichen Problemen kommen (vgl. näher Rn 155 ff.). Auch diesbezügliche **Auskunftsansprüche** werden vom Statut des Versorgungsausgleichs erfasst.[256]

In der Praxis eindeutig im Vordergrund steht die Frage, ob sich die Durchführung eines **Versorgungsausgleichs nach dem deutschen Recht** richtet. Die Durchführung eines Versorgungsausgleichs nach einem ausländischen Recht durch deutsche Gerichte spielt demgegenüber, da die meisten ausländischen Rechtsordnungen den Versorgungsausgleich nicht kennen, bislang keine Rolle.[257] Die Durchführung eines Versorgungsausgleichs nach einem ausländischen Recht würde deutschen Gerichten auch erhebliche praktische Schwierigkeiten bereiten, da ihnen keine Kompetenz zusteht, Eingriffe in ausländische Sozialsysteme vorzunehmen (vgl. hierzu auch Rn 156). Denkbar ist lediglich die Durchführung eines – im ausländischen Recht vorgesehenen – schuldrechtlichen Versorgungsausgleichs. Den Parteien, die einen Versorgungsausgleich nach einem ausländischen Recht anstreben, dürfte damit in aller Regel zu empfehlen sein, sich an die jeweiligen ausländischen Gerichte und Behörden zu wenden.

b) Maßgeblichkeit des Scheidungsstatuts. aa) Allgemeine Anknüpfungsgrundsätze. Der Versorgungsausgleich unterliegt als Scheidungsfolge grundsätzlich dem als Scheidungsstatut berufenen Ehewirkungsstatut gemäß Art. 14 (Abs. 3 S. 1). Maßgeblicher Zeitpunkt ist auch hier die Rechtshängigkeit des Scheidungsantrags.[258] **Rück- und Weiterverweisungen** durch das ausländische Recht sind in dem Umfang zu beachten, in dem Art. 14 Gesamtverweisungen ausspricht (Art. 4 Abs. 1). Hierbei sind die **ausländischen Kollisionsnormen über den Versorgungsausgleich** heranzuziehen (vgl. Rn 114 ff.). Damit kann es dann, wenn das ausländische Recht für die Scheidung und den Versorgungsausgleich unterschiedliche Anknüpfungen vorsieht, zu einem Auseinanderfallen von Scheidungs- und Versorgungsausgleichsstatut kommen. Die

---

255 Vgl. die Begründung zum Regierungsentwurf, BT-Drucks 10/504, S. 59 f.
256 OLG Bamberg NJW 1979, 497, 500 = FamRZ 1979, 239; Erman/*Hohloch*, Art. 17 EGBGB Rn 59 a.E.
257 Erman/*Hohloch*, Art. 17 EGBGB Rn 60.
258 Staudinger/*Mankowski*, Art. 17 EGBGB Rn 287.

mit dem Verweis auf Art. 14 Abs. 1 Nr. 1 verbundene Anknüpfung an die Staatsangehörigkeit ist mit Art. 12 EGV vereinbar (vgl. aber auch Anhang I zum III. Abschnitt, Art. 3 EheVO Rn 52).[259]

107 Die **Vorfrage** nach dem wirksamen Zustandekommen der Ehe ist – wie auch im Falle der Scheidung – selbständig nach Artt. 13, 11 anzuknüpfen. Ist nach dem gemäß Artt. 13, 11 anwendbaren Recht die Ehe nicht wirksam zustande gekommen, kommen eine Scheidung und damit ein Ausspruch über den Versorgungsausgleich nicht in Betracht.[260] Auch Abs. 3 S. 2 kann in diesem Fall nicht weiterhelfen. Ist die Scheidung durch ein ausländisches Gericht ausgesprochen worden, so kann ein nachträglicher Versorgungsausgleich durch deutsche Gerichte stattfinden. Dies setzt aber voraus, dass das Scheidungsurteil im Inland anerkannt wird.[261] Sieht das anwendbare Recht eine allgemeine Unscheidbarkeit der Ehe vor und wird die Scheidung dort durch eine gerichtliche Trennung von Tisch und Bett ersetzt, reicht eine derartige Trennung ausnahmsweise für die Durchführung eines Versorgungsausgleichs aus.[262]

108 Für den nachträglichen Versorgungsausgleich allein maßgebend ist das nach Abs. 1 S. 1 i.V.m. Art. 14 anzuwendende Recht. Das nach Abs. 1 S. 1 i.V.m. Art. 14 bestimmte Recht bleibt für den Versorgungsausgleich auch dann maßgeblich, wenn auf die Scheidung über Abs. 1 S. 2 deutsches Recht angewendet worden ist.[263] Entsprechend sollte verfahren werden, wenn deutsches Recht nur deshalb zur Anwendung gelangt ist, weil das ausländische Scheidungsrecht im konkreten Fall mit dem deutschen *ordre public* unvereinbar war (vgl. Rn 69).

109 Bei dem nach Abs. 1 S. 1 i.V.m. Art. 14 maßgeblichen Recht bleibt es im Falle des nachträglichen Versorgungsausgleichs schließlich auch dann, wenn vom Familiengericht fälschlich ein anderes Scheidungsstatut angewendet worden ist.[264] Hierdurch unterscheidet sich die Anknüpfung des Versorgungsausgleichs von der Anknüpfung des Unterhalts nach Art. 18 Abs. 4, bei der es – auch bei **falscher Rechtsanwendung** – allein auf das tatsächlich angewandte Scheidungsstatut ankommt.[265]

110 Demgegenüber kann eine kollisionsrechtlich fehlerhaft zustande gekommene Entscheidung über einen Versorgungsausgleich mit den zur Verfügung stehenden Rechtsbehelfen korrigiert werden. Nach Ansicht des BGH ist dies allerdings nicht im Verfahren nach **§ 10a VAHRG** möglich.[266] Auch dann, wenn die Scheidung durch ein ausländisches Gericht ausgesprochen wurde, kommt es allein auf das nach Abs. 1 S. 1 i.V.m. Art. 14 maßgebliche Recht und nicht auf das vom ausländischen Gericht angewandte Recht an.[267]

111 **bb) Anwendung von Art. 17 i.V.m. Art. 14 im Einzelnen.** Nach dem **deutschen Recht** ist der Versorgungsausgleich zunächst dann durchzuführen, wenn beide Ehegatten zum maßgeblichen Zeitpunkt der Rechtshängigkeit des Scheidungsantrags wenigstens auch die **deutsche Staatsbürgerschaft** besessen haben (Abs. 1 S. 1 i.V.m. Art. 14 Abs. 1 Nr. 1, Art. 5 Abs. 1 S. 2). Haben die Ehegatten aktuell keine gemeinsame Staatsangehörigkeit, so reicht es für die Anwendung des deutschen Rechts aus, wenn sie zuletzt eine gemeinsame deutsche Staatsangehörigkeit hatten, sofern einer der Ehegatten noch zum Zeitpunkt der Rechtshängigkeit deutscher Staatsbürger ist. Der Versorgungsausgleich ist ferner dann nach dem deutschen Recht durchzuführen, wenn die Ehegatten keine gemeinsame – nach Art. 5 Abs. 1 zu berücksichtigende – Staatsangehörigkeit besitzen oder besessen haben oder sie beide verloren haben und sie beide ihren **gewöhnlichen Aufenthalt** im Inland haben oder zuletzt hatten, sofern noch ein Ehegatte seinen gewöhnlichen Aufenthalt im Inland hat (Abs. 1 S. 1 i.V.m. Art. 14 Abs. 1 Nr. 2). Des Weiteren ist ein Versorgungsausgleich dann nach deutschem Recht durchzuführen, wenn die Voraussetzungen von Art. 14 Abs. 1 Nr. 1 bzw. Nr. 2 nicht erfüllt sind und die Ehegatten mit dem deutschen Recht auf andere Weise **am engsten verbunden** sind (Abs. 1 S. 1 i.V.m. Art. 14 Abs. 1 Nr. 3). Deutsches Recht ist schließlich auf den Versorgungsausgleich

---

259 Vgl. EuGHE I 1999, 3475 = IPRax 2000, 305 = FamRZ 2000, 83 m. Anm. *Francq*, ZEuP 2002, 597; hierzu zust. *Pirrung*, in: GS Lüderitz 2000, S. 543 f.; *ders.* FS Henrich 2000, S. 461, 468.

260 BGH FamRZ 2003, 838, 842; Soergel/*Schurig*, Art. 17 EGBGB Rn 9.

261 Vgl. BGH NJW 1993, 2047 = FamRZ 1993, 798; BGH NJW-RR 1994, 322; OLG Stuttgart FamRZ 1991, 1068 = NJW-RR 1992, 262; Staudinger/*Mankowski*, Art. 17 EGBGB Rn 286; *Klattenhoff*, FuR 2000, 49, 50.

262 Vgl. hierzu – allerdings zu § 1587 Abs. 2 BGB und die Frage nicht entscheidend – *Hohloch*, NJW 1995, 702, 703.

263 AG Mannheim IPRspr 1997 Nr. 75; AG Mainz NJW-RR 1990, 779, 780; Palandt/*Heldrich*, Art. 17 EGBGB Rn 19; *Looschelders*, Art. 17 Rn 45;

Klattenhoff, FuR 2000, 49, 51 und 54; *Lüderitz*, IPRax 1987, 74, 78; *Jayme*, IPRax 1987, 167, 168; offenbar übersehen von OLG Karlsruhe IPRax 1990, 52, 53 mit abl. Anm. *Jayme*, S. 32, 33.

264 OLG Zweibrücken NJW 2000, 2432 = FamRZ 2001, 33.

265 Staudinger/*Mankowski*, Art. 17 EGBGB Rn 291; *Looschelders*, Art. 17 Rn 45.

266 BGH FamRZ 1996, 282; *Klattenhoff*, FuR 2000, 49, 53; a.A. OLG Hamm FamRZ 1992, 826 f. = NJW-RR 1993, 263 mit abl. Besprechung *Reinhard*, FuR 1992, 228.

267 BGH NJW 1993, 2047 = FamRZ 1993, 798; Staudinger/*Mankowski*, Art. 17 EGBGB Rn 292; *Johannsen/Henrich*, Art. 17 Rn 58; *Looschelders*, Art. 17 Rn 45; *Borth*, FamRZ 1996, 714, 721.

anwendbar, wenn die Ehegatten unter den Voraussetzungen des Art. 14 Abs. 3 deutsches Recht als Ehewirkungsstatut und damit (mittelbar) auch als Scheidungsstatut **gewählt** haben.

Letztlich kommt deutsches Recht für den Versorgungsausgleich auch dann zur Anwendung, wenn über Abs. 3 S. 1, Abs. 1 i.V.m. Art. 14 eine **Gesamtverweisung** (Art. 4 Abs. 1) auf ein ausländisches Recht ausgesprochen wird und dieses ausländische Recht auf das deutsche Recht zurückverweist (vgl. dazu Rn 114 ff.). In den anderen Fällen, in denen das ausländische Recht die Verweisung annimmt oder – wie insbesondere im Falle der Rechtswahl – unmittelbar ausländisches Sachrecht berufen wird, richtet sich auch der Versorgungsausgleich nach dem anwendbaren ausländischen Sachrecht. Deutsches Recht kann sodann nur über Abs. 3 S. 2 zur Anwendung kommen (vgl. Rn 133 ff.). 112

Auch die Wirksamkeit eines **vertraglichen Ausschlusses des Versorgungsausgleichs** ist nach dem als Scheidungsstatut maßgebenden Ehewirkungsstatut zu beurteilen. Allerdings ist zu beachten, dass das letztlich maßgebliche Scheidungsstatut bei Abschluss der Vereinbarung noch nicht feststeht, da nachfolgende Statutenwechsel, etwa infolge eines Wechsels der Staatsangehörigkeit bzw. des gewöhnlichen Aufenthalts u.Ä. möglich sind. Damit ist für die Wirksamkeit dieser Vereinbarung auf das Recht abzustellen, das zum Zeitpunkt der Vereinbarung für eine Scheidung maßgeblich gewesen wäre.[268] Fraglich ist, ob es für die Wirksamkeit einer derartigen Vereinbarung auch ausreicht, dass sie erst nach dem Recht, das im Zeitpunkt der Rechtshängigkeit des Scheidungsantrags maßgeblich ist, wirksam ist.[269] Hiergegen spricht, dass sodann eine Heilung einer unwirksamen Vereinbarung durch Statutenwechsel möglich wäre, was aber der Rechtssicherheit nicht dienlich ist und Möglichkeiten einer manipulativen Veränderung der Anknüpfungstatsachen eröffnet. Die Form der Vereinbarung richtet sich nach Art. 11. 113

cc) Rück- und Weiterverweisung. Soweit nach Art. 14 **Rück- und Weiterverweisungen** (Art. 4) zu beachten sind, gilt dies mittelbar auch für die Anknüpfung des Versorgungsausgleichs. Verweist das ausländische Recht auf das deutsche Recht zurück, wird diese Verweisung angenommen (Art. 4 Abs. 1 S. 2).[270] 114

Denkbar ist, dass das ausländische Recht auf der Ebene des materiellen Rechts einen Versorgungsausgleich bzw. zumindest eine vergleichbare Regelung kennt, diese aber abweichend qualifiziert. Dies gilt insbesondere im Verhältnis zu den Vereinigten Staaten, in denen verschiedene, wenn auch nicht alle Einzelstaaten einen Versorgungsausgleich vorsehen, diesen aber als Teil der güterrechtlichen Auseinandersetzung verstehen.[271] In diesem Fall ist die vom deutschen Recht **abweichende Qualifikation** zu beachten und bei Anwendung des Kollisionsrechts der betroffenen Einzelstaaten eine **güterrechtliche Anknüpfung** vorzunehmen.[272] Denkbar ist auch, dass das ausländische Recht – wie etwa das schweizerische – den Versorgungsausgleich dem **Sozialversicherungsrecht** zuordnet. Hier dürfte dann von einer (stillschweigenden) Rückverweisung auf das deutsche Recht ausgegangen werden können, wenn es sich ausschließlich oder weit überwiegend um nach dem deutschen Recht begründete Anwartschaften handelt.[273] 115

Im Übrigen wird das ausländische Recht – insbesondere deshalb, weil es selbst den Versorgungsausgleich nicht kennt – vielfach überhaupt keine Kollisionsnormen vorsehen, die sich ausdrücklich mit dem Versorgungsausgleich befassen. Die Rechtsprechung hat jedoch auch in diesen Fällen eine Rückverweisung durch das ausländische Recht angenommen.[274] Denn grundsätzlich ist auch die kollisionsrechtliche Einordnung solcher Institute möglich, die dem eigenen Sachrecht unbekannt sind.[275] Es kommt sodann auf die genaue Auslegung des ausländischen Kollisionsrechts bzw. eine genaue Betrachtung der ausländischen kollisionsrechtlichen Praxis an.[276] In der Regel wird man – angesichts des engen Zusammenhangs von Scheidungsstatut und Versorgungsausgleichsstatut – davon auszugehen haben, dass das ausländische Recht den Versorgungsausgleich als Nebenfolge der Scheidung qualifiziert und dem **Scheidungsstatut** unterstellt. 116

---

268 Palandt/*Heldrich*, Art. 17 EGBGB Rn 19; Bamberger/Roth/*Otte*, Art. 17 EGBGB Rn 34; a.A. Soergel/*Schurig*, Art. 17 EGBGB Rn 131.
269 Hierfür Bamberger/Roth/*Otte*, Art. 17 EGBGB Rn 34; auch Palandt/*Heldrich*, Art. 17 EGBGB Rn 19.
270 Zu den Kollisionsnormen zum Versorgungsausgleich im niederländischen IPR vgl. *Kramer*, IPRax 2002, 537, 539 f.
271 *Henrich*, Int. Familienrecht, § 4 III 1b (S. 163).
272 *Henrich*, Int. Familienrecht, § 4 III 1b (S. 163 f.); vgl. ferner *Klattenhoff*, FuR 2000, 49, 52; *Henrich*, IPRax 1991, 422, 423; *ders.*, IPRax 1991, 197.
273 *Johannsen/Henrich*, Art. 17 Rn 57a; *Henrich*, in: FS Hausheer 2002 S. 235, 239.
274 OLG Stuttgart IPRax 1987, 121, 122 mit krit. Anm. *Adam*, S. 98 f. = FamRZ 1986, 687; OLG Hamm IPRspr 1990 Nr. 82 (S. 163); AG Detmold IPRspr 1989, Nr. 100 (S. 234); AG Landstuhl IPRspr 1984 Nr. 69, S. 172 f. = IPRax 1985, 231 (Leitsatz) mit krit. Anm. *Jayme*; AG Hamburg IPRspr 1983 Nr. 64, S. 159 = IPRax 1984, 103 (Leitsatz) m. Anm. *Jayme*; aus der Lit. vgl. *Henrich*, IPRax 1991, 197; *ders.*, IPRax 1983, 81, 82; *Samtleben*, IPRax 1987, 96, 98; Staudinger/*Mankowski*, Art. 17 EGBGB Rn 296.
275 OLG Stuttgart IPRax 1987, 121, 122 = FamRZ 1986, 687; AG Hamburg IPRspr 1983 Nr. 64, S. 159 = IPRax 1984, 103 (Leitsatz); *Henrich*, IPRax 1991, 422, 423.
276 Erman/*Hohloch*, Art. 17 EGBGB Rn 7.

Es kommen sodann die für die Scheidung maßgeblichen Kollisionsnormen des ausländischen Rechts zur Anwendung.[277] Auch bei der Anknüpfung des Versorgungsausgleichs kann sich – ähnlich wie bei der Scheidung – eine **„versteckte Rückverweisung"** aus den Zuständigkeitsnormen des ausländischen Rechts ergeben.[278]

117 Vielfach kann die (schwierige) Frage, ob das ausländische Recht eine Rückverweisung auf das deutsche Recht ausspricht, in der Praxis allerdings offen gelassen werden. Dies ist insbesondere dann der Fall, wenn eine Verweisung auf das gemeinsame Heimatrecht der Ehegatten ausgesprochen wird (Abs. 1 i.V.m. Art. 14 Abs. 1 Nr. 1) und dieses Heimatrecht den Versorgungsausgleich als Institut nicht kennt. In diesem Fall scheitert die unmittelbare Anwendung des deutschen Sachrechts ohnehin an Abs. 3 S. 1 Hs. 2 (vgl. Rn 120). Eine Prüfung der Rückverweisung erübrigt sich. Es kommt sodann lediglich eine regelwidrige Anwendung des deutschen Rechts über Abs. 3 S. 2 in Betracht (Rn 133 ff.).

118 **dd) Anknüpfung bei hinkender Ehe.** Ebenso wie bei der Anknüpfung sonstiger Scheidungsnebenfolgen stellt sich im Falle des Versorgungsausgleichs die Frage, wie im Falle sog. „hinkender" Ehen anzuknüpfen ist. Unter „hinkenden Ehen" werden hierbei solche Ehen verstanden, die aus der Sicht deutscher Gerichte wirksam zustande gekommen und auch zwischenzeitlich nicht aufgelöst worden sind, aber nach dem gem. Abs. 1 S. 1 i.V.m. Art. 14 anwendbaren ausländischen Recht nicht (mehr) existieren. Nach vielfach vertretener Ansicht findet auf die Scheidung derartiger hinkender Ehen deutsches Sachrecht Anwendung (vgl. näher Rn 45 ff.). Dies müsste bei der Anknüpfung nach Abs. 3 S. 1 zur Folge haben, dass sich auch der Versorgungsausgleich in diesem Fall nach dem deutschen Sachrecht beurteilt.

119 Indes gilt auch für den Versorgungsausgleich das bereits oben Gesagte (Rn 46, 47). Bezüglich der Nebenfolgen sollte es bei der Anwendung des nach Abs. 1 S. 1 i.V.m. Art. 14 an sich maßgeblichen Scheidungsstatuts sein Bewenden haben. Für den Versorgungsausgleich ergibt sich ein weiteres Argument daraus, dass die Scheidung hinkender Ehen nach deutschem Recht vielfach mit einer Analogie zu Abs. 1 S. 2 begründet wird (vgl. Rn 45). Die Hilfsanknüpfung nach Art. 17 Abs. 1 S. 2 findet aber im Falle des Versorgungsausgleichs ausdrücklich nicht statt (Abs. 3 S. 1 Hs. 1), so dass sich insoweit auch eine Analogie verbietet.

120 **c) Einschränkung durch zusätzliche Anwendung des Heimatrechts. aa) Wirkungsweise der Vorschrift im Allgemeinen.** Ein nach dem ausländischen oder deutschen Statut des Versorgungsausgleichs an sich durchzuführender Versorgungsausgleich ist nach Abs. 3 S. 1 Hs. 2 ausgeschlossen, wenn ihn das Recht keines der Staaten **kennt**, denen die Ehegatten im maßgebenden Zeitpunkt der Rechtshängigkeit des Scheidungsantrags angehören. Die Vorschrift trägt dem Umstand Rechnung, dass nur relativ wenige ausländische Rechtsordnungen einen Versorgungsausgleich vorsehen. Ehegatten mit ausländischer Staatsangehörigkeit sollen demgemäß nicht durch eine Anwendung des ihnen nicht vertrauten deutschen Versorgungsausgleichsrechts überrascht werden.[279] Praktische Bedeutung hat diese zusätzliche Voraussetzung zunächst in dem Fall, in dem es sich um ausländische Staatsangehörige mit gewöhnlichem Aufenthalt in Deutschland handelt und das über Abs. 3, Abs. 1 S. 1 i.V.m. Art. 14 Abs. 1 Nr. 1 berufene Recht auf das deutsche Recht zurückverweist. Praktische Bedeutung kommt der zusätzlichen Voraussetzung ferner dann zu, wenn über Abs. 1 S. 1 i.V.m. Art. 14 Abs. 1 Nr. 2 auf das deutsche Recht verwiesen wird, es sich also um nicht-deutsche Ehegatten mit unterschiedlicher Staatsangehörigkeit mit gewöhnlichem Aufenthalt in Deutschland handelt. Im Übrigen kommt es aber grundsätzlich nicht darauf an, auf welche Weise das maßgebliche Statut des Versorgungsausgleichs bestimmt worden ist.[280]

121 Kennt zumindest eines der Heimatrechte den Versorgungsausgleich, so wird der Versorgungsausgleich nach dem durch Abs. 3 S. 1 Hs. 1 Abs. 1 i.V.m. Art. 14 ermittelten Statut durchgeführt. Der Versorgungsausgleich ist also nicht nur in dem Umfang durchzuführen, in dem er dem betreffenden Heimatrecht bekannt ist (dazu Rn 132).[281]

---

277 Staudinger/*Mankowski*, Art. 17 EGBGB Rn 297; Erman/*Hohloch*, Art. 17 EGBGB Rn 7; *Klattenhoff*, FuR 2000, 49, 52; abl. MüKo/*Sonnenberger*, Art. 4 EGBGB Rn 62.
278 OLG Stuttgart IPRax 1987, 121, 122 = FamRZ 1986, 687; OLG Hamm IPRspr 1990 Nr. 82, S. 162 f.; Staudinger/*Mankowski*, Art. 17 EGBGB Rn 295; Erman/*Hohloch*, Art. 17 EGBGB Rn 7; *Henrich*, IPRax 1991, 197; ders., IPRax 1991, 422, 423.
279 Bamberger/Roth/*Otte*, Art. 17 EGBGB Rn 35.
280 Palandt/*Heldrich*, Art. 17 EGBGB Rn 20; Bamberger/Roth/*Otte*, Art. 17 EGBGB Rn 35;
a.A. *Kartzke*, IPRax 1988, 8, 13 (teleologische Reduktion des Art. 17 Abs. 3 S. 1 Hs. 2, wenn es sich um Staatsangehörige mit gemeinsamer ausländischer Staatsangehörigkeit handele [Art. 17 Abs. 3, Abs. 1 S. 1 i.V.m. Art. 14 Abs. 1 Nr. 1] und das ausländische Kollisionsrecht auf das deutsche Recht zurückverweise.
281 Staudinger/*Mankowski*, Art. 17 EGBGB Rn 348; Bamberger/Roth/*Otte*, Art. 17 EGBGB Rn 37; Palandt/*Heldrich*, Art. 17 EGBGB Rn 20; a.A. *Lüderitz*, IPRax 1987, 79 (für kumulative Anwendung von Hs. 1 und 2).

bb) Teleologische Reduktion bei Wahl des Ehewirkungsstatuts.
Nach einer teilweise vertretenen Ansicht soll Abs. 3 S. 1 Hs. 2 nicht anzuwenden sein, wenn die Ehegatten das maßgebliche Ehewirkungsstatut und damit – mittelbar – auch das Statut des Versorgungsausgleichs selbst durch Rechtswahl bestimmt haben (Art. 14 Abs. 2, 3).[282] Dem ist zuzustimmen, da das Vertrauen auf den Inhalt einer bestimmten Heimatrechtsordnung dann nicht mehr schutzwürdig ist, wenn sich der Ehegatte bewusst – durch Rechtswahl – für die Geltung einer anderen Rechtsordnung entschieden hat.[283] Haben die Ehegatten also deutsches Recht gewählt, scheitert der Versorgungsausgleich m.a.W. nicht daran, dass das Heimatrecht der Ehegatten keinen Versorgungsausgleich kennt.

cc) Alternative Sachnormverweisung auf das Heimatrecht der Ehegatten.
In den übrigen Fällen kommt es auf die Frage an, wann ein bestimmtes ausländisches Heimatrecht den Versorgungsausgleich kennt. Hierbei ist nach h.M. unmittelbar auf das **Sachrecht des Heimatstaates** abzustellen; Rück- oder Weiterverweisungen sind also nicht zu beachten.[284] Dies ergibt sich daraus, dass Abs. 3 S. 1 Hs. 2 dem Vertrauen auf den Inhalt des Sachrechts des Heimatstaats Rechnung trägt.[285]

Bei Mehrstaatern ist nur das in Art. 5 Abs. 1 S. 1 bezeichnete effektive Heimatrecht zu berücksichtigen.[286] Eine deutsche Staatsangehörigkeit geht nach Art. 5 Abs. 1 S. 2 immer vor.[287] Da das deutsche Recht den Versorgungsausgleich kennt, sperrt Abs. 3 S. 1 Hs. 2 in diesem Fall den Versorgungsausgleich nicht.[288] Bei Staatenlosen, Asylberechtigten und Flüchtlingen gelten die dargestellten Hilfs- bzw. Sonderanknüpfungen (vgl. Rn 8).[289]

Nach dem eindeutigen Wortlaut greift Abs. 3 S. 1 Hs. 2 nur dann ein, wenn keines der Heimatrechte den Versorgungsausgleich kennt. Der Versorgungsausgleich wird also bereits dann durchgeführt, wenn ihn nur eines der maßgeblichen Heimatrechte kennt. Es kommt nicht darauf an, ob es sich hierbei um das Heimatrecht des potenziell Ausgleichspflichtigen oder das Heimatrecht des potenziell Ausgleichsberechtigten handelt.[290] Abzustellen ist auf die Staatsangehörigkeiten der Ehegatten im **Zeitpunkt der Rechtshängigkeit**.[291]

dd) Kenntnis des Versorgungsausgleichs durch das ausländische Recht.
Ob eine „Kenntnis" des Versorgungsausgleichs durch das ausländische Recht vorliegt, ist funktionell-rechtsvergleichend zu bestimmen. Charakteristisch für den Versorgungsausgleich i.S.d. deutschen Rechts ist die Aufteilung der Versorgungsrechte zwischen den Ehegatten mit direkter Wirkung gegenüber dem jeweiligen Träger der Altersversorgung.[292] Eine ausländische Rechtsordnung „kennt" also den Versorgungsausgleich, wenn sie – wie die deutsche – eine Teilung der Versorgungsrechte vorsieht und hierbei zu direkten Ansprüchen des ausgleichsberechtigten Ehegatten gegen die Träger der Altersversorgung gelangt.[293] Es reicht insoweit, was den Umfang der Teilung anbelangt, eine grundsätzliche Übereinstimmung zwischen dem deutschen und dem ausländischen Recht aus. Eine grundsätzliche Übereinstimmung ist anzunehmen, wenn das ausländische Recht eine Teilung bei mehr als der Hälfte der Anwartschaften vorsieht.[294] Die Übertragung geringerer Anrechte reicht demgegenüber nicht aus.

Rechtsvergleichende Untersuchungen sowie die Ergebnisse der deutschen Rechtsprechung zeigen, dass ein Versorgungsausgleich nach deutschem Muster nur sehr wenigen Rechtsordnungen bekannt ist. Insbesondere fehlt es i.d.R. an der für den deutschen Versorgungsausgleich charakteristischen unmittelbaren Außenwirkung

---

282 Rahm/Künkel/*Paetzold*, VIII Rn 900; Johannsen/Henrich, Art. 17 Rn 66; Staudinger/*Mankowski*, Art. 17 EGBGB Rn 344 f.; *Klattenhoff*, FuR 2000, 49, 56.
283 Staudinger/*Mankowski*, Art. 17 EGBGB Rn 345.
284 AG Minden IPRax 1992, 108; AG Detmold IPRax 1990, 415; AG Heidelberg IPRspr 1989 Nr. 93, S. 222 = IPRax 1990, 126 (Leitsatz); Staudinger/*Mankowski*, Art. 17 EGBGB Rn 347; MüKo/*Winkler v. Mohrenfels*, Art. 17 EGBGB Rn 195; Bamberger/Roth/*Otte*, Art. 17 EGBGB Rn 36; *Looschelders*, Art. 17 Rn 47; Erman/*Hohloch*, Art. 17 EGBGB Rn 50; *v. Bar*, IPR II, Rn 275; *Kropholler*, IPR, § 46 III 1a (S. 356); *Klattenhoff*, FuR 2000, 49, 54; *Kartzke*, IPRax 1988, 8, 12 f.; *Samtleben*, IPRax 1987, 96, 98; *Ebenroth/Eyles*, IPRax 1989, 1, 12; *Jayme*, IPRax 1992, 108, *ders.*, Jus 1989, 387, 389; a.A. *Lüderitz*, IPRax 1987, 74, 80; ferner Soergel/*Schurig*, Art. 17 EGBGB Rn 137 (für den Fall, dass das IPR des Heimatstaates auf ein Recht eines Staates verweist, der den Versorgungsausgleich kennt); die Frage bleibt offen bei OLG Koblenz FamRZ 1991, 1323, 1324.
285 Staudinger/*Mankowski*, Art. 17 EGBGB Rn 347.
286 Erman/*Hohloch*, Art. 17 EGBGB Rn 50; Bamberger/Roth/*Otte*, Art. 17 Rn 35; *Looschelders*, Art. 17 Rn 47.
287 Erman/*Hohloch*, Art. 17 EGBGB Rn 50; *Looschelders*, Art. 17 Rn 47.
288 BGH NJW 1993, 2047, 2049 = FamRZ 1993, 798.
289 Bamberger/Roth/*Otte*, Art. 17 Rn 35; *Looschelders*, Art. 17 Rn 47.
290 Staudinger/*Mankowski*, Art. 17 EGBGB Rn 302 f.; *Klattenhoff*, FuR 2000, 49, 55.
291 Staudinger/*Mankowski*, Art. 17 EGBGB Rn 301; *Klattenhoff*, FuR 2000, 49, 55.
292 Staudinger/*Mankowski*, Art. 17 EGBGB Rn 319.
293 Johannsen/Henrich, Art. 17 Rn 59; *Klattenhoff*, FuR 2000, 49, 55.
294 So Bamberger/Roth/*Otte*, Art. 17 EGBGB Rn 35; Kegel/Schurig, § 20 VII 4 (S. 878).

gegenüber dem Träger der Alterversorgung, die durch die Teilung der Versorgungsrechte herbeigeführt wird. Von einer gesicherten „Kenntnis" des Versorgungsausgleichs kann bislang im Hinblick auf die **Niederlande**, die **Schweiz** und **Südafrika** ausgegangen werden.[295] Nach verbreiteter Ansicht kann darüber hinaus auch im Falle **Kanadas**[296] sowie einiger **Bundesstaaten der USA** von einer Kenntnis des Versorgungsausgleichs ausgegangen werden.[297] Gesichert anzunehmen ist eine Kenntnis des Versorgungsausgleichs durch solche Bundesstaaten der USA, die eine *„community property"* vorsehen.[298]

128 Nach h.M. können jedenfalls **Einmalzahlungen** des einen an den anderen Ehegatten, die nach dem ausländischen Recht einen finanziellen Ausgleich für die Altersversorgung bewirken sollen, nicht als Versorgungsausgleich i.S.d. Abs. 3 angesehen werden. Hier fehlt es an der für den Versorgungsausgleich charakteristischen Außenwirkung gegenüber dem Träger der Altersversorgung.[299] Aus diesem Grund nicht ausreichend ist dementsprechend auch die (unterhaltsrechtlich zu qualifizierende) **Erhöhung bestehender Unterhaltsansprüche**.[300]

129 Fraglich ist, ob die Einbeziehung von Anwartschaften auf Altersversorgung in einen **güterrechtlichen Ausgleich** als ein „Kennen" des Versorgungsausgleichs angesehen werden kann. Hiergegen spricht wiederum die fehlende Außenwirkung gegenüber dem Träger der Altersversorgung.[301] Ließe man die güterrechtliche Einbeziehung von derartigen Anwartschaften als „Kenntnis" eines Versorgungsausgleichs ausreichen, könnte sich – für den Fall, dass der güterrechtliche Ausgleich über Art. 15 nach dem ausländischen Heimatrecht vorzunehmen ist – bei einer zusätzlichen Durchführung eines Versorgungsausgleichs i.Ü. eine Normenhäufung ergeben. Dies würde im Einzelfall erhebliche Anpassungsprobleme nach sich ziehen.

130 Einigkeit besteht schließlich darin, dass auch eine **Geschiedenenwitwenrente** nicht als Versorgungsausgleich anzusehen ist. Zwar besteht hier ein direkter Anspruch gegen einen Träger der Altersversorgung. Dieser Anspruch beruht aber nicht auf einer Teilung der Anwartschaften der Ehegatten, sondern knüpft an den Tod des Ehegatten an.[302]

131 Eine „Kenntnis" des Versorgungsausgleichs ist allerdings dann anzunehmen, wenn das betreffende Recht im Grundsatz von einem öffentlich-rechtlichen Versorgungsausgleich ausgeht und einen schuldrechtlichen Versorgungsausgleich nur als Ersatzlösung für den Fall vorschreibt, in dem der öffentlich-rechtliche Versorgungsausgleich nicht durchführbar sei.[303] Sieht das ausländische Recht (nur) einen schuldrechtlichen, aber keinen öffentlich-rechtlichen Versorgungsausgleich vor, so dürfte von einer Kenntnis des Versorgungsausgleichs jedenfalls dann auszugehen sein, wenn der Berechtigte gegen das Risiko des Vorversterbens des Ausgleichspflichtigen hinreichend abgesichert ist.[304]

132 **ee) Rechtsfolge.** Kennt zumindest eines der Heimatrechte den Versorgungsausgleich, so wird der Versorgungsausgleich in vollem Umfang nach dem durch Abs. 3 S. 1 Hs. 1, Abs. 1 i.V.m. Art. 14 ermittelten Statut durchgeführt. Der Versorgungsausgleich ist also nicht nur in dem Umfang durchzuführen, in dem er dem betreffenden Heimatrecht bekannt ist.[305] Dies ergibt sich daraus, dass der Versorgungsausgleich nach dem Wortlaut der Vorschrift durchzuführen ist, „wenn" ihn eines der Heimatrechte kennt. Hätte der Gesetzgeber den Versorgungsausgleich auch im Umfang beschränken wollen, hätte er anordnen müssen, dass der Versorgungsausgleich durchzuführen ist, „soweit" ihn zumindest eines der maßgeblichen Heimatrechte kennt. Geschützt werden damit nur solche Ehegatten, die – aufgrund des Inhalts ihrer Heimatrechtsordnungen – mit der Durchführung eines Versorgungsausgleichs überhaupt nicht rechnen konnten. Das Vertrauen auf

---

295 Vgl. Staudinger/*Mankowski*, Art. 17 EGBGB Rn 329 f.; *Henrich*, Int. Familienrecht, § 4 III 1b (S. 163); *Klattenhoff*, FuR 2000, 49, 55 f.
296 Einzeldarstellung bei Rahm/Künkel/*Patzold*, Rn VIII 973 ff.
297 *Henrich*, Int. Familienrecht, § 4 III 1b (S. 163); *Klattenhoff*, FuR 2000, 49, 55 f.; für Florida vgl. AG Heidelberg IPRax 1990, 126 (Leitsatz) m. Anm. *Jayme*.
298 Erman/*Hohloch*, Art. 17 EGBGB Rn 60; Einzeldarstellung bei Rahm/Künkel/*Paetzold*, VIII Rn 998 ff.
299 Staudinger/*Mankowski*, Art. 17 EGBGB Rn 320; *Henrich*, FamRZ 1986, 841, 851.
300 Staudinger/*Mankowski*, Art. 17 EGBGB Rn 321; *Klattenhoff*, FuR 2000, 49, 55; *Henrich*, FamRZ 1986, 841, 851.
301 Staudinger/*Mankowski*, Art. 17 EGBGB Rn 321; *Klattenhoff*, FuR 2000, 49, 55; *Henrich*, FamRZ 1986, 841, 852.
302 Staudinger/*Mankowski*, Art. 17 EGBGB Rn 322; *Looschelders*, Art. 17 Rn 48; Erman/*Hohloch*, Art. 17 EGBGB Rn 51; *Klattenhoff*, FuR 2000, 49, 55; *Johannsen/Henrich*, Art. 17 Rn 59; *Henrich*, FamRZ 1986, 841, 851.
303 Staudinger/*Mankowski*, Art. 17 EGBGB Rn 326 f.
304 Rahm/Künkel/*Paetzold*, VIII Rn 906; generell für eine Einbeziehung auch des (nur) schuldrechtlichen Versorgungsausgleichs *Johannsen/Henrich*, Art. 17 Rn 59; *Henrich*, FamRZ 1986, 841, 851; *Klattenhoff*, FuR 2000, 49, 55; abweichend Staudinger/*Mankowski*, Art. 17 EGBGB Rn 326 f.
305 Staudinger/*Mankowski*, Art. 17 EGBGB Rn 348; Bamberger/Roth/*Otte*, Art. 17 EGBGB Rn 37; *Looschelders*, Art. 17 Rn 49; Palandt/*Heldrich*, Art. 17 EGBGB Rn 20; Rahm/Künkel/*Paetzold*, VIII Rn 911; a.A. *Lüderitz*, IPRax 1987, 79 (für kumulative Anwendung von Hs. 1 und 2).

eine bestimmte Art und einen bestimmten Umfang des Versorgungsausgleichs wird demgegenüber nicht geschützt.

2. Regelwidrige Durchführung nach deutschem Recht (Abs. 3 S. 2). a) Überblick. Die Sonderregelung des Abs. 3 S. 2 ermöglicht ausnahmsweise die Durchführung eines Versorgungsausgleichs nach **deutschem Recht**, obwohl dieses nicht Scheidungsstatut ist bzw. zwar an sich Scheidungsstatut ist, die Anwendung der §§ 1587 ff. BGB aber an Abs. 3 S. 1 Hs. 2 scheitert. Abs. 3 S. 2 trägt dem Umstand Rechnung, dass die Versagung des Versorgungsausgleichs unbillig sein kann, wenn bei einem entsprechenden reinen Inlandsfall unter vergleichbaren Umständen ein Anspruch selbstverständlich gegeben wäre. Die ausnahmsweise Anwendung des deutschen Rechts über Abs. 3 ist verfassungsgemäß.[306] Es handelt sich nach verbreiteter Ansicht bei Abs. 3 S. 2 um eine gegenüber Art. 6 vorrangige **Vorbehaltsklausel**.[307]

b) Voraussetzungen. aa) Kein Stattfinden eines Versorgungsausgleichs. Voraussetzung für eine regelwidrige Durchführung des Versorgungsausgleichs nach deutschem Recht ist zunächst, dass ein Versorgungsausgleich anderweitig nicht stattfinden kann. Dies ist zum einen dann der Fall, wenn das anzuwendende Scheidungsstatut keinen Versorgungsausgleich vorsieht (Abs. 3 S. 1 Hs. 1).[308] Zum anderen kann ein Versorgungsausgleich grundsätzlich nicht stattfinden, wenn er zwar dem Scheidungsstatut, nicht aber den Heimatrechten (Personalstatuten) der Ehegatten bekannt ist (Abs. 3 S. 1 Hs. 2).

Nach herrschender Ansicht kann auf Abs. 3 S. 2 bereits dann zurückgegriffen werden, wenn das fremde Recht zwar ebenfalls einen Versorgungsausgleich vorsieht, dieser aber quantitativ und qualitativ erheblich hinter dem deutschen Recht zurückbleibt.[309] Hierbei gelten nach zutreffender Auffassung dieselben Maßstäbe wie für das „Kennen" i.S.v. Abs. 3 S. 1 Hs. 2.[310] Demnach findet kein (hinreichender) Versorgungsausgleich nach dem ausländischen Recht statt, wenn das ausländische Recht bei lediglich der Hälfte der Anwartschaften eine Teilung vorsieht (vgl. Rn 126). Ob ein hinreichender Versorgungsausgleich stattfindet, ist hierbei nicht abstrakt, sondern für den konkreten Einzelfall zu entscheiden. Abs. 3 S. 2 ist also auch dann anzuwenden, wenn das ausländische Recht zwar generell einen mit dem deutschen Recht vergleichbaren Versorgungsausgleich kennt, ihn aber für den konkreten Einzelfall ausschließt.[311] Für eine auf das konkrete Ergebnis bezogene Betrachtung spricht, dass Abs. 3 S. 2 nach verbreiteter Ansicht den Charakter einer speziellen *ordre-public*-Klausel hat bzw. jedenfalls eine ähnliche Funktion erfüllt (vgl. Rn 133).

Umstritten ist, ob Abs. 3 S. 2 darüber hinaus auch für den Fall, dass das ausländische Versorgungsausgleichsrecht nicht ganz die Maßstäbe des deutschen Rechts erreicht, lediglich **ergänzende Anwendung** finden kann. In der Literatur wird z.T. vorgeschlagen, in diesem Fall kumulativ das für den Versorgungsausgleich unmittelbar einschlägige ausländische Recht und – ergänzend – das deutsche Recht anzuwenden.[312] Von der Gegenansicht wird auf den Wortlaut der Vorschrift hingewiesen, der nur darauf abstelle, ob überhaupt ein (dem deutschen Recht in etwa vergleichbarer) Versorgungsausgleich stattfindet. Hätte der Gesetzgeber in jedem Fall den Umfang des deutschen Versorgungsausgleichs erreichen wollen, so hätte er nach der Gegenansicht ein „Soweit" an den Beginn der Bestimmung setzen müssen.[313] Nach der hier vertretenen Ansicht dürfte angesichts dessen, dass Abs. 3 S. 2 eine am materiellrechtlichen Ergebnis orientierte Betrachtung zugrunde liegt, ein als Mittel der Rechtsfortbildung zulässiger Erst-recht-Schluss zu ziehen sein: Wenn eine „regelwidrige" Anwendung des deutschen Rechts bereits dann möglich ist, wenn das an sich einschlägige Statut überhaupt keinen Versorgungsausgleich vorsieht, dann kann deutsches Recht erst recht (ergänzend) angewendet werden, wenn das ausländische Statut immerhin einen Versorgungsausgleich vorsieht, der *in concreto* hinter dem deutschen Versorgungsausgleich zurückbleibt.

bb) Teleologische Reduktion bei Wahl des Ehewirkungsstatuts. Abs. 3 S. 2 ist nach einer verbreiteten Ansicht **teleologisch einzuschränken**, wenn die Ehegatten nach Art. 14 Abs. 2–4 ein Statut der persönli-

---

306 OLG Düsseldorf FamRZ 1993, 433, 434 = NJW-RR 1993, 1414.
307 OLG Oldenburg FamRZ 1995, 1590; Bamberger/Roth/*Otte*, Art. 17 EGBGB Rn 38; Erman/*Hohloch*, Art. 17 EGBGB Rn 54; Schotten/*Wittkowski*, FamRZ 1995, 264, 267; abl. Staudinger/*Mankowski*, Art. 17 EGBGB Rn 355.
308 *Henrich*, FamRZ 1986, 841, 852.
309 OLG Düsseldorf FamRZ 1993, 433, 434 = NJW-RR 1993, 1414 (die Vorschrift sei erfüllt, „wenn die ausländische Rechtsordnung nur einen ansatzweisen dem inländischen umfassenden Recht nicht vergleichbaren Versorgungsausgleich kennt");
Lüderitz, IPRax 1987, 74, 79; MüKo/*Winkler v. Mohrenfels*, Art. 17 EGBGB Rn 203; Bamberger/Roth/*Otte*, Art. 17 EGBGB Rn 38; *Looschelders*, Art. 17 EGBGB Rn 50; für eine möglichst enge Auslegung Johannsen/*Henrich*, Art. 17 Rn 60.
310 Staudinger/*Mankowski*, Art. 17 EGBGB Rn 357; Erman/*Hohloch*, Art. 17 EGBGB Rn 55.
311 Staudinger/*Mankowski*, Art. 17 EGBGB Rn 361 f.
312 Hierfür *Klattenhoff*, FuR 2000, 49, 108, 109; *Lüderitz*, IPRax 1987, 74, 79; abl. Staudinger/*Mankowski*, Art. 17 EGBGB Rn 363 f.; *Looschelders*, Art. 17 Rn 50.
313 Staudinger/*Mankowski*, Art. 17 EGBGB Rn 364.

chen Ehewirkungen **gewählt** haben, welches keinen Versorgungsausgleich kennt.[314] Dem ist zuzustimmen, allerdings nur für den Fall, dass nach der von den Ehegatten abgewählten Rechtsordnung – insbesondere der deutschen – ein Versorgungsausgleich stattgefunden hätte. Im Rahmen der Rechtsberatung ist daher, falls die Parteien eine Rechtswahl nach Art. 14 Abs. 2–4 vornehmen und dabei das deutsche Recht abwählen wollen, auf den hierdurch verursachten Verlust von Ansprüchen auf Versorgungsausgleich hinzuweisen. War demgegenüber nach dem durch objektive Anknüpfung berufenen Recht kein Versorgungsausgleich zu erhalten, dürfte eine Rechtswahl die Anwendung von Abs. 3 S. 2 nicht beeinflussen.

138 **cc) Antrag.** Abs. 3 S. 2 setzt weiter voraus, dass ein Ehegatte den Versorgungsausgleich **beantragt**.[315] Der Versorgungsausgleich wird also im Falle der „regelwidrigen" Anwendung deutschen Rechts nicht von Amts wegen durchgeführt.

139 Der Antrag muss zum Zwecke der Behandlung als Folgesache im **ersten Rechtszug** gestellt werden. Im Rahmen des Verbundverfahrens besteht auch insoweit Anwaltszwang (§ 78 Abs. 2 Nr. 1). Wird der Antrag erst in der Berufungsinstanz gestellt, ist er nach § 623 Abs. 4 S. 1 ZPO als verspätet zurückzuweisen.[316] Der Antrag auf Durchführung des Versorgungsausgleichsverfahrens kann aber i.Ü. auch noch **nachträglich** und nach Eintritt der Rechtskraft der Scheidung gestellt werden.[317] Er kann schließlich auch dann noch gestellt werden, wenn die Scheidung durch ein ausländisches Gericht erfolgt ist. Voraussetzung ist dann allerdings, dass die Scheidung im Inland anerkannt wird (vgl. Rn 107).

140 Nach herrschender Ansicht kann eine **Antragstellung** bereits darin gesehen werden, dass einer der Ehegatten dem deutschen Gericht die **Fragebögen über die Vermögensverhältnisse** und bestehende Versorgungsrechte ausgefüllt zurückschickt.[318] Eine Antragstellung dürfte allerdings nicht anzunehmen sein, wenn dieser Ehegatte potenziell ausgleichspflichtig ist.[319] Im Zweifel wird das Gericht hier auf das Erfordernis eines Antrags hinweisen und die Ehegatten zu einer hinreichend deutlichen Erklärung auffordern.[320] Entsprechend ist zu verfahren, wenn der ausgleichspflichtige Ehegatte nur einen bedingten Antrag auf Ausschluss des Versorgungsausgleichs stellt.[321]

141 Ist ein Versorgungsausgleichsverfahren eingeleitet worden, ohne dass ein Antrag gestellt worden war, wird der notwendige Antrag durch das **nachträgliche Einverständnis** der Parteien ersetzt. Möglich ist ferner eine Ersetzung des Antrags durch **rügelose Einlassung** der Parteien.[322] Umgekehrt kann ein einmal gestellter Antrag auch wieder zurückgenommen werden.[323]

142 Noch nicht abschließend geklärt ist, ob ein Ehegatte dann, wenn der andere Ehegatte bereits einen Antrag auf Durchführung des Versorgungsausgleichs gestellt hat, seinerseits einen weiteren Antrag auf Durchführung des Versorgungsausgleichs stellen kann. Abs. 3 S. 2 Nr. 1 stellt darauf ab, ob der andere – ausgleichspflichtige – Ehegatte im Inland Versorgungsanwartschaften erworben hat. Der ausgleichspflichtige Ehegatte hätte daher, falls man von einer Sperrwirkung seines Antrags ausgeht, die Möglichkeit, eine für ihn ungünstige Anwendung von Abs. 3 S. 2 Nr. 1 durch eine frühere Antragstellung einseitig zu vereiteln. Dies widerspricht aber dem Zweck der Norm. Praktisch können daher beide Ehegatten gleichzeitig Antragsteller sein.[324]

143 Unklar ist schließlich, ob auch dann, wenn bereits vor einem **ausländischen Gericht** ein Antrag auf Durchführung des Versorgungsausgleichs gestellt ist, ein weiterer Antrag im Inland gestellt werden kann. Grundsätzlich wird man dies, wenn der andere Ehegatte den Antrag im Ausland gestellt hat, mit einem *argumentum a fortiori* aus dem oben Gesagten bejahen müssen. Wenn schon ein inländischer Antrag einer weiteren Antragstellung nicht entgegensteht, gilt dies auch für einen im Ausland gestellten Antrag. Hat der Ehegatte, der nunmehr auch im Inland einen Antrag stellt, selbst bereits im Ausland einen Antrag

---

314 Bamberger/Roth/*Otte*, Art. 17 EGBGB Rn 39; *Klattenhoff*, FuR 2000, 108 f.; *Henrich*, Int. Familienrecht, § 4 III 1d (S. 166 f.); *ders.*, FamRZ 1986, 841, 852; abl. Staudinger/*Mankowski*, Art. 17 EGBGB Rn 396; Rahm/Künkel/*Paetzold*, VIII Rn 921 (die Rechtswahl sei nur als ein Element in der nach Abs. 3 S. 2 vorgeschriebenen Billigkeitsprüfung zu berücksichtigen).
315 OLG Hamm FamRZ 1991, 204 = NJW-RR 1991, 266; FamRZ 1989, 1191; OLG München IPRax 1990, 255 = FamRZ 1990, 186; OLG Schleswig FamRZ 1991, 96.
316 OLG Hamm FamRZ 1991, 204 = NJW-RR 1991, 266; FamRZ 1989, 1191.
317 OLG Düsseldorf FamRZ 1999, 1210; OLG Hamm FamRZ 1991, 204 = NJW-RR 1991, 266; OLG München IPRax 1990, 255 mit zust. Anm. *Henrich*; *ders.*, Int. Familienrecht, § 4 III 1b (S. 164 f.).
318 Staudinger/*Mankowski*, Art. 17 EGBGB Rn 371; *Klattenhoff*, FuR 2000, 108, 109; *Finger*, FF 2002, 154,158; vgl. aber auch OLG Schleswig FamRZ 1991, 96, 97; OLG München FuR 1993, 231.
319 Staudinger/*Mankowski*, Art. 17 EGBGB Rn 371; *Klattenhoff*, FuR 2000, 108, 109 Fn 110.
320 Staudinger/*Mankowski*, Art. 17 EGBGB Rn 371.
321 Staudinger/*Mankowski*, Art. 17 EGBGB Rn 371; demgegenüber bereits hierin einen Antrag sieht OLG Schleswig IPRspr 1998 Nr. 79 = SchlHA 1998, 135 f.
322 OLG Schleswig FamRZ 1991, 96, 97.
323 OLG Schleswig FamRZ 1991, 96, 97; Staudinger/*Mankowski*, Art. 17 EGBGB Rn 373; *Finger*, FF 2002, 154, 158; Rahm/Künkel/*Breuer*, VIII Rn 914.
324 Staudinger/*Mankowski*, Art. 17 EGBGB Rn 379.

gestellt, dürfte demgegenüber das inländische Verfahren grundsätzlich nach § 148 ZPO auszusetzen sein. Voraussetzung für eine Aussetzung ist aber eine positive Anerkennungsprognose.[325]

Ist eine **ausländische Entscheidung** über den Versorgungsausgleich bereits ergangen, so ist diese nach allgemeinen Grundsätzen anzuerkennen. Nicht anerkannt wird allerdings eine ausländische Entscheidung, die einen Versorgungsausgleich ablehnt.[326] Eine Sperrung eines inländischen Verfahrens widerspräche hier dem Zweck von Abs. 3 S. 2. Ferner ist zu beachten, dass ein ausländisches Gericht keinen öffentlich-rechtlichen Ausgleich inländischer Anwartschaften vornehmen kann (vgl. dazu Rn 156). Daher besteht selbst dann, wenn ein ausländisches Gericht bereits einen schuldrechtlichen Versorgungsausgleich durchgeführt hat, ein Bedürfnis nach einer nachträglichen Durchführung eines öffentlichrechtlichen Ausgleichs im Inland. Prozessual kann dies mit Hilfe einer Abänderungsklage (§ 323 ZPO) erreicht werden.[327] 144

dd) Vorliegen von Abs. 3 S. 2 Nr. 1 oder Nr. 2, kein Widerspruch zur Billigkeit. Weiterhin müssen – alternativ – die Voraussetzungen von entweder der Nr. 1 oder der Nr. 2 des Abs. 3 S. 2 erfüllt sein, und die Durchführung des Versorgungsausgleichs darf nicht der Billigkeit widersprechen. **Abs. 3 S. 2 Nr. 1** setzt voraus, dass der Ehegatte **in der Ehezeit** eine **inländische Versorgungsanwartschaft** erworben hat. Unter einer inländischen Anwartschaft ist eine Anwartschaft zu verstehen, die gegen einen inländischen Träger der Altersversorgung gerichtet sind.[328] Erfasst werden hierbei auch solche Anwartschaften, die aufgrund von Beschäftigungszeiten im Ausland entstanden sind.[329] Dies kann insbesondere dann der Fall sein, wenn in einem Sozialversicherungsabkommen mit dem betreffenden Staat die Anrechnung derartiger Beschäftigungszeiten vorgesehen ist.[330] Abs. 3 S. 2 Nr. 1 ist nach h.L. entsprechend anzuwenden, wenn ein Ehegatte ausländische Versorgungsanwartschaften in einem ausländischen Staat erworben hat, der ebenfalls den Versorgungsausgleich kennt.[331] 145

Die **Ehezeit** reicht bei einer Scheidung im Inland bis zur Zustellung des Scheidungsantrags.[332] Bei einer Durchführung des Scheidungsverfahrens im Ausland ist auf die Rechtshängigkeit nach der ausländischen *lex fori* bzw. einen funktionell vergleichbaren Zeitpunkt abzustellen (vgl. Rn 15).[333] Auch dann, wenn dem Scheidungsverfahren ein gerichtliches Trennungsverfahren nach einem ausländischen (etwa dem italienischen) Recht vorangegangen ist, ist für das Ehezeitende auf den Scheidungsantrag – nicht den Trennungsantrag – abzustellen.[334] Die Versorgungsanwartschaft kann – vorbehaltlich einer Billigkeitsprüfung nach § 1587c BGB (vgl. Rn 151, 153) – auch während der Trennungszeit erworben worden sein.[335] 146

Alternativ reicht es nach **Abs. 3 S. 2 Nr. 2** aus, wenn die allgemeinen Wirkungen der Ehe während eines Teils der Ehezeit einem Recht unterlagen, das den Versorgungsausgleich kennt. Für die Anknüpfung der allgemeinen Ehewirkungen gilt Art. 14. Bei Altehen ist auf das vor Einführung des Art. 14 geltende Kollisionsrecht abzustellen. Ob ein ausländisches Recht den Versorgungsausgleich kennt, ist nach den unter Rn 126 ff. dargestellten Maßstäben zu entscheiden. Der Begriff der Ehezeit ist genauso zu verstehen wie bei Nr. 1 (siehe Rn 146). Liegen die Voraussetzungen der Nr. 2 vor, ist der Versorgungsausgleich – wie bei Nr. 1 – nach dem deutschen Recht vorzunehmen.[336] 147

Ein Versorgungsausgleich nach Nr. 1 oder Nr. 2 scheidet aus, soweit ein **Widerspruch zur Billigkeit** besteht. Nach der gesetzlichen Formulierung ist grundsätzlich davon auszugehen, dass die Durchführung des Versorgungsausgleichs der Billigkeit entspricht. Es müssen m.a.W. besondere Umstände vorliegen, die der Billigkeit ausnahmsweise entgegenstehen.[337] Die Billigkeit ist von Amts wegen zu prüfen, nicht nur auf eine Einrede hin.[338] 148

---

325 Staudinger/*Mankowski*, Art. 17 EGBGB Rn 375.
326 Staudinger/*Mankowski*, Art. 17 EGBGB Rn 378.
327 So Staudinger/*Mankowski*, Art. 17 EGBGB Rn 377; v. *Bar*, IPRax 1994, 100, 102.
328 OLG Celle FamRZ 1991, 714, 715; AG Berlin-Charlottenburg FamRZ 1991, 1069 (jeweils zur entsprechenden Anwendung im interlokalen Privatrecht).
329 Staudinger/*Mankowski*, Art. 17 EGBGB Rn 381.
330 OLG Karlsruhe FamRZ 1989, 399.
331 MüKo/*Winkler v. Mohrenfels*, Art. 17 EGBGB Rn 205; Erman/*Hohloch*, Art. 17 Rn 56; *Looschelders*, Art. 17 Rn 52; Bamberger/Roth/*Otte*, Art. 17 EGBGB Rn 41; *Lorenz*, FamRZ 1987, 645, 653; abl. Staudinger/*Mankowski*, Art. 17 EGBGB Rn 382 f.; Rahm/Künkel/*Paetzold*, VIII Rn 926.
332 BGH FamRZ 1994, 825 = NJW-RR 1994, 962; OLG Koblenz FamRZ 1991, 1324.
333 Vgl. (zu 1587 Abs. 2 BGB) BGH NJW 1993, 2047, 2049 = FamRZ 1993, 798.
334 BGH FamRZ 1994, 825 f. = NJW-RR 1994, 962; OLG Koblenz FamRZ 1991, 1324; OLG Saarbrücken ZFE 2004, 283.
335 BGH FamRZ 1994, 825, 826 = NJW-RR 1994, 962; OLG Koblenz FamRZ 1991, 1324.
336 Krit. hierzu Staudinger/*Mankowski*, Art. 17 EGBGB Rn 390.
337 BGH FamRZ 1994, 825, 826 = NJW-RR 1994, 962; OLG Hamm FamRZ 1994, 573, 578 („eng gefasste Ausnahmeklausel", die nur dann gegen den Versorgungsausgleich in Ansatz zu bringen ist, „wenn die Unbilligkeit ersichtlich ist").
338 BGH FamRZ 1994, 825, 827 = NJW-RR 1994, 962 (allerdings zugleich auf die Darlegungslast des die Unbilligkeit vortragenden Ehegatten hinweisend); Staudinger/*Mankowski*, Art. 17 EGBGB Rn 391.

149 Im Gesetz sind zwei für die Billigkeit maßgebliche Kriterien vorgegeben. Zu berücksichtigen sind zum einen die **wirtschaftlichen Verhältnisse** und zum anderen die **Aufenthaltsdauer im Inland**. Darüber hinaus können aber auch andere Gesichtspunkte auf die Frage der Billigkeit Einfluss nehmen.[339] Die Durchführung eines Versorgungsausgleichs widerspricht insbesondere dann der Billigkeit, wenn nur ein Ehegatte im Inland eine Altersversorgung aufgebaut hat und der andere Ehegatte Vermögen im Ausland besitzt, welches weder in einen Versorgungsausgleich noch in einen güterrechtlichen Ausgleich einbezogen werden kann oder nicht ermittelbar ist.[340] Daneben ist auch die Unterschiedlichkeit der Lebenshaltungskosten im In- und Ausland in die Abwägung einzubeziehen.[341] Haben die Ehegatten das deutsche Ehewirkungsstatut nach Art. 14 Abs. 2, 3 abgewählt, führt dies nach h.L. von vornherein zu einer Nichtanwendung von Abs. 3 S. 2 (Rn 137). Nach anderer Ansicht ist dieser Umstand (erst) im Rahmen der Billigkeitsprüfung zu berücksichtigen und führt dort ebenfalls – aber nur als ein Kriterium unter anderen – u.U. zu einer Einschränkung oder einem Ausschluss des Versorgungsausgleichs.[342]

150 Zu berücksichtigen ist auch, ob ein insoweit – über Art. 15 – anwendbares ausländisches Recht die erlangten Versorgungsanwartschaften in einen **güterrechtlichen Ausgleich** einbezieht.[343] Bei Nichtberücksichtigung würde eine Normenhäufung zugunsten des Berechtigten eintreten: Er würde von einem ausländischen güterrechtlichen Ausgleich und von einem deutschen Versorgungsausgleich profitieren. Damit widerspricht ein Versorgungsausgleich nach deutschem Recht in dem Umfang der Billigkeit, in dem nach dem anwendbaren Güterrecht ein güterrechtlicher Ausgleich bereits erfolgt ist bzw. beansprucht werden kann.[344]

151 Für Abs. 3 S. 2 ohne Bedeutung ist die Frage, ob dem Versorgungsausgleich eine überlange gesetzliche oder nur tatsächliche Trennungszeit entgegensteht. Eine lange Trennungszeit kann auf der materiellrechtlichen Ebene im Rahmen des § 1587c BGB Berücksichtigung finden, wobei i.d.R. keine Gründe für eine unterschiedliche Behandlung einer nur tatsächlichen und einer – etwa auf dem italienischen Recht beruhenden – rechtlichen Trennung von Tisch und Bett ersichtlich sind.[345]

152 Für die Frage der Billigkeit kommt es nach h.M. nicht darauf an, welcher Ehegatte die **Schuld** an der Zerrüttung der Ehe trägt.[346] Dies soll auch dann gelten, wenn das frühere oder gegenwärtige, nach Abs. 3 S. 2 Nr. 2 maßgebliche Ehewirkungsstatut dem Schuldprinzip anhängt.[347] In der Konsequenz müsste es dann auch unerheblich sein, dass das ausländische Recht den Versorgungsausgleich gerade aufgrund eines Verschuldens ausgeschlossen hat.

153 **c) Rechtsfolge.** Die Rechtsfolge von Abs. 3 S. 2 besteht einheitlich darin, dass ein Versorgungsausgleich nach dem **deutschen Recht** durchzuführen ist.[348] Hierbei ist auf der Ebene des materiellen Rechts auch die **Härteklausel des § 1587c BGB** anzuwenden.[349] Sie ist jedoch auf die Billigkeitserwägungen zu beschränken, die auch bei reinen Inlandsfällen von Bedeutung sind. Billigkeitsgesichtspunkte, die aus der Internationalität des Sachverhalts herrühren, sind vorrangig und abschließend bei Abs. 3 S. 2 zu berücksichtigen.[350]

---

[339] BGH IPRax 2001, 138, 139 = FamRZ 2000, 418 (Prüfung der Umstände des jeweiligen Einzelfalls, da diese zusätzlich durch individuelle Besonderheiten bestimmt sein können); OLG Celle FamRZ 1991, 204, 205; OLG Frankfurt FamRZ 1990, 417; OLG Karlsruhe FamRZ 1989, 399.

[340] So Bericht des Rechtsausschusses, BT-Drucks 10/5632, S. 43; BGH FamRZ 1994, 825, 826 = NJW-RR 1994, 962; OLG Düsseldorf FamRZ 1993, 433, 434; Palandt/*Heldrich*, Art. 17 EGBGB Rn 23; Bamberger/Roth/*Otte*, Art. 17 EGBGB Rn 44; zur Notwendigkeit der Berücksichtigung eines güterrechtlichen Ausgleichs s. *Lüderitz*, IPRax 1987, 74, 79.

[341] BGH IPRax 2001, 138, 139 = FamRZ 2000, 418; OLG Frankfurt FamRZ 2000, 418, 419.

[342] Staudinger/*Mankowski*, Art. 17 EGBGB Rn 396.

[343] Staudinger/*Mankowski*, Art. 17 EGBGB Rn 397.

[344] Staudinger/*Mankowski*, Art. 17 EGBGB Rn 398; auch *Lüderitz* IPRax 1987, 74, 79; abweichend Rahm/Künkel/*Paetzold*, VIII Rn 934 (Vorrang des Versorgungsausgleichs im Rahmen einer notwendigen Anpassung).

[345] Ausdr. OLG Düsseldorf FamRZ 1993, 433, 434; vgl. auch BGH FamRZ 1994, 825, 827 = NJW-RR 1994, 962.

[346] OLG Hamm FamRZ 1994, 573, 578 = NJW-RR 1993, 1352; OLG Celle FamRZ 1991, 204, 205; Bericht des Rechtsausschusses BT-Drucks 10/5632, S. 42; MüKo/*Winkler v. Mohrenfels*, Art. 17 EGBGB Rn 208; Palandt/*Heldrich*, Art. 17 EGBGB Rn 23.

[347] Zweifel bei Staudinger/*Mankowski*, Art. 17 EGBGB Rn 395.

[348] Staudinger/*Mankowski*, Art. 17 EGBGB Rn 400.

[349] BGH FamRZ 1994, 825, 827 = NJW-RR 1994, 962 (die Billigkeitsklausel diene dazu, „die wirtschaftlichen Verhältnisse der Eheleute zu berücksichtigen und internationalen Elementen des Eheverlaufs Rechnung zu tragen"); OLG Düsseldorf FamRZ 1993, 433, 434 f.; OLG Celle FamRZ 1991, 204, 205; Staudinger/*Mankowski*, Art. 17 EGBGB Rn 400; krit. zum Nebeneinander der Billigkeit in Art. 17 Abs. 3 S. 2 EGBGB und § 1587c BGB *Lorenz*, FamRZ 1987, 645, 650.

[350] BGH FamRZ 1994, 825, 827 = NJW-RR 1994, 962; OLG Düsseldorf FamRZ 1993, 433, 434.

Nach einer sehr umstrittenen Ansicht ist der Versorgungsausgleich unter den Voraussetzungen der Nr. 2 dem Umfang nach auf diejenigen Anwartschaften beschränkt, die während der Maßgeblichkeit des Ehewirkungsstatuts, welches den Versorgungsausgleich kennt, erworben wurden.[351] Dem ist zuzustimmen. Zwar enthält Abs. 3 S. 2 Nr. 2 keine entsprechende zeitliche Beschränkung. Im Rahmen der Billigkeitsprüfung ist aber dem Umstand Rechnung zu tragen, dass nur während dieser Zeit ein schutzwürdiges Vertrauen auf die Durchführung eines Versorgungsausgleichs bestand. Demgegenüber lässt sich Abs. 3 S. 2 Nr. 2 keine Beschränkung auf inländische Versorgungsanwartschaften entnehmen.[352]

3. Feststellung und Bewertung ausländischer Anwartschaften. Wenn der Versorgungsausgleich nach S. 1 oder 2 nach deutschem Versorgungsausgleichsrecht stattfindet, bestehen keine besonderen Schwierigkeiten, wenn nur inländische Anwartschaften ausgeglichen werden müssen. Erhebliche Schwierigkeiten entstehen dann, wenn auch **ausländische Versorgungsanwartschaften** Gegenstand eines nach dem deutschen Recht durchzuführenden Versorgungsausgleichs sind. Zunächst gilt, dass nicht alle ausländischen Anwartschaften überhaupt berücksichtigungsfähig sind. Gegenstand des Versorgungsausgleichs sind nur solche Anwartschaften, die auf vorangegangenen Leistungen des Anspruchsberechtigten beruhen und auf eine Versorgung wegen Alters, Berufs- oder Erwerbsunfähigkeit gerichtet sind.[353] Dies trifft nicht zu auf Anwartschaften, die nicht auf Leistungen des Berechtigten beruhen und aus dem allgemeinen Steueraufkommen finanziert werden. Nicht Gegenstand des Versorgungsausgleichs ist daher nach herrschender, allerdings umstrittener Ansicht z.B. die niederländische AOW-Pension.[354] Nach zutreffender Auffassung muss sich allerdings der nach dem niederländischen Recht Pensionsberechtigte, wenn er eine Beteiligung an den deutschen Versorgungsanwartschaften des anderen Ehegatten verlangt, die niederländische Pension grundsätzlich als anspruchsmindernd anrechnen lassen. Dies gilt jedenfalls dann, wenn die Pension z.T. darauf beruht, dass er in den Niederlanden gearbeitet hat.[355]

Geht es um den Ausgleich von Anwartschaften, die gegenüber einem ausländischen Versorgungsträger bestehen, so ist ein **schuldrechtlicher Versorgungsausgleich** vorzunehmen (§§ 2 und 3a ff. VAHRG). Deutsche Gerichte haben nämlich keine Kompetenz, Eingriffe in ausländische Sozialsysteme vorzunehmen. Damit können ausländische Anwartschaften weder durch Splitting noch durch Quasisplitting (§ 1587b Abs. 1 und 2) bzw. Realsplitting (§ 1 Abs. 2 VAHRG) aufgeteilt werden. Auch ein erweiterter Ausgleich (§ 3b Abs. 1 Nr. 1 VAHRG) bzw. eine Beitragsentrichtung nach § 3b Abs. 1 Nr. 1 VAHRG scheiden aus.[356] Die **Bewertung ausländischer Versorgungsrechte** im Rahmen des schuldrechtlichen Versorgungsausgleichs bereitet in der Praxis erhebliche Probleme. Im Einzelfall kann hier nach § 1587a Abs. 2 Nr. 4b BGB sowie – hilfsweise – nach § 1587a Abs. 5 BGB vorgegangen werden.[357]

Hat der eine Ehegatte Anwartschaften gegenüber einem ausländischen Versorgungsträger und der andere Ehegatte Anwartschaften gegenüber einem inländischen Versorgungsträger, so ist zunächst zu ermitteln, welche **Anwartschaften höherwertig** sind. Sind es die ausländischen Anwartschaften, ist nach dem oben Gesagten ein schuldrechtlicher Versorgungsausgleich durchzuführen. Sind die inländischen Anwartschaften höherwertig, kann der im deutschen Recht vorgesehene öffentlich-rechtliche Versorgungsausgleich durchgeführt werden.[358] Die ausländischen Anwartschaften sind in diesem Fall nur als Rechnungsposten zu berücksichtigen. Nicht anzuwenden ist Art. 3 Abs. 3.[359] Es ist daher keine getrennte Aufteilung der inländischen und ausländischen Versorgungsanwartschaften vorzunehmen.

---

351 Palandt/*Heldrich*, Art. 17 EGBGB Rn 22, 24; Erman/*Hohloch*, Art. 17 EGBGB Rn 56; a.A. MüKo/*Winkler v. Mohrenfels*, Art. 17 EGBGB Rn 206; Staudinger/*Mankowski*, Art. 17 EGBGB Rn 401 f.; Rahm/Künkel/*Paetzold*, VIII Rn 933.
352 Staudinger/*Mankowski*, Art. 17 EGBGB Rn 402.
353 *Johannsen/Henrich*, Art. 17 Rn 69; aus der Rspr. s. OLG Karlsruhe FamRZ 2002, 962; OLG Hamm FamRZ 1989, 759, 760; AG Hamburg FamRZ 1982, 717 (Anwartschaften auf französische Sozialversicherungsrente); OLG Köln FamRZ 2002, 1632 (belgische Pensionsanwartschaften); KG FamRZ 1990, 1257; OLG Karlsruhe IPRax 1982, 245 (in der schweizerischen AHV begründete Rentenanwartschaften); zum italienischen Recht vgl. OLG Köln FamRZ 1986, 689; zum US-amerikanischen Recht AG Heidelberg IPRspr 1989 Nr. 93, S. 221 = IPRax 1990, 126 (Leitsatz);
AG Landstuhl IPRax 1995, 108, 109 = FamRZ 1994, 837.
354 OLG Hamm FamRZ 2001, 31; OLG Köln FamRZ 2001, 1461; OLG Düsseldorf FamRZ 2001, 1461; a.A. OLG Köln FamRZ 2001, 1460; OLG Oldenburg FamRZ 2002, 961.
355 OLG Oldenburg FamRZ 2002, 961.
356 BGH NJW 1989, 1997 = FamRZ 1989, 949; OLG Bamberg FamRZ 2003, 1567, 1568; FamRZ 1986, 691; NJW 1979, 497, 500 = FamRZ 1979, 239; OLG Stuttgart FamRZ 1989, 760; *Johannsen/Henrich*, Art. 17 Rn 71; Erman/*Hohloch*, Art. 17 EGBGB Rn 59; *Bergner*, IPRax 1988, 281, 283.
357 *Johannsen/Henrich*, Art. 17 Rn 70.
358 *Looschelders*, Art. 17 Rn 58; *Wagner*, IPRax 1999, 94, 96.
359 Bamberger/Roth/*Otte*, Art. 17 EGBGB Rn 46; Palandt/*Heldrich*, Art. 17 EGBGB Rn 25 u. Art. 3 EGBGB Rn 13.

158 Nach der Rechtsprechung der Oberlandesgerichte kann ein öffentlich-rechtlicher Ausgleich auch dann nicht vorgenommen werden, wenn feststeht, dass der Ehegatte, der ohne Berücksichtigung der ausländischen Anwartschaften ausgleichsberechtigt wäre, über ausländische Anwartschaften verfügt und der **Wert dieser ausländischen Anrechte nicht aufgeklärt** werden kann.[360] Dies wird damit begründet, dass der einen Ausgleich verlangende Ehegatte die Höhe seiner eigenen Anwartschaften darlegen und notfalls beweisen muss. Die geringere Höhe der eigenen Anwartschaften sei tatbestandliche Voraussetzung des Anspruchs.[361] Der den Ausgleich verlangende Ehegatte trage demgemäß das Risiko der mangelnden Feststellbarkeit seiner Anwartschaften. Dementsprechend sei es auch ihm eher zuzumuten, sich hinsichtlich sämtlicher Anwartschaften mit dem schuldrechtlichen Versorgungsausgleich zu begnügen.[362] Ein öffentlich-rechtlicher Ausgleich ist aber durchzuführen, wenn die ausländischen Anrechte des Ehegatten, der einen Versorgungsausgleich begehrt, **nicht realisierbar** und daher wertlos sind.[363]

159 Die Durchführung eines Versorgungsausgleichs ist nicht ausgeschlossen, wenn der Ausgleichsberechtigte nur einen **ausländischen Wohnsitz** hat.[364] Ihm steht die aus dem Versorgungsausgleich herrührende Rente nämlich grundsätzlich auch dann zu, wenn er sich im Ausland aufhält.[365]

V. Vorrangige staatsvertragliche Abkommen

160 An multilateralen Übereinkommen, die die kollisionsrechtliche Anknüpfung der Scheidung bzw. des Versorgungsausgleichs zum Gegenstand haben, ist Deutschland gegenwärtig nicht beteiligt.

161 Nach wie vor in Kraft ist das **deutsch-iranische Niederlassungsabkommen** vom 17.2.1929. Die in Art. 8 Abs. 3 des NiederlAbK enthaltene Kollisionsnorm ist auch auf **Scheidungen** anwendbar.[366] Art. 8 Abs. 3 S. 1 NiederlAbK verweist für Scheidungssachen bei rein iranischen Ehen im Wege einer Sachnormverweisung auf das Heimatrecht der Ehegatten.[367] Eine Ehe zwischen Iranern wird in Deutschland also nach dem iranischen Sachrecht geschieden. Art. 17 wird von Art. 8 Abs. 3 NiederlAbK verdrängt. Allerdings ist die *ordre-public-*Klausel des Art. 8 Abs. 3 S. 2 NiederlAbK zu beachten. Insbesondere kann der *ordre public* einer Verstoßung nach islamischem Recht entgegenstehen (vgl. näher Rn 65 ff.).[368] Eine internationale Zuständigkeit deutscher Gerichte kann hierbei nicht mit dem Argument verneint werden, dass eine Scheidung nach einem religiösen Recht den deutschen Gerichten „wesensfremd" sei (vgl. Rn 83).[369]

162 Haben die Beteiligten mehrere **Staatsangehörigkeiten**, kommt das NiederlAbK demgegenüber nicht zur Anwendung. Es gilt auch dann nicht, wenn nur einer der Beteiligten eine doppelte Staatsangehörigkeit hat.[370] In diesem Fall ist wieder auf Art. 17 zurückzugreifen. Das NiederlAbK ist schließlich auch dann nicht anzuwenden, wenn es sich bei einem der Beteiligten um einen Flüchtling i.S.d. Genfer Flüchtlingskonvention oder um einen Asylberechtigten handelt.[371]

163 Das NiederlAbK erfasst auch die Fragen des **Versorgungsausgleichs**. Dies ergibt sich daraus, dass Art. 8 Abs. 3 NiederlAbK durch eine einvernehmliche deutsch-iranische Erklärung konkretisiert wurde, nach der – neben i.E. aufgezählten Materien – i.Ü. auch „alle anderen Angelegenheiten des Familienrechts" vom Anwendungsbereich der Norm erfasst sind.[372] Wenn somit Art. 8 Abs. 3 NiederlAbK bei rein iranischen

---

360 OLG Nürnberg FamRZ 1999, 1203; OLG Düsseldorf FamRZ 1994, 903; OLG Köln FamRZ 1986, 689, 690.
361 OLG Köln FamRZ 1986, 689, 690.
362 OLG Düsseldorf FamRZ 1994, 903.
363 BGH FamRZ 2003, 1737, 1738; OLG Nürnberg FamRZ 1999, 1203.
364 BGH NJW 1986, 1932, 1933 = FamRZ 1986, 657; BGH FamRZ 1983, 263, 264; 1982, 473, 474; OLG Karlsruhe FamRZ 1998, 1029; OLG Düsseldorf FamRZ 1995, 1496; *Klattenhoff*, FuR 2000, 49, 51; zur praktischen Durchführung s. Rahm/Künkel/*Petzold*, VIII Rn 1071 ff.
365 Vgl. *Klattenhoff*, FuR 2000, 49, 51.
366 BGH NJW 1990, 636 = IPRax 1991, 54 = FamRZ 1990, 32; OLG Düsseldorf FamRZ 1998, 1113, 1114; KG IPRax 2000, 126 (allerdings eine internationale Zuständigkeit deutscher Gerichte verneinend, da eine Scheidung nach einem religiösen Recht den deutschen Gerichten „wesensfremd" sei); OLG Oldenburg FamRZ 1995, 1590; KG NJW-RR 1994, 199; ferner OLG Frankfurt NJW 1990, 646; OLG München IPRax 1989, 238, 240; *Schotten*, FamRZ 1995, 264.
367 Art. 8 Abs. 3 lautet: „In Bezug auf das Personen-, Familien- und Erbrecht bleiben die Angehörigen jeder der vertragschließenden Staaten im Gebiet des anderen Staates jedoch den Vorschriften der heimischen Gesetze unterworfen. Die Anwendung dieser Gesetze kann von dem anderen vertragschließenden Staat nur ausnahmsweise und nur insoweit ausgeschlossen werden, als ein solcher Ausschluss allgemein gegenüber jedem anderen Staat erfolgt."
368 OLG Düsseldorf FamRZ 1998, 1113.
369 Anders nur KG IPRax 2000, 126.
370 BGH IPRax 1986, 382, 383 = FamRZ 1986, 345, 346; *Schotten/Wittkowski*, FamRZ 1995, 264, 265.
371 BGH NJW 1990, 636 = FamRZ 1990, 32; OLG München IPRax 1989, 238, 240 (jeweils zum Asylberechtigten); ausf. Begründung bei *Lass*, Der Flüchtling im deutschen internationalen Privatrecht, 1995, S. 22; *Schotten/Wittkowski*, FamRZ 1995, 264, 266; *Dörner*, IPRax 1994, 33.
372 Vgl. Rahm/Künkel/*Paetzold*, VIII Rn 918; ferner *Schotten/Wittkowski*, FamRZ 1995, 264.

Ehen auf das iranische Recht verweist, ist – da der Versorgungsausgleich dem iranischen Recht unbekannt ist – grundsätzlich kein Versorgungsausgleich durchzuführen. Auch eine Hilfsanknüpfung nach Abs. 3 S. 2 ist wegen der Vorrangigkeit des Abkommens grundsätzlich ausgeschlossen. Nach Ansicht des OLG Oldenburg kann demgegenüber Abs. 3 S. 2 deshalb zur Anwendung gelangen, weil Art. 8 Abs. 3 S. 2 NiederlAbK die *ordre-public*-Klauseln des deutschen Rechts für anwendbar erkläre und Abs. 3 S. 2 als eine solche besondere *ordre-public*-Klausel anzusehen sei.[373] Dem ist nicht zuzustimmen. Ein Rückgriff auf den *ordre public* ist nach Sinn und Zweck der staatsvertraglichen Regelung nur statthaft, wenn ein besonderer Härtefall vorliegt.[374]

C. Weitere praktische Hinweise

I. Prozessuale Hinweise

1. Internationale Zuständigkeit. In der Praxis ist zunächst einmal zu klären, welche Gerichte für den Scheidungsantrag bzw. die Durchführung des Versorgungsausgleichs international zuständig sind. Die internationale Zuständigkeit deutscher Gerichte für den Scheidungsantrag richtet sich primär nach der EheVO 2003 (vgl. die Kommentierung in Anhang I zum III. Abschnitt). Auf § 606a ZPO (vgl. Anhang II zum III. Abschnitt) kann nur zurückgegriffen werden, wenn Artt. 6, 7 EheVO 2003 die Anwendung des nationalen Zuständigkeitsrechts zulassen.

Hervorzuheben ist, dass die EheVO 2003 in Art. 3 eine Vielzahl an konkurrierenden Zuständigkeiten europäischer Gerichte für den Scheidungsantrag vorsieht. Daneben können (nach ihrem autonomen Zuständigkeitsrecht) auch Nichtmitgliedstaaten eine internationale Zuständigkeit beanspruchen. Der Mandant ist dementsprechend dahin gehend zu beraten, ob er die Scheidungssache vor einem deutschen Gericht oder ggf. vor einem international ebenfalls zuständigen ausländischen Gericht anhängig machen will. Mit der Inanspruchnahme der Zuständigkeit eines Gerichts ist zugleich die Anwendbarkeit des dort geltenden – nach wie vor unvereinheitlichten – Kollisionsrechts verbunden. Damit kann die Entscheidung zugunsten eines bestimmten Gerichtsstands über das anzuwendende Sachrecht entscheiden, und zwar sowohl im Hinblick auf die Scheidung als auch im Hinblick auf die Scheidungsfolgen.

2. Rechtshängigkeitseinwand. Will der Mandant den Scheidungsantrag bei einem deutschen Gericht einreichen, so ist stets im Auge zu behalten, dass möglicherweise der andere Ehegatte ein Interesse daran hat, das Scheidungsverfahren seinerseits vor einem ausländischen Gericht durchzuführen. Wird das ausländische Scheidungsverfahren früher rechtshängig als das deutsche, so besteht für das deutsche Verfahren der **Einwand der Rechtshängigkeit** nach Art. 19 Abs. 1 EheVO 2003 bzw. – bei einer Rechtshängigkeit in einem Nichtmitgliedstaat – ggf. nach § 263 ZPO analog.[375] Um eine Unzulässigkeit des deutschen Scheidungsverfahrens abzuwenden, ist demnach je nach Lage des Einzelfalls eine möglichst **rasche Einreichung des Scheidungsantrags** geboten. Vielfach dürfte es zu empfehlen sein, den Scheidungsantrag schon zu einem Zeitpunkt zu stellen, in dem die Ehe – etwa deshalb, weil die nach dem maßgeblichen Scheidungsstatut erforderliche Trennungsfrist noch nicht abgelaufen ist – noch nicht scheidbar ist. Zu beachten ist, dass sich die nach dem Scheidungsstatut maßgebliche Frist (bei Maßgeblichkeit des deutschen Rechts etwa die Frist des § 1556 Abs. 2 BGB) auch noch im laufenden Verfahren – etwa auch noch in der Berufungsfrist – vollenden kann.[376] Dies gilt insbesondere angesichts dessen, dass eine Auslandszustellung häufig längere Zeit in Anspruch nimmt und daher die für die Scheidung erforderliche Trennungsfrist zwar noch nicht bei Antragstellung, aber ggf. schon bei der Zustellung des Antrags bzw. jedenfalls zum Schluss der letzten mündlichen Verhandlung abgelaufen sein wird. Das Risiko der Abweisung des in Deutschland gestellten Scheidungsantrags ist damit u.U. weniger bedeutsam als das Risiko, den Scheidungsprozess im Ausland führen zu müssen. Ein **„Wettlauf zu den Gerichten"** zwischen den beiden Ehegatten ist typischerweise dann zu befürchten, wenn es sich um eine gemischtnationale Ehe handelt und einer der Ehegatten nach

---

[373] OLG Oldenburg FamRZ 1995, 1590; zust. Palandt/*Heldrich*, Art. 17 EGBGB Rn 21; MüKo/*Winkler v. Mohrenfels*, Art. 17 EGBGB Rn 202; Erman/*Hohloch*, Art. 17 EGBGB Rn 54; vgl. auch *Schotten/Wittkowski*, FamRZ 1995, 264, 267, die für eine enge Auslegung des *ordre-public*-Klausel bzw. dessen Anwendung nur in „Extremfällen" plädieren, andererseits Art. 17 Abs. 3 S. 2 als eine zu beachtende besondere *ordre public*-Klausel nennen.

[374] Abl. auch OLG Köln FamRZ 2002, 613; Staudinger/*Mankowski*, Art. 17 EGBGB Rn 355; Johannsen/*Henrich*, Art. 17 Rn 67; *Klattenhoff*, FuR 2000, 49, 52.

[375] Zum Rechtshängigkeitseinwand nach § 263 ZPO analog vgl. ausf. *Gruber*, FamRZ 1999, 1563 f.

[376] Vgl. aus anwaltlicher Sicht *Lübbert*, ERA-Forum 2003, 18, 25.

dem Scheitern der Ehe in seinen Heimatstaat zurückkehrt (vgl. Anhang I zum III. Abschnitt, Art. 3 EheVO Rn 4 ff., sowie Art. 19 EheVO Rn 1 ff.).[377]

II. Kollisionsrechtliche Gestaltungsmöglichkeiten

167 **1. Rechtswahl.** Das deutsche Kollisionsrecht der Scheidung bzw. der Scheidungsnebenfolgen sowie des Versorgungsausgleichs bietet näher betrachtet für die beteiligten Notare bzw. Rechtsanwälte erhebliche Gestaltungsspielräume. Zu nennen ist hier die Möglichkeit, nach Abs. 1 S. 1 i.V.m. Art. 14 Abs. 2, 3 das Ehewirkungsstatut und damit – mittelbar – auch das Statut für die Scheidung und die Scheidungsnebenfolgen durch **Rechtswahl** festzulegen (Rn 12 ff., 72 ff.).

168 Auf die Möglichkeit einer solchen Rechtswahl sollte in der Beratungspraxis hingewiesen werden. Die Rechtswahl ist vor allem im Hinblick auf die **Scheidungsnebenfolgen** von Interesse. Zu denken ist hier insbesondere an den Versorgungsausgleich (Abs. 3, vgl. dazu auch Rn 122, 137) und an den Nachscheidungsunterhalt (Art. 18 Abs. 4). Je nach Lage des Einzelfalls kann es für einen Ehegatten günstiger sein, das deutsche Recht zu wählen oder umgekehrt abzuwählen. Die Wahl des deutschen Rechts kann etwa dazu führen, dass überhaupt erst ein Anspruch auf Versorgungsausgleich entsteht oder aber vollständig wegfällt oder dass statt eines ausländischen das deutsche Unterhaltsrecht zur Anwendung gelangt.

169 Zu beachten ist allerdings, dass die Rechtswahl für die Scheidung und die Scheidungsnebenfolgen nur dann Wirksamkeit entfaltet, wenn sie **vor Rechtshängigkeit des Scheidungsantrags** erfolgt. Anderenfalls bleibt nur die Möglichkeit, den Scheidungsantrag zurückzunehmen und sodann eine Rechtswahl durchzuführen.[378] Zu berücksichtigen ist auch, dass nach h.M. keine „isolierte" Wahl des Scheidungsstatuts möglich ist, selbst wenn es den Parteien nur noch um die Scheidung geht (vgl. Rn 13). Die Rechtswahl sollte sich daher dem Wortlaut nach auf das auf die Ehe anwendbare Recht (nicht auf das Scheidungsstatut) beziehen.

170 Zu berücksichtigen bleibt ferner, dass eine nach Abs. 1 S. 1 i.V.m. Art. 14 Abs. 2–4 erfolgte Rechtswahl möglicherweise von ausländischen Gerichten – unter Zugrundelegung des für sie maßgeblichen Scheidungsrechts – nicht als wirksam angesehen wird. Ein Ehegatte kann in diesem Fall die Rechtswahl faktisch dadurch zunichte machen, dass er den Scheidungsantrag – noch vor Rechtshängigkeit in Deutschland – vor einem international zuständigen ausländischen Gericht stellt, welches von der Unwirksamkeit der Rechtswahl ausgeht und eine abweichende objektive Anknüpfung vornimmt. Dem kann allerdings durch eine rasche Antragstellung in Deutschland vorgebeugt werden.

171 **2. Rechtshängigkeitszeitpunkt. a) Allgemeine kollisionsrechtliche Bedeutung.** Aus anwaltlicher Sicht ist schließlich auch bedeutsam, dass der **Zeitpunkt der Rechtshängigkeit** des Scheidungsantrags für die Bestimmung des anwendbaren Rechts entscheidend ist. Zu bedenken ist dies etwa in den Fällen, in denen beide oder zumindest einer der Ehegatten die Staatsangehörigkeit oder den gewöhnlichen Aufenthaltsort wechseln wollen und es hierdurch zu einem **Statutenwechsel** kommen würde. Wollen etwa beide Ehegatten die deutsche Staatsangehörigkeit erwerben, so muss, wenn die bisherige Verweisung auf das ausländische Recht (Art. 17 Abs. 1 S. 1 i.V.m. Art. 14 Abs. 1 Nr. 1) vom ausländischen Recht angenommen und eine Scheidung nach dem ausländischen Recht gewünscht wird, der Scheidungsantrag noch vor der Einbürgerung rechtshängig gemacht werden. Umgekehrt muss, wenn die Anwendung deutschen Rechts gewünscht wird, mit dem Scheidungsantrag bis zur erfolgten Einbürgerung gewartet werden.

172 **b) Der Zeitpunkt der Scheidbarkeit nach dem ausländischen Recht.** Nach Abs. 1 S. 2 kommt es darauf an, ob die Ehe nach dem ausländischen Scheidungsstatut im Zeitpunkt der letzten mündlichen Verhandlung scheidbar ist oder nicht. Ist Letzteres der Fall, so kommt – falls der antragstellende Ehegatte bei Eheschließung oder Rechtshängigkeit des Scheidungsantrags Deutscher war – das deutsche Scheidungs- und Scheidungsfolgenrecht zur Anwendung (vgl. Rn 30 ff.).

173 Der Zeitpunkt der Antragstellung kann damit im Rahmen des Abs. 1 S. 2 letztlich darüber entscheiden, ob das deutsche Recht zur Anwendung gelangt oder nicht. Sieht das ausländische materielle Scheidungsrecht z.B. vor, dass bis zum Zeitpunkt der Rechtshängigkeit bestimmte Trennungsfristen o.Ä. abgelaufen sein müssen, so entscheidet der Zeitpunkt der Antragstellung unmittelbar über die Anwendung des ausländischen bzw. deutschen Rechts. Wird eine Scheidung nach dem ausländischen Recht angestrebt, so sollte der Antrag erst dann rechtshängig gemacht werden, wenn die nach dem ausländischen Recht für die Scheidung erforderliche Trennungsfrist abgelaufen ist bzw. zu erwarten ist, dass sie im Gerichtsverfahren abläuft. Wird umgekehrt die Anwendung des deutschen Rechts angestrebt, so ist die Rechtshängigkeit herbeizuführen, bevor die nach

---

377 Etwa *Becker-Eberhard*, in: FS Beys 2003, S. 93, 110 f.

378 *Dopffel*, FamRZ 1987, 1205, 1212.

dem ausländischen Recht erforderliche Trennungsfrist abgelaufen ist.[379] Die Anwendung deutschen Rechts auf die Scheidung kann auch für die Scheidungsnebenfolgen von Bedeutung sein, etwa für die dann ebenfalls dem deutschen Recht unterliegenden Unterhaltsansprüche (Art. 18 Abs. 4). Die Figur der *fraus legis* dürfte auch einer bewussten Beschleunigung bzw. Verzögerung der Antragstellung kaum jemals entgegenstehen, da man einem Scheidungswilligen nicht vorschreiben kann, zu welchem Zeitpunkt er den Scheidungsantrag stellt.[380]

c) Person des Antragstellers. Im Rahmen der anwaltlichen Beratung sollte schließlich darauf hingewiesen werden, dass es bei Abs. 1 S. 2 entscheidend auf die Person des Antragstellers ankommt. Maßgebend ist hierbei, ob der **Antragsteller** deutscher Staatsangehöriger ist. Entscheidend ist damit, ob die Ehegatten – für den Fall, dass die Ehe nach dem über Abs. 1 S. 1 i.V.m. Art. 14 anwendbaren ausländischen Scheidungsstatut (noch) nicht scheidbar ist – die **Anwendung deutschen Rechts** wünschen. Ist dies der Fall, so muss – damit Abs. 1 S. 2 zur Anwendung gelangt – der Scheidungsantrag durch den Ehegatten mit (zumindest bei Eingehung der Ehe) deutscher Staatsangehörigkeit gestellt werden (vgl. Rn 36 ff.). Da nach herrschender Lehre Abs. 1 S. 2 auch dann (entsprechend) zur Anwendung gelangt, wenn der deutsche Ehegatte der Scheidung im Verfahren zustimmt (Rn 42), sind letztlich auch die Konsequenzen einer derartigen Zustimmung in die Erwägung einzubeziehen.

174

| Artikel 17a | Ehewohnung und Hausrat |

¹Die Nutzungsbefugnis für die im Inland belegene Ehewohnung und den im Inland befindlichen Hausrat sowie damit zusammenhängende Betretungs-, Näherungs- und Kontaktverbote unterliegen den deutschen Sachvorschriften.

Literatur: Siehe bei Art. 17 EGBGB.

A. Allgemeines 1
B. Regelungsgehalt 4
  I. Nutzungszuweisung bei Ehepartnern 4
    1. Anwendung bei inländischen Ehewohnungen und Hausrat 4
    2. Kein allseitiger Ausbau bei im Ausland belegenen Wohnungen bzw. Hausratsgegenständen 16
  3. Keine analoge Anwendung bei sonstigen Kontaktverboten 17
  II. Nutzungsbefugnis bei Lebenspartnern 20
  III. Nutzungsbefugnis bei nichtehelichen Lebensgemeinschaften 21
  IV. Vorrangige Staatsverträge 23
C. Weitere praktische Hinweise 24

A. Allgemeines

Die Vorschrift enthält eine Regelung der bislang sehr umstrittenen Frage, nach welchem Recht sich die Nutzungsbefugnis für die inländische Ehewohnung und den inländischen Hausrat beurteilt. In der Rechtsprechung wurden bei bestehender Ehe vielfach Art. 14 bzw. im Falle der Scheidung Art. 17 angewendet.[1] Von einer starken Gegenansicht in der Rechtsprechung wurde demgegenüber eine unterhaltsrechtliche Qualifikation vorgenommen.[2] Art. 17a bestimmt nunmehr, dass für in Deutschland belegene Gegenstände einheitlich deutsches Recht zur Anwendung kommen soll.

1

Die Vorschrift beruht auf Art. 10 des Gesetzes zur Verbesserung des zivilrechtlichen Schutzes bei Gewalttaten und Nachstellungen sowie zur Erleichterung der Überlassung der Ehewohnung bei Trennung vom 11.12.2001

2

---

379 *Johannsen/Henrich*, Art. 17 Rn 27.
380 Abweichend (bei „evident missbräuchlicher Herbeiführung der Voraussetzungen des Art. 17 Abs. 1 S. 2 EGBGB") *Kersting*, FamRZ 1992, 268, 269.
1 OLG Celle FamRZ 1999, 443; OLG Stuttgart FamRZ 1998, 1321; 1990, 1354; OLG Hamm FamRZ 1990, 54; OLG Frankfurt FamRZ 1994, 715, 716; 1994, 633 (lasse sich aber dem ausländischen – hier marokkanischen – Recht keine Regelung entnehmen, die für die Benutzung der Ehewohnung während des Getrenntlebens auf die sozialen Verhältnisse in Deutschland anwendbar wäre, sei wegen des starken Inlandsbezugs auf deutsches Recht zurückzugreifen); IPRax 1993, 417 (Leitsatz) mit abl. Anm. *Henrich*; KG FamRZ 1991, 1190. Vgl. auch Regierungsbegründung zum GewSchG, BT-Drucks 14/5429, S. 14.
2 OLG Hamm FamRZ 1993, 191; auch OLG Hamm IPRax 1990, 186; OLG Karlsruhe FamRZ 1993, 1464 = IPRax 1993, 417 (Leitsatz) mit zust. Anm. *Henrich*; OLG Frankfurt FamRZ 1991, 1190; OLG Koblenz NJW-RR 1991, 522 mit zust. Anm. *Henrich*, IPRax 1991, 263; OLG Düsseldorf NJW 1990, 3091.

("**Gewaltschutzgesetz**").³ Art. 17a erfasst damit insbesondere §§ 1, 2 GewSchG. Daneben gilt Art. 17a aber auch für die Nutzungszuweisung nach **§ 1361a BGB** und **§ 1361b BGB** bzw. – nach allerdings sehr umstrittener Auffassung – nach den Vorschriften der **HausratV**.

3 Durch Art. 17b Abs. 2 S. 1 wird Art. 17a auch auf die Zuweisung von Hausrat und Wohnung sowie damit zusammenhängende Schutzanordnungen in eingetragenen gleichgeschlechtlichen **Lebenspartnerschaften** erstreckt. Vom Wortlaut nicht erfasst werden im Ausland belegene Wohnungen oder Hausrat. Ebenso wenig vom Wortlaut des Art. 17a erfasst werden die Nutzungsbefugnis bei sonstigen nichtehelichen Lebensgemeinschaften sowie Schutzanordnungen, die sich nicht auf den Bereich der Wohnung beziehen. In den genannten Fällen stellt sich allerdings die Frage nach einer analogen Anwendung der Norm.

B. Regelungsgehalt
I. Nutzungszuweisung bei Ehepartnern

4 **1. Anwendung bei inländischen Ehewohnungen und Hausrat.** Art. 17a erklärt im Hinblick auf die Nutzungsbefugnis für die im Inland belegene **Ehewohnung** bzw. den im Inland belegenen **Hausrat** das deutsche Recht für anwendbar. Die Verweisung auf das deutsche Recht wird in der Gesetzesbegründung zum einen damit gerechtfertigt, dass das ausländische Recht häufig keine Regelung zum Schutz eines misshandelten oder mit Gewalt bedrohten Ehegatten sowie dadurch gefährdeter Kinder enthält.⁴ Darüber hinaus sei die Anwendung deutschen Rechts dadurch gerechtfertigt, dass Fragen der Wohnungszuweisung häufig im Eilverfahren zu entscheiden sind. Den zuständigen Gerichten solle daher eine klare und schnell ermittelbare Rechtsgrundlage zur Verfügung gestellt werden.⁵

5 Art. 17a erfasst nach h.L. die Wohnungszuweisung nach dem **GewSchG** und die mit der Nutzungsbefugnis sachlich zusammenhängenden Betretungs-, Näherungs- und Kontaktverbote.⁶

6 Nach h.L. ist Art. 17a aber auch auf Nutzungszuweisungen anzuwenden, die nach **§ 1361a BGB** oder nach **§ 1361b BGB** ergehen.⁷ Hierbei kommt es nicht darauf an, ob die Wohnungszuweisung (wie etwa in § 1361b Abs. 2 BGB vorgesehen) im konkreten Fall durch einen Gewaltakt eines der Ehegatten beeinflusst wird oder nicht. Die h.L. kann sich hier u.a. auf den weit gefassten Wortlaut der Norm berufen, welcher mit der „Ehewohnung" einen in § 1361a BGB, nicht aber im GewSchG verwendeten Begriff enthält. Für eine Einbeziehung der §§ 1361a, 1361b BGB spricht auch, dass die Nutzungsbefugnis am in Art. 17a eigens erwähnten „Hausrat" nicht unmittelbar Gegenstand des GewSchG, sondern nur des § 1361a BGB ist. Hieran wird deutlich, dass der Gesetzgeber den Anwendungsbereich des Art. 17a ganz offensichtlich über das GewSchG hinaus erweitern wollte. Eine Anwendung des inländischen Sachrechts in den nicht gewaltbezogenen Fällen des § 1361a BGB bzw. des § 1361b BGB ist i.Ü. sachgerecht, da auch dort rasche Entscheidungen zu treffen sind. Die bei Anwendung des Art. 14 bzw. Art. 17 u.U. notwendige Ermittlung eines ausländischen Kollisions- und Sachrechts wäre hier ebenso unpraktikabel wie in den Eilverfahren nach dem GewSchG.

7 Die Anknüpfung nach Art. 17a erfasst auch die mit der Zuweisung zusammenhängenden **Betretungs-, Näherungs- und Kontaktverbote**, die in § 1361b Abs. 3 näher geregelt sind.⁸ Der in Art. 17a vorausgesetzte „Zusammenhang" besteht m.a.W. zwischen der Zuweisungsentscheidung und den daran anknüpfenden Betretungs-, Näherungs- und Kontaktverboten. Es kommt nicht darauf an, ob die Zuweisung u.U. auslösende Gewaltanwendung auch in der betroffenen Wohnung vorgefallen ist.⁹

8 Umstritten ist, ob Art. 17a darüber hinaus auch für die Zuweisung der Ehewohnung und von Hausrat im Scheidungsfall nach der **HausratV** gilt.¹⁰ Nach der hier vertretenen Ansicht dürfte dies zu bejahen sein. Die in Art. 17a verwendeten Begriffe der „Ehewohnung" und des „Hausrats" stimmen wiederum mit der in der HausratV verwendeten Terminologie überein. Dem Wortlaut nach bezieht sich Art. 17a allerdings nur auf die Zuweisung der „Nutzungsbefugnis", wohingegen die HausratV – noch weiter gehend – auch eine eigentumsübertragende Zuweisung kennt (§§ 2, 8 Abs. 3 HausratV). Insoweit könnte man zu dem Ergebnis

---

3 BGBl 2001 I S. 3513.
4 Begründung zum Regierungsentwurf, BT-Drucks 14/5429, S. 14.
5 Begründung zum Regierungsentwurf, BT-Drucks 14/5429, S. 16, 37.
6 Vgl. Begründung zum Regierungsentwurf, BT-Drucks 14/5429, S. 21 f.
7 Staudinger/*Mankowski*, Art. 17a EGBGB Rn 14; Erman/*Hohloch*, Art. 17a EGBGB Rn 6; *Johannsen/Henrich*, Art. 17a Rn 1; Bamberger/Roth/*Otte*, Art. 17a EGBGB Rn 13; Palandt/*Brudermüller*, § 1361b Rn 5; *Finger*, FuR 2002, 197; zweifelnd *Rauscher*, IPR, S. 169 f.
8 Erman/*Hohloch*, Art. 17a EGBGB Rn 6.
9 Erman/*Hohloch*, Art. 17a EGBGB Rn 6.
10 Bejahend *Johannsen/Henrich*, Art. 17a Rn 3; *Looschelders*, Art. 17a Rn 4; abl. Staudinger/*Mankowski*, Art. 17a EGBGB Rn 15; Erman/*Hohloch*, Art. 17a EGBGB Rn 9; zweifelnd *Rauscher*, IPR, S. 169 f.

gelangen, dass die HausratV entweder gar nicht oder jedenfalls nur insoweit unter Art. 17a fällt, als sie keinen Eigentumswechsel zum Gegenstand hat.

Ob mit dem Begriff der „**Nutzungsbefugnis**" ein Ausschluss der HausratV angestrebt wurde, erscheint jedoch zweifelhaft. Immerhin steht auch in der HausratV nicht die Eigentumsverteilung, sondern die Besitzverteilung zum praktischen Gebrauch im Vordergrund. Die systematische Stellung des Art. 17a – im unmittelbaren Anschluss an Art. 17 – spricht eher für den Willen des Gesetzgebers, auch scheidungsbedingte Zuweisungen nach Art. 17a anzuknüpfen. Wäre es dem Gesetzgeber eindeutig nur um die Regelung nicht-scheidungsbedingter Zuweisungsverfahren gegangen, wäre die Schaffung eines Art. 14a – im Anschluss an die allgemeinen Ehewirkungen – konsequent gewesen.

Die Gesetzesmaterialien geben keinen näheren Aufschluss über die **Intentionen des Gesetzgebers**. In der Überschrift des Gesetzes ist nur von einer „Überlassung der Ehewohnung bei Trennung" die Rede.[11] Der Begriff der „**Trennung**" ist jedoch eher in einem untechnischen Sinne zu verstehen. Er ist jedenfalls nicht Ausdruck einer bewussten gesetzgeberischen Entscheidung, den Anwendungsbereich des Gesetzes insgesamt oder auch nur im Hinblick auf Art. 17a auf die Fälle des „Getrenntlebens" im technischen Sinne der §§ 1361a, 1361b BGB zu beschränken. Dass Art. 17a ausweislich der Begründung zum Regierungsentwurf insbesondere den praktischen Bedürfnissen in Eilverfahren Rechnung tragen soll,[12] kann einer Anwendung der Norm auf die Vorschriften der HausratV ebenfalls nicht entgegengehalten werden. Denn auch bei der Zuweisung einer ehelichen Wohnung bzw. der Verteilung des ehelichen Hausrats besteht im Einzelfall ein schützenswertes Interesse an einer schnellen und sicheren Anwendung des (deutschen) Rechts.[13]

Ausschlaggebend ist schließlich das Argument, dass angesichts der zahlreichen materiell- und prozessrechtlichen Verbindungen zwischen den Verfahren nach §§ 1361a, 1361b BGB einerseits und der HausratV andererseits kein überzeugender sachlicher Grund für eine Differenzierung besteht. Die Maßstäbe für die Verteilung – insbesondere etwa das Kindeswohl (§ 2 Abs. 1 S. 2 HausratV, § 1361b Abs. 1 S. 2 BGB) – sind vielfach die gleichen. Letztlich könnte es nicht überzeugen, wenn es im Anschluss an eine (nach Art. 17a dem deutschen Recht unterstellte) Wohnungszuweisung während bestehender Ehe infolge einer sich anschließenden Scheidung und einer Anwendung von Art. 17 bzw. Art. 18 Abs. 4 zu einem Statutenwechsel käme. Von einem derartigen Statutenwechsel wären insbesondere in Deutschland lebende Ehegatten mit gemeinsamer ausländischer Staatsangehörigkeit betroffen.

Nach der hier vertretenen Ansicht sind auch die **eigentumsübertragenden Zuweisungen** nach der HausratV von Art. 17a erfasst. In der Konsequenz fällt sodann auch die in § 8 Abs. 2 HausratV enthaltene Vermutung gemeinsamen Eigentums in den Anwendungsbereich von Art. 17a.[14] Lehnt man demgegenüber eine Anwendung von Art. 17a auf die eigentumsübertragenden Zuweisungen ab, so dürfte eine sachenrechtliche (nicht allgemein scheidungsrechtliche) Qualifikation der entsprechenden Vorschriften der HausratV vorzunehmen sein. Über die Anknüpfung an die *lex rei sitae* (Art. 43) gelangt man in diesem Fall ebenfalls zur Anwendung deutschen Rechts.[15]

Die Anknüpfung von **Gebrauchsüberlassungsverträgen**, die die Ehegatten untereinander oder mit Dritten abschließen, bestimmt sich demgegenüber grundsätzlich nach Artt. 27 ff. Soweit die §§ 3 ff. HausratV allerdings die richterliche Gestaltung von Mietverhältnissen zulassen, gilt nach der hier vertretenen Ansicht auch insoweit die Anknüpfung nach Art. 17a. Die sich hier ergebende Umgestaltung des Mietverhältnisses beruht nicht auf einem Vertrag, sondern auf einer richterlichen Entscheidung.

Der Begriff der **Ehewohnung** ist, da es um die Durchsetzung (auch) von § 1361b BGB bzw. der § 3 ff. HausratV geht, i.S.d. materiellen deutschen Rechts zu verstehen.[16] Der Begriff des Hausrats richtet sich dementsprechend nach § 1361a BGB, §§ 8 ff. HausratV. Der Begriff der **Inlandsbelegenheit** bereitet keine näheren Probleme. Es gelten dieselben Grundsätze wie bei Art. 43. Seinem Sinn und Zweck nach sollte Art. 17a auch dann zur Anwendung gelangen, wenn sich der Hausrat zunächst in Deutschland befunden hat und von einem Ehegatten ohne die Zustimmung des anderen Ehegatten ins Ausland geschafft worden ist. Anderenfalls hätte es der Ehegatte in der Hand, die Wirkungen des deutschen GewSchG bzw. der deutschen HausratV durch die eigenmächtige Verbringung der Gegenstände ins Ausland zu unterlaufen.

---

11 So aber Staudinger/*Mankowski*, Art. 17a EGBGB Rn 16; Erman/*Hohloch*, Art. 17a EGBGB Rn 9.
12 Begründung zum Regierungsentwurf, BT-Drucks 14/5429, S. 16.
13 Abweichend Staudinger/*Mankowski*, Art. 17a EGBGB Rn 16.
14 *Johannsen/Henrich*, Art. 17a Rn 3.
15 So letztlich Erman/*Hohloch*, Art. 17 EGBGB Rn 39 und Art. 17a EGBGB Rn 8 a.E.; zum alten Recht bereits *Jayme*, IPRax 1981, 49, 50.
16 Vgl. Staudinger/*Mankowski*, Art. 17a EGBGB Rn 6.

15 Fraglich ist, ob bei den von Art. 17a erfassten Fragen – kumulativ – auch die deliktische Anknüpfung nach den Artt. 40 f. zur Anwendung gelangen kann.[17] Die Begründung zum Regierungsentwurf geht offenbar davon aus, dass § 2 GewSchG (auch) deliktsrechtlich zu qualifizieren ist.[18] Die Frage kann aber zumeist offen bleiben, da auch die deliktische Anknüpfung in aller Regel zum deutschen Recht führt bzw. jedenfalls in den problematischen Fällen eine akzessorische Anknüpfung an Art. 17a vorgenommen werden kann.[19] Nach Artt. 40 f. anzuknüpfen sind in jedem Fall Ansprüche allgemein deliktischer Natur, die z.B. auf den Ersatz von Körperschäden oder Schmerzensgeld gerichtet sind und vom GewSchG ausdrücklich nicht berührt werden (Art. 3 Abs. 2 GewSchG).

16 **2. Kein allseitiger Ausbau bei im Ausland belegenen Wohnungen bzw. Hausratsgegenständen.** Art. 17a ist seinem Wortlaut nach einseitig gefasst und trifft daher keine Regelung für im **Ausland belegene Wohnungen** bzw. Hausratsgegenstände. Nach dem Wortlaut der Vorschrift verbleibt es daher für derartige Gegenstände bei den bisherigen Anknüpfungsgrundsätzen, also einer Anwendung von Artt. 17, 14 oder von Art. 18 (vgl. Rn 1). Vereinzelt wird in Erwägung gezogen, Art. 17a zu einer allseitigen Kollisionsnorm auszubauen. Bei im Ausland belegenen Wohnungen bzw. Hausrat sei daher das ausländische Belegenheitsrecht anzuwenden.[20] Dies wird damit begründet, dass Art. 17a keine Kollisionsnorm sei, die spezifisch deutsche Ordnungsinteressen schütze und deshalb von vornherein auf Inlandsfälle zu begrenzen sei. Vielmehr diene die in Art. 17a enthaltene Anknüpfung allgemein dem Opferschutz.[21] Gegen einen allseitigen Ausbau von Art. 17a spricht aber, dass sich das ausländische Recht in der Vergangenheit häufig als nicht hinreichend wirksam erwiesen hat.[22] Art. 17a verfolgt deshalb nach der Begründung zum Gesetzesentwurf gerade das Ziel, in möglichst großem Umfang deutsches Recht heranzuziehen. Dem entspricht der dargestellte allseitige Ausbau von Art. 17a nicht. Dementsprechend erscheint es vorzugswürdig, es bei der Zuweisung ausländischer Wohnungen bei den bisher einschlägigen Anknüpfungsgrundsätzen – also nach h.M. einer Anwendung der Artt. 17, 14 – zu belassen.

17 **3. Keine analoge Anwendung bei sonstigen Kontaktverboten.** Störungen außerhalb der ehelichen Wohnung – etwa solche am Arbeitsplatz – werden vom Wortlaut des Art. 17a ebenfalls nicht erfasst. Indes ermöglicht es § 1 GewSchG auch in diesen Fällen, Gewaltschutzanordnungen zu erlassen.

18 Die Begründung zum Regierungsentwurf geht davon aus, dass § 1 GewSchG verfahrensrechtlich zu qualifizieren ist. Die Maßgeblichkeit des deutschen Rechts folge daher bereits aus dem verfahrensrechtlichen *lex-fori*-Grundsatz.[23] Dies vermag nicht zu überzeugen. Umgangs- oder Kontaktverbote haben einen materiellrechtlichen Gehalt. Sie werden etwa auch im Rahmen des KSÜ materiellrechtlich angeknüpft. Eine schlichte Anwendung der *lex fori* würde i.Ü. zu keiner Beantwortung der Frage führen, welchen internationalprivatrechtlichen Grenzen § 1 GewSchG als Eingriffsgrundlage unterliegt.

19 Fraglich ist daher allein, ob nach den Artt. 40 ff. oder nach Art. 17a (analog) anzuknüpfen ist.[24] Praktisch dürften sich zwischen den beiden Lösungsmöglichkeiten kaum Unterschiede ergeben.[25] Gegen eine analoge Anwendung von Art. 17a spricht, dass die in § 1 GewSchG genannten Kontaktverbote nicht notwendigerweise einen Bezug zu einem Gebäude oder einer Betriebs- oder Arbeitsstätte aufweisen müssen. Das in Art. 17a verwendete Merkmal der Inlandsbelegenheit ist hier also wenig hilfreich. Insoweit erscheint es vorzugswürdig, bei sonstigen Kontaktverboten von der Anknüpfung nach den Artt. 40 f. auszugehen und

---

17 Hierfür *Schumacher*, FamRZ 2002, 645, 657; a.A. Palandt/*Heldrich*, Art. 17a EGBGB Rn 2.

18 Begründung zum Regierungsentwurf, BT-Drucks 14/5429, S. 22: „Für den deliktsrechtlichen Anspruch auf Wohnungsüberlassung nach § 2 GewSchG gilt Art. 40 EGBGB ... "

19 Vgl. auch Begründung zum Regierungsentwurf, BT-Drucks 14/5429, S. 22: „Dies führt auch aus internationalprivatrechtlicher Sicht in allen praxisrelevanten Fallgestaltungen zur Anwendbarkeit des Gewaltschutzgesetzes."

20 *Thorn*, IPRax 2002, 349, 356; *v. Hoffmann*, IPR, § 8 Rn 31db; a.A. Staudinger/*Mankowski*, Art. 17a EGBGB Rn 10; Palandt/*Heldrich*, Art. 17a EGBGB Rn 2; Erman/*Hohloch*, Art. 17a EGBGB Rn 8; Johannsen/*Henrich*, Art. 17a EGBGB Rn 4; Böhmer/*Siehr*/*Finger*, Das gesamte Familienrecht, Losebl., Art. 17a Rn 9.

21 *Thorn*, IPRax 2002, 349, 356.

22 Begründung zum Regierungsentwurf, BT-Drucks 14/5429, S. 16.

23 Begründung zum Regierungsentwurf, BT-Drucks 14/5429, S. 22: „Schon aus der verfahrensrechtlichen Ausgestaltung von § 1 GewSchG-E dürfte sich die Maßgeblichkeit deutschen Rechts als *lex fori* ergeben"; dem folgend Bamberger/Roth/*Otte*, Art. 17a EGBGB Rn 21.

24 Für eine deliktische Anknüpfung Bamberger/Roth/*Otte*, Art. 17a EGBGB Rn 11; Erman/*Hohloch*, Art. 17a EGBGB Rn 12; abweichend (analoge Anwendung von Art. 17a oder Anknüpfung nach Art. 14) *v. Hoffmann*, IPR, § 8 Rn 31d; *Fuchs/Hau/Thorn*, Fälle zum IPR, 2. Aufl. 2003, Fall 9 (S. 108); für eine analoge Anwendung von Art. 17a *Thorn*, IPRax 2002, 349, 356; in der Tendenz auch Staudinger/*Mankowski*, Art. 17a EGBGB Rn 25, 26.

25 Begründung zum Regierungsentwurf, BT-Drucks 14/5429, S. 22; vgl. auch Erman/*Hohloch*, Art. 17a EGBGB Rn 12.

hierbei auf die Merkmale des gemeinsamen gewöhnlichen Aufenthalts im Inland (Art. 40 Abs. 2) bzw. den Handlungs- oder Erfolgsort (Art. 40 Abs. 1) abzustellen. Nicht anzuknüpfen ist nach Art. 14, da dies – entgegen den Vorstellungen des Gesetzgebers – bei Ehegatten ausländischer Staatsangehörigkeit zur Anwendung eines ausländischen Rechts führen kann und die von § 1 GewSchG vorausgesetzten, nicht auf eine Ehe beschränkten Gewalttaten bzw. Nachstellungen einen deliktischen Charakter aufweisen.[26]

II. Nutzungsbefugnis bei Lebenspartnern

Durch Art. 17b Abs. 2 S. 1 wird Art. 17a auch auf die Zuweisung von Hausrat und Wohnung sowie damit zusammenhängende Schutzanordnungen in eingetragenen gleichgeschlechtlichen Lebenspartnerschaften erstreckt.

III. Nutzungsbefugnis bei nichtehelichen Lebensgemeinschaften

Partner einer nichtehelichen Lebensgemeinschaft, die eine Wohnungszuweisung nach § 2 GewSchG anstreben, können sich nach dem Wortlaut des Art. 17a nicht auf die Vorschrift berufen. Dies überrascht, da § 2 Abs. 1 GewSchG nur das Bestehen eines „auf Dauer angelegten gemeinsamen Haushalts" voraussetzt. Auch insoweit kommt wiederum eine analoge Anwendung von Art. 17a in Betracht.

In der Regierungsbegründung wird indes die Auffassung vertreten, dass **§ 2 GewSchG deliktsrechtlich zu qualifizieren** sei und deshalb bei inländischen Wohnungen bzw. Hausrat bereits aufgrund der Anknüpfung an den gemeinsamen gewöhnlichen Aufenthalt bzw. den Handlungs- oder Erfolgsort zur Anwendung gelange.[27] Praktisch dürften sich in der Tat keine nennenswerten Unterschiede zwischen einer Anwendung der Artt. 40 ff. und des Art. 17a ergeben. Um jegliche Anknüpfungsdivergenzen auszuschließen, empfiehlt sich indes eine analoge Anwendung von Art. 17a.[28] Eine analoge Anwendung entspricht i.Ü. der im allgemeinen Kollisionsrecht mittlerweile vorherrschenden Tendenz, die familienrechtlichen Anknüpfungen der Artt. 13–17 analog auf nichteheliche Lebensgemeinschaften heranzuziehen (vgl. etwa Art. 17 Rn 52).

IV. Vorrangige Staatsverträge

Gegenüber Art. 17a vorrangige Staatsverträge spielen gegenwärtig keine größere Rolle. In Betracht kommt allerdings das nach wie vor in Kraft befindliche **deutsch-iranische Niederlassungsabkommen** (NiederlAbK) vom 17.2.1929. Dieses enthält in Art. 8 Abs. 3 eine auf familienrechtliche Fragen anwendbare Kollisionsnorm, die bei rein iranischen Ehen im Inland zu einer Anwendung iranischen Rechts führt. Da die Regeln des Gewaltschutzgesetzes aber (auch) deliktisch qualifiziert werden können (vgl. Rn 15, 22), sind sie über die Anknüpfung nach Artt. 40 ff. auch auf iranische Ehepartner anwendbar.

C. Weitere praktische Hinweise

Die **internationale Zuständigkeit** für Schutzanordnungen richtet sich für Verfahren in der Hauptsache nicht nach der **EheVO 2003**, da diese nur auf Scheidungssachen i.e.S. sowie Verfahren über die elterliche Verantwortung anwendbar ist (Art. 1 EheVO 2003).[29] Nach – umstrittener – h.L. geht aber die Vorschrift des Art. 20 EheVO 2003 (**einstweilige Maßnahmen**) über den eigentlichen sachlichen Anwendungsbereich der EheVO 2003 hinaus. Dies führt u.a. zu einer Anwendbarkeit des Art. 20 EheVO 2003 auf Maßnahmen nach §§ 1, 2 GewSchG bzw. nach §§ 1361a, 1361b BGB dann, wenn ein prozessualer oder zumindest zeitlicher Zusammenhang mit einem anhängigen Eheverfahren besteht (vgl. näher Anhang I zum III. Abschnitt, Art. 20 EheVO Rn 4).[30] Bei einer von Art. 20 EheVO 2003 erfassten Streitigkeit zwischen Ehegatten ist nach Art. 20 Abs. 1 EheVO 2003 zunächst zu prüfen, ob eine internationale Zuständigkeit nach Artt. 3 ff. EheVO 2003 besteht. Im Übrigen eröffnet Art. 20 Abs. 2 unter bestimmten Voraussetzungen den Rückgriff auf nationales Zuständigkeitsrecht.

Die **EuGVVO** erfasst keine Scheidungsfolgesachen (vgl. Art. 1 Abs. 2 Nr. 1 EuGVVO). Nach der Rechtsprechung des EuGH gilt sie nicht für „alle vermögensrechtlichen Beziehungen, die sich unmittelbar aus der Ehe

---

[26] Im Erg. auch *Fuchs/Hau/Thorn*, Fälle zum IPR, 2. Aufl. 2003, Fall 9 (S. 108); *v. Hoffmann*, IPR, § 8 Rn 31d.
[27] Abweichend hiervon wird eine (allerdings seiner Auffassung nach nur begrenzt brauchbare) schuldrechtliche Qualifikation in Betracht gezogen von Bamberger/Roth/*Otte*, Art. 17a EGBGB Rn 14.
[28] *Looschelders*, Art. 17a Rn 5; abl. Erman/*Hohloch*, Art. 17a EGBGB Rn 11; die Frage bleibt offen bei Staudinger/*Mankowski*, Art. 17a EGBGB Rn 27, 28.
[29] Musielak/*Borth*, ZPO, § 606a Rn 28.
[30] *Fuchs/Tölg*, ZfRV 2002, 95, 192; Erman/*Hohloch*, Art. 17a EGBGB Rn 13; *Spellenberg*, in: FS Beys 2003, S. 1583, 1588; im Erg. ähnlich *Rauscher*, Europäisches Zivilprozessrecht, 2003, Art. 12 Brüssel II-VO Rn 12 Fn 24.

oder ihrer Auflösung ergeben".[31] Eine Anwendung der EuGVVO scheidet jedenfalls insoweit aus, als es um die Streitigkeiten zwischen Ehegatten bzw. geschiedenen Ehegatten geht.[32] Die internationale Zuständigkeit ist hier den Vorschriften über die örtliche Zuständigkeit zu entnehmen.[33] Anträge nach dem GewSchG, die nicht gegen einen Ehegatten gerichtet sind, können nach der hier vertretenen Ansicht jedoch als Zivilsache i.S.d. Art. 1 Abs. 1 S. 1 EuGVVO angesehen werden. Es gilt daher insoweit auch der Deliktsgerichtsstand nach Art. 5 Nr. 3 EuGVVO.

26 Ist auf das unvereinheitlichte deutsche Zuständigkeitsrecht zurückzugreifen, so ergibt sich eine internationale Zuständigkeit deutscher Gerichte aus den Vorschriften über die **örtliche Zuständigkeit**. Entsprechend anwendbar auf die internationale Zuständigkeit ist z.B. § 11 Abs. 2 S. 1 HausratV, ggf. i.V.m. § 18a HausratV, wenn sich die streitgegenständliche Wohnung in Deutschland befindet.[34]

Artikel 17b Eingetragene Lebenspartnerschaft

(1) ¹Die Begründung, die allgemeinen und die güterrechtlichen Wirkungen sowie die Auflösung einer eingetragenen Lebenspartnerschaft unterliegen den Sachvorschriften des Register führenden Staates. ²Auf die unterhaltsrechtlichen und die erbrechtlichen Folgen der Lebenspartnerschaft ist das nach den allgemeinen Vorschriften maßgebende Recht anzuwenden; begründet die Lebenspartnerschaft danach keine gesetzliche Unterhaltsberechtigung oder kein gesetzliches Erbrecht, so findet insoweit Satz 1 entsprechende Anwendung.

(2) ¹Artikel 10 Abs. 2 und Artikel 17a gelten entsprechend. ²Unterliegen die allgemeinen Wirkungen der Lebenspartnerschaft dem Recht eines anderen Staates, so ist auf im Inland befindliche bewegliche Sachen § 8 Abs. 1 des Lebenspartnerschaftsgesetzes und auf im Inland vorgenommene Rechtsgeschäfte § 8 Abs. 2 des Lebenspartnerschaftsgesetzes in Verbindung mit § 1357 des Bürgerlichen Gesetzbuchs anzuwenden, soweit diese Vorschriften für gutgläubige Dritte günstiger sind als das fremde Recht.

(3) ¹Bestehen zwischen denselben Personen eingetragene Lebenspartnerschaften in verschiedenen Staaten, so ist die zuletzt begründete Lebenspartnerschaft vom Zeitpunkt ihrer Begründung an für die in Absatz 1 umschriebenen Wirkungen und Folgen maßgebend.

(4) ¹Die Wirkungen einer im Ausland eingetragenen Lebenspartnerschaft gehen nicht weiter als nach den Vorschriften des Bürgerlichen Gesetzbuchs und des Lebenspartnerschaftsgesetzes vorgesehen.

Literatur: *Böhmer/Siehr* (Hrsg.), Das gesamte Familienrecht, Internationales Familienrecht (Loseblatt, Stand März 2002); *Brandt*, Die Adoption durch eingetragene Lebenspartner im internationalen Privat- und Verfahrensrecht, 2004; *Coester*, Die kollisionsrechtliche Bedeutung des Bundesverfassungsgerichtsurteils zur Lebenspartnerschaft, in: FS Sonnenberger 2004, S. 321; *Dörner*, Grundfragen der Anknüpfung gleichgeschlechtlicher Partnerschaften, in: FS Jayme 2004, S. 143; *Ferrand*, Das französische Gesetz über den pacte civil de solidarité, FamRZ 2000, 517; *Forkert*, Eingetragene Lebenspartnerschaften im deutschen IPR: Art. 17b EGBGB, 2003; *Frank*, Die eingetragene Lebenspartnerschaft unter Beteiligung von Ausländern, Mitteilungen des Bayerischen Notarvereins 2001, Sonderheft Lebenspartnerschaften, S. 35; *Gebauer/Staudinger*, Registrierte Lebenspartnerschaften und die Kappungsregel des Art. 17b Abs. 4 EGBGB, IPRax 2002, 275; *Hausmann*, Überlegungen zum Kollisionsrecht registrierter Partnerschaften, in: FS Henrich 2000, S. 241; *Henrich*, Kollisionsrechtliche Fragen der eingetragenen Lebenspartnerschaft, FamRZ 2002, 137; *Jakob*, Die eingetragene Lebenspartnerschaft im internationalen Privatrecht, 2002; *Leipold*, Die neue Lebenspartnerschaft aus erbrechtlicher Sicht, insbesondere bei zusätzlicher Eheschließung, ZEV 2001, 218; *Röthel*, Registrierte Partnerschaften im internationalen Privatrecht, IPRax 2000, 74; *dies.*, Gleichgeschlechtliche Ehe und ordre public, IPRax 2002, 496; *Süß*, Notarieller Gestaltungsbedarf bei eingetragenen Lebenspartnerschaften mit Ausländern, DNotZ 2001, 168; *Thorn*, Entwicklungen des Internationalen Privatrechts 2000–2001, IPRax 2002, 349; *Wagner*, Das neue internationale Privat- und Verfahrensrecht zur eingetragenen Lebenspartnerschaft, IPRax 2001, 281; *Wasmuth*, Eheschließung unter Gleichgeschlechtlichen in den Niederlanden und deutscher ordre public, in: Liber amicorum Gerhard Kegel 2002, S. 237.

---

31 EuGH (De Cavel), Slg. 1979, 1055, 1066 Rn 7.
32 Staudinger/*Mankowski*, Art. 17a Rn 31; Erman/*Hohloch*, Art. 17a EGBGB Rn 13.
33 Erman/*Hohloch*, Art. 17a EGBGB Rn 14.
34 KG IPRspr 1996 Nr. 67 (S. 148); OLG Koblenz NJW-RR 1991, 522; OLG Düsseldorf IPRspr 1982 Nr. 169, S. 411 = IPRax 1983, 129 (Leitsatz) m. Anm. *Henrich*; AG Kerpen FamRZ 1997, 893; AG München IPRax 1981, 60; Erman/*Hohloch*, Art. 17a EGBGB Rn 14; Staudinger/*Mankowski*, Art. 17a EGBGB Rn 30; Bamberger/Roth/*Otte*, Art. 14 EGBGB Rn 70; *Spellenberg*, in: FS Beys 2003, S. 1583, 1603; *Henrich*, IPRax 1985, 88, 89; *Jayme*, IPRax 1981, 49, 50; *ders.*, IPRax 1983, 129, 130.

Art. 17b EGBGB

A. Allgemeines 1
B. Regelungsgehalt 3
  I. Überblick 3
  II. Qualifikation 5
    1. Unproblematische Gemeinschaften 6
    2. Problematische Gemeinschaften 7
      a) Heterosexuelle registrierte Partnerschaften 8
        aa) Unmittelbare Anwendung des Art. 17b 9
        bb) Entsprechende Anwendung des Art. 17b 11
        cc) Eignung des Art. 17b für heterosexuelle Partnerschaften . 14
      b) Gleichgeschlechtliche Ehen 18
  III. Geltung der allgemeinen kollisionsrechtlichen Regeln 20
    1. Rück- und Weiterverweisung 21
    2. Vorfragen 22
    3. Form 28
    4. Rechtswahl 31
    5. Einzel- und Gesamtstatut 32
    6. Substitution 33
      a) Bei fehlender Regelung der eingetragenen Lebenspartnerschaft in der lex causae 34
      b) Bei unterschiedlicher Regelung der eingetragenen Lebenspartnerschaft .. 35
    7. Intertemporale Fragen 37
    8. Ordre public 38
  IV. Begründung, Auflösung, allgemeine sowie güterrechtliche Wirkungen (Abs. 1 S. 1) ... 39
    1. Besonderheiten der Anknüpfung 39
    2. Begründung der Lebenspartnerschaft (Abs. 1 S. 1 Alt. 1) 41
    3. Allgemeine Wirkungen (Abs. 1 S. 1 Alt. 2) 43
    4. Güterrechtliche Wirkungen (Abs. 1 S. 1 Alt. 3) 44
    5. Auflösung (Abs. 1 S. 1 Alt. 4) 47
  V. Unterhaltsrechtliche Folgen (Abs. 1 S. 2 Alt. 1) 50
  VI. Erbrechtliche Folgen (Abs. 1 S. 2 Alt. 2) .. 55
  VII. Name, Partnerschaftswohnung und Hausrat . 63
    1. Namensrecht (Abs. 2 S. 1 Alt. 1) 63
    2. Partnerschaftswohnung und Hausrat (Abs. 2 S. 1 Alt. 2) 67
  VIII. Inländischer Verkehrsschutz (Abs. 2 S. 2) .. 68
  IX. Mehrfachregistrierung (Abs. 3) 69
  X. Die Kappungsregelung des Abs. 4 70
    1. Zweck und Regelungsgehalt 70
    2. Der Kappungsregelung gezogene Grenzen 72
    3. Kritik, tatbestandliche Reichweite und Anwendung in der Praxis 74
    4. Verhältnis zum allgemeinen ordre-public-Vorbehalt des Art. 6 79
C. Weitere praktische Hinweise 80
  I. Internationale Zuständigkeit deutscher Gerichte 80
  II. Anerkennung ausländischer Entscheidungen . 82

A. Allgemeines

Art. 17b dient der kollisionsrechtlichen Verankerung registrierter Lebenspartnerschaften, wie sie das deutsche Recht seit dem Jahre 2001 kennt. Als Teil des **„Gesetzes zur Beendigung der Diskriminierung gleichgeschlechtlicher Gemeinschaften: Lebenspartnerschaften"** vom 16.2.2001[1] trat auch die Kollisionsnorm am 1.8.2001 in Kraft,[2] nachdem das Bundesverfassungsgericht in seiner Eilentscheidung vom 18.7.2001[3] hierfür grünes Licht gegeben hatte.[4] Die aktuelle Version des Art. 17b ist freilich erst zum 1.1.2002 in Kraft getreten, nachdem sich die lebenspartnerschaftsrechtliche Kollisionsnorm zuvor vier Monate lang in Art. 17a a.F. befunden hatte und erst durch die Schaffung des neuen Art. 17a, der nunmehr Ehewohnung und Hausrat betrifft, in den Buchst. b verschoben wurde.[5] Eine inhaltliche Änderung ergab sich dadurch nur insofern, als Art. 17b in seinem Abs. 2 die entsprechende Geltung des Art. 17a anordnet.

Die kollisionsrechtliche Erfassung des Phänomens der registrierten Partnerschaften durch den Gesetzgeber erscheint sinnvoll und notwendig, weil mittlerweile zahlreiche Staaten formalisierte Lebensgemeinschaften rechtlich regeln[6] und die Einordnung des Phänomens früher umstritten und damit unsicher war.[7] Kollisionsrechtliches Neuland im Familienrecht betrat der deutsche Gesetzgeber mit der in Art. 17b Abs. 1 S. 1 vorgesehenen Grundanknüpfung an die *lex libri*: an das Recht des Register führenden Staates.[8]

---

1 BGBl I 2001 S. 266.
2 Überblick zum Gesetzgebungsverfahren bei *Forkert*, S. 3 ff.; Staudinger/*Mankowski*, Art. 17b EGBGB Rn 5; *Wagner*, IPRax 2001, 281, 286.
3 BVerfG NJW 2001, 2457.
4 Im Hauptverfahren wurde später durch Urt. v. 17.7.2002 die Verfassungskonformität des Lebenspartnerschaftsgesetzes bestätigt: BVerfG NJW 2002, 2543; hierzu ausf. *Forkert*, S. 12 ff.
5 Der heutige Art. 17a wurde hinzugefügt durch das Gesetz zur Verbesserung des zivilgerichtlichen Schutzes bei Gewalttaten und Nachstellungen sowie zur Erleichterung der Überlassung der Ehewohnung bei Trennung v. 11.12.2001 (BGBl I S. 3513).
6 Für einen umfassenden und rechtsvergleichenden Überblick s. *Forkert*, S. 50 ff.; *Frank*, MittBayNot 2001, Sonderheft Lebenspartnerschaften, S. 35, 44 ff.; Staudinger/*Mankowski*, Art. 17b EGBGB Rn 9 ff.
7 Überblick mit Nachw. zur früheren Rechtslage bei *Forkert*, S. 45 ff.
8 Vgl. *Dörner*, in: FS Jayme 2004, S. 143, 145 ff.; *Forkert*, S. 88 f.; *Wagner*, IPRax 2001, 281, 288 ff. Vielfach wird auch von einer Anknüpfung an den „Registrierungsort" gesprochen; diese Bezeichnung ist in den Fällen nicht ganz korrekt, in denen von der Möglichkeit Gebrauch gemacht wird, eine Partnerschaft vor den Konsulaten einzugehen; s. hierzu MüKo/*Coester*, Art. 17b EGBGB Rn 20.

B. Regelungsgehalt

I. Überblick

3 Art. 17b führt eine neuartige Kollisionsnorm in das Internationale Familienrecht ein, deren Abgrenzung von den übrigen Kollisionsnormen wegen der unterschiedlichen Anknüpfungsmomente weit reichende Auswirkungen hat. Auf welche Partnerschaftsformen findet die Norm Anwendung, welche werden von ihr nicht erfasst (unten II. Rn 5 ff.)? Neben dieser Qualifikationsfrage gibt Art. 17b eine Reihe von weiteren Fragen auf, die sich auf die Geltung der allgemeinen kollisionsrechtlichen Grundsätze beziehen und wegen ihres Querschnittscharakters in einem eigenen Abschnitt behandelt werden (unten III. Rn 20 ff.).

4 Das im Internationalen Familienrecht **neuartige Anknüpfungsmoment der Registerführung**[9] gilt nach Abs. 1 S. 1 nicht nur für die Begründung und die Auflösung der eingetragenen Lebenspartnerschaft, sondern auch für ihre allgemeinen sowie ihre güterrechtlichen Wirkungen (unten IV. Rn 39 ff.). Diese Vorschrift kombiniert eine objektive und grundsätzlich unwandelbare Anknüpfung mit einer Sachnormverweisung. Anders hingegen Abs. 1 S. 2, der für die unterhaltsrechtlichen (unten V. Rn 50 ff.) und die erbrechtlichen Folgen der Lebenspartnerschaft (unten VI. Rn 55 ff.) ein anderes Anknüpfungsmoment verwendet und in seinem Hs. 1 primär auf das „nach den allgemeinen Vorschriften maßgebende Recht" verweist; nur subsidiär gelangen nach dem Hs. 2 des Abs. 1 S. 2 für die unterhalts- und erbrechtlichen Folgen wiederum die „Sachvorschriften des Register führenden Staates" zur Anwendung. Name, Wohnung und Hausrat sind in Abs. 2 S. 1 geregelt (unten VII. Rn 63 ff.), während Abs. 2 S. 2 den Schutz des inländischen Rechtsverkehrs im Auge hat (unten VIII. Rn 68). Bei mehrfach erfolgter Registrierung in verschiedenen Staaten und einer damit einhergehenden Vermehrung der Anknüpfungsmomente legt Abs. 3 das maßgebende Registerrecht fest (unten IX. Rn 69). Eine spezielle Vorbehaltsklausel enthält schließlich Abs. 4 und drosselt in problematischer Weise die Wirkungen einer im Ausland eingetragenen Lebenspartnerschaft am Maßstab der deutschen Sachvorschriften herunter (unten X. Rn 70 ff.).

II. Qualifikation

5 Art. 17b umfasst mit seiner tatbestandlichen Bezugnahme auf die „eingetragene Lebenspartnerschaft" zunächst solche Lebensgemeinschaften, die auch vom deutschen Sachrecht erfasst sind, also gleichgeschlechtliche,[10] nichteheliche, registrierte Gemeinschaften.[11] Qualifikationsprobleme können sich dort ergeben, wo Lebensgemeinschaften, um deren kollisionsrechtliche Einordnung es geht, von diesen Merkmalen des deutschen Sachrechts abweichen. Insgesamt sechs verschiedene Typen der gemeinschaftlichen Lebensführung können gegenwärtig (teilweise nur im Ausland) rechtliche und damit (auch im Inland) kollisionsrechtliche Relevanz erlangen und in unterschiedlichem Maße die Frage nach einer Abgrenzung der Kollisionsnormen voneinander aufwerfen: die Ehe, die registrierte Lebensgemeinschaft sowie die nicht formalisierte Lebensgemeinschaft, alle drei Varianten jeweils in einer heterosexuellen und in einer gleichgeschlechtlichen Ausprägung.

6 **1. Unproblematische Gemeinschaften.** Keine Qualifikationsprobleme entstehen bei den beiden Gruppen, die vom deutschen Kollisionsrecht idealtypisch erfasst werden, also die **heterosexuelle Ehe** sowie die **homosexuelle registrierte Lebenspartnerschaft**. Für diese beiden Gruppen gelten jeweils unproblematisch Artt. 13 ff. einerseits und Art. 17b andererseits. Umstritten ist dagegen seit längerer Zeit die Qualifikation der **nichtehelichen Lebensgemeinschaften**, die durch keinen Registrierungsakt formalisiert wurden. Während teilweise eine schuldrechtliche Qualifikation vertreten wird,[12] orientiert sich die herrschende Meinung zu Recht an den familienrechtlichen Kollisionsnormen der Artt. 13 ff. (ausführlich hierzu Art. 13 EGBGB Rn 185) Dabei kann es keinen sinnvollen Unterschied machen, ob es sich um heterosexuelle oder um homosexuelle Lebensgemeinschaften handelt[13] (vgl. Art. 13 EGBGB Rn 189). Eine Heranziehung des Art. 17b wäre bei diesen nichtehelichen Lebensgemeinschaften schon deshalb kaum sinnvoll, weil es am Anknüpfungsmoment der Registrierung gerade fehlt.[14]

---

9 Hierzu *Forkert*, S. 88 ff.; Staudinger/*Mankowski*, Art. 17b EGBGB Rn 1–4 und 28; zum rechtspolitischen Hintergrund vgl. *Wagner*, IPRax 2001, 281, 289.

10 Die im deutschen Sachrecht geregelte Lebenspartnerschaft ist gemäß § 1 LPartG nur Personen des gleichen Geschlechts eröffnet. Die deutsche Kollisionsnorm des Art. 17b EGBGB enthält nicht ausdrücklich diese Einschränkung (vgl. *S. Frank*, MittBayNot 2001, Sonderheft Lebenspartnerschaften, S. 35, 36). Zur Frage ob sich aus dem in der Kollisionsnorm fehlenden Merkmal der Gleichgeschlechtlichkeit etwas für die Qualifikation heterosexueller registrierter Partnerschaften ableiten lässt, sogleich im Text (Rn 10).

11 Vgl. Erman/*Hohloch*, Art. 17b EGBGB Rn 6; Staudinger/*Mankowski*, Art. 17b EGBGB Rn 7; *Wagner*, IPRax 2001, 281, 288.

12 Vgl. Palandt/*Heldrich*, Art. 17b EGBGB Rn 11.

13 Staudinger/*Mankowski*, Art. 17b EGBGB Rn 96.

14 Vgl. Wagner, IPRax 2001, 281, 292.

2. Problematische Gemeinschaften. Damit erweisen sich im Rahmen des Art. 17b letztlich nur zwei Typen von Gemeinschaften als qualifizierungsbedürftig: die heterosexuelle registrierte Partnerschaft und die eheliche homosexuelle Partnerschaft.

a) Heterosexuelle registrierte Partnerschaften. Etwa das französische Recht kennt mit dem PACS auch die registrierte Partnerschaft für heterosexuelle Lebensgemeinschaften.[15] Die für ihre Einordnung in das deutsche Kollisionsrecht vertretenen Ansichten sind weit gestreut. Sie reichen von einer unmittelbaren über eine entsprechende Anwendung des Art. 17b bis hin zur Annahme eines gesetzlichen Ausschlusses jeder Analogie im Hinblick auf diese Norm und zu einer entsprechenden Anwendung der Artt. 13 ff. **Vorzugswürdig** erscheint die **unmittelbare Anwendung des Art. 17b** auf diese Partnerschaften. Die Norm ist allseitig ausgestaltet, und weder ihr Wortlaut noch ihr Zweck stehen einer Erstreckung auf heterosexuelle Partnerschaften entgegen.

aa) Unmittelbare Anwendung des Art. 17b. Bei Kollisionsnormen ist die **Abgrenzung von Auslegung und Rechtsfortbildung** fragwürdiger als beim Umgang mit Sachnormen.[16] Denn die tatbestandliche Reichweite ihrer Systembegriffe ist nicht nur viel weiter als bei Sachnormen. Hinzu kommt vor allem, dass die Wortlautgrenze als Trennlinie zwischen Auslegung und Rechtsfortbildung[17] bei ihnen umso mehr verschwimmt, als sich bei der **funktionalen Qualifikation** der Blick von der *lex fori* (mit ihrer Sprache) löst und auf die potenzielle *lex causae* richtet, um rechtsvergleichend zu ermitteln, ob die ausländische Rechtserscheinung funktional den Regelungen entspricht, welche die inländische Kollisionsnorm typischerweise erfassen will.[18] Das ist schon vom Ansatz her in allen problematischen Konstellationen ein analogisches Verfahren, bei dem begriffliche Grenzen in den Hintergrund treten.

Bei Art. 17b kommt noch ein Weiteres hinzu: Während die Gleichgeschlechtlichkeit für Lebenspartnerschaften, die in Deutschland registriert werden, ohne Zweifel eine begriffliche Voraussetzung bildet, hat der Gesetzgeber bei der Kollisionsnorm dieses Merkmal nicht aufgenommen, sondern spricht nur von eingetragenen Lebenspartnerschaften.[19] Mit dem **Wortlaut des Art. 17b** lässt es sich also durchaus vereinbaren, heterosexuelle registrierte Partnerschaften der Norm gemäß anzuknüpfen.[20] Der Gesetzgeber ist nicht daran gehindert, die Systembegriffe einer Kollisionsnorm enger zu fassen und auf diese Weise deutliche Wortlautgrenzen auch im Kollisionsrecht zu ziehen. Hätte der Gesetzgeber etwa in Art. 17b eine ausdrückliche Beschränkung auf gleichgeschlechtliche Partnerschaften vorgenommen, so läge darin in der Tat eine Wortlautgrenze, und jedenfalls die direkte Anwendung der Bestimmung auf heterosexuelle Partnerschaften wäre dann ausgeschlossen. Die Überschreitung einer solchen Grenze, die hier nicht zu erkennen ist, bedürfte dann vielmehr des Nachweises einer planwidrigen Unvollständigkeit des Gesetzes.

bb) Entsprechende Anwendung des Art. 17b. Wer trotz des Fehlens einer solchen Wortlautgrenze den genetischen Zusammenhang der Kollisionsnorm mit dem Lebenspartnerschaftsgesetz betont,[21] mag zu dem Ergebnis gelangen, dass auch Art. 17b unmittelbar nur die gleichgeschlechtlichen Lebenspartnerschaften im Auge hat[22] und der Gesetzgeber im Übrigen schweigt. Dann stellt sich die Frage, ob die **Unvollständigkeit des Gesetzes**, die aus diesem Schweigen im Hinblick auf heterosexuelle Partnerschaften resultiert, auch eine **planwidrige** ist, ob also eine **Lücke** vorliegt und die Voraussetzungen für eine analoge Anwendung des Art. 17b gegeben sind (für eine Analogie siehe auch Art. 13 EGBGB Rn 188). Teilweise wird die Analogie mit der Begründung abgelehnt, dem Gesetzgeber sei das Phänomen der heterosexuellen Lebenspartnerschaften bekannt gewesen; wenn er es dennoch nicht geregelt habe, so geschah dies als **bewusster Regelungsverzicht** mit der Folge, dass eine analoge Anwendung des Art. 17b auf heterosexuelle Partnerschaften ausscheide, weil bei einer bewussten Regelungslücke eben keine planwidrige Unvollständigkeit des Gesetzes vorliege.[23]

---

15 Vgl. hierzu *Ferrand*, FamRZ 2000, 517; Staudinger/*Mankowski*, Art. 17b EGBGB Rn 19.
16 Vgl. *Kropholler*, IPR, § 15 I 5 (S. 115): „Im Grenzfall berührt sich die Qualifikation mit der richterlichen Schöpfung einer neuen Kollisionsnorm".
17 Vgl. hierzu allg. *Canaris*, Die Feststellung von Lücken im Gesetz, 2. Aufl. 1983, S. 22 f.; *Larenz*, Methodenlehre der Rechtswissenschaft, 6. Aufl. 1991, S. 322 f.
18 Zu Begriff und Bedeutung der funktionalen Qualifikation vgl. etwa *Kropholler*, IPR, § 17 I (S. 125 ff.).
19 Vgl. *Frank*, MittBayNot 2001, Sonderheft Lebenspartnerschaften, S. 35, 36.
20 Vgl. *Brandt*, S. 71 f.; *v. Hoffmann*, IPR, § 8 Rn 73b (S. 322); *Thorn*, IPRax 2002, 349, 355; Bamberger/Roth/*Otte*, Art. 17b EGBGB Rn 6.
21 Vgl. MüKo/*Coester*, Art. 17b EGBGB Rn 132; *Forkert*, S. 67; *Frank*, MittBayNot 2001, Sonderheft Lebenspartnerschaften, S. 35, 36; Erman/*Hohloch*, Art. 17b EGBGB Rn 6; Staudinger/*Mankowski*, Art. 17b EGBGB Rn 7.
22 So die in der vorherigen Fn Genannten sowie *Dörner*, in: FS Jayme 2004, S. 143, 151; *Wagner*, IPRax 2001, 281, 288.
23 So *Forkert*, S. 71 ff.

12   Diese **Argumentation vermag nicht zu überzeugen**, auch wenn man sich auf den Standpunkt begibt, dass Art. 17b die heterosexuelle Partnerschaft nicht unmittelbar regelt. Denn auch ein bewusster Regelungsverzicht des Gesetzgebers schließt eine planwidrige Unvollständigkeit des Gesetzes und dementsprechend eine Fortbildung des Rechts nicht generell, sondern nur dann aus, wenn ein „beredtes" oder „qualifiziertes" Schweigen des Gesetzes vorliegt. Von einem solchen spricht man dann, wenn dem Gesetz für die fragliche Materie entweder entnommen werden kann, dass überhaupt keine rechtliche Regelung eingreifen soll, mit anderen Worten die Materie dem rechtsfreien Raum zugewiesen ist, oder wenn sich dem Gesetz entnehmen lässt, dass für die fragliche Materie die Rechtsfolge einer bestimmten Norm gerade nicht eingreifen soll, mit anderen Worten ein Umkehrschluss am Platze ist.[24]

13   Beides wird man für Art. 17b im Hinblick auf heterosexuelle Partnerschaften nicht annehmen können. Während das Argument des rechtsfreien Raums im Sachrecht bei den nicht formalisierten Lebensgemeinschaften durchaus herangezogen wird,[25] gilt dies sicher nicht für die kollisionsrechtliche Behandlung registrierter Partnerschaften:[26] Dass eine im Ausland eingetragene heterosexuelle Partnerschaft aus deutscher Sicht überhaupt keiner Rechtsordnung unterliegen soll, wird wohl nicht vertreten. Ebenso wenig wird man Art. 17b ein *argumentum e contrario*, also eine mittelbare, negative Lösung[27] für die heterosexuellen Partnerschaften entnehmen können. Wenn das Gesetz denn wirklich schweigt (und nicht vielmehr die heterosexuellen Partnerschaften positiv mitregelt, siehe Rn 8, 10), dürfte der Grund des Schweigens vielmehr darin liegen, dass der Gesetzgeber die Lösung zunächst nicht selbst vornehmen, sondern der Entwicklung durch Rechtsprechung und Lehre überlassen wollte. Dadurch aber wird **weder die Annahme einer planwidrigen Unvollständigkeit des Gesetzes noch die Analogiefähigkeit einer bestimmten Norm ausgeschlossen**.[28] Die planwidrige Unvollständigkeit ergibt sich vielmehr aus der kollisionsrechtlichen Notwendigkeit, für im Ausland eingetragene, heterosexuelle Partnerschaften den Sitz eines Rechtsverhältnisses auszumachen.[29] Die Frage lautet dann noch, ob die Lücke eher durch eine Heranziehung der Artt. 13 ff. oder des Art. 17b zu schließen ist.

14   **cc) Eignung des Art. 17b für heterosexuelle Partnerschaften.** Während in der Literatur vielfach eine analoge Anwendung der Artt. 13 ff. vertreten wird, **erscheint Art. 17b besser geeignet**, die heterosexuelle Partnerschaft kollisionsrechtlich zu erfassen, als dies durch eine entsprechende Anwendung der Artt. 13 ff. geschehen könnte.[30] Es sind die gleichen Gründe wie bei homosexuellen Partnerschaften, die hier wie dort für das vom Gesetzgeber bevorzugte Anknüpfungsmerkmal der Registrierung sprechen, bis auf eine Ausnahme: Die rechtspolitische Erwägung, die deutsche Lebenspartnerschaft auch Partnern mit gewöhnlichem Aufenthalt im Ausland oder mit ausländischer Staatsangehörigkeit zugänglich zu machen,[31] kann bei der heterosexuellen Partnerschaft keine Bedeutung haben. Wohl aber das **Argument der Rechtssicherheit** für die Personen, die im Ausland eine formalisierte Partnerschaft eingegangen sind. Das Anknüpfungsmerkmal der Registrierung nach Abs. 1 S. 1 ist bei ihnen stets gegeben.[32] Würde man die heterosexuelle Partnerschaft dem Anwendungsbereich des Art. 17b entziehen, so käme dies ferner einer wertungsmäßig kaum zu rechtfertigenden Spaltung ausländischer Rechtsinstitute gleich, die – wie der französische PACS[33] – die gleiche Rechtsform der Partnerschaft hetero- wie homosexuellen Partnern zur Verfügung stellen. Man würde durch eine unterschiedliche Anknüpfung diese auch funktional einheitlichen Rechtsinstitute kollisionsrechtlich „in der Mitte zweiteilen".[34]

15   Dass Art. 17b für einen ganz bestimmten Problemkreis entwickelt wurde und mit den generellen Anknüpfungsmomenten des Internationalen Familienrechts, mit dem Aufenthalts- und Staatsangehörig-

---

24 *Canaris*, Die Feststellung von Lücken im Gesetz, 2. Aufl. 1983, S. 39 f., 44 ff.
25 Vgl. *Röthel*, IPRax 2000, 74, 76, m.w.N.
26 Auch für nicht formalisierten Partnerschaften bedürfen einer kollisionsrechtlichen Regelung. Der Unterschied hängt also nicht mit der Registrierung, sondern mit den unterschiedlichen Regelungsansprüchen von Sach- und Kollisionsrecht zusammen, vgl. *Röthel*, IPRax 2000, 74, 76 f. Anders als das inländische Sachrecht muss das Kollisionsrecht dem Umstand Rechnung tragen, dass Materien, die im Inland bewusst einer rechtlichen Regelung entzogen sind, im Ausland eine solche erfahren haben können und umgekehrt.
27 Vgl. *Canaris*, Die Feststellung von Lücken im Gesetz, 2. Aufl. 1983, S. 44. Zum *argumentum e contrario* s.a. *Larenz*, Methodenlehre der Rechtswissenschaft, 6. Aufl. 1991, S. 390 f.
28 Vgl. *Canaris*, Die Feststellung von Lücken im Gesetz, 2. Aufl. 1983, S. 134 f.
29 Vgl. auch *Forkert*, S. 73 f.
30 Für eine analoge Anwendung auch MüKo/*Coester*, Art. 17b EGBGB Rn 132; *Dörner*, in: FS Jayme 2004, S. 143, 151; Palandt/*Heldrich*, Art. 17b EGBGB Rn 11; *Rauscher*, IPR, 188, 190; *Wagner*, IPRax 2001, 281, 292.
31 BT-Drucks 14/3751, S. 60; vgl. hierzu *Forkert*, S. 89 f.; *Wagner*, IPRax 2001, 281, 289 f.
32 Vgl. Staudinger/*Mankowski*, Art. 17b EGBGB Rn 100.
33 *Pacte Civil de Solidarité*; hierzu etwa Staudinger/*Mankowski*, Art. 17b EGBGB Rn 19 ff.
34 So Staudinger/*Mankowski*, Art. 17b EGBGB Rn 100, der sich im Erg. dennoch für eine Analogie zu Artt. 13 ff. ausspricht.

keitsprinzip, teilweise bricht,[35] muss nicht gegen die Erfassung heterosexueller Partnerschaften sprechen, wenn sich die Problemkreise im Wesentlichen ähneln und wenn für eine Durchbrechung die gleichen Argumente streiten wie bei den gleichgeschlechtlichen Partnerschaften. Das Argument der **Gefahr hinkender Rechtsverhältnisse**, das ebenfalls gegen eine Erfassung der heterosexuellen Partnerschaften durch Art. 17b und für eine analoge Anwendung der Artt. 13 ff. herangezogen wird,[36] ist im Rahmen der Begründung und Auflösung der Partnerschaft nach Abs. 1 S. 1 ein zweischneidiges Argument. Für die Frage etwa, ob eine im Ausland registrierte Partnerschaft aus deutscher Sicht wirksam begründet wurde oder nach welchem Recht sie aufzulösen ist, kann es zur Herstellung von Entscheidungseinklang nicht ausreichen, nur das Aufenthalts- oder Heimatrecht zu befragen. Im Konfliktfall wird man eher den Entscheidungseinklang mit dem Recht des Registrierungsstaates suchen wollen. Und im Bereich der allgemeinen und güterrechtlichen Wirkungen der Partnerschaft, wo sich in der Tat im Einzelfall die Konstellation einstellen kann, dass die Kollisionsnormen des Registrierungsstaates nicht auf die eigenen Sachnormen, sondern auf das Aufenthalts- oder Heimatrecht der Partner verweisen,[37] gilt nichts anderes als bei den gleichgeschlechtlichen Partnerschaften: Solange die registrierte Lebenspartnerschaft international kein weit verbreitetes Rechtsinstitut darstellt und deshalb auch partnerschaftsrechtliche Kollisionsnormen wenig verbreitet sind, zahlreiche Verweisungen also ins Leere führen, können hinkende Rechtsverhältnisse ohnehin nicht vermieden werden,[38] so dass der Rechtssicherheit auch von heterosexuellen registrierten Partnerschaften in den von Abs. 1 S. 1 erfassten Bereichen am besten durch eine Anknüpfung an das Recht des Register führenden Staates gedient ist.

Die **Kappungsregel des Abs. 4** ist bei heterosexuellen Partnerschaften jedoch **nicht heranzuziehen** (vgl. auch Art. 13 EGBGB Rn 188).[39] Denn die darin enthaltene ausdrückliche Bezugnahme auf die Sachvorschriften des deutschen Rechts rechtfertigt eine teleologische Reduktion des Abs. 4[40] dahin gehend, dass die Kappungsregel nur solche Typen von Lebenspartnerschaften erfasst, die auch das deutsche Sachrecht im Auge hat, also gleichgeschlechtliche, registrierte Partnerschaften.[41] Wäre dies anders und würde man auch sämtliche Voraussetzungen einer im Ausland eingetragenen Lebenspartnerschaft am Maßstab des deutschen Rechts kupieren, so käme die Unwirksamkeit sämtlicher heterosexueller Partnerschaften aus deutscher Sicht gleich, weil das deutsche Recht solche registrierten Partnerschaften eben nicht kennt:[42] sie hätten jedenfalls keine „Wirkungen" (zur Reichweite der „Wirkungen", von denen Abs. 4 spricht, Rn 74 ff.). Das aber würde den Sinn des Abs. 4 sicher sprengen, der wohl nur in dem Bemühen zu verstehen ist, das Abstandsgebot zur Ehe zu sichern,[43] nicht aber dem Zweck dienen kann, heterosexuelle, registrierte Partnerschaften zu verhindern (näher zu Abs. 4 Rn 70 ff.). 16

Was dann freilich bleibt, ist eine **Diskriminierung** gleichgeschlechtlicher gegenüber heterosexuellen Partnerschaften.[44] Diesen **Wertungswiderspruch** zu lösen bleibt der Gesetzgeber aufgerufen, der Abs. 4 ersatzlos streichen sollte (siehe Rn 71). Vermeiden lässt sich der Widerspruch *de lege lata* auch nicht dadurch, dass heterosexuelle Partnerschaften den Artt. 13 ff. zugeordnet werden, denn auch dies führt zu einer Meidung der Sperrklausel in Abs. 4 und damit zu einer Benachteiligung gleichgeschlechtlicher Partnerschaften in dem Maße, in dem ein eigenständiger Anwendungsbereich dieser (rechtspolitisch missglückten) Sperrklausel bei gleichgeschlechtlichen Partnerschaften respektiert werden muss. 17

b) Gleichgeschlechtliche Ehen. Ähnlich umstritten wie die kollisionsrechtliche Einordnung heterosexueller, registrierter Partnerschaften ist die Qualifikation gleichgeschlechtlicher Ehen, wie sie mittlerweile in einer Reihe von Rechtsordnungen anzutreffen sind, innerhalb Europas etwa in den Niederlanden[45] und in Bel- 18

---

35 Vgl. Staudinger/*Mankowski*, Art. 17b EGBGB Rn 101.
36 Vgl. Staudinger/*Mankowski*, Art. 17b EGBGB Rn 101.
37 Vgl. Staudinger/*Mankowski*, Art. 17b EGBGB Rn 102.
38 Vgl. *Wagner*, IPRax 2001, 281, 289 f.
39 So auch *Wagner*, IPRax 2001, 281, 292.
40 S. hierzu auch *Thorn*, IPRax 2002, 349, 355.
41 Vgl. *Wagner*, IPRax 2001, 281, 292; *Wasmuth*, in: Liber amicorum Gerhard Kegel 2002, S. 237, 245.
42 Vgl. *Forkert*, S. 312; *v. Hoffmann*, IPR, § 8 Rn 73j (S. 324), differenziert im Hinblick auf die Vorbehaltsklausel zwischen den Voraussetzungen und den Wirkungen der heterosexuellen Partnerschaften.
43 Vgl. MüKo/*Coester*, Art. 17b EGBGB Rn 135; *Henrich*, FamRZ 2002, 137, 144; Staudinger/*Mankowski*, Art. 17b EGBGB Rn 84; *Thorn*, IPRax

2002, 349, 355. Im Hinblick auf das Abstandsgebot zur Ehe bei heterosexuellen Partnerschaften richtet *Coester* auch das Augenmerk auf den Umstand, dass nach der Rspr. des BVerfG nicht so sehr die „weiter gehenden Wirkungen als nach dem LPartG", sondern umgekehrt gerade das Zurückbleiben von Pflichten gegenüber dem Eherecht zum Stein des Anstoßes werden könnte: *Coester*, in: FS Sonnenberger 2004, S. 321, 329 f.; MüKo/*Coester*, Art. 17b EGBGB Rn 135.
44 Vgl. *Gebauer*/*Staudinger*, IPRax 2002, 275, 281 f.; diese Diskriminierungsgefahr wird allg. anerkannt, in ihrer Bedeutung freilich unterschiedlich gewichtet; für nicht gravierend hält sie etwa MüKo/*Coester*, Art. 17b EGBGB Rn 135.
45 Nach Art. 1:30 BW kann die Ehe von „zwei Personen verschiedenen oder gleichen Geschlechts" eingegangen werden, vgl. *Röthel*, IPRax 2002, 496 f.

gien.[46] Vertreten wird auch hier sowohl eine unmittelbare bzw. entsprechende Anwendung von Art. 17b[47] als auch die unmittelbare oder entsprechende[48] Heranziehung der Artt. 13 ff.[49] Unter Beachtung der Ordnungsfunktion, die das fremde Rechtsinstitut im fremden Sachrecht erfüllt, erscheint es vorzugswürdig, dem weiten kollisionsrechtlichen **Ehebegriff** die gleichgeschlechtliche Ehe im Wege der **funktionalen Qualifikation** zuzuordnen (anderer Ansicht Art. 13 EGBGB Rn 50), wenn auch für den eigenen sachrechtlichen Ehebegriff das Merkmal der Geschlechtsverschiedenheit konstitutiv ist.[50] Bis zur Grenze des inländischen *ordre public*[51] besteht kein Anlass, entgegen der Entscheidung und bewussten Unterscheidung ausländischer Rechtsordnungen[52] eine nach dortigem Verständnis vorhandene Ehe kollisionsrechtlich als bloße Lebenspartnerschaft zu qualifizieren, wenn gleichzeitig die im Inland für die Ehe geltenden Kollisionsnormen nicht nur für polygame Verbindungen,[53] sondern auch für alle nicht formalisierten Lebensgemeinschaften und ohne Unterscheidung danach herangezogen werden, ob es sich bei der jeweiligen nichtehelichen Lebensgemeinschaft um eine gleichgeschlechtliche oder heterosexuelle handelt (vgl. Rn 6).

19 Die eherechtliche statt der lebenspartnerschaftsrechtlichen Qualifikation ist der Eingehung einer gleichgeschlechtlichen Ehe nicht förderlich, sondern eher hinderlich. Denn die Anwendung der Art. 13 führt bereits dann zur Unwirksamkeit der Heirat, wenn das Heimatrecht auch nur eines der Ehegatten die Eheschließung zwischen gleichgeschlechtlichen Partnern nicht zulässt.[54] Die Eheschließung einer Deutschen mit ihrer niederländischen Partnerin führt also zu einer **hinkenden Ehe**, weil sie nur aus niederländischer, nicht aus deutscher Sicht eine rechtsgültige Ehe ist.[55] Das stellt nach dem gegenwärtigen Rechtszustand jedoch keinen Wertungswiderspruch dar.[56] Die Ehe steht aus deutscher Sicht nur Partnern verschiedenen Geschlechts offen, für gleichgeschlechtliche Partner sieht das deutsche Recht nur die eingetragene Lebenspartnerschaft vor. Diese bewusste Ungleichbehandlung muss auf kollisionsrechtlicher Ebene nicht ausgeschlossen werden. Natürlich kann die gleichgeschlechtliche Ehe nicht ignoriert werden, sie muss aber auch kollisionsrechtlich nicht in der gleichen Weise gefördert werden, wie dies der Gesetzgeber mit den eingetragenen Lebenspartnerschaften bezweckte. Rechtspolitisch mag es sinnvoll sein, gleichgeschlechtliche Ehen kollisionsrechtlich zu regeln, etwa indem durch den Abschluss völkerrechtlicher Verträge mit den betreffenden Staaten „hinkende Ehen" verhindert[57] oder auch im autonomen Recht besondere Anknüpfungspunkte geschaffen werden. Dies ist jedoch Aufgabe des Gesetzgebers.[58]

---

46 Vgl. *Forkert*, S. 53 f.; zur teilweisen Gleichstellung homosexueller Partnerschaften mit der Ehe in einigen US-Bundesstaaten vgl. Staudinger/*Mankowski*, Art. 17b EGBGB Rn 11; zur Rechtslage in der kanadischen Provinz Ontario s. *Forkert*, S. 75.

47 Vgl. für eine unmittelbare Anwendung des Art. 17b *Dörner*, in: FS Jayme 2004, S. 143, 150 f.; *Henrich*, FamRZ 2002, 137, 138 (hierzu *Forkert*, S. 76 f.); *Kropholler*, IPR, § 44 V (S. 338 f.); Staudinger/*Mankowski*, Art. 17b EGBGB Rn 22; *Wasmuth*, in: Liber amicorum Gerhard Kegel 2002, S. 237, 241 ff.

48 Zu den mitunter fließenden Übergängen zwischen Auslegung und Rechtsfortbildung bei der funktionalen Qualifikation eines dem inländischen Sachrecht unbekannten Rechtsinstituts s. Rn 9.

49 Für eine entspr. Anwendung der Art. 13 f. s. Erman/*Hohloch*, Art. 17b EGBGB Rn 6; für eine direkte Anwendung der Artt. 13 ff. vgl. *Forkert*, S. 78 f.; *Gebauer/Staudinger*, IPRax 2002, 275, 277; *Röthel*, IPRax 2002, 496, 498.

50 Vgl. *Forkert*, S. 79 f.; *Gebauer/Staudinger*, IPRax 2002, 275, 277; *Röthel*, IPRax 2002, 496, 498; MüKo/*Coester*, Art. 17b EGBGB Rn 144–148. Dagegen betont Staudinger/*Mankowski*, Art. 17b EGBGB Rn 23 f., dass bei der Diskussion um eine Erweiterung des kollisionsrechtlichen Ehebegriffs beachtet werden müsse, dass für gleichgeschlechtliche Partnerschaften mit Art. 17b nunmehr ein eigenes Anknüpfungsregime geschaffen worden sei und somit kein Anlass bestehe, im kollisionsrechtlichen Ehebegriff von der Voraussetzung einer Verschiedengeschlechtlichkeit abzuweichen; vgl. auch *Henrich*, FamRZ 2002, 137, 138; *Wasmuth*, in: Liber amicorum Gerhard Kegel 2002, S. 237, 241.

51 Hierzu *Forkert*, S. 81 ff.; *Gebauer/Staudinger*, IPRax 2002, 275, 277; *Röthel*, IPRax 2002, 496 ff.; *Wasmuth*, in: Liber amicorum Gerhard Kegel 2002, S. 237, 247 ff.

52 So hat das niederländische Recht etwa die registrierte Partnerschaft im Rahmen der Einführung der gleichgeschlechtlichen Ehe nicht etwa abgeschafft; Ehe und registrierte Partnerschaft existieren dort vielmehr parallel mit unterschiedlichen Voraussetzungen und Rechtsfolgen; vgl. *Forkert*, S. 77 f.; *Wasmuth*, in: Liber amicorum Gerhard Kegel 2002, S. 237, 242 f.

53 Vgl. LG Hamburg IPRspr 1974, Nr. 50; VG Gelsenkirchen FamRZ 1975, 338; weitere Nachw. bei *Röthel*, IPRax 2002, 496, 498.

54 Vgl. *Gebauer/Staudinger*, IPRax 2002, 275, 277; *Henrich*, FamRZ 2002, 137, 138; Staudinger/*Mankowski*, Art. 17b EGBGB Rn 25; *Röthel*, IPRax 2002, 496, 497 f.; *Wasmuth*, in: Liber amicorum Gerhard Kegel 2002, S. 237, 242 f.

55 Vgl. auch das Beispiel bei *Forkert*, S. 86 f.; zur Frage, ob eine gleichgeschlechtliche Ehe stattdessen als registrierte Partnerschaft anzuerkennen ist, Staudinger/*Mankowski*, Art. 17b EGBGB Rn 25.

56 S.a. *Röthel*, IPRax 2002, 496, 498; *Gebauer/Staudinger*, IPRax 2002, 275, 277.

57 Vgl. *Forkert*, S. 87.

58 Vgl. *Forkert*, S. 87.

III. Geltung der allgemeinen kollisionsrechtlichen Regeln

Art. 17b ist als allseitige Kollisionsnorm ausgestaltet,[59] die nicht nur einseitig bestimmt, unter welchen Voraussetzungen deutsches Recht zur Anwendung gelangen soll, sondern auch festlegt, wann aus deutscher Sicht ausländisches Recht gilt.[60] Mit der grundsätzlichen Ausgestaltung als allseitige Kollisionsnorm, die freilich unter dem Vorbehalt von Sonderregelungen für die Anwendung ausländischen Rechts im Inland steht (Abs. 2 S. 2 und Abs. 4)[61] ist die Frage nach den allgemeinen Grundsätzen des IPR aufgeworfen, für die im Rahmen des Art. 17b zum Teil Abweichungen erforderlich sind.

1. Rück- und Weiterverweisung. Soweit Abs. 1 auf das Recht des Register führenden Staates verweist (S. 1 und S. 2 Hs. 2), geschieht dies im Wege der Sachnormverweisung; Rück- und Weiterverweisung scheiden also aus. Dies mag zwar im Einzelfall den internationalen Entscheidungseinklang beeinträchtigen,[62] erspart aber die Suche nach den Kollisionsnormen im Recht des Register führenden Staates. Allseitige und geschriebene Kollisionsnormen sind im Bereich der Lebenspartnerschaft noch relativ selten,[63] und dies gilt selbst für diejenigen Staaten, deren Sachrecht bereits Regelungen hierzu enthält.[64] In dieser Situation erübrigt sich durch die deutsche Sachnormverweisung eine unsichere Ermittlung von ungeschriebenen, eventuell nur entsprechend anwendbaren oder in ihrer Anwendung umstrittenen Kollisionsnormen im ausländischen Recht.[65] Rück- und Weiterverweisungen kommen allerdings im Rahmen des Abs. 1 S. 2 bei den erbrechtlichen Folgen der Lebenspartnerschaft in Betracht.[66]

2. Vorfragen. Vorfragen für die **Begründung einer Lebenspartnerschaft**, insbesondere das Bestehen einer anderweitigen Ehe oder Lebenspartnerschaft, sind nach dem Willen des Gesetzgebers selbständig anzuknüpfen.[67] Ob die Vorfrage selbständig oder unselbständig angeknüpft werden soll, ist allerdings ein **Scheinproblem, wenn die Partnerschaft in Deutschland begründet werden soll**. Denn wenn sich vor deutschen Behörden oder Gerichten die (Haupt-)Frage nach der intendierten Begründung einer Lebenspartnerschaft stellt, dann geht es nicht um eine Registrierung im Ausland, sondern um eine Registrierung im Inland. Auf die Hauptfrage findet also, da Abs. 1 S. 1 insoweit an das Recht des Register führenden Staates anknüpft, deutsches Recht Anwendung. Die Vorfragenproblematik wird nur dann relevant, wenn auf die Hauptfrage ausländisches Recht Anwendung findet, wenn mit anderen Worten die Vorfrage aus einem ausländischen Recht stammt.[68] Wenn hingegen auch die Hauptfrage inländischem Recht unterliegt, fallen *lex fori* und *lex causae* nicht auseinander, so dass sich das Problem einer selbständigen oder unselbständigen Anknüpfung der Vorfrage auch nicht stellen kann.[69]

Vorfragen einer anderweitigen Ehe oder Lebenspartnerschaft können aber dann relevant werden, wenn aus einer **im Ausland bereits eingetragenen Partnerschaft** in Deutschland Rechte geltend gemacht werden und sich daher die **(Haupt-)Frage stellt, ob diese Partnerschaft wirksam begründet wurde**, obwohl im Zeitpunkt ihrer Eingehung bereits eine anderweitige Ehe oder Lebenspartnerschaft bestand. Die Vorfrage nach dem Bestehen einer anderweitigen Verbindung richtet sich dann bei **selbständiger Anknüpfung** nach dem durch die deutschen Kollisionsnormen berufenen Recht. Wie sich eine danach bestehende Ehe oder Lebenspartnerschaft auf die spätere Begründung der Lebenspartnerschaft auswirkt, richtet sich als Hauptfrage aber nach dem Recht des Register führenden Staates. So sieht etwa das norwegische Recht bei formwirksam eingegangenen Partnerschaften nur eine Auflösung *ex nunc* für den Fall vor, dass einer der Partner bei Eingehung der Partnerschaft noch verheiratet war.[70]

---

59 Vgl. BT-Drucks 14/3751, S. 60.
60 Die allseitige Ausgestaltung bedingt eine kollisionsrechtlich-funktionale, weite Auslegung der in der Norm enthaltenen Systembegriffe, so dass auch solche Lebenspartnerschaften erfasst werden können, die nicht vollständig der deutschen Lebenspartnerschaft entsprechen; vgl. *Wagner*, IPRax 2001, 281, 288.
61 Vgl. MüKo/*Coester*, Art. 17b EGBGB Rn 2.
62 Vgl. *v. Hoffmann*, IPR, § 8 Rn 73 f. (S. 323); *Süß*, DNotZ 2001, 168, 170; MüKo/*Coester*, Art. 17b EGBGB Rn 14.
63 Vgl. *Röthel*, IPRax 2000, 74; *Wagner*, IPRax 2001, 281, 285.
64 MüKo/*Coester*, Art. 17b EGBGB Rn 9; *Forkert*, S. 49; *Wagner*, IPRax 2001, 281, 285.

65 Vgl. MüKo/*Coester*, Art. 17b EGBGB Rn 14; *Forkert*, S. 95 f.; *Wagner*, IPRax 2001, 281, 290.
66 Vgl. Erman/*Hohloch*, Art. 17b EGBGB Rn 4.
67 Vgl. BT-Drucks 14/3751, S. 60.
68 Vgl. *v. Bar/Mankowski*, IPR I, § 7 Rn 192 (S. 671); *Kropholler*, IPR, § 32 II (S. 220).
69 Anders offenbar Böhmer/Siehr/*Finger*, Art. 17b, Rn 20; *Forkert*, S. 98. Zu beachten ist jedoch, dass es bei der Vorfragenproblematik nicht um das Sachrecht des Register führenden Staates (also das Sachrecht der für die Hauptfrage maßgebenden *lex causae*) einerseits und die Kollisionsnormen der *lex fori* andererseits geht, sondern stets nur darum, welcher Rechtsordnung die für die Vorfrage heranzuziehende *Kollisionsnorm* zu entnehmen ist.
70 Vgl. hierzu *Forkert*, S. 107 f.; *Henrich*, FamRZ 2002, 137, 138.

24 **Weitere Vorfragen**, die bei einer im Ausland begründeten Lebenspartnerschaft **selbständig anzuknüpfen** sind, betreffen die Minderjährigkeit der Partner oder das Bestehen eines Verwandtschafts- oder Sorgerechtsverhältnisses zwischen den Lebenspartnern bzw. zwischen einem Lebenspartner und seinem minderjährigen Kind.[71]

25 **Im Rahmen erbrechtlicher Hauptfragen** können sich mitunter schwierige **Vorfragen nach der Auflösung einer Lebenspartnerschaft** stellen, wenn etwa einer in Deutschland registrierten Partnerschaft eine spätere Ehe eines der Partner im Ausland folgte, ohne dass die in Deutschland registrierte Partnerschaft zuvor durch Urteil gemäß § 15 Abs. 1 LPartG aufgehoben wurde. Stirbt nun der Lebenspartner, der später in seinem Heimatland geheiratet hat, und sieht sein Heimatrecht im Unterschied zum deutschen Recht vor, dass durch die Eheschließung eine registrierte Partnerschaft automatisch aufgelöst wird,[72] so kommen als Erben aus deutscher Sicht sowohl der Ehegatte als auch der Lebenspartner in Betracht, wenn das Heimatrecht des Erblassers ein gesetzliches (wenn auch nicht gleichzeitiges) Erbrecht sowohl des Ehegatten als auch des Lebenspartners kennt. Zur Lösung dieses Konfliktes wurde vorgeschlagen, die Vorfrage nach dem Noch-Bestehen bzw. der Auflösung einer Lebenspartnerschaft unselbständig, also aus der Sicht des Erbstatuts anzuknüpfen.[73]

26 Die **unselbständige Anknüpfung** ist jedoch **kein geeigneter Weg**, den Konflikt zu lösen, der sich daraus ergibt, dass das Heimatrecht des Erblassers – anders als das Recht des Register führenden Staates – die Auflösung einer Lebenspartnerschaft durch nachfolgende Ehe kennt. Denn das Ergebnis hängt auch bei unselbständiger Anknüpfung wiederum vom Inhalt der Kollisionsnormen im Heimatrecht des Erblassers ab: Nur wenn nach den dortigen Kollisionsnormen auch die Auflösung der Lebenspartnerschaft einem Recht unterliegt, das mit dem Heimatrecht des Erblassers identisch ist, kommt es zu einem alleinigen Erbrecht des Ehegatten; knüpft das Heimatrecht des Erblassers hingegen (etwa wie das deutsche Kollisionsrecht) die Auflösung der Partnerschaft an das Recht des Register führenden Staates, so sind auch bei unselbständiger Anknüpfung sowohl der Ehegatte als auch der Lebenspartner als Erben berufen. Die unselbständige Anknüpfung verfehlt also ihren Zweck, die eine Seite erbrechtlich zu begünstigen.[74]

27 Soweit man den Konflikt dadurch zu lösen sucht, dass man die Vorfrage der Partnerschaftsauflösung dem Erbstatut unterstellt, handelt es sich dabei nicht um eine unselbständige Anknüpfung, sondern praktisch um eine akzessorische Anknüpfung der Vorfrage. Eine solche wird aber bei echten Vorfragen, die nicht nur Teil einer einheitlich anzuknüpfenden Rechtsfrage sind, sondern eine eigene internationalprivatrechtliche Relevanz sind,[75] nicht vertreten,[76] weil sie den inneren wie den äußeren Entscheidungseinklang verfehlen würde.[77] Davon abgesehen erscheint nicht nur eine zweckgerichtet begründete unselbständige Anknüpfung kaum überzeugend,[78] sondern auch der Zweck selbst, nur die eine Seite erbrechtlich zu begünstigen.[79] Das **Problem einer kumulativen Erbberechtigung** ist also nicht durch unselbständige Anknüpfung der Vorfrage, sondern **nur im Wege der Angleichung zu lösen**.[80] Im Rahmen der Angleichung mag in dem Beispielfall der nachträglichen Eheschließung auch berücksichtigt werden, dass der Erblasser im Zeitpunkt seines Todes sich ausschließlich in der späteren Ehe erbrechtlich gebunden sah und dies nach dem Inhalt seines Heimatrechts auch konnte. Für die Anknüpfung von **Vorfragen** bleibt es aber dabei, dass **im Rahmen des Art. 17b keine Besonderheiten** gegenüber den allgemeinen Regeln gelten.

28 **3. Form.** Besonderheiten ergeben sich für die Form, denn Abs. 1 S. 1 durchbricht Art. 11: Für die Formfragen einer Lebenspartnerschaft ist Art. 11 nicht heranzuziehen, sie werden vielmehr vom Recht des Register führenden Staates miterfasst.[81] Dieser **Gleichlauf zwischen Formstatut und Registerstatut** ergibt sich aus

---

71 Vgl. *Forkert*, S. 91; *Henrich*, FamRZ 2002, 137; Staudinger/*Mankowski*, Art. 17b EGBGB Rn 35; MüKo/*Coester*, Art. 17b EGBGB Rn 29.
72 So etwa das belgische Recht; s. hierzu *Forkert*, S. 197 u. 234.
73 *Henrich*, FamRZ 2002, 137, 143; so auch MüKo/*Coester*, Art. 17b EGBGB Rn 59.
74 Anders wohl *Forkert*, S. 238, der bei einer unselbständigen Anknüpfung ebenfalls zu einer automatischen Aufhebung der Lebenspartnerschaft bei Eingehung der Ehe gelangt und das von Art. 25 Abs. 1 berufene Recht auch insoweit für maßgeblich hält, ohne allerdings die Kollisionsnormen zu berücksichtigen, die im Recht der Hauptfrage die Vorfrage regeln.
75 Vgl. hierzu *Kegel/Schurig*, § 9 II 1 (S. 325).
76 Vgl. *v. Hoffmann*, IPR, § 6 Rn 67 (S. 228), in Fn 136: „allgemeine Ansicht"; *Kegel/Schurig*, § 9 II 1 (S. 325): „Sicher ist: ... "; *Kegel*, Internationales Privatrecht, 7. Aufl. 1995, § 9 II 1 (S. 274): „Alle Welt ist darüber einig: ... ".
77 *Kegel*, Internationales Privatrecht, 7. Aufl. 1995, § 9 II 1 (S. 277): „Sowohl innerer wie äußerer Entscheidungseinklang könnten verfehlt werden, wenn die Rechtsfolge in einem Tatbestand einer Sachnorm anhand der übrigen Sachnormen derselben Rechtsordnung beurteilt würde. Das ist der unausgesprochene Grund für die eingangs erwähnte allgemeine Ansicht, dass dieser Weg ausscheidet."
78 Vgl. Staudinger/*Mankowski*, Art. 17b EGBGB Rn 52.
79 Vgl. *Forkert*, S. 239.
80 Näher hierzu *Forkert*, S. 236 f.
81 BT-Drucks 14/3751, S. 60.

der Natur der Sache,[82] denn die in Art. 11 vorgesehene alternative Anknüpfung an die *lex causae* und das Recht des Vornahmeortes würde letztlich ebenso nur zum Recht des Register führenden Staates gelangen, weil sich Art. 17b nur auf eingetragene Partnerschaften bezieht.[83]

Art. 17b enthält **keine Entsprechung zu Art. 13 Abs. 3**.[84] In den allermeisten Fällen gelangt man freilich wegen der Maßgeblichkeit des Registerstatuts zu Anknüpfungsergebnissen, die bei einer Registrierung in Deutschland mit Art. 13 Abs. 3 S. 1 übereinstimmen.[85] Bei Registrierungen von Lebenspartnerschaften vor den Konsulaten ausländischer Staaten in Deutschland gilt die deutsche Form freilich nicht: Die Registrierung und ihre Form richten sich nach dem Recht des ausländischen Staates, der das Register führt.[86] 29

Die Maßgeblichkeit des Registerstatuts für Formfragen umfasst alle privatrechtlichen Fragen der äußeren Gestaltung des Begründungsaktes und seiner rechtlichen Vorbereitung.[87] **Wichtigste Formfragen** sind die nach der Mitwirkung von Standesbeamten oder ähnlichen Personen, nach der Gestalt der Begründungserklärungen und nach dem Ablauf der Zeremonie.[88] 30

4. Rechtswahl. Im Gegensatz zu den allgemeinen Ehewirkungen nach Art. 14 sieht das Gesetz für die allgemeinen (und güterrechtlichen) Lebenspartnerschaftswirkungen keine direkte Rechtswahlmöglichkeit vor.[89] Für namensrechtliche Fragen wird hingegen durch die entsprechende Anwendung des Art. 10 Abs. 2 über Abs. 2 S. 1 Alt. 1 den Parteien ausdrücklich die Möglichkeit einer Rechtswahl eröffnet[90] (hierzu Rn 63 ff.). Darüber hinaus besteht auch für die Begründung sowie für die allgemeinen und die güterrechtlichen Wirkungen der Lebenspartnerschaft die Möglichkeit einer **mittelbaren Rechtswahl** durch die Parteien, zum einen über Abs. 3, indem bei erneuter Registrierung ein Statutenwechsel bewusst herbeigeführt werden kann,[91] und zum anderen durch die Grundanknüpfung an das Recht des Register führenden Staates, die den Partnern ebenfalls durch Auswahl des Registrierungsstaates einen Gestaltungsspielraum eröffnet.[92] 31

5. Einzel- und Gesamtstatut. Die Einheit des Güterstatuts kann bei Lebenspartnerschaften – anders als im Ehegüterrecht – nicht durch eine Rückverweisung durchbrochen werden, denn Abs. 1 S. 1 Alt. 3 spricht insoweit ausdrücklich eine Sachnormverweisung aus.[93] Wohl aber können sowohl das lebenspartnerschaftliche Güter- wie das Erbstatut durchbrochen werden durch ein vorrangiges Einzelstatut gemäß **Art. 3 Abs. 3**.[94] Nicht überzeugend erscheint es, im Rahmen des lebenspartnerschaftlichen Güter- und (teilweise[95] auch des) Erbstatuts die Anwendung des Art. 3 Abs. 3 mit der Begründung auszuschließen, dass sich der Vorrang des Einzelstatuts nicht gegenüber einer Sachnormverweisung durchsetzen könne.[96] Man mag in der Tat generell eine restriktive Handhabung des Art. 3 Abs. 3 befürworten;[97] dies kann nach dem Sinn der Vorschrift aber nicht von der Unterscheidung zwischen einer Sachnormverweisung und einer Gesamtverweisung abhängen, denn auch bei Gesamtverweisungen hängt die Anwendung des Art. 3 Abs. 3 nicht davon ab, ob die eigene Kollisionsnorm auf eigenes oder fremdes Recht verweist, ob im Einzelfall also überhaupt fremdes Kollisionsrecht befragt wird. 32

6. Substitution. Die eingetragene Lebenspartnerschaft wirft einige Substitutionsfragen auf, die sich bei der Anwendung inländischen wie ausländischen Sachrechts stellen können. Sie können immer dann auftauchen, wenn die *lex causae* nicht das Recht des Register führenden Staates ist, also infolge der Regelung in Abs. 1 S. 2 bei den **unterhalts- und erbrechtlichen Folgen** der Lebenspartnerschaft. Dann kann sich nämlich die Situation einstellen, dass ein Systembegriff im Tatbestand einer Sachnorm (z.B. „Lebenspartner") nur durch Tatsachen und rechtliche Beziehungen ausgefüllt werden kann, die unter der Geltung und mit der 33

---

82 MüKo/*Coester*, Art. 17b EGBGB Rn 25.
83 Vgl. *Forkert*, S. 92; Palandt/*Heldrich*, Art. 17b EGBGB Rn 3; Staudinger/*Mankowski*, Art. 17b EGBGB Rn 36; *Wagner*, IPRax 2001, 281, 289.
84 Zu den Gründen hierfür s. MüKo/*Coester*, Art. 17b EGBGB Rn 26.
85 Böhmer/Siehr/*Finger*, Art. 17b Rn 21; *Forkert*, S. 92; Staudinger/*Mankowski*, Art. 17b EGBGB Rn 36.
86 Vgl. MüKo/*Coester*, Art. 17b EGBGB Rn 20, 26.
87 Böhmer/Siehr/*Finger*, Art. 17b Rn 22; *Forkert*, S. 92; Staudinger/*Mankowski*, Art. 17b EGBGB Rn 37.
88 Vgl. Böhmer/Siehr/*Finger*, Art. 17b Rn 22; *Forkert*, S. 92; Staudinger/*Mankowski*, Art. 17b EGBGB Rn 37.
89 Ausf. und krit. hierzu *Forkert*, S. 117 ff.; Staudinger/*Mankowski*, Art. 17b EGBGB Rn 41.
90 Vgl. Staudinger/*Mankowski*, Art. 17b EGBGB Rn 68 ff.
91 Vgl. MüKo/*Coester*, Art. 17b EGBGB Rn 17; *Forkert*, S. 288 f.
92 Vgl. MüKo/*Coester*, Art. 17b EGBGB Rn 22; *Forkert*, S. 96; Staudinger/*Mankowski*, Art. 17b EGBGB Rn 4.
93 Vgl. *Forkert*, S. 136.
94 Vgl. hierzu *Forkert*, S. 136 ff., 229 ff.; *Frank*, MittBayNot 2001, Sonderheft Lebenspartnerschaften, S. 35, 43; *Gebauer/Staudinger*, IPRax 2002, 275, 279; Staudinger/*Mankowski*, Art. 17b EGBGB Rn 52 u. 66; *Süß*, DNotZ 2001, 168, 175.
95 Nämlich insoweit, als über die Hilfsanknüpfung des Art. 17b Abs. 1 S. 2 Hs. 2 Alt. 2 auch im Erbrecht eine Sachnormverweisung ausgesprochen wird.
96 So aber *Forkert*, S. 135 ff., 142, 230 f.
97 Vgl. *v. Bar/Mankowski*, IPR I, § 7 Rn 48 (S. 578 f.).

Prägung eines anderen Rechts stattgefunden haben bzw. begründet wurden. Voraussetzung einer Substitution ist stets, dass es sich bei dem fraglichen Systembegriff um einen offenen, „substituierbaren" handelt und dass die fremde Rechtserscheinung dem Systembegriff in der *lex causae* funktional gleichwertig ist.[98] Die problematischen Substitutionsfragen erklären sich aus der bunten Vielfalt und aus der unterschiedlichen Dichte und inhaltlichen Ausgestaltung der lebenspartnerschaftlichen Regelungen in den verschiedenen Rechtsordnungen.

34 **a) Bei fehlender Regelung der eingetragenen Lebenspartnerschaft in der lex causae.** Kennt das aus deutscher Sicht berufene **Unterhalts- oder Erbstatut kein Institut der eingetragenen Lebenspartnerschaft**, so lässt sich daran denken, ob nicht die erbrechtliche oder unterhaltsrechtliche Berechtigung eines **Ehegatten** in der *lex causae* entsprechend auf die Berechtigung eines Lebenspartner angewendet werden kann. Diese Entscheidung unterliegt jedoch nicht der inländischen Sichtweise, sondern ist vollständig der *lex causae* zu überlassen.[99] Im Zweifel wird man nicht von einer solchen Substitution im Verhältnis von Ehe und Lebenspartnerschaft im ausländischen Recht ausgehen können,[100] und Anhaltspunkte für eine dortige analoge Anwendung der auf Ehegatten bezogenen erb- oder unterhaltsrechtlichen Vorschriften wird man eben darum in der *lex causae* kaum finden können, weil die eingetragene Lebenspartnerschaft dort nicht existiert. Ein Bedürfnis für die Substitution ist in dieser Konstellation auch nicht dringend, denn sieht das Unterhalts- oder Erbstatut keine Berechtigung des Lebenspartners vor, so stehen im Unterhaltsrecht eine Reihe von Hilfsanknüpfungen zur Verfügung oder es gelangt über Abs. 1 S. 2 Hs. 2 wiederum das Recht des Register führenden Staates zur Anwendung.

35 **b) Bei unterschiedlicher Regelung der eingetragenen Lebenspartnerschaft.** Schwieriger sind die Substitutionsfragen zu beantworten, wenn das Institut der eingetragenen Lebenspartnerschaft **in der *lex causae* zwar bekannt, aber in wesentlichen Punkten anders ausgestaltet** ist als im Recht des Register führenden Staates. Theoretisch ist auch hier der Fall denkbar, dass sich die Substitutionsfrage bei der Anwendung ausländischen Rechts stellt. Dies dürfte aber bei deutschem Registerstatut nur selten vorkommen, weil das deutsche Recht in der Ausgestaltung erbrechtlicher und unterhaltsrechtlicher Ansprüche der Lebenspartner vergleichsweise weit geht.[101]

36 Als Standardfall einer problematischen Substitutionsfrage wird daher meist der umgekehrte Fall genannt,[102] dass sich etwa bei einem PACS des französischen Rechts im Rahmen des deutschen Erbstatuts[103] und damit in Anwendung des § 10 LPartG die Frage stellt, ob der eine Lebenspartner den anderen unter deutschem Recht beerben kann, obwohl das französische Registerrecht ein solches Erbrecht des Lebenspartners nicht kennt.[104] Eine Substitution scheidet hier sicher insofern aus, als es um Ansprüche aus einer heterosexuellen Lebenspartnerschaft geht, denn solche kennt das deutsche Recht nicht. Bei gleichgeschlechtlichen Partnerschaften mag darin ein generelles Argument gegen die Substitution gesehen werden, denn ansonsten privilegierte man gleichgeschlechtliche gegenüber heterosexuellen Partnern.[105] Auf der anderen Seite sollte man auch nicht vorschnell eine Gleichwertigkeit des ausländischen Rechtsinstituts verneinen;[106] in dem Maße, in dem die Substitution abgelehnt wird, schmälert man auch die Eigenständigkeit der *lex causae* und der ihr obliegenden Entscheidung über das Ob einer Erbberechtigung gegenüber dem Recht des Register führenden Staates.[107] Das entscheidende Argument gegen eine Substitution dürfte beim PACS aber in den gegenüber dem deutschen Erbrecht deutlich schwächeren Wirkungen liegen, auf die sich

---

98 Vgl. hierzu *Mansel*, in: FS W. Lorenz 1991, S. 689 f., 696 f. Vgl. auch *Kropholler*, IPR, § 33 II (S. 229), auch mit Beispielen zum Ausschluss der Substitution nach dem Sinn der anzuwendenden Sachnorm in Ausnahmefällen.
99 Staudinger/*Mankowski*, Art. 17b EGBGB Rn 51.
100 Vgl. MüKo/*Coester*, Art. 17b EGBGB Rn 50, 60; Bamberger/Roth/*Otte*, Art. 17b EGBGB Rn 17; *Wagner*, IPRax 2001, 281, 291.
101 Vgl. den rechtsvergleichenden Überblick bei *Forkert*, S. 221 ff. zum Unterhaltsrecht und S. 255 ff. zum Erbrecht.
102 Vgl. hierzu MüKo/*Coester*, Art. 17b EGBGB Rn 61; *Forkert*, S. 248 f.; *Frank*, MittBayNot 2001, Sonderheft Lebenspartnerschaften, S. 35, 42 f.; *Henrich*, FamRZ 2002, 137, 143; Staudinger/*Mankowski*, Art. 17b EGBGB Rn 53; *Süß*, DNotZ 2001, 168, 173 f.
103 Deutsches Erbrecht kann entweder durch eine Rückverweisung des französischen IPR auf deutsches Recht bei in Deutschland belegenen Immobilien oder aber aufgrund der Staatsangehörigkeit des verstorbenen Partners eines PACS berufen sein.
104 Zum fehlenden Erbrecht im französischen Recht vgl. *Forkert*, S. 258; *Frank*, MittBayNot 2001, Sonderheft Lebenspartnerschaften, S. 35, 47 f.
105 Vgl. *Henrich*, FamRZ 2002, 137, 143; Staudinger/*Mankowski*, Art. 17b EGBGB Rn 53; gegen dieses Argument s. *Forkert*, S. 251.
106 Für eine Gleichwertigkeit daher *Forkert*, S. 250 ff. und tendenziell auch *Frank*, MittBayNot 2001, Sonderheft Lebenspartnerschaften, S. 35, 42 f.
107 Vgl. MüKo/*Coester*, Art. 17b EGBGB Rn 61; Staudinger/*Mankowski*, Art. 17b EGBGB Rn 53.

die Lebenspartner durch ihre Registrierung auch eingelassen haben.[108] Soweit schließlich eine Substitution in der *lex causae* wegen der schwächeren Wirkungen im Recht des Register führenden Staates ausscheidet, geht auch die in Abs. 1 S. 2 Hs. 2 vorgesehene Hilfsanknüpfung an das Recht des Register führenden Staates ins Leere.[109]

7. Intertemporale Fragen. Sie stellen sich bei Lebenspartnerschaften, die vor dem 1.8.2001 im Ausland registriert worden sind. Das Gesetz enthält keine Regelung zum zeitlichen Geltungsbereich des Art. 17 b. Teilweise wird daher eine analoge Anwendung des Art. 220 Abs. 1 und 2 befürwortet.[110] Dies hätte zur Folge, dass vor dem 1.8.2001 registrierte Partnerschaften dem bis dahin geltenden Recht und damit wohl einer Heimatrechtsanknüpfung unterlägen. Den Vorzug verdient die Gegenmeinung mit ihrer auf den Gesetzeszweck gestützten Rückwirkung der Kollisionsnorm,[111] soweit dies im Einzelfall verfassungsrechtlich zulässig ist.[112] Dabei gilt es zu bedenken, dass das neue Recht die Gültigkeit von Partnerschaften favorisieren möchte. Der durch eine Rückwirkung herbeigeführte Statutenwechsel droht kaum, in der Vergangenheit registrierte Partnerschaften in ihrer rechtlichen Gültigkeit zu vernichten; vielmehr werden sie umgekehrt gerade nach dem Recht des Register führenden Staates gültig sein.[113] Die Wirksamkeit von Lebenspartnerschaften *ex tunc* durch die Rückwirkung einer Anknüpfung an das Recht des Register führenden Staates steht freilich unter dem Vorbehalt, dass dadurch nicht in verfassungsrechtlich unzulässiger Weise in bereits entstandene Rechtspositionen nachträglich verschlechternd eingegriffen wird.[114]

37

8. Ordre public. Abs. 4 enthält eine spezielle Vorbehaltsklausel. Ihre Besonderheiten und ihr Verhältnis zur allgemeinen Vorbehaltsklausel des Art. 6 werden unten (Rn 70 ff.) erläutert.

38

IV. Begründung, Auflösung, allgemeine sowie güterrechtliche Wirkungen (Abs. 1 S. 1)

1. Besonderheiten der Anknüpfung. Die Anknüpfung an das **Recht des Register führenden Staates** dient der Rechtssicherheit, weil sie stets zu einer Rechtsordnung führt, die das Institut der eingetragenen Lebenspartnerschaft kennt.[115] **Anknüpfungsmoment** ist streng genommen nicht der Registerort, sondern die Registerführung durch eine staatliche Stelle; diese Unterscheidung wirkt sich freilich nur in seltenen Fällen aus.[116] Die Anknüpfung ist grundsätzlich **unwandelbar**, vorbehaltlich einer späteren Zweitregistrierung in einem anderen Staat: Abs. 3 enthält eine gewisse Einladung zum Statutenwechsel, indem insbesondere den im Ausland registrierten Partnerschaften die Möglichkeit eröffnet wird, durch Neuregistrierung in Deutschland die rechtlichen Wirkungen des Lebenspartnerschaftsgesetzes herbeizuführen.[117] Gewöhnlicher Aufenthalt und Wohnsitz der Parteien spielen ebenso wenig eine Rolle wie ihre Staatsangehörigkeit.

39

Die in Abs. 1 S. 1 gewählte **Anknüpfung ist eine objektive**, so dass selbst die güterrechtlichen Wirkungen der Lebenspartnerschaft keiner direkten Rechtswahl zugänglich sind (zu den Möglichkeiten einer mittelbaren Rechtswahl siehe Rn 31). Angeknüpft wird lediglich an die **Sachvorschriften** des Register führenden Staates, Rück- und Weiterverweisung scheiden somit aus (vgl. Rn 21). Als **Register** kommt nicht nur ein besonderes Partnerschaftsregister, sondern auch ein allgemeines Zivilstandsregister in Betracht;[118] entscheidend kommt es nur auf eine Beurkundung des Abschlussaktes durch eine staatliche oder staatlich beliehene Stelle an.[119] **Anknüpfungsgegenstand** ist die eingetragene Lebenspartnerschaft. Der Begriff ist in einem weiten Sinn zu verstehen; erfasst werden auch heterosexuelle Lebenspartnerschaften, nicht aber gleichgeschlechtliche Ehen (beides sehr umstritten, siehe hierzu Rn 8 ff. und 18 ff.).

40

2. Begründung der Lebenspartnerschaft (Abs. 1 S. 1 Alt. 1). Zur Begründung gehören nicht nur die Abgabe und der Inhalt, sondern auch die **Form** der erforderlichen Erklärungen;[120] die Anwendung von Art. 11 hinsichtlich der Form scheidet daher aus (vgl. Rn 28). Zur Bestimmung der von der Kollisionsnorm

41

---

108 Daher gegen eine Gleichwertigkeit tendenziell auch MüKo/*Coester*, Art. 17b EGBGB Rn 61. Vgl. auch *Süß*, DNotZ 2001, 168, 173 f., mit folgender Faustformel für die Praxis: „Begründet die Lebenspartnerschaft nach dem Recht des registerführenden Staates kein gesetzliches Erbrecht, ist ein solches auch nach deutschem Erbrecht fraglich."
109 Vgl. *Frank*, MittBayNot 2001, Sonderheft Lebenspartnerschaften, S. 35, 42; MüKo/*Coester*, Art. 17b EGBGB Rn 61.
110 Palandt/*Heldrich*, Art. 17b EGBGB Rn 1.
111 Vgl. MüKo/*Coester*, Art. 17b EGBGB Rn 5; *Forkert*, S. 325 ff; *v. Hoffmann*, IPR, § 8 Rn 73d (S. 323); *Thorn*, IPRax 2002, 349, 355.

112 Diese Einschränkung betont zu Recht *Forkert*, S. 327.
113 Vgl. *Forkert*, Art. 17b EGBGB Rn 5.
114 Vgl. *Forkert*, S. 326 f.
115 Vgl. *Forkert*, S. 88 f.; *Wagner*, IPRax 2001, 281, 288.
116 Unterschiede ergeben sich nur dann, wenn von der Möglichkeit Gebrauch gemacht wird, eine Partnerschaft vor den Konsulaten einzugehen, s. hierzu MüKo/*Coester*, Art. 17b EGBGB Rn 20.
117 Vgl. MüKo/*Coester*, Art. 17b EGBGB Rn 12.
118 Vgl. Staudinger/*Mankowski*, Art. 17b EGBGB Rn 28.
119 Vgl. MüKo/*Coester*, Art. 17b EGBGB Rn 23.
120 Palandt/*Heldrich*, Art. 17b EGBGB Rn 3.

erfassten **materiellen Voraussetzungen** kann man als ersten Anhaltspunkt § 1 LPartG heranziehen.[121] Zu diesen Voraussetzungen gehören nicht nur das Geschlecht der Partner (zur Qualifikation der heterosexuellen Partnerschaften siehe Rn 8 ff.), der Konsens und eventuelle Eingehungshindernisse, wie etwa eine verwandtschaftliche Beziehung zwischen den Partnern oder eine bestehende Ehe bzw. anderweitige Lebenspartnerschaft,[122] ferner solche Voraussetzungen, die einen Mindestbezug der Partner zum Registrierungsstaat in Form von Staatsangehörigkeit oder gewöhnlichem Aufenthalt verlangen,[123] sondern auch die rechtlichen **Folgen, die sich aus dem Fehlen einer Begründungsvoraussetzung ergeben.**[124] Insbesondere in diesem Rahmen kann die (fehlende) Begründung einer Lebenspartnerschaft nach ausländischem Recht auch vor deutschen Behörden und Gerichten relevant werden. Geht es um die Begründung einer Lebenspartnerschaft in Deutschland, so wird insoweit vor deutschen Gerichten auch nur deutsches Recht gemäß Art. 17b Abs. 1 S. 1 zur Anwendung berufen. Ausländisches Recht wird im Hinblick auf die Partnerschaftsbegründung relevant, wenn im Inland aus einer im Ausland eingetragenen Lebenspartnerschaft Ansprüche geltend gemacht werden. Denn solche Ansprüche setzen voraus, dass die im Ausland eingetragene Lebenspartnerschaft auch wirksam begründet wurde.

42 **Vorfragen**, die sich im Rahmen der Begründung einer Lebenspartnerschaft stellen (etwa die Frage der Minderjährigkeit eines Partners oder das Bestehen einer anderweitigen Lebenspartnerschaft oder Ehe[125]), sind nach dem Willen des Gesetzgebers selbständig anzuknüpfen,[126] also nicht nach dem IPR des Register führenden Staates als der *lex causae*, sondern nach dem deutschen IPR als der *lex fori*. Die selbständige kann sich hier von der unselbständigen Vorfragenanknüpfung freilich nur dann unterscheiden, wenn es um Vorfragen im Rahmen einer im Ausland eingetragenen Lebenspartnerschaft geht (denn nur dann fallen *lex fori* und *lex causae* auseinander, vgl. hierzu und allgemein zu Vorfragen im Rahmen des Art. 17b Rn 22 ff.). Genau diese, in den Gesetzesmaterialien durch die Erwähnung der selbständigen Anknüpfung angesprochenen Konstellationen sind allerdings recht kompliziert, denn bei ihnen wird die Hauptfrage der wirksamen Partnerschaftsbegründung wohl meist Vorfrage für ein weiteres Rechtsverhältnis sein. **Beispiel:** Partner A einer in Staate X registrierten Lebenspartnerschaft macht in Deutschland Unterhaltsansprüche gegen Partner B nach deutschem Recht geltend. B wendet nun ein, zu einer wirksamen Partnerschaftsbegründung zwischen ihm und A sei es nach dem Recht von X nicht gekommen, weil A im Lande Y mit Partnerin C bereits zuvor eine wirksame Lebenspartnerschaft eingegangen sei. Hier stellt sich die Partnerschaft zwischen A und C als Vorfrage für die Begründung einer wirksamen Partnerschaft zwischen A und B als Hauptfrage, und diese wiederum als Vorfrage im Rahmen von Unterhaltsansprüchen nach deutschem Recht.

43 **3. Allgemeine Wirkungen (Abs. 1 S. 1 Alt. 2).** Die allgemeinen Wirkungen unterliegen den Sachvorschriften des Register führenden Staates. Rechtswahlmöglichkeiten sind nicht vorgesehen.[127] Einen ersten Anhaltspunkt zur Bestimmung dessen, was kollisionsrechtlich zu den allgemeinen Wirkungen der Lebenspartnerschaft zählt, bieten die deutschen Sachnormen im zweiten Abschnitt des Lebenspartnerschaftsgesetzes, und dort insbesondere die §§ 2, 4, 8 und 11 LPartG. Erfasst werden die Fragen des Zusammenlebens und die Verpflichtung zur Lebensgemeinschaft, Treuepflichten und die Aufgabenverteilung innerhalb der Partnerschaft, ferner die Verpflichtungsbefugnis im Rahmen einer eventuellen Schlüsselgewalt und die Veränderung von Haftungsmaßstäben im Verhältnis unter den Partnern.[128] Nicht erfasst werden jedenfalls das Unterhalts-, das Namens- und das Erbrecht.[129] Ebenfalls nicht als Partnerschaftswirkung zu qualifizieren ist die sorgerechtliche Beteiligung des Lebenspartners (vgl. § 9 LPartG).[130] Insoweit findet vielmehr Art. 21 Anwendung, denn mit dem Kind tritt eine dritte Person hinzu, und das Verhältnis zwischen dem Kind und dem Lebenspartner steht bei der sorgerechtlichen Beteiligung im Vordergrund.[131]

---

121 Vgl. MüKo/*Coester*, Art. 17b EGBGB Rn 27.
122 Vgl. MüKo/*Coester*, Art. 17b EGBGB Rn 27; *Forkert*, S. 97 f.; *Frank*, MittBayNot 2001, Sonderheft Lebenspartnerschaften, S. 35, 37 f.; *Henrich*, FamRZ 2002, 137, 138; Erman/*Hohloch*, Art. 17b EGBGB Rn 11; Staudinger/*Mankowski*, Art. 17b EGBGB Rn 30–32.
123 Vgl. Staudinger/*Mankowski*, Art. 17b EGBGB Rn 31.
124 Vgl. Staudinger/*Mankowski*, Art. 17b EGBGB Rn 33.
125 Hier ist zu unterscheiden: Die Frage, ob eine anderweitige Ehe oder Lebenspartnerschaft bereits besteht, ist als Vorfrage selbständig anzuknüpfen; wie sich aber solche bereits bestehende Ehe oder Lebenspartnerschaft auf die Begründung der neuen Partnerschaft auswirkt, ist nicht Vorfrage, sondern als Hauptfrage dem Recht des (für die spätere Partnerschaft) Register führenden Staates zu entnehmen; vgl. *Forkert*, S. 107; MüKo/*Coester*, Art. 17b EGBGB Rn 29 f.
126 BT-Drucks 14/3751, S. 60.
127 Hierzu *Forkert*, S. 117 ff.
128 Vgl. MüKo/*Coester*, Art. 17b EGBGB Rn 31 ff.; *Forkert*, S. 109 ff.; *Frank*, MittBayNot 2001, Sonderheft Lebenspartnerschaften, S. 38; Palandt/*Heldrich*, Art. 17b EGBGB Rn 4; *Henrich*, FamRZ 2002, 139; Erman/*Hohloch*, Art. 17b EGBGB Rn 12; Staudinger/*Mankowski*, Art. 17b EGBGB Rn 30–32.
129 Vgl. *Forkert*, S. 117; Erman/*Hohloch*, Art. 17b EGBGB Rn 12.
130 Umstritten, a.A. *Forkert*, S. 113; Erman/*Hohloch*, Art. 17b EGBGB Rn 12.
131 Vgl. MüKo/*Coester*, Art. 17b EGBGB Rn 33, 79; Staudinger/*Mankowski*, Art. 17b EGBGB Rn 93. Zum Adoptionskollisionsrecht siehe *Brandt*, S. 89 ff.

4. Güterrechtliche Wirkungen (Abs. 1 S. 1 Alt. 3). Das Registerstatut beherrscht auch die güterrechtlichen Wirkungen der Lebenspartnerschaft. Wie bei Art. 15 sind als güterrechtlich alle Regelungen[132] zu qualifizieren, mit denen das Partnervermögen gesondert geordnet wird, einschließlich der Vermögensauseinandersetzung nach Auflösung der Partnerschaft.[133] Dazu gehören insbesondere die Güterstände, Gütermassen sowie Nutzungs- und Verwaltungsbefugnisse,[134] nicht aber Unterhaltsansprüche.[135] Das Registerstatut beherrscht auch die Frage, ob und inwieweit die Lebenspartner privatautonom den Güterstand ändern oder die vom Gesetz vorgesehenen güterrechtlichen Wirkungen ausschließen können.[136] Davon zu unterscheiden ist die Möglichkeit einer kollisionsrechtlichen Rechtswahl, die das deutsche IPR den Lebenspartnern im Unterschied zu Ehegatten (Art. 15) nicht gewährt. Nur mittelbar ist es möglich, deutsches Güterrecht zu wählen, indem die Parteien eine im Ausland registrierte Partnerschaft erneut in Deutschland registrieren lassen (vgl. Abs. 3). Rechtspolitisch wäre es durchaus sinnvoll, eine direkte Rechtswahlmöglichkeit zuzulassen;[137] es erscheint inkonsequent, für die Lebenspartnerschaft im Unterschied zur Ehe keine Parteiautonomie zu gewähren.[138] 44

Zur Überwindung dieser Unvollständigkeit wird in der Literatur erwogen, **Art. 15 Abs. 2 analog** heranzuziehen.[139] Das aber dürfte **methodisch nicht möglich** sein, weil es sich hier offenbar um keine planwidrige Unvollständigkeit des Gesetzes handelt.[140] Eher scheint ein Umkehrschluss im Hinblick auf Art. 15 Abs. 2 am Platze zu sein, weil das Gesetz in Art. 17b bei der Auswahl der Anknüpfungsmomente wohl auf Vollständigkeit angelegt ist und dabei im Güterrecht ein subjektives Element wie in Art. 15 Abs. 2 gerade vermissen lässt. Bei der Nichterwähnung der Parteiautonomie im lebenspartnerschaftlichen Güterrecht dürfte es sich deshalb um ein „beredtes" oder „qualifiziertes" Schweigen des Gesetzes handeln (vgl. hierzu in anderem Zusammenhang Rn 12). 45

Das güterrechtliche Gesamtstatut kann (wie das erbrechtliche Gesamtstatut) im Einzelfall durch ein **vorrangiges Einzelstatut** durchbrochen werden.[141] Insofern ergeben sich, entgegen einer in der Literatur vertretenen Auffassung,[142] keine Besonderheiten aus den lebenspartnerschaftsrechtlichen Kollisionsnormen (vgl. Rn 32). 46

5. Auflösung (Abs. 1 S. 1 Alt. 4). Als *actus contrarius* unterliegt die Auflösung der Lebenspartnerschaft dem gleichen Recht wie ihre Begründung. Durch diesen **Gleichlauf** in der Anknüpfung an das Recht des Register führenden Staates wird sichergestellt, dass jede Lebenspartnerschaft auch aufgelöst werden kann.[143] Sollte sich dennoch einmal die Situation einstellen, dass das Recht des Register führenden Staates keine Auflösungsmöglichkeit vorsieht, so ist entweder an eine analoge Anwendung der im Registerstatut geltenden Scheidungsregeln zu denken oder aber an eine analoge Anwendung des Abs. 1 S. 2.[144] 47

Sachlich gehören zur Auflösung zunächst sämtliche **Auflösungsvoraussetzungen**. Damit unterliegen dem Registerstatut nicht nur die zulässigen Auflösungsgründe, sondern auch die Art und Weise, in der aufgelöst wird, sei es durch konsensuale oder einseitige Erklärung, gerichtlichen Konstitutivakt oder das Ablaufen von Trennungsfristen.[145] Da es sich bei der Frage, in welchem gerichtlichen oder behördlichen **Verfahren** die Auflösung erfolgt, um eine verfahrensrechtliche handelt,[146] ist umstritten,[147] ob § 15 LPartG, der die Aufhebung der Partnerschaft durch gerichtliches Urteil vorsieht, als Verfahrensvorschrift der *lex fori* auch dann Anwendung finden muss, wenn das Registerstatut eine andere Form der Auflösung vorsieht, etwa eine Privatauflösung.[148] Dagegen spricht, dass eine dem Art. 17 Abs. 2 entsprechende Bestimmung in Art. 17b fehlt; das in § 15 LPartG vorgesehene Gerichtsmonopol bezieht sich auf in Deutschland registrierte Partnerschaften und muss nicht zwingend auf im Ausland registrierte und anders konzipierte Partnerschaften 48

---

132 Einen umfassenden rechtsvergleichenden Überblick zum Güterrecht der Lebenspartner gibt *Forkert*, S. 160 ff.
133 Vgl. MüKo/*Coester*, Art. 17b EGBGB Rn 43; Staudinger/*Mankowski*, Art. 17b EGBGB Rn 39.
134 Vgl. *Forkert*, S. 125 ff.
135 *Forkert*, S. 125.
136 Staudinger/*Mankowski*, Art. 17b EGBGB Rn 39.
137 Vgl. *Forkert*, S. 133 ff.; *Henrich*, FamRZ 2002, 137, 140.
138 Vgl. Staudinger/*Mankowski*, Art. 17b EGBGB Rn 41.
139 Vgl. *Forkert*, S. 133 ff.; Staudinger/*Mankowski*, Art. 17b EGBGB Rn 41.
140 Gegen eine Analogie auch MüKo/*Coester*, Art. 17b EGBGB Rn 42.
141 Vgl. hierzu *Forkert*, S. 136 ff., 229 ff.; *Frank*, MittBayNot 2001, Sonderheft Lebenspartnerschaften, S. 35, 43; *Gebauer/Staudinger*, IPRax 2002, 275, 279; Staudinger/*Mankowski*, Art. 17b EGBGB Rn 52 und 66; *Süß*, DNotZ 2001, 168, 175.
142 Vgl. *Forkert*, S. 137 ff.
143 Vgl. MüKo/*Coester*, Art. 17b EGBGB Rn 34; *Forkert*, S. 168; *Frank*, MittBayNot 2001, Sonderheft Lebenspartnerschaften, S. 35, 38; Staudinger/*Mankowski*, Art. 17b EGBGB Rn 42; *Wagner*, IPRax 2001, 281, 289.
144 Zu dieser letzten Möglichkeit s. Staudinger/*Mankowski*, Art. 17b EGBGB Rn 43.
145 Vgl. MüKo/*Coester*, Art. 17b EGBGB Rn 35; *Henrich*, FamRZ 2002, 140; Staudinger/*Mankowski*, Art. 17b EGBGB Rn 44.
146 Vgl. Staudinger/*Mankowski*, Art. 17b EGBGB Rn 45.
147 Ausf. Wiedergabe des Meinungsstandes bei MüKo/*Coester*, Art. 17b EGBGB Rn 37 ff.
148 S. etwa Palandt/*Heldrich*, Art. 17b EGBGB Rn 6: Für das Auflösungsverfahren gelte die *lex fori*, im Inland also § 15 LPartG.

übertragen werden.[149] Privatauflösungen unter ausländischem Registerstatut sind also grundsätzlich auch in Deutschland möglich,[150] und zwar vor den Stellen, die in Deutschland mit der Registrierung von Lebenspartnerschaften betraut worden sind.[151] Verlangt umgekehrt das ausländische Registerstatut eine gerichtliche Auflösung, so kann die Auflösung im Inland auch von einem (international zuständigen) deutschen Gericht vollzogen werden.[152]

49 Zu den Auflösungsvoraussetzungen gehört auch die Frage, ob die **Eheschließung** mit einem Dritten die Lebenspartnerschaft kraft Gesetzes beendet.[153] Diese Frage unterliegt also dem Registerstatut, während die Frage, ob eine solche Ehe besteht, als Vorfrage gesondert anzuknüpfen ist[154] (zur Anknüpfung von Vorfragen siehe Rn 22 ff.). Dem Registerstatut unterstehen schließlich sämtliche **Folgen der Auflösung**, soweit keine kollisionsrechtlichen Sonderregelungen vorgesehen sind, wie etwa für unterhaltsrechtliche Fragen.[155]

V. Unterhaltsrechtliche Folgen (Abs. 1 S. 2 Alt. 1)

50 Die unterhaltsrechtlichen Folgen der Lebenspartnerschaft unterstehen gemäß Abs. 1 S. 2 Hs. 1 im Grundsatz nicht dem Registerstatut. Anzuwenden ist vielmehr „das nach den allgemeinen Vorschriften maßgebende Recht". In Bezug genommen werden damit die **Bestimmungen des Haager Unterhaltsübereinkommens** (HUntÜ) bzw. Art. 18.[156] Dass die unterhaltsrechtlichen Fragen im Grundsatz dem Registerstatut entzogen werden, geschieht im Interesse Dritter, deren unterhaltsrechtliche Stellung auch von Unterhaltsansprüchen gegenüber den Lebenspartnern berührt werden kann.[157] Maßgebend sind die „allgemeinen Vorschriften" also sowohl für Unterhaltsansprüche unter den Lebenspartnern als auch für Unterhaltsberechtigungen bzw. -verpflichtungen im Verhältnis zu Dritten.[158] Die erfassten Unterhaltsansprüche unter den Lebenspartnern betreffen nicht nur Ansprüche während der bestehenden Partnerschaft, sondern auch bei Trennung und schließlich nach Auflösung der Lebenspartnerschaft.[159] Im letzten Fall findet auf den **nachpartnerschaftlichen Unterhalt** auch die Sonderanknüpfung des **Art. 18 Abs. 4** (Art. 8 HUntÜ) entsprechende Anwendung.[160] Dafür spricht neben der Vergleichbarkeit der Interessenlage[161] auch der Umstand, dass ansonsten die in Abs. 1 S. 2 Hs. 2 vorgesehene subsidiäre Anknüpfung an das Recht des Register führenden Staates unterhaltsrechtlich völlig bedeutungslos wäre (vgl. hierzu Rn 53).

51 Ein unterhaltsrechtlicher Anspruch unter Lebenspartnern setzt voraus, dass zwischen ihnen eine Lebenspartnerschaft begründet wurde. Im Rahmen unterhaltsrechtlicher Hauptfragen können sich deshalb die Begründung der Partnerschaft und eventuell auch ihre Auflösung als **Vorfragen** stellen (hierzu Rn 42 und 49).

52 Die in Abs. 1 S. 2 Hs. 1 ausgesprochene **Verweisung auf das Unterhaltsstatut** ist in einem umfassenden Sinne zu verstehen. Sie bezieht sich auf die vorrangigen **Sonderanknüpfungen** des Art. 18 Abs. 5 (Art. 15 HUntÜ) und des Art. 18 Abs. 4 (Art. 8 HUntÜ), ferner auf die **Regelanknüpfung** des Art. 18 Abs. 1 S. 1 (Art. 4 HUntÜ) und schließlich auch auf die **Hilfsanknüpfungen** des Art. 18 Abs. 1 S. 2 (Art. 5 HUntÜ) und des Art. 18 Abs. 2 (Art. 6 HUntÜ).[162] Bevor allerdings in dem Fall, dass die *lex causae* das Institut der eingetragenen Lebenspartnerschaft nicht kennt, auf eine Hilfsanknüpfung ausgewichen wird, ist zunächst zu prüfen, ob nicht in den unterhaltsrechtlichen Vorschriften der *lex causae* die Lebenspartnerschaft einer Ehe substituiert werden kann[163] (zur **Substitution** siehe Rn 34).

---

149 Vgl. *Henrich*, FamRZ 2002, 137, 141; MüKo/*Coester*, Art. 17b EGBGB Rn 38.
150 *Henrich*, FamRZ 2002, 137, 141; MüKo/*Coester*, Art. 17b EGBGB Rn 40.
151 *Henrich*, FamRZ 2002, 137, 141.
152 MüKo/*Coester*, Art. 17b EGBGB Rn 41.
153 Anders als das deutsche Recht kennen etwa das belgische und französische Recht den Auflösungsgrund der Eheschließung, vgl. *Henrich*, FamRZ 2002, 137, 140 f.
154 Vgl. *Henrich*, FamRZ 2002, 137, 140; Staudinger/*Mankowski*, Art. 17b EGBGB Rn 46.
155 MüKo/*Coester*, Art. 17b EGBGB Rn 35; Staudinger/*Mankowski*, Art. 17b EGBGB Rn 44.
156 Zur Anwendbarkeit des HUntÜ in diesem Zusammenhang und seinem Verhältnis zu Art. 18 vgl. MüKo/*Coester*, Art. 17b EGBGB Rn 47; *Forkert*, S. 200 ff.; *Gebauer/Staudinger*, IPRax 2002, 475, 478 f.; *Henrich*, FamRZ 2002, 137, 139, 141; Staudinger/*Mankowski*, Art. 17b EGBGB Rn 54.
157 Vgl. *Forkert*, S. 203; MüKo/*Coester*, Art. 17b EGBGB Rn 46.
158 Vgl. MüKo/*Coester*, Art. 17b EGBGB Rn 46; *Wagner*, IPRax 2001, 281, 290.
159 MüKo/*Coester*, Art. 17b EGBGB Rn 46.
160 Vgl. MüKo/*Coester*, Art. 17b EGBGB Rn 53; *Frank*, MittBayNot 2001, Sonderheft Lebenspartnerschaften, S. 35, 41; Palandt/*Heldrich*, Art. 17b EGBGB Rn 8; *Henrich*, FamRZ 2002, 137, 141 f.; Erman/*Hohloch*, Art. 17b EGBGB Rn 15; Bamberger/Roth/*Otte*, Art. 17b EGBGB Rn 15; a.A. *Forkert*, S. 211 f.; Staudinger/*Mankowski*, Art. 17b EGBGB Rn 54.
161 Vgl. *Frank*, MittBayNot 2001, Sonderheft Lebenspartnerschaften, S. 35, 41; *Henrich*, FamRZ 2002, 137, 141.
162 Vgl. MüKo/*Coester*, Art. 17b EGBGB Rn 50; Staudinger/*Mankowski*, Art. 17b EGBGB Rn 58, 60.
163 Vgl. MüKo/*Coester*, Art. 17b EGBGB Rn 50; *Wagner*, IPRax 2001, 281, 290.

Eine weitere Hilfsanknüpfung sieht nun **Abs. 1 S. 2 Hs. 2** durch die **subsidiäre Anknüpfung an das** 53
Recht des Register führenden Staates vor. Diese Hilfsanknüpfung, die nur für Unterhaltsansprüche unter den Lebenspartnern gilt,[164] kommt erst dann zum Zuge, wenn nach den anderen Hilfsanknüpfungen keine Unterhaltsberechtigung[165] begründet ist.[166] Sie ist unterhaltsrechtlich in der Praxis **fast ohne Bedeutung**.[167] Denkbar ist beim nachpartnerschaftlichen Unterhalt der Fall, dass durch ein ausländisches Gericht die Auflösung der Partnerschaft erfolgte, dabei von dem ausländischen Gericht ein ausländisches Recht angewendet wurde, welches nicht das Registerrecht ist, die ausländische Entscheidung hier anerkannt wurde und einer der Lebenspartner nunmehr vor deutschen Gerichten Unterhalt beansprucht: In diesem Fall kann Art. 18 Abs. 4 (Art. 8 HUntÜ) zur Anwendung eines Rechts führen, das im Gegensatz zum Registerrecht eine Unterhaltsberechtigung der Lebenspartner nicht kennt. Dann wird die subsidiäre Anknüpfung an das Recht des Register führenden Staates relevant.[168]

Wurde hingegen durch ein deutsches Gericht die Lebenspartnerschaft aufgelöst, so findet ohnehin bereits 54
über die Anknüpfung des Art. 18 Abs. 4 (Art. 8 HUntÜ) das Registerrecht auf den nachpartnerschaftlichen Unterhaltsanspruch Anwendung, weil aus deutscher Sicht die Auflösung der Partnerschaft gemäß Abs. 1 S. 1 dem Registerrecht unterliegt.[169] **Gegenstandslos** ist die **Subsidiäranknüpfung** im Rahmen des nachpartnerschaftlichen Unterhalts auch bei einer Auflösung der Partnerschaft durch privaten Gestaltungsakt (zur Möglichkeit solcher Privatauflösungen Rn 48), wenn die Partnerschaft einem ausländischen Registerrecht untersteht: Anwendung findet wiederum ohnehin das Registerrecht.[170] Nachpartnerschaftlicher Unterhalt bei in Deutschland registrierten Partnerschaften scheidet hingegen bei Auflösungen durch privaten Gestaltungsakt aus, weil das Gerichtsmonopol in § 15 Abs. 1 LPartG aus deutscher Sicht die Auflösung verhindert: zu der Subsidiäranknüpfung kann es auch hier nicht kommen.[171] Geht es schließlich nicht um nachpartnerschaftlichen Unterhalt, sondern um Unterhalt während bestehender Partnerschaft oder um Trennungsunterhalt, so gelangt man spätestens über die Hilfsanknüpfung des Art. 18 Abs. 2 (Art. 6 HUntÜ) zur Anwendung deutschen Rechts, das einen Unterhaltsanspruch für Lebenspartner vorsieht. Damit ist die subsidiäre Hilfsanknüpfung an das Recht des Register führenden Staates selbst dann ausgeschlossen, wenn im Einzelfall nach deutschem Recht kein Unterhalt gewährt werden kann.[172] Gleiches gilt (auch für den nachpartnerschaftlichen Unterhalt), wenn man über die Sonderanknüpfung des Art. 18 Abs. 5 zur Anwendung deutschen Rechts gelangt.[173]

VI. Erbrechtliche Folgen (Abs. 1 S. 2 Alt. 2)

Auch die erbrechtlichen Folgen der Lebenspartnerschaft unterliegen primär nicht dem Recht des Register 55
führenden Staates, sondern dem „nach den allgemeinen Vorschriften" maßgebenden Recht (Abs. 1 S. 2 Hs. 1). Der Grund liegt darin, die Interessen Dritter zu wahren und die innere Stimmigkeit der erbrechtlichen Verteilung zu sichern.[174] Anwendung findet also im Grundsatz das über **Art. 25** berufene Recht. Dies gilt freilich nur dann, wenn nicht vorrangige **Staatsverträge** Geltung beanspruchen, etwa im Verhältnis zum Iran und zur Türkei.[175] Gegenüber dem nach Art. 25 berufenen Gesamtstatut kann auch ein vorrangiges **Einzelstatut** gemäß Art. 3 Abs. 3 Geltung für einzelne, im Ausland belegene Vermögensgegenstände beanspruchen[176] (hierzu Rn 32). Im Rahmen der erbrechtlichen Verweisung über Art. 25 sind gegebenenfalls **Rück- oder Weiterverweisungen** durch das ausländische Kollisionsrecht zu beachten (hierzu Rn 21).

Wird über Art. 25 auf das Heimatrecht des Erblassers verwiesen und ist dieses Heimatrecht nicht auch 56
gleichzeitig das Recht des Register führenden Staates, dann kann sich die Frage stellen, ob im Zeitpunkt des Todes die Lebenspartnerschaft noch Bestand hatte oder bereits aufgelöst war, etwa durch eine der Partnerschaftsbegründung nachfolgende Eheschließung. Solche **Vorfragen nach Bestand und Auflösung**

---

164 MüKo/*Coester*, Art. 17b EGBGB Rn 46.
165 Die Unterhaltsberechtigung muss in dem danach anwendbaren Recht generell ausgeschlossen sein. Eine Versagung im Einzelfall reicht für die Auslösung der Hilfsanknüpfung ebenso wenig aus wie eine vergleichsweise geringere Unterhaltsberechtigung, MüKo/*Coester*, Art. 17b EGBGB Rn 52.
166 Vgl. Staudinger/*Mankowski*, Art. 17b EGBGB Rn 60.
167 Vgl. MüKo/*Coester*, Art. 17b EGBGB Rn 51; *Forkert*, S. 212, sieht bei Anwendung des HUntÜ für die Hilfsanknüpfung an das Recht des Register führenden Staates im Unterhaltsrecht überhaupt keine Funktion. Das ist aus seiner Sicht auch konsequent, weil er Art. 8 HUntÜ (Art. 18 Abs. 4) nicht für

anwendbar hält (vgl. a.a.O. S. 208 f., 211 f., 216 ff.). Näher zu diesem Zusammenhang sogleich im Text.
168 Vgl. MüKo/*Coester*, Art. 17b EGBGB Rn 53.
169 Vgl. MüKo/*Coester*, Art. 17b EGBGB Rn 53.
170 Vgl. MüKo/*Coester*, Art. 17b EGBGB Rn 54.
171 Vgl. MüKo/*Coester*, Art. 17b EGBGB Rn 54.
172 Vgl. MüKo/*Coester*, Art. 17b EGBGB Rn 55.
173 Vgl. MüKo/*Coester*, Art. 17b EGBGB Rn 52.
174 Vgl. MüKo/*Coester*, Art. 17b EGBGB Rn 57; *Wagner*, IPRax 2001, 281, 291.
175 Vgl. die Nachw. bei *Gebauer/Staudinger*, IPRax 2002, 275, 279, in den Fn 67, 68.
176 MüKo/*Coester*, Art. 17b EGBGB Rn 58; *Gebauer/Staudinger*, IPRax 2002, 275, 279 f.; Staudinger/*Mankowski*, Art. 17b EGBGB Rn 51.

der Partnerschaft, die sich im Rahmen der erbrechtlichen Hauptfrage im ausländischen Recht stellen, sind selbständig anzuknüpfen[177] (hierzu Rn 25 ff.).

57 Sieht das über Art. 25 berufene ausländische Recht keine Erbberechtigung für Lebenspartner vor, etwa weil es registrierte Lebenspartnerschaften nicht kennt, so ist zunächst zu fragen, ob die ausländischen Vorschriften über das Ehegattenerbrecht entsprechend herangezogen werden können. Die Antwort auf diese Frage ist im ausländischen Erbstatut zu suchen und wird im Zweifel negativ ausfallen[178] (hierzu Rn 34). **Substitutionsfragen** können sich aber auch dann stellen, wenn das über Art. 25 berufene ausländische oder inländische Recht eine Erbberechtigung des Lebenspartners wohl vorsieht, nicht aber das Registerstatut, das die registrierte Partnerschaft zwar kennt und regelt, jedoch mit keinen oder wesentlich schwächeren erbrechtlichen Wirkungen versieht als das Erbstatut. Das Standardbeispiel für diese Konstellation ist die Frage nach der erbrechtlichen Stellung des überlebenden Partners eines in Frankreich registrierten PACS bei deutschem Erbstatut im Rahmen des § 10 LPartG[179] (hierzu Rn 35 f.).

58 Wenn das Erbstatut kein gesetzliches Erbrecht begründet, dann finden gemäß Abs. 1 S. 2 Hs. 2 wiederum die **Sachvorschriften des Register führenden Staates** Anwendung. Diese **subsidiäre Anknüpfung**, die sicherstellen soll, dass die erbrechtlichen Belange des überlebenden Lebenspartners jedenfalls einer Rechtsordnung unterstehen, die die Lebenspartnerschaft kennt, greift erst dann ein, wenn überhaupt keine materielle Beteiligung am Nachlass in dem über Art. 25 berufenen Recht vorgesehen ist; auch das bloße Fehlen einer Pflichtteilsberechtigung nach testamentarischer Enterbung reicht nicht aus, um die Schwelle der subsidiären Anknüpfung auszulösen.[180] Die Beteiligung am Nachlass muss freilich auf Gesetz beruhen; deshalb kann es zur subsidiären Anknüpfung an das Rechts des Register führenden Staates auch dann kommen, wenn der überlebende Partner testamentarisch bedacht ist.[181]

59 **Vorrangige Staatsverträge** setzen sich auch gegenüber der subsidiären Hilfsanknüpfung durch, oder umgekehrt gewendet: immer dann, wenn das Erbstatut über staatsvertragliche Normen bestimmt wird, kann die subsidiäre Anknüpfung an das Recht des Register führenden Staates auch dann nicht eingreifen, wenn das anwendbare Recht dem überlebenden Partner keine Beteiligung am Nachlass gewährt.[182] Dies kann zu einer gesetzlichen Ungleichbehandlung der Partner in gemischtnationalen Lebenspartnerschaften führen: So kann etwa die türkische Partnerin bei Anwendbarkeit deutschen Rechts gesetzliche Erbin werden, wenn ihre deutsche Lebenspartnerin verstirbt und deutsches Recht aufgrund des deutsch-türkischen Nachlassabkommens[183] Anwendung findet, nicht aber im umgekehrten Fall der überlebenden deutschen Partnerin, wenn türkisches Recht aufgrund dieses Abkommens Erbstatut ist.[184] Solchen Situationen lässt sich durch gegenseitige testamentarische oder erbvertragliche Verfügung vorbeugen.[185]

60 Unterliegen im Ausland belegene Vermögensgegenstände einem **vorrangigen Einzelstatut** gemäß Art. 3 Abs. 3 (hierzu Rn 32), so geht auch die subsidiäre Hilfsanknüpfung an das Recht des Register führenden Staates ins Leere, wenn nach dem Belegenheitsrecht kein lebenspartnerschaftliches Erbrecht gewährt wird.[186] Denn die subsidiäre Anknüpfung des Hs. 2 kann als Regelung über das Gesamtvermögen von einem vorrangigen Einzelstatut ebenso durchbrochen werden wie die Grundanknüpfung über Art. 17b Abs. 1 S. 2 Hs. 1.[187]

61 Die Anknüpfung an das Recht des Register führenden Staates gilt als **Rechtsfolge des Abs. 1 S. 2 Hs. 2** nur „insoweit", als kein gesetzliches Erbrecht vorgesehen ist. Es kommt also nicht zu einer Verdrängung des nach den allgemeinen Vorschriften anwendbaren Rechts, sondern zu einer Überlagerung des Erbstatuts,[188] zu einer „Einblendung" des Registerrechts in das Erbstatut.[189] Dies kann zu einem „Normenmix" führen,[190] der im Einzelfall Anpassungsprobleme nach sich ziehen kann.

62 Das Recht des Register führenden Staates kann dem überlebenden Partner eine **weiter gehende erbrechtliche Beteiligung** zugestehen, als sie nach dem Erbstatut hypothetisch für einen Ehegatten bestünde.[191] Um hier

---

177 A.A. MüKo/*Coester*, Art. 17b EGBGB Rn 59; Henrich, FamRZ 2002, 137, 143.
178 Vgl. MüKo/*Coester*, Art. 17b EGBGB Rn 50, 60; Bamberger/Roth/*Otte*, Art. 17b EGBGB Rn 17; Wagner, IPRax 2001, 281, 291.
179 Vgl. *Forkert*, S. 248 ff.; *Süß*, DNotZ 2001, 168, 173.
180 Vgl. MüKo/*Coester*, Art. 17b EGBGB Rn 63; Staudinger/*Mankowski*, Art. 17b EGBGB Rn 61.
181 Staudinger/*Mankowski*, Art. 17b EGBGB Rn 64.
182 Vgl. MüKo/*Coester*, Art. 17b EGBGB Rn 58; Gebauer/Staudinger, IPRax 2002, 275, 279.
183 Vgl. § 14 Abs. 1 der Anlage zu Art. 20 des Konsularvertrages (Nachlassabkommen) zwischen dem deutschen Reich und der türkischen Republik v. 28.5.1929 (RGBl II 1930 S. 748).
184 Vgl. *Gebauer/Staudinger*, IPRax 2002, 275, 279; *Süß*, DNotZ 2001, 168, 174.
185 *Süß*, DNotZ 2001, 168, 174.
186 Vgl. *Gebauer/Staudinger*, IPRax 2002, 275, 279.
187 Vgl. Staudinger/*Mankowski*, Art. 17b EGBGB Rn 66; *Süß*, DNotZ 2001, 168, 173.
188 Palandt/*Heldrich*, Art. 17b EGBGB Rn 9.
189 Vgl. MüKo/*Coester*, Art. 17b EGBGB Rn 64.
190 *Süß*, DNotZ 2001, 168, 172.
191 Vgl. das Beispiel zum italienischen Recht bei *Süß*, DNotZ 2001, 168, 173, in Fn 20.

möglicherweise verfassungswidrige Ergebnisse zu vermeiden, sind in dieser Konstellation Angleichungen im Recht des Register führenden Staates am Maßstab des Erbstatuts vorzunehmen.[192]

VII. Name, Partnerschaftswohnung und Hausrat

1. Namensrecht (Abs. 2 S. 1 Alt. 1). Eine eigenständige Kollisionsnorm für die namensrechtlichen Folgen der Lebenspartnerschaft enthält Art. 17b nicht. Nur durch die Verweisung auf Art. 10 Abs. 2 in Abs. 2 S. 1 wird den Lebenspartnern ausdrücklich eine Wahlmöglichkeit eingeräumt. Vorausgesetzt wird die Maßgeblichkeit der Personalstatute beider Lebenspartner gemäß Art. 10 Abs. 1; es gilt also im Grundsatz ihr **Heimatrecht**.[193]

Die Verweisung in Abs. 2 S. 1 auf Art. 10 Abs. 2 eröffnet den Lebenspartnern die **Möglichkeit**, die für die Namensführung maßgebende **Rechtsordnung selbst zu wählen**. Zur Auswahl stehen deutsches Recht, soweit einer der Lebenspartner seinen gewöhnlichen Aufenthalt im Inland hat, sowie eines der Heimatrechte der Lebenspartner; dabei können auch nicht-effektive Staatsangehörigkeiten aktiviert werden.[194] Soweit der Wortlaut des Art. 10 Abs. 2 von einem Standesbeamten spricht, ist damit entsprechend die Behörde gemeint, die nach Landesrecht zur Registrierung berufen ist.[195] Ob die Partnerschaft im Inland oder im Ausland registriert wurde, spielt keine Rolle; auch eine nachträgliche Rechtswahl für eine im Ausland registrierte Partnerschaft durch öffentlich beglaubigte Erklärung gegenüber einer zuständigen deutschen Behörde ist also möglich.[196]

Wird ausländisches Namensrecht gewählt und kennt dieses Recht die registrierte Lebenspartnerschaft nicht, so ist an eine entsprechende Anwendung der ausländischen Ehenamensregeln durch **Substitution** zu denken.[197] Art. 10 Abs. 2 regelt nur die **kollisionsrechtliche Rechtswahl**; nach dem anwendbaren Recht bestimmt sich sodann, ob auch materiellrechtlich eine Wahl des Namens möglich ist.[198] Wird deutsches Recht gewählt, so gilt für die **materielle Namenswahl** § 3 LPartG.[199]

Soweit die Lebenspartner ein **gemeinsames Kind** haben (etwa bei Adoption nach einem ausländischen Recht oder bei registrierten heterosexuellen Lebenspartnerschaften), führt die Verweisung in Abs. 2 S. 1 auch zu Art. 10 Abs. 2 S. 3. Diese Bestimmung regelt die Auswirkungen einer von den Partnern getroffenen Rechtswahl auf den **Namen des Kindes**.[200]

2. Partnerschaftswohnung und Hausrat (Abs. 2 S. 1 Alt. 2). Für die Nutzungsbefugnis im Hinblick auf die Partnerschaftswohnung und den Hausrat und die damit in Zusammenhang stehenden Betretungs-, Näherungs- und Kontaktverbote spricht Abs. 2 S. 1 eine Verweisung auf die einseitige[201] und ehespezifische Kollisionsnorm des Art. 17a aus. Deutsches Recht findet deshalb Anwendung, wenn die Partnerschaftswohnung in Deutschland belegen ist und der Hausrat sich in Deutschland befindet. Befinden sich die Partnerschaftswohnung und der Hausrat im Ausland, so erfolgt nach wohl überwiegender Ansicht eine Einordnung als allgemeine Lebenspartnerschaftswirkung, nach erfolgter Auflösung der Partnerschaft eine Einordnung unter das Aufhebungsstatut, insgesamt also eine Anknüpfung an das Recht des Register führenden Staates.[202]

VIII. Inländischer Verkehrsschutz (Abs. 2 S. 2)

Abs. 2 S. 2 ist Art. 16 Abs. 2 nachgebildet und dient bei entsprechendem Inlandsbezug dem Schutz des inländischen Rechtsverkehrs vor überraschenden Folgen, welche die Anwendung ausländischen Güterrechts mit sich bringen kann.[203] Die Eigentumsvermutung des § 8 Abs. 1 LPartG greift deshalb auch dann ein, wenn das anwendbare Güterrecht eine entsprechende Regelung nicht vorsieht, und ebenso werden die §§ 1357,

---

192 Vgl. MüKo/*Coester*, Art. 17b EGBGB Rn 62; Henrich, FamRZ 2002, 137, 144; Staudinger/*Mankowski*, Art. 17b EGBGB Rn 67.
193 Vgl. MüKo/*Coester*, Art. 17b EGBGB Rn 68; *Forkert*, S. 260; Palandt/*Heldrich*, Art. 17b EGBGB Rn 7; Staudinger/*Mankowski*, Art. 17b EGBGB Rn 68; Bamberger/Roth/*Otte*, Art. 17b EGBGB Rn 20; *Wagner*, IPRax 2001, 281, 291.
194 Vgl. Palandt/*Heldrich*, Art. 17b EGBGB Rn 7; Staudinger/*Mankowski*, Art. 17b EGBGB Rn 69; *Thorn*, IPRax 2002, 349, 352.
195 MüKo/*Coester*, Art. 17b EGBGB Rn 69; *Forkert*, S. 267; Staudinger/*Mankowski*, Art. 17b EGBGB Rn 70.
196 Vgl. Palandt/*Heldrich*, Art. 17b EGBGB Rn 7; Staudinger/*Mankowski*, Art. 17b EGBGB Rn 70.
197 Vgl. MüKo/*Coester*, Art. 17b EGBGB Rn 69.
198 Vgl. Palandt/*Heldrich*, Art. 17b EGBGB Rn 7.
199 Hierzu *Forkert*, S. 268 ff.
200 Näher hierzu MüKo/*Coester*, Art. 17b EGBGB Rn 70 f.; *Forkert*, S. 272 ff.; vgl. auch Palandt/*Heldrich*, Art. 10 EGBGB Rn 18.
201 Vgl. MüKo/*Coester*, Art. 17b EGBGB Rn 72; *Forkert*, S. 276.
202 S. hierzu *Forkert*, S. 114 ff., 276 ff.; vgl. Palandt/*Heldrich*, Art. 17b EGBGB Rn 7; Staudinger/*Mankowski*, Art. 17b EGBGB Rn 72 f.
203 Vgl. MüKo/*Coester*, Art. 17b EGBGB Rn 44; *Forkert*, S. 282 ff.; Erman/*Hohloch*, Art. 17b EGBGB Rn 8; Staudinger/*Mankowski*, Art. 17b EGBGB Rn 74; Bamberger/Roth/*Otte*, Art. 17b EGBGB Rn 21–23.

1365–1370 über § 8 Abs. 2 LPartG international durchgesetzt, soweit sie für gutgläubige Dritte günstiger sind.

IX. Mehrfachregistrierung (Abs. 3)

69 In umgekehrter zeitlicher Priorität unterstellt Abs. 3 die in Abs. 1 der Vorschrift genannten Folgen und Wirkungen einer in verschiedenen Ländern registrierten Partnerschaft zwischen denselben Personen den **Sachvorschriften im Staat der letzten Registrierung**. Vermieden wird auf diese Weise die gleichzeitige Anwendbarkeit verschiedener Rechtsordnungen, und den Partnern wird ermöglicht, einen Statutenwechsel herbeizuführen und auf diese Weise mittelbar eine Rechtswahl zu treffen[204] (hierzu Rn 31). Im Blick hatte der Gesetzgeber wohl vor allem die deutsche Zweit- bzw. Letztregistrierung. Hatten sich etwa Personen, die in Deutschland leben, vor dem In-Kraft-Treten des LPartG im Ausland registrieren lassen, so können sie sich nun durch erneute Registrierung die rechtlichen Wirkungen des deutschen Rechts *ex nunc* sichern.[205] Eine solche erneute Registrierung in Deutschland könnte sich praktisch vor allem im Hinblick auf die Kappungsregelung des Abs. 4 empfehlen,[206] die bei im Ausland registrierten Partnerschaften deren rechtliche Wirkungen im Inland in unvorhersehbarer Weise reduziert (hierzu sogleich Rn 70 ff. im Text).

X. Die Kappungsregelung des Abs. 4

70 **1. Zweck und Regelungsgehalt.** Aus der Furcht, dass die Anwendung ausländischer Regelungen im Zusammenhang mit registrierten Lebenspartnerschaften gegen Art. 6 GG verstoßen könnte,[207] hat der Gesetzgeber eine sonderbare Norm geschaffen: Gemäß Abs. 4 gehen die Wirkungen einer im Ausland eingetragenen Lebenspartnerschaft nicht weiter, als nach den Vorschriften des BGB und des LPartG vorgesehen. Mit dieser **speziellen Vorbehaltsklausel** werden unterschiedslos und scheinbar unabhängig von der Inlandsbeziehung des konkreten Falles im Wege eines abstrakt-generellen Normenvergleichs alle Wirkungen des ausländischen Rechts abgeschnitten, die über das Maß des deutschen Rechts hinausgehen.[208] Es gilt der **Grundsatz des schwächeren Rechts**, der einerseits dem Vertrauensschutz der Beteiligten dienen und andererseits der Sicherheit und Leichtigkeit des Rechtsverkehrs im Inland Rechnung tragen soll.[209]

71 Diesen Zweck verfehlt die Norm. Sie ist in ihrer Anwendung nicht nur hochgradig kompliziert, sondern führt auch zu massiven Wertungswidersprüchen und Diskriminierungen, denen man methodisch jedenfalls nicht vollständig ausweichen kann.[210] Rechtspolitisch sollte sie ersatzlos gestrichen werden; die allgemeine Vorbehaltsklausel des Art. 6 reicht aus.[211] In der Rechtspraxis eröffnet die unklare tatbestandliche Reichweite des Abs. 4 ein ungewöhnlich weites Argumentationsspektrum (hierzu Rn 75 ff.), das der Rechtssicherheit kaum dienen kann, *de lege lata* aber auszuschöpfen ist.

72 **2. Der Kappungsregelung gezogene Grenzen.** Zunächst verfehlt die Sperrklausel des Abs. 4 weitgehend bereits das eigene Ziel, unterschiedslos der Anwendung ausländischen Rechts am Maßstab des deutschen Rechts einen Riegel vorzuschieben. Ihrerseits begrenzt wird die Klausel nämlich nicht nur durch eventuelle **Sonderanknüpfungen an das Belegenheitsrecht** gemäß Art. 3 Abs. 3,[212] sondern vor allem auch durch **vorrangige Staatsverträge**, die das anwendbare ausländische Recht gemäß Art. 3 Abs. 2 vor den Kappungsversuchen des Abs. 4 schützen können.[213] Dessen Hiebe gehen umso öfter ins Leere, je weiter man die tatbestandliche Reichweite des Abs. 4 ausdehnt (zur tatbestandlichen Reichweite Rn 74 ff.). Sind etwa die unterhaltsrechtlichen Wirkungen der registrierten Lebenspartnerschaft von Abs. 4 erfasst und unterfallen diese Partnerschaften auch dem Haager Unterhaltsübereinkommen (HUntÜ), dann ist das staatsvertraglich berufene ausländische Unterhaltsrecht allen Kappungsbemühungen des deutschen Kollisionsrechts gegenüber immun.[214] Sollen auch erbrechtliche Wirkungen der Partnerschaft von Abs. 4 erfasst werden,

---

204 Vgl. MüKo/*Coester*, Art. 17b EGBGB Rn 15 ff.; *Forkert*, S. 288 ff.; Erman/*Hohloch*, Art. 17b EGBGB Rn 9; Staudinger/*Mankowski*, Art. 17b EGBGB Rn 76 ff.; Bamberger/Roth/*Otte*, Art. 17b EGBGB Rn 24.
205 Vgl. Staudinger/*Mankowski*, Art. 17b EGBGB Rn 80.
206 Vgl. Palandt/*Heldrich*, Art. 17b EGBGB Rn 4; Staudinger/*Mankowski*, Art. 17b EGBGB Rn 83.
207 Vgl. MüKo/*Coester*, Art. 17b EGBGB Rn 84; *Forkert*, S. 300; Staudinger/*Mankowski*, Art. 17b EGBGB Rn 84; *Wagner*, IPRax 2001, 281, 291 f.
208 Vgl. MüKo/*Coester*, Art. 17b EGBGB Rn 84; *Forkert*, S. 296; Palandt/*Heldrich*, Art. 17b EGBGB Rn 4; Staudinger/*Mankowski*, Art. 17b EGBGB Rn 86.
209 BT-Drucks 14/3751, S. 61; vgl. hierzu MüKo/*Coester*, Art. 17b EGBGB Rn 84; *Wagner*, IPRax 2001, 281, 292.
210 Für eine optimistischere Einschätzung *Coester*, in: FS Sonnenberger 2004, S. 321, 325.
211 *Gebauer/Staudinger*, IPRax 2002, 275 ff.
212 MüKo/*Coester*, Art. 17b EGBGB Rn 58, 89; *Gebauer/Staudinger*, IPRax 2002, 275, 279 f.
213 Vgl. *Gebauer/Staudinger*, IPRax 2002, 275, 278 ff.; Staudinger/*Mankowski*, Art. 17b EGBGB Rn 89.
214 Vgl. MüKo/*Coester*, Art. 17b EGBGB Rn 89; *Gebauer/Staudinger*, IPRax 2002, 275, 278 f.

dann kann der Kappungsversuch an bilateralen Staatsverträgen scheitern.[215] Bezieht sich Abs. 4 am Ende sogar auf schuldvertragliche Ansprüche, droht ein Konflikt mit den europäischen schuldvertragsrechtlichen Kollisionsnormen in Gestalt des EVÜ bzw. einer künftigen EG-Verordnung.[216]

Ein Hindernis für seine eigene Anwendung stellen schließlich auch die **praktischen Schwierigkeiten** dar, die Abs. 4 hervorruft. Der Grundsatz des schwächeren Rechts setzt eine dem Vergleich folgende Reduzierbarkeit des ausländischen am Maßstab des inländischen Rechts voraus, die in dem Maße fehlschlägt, als sich die verglichenen Rechtsordnungen nicht nur graduell, sondern bereits strukturell unterscheiden, wenn also etwa für Lebenspartnerschaften verschiedenartige Güterstände vorgesehen sind: Wie will man sinnvoll eine Gütergemeinschaft des niederländischen Rechts am Maßstab des deutschen Rechts herabsetzen?[217] Auf eine Ausgleichsgemeinschaft,[218] auf eine Gütertrennung[219] oder auf jeden der möglichen Wahlgüterstände des deutschen Rechts, was im letzten Fall wohl dazu führen würde, dass nur wenigen ausländischen Güterständen eine Anerkennung zu versagen wäre?[220] Vorgeschlagen wird auch, nur solche Rechtsfolgen des ausländischen Rechts zu kupieren, die das deutsche Recht überhaupt nicht kennt, mit der Folge, dass güterrechtliche Ausgleichsansprüche nach ausländischem Recht unabhängig von ihrer Art und ihrem Umfang zu respektieren und von Abs. 4 unangetastet zu lassen seien, weil eben auch das deutsche Recht güterrechtliche Ausgleichsansprüche kennt.[221] Alle Ansichten lassen sich mit guten Gründen vertreten, und eben dies belegt nicht nur die praktische Untauglichkeit der Kappungsregelung, sondern auch die Rechtsunsicherheit, zu der sie führt.

3. Kritik, tatbestandliche Reichweite und Anwendung in der Praxis. Verstärkt wird dieser Befund noch durch die tatbestandliche Unschärfe der Norm und durch die von ihr hervorgerufenen **Wertungswidersprüche**. Die Wertungswidersprüche betreffen nicht nur das bei der speziellen Vorbehaltsklausel fehlende Erfordernis des sonst üblichen Inlandsbezugs, sondern auch verschiedene Diskriminierungen, etwa gegenüber nicht registrierten Partnerschaften, für die es keine Kappungsgrenze gibt.[222] Unklar ist aber vor allem, wie weit der **Tatbestand des Abs. 4** reicht. Betreffen die „Wirkungen", von denen die Norm spricht, nur die in Abs. 1 S. 1 dem Registerstatut unterstellten Wirkungen, betreffen sie darüber hinaus auch „die unterhaltsrechtlichen und die erbrechtlichen Folgen der Lebenspartnerschaft" im Sinne des Abs. 1 S. 2, oder werden sogar darüber noch hinausgehend sämtliche rechtlichen Auswirkungen der Lebenspartnerschaft am Maßstab des deutschen Rechts gestutzt,[223] auch soweit sie etwa schuldvertragsrechtlich oder deliktisch zu qualifizieren sind?[224]

Je weiter der tatbestandliche Rahmen des Abs. 4 gezogen wird, desto offener treten die Wertungswidersprüche und Diskriminierungen zu Tage, welche die Norm hervorbringt. Bezieht man etwa die erbrechtlichen und die unterhaltsrechtlichen Folgen mit ein, so werden bei identischer ausländischer *lex causae* ohne ein sinnvolles Unterscheidungskriterium völlig unterschiedliche Rechtsfolgen ausgesprochen, je nachdem, ob die Partnerschaft im Inland oder im Ausland registriert wurde, denn die Kappungsregelung greift nur bei im Ausland registrierten Partnerschaften ein, nicht etwa stets dann, wenn ausländisches Recht berufen ist.[225] Vor diesem Hintergrund lassen sich *de lege lata* eine restriktive Interpretation bzw. eine **teleologische Reduktion des Abs. 4** vertreten. Die restriktive Interpretation setzt bei der in der Norm enthaltenen Anknüpfung an die ausländische Registrierung an und folgert daraus systematisch, dass sich die Kappungsregel nur auf solche Wirkungen erstreckt, die gemäß Abs. 1 S. 1 dem Registerstatut unterliegen, nicht aber auf die erbrechtlichen und unterhaltsrechtlichen Folgen, die einem ausländischen Statut unterliegen.[226] Im Wege der teleologischen Reduktion lässt sich darüber hinaus das Erfordernis eines Inlandsbezugs in Abs. 4 hineinlesen.[227] Ferner

---

215 Vgl. *Gebauer/Staudinger*, IPRax 2002, 275, 279; Staudinger/*Mankowski*, Art. 17b EGBGB Rn 89.
216 Vgl. *Gebauer/Staudinger*, IPRax 2002, 275, 279; Staudinger/*Mankowski*, Art. 17b EGBGB Rn 89.
217 Ausf. hierzu *Forkert*, S. 145 ff, 147 ff.; vgl. auch *Gebauer/Staudinger*, IPRax 2002, 275, 280.
218 Vgl. hierzu *Frank*, MittBayNot 2001, Sonderheft Lebenspartnerschaften, S. 35, 40.
219 Vgl. *Süß*, DNotZ 2001, 168, 171.
220 So in der Tat *Forkert*, S. 149 ff.; vgl. auch *Frank*, MittBayNot 2001, Sonderheft Lebenspartnerschaften, S. 35, 40.
221 Vgl. *Henrich*, FamRZ 2002, 137, 140.
222 Vgl. *Gebauer/Staudinger*, IPRax 2002, 275, 280 ff.; Staudinger/*Mankowski*, Art. 17b EGBGB Rn 88.
223 So etwa *Wagner*, IPRax 2001, 281, 292: „ ... wird man Art. 17a IV EGBGB auch auf Wirkungen einer Lebenspartnerschaft erstrecken können, die Art. 17a I EGBGB nicht ausdrücklich anspricht."
224 Staudinger/*Mankowski*, Art. 17b EGBGB Rn 84; vgl. hierzu auch *Gebauer/Staudinger*, IPRax 2002, 275, 276 f.
225 Vgl. hierzu MüKo/*Coester*, Art. 17b EGBGB Rn 92; *Forkert*, S. 299 f.; *Gebauer/Staudinger*, IPRax 2002, 275, 281; *Wasmuth*, in: Liber amicorum Gerhard Kegel 2002, S. 237, 245.
226 MüKo/*Coester*, Art. 17b EGBGB Rn 93; *Forkert*, S. 154 ff., 253 ff., 300. Anders, allerdings einem argumentativen Ansatz folgend, der die Probleme der Vorbehaltsklausel aufzuzeigen versucht, *Gebauer/Staudinger*, IPRax 2002, 275, 276.
227 Vgl. MüKo/*Coester*, Art. 17b EGBGB Rn 96; *Forkert*, S. 309. Zweifelnd *Gebauer/Staudinger*, IPRax 2002, 275, 280 f.

lässt sich gegen den Wortlaut,[228] aber dem Zweck der Vorschrift entsprechend argumentieren, dass es bei dem von Abs. 4 geforderten Wirkungsvergleich nicht darauf ankommen kann, wie das ausländische und das inländische Recht im Einzelnen ausgestaltet sind, sondern nur darauf, ob das deutsche Recht entsprechende Wirkungen überhaupt vorsieht oder nicht.[229]

76 Jede teleologische Reduktion des Abs. 4 muss am Zweck dieser Bestimmung ansetzen. Den **Zweck der Vorschrift** genau zu umreißen, fällt freilich nicht ganz leicht, zumal sich das früher oftmals vertretene Abstandsgebot, das aus Art. 6 GG folge, nach der Entscheidung des Bundesverfassungsgerichts vom 17.7.2002[230] nicht mehr aufrechterhalten lässt.[231] Was freilich bleibt, ist ein Benachteiligungsverbot im Hinblick auf die Ehe sowie ein Fördergebot: Liest man diese verfassungsrechtlichen Zwecke in Abs. 4 hinein,[232] so lässt sich der Anwendungsbereich der Norm auf die Fälle reduzieren, in denen der inländische Verkehrsschutz und der Eheschutz als immanente Wirkungsgrenze des Abs. 4 berührt sind,[233] und das wird nicht häufig der Fall sein.

77 Ein Sonderproblem stellen im Rahmen der Vorbehaltsklausel die **registrierten heterosexuellen Partnerschaften** dar, die nach hier vertretener Ansicht grundsätzlich dem Anwendungsbereich des Art. 17b unterfallen (Rn 8). Dennoch findet die Kappungsregel des **Abs. 4** auf sie **keine Anwendung**[234] (vgl. Rn 16). Darin liegt zwar eine gewisse Diskriminierung von gleichgeschlechtlichen Partnerschaften,[235] doch im umgekehrten Fall wären heterosexuelle Partnerschaften ihrer rechtlichen Wirkung beraubt, ein Ergebnis, das sich aus dem Zweck des Abs. 4 nicht ableiten lässt. Zwar erscheint der Adressatenkreis von Ehe und heterosexuellen Partnerschaften identisch, doch hat das Bundesverfassungsgericht – bezogen auf den inländischen Gesetzgeber – gerade das Problem betont, das entstünde, wenn ein Institut in Konkurrenz zur Ehe geschaffen würde, das mit gleichen Rechten und geringeren Pflichten ausgestattet wäre als die Ehe.[236] Die Vermeidung solcher geringeren Pflichten lässt sich, abgesehen davon, dass es sich stets um ausländische Rechtsinstitute handelt,[237] jedenfalls nicht sinnvoll durch die Kappungsregel des Abs. 4 erreichen.[238] Diese Norm ist wegen ihrer Bezugnahme auf das deutsche Sachrecht auf solche Lebenspartnerschaftstypen zu begrenzen, die auch dem deutschen Sachrecht bekannt sind[239] (vgl. Rn 16).

78 **Gleichgeschlechtliche Ehen** sind nach hier vertretener Auffassung nicht lebenspartnerschaftsrechtlich zu qualifizieren (vgl. Rn 18), so dass auf sie die Kappungsregel des **Abs. 4** ebenfalls **keine Anwendung** finden kann. Nicht grundsätzlich, wohl aber in besonders gelagerten Einzelfällen können die einem ausländischen Recht unterliegenden Wirkungen einer homosexuellen Ehe oder einer heterosexuellen registrierten Lebenspartnerschaft gegen den allgemeinen *ordre public* nach Art. 6 verstoßen.[240]

79 **4. Verhältnis zum allgemeinen ordre-public-Vorbehalt des Art. 6.** Gäbe es die Sperrklausel des Abs. 4 nicht, dann könnte die allgemeine Vorbehaltsklausel zur Anwendung gelangen, wenn durch die Anwendung ausländischen Rechts im Einzelfall bei entsprechendem Inlandsbezug fundamentale Prinzipien des deutschen Rechts berührt werden. Diese flexible Abwehr, die sich auch besser dem sich wandelnden verfassungsrechtlichen Verständnis anpassen kann, erscheint einer Sperrklausel weitaus überlegen, die das inländische Sachrecht zum Maß des Vorbehalts erklärt. Es bleibt zu hoffen, dass Abs. 4 wieder verschwindet.[241] Bis dahin ist das Verhältnis zum allgemeinen *ordre-public*-Vorbehalt nicht klar zu bestimmen, sondern **davon abhängig, wie weit der Tatbestand der Sperrklausel gezogen wird**: Versteht man ihn in umfassender Weise, dann bleibt für Art. 6 in der Rechtspraxis kein Raum. Auch bei teleologischer Interpretation bzw. Reduktion der Sperrklausel am Maßstab des verfassungsrechtlich gebotenen Schutzes (Rn 76) wird die allgemeine Vorbehaltsklausel absorbiert. Einen eigenen Anwendungsbereich behält sie nur insoweit, als ganze Rechtsfragen, wie etwa die unterhalts- und erbrechtlichen Folgen der Lebenspartnerschaft, dem Tatbestand der Sperrklausel vollständig entzogen werden. Nur die allgemeine Vorbehaltsklausel nach Art. 6

---

228 Vgl. *Gebauer/Staudinger*, IPRax 2002, 275, 276.
229 Vgl. *Forkert*, S. 300; *Thorn*, IPRax 2002, 349, 355.
230 NJW 2002, 2543 = FamRZ 2002, 1169.
231 Vgl. hierzu ausf. *Coester*, in: FS Sonnenberger 2004, S. 321, 324; *Forkert*, S. 29 ff., 34. S. hierzu bereits *Röthel*, IPRax 2000, 74, 78.
232 Vgl. hierzu auch *Thorn*, IPRax 2002, 349, 355.
233 Vgl. MüKo/*Coester*, Art. 17b EGBGB Rn 87, 99.
234 Vgl. MüKo/*Coester*, Art. 17b EGBGB Rn 134 f.; *Wagner*, IPRax 2001, 281, 292; *Wasmuth*, in: Liber amicorum Gerhard Kegel 2002, S. 237, 245.
235 Vgl. MüKo/*Coester*, Art. 17b EGBGB Rn 134 f.; *Gebauer/Staudinger*, IPRax 2002, 275, 281 f.
236 Vgl. BVerfG NJW 2002, 2543, 2549.
237 Zu den Besonderheiten, die sich hier aus der Auslandsbezogenheit der Sachverhalte ergeben, s. *Coester*, in: FS Sonnenberger 2004, S. 321, 330 f.
238 Vgl. MüKo/*Coester*, Art. 17b EGBGB Rn 135.
239 A.A. Bamberger/Roth/*Otte*, Art. 17b EGBGB Rn 28, der hier wohl den größten Anwendungsbereich für die Vorbehaltsklausel sieht.
240 Vgl. zur heterosexuellen registrierten Partnerschaft MüKo/*Coester*, Art. 17b EGBGB Rn 136 f.; zur homosexuellen Ehe *Forkert*, S. 81 ff.; *Gebauer/Staudinger*, IPRax 2002, 275, 277; *Röthel*, IPRax 2002, 496 ff.; *Wasmuth*, in: Liber amicorum Gerhard Kegel 2002, S. 237, 247 ff.
241 Vgl. *Gebauer/Staudinger*, IPRax 2002, 275 ff.

kann schließlich auch im Einzelfall bei solchen Formen institutionalisierter Partnerschaften zur Anwendung gelangen, die nicht der besonderen Vorbehaltsklausel des Abs. 4 unterfallen, also bei der heterosexuellen registrierten Lebenspartnerschaft und der gleichgeschlechtlichen Ehe (vgl. Rn 8 und 18).

C. Weitere praktische Hinweise

I. Internationale Zuständigkeit deutscher Gerichte

Bei Unterhaltsansprüchen zwischen Lebenspartnern richtet sich die internationale Zuständigkeit der deutschen Gerichte vorrangig nach der **EuGVVO**,[242] soweit deren räumlich-persönlicher Anwendungsbereich eröffnet ist.[243] Die **Brüssel IIa-Verordnung (EheVO 2003)**[244] findet hingegen auf Lebenspartnerschaften keine Anwendung.[245] Im autonomen deutschen Recht richtet sich die internationale Zuständigkeit nach **§ 661 Abs. 1–3 i.V.m. § 606a ZPO**. Das gilt nicht nur für Lebenspartnerschaften nach deutschem Recht, sondern für alle Lebensgemeinschaften, die als Lebenspartnerschaften im Sinne des Art. 17b zu qualifizieren sind (dazu Rn 5 ff.), insbesondere also auch für die heterosexuelle registrierte Partnerschaft.[246]

80

§ 661 Abs. 3 ZPO sieht für die entsprechende Anwendung des § 606a ZPO einige wesentliche Modifikationen vor: So genügt nach **§ 661 Abs. 3 Nr. 1a ZPO** der gewöhnliche Aufenthalt auch nur eines Lebenspartners in Deutschland,[247] ohne dass es – wie in § 606a Abs. 1 S. 1 Nr. 4 ZPO vorgesehen – auf eine positive Anerkennungsprognose ankäme.[248] Ferner sind die deutschen Gerichte auch dann international zuständig gemäß **§ 661 Abs. 3 Nr. 1b ZPO**, wenn „die Lebenspartnerschaft vor einem deutschen Standesbeamten begründet worden ist". Das Tatbestandsmerkmal des Standesbeamten wird man hier verstehen müssen als die nach Landesrecht zuständige Stelle.[249] Sichergestellt wird durch diese Bestimmung, dass in Deutschland begründete Lebenspartnerschaften auch in Deutschland wieder aufgelöst werden können.[250]

81

II. Anerkennung ausländischer Entscheidungen

Die Anerkennung ausländischer **Unterhaltsentscheidungen**, die aus einem Mitgliedstaat der Europäischen Gemeinschaft stammen, richten sich nach der EuGVVO.[251] Die Anerkennung ausländischer **Entscheidungen über die Auflösung** von Lebenspartnerschaften richten sich, vorbehaltlich vorrangiger Staatsverträge,[252] nach **§ 328 ZPO**,[253] weil die Brüssel-IIa-Verordnung (EheVO 2003)[254] auch insoweit auf Lebenspartnerschaften keine Anwendung findet[255] (vgl. Rn 80). Zu prüfen ist also grundsätzlich nach § 328 Abs. 1 Nr. 1 ZPO die spiegelbildliche Anwendung der Zuständigkeitsvorschriften nach §§ 661 Abs. 2 und 3, 606a Abs. 1 ZPO.[256]

82

---

242 Verordnung (EG) Nr. 44/2001 v. 22.12.2000. Hat der Beklagte seinen Wohnsitz in einem Vertragsstaat des Luganer Übereinkommens, der nicht auch Mitgliedstaat der Europäischen Gemeinschaft ist, oder in Dänemark, so kommen auch die Anwendung des Luganer Übereinkommens bzw. des EuGVÜ in Betracht.
243 Vgl. MüKo/*Coester*, Art. 17b EGBGB Rn 119; v. *Hoffmann*, IPR, § 8 Rn 73k (S. 324 f.); Erman/*Hohloch*, Art. 17b EGBGB Rn 18.
244 Verordnung (EG) Nr. 2201/2003 v. 27.11.2003. S. dazu Anhang I zum III. Abschnitt.
245 Vgl. MüKo/*Coester*, Art. 17b EGBGB Rn 119; *Gebauer/Staudinger*, IPRax 2002, 275, 277; *Henrich*, FamRZ 2002, 137, 141; Palandt/*Heldrich*, Art. 17b EGBGB Rn 10; v. *Hoffmann*, IPR, § 8 Rn 73k (S. 324 f.); Erman/*Hohloch*, Art. 17b EGBGB Rn 18; Thomas/Putzo/*Hüßtege*, ZPO, § 661 Rn 13; *Kohler*, NJW 2001, 10, 15.
246 Vgl. MüKo/*Coester*, Art. 17b EGBGB Rn 120, 133; vgl. auch *Wagner*, IPRax 2001, 281, 292; a.A. (gegen eine Analogie) Erman/*Hohloch*, Art. 17b EGBGB Rn 18; Bamberger/Roth/*Otte*, Art. 17b EGBGB Rn 29.
247 Damit wird der in § 606a Abs. 1 S. 1 Nr. 2 vorgesehene und über § 661 Abs. 3 ZPO ebenfalls zur entspr. Anwendung berufene Zuständigkeitsgrund des gewöhnlichen Aufenthalts beider Lebenspartner im Inland praktisch bedeutungslos, vgl. MüKo/*Coester*, Art. 17b EGBGB Rn 122; *Wagner*, IPRax 2001, 281, 287.
248 Vgl. MüKo/*Coester*, Art. 17b EGBGB Rn 122; *Forkert*, S. 184; *Henrich*, FamRZ 2002, 137, 141; *Wagner*, IPRax 2001, 281, 287.
249 Vgl. MüKo/*Coester*, Art. 17b EGBGB Rn 123; *Forkert*, S. 185.
250 Vgl. MüKo/*Coester*, Art. 17b EGBGB Rn 123; Erman/*Hohloch*, Art. 17b EGBGB Rn 18; *Thorn*, IPRax 2002, 349, 355; *Wagner*, IPRax 2001, 281, 287.
251 Soweit die Entscheidung aus einem Vertragsstaat des Luganer Übereinkommens stammt, der nicht auch Mitgliedstaat der Europäischen Gemeinschaft ist, oder aus Dänemark, kommt auch die Anwendung des Luganer Übereinkommens bzw. des EuGVÜ in Betracht.
252 Zu solchen bilateralen Staatsverträgen vgl. *Wagner*, IPRax 2001, 281, 283.
253 Vgl. Palandt/*Heldrich*, Art. 17b EGBGB Rn 10; Erman/*Hohloch*, Art. 17b EGBGB Rn 18; *Thorn*, IPRax 2002, 349, 356; *Wagner*, IPRax 2001, 281, 287 f.
254 Verordnung (EG) Nr. 2201/2003 v. 27.11.2003; vgl. dazu Anhang I zum III. Abschnitt.
255 Vgl. MüKo/*Coester*, Art. 17b EGBGB Rn 124; v. *Hoffmann*, IPR, § 8 Rn 73n (S. 325); *Wagner*, IPRax 2001, 281, 283.
256 Vgl. MüKo/*Coester*, Art. 17b EGBGB Rn 125.

83 **Zwei Modifikationen** gegenüber den üblichen Anerkennungsbestimmungen sind zu beachten: Zum einen verzichtet § 328 Abs. 2 ZPO bei Lebenspartnerschaftssachen nach § 661 Abs. 1 Nr. 1 und Nr. 2 ZPO im Rahmen der Anerkennung auf die Verbürgung der Gegenseitigkeit.[257] Der Grund hierfür liegt in der geringen Verbreitung des Rechtsinstituts.[258] Zum anderen wird eine ausländische Entscheidung auch dann anerkannt, wenn sie im Registerstaat anerkannt werden würde (§ 661 Abs. 3 Nr. 3 ZPO i.V.m. § 606a Abs. 2 S. 2 ZPO).[259]

84 Ob eine ausländische Entscheidung wegen Verstoßes gegen den deutschen *ordre public* nicht anerkennungsfähig ist, richtet sich nach § 328 Abs. 1 Nr. 4 ZPO.[260] Dem Anwendungsbereich des § 328 ZPO entzogen sind **Privatauflösungen** einer Lebenspartnerschaft: Wird sie nicht durch gerichtliche Entscheidung, sondern durch einen privaten Gestaltungsakt der Lebenspartner beendet, so richtet sich die Wirksamkeit nach dem für die Auflösung maßgebenden Statut, gemäß Abs. 1 S. 1 also nach dem Recht des Register führenden Staates.[261]

Artikel 18 Unterhalt

(1) ¹Auf Unterhaltspflichten sind die Sachvorschriften des am jeweiligen gewöhnlichen Aufenthalt des Unterhaltsberechtigten geltenden Rechts anzuwenden. ²Kann der Berechtigte nach diesem Recht vom Verpflichteten keinen Unterhalt erhalten, so sind die Sachvorschriften des Rechts des Staates anzuwenden, dem sie gemeinsam angehören.

(2) ¹Kann der Berechtigte nach dem gemäß Absatz 1 Satz 1 oder 2 anzuwendenden Recht vom Verpflichteten keinen Unterhalt erhalten, so ist deutsches Recht anzuwenden.

(3) ¹Bei Unterhaltspflichten zwischen Verwandten in der Seitenlinie oder Verschwägerten kann der Verpflichtete dem Anspruch des Berechtigten entgegenhalten, daß nach den Sachvorschriften des Rechts des Staates, dem sie gemeinsam angehören, oder, mangels einer gemeinsamen Staatsangehörigkeit, des am gewöhnlichen Aufenthalt des Verpflichteten geltenden Rechts eine solche Pflicht nicht besteht.

(4) ¹Wenn eine Ehescheidung hier ausgesprochen oder anerkannt worden ist, so ist für die Unterhaltspflichten zwischen den geschiedenen Ehegatten und die Änderung von Entscheidungen über diese Pflichten das auf die Ehescheidung angewandte Recht maßgebend. ²Dies gilt auch im Fall einer Trennung ohne Auflösung des Ehebandes und im Fall einer für nichtig oder als ungültig erklärten Ehe.

(5) ¹Deutsches Recht ist anzuwenden, wenn sowohl der Berechtigte als auch der Verpflichtete Deutsche sind und der Verpflichtete seinen gewöhnlichen Aufenthalt im Inland hat.

(6) ¹Das auf eine Unterhaltspflicht anzuwendende Recht bestimmt insbesondere,
1. ob, in welchem Ausmaß und von wem der Berechtigte Unterhalt verlangen kann,
2. wer zur Einleitung des Unterhaltsverfahrens berechtigt ist und welche Fristen für die Einleitung gelten,
3. das Ausmaß der Erstattungspflicht des Unterhaltsverpflichteten, wenn eine öffentliche Aufgaben wahrnehmende Einrichtung den ihr nach dem Recht, dem sie untersteht, zustehenden Erstattungsanspruch für die Leistungen geltend macht, die sie dem Berechtigten erbracht hat.

(7) ¹Bei der Bemessung des Unterhaltsbetrags sind die Bedürfnisse des Berechtigten und die wirtschaftlichen Verhältnisse des Unterhaltsverpflichteten zu berücksichtigen, selbst wenn das anzuwendende Recht etwas anderes bestimmt.

Literatur: *Andrae*, Internationales Familienrecht, 1999; *Bischoff*, Regelbetrag-VO und vereinfachtes Verfahren bei ausländischem Unterhaltsstatut, IPRax 2002, 511; *Göppinger/Wax*, Unterhaltsrecht, 7. Auflage 1999; *Hausmann*, Der Unterhaltsbegriff in Staatsverträgen des internationalen Privat- und Verfahrensrecht, IPRax 1990, 382; *Henrich*, Internationales Familienrecht, 2. Auflage 2000; *ders.*, Zur Qualifikation von Unterhaltsansprüchen gegen den Nachlass, in: FS Gernhuber 1993, S. 667; *ders.*, Kollisionsrechtliche Fragen zum Geschiedenenunterhalt, IPRax 1992, 84; *Kartzke*, Abänderung von Unterhaltsentscheidungen und neues Internationales Unterhaltsrecht, NJW 1988, 104; *Mankowski*, Im Dschungel der für die Vollstreckbarerklärung ausländischer Unterhaltsentscheidungen einschlägigen Abkommen und ihrer Ausführungsgesetze, IPRax 2000, 188; *Mingers*, Auskunftsansprüche im internationalen Unterhaltsrecht, 1998.

---

257 Vgl. *Forkert*, S. 180; *Wagner*, IPRax 2001, 281, 288.
258 Vgl. MüKo/*Coester*, Art. 17b EGBGB Rn 125.
259 Vgl. MüKo/*Coester*, Art. 17b EGBGB Rn 125; *Forkert*, S. 179.
260 Vgl. MüKo/*Coester*, Art. 17b EGBGB Rn 126.
261 Vgl. MüKo/*Coester*, Art. 17b EGBGB Rn 125; *Forkert*, S. 180 ff.

A. Allgemeines	1	6. Ordre public	80
B. Regelungsgehalt	5	III. Der Unterhaltsregress durch Private	83
I. Anknüpfung	5	IV. Vorrangige Abkommen	88
1. Überblick	5	1. Deutsch-iranisches Niederlassungsabkommen vom 17.2.1929	88
2. Regelanknüpfung (Abs. 1 S. 1) mit Hilfsanknüpfungen (Abs. 1 S. 2 und Abs. 2)	8	2. Haager Unterhaltsübereinkommen (HUntÜ) vom 2.10.1973	93
a) Anknüpfung an den jeweiligen gewöhnlichen Aufenthalt (Abs. 1 S. 1)	8	3. Haager Kinderunterhaltsübereinkommen vom 24.10.1956	95
		C. Weitere praktische Hinweise	99
b) Hilfsanknüpfung bei Nichtbestehen eines Unterhaltsanspruchs (Abs. 1 S. 2 und Abs. 2)	14	I. Prozessuale Hinweise	99
		1. Internationale Zuständigkeit	99
aa) Anknüpfung an das gemeinsame Heimatrecht (Abs. 1 S. 2)	14	a) EuGVVO (EuGVÜ, LugÜ)	99
		b) Unvereinheitlichtes deutsches Zuständigkeitsrecht	101
(1) Nichtgewährung eines Anspruchs durch das Recht am gewöhnlichen Aufenthalt	14	2. Anerkennung und Vollstreckung	104
		a) EuGVVO (EuGVÜ, LugÜ)	104
		b) Haager Übereinkommen vom 2.10.1973	105
(2) Anwendung des gemeinsamen Heimatrechts	24	c) Haager Übereinkommen vom 15.4.1958	106
bb) Anknüpfung an das deutsche Recht (Abs. 2)	29	d) Bilaterale Staatsverträge	107
		e) Unvereinheitlichtes deutsches Recht	108
3. Ausnahme bei ferner Verwandtschaft (Abs. 3)	31	3. Abänderung ausländischer Unterhaltsentscheidungen	110
4. Sonderanknüpfung beim Nachscheidungsunterhalt (Abs. 4)	34	a) Abänderungsklage nach § 323 ZPO	110
		aa) Allgemeines	110
5. Sonderanknüpfung bei enger Beziehung zum deutschen Recht (Abs. 5)	42	bb) Abstrakte Zulässigkeit der Abänderung nach dem Recht des Urteilsstaates	113
II. Anwendungsbereich des Unterhaltsstatuts	44		
1. Begriff des Unterhalts	44	cc) Voraussetzungen der Abänderung im Einzelnen	116
a) Verpflichtung aufgrund einer familienrechtlichen Verbindung	44	dd) Umfang der möglichen Abänderung	122
b) Alimentationsverträge, Verzicht	52	b) Verhältnis zur erneuten Leistungsklage	124
c) Unterhaltpflichten im Erbfall	55		
2. Art und Umfang der Unterhaltsleistung	59	4. Internationale Rechtshilfe	125
3. Klageberechtigung	67	a) UN-Übereinkommen vom 20.6.1956	125
4. Unterhaltsregress durch öffentliche Einrichtungen	68	b) Auslandsunterhaltsgesetz	127
5. Vorfragen	71	II. Gestaltungsmöglichkeiten beim Nachscheidungsunterhalt (Abs. 4)	128
a) Selbständige Anknüpfung	71		
b) Vorfrage nach der Geschäftsfähigkeit des Unterhaltsberechtigten	79		

A. Allgemeines

Durch Gesetz vom 25.7.1986[1] hat der Bundestag dem **Haager Übereinkommen über das auf Unterhaltspflichten anzuwendende Recht vom 2.10.1973** (**HUntÜ**, vgl. Rn 93 f.) zugestimmt. Das Haager Abkommen enthält umfassende Anknüpfungsregeln für familienrechtliche Unterhaltspflichten. Es ist für die Bundesrepublik am 1.4.1987 in Kraft getreten. Nach seinem Art. 3 ist es auch bei einem gewöhnlichen Aufenthalt des Berechtigten in einem Nichtvertragsstaat anwendbar. Es handelt sich also um eine sog. *loi uniforme*.[2] Mit dem In-Kraft-Treten des Abkommens ist in der Bundesrepublik für eine autonome kollisionsrechtliche Regelung des Unterhalts kein Raum mehr.

Die kollisionsrechtlichen Vorschriften des Abkommens (also die Artt. 4–10 und Art. 11 Abs. 2) sind allerdings mit geringen redaktionellen Abweichungen in Art. 18 eingestellt worden. Es ist infolgedessen umstritten, ob in der praktischen Rechtsanwendung auf das HUntÜ oder auf Art. 18 zurückzugreifen ist. Die **unmittelbare Anwendung des HUntÜ** ist rangkollisionsrechtlich unzweifelhaft korrekt.[3] Anstelle dessen ist aber auch eine Anwendung von Art. 18 zulässig, wenn hierbei der staatsvertragliche Ursprung

---

[1] BGBl I S. 825.
[2] *Verwilghen*, BT-Drucks 10/258, S. 59 (Nr. 135); OLG Hamm FamRZ 1995, 886 = NJW-RR 1995, 520; Staudinger/*Mankowski*, Art. 18 EGBGB Anh. I Rn 9; Göppinger/Wax/*Linke*, Rn 3007.
[3] Staudinger/*Mankowski*, Art. 18 EGBGB Rn 2 ff.

der Norm berücksichtigt wird.[4] Soweit sich inhaltliche Abweichungen vom HUntÜ ergeben – was nur in Ausnahmefällen in Betracht kommt –, hat das HUntÜ Vorrang. Im Übrigen ist die Anwendung des Art. 18 anstelle des HUntÜ nicht mit Rechtsmitteln angreifbar und kann auch keine Anwaltshaftung begründen.[5]

3 Das Unterhaltsstatut befindet darüber, wer von wem in welchem Umfang Unterhalt verlangen kann. Nach dem Unterhaltsstatut bemisst sich auch der Umfang, in dem **öffentliche Einrichtungen** bei dem primär Unterhaltspflichtigen Regress nehmen können (Abs. 6 Nr. 3). Für den **Unterhaltsregress Privater** gilt demgegenüber Art. 33 (vgl. Rn 83 ff.).

4 Gegenüber dem Haager Abkommen vorrangig ist das **deutsch-iranische Niederlassungsabkommen** vom 17.2.1929 (vgl. dazu Rn 88 ff.). Das **Haager Übereinkommen über den Kindesunterhalt vom 24.10.1956** wird durch das Haager Übereinkommen von 1973 weitgehend verdrängt und hat daher nur noch im Verhältnis zu Belgien, Liechtenstein und Österreich Bedeutung (vgl. näher Rn 95 ff.). Für die Fragen der internationalen Zuständigkeit, die Anerkennung und Vollstreckung ausländischer Entscheidungen sowie die internationale Rechtshilfe sind darüber hinaus die EuGVVO sowie verschiedene Staatsverträge zu beachten (vgl. Rn 99 ff.). Sowohl innerhalb der europäischen Gemeinschaft als auch durch die Haager Konferenz für Internationales Privatrecht werden neue Regelungswerke sowohl auf kollisions- als auch verfahrensrechtlicher Ebene vorbereitet.[6]

B. Regelungsgehalt

I. Anknüpfung

5 **1. Überblick.** Abs. 1 S. 1 enthält eine **Regelanknüpfung** an den jeweiligen **gewöhnlichen Aufenthalt** des Unterhaltsberechtigten. Diese Anknüpfung wird, falls der Unterhaltsberechtigte nach dem hiernach anzuwendenden Sachrecht keinen Unterhaltsanspruch erhält, durch die **Hilfsanknüpfungen** nach Abs. 1 S. 2 und Abs. 2 ergänzt. Es handelt sich jeweils um **Sachnormverweisungen**.[7] Die Anknüpfung ist von dem Gedanken getragen, den **Unterhaltsberechtigten zu begünstigen**: Es soll möglichst eine Rechtsordnung zur Anwendung gelangen, die dem Unterhaltsberechtigten einen Anspruch einräumt. Abs. 3 sieht allerdings eine Einschränkung des ermittelten Unterhaltsanspruchs vor.

6 Eine vorrangige Sonderanknüpfung findet sich in Abs. 4. Bei der **Scheidung** findet auf den Unterhaltsanspruch des geschiedenen Ehegatten das Recht des Staates Anwendung, nach dem die Ehe geschieden worden ist. Die Günstigkeitsregeln des Abs. 1 S. 2 und des Abs. 2 finden für den Nachscheidungsunterhalt keine Anwendung. Eine weitere Sonderanknüpfung befindet sich – bei einem überwiegenden Bezug zum **deutschen Recht** – in Abs. 5. Letzterer geht auch der in Abs. 4 enthaltenen Anknüpfung vor.

7 Art. 18 selbst stellt den Beteiligten keine Möglichkeit einer **Rechtswahl** zur Verfügung.[8] Eine mittelbare Möglichkeit der Rechtswahl ergibt sich lediglich für den Nachscheidungsunterhalt im Falle des Abs. 4 (vgl. Rn 128).

8 **2. Regelanknüpfung (Abs. 1 S. 1) mit Hilfsanknüpfungen (Abs. 1 S. 2 und Abs. 2). a) Anknüpfung an den jeweiligen gewöhnlichen Aufenthalt (Abs. 1 S. 1).** Abs. 1 S. 1 stellt auf das Recht an dem jeweiligen gewöhnlichen Aufenthalt des Unterhaltsberechtigten ab. Es handelt sich um eine unmittelbare

---

4 Vgl. dazu OLG Hamm FamRZ 1996, 951, 952; 1989, 1331, 1332; LG Kiel FamRZ 1996, 47 mit näherer Begründung; *Looschelders*, Art. 18 Rn 3; Erman/*Hohloch*, Art. 18 EGBGB Rn 2; abweichend (unmittelbar auf das HUntÜ abstellend) OLG Hamm FamRZ 1998, 25; OLG Karlsruhe FamRZ 1992, 58; OLG Saarbrücken FamRZ 1994, 579; OLG Hamburg FamRZ 1993, 101 = NJW-RR 1993, 707; MüKo/*Siehr*, Art. 18 EGBGB Rn 1; Bamberger/Roth/*Otte*, Art. 18 EGBGB Rn 10.
5 Staudinger/*Mankowski*, Art. 18 EGBGB Rn 5.
6 Vgl. insoweit das von der EG-Kommission am 25.4.2004 vorgelegte Grünbuch über Unterhaltspflichten (KOM [2004] 254 endg.); zum Beschluss der Haager Konferenz v. 13.12.2002, eine neue umfassende Konvention auf dem Gebiet des Unterhaltsrechts auszuarbeiten, vgl. *Schwarz/Scherpe*, FamRZ 2004, 665 f.; des Weiteren s. zu den Bemühungen der Haager Konferenz für Internationales Privatrecht um ein (auch auf das Unterhaltsrecht anwendbares) Übereinkommen über die gerichtliche Zuständigkeit und ausländische Entscheidungen in Zivil- und Handelssachen *Wagner*, IPRax 2001, 533 f.; *Grabau/Hennecka*, RIW 2001, 569 f.
7 Bericht *Verwilghen*, BT-Drucks 10/258, S. 66 (Nr. 168); Begründung zum Regierungsentwurf, BT-Drucks 10/504, S. 63.
8 OLG Karlsruhe FamRZ 1990, 313, 314; ferner öst. OGH ZfRV 1996, 76 Nr. 17 LS 1; Staudinger/*Mankowski*, Art. 18 EGBGB Anh. I Rn 15; Bamberger/Roth/*Otte*, Art. 18 EGBGB Rn 12; abweichend z.T. die niederländische Rspr. (Nachw. bei Staudinger/*Mankowski*, Art. 18 EGBGB Anh. I Rn 15); *Boele-Woelki*, IPRax 1998, 492, 494 f.

Verweisung auf das anzuwendende Sachrecht (**Sachnormverweisung**). Rück- oder Weiterverweisungen durch das ausländische Kollisionsrecht sind also nicht zu prüfen.[9]

Der Begriff des gewöhnlichen Aufenthalts ist im Lichte des staatsvertraglichen Ursprungs von Art. 18 konventionsautonom i.S.d. des HUntÜ auszulegen.[10] Unterschiede zum Begriff des gewöhnlichen Aufenthalts, wie er im unvereinheitlichten deutschen Recht verwendet wird, sind jedoch nicht erkennbar. Unter dem gewöhnlichen Aufenthalt ist hiernach der **faktische Lebensmittelpunkt** zu verstehen (vgl. dazu näher Art. 5 EGBGB Rn 16 ff.).[11] Im Falle einer **Familienzusammenführung** begründen Ausländer in Deutschland regelmäßig erst dann einen gewöhnlichen Aufenthalt, wenn eine dauernde – nicht nur vorläufige oder befristete – Aufenthaltsgenehmigung besteht.[12] Maßgebend sind aber auch hier nicht die Rechtmäßigkeit des Aufenthalts, sondern die Länge des Aufenthalts und die tatsächliche berufliche und soziale Integration im Inland.[13] Ähnliches gilt bei **Asylbewerbern**.[14]

Verändert der Unterhaltsberechtigte seinen gewöhnlichen Aufenthalt, so wechselt damit *ex nunc* auch das auf den Unterhaltsanspruch anwendbare Recht. Das Unterhaltsstatut nach Abs. 1 S. 1 ist also **wandelbar**.[15] Hier kommt es auf die im Einzelfall nicht einfach zu beantwortende Frage an, zu welchem genauen Zeitpunkt bei einem Wegzug ins Ausland auch ein Wechsel des gewöhnlichen Aufenthalts vorliegt. Wird ein Land verlassen, ohne dass eine Rückkehrabsicht besteht, ist bereits in diesem Augenblick von einem Wechsel des gewöhnlichen Aufenthalts auszugehen.[16] Anders verhält es sich, wenn ursprünglich nur ein befristeter Wegzug geplant war, aber am neuen Ort sodann – entgegen der ursprünglichen Absicht – eine berufliche und soziale Integration erfolgt.[17] In derartigen Fällen wird angenommen, dass der Wechsel des gewöhnlichen Aufenthalts nach einem Zeitraum von sechs Monaten erfolgt.[18] Bedeutung hat diese Konstellation vor allem in den Fällen, in denen Gastarbeiter bzw. deren Familienangehörige von Deutschland in ihr Heimatland reisen und sich dann dort – entgegen ihrer ursprünglichen Absicht – so (re-)integrieren, dass eine Rückkehr nach Deutschland als unwahrscheinlich anzusehen ist. In diesen Fällen ist davon auszugehen, dass sich der Unterhaltsanspruch in den ersten sechs Monaten noch nach dem deutschen Recht bestimmt und erst daran anschließend das Recht am neuen gewöhnlichen Aufenthalt zur Anwendung gelangt. Ein nachträglicher Wechsel des gewöhnlichen Aufenthaltsorts ist von deutschen Gerichten, soweit es um zukünftigen Unterhalt geht, auch im laufenden Verfahren bis zum Zeitpunkt der letzten mündlichen Verhandlung in der Tatsacheninstanz zu berücksichtigen.[19] Wird Unterhalt für einen vergangenen Zeitraum begehrt, so kommt es darauf an, in welchem Staat der Anspruchssteller in diesem Zeitraum seinen gewöhnlichen Aufenthalt hatte.[20]

Berechtigter ist der Gläubiger des Unterhaltsanspruchs, nicht dessen Vertreter oder Prozessbevollmächtigter.[21] Bei **Minderjährigen** ist daher auf den gewöhnlichen Aufenthalt des Minderjährigen, nicht den seiner gesetzlichen Vertreter abzustellen. Eine Kindesentführung steht dem Erwerb eines neuen gewöhnlichen Aufenthalts des Kindes nicht entgegen, soweit sich daraus ein neuer dauerhafter Daseinsmittelpunkt des Kindes entwickelt.[22] Der gewöhnliche Aufenthalt eines Minderjährigen ändert sich i.d.R. durch bloße **Internats- oder Studienaufenthalte** im Ausland nicht, soweit nach Abschluss der Ausbildung eine Rückkehr erfolgen soll.[23] Von einem Wechsel des Aufenthalts ist auszugehen, wenn der Minderjährige mit dem ihm betreuenden

---

9 So bereits ausdr. Bericht *Verwilghen*, BT-Drucks 10/258, S. 66 (Nr. 168); Begründung zum Regierungsentwurf, BT-Drucks 10/504, S. 63; ebenso BGH NJW 1992, 438, 439 = FamRZ 1992, 298; OLG Karlsruhe FamRZ 1989, 313; Staudinger/*Mankowski*, Art. 18 EGBGB Anh. I Rn 17; *Looschelders*, Art. 18 Rn 12.
10 *Looschelders*, Art. 18 Rn 21; vgl. auch *Verwilghen*, BT-Drucks 10/258, S. 60 (Nr. 137).
11 Bericht *Verwilghen*, BT-Drucks 10/258, S. 60 (Nr. 137).
12 OLG Karlsruhe FamRZ 1990, 1351, 1352.
13 OLG Karlsruhe FamRZ 1992, 316, 317.
14 Staudinger/*Mankowski*, Art. 18 EGBGB Anh. I Rn 152.
15 Ausdr. Bericht *Verwilghen*, BT-Drucks 10/258, S. 60 (Nr. 140); Begründung zum Regierungsentwurf, BT-Drucks 10/504, S. 63; aus der Rspr. s. etwa OLG Hamm FamRZ 2002, 54; OLG Düsseldorf FamRZ 1995, 37 = NJW-RR 1995, 903; auch OLG Karlsruhe FamRZ 1990, 313, 314; OLG Hamm FamRZ 1989, 1084, 1085.
16 OLG Düsseldorf FamRZ 1995, 37 = NJW-RR 1995, 903; Göppinger/Wax/*Linke*, Rn 3021.
17 OLG Düsseldorf FamRZ 1995, 37 = NJW-RR 1995, 903.
18 OLG Düsseldorf FamRZ 1995, 37, 38 = NJW-RR 1995, 903; OLG Hamm FamRZ 1991, 1346, 1347; FamRZ 1989, 1084, 1085.
19 Ob das Verfahrensrecht der Berücksichtigung eines im laufenden Verfahren erfolgten Aufenthaltswechsels entgegenstehen kann, ist streitig, bejahend Staudinger/*Mankowski*, Art. 18 EGBGB Anh. I Rn 155; abl. MüKo/*Siehr*, Art. 18 EGBGB Anh. I Rn 105.
20 Staudinger/*Mankowski*, Art. 18 EGBGB Anh. I Rn 154; Göppinger/Wax/*Linke*, Rn 3058.
21 Göppinger/Wax/*Linke*, Rn 3023; Staudinger/*Mankowski*, Art. 18 EGBGB Anh. I Rn 139.
22 Göppinger/Wax/*Linke*, Rn 3023.
23 OLG Hamm FamRZ 1989, 1331, 1332 m. Anm. *Henrich*, IPRax 1990, 59; Staudinger/*Mankowski*, Art. 18 EGBGB Anh. I Rn 147 f.; abweichend *Henrich*, Int. Familienrecht, § 5 II 2 (S. 174) für den Fall, dass ein Student sein gesamtes Studium im Ausland absolvieren will.

Elternteil auf unbestimmte Zeit ins Ausland verzieht. Das Unterhaltsstatut – also das Recht am jeweiligen gewöhnlichen Aufenthalt des Kindes – bestimmt auch, wer das Kind im Unterhaltsprozess vertreten kann (Abs. 6 Nr. 2; vgl. Rn 67).

12 Haben der Unterhaltsberechtigte und der Unterhaltsverpflichtete unter dem alten Statut eine materiellrechtliche **Vereinbarung** über den Unterhalt getroffen bzw. hat der Unterhaltsberechtigte im Rahmen einer derartigen Vereinbarung auf den Unterhalt verzichtet, ist diese Vereinbarung – trotz des mittlerweile erfolgten Aufenthaltswechsels – weiterhin nach dem alten Unterhaltsstatut zu beurteilen. War die Vereinbarung nach dem alten Unterhaltsstatut wirksam, bleibt sie daher auch bei einem Wechsel des Aufenthaltsortes wirksam.[24] Denkbar ist allenfalls, dass die Vereinbarung aus deutscher Sicht schon im Zeitpunkt ihres Zustandekommens gegen den *ordre public* verstößt (vgl. Rn 80 ff.). Umgekehrt wird eine Vereinbarung dann, wenn sie nach dem alten Unterhaltsstatut unwirksam war, nicht durch einen nachfolgenden Statutenwechsel geheilt. Hiervon zu unterscheiden ist die Frage, ob die Vereinbarung materiellrechtlich auch für den Fall des Wechsels des gewöhnlichen Aufenthalts wirksam bleiben soll. Dies ist durch eine Auslegung der Vereinbarung bzw. nach dem auf die Vereinbarung anwendbaren Unterhaltsrecht zu entscheiden.

13 **Gerichtlich festgestellte Ansprüche** bleiben – unabhängig vom Wechsel des gewöhnlichen Aufenthalts – bis zur Änderung durch eine neue Entscheidung ebenfalls wirksam.[25] In welchem Verfahren bzw. durch welche Klage die gerichtliche Entscheidung aufgehoben oder abgeändert werden kann, richtet sich nach der jeweiligen *lex fori* (vgl. i.E. Rn 110 ff.).

14 **b) Hilfsanknüpfung bei Nichtbestehen eines Unterhaltsanspruchs (Abs. 1 S. 2 und Abs. 2). aa) Anknüpfung an das gemeinsame Heimatrecht (Abs. 1 S. 2). (1) Nichtgewährung eines Anspruchs durch das Recht am gewöhnlichen Aufenthalt.** Gewährt das nach Abs. 1 S. 1 bestimmte Unterhaltsstatut – also das Sachrecht am gewöhnlichen Aufenthalt des Unterhaltsberechtigten – keinen Unterhaltsanspruch, sieht Abs. 1 S. 2 eine Hilfsanknüpfung vor. Abzustellen ist sodann auf das gemeinsame Heimatrecht des Verpflichteten und des Berechtigten.

15 Eine Hilfsanknüpfung nach Abs. 1 S. 2 ist nach allgemeiner Ansicht dann vorzunehmen, wenn das am Aufenthaltsort geltende Sachrecht bestimmte Verwandte generell nicht mit einer Unterhaltspflicht belastet.[26] So gewährt beispielsweise das deutsche Recht – im Gegensatz zu bestimmten anderen Rechtsordnungen – keinen Unterhaltsanspruch gegen Geschwister oder Verschwägerte. Begehrt also ein türkischer Staatsangehöriger mit gewöhnlichem Aufenthalt in Deutschland von seiner türkischen Schwester Unterhalt, so ist über Abs. 1 S. 2 das türkische Recht (Art. 315 türk. ZGB) heranzuziehen. Ein Unterhaltsanspruch kann schließlich auch deshalb scheitern, weil ein vom Unterhaltsstatut vorausgesetztes **Ehe- oder Verwandtschaftsverhältnis**, insbesondere die vom Anspruchsteller behauptete Vaterschaft, nicht besteht.[27] Ob ein solches Ehe- oder Verwandtschaftsverhältnis *in concreto* besteht oder nicht besteht, ist eine Vorfrage, die nach sehr umstrittener, aber wohl herrschender Ansicht unselbständig anzuknüpfen ist und daher nicht unmittelbar nach dem Sachrecht des Unterhaltsstatuts zu entscheiden ist (vgl. ausf. unten Rn 71 ff.).

16 In vielen anderen Fällen besteht Streit darüber, wann auf die Hilfsanknüpfung nach Abs. 1 S. 2 zurückgegriffen werden darf. Die h.L. nimmt eine Hilfsanknüpfung nach Abs. 1 S. 2 immer dann vor, wenn das Sachrecht am gewöhnlichen Aufenthalt des Berechtigten generell oder jedenfalls **für den konkreten Einzelfall** keinen Anspruch des Berechtigten gegen den Verpflichteten vorsieht. Auf den Grund für die Versagung des Unterhaltsanspruchs kommt es grundsätzlich nicht an.[28] Der BGH hat sich – abgesehen von den Fällen der Bedürftigkeit und der fehlenden Leistungsfähigkeit (vgl. Rn 23) – zur genauen Reichweite von Abs. 1 S. 2 noch nicht abschließend geäußert. In der Literatur wird demgegenüber vorgeschlagen, eine Hilfsanknüpfung immer dann zu unterlassen, wenn das Recht am gewöhnlichen Aufenthalt des Berechtigten den Unterhalt der Sache nach nur quantitativ oder zeitlich reduziere, selbst dann, wenn hierdurch im Einzelfall eine Reduktion auf null eintrete.[29] Für diese Einschränkung der Hilfsanknüpfung lässt sich anführen, dass

---

24 OLG Hamm FamRZ 1998, 1532; *Looschelders*, Art. 18 Rn 26; Staudinger/*Mankowski*, Art. 18 EGBGB Anh. I Rn 157; Erman/*Hohloch*, Art. 18 EGBGB Rn 15; MüKo/*Siehr*, Art. 18 EGBGB Anh. I Rn 232; a.A. OLG Karlsruhe FamRZ 1992, 316, 317 = NJW-RR 1992, 1094 (zu einem Unterhaltsverzicht nach dem ausländischen Recht und nachträglicher Verlegung des gewöhnlichen Aufenthalts nach Deutschland); *Henrich*, Int. Familienrecht, § 5 II 2 (S. 175).

25 Bericht *Verwilghen*, BT-Drucks 10/258, S. 61 (Nr. 140).

26 Göppinger/Wax/*Linke*, Rn 3041; Staudinger/*Mankowski*, Art. 18 EGBGB Anh. I Rn 173.

27 Bericht *Verwilghen*, BT-Drucks 10/258, S. 62 (Nr. 145) am Beispiel des Unterhaltsanspruchs eines Adoptivkinds gegen seinen Adoptivvater.

28 Vgl. etwa Staudinger/*Mankowski*, Art. 18 EGBGB Anh. I Rn 173; MüKo/*Siehr*, Art. 18 EGBGB Anh. I Rn 117 ff.; abweichend Göppinger/Wax/*Linke*, Rn 3042.

29 Göppinger/Wax/*Linke*, Rn 3045; *Henrich*, IPRax 2001, 437, 438.

sie einem schrankenlosen Günstigkeitsprinzip entgegenwirkt. Andererseits sprechen sowohl der Wortlaut der Bestimmungen des HUntÜ als auch der Bericht zum Abkommen eher gegen die Einschränkung der Hilfsanknüpfung.[30]

Sieht das Sachrecht vor, dass der Anspruchsgegner nur **subsidiär** herangezogen werden kann, so ist nach h.L. auch in diesem Fall – solange der primäre Unterhaltsschuldner noch nicht ausgefallen ist – eine Hilfsanknüpfung nach Abs. 1 S. 2 vorzunehmen.[31] Im Rahmen des nach Abs. 1 S. 2 anzuwendenden Rechts ist allerdings – insbesondere bei der Frage der Bedürftigkeit – zu berücksichtigen, dass der Unterhaltsgläubiger nach dem über Abs. 1 S. 1 anzuwendenden Recht Unterhaltsansprüche gegen den primären Unterhaltsschuldner hat.

Für einen Rückgriff auf Abs. 1 S. 2 ist es nach h.M. auch ausreichend, wenn das nach Abs. 1 S. 1 maßgebliche Recht lediglich für einen **bestimmten zukünftigen Zeitraum**, für den im konkreten Einzelfall Unterhalt begehrt wird, keinen Anspruch vorsieht.[32] Dies kann etwa der Fall sein, wenn das Recht am gewöhnlichen Aufenthaltsort strengere **Altersgrenzen** vorsieht.[33] Enthält das Recht am gewöhnlichen Aufenthalt des Berechtigten die Bestimmung, dass mit Erreichen der Volljährigkeit keine Unterhaltsansprüche mehr bestehen, kann – soweit für diesen Zeitraum Unterhalt begehrt wird – über Abs. 1 S. 2 auf das gemeinsame Heimatrecht zurückgegriffen werden (zur Vorfrage der Geschäftsfähigkeit vgl. Rn 79). Abs. 1 S. 2 ist auch dann anzuwenden, wenn das Recht am gewöhnlichen Aufenthalt für den Unterhalt der getrennt lebenden Ehefrau eine zeitliche Begrenzung vorschreibt.[34]

Abs. 1 S. 2 findet nach h.L. ferner dann Anwendung, wenn der Anspruch nach dem Recht am gewöhnlichen Aufenthaltsort im konkreten Einzelfall **verfristet** ist. Denkbar ist etwa, dass das Recht am gewöhnlichen Aufenthalt den Unterhaltsanspruch davon abhängig macht, dass die Vaterschaft des Verpflichteten innerhalb einer bestimmten Frist festgestellt wird und diese Feststellung innerhalb der Frist nicht erfolgt ist.[35] Abs. 1 S. 2 ist allerdings nicht einschlägig, wenn das Recht am gewöhnlichen Aufenthalt des Berechtigten den Unterhaltsanspruch vom Eintritt einer Bedingung abhängig macht und diese Bedingung – wie etwa die Vaterschaftsfeststellung – noch eintreten kann.[36]

Abs. 1 S. 2 ist nach h.L. schließlich auch dann anzuwenden, wenn Unterhalt für einen **vergangenen Zeitraum** begehrt wird und das nach Abs. 1 S. 1 maßgebliche Recht diesen Unterhalt generell oder jedenfalls in concreto ausschließt.[37] Nach der Gegenansicht ist demgegenüber, wenn Unterhalt (nur) für die Vergangenheit, nicht aber für die Zukunft versagt wird, lediglich die Höhe des Unterhalts betroffen.[38] Dem dürfte nicht zuzustimmen sein, da für die Frage der Gewährung oder Nichtgewährung von Unterhalt stets eine zeitraumbezogene Betrachtung anzustellen ist.[39]

Daneben kommt nach h.M. eine Anwendung von Abs. 1 S. 2 auch in Betracht, wenn das Aufenthaltsrecht eine **Anspruchsverwirkung**, etwa i.S.d. §§ 1579, 1611 BGB, vorsieht.[40]

Grundsätzlich nicht ausreichend ist es, wenn das Recht am gewöhnlichen Aufenthaltsort einen Anspruch in **geringerer Höhe** vorsieht.[41] Keine (teilweise) Versagung des Unterhaltsanspruchs, sondern nur die Gewährung von Unterhalt in geringerer Höhe ist dann anzunehmen, wenn das Recht am gewöhnlichen Aufenthalt zwar generell einen Unterhaltsanspruch, aber im konkreten Fall keinen Anspruch auf **Prozesskos-**

---

30 Bericht *Verwilghen*, BT-Drucks 10/258, S. 62 (Nr. 145): „Die gebrauchten Begriffe machen klar, dass die Unmöglichkeit der Inanspruchnahme des Verpflichteten durch den bedürftigen Berechtigten in jedem Einzelfall geprüft werden muss."
31 OLG Köln IPRspr 1979 Nr. 107; Staudinger/*Mankowski*, Art. 18 EGBGB Anh. I Rn 177; MüKo/*Siehr*, Art. 18 EGBGB Anh. I Rn 120; a.A. Göppinger/Wax/*Linke*, Rn 3044.
32 OLG Hamm FamRZ 1999, 888, 889 (Unterhaltsverlangen eines marokkanischen Staatsangehörigen mit gewöhnlichem Aufenthalt in Deutschland für die Zeit nach Ablauf seines 18. Lebensjahres); Staudinger/*Mankowski*, Art. 18 EGBGB Anh. I Rn 179; MüKo/*Siehr*, Art. 18 EGBGB Anh. I Rn 121; Soergel/*Kegel*, Art. 18 EGBGB Rn 7; Bamberger/Roth/*Otte*, Art. 18 EGBGB Rn 15.
33 OLG Hamm FamRZ 1999, 888, 889; auch *Henrich*, Int. Familienrecht, § 5 II 2 (S. 176).
34 *Henrich*, Int. Familienrecht, § 5 II 2 (S. 176).
35 MüKo/*Siehr*, Art. 18 EGBGB Anh. I Rn 121; Göppinger/Wax/*Linke*, Rn 3043.
36 MüKo/*Siehr*, Art. 18 EGBGB Anh. I Rn 125.
37 Staudinger/*Mankowski*, Art. 18 EGBGB Anh. I Rn 180; MüKo/*Siehr*, Art. 18 EGBGB Anh. I Rn 121; *Henrich*, Int. Familienrecht, § 5 II 2 (S. 176); a.A. Göppinger/Wax/*Linke*, Rn 3043.
38 Göppinger/Wax/*Linke*, Rn 3043.
39 Staudinger/*Mankowski*, Art. 18 EGBGB Anh. I Rn 180.
40 OLG Köln IPRspr 1990 Nr. 107 (für § 1579 Nr. 1 BGB); MüKo/*Siehr*, Art. 18 EGBGB Rn 122; Staudinger/*Mankowski*, Art. 18 EGBGB Anh. I Rn 181; a.A. Göppinger/Wax/*Linke*, Rn 3043; auch *Henrich*, IPRax 2001, 437, 438.
41 OLG Karlsruhe FamRZ 1990, 1351, 1352 = NJW-RR 1991, 643; auch OLG Hamm FamRZ 1998, 25.

tenvorschuss vorsieht.[42] Die Versagung eines Prozesskostenvorschusses verstößt i.d.R. auch nicht gegen den deutschen *ordre public*.[43]

23 Es reicht für die Anwendung des Abs. 1 S. 2 nach Ansicht des BGH nicht aus, wenn das Recht am gewöhnlichen Aufenthalt dem Berechtigten nur deshalb keinen Anspruch einräumt, weil es den Verpflichteten im konkreten Fall nicht als **hinreichend leistungsfähig** ansieht.[44] Abs. 1 S. 2 greift auch dann nicht ein, wenn ein Anspruch wegen **fehlender Bedürftigkeit** versagt wird.[45] Die Rechtsprechung nimmt hier praktisch eine teleologische Reduktion der in Abs. 1 S. 2 vorgesehenen Hilfsanknüpfung vor.

24 **(2) Anwendung des gemeinsamen Heimatrechts.** Sieht das Recht am gewöhnlichen Aufenthaltsort keinen Unterhaltsanspruch vor, so ist nach Abs. 1 S. 2 auf das gemeinsame **Heimatrecht** der Beteiligten abzustellen. Das gemeinsame Heimatrecht befindet in diesem Fall über sämtliche Voraussetzungen des Unterhaltsanspruchs einschließlich der Grenzen der Leistungsfähigkeit.

25 Die Staatsangehörigkeit bestimmt jeder Staat nach seinem eigenen Staatsangehörigkeitsrecht. Bei **Mehrstaatern** kommt es nach umstrittener Ansicht auf die effektive Staatsangehörigkeit an (Art. 5 Abs. 1 S. 1).[46] Die Gegenansicht lässt die Übereinstimmung auch in einer nicht-effektiven Staatsangehörigkeit ausreichen.[47] Abs. 1 S. 2 bzw. die inhaltsgleiche Vorschrift des Art. 5 HUntÜ verfolgten das Ziel, den Unterhaltsberechtigten zu begünstigen. Es bestehe daher kein Anlass, die Vorschriften unnötig eng auszulegen.[48] Dem ist jedoch entgegenzuhalten, dass durch die Anknüpfung an eine nicht-effektive Staatsangehörigkeit der Gesichtspunkt des engsten Bezugs zu sehr aus dem Blick gerät. Für den Fall, dass die Beteiligten zwei gemeinsame Staatsangehörigkeiten haben, entstünden im Rahmen des Abs. 1 S. 2 darüber hinaus schwierige Folgeprobleme: Entweder müsste eine Unteranknüpfung – dann wohl doch an die effektive Staatsangehörigkeit – vorgenommen werden, oder es müsste zwischen den beiden Heimatrechten eine Auswahl nach materiellrechtlichen Gesichtspunkten – etwa dem Günstigkeitsprinzip – erfolgen. Auch diese praktischen Folgeschwierigkeiten sprechen dafür, von vornherein bei jedem Beteiligten nur auf die jeweils effektive Staatsangehörigkeit abzustellen.

26 Hat einer der Beteiligten auch die **deutsche Staatsangehörigkeit**, ist nach zutreffender Ansicht allein diese maßgebend (Art. 5 Abs. 1 S. 2).[49] Die Regelung von Art. 5 Abs. 1 S. 2 ist mit dem HUntÜ vereinbar. Grundsätzlich gelten auch die übrigen Hilfs- und Sonderanknüpfungen des Art. 5. Bei Staatenlosen, Flüchtlingen oder Asylberechtigten führt allerdings die dort einschlägige Sonderanknüpfung an den gewöhnlichen Aufenthalt nicht zu einer Abweichung von der Anknüpfung nach Abs. 1 S. 1.[50]

27 Bei **Mehrrechtsstaaten** (etwa den USA) ist die gemeinsame Zugehörigkeit zu dem betreffenden Mehrrechtsstaat ausreichend. Anzuwenden ist in diesem Fall die Teilrechtsordnung, die durch die in dem Mehrrechtsstaat geltenden Vorschriften bestimmt wird. Fehlen solche Bestimmungen, so ist die Rechtsordnung anzuwenden, mit der die Beteiligten die engsten Bindungen haben (Art. 16 HUntÜ, Art. 4 Abs. 2 S. 2 EGBGB).

28 Abs. 1 S. 2 enthält – wie auch Abs. 1 S. 1 – eine **wandelbare** Anknüpfung. Maßgebend ist damit die jeweilige gemeinsame Staatsangehörigkeit.[51] Eine Aufgabe der Staatsangehörigkeit mit dem Ziel, der Hilfsanknüpfung nach Abs. 1 S. 2 zu entgehen, kann unter dem Gesichtspunkt der Gesetzesumgehung unbeachtlich sein.

29 **bb) Anknüpfung an das deutsche Recht (Abs. 2).** Besteht weder nach dem Aufenthaltsrecht (Abs. 1 S. 1) noch nach dem gemeinsamen Heimatrecht (Abs. 1 S. 2) ein Unterhaltsanspruch – bzw. ist kein

---

42 KG IPRax 1988, 234 mit zust. Anm. *v. Bar*, S. 220 f. = FamRZ 1988, 167; Staudinger/*Mankowski*, Art. 18 EGBGB Anh. I Rn 171; MüKo/*Siehr*, Art. 18 EGBGB Anh. I Rn 126; Göppinger/Wax/*Linke*, Rn 3102. Der Anspruch auf Prozesskostenvorschuss ist auch nicht prozessrechtlich zu qualifizieren (OLG München FamRZ 1980, 448).
43 Göppinger/Wax/*Linke*, Rn 3102; *v. Bar*, IPRax 1988, 221 m.w.N.
44 BGH FamRZ 2001, 412 f. (zu Art. 18 Abs. 2); OLG Oldenburg FamRZ 1996, 1240 = IPRax 1997, 46 (Leitsatz) mit zust. Anm. *Henrich* = JuS 1997, 174 m. Anm. *Hohloch* (zu Art. 18 Abs. 2); Göppinger/Wax/*Linke*, Rn 3044.
45 BGH FamRZ 2001, 412 f. (zu Art. 18 Abs. 2) m. Anm. *Henrich*, IPRax 2001, 437; OLG Hamm FamRZ 1998, 25; a.A. Staudinger/*Mankowski*, Art. 18 EGBGB Anh. I Rn 182a; skeptisch *Henrich*, IPRax 1997, 46 mit dem Argument, dass „Bedürftigkeit nicht nur ein tatsächlicher, sondern auch ein normativer Begriff" sei. Dies dürfte *cum grano salis* aber auch für den Begriff der Leistungsfähigkeit gelten.
46 Palandt/*Heldrich*, Art. 18 EGBGB Rn 9; Erman/*Hohloch*, Art. 18 EGBGB Rn 16; Bamberger/Roth/*Otte*, Art. 18 EGBGB Rn 15.
47 MüKo/*Siehr*, Art. 18 EGBGB Anh. I Rn 132; Staudinger/*Mankowski*, Art. 18 EGBGB Anh. I Rn 192; *Looschelders*, Art. 18 Rn 28; *Kropholler*, IPR, § 37 II 1b; Göppinger/Wax/*Linke*, Rn 3046.
48 MüKo/*Siehr*, Art. 18 EGBGB Anh. I Rn 132; *Mansel*, Personalstatut, Staatsangehörigkeit und Effektivität, 1988, S. 400.
49 Palandt/*Heldrich*, Art. 18 EGBGB Rn 9; Erman/*Hohloch*, Art. 18 EGBGB Rn 16; Bamberger/Roth/*Otte*, Art. 18 EGBGB Rn 15.
50 Erman/*Hohloch*, Art. 18 EGBGB Rn 16.
51 MüKo/*Siehr*, Art. 18 EGBGB Anh. I Rn 134.

gemeinsames Heimatrecht vorhanden –, so ist hilfsweise das **deutsche Recht** heranzuziehen (Abs. 2). Ob ein Unterhaltsanspruch besteht, ist auch im Rahmen des Abs. 2 nach den für Abs. 1 S. 2 maßgeblichen Grundsätzen zu entscheiden vgl. i.E. Rn 14 ff.).

Für die Anwendung von Abs. 2 reicht es damit nicht aus, dass das nach Abs. 1 anwendbare Recht einen Unterhalt in geringerer Höhe vorsieht. Da der Anspruch auf Prozesskostenvorschuss nur ein Posten innerhalb eines Unterhaltsanspruchs ist, rechtfertigt die Versagung des Prozesskostenvorschusses, für sich betrachtet, nicht die Anwendung von Abs. 2 (vgl. Rn 22).[52] Nach der Rechtsprechung reicht es für die Anwendung von Abs. 2 auch nicht aus, dass das anzuwendende Recht von einer mangelnden Bedürftigkeit[53] oder einer fehlenden Leistungsfähigkeit[54] des Verpflichteten ausgeht (vgl. Rn 23). Von vornherein nicht anwendbar ist Abs. 2 auf den nach Abs. 4 anzuknüpfenden Nachscheidungsunterhalt (vgl. Rn 40).

3. Ausnahme bei ferner Verwandtschaft (Abs. 3). Abs. 3 enthält eine Einschränkung des Unterhaltsanspruchs, der nach dem gem. Abs. 1 S. 1 oder Abs. 2 maßgeblichem Recht besteht. Der Verpflichtete kann sich **einredeweise**[55] darauf berufen, dass bei Unterhaltspflichten zwischen entfernteren Verwandten – nämlich **Verwandten in der Seitenlinie oder Verschwägerten** – nach den Sachvorschriften des gemeinsamen Heimatrechts bzw. nach dem am gewöhnlichen Aufenthaltsort des Verpflichteten geltenden Sachrecht keine Unterhaltspflicht besteht. In welcher Form die Einrede zu erheben ist, richtet sich nach den Verfahrensregeln der *lex fori*.[56] Abs. 3 trägt dem Umstand Rechnung, dass Unterhaltspflichten zwischen Verwandten in der Seitenlinie (etwa Geschwistern, Stiefkindern und Stiefvätern) und Verschwägerten nur von wenigen Rechtsordnungen vorgesehen werden.[57] Die Vorfrage nach der Verwandtschaft oder Schwägerschaft ist gesondert anzuknüpfen (vgl. unten Rn 71 ff.).

Die Einrede aus Abs. 3 findet Anwendung, wenn das Unterhaltsstatut nach Abs. 1 S. 1 (gewöhnlicher Aufenthalt des Berechtigten) bestimmt wird. In diesem Fall kann sich der Verpflichtete darauf berufen, dass nach dem Recht der **gemeinsamen Staatsangehörigkeit** keine Unterhaltspflicht bestünde. Bei der Beurteilung der Frage, ob eine gemeinsame Staatsangehörigkeit besteht, kommt es auf die nach Art. 5 Abs. 1 effektive Staatsangehörigkeit an (vgl. Rn 25). Ferner sind wiederum die Hilfs- und Sonderanknüpfungen des Art. 5 zu beachten (vgl. Rn 26). Besteht keine gemeinsame Staatsangehörigkeit von Berechtigtem und Verpflichtetem, kann sich der Verpflichtete darauf berufen, dass nach dem Sachrecht an seinem **gewöhnlichen Aufenthalt** keine Unterhaltspflicht bestünde. Besteht eine gemeinsame Staatsangehörigkeit von Berechtigtem und Verpflichtetem, und sieht das gemeinsame Heimatrecht eine Unterhaltspflicht vor, so kann sich der Verpflichtete allerdings nicht auf die fehlende Unterhaltspflicht nach dem Recht an seinem gewöhnlichen Aufenthalt berufen. Die Verweisung auf das Recht am gewöhnlichen Aufenthalt des Verpflichteten erfolgt m.a.W. nur subsidiär (nicht alternativ) für den Fall, dass keine gemeinsame Staatsangehörigkeit besteht.

Die Einrede aus Abs. 3 ist ohne Bedeutung, wenn sich das anzuwendende Recht aus Abs. 1 S. 2, also ohnehin nach der gemeinsamen Staatsangehörigkeit von Verpflichtetem und Berechtigtem bestimmt. Keine praktische Bedeutung hat Abs. 3 ferner dann, wenn nach Abs. 1 S. 1 das deutsche Recht maßgeblich ist. Denn das deutsche Unterhaltsrecht sieht keinen Unterhaltsanspruch von Seitenverwandten und Verschwägerten vor.

4. Sonderanknüpfung beim Nachscheidungsunterhalt (Abs. 4). Abs. 4 enthält eine Sonderanknüpfung des **Nachscheidungsunterhalts**. Für den Fall, dass eine Scheidung im Inland ausgesprochen bzw. anerkannt worden ist, gilt für die Unterhaltspflichten zwischen den vormaligen Ehegatten das auf die Scheidung angewandte Recht. Vor Ausspruch der Scheidung – also auch während des Scheidungsverfahrens – verbleibt

---

52 KG IPRax 1988, 234 mit zust. Anm. *v. Bar*, S. 220 f. = FamRZ 1988, 167; Staudinger/*Mankowski*, Art. 18 EGBGB Anh. I Rn 171; MüKo/*Siehr*, Art. 18 EGBGB Anh. I Rn 126.
53 BGH FamRZ 2001, 412 f.; OLG Hamm FamRZ 1998, 25 (zu Art. 18 Abs. 1 S. 2); abl. Staudinger/*Mankowski*, Art. 18 EGBGB Anh. I Rn 182a.
54 BGH FamRZ 2001, 412 f. OLG Oldenburg FamRZ 1996, 1240 = IPRax 1997, 46 (Leitsatz) mit zust. Anm. *Henrich* = JuS 1997, 174 m. Anm. *Hohloch*; vgl. auch OLG Karlsruhe FamRZ 1990, 1351, 1352 = NJW-RR 1991, 643 (Art. 18 Abs. 2 komme nur in Betracht, wenn das nach Art. 18 Abs. 1 S. 2 anwendbare Recht einen Unterhaltsanspruch „grundsätzlich versagt").
55 Bericht *Verwilghen*, BT-Drucks 10/258, S. 63 (Nr. 151).
56 *Looschelders*, Art. 18 Rn 32; Erman/*Hohloch*, Art. 18 EGBGB Rn 19.
57 Vgl. zur Entstehungsgeschichte der Vorschrift Bericht *Verwilghen*, BT-Drucks 10/258, S. 62 f. (Nr. 146 f.); ferner *Looschelders*, Art. 18 Rn 31; Palandt/*Heldrich*, Art. 18 EGBGB Rn 11; Erman/*Hohloch*, Art. 18 EGBGB Rn 19. Gegenüber dem deutschen Recht weiter gehende Unterhaltspflichten kennen insb. das englische, irische, italienische, schottische, schweizerische und türkische Recht.

es bei der Anknüpfung nach Abs. 1 und 2. Bei der Anknüpfung nach Abs. 1 und 2 verbleibt es auch für die Fragen des Kindesunterhalts.[58]

35 Der Begriff der **Scheidung** in Abs. 4 bestimmt sich wie in Art. 17 (vgl. Art. 17 EGBGB Rn 48 ff.). Abs. 4 S. 2 führt dazu, dass auch die Trennung ohne Auflösung des Ehebandes als Scheidung i.d.S. zu verstehen ist. Erfasst werden also vor allem Entscheidungen über die sog. **Trennung von Tisch und Bett,** und zwar unabhängig davon, ob sie zu einem späteren Zeitpunkt in eine Scheidung umgewandelt werden können oder nicht (vgl. Art. 17 EGBGB Rn 51).[59] Dagegen bleibt es im Falle des bloß faktischen Getrenntlebens bei der Anwendung von Abs. 1 und Abs. 2.[60] Darüber hinaus bezieht Abs. 4 auch die Unterhaltspflichten im Anschluss an die nicht vom Scheidungsstatut erfasste **Nichtig- oder Ungültigerklärung der Ehe** mit ein (vgl. Art. 17 EGBGB Rn 50). Für den Fall des **nachpartnerschaftlichen Unterhalts** wird eine entsprechende Anwendung der Vorschrift befürwortet (vgl. Art. 17b EGBGB Rn 50).

36 Im Falle einer ausländischen Scheidung kommt es zunächst auf die **Anerkennung der Scheidung** an.[61] Im Anwendungsbereich der EheVO 2003 ist eine Inzidentanerkennung nach Maßgabe der Artt. 21 ff. EheVO 2003 vorgesehen. In den übrigen Fällen ist eine förmliche Anerkennung nach Art. 7 § 1 Abs. 1 S. 3, Abs. 8 FamRÄndG durch die Landesjustizverwaltungen vorgeschrieben. Bei einer Inzidentanerkennung bleibt es aber, wenn die Scheidung durch ein Gericht des Heimatstaates beider Ehegatten ausgesprochen worden ist (Art. 7 § 1 Abs. 1 S. 3 FamRÄndG). Kann ein ausländisches Scheidungsurteil nicht anerkannt werden, kommt Abs. 4 nicht zur Anwendung. Es kann sodann ein Getrenntlebendenunterhalt nach Maßgabe des nach Abs. 1 oder 2 maßgeblichen Rechts zugesprochen werden.[62] Die Wirksamkeit von im Ausland vorgenommenen **Privatscheidungen** richtet sich nach Art. 17. Ist die Privatscheidung nach Maßgabe des Art. 17 nicht wirksam vorgenommen worden, verbleibt es auch hier beim Getrenntlebendenunterhalt nach Abs. 1 und Abs. 2.

37 Nach Abs. 4 maßgebend ist allein das vom entscheidenden Gericht **tatsächlich angewandte Scheidungsrecht**. Dies gilt sowohl bei der Scheidung durch ein ausländisches Gericht als auch bei der Scheidung durch deutsche Gerichte.[63] Es kommt nicht darauf an, dass das Scheidungsstatut fehlerfrei bestimmt worden ist.[64] Unmaßgeblich ist auch, ob das durch das ausländische Gericht angewandte Kollisionsrecht auf dasselbe Recht verweist wie Art. 17. Hat also ein englisches Gericht auf die Scheidung englisches Recht angewendet, obwohl deutsche Gerichte in der konkreten Situation deutsches Scheidungsrecht herangezogen hätten, verbleibt es für den Nachscheidungsunterhalt bei der Anwendung englischen Rechts. Bisweilen wird ein ausländisches Scheidungsurteil abgefasst, ohne dass die angewandte Rechtsordnung ausdrücklich bezeichnet wird. Das erkennende Gericht hat in diesem Fall die notwendigen Feststellungen zu treffen. Regelmäßig werden sich die erforderlichen Auskünfte aus dem Parteivortrag bzw. den Ausführungen der Prozessbevollmächtigten bzw. letztlich aus dem zu ermittelnden Inhalt des ausländischen Kollisionsrechts ergeben.[65]

38 Allein bei der ausländischen **Privatscheidung** verbleibt es bei dem nach Art. 17 maßgeblichen Recht.[66] Es bleibt nach der hier vertretenen Ansicht auch bei der Anwendung des an sich maßgeblichen (ausländischen) Rechts, wenn deutsche Gerichte das deutsche Scheidungsrecht nur deshalb (hilfsweise) angewendet haben, weil das ausländische Scheidungsrecht gegen den deutschen *ordre public* verstoßen hat oder nicht ermittelbar war (vgl. Art. 17 EGBGB Rn 46, 69).

39 Abs. 4 verweist auf die **Sachnormen des Scheidungsstatuts**.[67] Ist das Scheidungsstatut seinerseits durch Rück- oder Weiterverweisung berufen worden, wirkt sich dies mittelbar auch auf das anzuwendende Unterhaltsrecht aus. Abs. 4 stellt m.a.W. einen strengen Gleichlauf zwischen Scheidungs- und Unterhaltsstatut her.

---

58 Bericht *Verwilghen*, BT-Drucks 10/258, S. 63 (Nr. 153); OLG Hamm FamRZ 1993, 75; Staudinger/*Mankowski*, Art. 18 EGBGB Anh. I Rn 161.
59 Bericht *Verwilghen*, BT-Drucks 10/258, S. 64 (Nr. 155); Göppinger/Wax/*Linke*, Rn 3061.
60 Bericht *Verwilghen*, BT-Drucks 10/258, S. 64 (Nr. 155).
61 Johannsen/Henrich, Art. 18 Rn 16.
62 Bericht *Verwilghen*, BT-Drucks 10/258, S. 65 (Nr. 161).
63 Bericht *Verwilghen*, BT-Drucks 10/258, S. 64 (Nr. 158 und Nr. 159); aus der Rspr. etwa BGH FamRZ 1987, 682 = NJW-RR 1987, 1474; OLG Karlsruhe FamRZ 1987, 1149 = NJW-RR 1988, 392; OLG Hamm FamRZ 1989, 1095.
64 Erman/*Hohloch*, Art. 18 EGBGB Rn 21; Staudinger/*Mankowski*, Art. 18 EGBGB Rn 34; *Looschelders*, Art. 18 Rn 33; Johannsen/Henrich, Art. 18 Rn 13; Henrich, FamRZ 1994, 1262; aus der Rspr. vgl. OLG Hamm FamRZ 2000, 29; 1994, 573, 575; 1989, 1095; OLG Düsseldorf FamRZ 1995, 885.
65 Bericht *Verwilghen*, BT-Drucks 10/258, S. 65 (Nr. 159); Göppinger/Wax/*Linke*, Rn 3064.
66 Henrich, Int. Familienrecht, § 5 II 2 (S. 179).
67 Johannsen/Henrich, Art. 18 Rn 17; *Schwarz/Scherpe*, FamRZ 2004, 665, 666 f.; Bericht *Verwilghen*, BT-Drucks 10/258, S. 64 (Nr. 156) und S. 66 (Nr. 168); OLG Hamm FamRZ 1993, 75.

Abs. 4 führt zu einer **Unwandelbarkeit des Unterhaltsstatuts**.[68] Es gilt das durch das erkennende Gericht auf die Scheidung angewandte Recht.[69] Spätere Änderungen etwa des gewöhnlichen Aufenthalts sind für die Anknüpfung ohne Bedeutung. Ein Umzug in ein Land mit besserer Unterhaltsregelung verschafft dem berechtigten Ehegatten keinen Vorteil. Die **Hilfsanknüpfungen** nach Abs. 1 S. 2 und Abs. 2 finden keine Anwendung.[70] Allerdings kann hier im Einzelfall bei der Versagung von Unterhaltsansprüchen die Anwendung des *ordre public* weiterhelfen (Rn 82).

Gegenüber der Anknüpfung nach **Abs. 5** tritt Abs. 4 generell zurück.[71] In diesem Fall kommt es nicht darauf an, nach welchem Recht die Ehe geschieden worden ist.[72] Abs. 5 greift auch dann, wenn die Ehegatten im Zeitpunkt der Scheidung noch keine gemeinsame Staatsangehörigkeit hatten, sondern erst später eingebürgert worden sind, oder wenn bei einem Ehepaar mit gemeinsamer deutscher Staatsangehörigkeit der Unterhaltspflichtige erst nach der Scheidung seinen gewöhnlichen Aufenthalt in Deutschland begründet hat.[73]

5. Sonderanknüpfung bei enger Beziehung zum deutschen Recht (Abs. 5). Eine weitere Ausnahme zur Anknüpfung an den gewöhnlichen Aufenthalt bzw. zu Abs. 4 findet sich in Abs. 5. Hiernach ist deutsches Sachrecht anzuwenden, wenn beide Parteien **Deutsche** i.S.d. Art. 116 GG sind[74] und der Verpflichtete seinen **gewöhnlichen Aufenthalt im Inland** hat. Wo der Berechtigte in diesem Fall seinen gewöhnlichen Aufenthalt hat, ist unerheblich. Mit der Regelung des Abs. 5 hat die Bundesrepublik Deutschland von der Vorbehaltsmöglichkeit in Art. 15 HUntÜ Gebrauch gemacht.

Umstritten ist, ob eine Anwendung des Abs. 5 auch dann vorzunehmen ist, wenn (zumindest) eine der Parteien **Mehrstaater** ist und die deutsche Staatsangehörigkeit nach allgemeinen Maßstäben die ineffektive ist. Bedeutsam wird dies vor allem in den Fällen, in denen auch der Berechtigte Mehrstaater mit deutscher Staatsangehörigkeit ist und seinen gewöhnlichen Aufenthalt in seinem ausländischen Heimatstaat hat. Die Regelung des Art. 5 Abs. 1 S. 2 spricht dafür, die deutsche Staatsangehörigkeit stets als die effektive zu betrachten und damit Abs. 5 zur Anwendung zu bringen.[75] Allerdings sind die Regeln des Abs. 5 sowie des Art. 5 Abs. 1 S. 2 im Lichte des Art. 15 Abs. 1 S. 1 HUntÜ auszulegen. Art. 15 Abs. 1 S. 1 HUntÜ dürfte aber auch die Anknüpfung an eine nicht-effektive Staatsangehörigkeit legitimieren.[76] Unterhaltsansprüche eines Kindes mit deutscher und türkischer Staatsangehörigkeit, das seinen gewöhnlichen Aufenthalt in der Türkei hat, gegen seinen deutschen Vater mit gewöhnlichem Aufenthalt in Deutschland sind daher nach dem deutschen Sachrecht zu beurteilen.

II. Anwendungsbereich des Unterhaltsstatuts

1. Begriff des Unterhalts. a) Verpflichtung aufgrund einer familienrechtlichen Verbindung. Art. 18 gilt für **familienrechtliche Unterhaltspflichten** aller Art.[77] Wie Art. 1 HUntÜ klarstellt, sind damit Unterhaltspflichten gemeint, die sich aus Beziehungen der Ehe, Familie, Verwandtschaft oder Schwägerschaft ergeben. Auch unterhaltsrechtliche Ansprüche aus einer **Nichtehe** fallen unter Art. 18 (zur Anknüpfung der Vorfrage vgl. Rn 71 ff.).[78] Erfasst wird ferner auch die Unterhaltspflicht gegenüber einem **nichtehelichen**

---

68 Bericht *Verwilghen*, BT-Drucks 10/258, S. 65 (Nr. 163).
69 Anzuwenden ist allerdings das einschlägige Recht in seiner jeweils maßgeblichen Fassung. Das Sachrecht wird also nicht eingefroren auf den Zeitpunkt des Eintritts der Rechtshängigkeit des Scheidungsantrags (Soergel/*Kegel*, Art. 18 EGBGB Rn 25).
70 BGH NJW 1991, 2212, 2213 (inzident) = IPRax 1992, 101 mit Aufsatz *Henrich*, S. 84; OLG Zweibrücken FamRZ 1997, 1404; FamRZ 1997, 93 95; OLG Karlsruhe FamRZ 2001, 748, 749; *Johannsen/Henrich*, Art. 18 Rn 14; *Looschelders*, Art. 18 Rn 36; Erman/*Hohloch*, Art. 18 EGBGB Rn 23; vgl. auch Bericht *Verwilghen*, BT-Drucks 10/258, S. 63 (Nr. 152): „Ausnahmeregelung, die von den vorangehenden Bestimmungen abweicht"; übersehen von OLG Hamm FamRZ 2000, 29, 31.
71 BGH NJW 1991, 2212, 2213 = IPRax 1992, 101; OLG Hamm FamRZ 2001, 918, 919; FamRZ 1994, 573; OLG Düsseldorf FamRZ 1992, 953; Erman/*Hohloch*, Art. 18 EGBGB Rn 24; Palandt/*Heldrich*, Art. 18 EGBGB Rn 12, 13; *Kropholler*, IPR, § 47 II 3; *Göppinger/Wax/Linke*, Rn 3066;
Henrich, IPRax 1992, 84, 86; a.A. MüKo/*Siehr*, Art. 18 EGBGB Anh. I Rn 366.
72 OLG Hamm FamRZ 1994, 573, 575.
73 OLG Hamm FamRZ 2001, 918 mit zust. Anm. *Steinbach*, S. 1525 (Umsiedlung von Russlanddeutschen, deren Ehe zuvor nach russischem Recht geschieden worden ist, nach Deutschland).
74 OLG Hamm FamRZ 1994, 573, 575.
75 So OLG Hamm FamRZ 1994, 573, 576 f.; *Göppinger/Wax/Linke*, Rn 3057; Staudinger/*Mankowski*, Art. 18 EGBGB Anh. I Rn 419; Soergel/*Kegel*, Art. 18 EGBGB Rn 11; *Kropholler*, IPR, § 47 II 2a; a.A. MüKo/*Siehr*, Art. 18 EGBGB Anh. I Rn 361.
76 Vgl. OLG Hamm FamRZ 1994, 573, 575 ff.; abweichend *Andrae*, Rn 715; MüKo/*Siehr*, Art. 18 EGBGB Anh. I Rn 361. Der Bericht von *Verwilghen*, BT-Drucks 10/258, S. 70 (Nr. 186), problematisiert die mehrfache Staatsangehörigkeit nicht.
77 Bericht *Verwilghen*, BT-Drucks 10/258, S. 35 (Rn 19) mit S. 56 (Rn 118); s. ferner *Hausmann*, IPRax 1990, 382 f.
78 Bericht *Verwilghen*, BT-Drucks 10/258, S. 35 (Rn 21) mit S. 56 (Rn 118).

Kind,[79] einem **Adoptivkind**,[80] einem **Stiefkind**[81] oder einem **Pflegekind**,[82] etwa einem *„child of the family"* nach dem englischen Recht.[83]

45 Unter Art. 18 fällt daneben auch die Unterhaltspflicht des Vaters gegenüber der mit ihm nicht verheirateten Mutter, die aus **Schwangerschaft, Geburt oder Kinderbetreuung** erwächst.[84] Der Anspruch auf Ersatz der Entbindungskosten – im deutschen Recht in § 1615l BGB geregelt – stellt allerdings nach h.L. keinen Unterhalt, sondern einen einmaligen Aufwendungsersatz dar und ist nach Art. 19 Abs. 2 anzuknüpfen.[85] Auch Unterhaltsansprüche der Mutter gegenüber dem Vater (**Betreuungsunterhalt**) werden von Art. 18 erfasst.

46 Unterhaltsrechtlich (nicht güterrechtlich) zu qualifizieren sind Entschädigungs- und Ausgleichsansprüche der Ehegatten im Falle der Scheidung, soweit diese darauf ausgerichtet sind, den Wegfall des Unterhaltsschuldners zu kompensieren. Dies gilt insbesondere für die französische *„prestation compensatoire"*, da diese auch von der Bedürftigkeit bzw. der Leistungsfähigkeit der Ehegatten abhängt und in Form einer Rentenzahlung erfolgen kann.[86] Dasselbe gilt für den Ersatzanspruch des unschuldig Geschiedenen nach Art. 174 Abs. 1 des türkischen ZGB.[87] Der **Anspruch auf immateriellen Schadensersatz** gegen den schuldigen Ehegatten, wie er etwa im türkischen Recht (Art. 174 Abs. 2 türk. ZGB) vorgesehen ist, ist demgegenüber scheidungsrechtlich zu qualifizieren (vgl. Art. 17 Rn 76).[88]

47 Der Anspruch auf **Morgengabe** wird in der Rechtsprechung vielfach als unterhaltsrechtlich angesehen.[89] Verschiedentlich vertreten wird aber auch eine scheidungsrechtliche (Art. 17) oder güterrechtliche Qualifikation. Für eine güterrechtliche Qualifikation spricht u.a., dass hierdurch Statutenwechsel vermieden werden (vgl. Art. 14 EGBGB Rn 82 ff.). Die im Rahmen einer religiösen Trauung geschlossene sog. **Ketubah-Vereinbarung** hat nach der Rechtsprechung unterhaltsrechtlichen Charakter.[90] Die Form derartiger Vereinbarungen ist nach Art. 11 anzuknüpfen.[91]

48 Seit der Einfügung des Art. 17b Abs. 1 S. 2 ist Art. 18 zweifelsfrei auch auf die Unterhaltspflicht aus einer eingetragenen **gleichgeschlechtlichen Lebenspartnerschaft** anzuwenden.[92] Daneben ist die Sonderanknüpfung in Art. 17b Abs. 1 S. 2 Hs. 2 zu beachten (vgl. Art. 17b EGBGB Rn 53 ff.).

49 Im Falle sonstiger **nichtehelicher Lebensgemeinschaften** ist – ähnlich wie bei Lebenspartnerschaften – umstritten, ob der sachliche Anwendungsbereich des HUntÜ eröffnet ist. Die h.L. geht davon aus, dass unter den in Art. 1 HUntÜ verwendeten Begriff der „Familie" lediglich verwandtschaftliche Beziehungen, aber keine nur „faktischen" Lebensgemeinschaften fallen.[93] Folgt man der restriktiven Auslegung des HUntÜ, so kann aber nach ganz h.L. unmittelbar auf die Regelung des Art. 18 (analog) zurückgegriffen werden, die hierdurch einen eigenständigen Anwendungsbereich erhält.[94]

50 Dass ein Unterhaltsanspruch – bei Bestehen einer familienrechtlichen Sonderverbindung zwischen den Beteiligten – selbst als Schadensersatzanspruch konstruiert ist, steht der Anwendung des Art. 18 nicht entgegen.[95] Nicht unter Art. 18 fällt aber die vertragliche oder **deliktische Schadensersatzpflicht**, die nicht vom

---

79 Ausdr. Art. 1 HUntÜ; Bericht *Verwilghen*, BT-Drucks 10/258, S. 35 (Rn 19) und S. 56 (Rn 119).
80 Bericht *Verwilghen*, BT-Drucks 10/258, S. 35 (Rn 19) mit S. 56 (Rn 118); Staudinger/*Mankowski*, Art. 18 EGBGB Anh. I Rn 102.
81 Staudinger/*Mankowski*, Art. 18 EGBGB Anh. I Rn 103 f.
82 Staudinger/*Mankowski*, Art. 18 EGBGB Anh. I Rn 114 f.; MüKo/*Siehr*, Art. 18 EGBGB Anh. I Rn 47.
83 *Johannsen/Henrich*, Art. 18 Rn 12.
84 Vgl. MüKo/*Siehr*, Art. 18 EGBGB Anh. I Rn 43.
85 Staudinger/*Mankowski*, Art. 18 EGBGB Anh. I Rn 111; Erman/*Hohloch*, Art. 18 EGBGB Rn 26; a.A. MüKo/*Siehr*, Art. 18 EGBGB Anh. I Rn 42.
86 Ausf. Staudinger/*Mankowski*, Art. 18 EGBGB Anh. I Rn 274 ff.; *Hausmann*, IPRax 1990, 382 f.; auch Göppinger/Wax/*Linke*, Rn 3105; *Johannsen/Henrich*, Art. 18 Rn 25; a.A. (güterrechtlich) OLG Karlsruhe IPRax 1990, 406 mit abl. Besprechung *Hausmann*, 382 = FamRZ 1989, 748.
87 Göppinger/Wax/*Linke*, Rn 3106; vgl. hierzu auch *Rumpf*, Einführung in das türkische Recht, 2004, Rn 54 ff.
88 Göppinger/Wax/*Linke*, Rn 3106.
89 OLG Zweibrücken IPRax 1984, 329; KG FamRZ 1980, 470 f.; AG Fürth FPR 2002, 450; AG Memmingen IPRax 1985, 230; AG Hamburg IPRax 1983, 74; auch OLG Hamm FamRZ 1992, 673, 675 = NJW 1992, 710; *Heßler*, IPRax 1988, 95, 97; *Henrich*, IPRax 1985, 230, 231. Die Frage bleibt offen bei BGH NJW 1999, 574, 575; FamRZ 1987, 463.
90 OLG Düsseldorf FamRZ 2002, 1118.
91 OLG Düsseldorf FamRZ 2002, 1118.
92 Vgl. dazu *Wagner*, IPRax 2001, 281, 285.
93 Erman/*Hohloch*, Art. 18 EGBGB Rn 26; *Looschelders*, Art. 18 Rn 8; *v. Hoffmann*, IPR, § 8 Rn 80; *v. Bar*, IPR II, Rn 120; a.A. MüKo/*Siehr*, Art. 18 EGBGB Anh. I Rn 38; der Bericht von *Verwilghen*, BT-Drucks 10/258, S. 35 (Rn 21), geht nur näher auf die Verpflichtung von Ehegatten ein, was einen *e contrario*-Schluss nahe legt.
94 *Looschelders*, Art. 18 Rn 8 (analoge Anwendung); *v. Hoffmann*, IPR, § 8 Rn 80; *v. Bar*, IPR II Rn 120.
95 OLG Stuttgart FamRZ 1993, 975 = NJW-RR 1994, 135 (Entschädigungsanspruch nach türkischem Recht).

Bestehen einer familienrechtlichen Sonderverbindung abhängt.[96] Das Bestehen einer familienrechtlichen Unterhaltspflicht ist insoweit – etwa im Rahmen des § 844 Abs. 2 BGB – aber als **Vorfrage** zu prüfen (vgl. Art. 3 EGBGB Rn 23 ff.).

Die Anwendung des Art. 18 hängt nicht davon ab, in welchem Verfahren Unterhaltsansprüche geltend gemacht werden. Die Anknüpfung nach Art. 18 gilt also auch in Verfahren des **einstweiligen Rechtsschutzes**.[97] Ist das anzuwendende ausländische Unterhaltsrecht nicht rechtzeitig zu ermitteln, ist nach allgemeinen Grundsätzen ein „Ersatzrecht" heranzuziehen. In der Praxis wird hierbei i.d.R. auf das deutsche Recht zurückgegriffen.[98]

b) Alimentationsverträge, Verzicht. Nicht unter Art. 18 fallen sog. **Alimentationsverträge,** bei der sich eine Person zu Leistungen verpflichtet, die in keinem eine gesetzliche Unterhaltsverpflichtung begründenden familiären Verhältnis mit dem Berechtigten steht. Insoweit sind die Artt. 27–35 heranzuziehen.[99] Der materiellrechtlichen Privatautonomie entspricht hier die durch Art. 27 eingeräumte Parteiautonomie.[100]

In den übrigen Fällen kommt es nach h.M. im Abschluss an den Bericht zum HUntÜ darauf an, ob die Vereinbarung der Bestätigung oder dem Vergleich über eine gesetzliche Unterhaltspflicht dient.[101] Es verbleibt auch dann bei der unterhaltsrechtlichen Anknüpfung, wenn sich später herausstellt, dass der vereinbarte Unterhalt nicht geschuldet war. Nicht eindeutig entschieden ist die Frage, wie anzuknüpfen ist, wenn ein zum gesetzlichen Unterhalt Verpflichteter im Rahmen einer Alimentationsvereinbarung das Versprechen abgibt, einen höheren als den gesetzlich geschuldeten Unterhalt zu leisten, und dies den Beteiligten bekannt ist. Aufgrund des engen Sachzusammenhangs mit der gesetzlichen Unterhaltspflicht dürfte auch hier – obwohl es i.e.S. nicht mehr nur um eine Bestätigung, sondern eine Erweiterung der Unterhaltspflicht geht – eine Anknüpfung nach Art. 18 zu befürworten sein.[102] Etwas anderes gilt nur dann, wenn sich aus den Vereinbarungen der Parteien ausdrücklich eine Aufspaltung in einen gesetzlichen und einen vertraglichen Teil ergibt.[103] Unter Art. 18 fällt schließlich auch das (deklaratorische oder konstitutive) **Anerkenntnis** einer gesetzlichen Unterhaltspflicht.[104] Auch der **Unterhaltsverzicht** ist vom Unterhaltsstatut erfasst (zum maßgeblichen Anknüpfungszeitpunkt beim Statutenwechsel siehe Rn 12).[105]

Bei der Übernahme einer **Unterhaltsverpflichtung für ein Pflegekind** ist genau zwischen der Verpflichtung zur Aufnahme des Kindes und der aus der Aufnahme resultierenden Unterhaltspflicht zu differenzieren. Die aus der Aufnahme des Pflegekindes entstehenden Unterhaltsansprüche sind – selbst wenn die Aufnahme des Kindes auf einer vertraglichen Verpflichtung beruht – gesetzlicher Natur und daher nach Art. 18 anzuknüpfen.[106]

c) Unterhaltspflichten im Erbfall. Eine genauere Betrachtung ist im Hinblick auf **Unterhaltsverpflichtungen des Erben** anzustellen. Unterhaltsrechtlich anzuknüpfen sind Ansprüche, die bereits zu Lebzeiten des Erblassers fällig waren. Das Erbstatut bestimmt, ob der Erbe auch für diese Schulden haftet.[107]

Manche Rechtsordnungen sehen aber einen noch weiter gehenden Übergang der Unterhaltspflicht auf den Erben vor, ohne sich hierbei auf bereits im Erbfall fällige Forderungen zu beschränken. Beispielsweise sprechen manche Rechtsordnungen – etwa die türkische – einem nichtehelichen Kind unter bestimmten

---

96 Bericht *Verwilghen*, BT-Drucks 10/258, S. 34 (Rn 16) mit S. 56 (Rn 118); Staudinger/*Mankowski*, Art. 18 EGBGB Anh. I Rn 120; *v. Bar*, IPR II, Rn 296.
97 OLG Hamm IPRax 1990, 114 = FamRZ 1989, 621; Erman/*Hohloch*, Art. 18 EGBGB Rn 27; Soergel/*Kegel*, Art. 18 EGBGB Rn 28; *Looschelders*, Art. 18 Rn 11; Göppinger/*Wax*/*Linke*, Rn 3031.
98 OLG Düsseldorf FamRZ 1975, 634; FamRZ 1974, 456; zust. *Looschelders*, Art. 18 Rn 11; Erman/*Hohloch*, Art. 18 EGBGB Rn 27.
99 Staudinger/*Mankowski*, Art. 18 EGBGB Rn 15 und Art. 18 EGBGB Anh. I Rn 119; MüKo/*Siehr*, Art. 18 EGBGB Rn 9, Anh. I Rn 56, 61; *Looschelders*, Art. 18 Rn 10; *v. Hoffmann*, IPR, § 8 Rn 81; *Coester*, IPRax 1991, 132, 133.
100 Staudinger/*Mankowski*, Art. 18 EGBGB Anh. I Rn 119.
101 Staudinger/*Mankowski*, Art. 18 EGBGB Rn 15 und Art. 18 EGBGB Anh. I Rn 119; Göppinger/*Wax*/*Linke*, Rn 3077; *Looschelders*, Art. 18 Rn 10; Bamberger/Roth/*Otte*, Art. 18 EGBGB Rn 36; Erman/*Hohloch*, Art. 18 EGBGB Rn 26; MüKo/*Siehr*, Art. 18 EGBGB Anh. I Rn 55; *Coester*, IPRax 1991, 132, 133; Bericht *Verwilghen*, BT-Drucks 10/258, S. 56 (Nr. 120) und S. 34 f. (Rn 17).
102 *Coester*, IPRax 1991, 132, 133.
103 *Coester*, IPRax 1991, 132, 133; vgl. hierzu auch Bericht *Verwilghen*, BT-Drucks 10/258, S. 34 (Nr. 17): Nicht in den Anwendungsbereich des HUntÜ sollten nach Ansicht der Delegierten solche Vereinbarungen fallen, „die über die einfache Bestätigung der gesetzlichen Verpflichtung hinausgehen."
104 Vgl. *Coester*, IPRax 1991, 132, 133 f.
105 OLG Karlsruhe FamRZ 1992, 317; Erman/*Hohloch*, Art. 18 EGBGB Rn 26; *Looschelders*, Art. 18 Rn 10.
106 Staudinger/*Mankowski*, Art. 18 EGBGB Anh. I Rn 119.
107 Staudinger/*Mankowski*, Art. 18 EGBGB Anh. I Rn 126.

Voraussetzungen Unterhaltsansprüche gegen die Erben des verstorbenen Vaters zu.[108] Ob jemand Erbe geworden ist, bestimmt sich auch in diesem Fall nach dem Erbstatut (Art. 25). Im Übrigen ist **umstritten, ob eine unterhaltsrechtliche oder erbrechtliche Qualifikation** vorzunehmen ist. Man wird differenzieren müssen. Maßgeblich ist, ob der Anspruch seiner Funktion nach den Wegfall des zum Unterhalt verpflichteten Erblassers kompensieren soll. In diesem Fall ist eine unterhaltsrechtliche Qualifikation angezeigt.[109] Ein Indiz für eine unterhaltsrechtliche Qualifikation kann darin gesehen werden, dass die Ansprüche von der konkreten Bedürftigkeit des Unterhaltsberechtigten sowie der Leistungsfähigkeit des Verpflichteten abhängig gemacht werden. Dies trifft etwa auf die Regelung im englischen, französischen, österreichischen und türkischen Recht zu.[110] Anders verhält es sich, wenn der Anspruch primär (nur) die fehlende erbrechtliche Bestimmung der betreffenden Person ausgleichen soll. In diesem Fall ist nach Art. 25 anzuknüpfen.

57 Nicht unterhaltsrechtlich, sondern erbrechtlich anzuknüpfen sind jedenfalls gegen den Nachlass gerichtete Ansprüche, die von vornherein keine unterhaltsrechtliche Verpflichtung des Erblassers voraussetzen und dementsprechend erst mit dem Erbfall originär entstehen.[111] Hier haben sie nur die Funktion, eine fehlende Erbenstellung des Begünstigten abzumildern.[112] Dies gilt auch dann, wenn sie im jeweiligen nationalen Recht als Unterhaltsansprüche bezeichnet werden. Auch der etwa in § 1969 BGB enthaltene **Dreißigste** bzw. ähnliche Ansprüche nach dem ausländischen Recht sind, da sie keine Unterhaltspflicht des Erblassers voraussetzen, erbrechtlich zu qualifizieren.[113] Erbrechtlich zu qualifizieren sind auch Ansprüche auf einen **vorzeitigen Erbausgleich**.[114]

58 Im Einzelfall kann ein sog. „**Normenmangel**" entstehen, wenn nämlich das anwendbare Unterhaltsstatut keinen Anspruch vorsieht, weil es von einem Ausgleich auf erbrechtlicher Ebene ausgeht, und umgekehrt das Erbstatut keinen Ausgleich anordnet, weil es einen unterhaltsrechtlichen Anspruch voraussetzt.[115] In diesem Fall ist nach allgemeinen Regeln eine sog. **Anpassung** durchzuführen.[116] Nach verbreiteter Ansicht kann eine Anpassung im Unterhaltsstatut erfolgen. Das maßgebliche Unterhaltsrecht ist mit der Maßgabe anzuwenden, dass der Unterhaltsanspruch nicht mit dem Tod des Erblassers erlischt.[117] Anpassungsprobleme stellen sich umgekehrt auch im Falle einer **Normenhäufung**, die zu einer von keiner Rechtsordnung gewollten Begünstigung des Anspruchstellers führen würde.[118] Hier dürfte ebenfalls eine Korrektur auf der Ebene des Unterhaltsrechts vorzunehmen sein. Der durch die erbrechtliche Berücksichtigung erlangte Vorteil ist auf den Unterhaltsanspruch anzurechnen.[119]

59 **2. Art und Umfang der Unterhaltsleistung.** Das nach Art. 18 zu bestimmende Unterhaltsstatut entscheidet nach Abs. 6 über die Voraussetzungen des Anspruchs und in diesem Zusammenhang auch über dessen Beginn und Beendigung einschließlich der Altersgrenze,[120] den Unterhaltsverzicht,[121] die Verjährung und Verwirkung, das Erlöschen durch Tod des Berechtigten oder des Verpflichteten sowie die Leistungsfähigkeit

---

108 Vgl. *Henrich*, in: FS Gernhuber 1993, S. 667, 668; OLG Oldenburg IPRspr 1975 Nr. 95, Fn 1; LG Aurich IPRspr 1975 Nr. 95; LG Arnsberg IPRspr 1977 Nr. 85.
109 In der Tendenz wie hier auch *Verwilghen*, BT-Drucks 10/258, S. 38 (Rn 24) mit S. 56 (Rn 118), der allerdings darauf hinweist, dass das Abkommen hier keine eindeutige Regelung trifft; für eine generelle unterhaltsrechtliche Qualifikation MüKo/*Siehr*, Art. 18 EGBGB Anh. I Rn 53; ferner Palandt/*Heldrich*, Art. 25 EGBGB Rn 10; *Looschelders*, Art. 25 Rn 14.
110 Nach Ansicht von *Henrich*, in: FS Gernhuber 1993, S. 667, 677 f. ist demgegenüber der Unterhalt aus dem Nachlass nach dem österreichischen, französischen oder englischen Recht erbrechtlich zu qualifizieren.
111 Staudinger/*Mankowski*, Art. 18 EGBGB Anh. I Rn 129; *Henrich*, in: FS Gernhuber 1993, S. 667, 673 f. (jeweils mit Hinweisen zum portugiesischen Recht).
112 Staudinger/*Mankowski*, Art. 18 EGBGB Anh. I Rn 123.
113 Staudinger/*Mankowski*, Art. 18 EGBGB Anh. I Rn 121; MüKo/*Siehr*, Art. 18 EGBGB Anh. I Rn 54.
114 BGH FamRZ 1996, 855 = ZEV 1996, 225 m. Anm. *Mankowski*; Staudinger/*Mankowski*, Art. 18 EGBGB Anh. I Rn 121, 124; *v. Bar*, IPR II, Rn 296.
115 Beispiel bei *Henrich*, in: FS Gernhuber 1993, S. 667, 673 (Ansprüche eines in Deutschland lebenden nichtehelichen Kindes beim Tode seines türkischen Vaters: Nach dem gem. Art. 18 Abs. 1 S. 1 anwendbaren deutschen Recht sind Unterhaltsansprüche gegen den Vater mit dessen Tode erloschen; das nach Art. 25 anwendbare türkische Recht sieht keine erbrechtliche Beteiligung des Kindes vor).
116 Palandt/*Heldrich*, Art. 25 EGBGB Rn 10.
117 *Looschelders*, Art. 25 Rn 14; MüKo/*Sonnenberger*, Einl. IPR Rn 546; abweichend (Schaffung einer erbrechtlichen Beteiligung) Staudinger/*Dörner*, Art. 25 EGBGB Rn 719.
118 Beispiel bei *Henrich*, in: FS Gernhuber 1993, S. 667, 671 (Ansprüche eines in der Türkei lebenden Kindes beim Tode seines deutschen Vaters: Das nach Art. 25 anwendbare deutsche Recht gewährt einen Pflichtteil, das nach Art. 18 Abs. 1 S. 1 anwendbare türkische Recht zusätzlich einen Unterhaltsanspruch).
119 So auch *Henrich*, in: FS Gernhuber 1993, S. 667, 672 (zur Normenhäufung bei einem deutschen Pflichtteils- und türkischen Unterhaltsanspruch).
120 OLG Hamm FamRZ 1999, 888.
121 OLG Karlsruhe FamRZ 1992, 317.

des Verpflichteten.[122] Im Rahmen des Unterhaltsstatuts können verschiedene **Vorfragen** auftauchen. Von Bedeutung ist insbesondere das Bestehen einer Ehe, eines Eltern-Kind-Verhältnisses oder einer sonstigen verwandtschaftlichen Beziehung. Diese Vorfragen sind nach sehr umstrittener Auffassung unselbständig anzuknüpfen (vgl. ausführlich Rn 71 ff.). Stellt das Unterhaltsstatut darauf ab, dass mit dem Erreichen der Volljährigkeit Unterhaltsansprüche entfallen, ist das maßgebliche Volljährigkeitsalter hingegen direkt dem Unterhaltsstatut zu entnehmen und nicht gesondert (nach Art. 7) anzuknüpfen (vgl. Rn 79).

Das Unterhaltsstatut regelt ferner das Ausmaß des Unterhalts, also Art und Höhe der Unterhaltsleistungen. Dementsprechend kommt die Regelbetrag-VO unmittelbar nur bei Geltung des deutschen Rechts zur Anwendung.[123] Die bei Anknüpfung des Scheidungsunterhalts nach Art. 18 Abs. 4 mögliche Anwendung des Unterhaltsrechts des Staates, in dem die Parteien nicht ihren gewöhnlichen Aufenthalt haben, schließt eine **faktische Berücksichtigung** der Lebensverhältnisse im Staat des gemeinsamen gewöhnlichen Aufenthalts nicht aus. Leben etwa geschiedene Ehegatten italienischer Staatsangehörigkeit in Deutschland, können bei Anwendung des einschlägigen italienischen Unterhaltsrechts (Abs. 4) die **deutschen Unterhaltstabellen** berücksichtigt werden.[124] **60**

Allgemein bestimmt **Abs. 7**, dass bei der Bemessung des Unterhaltsbetrags stets die Bedürfnisse des Berechtigten und die wirtschaftlichen Verhältnisse des Unterhaltsverpflichteten zu berücksichtigen sind, selbst wenn das anzuwendende Recht etwas anderes bestimmt. Die Vorschrift gestattet Korrekturen bei der Bemessung des Unterhaltsbetrags dann, wenn das anwendbare Unterhaltsstatut bei der jeweiligen Festsetzung der Anspruchshöhe Bedürftigkeit bzw. Leistungshöhe nicht oder nicht hinreichend berücksichtigt.[125] Abs. 7 darf aber nicht vorschnell dazu genutzt werden, das eigentliche Unterhaltsstatut zu überspielen.[126] Pfändungsfreigrenzen, die erst im Rahmen der Vollstreckung zu beachten sind, bestimmen sich ohnehin nach dem Recht des Staates, in dem vollstreckt wird. **61**

Das nach Art. 18 maßgebliche Recht bestimmt über die Art der Unterhaltsgewährung. Es kann z.B. dauerhafte bzw. einmalige **Geldleistungen**, aber auch **Naturalleistungen** vorschreiben.[127] Zu den Unterhaltspflichten zählt auch die **Prozesskostenvorschusspflicht**.[128] **62**

Der Anspruch auf **Auskunft** bestimmt sich ebenfalls nach dem Unterhaltsstatut.[129] Anpassungsprobleme entstehen dann, wenn das ausländische Recht nur deshalb keinen materiellen Auskunftsanspruch vorsieht, weil es prozessuale Wege zur Ermittlung der relevanten Tatsachen bevorzugt. Zu nennen sind hier die **Amtsermittlung** oder auch die *discovery* des englischen bzw. US-amerikanischen Rechts. Zutreffend scheint es zu sein, den ausländischen – von deutschen Gerichten nicht anzuwendenden – Verfahrensregeln im Wege der Anpassung einen materiellen Gehalt zuzusprechen und ihnen auf diese Weise einen Auskunftsanspruch zu entnehmen. Dies dürfte zunächst im Falle des Amtsermittlungsgrundsatzes gelten, da auch hier letztlich eine Mitwirkung der Parteien erzwungen werden kann.[130] Ähnliches gilt aber auch für die discovery, da sie ein in die Hände der Parteien gelegtes Mittel zur Informationsbeschaffung darstellt.[131] Vorgeschlagen wird umgekehrt aber auch, § 1580 i.V.m. § 1605 BGB prozessrechtlich zu qualifizieren und auf diese Weise nach dem *lex-fori*-Grundsatz zu einem Auskunftsanspruch nach dem deutschen Recht zu gelangen.[132] Praktische Bedeutung dürfte der dogmatischen Konstruktion nicht zukommen. Beide Lösungswege führen zum Erfolg einer vor deutschen Gerichten erhobenen Auskunftsklage. Eindeutig ist auch, dass die hier vorgeschlagene Lösung nicht dazu führt, dass die im ausländischen Recht vorgesehenen, genuin prozessualen Sanktionen vor **63**

---

122 OLG Hamm FamRZ 1990, 1137 (Anwendung von § 1603 BGB bei einem in Polen lebenden Unterhaltsschuldner).
123 *Bischoff*, IPRax 2002, 511 ff.; zust. *Johannsen/Henrich*, Art. 18 Rn 29.
124 Vgl. OLG Düsseldorf NJW-RR 1997, 388 = FamRZ 1997, 559 (Leitsatz): Anwendung der Grundsätze der Düsseldorfer Tabelle.
125 Göppinger/Wax/*Linke*, Rn 3087.
126 Erman/*Hohloch*, Art. 18 EGBGB Rn 39.
127 BGH NJW 1992, 974 = FamRZ 1992, 426.; Staudinger/*Mankowski*, Art. 18 EGBGB Anh. I Rn 73; *v. Bar*, IPR II, Rn 297.
128 OLG Köln IPRspr 1994 Nr. 93 (S. 192) = FamRZ 1995, 680 (Leitsatz); OLG Stuttgart FamRZ 1988, 758; KG IPRax 1988, 234, 235 f.; *Johannsen/Henrich*, Art. 18 Rn 28; *v. Bar*, IPRax 1988, 220.
129 BGH FamRZ 1994, 558 = NJW-RR 1994, 644; BGHZ 85, 16 = JZ 1983, 245 (Leitsatz)

m. Anm. *Henrich* (zum alten Recht); OLG Köln FamRZ 2003, 544; OLG Nürnberg FamRZ 1996, 353; OLG Hamm FamRZ 1993, 69 = NJW-RR 1993, 1155.
130 OLG Hamm FamRZ 1993, 69 = NJW-RR 1993, 1155; *Jayme*, IPRax 1989, 330.
131 Staudinger/*Mankowski*, Art. 18 EGBGB Rn 90 f.; ähnlich *Morweiser*, IPRax 1992, 65, 66. Mit anderer Begründung („versteckte Rückverweisung") auch Soergel/*Kegel*, Art. 18 EGBGB Rn 31 (allerdings insoweit den Sachnormcharakter der Verweisung außer Acht lassend).
132 OLG Karlsruhe FamRZ 1995, 738, 739; auch Göppinger/Wax/*Linke*, Rn 3101; *Gottwald*, in: FS Nakamura 1996, S. 189, 199 f.; *Eidenmüller*, IPRax 1992, 356, 357 (im Rahmen einer Anpassung zur Behebung des Normenkonflikts); abl. Staudinger/*Mankowski*, Art. 18 EGBGB Anh. I Rn 88.

deutschen Gerichten zur Anwendung gelangen. Demgegenüber bleiben die (prozessual zu qualifizierenden) §§ 643, 648 Abs. 2 S. 2 ZPO vor deutschen Gerichten stets anwendbar.

64 Das Unterhaltsstatut bestimmt auch die **Währung**, in der zu zahlen ist. Regelmäßig ist in der Währung am gewöhnlichen Aufenthalt des Berechtigten zu erfüllen.[133] Nach dem deutschen Recht stellen Unterhaltsschulden allerdings Geldwertschulden dar, die nicht notwendig in einer bestimmten Währung befriedigt werden müssen, sofern dies nicht von den devisenrechtlichen Vorschriften vorgesehen ist.[134] Ein Unterhaltsberechtigter kann daher nach seiner Wahl den Unterhalt statt in der Währung seines gewöhnlichen Aufenthalts in derjenigen des Aufenthaltsorts des Unterhaltspflichtigen verlangen.[135] Allerdings wird dieses Wahlrecht dann eingeschränkt, wenn der Unterhaltsverpflichtete ein besonderes Interesse hat, in der Währung am Aufenthaltsort des Berechtigten zu zahlen und dem wiederum keine besonderen Gründe auf Seiten des Berechtigten entgegenstehen.[136] Ein Interesse des Unterhaltsverpflichteten kann etwa dann angenommen werden, wenn er im Staat des Unterhaltsberechtigten über Vermögen verfügt, dessen Erträge er für den Unterhalt einsetzen will.[137] Als zu berücksichtigende Gründe auf der Seite des Berechtigten kommen demgegenüber die inflationären Verhältnisse in dem Staat seines gewöhnlichen Aufenthalts in Betracht, die – würde der Unterhalt in der Währung seines Aufenthaltsstaates gezahlt – wiederholte Abänderungsklagen notwendig machen würden.[138] Einer Zahlung in der Währung des Unterhaltsberechtigten können ferner **devisenrechtliche Bestimmungen** entgegenstehen.[139] Derartige Bestimmungen haben heute aber keine große Bedeutung mehr.[140]

65 Für den Unterhaltsbedarf maßgebend ist der **Binnenwert der Währung**. Lebt also der Unterhaltsberechtigte im Ausland, so sind für die Höhe des Unterhaltsanspruchs die Geldbeträge maßgebend, die er an seinem Aufenthaltsort aufbringen muss, um den ihm gebührenden Lebensstandard aufrechtzuerhalten.[141] Es ist m.a.W. ein „**Warenkorbvergleich**" anzustellen. Nicht maßgebend ist die Wechselkursentwicklung, da diese unmittelbar nur den Außenwert der Währung beeinflusst.[142] Ein Kaufkraftunterschied kann dementsprechend auch bei gleicher Währung bzw. trotz Einführung des Euro bestehen.[143] Kaufkraftunterschiede können i.E. anhand der **Angaben des Statistischen Bundesamts** ermittelt werden.[144]

66 Da der Berechtigte aber nach dem Unterhaltsstatut i.d.R. einen Anspruch auf Teilhabe am höheren Lebensstandard des Verpflichteten hat, ist dem Berechtigten im Falle eines Kaufkraftunterschieds u.U. ein **Aufschlag auf seinen Unterhaltsanspruch** zu gewähren.[145] Der Kaufkraftunterschied ist im Verhältnis des zu zahlenden Unterhalts zum Gesamtbetrag, aus dem der Unterhalt bestimmt wird, aufzuteilen. Hierbei werden i.E. durchaus komplizierte Berechnungen notwendig.[146]

67 **3. Klageberechtigung.** Das Unterhaltsstatut bestimmt auch, wer zur **Einleitung des Unterhaltsverfahrens** befugt ist (Abs. 6 Nr. 2). Dies ist insbesondere dann von Bedeutung, wenn es um die Unterhaltsansprüche von Kindern geht. Richtet sich also der Unterhaltsanspruch des Kindes über Abs. 1 S. 1 nach dem deutschen Recht, so bestimmt das deutsche Recht darüber, ob z.B. die Mutter zur Geltendmachung des Anspruchs berechtigt ist und ob sie hierbei als Vertreterin oder Prozessstandschafterin handelt.[147] Bei Anwendung des deutschen Rechts gelten die §§ 1629 Abs. 2 S. 2, Abs. 3 BGB. Da Abs. 6 Nr. 2 insoweit eine abschließende Aussage trifft, kommt – entgegen einer teilweise in der Literatur vertretenen Auffassung – keine (zusätzliche) alternative Anknüpfung an das Eltern-Kind-Statut in Betracht.[148] Die Vorfragen nach einem Eltern-Kind-Verhältnis bzw. einer Sorgeberechtigung sind selbständig anzuknüpfen.[149]

68 **4. Unterhaltsregress durch öffentliche Einrichtungen.** Nach dem Unterhaltsstatut richtet sich auch der **Umfang**, in dem **öffentliche Einrichtungen** bei dem Unterhaltsverpflichteten Rückgriff nehmen können.

---

133 BGH FamRZ 1992, 1060, 1063; NJW 1990, 2197, 2198 = FamRZ 1990, 992; NJW 1987, 1146 = FamRZ 1987, 370; FamRZ 1987, 682.
134 BGH NJW 1990, 2197, 2198 = FamRZ 1990, 992.
135 BGH FamRZ 1992, 1060, 1063; NJW 1990, 2197, 2198 = FamRZ 1990, 992.
136 BGH FamRZ 1992, 1060, 1063; NJW 1990, 2197, 2198 = FamRZ 1990, 992.
137 BGH NJW 1990, 2197, 2198 = FamRZ 1990, 992.
138 BGH FamRZ 1992, 1060, 1063.
139 BGH NJW 1990, 2197, 2198 = FamRZ 1990, 992; NJW 1987, 1146 = FamRZ 1987, 370; FamRZ 1987, 682, 684.
140 *Johannsen/Henrich*, Art. 18 Rn 31; zur polnischen Rechtslage etwa *Bytomski*, FamRZ 1991, 783.
141 BGH FamRZ 1987, 682, 683.
142 OLG Hamm FamRZ 1994, 763 = NJW-RR 1994, 649.
143 *Krause*, FamRZ 2002, 145 f.
144 *Krause*, FamRZ 2002, 145; nicht beanstandet in BGH FamRZ 1987, 682 ff.
145 Erman/*Hohloch*, Art. 18 EGBGB Rn 33.
146 Zu den einschlägigen Berechnungsformeln vgl. *Krause*, FamRZ 2002, 145 f.; *Gutdeutsch/Zieroth*, FamRZ 1993, 1152 f.
147 *Johannsen/Henrich*, Art. 18 Rn 33.
148 Wie hier Palandt/*Heldrich*, Art. 18 EGBGB Rn 18; Göppinger/Wax/*Linke*, Rn 3116; Staudinger/*Mankowski*, Art. 18 EGBGB Anh. I Rn 350; MüKo/*Siehr*, Art. 18 EGBGB Anh. I Rn 291; *Kropholler*, IPR, § 47 II 5c.
149 Staudinger/*Mankowski*, Art. 18 EGBGB Anh. I Rn 355.

(Abs. 6 Nr. 3). Der Umfang der nach dem Unterhaltsstatut bestehenden Verpflichtung des primär Unterhaltsverpflichteten bildet die Obergrenze für den Umfang des Rückgriffsanspruchs.[150] Nach dem Unterhaltsstatut richtet sich auch die Verjährung des Rückgriffsanspruchs.[151]

Demgegenüber richtet sich die Frage, ob die öffentliche Einrichtung überhaupt Regress nehmen kann, gem. Abs. 6 Nr. 3, der insoweit Art. 9 HUntÜ entspricht, nach dem Recht, dem die öffentliche Einrichtung untersteht (sog. **Erstattungsstatut**).[152] Für deutsche Sozialhilfeträger gelten also insoweit die Bestimmungen des BSHG.

Unter den Begriff der **öffentlichen Einrichtungen** fallen insbesondere Unterhaltsvorschusskassen, Jugend- und Sozialbehörden, aber auch Gemeinden oder gemeinwirtschaftlich betriebene Krankenhäuser.[153] Erfasst werden auch Private, die in öffentlichem Auftrag handeln.[154] Der Unterhaltsregress durch andere Private wird von Art. 18 nicht erfasst (vgl. dazu Rn 83 ff.).

5. Vorfragen. a) Selbständige Anknüpfung. Im Rahmen der Anwendung des einschlägigen Unterhaltsrechts können sich verschiedentlich **Vorfragen** nach dem Bestehen eines bestimmten familienrechtlichen Verhältnisses ergeben, also z.B. die Vorfrage nach der Gültigkeit einer Eheschließung, der ehelichen oder nicht ehelichen Abstammung und dem wirksamen Zustandekommen einer Adoption.[155] Nach wohl herrschender, aber sehr umstrittener Ansicht sind diese Vorfragen grundsätzlich **unselbständig anzuknüpfen**, also nach dem IPR des auf den Unterhaltsanspruch anwendbaren Rechts.[156]

Nach dem dargestellten Vorrang des HUntÜ vor dem unvereinheitlichten nationalen Kollisionsrecht (Rn 1, 2) lässt sich eine Antwort auf die Frage nur durch eine **zweistufige Prüfung** ermitteln. Vorrangig ist zu prüfen, ob dem HUntÜ Aussagen über die Anknüpfung von Vorfragen zu entnehmen sind. Hilfsweise ist zu fragen, auf welche Weise Vorfragen nach dem unvereinheitlichten deutschen Recht anzuknüpfen sind.

Eine Regelung einer Vorfrage i.w.S. enthält allein **Art. 8 HUntÜ**. Dort heißt es, dass das auf die Scheidung tatsächlich angewandte Statut maßgeblich ist, wenn das betreffende Scheidungsurteil im Inland anerkannt wird. Was die Beurteilung der **Wirksamkeit einer Scheidung** anbelangt, wird also auf die (prozessualen) Anerkennungsvorschriften der *lex fori* verwiesen, was einer selbständigen Anknüpfung der Vorfrage nach der Wirksamkeit der Scheidung entspricht. Nach zutreffender Ansicht enthält das HUntÜ darüber hinaus keine weiteren Aussagen über die Anknüpfung von Vorfragen. Art. 2 Abs. 2 HUntÜ lässt sich nur eine Einschränkung des Anwendungsbereichs des HUntÜ, aber keine (versteckte) Kollisionsnorm entnehmen.[157] Keine kollisionsrechtliche Anknüpfung der Vorfrage enthält schließlich Art. 10 Nr. 1 Alt. 3 HUntÜ (entspricht Art. 18 Abs. 6 Nr. 1 Alt. 3 EGBGB). Hiernach bestimmt das auf die Unterhaltspflicht anzuwendende Sachrecht auch darüber, „von wem" der Berechtigte Unterhalt verlangen kann. Nach einer vielfach vertretenen Ansicht ist dieser Formulierung zu entnehmen, dass im Rahmen des Unterhaltsrechts überhaupt keine gesonderte Anknüpfung der Vorfrage nach dem Bestehen einer familienrechtlichen Beziehung vorzunehmen ist, sondern vielmehr die Statusfrage Teil des Unterhaltsstatuts ist.[158] Dem Wortlaut nach lässt sich Art. 10 Nr. 1 Alt. 3 HUntÜ (Art. 18 Abs. 6 Nr. 1 Alt. 3 EGBGB) aber auch so verstehen, dass dem Unterhaltsstatut nur zu entnehmen ist, von welchen Verwandten – etwa dem Vater, dem Ehegatten, dem Bruder – generell Unterhalt verlangt werden kann. Ob sich der eher versteckt geregelte Art. 10 Nr. 1 Alt. 3 HUntÜ (Art. 18 Abs. 6 Nr. 1 Alt. 3 EGBGB) tatsächlich auch auf die Frage bezieht, wer im Einzelfall tatsächlich Vater, Ehegatte oder Bruder ist, erscheint demgegenüber zweifelhaft.

Die Vorfragenproblematik wurde auf der **vorbereitenden Konferenz zum HUntÜ** intensiv diskutiert. Die Delegierten nahmen hierbei nach dem Bericht von *Verwilghen* zur Kenntnis, dass Art. 1 Abs. 1 HKindUntÜ – welcher mit Art. 10 Nr. 1 Alt. 3 HUntÜ identisch ist – von der wohl h.M. in dem Sinne verstanden

---

150 OLG Düsseldorf FamRZ 2001, 919.
151 OLG Düsseldorf FamRZ 2001, 919.
152 OLG Düsseldorf FamRZ 2001, 919; Looschelders, Art. 18 Rn 47; Bamberger/Roth/Otte, Art. 18 EGBGB Rn 57; Palandt/Heldrich, Art. 18 EGBGB Rn 18; Erman/Hohloch, Art. 18 EGBGB Rn 38.
153 Begründung zum Regierungsentwurf, BT-Drucks 10/504, S. 64.
154 Bericht Verwilghen, BT-Drucks 10/258, S. 50 (Rn 90); Looschelders, Art. 18 Rn 48; Brückner, IPRax 1992, 366, 367 f.; Wandt, VersR 1992, 615 f.
155 Bericht Verwilghen, BT-Drucks 10/258, S. 57 (Nr. 124).
156 Vgl. zum alten Recht BGHZ 90, 129 f. = BGH NJW 1984, 1299 = FamRZ 1984, 576 mit krit. Anm. Klinkhardt, IPRax 1986, 21; Beitzke, StAZ 1984, 198; Rauscher, StAZ 1984, 306; zum neuen Recht LG Dortmund NJW-RR 1990, 12 = IPRspr 1989 Nr. 119, S. 269; Palandt/Heldrich, Art. 18 EGBGB Rn 14; Johannsen/Henrich, Art. 18 Rn 21; Looschelders, Art. 18 Rn 13; Andrae, Rn 743 ff.; Strunk, FamRZ 1991, 653, 654; grds. auch Erman/Hohloch, Art. 18 EGBGB Rn 11; differenzierend MüKo/Siehr, Art. 18 EGBGB Anh. I Rn 242 ff.; K. Müller, StAZ 1989, 301, 304.
157 Staudinger/Mankowski, Art. 18 EGBGB Anh. I Rn 24; K. Müller, StAZ 1989, 301, 305 Fn 33.
158 V. Hoffmann, IPR, § 6 Rn 64 und § 8 Rn 83–84; vgl. hierzu auch Verwilghen, BT-Drucks 10/258, S. 58 (Nr. 127).

wurde, dass das vom Übereinkommen bezeichnete innerstaatliche Recht zugleich für die Beurteilung der Abstammungsverhältnisse maßgeblich sein sollte.[159] Nach dieser zu Art. 1 Abs. 1 HKindUntÜ vertretenen Ansicht war daher keine gesonderte Anknüpfung der Vorfragenproblematik vorzunehmen, sondern direkt auf das Unterhaltsstatut zurückzugreifen.[160] Der Vorschlag, im HUntÜ eine ausdrückliche Regelung der Vorfragenproblematik vorzusehen, wurde letztlich aber abgelehnt.[161] Im Bericht von *Verwilghen* heißt es dementsprechend, dass sich das HUntÜ nicht ausdrücklich für eine bestimmte Lösung der Vorfragenproblematik entscheide und „zu diesem Punkt schweigt".[162]

75 Geht man davon aus, dass das HUntÜ – mit Ausnahme des Art. 8 HUntÜ – keine Regelung der Vorfragenproblematik enthält, so ist für die Lösung der Problematik auf das unvereinheitlichte nationale Kollisionsrecht zurückzugreifen. Im deutschen Kollisionsrecht gilt nach h.M. der Grundsatz, dass Vorfragen **selbständig anzuknüpfen** sind (vgl. Art. 3 EGBGB Rn 24). Anzuwenden sind m.a.W. die Kollisionsnormen des deutschen Rechts.[163]

76 Für den vorliegenden Bereich des **Unterhaltsrechts** wird indes überwiegend vertreten, dass **unselbständig** nach den Kollisionsnormen des auf den Unterhaltsanspruch anwendbaren Rechts **anzuknüpfen** sei.[164] Hierfür wird u.a. geltend gemacht, dass das durch die unselbständige Vorfragenanknüpfung gewahrte Interesse am äußeren Entscheidungseinklang überwiege, wenn das auf die Hauptfrage anzuwendende Sachrecht durch staatsvertragliche Kollisionsnormen ermittelt worden sei. Dem kann jedoch in dieser Allgemeinheit nicht zugestimmt werden. Hinzuweisen ist insbesondere darauf, dass Unterhaltsklagen häufig mit Statusklagen – etwa der Klage auf Feststellung der Vaterschaft oder des Bestehens der Ehe – verbunden werden.[165] Bei unselbständiger Anknüpfung könnte man z.B. zu dem Ergebnis kommen, dass der „eigentliche" statusrechtliche Vater bzw. Ehemann und der (durch unselbständige Anknüpfung ermittelte) unterhaltsrechtliche Vater bzw. Ehemann nicht identisch sind. Ein derartiges Ergebnis wäre den Beteiligten nicht mehr nachvollziehbar zu vermitteln. Es würde erhebliche Anpassungsprobleme heraufbeschwören, wenn der Unterhaltsberechtigte nachfolgend – etwa nach einem weiteren inländischen Feststellungsurteil – noch einmal Unterhaltsansprüche gegen den „richtigen" Vater geltend machen würde. Im Übrigen würde eine unselbständige Anknüpfung insgesamt zu einer wesentlichen Verkomplizierung der Rechtsanwendung führen: Denn es müsste sowohl bei Abs. 1 S. 2 als auch bei Abs. 2 eine weitere unselbständige Anknüpfung vorgenommen und u.U. nochmals ausländisches Kollisionsrecht ermittelt und angewendet werden.[166]

77 Daneben findet sich auch der Vorschlag, die Vorfrage nach der Abstammung alternativ selbständig bzw. unselbständig nach dem **Günstigkeitsprinzip** anzuknüpfen. Berufen sei das Sachrecht, das im konkreten Fall das Bestehen einer familienrechtlichen Beziehung bejahe.[167] Argumentiert wird damit, dass die Anknüpfung des Art. 18 – insbesondere in Gestalt von Abs. 1 S. 2 und Abs. 2 – das Entstehen eines Unterhaltsanspruchs fördern wolle. Dem Günstigkeitsprinzip wird im Bereich des Kindesunterhalts allerdings bereits dadurch Rechnung getragen, dass Art. 19 Abs. 1 mehrere Hilfsanknüpfungen vorsieht, die kaum noch der Ergänzung durch ausländisches Kollisionsrecht bedürfen.[168] Im Übrigen würde eine Alternativanknüpfung ebenfalls zu der dargestellten Beeinträchtigung des internationalen Entscheidungseinklangs führen und die Rechtsanwendung noch weiter verkomplizieren.

78 Letztlich spricht die in Art. 8 HUntÜ enthaltene Regel für eine generell selbständige Anknüpfung von Vorfragen. Wenn sich die Wirksamkeit eines Scheidungsurteils nach den Anerkennungsregeln der *lex fori*

---

159 In dem Bericht wird verwiesen auf die Entscheidungen des österr. OGH ZfRV 1969, 209 und der C. Cassaz. Riv. dir int. priv. proc. 1970, 110.
160 Vgl. die Nachw. bei Soergel/*Kegel*, Art. 18 EGBGB Rn 106.
161 Bericht *Verwilghen*, BT-Drucks 10/258, S. 58 (Nr. 127), wo allerdings darauf hingewiesen wird, dass die Ablehnung deshalb erfolgte, „weil man befürchtete, dass die gewünschte Lösung unklar formuliert sein würde".
162 Bericht *Verwilghen*, BT-Drucks 10/258, S. 57 f. (Nr. 126).
163 So im Erg. Staudinger/*Mankowski*, Art. 18 EGBGB Anh. I Rn 37; Göppinger/Wax/*Linke*, Rn 3029; Bamberger/Roth/*Otte*, Art. 18 EGBGB Rn 42.
164 Vgl. zum alten Recht BGHZ 90, 129, 135 = BGH NJW 1984, 1299 = FamRZ 1984, 576 mit krit. Anm. *Klinkhardt*, IPRax 1986, 21; *Beitzke*, StAZ 1984, 198; *Rauscher*, StAZ 1984, 306; LG Dortmund NJW-RR 1990, 12 = IPRspr 1989 Nr. 119, S. 269; Palandt/*Heldrich*, Art. 18 EGBGB Rn 14; *Rauscher*, IPR, S. 194; Johannsen/*Henrich*, Art. 18 EGBGB Rn 21 (mit weiteren Differenzierungen); *Looschelders*, Art. 18 Rn 13; *Strunk*, FamRZ 1991, 653, 654; *Andrae*, Rn 743 ff.; a.A. *v. Hoffmann*, IPR, § 8 Rn 83–84; differenzierend MüKo/*Siehr*, Art. 18 EGBGB Anh. I Rn 242 ff.; *K. Müller*, StAZ 1989, 301, 304; Soergel/*Kegel*, Art. 18 EGBGB Rn 86 f.
165 Vgl. bereits *Verwilghen*, BT-Drucks 10/258, S. 57 (Nr. 124).
166 Göppinger/Wax/*Linke*, Rn 3029.
167 Vgl. (mit Differenzierungen) MüKo/*Siehr*, Art. 18 EGBGB Anh. I Rn 242 ff., 249.
168 Göppinger/Wax/*Linke*, Rn 3029.

beurteilt, so vermag es nicht zu überzeugen, dass die Frage nach dem wirksamen Zustandekommen einer Ehe einer unselbständigen kollisionsrechtlichen Behandlung nach dem ausländischen Kollisionsrecht unterliegen soll. Nach der hier vertretenen Ansicht sind daher Vorfragen nach dem Bestehen einer familienrechtlichen Beziehung **selbständig**, also nach den Vorschriften des EGBGB anzuknüpfen.[169] Gesondert nach Art. 14 anzuknüpfen ist ferner die Vorfrage nach dem **Recht der Ehegatten zum Getrenntleben** während bestehender Ehe.[170]

b) Vorfrage nach der Geschäftsfähigkeit des Unterhaltsberechtigten. Vielfach bestimmt das anzuwendende Unterhaltsrecht, dass der Unterhaltsanspruch mit dem Erreichen der Volljährigkeit entfällt oder eingeschränkt wird. Grundsätzlich wären Fragen der Volljährigkeit gesondert nach Art. 7 anzuknüpfen. Indes steht im Bereich des Unterhaltsrechts die Frage nach dem Erreichen der (unbeschränkten) Geschäftsfähigkeit nicht im Vordergrund. Es geht letztlich – auch dann, wenn das Gesetz explizit auf die Volljährigkeit abstellt – nur um das Erreichen einer bestimmten Altersgrenze. Insoweit handelt es sich daher um eine Frage, die direkt nach dem Unterhaltsstatut zu beantworten ist und keiner gesonderten Anknüpfung bedarf.[171]

6. Ordre public. Im Rahmen des Art. 18 ist ein Rückgriff auf den *ordre public* zulässig, da Art. 11 Abs. 1 des HUntÜ ebenfalls eine entsprechende Vorbehaltsklausel vorsieht.[172] In der Tendenz ist Art. 11 Abs. 1 HUntÜ eher zurückhaltend anzuwenden.

Praktisch muss nicht auf den *ordre public* zurückgegriffen werden, wenn es sich um einen nach Abs. 1, 2 anzuknüpfenden Anspruch handelt. Denn in diesem Fall führt spätestens die Hilfsanknüpfung nach Abs. 2 zur Anwendung des deutschen Rechts. Allerdings kann ein nach einem ausländischen Unterhaltsstatut wirksam zustande gekommener Unterhaltsverzicht (vgl. Rn 12) u.U. als *ordre-public*-widrig und damit – aus deutscher Sicht – unwirksam anzusehen sein.[173]

Praktische Bedeutung kann der *ordre-public*-Vorbehalt demnach vor allem im Falle des nach Abs. 4 anzuknüpfenden **Nachscheidungsunterhalts** erlangen, insbesondere dann, wenn das nach Abs. 4 maßgebliche Recht einen Unterhaltsanspruch ablehnt.[174] Allein in der Versagung eines Anspruchs, der im konkreten Fall nach dem deutschen Recht gegeben wäre, liegt aber noch kein *ordre-public*-Verstoß.[175] Eine *ordre-public*-Widrigkeit ist erst erreicht, wenn erschwerende Umstände hinzutreten, die einen **besonderen Härtefall** begründen.[176] Dies ist insbesondere dann der Fall, wenn der Anspruchssteller wegen der **Betreuung gemeinsamer Kinder** daran gehindert ist, ohne Vernachlässigung seiner elterlichen Pflichten seinen Lebensunterhalt durch die Aufnahme einer Erwerbstätigkeit selbst zu sichern.[177] Ein *ordre-public*-Verstoß kann auch dann angenommen werden, wenn der in Deutschland befindliche Anspruchssteller aufgrund einer Krankheit oder entgegenstehender ausländerrechtlicher Bestimmungen daran gehindert ist, im Inland eine Erwerbstätigkeit auszuüben.[178] Der auf der Grundlage von Art. 6 zu gewinnende Anspruch ist nicht von vornherein auf einen bloßen Notunterhalt beschränkt, sondern kann u.U. sogar den vollen angemessenen Unterhalt erreichen. Dies ergibt sich aus Abs. 7, nach dem bei der Bemessung des Unterhalts stets die Bedürfnisse des Berechtigten und die wirtschaftlichen Verhältnisse des Verpflichteten zu berücksichtigen sind.[179]

---

169 Staudinger/*Mankowski*, Art. 18 EGBGB Anh. I Rn 37; Göppinger/Wax/*Linke*, Rn 3029; Bamberger/Roth/*Otte*, Art. 18 EGBGB Rn 42.
170 Staudinger/*Mankowski*, Art. 18 EGBGB Anh. I Rn 164.
171 OLG Hamm FamRZ 1999, 888, 889; *Kropholler*, IPR, § 47 II 4b; Göppinger/Wax/*Linke*, Rn 3071.
172 OLG Düsseldorf FamRZ 1995, 885; MüKo/*Siehr*, Art. 18 EGBGB Anh. I Rn 335 f.; *Looschelders*, Art. 18 Rn 15.
173 Soergel/*Kegel*, Art. 18 EGBGB Rn 94 (Verzicht auf Unterhalt für die Zukunft *ordre-public*-widrig).
174 OLG Karlsruhe FamRZ 1989, 748, 749; *Looschelders*, Art. 18 Rn 16; Erman/*Hohloch*, Art. 18 EGBGB Rn 10.
175 OLG Zweibrücken FamRZ 1997, 1404; OLG Karlsruhe IPRax 1990, 406 = FamRZ 1989, 748; Göppinger/Wax/*Linke*, Rn 3067.
176 BGH NJW 1991, 2212, 2213 = IPRax 1992, 101 = FamRZ 1991, 925, 927; OLG Düsseldorf FamRZ 1995, 885; OLG Karlsruhe IPRax 1990, 406 = FamRZ 1989, 748.
177 BGH NJW 1991, 2212, 2214 = IPRax 1992, 101 = FamRZ 1991, 925, 927; OLG Zweibrücken FamRZ 2001, 920, 922; 1997, 93, 94 f.; OLG Hamm FamRZ 1999, 1142, 1143; OLG Düsseldorf FamRZ 1995, 885; *Looschelders*, Art. 18 Rn 16; Erman/*Hohloch*, Art. 18 EGBGB Rn 10; *Henrich*, IPRax 1992, 84, 86.
178 OLG Zweibrücken FamRZ 1997, 1404, 1405.
179 BGH NJW 1991, 2212, 2214 = FamRZ 1991, 925, 927 = IPRax 1992, 101; OLG Zweibrücken FamRZ 1997, 1404, 1405; FamRZ 1997, 93, 95; *Andrae*, Rn 726; restriktiver OLG Düsseldorf FamRZ 1995, 885 (i.d.R. komme nur die Zubilligung eines Notunterhalts in Betracht).

III. Der Unterhaltsregress durch Private

83 Der Unterhaltsregress durch Private wird – anders als der Unterhaltsregress durch öffentliche Einrichtungen – nicht von Art. 18 erfasst (vgl. Rn 68). Insoweit ist auf die Regelung des Art. 33 Abs. 3 S. 1 zurückzugreifen. Maßgeblich ist also das für die Verpflichtung des Regressgläubigers geltende Recht.

84 Art. 33 Abs. 3 S. 1 kommt zur Anwendung, wenn der **Regressgläubiger** im Außenverhältnis als **subsidiärer Unterhaltsschuldner** haftet.[180] Art. 33 Abs. 3 S. 1 gilt auch dann, wenn ein Elternteil teilweise primär, teilweise subsidiär Unterhalt schuldet und nach Zahlung auch des nur subsidiär geschuldeten Unterhalts bei dem anderen Elternteil Rückgriff nehmen will.[181] Art. 33 Abs. 3 S. 1 ist schließlich dann heranzuziehen, wenn ein Gesamtschuldner bei dem anderen Unterhaltsschuldner Rückgriff nehmen will (Art. 33 Abs. 3 S. 2).

85 Über seinen Wortlaut hinaus ist Art. 33 Abs. 3 S. 1 analog anzuwenden, wenn das auf die Verpflichtung des Regressgläubigers anwendbare Recht keinen gesetzlichen Forderungsübergang, sondern einen selbständigen Regressanspruch oder einen Anspruch auf Abtretung des Unterhaltsanspruchs vorsieht.[182] Nach zutreffender Ansicht untersteht dem Regressstatut auch die Frage, ob der gegen den Primärschuldner gerichtete Anspruch übertragbar ist.[183]

86 Umstritten ist, ob eine **Zusatzanknüpfung** zum Schutze des primären Unterhaltsschuldners vorgenommen werden sollte. Vorgeschlagen wird, den Primärschuldner – ausgenommen die Fälle der Legalzession – auch im Falle des Regresses stets nur in der Höhe haften zu lassen, in der er auch bei unmittelbarer Inanspruchnahme durch den Unterhaltsgläubiger gehaftet hätte.[184]

87 Der Rückgriffsanspruch des **Scheinvaters** gegen den wirklichen Vater ist, soweit im Zeitpunkt der Zahlung tatsächlich ein, wenngleich später weggefallener Anspruch bestand, nach Art. 33 Abs. 3 S. 1 analog anzuknüpfen.[185] Auch der Anspruch auf Erstattung der Kosten für den Vaterschaftsanfechtungsprozess soll unterhaltsrechtlich zu qualifizieren und daher nach Art. 33 Abs. 3 S. 1 analog anzuknüpfen sein.[186] Daneben kommen deliktische oder bereicherungsrechtliche Ansprüche gegen den wirklichen Vater in Betracht, die i.d.R. akzessorisch an das Statut des Art. 33 Abs. 3 S. 1 anzuknüpfen sind (Art. 41). Beim Rückgriff eines von vornherein **Nichtverpflichteten** ist nach Art. 39 Abs. 2 (bei Qualifikation als Geschäftsführung ohne Auftrag) bzw. nach Artt. 38 Abs. 1, 41 Abs. 1 (bei bereicherungsrechtlicher Qualifikation) an das Statut der Unterhaltsschuld anzuknüpfen.[187]

IV. Vorrangige Abkommen

88 **1. Deutsch-iranisches Niederlassungsabkommen vom 17.2.1929.** Vorrangig zu beachten ist in Fragen des internationalen Unterhaltsrechts das nach wie vor in Kraft befindliche **deutsch-iranische Niederlassungsabkommen** vom 17.2.1929 (NiederlAbK).[188] Dieses enthält in Art. 8 Abs. 3 eine Kollisionsnorm.[189] Diese Norm gilt ausweislich einer deutsch-iranischen Erklärung, die nach dem Schlussprotokoll Teil des NiederlAbK ist, für „alle Angelegenheiten des Familienrechts". Hierzu zählt auch das Unterhaltsrecht.[190] Das NiederlAbK geht sowohl Art. 18 EGBGB als auch dem HUntÜ vor.[191]

---

180 Staudinger/*Mankowski*, Art. 18 EGBGB Anh. I Rn 56; *Einsele*, ZVglRWiss 90 (1991), 1, 19; *Wandt*, ZVglRWiss 86 (1987), 272, 278.
181 Staudinger/*Mankowski*, Art. 18 EGBGB Anh. I Rn 60.
182 Staudinger/*Mankowski*, Art. 18 EGBGB Anh. I Rn 56; *v. Bar*, RabelsZ 53 (1989), 462, 477.
183 Staudinger/*Mankowski*, Art. 18 EGBGB Anh. I Rn 57; Soergel/*v. Hoffmann*, Art. 33 EGBGB Rn 24; *v. Bar*, IPR II Rn 577; *ders.*, RabelsZ 53 (1989), 462, 478 f.; *Wandt*, ZVglRWiss 86 (1987), 272, 286 f.; vgl. auch OLG Stuttgart IPRspr 1990 Nr. 45, S. 95 = VersR 1991, 1042; a.A. (das auf die primäre Unterhaltsschuld anwendbare Recht sei maßgebend) MüKo/*Martiny*, Art. 33 EGBGB Rn 26; *Einsele*, ZVglRWiss 90 (1991), 1, 19 f.
184 Staudinger/*Mankowski*, Art. 18 EGBGB Anh. I Rn 59; MüKo/*Martiny*, Art. 33 EGBGB Rn 25; abweichend *Wandt*, ZVglRWiss 86 (1987), 272, 305 f.
185 Staudinger/*Mankowski*, Art. 18 EGBGB Anh. I Rn 62.
186 Staudinger/*Mankowski*, Art. 18 EGBGB Anh. I Rn 62.
187 Palandt/*Heldrich*, Art. 39 EGBGB Rn 2 und Art. 38 Rn 2; *Looschelders*, Art. 38 Rn 15; *Fischer*, IPRax 2002, 1, 8; *Rauscher*, IPR, S. 290; ferner Staudinger/*Mankowski*, Art. 18 EGBGB Anh. I Rn 67 f.; *Göppinger/Wax/Linke*, Rn 3082.
188 RGBl II 1930 S. 1006. Dessen Weitergeltung ist mit Wirkung vom 4.11.1954 bestätigt worden (BGBl II 1955 S. 829).
189 Art. 8 Abs. 3 lautet: „In Bezug auf das Personen-, Familien- und Erbrecht bleiben die Angehörigen jeder der vertragschließenden Staaten im Gebiet des anderen Staates jedoch den Vorschriften der heimischen Gesetze unterworfen. Die Anwendung dieser Gesetze kann von dem anderen vertragschließenden Staat nur ausnahmsweise und nur insoweit ausgeschlossen werden, als ein solcher Ausschluss allgemein gegenüber jedem anderen Staat erfolgt."
190 *Schotten/Wittkowski*, FamRZ 1995, 264 f.
191 Nach Art. 19 HUntÜ berührt das HUntÜ nicht andere internationale Übereinkünfte, deren Vertragspartei ein Vertragsstaat des HUntÜ ist oder wird; aus der Rspr. etwa BGH IPRax 1986, 382, 383 = FamRZ 1986, 345; AG Kerpen FamRZ 2001, 1526.

Art. 8 Abs. 3 S. 1 NiederlAbK ist anwendbar, wenn alle Beteiligten dieselbe Staatsangehörigkeit besitzen. 89
In diesem Fall gilt das Heimatrecht der Beteiligten. Für einen Unterhaltsanspruch eines Iraners gegen einen
Iraner wenden deutsche Gerichte, unabhängig vom gewöhnlichen Aufenthalt der Beteiligten, also stets das
iranische Recht an. Der Unterhaltsanspruch zwischen iranischen Ehegatten ist auch dann nach dem iranischen
Recht zu beurteilen, wenn die Ehe nach dem deutschen Recht geschieden worden ist.[192] Handelt es sich bei
den Beteiligten um deutsche Staatsangehörige, so ist deutsches Recht anzuwenden, wenn einer der Beteiligten
seinen gewöhnlichen Aufenthalt im Iran hat.[193]

Haben die Beteiligten **mehrere Staatsangehörigkeiten,** kommt das deutsch-iranische Abkommen dem- 90
gegenüber nicht zur Anwendung. Es gilt auch dann nicht, wenn nur einer der Beteiligten eine doppelte
Staatsangehörigkeit hat.[194] Beteiligte in diesem Sinn ist auch die Mutter, soweit es um die Vertretung des
Kindes geht, welches Unterhalt von seinem Vater verlangt.[195] Bei der Beurteilung des Kindesunterhalts – mit
Ausnahme der Vertretungsfrage – bleibt es aber im Übrigen im Verhältnis iranischer Kinder zum iranischen
Vater beim iranischen Recht.[196]

Das NiederlAbK ist nicht anzuwenden, wenn es sich bei einem der Beteiligten um einen **Flüchtling** i.S.d. 91
Genfer Flüchtlingskonvention oder um einen **Asylberechtigten** handelt.[197] In diesen Fällen ist wieder auf
das HUntÜ bzw. auf Art. 18 EGBGB zurückzugreifen.

Art. 8 Abs. 3 S. 2 NiederlAbK enthält einen Vorbehalt zugunsten des **deutschen** ordre public.[198] Insoweit 92
sind aber strenge Maßstäbe anzulegen. Art. 18 Abs. 2 EGBGB stellt keine ordre-public-Klausel im Sinne
von Art. 8 Abs. 3 S. 2 NiederlAbK dar.[199]

2. Haager Unterhaltsübereinkommen (HUntÜ) vom 2.10.1973. Das HUntÜ vom 2.10.1973[200] ist für 93
die Bundesrepublik Deutschland am 1.4.1987 in Kraft getreten. Es wurde durch Art. 18 EGBGB in das
deutsche Recht inkorporiert. In der Praxis kann daher unmittelbar auf den (inhaltsgleichen) Art. 18 EGBGB
zurückgegriffen werden (vgl. ausführlich Rn 2).

Da Art. 18 EGBGB ausführlich kommentiert worden ist, wird im Folgenden das HUntÜ nur (im Wortlaut, 94
auszugsweise) wiedergegeben:

Haager Unterhaltsübereinkommen (HUntÜ), (Auszug)

Kapitel I. Anwendungsbereich des Übereinkommens

Art. 1. Dieses Übereinkommen ist auf Unterhaltspflichten anzuwenden, die sich aus Beziehungen der
Familie, Verwandtschaft, Ehe oder Schwägerschaft ergeben, einschließlich der Unterhaltspflicht gegenüber
einem nichtehelichen Kind.

Vgl. die Kommentierung Rn 44 ff., 74.

Art. 2. Dieses Übereinkommen regelt das Kollisionsrecht nur auf dem Gebiet der Unterhaltspflicht.

Die in Anwendung dieses Übereinkommens ergangenen Entscheidungen greifen dem Bestehen einer der in
Artikel 1 genannten Beziehungen nicht vor.

Vgl. die Kommentierung Rn 71 ff., 73.

Art. 3. Das von diesem Übereinkommen bestimmte Recht ist unabhängig vom Erfordernis der Gegenseitigkeit anzuwenden, auch wenn es das Recht eines Nichtvertragsstaats ist.

Vgl. die Kommentierung Rn 1.

---

192 AG Kerpen FamRZ 2001, 1526.
193 Erman/*Hohloch*, Art. 18 EGBGB Rn 6.
194 BGH IPRax 1986, 382, 383 = FamRZ 1986, 345, 346; *Schotten/Wittkowski*, FamRZ 1995, 264, 265; Finger, FuR 1999, 158, 159.
195 BGH IPRax 1986, 382, 383 = FamRZ 1986, 345.
196 BGH IPRax 1986, 382, 383 = FamRZ 1986, 345; Göppinger/Wax/Linke, Rn 3054.
197 BGH NJW 1990, 636 = FamRZ 1990, 32; OLG München IPRax 1989, 238, 240 (jeweils zum Asylberechtigten); ausf. Begründung bei *Schotten/Wittkowski*, FamRZ 1995, 264, 266; *Dörner*, IPRax 1994, 33.
198 BGH IPRax 1986, 382, 384 = FamRZ 1986, 345.
199 Vgl. AG Kerpen FamRZ 2001, 1526 f.; Göppinger/Wax/Linke, Rn 3055; anders *Schotten/Wittkowski*, FamRZ 1995, 264, 268, die aber im Übrigen den Vorbehalt des Art. 8 Abs. 3 S. 2 NiederlAbK eng auslegen bzw. nur in „Extremfällen" heranziehen wollen.
200 BGBl II 1986 S. 837.

Kapitel II. Anzuwendendes Recht

Art. 4. Für die in Artikel 1 genannten Unterhaltspflichten ist das am gewöhnlichen Aufenthalt des Unterhaltsberechtigten geltende innerstaatliche Recht maßgebend.

Wechselt der Unterhaltsberechtigte seinen gewöhnlichen Aufenthalt, so ist vom Zeitpunkt des Aufenthaltswechsels an das innerstaatliche Recht des neuen gewöhnlichen Aufenthalts anzuwenden.

Entspricht Art. 18 Abs. 1 S. 1 EGBGB; vgl. die Kommentierung Rn 8 ff.

Art. 5. Kann der Berechtigte nach dem in Artikel 4 vorgesehenen Recht vom Verpflichteten keinen Unterhalt erhalten, so ist das Recht des Staates, dem sie gemeinsam angehören, anzuwenden.

Entspricht Art. 18 Abs. 1 S. 2 EGBGB; vgl. die Kommentierung Rn 14 ff.

Art. 6. Kann der Berechtigte nach den in den Artikeln 4 und 5 vorgesehenen Rechten vom Verpflichteten keinen Unterhalt erhalten, so ist das innerstaatliche Recht der angerufenen Behörde anzuwenden.

Entspricht Art. 18 Abs. 2 EGBGB; vgl. die Kommentierung Rn 29 f.

Art. 7. Bei Unterhaltspflichten zwischen Verwandten in der Seitenlinie oder Verschwägerten kann der Verpflichtete dem Anspruch des Berechtigten entgegenhalten, daß nach dem Recht des Staates, dem sie gemeinsam angehören, oder, mangels einer gemeinsamen Staatsangehörigkeit, nach dem innerstaatlichen Recht am gewöhnlichen Aufenthalt des Verpflichteten eine solche Pflicht nicht besteht.

Entspricht Art. 18 Abs. 3 EGBGB; vgl. die Kommentierung Rn 31 ff.

Art. 8. Abweichend von den Artikeln 4 bis 6 ist in einem Vertragsstaat, in dem eine Ehescheidung ausgesprochen oder anerkannt worden ist, für die Unterhaltspflichten zwischen den geschiedenen Ehegatten und die Änderung von Entscheidungen über diese Pflichten das auf die Ehescheidung angewandte Recht maßgebend.

Abs. 1 ist auch im Fall einer Trennung ohne Auflösung des Ehebandes und im Fall einer für nichtig oder als ungültig erklärten Ehe anzuwenden.

Entspricht Art. 18 Abs. 4 EGBGB; vgl. die Kommentierung Rn 34 ff.

Art. 9. Für das Recht einer öffentliche Aufgaben wahrnehmenden Einrichtung auf Erstattung der dem Unterhaltsberechtigten erbrachten Leistungen ist das Recht maßgebend, dem die Einrichtung untersteht.

Die Vorschrift ist in Art. 18 Abs. 6 Nr. 3 EGBGB enthalten; vgl. die Kommentierung Rn 69.

Art. 10. Das auf eine Unterhaltspflicht anzuwendende Recht bestimmt insbesondere,
1. ob, in welchem Ausmaß und von wem der Berechtigte Unterhalt verlangen kann;
2. wer zur Einleitung des Unterhaltsverfahrens berechtigt ist und welche Fristen für die Einleitung gelten;
3. das Ausmaß der Erstattungspflicht des Unterhaltsverpflichteten, wenn eine öffentliche Aufgaben wahrnehmende Einrichtung die Erstattung der dem Berechtigten erbrachten Leistungen verlangt.

Entspricht Art. 18 Abs. 6 EGBGB; vgl. die Kommentierung Rn 59 ff., 67 ff., 73 f.

Art. 11. Von der Anwendung des durch dieses Übereinkommen bestimmten Rechtes darf nur abgesehen werden, wenn sie mit der öffentlichen Ordnung offensichtlich unvereinbar ist.

Jedoch sind bei der Bemessung des Unterhaltsbetrags die Befugnisse des Berechtigten und die wirtschaftlichen Verhältnisse des Unterhaltsverpflichteten zu berücksichtigen, selbst wenn das anzuwendende Recht etwas anderes bestimmt.

Art. 11 Abs. 1 wird durch Art. 6 EGBGB abgedeckt; vgl. die Kommentierung Rn 80 ff.; Art. 11 Abs. 2 entspricht Art. 18 Abs. 7 EGBGB; vgl. die Kommentierung Rn 61.

Kapitel III. Verschiedene Bestimmungen

Art. 12. Dieses Übereinkommen ist nicht auf Unterhalt anzuwenden, der in einem Vertragsstaat für eine vor dem Inkrafttreten des Übereinkommens in diesem Staat liegende Zeit verlangt wird.

Art. 13. Jeder Vertragsstaat kann sich gemäß Artikel 24 das Recht vorbehalten, dieses Übereinkommen nur anzuwenden auf Unterhaltspflichten
1. zwischen Ehegatten und zwischen früheren Ehegatten;
2. gegenüber einer Person, die das einundzwanzigste Lebensjahr noch nicht vollendet hat und unverheiratet ist.

Art. 14. Jeder Vertragsstaat kann sich gemäß Artikel 24 das Recht vorbehalten, dieses Übereinkommen nicht anzuwenden auf Unterhaltspflichten
1. zwischen Verwandten in der Seitenlinie;
2. zwischen Verschwägerten;
3. zwischen geschiedenen oder ohne Auflösung des Ehebandes getrennten Ehegatten oder zwischen Ehegatten, deren Ehe für nichtig oder als ungültig erklärt worden ist, wenn das Erkenntnis auf Scheidung, Trennung, Nichtigkeit oder Ungültigkeit der Ehe in einem Versäumnisverfahren in einem Staat ergangen ist, in dem die säumige Partei nicht ihren gewöhnlichen Aufenthalt hatte.

Art. 15. Jeder Vertragsstaat kann gemäß Artikel 24 einen Vorbehalt machen, daß seine Behörden sein innerstaatliches Recht anwenden werden, wenn sowohl der Berechtigte als auch der Verpflichtete Staatsangehörige dieses Staates sind und der Verpflichtete dort seinen gewöhnlichen Aufenthalt hat.

Die Bundesrepublik hat von dem Vorbehalt nach Art. 15 HUntÜ in Form von Art. 18 Abs. 5 Gebrauch gemacht; vgl. die Kommentierung Rn 42 f.

Art. 16. Kommt das Recht eines Staates mit zwei oder mehr Rechtsordnungen mit räumlicher oder personeller Anwendung auf dem Gebiet der Unterhaltspflicht in Betracht – beispielsweise, wenn auf das Recht des gewählten Aufenthalts des Berechtigten oder des Verpflichteten oder auf das Recht des Staates, dem sie gemeinsam angehören, verwiesen wird –, so ist die Rechtsordnung anzuwenden, die durch die in diesem Staat geltenden Vorschriften bestimmt wird, oder mangels solcher Vorschriften die Rechtsordnung, zu der die Beteiligten die engsten Bindungen haben.

Art. 17. Ein Vertragsstaat, in dem verschiedene Gebietseinheiten ihre eigenen Rechtsvorschriften über die Unterhaltspflicht haben, ist nicht verpflichtet, dieses Übereinkommen auf Kollisionsfälle anzuwenden, die nur seine Gebietseinheiten betreffen.

Art. 18. Dieses Übereinkommen ersetzt in den Beziehungen zwischen den Staaten, die Vertragsparteien sind, das Haager Übereinkommen vom 24. Oktober 1956 über das auf Unterhaltsverpflichtungen gegenüber Kindern anzuwendende Recht.

Jedoch ist Abs. 1 nicht auf einen Staat anzuwenden, der durch einen Vorbehalt nach Artikel 13 die Anwendung dieses Übereinkommens auf Unterhaltspflichten gegenüber Personen ausgeschlossen hat, die das einundzwanzigste Lebensjahr noch nicht vollendet haben und unverheiratet sind.

Zum Haager Übereinkommen vom 24.10.1956 (HKindUntÜ) vgl. Rn 95 ff.

Art. 19. Dieses Übereinkommen berührt nicht andere internationale Übereinkünfte, deren Vertragspartei ein Vertragsstaat des Übereinkommens ist oder wird und die Bestimmungen über die durch dieses Übereinkommen geregelten Angelegenheiten enthalten.

Aus Art. 19 folgt u.a. der Vorrang des deutsch-iranischen Niederlassungsabkommens; vgl. Rn 88 ff.

3. Haager Kinderunterhaltsübereinkommen vom 24.10.1956. Eine staatsvertragliche Regelung, die nach Art. 3 Abs. 3 gegenüber Art. 18 vorrangig anzuwenden ist, stellt ferner das **Haager Übereinkommen über das auf Unterhaltspflichten gegenüber Kindern anzuwendende Recht (HKindUntÜ)** vom 24.10.1956 dar.[201] Das HKindUntÜ ist für die Bundesrepublik Deutschland seit dem 1.1.1962 in Kraft. Das HKindUntÜ erfasst nach seinem Art. 1 Abs. 4 Unterhaltsansprüche von ehelichen, nichtehelichen sowie adoptierten Kindern, die unverheiratet sind und das 21. Lebensjahr noch nicht vollendet haben. Das Kind muss gem. Artt. 1, 6 des Abkommens seinen gewöhnlichen Aufenthalt in einem Vertragsstaat des Abkommens haben. 95

Das HKindUntÜ wurde im Wesentlichen durch das nachfolgende HUntÜ vom 2.10.1973 ersetzt. Es ist daher nur im Verhältnis zu solchen Vertragsstaaten anwendbar, die ihrerseits nicht das HUntÜ ratifiziert haben. Gegenwärtig handelt es sich hierbei nur noch um **Belgien, Liechtenstein und Österreich**.[202] Die praktische Bedeutung des HKindUntÜ ist also gering. 96

Das HKindUntÜ stellt – wie auch das nachfolgende HUntÜ von 1973 – zentral auf den gewöhnlichen Aufenthalt des Kindes ab. Hat das Kind seinen gewöhnlichen Aufenthalt in Belgien, Liechtenstein oder Österreich, so ist nach Art. 1 HKindUntÜ das jeweilige Aufenthaltsrecht des Kindes anzuwenden. Art. 2 des Abkommens enthält eine dem Art. 15 HUntÜ entsprechende Vorbehaltsklausel, von der die Bundesrepublik Deutschland Gebrauch gemacht hat. Im Ergebnis findet damit – wie bei Art. 18 Abs. 5 EGBGB – auf Unterhaltsansprüche deutscher Kinder deutsches Recht Anwendung, wenn der Verpflichtete ebenfalls 97

---

[201] BGBl II 1961 S. 1013.   [202] *Johannsen/Henrich*, Art. 18 Rn 7.

deutscher Staatsangehöriger ist und seinen gewöhnlichen Aufenthalt in Deutschland hat. Daneben enthält Art. 3 HKindUntÜ eine Verweisung auf die „innerstaatlichen Kollisionsnormen" für den Fall, dass das Recht am gewöhnlichen Aufenthalt des Kindes keinen Anspruch vorsieht. Über Art. 3 HKindUntÜ finden daher Art. 18 Abs. 1 S. 2 EGBGB (Art. 5 HUntÜ) sowie Art. 18 Abs. 2 EGBGB (Art. 6 HUntÜ) entsprechende Anwendung. Inhaltlich ergeben sich damit keine grundsätzlichen Unterschiede zum HUntÜ bzw. zu Art. 18 EGBGB.

98 Ein Unterschied ist allerdings im Falle der **Vorfragenanknüpfung** festzustellen. Die Vorfrage nach der Vaterschaft wird nach h.M. im HKindUntÜ nicht gesondert angeknüpft, sondern ist Teil der Hauptfrage nach der Unterhaltsberechtigung. Sie ist m.a.W. unmittelbar nach dem Recht zu beurteilen, das auch für den Unterhaltsanspruch anzuwenden ist.[203]

C. Weitere praktische Hinweise

I. Prozessuale Hinweise

99 **1. Internationale Zuständigkeit. a) EuGVVO (EuGVÜ, LugÜ).** Die **EuGVVO** enthält Regelungen zur **internationalen Zuständigkeit** sowie zur Anerkennung und Vollstreckung von Unterhaltsentscheidungen anderer EG-Mitgliedstaaten. Grundsätzlich folgt aus Art. 2 EuGVVO, dass die Gerichte desjenigen EG-Mitgliedstaates international zuständig sind, in dem der Beklagte seinen Wohnsitz hat. Art. 5 Nr. 2 EuGVVO sieht für Unterhaltssachen einen besonderen Gerichtsstand vor. Zuständig sind demnach auch die Gerichte des Ortes, an dem der Unterhaltsberechtigte seinen Wohnsitz oder gewöhnlichen Aufenthalt hat.[204] Ist über die Unterhaltssache im Zusammenhang mit einem Verfahren über den Personenstand zu entscheiden, so besteht ferner eine internationale Zuständigkeit des für dieses Verfahren zuständigen Gerichts, wenn es nach seinem innerstaatlichen Zuständigkeitsrecht für dieses Verfahren zuständig ist, es sei denn, die Zuständigkeit für das Verfahren über den Personenstand beruht ausschließlich auf der Staatsangehörigkeit einer der Parteien.[205] Art. 5 Nr. 2 EuGVVO gilt nicht für Regressklagen von Behörden.[206]

100 Artt. 2 und 5 EuGVVO setzen voraus, dass der Beklagte seinen Wohnsitz in einem Mitgliedstaat der EG außer Dänemark hat.[207] Ist dies nicht der Fall, so ist nach Art. 4 EuGVVO – vorbehaltlich der Artt. 22, 23 EuGVVO – das sonstige staatsvertragliche Zuständigkeitsrecht bzw. das nationale Zuständigkeitsrecht anzuwenden. Das (auf Dänemark anwendbare) **EuGVÜ** und das **LugÜ** enthalten der EuGVVO entsprechende Vorschriften.

101 **b) Unvereinheitlichtes deutsches Zuständigkeitsrecht.** Auf das deutsche Zuständigkeitsrecht ist zurückzugreifen, soweit Art. 5 Nr. 2 EuGVO (bzw. die Parallelvorschriften von EuGVÜ und LugÜ) auf das deutsche Zuständigkeitsrecht verweisen. Daneben ist auf das deutsche Zuständigkeitsrecht zurückzugreifen, wenn die EuGVVO (das EuGVÜ, LugÜ) – dann, wenn der Beklagte seinen Wohnsitz nicht in einem Mitglieds- oder Vertragsstaat hat – selbst nicht angewendet werden wollen.

102 Ist in Deutschland eine Ehesache anhängig, folgt die internationale Zuständigkeit des deutschen Gerichts für die Unterhaltssache aus § 621 Abs. 2 S. 1 Hs. 1, Abs. 1 Nr. 5 ZPO (für die durch die Ehe begründete Unterhaltspflicht) und aus § 621 Abs. 2 S. 1 Hs. 2, Nr. 4 ZPO (für die Unterhaltspflicht gegenüber einem gemeinschaftlichen Kind). Die Zuständigkeit für die Ehesache folgt aus der Verordnung des Rates Nr. 1347/2000 vom 29.5.2000 (**EheVO 2000**) bzw. – ab dem 1.3.2005 – aus der Verordnung des Rates Nr. 2201/2003 vom 27.11.2003 (**EheVO 2003**). Ist ein Statusverfahren zur Feststellung der Abstammung eines Kindes gem. § 653 ZPO anhängig und wird zugleich die Verurteilung zur Leistung des Unterhalts nach der Regelbetrag-VO beantragt, folgt die internationale Zuständigkeit deutscher Gerichte aus § 640a Abs. 2 ZPO.

103 Im Übrigen folgt die internationale Zuständigkeit aus §§ 12, 13 ZPO. Weitere – z.T. sehr weit gefasste – Gerichtsstände ergeben sich aus §§ 23, 23a sowie aus § 35a ZPO.

---

203 Vgl. die Nachw. bei Staudinger/*Mankowski*, Art. 18 EGBGB Anh. II Rn 11, der allerdings entgegen der h.M. eine selbständige Anknüpfung befürwortet (Rn 12).
204 Der Wohnsitz bestimmt sich nach Art. 59 EuGVVO.
205 In Deutschland ist von der in Art. 5 Nr. 2 EuGVVO enthaltenen Ausnahme die Staatsangehörigkeitszuständigkeit für die Vaterschaftsfeststellung betroffen (§ 640a Abs. 2 Nr. 1 ZPO), die gem. § 653 ZPO einen Verbund für Unterhaltssachen begründen kann. Die internationale Zuständigkeit für Scheidungssachen, die sich auf Artt. 3, 4, 5 EheVO stützt, beruht demgegenüber niemals nur auf der Staatsangehörigkeit von lediglich einer der Parteien (vgl. *Kropholler*, Europäisches Zivilprozessrecht, Art. 5 EuGVVO Rn 53, 54).
206 *Rauscher*, Europäisches Zivilprozessrecht, 2003, Art. 5 Brüssel I-VO Rn 67.
207 Dänemark gilt i.d.S. nicht als Mitgliedstaat (vgl. Art. 1 Abs. 3 EuGVVO). Es ist insoweit auf die gleich lautenden Artt. 2, 5 Nr. 2 EuGVÜ zurückzugreifen.

2. Anerkennung und Vollstreckung.

a) EuGVVO (EuGVÜ, LuGÜ). Die Anerkennung und Vollstreckung von Entscheidungen anderer EG-Mitgliedstaaten in Unterhaltssachen richtet sich nach Art. 32 ff. EuGVVO.[208] Daneben gilt bei Entscheidungen der jeweiligen Vertragsstaaten das EuGVÜ bzw. das LugÜ. Die EuGVVO steht allerdings einer alternativen Anwendung staatsvertraglicher Anerkennungsregeln nicht entgegen (Art. 71 EuGVVO), etwa im Hinblick auf das Anerkennungsverfahren einerseits und die Anerkennungsversagungsgründe andererseits.[209] EuGVVO (EuGVÜ, LuGÜ) beziehen sich auch auf die Vollstreckbarerklärung von öffentlichen Urkunden und Prozessvergleichen (Art. 57f EuGVVO, Art. 50f EuGVÜ bzw. LuGÜ).

b) Haager Übereinkommen vom 2.10.1973. Einschlägig ist ferner das Haager Übereinkommen vom 2.10.1973 über die Anerkennung und Vollstreckung von Unterhaltsentscheidungen. Es ist in der Bundesrepublik Deutschland seit dem 1.4.1987 in Kraft.[210] Das Übereinkommen erfasst alle Entscheidungen eines Vertragsstaats, die sich auf familienrechtlich begründete Unterhaltsansprüche beziehen (Art. 1 Abs. 1 Nr. 1). Daneben ist es auch anzuwenden auf den Regress öffentlicher Stellen (Art. 1 Abs. 1 Nr. 2) sowie auf Vergleiche auf dem Gebiet des Unterhaltsrechts (Art. 1 Abs. 2).[211] Vertragsstaaten sind Australien, Dänemark, Estland, Finnland, Frankreich, Italien, Litauen, Luxemburg, Niederlande, Norwegen, Polen, Portugal, Schweden, Schweiz, Slowakei, Spanien, Tschechische Republik, Türkei, Vereinigtes Königreich von Großbritannien und Nordirland.[212]

c) Haager Übereinkommen vom 15.4.1958. Daneben ist noch das Haager Übereinkommen vom 15.4.1958 über die Anerkennung und Vollstreckung von Entscheidungen auf dem Gebiet der Unterhaltspflicht gegenüber Kindern in Kraft.[213] Der Anwendungsbereich des Abkommens beschränkt sich auf Entscheidungen über Unterhaltsansprüche von unverheirateten Kindern unter 21 Jahren.[214] Das Übereinkommen gilt nur noch im Verhältnis zu Staaten, die das Übereinkommen vom 2.10.1973 nicht ratifiziert haben. Es handelt sich um Belgien, Liechtenstein, Österreich, Surinam und Ungarn sowie ferner überseeische französische Départements und Hoheitsgebiete.[215]

d) Bilaterale Staatsverträge. Daneben kommt die Anerkennung und Vollstreckung nach der Maßgabe bilateraler Staatsverträge in Betracht. Beispielsweise ist das deutsch-schweizerische Abkommen vom 2.11.1929 weiterhin in Kraft und neben dem LuGÜ anwendbar.[216] Praktische Bedeutung kommt den bilateralen Staatsverträgen i.d.R. nicht zu, da sie über das anwendbare Gemeinschaftsrecht bzw. die Haager Übereinkommen nicht hinausgehen.[217]

e) Unvereinheitlichtes deutsches Recht. Soweit weder die EuGVVO noch einer der Staatsverträge anwendbar sind, richtet sich die Anerkennung und Vollstreckung ausländischer Entscheidungen nach dem unvereinheitlichten deutschen Recht. Maßgebend sind also § 328 ZPO, § 16a FGG, §§ 722, 723 ZPO.

Grundsätzlich erfolgt die Anerkennung der ausländischen Entscheidung auch nach Maßgabe des § 328 ZPO inzident. Etwas anderes gilt nur dann, wenn der Unterhaltstitel im Verbundverfahren mit einer Ehescheidung ergangen ist. Dann ist – die Fälle des Art. 7 § 3 FamRÄndG ausgenommen – ein Anerkennungsverfahren vor der Landesjustizverwaltung durchzuführen. Dies gilt allerdings nur für einen Titel auf nachehelichen Unterhalt, nicht für Titel auf Kindesunterhalt.[218]

3. Abänderung ausländischer Unterhaltsentscheidungen.

a) Abänderungsklage nach § 323 ZPO. aa) Allgemeines. Ob und inwieweit ein ausländischer Unterhaltstitel durch eine inländische Entscheidung nachträglich abgeändert werden kann, stellt eine praktisch bedeutsame Frage dar. Der BGH hat hier noch nicht in allen Einzelfragen für Klarheit gesorgt.

---

208 Dänemark gilt i.d.S. nicht als Mitgliedstaat (vgl. Art. 1 Abs. 3 EuGVVO). Es ist insoweit auf die Vorschriften des EuGVÜ zurückzugreifen.
209 Vgl. Staudinger/*Kropholler*, IPR Art. 18 EGBGB Anh. III Rn 120; Rauscher/*Staudinger*, Europäisches Zivilprozessrecht, 2003, Einl. Brüssel I-VO Rn 25; eingehend zur Vollstreckbarerklärung von Titeln auf Kindesunterhalt im Verhältnis zwischen Deutschland und Österreich *Heiderhoff*, IPRax 2004, 99 ff.
210 BGBl II 1986 S. 826.
211 Ausf. Kommentierung des Abkommens bei Staudinger/*Kropholler*, Art. 18 EGBGB Anh. III Rn 133 ff.
212 *Johannsen/Henrich*, Art. 18 Rn 41.
213 BGBl II 1961 S. 1006.
214 Ausf. Kommentierung des Abkommens bei Staudinger/*Kropholler*, Art. 18 EGBGB Anh. III Rn 31 ff.
215 Staudinger/*Kropholler*, Art. 18 EGBGB Anh. III Rn 32; *Johannsen/Henrich*, Art. 18 Rn 41.
216 Hierzu etwa *Finger*, FuR 2001, 97, 99 f.
217 *Mankowski*, IPRax 2000, 188, 190.
218 Staudinger/*Mankowski*, Art. 18 EGBGB Anh. I Rn 40; *Henrich*, IPRax 1990, 59, 60.

111 Einigkeit besteht darin, dass zunächst zu prüfen ist, ob die ausländische Entscheidung im Inland überhaupt **anerkannt** wird.[219] Dies richtet sich nach der EuGVVO (dem EuGVÜ, LugÜ), den dargestellten staatsvertraglichen Regelungen bzw. § 328 ZPO, § 16a FGG, §§ 722, 723 ZPO (vgl. Rn 104 ff.). Ist die ausländische Entscheidung nicht anzuerkennen, ist eine Abänderungsklage unstatthaft. Es ist vielmehr eine (originäre) Leistungsklage zu erheben. Die unstatthafte Abänderungsklage kann allerdings in eine originäre Leistungsklage umgedeutet werden.[220]

112 Ist der ausländische Unterhaltstitel im Inland anzuerkennen, so ist eine Änderung dieses Titels grundsätzlich möglich. Eine Abänderung ist insbesondere auch **völkerrechtlich unbedenklich**.[221] Die internationale Zuständigkeit richtet sich hierbei nach den allgemeinen Vorschriften (vgl. Rn 99 ff.).

113 **bb) Abstrakte Zulässigkeit der Abänderung nach dem Recht des Urteilsstaates.** Der BGH hat die Frage aufgeworfen, ob eine Abänderung der ausländischen Unterhaltsentscheidung allgemein voraussetzt, dass das Recht des Ersturteilsstaates eine Abänderung von Unterhaltsurteilen zulässt. Eine genaue Antwort konnte sich der BGH – da eine Unzulässigkeit der Abänderung nach dem ausländischen Recht nicht vorlag – bislang ersparen.[222]

114 Aus der vom BGH verwendeten Formulierung wird jedenfalls auf den ersten Blick nicht deutlich, ob der BGH auf eine abstrakte oder eine konkrete – im jeweiligen Einzelfall zu prüfende – Zulässigkeit der Abänderung im Urteilsstaat Bezug nimmt. Bei näherer Betrachtung der Argumentation kann nur eine abstrakte Zulässigkeit der Abänderung gemeint sein.[223] Damit kommt der vom BGH aufgeworfenen Frage nur vergleichsweise geringe praktische Bedeutung zu. Jede Rechtsordnung sieht Situationen vor, in denen eine Abänderung bzw. Anpassung von Entscheidungen über laufende Unterhaltszahlungen möglich ist.[224] Ausnahmen sind allenfalls bei Titeln über den Nachscheidungsunterhalt denkbar, wenn die Unterhaltsverpflichtung – was etwa im Falle der französischen *prestations compensatoires* in Betracht kommt – in der Einmalzahlung einer Geldsumme besteht.[225]

115 Nach der hier vertretenen Ansicht ist die Frage nach der abstrakten Zulässigkeit der Abänderung nicht anders anzuknüpfen als die konkreten Voraussetzungen der Abänderung im jeweiligen Einzelfall (vgl. dazu sogleich Rn 116 ff.). Da der BGH im Hinblick auf die konkreten Voraussetzungen der Abänderung eine generelle Anwendung des Rechts des Ersturteilsstaates ablehnt, steht dem Recht des Ersturteilsstaates – in der Konsequenz – auch kein generelles „Veto" gegen die Zulässigkeit der Abänderung zu.[226] Allerdings dürfte in den relevanten Fällen einer geschuldeten Einmalzahlung auch nach dem deutschen Recht keine Abänderung zulässig sein,[227] so dass der Frage nach der (kumulativen) Anwendung des Rechts des Ersturteilsstaats letztlich keine praktische Bedeutung zukommt.

116 **cc) Voraussetzungen der Abänderung im Einzelnen.** Weitgehend Einigkeit besteht darin, dass die genuin **verfahrensrechtlichen Voraussetzungen** der Abänderungsklage der deutschen *lex fori* zu entnehmen sind. Auch die **zeitlichen Grenzen der Abänderungsbefugnis** deutscher Gerichte sind nach umstrittener h.M. verfahrensrechtlich zu qualifizieren und daher nach der *lex fori* zu beurteilen. Damit ist von deutschen Gerichten stets § 323 Abs. 3 ZPO heranzuziehen.[228]

---

219 BGH NJW 1983, 1976, 1977 = IPRax 1984, 320. = FamRZ 1983, 806; OLG Celle NJW 1991, 1428 = FamRZ 1990, 1390; OLG Koblenz FamRZ 1990, 426, 427; *Kartzke*, NJW 1988, 104, 106.

220 OLG Celle NJW 1991, 1428 = FamRZ 1990, 1390; vgl. hierzu auch BGH NJW 1983, 2200 = FamRZ 1983, 892.

221 BGH NJW 1983, 1976 = IPRax 1984, 320 = FamRZ 1983, 806; OLG Nürnberg IPRax 1984, 162, 163; *Henrich*, Int. Familienrecht, § 5 4a (S. 217); *Staudinger/Mankowski*, Art. 18 EGBGB Anh. I Rn 40; *Palandt/Heldrich*, Art. 18 EGBGB Rn 12; *Looschelders*, Art. 18 Rn 24; *Kartzke*, NJW 1988, 104, 106; *Spellenberg*, IPRax 1984, 304; *Henrich*, IPRax 1982, 140.

222 BGH NJW 1983, 1976, 1977 = IPRax 1984, 320 = FamRZ 1983, 806; auch FamRZ 1992, 1060, 1061.

223 *Looschelders*, Art. 18 Rn 24; *Henrich*, Int. Familienrecht, § 5 4a (S. 218); MüKo/*Siehr*, Art. 18 EGBGB Anh. I Rn 318.

224 So insb. *Looschelders*, Art. 18 Rn 24 („akademischer Streit"); *Henrich*, Int. Familienrecht, § 5 V 4a (S. 218); *ders.*, IPRax 1982, 140, 141; *Kartzke*, NJW 1988, 104, 106; *Leipold*, in: FS Nagel 1987, S. 189, 190.

225 *Henrich*, Int. Familienrecht, § 5 V 4a (S. 218); auch MüKo/*Siehr*, Art. 18 EGBGB Anh. I Rn 318.

226 Im Erg. wie hier Staudinger/*Mankowski*, Art. 18 EGBGB Anh. I Rn 41; abweichend OLG Nürnberg IPRax 1984, 162; LG Düsseldorf, IPRax 1982, 152; LG München II NJW 1975, 1609 = FamRZ 1976, 100; *Henrich*, Int. Familienrecht, § 5 V 4b (S. 218); *Thomas/Putzo/Reichold*, ZPO, § 323 Rn 7.

227 *Henrich*, Int. Familienrecht, § 5 V 4b (S. 219).

228 OLG Hamm FamRZ 1991, 718, 719; 1987, 1302, 1393 f.; OLG Celle FamRZ 1993, 103, 104; OLG Köln IPRax 1988, 30; Staudinger/*Mankowski*, Art. 18 EGBGB Anh. I Rn 52, 53; *Henrich*, IPRax 1988, 21, 22; a.A. Palandt/*Heldrich*, Art. 18 EGBGB Rn 17; *Gottwald*, FamRZ 1992, 86; *ders.*, FamRZ 1992, 1374, 1376.

Der BGH hat noch nicht abschließend geklärt, auf welche Weise die **sachlichen Voraussetzungen für die Abänderung der Entscheidung** – wie sie etwa im deutschen Recht in **§ 323 Abs. 1 ZPO** enthalten sind – zu qualifizieren sind. Als mögliche Änderungsvoraussetzungen kommen z.B. ein altersbedingt steigender Bedarf des Berechtigten, ein verbessertes Einkommen des Unterhaltspflichtigen, aber z.B. auch eine Änderung der Kaufkraftverhältnisse in Betracht.

Nach einer Ansicht sind die sachlichrechtlichen Voraussetzungen für die Abänderung dem Recht zu entnehmen, welches das ausländische Gericht seiner Entscheidung zugrunde gelegt hat.[229] Diese Ansicht hat der BGH allerdings ausdrücklich abgelehnt.[230] Da ausländische Titel im Inland ohnehin nur dann Wirkung entfalteten, wenn sie dort anerkannt würden, seien auch die Grenzen der Anerkennung und damit die Voraussetzungen der Abänderung nach der inländischen Rechtsordnung zu bestimmen.[231]

Fraglich ist allein, ob insoweit das inländische Verfahrens- oder Kollisionsrecht anzuwenden ist. In der Literatur wird vielfach vertreten, dass die Abänderung **verfahrensrechtlich zu qualifizieren** und ihre Voraussetzungen damit nach der *lex fori* – in Deutschland also nach § 323 Abs. 1 ZPO – zu bestimmen seien.[232] Andere nehmen eine **materiellrechtliche Qualifikation** vor und stellen somit auf das Recht ab, das zum Zeitpunkt der Abänderungsentscheidung nach dem HUntÜ Unterhaltsstatut ist.[233] Der BGH hat die Entscheidung zwischen den beiden Lösungsansätzen bislang ausdrücklich offen gelassen.[234] Die Ansicht, die eine materiellrechtliche Qualifikation vornimmt und daher an das aktuelle Unterhaltsstatut anknüpft, wird vom BGH allerdings als „vordringend" bezeichnet.[235]

Die Lösung der Qualifikationsfrage ist vorrangig aus dem HUntÜ, nicht aus den (möglicherweise abweichenden) Qualifikationsvorstellungen des deutschen Rechts zu gewinnen.[236] Ein starkes Argument für eine materiellrechtliche Qualifikation der Voraussetzungen der Abänderung ergibt sich aus Art. 8 Abs. 1 HUntÜ. Hiernach ist das allgemeine (materiellrechtliche) Unterhaltsstatut auch für die „Änderung von Entscheidungen" über den Nachscheidungsunterhalt maßgeblich. Hierunter lassen sich auch die Änderungsvoraussetzungen verstehen, die – nach dem nationalen Recht – im Prozessrecht geregelt sind.[237] Auch der Bericht von *Verwilghen* sowie die Entstehungsgeschichte des HUntÜ sprechen in der Tendenz dafür, die sachlichen Abänderungsvoraussetzungen unter die Normen des HUntÜ zu subsumieren und auf das jeweils maßgebliche Unterhaltsstatut abzustellen.[238] Dem Umstand, dass § 323 ZPO bei Anlegung autonomer deutscher Qualifikationsmaßstäbe ggf. dem Verfahrensrecht (und nicht dem materiellen Recht) zuzuordnen wäre, kommt angesichts dessen keine entscheidende Bedeutung zu.[239]

Wird also das Abänderungsverlangen vor einem deutschen Gericht geltend gemacht, so ist auf das von Art. 18 (bzw. dem gleich lautenden HUntÜ) für anwendbar erklärte Recht abzustellen. Findet hiernach das deutsche Recht und somit § 323 Abs. 1 ZPO Anwendung, so dürfte bereits in einem nach Erlass des Ersturteils erfolgten äußeren Statutenwechsel – etwa einer Neubegründung eines gewöhnlichen Aufenthalts durch den Unterhaltsberechtigten im Inland – ein hinreichender Abänderungsgrund zu sehen sein.[240]

dd) Umfang der möglichen Abänderung. Der BGH unterscheidet streng zwischen den Voraussetzungen für eine Abänderung einerseits und dem Umfang, in dem eine Abänderung der Erstentscheidung zulässig ist andererseits. Nach Ansicht des BGH sind die im Ersturteil getroffenen **Feststellungen über Art und**

---

229 KG FamRZ 1993, 976, 978; Erman/*Hohloch*, Art. 18 EGBGB Rn 45; Thomas/Putzo/*Reichold*, ZPO, § 323 Rn 7; Bamberger/Roth/*Otte*, Art. 18 EGBGB Rn 77; *Spellenberg*, IPRax 1984, 304, 308.
230 BGH NJW 1983, 1976, 1977 = IPRax 1984, 320, 322 = FamRZ 1983, 806, 808 (zum HKindUntÜ); FamRZ 1992, 1060, 1062.
231 BGH, a.a.O.
232 OLG Zweibrücken IPRax 1984, 102 (Leitsatz) mit abl Anm. *Henrich*; OLG Hamm FamRZ 1987, 1302, 1304; OLG Düsseldorf FamRZ 1993, 346, 348; Staudinger/*Mankowski*, Art. 18 EGBGB Anh. I Rn 43 ff.; *Looschelders*, Art. 18 Rn 25; *Leipold*, in: FS Nagel 1987, S. 189, 208; *Musger*, IPRax 1992, 108, 109 f.
233 OLG Koblenz NJW 1987, 2167; OLG Karlsruhe FamRZ 1991, 600, 602; 1989, 1319; OLG Hamm FamRZ 1991, 718, 719; *Looschelders*, Art. 18 Rn 25; *v. Bar*, IPR II, Rn 288; *Kartzke*, NJW 1988, 104, 106; grds. auch *Henrich*, Int. Familienrecht, § 5 V 4b (S. 219).
234 BGH NJW 1983, 1976, 1977 = IPRax 1984, 320 = FamRZ 1983, 806; FamRZ 1992, 1060.
235 BGH NJW 1983, 1976, 1977 = IPRax 1984, 320 = FamRZ 1983, 806.
236 Staudinger/*Mankowski*, Art. 18 EGBGB Anh. I Rn 45; zur Qualifikation des § 323 ZPO aus deutscher Sicht s. *Leipold*, in: FS Nagel 1987, S. 189 f.; zur Qualifikation der Abänderung durch ausländische Rechtsordnungen s. *Schlosser*, FamRZ 1974, 424, 427 f.
237 Staudinger/*Mankowski*, Art. 18 EGBGB Anh. I Rn 46; *Kartzke*, NJW 1988, 104, 106; *v. Bar*, IPR II, Rn 288.
238 Bericht *Verwilghen*, BT-Drucks 10/258, S. 65 (Nr. 162, 163); ferner *Kartzke*, NJW 1988, 104, 105 mit Hinw. auf Art. 6 des Vorentwurfs.
239 Staudinger/*Mankowski*, Art. 18 EGBGB Anh. I Rn 45.
240 So *Siehr*, in: FS Bosch 1976, S. 927, 949; LG Düsseldorf FamRZ 1968, 667; offen gelassen von BGH NJW 1983, 1976, 1978 = IPRax 1984, 320 = FamRZ 1983, 806.

Höhe des geschuldeten Unterhalts auch für das deutsche Gericht maßgeblich.[241] Damit sei es dem deutschen Richter verwehrt, eine von dem Ersturteil völlig losgelöste Zweitentscheidung bzw. eine *„revision au fond"* vorzunehmen.[242] Die Bindungswirkung beziehe sich darüber hinaus auch auf das im **Ersturteil zugrunde gelegte Recht**, und zwar unabhängig davon, ob deutsche Gerichte im konkreten Fall dasselbe Recht angewendet hätten wie das ausländische Gericht. Der Fall liege nicht anders als bei (irriger) Zugrundelegung ausländischen Rechts in einem abzuändernden Urteil eines deutschen Gerichts.[243]

123 Diese Ausführungen beziehen sich allerdings nur auf den Fall, dass kein äußerer **Statutenwechsel** stattgefunden hat. Der BGH lässt ausdrücklich offen, welche Bindungen an das Ersturteil noch bestehen, wenn ein Statutenwechsel stattgefunden hat – also etwa das unterhaltsberechtigte Kind nach dem Erlass des Ersturteils seinen gewöhnlichen Aufenthalt vom Ausland nach Deutschland verlegt hat.[244] Hier kommt nach zutreffender Ansicht allenfalls noch eine begrenzte Bindung an die tatsächlichen Feststellungen des Erstgerichts in Betracht. Im Übrigen ist aber, soweit der Statutenwechsel zu einer Änderung des maßgeblichen Rechts führt, eine neue rechtliche Beurteilung auf der Grundlage des nunmehr einschlägigen deutschen Sachrechts vorzunehmen. Das Gericht ist daher dann auch bei der Bemessung der neuen Unterhaltshöhe weitgehend frei.[245]

124 **b) Verhältnis zur erneuten Leistungsklage.** Ein im Ausland ergangenes Unterhaltsurteil führt nach h.M. nicht zur Unzulässigkeit einer im Inland (erneut) erhobenen Unterhaltsklage. Für eine solche Klage kann insbesondere dann ein praktisches Bedürfnis bestehen, wenn die Anerkennung und Vollstreckung nicht nach der EuGVVO oder einem der aufgeführten Staatsverträge, sondern nach dem unvereinheitlichten nationalen Recht erfolgt.[246] Will der Kläger allerdings – etwa im Hinblick auf die geschuldete Währung – etwas anderes erreichen als das, was ihm im Ersturteil zugesprochen wurde, muss er eine Abänderungsklage erheben.[247] Eine unzulässige Leistungsklage kann in eine Abänderungsklage umgedeutet werden.[248]

125 **4. Internationale Rechtshilfe. a) UN-Übereinkommen vom 20.6.1956.** Das New Yorker **UN-Übereinkommen vom 20.6.1956 über die Geltendmachung von Unterhaltsansprüchen im Ausland**[249] stellt ein reines Rechtshilfeabkommen dar. Es ist für die Bundesrepublik Deutschland seit dem 19.8.1959 in Kraft. Ziel des Abkommens ist es, die Realisierung von gesetzlichen Unterhaltsansprüchen aus familienrechtlichen Beziehungen zu erleichtern, wenn der Unterhaltsberechtigte und der Unterhaltsverpflichtete ihren gewöhnlichen Aufenthalt in unterschiedlichen Vertragsstaaten haben. Zu diesem Zweck werden in den Vertragsstaaten zentrale Behörden (sog. **Empfangsstellen**) eingerichtet, die sich in Vertretung des Unterhaltsberechtigten um die praktische Durchsetzung von Unterhaltsansprüchen im Inland bemühen. Hierbei streben die Empfangsstellen zunächst eine Einigung auf gütlichem Weg an (Art. 6 Abs. 1 des Abkommens). Sie können aber auch – als *ultima ratio* – in Vertretung des Unterhaltsberechtigten eine Klage erheben bzw. die Vollstreckung einer Entscheidung oder eines anderen gerichtlichen Titels betreiben.

126 Der Unterhaltsberechtigte reicht Gesuche, mit denen er den Unterhaltsanspruch geltend macht, bei den Behörden seines Aufenthaltsstaates (sog. **Übermittlungsstellen**) ein (Art. 3 Abs. 1 des Abkommens). Diese Übermittlungsstellen übersenden den Vorgang an die im Ausland errichteten Empfangsstellen (Art. 4 des Abkommens). Für die Entgegennahme von Gesuchen in Deutschland sind die Landesjustizverwaltungen bzw. das Amtsgericht am gewöhnlichen Aufenthalt des Unterhaltsberechtigten zuständig (Art. 2 Abs. 1 i.V.m. Artt. 2 Abs. 1, 3 Zustimmungsgesetz).[250] Die Tätigkeit der Übermittlungsstelle ist **gebührenfrei**. Es fallen aber i.d.R. Übersetzungskosten an.[251] Zuständige deutsche Empfangsstelle für die Geltendmachung von Unterhaltsberechtigten mit gewöhnlichem Aufenthalt im Ausland gegen Unterhaltspflichtige mit gewöhnlichem Aufenthalt in Deutschland ist das Bundesverwaltungsamt.[252]

127 **b) Auslandsunterhaltsgesetz.** Dem UN-Übereinkommen ist eine Vielzahl von Staaten beigetreten. Dazu gehören jedoch nicht die USA und Kanada. In diesem Bereich kann jedoch seit dem 1.1.1987 auf das **Gesetz zur Geltendmachung von Unterhaltsansprüchen im Verkehr mit ausländischen Staaten**

---

241 BGH NJW 1983, 1976, 1978 = IPRax 1984, 320 = FamRZ 1983, 806.
242 BGH a.a.O. unter Hinw. auf *Siehr*, in: FS Bosch 1976, S. 927, 953.
243 BGH, a.a.O.
244 BGH NJW 1983, 1976, 1978 = IPRax 1984, 320 = FamRZ 1983, 806.
245 MüKo/*Siehr*, Art. 18 EGBGB Anh. I Rn 327.
246 BGH FamRZ 1987, 320; KG IPRax 1994, 455; OLG Hamm FamRZ 1991, 718, 719; OLG Stuttgart IPRax 1990, 49; *Henrich*, Int. Familienrecht, § 5 V 5 (S. 220).
247 *Henrich*, Int. Familienrecht, § 5 V 5 (S. 220).
248 BGH FamRZ 1992, 1060; FamRZ 1992, 280.
249 BGBl II 1959 S. 150.
250 Vgl. Staudinger/*Kropholler*, Art. 18 EGBGB Anh. III Rn 245.
251 Staudinger/*Kropholler*, Art. 18 EGBGB Anh. III Rn 246.
252 Vgl. Gesetz v. 4.3.1971 (BGBl II S. 105); Staudinger/*Kropholler*, Art. 18 EGBGB Anh. III Rn 247.

(AUG)[253] zurückgegriffen werden. Dieses lehnt sich inhaltlich an das UN-Übereinkommen vom 20.6.1956 an. Zuständig für die Entgegennahme von Gesuchen unterhaltsberechtigter Personen ist auch hier das Amtsgericht als Justizverwaltungsbehörde (§ 3 Abs. 1 AUG).[254]

II. Gestaltungsmöglichkeiten beim Nachscheidungsunterhalt (Abs. 4)

Hinzuweisen ist darauf, dass sich der Nachscheidungsunterhalt nach dem auf die Scheidung anwendbaren Recht richtet, so dass hier wie dort dieselben **Gestaltungsmöglichkeiten** bestehen. Das Statut des Nachscheidungsunterhalts kann daher – ebenso wie das Scheidungsstatut – **Gegenstand einer Rechtswahl** sein (vgl. Art. 17 EGBGB Rn 12). Daneben ist zu beachten, dass sich das auf die Scheidung maßgebliche Recht nach den Umständen im **Zeitpunkt der Rechtshängigkeit des Scheidungsantrags** richtet (Art. 17 Abs. 1 S. 1). Damit ist der Zeitpunkt des Scheidungsantrags sowohl für die Anknüpfung des Scheidungs- als auch des Nachscheidungsunterhaltsstatuts von entscheidender Bedeutung (vgl. i.E. Art. 17 EGBGB Rn 15 ff.). Schließlich ist zu beachten, dass über Art. 17 Abs. 1 S. 2 (soweit der Antragsteller bei Eheschließung bzw. Rechtshängigkeit des Scheidungsantrags Deutscher war und die Ehe nach dem eigentlich anwendbaren ausländischen Sachrecht – noch – nicht scheidbar ist) das deutsche Scheidungs- und Nachscheidungsunterhaltsrecht zur Anwendung gelangt. Auch insoweit ergeben sich – insbesondere wiederum im Hinblick auf den Zeitpunkt der Antragstellung – erhebliche anwaltliche Gestaltungsmöglichkeiten (näher Art. 17 EGBGB Rn 171 ff.). Schließlich kann es gerade beim Nachscheidungsunterhalt im Einzelfall empfehlenswert sein, die Klage vor einem zuständigen ausländischen Gericht zu erheben, wenn dieses aufgrund einer abweichenden kollisionsrechtlichen Anknüpfung ein anderes (dem Unterhaltsgläubiger günstigeres) Recht anwendet als die deutschen Gerichte.[255]

Artikel 19 Abstammung

(1) ¹Die Abstammung eines Kindes unterliegt dem Recht des Staates, in dem das Kind seinen gewöhnlichen Aufenthalt hat. ²Sie kann im Verhältnis zu jedem Elternteil auch nach dem Recht des Staates bestimmt werden, dem dieser Elternteil angehört. ³Ist die Mutter verheiratet, so kann die Abstammung ferner nach dem Recht bestimmt werden, dem die allgemeinen Wirkungen ihrer Ehe bei der Geburt nach Artikel 14 Abs. 1 unterliegen; ist die Ehe vorher durch Tod aufgelöst worden, so ist der Zeitpunkt der Auflösung maßgebend.

(2) ¹Sind die Eltern nicht miteinander verheiratet, so unterliegen Verpflichtungen des Vaters gegenüber der Mutter aufgrund der Schwangerschaft dem Recht des Staates, in dem die Mutter ihren gewöhnlichen Aufenthalt hat.

Literatur: *Andrae*, Internationales Familienrecht 1999; *Dörner*, Probleme des neuen Kindschaftsrechts, FS Henrich 2000, S. 119; *Gaaz*, Ausgewählte Probleme des neuen Eheschließungs- und Kindschaftsrechts, StAZ 1998, 241; *Gaul*, Ausgewählte Probleme des materiellen Rechts und des Verfahrensrechts im neuen Abstammungsrecht, FamRZ 2000, 1461; *Henrich*, Kindschaftsrechtsreform und IPR, FamRZ 1998, 1401; *ders.*, Das Kollisionsrecht im Kindschaftsrechtsreformgesetz, StAZ 1998, 1; *ders.*, Legitimationen nach ausländischem Recht, sind sie noch zu beachten?, FS Sturm Band II 1999, S. 1505; *Hepting*, Ausländische Legitimationen im deutschen Geburtenbuch, StAZ 1999, 97; *ders.*, Konkurrierende Vaterschaften in Auslandsfällen, StAZ 2000, 33; *ders.*, Mehrfachanknüpfung und doppelte Vaterschaft im Abstammungsrecht, IPRax 2001, 114; *ders.*, Folgeprobleme der Kindschaftsrechtsreform: Legitimation, Abstammung und Namenserteilung, StAZ 2002, 129; *Hepting/Fuchs*, Nochmals: Die ausländische Legitimation zwischen Aufenthaltsrecht, Heimatrecht und deutschem Geburtenbuch, IPRax 2001, 114; *Huber*, Die ausländische Legitimation zwischen Aufenthaltsrecht, Heimatrecht und deutschem Geburtenbuch, IPRax 2000, 116; *Looschelders*, Alternative und sukzessive Anwendung mehrerer Rechtsordnungen nach dem neuen internationalen Kindschaftsrecht, IPRax 1999, 420; *Oprach*, Das Abstammungsstatut nach Art. 19 EGBGB alter und neuer Fassung im deutsch-italienischen Rechtsverkehr, IPRax 2001, 325; *Sturm*, Grundstrukturen des europäischen internationalen Familienrechts, FS Sandrock 2000, S. 973; *ders.*, Alternatives Abstammungsstatut und Erwerb der deutschen Staatsangehörigkeit, FS Stoll 2001, S. 451.

---

253 BGBl I 1986 S. 2563.
254 Zum AUG vgl. ferner Begr. RegE (BR-Drucks 32/85); ferner *Finger*, FuR 2001, 97, 103; *Bach*, FamRZ 1996, 1250; *Uhlig/Berard*, NJW 1987, 1521.
255 Vgl. hierzu – mit einem Beispiel aus dem deutsch-schwedischen Rechtsverkehr – *Schwarz/Scherpe*, FamRZ 2004, 665 f.

A. Allgemeines 1	III. Renvoi 34
I. Normgeschichte und Übergangsrecht 1	IV. Ordre public 36
1. Kindschaftsrechtsreformgesetz 1	C. **Weitere praktische Hinweise** 39
2. Übergangsrecht 2	I. Rechtslage für Kinder, die vor dem 1.7.1998 geboren wurden 39
II. Normzweck und Normstruktur 4	II. Rechtslage für Kinder, die vor dem 1.9.1986 geboren wurden 40
III. Staatsvertragliche Regelungen 7	
B. **Regelungsgehalt** 10	III. Innerdeutsches Kollisionsrecht 41
I. Abstammung nach Abs. 1 10	IV. Internationales Prozessrecht 42
1. Anwendungsbereich des Abstammungsstatuts 10	1. Internationale Zuständigkeit 43
2. Anknüpfung nach Abs. 1 S. 1: gewöhnlicher Aufenthalt des Kindes ... 14	2. Anerkennung ausländischer Entscheidungen 45
3. Anknüpfung nach Abs. 1 S. 2: Staatsangehörigkeit der Eltern 16	3. Serologisches Gutachten 48
	V. Verfahren in Personenstandssachen 49
4. Zusatzanknüpfung nach Abs. 1 S. 3: Ehewirkungsstatut 17	1. Vaterschaftsanerkennung und Vaterschaftsfeststellung 50
5. Verhältnis der Anknüpfungsalternativen zueinander 22	2. Anerkennung der Mutterschaft 52
6. Sonderprobleme der Mutterschaftsfeststellung 29	3. Berichtigung einer unrichtigen Eintragung ins Personenstandsbuch 53
II. Verpflichtungen des Vaters gegenüber der Mutter (Abs. 2) 31	VI. Legitimation nach ausländischem Recht ... 54
	VII. Auswirkung der Abstammung auf die Staatsangehörigkeit 56

A. Allgemeines

I. Normgeschichte und Übergangsrecht

1 **1. Kindschaftsrechtsreformgesetz.** Die Vorschrift entspringt dem Kindschaftsrechtsreformgesetz v. 16.12.1997[1] (in Kraft seit dem 1.7.1998). Die Neuregelung des Internationalen Kindschaftsrechts[2] hebt die bisher in Artt. 19 und 20 a.F. vorgenommene Differenzierung nach ehelicher und nichtehelicher Kindschaft grundsätzlich auf. Die Verheiratung der Mutter bleibt nur noch im Hinblick auf die Anknüpfung an das Ehewirkungsstatut gem. Art. 19 Abs. 1 S. 3 und im Hinblick auf die Regelung des Abs. 2 relevant. Das Kindschaftsrechtsreformgesetz erleichtert die Bestimmung der Abstammung dadurch, dass in jedem Fall das Recht des gewöhnlichen Aufenthaltes des Kindes anwendbar ist.[3]

2 **2. Übergangsrecht.** Das Kindschaftsreformgesetz, und damit auch Art. 19 Abs. 1, gilt nur für Kinder, die am 1.7.1998 oder danach geboren worden sind. Für vor diesem Datum geborene Kinder gelten die bisherigen Vorschriften, vgl. Art. 224 § 1. Entgegen abweichender Auffassung[4] muss dies auch für das Kollisionsrecht gelten;[5] dafür spricht der zeitliche Gleichlauf des Kollisionsrechts mit dem materiellen Recht. Für diejenigen Kinder, die vor dem 1.9.1986, also vor In-Kraft-Treten der IPR-Reform, geboren wurden, gilt Art. 220 Abs. 1. Dieser beruft das bis zu diesem Datum geltende Kollisionsrecht für alle bis zum 1.9.1986 „abgeschlossenen Vorgänge".[6]

3 Hinsichtlich der Regelung in Abs. 2 ist für die unterhaltsrechtlichen Fragen zu beachten, dass der Vorrang des Art. 18 bzw. des Haager Unterhaltsübereinkommens v. 2.10.1973 (siehe Rn 9 und 32 sowie Art. 18 EGBGB Rn 93 f.) dazu führt, dass für die Zeit sowohl vor als auch nach der Kindschaftsrechtsreform Art. 19 Abs. 2 bzw. Art. 20 a.F. von diesen Reglungen verdrängt werden. Hinsichtlich des restlichen Anwendungsbereichs von Abs. 2 (siehe Rn 31 ff.) gilt das zu Rn 2 Gesagte.

---

1 BGBl I 1997 S. 2942.
2 Vgl. grundsätzlich zum Kollisionsrecht *Henrich*, StAZ 1998, 1; *ders.*, FamRZ 1998, 1401.
3 *Henrich*, FamRZ 1401, 1402.
4 *Dörner*, in: FS Henrich 2000, S. 119, 128.
5 So auch OLG Stuttgart FamRZ 2001, 246, 247; Staudinger/*Henrich*, Art. 19 EGBGB Rn 5 und Art. 20 EGBGB Rn 3; Erman/*Hohloch*, Art. 19 EGBGB Rn 7; Palandt/*Heldrich*, Art. 19 EGBGB Rn 3; *Sturm*, in: FS Stoll 2001, S. 451, 458; *Looschelders*, IPR, Art. 19 Rn 31; *Andrae*, Rn 475.
6 Die Frage, auf welchen Zeitpunkt es ankommt (Geburt oder Anerkennung/Feststellung), ist umstritten und ihre Beantwortung hängt davon ab, was unter dem Begriff „abgeschlossener Vorgang" zu verstehen ist. Vgl. dazu einerseits KG FamRZ 1994, 986 f.; OLG Karlsruhe FamRZ 1999, 1370; Staudinger/*Dörner*, Art. 220 EGBGB Rn 37, und andererseits BGH FamRZ 1991, 325; OLG Oldenburg FamRZ 1993, 1486; Staudinger/*Henrich*, Art. 19 EGBGB Rn 7 m.w.N. Bei ehelichen Kindern kommt es auf die Geburt als maßgeblichen Zeitpunkt an. Ist das Kind vor dem 1.9.1986 geboren, ist der Vorgang abgeschlossen. Gleiches gilt für nichteheliche Kinder, wenn die Abstammung nach dem Heimatrecht des Vaters oder nach demjenigen der Mutter festgestellt wird. Beide Rechte sind unwandelbar. Anders hingegen, wenn bei der nichtehelichen Abstammung auf das Aufenthaltsrecht des Kindes abgestellt wird: dieses ist wandelbar. In diesem Fall ist der Zeitpunkt der Anerkennung/Feststellung maßgeblich; vgl. ausf. Staudinger/*Henrich*, Art. 19 EGBGB Rn 7.

II. Normzweck und Normstruktur

Abs. 1 bestimmt das anwendbare Recht bei der Frage, von wem ein Kind abstammt, wer also sein Vater und wer seine Mutter ist. Zwar ist die Mutterschaft nach deutschem Recht einfach zu bestimmen: Mutter ist, wer das Kind geboren hat, § 1591 BGB. Andere Rechtsordnungen sehen dies teilweise anders. Sie können insbesondere eine Anerkennung des Kindes durch die Mutter voraussetzen.[7] Seine wahre Bedeutung erlangt Art. 19 Abs. 1 hingegen bei der Vaterschaftsbestimmung.

Art. 19 regelt nur die Begründung der Abstammung. Nach Art. 20 bestimmt sich abschließend die „Beseitigung" der Abstammung. Art 21 beschäftigt sich dann mit den Wirkungen der Abstammung. Die Begründung der Abstammung kann sich gem. Abs. 1 S. 1 nach dem Recht des Aufenthaltsstaates des Kindes richten. Nach Abs. 1 S. 2 kann sich die Abstammung aber auch nach dem Heimatrecht desjenigen Elternteils richten, zu dem die Abstammung bestimmt werden soll. Nach Abs. 1 S. 3 kann darüber hinaus die Abstammung auch nach dem zum Zeitpunkt der Geburt geltenden Ehewirkungsstatuts (Art. 14) bestimmt werden. Zur Alternativität der Anknüpfungen siehe Rn 22.

Abs. 2 regelt nicht das Abstammungsverhältnis des Kindes zu einem Elternteil, sondern die Verpflichtungen des Vaters gegenüber der Mutter aufgrund der Schwangerschaft, wenn die Eltern nicht verheiratet sind. Es wird also unterschieden zwischen den aufgrund der Schwangerschaft bestehenden Verpflichtungen bei bestehender Ehe (dann grds. Art. 14, 15 und 18) und solchen ohne Ehe (dann grds. Art. 19 Abs. 2). Die wichtigste Verpflichtung aufgrund einer Schwangerschaft, nämlich der Unterhalt, bestimmt sich jedoch in beiden Fällen nach dem Aufenthaltsrecht der Mutter.[8] Darüber hinaus ist von dem Regelungsgehalt auch der Ersatz von Kosten umfasst, die durch die Schwangerschaft und Entbindung entstehen.

III. Staatsvertragliche Regelungen

Es gibt vier **CIEC-Staatsverträge**,[9] die die Abstammung zum Inhalt haben. Im Hinblick auf das materielle Recht gilt für Deutschland nur das **Brüsseler CIEC-Übereinkommen**[10] **über die Feststellung der mütterlichen Abstammung nichtehelicher Kinder**. Dieses gilt für Deutschland im Verhältnis zu Griechenland, Luxemburg, den Niederlanden, der Schweiz, Spanien und der Türkei. Das Übereinkommen regelt nur die Abstammung von der Mutter. Die Abstammung eines nichtehelichen Kindes von der Mutter gilt gem. Art. 1 des Übereinkommens als festgestellt, wenn die Mutter im Geburtseintrag als Mutter[11] bezeichnet ist.[12] Eine nach dem jeweiligen Abstammungsstatut des Kindes etwa erforderliche Mutterschaftsanerkennung ist dann im Anwendungsbereich des Übereinkommens nicht mehr erforderlich.[13] Zum **Römischen CIEC-Übereinkommen vom 14.9.1961 betreffend die Vaterschaftsanerkennung** vgl. Rn 51.

Sind alle Beteiligten (Kind und Elternteil bzw. Eltern) iranische Staatsangehörige, wird Art. 19 Abs. 1 und 2 vom **Deutsch-Iranischen Niederlassungsabkommen** v. 17.2.1929[14] gem. Art. 8 Abs. 2 verdrängt. Es gilt dann iranisches Recht.

---

7 Zum Unterschied zwischen dem „Abstammungssystem" und dem „Anerkennungssystem" s. Staudinger/Henrich, Vorbem. zu Art 19 EGBGB Rn 17.

8 Insofern gibt es hier eine Kollision mit dem Haager Übereinkommen über das auf Unterhaltsverpflichtungen anzuwendende Recht v. 2.10.1973 (BGBl II 1986 S. 837), – abgedruckt auch in Jayme/Hausmann, Nr. 41, und auszugsweise in Art. 18 EGBGB Rn 94 – und damit nach Art. 18. Zu dieser Kollision (unten Rn 33) s. Staudinger/Henrich, Art. 19 EGBGB Rn 101.

9 (1.) CIEC-Übk. über die Erweiterung der Zuständigkeit der Behörden, vor denen nichteheliche Kinder anerkannt werden können vom 14.9.1961 (BGBl II 1965 S. 19; auch in Jayme/Hausmann, Nr. 50); – (2.) CIEC-Übk. über die Feststellung der mütterlichen Abstammung nichtehelicher Kinder vom 12.9.1962 (BGBl II 1965 S. 23; auch in Jayme/Hausmann, Nr. 51); – (3.) Das Römische CIEC-Übereinkommen über die Legitimation durch nachfolgende Ehe vom 10.9.1970, abgedruckt in Jayme/Hausmann, Nr. 52, für Deutschland nicht in Kraft; – (4.) Das Münchener CIEC-Übk. über die freiwillige Anerkennung nichtehelicher Kinder vom 5.9.1980 (bisher nicht in deutscher Sprache veröffentlicht; das Dokument kann auf der Homepage der CIEC unter http://perso.wanadoo.fr/ciec-sg/ListeConventions.htm abgerufen werden, für Deutschland nicht in Kraft).

10 (BGBl II 1965 S. 23), abgedruckt in Jayme/Hausmann, Nr. 51.

11 In Deutschland aufgrund § 21 PStG.

12 Über den Anwendungsbereich des Übk. besteht zwischen den Vertragsstaaten Uneinigkeit. Während einige Länder (Frankreich, Niederlande, Schweiz, Türkei) das Übk. nur dann anwenden wollen, wenn sowohl Mutter als auch Kind Angehörige eines Vertragsstaates sind, wird von Deutschland, Belgien und Österreich vertreten, dass es für die Anwendung des Übk. gleichgültig ist, ob der Eintrag in einem Vertragsstaat oder in einem Nichtvertragsstaat erfolgt, und die Anwendung nicht von der Staatsangehörigkeit der Mutter oder des Kindes abhängt; vgl. zur Darstellung des Streits Staudinger/Henrich, Vorbem. zu Art. 19 EGBGB Rn 22.

13 Palandt/Heldrich, Art. 19 EGBGB Rn 3; MüKo/Klinkhardt, Art 19 n.F. EGBGB Rn 9 m.w.N.

14 BGBl II 1955 S. 829.

9 Soweit Art. 19 Abs. 2 Unterhaltsverpflichtungen regelt, gilt vorrangig das **Haager Übereinkommen über das auf Unterhaltsverpflichtungen anzuwendende Recht** v. 2.10.1973[15] und damit Art. 18.

B. Regelungsgehalt
I. Abstammung nach Abs. 1

10 **1. Anwendungsbereich des Abstammungsstatuts.** Unter Abstammung sind alle Fragen im Zusammenhang mit der Begründung, nicht aber der „Beseitigung" der Abstammung (hier gilt Art. 20) und Wirkung der Abstammung (hier gilt Art. 21) zu verstehen. Das Abstammungsstatut regelt u.a. Beiwohnungs- und Vaterschaftsvermutungen, welche Empfängniszeiten bestehen, die Wirksamkeit der Anerkennung mit und ohne Zustimmung von Mutter und Kind, sowie Anerkennungs- und Feststellungsverbote.[16]

11 Das berufene Recht bestimmt ferner darüber, ob eine Vaterschafts- bzw. Mutterschaftsanerkennung notwendig ist und nach welchen Regeln sie erfolgt, ob es einer Zustimmungserklärung zu einer Anerkennungserklärung[17] bedarf (hier ist zusätzlich Art. 23 zu beachten) und wie eine solche zu erfolgen hat. Wird die Wirksamkeit einer Anerkennung bestritten, so ist die Frage nach dem Bestehen/Nichtbestehen der Abstammung nicht über Art. 20 (Anfechtung) anzuknüpfen, sondern über Art. 19 (vgl. auch Art. 20 EGBGB Rn 9). Art. 19 regelt auch, mit wem das Kind verwandt und verschwägert ist und ob es einer gerichtlichen Abstammungsfeststellung bedarf.[18]

12 Art. 19 regelt hingegen nicht die Rechtsfolgen für das Kind (z.B. ob es ehelich wird), wenn Vater und Mutter heiraten. Diese Rechtsfolgen setzen in jedem Fall schon eine festgestellte Vaterschaft voraus.[19]

13 Zwar unterscheidet Art. 19 nicht zwischen ehelicher und nichtehelicher Abstammung. Trifft jedoch das durch Art. 19 berufene materielle Recht diese Unterscheidung, so ist sie zu beachten.[20] Sieht eine ausländische Rechtsordnung aber unterschiedliche Rechtsfolgen für eheliche und nichteheliche Kinder vor (z.B. im Erbrecht und Unterhaltsrecht), so sind diese Fragen mit Hilfe der Kollisionsnormen des jeweiligen Sachrechts (z.B. Erbstatut und Unterhaltsstatut), also im Wege einer unselbständigen Anknüpfung, zu beantworten.[21] Die Frage nach der Wirksamkeit der Ehe ist hingegen eine selbständig anzuknüpfende Vorfrage.[22]

14 **2. Anknüpfung nach Abs. 1 S. 1: gewöhnlicher Aufenthalt des Kindes.** Nach der Grundregel des Abs. 1 S. 1 ist das für die Abstammung maßgebliche Recht das Aufenthaltsrecht des Kindes. Der gewöhnliche Aufenthalt des Kindes – also der faktische Lebensmittelpunkt – bestimmt sich nach den allgemeinen Regeln (siehe Art. 5 EGBGB Rn 16 ff.). Hat das Kind also seinen gewöhnlichen Aufenthalt in Deutschland, so kann die Abstammung nach deutschem Recht bestimmt werden. Maßgeblich ist beim Abstammungsprozess der Zeitpunkt der letzten mündlichen Verhandlung und bei der Anerkennung die Abgabe der Anerkennungserklärung.[23]

15 Dem Grundsatz nach ist das nach Abs. 1 S. 1 bestimmte Abstammungsstatut wandelbar.[24] Demnach kann ein Aufenthaltswechsel zur Begründung eines nach dem Vorstatut nicht bestehenden Abstammungsverhältnisses[25] und umgekehrt zum Verlust eines solchen führen. Letzteres begegnet Bedenken, da der Statutenwechsel den Schutz wohlerworbener Rechte des Kindes nicht gefährden darf.[26] Dieses Argument ist gewichtiger

---

15 BGBl II 1986 S. 837, abgedruckt in *Jayme/Hausmann*, Nr. 41.
16 Ein Überblick über die verschiedenen Ausgestaltungsmöglichkeiten der Rechtsordnungen in diesem Bereich findet sich bei Staudinger/*Henrich*, Art. 19 EGBGB Rn 9.
17 Vorfragen im Zusammenhang mit Abstammungserklärung und Zustimmungserfordernis (Form, Geschäftsfähigkeit, Vertretung) sind – vorbehaltlich materieller Regelungen – selbständig anzuknüpfen, vgl. MüKo/*Klinkhardt*, Art. 20 EGBGB Rn 43.
18 MüKo/*Klinkhardt*, Art. 19 n.F. EGBGB Rn 26.
19 Palandt/*Heldrich*, Art. 19 EGBGB Rn 7; Erman/*Hohloch*, Art. 19 EGBGB Rn 22.
20 Erman/*Hohloch*, Art. 19 EGBGB Rn 21; Palandt/*Heldrich*, Art. 19 EGBGB Rn 7.
21 Palandt/*Heldrich*, Art. 19 EGBGB Rn 8; Erman/*Hohloch*, Art. 19 EGBGB Rn 24; Bamberger/Roth/*Otte*, Art. 19 EGBGB Rn 26; a.A. *Dörner*, in: FS Henrich 2000, S. 119, 127; *Looschelders*, IPR, Art. 19 Rn 5.
22 Palandt/*Heldrich*, Art. 19 EGBGB Rn 8; Bamberger/Roth/*Otte*, Art. 19 EGBGB Rn 14.
23 MüKo/*Klinkhardt*, Art. 19 n.F. EGBGB Rn 15.
24 Palandt/*Heldrich*, Art. 19 EGBGB Rn 5; Erman/*Hohloch*, Art. 19 EGBGB Rn 9; Staudinger/*Henrich*, Art. 19 EGBGB Rn 14 (Letzterer schränkt dahin gehend ein, dass eine nach Vorstatut begründete Vaterschaft eine Anerkennung nach dem neuen Aufenthaltsstatut nicht hindern darf).
25 Beispiele finden sich bei *Henrich*, StAZ 1998, 1, 2 ff. und *Looschelders*, IPRax 1999, 420 ff.
26 *Kropholler*, IPR, § 48 IV; *Looschelders*, IPRax 1999, 420, 423 ff.; *ders.*, IPR, Art. 19 Rn 12; Bamberger/Roth/*Otte*, Art. 19 EGBGB Rn 9; Andrae, Rn 461; *Dörner*, in: FS Henrich 2000, S. 124 ff.; *Sturm*, in: FS Stoll 2001, S. 451, 454; noch weiter gehend *Kegel/Schurig*, § 20 IX 3, der sich für eine unwandelbare Anknüpfung an das Aufenthaltsrecht zum Geburtszeitpunkt ausspricht; a.A. Palandt/*Heldrich*, Art. 19 EGBGB Rn 5; Erman/*Hohloch*, Art. 19 EGBGB Rn 9.

als das Bedürfnis des Standesbeamten, in jedem Fall sein – i.d.R. mit dem Aufenthaltsrecht des Kindes übereinstimmendes – Recht anwenden zu können.[27] Eine nach dem Vorstatut begründete Abstammung bleibt also bestehen, auch um einen Staatsangehörigkeitswechsel des Kindes zu vermeiden.[28] M.E. ist die Relevanz dieser bisher gerichtlich nicht entschiedenen Streitfrage aber wegen der weiteren in Abs. 1 S. 2 und 3 bestehenden Anknüpfungsmöglichkeiten gering.

3. Anknüpfung nach Abs. 1 S. 2: Staatsangehörigkeit der Eltern. Die Abstammung kann sich auch nach dem Recht des Landes richten, dessen Staatsangehörigkeit derjenige Elternteil hat, zu dem die Abstammung bestimmt werden soll. Auch dieses Statut ist mit dem Wechsel der Staatsangehörigkeit wandelbar,[29] denn es kommt nicht auf den Zeitpunkt der Geburt, sondern auf den Zeitpunkt der Bestimmung der Abstammung an. Wenn der betreffende Elternteil staatenlos oder Mehrstaater ist, gilt Art. 5 (siehe in Anhang II zu Art. 5 EGBGB auch die Regelung für Flüchtlinge und Asylberechtigte). Relevant im Verhältnis zum Vater wird diese Anknüpfung dann, wenn nach dem Heimatrecht des Vaters, nicht aber nach dem Aufenthaltsrecht des Kindes eine gesetzliche Vaterschaftsvermutung existiert. Gleiches gilt, wenn das Aufenthaltsrecht des Kindes ein Vaterschaftsanerkenntnis verbietet, das Heimatrecht des Vaters ein solches aber erlaubt. Im Verhältnis zur Mutter kann die Zusatzanknüpfung nach Abs. 1 S. 2 relevant werden, wenn nach dem Aufenthaltsrecht des Kindes ein Mutterschaftsanerkenntnis vorausgesetzt wird, das Heimatrecht der Mutter aber ein solches nicht erfordert. Auch das nach Abs. 1 S. 2 bestimmte Statut ist wandelbar.[30]

16

4. Zusatzanknüpfung nach Abs. 1 S. 3: Ehewirkungsstatut. Nach Abs. 1 S. 3 kann die Abstammung nach dem zur Zeit der Geburt geltenden Ehewirkungsstatut bestimmt werden. Ist die Ehe vorher durch den Tod aufgelöst worden, so ist nicht der Zeitpunkt der Geburt, sondern derjenige der Auflösung maßgeblich. Es ist nicht erforderlich, dass zwischen Ableben und Geburt ein bestimmter Maximalzeitraum liegt. Insofern kann das Ehewirkungsstatut auch dann über die Abstammung befinden, wenn z.B. der verstorbene Ehemann der Mutter der biologische Vater nicht sein kann. Auf Grund der zeitlichen Fixierung ist diese Anknüpfungsvariante unwandelbar.[31]

17

Das Ehewirkungsstatut kann aber nur darüber entscheiden, ob die Mutter und deren Ehemann zum Zeitpunkt der Geburt bzw. der Auflösung der Ehe durch Tod die Eltern des Kindes sind.[32] Das Ehewirkungsstatut kann daher nicht herangezogen werden, wenn es um die Abstammung zu einem anderen Mann als dem (vorverstorbenen) Ehemann der Mutter geht. Denn durch den Verweis auf das Ehewirkungsstatut wird die Abstammung zur Ehewirkung.

18

Zwingende Voraussetzung ist, dass die **Mutter zum Zeitpunkt der Geburt (bzw. Tod des Ehemannes) gültig verheiratet** ist. Ob dies der Fall ist, ist als Vorfrage selbständig nach Art. 13 zu ermitteln.[33] Das danach berufene Recht bestimmt, ob die Ehe rechtsgültig und nicht geschieden ist. Letztlich ist diese Prüfung aber schon in der Ermittlung des Ehewirkungsstatuts enthalten. Die Ehe darf zum Zeitpunkt der Geburt des Kindes (oder des Todes des Ehemannes) auch nicht rechtskräftig geschieden sein. Wurde die Ehe im Ausland geschieden, so kommt es darauf an, ob diese Scheidung zum Zeitpunkt der Geburt (bzw. Tod) bereits im Inland gem. Art. 7 § 1 FamRÄndG anerkannt wurde. Wird das Kind zwischen ausländischer Scheidung und Anerkennung der Scheidung im Inland geboren, so ist die Scheidung für die Anwendung von Abs. 1 S. 3 unerheblich. Diese „hinkende Scheidung" hat für die Frage der Abstammung keine Auswirkungen, es kann auf das Ehewirkungsstatut zurückgegriffen werden.[34]

19

Eine entsprechende Anwendung von Abs. 1 S. 3 auf die eheähnliche Lebensgemeinschaft ist nicht möglich.[35] Dies ergibt sich aus dem eindeutigen Wortlaut.

20

Das Ehewirkungsstatut bestimmt sich nach Art. 14 Abs. 1. Durch diese klare Beschränkung der Verweisung wird klargestellt, dass eine Rechtswahl für die allgemeinen Ehewirkungen gem. Art. 14 Abs. 2 und 3 keine

21

---

27 So aber die Begründung des RegE BT-Drucks 13/4899, S. 137.
28 *Sturm*, in: FS Stoll 2001, S. 451, 452.
29 *Sturm*, in: FS Stoll 2001, S. 451, 452; Bamberger/Roth/*Otte*, Art. 19 EGBGB Rn 13.
30 *Sturm*, in: FS Stoll 2001, S. 451, 452.
31 *Sturm*, in: FS Stoll 2001, S. 451, 452; Bamberger/Roth/*Otte*, Art. 19 EGBGB Rn 13; *Looschelders*, IPR, Art. 19 Rn 14.
32 MüKo/*Klinkhardt*, Art. 19 n.F. EGBGB Rn 22 m.w.N.
33 Erman/*Hohloch*, Art. 19 EGBGB Rn 11; Staudinger/*Henrich*, Art. 19 EGBGB Rn 19; Palandt/*Heldrich*, Art. 19 EGBGB Rn 8; weiter gehend MüKo/*Klinkhardt*, Art. 20 EGBGB Rn 39 ff., der eine alternative Vorfragenanknüpfung in dem Sinne zulässt, dass eine gültige Ehe auch nach dem durch Art. 19 Abs. 1 berufenen Recht vorliegen kann.
34 AG und LG Bonn StAZ 1988, 354; Erman/*Hohloch*, Art. 19 EGBGB Rn 12.
35 Palandt/*Heldrich*, Art. 19 EGBGB Rn 5; Erman/*Hohloch*, Art. 19 EGBGB Rn 11; a.A. MüKo/*Klinkhardt*, Art. 19 n.F. EGBGB Rn 41 (der eine entsprechende Anwendung dann vorschlägt, wenn die Lebensgemeinschaft behördlich anerkannt oder registriert ist) und Bamberger/Roth/*Otte*, Art. 19 EGBGB Rn 15.

Auswirkungen auf das für die Abstammung maßgebliche Ehewirkungsstatut hat. Dabei ist es unerheblich, ob die Rechtswahl vor oder nach der Heirat stattgefunden hat, es bleibt in jedem Fall bei der Anknüpfung nach Art. 14 Abs. 1.[36] Dies ist auch sinnvoll, denn andernfalls bestünde die Gefahr, dass dem Kind durch die Wahl eines bereits durch Abs. 1 S. 1 oder 2 berufenes Rechtes eine Anknüpfungsmöglichkeit genommen würde.

22 **5. Verhältnis der Anknüpfungsalternativen zueinander.** Die Anknüpfungsmöglichkeiten des Abs. 1 stehen zueinander in einem **Alternativverhältnis**.[37] Aus dem Wortlaut ergibt sich keine „vorrangige" Anknüpfung, eine solche war auch nicht bezweckt.[38] Die Abstammung kann also wahlweise nach dem Aufenthaltsrecht des Kindes, dem Ehewirkungsstatut bei Geburt und dem Staatsangehörigkeitsrecht desjenigen Elternteils, zu dem die Abstammung zu ermitteln ist, bestimmt werden. Diese Alternativität ist Ausfluss des Günstigkeitsprinzips und dient dem Kindeswohl. Dem Kind soll ein Vater gegeben werden, auch wenn dieser ein „unwahrscheinlicher Vater" ist.[39] Denn ein „unwahrscheinlicher Vater" ist immer noch besser als gar kein Vater.[40]

23 Kommen die verschiedenen Alternativen zu unterschiedlichen Ergebnissen (hat das Kind z.B. „mehrere Väter"), so stellt sich die Frage, welches Recht gilt. Das Gesetz lässt diese Frage offen. Es gibt daher keine vorgegebene Methode, das Problem der **„konkurrierenden Vaterschaften"** zu lösen. Übereinstimmung besteht lediglich darin, dass jenes Recht maßgeblich sein soll, das für das Kind am günstigsten ist. Nach weit überwiegender Auffassung[41] ist dasjenige Recht am günstigsten, das dem Kind zum frühesten Zeitpunkt – am besten schon zum Zeitpunkt der Geburt – einen Vater zuordnet (**Prioritätsprinzip**). Demnach ist die Abstammung nach der Rechtsordnung zu bestimmen, welche die Abstammung zuerst positiv feststellt. Dies kann für den Fall der Abstammung vom Vater durch Vermutung der Vaterschaft bei der Geburt (etwa bei bestehender Ehe) oder durch Anerkennung der Vaterschaft (etwa bei einer unverheirateten Mutter) geschehen.[42] Der früher Anerkennende setzt sich in letzterem Fall gegenüber dem später Anerkennenden durch. Die Vaterschaft kann auch gerichtlich festgestellt werden. Hat eine solche **gerichtliche Feststellung** im Ausland stattgefunden, muss diese im Inland nach den allgemeinen Regeln (z.B. § 328 ZPO) anerkannt werden[43] (vgl. dazu auch Rn 45 ff.).

24 Die Rechtfertigung des Prioritätsprinzips speist sich zum einen aus der Prozessökonomie und zum anderen aus der *ratio legis*: Es macht keinen Sinn, bei einer einmal festgestellten Abstammung weitere Statute auf Vorrat heranzuziehen. Das Gesetz will dem Kind die Feststellung der Abstammung ermöglichen[44] und diese durch die Alternativen erleichtern. Eine „hypothetische Abstammungsbestimmung" bei einmal festgestellter Abstammung würde diesem Zweck zuwiderlaufen. Abweichende Auffassungen, die für die Günstigkeit andere Kriterien ansetzen (Wertentscheidung auf materiellrechtlicher Ebene,[45] Ermittlung des „wirklichen, wahrscheinlichen Vaters" nach deutschem Recht[46]) sind mangels Praktikabilität abzulehnen, da sie stets einen weiteren Bewertungsvorgang voraussetzen. Außerdem ist im Hinblick auf die unterhalts- und erbrechtlichen

---

36 Staudinger/*Henrich*, Art. 19 EGBGB Rn 19; Palandt/*Heldrich*, Art. 19 EGBGB Rn 5; Erman/*Hohloch*, Art. 19 EGBGB Rn 16.
37 BayObLG FamRZ 2002, 686; OLG Frankfurt FamRZ 2002, 688; LG Leipzig StAZ 2002, 146; AG München StAZ 2002, 147; *Hepting*, StAZ 2002, 131; *ders.*, StAZ 2002, 33, 24; *ders.*, IPRax 2002, 388, 390; *Henrich*, StAZ 1998, 1, 3; *Sturm*, in: FS Sandrock 2000, S. 973, 977; *Gaaz*, StAZ 1998, 241, 250; Palandt/*Heldrich*, Art. 19 EGBGB Rn 6; Erman/*Hohloch*, Art. 19 EGBGB Rn 17; *Looschelders*, IPR, Art. 19 Rn 15; Bamberger/*Roth*/*Otte*, Art. 19 EGBGB Rn 18; *Oprach*, IPRax 2001, 325; a.A. Kegel/*Schurig*, § 20 IX 2; *Andrae*, Rn 458.
38 S. die Gesetzesbegründung zu Art. 19 BT-Drucks 13/4899, S. 137.
39 Folgendes Beispiel (nach *Hepting*, StAZ 2000, 33, 38 f.): Eine deutsche Frau ist in Deutschland mit einem türk. Mann verheiratet, lässt sich scheiden und gebiert drei Monate nach der Scheidung ein Kind. Nach türk. Recht (Art. 241 türk. ZGB) ist der Ex-Ehemann Vater, nach deutschem Recht ist das Kind vaterlos. Aufgrund der Alternativität der Anknüpfungen (deutsches Aufenthaltsrecht des Kindes und türk. Heimatrecht des Ex-Ehemanns) ist der türk. Ex-Ehemann als Vater einzutragen, auch wenn seine Vaterschaft unwahrscheinlich ist.
40 *Sturm*, in: FS Stoll 2001, S. 451, 456; *Hepting*, StAZ 2000, 33, 37.
41 BayObLG FamRZ 2000, 699, 700; 2001, 1543; 2002, 686, 687; krit. *Hepting*, FamRZ 2002, 388; OLG Frankfurt FamRZ 2002, 688; LG Leipzig StAZ 2002, 146; Palandt/*Heldrich*, Art. 19 EGBGB Rn 6; MüKo/*Klinkhardt*, Art. 20 EGBGB Rn 14; Erman/*Hohloch*, Art. 19 EGBGB Rn 17; *Hepting*, StAZ 2000, 36; *Kropholler*, IPR, § 48 IV 1 f.; Bamberger/*Roth*/*Otte*, Art. 19 EGBGB Rn 29.
42 BayObLG FamRZ 2000, 699; 2001, 1543; 2002, 686; LG Leipzig StAZ 2002, 146.
43 Palandt/*Heldrich*, Art. 19 EGBGB Rn 6.
44 Erman/*Hohloch*, Art. 19 EGBGB Rn 17.
45 *Looschelders*, IPRax 1999, 420, 421; *ders.*, IPR, Art. 19 Rn 18.
46 AG Hannover FamRZ 2002, 1722, 1724; Staudinger/*Henrich*, Art. 19 EGBGB Rn 37 ff.; *Henrich*, StAZ 1998, 1, 2; *Oprach*, IPRax 2001, 325, 326 F.; dagegen, mit überzeugenden Argumenten, *Gaaz*, StAZ 1998, 241, 251 f. und *Sturm*, in: FS Stoll 2001, S. 451, 454 f.

Konsequenzen der schnellstmöglichen Lösung, also dem Prioritätsgrundsatz, der Vorzug zu geben.[47] Diejenigen, die bei konkurrierenden Vaterschaften Abs. 1 S. 1 als Regelanknüpfung verstehen wollen,[48] finden hierfür keine Stütze im Gesetz.[49]

Ist die Vaterschaft im Rahmen des Prioritätsprinzips nach der dann maßgeblichen Rechtsordnung (z.B. dem Aufenthaltsrecht des Kindes) bestimmt worden, sind die anderen beiden Alternativen **gesperrt**. Sie können erst dann wieder eine Rolle spielen, wenn die Abstammung durch Anfechtung beseitigt wurde.[50] In diesem Fall gilt dann nach der Anfechtung der Abstammung erneut das Prioritätsprinzip.

Das **Prioritätsprinzip versagt** jedoch in denjenigen Fällen, in denen schon zum Zeitpunkt der Geburt mehrere Personen als Väter gelten. Die häufigste Konkurrenz in diesen Fällen ist wohl diejenige der gesetzlich vermuteten Vaterschaft des Ehemanns einerseits und der Vaterschaft eines Dritten, der vor der Geburt anerkannt hat (sog. pränatales Vaterschaftsanerkenntnis, § 1594 Abs. 4 BGB), andererseits.[51]

Teilweise wird in diesen Fällen ein **Wahlrecht des Kindes** propagiert.[52] Problematisch ist jedoch die Frage, wer diese Wahl treffen soll. Das Kind ist dazu nicht in der Lage, es kommen nur die gesetzlichen Vertreter in Betracht. Dagegen spricht aber zum einen, dass dies auf eine zusätzliche Rechtswahl hinauslaufen würde, die die Ermittlung der Abstammung zusätzlich verzögert. Zum anderen hinge die Person des Vaters, der als potenziell Sorgeberechtigter auch zur Rechtswahl befugt sein könnte, von eben dieser Rechtswahl ab – ein Zirkelschluss.[53] Schließlich können auch bei der Mutter Motive eine Rolle spielen, durch welche die Wahl zu einem „falschen" Vater führen würde. Möchte die Mutter ihr Kind in eine neue Beziehung „mitnehmen", so wird sie diejenige Anknüpfungsalternative wählen, die zu ihrem neuen Partner führt.[54] Ein Wahlrecht ist somit abzulehnen[55] und eine wertende Entscheidung in diesem Fall unentbehrlich.

Hier sollte dasjenige Recht zur Anwendung kommen, das zum wirklichen Vater führt (**Grundsatz der Abstammungswahrheit**).[56] Dies ist für das Kind am günstigsten. Es ist also zu ermitteln, wessen Vaterschaft „wahrscheinlicher" ist.[57] Bisher haben sich in der Rechtsprechung dazu noch keine Fallgruppen entwickelt. Es können aber bestimmte Grundkonstellationen herausgebildet werden, etwa die, dass bei unangefochtener Ehe sich dasjenige Abstammungsstatut durchsetzt, das zu dem Ehemann als Vater führt.[58] Bei kürzlich geschiedener Ehe und Anerkennung durch einen Dritten spricht hingegen eine hohe Wahrscheinlichkeit für die Vaterschaft des Anerkennenden.[59] Teilweise wird auch auf die Wertungen des deutschen Rechts (§§ 1592, 1593, 1594 Abs. 2 BGB) verwiesen.[60] Der Grundsatz der Abstammungswahrheit allein vermag zu angemessenen Ergebnissen führen, wenn das Prioritätsprinzip versagt. Zwar hat der Grundsatz den Nachteil einer unüberschaubaren Kasuistik und geringer Rechtssicherheit wegen seiner sprachlichen Ungenauigkeit (was ist „wahrscheinlich"?). Auch wird die Mutter hier bestrebt sein, den neuen Ehemann durch entsprechende Angaben, die zu einer „Wahrscheinlichkeit" führen, als Vater des Kindes „durchzusetzen". Mangels Alternativen sind diese Nachteile aber in Kauf zu nehmen.

6. Sonderprobleme der Mutterschaftsfeststellung. Die Feststellung der Mutterschaft ist i.d.R. wesentlich unproblematischer als die Vaterschaftsfeststellung: Mutter ist diejenige Frau, die das Kind geboren hat (§ 1591 BGB). Eine Mutterschaftskonkurrenz ist aber theoretisch denkbar. So z.B., wenn eine – nach

---

47 So auch BayObLG FamRZ 2002, 686, 687.
48 *Andrae*, Rn 458 ff.
49 Ausf. zu den Gegenargumenten *Hepting*, StAZ 2002, 129, 133.
50 BayObLG FamRZ 2002, 686, 688; Palandt/*Heldrich*, Art. 19 EGBGB Rn 6; Erman/*Hohloch*, Art. 19 EGBGB Rn 17.
51 *Hepting*, StAZ 2000, 33 ff.; dort (S. 37) auch folgendes Beispiel: Ein italienisches Ehepaar hat seinen gewöhnlichen Aufenthalt in Deutschland, als ein Kind geboren wird. Die Mutter gibt an, das Kind sei nicht dasjenige des Ehemanns und stamme von einem anderen Italiener. Dieser erkennt die Vaterschaft noch vor der Geburt an. Das deutsche Recht als Aufenthaltsrecht des Kindes sieht den Ehemann als Vater an (§ 1592 Nr. 1 BGB). Die Anerkennung der Vaterschaft ist nach deutschem Recht wegen § 1594 Abs. 2 BGB nicht wirksam, wohl aber nach italienischem Recht (Art. 250 C.c.). Nach italienischem Recht, das ebenfalls als Heimatrecht des Anerkennenden bzw. Ehewirkungsstatut anwendbar ist, ist der Anerkennende der Vater.
52 Erman/*Hohloch*, Art. 19 EGBGB Rn 18; Palandt/*Heldrich*, Art. 19 EGBGB Rn 6.
53 *Hepting*, StAZ 2000, 33, 35 f.
54 *Sturm*, in: FS Stoll 2001, S. 451, 454.
55 So im Ergebnis auch BayObLG FamRZ 2002, 686, 688.
56 BayObLG FamRZ 2002, 686; *Gaaz*, StAZ 1998, 241, 251; *Hepting*, FamRZ 2002, 388 f.; *Henrich*, FamRZ 1998, 1401, 1402 (allerdings generell und nicht nur auf diejenigen Fälle bezogen, bei denen der Prioritätsgrundsatz versagt); *Dörner*, in: FS Henrich 2000, S. 119, 123 (stellt auf den „wahrscheinlichen Vater" ab).
57 FamRZ 1998, 1401, 1402; Staudinger/*Henrich*, Art. 19 EGBGB Rn 41 und 49.
58 Staudinger/*Henrich*, Art. 19 EGBGB Rn 58; dagegen: *Hepting*, FamRZ 2002, 388, 389.
59 BayObLG FamRZ 2002, 686; *Hepting*, FamRZ 2002, 388, 389.
60 *Dörner*, in: FS Henrich 2000, S. 119, 123.

deutschem Recht unzulässige[61] – **Leihmutterschaft** vorliegt, bei der die gebärende Mutter Deutsche, die genetische Mutter aber Angehörige eines Staates ist, in dem die Möglichkeit besteht, dass die genetische Mutter als leibliche Mutter anerkannt wird,[62] und das Kind auch in diesem Staat geboren wird. Dann kann nach dem Aufenthaltsrecht des Kindes und dem Recht der genetischen Mutter eine Mutterschaft der genetischen Mutter festgestellt werden. Die gebärende Mutter ist – nach deutschem Recht – ebenfalls Mutter. Bisher ist ein solcher Fall in Deutschland nicht entschieden worden. Wegen des unauflösbaren Normenwiderspruchs muss man diesen Fall wohl anhand der materiellen Wertungen der *lex fori* lösen.[63]

30 Eine weitere Problematik stellt sich im Falle einer anonymen Geburt. In einigen Ländern[64] ist die Feststellung der Mutterschaft von einer Anerkennung des Kindes durch die Mutter erforderlich. Unterlässt diese (als Angehörige eines solchen Staates) bei Geburt die Anerkennung, so ist das Kind zunächst mutterlos. Das deutsche IPR kommt erst dann zur Anwendung, wenn das Kind später nach Deutschland übersiedelt und deutsches Recht als Aufenthaltsrecht des Kindes zur Anwendung kommt. *Henrich*[65] plädiert hier für die Feststellung der Mutterschaft nach dem Recht des Geburtsstaates (also durch Anerkennung). M.E. ist hier jedoch wegen der Wandelbarkeit des Aufenthaltsstatuts des Kindes auch deutsches Recht berufen, so dass die Mutter gem. § 1591 BGB (Mutter durch Geburt) festgestellt werden kann. Probleme treten hingegen nicht auf, wenn eine Deutsche ein Kind in einem Land gebiert, in dem eine Anerkennung der Mutterschaft gefordert wird. Hier steht die Mutter wegen ihres Heimatrechts schon bei Geburt fest, das Kind ist also nicht mutterlos.

II. Verpflichtungen des Vaters gegenüber der Mutter (Abs. 2)

31 Die Verpflichtungen des Vaters gegenüber der Mutter aufgrund der Schwangerschaft richten sich, wenn die Eltern nicht verheiratet sind, nach dem **Aufenthaltsrecht** der Mutter (zur Bestimmung des gewöhnlichen Aufenthaltes vgl. Art 5 EGBGB Rn 16 ff.). Das Statut ist – wie das Unterhaltsstatut (Art. 18) – wandelbar.[66]

32 In den **Anwendungsbereich** dieser Vorschrift fallen grundsätzlich Unterhaltsansprüche aufgrund der Schwangerschaft (siehe aber zur Kollision mit dem HUntÜ Rn 33), Ansprüche auf Ersatz der Kosten von Entbindung und Schwangerschaft (§ 1615i BGB),[67] Ansprüche bei Tod- oder Fehlgeburt des Kindes (§ 1615n BGB) sowie Ansprüche auf Ersatz der Beerdigungskosten, wenn die Mutter aufgrund der Schwangerschaft oder Entbindung stirbt (§ 1615m BGB). Vom Anwendungsbereich nicht erfasst werden deliktische Ansprüche der Mutter oder Ansprüche aus Verlöbnis, diese unterfallen dem Delikts- bzw. Verlöbnisstatut.[68]

33 Da Abs. 2 grundsätzlich auch Unterhaltsansprüche der Mutter aufgrund der Schwangerschaft oder Geburt erfasst, stellt sich die Frage, wie diese Vorschrift zum **HUntÜ** von 1973[69] steht. Auf den ersten Blick könnte man die Anwendbarkeit des HUntÜ anzweifeln, da es nur Unterhaltsansprüche aus Familie, Verwandtschaft, Ehe oder Schwägerschaft regelt (Art. 1 des Übk). Es entspricht aber heute allgemeiner Auffassung, dass die Beziehungen zwischen den Eltern auch dann solche familiärer Natur sind, wenn sie nicht verheiratet sind.[70] Das HUntÜ bzw. Art. 18 verdrängt demnach Abs. 2 für den Bereich der Unterhaltsansprüche (Art. 3 Abs. 2 S. 1); dessen Anwendungsbereich bleibt beschränkt. Da sowohl das HUntÜ als auch Abs. 2 an das Aufenthaltsrecht der Mutter anknüpfen, wird die Frage, nach welchem Recht die Ansprüche qualifiziert werden sollen (als unterhaltsrechtliche oder solche i.S.d. Abs. 2), entschärft.

---

61 § 1 Abs. 1 Nr. 7 des Gesetzes zum Schutz der Embryonen v. 13.12.1990 (BGBl I S. 2746).
62 Weitere Nachw., z.B. für England und Kalifornien, bei Staudinger/*Henrich*, Art. 19 EGBGB Rn 77.
63 *Looschelders*, IPRax 1999, 420, 423 f.; Bamberger/Roth/*Otte*, Art. 19 EGBGB Rn 23 ff.
64 Z.B. Frankreich, Italien; weitere Nachw. bei Staudinger/*Henrich*, Art. 19 EGBGB Rn 72. Der Europäische Gerichtshof für Menschenrechte hat am 13.2.2003 in einem Verfahren Odièvre gegen Frankreich (42326/98) festgestellt, dass das französische Gesetz, welches anonyme Geburten zulässt, nicht gegen geltendes Recht verstößt.
65 Staudinger/*Henrich*, Art. 19 EGBGB Rn 73.
66 Palandt/*Heldrich*, Art. 19 EGBGB Rn 9; *Looschelders*, IPR, Art. 19 Rn 22.
67 Streitig ist, ob diese Kosten nicht auch dem Unterhaltsstatut und daher Art. 18 bzw. dem HUntÜ unterfallen, vgl. für weitere Nachw. Staudinger/*Henrich*, Art. 19 EGBGB Rn 102.
68 MüKo/*Klinkhardt*, Art. 19 n.F. EGBGB Rn 62.
69 (BGBl II 1986 S. 837), abgedruckt in *Jayme/Hausmann*, Nr. 41, auszugsweise auch in Art. 18 EGBGB Rn 94.
70 Staudinger/*Henrich*, Art. 19 EGBGB Rn 101; MüKo/*Siehr*, Art 18 EGBGB Anh. I Rn 43; Staudinger/*v. Bar/Mankowski*, (1996) Anh. I zu Art 18 EGBGB Rn 110; Erman/*Hohloch*, Art. 19 EGBGB Rn 26; Palandt/*Heldrich*, Art. 19 EGBGB Rn 9.

III. Renvoi

Die in Art. 19 enthaltenen Anknüpfungen sind grundsätzlich Gesamtverweisungen i.S.d. Art. 4 Abs. 1,[71] so dass eine Rück- oder Weiterverweisung durch ausländisches Kollisionsrecht grundsätzlich möglich ist. Davon ist jedoch bei Abs. 1 eine Ausnahme zu machen, wenn ein *renvoi* dem „Sinn der Verweisung widerspricht" (Art. 4 Abs. 1 S. 1). Sinn der Anknüpfungsalternativen des Abs. 1 ist es, möglichst viele Rechtsordnungen zur Verfügung zu stellen, nach denen sich die Abstammung richtet. Ein *renvoi*, der die Anzahl der Anknüpfungsalternativen und damit die Anzahl der Möglichkeiten der Abstammungsfeststellung verkleinert, widerspräche daher dem Sinn der Verweisung. Ein *renvoi* wäre in diesem Fall unbeachtlich.[72] Der wohl häufigste Fall ist derjenige, dass neben dem deutschen Recht weitere Rechte berufen sind. Ein *renvoi* des ausländischen Rechts auf deutsches Recht wäre dann unbeachtlich. 34

Grundsätzlich ist die Verweisung des Abs. 2 Gesamtverweisung, ein *renvoi* ist beachtlich. Besteht aber – bei Unterhaltsansprüchen – Konkurrenz mit dem HUntÜ, gilt das vorrangige HUntÜ mit seiner Sachnormverweisung, ein *renvoi* ist dann unbeachtlich.[73] 35

IV. Ordre public

Grundsätzlich steht das aus Abs. 1 und 2 gewonnene Recht unter dem Vorbehalt des *ordre public*. Die Problematik ist im Hinblick auf Abs. 1 jedoch durch die vielen Anknüpfungsalternativen entschärft.[74] 36

Keinen Verstoß gegen den *ordre public* dürften im ausländischen Recht vorhandene Abstammungsvermutungen bzw. nicht vorhandene Abstammungsvermutungen darstellen.[75] Ebenso widerspricht es nicht dem *ordre public*, wenn das berufene ausländische Recht bei einer künstlichen Befruchtung die Abstammung von dem Spender zulässt.[76] 37

Hingegen verstoßen gegen den *ordre public* die in einigen Ländern vorhandenen Verbote, die Abstammung festzustellen bzw. anzuerkennen, wenn das Kind einer ehebrecherischen Beziehung einer verheirateten Frau entspringt.[77] Ein solches Anerkennungs- bzw. Feststellungsverbot würde das Recht des Kindes auf seine Eltern vereiteln. Aus demselben Grund dürften Ausschlussfristen, innerhalb derer auf die Feststellung der Abstammung geklagt werden muss, *ordre-public*-widrig sein.[78] Zu überlegen ist weiterhin, ob nach der *Marckx*-Entscheidung des Europäischen Gerichtshofs für Menschenrechte[79] ein formales Mutterschaftsanerkenntnis, wie es einige Rechtsordnungen bei unverheirateten Müttern vorsehen, gegen den *ordre public* verstößt. 38

C. Weitere praktische Hinweise

I. Rechtslage für Kinder, die vor dem 1.7.1998 geboren wurden

Bei Kindern, die vor dem 1.7.1998 geboren wurden und bei denen die Vaterschaft noch nicht feststeht, muss zwischen ehelichen und nichtehelichen Kindern differenziert werden (zum Übergangsrecht vgl. Rn 2). Für die ehelichen Kinder bestimmt Art. 19 a.F., dass das Ehewirkungsstatut zum Zeitpunkt der Geburt maßgeblich ist. Bei unterschiedlicher Staatsangehörigkeit der Ehegatten gilt das Kind auch dann als ehelich, wenn es nach dem Heimatrecht einer der beiden Ehegatten ehelich ist. Bei einer nichtehelichen Abstammung bestimmt sich diese gem. Art. 20 a.F. im Verhältnis zur Mutter nach dem Heimatrecht der Mutter und im Verhältnis zum Vater alternativ nach dessen Heimatrecht, dem Heimatrecht der Mutter oder dem Recht des Staates, in dem das Kind seinen gewöhnlichen Aufenthalt hat. Maßgeblicher Zeitpunkt ist jeweils die Geburt des Kindes. 39

---

71 Staudinger/*Henrich*, Art. 19 EGBGB Rn 25; Palandt/*Heldrich*, Art. 19 EGBGB Rn 2 (mit kleiner Abweichung); Erman/*Hohloch*, Art. 19 EGBGB Rn 4 (mit kleiner Abweichung); *v. Hoffmann*, IPR, § 8 Rn 134; Bamberger/Roth/*Otte*, Art. 19 EGBGB Rn 17; differenzierend *Andrae*, Rn 462; abweichend MüKo/*Klinkhardt*, Art 19 n.F. EGBGB Rn 18 ff., der einen *renvoi* bei Art. 19 Abs. 1 nur für S. 2 und 3 zulassen will.
72 Staudinger/*Henrich*, Art. 19 EGBGB Rn 25; *v. Hoffmann*, IPR, § 8 Rn 134; MüKo/*Klinkhardt*, § 19 n.F. EGBGB Rn 20.
73 *Looschelders*, IPR, Art. 19 Rn 23.
74 MüKo/*Klinkhardt*, § 19 n.F. EGBGB Rn 46.
75 Staudinger/*Henrich*, Art. 19 EGBGB Rn 104 ff.
76 Staudinger/*Henrich*, Art. 19 EGBGB Rn 109.
77 MüKo/*Klinkhardt*, § 19 n.F. EGBGB Rn 26; so z.B. in der Türkei (Art. 292 türkisches ZGB, vgl. KG FamRZ 1994, 1413).
78 Staudinger/*Henrich*, Art. 19 EGBGB Rn 110.
79 EGMR NJW 1979, 2449.

II. Rechtslage für Kinder, die vor dem 1.9.1986 geboren wurden

40 Vor der IPR-Reform vom 25.7.1986[80] (in Kraft seit dem 1.9.1986, zum Übergangsrecht vgl. Rn 2) existierte nur eine Regelung für die eheliche Abstammung. Demnach ist gem. Art 18 a.F. deutsches Recht anwendbar, wenn der Ehemann der Mutter zur Zeit der Geburt Deutscher ist.[81] Für die nichteheliche Abstammung existierte hingegen keine Kollisionsnorm. Die Abstammung im Verhältnis zur Mutter richtete sich nach der Kollisionsnorm des Art. 20 a.F., der das Rechtsverhältnis zwischen Kind und Mutter regelte. Die Abstammung im Verhältnis zum Vater richtete sich nach deutschem Recht, falls deutsches Recht Unterhaltsstatut war, ansonsten nach dem Heimatrecht des Anerkennenden oder des als Vater in Anspruch Genommenen.

III. Innerdeutsches Kollisionsrecht

41 Für Kinder, die vor dem 3.10.1990 geboren wurden und bei denen ein Bezug zur DDR vorlag, gelten die grundsätzlichen, im innerdeutschen Verhältnis entwickelten Regeln. Demnach ging man von einer einheitlichen deutschen Staatsangehörigkeit aus. Da dies zu keinem Ergebnis für das anwendbare Recht führte, stellte man stattdessen auf den gewöhnlichen Aufenthalt der betreffenden Person ab.[82] Die Abstammungskollisionsnormen wurden dann entsprechend angewendet.[83] Für Kinder, die nach dem 3.10.1990 geboren sind, gelten die allgemeinen Regeln. Zum Übergangsrecht vgl. Art. 234.[84]

IV. Internationales Prozessrecht

42 Das streitige Verfahren in Kindschaftssachen richtet sich nach den §§ 640 ff. ZPO. Nach § 640 Abs. 2 Nr. 1 ZPO sind Kindschaftssachen solche Verfahren, welche die Feststellung des Bestehens oder Nichtbestehens eines Eltern-Kindes-Verhältnisses bzw. die Feststellung der Wirksamkeit oder Unwirksamkeit einer Anerkennung der Vaterschaft zum Gegenstand haben. Das Verfahren nach den Grundsätzen der freiwilligen Gerichtsbarkeit läuft nach ähnlichen Regeln ab wie das streitige Verfahren. Die *lex fori* bestimmt darüber, ob ein Verfahren der freiwilligen Gerichtsbarkeit oder ein solches der streitigen Gerichtsbarkeit vorliegt.[85]

43 **1. Internationale Zuständigkeit.** Die internationale Zuständigkeit ergibt sich im streitigen Verfahren mangels vorrangiger staatsvertraglicher Regelungen aus § 640a Abs. 2 ZPO. Demnach sind die deutschen Gerichte – nicht ausschließlich[86] – zuständig, wenn eine der Parteien Deutscher[87] ist oder ihren gewöhnlichen Aufenthalt im Inland hat.[88] Die internationale Zuständigkeit sagt noch nichts darüber aus, wer klagebefugt ist. Dies ist eine Frage des berufenen materiellen Rechts (in Deutschland ergibt sich dies aus § 1600e BGB).

44 Entsprechendes gilt gem. § 43 i.V.m. § 35b FGG für die internationale Zuständigkeit im Verfahren der freiwilligen Gerichtsbarkeit. Demnach sind die deutschen Gerichte international zuständig, wenn das Kind Deutscher ist, seinen gewöhnlichen Aufenthalt im Inland hat oder das Kind der Fürsorge durch ein deutsches Gericht bedarf. Dieses in § 55b FGG geregelte Verfahren findet im Falle des § 1600e Abs. 2 BGB, also dann Anwendung, wenn die Person, gegen die die Klage zu richten wäre, verstorben ist. Dies ergibt sich aus der allgemeinen Verweisungsvorschrift des § 621a Abs. 1 S. 1 ZPO.[89]

45 **2. Anerkennung ausländischer Entscheidungen.** Die Anerkennung ausländischer Entscheidungen in Deutschland richtet sich für das streitige Verfahren nach § 328 ZPO, und nach § 16a FGG für solche Verfahren, die der freiwilligen Gerichtsbarkeit zugeordnet werden. Zwar gibt es bilaterale Abkommen, diese schränken die Anerkennung jedoch ein.[90] Da staatsvertragliche Regelungen die Möglichkeit der Anerkennung jedoch nicht einschränken, sondern erweitern sollen, kann § 328 ZPO daneben zur Anwendung kommen und zu einer schnelleren Anerkennung führen. Die direkte Anwendung von § 328 ZPO ist daher im Hinblick auf das Günstigkeitsprinzip geboten.[91]

---

[80] BGBl I 1986 S. 1142.
[81] Vgl. Staudinger/*Henrich*, Art. 19 EGBGB Rn 4.
[82] v. *Hoffmann*, IPR, S. 20.
[83] Vgl. zu Einzelheiten MüKo/*Klinkhardt*, Art. 19 EGBGB Rn 44 f.
[84] Vgl. dazu auch BGH NJW 1999, 1862 ff.
[85] Erman/*Hohloch*, Art. 19 EGBGB Rn 28; MüKo/ *Klinkhardt*, Art. 19 EGBGB Rn 55; a.A. Staudinger/ *Henrich*, Art. 19 EGBGB Rn 113.
[86] Baumbach/*Roth*/*Otte*, Art. 19 EGBGB Rn 28; *Looschelders*, IPR, Art. 19 Rn 25.
[87] Deutscher in diesem Sinne ist nicht nur derjenige, der die deutsche Staatsangehörigkeit besitzt, sondern auch derjenige, der Deutscher i.S.v. Art. 116 Abs. 1 GG ist, vgl. Art. 9 Abs. 2 Nr. 5 FamRÄndG.
[88] Insoweit kommt es auf die Klageerhebung an, vgl. BGH IPRax 1985, 162, 163; wenn die Zuständigkeit bei Prozessbeginn gegeben war und nachher entfällt, wird man im Wege der *perpetuatio fori* von einem Fortbestand der Gerichtsbarkeit ausgehen können (vgl. BGH FamRZ 1983, 1215, 1216).
[89] *Wohlfahrt*, Familienrecht Band 1, 2. Aufl. 2001, S. 469.
[90] Vgl. Nachw. bei Staudinger/*Henrich*, Art. 19 EGBGB Rn 115 ff.
[91] BGH FamRZ 1987, 580; 1990, 897.

Hinsichtlich der Voraussetzungen der Anerkennung gelten die allgemeinen Regeln des § 328 ZPO und 46
des § 16a FGG, insbesondere die Möglichkeit der Verweigerung, wenn die Entscheidung gegen den *ordre public* verstößt. So hat das AG Hamburg-Wandsbek[92] einem Urteil die Anerkennung verweigert, weil es lediglich auf die Beiwohnungsvermutung gestützt war. Das AG Würzburg[93] hat die Anerkennung eines Urteils mit der Begründung abgelehnt, der Einwand des Mehrverkehrs und der Zeugungsunfähigkeit seien nicht berücksichtigt worden. Das OLG Oldenburg[94] sah einen Verstoß gegen den *ordre public* darin, dass das anzuerkennende Urteil das eheähnliche Zusammenleben der Mutter mit dem Mann, zu dem die Abstammung bestimmt werden sollte, zur Voraussetzung der Abstammungsbestimmung gemacht hat.

Zu beachten ist, dass die fehlende Verbürgung der Gegenseitigkeit die Anerkennung nicht verhindert, da in 47
Kindschaftssachen § 328 Abs. 2 ZPO gilt.

3. Serologisches Gutachten. Sind die deutschen Gerichte zuständig, ist deutsches Prozessrecht anzu- 48
wenden. Der mutmaßliche Vater ist dann unter Umständen gem. § 372a ZPO verpflichtet, ein serologisches Gutachten zu dulden. Entzieht er sich einem solchen Gutachten, etwa durch Auslandsaufenthalt, so kann zu seinen Lasten vermutet werden, dass keine schwerwiegenden Zweifel an seiner Vaterschaft bestehen.[95] Denkbar ist auch, die ausländischen Behörden um Rechtshilfe zu ersuchen.[96]

V. Verfahren in Personenstandssachen

Im Geburtenbuch des Kindes werden gem. § 21 PStG Vater und Mutter eingetragen, sofern sie zum Zeitpunkt 49
der Anlegung des Geburtenbuchs feststehen. Steht nur ein Elternteil fest, so wird dieser eingetragen. Die internationale Zuständigkeit des Standesbeamten ergibt sich aus der örtlichen Zuständigkeit.[97]

1. Vaterschaftsanerkennung und Vaterschaftsfeststellung. § 29 PStG sieht vor, dass es im Geburten- 50
buch beigeschrieben wird, wenn die Vaterschaft nach der Beurkundung der Geburt des Kindes anerkannt oder gerichtlich festgestellt wird. **Anerkennt** der Vater im Ausland das Kind nach der Geburt,[98] so kommt es auf eine Anerkennung nach § 328 ZPO nicht an.[99] Die anerkannte Vaterschaft kann aber nur dann beigeschrieben werden, wenn eine „richtige" Vaterschaftsanerkennung und nicht nur eine Anerkennung der „Zahlvaterschaft", die lediglich Unterhaltskonsequenzen zeitigt, vorliegt.[100] So unterscheidet etwa das türkische Recht zwischen „Vaterschaftsfeststellung mit Standesfolge" (Vaterschaft im deutschen Sinne) und „einfacher" Vaterschaftsfeststellung (Zahlvaterschaft). Nur die „Vaterschaftsfeststellung mit Standesfolge" darf beigeschrieben werden. Gleiches gilt bei der Feststellung der Vaterschaft im Ausland **durch Entscheidung**. Nur die Feststellung einer Vaterschaft, die in den rechtlichen Wirkungen einer deutschen Vaterschaft vergleichbar ist, kann beigeschrieben werden.[101] Die Dienstanweisungen für Standesbeamte sehen daher vor, dass der Standesbeamte die im Ausland erfolgte Anerkennung oder Feststellung zunächst der zuständigen Verwaltungsbehörde vorlegt. Diese prüft dann, ob die Vaterschaft in ihren Wirkungen mit der deutschen Vaterschaft vergleichbar ist.

Die Vaterschaftsanerkennung muss in Anwendung des Art. 11 der Form desjenigen Rechts entsprechen, 51
dass an dem Ort gilt, an dem die Anerkennung abgegeben wird. Dieses Recht bestimmt auch über die zuständige Stelle, gegenüber der die Anerkennung zu erklären ist.[102] Für nichteheliche Kinder erweitert

---

[92] AG Hamburg-Wandsbek DAVorm 1982, 706, 708; krit. dazu Staudinger/*Henrich*, Art. 19 EGBGB Rn 123 (Beweiswürdigung sei Sache des Gerichts).
[93] AG Würzburg FamRZ 1994, 1596.
[94] OLG Oldenburg FamRZ 1993, 1486.
[95] BGH IPRax 1987, 176, 178 = JZ 1987, 42 m. Anm. *Stürner*; MüKo/*Klinkhardt*, Art. 19 EGBGB Rn 51.
[96] Vgl. dazu Art. 11 des Haager Zivilprozessübereinkommens v. 1.3.1954 (BGBl II 1958 S. 522) – abgedruckt in *Jayme/Hausmann*, Nr. 210 – und Artt. 9, 10 des Haager Beweisaufnahmeübereinkommens v. 18.3.1970 (BGBl II 1977 S. 1472) – abgedruckt in *Jayme/Hausmann*, Nr. 212.
[97] BayObLG FamRZ 2002, 686.
[98] Die Anerkennung ist wirksam, wenn sie entspr. den Regeln des durch Art. 19 Abs. 1 berufenen Rechts abgegeben wurde, vgl. MüKo/*Klinkhardt*, Art. 19 EGBGB Rn 56 und Erman/*Hohloch*, Art. 19 EGBGB Rn 30.

[99] MüKo/*Klinkhardt*, Art. 19 EGBGB Rn 56; Erman/*Hohloch*, Art. 19 EGBGB Rn 30; nicht ganz eindeutig: Staudinger/*Henrich*, Art. 19 EGBGB Rn 130.
[100] Vgl. MüKo/*Klinkhardt*, Art. 19 EGBGB Rn 59 (m.w.N.), Staudinger/*Henrich*, Art. 19 EGBGB Rn 128.
[101] Staudinger/*Henrich*, Art. 19 EGBGB Rn 130; MüKo/*Klinkhardt*, Art. 19 EGBGB Rn 59.
[102] In Deutschland ist die Anerkennung gem. § 1597 Abs. 1 BGB zu beurkunden. Zuständig sind die Notare (§ 20 BNotO), die Standesbeamten (§ 29a PStG), die Urkundsbeamten beim Jugendamt (§ 59 Abs. 1 Nr. 1 SGB VIII), die Amtsgerichte (§ 62 Abs. 1 Nr. 1 BeurkG), das Prozessgericht (§ 641c ZPO), die Konsularbeamten der deutschen Auslandsvertretungen (§§ 2, 10, 19 KonsG). Beglaubigte Abschriften sind gem. § 1597 Abs. 2 BGB von Amts wegen an alle Beteiligten zu versenden.

das **CIEC-Übereinkommen vom 14.9.1961 betreffend die Vaterschaftsanerkennung**[103] den Kreis der zuständigen Behörden.

52 **2. Anerkennung der Mutterschaft.** Die Anerkennung der Mutterschaft kann nach dem durch Abs. 1 ermittelten ausländischen Abstammungsstatut erforderlich sein. Diesen Fall regelt § 29b PStG. Demnach kann unter den dort genannten Voraussetzungen die Anerkennung der Mutterschaft beigeschrieben werden. Dabei soll der Standesbeamte nicht prüfen, ob nach dem berufenen Abstammungsstatut die Anerkennung wirksam ist.[104] Materiellrechtlich gilt das CIEC-Übereinkommen über die Feststellung der mütterlichen Abstammung nichtehelicher Kinder vom 12.9.1962[105] (siehe Rn 7). Wenn die Mutter zunächst unbekannt ist (anonyme Geburt) und das Kind erst später von ihr anerkannt wird, gilt § 29 PStG mangels entsprechender gesetzlicher Regelung analog.[106]

53 **3. Berichtigung einer unrichtigen Eintragung ins Personenstandsbuch.** Wird im Personenstandsbuch eine unrichtige Eintragung vorgenommen, etwa weil ein falscher Vater eingetragen wird, so kann diese Eintragung gem. § 47 PStG auf Anordnung des Gerichts berichtigt werden. Voraussetzung ist, dass sie von Anfang an unrichtig war und dies auch feststeht.[107] Die Eintragung eines falschen Vaters hat lediglich eine Beweisfunktion, aber keine rechtserzeugende Wirkung.[108] Die Berichtigung erfolgt auf Antrag eines Beteiligten, § 47 Abs. 2 PStG.

VI. Legitimation nach ausländischem Recht

54 Seit dem Kindschaftsrechtsreformgesetz v. 16.12.1997[109] wird nicht mehr zwischen ehelichen und nichtehelichen Kindern unterschieden. Dies hat zur Abschaffung der Vorschriften über die Legitimation nichtehelicher Kinder im BGB (§§ 1719–1740g) und der entsprechenden Kollisionsnorm des Art. 21 geführt. Aus deutscher Sicht sind die damit verbundenen Fragen nunmehr obsolet geworden. Soweit es in ausländischen Rechten auf eine Legitimation ankommt (z.B. im Erbrecht, Unterhaltsrecht, Sorgerecht, Namensrecht und bei Bestimmung der Staatsangehörigkeit), kann dieser als Vorfrage Bedeutung zukommen. Siehe hierzu die Kommentierung bei den jeweiligen Kollisionsnormen.[110]

55 Eine praktische Frage stellt sich für den Standesbeamten, ob in dem Fall einer Legitimation nach ausländischem Recht bei einem in Deutschland geborenen Kind diese als Änderung des Personenstands i.S.v. § 30 Abs. 1 PStG (von Amts wegen) eingetragen werden soll bzw. muss.[111] Eine solche Beschreibung ist – entgegen einigen Stimmen[112] – abzulehnen.[113] Auch wenn es im Interesse des Kindes grundsätzlich zu begrüßen ist, die Legitimation zu dokumentieren, so ist dies immer mit einer aufwändigen Befragung des ausländischen Rechts verbunden. Der Beweis für den Status des Kindes lässt sich, sollte es im Ausland darauf ankommen, hingegen auch in anderer Weise, etwa durch Vorlage der Heirats- oder Geburtsurkunde, führen. Aus diesen Gründen ist ein Vermerk nach § 30 Abs. 1 PStG m.E. weder erforderlich noch geboten.

VII. Auswirkung der Abstammung auf die Staatsangehörigkeit

56 Das Abstammungsstatut hat auch Auswirkungen auf die Staatsangehörigkeit des Kindes.[114] Wer von einem Elternteil abstammt, der zum Zeitpunkt der Geburt die deutsche Staatsangehörigkeit besitzt, erhält selbst die deutsche Staatsangehörigkeit.

---

103 Römisches CIEC-Übereinkommen über die Erweiterung der Zuständigkeit der Behörden, vor denen nichteheliche Kinder anerkannt werden können, vom 14.9.1961 (BGBl II 1965 S. 19), abgedruckt in *Jayme/Hausmann*, Nr. 50.
104 *Beitzke*, StAZ 1970, 235, 237 f.; *Staudinger/Henrich*, Art. 19 EGBGB Rn 134.
105 (BGBl II 1965 S. 23), abgedruckt in *Jayme/Hausmann*, Nr. 51.
106 *Staudinger/Henrich*, Art. 19 EGBGB Rn 137.
107 BGH NJW 1988, 1469, 1470; BayObLG FamRZ 2002, 686.
108 BayObLG FamRZ 2002, 686.
109 BGBl I 1997 S. 2942.
110 Ausf. dazu *Staudinger/Henrich*, Art. 19 EGBGB Rn 89–99, und *Looschelders*, IPR, Art. 19 Rn 6–10.
111 Ausf. *Hepting*, StAZ 1999, 97; *Hepting/Fuchs*, IPRax 2001, 114; *Huber*, IPRax 2000, 116.
112 BayObLG FamRZ 1999, 1443; AG Heilbronn IPRax 1999, 114; so auch Palandt/*Heldrich*, Art. 19 EGBGB Rn 8; *Hepting*, StAZ 1999, 97, 98 f.; *ders.*, StAZ 2002, 129 ff.; Bamberger/Roth/*Otte*, Art. 19 EGBGB Rn 26; *Looschelders*, IPR, Art. 19 Rn 10.
113 So auch OLG Köln FamRZ 1999, 529, 530; OLG Stuttgart FamRZ 2000, 436, 437; *Staudinger/ Henrich*, Art. 19 EGBGB Rn 79 ff.
114 Vgl. grundlegend zum Verhältnis des Abstammungsstatuts zum Erwerb der Staatsangehörigkeit: *Sturm*, in: FS Stoll 2001, S. 451 ff.

Artikel 20 Anfechtung der Abstammung

¹Die Abstammung kann nach jedem Recht angefochten werden, aus dem sich ihre Voraussetzungen ergeben. ²Das Kind kann die Abstammung in jedem Fall nach dem Recht des Staates anfechten, in dem es seinen gewöhnlichen Aufenthalt hat.

Literatur: Siehe bei Art. 19 EGBGB.

A. Allgemeines 1	V. Ordre public 15
I. Normgeschichte und Übergangsrecht 1	**C. Weitere praktische Hinweise** 17
1. Kindschaftsrechtsreformgesetz 1	I. Rechtslage bei vor dem 1.7.1998 geborenen Kindern; innerdeutsches Kollisionsrecht ... 17
2. Übergangsrecht 2	II. Anfechtung der Mutterschaft 18
II. Normzweck und Normstruktur 3	III. Prozessuale Fragen 19
III. Staatsvertragliche Regelungen 8	IV. Internationales Prozessrecht 20
B. Regelungsgehalt 9	1. Internationale Zuständigkeit 22
I. Anwendungsbereich des Anfechtungsstatuts . 9	2. Anerkennung ausländischer Entscheidungen 24
II. Anknüpfung nach S. 1 11	
III. Anknüpfung nach S. 2 13	V. Personenstandssachen 27
IV. Renvoi 14	

A. Allgemeines

I. Normgeschichte und Übergangsrecht

1. Kindschaftsrechtsreformgesetz. Diese Vorschrift entspringt, wie Art. 19, dem Kindschaftsrechtsreformgesetz v. 16.12.1997 (in Kraft seit dem 1.7.1998), vgl. dazu die Kommentierung bei Art. 19 EGBGB Rn 1. Vorher war nur in Art. 19 Abs. 1 S. 4 a.F. die Anfechtungsmöglichkeit des Kindes nach seinem Aufenthaltsrecht ausdrücklich geregelt. Ansonsten bestimmte man das Anfechtungsstatut nach dem entsprechenden Abstammungsstatut, differenzierte also auch nach ehelicher und nichtehelicher Abstammung.[1]

2. Übergangsrecht. Für die Anfechtung gilt, anders als bei der Bestimmung der Abstammung, keine Differenzierung für vor und nach dem 1.7.1998 geborene Kinder.[2] Denn Art. 224 § 1 Abs. 2 bestimmt, dass sich die Anfechtung der Ehelichkeit und die Anfechtung der Vaterschaft nach den neuen Vorschriften über die Anfechtung der Vaterschaft richten. Obwohl die zitierte Regelung dem Wortlaut nach nur das materielle Recht betrifft, gilt sie entsprechend auch für das Kollisionsrecht (vgl. Art. 19 EGBGB Rn 2). Das Anfechtungsstatut bestimmt sich also nach Art. 20, unabhängig davon, wann das Kind geboren wurde, und unabhängig davon, wann eine Vaterschafts- oder Mutterschaftsanerkennung stattgefunden hat. Obwohl Art. 224 nur von Vaterschaftsanfechtung spricht, muss die Norm in entsprechender Weise auch auf die – nur theoretisch denkbare – Mutterschaftsanfechtung anwendbar sein.

II. Normzweck und Normstruktur

Art. 20 bestimmt das auf die Anfechtung der Abstammung anwendbare Recht, handelt also von der „Beseitigung" der Abstammung. Umfasst sind alle Abstammungsverhältnisse, also sowohl die Abstammung von der Mutter als auch die Abstammung vom Vater. Es kommt nicht darauf an, wie die Abstammung begründet wurde, ebenso wenig auf die eheliche bzw. nichteheliche Zeugung oder Geburt. Art. 20 gilt demnach für die Anfechtung der Abstammung aufgrund gesetzlicher Vermutung gleichermaßen wie für die Anfechtung der Abstammung aufgrund Anerkennung bzw. gerichtlicher Feststellung.[3]

Art. 20 hält eine Vielzahl von Anknüpfungsmöglichkeiten bereit: Die Anfechtung kann gem. **S. 1** nach jedem der gem. Art. 19 Abs. 1 möglichen Abstammungsstatute erfolgen. Es kommt dabei nach dem klaren Wortlaut von Art. 20 nicht darauf an, ob die Abstammung tatsächlich nach dem für die Anfechtung geltenden Statut bestimmt wurde. Die Voraussetzungen der Abstammung müssen sich aber aus dem Anfechtungsstatut ergeben.

Nach **S. 2** kann das Kind auch nach dem Recht desjenigen Staates anfechten, in dem es seinen gewöhnlichen Aufenthalt hat. Zwar erscheint S. 2 auf den ersten Blick überflüssig: der gewöhnliche Aufenthalt des Kindes ist auch eine Anknüpfungsalternative, die Art. 19 Abs. 1 vorsieht. Allerdings wird der Zweck von S. 2, nämlich das Kind zu privilegieren, klar, wenn man folgende Konstellation bedenkt: Kann nach dem Aufenthaltsrecht des Kindes keine Abstammung bestimmt werden (wird z.B. die Ehe kurz vor der

---

1 Staudinger/*Henrich*, Art. 20 EGBGB Rn 1.
2 OLG Nürnberg FamRZ 2002, 1722.
3 Zur vor dem 30.6.1998 geltenden Rechtslage s. Staudinger/*Henrich*, Art. 20 EGBGB Rn 7 f.

Geburt in Deutschland geschieden, besteht keine Abstammungsvermutung nach deutschem Aufenthaltsrecht; möglicherweise hält aber das Personalstatut des Vaters eine solche Vermutung bereit, entfiele die Anfechtungsmöglichkeit nach dem Aufenthaltsrecht des Kindes gem. S. 1. Durch S. 2 wird daher eine zusätzliche Anfechtungsmöglichkeit nach dem Aufenthaltsrecht des Kindes eröffnet.

6 Andere Rechte als die nach Art. 19 Abs. 1 möglichen und das Aufenthaltsrecht des Kindes können für die Anfechtung nicht herangezogen werden.

7 Ob das Kind ein eheliches oder nichteheliches ist, ist für die Anknüpfung unerheblich. Differenziert aber das berufene materielle Recht in dieser Weise, so ist dem zu folgen. Die Vorfrage der Ehelichkeit ist dann, wie bei Art. 19 (vgl. dort Rn 13), unselbständig, also nach den Kollisionsnormen des jeweilig berufenen Sachstatuts, anzuknüpfen.[4] Als Vorfrage selbständig anzuknüpfen ist hingegen die Frage, ob die Eltern wirksam verheiratet sind[5] (vgl. Art. 19 EGBGB Rn 19).

III. Staatsvertragliche Regelungen

8 Die bei Art. 19 potenziell einschlägigen CIEC-Staatsverträge (siehe Art. 19 EGBGB Rn 7), die die Abstammung zum Inhalt haben, regeln nicht die Anfechtung der Abstammung. Sind alle Beteiligten (Kind und Elternteil bzw. Eltern) iranische Staatsangehörige, wird Art. 20 jedoch vom **Deutsch-Iranischen Niederlassungsabkommen** v. 17.2.1929[6] verdrängt. Es gilt dann iranisches Recht.

B. Regelungsgehalt

I. Anwendungsbereich des Anfechtungsstatuts

9 Art. 20 bestimmt das anwendbare Recht für alle Fragen, die die Anfechtung betreffen. Nicht umfasst ist damit die in unmittelbarem Zusammenhang stehende Abstammung (wie z.B. die Vermutung der Elternschaft). Diese richtet sich nur nach Art. 19. Häufig werden Abstammungs- und Anfechtungsstatut übereinstimmen. Wird eine durch Anerkennung begründete Abstammung angefochten, so ist zu unterscheiden: Soll die Abstammung durch die Anfechtung beseitigt werden und wird die Anerkennungserklärung selbst nicht infrage gestellt, so gilt Art. 20. Ist hingegen die Wirksamkeit der Anerkennung streitig (etwa wenn die Voraussetzungen einer Anerkennung nicht vorliegen), so ist dies eine Frage des Abstammungsstatuts.

10 Zu den die Anfechtung betreffenden materiellen Normen gehören die Anfechtungsfrist,[7] die Anfechtungsberechtigung,[8] der Anfechtungsgegner,[9] die Anfechtungstatbestände bzw. -gründe[10] (auch die Anfechtung wegen Willensmängeln, etwa weil die Mutter arglistig darüber getäuscht hat, dass kein Mehrverkehr stattgefunden hat[11]) und, in welcher Form die Anfechtung zu erfolgen hat (Klage, Art des Klageverfahrens). Von Art. 20 umfasst sind auch materielle Beweislastregeln bzw. Vermutungen.[12] Art. 20 bestimmt nicht die prozessualen Regeln eines Anfechtungsverfahrens. Diese ergeben sich aus der *lex fori*.[13] Die Abgrenzung zwischen materiellen und prozessualen Normen ist mitunter schwierig.

II. Anknüpfung nach S. 1

11 Ebenso wie Art. 19 hält Art. 20 einen Strauß von Anknüpfungsmöglichkeiten bereit. Die nach Art. 19 berufenen Rechte können auch für die Anfechtung gelten, sofern sich aus dessen Voraussetzungen die Abstammung ergibt. Kann also nach einem der nach Art. 19 möglichen Rechte eine Abstammung nicht begründet werden, so scheidet dieses als Anfechtungsstatut aus. Unerheblich ist es, ob nach dem Anfechtungsstatut tatsächlich die Abstammung bestimmt wurde. Anfechtungsstatute können nach S. 1 also sein: das Recht am gewöhnlichen Aufenthalt des Kindes, das Personalstatut desjenigen Elternteils, von dem das Kind (vermeintlich) abstammt, und das Ehewirkungsstatut, sofern die Mutter bei Geburt verheiratet war. Für weitere Einzelheiten siehe Art. 19 EGBGB Rn 14 ff.

---

4 Palandt/*Heldrich*, Art. 20 EGBGB Rn 1; Bamberger/Roth/*Otte*, Art. 20 EGBGB Rn 7; a.A. *Looschelders*, IPR, Art. 20 Rn 2 (selbständige Anknüpfung).
5 Palandt/*Heldrich*, Art. 20 EGBGB Rn 1; Bamberger/Roth/*Otte*, Art. 20 EGBGB Rn 7.
6 BGBl II 1955 S. 829.
7 OLG Hamm IPRax 1996, 422; OLG Düsseldorf FamRZ 1998, 53; Staudinger/*Henrich*, Art. 20 EGBGB Rn 36 m.w.N.; dazu gehören auch die Hemmung und Unterbrechung der Frist, vgl. OLG Hamm FamRZ 1998, 1133.
8 Staudinger/*Henrich*, Art. 20 EGBGB Rn 30 m.w.N.; die gesetzliche Vertretung des Kindes aber richtet sich nach Art. 21, vgl. OLG Celle IPRspr 1997, Nr. 112; Staudinger/*Henrich*, Art. 20 EGBGB Rn 79; zur Anfechtungsberechtigung des Staatsanwalts nach ausländischem Recht vgl. ausf. Staudinger/*Henrich*, Art. 20 EGBGB Rn 31 ff.
9 MüKo/*Klinkhardt*, Art. 20 EGBGB Rn 9.
10 MüKo/*Klinkhardt*, Art. 20 EGBGB Rn 7; Staudinger/*Henrich*, Art. 20 EGBGB Rn 37 ff.
11 Staudinger/*Henrich*, Art. 20 EGBGB Rn 6.
12 Erman/*Hohloch*, Art. 20 EGBGB Rn 13; Staudinger/*Henrich*, Art. 20 EGBGB Rn 4.
13 MüKo/*Klinkhardt*, Art. 20 EGBGB Rn 8; Erman/*Hohloch*, Art. 20 EGBGB Rn 13.

Wie auch bei Art. 19 können dem Anfechtungswilligen mehrere Anfechtungsstatute zur Verfügung stehen. Der Wortlaut des Art. 20 ist insoweit eindeutig, auch hier handelt es sich um Alternativen, die keiner bestimmten Reihenfolge unterliegen.[14] Insbesondere hat das Recht, nach dem die Abstammung festgestellt wurde, keinen Vorrang. Dies hat den Vorteil, dass die Anfechtung nach einem Recht möglich ist, auch wenn sie nach einem anderen Recht scheitert,[15] etwa weil die Anfechtungsfrist bereits abgelaufen ist.[16] Der Anfechtungsberechtigte kann unter den verschiedenen möglichen Anfechtungsstatuten wählen.[17] Eine kumulative Anwendung der möglichen Anfechtungsstatute ist hingegen nicht gewollt.[18] Die Wandelbarkeit ist bei Art. 19 zu beurteilen (vgl. Art. 19 EGBGB Rn 15).

12

III. Anknüpfung nach S. 2

Im Gegensatz zu S. 1, der für alle Anfechtungsberechtigten gilt, hält S. 2 nur für das Kind eine zusätzliche Anknüpfungsmöglichkeit bereit. Zum Sinn und Zweck dieser Zusatzanknüpfung siehe Rn 2. Die Vorschrift eröffnet eine echte Zusatzanknüpfung, für deren Anwendung nicht etwa ein Scheitern der Anknüpfung nach S. 1 erforderlich ist. Das nach S. 2 bestimmte Anfechtungsstatut ist wandelbar.

13

IV. Renvoi

Die in Art. 20 enthaltenen Anknüpfungen sind Gesamtverweisungen i.S.d. Art. 4 Abs. 1,[19] so dass eine Rück- oder Weiterverweisung durch ausländisches Kollisionsrecht grundsätzlich möglich ist. Davon ist jedoch eine Ausnahme zu machen, wenn ein *renvoi* dem „Sinn der Verweisung widerspricht" (Art. 4 Abs. 1 S. 1). Hier gilt das zu Art. 19 unter Rn 34 f. Gesagte entsprechend: Sinn der Anknüpfungsalternativen ist es, möglichst viele Rechtsordnungen zur Verfügung zu stellen, nach denen angefochten werden kann. Würde durch einen *renvoi* die Zahl der Anknüpfungsalternativen verkleinert, widerspräche dies dem Sinn der Verweisung. Ein *renvoi* wäre in diesem Fall unbeachtlich.[20] Wie bei Art. 19 wird der wohl häufigste Fall derjenige sein, dass neben dem deutschen Recht (z.B. als Aufenthaltsstatut) weitere Rechte berufen sind. Verweist eines dieser Rechte auf deutsches Recht zurück, so ist dies unbeachtlich, da deutsches Recht bereits zur Anwendung kommen kann und das ausländische Recht, das zurückverweist, als weiteres Anfechtungsstatut verloren ginge.

14

V. Ordre public

Das aus Art. 20 gewonnene Anfechtungsstatut steht unter dem Vorbehalt des *ordre public*. Es sind aber nur wenige Fälle denkbar, in denen dieser Vorbehalt zur Anwendung käme. Dem *ordre public* kommt deshalb keine große Bedeutung zu.

15

Kein Verstoß gegen den *ordre public* dürfte es sein, wenn das ausländische Recht zwischen ehelicher und nichtehelicher Abstammung differenziert.[21] Ebenso dürfte es unproblematisch sein, wenn der Kreis der Anfechtungsberechtigten im berufenen Anfechtungsstatut enger oder weiter gefasst wird als nach deutschem Recht[22] oder wenn die Anfechtungsgründe des berufenen Rechts enger sind als die des deutschen Rechts.[23] Auch eine Verkürzung der Anfechtungsfrist stellt grundsätzlich keinen Verstoß dar.[24] Etwas anderes kann zugunsten des betroffenen Kindes nur dann gelten, wenn das berufene Recht eine Anfechtungsfrist

16

---

14 Staudinger/*Henrich*, Art. 20 EGBGB Rn 12; *Henrich*, FamRZ 1998, 1401, 1403; a.A. *Andrae*, Rn 473 (für Priorität des Kindesaufenthaltsrechts).
15 OLG Karlsruhe FamRZ 2000, 107.
16 Beispiel: Bringt eine türk. Ehefrau in Deutschland ein Kind zur Welt und möchte der türk. Ehemann die Abstammung nach zwei Monaten anfechten, so ist ihm dies nach türk. Recht (sein Personalstatut und Ehewirkungsstatut) nicht möglich, da nach türk. Recht die Anfechtungsfrist (ein Monat ab Kenntnis der Geburt, Art. 242 türk. ZGB) bereits abgelaufen ist. Nach deutschem Recht dagegen ist die Frist noch nicht abgelaufen (§ 1600b BGB).
17 OLG Stuttgart FamRZ 1999, 610; Bamberger/Roth/*Otte*, Art. 20 EGBGB Rn 4; *Looschelders*, IPR, Art. 20 Rn 10.
18 Palandt/*Heldrich*, Art. 20 EGBGB Rn 2; Erman/*Hohloch*, Art. 20 EGBGB Rn 10; MüKo/*Klinkhardt*, Art. 20 EGBGB Rn 3.
19 Staudinger/*Henrich*, Art. 20 EGBGB Rn 23; Palandt/*Heldrich*, Art. 20 EGBGB Rn 1; Erman/*Hohloch*, Art. 20 EGBGB Rn 4.

20 OLG Stuttgart FamRZ 2001, 248; Staudinger/*Henrich*, Art. 20 EGBGB Rn 23; Palandt/*Heldrich*, Art. 20 EGBGB Rn 1; Erman/*Hohloch*, Art. 20 EGBGB Rn 4.
21 Palandt/*Heldrich*, Art. 20 EGBGB Rn 1.
22 OLG Frankfurt NJW 1954, 1527; Staudinger/*Henrich*, Art. 20 EGBGB Rn 59 f.; Erman/*Hohloch*, Art. 20 EGBGB Rn 5; insb. die in den angelsächsischen Rechtsordnungen häufig bestehende Anfechtungsmöglichkeit für quasi jedermann wurde anerkannt, vgl. OLG Hamm FamRZ 1965, 90.
23 OLG Celle FamRZ 1975, 177, 178.
24 BGH NJW 1979, 1776, s. dazu auch Anm. *Kropholler*, NJW 1979, 2468; OLG Düsseldorf FamRZ 1973, 311; OLG München IPRax 1984, 163 m. Anm. *Jayme*; AG Berlin-Spandau FamRZ 1998, 1132; Erman/*Hohloch*, Art. 20 EGBGB Rn 5; beachte aber *Jayme*, StAZ 1980, 301; eine zeitlich unbefristete Anfechtungsmöglichkeit für jedermann bei nichtehelichen Kindern wäre hingegen bedenklich, vgl. dazu Staudinger/*Henrich*, Art. 20 EGBGB Rn 54.

ablaufen lässt, ohne dass das Kind Kenntnis von den die Anfechtung begründenden Umständen gehabt hat.[25] Generell ist dem Recht des Kindes auf Kenntnis seiner eigenen Abstammung ein so hoher Stellenwert zuzumessen,[26] so dass ein Verstoß gegen den *ordre public* vorliegen kann, wenn dieses Recht von einer fremden Rechtsordnung vereitelt wird. Ein Verstoß gegen den *ordre public* liegt auch dann vor, wenn das berufene Recht die Anfechtung einer wider besseres Wissen abgegebenen Anerkennung nicht zulässt und gleichzeitig dem Anerkennenden bei der Anerkennung keine genügende Bedenkzeit eingeräumt wurde.[27]

C. Weitere praktische Hinweise

I. Rechtslage bei vor dem 1.7.1998 geborenen Kindern; innerdeutsches Kollisionsrecht

17 Bei Kindern, die vor dem 1.7.1998 geboren wurden, bestimmt sich die Abstammung nicht nach Art. 19 n.F., sondern nach den alten Regeln (vgl. Art. 19 EGBGB Rn 2 und Rn 39 f.). Die Anfechtung richtet sich aber grundsätzlich bei diesen Kindern nach Art. 20 n.F. (vgl. Rn 2). Da Art. 20 wiederum in S. 1 auf diejenigen Rechte verweist, aus denen sich die Voraussetzungen der Abstammung ergeben, kann sich das Anfechtungsstatut auch aus den alten Abstammungskollisionsnormen ergeben.[28] Das durch diese Normen berufene Recht kann dann auch Anfechtungsstatut i.S. von S. 1 sein. Entsprechendes gilt für die Beurteilung innerdeutscher (Alt-)Fälle. Auch hier gilt Art. 20 n.F. Da aber S. 1 auf die Regeln verweist, nach denen die Abstammung bestimmt wird, kann sich bei Kindern, die vor dem 3.10.1990 geboren wurden, das Abstammungsstatut und damit auch das auf die Anfechtung anwendbare Recht nach den zum innerdeutschen Kollisionsrecht entwickelten Regeln richten (vgl. Art. 19 EGBGB Rn 41).

II. Anfechtung der Mutterschaft

18 Die Anfechtung der Mutterschaft ist im deutschen Recht nicht vorgesehen; bei deutschem Abstammungsstatut ist eine derartige Anfechtung also nicht möglich. Anderes gilt hingegen in ausländischen Rechtsordnungen. Dort sind Fälle denkbar, in denen nicht der Grundsatz gilt, dass die Mutter diejenige ist, die das Kind geboren hat. Anerkennt also eine Mutter, die das Kind nicht selbst geboren hat, sondern durch eine Leihmutter hat austragen lassen, das Kind, und wird sie daraufhin im Geburtenregister eingetragen, so kann diese Mutterschaft auch in Deutschland nach der die Abstammung bestimmenden Rechtsordnung angefochten werden.[29]

III. Prozessuale Fragen

19 Der Anfechtende kann, muss sich aber nicht im Rahmen seiner Anfechtungsklage für eines der möglichen Anfechtungsstatute entscheiden. Eine „Rechtswahl" ist nicht zwingend. Dies ist Sache des erkennenden Gerichts.[30] Hat sich der Anfechtende zunächst auf ein bestimmtes Statut berufen, so kann er sich während des Anfechtungsverfahrens noch auf ein anderes Statut stützen.[31] Die Frage der Partei- bzw. Geschäftsfähigkeit des Anfechtenden ist als Vorfrage selbständig über Art. 7 anzuknüpfen.[32] Die Klagebefugnis bzw. Anfechtungsberechtigung ist eine Frage des berufenen materiellen Rechts (in Deutschland ergibt sich dies aus § 1600e BGB) und nicht des Prozessrechts.

IV. Internationales Prozessrecht

20 Das Anfechtungsverfahren richtet sich grundsätzlich nach den §§ 640 ff. ZPO. In § 640 Abs. 2 Nr. 2 ZPO wird die Vaterschaftsanfechtung ausdrücklich als Kindschaftsverfahren bezeichnet. Für die Fälle des § 1600e Abs. 2 BGB (Person, gegen die die Klage zu richten ist, ist verstorben) läuft das Verfahren nach dem FGG, vgl. § 621a Abs. 1 S. 1 ZPO und § 56c FGG.

21 Anders als bei Art. 19 bestimmt nicht die *lex fori* darüber, ob ein Verfahren der freiwilligen Gerichtsbarkeit oder ein solches der streitigen Gerichtsbarkeit vorliegt (siehe Art. 19 EGBGB Rn 42). Diese Frage ist vielmehr nach dem Anfechtungsstatut zu entscheiden.[33]

---

25 So Staudinger/*Henrich*, Art. 20 EGBGB Rn 55 unter Berufung auf BVerfG FamRZ 1994, 881.
26 BVerfG FamRZ 1994, 881; NJW 1989, 891.
27 OLG Stuttgart FamRZ 2001, 246, dazu *Henrich*, IPRax 2002, 118.
28 Staudinger/*Henrich*, Art. 20 EGBGB Rn 3; Erman/ Hohloch, Art. 20 EGBGB Rn 9.
29 Näheres bei Staudinger/*Henrich*, Art. 20 EGBGB Rn 43 ff.
30 Staudinger/*Henrich*, Art. 20 EGBGB Rn 18.
31 Staudinger/*Henrich*, Art. 20 EGBGB Rn 19, Erman/ *Hohloch*, Art. 20 EGBGB Rn 10.
32 Erman/*Hohloch*, Art. 20 EGBGB Rn 6.
33 Staudinger/*Henrich*, Art. 20 EGBGB Rn 68; MüKo/ Klinkhardt, Art. 20 EGBGB Rn 8; Erman/*Hohloch*, Art. 20 EGBGB Rn 13; *Looschelders*, IPR, Art. 20 Rn 13.

1. Internationale Zuständigkeit. Im streitigen Verfahren ergibt sich die internationale Zuständigkeit mangels vorrangiger staatsvertraglicher Regelungen aus § 640a Abs. 2 ZPO. Demnach sind die deutschen Gerichte zuständig, wenn eine der Parteien Deutscher[34] ist oder ihren gewöhnlichen Aufenthalt im Inland hat.[35]

Wie bei Art. 19 gilt für die internationale Zuständigkeit bei Verfahren der freiwilligen Gerichtsbarkeit § 43 i.V.m. § 35b FGG. Demnach sind die deutschen Gerichte international zuständig, wenn das Kind Deutscher ist, seinen gewöhnlichen Aufenthalt im Inland hat oder das Kind der Fürsorge durch ein deutsches Gericht bedarf.

2. Anerkennung ausländischer Entscheidungen. Sind ausländische Entscheidungen im streitigen Verfahren ergangen, so richtet sich die Anerkennung nach § 328 ZPO. Für solche Verfahren, die der freiwilligen Gerichtsbarkeit zugeordnet werden, richtet sich die Anerkennung nach § 16a FGG. Die Einordnung in streitiges oder freiwilliges Verfahren nimmt das deutsche Recht vor, nicht die ausländische Rechtsordnung.[36]

Staatsvertragliche Regelungen können zwar einschlägig sein, stellen aber strengere Anforderungen an die Anerkennung, so dass im Einklang mit dem Günstigkeitsprinzip die §§ 328 ZPO und 16a FGG vorrangig anzuwenden sind[37] (vgl. Art. 19 EGBGB Rn 45).

Für die Voraussetzungen der Anerkennung gelten die allgemeinen Regeln des § 328 ZPO und des § 16a FGG. Zu beachten ist, dass die fehlende Verbürgung der Gegenseitigkeit die Anerkennung nicht verhindert, da in Kindschaftssachen § 328 Abs. 2 ZPO gilt. Wird eine ausländische Entscheidung anerkannt, so erstrecken sich die Wirkungen dieser Entscheidung auch auf das Inland. Ein ausländisches Urteil, das die Vaterschaft feststellt, steht also einer Klage in Deutschland auf Feststellung des Nichtbestehens der Vaterschaft entgegen.[38]

V. Personenstandssachen

Ist die Abstammung wirksam angefochten, so wird gem. § 30 Abs. 1 S. 1 PStG ein Randvermerk zur Richtigstellung in der Personenstandsurkunde (Geburtenbuch) eingetragen. Dies gilt auch, wenn die Anfechtung in einem ausländischen Verfahren erfolgreich erwirkt wurde. Die die Anfechtung bestätigende Entscheidung muss allerdings *inter omnes* wirken und nicht nur – wie häufig im angelsächsischen Recht[39] – *inter partes*.[40]

Artikel 21   Wirkungen des Eltern-Kind-Verhältnisses

¹Das Rechtsverhältnis zwischen einem Kind und seinen Eltern unterliegt dem Recht des Staates, in dem das Kind seinen gewöhnlichen Aufenthalt hat.

Literatur: *Baer*, Die Beistandschaft für ausländische Kinder, DAVorm 1998, 492; *Coester*, Sorgerecht und Ehewohnung getrenntlebender iranischer Familie, IPRax 1991, 236; *Henrich*, Religiöse Kindererziehung in Fällen mit Auslandsberührung, in: FS Kegel 1987, S. 197; *Looschelders*, Alternative und sukzessive Anwendung mehrerer Rechtsordnungen nach dem neuen internationalen Kindschaftsrecht, IPRax 1999, 420; *Roth*, Zwangsvollstreckung ausländischer Entscheidungen der Freiwilligen Gerichtsbarkeit, IPRax 1988, 75.

---

34 Deutscher in diesem Sinne ist nicht nur derjenige, der die deutsche Staatsangehörigkeit besitzt, sondern auch derjenige, der Deutscher i.S.v. Art. 116 Abs. 1 GG ist, vgl. Art. 9 Abs. 2 Nr. 5 FamRÄndG.
35 Wenn die Zuständigkeit bei Prozessbeginn gegeben war und nachher entfällt, wird man im Wege der *perpetuatio fori* von einem Fortbestand der Gerichtsbarkeit ausgehen können, vgl. BGH FamRZ 1983, 1215, 1216.
36 BGH FamRZ 1977, 126, 127; MüKo/*Klinkhardt*, Art. 20 EGBGB Rn 12 m.w.N.
37 So z.B. BGH FamRZ 1987, 580, 582 m. Anm. *Gottwald*.
38 OLG Düsseldorf FamRZ 1999, 447.
39 Die angelsächsischen Rechtsordnungen betrachten die Abstammung als eine biologische Tatsache, die von quasi jedermann in sämtlichen Verfahren widerlegt werden kann, vgl. Staudinger/*Henrich*, Art. 20 EGBGB Rn 84.
40 OLG Hamm FamRZ 1965, 90; LG Hamburg IPRspr 1981, Nr. 90b; AG Rottweil FamRZ 1990, 1030; Staudinger/*Henrich*, Art. 20 EGBGB Rn 91 und 107; MüKo/*Klinkhardt*, Art. 20 EGBGB Rn 17.

Art. 21 EGBGB

A. Allgemeines	1	1. Internationale Zuständigkeit	35
B. Regelungsgehalt	5	a) Verhältnis zu Staatsverträgen	35
I. Anknüpfungsgegenstand	5	b) Autonome internationale Zuständigkeit	37
1. Grundsatz	5	2. Perpetuatio fori; frühere Rechtshängigkeit im Ausland	44
2. Schutzmaßnahmen	10	3. Anerkennung ausländischer Sorgerechtsentscheidungen	47
3. Vormundschaft und Beistandschaft	13	a) Staatsverträge	47
II. Anknüpfung	19	b) Autonome Anerkennungsregelung	49
1. Grundsatz	19	c) Wirkungen der Anerkennung und Abänderung	59
2. Rück- und Weiterverweisung	20	4. Vollstreckung ausländischer Entscheidungen	61
3. Statutenwechsel	22	a) Voraussetzungen und Verfahren	61
III. Vorfragen	27	b) Vollstreckung und Abänderung	66
1. Abstammung	27		
2. Minderjährigkeit	28		
IV. Einwilligung zur Eheschließung Minderjähriger	29		
V. Ordre public	30		
VI. Verfahrensrecht	35		

A. Allgemeines

1 Art. 21 regelt für eheliche und nichteheliche Kinder einheitlich die Anknüpfung für die Rechtsbeziehungen zu den Eltern. Art. 21 wurde durch das Kindschaftsrechtsreformgesetz[1] mit Wirkung zum 1.7.1998 neu gefasst. Die Regelung des Eltern-Kind-Verhältnisses war zuvor in Art. 19 Abs. 2 (eheliche Kinder) und Art. 20 Abs. 2 (nichteheliche Kinder) enthalten gewesen. Der frühere Art. 21 regelte die Anknüpfung der Legitimation, die aufgrund der einheitlichen Behandlung von nichtehelichen und ehelichen Kindern weitgehend entbehrlich geworden ist (siehe Art. 19 EGBGB Rn 54 f.).

2 Die **Neuregelung gilt seit 1.7.1998**. Für abgeschlossene Vorgänge verbleibt es bei der Anknüpfung nach altem Recht, während für alle anderen Tatbestände zum 1.7.1998 die neue Anknüpfung maßgeblich geworden ist.[2] Zu einem Statutenwechsel ist es damit etwa für alle Kinder mit gewöhnlichem Aufenthalt im Inland gekommen, deren verheiratete Eltern eine gemeinsame ausländische Staatsangehörigkeit besaßen (siehe näher Rn 22 ff.).

3 Art. 21 wird vom MSA verdrängt, wenn ein deutsches Gericht eine Sorgerechtsmaßnahme erlassen soll (siehe näher Anhang II zu Art. 24 EGBGB, vor Art. 1 MSA Rn 5). Vorrangig ist auch das deutsch-iranische Niederlassungsabkommen v. 17.2.1929,[3] wenn alle Beteiligten die iranische Staatsangehörigkeit besitzen. Es ist nicht anwendbar, wenn ein Beteiligter Flüchtling ist[4] oder neben der iranischen auch die deutsche Staatsangehörigkeit besitzt,[5] etwa wenn ein Kind aufgrund von § 4 Abs. 3 StAG die deutsche Staatsangehörigkeit mit der Geburt erworben hat.[6]

4 Im Anwendungsbereich des HKÜ ist für die Frage nach dem Bestehen eines Sorgerechts, das verletzt worden sein kann, Art. 21 nur dann anwendbar, wenn das Kind vor der Entführung in Deutschland seinen gewöhnlichen Aufenthalt hatte. Bei gewöhnlichem Aufenthalt in einem anderen Vertragsstaat ist das Sorgerechtsstatut nach dem dortigen Kollisionsrecht zu bestimmen (s. Anhang IV zu Art. 24 EGBGB, Art. 3 HKÜ Rn 6–8).

B. Regelungsgehalt

I. Anknüpfungsgegenstand

5 **1. Grundsatz.** Anknüpfungsgegenstand von Art. 21 ist der **gesamte Bereich der elterlichen Sorge**. Hierzu gehören insbesondere die Person des oder der Sorgeberechtigten sowie Inhalt und Umfang des Sorgerechts, etwa das Recht zur Bestimmung des Aufenthalts, der gesetzliche Wohnsitz des Kindes,[7] das Recht, über die religiöse Erziehung zu entscheiden,[8] sowie die Rechte der Eltern bei gemeinsamer Ausübung des Sorgerechts. Erfasst wird auch die gesetzliche Vertretungsmacht einschließlich ihrer Beschränkungen etwa durch Genehmigungserfordernisse (z.B. § 1643 BGB)[9] sowie die Befugnis zur Einwilligung in ärztliche Heilmaßnahmen.

---

1 V. 16.12.1997, BGBl I 2942.
2 *Kegel/Schurig*, § 20 X 3; Staudinger/*Henrich*, Art. 21 EGBGB Rn 8.
3 RGBl II 1930 S. 1002, 1006; RGBl II 1931 S. 9; BGBl II 1955 S. 829; abgedruckt bei *Jayme/Hausmann*, Nr. 23.
4 LG München I IPRspr 1997 Nr. 100.
5 BGH IPRax 1986, 382, 383.
6 Staudinger/*Henrich*, Art. 21 EGBGB Rn 10.
7 *Kegel/Schurig*, § 20 X; BGH FamRZ 1990, 1224, 1225 zu Art. 19 a.F.; zweifelnd BGH FamRZ 1993, 47, 48.
8 Staudinger/*Henrich*, Art. 21 EGBGB Rn 99; Einzelheiten *Henrich*, in: FS Kegel 1987, S. 197.
9 OLG Stuttgart NJW-RR 1996, 1288 f.

Nach dem Eheschließungsstatut (Art. 13) und nach dem Adoptions- sowie Einwilligungsstatut (Artt. 22, 23) bestimmt sich, ob bei der **Heirat** oder **Adoption** eines Minderjährigen die Einwilligung des Sorgeberechtigten erforderlich ist. Das Sorgerechtsstatut entscheidet darüber, wer sorgeberechtigt ist, wobei diese Vorfrage in beiden Fällen unselbständig anzuknüpfen ist.[10]

Nach Art. 21 richtet sich auch die **Vermögenssorge** der Eltern für das Kind. Das Sorgerechtsstatut bestimmt, welche Rechte und Pflichten die Eltern haben (etwa Vermögensauseinandersetzung bei Wiederheirat, § 1687 BGB),[11] ob der Minderjährige für die durch die Eltern begründeten Verbindlichkeiten haftet,[12] ob den Eltern ein Recht zur Nutznießung am Kindesvermögen zusteht[13] und ob die sorgeberechtigten Eltern wegen einer Pflichtverletzung dem Kind gegenüber haften.[14]

Art. 21 gilt nicht für die **Namensführung** des Kindes.[15] Nach h.M. richtet sich auch die Vornamensführung, etwa Art und Anzahl der zulässigen Vornamen, nach dem Namensstatut (siehe Art. 10 EGBGB Rn 69).[16] Kommt es für die Namensführung nach dem Namensstatut darauf an, wer sorgeberechtigt ist, weil sich danach wie bei §§ 1617, 1617a BGB die Namensführung richtet oder weil dem Sorgeberechtigten ein Wahlrecht für den Nachnamen oder das Bestimmungsrecht für den Vornamen zusteht, ist dies nach dem Sorgerechtsstatut zu entscheiden.[17] Da diese Vorfrage unselbständig anzuknüpfen ist, ist insoweit Art. 21 nur bei deutschem Namensstatut einschlägig, (a. A. *Mankowski*, Art. 10 EGBGB Rn 19).[18]

Unterhaltsansprüche werden von Art. 21 ebenfalls nicht erfasst. Streitig ist, ob Ansprüche auf Aussteuer oder **Ausstattung** unterhaltsrechtlich zu qualifizieren sind[19] oder dem Art. 21 unterfallen.[20] Da eine Privilegierung der Ansprüche auf Aussteuer oder Ausstattung durch die alternative Anknüpfung des Unterhaltsstatuts nicht gerechtfertigt ist, ist eine Qualifizierung unter Art. 21 vorzuziehen. Dadurch unterliegen sie demselben Recht wie die Mitarbeitspflichten der Kinder gegenüber den Eltern (§§ 1619 f. BGB).[21]

2. Schutzmaßnahmen. Grundsätzlich bestimmt Art. 21 auch das anwendbare Recht für die **Entziehung des Sorgerechts**, die Regelung des Sorgerechts bei Scheidung oder Trennung der Eltern oder bei Meinungsverschiedenheiten zwischen den sorgeberechtigten Eltern und der Regelung des Umgangsrechts. Da in diesen Fällen eine gerichtliche Maßnahme in Bezug auf das Eltern-Kind-Verhältnis erlassen werden soll, wird Art. 21 meist durch die Vorschriften des vorrangigen MSA verdrängt. Das MSA ist immer anzuwenden, wenn das Kind seinen gewöhnlichen Aufenthalt in einem Vertragsstaat hat (siehe Anhang II zu Art. 24 EGBGB, vor Art. 1 MSA Rn 3 f.). Streitig ist, ob im Anwendungsbereich der **EheVo 2003** das anwendbare Recht nach autonomem Recht, also Art. 21, oder nach den Kollisionsregeln der für die Zuständigkeitsregelung verdrängten Übereinkommen (MSA und zukünftig KSÜ) zu bestimmen ist. Da die EheVO 2003 keinen Rückschritt in der Vereinheitlichung bewirken soll, werden die Übereinkommen nur so weit verdrängt, wie die EheVO 2003 eine Regelung enthält, und bleiben für die Regelung des anwendbaren Rechts einschlägig (siehe Anhang I zum III. Abschnitt, Art. 8 EheVO Rn 6 f.).

Da Art. 3 MSA nach h.M. keine eigenständige Kollisionsnorm darstellt (siehe Anhang II zu Art. 24 EGBGB, Art. 3 MSA Rn 4 f.), wird Art. 21 nur verdrängt, wenn eine Maßnahme im Bereich der elterlichen Sorge erlassen werden soll, nicht hingegen, wenn es um eine Frage der elterlichen Sorge geht, ohne dass der Erlass einer Schutzmaßnahme ansteht.

Anwendbar bleibt Art. 21 bei Erlass solcher Maßnahmen, die nicht in den Anwendungsbereich des MSA oder der EheVO fallen. Praktisch relevant sind vor allem die Fälle ausländischer Kinder, die nach dem deutschen Aufenthaltsrecht bereits volljährig, nach ihrem Heimatrecht aber noch minderjährig sind.[22]

3. Vormundschaft und Beistandschaft. Vormundschaft, Betreuung und Pflegschaft richten sich nach Art. 24. Allerdings unterliegen solche Regelungen Art. 21, die einem Elternteil die Vormundschaft zuweisen, sei es kraft Gesetzes oder aufgrund gerichtlicher oder behördlicher Anordnung, weil es sich dabei sachlich um eine Frage der elterlichen Sorge handelt.[23]

---

10 Staudinger/*Henrich*, Art. 21 EGBGB Rn 90 f., 93.
11 Staudinger/*Henrich*, Art. 21 EGBGB Rn 103.
12 Palandt/*Heldrich*, 61. Aufl. 2002, Art. 21 EGBGB Rn 5.
13 Staudinger/*Henrich*, Art. 21 EGBGB Rn 102.
14 BGH NJW 1993, 2306, 2307.
15 Staudinger/*Henrich*, Art. 21 EGBGB Rn 62.
16 Staudinger/*Hepting*, Art. 10 EGBGB Rn 309; *Jayme*, IPRax 1999, 50; a.M. MüKo/*Birk*, Art. 10 EGBGB Rn 26.
17 Staudinger/*Henrich*, Art. 21 EGBGB Rn 62; für die Bestimmung des Vornamens Staudinger/*Hepting*, Art. 10 EGBGB Rn 315 f.
18 Staudinger/*Hepting*, Art. 10 EGBGB Rn 316.
19 Erman/*Hohloch* Art. 21 EGBGB Rn 11.
20 Staudinger/*Henrich*, Art. 21 EGBGB Rn 78; MüKo/*Klinkhardt*, Art. 21 EGBGB n.F. Rn 17.
21 MüKo/*Klinkhardt*, Art. 21 EGBGB n.F. Rn 17.
22 S. etwa AG Ingolstadt IPRax 1992, 326 m. Anm. *St. Lorenz*, S. 305.
23 BayObLGZ 1963, 123 = IPRspr 1962–63 Nr. 107; Staudinger/*Henrich*, Art. 21 EGBGB Rn 96.

14 Eine die elterliche Sorge ergänzende Vormundschaft oder **Beistandschaft**, wie die des Jugendamtes nach §§ 1712 ff. BGB, bestimmt sich nach Art. 21. Wenn sie kraft Gesetzes oder auf bloßen Antrag hin eintritt, ist sie keine Schutzmaßnahme i.S.d. MSA.[24] Sie fällt richtiger Ansicht nach auch nicht unter Art. 24, weil sie die elterliche Sorge ergänzt und durch die einheitliche Anwendbarkeit des Sorgerechtsstatuts Anpassungsprobleme vermieden werden.[25]

15 Bei dieser Qualifikation ist **§ 1717 BGB** eine sachrechtliche Vorschrift,[26] die auch keineswegs überflüssig ist.[27] Wenn deutsches Recht aufgrund einer Rückverweisung Sorgerechtsstatut bei einem Kind ist, das seinen gewöhnlichen Aufenthalt nicht im Inland hat, schließt § 1717 BGB den Eintritt oder den Fortbestand der Beistandschaft des deutschen Jugendamtes nach §§ 1712 ff. BGB aus. Im Übrigen bleibt es aber bei der Anwendbarkeit des deutschen Rechts als Sorgerechtsstatut. Die Meinung, die Art. 24 für anwendbar hält, kommt weit gehend zum gleichen Ergebnis, indem sie in § 1717 BGB eine spezielle Kollisionsnorm sieht.[28]

16 Sind **Mutter und Kind ausschließlich iranische Staatsangehörige**, geht das deutsch-iranische Niederlassungsabkommen (siehe Rn 3) vor. Da deutsches Recht nicht als Sorgerechtsstatut berufen ist, kann die Beistandschaft nach §§ 1712 ff. BGB trotz gewöhnlichen Aufenthalts des Kindes in Deutschland nicht eintreten.

17 Vor dem 1.7.1998 trat für nichteheliche Kinder, die ihren gewöhnlichen Aufenthalt im Inland hatten, automatisch die Amtspflegschaft des Jugendamts nach § 1706 BGB a.F. ein.[29]

18 Ist das Kind Angehöriger eines Mitglieds der **NATO-Truppen** oder eines zivilen Gefolges, tritt die Beistandschaft nach §§ 1712 ff. BGB aufgrund Art. 13 Zusatzabkommen zum NATO-Truppenstatut[30] auch bei gewöhnlichem Aufenthalt des Kindes im Inland nicht ein.[31]

II. Anknüpfung

19 **1. Grundsatz.** Anknüpfungspunkt ist der jeweilige gewöhnliche Aufenthalt des Kindes. Zur Bestimmung des gewöhnlichen Aufenthalts bei Kindern siehe Art. 5 EGBGB Rn 19, 44.

20 **2. Rück- und Weiterverweisung.** Rück- und Weiterverweisungen sind zu beachten.[32] Praktisch relevant ist dies bei Kindern mit gewöhnlichem Aufenthalt im Ausland, wenn die dortige Rechtsordnung an das deutsche Ehewirkungsstatut der Eltern oder die deutsche Staatsangehörigkeit eines Elternteils oder des Kindes anknüpft.[33] Ist der Elternteil oder das Kind deutscher Doppelstaater, kann für die Rückverweisung nicht auf Art. 5 Abs. 1 S. 2 abgestellt werden; entscheidend ist die Sichtweise der ausländischen Rechtsordnung (siehe Art. 4 EGBGB Rn 4).

21 Eine versteckte Rückverweisung kommt bei gewöhnlichem Aufenthalt des Kindes im Vereinigten Königreich oder den USA in Betracht, wenn die deutschen Gerichte auch aus dortiger Sicht international zuständig sind (dazu näher Art. 4 EGBGB Rn 5).[34]

22 **3. Statutenwechsel.** Das Statut ist bei Wechsel des Aufenthalts wandelbar. Die Rechtsbeziehungen zwischen Eltern und Kind richten sich *ex nunc* nach der neuen Rechtsordnung. Allerdings bleiben **wohlerworbene Rechte**, etwa der Anspruch auf Heiratsgut nach § 1220 österr. ABGB, erhalten.[35] Gleiches gilt für

---

24 Allg.M., BT-Drucks 13/892, Begründung zu § 1717 BGB; Staudinger/*Kropholler*, Art. 24 Rn 50; Palandt/*Diederichsen*, § 1717 Rn 2; *Andrae*, Internationales Familienrecht, 1999, S. 270 f.

25 Palandt/*Heldrich*, Art. 21 EGBGB Rn 5; *Heldrich*, in: FS Ferid 1988, S. 131, 133; im Erg. auch Staudinger/*Rauscher*, § 1717 Rn 5; s.a. KG IPRax 1994, 306 m. zust. Anm. *Klinkhardt*, S. 285, 286 (zu Amtsvormundschaft und Art. 20 EGBGB a.F.).

26 S. zur Abgrenzung von Kollisionsnormen zu Sachnormen mit räumlicher Anknüpfung *Kegel/Schurig*, § 1 VIII.

27 So aber Staudinger/*Rauscher*, § 1717 Rn 5; als einseitige Kollisionsnorm wird § 1717 BGB angesehen von Erman/*Hohloch* Art. 24 EGBGB Rn 1.

28 Regierungsbegründung BT-Drucks 13/892; Palandt/*Diederichsen*, § 1717 Rn 2; *Kegel/Schurig*, § 20 XIV 1; *Baer*, DAVorm 1998, 493, 494.

29 S. BGH FamRZ 1990, 1103.

30 BGBl II 1961 S. 1313.

31 Staudinger/*Kropholler*, Art. 24 EGBGB Rn 51; für die Amtspflegschaft nach früherem Recht OLG Zweibrücken FamRZ 1990, 91; OLG Karlsruhe FamRZ 1993, 848.

32 Palandt/*Heldrich*, Art. 21 EGBGB Rn 1; Staudinger/*Henrich*, Art. 21 EGBGB Rn 32; a.A. MüKo/*Klinkhardt*, Art. 21 EGBGB n.F. Rn 4.

33 Für die Maßgeblichkeit des Domizils der Eltern und der Belegenheit unbeweglichen Vermögens aus britischer Sicht s. IPG 1996 Nr. 34 (Hamburg).

34 OLG Stuttgart FamRZ 1997, 958 m. Anm. *Henrich* (versteckte Rückverweisung des Rechts von Kalifornien); s. auch IPG 1996 (1997) Nr. 34 (Hamburg): Rückverweisung des englischen Rechts auf die deutsche *lex rei sitae* für die gesetzliche Vertretung eines Minderjährigen mit gewöhnlichem Aufenthalt in England für die Veräußerung eines in Deutschland belegenen Grundstücks; *Henrich*, Internationales Familienrecht, 2. Aufl. 2000, S. 130 (für das Scheidungsstatut).

35 Staudinger/*Henrich*, Art. 21 EGBGB Rn 27 f.

Beschränkungen der elterlichen Sorge, etwa die Verwirkung. Ist sie nach dem bisher anwendbaren Recht eingetreten, so bleibt sie auch bei einem Statutenwechsel bestehen. Das neu anwendbare Recht entscheidet darüber, ob und unter welchen Voraussetzungen sie wieder entfallen können.[36]

Der Statutenwechsel kann wegen der Unterschiede in den nationalen Rechten insbesondere bei nichtverheirateten Eltern zum **Entfallen des Sorgerechts** eines Elternteils führen. Hatte das Kind seinen gewöhnlichen Aufenthalt in einem Land, nach dessen Recht die Eltern automatisch die gemeinsame Sorge haben,[37] so verliert der Vater das Sorgerecht, wenn ein neuer gewöhnlicher Aufenthalt in Deutschland begründet wird und keine Sorgerechtserklärungen nach §§ 1626a–1626e BGB abgegeben werden. Auf der anderen Seite erhält der Vater die elterliche Mitsorge, wenn der gewöhnliche Aufenthalt von Deutschland in ein Land verlegt wird, in dem auch die nichtverheirateten Eltern automatisch die gemeinsame Sorge haben. Haben die Eltern eine **Sorgeerklärung** nach §§ 1626a ff. BGB abgegeben und wird der gewöhnliche Aufenthalt des Kindes aus dem Inland in ein Land verlegt, in dem die gemeinsame elterliche Sorge nichtverheirateter Eltern nicht oder nur aufgrund einer Anordnung möglich ist,[38] so verliert der eine Elternteil (meist der Vater) die elterliche Sorge.[39]

Ist im Ausland die gemeinsame elterliche Sorge durch eine gerichtliche Anordnung begründet worden, so bleibt sie auch nach Begründung des gewöhnlichen Aufenthalts im Inland erhalten, wenn die Voraussetzungen für eine Anerkennung gegeben sind, Art. 7 MSA, § 16a FGG.

Ungeklärt ist noch, ob eine gemeinsame Sorge der nichtverheirateten Eltern des Kindes, die aufgrund von Erklärungen der Eltern nach dem ausländischen Aufenthaltsrecht begründet wurde, auch nach Verlegung des gewöhnlichen Aufenthalts des Kindes ins Inland fortbesteht. Dies ist im Ergebnis zu bejahen, weil die unter dem früheren Sorgerechtsstatut abgegebenen Erklärungen im Wege der Substitution auch für das deutsche Recht als ausreichend angesehen werden können.[40]

Bei **Entführungsfällen** im Anwendungsbereich des Haager Kindesentführungsabkommens ist für die Frage der Verletzung eines Sorgerechts nach Art. 3 Abs. 1 lit. a HKÜ des Abkommens auf das Recht des Landes abzustellen, in dem das Kind vor dem unberechtigten Verbringen seinen gewöhnlichen Aufenthalt hatte (siehe Anhang IV zu Art. 24 EGBGB, Art. 3 HKÜ Rn 6 ff.).

III. Vorfragen

1. Abstammung. Art. 21 setzt das Bestehen eines Eltern-Kind-Verhältnisses voraus. Diese Frage der Abstammung ist nach Artt. 19, 20 anzuknüpfen, weil sie Tatbestandsvoraussetzung der deutschen Kollisionsnorm ist.[41] Ob das Eltern-Kind-Verhältnis durch eine Adoption wirksam begründet wurde, richtet sich dementsprechend nach Art. 22 bzw. bei einer ausländischen Adoptionsentscheidung nach § 16a FGG bzw. Artt. 23 ff. Haager AdÜ (siehe Art. 22 EGBGB Rn 77–82).

2. Minderjährigkeit. Elterliche Sorge kann nur bei nicht volljährigen Kindern bestehen. Wann ein Kind volljährig ist, bestimmt sich gemäß Art. 7 nach dem Heimatrecht.[42] Dies gilt auch für Volljährigkeit oder Emanzipation durch Heirat.[43] Eine einmal begründete Volljährigkeit entfällt nicht durch Statutenwechsel (siehe Art. 7 EGBGB Rn 29).

IV. Einwilligung zur Eheschließung Minderjähriger

Das Eheschließungsstatut nach Art. 13 und nicht das Sorgerechtsstatut nach Art. 21 entscheidet darüber, ob für die Eheschließung eines minderjährigen Kindes Einwilligungen erforderlich sind.[44] Wenn das Eheschließungsstatut die Einwilligung der Sorgeberechtigten verlangt, so ist für die Vorfrage, wer sorgeberechtigt ist, das Sorgerechtsstatut maßgeblich. Diese Vorfrage ist selbständig anzuknüpfen (Art. 13 EGBGB Rn 26).

---

36 Staudinger/*Henrich*, Art. 21 EGBGB Rn 29.
37 So in Italien, wenn die nichtverheirateten Eltern zusammenleben, Art. 317bis Codice civile.
38 So nach § 167 ABGB in Österreich und nach Art. 298a ZGB in der Schweiz.
39 Staudinger/*Henrich*, Art. 21 EGBGB Rn 26; *Rauscher*, JBItalR 13, 101; a.A. *Looschelders*, IPRax 1999, 420, 425 f.: für teleologische Reduktion der Wandelbarkeit des Sorgerechtsstatuts und für den Fortbestand der gemeinsamen elterlichen Sorge als eine Art wohlerworbenen Rechts.
40 So auch *Looschelders*, IPRax 1999, 420, 425 für die Substitution des *parental responsibility agreement* nach englischem Recht durch Sorgerechtserklärungen nach deutschem Recht.
41 Staudinger/*Henrich*, Art. 21 EGBGB Rn 58.
42 BayObLGZ 1963, 123 = IPRspr 1962–63 Nr. 107; Staudinger/*Henrich*, Art. 21 EGBGB Rn 30.
43 Staudinger/*Henrich*, Art. 21 EGBGB Rn 85; Staudinger/*Hausmann*, Art. 7 EGBGB Rn 109.
44 Staudinger/*Henrich*, Art. 21 EGBGB Rn 90.

V. Ordre public

30 Eine ausländische Rechtsordnung verstößt gegen den *ordre public*, wenn die Regelung der elterlichen Sorge im konkreten Fall keine am Wohl des Kindes ausgerichtete Entscheidung ermöglicht.[45] Praktische Relevanz hat der *ordre public* insbesondere bei der Verweisung auf eine durch das **islamische Recht** geprägte Rechtsordnung erlangt. Dort steht die tatsächliche Personensorge (*hadana*) meist der Mutter zu, wobei die Altersgrenzen, bei der die *hadana* endet, sehr unterschiedlich sind. Dem Vater steht ab Entfallen der *hadana* die elterliche Sorge allein zu. Aber auch während des Bestehens der *hadana* der Mutter hat der Vater die Vermögenssorge und die Erziehungsgewalt (Vormundschaft in persönlichen Angelegenheiten) inne und übt damit die Aufsicht über die Erziehung und den Unterricht des Kindes aus.[46]

31 Bei einem **Kind mit gewöhnlichem Aufenthalt in Deutschland oder mit deutscher Staatsangehörigkeit** verstößt eine ausländische Sorgerechtsregelung gegen den deutschen *ordre public*, wenn im konkreten Fall eine allein am Kindeswohl ausgerichtete Entscheidung zu einer anderen Sorgerechtsregelung führen würde.[47] Die ausländische Regelung muss nicht zu einer Gefährdung des Kindeswohls führen.[48] Auf der anderen Seite reicht ein gleichheitswidriger Norminhalt allein für einen Verstoß gegen den *ordre public* nicht aus.[49]

32 Problematisch ist in dieser Hinsicht, dass die Personensorge *hadana*, die die Mutter innehat oder die ihr im Falle der Scheidung übertragen werden kann, durch die kraft Gesetzes bestehende Erziehungsgewalt des Vaters beschränkt wird. Vor einer Anwendung deutschen Rechts ist aber zu prüfen, ob durch Anpassung des ausländischen Rechts eine *ordre-public*-gemäße Lösung gefunden werden kann. Der BGH hielt dies dadurch für möglich, dass der Mutter die Personensorge einschließlich des Rechts zur Vertretung in Unterhaltssachen übertragen und das Erziehungsrecht des Vaters auf die Vermögenssorge beschränkt wird.[50]

33 Auch bei den Regelungen, nach denen die Mutter die *hadana* verliert, wenn das Kind ein bestimmtes Alter erreicht[51] oder wenn die Mutter nicht (mehr) der islamischen Religion angehört,[52] kommt es darauf an, ob dieses Ergebnis im konkreten Fall dem Wohl des Kindes am besten entspricht oder nicht.[53]

34 Verlangt das Kindeswohl die Übertragung der elterlichen Sorge allein auf die Mutter, so verstößt eine Regelung, die der Mutter die Personensorge nur bis zu einem bestimmten Alter des Kindes zuweist, regelmäßig gegen den deutschen *ordre public*, weil dadurch die Sicherheit und Kontinuität der elterlichen Sorge gefährdet wird.

VI. Verfahrensrecht

35 **1. Internationale Zuständigkeit. a) Verhältnis zu Staatsverträgen.** Die internationale Zuständigkeit für Sorgerechtssachen bestimmt sich primär nach der EheVO und dem MSA.

36 Das deutsch-österreichische Vormundschaftsabkommen ist zum Ablauf des 30.6.2003 außer Kraft getreten (siehe Art. 24 EGBGB Rn 5).

37 **b) Autonome internationale Zuständigkeit.** Für die autonomen Regelungen der internationalen Zuständigkeit in Sorgerechtssachen bleibt wegen der vorrangigen Regelungen der EheVO und des MSA nur ein kleiner Anwendungsbereich: Das deutsche Kind hat seinen gewöhnlichen Aufenthalt weder in einem

---

45 *Coester*, IPRax 1991, 236.
46 S. dazu BGH FamRZ 1993, 1053, 1054 (iranisches Recht für islamische Bevölkerung); *Rauscher*, Shari'a: islamisches Familienrecht der sunna und shi'na, 1987; Staudinger/*Henrich*, Art. 21 EGBGB Rn 41–45; *Menhofer*, IPRax 1997, 252.
47 *Coester*, IPRax 1991, 236; BGH FamRZ 1993, 316, 317 = IPRax 1993, 102, 103 f. m. Bespr. *Henrich*, S. 81, 83; BGH FamRZ 1993, 1053, 1054; OLG Karlsruhe FamRZ 1992, 1465, 1467 = IPRax 1993, 97; Staudinger/*Henrich*, Art. 21 EGBGB Rn 48; s.a. AG Einbeck FamRZ 1991, 590 = IPRspr 1990 Nr. 128, das unter Anwendung syrischen Rechts das Sorgerecht dem Vater übertrug.
48 BGH FamRZ 1993, 316, 317 = IPRax 1993, 102, 103 m. zust. Anm. *Henrich*, S. 81, 83; OLG Bremen FamRZ 1999, 1520; Staudinger/*Henrich*, Art. 21 EGBGB Rn 48; a.A. OLG Saarbrücken IPRax 1993, 100, 101.
49 BGH FamRZ 1993, 316, 317 = IPRax 1993, 102, 103 f. m. Bespr. *Henrich*, S. 81, 83; BGH FamRZ 1993, 1053, 1054; OLG Karlsruhe FamRZ 1992, 1465, 1467 = IPRax 1993, 97; *Coester*, IPRax 1991, 236; Staudinger/*Henrich*, Art. 21 Rn 48.
50 BGH FamRZ 1993, 316, 318 = IPRax 1993, 100, 104.
51 OLG Neustadt FamRZ 1963, 51 = IPRspr 1962–63 Nr. 104; KG IPRspr 1964–65 Nr. 124; KG FamRZ 1968, 92 = NJW 1968, 361; KG FamRZ 1972, 304, 308 (zum MSA).
52 OLG Hamm IPRax 1991, 191, 192 m. Anm. *Klinkhardt*, S. 174.
53 BGHZ 54, 132, 140; BGH IPRax 1993, 102, 103 f. m. Anm. *Henrich*, S. 81, 83; Staudinger/*Henrich*, Art. 21 EGBGB Rn 48; *Coester*, IPRax 1991, 236; a.A. KG FamRZ 1972, 304, 307 (allein Verstoß der abstrakten Regelung gegen Gleichberechtigung von Mann und Frau begründet *ordre-public*-Verstoß).

Mitgliedstaat der EU noch in einem Vertragsstaat des MSA und es besteht auch keine Zuständigkeit nach Artt. 9–13 EheVO 2003 (siehe Anhang I zum III. Abschnitt, Art. 14 EheVO Rn 1).

Das ausländische Kind hat seinen gewöhnlichen Aufenthalt in Deutschland, ist über 18 Jahre alt, aber nach seinem Heimatrecht noch nicht volljährig (siehe Anhang II zu Art. 24 EGBGB, Art. 12 MSA Rn 2). 38

Ist über eine Sorgerechtssache im Zusammenhang mit einer Ehesache, insbesondere einem **Scheidungsverfahren** zu entscheiden, so erstreckt sich die internationale Zuständigkeit für die Ehesache nach § 606a ZPO auch auf die in § 621 Abs. 1 Nr. 1–3 und Abs. 2 S. 1 Hs. 2 Nr. 1–3 genannten Sorgerechtssachen: Regelung der elterlichen Sorge oder des Umgangs für ein gemeinschaftliches Kind; Anspruch auf Herausgabe des gemeinsamen Kindes an den anderen Elternteil. 39

Unabhängig von einer Ehesache ist die internationale Zuständigkeit deutscher Gerichte für Maßnahmen im Bereich der elterlichen Sorge nach § 43 i.V.m. § 35b FGG auch aufgrund der deutschen Staatsangehörigkeit des Kindes (§ 35b Abs. 1 Nr. 1 FGG) gegeben. Wenn das Kind seinen gewöhnlichen Aufenthalt in einem Vertragsstaat des MSA hat, richtet sich die Zuständigkeit der Heimatlandbehörden allerdings nach Art. 4 MSA. Für § 35b Abs. 1 Nr. 1 FGG muss bei **Doppelstaatern** die deutsche Staatsangehörigkeit nicht die effektive sein. Dies folgt aus der Schutzpflicht aufgrund der deutschen Staatsangehörigkeit[54] und nicht aus Art. 5 Abs. 1 S. 2.[55] 40

Teilweise lehnen deutsche Gerichte ein Tätigwerden ab, wenn eine sachgerechte Beurteilung aufgrund des ausländischen gewöhnlichen Aufenthalts des Kindes nur schwer möglich erscheint und/oder ernsthafte Zweifel darüber bestehen, ob die deutsche Entscheidung im Aufenthaltsstaat anerkannt und gegebenenfalls vollstreckt würde.[56] Das **Rechtsschutzbedürfnis** kann aber richtigerweise nur verneint werden, wenn der Antrag rechtsmissbräuchlich erscheint.[57] 41

Die internationale Zuständigkeit aufgrund des gewöhnlichen Aufenthalts des Kindes in Deutschland (§ 35b Abs. 1 Nr. 1 FGG) greift nur in den Ausnahmefällen ein, wenn das MSA wegen Art. 12 MSA nicht anwendbar ist (siehe Rn 38). 42

Die Zuständigkeit aufgrund des Fürsorgebedarfs des Kindes im Inland (§ 35b Abs. 2 FGG) setzt ebenfalls voraus, dass das MSA nicht anwendbar ist. Praktisch bedeutsam sind Fälle, in denen Kindesvermögen im Inland belegen ist oder bei Eilfällen, etwa bei einer Kindesentführung, wenn das Kind in Deutschland noch keinen gewöhnlichen Aufenthalt begründet hat.[58] 43

2. Perpetuatio fori; frühere Rechtshängigkeit im Ausland. Die Fragen der *perpetuatio fori* stellen sich im autonomen Recht wegen des Vorrangs der EheVO und des MSA nur selten (zur *perpetuatio fori* im Rahmen der EheVO siehe Anhang I zum III. Abschnitt, Art. 8 EheVO Rn 3 f., im Rahmen des MSA siehe Anhang II zu Art. 24 EGBGB, Art. 1 MSA Rn 3 f.). Eine praktisch bedeutsame Ausnahme bildet der Fall, dass das ausländische Kind bei einem isolierten Sorgerechtsverfahren aus Deutschland in einen Nichtvertragsstaat des MSA zieht und dort einen neuen gewöhnlichen Aufenthalt begründet.[59] Aufgrund von § 43 Abs. 1 Hs. 2 FGG i.V.m. § 35b FGG gilt insoweit der Grundsatz der *perpetuatio fori*.[60] Der Grundsatz ist einzuschränken, wenn die überwiegenden Interessen der Beteiligten gegen eine Fortdauer der Zuständigkeit sprechen. Gesichtspunkte für die Abwägung sind Fürsorgebedürfnis, Sachnähe des Gerichts, Vermeidung widersprechender Entscheidungen.[61] 44

Eine vorher eingetretene ausländische Rechtshängigkeit steht der Befassung durch ein deutsches Gericht regelmäßig entgegen.[62] Voraussetzung ist aber, dass es auch hinsichtlich der Anträge (endgültige Regelung 45

---

54 Staudinger/*Henrich*, Art. 21 EGBGB Rn 144; für Art. 4 MSA BGH NJW 1997, 3024, 3025 = FamRZ 1997, 1070 = IPRspr 1997 Nr. 9; a.A. KG IPRax 1998, 274.
55 So aber Rahm/Künkel/*Paetzold*, Handbuch des Familiengerichtsverfahrens, VIII Rn 474; *Engelhardt*, in: Keidel/Kuntze/Winkler, FGG, 15. Aufl. 2003, § 35b Rn 7.
56 OLG Hamburg ZfJ 1988, 94 = IPRspr 1987, Nr. 136.
57 KG IPRax 1991, 60 m. Aufs. *Wengler*, S. 42 f.; Staudinger/*Henrich*, Art. 21 EGBGB Rn 143.
58 Staudinger/*Henrich*, Art. 21 EGBGB Rn 153.
59 S. KG IPRax 1998, 274 m. Bespr. *Henrich*, S. 247; OLG München IPRax 1994, 42 m. Bespr. *Roth*, S. 19, 20; OLG Hamburg IPRax 1987, 319 m. Bespr. *Mansel*, S. 298.
60 *Mansel*, IPRax 1987, 298, 302; *Roth*, IPRax 1994, 19, 20.
61 KG IPRax 1998, 274, 276; OLG Hamburg IPRax 1987, 319, 320; eingehend Staudinger/*Henrich*, Art. 21 EGBGB Rn 163 f.; s. auch Staudinger/*Kropholler*, Art. 24 Rn 106; *Engelhardt*, in: Keidel/Kuntze/Winkler, FGG, 15. Aufl. 2003, § 35b Rn 13; *Mansel*, IPRax 1987, 298, 302; *Henrich*, IPRax 1998, 247, 248; offen gelassen von BGH NJWE-FER 1997, 138; für uneingeschränkte Geltung der *perpetuatio fori* OLG München IPRax 1994, 42, 43; *Roth*, IPRax 1994, 19, 20.
62 Staudinger/*Henrich*, Art. 21 EGBGB Rn 169 f.; Soergel/*Kegel*, Art. 19 EGBGB Rn 111; *Engelhardt*, in: Keidel/Kuntze/Winkler, FGG, 15. Aufl. 2003, § 35b Rn 14; OLG München FamRZ 1993, 349.

oder nur einstweilige Maßnahme) um dieselbe Sorgerechtssache geht und dass eine Entscheidung des ausländischen Gerichts im Inland anerkannt werden könnte.

46 Haben sich nachträglich die Verhältnisse geändert, so kann etwa eine durch den Aufenthaltswechsel eingetretene größere Sachnähe des deutschen Gerichts ein Abgehen von dem Prioritätsgrundsatz rechtfertigen.[63] Zu weitgehend erscheint es, die ausländische Rechtshängigkeit immer dann nicht zu beachten, wenn aufgrund der Tatsachenveränderung eine ausländische Entscheidung nach § 1696 BGB im Inland abgeändert werden könnte.[64] Entscheidend ist, ob die veränderten Umstände im rechtshängigen und noch nicht abgeschlossenen ausländischen Verfahren in einer Tatsacheninstanz berücksichtigt werden können.

47 **3. Anerkennung ausländischer Sorgerechtsentscheidungen. a) Staatsverträge.** Zur Anerkennung ausländischer Entscheidungen im Rahmen der EheVO siehe Anhang I zum III. Abschnitt, Art. 21 EheVO Rn 13, im Rahmen des MSA siehe Anhang II zu Art. 24 EGBGB, Art. 7 MSA Rn 2.

48 Die bilateralen Anerkennungs- und Vollstreckungsabkommen, die die Bundesrepublik Deutschland mit Belgien, Griechenland, Großbritannien, Israel, Italien, den Niederlanden, Norwegen, Österreich, der Schweiz und Tunesien geschlossen hat, erfassen Sorgerechtsentscheidungen nicht.[65] Nur für das Abkommen mit Spanien wird die Erstreckung auch auf Sorgerechtsentscheidungen vertreten.[66] Insoweit besteht aber praktisch nur ein sehr geringer Anwendungsbereich, weil im Verhältnis zu Spanien die EheVO, das MSA und das Luxemburger Europäische Sorgerechtsübereinkommen gelten.

49 **b) Autonome Anerkennungsregelung.** Mangels einschlägiger europarechtlicher oder staatsvertraglicher Regelungen richtet sich die Anerkennung von ausländischen Sorgerechtsentscheidungen nach § 16a FGG. Die Anerkennung erfolgt inzident; neben gerichtlichen Entscheidungen können auch Entscheidungen von ausländischen Behörden anerkannt werden, wenn diese funktional äquivalent sind.[67]

50 Die nach § 16a Nr. 1 FGG erforderliche internationale Zuständigkeit ist in spiegelbildlicher Anwendung der Vorschriften für die internationale Zuständigkeit deutscher Gerichte zu bestimmen. Ein ausländisches Gericht ist daher zuständig, wenn das Kind seinen gewöhnlichen Aufenthalt im Gerichtsstaat hat, die Staatsangehörigkeit des Gerichtsstaats besitzt oder im Gerichtsstaat ein Fürsorgebedürfnis bestand oder im Verbund mit einem Eheverfahren erging, für das die internationale Zuständigkeit in spiegelbildlicher Anwendung von § 606a ZPO besteht.

51 Der **gewöhnliche Aufenthalt des Kindes** ist aus Sicht des deutschen Rechts zu beurteilen, die Staatsangehörigkeit nach dem Recht des Staates, um dessen Staatsangehörigkeit es geht. Weil die Staatsangehörigkeitszuständigkeit auf dem Schutzgedanken beruht (siehe Rn 40), reicht die ausländische Staatsangehörigkeit auch bei einem deutschen Doppelstaater für die Zuständigkeitsbegründung.[68]

52 Die Anerkennungsvoraussetzung der Gewährung rechtlichen Gehörs setzt nach **§ 16a Nr. 2 FGG** nur voraus, dass den Beteiligten das verfahrenseinleitende Schriftstück ordnungsgemäß und rechtzeitig mitgeteilt worden ist; auf die ordnungsgemäße Zustellung wie bei § 328 Abs. 1 Nr. 2 ZPO kommt es daher nicht an.[69] Bei einem summarischen Verfahren reicht aus, dass der andere Teil seine Einwendungen in einem Überprüfungstermin schriftlich oder mündlich geltend machen kann.[70]

53 Das Anerkennungshindernis der **Unvereinbarkeit mit einer anderen in Deutschland erlassenen oder anzuerkennenden früheren ausländischen Entscheidung** (§ 16a Nr. 3 FGG) hat zu berücksichtigen, dass Sorgerechtssachen jederzeit abgeändert werden können. Eine Unvereinbarkeit ist daher nur anzunehmen, wenn beide Entscheidungen von derselben tatsächlichen Situation ausgehen und zu einer anderen rechtlichen Bewertung gelangen.[71] Empfehlenswert ist, dass sich die spätere ausländische Entscheidung mit der früheren Entscheidung ausdrücklich auseinander setzt und deutlich macht, dass aufgrund einer neuen Tatsachenlage eine unterschiedliche Entscheidung getroffen wird.[72]

---

[63] Staudinger/*Henrich*, Art. 21 EGBGB Rn 171; *Roth*, IPRax 1997, 19.
[64] *Roth*, IPRax 1997, 19, 20.
[65] S. dazu im Einzelnen Staudinger/*Henrich*, Art. 21 EGBGB Rn 184–223; MüKo-ZPO/*Gottwald*, IZPR-Schlussanh. Nr. 5.
[66] Staudinger/*Henrich*, Art. 21 EGBGB Rn 220; a.A. Stein/Jonas/*Roth*, ZPO, § 328 B XII Rn 470.
[67] Staudinger/*Henrich*, Art. 21 EGBGB Rn 175.
[68] Heute h.M. OLG Koblenz FamRZ 1989, 204 = NJW 1989, 2201, 2203; *Geimer*, in: FS Ferid II 1988, S. 89, 102; Staudinger/*Henrich*, Art. 21 EGBGB Rn 229.
[69] BGH FamRZ 1979, 577 = NJW 1980, 529, 531; Staudinger/*Henrich*, Art. 21 EGBGB Rn 235 ff.
[70] OLG Koblenz FamRZ 1989, 204 = NJW 1989, 2201, 2203.
[71] OLG Hamm FamRZ 1976, 528 = NJW 1976, 2079, 2080 f.; OLG Frankfurt FamRZ 1992, 463; Staudinger/*Henrich*, Art. 21 EGBGB Rn 245; *Mansel*, IPRax 1987, 298, 301.
[72] Staudinger/*Henrich*, Art. 21 EGBGB Rn 244.

Die Anerkennung aufgrund von § 16a FGG erfolgt bei Vorliegen der Voraussetzungen per se, ohne dass es eines besonderen Anerkennungsverfahrens bedarf.

Nach der h.M. kann eine Sorgerechtsentscheidung, die zusammen mit einem Eheurteil ergangen ist, erst nach Durchführung des gemäß **Art. 7 § 1 FamRÄndG** notwendigen Anerkennungsverfahrens anerkannt werden und im Inland Wirkungen entfalten.[73]

Dagegen spricht aber, dass eine Sorgerechtsentscheidung in keinem notwendigen Zusammenhang mit der Wirksamkeit des Eheurteils steht, sondern etwa auch bei bloßer faktischer Trennung ergehen kann.[74]

Auch nach der h.M. sind die Anerkennungsvoraussetzungen weiterhin zu prüfen, weil die Anerkennung der ausländischen Entscheidung durch die Landesjustizverwaltung nicht auch die im Verbund ergangenen Sorgerechtssachen umfasst.[75]

Zum Anerkennungshindernis eines Verstoßes gegen den deutschen *ordre public* siehe Rn 30 ff.

c) Wirkungen der Anerkennung und Abänderung. Anerkennung der ausländischen Entscheidung bedeutet Erstreckung ihrer Wirkungen auch auf das Inland. Die Wirkungen gehen aber nicht weiter als die einer vergleichbaren deutschen Entscheidung. Daher kann die ausländische Entscheidung, auch wenn sie nach dem Gerichtsstaatsrecht materiell rechtskräftig geworden ist, im Inland in einem neuen Verfahren abgeändert werden.[76]

Ob die Voraussetzungen für eine inhaltliche Änderung vorliegen, richtet sich nicht nach dem Recht des Entscheidungsstaates oder nach dem bei der ausländischen Entscheidung angewandten Recht, sondern nach dem Recht, das aufgrund der im Inland geltenden Kollisionsnormen anwendbar ist. Maßgeblicher Zeitpunkt der Anknüpfung ist das neue inländische Verfahren.[77] Bei der Anwendbarkeit deutschen Rechts kommt es nach § 1696 BGB darauf an, ob dies aus triftigen, das Wohl des Kindes nachhaltig berührenden Gründen angezeigt ist.[78] Eine Veränderung der tatsächlichen Verhältnisse ist nicht erforderlich.[79]

4. Vollstreckung ausländischer Entscheidungen. a) Voraussetzungen und Verfahren. Eine Entscheidung, die lediglich gestaltend wirkt, etwa einem Elternteil die elterliche Sorge zuweist, wirkt aufgrund ihrer Anerkennung mit diesem Inhalt und bedarf keiner Vollstreckung. Enthält die ausländische Entscheidung (auch) einen Leistungsbefehl, indem sie die Herausgabe des Kindes von dem einen Elternteil an den anderen anordnet, so bedarf sie (insoweit) der Vollstreckung.

Das MSA regelt bei Entscheidungen, die einer Vollstreckung bedürfen, weder die Anerkennungs- noch die Vollstreckungsvoraussetzungen (siehe Anhang II zu Art. 24 EGBGB, Art. 7 MSA Rn 10 f.).

Zur Vollstreckung ausländischer Urteile im Anwendungsbereich der EheVO 2003, des HKÜ und des ESÜ siehe Anhang I zum III. Abschnitt, Artt. 47, 48 EheVO Rn 2 ff.

Im autonomen Recht erfolgt die Vollstreckung ausländischer Entscheidungen, deren Gegenstand bei einem Inlandsfall § 33 FGG unterfallen würde, nach § 33 FGG. In diesem Verfahren wird auch über die Vollstreckbarerklärung der ausländischen Entscheidung entschieden. Ein gesondertes Exequaturverfahren wie nach §§ 722, 723 ZPO ist nicht erforderlich.[80]

Vollstreckbarerklärung und Vollstreckung erfolgen in dem Verfahren, das für ein vergleichbares inländisches Verfahren in der Sache einschlägig wäre, zu der die ausländische Entscheidung ergangen ist.[81] Die Vollstreckbarerklärung einer Entscheidung, die die Herausgabe des Kindes anordnet oder eine bestimmte Umgangsregelung trifft, ist eine Familiensache (§ 1632 Abs. 3 BGB, § 621 Abs. 1 Nr. 3 ZPO), für die die Familiengerichte zuständig sind. Sie erfolgt im Verfahren nach den §§ 621 Abs. 1 Nr. 3, 621a, 621e ZPO nach den für die freiwillige Gerichtsbarkeit geltenden Grundsätzen und damit nach § 33 FGG.[82] Entspricht

---

[73] BGHZ 64, 19 = FamRZ 1975, 273; BGH IPRax 1986, 382; Staudinger/*Henrich*, Art. 21 EGBGB Rn 250; *Mansel*, IPRax 1987, 298; *Coester*, IPRax 1996, 24.

[74] Soergel/*Kegel*, Art. 19 EGBGB Rn 113; s. nun auch für das MSA Staudinger/*Kropholler*, Vorbem. zu Art. 19 EGBGB Rn 450.

[75] BGHZ 64, 19 = FamRZ 1975, 273; Staudinger/*Henrich*, Art. 21 EGBGB Rn 250; *Mansel*, IPRax 1987, 298; *Coester*, IPRax 1996, 24.

[76] BGHZ 64, 19 = FamRZ 1975, 273; BGH IPRax 1987, 317 m. Anm. *Mansel*, S. 298; OVG Münster FamRZ 1975, 47, 49 mit Anm. *Jayme* = IPRspr 1974 Nr. 198; OLG Hamm FamRZ 1976, 528 = NJW 1976, 2079, 2081 a.E.; Staudinger/*Henrich*, Art. 21 EGBGB Rn 253.

[77] S. dazu *Mansel*, IPRax 1987, 298 f. m.w.N.

[78] BGH IPRax 1987, 317; Staudinger/*Henrich*, Art. 21 EGBGB Rn 268.

[79] BGH IPRax 1987, 317, 318 a.E.

[80] *Roth*, IPRax 1988, 75, 76.

[81] BGHZ 67, 255 = FamRZ 1977, 126 = NJW 1977, 150; BGHZ 88, 113 = FamRZ 1983, 1008 = IPRax 1984, 323; Staudinger/*Henrich*, Art. 21 EGBGB Rn 266; *Roth*, IPRax 1988, 75, 76.

[82] Näher dazu *Winkel*, Grenzüberschreitendes Sorge- und Umgangsrecht und dessen Vollstreckung, 2001, S. 167 ff.

die ausländische Entscheidung einer einstweiligen Anordnung nach § 620 Nr. 3 ZPO, richtet sich die Vollstreckung gemäß § 794 Abs. 1 Nr. 3 Alt. 2 ZPO ebenfalls nach § 33 FGG.[83]

66 **b) Vollstreckung und Abänderung.** Die ausländische Sorgerechtsentscheidung wird gegenstandslos, sobald ein deutsches Gericht sie abändert bzw. aufhebt.[84] Streitig ist, unter welchen Voraussetzungen eine Abänderung möglich ist, wenn die ausländische Entscheidung in einer formell rechtskräftigen deutschen Entscheidung für vollstreckbar erklärt wurde. Da auch im Verfahren der Vollstreckbarkeitserklärung das Kindeswohl geprüft wird, ist eine Abänderung in einem isolierten Verfahren nur zuzulassen, wenn sich nach § 1696 BGB relevanten Umstände seit der letzten Prüfung im Vollstreckbarkeitserklärungsverfahren geändert haben.[85]

67 Dem Antragsteller steht es frei, statt Anerkennung und Vollstreckung der ausländischen Entscheidung eine neue (eventuell inhaltlich gleiche) Sachentscheidung durch das inländische Gericht zu beantragen.

Artikel 22 Annahme als Kind

(1) [1]Die Annahme als Kind unterliegt dem Recht des Staates, dem der Annehmende bei der Annahme angehört. [2]Die Annahme durch einen oder beide Ehegatten unterliegt dem Recht, das nach Artikel 14 Abs. 1 für die allgemeinen Wirkungen der Ehe maßgebend ist.

(2) [1]Die Folgen der Annahme in Bezug auf das Verwandtschaftsverhältnis zwischen dem Kind und dem Annehmenden sowie den Personen, zu denen das Kind in einem familienrechtlichen Verhältnis steht, unterliegen dem nach Absatz 1 anzuwendenden Recht.

(3) [1]In Ansehung der Rechtsnachfolge von Todes wegen nach dem Annehmenden, dessen Ehegatten oder Verwandten steht der Angenommene ungeachtet des nach den Absätzen 1 und 2 anzuwendenden Rechts einem nach den deutschen Sachvorschriften angenommenen Kind gleich, wenn der Erblasser dies in der Form einer Verfügung von Todes wegen angeordnet hat und die Rechtsnachfolge deutschem Recht unterliegt. [2]Satz 1 gilt entsprechend, wenn die Annahme auf einer ausländischen Entscheidung beruht. [3]Die Sätze 1 und 2 finden keine Anwendung, wenn der Angenommene im Zeitpunkt der Annahme das achtzehnte Lebensjahr vollendet hatte.

Literatur: *Benicke*, Typenmehrheit im Adoptionsrecht und deutsches IPR, 1995; *Busch*, Adoptionswirkungsgesetz und Haager Adoptionsübereinkommen – von der Nachadoption zur Anerkennung und Wirkungsfeststellung, IPRax 2003, 13; *Frank*, Neuregelungen auf dem Gebiet des Internationalen Adoptionsrechts unter besonderer Berücksichtigung der Anerkennung von Auslandsadoptionen, StAZ 2003, 257; *Henrich*, Internationales Familienrecht, 2. Auflage 2000; *ders.*, Die Wirksamkeit der Adoption als Vorfrage für die Namensführung des Adoptierten, IPRax 1998, 96; *Hepting*, Anerkennung und Substitution schwacher Auslandsadoptionen, StAZ 1986, 305; *Klinkhardt*, Wege zu einem neuen Umgang mit ausländischen Adoptionen, in: FS Sonnenberger 2004, S. 443; *Sonnenberger*, Erwerb und Fortfall der Erbberechtigung adoptierter Kinder, insbesondere bei Adoptionen in den USA, in: GS Lüderitz 2000, S. 713; *St. Lorenz*, Adoptionswirkungen, Vorfragenanknüpfung und Substitution im Internationalen Adoptionsrecht nach der Umsetzung des Haager Adoptionsübereinkommens v. 29.5.1993, in: FS Sonnenberger 2004, S. 497.

A. Allgemeines	1		b) Adoptionswirkungsstatut	17
B. Regelungsgehalt	2		aa) Ausländische Dekretadoptionen	17
I. Arten von Adoptionen	2		bb) Wirkungsgleichstellung	18
1. Allgemein	2		c) Abgrenzung zu Einzelwirkungs-	
2. Pflegekindschaft; kafala	3		statuten	21
3. Equitable adoption	4		2. Eltern-Kind-Verhältnis	22
II. Zustandekommen der Adoption	5		3. Name	23
III. Aufhebung der Adoption	7		4. Staatsangehörigkeit	32
1. Mängel bei der Begründung der			5. Erbrecht	38
Adoption	7		6. Gleichstellung mit stark adoptiertem	
2. Aufhebung aus nachträglichen Gründen	13		Kind (Abs. 3)	46
IV. Adoptionswirkungen (Abs. 2)	14		**C. Anknüpfung**	52
1. Statuswirkungen	14		I. Anknüpfungspunkt	52
a) Grundsatz	14		II. Rück- und Weiterverweisung	56

---

83 *Roth*, IPRax 1988, 75, 78; Staudinger/*Henrich*, Art. 21 EGBGB Rn 267.

84 BGH FamRz 1986, 469; mit anderer Begründung auch *Roth*, IPRax 1988, 75, 80.

85 *Roth*, IPRax 1988, 75, 81.

D. Anwendung ausländischen Rechts 60
I. Vorfragen 60
II. Ordre public 61
E. Verfahren 66
I. Internationale Zuständigkeit 66
II. Verfahrensfragen bei ausländischem
Adoptionsstatut 71
1. Dekret oder Vertragsbestätigung 71
2. Antragsbefugnis und Zustimmungs-
erklärungen 73
3. Gerichtliche Entscheidungen zu den
Adoptionsvoraussetzungen 75
III. Anerkennung ausländischer Adoptionen ... 77
1. Allgemein 77
2. Anerkennungsvoraussetzungen nach
§ 16a FGG 83
a) Internationale Zuständigkeit, § 16b
Nr. 1 FGG 83
3. Verfahrensrechtlicher ordre public, § 16b
Nr. 2 u. 3 FGG 85
4. Materiellrechtlicher ordre public, § 16b
Nr. 4 88
F. Adoptionswirkungsgesetz 98
I. Allgemein 98

II. Anerkennungs- und Wirkungsfeststellung .. 102
1. Allgemein 102
2. Antragsberechtigung 106
3. Inhalt der Feststellung 114
4. Beendigung des Eltern-Kind-
Verhältnisses 117
5. Reichweite der Entscheidungswirkungen . 118
III. Umwandlung 119
1. Anwendungsbereich 119
2. Voraussetzungen 120
a) Kindeswohl 121
b) Einwilligungen 122
aa) Inhalt 122
bb) Anwendbares Recht 128
cc) Einwilligung des Kindes 133
dd) Ersetzung von Einwilligungen . 135
c) Interessen von Ehegatten und
Kindern 138
3. Wirkungen 139
IV. Wiederholung einer ausländischen Adoption
im Inland 142
G. Anhang: Haager AdÜ (Text) 145

A. Allgemeines

Das IPR-Gesetz von 1986[1] hat die Anknüpfung der Adoption in Art. 22 grundlegend neu geregelt. Die **1**
Absätze 2 und 3 wurden 2001 angefügt.[2]

B. Regelungsgehalt

I. Arten von Adoptionen

1. Allgemein. Art. 22 erfasst alle Arten von Adoptionen, d.h. von Rechtsverhältnissen, die zwischen **2**
Annehmenden und Angenommenen ein rechtliches Eltern-Kind-Verhältnis schaffen: starke und schwache
Adoption, Minderjährigen- und Erwachsenenadoption, spezielle Formen der Adoption durch Verwandte des
Kindes.[3]

2. Pflegekindschaft; kafala. Ausländische Rechtsordnungen kennen teilweise eigene Institute der Pflege- **3**
kindschaft. Da durch diese Rechtsinstitute keine rechtliche Verwandtschaft begründet wird, ist streitig, ob
Art. 22 oder Art. 24 bzw. das MSA anwendbar sind.[4] Da auf die Vergleichbarkeit der Funktion abgestellt
werden muss, ist Art. 22 zumindest analog einschlägig, wenn durch das ausländische Rechtsinstitut eine
rechtlich verfestigte Eltern-Kind-Beziehung geschaffen wird. Maßgebende Gesichtspunkte sind insbesondere
die unbegrenzte Dauer der Übertragung der elterlichen Sorge und die Begründung einer Unterhaltspflicht
der Pflegeperson. Die *kafala* in islamischen Rechtsordnungen[5] ist daher in der Regel nach Art. 22 anzuknüpfen,[6] nicht hingegen die Pflegschaft nach italienischem Recht.[7]

---

1 Gesetz zur Neuregelung des Internationalen
Privatrechts v. 25.7.1986 (BGBl I S. 1142);
s. Regierungsbegründung BT-Drucks 10/504.
2 Gesetz zur Regelung von Rechtsfragen auf dem
Gebiet der internationalen Adoption und zur
Weiterentwicklung des Adoptionsvermittlungsrechts
v. 5.11.2001 (BGBl I S. 2950); s. BT-Drucks 14/
6011, S. 58.
3 Bamberger/Roth/*Otte*, Art. 22 EGBGB Rn 18;
Erman/*Hohloch*, Art. 22 EGBGB Rn 12; Staudinger/
Henrich, Art. 22 EGBGB Rn 2; Palandt/*Heldrich*,
Art. 22 EGBGB Rn 1.

4 Für Art. 22 Bamberger/Roth/*Otte*, Art. 22 EGBGB
Rn 18; Erman/*Hohloch*, Art. 22 EGBGB Rn 12;
Staudinger/*Henrich*, Art. 22 EGBGB Rn 2; Palandt/
Heldrich, Art. 22 EGBGB Rn 1; *Hepting*, StAZ
1986, 305; für Art. 24 MüKo/*Klinkhardt*, Art. 22
EGBGB Rn 9; für MSA Soergel/*Lüderitz*, Art. 22
EGBGB Rn 16.
5 S. dazu *Menhofer*, IPRax 1997, 252 f.
6 Staudinger/*Henrich*, Art. 22 EGBGB Rn 2; *Jayme*,
IPRax 1996, 237, 242; *ders.*, IPRax 1997, 376 f.;
ders., IPRax 1999, 49; *Menhofer*, IPRax 1997, 252,
254; a.A. AG Frankfurt/M. IPRax 1997, 264, 265.
7 Staudinger/*Henrich*, Art. 22 EGBGB Rn 2.

4   **3. Equitable adoption.** In den USA kann eine faktisch gelebte Eltern-Kind-Beziehung als *equitable adoption* Rechtswirkungen entfalten, etwa ein Erbrecht begründen.[8] Als adoptionsähnliches Verhältnis unterliegt es Art. 22.[9]

II. Zustandekommen der Adoption

5   Das Adoptionsstatut bestimmt die Voraussetzungen (Altersgrenze, Altersunterschied, Erfordernis der Kinderlosigkeit, erforderliche Einwilligungen und Zustimmungen) und die Art (Vertrag oder Dekret), unter denen eine Adoption zustande kommen kann.[10]

6   Unterscheidet das Adoptionsstatut zwischen Minderjährigenadoption und Erwachsenenadoption, entscheidet es auch über die Voraussetzungen, unter denen noch eine Minderjährigenadoption ausgesprochen werden kann, insbesondere auf welchen Zeitpunkt es für die Minderjährigkeit des Adoptivkindes ankommt. Stellt das Adoptionsstatut nicht auf ein festes Alterserfordernis ab, sondern auf die Minderjährigkeit, so handelt es sich dabei um eine Vorfrage, die unselbständig anzuknüpfen ist, weil insoweit das Interesse an internationalem Entscheidungseinklang überwiegt.[11]

III. Aufhebung der Adoption

7   **1. Mängel bei der Begründung der Adoption.** Das Adoptionsstatut entscheidet grundsätzlich auch über die Folgen etwaiger Mängel bei der Adoptionsbegründung sowie darüber, von wem und wie diese geltend zu machen sind.

8   Uneingeschränkt gilt dies aber nur bei der Vertragsadoption. Ist die Adoption durch eine behördliche oder gerichtliche Entscheidung begründet worden, so ist auch deren weiter gehender Bestandsschutz maßgebend.

9   Ist die **Adoption durch ein deutsches Gericht** ausgesprochen worden, so gilt § 56f FGG als Verfahrensvorschrift. Mängel können nur in dem danach vorgesehenen Aufhebungsverfahren geltend gemacht werden. Das Adoptionsstatut entscheidet darüber, welche Mängel eine Aufhebung begründen und von wem sie geltend gemacht werden können.

10 § 56f FGG gilt auch, wenn im Inland eine ausländische Dekretadoption aufgehoben werden soll, die im Inland anerkannt wird.[12] Allerdings ist insoweit eine Unwirksamkeit im Entscheidungsstaat zu beachten, weil dadurch die ausländische Entscheidung als Anerkennungsgegenstand entfällt.[13]

11 Ist die Adoption im Ausland unter Anwendung eines anderen Rechts als dem Adoptionsstatut nach Art. 22 ausgesprochen worden, so will die h.M. auf die Aufhebung das Adoptionsstatut aus deutscher Sicht anwenden.[14] Als Maßstab für die Fehlerhaftigkeit können aber nur die Vorschriften herangezogen werden, welche bei der Begründung tatsächlich angewandt wurden. Eine nach dem Begründungsstatut fehlerfrei zustande gekommene Adoption ist nicht allein deswegen fehlerhaft, weil eine aus deutscher Sicht notwendige Voraussetzung nicht eingehalten worden ist.[15]

12 Für die Frage, welche Folgen ein Begründungsmangel hat, ob er etwa die Aufhebbarkeit der Adoption begründet, ist aber mit der h.M. auf das Adoptionsstatut gemäß Art. 22 abzustellen.[16] Maßgeblicher Zeitpunkt für die Anknüpfung ist die Geltendmachung des Mangels.[17]

13 **2. Aufhebung aus nachträglichen Gründen.** Manche Rechtsordnungen sehen vor, dass eine fehlerfrei begründete Adoption später wieder aufgehoben werden kann, etwa aufgrund übereinstimmender Erklärungen der Betroffenen oder aufgrund groben Undanks des Adoptivkindes. Ob eine solche Aufhebung möglich ist, bestimmt sich nach dem Adoptionsstatut gemäß Art. 22 im Zeitpunkt der Aufhebung.[18]

---

8 *Frank*, Grenzen der Adoption, 1978, S. 229 ff.
9 Staudinger/*Henrich*, Art. 22 EGBGB Rn 2.
10 Bamberger/Roth/*Otte*, Art. 22 EGBGB Rn 22; Erman/*Hohloch*, Art. 22 EGBGB Rn 15; Staudinger/*Henrich*, Art. 22 EGBGB Rn 33 f.; Palandt/*Heldrich*, Art. 22 EGBGB Rn 5.
11 Bamberger/Roth/*Otte*, Art. 22 EGBGB Rn 19; MüKo/*Klinkhardt*, Art. 22 EGBGB Rn 21; Soergel/*Lüderitz*, Art. 22 EGBGB Rn 2 Fn 1; Erman/*Hohloch*, Art. 22 EGBGB Rn 14; Palandt/*Heldrich*, Art. 22 EGBGB Rn 1; Staudinger/*Henrich*, Art. 22 EGBGB Rn 26; wegen deutschen Adoptionsstatus war die Frage ohne Bedeutung in BayObLG FamRZ 1996 = NJW-RR 1995, 1287; OLG Karlsruhe FamRZ 2000, 768 = NJWE-FER 2000, 52.
12 Staudinger/*Henrich*, Art. 22 EGBGB Rn 36.
13 *Benicke*, S. 275 f.
14 Palandt/*Heldrich*, Art. 22 EGBGB Rn 4; Soergel/*Lüderitz*, Art. 22 EGBGB Rn 35; Staudinger/*Henrich*, Art. 22 EGBGB Rn 37; a.A. *Kropholler*, IPR, § 49 III 2 d.
15 *Benicke*, S. 287 f.
16 *Benicke*, S. 292 f.
17 *Benicke*, S. 293.
18 *Jayme*, IPRax 1985, 233; *Benicke*, S. 295–298, 304 f.; MüKo/*Klinkhardt*, Art. 22 EGBGB Rn 52; Soergel/*Lüderitz*, Art. 22 EGBGB Rn 36; wohl auch Staudinger/*Henrich*, Art. 22 EGBGB Rn 41; a.A. anscheinend OLG Hamm IPRspr 1995, Nr. 116; BayObLG FamRZ 1990, 1392; BayObLG ZfJ 1992, 442.

IV. Adoptionswirkungen (Abs. 2)

1. Statuswirkungen. a) Grundsatz. Abs. 2 bestimmt ausdrücklich, dass sich die statusverändernden Wirkungen nach dem Adoptionsstatut richten. Im deutschen internen Adoptionsrecht sind dies die Vorschriften der §§ 1754, 1755, 1756, 1770 Abs. 1 u. 2 BGB.

Alle Rechtsordnungen, die die Adoption kennen, sehen vor, dass das Adoptivkind rechtlich Kind des oder der Annehmenden wird. Hinsichtlich der anderen Verwandtschaftsverhältnisse bestehen hingegen große Unterschiede. Bei dem Typus der **schwachen Adoption** bleibt das Verwandtschaftsverhältnis zur Herkunftsfamilie bestehen, während das Kind bei der **starken Adoption** von der Herkunftsfamilie statusrechtlich vollständig gelöst wird. Oft begründet eine schwache Adoption keine Verwandtschaftsverhältnisse zwischen dem Kind und den Verwandten des oder der Annehmenden, während bei der starken Adoption auch insoweit eine volle rechtliche Integration des Kindes in die Familie des oder der Annehmenden erfolgt.

Rechtsvergleichend war früher auch bei der Minderjährigenadoption die schwache Adoption verbreitet. Seit etwa 30 Jahren wurde sie in vielen Rechtsordnungen durch die starke Adoption ersetzt. Die volle Integration des Kindes in die Aufnahmefamilie schien den Kindesinteressen am besten zu dienen. In jüngster Zeit besteht aus Gründen des Kindesinteresses eine Tendenz zur so genannten **offenen Adoption**, bei der das Kind Kontakt zur Herkunftsfamilie behält. Dementsprechend werden auch weiter bestehende verwandtschaftliche Beziehungen zur Herkunftsfamilie positiver gewertet.

b) Adoptionswirkungsstatut. aa) Ausländische Dekretadoptionen. Maßgeblich für die Adoptionswirkungen ist das Adoptionsstatut nach Art. 22 allerdings nur, wenn die Adoption in Deutschland erfolgte oder es sich um eine im Ausland begründete Vertragsadoption handelt. Handelt es sich um eine im Ausland dekretierte (siehe Rn 78 f.) und nach § 16a FGG anerkennungsfähige Adoption, so kommt es statt auf das Adoptionsstatut auf das bei der Adoptionsbegründung tatsächlich angewandte Recht an (Adoptionsbegründungsstatut). Auf dieses Recht bezogen sich die Anträge und Einwilligungen der Beteiligten und nach ihm erfolgte die gerichtliche oder behördliche Prüfung.

bb) Wirkungsgleichstellung. Sofern die Voraussetzungen nach § 2 AdWirkG[19] für eine Gleichstellung der Adoption mit einer Adoption nach deutschem Recht vorliegen, bestimmen sich die Adoptionswirkungen im Verhältnis zur Aufnahmefamilie nach deutschem Recht.

Nur im Verhältnis zur Herkunftsfamilie kann es weiterhin auf das Adoptionsbegründungsstatut ankommen (siehe Rn 118).

Im Folgenden wird das für die Adoptionswirkungen maßgebende Recht als Adoptionswirkungsstatut bezeichnet.

c) Abgrenzung zu Einzelwirkungsstatuten. In der praktischen Rechtsanwendung kommt es regelmäßig nicht auf den abstrakten Status des Kindes an, sondern auf einzelne konkrete Wirkungen. Da die meisten aus dem Abstammungsverhältnis folgenden Wirkungen, etwa Erbrecht und Name, gesondert angeknüpft werden und die Adoption nach dem Adoptionsstatut und dem Wirkungsstatut unterschiedlich ausgestaltet sein kann, stellen sich dabei regelmäßig Qualifikationsprobleme, d.h. Fragen nach der Abgrenzung der Anwendungsbereiche von Adoptionsstatut und Wirkungsstatut.

2. Eltern-Kind-Verhältnis. Wie für leibliche Kinder bestimmt sich auch für minderjährige Adoptivkinder das allgemeine Eltern-Kind-Verhältnis nach Art. 21. Werden Schutzmaßnahmen erforderlich, ist das MSA bzw. – bei Entscheidungen im Zusammenhang mit Ehescheidungen – die EheVO einschlägig. In dem danach anwendbaren Recht stellt sich die Frage der Adoption als Vorfrage nach dem Bestehen eines Abstammungsverhältnisses.

3. Name. Die Namensführung des Kindes richtet sich nicht nach dem Adoptionsstatut, sondern nach dem **Namensstatut (Art. 10)**. Führt die Adoption zum Wechsel der Staatsangehörigkeit des Kindes, so ist die neu erworbene Staatsangehörigkeit für die Anknüpfung nach Art. 10 maßgeblich.[20] Hat das Kind die Staatsangehörigkeit des Annehmenden erworben, ohne die bisherige zu verlieren, so kommt es für die Frage, welche die effektive Staatsangehörigkeit ist, ebenfalls auf die neue, durch die Adoption geschaffene Lage an. Meist wird daher die durch den Annehmenden vermittelte Staatsangehörigkeit die effektive sein.

Kollisionsrechtliche Problem treten auf, wenn verschiedene Rechtsordnungen als Namensstatut und Adoptionsstatut berufen sind, was typischerweise der Fall ist, wenn das Adoptivkind nicht die Staatsangehörigkeit

---

19 Text des AdWirkG vor Rn 98.

20 Staudinger/*Henrich*, Art. 22 EGBGB Rn 47; LG Gießen IPRspr 19 95, Nr. 13; a.A. AG Detmold IPRax 1990, 254 f. m. Anm. *Jayme*.

des Annehmenden erworben hat, wie etwa bei der schwachen Minderjährigenadoption oder bei der Erwachsenenadoption.

25 Die h.M. knüpft die **Vorfrage** nach dem familienrechtlichen Status des Kindes, die sich bei Anwendung des Namensstatuts stellt, selbständig an. Dadurch wird erreicht, dass der familienrechtliche Status eines Kindes im Inland einheitlich beurteilt wird.[21]

26 Dagegen spricht aber entscheidend, dass das ausländische Kind in den Ausweispapieren den Namen führt, den es aus Sicht des Heimatrechts hat. Zur Vermeidung einer gespaltenen Namensführung muss daher die Vorfrage nach dem familienrechtlichen Status und damit nach der Wirksamkeit einer Adoption unselbständig angeknüpft werden.[22] Die Sichtweise des Heimatrechts ist auch bei der Frage nach einer Rück- oder Weiterverweisung maßgeblich.

27 **Anpassungsprobleme** ergeben sich, wenn die namensrechtlichen Wirkungen im Adoptionsstatut und Namensstatut unterschiedlich ausgestaltet sind.[23] Das ist etwa der Fall, wenn nach dem Adoptionsstatut eine starke Adoption ausgesprochen wurde, bei der das Adoptivkind nach dem Adoptionsstatut den Namen des Annehmenden erhalten würde, wenn aber das Namensstatut in einem solchen Fall nur eine schwache Adoption vorsieht, bei der das Kind seinen bisherigen Namen behält.

28 Kennt das Namensstatut mehrere Arten von Adoptionen, so ist auf die Namensregelung für die Adoptionsart abzustellen, der die nach dem Adoptionsstatut ausgesprochene Adoption entspricht.[24]

29 Meist wird eine Lösung am besten dadurch erfolgen, dass die Annehmenden von dem **Wahlrecht nach Art. 10 Abs. 3** Gebrauch machen.[25] Die Adoptiveltern können so das Namensrecht wählen, das die Namensführung ermöglicht, dem der konkrete Charakter der Adoption entspricht. Auch bei einer schwachen Adoption kann eine namensmäßige Integration erwünscht sein. Bei der Volljährigenadoption wird man Art. 10 Abs. 3 analog anwenden können. Da kein Sorgerecht mehr besteht, muss die Wahl durch Annehmenden und Angenommenen gemeinsam erfolgen.

30 Ist bei einer **ausländischen Dekretadoption**, die nach § 16a FGG anzuerkennen ist, auch eine Entscheidung über die Namensführung ergangen, so richtet sich die Namensführung nach dieser Entscheidung.[26] Eine Änderung des Namens ist nur über ein behördliches Verfahren möglich.

31 Das Namensstatut bestimmt auch die Möglichkeiten einer Änderung des **Vornamens** anlässlich der Adoption.[27] Ist in einem ausländischen Adoptionsdekret eine Entscheidung über die Vornamensführung getroffen worden, so wird sie auch von der Anerkennung umfasst.

32 **4. Staatsangehörigkeit.** Nach § 6 S. 1 StAG erwirbt das unter 18 Jahre alte ausländische Kind „mit der nach den deutschen Gesetzen wirksamen Annahme als Kind" die deutsche Staatsangehörigkeit.

33 Nach h.M. muss die Adoption nicht unter Anwendung deutschen materiellen Rechts begründet worden sein. Die Adoption kann im In- oder Ausland unter Anwendung eines ausländischen Adoptionsstatuts ergangen sein. Auch wenn die Adoption im Ausland unter Anwendung eines Rechts ausgesprochen wurde, das aus deutscher Sicht nicht Adoptionsstatut ist, kann die Adoptionsentscheidung im Inland anerkannt werden und Wirkungen entfalten (siehe Rn 88).

34 Die h.M. verlangt aber, dass die unter Anwendung ausländischen Rechts ausgesprochene Adoption in ihren statusverändernden Wirkungen einer starken Minderjährigenadoption deutschen Rechts gleichwertig ist.[28] Streitig war dabei, in welchem Maß die ausländische Adoption einer Volladoption nach deutschem Recht entsprechen muss.[29] In § 2 AdWirkG findet sich nun eine gesetzliche Regelung der Gleichwertigkeit, auf die auch für die Frage des Staatsangehörigkeitserwerbs nach der h.M. abgestellt werden sollte.

---

21 BGH IPRax 1987, 22, 23; BayObLG FamRZ 1991, 1352; *Henrich*, IPRax 1998, 96; *Kubitz*, StAZ 2001, 44.
22 BayObLG IPRax 1987, 192, 195; KG StAZ 1988, 325; *Hepting/Gaaz*, Bd. 1, § 30 PStG Rn 450; Palandt/*Heldrich*, Art. 10 Rn 2.
23 *Benicke*, S. 243 ff.; MüKo/*Klinkhardt*, Art. 22 EGBGB Rn 42; Staudinger/*Henrich*, Art. 22 EGBGB Rn 54 f.
24 MüKo/*Klinkhardt*, Art. 22 EGBGB Rn 42; Staudinger/*Henrich*, Art. 22 EGBGB Rn 54.
25 Staudinger/*Henrich*, Art. 22 EGBGB Rn 54.
26 AG Bonn StAZ 1992, 41; *Benicke*, S. 248.
27 Staudinger/*Henrich*, Art. 22 EGBGB Rn 56; a.A. *Mansel*, StAZ 1984, 211; s.a. allg. für die Maßgeblichkeit des Namensstatuts für den Vornamen OLG Hamm IPRax 1983, 296 m. Anm. *Dörner*, S. 287.
28 BayVGH IPRspr 1988, Nr. 224 = StAZ 1989, 287; HessVGH StAZ 1985, 312; VG München IPRspr 1991 Nr. 226 = StAZ 1992, 351; MüKo/*Klinkhardt*, Art. 22 EGBGB Rn 48; Staudinger/*Henrich*, Art. 22 EGBGB Rn 61; i.E. auch *Makarov/v. Mangoldt*, Deutsches Staatsangehörigkeitsrecht, 1989, § 6 Rn 11, der aus diesem Grund einer schwachen Adoption bereits die Anerkennung versagt; a.A. *Benicke*, S. 259 ff.
29 HessVGH StAZ 1985, 312 nahm Gleichwertigkeit an, obgleich nach dem ausländischen Adoptionsrecht die leiblichen Eltern weiterhin ein Erbrecht hatten.

Durch die nach § 3 AdWirkG mögliche Umwandlung einer schwachen Adoption nach ausländischem Recht in eine starke nach deutschem Recht (siehe Rn 119 ff.) ist die Problematik des fehlenden Staatsangehörigkeiterwerbs bei schwachen Adoptionen deutlich gemildert. 35

Da die Umwandlung *ex nunc* wirkt, ist fraglich, ob das Adoptivkind die deutsche Staatsangehörigkeit nur erwirbt, wenn es im Zeitpunkt des Antrags auf Umwandlung das 18. Lebensjahr noch nicht vollendet hat. Da auch durch eine schwache Adoption ein Eltern-Kind-Verhältnis begründet worden ist, sollte genügen, dass das Kind bei der Adoption noch keine 18 Jahre alt war.[30] 36

Nach § 27 StAG verliert ein deutsches Kind mit der Annahme durch einen Ausländer die deutsche Staatsangehörigkeit, wenn es die Staatsangehörigkeit des Annehmenden erwirbt und es mit dem deutschen Elternteil nicht verwandt bleibt. Für die Frage nach dem Erlöschen der Verwandtschaftsbeziehung ist nun auf § 2 AdWirkG abzustellen. 37

5. Erbrecht. Nach der heute ganz h.M. bestimmt weder das Adoptionsstatut noch das Erbstatut allein über die Erbberechtigung eines adoptierten Kindes. Weitgehende Einigkeit besteht über den **Grundsatz:** Das Erbstatut entscheidet darüber, welches Verwandtschaftsverhältnis für eine erbrechtliche Berechtigung vorliegen muss und welche konkrete Erbberechtigung sich hieraus ergibt. Ob ein solches Verwandtschaftsverhältnis durch die Adoption begründet worden ist, bestimmt sich hingegen nach dem Adoptionsstatut.[31] 38

Ist **deutsches Recht Erbstatut** und geht es um die Erbberechtigung des Adoptivkindes nach dem Bruder oder der Schwester des Annehmenden, so ergibt sich die Erbberechtigung nicht bereits daraus, dass sie bei einer deutschen Minderjährigenadoption zu bejahen wäre. Entscheidend ist, ob die Adoption nach dem Adoptionsstatut das in § 1925 Abs. 1 BGB vorausgesetzte Verwandtschaftsverhältnis zu den Eltern und Geschwistern des Annehmenden begründet hat. Bestimmt das Adoptionsstatut nicht ausdrücklich, welche verwandtschaftlichen Beziehungen begründet werden, so kann den erbrechtlichen Vorschriften dieser Rechtsordnung eine Indizwirkung dafür zukommen, zu welchen Personen ein Verwandtschaftsverhältnis entstanden ist. 39

Dass das Adoptivkind im konkreten Fall nach den erbrechtlichen Regelungen des Adoptionsstatuts keine Erbberechtigung erlangt hätte, ist hingegen unerheblich. Zu vermeiden ist, über die Prüfung der Indizwirkung eine kumulative Anwendung der erbrechtlichen Vorschriften des Adoptionsstatuts vorzunehmen.[32] Hat das Adoptivkind die Stellung eines Kindes des Annehmenden erhalten, lässt das Adoptionsstatut das Adoptivkind aber erst subsidiär nach leiblichen Kindern des Annehmenden erben oder gewährt es ihm im Unterschied zu leiblichen Kindern kein Pflichtteilsrecht, wird hierdurch die erbrechtliche Berechtigung des Adoptivkindes nach deutschem Recht nicht beschränkt.[33] 40

Streitig sind weiterhin die Fälle, in denen nach dem Erbstatut die **Erbberechtigung eines Adoptivkindes** ausgeschlossen ist, etwa weil das Erbstatut nur eine schwache oder überhaupt keine Adoption kennt. **Eine Ansicht** will insoweit das Erbstatut entscheiden lassen. Da das Erbstatut bestimme, welches Verwandtschaftsverhältnis für eine Erbberechtigung vorliegen müsse, handele es sich um die Auslegung der erbrechtlichen Normen. Diese Normen bestimmen, ob das Verwandtschaftsverhältnis auch durch eine ausländische Adoption substituiert werden kann.[34] Sieht das Erbstatut wie in den islamisch geprägten Rechtsordnungen eine Adoption nicht vor, so wird es auch eine Erbberechtigung aufgrund einer Adoption ablehnen.[35] Nach einer **anderen Ansicht**[36] entscheidet das Erbstatut nur darüber, welches Verwandtschaftsverhältnis für eine bestimmte Erbberechtigung vorliegen muss. Ob dieses Verwandtschaftsverhältnis besteht, ist eine selbständig anzuknüpfende Vorfrage.[37] Geht es um die leibliche Kindschaft, richtet sich dies nach dem Abstammungsstatut gemäß Artt. 19, 20. Kommt eine Verwandtschaft aufgrund einer Adoption in Betracht, entscheidet darüber das Adoptionswirkungsstatut. Eine Substitution findet erst auf einer zweiten Stufe statt, indem gefragt wird, ob das durch die Adoption geschaffene Verwandtschaftsverhältnis dem vom Erbstatut vorausgesetzten entspricht. Welches Verwandtschaftsverhältnis durch die Adoption begründet worden ist, richtet sich nur nach dem Adoptionsstatut. 41

---

30 A.A. *Busch*, IPRax 2003, 13, 20.
31 BGH IPRax 1990, 55 = FamRZ 1989, 378 = NJW 1989, 2197; OLG Düsseldorf IPRax 1999, 380, 382 f.; Soergel/*Lüderitz*, Art. 22 EGBGB Rn 28; Staudinger/*Henrich*, Art. 22 EGBGB Rn 64.
32 So aber im Erg. OLG Düsseldorf IPRax 1999, 380, 382 f.
33 A.A. OLG Düsseldorf IPRax 1999, 380, 382 f.
34 *Beitzke*, IPRax 1990, 36, 40 f.; *Sonnenberger*, in: GS Lüderitz 2000, S. 716 ff.; Staudinger/*Dörner*, Art. 25 EGBGB Rn 180; Staudinger/*Henrich*, Art. 22 EGBGB Rn 67; *St. Lorenz*, FS Sonnenberger, S. 510.
35 Staudinger/*Henrich*, Art. 22 EGBGB Rn 167.
36 KG IPRax 1985, 354; OLG Düsseldorf IPRax 1999, 380, 382; Soergel/*Lüderitz*, Art. 22 EGBGB Rn 30 f. mit Fn 49; *Benicke*, S. 231 ff.; *Heiderhoff*, FamRZ 2002, 1682, 1683 f.
37 Staudinger/*Dörner*, Art. 25 EGBGB Rn 175.

42 Zu folgen ist der letzteren Ansicht. Nur sie ermöglicht eine einheitliche Behandlung der Adoptivkindschaft und gewährleistet damit eine weitgehende Gleichbehandlung mit der leiblichen Kindschaft. Auch die Vorfragen nach dem Bestehen der leiblichen Kindschaft oder einer Ehe werden insoweit selbständig angeknüpft.[38] Außerdem werden dadurch Fälle von Normenhäufung und Normenmangel vermieden. Entschiede das Erbstatut darüber, ob ein Adoptivkind erbberechtigt sein kann, könnte ein Adoptivkind etwa weder in der leiblichen Familie noch in der Adoptivfamilie erbberechtigt sein.

43 Entsprechend ist auch bei der Frage eines Erbrechts des Adoptivkindes nach Mitgliedern seiner **Herkunftsfamilie** zu entscheiden. Werden nach dem Adoptionsstatut alle Verwandtschaftsverhältnisse zu der Herkunftsfamilie vollständig gelöst, so hat das Kind kein Erbrecht, auch wenn die als Erbstatut berufene Rechtsordnung nur eine schwache Adoption kennt, bei der ein Erbrecht des Kindes nach Mitgliedern der Herkunftsfamilie erhalten bleibt.[39] Umgekehrt behält das schwach adoptierte Kind ein Erbrecht in seiner Herkunftsfamilie auch dann, wenn die als Erbstatut berufene Rechtsordnung nur die starke Adoption kennt.[40]

44 **Umstritten** ist die Behandlung der Fälle, in denen das Adoptionsstatut zwar grundsätzlich vorsieht, dass das Kind in die Adoptivfamilie rechtlich voll integriert wird, dem Kind aber die **Erbberechtigung in der Herkunftsfamilie erhalten bleibt**. Dies gilt etwa für die Adoption nach österreichischem oder türkischem Recht[41] oder für die Adoption nach dem Recht einiger Staaten in den USA. Dort sehen die jeweiligen einzelstaatlichen Adoptionsgesetze regelmäßig eine Adoption mit starken Wirkungen vor. Teilweise lassen die gesetzlichen Regelungen aber eine Erbberechtigung in der leiblichen Familie nach dem einzelstaatlichen Common Law unberührt.[42] Da das Adoptionsrecht das Rechtsverhältnis zwischen Adoptivkind und Herkunftsfamilie zumindest erbrechtlich nicht beseitigt, müsse das Kind auch für das Erbstatut hinsichtlich der erbrechtlichen Berechtigung als mit der Herkunftsfamilie verwandt angesehen werden, behalte daher also ein Erbrecht, wenn die übrigen Voraussetzungen nach dem Erbstatut vorliegen.[43]

45 M.E. bezwecken solche Vorschriften eine spezielle erbrechtliche Besserstellung des Adoptivkindes und sollten daher erbrechtlich qualifiziert werden. Ist österreichisches Recht Erbstatut, erbt das Adoptivkind nach leiblichen Verwandten auch dann, wenn deutsches Recht Adoptionswirkungsstatut ist. Umgekehrt hat das nach österreichischem Recht adoptierte Kind bei deutschem Erbstatut kein gesetzliches Erbrecht nach Verwandten der Herkunftsfamilie.

46 **6. Gleichstellung mit stark adoptiertem Kind (Abs. 3).** Nach Abs. 3 kann das Kind, das unter Anwendung eines ausländischen Rechts im Inland oder im Ausland schwach adoptiert worden ist, für die Erbfolge nach einem Angehörigen der Adoptionsfamilie einem nach deutschem Recht stark adoptierten Kind gleichgestellt werden. Auf die Erbfolge muss deutsches Recht anwendbar sein und das Kind muss bei der Annahme unter 18 Jahre alt gewesen sein. Eine praktische Bedeutung dürfte diese Gleichstellungsmöglichkeit nur haben, wenn eine Umwandlung der Adoption (siehe dazu Rn 119 ff.) nicht durchgeführt werden kann, etwa weil eine erforderliche Einwilligung fehlt oder weil der Annehmende bereits gestorben ist.

47 Da das Adoptivkind zumindest im Verhältnis zum Annehmenden die rechtliche Stellung eines Kindes erlangt hat, ist die Gleichstellungsmöglichkeit insoweit ohne Bedeutung, weil, wie hier vertreten (Rn 41 f.), für die erbrechtliche Stellung nur das Erbstatut maßgebend ist und etwaige Beschränkungen des Erbrechts nach dem Adoptionsstatut ohne Bedeutung sind. Nach der anderen Ansicht können allerdings durch die Gleichstellung etwaige Beschränkungen des Adoptionsstatuts überwunden werden.

48 Die Gleichstellung hat **durch letztwillige Verfügung** zu erfolgen. Gegenüber einer unmittelbaren Einsetzung als Erben verschafft die Gleichsetzung ein Mehr an Rechten, etwa im Hinblick darauf, dass das Adoptivkind nun auch zu den Pflichtteilsberechtigten gehören kann.[44] Auch greifen die Auslegungsregeln im deutschen Erbrecht, die auf Stellung als Abkömmling verweisen, etwa § 2069 BGB, unmittelbar. Schließlich kann durch die Gleichstellung eine günstigere Erbschaftssteuerklasse erreicht werden.

---

38 BGH NJW 1981, 1900 (Scheidung einer Ehe); BayObLGZ 1980, 72 (Ehelichkeit eines Kindes); OLG Düsseldorf FamRZ 1996, 699; 1998, 1629; MüKo/*Birk*, Art. 25 EGBGB Rn 81; Palandt/*Heldrich*, Art. 25 EGBGB Rn 17; Staudinger/*Dörner*, Art. 25 EGBGB Rn 555; für unselbständige Anknüpfung OLG Oldenburg IPRspr 1987 Nr. 107; *Jayme*, ZfRV 24 (1983), 1974 f.

39 Soergel/*Lüderitz*, Art. 22 EGBGB Rn 32; Staudinger/*Henrich*, Art. 22 EGBGB Rn 69; DIJuF-Rechtsgutachten v. 22.3.2001, JAmt 2001, 536 f. für eine 1970 in Dänemark begründete starke Adoption eines deutschen Kindes; a.A. Staudinger/*Dörner*, Art. 25 EGBGB Rn 180.

40 Soergel/*Lüderitz*, Art. 22 EGBGB Rn 32; so auch Staudinger/*Henrich*, Art. 22 EGBGB Rn 70.

41 Art. 257 türk. ZGB, dazu AG Siegen IPRax 1993, 184, 185.

42 *Jayme*, in: Basedow u. a., Aufbruch nach Europa, 2001, S. 447, 451 f.; *Sonnenberger*, in: GS Lüderitz 2000, S. 713, 727 ff.

43 Staudinger/*Henrich*, Art. 22 EGBGB Rn 66 a.E.; *Sonnenberger*, in: GS Lüderitz 2000, S. 730 f.

44 S. *Heiderhoff*, FamRZ 2002, 1682, 1684; *Steiger*, DNotz 2002, 184, 207.

Praktische Bedeutung hat allerdings nur eine Gleichstellungsanordnung durch Verwandte des Annehmenden, nicht hingegen durch den Ehegatten, weil auch ein nach deutschem Recht vom Ehegatten allein adoptiertes Kind nicht mit dem (späteren) Ehegatten verwandt wird.

Die Gleichstellung wirkt nur im Verhältnis zu der Person, die sie durch letztwillige Verfügung angeordnet hat. Im Verhältnis zu den anderen Mitgliedern der Adoptivfamilie sowie im Verhältnis zur Herkunftsfamilie bestimmen sich die für das Erbrecht relevanten Verwandtschaftsverhältnisse weiterhin nach dem Adoptionsbegründungsstatut.[45]

Ungeklärt ist noch, unter welchen Voraussetzungen eine Gleichstellung angenommen werden kann, wenn sie nicht ausdrücklich erfolgt.[46] Um der Vorschrift eine praktische, insbesondere erbschaftsteuerrechtliche Bedeutung zu lassen, muss es ausreichen, dass der Erblasser das Adoptivkind zumindest in dem Maße bedacht hat, wie es dem gesetzlichen Erbteil bei einer starken Adoption entsprechen würde.

C. Anknüpfung

I. Anknüpfungspunkt

Will eine **unverheiratete Person** allein ein Kind adoptieren, ist an ihre Staatsangehörigkeit anzuknüpfen. Bei Doppelstaatern ist Art. 5 Abs. 1 heranzuziehen; bei Staatenlosen ist nach Art. 5 Abs. 2 der gewöhnliche Aufenthalt maßgebend. Zu den Besonderheiten bei Flüchtlingen und Verschleppten siehe Art. 5 EGBGB Rn 39.

Für eine **verheiratete Person**, die allein oder zusammen mit ihrem Ehegatten ein Kind annimmt, ist Adoptionsstatut das Recht, das im Zeitpunkt der Adoption nach Art. 14 Abs. 1 Ehewirkungsstatut ist. Unbeachtlich ist ein nach Art. 14 Abs. 2 gewähltes Ehewirkungsstatut. Die Vor- bzw. Erstfrage, ob die Annehmenden verheiratet sind, ist, da sie sich bei Anwendung einer inländischen Norm stellt, immer aus Sicht des deutschen IPR anzuknüpfen.[47]

Art. 22 enthält keine ausdrückliche Bestimmung für die Anknüpfung, wenn **zwei unverheiratete Personen** ein Kind annehmen wollen. Anders als im deutschen Adoptionsrecht ist dies nach ausländischen Rechtsordnungen teilweise möglich. Anwendbar sind entsprechend Abs. 1 S. 1 kumulativ die Heimatrechte beider Annehmender.[48]

Eine analoge Anwendung von Abs. 1 S. 2 bei einer **gleichgeschlechtlichen Partnerschaft** mit einem Verweis auf Art. 17b Abs. 1 ist abzulehnen. Der Gesetzgeber hat auch kollisionsrechtlich eine vollständige Gleichstellung mit der Ehe nicht vorgenommen. Aus Art. 17b Abs. 4 muss sogar abgeleitet werden, dass eine weiter gehende Gleichstellung der Partnerschaft nach dem Heimatrecht oder den Heimatrechten der Partner in Deutschland nicht anerkannt werden kann (siehe Art. 17b EGBGB Rn 70 ff.). Eine gemeinsame Adoption durch die Partner kann in Deutschland selbst dann nicht ausgesprochen werden, wenn sie nach dem durch Art. 22 berufenen Adoptionsstatut möglich ist. Gleiches gilt für eine nach dem Heimatrecht eines Partners mögliche Adoption des Kindes des anderen Partners.[49]

II. Rück- und Weiterverweisung

Rück- und Weiterverweisungen sind grundsätzlich zu beachten. Maßgebend ist auch bei Abs. 1 S. 2 die ausländische Kollisionsnorm für das Adoptionsstatut und nicht die für das Ehewirkungsstatut.[50] Bei einer Verweisung auf österreichisches Recht ist damit nicht die dortige Kollisionsnorm für das Ehewirkungsstatut maßgebend, sondern die für das Adoptionsstatut, die auf das jeweilige Heimatrecht des Ehegatten abstellt. Bei einem deutsch-österreichischen Ehepaar mit gewöhnlichem Aufenthalt in Österreich findet daher eine partielle Rückverweisung für den deutschen Ehegatten auf das deutsche Recht statt.[51]

---

45 Staudinger/*Henrich*, Art. 22 EGBGB Rn 70; *Heiderhoff*, FamRZ 2002, 1682, 1685.
46 *Heiderhoff*, FamRZ 2002, 1682, 1685.
47 Staudinger/*Henrich*, Art. 22 EGBGB Rn 24.
48 Soergel/*Lüderitz*, Art. 22 EGBGB Rn 8; Staudinger/*Henrich*, Art. 22 EGBGB Rn 6.
49 Staudinger/*Henrich*, Art. 22 EGBGB Rn 6.
50 BayObLG FamRZ 1997, 841; LG Hamburg FamRZ 1999, 253, 254; MüKo/*Klinkhardt*, Art. 22 EGBGB Rn 16; Palandt/*Heldrich*, Art. 22 EGBGB Rn 2;

Soergel/*Lüderitz*, Art. 22 EGBGB Rn 61; Staudinger/*Henrich*, Art. 22 EGBGB Rn 14.
51 Ähnlich bei einem deutsch-türkischen Ehepaar, bei dem der deutsche Ehegatte ursprünglich ebenfalls Türke war; nach Art. 14 Abs. 1 Nr. 1 Alt. 2 ist türkisches Recht Ehewirkungsstatut; Art. 18 türk. IPR-Gesetz unterstellt die Adoption für jeden Annehmenden seinem Heimatrecht und verweist daher für den deutschen Ehegatten auf deutsches Recht zurück; s. LG Hamburg FamRZ 1999, 253, 254.

57 Einige ausländische Rechtsordnungen verweisen kumulativ oder partiell neben dem Heimatrecht des Annehmenden auch auf dasjenige des Anzunehmenden. Auch eine solche teilweise Weiterverweisung ist zu befolgen.

58 Eine Rückverweisung ist auch dann zu beachten, wenn das Adoptionsstatut über Art. 14 Abs. 1 Nr. 3 bestimmt wurde. Dies folgt unabhängig davon, wie man die Frage für das Ehewirkungsstatut selbst entscheidet (siehe Art. 14 EGBGB Rn 53), daraus, dass durch die Beachtung einer Rück- oder Weiterverweisung die ausländische Rechtsordnung nicht über die Anknüpfung des Ehewirkungsstatuts, sondern über die des Adoptionsstatuts entscheidet. Im Hinblick auf die Adoption wurde aber keine umfassende Prüfung der engsten Verbindung vorgenommen.[52]

59 Möglich ist auch eine **versteckte Rückverweisung**, wenn aus der Sicht der Rechtsordnung, auf die Art. 22 verweist, deutsche Gerichte international zuständig sind, und die ausländische Rechtsordnung das anwendbare Recht nicht durch ein eigenes Kollisionsrecht, sondern mittelbar über die internationale Zuständigkeit bestimmt, weil die eigenen Gerichte stets die *lex fori* anwenden (siehe Art. 4 EGBGB Rn 5).[53] Weiter gehend wird man aufgrund der fortgeschrittenen materiellrechtlichen Angleichung im Adoptionsrecht eine versteckte Rückverweisung auch dann annehmen können, wenn deutsche Gerichte aus Sicht der ausländischen Rechtsordnung zwar nicht international zuständig sind, eine deutsche Entscheidung aber anerkannt wird.[54]

D. Anwendung ausländischen Rechts

I. Vorfragen

60 Ob Vorfragen, die sich bei Anwendung eines ausländischen Adoptionsrechts stellen, selbständig oder unselbständig anzuknüpfen sind, ist auch bei der Adoption noch ungeklärt. Zumindest die Vorfrage, ob das Kind noch minderjährig ist, sollte unselbständig angeknüpft werden (siehe Rn 6).

II. Ordre public

61 Der *ordre-public*-Vorbehalt nach Art. 6 kann eingreifen, wenn das nach Art. 22 berufene ausländische Recht eine Adoption überhaupt nicht oder nur unter sachlich nicht gerechtfertigten Voraussetzungen zulässt. Es muss aber im Einzelfall ein ausreichend enger Inlandsbezug vorliegen und die Versagung der Adoption muss das Kindeswohl in nicht hinnehmbarem Maße beeinträchtigen.

62 Kein ausreichender Inlandsbezug liegt regelmäßig vor, wenn sich die Parteien nur vorübergehend in Deutschland aufhalten und wieder in ihr Heimatland zurückkehren wollen. Für das Kindeswohl ist entscheidend, ob statt der Adoption nach dem anwendbaren Recht eine Pflegekindschaft begründet werden kann, die eine ausreichend sichere rechtliche Grundlage für eine kontinuierliche Betreuung und Erziehung des Kindes darstellt.[55] Dies wird für die *kafala* nach marokkanischem Recht für möglich gehalten. Sie sei zumindest dann eine angemessene Form der Betreuung, wenn es dem Kind die Kontinuität der kulturellen Kindesentwicklung fördert.[56] Die fehlende verwandtschaftliche Beziehung wird aber bei einem gewöhnlichen und nicht nur vorübergehenden Aufenthalt in Deutschland regelmäßig im Widerspruch zum Kindeswohl stehen und eine Adoption geboten erscheinen lassen. Die fehlende verwandtschaftliche Beziehung verhindert den Erwerb der deutschen Staatsangehörigkeit und führt zu einer ausländerrechtlich wenig gesicherten Rechtsstellung des Kindes. Bei einem auf Dauer angelegten Aufenthalt in Deutschland verstoßen auch Vorschriften, die ein hohes Mindestalter[57] oder die Kinderlosigkeit[58] der Annehmenden verlangen, gegen den deutschen *ordre public*, wenn das Unterbleiben der Adoption eine unsichere Rechtsstellung des Kindes zur Folge hat.

---

52 Erman/*Hohloch*, Art. 22 EGBGB Rn 5; Staudinger/*Henrich*, Art. 22 EGBGB Rn 16; a.A. Palandt/*Heldrich*, Art. 22 EGBGB Rn 2.

53 KG IPRspr 1982 Nr. 108 = IPRax 1982, 246 m. Anm. *Jayme*; *Jayme*, ZfRV 1970, 253, 255; Soergel/*Lüderitz*, Art. 22 EGBGB Rn 61; Staudinger/*Henrich*, Art. 22 EGBGB Rn 18, 20; die Gerichte müssen aus Sicht des ausländischen Rechts nicht ausschließlich zuständig sein, s. *Kegel/Schurig*, § 10 VI.

54 AG Darmstadt StAZ 1979, 324 m. zust. Anm. *Jayme*; *Jayme*, in: FS Lipstein 1980, S. 65, 73 f.; Staudinger/*Henrich*, Art. 22 EGBGB Rn 19; eher abl. IPG 1974 Nr. 28 (Köln); LG Wuppertal FamRZ 1976, 714; AG Eggenfelden IPRax 1982, 78 m. Anm. *Jayme*.

55 OLG Karlsruhe FamRZ 1998, 56 = IPRax 1999, 49 m. Anm. *Jayme*; Staudinger/*Henrich*, Art. 22 EGBGB Rn 71.

56 *Jayme*, IPRax 1999, 49; *ders.*, IPRax 1996, 237, 238 ff., 242 f.

57 Etwa das Mindestalter von 35 nach türkischem Recht; s. AG Recklinghausen IPRax 1985, 110 (für Mindestalterserfordernis von 40 Jahren); a.A. Staudinger/*Henrich*, Art. 22 EGBGB Rn 71.

58 AG Siegen IPRax 1993, 184 f.; AG Heidenheim IPRspr 1996, Nr. 111; *Schnabel*, IPRax 1993, 169; IPG 1996 Nr. 35 (Hamburg); s.a. Art. 12 Abs. 2 Europäisches Adoptionsübereinkommen v. 24.4.1967 (BGBl II 1980 S. 93).

Ist aufgrund einer partiellen Rückverweisung für den einen Ehegatten ausländisches und für den anderen Ehegatten deutsches Recht anwendbar (siehe Rn 56), so kann der deutsche Ehegatte nach § 1741 Abs. 2 BGB das Kind nicht allein annehmen, wenn für den ausländischen Ehegatten nach seinem Heimatrecht ein Adoptionsverbot besteht.[59] Möglich ist nur, dass das Adoptionsverbot wegen Verstoßes gegen den deutschen *ordre public* unanwendbar bleibt.

Gegen den deutschen *ordre public* können auch ausländische Vorschriften verstoßen, die nach deutschem Rechtsverständnis unabdingbare Mindestanforderungen für eine Adoption nicht verlangen. Dazu gehört nach h.M., dass die leiblichen Eltern erst nach einer gewissen Frist nach der Geburt des Kindes ihre Einwilligung in die Adoption wirksam erklären können.[60] Ist die Einwilligung erst nach einer ausreichenden Überlegungsfrist ausgesprochen worden oder kann die Einwilligung nach dem Adoptionsstatut später noch widerrufen werden, liegt ein *ordre-public*-Verstoß aber nicht vor.

Praktisch relevant werden solche Regelungen vor allem bei der Anerkennung einer ausländischen Adoption und bedürfen dabei einer differenzierten Betrachtung (siehe Rn 95 ff.).

E. Verfahren

I. Internationale Zuständigkeit

Deutsche Gerichte sind nach **§ 43b FGG** in Adoptionsangelegenheiten international zuständig, wenn der Annehmende, einer der annehmenden Ehegatten oder das Kind Deutscher ist oder seinen gewöhnlichen Aufenthalt im Inland hat. Bei Mehrstaatern braucht die deutsche Staatsangehörigkeit nicht die effektive zu sein.

Die internationale Zuständigkeit hängt nicht von der **Anerkennung** der deutschen Adoptionsentscheidung im Heimatland oder der Annehmenden oder des Kindes ab.[61] Die fehlende Anerkennung der Adoption im Heimatland oder im Land des gewöhnlichen Aufenthalts der Beteiligten kann aber bei der materiellrechtlichen Beurteilung eine Rolle spielen, ob die Adoption dem Kindeswohl dient.[62]

Im Einzelfall kann das **Rechtsschutzbedürfnis** für ein deutsches Verfahren fehlen, wenn die Beteiligten nicht (mehr) im Inland leben, die Anerkennung einer deutschen Entscheidung im Aufenthaltsstaat unsicher ist und/oder nur unter Schwierigkeiten festzustellen ist, ob die Adoption dem Kindeswohl dient, und zu erwarten ist, dass zwischen den Annehmenden und dem Kind ein Eltern-Kind-Verhältnis entsteht.[63]

Bestand die internationale Zuständigkeit nur aufgrund des gewöhnlichen Aufenthalts von Annehmenden oder Kind in Deutschland und sind alle Beteiligten nach Verfahrensbeginn ins Ausland verzogen, entfällt regelmäßig die internationale Zuständigkeit deutscher Gerichte. Eine Zuständigkeitsfortdauer (*perpetuatio fori*) ist nur anzunehmen, wenn die Ermittlungen, die die Anwesenheit der Beteiligten und insbesondere des Kindes voraussetzen, abgeschlossen worden sind.[64]

Nach § 43b Abs. 2 S. 2 FGG i.V.m. § 5 Abs. 1 S. 1, Abs. 2 AdWirkG findet eine **Zuständigkeitskonzentration** an einem Vormundschaftsgericht in jedem Oberlandesgerichtsbezirk statt, wenn ausländische Sachvorschriften zur Anwendung kommen. Dies dient der Herausbildung von speziellen Kompetenzen für internationale Adoptionen und bewirkt eine einheitliche Zuständigkeit für die Feststellung der Adoptionswirkungen nach § 2 Abs. 3 AdWirkG. Ungeklärt ist noch, ob dies ein ausländisches Adoptionsstatut voraussetzt.[65] Nach dem Wortlaut muss es ausreichen, wenn nach Art. 23 ausländisches Recht als Zustimmungsstatut berufen ist. Weiter gehend sollte die Zuständigkeitskonzentration immer eingreifen, wenn Artt. 22 oder 23 überhaupt auf ausländisches Recht verweisen. Stellt sich später heraus, dass das ausländische Recht eine Rückverweisung ausspricht oder nach Art. 23 S. 2 ausnahmsweise deutsches Recht anzuwenden ist, sollte dies auf die Zuständigkeit keine Auswirkung haben. Die Zuständigkeitskonzentration gilt nicht nur für die Minderjährigen-, sondern auch für die **Erwachsenenadoption**, weil auch insoweit eine spezielle

---

59 LG Hamburg FamRZ 1999, 253, 254.
60 S. dazu *Benicke*, S. 202 ff. m.w.N.
61 MüKo/*Klinkhardt*, Art. 22 EGBGB Rn 75; *Engelhardt*, in: Keidel/Kuntze/Winkler, FGG, § 43b Rn 5; Soergel/*Lüderitz*, Art. 22 EGBGB Rn 37; Staudinger/*Henrich*, Art. 22 EGBGB Rn 74.
62 *Jayme*, IPRax 1983, 132; *Lüderitz*, in: FS Beitzke 1979, S. 589, 601; Palandt/*Heldrich*, Art. 22 EGBGB Rn 9; Soergel/*Lüderitz*, Art. 22 EGBGB Rn 37; Staudinger/*Henrich*, Art. 22 EGBGB Rn 75.
63 MüKo/*Klinkhardt*, Art. 22 EGBGB Rn 76; Staudinger/*Henrich*, Art. 22 EGBGB Rn 76.
64 Soergel/*Lüderitz*, Art. 22 EGBGB Rn 37; für eine generelle Ablehnung der *perpetuatio fori* im Bereich der Freiwilligen Gerichtsbarkeit *Henrich*, IPRax 1986, 364, 366; überwiegend wird eine *perpetuatio fori* nicht generell für ausgeschlossen gehalten, aber im Einzelfall eine Abwägung der beteiligten Interessen (Fürsorgebedürfnis, Sachnähe des entscheidenden Gerichts, Vermeidung hinkender Rechtsverhältnisse) vorgenommen, s. *Mansel*, IPRax 1987, 298, 301 f.; *Jayme*, IPRax 1985, 111.
65 S. *Busch*, IPRax 2003, 13, 20.

Kompetenz für auslandsrechtliche Sachverhalte sinnvoll ist. Die Verweisung in § 43b Abs. 2 S. 2 FGG auf § 5 Abs. 1 S. 1, Abs. 2 AdWirkG dient der gesetzestechnischen Vereinfachung und bedeutet nicht, dass der beschränkte Anwendungsbereich des AdWirkG auch für § 43b Abs. 2 S. 2 FGG gilt.

II. Verfahrensfragen bei ausländischem Adoptionsstatut

71 **1. Dekret oder Vertragsbestätigung.** Das Adoptionsstatut entscheidet auch über die **Art, wie die Adoption begründet wird**, d.h. ob sie durch eine gerichtliche Verfügung oder einen Adoptionsvertrag begründet wird und ob ein solcher Adoptionsvertrag einer gerichtlichen Bestätigung bedarf.[66]

72 Erfolgt die Adoption nach dem Adoptionsstatut durch einen gerichtlich zu bestätigenden Adoptionsvertrag, so kann ein deutsches Gericht eine solche Bestätigung aussprechen. Auf einen entsprechenden Antrag hin kann das Gericht die Adoption aber auch durch Beschluss aussprechen.[67]

73 **2. Antragsbefugnis und Zustimmungserklärungen.** Die **Antragsbefugnis** richtet sich nach dem BayObLG auch bei ausländischem Adoptionsstatut nach §§ 1752, 1768 BGB.[68] Richtigerweise sollte diese Frage aber dem Adoptionsstatut unterstellt werden,[69] weil mit dem Antragserfordernis auch darüber entschieden wird, wer zur Adoption sein Einverständnis erklären muss und ob und bis zu welchem Zeitpunkt Einverständniserklärungen zurückgenommen werden können. Das Adoptionsstatut entscheidet auch darüber, welche **Zustimmungen** erforderlich sind.

74 Zu Spannungen kommt es, wenn Adoptionsstatut und das Verfahrensrecht des *forum* unterschiedliche Erklärungsempfänger vorsehen. Bei der Dekretadoption nach deutschem Recht sind die Zustimmungen und andere Erklärungen dem Gericht gegenüber abzugeben. Sieht das ausländische Adoptionstatut eine zu bestätigende Vertragsadoption vor, sind die Erklärungen meist nicht gegenüber dem Gericht abzugeben, sondern diesem nur nachzuweisen. Dies muss auch bei einem deutschen Verfahren genügen. § 1750 Abs. 1 S. 1 BGB ist also nicht verfahrensrechtlich zu qualifizieren.

75 **3. Gerichtliche Entscheidungen zu den Adoptionsvoraussetzungen.** Sieht das Adoptionsstatut die Möglichkeit vor, dass eine gerichtliche Entscheidung von einem Adoptionshindernis befreit oder eine Adoptionsvoraussetzung ersetzt, so kann eine solche Entscheidung auch von dem für die Adoption zuständigen deutschen Vormundschaftsgericht ausgesprochen werden.[70] Ist eine solche Entscheidung bereits im Ausland ergangen, so reicht dies aus, wenn sie nach § 16a FGG anerkannt werden kann[71] und funktional einer entsprechenden Entscheidung nach dem Adoptionsstatut entspricht (siehe auch Art. 23 EGBGB Rn 10).[72]

76 Gleiches gilt, wenn nach dem ausländischen Adoptionsstatut das Gericht oder die Behörde vor dem Ausspruch oder der Bestätigung der Adoption gesonderte Entscheidungen über die Adoptionsfähigkeit der Annehmenden oder des Kindes zu treffen hat.[73]

---

66 BayObLG StAZ 1990, 70; Palandt/*Heldrich*, Art. 22 EGBGB Rn 5.
67 BayObLGZ 82, 318; 97, 88; Palandt/*Heldrich*, Art. 22 EGBGB Rn 5; Soergel/*Lüderitz*, Art. 22 EGBGB Rn 41 f.; a.A. *Beitzke*, in: Beitzke/Hoffmann/Sturm, Einbindung fremder Normen in das deutsche Personenstandsrecht, 1985, S. 1, 7; MüKo/*Klinkhardt*, Art. 22 EGBGB Rn 20; Staudinger/*Henrich*, Art. 22 EGBGB Rn 78; *Henrich*, Int. Familienrecht, § 8 III 2a.
68 BayObLG IPRspr 1981, Nr. 121 = IPRax 1981, 220; BayObLG FamRZ 1982, 1133.
69 Staudinger/*Henrich*, Art. 22 EGBGB Rn 78; anders allerdings in Rn 83 für das Antragserfordernis des leiblichen Elternteils bei der Stiefkindadoption nach englischem Recht; m.E. hat das Antragserfordernis nicht nur eine verfahrensrechtliche Bedeutung, sondern stellt materiellrechtlich die Zustimmung des Elternteils zur Stiefkindadoption dar.
70 Soergel/*Lüderitz*, Art. 22 EGBGB Rn 38; a.A. Staudinger/*Henrich*, Art. 22 EGBGB Rn 79, der insoweit wie bei der Befreiung von Ehehindernissen entscheiden will und die Zuständigkeit der deutschen Gerichte nur annimmt, wenn eine Zuständigkeitsrückverweisung oder ein dringendes Fürsorgebedürfnis vorliegt oder eine Entscheidung der ausländischen Stelle nicht in zumutbarer Zeit zu erwarten ist.
71 S.a. für die Wirkung einer ausländischen Entscheidung bei deutschem Adoptionsstatut AG Hattingen IPRax 1983, 300: Die anzuerkennende italienische Entscheidung, die den leiblichen Eltern das Sorgerecht entzogen und die Adoptionsfähigkeit des Kindes festgestellt hat, entspricht funktional einer Ersatzentscheidung nach § 1748 BGB; ähnlich AG Siegen IPRax 1992, 259 = IPRspr 1992, Nr. 146.
72 AG Hattingen IPRax 1983, 300 mit zust. Anm. *Jayme*; AG Plettenberg IPRax 1994, 218 mit Bespr. *Hohnerlein*, S. 197, 198.
73 Soergel/*Lüderitz*, Art. 22 EGBGB Rn 40; anders AG Darmstadt IPRax 1983, 82, nach dem die nach italienischem Recht vorgesehene, durch gesonderten Gerichtsbeschluss festzustellende Adoptionseignung durch die unwiderrufliche Adoptionseinwilligung nach § 1750 BGB ersetzt wird.

III. Anerkennung ausländischer Adoptionen

1. Allgemein. Adoptionen, die in einem Vertragsstaat des **Haager Übereinkommens über den Schutz von Kindern und die Zusammenarbeit auf dem Gebiet der internationalen Adoption** (Haager AdÜ)[74] den Vorschriften des Übereinkommens entsprechend begründet wurden, sind nach Art. 23 Haager AdÜ anzuerkennen.

Die Anerkennung von Adoptionsentscheidungen aus einem Nichtvertragsstaat richtet sich nach § 16a FGG. Eine anerkennbare Adoptionsentscheidung (Dekretadoption) kann von einem Gericht,[75] aber auch von einer Behörde erlassen worden sein, wenn die Behörde die Adoption in einem der freiwilligen Gerichtsbarkeit vergleichbaren Verfahren konstitutiv begründet hat.[76]

Als Adoptionsentscheidung können weiter gehend auch Bestätigungen und Genehmigungen einer vertraglich begründeten Adoption durch ein Gericht oder eine Behörde anerkannt werden.[77] Voraussetzung ist insoweit, dass die zuständige Stelle die Beteiligten angehört und die formellen und materiellen Voraussetzungen für eine Adoption überprüft hat sowie die Befugnis besitzt, die Bestätigung oder Genehmigung zu versagen, wenn die Beteiligten ein wirkliches Eltern-Kind-Verhältnis nicht begründen wollen. Nicht ausreichend ist eine bloße formale Registrierung der Adoption.[78]

Zeitlich ist Art. 16a FGG anzuwenden, wenn Rechtswirkungen einer ausländischen Entscheidung im Inland nach seinem In-Kraft-Treten am 1.8.1986[79] geltend gemacht werden, auch wenn die Entscheidung bereits früher ergangen ist.

Reine **Vertragsadoptionen**, bei denen die Mitwirkung einer staatlichen Stelle in dem beschriebenen Umfang nicht stattgefunden hat, können nicht nach § 16a FGG anerkannt werden. Ihre Wirksamkeit bestimmt sich kollisionsrechtlich danach, ob die Voraussetzungen nach dem gemäß Artt. 22, 23 aus deutscher Sicht anwendbaren Recht eingehalten wurden.[80]

Sollte eine Vertragsadoption nach dem Adoptionsstatut zustande kommen können, ohne dass eine staatliche oder staatlich beauftragte Stelle mitgewirkt und die Übereinstimmung der Adoption mit dem Kindeswohl geprüft hat, so verstößt diese Regelung bei der Minderjährigenadoption gegen den *ordre public*. Eine solche Adoption ist aus Sicht der deutschen Rechtsordnung nicht wirksam begründet worden. Teilweise wird dieses Ergebnis dadurch erreicht, dass § 1752 BGB ein verfahrensrechtlicher Gehalt zugewiesen wird, so dass er auch bei ausländischem Adoptionsstatut zur Anwendung kommt.[81]

2. Anerkennungsvoraussetzungen nach § 16a FGG. a) Internationale Zuständigkeit, § 16b Nr. 1 FGG. Die internationale Zuständigkeit der ausländischen Stelle für den Ausspruch der Adoption ist in spiegelbildlicher Anwendung der Vorschriften für die internationale Zuständigkeit deutscher Gerichte zu bestimmen. Abzustellen ist auf die deutschen Vorschriften für die internationale Zuständigkeit, die beim Erlass galten. Nach dem seit 1.8.1986 geltenden § 43b Abs. 1 FGG[82] ist die internationale Zuständigkeit gegeben, wenn entweder einer der Annehmenden oder das Kind die Staatsangehörigkeit des betreffenden Landes besitzt oder dort seinen gewöhnlichen Aufenthalt hat.[83]

Diese Voraussetzungen müssen im Zeitpunkt des Ausspruchs der Adoptionsentscheidung vorliegen.[84] Da allerdings auch deutsche Gerichte ihre Zuständigkeit auf die *perpetuatio fori* stützen können (siehe Art. 21 Rn 44 ff.), reicht es aus, wenn die Zuständigkeitsvoraussetzungen bei Stellung des Adoptionsantrags vorlagen und erst später entfallen sind.[85] Eine Heilung der mangelnden internationalen Zuständigkeit ist möglich, wenn

---

[74] Vom 29.5.1993, BGBl II 2001, S. 1034.
[75] Ob die Adoption im Ausland im streitigen oder nichtstreitigen Verfahren ergeht, ist ohne Bedeutung, BayObLG StAZ 2000, 300 = FamRZ 2001, 1642; MüKo/*Klinkhardt*, Art. 22 EGBGB Rn 85; Staudinger/*Henrich*, Art. 22 EGBGB Rn 85.
[76] Regierungsbegründung, BT-Drucks 10/504, S. 93; BayObLG StAZ 2000, 104; LG Frankfurt/M. IPRax 1995, 44; LG Tübingen StAZ 1992, 217; *Zimmermann*, in: Keidel/Kuntze/Winkler, FGG, § 16a Rn 2; Staudinger/*Henrich*, Art. 22 EGBGB Rn 85.
[77] MüKo/*Klinkhardt*, Art. 22 EGBGB Rn 83.
[78] S. AG Duisburg StAZ 1983, 249; *Benicke*, 187 f.; *Henrich* IPRax 1983, 194; *ders.*, Int. Familienrecht, § 8 V 4 b.
[79] § 16a FGG wurde durch das IPR-Reformgesetz v. 25.7.1986 (BGBl I S. 1142) eingefügt.
[80] *Henrich*, Int. Familienrecht, § 8 V 4 b.
[81] S. dazu Staudinger/*Henrich*, Art. 22 EGBGB Rn 78 m.w.N.
[82] Eingefügt durch IPR-Reformgesetz v. 25.7.1986 (BGBl I S. 1142); vorher galt § 66 Abs. 1 FGG, der auf den Wohnsitz der Annehmenden abstellte.
[83] S. zur Anwendbarkeit von § 43b FGG auf Adoptionsentscheidungen, die vor dem 1.9.1986 ergangen sind, MüKo/*Klinkhardt*, Art. 22 EGBGB Rn 86.
[84] Palandt/*Heldrich*, Art. 22 EGBGB Rn 13; für den Zeitpunkt des Wirksamwerdens der Adoptionsentscheidung MüKo/*Klinkhardt*, Art. 22 EGBGB Rn 86.
[85] A.A. MüKo/*Klinkhardt*, Art. 22 EGBGB Rn 86.

die Beteiligten nachträglich die Staatsangehörigkeit des Entscheidungsstaats erworben und dort auch ihren gewöhnlichen Aufenthalt genommen haben.[86]

85 **3. Verfahrensrechtlicher ordre public, § 16b Nr. 2 u. 3 FGG.** Die verfahrensmäßig ungenügende Beteiligung spielt bei der Adoption regelmäßig keine Rolle. Ob die fehlende materiellrechtliche Einwilligung eines Betroffenen ein Anerkennungshindernis darstellt, ist eine Frage des *ordre public* nach § 16b Nr. 4.

86 Nach § 16b Nr. 3 FGG ist die Adoption eines bereits adoptierten Kindes nur dann nicht anerkennbar, wenn sie ohne Berücksichtigung der früher erfolgten und in Deutschland wirksamen Adoption ausgesprochen wurde. Nach § 1742 BGB kann zwar ein bereits adoptiertes minderjähriges Kind grundsätzlich erst nach Aufhebung der Adoption von einem anderen Annehmenden adoptiert werden. Eine weitere Adoption kann aber anerkannt werden, wenn sie inzident die erste Adoption aufgehoben hat, weil nach dem Adoptionsbegründungsstatut eine neue Adoption eine frühere Adoption aufhebt. Die neue Adoptionsentscheidung stellt damit gleichzeitig eine Entscheidung über die Aufhebung der ersten Adoption dar. Liegen insoweit die Anerkennungsvoraussetzungen vor, stellt die erste Adoption kein Hindernis für die Anerkennung der neuen Adoption dar.

87 Wird ein minderjähriges adoptiertes Kind nach Erreichung der Volljährigkeit im Ausland erneut adoptiert, so kann diese Adoption auch ohne inzidente Aufhebung der ersten Adoption anerkannt werden, wenn sie nur schwache Wirkungen hat und daher das Verwandtschaftsverhältnis zu dem ersten Annehmenden unberührt lässt.[87]

88 **4. Materiellrechtlicher ordre public, § 16b Nr. 4.** Die Anerkennung einer ausländischen Dekretadoption ist nur zu versagen, wenn ihr Ergebnis mit den wesentlichen Grundsätzen des deutschen Rechts offensichtlich unvereinbar ist. Die aus deutscher Sicht anwendbaren Sachvorschriften müssen nicht eingehalten worden sein. Auch bei der Adoption eines deutschen Kindes müssen daher nicht gemäß Art. 23 die Zustimmungserfordernisse des deutschen Rechts beachtet worden sein.[88]

89 Ist im Ausland eine Adoption mit **schwachen Wirkungen** begründet worden, obgleich nach dem aus deutscher Sicht anwendbaren Adoptionsstatut eine starke Adoption auszusprechen gewesen wäre, stellt dies nach heute allgemeiner Meinung kein Anerkennungshindernis dar.[89] § 2 Abs. 2 Nr. 2 und § 3 Abs. 1 AdWirkG sehen die Anerkennung und Umwandlung von schwachen Auslandsadoptionen ausdrücklich vor. Ebenso wenig kann einer ausländischen Volladoption, die vor der Einführung der starken Minderjährigenadoption[90] erfolgte, die Anerkennung in Deutschland versagt werden.[91]

90 Zu den wesentlichen Grundsätzen des deutschen Adoptionsrechts gehört, dass eine Adoption nur mit dem Einverständnis des oder der Annehmenden begründet werden darf.

91 Zum *ordre public* gehört auch, dass die Adoption grundsätzlich nur mit **Einwilligung der Mutter** erfolgen darf. Darauf kann nur verzichtet werden, wenn die Adoption im Kindesinteresse geboten ist, weil sie in ihrer Elternrolle dem Kind gegenüber versagt hat. In den Einzelheiten müssen die Gründe nach dem ausländischen Recht nicht mit denen des deutschen Rechts übereinstimmen. Die Prüfung der Verzichtbarkeit kann im Adoptionsverfahren selbst erfolgt sein. Eine gesonderte Entscheidung, wie im deutschen Recht vorgesehen, ist nicht erforderlich. Gleiches gilt für die Zustimmung des Vaters eines ehelichen Kindes.

92 Ist nach dem ausländischen Recht der **Vater eines nichtehelichen Kindes** nicht am Adoptionsverfahren beteiligt worden, so kann auch dies einen *ordre-public*-Verstoß begründen. Allerdings ist zu berücksichtigen, dass hier nicht generell vom Bestehen einer sozialen Beziehung auszugehen ist. Kein *ordre-public*-Verstoß liegt daher vor, wenn der Vater vor der Adoption kein Interesse an der Erziehung des Kindes gezeigt hat.[92]

---

[86] Ähnlich MüKo/*Klinkhardt*, Art. 22 EGBGB Rn 86; zu weit gehend Palandt/*Heldrich*, Art. 22 EGBGB Rn 13, der für ausreichend hält, dass die Anerkennungszuständigkeit im Zeitpunkt der Anerkennung gegeben ist.

[87] LG Stuttgart StAZ 2000, 47, das insoweit § 16a Nr. 4 FGG prüft und darauf hinweist, dass eine weitere Erwachsenenadoption auch nach deutschem Adoptionsrecht zulässig ist.

[88] LG Berlin DAVorm 1990, 811, 813 f.; Staudinger/*Henrich*, Art. 23 EGBGB Rn 27; offen gelassen von BGH FamRZ 1989, 378, 380 = IPRax 1990, 55 = NJW 1989 2197.

[89] OLG Zweibrücken StAZ 1985, 132; *Hepting*, StAZ 1986, 305; MüKo/*Klinkhardt*, Art. 22 EGBGB Rn 90; Palandt/*Heldrich*, Art. 22 EGBGB Rn 14; Soergel/*Lüderitz*, Art. 22 EGBGB Rn 50; Staudinger/*Henrich*, Art. 22 EGBGB Rn 96 f.

[90] Gesetz über die Annahme als Kind und zur Änderung anderer Vorschriften v. 2.7.1976 (BGBl I S. 1749).

[91] Palandt/*Heldrich*, Art. 22 EGBGB Rn 14.

[92] Fachausschuss des Bundesverbandes der Deutschen Standesbeamtinnen und Standesbeamten Nr. 3498, StAZ 1998, 383, 384; s.a. zur Verfassungswidrigkeit der früheren deutschen Rechtslage wegen unzureichender Berücksichtigung des Vaters BVerfGE 92, 158 = FamRZ 1995, 789; und für die EMRK EGMR FamRZ 1995, 110.

Überwiegend wird zum deutschen *ordre public* auch gerechnet, dass die Einwilligung der Eltern erst nach einer angemessenen **Überlegungsfrist** nach der Geburt erteilt wird.[93] Hierbei ist zu beachten, dass die Überlegungsfrist auch durch ein Widerrufsrecht einer bereits vor oder kurz nach der Geburt erteilten Einwilligung erreicht werden kann.[94]

Die **Zustimmung des Kindes** gehört demgegenüber nicht zu den unbedingt einzuhaltenden Voraussetzungen. Notwendig, aber auch ausreichend ist, dass die Interessen des Kindes im Verfahren geprüft worden sind.[95]

Anders als bei der Anwendung ausländischen Rechts durch ein deutsches Gericht kann der *ordre-public*-Vorbehalt bei der Anerkennung einer ausländischen Adoptionsentscheidung nur abgeschwächt eingreifen (*effet attenué*).[96] Dies beruht darauf, dass die Versagung der Anerkennung die Wirksamkeit der Adoption im Entscheidungsstaat nicht berührt und dass durch die Adoptionsentscheidung regelmäßig bereits Tatsachen geschaffen wurden, etwa ein neues Eltern-Kind-Verhältnis begründet worden ist. Die Anerkennung ist wegen eines *ordre-public*-Verstoßes jedenfalls dann nicht zu versagen, wenn bei einer deutschen Adoption wegen des gleichen Grundes die Aufhebung nach § 1761 Abs. 2 BGB oder § 1762 BGB ausgeschlossen wäre.[97]

Weiter gehend ist zu fordern, dass durch die Nichtanerkennung die zu schützende Rechtsposition im Zeitpunkt der Entscheidung über die Anerkennung noch gewahrt werden kann. Hat die leibliche Mutter ihre Einwilligung vor oder bereits kurz nach der Geburt erklärt, ist die Adoption nur dann nicht anzuerkennen, wenn die Mutter die Adoption nicht gelten lassen will und tatsächlich und rechtlich in der Lage ist, wieder für das Kind zu sorgen.[98]

Zu versagen ist die Anerkennung der Adoption hingegen, wenn der Annehmende aufgrund einer gesetz- oder sittenwidrigen Vermittlung oder Verbringung des Kindes zum Zwecke der Adoption (**Kinderhandel**) mitgewirkt hat. Entsprechend § 1741 Abs. 1 S. 2 BGB[99] ist hiervon nur eine Ausnahme zu machen, wenn das Wohl des Kindes die Aufrechterhaltung der Adoption gerade zu diesem Annehmenden erfordert. Diese Ausnahme sollte im Interesse einer wirksamen Prävention eng ausgelegt werden. Allein der Umstand, dass der Annehmende bereits ein Eltern-Kind-Verhältnis aufgebaut hat, ist nicht ausreichend; ebenso wenig, dass die Rückkehr des Kindes in seine Herkunftsfamilie nicht mehr möglich ist. Entscheidend ist, ob die Adoption durch andere Annehmende ohne eine schwere Schädigung des Kindes möglich erscheint.

F. Adoptionswirkungsgesetz

Gesetz über Wirkungen der Annahme als Kind nach ausländischem Recht (Adoptionswirkungsgesetz – AdWirkG)[100]

AdWirkG § 1 Anwendungsbereich

¹Die Vorschriften dieses Gesetzes gelten für eine Annahme als Kind, die auf einer ausländischen Entscheidung oder auf ausländischen Sachvorschriften beruht. ²Sie gelten nicht, wenn der Angenommene zur Zeit der Annahme das achtzehnte Lebensjahr vollendet hatte.

AdWirkG § 2 Anerkennungs- und Wirkungsfeststellung

(1) ¹Auf Antrag stellt das Vormundschaftsgericht fest, ob eine Annahme als Kind im Sinne des § 1 anzuerkennen oder wirksam und ob das Eltern-Kind-Verhältnis des Kindes zu seinen bisherigen Eltern durch die Annahme erloschen ist.

---

93 Staudinger/*Henrich*, Art. 22 EGBGB Rn 91.
94 LG Frankfurt/M. IPRax 1995, 44; Staudinger/*Henrich*, Art. 22 EGBGB Rn 91; *Benicke*, S. 205.
95 BGH IPRax 1990, 55 = FamRZ 1989, 378; BayObLG StAZ 2000, 300; Staudinger/*Henrich*, Art. 22 EGBGB Rn 90.
96 *Martiny*, Handbuch des Internationalen Zivilverfahrensrechts, Bd. III/1, 1984, Rn 1014.
97 OLG Nürnberg v. 15.10.2001 – Az 10 UF 1714/01 (rumänische Adoption eines rumänischen Kindes durch eine deutsche verheiratete Frau, die ohne Einwilligung des Ehemannes erfolgte); LG Nürnberg-Fürth IPRax 1987, 180; *Lüderitz*, in: FS Beitzke 1979, S. 589, 603; *Sonnenberger*, in: GS Lüderitz 2000, S. 713, 723; Staudinger/*Henrich*, Art. 22 EGBGB Rn 90.
98 S. dazu ausf. *Benicke*, S. 202 ff.
99 S. dazu BT-Drucks 13/8511, S. 75.
100 In der Fassung der Bekanntmachung vom 5.11.2001 (BGBl I 2001 S. 2950, 2953).

(2) ¹Im Falle einer anzuerkennenden oder wirksamen Annahme ist zusätzlich festzustellen,
1. wenn das in Absatz 1 genannte Eltern-Kind-Verhältnis erloschen ist, dass das Annahmeverhältnis einem nach den deutschen Sachvorschriften begründeten Annahmeverhältnis gleichsteht,
2. andernfalls, dass das Annahmeverhältnis in Ansehung der elterlichen Sorge und der Unterhaltspflicht des Annehmenden einem nach den deutschen Sachvorschriften begründeten Annahmeverhältnis gleichsteht.

²Von der Feststellung nach Satz 1 kann abgesehen werden, wenn gleichzeitig ein Umwandlungsausspruch nach § 3 ergeht.

(3) ¹Spricht ein deutsches Vormundschaftsgericht auf der Grundlage ausländischer Sachvorschriften die Annahme aus, so hat es die in den Absätzen 1 und 2 vorgesehenen Feststellungen von Amts wegen zu treffen. ²Eine Feststellung über Anerkennung oder Wirksamkeit der Annahme ergeht nicht.

AdWirkG § 3   Umwandlungsausspruch

(1) ¹In den Fällen des § 2 Abs. 2 Satz 1 Nr. 2 kann das Vormundschaftsgericht auf Antrag aussprechen, dass das Kind die Rechtsstellung eines nach den deutschen Sachvorschriften angenommenen Kindes erhält, wenn
1. dies dem Wohl des Kindes dient,
2. die erforderlichen Zustimmungen zu einer Annahme mit einer das Eltern-Kind-Verhältnis beendenden Wirkung erteilt sind und
3. überwiegende Interessen des Ehegatten oder der Kinder des Annehmenden oder des Angenommenen nicht entgegenstehen.

²Auf die Erforderlichkeit und die Erteilung der in Satz 1 Nr. 2 genannten Zustimmungen finden die für die Zustimmungen zu der Annahme maßgebenden Vorschriften sowie Artikel 6 des Einführungsgesetzes zum Bürgerlichen Gesetzbuche entsprechende Anwendung. ³Auf die Zustimmung des Kindes ist zusätzlich § 1746 Abs. 1 Satz 1 bis 3, Abs. 2 und 3 des Bürgerlichen Gesetzbuchs anzuwenden. ⁴Hat der Angenommene zur Zeit des Beschlusses nach Satz 1 das 18. Lebensjahr vollendet, so entfällt die Voraussetzung nach Satz 1 Nr. 1.

(2) ¹Absatz 1 gilt in den Fällen des § 2 Abs. 2 Satz 1 Nr. 1 entsprechend, wenn die Wirkungen der Annahme von den nach den deutschen Sachvorschriften vorgesehenen Wirkungen abweichen.

AdWirkG § 4   Antragstellung; Reichweite der Entscheidungswirkungen

(1) ¹Antragsbefugt sind
1. für eine Feststellung nach § 2 Abs. 1
    a) der Annehmende, im Fall der Annahme durch Ehegatten jeder von ihnen,
    b) das Kind,
    c) ein bisheriger Elternteil,
    d) der Standesbeamte, dem nach § 15 Abs. 1 Satz 1 Nr. 2 oder 3 des Personenstandsgesetzes die Eintragung des Kindes in das Familienbuch oder nach § 30 Abs. 1 Satz 1 des Personenstandsgesetzes die Eintragung eines Randvermerks zum Geburtseintrag des Kindes obliegt, oder
    e) die Verwaltungsbehörde, die nach § 41 Abs. 2 des Personenstandsgesetzes über die Beurkundung der Geburt des Kindes zu entscheiden hat;
2. für einen Ausspruch nach § 3 Abs. 1 oder Abs. 2 der Annehmende, annehmende Ehegatten nur gemeinschaftlich.

²Von der Antragsbefugnis nach Satz 1 Nr. 1 Buchstabe d und e ist nur in Zweifelsfällen Gebrauch zu machen. ³Für den Antrag nach Satz 1 Nr. 2 gelten § 1752 Abs. 2 und § 1753 des Bürgerlichen Gesetzbuchs.

(2) ¹Eine Feststellung nach § 2 sowie ein Ausspruch nach § 3 wirken für und gegen alle. ²Die Feststellung nach § 2 wirkt jedoch nicht gegenüber den bisherigen Eltern. ³In dem Beschluss nach § 2 ist dessen Wirkung auch gegenüber einem bisherigen Elternteil auszusprechen, sofern dieser das Verfahren eingeleitet hat oder auf Antrag eines nach Absatz 1 Satz 1 Nr. 1 Buchstabe a bis c Antragsbefugten beteiligt wurde. ⁴Die Beteiligung eines bisherigen Elternteils und der erweiterte Wirkungsausspruch nach Satz 3 können in einem gesonderten Verfahren beantragt werden.

Annahme als Kind | **Art. 22 EGBGB**

AdWirkG § 5 Zuständigkeit und Verfahren

(1) ¹Über Anträge nach den §§ 2 und 3 entscheidet das Vormundschaftsgericht, in dessen Bezirk ein Oberlandesgericht seinen Sitz hat, für den Bezirk dieses Oberlandesgerichts; für den Bezirk des Kammergerichts entscheidet das Amtsgericht Schöneberg. ²Für die internationale und die örtliche Zuständigkeit gilt § 43 b des Gesetzes über die Angelegenheiten der freiwilligen Gerichtsbarkeit entsprechend.

(2) ¹Die Landesregierungen werden ermächtigt, die Zuständigkeit nach Absatz 1 Satz 1 durch Rechtsverordnung einem anderen Vormundschaftsgericht des Oberlandesgerichtsbezirks oder, wenn in einem Land mehrere Oberlandesgerichte errichtet sind, einem Vormundschaftsgericht für die Bezirke aller oder mehrerer Oberlandesgerichte zuzuweisen. ²Sie können die Ermächtigung auf die Landesjustizverwaltungen übertragen.

(3) ¹Das Vormundschaftsgericht entscheidet im Verfahren der freiwilligen Gerichtsbarkeit. ²§ 50 a Abs. 1 Satz 1, Abs. 2 und 3 sowie § 50 b des Gesetzes über die Angelegenheiten der freiwilligen Gerichtsbarkeit finden entsprechende Anwendung. ³Im Verfahren nach § 2 wird ein bisheriger Elternteil nur nach Maßgabe des § 4 Abs. 2 Satz 3 und 4 angehört. ⁴Im Verfahren nach § 2 ist der Generalbundesanwalt beim Bundesgerichtshof als Bundeszentralstelle für Auslandsadoption, im Verfahren nach § 3 sind das Jugendamt und die zentrale Adoptionsstelle des Landesjugendamtes zu beteiligen.

(4) ¹Auf die Feststellung der Anerkennung oder Wirksamkeit einer Annahme als Kind oder des durch diese bewirkten Erlöschens des Eltern-Kind-Verhältnisses des Kindes zu seinen bisherigen Eltern, auf eine Feststellung nach § 2 Abs. 2 Satz 1 sowie auf einen Ausspruch nach § 3 Abs. 1 oder 2 oder nach § 4 Abs. 2 Satz 3 findet § 56 e Satz 2 und 3 des Gesetzes über die Angelegenheiten der freiwilligen Gerichtsbarkeit entsprechende Anwendung. ²Im Übrigen unterliegen Beschlüsse nach diesem Gesetz der sofortigen Beschwerde; sie werden mit ihrer Rechtskraft wirksam. ³§ 4 Abs. 2 Satz 2 bleibt unberührt.

I. Allgemein

Das Adoptionswirkungsgesetz (AdWirkG)[101] wurde im Zusammenhang mit der Ratifikation des Haager Adoptionsübereinkommens erlassen. Es hat ein Verfahren eingeführt, in dem die Anerkennung und die Wirkung einer im Ausland erfolgten Adoption für das Inland *erga omnes* festgestellt werden können. Außerdem eröffnet es die Möglichkeit, eine Adoption mit schwächeren Wirkungen in eine Adoption nach deutschem Recht umzuwandeln, und bildet damit eine Ausführungsvorschrift zu Art. 27 Haager AdÜ, der dies fakultativ vorsieht.[102]

Der Anwendungsbereich geht über den des Haager AdÜ hinaus. Das AdWirkG gilt auch für Adoptionen aus Staaten, die Nichtvertragsstaaten des Haager AdÜ sind, und sogar für die durch ein deutsches Vormundschaftsgericht ausgesprochene Adoption, wenn ausländisches Recht Adoptionsstatut war. **Zeitlich** wirkt das Adoptionswirkungsgesetz insoweit zurück, als Anerkennungs- und Wirkungsfeststellung sowie Umwandlung auch für Adoptionen erfolgen können, die vor seinem In-Kraft-Treten begründet worden sind.[103]

Die Anwendbarkeit ist auf die Adoption von unter 18-jährigen Kindern beschränkt. Maßgebend ist entsprechend der Abgrenzung zwischen Minderjährigen- und Erwachsenenadoption im internen deutschen Recht[104] der Zeitpunkt des Adoptionsakts, nicht derjenige der Stellung der Adoptionsanträge.[105] Es kommt also darauf an, ob das Gericht oder die Behörde die Adoption vor dem 18. Geburtstag des Kindes ausgesprochen oder bestätigt hat. Wenn nach dem ausländischen Recht das Gericht oder die Behörde die Bewilligung zur Adoption erteilt, die erst im Anschluss durch einen Vertrag zwischen den Beteiligten vollzogen wird, so kommt es auf den letzten Akt an, der für das Wirksamwerden der Adoption erforderlich ist.

Die **internationale Zuständigkeit** für das Feststellungs- oder das Umwandlungsverfahren ist nach § 5 Abs. 1 S. 2 AdWirkG durch entsprechende Anwendung von § 43b FGG zu bestimmen. Die Zuständigkeit ist nach § 5 Abs. 1 S. 1 AdWirkG bei einem Vormundschaftsgericht für jeden Bezirk eines Oberlandesgerichts konzentriert. Dies und die Beteiligung des Generalbundesanwalts beim BGH als Bundeszentralstelle für

---

101 Gesetz über Wirkungen der Annahme als Kind nach ausländischem Recht (Adoptionswirkungsgesetz) in der Fassung der Bekanntmachung v. 5.11.2001 (BGBl I S. 2950).
102 BT-Drucks 14/6011, S. 47 re. Sp.
103 *Busch*, IPRax 2003, 13, 15.
104 S. dazu AG Mainz FamRZ 2001, 1641.
105 BT-Drucks 14/6011, S. 46 re. Sp.

Auslandsadoptionen nach § 5 Abs. 3 AdWirkG dient der Bildung von speziellen Kompetenzen und der Vereinheitlichung der Rechtspraxis.[106]

II. Anerkennungs- und Wirkungsfeststellung

102 **1. Allgemein.** Die Feststellung der Anerkennung und der Wirkungen einer Adoption nach § 2 Abs. 1 AdWirkG kann bei Adoptionen aus Vertragsstaaten wie aus Nichtvertragsstaaten des Haager AdÜ erfolgen. Sie ist sowohl bei Dekretadoptionen als auch bei reinen Vertragsadoptionen möglich (siehe zu den Anerkennungsvoraussetzungen bei reinen Vertragsadoptionen Rn 81).[107]

103 Ist im Inland eine Adoption unter Anwendung eines ausländischen Adoptionsrechts ausgesprochen worden, so trifft das Vormundschaftsgericht von Amts wegen eine Feststellung hinsichtlich der Wirkungen, § 2 Abs. 3 AdWirkG.

104 Zweck der Feststellung ist es, Unsicherheiten im Hinblick auf den rechtlichen Status des Kindes zu vermeiden und damit dem Kindeswohl zu dienen.

105 Das Verfahren ist für ausländische Adoptionen fakultativ und verdrängt nicht die *ex-lege*-Anerkennung einer ausländischen Adoptionsentscheidung nach Art. 23 Haager AdÜ oder § 16a FGG. Liegen die Anerkennungsvoraussetzungen vor, entfaltet die ausländische Adoption Wirkungen im Inland, auch wenn ein Feststellungsverfahren (noch) nicht durchgeführt worden ist.

106 **2. Antragsberechtigung.** Antragsberechtigt sind neben den unmittelbar betroffenen Personen (Annehmender, Kind, bisheriger Elternteil) auch der Standesbeamte, dem die Eintragung des Kindes in das Familienbuch § 15 Abs. 1 S. 1 Nr. 2 o. 3 PersStG) oder die Eintragung eines Randvermerks zum Geburtseintrag (§ 30 Abs. 1 S. 1 PersStG) obliegt.

107 Um die völkerrechtlich vorgegebene *ex-lege*-Anerkennung nach Art. 23 Haager AdÜ nicht auszuhöhlen, ist von der Antragsbefugnis des Standesbeamten nur in Zweifelsfällen Gebrauch zu machen, § 4 Abs. 1 S. 2 AdWirkG.[108] Dafür spricht auch, dass aus Kostengründen, ein Verfahren ohne einen Antrag der unmittelbar betroffenen Personen nur bei einem entsprechenden öffentlichen Interesse durchgeführt werden soll.

108 Außerdem kann ein solches Verfahren aufgrund der notwendigen Anhörung (§ 5 Abs. 3 S. 2 AdWirkG i.V.m. § 50b FGG) für das Adoptivkind eine Belastung darstellen und sollte daher nicht ohne zwingenden Grund erfolgen.[109]

109 Insbesondere bei Adoptionen aus einem Vertragsstaat des Haager AdÜ, bei denen eine Bescheinigung der ausländischen Stelle nach Art. 23 vorliegt, bestehen regelmäßig keine Zweifel hinsichtlich der Anerkennung und der starken Wirkungen.[110]

110 Liegen bei der Adoption aus einem Nichtvertragsstaat die Anerkennungsvoraussetzungen zwar eindeutig vor, ist aber zweifelhaft, ob sie starke oder schwache Wirkungen hat, so reicht auch dies nicht für eine Antragsbefugnis des Standesbeamten aus. Für die vom Standesbeamten vorzunehmende Eintragung kommt es nicht darauf an, ob die Adoption schwache oder starke Wirkungen entfaltet.

111 Das Vorliegen eines Zweifelsfalls ist nach dem Wortlaut und der systematischen Stellung echte Zulässigkeitsvoraussetzung und nicht nur eine Sollvorschrift.

112 Nach § 5 Abs. 1 und 2 AdWirkG erfolgt eine Zuständigkeitskonzentration der Verfahren bei einem Vormundschaftsgericht für den Bezirk eines Oberlandesgerichts.

113 Stellen die unmittelbar von der Adoption Betroffenen einen Antrag auf Wirkungsfeststellung, wird dem allerdings auch dann nicht das Rechtsschutzbedürfnis abzusprechen sein, wenn eine Bescheinigung nach Art. 23 Haager AdÜ vorliegt, deren Ordnungsgemäßheit von der Bundeszentralstelle für Auslandsadoptionen nach § 9 AdÜbAG[111] bescheinigt worden ist.[112] Die noch offene Frage, ob die Bescheinigung nach Art. 23 Haager AdÜ ein ausreichendes Maß an Rechtssicherheit gewährleistet, sollte nicht die Adoptivfamilien belasten.

114 **3. Inhalt der Feststellung.** Das Vormundschaftsgericht entscheidet nach den Voraussetzungen in Art. 23 Haager AdÜ bzw. § 16a FGG, ob die ausländische Adoptionsentscheidung anzuerkennen ist. Zusätzlich wird darüber entschieden, ob das Eltern-Kind-Verhältnis des Kindes zu seinen bisherigen Eltern durch die

---

106 BT-Drucks 14/6011, S. 49 li. Sp.; *Busch*, IPRax 2003, 13, 15.
107 BT-Drucks 14/6011, S. 46 re. Sp.; *Busch*, IPRax 2003, 13, 15; *Klinkhardt*, FS Sonnenberger, S. 446.
108 BT-Drucks 14/6011, S. 48 re. Sp.
109 S. BT-Drucks 14/6011, S. 48 re. Sp.
110 S.a. *Busch*, IPRax 2003, 13, 17.
111 Adoptionsübereinkommens-Ausführungsgesetz v. 5.11.2001, BGBl I S. 2950.
112 *Busch*, IPRax 2003, 13, 17.

Adoption erloschen ist. Diese Feststellung ist Voraussetzung für die darauf aufbauende Feststellung, dass die im Ausland ausgesprochene Adoption einer nach deutschem Adoptionsrecht ausgesprochenen gleichsteht. Dies wiederum stellt sicher, dass immer dann, wenn eine deutsche Norm als Vorfrage ein durch Adoption begründetes Kindschaftsverhältnis zu den Annehmenden voraussetzt, die dabei auftretende **Substitutionsfrage** positiv zu beantworten ist (siehe Rn 39). § 2 Abs. 2 Nr. 2 AdWirkG knüpft an Art. 26 Abs. 2 Haager AdÜ an, der eine solche Gleichstellung *ex lege* vorschreibt. Die Feststellung führt aber anders als die Umwandlung (siehe Rn 119 ff.) nicht zu einem Wechsel des für die Adoption maßgeblichen Rechts.[113] Daher sollen sich die Wirkungen nach überwiegender Auffassung weiterhin nach dem Adoptionsbegründungsstatut richten. Begründet die Adoption danach kein Verwandtschaftsverhältnis zu den Verwandten des Annehmenden, soll dies auch nach der Feststellung nicht gelten.[114]

Damit würde die durch die Wirkungsfeststellung bezweckte Rechtssicherheit[115] für das Adoptivkind nur unvollkommen erreicht. Richtigerweise ist der Wirkungsfeststellung daher eine **partielle Transformationswirkung** beizulegen. Hat die Adoption nach dem Adoptionsbegründungsstatut das Eltern-Kind-Verhältnis zum Erlöschen gebracht, dann steht sie in den Wirkungen einer deutschen Minderjährigenadoption gleich, begründet daher zwingend auch ein Verwandtschaftsverhältnis zu den Verwandten eines Annehmenden. Anders als bei einer Transformation von einer schwachen in eine starke Adoption werden hierdurch schützenswerte Belange der Verwandten des Annehmenden nicht berührt. Sie haben auch nach internem deutschem Adoptionsrecht kein Beteiligungs- oder Mitspracherecht bei der Begründung einer Adoption, siehe §§ 1746, 1747 BGB. 115

Handelt es sich nach dem auf die Adoption angewandten Recht um eine **schwache Adoption**, ergeht nach § 2 Abs. 2 Nr. 2 AdWirkG eine Feststellung über die Wirkungen nur im Hinblick auf die elterliche Sorge und die Unterhaltspflicht des Annehmenden. Insoweit steht auch eine schwache Adoption einer Adoption nach deutschem Recht gleich. Dies beruht darauf, dass es Mindestgehalt jeder Adoption ist, dass zwischen Annehmenden und Kind ein Eltern-Kind-Verhältnis im Hinblick auf die elterliche Sorge und auf die zumindest primäre Unterhaltspflicht des Annehmenden begründet wird. 116

4. Beendigung des Eltern-Kind-Verhältnisses. Die Gleichstellung mit einer starken Adoption nach deutschem Recht setzt voraus, dass nach dem maßgeblichen Recht (siehe Rn 17) grundsätzlich alle Rechtsbeziehungen zur Herkunftsfamilie aufgehoben wurden. Anders als bei der bisher vorzunehmenden Substitutionsprüfung für eine konkrete Rechtswirkung bewirkt die Wirkungsfeststellung eine allgemeine Substitution. Bleiben wie nach österreichischem Recht im Verhältnis zur Herkunftsfamilie Erbrechte und Unterhaltsrechte bestehen, ist das Eltern-Kind-Verhältnis noch nicht erloschen.[116] Die Möglichkeit einer über § 2 Abs. 2 Nr. 2 AdWirkG hinausgehenden Adoption wird dadurch nicht ausgeschlossen, ist jedoch im Einzelfall wie bisher zu begründen.[117] 117

5. Reichweite der Entscheidungswirkungen. Die Feststellung hat Wirkung *erga omnes*, § 4 Abs. 2 S. 1 AdWirkG. Dadurch wird die erwünschte Rechtssicherheit wie bei einem inländischen Adoptionsbeschluss erreicht. Eine Ausnahme besteht im Hinblick auf die leiblichen Eltern des Adoptivkindes, § 3 Abs. 2 S. 2 AdWirkG. Damit wird verhindert, dass die leiblichen Eltern zwingend am Verfahren zu beteiligen sind.[118] Dies ist in vielen Fällen der internationalen Adoption nicht oder nur unter unverhältnismäßigen Schwierigkeiten möglich. Bestehen solche Hindernisse nicht, so kann auch in der Festlegungsverfahren Antragsbefugter die Beteiligung eines bisherigen Elternteils beantragen und damit die Wirkung auch gegenüber diesem erreichen, § 2 Abs. 2 S. 3 Alt. 1 AdWirkG. Wirkung gegenüber dem bisherigen Elternteil tritt auch ein, wenn dieser die Feststellung selbst beantragt hat, § 2 Abs. 2 S. 3 Alt. 2 AdWirkG. Nach § 2 Abs. 2 S. 3 Alt. 2 AdWirkG kann ein Antrag auf Erstreckung der Wirkungen im Verhältnis zu einem bisherigen Elternteil auch noch nach Abschluss des Verfahrens in einem gesonderten Verfahren gestellt werden.[119] 118

---

113 Staudinger/*Henrich*, Art. 22 EGBGB Rn 107.
114 So wohl BT-Drucks 14/6011, S. 48; *St. Lorenz*, FS Sonnenberger 2004, S. 502 u. 511: Anordnung einer Substitution auf der Ebene des Sachrechts; krit. *Busch*, IPRax 2003, 13, 18; *Frank*, StAZ 2003, 257, 260 ff.
115 S. dazu BT-Drucks 14/6011, S. 28; *Busch*, IPRax 2003, 13, 14.
116 *Busch*, IPRax 2003, 13, 17 f.; anders bei der Substitutionsfrage konkret für § 6 S. 1 StAG BayVGH StAZ 1998, 287. s.a. *Steiger*, DNotZ 2002, 184; *ders.*, Das neue Recht der internationalen Adoption und Adoptionsvermittlung, 2001, S. 84.
117 *Busch*, IPRax 2003, 13, 18 Fn 34.
118 BT-Drucks 14/6011, S. 48 f.; *Busch*, IPRax 2003, 13, 14.
119 BT-Drucks 14/6011, S. 49 li. Sp.

III. Umwandlung

119 1. Anwendungsbereich. Zur Umsetzung von Art. 27 Haager AdÜ wurde in § 3 AdWirkG die Umwandlung einer Adoption nach ausländischem Recht in eine Adoption nach deutschem Recht eingeführt. Die Umwandlung nach § 3 AdWirkG ist sowohl für Adoptionen aus einem Vertragsstaat des Haager AdÜ als auch für Adoptionen aus anderen Staaten möglich. Hat ein deutsches Vormundschaftsgericht eine Adoption unter Anwendung ausländischen Rechts ausgesprochen, so kann auch diese Adoption in eine Adoption nach deutschem Recht umgewandelt werden, § 3 Abs. 2 AdWirkG. Insoweit wird die kollisionsrechtliche Verweisung des Art. 22 überlagert.[120]

120 2. Voraussetzungen. Die Umwandlung stellt keine Wiederholung der Adoption dar, so dass nicht alle Voraussetzungen für eine Adoption nach dem aus deutscher Sicht anwendbaren Adoptionsstatut erneut geprüft werden müssen. § 3 Abs. 1 AdWirkG beschränkt die Prüfung auf das Kindeswohl, die erforderlichen Zustimmungen und die Interessen der Ehegatten und Kinder von Annehmenden und Angenommenen.

121 a) Kindeswohl. Das Kindeswohl ist daraufhin zu prüfen, ob gerade die Umwandlung der schwachen Adoption in eine starke Adoption dem Kindeswohl entspricht. Das wird regelmäßig der Fall sein, wenn zwischen dem Kind und der leiblichen Familie keine persönlichen Beziehungen bestehen. Bestehen solche Beziehungen noch, wird es demgegenüber meist dem Kindeswohl entsprechen, diese auch rechtlich nicht abzuschneiden. Im Interesse des Kindes ist auch zu berücksichtigen, ob der Verlust von erbrechtlichen oder unterhaltsrechtlichen Ansprüchen gegenüber der Ursprungsfamilie einen Verlust für das Kind darstellt.

122 b) Einwilligungen. aa) Inhalt. Eine Umwandlung in eine starke Adoption setzt voraus, dass die Einwilligungen, die zur ursprünglichen schwachen Adoption erteilt worden sind, inhaltlich auch eine starke Adoption tragen. Dies beruht für die Zustimmung der leiblichen Eltern darauf, dass der durch eine Adoption erfolgende Eingriff in die Elternrechte grundsätzlich nur soweit gerechtfertigt ist, wie die Eltern zugestimmt haben. Aus der Einwilligung in eine schwache Adoption folgt nicht zwingend, dass die Eltern auch mit einer starken Adoption einverstanden sind, die die rechtliche Beziehung zwischen ihnen und dem Kind vollständig löst.

123 Fehlt es bei der Einwilligung an ausdrücklichen Hinweisen für die inhaltliche Reichweite, ist diese anhand von Indizien zu bestimmen. Ist die Einwilligung zu einem konkreten Adoptionsverfahren erteilt worden und konnte nach dem tatsächlich auf die Adoption angewandten Recht nur eine schwache Adoption ausgesprochen werden, so trägt eine solche Einwilligung keine starke Adoption. Konnte nach dem angewandten Recht aufgrund der Einwilligung statt einer schwachen auch eine starke Adoption ausgesprochen werden, so reicht die Einwilligung auch für die Umwandlung aus. Inhaltlich ausreichend für eine starke Adoption sind auch die Einwilligungen, die blanko oder sonst ohne Bezug auf ein bestimmtes Adoptionsverfahren abgegeben worden sind, so dass die Eltern mit der Möglichkeit einer starken Adoption rechnen mussten. Beispiel ist die Einwilligung deutscher Eltern in die **Inkognitoadoption**, wenn nach dem als Adoptionsstatut berufenen Heimatrecht des Annehmenden nur eine schwache Adoption ausgesprochen wird.

124 Fraglich ist, ob auch die Zustimmungen anderer Personen, die für die Adoption erforderlich waren, inhaltlich eine starke Adoption umfassen mussten. Da die Zustimmung des Kindes für eine Umwandlung vorliegen muss, kann es insoweit nicht darauf ankommen, ob die Zustimmung des Kindes in die ursprüngliche Adoption inhaltlich auch eine starke Adoption deckt.[121]

125 Gleiches gilt für Zustimmungserfordernisse der Ehegatten und Kinder von Annehmenden und Angenommenen, weil auch deren Interessen bei der Umwandlung erneut geprüft werden.

126 Zustimmungen von Verwandten des Kindes, etwa eines Onkels, die zu der Begründung der Adoption erforderlich waren, müssen demgegenüber inhaltlich eine starke Adoption decken.

127 Aus deutscher Sicht kann die Verwandtschaftsbeziehung auch ohne Zustimmung der betroffenen Verwandten aufgelöst werden. Maßgebend ist aber das bei der Adoptionsbegründung angewandte Recht. Dies folgt daraus, dass § 3 AdWirkG Art. 27 Haager AdÜ umsetzt, der ausdrücklich auf die nach Art. 4 Haager AdÜ notwendigen Einwilligungen verweist.

128 bb) Anwendbares Recht. § 3 Abs. 1 S. 2 AdWirkG bestimmt, dass auf die Erforderlichkeit und die Erteilung der Zustimmungen die für die Zustimmungen zu der Annahme maßgebenden Vorschriften sowie Art. 6 EGBGB entsprechend Anwendung finden. Nach der Gesetzesbegründung enthält § 3 Abs. 1 S. 2 AdWirkG eine **Gesamtverweisung** auf die bei der schwachen Adoption angewandte Rechtsordnung.[122]

---

120 S. *Busch*, IPRax 2003, 13, 18.
121 S. dazu Art. 27 Haager AdÜ, der ausdr. eine Zustimmung zur Umwandlung ausreichen lässt.
122 BT-Drucks 14/6011, S. 48 li. Sp.

Die Maßgeblichkeit der bei der Adoption angewandten Rechtsordnung ist im Anwendungsbereich des Haager AdÜ durch dessen Art. 27 vorgegeben. Insoweit kann es aber nur darauf ankommen, dass die Einwilligungen, deren Vorliegen nach Art. 4 lit. c und lit. d Haager AdÜ notwendig sind und entsprechend auch von der Heimatbehörde geprüft worden sind, inhaltlich auch eine starke Adoption tragen. Eine eigenständige Bestimmung des anwendbaren Rechts aus deutscher Sicht, die wegen einer unterschiedlichen Handhabung des *renvoi* auch zu einer anderen Rechtsordnung führen kann, ist mit Art. 27 Haager AdÜ unvereinbar. 129

Außerdem widerspricht eine Gesamtverweisung dem Sinn der Verweisung (Art. 4 Abs. 1 EGBGB). Der Zweck der Verweisung auf die bei der Adoption angewandte Rechtsordnung liegt darin, dass bei der Begründung der Adoption regelmäßig nur die Zustimmungen erteilt wurden, die nach dieser Rechtsordnung notwendig sind. Damit muss aber auch für die Umwandlung keine anderen Zustimmungen notwendig, deren nachträgliche Einholung regelmäßig nur unter Schwierigkeit erfolgen kann. 130

Maßgebend ist das ausländische Recht auch für die Fragen, wann, wem gegenüber und in welcher Form die Zustimmung erteilt worden sein muss. Die Schwierigkeiten, die sich in dieser Hinsicht bei der früher üblichen Wiederholung der Adoption unter Anwendung deutschen Rechts ergaben,[123] werden dadurch vermieden. 131

Überflüssig ist der Hinweis auf den *ordre-public*-Vorbehalt in § 3 Abs. 1 S. 2 AdWirkG. Eine Umwandlung ist nur möglich, wenn die schwache Adoption nach Art. 23 Haager AdÜ oder § 16a FGG anerkannt werden kann. Der Mindeststandard hinsichtlich der Zustimmungserfordernisse[124] wird dabei bereits berücksichtigt. 132

cc) Einwilligung des Kindes. Für die Einwilligung des Kindes beruft § 3 Abs. 1 S. 3 AdWirkG zusätzlich das deutsche Recht. Unklar ist, ob die Zustimmung des Kindes in die ursprüngliche Adoption den Anforderungen auch des deutschen Rechts entsprochen haben muss oder eine Zustimmung des Kindes entsprechend § 1746 BGB für die Umwandlung vorliegen muss. Wortlaut und systematische Stellung sprechen für die Maßgeblichkeit des deutschen Rechts für die Einwilligung des Kindes in die ursprüngliche Adoption. Nach Sinn und Zweck kann die Vorschrift aber nur so verstanden werden, dass die Einwilligung des Kindes entsprechend § 1746 BGB in die Umwandlung notwendig und ausreichend ist. Davon geht auch die Gesetzesbegründung aus.[125] 133

Die Schwierigkeiten, die sich aus den unterschiedlichen Regeln hinsichtlich der Zustimmungen ergaben, wenn eine Adoption im Inland wiederholt wurde, sollten durch die Umwandlung vermieden werden. In ausländischen Rechtsordnungen wird eine gesonderte Einwilligung des Kindes teilweise nicht oder erst ab einem bestimmten Alter verlangt und ansonsten die Meinung des Kindes verfahrensrechtlich durch Anhörung des Kindes und materiellrechtlich bei der Prüfung des Kindeswohls berücksichtigt. Das Fehlen einer formalen Einwilligung des minderjährigen Kindes stellt kein Anerkennungshindernis dar. § 3 Abs. 1 S. 3 AdWirkG ist daher so zu verstehen, dass das Kind entsprechend § 1746 Abs. 1 S. 1–3, Abs. 2 und 3 BGB in die Umwandlung einwilligen muss. Maßgebend für die Fragen, ob das Kind oder der gesetzliche Vertreter die Einwilligung erklären muss und wer gesetzlicher Vertreter des Kindes ist, ist der Zeitpunkt des Umwandlungsverfahrens, nicht der des ursprünglichen Adoptionsverfahrens.[126] 134

dd) Ersetzung von Einwilligungen. Wurde bei der Adoptionsbegründung auf die Einholung einer Einwilligung verzichtet (vgl. § 1747 Abs. 4 BGB) oder eine Einwilligung ersetzt (vgl. § 1748 BGB), so reicht dies grundsätzlich auch für die Umwandlung aus. Etwas anderes gilt nur, wenn der Verzicht oder die Ersetzung nach dem Adoptionsbegründungsstatut damit begründet wurde, dass nur eine schwache Adoption erfolgte. 135

Wenn die Zustimmungen zur Adoption erteilt wurden, inhaltlich aber nicht für die Umwandlung in eine Volladoption ausreichen, so kann bei der Umwandlung auf die Vorschriften des Adoptionsbegründungsstatuts über die Verzichtbarkeit oder die Ersetzung von Zustimmungen zurückgegriffen werden. Das mit der Umwandlung befasste deutsche Vormundschaftsgericht kann über den Verzicht oder die Ersetzung entscheiden.[127] Dies gilt auch, wenn nach dem Adoptionsbegründungsstatut nur eine schwache und keine starke Adoption erfolgen kann. Eine Umwandlung soll gerade in diesen Fällen möglich sein. Allerdings hat das Vormundschaftsgericht bei der Entscheidung über Verzichtbarkeit oder Ersetzung die Wirkungen der Umwandlung auf die Rechtsbeziehung zu berücksichtigen. 136

Weiter gehend muss es auch ausreichen, dass die Voraussetzungen nach deutschem materiellem Recht für die Entbehrlichkeit oder Ersetzung der Einwilligung vorliegen. § 3 Abs. 1 Nr. 2 AdWirkG stellt für 137

---

123 S. dazu *Benicke*, S. 75 ff.
124 So die Gesetzesbegründung in BT-Drucks 14/6011, S. 48 li. Sp.
125 BT-Drucks 14/6011, S. 48 li. Sp.
126 So auch implizit BT-Drucks 14/6011, S. 48 li. Sp.: Das bei Umwandlung volljährige Adoptivkind muss nach § 3 Abs. 1 S. 3 AdWirkG i.V.m. § 1746 BGB selbst einwilligen.
127 So wohl auch Staudinger/*Henrich*, Art. 22 EGBGB Rn 104.

die Einwilligungen auf das ausländische Recht ab, weil dessen Voraussetzungen im Regelfall erfüllt sind oder leichter zu erfüllen sind als die des deutschen Rechts. Wenn hinsichtlich der Einwilligungen nur die Voraussetzungen des deutschen Rechts vorliegen, so muss im Sinne eines Erst-recht-Schlusses die Umwandlung der ausländischen Adoption in eine deutsche Adoption möglich sein. Stattdessen in diesen Fällen nur die Wiederholung der Adoption im Inland zuzulassen[128] greift stärker in das ausländische Recht ein und stellt die Anerkennungspflicht nach Artt. 23, 27 Haager AdÜ infrage.

138 **c) Interessen von Ehegatten und Kindern.** Nur in seltenen Ausnahmefällen ist denkbar, dass berechtigte Interessen des Ehegatten oder der Kinder des Annehmenden einer Umwandlung entgegenstehen können. Aufgrund der schwachen ausländischen Adoption ist bereits ein Abstammungsverhältnis zu dem Annehmenden entstanden; das angenommene Kind steht im Verhältnis zum Annehmenden daher grundsätzlich den anderen Kindern gleich. Erst durch die Umwandlung wird allerdings ein Verwandtschaftsverhältnis zwischen den anderen Kindern und dem Adoptivkind begründet. Ist das Kind nur von dem Annehmenden und nicht auch von dem Ehegatten angenommen worden, so begründet die Umwandlung kein Kindschaftsverhältnis zu dem Annehmenden.

139 **3. Wirkungen.** Die Umwandlung bewirkt, dass die ausländische zu einer inländischen Adoption wird.[129] Wirkungen, Bestandskraft oder Aufhebbarkeit richten sich nun ausschließlich nach deutschem internen Adoptionsrecht. Im Unterschied dazu bleibt die Adoption bei der Wirkungsfeststellung nach § 2 Abs. 2 Nr. 1 AdWirkG eine solche des ausländischen Rechts. Nur für die Frage der Substitution wird bindend festgestellt, dass sie in den Wirkungen einer deutschen Minderjährigenadoption entspricht.

140 Die Umwandlungsentscheidung wirkt für und gegen alle; anders als die Feststellungsentscheidung nach § 2 AdWirkG auch im Verhältnis zu den leiblichen Eltern.

141 Dies hat die verfahrensrechtliche Folge, dass die bisherigen Eltern im Verfahren zur Umwandlung notwendig beteiligt werden müssen. Allerdings hat eine persönliche Anhörung der Herkunftseltern nur nach pflichtgemäßem Ermessen des Gerichts zu erfolgen, weil § 5 Abs. 3 S. 1 AdWirkG nicht auf § 50a Abs. 1 S. 2 FGG verweist.[130]

IV. Wiederholung einer ausländischen Adoption im Inland

142 Vor Erlass des AdWirkG behalf sich die Praxis mit der Wiederholung der ausländischen Adoption. Zweck der Wiederholung war es, Zweifel an der Wirksamkeit und den Wirkungen einer ausländischen Adoption zu beseitigen, ihr insbesondere die starken Wirkungen einer Minderjährigenadoption nach deutschem Recht zu verschaffen.[131]

143 Die Möglichkeit des Anerkennungsverfahrens und des Umwandlungsverfahrens lässt nun in der Regel das Rechtsschutzinteresse für die Wiederholung einer im Ausland ausgesprochenen Adoption entfallen.[132] Die Wiederholung bereitet hinsichtlich der Voraussetzungen besondere Schwierigkeiten. Außerdem war das Verhältnis zwischen der ausländischen und der nachfolgenden internen Adoptionsentscheidung ungeklärt.[133]

144 Nur eine Umwandlung und keine Wiederholung der Adoption sollte daher auch dann erfolgen, wenn die Einwilligungsvoraussetzungen nach dem ausländischen Adoptionsbegründungsstatut für eine Umwandlung nicht vorliegen, nach deutschem Recht eine starke Adoption aber ausgesprochen werden könnte, etwa weil danach eine Ersetzung der Einwilligung unter leichteren Voraussetzungen möglich ist (siehe Rn 137).

---

128 So aber *Heiderhoff*, FamRZ 2002, 1682, 1686.
129 BT-Drucks 14/6011, S. 47 re. Sp.
130 S. BT-Drucks 14/6011, S. 48; s.a. *Busch*, IPRax 2003, 13, 19.
131 *Schurig*, IPRax 1984, 25, 26; Staudinger/*Henrich*, Art. 22 EGBGB Rn 99; *Benicke*, S. 200.
132 S. AG Worms IPRax 2004 Heft 6 m. Anm. *Jayme*, das das Rechtsschutzbedürfnis für eine Wiederholung bejaht hat, um bei einer Ehegattenadoption unterschiedliche Adoptionswirkungsstatute zu vermeiden; bereits früher wurde bei einer anerkennungsfähigen starken Adoption das Rechtsschutzinteresse an einer Wiederholung verneint, AG Schwandorf IPRax 1995, 252.
133 S. dazu AG Schwandorf IPRax 1995, 252, 253; *Klinkhardt*, IPRax 1995, 238, 239; *Beitzke*, in: Beitzke/Hoffmann/Sturm, Einbindung fremder Normen in das deutsche Personenstandsrecht, 1985, S. 1, 8 f.; *Busch*, IPRax 2003, 13 f.

G. Haager AdÜ (Text)

Haager Übereinkommen über den Schutz von Kindern und die Zusammenarbeit auf dem Gebiet der internationalen Adoption[134]

Die Unterzeichnerstaaten dieses Übereinkommens –
in der Erkenntnis, dass das Kind zur vollen und harmonischen Entfaltung seiner Persönlichkeit in einer Familie und umgeben von Glück, Liebe und Verständnis aufwachsen sollte,
unter Hinweis darauf, dass jeder Staat vorrangig angemessene Maßnahmen treffen sollte, um es dem Kind zu ermöglichen, in seiner Herkunftsfamilie zu bleiben,
in der Erkenntnis, dass die internationale Adoption den Vorteil bieten kann, einem Kind, für das in seinem Heimatstaat keine geeignete Familie gefunden werden kann, eine dauerhafte Familie zu geben,
überzeugt von der Notwendigkeit, Maßnahmen zu treffen, um sicherzustellen, dass internationale Adoptionen zum Wohl des Kindes und unter Wahrung seiner Grundrechte stattfinden, und die Entführung und den Verkauf von Kindern sowie den Handel mit Kindern zu verhindern,
in dem Wunsch, zu diesem Zweck gemeinsame Bestimmungen festzulegen, die von den Grundsätzen ausgehen, die in internationalen übereinkünften anerkannt sind, insbesondere dem Übereinkommen der Vereinten Nationen vom 20. November 1989 über die Rechte des Kindes und der Erklärung der Vereinten Nationen über die sozialen und rechtlichen Grundsätze für den Schutz und das Wohl von Kindern unter besonderer Berücksichtigung der Aufnahme in eine Pflegefamilie und der Adoption auf nationaler und internationaler Ebene (Resolution 41/85 der Generalversammlung vom 3. Dezember 1986) – haben die folgenden Bestimmungen vereinbart:

Kapitel I. Anwendungsbereich des Übereinkommens

Haager AdÜ Artikel 1

Ziel des Übereinkommens ist es,
a) Schutzvorschriften einzuführen, damit internationale Adoptionen zum Wohl des Kindes und unter Wahrung seiner völkerrechtlich anerkannten Grundrechte stattfinden;
b) ein System der Zusammenarbeit unter den Vertragsstaaten einzurichten, um die Einhaltung dieser Schutzvorschriften sicherzustellen und dadurch die Entführung und den Verkauf von Kindern sowie den Handel mit Kindern zu verhindern;
c) in den Vertragsstaaten die Anerkennung der gemäß dem Übereinkommen zustande gekommenen Adoptionen zu sichern.

Haager AdÜ Artikel 2

(1) Das Übereinkommen ist anzuwenden, wenn ein Kind mit gewöhnlichem Aufenthalt in einem Vertragsstaat („Heimatstaat") in einen anderen Vertragsstaat („Aufnahmestaat") gebracht worden ist, wird oder werden soll, entweder nach seiner Adoption im Heimatstaat durch Ehegatten oder eine Person mit gewöhnlichem Aufenthalt im Aufnahmestaat oder im Hinblick auf eine solche Adoption im Aufnahme- oder Heimatstaat.

(2) Das Übereinkommen betrifft nur Adoptionen, die ein dauerhaftes Eltern-Kind- Verhältnis begründen.

Haager AdÜ Artikel 3

Das Übereinkommen ist nicht mehr anzuwenden, wenn die in Artikel 17 Buchstabe c vorgesehenen Zustimmungen nicht erteilt wurden, bevor das Kind das achtzehnte Lebensjahr vollendet hat.

---

[134] Vom 29. Mai 1993 (BGBl II S. 1035) – Übersetzung, authentisch sind gleichberechtigt der englische und französische Text.

Kapitel II. Voraussetzungen internationaler Adoptionen

Haager AdÜ Artikel 4

Eine Adoption nach dem Übereinkommen kann nur durchgeführt werden, wenn die zuständigen Behörden des Heimatstaats
a) festgestellt haben, dass das Kind adoptiert werden kann;
b) nach gebührender Prüfung der Unterbringungsmöglichkeiten für das Kind im Heimatstaat entschieden haben, dass eine internationale Adoption dem Wohl des Kindes dient;
c) sich vergewissert haben,
   1. dass die Personen, Institutionen und Behörden, deren Zustimmung zur Adoption notwendig ist, soweit erforderlich beraten und gebührend über die Wirkungen ihrer Zustimmung unterrichtet worden sind, insbesondere darüber, ob die Adoption dazu führen wird, dass das Rechtsverhältnis zwischen dem Kind und seiner Herkunftsfamilie erlischt oder weiter besteht;
   2. dass diese Personen, Institutionen und Behörden ihre Zustimmung unbeeinflusst in der gesetzlich vorgeschriebenen Form erteilt haben und diese Zustimmung schriftlich gegeben oder bestätigt worden ist;
   3. dass die Zustimmungen nicht durch irgendeine Zahlung oder andere Gegenleistung herbeigeführt worden sind und nicht widerrufen wurden und
   4. dass die Zustimmung der Mutter, sofern erforderlich, erst nach der Geburt des Kindes erteilt worden ist, und
d) sich unter Berücksichtigung des Alters und der Reife des Kindes vergewissert haben,
   1. dass das Kind beraten und gebührend über die Wirkungen der Adoption und seiner Zustimmung zur Adoption, soweit diese Zustimmung notwendig ist, unterrichtet worden ist;
   2. dass die Wünsche und Meinungen des Kindes berücksichtigt worden sind;
   3. dass das Kind seine Zustimmung zur Adoption, soweit diese Zustimmung notwendig ist, unbeeinflusst in der gesetzlich vorgeschriebenen Form erteilt hat und diese Zustimmung schriftlich gegeben oder bestätigt worden ist und
   4. dass diese Zustimmung nicht durch irgendeine Zahlung oder andere Gegenleistung herbeigeführt worden ist.

Haager AdÜ Artikel 5

Eine Adoption nach dem Übereinkommen kann nur durchgeführt werden, wenn die zuständigen Behörden des Aufnahmestaats
a) entschieden haben, dass die künftigen Adoptiveltern für eine Adoption in Betracht kommen und dazu geeignet sind,
b) sich vergewissert haben, dass die künftigen Adoptiveltern soweit erforderlich beraten worden sind, und
c) entschieden haben, dass dem Kind die Einreise in diesen Staat und der ständige Aufenthalt dort bewilligt worden sind oder werden.

Kapitel III. Zentrale Behörden und zugelassene Organisationen

Haager AdÜ Artikel 6

(1) Jeder Vertragsstaat bestimmt eine Zentrale Behörde, welche die ihr durch dieses Übereinkommen übertragenen Aufgaben wahrnimmt.

(2) Einem Bundesstaat, einem Staat mit mehreren Rechtssystemen oder einem Staat, der aus autonomen Gebietseinheiten besteht, steht es frei, mehrere Zentrale Behörden zu bestimmen und deren räumliche und persönliche Zuständigkeit festzulegen. Macht ein Staat von dieser Möglichkeit Gebrauch, so bestimmt er die Zentrale Behörde, an welche Mitteilungen und übermittlungen an die zuständige Zentrale Behörde in diesem Staat gerichtet werden können.

Haager AdÜ Artikel 7

(1) Die Zentralen Behörden arbeiten zusammen und fördern die Zusammenarbeit der zuständigen Behörden ihrer Staaten, um Kinder zu schützen und die anderen Ziele des Übereinkommens zu verwirklichen.

(2) Sie treffen unmittelbar alle geeigneten Maßnahmen, um
a) Auskünfte über das Recht ihrer Staaten auf dem Gebiet der Adoption zu erteilen und andere allgemeine Informationen, wie beispielsweise statistische Daten und Musterformblätter, zu übermitteln;
b) einander über die Wirkungsweise des Übereinkommens zu unterrichten und Hindernisse, die seiner Anwendung entgegenstehen, so weit wie möglich auszuräumen.

Haager AdÜ Artikel 8

Die Zentralen Behörden treffen unmittelbar oder mit Hilfe staatlicher Stellen alle geeigneten Maßnahmen, um unstatthafte Vermögens- oder sonstige Vorteile im Zusammenhang mit einer Adoption auszuschließen und alle den Zielen des Übereinkommens zuwiderlaufenden Praktiken zu verhindern.

Haager AdÜ Artikel 9

Die Zentralen Behörden treffen unmittelbar oder mit Hilfe staatlicher Stellen oder anderer in ihrem Staat ordnungsgemäß zugelassener Organisationen alle geeigneten Maßnahmen, um insbesondere
a) Auskünfte über die Lage des Kindes und der künftigen Adoptiveltern einzuholen, aufzubewahren und auszutauschen, soweit dies für das Zustandekommen der Adoption erforderlich ist;
b) das Adoptionsverfahren zu erleichtern, zu überwachen und zu beschleunigen;
c) den Aufbau von Diensten zur Beratung während und nach der Adoption in ihrem Staat zu fördern;
d) Berichte über allgemeine Erfahrungen auf dem Gebiet der internationalen Adoption auszutauschen;
e) begründete Auskunftsersuchen anderer Zentraler Behörden oder staatlicher Stellen zu einem bestimmten Adoptionsfall zu beantworten, soweit das Recht ihres Staates dies zulässt.

Haager AdÜ Artikel 10

Die Zulassung erhalten und behalten nur Organisationen, die darlegen, dass sie fähig sind, die ihnen übertragenen Aufgaben ordnungsgemäß auszuführen.

Haager AdÜ Artikel 11

Eine zugelassene Organisation muss
a) unter Einhaltung der von den zuständigen Behörden des Zulassungsstaats festgelegten Voraussetzungen und Beschränkungen ausschließlich gemeinnützige Zwecke verfolgen;
b) von Personen geleitet und verwaltet werden, die nach ihren ethischen Grundsätzen und durch Ausbildung oder Erfahrung für die Arbeit auf dem Gebiet der internationalen Adoption qualifiziert sind, und
c) in Bezug auf ihre Zusammensetzung, Arbeitsweise und Finanzlage der Aufsicht durch die zuständigen Behörden des Zulassungsstaats unterliegen.

Haager AdÜ Artikel 12

Eine in einem Vertragsstaat zugelassene Organisation kann in einem anderen Vertragsstaat nur tätig werden, wenn die zuständigen Behörden beider Staaten dies genehmigt haben.

Haager AdÜ Artikel 13

Jeder Vertragsstaat teilt die Bestimmung der Zentralen Behörden und gegebenenfalls den Umfang ihrer Aufgaben sowie die Namen und Anschriften der zugelassenen Organisationen dem Ständigen Büro der Haager Konferenz für Internationales Privatrecht mit.

Kapitel IV. Verfahrensrechtliche Voraussetzungen der internationalen Adoption

Haager AdÜ Artikel 14

Personen mit gewöhnlichem Aufenthalt in einem Vertragsstaat, die ein Kind mit gewöhnlichem Aufenthalt in einem anderen Vertragsstaat adoptieren möchten, haben sich an die Zentrale Behörde im Staat ihres gewöhnlichen Aufenthalts zu wenden.

Haager AdÜ Artikel 15

(1) Hat sich die Zentrale Behörde des Aufnahmestaats davon überzeugt, dass die Antragsteller für eine Adoption in Betracht kommen und dazu geeignet sind, so verfasst sie einen Bericht, der Angaben zur Person der Antragsteller und über ihre rechtliche Fähigkeit und ihre Eignung zur Adoption, ihre persönlichen und familiären Umstände, ihre Krankheitsgeschichte, ihr soziales Umfeld, die Beweggründe für die Adoption, ihre Fähigkeit zur übernahme der mit einer internationalen Adoption verbundenen Aufgaben sowie die Eigenschaften der Kinder enthält, für die zu sorgen sie geeignet wären.

(2) Sie übermittelt den Bericht der Zentralen Behörde des Heimatstaats.

Haager AdÜ Artikel 16

(1) Hat sich die Zentrale Behörde des Heimatstaats davon überzeugt, dass das Kind adoptiert werden kann, so
a) verfasst sie einen Bericht, der Angaben zur Person des Kindes und darüber, dass es adoptiert werden kann, über sein soziales Umfeld, seine persönliche und familiäre Entwicklung, seine Krankheitsgeschichte einschließlich derjenigen seiner Familie sowie besondere Bedürfnisse des Kindes enthält;
b) trägt sie der Erziehung des Kindes sowie seiner ethnischen, religiösen und kulturellen Herkunft gebührend Rechnung;
c) vergewissert sie sich, dass die Zustimmungen nach Artikel 4 vorliegen, und
d) entscheidet sie, insbesondere aufgrund der Berichte über das Kind und die künftigen Adoptiveltern, ob die in Aussicht genommene Unterbringung dem Wohl des Kindes dient.

(2) Sie übermittelt der Zentralen Behörde des Aufnahmestaats ihren Bericht über das Kind, den Nachweis über das Vorliegen der notwendigen Zustimmungen sowie die Gründe für ihre Entscheidung über die Unterbringung, wobei sie dafür sorgt, dass die Identität der Mutter und des Vaters nicht preisgegeben wird, wenn diese im Heimatstaat nicht offen gelegt werden darf.

Haager AdÜ Artikel 17

Eine Entscheidung, ein Kind künftigen Adoptiveltern anzuvertrauen, kann im Heimatstaat nur getroffen werden, wenn
a) die Zentrale Behörde dieses Staates sich vergewissert hat, dass die künftigen Adoptiveltern einverstanden sind;
b) die Zentrale Behörde des Aufnahmestaats diese Entscheidung gebilligt hat, sofern das Recht dieses Staates oder die Zentrale Behörde des Heimatstaats dies verlangt;
c) die Zentralen Behörden beider Staaten der Fortsetzung des Adoptionsverfahrens zugestimmt haben und
d) nach Artikel 5 entschieden wurde, dass die künftigen Adoptiveltern für eine Adoption in Betracht kommen und dazu geeignet sind und dem Kind die Einreise in den Aufnahmestaat und der ständige Aufenthalt dort bewilligt worden sind oder werden.

Haager AdÜ Artikel 18

Die Zentralen Behörden beider Staaten treffen alle erforderlichen Maßnahmen, um die Bewilligung der Ausreise des Kindes aus dem Heimatstaat sowie der Einreise in den Aufnahmestaat und des ständigen Aufenthalts dort zu erwirken.

Haager AdÜ Artikel 19

(1) Das Kind kann nur in den Aufnahmestaat gebracht werden, wenn die Voraussetzungen des Artikels 17 erfüllt sind.

(2) Die Zentralen Behörden beider Staaten sorgen dafür, dass das Kind sicher und unter angemessenen Umständen in den Aufnahmestaat gebracht wird und dass die Adoptiveltern oder die künftigen Adoptiveltern das Kind wenn möglich begleiten.

(3) Wird das Kind nicht in den Aufnahmestaat gebracht, so werden die in den Artikeln 15 und 16 vorgesehenen Berichte an die absendenden Behörden zurückgesandt.

Haager AdÜ Artikel 20

Die Zentralen Behörden halten einander über das Adoptionsverfahren und die zu seiner Beendigung getroffenen Maßnahmen sowie über den Verlauf der Probezeit, falls eine solche verlangt wird, auf dem Laufenden.

Haager AdÜ Artikel 21

(1) Soll die Adoption erst durchgeführt werden, nachdem das Kind in den Aufnahmestaat gebracht worden ist, und dient es nach Auffassung der Zentralen Behörde dieses Staates nicht mehr dem Wohl des Kindes, wenn es in der Aufnahmefamilie bleibt, so trifft diese Zentrale Behörde die zum Schutz des Kindes erforderlichen Maßnahmen, indem sie insbesondere
a) veranlasst, dass das Kind aus der Aufnahmefamilie entfernt und vorläufig betreut wird;
b) in Absprache mit der Zentralen Behörde des Heimatstaats unverzüglich die Unterbringung des Kindes in einer neuen Familie mit dem Ziel der Adoption veranlasst oder, falls dies nicht angebracht ist, für eine andere dauerhafte Betreuung sorgt; eine Adoption kann erst durchgeführt werden, wenn die Zentrale Behörde des Heimatstaats gebührend über die neuen Adoptiveltern unterrichtet worden ist;
c) als letzte Möglichkeit die Rückkehr des Kindes veranlasst, wenn sein Wohl dies erfordert.

(2) Unter Berücksichtigung insbesondere des Alters und der Reife des Kindes ist es zu den nach diesem Artikel zu treffenden Maßnahmen zu befragen und gegebenenfalls seine Zustimmung dazu einzuholen.

Haager AdÜ Artikel 22

(1) Die Aufgaben einer Zentralen Behörde nach diesem Kapitel können von staatlichen Stellen oder nach Kapitel III zugelassenen Organisationen wahrgenommen werden, soweit das Recht des Staates der Zentralen Behörde dies zulässt.

(2) Ein Vertragsstaat kann gegenüber dem Verwahrer des Übereinkommens erklären, dass die Aufgaben der Zentralen Behörde nach den Artikeln 15 bis 21 in diesem Staat in dem nach seinem Recht zulässigen Umfang und unter Aufsicht seiner zuständigen Behörden auch von Organisationen oder Personen wahrgenommen werden können, welche
a) die von diesem Staat verlangten Voraussetzungen der Integrität, fachlichen Kompetenz, Erfahrung und Verantwortlichkeit erfüllen und
b) nach ihren ethischen Grundsätzen und durch Ausbildung oder Erfahrung für die Arbeit auf dem Gebiet der internationalen Adoption qualifiziert sind.

(3) Ein Vertragsstaat, der die in Absatz 2 vorgesehene Erklärung abgibt, teilt dem Ständigen Büro der Haager Konferenz für Internationales Privatrecht regelmäßig die Namen und Anschriften dieser Organisationen und Personen mit.

(4) Ein Vertragsstaat kann gegenüber dem Verwahrer des Übereinkommens erklären, dass Adoptionen von Kindern, die ihren gewöhnlichen Aufenthalt in seinem Hoheitsgebiet haben, nur durchgeführt werden können, wenn die Aufgaben der Zentralen Behörden in übereinstimmung mit Absatz 1 wahrgenommen werden.

(5) Ungeachtet jeder nach Absatz 2 abgegebenen Erklärung werden die in den Artikeln 15 und 16 vorgesehenen Berichte in jedem Fall unter der Verantwortung der Zentralen Behörde oder anderer Behörden oder Organisationen in übereinstimmung mit Absatz 1 verfasst.

Kapitel V. Anerkennung und Wirkungen der Adoption

Haager AdÜ Artikel 23

(1) Eine Adoption wird in den anderen Vertragsstaaten kraft Gesetzes anerkannt, wenn die zuständige Behörde des Staates, in dem sie durchgeführt worden ist, bescheinigt, dass sie gemäß dem Übereinkommen zustande gekommen ist. Die Bescheinigung gibt an, wann und von wem die Zustimmungen nach Artikel 17 Buchstabe c erteilt worden sind.

(2) Jeder Vertragsstaat notifiziert dem Verwahrer des Übereinkommens bei der Unterzeichnung, der Ratifikation, der Annahme, der Genehmigung oder dem Beitritt Identität und Aufgaben der Behörde oder Behörden, die in diesem Staat für die Ausstellung der Bescheinigung zuständig sind. Er notifiziert ihm ferner jede Änderung in der Bezeichnung dieser Behörden.

Haager AdÜ Artikel 24

Die Anerkennung einer Adoption kann in einem Vertragsstaat nur versagt werden, wenn die Adoption seiner öffentlichen Ordnung offensichtlich widerspricht, wobei das Wohl des Kindes zu berücksichtigen ist.

Haager AdÜ Artikel 25

Jeder Vertragsstaat kann gegenüber dem Verwahrer des Übereinkommens erklären, dass er nicht verpflichtet ist, aufgrund des Übereinkommens Adoptionen anzuerkennen, die in Übereinstimmung mit einer nach Artikel 39 Absatz 2 geschlossenen Vereinbarung zustande gekommen sind.

Haager AdÜ Artikel 26

(1) Die Anerkennung einer Adoption umfasst die Anerkennung
a) des Eltern-Kind-Verhältnisses zwischen dem Kind und seinen Adoptiveltern;
b) der elterlichen Verantwortlichkeit der Adoptiveltern für das Kind;
c) der Beendigung des früheren Rechtsverhältnisses zwischen dem Kind und seiner Mutter und seinem Vater, wenn die Adoption dies in dem Vertragsstaat bewirkt, in dem sie durchgeführt worden ist.

(2) Bewirkt die Adoption die Beendigung des früheren Eltern-Kind-Verhältnisses, so genießt das Kind im Aufnahmestaat und in jedem anderen Vertragsstaat, in dem die Adoption anerkannt wird, Rechte entsprechend denen, die sich aus Adoptionen mit dieser Wirkung in jedem dieser Staaten ergeben.

(3) Die Absätze 1 und 2 lassen die Anwendung für das Kind günstigerer Bestimmungen unberührt, die in einem Vertragsstaat gelten, der die Adoption anerkennt.

Haager AdÜ Artikel 27

(1) Bewirkt eine im Heimatstaat durchgeführte Adoption nicht die Beendigung des früheren Eltern-Kind-Verhältnisses, so kann sie im Aufnahmestaat, der die Adoption nach dem Übereinkommen anerkennt, in eine Adoption mit einer derartigen Wirkung umgewandelt werden, wenn
a) das Recht des Aufnahmestaats dies gestattet und
b) die in Artikel 4 Buchstaben c und d vorgesehenen Zustimmungen zum Zweck einer solchen Adoption erteilt worden sind oder werden.

(2) Artikel 23 ist auf die Umwandlungsentscheidung anzuwenden.

Kapitel VI. Allgemeine Bestimmungen

Haager AdÜ Artikel 28

Das Übereinkommen steht Rechtsvorschriften des Heimatstaats nicht entgegen, nach denen die Adoption eines Kindes mit gewöhnlichem Aufenthalt in diesem Staat auch dort durchgeführt werden muss oder nach denen es untersagt ist, vor einer Adoption das Kind in einer Familie im Aufnahmestaat unterzubringen oder es in diesen Staat zu bringen.

Haager AdÜ Artikel 29

Zwischen den künftigen Adoptiveltern und den Eltern des Kindes oder jeder anderen Person, welche die Sorge für das Kind hat, darf kein Kontakt stattfinden, solange die Erfordernisse des Artikels 4 Buchstaben a bis c und des Artikels 5 Buchstabe a nicht erfüllt sind, es sei denn, die Adoption finde innerhalb einer Familie statt oder der Kontakt entspreche den von der zuständigen Behörde des Heimatstaats aufgestellten Bedingungen.

Haager AdÜ Artikel 30

(1) Die zuständigen Behörden eines Vertragsstaats sorgen dafür, dass die ihnen vorliegenden Angaben über die Herkunft des Kindes, insbesondere über die Identität seiner Eltern, sowie über die Krankheitsgeschichte des Kindes und seiner Familie aufbewahrt werden.

(2) Sie gewährleisten, dass das Kind oder sein Vertreter unter angemessener Anleitung Zugang zu diesen Angaben hat, soweit das Recht des betreffenden Staates dies zulässt.

Haager AdÜ Artikel 31

Unbeschadet des Artikels 30 werden die aufgrund des Übereinkommens gesammelten oder übermittelten personenbezogenen Daten, insbesondere die in den Artikeln 15 und 16 bezeichneten, nur für die Zwecke verwendet, für die sie gesammelt oder übermittelt worden sind.

Haager AdÜ Artikel 32

(1) Niemand darf aus einer Tätigkeit im Zusammenhang mit einer internationalen Adoption unstatthafte Vermögens- oder sonstige Vorteile erlangen.

(2) Nur Kosten und Auslagen, einschließlich angemessener Honorare an der Adoption beteiligter Personen, dürfen in Rechnung gestellt und gezahlt werden.

(3) Die Leiter, Verwaltungsmitglieder und Angestellten von Organisationen, die an einer Adoption beteiligt sind, dürfen keine im Verhältnis zu den geleisteten Diensten unangemessen hohe Vergütung erhalten.

Haager AdÜ Artikel 33

Eine zuständige Behörde, die feststellt, dass eine der Bestimmungen des Übereinkommens nicht beachtet worden ist oder missachtet zu werden droht, unterrichtet sofort die Zentrale Behörde ihres Staates. Diese Zentrale Behörde ist dafür verantwortlich, dass geeignete Maßnahmen getroffen werden.

Haager AdÜ Artikel 34

Wenn die zuständige Behörde des Bestimmungsstaats eines Schriftstücks darum ersucht, ist eine beglaubigte übersetzung beizubringen. Sofern nichts anderes bestimmt ist, werden die Kosten der übersetzung von den künftigen Adoptiveltern getragen.

Haager AdÜ Artikel 35

Die zuständigen Behörden der Vertragsstaaten handeln in Adoptionsverfahren mit der gebotenen Eile.

Haager AdÜ Artikel 36

Bestehen in einem Staat auf dem Gebiet der Adoption zwei oder mehr Rechtssysteme, die in verschiedenen Gebietseinheiten gelten, so ist
a) eine Verweisung auf den gewöhnlichen Aufenthalt in diesem Staat als Verweisung auf den gewöhnlichen Aufenthalt in einer Gebietseinheit dieses Staates zu verstehen;
b) eine Verweisung auf das Recht dieses Staates als Verweisung auf das in der betreffenden Gebietseinheit geltende Recht zu verstehen;
c) eine Verweisung auf die zuständigen Behörden oder die staatlichen Stellen dieses Staates als Verweisung auf solche zu verstehen, die befugt sind, in der betreffenden Gebietseinheit zu handeln;
d) eine Verweisung auf die zugelassenen Organisationen dieses Staates als Verweisung auf die in der betreffenden Gebietseinheit zugelassenen Organisationen zu verstehen.

Haager AdÜ Artikel 37

Bestehen in einem Staat auf dem Gebiet der Adoption zwei oder mehr Rechtssysteme, die für verschiedene Personengruppen gelten, so ist eine Verweisung auf das Recht dieses Staates als Verweisung auf das Rechtssystem zu verstehen, das sich aus dem Recht dieses Staates ergibt.

Haager AdÜ Artikel 38

Ein Staat, in dem verschiedene Gebietseinheiten ihre eigenen Rechtsvorschriften auf dem Gebiet der Adoption haben, ist nicht verpflichtet, das Übereinkommen anzuwenden, wenn ein Staat mit einheitlichem Rechtssystem dazu nicht verpflichtet wäre.

Haager AdÜ Artikel 39

(1) Das Übereinkommen lässt internationale übereinkünfte unberührt, denen Vertragsstaaten als Vertragsparteien angehören und die Bestimmungen über die in dem Übereinkommen geregelten Angelegenheiten enthalten, sofern die durch eine solche übereinkunft gebundenen Staaten keine gegenteilige Erklärung abgeben.

(2) Jeder Vertragsstaat kann mit einem oder mehreren anderen Vertragsstaaten Vereinbarungen zur erleichterten Anwendung des Übereinkommens in ihren gegenseitigen Beziehungen schließen. Diese Vereinbarun-

gen können nur von den Bestimmungen der Artikel 14 bis 16 und 18 bis 21 abweichen. Die Staaten, die eine solche Vereinbarung geschlossen haben, übermitteln dem Verwahrer des Übereinkommens eine Abschrift.

Haager AdÜ Artikel 40

Vorbehalte zu dem Übereinkommen sind nicht zulässig.

Haager AdÜ Artikel 41

Das Übereinkommen ist in jedem Fall anzuwenden, in dem ein Antrag nach Artikel 14 eingegangen ist, nachdem das Übereinkommen im Aufnahmestaat und im Heimatstaat in Kraft getreten ist.

Haager AdÜ Artikel 42

Der Generalsekretär der Haager Konferenz für Internationales Privatrecht beruft in regelmäßigen Abständen eine Spezialkommission zur Prüfung der praktischen Durchführung des Übereinkommens ein.

Kapitel VII. Schlussbestimmungen

Haager AdÜ Artikel 43

(1) Das Übereinkommen liegt für die Staaten, die zurzeit der Siebzehnten Tagung der Haager Konferenz für Internationales Privatrecht Mitglied der Konferenz waren, sowie für die anderen Staaten, die an dieser Tagung teilgenommen haben, zur Unterzeichnung auf.

(2) Es bedarf der Ratifikation, Annahme oder Genehmigung; die Ratifikations-, Annahme- oder Genehmigungsurkunden werden beim Ministerium für Auswärtige Angelegenheiten des Königreichs der Niederlande, dem Verwahrer des Übereinkommens, hinterlegt.

Haager AdÜ Artikel 44

(1) Jeder andere Staat kann dem Übereinkommen beitreten, nachdem es gemäß Artikel 46 Absatz 1 in Kraft getreten ist.

(2) Die Beitrittsurkunde wird beim Verwahrer hinterlegt.

(3) Der Beitritt wirkt nur in den Beziehungen zwischen dem beitretenden Staat und den Vertragsstaaten, die innerhalb von sechs Monaten nach Eingang der in Artikel 48 Buchstabe b vorgesehenen Notifikation keinen Einspruch gegen den Beitritt erhoben haben. Nach dem Beitritt kann ein solcher Einspruch auch von jedem Staat in dem Zeitpunkt erhoben werden, in dem er das Übereinkommen ratifiziert, annimmt oder genehmigt. Die Einsprüche werden dem Verwahrer notifiziert.

Haager AdÜ Artikel 45

(1) Ein Staat, der aus zwei oder mehr Gebietseinheiten besteht, in denen für die in dem Übereinkommen behandelten Angelegenheiten unterschiedliche Rechtssysteme gelten, kann bei der Unterzeichnung, der Ratifikation, der Annahme, der Genehmigung oder dem Beitritt erklären, dass das Übereinkommen auf alle seine Gebietseinheiten oder nur auf eine oder mehrere davon erstreckt wird; er kann diese Erklärung durch Abgabe einer neuen Erklärung jederzeit ändern.

(2) Jede derartige Erklärung wird dem Verwahrer unter ausdrücklicher Bezeichnung der Gebietseinheiten notifiziert, auf die das Übereinkommen angewendet wird.

(3) Gibt ein Staat keine Erklärung nach diesem Artikel ab, so ist das Übereinkommen auf sein gesamtes Hoheitsgebiet anzuwenden.

Haager AdÜ Artikel 46

(1) Das Übereinkommen tritt am ersten Tag des Monats in Kraft, der auf einen Zeitabschnitt von drei Monaten nach der in Artikel 43 vorgesehenen Hinterlegung der dritten Ratifikations-, Annahme- oder Genehmigungsurkunde folgt.

(2) Danach tritt das Übereinkommen in Kraft
a) für jeden Staat, der es später ratifiziert, annimmt oder genehmigt oder der ihm beitritt, am ersten Tag des Monats, der auf einen Zeitabschnitt von drei Monaten nach Hinterlegung seiner Ratifikations-, Annahme-, Genehmigungs- oder Beitrittsurkunde folgt;

b) für jede Gebietseinheit, auf die es nach Artikel 45 erstreckt worden ist, am ersten Tag des Monats, der auf einen Zeitabschnitt von drei Monaten nach der in jenem Artikel vorgesehenen Notifikation folgt.

Haager AdÜ Artikel 47

(1) Jeder Vertragsstaat kann das Übereinkommen durch eine an den Verwahrer gerichtete schriftliche Notifikation kündigen.

(2) Die Kündigung wird am ersten Tag des Monats wirksam, der auf einen Zeitabschnitt von zwölf Monaten nach Eingang der Notifikation beim Verwahrer folgt. Ist in der Notifikation für das Wirksamwerden der Kündigung ein längerer Zeitabschnitt angegeben, so wird die Kündigung nach Ablauf des entsprechenden Zeitabschnitts nach Eingang der Notifikation wirksam.

Haager AdÜ Artikel 48

Der Verwahrer notifiziert den Mitgliedstaaten der Haager Konferenz für Internationales Privatrecht, den anderen Staaten, die an der Siebzehnten Tagung teilgenommen haben, sowie den Staaten, die nach Artikel 44 beigetreten sind,
a) jede Unterzeichnung, Ratifikation, Annahme und Genehmigung nach Artikel 43;
b) jeden Beitritt und jeden Einspruch gegen einen Beitritt nach Artikel 44;
c) den Tag, an dem das Übereinkommen nach Artikel 46 in Kraft tritt;
d) jede Erklärung und jede Bezeichnung nach den Artikeln 22, 23, 25 und 45;
e) jede Vereinbarung nach Artikel 39;
f) jede Kündigung nach Artikel 47.
Zu Urkund dessen haben die hierzu gehörig befugten Unterzeichneten dieses Übereinkommen unterschrieben.

Geschehen in Den Haag am 29. Mai 1993 in englischer und französischer Sprache, wobei jeder Wortlaut gleichermaßen verbindlich ist, in einer Urschrift, die im Archiv der Regierung des Königreichs der Niederlande hinterlegt und von der jedem Staat, der zurzeit der Siebzehnten Tagung der Haager Konferenz für Internationales Privatrecht Mitglied der Konferenz war, sowie jedem anderen Staat, der an dieser Tagung teilgenommen hat, auf diplomatischem Weg eine beglaubigte Abschrift übermittelt wird.

Artikel 23 Zustimmung

¹Die Erforderlichkeit und die Erteilung der Zustimmung des Kindes und einer Person, zu der das Kind in einem familienrechtlichen Verhältnis steht, zu einer Abstammungserklärung, Namenserteilung oder Annahme als Kind unterliegen zusätzlich dem Recht des Staates, dem das Kind angehört. ²Soweit es zum Wohl des Kindes erforderlich ist, ist stattdessen das deutsche Recht anzuwenden.

Literatur: *Andrae,* Internationales Familienrecht, 1999; *Jayme,* Kindesrecht und Rückverweisung im internationalen Adoptionsrecht, IPRax 1989, 157; *ders.,* Abstammungsvorfragen und Auslegung des Art. 23 S. 1 EGBGB bei der Legitimation in Auslandsfällen, IPRax 1990, 309; *St. Lorenz,* Internationale Erwachsenenadoption und lex loci actus, IPRax 1994, 193; *Sturm,* Das Günstigkeitsprinzip und die Zustimmung nach Art. 23 EGBGB, StAZ 1997, 261.

A. Allgemeines ... 1	2. Namenserteilung ... 22
B. Regelungsgehalt ... 6	3. Adoption ... 24
I. Verweisungsgegenstand (S. 1) ... 6	IV. Vorfragen ... 29
1. Zustimmungserklärungen ... 6	V. Rechtsfolgen einer fehlerhaften Zustimmung ... 30
2. Familienrechtliches Verhältnis ... 12	VI. Hilfsweise Anwendung deutschen Rechts
II. Anknüpfung ... 16	(S. 2) ... 31
1. Staatsangehörigkeit des Kindes ... 16	1. Regelungszweck ... 31
2. Rück- und Weiterverweisungen ... 18	2. Abstammungserklärung ... 32
III. Reichweite der Verweisung ... 20	3. Adoption ... 34
1. Abstammungserklärung ... 20	4. Namenserteilung ... 40

A. Allgemeines

1 Art. 23 wurde durch das IPR-Neuregelungsgesetz[1] neu gefasst und beruft als allseitige Kollisionsnorm kumulativ das Heimatrecht des Kindes als so genanntes Zustimmungsstatut. Hilfsweise wird in S. 2 auf deutsches Recht abgestellt.[2] Durch das Kindschaftsrechtsreformgesetz v. 16.12.1997[3] wurde die Legitimation aus dem Wortlaut gestrichen.

2 Art. 23 hat eine mehrfache Funktion. Zum einen stellt er wie die Vorgängervorschrift in Art. 22 Abs. 2 a.F. bei der Adoption eines deutschen Kindes zum **Schutz des Kindes** sicher, dass die Einwilligungen nach deutschem Recht auch dann vorliegen müssen, wenn ein ausländisches Recht Abstammungsstatut, Namensstatut oder Adoptionsstatut ist.[4]

3 Ist bei einem ausländischen Kind deutsches Recht Abstammungsstatut, Namensstatut oder Adoptionsstatut, soll die Verweisung auf das Heimatrecht des Kindes hinkende Rechtsverhältnisse vermeiden. Allerdings ist die Verweisung beschränkt auf Zustimmungserklärungen des Kindes und seiner Familie.

4 Da das Heimatrecht kumulativ berufen wird, müssen die Zustimmungserfordernisse nach dem Abstammungsstatut (Art. 19), dem Namensstatut (Art. 10) und dem Adoptionsstatut (Art. 22) ebenfalls erfüllt sein.[5]

5 Art. 23 gilt nur für Vorgänge, die am 1.9.1986 noch nicht abgeschlossen waren.[6] Art. 23 gilt auch, wenn das Kind bereits volljährig ist.[7]

B. Regelungsgehalt

I. Verweisungsgegenstand (S. 1)

6 **1. Zustimmungserklärungen.** Abstammungserklärung, Namenserteilung und Adoption unterliegen primär dem jeweiligen Abstammungsstatut (Art. 19), Namensstatut (Art. 10), und Adoptionsstatut (Art. 22). Diese Statute entscheiden, ob eine Abstammungserklärung, Namenserteilung oder Adoption möglich bzw. erforderlich ist. Das Heimatrecht des Kindes wird nur insoweit berufen, als es hierfür Zustimmungserfordernisse von Familienangehörigen des Kindes aufstellt, nicht hingegen soweit es weitere Voraussetzungen für die Adoption verlangt.

7 Die Verweisung auf das Heimatrecht läuft leer, wenn es die Abstammungserklärung, die Namenserteilung oder die Adoption überhaupt nicht kennt und daher auch keine Zustimmungserklärungen vorsieht. Einer ersatzweisen Anwendung deutschen Rechts nach S. 2 bedarf es nach dem Regelungszweck von Art. 23 nicht.[8]

8 Das Heimatrecht entscheidet sowohl darüber, welche Zustimmungen erforderlich sind, als auch über die **Art und Weise** und die sonstigen Voraussetzungen, unter denen sie erteilt werden müssen.[9] Im deutschen Recht wären dies für die Zustimmung der Mutter zum Vaterschaftsanerkenntnis die Vorschriften der §§ 1595 Abs. 3, 1596–1598 BGB.[10]

9 Hat die Mutter die Zustimmung in ihrer Eigenschaft als Mutter erteilt, so ist damit auch ein Zustimmungserfordernis als gesetzliche Vertreterin des Kindes zu sehen, wenn sie aus Sicht des Heimatrechts des Kindes notwendig ist.

10 Das Heimatrecht bestimmt auch darüber, ob eine gerichtliche oder behördliche Genehmigung der Zustimmung notwendig ist,[11] ob das **Zustimmungserfordernis ersetzt** werden kann oder ob eine Zustimmung entbehrlich ist, weil den Eltern die Elternrechte entzogen worden sind.[12] Solche nach einem ausländischen Heimatrecht möglichen oder vorausgesetzten Entscheidungen können grundsätzlich auch durch ein deutsches Gericht erfolgen.[13] Die internationale Zuständigkeit bestimmt sich nicht nach dem MSA, sondern nach autonomem Recht (siehe Anhang II zu Art. 24 EGBGB Art. 1 MSA Rn 29). Ausländische Entscheidungen

---

1 Gesetz zur Neuregelung des Internationalen Privatrechts v. 25.7.1986 (BGBl I S. 1142); s. Regierungsbegründung, BT-Drucks 10/504.
2 Zur Entstehungsgeschichte *Sturm*, StAZ 1997, 261.
3 BGBl I S. 2942.
4 BayObLGE 2002, 99, 104.
5 BayObLG FamRZ 2002, 1142, 1143.
6 Staudinger/*Henrich*, Art. 23 EGBGB Rn 3.
7 MüKo/*Klinkhardt*, Art. 23 EGBGB Rn 6.
8 LG Kassel StAZ 1992, 308, 309; *St. Lorenz*, IPRax 1994, 193, 195; Palandt/*Heldrich*, Art. 23 EGBGB Rn 1; Staudinger/*Henrich*, Art. 23 EGBGB Rn 19; a.A. AG Lahnstein FamRZ 1994, 1350, 1351; *Kegel/Schurig*, § 20 XIII 2a; Soergel/*Lüderitz*, Art. 23 EGBGB Rn 14.
9 MüKo/*Klinkhardt*, Art. 23 EGBGB Rn 9; Palandt/*Heldrich* Art. 23 EGBGB Rn 3.
10 S.a. Staudinger/*Henrich*, Art. 23 EGBGB Rn 9.
11 BayObLGZ 1994, 332, 335 (richterliche Genehmigung der Zustimmung der minderjährigen Mutter nach peruanischem Recht); MüKo/*Klinkhardt*, Art. 23 EGBGB Rn12; *St. Lorenz*, IPRax 1994, 193, 195 Fn. 18.
12 OLG Köln FamRZ 1999, 889 f.
13 OLG Köln FamRZ 1999, 889 f.; Soergel/*Lüderitz*, Art. 23 EGBGB Rn 12, 17 will in diesen Fällen über Art. 23 S. 2 deutsches Recht anwenden; dadurch würde aber das Ziel der Vermeidung hinkender Rechtsverhältnisse verfehlt.

können die nach dem in- oder ausländischen Recht erforderlichen Voraussetzungen erfüllen, sofern sie gemäß § 16a FGG anerkannt werden. Dabei ist kein identischer Entscheidungsinhalt, sondern nur eine funktionale Entsprechung zu verlangen. So ersetzt eine ausländische Entscheidung, die den Eltern die elterliche Sorge entzieht und die Adoptionsfähigkeit des Kindes feststellt und damit nach ausländischem Recht eine weitere Beteiligung der Eltern am Adoptionsverfahren ausschließt, die nach deutschem Recht notwendige gerichtliche Ersetzung der elterlichen Einwilligung nach § 1748 BGB.[14]

Für die **Form** kann nach Art. 11 Abs. 1 alternativ auf das Ortsrecht abgestellt werden.[15] Das bedeutet, dass die Zustimmung zu einer Abstammungserklärung im Inland immer auch nach Artt. 29a, 29b PStG vor dem Standesbeamten[16] oder nach § 59 Abs. 1 Nr. 1 u. 2 SGB VIII vor der Urkundsperson beim Jugendamt[17] erklärt werden kann. Bei Zustimmungen zu Einbenennungen im Inland kann die nach § 1618 S. 5 BGB vorgesehene öffentliche Beglaubigung der Erklärung nach § 31a Abs. 1 S. 1 Nr. 6 PStG auch durch den Standesbeamten vorgenommen werden. Bei Adoptionen sind die Zustimmungen im Inland immer formgültig, wenn sie notariell beurkundet werden, § 1750 Abs. 1 S. 2 BGB. [11]

2. Familienrechtliches Verhältnis. Berufen wird das ausländische Heimatrecht des Kindes, soweit es Zustimmungserfordernisse des Kindes selbst, seines gesetzlichen Vertreters und von Personen aufstellt, die zu dem Kind in einem familienrechtlichen Verhältnis stehen. Das sind Eltern, Großeltern, Abkömmlinge oder weitere Verwandte wie Onkel oder Tanten,[18] nach dem Zweck des Art. 23 aber nicht der Ehegatte des Kindes.[19] [12]

Die Verweisung erfasst nicht Genehmigungen, die nach dem Heimatrecht von staatlichen Stellen oder anderen Institutionen zur Adoption erteilt werden müssen (siehe zur Genehmigung von Zustimmungserklärungen aber Rn 10).[20] [13]

Ob ein nach dem Heimatrecht des Kindes vorausgesetztes familienrechtliches Verhältnis besteht, ist eine unselbständig anzuknüpfende Vorfrage (siehe Rn 29). [14]

Hat eine Person, etwa die Mutter, die Zustimmung nach dem einen Recht (allgemeines Statut oder Zustimmungsstatut) aufgrund ihres familienrechtlichen Verhältnisses erteilt, so wird damit auch ein Zustimmungserfordernis nach dem anderen Recht erfüllt, wenn die Mutter danach als gesetzliche Vertreterin des Kindes zustimmen muss.[21] [15]

II. Anknüpfung

1. Staatsangehörigkeit des Kindes. Entscheidend ist die Staatsangehörigkeit (Art. 5), die das Kind vor Wirksamwerden der Abstammungserklärung bzw. der Adoption besitzt.[22] [16]

Hat das Kind vor Anerkenntnis der Elternschaft mangels rechtlich festgestellter Abstammung noch keine Staatsangehörigkeit, so ist auf die Staatsangehörigkeit abzustellen, die das Kind durch die (erste) wirksame Abstammungserklärung erhält. Der Staatsangehörigkeitserwerb tritt in diesen Fällen regelmäßig rückwirkend ab Geburt ein.[23] [17]

2. Rück- und Weiterverweisungen. Streitig ist, ob eine Rück- oder Weiterverweisung zu beachten ist.[24] Da die Beachtung dem Sinn der Verweisung nicht widerspricht, gilt die Grundregel der Gesamtverweisung nach Art. 4 Abs. 1 S. 1. Das Ziel der Vermeidung hinkender Rechtsverhältnisse genügt nicht, um wegen des Sinns der Verweisung eine Gesamtverweisung abzulehnen. Diesem Ziel dient etwa auch die distributive [18]

---

14 AG Hattingen IPRax 1983, 300 mit zust. Anm. *Jayme*; AG Plettenberg IPRax 1994, 218 mit Bespr. *Hohnerlein*, 197; Staudinger/*Henrich*, Art. 23 EGBGB Rn 23.
15 *Jayme*, IPRax 1990, 309, 310.
16 OLG Stuttgart IPRax 1990, 332, 333 = FamRZ 1990, 559; *Jayme*, IPRax 1990, 309, 310.
17 *Deimert*, DAVorm 1991, 365.
18 Soergel/*Lüderitz*, Art. 23 EGBGB Rn 15.
19 *Benicke*, 139 f.; MüKo/*Klinkhardt*, Art. 23 EGBGB Rn 6; Soergel/*Lüderitz*, Art. 23 EGBGB Rn 15.
20 BayObLGZ 1993, 332, 336; *St. Lorenz*, IPRax 1994, 193, 195.
21 OLG Frankfurt StAZ 1989, 115; Palandt/*Heldrich* Art. 23 EGBGB Rn 3.
22 OLG Frankfurt NJW 1988, 1472, 1473 (zur Legitimation); MüKo/*Klinkhardt*, Art. 23 EGBGB Rn 3; Staudinger/*Henrich*, Art. 23 EGBGB Rn 5.
23 S. § 4 Abs. 1 StAG; s.a. *Sturm*, StAZ 1997, 261, 263 Fn 27 zum rumänischen Recht.
24 Dafür AG Lübbecke IPRax 1987, 327; AG Bielefeld IPRax 1989, 172; AG Siegen IPRax 1992, 259; *v. Bar*, IPR II, Rn 323; *Hohnerlein*, IPRax 1994, 197; *Jayme*, IPRax 1989, 157; *St. Lorenz*, IPRax 1994, 193, 194; MüKo/*Klinkhardt*, Art. 23 EGBGB Rn 4; Soergel/*Lüderitz*, Art. 23 EGBGB Rn 24; grundsätzlich auch Staudinger/*Henrich*, Art. 23 EGBGB Rn 6; offen gelassen von BayObLGZ 02, 99, 104; dagegen BayObLG FamRZ 1988, 868 = IPRax 1989, 172; LG Bielefeld FamRZ 1989, 1338; AG Plettenberg IPRax 1994, 219; *Andrae*, Rn 462; Palandt/*Heldrich* Art. 23 EGBGB Rn 2; *Kropholler*, IPR, § 24 II 2 u. § 49 IV 2.

Anknüpfung in Art. 13 Abs. 1 an die Heimatrechte jedes Ehegatten, deren Eigenschaft als Gesamtverweisung außer Frage steht.[25] Dies gilt auch bei der Abstammungserklärung. Insoweit wird zwar geltend gemacht, dass die Beachtung einer Weiterverweisung die durch Art. 19 Abs. 1 eröffneten Alternativanknüpfungen wieder einschränken würde.[26] Dabei wird aber übersehen, dass die Einschränkung durch Art. 23 selbst erfolgt, der die kumulative Anwendung eines weiteren Rechts anordnet.[27]

19 Kennt das berufene Zustimmungsstatut keine entsprechende spezielle Kollisionsnorm, so ist auf die allgemeine Kollisionsnorm für Abstammung, Namensführung und -erwerb oder Adoption abzustellen.

III. Reichweite der Verweisung

20 **1. Abstammungserklärung.** Das Abstammungsstatut gemäß Art. 19 bestimmt, wer eine Abstammungserklärung abgeben kann bzw. muss, d.h. ob etwa auch die Mutter das Kind anerkennen muss. Das vom Abstammungsstatut verschiedene Heimatrecht des Kindes wird insoweit berufen, als es für eine solche Abstammungserklärung Zustimmungserfordernisse aufstellt. Praktisch bedeutsam ist das Erfordernis, dass die Mutter einem Vaterschaftsanerkenntnis vor oder in einer bestimmten Frist nach Abgabe zustimmen muss.[28]

21 Kennt das Heimatrecht etwa eine Mutterschaftsanerkennung nicht, stellt es insoweit auch keine Zustimmungserfordernisse auf und ist daher nicht zu beachten. Umgekehrt ist das Heimatrecht ebenfalls unbeachtlich, wenn nur das Heimatrecht, nicht aber das Abstammungsstatut eine Mutterschaftsanerkennung vorsieht.

22 **2. Namenserteilung.** Die Namensführung und damit auch die Namenserteilung richtet sich gemäß Art. 10 Abs. 1 grundsätzlich nach dem Heimatrecht der betroffenen Person. Art. 23 hat damit nur Bedeutung, wenn die Namenserteilung aufgrund von Art. 10 Abs. 3 einem anderen Recht, insbesondere dem deutschen Recht unterliegt.[29]

23 Erfasst wird nicht nur die Einbenennung i.S.v. § 1618 BGB, sondern jede rechtsgeschäftliche Namensänderung.[30] Kennt das Heimatrecht die nach dem Namensstatut vorgesehene rechtsgeschäftliche Namensänderung nicht, läuft die kumulative Anwendung des Heimatrechts des Kindes leer. Aufgrund der nur partiellen Verweisung entfaltet das Heimatrecht keine Sperrwirkung für die nach dem Namensstatut mögliche Namenserteilung.[31]

24 **3. Adoption.** Eine Adoption hat vorbehaltlich S. 2 zu unterbleiben, wenn die Voraussetzungen nach dem Adoptionsstatut zwar vorliegen, eine Einwilligung nach dem Zustimmungsstatut hingegen fehlt und auch nicht ersetzt werden kann. Gleiches gilt, wenn eine Einwilligung zwar nach dem Zustimmungsstatut, nicht aber nach dem Adoptionsstatut ersetzt werden kann.

25 Anders als etwa im französischen IPR wird das Heimatrecht des Kindes nicht auch für die Frage der **Zulässigkeit der Adoption** berufen. Die Nichtanerkennung einer deutschen Adoption im Heimatland des Kindes kann im deutschen Recht allerdings flexibel bei der Prüfung des Kindeswohls berücksichtigt werden. So kann die Nichtanerkennung der deutschen Adoption im Heimatland des Kindes oder im Heimatland eines Annehmenden aus Kindeswohlgründen die Versagung der Adoption begründen. Dies kommt vor allem dann in Betracht, wenn die Annehmenden mit dem Kind in ein Land zurückkehren wollen, in dem die deutsche Adoption nicht anerkannt wird.

26 Positiv ist erkennbaren Anerkennungsschwierigkeiten durch die Berücksichtigung der einschlägigen ausländischen Vorschriften vorzubeugen.[32]

27 Ist eine Voraussetzung, die das nach Art. 23 berufene Recht für die Begründung einer Adoption aufstellt, nicht fehlerfrei eingehalten worden, kann dies die **Aufhebung** der Adoption begründen. Die bisherige h.M. will dem nach Art. 23 berufenen Recht entnehmen, welche rechtlichen Folgen sich aus dem Begründungsmangel ergeben.[33] Zumindest für den Fall, dass das Adoptivkind die Staatsangehörigkeit des Annehmenden erworben

---

25 *Benicke*, S. 151 f.
26 Staudinger/*Henrich*, Art. 23 EGBGB Rn 6.
27 *Jayme*, IPRax 1990, 310; *Benicke*, 153.
28 S. Überblick über die Zustimmungserfordernisse bei *Deinert*, DAVorm 1991, 365, 367 f.
29 Staudinger/*Henrich*, Art. 23 EGBGB Rn 13.
30 Soergel/*Lüderitz*, Art. 23 EGBGB Rn 9.
31 Staudinger/*Henrich*, Art. 23 EGBGB Rn 14.
32 Staudinger/*Henrich*, Art. 22 EGBGB Rn 42; s. allg. zur Berücksichtigung ausländischer Rechtsnormen als *local data Jayme*, in: Gedächtnisschrift Ehrenzweig 1976, S. 35 ff.; ausdr. gesetzliche Regelung in Art. 77 Abs. 2 S. 1 Schweizer IPR-G: Zeigt sich, dass eine Adoption im Wohnsitz- oder Heimatstaat der adoptierenden Person oder der adoptierenden Ehegatten nicht anerkannt wird und dem Kind daraus ein schwerwiegender Nachteil erwachsen würde, so berücksichtigt die Behörde auch die Voraussetzungen des Rechts des betreffenden Staates.
33 Staudinger/*Henrich*, Art. 22 EGBGB Rn 38 u. Art. 23 EGBGB Rn 25.

hat und das Recht dieses Staates Adoptionsstatut ist, ist es sachgerecht, die Folgen eines Begründungsmangels nach dem Zustimmungsstatut ausschließlich nach dem Adoptionsstatut zu bestimmen.[34]

Ist eine Adoption unter Verstoß gegen die Zustimmungsvoraussetzungen nach dem Zustimmungsstatut ausgesprochen worden, so ist die Adoption nur aufhebbar, wenn ein solcher Mangel auch nach dem Adoptionsstatut eine Aufhebung begründen würde.[35] Soll die Adoption aus Gründen, die nachträglich eingetreten sind, aufgehoben werden, so gilt für diese Statusänderung Art. 23 analog.[36]

IV. Vorfragen

Im anwendbaren Sachrecht stellt sich regelmäßig die Vorfrage, ob eine Person in einem bestimmten familienrechtlichen Verhältnis steht oder zur Vertretung des Kindes berechtigt ist. Diese Vorfragen sind **unselbständig anzuknüpfen**, weil das Interesse am internationalen Entscheidungseinklang dasjenige am internen überwiegt.[37] Art. 23 trägt dem Rechtsanwendungsinteresse des Kindes Rechnung und soll hinkende Rechtsverhältnisse vermeiden. Daher ist in einem ersten Schritt zu versuchen, die Zustimmungserfordernisse zu erfüllen, wie sie nach dem Heimatrecht des Kindes bestehen. Nur wenn die Zustimmungen mit einem vertretbaren Aufwand in angemessener Zeit nicht zu erreichen sind, kann über S. 2 auf deutsches Recht abgestellt werden.[38]

V. Rechtsfolgen einer fehlerhaften Zustimmung

Nach h.M. soll das Zustimmungsstatut auch über die Rechtsfolgen für die Abstammungserklärung, die Namenserteilung oder die Adoption entscheiden, wenn eine danach erforderliche Zustimmung nicht oder nicht ordnungsgemäß erteilt wurde. Ist auch das Hauptstatut verletzt, richtet sich die Rechtsfolge nach dem **ärgeren Recht**.[39] Richtigerweise sollte umgekehrt das **günstigere Recht** entscheiden. Die, wenn auch fehlerhaft begründete, Abstammung, Namenserteilung oder Adoption ist in ihrem Bestand grundsätzlich schutzwürdig. Das Zustimmungsstatut bestimmt, ob ein Begründungsfehler vorliegt. Die Rechtsfolgen, insbesondere auch die Heilungsmöglichkeiten (etwa § 1598 Abs. 2 BGB), richten sich alternativ je nach Günstigkeit für den Bestand nach dem Hauptstatut oder dem Zustimmungsstatut.[40] Für eine Verletzung des Hauptstatuts bleibt es für die Rechtsfolgen und die Heilungsmöglichkeiten bei der alleinigen Maßgeblichkeit des Hauptstatuts.

VI. Hilfsweise Anwendung deutschen Rechts (S. 2)

1. Regelungszweck. Die ausnahmsweise Anwendung deutschen Rechts nach S. 2 soll die Erschwerung der Namensänderung, Abstammungserklärung und Adoption abschwächen, die durch die kumulative Berufung des Heimatrechts des Kindes eintritt.[41] Materiellrechtlich wird insoweit der Schutzstandard des deutschen Rechts als ausreichend angesehen. S. 2 ist damit eine **besondere** ordre-public-Klausel[42] und verlangt einen Widerspruch zum deutschen Recht sowie einen ausreichenden Inlandsbezug. **Streitig** ist, ob S. 2 als ordre-public-Klausel eng auszulegen ist[43] oder vielmehr gegenüber Art. 6 die Eingriffsschwelle herabsetzt.[44] Im Ergebnis wendet auch die erste Meinung S. 2 praktisch immer dann an, wenn die Zustimmungserfordernisse des deutschen Rechts vorliegen.[45] Da das materielle deutsche Recht am Kindeswohl ausgerichtet ist, wider-

---

34 Benicke, S. 310; MüKo/Klinkhardt, Art. 23 EGBGB Rn 15; Soergel/Lüderitz, Art. 23 EGBGB Rn 13.
35 Benicke, S. 312; a.A. Henrich, Int. Familienrecht, 2. Aufl. 2000 § 8 III 2b.
36 Jayme, IPRax 1988, 251; Benicke, S. 313; a.A. Henrich, Int. Familienrecht, 2. Aufl. 2000 § 8 III 4.
37 Str.; wie hier für unselbständige Anknüpfung: Andrae, Rn 627; Benicke, 142; MüKo/Klinkhardt, Art. 23 EGBGB Rn 7 (für familienrechtliches Verhältnis, anders Rn 9 für gesetzlichen Vertreter); implizit auch OLG Stuttgart StAZ 1997, 105 (das allerdings die Frage nach der Anknüpfung der Vorfrage nicht stellt, sondern allein aufgrund der Verweisung in Art. 23 S. 1 marokkanisches Recht anwendet); für selbständige Anknüpfung Kropholler, IPR, § 49 IV 1; Baumann, Verfahren und anwendbares Recht bei Adoption mit Auslandsberührung, 1992, S. 87 f.; Palandt/Heldrich, Art. 23 EGBGB Rn 3 (jeweils nur für gesetzlichen Vertreter); für eine alternative Anknüpfung im Einzelfall Staudinger/Henrich, Art. 23 EGBGB Rn 7: tatsächliche Beziehung des Kindes ist zu respektieren, wenn sie nach dem Sachrecht besteht, das bei selbständiger oder bei unselbständiger Anknüpfung berufen wird.
38 S. BayObLGZ 1994, 332.
39 MüKo/Klinkhardt, Art. 23 EGBGB Rn 3; Palandt/Heldrich, Art. 23 EGBGB Rn 3; Staudinger/Henrich, Art. 23 EGBGB Rn 25 f.
40 Soergel/Lüderitz, Art. 23 EGBGB Rn 13; für die Adoption Benicke, S. 309 ff.
41 BayObLGZ 2002, 99, 104.
42 Soergel/Lüderitz, Art. 23 EGBGB Rn 21.
43 BayObLGZ 94, 332, 337; Palandt/Heldrich Art. 23 EGBGB Rn 6; Staudinger/Henrich, Art. 23 EGBGB Rn 32.
44 AG Lahnstein FamRZ 1994, 1350, 1351; Soergel/Lüderitz, Art. 23 EGBGB Rn 21.
45 S. BayObLGZ 94, 332, 337, das zwar eine enge Auslegung postuliert, für eine Adoption aber ausreichen lässt, dass eine dem Wohl des Kindes dienende Adoption sonst nicht durchgeführt werden könnte.

spricht die Versagung der Abstammungserklärung, Einbenennung oder Adoption aufgrund des Heimatrechts regelmäßig dem Kindeswohl und damit dem deutschen *ordre public*.

32 **2. Abstammungserklärung.** Bei Abstammungserklärungen wird nach S. 2 auf deutsches Recht abgestellt, wenn die Zustimmungsvoraussetzungen nach deutschem Recht, nicht aber nach dem Heimatrecht des Kindes vorliegen, eine Wiederholung der Abstammungserklärung oder die Erteilung der notwendigen Zustimmung nicht oder nur erschwert möglich sind und wenn dem Kind ohne wirksame Anerkennung ernsthafte Nachteile drohen. Hierfür wird für ausreichend gehalten, dass ohne die Anerkennung die tatsächliche Abstammung des Kindes nicht beweiskräftig verlautbar wird und so die Durchsetzung von Unterhaltsansprüchen und erbrechtlichen Ansprüchen nicht gewährleistet ist.[46]

33 Die hilfsweise Anwendung deutschen Rechts für die zur Abstammungserklärung notwendigen Zustimmungen hat an praktischer Bedeutung verloren,[47] weil seit 1.7.1998 nach **§ 1595 Nr. 1 BGB** zwingend die Zustimmung der Mutter des Kindes erforderlich ist.

34 **3. Adoption.** Der Zweck von **S. 2** bei der Adoption besteht vor allem darin, es zu ermöglichen, das Kind in die Pflegefamilie einzugliedern, wenn es sich seit längerer Zeit in deren Obhut befindet und wenn die Zustimmungsvoraussetzungen nach dem ausländischen Recht nicht oder nur unter besonderen Schwierigkeiten erfüllt werden können.[48]

35 Praktisch bedeutsam sind insbesondere die Fälle, in denen nach deutschem Recht die Zustimmung der Eltern nach § 1747 Abs. 4 BGB nicht erforderlich sind oder nach § 1748 BGB ersetzt werden können, das Herkunftsrecht des Kindes vergleichbare Regeln nicht enthält.

36 S. 2 ist weiterhin einschlägig, wenn in angemessener Zeit und mit vertretbarem Aufwand die nach dem Heimatrecht erforderlichen **Zustimmungen nicht eingeholt werden können** oder nicht geklärt werden kann, wer nach dem Heimatrecht der Adoption zustimmen muss, etwa weil nur schwer zu ermitteln ist, wer nach dem Heimatrecht als Vater des Kindes gilt.[49]

37 Eine andere Fallgruppe sind Zustimmungserfordernisse nach dem Heimatrecht von Personen, zu denen das Kind in keiner engeren Fürsorge- oder Verwandtschaftsbeziehung steht.[50] In diesem Fall ist nicht zu fordern, dass die Adoption der rechtlichen Festigung eines bestehenden Pflegeverhältnisses dient. Eine Adoption, die dem Wohl des Kindes dient, darf nicht unterbleiben, weil ein Verwandter, der selbst für die Sorge für das Kind nicht in der Lage oder geeignet ist, dieser widerspricht.

38 **Weiter bestehende Beziehungen des Kindes zum Herkunftsstaat** stehen einer Anwendung deutschen Rechts nicht notwendigerweise entgegen. Dies ist etwa der Fall, wenn das Kind ausländischer Eltern von dem neuen Ehemann der Mutter adoptiert wird und über seine Mutter weiterhin Kontakt zu Verwandten im Herkunftsland besitzt.[51]

39 Diese Voraussetzungen für die Verdrängung des ausländischen Rechts sind gegenüber der allgemeinen Vorbehaltsklausel nur scheinbar geringer. Zugrunde liegt jeweils, dass die Adoption nach materiellem Recht dem Wohl des Kindes dienen muss. Eine Ersetzung der Einwilligung der leiblichen Eltern ist nach § 1748 BGB sogar nur möglich, wenn das Unterbleiben der Adoption dem Kind zu unverhältnismäßigem Nachteil gereichen würde.[52]

40 **4. Namenserteilung.** Auch bei der Namenserteilung entsprechen die Voraussetzungen für die Anwendung deutschen Rechts statt des Heimatrechts den materiellen Voraussetzungen für eine Ersetzung der Einwilligung des anderen Elternteils im deutschen materiellen Recht, § 1618 S. 4 BGB.[53]

---

[46] OLG Frankfurt DAVorm 1998, 472; AG Tübingen StAZ 1998, 182; s.a. die Fallgruppenbildung bei *Sturm*, StAZ 1997, 261, 268 f.
[47] Zu einem Fall unter Geltung des früheren Rechts s. OLG Frankfurt FamRZ 1997, 241, bei dem die nach polnischem Recht erforderliche Zustimmung der Mutter nicht oder nur sehr erschwert möglich war.
[48] BT-Drucks 10/504, S. 73; BayObLGE 2002, 99, 104; BayObLG FamRZ 1988, 868; *v. Bar*, IPR II, Rn 325; *Sturm*, StAZ 1997, 261, 265.
[49] BayObLGZ 94, 332; diese Frage stellt sich nur bei unselbständiger Anknüpfung der Vorfrage.
[50] BayObLGE 2002, 99, 104; Soergel/*Lüderitz*, Art. 23 EGBGB Rn 22.
[51] BayObLGE 2002, 99, 104.
[52] S. Palandt/*Heldrich*, Art. 23 EGBGB Rn 6.
[53] OLG Frankfurt NJWE-FER 2000, 205.

Artikel 24 Vormundschaft, Betreuung und Pflegschaft

(1) ¹Die Entstehung, die Änderung und das Ende der Vormundschaft, Betreuung und Pflegschaft sowie der Inhalt der gesetzlichen Vormundschaft und Pflegschaft unterliegen dem Recht des Staates, dem der Mündel, Betreute oder Pflegling angehört. ²Für einen Angehörigen eines fremden Staates, der seinen gewöhnlichen Aufenthalt oder, mangels eines solchen, seinen Aufenthalt im Inland hat, kann ein Betreuer nach deutschem Recht bestellt werden.

(2) ¹Ist eine Pflegschaft erforderlich, weil nicht feststeht, wer an einer Angelegenheit beteiligt ist, oder weil ein Beteiligter sich in einem anderen Staat befindet, so ist das Recht anzuwenden, das für die Angelegenheit maßgebend ist.

(3) ¹Vorläufige Maßregeln sowie der Inhalt der Betreuung und der angeordneten Vormundschaft und Pflegschaft unterliegen dem Recht des anordnenden Staates.

Literatur: *Henrich,* Internationales Familienrecht, 2. Auflage 2000; *Nitzinger,* Das Betreuungsrecht im internationalen Privatrecht, 1998; *Oelkers,* Internationales Betreuungsrecht, 1996.

A. Allgemeines 1	b) Betreuung nach deutschem Recht für
I. Begriffe 1	einen Ausländer 15
II. Vorrang von Staatsverträgen 4	4. Pflegschaft für unbekannte oder
III. Ausgenommene Bereiche 7	verhinderte Beteiligte (Abs. 2) 18
B. Regelungsgehalt 9	5. Vorläufige Maßnahmen 20
I. Anknüpfung (Abs. 1) 9	II. Allgemeine Lehren 21
1. Entstehung, Änderung und Ende 9	III. Verfahren 22
2. Inhalt der Vormundschaft oder	1. Internationale Zuständigkeit 22
Pflegschaft 13	2. Anerkennung ausländischer
3. Betreuung 14	Entscheidungen 24
a) Allgemeines 14	

A. Allgemeines

I. Begriffe

Die **Vormundschaft** ist die umfassende Fürsorge und Vertretung schutzbedürftiger Personen.¹ Im internen deutschen Recht wurde die Vormundschaft über Volljährige zum 1.1.1992 zugunsten der Betreuung abgeschafft.² Soweit im ausländischen Recht eine Vormundschaft auch noch für Volljährige vorgesehen ist, behält die Verweisung in Abs. 1 ihre Bedeutung.³

Die **Pflegschaft** ist vormundschaftsähnliche Fürsorge und Vertretung mit begrenztem Aufgabenkreis.⁴ Die **Betreuung** ist wie die Pflegschaft die Fürsorge und Vertretung schutzbedürftiger Personen für einen begrenzten Aufgabenkreis, tritt aber nur aufgrund einer Anordnung ein (siehe § 1896 BGB). Sie lässt die eigene rechtliche Handlungsfähigkeit des Betreuten grundsätzlich unberührt (§ 1903 BGB). Der Aufgabenkreis kann flexibel dem Betreuungsbedarf angepasst werden (§ 1896 Abs. 2 BGB). Als Betreuung können solche Maßnahmen nach ausländischem Recht qualifiziert werden, die eine an den Bedürfnissen des Einzelfalls orientierte Fürsorge vorsehen.⁵

Eine genaue Abgrenzung der Begriffe ist nicht notwendig, weil sie für die Verweisung nach Art. 24 nicht erheblich ist. Art. 24 unterscheidet primär danach, ob ein Fürsorgeverhältnis kraft Gesetzes eintritt oder auf einer gerichtlichen oder behördlichen Anordnung beruht.

II. Vorrang von Staatsverträgen

Art. 24 ist im Wesentlichen nur für Vormundschaft, Pflegschaft und Betreuung bei Volljährigen sowie bei der kraft Gesetzes eintretenden Vormundschaft über Minderjährige anwendbar.⁶

Vorrangig zu beachten sind als multilaterale Staatsverträge das Haager Abkommen zur Regelung der Vormundschaft über Minderjährige⁷ und das Haager Minderjährigenschutzabkommen (siehe dazu Anhang II

---

1 *Henrich,* § 9 I.
2 Gesetz zur Reform des Rechts der Vormundschaft und Pflegschaft für Volljährige – Betreuungsgesetz – v. 12.9.1990 (BGBl I S. 2002).
3 *Rauscher,* IPR, S. 201; a.A. *Henrich,* § 9 I.
4 *Henrich,* § 9 I.
5 Staudinger/*Kropholler,* Art. 24 EGBGB Rn 12.
6 Erman/*Hohloch* Art. 24 EGBGB Rn 1; Palandt/*Heldrich* Art. 24 EGBGB Rn 2.
7 Vom 12.6.1902 (RGBl 1904 S. 240) (wegen des Vorrangs des MSA anwendbar nur noch im Verhältnis zu Belgien).

zu Art. 24 EGBGB). Vorrangiges bilaterales Abkommen ist das deutsch-iranische Niederlassungsabkommen;[8] das deutsch-österreichische Vormundschaftsabkommen v. 5.2.1927 ist zum 31.12.2002 gekündigt worden und zum Ablauf des 30.6.2003 außer Kraft getreten.[9] Das deutsch-polnische Abkommen über die Vormundschaft über Minderjährige v. 5.3.1924[10] ist aufgrund gewohnheitsmäßiger Nichtbeachtung seit Kriegsausbruch nicht mehr anwendbar.[11]

6 Für Deutschland noch nicht in Kraft getreten sind das Haager Kinderschutzübereinkommen v. 19.10.1996[12] und das Haager Erwachsenenschutzübereinkommen v. 13.1.2000.[13]

III. Ausgenommene Bereiche

7 Die in manchen Rechtsordnungen vorgesehene gesetzliche Vormundschaft der Eltern ist der Sache nach elterliche Sorge und unterliegt daher Art. 21 bzw. dem MSA.[14]

8 Art. 24 erfasst nicht die Beistandschaft nach §§ 1712 ff. BGB (siehe Art. 21 EGBGB Rn 14 f.) und im Unterschied zum MSA auch nicht öffentlich-rechtliche Fürsorgemaßnahmen.[15]

B. Regelungsgehalt

I. Anknüpfung (Abs. 1)

9 **1. Entstehung, Änderung und Ende. Abs. 1 S. 1** beruft (vorbehaltlich Art. 4 Abs. 1) das **Heimatrecht** der betroffenen Person für die Entstehung, Änderung und Ende der Vormundschaft oder Pflegschaft. Dies gilt sowohl für die kraft Gesetzes entstehende als auch für die durch gerichtliche oder behördliche Anordnung eintretende Vormundschaft oder Pflegschaft.

10 Für einen Deutschen kann auch bei gewöhnlichem Aufenthalt im Ausland nach deutschem Recht eine Vormundschaft oder Pflegschaft kraft Gesetzes eintreten (etwa § 1791c BGB) oder angeordnet werden.

11 Eine nach ausländischem Heimatrecht einer Person **kraft Gesetzes** eingetretene Vormundschaft oder Pflegschaft wird in Deutschland anerkannt. Das ausländische Recht bestimmt, wer Vormund oder Pfleger geworden ist, welchen Aufgabenkreis und welche Befugnisse der Vormund oder Pfleger hat. Das Heimatrecht entscheidet auch darüber, unter welchen Voraussetzungen eine Änderung oder die Beendigung eintritt oder angeordnet werden kann. Trifft das Heimatrecht keine Bestimmung, wer Vormund eines Kindes ist, so wird bei gewöhnlichem Aufenthalt des Kindes hierzu nach § 1791c BGB das Jugendamt berufen.[16]

12 Nach Abs. 1 S. 1 ist auch bei der **Anordnung** einer Vormundschaft oder Pflegschaft für einen ausländischen Staatsangehörigen durch ein deutsches Gericht dessen Heimatrecht anzuwenden. Bei Minderjährigen wird Abs. 1 S. 1 weit gehend durch das MSA verdrängt.[17] Bei Volljährigen wird bei Fürsorgebedarf regelmäßig nach **Abs. 1 S. 2** ein Betreuer nach deutschem Recht bestellt (siehe Rn 15).[18]

13 **2. Inhalt der Vormundschaft oder Pflegschaft.** Für den Inhalt der Vormundschaft oder Pflegschaft ist zu unterscheiden. Er richtet sich bei einer kraft Gesetzes entstehenden Vormundschaft oder Pflegschaft nach dem Heimatrecht; bei einer gerichtlich angeordneten Vormundschaft oder Pflegschaft hingegen nach der *lex fori* (Abs. 3 Alt. 2). Die Führung und Auswahl des bestellten Vormunds oder Pflegers erfolgt also nach der *lex fori*. Dies beruht auf Zweckmäßigkeitsgründen: Die Durchführungsvorschriften haben verfahrensrechtlichen Charakter und die Beteiligten sollen sich in den bekannten Bahnen des eigenen „Verfahrensrechts" bewegen können.[19]

14 **3. Betreuung. a) Allgemeines.** Das Heimatrecht gilt auch für die Anordnung einer Betreuung. Es regelt die Voraussetzungen für ihre Entstehung, Änderung und ihr Ende. Der Inhalt der Betreuung richtet sich wie bei der angeordneten Vormundschaft oder Pflegschaft hingegen nach der *lex fori* (Abs. 3). Ein deutsches

---

[8] Vom 17.2.1929 (RGBl II 1930 S. 1006; BGBl II 1955 S. 829).
[9] BGBl II 2003 S. 824; IPRax 2003, 562.
[10] RGBl II 1925 S. 139, 145.
[11] H.M. Staudinger/*Kropholler*, Vorbem. zu Art. 24 EGBGB Rn 7; a.A. Soergel/*Kegel*, Art. 24 EGBGB Rn 72.
[12] S. Anhang I zu Art. 24 EGBGB.
[13] Text unter http://hcch.e-vision.nl/ index_en.php?act=conventions.text&cid=71.
[14] Soergel/*Kegel*, Art. 24 EGBGB Rn 10; Staudinger/*Kropholler*, Art. 24 EGBGB Rn 11.
[15] Palandt/*Heldrich*, Art. 24 EGBGB Rn 3; Staudinger/*Kropholler*, Art. 24 EGBGB Rn 23.
[16] *Henrich*, § 9 II 1.
[17] Ausnahme ist die Vormundschaft für ein deutsches Kind, das seinen gewöhnlichen Aufenthalt in einem Staat hat, der nicht Mitglied des MSA ist.
[18] Staudinger/*Kropholler*, Art. 24 EGBGB Rn 31; weiter gehend Erman/*Hohloch* Art. 24 EGBGB Rn 10; Soergel/*Kegel*, Art. 24 EGBGB Rn 4: anzuordnen sei stets eine Betreuung nach deutschem Recht; enger *Nitzinger*, S. 106: Nur wenn Heimatrecht nicht ermittelbar oder nicht effektiv ist.
[19] *Kegel/Schurig*, § 20 XV 1.

Gericht kann daher auch für einen deutschen Staatsangehörigen mit gewöhnlichem Aufenthalt im Ausland eine Betreuung nach deutschem Recht anordnen.

b) Betreuung nach deutschem Recht für einen Ausländer. Abs. 1 S. 2 ordnet als eine einseitige Kollisionsnorm eine Ausnahme von der Anwendbarkeit des Heimatrechts an. Für einen Ausländer mit gewöhnlichem oder schlichtem Aufenthalt kann ein Betreuer nach deutschem Recht (§§ 1896–1908k BGB) bestellt werden.[20] Besondere Voraussetzungen für die alternative Anwendung deutschen Rechts sind nicht zu verlangen. Die Betreuung muss aber nicht nach inländischem Recht angeordnet werden.[21]

Schlichter Aufenthalt in Deutschland genügt, auch wenn in einem anderen Land ein gewöhnlicher Aufenthalt besteht, weil durch den Gleichlauf von Zuständigkeit und anwendbarem Recht bei aktuellem Fürsorgebedarf im Inland schnell gehandelt werden kann.[22] Nur so entfällt die oft schwer zu beantwortende Frage, ob der Betroffene im Inland bereits einen gewöhnlichen Aufenthalt begründet hat.

Ist nach deutschem Recht eine Betreuung angeordnet worden, so bestimmt dieses auch über Änderung und Beendigung.[23]

4. Pflegschaft für unbekannte oder verhinderte Beteiligte (Abs. 2). Abs. 2 regelt den Fall, dass in einer bestimmten Angelegenheit, etwa einer Nachlasssache, ein Beteiligter unbekannt ist oder sich im Ausland aufhält, und daher die Bestellung einer Pflegschaft für diese Angelegenheit erforderlich ist. Die Fragen von Entstehung, Änderung und Ende werden akzessorisch an das Statut der Hauptsache angeknüpft. Der Inhalt richtet sich auch hier gemäß Abs. 3 nach dem Recht des anordnenden Staates.[24]

Sonderregeln gelten weiter gehend für die Abwesenheitspflegschaft in § 10 ZustErgG, für die Pflegschaft für Sammelvermögen in § 42 FGG (Recht am Ort der Verwahrung) und für die Nachlasspflegschaft (Recht der anordnenden Behörde).[25]

5. Vorläufige Maßnahmen. Vorläufige Maßnahmen können nach Abs. 3 immer unter den Voraussetzungen des Sachrechts der *lex fori*, d.h. bei deutschen Gerichten nach deutschem Recht, angeordnet werden. Der Gleichlauf ist für das bei vorläufigen Maßnahmen notwendige schnelle Vorgehen erforderlich.

II. Allgemeine Lehren

Rück- und Weiterverweisungen (Art. 4 Abs. 1)[26] sind außer bei Abs. 3[27] ebenso zu beachten wie der Vorrang des Einzelstatuts (Art. 3 Abs. 3).[28] **Vorfragen**, etwa ob elterliche Sorge für das Kind besteht, sind selbständig anzuknüpfen.[29] Eine gesetzliche Vormundschaft nach dem Heimatrecht des Kindes tritt daher nicht ein, wenn das Kind nur nach dem Heimatrecht, nicht aber nach dem über Art. 21 berufenen Recht des gewöhnlichen Aufenthalts keinen Sorgeberechtigten hat.[30]

III. Verfahren

1. Internationale Zuständigkeit. Der Vorrang von Staatsverträgen ist auch im Internationalen Verfahrensrecht zu beachten.[31] Für Vormundschaft, Pflegschaft und Betreuung sind deutsche Gerichte nach **§§ 35b, 69e FGG** international zuständig, wenn der Betroffene Deutscher ist, im Inland seinen gewöhnlichen Aufenthalt hat oder der Fürsorge durch ein deutsches Gericht bedarf. Die Zuständigkeit nach §§ 35b, 69e FGG ist nicht ausschließlich.[32]

Ein Vorrang des Heimatstaates besteht nicht.[33] Nach **§ 47 FGG** kann die Anordnung durch ein deutsches Gericht aber im Interesse des Betroffenen unterbleiben, wenn im Ausland bei einer auch aus deutscher Sicht international zuständigen Stelle ein solches Verfahren anhängig ist bzw. wird oder kraft Gesetzes eine Vormundschaft oder eine Pflegschaft besteht. Das Vormundschaftsgericht hat insoweit einen Ermessensspielraum, ob es das Verfahren weiter betreibt.[34]

---

20 Erman/*Hohloch*, Art. 24 EGBGB Rn 4: ergänzende Sachnorm.
21 S. Staudinger/*Kropholler*, Art. 24 EGBGB Rn 31.
22 Soergel/*Kegel*, Art. 24 EGBGB Rn 5; a.A. Staudinger/*Kropholler*, Art. 24 EGBGB Rn 32.
23 Staudinger/*Kropholler*, Art. 24 EGBGB Rn 34; *Oelkers*, S. 244.
24 Staudinger/*Kropholler*, Art. 24 EGBGB Rn 57 f.
25 S. dazu näher Staudinger/*Kropholler*, Art. 24 EGBGB Rn 14 ff.
26 Palandt/*Heldrich*, Art. 24 EGBGB Rn 1; Soergel/*Kegel*, Art. 24 EGBGB Rn 58.
27 Erman/*Hohloch* Art. 24 EGBGB Rn 4; Staudinger/*Kropholler*, Art. 24 EGBGB Rn 64.
28 Palandt/*Heldrich* Art. 24 EGBGB Rn 1; Soergel/*Kegel*, Art. 24 EGBGB Rn 57.
29 Erman/*Hohloch* Art. 24 EGBGB Rn 6; Soergel/*Kegel*, Art. 24 EGBGB Rn 16, 56.
30 *Henrich*, § 9 II 1.
31 Staudinger/*Kropholler*, Art. 24 EGBGB Rn 98.
32 OLG Hamm FamRZ 2003, 253.
33 Staudinger/*Kropholler*, Art. 24 EGBGB Rn 99.
34 BT-Drucks 10/504, S. 95; Staudinger/*Kropholler*, Art. 24 EGBGB Rn 125 ff.

2. Anerkennung ausländischer Entscheidungen. Die Anerkennung einer im Ausland angeordneten Vormundschaft, Pflegschaft oder Betreuung richtet sich im autonomen Recht nach **§ 16a FGG**.

Kennt das ausländische Recht noch eine **Entmündigung**, so kann auch eine solche Entscheidung grundsätzlich nach § 16a FGG in Deutschland anerkannt werden.[35] Bei starkem Inlandsbezug aufgrund deutscher Staatsangehörigkeit oder gewöhnlichen Aufenthalts in Deutschland verstößt die Entmündigung wegen des zu weit gehenden Eingriffs in die Menschenwürde und die allgemeine Handlungsfreiheit allerdings gegen den deutschen *ordre public*.[36]

Eine ausländische Entscheidung kann von deutschen Gerichten abgeändert oder aufgehoben werden, wenn hierfür nach §§ 35b, 69e FGG die internationale Zuständigkeit besteht.[37]

---

[35] Staudinger/*Kropholler*, Art. 24 EGBGB Rn 133.
[36] Erman/*Hohloch*, Art. 8 EGBGB Rn 3.
[37] Staudinger/*Kropholler*, Art. 24 EGBGB Rn 136.

Anhang I zu Art. 24 EGBGB

Haager Übereinkommen über die Zuständigkeit, das anzuwendende Recht, die Anerkennung, Vollstreckung und Zusammenarbeit auf dem Gebiet der elterlichen Verantwortung und der Maßnahmen zum Schutz von Kindern[1] vom 19.10.1996 (KSÜ)

Die Unterzeichnerstaaten dieses Übereinkommens – in der Erwägung, dass der Schutz von Kindern im internationalen Bereich verbessert werden muss;

in dem Wunsch, Konflikte zwischen ihren Rechtssystemen in bezug auf die Zuständigkeit, das anzuwendende Recht, die Anerkennung und Vollstreckung von Maßnahmen zum Schutz von Kindern zu vermeiden;

eingedenk der Bedeutung der internationalen Zusammenarbeit für den Schutz von Kindern; bekräftigend, dass das Wohl des Kindes vorrangig zu berücksichtigen ist;

angesichts der Notwendigkeit, das Übereinkommen vom 5. Oktober 1961 über die Zuständigkeit der Behörden und das anzuwendende Recht auf dem Gebiet des Schutzes von Minderjährigen zu überarbeiten;

in dem Wunsch, zu diesem Zweck unter Berücksichtigung des Übereinkommens der Vereinten Nationen vom 20. November 1989 über die Rechte des Kindes gemeinsame Bestimmungen festzulegen – haben die folgenden Bestimmungen vereinbart:

Kapitel I. Anwendungsbereich des Übereinkommens

KSÜ Art. 1

(1) Ziel dieses Übereinkommens ist es,
a) den Staat zu bestimmen, dessen Behörden zuständig sind, Maßnahmen zum Schutz der Person oder des Vermögens des Kindes zu treffen;
b) das von diesen Behörden bei der Ausübung ihrer Zuständigkeit anzuwendende Recht zu bestimmen;
c) das auf die elterliche Verantwortung anzuwendende Recht zu bestimmen;
d) die Anerkennung und Vollstreckung der Schutzmaßnahmen in allen Vertragsstaaten sicherzustellen;
e) die zur Verwirklichung der Ziele dieses Übereinkommens notwendige Zusammenarbeit zwischen den Behörden der Vertragsstaaten einzurichten.

(2) Im Sinn dieses Übereinkommens umfasst der Begriff „elterliche Verantwortung" die elterliche Sorge (für Österreich: die Obsorge) und jedes andere entsprechende Sorgeverhältnis, das die Rechte, Befugnisse und Pflichten der Eltern, des Vormunds oder eines anderen gesetzlichen Vertreters in bezug auf die Person oder das Vermögen des Kindes bestimmt.

Literatur: *Roth/Döring*, Das Haager Abkommen über den Schutz von Kindern, öst. JBl 1999, 758; *Siehr*, Das neue Haager Übereinkommen von 1996 über den Schutz von Kindern, RabelsZ 62 (1998), 464.

A. In-Kraft-Treten	1	II. Räumlicher Anwendungsbereich	6
B. Anwendungsbereich	3	III. Zeitlicher Anwendungsbereich	7
I. Ziele und sachlicher Anwendungsbereich	3	C. Verhältnis zu anderen Übereinkommen	8

A. In-Kraft-Treten

Das KSÜ ist am 1.1.2002 in Kraft getreten und gilt zurzeit für Australien, Ecuador, Estland, Lettland, Litauen, Marokko, Monaco, die Slowakei und die tschechische Republik.[2]   1

---

[1] Gemeinsame deutsche Übersetzung nach dem Ergebnis der Übersetzungskonferenz in Bern vom 10.–14.2.1997; verbindlich sind (gleichermaßen) nur die englische und französische Fassung.

[2] Stand Oktober 2004; aktuelle Liste auf der Internet-Seite der Haager Konferenz für internationales Privatrecht: http://hcch.e-vision.nl/index_en.php?act=conventions.status&cid=70.

2 Da durch den Erlass der EheVO 2000 eine Außenkompetenz der EU in diesem Bereich entstanden ist, bedarf es für die Ratifikation einer Ermächtigung durch die EU. Aufgrund eines Ratsbeschlusses zeichneten Deutschland und die anderen Mitgliedstaaten das KSÜ am 1.4.2003.[3] Mit einer Ratifikation und dem In-Kraft-Treten ist erst zum 1.1.2006 zu rechnen.[4]

B. Anwendungsbereich

I. Ziele und sachlicher Anwendungsbereich

3 Das KSÜ ist eine Weiterentwicklung und Modernisierung des MSA. Durch eine Reform der Unzulänglichkeiten des MSA, insbesondere des wenig gelungenen Kompromisses der Aufteilung der Zuständigkeiten zwischen Heimatstaat und Aufenthaltsstaat, soll eine weitere internationale Akzeptanz erreicht werden.[5]

4 Das KSÜ regelt wie das MSA die internationale Zuständigkeit für Schutzmaßnahmen und das hierbei anwendbare Recht. Es umfasst dabei ebenfalls den privatrechtlichen wie den öffentlich-rechtlichen Kinderschutz.[6] Anders als das MSA bestimmt das KSÜ aber auch das anwendbare Recht, das unabhängig vom Erlass einer Schutzmaßnahme für die elterliche Verantwortung gilt. Außerdem regelt es nicht nur die Anerkennung (Art. 23), sondern verpflichtet die Vertragsstaaten auch zur Vollstreckung von Entscheidungen aus anderen Vertragsstaaten (Art. 26). Schließlich wird die internationale Zusammenarbeit insbesondere durch zentrale Behörden erweitert und vertieft (Artt. 29 ff.).

5 Der Begriff der **elterlichen Verantwortung**, der in Anlehnung an Art. 18 der UN-Kinderschutzkonvention anstelle des Begriffs der elterlichen Gewalt gewählt wurde, wird in Abs. 2 definiert. Er ist weit zu verstehen und erfasst auch die Berechtigung Dritter, insbesondere öffentlicher Stellen, für das Kind und dessen Belange zu sorgen und es zu vertreten.[7]

II. Räumlicher Anwendungsbereich

6 Der räumliche Anwendungsbereich des KSÜ ist je nach Regelungsbereich verschieden. Für die internationale Zuständigkeit siehe Art. 5; für das anwendbare Recht siehe Art. 20.

III. Zeitlicher Anwendungsbereich

7 Der zeitliche Anwendungsbereich wird in Art. 53 bestimmt. Danach erfasst das KSÜ die internationale Zuständigkeit nur für Verfahren, die nach In-Kraft-Treten begonnen werden. Für die Anerkennung einer ausländischen Entscheidung ist maßgeblich, dass das KSÜ im Verhältnis der betroffenen Staaten vor Erlass der Entscheidung in Kraft getreten ist.

C. Verhältnis zu anderen Übereinkommen

8 Das KSÜ tritt nach Art. 51 zwischen den Vertragsparteien an die Stelle des MSA. Wenn das KSÜ für Deutschland in Kraft tritt, ist das MSA nur noch anwendbar, wenn sich ein Kind im Inland aufhält und die Staatsangehörigkeit eines Vertragsstaates des MSA besitzt, für den das KSÜ nicht in Kraft getreten ist. Außerdem bleibt das MSA anwendbar für deutsche Kinder mit gewöhnlichem Aufenthalt in einem ausländischen Vertragsstaat des MSA, für den das KSÜ nicht gilt.

9 Das HKÜ geht dem KSÜ vor (Art. 50). Außerdem wird durch Art. 7 ein möglicher Konflikt mit dem HKÜ vermieden.[8]

10 Nach Art. 52 bleiben andere bestehende Staatsverträge zwischen den Vertragsstaaten unberührt und es können auch nachträglich noch neue Staatsverträge geschlossen werden.[9] Nach Art. 52 Abs. 4 gilt dies auch für Einheitsrecht. Art. 53 ist speziell für die EU-Mitgliedstaaten aufgenommen worden[10] und ermöglicht die vorrangige Geltung der EheVO 2003.

---

3 ABlEG Nr. L 160 v. 30.6.2000, S. 19; die Niederlande haben das KSÜ bereits 1997 gezeichnet.
4 S. *S. Schulz*, FamRZ 2003, 1351.
5 *Roth/Döring*, öst. JBl 1999, 758 f.
6 *Kegel/Schurig*, § 20 XI 5b.
7 *Lagarde*, Rapport explicative, Anm. 14; *Roth/Döring*, öst. JBl 1999, 758, 760; *Siehr*, RabelsZ 62 (1998), 464, 476.
8 *Siehr*, RabelsZ 62 (1998), 464, 472.
9 *Helms*, FamRZ 2002, 1600.
10 *Siehr*, RabelsZ 62 (1998), 464, 473 f.

KSÜ Art. 2

Dieses Übereinkommen ist auf Kinder von ihrer Geburt bis zur Vollendung des 18. Lebensjahrs anzuwenden.

Im Unterschied zum MSA (siehe Anhang II zu Art. 24 EGBGB, Art. 12 MSA Rn 1) bestimmt das KSÜ den persönlichen Anwendungsbereich durch eine feste Altersgrenze unmittelbar. Es ist wie das MSA nicht anwendbar auf Pflegschaften für noch ungeborene Kinder oder geschäftsunfähige Erwachsene.[1]

KSÜ Art. 3

Die Maßnahmen, auf die in Artikel 1 Bezug genommen wird, können insbesondere folgendes umfassen:
a) die Zuweisung, die Ausübung und die vollständige oder teilweise Entziehung der elterlichen Verantwortung sowie deren Übertragung;
b) das Sorgerecht einschließlich der Sorge für die Person des Kindes und insbesondere des Rechts, den Aufenthalt des Kindes zu bestimmen, sowie das Recht auf persönlichen Verkehr (für Deutschland: das Recht zum persönlichen Umgang) einschließlich des Rechts, das Kind für eine begrenzte Zeit an einen anderen Ort als den seines gewöhnlichen Aufenthalts zu bringen;
c) die Vormundschaft, die Beistandschaft (für Deutschland: die Pflegschaft; für Österreich: die besondere Sachwalterschaft) und entsprechende Einrichtungen;
d) die Bestimmung und den Aufgabenbereich jeder Person oder Stelle, die für die Person oder das Vermögen des Kindes verantwortlich ist, das Kind vertritt oder ihm beisteht;
e) die Unterbringung des Kindes in einer Pflegefamilie oder einem Heim oder seine Betreuung durch Kafala oder eine entsprechende Einrichtung;
f) die behördliche Aufsicht über die Betreuung eines Kindes durch jede Person, die für das Kind verantwortlich ist;
g) die Verwaltung und Erhaltung des Vermögens des Kindes oder die Verfügung darüber.

Der Begriff der Schutzmaßnahme entspricht dem im MSA,[1] der dort allerdings nicht näher beschrieben wird (siehe Anhang II zu Art. 24 EGBGB, Art. 1 MSA Rn 20 ff.). Auch das KSÜ verzichtet auf eine Definition, enthält aber in Art. 3 eine beispielhafte Aufzählung der erfassten Maßnahmen. Der Begriff ist weit und der Katalog nicht abschließend.[2]

KSÜ Art. 4

Dieses Übereinkommen ist nicht anzuwenden
a) auf die Feststellung und Anfechtung des Eltern-Kind-Verhältnisses;
b) auf Adoptionsentscheidungen und Maßnahmen zur Vorbereitung einer Adoption sowie auf die Ungültigerklärung und den Widerruf der Adoption;
c) auf Namen und Vornamen des Kindes;
d) auf die Volljährigerklärung;
e) auf Unterhaltspflichten;
f) auf trusts und Erbschaften;
g) auf die soziale Sicherheit;
h) auf öffentliche Maßnahmen allgemeiner Art in Angelegenheiten der Erziehung und Gesundheit;
i) auf Maßnahmen infolge von Straftaten, die von Kindern begangen wurden;
j) auf Entscheidungen über Asylrecht und Einwanderung.

---

1 *Siehr*, RabelsZ 62 (1998), 464; *Roth/Döring*, öst. JBl 1999, 758, 759; s. zu Letzterem Haager Übereinkommen zum Schutz von Erwachsenen v. 13.1.2000; Text unter http://hcch.e-vision.nl/index_en.php?act=conventions.text&cid=71 (Stand Oktober 2004).
1 *Roth/Döring*, öst. JBl 1999, 758, 760.
2 *Lagarde*, Rapport explicative, Anm. 18 ; *Siehr*, RabelsZ 62 (1998), 464, 476.

1 Art. 4 enthält einen Katalog der Bereiche, die nicht in den Regelungsbereich des KSÜ fallen. Dies sind zum einen Materien wie die Adoption und der Unterhalt, für den spezielle Übereinkommen existieren. In anderen Bereichen, wie der Begründung eines Eltern-Kind-Verhältnisses, dem Namensrecht, den Volljährigkeitsvoraussetzungen sowie dem Erbrecht, bestehen zu große nationale Unterschiede.[1]

2 Das KSÜ bleibt aber anwendbar, soweit es in diesen Bereichen als **Vorfrage** darauf ankommt, wer gesetzlicher Vertreter des Kindes ist. Für die Frage, ob für das Kind gehandelt werden muss, bleibt es bei der Maßgeblichkeit des jeweils einschlägigen Statuts.[2]

Kapitel II. Zuständigkeit

KSÜ Art. 5

(1) Die Behörden, seien es Gerichte oder Verwaltungsbehörden, des Vertragsstaats, in dem das Kind seinen gewöhnlichen Aufenthalt hat, sind zuständig, Maßnahmen zum Schutz der Person oder des Vermögens des Kindes zu treffen.

(2) Vorbehaltlich des Artikels 7 sind bei einem Wechsel des gewöhnlichen Aufenthalts des Kindes in einen anderen Vertragsstaat die Behörden des Staates des neuen gewöhnlichen Aufenthalts zuständig.

1 International zuständig für den Erlass von Schutzmaßnahmen sind die Behörden des Staates, in dem das Kind seinen **gewöhnlichen Aufenthalt** hat. Dem gewöhnlichen Aufenthalt kommt insoweit wie beim MSA eine doppelte Funktion zu. Er bestimmt den räumlich-persönlichen Anwendungsbereich der Vorschriften über die internationale Zuständigkeit[1] und begründet gleichzeitig die internationale Zuständigkeit der Gerichte des Aufenthaltsstaates.

2 Der Begriff des gewöhnlichen Aufenthalts ist wie in den anderen Haager Übereinkommen und im autonomen Recht zu verstehen (siehe Anhang II zu Art. 24 EGBGB, Art. 1 MSA Rn 15 ff.).[2]

3 Zur *perpetuatio fori* bei Aufenthaltswechsel siehe Art. 7 KSÜ.

4 Die Aufenthaltszuständigkeit steht anders als nach dem MSA (siehe Anhang II zu Art. 24 EGBGB, Art. 1 MSA Rn 7 ff.) nicht mehr unter dem Vorbehalt eines gesetzlichen Gewaltverhältnisses nach dem Heimatrecht des Kindes oder einer Wahrnehmung der Zuständigkeit durch die Behörden des Heimatstaates.

5 Das Verhältnis zu Zuständigkeiten in anderen Staaten ist in Artt. 8, 9 und 10 im Sinne eines **grundsätzlichen Vorrangs der Aufenthaltszuständigkeit** neu geregelt worden. Die besonderen Zuständigkeiten sind nach dem Zweck der Regelung restriktiv anzuwenden.[3]

6 Die Aufenthaltsbehörde kann einer Behörde in einem anderen Vertragsstaat die Zuständigkeit antragen (Art. 8). Die Behörde in einem Vertragsstaat, in dem das Kind keinen gewöhnlichen Aufenthalt hat, also etwa im Heimatstaat, kann sich die Zuständigkeit von der Aufenthaltsbehörde erbitten (Art. 9). Die Verbundzuständigkeit mit einer Ehesache kann am gewöhnlichen Aufenthalt eines Elternteils aufgrund der Zustimmung der Sorgeberechtigten begründet werden (Art. 10). Schließlich sieht Art. 11 eine Eilzuständigkeit und Art. 12 eine Zuständigkeit für einstweilige Anordnungen vor.

KSÜ Art. 6

(1) Über Flüchtlingskinder und Kinder, die infolge von Unruhen in ihrem Land in ein anderes Land gelangt sind, üben die Behörden des Vertragsstaats, in dessen Hoheitsgebiet sich die Kinder demzufolge befinden, die in Artikel 5 Absatz 1 vorgesehene Zuständigkeit aus.

(2) Absatz 1 ist auch auf Kinder anzuwenden, deren gewöhnlicher Aufenthalt nicht festgestellt werden kann.

---

1 S. *Roth/Döring*, öst. JBl 1999, 758, 760.
2 *Siehr*, RabelsZ 62 (1998), 464, 477.

1 Unabhängig von dem gewöhnlichen Aufenthalt des Kindes in einem Vertragsstaat sind die Zuständigkeiten nach Artt. 6, 11 und 12.

2 *Roth/Döring*, öst. JBl 1999, 758, 761; *Siehr*, RabelsZ 62 (1998), 464, 478.
3 *Roth/Döring*, öst. JBl 1999, 758, 761.

Bei **Flüchtlingskindern** kommt es statt des eventuell noch bestehenden gewöhnlichen Aufenthalts im Herkunftsstaat auf den schlichten Aufenthalt im Zufluchtsstaat an. Der Verfahrensvereinfachung dient die Maßgeblichkeit des schlichten Aufenthalts nach Abs. 2, wenn nicht festgestellt werden kann, ob das Kind einen gewöhnlichen Aufenthalt hat. Abs. 2 gilt nur, wenn zweifelhaft ist, ob das Kind überhaupt einen gewöhnlichen Aufenthalt hat, nicht hingegen, wenn wie bei Entführungsfällen nur fraglich ist, in welchem Staat der gewöhnliche Aufenthalt ist.[1]

KSÜ Art. 7

(1) Bei widerrechtlichem Verbringen oder Zurückhalten des Kindes bleiben die Behörden des Vertragsstaats, in dem das Kind unmittelbar vor dem Verbringen oder Zurückhalten seinen gewöhnlichen Aufenthalt hatte, so lange zuständig, bis das Kind einen gewöhnlichen Aufenthalt in einem anderen Staat erlangt hat und
a) jede sorgeberechtigte Person, Behörde oder sonstige Stelle das Verbringen oder Zurückhalten genehmigt hat, oder
b) das Kind sich in diesem anderen Staat mindestens ein Jahr aufgehalten hat, nachdem die sorgeberechtigte Person, Behörde oder sonstige Stelle seinen Aufenthaltsort kannte oder hätte kennen müssen, kein während dieses Zeitraums gestellter Antrag auf Rückgabe mehr anhängig ist und das Kind sich in seinem neuen Umfeld eingelebt hat.

(2) Das Verbringen oder Zurückhalten eines Kindes gilt als widerrechtlich, wenn
a) dadurch das Sorgerecht verletzt wird, das einer Person, Behörde oder sonstigen Stelle allein oder gemeinsam nach dem Recht des Staates zusteht, in dem das Kind unmittelbar vor dem Verbringen oder Zurückhalten seinen gewöhnlichen Aufenthalt hatte, und
b) dieses Recht im Zeitpunkt des Verbringens oder Zurückhaltens allein oder gemeinsam tatsächlich ausgeübt wurde oder ausgeübt worden wäre, falls das Verbringen oder Zurückhalten nicht stattgefunden hätte.

Das unter Buchstabe a genannte Sorgerecht kann insbesondere kraft Gesetzes, aufgrund einer gerichtlichen oder behördlichen Entscheidung oder aufgrund einer nach dem Recht des betreffenden Staates wirksamen Vereinbarung bestehen.

(3) Solange die in Absatz 1 genannten Behörden zuständig bleiben, können die Behörden des Vertragsstaats, in den das Kind verbracht oder in dem es zurückgehalten wurde, nur die nach Artikel 11 zum Schutz der Person oder des Vermögens des Kindes erforderlichen dringenden Maßnahmen treffen.

Art. 7 enthält eine Sonderregelung für die **Fortdauer der internationalen Zuständigkeit** bei Entführungsfällen und soll die Zuständigkeitsregelung des KSÜ mit dem HKÜ in Übereinstimmung bringen.

Außerhalb von Entführungsfällen gilt nach Art. 5 Abs. 2, dass die Gerichte am jeweiligen gewöhnlichen Aufenthalt international zuständig sind.[1] Es gibt auch keine *perpetuatio fori* bei Wechsel des gewöhnlichen Aufenthalts während eines laufenden Verfahrens.[2] Die Zuständigkeit der Gerichte des Aufenthaltsstaates entfällt, wenn das Kind einen neuen gewöhnlichen Aufenthalt in einem anderen Vertragsstaat begründet (siehe zu den Einzelheiten Anhang II zu Art. 24 EGBGB, Art. 1 MSA Rn 4 ff.). Zieht das Kind in einen Nichtvertragsstaat, bestimmt sich die internationale Zuständigkeit und die *perpetuatio fori* nach dem autonomen Recht des bisherigen Aufenthaltsstaates (siehe Art. 21 EGBGB Rn 44 ff.).[3]

Bei einer Entführung bleibt nach Abs. 1 die internationale Zuständigkeit der Gerichte im Staat des bisherigen gewöhnlichen Aufenthalts grundsätzlich bestehen, auch wenn das Kind aufgrund sozialer Integration im Zufluchtsstaat einen neuen gewöhnlichen Aufenthalt begründet hat (siehe dazu Anhang II zu Art. 24 EGBGB, Art. 1 MSA Rn 18; Anhang IV zu Art. 24 EGBGB, Art. 3 HKÜ Rn 22).

Die Voraussetzungen, unter denen nach Abs. 1 lit. a oder lit. b die internationale Zuständigkeit am bisherigen gewöhnlichen Aufenthalt entfällt und am neuen gewöhnlichen Aufenthalt begründet wird, gewährleisten

---

1 Siehr, RabelsZ 62 (1998), 464, 479; wohl auch Lagarde, Rapport explicative, Anm. 45 (l'enfant sans résidence habituelle).
1 Siehr, RabelsZ 62 (1998), 464, 478.
2 Lagarde, Rapport explicative, Anm. 42; Siehr, RabelsZ 62 (1998), 464, 478.
3 Siehr, RabelsZ 62 (1998), 464, 478.

weit gehend, dass ein Konflikt mit einer Rückgabeanordnung nach Art. 12 HKÜ und der Regelung in Art. 16 HKÜ nicht entsteht.[4]

5 Die Widerrechtlichkeit des Verbringens oder Zurückhaltens des Kindes wird in Abs. 2 in Übereinstimmung mit Art. 3 HKÜ geregelt.

KSÜ Art. 8

(1) Ausnahmsweise kann die nach Artikel 5 oder 6 zuständige Behörde eines Vertragsstaats, wenn sie der Auffassung ist, dass die Behörde eines anderen Vertragsstaats besser in der Lage wäre, das Wohl des Kindes im Einzelfall zu beurteilen,
– entweder diese Behörde unmittelbar oder mit Unterstützung der Zentralen Behörde dieses Staates ersuchen, die Zuständigkeit zu übernehmen, um die Schutzmaßnahmen zu treffen, die sie für erforderlich hält,
– oder das Verfahren aussetzen und die Parteien einladen, bei der Behörde dieses anderen Staates einen solchen Antrag zu stellen.

(2) Die Vertragsstaaten, deren Behörden nach Absatz 1 ersucht werden können, sind
a) ein Staat, dem das Kind angehört,
b) ein Staat, in dem sich Vermögen des Kindes befindet,
c) ein Staat, bei dessen Behörden ein Antrag der Eltern des Kindes auf Scheidung, Trennung, Aufhebung oder Nichtigerklärung der Ehe anhängig ist,
d) ein Staat, zu dem das Kind eine enge Verbindung hat.

(3) Die betreffenden Behörden können einen Meinungsaustausch aufnehmen.

(4) Die nach Absatz 1 ersuchte Behörde kann die Zuständigkeit anstelle der nach Artikel 5 oder 6 zuständigen Behörde übernehmen, wenn sie der Auffassung ist, dass dies dem Wohl des Kindes dient.

KSÜ Art. 9

(1) Sind die in Artikel 8 Absatz 2 genannten Behörden eines Vertragsstaats der Auffassung, dass sie besser in der Lage sind, das Wohl des Kindes im Einzelfall zu beurteilen, so können sie
– entweder die zuständige Behörde des Vertragsstaats des gewöhnlichen Aufenthalts des Kindes unmittelbar oder mit Unterstützung der Zentralen Behörde dieses Staates ersuchen, ihnen zu gestatten, die Zuständigkeit auszuüben, um die von ihnen für erforderlich gehaltenen Schutzmaßnahmen zu treffen,
– oder die Parteien einladen, bei der Behörde des Vertragsstaats des gewöhnlichen Aufenthalts des Kindes einen solchen Antrag zu stellen.

(2) Die betreffenden Behörden können einen Meinungsaustausch aufnehmen.

(3) Die Behörde, von welcher der Antrag ausgeht, darf die Zuständigkeit anstelle der Behörde des Vertragsstaats des gewöhnlichen Aufenthalts des Kindes nur ausüben, wenn diese den Antrag angenommen hat.

1 Das KSÜ sieht – anders als das MSA – keine eigene Zuständigkeit der Heimatbehörden des Kindes vor.[1]

2 Aufgrund eines Antrags der Aufenthaltsbehörden oder aufgrund eigenen Ersuchens kann aber eine **besondere Zuständigkeit** der Behörden eines Vertragsstaats begründet werden, in dem das Kind nicht seinen gewöhnlichen Aufenthalt hat. Dadurch wird sichergestellt, dass die Zuständigkeit außerhalb des Staates des gewöhnlichen Aufenthalts nur aufgrund der Zustimmung der Behörden des Aufenthaltsstaats eintritt.[2] Gefördert wird hierdurch auch der Meinungsaustausch und die Zusammenarbeit zwischen den befassten Behörden. Die Behörden im Staat des gewöhnlichen Aufenthalts können sich unter den Voraussetzungen von Artt. 8 und 9 für unzuständig erklären, müssen es aber nicht; insoweit wird der Gedanke des *forum non conveniens* eingeführt.[3]

---

4 Das war das Anliegen bei der Erarbeitung von Art. 7, s. *Lagarde*, Rapport explicative, Anm. 46; *S. Schulz*, FamRZ 2003, 336, 345.

1 Dazu *S. Schulz*, FamRZ 2003, 336, 345.
2 *S. Schulz*, FamRZ 2003, 336, 345.
3 *Siehr*, RabelsZ 62 (1998), 464, 481 f.

Art. 8 Abs. 2 beschränkt die aufgrund einer Anfrage oder eines Ersuchens möglicherweise zuständigen Behörden. Durch die Generalklausel in Art. 8 Abs. 2 lit. d bleibt aber genügend Flexibilität. Als Heimatstaat ist jeder Staat anzusehen, dessen Staatsangehörigkeit das Kind besitzt. Es kommt nicht auf die effektive Staatsangehörigkeit an (siehe zum Streit bei Art. 4 MSA Anhang II zu Art. 24 EGBGB, Art. 4 MSA Rn 2 ff.).[4]

Die besonderen Zuständigkeiten aufgrund eines Antrags sind nach dem ausdrücklichen Wortlaut von Art. 8 auch im Verhältnis zu der nach Art. 6 zuständigen Behörde am schlichten Aufenthalt möglich. Aufgrund der Symmetrie zwischen Art. 8 und Art. 9 muss ein Antrag nach Art. 9 auch an die nach Art. 6 zuständige Behörde möglich sein.[5]

KSÜ Art. 10

(1) Unbeschadet der Artikel 5 bis 9 können die Behörden eines Vertragsstaats in Ausübung ihrer Zuständigkeit für die Entscheidung über einen Antrag auf Scheidung, Trennung, Aufhebung oder Nichtigerklärung der Ehe der Eltern eines Kindes, das seinen gewöhnlichen Aufenthalt in einem anderen Vertragsstaat hat, sofern das Recht ihres Staates dies zulässt, Maßnahmen zum Schutz der Person oder des Vermögens des Kindes treffen, wenn
a) einer der Eltern zu Beginn des Verfahrens seinen gewöhnlichen Aufenthalt in diesem Staat und ein Elternteil die elterliche Verantwortung für das Kind hat und
b) die Eltern und jede andere Person, welche die elterliche Verantwortung für das Kind hat, die Zuständigkeit dieser Behörden für das Ergreifen solcher Maßnahmen anerkannt haben und diese Zuständigkeit dem Wohl des Kindes entspricht.
(2) Die in Absatz 1 vorgesehene Zuständigkeit für das Ergreifen von Maßnahmen zum Schutz des Kindes endet, sobald die stattgebende oder abweisende Entscheidung über den Antrag auf Scheidung, Trennung, Aufhebung oder Nichtigerklärung der Ehe endgültig geworden ist oder das Verfahren aus einem anderen Grund beendet wurde.

Art. 10 begründet eine **konkurrierende Zuständigkeit**[1] der Gerichte des Vertragsstaates, die mit einer Ehesache der Eltern des Kindes befasst sind. Die Zuständigkeit nach Art. 10 ist unabhängig von der nach Artt. 8 oder 9, hängt also nicht von dem Einverständnis der Behörden des Aufenthaltsstaates ab.

Folgende **sechs Voraussetzungen** müssen kumulativ erfüllt sein:[2]
1. Das Kind hat seinen Aufenthalt in einem Vertragsstaat.
2. Die *lex fori* des mit der Ehesache befassten Gerichts sieht eine Verbundzuständigkeit für Maßnahmen zum Schutz eines Kindes der Ehegatten vor, das im Gerichtsstaat keinen gewöhnlichen Aufenthalt hat.
3. Einer der Ehegatten hat zu Beginn des Verfahrens seinen gewöhnlichen Aufenthalt im Gerichtsstaat.
4. Zumindest einer der Ehegatten hat die elterliche Verantwortung für das Kind.
5. Beide Eltern und jede andere Person, der die elterliche Verantwortung für das Kind zusteht, haben die Zuständigkeit anerkannt.[3]
6. Die Verbundzuständigkeit entspricht dem Kindeswohl.

Die Zuständigkeit nach Art. 10 ist demnach nicht gegeben, wenn keinem Elternteil die elterliche Verantwortung zusteht oder wenn auch nur ein Elternteil die Verbundzuständigkeit ablehnt.[4] Möglich bleibt aber, dass die Zuständigkeit des mit der Ehesache befassten Gerichts über Artt. 8 oder 9 begründet wird.

Liegen die Voraussetzung von Art. 10 vor, ist das Gericht der Ehesache nicht nur für die Verteilung der elterlichen Verantwortung, sondern für den Erlass jeglicher Schutzmaßnahmen zuständig.[5]

Die Zuständigkeit nach Art. 10 ist nicht ausschließlich, sondern konkurriert mit denen nach Artt. 5, 7, 8 und 9. Die Frage des Vorrangs aufgrund früherer Anhängigkeit ist in Art. 13 geregelt.[6]

---

4 *Lagarde*, Rapport explicative, Anm. 55; *Siehr*, RabelsZ 62 (1998), 464, 481.
5 *Roth/Döring*, öst. JBl 1999, 758, 762.
1 *Lagarde*, Rapport explicative, Anm. 63; *Roth/Döring*, öst. JBl 1999, 758, 762.
2 *Siehr*, RabelsZ 62 (1998), 464, 483.

3 Denkbar ist, dass sich ein Elternteil und eine dritte Person die elterliche Verantwortung teilen, s. *Lagarde*, Rapport explicative, Anm. 65.
4 *Lagarde*, Rapport explicative, Anm. 64 f.
5 *Lagarde*, Rapport explicative, Anm. 62.
6 *Lagarde*, Rapport explicative, Anm. 63 ; *Roth/Döring*, öst. JBl 1999, 758, 762 f.; *Siehr*, RabelsZ 62 (1998), 464, 484.

KSÜ Art. 11

(1) In allen dringenden Fällen sind die Behörden jedes Vertragsstaats, in dessen Hoheitsgebiet sich das Kind oder ihm gehörendes Vermögen befindet, zuständig, die erforderlichen Schutzmaßnahmen zu treffen.

(2) Maßnahmen nach Absatz 1, die in bezug auf ein Kind mit gewöhnlichem Aufenthalt in einem Vertragsstaat getroffen wurden, treten außer Kraft, sobald die nach den Artikeln 5 bis 10 zuständigen Behörden die durch die Umstände gebotenen Maßnahmen getroffen haben.

(3) Maßnahmen nach Absatz 1, die in bezug auf ein Kind mit gewöhnlichem Aufenthalt in einem Nichtvertragsstaat getroffen wurden, treten in jedem Vertragsstaat außer Kraft, sobald dort die durch die Umstände gebotenen und von den Behörden eines anderen Staates getroffenen Maßnahmen anerkannt werden.

1 Die **Eilzuständigkeit** nach Art. 11 setzt nur voraus, dass sich das Kind oder ihm gehörendes Vermögen in dem Vertragsstaat befindet. Sie ist unabhängig davon, ob das Kind seinen gewöhnlichen Aufenthalt in einem Vertragsstaat oder einem Nichtvertragsstaat hat.[1]

2 Der Begriff des dringenden Falls ist wie in Art. 9 MSA zu verstehen (siehe Anhang II zu Art. 24 EGBGB, Art. 9 MSA Rn 4 f.).[2]

3 Die Zuständigkeit ist gegenständlich nicht beschränkt auf Maßnahmen zum Schutz der Person bzw. des Vermögens des Kindes, wenn sich nur das Kind oder nur das Vermögen des Kindes in dem Vertragsstaat befindet.[3] Erlassen werden können Maßnahmen jeglicher Art, sofern sie durch die Eilbedürftigkeit geboten sind.[4]

4 Die Eilzuständigkeit ist unabhängig von den Zuständigkeiten nach Artt. 5–10. Die aufgrund Art. 11 getroffenen Maßnahmen treten aber nach Abs. 2 außer Kraft, wenn eine nach Artt. 5–10 zuständige Behörde eine entsprechende Maßnahme erlässt. Art. 11 wird durch Art. 7 nicht beschränkt (Art. 7 Abs. 3). In Entführungsfällen können Eilmaßnahmen daher auch von den Behörden des Zufluchtsstaates erlassen werden.

5 Abs. 3 regelt dieses Verhältnis zu den ordentlichen Zuständigkeiten, wenn das Kind seinen gewöhnlichen Aufenthalt in einem Nichtvertragsstaat hat und daher die Zuständigkeiten nach Artt. 5–10 nicht eingreifen.

KSÜ Art. 12

(1) Vorbehaltlich des Artikels 7 sind die Behörden eines Vertragsstaats, in dessen Hoheitsgebiet sich das Kind oder ihm gehörendes Vermögen befindet, zuständig, vorläufige und auf das Hoheitsgebiet dieses Staates beschränkte Maßnahmen zum Schutz der Person oder des Vermögens des Kindes zu treffen, soweit solche Maßnahmen nicht mit den Maßnahmen unvereinbar sind, welche die nach den Artikeln 5 bis 10 zuständigen Behörden bereits getroffen haben.

(2) Maßnahmen nach Absatz 1, die in bezug auf ein Kind mit gewöhnlichem Aufenthalt in einem Vertragsstaat getroffen wurden, treten außer Kraft, sobald die nach den Artikeln 5 bis 10 zuständigen Behörden eine Entscheidung über die Schutzmaßnahmen getroffen haben, die durch die Umstände geboten sein könnten.

(3) Maßnahmen nach Absatz 1, die in bezug auf ein Kind mit gewöhnlichem Aufenthalt in einem Nichtvertragsstaat getroffen wurden, treten in dem Vertragsstaat außer Kraft, in dem sie getroffen worden sind, sobald dort die durch die Umstände gebotenen und von den Behörden eines anderen Staates getroffenen Maßnahmen anerkannt werden.

1 Art. 12 begründet eine internationale Zuständigkeit für **einstweilige Anordnungen**. Voraussetzung ist hierfür nur, dass sich das Kind oder ihm gehörendes Vermögen im Gerichtsstaat befindet. Ein gewöhnlicher Aufenthalt in einem Vertragsstaat ist nicht Voraussetzung. Die Zuständigkeit soll vor allem Maßnahmen

---

1 *Lagarde*, Rapport explicative, Anm. 67; *Siehr*, RabelsZ 62 (1998), 464, 484.
2 *Siehr*, RabelsZ 62 (1998), 464, 484.
3 *Lagarde*, Rapport explicative, Anm. 69.
4 *Lagarde*, Rapport explicative, Anm. 70.

ermöglichen, für die ein Bedarf entsteht, wenn sich ein Kind in einem Staat nur vorübergehend aufhält, ein Eilfall i.S.v. Art. 11 aber nicht vorliegt.[1]

Die aufgrund von Art. 12 erlassenen Schutzmaßnahmen wirken territorial beschränkt nur für das Gebiet des Gerichtsstaats. Sie dürfen Schutzmaßnahmen nicht widersprechen, die von den nach Artt. 5–10 zuständigen Behörden erlassen worden sind. Sie treten wie die Eilmaßnahmen nach Art. 11 außer Kraft, wenn eine nach Artt. 5–10 zuständige Behörde das Regelungsanliegen aufgreift und eine Maßnahme erlässt.

Das Erfordernis der **Konformität mit einer früheren Maßnahme** durch eine nach Artt. 5–10 zuständige Behörde ist dahin gehend einschränkend auszulegen, dass eine neue Sachlage auch abweichende Anordnungen zulassen kann. Ansonsten könnte in die elterliche Verantwortung, die aufgrund einer gerichtlichen Entscheidung einem Elternteil übertragen worden ist, durch eine Anordnung nach Art. 12 nie eingegriffen werden.[2]

Durch den Vorbehalt zugunsten von Art. 7 wird die Zuständigkeit nach Art. 12 für Entführungsfälle ausgeschlossen. Der Zufluchtstaat kann nur Eilmaßnahmen unter den Voraussetzungen des Art. 11 erlassen.[3]

KSÜ Art. 13

(1) Die Behörden eines Vertragsstaats, die nach den Artikeln 5 bis 10 zuständig sind, Maßnahmen zum Schutz der Person oder des Vermögens des Kindes zu treffen, dürfen diese Zuständigkeit nicht ausüben, wenn bei Einleitung des Verfahrens entsprechende Maßnahmen bei den Behörden eines anderen Vertragsstaats beantragt worden sind, die in jenem Zeitpunkt nach den Artikeln 5 bis 10 zuständig waren, und diese Maßnahmen noch geprüft werden.

(2) Absatz 1 ist nicht anzuwenden, wenn die Behörden, bei denen Maßnahmen zuerst beantragt wurden, auf ihre Zuständigkeit verzichtet haben.

Gemäß Art. 13 richtet sich das Verhältnis der verschiedenen konkurrierenden Zuständigkeiten nach dem **Prioritätsprinzip**. Ein durch das Prioritätsprinzip zu regelndes Konkurrenzverhältnis besteht aber nur im Verhältnis der Zuständigkeit nach Art. 10 zu den Zuständigkeiten nach Artt. 5–9. Das Verhältnis der Zuständigkeit der Behörden des aktuellen oder bisherigen Aufenthaltsstaates mit der ersuchten oder der erbetenen Zuständigkeit nach Artt. 8 oder 9 wird dadurch bestimmt, dass ein Einverständnis der Aufenthaltsbehörde erforderlich ist. Die Zuständigkeiten nach Artt. 5–10 gehen unabhängig von der Priorität den Zuständigkeiten nach Artt. 11 und 13 vor. Der Vorrang ergibt sich daraus, dass die aufgrund von Art. 11 oder Art. 12 getroffenen Maßnahmen außer Kraft treten, wenn die nach Artt. 5–10 eigentlich zuständigen Behörden tätig werden.[1] Das Prioritätsprinzip gilt ebenfalls nicht für das Verhältnis der Zuständigkeiten nach Artt. 5, 6 und 7 untereinander,[2] weil diese sich hinsichtlich der Voraussetzungen gegenseitig ausschließen.

Vorrang hat die Zuständigkeit der Behörde, bei der zuerst ein Antrag auf Erlass der infrage stehenden Schutzmaßnahme eingegangen ist. Für die Verbundzuständigkeit nach Art. 10 kommt es nicht auf den Antrag in der Ehesache, sondern auf den Antrag zum Erlass einer Schutzmaßnahme an.[3]

Der Vorrang gilt nur für die **konkret beantragte Schutzmaßnahme**. Wird etwa beim nach Art. 10 zuständigen Gericht die Übertragung der elterlichen Verantwortung beantragt, hindert dies nicht, dass im Aufenthaltsstaat der Erlass einer Maßnahme vermögensrechtlicher Art beantragt wird.[4] Besteht ein enger Zusammenhang mit dem Verfahren vor dem Gericht der Ehesache, kann die Aufenthaltsbehörde nach Art. 8 vorgehen.

Der Vorrang der zuerst mit der Sache befassten Behörde gilt nur so lange, wie die Maßnahme noch geprüft, d.h. das Verfahren noch fortgeführt wird. Ist das Verfahren rechtlich oder faktisch für längere Zeit unterbrochen worden, entfällt der Vorrang.

---

1 *Lagarde*, Rapport explicative, Anm. 74.
2 *Siehr*, RabelsZ 62 (1998), 464, 485.
3 *Lagarde*, Rapport explicative, Anm. 75.
1 *Roth/Döring*, öst. JBl 1999, 758, 764.
2 So aber *Roth/Döring*, öst. JBl 1999, 758, 764.

3 S. das Beispiel von *Lagarde*, Rapport explicative, Anm. 79.
4 Beispiel nach *Lagarde*, Rapport explicative, Anm. 79; s. auch *Roth/Döring*, öst. JBl 1999, 758, 764.

KSÜ Art. 14

Selbst wenn durch eine Änderung der Umstände die Grundlage der Zuständigkeit wegfällt, bleiben die nach den Artikeln 5 bis 10 getroffenen Maßnahmen innerhalb ihrer Reichweite so lange in Kraft, bis die nach diesem Übereinkommen zuständigen Behörden sie ändern, ersetzen oder aufheben.

1 Art. 14 übernimmt im Wesentlichen Art. 5 Abs. 1 MSA[1] und betrifft vor allem den Fall des Zuständigkeitswechsels nach Art. 5 Abs. 2. Die einmal erlassenen Maßnahmen der Behörden im Staat des gewöhnlichen Aufenthalts bleiben wirksam, auch wenn das Kind seinen Aufenthalt in einen anderen Vertragsstaat verlegt und dadurch die dortigen Behörden nach Art. 5 zuständig werden.

2 Mit Aufenthaltswechsel werden die Behörden des neuen Aufenthaltsstaates nach Art. 5 Abs. 2 international zuständig, diese Maßnahmen zu ändern, zu ersetzen oder aufzuheben.

3 Anders als teilweise angenommen,[2] hindert weder Art. 14 noch Art. 23, dass die Behörde im neuen Aufenthaltsstaat eine ändernde Maßnahme erlässt, auch wenn sich die sonstigen Umstände nicht verändert haben.[3] Ein entsprechender Vorschlag der deutschen und der niederländischen Delegation wurde abgelehnt, weil die Entscheidungsbefugnis der neu zuständigen Behörde nicht beschränkt werden sollte.[4]

Kapitel III. Anzuwendendes Recht

KSÜ Art. 15

(1) Bei der Ausübung ihrer Zuständigkeit nach Kapitel II wenden die Behörden der Vertragsstaaten ihr eigenes Recht an.

(2) Soweit es der Schutz der Person oder des Vermögens des Kindes erfordert, können sie jedoch ausnahmsweise das Recht eines anderen Staates anwenden oder berücksichtigen, zu dem der Sachverhalt eine enge Verbindung hat.

(3) Wechselt der gewöhnliche Aufenthalt des Kindes in einen anderen Vertragsstaat, so bestimmt das Recht dieses anderen Staates vom Zeitpunkt des Wechsels an die Bedingungen, unter denen die im Staat des früheren gewöhnlichen Aufenthalts getroffenen Maßnahmen angewendet werden.

1 Das KSÜ folgt wie das MSA dem **Grundsatz des Gleichlaufs von internationaler Zuständigkeit und anwendbarem Recht**.[1] Der in Art. 3 enthaltene Vorbehalt zugunsten von gesetzlichen Gewaltverhältnissen nach dem Heimatrecht des Kindes wurde zu Recht nicht übernommen.

2 Das Gleichlaufprinzip führt insbesondere bei den Zuständigkeiten nach Artt. 8, 10, 11 und 12 dazu, dass nicht das Recht am gewöhnlichen Aufenthalt des Kindes Anwendung findet. Dies wurde hingenommen, um die Rechtsanwendung zu erleichtern.[2]

3 Die Ausweichklausel in **Abs. 2**[3] ermöglicht es aber diesen Behörden, wenn es das Interesse des Kindes erfordert, ein anderes Recht, etwa das Recht am gewöhnlichen Aufenthalt anzuwenden oder zumindest zu berücksichtigen. Durch Abs. 2 ist außerdem eine Berücksichtigung oder sogar Anwendung des Heimatrechts des Kindes durch die Behörde am gewöhnlichen Aufenthalt des Kindes möglich. Dies ist insbesondere dann geboten, wenn das Kind wahrscheinlich in den Heimatstaat zurückkehren wird.[4]

4 **Abs. 3** unterscheidet zwischen Bestand und Inhalt einer Maßnahme einerseits und deren Ausübung andererseits. Durch einen Wechsel des gewöhnlichen Aufenthalts von einem Vertragsstaat in einen anderen bleiben die im bisherigen Aufenthaltsstaat getroffenen Maßnahmen bestehen. Um die Notwendigkeit einer Änderung zu vermeiden, richten sich die Modalitäten der Ausübung nach dem Recht des Vertragsstaates des neuen gewöhnlichen Aufenthalts.[5] So richten sich die Erfordernisse einer vormundschaftsgerichtlichen Genehmigung für Geschäfte durch einen Vormund nun nach dem Recht am neuen gewöhnlichen Aufenthalt des Kindes.[6]

---

1 *Lagarde*, Rapport explicative, Anm. 81.
2 *Siehr*, RabelsZ 62 (1998), 464, 486.
3 *Lagarde*, Rapport explicative, Anm. 43 ; *Roth/Döring*, öst. JBl 1999, 758, 765.
4 *Lagarde*, Rapport explicative, Anm. 43.
1 *Lagarde*, Rapport explicative, Anm. 86.

2 *Lagarde*, Rapport explicative, Anm. 87.
3 Krit. *Kegel/Schurig*, § 20 XI 5b.
4 *Lagarde*, Rapport explicative, Anm. 89.
5 *Siehr*, RabelsZ 62 (1998), 464, 488.
6 *Lagarde*, Rapport explicative, Anm. 91.

KSÜ Art. 16

(1) Die Zuweisung oder das Erlöschen der elterlichen Verantwortung kraft Gesetzes ohne Einschreiten eines Gerichts oder einer Verwaltungsbehörde bestimmt sich nach dem Recht des Staates des gewöhnlichen Aufenthalts des Kindes.

(2) Die Zuweisung oder das Erlöschen der elterlichen Verantwortung durch eine Vereinbarung oder ein einseitiges Rechtsgeschäft ohne Einschreiten eines Gerichts oder einer Verwaltungsbehörde bestimmt sich nach dem Recht des Staates des gewöhnlichen Aufenthalts des Kindes in dem Zeitpunkt, in dem die Vereinbarung oder das einseitige Rechtsgeschäft wirksam wird.

(3) Die elterliche Verantwortung nach dem Recht des Staates des gewöhnlichen Aufenthalts des Kindes besteht nach dem Wechsel dieses gewöhnlichen Aufenthalts in einen anderen Staat fort.

(4) Wechselt der gewöhnliche Aufenthalt des Kindes, so bestimmt sich die Zuweisung der elterlichen Verantwortung kraft Gesetzes an eine Person, die diese Verantwortung nicht bereits hat, nach dem Recht des Staates des neuen gewöhnlichen Aufenthalts.

KSÜ Art. 17

Die Ausübung der elterlichen Verantwortung bestimmt sich nach dem Recht des Staates des gewöhnlichen Aufenthalts des Kindes. Wechselt der gewöhnliche Aufenthalt des Kindes, so bestimmt sie sich nach dem Recht des Staates des neuen gewöhnlichen Aufenthalts.

KSÜ Art. 18

Durch Maßnahmen nach diesem Übereinkommen kann die in Artikel 16 genannte elterliche Verantwortung entzogen oder können die Bedingungen ihrer Ausübung geändert werden.

Art. 16 enthält eine **allseitige Kollisionsnorm**, die für die elterliche Verantwortung kraft Gesetzes das Recht am gewöhnlichen Aufenthalt des Kindes beruft. Dieses Recht entscheidet darüber, wem die elterliche Verantwortung zusteht und welchen Inhalt sie hat. 1

Die Anknüpfung ist **wandelbar**.[1] Allerdings bleibt eine einmal nach dem anwendbaren Recht bestehende elterliche Verantwortung bestehen, auch wenn das Kind den gewöhnlichen Aufenthalt wechselt und das neue Aufenthaltsrecht die elterliche Verantwortung von Gesetzes wegen anders zuteilt. Praktisch ist dies vor allem für die elterliche Verantwortung des Vaters bedeutsam, der mit der Mutter des Kindes nicht verheiratet ist.[2] Nach einigen Rechtsordnungen steht ihm kraft Gesetz die elterliche Verantwortung zu, nach anderen bedarf es hierfür der Zustimmung der Mutter oder einer gerichtlichen Übertragung (siehe zu diesem Problem nach dem deutschen nationalen Kollisionsrecht Art. 21 EGBGB Rn 22). 2

Hat der Vater nach dem Recht am bisherigen gewöhnlichen Aufenthalt kraft Gesetz die elterliche Verantwortung innegehabt, so bleibt diese auch bei einem Wechsel des gewöhnlichen Aufenthalts in einen Staat, der die elterliche Verantwortung des Vaters kraft Gesetzes nicht kennt, erhalten. Im umgekehrten Fall erhält der Vater bei Begründung des neuen gewöhnlichen Aufenthalts die nach dem Recht dieses Staates vorgesehene elterliche Verantwortung kraft Gesetzes automatisch. 3

Art. 17 enthält für die Ausübung einer solchen fortbestehenden elterlichen Verantwortung eine dem Art. 15 Abs. 3 vergleichbare Regelung. 4

Das nach Art. 16 berufene Recht ist unabhängig davon anwendbar, ob eine Schutzmaßnahme erlassen werden soll oder nicht (siehe zu dieser Unterscheidung bei Art. 3 MSA Anhang II zu Art. 24 EGBGB, Art. 3 MSA Rn 4 ff.).[3] 5

---

[1] *Kegel/Schurig*, § 20 XI 5b; krit. zur Regelung des Weiterwirkens der elterlichen Verantwortung kraft Gesetzes bei Aufenthaltswechsel *Sturm*, IPRax 1997, 10, 12.

[2] S. auch *Siehr*, RabelsZ 62 (1998), 464, 490.

[3] *Siehr*, RabelsZ 62 (1998), 464, 489.

6 Art. 18 stellt klar, dass durch Schutzmaßnahmen die kraft Gesetzes bestehende Verteilung der elterlichen Sorge verändert werden kann. Die Schutzmaßnahme ergeht aber nicht notwendigerweise unter Anwendung des Aufenthaltsrechts, weil die nach Artt. 5–12 zuständigen Behörden aufgrund des in Art. 15 niedergelegten Gleichlaufgrundsatzes grundsätzlich die *lex fori* für den Erlass von Schutzmaßnahmen anwenden. Das Recht des Staates, in dem das Kind seinen gewöhnlichen Aufenthalt hat, ist in diesen Fällen i.S.d. zu Artt. 1 und 3 MSA vertretenen Anerkennungstheorie als Ausgangspunkt für die Bestimmung eines Regelungsbedarfs zu berücksichtigen (siehe Anhang II zu Art. 24 EGBGB, Art. 1 MSA Rn 8).

KSÜ Art. 19

(1) Die Gültigkeit eines Rechtsgeschäfts zwischen einem Dritten und einer anderen Person, die nach dem Recht des Staates, in dem das Rechtsgeschäft abgeschlossen wurde, als gesetzlicher Vertreter zu handeln befugt wäre, kann nicht allein deswegen bestritten und der Dritte nicht nur deswegen verantwortlich gemacht werden, weil die andere Person nach dem in diesem Kapitel bestimmten Recht nicht als gesetzlicher Vertreter zu handeln befugt war, es sei denn, der Dritte wusste oder hätte wissen müssen, dass sich die elterliche Verantwortung nach diesem Recht bestimmte.

(2) Absatz 1 ist nur anzuwenden, wenn das Rechtsgeschäft unter Anwesenden im Hoheitsgebiet desselben Staates geschlossen wurde.

1 Art. 19 enthält eine dem Art. 11 EVÜ / Art. 12 EGBGB entsprechende Regelung, die das Vertrauen auf die Geltung des Rechts des Abschlussortes für die gesetzliche Vertretung eines Kindes schützt.[1]

KSÜ Art. 20

Dieses Kapitel ist anzuwenden, selbst wenn das darin bestimmte Recht das eines Nichtvertragsstaats ist.

KSÜ Art. 21

(1) Der Begriff „Recht" im Sinn dieses Kapitels bedeutet das in einem Staat geltende Recht mit Ausnahme des Kollisionsrechts.

(2) Ist jedoch das nach Artikel 16 anzuwendende Recht das eines Nichtvertragsstaats und verweist das Kollisionsrecht dieses Staates auf das Recht eines anderen Nichtvertragsstaats, der sein eigenes Recht anwenden würde, so ist das Recht dieses anderen Staates anzuwenden. Betrachtet sich das Recht dieses anderen Nichtvertragsstaats als nicht anwendbar, so ist das nach Artikel 16 bestimmte Recht anzuwenden.

1 Nach **Art. 20** handelt es sich bei Art. 16 um eine *loi uniforme*, durch die auch das Recht eines Nichtvertragsstaates berufen werden kann.[1] Art. 16 ist damit auch anwendbar, wenn das Kind seinen gewöhnlichen Aufenthalt in einem Nichtvertragsstaat hat.

2 Für die Frage der elterlichen Verantwortung kraft Gesetzes wird daher Art. 21 EGBGB durch Art. 16 verdrängt. Trotz identischer Anknüpfungspunkte ist dies wegen der unterschiedlichen Behandlung von Rück- und Weiterverweisungen erheblich. Nach **Art. 21 Abs. 1** handelt es sich bei Art. 16 um eine Sachnormverweisung, außer wenn auf das Recht eines Nichtvertragsstaates verwiesen wird (Art. 21 Abs. 2). Diese Regelung soll gewährleisten, dass die einheitliche Rechtsanwendung, die zwischen Nichtvertragsstaaten besteht, nicht gestört wird.[2]

---

1 *v. Hoffmann*, IPR, § 8 Rn 110a; krit. aus Gründen des Kindeswohls *Roth/Döring*, öst. JBl 1999, 758, 771.
1 *Kegel/Schurig*, § 20 XI 5b.
2 *Lagarde*, Rapport explicative, Anm. 116; krit. *Kegel/Schurig*, § 20 XI 5b; eine ähnliche Regelung enthält Art. 4 Haager Übereinkommen über das auf die Rechtsnachfolge von Todes wegen anzuwendende Recht v. 1.8.1989, abgedruckt in IPRax 2000, 53.

KSÜ Art. 22

Die Anwendung des in diesem Kapitel bestimmten Rechts darf nur versagt werden, wenn sie der öffentlichen Ordnung (ordre public) offensichtlich widerspricht, wobei das Wohl des Kindes zu berücksichtigen ist.

Art. 22 enthält für das anwendbare Recht den *ordre-public*-Vorbehalt in der für die Haager Übereinkommen üblichen Formulierung mit einer zusätzlichen Betonung der Maßgeblichkeit des Kindeswohls.[1] Der verfahrensrechtliche *ordre public* für die Anerkennung von Entscheidungen aus anderen Mitgliedstaaten ist in Art. 23 Abs. 2 enthalten. 1

Kapitel IV. Anerkennung und Vollstreckung

KSÜ Art. 23

(1) Die von den Behörden eines Vertragsstaats getroffenen Maßnahmen werden kraft Gesetzes in den anderen Vertragsstaaten anerkannt.

(2) Die Anerkennung kann jedoch versagt werden,
a) wenn die Maßnahme von einer Behörde getroffen wurde, die nicht nach Kapitel II zuständig war;
b) wenn die Maßnahme, außer in dringenden Fällen, im Rahmen eines Gerichts- oder Verwaltungsverfahrens getroffen wurde, ohne daß dem Kind die Möglichkeit eingeräumt worden war, gehört zu werden, und dadurch gegen wesentliche Verfahrensgrundsätze des ersuchten Staates verstossen wurde;
c) auf Antrag jeder Person, die geltend macht, dass die Maßnahme ihre elterliche Verantwortung beeinträchtigt, wenn diese Maßnahme, außer in dringenden Fällen, getroffen wurde, ohne daß dieser Person die Möglichkeit eingeräumt worden war, gehört zu werden;
d) wenn die Anerkennung der öffentlichen Ordnung (ordre public) des ersuchten Staates offensichtlich widerspricht, wobei das Wohl des Kindes zu berücksichtigen ist;
e) wenn die Maßnahme mit einer später im Nichtvertragsstaat des gewöhnlichen Aufenthalts des Kindes getroffenen Maßnahme unvereinbar ist, sofern die spätere Maßnahme die für ihre Anerkennung im ersuchten Staat erforderlichen Voraussetzungen erfüllt;
f) wenn das Verfahren nach Artikel 33 nicht eingehalten wurde.

KSÜ Art. 24

Unbeschadet des Artikels 23 Absatz 1 kann jede betroffene Person bei den zuständigen Behörden eines Vertragsstaats beantragen, dass über die Anerkennung oder Nichtanerkennung einer in einem anderen Vertragsstaat getroffenen Maßnahme entschieden wird. Das Verfahren bestimmt sich nach dem Recht des ersuchten Staates.

KSÜ Art. 25

Die Behörde des ersuchten Staates ist an die Tatsachenfeststellungen gebunden, auf welche die Behörde des Staates, in dem die Maßnahme getroffen wurde, ihre Zuständigkeit gestützt hat.

KSÜ Art. 26

(1) Erfordern die in einem Vertragsstaat getroffenen und dort vollstreckbaren Maßnahmen in einem anderen Vertragsstaat Vollstreckungshandlungen, so werden sie in diesem anderen Staat auf Antrag

---

1 *Lagarde*, Rapport explicative, Anm. 117.

jeder betroffenen Partei nach dem im Recht dieses Staates vorgesehenen Verfahren für vollstreckbar erklärt oder zur Vollstreckung registriert.

(2) Jeder Vertragsstaat wendet auf die Vollstreckbarerklärung oder die Registrierung ein einfaches und schnelles Verfahren an.

(3) Die Vollstreckbarerklärung oder die Registrierung darf nur aus einem der in Artikel 23 Absatz 2 vorgesehenen Gründe versagt werden.

KSÜ Art. 27

Vorbehaltlich der für die Anwendung der vorstehenden Artikel erforderlichen Überprüfung darf die getroffene Maßnahme in der Sache selbst nicht nachgeprüft werden.

KSÜ Art. 28

Die in einem Vertragsstaat getroffenen und in einem anderen Vertragsstaat für vollstreckbar erklärten oder zur Vollstreckung registrierten Maßnahmen werden dort vollstreckt, als seien sie von den Behörden dieses anderen Staates getroffen worden. Die Vollstreckung richtet sich nach dem Recht des ersuchten Staates unter Beachtung der darin vorgesehenen Grenzen, wobei das Wohl des Kindes zu berücksichtigen ist.

1 Wie Art. 7 Abs. 1 MSA verpflichtet Art. 23 die Vertragsstaaten zur gegenseitigen *ex-lege*-Anerkennung der aufgrund der Zuständigkeitsregelung des KSÜ ergangenen Entscheidungen.

2 Über Art. 7 Abs. 2 MSA geht Art. 26 hinaus, indem er auch die Pflicht zur Vollstreckung der Entscheidungen anordnet.

3 Anders als nach der EheVO 2003 kann weiterhin eine Vollstreckbarerklärung verlangt werden. Die Versagungsgründe sind aber auf die in Art. 23 Abs. 2 aufgeführten begrenzt.[1]

Kapitel V. Zusammenarbeit

KSÜ Art. 29

(1) Jeder Vertragsstaat bestimmt eine Zentrale Behörde, welche die ihr durch dieses Übereinkommen übertragenen Aufgaben wahrnimmt.

(2) Einem Bundesstaat, einem Staat mit mehreren Rechtssystemen oder einem Staat, der aus autonomen Gebietseinheiten besteht, steht es frei, mehrere Zentrale Behörden zu bestimmen und deren räumliche und persönliche Zuständigkeit festzulegen. Macht ein Staat von dieser Möglichkeit Gebrauch, so bestimmt er die Zentrale Behörde, an welche Mitteilungen zur Übermittlung an die zuständige Zentrale Behörde in diesem Staat gerichtet werden können.

1 Durch Artt. 29 ff. wird ein System der Zusammenarbeit eingeführt, das vor allem auf der Einrichtung von zentralen Behörden beruht, wie dies bereits in anderen Haager Konventionen, vor allem dem Adoptionsübereinkommen und dem HKÜ, erprobt wurde.

KSÜ Art. 30

(1) Die Zentralen Behörden arbeiten zusammen und fördern die Zusammenarbeit der zuständigen Behörden ihrer Staaten, um die Ziele dieses Übereinkommens zu verwirklichen.

---

1 *Roth/Döring*, öst. JBl 1999, 758, 770.

(2) Im Zusammenhang mit der Anwendung dieses Übereinkommens treffen sie die geeigneten Maßnahmen, um Auskünfte über das Recht ihrer Staaten sowie die in ihren Staaten für den Schutz von Kindern verfügbaren Dienste zu erteilen.

KSÜ Art. 31

Die Zentrale Behörde eines Vertragsstaats trifft unmittelbar oder mit Hilfe staatlicher Behörden oder sonstiger Stellen alle geeigneten Vorkehrungen, um
a) die Mitteilungen zu erleichtern und die Unterstützung anzubieten, die in den Artikeln 8 und 9 und in diesem Kapitel vorgesehen sind;
b) durch Vermittlung, Schlichtung oder ähnliche Mittel gütliche Einigungen zum Schutz der Person oder des Vermögens des Kindes bei Sachverhalten zu erleichtern, auf dieses Übereinkommen anzuwenden ist;
c) auf Ersuchen der zuständigen Behörde eines anderen Vertragsstaats bei der Ermittlung des Aufenthaltsorts des Kindes Unterstützung zu leisten, wenn der Anschein besteht, daß das Kind sich im Hoheitsgebiet des ersuchten Staates befindet und Schutz benötigt.

KSÜ Art. 32

Auf begründetes Ersuchen der Zentralen Behörde oder einer anderen zuständigen Behörde eines Vertragsstaats, zu dem das Kind eine enge Verbindung hat, kann die Zentrale Behörde des Vertragsstaats, in dem das Kind seinen gewöhnlichen Aufenthalt hat und in dem es sich befindet, unmittelbar oder mit Hilfe staatlicher Behörden oder sonstiger Stellen
a) einen Bericht über die Lage des Kindes erstatten;
b) die zuständige Behörde ihres Staates ersuchen zu prüfen, ob Maßnahmen zum Schutz der Person oder des Vermögens des Kindes erforderlich sind.

KSÜ Art. 33

(1) Erwägt die nach den Artikeln 5 bis 10 zuständige Behörde die Unterbringung des Kindes in einer Pflegefamilie oder einem Heim oder seine Betreuung durch Kafala oder eine entsprechende Einrichtung und soll es in einem anderen Vertragsstaat untergebracht oder betreut werden, so zieht sie vorher die Zentrale Behörde oder eine andere zuständige Behörde dieses Staates zu Rate. Zu diesem Zweck übermittelt sie ihr einen Bericht über das Kind und die Gründe ihres Vorschlags zur Unterbringung oder Betreuung.
(2) Die Entscheidung über die Unterbringung oder Betreuung kann im ersuchenden Staat nur getroffen werden, wenn die Zentrale Behörde oder eine andere zuständige Behörde des ersuchten Staates dieser Unterbringung oder Betreuung zugestimmt hat, wobei das Wohl des Kindes zu berücksichtigen ist.

KSÜ Art. 34

(1) Wird eine Schutzmaßnahme erwogen, so können die nach diesem Übereinkommen zuständigen Behörden, sofern die Lage des Kindes dies erfordert, jede Behörde eines anderen Vertragsstaats, die über sachdienliche Informationen für den Schutz des Kindes verfügt, ersuchen, sie ihnen mitzuteilen.
(2) Jeder Vertragsstaat kann erklären, daß Ersuchen nach Absatz 1 seinen Behörden nur über seine Zentrale Behörde zu übermitteln sind.

KSÜ Art. 35

(1) Die zuständigen Behörden eines Vertragsstaats können die Behörden eines anderen Vertragsstaats ersuchen, ihnen bei der Durchführung der nach diesem Übereinkommen getroffenen Schutzmaßnahmen Hilfe zu leisten, insbesondere um die wirksame Ausübung des Rechts auf persönlichen Verkehr (für Deutschland: des Rechts zum persönlichen Umgang) sowie des Rechts sicherzustellen, regelmäßige unmittelbare Kontakte aufrechtzuerhalten.

(2) Die Behörden eines Vertragsstaats, in dem das Kind keinen gewöhnlichen Aufenthalt hat, können auf Antrag eines Elternteils, der sich in diesem Staat aufhält und der ein Recht auf persönlichen Verkehr (für Deutschland: ein Recht zum persönlichen Umgang) zu erhalten oder beizubehalten wünscht, Auskünfte oder Beweise einholen und Feststellungen über die Eignung dieses Elternteils zur Ausübung des Rechts auf persönlichen Verkehr (für Deutschland: des Rechts zum persönlichen Umgang) und die Bedingungen seiner Ausübung treffen. Eine Behörde, die nach den Artikeln 5 bis 10 für die Entscheidung über das Recht auf persönlichen Verkehr (für Deutschland: das Recht zum persönlichen Umgang) zuständig ist, hat vor ihrer Entscheidung diese Auskünfte, Beweise und Feststellungen zuzulassen und zu berücksichtigen.

(3) Eine Behörde, die nach den Artikeln 5 bis 10 für die Entscheidung über das Recht auf persönlichen Verkehr (für Deutschland: das Recht zum persönlichen Umgang) zuständig ist, kann das Verfahren bis zum Vorliegen des Ergebnisses des in Absatz 2 vorgesehenen Verfahrens aussetzen, insbesondere wenn bei ihr ein Antrag auf Änderung oder Aufhebung des Rechts auf persönlichen Verkehr (für Deutschland: des Rechts zum persönlichen Umgang) anhängig ist, das die Behörden des Staates des früheren gewöhnlichen Aufenthalts des Kindes eingeräumt haben.

(4) Dieser Artikel hindert eine nach den Artikeln 5 bis 10 zuständige Behörde nicht, bis zum Vorliegen des Ergebnisses des in Absatz 2 vorgesehenen Verfahrens vorläufige Maßnahmen zu treffen.

KSÜ Art. 36

Ist das Kind einer schweren Gefahr ausgesetzt, so benachrichtigen die zuständigen Behörden des Vertragsstaats, in dem Maßnahmen zum Schutz dieses Kindes getroffen wurden oder in Betracht gezogen werden, sofern sie über den Wechsel des Aufenthaltsorts in einen anderen Staat oder die dortige Anwesenheit des Kindes unterrichtet sind, die Behörden dieses Staates von der Gefahr und den getroffenen oder in Betracht gezogenen Maßnahmen.

KSÜ Art. 37

Eine Behörde darf nach diesem Kapitel weder um Informationen ersuchen noch solche erteilen, wenn dadurch nach ihrer Auffassung die Person oder das Vermögen des Kindes in Gefahr geraten könnte oder die Freiheit oder das Leben eines Familienangehörigen des Kindes ernsthaft bedroht würde.

KSÜ Art. 38

(1) Unbeschadet der Möglichkeit, für die erbrachten Dienstleistungen angemessene Kosten zu verlangen, tragen die Zentralen Behörden und die anderen staatlichen Behörden der Vertragsstaaten die Kosten, die ihnen durch die Anwendung dieses Kapitels entstehen.

(2) Jeder Vertragsstaat kann mit einem oder mehreren anderen Vertragsstaaten Vereinbarungen über die Kostenaufteilung treffen.

KSÜ Art. 39

Jeder Vertragsstaat kann mit einem oder mehreren anderen Vertragsstaaten Vereinbarungen treffen, um die Anwendung dieses Kapitels in ihren gegenseitigen Beziehungen zu erleichtern. Die Staaten, die solche Vereinbarungen getroffen haben, übermitteln dem Depositar (für Deutschland: Verwahrer) dieses Übereinkommens eine Abschrift.

Kapitel VI. Allgemeine Bestimmungen

KSÜ Art. 40

(1) Die Behörden des Vertragsstaats, in dem das Kind seinen gewöhnlichen Aufenthalt hat oder in dem eine Schutzmaßnahme getroffen wurde, können dem Träger der elterlichen Verantwortung oder jedem, dem der Schutz der Person oder des Vermögens des Kindes anvertraut wurde, auf dessen Antrag eine Bescheinigung über seine Berechtigung zum Handeln und die ihm übertragenen Befugnisse ausstellen.

(2) Die Richtigkeit der Berechtigung zum Handeln und der Befugnisse, die bescheinigt sind, wird bis zum Beweis des Gegenteils vermutet.

(3) Jeder Vertragsstaat bestimmt die für die Ausstellung der Bescheinigung zuständigen Behörden.

KSÜ Art. 41

Die nach diesem Übereinkommen gesammelten oder übermittelten personenbezogenen Daten dürfen nur für die Zwecke verwendet werden, zu denen sie gesammelt oder übermittelt wurden.

KSÜ Art. 42

Behörden, denen Informationen übermittelt werden, stellen nach dem Recht ihres Staates deren vertrauliche Behandlung sicher.

KSÜ Art. 43

Die nach diesem Übereinkommen übermittelten oder ausgestellten Schriftstücke sind von jeder Beglaubigung (für Deutschland: Legalisation) oder entsprechenden Förmlichkeit befreit.

KSÜ Art. 44

Jeder Vertragsstaat kann die Behörden bestimmen, an die Ersuchen nach den Artikeln 8, 9 und 33 zu richten sind.

KSÜ Art. 45

(1) Die nach den Artikeln 29 und 44 bestimmten Behörden werden dem Ständigen Büro der Haager Konferenz für Internationales Privatrecht mitgeteilt.

(2) Die Erklärung nach Artikel 34 Absatz 2 wird gegenüber dem Depositar (für Deutschland: Verwahrer) dieses Übereinkommens abgegeben.

KSÜ Art. 46

Ein Vertragsstaat, in dem verschiedene Rechtssysteme oder Gesamtheiten von Regeln für den Schutz der Person und des Vermögens des Kindes gelten, muß die Regeln dieses Übereinkommens nicht auf Kollisionen anwenden, die allein zwischen diesen verschiedenen Rechtssystemen oder Gesamtheiten von Regeln bestehen.

KSÜ Art. 47

Gelten in einem Staat in bezug auf die in diesem Übereinkommen geregelten Angelegenheiten zwei oder mehr Rechtssysteme oder Gesamtheiten von Regeln in verschiedenen Gebietseinheiten, so ist jede Verweisung
1. auf den gewöhnlichen Aufenthalt in diesem Staat als Verweisung auf den gewöhnlichen Aufenthalt in einer Gebietseinheit zu verstehen;
2. auf die Anwesenheit des Kindes in diesem Staat als Verweisung auf die Anwesenheit des Kindes in einer Gebietseinheit zu verstehen;
3. auf die Belegenheit des Vermögens des Kindes in diesem Staat als Verweisung auf die Belegenheit des Vermögens des Kindes in einer Gebietseinheit zu verstehen;
4. auf den Staat, dem das Kind angehört, als Verweisung auf die von dem Recht dieses Staates bestimmte Gebietseinheit oder, wenn solche Regeln fehlen, als Verweisung auf die Gebietseinheit zu verstehen, mit der das Kind die engste Verbindung hat;
5. auf den Staat, bei dessen Behörden ein Antrag auf Scheidung, Trennung, Aufhebung oder Nichtigerklärung der Ehe der Eltern des Kindes anhängig ist, als Verweisung auf die Gebietseinheit zu verstehen, bei deren Behörden ein solcher Antrag anhängig ist;
6. auf den Staat, mit dem das Kind eine enge Verbindung hat, als Verweisung auf die Gebietseinheit zu verstehen, mit der das Kind eine solche Verbindung hat;
7. auf den Staat, in den das Kind verbracht oder in dem es zurückgehalten wurde, als Verweisung auf die Gebietseinheit zu verstehen, in die das Kind verbracht oder in der es zurückgehalten wurde;
8. auf Stellen oder Behörden dieses Staates, die nicht Zentrale Behörden sind, als Verweisung auf die Stellen oder Behörden zu verstehen, die in der betreffenden Gebietseinheit handlungsbefugt sind;
9. auf das Recht, das Verfahren oder die Behörde des Staates, in dem eine Maßnahme getroffen wurde, als Verweisung auf das Recht, das Verfahren oder die Behörde der Gebietseinheit zu verstehen, in der diese Maßnahme getroffen wurde;
10. auf das Recht, das Verfahren oder die Behörde des ersuchten Staates als Verweisung auf das Recht, das Verfahren oder die Behörde der Gebietseinheit zu verstehen, in der die Anerkennung oder Vollstreckung geltend gemacht wird.

KSÜ Art. 48

Hat ein Staat zwei oder mehr Gebietseinheiten mit eigenen Rechtssystemen oder Gesamtheiten von Regeln für die in diesem Übereinkommen geregelten Angelegenheiten, so gilt zur Bestimmung des nach Kapitel III anzuwendenden Rechts folgendes:
a) Sind in diesem Staat Regeln in Kraft, die das Recht einer bestimmten Gebietseinheit für anwendbar erklären, so ist das Recht dieser Einheit anzuwenden;
b) fehlen solche Regeln, so ist das Recht der in Artikel 47 bestimmten Gebietseinheit anzuwenden.

KSÜ Art. 49

Hat ein Staat zwei oder mehr Rechtssysteme oder Gesamtheiten von Regeln, die auf verschiedene Personengruppen hinsichtlich der in diesem Übereinkommen geregelten Angelegenheiten anzuwenden sind, so gilt zur Bestimmung des nach Kapitel III anzuwendenden Rechts folgendes:
a) Sind in diesem Staat Regeln in Kraft, die bestimmen, welches dieser Rechte anzuwenden ist, so ist dieses anzuwenden;

b) fehlen solche Regeln, so ist das Rechtssystem oder die Gesamtheit von Regeln anzuwenden, mit denen das Kind die engste Verbindung hat.

KSÜ Art. 50

Dieses Übereinkommen läßt das Übereinkommen vom 25. Oktober 1980 über die zivilrechtlichen Aspekte internationaler Kindesentführung im Verhältnis zwischen den Vertragsparteien beider Übereinkommen unberührt. Einer Berufung auf Bestimmungen dieses Übereinkommens zu dem Zweck, die Rückkehr eines widerrechtlich verbrachten oder zurückgehaltenen Kindes zu erwirken oder das Recht auf persönlichen Verkehr (für Deutschland: das Recht zum persönlichen Umgang) durchzuführen, steht jedoch nichts entgegen.

KSÜ Art. 51

Im Verhältnis zwischen den Vertragsstaaten ersetzt dieses Übereinkommen das Übereinkommen vom 5. Oktober 1961 über die Zuständigkeit der Behörden und das anzuwendende Recht auf dem Gebiet des Schutzes von Minderjährigen und das am 12. Juni 1902 in Den Haag unterzeichnete Abkommen zur Regelung der Vormundschaft über Minderjährige, unbeschadet der Anerkennung von Maßnahmen, die nach dem genannten Übereinkommen vom 5. Oktober 1961 getroffen wurden.

KSÜ Art. 52

(1) Dieses Übereinkommen läßt internationale Übereinkünfte unberührt, denen Vertragsstaaten als Vertragsparteien angehören und die Bestimmungen über die im vorliegenden Übereinkommen geregelten Angelegenheiten enthalten, sofern die durch eine solche Übereinkunft gebundenen Staaten keine gegenteilige Erklärung abgeben.
(2) Dieses Übereinkommen läßt die Möglichkeit unberührt, daß ein oder mehrere Vertragsstaaten Vereinbarungen treffen, die in bezug auf Kinder mit gewöhnlichem Aufenthalt in einem der Staaten, die Vertragsparteien solcher Vereinbarungen sind, Bestimmungen über die in diesem Übereinkommen geregelten Angelegenheiten enthalten.
(3) Künftige Vereinbarungen eines oder mehrerer Vertragsstaaten über Angelegenheiten im Anwendungsbereich dieses Übereinkommens lassen im Verhältnis zwischen solchen Staaten und anderen Vertragsstaaten die Anwendung der Bestimmungen des Übereinkommens unberührt.
(4) Die Absätze 1 bis 3 gelten auch für Einheitsrecht, das auf besonderen Verbindungen insbesondere regionaler Art zwischen den betroffenen Staaten beruht.

KSÜ Art. 53

(1) Dieses Übereinkommen ist nur auf Maßnahmen anzuwenden, die in einem Staat getroffen werden, nachdem das Übereinkommen für diesen Staat in Kraft getreten ist.
(2) Dieses Übereinkommen ist auf die Anerkennung und Vollstreckung von Maßnahmen anzuwenden, die getroffen wurden, nachdem es im Verhältnis zwischen dem Staat, in dem die Maßnahmen getroffen wurden, und dem ersuchten Staat in Kraft getreten ist.

KSÜ Art. 54

(1) Mitteilungen an die Zentrale Behörde oder eine andere Behörde eines Vertragsstaats werden in der Originalsprache zugesandt; sie müssen von einer Übersetzung in die Amtssprache oder eine der

Amtssprachen des anderen Staates oder, wenn eine solche Übersetzung nur schwer erhältlich ist, von einer Übersetzung ins Französische oder Englische begleitet sein.

(2) Ein Vertragsstaat kann jedoch einen Vorbehalt nach Artikel 60 anbringen und darin gegen die Verwendung des Französischen oder Englischen, jedoch nicht beider Sprachen, Einspruch erheben.

KSÜ Art. 55

(1) Ein Vertragsstaat kann sich nach Artikel 60
a) die Zuständigkeit seiner Behörden vorbehalten, Maßnahmen zum Schutz des in seinem Hoheitsgebiet befindlichen Vermögens eines Kindes zu treffen;
b) vorbehalten, die elterliche Verantwortung oder eine Maßnahme nicht anzuerkennen, soweit sie mit einer von seinen Behörden in bezug auf dieses Vermögen getroffenen Maßnahme unvereinbar ist.

(2) Der Vorbehalt kann auf bestimmte Vermögensarten beschränkt werden.

KSÜ Art. 56

Der Generalsekretär der Haager Konferenz für Internationales Privatrecht beruft in regelmäßigen Abständen eine Spezialkommission zur Prüfung der praktischen Durchführung dieses Übereinkommens ein.

Kapitel VII. Schlussbestimmungen

KSÜ Art. 57

(1) Dieses Übereinkommen liegt für die Staaten, die zur Zeit der Achtzehnten Tagung der Haager Konferenz für Internationales Privatrecht Mitglied der Konferenz waren, zur Unterzeichnung auf.

(2) Es bedarf der Ratifikation, Annahme oder Genehmigung; die Ratifikations-, Annahmeoder Genehmigungsurkunden werden beim Ministerium für Auswärtige Angelegenheiten des Königreichs der Niederlande, dem Depositar (für Deutschland: Verwahrer) dieses Übereinkommens, hinterlegt.

KSÜ Art. 58

(1) Jeder andere Staat kann diesem Übereinkommen beitreten, sobald es nach Artikel 61 Absatz 1 in Kraft getreten ist.

(2) Die Beitrittsurkunde wird beim Depositar (für Deutschland: Verwahrer) hinterlegt.

(3) Der Beitritt wirkt nur im Verhältnis zwischen dem beitretenden Staat und den Vertragsstaaten, die innerhalb von sechs Monaten nach Eingang der in Artikel 63 Buchstabe b vorgesehenen Notifikation keinen Einspruch gegen den Beitritt erhoben haben. Nach dem Beitritt kann ein solcher Einspruch auch von jedem Staat in dem Zeitpunkt erhoben werden, in dem er dieses Übereinkommen ratifiziert, annimmt oder genehmigt. Die Einsprüche werden dem Depositar (für Deutschland: Verwahrer) notifiziert.

KSÜ Art. 59

(1) Ein Staat, der aus zwei oder mehr Gebietseinheiten besteht, in denen für die in diesem Übereinkommen behandelten Angelegenheiten unterschiedliche Rechtssysteme gelten, kann bei der Unterzeichnung, der Ratifikation, der Annahme, der Genehmigung oder dem Beitritt erklären, dass das Übereinkommen auf alle seine Gebietseinheiten oder nur auf eine oder mehrere davon erstreckt wird; er kann diese Erklärung durch Abgabe einer neuen Erklärung jederzeit ändern.

(2) Jede derartige Erklärung wird dem Depositar (für Deutschland: Verwahrer) unter ausdrücklicher Bezeichnung der Gebietseinheiten notifiziert, auf die dieses Übereinkommen angewendet wird.

(3) Gibt ein Staat keine Erklärung nach diesem Artikel ab, so ist dieses Übereinkommen auf sein gesamtes Hoheitsgebiet anzuwenden.

KSÜ Art. 60

(1) Jeder Staat kann spätestens bei der Ratifikation, der Annahme, der Genehmigung oder dem Beitritt oder bei Abgabe einer Erklärung nach Artikel 59 einen der in Artikel 54 Absatz 2 und Artikel 55 vorgesehenen Vorbehalte oder beide anbringen. Weitere Vorbehalte sind nicht zulässig.

(2) Jeder Staat kann einen von ihm angebrachten Vorbehalt jederzeit zurücknehmen. Die Rücknahme wird dem Depositar (für Deutschland: Verwahrer) notifiziert.

(3) Die Wirkung des Vorbehalts endet am ersten Tag des dritten Kalendermonats nach der in Absatz 2 genannten Notifikation.

KSÜ Art. 61

(1) Dieses Übereinkommen tritt am ersten Tag des Monats in Kraft, der auf einen Zeitabschnitt von drei Monaten nach der in Artikel 57 vorgesehenen Hinterlegung der dritten Ratifikations-, Annahme- oder Genehmigungsurkunde folgt.

(2) Danach tritt dieses Übereinkommen in Kraft
a) für jeden Staat, der es später ratifiziert, annimmt oder genehmigt, am ersten Tag des Monats, der auf einen Zeitabschnitt von drei Monaten nach Hinterlegung seiner Ratifikations-, Annahme-, Genehmigungs- oder Beitrittsurkunde folgt;
b) für jeden Staat, der ihm beitritt, am ersten Tag des Monats, der auf einen Zeitabschnitt von drei Monaten nach Ablauf der in Artikel 58 Absatz 3 vorgesehenen Frist von sechs Monaten folgt;
c) für die Gebietseinheiten, auf die es nach Artikel 59 erstreckt worden ist, am ersten Tag des Monats, der auf einen Zeitabschnitt von drei Monaten nach der in jenem Artikel vorgesehenen Notifikation folgt.

KSÜ Art. 62

(1) Jeder Vertragsstaat kann dieses Übereinkommen durch eine an den Depositar (für Deutschland: Verwahrer) gerichtete schriftliche Notifikation kündigen. Die Kündigung kann sich auf bestimmte Gebietseinheiten beschränken, auf die das Übereinkommen angewendet wird.

(2) Die Kündigung wird am ersten Tag des Monats wirksam, der auf einen Zeitabschnitt von zwölf Monaten nach Eingang der Notifikation beim Depositar (für Deutschland: Verwahrer) folgt. Ist in der Notifikation für das Wirksamwerden der Kündigung ein längerer Zeitabschnitt angegeben, so wird die Kündigung nach Ablauf des entsprechenden Zeitabschnitts wirksam.

KSÜ Art. 63

Der Depositar (für Deutschland: Verwahrer) notifiziert den Mitgliedstaaten der Haager Konferenz für Internationales Privatrecht sowie den Staaten, die nach Artikel 58 beigetreten sind,
a) jede Unterzeichnung, Ratifikation, Annahme und Genehmigung nach Artikel 57;
b) jeden Beitritt und jeden Einspruch gegen einen Beitritt nach Artikel 58;
c) den Tag, an dem dieses Übereinkommen nach Artikel 61 in Kraft tritt;
d) jede Erklärung nach Artikel 34 Absatz 2 und Artikel 59;
e) jede Vereinbarung nach Artikel 39;
f) jeden Vorbehalt nach Artikel 54 Absatz 2 und Artikel 55 sowie jede Rücknahme eines Vorbehalts nach Artikel 60 Absatz 2;

g) jede Kündigung nach Artikel 62.

Zu Urkunde dessen haben die hierzu gehörig befugten Unterzeichneten dieses Übereinkommen unterschrieben.

Geschehen in Den Haag am 19. Oktober 1996

in französischer und englischer Sprache, wobei jeder Wortlaut gleichermaßen verbindlich ist, in einer Urschrift, die im Archiv der Regierung des Königreichs der Niederlande hinterlegt und von der jedem Staat, der zur Zeit der Achtzehnten Tagung der Haager Konferenz für Internationales Privatrecht Mitglied der Konferenz war, auf diplomatischem Weg eine beglaubigte Abschrift übermittelt wird.

Anhang II zu Art. 24 EGBGB

Übereinkommen über die Zuständigkeit der Behörden und das anzuwendende Recht auf dem Gebiet des Schutzes von Minderjährigen vom 5.10.1961 (MSA)[1]

Vorbemerkungen zu Artt. 1–18 MSA

Literatur: *Finger*, Zuständigkeiten nach dem MSA und anderen kindschaftsrechtlichen Übereinkommen, FPR 2002, 621; *Jaspersen*, Die vormundschaftsgerichtliche Genehmigung in Fällen mit Auslandsberührung, FamRZ 1996, 393; *Mottl*, Aufenthalts- und Gefährdungszuständigkeit nach dem Haager Minderjährigenschutzabkommen im Vergleich, IPRax 1994, 60; *Schulz*, Internationale Regelungen zum Sorge- und Umgangsrecht, FamRZ 2003, 336; *Siehr*, Die Rechtslage der Minderjährigen im internationalen Recht und die Entwicklung in diesem Bereich, FamRZ 1996, 1047.

A. Allgemeines 1
B. Anwendbarkeit 2
C. Zuständigkeitsregeln 9
D. Anwendbares Recht 10

A. Allgemeines

Das MSA regelt sowohl die internationale Zuständigkeit als auch das anwendbare Recht beim Erlass von Maßnahmen zum Schutz der Person oder des Vermögens eines Minderjährigen. Das MSA geht von dem Grundsatz des Gleichlaufs von internationaler Zuständigkeit und anwendbarem Recht aus. **1**

B. Anwendbarkeit

Das MSA ist am 5.10.1961 verabschiedet worden und für die Bundesrepublik Deutschland am 17.9.1971 in Kraft getreten.[2] Vertragsstaaten sind außerdem Frankreich, Italien, Lettland, Litauen, Luxemburg, die Niederlande, Österreich, Polen, Portugal, die Schweiz, Spanien und die Türkei. **2**

Zeitlich ist das MSA auf Maßnahmen anzuwenden, die nach seinem In-Kraft-Treten erlassen worden sind, auch wenn sich das Verfahren in der Rechtsbeschwerdeinstanz befindet (Art. 17).[3] **3**

Anwendbar ist das Übereinkommen auf Minderjährige (Art. 12), die ihren gewöhnlichen Aufenthalt in einem Vertragsstaat haben. Auf die Staatsangehörigkeit kommt es nicht an, weil Deutschland den Vorbehalt nach Art. 13 Abs. 2 nicht erklärt hat. **4**

Das MSA verdrängt in seinem Anwendungsbereich die autonomen Regelungen in Artt. 21, 24 EGBGB gemäß Art. 3 Abs. 2 EGBGB. Das MSA wird seinerseits hinsichtlich der Zuständigkeitsregelung durch die vorrangige EheVO 2000 und EheVO 2003 in deren Anwendungsbereich verdrängt. **5**

Während die EheVO 2000 sich nur auf Sorgerechtsmaßnahmen im Zusammenhang mit einer Ehesache der Eltern des Kindes erstreckt, erfasst die EheVO 2003 allgemein die Regelung der elterlichen Verantwortung (siehe Art. 2 Nr. 7 EheVO 2003) unabhängig davon, ob sie im Zusammenhang mit einer Ehesache erfolgen soll oder nicht. Für die Fragen der internationalen Zuständigkeit, der Anerkennung und der Vollstreckung einer ausländischen Regelung wird daher das MSA im sachlichen und räumlich-persönlichen Anwendungsbereich der EheVO 2003 verdrängt.[4] Sachlich erfasst die EheVO 2003 nach Art. 1 Abs. 1 lit. b, Abs. 2 und 3, die in Anlehnung an Artt. 3 und 4 KSÜ formuliert sind, wohl alle Schutzmaßnahmen (siehe Art. 1 MSA Rn 20 ff.) mit Ausnahme der öffentlich-rechtlichen Maßnahmen. Für Schutzmaßnahmen im sachlichen Anwendungsbereich der EheVO 2003 richtet sich die internationale Zuständigkeit nach Art. 14 EheVO 2003 dann nach dem MSA, wenn sich der Minderjährige in einem Vertragsstaat des MSA gewöhnlich aufhält, der nicht EU-Mitgliedstaat ist. Nach dem gegenwärtigen Ratifikationsstand sind das die Schweiz und die Türkei. **6**

Nach Art. 18 Abs. 2 gehen Staatsverträge, die bei In-Kraft-Treten des MSA in einem Vertragsstaat gelten, vor. Praktisch bedeutsam ist dies für das deutsch-iranische Niederlassungsabkommen, siehe Art. 18 MSA Rn 2; Art. 21 EGBGB Rn 3). **7**

---

[1] BGBl II 1971 S. 217. Der hier wiedergegebene Text ist die amtliche deutsche Übersetzung des französischen Originaltextes.
[2] Bek. v. 11.10.1971 (BGBl I S. 1150).
[3] BGHZ 60, 68; Palandt/*Heldrich*, Anh. zu Art. 24 EGBGB Rn 2; Erman/*Hohloch*, Anh. zu Art. 24 EGBGB Rn 10.
[4] Krit. *Busch*, IPRax 2003, 218, 222.

8 Das MSA wird durch das neue Haager Kinderschutzübereinkommen (KSÜ) v. 19.10.1996 ersetzt werden (siehe Anhang I zu Art. 24 EGBGB, Art. 1 KSÜ Rn 8).

C. Zuständigkeitsregeln

9 Das MSA sieht als Regel die Zuständigkeit der Gerichte oder Behörden des Aufenthaltsstaates vor (Art. 2). Eine Zuständigkeit der Gerichte oder Behörden im Heimatstaat kann nach Art. 4 bestehen. Bei ernstlicher Gefährdung der Person oder des Vermögens des Minderjährigen können im Staat des gewöhnlichen Aufenthalts des Minderjährigen auch Maßnahmen ohne Beschränkung durch das Heimatrecht ergehen. Art. 9 eröffnet schließlich eine Eilzuständigkeit eines jeden Vertragsstaates, in dem sich der Minderjährige oder ihm gehörendes Vermögen befindet.

D. Anwendbares Recht

10 Das MSA regelt auch das anwendbare Recht für den Erlass von Schutzmaßnahmen. Die zuständigen Behörden wenden jeweils ihr eigenes nationales Sachrecht an. Rück- und Weiterverweisungen aufgrund einer anderen Anknüpfung nach autonomem Kollisionsrecht sind nicht zu beachten.[5] Dies gilt auch für die Berufung des Heimatrechts des Kindes nach Art. 3.[6]

11 Da die zuständigen Behörden regelmäßig ihr eigenes Recht anwenden, kommt es auf die Streitfrage nach selbständiger oder unselbständiger Vorfragenanknüpfung nicht an.[7] Bedeutung hat die Vorfragenanknüpfung nur für die Frage, ob ein vorrangig zu beachtendes gesetzliches Gewaltverhältnis nach Art. 3 besteht. Aufgrund des besonderen Gewichts des internationalen Entscheidungseinklangs im Rahmen der Konvention sind Vorfragen insoweit unselbständig, d.h. nach dem Kollisionsrecht des Heimatrechts anzuknüpfen. Dies muss auch für die Vorfragen der Gültigkeit der Ehe der Kindeseltern, des Bestehens eines Abstammungsverhältnisses oder einer Adoption gelten.[8]

12 Zu unterscheiden von der eigentlichen Vorfragenanknüpfung ist die Reichweite der im MSA enthaltenen Verweisung auf das Sachrecht des *forum*.[9] Diese umfasst nicht die Gültigkeit der Ehe der Kindeseltern, Wirksamkeit der Ehescheidung, Geschäftsfähigkeit der Eltern, Abstammung des Kindes oder das Bestehen einer Adoption. Diese Rechtsverhältnisse sind eigenständig nach dem sonstigen Kollisionsrecht des *forum* anzuknüpfen.[10]

MSA Art. 1 [Internationale Zuständigkeit]

Die Behörden, seien es Gerichte oder Verwaltungsbehörden, des Staates, in dem ein Minderjähriger seinen gewöhnlichen Aufenthalt hat, sind vorbehaltlich der Bestimmung der Artikel 3, 4 und 5 Absatz 3 dafür zuständig, Maßnahmen zum Schutz der Person und des Vermögens des Minderjährigen zu treffen.

A. Allgemeines 1	D. Vorbehalte zugunsten Art. 4 und Art. 5
B. Perpetuatio fori 3	Abs. 3 14
C. Verhältnis zu Art. 3 7	E. Gewöhnlicher Aufenthalt 15
	F. Schutzmaßnahmen 20

A. Allgemeines

1 Art. 1 begründet die internationale Zuständigkeit der Gerichte oder Verwaltungsbehörden des **Vertragsstaates**,[1] in dem der Minderjährige seinen gewöhnlichen Aufenthalt hat. Grundgedanke ist, dass die Behörden des

---

5 OLG Karlsruhe NJW 1976, 485, 486; Palandt/*Heldrich*, Anh. zu Art. 24 EGBGB Rn 4.
6 Erman/*Hohloch*, Anh. zu Art. 24 EGBGB Rn 26.
7 In der Lit. wird insoweit die Frage nach der Reichweite der Verweisung im MSA und die Anknüpfung einer Vorfrage nicht ausreichend auseinandergehalten, s. etwa Erman/*Hohloch*, Anh. zu Art. 24 EGBGB Rn 11; Palandt/*Heldrich*, Anh. zu Art. 24 EGBGB Rn 4; klar hingegen Soergel/*Kegel*, vor Art. 19 EGBGB Rn 12.
8 A.A. OLG Stuttgart FamRZ 1976, 359 m. Anm. *Jayme*; OLG Stuttgart NJW 1980, 1229; MüKo/*Siehr*, Art. 19 EGBGB Anh. I Rn 171, anders aber in Fn 194.
9 So klar Soergel/*Kegel*, vor Art. 19 EGBGB Rn 12; s.a. Staudinger/*Kropholler*, Vorbem. zu Art. 19 EGBGB Rn 276.
10 MüKo/*Siehr*, Art. 19 EGBGB Anh. I Rn 143; Palandt/*Heldrich*, Anh. zu Art. 24 EGBGB Rn 4; Soergel/*Kegel*, vor Art. 19 EGBGB Rn 12.
1 S. Liste bei Art. 17; dort auch zum zeitlichen Anwendungsbereich.

Aufenthaltsstaates am sachnächsten und einfachsten die erforderlichen Maßnahmen anordnen können.[2] Der gewöhnliche Aufenthalt des Minderjährigen in einem Vertragsstaat hat damit eine doppelte Funktion: er begründet die Anwendbarkeit des MSA (siehe Art. 13) und gleichzeitig die internationale Zuständigkeit der Behörden des Aufenthaltsstaates.

Die örtliche, sachliche und funktionelle Zuständigkeit bestimmt sich nach dem autonomen Recht, etwa §§ 36 ff., 43 FGG, §§ 606, 621 Abs. 2 ZPO.[3] Die internationale Zuständigkeit des Aufenthaltsstaates ist nicht ausschließlich, so dass Entscheidungen des Heimatstaates auch dann anerkennungsfähig sind, wenn der Heimatstaat nicht Vertragsstaat des MSA ist.[4] Zum Vorbehalt zugunsten Art. 4 und dem daraus folgenden Vorrang der Heimatstaatenzuständigkeit siehe Art. 4 MSA Rn 13 ff.

B. Perpetuatio fori

Früher war ungeklärt, ob ein Wechsel des gewöhnlichen Aufenthalts die Zuständigkeit unberührt lässt (*perpetuatio fori*).[5] Der BGH hat ein Fortbestehen der internationalen Zuständigkeit bei Wechsel des gewöhnlichen Aufenthalts unter Hinweis auf Art. 5 nun verneint.[6]

Hat eine **Tatsacheninstanz** noch keine Entscheidung erlassen, ist das Verfahren mangels internationaler Zuständigkeit einzustellen. Erfolgt der Aufenthaltswechsel erst, nachdem die Tatsacheninstanz eine Entscheidung erlassen hat, so bleibt diese Entscheidung grundsätzlich bestehen, bis die Behörden am neuen gewöhnlichen Aufenthalt eine abändernde Entscheidung treffen (siehe Art. 5 MSA Rn 1). Dies gilt auch dann, wenn das Verfahren noch in der **Rechtsmittelinstanz** anhängig ist. Da die internationale Zuständigkeit auch in der Rechtsmittelinstanz von Amts wegen zu prüfen ist, hat die Rechtsmittelinstanz das Rechtsmittel allein aufgrund der nun fehlenden internationalen Zuständigkeit zurückzuweisen.[7]

Wenn bereits bei der Entscheidung der ersten Instanz kein gewöhnlicher Aufenthalt bestand und die erste Instanz fälschlicherweise von ihrer internationalen Zuständigkeit ausging, so hat das Rechtsmittelgericht die Entscheidung der ersten Instanz ersatzlos aufzuheben.[8] Bestand in der ersten Instanz noch kein gewöhnlicher, sondern etwa nur schlichter Aufenthalt, wird der gewöhnliche Aufenthalt aber noch während des Verfahrens in der zweiten Tatsacheninstanz begründet, so ist die internationale Zuständigkeit für eine Sachentscheidung über das Rechtsmittel durch diese gegeben.[9]

Wird der gewöhnliche Aufenthalt eines (auch)[10] deutschen Minderjährigen während des Verfahrens vom Inland in einen anderen Vertragsstaat verlegt, kann das deutsche Gericht als Heimatgericht nach Art. 4 Abs. 1 international zuständig sein.[11] Wird in einem Nicht-Vertragsstaat ein neuer gewöhnlicher Aufenthalt begründet, ist die internationale Zuständigkeit aufgrund der Staatsangehörigkeit nach autonomem Recht begründet (siehe Art. 21 EGBGB Rn 37 ff.).

C. Verhältnis zu Art. 3

Streitig ist, welche Bedeutung dem Vorbehalt von Art. 3 in Art. 1 zukommt. Nach Art. 3 ist ein Gewaltverhältnis, das nach dem innerstaatlichen Recht des Heimatstaates des Minderjährigen kraft Gesetzes besteht, in allen Vertragsstaaten anzuerkennen. Nach der vor allem von der Rechtsprechung vertretenen sog. **Heimatrechtstheorie** besteht grundsätzlich keine internationale Zuständigkeit nach Art. 2 für Eingriffe in ein Gewaltverhältnis i.S.v. Art. 3.[12]

Die sog. **Anerkennungstheorie** lässt bei Bestehen eines gesetzlichen Gewaltverhältnisses nach dem Heimatrecht die internationale Zuständigkeit der Behörden am gewöhnlichen Aufenthalt für Eingriffe in das Gewaltverhältnis nicht entfallen. Das gesetzliche Gewaltverhältnis ist nur anzuerkennen. Eine Schutzmaßnahme ist nicht zu treffen, wenn hierfür bei Anerkennung des Gewaltverhältnisses i.S.v. Art. 3 kein Bedarf mehr

---

2 Erman/*Hohloch*, Anh. zu Art. 24 EGBGB Rn 13.
3 Palandt/*Heldrich*, Anh. zu Art. 24 EGBGB Rn 6.
4 BGH FamRZ 1979, 577; OLG München IPRax 1994, 42, 43 m. Bespr. *H. Roth*, S. 19; Erman/*Hohloch*, Anh. zu Art. 24 EGBGB Rn 16; Palandt/*Heldrich*, Anh. zu Art. 24 EGBGB Rn 6.
5 S. Nachw. zum Streitstand bei Erman/*Hohloch*, Anh. zu Art. 24 EGBGB Rn 6.
6 BGH NJW 2002, 2955 = IPRax 2003, 145 = FamRZ 20002, 1182 m. Anm *Henrich*, S. 1184; OLG Nürnberg IPRax 2003, 147, 148 = NJW-RR 2002, 1515; s.a. schon OLG Hamm NJW-RR 1997, 5.
7 OLG Hamburg IPRax 1986, 386; *Henrich*, FamRZ 2002, 1185; a.A. BayObLGZ 1976, 25; Erman/*Hohloch*, Anh. zu Art. 24 EGBGB Rn 15.
8 *Bauer*, IPRax 2003, 135, 140.
9 OLG Hamm FamRZ 1991, 1466; 1992, 208; Erman/*Hohloch*, Anh. zu Art. 24 EGBGB Rn 15.
10 S. dazu Art. 4 Rn 2 ff.
11 KG NJW 1974, 424, 425.
12 BGHZ 60, 68; BGH FamRZ 1984, 686; OLG Köln FamRZ 1991, 362; Palandt/*Heldrich*, Anh. zu Art. 24 EGBGB Rn 7.

besteht. Wenn hingegen trotz Anerkennung des gesetzlichen Gewaltverhältnisses ein Bedarf für eine Schutzmaßnahme besteht, etwa in Form eines Eingriffs in das Gewaltverhältnis, so kann diese Schutzmaßnahme von den Behörden des Aufenthaltsstaates unter Anwendung der *lex fori* erlassen werden.[13]

9 Der praktische Unterschied der beiden Theorien wird allerdings dadurch verringert, dass eine internationale Zuständigkeit nach Art. 1 auch nach der Heimatrechtstheorie dann besteht, wenn nach dem Heimatrecht eine ausfüllungsbedürftige Lücke vorliegt, d.h., wenn auch nach dem Heimatrecht Eingriffe in das gesetzliche Gewaltverhältnis vorgesehen sind. Die Aufenthaltsbehörde kann dann die dem Heimatrecht entsprechenden Maßnahmen nach dem Aufenthaltsrecht erlassen.[14]

10 Die nach der Heimatrechtstheorie erforderliche, oft **schwierige Ermittlung der Eingriffsmöglichkeiten nach dem Heimatrecht** erschwert ohne Grund den Erlass von erforderlichen Maßnahmen und widerspricht daher der durch das MSA verfolgten Praktikabilität der Rechtsanwendung durch die in Artt. 1 und 2 angeordnete internationale Zuständigkeit der Aufenthaltsbehörden und dem Gleichlauf des anwendbaren Rechts.[15]

11 Besteht nach dem Heimatrecht eine Eingriffsmöglichkeit in das Gewaltverhältnis nicht, ist ein solcher Eingriff aber nach dem Aufenthaltsrecht möglich und im Interesse des Minderjährigen geboten, so muss die Heimatrechtstheorie über den *ordre-public-*Vorbehalt in Art. 16 oder über die Sonderzuständigkeit nach Art. 8 wegen Gefährdung des Minderjährigen eine Zuständigkeit zu begründen suchen.[16]

12 Verstößt die gesetzliche Regelung des Gewaltverhältnisses im Heimatrecht gegen den *ordre public*, entfällt die Anerkennungspflicht nach Art. 3, so dass die internationale Zuständigkeit der Aufenthaltsbehörden und die Anwendbarkeit der *lex fori* nicht mehr beschränkt werden.[17]

13 Unstreitig lässt der Vorbehalt zu, dass die Behörden des Aufenthaltsstaates Maßnahmen treffen, die das nach dem Heimatrecht bestehende gesetzliche Gewaltverhältnis unterstützen.

D. Vorbehalte zugunsten Art. 4 und Art. 5 Abs. 3

14 Siehe zu den Vorbehalten Art. 4 MSA Rn 13 ff. und Art. 5 MSA Rn 9 ff.

E. Gewöhnlicher Aufenthalt

15 Der Begriff des gewöhnlichen Aufenthalts nach Artt. 1 und 2 entspricht dem des autonomen Rechts (siehe zu den Einzelheiten daher Art. 5 EGBGB Rn 16 ff.). Gewöhnlicher Aufenthalt ist der Ort, an dem sich der tatsächliche Mittelpunkt der Lebensführung des Minderjährigen befindet („**Daseinsmittelpunkt**"), an dem sich der Schwerpunkt seiner sozialen Bindungen durch Familie, Kindergarten/Schule/Beruf und Freundschaften befindet.[18]

16 Abzustellen ist auf den Minderjährigen selbst. Der gewöhnliche Aufenthalt wird nicht von dem der Sorgeberechtigten abgeleitet. Kommt es aber bei der Neubegründung auf den Bleibewillen an (siehe Art. 5 EGBGB Rn 18), entscheidet der Wille des zur Aufenthaltsbestimmung berechtigten Sorgeberechtigten.[19] In den so genannten **Entführungsfällen**, bei denen der Entführer das Kind gegen den Willen des Allein- oder Mitsorgeberechtigten von seinem bisherigen gewöhnlichen Aufenthaltsort an einen anderen Ort verbringt oder an den Ort des gewöhnlichen Aufenthalts nicht zurückbringt, wird daher nicht sofort ein neuer gewöhnlicher Aufenthalt begründet, selbst wenn der Minderjährige an dem neuen Aufenthaltsort bleiben will.[20]

17 Ein **neuer gewöhnlicher Aufenthalt** wird erst begründet, wenn der neue Aufenthaltsort aufgrund der sozialen Integration des Kindes faktisch zum neuen Daseinsmittelpunkt geworden ist. Eine solche soziale

---

[13] MüKo/*Siehr* Art. 19 EGBGB Anh. I Rn 117; Staudinger/*Kropholler*, Vorbem. zu Art. 19 EGBGB Rn 219 f.
[14] BGH FamRZ 1984, 686; Palandt/*Heldrich*, Anh. zu Art. 24 EGBGB Rn 25; *Mottl*, IPRax 1994, 60, 61.
[15] Erman/*Hohloch*, Anh. zu Art. 24 EGBGB Rn 13; MüKo/*Siehr*, Art. 19 EGBGB Anh. I Rn 116; Staudinger/*Kropholler*, Vorbem. zu Art. 19 EGBGB Rn 210–214.
[16] S. etwa BGH FamRZ 1992, 794: Recht des Vaters zum Stichentscheid nach türkischem Recht verstößt gegen den *ordre public*; deutsche Gerichte sind daher für die Anordnung einer Schutzmaßnahme international zuständig; BayObLG FamRZ 1991, 1218; LG Hamburg IPRax 1998, 490: Entzug des nach afghanischem Recht bestehenden gesetzlichen Sorgerechts des Onkels und Bestellung eines Vormunds über Art. 8.
[17] Palandt/*Heldrich*, Anh. zu Art. 24 EGBGB Rn 23.
[18] BGH NJW 2002, 2955.
[19] OLG Hamm NJW-RR 1997, 5, 6.
[20] OLG Hamm NJW-RR 1997, 5, 6.

Integration wird bei Minderjährigen in der Regel nach 6 Monaten angenommen.[21] Dabei handelt es sich aber nur um einen Richtwert, der im Einzelfall auch über- oder unterschritten werden kann.[22]

Der **Richtwert von 6 Monaten** gilt aber auch in Entführungsfällen; die in Art. 12 Abs. 1 HKÜ enthaltene Jahresfrist bestimmt nur die Voraussetzungen für eine Rückführung des Kindes, ändert aber nicht die Voraussetzungen, unter denen der gewöhnliche Aufenthalt begründet wird.[23] Maßgebend ist die Situation im Zeitpunkt der letzten tatrichterlichen Entscheidung.[24]

Lebt das Kind nach dem Willen der Eltern abwechselnd im Land des Vaters und dem Land der Mutter, so hat es regelmäßig auch einen wechselnden gewöhnlichen Aufenthalt.[25]

F. Schutzmaßnahmen

Schutzmaßnahmen sind gerichtliche oder behördliche Einzelakte, die im Interesse des Minderjährigen zum Schutz seiner Person oder seines Vermögens getroffen werden können.[26] Der Begriff ist weit und umfasst sowohl privatrechtliche als auch öffentlich-rechtliche Maßnahmen.[27]

Dazu gehören zum einen alle Maßnahmen, die die **elterliche Sorge** verteilen, in sie eingreifen oder sonst ausgestalten. Nach der Heimatrechtstheorie sind insoweit aber die Schranken zu beachten, die das Heimatrecht für Eingriffe in ein danach bestehendes gesetzliches Gewaltverhältnis aufstellt (siehe Rn 7).

Schutzmaßnahmen sind Entscheidungen zur **Verteilung des Sorgerechts** bei Getrenntleben oder Scheidung der Eltern nach §§ 1671, 1672 BGB[28] einschließlich späterer Änderungen, § 1696 BGB.[29] Allerdings wird das MSA für Entscheidungen bei der Scheidung oder gerichtlichen Ehetrennung weitgehend durch die EheVO 2000 verdrängt. Nur soweit nach Art. 8 Abs. 1 EheVO 2000 Raum bleibt, bestimmt sich die internationale Zuständigkeit nach Art. 1 MSA.

Schutzmaßnahmen sind auch sonstige Regelungen im Hinblick auf die **Ausübung des Sorgerechts** wie Entscheidungen nach § 1628 BGB bei Meinungsverschiedenheiten der Eltern,[30] Entscheidungen über die religiöse Kindererziehung[31] oder eine Entscheidung über den Anspruch des Sorgeberechtigten auf Herausgabe des Kindes von dem anderen Elternteil oder einem Dritten, § 1632 BGB.[32] Ebenso gehören dazu Entscheidungen über das Umgangsrecht des nicht sorgeberechtigten Elternteils oder von Dritten mit dem Kind nach §§ 1684 f. BGB.[33] Schutzmaßnahmen sind auch **vormundschaftsgerichtliche Genehmigungen**, die bei der Ausübung der elterlichen Sorge in Betracht kommen, wie etwa §§ 1631b, 1643, 1644, 1645 BGB (beachte aber Rn 29).[34]

Erfasst werden weiter Maßnahmen gegenüber den Sorgeberechtigten, weil diese ihre Pflichten dem Minderjährigen gegenüber nicht ordnungsgemäß erfüllen, §§ 1666, 1667 BGB. Dazu gehört etwa der **Entzug der elterlichen Sorge** insgesamt oder einzelner aus ihr folgender Befugnisse wie etwa das Aufenthaltsbestimmungsrecht.[35] Eine Schutzmaßnahme ist auch die Feststellung des Ruhens der elterlichen Sorge bei tatsächlichem Hindernis nach § 1674 BGB.[36] Zu § 1673 BGB siehe Rn 27.

---

21 OLG Hamm NJW 1974, 1053; OLG Köln FamRZ 1991, 364; Erman/*Hohloch*, Anh. zu Art. 24 EGBGB Rn 18.
22 S. etwa OLG Hamm FamRZ 1991, 1346: gewöhnlicher Aufenthalt bereits nach 4 1/2-monatigem Aufenthalt in der Türkei; OLG Hamm NJW-RR 1997, 5, 6: nach 6 Monaten noch kein gewöhnlicher Aufenthalt in der Türkei; *Baetge*, IPRax 2001, 573, 575.
23 OLG Düsseldorf NJW-RR 1994, 5, 6 = FamRZ 1994, 107 = IPRspr 1993, Nr. 97; *Baetge*, IPRax 2001, 573, 575; a.A. Staudinger/*Pirrung* (1994), Vorbem. zu Art. 19 EGBGB Rn 647; *Holl*, Funktion und Bestimmung des gewöhnlichen Aufenthalts bei Kindesentführungen, 2001, S. 129.
24 BGH NJW 1981, 520; OLG Rostock FamRZ 2001, 642 = IPRax 2001, 588 m. Anm. *Baetge*, S. 573.
25 Re V (Abduction: Habitual Residence [1995] 2 F.L.R. 992 Fam. D.); *Baetge*, IPRax 2001, 573, 575.
26 BGHZ 60, 68, 72.
27 S. zu den Einzelheiten MüKo/*Siehr*, Art. 19 EGBGB Anh. I Rn 50 ff.; Staudinger/*Kropholler*, Vorbem. zu Art. 19 EGBGB Rn 48 ff.
28 BGH FamRZ 1984, 686; OLG Hamm FamRZ 1988, 864; Palandt/*Heldrich*, Anh. zu Art. 24 EGBGB Rn 13.
29 BGH IPRax 1987, 317; OLG Hamm FamRZ 1997, 1295; OLG Karlsruhe FamRZ 1997, 562; Palandt/*Heldrich*, Anh. zu Art. 24 EGBGB Rn 13.
30 Erman/*Hohloch*, Anh. zu Art. 24 EGBGB Rn 20.
31 *Henrich*, in: FS Kegel 1987, S. 197.
32 OLG Stuttgart NJW 1985, 566; OLG Hamburg NJW-RR 1990, 1289; OLG Hamm FamRZ 1998, 447; Erman/*Hohloch*, Anh. zu Art. 24 EGBGB Rn 20.
33 OLG Stuttgart FamRZ 1998, 1321; OLG Hamm NJWE-FER 1998, 56; Palandt/*Heldrich*, Anh. zu Art. 24 EGBGB Rn 13.
34 BayObLG IPRspr 1985, Nr. 87; Soergel/*Kegel*, vor Art. 19 EGBGB Rn 23; Staudinger/*Kropholler*, Vorbem. zu Art. 19 EGBGB Rn 85; a.A. *Henrich*, Int. Familienrecht, 2. Aufl. 2000, § 7 II 1b (1); Palandt/*Heldrich*, Anh. zu Art. 24 EGBGB Rn 14.
35 BayObLG FamRZ 1997, 954; OLG Frankfurt FamRZ 1997, 571 (Herausgabe des Reisepasses); Erman/*Hohloch*, Anh. zu Art. 24 EGBGB Rn 20; Palandt/*Heldrich*, Anh. zu Art. 24 EGBGB Rn 13.
36 BayObLG FamRZ 1992, 1346/1348.

25 Schutzmaßnahmen sind auch die Anordnung von **Vormundschaft** und **Pflegschaft** für einen Minderjährigen, §§ 1697, 1774 BGB,[37] sowie die Bestellung und Entlassung des Vormunds oder Pflegers, §§ 1789, 1886 BGB,[38] sowie andere Maßnahmen zur Gestaltung der Vormundschaft und Pflegschaft, etwa §§ 1796, 1797, 1798, 1837 BGB.[39] Darunter fallen insbesondere auch Anordnungen und Genehmigung hinsichtlich der Verwaltung des Vermögens des Minderjährigen, etwa §§ 1811, 1812, 1815 Abs. 2, 1817, 1818 ff. BGB.[40]

26 **Öffentlich-rechtliche Maßnahmen** sind etwa Erziehungshilfen nach §§ 27 ff. SGB VIII und vorläufige Unterbringung nach § 42 SGB VIII,[41] nicht hingegen ausländerrechtliche Maßnahmen wie ein Abschiebeverbot.[42]

27 Mangels Schutzmaßnahme ist das **MSA nicht einschlägig**, wenn eine **Rechtsfolge** nicht aufgrund behördlicher Entscheidung, sondern **aufgrund Gesetzes eintritt**, wie etwa die Amtsvormundschaft nach § 1791c BGB oder das Ruhen der elterlichen Sorge nach § 1673 BGB.[43] Gleiches gilt für die Beistandschaft nach §§ 1712 ff. BGB, weil sie aufgrund bloßen Antrags kraft Gesetz eintritt.[44]

28 Da das MSA nur Maßnahmen zum Schutz der Person und des Vermögens des Minderjährigen erfasst,[45] stellen folgende Maßnahmen zugunsten von Minderjährigen **keine Schutzmaßnahmen** i.S.v. Art. 1 dar:[46] der Ausspruch der Adoption, § 1752 BGB, der Feststellung des Bestehens der Nichtbestehens der Vaterschaft, die Namenseintragung oder die die Staatsangehörigkeit eines Minderjährigen betreffenden Entscheidungen; Maßnahmen zur Verwirklichung des Unterhaltsrechts, etwa Bestellung eines Vertreters für den Unterhaltsprozess.

29 Aus dem gleichen Grund unterfallen vormundschaftsgerichtliche Genehmigungen und Einwilligungsersetzungen in folgenden Bereichen nicht dem MSA:[47] Im Bereich der Geschäftsfähigkeit (§§ 112, 113 BGB), der Heirat (§ 1303 Abs. 2 BGB), der Adoption (§§ 1746 Abs. 1 S. 4, Abs. 3, 1748, 1749 Abs. 1 BGB), der Staatsangehörigkeit (etwa §§ 19 Abs. 1 S. 1, 25 Abs. 1 StAG) oder von Vaterschaftsanerkenntnissen.

MSA Art. 2 [Anwendung des Aufenthaltsrechts]

(1) Die nach Artikel 1 zuständigen Behörden haben die nach ihrem innerstaatlichen Recht vorgesehenen Maßnahmen zu treffen.

(2) Dieses Recht bestimmt die Voraussetzungen für die Anordnung, die Änderung und die Beendigung dieser Maßnahme. Es regelt auch deren Wirkungen sowohl im Verhältnis zwischen dem Minderjährigen und den Personen oder den Einrichtungen, denen er anvertraut ist, als auch im Verhältnis zu Dritten.

A. Allgemeines 1   B. Reichweite der Verweisung 7

A. Allgemeines

1 Art. 2 bestimmt das anwendbare Recht für den Erlass von Schutzmaßnahmen. Aufgrund des in Abs. 1 angeordneten Gleichlaufs wenden die nach Art. 1 zuständigen Aufenthaltsbehörden ihr eigenes Sachrecht an. Vorrang hat aber ein gesetzliches Gewaltverhältnis nach dem Heimatrecht des Minderjährigen (Art. 3).[1]

2 Die Anknüpfung an die *lex fori* verdrängt für die Anordnung von Schutzmaßnahmen die autonome Regelung in Art. 21 EGBGB. Geht es hingegen nicht um den Erlass einer Schutzmaßnahme, bleibt es bei der autonomen Regelung nach Art. 21 EGBGB.

---

37 BayObLG FamRZ 1992, 1346; 1993, 463; BayObLGZ 78, 251: Anordnung einer Ergänzungspflegschaft, § 1909 BGB.
38 BayObLGZ 1990, 241/245; BayObLG FamRZ 1992, 1346.
39 BayObLG IPRspr 1985 Nr. 87; Erman/*Hohloch*, Anh. zu Art. 24 EGBGB Rn 21; Soergel/*Kegel*, vor Art. 19 EGBGB Rn 23; a.A. Palandt/*Heldrich*, Anh. zu Art. 24 EGBGB Rn 14; *Jaspers*, FamRZ 1996, 396.
40 S. AG Glückstadt FamRZ 1980, 824; Erman/*Hohloch*, Anh. zu Art. 24 EGBGB Rn 21.
41 Erman/*Hohloch*, Anh. zu Art. 24 EGBGB Rn 21; Palandt/*Heldrich*, Anh. zu Art. 24 EGBGB Rn 13.
42 OVG Hamburg IPRspr 1999 Nr. 77; a.A. VG Frankfurt IPRspr 1994 Nr. 105; Palandt/*Heldrich*, Anh. zu Art. 24 EGBGB Rn 13.
43 BayObLGE 1976, 198; Palandt/*Heldrich*, Anh. zu Art. 24 EGBGB Rn 14.
44 Erman/*Hohloch*, Anh. zu Art. 24 EGBGB Rn 22; Palandt/*Heldrich*, Anh. zu Art. 24 EGBGB Rn 14; zur früheren Amtspflegschaft s. BGHZ 111, 199.
45 Soergel/*Kegel*, vor Art. 19 EGBGB Rn 9.
46 S. Erman/*Hohloch*, Anh. zu Art. 24 EGBGB Rn 21 f.; Soergel/*Kegel*, vor Art. 19 EGBGB Rn 9.
47 Soergel/*Kegel*, vor Art. 19 EGBGB Rn 24.
1 Soergel/*Kegel*, vor Art. 19 EGBGB Rn 25.

Da nach Art. 18 Abs. 2 Bestimmungen anderer zwischenstaatlicher Übereinkommen unberührt bleiben, geht das deutsch-iranische Niederlassungsabkommen dem in Art. 2 angeordneten Gleichlauf vor. Sind alle Beteiligten iranische Staatsangehörige, haben die nach Art. 1 zuständigen deutschen Gerichte iranisches Recht anzuwenden.[2]

Zur Frage des anwendbaren Rechts bei Schutzmaßnahmen aufgrund der Zuständigkeit nach der EheVO 2003 siehe Anhang I zum III. Abschnitt Art. 8 EheVO Rn 6 ff.

Zu **Anpassungsproblemen** könnte es kommen, wenn nach dem Aufenthaltsrecht kraft Gesetz ein Rechtszustand eintritt, der eine Schutzmaßnahme entbehrlich macht, nach dem Sorgerechtsstatut aufgrund autonomen Rechts hingegen eine Schutzmaßnahme erforderlich war. Die h.M. löste das Problem dadurch, dass das deutsche Gericht die im deutschen Sachrecht vorgesehene Rechtslage durch Anordnung herstellt.[3] Im Rahmen von Artt. 1, 2 kann dieses Anpassungsproblem nicht mehr auftreten, weil nun auch Art. 21 EGBGB an den gewöhnlichen Aufenthalt anknüpft.[4]

Zu dem Anpassungproblem kann es weiterhin im Rahmen von Artt. 4 oder 9 kommen, wenn nach dem Sorgerechtsstatut eine Schutzmaßnahme erforderlich ist, nach dem Heimatrecht bzw. nach der *lex fori* hingegen bereits kraft Gesetzes eine Lösung eintritt.

B. Reichweite der Verweisung

Die durch Art. 2 berufene *lex fori* bestimmt die Arten der möglichen Schutzmaßnahmen, die Voraussetzungen ihrer Anordnung, Änderung und Beendigung.[5] Erfasst werden auch die Wirkungen von Maßnahmen, etwa der Umfang der Vertretungsmacht des bestellten Vormunds.[6]

Das Aufenthaltsrecht ist in diesem Bereich umfassend zur Anwendung berufen; daher sind etwa bei deutschem Aufenthaltsrecht auch Beschränkungen für Maßnahmen aufgrund der Grundrechte zu berücksichtigen.[7]

MSA Art. 3 [Nach Heimatrecht bestehende Gewaltverhältnisse]

Ein Gewaltverhältnis, das nach dem innerstaatlichen Recht des Staates, dem der Minderjährige angehört, kraft Gesetzes besteht, ist in allen Vertragsstaaten anzuerkennen.

A. Allgemeines 1   C. Einzelfragen 8
B. Verhältnis zum autonomen Kollisionsrecht   4

A. Allgemeines

Die Pflicht zur Anerkennung eines nach dem Heimatrecht des Minderjährigen bestehenden gesetzlichen Gewaltverhältnisses ist ein wenig gelungener Kompromiss zwischen der herkömmlichen Anknüpfung an die Staatsangehörigkeit und der neuen Anknüpfung an den gewöhnlichen Aufenthalt und der daraus folgenden Berufung des Umweltrechts des Minderjährigen.[1]

Ein **Gewaltverhältnis** ist die elterliche Sorge im Ganzen oder Teile hiervon, wie die Personensorge, Vermögenssorge, der Stichentscheid eines Elternteils oder Überwachungs- und Mitwirkungsrechte sowie die

---

2 BGHZ 120, 29, 31 = IPRax 1993, 102 = NJW 1993, 848 = FamRZ 1993, 316; OLG Bremen NJW-RR 2000, 3, 4; Palandt/*Heldrich*, Anh. zu Art. 24 EGBGB Rn 53; Staudinger/*Kropholler*, Vorbem. zu Art. 19 EGBGB Rn 611, 614.

3 OLG Hamm NJW 1978, 1747; BayObLG IPRax 1984, 96, 97; MüKo/*Siehr*, Art. 19 EGBGB Anh. I Rn 135; Palandt/*Heldrich*, Anh. zu Art. 24 EGBGB Rn 17; a.A. *Kropholler*, IPRax 1984, 81, 82; *Jayme*, StAZ 1976, 199: Eintritt der Rechtslage nach Aufenthaltsrecht kraft Gesetzes.

4 Sind deutsche Gerichte aufgrund des gewöhnlichen Aufenthalts im Inland nach Art. 1 zuständig, verweist Art. 21 auf deutsches Sachrecht; die Anwendbarkeit eines anderen Rechts aufgrund Rück- oder Weiterverweisung ist nicht möglich; anders Palandt/*Heldrich*, Anh. zu Art. 24 EGBGB Rn 17.

5 Erman/*Hohloch*, Anh. zu Art. 24 EGBGB Rn 23; MüKo/*Siehr*, Art. 19 EGBGB Anh. I Rn 130 ff.; Palandt/*Heldrich*, Anh. zu Art. 24 EGBGB Rn 16.

6 OGH ZfRV 1993, 213; MüKo/*Siehr*, Art. 19 EGBGB Anh. I Rn 139; Staudinger/*Kropholler*, Vorbem. zu Art. 19 EGBGB Rn 272.

7 S. etwa LG Hamburg IPRax 1998, 490 f.: Vollstreckung einer Herausgabeanordnung gegen den Willen einer 15-Jährigen verstößt gegen Artt. 1 Abs. 1, 2 Abs. 1 GG; BayObLG FamRZ 1985, 737; Erman/*Hohloch*, Anh. zu Art. 24 EGBGB Rn 23; Palandt/*Heldrich*, Anh. zu Art. 24 EGBGB Rn 16; *Wieser*, FamRZ 1990, 696; a.A. *Knöpfl*, FamRZ 1985, 1211; *Schütz*, FamRZ 1986, 528.

1 Erman/*Hohloch*, Anh. zu Art. 24 EGBGB Rn 24.

gesetzliche Vormundschaft einer natürlichen Person oder einer Behörde.[2] Ein **gesetzliches** Gewaltverhältnis liegt vor, wenn es ohne gerichtliche oder behördliche Anordnung unmittelbar aufgrund Gesetzes besteht.[3]

3   Zum Streit über die Bedeutung der in Art. 3 angeordneten Anerkennung für den Erlass von Schutzmaßnahmen durch die Behörden des Aufenthaltsstaates siehe Art. 1 MSA Rn 7 ff.

B. Verhältnis zum autonomen Kollisionsrecht

4   Art. 3 ist nach heute allgemeiner Meinung keine allgemeine Kollisionsnorm, sondern nur einschlägig, wenn eine Schutzmaßnahme erlassen werden soll.[4]

5   Wird unabhängig von einer Schutzmaßnahme nach dem Vorliegen eines Gewaltverhältnisses gefragt, so bestimmt sich das anwendbare Recht nach Artt. 21, 24 EGBGB.[5] Liegt danach ein gesetzliches Gewaltverhältnis vor und besteht kein Bedarf für eine Schutzmaßnahme, so hat es damit sein Bewenden. Besteht der Bedarf für eine Schutzmaßnahme, weil ein gesetzliches Gewaltverhältnis nach dem aufgrund Artt. 21, 24 EGBGB anwendbaren Recht nicht vorliegt oder nicht ausreicht, so hat die nach Art. 1 international zuständige Behörde im Verfahren der Anordnung einer Schutzmaßnahme die Frage nach dem Bestehen eines gesetzlichen Gewaltverhältnisses gemäß Art. 3 nach dem Heimatrecht des Minderjährigen zu beurteilen.

6   Liegt nach dem Heimatrecht ein gesetzliches Gewaltverhältnis vor und entfällt daher der Bedarf für die Anordnung einer Schutzmaßnahme, so hat es mit dem gesetzlichen Gewaltverhältnis nach Art. 3 sein Bewenden. Auch ohne tatsächlichen Erlass einer Schutzmaßnahme richtet sich das Gewaltverhältnis nach dem durch Art. 3 berufenen Heimatrecht des Minderjährigen.

7   Lässt das Bestehen eines gesetzlichen Gewaltverhältnisses nach dem Heimatrecht die Erforderlichkeit einer Schutzmaßnahme nicht entfallen, so besteht nach der Heimatrechtstheorie die Zuständigkeit gemäß Art. 1 nur, wenn eine entsprechende Maßnahme auch nach dem Heimatrecht möglich wäre. Ist dies nicht der Fall, ergibt sich die internationale Zuständigkeit der Behörden des Aufenthaltsstaates regelmäßig aus Art. 8.

C. Einzelfragen

8   Ein gesetzliches Gewaltverhältnis nach dem Recht des Heimatstaates ist auch dann zu beachten, wenn dieser **kein Vertragsstaat** ist (siehe Art. 13 MSA Rn 5).[6] Verwiesen wird auf das Sachrecht des Heimatstaates, eine Rück- oder Weiterverweisung ist ausgeschlossen.[7]

9   **Vorfragen** bei der Anwendung des Heimatrechts, etwa nach der Abstammung des Minderjährigen oder nach Wirksamkeit der Ehe der Eltern, sind zur Wahrung des internationalen Entscheidungseinklangs unselbständig anzuknüpfen.[8]

10 Welche Staatsangehörigkeit oder Staatsangehörigkeiten der Minderjährige besitzt, ist nach dem Recht des Staates zu beurteilen, um dessen Staatsangehörigkeit es geht. Vorfragen sind daher aus der Sicht dieser Rechtsordnung zu entscheiden (siehe auch Art. 5 EGBGB Rn 7).[9]

11 Bei einem nur ausländischen **Mehrstaater** kommt es nach allgemeiner Meinung auf die effektive Staatsangehörigkeit an.[10] Diese ist für den Minderjährigen eigenständig zu bestimmen und nicht von der der sorgeberechtigten Eltern abzuleiten.[11] Maßgeblich ist die aktuelle effektive Staatsangehörigkeit. Ein Staatsangehörigkeitserwerb oder ein Wechsel der Effektivität ist noch in der Beschwerdeinstanz zu beachten.[12]

---

2 Soergel/*Kegel*, vor Art. 19 EGBGB Rn 30.
3 Palandt/*Heldrich*, Anh. zu Art. 24 EGBGB Rn 18.
4 BGHZ 111, 199, 205; Erman/*Hohloch*, Anh. zu Art. 24 EGBGB Rn 27; Palandt/*Heldrich*, Anh. zu Art. 24 EGBGB Rn 20.
5 Palandt/*Heldrich*, Anh. zu Art. 24 EGBGB Rn 20.
6 Erman/*Hohloch*, Anh. zu Art. 24 EGBGB Rn 25; Palandt/*Heldrich*, Anh. zu Art. 24 EGBGB Rn 22.
7 Erman/*Hohloch*, Anh. zu Art. 24 EGBGB Rn 26; Palandt/*Heldrich*, Anh. zu Art. 24 EGBGB Rn 22.
8 So wohl auch Palandt/*Heldrich*, Anh. zu Art. 24 EGBGB Rn 4; nicht einschlägig ist insoweit OLG Karlsruhe NJW 1976, 485; KG OLGZ 1976, 281.
9 Erman/*Hohloch*, Anh. zu Art. 24 EGBGB Rn 25; Palandt/*Heldrich*, Anh. zu Art. 24 EGBGB Rn 18.
10 Überwiegend wird dies Art. 5 Abs. 1 S. 1 EGBGB entnommen: OLG Hamm FamRZ 1988, 1199; BayObLGZ 1990, 241, 247; Palandt/*Heldrich*, Anh. zu Art. 24 EGBGB Rn 19; eine andere Meinung stützt dies auf den Rechtsgedanken des Art. 14 MSA: OLG München IPRax 1988, 32; *Mansel*, IPRax 1985, 209, 210; aufgrund der staatsvertraglichen Natur und Funktion der Norm: Staudinger/*Kropholler*, Vorbem. zu Art. 19 EGBGB Rn 349.
11 *Mansel*, IPRax 1985, 209, 210 f.; Palandt/*Heldrich*, Anh. zu Art. 24 EGBGB Rn 19; s. zu Fällen, bei denen eine effektive Staatsangehörigkeit nicht bestimmt werden kann OLG München IPRax 1988, 32 mit Aufsatz *Mansel*, S. 22.
12 BGH NJW 1981, 520, 522; Palandt/*Heldrich*, Anh. zu Art. 24 EGBGB Rn 19; offen gelassen in BGH NJW 1997, 3024, 3025 = FamRZ 1997, 1070 = IPRspr 1997 Nr. 9.

Bei einem auch deutschen Mehrstaater wendet die Rechtsprechung Art. 5 Abs. 1 S. 2 EGBGB an, so dass immer nur die deutsche Staatsangehörigkeit maßgeblich ist.[13] Zur Wahrung des Entscheidungseinklangs sollte richtigerweise auch insoweit auf die effektive Staatsangehörigkeit abgestellt werden.[14]

Bei **Staatenlosen** und **Flüchtlingen** läuft Art. 3 regelmäßig leer, weil insoweit auf den gewöhnlichen Aufenthalt abgestellt wird (siehe Anhang II zu Art. 5 EGBGB Rn 5).

MSA Art. 4 [Eingreifen der Heimatbehörden]

(1) Sind die Behörden des Staates, dem der Minderjährige angehört, der Auffassung, daß das Wohl des Minderjährigen es erfordert, so können sie nach ihrem innerstaatlichen Recht zum Schutz der Person oder des Vermögens des Minderjährigen Maßnahmen treffen, nachdem sie die Behörden des Staates verständigt haben, in dem der Minderjährige seinen gewöhnlichen Aufenthalt hat.

(2) Dieses Recht bestimmt die Voraussetzungen für die Anordnung, die Änderung und die Beendigung dieser Maßnahmen. Es regelt auch deren Wirkungen sowohl im Verhältnis zwischen dem Minderjährigen und den Personen oder den Einrichtungen, denen er anvertraut ist, als auch im Verhältnis zu Dritten.

(3) Für die Durchführung der getroffenen Maßnahmen haben die Behörden des Staates zu sorgen, dem der Minderjährige angehört.

(4) Die nach den Absätzen 1 bis 3 getroffenen Maßnahmen treten an die Stelle von Maßnahmen, welche die Behörden des Staates getroffen haben, in dem der Minderjährige seinen gewöhnlichen Aufenthalt hat.

A. Allgemeines 1
B. Voraussetzungen der Zuständigkeit nach Abs. 1 2
  I. Heimatstaatbehörden bei mehrfacher Staatsangehörigkeit 2
  II. Erfordernis des Eingreifens zum Wohl des Minderjährigen 5
  III. Vorherige Verständigung der Aufenthaltsbehörden 7
  C. Anwendbares Recht 12
  D. Verhältnis zur Zuständigkeit der Aufenthaltsbehörden 13
  E. Durchführung 18

A. Allgemeines

Art. 4 eröffnet für Schutzmaßnahmen eine konkurrierende Zuständigkeit der Behörden des Heimatstaates. Die Zuständigkeit der Heimatstaatbehörden geht zwar der allgemeinen Aufenthaltszuständigkeit nach Art. 1 vor, ist aber ihrerseits davon abhängig, dass die Aufenthaltsbehörde vorher verständigt wird und ein Eingreifen der Heimatbehörde erforderlich ist. Art. 4 begründet nur die Zuständigkeit eines Vertragsstaates, dem der Minderjährige angehört (siehe Art. 13 MSA Rn 4).

B. Voraussetzungen der Zuständigkeit nach Abs. 1

I. Heimatstaatbehörden bei mehrfacher Staatsangehörigkeit

Ist der minderjährige Mehrstaater auch Deutscher, kann nach der Rechtsprechung des BGH hierauf immer eine Zuständigkeit deutscher Gerichte nach Abs. 1 gestützt werden.[1] Wenn der Minderjährige mehrere

---

13 Ausdr. für Art. 3: BayObLGZ 1990, 241, 247 = FamRZ 1991, 216 = IPRspr 1990 Nr. 120; Erman/Hohloch, Anh. zu Art. 24 EGBGB Rn 25; Palandt/Heldrich, Anh. zu Art. 24 EGBGB Rn 19; für Art. 4: BGH FamRZ 1997, 1070, 1071; OLG Hamm NJW 1992, 636; OLG Nürnberg FamRZ 2003, 163; OLG Stuttgart FamRZ 1997, 1352.
14 OLG Düsseldorf NJW-RR 1994, 5, 6 = FamRZ 1994, 107 = IPRspr 1993, Nr. 97; Jayme, IPRax 1989, 107; Mansel, IPRax 1988, 22, 23; MüKo/Siehr, Art. 19 EGBGB Anh. I Rn 174; Soergel/Kegel, vor Art. 19 EGBGB Rn 38; Staudinger/Kropholler, Vorbem. zu Art. 19 EGBGB Rn 352.
1 BGH NJW 1997, 3024, 3025 = FamRZ 1997, 1070 = IPRspr 1997 Nr. 99; OLG Nürnberg FamRZ 2003, 163; LG München FamRZ 1998, 1322, 1323; Soergel/Kegel, Anh. zu Art. 19 EGBGB Rn 43; Erman/Hohloch, Anh. zu Art. 24 EGBGB Rn 31; Palandt/Heldrich, Anh. zu Art. 24 EGBGB Rn 31; a.A. Rauscher, IPRax 1985, 214, 216; Staudinger/Kropholler, Vorbem. zu Art. 19 EGBGB Rn 390: effektive Staatsangehörigkeit.

Staatsangehörigkeiten anderer Vertragsstaaten besitzt, soll nach h.M. nur die effektive Staatsangehörigkeit eine Zuständigkeit nach Abs. 1 begründen können.[2]

3 Richtigerweise sollte die internationale Zuständigkeit auf jede Staatsangehörigkeit eines Vertragsstaates gestützt werden können. Die konkurrierende Zuständigkeit mehrerer Vertragsstaaten wird auch hingenommen, wenn jeweils die eigene Staatsangehörigkeit für die Zuständigkeitsbegründung für ausreichend gehalten wird. Ein Rangverhältnis sollte nicht über die teilweise nur schwer feststellbare Effektivität der Staatsangehörigkeit, sondern durch eine zurückhaltende Inanspruchnahme der Zuständigkeit nur im Kindesinteresse hergestellt werden.[3]

4 Wenn die effektive Staatsangehörigkeit die eines Nicht-Vertragsstaates ist, reicht jedenfalls die (nicht effektive) Staatsangehörigkeit eines Vertragsstaates für die Zuständigkeitsbegründung nach Abs. 1 aus.[4]

II. Erfordernis des Eingreifens zum Wohl des Minderjährigen

5 Die Zuständigkeit der Heimatbehörden ist eine Ausnahmezuständigkeit, von der nur unter Zurückhaltung Gebrauch gemacht werden darf.[5] Durch das Eingreifen der Heimatbehörden muss den Interessen des Minderjährigen besser gedient und der Schutz besser gewährleistet werden können, als dies durch ein Tätigwerden der Aufenthaltsbehörden möglich wäre.[6] Dies kommt in Betracht, wenn Angelegenheiten des Minderjährigen im Inland zu regeln sind, wenn es im konkreten Fall ausnahmsweise auf die besondere Sachkunde und Kompetenz der Heimatbehörden ankommt oder wenn die Behörden des Aufenthaltsstaates nicht in der Lage oder willens sind, eine im Interesse des Minderjährigen gebotene Schutzmaßnahme anzuordnen.[7]

6 Die Voraussetzungen liegen nicht allein deswegen vor, weil über das Sorgerecht im Verbund mit einer Scheidung der Eltern im Inland entschieden werden soll.[8] Dies ergibt sich indirekt auch daraus, dass Art. 15 die Möglichkeit eines Vorbehalts für die Verbundzuständigkeit vorsieht, von der Deutschland aber keinen Gebrauch gemacht hat.

III. Vorherige Verständigung der Aufenthaltsbehörden

7 Formale Voraussetzung für die Zuständigkeit der Heimatbehörden ist die vorherige Verständigung der Behörden des Aufenthaltsstaates.[9] Der Sinn dieser Regelung besteht darin, den Heimatbehörden die notwendigen Kenntnisse zu verschaffen und den Aufenthaltsbehörden im Hinblick auf den Vorrang einer Entscheidung des Heimatstaates rechtzeitig zu informieren.[10] Unstreitig ist ein Meinungsaustausch oder sogar ein Einverständnis der Aufenthaltsbehörde nicht erforderlich.[11]

8 Die Verständigung hat durch das Gericht von Amts wegen zu erfolgen. Ist sie unterblieben, stellt dies eine Rechtsverletzung dar, die mit der Rechtsbeschwerde geltend gemacht werden kann. Eine **Nachholung** auch noch in der Beschwerdeinstanz ist möglich, weil dadurch ein erneutes Verfahren vermieden werden kann.[12]

9 Eine Verständigung der Behörden des Aufenthaltsstaates nach Art. 4 ist nur erforderlich, wenn es sich um einen Vertragsstaat handelt.[13] Bei Aufenthalt in einem Nicht-Vertragsstaat folgt die internationale Zuständigkeit mangels Anwendbarkeit des MSA aus §§ 35, 43 FGG.

---

2 OLG Nürnberg IPRax 2003, 147, 148 = NJW-RR 2002, 1515; Palandt/*Heldrich*, Anh. zu Art. 24 EGBGB Rn 31; Staudinger/*Kropholler*, Vorbem. zu Art. 19 EGBGB Rn 390; a.A. *Hüßtege*, IPRax 1996, 104, 106; MüKo/*Siehr*, Art. 19 EGBGB Anh. I Rn 205 f.

3 MüKo/*Siehr*, Art. 19 EGBGB Anh. I Rn 206.

4 Staudinger/*Kropholler*, Vorbem. zu Art. 19 EGBGB Rn 393.

5 BGH NJW 1997, 3024, 3025; Erman/*Hohloch*, Anh. zu Art. 24 EGBGB Rn 31; Palandt/*Heldrich*, Anh. zu Art. 24 EGBGB Rn 31.

6 BGH NJW 1997, 3024, 3025.

7 BGH NJW 1997, 3024, 3025; OLG Celle FamRZ 1993, 95; MüKo/*Siehr*, Art. 19 EGBGB Anh. I Rn 214; Staudinger/*Kropholler*, Vorbem. zu Art. 19 EGBGB Rn 380; s. OLG Stuttgart NJW 1978, 1746; OLG Celle NJW-RR 1992, 1288 = FamRZ 1993, 95; OLG Karlsruhe NJW-RR 1994, 1420 = FamRZ 1994, 642; BayObLG IPRax 1982, 106 m. Aufsatz *Hüßtege*, S. 95.

8 OLG Düsseldorf NJW-RR 1994, 268 = FamRZ 1993, 1108; *Jayme*, FamRZ 1979, 22; Staudinger/*Kropholler*, Vorbem. zu Art. 19 EGBGB Rn 380.

9 KG NJW 1974, 424, 425; Erman/*Hohloch*, Anh. zu Art. 24 EGBGB Rn 31; Palandt/*Heldrich*, Anh. zu Art. 24 EGBGB Rn 31.

10 Staudinger/*Kropholler*, Vorbem. zu Art. 19 EGBGB Rn 382.

11 *Hüßtege*, IPRax 1996, 104,105; Staudinger/*Kropholler*, Vorbem. zu Art. 19 EGBGB Rn 383.

12 OLG Düsseldorf FamRZ 1993, 1108, 1109; OLG Hamm IPRax 1988, 39; OGH ÖJZ 1978, 397; Erman/*Hohloch*, Anh. zu Art. 24 EGBGB Rn 31; a.A. LG München FamRZ 1998, 1322, 1323; Palandt/*Heldrich*, Anh. zu Art. 24 EGBGB Rn 31; *Hüßtege*, IPRax 1996, 104.

13 Palandt/*Heldrich*, Anh. zu Art. 24 EGBGB Rn 31; Staudinger/*Kropholler*, Vorbem. zu Art. 19 EGBGB Rn 372.

Eine ohne vorherige Verständigung der Behörden des Aufenthaltsstaates ergangene Entscheidung muss von den anderen Vertragsstaaten nicht nach Art. 7 anerkannt werden[14] und ersetzt nicht die im Aufenthaltsstaat erlassenen früheren Maßnahmen.[15]

Zur Möglichkeit eines direkten Behördenverkehrs und zu den **Mitteilungsempfängern** siehe Artt. 10, 11 MSA Rn 12 ff.

C. Anwendbares Recht

Die Heimatbehörden ordnen Schutzmaßnahmen nach ihrem innerstaatlichen Recht an.[16] Die in Abs. 2 angeordnete Reichweite der Verweisung entspricht Art. 2 Abs. 2 (siehe dazu Art. 2 MSA Rn 7 f.).

D. Verhältnis zur Zuständigkeit der Aufenthaltsbehörden

Macht die Behörde des Heimatstaates von der Zuständigkeit nach Abs. 1 Gebrauch und erlässt eine Schutzmaßnahme, gebührt ihr der **Vorrang**. Die Zuständigkeit der Aufenthaltsbehörden nach Art. 1 entfällt,[17] auch wenn eine Aufenthaltsbehörde bereits vorher mit der Sache befasst war.[18] Liegen die Voraussetzungen für die Zuständigkeit nach Art. 4 (Notwendigkeit des Eingreifens, vorherige Verständigung) nicht vor, bleibt die Zuständigkeit der Aufenthaltsbehörden nach Art. 1 erhalten.[19]

Hat die Heimatbehörde nur für einen **Teilbereich** eine Maßnahme getroffen, bleibt die Zuständigkeit der Aufenthaltsbehörden nach Art. 1 für den nicht geregelten Bereich erhalten.[20]

Der Vorrang gilt auch dann, wenn eine Aufenthaltsbehörde bereits eine Maßnahme erlassen hat. Soweit die Heimatbehörde eine Maßnahme erlässt, die im Aufenthaltsstaat anzuerkennen ist, treten sie an die Stelle der Anordnungen durch die Aufenthaltsbehörde. Diese Rechtsfolge tritt *ex lege* ein; es soll verhindert werden, dass widersprechende Schutzmaßnahmen zweier Vertragsstaaten nebeneinander bestehen.[21]

Für die **Änderung** der vom Heimatstaat erlassenen Schutzmaßnahme, die aufgrund einer veränderten Sachlage erforderlich wird, besteht wieder die Zuständigkeit der Aufenthaltsbehörden nach Art. 1.[22] Allerdings steht auch diese Abänderungszuständigkeit unter dem Vorbehalt des Art. 4, entfällt also, wenn die Heimatbehörde unter den Voraussetzungen von Abs. 1 selbst tätig wird.

Unberührt bleiben in jedem Fall die Zuständigkeiten nach **Artt. 8 und 9**, auf die auch eine Änderung der Entscheidung der Heimatbehörde gestützt werden kann, wenn sich die Sachlage nicht geändert hat.[23]

E. Durchführung

Nach Abs. 3 haben die Heimatbehörden selbst für die Durchführung der von ihnen getroffenen Schutzmaßnahmen zu sorgen. Den Heimatbehörden obliegt daher etwa die Kontrolle und Überwachung einer angeordneten Vormundschaft.[24] Ist die Durchführung der Maßnahme durch die Heimatbehörde nicht oder nur unter Schwierigkeiten möglich, kommt eine Übertragung der Durchführung auf die Behörden im Aufenthaltsstaat oder Vermögensstaat nach Art. 6 in Betracht.[25]

Bereits bei der Inanspruchnahme der Zuständigkeit nach Abs. 1 ist zu beachten, dass eine Maßnahme durch die Heimatbehörden nicht vollziehbar sein kann, weil sie hoheitliches Handeln im Ausland erfordern würde.[26]

---

14 VGH Baden-Württemberg Inf AuslR 2002, 77 = IPRspr 2001 Nr. 91; MüKo/*Siehr*, Art. 19 EGBGB Anh. I Rn 222; anders noch *Siehr*, IPRax 1989, 253, 254.
15 MüKo/*Siehr*, Art. 19 EGBGB Anh. I Rn 222; Staudinger/*Kropholler*, Vorbem. zu Art. 19 EGBGB Rn 384.
16 Staudinger/*Kropholler*, Vorbem. zu Art. 19 EGBGB Rn 394.
17 Erman/*Hohloch*, Anh. zu Art. 24 EGBGB Rn 31; *Hüßtege*, IPRax 1996, 104, 105; Palandt/*Heldrich*, Anh. zu Art. 24 EGBGB Rn 32.
18 *Hüßtege*, IPRax 1996, 104, 105.
19 OLG Hamm IPRax 1988, 39 f. m. Anm. *Henrich*.
20 S. Staudinger/*Kropholler*, Vorbem. zu Art. 19 EGBGB Rn 386.
21 Staudinger/*Kropholler*, Vorbem. zu Art. 19 EGBGB Rn 399 f.
22 *Henrich*, IPRax 1988, 40; *Siehr*, IPRax 1989, 253, 254; MüKo/*Siehr*, Art. 19 EGBGB Anh. I Rn 228, 287; Soergel/*Kegel*, vor Art. 19 EGBGB Rn 48; a.A. wohl OGH IPRax 1989, 245; Palandt/*Heldrich*, Anh. zu Art. 24 EGBGB Rn 32; Staudinger/*Kropholler*, Vorbem. zu Art. 19 EGBGB Rn 442.
23 OGH IPRax 1989, 245; MüKo/*Siehr*, Art. 19 EGBGB Anh. I Rn 228; Palandt/*Heldrich*, Anh. zu Art. 24 EGBGB Rn 32.
24 Staudinger/*Kropholler*, Vorbem. zu Art. 19 EGBGB Rn 395.
25 MüKo/*Siehr*, Art. 19 EGBGB Anh. I Rn 224; Staudinger/*Kropholler*, Vorbem. zu Art. 19 EGBGB Rn 398.
26 Staudinger/*Kropholler*, Vorbem. zu Art. 19 EGBGB Rn 395.

MSA Art. 5 [Verlegung des Aufenthalts in einen anderen Vertragsstaat]

(1) Wird der gewöhnliche Aufenthalt eines Minderjährigen aus einem Vertragsstaat in einen anderen verlegt, so bleiben die von den Behörden des Staates des früheren gewöhnlichen Aufenthalts getroffenen Maßnahmen so lange in Kraft, bis die Behörden des neuen gewöhnlichen Aufenthalts sie aufheben oder ersetzen.

(2) Die von den Behörden des Staates des früheren gewöhnlichen Aufenthalts getroffenen Maßnahmen dürfen erst nach vorheriger Verständigung dieser Behörden aufgehoben oder ersetzt werden.

(3) Wird der gewöhnliche Aufenthalt eines Minderjährigen, der unter dem Schutz der Behörden des Staates gestanden hat, dem er angehört, verlegt, so bleiben die von diesen nach ihrem innerstaatlichen Recht getroffenen Maßnahmen im Staate des neuen gewöhnlichen Aufenthalts in Kraft.

A. Regelungsgegenstand 1
B. Aufenthaltswechsel, ohne dass der Heimatstaat betroffen ist 2
C. Fortgeltung von Schutzmaßnahmen des Heimatstaates (Abs. 3) 9

A. Regelungsgegenstand

1 Der Wechsel des gewöhnlichen Aufenthalts führt nach Art. 1 zum Wechsel der internationalen Zuständigkeit. Art. 5 bestimmt im Interesse der Kontinuität,[1] dass die Schutzmaßnahmen, die von den Behörden des bisherigen Aufenthaltsstaates erlassen wurden, in Kraft bleiben. Abs. 1 und 2 regeln den Fall, dass Schutzmaßnahmen durch den bisherigen Aufenthaltsstaat erlassen worden sind, der nicht der Heimatstaat des Minderjährigen ist. Die Fortgeltung von Schutzmaßnahmen, die der Heimatstaat erlassen hat, bestimmt sich nach Abs. 3.

B. Aufenthaltswechsel, ohne dass der Heimatstaat betroffen ist

2 Der Wechsel des gewöhnlichen Aufenthalts bewirkt, dass die internationale Zuständigkeit nach Art. 1 des bisherigen Aufenthaltsstaates entfällt und die des neuen Aufenthaltsstaates entsteht. Bereits erlassene Schutzmaßnahmen des bisherigen Aufenthaltsstaates bleiben in Kraft.[2] Bei gerichtlich angeordneten Maßnahmen muss bereits eine wirksame erstinstanzliche Entscheidung vorliegen. Zur Entscheidungszuständigkeit der Rechtsmittelinstanz im bisherigen Aufenthaltsstaat siehe Art. 1 MSA Rn 4.

3 Die nun zuständigen Behörden des neuen Aufenthaltsstaates können nach ihrem innerstaatlichen Recht die im bisherigen Aufenthaltsstaat getroffenen Maßnahmen ändern, aufheben oder ersetzen. Einzige Voraussetzung hierfür ist nach Abs. 2, dass sie die Behörden im bisherigen Aufenthaltsstaat des Minderjährigen vorher darüber verständigen. Zum Zweck der Verständigungspflicht siehe Art. 4 MSA Rn 7. Zu den zuständigen Empfangsstellen siehe Artt. 10, 11 MSA Rn 13 ff.

4 Ist eine **Verständigung unterblieben**, kann sie noch im Rechtsmittelverfahren nachgeholt werden. Ist die Verständigung gänzlich unterblieben, muss die Entscheidung des neuen Aufenthaltsstaates nicht nach Art. 7 anerkannt werden. Die Schutzmaßnahmen des bisherigen Aufenthaltsstaates bleiben in Kraft.[3]

5 Eine vorherige Verständigung ist nach ihrem Zweck auch erforderlich, wenn die abändernde Entscheidung im neuen Aufenthaltsstaat aufgrund einer veränderten Sachlage ergehen soll,[4] nicht hingegen, wenn die Zuständigkeit auf Artt. 8 oder 9 gestützt wird.[5]

6 Art. 5 regelt nur den Fall, dass sowohl bisheriger als auch neuer Aufenthaltsstaat Vertragsstaaten des MSA sind.

7 Begründet ein Minderjähriger seinen gewöhnlichen Aufenthalt im Inland, nachdem er ihn vorher in einem Nicht-Vertragsstaat hatte, so bestimmt sich die internationale Zuständigkeit erst ab dem Aufenthaltswechsel nach dem MSA. Die Fortgeltung der im bisherigen Aufenthaltsstaat getroffenen Schutzmaßnahmen bestimmt sich nach autonomem Recht.

---

[1] Staudinger/*Kropholler*, Vorbem. zu Art. 19 EGBGB Rn 408.
[2] BGH NJW 2002, 2955 = IPRax 2003, 145; MüKo/*Siehr*, Art. 19 EGBGB Anh. I Rn 237; Palandt/*Heldrich*, Anh. zu Art. 24 EGBGB Rn 34; Soergel/*Kegel*, vor Art. 19 EGBGB Rn 50.
[3] OLG Saarbrücken IPRspr 1976 Nr. 76; Soergel/*Kegel*, vor Art. 19 EGBGB Rn 51; grds. auch MüKo/*Siehr*, Art. 19 EGBGB Anh. I Rn 241: die Entscheidung sollte aber aberkannt werden, wenn dies sinnvoll ist.
[4] A.A. Soergel/*Kegel*, vor Art. 19 EGBGB Rn 51; der Entscheidung KG NJW 1980, 1226 kann dies, soweit abgedruckt, nicht entnommen werden.
[5] MüKo/*Siehr*, Art. 19 EGBGB Anh. I Rn 242.

Verzieht das Kind aus dem Inland in einen Nicht-Vertragsstaat, so entfällt die Anwendbarkeit des MSA.[6] 8

C. Fortgeltung von Schutzmaßnahmen des Heimatstaates (Abs. 3)

Abs. 3 ordnet einen erhöhten **Bestandsschutz** für die Maßnahmen an, die von den Behörden des Heimatstaates getroffen worden sind. Hat der Heimatstaat eines Minderjährigen, der in einem anderen Vertragsstaat seinen gewöhnlichen Aufenthalt hat, Schutzmaßnahmen aufgrund von Art. 4 getroffen, so können diese in ihrer Geltung allein durch den Wechsel des Aufenthalts in einen dritten Vertragsstaat nicht berührt werden. Die Zuständigkeit nach Art. 1 des neuen Aufenthaltsstaates steht wie die des bisherigen Aufenthaltsstaates unter dem Vorbehalt von Art. 4. 9

Nach Abs. 3 gilt dieser sich aus Art. 4 ergebende erhöhte Bestandschutz auch dann, wenn der Heimatstaat der frühere Aufenthaltsstaat war, die Zuständigkeit für Schutzmaßnahmen daher aus Art. 1 folgte und die besonderen Voraussetzungen nach Art. 4 nicht einschlägig waren.[7] 10

Die **Aufrechterhaltung der Maßnahmen** des Heimatstaates und bisherigen Aufenthaltsstaates wird allerdings in vielen Fällen nur sinnvoll sein, wenn der neue Aufenthaltsstaat die Durchführung übernimmt und übernehmen kann (Art. 6).[8] Da bei Erlass der Schutzmaßnahme der Heimatstaat auch Aufenthaltsstaat war, konnten die Schwierigkeiten der Durchführung bei gewöhnlichem Aufenthalt des Kindes in einem anderen Vertragsstaat bei Erlass noch nicht berücksichtigt werden. 11

Überwiegend wird eine Änderung der Maßnahmen durch den neuen Aufenthaltsstaat nur unter den Voraussetzungen von Art. 8 oder Art. 9 für zulässig gehalten.[9] Für eine Neuregelung aufgrund von Art. 1 müsse der Heimatstaat vorher seine Maßnahmen aufheben.[10] 12

Richtigerweise sollte genauso wie bei einer nur auf Art. 4 beruhenden Maßnahme die Zuständigkeit für eine Änderung, Aufhebung, Ersetzung durch den (neuen) Aufenthaltsstaat immer dann angenommen werden, wenn hierfür aufgrund einer Änderung der Sachlage ein Bedürfnis entsteht (siehe Art. 4 MSA Rn 16).[11] Die Behörden des neuen Aufenthaltsstaates müssen vor einer solchen Änderung, Ersetzung oder Aufhebung analog Abs. 2 die Behörde des Heimatstaates und bisherigen Aufenthaltsstaates verständigen. 13

Abs. 3 ist nicht anwendbar, wenn der Heimatstaat kein Vertragsstaat ist (Art. 13 MSA Rn 4).[12] 14

MSA Art. 6 [Übertragung der Durchführung von Maßnahmen]

(1) Die Behörden des Staates, dem der Minderjährige angehört, können im Einvernehmen mit den Behörden des Staates, in dem er seinen gewöhnlichen Aufenthalt hat oder Vermögen besitzt, diesen die Durchführung der getroffenen Maßnahmen übertragen.

(2) Die gleiche Befugnis haben die Behörden des Staates, in dem der Minderjährige seinen gewöhnlichen Aufenthalt hat, gegenüber den Behörden des Staates, in dem der Minderjährige Vermögen besitzt.

Art. 6 ergänzt Art. 4 Abs. 3. Die Zuständigkeit der Heimatbehörden nicht nur für den Erlass, sondern auch für die Durchführung der Schutzmaßnahmen steht in einem Spannungsverhältnis zu dem Bedarf nach einer sachnahen Durchführung, die meist am besten durch die Behörden am gewöhnlichen Aufenthalt des Minderjährigen möglich ist. In Betracht kommt etwa, dass den Aufenthaltsbehörden die Erteilung von Genehmigungen für bestimmte Rechtshandlungen durch den Vormund übertragen wird.[1] Abs. 2 sieht die Möglichkeit zur Übertragung von Durchführungsmaßnahmen auch im Verhältnis von Aufenthaltsstaat zu dem Staat vor, in dem Vermögen des Minderjährigen belegen ist.[2] Die praktische Bedeutung der Vorschrift erscheint gering; Entscheidungen sind hierzu – soweit ersichtlich – noch nicht veröffentlicht worden.[3] 1

---

6 Palandt/*Heldrich*, Anh. zu Art. 24 EGBGB Rn 34; Soergel/*Kegel*, vor Art. 19 EGBGB Rn 50.
7 Palandt/*Heldrich*, Anh. zu Art. 24 EGBGB Rn 35; Staudinger/*Kropholler*, Vorbem. zu Art. 19 EGBGB Rn 405.
8 Staudinger/*Kropholler*, Vorbem. zu Art. 19 EGBGB Rn 414.
9 OLG Hamm NJW 1975, 1083, 1084; Erman/*Hohloch*, Anh. zu Art. 24 EGBGB Rn 32; Palandt/*Heldrich*, Anh. zu Art. 24 EGBGB Rn 35; Soergel/*Kegel*, vor Art. 19 EGBGB Rn 52.
10 Erman/*Hohloch*, Anh. zu Art. 24 EGBGB Rn 32.
11 Wie hier MüKo/*Siehr*, Art. 19 EGBGB Anh. I Rn 239; anders anscheinend Soergel/*Kegel*, vor Art. 19 EGBGB Rn 52: Aufhebung oder Änderung nur nach Artt. 8, 9.
12 OLG Hamm NJW 1975, 1083, 1084.
1 Staudinger/*Kropholler*, Vorbem. zu Art. 19 EGBGB Rn 428.
2 MüKo/*Siehr*, Art. 19 EGBGB Anh. I Rn 247; Staudinger/*Kropholler*, Vorbem. zu Art. 19 EGBGB Rn 434, 437.
3 S. Staudinger/*Kropholler*, Vorbem. zu Art. 19 EGBGB Rn 428.

MSA Art. 7 [Anerkennung der Maßnahmen, nicht ohne weiteres bei Vollstreckung]

Die Maßnahmen, welche die nach den vorstehenden Artikeln zuständigen Behörden getroffen haben, sind in allen Vertragsstaaten anzuerkennen. Erfordern diese Maßnahmen jedoch Vollstreckungshandlungen in einem anderen Staat als in dem, in welchem sie getroffen worden sind, so bestimmen sich ihre Anerkennung und ihre Vollstreckung entweder nach dem innerstaatlichen Recht des Staates, in dem die Vollstreckung beantragt wird, oder nach zwischenstaatlichen Übereinkünften.

A. Regelungsgegenstand 1	C. Vollstreckungsbedürftige Schutz-
B. Anerkennung (S. 1) 2	maßnahmen (S. 2) 10

A. Regelungsgegenstand

1 S. 1 statuiert die Pflicht zur Anerkennung von Schutzmaßnahmen, die in einem anderen Vertragsstaat aufgrund der Zuständigkeitsregelungen in Artt. 1–6 erlassen worden sind. Erst durch die Anerkennungspflicht wird die mit dem MSA bezweckte Rechtseinheit durch die Vereinheitlichung der Zuständigkeitsregelung wirksam.[1] Es stellt daher ein schweres Manko des MSA dar, dass es keine Pflicht zur Vollstreckung enthält (S. 2).[2]

B. Anerkennung (S. 1)

2 Die Anerkennungspflicht greift ein, wenn die Voraussetzungen für die Zuständigkeit einer Schutzmaßnahme nach Art. 1 oder Art. 4 vorgelegen haben. Für Art. 1 muss der gewöhnliche Aufenthalt im Entscheidungsstaat bestanden haben. Für Art. 4 verlangt die h.M., dass die Staatsangehörigkeit des Entscheidungsstaates die effektive war. Bei auch deutscher Staatsangehörigkeit lehnt die h.M. eine Zuständigkeit nach Art. 4 aufgrund einer weiteren Staatsangehörigkeit ab (siehe Art. 4 MSA Rn 2). Richtigerweise sollte aber wie im autonomen Recht jede Staatsangehörigkeit zur Begründung einer Anerkennungszuständigkeit ausreichen.[3]

3 Eine Anerkennungspflicht besteht nicht, wenn die Heimatbehörden aufgrund von Art. 4 tätig geworden sind, aber die vorherige Anzeige unterlassen haben (zur vorherigen Verständigung nach Art. 4 Abs. 2 als Voraussetzungen für die Anerkennung siehe Art. 4 MSA Rn 10).[4]

4 Anzuerkennen sind auch Durchführungsanordnungen des Aufenthaltsstaates nach Art. 6.[5] Keine Anerkennungspflicht besteht bei Anordnungen aufgrund von Art. 8.[6] Demgegenüber sind **Eilmaßnahmen** nach Art. 9 anzuerkennen, bis sie durch eine Maßnahme der nach Art. 1 oder Art. 4 zuständigen Behörden ersetzt werden.[7]

5 Eine Anerkennung erfolgt nicht, wenn der deutsche *ordre public* entgegensteht (Art. 16). Praktisch relevant ist vor allem eine Verletzung des rechtlichen Gehörs.[8]

6 Ausgeschlossen ist eine Anerkennung auch, wenn die ausländische Entscheidung einer nach MSA vorrangigen in- oder ausländischen Entscheidung widerspricht.[9] Siehe aber zu den Möglichkeiten der Änderung einer ausländischen Entscheidung Art. 4 MSA Rn 15 f. und Art. 5 MSA Rn 3, 12 f.

7 War die Behörde eines Vertragsstaates für den Erlass der Schutzmaßnahme nach den Regeln des MSA nicht zuständig, scheidet auch eine Anerkennung nach autonomem Recht aus. Für die Anerkennungszuständigkeit ist auch im Rahmen von § 16a FGG auf die abschließende Regelung des MSA abzustellen.[10]

8 Die Anerkennung erfolgt **inzident**, ohne dass es eines besonderen Anerkennungsverfahrens bedarf.[11] Dies gilt auch für Schutzmaßnahmen, die zusammen mit einem Eheurteil ausgesprochen wurden, für das nach

---

1 Staudinger/*Kropholler*, Vorbem. zu Art. 19 EGBGB Rn 438.
2 MüKo/*Siehr*, Art. 19 EGBGB Anh. I Rn 255.
3 MüKo/*Siehr*, Art. 19 EGBGB Anh. I Rn 261.
4 *Hüßtege*, IPRax 1996, 104, 105; Palandt/*Heldrich*, Anh. zu Art. 24 EGBGB Rn 34.
5 MüKo/*Siehr*, Art. 19 EGBGB Anh. I Rn 262.
6 Allg.M., Erman/*Hohloch*, Anh. zu Art. 24 EGBGB Rn 34; MüKo/*Siehr*, Art. 19 EGBGB Anh. I Rn 263; Palandt/*Heldrich*, Anh. zu Art. 24 EGBGB Rn 37.
7 MüKo/*Siehr*, Art. 19 EGBGB Anh. I Rn 264, 334 und Staudinger/*Kropholler*, Vorbem. zu Art. 19 EGBGB Rn 501: Die fehlende Bezugnahme von Art. 9 in Art. 7 stellt ein Redaktionsversehen dar; a.A. OLG Frankfurt FamRZ 1992, 463; Erman/*Hohloch*, Anh. zu Art. 24 EGBGB Rn 34; Palandt/*Heldrich*, Anh. zu Art. 24 EGBGB Rn 37.
8 MüKo/*Siehr*, Art. 19 EGBGB Anh. I Rn 271.
9 MüKo/*Siehr*, Art. 19 EGBGB Anh. I Rn 276.
10 OLG Hamm IPRax 1988, 39 f. m. Anm. *Henrich*; a.A. Staudinger/*Kropholler*, Vorbem. zu Art. 19 EGBGB Rn 445.
11 Staudinger/*Kropholler*, Vorbem. zu Art. 19 EGBGB Rn 440.

Art. 7 § 1 FamRÄndG ein Anerkennungsverfahren erforderlich ist. Die Anerkennungspflicht nach Art. 7 kann nicht durch autonomes Recht eingeschränkt werden.[12]

Durch die Anerkennung erzeugt die ausländische Entscheidung ihre Rechtswirkungen auch im Inland[13] und ist auch von Verwaltungsbehörden zu beachten.[14]

C. Vollstreckungsbedürftige Schutzmaßnahmen (S. 2)

Die Anerkennungspflicht besteht nicht für Schutzmaßnahmen, die der Vollstreckung bedürfen, d.h. die eine Anordnung enthalten, die notfalls zwangsweise durchgesetzt werden kann.[15] Keiner Vollstreckung bedürfen etwa eine Regelung, die das Sorgerecht verteilt, die Anordnung einer Vormundschaft oder die Bestellung des Vormunds.[16] Vollstreckungsbedürftig ist etwa die Anordnung der Herausgabe des Kindes.

Beantragt ein Beteiligter die Vollstreckung einer vollstreckungsfähigen Maßnahme aus einem anderen Vertragsstaat, so richten sich die Anerkennung der Entscheidung, die Voraussetzungen und die Durchführung der Vollstreckung nach autonomem Recht.[17] Siehe zum deutschen Recht Art. 21 EGBGB Rn 61 ff.

MSA Art. 8 [Maßnahmen des Aufenthaltsstaates bei Gefährdung des Minderjährigen]

(1) Die Artikel 3, 4 und 5 Absatz 3 schließen nicht aus, daß die Behörden des Staates, in dem der Minderjährige seinen gewöhnlichen Aufenthalt hat, Maßnahmen zu Schutz des Minderjährigen treffen, soweit er in seiner Person oder seinem Vermögen ernstlich gefährdet ist.
(2) Die Behörden der anderen Vertragsstaaten sind nicht verpflichtet, diese Maßnahmen anzuerkennen.

A. Regelungsgegenstand	1	D. Benachrichtigungspflicht	8
B. Ernstliche Gefährdung	4	E. Spannung zwischen Art. 3 MSA und	
C. Anwendbares Recht	7	Art. 21 EGBGB	9

A. Regelungsgegenstand

Art. 8 erlaubt den Behörden des Aufenthaltsstaates, ohne Beschränkung durch den Vorbehalt zugunsten von Artt. 3, 4 und 5 Maßnahmen zum Schutz eines Minderjährigen zu treffen, wenn ein Gefährdungstatbestand vorliegt. Mit Art. 8 wird dem Umstand Rechnung getragen, dass die Behörden im Aufenthaltsstaat am besten in der Lage sind, sich ein unmittelbares Bild von den Lebensverhältnissen des Minderjährigen zu machen, und dies bei einer Gefährdungslage den Ausschlag geben muss.[1]

Für die deutsche Rechtsprechung hat Art. 8 die Funktion, die erhebliche Einschränkung der allgemeinen Aufenthaltszuständigkeit nach Art. 1 auszugleichen. Entsprechend großzügig werden die Voraussetzungen einer ernstlichen Gefährdung bejaht.

Beantragt der eine Elternteil, eine ausländische Entscheidung über die Herausgabe des Minderjährigen im Inland vollstrecken zu lassen, kann diese Entscheidung im Inland unter den Voraussetzungen von Art. 8 nach § 1696 BGB abgeändert werden.[2]

---

12 MüKo/*Siehr*, Art. 19 EGBGB Anh. I Rn 280; Staudinger/*Kropholler*, Vorbem. zu Art. 19 EGBGB Rn 450; a.A Erman/*Hohloch*, Anh. zu Art. 24 EGBGB Rn 34; Palandt/*Heldrich*, Anh. zu Art. 24 EGBGB Rn 37; zur entspr. Frage bei Anerkennung nach autonomem Recht s. Art. 21 EGBGB Rn 55 ff.
13 MüKo/*Siehr*, Art. 19 EGBGB Anh. I Rn 284.
14 VGH Mannheim NJW 1997, 270, 272; Palandt/*Heldrich*, Anh. zu Art. 24 EGBGB Rn 37.
15 MüKo/*Siehr*, Art. 19 EGBGB Anh. I Rn 288.
16 Soergel/*Kegel*, vor Art. 19 EGBGB Rn 56.
17 BGH NJW 1977, 150, 152; Erman/*Hohloch*, Anh. zu Art. 24 EGBGB Rn 34; MüKo/*Siehr*, Art. 19 EGBGB Anh. I Rn 255; Palandt/*Heldrich*, Anh. zu Art. 24 EGBGB Rn 38; Soergel/*Kegel*, vor Art. 19 EGBGB Rn 56; Staudinger/*Kropholler*, Vorbem. zu Art. 19 EGBGB Rn 457.

1 Staudinger/*Kropholler*, Vorbem. zu Art. 19 EGBGB Rn 466.
2 BGH NJW 1977, 150, 151 = FamRZ 1977, 126 (insoweit in BGHZ 67, 255 nicht abgedruckt); Soergel/*Kegel*, vor Art. 19 EGBGB Rn 61; s.a. MüKo/*Siehr*, Art. 19 EGBGB Anh. I Rn 305.

B. Ernstliche Gefährdung

4 Eine ernstliche Gefährdung des Minderjährigen in seiner Person oder in seinem Vermögen verlangt, dass eine konkrete Beeinträchtigung des seelischen oder körperlichen Wohlergehens oder des Vermögens des Minderjährigen zu erwarten ist, falls die Schutzmaßnahme nicht getroffen wird.[3]

5 An die Ernstlichkeit der Gefährdung werden von der Rechtsprechung keine besonders hohen Anforderungen gestellt und mit der Gefährdung nach § 1666 BGB gleichgesetzt. Liegen die Voraussetzungen nach §§ 1666–1667, 1680 BGB vor, kann ein deutsches Gericht nach Art. 8 vorgehen.[4] Gleiches gilt für die Feststellung des Ruhens der elterlichen Sorge nach § 1674.[5] Auch wird eine ernstliche Gefährdung immer dann angenommen, wenn nach inländischem Recht der Erlass einer einstweiligen Anordnung geboten ist.[6]

6 Eilbedürftigkeit ist aber keine Voraussetzung für eine ernsthafte Gefährdung. Nach Art. 8 können alle nach Art. 1 zulässigen, insbesondere auch endgültige Maßnahmen getroffen werden, etwa gemäß §§ 1671, 1672 BGB die elterliche Sorge einem Elternteil übertragen oder die Vormundschaft angeordnet werden.[7] Die Aufenthaltsbehörde kann auch dem aufgrund gesetzlicher Regelung (Art. 3) oder aufgrund einer Entscheidung des Heimatstaates sorgeberechtigten Elternteil das Sorgerecht entziehen und dem anderen Elternteil übertragen (§ 1669 BGB).[8]

C. Anwendbares Recht

7 Auch für Art. 8 gilt das Gleichlaufprinzip. Die Behörden des Aufenthaltsstaates wenden ihr eigenes Sachrecht an.[9]

D. Benachrichtigungspflicht

8 Die Behörden des Heimatstaates sind nach Art. 11 zu benachrichtigen.

E. Spannung zwischen Art. 3 MSA und Art. 21 EGBGB

9 Über Art. 8 kann im Inland eine Sorgerechtsentscheidung getroffen werden, um das Spannungsverhältnis zwischen Art. 21 EGBGB und Art. 3 MSA aufzulösen. Hat der Minderjährige nach dem gemäß Art. 21 EGBGB anwendbaren Aufenthaltsrecht keinen gesetzlichen Vertreter, entsteht der Bedarf für eine Schutzmaßnahme. Besteht nach dem Heimatrecht des Minderjährigen ein gesetzliches Gewaltverhältnis, kann eine Schutzmaßnahme nach Art. 1 nicht ergehen. Ohne Schutzmaßnahme ist aber wiederum das gesetzliche Gewaltverhältnis nach dem Heimatrecht unbeachtlich. Art. 8 ermöglicht es, in diesen Fällen eine Sorgerechtsentscheidung oder einen gesetzlichen Vertreter nach dem Recht des gewöhnlichen Aufenthalts als *lex fori* zu bestimmen.[10]

---

3 MüKo/*Siehr*, Art. 19 EGBGB Anh. I Rn 306.
4 BGHZ 60, 68, 73 f. = NJW 1973, 417; BayObLG NJW-RR 1994, 1225, 1226 = FamRZ 1994, 913 (Entziehung des Aufenthaltsbestimmungsrechts); OLG Frankfurt FamRZ 1997, 571, 572 (Anordnung der Herausgabe des Reisepasses); OLG Hamm NJW-RR 1997, 1299 = FamRZ 1998, 447; OLG Düsseldorf FamRZ 1998, 1318; Erman/*Hohloch*, Anh. zu Art. 24 EGBGB Rn 35; Palandt/*Heldrich*, Anh. zu Art. 24 EGBGB Rn35; Staudinger/*Kropholler*, Vorbem. zu Art. 19 EGBGB Rn 471 m.w.N.
5 OLG Köln FamRZ 1992, 1093, 1094; Palandt/*Heldrich*, Anh. zu Art. 24 EGBGB Rn 39.
6 BayObLG NJW 1975, 2146, 2147; Soergel/*Kegel*, vor Art. 19 EGBGB Rn 59; Staudinger/*Kropholler*, Vorbem. zu Art. 19 EGBGB Rn 471; a.A. MüKo/*Siehr*, Art. 19 EGBGB Anh. I Rn 306, der aber von einem engen Verständnis der Vorbehalte in Art. 1 ausgeht.
7 BayObLG NJW-RR 1993, 457, 458; Soergel/*Kegel*, vor Art. 19 EGBGB Rn 62.
8 BayObLG NJW 1975, 2146, 2147; KG FamRZ 1977, 475, 476; Soergel/*Kegel*, vor Art. 19 EGBGB Rn 59.
9 OLG Hamm FamRZ 1998, 447 = NJW-RR 1997, 1299; BayObLG FamRZ 1993, 229, 230; Erman/*Hohloch*, Anh. zu Art. 24 EGBGB Rn 35; Palandt/*Heldrich*, Anh. zu Art. 24 EGBGB Rn 40; Staudinger/*Kropholler*, Vorbem. zu Art. 19 EGBGB Rn 478.
10 Erman/*Hohloch*, Anh. zu Art. 24 EGBGB Rn 35; Palandt/*Heldrich*, Anh. zu Art. 24 EGBGB Rn 39; a.A. *Kropholler*, IPRax 1988, 757, 760; *Dörner*, IPRax 1989, 28, 33.

MSA Art. 9 [Eilzuständigkeit]

(1) In allen dringenden Fällen haben die Behörden jedes Vertragsstaates, in dessen Hoheitsgebiet sich der Minderjährige oder ihm gehörendes Vermögen befindet, die notwendigen Schutzmaßnahmen zu treffen.

(2) Die nach Absatz 1 getroffenen Maßnahmen treten, soweit sie keine endgültigen Wirkungen hervorgebracht haben, außer Kraft, sobald die nach diesem Übereinkommen zuständigen Behörden die durch die Umstände gebotenen Maßnahmen getroffen haben.

A. Regelungsgegenstand 1
B. Voraussetzungen 2
C. Anwendbares Recht; Schutzmaßnahmen . 6
D. Verhältnis zu Art. 1 und Art. 4 7

A. Regelungsgegenstand

Art. 9 eröffnet eine zusätzliche Eilzuständigkeit für Maßnahmen, die zum Schutz der Person oder des Vermögens eines Minderjährigen aus dringenden Gründen notwendig sind. In der Praxis hat Art. 9 nur eine geringe Bedeutung erlangt.[1]

B. Voraussetzungen

Ausreichend, aber gleichzeitig notwendig ist der **schlichte Aufenthalt** des Minderjährigen im Sinne einer zumindest vorübergehenden physischen Anwesenheit in dem Vertragsstaat.[2] Für Schutzmaßnahmen hinsichtlich des Vermögens reicht auch die Belegenheit der Vermögensgegenstände in dem Vertragsstaat aus.[3]

Außerdem muss sich der **gewöhnliche Aufenthalt** des Minderjährigen in einem Vertragsstaat befinden, weil sonst das MSA nicht anwendbar wäre.[4] Möglich ist, dass die Behörden im Vertragsstaat des gewöhnlichen Aufenthalts eine Eilmaßnahme aufgrund von Art. 9 erlassen, weil die Maßnahme aufgrund von Art. 1 wegen der dort geltenden Vorbehalte nicht möglich wäre.[5]

Ein **dringender Fall** liegt vor, wenn zum Schutz der Person oder des Vermögens des Minderjährigen ein Einschreiten notwendig und nicht zu erwarten ist, dass die Behörden am gewöhnlichen Aufenthalt oder im Heimatstaat des Minderjährigen die erforderlichen Maßnahmen rechtzeitig treffen können.[6] Der Unterschied zu Art. 8 besteht vor allem darin, dass wegen der zeitlichen Dringlichkeit unverzüglich eingeschritten werden muss, auf der anderen Seite eine qualifizierte Gefährdungslage nicht vorliegen muss.[7]

Beispiele sind dringlicher Entzug des Aufenthaltsbestimmungsrechts,[8] Bestellung eines Prozessvertreters, vorläufige Unterbringung des Minderjährigen, Bestellung eines Pflegers zur Einwilligung in eine erforderliche Operation.[9]

---

1 S. Soergel/*Kegel*, vor Art. 19 EGBGB Rn 64 m.w.N.
2 Palandt/*Heldrich*, Anh. zu Art. 24 EGBGB Rn 42; Soergel/*Kegel*, vor Art. 19 EGBGB Rn 65; Staudinger/*Kropholler*, Vorbem. zu Art. 19 EGBGB Rn 483.
3 Erman/*Hohloch*, Anh. zu Art. 24 EGBGB Rn 36; MüKo/*Siehr*, Art. 19 EGBGB Anh. I Rn 325; Palandt/*Heldrich*, Anh. zu Art. 24 EGBGB Rn 42.
4 OLG Hamm FamRZ 1992, 208 = IPRspr 1991, Nr. 123; MüKo/*Siehr*, Art. 19 EGBGB Anh. I Rn 323; Palandt/*Heldrich*, Anh. zu Art. 24 EGBGB Rn 42; Staudinger/*Kropholler*, Vorbem. zu Art. 19 EGBGB Rn 484.
5 Staudinger/*Kropholler*, Vorbem. zu Art. 19 EGBGB Rn 485.
6 LG München FamRZ 1998, 1322; MüKo/*Siehr*, Art. 19 EGBGB Anh. I Rn 326; Palandt/*Heldrich*, Anh. zu Art. 24 EGBGB Rn 42; Soergel/*Kegel*, vor Art. 19 EGBGB Rn 66; Staudinger/*Kropholler*, Vorbem. zu Art. 19 EGBGB Rn 486; s.a. LG Berlin FamRZ 1982, 841, 842 (Eilmaßnahmen gemäß § 1666 BGB gehören zu den in dringenden Fällen notwendigen Schutzmaßnahmen i.S.d. Art. 9).
7 *Coester*, IPRax 1991, 236; s. aber auch zu den geringen Anforderung an die ernstliche Gefährdung nach der deutschen Rechtsprechung Art. 8 Rn 5.
8 BayObLG FamRZ 1977, 473, 474 = IPRspr 1976 Nr. 74; LG Berlin FamRZ 1982, 841 (im Erg. verneint); Staudinger/*Kropholler*, Vorbem. zu Art. 19 EGBGB Rn 491.
9 S.a. MüKo/*Siehr*, Art. 19 EGBGB Anh. I Rn 327; Staudinger/*Kropholler*, Vorbem. zu Art. 19 EGBGB Rn 491.

C. Anwendbares Recht; Schutzmaßnahmen

6 Aufgrund des **Gleichlaufgrundsatzes** wendet die Behörde auch bei Art. 9 ihr eigenes Sachrecht an.[10] Die *lex fori* bestimmt über die Art der Schutzmaßnahme, die Voraussetzungen der Anordnung und Änderung sowie ihre Wirkungen (vgl. Art. 2 MSA Rn 7 f.).[11]

D. Verhältnis zu Art. 1 und Art. 4

7 Die Zuständigkeit nach Art. 9 steht anders als die nach Art. 1 unter keinem Vorbehalt. Auf der anderen Seite bleiben die Zuständigkeiten nach Art. 1 und Art. 4 von Art. 9 unberührt. Nach der Konzeption des MSA werden die Behörden nach Art. 9 aufgrund der Eilbedürftigkeit an Stelle der eigentlich berufenen Behörden nach Art. 1 oder Art. 4 tätig.[12] Dementsprechend sind die Maßnahmen auf das unbedingt Erforderliche zu beschränken und sind grundsätzlich nur vorläufige Maßnahmen zu erlassen.[13] Nach Abs. 2 werden die Maßnahmen automatisch wirkungslos, wenn die nach Art. 1 oder nach Art. 4 zuständige Behörde für die Angelegenheit eine Maßnahme trifft.[14] Zur Klarstellung der Rechtslage empfiehlt sich aber eine ausdrückliche Aufhebung der nach Art. 9 erlassenen Maßnahme.[15]

8 Die nach Art. 9 erlassenen Schutzmaßnahmen sind, solange sie wirksam sind, nach Art. 7 in allen Vertragsstaaten anzuerkennen (siehe Art. 7 MSA Rn 4).[16]

9 Die aufgrund von Art. 9 getroffenen Maßnahmen sind nach Art. 11 den Heimatbehörden und den Aufenthaltsbehörden anzuzeigen (siehe Artt. 10, 11 MSA Rn 8-11).[17]

MSA Art. 10 [Meinungsaustausch mit den Behörden des anderen Vertragsstaates]

Um die Fortdauer der dem Minderjährigen zuteil gewordenen Betreuung zu sichern, haben die Behörden eines Vertragsstaates nach Möglichkeit Maßnahmen, erst dann zu treffen, nachdem sie einen Meinungsaustausch mit den Behörden der anderen Vertragsstaaten gepflogen haben, deren Entscheidungen noch wirksam sind.

MSA Art. 11 [Anzeige an die Behörden des Heimatstaates]

(1) Die Behörden, die aufgrund dieses Übereinkommens Maßnahmen getroffen haben, haben dies unverzüglich den Behörden des Staates, dem der Minderjährige angehört, und gegebenenfalls den Behörden des Staates seines gewöhnlichen Aufenthalts mitzuteilen.

(2) Jeder Vertragsstaat bezeichnet die Behörden, welche die in Absatz 1 erwähnten Mitteilungen unmittelbar geben und empfangen können. Er notifiziert diese Bezeichnung dem Ministerium für Auswärtige Angelegenheiten der Niederlande.

---

10 BayObLG FamRZ 1977, 473, 474 = IPRspr 1976 Nr. 74; LG Berlin FamRZ 1982, 841, 842; Erman/*Hohloch*, Anh. zu Art. 24 EGBGB Rn 36; Palandt/*Heldrich*, Anh. zu Art. 24 EGBGB Rn 42; Soergel/*Kegel*, vor Art. 19 EGBGB Rn 65; so auch MüKo/*Siehr*, Art. 19 EGBGB Anh. I Rn 326 und Staudinger/*Kropholler*, Vorbem. zu Art. 19 EGBGB Rn 493, die aber weiter gehend die Befugnis der Behörde annehmen, eine Maßnahme auch nach dem Heimatrecht oder dem Recht am gewöhnlichen Aufenthalt zu erlassen, um eine weit gehende Übereinstimmung mit einer etwa erforderlichen endgültigen Regelung zu erreichen.
11 MüKo/*Siehr*, Art. 19 EGBGB Anh. I Rn 331.
12 MüKo/*Siehr*, Art. 19 EGBGB Anh. I Rn 330, 335.
13 BayObLG NJW 1974, 1050, 1051; BayObLG IPRspr 1976 Nr. 69; MüKo/*Siehr*, Art. 19 EGBGB Anh. I Rn 326, 329; Palandt/*Heldrich*, Anh. zu Art. 24 EGBGB Rn 42; Soergel/*Kegel*, vor Art. 19 EGBGB Rn 67; Staudinger/*Kropholler*, Vorbem. zu Art. 19 EGBGB Rn 497 f.
14 Palandt/*Heldrich*, Anh. zu Art. 24 EGBGB Rn 42; Staudinger/*Kropholler*, Vorbem. zu Art. 19 EGBGB Rn 497.
15 MüKo/*Siehr*, Art. 19 EGBGB Anh. I Rn 330.
16 MüKo/*Siehr*, Art. 19 EGBGB Anh. I Rn 334; Staudinger/*Kropholler*, Vorbem. zu Art. 19 EGBGB Rn 501; a.A. Erman/*Hohloch*, Anh. zu Art. 24 EGBGB Rn 36; Soergel/*Kegel*, vor Art. 19 EGBGB Rn 68: Anerkennung nur nach autonomem Recht.
17 Palandt/*Heldrich*, Anh. zu Art. 24 EGBGB Rn 43; Staudinger/*Kropholler*, Vorbem. zu Art. 19 EGBGB Rn 486.

A. Regelungsgegenstand 1	D. Direkter Behördenverkehr 12
B. Meinungsaustausch (Art. 10) 2	E. Benachrichtigung nach dem Wiener
C. Anzeigepflicht (Art. 11) 8	Konsularabkommen 18

A. Regelungsgegenstand

Der Zusammenarbeit der beteiligten Behörden kommt für einen wirksamen Schutz des Minderjährigen bei internationalen Sachverhalten eine herausragende Rolle zu.[1] Das MSA enthält in Artt. 10 und 11 sowie in Art. 4 Abs. 1 und Art. 5 Abs. 2 erste Ansätze für eine solche Zusammenarbeit zwischen den Behörden von Vertragsstaaten. Im neuen KSÜ findet die Behördenzusammenarbeit eine starke Aufwertung. 1

B. Meinungsaustausch (Art. 10)

Nach Art. 10 soll eine Behörde vor Erlass einer Schutzmaßnahme nach Möglichkeit Kontakt mit der Behörde eines anderen Vertragsstaates aufnehmen, die bereits eine noch wirksame Schutzmaßnahme erlassen hat. Der Meinungsaustausch soll die Kontinuität der Betreuung des Minderjährigen sichern und die Informationsbasis für den Erlass von Schutzmaßnahmen erweitern; dies ist vor allem dann von Bedeutung, wenn Personen im Ausland im inländischen Verfahren nicht persönlich angehört werden können.[2] 2

In der Praxis funktioniert der Meinungsaustausch zwischen den Behörden anscheinend nur im Verhältnis zur Schweiz befriedigend.[3] 3

Es handelt sich um eine Empfehlung an die Behörde, die Kontaktaufnahme zu versuchen.[4] Das **Unterbleiben des Meinungsaustauschs** berührt die Wirksamkeit der getroffenen Maßnahme nicht[5] und kann auch durch ein Rechtsmittel nicht geltend gemacht werden.[6] 4

Art. 10 gilt bei allen Arten von Zuständigkeiten, insbesondere bei Artt. 1 und 4 Abs. 1. Bei Artt. 8 und 9 wird wegen der bestehenden Gefahr oder Eile ein Meinungsaustausch oft nicht möglich sein. Die Konsultationsempfehlung tritt neben die bloßen Mitteilungspflichten nach Art. 4 Abs. 1 und Art. 5 Abs. 2.[7] 5

Vorausgesetzt wird, dass die Entscheidung der ausländischen Behörde noch wirksam ist. Nach dem Zweck der Kooperationsempfehlung reicht aber Wirksamkeit im Entscheidungsstaat aus und ist das Vorliegen der Anerkennungsvoraussetzungen nicht zu verlangen.[8] 6

Ein Formulierungsvorschlag für eine Anfrage findet sich bei MüKo/*Siehr*, Art. 19 EGBGB Anh. I Rn 347. 7

C. Anzeigepflicht (Art. 11)

Art. 11 statuiert eine Benachrichtigungspflicht, deren Erfüllung aber keine Voraussetzung für die Wirksamkeit und die Anerkennung der Schutzmaßnahme nach Art. 7 ist.[9] 8

Die nach Art. 1 oder Art. 8 zuständige Behörde im Staat des gewöhnlichen Aufenthalts (Aufenthaltsbehörde) muss die Heimatbehörde des Minderjährigen, d.h. die nach Art. 4 Abs. 1 zuständige Heimatbehörde benachrichtigen. Hat eine Behörde aufgrund von Art. 9 eine Eilmaßnahme erlassen, muss sie sowohl die Behörde am gewöhnlichen Aufenthalt als auch die Heimatbehörde verständigen.[10] 9

Die Mitteilung nach Art. 11 Abs. 1 hat erst zu erfolgen, wenn die Entscheidung durch befristete Rechtsmittel nicht mehr anfechtbar ist.[11] 10

---

1 Staudinger/*Kropholler*, Vorbem. zu Art. 19 EGBGB Rn 502.
2 Staudinger/*Kropholler*, Vorbem. zu Art. 19 EGBGB Rn 338.
3 Staudinger/*Kropholler*, Vorbem. zu Art. 19 EGBGB Rn 505; *Hoyer*, IPRax 1984, 164, 165; *Pirrung*, RabelsZ 57 (1993), 135.
4 Erman/*Hohloch*, Anh. zu Art. 24 EGBGB Rn 37; Palandt/*Heldrich*, Anh. zu Art. 24 EGBGB Rn 44; Staudinger/*Kropholler*, Vorbem. zu Art. 19 EGBGB Rn 513; die Verpflichtung betonend MüKo/*Siehr*, Art. 19 EGBGB Anh. I Rn 344.
5 MüKo/*Siehr*, Art. 19 EGBGB Anh. I Rn 352; Palandt/*Heldrich*, Anh. zu Art. 24 EGBGB Rn 44; Staudinger/*Kropholler*, Vorbem. zu Art. 19 EGBGB Rn 513.
6 Staudinger/*Kropholler*, Vorbem. zu Art. 19 EGBGB Rn 513.
7 Staudinger/*Kropholler*, Vorbem. zu Art. 19 EGBGB Rn 503.
8 MüKo/*Siehr*, Art. 19 EGBGB Anh. I Rn 343; Staudinger/*Kropholler*, Vorbem. zu Art. 19 EGBGB Rn 511.
9 Palandt/*Heldrich*, Anh. zu Art. 24 EGBGB Rn 45; Staudinger/*Kropholler*, Vorbem. zu Art. 19 EGBGB Rn 519.
10 Staudinger/*Kropholler*, Vorbem. zu Art. 19 EGBGB Rn 517.
11 MüKo/*Siehr*, Art. 19 EGBGB Anh. I Rn 358.

11 Im Unterschied zu Art. 10 besteht die Mitteilungspflicht nach Art. 11 unabhängig davon, ob die ausländische Behörde eine Schutzmaßnahme erlassen hat oder erlassen will.[12]

D. Direkter Behördenverkehr

12 Ausdrücklich sieht das MSA die Möglichkeit eines direkten Behördenverkehrs nur für Art. 11 vor. Aufgrund des Einverständnisses der Vertragsstaaten können aber auch alle anderen im MSA vorgesehenen Mitteilungen (Artt. 4, 5 Abs. 2, 10) zwischen den von den Vertragsstaaten als zuständig bezeichneten Behörden unmittelbar gegeben und empfangen werden.[13]

13 In Deutschland sind nach Art. 2 des Zustimmungsgesetzes (siehe Anhang zu Artt. 1–18 MSA)[14] und der deutschen Notifizierung gemäß Art. 11 Abs. 2 S. 2[15] das Vormundschaftsgericht, Familiengericht oder Jugendamt zuständig, Mitteilungen entgegenzunehmen, bei denen ein Verfahren nach dem MSA anhängig ist bzw. bei Art. 5 Abs. 2 vor Wechsel des gewöhnlichen Aufenthalts des Minderjährigen war. Ist ein Verfahren im Inland nicht anhängig, so ist für die in Art. 4 Abs. 1 und Art. 11 Abs. 1 vorgesehenen Mitteilungen das Jugendamt zuständig, in dessen Bezirk der Minderjährige seinen gewöhnlichen Aufenthalt hat. Hat ein Minderjähriger seinen gewöhnlichen Aufenthalt nicht im Inland und ist auch kein Verfahren im Inland anhängig, so ist das **Landesjugendamt Berlin** zuständig zum Empfang von Mitteilungen.

14 Letzteres gilt vor allem für die Mitteilung nach Art. 11 Abs. 1 an die Heimatbehörden eines deutschen Minderjährigen mit gewöhnlichen Aufenthalt im Ausland.

15 Für die Anfrage nach Meinungsaustausch nach Art. 10 ist das Vormundschaftsgericht, Familiengericht oder Jugendamt zuständig, das die noch wirksame Entscheidung erlassen hat.[16]

16 Eine **aktuelle Liste der zuständigen Behörden** in den anderen Vertragsstaaten findet sich auf der Internetseite der Haager Akademie für Internationales Privatrecht.[17]

17 Die Anzeigen und Mitteilungen können in der **Amtssprache** der absendenden Behörde verfasst werden.[18]

E. Benachrichtigung nach dem Wiener Konsularabkommen

18 Die Möglichkeit des direkten Behördenverkehrs schließt nicht aus, dass sich die Behörden stattdessen des diplomatischen oder konsularischen Verkehrs bedienen.[19]

19 Das **Wiener Übereinkommen über konsularische Beziehungen** v. 24.4.1963[20] ist neben dem MSA immer zu beachten, wenn die Bestellung eines Vormunds oder Pflegers für den Staatsangehörigen eines Vertragsstaates erfolgen soll. Hiervon ist nach Art. 37b des Übereinkommens vorher Mitteilung an die Konsulate des Heimatstaates in Deutschland zu machen. Vertragsstaaten sind u.a. alle europäischen Staaten.

MSA Art. 12 [Begriff des Minderjährigen]

Als „Minderjähriger" im Sinne dieses Übereinkommens ist anzusehen, wer sowohl nach dem innerstaatlichen Recht des Staates, dem er angehört, als auch nach dem innerstaatlichen Recht des Staates seines gewöhnlichen Aufenthalts minderjährig ist.

1 Art. 12 begrenzt den **persönlichen Anwendungsbereich** des Abkommens auf Minderjährige. Wer minderjährig ist, bestimmt das Abkommen nicht selbst, sondern es verweist insoweit kumulativ auf das Heimatrecht und das Recht des Staates des gewöhnlichen Aufenthalts.

---

12 MüKo/*Siehr*, Art. 19 EGBGB Anh. I Rn 360.
13 Staudinger/*Kropholler*, Vorbem. zu Art. 19 EGBGB Rn 514, 525 f.
14 Zustimmungsgesetz v. 30.4.1971 (BGBl II S. 217).
15 Text der Notifizierung auf der Internetseite der Haager Konferenz für Internetionales Privatrecht: http://hcch.e-vision.nl/index_en.php?act=authorities.details&aid=454 (Startseite www.hcch.net); abgedruckt auch bei MüKo/*Siehr*, Art. 19 EGBGB Anh. I Rn 367; Staudinger/*Kropholler*, Vorbem. zu Art. 19 EGBGB Rn 522.
16 S.a. MüKo/*Siehr*, Art. 19 EGBGB Anh. I Rn 349, der empfiehlt, dass diese inländische Stelle eine Abschrift des Meinungsaustauschs an die für Mitteilungen nach Art. 11 zuständige inländische Stelle sendet.
17 http://hcch.e-vision.nl/index_en.php?act=conventions.authorities&cid=39; Startseite http://hccch.net; s.a. die Liste bei MüKo/*Siehr*, Art. 19 EGBGB Anh. I Rn 368–377; Staudinger/*Kropholler*, Vorbem. zu Art. 19 EGBGB Rn 523.
18 Staudinger/*Kropholler*, Vorbem. zu Art. 19 EGBGB Rn 503.
19 Staudinger/*Kropholler*, Vorbem. zu Art. 19 EGBGB Rn 521.
20 BGBl II S. 1587.

Für die **deutsche Praxis** bedeutet dies, dass das MSA bei einem 18-jährigen Ausländer mit gewöhnlichem Aufenthalt im Inland nicht anzuwenden ist, auch wenn nach dem Heimatrecht das Volljährigkeitsalter höher liegt. Nach dem klaren Wortlaut enthält Art. 12 Sachnormverweisungen. Sie gelten aber nur für die Bestimmung des Anwendungsbereichs und verdrängen daher nicht Art. 7 EGBGB. Schutzmaßnahmen für einen 18-jährigen Ausländer, der nach seinem Heimatrecht noch minderjährig ist, richten sich nach autonomem Recht (siehe Art. 21 EGBGB Rn 12).[1]

Bei **Mehrstaatern** stellt die h.M. auf die effektive Staatsangehörigkeit bzw. gemäß Art. 5 Abs. 1 S. 2 EGBGB allein auf die deutsche Staatsangehörigkeit ab.[2] Der Sinn der kumulativen Anknüpfung, die einheitliche Anwendung des MSA sicherzustellen, spricht dafür, jedes Heimatrecht zu beachten.[3] Jedenfalls ist die Anwendung von Art. 5 Abs. 1 S. 2 EGBGB abzulehnen. Das **Heimatrecht** ist auch dann zu berücksichtigen, wenn der Heimatstaat kein Vertragsstaat ist.[4] Zu Flüchtlingen und Staatenlosen siehe Anhang II zu Art. 5 EGBGB Rn 3. Bei Mehrrechtsstaaten gilt Art. 14.

Maßgeblicher **Zeitpunkt** für die Minderjährigkeit ist der Erlass der Schutzmaßnahme bzw. ihre Bestätigung in einer weiteren Tatsacheninstanz.[5]

Das MSA ist nicht anwendbar nach **Emanzipation**, d.h., wenn eine Person nach ihrem Heimatrecht aufgrund behördlicher Erklärung oder kraft Gesetzes, etwa durch Heirat, voll geschäftsfähig geworden ist.[6] Einzelne Beschränkungen für bestimmte Geschäfte sind unbeachtlich.[7] Demgegenüber lässt die Teilrechtsfähigkeit eines Minderjährigen, wie sie etwa in §§ 112, 113 BGB vorgesehen ist, die Minderjährigkeit nicht entfallen.[8]

MSA Art. 13 [Anwendungsgebiet]

(1) Dieses Übereinkommen ist auf alle Minderjährigen anzuwenden, die ihren gewöhnlichen Aufenthalt in einem der Vertragsstaaten haben.

(2) Die Zuständigkeiten, die nach diesem Übereinkommen den Behörden des Staates zukommen, dem der Minderjährige angehört, bleiben jedoch den Vertragsstaaten vorbehalten.

(3) Jeder Vertragsstaat kann sich vorbehalten, die Anwendung dieses Übereinkommens auf Minderjährige zu beschränken, die einem der Vertragsstaaten angehören.

Der gewöhnliche Aufenthalt eines Minderjährigen in einem Vertragsstaat begründet die **persönlich-räumliche Anwendbarkeit** des MSA. Auf die Staatsangehörigkeit eines Vertragsstaates kommt es nicht an, weil Deutschland keinen Vorbehalt nach Abs. 3 eingelegt hat.[1] Ein solcher Vorbehalt[2] besteht nur noch für Luxemburg.[3]

---

1 LG München IPRax 1992, 326 mit Aufsatz *St. Lorenz*, S. 305.
2 Erman/*Hohloch*, Anh. zu Art. 24 EGBGB Rn 39; *St. Lorenz*, IPRax 1992, 305, 306 Fn 16; Palandt/*Heldrich*, Anh. zu Art. 24 EGBGB Rn 46; Staudinger/*Kropholler*, Vorbem. zu Art. 19 EGBGB Rn 534 (effektive Staatsangehörigkeit).
3 MüKo/*Siehr*, Art. 19 EGBGB Anh. I Rn 404; *Oberloskamp*, Vormundschaft, Pflegschaft und Beistandschaft für Minderjährige, 2. Aufl. 1998, Art. 12 MSA Rn 10.
4 MüKo/*Siehr*, Art. 19 EGBGB Anh. I Rn 401; Staudinger/*Kropholler*, Vorbem. zu Art. 19 EGBGB Rn 532.
5 MüKo/*Siehr*, Art. 19 EGBGB Anh. I Rn 398.
6 Erman/*Hohloch*, Anh. zu Art. 24 EGBGB Rn 39; Palandt/*Heldrich*, Anh. zu Art. 24 EGBGB Rn 46; MüKo/*Siehr*, Art. 19 EGBGB Anh. I Rn 391; Staudinger/*Kropholler*, Vorbem. zu Art. 19 EGBGB Rn 540.
7 MüKo/*Siehr*, Art. 19 EGBGB Anh. I Rn 392; Staudinger/*Kropholler*, Vorbem. zu Art. 19 EGBGB Rn 542.
8 MüKo/*Siehr*, Art. 19 EGBGB Anh. I Rn 395; Staudinger/*Kropholler*, Vorbem. zu Art. 19 EGBGB Rn 543.

1 BGHZ 60, 68 = NJW 1973, 417; BGHZ 78, 293 = NJW 1981, 520 = IPRspr 1980 Nr. 94; Erman/*Hohloch*, Anh. zu Art. 24 EGBGB Rn 40; Palandt/*Heldrich*, Anh. zu Art. 24 EGBGB Rn 47; Soergel/*Kegel*, vor Art. 19 EGBGB Rn 76; Staudinger/*Kropholler*, Vorbem. zu Art. 19 EGBGB Rn 546.
2 Aktuelle Nachw. von Vorbehalten auf der Homepage der Haager Konferenz für Internationales Privatrecht unter http://hcch.e-vision.nl/index_en.php?act=conventions.status&cid=39.
3 Wenn ein Minderjähriger aus einem Nicht-Vertragsstaat seinen gewöhnlichen Aufenthalt in Luxemburg hat, sollen auch die übrigen Vertragsstaaten das MSA nicht anwenden; s. Staudinger/*Kropholler*, Vorbem. zu Art. 19 EGBGB Rn 556; a.A. MüKo/*Siehr*, Art. 19 EGBGB Anh. I Rn 419.

2 Für jeden Minderjährigen mit gewöhnlichem Aufenthalt im Inland oder in einem anderen **Vertragsstaat** ist daher das MSA anwendbar. Bei gewöhnlichem Aufenthalt im Inland ist gleichzeitig die Zuständigkeit nach Art. 1 und ggf. nach Art. 8 eröffnet. Hat der Minderjährige seinen gewöhnlichen Aufenthalt in einem anderen Vertragsstaat, richtet sich die internationale Zuständigkeit aufgrund der deutschen Staatsangehörigkeit des Minderjährigen nach Art. 4. Gewöhnlicher Aufenthalt in einem Vertragsstaat ist auch Voraussetzung für die Eilzuständigkeit nach Art. 9.

3 Bei einem Minderjährigen, der seinen **gewöhnlichen Aufenthalt in einem Nicht-Vertragsstaat** hat, bestimmen sich internationale Zuständigkeit und das anwendbare Recht nach autonomem Recht.[4]

4 Da Art. 4 nur die Zuständigkeit von Behörden eines Vertragsstaates begründet (Abs. 2), wird die allgemeine Aufenthaltszuständigkeit nach Art. 1 nicht durch die Vorbehalte zugunsten Art. 4 und Art. 5 Abs. 3 beschränkt, wenn der Minderjährige die **Staatsangehörigkeit** eines Nicht-Vertragsstaates besitzt.[5] Die Anerkennung einer Schutzmaßnahme, die im Heimatstaat des Minderjährigen ergangen ist, wird dadurch aber nicht ausgeschlossen, weil Art. 1 keine ausschließliche Zuständigkeit begründet. Die Anerkennungsvoraussetzungen sowie die Möglichkeit einer Änderung und eines Tätigwerdens trotz Anhängigkeit eines Verfahrens im Ausland richten sich nach dem autonomen Recht.[6]

5 Der Vorbehalt in Art. 1 zugunsten eines **gesetzlichen Gewaltverhältnisses** nach dem Heimatrecht gilt auch, wenn der Minderjährige einem Nicht-Vertragsstaat angehört (siehe Art. 3 MSA Rn 8).

MSA Art. 14 [Uneinheitlichkeit des Heimatrechts des Minderjährigen]

Stellt das innerstaatliche Recht des Staates, dem der Minderjährige angehört, keine einheitliche Rechtsordnung dar, so sind im Sinne dieses Übereinkommens als „innerstaatliches Recht des Staates, dem der Minderjährige angehört" und als „Behörden des Staates, dem der Minderjährige angehört" das Recht und die Behörden zu verstehen, die durch die in dem betreffenden Staat geltenden Vorschriften, und mangels solcher Vorschriften, durch die engste Bindung bestimmt werden, die der Minderjährige mit einer der Rechtsordnungen dieses Staates hat.

1 Art. 3 und Art. 12 verweisen auf das Recht des Heimatstaates des Minderjährigen. Bestehen im Heimatstaat für den Bereich der Schutzmaßnahmen mehrere Teilrechtsordnungen, bedarf es einer Unteranknüpfung.

2 Teilrechtsordnungen können aufgrund einer **räumlichen Rechtsspaltung**, wie etwa bei Bundesstaaten, oder einer **personalen Rechtsspaltung** bestehen, wenn in einem Staat für verschiedene Religionsgemeinschaften oder Volksgruppen unterschiedliches Recht gilt.[1]

3 Nach Art. 14 wird die maßgebliche Teilrechtsordnung primär durch das interlokale oder interpersonale Kollisionsrecht des Heimatstaates bestimmt. Existiert ein solches einheitliches Kollisionsrecht im Heimatstaat nicht, ist die Teilrechtsordnung anwendbar, zu welcher der Minderjährige die engste Bindung hat.

4 Bei räumlicher Rechtsspaltung kann die engste Verbindung regelmäßig nicht durch den aktuellen gewöhnlichen Aufenthalt begründet werden, weil dieser zumindest bei Art. 3 nicht im Heimatstaat liegt.[2] Abgestellt werden kann aber auf den letzten gewöhnlichen Aufenthalt im Heimatstaat oder hilfsweise auf den aktuellen bzw. letzten gewöhnlichen Aufenthalt von Eltern oder Verwandten im Heimatstaat.[3]

5 Für die **Zuständigkeitsvorschriften** bedarf es, anders als der Wortlaut nahe legt, einer besonderen Regelung der Unteranknüpfung nicht, weil das MSA insoweit nur die internationale Zuständigkeit regelt und sich die örtliche sowie sachliche Zuständigkeit nach dem internen Recht des Heimatstaates richtet.[4]

---

4 KG IPRax 1991, 60 (deutsches Kind mit gewöhnlichem Aufenthalt in Saudi-Arabien); Erman/Hohloch, Anh. zu Art. 24 EGBGB Rn 40; MüKo/Siehr, Art. 19 EGBGB Anh. I Rn 420; Palandt/Heldrich, Anh. zu Art. 24 EGBGB Rn 47.

5 Mottl, IPRax 1994, 60, 62; Palandt/Heldrich, Anh. zu Art. 24 EGBGB Rn 47; Staudinger/Kropholler, Vorbem. zu Art. 19 EGBGB Rn 548.

6 OLG Hamm NJW 1976, 2079 = IPRspr 1976 Nr. 63; Soergel/Kegel, vor Art. 19 EGBGB Rn 75.

1 MüKo/Siehr, Art. 19 EGBGB Anh. I Rn 422 f., 428 f.; Soergel/Kegel, vor Art. 19 EGBGB Rn 77.

2 MüKo/Siehr, Art. 19 EGBGB Anh. I Rn 432.

3 LG Wiesbaden FamRZ 1977, 60 (letzter Aufenthalt des Vaters eines US-amerikanischen Minderjährigen); MüKo/Siehr, Art. 19 EGBGB Anh. I Rn 432; ähnlich auf Staudinger/Kropholler, Vorbem. zu Art. 19 EGBGB Rn 559.

4 MüKo/Siehr, Art. 19 EGBGB Anh. I Rn 426.

MSA Art. 15 [Vorbehalt zugunsten der Ehegerichte]

(1) Jeder Vertragsstaat, dessen Behörden dazu berufen sind, über ein Begehren auf Nichtigerklärung, Auflösung oder Lockerung des zwischen den Eltern eines Minderjährigen bestehenden Ehebandes zu entscheiden, kann sich die Zuständigkeit dieser Behörden für Maßnahmen zum Schutz der Person oder des Vermögens des Minderjährigen vorbehalten.

(2) Die Behörden der anderen Vertragsstaaten sind nicht verpflichtet, diese Maßnahmen anzuerkennen.

Der Vorbehalt sollte Staaten mit einer zwingenden Verbundzuständigkeit bei bestimmten Ehesachen die Ratifikation des Abkommens ermöglichen.[1] Ein Vorbehalt nach Art. 15 gilt zurzeit noch für Litauen, Luxemburg, Polen und die Türkei. Zurückgenommen wurde der Vorbehalt mittlerweile von Frankreich, den Niederlanden, der Schweiz und Spanien.[2]

Da Deutschland den Vorbehalt nicht eingelegt hat, kommt der nach Art. 15 vorbehaltenen Verbundzuständigkeit nur Bedeutung für die Anerkennung von Urteilen aus Vorbehaltsstaaten zu.[3] Die internationale Zuständigkeit deutscher Behörden nach Artt. 1, 4, 8 und 9 wird durch Art. 15 nicht berührt.[4] Siehe zur Verbundzuständigkeit deutscher Gerichte nach der vorrangigen EheVO 2003 Anhang I zum III. Abschnitt, Art. 12 EheVO Rn 2 ff.; zur Möglichkeit einer Verbundzuständigkeit bei deutschen Kindern über Art. 4 siehe Art. 4 MSA Rn 6.

Gemäß Abs. 2 gilt die **Anerkennungspflicht** nach Art. 7 S. 1 nicht, wenn die internationale Zuständigkeit auf der vorbehaltenen Verbundzuständigkeit beruht. Eine solche Entscheidung kann aber nach autonomem Recht anzuerkennen sein.[5]

Im Hinblick auf die danach erforderliche **Anerkennungszuständigkeit** bestehen **zwei Streitfragen**. **Zum einen** nimmt die wohl h.M. an, dass auf die vorbehaltene Verbundzuständigkeit nur zurückgegriffen werden kann, wenn eine Zuständigkeit nach Artt. 1 oder 4 aufgrund fehlenden gewöhnlichen Aufenthalts oder anderer Staatsangehörigkeit ausgeschlossen war.[6] Lagen hingegen die übrigen Voraussetzungen für eine Zuständigkeit nach Artt. 1 oder 4 nicht vor, kann die Zuständigkeit nicht über Art. 15 begründet werden. Gegen diese Ansicht spricht, dass nach dem Sinn des Vorbehalts den Vorbehaltsstaaten ein Rückgriff auf die im autonomen Recht gegebene internationale Zuständigkeit im von Art. 15 vorgegebenen Rahmen immer erlaubt sein muss. Ansonsten könnte die Verbundzuständigkeit bei einem Minderjährigen mit der Staatsangehörigkeit des Vorbehaltsstaates nur in geringerem Maße in Anspruch genommen werden als bei einem Minderjährigen mit einer fremden Staatsangehörigkeit.

Zum anderen wird teilweise angenommen, dass die Anerkennungspflicht gemäß Art. 7 immer dann nach Art. 15 Abs. 2 entfällt, wenn die ausländische Behörde ihre Zuständigkeit mit dem Vorbehalt der Verbundzuständigkeit aufgrund des Vorbehalts nach Art. 15 begründet hat.[7]

Richtigerweise sollte in diesen Fällen eine Anerkennungspflicht dann angenommen werden, wenn objektiv die Voraussetzungen der Zuständigkeit nach Artt. 1, 4 oder 9 vorgelegen haben.[8] Es wird auch sonst nicht angenommen, dass die aufgrund der anwendbaren Norm gegebene internationale Zuständigkeit allein deswegen entfällt, weil das entscheidende Gericht die Zuständigkeit nicht ausdrücklich auf diese Norm gestützt hat. Bedeutung hat dies vor allem für Art. 1. Hat ein Gericht im Aufenthaltsstaat eine Schutzmaßnahme im Verbund mit einer Ehesache erlassen, so ist diese Entscheidung vorbehaltlich von Art. 3 nach Art. 7 S. 1 anzuerkennen. Bei Art. 4 wird die Anerkennungspflicht regelmäßig an der fehlenden vorherigen Verständigung der Aufenthaltsbehörden scheitern.

---

1 Staudinger/*Kropholler*, Vorbem. zu Art. 19 EGBGB Rn 560.
2 S. Internetseite der Haager Konferenz für Internationales Privatrecht: http://hcch.e-vision.nl/index_en.php?act=authorities.details&aid=454 (Startseite www.hcch.net); Staudinger/*Kropholler*, Vorbem. zu Art. 19 EGBGB Rn 586.
3 Palandt/*Heldrich*, Anh. zu Art. 24 EGBGB Rn 49.
4 Soergel/*Kegel*, vor Art. 19 EGBGB Rn 81; Staudinger/*Kropholler*, Vorbem. zu Art. 19 EGBGB Rn 561.
5 Staudinger/*Kropholler*, Vorbem. zu Art. 19 EGBGB Rn 585.
6 KG NJW 1980, 1226, 1227; Staudinger/*Kropholler*, Vorbem. zu Art. 19 EGBGB Rn 577; s.a. OLG Hamm IPRax 1988, 39, 40.
7 Staudinger/*Kropholler*, Vorbem. zu Art. 19 EGBGB Rn 586.
8 *Jayme*, in: FS Keller 1989, S. 455; MüKo/*Siehr*, Art. 19 EGBGB Anh. I Rn 454; Palandt/*Heldrich*, Anh. zu Art. 24 EGBGB Rn 49; Soergel/*Kegel*, vor Art. 19 EGBGB Rn 81.

7 Art. 15 ist selbst keine Zuständigkeitsregel, sondern erlaubt es den Vorbehaltsstaaten nur, die internationale Zuständigkeit ihrer Gerichte mit der autonomen Regelung der Verbundzuständigkeit zu begründen.[9] Für die nach autonomem Recht maßgebliche Anerkennungszuständigkeit ist daher nicht auf Art. 15 abzustellen, sondern auf die autonomen Zuständigkeitsregeln des Anerkennungsstaates.[10]

MSA Art. 16 [Ordre public]

Die Bestimmungen diese Übereinkommens dürfen in den Vertragsstaaten nur dann unbeachtet bleiben, wenn ihre Anwendung mit der öffentlichen Ordnung offensichtlich unvereinbar ist.

A. Regelungsgegenstand 1	II. Verhältnis zu Art. 8 6
B. Ordre public und gesetzliches Gewalt-	C. Anerkennung ausländischer
verhältnis nach Art. 3 2	Entscheidungen 9
I. Allgemein 2	

A. Regelungsgegenstand

1 Art. 16 enthält den speziellen *ordre-public*-Vorbehalt für das MSA. Inhaltlich entspricht er den autonomen Vorbehalten in Art. 6 EGBGB,[1] § 328 Abs. 1 Nr. 4 ZPO und § 16a Nr. 4 FGG. Trotz der missverständlichen Formulierung kommt es auch für Art. 16 darauf an, ob das konkrete Ergebnis der Anwendung ausländischen Rechts aufgrund Art. 3 oder Art. 12 bzw. der Anerkennung der ausländischen Entscheidung nach Art. 7 mit den wesentlichen Grundsätzen des deutschen Rechts offensichtlich unvereinbar ist.[2] Es kommt nicht auf die Vereinbarkeit der abstrakten Rechtsregel, sondern nur auf das konkrete Ergebnis im Einzelfall an.[3] Siehe zur Konkretisierung des *ordre-public*-Vorbehalts im Einzelnen Art. 6 EGBG Rn 32 ff.

B. Ordre public und gesetzliches Gewaltverhältnis nach Art. 3

I. Allgemein

2 Der *ordre-public*-Vorbehalt hat vor allem bei der durch Art. 3 vorgeschriebenen Beachtung eines **gesetzlichen Gewaltverhältnisses** praktische Bedeutung erlangt.[4] Die Frage der Vereinbarkeit mit dem *ordre public* stellt sich insbesondere für die Rechtsprechung, die der Heimatrechtstheorie folgend Eingriffe in das gesetzliche Gewaltverhältnis aufgrund der Zuständigkeit nach Art. 1 nur insoweit zulässt, als sie auch nach dem Heimatrecht möglich sind (siehe Art. 1 MSA Rn 7, 11).

3 Das gesetzliche Gewaltverhältnis nach dem Heimatrecht verstößt regelmäßig gegen den deutschen *ordre public*, wenn nach ihm eine vom **Kindeswohl** geforderte Maßnahme nicht ergehen kann. Es ist nicht notwendig, dass das Kind in seiner Person oder seinem Vermögen bei unveränderter Geltung des gesetzlichen Gewaltverhältnisses gefährdet wird. Zum deutschen *ordre public* gehört vielmehr, dass nach dem Förderungsprinzip derjenige Elternteil die elterliche Sorge nach Trennung erhalten soll, bei dem das Kind vermutlich die meiste Unterstützung für den Aufbau seiner Persönlichkeit erwarten kann (siehe Art. 21 EGBGB Rn 30).[5]

4 Ein *ordre-public*-Verstoß wurde daher für den **Stichentscheid des Vaters** bei trotz Trennung weiterbestehender gemeinsamer Sorge der Eltern nach türkischem Recht angenommen, wenn das Kindeswohl die Zuweisung der elterlichen Sorge an die Mutter erfordert.[6] Der zwischen den Geschlechtern **diskriminierende**

---

9 Soergel/*Kegel*, vor Art. 19 EGBGB Rn 81; a.A. MüKo/*Siehr*, Art. 19 EGBGB Anh. I Rn 439.

10 So im Erg. auch MüKo/*Siehr*, Art. 19 EGBGB Anh. I Rn 439; a.A. BGH NJW 1977, 150.

1 Erman/*Hohloch*, Anh. zu Art. 24 EGBGB Rn 43; Palandt/*Heldrich*, Anh. zu Art. 24 EGBGB Rn 50; Staudinger/*Kropholler*, Vorbem. zu Art. 19 EGBGB Rn 588.

2 Palandt/*Heldrich*, Anh. zu Art. 24 EGBGB Rn 50; MüKo/*Siehr*, Art. 19 EGBGB Anh. I Rn 456; Soergel/*Kegel*, vor Art. 19 EGBGB Rn 82.

3 BGHZ 60, 68, 79; BGHZ 120, 29, 34 = NJW 1993, 848 = FamRZ 1993, 316 = IPrax 1993, 102 m.

Bespr. *Henrich*, S. 81; MüKo/*Siehr*, Art. 19 EGBGB Anh. I Rn 457.

4 Erman/*Hohloch*, Anh. zu Art. 24 EGBGB Rn 43; Palandt/*Heldrich*, Anh. zu Art. 24 EGBGB Rn 50; Staudinger/*Kropholler*, Vorbem. zu Art. 19 EGBGB Rn 589.

5 BVerfGE 55, 171, 181 (in einem internen Fall); BGHZ 120, 29, 34 = NJW 1993, 848 = FamRZ 1993, 316 = IPrax 1993, 102 m. Bespr. *Henrich*, S. 81, 83; *Coester*, IPrax 1991, 236.

6 BGH NJW-RR 1992, 579 = FamRZ 1992, 794 = IPrspr 1992 Nr. 127; OLG Karlsruhe NJW-RR 1998, 582; OLG Hamm NJW-RR 1997, 5, 6.

Inhalt der Regelung allein genügt für einen *ordre-public*-Verstoß nicht, weil es nicht auf den abstrakten Regelungsgehalt, sondern auf den Widerspruch des Regelungsergebnisses im Einzelfall ankommt.[7]

Soweit der *ordre public* eingreift, besteht eine regelungsfähige Lücke des Heimatrechts, so dass die Aufenthaltszuständigkeit nach Art. 1 eingreifen kann.[8] Der Erlass von Schutzmaßnahmen, etwa die Übertragung der elterlichen Sorge auf einen Elternteil, erfolgt unter Anwendung der *lex fori*,[9] d.h. bei deutscher Aufenthaltszuständigkeit nach deutschem Recht, § 1671 BGB.

II. Verhältnis zu Art. 8

Teilweise gehen die Gerichte in diesen Fällen aber auch nach Art. 8 vor. Erlaubt das Heimatrecht einen durch das Kindeswohl gebotenen Eingriff in das gesetzliche Gewaltverhältnis nicht, so liegt darin eine Gefährdung, die die Zuständigkeit der Behörden im Aufenthaltsstaat eröffnet (siehe Art. 8 MSA Rn 1).[10] Beide aufgezeigten Wege sind nach dem MSA möglich.[11]

Der *ordre-public*-Vorbehalt ist insoweit weiter als Art. 8, als er nicht den Nachweis einer ernstlichen Gefährdung verlangt.

Bei einer Gefährdung i.S.v. Art. 8 wird regelmäßig auch ein *ordre-public*-Verstoß durch das einer Schutzmaßnahme entgegenstehende ausländische Heimatrecht vorliegen. Auch Art. 16 kommt wie Art. 8 in der Rechtsprechung die Funktion zu, die Ergebnisse der **Heimatrechtstheorie** (siehe Art. 1 MSA Rn 7) zu korrigieren und eine Schutzmaßnahme unabhängig von einem gesetzlichen Gewaltverhältnis nach Art. 3 immer dann zu ermöglichen, wenn sie im Kindeswohl geboten ist (siehe Art. 8 MSA Rn 2).

C. Anerkennung ausländischer Entscheidungen

Art. 16 kann auch der Anerkennung einer ausländischen Entscheidung nach Art. 7 Abs. 1 entgegenstehen und hat damit die Funktion, die im autonomen Recht § 16a Nr. 4 FGG bzw. § 328 Abs. 1 Nr. 4 ZPO zukommt.

Insoweit ist der Vorbehalt nur sehr zurückhaltend anzuwenden (sog. *effet atténué* des *ordre public*). Durch die ausländische Entscheidung sind meist bereits Tatsachen geschaffen worden. Die Nichtanerkennung und daraus folgende inhaltliche Änderung durch eine neue (inländische) Entscheidung beeinträchtigt die Kontinuität und kann dem Kindeswohl mehr schaden als die Anerkennung einer suboptimalen ausländischen Regelung.[12] Allein der Umstand, dass aus inländischer Sicht etwa eine andere Verteilung der elterlichen Sorge besser dem Kindeswohl entsprochen hätte, genügt für ein Eingreifen des *ordre public* daher nicht.

Die Nichtanerkennung kommt in Betracht, wenn sie zu einer Gefährdung des Kindeswohls führt, wenn wesentliche Verfahrensgrundsätze missachtet wurden oder wenn die ausländische Entscheidung ihrerseits die Kontinuitätsinteressen des Kindes missachtet und ohne sachlichen Grund eine früher getroffene Regelung aufhebt oder ändert.[13]

MSA Art. 17 [Zeitpunkt der Anwendung]

(1) Dieses Übereinkommen ist nur auf Maßnahmen anzuwenden, die nach seinem Inkrafttreten getroffen worden sind.

(2) Gewaltverhältnisse, die nach dem innerstaatlichen Recht des Staates, dem der Minderjährige angehört, kraft Gesetzes bestehen, sind vom Inkrafttreten des Übereinkommens an anzuerkennen.

Das MSA gilt nur für Schutzmaßnahmen, die zeitlich nach In-Kraft-Treten des MSA für den jeweiligen Staat erlassen worden sind.[1] Für die **Zuständigkeiten** nach Art. 1 und 8 muss der Staat des gewöhnlichen Aufenthalts Vertragsstaat sein. Für die Zuständigkeiten nach Artt. 4 und 9 müssen der Entscheidungsstaat und der Staat, in dem der Minderjährige seinen gewöhnlichen Aufenthalt hat, Vertragsstaaten sein.

---

7 BGH NJW-RR 1993, 962 (zum iranischen Recht); a.A. anscheinend wohl nur BGH NJW-RR 1992, 579 f.
8 OLG Karlsruhe NJW-RR 1998, 582; OLG Hamm NJW-RR 1997, 5, 6.
9 MüKo/*Siehr*, Art. 19 EGBGB Anh. I Rn 465.
10 OLG Köln NJW-RR 1991, 363, 364; ebenso OLG Köln NJW-RR 1991, 362, 363, das aber im konkreten Fall die Voraussetzungen von Art. 8 als nicht gegeben sieht.
11 S. BGH NJW-RR 1992, 579 = FamRZ 1992, 794 = IPRspr 1992 Nr. 127.
12 MüKo/*Siehr*, Art. 19 EGBGB Anh. I Rn 470.
13 MüKo/*Siehr*, Art. 19 EGBGB Anh. I Rn 470.
1 Maßgeblich ist der Zeitpunkt der Entscheidung, gegen die kein befristetes Rechtsmittel mehr möglich ist, s. BGHZ 60, 68, 71; Staudinger/*Kropholler*, Vorbem. zu Art. 19 EGBGB Rn 599.

2 Die **Anerkennungspflicht** nach Art. 7 setzt voraus, dass zum Zeitpunkt des Erlasses der Schutzmaßnahme sowohl der Entscheidungsstaat als auch der Aufenthaltsstaat und der Anerkennungsstaat Vertragsstaaten waren.[2] Eine zeitlich früher erlassene Maßnahme kann nach autonomem Recht anerkannt werden.

3 Ein nach dem Heimatrecht des Minderjährigen bestehendes **gesetzliches Gewaltverhältnis** ist von einem neu beitretenden Staat ab Wirksamwerden des MSA gemäß Art. 3 anzuerkennen.[3]

MSA Art. 18 [Inkrafttreten]

(1) Dieses Übereinkommen tritt im Verhältnis der Vertragsstaaten zueinander an die Stelle des am 12. Juni 1902 im Haag unterzeichneten Abkommens zur Regelung der Vormundschaft über Minderjährige.

(2) Es läßt die Bestimmungen anderer zwischenstaatlicher Übereinkünfte unberührt, die im Zeitpunkt seines Inkrafttretens zwischen den Vertragsstaaten gelten.

A. Haager Vormundschaftsabkommen (Abs. 1) 1
B. Vorherige Übereinkommen (Abs. 2) 2

A. Haager Vormundschaftsabkommen (Abs. 1)

1 Im Verhältnis der Bundesrepublik Deutschland zu Italien, Luxemburg, Spanien und Portugal ist das Haager Vormundschaftsabkommen von 1902 durch das MSA ersetzt worden. Das Haager Vormundschaftsabkommen von 1902 ist aber weiterhin im Verhältnis zu Belgien anwendbar.[1]

B. Vorherige Übereinkommen (Abs. 2)

2 Praktisch bedeutsam ist für die Bundesrepublik Deutschland das **deutsch-iranische Niederlassungsabkommen** v. 17.2.1929.[2] Dieses ist allerdings nur anwendbar, wenn alle Beteiligten die iranische Staatsangehörigkeit besitzen. Es ist nicht anwendbar, wenn ein Beteiligter Flüchtling ist[3] oder neben der iranischen auch die deutsche Staatsangehörigkeit besitzt,[4] etwa wenn ein Kind aufgrund von § 4 Abs. 3 StAG die deutsche Staatsangehörigkeit mit der Geburt erworben hat.[5]

3 Das **deutsch-österreichische Vormundschaftsabkommen** v. 5.2.1927 ist zum 31.12.2002 gekündigt worden und zum Ablauf des 30.6.2003 außer Kraft getreten.[6] Das **deutsch-polnische Abkommen** über die Vormundschaft über Minderjährige v. 5.3.1924[7] ist aufgrund gewohnheitsmäßiger Nichtbeachtung seit Kriegsausbruch nicht mehr anwendbar.[8]

MSA Artt. 19-25

(nicht abgedruckt)

---

2 MüKo/*Siehr*, Art. 19 EGBGB Anh. I Rn 475; Staudinger/*Kropholler*, Vorbem. zu Art. 19 EGBGB Rn 601.
3 Staudinger/*Kropholler*, Vorbem. zu Art. 19 EGBGB Rn 602.
1 Staudinger/*Kropholler*, Vorbem. zu Art. 19 EGBGB Rn 605 f.
2 RGBl II 1930 S. 1002, 1006; RGBl II 1931 S. 9; BGBl II 1955 S. 829; abgedruckt bei *Jayme/Hausmann*, Nr. 23.
3 LG München I IPRspr 1997 Nr. 100.
4 BGH IPRax 1986, 382, 383.
5 Staudinger/*Henrich*, Art. 21 EGBGB Rn 10.
6 BGBl II 2003 S. 824; s.a. IPRax 2003, 562.
7 RGBl II 1925 S. 139, 145.
8 H.M. Staudinger/*Kropholler*, Vorbem. zu Art. 24 EGBGB Rn 7; a.A. Soergel/*Kegel*, Art. 24 EGBGB Rn 72.

Annex zu Artt. 1–18 MSA

Deutsches Zustimmungsgesetz vom 30.4.1971[9]

Art. 2 [Ausführungsbestimmungen]

(1) Für die in Artikel 4 Abs. l, Artikel 5 Abs. 2, Artikel 10 und Artikel 1 Abs. 1 des Übereinkommens vorgesehenen Mitteilungen sind die deutschen Gerichte und Behörden zuständig, bei denen ein Verfahren nach dem Übereinkommen anhängig ist oder, in den Fällen des Artikels 5 Abs. 2, zur Zeit des Aufenthaltswechsels des Minderjährigen anhängig war.

(2) Ist ein Verfahren im Geltungsbereich dieses Gesetzes nicht anhängig, so ist für den Empfang der Mitteilungen nach Artikel 4 Abs. l und Artikel 11 Abs. l das Jugendamt zuständig, in dessen Bezirk der Minderjährige seinen gewöhnlichen Aufenthalt hat. Für den Empfang der Mitteilungen, die nach Artikel 11 Abs. l des Übereinkommens an die Behörden des Staates zu richten sind, dem der Minderjährige angehört, ist, wenn im Geltungsbereich dieses Gesetzes weder ein Verfahren anhängig ist noch der Minderjährige seinen gewöhnlichen Aufenthalt hat, das Landesjugendamt Berlin zuständig.

(3) Die Mitteilungen können unmittelbar gegeben und empfangen werden.

(4) Die in den anderen Vertragsstaaten für die Mitteilungen nach dem Übereinkommen zuständigen Behörden sind im Bundesanzeiger bekanntzugeben.

---

9 BGBl II 1971 S. 217.

Annex z.t. Article 6 – TR MEA

Deutsches Zustimmungsgesetz vom 30.4.1974

Art. 2 [Ausführungsbestimmungen]

(1) Für die in Artikel 4 Abs. 1, Artikel 6 Abs. 4, Artikel 10 und Artikel 1 Abs. 1 des Übereinkommens vorgesehenen Mitteilungen sind die zuständischen Stellen, die Bedienten zuständig, bei denen sich Ver- fahren nach den Übereinkommen anhängig ist oder, in den Fällen des Artikel des Abs. 2, vor der Zeit der Anhörigkeit sich als Abschluß gebracht anhängig war.

(2) Ist ein Verfahren der Informationsschein dieses Gesetzes nach Anhörigkeit ist er für den Empfang der Mitteilungen nach Artikel 4 Abs. 1 und Artikel 11 Abs. 1 des Übereinkommen zuständig in Betreff bevor der Informationsschein seinem gewohnt dem Aufenthalt auf für den Empfang der Mitteilungen die nach Artikel 11 Abs. 4 des Empfangsteilung an die Schuldner des Unterhalts zu treffen sind, der der Mitteilbaren angehört. Ist kein im Gegenspruch (Aufsatz) gegen ein Gegenstand angehörigen ist, nach der allgemeinschaftlichen keine gewinnbildeten Aufenthalt hat, aus Landes, auswärtig Berlin zuständig.

(3) Die Mitteilungen können unmittelbar nicht bestehen, und empfangen werden.

(4) Die in den anhängen Vertragsschutzartikeln, Mitteilungen nach dem Übereinkommen anzunehmen Behörden sind im Bundesanzeiger bekannt sprechen.

Anhang III zu Art. 24 EGBGB

Haager Abkommen zur Regelung der Vormundschaft über Minderjährige vom 12.6.1902 (HVA)[1]

HVA Art. 1

Die Vormundschaft über einen Minderjährigen bestimmt sich nach dem Gesetz des Staates, dem er angehört (Gesetz des Heimatstaats).

HVA Art. 2

Sieht das Gesetz des Heimatstaates für den Fall, daß der Minderjährige seinen gewöhnlichen Aufenthalt im Ausland hat, die Anordnung einer Vormundschaft im Heimatland nicht vor, so kann der von dem Heimatstaat des Minderjährigen ermächtigte diplomatische oder konsularische Vertreter gemäß dem Gesetz dieses Staates die Fürsorge übernehmen, sofern der Staat, in dessen Gebiet der Minderjährige seinen gewöhnlichen Aufenthalt hat, dem nicht widerspricht.

HVA Art. 3

Falls eine Vormundschaft gemäß den Bestimmungen des Artikels 1 oder des Artikels 2 nicht angeordnet ist oder nicht angeordnet werden kann, so ist für die Anordnung und die Führung der Vormundschaft über einen Minderjährigen, der seinen gewöhnlichen Aufenthalt im Ausland hat, das Gesetz des Aufenthaltsorts maßgebend.

HVA Art. 4

(1) Ist die Vormundschaft gemäß der Bestimmung des Artikel 3 angeordnet, so kann gleichwohl eine neue Vormundschaft aufgrund des Artikels 1 oder des Artikels 2 angeordnet werden.

(2) Hiervon ist der Regierung des Staates, in welchem die Vormundschaft zuerst angeordnet wurde, sobald wie möglich Nachricht zu geben. Diese Regierung hat davon entweder die Behörde, welche die Vormundschaft angeordnet hat, oder, in Ermangelung einer solchen Behörde, den Vormund selbst zu benachrichtigen.

(3) In dem Fall, den dieser Artikel vorsieht, bestimmt sich der Zeitpunkt, in welchem die ältere Vormundschaft endigt, nach der Gesetzgebung des Staates, in dessen Gebiet diese Vormundschaft angeordnet war.

HVA Art. 5

In allen Fällen bestimmen sich der Zeitpunkt und die Gründe für den Beginn sowie für die Beendigung der Vormundschaft nach dem Gesetz des Heimatstaats des Minderjährigen.

---

[1] Haager Vormundschaftsabkommen (RGBl 1904 S. 240).

HVA Art. 6

(1) Die vormundschaftliche Verwaltung erstreckt sich auf die Person sowie auf das gesamte Vermögen des Minderjährigen, gleichviel an welchem Ort sich die Vermögensgegenstände befinden.

(2) Von dieser Regel sind Ausnahmen zulässig in Ansehung solcher Grundstücke, welche nach dem Gesetz der belegenen Sache einer besonderen Güterordnung unterliegen.

HVA Art. 7

Solange die Vormundschaft nicht angeordnet ist, sowie in allen dringenden Fällen können die zuständigen Ortsbehörden die Maßregeln treffen, die zum Schutz der Person und der Interessen eines minderjährigen Ausländers erforderlich sind.

HVA Art. 8

(1) Liegt Anlaß vor, für einen minderjährigen Ausländer die Vormundschaft anzuordnen, so haben die Behörden des Staates, in dessen Gebiet er sich befindet, von dem Sachverhalt, sobald dieser ihnen bekannt wird, die Behörden des Staates zu benachrichtigen, dem der Minderjährige angehört.

(2) Die in solcher Art benachrichtigten Behörden sollen den Behörden, die ihnen die Mitteilung gemacht haben, sobald wie möglich Kenntnis geben, ob die Vormundschaft angeordnet ist oder angeordnet werden wird.

HVA Art. 9

(1) Dieses Abkommen findet nur Anwendung auf die Vormundschaft über Minderjährige, die Angehörige eines der Vertragsstaaten sind und ihren gewöhnlichen Aufenthalt im Gebiet eines dieser Staaten haben.

(2) Die Artikel 7 und 8 dieses Abkommens finden jedoch auf alle Minderjährigen Anwendung, die Angehörige eines Vertragsstaats sind.

HVA Art. 10

Dieses Abkommen, das nur auf die europäischen Gebiete der Vertragsstaaten Anwendung findet, soll ratifiziert und die Ratifikationsurkunden sollen im Haag hinterlegt werden, sobald die Mehrzahl der Hohen vertragsschließenden Teile hierzu in der Lage sind.

HVA Artt. 11–13

(nicht abgedruckt)

---

1 Das Abkommen wurde durch das MSA ersetzt und gilt daher gegenwärtig nur noch im Verhältnis zu Belgien.[2] Durch die EheVO 2003 wird es auch im Verhältnis zu Belgien verdrängt werden.

---

2 Bekanntmachung v. 14.2.1955 (BGBl II S. 188);
Palandt/*Heldrich*, Anhang zu Art. 24 EGBGB Rn 55 –58.

Anhang IV zu Art. 24 EGBGB

Haager Übereinkommen über die zivilrechtlichen Aspekte internationaler Kindesentführung vom 25.10.1980 (HKÜ)[1]

Die Unterzeichnerstaaten dieses Übereinkommens –

in der festen Überzeugung, daß das Wohl des Kindes in allen Angelegenheiten des Sorgerechts von vorrangiger Bedeutung ist;

in dem Wunsch, das Kind vor den Nachteilen eines widerrechtlichen Verbringens oder Zurückhaltens international zu schützen und Verfahren einzuführen, um seine sofortige Rückgabe in den Staat seines gewöhnlichen Aufenthalts sicherzustellen und den Schutz des Rechts zum persönlichen Umgang mit dem Kind zu gewährleisten –

haben beschlossen, zu diesem Zweck ein Übereinkommen zu schließen, und haben die folgenden Bestimmungen vereinbart:

Kapitel I. Anwendungsbereich des Übereinkommens

HKÜ Art. 1

Ziel dieses Übereinkommens ist es,
a. die sofortige Rückgabe widerrechtlich in einen Vertragsstaat verbrachter oder dort zurückgehaltener Kinder sicherzustellen und
b. zu gewährleisten, daß das in einem Vertragsstaat bestehende Sorgerecht und Recht zum persönlichen Umgang in den anderen Vertragsstaaten tatsächlich beachtet wird.

Literatur: *Bach*, Das Haager Kindesentführungsübereinkommen in der Praxis, FamRZ 1997, 1051; *Bruch*, Erfahrungen mit dem Haager Übereinkommen über die zivilrechtlichen Aspekte internationaler Kindesentführungen, FamRZ 1993, 745; *Bruch*, Temporary or Contingent Changes in Location, in: GS Lüderitz 2000, S. 43; *Coester-Waltjen*, Die Bedeutung des „gewöhnlichen Aufenthalts" im Haager Entführungsabkommen, in: FS Max-Planck-Institut für Privatrecht 2001, S. 543; *Hüßtege*, Kindesentführung ohne Ende?, IPRax 1992, 369; *Limbrock*, Das Umgangsrecht im Rahmen des Haager Kindesentführungsübereinkommens und des Europäischen Sorgerechtsübereinkommens, FamRZ 1999, 1631; *Mäsch*, „Grenzüberschreitende" Undertakings und das Haager Kindesentführungsabkommen aus deutscher Sicht, FamRZ 2002, 1069; *Ripke*, Erste Erfahrungen bei Mediationen in internationalen Kindschaftskonflikten, FPR 2004, 199; *Schweppe*, Die Beteiligung des Kindes am Rückführungsverfahren nach dem HKÜ, FPR 2001, 203; *ders.*, Das Haager Übereinkommen über die zivilrechtlichen Aspekte internationaler Kindesentführungen und die Interessen der betroffenen Kinder, ZfJ 2001, 169; *ders.*, Kindesentführungen und Kindesinteressen: Die Praxis des Haager Übereinkommens in England und Deutschland.

A. Ziele des HKÜ 1
B. Anwendbarkeit 5
C. Verhältnis zu anderen Regelungen 10

A. Ziele des HKÜ

Das HKÜ ist vor allem ein Rechtshilfeabkommen.[2] Das primäre Ziel des HKÜ besteht darin, dass das Kind im Fall einer widerrechtlichen Entführung möglichst schnell in das Land seines bisherigen gewöhnlichen Aufenthalts zurückgebracht wird. Dies liegt zum einen regelmäßig im Interesse des entführten Kindes selbst. Vor allem dient die **schnelle Rückführung** und das Verbot einer Sorgerechtsentscheidung im Aufenthaltsstaat aber dazu, präventiv die Entführung von Kindern zu verhindern. Ohne das HKÜ kann ein Entführer meist Fakten schaffen, die ihn bei einer späteren Sorgerechtsentscheidung begünstigen.[3] Typisch ist der Fall, dass ein Elternteil dem anderen Elternteil, der alleinsorgeberechtigt oder zumindest mitsorgeberechtigt ist, das Kind entzieht und in einen anderen Staat, meist den Heimatstaat des Entführers, verbringt. Da das Kind auch bei widerrechtlicher Entführung nach ca. sechs Monaten aufgrund der faktischen Integration einen neuen gewöhnlichen Aufenthalt im Zufluchtsstaat begründet, werden die Gerichte des Zufluchtsstaates für eine Sorgerechtsentscheidung international zuständig (siehe Artt. 1 und 8 MSA). Aufgrund der tatsächlichen

---

1 BGBl II 1990 S. 207.
2 *Henrich*, Int. Familienrecht, 2. Aufl. 2000, § 7 II 6; MüKo/*Siehr*, Art. 19 EGBGB Anh. II Rn 5.
3 BVerfG IPRax 2000, 216, 219 = FamRZ 1999, 85 = NJW 1999, 631; *Henrich*, Int. Familienrecht, 2. Aufl. 2000, § 7 II 6; MüKo/*Siehr*, Art. 19 EGBGB Anh. II Rn 2 f.

sozialen Integration des Kindes durch den längeren Aufenthalt entspricht es regelmäßig dem Kindeswohl, dem Entführer das alleinige Sorgerecht zu übertragen, damit ein neuer Aufenthaltswechsel, der meist auch einen Wechsel der Sprache und der kulturellen Umgebung bedeuten würde, vermieden wird.

2 Das HKÜ sichert die schnelle Rückführung des Kindes zum einen durch **besondere Verfahrensvorschriften** (Artt. 8–12) und die **Einrichtung zentraler Behörden** (Artt. 6 und 7).

3 Zum anderen legt es selbst die sachlichen Voraussetzungen fest, unter denen einem Antrag auf Rückführung entsprochen werden muss (Artt. 12, 13, 14). Flankierend enthält es ein Verbot, im Zufluchtsstaat eine Sorgerechtsentscheidung zu erlassen (Art. 16).

4 Das HKÜ hat selbst nicht die Sorgerechtsentscheidung zum Gegenstand (Art. 19). Es soll nur der Zustand wieder hergestellt werden, der vor der Entführung bestand, so dass im bisherigen Aufenthaltsstaat eine Sorgerechtsentscheidung ergehen kann.

B. Anwendbarkeit

5 Das HKÜ ist für die Bundesrepublik Deutschland am 1.12.1990 in Kraft getreten. Es gilt seit dem 1.12.1990 im Verhältnis zu Australien, Belize, Frankreich, Kanada, Luxemburg, den Niederlanden, Norwegen, Österreich, Portugal, Schweden, der Schweiz, Spanien, Ungarn, den Vereinigten Staaten von Amerika und dem Vereinigten Königreich von Großbritannien und Nordirland.

6 Es gilt heute außerdem im Verhältnis zu Argentinien (1.6.1991), den Bahamas (1.5.1994), Belgien (1.5.1999), Bosnien-Herzegowina (1.12.1991), Brasilien (1.5.2002), Burkina Faso (1.1.1993), Chile (1.6.1995), China (Volksrepublik, gilt nur für Hongkong [1.9.1999] und Macao [1.3.1999]); Dänemark (1.7.1991), Ecuador (1.9.1992), El Salvador (1.11.2002), Estland (1.12.2001), Finnland (1.8.1994), Georgien (1.3.1998), Griechenland (1.6.1993), Guatemala (1.1.2003), Honduras (1.8.1994), Irland (1.10.1991), Island (1.4.1997), Israel (1.12.1991), Italien (1.5.1995), Jugoslawien (1.12.1991), Kolumbien (1.11.1996), Kroatien (1.12.1991), Lettland (1.11.2002), Luxemburg (1.12.1990), Malta (1.11.2002), Mauritius (1.12.1993), Mazedonien (1.12.1991), Mexiko (1.2.1992), Moldau (1.5.2000), Monaco (1.7.1993), Neuseeland (1.2.1992), Panama (1.6.1995), Paraguay (1.12.2001), Polen (1.2.1993), Portugal (1.12.1990), Rumänien (1.7.1993), Saint Kitts and Nevis (1.5.1995), Simbabwe (1.2.1997), der Slowakei (1.2.2001), Slowenien (1.6.1995), Sri Lanka (1.1.2003), Südafrika (1.2.1998), Tschechien (1.3.1998), der Türkei (1.8.2003), Turkmenistan (1.8.1998), Ungarn (1.12.1990), Uruguay (1.10.2001), Venezuela (1.1.1997), Weißrussland (1.2.1999), Zypern (1.5.1995).

7 Das HKÜ ist auch von folgenden Staaten ratifiziert worden, gilt aber noch **nicht im Verhältnis zu Deutschland**: Bulgarien, Costa Rica, Fidschi, Litauen, Nicaragua, Peru, Thailand, Trinidad und Tobago, Usbekistan.[4]

8 **Persönlich anwendbar** ist das HKÜ, wenn ein noch nicht 16 Jahre altes Kind seinen gewöhnlichen Aufenthalt vor dem widerrechtlichen Verbringen oder Zurückhalten in einem Vertragsstaat hatte und sich nun in einem anderen Vertragsstaat befindet.[5] Bei der Verletzung des Rechts zum persönlichen Umgang genügt es, dass das Kind seinen gewöhnlichen Aufenthalt in einem Vertragsstaat hat.

9 **Sachlich** erfasst es primär die Rückführung des widerrechtlich verbrachten oder zurückgehaltenen Kindes (Art. 1 lit. a). Das Ziel, die tatsächliche Beachtung eines bestehenden Sorgerechts oder Umgangsrechts in den anderen Vertragsstaaten zu gewährleisten, soll vor allem dadurch erreicht werden, dass nach Art. 21 die zentralen Behörden auch zur Durchführung oder wirksamen Ausübung des Rechts zum persönlichen Umgang eingeschaltet werden können.

C. Verhältnis zu anderen Regelungen

10 Nach Art. 34 geht das HKÜ in seinem Anwendungsbereich, d.h. insbesondere beim Erlass der Rückgabeanordnung, dem MSA vor. Art. 16 untersagt es, trotz Zuständigkeit nach dem MSA im Zufluchtsstaat eine Sorgerechtsmaßnahme zu erlassen. Das HKÜ bleibt von dem späteren Kinderschutzübereinkommen (KSÜ) nach dessen Art. 50 unberührt. Die EheVO 2000 lässt das HKÜ ebenfalls unberührt.

---

4 Stand Oktober 2004; Nachw. auf der Internetseite der Haager Konferenz für Internationales Privatrecht unter http://hcch.e-vision.nl/index_en.php?act=conventions.status&cid=24; Startseite: http://hcch.e-vision.nl; dort finden sich auch Nachweise über die Geltung im Verhältnis der anderen Vertragsstaaten untereinander; Liste des Geltungsbereichs für Deutschland auch bei http://www.bundeszentralregister.de/hkue_esue/006.html (alle Stand Oktober 2004).

5 *Henrich*, Int. Familienrecht, 2. Aufl. 2000, § 7 II 6.

Die EheVO 2003 enthält in Art. 11 Regelungen, die das HKÜ im Verhältnis der Mitgliedstaaten mit Ausnahme Dänemarks in einigen Punkten modifizieren (siehe Art. 2 HKÜ Rn 1; Art. 11 HKÜ Rn 3; Art. 13 HKÜ Rn 13, 28; Anhang I zum III. Abschnitt, Art. 11 EheVO Rn 1 ff.).

HKÜ Art. 2

Die Vertragsstaaten treffen alle geeigneten Maßnahmen, um in ihrem Hoheitsgebiet die Ziele des Übereinkommens zu verwirklichen. Zu diesem Zweck wenden sie ihre schnellstmöglichen Verfahren an.

S. 1 ist eine Norm mit Appellfunktion ohne unmittelbaren Regelungsgehalt. S. 2 verpflichtet die Vertragsstaaten zur Anwendung ihrer nach internem Recht bestehenden schnellstmöglichen Verfahrensart. Die Vertragsstaaten können ein spezielles Verfahren für die Rückgabeanordnung einführen, müssen dies aber nicht.[1] Art. 11 Abs. 3 EheVO 2003 wiederholt das Gebot nach Art. 2 S. 2 und ergänzt es in seinem Unterabsatz 2 durch eine Pflicht zum Erlass einer Anordnung innerhalb von sechs Wochen (siehe Art. 11 HKÜ Rn 3).

In **Deutschland** wurde das anzuwendende Verfahren bisher durch das SorgeRÜbkAG bestimmt. Diese Regelungen werden in ein neues **Internationale Familienrechtsverfahrensgesetz (IntFamRVG)**[2] integriert und dabei teilweise geändert.[3] Die Konzentration der örtlichen Zuständigkeit bei dem Familiengericht am Sitz eines Oberlandesgericht für den jeweiligen Oberlandesgerichtsbezirk findet sich in § 12 Abs. 1 IntFamRVG-E.[4] Über den Rückgabeantrag wird wie bisher als Familiensache im Verfahren der freiwilligen Gerichtsbarkeit entschieden, § 14 Nr. 2 IntFamRVG-E. § 38 Abs. 1 IntFamRVG-E bestimmt, dass die Verfahren auf Rückgabe eines Kindes vorrangig, d.h. als Eilsache zu behandeln sind und eine Aussetzung des Verfahrens nicht stattfindet.[5] Das Gericht muss im Anwendungsbereich der EheVO 2003 innerhalb von sechs Wochen zu einer Entscheidung kommen.

Gegen eine Entscheidung des Familiengerichts findet wie bisher nur die **sofortige Beschwerde zum OLG** statt. Zur Sicherung der Einheitlichkeit der Rechtsprechung ist die Divergenzvorlage zum BGH gegeben, § 40 Abs. 2 IntFamRVG-E.

Eine Entscheidung, die zur Rückgabe des Kindes in einen anderen Vertragsstaat verpflichtet, wird erst mit Rechtskraft wirksam und kann daher auch grundsätzlich erst dann **vollzogen** werden, § 40 Abs. 1 IntFamRVG. Neu ist, dass das Beschwerdegericht zu prüfen hat, ob die sofortige Vollziehung der Entscheidung über die Rückgabe des Kindes anzuordnen ist. Dies soll insbesondere erfolgen, wenn die Beschwerde offensichtlich unbegründet ist, § 40 Abs. 3 IntFamRVG-E. Damit soll durch Einreichung einer offensichtlich unbegründeten Beschwerde eine Verzögerung der Rückgabe nicht mehr möglich sein.

Um die praktische Durchsetzung von Rückgabeentscheidungen zu verbessern, wird in § 44 IntFamRVG-E eine an die Zivilprozessordnung angelehnte Vollstreckung eingeführt.[6]

HKÜ Art. 3

(1) Das Verbringen oder Zurückhalten eines Kindes gilt als widerrechtlich, wenn
a. dadurch das Sorgerecht verletzt wird, das einer Person, Behörde oder sonstigen Stelle allein oder gemeinsam nach dem Recht des Staates zusteht, in dem das Kind unmittelbar vor dem Verbringen oder Zurückhalten seinen gewöhnlichen Aufenthalt hatte, und
b. dieses Recht im Zeitpunkt des Verbringens oder Zurückhaltens allein oder gemeinsam tatsächlich ausgeübt wurde oder ausgeübt worden wäre, falls das Verbringen oder Zurückhalten nicht stattgefunden hätte.

---

1 MüKo/*Siehr*, Art. 19 EGBGB Anh. II Rn 21; Staudinger/*Pirrung* (1994), Vorbem. zu Art. 19 EGBGB Rn 638.
2 Bei Redaktionsschluss lag der Gesetzesentwurf der Bundesregierung v. 13.8.2004 (BT-Drucks 15/3981) vor.
3 S. *Schlauß*, FPR 2004, 279.
4 Nach § 12 Abs. 3 können die Länder ein anderes Familiengericht im Oberlandesgerichtsbezirk bestimmen und bei Ländern mit mehreren Oberlandesgerichten die örtliche Zuständigkeit bei einem Familiengericht für mehrere Oberlandesgerichtsbezirke konzentrieren.
5 Eine Ausnahme enthält das HKÜ selbst in Art. 12 Abs. 3.
6 *Schlauß*, FPR 2004, 279, 280.

(2) Das unter Buchstabe a genannte Sorgerecht kann insbesondere kraft Gesetzes, aufgrund einer gerichtlichen oder behördlichen Entscheidung oder aufgrund einer nach dem Recht des betreffenden Staates wirksamen Vereinbarung bestehen.

A. Regelungsgegenstand 1	D. Tatsächliches Ausüben des Sorgerechts . . 18
B. Bestehen eines Sorgerechts 2	E. Gewöhnlicher Aufenthalt 21
I. Arten des Sorgerechts 2	I. Bedeutung 21
II. Sorgerecht nach dem Herkunftsstaat 6	II. Begriff 22
1. Maßgebliches Recht 6	III. Sonderfälle 23
2. Bescheinigung über Sorgerecht 9	1. Trennung und Entführung kurz nach
C. Verletzungsalternativen 10	Umzug ins Ausland 23
I. Widerrechtliches Verbringen 10	2. Gewöhnlicher Aufenthalt bei
II. Widerrechtliches Zurückhalten 11	alternierenden Aufenthalten 27
III. Zeitpunkt 14	3. Gegenläufige Entführungen 31

A. Regelungsgegenstand

1 Art. 3 bestimmt, unter welchen Voraussetzungen das Verbringen oder Zurückhalten widerrechtlich ist, so dass aufgrund Art. 12 die Rückgabe des Kindes angeordnet werden kann: Es muss ein bestehendes und aktuell ausgeübtes Sorgerecht verletzt worden sein. Der Begriff des Sorgerechts wird in Art. 5 näher bestimmt (siehe Art. 5 HKÜ Rn 2 ff.).

B. Bestehen eines Sorgerechts

I. Arten des Sorgerechts

2 Steht zwei Personen, wie meist den Eltern, das Sorgerecht gemeinsam zu, so genügt die Verletzung einer solchen **Mitsorgeberechtigung**.[1]

3 Die Beeinträchtigung eines bloßen Umgangsrechts[2] oder einer tatsächlichen Betreuung reicht nicht aus.[3] Die Verletzung eines Sorgerechts ist also ausgeschlossen, wenn der Entführer das alleinige Sorgerecht besitzt und dies auch die Bestimmung des Aufenthaltsorts mitumfasst.

4 Streitig ist der Fall, wenn der andere Elternteil nicht auch mitsorgeberechtigt war, der Entführer also alleinsorgeberechtigt war, dies aber nicht das Recht einschloss, das Kind ins Ausland mitzunehmen.[4] Teilweise wird insoweit die nach Art. 3 vorausgesetzte Verletzung des Sorgerechts des anderen Elternteils verneint, weil der andere Elternteil keine Berechtigung im Sinne eines Sorgerechts besaß, die verletzt worden sein könnte.[5]

5 Richtigerweise ist die Entscheidung des Herkunftsstaates anzuerkennen, das Umgangsrecht des anderen Elternteils durch die Begrenzung des Aufenthaltsbestimmungsrechts aufzuwerten.[6] Dogmatisch ist das Zustimmungserfordernis des Gerichts oder der Behörde für eine Verlegung des Aufenthalts als Mitsorgerecht zu qualifizieren (siehe Art. 5 HKÜ Rn 4).

II. Sorgerecht nach dem Herkunftsstaat

6 **1. Maßgebliches Recht.** Ob ein Sorgerecht besteht und wem es zusteht, richtet sich nach dem **Recht des Herkunftsstaates**, d.h. des Staates, in dem das Kind unmittelbar vor der Verletzung des Sorgerechts seinen gewöhnlichen Aufenthalt hatte (siehe dazu näher Rn 22 ff.). Ungenau ist es, wenn insoweit von einer Gesamtverweisung gesprochen wird.[7] Zwar wird damit nicht unmittelbar das Sachrecht des Herkunftsstaates berufen, entscheidend ist vielmehr die Sicht des Herkunftsstaates und damit auch dessen Kollisionsrecht. Im Unterschied zu einer herkömmlichen Gesamtverweisung ist aber etwa die Beachtung von Rück- und Weiterverweisungen allein aus Sicht des Herkunftsstaates zu bestimmen.[8] Besteht eine Sorgerechtsentscheidung,

---

1 BVerfG FamRZ 1997, 1269 f.; OLG Karlsruhe FamRZ 2003, 956, 957; Staudinger/*Pirrung* (1994), Vorbem. zu Art. 19 EGBGB Rn 645.
2 OLG Stuttgart FamRZ 2001, 645, 646; Palandt/*Heldrich*, Anh. zu Art. 24 EGBGB Rn 65.
3 OLG Frankfurt IPRspr 1996, Nr. 190; Palandt/*Heldrich*, Anh. zu Art. 24 EGBGB Rn 65.
4 Staudinger/*Pirrung* (1994), Vorbem. zu Art. 19 EGBGB Rn 642.
5 OLG Karlsruhe FamRZ 1992, 1212; Trib. de grande instance Périgueux RCDIP 82 (1993), 651.
6 OLG Hamm FamRZ 2002, 44; OLG Karlsruhe NJWE-FER 1999, 179; Re J (A Minor) (Abduction), [1990] 2 Fam. L. Rep. 439 (Fam. D.); Cour de cassation RCDIP 82 (1993), 656; *Ancel*, RCDIP 82 (1993), 658, 661; Staudinger/*Pirrung* (1994), Vorbem. zu Art. 19 EGBGB Rn 642; wohl auch MüKo/*Siehr*, Art. 19 EGBGB Anh. I Rn 24.
7 Palandt/*Heldrich*, Anh. zu Art. 24 EGBGB Rn 65; *Hüßtege*, IPRax 1992, 369, 371.
8 S. etwa Art. 4 Abs. 1 S. 2 EGBGB.

so kommt es auf deren Wirksamkeit bzw. Anerkennung im Herkunftsland an. Dies muss bis zur Grenze des *ordre public* auch dann gelten, wenn die Entscheidung im Zufluchtsstaat nicht anerkannt wird oder wenn eine Entscheidung des Zufluchtsstaates im Herkunftsstaat nicht anerkannt wird.[9]

Abs. 2 stellt klar, dass sich das Sorgerecht aus Gesetz, aus einer nach dem anwendbaren Recht möglichen und wirksamen Vereinbarung oder aufgrund einer Entscheidung ergeben kann.

Aus **deutscher Sicht** ist das gesetzliche Sorgerecht nach dem Sorgerechtsstatut gemäß Art. 21 EGBGB zu bestimmen. Liegt eine inländische Entscheidung vor, ist diese maßgeblich. Eine ausländische Entscheidung muss nach Art. 16a FGG anerkannt werden.

2. Bescheinigung über Sorgerecht. Verfahrensrechtlich bedeutsam, dass die mit der Rückgabeanordnung befassten Stellen im Zufluchtsstaat nach Art. 15 die Vorlage einer Bescheinigung der Behörden des Herkunftsstaates verlangen können. Der Antragsteller kann eine solche Bescheinigung auch von sich aus vorlegen. Zur Bindungswirkung einer solchen Bescheinigung siehe Art. 15 HKÜ Rn 2.

C. Verletzungsalternativen

I. Widerrechtliches Verbringen

Diese Alternative erfasst den Fall, dass der nicht- oder nur mitsorgeberechtigte Elternteil oder eine sonst nicht sorgeberechtigte Person das Kind aus dem Vertragsstaat, in dem das Kind seinen gewöhnlichen Aufenthalt hat, in einen anderen Vertragsstaat verbringt

II. Widerrechtliches Zurückhalten

Das Kind wird im Zufluchtsstaat widerrechtlich zurückgehalten, wenn es sich in dem Zufluchtstaat zunächst rechtmäßig aufhält und infolge einer Veränderung der Situation heraus- oder zurückzugeben ist.[10] Typisch ist der Fall, dass der (Mit-)Sorgeberechtigte dem Aufenthalt im Zufluchtsstaat nur für eine bestimmte Zeit (Urlaub, Besuch zur Ausübung des Umgangsrechts) zugestimmt hatte.

Ein widerrechtliches Zurückhalten beginnt mit dem Zeitpunkt, in dem der weitere Aufenthalt nicht mehr von der Zustimmung der (mit-)sorgeberechtigten Person gedeckt wird.[11] Dieser Zeitpunkt entscheidet auch über den Beginn der Jahresfrist nach Art. 12.

Ein widerrechtliches Zurückhalten liegt nicht vor, wenn der neue Aufenthalt durch den Sorgerechtsinhaber rechtmäßig begründet wurde, etwa weil er allein sorgeberechtigt war, und das Sorgerecht erst danach auf eine andere Person übertragen worden ist, die nun das Kind herausverlangt.[12]

III. Zeitpunkt

Maßgeblich ist die Sorgerechtslage im Zeitpunkt der Entführung.[13] Ein widerrechtliches Verbringen setzt voraus, dass der andere Elternteil im Zeitpunkt des Aufenthaltswechsels Mitinhaber der elterlichen Sorge war.

Auch das widerrechtliche Zurückhalten verlangt, dass der andere Elternteil bereits bei Aufenthaltswechsel (Mit-)Inhaber der elterlichen Sorge war, diesen aber für eine begrenzte Zeit gebilligt hatte.

Verlegt der allein sorgeberechtigte Elternteil den Aufenthalt des Kindes, so wird dieser ohne rechtswidrige Umstände begründetete Aufenthalt im Zufluchtsstaat nicht dadurch rechtswidrig, dass der andere Elternteil nachträglich im früheren Aufenthaltsstaat die elterliche Sorge übertragen erhält.[14]

Entführt eine Person das Kind zuerst widerrechtlich, erhält sie aber nachträglich auch aus der Sicht des Herkunftsstaates das alleinige Sorgerecht, so entfällt damit die Widerrechtlichkeit. Es wäre sinnlos, das Kind in das Herkunftsland zurückzubringen, wenn der Entführer mit ihm sogleich legal wieder ausreisen könnte.[15]

---

9 *Coester-Waltjen*, in: FS Max-Planck-Institut 2001, S. 543, 549.
10 OLG Karlsruhe FamRZ 1992, 1212, 1213.
11 OLG Karlsruhe FamRZ 1992, 1212, 1213.
12 OLG Karlsruhe FamRZ 1992, 1212; OLG Karlsruhe DAVorm 1998, 253; OLG Düsseldorf FamRZ 1994, 181; *Henrich*, Int. Familienrecht, 2. Aufl. 2000, § 7 II 6; Palandt/*Heldrich*, Anh. zu Art. 24 EGBGB Rn 66.
13 In Re J (A Minor) (Abduction: Custody Rights) [House of Lords] [1990] 2 AC 562; OLG Karlsruhe FamRZ 2003, 956, 957; *Bach/Gildenast*, Internationale Kindesentführung, 1999, Rn 23.
14 OLG Stuttgart FamRZ 2001, 945, 946; OLG Karlsruhe DAVorm 1996, 253; *Henrich*, Int. Familienrecht, 2. Aufl. 2000, § 7 II 6.
15 *Baetge*, IPRax 2000, 146, 147; *Henrich*, Int. Familienrecht, 2. Aufl. 2000, § 7 II 6; OGH IPRax 2000, 141 f. (auf Art. 13 Abs. 1 lit. b abstellend).

D. Tatsächliches Ausüben des Sorgerechts

18 An das tatsächliche Ausüben des Sorgerechts sind keine zu großen Anforderungen zu stellen.[16] Das Sorgerecht wird auch dann tatsächlich ausgeübt, wenn der Elternteil nicht an der täglichen Sorge für das Kind beteiligt ist, mit dem Kind aber zumindest hin und wieder Kontakt hat und sich an den das Kind betreffenden Entscheidungen beteiligt, insbesondere einen dauerhaften Umzug ins Ausland ablehnt.[17] Bei Getrenntleben der Eltern ist eine andere und intensivere Art der Ausübung der elterlichen Sorge für den Elternteil, bei dem das Kind nicht dauernd wohnt, faktisch nicht möglich. Vgl. zu dieser Konstellation nach internem Recht § 1687 BGB. Ansonsten würde der Sorgeberechtigte, bei dem das Kind nicht lebt, die elterliche Sorge nie ausüben.

19 Das Sorgerecht wird nicht ausgeübt, wenn der (Mit-)Sorgeberechtigte sich objektiv nicht um das Kind kümmert, etwa längere Zeit keinen persönlichen Kontakt zu dem Kind sucht;[18] allerdings ist ein Nichtausüben etwa durch die Unterbrechung von Besuchen wegen vorübergehender Abwesenheit aus Berufsgründen unschädlich, wenn der (Mit-)Sorgeberechtigte so weit wie möglich den Kontakt aufrechterhält.

20 Bestehen Zweifel, ob der Antragsteller das Sorgerecht tatsächlich ausgeübt hat, so geht das nicht zu seinen Lasten. Dies ergibt sich aus Art. 13 Abs. 1 lit. a, in dem dies als Versagungsgrund normiert ist.[19]

E. Gewöhnlicher Aufenthalt

I. Bedeutung

21 Typischerweise besteht nicht nur das widerrechtliche Verbringen, sondern auch das widerrechtliche Zurückhalten darin, dass das Kind von dem Ort seines (bisherigen) gewöhnlichen Aufenthalts entfernt wird bzw. entfernt gehalten wird. Das Rückgabeverlangen geht dahin, das Kind in den Staat des (bisherigen) gewöhnlichen Aufenthalts zurückzubringen.

II. Begriff

22 Der Begriff des gewöhnlichen Aufenthalts hat im HKÜ den gleichen Inhalt wie im MSA oder im autonomen Recht.[20] Auch in Entführungsfällen kommt es allein auf den Bleibewillen bzw. die tatsächliche soziale Integration an, die bei Kindern regelmäßig nach sechs Monaten anzunehmen ist. Dagegen spricht auch nicht die in Art. 12 enthaltene Jahresfrist, weil sie nur die Rückgabepflicht betrifft und aufgrund Art. 16 trotz der internationalen Zuständigkeit der Behörden im Zufluchtsstaat eine die Rückgabe vereitelnde Sorgerechtsregelung nicht erfolgen darf.[21]

III. Sonderfälle

23 **1. Trennung und Entführung kurz nach Umzug ins Ausland.** Schwierigkeiten ergeben sich bei der Bestimmung des gewöhnlichen Aufenthalts, wenn die Eltern noch gemeinsam mit dem Kind von dem bisherigen gewöhnlichen Aufenthalt (meist dem Heimatland des einen Elternteils) in ein anderes Land (meist das Heimatland des anderen Elternteils) gezogen sind, der eine Elternteil diesen Aufenthalt abbricht und mit dem Kind in das Ursprungsland zurückkehrt.

24 Ist der Aufenthalt in dem anderen Land von vornherein etwa aufgrund Studienzwecken nur **auf eine begrenzte Zeit angelegt**, etwa ein bis zwei Jahre, bleibt der gewöhnliche Aufenthalt im ursprünglichen Aufenthaltsstaat noch bestehen. Ein widerrechtliches Verbringen ist nicht gegeben.[22] Auf der anderen Seite stellt es ein widerrechtliches Zurückhalten des Kindes dar, wenn ein Ehegatte in dem Land über die gemeinsam vereinbarte Zeit hinaus bleiben will.[23]

---

16 BVerfG FamRZ 1997, 1269 f.; OLG Hamm FamRZ 2004, 723, 724; 2002, 44, 45; OLG Dresden FamRZ 2002, 1136, 1137; MüKo/*Siehr*, Art. 19 EGBGB Anh. I Rn 29.

17 BVerfG FamRZ 1997, 1269 f.; OLG Dresden FamRZ 2002, 1136, 1137; OLG Hamm FamRZ 2002, 44, 45; OLG Stuttgart FamRZ 1996, 688, 689; unrichtig daher OLG Düsseldorf FamRZ 1994, 181, das aus dem Auszug des Vaters aus der ehelichen Wohnung in ein Hotel schloss, er übe die elterliche Sorge nicht mehr aus, obgleich die Kinder kurz darauf ein Wochenende mit dem Vater verbrachten.

18 KG FamRZ 1996, 691, 692; MüKo/*Siehr*, Art. 19 EGBGB Anh. I Rn 29.

19 KG FamRZ 1996, 691, 692, s.a. *Henrich*, Int. Familienrecht, 2. Aufl. 2000, § 7 II 6; *Mansel*, NJW 1990, 2176, 2177; Staudinger/*Pirrung* (1994), Vorbem. zu Art. 19 EGBGB Rn 681.

20 OLG Karlsruhe FamRZ 2003, 956; Palandt/*Heldrich*, Anh. zu Art. 24 EGBGB Rn 67; Staudinger/*Pirrung* (1994), Vorbem. zu Art. 19 EGBGB Rn 647.

21 MüKo/*Siehr*, Art. 19 EGBGB Anh. I Rn 28; *Winkler v. Mohrenfels*, FPR 2001, 189, 193.

22 *Morris v. Morris*, 55 F. Supp.2d 1156 (D.Col.1999); *Winkler v. Mohrenfels*, FPR 2001, 189, 192.

23 *Bruch*, in: GS Lüderitz 2000, S. 43, 55 f.

Ist der Aufenthalt in dem anderen Land hingegen **auf unbestimmte oder zumindest längere Zeit angelegt**, so begründen die Beteiligten dort regelmäßig sofort einen neuen gewöhnlichen Aufenthalt. Das Verbleiben an diesem Aufenthaltsort stellt kein widerrechtliches Zurückhalten dar. Entsprechend liegt ein widerrechtliches Verbringen des Kindes vor, wenn das Kind gegen den Willen des (mit-)sorgeberechtigten Elternteils in das Ursprungsland gebracht wird. Es ist auch sachgerecht, dass über das Sorgerecht in dem Staat des neuen gewöhnlichen Aufenthalts entschieden wird.[24]

Etwas anderes kann allerdings dann gelten, wenn der neue Aufenthaltsort **nur von dem einen Elternteil** und nicht auch von dem anderen von vornherein auf Dauer angelegt worden ist. Rechtstatsächlich sind dies Fälle, bei denen der eine Ehegatte mit dem anderen in dessen Heimatland geht, dies aber unter den Vorbehalt des eigenen Integrationserfolges und/oder des Fortbestehens der Partnerschaft stellt. Ein neuer gewöhnlicher Aufenthalt der Kinder wird in diesen Fällen nicht sofort mit dem Umzug, sondern erst nach erfolgter sozialer Integration in die neue Umgebung begründet. Scheitern die Integration und die Partnerschaft und kehrt der Partner mit den Kindern in den Herkunftsstaat zurück, so liegt darin kein widerrechtliches Verbringen, wenn ein neuer gewöhnlicher Aufenthalt noch nicht begründet worden ist.[25]

2. Gewöhnlicher Aufenthalt bei alternierenden Aufenthalten. Streitig ist die Behandlung der Fälle, bei denen aufgrund gerichtlichen Urteils oder aufgrund der Vereinbarung der Eltern der Aufenthalt des Kindes in bestimmten Zeitabschnitten zwischen zwei Staaten wechselt.

Ist ein alternierender Aufenthalt **von vornherein auf eine bestimmte Zeit begrenzt**, so bleibt der gewöhnliche Aufenthalt an dem Ort erhalten, an dem er vor dem Beginn des Alternierens bestand, wenn dieser Ort einer der alternierenden Aufenthaltsorte bleibt und nach der Planung der Eltern später wieder der alleinige Aufenthaltsort werden soll.[26]

Liegt eine solche Begrenzung nicht vor, ist streitig, ob der gewöhnliche Aufenthalt des Kindes mit dem Aufenthaltswechsel ebenfalls wechselt[27] oder ob ein Aufenthaltsort aufgrund der stärkeren sozialen und kulturellen Verbundenheit des Kindes als alleiniger gewöhnlicher Aufenthalt bestimmt werden muss[28] oder ob das Kind zwei gewöhnliche Aufenthalte hat.[29]

Diese Frage wird deswegen als entscheidend angesehen, weil angenommen wird, dass der Elternteil, der das Kind entgegen der Vereinbarung dem anderen Elternteil nicht herausgibt, dann nicht widerrechtlich handelt, wenn das Kind damit nur an seinem gegenwärtigen gewöhnlichen Aufenthaltsort verbleibt. Richtigerweise darf es aber für die Beurteilung der Widerrechtlichkeit nicht darauf ankommen, ob das Kind dort einen gewöhnlichen Aufenthalt hat. Auch das Zurückhalten am bisherigen gewöhnlichen Aufenthalt ist dann widerrechtlich, wenn nach dem aus dortiger Sicht maßgeblichen Recht die Verletzung des (Mit-)Sorgerechts des anderen Elternteils darstellt.[30] Das Rückgabeverlangen geht in diesem Fall ausnahmsweise nicht dahin, das Kind an den bisherigen gewöhnlichen Aufenthalt zurückzubringen, sondern auf Übergabe an den Antragsteller. Der so genannte Zufluchtstaat ist in diesen Fällen der Staat des gewöhnlichen Aufenthalts des Kindes.

3. Gegenläufige Entführungen. Ungeklärt ist bisher auch die Behandlung der gegenläufigen Entführungen, wenn der eine Elternteil nach der Entführung durch den anderen Elternteil selbst wieder das Kind diesem Elternteil eigenmächtig wegnimmt. Teilweise wird auch insoweit für entscheidend gehalten, ob das Kind in dem ersten Zufluchtstaat bereits einen neuen gewöhnlichen Aufenthalt begründet hat, und nur in diesem Fall die Rückentführung als widerrechtlich angesehen.[31]

Nach dem BVerfG hat in Fällen gegenläufiger Entführungen eine besondere Prüfung des Kindeswohls im Rahmen von Art. 13 Abs. 1 lit. b zu erfolgen, um eine Verstetigung des Kindesaufenthalts zu erreichen. Es soll vermieden werden, dass aufgrund gegenläufiger Rückführungsanträge das Kind zwischen den Staaten hin- und zurückgeführt wird.[32] Im Ergebnis bedeutet dies, dass im Rückgabeverfahren ausnahmsweise wie

---

24 OLG Karlsruhe FamRZ 2003, 956 f.; *Winkler v. Mohrenfels*, FPR 2001, 189, 191 f.
25 AG Nürnberg FamRZ 2004, 725, 726; *Bruch*, in: GS Lüderitz 2000, S. 43, 58 f.
26 OLG Rostock NJW-FER 2001, 93, 94; *Winkler v. Mohrenfels*, FPR 2001, 189, 192.
27 So Re V (Abduction: Habitual Residence) [1995] 2 Fam. L. Rep. 992; OLG Stuttgart FamRZ 2003, 959, 960; MüKo/*Siehr*, Art. 19 EGBGB Anh. I Rn 28b.
28 *Winkler v. Mohrenfels*, FPR 2001, 189, 193.
29 *Bruch*, in: GS Lüderitz 2000, S. 43, 56 f. m.w.N. auf Rspr. in den USA und England.
30 *Coester-Waltjen*, in: FS Max-Planck-Institut 2001, S. 543, 553; anders wohl OLG Frankfurt FPR 2001, 233: Das Gericht nahm einen gewöhnlichen Aufenthalt sowohl in Spanien als auch in Deutschland an und hielt die Mitnahme des Kindes nach Spanien durch den Vater ohne Einwilligung der Mutter nicht für ein rechtswidriges Verbringen, weil das Kind in Spanien (auch) einen gewöhnlichen Aufenthalt hatte.
31 MüKo/*Siehr*, Art. 19 EGBGB Anh. II Rn 28a; s.a. *Coester-Waltjen*, in: FS Max-Planck-Institut 2001, S. 543, 552.
32 BVerfG IPRax 2000, 216, 220; NJW 1999, 3621.

bei einem Verfahren für eine Sorgerechtsentscheidung zu prüfen ist, ob einem Elternteil im Interesse des Kindes das Sorgerecht allein zu übertragen ist.[33]

HKÜ Art. 4

Das Übereinkommen wird auf jedes Kind angewendet, das unmittelbar vor einer Verletzung des Sorgerechts oder des Rechts zum persönlichen Umgang seinen gewöhnlichen Aufenthalt in einem Vertragsstaat hatte. Das Übereinkommen wird nicht mehr angewendet, sobald das Kind das 16. Lebensjahr vollendet hat.

1 Art. 4 bestimmt den persönlichen Anwendungsbereich. Siehe zum Begriff des gewöhnlichen Aufenthalts Art. 3 HKÜ Rn 22 ff. Der Staat des gewöhnlichen Aufenthalts muss im Zeitpunkt der widerrechtlichen Entführung bereits Vertragsstaat gewesen sein.[1] Die **Altersgrenze von 16 Jahren** ist streng formal anzuwenden und kann auch bei behinderten Kindern nicht erweitert werden.[2]

2 Mit Vollendung des 16. Lebensjahres wird das HKÜ unanwendbar. Ein anhängiges Verfahren endet automatisch.[3] Auch die Vollstreckung einer bereits erlassenen Rückgabeanordnung ist nicht mehr möglich.

3 Die Starrheit der Altergrenze wird dadurch gemildert, dass bei älteren, aber noch nicht 16 Jahre alten Kindern nach Art. 13 Abs. 2 dem Willen des Kindes entscheidende Bedeutung für die Rückgabeentscheidung zukommt.

HKÜ Art. 5

Im Sinn dieses Übereinkommens umfaßt
a. das „Sorgerecht" die Sorge für die Person des Kindes und insbesondere das Recht, den Aufenthalt des Kindes zu bestimmen;
b. das „Recht zum persönlichen Umgang" das Recht, das Kind für eine begrenzte Zeit an einen anderen Ort als seinen gewöhnlichen Aufenthaltsort zu bringen.

1 Art. 5 enthält eine **autonome Definition** der für das Übereinkommen zentralen Begriffe des Sorgerechts und des Umgangsrechts.[1]

A. Sorgerecht

2 Sorgerecht im Sinne des Übereinkommens entspricht der Personensorge im Unterschied zur Vermögenssorge.[2] Auf ein Recht zur rechtsgeschäftlichen Vertretung des Kindes kommt es nicht an. Entscheidend ist nach der Zielrichtung des HKÜ das Recht, den **Aufenthalt** des Kindes zumindest mitzubestimmen.[3]

3 Kann ein Elternteil nach dem maßgebenden Recht den Aufenthalt des Kindes auch ohne Zustimmung des anderen Elternteils bestimmen, so steht dem anderen Elternteil kein Sorgerecht im Sinne des Übereinkommens zu. Das Umgangsrecht des anderen Elternteils wird durch das HKÜ nicht davor geschützt, in seiner Ausübung durch den Umzug ins Ausland erschwert zu werden.[4]

4 Ist das Recht des einen Ehegatten, den Aufenthalt des Kindes zu bestimmen, nur durch ein behördliches oder gerichtliches Zustimmungserfordernis, nicht hingegen durch ein Mitbestimmungsrecht des anderen Ehegatten beschränkt, so hat dieser Ehegatte kein Sorgerecht inne. Die Zustimmungsbefugnis der Behörde

---

33 BVerfG NJW 1999, 3621, 3622; *Winkler v. Mohrenfels*, IPRax 2002, 372, 373.
1 MüKo/*Siehr*, Art. 19 EGBGB Anh. II Rn 10, 32.
2 Staudinger/*Pirrung* (1994), Vorbem. zu Art. 19 EGBGB Rn 648.
3 Palandt/*Heldrich*, Anh. zu Art. 24 EGBGB Rn 68; Staudinger/*Pirrung* (1994), Vorbem. zu Art. 19 EGBGB Rn 648; wohl auch *Mansel*, NJW 1990, 2176, 2177; a.A. *Hüßtege*, IPRax 1992, 369, 370 f.
1 MüKo/*Siehr*, Art. 19 EGBGB Anh. II Rn 33; Palandt/*Heldrich*, Anh. zu Art. 24 EGBGB Rn 69.

2 BVerfG FamRZ 1997, 1269; Staudinger/*Pirrung* (1994), Vorbem. zu Art. 19 EGBGB Rn 649.
3 BVerfG FamRZ 1997, 1269; OLG Stuttgart FamRZ 1996, 688; KG FamRZ 1996, 691, 692.
4 *Henrich*, Int. Familienrecht, 2. Aufl. 2000, § 7 II 6; Palandt/*Heldrich*, Anh. zu Art. 24 EGBGB Rn 69; Staudinger/*Pirrung* (1994), Vorbem. zu Art. 19 EGBGB Rn 642; a.A. MüKo/*Siehr*, Art. 19 EGBGB Anh. II Rn 34.

oder des Gerichts zu einem Aufenthaltswechsel ist aber als Sorgerecht zu qualifizieren, das bei einem nicht konsentierten Verbringen oder Zurückhalten i.S.v. Art. 3 verletzt wird.

Da die rechtmäßige oder rechtswidrige Verlegung des Aufenthalts des Kindes im Zentrum der Regelungen des HKÜ steht, setzt ein Sorgerecht immer die (Mit-)Berechtigung bei der internationalen Aufenthaltsbestimmung voraus[5] und ist ein Sorgerecht immer anzunehmen, wenn eine Person, ein Gericht oder eine Behörde ein (Mit-)Bestimmungsrecht hinsichtlich des Aufenthalts des Kindes hat.[6]

B. Recht zum persönlichen Umgang

Das Recht zum persönlichen Umgang wird vom HKÜ als ein qualifiziertes Besuchsrecht definiert, das das Recht einschließt, das Kind von seinem gewöhnlichen Aufenthaltsort für begrenzte Zeit an einen anderen Ort, gegebenenfalls in ein anderes Land, zu verbringen.

Vom Sorgerecht unterscheidet es sich vor allem dadurch, dass es nicht das Recht beinhaltet, den gewöhnlichen Aufenthalt des Kindes (mit) zu bestimmen. Der Umgangsberechtigte kann daher einer Verlegung des gewöhnlichen Aufenthalts des Kindes in ein anderes Land nicht widersprechen und wird auch nicht vor einer dadurch eintretenden tatsächlichen Erschwerung bei der Ausübung des Besuchsrechts geschützt.[7] Das HKÜ hat vielmehr nur zum Ziel, die Möglichkeit der Ausübung eines Umgangsrechts auch grenzüberschreitend zu gewährleisten (Art. 1 lit. a Alt. 2).

Kapitel II. Zentrale Behörden

HKÜ Art. 6

(1) Jeder Vertragsstaat bestimmt eine zentrale Behörde, welche die ihr durch dieses Übereinkommen übertragenen Aufgaben wahrnimmt.

(2) Einem Bundesstaat, einem Staat mit mehreren Rechtssystemen oder einem Staat, der aus autonomen Gebietskörperschaften besteht, steht es frei, mehrere zentrale Behörden zu bestimmen und deren räumliche Zuständigkeit festzulegen. Macht ein Staat von dieser Möglichkeit Gebrauch, so bestimmt er die zentrale Behörde, an welche die Anträge zur Übermittlung an die zuständige zentrale Behörde in diesem Staat gerichtet werden können.

HKÜ Art. 7

(1) Die zentralen Behörden arbeiten zusammen und fördern die Zusammenarbeit der zuständigen Behörden ihrer Staaten, um die sofortige Rückgabe von Kindern sicherzustellen und auch die anderen Ziele dieses Übereinkommens zu verwirklichen.

(2) Insbesondere treffen sie unmittelbar oder mit Hilfe anderer alle geeigneten Maßnahmen, um
a. den Aufenthaltsort eines widerrechtlich verbrachten oder zurückgehaltenen Kindes ausfindig zu machen;
b. weitere Gefahren von dem Kind oder Nachteile von den betroffenen Parteien abzuwenden, indem sie vorläufige Maßnahmen treffen oder veranlassen;
c. die freiwillige Rückgabe des Kindes sicherzustellen oder eine gütliche Regelung der Angelegenheit herbeizuführen;
d. soweit zweckdienliche Auskünfte über die soziale Lage des Kindes auszutauschen;
e. im Zusammenhang mit der Anwendung des Übereinkommens allgemeine Auskünfte über das Recht ihrer Staaten zu erteilen;
f. ein gerichtliches oder behördliches Verfahren einzuleiten oder die Einleitung eines solchen Verfahrens zu erleichtern, um die Rückgabe des Kindes zu erwirken sowie gegebenenfalls die

---

5 OGH IPRax 1999, 177, 178; a.A. *Holl*, IPRax 1999, 185.
6 Weiter gehend OLG Dresden FamRZ 2002, 1136, 1137, das auch wegen der Pflicht der Mutter zur Information des Vaters bei einem geplanten Aufenthaltswechsel ein Mitsorgerecht annahm, weil der Vater durch gerichtlichen Antrag Einfluss auf den dauernden Aufenthalt des Kindes nehmen könnte.
7 A.M. MüKo/*Siehr*, Art. 19 EGBGB Anh. II Rn 34.

Durchführung oder die wirksame Ausübung des Rechts zum persönlichen Umgang zu gewährleisten;
g. soweit erforderlich die Bewilligung von Prozeßkosten- und Beratungshilfe, einschließlich der Beiordnung eines Rechtsanwalts, zu veranlassen oder zu erleichtern;
h. durch etwa notwendige und geeignete behördliche Vorkehrungen die sichere Rückgabe des Kindes zu gewährleisten;
i. einander über die Wirkungsweise des Übereinkommens zu unterrichten und Hindernisse, die seiner Anwendung entgegenstehen, soweit wie möglich auszuräumen.

1 Die Einrichtung von zentralen Behörden in allen Vertragsstaaten dient dazu, die effektive Anwendung des HKÜ zu gewährleisten. Ihre Aufgaben werden in Art. 7 näher beschrieben. Die Zentralisierung der Aufgaben auf eine Behörde pro Land dient vor allem dazu, die fachliche Kompetenz zu erhöhen und eine effektive Zusammenarbeit der Behörden aus verschiedenen Vertragsstaaten zu erleichtern.

2 In **Deutschland** ist die zentrale Behörde für das gesamte Bundesgebiet: Der Generalbundesanwalt beim Bundesgerichtshof, Zentrale Behörde, Adenauerallee 99–103, 53113 Bonn; Tel.: 01888-410-40 oder (0228) 410-40; Fax: 01888-410-5050 oder (0228) 410-5401; E-Mail: sg41-42@bzr.bund.de; Internet-Seite: http://www.bundeszentralregister.de/hkue_esue/index.html.

3 Eine Liste mit den Anschriften der zentralen Behörden in den anderen Vertragsstaaten findet sich auf der Internetseite der Haager Konferenz für Internationales Privatrecht.[1]

Kapitel III. Rückgabe von Kindern

HKÜ Art. 8

(1) Macht eine Person, Behörde oder sonstige Stelle geltend, ein Kind sei unter Verletzung des Sorgerechts verbracht oder zurückgehalten worden, so kann sie sich entweder an die für den gewöhnlichen Aufenthalt des Kindes zuständige zentrale Behörde oder an die zentrale Behörde eines anderen Vertragsstaats wenden, um mit deren Unterstützung die Rückgabe des Kindes sicherzustellen.

(2) Der Antrag muß enthalten
a. Angaben über die Identität des Antragstellers, des Kindes und der Person, die das Kind angeblich verbracht oder zurückgehalten hat;
b. das Geburtsdatum des Kindes, soweit es festgestellt werden kann;
c. die Gründe, die der Antragsteller für seinen Anspruch auf Rückgabe des Kindes geltend macht;
d. alle verfügbaren Angaben über den Aufenthaltsort des Kindes und die Identität der Person, bei der sich das Kind vermutlich befindet.

(3) Der Antrag kann wie folgt ergänzt oder es können ihm folgende Anlagen beigefügt werden:
e. eine beglaubigte Ausfertigung einer für die Sache erheblichen Entscheidung oder Vereinbarung;
f. eine Bescheinigung oder eidesstattliche Erklärung (Affidavit) über die einschlägigen Rechtsvorschriften des betreffenden Staates; sie muß von der zentralen Behörde oder einer sonstigen zuständigen Behörde des Staates, in dem sich das Kind gewöhnlich aufhält, oder von einer dazu befugten Person ausgehen;
g. jedes sonstige für die Sache erhebliche Schriftstück.

HKÜ Art. 9

Hat die zentrale Behörde, bei der ein Antrag nach Artikel 8 eingeht, Grund zu der Annahme, dass sich das Kind in einem anderen Vertragsstaat befindet, so übermittelt sie den Antrag unmittelbar und unverzüglich der zentralen Behörde dieses Staates; sie unterrichtet davon die ersuchende zentrale Behörde oder gegebenenfalls den Antragsteller.

---

1 http://hcch.e-vision.nl/
index_en.php?act=conventions.authorities&cid=24;
Startseite: http://hcch.net.

HKÜ Art. 10

Die zentrale Behörde des Staates, in dem sich das Kind befindet, trifft oder veranlaßt alle geeigneten Maßnahmen, um die freiwillige Rückgabe des Kindes zu bewirken.

Die sorgeberechtigte Person kann sich nach **Art. 8 Abs. 1** wegen einer Entführung i.S.v. Art. 3 an die zentrale Behörde eines jeden Vertragsstaates wenden. Praktisch kommen vor allem Anträge an die zentralen Behörden im Herkunftsstaat und im Zufluchtsstaat in Betracht. Eine **Eilbedürftigkeit** wegen drohenden Ablaufs der Jahresfrist nach Art. 12 Abs. 1 kann für einen Antrag direkt bei der zentralen Stelle des Zufluchtsstaates sprechen.[1] Ansonsten ist es meist ratsam, primär die zentrale Stelle im Herkunftsland einzuschalten, um sich deren Unterstützung zu sichern.[2] Dies gilt besonders bei Unsicherheiten hinsichtlich des Aufenthalts des Kindes oder bei Sprachschwierigkeiten.

Art. 8 Abs. 2 regelt den notwendigen Inhalt eines **Antrags**. Der Generalbundesanwalt beim Bundesgerichtshof hält Antragsformulare in mehreren Sprachen (siehe Art. 24) vorrätig, die von der Internetseite heruntergeladen werden können[3] oder auf Anfrage übersandt werden. Dort ist auch ein Formular für die nach Art. 28 vorgesehene Vollmacht erhältlich.

Die Tätigkeit des Generalbundesanwalts sowie der jeweiligen ausländischen zentralen Behörde ist kostenfrei, Art. 26 Abs. 1 HKÜ. Erforderliche **Übersetzungskosten** hat der antragstellende Elternteil grundsätzlich selbst zu tragen. Auf Antrag kann das Amtsgericht Kostenbefreiung erteilen, wenn der antragstellende Elternteil die persönlichen und wirtschaftlichen Voraussetzungen für die Gewährung von Prozesskostenhilfe erfüllt.[4] Im Ausland anfallende Gerichts- und Anwaltskosten sind im Rahmen des Haager Übereinkommens ggf. vom antragstellenden Elternteil selbst zu erbringen, weil viele Staaten einen Vorbehalt gegen Art. 26 eingelegt haben und nicht alle Vertragsstaaten Prozesskostenhilfe gewähren.[5]

Die zentrale Stelle des Herkunftsstaates leitet den Antrag nach **Art. 9** an die zentrale Stelle des Zufluchtsstaates weiter. Stellt sich heraus, dass sich das Kind in einem **Nicht-Vertragsstaat** befindet, können die zentralen Stellen nicht tätig werden und weisen den Antrag zurück (Art. 27).[6] Der beeinträchtigte Elternteil muss sich selbst an die Behörden des betreffenden Staates wenden. Unter Umständen kann der in Deutschland zurückbleibende Elternteil durch Einschaltung des Auswärtigen Amtes auf den Fall Einfluss nehmen. Das Auswärtige Amt[7] teilt auf Anfrage mit, welche Einwirkungsmöglichkeiten im Einzelnen gegeben sein können.[8]

Im Interesse aller Beteiligten und insbesondere des Kindes ordnet **Art. 10** an, dass primär eine **freiwillige Rückgabe** zu versuchen ist. Bei Aufenthalt des Kindes im Inland kann hierfür nach § 9 Abs. 1 Nr. 2 IntFamRVG-E das örtliche Jugendamt eingeschaltet werden.[9]

HKÜ Art. 11

(1) In Verfahren auf Rückgabe von Kindern haben die Gerichte oder Verwaltungsbehörden eines jeden Vertragsstaats mit der gebotenen Eile zu handeln.

(2) Hat das Gericht oder die Verwaltungsbehörde, die mit der Sache befaßt sind, nicht innerhalb von sechs Wochen nach Eingang des Antrags eine Entscheidung getroffen, so kann der Antragsteller oder die zentrale Behörde des ersuchten Staates von sich aus oder auf Begehren der zentralen Behörde

---

1 Staudinger/*Pirrung* (1994), Vorbem. zu Art. 19 EGBGB Rn 668.
2 Staudinger/*Pirrung* (1994), Vorbem. zu Art. 19 EGBGB Rn 668.
3 http://www.bundeszentralregister.de/hkue_esue/ 008.html (Stand Oktober 2004).
4 Antragsformular unter http://www.bundeszentralregister.de/ hkue_esue/008.html (Stand Oktober 2004).
5 S. Hinweise zur Rückführung aus dem Ausland und zur Durchsetzung des Umgangsrechts im Ausland, hrsg. vom Generalbundesanwalt beim Bundesgerichtshof, 2. Aufl. 1999 (http://www.bundeszentralregister.de/hkue_esue/ 005.html; Stand Oktober 2004).
6 Palandt/*Heldrich*, Anh. zu Art. 24 EGBGB Rn 73.
7 Auswärtiges Amt, Referat 512, Am Werderschen Markt, 10117 Berlin, Tel.: (01888) 17-0; Fax: (01888) 7 3402.
8 S. Hinweise zur Rückführung aus dem Ausland und zur Durchsetzung des Umgangsrechts im Ausland, hrsg. vom Generalbundesanwalt beim Bundesgerichtshof, 2. Aufl. 1999 (http://www.Bundeszentralregister.de/hkue_esue// 005.html; Stand: Oktober 2004)
9 S. zu Mediationen in internationalen Kindschaftskonflikten *Ripke*, FPR 2004, 199.

des ersuchenden Staates eine Darstellung der Gründe für die Verzögerung verlangen. Hat die zentrale Behörde des ersuchten Staates die Antwort erhalten, so übermittelt sie diese der zentralen Behörde des ersuchenden Staates oder gegebenenfalls dem Antragsteller.

1   Art. 11 dient dem Ziel des HKÜ, eine möglichst schnelle Rückgabe des Kindes zu erreichen, um den Einfluss der durch die Entführung geschaffenen Fakten auf eine spätere Sorgerechtsentscheidung gering zu halten.

2   In Deutschland wurde kein besonderes Verfahren für die Rückgabeanordnung eingeführt. Das IntFamRVG modifiziert aber das anwendbare Verfahren der freiwilligen Gerichtsbarkeit punktuell. Nach § 38 Abs. 1 IntFamRVG-E ist das Verfahren auf Rückgabe des Kindes in allen Rechtszügen vorrangig zu behandeln und findet eine Aussetzung des Verfahrens außer im Falle von Art. 12 Abs. 3 nicht statt.

3   Art. 11 Abs. 3 Unterabs. 2 EheVO 2003 modifiziert im Anwendungsbereich der EheVO 2003 Art. 11 Abs. 2 HKÜ dahin gehend, dass eine Entscheidung nach sechs Wochen ergehen muss, wenn keine außergewöhnlichen Umstände vorliegen.

HKÜ Art. 12

(1) Ist ein Kind im Sinn des Artikels 3 widerrechtlich verbracht oder zurückgehalten worden und ist bei Eingang des Antrags bei dem Gericht oder der Verwaltungsbehörde des Vertragsstaats, in dem sich das Kind befindet, eine Frist von weniger als einem Jahr seit dem Verbringen oder Zurückhalten verstrichen, so ordnet das zuständige Gericht oder die zuständige Verwaltungsbehörde die sofortige Rückgabe des Kindes an.

(2) Ist der Antrag erst nach Ablauf der in Absatz 1 bezeichneten Jahresfrist eingegangen, so ordnet das Gericht oder die Verwaltungsbehörde die Rückgabe des Kindes ebenfalls an, sofern nicht erwiesen ist, daß das Kind sich in seine neue Umgebung eingelebt hat.

(3) Hat das Gericht oder die Verwaltungsbehörde des ersuchten Staates Grund zu der Annahme, daß das Kind in einen anderen Staat verbracht worden ist, so kann das Verfahren ausgesetzt oder der Antrag auf Rückgabe des Kindes abgelehnt werden.

A. Regelungsgegenstand 1	C. Jahresfrist 4
B. Widerrechtliches Verbringen oder	D. Einleben in neue Umgebung 9
Zurückhalten 3	

A. Regelungsgegenstand

1   Art. 12 regelt die Voraussetzungen, unter denen das Gericht im Zufluchtstaat die Rückgabe des Kindes anzuordnen hat, und ist damit die **zentrale Bestimmung** des HKÜ. Die Grundvoraussetzung ist, dass das Verbringen oder Zurückhalten des Kindes widerrechtlich war. Ist der Rückgabeantrag innerhalb von einem Jahr seit der Entführung gestellt worden, verlangt Art. 12 keine Erfüllung weiterer Voraussetzungen. Eine Rückgabe kann nur aufgrund der Ausnahmevorschrift des Art. 13 abgelehnt werden. Ist eine Frist von über einem Jahr vergangen, ist die Rückgabe nach Abs. 2 zu versagen, wenn sich das Kind nachweislich in seine neue Umgebung eingelebt hat.

2   Die Regelung in Abs. 3 schließt eine *perpetuatio fori* aus.[1] Eine Rückgabe kann nicht angeordnet werden, wenn sich das Kind nicht (mehr) in dem Gerichtsstaat aufhält. Die Aussetzung des Verfahrens ist angebracht, wenn eine Rückkehr in den Gerichtsstaat möglich erscheint. Ansonsten ist der Antrag abzulehnen. Befindet sich das Kind mittlerweile in einem Nichtvertragsstaat, ist das HKÜ nicht mehr anwendbar.

B. Widerrechtliches Verbringen oder Zurückhalten

3   Die Voraussetzungen, unter denen das Verbringen oder Zurückhalten widerrechtlich war, sind in Art. 3 näher geregelt. Artt. 14, 15 enthalten verfahrensrechtliche Vorschriften für die Feststellung der Widerrechtlichkeit.

---

1 MüKo/*Siehr*, Art. 19 EGBGB Anh. II Rn 56.

C. Jahresfrist

Die Frist **beginnt** mit der widerrechtlichen Verletzung des Sorgerechts durch **Verbringen** des Kindes vom Staat seines gewöhnlichen Aufenthalts ins Ausland. Eine vorherige Verletzung des (Mit-)Sorgerechts, ohne dass dabei ein grenzüberschreitender Bezug bestand, etwa durch eigenmächtigen Wechsel des Aufenthalts im Staat des bisherigen gewöhnlichen Aufenthalts, setzt die Frist nicht in Gang.[2] Solange ein grenzüberschreitender Bezug zwischen zwei Vertragsstaaten nicht besteht, ist das HKÜ nicht anwendbar. Der (Mit-)Sorgeberechtigte kann in dieser Zeit noch nicht die zentralen Behörden einschalten oder einen Rückgabeantrag nach dem HKÜ stellen. Aus diesem Grund beginnt die Frist auch noch nicht zu laufen, wenn das Kind zunächst in einen Nichtvertragsstaat verbracht wurde.

Bei der Alternative des **Zurückhaltens** des Kindes beginnt die Frist mit dem Zeitpunkt zu laufen, zu dem die Widerrechtlichkeit eintritt (siehe Art. 3 HKÜ Rn 12). Hat der (mit-)sorgeberechtigte Elternteil nur einem vorübergehenden Aufenthalt im Ausland zugestimmt, beginnt die Frist, wenn die konsentierte Aufenthaltsdauer abgelaufen ist, oder mangels bestimmter Dauer ab dem Zeitpunkt, in dem der Wille des Entführers für den (Mit-)Sorgeberechtigten erkennbar in Erscheinung tritt, den Aufenthalt dauernd zu verlegen.[3]

Maßgebend für die **Einhaltung der Frist** ist die Einreichung des formellen Antrags auf Rückgabe bei dem Gericht oder der Behörde, das oder die über die Rückgabe nach Art. 12 entscheidet.[4] Nicht ausreichend ist daher der Antrag an eine zentrale Behörde oder eine Ankündigung der zentralen Behörde an das Gericht oder die Behörde, ein Rückgabeantrag werde demnächst gestellt.[5] Auch ein Antrag auf Prozesskostenhilfe (§ 43 IntFamRVG-E) genügt nicht.[6]

Wurde der Antrag bei einem örtlich oder sachlich **nicht zuständigen Gericht** eingereicht, kommt es dennoch auf diesen Zeitpunkt an, wenn der Antrag unverzüglich an das zuständige Gericht oder die zuständige Behörde weitergereicht wird.[7] Der Antragsteller sollte insoweit nicht mit der Unsicherheit belastet werden, die örtlich zuständige Stelle zu finden.[8] Dies umso mehr, als der Entführer durch den Wechsel des schlichten Aufenthalts die Zuständigkeit verändern kann.[9]

Die Einhaltung der Frist ist streng zu handhaben. Das Verschleiern des Aufenthalts oder ein auf Verzögerung angelegtes Verhandeln durch den Entführer kann eine Fristverlängerung nicht begründen.[10]

D. Einleben in neue Umgebung

Ist die Jahresfrist verstrichen, schließt dies die Anordnung der Rückgabe nicht per se aus. Es ist aber von Amts wegen zu prüfen,[11] ob sich das Kind bereits in seine neue Umgebung eingelebt hat. Für die Beurteilung dieser Frage ist der **Zeitpunkt der Entscheidung**, nicht der der Antragstellung maßgeblich.[12] Da die Jahresfrist versäumt worden ist, tritt die Dringlichkeit der Rückgabe hinter der Berücksichtigung des Kindeswohls im konkreten Fall zurück. In welchem Maße das Kind von einer Rückgabe betroffen wird, entscheidet sich nach seiner Lebenssituation im Zeitpunkt der Entscheidung bzw. einer etwaigen Vollstreckung.

Maßgeblich ist die **Integration des Kindes in das familiäre, soziale und kulturelle Umfeld**.[13] Entscheidend kommt es daher darauf an, ob das Kind soziale Kontakte zu Verwandten und Freunden hat, in den Kindergarten oder in die Schule geht und die Sprache des Aufenthaltsstaates beherrscht. Ein kinderpsycho-

---

2 *Bach*, FamRZ 1997, 1051, 1055; offen gelassen von KG FamRZ 1996, 692, 693; a.A. Staudinger/*Pirrung* (1994), Vorbem. zu Art. 19 EGBGB Rn 676.
3 OLG Koblenz FamRZ 1994, 183.
4 OLG Bamberg FamRZ 1995, 305; AG Würzburg FamRZ 1998, 1319, 1320; MüKo/*Siehr*, Art. 19 EGBGB Anh. II Rn 53; Palandt/*Heldrich*, Anh. zu Art. 24 EGBGB Rn 76; Staudinger/*Pirrung* (1994), Vorbem. zu Art. 19 EGBGB Rn 676; unklar insoweit KG FamRZ 197, 1098, 1099.
5 OLG Bamberg FamRZ 1995, 305; MüKo/*Siehr*, Art. 19 EGBGB Anh. II Rn 53.
6 *Bach*, FamRZ 1997, 1051, 1055, Fn 52.
7 Staudinger/*Pirrung* (1994), Vorbem. zu Art. 19 EGBGB Rn 676; anders anscheinend OLG Bamberg FamRZ 1995, 305 re. Sp. unten.
8 S. den Fall OLG Oldenburg FGPrax 2003, 80, wo ein örtlich nicht zuständiges Amtsgericht über die Rückgabe entschieden hat.
9 Eine Wechsel der Zuständigkeit tritt in Deutschland allerdings nach § 11 IntFamRVG-E nur ein, wenn noch kein Antrag bei der zentralen Behörde gestellt worden ist.
10 Staudinger/*Pirrung* (1994), Vorbem. zu Art. 19 EGBGB Rn 676.
11 *Bach*, FamRZ 1997, 1055; Palandt/*Heldrich*, Anh. zu Art. 24 EGBGB Rn 76.
12 OLG Koblenz FamRZ 1994, 183 (implizit); Staudinger/*Pirrung* (1994), Vorbem. zu Art. 19 EGBGB Rn 678; a.A. MüKo/*Siehr*, Art. 19 EGBGB Anh. II Rn 55 unter m.E. nicht überzeugender Berufung auf den englischen Wortlaut.
13 OLG Karlsruhe NJWE-FER 1999, 179; OLG Bamberg FamRZ 1995, 305, 306; Palandt/*Heldrich*, Anh. zu Art. 24 EGBGB Rn 76.

logisches Gutachten darf grundsätzlich nicht eingeholt werden, weil durch jede zusätzliche **Verzögerung die Wahrscheinlichkeit einer Eingewöhnung zunimmt.**[14]

11 Unklar ist, ob die Voraussetzungen des **Einlebens** denen entsprechen, die für die Begründung des gewöhnlichen Aufenthalts aufgrund sozialer Integration erforderlich sind. Jedenfalls ist in der Rechtspraxis zumindest bei einem dauernden Aufenthalt von **zwölf Monaten** im Zufluchtstaat regelmäßig ein Einleben anzunehmen. Der Einhaltung der Jahresfrist kommt damit eine zentrale Bedeutung für die Erfolgsaussichten des Rückgabeverlangens zu.[15]

12 Teilweise wird vorgeschlagen, die Frage des Einlebens besonders streng zu prüfen, wenn der Entführer etwa durch Verschleiern des Aufenthalts dazu beigetragen hat, dass der Antrag nicht innerhalb der Jahresfrist gestellt werden konnte.[16] Dagegen spricht aber, dass Abs. 2 die Interessen des Kindes schützen will. Rein tatsächlich kann bei wechselnden Aufenthalten auch innerhalb eines Landes ein Einleben in die neue Umwelt auch nach Jahresfrist noch nicht stattgefunden haben. Die Rechtsprechung hat es auch abgelehnt, bei einer nur geringfügigen Überschreitung der Jahresfrist besonders hohe Anforderungen an die Bejahung der Eingewöhnung zu stellen.[17]

13 Bleibt es zweifelhaft, ob sich das Kind bereits eingelebt hat, ist die Rückgabe anzuordnen.[18] Dafür spricht neben dem Wortlaut auch die Zielsetzung des HKÜ.

HKÜ Art. 13

(1) Ungeachtet des Artikels 12 ist das Gericht oder die Verwaltungsbehörde des ersuchten Staates nicht verpflichtet, die Rückgabe des Kindes anzuordnen, wenn die Person, Behörde oder sonstige Stelle, die sich der Rückgabe des Kindes widersetzt, nachweist,

a. daß die Person, Behörde oder sonstige Stelle, der die Sorge für die Person des Kindes zustand, das Sorgerecht zur Zeit des Verbringens oder Zurückhaltens tatsächlich nicht ausgeübt, dem Verbringen oder Zurückhalten zugestimmt oder dieses nachträglich genehmigt hat oder

b. daß die Rückgabe mit der schwerwiegenden Gefahr eines körperlichen oder seelischen Schadens für das Kind verbunden ist oder das Kind auf andere Weise in eine unzumutbare Lage bringt.

(2) Das Gericht oder die Verwaltungsbehörde kann es ferner ablehnen, die Rückgabe des Kindes anzuordnen, wenn festgestellt wird, daß sich das Kind der Rückgabe widersetzt und daß es ein Alter und eine Reife erreicht hat, angesichts deren es angebracht erscheint, seine Meinung zu berücksichtigen.

(3) Bei Würdigung der in diesem Artikel genannten Umstände hat das Gericht oder die Verwaltungsbehörde die Auskünfte über die soziale Lage des Kindes zu berücksichtigen, die von der zentralen Behörde oder einer anderen zuständigen Behörde des Staates des gewöhnlichen Aufenthalts des Kindes erteilt worden sind.

A. Regelungsgegenstand 1	III. Rückkehr mit dem Entführer 14
B. Abs. 1 lit. a 4	IV. Art. 11 Abs. 4 EheVO 2003 19
I. Tatsächliches Nichtausüben 4	D. Entgegenstehender Wille des Kindes
II. Zustimmung oder Genehmigung 5	(Abs. 2) 20
C. Abs. 1 lit. b 7	E. Verfahrensrechtliche Beteiligung und
I. Allgemeines 7	Anhörung des Kindes 28
II. Verhältnis zur Sorgerechtsentscheidung . . . 10	

A. Regelungsgegenstand

1 Art. 13 enthält Gründe, bei deren Vorliegen ausnahmsweise die Rückgabe trotz Vorliegens der Voraussetzungen nach Art. 12 nicht anzuordnen ist. Diese **Ausnahmebestimmung** ist eng auszulegen. Anders als bei Sorgerechtsentscheidungen ist der Entscheidungsmaßstab nicht, ob dem Wohl des konkreten Kindes durch die Rückführung oder das Verbleiben im Zufluchtstaat am besten gedient wird.

---

14 Anders anscheinend OLG Karlsruhe NJWE-FER 1999, 179.
15 S. die Entscheidungen OLG Bamberg FamRZ 2000, 371 (Antrag gerade noch innerhalb der Jahresfrist; Rückgabe angeordnet); OLG Bamberg FamRZ 1995, 305 (Antrag nach 14 Monaten; Rückgabe wegen Einlebens abgelehnt).
16 Palandt/*Heldrich*, Anh. zu Art. 24 EGBGB Rn 76; Staudinger/*Pirrung* (1994), Vorbem. zu Art. 19 EGBGB Rn 678.
17 OLG Bamberg FamRZ 1995, 305.
18 Staudinger/*Pirrung* (1994), Vorbem. zu Art. 19 EGBGB Rn 678.

Die **Darlegungs- und Beweislast** liegt bei dem Antragsgegner. Insoweit besteht eine Ausnahme von dem 2
sonst geltenden Grundsatz der Amtsermittlung.[1] In eine Sachprüfung hat das Gericht nur einzutreten, wenn
die Gründe substantiiert dargelegt werden. Strenge Anforderungen an die Substantiiertheit sind erforderlich,
um einen Missbrauch zu vermeiden, weil Antragsgegner regelmäßig die Ausnahmegründe nach Art. 13
geltend machen, um zumindest eine Verzögerung des Verfahrens zu erreichen.[2]

Bei **Zweifeln** ist die Rückgabe anzuordnen.[3] Die darin möglicherweise liegende Beeinträchtigung der 3
Interessen des einzelnen Kindes zugunsten der präventiven Zielsetzung des HKÜ ist verfassungsrechtlich
nicht zu beanstanden.[4]

B. Abs. 1 lit. a

I. Tatsächliches Nichtausüben

Siehe dazu Art. 3 HKÜ Rn 18–20. 4

II. Zustimmung oder Genehmigung

Abs. 1 lit. a schließt eine Rückgabeanordnung aus, wenn der Allein- oder Mitsorgeberechtigte dem Aufent- 5
haltswechsel zugestimmt hat. Dies gilt unabhängig davon, ob die Zustimmung bereits nach dem gemäß Art. 3
maßgeblichen Recht die Widerrechtlichkeit entfallen lässt. Die Regelung beruht auf dem Rechtsgedanken
des *venire contra factum proprium*.[5] Notwendig ist allerdings, dass der Sorgeberechtigte nicht nur einem
vorübergehenden, sondern einem dauernden Aufenthaltswechsel zugestimmt hat.

Eine nachträgliche **Genehmigung** kann ausdrücklich oder konkludent erklärt werden. Allerdings darf aus 6
dem bloßen Nichtreagieren nicht auf eine Einwilligung geschlossen werden. Es sind objektive Anhaltspunkte
erforderlich, die die Annahme einer Einwilligung rechtfertigen. Aus der Bereitschaft zu weit reichenden
Zugeständnissen im Rahmen von gütlichen Einigungsversuchen darf keine Genehmigung abgeleitet werden.[6] Sonst würde der konziliante Elternteil davon abgeschreckt, sich auf einen gütlichen Einigungsversuch
einzulassen.

C. Abs. 1 lit. b

I. Allgemeines

Die Rückführung des Kindes hat nur bei **ungewöhnlich schwerwiegenden Beeinträchtigungen** des Kindes- 7
wohls zu unterbleiben. Die mit jeder Rückführung des Kindes verbundenen Belastungen, die etwa durch den
Wechsel der Wohnung, der Schule und der sonstigen Bezugspersonen eintreten, sind nicht ausreichend.[7] Nach
der Zielsetzung des HKÜ ist im Interesse der Kontinuität der Lebensverhältnisse des Kindes, zur Ermöglichung einer sachnahen Entscheidung im Herkunftsstaat und zur Erzielung einer präventiven Wirkung gegen
Entführungen die Rückführung anzuordnen, um am früheren Aufenthaltsort eine Sorgerechtsentscheidung zu
ermöglichen.[8]

Beispiele für eine ungewöhnlich schwerwiegende Beeinträchtigung des körperlichen oder seelischen Wohls 8
des Kindes sind drohende physische oder psychische Misshandlungen im Herkunftsstaat, insbesondere durch
den Antragsteller, oder Rückkehr in ein Kriegsgebiet.[9] Allein der Umstand, dass die Sicherheitslage geringer
ist als im Inland, reicht aber nicht aus. Eine Rückgabe kann auch ausgeschlossen sein, wenn ein gewaltsamer
Rückentführungsversuch des Antragstellers zu einer tief greifenden Verängstigung des Kindes geführt hat.[10]

Ein kinderpsychologisches Gutachten ist grundsätzlich (zu einer Ausnahme siehe Art. 3 HKÜ Rn 32) 9
nicht einzuholen, um das Verfahren nicht zu verlängern. Sonst könnte sich der durch den Entführer

---

1 KG FamRZ 1996, 691, 692; OLG Frankfurt FamRZ 1994, 1339, 1340; *Henrich*, Int. Familienrecht, 2. Aufl. 2000, § 7 II 6; *Mansel*, NJW 1990, 2176, 2177.
2 *Henrich*, Int. Familienrecht, 2. Aufl. 2000, § 7 II 6.
3 *Henrich*, Int. Familienrecht, 2. Aufl. 2000, § 7 II 6.
4 BVerfG IPRax 1997, 123 f.; BVerfG IPRax 2000, 216 = FamRZ 1999, 85 = NJW 1999, 631; *Henrich*, Int. Familienrecht, 2. Aufl. 2000, § 7 II 6; *Klein*, IPRax 1997, 106; krit. hierzu *Schweppe*, ZfJ 2001, 169, 176.
5 MüKo/*Siehr*, Art. 19 EGBGB Anh. II Rn 59.
6 OLG Karlsruhe FamRZ 2002, 1142.
7 BVerfG IPRax 2000, 216; OLG Hamm FamRZ 2004, 723, 724 f.; OLG Dresden FamRZ 2002, 1136, 1138; OLG Hamm FamRZ 2000, 370; 2002, 44; OLG Bamberg FamRZ 2000, 371, 372; OLG Frankfurt FamRZ 1994, 1339, 1340.
8 BVerfG IPRax 2000, 216, 219 f.; OLG Hamm FamRZ 2000, 370; KG FamRZ 1997, 1098.
9 OLG Hamm FamRZ 1999, 948, 949.
10 OLG Stuttgart FamRZ 2001, 945, 947.

geschaffene rechtswidrige Zustand so verfestigen, dass eine spätere Rückführung zu einer schwerwiegenden Beeinträchtigung führen würde.[11]

II. Verhältnis zur Sorgerechtsentscheidung

10 Da die Rückführung nur die Voraussetzungen für eine Sorgerechtsentscheidung im Herkunftsstaat schaffen soll, selbst aber über die Verteilung der elterlichen Sorge nicht entscheidet, ist es grundsätzlich unbeachtlich, welcher Elternteil für die Erziehung und Betreuung des Kindes besser geeignet ist.[12]

11 Wegen der präventiven Bedeutung kann die Rückführung nicht deshalb abgelehnt werden, weil im Herkunftsland wahrscheinlich eine **Sorgerechtsentscheidung** zugunsten des Entführers erfolgen wird, aufgrund deren der Entführer mit dem Kind wieder in das Zufluchtsland zurückkehren kann.[13]

12 Etwas anderes gilt aber bei Rückentführungen. Um hier ein Hin- und Herschieben des Kindes zu vermeiden, ist es aus Kindeswohlgründen geboten, das Kind nur zurückzugeben, wenn dies mit einer zu treffenden Sorgerechtsentscheidung übereinstimmen würde (siehe Art. 3 HKÜ Rn 32).

13 Wenn im **Herkunftsland** eine Entscheidung ergangen oder dort anzuerkennen ist, durch die dem Entführer nachträglich die alleinige Sorge übertragen wurde, entfällt die Widerrechtlichkeit und hat eine Rückgabeanordnung zu unterbleiben (siehe Art. 3 HKÜ Rn 17).[14] Wird der Antrag auf Rückgabe des Kindes im Zufluchtsstaat abgelehnt, hindert das im Anwendungsbereich der EheVO 2003 nicht, dass später im Herkunftsstaat dennoch die **Rückgabe** des Kindes angeordnet wird. Im Anwendungsbereich der EheVO 2003 folgt die Zuständigkeit für die Durchführung des Sorgerechtsverfahrens auch nach Ablehnung eines Antrags auf Rückführung aus Art. 10 EheVO 2003. Die Informationspflichten nach Art. 11 Abs. 6 und 7 EheVO 2003 dienen der Antragstellung und Durchführung dieses Sorgerechtsverfahrens im Herkunftsstaat. Art. 11 Abs. 8 EheVO 2003 bestimmt, dass eine spätere Rückgabeanordnung aus dem Herkunftsstaat im Zufluchtsstaat trotz der dort ergangenen Ablehnung der Rückführungsanordnung anzuerkennen und zu vollstrecken ist. Die Rückgabeentscheidung des Herkunftsstaates ist unter den Voraussetzungen von Artt. 40 ff. EheVO 2003 im Zufluchtsstaat unmittelbar vollstreckbar, ohne dass es einer Vollstreckbarkeitserklärung bedarf (siehe Anhang I zum III. Abschnitt, Artt. 40–45 EheVO Rn 6).

III. Rückkehr mit dem Entführer

14 Rückgabe des Kindes bedeutet nicht notwendigerweise Herausgabe des Kindes an den Antragsteller.[15] Eine Rückgabeanordnung ist daher immer dann möglich, wenn durch eine Rückkehr zusammen mit dem Entführer die Gefährdung des Kindeswohls vermieden werden kann.[16] Dem Entführer ist es zuzumuten, das Kind auf die Rückkehr vorzubereiten und mit dem Kind zurückzukehren, weil die Gefährdung des Kindeswohls primär auf der Entführung beruht und der Entführer sonst durch sein Verhalten die Anwendung des Ausnahmetatbestandes erzwingen könnte.[17]

15 Besonders bei kleinen Kindern ist eine **Trennung von der Mutter** mit dem Kindeswohl unvereinbar. Dies hindert aber eine Rückführungsanordnung nicht, wenn die Mutter mit dem Kind zurückkehren kann. Unannehmlichkeiten bis hin zur Gefahr einer strafrechtlichen Verfolgung wegen der Entführung bilden dabei grundsätzlich keinen rechtlich relevanten Hinderungsgrund für eine Rückkehr der Mutter.[18]

16 Ein Versagungsgrund aus Kindeswohlgründen kann in einem solchen Fall gegeben sein, wenn die konkrete Gefahr besteht, dass das Kind im Herkunftsland von der Mutter getrennt wird, etwa weil ihr Strafhaft droht

---

11 OLG Karlsruhe FamRZ 2002, 1141, 1142; OLG Hamm FamRZ 1999, 948, 949.
12 OLG Frankfurt FamRZ 1997, 1100; OLG Bamberg FamRZ 1994, 182; OLG Frankfurt FamRZ 1994, 1339, 1340.
13 OLG Bamberg FamRZ 2000, 371, 373; krit. *Schweppe*, ZfJ 2001, 169, 175.
14 OLG Stuttgart FamRZ 2003, 959, 960 f.; Palandt/*Heldrich*, Anh. zu Art. 24 EGBGB Rn 83; s.a. OLG Zweibrücken FamRZ 2003, 961.
15 OLG Zweibrücken FamRZ 1999, 106, 107.
16 BVerfG IPRax 2000, 216, 220; OLG Karlsruhe FamRZ 2002, 1141, 1142; OLG Hamm FamRZ 1999, 948, 949; OLG Düsseldorf FamRZ 1999, 949; KG FamRZ 1997, 1098, 1099; OLG Frankfurt FamRZ 1997, 1100, 1101; MüKo/*Siehr*, Art. 19 EGBGB Anh. II Rn 61a; weniger eindeutig OLG Bamberg FamRZ 2000, 371, 373; anders noch OLG Frankfurt FamRZ 1996, 689, 691; offen gelassen von OLG Frankfurt FamRZ 1994, 1339, 1340.
17 BVerfG FamRZ 1997, 1269, 1270; AG Saarbrücken FamRZ 2003, 398, 400; *Bach*, FamRZ 1997, 1051, 1057.
18 BVerfG IPRax 2000, 216, 220; OLG Rostock NJOZ 2004, 1113, 1114 = FamRZ 2003, 959 (allerdings war die Rückgabeanordnung davon abhängig gemacht worden, dass der Antragsteller einen Strafantrag im Herkunftsland zurückzog); zweifelnd noch KG FamRZ 1996, 692, 693, wenn eine Rückgabe an eine Person, Behörde oder sonstige Stelle im Herkunftsland tatsächlich nicht in Betracht kommt.

oder sie keine Aufenthaltserlaubnis erhält.[19] Insoweit kann es auch geboten sein, dass der Antragsteller einen Strafantrag gegen den Entführer zurücknimmt, damit die Gefahr einer Verhaftung und einer daraus folgenden Trennung von Mutter und Kind beseitigt wird.[20] Praktisch wirkt sich für die Annahme einer Rückkehrmöglichkeit der Mutter positiv aus, wenn der antragstellende Vater Verhältnisse schafft, die diese Rückkehr erleichtern.[21] Das Gericht kann anordnen, dass der Antragsteller Vorkehrungen schaffen muss, die eine Gefährdung des Kindeswohls vermeiden (sog. *undertakings*, siehe Rn 19).

Auch rechtlich unzumutbar ist eine Rückkehr der Mutter, wenn sie aus einer neuen im Inland gelebten Beziehung ein Kleinkind zu versorgen hat, das seinerseits durch eine Trennung von der Mutter zu Schaden käme.[22]

Zum Versagen der Rückgabe, wenn die zu erwartende Sorgerechtsentscheidung im Herkunftsstaat nicht dem Kindeswohl entspricht, siehe Art. 20 HKÜ Rn 4.

IV. Art. 11 Abs. 4 EheVO 2003

In Art. 11 Abs. 4 EheVO 2003 wird ausdrücklich angeordnet, dass ein Hinderungsgrund nach Art. 13 Abs. 1 lit. b HKÜ nicht gegeben ist, wenn der Schutz des Kindes nach der Rückgabe durch angemessene Vorkehrungen (sog. *undertakings*) gewährleistet werden kann.[23] Dies entspricht dem Regelungskonzept des HKÜ und ist daher nicht auf den Anwendungsbereich der EheVO 2003 beschränkt.[24] In der Praxis werden solche Vorkehrungen bereits von Gerichten vor allem aus dem angloamerikanischen Rechtskreis praktiziert.[25] Um einen Hinderungsgrund zu beseitigen, müssen solche Vorkehrungen aber auch durchsetzbar sein.[26] Praktisch kommt einer Zusammenarbeit der Gerichte damit eine große Bedeutung zu.[27]

D. Entgegenstehender Wille des Kindes (Abs. 2)

Der Widerstand des Kindes kann einer Rückgabe entgegenstehen. Dies ist Ausfluss des Vorrangs der Kindesinteressen gegenüber den Elterninteressen.[28]

Der Widerstand des Kindes ist aber nur beachtlich, wenn sich das Kind einer Rückgabe **ernsthaft und aus freien Stücken**, d.h. nicht maßgeblich durch den Entführer beeinflusst, widersetzt. Außerdem muss das Kind eine Reife erreicht haben, die die Annahme erlaubt, dass die Weigerung auf einer verantwortungsbewussten Entscheidung beruht. Da wegen der unterschiedlichen Entwicklungsgeschwindigkeiten von Kindern nicht auf eine bestimmte Altersgrenze abgestellt werden kann,[29] kommt dem Alter nur eine erste Indizwirkung zu. Trotz des Wortlauts kann nicht kumulativ neben der Reife eine bestimmte Altersgrenze verlangt werden.[30]

Die folgenden **Altersangaben** stellen daher nur einen ersten Ausgangspunkt für die Beurteilung dar: Bei über 14 Jahre alten Kindern ist die Reife nur in Ausnahmefällen zu verneinen.[31] Ab einem Alter von zehn Jahre ist regelmäßig eine ausreichende Reife anzunehmen.[32] Teilweise sah die Rechtsprechung auch acht

---

19 OLG Rostock IPRax 2002, 218 = NJW – RR 2001, 1448 = FamRZ 2002, 46; OLG München FamRZ 1998, 386; Staudinger/*Pirrung* (1994), Vorbem. zu Art. 19 EGBGB Rn 698; *Winkler v. Mohrenfels*, IPRax 2002, 372, 373 f.; im Erg. wohl nicht anders *Siehr*, IPRax 2002, 198, der aber annimmt, durch Vorkehrungen hätte eine Trennung des Kindes von der Mutter im konkreten Fall vermieden werden können; s. zur Problematik der effektiven Durchsetzung solcher Vorkehrungen *Mäsch*, FamRZ 2002, 1069, 1073 ff.
20 OLG Rostock NJOZ 2004, 1112 = FamRZ 2003, 959; OLG Rostock IPRax 2002, 218.
21 S. etwa BVerfG IPRax 2000, 221, 222 oben li.: Vater erklärt sich bereit, der rückkehrenden Mutter mit den Kindern das bisherige Familienheim zur Verfügung zu stellen; zur Frage der rechtlichen Zulässigkeit, Verbindlichkeit und Durchsetzbarkeit solcher Verpflichtungen des Antragstellers (sog. *undertakings*) s. *Mäsch*, FamRZ 2002, 1069.
22 Vgl. OLG Karlsruhe NJWE-FER 1999, 179.
23 S.a. zu den ursprünglichen Plänen, Art. 13 Abs. 1 HKÜ durch die EheVO 2003 weiter gehend einzuschränken, *Winkler v. Mohrenfels*, in: FS Geimer 2002, S. 1527, 1536 f.
24 *Mäsch*, FamRZ 2002, 1069, 1072.
25 S. dazu und zur Bedeutung der jeweiligen besonderen Rechtstradition *Schulz*, FamRZ 2003, 1351, 1353; *Mäsch*, FamRZ 2002, 1069, 1070.
26 Dazu eingehend *Mäsch*, FamRZ 2002, 1069, 1073 ff.
27 *Schulz*, FamRZ 2003, 1351, 1353.
28 BVerfG IPRax 2000, 224.
29 BVerfG IPRax 2000, 224, 226 = FamRZ 1999, 1053; Staudinger/*Pirrung* (1994), Vorbem. zu Art. 19 EGBGB Rn 685.
30 *Winkler v. Mohrenfels*, in: FS Geimer 2002, S. 1527, 1532 f.; anders anscheinend Staudinger/*Pirrung* (1994), Vorbem. zu Art. 19 EGBGB Rn 685.
31 *Mansel*, NJW 190, 2176, 2177.
32 S. OLG Celle FamRZ 2002, 569, 570 (13 Jahre); OLG Brandenburg FamRZ 1997, 1098 (11 u. 12. Jahre); AG Saarbrücken FamRZ 2003, 398, abl. für 9 Jahre altes Mädchen; *Winkler v. Mohrenfels*, in: FS Geimer 2002, S. 1527, 1531 f.; *Staudinger*, IPRax 2000, 194, 200; s. aber auch OLG Karlsruhe FamRZ 2002, 1141, 1142: Wille eines 12-jährigen Mädchens zwar beachtlich, aber Widerstand nicht überzeugend.

Jahre alte Kinder für hinreichend reif an.[33] Nur sehr vereinzelt wurde der Wille von unter sieben Jahren alten Kindern beachtet.[34]

23 Die Feststellung der Ernsthaftigkeit und Eigenständigkeit der Weigerung sowie der Reife des Kindes ist Sache des Einzelfalls. Durch die Wendung „kann" eröffnet Abs. 2 dem Gericht einen **Ermessensspielraum**. Das Kindeswohl kann im Einzelfall eine Entscheidung auch gegen den Widerstand des Kindes rechtfertigen.[35] Die Einholung eines kinderpsychologischen Gutachtens ist nicht erforderlich und hat wegen der Eilbedürftigkeit des Verfahrens zu unterbleiben.[36] Entscheidend ist, ob das Kind in der Lage zu sein scheint, den Loyalitätskonflikt, in dem es sich regelmäßig befindet, zu verarbeiten und trotz möglicher Einflussnahmen besonders von Seiten des Entführers einen eigenen Willen zu bilden.[37]

24 Der entgegenstehende Wille muss sich auf die gegebenenfalls nur vorläufige Rückkehr in das Herkunftsland beziehen.[38] Das Kind muss verstehen, dass die Entscheidung über die Rückgabe noch nicht darüber entscheidet, mit welchem Elternteil es leben wird.[39] Weigert sich das Kind nur, zu dem Antragsteller zurückzukehren, und will es bei dem Entführer bleiben, steht dies einer Rückkehr in den Herkunftsstaat nicht zwingend entgegen.[40] Möglich ist auch insoweit, dass das Kind zusammen mit dem Entführer zurückkehrt. In dem im Herkunftsland durchzuführenden Sorgerechtsverfahren kann der Wille des Kindes berücksichtigt werden, mit welchem Elternteil und in welchem Land es leben möchte.[41]

25 Etwas anderes muss dann gelten, wenn nach dem Recht des Herkunftslandes dem Antragsteller die elterliche Hauptsorge zusteht und die Rückkehr daher Trennung von dem Entführer und Rückgabe an den Antragsteller bedeutet. Die Möglichkeit, dass in einem folgenden Sorgerechtsverfahren die elterliche Sorge dem Willen des Kindes entsprechend anders verteilt wird, kann nicht ausreichen, um einen ernsthaften und freien Willen des Kindes, nicht zu dem Antragsteller zurückzukehren, unbeachtlich sein zu lassen.

26 Bei **Geschwistern** ist regelmäßig der Willen jedes einzelnen Kindes, d.h. auch der jüngeren Geschwister, eigenständig zu berücksichtigen. Möglich ist, dass der entgegenstehende Wille eines jüngeren Geschwisters an sich mangels Reife nicht beachtlich wäre, aber eine Trennung von dem älteren Geschwister gegen das Kindeswohl verstoßen würde.[42]

27 Der **Ausnahmecharakter** von Abs. 2 bewirkt, dass bei Zweifeln über das Vorliegen der Voraussetzungen die Rückgabe anzuordnen ist. Die Person, die sich der Rückgabe widersetzt, hat nachzuweisen, dass die Voraussetzungen vorliegen, nach denen eine Rückgabe aufgrund Abs. 2 unterbleiben muss.[43]

E. Verfahrensrechtliche Beteiligung und Anhörung des Kindes

28 Die Berücksichtigung des Kindeswohls und des Kindeswillens aufgrund Art. 13 ist nach der Rechtsprechung des BVerfG aus Verfassungsgründen durch eine verfahrensrechtliche Beteiligung des Kindes zu ergänzen. Dem Kind ist daher im Rückgabeverfahren nach § 50 FGG ein Verfahrenspfleger zu bestellen, der die spezifischen Interessen des Kindes in dem Verfahren vertreten kann.[44] Art. 11 Abs. 2 EheVO 2003 schreibt ausdrücklich vor, dass das Kind im Rückgabeverfahren die Möglichkeit haben muss, gehört zu werden, sofern dies nicht aufgrund seines Alters und Reifegrades unangebracht erscheint. Durch diese Pflicht soll zwar das nationale Verfahrensrecht nicht verändert werden (19. Erwägungsgrund). Wenn verfahrensrechtlich zulässig, ist das Kind aber durch das Gericht oder ein Mitglied des Gerichts persönlich zu hören.[45] Eine solche Pflicht zur Anhörung des Kindes ist auch außerhalb des Anwendungsbereichs der EheVO 2003 anzunehmen,[46] weil das HKÜ zwar das Ziel einer möglichst schnellen Rückgabe des Kindes bezweckt, das Wohl des einzelnen Kindes aber von Amts wegen zu berücksichtigen ist. Im deutschen Recht kann eine solche Pflicht zur

---

33 OLG Celle FamRZ 1995, 955, 956 (7 u. 9 Jahre); OLG Düsseldorf FamRZ 1999, 949, 950 (8 Jahre für möglich gehalten, im konkreten Fall abgelehnt); OLG Nürnberg FamRZ 2004, 726, 727 (abgelehnt für 9-jähriges Mädchen); *Winkler v. Mohrenfels*, in: FS Geimer 2002, S. 1527, 1532.
34 S. OLG Hamm FamRZ 1999, 948, 949 (bei 6 Jahren für möglich gehalten, im konkreten Fall aber abgelehnt); OLG Nürnberg FamRZ 2004, 726, 727 (abgelehnt für 6-jährigen Jungen); *Winkler v. Mohrenfels*, in: FS Geimer 2002, S. 1527, 1531.
35 OLG Dresden FamRZ 2002, 1136, 1138; *Winkler v. Mohrenfels*, in: FS Geimer 2002, S. 1527, 1529.
36 MüKo/*Siehr*, Art. 19 EGBGB Anh. II Rn 63.
37 S. AG Saarbrücken FamRZ 2003, 398, 401; Staudinger/*Pirrung* (1994), Vorbem. zu Art. 19 EGBGB Rn 685.
38 *Winkler v. Mohrenfels*, in: FS Geimer 2002, S. 1527, 1534.
39 *Winkler v. Mohrenfels*, in: FS Geimer 2002, S. 1527, 1534 f.
40 OLG Hamm FamRZ 2004, 723, 725; OLG Stuttgart FamRZ 1996, 688, 689.
41 S. OLG Dresden FamRZ 2002, 1136, 1138; OLG Hamm FamRZ 2002, 44, 45.
42 *Winkler v. Mohrenfels*, in: FS Geimer 2002, S. 1527, 1536.
43 KG FamRZ 1997, 1098, 1099; OLG Bamberg FamRZ 1994, 182.
44 BVerfG IPRax 2000, 216, 219; *Schweppe*, FPR 2001, 203.
45 *Schulz*, FamRZ 2003, 1351, 1352.
46 S. *Schulz*, FamRZ 2003, 1351, 1352.

Anhörung auch aus § 50b Abs. 1 FGG abgeleitet werden, weil die Rückgabeanordnung in einem weiten Sinn die Personensorge betrifft, auch wenn keine Regelung über die elterliche Sorge getroffen wird.[47] Eine Anhörung ist regelmäßig ab einem Alter von drei Jahren geboten.[48] Das Gericht muss sich unmittelbar mit dem Kind befassen und die gewonnenen Eindrücke in den Akten niederlegen. Ein bloßes Beobachten des Kindes im Sitzungssaal genügt nicht.[49]

HKÜ Art. 14

Haben die Gerichte oder Verwaltungsbehörden des ersuchten Staates festzustellen, ob ein widerrechtliches Verbringen oder Zurückhalten im Sinn des Artikels 3 vorliegt, so können sie das im Staat des gewöhnlichen Aufenthalts des Kindes geltende Recht und die gerichtlichen oder behördlichen Entscheidungen, gleichviel ob sie dort förmlich anerkannt sind oder nicht, unmittelbar berücksichtigen; dabei brauchen sie die besonderen Verfahren zum Nachweis dieses Rechts oder zur Anerkennung ausländischer Entscheidungen, die sonst einzuhalten wären, nicht zu beachten.

Mit der missverständlichen Wendung „berücksichtigen" soll zum Ausdruck gebracht werden, dass die im Herkunftsland bestehende Sorgerechtssituation für die Beurteilung der Widerrechtlichkeit verbindlich ist.[1]

Die direkte Beachtung des ausländischen Rechts durch den inländischen Richter bringt für Deutschland keine Neuerung, weil dies bereits nach autonomem Recht möglich ist, § 293 ZPO.[2] Auch die Beachtung einer ausländischen Entscheidung zum Sorgerecht bedarf aus deutscher Sicht keiner förmlichen Anerkennung. Das für Eheteile vorgeschriebene Anerkennungsverfahren nach Art. 7 § 1 FamRÄndG beschränkt richtiger Ansicht nach nicht die direkte Anerkennbarkeit einer im Verbund ergangenen Sorgerechtsentscheidung (siehe Art. 21 EGBGB Rn 55 f.).[3]

HKÜ Art. 15

Bevor die Gerichte oder Verwaltungsbehörden eines Vertragsstaats die Rückgabe des Kindes anordnen, können sie vom Antragsteller die Vorlage einer Entscheidung oder sonstigen Bescheinigung der Behörden des Staates des gewöhnlichen Aufenthalts des Kindes verlangen, aus der hervorgeht, daß das Verbringen oder Zurückhalten widerrechtlich im Sinn des Artikels 3 war, sofern in dem betreffenden Staat eine derartige Entscheidung oder Bescheinigung erwirkt werden kann. Die zentralen Behörden der Vertragsstaaten haben den Antragsteller beim Erwirken einer derartigen Entscheidung oder Bescheinigung soweit wie möglich zu unterstützen.

Die Widerrechtlichkeitsbescheinigung nach Art. 15 soll dem angerufenen Gericht des Zufluchtsstaates die Feststellung der Widerrechtlichkeit aus Sicht des Rechts des Herkunftsstaates erleichtern.[1] Das mit dem Rückgabeantrag befasste Gericht kann den Antragsteller auffordern, eine solche Bescheinigung beizubringen, muss dies aber nicht.

Mit der überwiegenden Meinung ist eine **Bindung des Gerichts** an eine Widerrechtlichkeitsbescheinigung **abzulehnen**.[2] Eine Bindungswirkung würde zwar der Verfahrensvereinfachung dienen. Dagegen spricht aber

---

47 Schulz, FamRZ 2003, 1351; a.A. OLG Stuttgart FamRZ 2000, 374, 375.
48 Bamberger/Roth/Veith, vor §§ 1626–1711 BGB Rn 15; s.a. BayObLG NJWE-FER 1997, 112 = FamRZ 1997, 223 (Anhörungspflicht nach § 50b Abs. 1 FGG bei einem in seiner Entwicklung zurückgebliebenen viereinhalb Jahre alten Kind).
49 Bamberger/Roth/Veith, vor §§ 1626–1711 BGB Rn 15; s.a. BayObLG NJWE-FER 1997, 112 = FamRZ 1997, 223 (Anhörungspflicht nach § 50b Abs. 1 FGG bei einem in seiner Entwicklung zurückgebliebenen viereinhalb Jahre alten Kind).
1 MüKo/Siehr, Art. 19 EGBGB Anh. II Rn 69.
2 MüKo/Siehr, Art. 19 EGBGB Anh. II Rn 68; Palandt/Heldrich, Anh. zu Art. 24 EGBGB Rn 80.

3 Palandt/Heldrich, Anh. zu Art. 24 EGBGB Rn 80.
1 Palandt/Heldrich, Anh. zu Art. 24 EGBGB Rn 81.
2 In Re J. (A Minor) (Abduction: Custody Rights) [House of Lords] [1990] 2 AC 562; AG Saarbrücken FamRZ 2003, 398; Palandt/Heldrich, Anh. zu Art. 24 EGBGB Rn 81; Staudinger/Pirrung (1994), Vorbem. zu Art. 19 EGBGB Rn 691; OLG Hamm FamRZ 2000, 370 (offen gelassen); a.A. KG FamRZ 1997, 1098; MüKo/Siehr, Art. 19 EGBGB Anh. II Rn 71: Bindung hinsichtlich der Feststellung zum Sorgerecht, nicht hinsichtlich der tatsächlichen Ausübung; eine überwiegende obergerichtliche Rspr. zugunsten einer Bindungswirkung wird allerdings ohne Nachw. angenommen von Niethammer-Jürgens, DAVorm 2000, 1071, 1075.

entscheidend, dass die Rechtswidrigkeitsbescheinigung regelmäßig ohne Beteiligung des Antragsgegners des Rückgabeverfahrens ausgestellt wird.[3] Außerdem ist die Vorlage einer solchen Bescheinigung nicht zwingend vorgesehen. Eine Bindungswirkung könnte Gerichte davon abhalten, sie anzufordern.

3 Die fehlende Bindung schließt aber nicht aus, dass das mit dem Rückführungsantrag befasste Gericht eine Widerrechtlichkeitsbescheinigung ohne weitere Sachprüfung übernimmt.[4]

HKÜ Art. 16

Ist den Gerichten oder Verwaltungsbehörden des Vertragsstaats, in den das Kind verbracht oder in dem es zurückgehalten wurde, das widerrechtliche Verbringen oder Zurückhalten des Kindes im Sinn des Artikels 3 mitgeteilt worden, so dürfen sie eine Sachentscheidung über das Sorgerecht erst treffen, wenn entschieden ist, daß das Kind aufgrund dieses Übereinkommens nicht zurückzugeben ist, oder wenn innerhalb angemessener Frist nach der Mitteilung kein Antrag nach dem Übereinkommen gestellt wird.

1 Zur Sicherung des Vorrangs einer Rückgabe nach dem HKÜ soll Art. 16 verhindern, dass im Zufluchtsstaat eine Sachentscheidung über die elterliche Sorge ergeht.

2 Ungeklärt ist, welche Voraussetzungen die **Mitteilung über das widerrechtliche Verbringen oder Zurückhalten** erfüllen muss. Ausreichend ist sicherlich, dass ein Antrag nach Art. 8 an eine zentrale Behörde gestellt wurde und diese das mit dem Sorgerechtsverfahren befasste Gericht davon unterrichtet.[1] Ob auch die bloße Geltendmachung einer Entführung i.S.v. Art. 3 durch den (Mit-)Sorgeberechtigten ausreicht,[2] erscheint zweifelhaft.[3] Das mit der Sorgerechtssache befasste Gericht müsste sonst selbst prüfen, ob eine Widerrechtlichkeit i.S.v. Art. 3 vorliegt. Bei einer Mitteilung durch die zentrale Behörde ist gewährleistet, dass eine erste Prüfung der Plausibilität der vorgebrachten Entführung stattgefunden hat (siehe Art. 27).

3 Bei Vorliegen einer entsprechenden Mitteilung ist ein neues Sorgerechtsverfahren unzulässig; ein bereits laufendes Sorgerechtsverfahren ist zu unterbrechen.[4] Dieses **Verfahrenshindernis** entfällt, wenn der Antrag auf Rückgabe rechtskräftig abgewiesen wird oder wenn ein solcher Antrag nicht innerhalb angemessener Frist gestellt wird. Teilweise wird insoweit bereits eine Frist von sechs Monaten für unangemessen lang gehalten.[5] Nach dem Ziel der Vorschrift sollte die Frist flexibel in Anlehnung an die Jahresfrist nach Art. 12 Abs. 1 und 2 bestimmt werden, weil bei Antragstellung innerhalb der Jahresfrist eine hohe Wahrscheinlichkeit für eine Rückgabeanordnung besteht (siehe Art. 12 HKÜ Rn 1).[6] Die angemessene Frist nach Art. 16 kann daher nicht vor der Jahresfrist nach Art. 12 Abs. 1 ablaufen. Ist die Jahresfrist nach Art. 12 Abs. 1 abgelaufen, ist nur noch eine kurze Frist von wohl nicht mehr als drei Monaten angemessen.

4 Das Verfahrenshindernis besteht auch nach Erlass einer Rückgabeanordnung fort. Dies gilt zumindest, solange der Antragsteller die Vollstreckung der Rückgabeanordnung betreibt.[7]

5 Art. 16 hindert nicht, dass im Herkunftsstaat ein Sorgerechtsverfahren durchgeführt wird.[8]

6 Ist das Kind wieder in den Herkunftsstaat zurückgekehrt, steht Art. 16 einer Sorgerechtsentscheidung im vormaligen Zufluchtsstaat nicht mehr entgegen.[9]

7 Ist ein dringender Schutzbedarf für das Kind gegeben, muss trotz Art. 16 auch bereits vorher eine vorläufige Regelung erlassen werden können.[10] Die Möglichkeit einer Rückgabeanordnung wird, auch wegen Art. 17, hierdurch nicht beeinträchtigt.

---

3 S. den Fall von OLG Stuttgart FamRZ 2001, 645, 646.
4 OLG Hamm FamRZ 2000, 370, aber offen lassend, ob weiter gehend eine Bindung eintritt; ebenso *Henrich*, Int. Familienrecht, 2. Aufl. 2000, § 7 II 6.
1 So AG Würzburg FamRZ 1998, 1319, 1320.
2 So aber anscheinend Palandt/*Heldrich*, Anh. zu Art. 24 EGBGB Rn 82.
3 Für eine formelle Mitteilung an das Gericht anscheinend auch *Bach*, FamRZ 1997, 1051, 1053.
4 MüKo/*Siehr*, Art. 19 EGBGB Anh. II Rn 73; Palandt/*Heldrich*, Anh. zu Art. 24 EGBGB Rn 82; Staudinger/*Pirrung* (1994), Vorbem. zu Art. 19 EGBGB Rn 692; anscheinend a.A. OLG Nürnberg NJWE-FER 2000 109, 110 = FamRZ 2000, 369.

5 Staudinger/*Pirrung* (1994), Vorbem. zu Art. 19 EGBGB Rn 693 („jedenfalls, wenn wesentlich länger als 6 Monate").
6 S. AG Würzburg FamRZ 1998, 1319, 1320.
7 BGHZ 145, 197 = IPRax 2002, 215; KG FamRZ 2000, 373; OLG Stuttgart FamRZ 2000, 374; *Pirrung*, IPRax 2002, 197, 198.
8 MüKo/*Siehr*, Art. 19 EGBGB Anh. II Rn 73.
9 *Pirrung*, IPRax 2002, 197, 198; a.A. OLG Hamm FamRZ 2000, 373, 374: Verfahrenshindernis, solange im Herkunftsstaat ein Sorgerechtsverfahren anhängig ist.
10 Palandt/*Heldrich*, Anh. zu Art. 24 EGBGB Rn 82; offen gelassen von OLG Nürnberg NJWE-FER 2000 109, 110.

HKÜ Art. 17

Der Umstand, daß eine Entscheidung über das Sorgerecht im ersuchten Staat ergangen oder dort anerkennbar ist, stellt für sich genommen keinen Grund dar, die Rückgabe eines Kindes nach Maßgabe dieses Übereinkommens abzulehnen; die Gerichte oder Verwaltungsbehörden des ersuchten Staates können jedoch bei der Anwendung des Übereinkommens die Entscheidungsgründe berücksichtigen.

Die Widerrechtlichkeit des Verbringens oder Zurückhaltens als Voraussetzung für die Rückgabeanordnung ist allein nach der Rechtslage aus Sicht des Herkunftsstaates zu beurteilen. Auf die Rechtslage im Zufluchtsstaat kommt es nicht an.[1] Art. 17 stellt klar, dass dies auch gilt, wenn im Zufluchtsstaat aufgrund einer dort ergangenen oder anerkennbaren Entscheidung eine andere Rechtslage gilt. 1

Unerheblich ist, ob die aus Sicht des Zufluchtsstaates maßgebliche Entscheidung vor der Entführung[2] oder nach der Entführung ergangen ist. Auch eine Entscheidung, die mangels Mitteilung i.S.v. Art. 16 zulässigerweise im Zufluchtsstaat getroffen worden ist, kann einer Rückgabe nicht entgegenstehen. § 16a Nr. 3 FGG gilt nicht.[3] 2

Hs. 2 erlaubt es aber, die Entscheidungsgründe, d.h. vor allem auch die tatsächlichen Feststellungen des Gerichts etwa aufgrund eines hinzugezogenen Gutachtens für die Beurteilung des Kindeswohls nach Art. 13 Abs. 1 lit. b bei der Rückgabeentscheidung zu berücksichtigen.[4] 3

HKÜ Art. 18

Die Gerichte oder Verwaltungsbehörden werden durch die Bestimmungen dieses Kapitels nicht daran gehindert, jederzeit die Rückgabe des Kindes anzuordnen.

Das HKÜ hindert die Vertragsstaaten nicht, eine Rückführung des Kindes auch dann anzuordnen, wenn die Voraussetzungen nach dem HKÜ für eine Rückgabeanordnung nicht vorliegen. Das HKÜ will die Rückgabe des Kindes erleichtern und keinesfalls erschweren. In Art. 34 S. 2 wird diese Regelung wiederholt.[1] Im deutschen Recht ist – anders als im französischen Recht – eine solche Möglichkeit nicht gegeben.[2] 1

HKÜ Art. 19

Eine aufgrund dieses Übereinkommens getroffene Entscheidung über die Rückgabe des Kindes ist nicht als Entscheidung über das Sorgerecht anzusehen.

Art. 19 stellt klar, dass durch die Rückgabe nur der Zustand vor der Entführung wieder hergestellt werden soll. Im Herkunftsstaat kann der Entführer eine Neuregelung des Sorgerechts beantragen. Die im Herkunftsstaat zu treffende Sorgerechtsentscheidung wird durch die Rückgabeentscheidung nicht präjudiziert.[1] Allerdings kann die Tatsache der Entführung bei einer späteren Sorgerechtsentscheidung zulasten des Entführers berücksichtigt werden. 1

Gleiches gilt, wenn ausnahmsweise trotz Rückgabeanordnung im Zufluchtsstaat eine Sorgerechtsentscheidung getroffen wird – wenn etwa die Sperrwirkung nach Art. 16 entfallen ist, weil der Antragsteller die Vollstreckung der Rückgabeentscheidung nicht innerhalb angemessener Frist ernsthaft betrieben hat (siehe Art. 16 HKÜ Rn 4). 2

---

1 MüKo/*Siehr*, Art. 19 EGBGB Anh. II Rn 75.
2 OLG Celle IPRspr 1999 Nr. 82b ; Palandt/*Heldrich*, Anh. zu Art. 24 EGBGB Rn 83; Staudinger/*Pirrung* (1994), Vorbem. zu Art. 19 EGBGB Rn 695.
3 Staudinger/*Pirrung* (1994), Vorbem. zu Art. 19 EGBGB Rn 695.

4 Staudinger/*Pirrung* (1994), Vorbem. zu Art. 19 EGBGB Rn 695.
1 Staudinger/*Pirrung* (1994), Vorbem. zu Art. 19 EGBGB Rn 696.
2 MüKo/*Siehr*, Art. 19 EGBGB Anh. II Rn 77.
1 MüKo/*Siehr*, Art. 19 EGBGB Anh. II Rn 78; Palandt/*Heldrich*, Anh. zu Art. 24 EGBGB Rn 85.

HKÜ Art. 20

Die Rückgabe des Kindes nach Artikel 12 kann abgelehnt werden, wenn sie nach den im ersuchten Staat geltenden Grundwerten über den Schutz der Menschenrechte und Grundfreiheiten unzulässig ist.

1 Art. 20 enthält einen auf die Menschenrechte und Grundfreiheiten beschränkten speziellen *ordre-public*-Vorbehalt, der den Rückgriff auf Art. 6 EGBGB ausschließt.[1]

2 Die Beachtung der Menschenrechte und Grundfreiheiten des Kindes können für die Rückgabeentscheidung bereits durch Art. 13 Abs. 1 lit. b und Abs. 2 berücksichtigt werden.

3 Der Vorbehalt ist **eng auszulegen**. Das BVerfG hat zwar in einem Fall in einer einstweiligen Anordnung die Rückgabe eines Kleinkindes an den Vater in die USA unter Rückgriff auf Art. 20 untersagt,[2] die Verfassungsbeschwerde aber anschließend nicht zur Entscheidung angenommen.[3] Es hat in seiner Entscheidung vom 29.10.1998 festgestellt, dass die Beachtung des Kindeswohls im Zusammenspiel von Rückführung als Regelfall und den eng auszulegenden Ausnahmen nach Art. 13 und Art. 20 verfassungsrechtlich nicht zu beanstanden ist.[4]

4 Art. 20 kann eingreifen, wenn die Verhältnisse im Herkunftsstaat rechtsstaatswidrig sind.[5] Eine Rückgabe hat etwa zu unterbleiben, wenn die Entscheidung über das Sorgerecht im Herkunftsstaat nicht am Kindeswohl ausgerichtet ist, sondern nach anderen Kriterien verteilt wird, wie etwa der Bevorzugung des Mannes oder der Maßgeblichkeit des Verschuldens für die Scheidung, und im konkreten Fall die Gefahr besteht, dass eine dem Kindeswohl nicht entsprechende Sorgerechtsentscheidung getroffen wird.[6]

5 Ein zu beachtender *ordre-public*-Verstoß kann auch darin liegen, dass die Freiheit der Religionsausübung und der religiösen Erziehung des Kindes im Herkunftsland nicht gewährleistet ist.[7]

Kapitel IV. Recht zum persönlichen Umgang

HKÜ Art. 21

(1) Der Antrag auf Durchführung oder wirksame Ausübung des Rechts zum persönlichen Umgang kann in derselben Weise an die zentrale Behörde eines Vertragsstaats gerichtet werden wie ein Antrag auf Rückgabe des Kindes.

(2) Die zentralen Behörden haben aufgrund der in Artikel 7 genannten Verpflichtung zur Zusammenarbeit die ungestörte Ausübung des Rechts zum persönlichen Umgang sowie die Erfüllung aller Bedingungen zu fördern, denen die Ausübung dieses Rechts unterliegt. Die zentralen Behörden unternehmen Schritte, um soweit wie möglich alle Hindernisse auszuräumen, die der Ausübung dieses Rechts entgegenstehen.

(3) Die zentralen Behörden können unmittelbar oder mit Hilfe anderer die Einleitung eines Verfahrens vorbereiten oder unterstützen mit dem Ziel, das Recht zum persönlichen Umgang durchzuführen oder zu schützen und zu gewährleisten, daß die Bedingungen, von denen die Ausübung dieses Rechts abhängen kann, beachtet werden.

1 Die Regelung zum Umgangsrecht dient der Verwirklichung des in Art. 1 genannten zweiten Ziels des HKÜ. Die Ausarbeitung ist aber aus Zeitmangel bei der internationalen Konferenz nur rudimentär erfolgt.[1]

---

1 *Mansel*, NJW 1990, 2176, 2177; Palandt/*Heldrich*, Anh. zu Art. 24 EGBGB Rn 86; Staudinger/*Pirrung* (1994), Vorbem. zu Art. 19 EGBGB Rn 698.
2 BVerfG FamRZ 1995, 663.
3 BVerfG FamRZ 1996, 277.
4 BVerfG IPRax 2000, 216 = NJW 1999, 631; s.a. EGMR, NJWE-FER 2001, 202; s. zur EMRK auch *S. Schulz*, FamRZ 2001, 1420.
5 Palandt/*Heldrich*, Anh. zu Art. 24 EGBGB Rn 86.
6 Staudinger/*Pirrung* (1994), Vorbem. zu Art. 19 EGBGB Rn 968.
7 *Mansel*, NJW 1990, 2176, 2177; Staudinger/*Pirrung* (1994), Vorbem. zu Art. 19 EGBGB Rn 698.
1 Staudinger/*Pirrung* (1994), Vorbem. zu Art. 19 EGBGB Rn 700.

Ein Elternteil kann analog Artt. 8 f. auch für die Durchsetzung eines bestehenden Besuchsrechts die zentralen Behörden einschalten. Weiter gehend kann er die Hilfe der zentralen Behörden in Anspruch nehmen, damit ein solches Besuchsrecht begründet wird.[2]

Unklar ist, welche Gerichte für Anordnungen zum Besuchsrechts zuständig sind und nach welchem Recht sich ein Besuchsrecht richtet. Wurde das Kind von dem alleinsorgeberechtigten Elternteil vom Vertragsstaat seines bisherigen gewöhnlichen Aufenthalts in einen anderen Vertragsstaat verbracht, so entspricht es dem Ziel des Übereinkommens, dass ein **bestehendes Besuchsrecht** des anderen Elternteils nach dem Recht des Vertragsstaates des bisherigen gewöhnlichen Aufenthalts auch in dem des neuen gewöhnlichen Aufenthalts anerkannt und durchgesetzt wird.

Soll in Bezug auf ein Kind **erstmals ein Besuchsrecht angeordnet** werden, so ist das HKÜ wohl nur einschlägig, wenn ein Bezug zu mehreren Vertragsstaaten besteht, d.h. das Kind muss seinen gewöhnlichen Aufenthalt in einem Vertragsstaat haben, der Elternteil, der ein Umgangsrecht mit dem Kind erhalten will, muss sich in einem anderen Staat aufhalten und das Kind besuchsweise mit in diesen Staat nehmen wollen. Das HKÜ enthält keine ausdrücklichen Regelungen für die Zuständigkeit und das anwendbare Recht für eine Besuchsrechtsregelung.[3]

Auch kann dem HKÜ nicht entnommen werden, dass eine Entscheidung, die in einem anderen Vertragsstaat ergangen ist, in dem das Kind keinen gewöhnlichen Aufenthalt (mehr) hatte, durch den Vertragsstaat anzuerkennen ist, in dem das Kind gegenwärtig seinen gewöhnlichen Aufenthalt hat. Diese Fragen richten sich nach dem für den jeweiligen Vertragsstaat maßgeblichen Recht. Für Deutschland sind damit vor allem die EheVO 2003, das MSA und § 16a FGG einschlägig.[4]

Kapitel V. Allgemeine Bestimmungen

HKÜ Art. 22

In gerichtlichen oder behördlichen Verfahren, die unter dieses Übereinkommen fallen, darf für die Zahlung von Kosten und Auslagen eine Sicherheitsleistung oder Hinterlegung gleich welcher Bezeichnung nicht auferlegt werden.

HKÜ Art. 23

Im Rahmen dieses Übereinkommens darf keine Legalisation oder ähnliche Förmlichkeit verlangt werden.

HKÜ Art. 24

(1) Anträge, Mitteilungen oder sonstige Schriftstücke werden der zentralen Behörde des ersuchten Staates in der Originalsprache zugesandt; sie müssen von einer Übersetzung in die Amtssprache oder eine der Amtssprachen des ersuchten Staates oder, wenn eine solche Übersetzung nur schwer erhältlich ist, von einer Übersetzung ins Französische oder Englische begleitet sein.

(2) Ein Vertragsstaat kann jedoch einen Vorbehalt nach Artikel 42 anbringen und darin gegen die Verwendung des Französischen oder Englischen, jedoch nicht beider Sprachen, in den seiner zentralen Behörde übersandten Anträgen, Mitteilungen oder sonstigen Schriftstücken Einspruch erheben.

Die **Anträge, Mitteilungen und sonstigen Schriftstücke** müssen zum einen **im Original** vorgelegt werden. Allerdings können Anträge und Mitteilungen auch bereits in der Amtssprache des ersuchten Staates verfasst werden.[1] Siehe zu den Formularen des Generalbundesanwalts für Anträge in gängigen Fremdsprachen Artt. 8, 9, 10 HKÜ Rn 2.

---

2 MüKo/*Siehr*, Art. 19 EGBGB Anh. II Rn 80; Palandt/*Heldrich*, Anh. zu Art. 24 EGBGB Rn 87.
3 Staudinger/*Pirrung* (1994), Vorbem. zu Art. 19 EGBGB Rn 700.
4 Vgl. Staudinger/*Pirrung* (1994), Vorbem. zu Art. 19 EGBGB Rn 700 f.
1 Staudinger/*Pirrung* (1994), Vorbem. zu Art. 19 EGBGB Rn 707.

2   Grundsätzlich ist eine **Übersetzung in die Amtssprache des ersuchten Staates** beizufügen. Ein Ausweichen auf eine englische oder französische Übersetzung ist nicht generell möglich und wird für das Deutsche nur dann anzunehmen sein, wenn es sich um eine außereuropäische Originalsprache handelt. Die zentrale Behörde hat in diesen Fällen eine Übersetzung ins Deutsche anfertigen zu lassen, deren Kosten von dem Antragsteller zu ersetzen sind (siehe § 4 Abs. 2, § 54 IntFamRVG-E).

3   Deutschland hat keinen Vorbehalt i.S.v. Abs. 2 eingelegt. Siehe zu den Vorbehalten anderer Staaten die Liste auf der Internetseite der Haager Konferenz für Internationales Privatrecht.[2]

4   In der Praxis ist es ratsam, Anträge, Mitteilungen und sonstige Schriftstücke mit Übersetzung in die Amtssprache des ersuchten Staates einzureichen. Dadurch werden mögliche Zeitverzögerungen durch eine erst durch die ersuchte zentrale Behörde veranlasste Übersetzung sowie die Gefahr einer Zurückweisung der Anträge wegen fehlender Übersetzung vermieden.

HKÜ Art. 25

Angehörigen eines Vertragsstaats und Personen, die ihren gewöhnlichen Aufenthalt in einem solchen Staat haben, wird in allen mit der Anwendung dieses Übereinkommens zusammenhängenden Angelegenheiten Prozeßkosten- und Beratungshilfe in jedem anderen Vertragsstaat zu denselben Bedingungen bewilligt wie Angehörigen des betreffenden Staates, die dort ihren gewöhnlichen Aufenthalt haben.

HKÜ Art. 26

(1)   Jede zentrale Behörde trägt ihre eigenen Kosten, die bei der Anwendung dieses Übereinkommens entstehen.

(2)   Für die nach diesem Übereinkommen gestellten Anträge erheben die zentralen Behörden und andere Behörden der Vertragsstaaten keine Gebühren. Insbesondere dürfen sie vom Antragsteller weder die Bezahlung von Verfahrenskosten noch der Kosten verlangen, die gegebenenfalls durch die Beiordnung eines Rechtsanwalts entstehen. Sie können jedoch die Erstattung der Auslagen verlangen, die durch die Rückgabe des Kindes entstanden sind oder entstehen.

(3)   Ein Vertragsstaat kann jedoch einen Vorbehalt nach Artikel 42 anbringen und darin erklären, daß er nur insoweit gebunden ist, die sich aus der Beiordnung eines Rechtsanwalts oder aus einem Gerichtsverfahren ergebenden Kosten im Sinn des Absatzes 2 zu übernehmen, als diese Kosten durch sein System der Prozeßkosten- und Beratungshilfe gedeckt sind.

(4)   Wenn die Gerichte oder Verwaltungsbehörden aufgrund dieses Übereinkommens die Rückgabe des Kindes anordnen oder Anordnungen über das Recht zum persönlichen Umgang treffen, können sie, soweit angezeigt, der Person, die das Kind verbracht oder zurückgehalten oder die die Ausübung des Rechts zum persönlichen Umgang vereitelt hat, die Erstattung der dem Antragsteller selbst oder für seine Rechnung entstandenen notwendigen Kosten auferlegen; dazu gehören insbesondere die Reisekosten, alle Kosten oder Auslagen für das Auffinden des Kindes, Kosten der Rechtsvertretung des Antragstellers und Kosten für die Rückgabe des Kindes.

HKÜ Art. 27

Ist offenkundig, daß die Voraussetzungen dieses Übereinkommens nicht erfüllt sind oder daß der Antrag sonst wie unbegründet ist, so ist eine zentrale Behörde nicht verpflichtet, den Antrag anzunehmen. In diesem Fall teilt die zentrale Behörde dem Antragsteller oder gegebenenfalls der zentralen Behörde, die ihr den Antrag übermittelt hat, umgehend ihre Gründe mit.

---

2   http://hcch.e-vision.nl/
    index_en.php?act=conventions.status&cid=24;
    Startseite: http://hcch.net.

HKÜ Art. 28

Eine zentrale Behörde kann verlangen, daß dem Antrag eine schriftliche Vollmacht beigefügt wird, durch die sie ermächtigt wird, für den Antragsteller tätig zu werden oder einen Vertreter zu bestellen, der für ihn tätig wird.

HKÜ Art. 29

Dieses Übereinkommen hindert Personen, Behörden oder sonstige Stellen, die eine Verletzung des Sorgerechts oder des Rechts zum persönlichen Umgang im Sinn des Artikels 3 oder 21 geltend machen, nicht daran, sich unmittelbar an die Gerichte oder Verwaltungsbehörden eines Vertragsstaats zu wenden, gleichviel ob dies in Anwendung des Übereinkommens oder unabhängig davon erfolgt.

Die Stellung eines Antrags unmittelbar an das Gericht oder die Behörde, das bzw. die im Zufluchtstaat für die Entscheidung über die Rückgabe nach Art. 12 zuständig ist, ist immer dann ratsam, wenn sonst die Gefahr besteht, die Jahresfrist zwischen Entführung und Antragstellung zu überschreiten.[1] Eine zögerliche Behandlung des Antrags durch die zentrale Behörde wird bei der Fristberechnung nicht berücksichtigt.[2] Die Erfolgsaussichten eines Rückgabeantrags hängen entscheidend davon ab, ob die Jahresfrist eingehalten worden ist (siehe auch Art. 12 HKÜ Rn 1).

HKÜ Art. 30

Jeder Antrag, der nach diesem Übereinkommen an die zentralen Behörden oder unmittelbar an die Gerichte oder Verwaltungsbehörden eines Vertragsstaats gerichtet wird, sowie alle dem Antrag beigefügten oder von einer zentralen Behörde beschafften Schriftstücke und sonstigen Mitteilungen sind von den Gerichten oder Verwaltungsbehörden der Vertragsstaaten ohne weiteres entgegenzunehmen.

HKÜ Art. 31

Bestehen in einem Staat auf dem Gebiet des Sorgerechts für Kinder zwei oder mehr Rechtssysteme, die in verschiedenen Gebietseinheiten gelten, so ist
a. eine Verweisung auf den gewöhnlichen Aufenthalt in diesem Staat als Verweisung auf den gewöhnlichen Aufenthalt in einer Gebietseinheit dieses Staates zu verstehen;
b. eine Verweisung auf das Recht des Staates des gewöhnlichen Aufenthalts als Verweisung auf das Recht der Gebietseinheit dieses Staates zu verstehen, in der das Kind seinen gewöhnlichen Aufenthalt hat.

HKÜ Art. 32

Bestehen in einem Staat auf dem Gebiet des Sorgerechts für Kinder zwei oder mehr Rechtssysteme, die für verschiedene Personenkreise gelten, so ist eine Verweisung auf das Recht dieses Staates als Verweisung auf das Rechtssystem zu verstehen, das sich aus der Rechtsordnung dieses Staates ergibt.

HKÜ Art. 33

Ein Staat, in dem verschiedene Gebietseinheiten ihre eigenen Rechtsvorschriften auf dem Gebiet des Sorgerechts für Kinder haben, ist nicht verpflichtet, dieses Übereinkommen anzuwenden, wenn ein Staat mit einheitlichem Rechtssystem dazu nicht verpflichtet wäre.

---

1 S. zu den Fragen der Antragstellung *Niethammer-Jürgens*, DAVorm 2000, 1071, 1072.

2 S. OLG Bamberg FamRZ 1995, 305.

HKÜ Art. 34

Dieses Übereinkommen geht im Rahmen seines sachlichen Anwendungsbereichs dem Übereinkommen vom 5. Oktober 1961 über die Zuständigkeit der Behörden und das anzuwendende Recht auf dem Gebiet des Schutzes von Minderjährigen vor, soweit die Staaten Vertragsparteien beider Übereinkommen sind. Im übrigen beschränkt dieses Übereinkommen weder die Anwendung anderer internationaler Übereinkünfte, die zwischen dem Ursprungsstaat und dem ersuchten Staat in Kraft sind, noch die Anwendung des nichtvertraglichen Rechts des ersuchten Staates, wenn dadurch die Rückgabe eines widerrechtlich verbrachten oder zurückgehaltenen Kindes erwirkt oder die Durchführung des Rechts zum persönlichen Umgang bezweckt werden soll.

1 Das HKÜ geht in seinem Anwendungsbereich dem MSA vor.[1] Die Zuständigkeit für die Rückgabeanordnung folgt daher nur aus dem HKÜ. Auch für die Frage der Widerrechtlichkeit des Verbringens oder Zurückhaltens kommt es nicht auf das Heimatrecht des Kindes nach Art. 3 MSA an.

2 Andere Regelungen, die zusätzliche Möglichkeiten für die Rückgabe des entführten Kindes eröffnen, bleiben nach der Zielsetzung des HKÜ, die Rückführung zu erleichtern, unberührt.[2] Das gilt etwa für das Europäische Sorgerechtsübereinkommen v. 20.5.1980.[3] Nach § 37 IntFamRVG-E ist das Europäische Sorgerechtsübereinkommen im Inland nur anzuwenden, wenn der Antragsteller dies ausdrücklich wünscht.

HKÜ Art. 35

(1) Dieses Übereinkommen findet zwischen den Vertragsstaaten nur auf ein widerrechtliches Verbringen oder Zurückhalten Anwendung, das sich nach seinem Inkrafttreten in diesen Staaten ereignet hat.

(2) Ist eine Erklärung nach Artikel 39 oder 40 abgegeben worden, so ist die in Absatz 1 des vorliegenden Artikels enthaltene Verweisung auf einen Vertragsstaat als Verweisung auf die Gebietseinheit oder die Gebietseinheiten zu verstehen, auf die das Übereinkommen angewendet wird.

1 Siehe die Liste der Vertragsstaaten mit dem Zeitpunkt des In-Kraft-Tretens bei Art. 1 HKÜ Rn 5 f.

HKÜ Art. 36

Dieses Übereinkommen hindert zwei oder mehr Vertragsstaaten nicht daran, Einschränkungen, denen die Rückgabe eines Kindes unterliegen kann, dadurch zu begrenzen, daß sie untereinander vereinbaren, von solchen Bestimmungen des Übereinkommens abzuweichen, die eine derartige Einschränkung darstellen könnten.

1 Eine solche Regelung enthält die EheVO 2003 in Artt. 10 und 11, die das HKÜ im Verhältnis der Mitgliedstaaten der EU mit Ausnahme von Dänemark modifiziert, um die Rückführung zu erleichtern.[1]

Kapitel VI. Schlußbestimmungen

HKÜ Artt. 37–45

(nicht abgedruckt)

---

1 Zu den Einzelheiten *Hüßtege*, IPRax 1992, 369, 370.
2 Palandt/*Heldrich*, Anh. zu Art. 24 EGBGB Rn 91.
3 MüKo/*Siehr*, Art. 19 EGBGB Anh. II Rn 104.
1 S. zu dem ursprünglich deutlich weiter gehenden Vorschlag einer Verordnung über die Zuständigkeit und die Anerkennung und Vollstreckung von Entscheidungen über die elterliche Verantwortung, KOM (2001) 505 endg., *Winkler v. Mohrenfels*, IPRax 2002, 372, 374.

Anhang V zu Art. 24 EGBGB

Luxemburger Europäisches Übereinkommen über die Anerkennung und Vollstreckung von Entscheidungen über das Sorgerecht für Kinder und die Wiederherstellung des Sorgeverhältnisses vom 20. Mai 1980 (ESÜ)[1]

Die Mitgliedstaaten des Europarats, die dieses Übereinkommen unterzeichnen

in der Erkenntnis, daß in den Mitgliedstaaten des Europarats das Wohl des Kindes bei Entscheidungen über das Sorgerecht von ausschlaggebender Bedeutung ist;

in der Erwägung, daß die Einführung von Regelungen, welche die Anerkennung und Vollstreckung von Entscheidungen über das Sorgerecht für ein Kind erleichtern sollen, einen größeren Schutz für das Wohl der Kinder gewährleisten wird;

in der Erwägung, daß es in Anbetracht dessen wünschenswert ist hervorzuheben, daß das Recht der Eltern zum persönlichen Umgang mit dem Kind eine normale Folgeerscheinung des Sorgerechts ist;

im Hinblick auf die wachsende Zahl von Fällen, in denen Kinder in unzulässiger Weise über eine internationale Grenze verbracht worden sind, und die Schwierigkeiten, die dabei entstandenen Probleme in angemessener Weise zu lösen;

in dem Wunsch, geeignete Vorkehrungen zu treffen, die es ermöglichen, das willkürlich unterbrochene Sorgeverhältnis zu Kindern wiederherzustellen;

überzeugt, daß es wünschenswert ist, zu diesem Zweck Regelungen zu treffen, die den verschiedenen Bedürfnissen und den unterschiedlichen Umständen entsprechen;

in dem Wunsch, zwischen ihren Behörden eine Zusammenarbeit auf rechtlichem Gebiet herbeizuführen,

sind wie folgt übereingekommen:

ESÜ Art. 1

Im Sinn dieses Übereinkommens bedeutet:
a. „Kind" eine Person gleich welcher Staatsangehörigkeit, die das 16. Lebensjahr noch nicht vollendet hat und noch nicht berechtigt ist, nach dem Recht ihres gewöhnlichen Aufenthalts, dem Recht des Staates, dem sie angehört, oder dem innerstaatlichen Recht des ersuchten Staates ihren eigenen Aufenthalt zu bestimmen;
b. „Behörde" ein Gericht oder eine Verwaltungsbehörde;
c. „Sorgerechtsentscheidung" die Entscheidung einer Behörde, soweit sie die Sorge für die Person des Kindes, einschließlich des Rechts auf Bestimmung seines Aufenthalts oder des Rechts zum persönlichen Umgang mit ihm, betrifft;
d. „unzulässiges Verbringen" das Verbringen eines Kindes über eine internationale Grenze, wenn dadurch eine Sorgerechtsentscheidung verletzt wird, die in einem Vertragsstaat ergangen und in einem solchen Staat vollstreckbar ist; als unzulässiges Verbringen gilt auch der Fall, in dem
   i. das Kind am Ende einer Besuchszeit oder eines sonstigen vorübergehenden Aufenthalts in einem anderen Hoheitsgebiet als dem, in dem das Sorgerecht ausgeübt wird, nicht über eine internationale Grenze zurückgebracht wird;
   ii. das Verbringen nachträglich nach Artikel 12 für widerrechtlich erklärt wird.

---

[1] BGBl II 1990 S. 220 ff. – Übersetzung; authentisch sind gleichberechtigt der englische und französische Text.

Teil I. Zentrale Behörden

ESÜ Art. 2

(1) Jeder Vertragsstaat bestimmt eine zentrale Behörde, welche die in diesem Übereinkommen vorgesehenen Aufgaben wahrnimmt.

(2) Bundesstaaten und Staaten mit mehreren Rechtssystemen steht es frei, mehrere zentrale Behörden zu bestimmen; sie legen deren Zuständigkeit fest.

(3) Jede Bezeichnung nach diesem Artikel wird dem Generalsekretär des Europarats notifiziert.

ESÜ Art. 3

(1) Die zentralen Behörden der Vertragsstaaten arbeiten zusammen und fördern die Zusammenarbeit der zuständigen Behörden ihrer Staaten. Sie haben mit aller gebotenen Eile zu handeln.

(2) Um die Durchführung dieses Übereinkommens zu erleichtern, werden die zentralen Behörden der Vertragsstaaten:
 a. die Übermittlung von Auskunftsersuchen sicherstellen, die von zuständigen Behörden ausgehen und sich auf Rechts- oder Tatsachenfragen in anhängigen Verfahren beziehen;
 b. einander auf Ersuchen Auskünfte über ihr Recht auf dem Gebiet des Sorgerechts für Kinder und über dessen Änderungen erteilen;
 c. einander über alle Schwierigkeiten unterrichten, die bei der Anwendung des Übereinkommens auftreten können, und Hindernisse, die seiner Anwendung entgegenstehen, soweit wie möglich ausräumen.

ESÜ Art. 4

(1) Wer in einem Vertragsstaat eine Sorgerechtsentscheidung erwirkt hat und sie in einem anderen Vertragsstaat anerkennen oder vollstrecken lassen will, kann zu diesem Zweck einen Antrag an die zentrale Behörde jedes beliebigen Vertragsstaats richten.

(2) Dem Antrag sind die in Artikel 13 genannten Schriftstücke beizufügen.

(3) Ist die zentrale Behörde, bei der der Antrag eingeht, nicht die zentrale Behörde des ersuchten Staates, so übermittelt sie die Schriftstücke unmittelbar und unverzüglich der letztgenannten Behörde.

(4) Die zentrale Behörde, bei der der Antrag eingeht, kann es ablehnen, tätig zu werden, wenn die Voraussetzungen nach diesem Übereinkommen offensichtlich nicht erfüllt sind.

(5) Die zentrale Behörde, bei der der Antrag eingeht, unterrichtet den Antragsteller unverzüglich über den Fortgang seines Antrags.

ESÜ Art. 5

(1) Die zentrale Behörde des ersuchten Staates trifft oder veranlaßt unverzüglich alle Vorkehrungen, die sie für geeignet hält, und leitet erforderlichenfalls ein Verfahren vor dessen zuständigen Behörden ein, um:
 a. den Aufenthaltsort des Kindes ausfindig zu machen;
 b. zu vermeiden, insbesondere durch alle erforderlichen vorläufigen Maßnahmen, daß die Interessen des Kindes oder des Antragstellers beeinträchtigt werden;
 c. die Anerkennung oder Vollstreckung der Entscheidung sicherzustellen;
 d. die Rückgabe des Kindes an den Antragsteller sicherzustellen, wenn die Vollstreckung der Entscheidung bewilligt wird;
 e. die ersuchende Behörde über die getroffenen Maßnahmen und deren Ergebnisse zu unterrichten.

ESÜ Art. 8

(2) Hat die zentrale Behörde des ersuchten Staates Grund zu der Annahme, daß sich das Kind im Hoheitsgebiet eines anderen Vertragsstaats befindet, so übermittelt sie die Schriftstücke unmittelbar und unverzüglich der zentralen Behörde dieses Staates.

(3) Jeder Vertragsstaat verpflichtet sich, vom Antragsteller keine Zahlungen für Maßnahmen zu verlangen, die für den Antragsteller aufgrund des Absatzes 1 von der zentralen Behörde des betreffenden Staates getroffen werden; darunter fallen auch die Verfahrenskosten und gegebenenfalls die Kosten für einen Rechtsanwalt, nicht aber die Kosten für die Rückführung des Kindes.

(4) Wird die Anerkennung oder Vollstreckung versagt und ist die zentrale Behörde des ersuchten Staates der Auffassung, daß sie dem Ersuchen des Antragstellers stattgeben sollte, in diesem Staat eine Entscheidung in der Sache selbst herbeizuführen, so bemüht sich diese Behörde nach besten Kräften, die Vertretung des Antragstellers in dem Verfahren unter Bedingungen sicherzustellen, die nicht weniger günstig sind als für eine Person, die in diesem Staat ansässig ist und dessen Staatsangehörigkeit besitzt; zu diesem Zweck kann sie insbesondere ein Verfahren vor dessen zuständigen Behörden einleiten.

ESÜ Art. 6

(1) Vorbehaltlich besonderer Vereinbarungen zwischen den beteiligten zentralen Behörden und der Bestimmungen des Absatzes 3
a. müssen Mitteilungen an die zentrale Behörde des ersuchten Staates in der Amtssprache oder einer der Amtssprachen dieses Staates abgefaßt oder von einer Übersetzung in diese Sprache begleitet sein;
b. muß die zentrale Behörde des ersuchten Staates aber auch Mitteilungen annehmen, die in englischer oder französischer Sprache abgefaßt oder von einer Übersetzung in eine dieser Sprachen begleitet sind.

(2) Mitteilungen, die von der zentralen Behörde des ersuchten Staates ausgehen, einschließlich der Ergebnisse von Ermittlungen, können in der Amtssprache oder einer der Amtssprachen dieses Staates oder in englischer oder französischer Sprache abgefaßt sein.

(3) Ein Vertragsstaat kann die Anwendung des Absatzes 1 Buchstabe b ganz oder teilweise ausschließen. Hat ein Vertragsstaat diesen Vorbehalt angebracht, so kann jeder andere Vertragsstaat ihm gegenüber den Vorbehalt auch anwenden.

Teil II. Anerkennung und Vollstreckung von Entscheidungen und Wiederherstellung des Sorgeverhältnisses

ESÜ Art. 7

Sorgerechtsentscheidungen, die in einem Vertragsstaat ergangen sind, werden in jedem anderen Vertragsstaat anerkannt und, wenn sie im Ursprungsstaat vollstreckbar sind, für vollstreckbar erklärt.

ESÜ Art. 8

(1) Im Fall eines unzulässigen Verbringens hat die zentrale Behörde des ersuchten Staates umgehend die Wiederherstellung des Sorgeverhältnisses zu veranlassen, wenn
a. zur Zeit der Einleitung des Verfahrens in dem Staat, in dem die Entscheidung ergangen ist, oder zur Zeit des unzulässigen Verbringens, falls dieses früher erfolgte, das Kind und seine Eltern nur Angehörige dieses Staates waren und das Kind seinen gewöhnlichen Aufenthalt im Hoheitsgebiet dieses Staates hatte, und
b. der Antrag auf Wiederherstellung innerhalb von sechs Monaten nach dem unzulässigen Verbringen bei einer zentralen Behörde gestellt worden ist.

(2) Können nach dem Recht des ersuchten Staates die Voraussetzungen des Absatzes 1 nicht ohne ein gerichtliches Verfahren erfüllt werden, so finden in diesem Verfahren die in dem Übereinkommen genannten Versagungsgründe keine Anwendung.

(3) Ist in einer von einer zuständigen Behörde genehmigten Vereinbarung zwischen dem Sorgeberechtigten und einem Dritten diesem das Recht zum persönlichen Umgang eingeräumt worden und ist das ins Ausland gebrachte Kind am Ende der vereinbarten Zeit dem Sorgeberechtigten nicht zurückgegeben worden, so wird das Sorgeverhältnis nach Absatz 1 Buchstabe b und Absatz 2 wiederhergestellt. Dasselbe gilt, wenn durch Entscheidung der zuständigen Behörde ein solches Recht einer Person zuerkannt wird, die nicht sorgeberechtigt ist.

ESÜ Art. 9

(1) Ist in anderen als den in Artikel 8 genannten Fällen eines unzulässigen Verbringens ein Antrag innerhalb von sechs Monaten nach dem Verbringen bei einer zentralen Behörde gestellt worden, so können die Anerkennung und Vollstreckung nur in folgenden Fällen versagt werden:
a. wenn bei einer Entscheidung, die in Abwesenheit des Beklagten oder seines gesetzlichen Vertreters ergangen ist, dem Beklagten das das Verfahren einleitende Schriftstück oder ein gleichwertiges Schriftstück weder ordnungsgemäß noch so rechtzeitig zugestellt worden ist, daß er sich verteidigen konnte; die Nichtzustellung kann jedoch dann kein Grund für die Versagung der Anerkennung oder Vollstreckung sein, wenn die Zustellung deswegen nicht bewirkt worden ist, weil der Beklagte seinen Aufenthaltsort der Person verheimlicht hat, die das Verfahren im Ursprungsstaat eingeleitet hatte;
b. wenn bei einer Entscheidung, die in Abwesenheit des Beklagten oder seines gesetzlichen Vertreters ergangen ist, die Zuständigkeit der die Entscheidung treffenden Behörde nicht gegründet war auf:
  i. den gewöhnlichen Aufenthalt des Beklagten,
  ii. den letzten gemeinsamen gewöhnlichen Aufenthalt der Eltern des Kindes, sofern wenigstens ein Elternteil seinen gewöhnlichen Aufenthalt noch dort hat, oder
  iii. den gewöhnlichen Aufenthalt des Kindes;
c. wenn die Entscheidung mit einer Sorgerechtsentscheidung unvereinbar ist, die im ersuchten Staat vor dem Verbringen des Kindes vollstreckbar wurde, es sei denn, das Kind habe während des Jahres vor seinem Verbringen den gewöhnlichen Aufenthalt im Hoheitsgebiet des ersuchenden Staates gehabt.

(2) Ist kein Antrag bei einer zentralen Behörde gestellt worden, so findet Absatz 1 auch dann Anwendung, wenn innerhalb von sechs Monaten nach dem unzulässigen Verbringen die Anerkennung und Vollstreckung beantragt wird.

(3) Auf keinen Fall darf die ausländische Entscheidung inhaltlich nachgeprüft werden.

ESÜ Art. 10

(1) In anderen als den in den Artikeln 8 und 9 genannten Fällen können die Anerkennung und Vollstreckung nicht nur aus den in Artikel 9 vorgesehenen, sondern auch aus einem der folgenden Gründe versagt werden:
a. wenn die Wirkungen der Entscheidung mit den Grundwerten des Familien- und Kindschaftsrechts im ersuchten Staat offensichtlich unvereinbar sind;
b. wenn aufgrund einer Änderung der Verhältnisse – dazu zählt auch der Zeitablauf, nicht aber der bloße Wechsel des Aufenthaltsorts des Kindes infolge eines unzulässigen Verbringens – die Wirkungen der ursprünglichen Entscheidung offensichtlich nicht mehr dem Wohl des Kindes entsprechen;
c. wenn zur Zeit der Einleitung des Verfahrens im Ursprungsstaat
  i. das Kind Angehöriger des ersuchten Staates war oder dort seinen gewöhnlichen Aufenthalt hatte und keine solche Beziehung zum Ursprungsstaat bestand;
  ii. das Kind sowohl Angehöriger des Ursprungsstaats als auch des ersuchten Staates war und seinen gewöhnlichen Aufenthalt im ersuchten Staat hatte;
d. wenn die Entscheidung mit einer im ersuchten Staat ergangenen oder mit einer dort vollstreckbaren Entscheidung eines Drittstaats unvereinbar ist; die Entscheidung muß in einem Verfahren ergangen sein, das eingeleitet wurde, bevor der Antrag auf Anerkennung oder Vollstreckung gestellt wurde, und die Versagung muß dem Wohl des Kindes entsprechen.

(2) In diesen Fällen können Verfahren auf Anerkennung oder Vollstreckung aus einem der folgenden Gründen ausgesetzt werden:
a. wenn gegen die ursprüngliche Entscheidung ein ordentliches Rechtsmittel eingelegt worden ist;
b. wenn im ersuchten Staat ein Verfahren über das Sorgerecht für das Kind anhängig ist und dieses Verfahren vor Einleitung des Verfahrens im Ursprungsstaat eingeleitet wurde;
c. wenn eine andere Entscheidung über das Sorgerecht für das Kind Gegenstand eines Verfahrens auf Vollstreckung oder eines anderen Verfahrens auf Anerkennung der Entscheidung ist.

ESÜ Art. 11

(1) Die Entscheidungen über das Recht zum persönlichen Umgang mit dem Kind und die in Sorgerechtsentscheidungen enthaltenen Regelungen über das Recht zum persönlichen Umgang werden unter den gleichen Bedingungen wie andere Sorgerechtsentscheidungen anerkannt und vollstreckt.

(2) Die zuständige Behörde des ersuchten Staates kann jedoch die Bedingungen für die Durchführung und Ausübung des Rechts zum persönlichen Umgang festlegen; dabei werden insbesondere die von den Parteien eingegangenen diesbezüglichen Verpflichtungen berücksichtigt.

(3) Ist keine Entscheidung über das Recht zum persönlichen Umgang ergangen oder ist die Anerkennung oder Vollstreckung der Sorgerechtsentscheidung versagt worden, so kann sich die zentrale Behörde des ersuchten Staates auf Antrag der Person, die das Recht zum persönlichen Umgang beansprucht, an die zuständige Behörde ihres Staates wenden, um eine solche Entscheidung zu erwirken.

ESÜ Art. 12

Liegt zu dem Zeitpunkt, in dem das Kind über eine internationale Grenze verbracht wird, keine in einem Vertragsstaat ergangene vollstreckbare Sorgerechtsentscheidung vor, so ist dieses Übereinkommen auf jede spätere in einem Vertragsstaat ergangene Entscheidung anzuwenden, mit der das Verbringen auf Antrag eines Beteiligten für widerrechtlich erklärt wird.

Teil III. Verfahren

ESÜ Art. 13

(1) Dem Antrag auf Anerkennung oder Vollstreckung einer Sorgerechtsentscheidung in einem anderen Vertragsstaat sind beizufügen:
a. ein Schriftstück, in dem die zentrale Behörde des ersuchten Staates ermächtigt wird, für den Antragsteller tätig zu werden oder einen anderen Vertreter für diesen Zweck zu bestimmen;
b. eine Ausfertigung der Entscheidung, welche die für ihre Beweiskraft erforderlichen Voraussetzungen erfüllt;
c. im Fall einer in Abwesenheit des Beklagten oder seines gesetzlichen Vertreters ergangenen Entscheidung ein Schriftstück, aus dem sich ergibt, daß das Schriftstück, mit dem das Verfahren eingeleitet wurde, oder ein gleichwertiges Schriftstück dem Beklagten ordnungsgemäß zugestellt worden ist;
d. gegebenenfalls ein Schriftstück, aus dem sich ergibt, daß die Entscheidung nach dem Recht des Ursprungsstaates vollstreckbar ist;
e. wenn möglich eine Angabe über den Aufenthaltsort oder den wahrscheinlichen Aufenthaltsort des Kindes im ersuchten Staat;
f. Vorschläge dafür, wie das Sorgeverhältnis zu dem Kind wiederhergestellt werden soll.

(2) Den obengenannten Schriftstücken ist erforderlichenfalls eine Übersetzung nach Maßgabe des Artikels 6 beizufügen.

ESÜ Art. 14

Jeder Vertragsstaat wendet für die Anerkennung und Vollstreckung von Sorgerechtsentscheidungen ein einfaches und beschleunigtes Verfahren an. Zu diesem Zweck stellt er sicher, daß die Vollstreckbarerklärung in Form eines einfachen Antrags begehrt werden kann.

ESÜ Art. 15

(1) Bevor die Behörde des ersuchten Staates eine Entscheidung nach Artikel 10 Absatz 1 Buchstabe b trifft,
a. muß sie die Meinung des Kindes feststellen, sofern dies nicht insbesondere wegen seines Alters und Auffassungsvermögens undurchführbar ist;
b. kann sie verlangen, daß geeignete Ermittlungen durchgeführt werden.
(2) Die Kosten für die in einem Vertragsstaat durchgeführten Ermittlungen werden von den Behörden des Staates getragen, in dem sie durchgeführt wurden.
(3) Ermittlungsersuchen und die Ergebnisse der Ermittlungen können der ersuchenden Behörde über die zentralen Behörden mitgeteilt werden.

ESÜ Art. 16

Für die Zwecke dieses Übereinkommens darf keine Legalisation oder ähnliche Förmlichkeit verlangt werden.

Teil IV. Vorbehalte

ESÜ Art. 17

(1) Jeder Vertragsstaat kann sich vorbehalten, daß in den von den Artikeln 8 und 9 oder von einem dieser Artikel erfaßten Fällen die Anerkennung und Vollstreckung von Sorgerechtsentscheidungen aus denjenigen der in Artikel 10 vorgesehenen Gründe versagt werden kann, die in dem Vorbehalt bezeichnet sind.
(2) Die Anerkennung und Vollstreckung von Entscheidungen, die in einem Vertragsstaat ergangen sind, der den in Absatz 1 vorgesehenen Vorbehalt angebracht hat, können in jedem anderen Vertragsstaat aus einem der in diesem Vorbehalt bezeichneten zusätzlichen Gründen versagt werden.

ESÜ Art. 18

Jeder Vertragsstaat kann sich vorbehalten, durch Artikel 12 nicht gebunden zu sein. Auf die in Artikel 12 genannten Entscheidungen, die in einem Vertragsstaat ergangen sind, der einen solchen Vorbehalt angebracht hat, ist dieses Übereinkommen nicht anwendbar.

Teil V. Andere Übereinkünfte

ESÜ Art. 19

Dieses Übereinkommen schließt nicht aus, daß eine andere internationale Übereinkunft zwischen dem Ursprungsstaat und dem ersuchten Staat oder das nichtvertragliche Recht des ersuchten Staates angewendet wird, um die Anerkennung oder Vollstreckung einer Entscheidung zu erwirken.

ESÜ Art. 20

(1) Dieses Übereinkommen läßt Verpflichtungen unberührt, die ein Vertragsstaat gegenüber einem Nichtvertragsstaat aufgrund einer internationalen Übereinkunft hat, die sich auf in diesem Übereinkommen geregelte Angelegenheiten erstreckt.

(2) Haben zwei oder mehr Vertragsstaaten auf dem Gebiet des Sorgerechts für Kinder einheitliche Rechtsvorschriften erlassen oder ein besonderes System zur Anerkennung oder Vollstreckung von Entscheidungen auf diesem Gebiet geschaffen oder werden sie dies in Zukunft tun, so steht es ihnen frei, anstelle des Übereinkommens oder eines Teiles davon diese Rechtsvorschriften oder dieses System untereinander anzuwenden. Um von dieser Bestimmung Gebrauch machen zu können, müssen diese Staaten ihre Entscheidung dem Generalsekretär des Europarats notifizieren. Jede Änderung oder Aufhebung dieser Entscheidung ist ebenfalls zu notifizieren.

Teil VI. Schlußbestimmungen

ESÜ Art. 21

Dieses Übereinkommen liegt für die Mitgliedstaaten des Europarats zur Unterzeichnung auf. Es bedarf der Ratifikation, Annahme oder Genehmigung. Die Ratifikations-, Annahme- oder Genehmigungsurkunden werden beim Generalsekretär des Europarats hinterlegt.

ESÜ Art. 22

(1) Dieses Übereinkommen tritt am ersten Tag des Monats in Kraft, der auf einen Zeitabschnitt von drei Monaten nach dem Tag folgt, an dem drei Mitgliedstaaten des Europarats nach Artikel 21 ihre Zustimmung ausgedrückt haben, durch das Übereinkommen gebunden zu sein.

(2) Für jeden Mitgliedstaat, der später seine Zustimmung ausdrückt, durch das Übereinkommen gebunden zu sein, tritt es am ersten Tag des Monats in Kraft, der auf einen Zeitabschnitt von drei Monaten nach Hinterlegung der Ratifikations-, Annahme- oder Genehmigungsurkunde folgt.

ESÜ Art. 23

(1) Nach Inkrafttreten dieses Übereinkommens kann das Ministerkomitee des Europarats durch einen mit der in Artikel 20 Buchstabe d der Satzung vorgesehenen Mehrheit und mit einhelliger Zustimmung der Vertreter der Vertragsstaaten, die Anspruch auf einen Sitz im Komitee haben, gefaßten Beschluß jeden Nichtmitgliedstaat des Rates einladen, dem Übereinkommen beizutreten.

(2) Für jeden beitretenden Staat tritt das Übereinkommen am ersten Tag des Monats in Kraft, der auf einen Zeitabschnitt von drei Monaten nach Hinterlegung der Beitrittsurkunde beim Generalsekretär des Europarats folgt.

ESÜ Art. 24

(1) Jeder Staat kann bei der Unterzeichnung oder bei der Hinterlegung seiner Ratifikations-, Annahme-, Genehmigungs- oder Beitrittsurkunde einzelne oder mehrere Hoheitsgebiete bezeichnen, auf die dieses Übereinkommen Anwendung findet.

(2) Jeder Staat kann jederzeit danach durch eine an den Generalsekretär des Europarats gerichtete Erklärung die Anwendung dieses Übereinkommens auf jedes weitere in der Erklärung bezeichnete Hoheitsgebiet erstrecken. Das Übereinkommen tritt für dieses Hoheitsgebiet am ersten Tag des Monats in Kraft, der auf einen Zeitabschnitt von drei Monaten nach Eingang der Erklärung beim Generalsekretär folgt.

(3) Jede nach den Absätzen 1 und 2 abgegebene Erklärung kann in bezug auf jedes darin bezeichnete Hoheitsgebiet durch eine an den Generalsekretär gerichtete Notifikation zurückgenommen werden. Die Rücknahme wird am ersten Tag des Monats wirksam, der auf einen Zeitabschnitt von sechs Monaten nach Eingang der Notifikation beim Generalsekretär folgt.

ESÜ Art. 25

(1) Ein Staat, der aus zwei oder mehr Gebietseinheiten besteht, in denen für Angelegenheiten des Sorgerechts für Kinder und für die Anerkennung und Vollstreckung von Sorgerechtsentscheidungen unterschiedliche Rechtssysteme gelten, kann bei der Unterzeichnung oder bei der Hinterlegung seiner Ratifikations-, Annahme-, Genehmigungs- oder Beitrittsurkunde erklären, daß dieses Übereinkommen auf alle seine Gebietseinheiten oder auf eine oder mehrere davon Anwendung findet.

(2) Ein solcher Staat kann jederzeit danach durch eine an den Generalsekretär des Europarates gerichtete Erklärung die Anwendung dieses Übereinkommens auf jede weitere in der Erklärung bezeichnete Gebietseinheit erstrecken. Das Übereinkommen tritt für diese Gebietseinheit am ersten Tag des Monats in Kraft, der auf einen Zeitabschnitt von drei Monaten nach Eingang der Erklärung beim Generalsekretär folgt.

(3) Jede nach den Absätzen 1 und 2 abgegebene Erklärung kann in bezug auf jede darin bezeichnete Gebietseinheit durch eine an den Generalsekretär gerichtete Notifikation zurückgenommen werden. Die Rücknahme wird am ersten Tag des Monats wirksam, der auf einen Zeitabschnitt von sechs Monaten nach Eingang der Notifikation beim Generalsekretär folgt.

ESÜ Art. 26

(1) Bestehen in einem Staat auf dem Gebiet des Sorgerechts für Kinder zwei oder mehr Rechtssysteme, die einen räumlich verschiedenen Anwendungsbereich haben, so ist
a. eine Verweisung auf das Recht des gewöhnlichen Aufenthalts oder der Staatsangehörigkeit einer Person als Verweisung auf das Rechtssystem zu verstehen, das von den in diesem Staat geltenden Rechtsvorschriften bestimmt wird, oder, wenn es solche Vorschriften nicht gibt, auf das Rechtssystem, zu dem die betreffende Person die engste Beziehung hat;
b. eine Verweisung auf den Ursprungsstaat oder auf den ersuchten Staat als Verweisung auf die Gebietseinheit zu verstehen, in der die Entscheidung ergangen ist oder in der die Anerkennung oder Vollstreckung der Entscheidung oder die Wiederherstellung des Sorgeverhältnisses beantragt wird.

(2) Absatz 1 Buchstabe a wird entsprechend auf Staaten angewendet, die auf dem Gebiet des Sorgerechts zwei oder mehr Rechtssysteme mit persönlich verschiedenem Anwendungsbereich haben.

ESÜ Art. 27

(1) Jeder Staat kann bei der Unterzeichnung oder bei der Hinterlegung seiner Ratifikations-, Annahme-, Genehmigungs- oder Beitrittsurkunde erklären, daß er von einem oder mehreren der in Artikel 6 Absatz 3 und in den Artikeln 17 und 18 vorgesehenen Vorbehalte Gebrauch macht. Weitere Vorbehalte sind nicht zulässig.

(2) Jeder Vertragsstaat, der einen Vorbehalt nach Absatz 1 angebracht hat, kann ihn durch eine an den Generalsekretär des Europarats gerichtete Notifikation ganz oder teilweise zurücknehmen. Die Rücknahme wird mit dem Eingang der Notifikation beim Generalsekretär wirksam.

ESÜ Art. 28

Der Generalsekretär des Europarats lädt am Ende des dritten Jahres, das auf den Tag des Inkrafttretens dieses Übereinkommens folgt, und von sich aus jederzeit danach die Vertreter der von den Vertragsstaaten bestimmten zentralen Behörden zu einer Tagung ein, um die Wirkungsweise des Übereinkommens zu erörtern und zu erleichtern. Jeder Mitgliedstaat des Europarats, der nicht Vertragspartei des Übereinkommens ist, kann sich durch einen Beobachter vertreten lassen. Über die Arbeiten jeder Tagung wird ein Bericht angefertigt und dem Ministerkomitee des Europarats zur Kenntnisnahme vorgelegt.

ESÜ Art. 29

(1) Jede Vertragspartei kann dieses Übereinkommen jederzeit durch eine an den Generalsekretär des Europarats gerichtete Notifikation kündigen.
(2) Die Kündigung wird am ersten Tag des Monats wirksam, der auf einen Zeitabschnitt von sechs Monaten nach Eingang der Notifikation beim Generalsekretär folgt.

ESÜ Art. 30

Der Generalsekretär des Europarats notifiziert den Mitgliedstaaten des Rates und jedem Staat, der diesem Übereinkommen beigetreten ist:
a. jede Unterzeichnung;
b. jede Hinterlegung einer Ratifikations-, Annahme-, Genehmigungs- oder Beitrittsurkunde;
c. jeden Zeitpunkt des Inkrafttretens dieses Übereinkommens nach den Artikeln 22, 23, 24 und 25;
d. jede andere Handlung, Notifikation oder Mitteilung im Zusammenhang mit diesem Übereinkommen.

Zu Urkunde dessen haben die hierzu gehörig befugten Unterzeichneten dieses Übereinkommen unterschrieben.

Geschehen zu Luxemburg am 20. Mai 1980 in englischer und französischer Sprache, wobei jeder Wortlaut gleichermaßen verbindlich ist, in einer Urschrift, die im Archiv des Europarats hinterlegt wird. Der Generalsekretär des Europarats übermittelt allen Mitgliedstaaten des Europarats und allen zum Beitritt zu diesem Übereinkommen eingeladenen Staaten beglaubigte Abschriften.

Literatur: *Mansel*, Neues Internationales Sorgerecht, NJW 1990, 2176; *Pirrung*, Wiederherstellung des Sorgeverhältnisses, IPRax 1997, 182; *Schulz*, Internationale Regelungen zum Sorge- und Umgangsrecht, FamRZ 2003, 336.

Das ESÜ wurde erarbeitet, um die **grenzüberschreitende Anerkennung und Vollstreckung von Sorgerechtsmaßnahmen** sicherzustellen, eine Frage, die vom MSA in Art. 7 Abs. 2 nicht geregelt worden ist.[2] Hauptziel ist es dabei, durch die Anerkennung und Vollstreckung der Sorgerechtsmaßnahmen die Entführung von Kindern zu verhindern bzw. möglichst schnell rückgängig zu machen.[3] 1

Das ESÜ ist für Deutschland am 1.2.1991 im Verhältnis zu Belgien, Frankreich, Luxemburg, den Niederlanden, Norwegen, Österreich, Portugal, Schweden, der Schweiz, Spanien, dem Vereinigten Königreich und Zypern in Kraft getreten. Es gilt heute auch im Verhältnis zu(r) Dänemark (1.8.1991), Irland (1.10.1991), Griechenland (1.7.1993), Finnland (1.8.1994), Italien (1.6.1995), Polen (1.3.1996), Island (1.11.1996), Liechtenstein (1.8.1997), Malta (1.2.2000), Türkei (1.6.2000), Tschechische Republik (1.7.2000), Slowakei (1.9.2001), Estland (1.9.2001), Serbien und Montenegro (1.5.2002), Lettland (1.8.2002), Mazedonien (1.10.2003), Litauen (1.5.2003), Bulgarien (1.10.2003), Republik Moldau (1.5.2004), Ungarn (1.6.2004), Rumänien (1.9.2004).[4] 2

Das ESÜ ist zum einen ein klassisches Abkommen zur Anerkennung und Vollstreckung von Entscheidungen aus einem anderen Vertragsstaat (Art. 7). Zusätzlich sieht es aber die Errichtung von zentralen Behörden vor, die für den Antragsteller die Anerkennung und Vollstreckung der ausländischen Entscheidung betreiben und die Rückgabe des Kindes sicherzustellen haben (Artt. 4 und 5).[5] Weiterhin ist in Artt. 8 und 9 die Möglichkeit vorgesehen, dass bei einer Entführung im Zufluchtstaat umgehend die Wiederherstellung des Sorgeverhältnisses angeordnet wird. 3

---

2 *Schulz*, FamRZ 2003, 336, 339.
3 *Schulz*, FamRZ 2003, 336, 339.
4 Nachw. zu den Vertragsstaaten auf der Internetseite des Europarates: http://conventions.coe.int/Treaty/Commun/ChercheSig.asp?NT=105&CM=1&DF=20/10/04&CL=GER.
5 *Kegel/Schurig*, § 20 XI 5c aa.

4 Das ESÜ ist im gleichen Jahr wie das HKÜ verabschiedet worden und für Deutschland zusammen mit dem HKÜ in Kraft getreten. Seine **praktische Bedeutung** ist aber wesentlich geringer als die des HKÜ.[6] In Deutschland wird pro Jahr in weniger als 10 Fällen die Anerkennung und Vollstreckung aufgrund des ESÜ beantragt.[7] Nach § 37 IntFamRVG-E (früher § 12 SorgeRÜbkAG[1]) ist primär das HKÜ und nicht das ESÜ anwendbar, wenn die Rückgabe eines Kindes nach diesen Übereinkommen in Betracht kommt. Das ESÜ wird nur angewandt, wenn es der Antragsteller ausdrücklich verlangt. Die Bedeutung des ESÜ wird weiter abnehmen, weil sich die Anerkennung und Vollstreckung von Entscheidungen aus Mitgliedstaaten der EU (mit Ausnahme von Dänemark, das aber kein Vertragsstaat des ESÜ ist) nach der EheVO 2003 richtet und das ESÜ insoweit verdrängt wird, Art. 60 lit. d EheVO 2003.[8]

5 Die Regelungen des ESÜ sind im Vergleich zum HKÜ recht unübersichtlich.[9] Das **ESÜ ist nur anwendbar**, wenn die Entführung in Verletzung einer bestehenden behördlichen oder gerichtlichen Sorgerechtsregelung erfolgt ist (Art. 1 lit. d). Lag eine Entscheidung im Zeitpunkt des Verbringens noch nicht vor, so ist das Übereinkommen auf eine spätere Entscheidung aus einem Vertragsstaat anwendbar, die das Verbringen für widerrechtlich erklärt (Art. 12).

6 Der Antrag auf Anerkennung und Vollstreckung kann bei jeder zentralen Behörde gestellt werden, die ihn gegebenenfalls an die zentrale Behörde im Anerkennungsstaat weiterleitet, so dass dort ein Antrag bei dem zuständigen Gericht bzw. der zuständigen Behörde gestellt wird. Eine direkte Antragstellung ist ebenfalls möglich (Art. 9 Abs. 2). Der Antrag ist inhaltlich auf die Erklärung der Erteilung der Vollstreckungsklausel zu richten, wenn die ausländische Entscheidung einen vollstreckbaren Inhalt hat, § 16 IntFamRVG-E (früher § 7 Abs. 1 SorgeRÜbkAG).

7 Regelt die ausländische Entscheidung nur die Verteilung der elterlichen Sorge, so ist der Antrag zu richten auf Feststellung der Anerkennung der Entscheidung, auf die Wiederherstellung des Sorgerechtsverhältnisses und auf die Kindesherausgabe, §§ 32, 33 IntFamRVG-E (früher § 7 Abs. 2 SorgeRÜbkAG).[10]

8 Die **Voraussetzungen für die Anerkennung und Vollstreckung** enthalten **Artt. 8–10**. Art. 8 regelt den Fall, dass das Kind aus einem Vertragsstaat entführt wird, in dem es seinen gewöhnlichen Aufenthalt hatte und dem es und seine beiden Eltern ausschließlich angehören. Art. 9 regelt die Anerkennung im Falle eines unzulässigen Verbringens, wenn die Voraussetzungen hinsichtlich des gewöhnlichen Aufenthalts und der Staatsangehörigkeit nach Art. 8 nicht vorliegen. Sowohl Art. 8 als auch Art. 9 setzen voraus, dass der Antrag innerhalb von sechs Monaten seit dem Verbringen bei einer zentralen Behörde gestellt worden ist. Art. 10 regelt die Fälle der Anerkennung und Vollstreckung von Sorgerechtsmaßnahmen, wenn ein unzulässiges Verbringen nicht vorliegt.

9 Artt. 8, 9 und 10 unterscheiden sich auch hinsichtlich der Anzahl der Gründe, wegen deren die Anerkennung und Vollstreckung versagt werden kann.[11] Die in Artt. 8 und 9 vorgesehene Beschränkung der Gründe, aufgrund deren die Anerkennung und Vollstreckung versagt werden können, wird durch die in Art. 17 eingeräumte Möglichkeit eines Vorbehalts unterlaufen. Von der Vorbehaltsmöglichkeit hat die Mehrzahl der Vertragsstaaten einschließlich Deutschlands Gebrauch gemacht.[12] Gegen eine Wiederherstellung des Sorgerechts kann danach in weitem Umfang auch der Versagungsgrund einer Änderung der Verhältnisse nach Art. 10 Abs. 1 lit. b eingewandt werden (siehe § 19 IntFamRVG-E; früher § 7 Abs. 4 SorgeRÜbkAG).

---

6 *Pirrung*, IPRax 1997, 182, 183.
7 Regierungsbegründung zum IntFamRVG-E BR-Drucks 607/04, S. 43: neun Verfahren im Jahr 2002; veröffentlichte Entscheidungen sind sehr selten; s. aber OLG Braunschweig IPRax 1997, 191; OLG Frankfurt IPRax 1997, 192 = NJW-RR 1996, 5 = FamRZ 1995, 1372; über weitere unveröffentlichte Entscheidungen berichtet *Pirrung*, IPRax 1997, 182, 184 ff.

1 Vom 5.4.1990 (BGBl I S. 701) i.d.F. v. 19.2.2001 (BGBl I S. 288, 300); Text siehe Anhang.
8 *Martiny*, ERA-Forum 1/2003, S. 97, 112.
9 *Schulz*, FamRZ 2003, 336, 339.
10 S. dazu *Mansel*, NJW 1990, 2176, 2178.
11 *Mansel*, NJW 1990, 2176, 2178.
12 Nachw. über die Vorbehaltsstaaten und die Reichweite des Vorbehalts bei *Jayme/Hausmann*, Nr. 182 Fn 10.

Annex zu Artt. 1 – 30 ESÜ: Text des SorgeRÜbkAG

Gesetz zur Ausführung des Haager Übereinkommens vom 25. Oktober 1980 über die zivilrechtlichen Aspekte internationaler Kindesentführung und des Europäischen Übereinkommens vom 20. Mai 1980 über die Anerkennung und Vollstreckung von Entscheidungen über das Sorgerecht für Kinder und die Wiederherstellung des Sorgeverhältnisses (Artikel 1 des Gesetzes zur Ausführung von Sorgerechtsübereinkommen und zur Änderung des Gesetzes über die Angelegenheiten der freiwilligen Gerichtsbarkeit sowie anderer Gesetze) Sorgerechtsübereinkommens-Ausführungsgesetz
vom 5. April 1990 – SorgeRÜbkAG[1]

in der Fassung des Anerkennungs- und Vollstreckungsvorschriftenänderungsgesetzes vom 19. Februar 2001 (BGBl I 2001 S. 288 ff.)

Erster Teil. Zentrale Behörde

§ 1 Bestimmung

Die Aufgaben der zentralen Behörde (Artikel 6 des Übereinkommens vom 25. Oktober 1980 [BGBl 1990 II S. 206, 207] – im folgenden: Haager Übereinkommen –, Artikel 2 des Übereinkommens vom 20. Mai 1980 [BGBl 1990 II S. 206, 220] – im folgenden: Europäisches Übereinkommen –) nimmt der Generalbundesanwalt beim Bundesgerichtshof wahr. Er verkehrt unmittelbar mit den im Geltungsbereich dieses Gesetzes zuständigen Gerichten und Behörden.

§ 2 Übersetzung bei eingehenden Ersuchen

(1) Die zentrale Behörde, bei der ein Antrag aus einem anderen Vertragsstaat des Europäischen Übereinkommens eingeht, kann es ablehnen, tätig zu werden, solange Mitteilungen oder beizufügende Schriftstücke nicht in deutscher Sprache abgefaßt oder von einer Übersetzung in diese Sprache begleitet sind (Artikel 6 Abs. 1 und 3, Artikel 13 Abs. 2 des Übereinkommens).

(2) Ist ein Schriftstück nach Artikel 24 Abs. 1 des Haager Übereinkommens ausnahmsweise nicht von einer deutschen Übersetzung begleitet, so veranlaßt die zentrale Behörde die Übersetzung.

§ 3 Maßnahmen der zentralen Behörde

(1) Die zentrale Behörde trifft alle erforderlichen Maßnahmen einschließlich der Einschaltung von Polizeibehörden, um den Aufenthaltsort des Kindes zu ermitteln, wenn dieser sich nicht aus dem Antrag ergibt. Unter den Voraussetzungen des Satzes 1 kann die zentrale Behörde auch die Ausschreibung zur Aufenthaltsermittlung durch das Bundeskriminalamt veranlassen. Soweit andere Stellen beteiligt werden, übermittelt sie ihnen insbesondere auch die zur Durchführung der Maßnahmen erforderlichen personenbezogenen Informationen; diese dürfen nur für den Zweck verwendet werden, für den sie übermittelt worden sind.

(2) Im übrigen leitet die zentrale Behörde unverzüglich Anträge aus einem anderen Vertragsstaat an das Gericht weiter, das nach den ihr vorliegenden Unterlagen zuständig ist, und unterrichtet es über bereits veranlaßte Maßnahmen.

(3) Die zentrale Behörde gilt als bevollmächtigt, im Namen des Antragstellers zum Zweck der Rückgabe des Kindes selbst oder im Weg der Untervollmacht durch Vertreter gerichtlich oder außergerichtlich tätig zu werden. Ihre Befugnis, zur Sicherung der Einhaltung der Übereinkommen im eigenen Namen entsprechend zu handeln, bleibt unberührt.

---

[1] BGBl I 1990 S. 701.

§ 4 Anrufung des Oberlandesgerichts

(1) Nimmt die zentrale Behörde einen Antrag unter Berufung auf Artikel 27 des Haager Übereinkommens nicht an oder lehnt sie es nach Artikel 4 Abs. 4 des Europäischen Übereinkommens oder aus anderen Gründen ab, tätig zu werden, so kann die Entscheidung des Oberlandesgerichts beantragt werden.

(2) Das Oberlandesgericht entscheidet im Verfahren der freiwilligen Gerichtsbarkeit. Zuständig ist das Oberlandesgericht, in dessen Bezirk die zentrale Behörde ihren Sitz hat. § 21 Abs. 2, die §§ 23 und 24 Abs. 3, die §§ 25 und 28 Abs. 2, 3, § 30 Abs. 1 Satz 1 sowie § 199 Abs. 1 des Gesetzes über die Angelegenheiten der freiwilligen Gerichtsbarkeit gelten sinngemäß. Die Entscheidung des Oberlandesgerichts ist nicht anfechtbar.

Zweiter Teil. Gerichtliches Verfahren

§ 5 Örtliche Zuständigkeit; Zuständigkeitskonzentration

(1) Das Familiengericht, in dessen Bezirk ein Oberlandesgericht seinen Sitz hat, entscheidet für den Bezirk dieses Oberlandesgerichts
1. über gerichtliche Anordnungen in bezug auf die Rückgabe des Kindes oder die Wiederherstellung des Sorgeverhältnisses und in bezug auf das Recht zum persönlichen Umgang sowie
2. über die Vollstreckbarerklärung oder eine gesonderte Feststellung der Anerkennung von Entscheidungen aus anderen Vertragsstaaten des Europäischen Übereinkommens.

Die Landesregierungen werden ermächtigt, diese Zuständigkeit durch Rechtsverordnung abweichend von Satz 1 einem Familiengericht des Oberlandesgerichtsbezirks oder, wenn in einem Land mehrere Oberlandesgerichte errichtet sind, einem Familiengericht für die Bezirke aller oder mehrerer Oberlandesgerichte zuzuweisen. Sie können die Ermächtigung auf die Landesjustizverwaltungen übertragen.

(2) Örtlich zuständig ist das Familiengericht, in dessen Zuständigkeitsbereich nach Absatz 1
1. sich das Kind beim Eingang des Antrags bei der zentralen Behörde aufgehalten hat oder,
2. bei Fehlen einer Zuständigkeit nach Nummer 1, das Bedürfnis der Fürsorge besteht.

§ 6 Allgemeine Verfahrensvorschriften

(1) Das Gericht entscheidet über die in § 5 genannten Angelegenheiten, als Familiensachen im Verfahren der freiwilligen Gerichtsbarkeit; § 621a Abs. 1, §§ 621c und 621f der Zivilprozeßordnung gelten entsprechend.

(2) Das Gericht kann auf Antrag oder von Amts wegen einstweilige Anordnungen treffen, um Gefahren von dem Kind abzuwenden oder eine Beeinträchtigung der Interessen der Beteiligten zu vermeiden. Die Entscheidungen nach Satz 1 sind nicht anfechtbar. Im übrigen gelten die §§ 620a, 620b und 620d bis 620g der Zivilprozeßordnung sinngemäß.

§ 7 Anerkennung und Vollstreckbarerklärung nach dem Europäischen Übereinkommen

(1) Ein Titel, insbesondere auf Herausgabe des Kindes, der aus einem anderen Vertragsstaat des Europäischen Übereinkommens stammt und dort vollstreckbar ist, wird dadurch zur Zwangsvollstreckung zugelassen, daß er auf Antrag mit einer Vollstreckungsklausel versehen wird.

(2) Liegt ein vollstreckungsfähiger Titel nach Absatz 1 nicht vor, so wird festgestellt, daß eine Sorgerechtsentscheidung oder eine von der zuständigen Behörde genehmigte Sorgerechtsvereinbarung aus einem anderen Vertragsstaat anzuerkennen ist, und auf Antrag zur Wiederherstellung des Sorgeverhältnisses angeordnet, daß der Antragsgegner das Kind herauszugeben hat.

(3) Auf Antrag kann gesondert festgestellt werden, daß eine Sorgerechtsentscheidung aus einem anderen Vertragsstaat anzuerkennen ist.

(4) Die Anerkennung oder Vollstreckbarerklärung einer Entscheidung aus einem anderen Vertragsstaat ist auch in den Fällen der Artikel 8 und 9 des Europäischen Übereinkommens ausgeschlossen, wenn die Voraussetzungen des Artikels 10 Abs. 1 Buchstabe a oder b des Übereinkommens vorliegen, insbesondere wenn die Wirkungen der Entscheidung mit den Grundrechten des Kindes oder eines Sorgeberechtigten unvereinbar wären.

§ 8 Wirksamkeit der Entscheidung; Rechtsmittel

(1) Eine Entscheidung, die zur Rückgabe des Kindes in einen anderen Vertragsstaat verpflichtet, wird erst mit Eintritt der Rechtskraft wirksam. Das Gericht kann die sofortige Vollziehung der Entscheidung anordnen.

(2) Gegen eine im ersten Rechtszug ergangene Entscheidung findet nur das Rechtsmittel der sofortigen Beschwerde zum Oberlandesgericht nach § 22 des Gesetzes über die Angelegenheiten der freiwilligen Gerichtsbarkeit statt; § 28 Abs. 2 und 3 dieses Gesetzes gilt sinngemäß. Ein Rechtsmittel gegen eine Entscheidung, die zur Rückgabe des Kindes verpflichtet, steht nur dem Antragsgegner, dem mindestens 14 Jahre alten Kind persönlich und dem beteiligten Jugendamt zu. Eine weitere Beschwerde findet nicht statt.

Dritter Teil. Ausgehende Ersuchen

§ 9 Besondere Vorschriften für Entscheidungen, die in einem anderen Vertragsstaat geltend gemacht werden sollen

Sorgerechtsentscheidungen und Herausgabeentscheidungen einschließlich einstweiliger Anordnungen, die in einem anderen Vertragsstaat geltend gemacht werden sollen, sind zu begründen und, wenn auf ihrer Grundlage die Zwangsvollstreckung in einem anderen Vertragsstaat des Europäischen Übereinkommens betrieben werden soll, mit einer Vollstreckungsklausel zu versehen. Entscheidungen können auf Antrag zu diesen Zwecken auch nachträglich vervollständigt werden; § 30 des Anerkennungs- und Vollstreckungsausführungsgesetzes vom 19. Februar 2001 (BGBl I S. 288) gilt sinngemäß.

§ 10 Bescheinigung über Widerrechtlichkeit

Über einen Antrag, die Widerrechtlichkeit des Verbringens oder des Zurückhaltens eines Kindes festzustellen (Artikel 15 Satz 1 des Haager Übereinkommens), entscheidet das nach den allgemein geltenden Vorschriften sachlich zuständige Gericht,
1. bei dem die Sorgerechtsangelegenheit oder Ehesache im ersten Rechtszug anhängig ist oder war, sonst
2. in dessen Bezirk das Kind seinen letzten gewöhnlichen Aufenthalt im Geltungsbereich dieses Gesetzes hatte, hilfsweise
3. in dessen Bezirk das Bedürfnis der Fürsorge auftritt.

Die Entscheidung ist zu begründen.

§ 11 Einreichung von Anträgen

(1) Ein Antrag, der in einem anderen Vertragsstaat zu erledigen ist, kann auch bei dem Amtsgericht als Justizverwaltungsbehörde eingereicht werden, in dessen Bezirk der Antragsteller seinen gewöhnlichen Aufenthalt oder, mangels eines solchen im Geltungsbereich dieses Gesetzes, seinen Aufenthalt hat. Das Gericht übermittelt den Antrag nach Prüfung der förmlichen Voraussetzungen unverzüglich der zentralen Behörde, die ihn an den anderen Vertragsstaat weiterleitet.

(2) Erforderliche Übersetzungen veranlaßt die zentrale Behörde auf Kosten des Antragstellers. Das in Absatz 1 bezeichnete Gericht kann auf Antrag von einer Erstattungspflicht einstweilen befreien, wenn der Antragsteller die persönlichen und wirtschaftlichen Voraussetzungen für die Gewährung von Prozeßkostenhilfe ohne einen eigenen Beitrag zu den Kosten nach den Vorschriften der Zivilprozeßordnung erfüllt.

(3) Für die Tätigkeit des Amtsgerichts und der zentralen Behörde bei der Entgegennahme und Weiterleitung von Anträgen werden im übrigen Kosten nicht erhoben.

Vierter Teil. Allgemeine Vorschriften

§ 12 Anwendbarkeit beider Übereinkommen

Kommt im Einzelfall die Rückgabe des Kindes nach dem Haager und dem Europäischen Übereinkommen in Betracht, so sind zunächst die Bestimmungen des Haager Übereinkommens anzuwenden, sofern der Antragsteller nicht ausdrücklich die Anwendung des Europäischen Übereinkommens begehrt.

§ 13 Prozeßkosten- und Beratungshilfe

Abweichend von Artikel 26 Abs. 2 des Haager Übereinkommens findet eine Befreiung von gerichtlichen und außergerichtlichen Kosten bei Verfahren nach diesem Übereinkommen nur nach Maßgabe der Vorschriften über die Beratungshilfe und Prozeßkostenhilfe statt.

§ 14 Mitwirkung des Jugendamtes

(1) Das Jugendamt unterstützt die Gerichte und die zentrale Behörde bei allen Maßnahmen nach diesem Gesetz. Insbesondere gibt es auf Anfrage Auskunft über die soziale Lage des Kindes und wirkt in geeigneten Fällen bei der Rückgabe des Kindes und der Vollstreckung gerichtlicher Entscheidungen mit. Solange die zentrale Behörde oder ein Gericht mit einem Rückführungsantrag oder mit der Vollstreckung einer Rückführungs- oder Herausgabeentscheidung befasst ist, ist das Jugendamt zuständig, in dessen Bereich sich das Kind tatsächlich aufhält. In den übrigen Fällen ist das Jugendamt zuständig, in dessen Bereich sich das Kind gewöhnlich aufhält. § 86 Abs. 4 Satz 2 und § 86d des Achten Buches Sozialgesetzbuch finden entsprechende Anwendung.

(2) Das Gericht unterrichtet das nach Absatz 1 Satz 3 bis 5 zuständige Jugendamt über Entscheidungen nach den §§ 5 bis 8 auch dann, wenn das Jugendamt am Verfahren nicht beteiligt war.

(3) Ergänzend gelten die Vorschriften des Achten Buches Sozialgesetzbuch.

Anhang I zum III. Abschnitt

Europäische Ehe- und Sorgerechts-Verordnung (VO Nr. 2201/2003 über die Zuständigkeit und die Anerkennung und Vollstreckung von Entscheidungen in Ehesachen und in Verfahren betreffend die elterliche Verantwortung) – EheVO 2003[1]

Vorbemerkungen

Literatur: *Becker-Eberhardt,* Die Sinnhaftigkeit der Zuständigkeitsverordnung der EG-VO Nr. 1347/2000, in: FS Beys 2003, S. 93; *Dilger,* Die Regelungen zur internationalen Zuständigkeit in Ehesachen in der Verordnung (EG) Nr. 2201/2003, 2004; *Dornblüth,* Die europäische Regelung der Anerkennung und Vollstreckbarerklärung von Ehe- und Kindschaftsentscheidungen, 2003; *Fuchs/Tölg,* Die einstweiligen Maßnahmen nach der EheVO (EuGVVO II), ZfRV 2002, 95; *Gruber,* Die neue „europäische Rechtshängigkeit" bei Scheidungsverfahren, FamRZ 2000, 1129; *Hajnczyk,* Die Zuständigkeit für Entscheidungen in Ehesachen und in anderen Familiensachen aus Anlass von Ehesachen sowie deren Anerkennung und Vollstreckung in der EG und in der Schweiz, 2003; *Hau,* Das System der internationalen Entscheidungszuständigkeit im europäischen Eheverfahrensrecht, FamRZ 2000, 1333; *Hausmann,* Neues internationales Eheverfahrensrecht in der Europäischen Union, EuLF 2000/01, 275; *Helms,* Internationales Verfahrensrecht für Familiensachen in der Europäischen Union, FamRZ 2002, 1593; *Kohler,* Internationales Verfahrensrecht für Ehesachen in der Europäischen Union, NJW 2001, 10; *Kropholler,* Europäisches Zivilprozessrecht, 7. Auflage 2002; *Niklas,* Die europäische Zuständigkeitsordnung in Ehe- und Kindschaftssachen, 2003; *Rahm/Künkel,* Handbuch des Familiengerichtsverfahrens, Loseblatt; *Rauscher,* Europäisches Zivilprozessrecht, 2004; *Schack,* Das neue internationale Eheverfahrensrecht in Europa, RabelsZ 65 (2001), 615; *Schlosser,* EU-Zivilprozessrecht, 2. Auflage 2003; *Schulz,* Die Zeichnung des Haager Kinderschutz-Übereinkommens von 1996 und der Kompromiss zur Brüssel IIa-Verordnung, FamRZ 2003, 1351; *Spellenberg,* Der Anwendungsbereich der EheGVO („Brüssel II") in Statutssachen, in: FS Schumann 2001, S. 423; *ders.,* Die Zuständigkeit für Eheklagen nach der EheGVO, in: FS Geimer 2002, S. 1257; *ders.,* Einstweilige Maßnahmen nach Art. 12 EheGVO, in: FS Beys 2003, S. 1583.

A. Vorgängerregelungen	1	I. Auslegungsgrundsätze	18
B. Anwendungsbereich	5	II. Auslegungskompetenz des EuGH	22
C. Verhältnis zum staatsvertraglichen Recht	14	F. Entsprechungstabelle zur Verordnung	
D. Verhältnis zum nationalen Recht	16	(EG) Nr. 1347/2000 (EheVO 2000)	25
E. Anwendung der EheVO 2003 in der Praxis	18		

A. Vorgängerregelungen

Die internationale Zuständigkeit in **Ehesachen** (insbesondere also in **Scheidungsverfahren**) wurde bislang – wie auch die Anerkennung ausländischer Scheidungsurteile – vom nationalen Recht geregelt. In Deutschland galt für die internationale Zuständigkeit § 606a ZPO. Die Anerkennung ausländischer Scheidungsurteile richtete sich nach § 328 ZPO, wobei Art. 7 § 1 FamRÄndG ein besonderes Anerkennungsverfahren vorschrieb. Die europäische Gemeinschaft hat sich mittlerweile auch dieser Materie angenommen. Zusätzlich hat sie auch Zuständigkeits- und Anerkennungsregeln für die Verfahren über die **elterliche Verantwortung** geschaffen. 1

Zunächst unterzeichneten die Vertreter der Mitgliedstaaten der Europäischen Union am 28. Mai 1998 das „EU-Übereinkommen über die Zuständigkeit und die Anerkennung und Vollstreckung von Entscheidungen in Ehesachen" (hier sog. **Brüssel II-Abkommen**).[2] Das Brüssel II-Abkommen wurde jedoch nicht ratifiziert. Danach trat – am 1.3.2001 – die **Verordnung des Rates Nr. 1347/2000** vom 29.5.2000 in Kraft (im Folgenden **EheVO 2000**).[3] Die EheVO 2000 stand in der Kontinuität der bei den Verhandlungen über 2

---

1 Der Text der EheVO 2003 ist innerhalb der Kommentierung abgedruckt; der Text der EheVO 2000 findet sich vollständig im Anschluss an die EheVO 2003.
2 ABIEG Nr. C 221 v. 16.7.1998, S. 1.
3 Verordnung über die Zuständigkeit und die Anerkennung und Vollstreckung von Entscheidungen in Ehesachen und in Verfahren betreffend die elterliche Verantwortung für die gemeinsamen Kinder der Ehegatten; ABIEG Nr. L 160/19 v. 30.6.2000; der Vorschlag der Kommission zum Erlass der Verordnung befindet sich in ABIEG Nr. C 247/1 v. 31.8.1999.

das Brüssel II-Abkommen erzielten Ergebnisse.[4] Inhaltlich bestanden zwischen der EheVO 2000 und dem Brüssel II-Abkommen keine relevanten Unterschiede. Durch das In-Kraft-Treten der EheVO 2000 war eine Ratifikation des Brüssel II-Abkommens überflüssig geworden.

3 Allerdings ist auch der EheVO 2000 keine lange Lebensdauer beschieden. Sie wird durch die **Verordnung des Rates Nr. 2201/2003** vom 27.11.2003 (im Folgenden: **EheVO 2003**)[5] aufgehoben (siehe dort Art. 71). Die neue EheVO 2003 ist grundsätzlich ab dem **1.3.2005** anzuwenden (Art. 72).[6] Im sachlichen Anwendungsbereich ist die EheVO 2003 insoweit mit der EheVO 2000 identisch, als sie die Zuständigkeit und Anerkennung von Entscheidungen in Ehesachen (Verfahren betreffend die die Scheidung, die Trennung, die Ungültigerklärung einer Ehe, Art. 1 Abs. 1 lit. a) regelt. Anders als die EheVO 2000 erfasst die EheVO 2003 allerdings sämtliche Verfahren betreffend die „elterliche Verantwortung" über eheliche oder nichteheliche Kinder (Art. 1 Abs. 1 lit. b). Die EheVO 2000 hatte sich noch auf solche Verfahren beschränkt, die hinsichtlich der gemeinsamen Kinder von Ehegatten und „aus Anlass" einer Ehesache durchgeführt werden. Die EheVO 2003 weist insoweit einen deutlich **größeren sachlichen Anwendungsbereich** auf als die EheVO 2000.

4 Inhaltlich steht die EheVO 2003 im Übrigen in der Kontinuität der EheVO 2000 und damit auch des (niemals in Kraft getretenen) Brüssel II-Abkommens. Deshalb können die Materialien zur EheVO 2000 sowie vor allem der erläuternde Bericht zum Brüssel II-Abkommen[7] auch für die neue EheVO 2003 Verwendung finden. Die größten inhaltlichen Neuerungen durch die EheVO 2003 ergeben sich aus der Einbeziehung sämtlicher Verfahren über die elterliche Verantwortung. Weitere wesentliche Neuerungen ergeben sich aus der Schaffung gemeinschaftsspezifischer Regeln über die internationale Zuständigkeit im Falle der Kindesentführung (Art. 10). Von Bedeutung ist schließlich die Abschaffung der Vollstreckbarerklärung bei der Anerkennung und Vollstreckung von Entscheidungen über die Rückgabe des Kindes nach einer Entführung sowie von Entscheidungen über das Umgangsrecht (Artt. 11 Abs. 8, 40 ff.).

B. Anwendungsbereich

5 Die Kompetenz zum Erlass der EheVO 2003 richtet sich nach dem IV. Titel EGV. Damit bestimmt sich die Geltung der EheVO 2003 für das **Vereinigte Königreich, Irland und Dänemark** auf der Grundlage des Protokolls über die Position der genannten Staaten gemäß Art. 69 EGV. Das Vereinigte Königreich und Irland haben mitgeteilt, dass sie sich an der Anwendung der EheVO 2003 beteiligen wollen.[8] Die EheVO 2003 gilt somit für alle gegenwärtigen Mitgliedstaaten der EG **mit Ausnahme von Dänemark** (Art. 2 Nr. 3 sowie Erwägungsrund 31). Da es gegenwärtig auch an staatsvertraglichen Übereinkommen zwischen Dänemark und der EG fehlt, ist Dänemark wie ein sonstiger Nichtmitgliedstaat zu behandeln.[9]

6 In der Literatur werden z.T. Zweifel an der vom Rat für den Erlass der Verordnung in Anspruch genommenen Kompetenzgrundlage geäußert. Es ist jedoch nicht damit zu rechnen, dass der EuGH die Verordnung, sollte er überhaupt mit der Frage befasst werden, für nichtig erklären wird.[10]

7 **Sachlich** bezieht sich die EheVO 2003 auf **Ehesachen** – die Scheidung, die Trennung, die Ungültigerklärung einer Ehe (Art. 1 Abs. 1 lit. a) – sowie auf selbständige oder unselbständige **Verfahren über die elterliche Verantwortung** (Art. 1 Abs. 1 lit. b), also vor allem auf Fragen des Sorge- und Umgangsrechts, der Vormundschaft und Pflegschaft sowie der Unterbringung des Kindes (Art. 1 Abs. 2). Vom Anwendungsbereich der EheVO 2003 nicht erfasst werden sonstige Folgesachen, namentlich **Unterhaltsstreitigkeiten** (Art. 1 Abs. 3 lit. e) sowie **namensrechtliche** (Art. 1 Abs. 3 lit. c) oder **güterrechtliche** Fragen. In Fragen des Unterhalts gelten vorrangig die EuGVVO bzw. einzelne staatsvertragliche Regelungen (vgl. Art. 18 EGBGB Rn 99); im Übrigen ist auf das unvereinheitlichte nationale Zuständigkeitsrecht zurückzugreifen.

---

4 Vgl. den 6. Erwägungsgrund zur Verordnung („Die bei der Aushandlung dieses Abkommens erzielten Ergebnisse sollten gewahrt werden; diese Verordnung übernimmt den wesentlichen Inhalt des Übereinkommens") sowie des Weiteren die Fn 4 auf S. 19, wonach der Rat von dem erläuternden Bericht zum Brüssel II-Abkommen durch *Alegría Borrás* „Kenntnis genommen" hat (ABlEG Nr. L 160/19 v. 30.6.2000). Der erläuternde Bericht zum Brüssel II-Abkommen, verfasst von der spanischen Professorin *Alegría Borrás*, findet sich in ABlEG 1998 Nr. C 221/27 ff.

5 Im Folgenden sind Art. ohne Gesetzesangabe solche der EheVO 2003.

6 Verordnung über die Zuständigkeit und die Anerkennung und Vollstreckung von Entscheidungen in Ehesachen und in Verfahren betreffend die elterliche Verantwortung und zur Aufhebung der Verordnung (EG) Nr. 1347/2000; ABlEG Nr. L 338/1 v. 23.12.2003.

7 *Borrás*, ABlEG 1998 Nr. C 221/27 ff.

8 Vgl. Erwägungsgrund Nr. 30 zur EheVO 2003 (ABlEG 2003 Nr. L 338/3).

9 Vgl. zu entspr. Überlegungen *Dilger*, Rn 50 m.w.N.; ferner *Jayme/Kohler*, IPRax 1999, 401 f.; *Heß*, NJW 2000, 23, 28.

10 Vgl. hierzu etwa *Becker-Eberhard*, in: FS Beys 2003, S. 93, 94 f.; *Dilger*, Rn 53 ff.

Geregelt werden im Einzelnen die Fragen der internationalen Zuständigkeit, das damit zusammenhängende 8
Problem der „ausländischen" Rechtshängigkeit sowie die Anerkennung und Vollstreckung von Urteilen
anderer Mitgliedstaaten. Die **internationale Zuständigkeit** wird im Rahmen der EheVO 2003 grundsätzlich
abschließend geregelt. Lediglich die Artt. 6, 7 (für Ehesachen) sowie Art. 14 (für Verfahren über die elterliche
Verantwortung) lassen unter bestimmten Umständen eine ergänzende Anwendung des staatsvertraglichen
bzw. des unvereinheitlichten nationalen Zuständigkeitsrechts zu. Bei den Vorschriften über die internationale
Zuständigkeit besteht i.Ü. kein Erfordernis eines persönlich-räumlichen Anwendungsbereichs in dem Sinne,
dass der zu entscheidende Streitgegenstand einen Bezug zu mehreren Mitgliedstaaten haben muss.[11] Ferner
enthält die EheVO 2003 keine Einschränkung dahin gehend, dass an dem Rechtsstreit solche Personen
beteiligt sein müssen, die Staatsangehörige eines Mitgliedstaates der Europäischen Union sind.[12] Nach
zutreffender Ansicht setzt die Anwendung der EheVO 2003 nicht einmal voraus, dass überhaupt ein
Auslandsbezug besteht.[13]

Die Regelung der **örtlichen** sowie der **sachlichen Zuständigkeit** bleibt grundsätzlich dem unvereinheitlich- 9
ten nationalen Recht überlassen.[14] Eine Ausnahme besteht insoweit bei Art. 4 (Gegenantrag) sowie bei Art. 5
(Folgezuständigkeit bei einer Umwandlungsentscheidung), wo auch die örtliche Zuständigkeit geregelt wird.

Neben der internationalen Zuständigkeit bezieht sich die EheVO 2003 auch auf die Problematik mehrerer 10
konkurrierender Verfahren bzw. das Prozesshindernis der **Rechtshängigkeit.** Die Artt. 16, 19 folgen insoweit
dem **Prioritätsprinzip.**

Schließlich regelt die EheVO 2003 die **Anerkennung und Vollstreckung** von Entscheidungen anderer 11
EG-Mitgliedstaaten in Ehesachen bzw. in Fragen der elterlichen Verantwortung (Artt. 21 ff.) im Inland. Auf
welche Zuständigkeitsvorschriften sich das ausländische Gericht gestützt hat, ist für die Anerkennung und
Vollstreckung nach der EheVO 2003 unerheblich.[15] Die Anerkennung erfolgt insbesondere auch dann nach
Maßgabe der EheVO 2003, wenn sich die internationale Zuständigkeit des erkennenden Gerichts aus Artt. 6,
7 bzw. Art. 14 i.V.m. den Vorschriften des MSA oder den autonomen nationalen Zuständigkeitsvorschriften
ergeben hat[16] bzw. das Gericht sogar international unzuständig war.[17] Nicht anzuwenden sind die Artt.
21 ff. im Hinblick auf die Entscheidungen von Nichtmitgliedstaaten bzw. von Dänemark. In Ehesachen
anzuerkennen sind allerdings nur dem Antrag auf Scheidung, Trennung ohne Auflösung des Ehebandes oder
Ungültigerklärung der Ehe **stattgebende Entscheidungen**, keine den entsprechenden Antrag abweisenden
Entscheidungen (vgl. näher Art. 21 EheVO Rn 6 ff.).

In der EheVO 2003 nicht geregelt wird die **kollisionsrechtliche Anknüpfung** der Scheidung bzw. der 12
Fragen der elterlichen Verantwortung. Insoweit verbleibt es bei der Anwendung des staatsvertraglichen bzw.
unvereinheitlichten nationalen Kollisionsrechts. Deutsche Gerichte haben daher für die Scheidung Art. 17
EGBGB und für die Fragen der elterlichen Verantwortung insbesondere das KSÜ bzw. das MSA anzuwenden.

Zeitlich ist die EheVO 2003 grundsätzlich auf Verfahren sowie öffentliche Urkunden und Vereinbarungen 13
anwendbar, die nach dem **1. März 2005** eingeleitet, aufgenommen oder getroffen werden (Art. 72 S. 2 i.V.m.
Art. 64). Nach Art. 64 Abs. 2–4 ist die EheVO 2003 unter bestimmten Voraussetzungen auf die Vollstreckung
von Entscheidungen anwendbar, die in einem vor In-Kraft-Treten der EheVO 2003 eingeleiteten oder
abgeschlossenen Verfahren ergangen sind.

C. Verhältnis zum staatsvertraglichen Recht

Die EheVO 2003 verdrängt, soweit ihr sachlicher Anwendungsbereich reicht, die in Art. 60 genannten 14
Abkommen, insbesondere das Haager Abkommen über den Schutz Minderjähriger vom 5.10.1961 (**MSA**;
Art. 60 lit. a). Grundsätzlich verdrängt wird gemäß Art. 61 auch das Haager Übereinkommen über die
Zuständigkeit, das anzuwendende Recht, die Anerkennung, Vollstreckung und Zusammenarbeit auf dem
Gebiet der elterlichen Verantwortung und der Maßnahmen zum Schutz von Kindern vom 19.10.1996 (**KSÜ**)
(vgl. näher Art. 61 Rn 1).

---

11 *Rauscher*, Vorbem Rn 12; *Hau*, ERA-Forum 2003, 9, 12 = FPR 2002, 616; auch *Spellenberg*, in: FS Schumann 2001, S. 423, 441.
12 *Rauscher*, Vorbem Rn 13; *Gruber*, FamRZ 2000, 1129, 1131; ferner *Dilger*, Rn 160.
13 *Rauscher*, Vorbem Rn 13.
14 Thomas/Putzo/*Hüßtege*, ZPO, Art. 2 EheVO Rn 1; *Spellenberg*, in: FS Geimer 2002, S. 1257; *Hausmann*, EuLF 200/01, 271, 276. Für die örtliche Zuständigkeit deutscher Gerichte sind also die §§ 606 und 621 Abs. 2 Nr. 1 ZPO heranzuziehen.
15 *Wagner*, IPRax 2001, 73, 77; *Hau*, FamRZ 2000, 1333, 1340; *Spellenberg*, in: FS Schumann 2001, S. 423, 438 (jeweils zur EheVO 2000).
16 *Hau*, FamRZ 1999, 484, 487 (zu Art. 8 EheVO 2000); *Spellenberg*, in: FS Schumann 2001, S. 423, 441 f.
17 *Spellenberg*, in: FS Schumann 2001, S. 423, 438 f.

15 Der Vorrang betrifft allerdings nur die in der EheVO 2003 geregelten Fragen der internationalen Zuständigkeit sowie der Anerkennung und Vollstreckung, nicht Fragen der kollisionsrechtlichen Anknüpfung. Insoweit ist – nach allerdings sehr umstrittener Ansicht – bei Verfahren über die elterliche Verantwortung weiterhin auf das MSA bzw. das KSÜ zurückzugreifen (vgl. Art. 8 EheVO Rn 6 ff.).

D. Verhältnis zum nationalen Recht

16 Auch entgegenstehendes nationales Recht wird von der EheVO 2003 verdrängt. Der Anwendungsvorrang der EheVO 2003 besteht aber auch hier nur in ihrem sachlichen Anwendungsbereich, also insbesondere in den Fragen der internationalen Zuständigkeit sowie der Anerkennung und Vollstreckung. Nationales Recht ist vor allem im Bereich der Anerkennung und Vollstreckung insoweit heranzuziehen, als die EheVO 2003 Lücken aufweist bzw. Einzelheiten der Ausführung dem nationalen Gesetzgeber überlässt. Zum Redaktionsschluss lag ein Gesetzentwurf der Bundesregierung vor, der u.a. auch **Ausführungsbestimmungen zur EheVO 2003** enthält.[18] Dieser Gesetzentwurf (im Folgenden: IntFamRVG-E) ist vom Bundestag einstimmig angenommen worden;[19] er bedarf allerdings noch der Zustimmung durch den Bundesrat.[20] Der Gesetzentwurf wird in der folgenden Kommentierung der EheVO 2003 berücksichtigt.

17 Die EheVO 2003 begründet **keine Verbundzuständigkeit** für Folgesachen.[21] Insoweit kann daher nationales Zuständigkeitsrecht zur Anwendung gelangen. In Deutschland sind – soweit nicht vorrangige gemeinschaftsrechtliche oder staatsvertragliche Regelungen greifen – § 621 bzw. § 623 ZPO insbesondere zuständigkeitsbegründend für Fragen des Versorgungsausgleichs.[22]

E. Anwendung der EheVO 2003 in der Praxis

I. Auslegungsgrundsätze

18 Bei der Auslegung der EheVO 2003 ist zu beachten, dass es sich nicht um unvereinheitlichtes nationales Recht, sondern um europäisches Gemeinschaftsrecht handelt. Damit kommt der vom EuGH verwendeten Auslegungsmethode entscheidende Bedeutung zu. Zu dem mittlerweile ebenfalls in eine Verordnung (EuGVVO)[23] überführten EuGVÜ[24] hat der EuGH mehrfach entschieden, dass dort verwendete Begriffe **autonom auszulegen** sind.[25] Einem bestimmten Begriff kann m.a.W. dann, wenn er auf der Ebene des europäischen Gemeinschaftsrechts verwendet wird, eine andere Bedeutung zukommen als auf der Ebene des nationalen Rechts. Dieser Grundsatz der autonomen Auslegung gilt auch im Anwendungsbereich der EheVO 2003.

19 Bei der EheVO 2003 besteht gegenüber anderen europäischen Verordnungen die Besonderheit, dass der **historischen Auslegung** eine größere Aussagekraft zukommt als sonst.[26] Es kann nämlich auch zur Auslegung der EheVO 2003 an den erläuternden Bericht der spanischen Professorin *Borrás* zurückgegriffen werden, der noch zum Brüssel II-Abkommen ergangen ist.[27] Dies gilt selbstverständlich vor allem dort, wo Regeln des Brüssel II-Abkommens unverändert in die EheVO 2003 überführt bzw. nur punktuelle Änderungen vorgenommen worden sind.

20 Daneben ist zu beachten, dass die EheVO 2003 in Fragen der elterlichen Verantwortung Regelungen bzw. Definitionen des **KSÜ** bzw. das Haager Übereinkommens vom 25. Oktober 1980 über die zivilrechtlichen Aspekte der Kindesentführung (**HKÜ**) übernimmt bzw. sich zumindest in Einzelfragen eng an die genannten Abkommen anlehnt. Zu nennen sind hier etwa die in Art. 2 enthaltenen Definitionen sowie die Zuständigkeitsregeln in den Artt. 8–14, die z.T. ganz, zumeist allerdings nur teilweise mit den entsprechenden Vorschriften des KSÜ bzw. des HKÜ übereinstimmen. Insoweit kann bei der Auslegung der entsprechenden

---

18 Entwurf eines Gesetzes zum internationalen Familienrecht (BT-Drucks 15/3981). Daneben dient der Gesetzentwurf auch der Umsetzung des HKÜ und des ESÜ (vgl. § 1 des Gesetzentwurfs).
19 Siehe Plenarprotokoll 15/138 v. 11.11.2004 (S. 12717D).
20 Der Bundesrat hat insgesamt sechs Änderungsvorschläge unterbreitet (Stellungnahme des Bundesrates, BT-Drucks 15/3981, Anlage 2, S. 34 f.), denen die Bundesregierung allerdings nicht zugestimmt hat (Gegenäußerung der Bundesregierung, BT-Drucks 15/3981, Anlage 3, S. 36 f.).
21 *Spellenberg*, in: FS Geimer 2002, S. 1257, 1273.
22 Soweit dieser im Verbund zu behandeln ist; vgl. § 623 Abs. 2, 3 ZPO.
23 Verordnung des Rates v. 22. Dezember 2000 über die gerichtliche Zuständigkeit und die Anerkennung und Vollstreckung von Entscheidungen in Zivil- und Handelssachen (Nr. 44/2001/EG), ABlEG 2001 Nr. L 012/1–23.
24 EWG-Übereinkommen über die gerichtliche Zuständigkeit und die Vollstreckung gerichtlicher Entscheidungen in Zivil- und Handelssachen.
25 Vgl. *Rauscher*, vor Brüssel II-VO Rn 15.
26 *Dilger*, Rn 43.
27 Der erläuternde Bericht zum Brüssel II-Abkommen findet sich in ABlEG 1998 Nr. C 221/27 ff.

Bestimmungen der EheVO 2003 auf die bereits vorhandene Rechtsprechung und Literatur zum KSÜ bzw. zum HKÜ sowie auf die zu den Abkommen ergangenen Berichte zurückgegriffen werden.

Schließlich übernimmt die EheVO 2003 vielfach Regelungen des **EuGVÜ** bzw. (jetzt) der **EuGVVO**. Zu nennen sind hier z.B. die in Artt. 16–20 enthaltenen „allgemeinen Vorschriften", die den Artt. 25–31 EuGVVO mit z.T. nur kleineren inhaltlichen Abweichungen entsprechen. Auch insoweit kann man sich bei der Auslegung der EheVO 2003 an der zum EuGVÜ bzw. zur EuGVVO ergangenen Rechtsprechung und Literatur orientieren. Hierauf wird im Bericht von *Borrás* ausdrücklich hingewiesen.[28]

II. Auslegungskompetenz des EuGH

Im Rahmen der EheVO 2003 auftretende Auslegungsfragen können nach Art. 234 Abs. 1 lit. b EGV dem EuGH zur **Vorabentscheidung** vorgelegt werden. Art. 68 Abs. 1 S. 2 EGV sieht jedoch für die EheVO 2003 eine Einschränkung der Vorlagebefugnis einzelstaatlicher Gerichte vor. Vorlagebefugt sind nur solche Gerichte, deren Entscheidungen nicht mehr mit einem ordentlichen Rechtsmittel angefochten werden können.[29]

Nach h.L. kann ein Familiensenat beim OLG, der mit der Berufung befasst ist, dem EuGH immer dann eine Auslegungsfrage vorlegen, wenn er die Revision nicht nach § 543 Abs. 1 ZPO zulässt.[30] § 543 Abs. 2 Nr. 2 ZPO soll dem nicht entgegenstehen. Die Sicherung einer einheitlichen Rechtsprechung könnte nämlich nicht durch die Revisionszulassung beim BGH erreicht werden, da dieser die Auslegungsfrage selbst dem EuGH vorlegen müsste.[31]

Daneben ist das **abstrakte Vorlageverfahren** nach Art. 68 Abs. 3 EGV zu beachten. Hiernach können der Rat, die Kommission oder ein Mitgliedstaat dem EuGH Auslegungsfragen zur EheVO 2003 unabhängig von einem konkreten Verfahren zur Entscheidung vorlegen. Ob dieses abstrakte Vorlageverfahren eine größere Bedeutung erlangen wird, bleibt abzuwarten.[32]

F. Entsprechungstabelle zur Verordnung (EG) Nr. 1347/2000 (EheVO 2000)[33]

Aufgehobene Artikel (EheVO 2000)	Entsprechende Artikel des neuen Textes (EheVO 2003)	Aufgehobene Artikel (EheVO 2000)	Entsprechende Artikel des neuen Textes (EheVO 2003)
1	1, 2	27	34
2	3	28	35
3	12	29	36
4		30	50
5	4	31	51
6	5	32	37
7	6	33	39
8	7	34	38
9	17	35	52
10	18	36	59

---

28 *Borrás*, ABlEG 1998 Nr. C 221/30 (Rn 6): „Sofern nicht ausdrücklich etwas anderes gesagt wird, haben gleich lautende Begriffe des Brüsseler Übereinkommens von 1968 und des neuen Übereinkommens prinzipiell dieselbe Bedeutung, und es gilt die diesbezügliche Rechtsprechung des Gerichtshofs der Europäischen Gemeinschaften."

29 Krit. hierzu *Hess*, RabelsZ 66 (2002), 470, 490, der insb. auf die Eilbedürftigkeit von Entscheidungen in Verfahren der elterlichen Verantwortung hinweist. Bis eine Vorlage an den EuGH erfolgen könne, „haben sich die meisten Streitigkeiten erledigt"; vgl. ferner *Dilger*, Rn 38 m.w.N. Fn 126.

30 *Rauscher*, Vorbem 19; Thomas/Putzo/*Hüßtege*, ZPO, Vorbem 1 Rn 9.

31 *Rauscher*, Vorbem 19.

32 Vgl. *Dilger*, Rn 39.

33 Text der EheVO 2000 im Anschluss an die EheVO 2003.

Aufgehobene Artikel (EheVO 2000)	Entsprechende Artikel des neuen Textes (EheVO 2003)	Aufgehobene Artikel (EheVO 2000)	Entsprechende Artikel des neuen Textes (EheVO 2003)
11	16, 19	37	60, 61
12	20	38	62
13	2, 49, 46	39	
14	21	40	63
15	22, 23	41	66
16		42	64
17	24	43	65
18	25	44	68, 69
19	26	45	70
20	27	46	72
21	28	Anhang I	68
22	21, 29	Anhang II	68
23	30	Anhang III	68
24	31	Anhang IV	Anhang I
25	32	Anhang V	Anhang II
26	33		

Verordnung (EG) Nr. 2201/2003 des Rates vom 27. November 2003 über die Zuständigkeit und die Anerkennung und Vollstreckung von Entscheidungen in Ehesachen und in Verfahren betreffend die elterliche Verantwortung und zur Aufhebung der Verordnung (EG) Nr. 1347/2000

Der Rat der Europäischen Union –

gestützt auf den Vertrag zur Gründung der Europäischen Gemeinschaft, insbesondere auf Artikel 61 Buchstabe c) und Artikel 67 Absatz 1,

auf Vorschlag der Kommission[1],

nach Stellungnahme des Europäischen Parlaments[2],

nach Stellungnahme des Europäischen Wirtschafts- und Sozialausschusses[3],

in Erwägung nachstehender Gründe:

(1) Die Europäische Gemeinschaft hat sich die Schaffung eines Raums der Freiheit, der Sicherheit und des Rechts zum Ziel gesetzt, in dem der freie Personenverkehr gewährleistet ist. Hierzu erlässt die Gemeinschaft unter anderem die Maßnahmen, die im Bereich der justiziellen Zusammenarbeit in Zivilsachen für das reibungslose Funktionieren des Binnenmarkts erforderlich sind.

---

[1] ABl. C 203 E vom 27.8.2002, S. 155.
[2] Stellungnahme vom 20. September 2002 (noch nicht im Amtsblatt veröffentlicht).
[3] ABl. C 61 vom 14.3.2003, S. 76.

(2) Auf seiner Tagung in Tampere hat der Europäische Rat den Grundsatz der gegenseitigen Anerkennung gerichtlicher Entscheidungen, der für die Schaffung eines echten europäischen Rechtsraums unabdingbar ist, anerkannt und die Besuchsrechte als Priorität eingestuft.

(3) Die Verordnung (EG) Nr. 1347/2000 des Rates vom 29. Mai 2000[4] enthält Vorschriften für die Zuständigkeit und die Anerkennung und Vollstreckung von Entscheidungen in Ehesachen sowie von aus Anlass von Ehesachen ergangenen Entscheidungen über die elterliche Verantwortung für die gemeinsamen Kinder der Ehegatten. Der Inhalt dieser Verordnung wurde weit gehend aus dem diesbezüglichen Übereinkommen vom 28. Mai 1998 übernommen[5].

(4) Am 3. Juli 2000 hat Frankreich eine Initiative im Hinblick auf den Erlass einer Verordnung des Rates über die gegenseitige Vollstreckung von Entscheidungen über das Umgangsrecht vorgelegt[6].

(5) Um die Gleichbehandlung aller Kinder sicherzustellen, gilt diese Verordnung für alle Entscheidungen über die elterliche Verantwortung, einschließlich der Maßnahmen zum Schutz des Kindes, ohne Rücksicht darauf, ob eine Verbindung zu einem Verfahren in Ehesachen besteht.

(6) Da die Vorschriften über die elterliche Verantwortung häufig in Ehesachen herangezogen werden, empfiehlt es sich, Ehesachen und die elterliche Verantwortung in einem einzigen Rechtsakt zu regeln.

(7) Diese Verordnung gilt für Zivilsachen, unabhängig von der Art der Gerichtsbarkeit.

(8) Bezüglich Entscheidungen über die Ehescheidung, die Trennung ohne Auflösung des Ehebandes oder die Ungültigerklärung einer Ehe sollte diese Verordnung nur für die Auflösung einer Ehe und nicht für Fragen wie die Scheidungsgründe, das Ehegüterrecht oder sonstige mögliche Nebenaspekte gelten.

(9) Bezüglich des Vermögens des Kindes sollte diese Verordnung nur für Maßnahmen zum Schutz des Kindes gelten, das heißt i) für die Bestimmung und den Aufgabenbereich einer Person oder Stelle, die damit betraut ist, das Vermögen des Kindes zu verwalten, das Kind zu vertreten und ihm beizustehen, und ii) für Maßnahmen bezüglich der Verwaltung und Erhaltung des Vermögens des Kindes oder der Verfügung darüber. In diesem Zusammenhang sollte diese Verordnung beispielsweise für die Fälle gelten, in denen die Eltern über die Verwaltung des Vermögens des Kindes im Streit liegen. Das Vermögen des Kindes betreffende Maßnahmen, die nicht den Schutz des Kindes betreffen, sollten weiterhin unter die Verordnung (EG) Nr. 44/2001 des Rates vom 22. Dezember 2000 über die gerichtliche Zuständigkeit und die Anerkennung und Vollstreckung von Entscheidungen in Zivil- und Handelssachen[7] fallen.

(10) Diese Verordnung soll weder für Bereiche wie die soziale Sicherheit oder Maßnahmen allgemeiner Art des öffentlichen Rechts in Angelegenheiten der Erziehung und Gesundheit noch für Entscheidungen über Asylrecht und Einwanderung gelten. Außerdem gilt sie weder für die Feststellung des Eltern-Kind-Verhältnisses, bei der es sich um eine von der Übertragung der elterlichen Verantwortung gesonderte Frage handelt, noch für sonstige Fragen im Zusammenhang mit dem Personenstand. Sie gilt ferner nicht für Maßnahmen, die im Anschluss an von Kindern begangenen Straftaten ergriffen werden.

(11) Unterhaltspflichten sind vom Anwendungsbereich dieser Verordnung ausgenommen, da sie bereits durch die Verordnung (EG) Nr. 44/2001 geregelt werden. Die nach dieser Verordnung zuständigen Gerichte werden in Anwendung des Artikels 5 Absatz 2 der Verordnung (EG) Nr. 44/2001 in der Regel für Entscheidungen in Unterhaltssachen zuständig sein.

(12) Die in dieser Verordnung für die elterliche Verantwortung festgelegten Zuständigkeitsvorschriften wurden dem Wohle des Kindes entsprechend und insbesondere nach dem Kriterium der räumlichen Nähe ausgestaltet. Die Zuständigkeit sollte vorzugsweise dem Mitgliedstaat des gewöhnlichen Aufenthalts des Kindes vorbehalten sein außer in bestimmten Fällen, in denen sich der Aufenthaltsort des Kindes geändert hat oder in denen die Träger der elterlichen Verantwortung etwas anderes vereinbart haben.

(13) Nach dieser Verordnung kann das zuständige Gericht den Fall im Interesse des Kindes ausnahmsweise und unter bestimmten Umständen an das Gericht eines anderen Mitgliedstaates verweisen,

---

(4) ABl. L 160 vom 30.6.2000, S. 19.
(5) Bei der Annahme der Verordnung (EG) Nr. 1347/2000 hatte der Rat den von Frau Professorin Alegría Borrás erstellten erläuternden Bericht zu dem Übereinkommen zur Kenntnis genommen (ABl. C 221 vom 16.7.1998, S. 27).
(6) ABl. C 234 vom 15.8.2000, S. 7.
(7) ABl. L 12 vom 16.1.2001, S. 1. Zuletzt geändert durch die Verordnung (EG) Nr. 1496/2002 der Kommission (ABl. L 225 vom 22.8.2002, S. 13).

wenn dieses den Fall besser beurteilen kann. Allerdings sollte das später angerufene Gericht nicht befugt sein, die Sache an ein drittes Gericht weiterzuverweisen.

(14) Die Anwendung des Völkerrechts im Bereich diplomatischer Immunitäten sollte durch die Wirkungen dieser Verordnung nicht berührt werden. Kann das nach dieser Verordnung zuständige Gericht seine Zuständigkeit aufgrund einer diplomatischen Immunität nach dem Völkerrecht nicht wahrnehmen, so sollte die Zuständigkeit in dem Mitgliedstaat, in dem die betreffende Person keine Immunität genießt, nach den Rechtsvorschriften dieses Staates bestimmt werden.

(15) Für die Zustellung von Schriftstücken in Verfahren, die auf der Grundlage der vorliegenden Verordnung eingeleitet wurden, gilt die Verordnung (EG) Nr. 1348/2000 des Rates vom 29. Mai 2000 über die Zustellung gerichtlicher und außergerichtlicher Schriftstücke in Zivil- oder Handelssachen in den Mitgliedstaaten[8].

(16) Die vorliegende Verordnung hindert die Gerichte eines Mitgliedstaates nicht daran, in dringenden Fällen einstweilige Maßnahmen einschließlich Schutzmaßnahmen in Bezug auf Personen oder Vermögensgegenstände, die sich in diesem Staat befinden, anzuordnen.

(17) Bei widerrechtlichem Verbringen oder Zurückhalten eines Kindes sollte dessen Rückgabe unverzüglich erwirkt werden; zu diesem Zweck sollte das Haager Übereinkommen vom 24. Oktober 1980, das durch die Bestimmungen dieser Verordnung und insbesondere des Artikels 11 ergänzt wird, weiterhin Anwendung finden. Die Gerichte des Mitgliedstaates, in den das Kind widerrechtlich verbracht wurde oder in dem es widerrechtlich zurückgehalten wird, sollten dessen Rückgabe in besonderen, ordnungsgemäß begründeten Fällen ablehnen können. Jedoch sollte eine solche Entscheidung durch eine spätere Entscheidung des Gerichts des Mitgliedstaates ersetzt werden können, in dem das Kind vor dem widerrechtlichen Verbringen oder Zurückhalten seinen gewöhnlichen Aufenthalt hatte. Sollte in dieser Entscheidung die Rückgabe des Kindes angeordnet werden, so sollte die Rückgabe erfolgen, ohne dass es in dem Mitgliedstaat, in den das Kind widerrechtlich verbracht wurde, eines besonderen Verfahrens zur Anerkennung und Vollstreckung dieser Entscheidung bedarf.

(18) Entscheidet das Gericht gemäß Artikel 13 des Haager Übereinkommens von 1980, die Rückgabe abzulehnen, so sollte es das zuständige Gericht oder die Zentrale Behörde des Mitgliedstaates, in dem das Kind vor dem widerrechtlichen Verbringen oder Zurückhalten seinen gewöhnlichen Aufenthalt hatte, hiervon unterrichten. Wurde dieses Gericht noch nicht angerufen, so sollte dieses oder die Zentrale Behörde die Parteien entsprechend unterrichten. Diese Verpflichtung sollte die Zentrale Behörde nicht daran hindern, auch die betroffenen Behörden nach nationalem Recht zu unterrichten.

(19) Die Anhörung des Kindes spielt bei der Anwendung dieser Verordnung eine wichtige Rolle, wobei diese jedoch nicht zum Ziel hat, die diesbezüglich geltenden nationalen Verfahren zu ändern.

(20) Die Anhörung eines Kindes in einem anderen Mitgliedstaat kann nach den Modalitäten der Verordnung (EG) Nr. 1206/2001 des Rates vom 28. Mai 2001 über die Zusammenarbeit zwischen den Gerichten der Mitgliedstaaten auf dem Gebiet der Beweisaufnahme in Zivil- oder Handelssachen[9] erfolgen.

(21) Die Anerkennung und Vollstreckung der in einem Mitgliedstaat ergangenen Entscheidungen sollten auf dem Grundsatz des gegenseitigen Vertrauens beruhen und die Gründe für die Nichtanerkennung auf das notwendige Minimum beschränkt sein.

(22) Zum Zwecke der Anwendung der Anerkennungs- und Vollstreckungsregeln sollten die in einem Mitgliedstaat vollstreckbaren öffentlichen Urkunden und Vereinbarungen zwischen den Parteien „Entscheidungen" gleichgestellt werden.

(23) Der Europäische Rat von Tampere hat in seinen Schlussfolgerungen (Nummer 34) die Ansicht vertreten, dass Entscheidungen in familienrechtlichen Verfahren „automatisch unionsweit anerkannt" werden sollten, „ohne dass es irgendwelche Zwischenverfahren oder Gründe für die Verweigerung der Vollstreckung geben" sollte. Deshalb sollten Entscheidungen über das Umgangsrecht und über die Rückgabe des Kindes, für die im Ursprungsmitgliedstaat nach Maßgabe dieser Verordnung eine Bescheinigung ausgestellt wurde, in allen anderen Mitgliedstaaten anerkannt und vollstreckt werden, ohne dass es eines weiteren Verfahrens bedarf. Die Modalitäten der Vollstreckung dieser Entscheidungen unterliegen weiterhin dem nationalen Recht.

(24) Gegen die Bescheinigung, die ausgestellt wird, um die Vollstreckung der Entscheidung zu erleichtern, sollte kein Rechtsbehelf möglich sein. Sie sollte nur Gegenstand einer Klage auf Berichtigung

---

(8) ABl. L 160 vom 30.6.2000, S. 37. (9) ABl. L 174 vom 27.6.2001, S. 1.

sein, wenn ein materieller Fehler vorliegt, d.h., wenn in der Bescheinigung der Inhalt der Entscheidung nicht korrekt wiedergegeben ist.

(25) Die Zentralen Behörden sollten sowohl allgemein als auch in besonderen Fällen, einschließlich zur Förderung der gütlichen Beilegung von die elterliche Verantwortung betreffenden Familienstreitigkeiten, zusammenarbeiten. Zu diesem Zweck beteiligen sich die Zentralen Behörden an dem Europäischen Justiziellen Netz für Zivil- und Handelssachen, das mit der Entscheidung des Rates vom 28. Mai 2001 zur Einrichtung eines Europäischen Justiziellen Netzes für Zivil- und Handelssachen ([10]) eingerichtet wurde.

(26) Die Kommission sollte die von den Mitgliedstaaten übermittelten Listen mit den zuständigen Gerichten und den Rechtsbehelfen veröffentlichen und aktualisieren.

(27) Die zur Durchführung dieser Verordnung erforderlichen Maßnahmen sollten gemäß dem Beschluss 1999/468/EG des Rates vom 28. Juni 1999 zur Festlegung der Modalitäten für die Ausübung der der Kommission übertragenen Durchführungsbefugnisse[11] erlassen werden.

(28) Diese Verordnung tritt an die Stelle der Verordnung (EG) Nr. 1347/2000, die somit aufgehoben wird.

(29) Um eine ordnungsgemäße Anwendung dieser Verordnung sicherzustellen, sollte die Kommission deren Durchführung prüfen und gegebenenfalls die notwendigen Änderungen vorschlagen.

(30) Gemäß Artikel 3 des dem Vertrag über die Europäische Union und dem Vertrag zur Gründung der Europäischen Gemeinschaft beigefügten Protokolls über die Position des Vereinigten Königreichs und Irlands haben diese Mitgliedstaaten mitgeteilt, dass sie sich an der Annahme und Anwendung dieser Verordnung beteiligen möchten.

(31) Gemäß den Artikeln 1 und 2 des dem Vertrag über die Europäische Union und dem Vertrag zur Gründung der Europäischen Gemeinschaft beigefügten Protokolls über die Position Dänemarks beteiligt sich Dänemark nicht an der Annahme dieser Verordnung, die für Dänemark nicht bindend oder anwendbar ist.

(32) Da die Ziele dieser Verordnung auf Ebene der Mitgliedstaaten nicht ausreichend erreicht werden können und daher besser auf Gemeinschaftsebene zu erreichen sind, kann die Gemeinschaft im Einklang mit dem in Artikel 5 des Vertrags niedergelegten Subsidiaritätsprinzip tätig werden. Entsprechend dem in demselben Artikel genannten Verhältnismäßigkeitsprinzip geht diese Verordnung nicht über das für die Erreichung dieser Ziele erforderliche Maß hinaus.

(33) Diese Verordnung steht im Einklang mit den Grundrechten und Grundsätzen, die mit der Charta der Grundrechte der Europäischen Union anerkannt wurden. Sie zielt insbesondere darauf ab, die Wahrung der Grundrechte des Kindes im Sinne des Artikels 24 der Grundrechtscharta der Europäischen Union zu gewährleisten –

hat folgende Verordnung erlassen:

Kapitel 1
Anwendungsbereich und Begriffsbestimmungen

EheVO 2003 Art. 1 | Anwendungsbereich

(1) Diese Verordnung gilt, ungeachtet der Art der Gerichtsbarkeit, für Zivilsachen mit folgendem Gegenstand:
a) die Ehescheidung, die Trennung ohne Auflösung des Ehebandes und die Ungültigerklärung einer Ehe,
b) die Zuweisung, die Ausübung, die Übertragung sowie die vollständige oder teilweise Entziehung der elterlichen Verantwortung.

(2) Die in Absatz 1 Buchstabe b) genannten Zivilsachen betreffen insbesondere:
a) das Sorgerecht und das Umgangsrecht,
b) die Vormundschaft, die Pflegschaft und entsprechende Rechtsinstitute,

---

[10] ABl. L 174 vom 27.6.2001, S. 25.   [11] ABl. L 184 vom 17.7.1999, S. 23.

c) die Bestimmung und den Aufgabenbereich jeder Person oder Stelle, die für die Person oder das Vermögen des Kindes verantwortlich ist, es vertritt oder ihm beisteht,
d) die Unterbringung des Kindes in einer Pflegefamilie oder einem Heim,
e) die Maßnahmen zum Schutz des Kindes im Zusammenhang mit der Verwaltung und Erhaltung seines Vermögens oder der Verfügung darüber.

(3) Diese Verordnung gilt nicht für
a) die Feststellung und die Anfechtung des Eltern-Kind-Verhältnisses,
b) Adoptionsentscheidungen und Maßnahmen zur Vorbereitung einer Adoption sowie die Ungültigerklärung und den Widerruf der Adoption,
c) Namen und Vornamen des Kindes,
d) die Volljährigkeitserklärung,
e) Unterhaltspflichten,
f) Trusts und Erbschaften,
g) Maßnahmen infolge von Straftaten, die von Kindern begangen wurden.

A. Überblick 1	III. Klage auf Herstellung des ehelichen Lebens 13
B. Ehesachen 3	IV. Gerichtliche oder behördliche Verfahren ... 14
I. Scheidung, Trennung und Ungültigerklärung der Ehe 3	V. Schuldfeststellung 16
	VI. Zuweisung von Hausrat und Ehewohnung . 18
II. Feststellung des Bestehens oder Nichtbestehens der Ehe 8	C. Verfahren betreffend die elterliche Verantwortung 19

A. Überblick

1 **Sachlich anwendbar** ist die EheVO 2003 zunächst auf zivilgerichtliche Verfahren, die die Ehescheidung, die Trennung ohne Auflösung des Ehebandes oder die Ungültigerklärung einer Ehe betreffen (Art. 1 Abs. 1 lit. a). Insoweit stimmt der sachliche Anwendungsbereich der EheVO 2003 mit dem Anwendungsbereich der Vorgänger-Verordnung Nr. 1347/2000 (EheVO 2000) überein. Die Bezeichnung „Gericht" schließt alle in Ehesachen zuständigen Behörden der Mitgliedstaaten ein (Art. 2 Nr. 1).[12]

2 Nach Art. 1 Abs. 1 lit. b betrifft die Verordnung ferner die Zuweisung, die Ausübung, die Übertragung sowie die (vollständige oder teilweise) Entziehung der elterlichen Verantwortung. Insoweit geht der sachliche Anwendungsbereich der EheVO 2003 über den sachlichen Anwendungsbereich der Verordnung Nr. 1347/2000 (EheVO 2000) hinaus, da sich Letztere auf Verfahren beschränkte, die hinsichtlich der gemeinsamen Kinder von Ehegatten und „aus Anlass" einer Ehesache betrieben wurden.[13] Praktisch wird hier eine Übereinstimmung mit dem sachlichen Anwendungsbereich des KSÜ erzielt.

B. Ehesachen

I. Scheidung, Trennung und Ungültigerklärung der Ehe

3 Im Kern bereitet die Bestimmung der von der EheVO 2003 in Art. 1 Abs. 1 lit. a erfassten Ehesachen keine Probleme. Unter der **Scheidung** ist die nachträgliche Auflösung des Ehebandes mit Wirkung *ex nunc* zu verstehen.[14] Die Auflösung von Verbindungen zwischen **gleichgeschlechtlichen Lebenspartnern** wird von der EheVO 2003 nach allgemeiner Auffassung nicht erfasst.[15] Nicht erfasst wird auch die Auflösung

---

12 *Borrás*, ABlEG 1998 Nr. C 221/35 (Rn 20); *Hau*, FamRZ 1999, 484, 485. Verwaltungsverfahren im sachlichen Anwendungsbereich der Verordnung gibt es in Finnland, nämlich hinsichtlich von Fragen des Sorgerechts, des Wohnorts der Kinder und des Besuchsrechts (vgl. i.E. *Borrás*, ABlEG 1998 Nr. C 221/35 (Rn 20 A). Vom sachlichen Anwendungsbereich erfasst wäre des Weiteren auch das in Dänemark anerkannte Verwaltungs-Scheidungsverfahren beim Statsamt (Bezirksverwaltung) bzw. dem Københavns Overpræsidium; vgl. i.E. *Dübeck*, Einführung in das dänische Recht, 1996, S. 238 f. Allerdings ist Dänemark als einziges EU-Mitglied nicht vom räumlichen Anwendungsbereich der Verordnung erfasst.

13 Art. 1 Abs. 1 lit. b der Verordnung 1347/2000.

14 Rauscher/*Rauscher*, Art. 1 Brüssel II-VO Rn 1.

15 Rauscher/*Rauscher*, Art. 1 Brüssel II-VO Rn 3; zum Gesetzgebungsstand in einzelnen Mitgliedstaaten vgl. *Basedow/Hopt/Kötz/Doppfel*, Die Rechtsstellung gleichgeschlechtlicher Partnerschaften, 2000; *Jakob*, Die eingetragene Lebenspartnerschaft im internationalen Privatrecht, 2002; instruktive Kurzübersicht bei *Dilger*, Rn 104 mit Fn 38.

von **nichtehelichen Lebensgemeinschaften** bzw. von sonstigen Gemeinschaften – etwa **registrierten Partnerschaften** –, die keine Ehe darstellen.[16]

Die **Trennung ohne Auflösung des Ehebandes** bezieht sich auf formalisierte Trennungsverfahren unter Mitwirkung eines Gerichts oder einer Behörde, die zu einer Lockerung, nicht zur vollständigen Beseitigung des ehelichen Status führen. Erfasst werden hierbei vor allem solche Verfahren, die eine Vorstufe zur nachfolgend möglichen Scheidung darstellen.[17] Derartige Trennungsverfahren sind vor allem in den romanischen Rechten vorgesehen.[18] Es kann sich hierbei auch um Verfahren handeln, die auf eine gerichtliche Bestätigung einer zwischen den Parteien getroffenen Trennungsvereinbarung gerichtet sind.[19] Schließlich werden auch scheidungsersetzende Trennungsverfahren vom sachlichen Anwendungsbereich der Verordnung erfasst.[20]

Die **Ungültigerklärung** einer Ehe betrifft solche Verfahren, welche die Ehe als Folge von Mängeln ihrer Eingehung aufheben.[21] Hierbei kommt es nicht darauf an, ob die Ungültigerklärung *ex tunc* oder – wie bei § 1313 S. 2 BGB – nur *ex nunc* wirkt. Im Anwendungsbereich der EheVO 2003 werden Scheidung und Ungültigerklärung der Ehe gleichbehandelt. Die Unterscheidung bleibt kollisionsrechtlich bedeutsam (vgl. Art. 17 EGBGB Rn 50).

Für die **Ungültigerklärung der Ehe nach dem Tod** eines oder beider Ehegatten gilt die EheVO 2003 nicht. Hierfür spricht der Umstand, dass Art. 3 für die internationale Zuständigkeit zentral auf den (gegenwärtigen) gewöhnlichen Aufenthalt der (noch lebenden) Ehegatten abstellt. Dass die EheVO 2003 insoweit nicht anwendbar ist, wird im Bericht von *Borrás* ausdrücklich bestätigt.[22]

Von der EheVO 2003 nicht erfasst sind die Auswirkungen der Scheidung auf das Familienvermögen, die **Unterhaltspflicht** (Art. 1 Abs. 3 lit. e) oder sonstige Nebenaspekte wie die **Namensführung** o.Ä.[23] Zur **Schuldfeststellung** vgl. Rn 16 f.

II. Feststellung des Bestehens oder Nichtbestehens der Ehe

Noch ungeklärt ist, ob auch der Antrag auf Feststellung des Bestehens oder Nichtbestehens einer Ehe (§ 632 ZPO) bzw. entsprechende Anträge nach dem ausländischen Recht in den Anwendungsbereich der EheVO 2003 fallen.[24] Der Frage kommt gerade in Fällen mit Auslandsbezug praktische Bedeutung zu, da hier Nichtehen häufiger anzutreffen sind als bei reinen Inlandsfällen. Denkbar ist etwa, dass eine Ehe durch ausländische Staatsangehörige in Deutschland lediglich in kirchlicher Form geschlossen wurde, was nach Art. 13 Abs. 3 EGBGB zu einer Nichtigkeit der Eheschließung führt (vgl. Art. 13 EGBGB Rn 100 f.).[25] Möglich ist auch, dass eine Ehe im Ausland geschieden worden ist und zwischen den (vormaligen) Ehegatten Streit darüber herrscht, ob das ausländische Scheidungsurteil im Inland anzuerkennen ist.

Nach wohl herrschender, aber sehr **umstrittener** Ansicht fallen sowohl positive als auch negative Feststellungsverfahren in den Anwendungsbereich der EheVO 2003.[26] Andere Autoren lehnen demgegenüber eine

---

16 Rauscher/*Rauscher*, Art. 1 Brüssel II-VO Rn 3, 4; Thomas/Putzo/*Hüßtege*, ZPO, Vorbem Art. 1 Rn 5; Baumbach/Lauterbach/*Albers*, Anh. I § 606a ZPO, Art. 1 Rn 1; *Schlosser*, Art. 1 EheVO Rn 2; *Kohler*, NJW 2001, 10, 15; ausf. *Dilger*, Rn 102 ff.; a.A. *Watté/Boularbah*, Rev. trim. dr. fam. 2000, S. 539, 545; vgl. auch Stellungnahme des Wirtschafts- und Sozialausschusses, ABlEG 2003 Nr. C 16/78 (Rn 5.5.5.): „Noch zu regeln bleibt jedoch die Frage nichtehelicher Lebensgemeinschaften und im Anschluss an eine Trennung daraus entstehender Auseinandersetzungen ..."
17 Rauscher/*Rauscher*, Art. 1 Brüssel II-VO Rn 1.
18 *Hausmann*, EuLF 2000/01, 271, 274; vgl. auch AG Leverkusen FamRZ 2002, 1636.
19 *Hausmann*, EuLF 2000/01, 271, 274 (zur „separazione consensuale" nach Art. 158 Codice civile).
20 Rauscher/*Rauscher*, Art. 1 Brüssel II-VO Rn 1.
21 Rauscher/*Rauscher*, Art. 1 Brüssel II-VO Rn 1.
22 *Borrás*, ABlEG 1998 Nr. C 221/37 (Rn 27); dem Bericht folgend Rauscher/*Rauscher*, Art. 1 Brüssel II-VO Rn 1; Thomas/Putzo/*Hüßtege*, ZPO, Art. 1 EheVO Rn 3; *Spellenberg*, in: FS Geimer 2002, S. 1257; *Kohler*, NJW 2001, 10; *Hau*, FamRZ 1999, 484, 485; zweifelnd („schwer einzusehen") *Schlosser*, Art. 1 EheVO Rn 2.
23 Die gerichtliche Zuständigkeit und die Anerkennung von Entscheidungen in Unterhaltssachen ist, abgesehen von weiteren internationalen Übereinkünften, in der EuGVVO geregelt (vgl. Art. 1 EuGVVO). Dort befindet sich eine besondere Zuständigkeitsregel für Unterhaltssachen (Art. 5 Nr. 2 EuGVVO).
24 Zu § 632 ZPO n.F. vgl. umfassend *Habscheid/Habscheid*, FamRZ 1999, 480 f.
25 Vgl. auch BGH FamRZ 2003, 838, 842.
26 Thomas/Putzo/*Hüßtege*, ZPO, Art. 1 EheVO Rn 2; Rauscher/*Rauscher*, Art. 1 Brüssel II-VO Rn 2; *Schlosser*, Art. 1 EheVO Rn 2; Zöller/*Geimer*, ZPO, Art. 1 EheVO Rn 8; *Kropholler*, EuZPR, Einl. Rn 86; *Gruber*, FamRZ 2000, 1129, 1130; *v. Hoffmann*, IPR, § 8 Rn 68b; Baumbach/Lauterbach/*Albers*, Anh. I § 606a ZPO, Art. 1 Rn 4; Erman/*Hohloch*, Art. 17 EGBGB 69; *Vogel*, MDR 2000, 1045, 1046; *Hau*, FamRZ 1999, 484, 485; *Niklas*, S. 30 f.; *Fuchs/Tölg*, ZfRV 2002, 95; auch *Pirrung*, ZEuP 1999, 834, 843 f.

Anwendung der EheVO 2003 auf Feststellungsverfahren gänzlich ab.[27] Vereinzelt wird auch in Erwägung gezogen, nur negative, nicht aber positive Feststellungsklagen in den Anwendungsbereich der Verordnung einzubeziehen.[28]

10 Für die generelle Einbeziehung der Feststellungsverfahren spricht die sachliche Nähe zwischen der (ausdrücklich von der EheVO 2003 erfassten) Ungültigerklärung[29] einerseits und der Feststellung der Nichtigkeit andererseits. Es erscheint vielfach nur als dogmatische Zufälligkeit, ob das anwendbare Sachrecht bei gravierenden Eheschließungsmängeln eine konstitutive, ggf. *ex tunc* wirksame Ungültigerklärung oder aber eine nur deklaratorische Feststellungsentscheidung vorsieht.[30] Die Ungültigerklärung schließt – da auch sie zunächst eine Feststellung des Mangels der Eheschließung enthält – bei einer von den nationalen Begrifflichkeiten losgelösten Betrachtungsweise die auf die (deklaratorische) Feststellung der Nichtigkeit gerichtete Klage mit ein.[31] Eine weite Auslegung des Art. 1 Abs. 1 lit. a steht so zu guter Letzt auch im Einklang mit dem Vereinheitlichungszweck der EheVO 2003.[32] Dieser wäre wesentlich beeinträchtigt, wenn Scheidungs- und Feststellungsklagen gleichzeitig vor den Gerichten verschiedener Mitgliedstaaten verhandelt werden könnten, ohne dass hierbei die auf derartige Konfliktfälle zugeschnittenen Artt. 16, 19 herangezogen werden könnten.[33] Schwer hinnehmbar wäre es überdies, wenn ein Feststellungsurteil auf eine exorbitante Zuständigkeitsnorm des nationalen Rechts gestützt werden könnte, um sich sodann gegenüber einem nach der EheVO 2003 ergangenen Scheidungsurteil als Anerkennungshindernis (Art. 22 lit. c) auszuwirken.

11 Keine zustimmenswerte Lösung liegt darin, nur negative Feststellungsanträge in den Anwendungsbereich der EheVO 2003 aufzunehmen. Hiergegen spricht bereits, dass es sonst der Antragsteller in der Hand hätte, durch die in sein Ermessen gestellte (positive oder negative) Formulierung des Feststellungsantrags den Anwendungsbereich der EheVO 2003 zu eröffnen oder auszuschließen.[34]

12 Im Übrigen ist zu konzedieren, dass nach Artt. 21 ff. i.V.m. Art. 2 Nr. 4 nur „eheauflösende" Entscheidungen anzuerkennen sind (vgl. Art. 21 EheVO Rn 6 f.).[35] Dies hat zur Folge, dass nur eine die positive Feststellungsklage abweisende bzw. der negativen Feststellungsklage stattgebende Entscheidung, nicht aber umgekehrt eine der positiven Feststellungsklage stattgebende bzw. die negative Feststellungsklage abweisende Entscheidung nach den Vorschriften der EheVO 2003 anerkannt werden kann. Insoweit gilt für das Feststellungsurteil aber nichts anderes als für das Scheidungsurteil, das ebenfalls nur dann nach Maßgabe der Artt. 21 ff. anzuerkennen ist, wenn es den (Fort-)Bestand der Ehe negiert. In beiden Fällen bleibt die EheVO 2003 im Übrigen, was die Frage der internationalen Zuständigkeit anbelangt, sachlich anwendbar.

III. Klage auf Herstellung des ehelichen Lebens

13 Nicht in den Anwendungsbereich der EheVO 2003 fallen, weil es dort nicht um eine Statusänderung geht, Klagen auf Herstellung des ehelichen Lebens.[36]

IV. Gerichtliche oder behördliche Verfahren

14 Die Verordnung bezieht sich nur auf gerichtliche oder behördliche Verfahren (Art. 1 i.V.m. Art. 2 Nr. 1, 2, 4). Von vornherein nicht erfasst sind damit reine **Privatscheidungsverfahren**, die von Drittstaatenangehörigen ohne die Beteiligung von Gerichten oder Behörden nach ihrem Heimatrecht durchgeführt werden.[37] Umstritten, aber bislang ohne erkennbare praktische Bedeutung ist die Frage, ob der sachliche Anwendungsbereich

---

27 MüKo-ZPO/*Gottwald*, Art. 1 Rn 2; *Simotta*, in: FS Geimer 2002, S. 1115, 1146 f.; *Helms*, FamRZ 2001, 257, 259; *Spellenberg*, in: FS Schumann 2001, S. 423, 433; ders., in: FS Geimer 2002, S. 1257; *Hausmann*, EuLF 2000/2001, 271, 273; *Dilger*, Rn 133 ff.; *Hajnczyk*, S. 53 f.; *Andrae*, ERA-Forum 2003, 28, 32.

28 *Dornblüth*, S. 60 ff.; ferner *Rausch*, FuR 2001, 151, 153; Rahm/Künkel/*Breuer*, VIII Rn 139.7.

29 Vgl. die englische bzw. französische Textfassung: „marriage annulment" bzw. „l'annulation du mariage des époux".

30 Rauscher/*Rauscher*, Art. 1 Brüssel II-VO Rn 2; Baumbach/Lauterbach/*Albers*, Anh. I § 606a ZPO, Art. 1 Rn 4; abweichend *Hajnczyk*, S. 54.

31 *Vogel*, MDR 2000, 1045, 1046.

32 Geht man davon aus, dass derartige Anträge nicht in den Anwendungsbereich der EheVO 2003 fallen, so richtet sich die internationale Zuständigkeit deutscher Gerichte nach § 606a ZPO.

33 Konsequent *Dilger*, Rn 336.

34 Zutr. *Simotta*, in: FS Geimer 2002, S. 1115, 1146 f. (allerdings im Erg. eine Anwendung der EheVO auf Feststellungsanträge insgesamt abl.).

35 *Andrae*, ERA-Forum 2003, 28, 32.

36 MüKo-ZPO/*Gottwald*, Art. 1 Rn 2; *Dilger*, Rn 156; *Dornblüth*, S. 40; *Rausch*, FuR 2001, 151; Musielak/*Borth*, ZPO, § 606a Rn 28; Rahm/Künkel/*Breuer*, VIII Rn 139.7; a.A. *Schlosser*, Art. 1 EheVO Rn 2.

37 So bereits *Borrás*, ABlEG 1998 Nr. C 221/35 (Rn 20). Rechtspolitische Kritik hieran bei *Jayme*, IPRax 2000, 165, 170; *Helms*, FamRZ 2001, 257, 260; hiergegen wiederum Rauscher/*Rauscher*, Art. 1 Brüssel II-VO Rn 6.

der EheVO dann eröffnet ist, wenn ein europäischer Hoheitsträger in nur deklaratorischer, aber nicht konstitutiver Weise an der Privatscheidung mitwirkt.[38] Hiergegen spricht, dass die Anerkennungsversagungsgründe der EheVO 2003 nicht auf Privatscheidungen zugeschnitten sind.

Kirchliche Entscheidungen fallen nicht unter die EheVO 2003. Dies ergibt sich bereits aus der Definition des Gerichts in Art. 2 Nr. 1. Nicht einbezogen sind auch solche kirchlichen Entscheidungen, die in dem betreffenden Mitgliedstaat unmittelbar Wirksamkeit entfalten.[39] In den sachlichen Anwendungsbereich der EheVO 2003 fallen demgegenüber Entscheidungen, durch die der kirchlichen Entscheidung staatliche Wirkungen beigelegt werden.[40] Für Portugal, Spanien und Italien ist ferner die Sonderregelung in Art. 63 zu beachten.[41]

V. Schuldfeststellung

Anders als das deutsche Scheidungsrecht machen viele ausländische Scheidungsrechte die Scheidung davon abhängig, dass den Antragsgegner ein **Verschulden** an dem Scheitern der Ehe trifft. Soweit die Feststellung des Verschuldens über den Scheidungsausspruch hinaus Wirkungen entfaltet – etwa im Hinblick auf Unterhaltsansprüche der Ehegatten –, ist die Verschuldensfeststellung nicht nur in die Gründe, sondern in den Tenor der Entscheidung aufzunehmen (vgl. Art. 17 EGBGB Rn 72).

Auch die internationale Zuständigkeit für die Feststellung des Verschuldens richtet sich nach der EheVO 2003.[42] Dies ergibt sich daraus, dass das Verschulden eine materiellrechtliche Voraussetzung des Scheidungsausspruchs darstellt und deshalb wie alle anderen Scheidungsgründe auch vom für die Scheidung zuständigen Gericht geprüft werden muss. Sodann richtet sich auch die Anerkennung der entsprechenden Feststellung nach der EheVO 2003.[43] Die Anmerkung im Bericht von *Borrás* zum Brüssel II-Abkommen, wonach Aspekte des Verschuldens der Ehegatten nicht einbezogen werden sollen,[44] steht dem nur scheinbar entgegen. Dasselbe gilt für die im 8. Erwägungsgrund zur EheVO 2003 enthaltene Angabe, dass „Fragen wie die Scheidungsgründe" nicht in den Anwendungsbereich der Verordnung fallen. Nicht erfasst werden lediglich nicht-scheidungsrechtliche Regelungsfragen, also etwa Unterhaltsfragen, die mittelbar von der Verschuldensfeststellung beeinflusst werden.[45]

VI. Zuweisung von Hausrat und Ehewohnung

Grundsätzlich nicht anwendbar ist die EheVO 2003 auf Verfahren nach §§ 1, 2 Gewaltschutzgesetz, §§ 1361a, 1361b BGB sowie der HausratV bzw. vergleichbare ausländische Verfahren. Einschlägig ist insoweit allerdings – über den eigentlichen sachlichen Anwendungsbereich der EheVO 2003 hinaus – Art. 20 (vgl. näher Art. 20 EheVO Rn 4).

C. Verfahren betreffend die elterliche Verantwortung

Nach Art. 1 Abs. 1 lit. b betrifft die Verordnung ferner die Zuweisung, die Ausübung, die Übertragung sowie die (vollständige oder teilweise) Entziehung der **elterlichen Verantwortung**. Art. 2 Nr. 1 enthält eine Definition des Begriffs der elterlichen Verantwortung. Unter der elterlichen Verantwortung sind die Rechte und Pflichten zu verstehen, die einer Person im Hinblick auf ein Kind bzw. dessen Vermögen zustehen. Träger der elterlichen Verantwortung kann eine natürliche, aber auch eine juristische Person sein. Die elterliche Verantwortung kann auf dem Gesetz, einer gerichtlichen oder behördlichen Entscheidung oder einer verbindlichen Vereinbarung beruhen (vgl. Art. 2 EheVO Nr. 7, 8).

Es kommt mithin nach der EheVO 2003 nicht darauf an, ob das Verfahren über die elterliche Verantwortung im Zusammenhang mit einer Ehesache i.S.d. Art. 1 Abs. 1 lit. a steht. Es werden m.a.W. nicht nur „unselbständige", aus Anlass einer Ehesache betriebene, sondern auch „selbständige" bzw. **„isolierte" Verfahren** über die elterliche Verantwortung für **eheliche oder nichteheliche Kinder** in den Anwendungsbereich der EheVO 2003 einbezogen. Partei eines Verfahrens können nicht nur die leiblichen Eltern sein, sondern auch sonstige juristische oder natürliche Personen, denen die elterliche Verantwortung ganz oder

---

38 Bejahend (zum Brüssel II-Abkommen) *Hau*, FamRZ 1999, 484, 485; Baumbach/Lauterbach/*Albers*, Anh. I § 606a ZPO, Art. 1 Rn 9; abl. Rauscher/*Rauscher*, Art. 1 Brüssel II-VO Rn 6.
39 Rauscher/*Rauscher*, Art. 1 Brüssel II-VO Rn 5; *Spellenberg*, in: FS Schumann 2001, S. 423, 435; a.A. *Helms*, FamRZ 2001, 257, 259.
40 Rauscher/*Rauscher*, Art. 1 Brüssel II-VO Rn 5; *Spellenberg*, in: FS Schumann 2001, S. 423, 435 f.; *Helms*, FamRZ 2001, 257, 259.
41 Hierzu auch *Spellenberg*, in: FS Schumann 2001, S. 423, 435 f.
42 *Spellenberg*, in: FS Schumann 2001, S. 423, 434 (wenn auch zweifelnd); *ders.*, in: FS Geimer 2002, S. 1257, 1258.
43 Rauscher/*Rauscher*, Art. 1 Brüssel II-VO Rn 7.
44 *Borrás*, ABlEG 1998 Nr. C 221/35 (Rn 22).
45 Rauscher/*Rauscher*, Art. 1 Brüssel II-VO Rn 7; *Spellenberg*, in: FS Schumann 2001, S. 423, 434.

teilweise zusteht (vgl. Art. 2 Nr. 7, 8). Insgesamt wurde der Anwendungsbereich der EheVO 2003 durch die Einbeziehung sämtlicher Verfahren über die elterliche Verantwortung gegenüber dem Anwendungsbereich der EheVO 2000 erheblich erweitert.[46]

21 **Art. 1 Abs. 2** enthält eine nicht abschließende („insbesondere") Aufzählung der wichtigsten Verfahren über die elterliche Verantwortung. Erfasst werden nach Art. 1 Abs. 2 lit. a Verfahren über das (in Art. 2 Nr. 9 näher definierte) Sorgerecht sowie Verfahren über das (in Art. 2 EheVO Nr. 10 näher definierte) Umgangsrecht. Daneben umfasst der Begriff der elterlichen Verantwortung Zivilsachen betreffend die Vormundschaft und Pflegschaft (Art. 1 Abs. 2 lit. b), die Bestimmung des Aufgabenbereichs von Betreuern, Beiständen u.a. (Art. 1 Abs. 2 lit. c), die Unterbringung des Kindes in einem Heim oder in einer Pflegefamilie (Art. 1 Abs. 2 lit. d) sowie Maßnahmen zum Schutz des Kindes im Zusammenhang mit der Verwaltung und Erhaltung seines Vermögens oder der Verfügung darüber (Art. 1 Abs. 2 lit. e). Erfasst sind u.a. die Fälle, in denen die Eltern über die Verwaltung des Vermögens im Streit liegen.[47] Das Vermögen des Kindes betreffende Maßnahmen, die nicht dessen Schutz betreffen, fallen unter die EuGVVO.[48]

22 Nach Art. 1 Abs. 2 werden nur „Zivilsachen" erfasst. Hierzu zählen – wie aus Art. 2 Nr. 1, 2, 4 deutlich wird – sowohl **gerichtliche** als auch **behördliche Verfahren**. Ausgeschlossen bleiben aber Maßnahmen infolge von **Straftaten**, die von Kindern begangen worden sind (Art. 1 Abs. 3 lit. g). Hierunter fällt insbesondere die sich an die strafrechtlichen Maßnahmen anschließende **Unterbringung des Kindes in einem Heim**.[49]

23 Letztlich lässt sich damit nicht erkennen, dass der materielle Anwendungsbereich der EheVO 2003 vom **Anwendungsbereich des MSA** bzw. des **KSÜ** abweicht.[50] Insbesondere ist zwischen der in Art. 2 Nr. 7 enthaltenen Definition des Begriffs der „elterlichen Verantwortung" und der in Art. 1 Abs. 2 KSÜ enthaltenen Definition dieses Begriffs kein inhaltlicher Unterschied zu erkennen.[51] Auch die in Art. 1 Abs. 2, 3 enthaltene beispielhafte Aufzählung von erfassten und ausgeschlossenen Materien stimmt z.T. im Wortlaut, i.Ü. inhaltlich mit den in Artt. 3, 4 KSÜ enthaltenen Aufzählungen überein. Damit kann, was den genauen Anwendungsbereich der EheVO 2003 anbelangt, auf die Kommentierung des KSÜ verwiesen werden.

EheVO 2003 Art. 2 | Begriffsbestimmungen

Für die Zwecke dieser Verordnung bezeichnet der Ausdruck
1. „Gericht" alle Behörden der Mitgliedstaaten, die für Rechtssachen zuständig sind, die gemäß Artikel 1 in den Anwendungsbereich dieser Verordnung fallen;
2. „Richter" einen Richter oder Amtsträger, dessen Zuständigkeiten denen eines Richters in Rechtssachen entsprechen, die in den Anwendungsbereich dieser Verordnung fallen;
3. „Mitgliedstaat" jeden Mitgliedstaat mit Ausnahme Dänemarks;
4. „Entscheidung" jede von einem Gericht eines Mitgliedstaates erlassene Entscheidung über die Ehescheidung, die Trennung ohne Auflösung des Ehebandes oder die Ungültigerklärung einer Ehe sowie jede Entscheidung über die elterliche Verantwortung, ohne Rücksicht auf die Bezeichnung der jeweiligen Entscheidung, wie Urteil oder Beschluss;
5. „Ursprungsmitgliedstaat" den Mitgliedstaat, in dem die zu vollstreckende Entscheidung ergangen ist;
6. „Vollstreckungsmitgliedstaat" den Mitgliedstaat, in dem die Entscheidung vollstreckt werden soll;
7. „elterliche Verantwortung" die gesamten Rechte und Pflichten, die einer natürlichen oder juristischen Person durch Entscheidung oder kraft Gesetzes oder durch eine rechtlich verbindliche Vereinbarung betreffend die Person oder das Vermögen eines Kindes übertragen wurden. Elterliche Verantwortung umfasst insbesondere das Sorge- und das Umgangsrecht;
8. „Träger der elterlichen Verantwortung" jede Person, die die elterliche Verantwortung für ein Kind ausübt;

---

46 Vgl. Erwägungsgrund Nr. 5 zur EheVO 2003 (ABlEG 2003 Nr. L 338/1); zum Anwendungsbereich der EheVO 2000 vgl. ausf. *Spellenberg*, in: FS Sonnenberger 2004, S. 677 f.
47 Vgl. Erwägungsgrund Nr. 9 zur EheVO 2003 (ABlEG 2003 Nr. L 338/1).
48 Erwägungsgrund Nr. 9 zur EheVO 2003 (ABlEG 2003 Nr. L 338/1).
49 Vgl. Kommissionsvorschlag KOM (2002) 222 endgültig/2, S. 6 (zu Art. 1).

50 *Andrae*, ERA-Forum 2003, 28, 36 (zum Verordnungsentwurf v. 17.5.2002); *Francq*, ERA-Forum 2003, 54, 55 f.; z.T. abweichend *Busch/Rölke*, FamRZ 2004, 1338, 1340 f. (mit dem Hinweis darauf, dass die EheVO 2003 nur „Zivilsachen" erfasst).
51 Vgl. hierzu auch *Andrae*, ERA-Forum 2003, 28, 35; *Sumampouw*, Liber amicorum Siehr 2000, S. 729, 731; *Helms*, FamRZ 2001, 257, 258; *Borrás*, ABlEG 1998 Nr. C 221/31 (Rn 9).

9. „Sorgerecht" die Rechte und Pflichten, die mit der Sorge für die Person eines Kindes verbunden sind, insbesondere das Recht auf die Bestimmung des Aufenthaltsortes des Kindes;
10. „Umgangsrecht" insbesondere auch das Recht, das Kind für eine begrenzte Zeit an einen anderen Ort als seinen gewöhnlichen Aufenthaltsort zu bringen;
11. „widerrechtliches Verbringen oder Zurückhalten eines Kindes" das Verbringen oder Zurückhalten eines Kindes, wenn
    a) dadurch das Sorgerecht verletzt wird, das aufgrund einer Entscheidung oder kraft Gesetzes oder aufgrund einer rechtlich verbindlichen Vereinbarung nach dem Recht des Mitgliedstaates besteht, in dem das Kind unmittelbar vor dem Verbringen oder Zurückhalten seinen gewöhnlichen Aufenthalt hatte,
    und
    b) das Sorgerecht zum Zeitpunkt des Verbringens oder Zurückhaltens allein oder gemeinsam tatsächlich ausgeübt wurde oder ausgeübt worden wäre, wenn das Verbringen oder Zurückhalten nicht stattgefunden hätte. Von einer gemeinsamen Ausübung des Sorgerechts ist auszugehen, wenn einer der Träger der elterlichen Verantwortung aufgrund einer Entscheidung oder kraft Gesetzes nicht ohne die Zustimmung des anderen Trägers der elterlichen Verantwortung über den Aufenthaltsort des Kindes bestimmen kann.

Anders als die EheVO 2000 enthält die EheVO 2003 eine ausführliche **Definition** einzelner, in der EheVO 2003 verwendeter Begriffe. Aus der in **Art. 2 Nr. 1 und Nr. 2** enthaltenen Definition ergibt sich, dass sowohl **gerichtliche** als auch **behördliche Verfahren** vom sachlichen Anwendungsbereich der EheVO 2003 erfasst werden, und zwar unabhängig davon, ob es sich um eine Ehesache oder um ein Verfahren betreffend die elterliche Verantwortung handelt. **Nr. 3** hebt hervor, dass **Dänemark** nicht als Mitgliedstaat i.S.d. EheVO 2003 anzusehen ist, so dass sich die Zuständigkeit dänischer Gerichte nach dem unvereinheitlichten dänischen Recht bestimmt und die Urteile dänischer Gerichte ebenfalls nicht nach Maßgabe der EheVO 2003 anzuerkennen sind (vgl. vor Art. 1 EheVO Rn 5).

Aus dem in **Nr. 4** definierten Begriff der **Entscheidung** lässt sich entnehmen, dass Privatscheidungen nicht vom Anwendungsbereich der EheVO 2003 erfasst werden (vgl. Art. 1 EheVO Rn 14). Ferner spricht die in Nr. 4 vorhandene Formulierung dafür, dass nach Artt. 21 ff. nur „eheauflösende" Entscheidungen anzuerkennen sind. Nicht nach Maßgabe der EheVO 2003 anzuerkennen sind Entscheidungen, die einen Antrag auf Scheidung usw. ablehnen (vgl. dazu näher Art. 21 EheVO Rn 6 f.). **Nr. 5** und **Nr. 6** haben Bedeutung für die Anerkennung und Vollstreckung von Entscheidungen.

Der in **Nr. 7** definierte Begriff der **„elterlichen Verantwortung"** bezeichnet ein zentrales Anwendungsfeld der EheVO 2003, wobei in Art. 1 Abs. 2 eine beispielhafte Aufzählung der wichtigsten mit diesem Begriff erfassten Zivilsachen erfolgt. Der Begriff der „elterlichen Verantwortung" stimmt inhaltlich mit dem gleich lautenden Begriff aus dem KSÜ überein (vgl. näher Art. 1 EheVO Rn 19 ff.).[1] Anders als das KSÜ (Art. 2 KSÜ)[2] enthält die EheVO 2003 aber keine Definition des Begriffs des **Kindes**. Da in Europa ein Volljährigkeitsalter von 18 Jahren üblich ist, kommt der Frage nur geringe praktische Bedeutung zu. Im Übrigen wird man hier eine – nach Art. 7 EGBGB anzuknüpfende – Vorfrage anzunehmen haben.[3]

Der Begriff des **„Trägers der elterlichen Verantwortung" (Nr. 8)** wird im Interesse der sprachlichen Kürze in die EheVO 2003 eingeführt. Das **Sorgerecht (Nr. 9)** und das **Umgangsrecht (Nr. 10)** stellen wichtige Ausprägungen der elterlichen Verantwortung dar. Die in Nr. 9 und Nr. 10 enthaltenen Definitionen stimmen mit Art. 5 HKÜ überein. Der Begriff des Sorgerechts wird nochmals in der Definition des „widerrechtlichen Verbringens oder Zurückhaltens eines Kindes" (Nr. 11) verwendet, die ihrerseits von einer Verletzung des Sorgerechts ausgeht. Für das Umgangsrecht bestehen in der EheVO 2003 einige Sonderregelungen (vgl. Art. 9 für die internationale Zuständigkeit, Artt. 40 ff. für die Anerkennung und Vollstreckung).

Die in **Nr. 11** enthaltene Definition des **„widerrechtlichen Verbringens oder Zurückhaltens eines Kindes"** stimmt zunächst mit Art. 3 HKÜ sowie Art. 7 Abs. 2 KSÜ überein. Eine Abweichung besteht lediglich darin, dass unter lit. b ein Satz angefügt wurde, wonach von einer gemeinsamen Ausübung des Sorgerechts dann auszugehen ist, wenn einer der Träger der elterlichen Verantwortung (Nr. 8) – entweder aufgrund einer Entscheidung (Nr. 4) oder kraft Gesetzes – nicht ohne die Zustimmung des anderen Trägers der elterlichen Verantwortung über den Aufenthaltsort des Kindes bestimmen kann. Ein widerrechtliches Verbringen oder

---

1 Vgl. *Andrae*, ERA-Forum 2003, 28, 36.
2 Erfasst werden dort nur Personen unter 18 Jahren; vgl. *Siehr*, RabelsZ 62 (1998), 464, 469.
3 Thomas/Putzo/*Hüßtege*, ZPO, Art. 1 EheVO Rn 8; *Spellenberg*, in: FS Sonnenberger 2004, S. 677, 691; *Solomon*, FamRZ 2004, 1409, 1410 f.

Zurückhalten kann daher auch zulasten eines „passiven", das Sorgerecht tatsächlich nicht mehr ausübenden Elternteils angenommen werden, soweit dieser nur weiterhin über den Aufenthaltsort des Kindes (mit-)bestimmen kann.

Kapitel II
Zuständigkeit

Abschnitt 1. Ehescheidung, Trennung ohne Auflösung des Ehebandes und Ungültigerklärung einer Ehe

EheVO 2003 Art. 3 | Allgemeine Zuständigkeit

(1) Für Entscheidungen über die Ehescheidung, die Trennung ohne Auflösung des Ehebandes oder die Ungültigerklärung einer Ehe, sind die Gerichte des Mitgliedstaates zuständig,

a) in dessen Hoheitsgebiet
– beide Ehegatten ihren gewöhnlichen Aufenthalt haben oder
– die Ehegatten zuletzt beide ihren gewöhnlichen Aufenthalt hatten, sofern einer von ihnen dort noch seinen gewöhnlichen Aufenthalt hat, oder
– der Antragsgegner seinen gewöhnlichen Aufenthalt hat oder
– im Fall eines gemeinsamen Antrags einer der Ehegatten seinen gewöhnlichen Aufenthalt hat oder
– der Antragsteller seinen gewöhnlichen Aufenthalt hat, wenn er sich dort seit mindestens einem Jahr unmittelbar vor der Antragstellung aufgehalten hat, oder
– der Antragsteller seinen gewöhnlichen Aufenthalt hat, wenn er sich dort seit mindestens sechs Monaten unmittelbar vor der Antragstellung aufgehalten hat und entweder Staatsangehöriger des betreffenden Mitgliedstaates ist oder, im Fall des Vereinigten Königreichs und Irlands, dort sein „domicile" hat;
b) dessen Staatsangehörigkeit beide Ehegatten besitzen, oder, im Fall des Vereinigten Königreichs und Irlands, in dem sie ihr gemeinsames „domicile" haben.

(2) Der Begriff „domicile" im Sinne dieser Verordnung bestimmt sich nach dem Recht des Vereinigten Königreichs und Irlands.

A. Überblick 1	5. Klägergerichtsstand bei einjährigem gewöhnlichem Aufenthalt im Gerichtsstaat (Spiegelstrich 5) 28
I. Dominanz des gewöhnlichen Aufenthalts .. 1	a) Voraussetzungen im Allgemeinen ... 28
II. Vielzahl an konkurrierenden Gerichtsständen . 4	b) Maßgeblicher Zeitpunkt für die Bemessung der Aufenthaltsdauer ... 35
III. Grundsatz der perpetuatio fori 7	
IV. Parteiautonomie, rügelose Einlassung 8	6. Klägergerichtsstand bei einem sechsmonatigen gewöhnlichen Aufenthalt im Heimatstaat (Spiegelstrich 6) 40
B. Die Zuständigkeiten im Einzelnen 9	
I. Aufenthaltszuständigkeit (Abs. 1 lit. a) ... 9	a) Einfachgesetzliche Anwendung 40
1. Gemeinsamer gewöhnlicher Aufenthalt (Spiegelstrich 1) 9	b) Verstoß gegen Art. 12 EGV (Diskriminierungsverbot) 48
2. Letzter gemeinsamer gewöhnlicher Aufenthalt (Spiegelstrich 2) 16	II. Staatsangehörigkeitszuständigkeit (Abs. 1 lit. b) 51
3. Gewöhnlicher Aufenthalt des Antragsgegners (Spiegelstrich 3) 20	
4. Gemeinsamer Scheidungsantrag (Spiegelstrich 4) 23	

A. Überblick

I. Dominanz des gewöhnlichen Aufenthalts

1 Art. 3 enthält eine grundsätzlich abschließende Regelung der internationalen Zuständigkeit in Ehesachen (zum Begriff der Ehesache vgl. Art. 1 EheVO Rn 3 ff.). Ein Rückgriff auf das nationale Zuständigkeitsrecht ist nur unter den engen Voraussetzungen der Artt. 6, 7 möglich.[1]

---

[1] Verkannt von AG Leverkusen FamRZ 2002, 1635 mit krit. Anm. *Gottwald.*

Art. 3 ist dadurch charakterisiert, dass der **gewöhnliche Aufenthalt** als zuständigkeitsbegründendes Merkmal von deutlich größerer Bedeutung ist als die Staatsangehörigkeit der Ehegatten.[2] Abgestellt wird auf den aktuellen oder den letzten gemeinsamen Aufenthalt der Ehegatten (Art. 3 Abs. 1 lit. a Spiegelstrich 1 und 2), den gewöhnlichen Aufenthalt des Antragsgegners (Art. 3 Abs. 1 lit. a Spiegelstrich 3), den gewöhnlichen Aufenthalt des Antragstellers (Art. 3 Abs. 1 lit. a Spiegelstrich 5 und 6) sowie den gewöhnlichen Aufenthalt eines der Ehegatten bei gemeinsamer Antragstellung (Art. 3 Abs. 1 lit. a Spiegelstrich 4).

Die **Staatsangehörigkeit** wird demgegenüber deutlich zurückgedrängt. Allein Art. 3 Abs. 1 lit. b stellt zentral auf die Staatsangehörigkeit ab. Die Vorschrift wirkt aber nur dann zuständigkeitsbegründend, wenn es sich um den Mitgliedstaat handelt, dem beide Ehegatten angehören. Im Übrigen kommt der Staatsangehörigkeit nur noch innerhalb des Art. 3 Abs. 1 lit. a Spiegelstrich 6 ergänzende Bedeutung zu. Hierdurch unterscheidet sich die Zuständigkeitsregelung der EheVO 2003 deutlich von der (durch die EheVO 2003 grundsätzlich verdrängten) autonomen deutschen Zuständigkeitsregelung des § 606a Abs. 1 ZPO. Insbesondere reicht es nach der EheVO 2003 – anders als nach § 606a Abs. 1 Nr. 1 ZPO – für eine internationale Zuständigkeit deutscher Gerichte nicht aus, dass nur der antragstellende Ehegatte, nicht aber der Antragsgegner, die deutsche Staatsangehörigkeit hat.

Für scheidungswillige **deutsche Staatsangehörige mit gewöhnlichem Aufenthalt im Ausland** besteht daher – soweit der Antragsgegner seinen gewöhnlichen Aufenthalt ebenfalls nicht in Deutschland hat bzw. nicht ebenfalls deutscher Staatsangehöriger ist – nach Art. 3 keine internationale Zuständigkeit deutscher Gerichte. Damit kommt ihnen, soweit sich nicht doch aus Artt. 6, 7 eine Möglichkeit des Rückgriffs auf das deutsche Zuständigkeitsrecht ergibt, auch nicht die „scheidungsfreundliche" Anknüpfung an das deutsche Recht nach Art. 17 Abs. 1 S. 2 EGBGB zugute (vgl. Art. 17 EGBGB Rn 30 ff. und 40 f.). Deutsche Staatsangehörige mit gewöhnlichem Aufenthalt im Ausland müssen sich daher darauf einstellen, dass ihre Ehe u.U. nur im Ausland und i.Ü. dort nur schwieriger scheidbar ist als vor deutschen Gerichten.[3] Zu beachten ist allerdings, dass eine internationale Zuständigkeit deutscher Gerichte nach Maßgabe von Art. 3 Abs. 1 lit. a Spiegelstrich 6 EheVO 2003 binnen sechs Monaten nach einer Rückkehr des Ehegatten nach Deutschland entsteht. In diesem Fall können deutsche Gerichte auch wieder Art. 17 Abs. 1 S. 2 EGBGB heranziehen.

II. Vielzahl an konkurrierenden Gerichtsständen

Art. 3 führt ferner dazu, dass innerhalb der EG häufig die internationale Zuständigkeit nicht nur eines, sondern mehrerer Mitgliedstaaten besteht. Die in Art. 3 Abs. 1 vorgesehenen Zuständigkeiten stehen in **keinem Rangverhältnis**, so dass der jeweilige Antragsteller die **freie Wahl** hat, bei welchem der nach Art. 3 Abs. 1 zuständigen Gerichte er den Scheidungsantrag stellt.[4] Haben z.B. zwei spanische Ehegatten einige Zeit zusammen in Deutschland gelebt und lebt einer der Ehegatten nach dem Scheitern der Ehe seit einem Jahr in Österreich, so besteht eine internationale Zuständigkeit sowohl der deutschen (Art. 3 Abs. 1 lit. a Spiegelstrich 2 und 5), der österreichischen (Art. 3 Abs. 1 lit. a Spiegelstrich 3 und 5) als auch der spanischen Gerichte (Art. 3 Abs. 1 lit. b).[5]

Im Rahmen der **Rechtsberatung** folgt hieraus zweierlei: Zum einen ist der Mandant darauf hinzuweisen, dass er nach seiner freien Wahl den Scheidungsprozess auch bei einem international zuständigen Gericht eines anderen EG-Mitgliedstaates einleiten kann. Hierbei ist jedoch auf die Geltung eines ausländischen Verfahrensrechts sowie – je nachdem, wie in den betreffenden Mitgliedstaaten kollisionsrechtlich angeknüpft wird – u.U. auch auf die Anwendbarkeit eines abweichenden materiellen Scheidungsrechts hinzuweisen. Für ein Anhängigmachen des Scheidungsprozesses im Ausland kann u.a. sprechen, dass nach dem deutschen Kollisionsrecht ein ausländisches Sachrecht heranzuziehen wäre und daher von deutschen Gerichten u.U. kostspielige bzw. zeitaufwendige Sachverständigengutachten einzuholen wären.

Zumeist wird der Mandant ein Interesse daran haben, das Scheidungsverfahren in Deutschland zu führen. Zu berücksichtigen ist in diesem Fall, dass der andere Ehegatte – insbesondere dann, wenn dieser in Deutschland keinen gewöhnlichen Aufenthalt (mehr) hat – möglicherweise das Scheidungsverfahren lieber vor einem ausländischen Gericht durchführen will. Wird das ausländische Scheidungsverfahren früher rechtshängig als das deutsche, so besteht für das deutsche Verfahren der **Einwand der Rechtshängigkeit** nach Artt. 16, 19

---

2 Etwa Erman/*Hohloch*, Art. 17 EGBGB Rn 65.
3 Rauscher/*Rauscher*, Art. 2 Brüssel II-VO Rn 3; ders., in: FS Geimer 2002, S. 883 f. (mit scharfer rechtspolitischer Kritik).
4 Rauscher/*Rauscher*, Art. 2 Brüssel II-VO Rn 6; *Spellenberg*, in: FS Geimer 2002, S. 1257, 1265; *Ancel/Muir Watt*, Rev. crit. dr. int. priv. 2001, S. 403, 415 f.
5 Vgl. *Simotta*, in: FS Geimer 2002, S. 1115, 1152, nach deren Ansicht dem „*forum shopping*" durch die EheVO „Tür und Tor geöffnet" werde; ähnlich *Wagner*, FamRZ 2003, 803, 804.

(vgl. Art. 19 EheVO Rn 1 ff.). Um eine Unzulässigkeit des deutschen Scheidungsverfahrens abzuwenden, ist demnach im Zweifel eine **möglichst rasche Antragstellung** anzuraten (vgl. näher Art. 17 EGBGB Rn 166).

III. Grundsatz der perpetuatio fori

7 Es gilt der Grundsatz der *perpetuatio fori*: Ist ein Gericht international zuständig, so führen Tatsachenänderungen nach Rechtshängigkeit (Artt. 16, 19) nicht zu einem Wegfall der internationalen Zuständigkeit.[6] Insbesondere führt ein Wechsel des gewöhnlichen Aufenthalts nicht dazu, dass eine einmal nach Art. 3 Abs. 1 lit. a (für Ehesachen) bzw. nach Art. 8 Abs. 1 (für Verfahren über die elterliche Verantwortung) begründete internationale Zuständigkeit wegfällt. Auch eine nach Art. 3 Abs. 1 lit. b bzw. Art. 3 Abs. 1 lit. a Spiegelstrich 6 begründete internationale Zuständigkeit wird von einem späteren Wechsel der Staatsangehörigkeit nicht beeinträchtigt.

IV. Parteiautonomie, rügelose Einlassung

8 Die Möglichkeit einer **Vereinbarung** über die Zuständigkeit ist ebenso wie die Möglichkeit einer **rügelosen Einlassung** im System der EheVO 2003 grundsätzlich nicht vorgesehen.[7] Allerdings lässt sich Art. 3 Abs. 1 Spiegelstrich 4 eine Regelung entnehmen, die einer Zuständigkeitsvereinbarung im praktischen Ergebnis weit gehend gleichkommt (vgl. Rn 23). Daneben lässt Art. 12 in Verfahren über die elterliche Verantwortung in gewissen Grenzen eine parteiautonome Bestimmung des zuständigen Gerichts zu.

B. Die Zuständigkeiten im Einzelnen

I. Aufenthaltszuständigkeit (Abs. 1 lit. a)

9 **1. Gemeinsamer gewöhnlicher Aufenthalt (Spiegelstrich 1).** Art. 3 Abs. 1 lit. a Spiegelstrich 1 begründet eine internationale Zuständigkeit am **gemeinsamen gewöhnlichen Aufenthalt** der Ehegatten. Maßgeblich ist, ob im Zeitpunkt der Rechtshängigkeit des Verfahrens ein derartiger gemeinsamer gewöhnlicher Aufenthalt besteht. Ein nachträglicher Wegfall des gemeinsamen gewöhnlichen Aufenthalts ist nach dem Grundsatz der *perpetuatio fori* unschädlich (vgl. Rn 7).

10 Art. 3 Abs. 1 lit. a Spiegelstrich 1 ist, näher betrachtet, ohne eigenständige Bedeutung. Nach Art. 3 Abs. 1 lit. a Spiegelstrich 3 (Beklagtengerichtsstand) reicht es nämlich für eine internationale Zuständigkeit auch aus, dass nur der Antragsgegner (nicht aber notwendigerweise auch der Antragsteller) seinen gewöhnlichen Aufenthalt in dem betreffenden Staat hat.[8]

11 Der Begriff des **gewöhnlichen Aufenthalts** bereitet für den Regelfall keine besonderen Probleme. Er ist grundsätzlich in demselben Sinne zu verstehen wie auf staatsvertraglicher Ebene, etwa im HUntÜ, im KSÜ bzw. im MSA (vgl. ferner Art. 5 EGBGB Rn 16 ff.).[9] Ziehen die Ehegatten von einem Mitgliedstaat in den anderen, ohne dass eine Rückkehrabsicht besteht, so ist bereits in diesem Augenblick von einem Wechsel des gewöhnlichen Aufenthalts auszugehen.[10] Anders verhält es sich, wenn ursprünglich nur ein befristeter Wegzug geplant war, aber am neuen Ort sodann – entgegen der ursprünglichen Absicht – eine allmähliche berufliche und soziale Integration erfolgt.[11] In derartigen Fällen kann – in der Form einer für die Praxis brauchbaren Faustregel – davon ausgegangen werden, dass der Wechsel des gewöhnlichen Aufenthalts nach einem Zeitraum von sechs Monaten erfolgt.[12] Bedeutung hat diese Konstellation vor allem in den Fällen, in denen **Gastarbeiter** von Deutschland in ihr Heimatland reisen und sich dann dort – entgegen ihrer ursprünglichen Absicht – so (re-)integrieren, dass eine Rückkehr nach Deutschland als unwahrscheinlich anzusehen ist.

---

6 Rauscher/*Rauscher*, Art. 2 Brüssel II-VO Rn 9; *Schack*, RabelsZ 65 (2001), 615, 624; *Hau*, FamRZ 2000, 1333, 1340; im Erg. ebenso – aber unter Rückgriff auf § 261 Abs. 3 Nr. 2 ZPO – *Schlosser*, Art. 2 EheVO Rn 5.

7 Rauscher/*Rauscher*, Art. 2 Brüssel II-VO Rn 1.

8 Krit. daher *Hau*, FamRZ 2000, 1333, 1334; *Schack*, RabelsZ 65 (2001), 615, 622; vgl. demgegenüber aber auch Rauscher/*Rauscher*, Art. 2 Brüssel II-VO Rn 11. Die Stellung der Norm ist aus dem redaktionellen Werdegang der EheVO zu erklären (*Becker-Eberhard*, in: FS Beys 2003, S. 93, 103).

9 *Kropholler*, EuZPR, Einl. Rn 96; Erman/*Hohloch*, Art. 17 EGBGB Rn 65; *Hausmann*, EuLF 200/01, 271, 276 (es sei nicht zu erwarten, dass sich hier in „nennenswerter Weise" Unterschiede ergeben).

10 Vgl. OLG Düsseldorf FamRZ 1995, 37 = NJW-RR 1995, 903.

11 OLG Düsseldorf FamRZ 1995, 37 = NJW-RR 1995, 903.

12 OLG Düsseldorf FamRZ 1995, 37, 38 = NJW-RR 1995, 903; FamRZ 1984, 194; OLG Hamm FamRZ 1991, 1346, 1347; FamRZ 1989, 1084, 1085; OLG Köln FamRZ 1991, 363; OLG München FamRZ 1981, 389; OLG Stuttgart NJW 1978, 1746; *Dilger*, Rn 195 f.

Fraglich ist, ob der gewöhnliche Aufenthalt stets davon abhängt, dass ein **entsprechender natürlicher** **12** **Wille zur Begründung bzw. Aufrechterhaltung eines Aufenthalts** gegeben ist, oder ob ein Aufenthalt auch ohne oder sogar gegen den Willen des Betroffenen begründet bzw. zumindest aufrechterhalten werden kann. Von Bedeutung ist diese Frage insbesondere bei **Strafgefangenen** bzw. in einer **Heil- oder Krankenanstalt** befindlichen Personen.[13] Man wird zunächst sagen müssen, dass eine Person, die im Inland einen gewöhnlichen Aufenthalt begründet hat, diesen gewöhnlichen Aufenthalt im Inland auch dann beibehält, wenn sie anschließend gegen ihren Willen im Inland – etwa im Rahmen einer Strafhaft – festgehalten wird. Hat also eine Person in Deutschland einen gewöhnlichen Aufenthalt begründet und verbüßt sie daran anschließend in Deutschland eine mehrjährige Haftstrafe, so ist von einem gewöhnlichen Aufenthalt in Deutschland auszugehen, selbst wenn der Gefangene mittlerweile den Entschluss gefasst haben sollte, Deutschland nach Verbüßung der Haft zu verlassen. Es fehlt in diesem Fall bereits an der für die Begründung eines neuen gewöhnlichen Aufenthalts erforderlichen Ortsveränderung.

Aber auch eine Neubegründung eines gewöhnlichen Aufenthalts dürfte ohne oder sogar gegen den Willen **13** des Betroffenen möglich sein. Der Bericht von *Borrás* nimmt allgemein auf den vom EuGH näher definierten Begriff des **„ständigen Wohnsitzes"** Bezug. Maßgeblich sei daher der Ort, „den der Betroffene als ständigen und gewöhnlichen Mittelpunkt seiner Lebensinteressen in der Absicht gewählt hat, ihm Dauerhaftigkeit zu verleihen".[14] Dies spricht augenscheinlich dafür, bei solchen Personen, die ohne bzw. gegen ihren Willen in einem anderen Mitgliedstaat verbracht oder dort festgehalten werden, nicht von der Begründung eines gewöhnlichen Aufenthalts auszugehen.[15]

Allerdings ist zu beachten, dass die **Artt. 8 f.** vielfach den Vorschriften des KSÜ nachgebildet sind und es **14** im KSÜ, etwa auch im Falle der Kindesentführung, nach herrschender Ansicht nicht auf einen Bleibewillen des Kindes, sondern nur auf objektive Voraussetzungen – wie etwa die tatsächliche soziale Integration des Kindes in die neue Umgebung bzw. die zu erwartende Dauerhaftigkeit des Aufenthalts – ankommt.[16] Es ist nicht davon auszugehen, dass der Verordnungsgeber hieran etwas ändern wollte. Kommt es aber sodann im Rahmen der Artt. 8 f. nicht auf einen „Bleibewillen" des Kindes, sondern auf objektive Umstände an, sollte auch bei Art. 3 eine objektive Betrachtung angestellt werden. Abzustellen ist also auf eine „äußere Verfestigung" bzw. die abzusehende Dauerhaftigkeit des Aufenthalts, von der u.a. bei einem längeren Gefängnisaufenthalt auszugehen ist.[17] Die Notwendigkeit einer kohärenten Bestimmung des Begriffs des gewöhnlichen Aufenthalts innerhalb der EheVO 2003 wiegt schwerer als die auslegungsbedürftige und wohl nicht als abschließende Definition gedachte Bemerkung in dem erläuternden Bericht zum Brüssel II-Abkommen. Auch die **Illegalität eines Aufenthalts** – etwa eines Flüchtlings oder Asylbewerbers – steht der Begründung eines gewöhnlichen Aufenthalts als solche nicht entgegen.

Bei **Mehrrechtsstaaten** ist die Unteranknüpfung des Art. 66 lit. a zu beachten. Eine internationale Zuständig- **15** keit nach dem Spiegelstrich 1 besteht also dann nicht, wenn die Ehegatten ihren jeweiligen gewöhnlichen Aufenthalt in verschiedenen Teilrechtsordnungen haben, also z.B. der Ehemann in Schottland und die Ehefrau in England.

2. Letzter gemeinsamer gewöhnlicher Aufenthalt (Spiegelstrich 2). Nach Art. 3 Abs. 1 lit. a Spie- **16** gelstrich 2 besteht auch eine internationale Zuständigkeit der Gerichte des Staates, in dem die **Ehegatten zuletzt beide ihren gewöhnlichen Aufenthalt** hatten, soweit einer der Ehegatten in diesem Staat noch seinen gewöhnlichen Aufenthalt hat.

Ein gemeinsamer gewöhnlicher Aufenthalt ist bereits dann anzunehmen, wenn beide Ehegatten ihren **17** gewöhnlichen Aufenthalt zur gleichen Zeit in dem betreffenden Staat hatten. Nicht erforderlich ist, dass die Ehegatten einen gemeinsamen Haushalt führten bzw. innerhalb ein und derselben Gemeinde lebten.[18] Art. 3

---

13 Die Begründung eines gewöhnlichen Aufenthalts für möglich hält *Schlosser*, Art. 2 EheVO Rn 3; letztlich auch *Simotta*, in: FS Geimer 2002, S. 1115, 1160 (die letztlich aber den „faktischen Aufenthalt" ausreichen lässt).
14 *Borrás*, ABlEG 1998 Nr. C 221/38 Rn 32.
15 Vgl. *Simotta*, in: FS Geimer 2002, S. 1115, 1158 f.; Baumbach/Lauterbach/*Albers*, Anh. I § 606a ZPO, Art. 2 Rn 3.
16 Zum MSA vgl. BGHZ 78, 293 = IPRax 1981, 139 mit Aufsatz *Henrich*, S. 125 = FamRZ 1961, 136 m. Anm. *Schlosshauer-Selbach*; Staudinger/*Kropholler*, Vorbem. zu Art. 19 EGBGB

Rn 143 ff.; zum gewöhnlichen Aufenthalt bei Kindesentführungen *Baetge*, IPRax 2001, 573 ff. m.w.N.
17 Im Erg. auch *Simotta*, in: FS Geimer 2002, S. 1115, 1160 (i.Ü. auch zutr. auf die Gefahr einer möglichen Rechtsschutzverweigerung hinweisend); *Dilger*, Rn 233; ähnlich zum deutschen Zuständigkeitsrecht Staudinger/*Spellenberg*, Int. Verfahrensrecht in Ehesachen, §§ 606 ff. ZPO Rn 195 a.E.; abweichend („schwer vorstellbar") *Schlosser*, Art. 2 EheVO Rn 3.
18 *Spellenberg*, in: FS Geimer 2002, S. 1257, 1266; *Hausmann*, EuLF 2000/01, 271, 276; *Dilger*, Rn 225, 226.

Abs. 1 lit. a Spiegelstrich 2 entspricht der kollisionsrechtlichen Anknüpfung nach Art. 17 i.V.m. Art. 14 Abs. 1 Nr. 2 Alt. 2 EGBGB (vgl. Art. 14 EGBGB Rn 18).

18 Erforderlich ist des Weiteren, dass einer der Ehegatten seinen gewöhnlichen Aufenthalt „noch" in dem betreffenden Mitgliedstaat hat. Die Zuständigkeit entfällt also, wenn beide Ehegatten den gewöhnlichen Aufenthalt in diesem Mitgliedstaat aufgeben. Eine Zuständigkeit nach dem Spiegelstrich 2 entsteht auch dann nicht neu, wenn einer der Ehegatten, der zwischenzeitlich in einem anderen Staat seinen gewöhnlichen Aufenthalt begründet hat, nach einiger Zeit wieder zurückkehrt.[19] Demgegenüber steht es der Zuständigkeit nach dem Spiegelstrich 2 selbstverständlich nicht entgegen, dass einer der Ehegatten innerhalb des betreffenden Mitgliedstaates zwischenzeitlich seinen Wohnsitz gewechselt hat.

19 **Praktische Bedeutung** hat die Zuständigkeitsregelung des Spiegelstrichs 2 u.a. in den Fällen, in denen in Deutschland eine Ehe geführt wird und einer der Ehegatten nach dem Scheitern der Ehe in seinen ausländischen Heimatstaat zurückkehrt. In diesem Fall besteht eine internationale Zuständigkeit deutscher Gerichte nach Maßgabe des Spiegelstrichs 2. In dem Heimatstaat des ausländischen Ehegatten entsteht, soweit es sich um einen Mitgliedstaat i.S.d. EheVO 2003 handelt, eine internationale Zuständigkeit demgegenüber erst nach Ablauf von sechs Monaten nach Begründung des gewöhnlichen Aufenthalts (Art. 3 Abs. 1 lit. a Spiegelstrich 6). Einem Scheidungsantrag im Heimatstaat des anderen Ehegatten kann der in Deutschland verbliebene Ehegatte demnach durch eine rechtzeitige Antragstellung im Inland zuvorkommen. Vielfach wird in diesen Fällen die nach dem anwendbaren deutschen Recht (Art. 17 i.V.m. Art. 14 Abs. 1 Nr. 2 Alt. 2 EGBGB) erforderliche Trennungsfrist noch nicht abgelaufen sein, was einer Antragstellung aber i.d.R. nicht entgegenstehen sollte (vgl. näher Art. 17 EGBGB Rn 166).

20 **3. Gewöhnlicher Aufenthalt des Antragsgegners (Spiegelstrich 3).** Eine internationale Zuständigkeit haben daneben auch die Gerichte des Staates, in dem (nur) der **Antragsgegner** seinen gewöhnlichen Aufenthalt hat (Art. 3 Abs. 1 lit. a Spiegelstrich 3).[20] Die internationale Zuständigkeit entsteht bereits in dem Augenblick, in dem der Antragsgegner in dem Staat seinen gewöhnlichen Aufenthalt begründet. Eine einmal vorhandene internationale Zuständigkeit geht nach dem Grundsatz der *perpetuatio fori* nicht verloren, wenn der gewöhnliche Aufenthalt in dem betreffenden Staat nach Rechtshängigkeit des Scheidungsverfahrens aufgegeben wird (vgl. bereits Rn 7).

21 Umgekehrt reicht es für die internationale Zuständigkeit nach Art. 3 Abs. 1 lit. a Spiegelstrich 3 nach der hier vertretenen Ansicht auch aus, dass der gewöhnliche Aufenthalt des Antragsgegners erst **während des laufenden Verfahrens** begründet wird. Dies ergibt sich daraus, dass es der Prozessökonomie widerspräche, den Antrag als unzulässig zu behandeln und den Antragsteller zu zwingen, sofort nach Abweisung des Antrags einen gleich lautenden (nunmehr zulässigen) Antrag zu stellen. Allerdings darf der Antragsteller nicht die Möglichkeit haben, mit einer Klage bei einem (noch) unzuständigen Gericht eine Klage bei einem anderen international zuständigen Gericht unzulässig zu machen. Im Rahmen der Art. 19 Abs. 1, 3 durchzuführenden Zuständigkeitsprüfung hat das Erstgericht daher auf die Verhältnisse und damit auch den gewöhnlichen Aufenthalt des Antragsgegners im Zeitpunkt der Rechtshängigkeit des Zweitverfahrens abzustellen (vgl. hierzu ausführlich Rn 38 f.).

22 Die internationale Zuständigkeit am gewöhnlichen Aufenthaltsort nur des Antragsgegners ist für den Antragsteller zumeist nicht sehr attraktiv, weil er in diesem Fall die Kosten und Mühen eines Rechtsstreits im Ausland auf sich nehmen muss. Im Einzelfall kann aber z.B. auch ein Antragsteller mit gewöhnlichem Aufenthalt im Ausland ein Interesse daran haben, in Deutschland gegen den in Deutschland lebenden Antragsteller vorzugehen. Denkbar ist etwa, dass das deutsche Scheidungsverfahren schneller und ggf. kostengünstiger ist als das ausländische oder dass der Antragsteller – weil er deutscher Staatsbürger ist – über Art. 17 Abs. 1 S. 2 EGBGB eine Scheidung nach deutschem Recht erreichen will.

23 **4. Gemeinsamer Scheidungsantrag (Spiegelstrich 4).** Art. 3 Abs. 1 lit. a Spiegelstrich 4 schafft eine weitere internationale Zuständigkeit für den Fall, dass ein gemeinsamer Antrag der Ehegatten vorliegt. In diesem Fall ist jeder Mitgliedstaat international zuständig, in dem auch nur einer der Ehegatten seinen gewöhnlichen Aufenthalt hat.

24 Ein gemeinsamer Antrag liegt zunächst dann vor, wenn die Ehegatten die Scheidung (die Trennung ohne Auflösung des Ehebandes oder die Ungültigerklärung der Ehe) – soweit dies nach der anwendbaren *lex fori* (wie etwa der französischen)[21] möglich ist – in einer gemeinsamen Antragsschrift begehren. Daneben reicht

---

19 Etwa *Dilger*, Rn 228; Baumbach/Lauterbach/*Albers*, Anh. I § 606a ZPO, Art. 2 Rn 5; *Niklas*, S. 74 Fn 376; auch Rauscher/*Rauscher*, Art. 2 Brüssel II-VO Rn 14 a.E.

20 Rechtspolitische Kritik an der Vorschrift bei Rauscher/*Rauscher*, Art. 2 Brüssel II-VO Rn 17.

21 *Divorce sur demande conjointe des époux*, Art. 230 Abs. 1 c.c., Art. 1089 frz. NCPC.

es aber nach h.L. auch aus, wenn die Scheidung (wie in § 1566 Abs. 1 Alt. 1 BGB) in zwei getrennten Antragsschriften begehrt wird.[22] Darüber hinaus ist ein gemeinsamer Antrag i.S.d. Art. 3 Abs. 1 lit. a Spiegelstrich 4 nach h.L. auch dann gegeben, wenn nur ein Ehegatte die Scheidung beantragt und der andere (wie etwa in § 1566 Abs. 1 Alt. 2 BGB) vorher oder nachher **zustimmt**.[23] Eine einmal erklärte Zustimmung ist nicht widerrufbar.

Die wohl **herrschende Lehre** geht davon aus, dass eine derartige Zustimmung nach dem Scheidungsstatut überhaupt **materiell möglich** sein muss. Art und Form der erforderlichen Zustimmung richteten sich nach dem materiellen Scheidungsstatut.[24] Bei der Anwendung deutschen Scheidungsrechts wäre also eine Zustimmung nach Maßgabe von § 1566 Abs. 1 BGB i.V.m. §§ 630, 78 Abs. 3, 129a ZPO erforderlich. In der Konsequenz stellt sich sodann die Frage, ob z.B. auch das bloße Zugeständnis nur des Tatsachenvortrags bereits eine ausreichende Zustimmung i.S.d. Spiegelstrichs 4 darstellt.[25]

Nach der **Gegenansicht** ist die Frage nach der Zulässigkeit und den Voraussetzungen einer Zustimmung **autonom** nach der EheVO 2003 zu bestimmen.[26] Demnach sei eine Zustimmung unabhängig vom Inhalt des Scheidungsstatuts jederzeit möglich und auch an keine Form gebunden.[27] Die Zustimmung muss sich nicht auf materielle Scheidungsvoraussetzungen o.Ä., sondern nur auf die Durchführung des Scheidungsverfahrens vor dem angerufenen Gericht beziehen. Für die zuletzt genannte Ansicht spricht, dass Fragen der internationalen Zuständigkeit nicht davon abhängig gemacht werden sollten, ob das jeweilige materielle Recht eine einvernehmliche Scheidung vorsieht oder nicht.[28] Es käme sonst zu einer unpraktikablen Vermischung von Zuständigkeitsrecht und materiellem Scheidungsrecht.

Was die Voraussetzungen der Zustimmung im Einzelnen anbelangt, so wird z.T. eine ausdrückliche Zustimmungserklärung verlangt.[29] In Betracht kommt aber auch eine entsprechende Heranziehung von Art. 12 Abs. 1 lit. b, Abs. 3 lit. b („ausdrücklich oder auf andere eindeutige Weise"). In der Praxis sollte der Antragsgegner, um alle Abgrenzungsschwierigkeiten auszuräumen, zu einer eindeutigen Erklärung aufgefordert werden. Jedenfalls nicht ausreichend ist eine bloße **rügelose Einlassung**.[30] Für eine internationale Zuständigkeit nach Art. 3 Abs. 1 lit. a Spiegelstrich 4 reicht es als solches auch nicht aus, dass **verschiedene Anträge** gestellt werden, also z.B. ein Antrag auf Scheidung und ein Antrag auf Trennung von Tisch und Bett bzw. ein Antrag auf Ungültigerklärung der Ehe.[31]

5. Klägergerichtsstand bei einjährigem gewöhnlichem Aufenthalt im Gerichtsstaat (Spiegelstrich 5). a) Voraussetzungen im Allgemeinen. Nach Art. 3 Abs. 1 lit. a Spiegelstrich 5 besteht eine internationale Zuständigkeit der Gerichte des Staates, in dem sich der Antragsteller seit mindestens einem Jahr unmittelbar vor der Antragstellung gewöhnlich aufgehalten hat.

Die Zuständigkeit nach dem Spiegelstrich 5 setzt einen mindestens **einjährigen** und ununterbrochenen **gewöhnlichen Aufenthalt** voraus. Auf die Staatsangehörigkeit des Antragstellers kommt es nicht an. Allerdings wird nach der Regel des Spiegelstrichs 6 die erforderliche Aufenthaltsdauer auf **sechs Monate** reduziert, wenn der **Antragsteller die Staatsangehörigkeit des Aufenthaltsstaates** bzw. (im Falle des Vereinigten Königreichs und Irlands) dort sein *domicile* hat (vgl. hierzu Rn 40 ff.).

Ein neuer gewöhnlicher Aufenthalt entsteht durch die Begründung eines neuen faktischen Lebensmittelpunktes (vgl. Art. 5 EGBGB Rn 18). Die Einjahresfrist beginnt erst mit der Begründung eines gewöhnlichen Aufenthalts zu laufen. Die Begründung eines **schlichten Aufenthalts** ist nach **herrschender Lehre** im Rahmen des Spiegelstrichs 5 ohne jede Bedeutung.[32] Hierfür spricht der Umstand, dass ein bloßer schlichter Aufenthalt noch keine hinreichend enge Beziehung zu einem Staat begründet und i.Ü. das Erfordernis eines einjährigen gewöhnlichen (nicht nur schlichten) Aufenthalts Manipulationsgefahren effektiv entgegenwirkt.[33]

---

22 *Becker-Eberhard*, in: FS Beys 2003, S. 93, 105; *Hajnczyk*, S. 78 f.
23 *Rauscher/Rauscher*, Art. 2 Brüssel II-VO Rn 20; *Spellenberg*, in: FS Geimer 2002, S. 1257, 1267; *Becker-Eberhard*, in: FS Beys 2003, S. 93, 105 f.; *Hau*, FamRZ 2000, 1333, 1335; *Hausmann*, EuLF 2000/01, 274, 276 f.; *Hajnczyk*, S. 78 f.; *Niklas*, S. 71; abl. (aus der niederländischen Literatur) *Mostermans*, NIPR 2001, 293, 297.
24 *Spellenberg*, in: FS Geimer 2002, S. 1257, 1267 mit Fn 57; Baumbach/Lauterbach/*Albers*, Anh. I § 606a ZPO, Art. 2 Rn 7; *Rausch*, FuR 2001, 151, 153.
25 *Spellenberg*, in: FS Geimer 2002, S. 1257, 1267.
26 *Rauscher/Rauscher*, Art. 2 Brüssel II-VO Rn 21.
27 *Rauscher/Rauscher*, Art. 2 Brüssel II-VO Rn 21.
28 *Rauscher/Rauscher*, Art. 2 Brüssel II-VO Rn 21.
29 *Dilger*, Rn 239.
30 *Dilger*, Rn 238; a.A. Rahm/Künkel/*Breuer*, VIII Rn 139.9.
31 *Rauscher/Rauscher*, Art. 2 Brüssel II-VO Rn 22.
32 Ausf. *Spellenberg*, in: FS Geimer 2002, S. 1257, 1268 f.; ferner *Hau*, FamRZ 2000, 1333, 1334; *Hausmann*, EuLF 2000/01, 271, 276; *Pirrung*, ZEuP 1999, 841, 844; *Becker-Eberhard*, in: FS Beys 2003, S. 93, 106; MüKo-ZPO/*Gottwald*, Art. 2 EheVO Rn 10; *Sturlèse*, JCP 1999, 1147 Nr. 38; letztlich auch Rauscher/*Rauscher*, Art. 2 Brüssel II-VO Rn 26; a.A. *Dilger*, Rn 243 ff.; *Niklas*, S. 81 f.
33 *Spellenberg*, in: FS Geimer 2002, S. 1257, 1269.

31 Von der **Gegenansicht** wird allerdings darauf aufmerksam gemacht, dass nach dem Wortlaut der Vorschrift auch ein einjähriger schlichter Aufenthalt ausreiche, soweit er sich nur am Ende zu einem gewöhnlichen Aufenthalt verstärke.[34] Letztlich dürfte der deutschen Textfassung – bei gleichzeitiger Betrachtung der anderen Textfassungen – keine entscheidende Bedeutung zukommen. Beispielsweise wird in der englischen bzw. französischen Textfassung im Spiegelstrich 5 z.B. jeweils das Verb *„résider"* bzw. *„to reside"* verwendet. Ähnlich wie in der deutschen Textfassung erfolgt hier zunächst kein näherer Hinweis darauf, dass es sich um einen einjährigen „gewöhnlichen" Aufenthalt handeln muss.[35] Genauso wird in der englischen bzw. französischen Fassung im Rahmen des Spiegelstrichs 2 verfahren, wo ebenfalls keine nähere Qualifikation des fortbestehenden Aufenthalts eines der Ehegatten als „gewöhnlich" erfolgt, sondern wiederum nur die Verben *„résider"* und *„to reside"* verwendet werden.[36] Dass es allerdings im Rahmen des Spiegelstrichs 2 auf einen fortbestehenden gewöhnlichen (nicht nur schlichten) Aufenthalt eines der Ehegatten ankommt, ist nicht zu bestreiten, selbst wenn dies dort nur in der deutschen (nicht in der englischen bzw. französischen) Textfassung ausdrücklich hervorgehoben wird. In der Konsequenz muss es aber dann – angesichts der übereinstimmenden Formulierungen in der englischen bzw. französischen Fassung – auch im Falle des Spiegelstrichs 5 durchgängig auf den gewöhnlichen Aufenthalt ankommen.[37]

32 Die Lösung der h.L. führt dazu, dass **streng zwischen dem gewöhnlichen und dem schlichten Aufenthalt unterschieden werden muss**. Die Jahresfrist beginnt erst zu laufen, wenn sich der schlichte zu einem gewöhnlichen Aufenthalt verfestigt. Dies ist – nach einer in der Praxis gebräuchlichen Faustregel – im Zweifel nach einem sechsmonatigen Aufenthalt anzunehmen (Art. 5 EGBGB Rn 18), so dass sich die Aufenthaltsdauer, gerechnet ab dem Zuzug, auf eineinhalb Jahre verlängert. Möglich ist aber auch, dass bereits mit dem Zuzug in einen anderen Mitgliedstaat ein neuer gewöhnlicher Aufenthalt begründet wird, insbesondere dann, wenn zu diesem Zeitpunkt bereits der feste Wille besteht, dauerhaft in dem neuen Aufenthaltsstaat zu bleiben.

33 Die **Jahresfrist** ist aus der Sicht eines deutschen Anwalts auch dann zu beachten, wenn es sich nicht um die Zuständigkeit deutscher, sondern ausländischer Gerichte handelt. Praktisch bedeutsam ist insbesondere der Fall, dass die Ehe in Deutschland geführt worden ist, aber einer der Ehegatten mittlerweile seinen gewöhnlichen Aufenthalt in einen anderen Mitgliedstaat verlegt hat. Da dort innerhalb eines Jahres nach Begründung des neuen gewöhnlichen Aufenthalts eine internationale Zuständigkeit (neu) entsteht, sollte ein **Scheidungsantrag in Deutschland möglichst vor Ablauf dieser Jahresfrist** gestellt werden. Andernfalls besteht die Gefahr, dass zuvor ein Verfahren bei einem nach dem Spiegelstrich 5 international zuständigen ausländischen Gericht rechtshängig wird und das später rechtshängig gewordene deutsche Verfahren gemäß Artt. 16, 19 ausgesetzt bzw. der Antrag letztlich abgewiesen werden muss.

34 Der gewöhnliche Aufenthalt muss mindestens ein Jahr lang **ununterbrochen** bestanden haben. Ein gewöhnlicher Aufenthalt wird nur dann unterbrochen bzw. aufgehoben, wenn in einem anderen Staat ein neuer gewöhnlicher Aufenthalt begründet wird. Urlaubs- und Geschäftsreisen o.Ä. unterbrechen nach allgemeinen Grundsätzen den gewöhnlichen Aufenthalt nicht.[38]

35 **b) Maßgeblicher Zeitpunkt für die Bemessung der Aufenthaltsdauer.** Maßgeblicher Zeitpunkt für die Feststellung der Aufenthaltsdauer ist nach dem Wortlaut der Vorschrift der **Zeitpunkt der Antragstellung**. Maßgeblich ist also, wann der Antrag bei Gericht eingereicht worden ist. Demgegenüber reicht es nach dem Wortlaut der Vorschrift nicht aus, dass die Jahresfrist erst während der Anhängigkeit des Verfahrens abläuft. Dies erscheint bei einer an der **Prozessökonomie** orientierten Betrachtung wenig sinnvoll. Der als unzulässig abzuweisende Antrag könnte nämlich sofort als (mittlerweile) zulässig neu gestellt werden. Es müsste bei erneuter Antragstellung eine erneute Zustellung vorgenommen werden, die gerade in den Fällen, in denen sich der Antragsgegner im Ausland befindet, mit erheblichen Kosten und einem erhöhten Zeitaufwand verbunden ist.

36 Abweichend vom Wortlaut der Vorschrift reicht es nach Ansicht *Rauschers* dementsprechend für eine internationale Zuständigkeit grundsätzlich aus, dass sich die Jahresfrist erst im laufenden Verfahren vollendet.

---

34 *Dilger*, Rn 245; *Niklas*, S. 81 f.
35 Die englische Fassung lautet: „ ... the applicant is habitually resident if he or she resided there for at least a year immediately before the application was made". Die französische Fassung lautet: „ ... la résidence habituelle du demandeur s'il y a résidé depuis au moins une année immédiatement avant l'introduction de la demande".
36 Die englische Fassung lautet: „... the spouses were last habitually resident, insofar as one of them still resides there". Die französische Fassung lautet: „.... la dernière résidence habituelle des époux dans la mesure où l'un d'eux y réside encore".
37 Dasselbe gilt auch für die anderen Textfassungen, in denen sich vergleichbare Formulierungen wie in der englischen bzw. französischen Fassung finden.
38 Vgl. etwa BGH NJW 1982, 1216 = IPRax 1983, 71; Baumbach/Lauterbach/*Albers*, Anh. I § 606a ZPO, Art. 2 Rn 8.

Voraussetzung sei allerdings, dass das (ursprüngliche) Fehlen der internationalen Zuständigkeit erst nach Ablauf der Jahresfrist festgestellt werde. Erfolge die Feststellung vor Ablauf der Jahresfrist, müsse demgegenüber zwingend abgewiesen werden.[39]

Rauscher ist dahin gehend zuzustimmen, dass die Abweisung eines Antrags, der mittlerweile in identischer Form zulässig gestellt werden könnte, gegen die **Prozessökonomie** verstößt. Konstruktiv kann man sich mit der Annahme behelfen, dass der ursprüngliche Antrag während eines laufenden Verfahrens kontinuierlich aufrechterhalten wird und damit nach Ablauf der Jahresfrist ohne weiteres „gestellt" bleibt. Das Anhängigbleiben des Verfahrens ist daher einer (erneuten) Antragstellung gleichzusetzen. Nach der hier vertretenen Ansicht ist – über den Vorschlag *Rauschers* hinaus – ein (noch) unzulässiger Antrag selbst dann nicht abzuweisen, wenn das Gericht die Unzulässigkeit noch vor Ablauf der Jahresfrist feststellt. Die Abweisung eines Antrags sollte nach der hier vertretenen Ansicht nicht von dem subjektiven Kenntnisstand des Gerichts und auch nicht – falls eine Entscheidung trotz vorheriger Feststellung erst nach Ablauf der Jahresfrist ergehen könnte – von den Äußerlichkeiten des Verfahrensfortgangs (etwa der Schnelligkeit der Zustellung ins Ausland bzw. der Terminierungspraxis des Gerichts) abhängig gemacht werden. Generell gilt es, eine erneute Antragstellung in ein und derselben Sache zu vermeiden. Als zutreffend und im Sinne der Prozessökonomie konsequent erscheint es, bei verfrühter Antragstellung das Verfahren zunächst einmal (nur) auszusetzen.[40] Für die hier vorgeschlagene Lösung spricht auch, dass Art. 19 Abs. 1 in einer vergleichbaren Interessenlage – nämlich bei anderweitiger Rechtshängigkeit – ebenfalls zunächst nur eine Aussetzung des Verfahrens vorschreibt. Hier wie dort soll verhindert werden, dass eine Klage zunächst als unzulässig abgewiesen wird und dann ggf. neu eingereicht werden muss, obwohl die Zuständigkeitsfrage noch nicht (endgültig) geklärt ist (vgl. Art. 19 EheVO Rn 16 f.).

Die hier vorgeschlagene Auslegung des Art. 3 Abs. 1 lit. a Spiegelstrich 5 ist allerdings durch eine gewichtige **Ausnahmeregel** zu ergänzen. In der Literatur wird zutreffend auf das Interesse des anderen Ehegatten (Antragsgegners) hingewiesen, seinerseits das zuständige Gericht zu bestimmen. Dem Antragsgegner muss es m.a.W. möglich bleiben, vor Ablauf der Jahresfrist einen Scheidungsantrag bei einem anderen, international zuständigen Gericht – etwa dem Gericht des vormaligen gemeinsamen Aufenthaltsortes (Spiegelstrich 2) – zu stellen, ohne hieran durch die vorherige Antragstellung des anderen Ehegatten bei einem (noch) unzuständigen Gericht gehindert zu sein. Nach dieser Ansicht verbleibt es dementsprechend bei der Maßgeblichkeit des Zeitpunkts der Antragstellung beim Erstgericht immer dann, wenn zwischenzeitlich ein weiteres Verfahren vor einem international zuständigen Gericht – etwa dem Gericht des vormaligen gemeinsamen Aufenthaltsortes (Spiegelstrich 2) – rechtshängig geworden ist.[41] Im Rahmen der nach Art. 19 Abs. 1, 3 vom Erstgericht anzustellenden Zuständigkeitsprüfung sei daher stets auf die Verhältnisse im Zeitpunkt der Rechtshängigkeit beim Erstgericht abzustellen.[42]

Es erscheint indes fraglich, ob für die Zuständigkeitsprüfung des Erstgerichts auf den Zeitpunkt der Antragstellung beim Erstgericht oder den späteren Zeitpunkt der Antragstellung beim Zweitgericht abzustellen ist. Nach der hier vertretenen Ansicht spricht mehr dafür, auf den späteren **Zeitpunkt der Rechtshängigkeit beim Zweitgericht** abzustellen, so dass ein zwischenzeitliches Zulässigwerden des zuerst gestellten Antrags bis zu diesem Zeitpunkt berücksichtigt werden kann. Macht ein nach Deutschland gezogener Ehegatte zwei Wochen vor Ablauf der Jahresfrist des Art. 3 Abs. 1 lit. a Spiegelstrich 5 in Deutschland einen Scheidungsantrag durch Einreichen der Antragsschrift rechtshängig (Artt. 16, 19) und reicht der im Ausland verbliebene Ehegatte ein halbes Jahr später im Mitgliedstaat des vormaligen gemeinsamen gewöhnlichen Aufenthalts einen Scheidungsantrag ein, so ist nach der hier vertretenen Ansicht das deutsche Gericht als i.S.d. Art. 17 zuständig anzusehen. Das deutsche Verfahren ist m.a.W. vorrangig. Unbillige Nachteile entstehen hierdurch für den im Ausland verbliebenen Antragsgegner nicht. Denn das ausländische Verfahren hätte auch dann zurücktreten müssen, wenn der Antrag in Deutschland zwei Wochen später (unmittelbar nach Ablauf der Jahresfrist) eingereicht worden wäre. Umgekehrt wäre es unbillig und prozessunökonomisch, wenn ein im Inland anhängiges, mittlerweile zulässig gewordenes und durch die Parteien ggf. bereits betriebenes Verfahren nur deshalb gegenüber einem weitaus später rechtshängig gewordenen Verfahren zurückzutreten hätte, weil es ursprünglich einmal geringfügig „zu früh" anhängig gemacht worden ist. Dies gilt insbesondere

---

39 Rauscher/*Rauscher*, Art. 2 Brüssel II-VO Rn 25; a.A. *Fuchs/Hau/Thorn*, Fälle zum IPR, 2. Aufl. 2003, S. 101.

40 Vgl. auch – letztlich ebenfalls auf den Entscheidungszeitpunkt abstellend – *Dilger*, Rn 219; *Hau*, FamRZ 2000, 1333, 1340; *Niklas*, S. 92.

41 Rauscher/*Rauscher*, Art. 2 Brüssel II-VO Rn 25; *Hausmann*, EuLF 2000/01, 345, 347; *Hau*, FamRZ 2000, 1333, 1339 f.

42 Rauscher/*Rauscher*, Art. 2 Brüssel II-VO Rn 25; *Hausmann*, EuLF 2000/01, 345, 347; generell gegen ein Abweichen vom Rechtshängigkeitszeitpunkt *Schlosser*, Art. 2 EheVO Rn 1; *Fuchs/Hau/Thorn*, Fälle zum IPR, 2. Aufl. 2003, S. 101.

angesichts dessen, dass der genaue Zeitpunkt, in dem ein gewöhnlicher Aufenthalt begründet wird, nicht immer leicht festzustellen ist (vgl. Rn 11).

40 **6. Klägergerichtsstand bei einem sechsmonatigen gewöhnlichen Aufenthalt im Heimatstaat (Spiegelstrich 6). a) Einfachgesetzliche Anwendung.** Art. 3 Abs. 1 lit. a Spiegelstrich 6 beruht auf demselben Gedanken wie Art. 3 Abs. 1 lit. a Spiegelstrich 5. Nach Ablauf einer gewissen Frist soll demjenigen, der einen gewöhnlichen Aufenthalt in einem EG-Mitgliedstaat begründet hat, ein Zugang zu den inländischen Gerichten gewährt werden. Während Art. 3 Abs. 1 lit. a Spiegelstrich 5 einen ununterbrochenen gewöhnlichen Aufenthalt von einem Jahr verlangt, entsteht nach Art. 3 Abs. 1 lit. a Spiegelstrich 6 eine internationale Zuständigkeit bereits nach einem gewöhnlichen Aufenthalt von sechs Monaten. Voraussetzung ist allerdings, dass der Antragsteller die **Staatsangehörigkeit des Gerichtsstaats** besitzt. Im Falle des Vereinigten Königreichs bzw. Irlands wird das Merkmal der Staatsangehörigkeit durch das *„domicile"* ersetzt (vgl. näher Rn 47). Wird ein Scheidungsantrag bereits **vor Ablauf der Sechs-Monats-Frist** gestellt, gelten die unter Rn 28 ff. genannten Grundsätze: Der Antrag ist nach Ablauf der Sechs-Monats-Frist als zulässig zu behandeln; zuvor ist das Verfahren nach der hier vertretenen Ansicht auszusetzen. Im Rahmen der nach Art. 17 vom Erstgericht anzustellenden Zuständigkeitsprüfung ist auf die Verhältnisse im Zeitpunkt der Rechtshängigkeit des Zweitantrags abzustellen.

41 Die Staatsangehörigkeit des Gerichtsstaats muss im **Zeitpunkt der Rechtshängigkeit** vorliegen bzw. zumindest im Laufe des Verfahrens erworben werden. Eine zuvor – etwa vor der Eheschließung – bestehende, aber noch vor Rechtshängigkeit aufgegebene Staatsangehörigkeit reicht nicht aus. Nach der hier vertretenen Ansicht ist es nicht erforderlich, dass die Staatsangehörigkeit bereits mindestens sechs Monate vor der Antragstellung bestanden hat. Dies ergibt sich aus dem Wortlaut von Art. 3 Abs. 1 lit. a Spiegelstrich 6, der nur (punktuell) darauf abstellt, dass der Antragsteller Staatsangehöriger des betreffenden Mitgliedstaates „ist". Ein Verlust dieser Staatsangehörigkeit erst nach Rechtshängigkeit ist – ebenso wie ein späterer Wechsel des gewöhnlichen Aufenthalts – nach dem Grundsatz der *perpetuatio fori* unschädlich (vgl. Rn 7).

42 Nicht eindeutig geregelt ist, ob und inwieweit Art. 3 Abs. 1 lit. a Spiegelstrich 6 auch bei **Mehrstaatern** anzuwenden ist. Der Bericht von *Borrás* spricht sich dafür aus, „im Rahmen der diesbezüglichen allgemeinen Gemeinschaftsbestimmungen die jeweiligen innerstaatlichen Vorschriften anzuwenden". Für die Zuständigkeit deutscher Gerichte wären also die Normen des deutschen Zuständigkeitsrechts bzw. ggf. – soweit man die Norm im deutschen Verfahrensrecht für analog anwendbar hält – Art. 5 Abs. 1 EGBGB anzuwenden.[43] Gegen eine Anwendung des unvereinheitlichten deutschen Rechts spricht aber, dass die EheVO 2003 ihrer grundsätzlichen Zielrichtung nach einheitliche Zuständigkeitskriterien aufstellen will, was auch eine einheitliche Beurteilung des Staatsangehörigkeitskriteriums voraussetzt.[44]

43 Nach zustimmenswerter h.L. reicht es für eine Anwendung von Art. 3 Abs. 1 lit. a Spiegelstrich 6 aus, wenn der Antragsteller auch Staatsangehöriger des betreffenden Mitgliedstaates ist, unabhängig davon, ob er noch eine andere, ggf. effektive Staatsangehörigkeit eines Drittstaates oder eines anderen EG-Mitgliedstaates hat.[45] Hierfür spricht bereits der Umstand, dass Art. 3 Abs. 1 lit. a Spiegelstrich 6 seinem Wortlaut nach nur das Bestehen der Staatsangehörigkeit als solches, nicht aber das Bestehen einer „effektiven" Staatsangehörigkeit voraussetzt. Daneben führt die Berücksichtigung auch einer nicht-effektiven Staatsangehörigkeit zu einer größeren Rechtssicherheit als eine Effektivitätsprüfung. Der Aspekt der Rechtssicherheit ist aber gerade bei Regelungen der internationalen Zuständigkeit von Bedeutung.[46] Diese weite Auslegung des Art. 3 Abs. 1 lit. a Spiegelstrich 6 steht auch in Einklang mit der (allerdings in anderem Zusammenhang ergangenen) Rechtsprechung des EuGH, wonach die Zugehörigkeit zu einem Mitgliedstaat im Hinblick auf das europarechtliche Diskriminierungsverbot auch dann uneingeschränkt Geltung hat, wenn der Betroffene zugleich auch einem Drittstaat angehört.[47]

---

43 *Borrás*, ABlEG 1998 Nr. C 221/39 Rn 33; MüKo-ZPO/*Gottwald*, Art. 2 EheVO Rn 12; auch *Schlosser*, Art. 2 EheVO Rn 4 (für eine Anwendung von Art. 5 Abs. 1 S. 2 EGBGB).
44 Rauscher/*Rauscher*, Art. 2 Brüssel II-VO Rn 32.
45 Rauscher/*Rauscher*, Art. 2 Brüssel II-VO Rn 32; Thomas/Putzo/*Hüßtege*, ZPO, Art. 2 EheVO Rn 3; Baumbach/Lauterbach/*Albers*, Anh. I § 606a ZPO, Art. 2 EheVO Rn 10; Zöller/*Geimer*, ZPO, Art. 2 EheVO Rn 7; *v. Hoffmann*, IPR, § 8 Rn 68h; *Hau*, FamRZ 2000, 1333, 1337; *ders.*, FamRZ 1999, 484, 486; *Simotta*, in: FS Geimer 2002, S. 1115, 1161 f.; *Hausmann*, EuLF 2000/01, 271, 277; *Rausch*, FuR 2001, 151, 152; im praktischen Erg. auch *Schlosser*, Art. 2 EheVO Rn 4.
46 *Hausmann*, EuLF 2000/01, 271, 277; *Simotta*, in: FS Geimer 2002, S. 1115, 1162.
47 *Hau*, FamRZ 2000, 1333, 1337; *Hausmann*, EuLF 2000/01, 271, 277 unter Hinw. auf EuGH (Saldanha/Hiross Holding), Slg. 1997 I, 5325, 5342 (Rn 15) = IPRax 1999, 358 m. Anm. *Ehricke*, IPRax 1999, 311, 318; ferner EuGH (Micheletti/Delegacion del Gobierno en Cantabria), Slg. 1992 I, 4239, 4262 f. (Rn 10 f.).

Größere Relevanz dürfte der Frage nach der doppelten Staatsbürgerschaft im Rahmen des Art. 3 Abs. 1 lit. a Spiegelstrich 6 indes ohnehin nicht zukommen. Der gewöhnliche Aufenthalt hat nämlich bei der Beurteilung der Frage, welche Staatsangehörigkeit die „effektive" ist, i.d.R. die entscheidende Bedeutung.[48] Hat der Antragsteller seinen gewöhnlichen Aufenthalt in dem betreffenden Mitgliedstaat begründet und seit mindestens sechs Monaten ununterbrochen beibehalten, so ist die Zugehörigkeit zu diesem Mitgliedstaat damit fast immer als die „effektive" anzusehen.[49]

44

Nicht anzuwenden ist Art. 3 Abs. 1 lit. a Spiegelstrich 6 auf **Staatenlose**.[50] Für sie verbleibt es bei der Regel des Spiegelstrichs 5. Dies ergibt sich u.a. daraus, dass die Regel des Spiegelstrichs 6 eine Privilegierung von Unionsbürgern darstellt. Ferner dient das Merkmal der Staatsangehörigkeit als Indiz für eine stärkere Bindung an den Staat des gewöhnlichen Aufenthalts. Eine derartige Indizwirkung ist im Falle von Staatenlosen nicht gegeben.[51]

45

Geht es um die internationale Zuständigkeit von Gerichten des Vereinigten Königreichs bzw. Irlands, ist nicht auf die Staatsangehörigkeit, sondern das *domicile* abzustellen. Dies erklärt sich daraus, dass das *domicile* im Verfahrens- und Kollisionsrecht der beiden Staaten an die Stelle der anderenorts vielfach verwendeten Staatsangehörigkeit tritt. Insgesamt spielt die Staatsangehörigkeit zu den beiden Mitgliedstaaten im Anwendungsbereich der EheVO 2003 keine Rolle. Umgekehrt kann ein *domicile* nur vor Gerichten des Vereinigten Königreichs bzw. Irlands, nicht aber vor Gerichten anderer EG-Mitgliedstaaten zuständigkeitsbegründend wirken. Hat z.B. ein irischer Antragsteller sein *domicile* in Deutschland, so besteht keine Zuständigkeit nach Art. 3 Abs. 1 lit. a Spiegelstrich 6: in Deutschland nicht, weil dem Antragsteller die deutsche Staatsangehörigkeit fehlt, in Irland nicht, weil er sein *domicile* nicht in Irland hat.

46

Nach **Abs. 2** bestimmt sich der Begriff des *domicile* nach dem Recht des Vereinigten Königreichs bzw. Irlands. Es liegt m.a.W. eine Qualifikationsverweisung auf das britische bzw. irische Recht vor.[52] Unter dem *domicile* wird im Kern der Lebensmittelpunkt einer Person verstanden, wobei u.a. zwischen dem *domicile of origin* (bei Kindern) und dem *domicile of choice* (bei Erwachsenen) unterschieden wird.[53] Das *domicile* liegt zumeist, aber nicht notwendigerweise, in dem Staat, in dem die betreffende Person ihren gewöhnlichen Aufenthalt hat. Ob bei Vorliegen eines *domicile* in dem Vereinigten Königreich bzw. in Irland dort auch ein zumindest sechsmonatiger gewöhnlicher Aufenthalt gegeben ist, ist gesondert zu prüfen.[54] Im Falle des Vereinigten Königreichs müssen das *domicile* und der mindestens sechsmonatige gewöhnliche Aufenthalt in derselben Teilrechtsordnung liegen (vgl. Art. 66 lit. b und d).

47

b) Verstoß gegen Art. 12 EGV (Diskriminierungsverbot). Näher betrachtet erscheint es allerdings fraglich, ob Art. 3 Abs. 1 lit. a Spiegelstrich 6 überhaupt praktische Bedeutung erlangen wird. Die h.L. sieht in der Vorschrift einen Verstoß gegen das Diskriminierungsverbot des Art. 12 EGV.[55] Nach Art. 12 EGV sind an die Staatsangehörigkeit einzelner EG-Bürger anknüpfende Diskriminierungen unzulässig. Das OLG München hat unter Bezugnahme auf die h.L. diese Frage dem EuGH vorgelegt,[56] aber diesen Beschluss nachträglich aufgehoben.[57]

48

Eine Diskriminierung wird von der h.L. damit begründet, dass dem Angehörigen des Gerichtsstaats ohne rechtfertigenden Grund doppelt so schnell wie anderen Unionsbürgern ein „*forum actoris*" eröffnet werde.[58] Eine Französin, die nach dem Scheitern ihre Ehe in Deutschland einen neuen Anfang in einem anderen Staat wagen wolle, wäre schlechter gestellt, wenn ihre Wahl nicht auf Frankreich, sondern auf einen anderen Staat fiele.[59] Dass die Staatsangehörigkeit typischerweise eine (besonders) enge Beziehung zu einem Staat herstellt, wird als Rechtfertigung im Rahmen des Art. 12 EGV nicht zugelassen. Nicht akzeptiert wird

49

---

48 Vgl. etwa zum allg. Kollisionsrecht Art. 5 Abs. 1 S. 1 EGBGB; hierzu z.B. MüKo/*Sonnenberger*, Art. 5 EGBGB Rn 5.
49 *Hau*, FamRZ 2000, 1333, 1337.
50 Rauscher/*Rauscher*, Art. 2 Brüssel II-VO Rn 33; *Schlosser*, Art. 2 EheVO Rn 4.
51 Rauscher/*Rauscher*, Art. 2 Brüssel II-VO Rn 33.
52 Vgl. *Borrás*, AblEG 1998 Nr. C 221/39 Rn 34.
53 Vgl. näher Rauscher/*Rauscher*, Art. 2 Brüssel II-VO Rn 41.
54 Vgl. *Borrás*, AblEG 1998 Nr. C 221/39 Rn 34; Rauscher/*Rauscher*, Art. 2 Brüssel II-VO Rn 34.
55 Zunächst mit eingehender Argumentation *Hau*, FamRZ 2000, 1333, 1335 f.; zust. Thomas/Putzo/*Hüßtege*, ZPO, Art. 2 EheVO Rn 3; Zöller/*Geimer*, ZPO, Art. 2 EheVO Rn 5; *Becker-Eberhard*, in: FS Beys 2003, S. 93, 107; *Spellenberg*, in: FS Geimer 2002, S. 1257, 1269 f.; *ders.*, in: FS Sonnenberger 2004, S. 677, 681; *Simotta*, in: FS Geimer 2002, S. 1115, 1154; *Dilger*, Rn 458; *Helms*, FamRZ 2002, 1593, 1596; *Heß*, JZ 2001, 573, 575; *Hausmann*, EuLF 2000/01, 345, 352; *Schack*, RabelsZ 65 (2001), 615, 623; für eine Vereinbarkeit mit Art. 12 EGV Rauscher/*Rauscher*, Art. 2 Brüssel II-VO Rn 30; *Schlosser*, Art. 2 EheVO Rn 4; vorsichtig auch *Kohler*, NJW 2001, 10, 11 („gemeinschaftsrechtlich vielleicht gerade noch verträglich").
56 OLG München FamRZ 2003, 546.
57 Der Aufhebungsbeschluss ist nicht veröffentlicht. Die Aufhebung des Beschlusses ist erfolgt, weil die Vorlagefrage nicht streiterheblich war.
58 *Hau*, FamRZ 2000, 1333, 1336; *Hausmann*, EuLF 2000/01, 345, 352.
59 *Hau*, FamRZ 2000, 1333, 1336.

auch das Argument, dass die Ehegatten nicht diskriminiert, sondern insoweit gleichbehandelt werden, als sie sich jeweils auf die Zugehörigkeit zu „ihrem" Mitgliedstaat berufen können.[60]

50 Ob die Vorschrift tatsächlich gegen das europäische Diskriminierungsverbot verstößt, ist gegenwärtig weit gehend offen.[61] Bei passender Gelegenheit sollte die Frage dem EuGH zur Entscheidung vorgelegt werden. Ein Verstoß gegen Art. 12 EGV hätte zur Folge, dass Art. 3 Abs. 1 lit. a Spiegelstrich 6 nicht mehr anzuwenden wäre. Eine primärrechtskonforme Auslegung der Vorschrift kommt nicht in Betracht.[62] Denkbar wäre allenfalls, alle Mitgliedstaatenangehörige als Inländer i.S.d. Art. 3 Abs. 1 lit. a Spiegelstrich 6 zu behandeln, was praktisch einer weit gehenden Absenkung der Aufenthaltsdauer von einem Jahr auf sechs Monate gleichkäme. Dies dürfte aber nicht dem (mutmaßlichen) Willen des Verordnungsgebers entsprechen, der im Grundsatz eine einjährige Aufenthaltsdauer vorausgesetzt und nur unter besonderen Voraussetzungen – im Falle der Übereinstimmung von Staatsangehörigkeit und gewöhnlichem Aufenthaltsort – eine Verkürzung der Frist vorgesehen hat.

II. Staatsangehörigkeitszuständigkeit (Abs. 1 lit. b)

51 Nach Art. 3 Abs. 1 lit. b besteht auch eine internationale Zuständigkeit der Gerichte des Mitgliedstaates, dem **beide Ehegatten angehören**. Maßgebend ist der Zeitpunkt der Rechtshängigkeit bzw. – bei einem späteren Erwerb – der letzten mündlichen Verhandlung (vgl. Rn 40, 41). Eine gemeinsame Staatsangehörigkeit bei Eheschließung reicht nicht aus.[63] Bei **Mehrstaatern** reicht nach h.L. auch eine gemeinsame nicht-effektive Staatsangehörigkeit aus (vgl. zur Argumentation i.E. Rn 42 f.).[64] Haben also beide Ehegatten sowohl die deutsche als auch die italienische Staatsangehörigkeit, so besteht eine internationale Zuständigkeit sowohl der deutschen als auch der italienischen Gerichte. Hat nur ein Ehegatte sowohl die deutsche als auch die italienische und der andere nur die italienische Staatsangehörigkeit, so folgt aus Art. 3 Abs. 1 lit. b stets eine Zuständigkeit der italienischen Gerichte, selbst wenn die Ehe in Deutschland geführt wurde und die deutsche Staatsangehörigkeit des anderen Ehegatten als die „effektive" anzusehen wäre. Bei Staatenlosen ist Art. 3 Abs. 1 lit. b nicht anwendbar (Rn 45).[65]

52 Auch in Art. 3 Abs. 1 lit. b wird z.T. ein Verstoß gegen das **Diskriminierungsverbot des Art. 12 EGV** gesehen.[66] Die Diskriminierung liege darin, dass nur solchen Ehegatten ein zusätzliches *forum* eröffnet wird, die dieselbe Staatsangehörigkeit haben, nicht aber gemischt-nationalen Ehegatten.[67] Allerdings besteht eine Rechtfertigung für eine Ungleichbehandlung dieser Ehegatten darin, dass nur die gemeinsame Staatsangehörigkeit eine hinreichend enge Beziehung zu einem bestimmten Staat begründet.[68] Letztlich dürfte ein Verstoß gegen Art. 12 EGV damit nur dann angenommen werden können, wenn man die Verwendung der Staatsangehörigkeit als Tatbestandsmerkmal generell für gemeinschaftsrechtswidrig hält. Dies dürfte aber zu weit gehen, zumal die Anknüpfung an die Staatsangehörigkeit auch auf der Ebene des Kollisionsrechts überwiegend als primärrechtskonform angesehen wird.[69]

53 Für die Gerichte des Vereinigten Königreichs und Irlands tritt an die Stelle der Staatsangehörigkeit wiederum der Begriff des *domicile* (vgl. Rn 47). Haben zwei Iren ihr *domicile* in Deutschland, so entsteht keine Zuständigkeit nach Art. 3 Abs. 1 lit. b: in Deutschland nicht, weil es an der gemeinsamen deutschen Staatsangehörigkeit fehlt, in Irland nicht, weil es an dem dort erforderlichen gemeinsamen *domicile* fehlt. Haben demgegenüber zwei Deutsche ihr *domicile* in Irland, besteht sowohl eine Zuständigkeit der irischen

---

60 So Rauscher/*Rauscher*, Art. 2 Brüssel II-VO Rn 30.
61 Abweichend *Becker-Eberhard*, in: FS Beys 2003, S. 93, 107: Es sei zu erwarten, dass der EuGH „diese Regelung bei passender Gelegenheit kassieren wird".
62 *Hau*, FamRZ 2000, 1333, 1337; *Dilger*, Rn 459; abweichend *Spellenberg*, in: FS Sonnenberger 2004, S. 677, 681 (mit einem – allerdings hier nicht weiterführenden – Hinw. auf EuGH (Pastoors/Belgien), Slg. 1997 I, 285 Rn 19).
63 *Hausmann*, EuLF 2000/01, 271, 277.
64 *Kropholler*, EuZPR, Einl. Rn 98; Rauscher/*Rauscher*, Art. 2 Brüssel II-VO Rn 38; Erman/*Hohloch*, Art. 17 EGBGB Rn 65; *Hajnczyk*, S. 81; *Niklas*, S. 87 f.
65 Rauscher/*Rauscher*, Art. 2 Brüssel II-VO Rn 38.
66 *Hau*, FamRZ 2000, 1333, 1335 f.; *Simotta*, in: FS Geimer 2002, S. 1115, 1154 f.; *Boele-Woelki*, ZfRV 2001, 121, 123; auch *Hausmann*, EuLF 2000/01, 345, 352 (Vereinbarkeit mit Art. 12 EGV „zumindest zweifelhaft"); abl. Rauscher/*Rauscher*, Art. 2 Brüssel II-VO Rn 35; Thomas/Putzo/*Hüßtege*, ZPO, Art. 2 EheVO Rn 3; *Becker-Eberhard*, in: FS Beys 2003, S. 93, 108; *Spellenberg*, in: FS Geimer 2002, S. 1257, 1271; *Helms*, FamRZ 2002, 1593, 1596.
67 *Hau*, FamRZ 2000, 1333, 1335 f.; *Simotta*, in: FS Geimer 2002, S. 1115, 1154 f.; *Boele-Woelki*, ZfRV 2001, 121, 123.
68 *Helms*, FamRZ 2002, 1593, 1596; auch *Spellenberg*, in: FS Geimer 2002, S. 1257, 1271.
69 Vgl. hierzu (zur Primärrechtskonformität von Art. 17 Abs. 1 S. 2 EGBGB) *Wagner*, IPRax 2000, 512, 518 f.; *Rauscher*, IPR S. 181; anders *Hau*, FamRZ 2000, 1333, 1336, nach dessen Ansicht die gemeinschaftsrechtliche Zulässigkeit des Staatsangehörigkeitsprinzips „wohl neu zu überdenken ist".

Gerichte (wegen des gemeinsamen irischen *domicile*) als auch eine Zuständigkeit der deutschen Gerichte (wegen der gemeinsamen deutschen Staatsangehörigkeit).[70]

EheVO 2003 Art. 4 | Gegenantrag

Das Gericht, bei dem ein Antrag gemäß Artikel 3 anhängig ist, ist auch für einen Gegenantrag zuständig, sofern dieser in den Anwendungsbereich dieser Verordnung fällt.

Art. 4 weist eine weitgehende Ähnlichkeit mit dem Widerklagegerichtsstand in Art. 6 Nr. 3 EuGVVO auf. Die Vorschrift hat zum einen deshalb Bedeutung, weil das für den zunächst gestellten (Erst-)Antrag nach Art. 3 international zuständige Gericht nicht notwendig auch eine aus Art. 3 folgende internationale Zuständigkeit für den Gegenantrag haben muss. Wird etwa ein Ehemann, der seit drei Monaten in Deutschland seinen gewöhnlichen Aufenthalt hat, von seiner nach wie vor in einem Drittstaat befindlichen Ehefrau mit nicht-deutscher Staatsangehörigkeit in Deutschland verklagt, so ergibt sich für den Antrag der Ehefrau eine internationale Zuständigkeit aus Art. 3 lit. a Spiegelstrich 3. Art. 3 eröffnet aber selbst keinen deutschen Gerichtsstand für den Gegenantrag. Dem Ehemann hilft in diesem Fall Art. 4.[1] Dasselbe gilt, wenn für den Gegenantrag nach Art. 3 deshalb keine internationale Zuständigkeit mehr besteht, weil die Ehefrau mittlerweile ihren bei Rechtshängigkeit noch in Deutschland bestehenden gewöhnlichen Aufenthalt (Art. 3 Abs. 1 lit. a Spiegelstrich 5 bzw. 6) in einen Drittstaat verlegt hat o.Ä.[2]

Die größte praktische Bedeutung hat Art. 4 aber im Zusammenhang mit der in Art. 19 enthaltenen Rechtshängigkeitsregelung. Der Antragsgegner wäre nämlich dann, wenn er den Gegenantrag bei einem international zuständigen Gericht eines anderen Mitgliedstaates stellen würde, bei diesem Gericht wegen der aus Art. 19 Abs. 1 folgenden Aussetzungspflicht daran gehindert, eine zeitnahe sachliche Entscheidung zu erlangen. Art. 4 ermöglicht es ihm, den notwendigen Rechtsschutz in dem schon **anhängigen Rechtsstreit** zu verwirklichen (vgl. näher Art. 19 EheVO Rn 23).

Art. 4 erfasst Statutsklagen i.S.d. Art. 1 Abs. 1 lit. a, nach der hier vertretenen Ansicht unter Einschluss von Feststellungsklagen (vgl. Art. 1 EheVO Rn 8 ff.). Hierbei kann es sich um Anträge handeln, die auf einen abweichenden Nichtigkeits-, Scheidungs-, Trennungs- oder Aufhebungsgrund gestützt werden. Denkbar ist aber auch, dass es sich um einen sog. gleichartigen Scheidungsantrag handelt, der auf denselben Scheidungsgrund gestützt ist. Von Art. 4 nicht erfasst werden außerhalb des Art. 1 Abs. 1 lit. a liegende Klagen, also z.B. Anträge auf Unterhalt oder Güterausgleich. Die internationale Zuständigkeit für diese Klagen richtet sich nach der EuGVVO bzw. nach dem nationalen Verfahrensrecht.[3]

Art. 4 führt nach allgemeiner Meinung zu einer **internationalen Zuständigkeit**. Daneben ist in Art. 4 zugleich eine Regelung der **örtlichen Zuständigkeit** zu sehen.[4] Hierfür sprechen der Wortlaut des Art. 4, der die Zuständigkeit des bereits mit der Ehesache befassten Gerichts zum Gegenstand hat, sowie der Umstand, dass die Parallelvorschrift des Art. 6 Nr. 3 EuGVVO ebenfalls eine internationale und örtliche Zuständigkeit begründet.[5]

Art. 4 beschränkt sich aber auf die Regelung der Zuständigkeitsfrage. Ob ein Gegenantrag im Übrigen überhaupt zulässig ist, richtet sich nach der *lex fori*.[6] Zu beachten ist insoweit allerdings die Sondervorschrift des Art. 19 Abs. 3 Unterabs. 2, die einem Gegenantrag entgegenstehendes nationales Verfahrensrecht verdrängt (vgl. Art. 19 EheVO Rn 21 ff.).

---

70 Abweichend *Spellenberg*, in: FS Geimer 2002, S. 1257, 1271 mit dem Argument, dass es nicht dem Sinn der EheVO entspräche, wenn in diesem Fall zwei gemeinsame Heimatgerichte entstünden. Es sei nur eine Zuständigkeit der irischen Gerichte gegeben. Hiergegen spricht m.E., dass das *domicile* keinen generellen Vorrang gegenüber der Staatsangehörigkeit beansprucht und ein mehrfacher Heimatgerichtsstand u.a. auch bei einer doppelten Staatsbürgerschaft begründet werden kann.
1 *Simotta*, in: FS Geimer 2002, S. 1115, 1167.
2 *Simotta*, in: FS Geimer 2002, S. 1115, 1167 f.

3 *Spellenberg*, in: FS Geimer 2002, S. 1257, 1273; *Simotta*, in: FS Geimer 2002, S. 1115, 1168.
4 Rauscher/*Rauscher*, Art. 5 Brüssel II-VO Rn 7; Baumbach/Lauterbach/*Albers*, Anh. I § 606a ZPO, Art. 5 Rn 1; *Niklas*, S. 95.
5 Vgl. hierzu Rauscher/*Leible*, Art. 6 Brüssel I-VO (EuGVVO) Rn 28.
6 Thomas/Putzo/*Hüßtege*, ZPO, Art. 5 EheVO Rn 2; *Spellenberg*, in: FS Geimer 2002, S. 1257, 1272 f.; Rauscher/*Rauscher*, Art. 5 Brüssel II-VO Rn 8; Baumbach/Lauterbach/*Albers*, Anh. I § 606a ZPO, Art. 5 Rn 3.

EheVO 2003 Art. 5 — Umwandlung einer Trennung ohne Auflösung des Ehebandes in eine Ehescheidung

Unbeschadet des Artikels 3 ist das Gericht eines Mitgliedstaats, das eine Entscheidung über eine Trennung ohne Auflösung des Ehebandes erlassen hat, auch für die Umwandlung dieser Entscheidung in eine Ehescheidung zuständig, sofern dies im Recht dieses Mitgliedstaats vorgesehen ist.

1 Art. 5 ordnet eine **Folgezuständigkeit** an. Die Vorschrift beruht auf dem Gedanken, dass ein die Scheidung vorbereitendes Trennungsverfahren und das sich anschließende Scheidungsverfahren in einem engen Zusammenhang stehen. Das Gericht, das eine Trennung ausgesprochen bzw. bestätigt hat, ist auch für ein nachfolgendes Scheidungsverfahren zuständig. Art. 5 begründet nicht nur eine internationale, sondern zugleich auch eine örtliche Zuständigkeit.[1]

2 Da es nur um die Wahrung der Entscheidungskontinuität geht, kommt es für Art. 5 nicht darauf an, ob das Gericht, das die Trennungsentscheidung getroffen hat, seinerseits tatsächlich international zuständig war.[2] Art. 5 gilt ferner auch dann, wenn die Trennungsentscheidung vor In-Kraft-Treten der EheVO 2003 ergangen ist.[3]

3 Eine **Umwandlung** i.S.d. Art. 5 setzt einen Zusammenhang zwischen dem vorangegangenen Trennungs- und dem Scheidungsurteil voraus. Ein derartiger Zusammenhang ist immer dann gegeben, wenn das vorangegangene Trennungsurteil eine *in concreto* einschlägige prozessuale oder materiellrechtliche Voraussetzung für ein nachfolgendes Scheidungsurteil ist. Derartige Zusammenhänge zwischen einem Trennungs- und einem nachfolgenden Scheidungsurteil sehen u.a. das französische, luxemburgische, niederländische, italienische und das belgische Recht vor. Wie schon aus dem Wortlaut der Vorschrift hervorgeht, reicht ein lediglich faktisches Getrenntleben für die Anwendung von Art. 5 nicht aus.[4]

4 Art. 5 setzt weiter voraus, dass eine **Umwandlung** in eine Scheidung in dem Recht des Staates, dessen Gericht über die Umwandlung in eine Scheidung zu befinden hat, **vorgesehen** ist. Dies ist dann der Fall, wenn sowohl auf den Trennungs- als auch auf den nachfolgenden Scheidungsantrag das eigene Recht des Urteilsstaats anzuwenden war und dieses Recht eine Umwandlung eines Trennungs- in ein Scheidungsurteil vorsieht.

5 Fraglich ist, ob unter dem von Art. 5 in Bezug genommenen Recht nur das materielle Recht zu verstehen ist, was – da das deutsche materielle Recht keine Umwandlungsentscheidungen kennt – dazu führen würde, dass Art. 5 für deutsche Gerichte keine Rolle spielt. Zutreffenderweise dürfte unter dem **„Recht"** i.S.d. Art. 5 das gesamte innerstaatliche Recht unter Einschluss des heimischen Kollisionsrechts und seiner Verweisungen auf ein ausländisches Sachrecht zu verstehen sein.[5] Damit kann die Zuständigkeit nach Art. 5 auch für deutsche Gerichte relevant werden. Dies gilt etwa dann, wenn deutsche Gerichte eine *„separazione giudiziale"* nach dem kollisionsrechtlich anwendbaren italienischen Sachrecht ausgesprochen haben und nunmehr mit einem sich anschließenden – ebenfalls dem italienischen Sachrecht unterliegenden – Scheidungsantrag konfrontiert werden.[6]

6 Zweifelhaft ist, ob Art. 5 auch dann angewendet werden kann, wenn auf den Scheidungsantrag ein **anderes Recht** anzuwenden ist als auf den vorangegangenen **Trennungsantrag** und nur das auf den Trennungsantrag anwendbare Recht, nicht aber das (jetzt) auf die Scheidung anwendbare Recht dem Trennungsurteil Bedeutung für die Scheidung beimisst.[7] Denkbar ist etwa, dass aufgrund eines mittlerweile eingetretenen Statutenwechsels – z.B. eines Wechsels des gewöhnlichen Aufenthalts eines oder beider Ehegatten – auf den Scheidungsantrag nicht mehr das italienische, sondern das deutsche Recht anzuwenden ist. Es kann ferner auch vorkommen, dass dem Gericht im Trennungsverfahren ein Fehler bei der Anwendung des Kollisionsrechts unterlaufen ist und bereits in diesem Verfahren statt des italienischen das deutsche Sachrecht anzuwenden gewesen wäre. Möglich ist auch, dass über Art. 17 Abs. 1 S. 2 EGBGB erstmals im Scheidungsverfahren deutsches Sachrecht zur Anwendung gelangt. Nach dem deutschen Sachrecht ist aber das vorangegangene Trennungsurteil ohne Bedeutung.

---

1 Rauscher/*Rauscher*, Art. 6 Brüssel II-VO Rn 4; *Dilger*, Rn 259; Thomas/Putzo/*Hüßtege*, ZPO, Art. 6 EheVO Rn 2.
2 Rauscher/*Rauscher*, Art. 6 Brüssel II-VO Rn 4.
3 Rauscher/*Rauscher*, Art. 6 Brüssel II-VO Rn 4; *Spellenberg*, in: FS Geimer 2002, S. 1257, 1274.
4 Rauscher/*Rauscher*, Art. 6 Brüssel II-VO Rn 2.
5 Baumbach/Lauterbach/*Albers*, Anh. I § 606a ZPO, Art. 6 Rn 3; Rauscher/*Rauscher*, Art. 6 Brüssel II-VO Rn 3; Rahm/Künkel/*Breuer*, VIII Rn 139.11; ausf. *Dilger*, Rn 263; auch *Schlosser*, Art. 6 EheVO Rn 1.
6 *Dilger*, Rn 262; Rauscher/*Rauscher*, Art. 6 Brüssel II-VO Rn 3.
7 Vgl. hierzu OLG Frankfurt FamRZ 1975, 632 m. Anm. *Wirth*; AG Rüsselsheim IPRspr 1985 Nr. 74 S. 210 = IPRax 1985, 229 (Leitsatz) m. Anm. *Jayme*.

Nach der **hier vertretenen Ansicht** sollte es ausreichen, dass nach dem Recht, das auf das Trennungsurteil tatsächlich angewendet worden ist, eine Umwandlung der Trennung in eine Ehescheidung möglich ist. Ob das Trennungsurteil tatsächlich konstitutiv für das spätere Scheidungsurteil ist, dürfte eine Frage (nur) der Begründetheit des Scheidungsantrags und nicht zugleich auch der Scheidungszuständigkeit darstellen. Es sollte für die internationale Zuständigkeit nicht auf die im Scheidungsverfahren (nach dem unvereinheitlichten nationalen Recht) vorzunehmende kollisionsrechtliche Anknüpfung bzw. den Inhalt der im Scheidungsverfahren anwendbaren Sachnormen ankommen. Zu berücksichtigen ist in diesem Zusammenhang auch, dass es vor deutschen Gerichten andernfalls zu einer „partiellen Zuständigkeit" kommen könnte, wenn nach dem gemäß Art. 17 Abs. 1 S. 1 i.V.m. Art. 14 EGBGB anwendbaren Recht (noch) keine Scheidung möglich ist und anstelle dessen nach Art. 17 Abs. 1 S. 2 EGBGB auf das (dem Trennungsurteil keine Bedeutung beimessende) deutsche Recht abzustellen wäre. In der Konsequenz sollten deutsche Gerichte, die ein Trennungsurteil erlassen haben, welches nach dem ausländischen Recht in eine Scheidung umgewandelt werden kann, gemäß Art. 5 stets für ein sich anschließendes Scheidungsverfahren zuständig sein, und zwar unabhängig davon, ob der Scheidungsausspruch – aus verfahrens-, kollisions- oder materiellrechtlichen Gründen – letztlich von dem Trennungsurteil konkret beeinflusst wird oder nicht.[8]

EheVO 2003 Art. 6 Ausschließliche Zuständigkeit nach den Artikeln 3, 4 und 5

Gegen einen Ehegatten, der
a) seinen gewöhnlichen Aufenthalt im Hoheitsgebiet eines Mitgliedstaats hat oder
b) Staatsangehöriger eines Mitgliedstaats ist oder im Fall des Vereinigten Königreichs und Irlands sein „domicile" im Hoheitsgebiet eines dieser Mitgliedstaaten hat,
darf ein Verfahren vor den Gerichten eines anderen Mitgliedstaats nur nach Maßgabe der Artikel 3, 4 und 5 geführt werden.

A. Öffnungsklausel für lex fori bei fehlendem Bezug des Antragsgegners zur EU 1

B. Öffnungsklausel zugunsten der lex fori des Heimat- bzw. domicile-Staates des Antragsgegners 12

A. Öffnungsklausel für lex fori bei fehlendem Bezug des Antragsgegners zur EU

Aus Art. 6 ist zu entnehmen, wann sich die Zuständigkeit der Gerichte der EG-Mitgliedstaaten ausschließlich nach Artt. 3, 4 und 5 richtet.[1] Der Zweck der Vorschrift liegt darin, den **Rückgriff auf das nationale Zuständigkeitsrecht** auszuschließen bzw. einzuschränken. Art. 6 steht seinem Wortlaut nach einem Rückgriff auf nationales Zuständigkeitsrecht nicht entgegen, wenn der Antragsgegner weder seinen gewöhnlichen Aufenthalt in einem Mitgliedstaat hat, noch die Staatsangehörigkeit eines Mitgliedstaates besitzt (wobei der Zugehörigkeit zum Vereinigten Königreich und zu Irland allerdings keine Bedeutung zukommt) noch sein *domicile* in dem Vereinigten Königreich oder Irland hat. Bei einem schweizerischen Staatsangehörigen mit gewöhnlichem Aufenthalt und *„domicile"* in der Schweiz wäre daher – zieht man einen Umkehrschluss aus Art. 6 – ein Rückgriff auf die *lex fori* der einzelnen Mitgliedstaaten möglich. Deutsche Gerichte könnten daher nicht nur auf Artt. 3, 4, 5, sondern auch auf § 606a ZPO zurückgreifen.

Der Rückgriff auf das unvereinheitlichte nationale Zuständigkeitsrecht ist nach allgemeiner Ansicht dann möglich, wenn sich aus der EheVO 2003 **keine internationale Zuständigkeit irgendeines anderen EG-Mitgliedstaates** ergibt.[2] Umstritten ist aber, ob ein derartiger Rückgriff auch dann zulässig ist, wenn sich bereits aus Artt. 3, 4 oder 5 eine Zuständigkeit irgendeines EG-Mitgliedstaates ergibt. Zu denken ist etwa an den Fall, dass der schweizerische Antragsgegner mit gegenwärtigem gewöhnlichem Aufenthalt in der Schweiz zuvor einen gemeinsamen Aufenthalt mit der Antragstellerin in Frankreich hatte und die Antragstellerin dort noch ihren gewöhnlichen Aufenthalt hat (Art. 3 Abs. 1 lit. a Spiegelstrich 2) oder die Antragstellerin ihren gewöhnlichen Aufenthalt seit mindestens einem halben Jahr bzw. einem Jahr in Frankreich hat (Art. 3 Abs. 1 lit. a Spiegelstrich 5 bzw. 6).

---

8 A.A. Rauscher/*Rauscher*, Art. 6 Brüssel II-VO Rn 3, 6 (auf eine konkrete Beeinflussung des Scheidungs- durch das Trennungsurteil abstellend); wohl auch *Dilger*, Rn 263.

1 Rauscher/*Rauscher*, Art. 7 Brüssel II-VO Rn 1.
2 Vgl. etwa die Beispiele bei *Schlosser* Art. 7 EheVO Rn 1; *Hau*, FamRZ 2000, 1333, 1340.

3 Die Entscheidung der Frage hängt von dem **Verhältnis von Art. 6 zu Art. 7** ab. Nach h.L. lässt sich aus Art. 6 kein isolierter Umkehrschluss ziehen. Vielmehr sei Art. 6 zunächst nur seinem unmittelbaren Wortlaut nach anzuwenden. Es handele sich um eine Vorschrift, die sich allein darauf beschränke, den Rückgriff auf nationales Zuständigkeitsrecht in einzelnen Situationen auszuschließen. Eine Möglichkeit der Anwendung nationalen Zuständigkeitsrechts ergebe sich erst aus Art. 7 Abs. 1, der seinerseits nur dann zum Zuge kommen könne, wenn Art. 6 den Rückgriff auf nationales Zuständigkeitsrecht nicht ausschließe.[3]

4 Nach der Gegenansicht ist Art. 6 demgegenüber isoliert anzuwenden und einem allgemeinen Umkehrschluss zugänglich. Seien die Voraussetzungen des Art. 6 für eine ausschließliche Anwendbarkeit der EheVO 2003 nicht erfüllt, so könne in jedem Mitgliedstaat ohne weiteres auch auf das nationale Zuständigkeitsrecht zurückgegriffen werden, unabhängig davon, ob sich bereits aus der EheVO 2003 eine Zuständigkeit ergibt oder nicht.[4] Der sich an Art. 6 anschließende Art. 7 Abs. 1 enthalte eine zweite und selbständige Öffnung der EheVO 2003 zugunsten des nationalen Zuständigkeitsrechts in den Fällen, in denen zwar die tatbestandlichen Voraussetzungen des Art. 6 vorliegen – also z.B. der Antragsgegner die Staatsangehörigkeit eines Mitgliedstaates hat –, aber trotzdem keine Zuständigkeit eines EG-Mitgliedstaates nach den Artt. 3, 4, 5 besteht. Art. 7 Abs. 1 sei m.a.W. als Ausnahmevorschrift zu Art. 6 zu verstehen.[5]

5 Der h.L. ist zuzustimmen. Die Überschrift zu Art. 7 („**Restzuständigkeit**")[6] lässt hinreichend deutlich erkennen, dass Art. 7 Abs. 1 „zusätzliche" Zuständigkeiten nach dem nationalen Zuständigkeitsrecht keineswegs allgemein, sondern nur dann eröffnen will, wenn die EheVO 2003 dies erlaubt. Art. 6 stellt im Lichte des Art. 7 Abs. 1 eine Norm dar, die sich – getreu ihrem Wortlaut – darauf beschränkt, den Rückgriff auf das nationale Zuständigkeitsrecht auszuschließen. Da Art. 7 Abs. 1 kumulativ voraussetzt, dass keine Zuständigkeit nach den Artt. 3, 4, 5 besteht und – darüber hinaus – Art. 6 den Rückgriff auf nationales Zuständigkeitsrecht nicht für unzulässig erklärt, ist es auch systematisch durchaus folgerichtig, dass sich Art. 7 an die Artt. 2–6 anschließt.[7] Auch der Bericht von *Borrás* spricht in der Tendenz für die h.L.[8] Hinzuweisen ist darauf, dass der Bericht eine Kommentierung des Art. 6[9] enthält, aber bei Art. 7[10] nur noch auf die Voraussetzungen und Wirkungen von Abs. 2, nicht aber Abs. 1 der Vorschrift eingeht. Wären Art. 6 einerseits und Art. 7 Abs. 1 andererseits als zwei selbständige und gleichermaßen wichtige Öffnungen zugunsten des nationalen Zuständigkeitsrechts zu verstehen, hätte man erwarten können, dass der Bericht jeweils getrennte Erläuterungen zu beiden Vorschriften enthält.

6 Für die h.L. spricht ferner, dass eine kombinierte Anwendung von Artt. 6, 7 Abs. 1 dazu führt, den **Rückgriff auf das nationale Zuständigkeitsrecht möglichst zu verhindern** und es damit im Wesentlichen bei den „konsensfähigen" Artt. 3, 4, 5 zu belassen. Dies gilt auch im Hinblick darauf, dass Entscheidungen von EG-Mitgliedstaaten ohne weiter gehende Kontrolle anzuerkennen sind.[11] Im Übrigen sieht Art. 3 ohnehin schon weitgespannte Zuständigkeiten vor, so dass für einen Rückgriff auf das nationale Recht kein großes praktisches Bedürfnis besteht.

7 Die Lösung der h.L. hat zur Folge, dass eine internationale Zuständigkeit nach dem unvereinheitlichten nationalen Recht auch im Hinblick auf „gemeinschaftsfremde" Antragsgegner immer dann wegfällt, wenn eine internationale Zuständigkeit nach Artt. 3, 4, 5 neu entsteht. Hat z.B. eine deutsche Ehefrau zusammen mit ihrem schweizerischen Ehemann die Ehe in der Schweiz oder einem anderen Drittstaat geführt, und hat sie nun seit 11 Monaten ihren gewöhnlichen Aufenthalt in Frankreich, kann sie nach allen Ansichten – da sich aus Artt. 3, 4, 5 keine Zuständigkeit eines Mitgliedstaates ergibt – nach § 606a Abs. 1 Nr. 1 ZPO vor deutschen Gerichten klagen. Entschließt sich die Ehefrau erst nach einem Jahr dazu, einen Scheidungsantrag zu stellen, so ist eine Zuständigkeit französischer Gerichte gegeben (Art. 3 Abs. 1 lit. a Spiegelstrich 5). Dies hat nach der oben beschriebenen h.L. zugleich einen Wegfall der zuvor noch bestehenden internationalen

---

3 Thomas/*Püßtege*, ZPO, Art. 7 EheVO Rn 2 und Art. 8 EheVO Rn 2; *Schlosser*, Art. 8 EheVO Rn 1; *Hau*, FamRZ 2000, 1333, 1340 f.; *ders.*, FPR 2002, 616, 619; *Hausmann*, EuLF 2000/01, 271, 279; *Spellenberg*, in: FS Geimer 2002, S. 1257, 1275; *Simotta*, in: FS Geimer 2002, S. 1115, 1119; *Vareilees-Sommières*, GazPal 1999, 2018, 2023; *Ancel/Muir Watt*, Rev. crit. dr. int. priv. 2001, S. 403, 421; *Boele-Woelki*, ZfRV 2001, 121, 125; wohl auch Baumbach/Lauterbach/*Albers*, Anh. I § 606a ZPO, Art. 8 EheVO Rn 1.

4 Rauscher/*Rauscher*, Art. 7 Brüssel II-VO Rn 6 mit Beispiel Fn 6; MüKo-ZPO/*Gottwald*, Art. 7 EheVO Rn 1; *Kohler*, NJW 2001, 10, 11; *Kenneth*, I.C.L.Q. 48 (1999), 467, 468; *Watté/Boularbah*, Rev. trim. dr. fam. 2000, S. 539, 567.

5 Rauscher/*Rauscher*, Art. 8 Brüssel II-VO Rn 1 f.; *v. Hoffmann*, IPR, Rn 681; offenbar auch *Schlosser*, Art. 8 EheVO Rn 2.

6 In der englischen Fassung: „*Residual jurisdiction*"; in der französischen Fassung: „*Compétences résiduelles*".

7 Abweichend Rauscher/*Rauscher*, Art. 7 Brüssel II-VO Rn 9.

8 Vgl. *Borrás*, ABlEG 1998 Nr. C 221/38 Rn 44.

9 Art. 7 i.d.F. der Brüssel II-Abkommens.

10 Art. 8 i.d.F. des Brüssel II-Abkommens.

11 *Hau*, FamRZ 2000, 1333, 1341.

Zuständigkeit deutscher Gerichte zur Folge.[12] Dieses Ergebnis mag auf den ersten Blick überraschen. Es lässt sich aber dadurch rechtfertigen, dass Artt. 6, 7 Abs. 1 eine zu große Zahl an Gerichtsständen verhindern wollen und i.Ü. die sachliche Rechtfertigung für eine internationale Zuständigkeit deutscher Gerichte in dem Maße schwindet, in dem – aufgrund der Dauer des gewöhnlichen Aufenthalts in Frankreich – der Bezug zu Frankreich eindeutig überwiegt.

Bei einer **mehrfachen Staatsangehörigkeit** des Antragsgegners wird eine Sperrwirkung durch Art. 6 nach zutreffender Ansicht bereits dann erreicht, wenn nur eine der Staatsangehörigkeiten die eines Mitgliedstaates ist. Es ist nicht erforderlich, dass es sich um die „effektive" Staatsangehörigkeit handelt (vgl. hier auch Art. 3 Abs. 1 lit. a Spiegelstrich 6 und Art. 3 EheVO Rn 42 f.).[13] Keinen Schutz gewährt die Zugehörigkeit zum Vereinigten Königreich bzw. zu Irland. Art. 6 schließt einen Rückgriff auf das nationale Recht allerdings dann aus, wenn der Antragsgegner – unabhängig von seiner Staatsangehörigkeit – sein *domicile* im Vereinigten Königreich oder Irland hat.[14]

Problematisch ist die Anwendung von Art. 6, wenn es sich um einen **gemeinsamen Antrag** der Ehegatten i.S.v. Art. 3 Abs. 1 lit. a Spiegelstrich 4 handelt und damit ein „Antragsgegner" i.e.S. nicht existiert. Art. 6 entfaltet nach zutreffender Auffassung eine „Sperrwirkung" bereits dann, wenn nur einer der Ehegatten seinen gewöhnlichen Aufenthalt in einem Mitgliedstaat bzw. die Staatsangehörigkeit eines Mitgliedstaates hat.[15]

Maßgebender Zeitpunkt für die Prüfung des Art. 6 ist nach h.L. der **Zeitpunkt der Rechtshängigkeit**.[16] Nach der hier vertretenen Ansicht sollte demgegenüber ein Wegfall der Sperrwirkung des Art. 6 im laufenden Verfahren (also z.B. die Aufgabe des gewöhnlichen Aufenthalts in einem EG-Mitgliedstaat und Begründung eines neuen gewöhnlichen Aufenthalts in einem Drittstaat) dazu führen, dass nunmehr – unter den Voraussetzungen des Art. 7 Abs. 1 – ein Rückgriff auf das nationale Zuständigkeitsrecht möglich wird. Andernfalls müsste ein (mittlerweile) zulässiger Antrag abgewiesen werden, was – den Grundsätzen der Prozessökonomie widersprechend – nur die erneute Antragstellung zur Folge hätte.[17]

Art. 6 beschränkt – dem Anwendungsbereich der EheVO 2003 entsprechend – i.Ü. selbstverständlich nur die internationale Zuständigkeit der Gerichte von EG-Mitgliedstaaten (mit Ausnahme Dänemarks). Die **internationale Zuständigkeit der Gerichte von Drittstaaten** (unter Einschluss von Dänemark) richtet sich ausschließlich nach deren (unvereinheitlichten) Zuständigkeitsregeln.[18]

B. Öffnungsklausel zugunsten der lex fori des Heimat- bzw. domicile-Staates des Antragsgegners

Nach herrschender Ansicht gilt die Sperrwirkung des Art. 6 nicht im Hinblick auf die Zuständigkeit der Gerichte der Staaten, in denen der Antragsgegner seinen gewöhnlichen Aufenthalt hat bzw. deren Staatsangehöriger er ist bzw. in denen er (im Falle des Vereinigten Königreichs und Irlands) sein *domicile* hat. Denn Art. 6 schließt einen Rückgriff auf nationales Zuständigkeitsrecht seinem Wortlaut nach nur aus, wenn das Verfahren vor dem Gericht eines „anderen" Mitgliedstaates geführt wird. Unter den „anderen" Mitgliedstaaten sind nach der innertatbestandlichen Systematik der Norm die Mitgliedstaaten zu verstehen, in denen der Antragsgegner keinen gewöhnlichen Aufenthalt hat und deren Staatsangehörigkeit er auch nicht besitzt bzw. in denen er (im Falle des Vereinigten Königreichs und Irlands) kein *domicile* hat. In den Mitgliedstaaten, in denen der Antragsgegner seinen gewöhnlichen Aufenthalt hat, besteht aber ohnehin eine internationale Zuständigkeit (Art. 3 Abs. 1 lit. a Spiegelstrich 3), so dass nur die unvereinheitlichten Zuständigkeitsregeln der Mitgliedstaaten von Interesse sind, denen der Antragsgegner angehört bzw. in denen er (im Falle des Vereinigten Königreichs oder Irlands) sein *domicile* hat.[19] Ist der Antragsgegner Deutscher, können deutsche Gerichte nach h.L. auf § 606a Abs. 1 ZPO zurückgreifen. Die fehlende „Sperrwirkung"

---

12 Vgl. *Hau*, FamRZ 2000, 1333, 1341; *Hausmann*, EuLF 2000/01, 271, 279.
13 Baumbach/Lauterbach/*Albers*, Anh. I § 606a ZPO, Art. 7 Rn 4.
14 Rauscher/*Rauscher*, Art. 7 Brüssel II-VO Rn 11.
15 *Simotta*, in: FS Geimer 2002, S. 1115, 1119 f., 1165; dem folgend *Schlosser*, Art. 7 EheVO Rn 1.
16 Baumbach/Lauterbach/*Albers*, Anh. I § 606a ZPO, Art. 7 Rn 4; *Hau*, FamRZ 2000, 1333, 1340; *Hausmann*, EuLF 200/01, 271, 279; abw. *Hajnczyk*, S. 107 f.
17 Rauscher/*Rauscher*, Art. 7 Brüssel II-VO Rn 13.
18 Erman/*Hohloch*, Art. 17 EGBGB Rn 65b.
19 Rauscher/*Rauscher*, Art. 7 Brüssel II-VO Rn 6; *Hau*, FamRZ 2000, 1333, 1340; *ders.*, ERA-Forum 2003, 9, 14 = FPR 2002, 616; Thomas/Putzo/*Hüßtege*, ZPO, Art. 7 EheVO Rn 2; *Dilger*, Rn 270 f., 273; *Hausmann*, EuLF 2000/01, 271, 279; *Simotta*, in: FS Geimer 2002, S. 1115, 1118; a.A. (auch hier eine Sperrwirkung von Art. 6 annehmend) *Niklas*, S. 98 f.; aus der ausl. Literatur *McEleavy*, I.C.L.Q. 51 (2002), 883, 886; *Carlier/Francq/van Boxstael*, J. Trib. Dr. eur. 9 (2001), 73, 78 f.

des Art. 6 lässt sich in der Sache damit rechtfertigen, dass der Antragsgegner keinen Schutz vor den Zuständigkeitsvorschriften seines eigenen Heimatstaates bzw. *domicile*-Staates benötigt.[20]

13 In der Literatur werden allerdings z.T. Zweifel an dieser Auslegung geäußert. Diese ergeben sich u.a. daraus, dass der ersichtlich auf Art. 6 bezogene Art. 7 Abs. 2 seinem Wortlaut nach zulasten eines Staatsangehörigen eines EG-Mitgliedstaates nicht anwendbar ist.[21] Nach dem Wortlaut des Art. 7 Abs. 2 besteht eine Gleichstellung von Staatsangehörigen eines Mitgliedstaates, die ihren gewöhnlichen Aufenthalt im Inland haben, mit inländischen Staatsangehörigen nämlich nur dann, wenn der Antragsgegner seinen gewöhnlichen Aufenthalt nicht in einem Mitgliedstaat hat und auch nicht Staatsangehöriger eines Mitgliedstaates ist bzw. (im Falle des Vereinigten Königreichs und Irlands) sein *domicile* nicht in einem dieser Mitgliedstaaten hat. Man wird hier aber, um zu einer vollständigen Kongruenz von Art. 6 und Art. 7 Abs. 2 zu gelangen, Art. 7 Abs. 2 insoweit analog anwenden können.

14 Umstritten ist wiederum, ob ein Rückgriff auf das unvereinheitlichte nationale Recht nur dann zulässig ist, wenn **keine internationale Zuständigkeit eines anderen Mitgliedstaates** besteht. Nach der zutreffenden h.L. ist dies zu bejahen, da Art. 6 nur im Zusammenhang mit Art. 7 anwendbar ist (vgl. zur Argumentation i.E. Rn 2 ff.). Ein deutscher Antragsgegner kann mithin nach h.L. dann, wenn die Antragstellerin seit mindestens einem Jahr einen gewöhnlichen Aufenthalt in einem anderen EG-Mitgliedstaat hat und dort eine internationale Zuständigkeit nach Art. 3 Abs. 1 lit. a Spiegelstrich 5 entsteht, nicht (mehr) nach Maßgabe des § 606a ZPO vor deutschen Gerichten verklagt werden.[22]

15 Nicht ausdrücklich geregelt ist der Fall, in dem der Antragsgegner **mehrere Staatsangehörigkeiten verschiedener Mitgliedstaaten** hat. Nach zutreffender Ansicht muss sich hier der Antragsgegner – wiederum unter der Voraussetzung von Art. 7 Abs. 1 – vor den Gerichten seiner einzelnen Heimatstaaten auf die unvereinheitlichten Zuständigkeitsvorschriften der jeweiligen *lex fori* einlassen.[23]

EheVO 2003 Art. 7   Restzuständigkeit

(1) Soweit sich aus den Artikeln 3, 4 und 5 keine Zuständigkeit eines Gerichts eines Mitgliedstaats ergibt, bestimmt sich die Zuständigkeit in jedem Mitgliedstaat nach dem Recht dieses Staates.

(2) Jeder Staatsangehörige eines Mitgliedstaats, der seinen gewöhnlichen Aufenthalt im Hoheitsgebiet eines anderen Mitgliedstaats hat, kann die in diesem Staat geltenden Zuständigkeitsvorschriften wie ein Inländer gegenüber einem Antragsgegner geltend machen, der seinen gewöhnlichen Aufenthalt nicht im Hoheitsgebiet eines Mitgliedstaats hat oder die Staatsangehörigkeit eines Mitgliedstaats besitzt oder im Fall des Vereinigten Königreichs und Irlands sein „domicile" nicht im Hoheitsgebiet eines dieser Mitgliedstaaten hat.

A. Öffnungsklausel bei Zuständigkeitsmangel

1 Art. 7 Abs. 1 sieht die Möglichkeit einer Anwendung des nationalen Zuständigkeitsrechts vor, wenn sich aus den Artt. 3, 4, 5 keine Zuständigkeit eines EG-Mitgliedstaates ergibt. Nach h.L. ist Art. 7 Abs. 1 indes nur anwendbar, wenn nicht Art. 6 den Rückgriff auf das nationale Recht sperrt. Die Vorschrift darf m.a.W. nur dann herangezogen werden, wenn der Antragsgegner weder seinen gewöhnlichen Aufenthalt in einem Mitgliedstaat hat noch die Staatsangehörigkeit eines Mitgliedstaates besitzt noch sein *domicile* im Vereinigten Königreich oder Irland hat.[1] Ferner darf sie herangezogen werden, soweit es sich um die Zuständigkeitsvorschriften des Staates handelt, dem der Antragsgegner angehört oder in dem er (im Falle des Vereinigten Königreichs und Irlands) sein *domicile* hat.

---

20 Rauscher/*Rauscher*, Art. 7 Brüssel II-VO Rn 16. Ein Verstoß gegen Art. 12 EGV kann in der Schlechterstellung eigener Staatsangehöriger durch die Zuständigkeitsvorschriften des nationalen Rechts nicht gesehen werden.
21 *Niklas*, S. 99.
22 So *Hau*, FamRZ 2000, 1333, 1340; Thomas/Putzo/*Hüßtege*, ZPO, Art. 7 EheVO Rn 2; *Hausmann*, EuLF 2000/01, 271, 279; abweichend Rauscher/*Rauscher*, Art. 7 Brüssel II-VO Rn 6.
23 Rauscher/*Rauscher*, Art. 7 Brüssel II-VO Rn 16.
1 *Hau*, FamRZ 2000, 1333, 1340; Baumbach/Lauterbach/*Albers*, Anh. I § 606a ZPO, Art. 8 EheVO Rn 1; Zöller/*Geimer*, ZPO, Art. 8 EheVO Rn 1; *Hausmann*, EuLF 2000/01, 271, 279; *Boele-Woelki*, ZfRV 2001, 121, 125; Thomas/Putzo/*Hüßtege*, ZPO, Art. 7 EheVO Rn 2 und Art. 8 EheVO Rn 2; wohl auch *Spellenberg*, in: FS Geimer 2002, S. 1257, 1276 (ergebe sich aus Art. 2 Abs. 1 lit. a Spiegelstrich 5 bzw. 6 EheVO 2000 – jetzt Art. 3 Abs. 1 lit. a Spiegelstrich 5 bzw. 6 EheVO 2003 – vor Ablauf der erforderlichen Aufenthaltsdauer keine Zuständigkeit, scheide im Verhältnis zu einem verklagten EU-Bürger ein Rückgriff auf nationales Zuständigkeitsrecht aus).

Vereinzelt wird noch eine weiter gehende Einschränkung des Anwendungsbereichs von Art. 7 Abs. 1 vorgeschlagen: Art. 7 Abs. 1 sei nicht anzuwenden, wenn sich der Antragsteller zwar gewöhnlich in einem Mitgliedstaat aufhalte, aber die Wartefrist nach Art. 3 Abs. 1 lit. a Spiegelstrich 5 und 6 noch nicht abgelaufen sei. Auf diese Weise werde verhindert, dass sich eine nach dem nationalen Recht bestehende Zuständigkeit gegenüber einer später entstehenden Zuständigkeit nach der EheVO 2003 durchsetze.[2] Weder der Wortlaut des Art. 7 Abs. 1 noch der Bericht von *Borrás* bieten allerdings Anhaltspunkte für eine einschränkende Auslegung bzw. teleologische Reduktion der Norm. Im Übrigen würde diese zusätzliche Einschränkung des Anwendungsbereichs von Art. 7 Abs. 1 dazu führen, dass Antragsteller mit gewöhnlichem Aufenthalt in der EU schlechter stünden als Antragsteller mit gewöhnlichem Aufenthalt in einem Drittstaat. Für eine derartige Ungleichbehandlung besteht aber kein sachlicher Grund. Derjenige, der seinen gewöhnlichen Aufenthalt aus der Europäischen Gemeinschaft in einen Drittstaat verlegt, sollte hierdurch keine zuständigkeitsrechtlichen Vorteile erlangen können.[3]

B. Inländergleichstellung von EG-Bürgern

Art. 7 Abs. 2 führt zu einer modifizierten Anwendung des von Art. 7 Abs. 1 berufenen unvereinheitlichten nationalen Zuständigkeitsrechts. Ein Staatsangehöriger eines EG-Mitgliedstaates, der im Hoheitsgebiet eines anderen Mitgliedstaates seinen gewöhnlichen Aufenthalt hat, ist zu seinen Gunsten zuständigkeitsrechtlich so zu behandeln wie ein inländischer Staatsangehöriger. Voraussetzung ist nach dem Wortlaut der Vorschrift allerdings, dass der Antragsgegner weder seinen gewöhnlichen Aufenthalt in einem Mitgliedstaat hat noch Staatsangehöriger eines Mitgliedstaates ist noch – im Falle des Vereinigten Königreichs bzw. Irlands – sein *domicile* im Vereinigten Königreich oder in Irland hat. Die Vorschrift dürfte aber auch dann (analog) anzuwenden sein, wenn der Antragsgegner Staatsangehöriger eines Mitgliedstaates ist und in seinem Heimatstaat verklagt wird (vgl. Art. 6 EheVO Rn 13).

Nach Art. 7 Abs. 2 ist demnach unter den genannten Voraussetzungen ein französischer Staatsangehöriger, der in Deutschland seinen gewöhnlichen Aufenthalt hat, bei der Anwendung des unvereinheitlichten deutschen Zuständigkeitsrechts so zu behandeln, als habe er die deutsche Staatsangehörigkeit. Der französische Antragsteller kann sich damit in Deutschland auf § 606a Abs. 1 Nr. 1 ZPO berufen.[4] Art. 7 Abs. 2 hat daher eine zusätzliche Ausweitung der u.U. ohnehin schon weit gefassten Vorschriften des nationalen Zuständigkeitsrechts zur Folge.[5]

Art. 7 Abs. 2 bezieht sich auf Bestimmungen des nationalen Rechts, die an die Staatsangehörigkeit des Antragstellers anknüpfen, nicht aber auf solche, die auf die Staatsangehörigkeit des Antragsgegners[6] oder auf den gewöhnlichen Aufenthalt abstellen. Es reicht aber aus, dass die Staatsangehörigkeit des Antragstellers ein Kriterium bei einer Ermessensausübung bzw. sonstigen Einzelfallabwägung ist.[7]

Der Zweck der Vorschrift liegt darin, europarechtlich unzulässige Diskriminierungen i.S.d. Art. 12 EGV zu vermeiden.[8] Das Diskriminierungsverbot des Art. 12 EGV gilt, unabhängig davon, dass Dänemark nicht als Mitgliedstaat i.S.d. EheVO 2003 anzusehen ist (vgl. vor Art. 1 EheVO Rn 5), auch für dänische Staatsangehörige. Dies spricht dafür, Art. 7 Abs. 2 auch zugunsten dänischer Staatsangehöriger analog anzuwenden.[9]

---

2 Schack, RabelsZ 65 (2001), 615, 623; zust. Rosenberg/Schwab/Gottwald, Zivilprozessrecht, 16. Aufl. 2004, § 164 Rn 16.
3 Im Erg. ebenfalls abl. z.B. *Becker-Eberhard*, in: FS Beys 2003, S. 615, 93, 115; *Fuchs/Hau/Thorn*, Fälle zum IPR, 2. Aufl. 2003, S. 103.
4 Vgl. das Beispiel bei Thomas/Putzo/*Hüßtege*, ZPO, Art. 8 EheVO Rn 2; *Kropholler*, EuZPR, Einl. Rn 110.
5 Zutr. rechtspolitische Kritik bei Helms, FamRZ 2002, 1593, 1600; *Hau*, FamRZ 2000, 1333, 1341.
6 Rauscher/*Rauscher*, Art. 8 Brüssel II-VO Rn 20.
7 Rauscher/*Rauscher*, Art. 8 Brüssel II-VO Rn 20.
8 Rauscher/*Rauscher*, Art. 8 Brüssel II-VO Rn 5.
9 Vgl. Rauscher/*Rauscher*, Art. 8 Brüssel II-VO Rn 14 (allerdings eine integrationsfreundliche Auslegung der jeweiligen nationalen Bestimmung bevorzugend); a.A. *Dilger*, Rn 463 (Dänemark und seine Staatsangehörigen seien in dem durch Art. 69 EGV beschriebenen Umfang als vom räumlichen und persönlichen Anwendungsbereich auch des EG-Vertrags ausgenommen anzusehen und entsprechend zu behandeln).

Abschnitt 2. Elterliche Verantwortung

EheVO 2003 Art. 8 | Allgemeine Zuständigkeit

(1) Für Entscheidungen, die die elterliche Verantwortung betreffen, sind die Gerichte des Mitgliedstaats zuständig, in dem das Kind zum Zeitpunkt der Antragstellung seinen gewöhnlichen Aufenthalt hat.

(2) Absatz 1 findet vorbehaltlich der Artikel 9, 10 und 12 Anwendung.

A. Überblick

1 Während bei Ehesachen eine „elternzentrierte" Zuständigkeitsregelung vorgenommen wird, sieht die EheVO 2003 bei den Verfahren über die „elterliche Verantwortung" eine „kindzentrierte" Regelung vor. Maßgebend ist grundsätzlich der **gewöhnliche Aufenthalt des Kindes** (Art. 8 Abs. 1). Die EheVO 2003 folgt insoweit grundsätzlich den Bestimmungen des MSA und des KSÜ. Artt. 9, 10, 12 enthalten – worauf Art. 8 Abs. 2 nochmals hinweist – Sonderregeln über die internationale Zuständigkeit, die die Zuständigkeit nach Art. 8 Abs. 1 entfallen lassen. Die Artt. 9 und 10 knüpfen hierbei an den vorangegangenen (rechtmäßigen oder rechtswidrigen) Wechsel des gewöhnlichen Aufenthalts des Kindes an. Art. 12 lässt in gewissen Grenzen eine **Gerichtsstandsvereinbarung** zu. Eine weitere Ausweichmöglichkeit zugunsten eines **besser geeigneten Gerichts** enthält Art. 15.

2 Art. 13 enthält eine Hilfszuständigkeit für den Fall, dass der gewöhnliche Aufenthalt des Kindes nicht feststellbar ist bzw. es sich um einen Flüchtling oder Vertriebenen handelt. Art. 14 verweist für den Fall, dass sich aus den Artt. 8–13 keine Zuständigkeit eines Gerichts eines Mitgliedstaates ergibt, auf die Vorschriften des MSA bzw. des unvereinheitlichten nationalen Zuständigkeitsrechts.

B. Aufenthaltszuständigkeit nach Abs. 1

3 Art. 8 Abs. 1 stellt, wie auch das MSA[1] und das KSÜ[2] für die internationale Zuständigkeit zentral auf den **gewöhnlichen Aufenthalt** des Kindes ab. Abweichend vom MSA und dem KSÜ kommt es bei Art. 8 Abs. 1 allerdings auf den gewöhnlichen Aufenthalt im **Zeitpunkt der Antragstellung** (vgl. Art. 16) an. Ein nachfolgender Wechsel des gewöhnlichen Aufenthalts lässt die internationale Zuständigkeit des angerufenen Gerichts unberührt (Grundsatz der *perpetuatio fori*).[3] Beantragt also ein deutscher Vater mit gewöhnlichem Aufenthalt in Deutschland, dass die elterliche Sorge auf ihn übertragen werden solle, und zieht die italienische Mutter, der zuvor im Wege einer einstweiligen Anordnung das Aufenthaltsbestimmungsrecht übertragen wurde, anschließend mit dem Kind nach Italien, so bleibt die Zuständigkeit deutscher Gerichte auch nach dem Umzug des Kindes erhalten.[4] Einem weiteren Verfahren in Italien steht, solange nicht der Antrag in Deutschland zurückgenommen wird, der Rechtshängigkeitseinwand entgegen (Art. 19 Abs. 2). Aus anwaltlicher Sicht bedeutet dies, dass eine internationale Zuständigkeit der inländischen Gerichte zunächst durch eine rasche Antragstellung gesichert werden kann. Der Antrag muss im Inland gestellt werden, bevor ein neuer gewöhnlicher Aufenthalt des Kindes im Ausland entsteht. Wie bei Art. 3 Abs. 1 lit. a Spiegelstrich 3 reicht es i.Ü. aber aus, wenn der gewöhnliche Aufenthalt erst im laufenden Verfahren begründet wird (Art. 3 EheVO Rn 21).

4 Der in Art. 8 Abs. 1 enthaltene Grundsatz der *perpetuatio fori* wird allerdings durch Art. 15 abgeschwächt.[5] Hiernach kann ein an sich international zuständiges Gericht dann, wenn das Kind zu einem anderen Mitgliedstaat eine besondere Bindung hat, den **Fall an ein ausländisches Gericht verweisen** (vgl. Art. 15 EheVO Rn 1 ff.). Die Sache wird aber nach Art. 8 Abs. 1 weiterhin von den inländischen Gerichten entschieden, wenn das Kind einen neuen gewöhnlichen Aufenthalt nicht in einem anderen Mitgliedstaat, sondern in einem Drittstaat erwirbt.

5 Der gewöhnliche Aufenthalt des Kindes bestimmt sich nach den gleichen Kriterien wie im MSA bzw. im KSÜ (vgl. Anhang I zu Art. 24 EGBGB, Art. 1 KSÜ Rn 15 ff. und Art. 5 EGBGB Rn 16 ff.).[6] Auch eine

---

1 Art. 1 MSA.
2 Art. 5 KSÜ.
3 *Busch*, IPRax 2003, 218, 221 und *Helms*, FamRZ 2002, 1593, 1601 zum gleich lautenden Art. 10 des Verordnungsentwurfs. Von einer *perpetuatio fori* wurde im KSÜ bewusst Abstand genommen (vgl. *Siehr*, RabelsZ 62 (1998), 464, 478; aus der Rspr. zum MSA s. BGH NJW 2002, 2955 = IPRax 2003, 145 = FamRZ 2002, 1182 m. Anm. *Henrich*.
4 Rechtspolitische Kritik bei *Busch*, IPRax 2003, 218, 221.
5 *Busch/Rölke*, FamRZ 2004, 1338, 1341.
6 Vgl. etwa *Niklas*, S. 173 (zum Kommissionsentwurf).

Kindesentführung steht, wie sich aus Art. 10 mittelbar ergibt, der Begründung eines neuen gewöhnlichen Aufenthalts nicht entgegen.

C. Anwendbares Recht

Die Artt. 8–14 bestimmen nur die internationale Zuständigkeit, legen aber nicht fest, nach welchem Recht über den Antrag zu entscheiden ist. Es stellt sich die Frage, ob die – im Hinblick auf die Regelung der internationalen Zuständigkeit von der EheVO 2003 verdrängten (vgl. Artt. 60 lit. a, 61) – KSÜ bzw. MSA weiterhin das **anwendbare Recht** festlegen. Es wäre also eine kombinierte Anwendung der EheVO 2003 (im Hinblick auf die internationale Zuständigkeit) und des KSÜ bzw. des MSA (im Hinblick auf die Bestimmung des anwendbaren Rechts) vorzunehmen. Hielte man demgegenüber das KSÜ bzw. das MSA nicht für anwendbar, so wäre auf das autonome nationale Kollisionsrecht, in Deutschland also auf Art. 21 EGBGB, zu rekurrieren.[7]

Art. 62 Abs. 1 bestimmt, dass die in Artt. 59 Abs. 1, 60, 61 genannten Abkommen – darunter auch das KSÜ sowie das MSA – ihre Wirksamkeit für die Rechtsgebiete behalten, die durch diese Verordnung nicht geregelt werden. Als Rechtsgebiet i.d.S. kann auch die kollisionsrechtliche Bestimmung des anwendbaren Rechts angesehen werden. Für eine Anwendung des KSÜ bzw. des MSA sprechen letztlich der der EheVO 2003 und dem KSÜ zugrunde liegende Vereinheitlichungszweck: Beide Regelungssysteme haben zum Ziel, ein international einheitliches Recht zu schaffen. Daher entspricht es nicht der Intention der EheVO 2003, das KSÜ bzw. das MSA vollständig zu verdrängen und damit wieder den unvereinheitlichten nationalen Kollisionsnormen Raum zu geben.[8]

Nach Art. 15 Abs. 1 KSÜ wenden die zuständigen Gerichte und Behörden stets ihr Recht an, und zwar auch dann, wenn (ausnahmsweise) die Gerichte und Behörden eines Staates zuständig sind, in dem das Kind keinen gewöhnlichen Aufenthalt hat. Erwirbt das Kind also nach der Rechtshängigkeit seinen gewöhnlichen Aufenthalt in einem anderen Staat, wendet das – nach Art. 8 Abs. 1 nach wie vor zuständige – Gericht weiterhin seine *lex fori* an.[9] Es besteht also m.a.W. ein **Gleichlauf** zwischen der internationalen Zuständigkeit und dem anwendbaren Recht. Art. 15 Abs. 2 sieht hiervon eine in ihrer Tragweite unsichere Ausweichklausel vor (vgl. näher Anhang I zu Art. 24 EGBGB, Art. 15 KSÜ Rn 3).[10]

Auch Art. 2 MSA stellt auf den gewöhnlichen Aufenthalt des Kindes ab, was ebenfalls zu einem Gleichlauf von internationaler Zuständigkeit und anwendbarem Recht führt. Anzuwenden sein dürfte allerdings auch Art. 3 MSA, da es sich hier nicht (nur) um eine von der EheVO 2003 verdrängte Zuständigkeitsnorm, sondern zugleich um eine Vorschrift mit kollisionsrechtlichem Charakter handelt.[11] Zu den Fragen des anwendbaren Rechts vgl. i.Ü. die Kommentierung zu Art. 15 KSÜ und Art. 2 MSA (Anhang I und II zu Art. 24 EGBGB).

EheVO 2003 Art. 9 — Aufrechterhaltung der Zuständigkeit des früheren gewöhnlichen Aufenthaltsortes des Kindes

(1) Beim rechtmäßigen Umzug eines Kindes von einem Mitgliedstaat in einen anderen, durch den es dort einen neuen gewöhnlichen Aufenthalt erlangt, verbleibt abweichend von Artikel 8 die Zuständigkeit für eine Änderung einer vor dem Umzug des Kindes in diesem Mitgliedstaat ergangenen Entscheidung über das Umgangsrecht während einer Dauer von drei Monaten nach dem Umzug bei den Gerichten des früheren gewöhnlichen Aufenthalts des Kindes, wenn sich der laut der Entscheidung über das Umgangsrecht umgangsberechtigte Elternteil weiterhin gewöhnlich in dem Mitgliedstaat des früheren gewöhnlichen Aufenthalts des Kindes aufhält.

(2) Absatz 1 findet keine Anwendung, wenn der umgangsberechtigte Elternteil im Sinne des Absatzes 1 die Zuständigkeit der Gerichte des Mitgliedstaats des neuen gewöhnlichen Aufenthalts des Kindes dadurch anerkannt hat, dass er sich an Verfahren vor diesen Gerichten beteiligt, ohne ihre Zuständigkeit anzufechten.

---

7 Vgl. zum MSA *Puskajler*, IPRax 2001, 81, 82 (die Frage sei „nicht nur akademischer Natur"); *Jayme/Kohler*, IPRax 2000, 454, 457 f.; *v. Hoffmann*, IPR, § 8 Rn 68j; zum KSÜ *Helms*, FamRZ 2002, 1593, 1601; für eine vollständige Verdrängung von KSÜ und MSA Rauscher/*Rauscher*, Art. 3 Brüssel II-VO Rn 3; *Martiny*, ERA-Forum 2003, 97, 111.

8 Hierzu bereits *Gruber*, Rpfleger 2002, 545, 549.

9 Hiervon geht auch *Helms*, FamRZ 2002, 1593, 1601 f. aus.

10 Vgl. *Helms*, FamRZ 2002, 1593, 1602 (es bleibe zu klären, in welchem Umfang die Anwendung des Aufenthaltsrechts auf diese Weise tatsächlich begründet werden könne).

11 *Gruber*, Rpfleger 2002, 545, 549; vgl. hierzu auch BGH NJW 1984, 2761, 2762 = IPRax 1985, 40.

1 Art. 9 sieht eine **Sonderregel** für die internationale Zuständigkeit vor. Sie bezieht sich nur auf die Fälle, in denen eine Entscheidung (Art. 2 Nr. 4) über das **Umgangsrecht** (Art. 2 Nr. 10) ergangen ist und das Kind hieran anschließend durch einen rechtmäßigen Umzug in einem anderen Mitgliedstaat einen neuen gewöhnlichen Aufenthalt erlangt hat. Der Begriff des Umgangsrechts wird in Art. 2 Nr. 10 konkretisiert (vgl. Art. 2 EheVO Rn 4). Ein Umgangsrecht besteht demnach insbesondere auch in dem Recht, das Kind für eine begrenzte Zeit an einen anderen Ort als seinen gewöhnlichen Aufenthaltsort zu bringen.

2 Für die Dauer von **drei Monaten** verbleibt die internationale Zuständigkeit für die Änderung der Entscheidung über das Umgangsrecht bei dem Gericht des vormaligen Aufenthaltsstaats. Voraussetzung für eine Anwendung des Art. 9 Abs. 1 ist, dass sich der umgangsberechtigte Elternteil weiterhin gewöhnlich in dem Mitgliedstaat des früheren gewöhnlichen Aufenthalts des Kindes aufhält. Eine konkurrierende Zuständigkeit der Gerichte des neuen Aufenthaltsstaats besteht daneben nicht, da Art. 9 Abs. 1 eine abschließende, den Art. 8 Abs. 1 verdrängende *lex specialis* darstellt. Art. 9 Abs. 1 ist erfüllt, wenn innerhalb der Frist von drei Monaten das Gericht i.S.d. Art. 16 angerufen wird; die Entscheidung des Gerichts kann zu einem späteren Zeitpunkt ergehen.[1]

3 Art. 9 trägt dem Umstand Rechnung, dass zu dem Staat, in dem das Kind zuvor seinen gewöhnlichen Aufenthalt hatte, noch immer ein enger Bezug besteht. Zugleich wird eine gewisse Kontinuität in den gerichtlichen Entscheidungen erreicht.[2] Das nach Art. 9 zuständige Gericht wendet gemäß Art. 15 Abs. 1 KSÜ weiterhin sein eigenes Recht an (vgl. Art. 8 EheVO Rn 8). Der Wechsel des gewöhnlichen Aufenthalts des Kindes zieht m.a.W. weder eine Zuständigkeitsveränderung noch – bei Anwendung von Art. 15 Abs. 1 KSÜ – einen **kollisionsrechtlichen Statutenwechsel** nach sich.

4 Die Zuständigkeit nach Art. 9 Abs. 1 besteht allerdings dann nicht, wenn sich der umgangsberechtigte Elternteil vor den Gerichten des neuen Aufenthaltsstaats des Kindes in einem Verfahren, welches das Umgangsrecht des Ehegatten zum Gegenstand hatte, rügelos eingelassen hat (Art. 9 Abs. 2). Art. 9 Abs. 1 ist ausweislich seines Wortlauts ferner nur dann anwendbar, wenn in dem früheren Aufenthaltsstaat eine **Entscheidung** (Art. 2 Nr. 4) über das Umgangsrecht ergangen ist. Die Vorschrift gilt also nicht, wenn die Ehegatten eine außergerichtliche Vereinbarung über das Umgangsrecht getroffen haben und einer der Ehegatten diese Vereinbarung ändern will.[3]

5 Liegt entgegen Art. 9 Abs. 1 ein „unrechtmäßiger Umzug" vor, so richtet sich die internationale Zuständigkeit der Gerichte des vormaligen Aufenthaltsstaats nach Art. 10. Die internationale Zuständigkeit dürfte sich (zusätzlich) aber im Wege eines *a-fortiori*-Arguments auch auf Art. 9 stützen lassen.

6 Art. 9 Abs. 1 steht einer **Verweisung nach Art. 15** nicht entgegen. Dies ergibt sich daraus, dass Art. 15 Abs. 4 Unterabs. 2 u. Abs. 5 S. 3 ausdrücklich auf die Zuständigkeiten nach den Artt. 8–14 Bezug nehmen und damit davon ausgehen, dass Art. 15 nicht nur im Falle einer Zuständigkeit nach Art. 8 Abs. 1, sondern auch bei einer Zuständigkeit nach Art. 9 zur Anwendung kommen kann. Nach Art. 15 Abs. 3 lit. a wird vermutet, dass eine besondere Bindung zu dem Staat besteht, in dem das Kind seinen gewöhnlichen Aufenthalt neu erworben hat. Eine Verweisung i.S.d. Art. 15 kommt sondern in Betracht, wenn das nach Art. 9 zuständige Gericht zu der Auffassung gelangt, dass das Gericht im Staat des neuen gewöhnlichen Aufenthalts den Fall besser beurteilen kann (Art. 15 Abs. 1).

EheVO 2003 Art. 10 | Zuständigkeit in Fällen von Kindesentführung

Bei widerrechtlichem Verbringen oder Zurückhalten eines Kindes bleiben die Gerichte des Mitgliedstaats, in dem das Kind unmittelbar vor dem widerrechtlichen Verbringen oder Zurückhalten seinen gewöhnlichen Aufenthalt hatte, so lange zuständig, bis das Kind einen gewöhnlichen Aufenthalt in einem anderen Mitgliedstaat erlangt hat und

a) jede sorgeberechtigte Person, Behörde oder sonstige Stelle dem Verbringen oder Zurückhalten zugestimmt hat

oder

b) das Kind sich in diesem anderen Mitgliedstaat mindestens ein Jahr aufgehalten hat, nachdem die sorgeberechtigte Person, Behörde oder sonstige Stelle seinen Aufenthaltsort kannte oder hätte

---

[1] *Solomon*, FamRZ 2004, 1409, 1412.
[2] Die Regelung weist eine Übereinstimmung mit § 202 des US-amerikanischen Uniform Child Custody Jurisdiction and Enforcement Act auf (*Tenreiro/Ekström*, ERA-Forum 2003, 126, 129).
[3] Wohl a.A. *Busch*, IPRax 2003, 218, 221 zu Art. 11 des Verordnungsentwurfs.

kennen müssen und sich das Kind in seiner neuen Umgebung eingelebt hat, sofern eine der folgenden Bedingungen erfüllt ist:
i) Innerhalb eines Jahres, nachdem der Sorgeberechtigte den Aufenthaltsort des Kindes kannte oder hätte kennen müssen, wurde kein Antrag auf Rückgabe des Kindes bei den zuständigen Behörden des Mitgliedstaats gestellt, in den das Kind verbracht wurde oder in dem es zurückgehalten wird;
ii) ein von dem Sorgeberechtigten gestellter Antrag auf Rückgabe wurde zurückgezogen, und innerhalb der in Ziffer i) genannten Frist wurde kein neuer Antrag gestellt;
iii) ein Verfahren vor dem Gericht des Mitgliedstaats, in dem das Kind unmittelbar vor dem widerrechtlichen Verbringen oder Zurückhalten seinen gewöhnlichen Aufenthalt hatte, wurde gemäß Artikel 11 Absatz 7 abgeschlossen;
iv) von den Gerichten des Mitgliedstaats, in dem das Kind unmittelbar vor dem widerrechtlichen Verbringen oder Zurückhalten seinen gewöhnlichen Aufenthalt hatte, wurde eine Sorgerechtsentscheidung erlassen, in der die Rückgabe des Kindes nicht angeordnet wird.

Art. 10 enthält eine Sonderregel für die Zuständigkeit in den Fällen eines **widerrechtlichen Verbringens oder Zurückhaltens eines Kindes**.[1] Die Definition des in Art. 10 enthaltenen Begriffs des widerrechtlichen Verbringens oder Zurückhaltens ergibt sich näher aus Art. 2 Nr. 11 (vgl. näher Art. 2 EheVO Rn 5). Die Zuständigkeit nach Art. 10 lässt die Zuständigkeit der Gerichte des Zufluchtsstaats zur Entscheidung über die Anordnung der Kindesrückgabe nach dem HKÜ unberührt (vgl. Art. 11 Abs. 8).

Art. 10 stellt eine **Parallelvorschrift zu Art. 7 Abs. 1 KSÜ** dar, enthält aber einige erhebliche inhaltliche Abweichungen. Sowohl Art. 10 als auch Art. 7 Abs. 1 KSÜ treffen die grundsätzliche Aussage, dass der durch eine Entführung herbeigeführte Wechsel des gewöhnlichen Aufenthalts des Kindes i.d.R. nicht zur Folge hat, dass die internationale Zuständigkeit der Gerichte des vormaligen Aufenthaltsstaates wegfällt. Dem Entführer soll es grundsätzlich verwehrt sein, durch seine rechtswidrige Handlung eine Änderung der Zuständigkeit herbeizuführen.[2] Ein Wechsel der internationalen Zuständigkeit tritt nur unter engen Voraussetzungen ein. Die Zuständigkeit der Gerichte des Mitgliedstaates, in dem das Kind vor der Entführung seinen gewöhnlichen Aufenthalt hatte, wird durch Art. 10 allerdings in einem noch größeren Umfang gewahrt als in der Parallelvorschrift des Art. 7 Abs. 1 KSÜ.

Voraussetzung für einen Wegfall der internationalen Zuständigkeit ist, dass das Kind aufgrund der Entführung **einen neuen gewöhnlichen Aufenthalt** erworben hat. Hierbei kommt es darauf an, ob das Kind einen neuen faktischen Daseinsmittelpunkt erworben hat. Dies kann auch dann der Fall sein, wenn die Entführung gegen den Willen des Kindes erfolgte (zum Begriff des gewöhnlichen Aufenthalts vgl. auch Art. 3 EheVO Rn 12 f.).[3] Sodann muss jede sorgeberechtigte Person, Behörde oder sonstige Stelle dem Verbringen oder Zurückhalten **zugestimmt** haben (lit. a). Anstelle der in lit. a genannten Voraussetzungen reicht es aus, wenn die Voraussetzungen der lit. b erfüllt sind. Hiernach muss sich das Kind in dem neuen Mitgliedstaat zumindest **ein Jahr aufgehalten** haben, nachdem die sorgeberechtigte Person, Behörde oder sonstige Stelle seinen Aufenthalt kannte oder hätte kennen müssen. Ferner muss sich das Kind in seiner **neuen Umgebung eingelebt** haben. Schließlich muss einer der in **lit. i, ii, iii oder iv** genannten Bedingungen erfüllt sein.

Art. 10 ist – mit Ausnahme der in lit. i, ii, iii oder iv genannten Bedingungen – inhaltsgleich mit Art. 7 Abs. 1 KSÜ (vgl. Anhang I zu Art. 24 EGBGB, Art. 7 KSÜ).

Eine wesentliche inhaltliche Abweichung ergibt sich aus lit. i, ii, iii und iv. Hier nennt die Vorschrift besondere Bedingungen, die (alternativ) für eine Zuständigkeit der Gerichte und Behörden des neuen Aufenthaltsstaates erfüllt sein müssen. Lit. i, ii, iii knüpfen jeweils daran an, dass der Sorgeberechtigte einen Rückgabe- oder Sorgerechtsantrag nicht oder nicht rechtzeitig stellt bzw. diesen Antrag wieder zurücknimmt. Die Passivität des Sorgeberechtigten führt also zu einem Wegfall der Zuständigkeit im vormaligen Aufenthaltsstaat. Lit. iv lässt eine Zuständigkeit am neuen Aufenthaltsort des Kindes dann entstehen, wenn in dem vormaligen Aufenthaltsstaat eine Sorgerechtsentscheidung erlassen wird, in der die Rückgabe des Kindes nicht angeordnet wird.

Art. 7 Abs. 1 KSÜ bestimmt anstelle dessen, dass eine internationale Zuständigkeit der Gerichte des neuen Aufenthaltsstaates dann entsteht, wenn kein während der Einjahresfrist gestellter Antrag auf Rückgabe mehr anhängig ist. Nach dem HKÜ haben die Gerichte bzw. Behörden des Staates, in dem sich das Kind befindet,

---

1 Die Regelungen zur Kindesentführung waren zwischen den Mitgliedstaaten der EG besonders umstritten, vgl. zur Entstehungsgeschichte *Tenreiro/Ekström*, ERA-Forum 2003, 126, 130 f.

2 *Tenreiro/Ekström*, ERA-Forum 2003, 126, 132.

3 Vgl. hierzu näher *Baetge*, IPRax 2001, 573 ff. m.w.N.

über den Antrag auf Rückgabe zu entscheiden (vgl. Artt. 8 ff. HKÜ). Hieraus ergibt sich, dass nach Art. 7 Abs. 1 KSÜ eine neue internationale Zuständigkeit auch dann entsteht, wenn von einem Gericht bzw. einer Behörde des Staates, in den das Kind entführt worden ist, entschieden wurde, dass die Verweigerung der Rückgabe des Kindes aus einem der im HKÜ (dort insb. Artt. 12, 13) genannten Gründen berechtigt ist.

7 Der Unterschied zwischen Art. 10 EheVO und Art. 7 Abs. 1 KSÜ liegt folglich darin, dass nach Art. 10 lit. b und lit. iv ein Übergang der Zuständigkeit auf das Gericht des neuen Aufenthaltsstaats nur auf der Grundlage einer **Sorgerechtsentscheidung eines Gerichts des vormaligen Aufenthaltsstaats** möglich ist. Entscheidungen von Gerichten oder Behörden des Mitgliedstaates, in den das Kind entführt wurde und die die Rückgabe ablehnen, führen demgegenüber nach Art. 10 – anders als nach Art. 7 Abs. 1 KSÜ – nicht zu einem Wegfall der Zuständigkeit der Gerichte des vormaligen Aufenthaltsstaates. Die Position der Gerichte des vormaligen Aufenthaltsstaats wird mithin durch Art. 10 gegenüber Art. 7 Abs. 1 KSÜ deutlich gestärkt.[4]

8 Art. 11 Abs. 8 führt – an Art. 10 anschließend – dazu, dass diese fortbestehende Zuständigkeit auch effektiv ausgeübt werden kann. Entscheidungen der Gerichte des vormaligen Aufenthaltsstaates, in denen eine Rückgabe des Kindes angeordnet ist, sind nach Art. 11 Abs. 8 i.V.m. Artt. 40, 42 im neuen Aufenthaltsstaat auch dann anzuerkennen und zu vollstrecken, wenn ein Gericht des neuen Aufenthaltstaates zuvor einen Antrag auf Rückgabe des Kindes unter Berufung auf Art. 13 HKÜ abgelehnt hat (vgl. Art. 11 EheVO Rn 8). Wollen die Gerichte des vormaligen Aufenthaltsstaates im Rahmen der Sorgerechtsentscheidung eine Anhörung des – im Ausland befindlichen – Kindes durchführen, können sie sich auf die Verordnung Nr. 1206/2000 (EuBVO) stützen.[5]

9 Auf Art. 10 muss überhaupt nur dann zurückgegriffen werden, wenn das Kind infolge der Entführung einen neuen Aufenthalt erwirbt, bevor ein Antrag betreffend die elterliche Verantwortung im alten Aufenthaltsstaat gestellt wird. Erwirbt das Kind den neuen gewöhnlichen Aufenthalt erst nach der Antragstellung, verbleibt es bereits gemäß Art. 8 Abs. 1 bei der Zuständigkeit der Gerichte des vormaligen Aufenthaltsstaates (Grundsatz der *perpetuatio fori*, vgl. Art. 8 EheVO Rn 3).

10 Die Vorschrift bezieht sich ferner nur auf den Fall, dass durch die Entführung ein gewöhnlicher Aufenthalt in einem anderen Mitgliedstaat begründet wird. Befindet sich der gewöhnliche Aufenthalt des entführten Kindes in einem **Drittstaat**, so ist gemäß Art. 14 auf das KSÜ (dort insbesondere Art. 7 Abs. 1 KSÜ), das MSA oder das unvereinheitlichte nationale Zuständigkeitsrecht zurückzugreifen.

11 Art. 10 lässt die Möglichkeit einer **Verweisung nach Art. 15** unberührt (vgl. Art. 15 Abs. 4 Unterabs. 2, Abs. 5 S. 3). Nach dem Sinn und Zweck des Art. 10, der auch eine Präventivwirkung gegenüber Entführungen entfalten soll, dürfte eine solche Verweisung aber nur in seltenen Ausnahmefällen vorzunehmen sein.

| EheVO 2003 Art. 11 | Rückgabe des Kindes |

(1) Beantragt eine sorgeberechtigte Person, Behörde oder sonstige Stelle bei den zuständigen Behörden eines Mitgliedstaats eine Entscheidung auf der Grundlage des Haager Übereinkommens vom 25. Oktober 1980 über die zivilrechtlichen Aspekte internationaler Kindesentführung (nachstehend „Haager Übereinkommen von 1980" genannt), um die Rückgabe eines Kindes zu erwirken, das widerrechtlich in einen anderen als den Mitgliedstaat verbracht wurde oder dort zurückgehalten wird, in dem das Kind unmittelbar vor dem widerrechtlichen Verbringen oder Zurückhalten seinen gewöhnlichen Aufenthalt hatte, so gelten die Absätze 2 bis 8.

(2) Bei Anwendung der Artikel 12 und 13 des Haager Übereinkommens von 1980 ist sicherzustellen, dass das Kind die Möglichkeit hat, während des Verfahrens gehört zu werden, sofern dies nicht aufgrund seines Alters oder seines Reifegrads unangebracht erscheint.

(3) Das Gericht, bei dem die Rückgabe eines Kindes nach Absatz 1 beantragt wird, befasst sich mit gebotener Eile mit dem Antrag und bedient sich dabei der zügigsten Verfahren des nationalen Rechts.

---

4 Vgl. hierzu auch *Karsten*, Fam.Law 2001, 885, 889; *Lowe*, IntFam. 2001, 171, 179 (zum insoweit vergleichbaren Verordnungsvorschlag).

5 Verordnung (EG) Nr. 1206/2001 des Rates v. 28.5.2001 über die Zusammenarbeit zwischen den Gerichten der Mitgliedstaaten auf dem Gebiet der Beweisaufnahme in Zivil- und Handelssachen, ABlEG Nr. L 174 v. 27.6.2001. Vgl. den 20. Erwägungsgrund zur EheVO 2003 sowie den Kommissionsvorschlag KOM (2002) 222 endgültig/2, S. 14 (zu Art. 24).

Unbeschadet des Unterabsatzes 1 erlässt das Gericht seine Anordnung spätestens sechs Wochen nach seiner Befassung mit dem Antrag, es sei denn, dass dies aufgrund außergewöhnlicher Umstände nicht möglich ist.

(4) Ein Gericht kann die Rückgabe eines Kindes aufgrund des Artikels 13 Buchstabe b) des Haager Übereinkommens von 1980 nicht verweigern, wenn nachgewiesen ist, dass angemessene Vorkehrungen getroffen wurden, um den Schutz des Kindes nach seiner Rückkehr zu gewährleisten.

(5) Ein Gericht kann die Rückgabe eines Kindes nicht verweigern, wenn der Person, die die Rückgabe des Kindes beantragt hat, nicht die Gelegenheit gegeben wurde, gehört zu werden.

(6) Hat ein Gericht entschieden, die Rückgabe des Kindes gemäß Artikel 13 des Haager Übereinkommens von 1980 abzulehnen, so muss es nach dem nationalen Recht dem zuständigen Gericht oder der Zentralen Behörde des Mitgliedstaats, in dem das Kind unmittelbar vor dem widerrechtlichen Verbringen oder Zurückhalten seinen gewöhnlichen Aufenthalt hatte, unverzüglich entweder direkt oder über seine Zentrale Behörde eine Abschrift der gerichtlichen Entscheidung, die Rückgabe abzulehnen, und die entsprechenden Unterlagen, insbesondere eine Niederschrift der Anhörung, übermitteln. Alle genannten Unterlagen müssen dem Gericht binnen einem Monat ab dem Datum der Entscheidung, die Rückgabe abzulehnen, vorgelegt werden.

(7) Sofern die Gerichte des Mitgliedstaats, in dem das Kind unmittelbar vor dem widerrechtlichen Verbringen oder Zurückhalten seinen gewöhnlichen Aufenthalt hatte, nicht bereits von einer der Parteien befasst wurden, muss das Gericht oder die Zentrale Behörde, das/die die Mitteilung gemäß Absatz 6 erhält, die Parteien hiervon unterrichten und sie einladen, binnen drei Monaten ab Zustellung der Mitteilung Anträge gemäß dem nationalen Recht beim Gericht einzureichen, damit das Gericht die Frage des Sorgerechts prüfen kann.

Unbeschadet der in dieser Verordnung festgelegten Zuständigkeitsregeln schließt das Gericht den Fall ab, wenn innerhalb dieser Frist keine Anträge bei dem Gericht eingegangen sind.

(8) Ungeachtet einer nach Artikel 13 des Haager Übereinkommens von 1980 ergangenen Entscheidung, mit der die Rückgabe des Kindes verweigert wird, ist eine spätere Entscheidung, mit der die Rückgabe des Kindes angeordnet wird und die von einem nach dieser Verordnung zuständigen Gericht erlassen wird, im Einklang mit Kapitel III Abschnitt 4 vollstreckbar, um die Rückgabe des Kindes sicherzustellen.

Nach Artt. 12, 13 HKÜ[1] haben die Gerichte des (neuen) Aufenthaltsstaates, in den das Kind entführt worden ist, das Recht, die Rückgabe des Kindes unter bestimmten Voraussetzungen zu verweigern. Art. 11 verdrängt die Artt. 12, 13 HKÜ nicht vollständig, sieht aber einige z.T. wesentliche Änderungen vor.[2] Diese Änderungen haben das Ziel, noch stärker auf die **baldige Rückgabe des Kindes** hinzuwirken und damit die Wirkung der Artt. 12, 13 HKÜ noch weiter abzuschwächen.

Art. 11 Abs. 2 schreibt vor, dass das Gericht des neuen Aufenthaltsstaates bei der Anwendung von Art. 12 und Art. 13 des HKÜ grundsätzlich eine **Anhörung des Kindes** zu ermöglichen hat. Die Anhörung muss nur ausnahmsweise dann nicht ermöglicht werden, wenn dies aufgrund des Alters bzw. des Reifegrads des Kindes unangebracht erscheint.[3] Die Anhörung des Kindes muss nicht zwingend unmittelbar durch den Richter selbst erfolgen. Maßgebend ist allein, dass der Kindeswille ermittelt wird und im Verfahren maßgeblich Berücksichtigung findet.[4] Die verfahrensrechtliche Ausgestaltung der Anhörung bleibt im Übrigen – wie der 19. Erwägungsgrund zur EheVO 2003 hervorhebt – den Regeln des jeweiligen nationalen Verfahrensrechts überlassen.[5] Da Abs. 2 die Pflicht zur Anhörung nunmehr eindeutig festlegt, kommt es nicht mehr auf die umstrittene Frage an, ob sich eine Anhörungspflicht ohnehin bereits aus Art. 13 Abs. 2 HKÜ, dem deutschen Verfahrens- oder Verfassungsrecht bzw. den Regeln der EMRK ergibt.[6]

---

1 Haager Übereinkommen v. 25. Oktober 1980 über die zivilrechtlichen Aspekte internationaler Kindesentführung (BGBl. II 1990 S. 206).
2 Erwägungsgrund Nr. 17 zur EheVO 2003 (ABlEG 2003 Nr. L 338/2); *Tenreiro/Ekström*, ERA-Forum 2003, 126, 132.
3 Vgl. hierzu auch die Stellungnahme des Wirtschafts- und Sozialausschusses, ABlEG 2003 Nr. C 16/78 (Rn 5.2.5.1), wo darauf hingewiesen wird, dass die Ansicht der Elternteile bei der Feststellung des besten Interesses eines Kindes nicht immer nützlich sei, da die Eltern ihre eigenen emotionalen Bedürfnisse mit denen des Kindes verwechselten.
4 *Schulz*, FamRZ 2003, 1351, 1352.
5 *Schulz*, FamRZ 2003, 1351, 1352.
6 Vgl. OLG Stuttgart FamRZ 2000, 374 (die Anhörungspflicht nach § 50b FGG gelte im Verfahren nach dem HKÜ nicht); zur insgesamt bislang sehr uneinheitlichen Praxis in den Mitgliedstaaten des HKÜ vgl. *Schulz*, FamRZ 2003, 336, 342; 2003 m.w.N.; *dies.*, FamRZ 2003, 1351, 1352.

3 Art. 11 Abs. 3 Unterabs. 1 legt fest, dass sich das Gericht des neuen Aufenthaltsstaates bei der Entscheidung über die Rückgabe des Kindes nach dem HKÜ dem **zügigsten Verfahren des nationalen Rechts** zu bedienen hat. Die Regelung entspricht Art. 2 S. 2 HKÜ. Als zeitliche Obergrenze für den Erlass der Entscheidung setzt Abs. 3 Unterabs. 2 eine **Frist von sechs Wochen** nach der Befassung mit dem Antrag fest.
   In § 38 des deutschen IntFamRVG-E[7] findet sich eine Vorschrift, die u.a. auch der Umsetzung von Art. 11 Abs. 3 dienen soll. Die Vorschrift lautet:

§ 38 IntFamRVG-E   Beschleunigtes Verfahren

(1) Das Gericht hat das Verfahren auf Rückgabe des Kindes in allen Rechtszügen vorrangig zu behandeln. Mit Ausnahme von Artikel 12 Abs. 3 des Haager Kindesentführungsübereinkommens findet eine Aussetzung des Verfahrens nicht statt. Das Gericht hat alle erforderlichen Maßnahmen zur Beschleunigung des Verfahrens zu treffen, insbesondere auch damit die Entscheidung in der Hauptsache binnen der in Art. 11 Abs. 3 der Verordnung (EG) Nr. 2201/2003 genannten Frist ergehen kann.

(2) Das Gericht prüft in jeder Lage des Verfahrens, ob das Recht zum persönlichen Umgang mit dem Kind gewährleistet werden kann.

(3) Die Beteiligten haben an der Aufklärung des Sachverhalts mitzuwirken, wie es einem auf Förderung und Beschleunigung des Verfahrens bedachten Vorgehen entspricht.

Aus § 38 Abs. 1 ergibt sich, dass das Verfahren als Eilsache zu behandeln ist.[8] Um den Sachverhalt möglichst rasch zu ermitteln, soll das Gericht unverzüglich den Beteiligten die Ergänzung oder Erläuterung ihrer Schriftsätze und die Vorlegung von Urkunden zur Aufklärung des Sachverhalts aufgeben. Daneben kommen einstweilige Anordnungen in Betracht, um den Aufenthaltsort des Kindes während des Verfahrens zu sichern. Denkbar ist etwa das Verbot, den Aufenthaltsort des Kindes zu verändern, aber auch die Anordnung einer Grenzsperre, der Hinterlegung von Ausweispapieren sowie polizeilicher Meldepflichten.[9]

Das Verbot der Aussetzung des Verfahrens (§ 38 Abs. 1 S. 2 IntFamRVG-E) soll ebenfalls dazu beitragen, dass die in Art. 11 Abs. 3 Unterabs. 2 EheVO 2003 vorgeschriebene Frist von sechs Wochen eingehalten werden kann. Möglich bleibt weiterhin die Aussetzung nach Art. 12 Abs. 3 HKÜ, die sich auf den Fall bezieht, in dem Grund zu der Annahme besteht, dass das Kind in einen anderen Staat verbracht worden ist.

4 Art. 11 Abs. 4 sieht eine **inhaltliche Einschränkung von Art. 13 lit. b HKÜ** vor. Eine Verweigerung der Rückgabe des Kindes nach Art. 13 lit. b HKÜ ist ausgeschlossen, wenn nachgewiesen ist, dass angemessene Vorkehrungen getroffen wurden, um den Schutz des Kindes nach seiner Rückkehr zu gewährleisten. Die in Abs. 4 enthaltene Regelung führt den Grundgedanken des Art. 13 lit. b HKÜ, dass eine Verweigerung der Rückgabe nur *ultima ratio* sein soll, konsequent weiter.[10] Abs. 4 lässt sich entnehmen, dass der Richter die Anordnung der Rückgabe an zuvor zu erfüllende Bedingungen knüpfen kann. Der Richter ist also nicht auf das einfache Entweder-Oder einer Anordnung oder umgekehrt einer Ablehnung der Rückgabe beschränkt, sondern kann darauf hinwirken, dass das Rückgabehindernis nach Art. 13 lit. b HKÜ entfällt.[11]

5 Aus Abs. 4 dürfte sich auch die Zulässigkeit sog. *„undertakings"* herleiten lassen, also der im angloamerikanischen Verfahren praktizierten Übernahme bestimmter Verpflichtungen des Antragstellers gegenüber dem Gericht.[12] Vor deutschen Gerichten kann eine den anglo-amerikanischen *„undertakings"* vergleichbare Wirkung dadurch erzielt werden, dass der Antragsteller mit dem Verfahrensgegner eine Prozessvereinbarung trifft.[13] Ferner kann der Richter darüber hinaus selbst den Versuch unternehmen, durch Kontaktaufnahme mit ausländischen Behörden und Gerichten die Rahmenbedingungen im vormaligen

---

7 Gesetzentwurf der Bundesregierung, Entwurf eines Gesetzes zum internationalen Familienrecht, BT-Drucks 15/3981.
8 Der Bundesrat hat in einer Stellungnahme zum Gesetzentwurf (BT-Drucks 15/3981, S. 34) angeregt, § 38 Abs. 1 S. 1 wie folgt zu fassen: „Die Gerichte haben Verfahren auf Rückgabe eines Kindes in allen Rechtszügen als eilbedürftig zu behandeln." Die Bundesregierung hat dieser vorgeschlagenen Änderung nicht zugestimmt, vor allem deshalb, weil sie die aus Art. 11 Abs. 3 EheVO 2003 folgende Pflicht zur Anwendung der zügigsten Verfahren des nationalen Rechts weniger deutlich hervortreten lasse (Gegenäußerung der Bundesregierung, BT-Drucks 15/3981, S. 36).

9 Vgl. BT-Drucks 15/3981, S. 27 f.
10 Vgl. allg. zur (engen) Auslegung von Art. 13 lit. b HKÜ BVerfG NJW 1999, 2173, 2174; BVerfGE 99, 145, 159 = NJW 1999, 631, 632; BVerfG FamRZ 1996, 1267; NJW 1996, 1402, 1403; MüKo/*Siehr*, Art. 19 EGBGB Anh. II Rn 61 ff.
11 *Schulz*, FamRZ 2003, 1351, 1353.
12 *Schulz*, FamRZ 2003, 1351, 1352 f.; eingehend zu den *undertakings* im Anwendungsbereich des HKÜ *Mäsch*, FamRZ 2003, 1069 f.; s. ferner *Schlosser*, RIW 2001, 81 f.
13 *Mäsch*, FamRZ 2003, 1069, 1071 (die Möglichkeit einer derartigen Vereinbarung schon im Anwendungsbereich nur des HKÜ befürwortend).

Aufenthaltsstaat günstig zu beeinflussen.[14] Liegt eine Kindesentführung durch die Mutter vor, und droht dem Kind eine Gewaltanwendung durch den im vormaligen Aufenthaltsstaat verbliebenen Vater, so kann der Richter des neuen Aufenthaltsstaates darauf hinwirken, dass im Staat des vormaligen Aufenthalts für die Zeit des dort anhängigen Sorgerechtsverfahrens ein Kontaktverbot zwischen dem Vater und dem Kind verhängt wird.[15] Ferner kann er darauf hinwirken, dass ein im vormaligen Aufenthaltsstaat bestehender Haftbefehl gegen den Entführer aufgehoben wird und Entführer und Kind infolge dessen zusammenbleiben können.[16]

Art. 11 Abs. 5 statuiert eine weitere **verfahrensrechtliche Einschränkung** von Artt. 12, 13 HKÜ. Ein Antrag auf Rückgabe des Kindes kann nur abgelehnt werden, wenn dem Antragsteller zuvor Gelegenheit gegeben wurde, gehört zu werden. 6

Die Regelung des **Art. 11 Abs. 6** dient der raschen **Information der Zentralen Behörde** (vgl. Artt. 6 ff. HKÜ) bzw. dem zuständigen Gericht des vormaligen Aufenthaltsstaates. Abs. 6 ist vor dem Hintergrund zu verstehen, dass nach Art. 10 die internationale Zuständigkeit der Gerichte des vormaligen Aufenthaltsstaates im Falle einer Entführung grundsätzlich erhalten bleibt und nach Art. 11 Abs. 8 Sorgerechts- bzw. Rückgabeentscheidungen der Gerichte des vormaligen Aufenthaltsstaats im neuen Aufenthaltsstaat selbst dann anzuerkennen und zu vollstrecken sind, wenn Gerichte des neuen Aufenthaltsstaates die Rückgabe des Kindes nach Art. 13 HKÜ zuvor abgelehnt haben. Abs. 6 soll sicherstellen, dass ein Sorgerechtsverfahren im vormaligen Aufenthaltsstaat möglichst rasch im Anschluss an die Ablehnung der Rückgabe des Kindes durchgeführt werden kann. Von der fortbestehenden Zuständigkeit der Gerichte des vormaligen Aufenthaltsstaates soll m.a.W. effektiv Gebrauch gemacht werden können.[17] 7

Die in **Art. 11 Abs. 7** enthaltene Informationspflicht dient dem Ziel, die Parteien zur **Einreichung von Sorgerechtsanträgen** zu veranlassen. Die hiernach ergehende Entscheidung über die Sorgerechtsverteilung ist nach **Art. 11 Abs. 8** selbst dann **anzuerkennen und zu vollstrecken**, wenn Gerichte des neuen Aufenthaltsstaates eine Rückgabe des Kindes zuvor nach Art. 13 HKÜ abgelehnt haben. Die Anerkennung und Vollstreckung der Entscheidung bedarf nach Art. 42 Abs. 1 keiner Vollstreckbarerklärung; die Anerkennung kann auch nicht angefochten werden. Hat ein Gericht des neuen Aufenthaltsstaates m.a.W. eine Rückgabe des Kindes abgelehnt, so kann der hiervon betroffene Träger der elterlichen Verantwortung im vormaligen Aufenthaltsstaat ungeachtet dessen den Antrag stellen, die Rückgabe des Kindes anzuordnen. 8

Abs. 8 führt dazu, dass eine auf Art. 13 HKÜ gestützte, die Rückgabe ablehnende Entscheidung nur begrenzte Wirkung hat. Die die Rückgabe ablehnende Entscheidung des Gerichts des neuen Aufenthaltsstaates kann im praktischen Ergebnis durch eine die Rückgabe anordnende Entscheidung eines Gerichts des vormaligen Aufenthaltsstaates ersetzt werden.[18] Art. 11 Abs. 8 bezieht sich seinem Wortlaut nach nur auf den Fall, dass die Ablehnung der Rückgabe auf Art. 13 HKÜ gestützt worden ist. Wird die Verweigerung hingegen auf **Art. 12 Abs. 2 HKÜ** oder **Art. 20 HKÜ** gestützt, ist die Vorschrift ihrem Wortlaut nach nicht anwendbar. Allerdings fehlt es insoweit an einem sachlichen Grund für eine Ungleichbehandlung, und es bestehen keine Anhaltspunkte dafür, dass die Beschränkung auf Art. 13 HKÜ auf einer bewussten gesetzgeberischen Entscheidung beruht. Dementsprechend sollte Art. 11 Abs. 6–8 EheVO 2003 für den Fall, dass die ablehnende Entscheidung auf Art. 12 Abs. 2 bzw. Art. 20 HKÜ gestützt worden ist, analog angewendet werden.[19]

| EheVO 2003 Art. 12 | Vereinbarung über die Zuständigkeit |

(1) Die Gerichte des Mitgliedstaates, in dem nach Artikel 3 über einen Antrag auf Ehescheidung, Trennung ohne Auflösung des Ehebandes oder Ungültigerklärung einer Ehe zu entscheiden ist, sind für alle Entscheidungen zuständig, die die mit diesem Antrag verbundene elterliche Verantwortung betreffen, wenn
a) zumindest einer der Ehegatten die elterliche Verantwortung für das Kind hat
und

---

14 In der Tendenz – eine Kooperation zwischen den Gerichten bzw. Behörden der Mitgliedstaaten voraussetzend – *Pereira*, ERA-Forum 2003, 134, 140. Aus der Praxis zum HKÜ vgl. OLG Rostock IPRax 2002, 218 mit sehr krit. Anm. *Siehr*, IPRax 2002, 199; die Entscheidung verteidigend demgegenüber (der als Richter beteiligte) *Winkler v. Mohrenfels*, IPRax 2002, 372.
15 *Schulz*, FamRZ 2003, 1351, 1352.
16 Hierzu *Siehr*, IPRax 2002, 199; *Winkler v. Mohrenfels*, IPRax 2002, 372, 373.
17 *Schulz*, FamRZ 2003, 1351, 1353.
18 Erwägungsgrund Nr. 17 zur EheVO 2003 (ABlEG 2003 Nr. L 338/2); ferner (zum Verordnungsentwurf) *Helms*, FamRZ 2002, 1593, 1602.
19 *Solomon*, FamRZ 2004, 1409, 1417.

b) die Zuständigkeit der betreffenden Gerichte von den Ehegatten oder von den Trägern der elterlichen Verantwortung zum Zeitpunkt der Anrufung des Gerichts ausdrücklich oder auf andere eindeutige Weise anerkannt wurde und im Einklang mit dem Wohl des Kindes steht.

(2) Die Zuständigkeit gemäß Absatz 1 endet,

a) sobald die stattgebende oder abweisende Entscheidung über den Antrag auf Ehescheidung, Trennung ohne Auflösung des Ehebandes oder Ungültigerklärung einer Ehe rechtskräftig geworden ist,

b) oder in den Fällen, in denen zu dem unter Buchstabe a) genannten Zeitpunkt noch ein Verfahren betreffend die elterliche Verantwortung anhängig ist, sobald die Entscheidung in diesem Verfahren rechtskräftig geworden ist,

c) oder sobald die unter den Buchstaben a) und b) genannten Verfahren aus einem anderen Grund beendet worden sind.

(3) Die Gerichte eines Mitgliedstaats sind ebenfalls zuständig in Bezug auf die elterliche Verantwortung in anderen als den in Absatz 1 genannten Verfahren, wenn

a) eine wesentliche Bindung des Kindes zu diesem Mitgliedstaat besteht, insbesondere weil einer der Träger der elterlichen Verantwortung in diesem Mitgliedstaat seinen gewöhnlichen Aufenthalt hat oder das Kind die Staatsangehörigkeit dieses Mitgliedstaats besitzt,

und

b) alle Parteien des Verfahrens zum Zeitpunkt der Anrufung des Gerichts die Zuständigkeit ausdrücklich oder auf andere eindeutige Weise anerkannt haben und die Zuständigkeit in Einklang mit dem Wohl des Kindes steht.

(4) Hat das Kind seinen gewöhnlichen Aufenthalt in einem Drittstaat, der nicht Vertragspartei des Haager Übereinkommens vom 19. Oktober 1996 über die Zuständigkeit, das anzuwendende Recht, die Anerkennung, Vollstreckung und Zusammenarbeit auf dem Gebiet der elterlichen Verantwortung und der Maßnahmen zum Schutz von Kindern ist, so ist davon auszugehen, dass die auf diesen Artikel gestützte Zuständigkeit insbesondere dann in Einklang mit dem Wohl des Kindes steht, wenn sich ein Verfahren in dem betreffenden Drittstaat als unmöglich erweist.

A. Überblick	1	I. Voraussetzungen	2
B. Vereinbarung bei mit einer Ehesache verbundenen Verfahren	2	II. Dauer der Zuständigkeit	9
		C. Vereinbarung in sonstigen Fällen	12

A. Überblick

1 Art. 12 sieht Möglichkeiten einer **Gerichtsstandsvereinbarung** vor. Die Vorschrift dient dem Ziel, das Einvernehmen der Parteien zu fördern, wenngleich zunächst nur im Hinblick auf die Regelung der Zuständigkeit des Gerichts.[1] Die Vorschrift schafft eine gewisse Flexibilität, da eine Zuständigkeit in der Vorschrift stets davon abhängig gemacht wird, dass sie im Einklang mit dem Wohl des Kindes steht.

B. Vereinbarung bei mit einer Ehesache verbundenen Verfahren

I. Voraussetzungen

2 Art. 12 Abs. 1 entspricht – mit Ausnahme von einzelnen redaktionellen bzw. nur geringfügigen inhaltlichen Änderungen – Art. 3 Abs. 1 EheVO 2000. Die Vorschrift eröffnet den **Ehegatten** die Möglichkeit, die Zuständigkeit der Gerichte eines Mitgliedstaates **zu vereinbaren**.

3 Die Vorschrift setzt zunächst voraus, dass ein Antrag auf Entscheidung in einer **Ehesache** (Art. 1 Abs. 1 lit. b) bei einem nach Art. 3 zuständigen Gericht anhängig ist. Sodann muss die begehrte Entscheidung über die elterliche Verantwortung mit dem Antrag auf Entscheidung in der **Ehesache verbunden** sein. Dieses Merkmal tritt, ohne dass hiermit inhaltliche Änderungen beabsichtigt gewesen wären, an die Stelle der in Art. 1 Abs. 1 lit. b EheVO 2000 enthaltenen Anwendungsvoraussetzung, dass das Verfahren über die elterliche Verantwortung „aus Anlass" einer Ehesache betrieben werden muss. Mit der Ehesache „verbunden" sind demnach solche Verfahren über die elterliche Verantwortung, die gleichzeitig mit der Ehesache bzw. nach Rechtshängigkeit der Ehesache eingeleitet werden.[2] Nicht vorausgesetzt wird, dass

---

[1] Vgl. Kommissionsvorschlag KOM (2002) 222 endgültig/2, S. 10 (zu Art. 12).

[2] *Spellenberg*, in: FS Sonnenberger 2004, S. 677, 692 f.; Thomas/Putzo/*Hüßtege*, ZPO, Art. 1 EheVO Rn 7; Rauscher/*Rauscher*, Art. 1 Brüssel II-VO Rn 14; *Puszkajler*, IPRax 2001, 81, 83; *Gruber*, Rpfleger 2002, 545, 550 Fn 56; auch *Schlosser*, Art. 1 EheVO Rn 3 (nur leicht einschr. Art. 3 Rn 3 a.E.).

in einem förmlichen Verfahrensverbund entschieden wird.³ Ferner wird nicht vorausgesetzt, dass die Sorgerechtsregelung materiell von der Scheidung selbst beeinflusst wird und nicht nur (wie im deutschen Recht) vom tatsächlichen Getrenntleben der Ehegatten.⁴

Wird das Verfahren über die elterliche Verantwortung „isoliert" anhängig gemacht, ist Art. 12 Abs. 1 grundsätzlich nicht anwendbar. Das Verfahren über die elterliche Verantwortung wird auch nicht nachträglich zu einem mit einer Ehesache „verbundenen" Verfahren, wenn nachfolgend doch noch eine Ehesache anhängig gemacht wird.⁵ 4

Art. 12 Abs. 1 setzt ferner voraus, dass zumindest einer der Ehegatten die elterliche Verantwortung für das Kind hat (lit. a), die Zuständigkeit der betreffenden Gerichte von den Ehegatten ausdrücklich oder auf andere eindeutige Weise anerkannt worden ist und im Einklang mit dem Wohl des Kindes steht (lit. b). Art. 12 Abs. 1 entspricht insoweit Art. 10 Abs. 1 KSÜ (vgl. Anhang I zu Art. 24 EGBGB, Art. 10 KSÜ Rn 12). 5

Ob zumindest einer der Ehegatten die nach Art. 3 Abs. 2 erforderliche **elterliche Verantwortung** für das Kind hat, stellt eine kollisionsrechtliche Vorfrage dar. Unter der elterlichen Verantwortung ist hierbei die elterliche Sorge i.e.S. zu verstehen.⁶ Diese ist von den mit der Sache befassten deutschen Gerichten nach Art. 16 KSÜ⁷ bzw. Art. 21 EGBGB anzuknüpfen. Ist die elterliche Sorge durch eine ausländische Entscheidung übertragen worden, kommt es auf eine Anerkennung dieser Entscheidung nach den Artt. 21 ff. EheVO 2003, dem Art. 23 KSÜ bzw. Art. 7 MSA, Artt. 7 f. ESÜ bzw. – hilfsweise – nach dem autonomen deutschen Verfahrensrecht (§ 16a FGG) an.⁸ 6

Eine **Anerkennung der Zuständigkeit** kann ausdrücklich, aber auch durch konkludentes Verhalten erfolgen. Die konkludente Anerkennung muss nach dem Wortlaut der Vorschrift aber auf „eindeutige" Weise erfolgen. Bei Unklarheiten dürfte vor deutschen Gerichten eine Aufklärungs- bzw. Hinweispflicht des Gerichts bestehen (§ 139 ZPO). Fraglich ist, ob auch allgemein eine **rügelose Einlassung** ausreicht. Dies wurde im Hinblick auf Art. 3 Abs. 2 EheVO 2000 verbreitet angenommen.⁹ Im Wortlaut des Art. 3 Abs. 2 EheVO 2000 fehlte hingegen der Hinweis darauf, dass die Anerkennung auf „eindeutige Weise" erfolgen muss. Aus dem veränderten Wortlaut des Art. 12 Abs. 1 ist daher zu schließen, dass eine rügelose Einlassung i.e.S. jedenfalls für Art. 12 Abs. 1 nicht mehr ausreicht. Hierfür spricht auch ein Umkehrschluss aus Art. 9 Abs. 2 sowie der Umstand, dass im (allerdings nicht Gesetz gewordenen) Kommissionsvorschlag für eine Verordnung noch ausdrücklich festgehalten worden war, dass das Erscheinen eines Trägers der elterlichen Verantwortung vor Gericht allein noch keine Anerkennung der Zuständigkeit des Gerichts bedeute.¹⁰ Zu beachten ist schließlich auch, dass die Einführung einer Gerichtsstandsvereinbarung in Verfahren über die elterliche Verantwortung bis zuletzt unter den Mitgliedstaaten sehr umstritten war, so dass in der Tendenz eine eher vorsichtige Handhabung der Vorschrift geboten ist.¹¹ Die **Zustimmung eines Dritten**, dem ggf. in einem anderen Verfahren ein Teil der elterlichen Verantwortung übertragen wurde, ist nach dem Wortlaut der Norm – abweichend von Art. 10 Abs. 1 lit. b KSÜ – nicht erforderlich.¹² Zum Zeitpunkt, zu dem die Anerkennung der Zustimmung vorliegen muss, vgl. Rn 14. 7

Der Begriff des **Kindeswohls** bestimmt sich in Anlehnung an Art. 10 Abs. 1 KSÜ.¹³ Das Kindeswohl kann einer Zuständigkeit u.a. dann entgegenstehen, wenn das Kind unnötig weit anreisen muss oder die Anhörung nur mit Hilfe eines Dolmetschers möglich ist.¹⁴ Bei der Beurteilung des Kindeswohls ist nicht auf den Inhalt der zu treffenden Entscheidung abzustellen. Maßgeblich ist eine zuständigkeitsrechtliche Betrachtung, die wiederum eine eher zurückhaltende Handhabung der Vorschrift nahe legt.¹⁵ Nach Abs. 4 ist allerdings davon auszugehen, dass die Zuständigkeit mit dem Wohl des Kindes in Einklang steht, wenn das Kind seinen gewöhnlichen Aufenthalt in einem Drittstaat hat, der nicht Vertragspartei des KSÜ ist, und sich ein 8

---

3 Rauscher/*Rauscher*, Art. 1 Brüssel II-VO Rn 13; *Schlosser*, Art. 1 EheVO Rn 3; *Hajnczyk*, S. 87.
4 *Spellenberg*, in: FS Sonnenberger 2004, S. 677, 692 f.
5 So aber – zu Art. 1 Abs. 1 lit. b EheVO 2000 – OLG Karlsruhe, IPRax 2004, 524 mit abl. Anm. *Gruber*, S. 507.
6 Rauscher/*Rauscher*, Art. 3 Brüssel II-VO Rn 15; Baumbach/Lauterbach/*Albers*, Anh. I § 606a ZPO, Art 3 Rn 6.
7 Vgl. etwa *Siehr*, RabelsZ 62 (1998), 464, 489; *Kropholler*, IPR, § 48 II.
8 Rauscher/*Rauscher*, Art. 3 Brüssel II-VO Rn 17; Thomas/Putzo/*Hüßtege*, ZPO, Art. 3 EheVO Rn 7.

9 Thomas/Putzo/*Hüßtege*, ZPO, Art. 3 EheVO Rn 8; *Vogel*, MDR 2000, 1045, 1048; abweichend Rauscher/*Rauscher*, Art. 3 Brüssel II-VO Rn 17.
10 Art. 12 Abs. 4 im Vorschlag der Kommission (ABlEG Nr. C 203 E/155, 159).
11 *Pereira*, ERA-Forum 2003, 134, 137.
12 *Hajnczyk*, S. 89; a.A. *Sumampouw*, in: Liber Amicorum Siehr 2000, S. 729, 734.
13 *Borrás*, ABlEG 1998 Nr. C 221, S. 27, 40 (Rn 38); MüKo-ZPO/*Gottwald*, Art. 3 EheVO Rn 5.
14 Näher Rauscher/*Rauscher*, Art. 3 Brüssel II-VO Rn 19.
15 *Spellenberg*, in: FS Sonnenberger 2004, S. 677, 685.

Verfahren in diesem Drittstaat als unmöglich erweist. Der Unmöglichkeit sind die Fälle einer Unzumutbarkeit gleichzustellen.[16]

II. Dauer der Zuständigkeit

9   Die Dauer der Zuständigkeit richtet sich nach Art. 12 Abs. 2. Lit. a ist Art. 10 Abs. 2 KSÜ nachgebildet. Die Beendigung der Zuständigkeit nach Art. 12 Abs. 1 tritt hiernach mit **Rechtskraft der Entscheidung über die Ehesache** ein. Verfahren über die elterliche Verantwortung, die erst nach diesem Zeitpunkt anhängig gemacht werden, fallen nicht unter Art. 12.

10 Lit. b sieht eine *perpetuatio fori* für ein Verfahren über die elterliche Verantwortung vor, das während der Anhängigkeit einer Ehesache anhängig gemacht wurde. Die Zuständigkeit endet erst mit der rechtskräftigen Entscheidung über die elterliche Verantwortung selbst. Der maßgebliche Zeitpunkt der Anhängigkeit der Ehesache richtet sich nach Art. 16 (analog).[17]

11 Lit. c bezieht sich auf andere Beendigungsgründe wie insbesondere die Antragsrücknahme oder den Tod eines der Ehegatten.[18]

C. Vereinbarung in sonstigen Fällen

12 Art. 12 Abs. 3 enthält eine weitere, durch die EheVO 2003 neu eingeführte Möglichkeit der Gerichtsstandsvereinbarung. Vorausgesetzt wird, dass eine wesentliche Bindung des Kindes zu dem Mitgliedstaat besteht. Dies kann insbesondere dann der Fall sein, wenn einer der Träger der ehelichen Verantwortung dort seinen gewöhnlichen Aufenthalt hat oder das Kind diesem Mitgliedstaat angehört (lit. a). Aus der Formulierung der lit. a („insbesondere") ist zu entnehmen, dass die wesentliche Verbindung des Kindes zu dem Mitgliedstaat auch auf anderen Umständen beruhen kann.[19]

13 Daneben müssen alle Parteien des Verfahrens die Zuständigkeit des Gerichts dieses Mitgliedstaates anerkannt haben, und die Zuständigkeit muss in Einklang mit dem Wohl des Kindes stehen (lit. b; vgl. hierzu Rn 7, 8). Parteien des Verfahrens können nicht nur die Eltern, sondern insbesondere auch andere juristische oder natürliche Personen sein, denen die elterliche Verantwortung für das Kind zusteht (Art. 2 Nr. 7).

Träger der elterlichen Verantwortung, die nicht Partei des Verfahrens sind, müssen nach dem Wortlaut der Norm – anders als noch im Kommissionsvorschlag – aber nicht die Zuständigkeit anerkannt haben.[20]

14 Nach dem Wortlaut der Vorschrift kommt es für die Anerkennung der Zuständigkeit maßgeblich auf den Zeitpunkt der Anrufung des Gerichts an. Grundsätzlich dürfte es, solange der Antrag noch nicht abgewiesen ist, aber auch ausreichen, dass die Anerkennung der Zuständigkeit zu einem späteren Zeitpunkt vorliegt. Anderenfalls müsste ein Antrag abgewiesen werden, der sogleich neu gestellt werden könnte (vgl. hierzu Art. 3 EheVO Rn 35 f.). Demgegenüber reicht es, für sich betrachtet, nicht aus, dass zu einem Zeitpunkt vor Anrufung des Gerichts einmal eine Vereinbarung über die Zuständigkeit getroffen worden ist. Diese Vereinbarung muss noch im Zeitpunkt der Anrufung des Gerichts Bestand haben und kann damit bis zu diesem Zeitpunkt einseitig widerrufen werden.[21] Der Zeitpunkt der Anrufung des Gerichts bestimmt sich nach Art. 16.[22]

EheVO 2003 Art. 13 | **Zuständigkeit aufgrund der Anwesenheit des Kindes**

(1) Kann der gewöhnliche Aufenthalt des Kindes nicht festgestellt werden und kann die Zuständigkeit nicht gemäß Artikel 12 bestimmt werden, so sind die Gerichte des Mitgliedstaats zuständig, in dem sich das Kind befindet.

(2) Absatz 1 gilt auch für Kinder, die Flüchtlinge oder, aufgrund von Unruhen in ihrem Land, ihres Landes Vertriebene sind.

---

16 Vgl. hierzu auch die englische Textfassung („... if it is found impossible to hold proceedings in the third State in question").
17 Rauscher/*Rauscher*, Art. 3 Brüssel II-VO Rn 23; *Hau*, FamRZ 2000, 1333, 1340.
18 *Borrás*, ABlEG 1998 Nr. C 221/27, 41 (Rn 39).
19 *Niklas*, S. 175.
20 Vgl. noch Art. 12 Abs. 2 in der Fassung des Kommissionsvorschlags v. 3.5.2002, KOM (2002) 222 eng., ABlEG Nr. C 203 E/155. Nicht „Partei des Verfahrens" ist das Kind selbst (vgl. *Busch/Rölke*, FamRZ 2004, 1338, 1341.
21 *Solomon*, FamRZ 2004, 1409, 1413.
22 *Solomon*, FamRZ 2004, 1409, 1413.

Art. 13 entspricht inhaltlich Art. 6 KSÜ. Es wurde lediglich die Reihenfolge der Absätze vertauscht. I.Ü. vgl. die Kommentierung zu Art. 6 KSÜ (Anhang I zu Art. 24 EGBGB, Art. 6 KSÜ Rn 1).

Art. 13 enthält nach der Begründung der Kommission eine gegenüber den Artt. 8–12 subsidiäre Zuständigkeitsregelung.[1] Daraus ist zu schließen, dass auf Art. 13 nur dann zurückgegriffen werden darf, wenn sich nicht aus den Artt. 8–12 eine Zuständigkeit des Gerichts eines Mitgliedstaates ergibt.[2]

EheVO 2003 Art. 14 Restzuständigkeit

Soweit sich aus den Artikeln 8 bis 13 keine Zuständigkeit eines Gerichts eines Mitgliedstaats ergibt, bestimmt sich die Zuständigkeit in jedem Mitgliedstaat nach dem Recht dieses Staates.

Art. 14 enthält eine ergänzende Verweisung auf das KSÜ, das MSA bzw. das nationale Zuständigkeitsrecht. In ihrer Struktur entspricht die Vorschrift dem bei Ehesachen anwendbaren Art. 7 Abs. 1. Zu prüfen ist zunächst, ob sich bei Anwendung der Artt. 8–13 die internationale Zuständigkeit irgendeines Mitgliedstaates ergibt. Ist dies nicht der Fall, kann – ergänzend – auf das KSÜ bzw. MSA bzw. das unvereinheitlichte nationale Zuständigkeitsrecht zurückgegriffen werden.[1]

Eine Entscheidung, die auf der Grundlage von Art. 14 i.V.m. dem KSÜ, MSA oder dem nationalen Zuständigkeitsrecht ergeht, wird nach Maßgabe der Artt. 21 ff. in den anderen Mitgliedstaaten anerkannt und vollstreckt (vgl. Art. 61 lit. b).

EheVO 2003 Art. 15 Verweisung an ein Gericht, das den Fall besser beurteilen kann

(1) In Ausnahmefällen und sofern dies dem Wohl des Kindes entspricht, kann das Gericht eines Mitgliedstaats, das für die Entscheidung in der Hauptsache zuständig ist, in dem Fall, dass seines Erachtens ein Gericht eines anderen Mitgliedstaats, zu dem das Kind eine besondere Bindung hat, den Fall oder einen bestimmten Teil des Falls besser beurteilen kann,
a) die Prüfung des Falls oder des betreffenden Teils des Falls aussetzen und die Parteien einladen, beim Gericht dieses anderen Mitgliedstaats einen Antrag gemäß Absatz 4 zu stellen, oder
b) ein Gericht eines anderen Mitgliedstaats ersuchen, sich gemäß Absatz 5 für zuständig zu erklären.

(2) Absatz 1 findet Anwendung
a) auf Antrag einer der Parteien oder
b) von Amts wegen oder
c) auf Antrag des Gerichts eines anderen Mitgliedstaats, zu dem das Kind eine besondere Bindung gemäß Absatz 3 hat.
Die Verweisung von Amts wegen oder auf Antrag des Gerichts eines anderen Mitgliedstaats erfolgt jedoch nur, wenn mindestens eine der Parteien ihr zustimmt.

(3) Es wird davon ausgegangen, dass das Kind eine besondere Bindung im Sinne des Absatzes 1 zu dem Mitgliedstaat hat, wenn
a) nach Anrufung des Gerichts im Sinne des Absatzes 1 das Kind seinen gewöhnlichen Aufenthalt in diesem Mitgliedstaat erworben hat oder
b) das Kind seinen gewöhnlichen Aufenthalt in diesem Mitgliedstaat hatte oder
c) das Kind die Staatsangehörigkeit dieses Mitgliedstaats besitzt oder
d) ein Träger der elterlichen Verantwortung seinen gewöhnlichen Aufenthalt in diesem Mitgliedstaat hat oder
e) die Streitsache Maßnahmen zum Schutz des Kindes im Zusammenhang mit der Verwaltung oder der Erhaltung des Vermögens des Kindes oder der Verfügung über dieses Vermögen betrifft und sich dieses Vermögen im Hoheitsgebiet dieses Mitgliedstaats befindet.

(4) Das Gericht des Mitgliedstaats, das für die Entscheidung in der Hauptsache zuständig ist, setzt eine Frist, innerhalb deren die Gerichte des anderen Mitgliedstaats gemäß Absatz 1 angerufen werden müssen.

---

1 Begründung der Kommission KOM (2002) 222 endgültig/2, S. 10 (zu Art. 13).
2 So auch *Niklas*, S. 175 f.
1 *Pereira*, ERA-Forum 2003, 134, 137.

Werden die Gerichte innerhalb dieser Frist nicht angerufen, so ist das befasste Gericht weiterhin nach den Artikeln 8 bis 14 zuständig.

(5) Diese Gerichte dieses anderen Mitgliedstaats können sich, wenn dies aufgrund der besonderen Umstände des Falls dem Wohl des Kindes entspricht, innerhalb von sechs Wochen nach ihrer Anrufung gemäß Absatz 1 Buchstabe a) oder b) für zuständig erklären. In diesem Fall erklärt sich das zuerst angerufene Gericht für unzuständig. Anderenfalls ist das zuerst angerufene Gericht weiterhin nach den Artikeln 8 bis 14 zuständig.

(6) Die Gerichte arbeiten für die Zwecke dieses Artikels entweder direkt oder über die nach Artikel 53 bestimmten Zentralen Behörden zusammen.

1   Art. 15 entspricht in seiner Grundstruktur Art. 8 und Art. 9 KSÜ. Art. 15 Abs. 1 sieht zwei Möglichkeiten vor, wie ein anderes – an sich unzuständiges – Gericht mit der Sache befasst werden kann. Die Vorschrift beruht auf der angloamerikanischen Lehre vom *forum non conveniens*.[1] Die Befassung eines anderen Gerichts kommt allerdings nur in „Ausnahmefällen" in Betracht.

2   Nach lit. a kann das an sich zuständige Gericht **das Verfahren aussetzen** und die Parteien einladen, bei dem anderen Gericht einen Antrag zu stellen. In diesem Fall hat es den Parteien eine Frist zu setzen, in der der Antrag bei dem anderen Gericht zu stellen ist (Abs. 4 Unterabs. 1). Die Frist sollte, um das Verfahren nicht zu verzögern, nicht zu lang bemessen sein. Einen Monat sollte sie jedenfalls i.d.R. nicht überschreiten. Hierfür spricht insbesondere der (wenn auch nicht Gesetz gewordene) Vorschlag des Europäischen Parlaments im Gesetzgebungsverfahren, eine Höchstfrist von einem Monat vorzusehen.[2] Wird innerhalb der Frist kein Antrag bei dem anderen Gericht gestellt, bleibt es bei der Zuständigkeitsverteilung nach den Artt. 8–14, und das angerufene Gericht setzt das Verfahren fort (Abs. 4 Unterabs. 2).

3   Nach lit. b kann das angerufene Gericht alternativ auch direkt das **Gericht eines anderen Mitgliedstaates ersuchen**, sich für zuständig zu erklären.

4   Eine Aussetzung nach Abs. 1 lit. a bzw. ein Ersuchen nach Abs. 1 lit. b kann auf **Antrag einer der Parteien**, **von Amts wegen** durch das zuerst angerufene Gericht oder auch auf **Antrag des Gerichts eines anderen Mitgliedstaates** erfolgen (Abs. 2 S. 1). In den beiden zuletzt genannten Fällen muss jedoch mindestens eine der **Parteien zugestimmt** haben (Abs. 2 S. 2). Gegen den gemeinsamen Willen beider Parteien kann daher keine Zuständigkeit eines anderen Gerichtes begründet werden.[3]

5   Voraussetzung für eine Aussetzung bzw. ein Ersuchen nach Abs. 1 ist nach Art. 15 Abs. 1, dass das Kind eine **besondere Bindung zu einem anderen Mitgliedstaat** hat. Abs. 3 zählt bestimmte Anknüpfungsmomente auf, bei denen eine Beziehung zu einem anderen Mitgliedstaat vermutet wird. Es handelt sich um den Mitgliedstaat, in dem das Kind vor oder nach Anrufung des Gerichts seinen gewöhnlichen Aufenthalt hat (lit. a, b), dem das Kind angehört (lit. c), in dem ein Träger der elterlichen Verantwortung seinen gewöhnlichen Aufenthalt hat (lit. d) oder in dem sich Vermögen des Kindes befindet, wenn sich die Streitsache auf die Erhaltung dieses Vermögens oder die Verfügung über dieses Vermögen bezieht (lit. e).[4] Die in Abs. 3 enthaltene Aufzählung schließt nicht aus, dass sich eine enge Beziehung auch aufgrund anderer Umstände ergeben kann.

6   Eine weitere Voraussetzung besteht darin, dass das andere Gericht den Fall nach der Auffassung des an sich zuständigen Gerichts **besser beurteilen** kann und dass die Zuständigkeit des anderen Gerichts dem **Wohl des Kindes** entspricht. Insoweit stimmt Art. 15 mit Art. 8 KSÜ überein. Nicht möglich ist eine **Weiterverweisung** an ein drittes Gericht.[5]

---

1 Zustimmung aus dem Vereinigten Königreich bei *Karsten*, Fam.Law 2001, 885, 890 zur entspr. Bestimmung im Vorentwurf der Kommission v. 6.9.2001, ABlEG 2001 Nr. C 332 E/269 („A forum non conveniens provision in a Community instrument is a sight to gladden the heart.").
2 Legislative Entschließung des Europäischen Parlaments zu dem Vorschlag für eine Verordnung (dort Art. 15 Abs. 1 Unterabs. 2), ABlEG 2004 Nr. C 25 E/173; ferner Stellungnahme des Wirtschafts- und Sozialausschusses, ABlEG 2003 Nr. C 16/78 (Rn 5.2.5.3.), wonach ein zügiges Verfahrens „Hauptziel" der zu schaffenden EG-Verordnung sei, um den Interessen der Kinder Rechnung zu tragen.
3 Hierin liegt ein Unterschied zu Artt. 8, 9 KSÜ, wo der Elternwille als Tatbestandsmerkmal unmittelbar nicht vorkommt.
4 Bedenken diesbezüglich finden sich in der Stellungnahme des Wirtschafts- und Sozialausschusses, ABlEG 2003 Nr. C 16/79 (Rn 5.2.7 und Rn 5.2.7.1).
5 S. Erwägungsgrund Nr. 13 zur EheVO 2003 (ABlEG 2003 Nr. L 338/2).

Das ersuchte Gericht hat stets selbst noch einmal zu prüfen, ob seine Zuständigkeit dem **Wohl des Kindes** entspricht (Abs. 5 S. 1). Das Kindeswohl muss also sowohl von dem ersuchenden als auch dem ersuchten Gericht geprüft werden.[6] Erklärt sich das ersuchte Gericht nicht innerhalb einer Frist von sechs Wochen für zuständig, bleibt es bei der ursprünglichen Zuständigkeitsverteilung (Abs. 5 S. 3).

Abschnitt 3. Gemeinsame Bestimmungen

EheVO 2003 Art. 16 | Anrufung eines Gerichts

(1) Ein Gericht gilt als angerufen
a) zu dem Zeitpunkt, zu dem das verfahrenseinleitende Schriftstück oder ein gleichwertiges Schriftstück bei Gericht eingereicht wurde, vorausgesetzt, dass der Antragsteller es in der Folge nicht versäumt hat, die ihm obliegenden Maßnahmen zu treffen, um die Zustellung des Schriftstücks an den Antragsgegner zu bewirken,
oder
b) falls die Zustellung an den Antragsgegner vor Einreichung des Schriftstücks bei Gericht zu bewirken ist, zu dem Zeitpunkt, zu dem die für die Zustellung verantwortliche Stelle das Schriftstück erhalten hat, vorausgesetzt, dass der Antragsteller es in der Folge nicht versäumt hat, die ihm obliegenden Maßnahmen zu treffen, um das Schriftstück bei Gericht einzureichen.

Art. 16 enthält eine **Definition des Rechtshängigkeitszeitpunkts**. Die Vorschrift gilt – wie alle in Abschnitt 3 enthaltenen Bestimmungen – gleichermaßen für Ehesachen und für Verfahren über die elterliche Verantwortung.

Die in Art. 16 enthaltene Definition ist vor allem im Rahmen des **Rechtshängigkeitseinwands** (Art. 19) von Bedeutung. Daneben kommt es auch im Rahmen der internationalen Zuständigkeit z.T. auf den Zeitpunkt der Rechtshängigkeit an. Insbesondere steht ein Wechsel des gewöhnlichen Aufenthalts oder der Staatsangehörigkeit nach dem *perpetuatio-fori*-**Grundsatz** einer einmal begründeten internationalen Zuständigkeit nicht entgegen, soweit er nach dem in Art. 16 definierten Zeitpunkt der Rechtshängigkeit eintritt (vgl. Art. 3 EheVO Rn 7).

Art. 16 sieht eine autonome, von den im nationalen Recht enthaltenen Definitionen unabhängige Bestimmung des Rechtshängigkeitszeitpunkts vor. Art. 16 ist inhaltsgleich mit Art. 30 EuGVVO, so dass die zu Art. 30 EuGVVO ergehende Rechtsprechung und Literatur auch für Art. 16 Bedeutung hat.[1] Je nachdem, ob nach der jeweiligen *lex fori* zuerst die Antrags- bzw. Klageeinreichung bei Gericht oder die Zustellung zu erfolgen hat, kommt es alternativ auf die **Einreichung des Schriftstücks bei Gericht** (lit. a) oder die **Übergabe des Schriftstücks an die für die Zustellung zuständige Behörde** an (lit. b). Die Rechtshängigkeit tritt m.a.W. in dem Zeitpunkt ein, in dem das verfahrenseinleitende Schriftstück bei Gericht eingereicht wird oder das Schriftstück an die für die Zustellung zuständige Behörde übergeben wird.[2] Dies steht jedoch unter dem Vorbehalt, dass es der Antragsteller in der Folge nicht versäumt, die ihm obliegenden Maßnahmen zu treffen, um die noch fehlende Zustellung des Schriftstücks an den Antragsgegner zu bewirken (lit. a) bzw. das Schriftstück bei Gericht einzureichen (lit. b).[3] Welche Maßnahmen dem Antragsteller i.E. obliegen, richtet sich nach der jeweiligen *lex fori*.[4]

Werden **deutsche Gerichte** mit einem unter die EheVO 2003 fallenden Rechtsstreit befasst, so richtet sich der Rechtshängigkeitszeitpunkt nach lit. a (Zeitpunkt der Einreichung des verfahrenseinleitenden Schriftstücks), da nach den Regeln der ZPO die Einreichung des Schriftstücks bei Gericht vor der Zustellung zu erfolgen hat. Voraussetzung ist aber, dass es der Antragsteller nicht versäumt, die nach dem deutschen Verfahrensrecht für die Zustellung erforderlichen Maßnahmen zu treffen. Nach dem deutschen Verfahrensrecht hat der Antragsteller z.B. die richtige Zustelladresse zu nennen. Daneben hat er die für die Zustellung erforderliche

---

6 Kommissionsvorschlag KOM (2002) 222 endgültig/2, S. 11 (zu Art. 15).
1 *Kropholler*, EuZPR, Einl. Rn 113; *Rauscher/Rauscher*, Art. 11 Brüssel II-VO Rn 42; *Thomas/Putzo/Hüßtege*, ZPO, Art. 11 EheVO Rn 3.
2 Zum Begriff des verfahrenseinleitenden Schriftstücks vgl. *Kropholler*, EuZPR, Art. 34 EuGVVO Rn 29 ff.
3 Der Sinn der Regelung besteht darin zu verhindern, dass der Antragsteller nach „Setzung des ersten Elements trotz Untätigkeit das Forum gleichsam blockieren kann"; vgl. *Kohler*, in: Revision des EuGVÜ, Neues Schiedsverfahrensrecht (Hrsg. Peter Gottwald), 2000, S. 1, 25.
4 *Gruber*, FamRZ 2000, 1129, 1133; *Baumbach/Lauterbach/Albers*, Anh. I § 606a ZPO, Art. 11 Rn 19.

Abschrift der Antragsschrift vorzulegen.[5] Weitere Anhaltspunkte für die erforderlichen Maßnahmen des Antragstellers können im deutschen Recht aus der Rechtsprechung zu § 167 ZPO n.F. (§ 270 Abs. 3 ZPO a.F.) gewonnen werden.[6] Hiernach fehlt es an den für die Zustellung erforderlichen Maßnahmen u.a. auch dann, wenn bei einem Antrag auf Prozesskostenhilfe die erforderlichen Angaben nicht gemacht werden oder es der Antragsteller versäumt, die nach § 65 GKG erforderlichen Gebühren einzuzahlen.[7]

5 Art. 16 enthält keine Bestimmung des Rechtshängigkeitszeitpunkts für den Fall, dass der Antragsteller zunächst nicht die erforderlichen Maßnahmen ergreift, um die Zustellung des bei Gericht eingereichten Schriftstücks zu bewirken – also z.B. nicht die erforderliche Zustelladresse nennt –, diese **Maßnahmen aber zu einem späteren Zeitpunkt nachholt**. Man könnte hier den späteren Zeitpunkt der Zustellung für maßgeblich halten. Aus Wertungsgründen erscheint es jedoch zutreffend, auf den Zeitpunkt abzustellen, in dem die erforderliche Maßnahme nachgeholt wird. In der Tat ließe es sich kaum rechtfertigen, etwa den Antragsteller, der z.B. die Antragsschrift zu einem früheren Zeitpunkt einreicht und die Zustelladresse zu einem späteren Zeitpunkt nennt, schlechter zu stellen als einen Antragsteller, der die gesamte Antragsschrift mitsamt der Zustelladresse erst zu diesem späteren Zeitpunkt bei Gericht einreicht.[8]

6 Nicht eindeutig geregelt ist, ob bereits ein der Ehescheidung vorgeschaltetes ausländisches **„Versöhnungsverfahren"** zu einer Rechtshängigkeit des Scheidungsverfahrens führt und damit gegenüber anderen Ehesachen den Rechtshängigkeitseinwand nach Art. 19 Abs. 1 begründet. Nach einer verbreiteten Ansicht kommt es darauf an, ob das Versöhnungsverfahren bei einer wertenden Gesamtschau aller Umstände ein eigenständiges Verfahren oder einen Bestandteil eines einheitlichen Scheidungsverfahrens darstellt.[9] Als Bestandteil eines einheitlichen Scheidungsverfahrens wird insbesondere das Versöhnungsverfahren nach dem französischen, italienischen oder portugiesischen Recht bewertet.[10] Im letztgenannten Fall begründet damit bereits die Einleitung eines „Versöhnungsverfahrens" einen Rechtshängigkeitseinwand im Hinblick auf die in Art. 19 Abs. 1 genannten Scheidungs- und Eheaufhebungsverfahren.[11]

7 Die in Art. 16 enthaltene Definition ist nicht auf Verfahren zugeschnitten, die – wie z.B. manche Verfahren über die elterliche Verantwortung – **von Amts wegen** durchzuführen sind. Sind bestimmte Sorgerechtsentscheidungen von Amts wegen im Rahmen eines Scheidungsverfahrens zu treffen, kommt es nach der hier vertretenen Ansicht für die Rechtshängigkeit des Sorgerechtsverfahrens auf die Einleitung des Scheidungsverfahrens an. Im Übrigen sollte hilfsweise auf den ersten aktenkundigen Niederschlag der Verfahrenseinleitung abgestellt werden.[12]

EheVO 2003 Art. 17 | Prüfung der Zuständigkeit

Das Gericht eines Mitgliedstaates hat sich von Amts wegen für unzuständig zu erklären, wenn es in einer Sache angerufen wird, für die es nach dieser Verordnung keine Zuständigkeit hat und für die das Gericht eines anderen Mitgliedstaats aufgrund dieser Verordnung zuständig ist.

---

5 Thomas/Putzo/*Hüßtege*, ZPO, Art. 11 EheVO Rn 5; *Gruber*, FamRZ 2000, 1129, 1133.
6 Thomas/Putzo/*Hüßtege*, ZPO, Art. 11 EheVO Rn 5; Baumbach/Lauterbach/*Albers*, Anh. I § 606a ZPO, Art. 11 Rn 20; *Gruber*, FamRZ 2000, 1129, 1133.
7 Thomas/Putzo/*Hüßtege*, ZPO, Art. 11 EheVO Rn 5; *Gruber*, FamRZ 2000, 1129, 1133. Zu den Einzelheiten Baumbach/Lauterbach/*Hartmann*, § 167 ZPO Rn 15 ff. m.w.N.
8 Thomas/Putzo/*Hüßtege*, ZPO, Art. 11 EheVO Rn 5; *Gruber*, FamRZ 2000, 1129, 1133; differenzierend Baumbach/Lauterbach/*Albers*, Anh. I § 606a ZPO, Art. 11 EheVO Rn 21 (wenn der nachträglichen Maßnahme nach dem nationalen Prozessrecht Wirkung zukommt und keine Präklusion eingetreten ist).
9 Baumbach/Lauterbach/*Albers*, Anh. I § 606a ZPO, Art. 11 Rn 21; Rauscher/*Rauscher*, Art. 11 Brüssel II-VO Rn 45; Thomas/Putzo/*Hüßtege*, ZPO, Art. 11 EheVO Rn 6; *Gruber*, FamRZ 2000, 1129, 1132; abweichend (ein Versöhnungsverfahren sei immer als Teil des Scheidungsverfahrens anzusehen), *Schlosser*, Art. 11 EheVO Rn 4; *Boele-Woelki*, ZfRV 2001, 121, 126; wiederum anders (ein Versöhnungsverfahren sei nie als Bestandteil des Scheidungsverfahrens zu werten) MüKo-ZPO/*Gottwald*, Art. 11 EheVO Rn 9. Zum autonomen deutschen Recht vgl. OLG Stuttgart IPRax 1990, 113, nach dessen Ansicht ein japanisches Güteverfahren über Unterhaltsansprüche gegenüber einem inländischen Rechtsstreit über Unterhaltsansprüche keine Blockadewirkung entfalte, da es nicht „prozessähnlich ausgestaltet" sei, sondern ein „selbständiges reines Güteverfahren" darstelle.
10 Zum französischen Versöhnungsverfahren (allerdings ohne nähere Begründung) BGH IPRax 1994, 40 = FamRZ 1992, 1058; des Weiteren *Dilger*, Rn 337; *Finger*, FuR 1999, 310, 313 m.w.N.; *Lübbert*, ERA-Forum 2003, 18, 24 f.; ausf. *Burckhardt*, Internationale Rechtshängigkeit und Verfahrensstruktur bei Eheauflösungen, 1997, S. 100 f., S. 105 f.
11 Vgl. BGH IPRax 1994, 40 = FamRZ 1992, 1058; Überblick über weitere ausländische Versöhnungsverfahren bei *Burckhardt*, Internationale Rechtshängigkeit und Verfahrensstruktur bei Eheauflösungen, 1997, S. 114 f.
12 Vgl. *Schlosser*, Art. 11 EheVO Rn 4.

Art. 17 enthält für deutsche Juristen keine wesentlichen Neuerungen. Im Kern besagt die Vorschrift, dass die internationale Unzuständigkeit des angerufenen Gerichts auch dann zu berücksichtigen ist, wenn sich der Antragsgegner bzw. der Beklagte nicht auf die Unzuständigkeit beruft. Sie ist an Art. 25 EuGVVO angelehnt.[1]

Dem Wortlaut nach besagt Art. 17, dass sich das unzuständige Gericht „von Amts wegen" für unzuständig zu erklären hat. Nach zutreffender Ansicht wird hierdurch lediglich eine **Prüfung von Amts** wegen i.S.d. § 253 ZPO, nicht aber eine Feststellung der Tatsachen im Wege der Amtsermittlung vorgeschrieben.[2] Ob die von der EheVO 2003 vorgeschriebene Amtsprüfung zu einer Amtsermittlung verstärkt wird, richtet sich i.Ü. nach dem nationalen Verfahrensrecht.[3] Die Prüfung hat in jedem Verfahrensabschnitt – auch noch im Revisionsverfahren – zu erfolgen.[4]

Eine Unzuständigkeit nach der EheVO 2003 besteht dann, wenn sich aus den Artt. 3–5, 8–13 keine internationale Zuständigkeit ergibt.[5] Seinem Wortlaut nach setzt Art. 17 weiter voraus, dass aufgrund der EheVO 2003 eine internationale Zuständigkeit eines anderen Gerichts eines Mitgliedstaates besteht. Dies hätte zur Folge, dass das angerufene Gericht die internationale Zuständigkeit der Gerichte anderer Mitgliedstaaten zu prüfen hat. Gegen eine solche Pflicht zur Prüfung ausländischer Zuständigkeiten spricht aber, dass sie – da sie keinerlei Bindungswirkung gegenüber den ausländischen Gerichten entfaltet – von vornherein nutzlos bleiben würde.[6]

Die Prüfung der Zuständigkeit eines Mitgliedstaates anhand der Artt. 3–5 macht nur in dem Fall Sinn, in dem das erkennende Gericht in einer Ehesache Restzuständigkeiten des unvereinheitlichten nationalen Rechts in Anspruch nehmen will. Denn eine Anwendung nationalen Zuständigkeitsrechts nach Artt. 6, 7 Abs. 1 kommt nach zutreffender h.L. nur dann in Betracht, wenn kein anderes Gericht eines anderen Mitgliedstaates nach Maßgabe der Artt. 3–5 zuständig ist (vgl. Art. 6 EheVO Rn 2 ff.). Ob eine Restzuständigkeit vorliegt, ist nach den Maßstäben der *lex fori* festzustellen.

EheVO 2003 Art. 18 Prüfung der Zulässigkeit

(1) Lässt sich ein Antragsgegner, der seinen gewöhnlichen Aufenthalt nicht in dem Mitgliedstaat hat, in dem das Verfahren eingeleitet wurde, auf das Verfahren nicht ein, so hat das zuständige Gericht das Verfahren so lange auszusetzen, bis festgestellt ist, dass es dem Antragsgegner möglich war, das verfahrenseinleitende Schriftstück oder ein gleichwertiges Schriftstück so rechtzeitig zu empfangen, dass er sich verteidigen konnte, oder dass alle hierzu erforderlichen Maßnahmen getroffen wurden.

(2) Artikel 19 der Verordnung (EG) Nr. 1348/2000 findet statt Absatz 1 Anwendung, wenn das verfahrenseinleitende Schriftstück oder ein gleichwertiges Schriftstück nach Maßgabe jener Verordnung von einem Mitgliedstaat in einen anderen zu übermitteln war.

(3) Sind die Bestimmungen der Verordnung (EG) Nr. 1348/2000 nicht anwendbar, so gilt Artikel 15 des Haager Übereinkommens vom 15. November 1965 über die Zustellung gerichtlicher und außergerichtlicher Schriftstücke im Ausland in Zivil- und Handelssachen, wenn das verfahrenseinleitende Schriftstück oder ein gleichwertiges Schriftstück nach Maßgabe des genannten Übereinkommens ins Ausland zu übermitteln war.

Art. 18 entspricht weit gehend Art. 26 Abs. 2–4 EuGVVO. Die Vorschrift dient dem Schutz des **rechtlichen Gehörs**.[1] Mittelbar soll durch Art. 18 auch verhindert werden, dass die spätere Anerkennung der Entscheidung an Art. 22 lit. b bzw. Art. 23 lit. c scheitert.[2]

---

1 *Kropholler*, EuZPR, Einl. Rn 111.
2 *Thomas/Putzo/Hüßtege*, ZPO, Art. 9 EheVO Rn 1; Baumbach/Lauterbach/*Albers*, Anh. I § 606a ZPO, Art. 11 Rn 2; MüKo-ZPO/*Gottwald*, Art. 9 Rn 1; *Spellenberg*, in: FS Geimer 2002, S. 1257, 1277 f.; *Dilger*, Rn 318; auch Rauscher/*Rauscher*, Art. 9 Brüssel II-VO Rn 7.
3 *Spellenberg*, in: FS Geimer 2002, S. 1257, 1277.
4 *Dilger*, Rn 318.
5 *Dilger*, Rn 320; abweichend Rauscher/*Rauscher*, Art. 9 Brüssel II-VO Rn 7 (für eine Einbeziehung auch der Restzuständigkeiten nach dem nationalen Recht).
6 Insoweit zutr. Rauscher/*Rauscher*, Art. 9 Brüssel II-VO Rn 11; *Dilger*, Rn 320.

1 Rauscher/*Rauscher*, Art. 10 Brüssel II-VO Rn 1; Baumbach/Lauterbach/*Albers*, Anh. I § 606a ZPO, Art. 10 Rn 1; *Dilger*, Rn 322.
2 Rauscher/*Rauscher*, Art. 10 Brüssel II-VO Rn 1; Baumbach/Lauterbach/*Albers*, Anh. I § 606a ZPO, Art. 10 Rn 1.

2   Eine **Nichteinlassung** i.S.d. Art. 18 Abs. 1 ist – wie bei Art 26 Abs. 2 EuGVVO – anzunehmen, wenn sich der Antragsgegner weder selbst noch durch einen von ihm beauftragten Bevollmächtigten[3] am Verfahren beteiligt. Der Antragsgegner lässt sich demgegenüber bereits dann auf das Verfahren ein, wenn er nur die Zuständigkeit des Gerichts rügt.[4] Demgegenüber liegt eine Einlassung nach Sinn und Zweck der Vorschrift nicht vor, wenn der Antragsgegner dem Gericht lediglich mitteilt, dass er zu spät von dem Verfahren Kenntnis erlangt habe und sich deshalb nicht hinreichend verteidigen könne.[5]

3   Dem Wortlaut nach findet Art. 18 Abs. 1 nur dann Anwendung, wenn der Antragsgegner seinen gewöhnlichen Aufenthalt in einem anderen Mitgliedstaat hat. Hierfür spricht auch die Parallele zu Art. 26 Abs. 2 EuGVVO, wo ebenfalls ein gewöhnlicher Aufenthalt in einem anderen Mitgliedstaat vorausgesetzt wird.

4   Liegen die Voraussetzungen von Abs. 1 vor, so hat das Gericht das Verfahren von Amts wegen **auszusetzen**. Ziel der Aussetzung ist es festzustellen, ob der Antragsgegner von dem verfahrenseinleitenden bzw. einem gleichwertigen Schriftstück rechtzeitig Kenntnis erlangen konnte. Gleichwertige Schriftstücke sind solche, die eine wesentliche Änderung oder Erweiterung des Streitgegenstandes zur Folge haben.[6] Überprüft wird seitens des Gerichts nur, ob der Antragsgegner die Möglichkeit der Kenntnisnahme hatte. Dies kann auch zu bejahen sein, wenn bei der Zustellung ein Verfahrensfehler begangen wurde. Es wird also nicht die Rechtmäßigkeit der Zustellung als solche überprüft. Insoweit stimmt Abs. 2 mit Art. 22 lit. b bzw. Art. 23 lit. c überein (vgl. Art. 22 EheVO Rn 11 und Art. 23 EheVO Rn 5).

5   Abs. 1 wird durch die in Abs. 2 und Abs. 3 genannten Verfahrensregeln verdrängt. Abs. 2 setzt voraus, dass das Schriftstück nach Maßgabe der dort genannten Verordnung von einem Mitgliedstaat in einen anderen zu übermitteln war. Auch **Art. 19 Abs. 1 der Verordnung Nr. 1348/2000** sieht eine Aussetzung bei Nichteinlassung vor, er lautet:

Art. 19 VO Nr. 1348/2000   (Nichteinlassung des Beklagten)

(1) War ein verfahrenseinleitendes Schriftstück oder ein gleichwertiges Schriftstück nach dieser Verordnung zum Zweck der Zustellung in einen anderen Mitgliedstaat zu übermitteln und hat sich der Beklagte nicht auf das Verfahren eingelassen, so hat das Gericht das Verfahren auszusetzen, bis festgestellt ist,
a) dass das Schriftstück in einer Form zugestellt worden ist, die das Recht des Empfangsmitgliedstaats für die Zustellung der in seinem Hoheitsgebiet ausgestellten Schriftstücke an dort befindliche Personen vorschreibt, oder
b) dass das Schriftstück tatsächlich entweder dem Beklagten persönlich ausgehändigt oder nach einem anderen in dieser Verordnung vorgesehenen Verfahren in seiner Wohnung abgegeben worden ist, und dass in jedem dieser Fälle das Schriftstück so rechtzeitig ausgehändigt bzw. abgegeben worden ist, dass der Beklagte sich hätte verteidigen können.

(2) Jeder Mitgliedstaat kann nach Artikel 23 Absatz 1 mitteilen, dass seine Gerichte ungeachtet des Absatzes 1 den Rechtsstreit entscheiden können, auch wenn keine Bescheinigung über die Zustellung oder die Aushändigung bzw. Abgabe eingegangen ist, sofern folgende Voraussetzungen gegeben sind:
a) Das Schriftstück ist nach einem in dieser Verordnung vorgesehenen Verfahren übermittelt worden.
b) Seit der Absendung des Schriftstücks ist eine Frist von mindestens sechs Monaten verstrichen, die das Gericht nach den Umständen des Falles als angemessen erachtet.
c) Trotz aller zumutbaren Schritte bei den zuständigen Behörden oder Stellen des Empfangsmitgliedstaats war eine Bescheinigung nicht zu erlangen.

(3) Unbeschadet der Absätze 1 und 2 kann das Gericht in dringenden Fällen einstweilige Maßnahmen oder Sicherungsmaßnahmen anordnen.

(4) War ein verfahrenseinleitendes Schriftstück oder ein gleichwertiges Schriftstück nach dieser Verordnung zum Zweck der Zustellung in einen anderen Mitgliedstaat zu übermitteln und ist eine Entscheidung gegen einen Beklagten ergangen, der sich nicht auf das Verfahren eingelassen hat, so kann ihm das Gericht in bezug auf Rechtsmittelfristen die Wiedereinsetzung in den vorigen Stand bewilligen, sofern
a) der Beklagte ohne sein Verschulden nicht so rechtzeitig Kenntnis von dem Schriftstück erlangt hat, dass er sich hätte verteidigen können, und nicht so rechtzeitig Kenntnis erlangt hat, dass er sie hätte anfechten können, und

---

3 EuGH (Hendrikman/Magenta), Slg. 1996 I, 4943 = NJW 1997, 1061 = IPRax 1997, 333 m. Anm. *Rauscher*, S. 314.
4 Rauscher/*Rauscher*, Art. 10 Brüssel II-VO Rn 6.
5 Rauscher/*Rauscher*, Art. 10 Brüssel II-VO Rn 6; *Kropholler*, EuZPR, Art. 34 EuGVVO Rn 27.
6 Rauscher/*Rauscher*, Art. 10 Brüssel II-VO Rn 10.

b) die Verteidigung des Beklagten nicht von vornherein aussichtslos scheint.
Ein Antrag auf Wiedereinsetzung in den vorigen Stand kann nur innerhalb einer angemessenen Frist, nachdem der Beklagte von der Entscheidung Kenntnis erhalten hat, gestellt werden.
Jeder Mitgliedstaat kann nach Artikel 23 Absatz 1 erklären, dass dieser Antrag nach Ablauf einer in seiner Mitteilung anzugebenden Frist unzulässig ist; diese Frist muss jedoch mindestens ein Jahr ab Erlass der Entscheidung betragen.

(5) Absatz 4 gilt nicht für Entscheidungen, die den Personenstand betreffen.

Deutsche Gerichte können den Rechtsstreit bei Vorliegen der Voraussetzungen von Art. 19 Abs. 2 der Verordnung Nr. 1348/2000 entscheiden, wenn das verfahrenseinleitende oder gleichwertige Schriftstück in Deutschland öffentlich zugestellt worden ist.[7] Ist die Verordnung Nr. 1348/2000 nicht anwendbar, so ist auf **Art. 15 des in Abs. 3 genannten Abkommens (HZÜ)** zurückzugreifen, wenn das Schriftstück ins Ausland zu übermitteln war, er lautet:

Art. 15 HZÜ   (Aussetzung zur Feststellung ordnungsgemäßer Zustellung)

(1) War zur Einleitung eines gerichtlichen Verfahrens eine Ladung oder ein entsprechendes Schriftstück nach diesem Übereinkommen zum Zweck der Zustellung in das Ausland zu übermitteln und hat sich der Beklagte nicht auf das Verfahren eingelassen, so hat der Richter das Verfahren auszusetzen, bis festgestellt ist,
a) dass das Schriftstück in einer der Formen zugestellt worden ist, die das Recht des ersuchten Staates für die Zustellung der in seinem Hoheitsgebiet ausgestellten Schriftstücke an dort befindliche Personen vorschreibt, oder
b) dass das Schriftstück entweder dem Beklagten selbst oder aber in seiner Wohnung nach einem anderen in diesem Übereinkommen vorgesehenen Verfahren übergeben worden ist und dass in jedem dieser Fälle das Schriftstück so rechtzeitig zugestellt oder übergeben worden ist, dass der Beklagte sich hätte verteidigen können.

(2) Jedem Vertragsstaat steht es frei zu erklären, dass seine Richter ungeachtet des Absatzes 1 den Rechtsstreit entscheiden können, auch wenn ein Zeugnis über die Zustellung oder die Übergabe nicht eingegangen ist, vorausgesetzt,
a) dass das Schriftstück nach einem in diesem Übereinkommen vorgesehenen Verfahren übermittelt worden ist,
b) dass seit der Absendung des Schriftstücks eine Frist verstrichen ist, die der Richter nach den Umständen des Falles als angemessen erachtet und mindestens sechs Monate betragen muß, und
c) dass trotz aller zumutbaren Schritte bei den zuständigen Behörden des ersuchten Staates ein Zeugnis nicht zu erlangen war.

(3) Dieser Artikel hindert nicht, dass der Richter in dringenden Fällen vorläufige Maßnahmen einschließlich solcher, die auf eine Sicherung gerichtet sind, anordnet.

EheVO 2003 Art. 19   Rechtshängigkeit und abhängige Verfahren

(1) Werden bei Gerichten verschiedener Mitgliedstaaten Anträge auf Ehescheidung, Trennung ohne Auflösung des Ehebandes oder Ungültigerklärung einer Ehe zwischen denselben Parteien gestellt, so setzt das später angerufene Gericht das Verfahren von Amts wegen aus, bis die Zuständigkeit des zuerst angerufenen Gerichts geklärt ist.

(2) Werden bei Gerichten verschiedener Mitgliedstaaten Verfahren bezüglich der elterlichen Verantwortung für ein Kind wegen desselben Anspruchs anhängig gemacht, so setzt das später angerufene Gericht das Verfahren von Amts wegen aus, bis die Zuständigkeit des zuerst angerufenen Gerichts geklärt ist.

(3) Sobald die Zuständigkeit des zuerst angerufenen Gerichts feststeht, erklärt sich das später angerufene Gericht zugunsten dieses Gerichts für unzuständig.

In diesem Fall kann der Antragsteller, der den Antrag bei dem später angerufenen Gericht gestellt hat, diesen Antrag dem zuerst angerufenen Gericht vorlegen.

---

7 Rauscher/*Heiderhoff*, Art. 19 EG-Zustell-VO Rn 21.

A. Überblick 1	D. Irrelevanz einer Anerkennungsprognose . 15
B. Anwendungsbereich 5	E. Wirkungen der Rechtshängigkeit 16
C. Voraussetzungen der Rechtshängigkeit	I. Aussetzung 16
(Abs. 1, 2) 7	II. Prüfung der Zuständigkeit durch das
I. Streitgegenstandsidentität bei Ehesachen ... 7	Erstgericht 18
II. Streitgegenstandsidentität bei Verfahren über	III. Vorlagemöglichkeit nach Abs. 3 Unterabs. 2 21
die elterliche Verantwortung 11	F. Verhältnis zur Rechtskraft 27

A. Überblick

1 Die EheVO 2003 weist eine von dem deutschen Verfahrensrecht in vielen Punkten abweichende Regelung der Rechtshängigkeit auf. Die EheVO 2003 und das deutsche Verfahrensrecht stimmen zunächst insoweit überein, als es in Fragen der Rechtshängigkeit auf den **Prioritätsgrundsatz** ankommt. Das früher rechtshängig gewordene Verfahren geht dem später rechtshängig gewordenen Verfahren vor (Art. 19 Abs. 1, 2). Der **Zeitpunkt der Rechtshängigkeit** wird in Art. 16 definiert. Bereits hierdurch ergeben sich wesentliche Unterschiede zum deutschen Recht.

2 Noch größer werden die Unterschiede in der Frage nach der **Identität des Streitgegenstands**. Die EheVO 2003 sieht in Art. 19 Abs. 1 vor, dass eine anhängige Ehesache i.S.d. Art. 1 Abs. 1 lit. a gegenüber sämtlichen anderen Ehesachen den Rechtshängigkeitseinwand begründet. Insoweit entfaltet die Rechtshängigkeit im Anwendungsbereich der EheVO 2003 eine weitaus größere Sperrwirkung gegenüber anderen Verfahren als im autonomen deutschen Prozessrecht. Auch der Streitgegenstand in Verfahren betreffend die elterliche Verantwortung (Art. 19 Abs. 2) geht über den deutschen Streitgegenstandsbegriff hinaus.

3 Letztlich ist auch die **Rechtsfolge der anderweitigen Rechtshängigkeit** eine andere als im unvereinheitlichten deutschen Recht. Im unvereinheitlichten deutschen Recht führt der Einwand der anderweitigen Rechtshängigkeit zur Unzulässigkeit der erst später rechtshängigen Klage und damit zu deren Abweisung. Im Gegensatz hierzu hat das später angerufene Gericht im Anwendungsbereich der EheVO 2003 das Verfahren zunächst nur auszusetzen (Art. 19 Abs. 1, 2). Das Verfahren ist so lange auszusetzen, bis das zuerst angerufene Gericht eine Feststellung darüber getroffen hat, ob es international zuständig ist. Erst wenn das zuerst angerufene Gericht seine internationale Zuständigkeit rechtskräftig festgestellt hat, erklärt sich das später angerufene Gericht für unzuständig (Art. 19 Abs. 3).

4 Der Streitgegenstandsbegriff, der der Regelung der **Rechtshängigkeit** in Art. 19 Abs. 1, 2 zugrunde liegt, ist mit dem für die **Rechtskraftwirkung** einer Entscheidung maßgeblichen Streitgegenstandsbegriff nicht identisch. Dies folgt daraus, dass sich Umfang und Reichweite der Rechtskraft nach wie vor nach dem unvereinheitlichten nationalen Recht richten, das – wie das deutsche – von einem engeren Streitgegenstandsbegriff ausgeht. Demgemäß kann z.B. eine Scheidungsklage, die während der Rechtshängigkeit eines Trennungsverfahrens „blockiert" war, mit der Rechtskraft des Trennungsurteils wieder zulässig werden (vgl. dazu Rn 27 ff.).

B. Anwendungsbereich

5 Art. 19 befasst sich mit der Frage, unter welchen Voraussetzungen ein von Art. 1 erfasstes Verfahren vor einem Gericht bzw. einer Behörde eines **Mitgliedstaates** (ausgenommen Dänemark) einen Rechtshängigkeitseinwand begründet. Art. 19 ist auch dann anzuwenden, wenn das zuerst angerufene Gericht bzw. die Behörde eines Mitgliedstaates seine internationale Zuständigkeit nicht aus den Artt. 3–5, 8–13 ableitet, sondern aus den Artt. 6, 7 oder Art. 14 i.V.m. den staatsvertraglichen oder nationalen Zuständigkeitsvorschriften,[1] oder wenn es gar gänzlich unzuständig ist.

6 Sind indes Gerichte bzw. Behörden eines **Nichtmitgliedstaates** (unter Einschluss von Dänemark) mit einer Ehesache oder einem Verfahren betreffend die elterliche Verantwortung befasst, ist Art. 19 nicht einschlägig. Es verbleibt in diesem Fall bei den staatsvertraglichen Vorschriften bzw. den Vorschriften des unvereinheitlichten nationalen Rechts über die Rechtshängigkeit. In Deutschland ist also eine (entsprechende) Anwendung des § 261 Abs. 3 Nr. 1 ZPO vorzunehmen.[2]

---

1 *Gruber*, FamRZ 2000, 1129, 1131. Hier gilt nichts anderes als im Rahmen des EuGVÜ (jetzt EuGVVO); vgl. EuGH (Overseas Union/New Hampshire Insurance), Slg. 1991 I, 3317 (Rn 13) = NJW 1992, 3221 = IPRax 1993, 34 m. Anm. *Rauscher/Gutknecht* = EuZW 1992, 734; des Weiteren *Kropholler*, EuZPR, vor Art. 27 EuGVVO Rn 2.

2 Vgl. hierzu *Gruber*, FamRZ 1999, 1563 f.

C. Voraussetzungen der Rechtshängigkeit (Abs. 1, 2)

I. Streitgegenstandsidentität bei Ehesachen

Gemäß Art. 19 Abs. 1 führt eine anhängige Ehesache (also ein Antrag auf Scheidung der Ehe, Ungültigerklärung der Ehe oder der Trennung ohne Auflösung des Ehebandes) gegenüber sämtlichen anderen Ehesachen den Rechtshängigkeitseinwand herbei. Nach Art. 19 Abs. 1 „sperrt" also z.B. auch ein früher rechtshängig gewordenes Verfahren über die (bloße) Trennung der Ehegatten ohne Auflösung des Ehebandes ein später rechtshängig gewordenes Verfahren, welches die Ehescheidung oder die Ungültigerklärung der Ehe zum Gegenstand hat.[3] Die EheVO 2003 entfernt sich damit sehr weit vom deutschen Verfahrensrecht, welches in dem Beispielsfall keine Identität der Streitgegenstände annehmen würde.[4] Der während der Dauer der Rechtshängigkeit „blockierte" weiter gehende Scheidungsantrag kann allerdings nach dem rechtskräftigen Abschluss des Trennungsverfahrens weiterverhandelt bzw. neu gestellt werden (vgl. Rn 27 ff.). 7

Die durch Art. 19 Abs. 1 angeordnete weit reichende „Sperrwirkung" kann im Einzelfall dazu führen, dass eine Scheidung stark verzögert wird. Denkbar ist etwa, dass ein Antragsteller, dem aus ideellen oder finanziellen Gründen an der möglichst langen Aufrechterhaltung der Ehe gelegen ist, im Ausland ein Verfahren zur Trennung von Tisch und Bett anhängig macht, um damit während der Rechtshängigkeit dieses Verfahrens die Durchführung eines Scheidungsverfahrens in Deutschland zu blockieren. Auf diese Weise lässt sich u.a. die für den Versorgungs- oder Zugewinnausgleich maßgebliche Ehedauer verlängern. Die Möglichkeit, einen Scheidungsantrag als Gegenantrag zu stellen (Art. 19 Abs. 3 Unterabs. 2), schließt eine derartige Vorgehensweise nicht in jedem Fall aus (vgl. Rn 26).[5] 8

Hinsichtlich der tatsächlichen Feststellung der zeitlich früheren Rechtshängigkeit in einem anderen Vertragsstaat gilt der **Grundsatz der Amtsprüfung**; die Partei, die sich auf Art. 19 Abs. 2 beruft, muss die ausländische Rechtshängigkeit substantiiert vortragen. 9

Nach wohl h.L. ist die EheVO 2003 auch auf **Feststellungsklagen** anwendbar (Art. 1 EheVO Rn 8 ff.). Legt man diese h.L. zugrunde, so ist es konsequent, Art. 19 Abs. 1 (analog) auch auf Feststellungsanträge anzuwenden. Denn Art. 19 Abs. 1 verfolgt das Ziel, sämtliche Verfahren über den Status der Eheleute bei dem zuerst angerufenen Gericht zu konzentrieren. Auch ein Antrag auf Feststellung des Bestehens oder Nichtbestehens einer Ehe „sperrt" daher einen später rechtshängig gewordenen Scheidungsantrag o.Ä.[6] 10

II. Streitgegenstandsidentität bei Verfahren über die elterliche Verantwortung

Anders als Art. 19 Abs. 1 für Ehesachen bestimmt Abs. 2 für Verfahren über die elterliche Verantwortung nicht, dass ein anhängiges Verfahren über die elterliche Verantwortung sämtliche anderen Verfahren über die elterliche Verantwortung blockiert. Vielmehr setzt Abs. 2 zusätzlich voraus, dass es sich um ein Verfahren über die elterliche Verantwortung über ein Kind wegen **„desselben Anspruchs"** handelt. Größere Bedeutung dürfte der anderweitigen Rechtshängigkeit bei Verfahren über die elterliche Verantwortung nicht zukommen, da nach der Konzeption der EheVO 2003 stets nur die Gerichte eines Mitgliedstaates zuständig sind.[7] 11

Der Begriff „desselben Anspruchs" ist autonom auszulegen. Abzustellen ist m.a.W. auf die eigenen Maßstäbe der Verordnung, nicht auf den Streitgegenstandsbegriff des deutschen oder eines anderen nationalen Rechts. Anhaltspunkte für eine nähere Bestimmung des Anspruchsbegriffs ergeben sich wiederum aus der Rechtsprechung des EuGH zu Art. 31 EuGVÜ (jetzt Art. 27 EuGVVO).[8] Diese Rechtsprechung zu Art. 31 EuGVÜ ist 12

---

3 Thomas/Putzo/*Hüßtege*, ZPO, Art. 11 EheVO Rn 6; *Gruber*, FamRZ 2000, 1129, 1131. Dies gilt nach dem Bericht von *Borrás* selbst dann, wenn das innerstaatliche Recht des erstbefassten Gerichts die Ungültigerklärung der Ehe gar nicht kennt (*Borrás*, ABlEG 1998 Nr. C 221/47 [Rn 57]). Dies betreffe etwa die innerstaatlichen Rechtsordnungen Finnlands und Schwedens (*Borrás*, ABlEG 1998 Nr. C 221/29 [Rn 4] und 46 [Rn 52]). Richtigerweise dürfte diese Ausführung *Borrás* (präziser) in dem Sinne zu verstehen sein, dass Art. 19 (entspricht Art. 11 EheVO 2000) selbst dann einschlägig ist, wenn das durch die Kollisionsnormen des erstbefassten Gerichts berufene Sachrecht die Ungültigerklärung der Ehe nicht kennt.

4 *Schlosser*, Art. 11 EheVO Rn 2 spricht in diesem Zusammenhang von einer „wahren Revolution des EG-Zivilprozessrechts"; scharfe rechtspolitische Kritik bei Rauscher/*Rauscher*, Art. 11 Brüssel II-VO Rn 6 ff.

5 Rechtspolitische Kritik bei Rauscher/*Rauscher*, Art. 11 Brüssel II-VO Rn 8.

6 Thomas/Putzo/*Hüßtege*, ZPO, Art. 11 EheVO Rn 9; Rauscher/*Rauscher*, Art. 11 Brüssel II-VO Rn 22; *Gruber*, FamRZ 2000, 1129, 1132.

7 Kommissionsvorschlag KOM (2002) 222 endgültig/2, S. 11 (zu Art. 19).

8 EuGH (Gubisch Maschinenfabrik/Palumbo), Slg. 1987 I, 4861 = NJW 1989, 665 = RIW 1988, 818; EuGH (Tatry/Macieji Rataj), Slg. 1994 I, 5439 = EuZW 1995, 309 m. Anm. *Wolf*, 365 = EWiR 1995, 463 m. Anm. *Otte*, 463 = JZ 1995, 616 mit Aufsatz *Huber*, JZ 1995, 603.

auf Art. 19 Abs. 2 EheVO 2003 übertragbar (vgl. vor Art. 1 EheVO Rn 21).[9] Nach dem EuGH kann die Geltendmachung desselben „Anspruchs" im Einzelfall auch dann gegeben sein, wenn keine formale Identität zwischen Klageantrag und Klagegrund vorliegt. Es reicht aus, dass der durch eine wertende Betrachtung zu ermittelnde „Kernpunkt der Streitigkeit" identisch ist.[10]

13 Ein identischer „Anspruch" i.S.d. Art. 19 Abs. 2 ist demnach regelmäßig bei **Sorgerechtsstreitigkeiten der Eltern** bezüglich ein und desselben Kindes anzunehmen. Es kommt hierbei nicht entscheidend darauf an, ob die Sorgerechtsverteilung von Amts wegen erfolgt bzw. welche Anträge die Ehegatten in den jeweiligen Verfahren gestellt haben.[11] Insbesondere betreffen ein Antrag auf Sorgerechtsverteilung und ein Antrag auf Herausgabe des Kindes denselben Anspruch, da auch die Entscheidung über die Herausgabe vom Sorgerecht der Beteiligten abhängt.[12] Daneben dürfte auch ein Antrag, der sich (nur) auf die Regelung des Umgangsrechts beschränkt, in der Lage sein, einen weiter gehenden Sorgerechtsantrag zu blockieren.[13] Werden Anträge im Hinblick auf verschiedene Kinder gestellt, liegt keine Streitgegenstandsidentität vor.[14]

14 Ein **Verfahren des einstweiligen Rechtsschutzes** nach Art. 20 hat niemals denselben Streitgegenstand wie ein Hauptsacheverfahren und ist deshalb nicht in der Lage, das Hauptsacheverfahren zu blockieren. Auch dies ergibt sich aus der entsprechenden Auslegung zum EuGVÜ (jetzt EuGVVO).[15] Auch im Verhältnis einzelner Verfahren des einstweiligen Rechtsschutzes untereinander ist Art. 19 Abs. 1 nicht anwendbar.[16]

D. Irrelevanz einer Anerkennungsprognose

15 Im Rahmen der EheVO 2003 kommt es – anders als bei der im autonomen deutschen Prozessrecht für die ausländische Rechtshängigkeit entwickelten Lösung – nicht auf eine **Prognose** an, ob die ausländische Entscheidung voraussichtlich im Inland **anerkannt** wird oder nicht. Insbesondere ist im Rahmen des Rechtshängigkeitseinwands nicht zu prüfen, ob die ausländische Entscheidung voraussichtlich dem deutschen *ordre public* widersprechen wird oder nicht (Art. 22 lit. a).[17]

E. Wirkungen der Rechtshängigkeit

I. Aussetzung

16 Auch in den Wirkungen der Rechtshängigkeit unterscheidet sich die EheVO 2003 vom unvereinheitlichten deutschen Zivilprozessrecht. Anders als im autonomen deutschen Zivilprozessrecht, aber in Übereinstimmung mit dem gleich lautenden Art. 27 Abs. 1 EuGVVO weist das später angerufene Gericht die erhobene Klage nicht sofort ab. Vielmehr setzt es das Verfahren zunächst einmal (nur) aus. Dies gilt sowohl bei Ehesachen als auch bei Verfahren über die elterliche Verantwortung. Das Verfahren der Aussetzung erfolgt nach staatlichem Prozessrecht, in Deutschland also nach § 148 ZPO (analog). Die Aussetzung des Verfahrens dauert so lange, bis die internationale Zuständigkeit des zuerst angerufenen Gerichts positiv festgestellt ist (Art. 19 Abs. 1, 3).[18] Selbst eine „unvertretbar lange" Verfahrensdauer im Ausland ist nach Ansicht des EuGH kein Anlass, die ausländische Rechtshängigkeit nicht zu respektieren.[19] Ob von diesem Grundsatz wenigstens

---

9 Vgl. Rauscher/*Rauscher*, Art. 11 Brüssel II-VO Rn 13; *Gruber*, FamRZ 2000, 1129, 1132 sowie allg. *Borrás*, AblEG 1998 Nr. C 221/30 (Rn 6): „Sofern nicht ausdrücklich etwas anderes gesagt wird, haben gleich lautende Begriffe des Brüsseler Übereinkommens von 1968 und des neuen Übereinkommens prinzipiell dieselbe Bedeutung, und es gilt die diesbezügliche Rechtsprechung des Gerichtshofs der Europäischen Gemeinschaften."

10 Vgl. BGH NJW 1995, 1758 = EuZW 1995, 378 m. Anm. *Geimer* = IPRax 1996, 192 m. Anm. *Hau*, S. 177; *Kropholler*, EuZPR, Art. 27 EuGVVO Rn 6; ferner LG Düsseldorf IPRax 1999, 461, 463 m. Anm. *Otte*, IPRax 1999, 440, 441 f.

11 Thomas/Putzo/*Hüßtege*, ZPO, Art. 11 EheVO Rn 6; Rauscher/*Rauscher*, Art. 11 Brüssel II-VO Rn 17; Baumbach/Lauterbach/*Albers*, Anh. I § 606a ZPO, Art. 11 Rn 7; *Gruber*, FamRZ 2000, 1129, 1132; *Dilger*, Rn 334.

12 *Andrae*, ERA-Forum 2003, 28, 52.

13 Rauscher/*Rauscher*, Art. 11 Brüssel II-VO Rn 18; *Schlosser*, Art. 11 EheVO Rn 3; a.A. *Andrae*, ERA-Forum 2003, 28, 52.

14 Rauscher/*Rauscher*, Art. 11 Brüssel II-VO Rn 17; *Schlosser*, Art. 11 EheVO Rn 2.

15 Rauscher/*Rauscher*, Art. 11 Brüssel II-VO Rn 18; *Gruber*, FamRZ 2000, 1129, 1132; *Kropholler*, EuZPR, Art. 27 EuGVVO Rn 14; *Dilger*, Rn 336.

16 *Dilger*, Rn 336.

17 Thomas/Putzo/*Hüßtege*, ZPO, Art. 11 EheVO Rn 1; Rauscher/*Rauscher*, Art. 11 Brüssel II-VO Rn 2; *Gruber*, FamRZ 2000, 1129, 1132; *Hau*, FamRZ 2000, 1333, 1339; *Dilger*, Rn 345; zur entspr. Rechtslage innerhalb der EuGVVO s. *Kropholler*, EuZPR, Art. 27 Rn 18; anders verhält es sich auf der Basis des autonomen deutschen Zivilverfahrensrechts; vgl. hierzu *Gruber*, FamRZ 1999, 1563, 1566.

18 Der Begriff Zuständigkeit meint – genau wie im Falle des Art. 21 EuGVÜ – nur die internationale Zuständigkeit.

19 EuGH (Erich Gasser GmbH/Firma MISAT s.r.l.), EuLF 2004, 50, 54 = EWS 2004, 88 = RIW 2004, 289 m. Anm. *Thiele*, 285 und Anm. *Mankowski*, EWiR 2004, 439 (zu Art. 21 EuGVÜ).

in krassen Ausnahmefällen abgewichen werden kann – etwa dann, wenn zur überlangen Verfahrensdauer weitere erschwerende Umstände hinzutreten –, ist zweifelhaft und dürfte grundsätzlich zu verneinen sein.[20]

Der Zweck dieser Regelung besteht darin, negative Kompetenzkonflikte zu vermeiden. Es soll verhindert werden, dass die Klage, wenn das erstbefasste Gericht seine Unzuständigkeit feststellt, vor dem später angerufenen Gericht erneut erhoben werden muss.[21]

II. Prüfung der Zuständigkeit durch das Erstgericht

Ob das erstbefasste Gericht **international zuständig** ist, hat allein das **erstbefasste Gericht** (bzw. ein ihm übergeordnetes Gericht) zu prüfen.[22] Die internationale Zuständigkeit steht erst mit der **Rechtskraft** der diesbezüglichen Entscheidung fest.[23] Das zweitbefasste Gericht hat auf die Entscheidung des erstbefassten Gerichts keinen Einfluss. Erst nach Eintritt der Rechtskraft der positiven Entscheidung über die internationale Zuständigkeit des erstbefassten Gerichts erklärt sich das zweitbefasste Gericht zugunsten des erstbefassten Gerichts für unzuständig (Art. 19 Abs. 3 Unterabs. 1). Ungeachtet des Wortlauts des Art. 19 Abs. 3 Unterabs. 1 haben deutsche Gerichte im Tenor keine „Unzuständigkeitserklärung" auszusprechen, sondern schlicht die (jetzt) unzulässige Klage abzuweisen.[24]

Die rechtskräftige Feststellung der internationalen Zuständigkeit kann durch eine – nach der *lex fori* vorgesehene – **Zwischenentscheidung** des erstbefassten Gerichts erfolgen.[25] Wird die Entscheidung über die internationale Zuständigkeit erst zusammen mit dem Endurteil rechtskräftig, so scheidet eine Anwendung des Art. 19 Abs. 3 aus. Es kommt dann nicht mehr der Rechtshängigkeitseinwand, sondern nur der Einwand der rechtskräftigen Entscheidung in derselben Sache in Betracht. Das nach Art. 19 Abs. 1, 2 beim zweitbefassten Gericht „blockierte" Verfahren kann fortgeführt werden, wenn der Antrag beim erstbefassten Gericht abgewiesen wurde oder wenn beim zweitbefassten Gericht ein weiter gehender Antrag gestellt worden ist (vgl. dazu Rn 27 ff.).

Ob eine die internationale Zuständigkeit feststellende Zwischenentscheidung ergehen kann bzw. ergehen muss, richtet sich nach der *lex fori* des erstbefassten Gerichts. Nicht selten wird der Antragsteller beim erstbefassten Gericht ein Interesse an einer derartigen Zwischenentscheidung haben. Auf diese Weise erreicht er, dass der Antrag beim zweitbefassten Gericht – zwingend – abgewiesen werden muss. Ist beim erstbefassten Gericht z.B. ein Antrag auf Trennung ohne Auflösung des Ehebandes anhängig, so wird durch eine die internationale Zuständigkeit bejahende Zwischenentscheidung verhindert, dass sich der Ehegatte, der den Trennungsantrag gestellt hat, nach dem rechtskräftigen Abschluss des Trennungsverfahrens mit einem beim zweitbefassten Gericht gestellten weiter gehenden Antrag – etwa einem Scheidungsantrag – befassen muss. Für die Scheidung müssen, nachdem sich das zweitbefasste Gericht für unzuständig erklärt hat, neue Anträge gestellt werden, wobei es hier wiederum entscheidend auf das Prioritätsprinzip bzw. den in Art. 16 bestimmten Rechtshängigkeitszeitpunkt ankommt.

III. Vorlagemöglichkeit nach Abs. 3 Unterabs. 2

Art. 19 Abs. 3 Unterabs. 2 kommt dem durch die anderweitige Rechtshängigkeit betroffenen Antragsteller entgegen. Die Vorschrift besagt, dass er seinen (beim zweitbefassten Gericht „blockierten") Antrag dem erstbefassten Gericht **vorlegen** kann. Die Möglichkeit einer Vorlage des später gestellten Antrags beim erstbefassten Gericht besteht allerdings erst, nachdem sich das zweitbefasste Gericht rechtskräftig für unzuständig erklärt hat. Dies folgt aus den Einleitungsworten von Abs. 3 Unterabs. 2 („in diesem Fall"), die auf die Situation von Abs. 3 Unterabs. 1 verweisen, sowie aus dem Bericht von *Borrás*.[26] Nicht (mehr) anwendbar ist Abs. 3 Unterabs. 2 ferner dann, wenn das erstbefasste Gericht bereits eine formell

---

20 Vgl. näher *Dilger*, Rn 356; gegen eine Abweichung von der Aussetzungspflicht *Thiele*, RIW 2004, 285 f.
21 *Gruber*, FamRZ 2000, 1129, 1133; zur EuGVVO vgl. *Kropholler*, EuZPR, Art. 27 EuGVVO Rn 22. Vor diesem Hintergrund wäre es konsequent gewesen, wenn die Aussetzung nicht nur bis zur Feststellung der internationalen Zuständigkeit des erstbefassten Gerichts, sondern – darüber hinaus – bis zur Feststellung der (gesamten) Zulässigkeit der Klage vor dem erstbefassten Gericht vorgesehen worden wäre; vgl. hierzu *Zeuner*, in: FS Lüke 1997, S. 1003, 1005 (*de lege lata* aber ablehnend).
22 Thomas/Putzo/*Hüßtege*, ZPO, Art. 11 EheVO Rn 12; Baumbach/Lauterbach/*Albers*, Anh. I § 606a ZPO, Art. 11 Rn 12; zum EuGVÜ vgl. EuGH (Overseas Union/New Hampshire Insurance), Slg 1991 I, 3317, 3349 (Rn 13) = NJW 1992, 3221 = IPRax 1993, 34 m. Anm. *Rauscher*/*Gutknecht* = EuZW 1992, 734.
23 Rauscher/*Rauscher*, Art. 11 Brüssel II-VO Rn 31; *Andrae*, ERA-Forum 2003, 28, 53; *Lüke*, in: GS Arens 1993, S. 273, 281.
24 Rauscher/*Rauscher*, Art. 11 Brüssel II-VO Rn 32.
25 Rauscher/*Rauscher*, Art. 11 Brüssel II-VO Rn 31.
26 *Borrás*, ABlEG 1998 Nr. C 221/46 a.E. (Rn 55); Rauscher/*Rauscher*, Art. 11 Brüssel II-VO Rn 34; Thomas/Putzo/*Hüßtege*, ZPO, Art. 11 EheVO Rn 13; Baumbach/Lauterbach/*Albers*, Anh. I § 606a ZPO, Art. 11 Rn 16; *Gruber*, FamRZ 2000, 1129, 1134; *Hajnczyk*, S. 133.

rechtskräftige Entscheidung in der Sache gefällt hat. In diesem Fall ist die Grundsituation des Art. 19 Abs. 1 Unterabs. 1 – die anderweitige Rechtshängigkeit – nicht mehr gegeben.

22 Welche genaue Anordnung Art. 19 Abs. 3 Unterabs. 2 trifft, ist unklar. Dass der Antragsteller des Zweitverfahrens seinen Antrag ggf. auch dem erstbefassten Gericht vorlegen kann, stellt – für sich betrachtet – eine Selbstverständlichkeit dar. Fraglich ist allein, ob und inwieweit ihm Art. 19 Abs. 3 Unterabs. 2 diese Vorlage erleichtert.

23 Weit gehend Einigkeit besteht darin, dass Art. 19 Abs. 3 Unterabs. 2 **keinen weiteren Gerichtsstand schafft**.[27] Dies ergibt sich zunächst aus der systematischen Stellung der Vorschrift, aber auch aus dem Bericht von *Borrás* zum Brüssel II-Abkommen.[28] Demnach macht Art. 19 Abs. 3 Unterabs. 2 eine Prüfung der Zuständigkeitsvorschriften für den Antrag nicht entbehrlich. In Ehesachen ergibt sich eine internationale Zuständigkeit aber ohnehin aus Art. 4 (Gegenantrag).[29]

24 Eine eigenständige Relevanz der Vorschrift kann nach einer verbreiteten Ansicht darin gesehen werden, dass der Vorlage des Antrags beim erstbefassten Gericht keine **prozessualen Einwände** entgegengehalten werden können, die in der *lex fori* des erstbefassten Gerichts im Hinblick auf nachträglich eingereichte Anträge enthalten sind.[30] *Borrás* weist in ihrem – in diesem Punkt allerdings unklaren – Bericht zum Brüssel II-Abkommen beispielhaft auf den Fall hin, dass nach der *lex fori* des erstbefassten Gerichts kein Gegenantrag mehr zulässig ist, weil bestimmte **Fristen** verstrichen sind.[31] Hierunter können insbesondere auch **Verspätungsvorschriften** verstanden werden.[32] Diese Vorschriften der *lex fori* werden durch die vorrangige Regelung des Art. 19 Abs. 3 Unterabs. 2 verdrängt. Die Vorlage des später gestellten Antrags beim erstbefassten Gericht ist ungeachtet eventuell entgegenstehender Regelungen der *lex fori* des erstbefassten Gerichts zulässig.

25 Abs. 3 Unterabs. 2 bezieht sich dabei sowohl auf Abs. 1 als auch auf Abs. 2.[33] Bedeutung hat die Vorschrift für diejenigen Fälle, in denen der Antrag beim zweitbefassten Gericht eine **weiter gehende Wirkung** hat als der Antrag beim erstbefassten Gericht. Zu nennen ist etwa der Fall, dass bei dem erstbefassten Gericht lediglich die Trennung ohne Auflösung des Ehebandes, aber beim zweitbefassten Gericht die Ehescheidung oder die Ungültigerklärung der Ehe beantragt ist. Hier kann der Antragsteller, der mit seinem Antrag nicht nur die (bloße) Trennung ohne Auflösung des Ehebandes, sondern auch die Zerschneidung des Ehebandes begehrt, gemäß Abs. 3 Unterabs. 2 i.V.m. Artt. 3–5 seinen Antrag dem erstbefassten Gericht vorlegen. Art. 19 Abs. 3 Unterabs. 2 führt im konkreten Ergebnis dazu, dass der Antragsteller sein Scheidungsbegehren sofort zur Entscheidung stellen kann und damit nicht bis zur rechtskräftigen Entscheidung des erstbefassten Gericht warten muss.

26 Die Nachteile, die sich für den Antragsteller aus der umfassenden Blockadewirkung des Art. 19 Abs. 1, 2 ergeben, werden durch die **Vorlagemöglichkeit** nach Art. 19 Abs. 3 Unterabs. 2 etwas abgemildert. Allerdings muss dies nicht in jedem Fall so sein. Zu beachten ist, dass das erstbefasste Gericht sein eigenes Kollisionsrecht zur Anwendung bringt, also nicht an die möglicherweise abweichende kollisionsrechtliche Beurteilung des zweitbefassten Gerichts gebunden ist.[34] Insoweit kann, wenn nach dem für das erstbefasste Gericht maßgeblichen Kollisionsrecht ein anderes Sachrecht anzuwenden ist, der weiter gehende Antrag (noch) unbegründet sein. Denkbar ist etwa, dass in Italien ein Trennungsverfahren und erst nachfolgend in Deutschland ein – durch das italienische Trennungsverfahren blockiertes – Scheidungsverfahren anhängig gemacht worden ist und dass für das italienische Gericht italienisches Sachrecht maßgebend ist, wohingegen für das deutsche Gericht – etwa über Art. 17 Abs. 1 S. 2 EGBGB – deutsches Recht heranzuziehen gewesen wäre. Ist in diesem Fall nach dem italienischen Sachrecht gegenwärtig (nur) ein Trennungsantrag, nicht aber ein Scheidungsantrag begründet, empfiehlt es sich für den deutschen Antragsteller nicht, den in Deutschland gestellten Scheidungsantrag nach Abs. 3 Unterabs. 2 dem italienischen Gericht vorzulegen. Er würde hier nur eine kostenpflichtige Abweisung des Antrags erreichen. Ihm bleibt daher nichts anderes übrig, als

---

27 *Rauscher/Rauscher*, Art. 11 Brüssel II-VO Rn 36; *Hausmann*, EuLF 2000/01, 345, 347; Baumbach/Lauterbach/*Albers*, Anh. I § 606a ZPO, Art. 11 Rn 17; *Ancel/Muir Watt*, Rev. crit. dr. int. priv. 2001, S. 403, 429; abweichend *Andrae*, ERA-Forum 2003, 28, 53 (es reiche aus, wenn entweder das zuerst oder das später angerufene Gericht international zuständig seien).

28 *Borrás*, ABlEG 1998 Nr. C 221/47 (Rn 55).

29 *Borrás*, ABlEG 1998 Nr. C 221/42 (Rn 42) und 47 (Rn 55).

30 *Gruber*, FamRZ 2000, 1129, 1134; *Hausmann*, EuLF 2000/01, 345, 347; MüKo-ZPO/*Gottwald*, Art. 11 EheVO Rn 8; Baumbach/Lauterbach/*Albers*, Anh. I § 606a ZPO, Art. 11 EheVO Rn 15; *Andrae*, ERA-Forum 2003, 28, 53; a.A. *Vogel*, MDR 2000, 1045, 1049.

31 *Borrás*, ABlEG 1998 Nr. C 221/47 (Rn 55).

32 *Rauscher/Rauscher*, Art. 11 Brüssel II-VO Rn 37.

33 *Borrás*, ABlEG 1998 Nr. C 221/46 f. (Rn 55); dort auch mit Hinw. zur Entstehungsgeschichte.

34 *Rauscher/Rauscher*, Art. 11 Brüssel II-VO Rn 38; *Gruber*, FamRZ 2000, 1129, 1134 Fn 55; *Ancel/Muir Watt*, Rev. crit. dr. int. priv. 2001, S. 403, 430.

den rechtskräftigen Ausgang des Trennungsverfahrens abzuwarten und dann das Scheidungsverfahren beim deutschen Gericht fortzusetzen (siehe dazu Rn 27 ff.).[35]

F. Verhältnis zur Rechtskraft

Die Regelung des Art. 19 Abs. 1, 2 hat zur Folge, dass sich zwischen dem **Umfang des Rechtshängigkeitseinwands** und dem **Umfang der Rechtskraft** erhebliche Unterschiede ergeben. Der sachliche Umfang der Rechtshängigkeitswirkung beurteilt sich nach Art. 19. Der sachliche Umfang der Rechtskraftwirkung richtet sich gemäß der zum EuGVÜ/EuGVVO entwickelten, auf die EheVO 2003 übertragbaren herrschenden „Wirkungserstreckungslehre" nach der *lex fori* des erstbefassten Gerichts.[36] Daraus folgt, dass die (nach Art. 19 zu beurteilende) Rechtshängigkeitswirkung regelmäßig einen größeren sachlichen Umfang hat als die (nach der *lex fori* des erstbefassten Gerichts zu beurteilende) Rechtskraftwirkung der anzuerkennenden Entscheidung. 27

Hat die Rechtshängigkeitswirkung einen größeren sachlichen Umfang als die nachfolgende Rechtskraftwirkung, so werden im Einzelfall mit der Beendigung der Rechtshängigkeit und dem Eintritt der Rechtskraft wieder Entscheidungen von ausländischen Gerichten möglich, die zum Zeitpunkt der Rechtshängigkeit noch gemäß Art. 19 Abs. 1, 2 „blockiert" waren. Dies kann insbesondere dann praktisch relevant werden, wenn das erstbefasste Gericht nur über einen **Antrag auf Trennung ohne Auflösung des Ehebandes** zu entscheiden hatte. Das Trennungsverfahren war gemäß Art. 19 Abs. 1 während der Rechtshängigkeit in der Lage, ein ausländisches Scheidungsverfahren oder ein ausländisches Verfahren über die Ungültigerklärung der Ehe zu „blockieren". Die nachfolgende, nach der *lex fori* des erstbefassten Gerichts zu beurteilende Rechtskraftwirkung der Entscheidung über die Trennung geht jedoch weniger weit als die „Blockadewirkung" nach Art. 19. Sie steht insbesondere einem nachfolgend beantragten Scheidungsverfahren nicht entgegen. Demgemäß wird ein Scheidungsverfahren, das während der Trennungsverfahrens noch gemäß Art. 19 Abs. 1 „blockiert" war, mit Rechtskraft der Entscheidung über die Trennung ohne die Auflösung des Ehebandes wieder möglich.[37] Dasselbe gilt grundsätzlich im Verhältnis von einem Scheidungsverfahren zu einem nachfolgend anhängig gemachten Verfahren über die (weiter gehende) Ungültigerklärung der Ehe. 28

Ein ausländisches Zweitverfahren ist schließlich immer dann (wieder) zulässig, wenn der Antrag auf Scheidung, Ungültigerklärung oder Trennung ohne Auflösung des Ehebandes im Erstverfahren rechtskräftig abgewiesen worden ist. Denn unter dem Begriff der anzuerkennenden „Entscheidung" in Art. 21 sind nur „positive Entscheidungen" zu verstehen, die tatsächlich zu einer Ehescheidung, Ungültigerklärung oder Trennung ohne Auflösung des Ehebandes geführt haben. Hier kommt allenfalls eine Anerkennung nach Maßgabe des nationalen Rechts in Betracht (vgl. auch Art. 21 EheVO Rn 8).[38] 29

Daraus ergibt sich auch, dass ein zunächst gemäß Art. 19 Abs. 1, 2 ausgesetztes Verfahren vor dem zweitbefassten Gericht nicht nur dann wieder aufgenommen werden kann, wenn das erstbefasste Gericht seine internationale Unzuständigkeit rechtskräftig festgestellt hat. Vielmehr kann das ausgesetzte Verfahren vor dem zweitbefassten Gericht auch dann fortgeführt werden, wenn das erstbefasste Gericht mit dem rechtskräftigen Endurteil zwar seine internationale Zuständigkeit positiv feststellt, zugleich aber eine Entscheidung trifft, die nicht die sachliche Reichweite der beim zweitbefassten Gericht beantragten Entscheidung erreicht oder die den Scheidungsantrag usw. abweist. Denn in diesem Fall besteht für das zweitbefasste Gericht weder als (nunmehr weggefallene) Prozesshindernis der anderweitigen Rechtshängigkeit noch – vorbehaltlich einer abweichenden Regelung durch das unvereinheitlichte nationale Prozessrecht – das Prozesshindernis der (anzuerkennenden) rechtskräftigen Entscheidung in derselben Sache. Das bei dem erstbefassten Gericht abgewiesene bzw. sachlich weiter gehende Begehren kann bei dem zweitbefassten Gericht unmittelbar weiterverfolgt werden, ohne dass eine erneute Antragstellung erforderlich wäre.[39] Ist im Ausland z.B. ein (bloßes) Trennungsverfahren anhängig und ist nach der dortigen *lex fori* keine Zwischenentscheidung über die internationale Zuständigkeit zu erwarten, kann daher z.B. ein **Scheidungsantrag in Deutschland auch ohne Risiko „auf Vorrat"** gestellt werden. Das Scheidungsverfahren ist zwar zunächst auszusetzen, kann aber unmittelbar nach Rechtskraft des Trennungsverfahrens fortgeführt werden. Der Vorteil eines derartigen Scheidungsantrags „auf Vorrat" liegt darin, dass er seinerseits spätere Scheidungsanträge des anderen Ehegatten blockieren kann. 30

---

35 Vgl. hierzu auch Rauscher/*Rauscher*, Art. 11 Brüssel II-VO Rn 38; *Hausmann*, EuLF 2000/01, 345, 347.

36 *Kropholler*, EuZPR, vor Art. 33 EuGVVO Rn 9 f.

37 *Gruber*, FamRZ 2000, 1129, 1134 f.; Thomas/Putzo/*Hüßtege*, ZPO, Art. 11 EheVO Rn 14; Rauscher/*Rauscher*, Art. 11 Brüssel II-VO Rn 24; *Hausmann*, EuLF 2000/01, 345, 347; *Borrás*, ABlEG 1998 Nr. C 221/47 (Rn 57).

38 *Gruber*, FamRZ 2000, 1129, 1135; Thomas/Putzo/*Hüßtege*, ZPO, Art. 11 EheVO Rn 14.

39 *Gruber*, FamRZ 2000, 1129, 1135; Thomas/Putzo/*Hüßtege*, ZPO, Art. 11 EheVO Rn 14; Rauscher/*Rauscher*, Art. 11 Brüssel II-VO Rn 24.

| EheVO 2003 Art. 20 | Einstweilige Maßnahmen einschließlich Schutzmaßnahmen |

(1) Die Gerichte eines Mitgliedstaats können in dringenden Fällen ungeachtet der Bestimmungen dieser Verordnung die nach dem Recht dieses Mitgliedstaats vorgesehenen einstweiligen Maßnahmen einschließlich Schutzmaßnahmen in Bezug auf in diesem Staat befindliche Personen oder Vermögensgegenstände auch dann anordnen, wenn für die Entscheidung in der Hauptsache gemäß dieser Verordnung ein Gericht eines anderen Mitgliedstaats zuständig ist.

(2) Die zur Durchführung des Absatzes 1 ergriffenen Maßnahmen treten außer Kraft, wenn das Gericht des Mitgliedstaats, das gemäß dieser Verordnung für die Entscheidung in der Hauptsache zuständig ist, die Maßnahmen getroffen hat, die es für angemessen hält.

A. Anwendungsbereich 1	C. Ergänzende Verweisung auf sonstige Zuständigkeitsnormen 7
B. Zuständigkeit des für die Hauptsache zuständigen Gerichts 6	D. Anerkennung und Vollstreckung 12

A. Anwendungsbereich

1 Art. 20 entspricht weit gehend Art. 31 EuGVVO (vormals Art. 24 EuGVÜ).[1] Abs. 1 ist zunächst zu entnehmen, dass die nach der EheVO 2003 für die Hauptsache zuständigen Gerichte auch für den Erlass einstweiliger Maßnahmen zuständig sind. Daneben eröffnet Abs. 1 auch einen Rückgriff auf das staatsvertragliche Zuständigkeitsrecht (insbesondere das KSÜ) sowie auf das nationale Zuständigkeitsrecht. Voraussetzung ist hierfür aber, dass sich in dem Staat, dessen Gericht sich auf staatsvertragliche bzw. nationale Zuständigkeitsvorschriften stützen will, die von der Maßnahme betroffene Person bzw. ihr Vermögen befindet.

2 Nach wohl h.L. erstreckt sich die Zuständigkeit nach Art. 20 auch auf **Maßnahmen außerhalb des von Art. 1 definierten Bereichs**.[2] Diese Auffassung wird auch in dem erläuternden Bericht von *Borrás* vertreten.[3] Für sie spricht, dass sich Maßnahmen gemäß Art. 20 dem Wortlaut der Vorschrift nach sowohl auf Personen als auch auf Güter stützen können. In den von Art. 1 erfassten Ehesachen handelt es sich jedoch in der Hauptsache stets nur um eine Rechtsgestaltung, so dass Art. 20 insoweit – würde man es bei dem engen Anwendungsbereich von Art. 1 belassen – ins Leere ginge.[4] Nach der Gegenansicht muss demgegenüber der Gegenstand der Maßnahme in den sachlichen Anwendungsbereich der EheVO 2003 fallen.[5]

3 Näher betrachtet kommt der Auseinandersetzung um die sachliche Reichweite von Art. 20 aber nur eingeschränkte Bedeutung zu. In Fragen der elterlichen Verantwortung ist der sachliche Anwendungsbereich des Art. 1 Abs. 1 lit. b ohnehin weit gefasst, so dass für eine weiter gehende – über den eigentlichen Anwendungsbereich der EheVO 2003 hinausreichende – Erstreckung des Art. 20 auf weitere Sachgebiete kein Bedürfnis besteht. Im Übrigen besteht auch innerhalb der h.L. Einigkeit darüber, dass sich Art. 20 nicht auf Maßnahmen erstreckt, für die bereits die EuGVVO eine Zuständigkeitsregelung bereithält. Insbesondere stellt Art. 20, da insoweit die EuGVVO eingreift, keine Zuständigkeitsvorschrift für die Gewährung **vorläufigen Unterhalts** dar.[6] Ferner kommen auch nach h.L. nur Maßnahmen in Betracht, die die zukünftige Eheauflösung vorbereiten oder sichern. Die Sicherung **zukünftiger Scheidungsfolgen** – also etwa eine einstweilige Maßnahme auf dem Gebiet des **Güterrechts** – verbleibt außerhalb des Anwendungsbereichs von Art. 20.[7]

4 Praktische Bedeutung dürfte Art. 20 vor allem im Hinblick auf Regelungen nach §§ 1, 2 **Gewaltschutzgesetz** und die Hausratsverteilung bzw. **Wohnungszuweisung nach §§ 1361a, 1361b BGB** erlangen. Hier wird – und zwar z.T. unabhängig von der Beurteilung der Frage, ob Art. 20 über den in Art. 1 definierten sachlichen Anwendungsbereich hinausgeht – jedenfalls im Ergebnis überwiegend die Ansicht vertreten,

---

1 *Borrás*, ABlEG 1998 Nr. C 221/38 Rn 58; *Spellenberg*, in: FS Beys 2003, S. 1583, 1585.
2 MüKo-ZPO/*Gottwald*, Art. 12 EheVO Rn 3; Thomas/Putzo/*Hüßtege*, ZPO, Art. 12 EheVO Rn 5; Zöller/*Geimer*, ZPO, Art. 12 EheVO Rn 1; *Schlosser*, Art. 12 EheVO Rn 2; *Spellenberg*, in: FS Beys 2003, S. 1583, 1586 f.; *Fuchs/Tölg*, ZfRV 2002, 95, 98 f.; *Ancel/Muir Watt*, Rev. crit. dr. int. priv. 2001, S. 403, 427; abweichend Rauscher/*Rauscher*, Art. 12 Brüssel II-VO Rn 6 f.; *Dilger*, Rn 301 ff.; *Sumampouw*, Liber Amicorum Siehr 2000, S. 729, 739 f.
3 *Borrás*, ABlEG 1998 Nr. C 221/38 Rn 59.
4 *Fuchs/Tölg*, ZfRV 2002, 95, 99.
5 Rauscher/*Rauscher*, Art. 12 Brüssel II-VO Rn 6 f.; *Dilger*, Rn 301 ff.; *Sumampouw*, in: Liber Amicorum Siehr 2000, S. 729, 739 f.
6 Rauscher/*Rauscher*, Art. 12 Brüssel II-VO Rn 11; *Spellenberg*, in: FS Beys 2003, S. 1583, 1588 und 1590; *Fuchs/Tölg*, ZfRV 2002, 95, 98 und 102; wohl a.A. Baumbach/Lauterbach/*Albers*, Anh. I § 606a ZPO, Art. 12 EheVO Rn 3.
7 *Spellenberg*, in: FS Beys 2003, S. 1583, 1588 und 1591.

dass Art. 20 insoweit im Falle einstweiliger Maßnahmen heranzuziehen sei (vgl. i.Ü. Art. 17a EGBGB Rn 24).[8] Anzuwenden ist Art. 20 ferner auf die (praktisch allerdings nicht sehr bedeutsame) **Gestattung des Getrenntlebens** durch einstweilige Anordnung.[9]

Voraussetzung für eine Anwendung von Art. 20 auf die Anordnungen nach dem Gewaltschutzgesetz bzw. nach §§ 1361a, 1361b BGB ist allerdings ein verfahrensrechtlicher oder zumindest zeitlicher Zusammenhang mit einem anhängigen Eheverfahren.[10] Da es nicht auf eine formale verfahrensrechtliche Betrachtung ankommt, wird der notwendige Zusammenhang schon dadurch hergestellt, dass in der Ehesache ein Antrag auf Prozesskostenhilfe gestellt wird.[11]

B. Zuständigkeit des für die Hauptsache zuständigen Gerichts

Grundsätzlich gilt, dass die nach der EheVO 2003 für die Hauptsache zuständigen Gerichte auch für den Erlass einstweiliger Maßnahmen zuständig sind.[12] Die internationale Zuständigkeit gilt hierbei auch im Hinblick auf Personen oder Vermögensgegenstände, die sich im Ausland befinden.[13] Die Voraussetzungen und Wirkungen dieser Maßnahmen richten sich ausschließlich nach der *lex fori*. Die *lex fori* bestimmt auch darüber, ob die Maßnahme mit dem Erlass einer Hauptsacheentscheidung außer Kraft tritt. Die internationale Zuständigkeit aller nach Artt. 3–5 im Einzelfall international zuständigen Gerichte gilt nach h.L. auch dann, wenn bereits vor einem Gericht ein Hauptsacheverfahren anhängig ist. Die Zuständigkeit für einstweilige Maßnahmen beschränkt sich daher auch in diesem Fall nicht von vornherein auf das mit der Hauptsache befasste Gericht.[14]

C. Ergänzende Verweisung auf sonstige Zuständigkeitsnormen

Art. 20 Abs. 1 eröffnet den Rückgriff auf Zuständigkeitsvorschriften außerhalb der EheVO 2003. Voraussetzung ist hierbei, dass es sich um einstweilige Maßnahmen in dringenden Fällen handelt. Die Maßnahmen müssen sich auf eine Person oder Vermögen beziehen, die sich in dem betreffenden Staat befinden. Der Begriff der **einstweiligen Maßnahme** ist autonom auszulegen. Insoweit kann auf die Rechtsprechung des EuGH zu Art. 24 EuGVÜ (jetzt Art. 31 EuGVVO) zurückgegriffen werden.[15] Einstweilige Maßnahmen sind hiernach solche, die einem Antragsteller nur einen vorläufigen Rechtsschutz gewähren sollen, der nicht notwendig vom Ausgang des Hauptverfahrens abhängen muss.[16] Art. 20 Abs. 1 eröffnet auch dann eine Möglichkeit der Anwendung des nationalen Zuständigkeitsrechts, wenn vor einem anderen Gericht bereits ein Hauptsacheverfahren anhängig ist.[17]

Art. 20 setzt voraus, dass es sich um einen „**dringenden Fall**" handelt. Damit wird der Kreis der nach Art. 20 zu treffenden Maßnahmen eingegrenzt. Selbst wenn das staatsvertragliche bzw. nationale Recht die Möglichkeit einer einstweiligen Maßnahme auch im Falle fehlender Dringlichkeit vorsieht, kann sich das Gericht im Anwendungsbereich der EheVO 2003 nur auf die jeweilige Zuständigkeitsvorschrift stützen, wenn eine Dringlichkeit gegeben ist.[18] Bei Verfahren über die elterliche Verantwortung wird man sich hierbei an Art. 9 MSA bzw. Art. 11 Abs. 1 KSÜ orientieren können.[19]

---

8 *Spellenberg*, in: FS Beys 2003, S. 1583, 1588; Rauscher/*Rauscher*, Art. 12 Brüssel II-VO Rn 12 Fn 24; *Fuchs/Hau/Thorn*, Fälle zum IPR, 2. Aufl. 2003, S. 109; auch *Fuchs/Tölg*, ZfRV 2002, 95, 102 (u.a. zur einstweiligen Regelung der Benutzung oder einstweiligen Sicherung des ehelichen Gebrauchsvermögens und der ehelichen Ersparnisse nach § 382 Abs. 1 Ziff. 8 lit. c des österr. EO sowie zur EV zum Schutz vor Gewalt in der Familie gem. § 382b EO); wohl abweichend Staudinger/ *Mankowski*, Art. 17a EGBGB Rn 30 f.

9 Rauscher/*Rauscher*, Art. 12 Brüssel II-VO Rn 10; *Spellenberg*, in: FS Beys 2003, S. 1583, 1588, 1593.

10 *Spellenberg*, in: FS Beys 2003, S. 1583, 1589.

11 *Spellenberg*, in: FS Beys 2003, S. 1583, 1589.

12 Thomas/Putzo/*Hüßtege*, ZPO, Art. 12 EheVO Rn 3; *Fuchs/Tölg*, ZfRV 2002, 95, 99.

13 *Spellenberg*, in: FS Beys 2003, S. 1583, 1585; *Spellenberg/Leible*, ZZP Int. 4 (1999), 222, 229.

14 *Spellenberg*, in: FS Beys 2003, S. 1583, 1598 f.; *Spellenberg/Leible*, ZZP Int. 4 (1999), 221, 228; *Stadler*, JZ 1999, 1098, 1094 f.; *Heß*, IPRax 2000, 370, 374; *Heß/Vollkommer*, IPRax 1999, 220, 223 f.;

Dilger, Rn 291; a.A. *Kropholler*, EuZPR, Art. 31 Rn 11.

15 *Spellenberg*, in: FS Beys 2003, S. 1583, 1584 f.; Rauscher/*Rauscher*, Art. 12 Brüssel II-VO Rn 4; Thomas/Putzo/*Hüßtege*, ZPO, Art. 12 EheVO Rn 1; *Fuchs/Tölg*, ZfRV 2002, 95, 97; vorsichtig auch *Dilger*, Rn 295. Vgl. aus der Rspr. des EuGH insb. EuGH (de Cavel/de Cavel II), Slg. 1980 I, 731, 741 (Rn 9) = IPRax 1981, 19, 20 m. Anm. *Hausmann*, S. 5; ferner EuGH (Uden Maritime BV/Deco-Line KG), Slg. 1998 I, 1091, 7133 (Rn 33 = IPRax 1999, 240, 243.

16 Baumbach/Lauterbach/*Albers*, Anh. I § 606a ZPO, Art. 12 Rn 2; vgl. auch *Schlosser*, IPRax 1993, 17 f.

17 So (noch zu Art. 24 EuGVÜ, jetzt Art. 31 EuGVVO) EuGH (Uden Maritime BV/Deco-Line KG), Slg. 1998 I, 1091, 7132 f. (Rn 29, 34) = IPRax 1999, 240.

18 *Spellenberg*, in: FS Beys 2003, S. 1583, 1585; *Ancel/ Muir Watt*, Rev. crit. dr. int. priv. 2001, S. 403, 426 f.; *Fuchs/Tölg*, ZfRV 2002, 95, 99.

19 Rauscher/*Rauscher*, Art. 12 Brüssel II-VO Rn 13; *Ancel/Muir Watt*, Rev. crit. dr. int. priv. 2001, 403, 426 f.

9 Die Maßnahmen müssen sich auf die **Personen oder Vermögensgegenstände** beziehen, die sich in dem betreffenden **Mitgliedstaat befinden**. Abzustellen ist hierbei auf den Zeitpunkt, in dem die Maßnahme ergehen soll. In Verfahren betreffend die elterliche Verantwortung ist grundsätzlich auf den Aufenthalt des Kindes abzustellen.[20] In diesem Fall ergibt sich allerdings eine Zuständigkeit bereits aus Art. 8 Abs. 1, ohne dass noch auf das sonstige Zuständigkeitsrecht zurückzugreifen wäre. Nach zutreffender Auffassung reicht es im Falle eines Umgangsverbots aber auch aus, wenn sich nur der Adressat des Verbots in dem betreffenden Mitgliedstaat aufhält.[21] Einstweilige Maßnahmen zwischen Ehegatten kommen in Betracht, wenn sich einer der Ehegatten in dem Mitgliedstaat aufhält.[22]

10 Abs. 1 eröffnet keine eigenständige internationale Zuständigkeit, sondern gestattet nur den Rückgriff auf das im jeweiligen Mitgliedstaat bestehende staatsvertragliche oder unvereinheitlichte nationale Zuständigkeitsrecht.[23] Hier kommt – in Fragen der elterlichen Verantwortung – insbesondere eine Anwendung des KSÜ bzw. des MSA in Betracht. Zur internationalen Zuständigkeit bei Maßnahmen nach §§ 1, 2 Gewaltschutzgesetz bzw. nach § 1361b BGB siehe Art. 17a EGBGB Rn 24.

11 Abs. 2 stellt sicher, dass die für die Hauptsache zuständigen Gerichte in jedem Fall „das letzte Wort" haben. Die nach Abs. 1 getroffenen Maßnahmen treten automatisch außer Kraft, wenn das für die Hauptsache zuständige Gericht die Maßnahmen getroffen hat, die es für angemessen hält.[24]

D. Anerkennung und Vollstreckung

12 Einstweilige Maßnahmen nach Art. 20 sind – in Anlehnung an Art. 31, 32 EuGVVO – grundsätzlich auch im Ausland nach den Maßstäben der EheVO 2003 anzuerkennen und zu vollstrecken.[25] Hiergegen wird vorgebracht, dass die in Art. 2 Nr. 4 enthaltene Definition der „Entscheidung" ausdrücklich auf den sachlichen Anwendungsbereich von Art. 1 Bezug nehme und daher die Anerkennung und Vollstreckung von einstweiligen Maßnahmen ausschließe.[26] Dies dürfte jedoch zu verneinen sein, da bei der Formulierung von Art. 2 Nr. 4 (wie auch bei der Formulierung des gleich lautenden Art. 13 EheVO 2000) einstweilige Maßnahmen nicht näher in Betracht gezogen bzw. letztlich vom Verordnungsgeber übersehen worden sind.[27]

Kapitel III
Anerkennung und Vollstreckung

Abschnitt 1. Anerkennung

EheVO 2003 Art. 21 **Anerkennung einer Entscheidung**[*]

(1) Die in einem Mitgliedstaat ergangenen Entscheidungen werden in den anderen Mitgliedstaaten anerkannt, ohne dass es hierfür eines besonderen Verfahrens bedarf.

(2) Unbeschadet des Absatzes 3 bedarf es insbesondere keines besonderen Verfahrens für die Beischreibung in den Personenstandsbüchern eines Mitgliedstaates auf der Grundlage einer in einem anderen Mitgliedstaat ergangenen Entscheidung über Ehescheidung, Trennung ohne Auflösung des Ehebandes oder Ungültigerklärung einer Ehe, gegen die nach dem Recht dieses Mitgliedstaates keine weiteren Rechtsbehelfe eingelegt werden können.

(3) Unbeschadet des Abschnitts 4 kann jede Partei, die ein Interesse hat, gemäß den Verfahren des Abschnitts 2 eine Entscheidung über die Anerkennung oder Nichtanerkennung der Entscheidung beantragen.

---

20 *Spellenberg*, in: FS Beys 2003, S. 1583, 1601.
21 Rauscher/*Rauscher*, Art. 12 Brüssel II-VO Rn 17.
22 Rauscher/*Rauscher*, Art. 12 Brüssel II-VO Rn 17.
23 Rauscher/*Rauscher*, Art. 12 Brüssel II-VO Rn 14; *Spellenberg*, in: FS Beys 2003, S. 1583, 1597, 1600 f.
24 *Spellenberg*, in: FS Beys 2003, S. 1583, 1605 f.
25 *Spellenberg*, in: FS Beys 2003, S. 1583, 1605 f.; Thomas/*Putzo*/*Hüßtege*, ZPO, Art. 12 EheVO Rn 3, Art. 13 Rn 3; *Rauscher*, Art. 12 Rn 18; *Hausmann*, EuLF 2000/01, 345, 348.

26 *Dilger*, Rn 314; einschr. ferner *Helms*, FamRZ 257, 260 (anerkennungsfähig seien nur einstweilige Anordnungen, die im Hauptsachegerichtsstand getroffen worden seien).
27 *Spellenberg*, in: FS Beys 2003, S. 1583, 1606 („nicht präzise formuliert").
* Für die Mitarbeit an der Kommentierung der Artt. 21 – 39, 46 EheVO danke ich Frau Wiss. Mitarbeiterin *Janina Cholstinina* und Herrn Wiss. Mitarbeiter *Mario Nawroth*.

Das örtlich zuständige Gericht, das in der Liste aufgeführt ist, die jeder Mitgliedstaat der Kommission gemäß Artikel 68 mitteilt, wird durch das nationale Recht des Mitgliedstaates bestimmt, in dem der Antrag auf Anerkennung oder Nichtanerkennung gestellt wird.

(4) Ist in einem Rechtsstreit vor einem Gericht eines Mitgliedstaates die Frage der Anerkennung einer Entscheidung als Vorfrage zu klären, so kann dieses Gericht hierüber befinden.

Literatur: *Hausmann,* Neues internationales Eheverfahrensrecht in der Europäischen Union – II. Teil, EuLF 2000/01, 271 und 345; *Helms,* Anerkennung ausländischer Entscheidungen im europäischen Eheverfahrensrecht, FamRZ 2001, 257; *Rauscher,* Europäisches Zivilprozessrecht, 2004; *Vogel,* Internationales Familienrecht – Änderungen und Auswirkungen durch die neue EU-Verordnung, MDR 2000, 1045; *Wagner,* Die Anerkennung und Vollstreckung von Entscheidungen nach der Brüssel II-Verordnung, IPRax 2001, 73. Siehe auch die Angaben vor Art. 1 EheVO.

Da dem Regelungssystem von EuGVÜ[1] bzw. EuGVVO[2] im Wesentlichen gefolgt wird, können die Berichte, Entscheidungen und Kommentierungen zu EuGVÜ bzw. EuGVVO bei der Auslegung der Vorschriften verwendet werden, soweit Übereinstimmung besteht.[3] Selbstverständlich ist die Verwendung der einschlägigen Materialien zur EheVO.[4, 5]

A. Allgemeines	1	III. Zeitpunkt	25
I. Entscheidung	1	IV. Spezialisierte sachliche Zuständigkeit	26
II. Entscheidungen in Ehesachen	11	V. Örtliche Zuständigkeit	27
III. Entscheidungen zur elterlichen Verantwortung	13	VI. Antragsberechtigung	30
		VII. Inhalt und Form des Antrags	32
IV. Formelle Rechtskraft	14	VIII. Verfahrensdurchführung	33
B. Prinzip der ipso-iure-Anerkennung (Abs. 1)	15	IX. Rechtsbehelf	36
		X. Bestands- und Rechtskraft sowie Bindungswirkung	38
C. Beischreibung in Personenstandsbüchern (Abs. 2)	18	XI. Kosten	40
D. Selbständiges Anerkennungsfeststellungsverfahren (Abs. 3)	20	E. Inzidente Entscheidung (Abs. 4)	41
I. Allgemeines	20	F. Aufhebung oder Änderung der Entscheidung im Erststaat	42
II. Verfahren	22	G. Änderung der Entscheidung durch Gerichte des Zweitstaats	44
1. Anerkennungsfeststellungsverfahren	22		
2. Deutsche Regelung: Internationales Familienrechtsverfahrensgesetz	23		

A. Allgemeines

I. Entscheidung

Der Begriff Entscheidungen ist im Zusammenhang mit der Begriffsbestimmung in Art. 2 Nr. 4 zu sehen (hierzu Art. 2 EheVO Rn 2). Er bezieht sich auf die Entscheidungen in Ehesachen und über die elterliche Verantwortung. Zu **Kostenentscheidungen und Kostenfestsetzungsbeschlüssen** siehe Art. 49, zu **vollstreckbaren öffentlichen Urkunden und vollstreckbaren Vereinbarungen der Parteien** Art. 46. **1**

Die Entscheidung muss von einem Gericht eines Mitgliedstaates erlassen sein, wobei unter Gericht alle Behörden der Mitgliedstaaten verstanden werden, die für die Rechtssache zuständig sind, Art. 2 Nr. 1 (vgl. Art. 2 EheVO Rn 1). Unerheblich ist, ob die entschiedene Sache einen Bezug zu einem Mitgliedstaat hat. Erfasst werden neben reinen Binnensachen auch solche, die einen Bezug zu Nichtmitgliedstaaten aufweisen.[6] **2**

Nicht erfasst werden Entscheidungen der Gerichte der Mitgliedstaaten, welche die Anerkennung einer drittstaatlichen Entscheidung feststellen oder ihre Vollstreckung zulassen.[7] Weiter sind nicht erfasst ein in **3**

---

1 Brüsseler Übereinkommen über die gerichtliche Zuständigkeit und die Vollstreckung gerichtlicher Entscheidungen in Zivil- und Handelssachen v. 27.9.1968 (BGBl II 1972 S. 773).
2 Verordnung (EG) Nr. 44/2001 des Rates über die gerichtliche Zuständigkeit und die Anerkennung und Vollstreckung von Entscheidungen in Zivil- und Handelssachen v. 22.12.2000 (ABlEG 2001 Nr. L 12 S. 1).
3 S.a. *Kropholler,* EuZPR, Einl. EheVO Rn 80.
4 Verordnung (EG) Nr. 1347/2000 des Rates über die Zuständigkeit und die Anerkennung und Vollstreckung von Entscheidungen in Ehesachen und in Verfahren betreffend die elterliche Verantwortung für die gemeinsamen Kinder der Ehegatten v. 29.5.2000 (ABlEG 2000 Nr. L 160 S. 19).
5 Gleiches gilt auch für das nicht in Kraft getretene entsprechende Übereinkommen, insb. dessen begleitenden Bericht von *Alegría Borrás* (ABlEG 1998 Nr. C 221 S. 27 ff.); vgl. Erwägungsgrund (3) der EheVO; s.a. *Wagner,* IPRax 2001, 73, 73 u. 75.
6 *Nagel/Gottwald,* Int. Zivilprozessrecht, 5. Aufl. 2002, § 11 Rn 13; zum EuGVÜ i.E. MüKo-ZPO/*Gottwald,* Art. 25 EuGVÜ Rn 2; zur EuGVVO Zöller/*Geimer,* ZPO, Art. 32 EuGVVO Rn 13.
7 Für die EuGVVO Thomas/Putzo/*Hüßtege,* ZPO, Art. 32 EuGVVO Rn 8; Zöller/*Geimer,* ZPO, Art. 32 EuGVVO Rn 12; *Schlosser,* Art. 32 EuGVVO Rn 5; zum EuGVÜ MüKo-ZPO/*Gottwald,* Art. 25 EuGVÜ Rn 11 m.w.N.; *Geimer,* RIW 1976, 139, 145; *ders.,* JZ 1977, 145, 148.

der Eheentscheidung getroffener Schuldausspruch sowie im Verbund getroffene Entscheidungen zu Nebenfolgen der Scheidung, soweit sie nicht die elterliche Sorge betreffen.[8] Die Anerkennung und Vollstreckung richtet sich, bezogen auf den Unterhalt, nach der EuGVVO, bezogen auf Hausrat, Wohnungszuweisung, Versorgungsausgleich und eheliches Güterrecht, nach autonomem Recht (in Deutschland nach §§ 328, 722, 723 ZPO; §§ 16a, 33 FGG).

4 **Einstweilige Maßnahmen**, die nach Art. 20 getroffen werden, sind vom Begriff Entscheidung nicht erfasst.[9] Das gilt deshalb, weil es sich hier um territorial beschränkte Maßnahmen zeitweiligen Charakters handelt,[10] und ggf. auch Bereiche erfasst werden, die nicht in den sachlichen Anwendungsbereich der EheVO 2003 fallen (hierzu Art. 20 EheVO Rn 2).[11]

5 Dagegen können einstweilige Maßnahmen, die von dem in der Hauptsache zuständigen Gericht angeordnet wurden und in den sachlichen Anwendungsbereich der EheVO 2003 fallen, nach den Artt. 21 ff. anerkannt und vollstreckt werden, soweit die Zweiseitigkeit des Verfahrens gegeben ist.[12] Offen ist die Frage, welche Anforderungen an die Gewährung des rechtlichen Gehörs für den Antragsgegner zu stellen sind. Soweit die Rechtsprechung des EuGH zum EuGVÜ auf die EheVO 2003 übertragen wird, wonach ein kontradiktorisches Verfahren erforderlich ist, ist diese Voraussetzung dann zu verneinen, wenn die einstweilige Maßnahme ohne vorhergehende Anhörung des Antragsgegners ergeht.[13] Dagegen wird vorgebracht, dass aus dringenden Gründen des Kindeswohls das Erfordernis des rechtlichen Gehörs für die EheVO 2003 anders zu gewichten ist und diesem auch durch nachträgliche Anhörung oder Einräumung eines Rechtsbehelfs Rechnung getragen werden kann.[14] Bis zur Klärung dieser Frage empfiehlt es sich, einstweilige Maßnahmen, die ohne vorhergehende Anhörung der Gegenpartei erlassen werden sollen, dort zu beantragen, wo sie auch vollstreckt werden sollen.

6 Für die EheVO 2000 ist anerkannt, dass **nur sog. positive Entscheidungen**, d.h. solche, die die Auflösung der Ehe *ex nunc* oder *ex tunc* bzw. die förmliche Trennung ohne Auflösung des Ehebandes herbeiführen, unter die Bestimmungen über die Anerkennung fallen.[15] Dies ergibt sich eindeutig aus dem Erwägungsgrund 15 S. 1 zur EheVO 2000. Dafür spricht auch die englische Fassung von Art. 2 Nr. 4, während die deutsche auch eine andere Auslegung zulässt.[16] Begründet wurde dies damit, dass ein erneutes Verfahren in einem anderen Mitgliedstaat nicht durch eine aufgrund der Anerkennung herbeigeführte Bindungswirkung gehindert werden soll.[17] Im Hinblick auf das früher geplante Übereinkommen „Brüssel II" wurde sein Zweck, die Anerkennung von Scheidungen zu erleichtern, – insbesondere durch die nordischen Staaten – hervorgehoben.[18]

7 Aus Erwägungsgrund 8 zur EheVO 2003 lässt sich die gleiche Folgerung nicht ableiten, denn dieser grenzt den Gegenstand von Entscheidungen in Ehesachen lediglich ab. Insofern findet sich diese Zielsetzung in der EheVO 2003 nicht wieder. Dass mit der Nichtaufnahme des Erwägungsgrundes aus der EheVO 2000 eine sachliche Änderung beabsichtigt wurde, ist nicht ersichtlich. Im Ergebnis ist davon auszugehen, dass „negative" Entscheidungen, also solche Sachentscheidungen, die den Antrag auf Scheidung, Trennung ohne Auflösung des Ehebandes oder Nichtigkeitserklärung der Ehe abweisen, nicht erfasst sind, was zu bedauern ist.[19] Es ist kein Grund ersichtlich, warum eine Sachentscheidung, durch die ein Antrag auf Nichtigkeitserklärung der Ehe, z.B. wegen Doppelehe, abgewiesen wird, nicht nach der EheVO 2003 anerkennungsfähig

---

8 *Spellenberg*, in: FS Schumann 2001, S. 435; i.E. *Borrás*, ABlEG 1998 Nr. C 221, S. 35 Nr. 22; Rauscher/*Rauscher*, Art. 13 Brüssel II-VO Rn 1.

9 Umstr., wie hier Baumbach/Lauterbach/*Albers*, Anh. I § 606a ZPO, Art. 13 EheVO Rn 4; Thomas/Putzo/*Hüßtege*, ZPO, Art. 13 EheVO Rn 3; *Helms*, FamRZ 2001, 257, 260; österr. OGH v. 13.8.2002 – Ob 140/02, zitiert von *Jayme/Kohler*, IPRax 2004, 481, 491 (nicht erfasst sei die Aufteilung des ehelichen Gebrauchsvermögens; Rauscher/*Rauscher*, Art. 12 Brüssel II-VO Rn 6 ff.; a.A. *Hausmann*, EuLF 2000/01, 345, 348.

10 Rauscher/*Rauscher*, Art. 13 Brüssel II-VO Rn 3.

11 So jedenfalls *Borrás*, ABlEG 1998 Nr. C 221, S. 47 Nr. 58 f.

12 *Helms*, FamRZ 2001, 257, 260.

13 Für das EuGVÜ OLG Karlsruhe FamRZ 2001, 1623; OLG Hamm NJW-RR 1993, 189, 190; für die EuGVVO Zöller/*Geimer*, ZPO, Art. 32 EuGVVO Rn 8.

14 *Helms*, FamRZ 2001, 257, 261.

15 Thomas/Putzo/*Hüßtege*, ZPO, Art. 13 EheVO Rn 1; MüKo-ZPO/*Gottwald*, Art. 13 EheVO Rn 2; *Wagner*, IPRax 2001, 73, 76; *Schack*, RabelsZ 65 (2001), 615, 627; Rauscher/*Rauscher*, Art. 13 Brüssel II-VO Rn 10; *Hausmann*, EuLF 2000/01, 345, 348; krit. *Kohler/Mansel*, Vergemeinschaftung des Europäischen Kollisionsrechts, 2001, S. 46 ff.; Baumbach/Lauterbach/*Albers*, Anh. I § 606a ZPO, Art. 13 EheVO Rn 1; Zöller/*Geimer*, ZPO, Art. 13 EheVO Rn 3.

16 *Spellenberg*, in: FS Schumann 2001, S. 432.

17 U.a. *Helms*, FamRZ 2001, 257, 258; *Schlosser*, Art. 14 EheVO Rn 1.

18 Hierzu *Borrás*, ABlEG 1998 Nr. C 221, S. 48 Nr. 60; *Kohler/Mansel*, Vergemeinschaftung des Europäischen Kollisionsrechts, 2001, S. 46 Fn 18.

19 Krit. u.a. *Kohler/Mansel*, Vergemeinschaftung des Europäischen Kollisionsrechts, 2001, S. 46 ff.; Baumbach/Lauterbach/*Albers*, Anh. I § 606a ZPO, Art. 13 EheVO Rn 1; Zöller/*Geimer*, ZPO, Art. 13 EheVO Rn 3.

ist. Die Argumente überzeugen jedoch auch nicht in Bezug auf eine die Scheidung ablehnende Sachentscheidung. Eine solche Entscheidung besagt lediglich, dass z.Zt. des Ausspruchs die Voraussetzungen für die Ehescheidung nicht gegeben sind, sie schließt eine spätere Scheidung sowohl im Erlass – als auch in einem Zweitstaat nicht aus, wenn zu einem späteren Zeitpunkt die Scheidungsvoraussetzungen vorliegen. Die Lösung der Nichteinbeziehung fördert einen Scheidungstourismus.

Aus der Nichteinbeziehung der „negativen" Entscheidungen in die EheVO 2003 folgt nicht, dass sie außerhalb des Erlassstaats nicht anerkennungsfähig sind.[20] Vielmehr bestimmt sich dies nach innerstaatlichen Vorschriften des Anerkennungsstaats und den bilateralen Abkommen zwischen Entscheidungs- und Anerkennungsstaat gemäß dem Günstigkeitsprinzip.[21] In Deutschland sind die „negativen" Entscheidungen der Gerichte anderer Mitgliedstaaten *ipso iure* anerkannt, wenn kein Anerkennungshindernis nach § 328 ZPO vorliegt, denn solche Entscheidungen können nicht anders als Entscheidungen dritter Staaten behandelt werden. Sie unterliegen nicht dem Verfahren nach Art. 7 § 1 FamRÄndG (hierzu Anhang II zum III. Abschnitt, Art. 7 FamRÄndG Rn 11). 8

Nicht erfasst werden **Privatscheidungen** (zum Begriff Art. 17 EGBGB Rn 48), auch soweit eine Behörde z.B. durch Registrierung oder Beurkundung der Scheidungsvereinbarung mitgewirkt hat.[22] Die EheVO 2003 ist im Unterschied zur EheVO 2000 insoweit eindeutig, da Art. 1 Abs. 2 S. 1 EheVO 2000, wonach amtlich anerkannte Verfahren den gerichtlichen Verfahren gleichstehen, nicht übernommen wurde. Privatscheidungen werden auch nicht über Art. 46 einbezogen, da sich dieser auf vollstreckbare öffentliche Urkunden und Vereinbarungen bezieht. 9

Eine Einbeziehung erfolgt gemäß Art. 63 für Entscheidungen **kirchlicher Ehegerichte** auf der Grundlage der Konkordate Italiens, Portugals und Spaniens mit dem Heiligen Stuhl; Entscheidungen anderer kirchlicher Gerichte werden nicht erfasst.[23] 10

II. Entscheidungen in Ehesachen

Die Bestimmungen zur Anerkennung erfassen Entscheidungen zu statusändernden Anträgen, und zwar auf Ehescheidung, Trennung ohne Auflösung des Ehebandes und Ungültigkeitserklärung einer Ehe (Artt. 1 Abs. 1 lit. a, 2 Nr. 4). Obwohl die Aufhebung der Ehe nach deutschem Recht nicht ausdrücklich genannt ist, wird sie von der Regelung miterfasst. 11

In der Aufzählung fehlen Entscheidungen über Anträge auf Feststellung des Bestehens oder Nichtbestehens der Ehe.[24] Für die Einbeziehung dieser Entscheidungen spricht die Sachnähe;[25] dagegen aber der Umstand, dass in der Aufzählung nur statusändernde Entscheidungen genannt sind[26] und, obwohl die Streitfrage z.Zt. des Erlasses der EheVO 2003 bekannt war, keine Ergänzung vorgenommen wurde. 12

III. Entscheidungen zur elterlichen Verantwortung

Die Bestimmungen zur Anerkennung und Vollstreckung in Abschnitt 1 und 2 beziehen sich auf alle Entscheidungen zur Zuweisung, Ausübung, Übertragung sowie zur vollständigen oder teilweisen Entziehung der elterlichen Verantwortung.[27] Besonderheiten treffen auf eine Entscheidung über das Umgangsrecht und über die Rückgabe des Kindes gemäß Art. 11 Abs. 8 zu. Eine solche im Ursprungsstaat ergangene und dort vollstreckbare Entscheidung, für die eine Bescheinigung gemäß Artt. 41 Abs. 2 und 42 Abs. 2 ausgestellt ist, wird anerkannt, ohne dass die Anerkennung wegen Vorliegens von Ausschlussgründen des Art. 23 abgelehnt werden kann. Für die Vollstreckung im Zweitstaat bedarf es dort keiner Vollstreckbarkeitserklärung, weil die Anerkennung sich auch auf die Vollstreckbarkeit bezieht. Art. 40 Abs. 2 stellt es dem Träger der elterlichen Gewalt jedoch frei, die Anerkennung und Vollstreckung außerhalb des Ursprungsmitgliedstaats nach Abschnitt 1 und 2 zu beantragen. 13

---

20 *Spellenberg*, in: FS Schumann 2001, S. 433; *Helms*, FamRZ 2001, 257, 258; Rauscher/*Rauscher*, Art. 13 Brüssel II-VO Rn 11; a.A. *Kohler*, NJW 2001, 10, 13; *Hausmann*, EuLF 2000/01, 345, 348.

21 *Spellenberg*, in: FS Schumann 2001, S. 433; *Helms*, FamRZ 2001, 257, 258; a.A. *Kohler*, NJW 2001, 10, 13; *Hausmann*, EuLF 2000/01, 345, 348.

22 *Helms*, FamRZ 2001, 257, 260; *Wagner*, IPRax 2001, 73, 76; krit. *Jayme*, IPRax 2000, 165, 169 ff.

23 Zu Entscheidungen innerhalb einer Religionsgemeinschaft außerhalb des Anwendungsbereichs des Art. 63 *Spellenberg*, in: FS Schumann 2001, S. 436; auch ableitbar aus *Borrás*, ABlEG 1998 Nr. C 221, S. 35 Nr. 20.

24 Umstritten: Nicht einbezogen: *Hausmann*, EuLF 2000/01, 271, 273; MüKo-ZPO/*Gottwald*, Art. 1 EheGVO Rn 2; einbezogen: *Kropholler*, EuZPR, Einl. EheVO Rn 86; *Hau*, FamRZ 2000, 1333.

25 *Gruber*, FamRZ 2000, 1130.

26 *Helms*, FamRZ 2001, 257, 259; Rauscher/*Rauscher*, Art. 13 Brüssel II-VO Rn 12.

27 *Helms*, FamRZ 2001, 257, 258; *Vogel*, MDR 2000, 1045, 1047; *Kohler*, NJW 2001, 10, 12.

IV. Formelle Rechtskraft

14 Die formelle Rechtskraft einer Entscheidung ist für die Anerkennung keine Voraussetzung,[28] zu der Beischreibung in den Personenstandsbüchern siehe jedoch Abs. 2.

B. Prinzip der ipso-iure-Anerkennung (Abs. 1)

15 Die Anerkennung von Entscheidungen der Gerichte der anderen Mitgliedstaaten beruht auf dem Prinzip des gegenseitigen Vertrauens. Sie erfolgt *ipso iure*. Die Entscheidungen unterliegen nicht einem nach autonomen Recht vorgeschriebenen Delibationsverfahren.[29] Art. 7 § 1 FamRÄndG ist nicht anwendbar.[30] Die interessierte Partei hat die Möglichkeit, die Anerkennungs-/Nichtanerkennungsfähigkeit im Verfahren nach Abs. 3 feststellen zu lassen (hierzu vgl. EheVO Rn 20 ff.). Die die Anerkennung ausschließenden Gründe sind abschließend in Artt. 22 und 23 geregelt.

16 Zur **Wirkung der Anerkennung** fehlt eine ausdrückliche Regelung. Wie für die EuGVVO ist auch hier vom Prinzip der Wirkungserstreckung auszugehen.[31] Anerkannt werden alle prozessualen Entscheidungswirkungen, d.h. objektive und subjektive materielle Rechtskraft, Präklusions- und Gestaltungswirkung.[32] Das Prinzip der Wirkungserstreckung gilt auch für den Zeitpunkt und die Voraussetzungen (z.B. Registrierung) des Eintritts der statusrechtlichen Wirkungen der Entscheidung in Ehesachen.[33] Die Anerkennung erstreckt sich nicht auf die Vollstreckbarkeit (hierzu vgl. vor Art. 28 EheVO Rn 1 ff.). Zu den Entscheidungen über das Umgangsrecht und über die Rückgabe des Kindes nach Art. 11 Nr. 8 siehe Artt. 40 ff. EheVO.

17 Die Frage der **Erlangung der Eheschließungsfreiheit** ist in der EheVO 2003 nicht gesondert geregelt. Nicht aufgenommen wurde eine Art. 9 CIEC-Übereinkommen über die Anerkennung von Entscheidungen in Ehesachen vom 8. September 1967[34] (Deutschland ist nicht Vertragsstaat) entsprechende Regelung. Dort heißt es, dass, soweit eine Entscheidung eines Gerichts eines Mitgliedstaates über die Auflösung oder die Nichtigkeitserklärung einer Ehe anerkannt ist, eine neue Eheschließung im Anerkennungsstaat nicht deshalb verweigert werden darf, weil das Recht eines Drittstaats diese Auflösung bzw. Nichtigkeitserklärung nicht zulässt oder nicht anerkennt. Das Fehlen einer solchen Vorschrift kann zur Folge haben, dass, obwohl ein Eheurteil aus einem Mitgliedstaat der EheVO 2003 in Deutschland anerkannt ist, die vormaligen Eheleute hier (noch) keine neue Ehe eingehen dürfen oder die geschlossene Zweitehe als fehlerhaft angesehen wird, so z.B. wenn ein israelischer Staatsangehöriger jüdischen Glaubens in Frankreich gerichtlich geschieden worden ist und nunmehr in Deutschland eine neue Ehe eingehen will. Die materiellrechtlichen Voraussetzungen für die Eheschließung werden nach dem Heimatrecht jedes Partners bestimmt, Art. 13 Abs. 1 EGBGB. Wenn das Heimatrecht die Verweisung annimmt und ein Verbot der Doppelehe vorsieht, dann stellt sich die materiellrechtliche Vorfrage der Existenz der Vorehe. Diese Vorfrage ist nach h.M. – zumindest auch – vom Standpunkt der Rechtsordnung zu entscheiden, die die Hauptfrage stellt (hierzu Art. 13 EGBGB Rn 36 ff.). Zu prüfen ist deshalb, ob die Eheentscheidung durch das Gericht eines Mitgliedstaates im Heimatstaat des Verlobten anerkannt wird. Trifft das nicht zu, dann ist die Eheschließung nur unter den Voraussetzungen des Art. 13 Abs. 2 EGBGB zulässig (hierzu Art. 13 EGBGB Rn 81 ff.).[35] Dem Sinn und Zweck der EheVO 2003 würde es entsprechen, wenn in ihrem Anwendungsbereich die Rechtsprechung die Vorfragenproblematik entsprechend Art. 9 CIEC-Übereinkommen über die Anerkennung von Entscheidungen in Ehesachen lösen würde.

---

28 *Helms*, FamRZ 2001, 257, 260; Zöller/*Geimer*, ZPO, Art. 13 EheVO Rn 5.
29 MüKo-ZPO/*Gottwald*, Art. 14 EheVO Rn 3; *Helms*, FamRZ 2001, 257, 261; Baumbach/Lauterbach/*Albers*, Anh. I § 606a ZPO, Art. 14 EheVO Rn 3; Rauscher/*Rauscher*, Art. 14 Brüssel II-VO Rn 3 f.
30 U.a. MüKo-ZPO/*Gottwald*, Art. 14 EheVO Rn 3; *Helms*, FamRZ 2001, 257, 261; Baumbach/Lauterbach/*Albers*, Anh. I § 606a ZPO, Art. 14 EheVO Rn 3; Thomas/Putzo/*Hüßtege*, ZPO, Art. 14 EheVO Rn 2 m.w.N.; a.A. (freiwilliges Verfahren) *Spellenberg*, in: FS Schumann 2001, S. 438.
31 MüKo-ZPO/*Gottwald*, Art. 14 EheGVO Rn 1; Rauscher/*Rauscher*, Art. 14 Brüssel II-VO Rn 2; zum EuGVÜ EuGH Slg. 1988, 645 ff.
32 MüKo-ZPO/*Gottwald*, Art. 14 EheGVO Rn 2; Baumbach/Lauterbach/*Albers*, Anh. I § 606a ZPO, Art. 14 EheVO Rn 1.
33 *Schlosser*, Art. 14 EheVO Rn 2; Baumbach/Lauterbach/*Albers*, Anh. I § 606a ZPO, Art. 14 EheVO Rn 1.
34 Abgedruckt in StAZ 1967, 320; *Jayme/Hausmann*, 11. Aufl. 2002, Nr. 182.
35 BGH FamRZ 1997, 542, 544; Palandt/*Henrichs*, Art. 13 EGBGB Rn 16.

C. Beischreibung in Personenstandsbüchern (Abs. 2)

Ein obligatorisches Anerkennungsverfahren ist auch für die Beischreibung ausgeschlossen. Wenn keine Anerkennungshindernisse vorliegen, hat die Behörde die Beischreibung vorzunehmen. Als zusätzliche Voraussetzung ist die formelle Rechtskraft der Entscheidung des Erststaats bestimmt, d.h. im Erlassstaat kann kein ordentlicher Rechtsbehelf mehr eingelegt werden (Nachweis gemäß Artt. 37, 39 i.V.m. Anh. I). Aus der Formulierung „unbeschadet des Absatzes 3" folgt, dass, wenn die Behörde die Beischreibung ablehnt, der Betroffene die Feststellung nach Abs. 3 beantragen kann.

Offen ist noch, ob in Deutschland der Standesbeamte oder die übergeordnete Behörde selbst für das Feststellungsverfahren antragsberechtigt ist.[36] Jedenfalls können beide wegen der ausschließlichen Zuständigkeit des FamG über die Anerkennungs-/Nichtanerkennungsfähigkeit nicht förmlich befinden.[37] Möglich ist jedoch ein Verfahren nach §§ 45 ff. PStG auf Antrag eines Beteiligten, der Aufsichtsbehörde oder in Zweifelsfällen des Standesbeamten selbst vor dem AG, das sich auf die Beischreibung bezieht.[38] In diesem Verfahren kann das Gericht inzident über die Vorfrage der Anerkennung gemäß Abs. 4 entscheiden, wobei dieser Teil nicht in Rechtskraft erwächst (hierzu Rn 41).

D. Selbständiges Anerkennungsfeststellungsverfahren (Abs. 3)

I. Allgemeines

Das vereinfachte Feststellungsverfahren nach Abs. 3 ist in allen Mitgliedstaaten anwendbar und verdrängt in seinem Anwendungsbereich das autonome Recht.[39] Für Eheverfahren wird in Deutschland ein Verfahren nach Art. 7 § 1 FamRÄndG,[40] aber auch ein Verfahren nach § 632 ZPO ausgeschlossen.

Mit diesem fakultativen Verfahren wird einem Bedürfnis nach rechtskräftiger Klärung der Anerkennung der ausländischen Entscheidung Rechnung getragen, das vor allem für solche Entscheidungen bestehen kann, die einer Vollstreckbarkeitserklärung nicht zugänglich sind,[41] wie Entscheidungen in Ehesachen und über die Übertragung der elterlichen Sorge. Ein solches Bedürfnis wird jedoch vielfach nicht bestehen, weil die Anerkennung der ausländischen Entscheidung *ipso iure* erfolgt, inzident festgestellt werden kann und die Feststellung der Anerkennungsfähigkeit keine Schwierigkeiten bereitet, wenn die in Artt. 37 und 39 genannten Urkunden und Bescheinigungen vorhanden sind. Ein Anerkennungsverfahren ist, um Rechtsklarheit zu gewinnen, u.a. dann in Erwägung zu ziehen, wenn die Nichtanerkennung angestrebt wird, die Gegenseite die Anerkennungsfähigkeit bestreitet oder wenn nicht alle in Artt. 37 und 39 genannten Urkunden beigebracht werden können.

II. Verfahren

1. Anerkennungsfeststellungsverfahren. Das Anerkennungsfeststellungsverfahren ist nicht gesondert geregelt, die Vorschriften des Abschnitts 2 über die Vollstreckbarkeitserklärung sind entsprechend heranzuziehen. Aus diesem Grund wird hier das Verfahren nur in den Grundzügen dargestellt und im Übrigen auf die Kommentierung zu Abschnitt 2 (Artt. 28 ff. EheVO) verwiesen.

2. Deutsche Regelung: Internationales Familienrechtsverfahrensgesetz[42]

§ 32 IntFamRVG-E Anerkennungsfeststellung

Auf das Verfahren über einen gesonderten Feststellungsantrag nach Artikel 21 Abs. 3 der Verordnung (EG) Nr. 2201/2003 oder nach dem Europäischen Sorgerechtsübereinkommen, eine Entscheidung, eine Vereinbarung oder eine öffentliche Urkunde aus einem anderen Staat anzuerkennen oder nicht anzuerkennen, sind die Unterabschnitte 1 bis 3 entsprechend anzuwenden.

Die deutschen Durchführungsbestimmungen zur EheVO 2003 werden im IntFamRVG aufgenommen, das beim Redaktionsschluss bereits vom Bundestag, aber noch nicht vom Bundesrat verabschiedet war.

---

36 Für eine Antragsberechtigung des Standesbeamten i. E. *Hub*, NJW 2001, 3145, 3149; *Helms*, FamRZ 2001, 257, 261; a.A. Baumbach/Lauterbach/*Albers*, Anh. I § 606a ZPO, Art. 14 EheVO Rn 9; für Antragsberechtigung der Aufsichtsbehörde *Sturm*, StAZ 2002, 193, 200.

37 *Sturm*, StAZ 2002, 193, 198.

38 Thomas/Putzo/*Hüßtege*, ZPO, Art. 14 EheVO Rn 6; Rauscher/*Rauscher*, Art. 14 Brüssel II-VO Rn 10; wohl anders *Hub*, NJW 2001, 3145, 3149.

39 Zur EuGVVO *Kropholler*, EuZPR, Art. 33 EuGVVO Rn 2.

40 *Hub*, NJW 2001, 3147; *Helms*, FamRZ 2001, 257, 261 f.; i.E. *Hausmann*, EuLF 2000/01, 345, 351.

41 Baumbach/Lauterbach/*Albers*, Anh. I § 606a ZPO, Art. 14 EheVO Rn 6; für das EuGVÜ MüKo-ZPO/ *Gottwald*, Art. 26 EuGVÜ Rn 5; für die EuGVVO *Kropholler*, EuZPR, Art. 33 EuGVVO Rn 2.

42 IntFamRVG – Gesetzentwurf siehe BT-Drucks 15/ 3981, S. 1 ff.

24 Für das Anerkennungsfeststellungsverfahren verweist § 32 IntFamRVG-E auf die deutschen Vorschriften über die Zulassung der Zwangsvollstreckung im ersten Rechtszug. Zu Beschwerde und Rechtsbeschwerde vgl. §§ 24–31 IntFamRVG-E. Die relevanten Bestimmungen sind unter Abschnitt 2 abgedruckt. Nur die örtliche Zuständigkeit ist gesondert geregelt (hierzu Rn 27).

III. Zeitpunkt

25 Das Feststellungsverfahren kann bereits eingeleitet werden, bevor die ausländische Entscheidung rechtskräftig ist,[43] das Gericht hat jedoch die Möglichkeit der Aussetzung des Verfahrens nach Art. 27.

IV. Spezialisierte sachliche Zuständigkeit

26 Für die Durchführung eines solchen Verfahrens sind nur die von den jeweiligen Mitgliedstaaten hierfür bestimmten Gerichte zuständig; die Liste ist nicht mehr in der EheVO 2003 selbst enthalten, sie wird von den Ländern der Kommission mitgeteilt und von dieser veröffentlicht (Art. 68; für Deutschland s. §§ 12, 13 IntFamRVG-E, abgedruckt unter Art. 29 EheVO Rn 2, 4).

V. Örtliche Zuständigkeit

27 Diese bestimmt sich nach nationalen Rechtsvorschriften, in Deutschland § 10 IntFamRVG-E.

§ 10 IntFamRVG-E Örtliche Zuständigkeit für die Anerkennung und Vollstreckung

Örtlich ausschließlich zuständig für Verfahren nach – Artikel 21 Abs. 3 und Artikel 48 Abs. 1 der Verordnung (EG) Nr. 2201/2003 sowie für die Zwangsvollstreckung nach den Artikeln 41 und 42 der Verordnung (EG) Nr. 2201/2003, – dem Europäischen Sorgerechtsübereinkommen ist das Familiengericht, in dessen Zuständigkeitsbereich zum Zeitpunkt der Antragstellung
1. die Person, gegen die sich der Antrag richtet, oder das Kind, auf das sich die Entscheidung bezieht, sich gewöhnlich aufhält oder
2. bei Fehlen einer Zuständigkeit nach Nummer 1 das Interesse an der Feststellung hervortritt oder das Bedürfnis der Fürsorge besteht,
3. sonst das im Bezirk des Kammergerichts zur Entscheidung berufene Gericht.

28 Die Zuständigkeiten nach Nr. 2 und 3 sind subsidiär. Bei einem Anerkennungsfeststellungsverfahren, das die Entscheidung in einer Ehesache betrifft und von einem der Ehegatten eingeleitet wird, kommt es auf den gewöhnlichen Aufenthalt des anderen Ehegatten an. Fehlt dieser im Inland, kann von einer Konzentration des Interesses nach Nr. 2 am gewöhnlichen Aufenthaltsort des antragstellenden Ehegatten ausgegangen werden. Wird der Antrag von einer Behörde oder dritten Personen gestellt, kommt es darauf an, gegen wen sich der Antrag richtet. Fehlt es an einem Antragsgegner, dann kommt lediglich eine Zuständigkeit nach Nr. 2 oder 3 infrage. Wird z.B. das Verfahren angestrebt, um die Erbrechtsfolge im Erbscheinverfahren zu klären, dann ist von der Zuständigkeit des FamG auszugehen, in dessen Zuständigkeitsbereich sich das zuständige Nachlassgericht befindet.

29 Bei Verfahren in Bezug auf die elterliche Verantwortung ist primär das FamG zuständig, in dessen Zuständigkeitsbereich der Antragsgegner oder das Kind seinen gewöhnlichen Aufenthalt hat (alternative Zuständigkeit). Fehlt es daran, greift die Fürsorgezuständigkeit nach Nr. 2; infrage kommt insbesondere die Zuständigkeit aufgrund des schlichten Aufenthalts des Kindes oder der Belegenheit des Kindesvermögens, soweit es die Vermögenssorge betrifft. Gibt es auch keine Fürsorgezuständigkeit, so ist zu fragen, ob das Interesse an der Feststellung im Inland lokalisierbar ist; wenn auch das nicht zutrifft, greift letztlich Nr. 3.

VI. Antragsberechtigung

30 Antragsberechtigt sind jedenfalls die Parteien des Ausgangsprozesses und Personen, die nicht Parteien des Ausgangsverfahrens waren, aber durch die Anerkennung oder Nichtanerkennung in eigenen Rechtspositionen betroffen sind.[44] Bei Anerkennungsfeststellungsverfahren in Bezug auf Entscheidungen in Ehesachen sind es z.B. Erben oder ein Ehegatte aus nachfolgender Ehe. Im Übrigen ist die Voraussetzung „jede Partei, die ein Interesse hat" weit auszulegen. Hierfür können die geltenden innerstaatlichen Rechtsvorschriften des

---

43 Baumbach/Lauterbach/*Albers*, Anh. I § 606a ZPO, Art. 13 EheVO Rn 3; Thomas/Putzo/*Hüßtege*, ZPO, Art. 13 EheVO Rn 3.

44 *Helms*, FamRZ 2001, 257, 261; Baumbach/Lauterbach/*Albers*, Anh. I § 606, Art. 14 EheVO Rn 8.

Anerkennungsstaats herangezogen werden.[45] Folglich sind, bezogen auf das Eheverfahren, zumindest solche Personen antragsberechtigt, die nach Art. 7 § 1 Abs. 3 FamRÄndG die Antragsberechtigung besäßen (hierzu Anhang II zum III. Abschnitt, Art. 7 FamRÄndG Rn 30 ff.).[46]

Bei Anerkennungsfeststellungsverfahren, die Entscheidungen über die elterliche Verantwortung betreffen, kommen insbesondere in Betracht: die Eltern, das Kind und andere Personen, die in Bezug auf das Kind die elterliche Verantwortung ganz oder teilweise innehaben (Vormund, Pflegepersonen), auch die staatliche Gewalt (Staatsanwaltschaft, Jugendamt), wenn dies vorgesehen ist.[47] An die Stelle der staatlichen Gewalt im Entscheidungsstaat tritt die für solche Fragen zuständige Behörde des Vollstreckungsstaats, weil ohne spezielle europa- oder völkerrechtliche Regelungen die hoheitliche Tätigkeit der staatlichen Gewalt territorial beschränkt ist. 31

VII. Inhalt und Form des Antrags

Der Antrag kann auf Feststellung der Anerkennung oder Nichtanerkennung lauten. Seine Form bestimmt sich nach den Rechtsvorschriften des Zweitstaates. In Deutschland ist der Antrag schriftlich einzureichen oder mündlich zu Protokoll der Geschäftsstelle des Gerichts zu erklären. Der Antrag sollte in deutscher Sprache abgefasst sein. Anderenfalls kann das Gericht die Übersetzung des Antrags aufgeben, deren Richtigkeit durch eine hierzu befugte Person zu bestätigen ist (§ 16 IntFamRVG-E, hierzu Art. 30 EheVO Rn 3). Dem Antrag sind die in Artt. 37 und 39 bezeichneten Urkunden beizulegen. 32

VIII. Verfahrensdurchführung

Das Gericht befindet über den Antrag auf Anerkennung/Nichtanerkennung ohne Anhörung des Antragsgegners oder materiell Betroffener.[48] Es prüft lediglich die Anerkennungshindernisse nach Artt. 22 ff. aufgrund vorgelegter Urkunden.[49] Nur der Antragsteller erhält Gelegenheit, sich zu seinem Antrag zu äußern (Art. 31 entsprechend, hierzu auch Art. 31 EheVO Rn 1 f.). Ist im Erststaat gegen die Entscheidung, deren Anerkennung/Nichtanerkennung begehrt wird, ein ordentlicher Rechtsbehelf eingelegt worden, so kann das FamG das Anerkennungsverfahren nach Art. 27 aussetzen. 33

Das Verfahren richtet sich im Übrigen in Deutschland nach den Vorschriften der ZPO über Ehesachen, soweit es die Anerkennung in einer Ehesache betrifft, bei der elterlichen Verantwortung nach den Vorschriften des FGG über Familiensachen, §§ 621a Abs. 1, 621c und 621 f ZPO gelten entsprechend (§ 14 IntFamRVG-E, abgedruckt vor Artt. 28–36 EheVO Rn 7). 34

Es besteht kein Anwaltszwang für das Verfahren in der Ehesache im ersten Rechtszug (§ 18 Abs. 2 IntFamRVG-E, abgedruckt vor Artt. 28–36 EheVO Rn 10). In der Begründung zum Entwurf des IntFamRVG-E findet sich kein Hinweis, warum das Anerkennungsfeststellungsverfahren in Ehesachen als ZPO-Verfahren und nicht als FGG-Verfahren ausgestaltet ist. Letzteres wäre angezeigt gewesen, weil die Ausrichtung des ZPO-Verfahrens auf zwei Parteien (Antragsteller/Antragsgegner) nicht den Kern des Anerkennungsfeststellungsverfahrens nach Art. 21 Abs. 3 trifft. Der Bezug zum Verfahren nach Art. 7 § 1 FamRÄndG liegt hier näher, wo für das gerichtliche Beschwerdeverfahren die Bestimmungen des FGG entsprechend herangezogen werden (vgl. Anhang II zum III. Abschnitt, Art. 7 FamRÄndG Rn 36 ff.). 35

---

45 *Borrás*, ABlEG 1998 Nr. C 221, S. 50 Nr. 65; Baumbach/Lauterbach/*Albers*, Anh. I § 606a ZPO, Art. 14 EheVO Rn 7 f.; *Helms*, FamRZ 2001, 257, 261.

46 Der Streit, inwieweit Behörden antragsberechtigt sind, setzt sich in Bezug auf Abs. 3 fort, hierzu *Helms*, FamRZ 2001, 257, 261; Baumbach/Lauterbach/*Albers*, Anh. I § 606a ZPO, Art. 14 EheVO Rn 9; *Hub*, NJW 2001, 3145, 3149; Rauscher/*Rauscher*, Art. 14 Brüssel II-VO Rn 18.

47 Thomas/Putzo/*Hüßtege*, ZPO, Art. 21 EheVO Rn 4; MüKo-ZPO/*Gottwald*, Art. 21 EheVO Rn 3; *Borrás*, ABlEG 1998 Nr. C 221, S. 54 Nr. 80; *Wagner*, IPRax 2001, 73, 79.

48 *Helms*, FamRZ 2001, 257, 261; Baumbach/Lauterbach/*Albers*, Anh. I § 606a ZPO, Art. 24 EheVO Rn 1; MüKo-ZPO/*Gottwald*, Art. 24 EheVO Rn 1.

49 Baumbach/Lauterbach/*Albers*, Anh. I § 606a ZPO, Art. 24 EheVO Rn 4; MüKo-ZPO/*Gottwald*, Art. 24 EheVO Rn 3; Thomas/Putzo/*Hüßtege*, ZPO, Art. 24 EheVO Rn 2.

IX. Rechtsbehelf

36 Hierauf finden die für den Rechtsbehelf gegen die Vollstreckbarkeitserklärung geltenden Bestimmungen entsprechend Anwendung (hierzu Art. 33). Die Antragsberechtigung ist in Art. 33 mit „Partei" umschrieben und unter Berücksichtigung des weiten Parteibegriffs in Art. 21 Abs. 3 auszulegen.

37 Für das Verfahren in Deutschland bietet die ZPO für Verfahren in Ehesachen keine adäquate Lösung. Vielmehr ist eine Lösung entsprechend Art. 7 § 1 Abs. 4, 5 S. 1 FamRÄndG angebracht (hierzu Anhang II zum III. Abschnitt, Art. 7 FamRÄndG Rn 36 ff.). Bei Entscheidungen, die die elterliche Verantwortung betreffen, ist für die Antragsberechtigung direkt § 20 Abs. 1 und 2 FGG heranzuziehen.

X. Bestands- und Rechtskraft sowie Bindungswirkung

38 Die gerichtliche Entscheidung über die Anerkennungs- oder Nichtanerkennungsfähigkeit der Entscheidung aus einem anderen Mitgliedstaat erlangt nach Ablauf der Rechtsmittelfristen formelle und materielle Rechtskraft, die allerdings nur relativ, d.h. zwischen den Beteiligten des gerichtlichen Verfahrens wirkt.[50] Diese sind an den Beschluss gebunden und können das Gericht nicht nochmals anrufen, andere Antragsberechtigte dagegen schon.

39 Für statusändernde Entscheidungen in Ehesachen fehlt es an einer Art. 7 § 1 Abs. 8 FamRÄndG entsprechenden Regelung im IntFamRVG-E, wonach die Feststellung, dass die Voraussetzungen für die Anerkennung vorliegen oder nicht vorliegen, für die Gerichte und Verwaltungsbehörden bindend sind (hierzu Anhang II zum III. Abschnitt, Art. 7 FamRÄndG Rn 40). Jedoch sollte auch für die Entscheidungen im fakultativen Anerkennungsverfahren nach der EheVO 2003 von einer Bindung der inländischen Behörden an die Sachentscheidung ausgegangen werden. Hierfür spricht, dass antragsberechtigt nicht nur die Parteien des Ausgangsverfahrens, sondern u.a. auch inländische Behörden sind. Das Anerkennungsfeststellungsverfahren verlöre jeden Sinn, wenn nach der Entscheidung inländische Behörden (z.B. der Standesbeamte bei Antrag auf Eheschließung) wegen Drittbeteiligung die Anerkennungsfähigkeit nach der EheVO 2003 inzident erneut prüfen müssten.

XI. Kosten

40 Vgl. § 51 IntFamRVG-E (hierzu Artt. 28–36 EheVO Rn 11).

E. Inzidente Entscheidung (Abs. 4)

41 Die Regelung bezieht sich auf den Fall, dass die Frage der Anerkennung/Nichtanerkennung sich als Vorfrage in einem Prozess stellt, in dem über eine andere Frage als Hauptfrage zu entscheiden ist. Welcher Art die Hauptfrage (z.B. familien-, personenstands-, erb-, sozial- oder steuerrechtlich) ist, spielt keine Rolle. Das Gericht hat die Anerkennung von Amts wegen zu prüfen, auch wenn keine der Prozessparteien die Anerkennung bestreitet, wenn die Entscheidung in der Hauptsache davon abhängig ist. Es kann – ohne Rücksicht auf die Zuständigkeit nach Abs. 3 – über die Anerkennung entschieden werden. Im deutschen Zivilprozess kann das Gericht hierüber auch durch Zwischenentscheid befinden (§ 303 ZPO). Dieser, wie auch die Inzidententscheidung, entfaltet keine Rechtskraft,[51] andere Gerichte/Behörden sind daran nicht gebunden, ein Verfahren nach Abs. 3 bleibt möglich. Ein Zwischenfeststellungsantrag (§ 256 Abs. 2 ZPO) bezogen auf die Anerkennung/Nichtanerkennung ist nur dann zulässig, wenn der Antrag in der Hauptsache vor einem für die Anerkennung zuständigen FamG anhängig gemacht wird.[52] Das folgt daraus, dass die Zuständigkeit des FamG am Sitz des jeweiligen OLG ausschließlich gewollt ist. Die Zwischenfeststellungsentscheidung hat dann die Wirkung einer Anerkennungsentscheidung gemäß Abs. 3.

---

50 *Hausmann*, EuLF 2000/01, 345, 351; *Schack*, RabelsZ 65 (2001), 615, 629; *Helms*, FamRZ 2001, 254, 261; *Schlosser*, Art. 14 EheVO Rn 2.

51 Baumbach/Lauterbach/*Albers*, Anh. I § 606a ZPO, Art. 14 EheVO Rn 4; Rauscher/*Rauscher*, Art. 14 Brüssel II-VO Rn 7; Thomas/Putzo/*Hüßtege*, ZPO, Art. 14 EheVO Rn 12.

52 Wie hier *Helms*, FamRZ 2001, 257, 262; Rauscher/*Rauscher*, Art. 14 Brüssel II-VO Rn 8; ohne die Anhängigkeit der Hauptsache vor zuständigem FamG zu verlangen *Vogel*, MDR 2000, 1045, 1049; Thomas/Putzo/*Hüßtege*, ZPO, Art. 14 EheVO Rn 12.

F. Aufhebung oder Änderung der Entscheidung im Erststaat

Aus dem Prinzip der Inzidentanerkennung folgt, dass bei Aufhebung der Entscheidung im Erststaat die Anerkennung im Zweitstaat entfällt, bei Änderung bezieht sich die Anerkennung nunmehr auf die geänderte Entscheidung. Solange die förmliche Anerkennungsentscheidung nach Art. 21 Abs. 3 noch nicht rechtskräftig ist, kann die Aufhebung oder Änderung in diesem Verfahren geltend gemacht werden.[53] Ist sie jedoch bereits rechtskräftig, bedarf es eines Verfahrens, um den Widerspruch zur Entscheidungssituation im Erststaat aufzuheben.[54]

In Deutschland ist dieses in § 34 IntFamRVG-E geregelt (hierzu Annex zu Artt. 28–36 EheVO Rn 3). Es handelt sich um ein Antragsverfahren, zuständig ist das FamG, das im ersten Rechtszug über die Anerkennung entschieden hat. Auf jeden Fall sind die Parteien des Ausgangsverfahrens antragsberechtigt, im Übrigen sollte die Berechtigung wie bei Abs. 3 ausgelegt werden.

G. Änderung der Entscheidung durch Gerichte des Zweitstaates

Aufgrund ihres langfristigen Charakters bedürfen Entscheidungen zur elterlichen Verantwortung im Interesse des Kindeswohls möglicherweise einer Abänderung. Die Abänderbarkeit durch Gerichte des Zweitstaates ist in der EheVO 2003 nicht explizit geregelt. Aus dem Vorrang einer späteren Entscheidung gegenüber der früheren Entscheidung in Bezug auf die Anerkennung folgt jedoch, dass der Verordnungsgeber von der Abänderbarkeit ausgeht.[55] Wird für eine Frage der elterlichen Verantwortung in Bezug auf das Kind, zu der bereits eine Entscheidung des Gerichts eines anderen Mitgliedstaates ergangen ist, eine anders lautende Entscheidung im Zweitstaat angestrebt, sind folgende Prüfungsschritte erforderlich:

1. Zunächst ist zu prüfen, ob für die angestrebte Änderungsentscheidung nach Artt. 8 ff. die internationale Zuständigkeit der Gerichte des Zweitstaats besteht.
2. Weiterhin muss festgestellt werden, ob die Entscheidung des Gerichts des Erststaates im Zweitstaat anerkannt ist. Diese Prüfung hat nach der EheVO 2000 bzw. 2003 oder nach den davor geltenden Vorschriften (MSA oder § 16a FGG) in Übereinstimmung mit den intertemporalen Regelungen inzident zu erfolgen. Dabei darf keine Nachprüfung in der Sache vorgenommen werden, also z.B. die Anerkennung deshalb abgelehnt werden, weil aus heutiger Sicht eine andere Regelung der elterlichen Verantwortung dem Kindeswohl besser entspricht.[56]
3. Ist die Entscheidung im Zweitstaat anzuerkennen, so ist zu prüfen, ob sie nach dem nunmehr maßgeblichen Sachrecht wegen späterer Änderung der tatsächlichen Umstände ganz oder teilweise abzuändern ist.[57] Ist deutsches Recht anzuwenden, erfolgt dies gemäß § 1696 BGB.

Im Verfahren über die förmliche Anerkennung oder über die Vollstreckbarkeitserklärung nach der EheVO 2003 kann der Antragsgegner die Abänderung der Entscheidung nicht begehren, weil für dieses Verfahren ein grundsätzliches Verbot der sachlichen Nachprüfung der ausländischen Entscheidung gilt.[58]

Ist in Deutschland ein Anerkennungsverfahren über die elterliche Verantwortung in Bezug auf dasselbe Kind anhängig, so ist § 13 IntFamRVG-E zur Zuständigkeitskonzentration zu beachten (hierzu Art. 29 EheVO Rn 4).

EheVO 2003 Art. 22 — Gründe für die Nichtanerkennung einer Entscheidung über eine Ehescheidung, Trennung ohne Auflösung des Ehebandes oder Ungültigerklärung einer Ehe

Eine Entscheidung, die die Ehescheidung, die Trennung ohne Auflösung des Ehebandes oder die Ungültigerklärung einer Ehe betrifft, wird nicht anerkannt,
a) wenn die Anerkennung der öffentlichen Ordnung des Mitgliedstaates, in dem sie beantragt wird, offensichtlich widerspricht;
b) wenn dem Antragsgegner, der sich auf das Verfahren nicht eingelassen hat, das verfahrenseinleitende Schriftstück oder ein gleichwertiges Schriftstück nicht so rechtzeitig und in einer Weise

---

53 Für das EuGVÜ *Geimer/Schütze*, Europ. Zivilverfahrensrecht, 2004, Art. 26 EuGVÜ Rn 123.
54 Für das EuGVÜ *Geimer/Schütze*, Europ. Zivilverfahrensrecht, 2004, Art. 26 EuGVÜ Rn 123.
55 *Borrás*, ABlEG 1998 Nr. C 221, S. 53 Nr. 78; *Hausmann*, EuLF 2000/2001, 345, 350; i.E. *Wagner*, IPRax 2001, 73, 78.
56 Krit. hierzu *Jänterä-Jareborg*, Yearbook of private international law 1999, 1 (26).
57 So auch *Borrás*, ABlEG 1998 Nr. C 221, S. 53 Nr. 78.
58 *Hausmann*, EuLF 2000/2001, 345, 350.

zugestellt wurde, dass er sich verteidigen konnte, es sei denn, es wird festgestellt, dass er mit der Entscheidung eindeutig einverstanden ist;
c) wenn die Entscheidung mit einer Entscheidung unvereinbar ist, die in einem Verfahren zwischen denselben Parteien in dem Mitgliedstaat, in dem die Anerkennung beantragt wird, ergangen ist; oder
d) wenn die Entscheidung mit einer früheren Entscheidung unvereinbar ist, die in einem anderen Mitgliedstaat oder in einem Drittstaat zwischen denselben Parteien ergangen ist, sofern die frühere Entscheidung die notwendigen Voraussetzungen für ihre Anerkennung in dem Mitgliedstaat erfüllt, in dem die Anerkennung beantragt wird.

A. Allgemeines 1	V. Art und Weise der Zustellung 11
B. Ordre public (lit. a) 3	VI. Fehlendes Einverständnis mit der Entscheidung 12
C. Verletzung des rechtlichen Gehörs in Säumnisfällen (lit. b) 7	D. Unvereinbarkeit mit einer Entscheidung aus dem Anerkennungsstaat (lit. c) 13
I. Allgemeines 7	E. Unvereinbarkeit mit einer früheren anerkennungsfähigen Entscheidung eines anderen Staates (lit. d) 17
II. Nichteinlassung auf das Verfahren 8	
III. Verfahrenseinleitendes Schriftstück 9	
IV. Nichtrechtzeitigkeit 10	

A. Allgemeines

1 In Artt. 22, 23 sind die Gründe, auf denen die Nichtanerkennung einer Entscheidung beruhen kann, abschließend geregelt.[1] Die Versagungsgründe sind grundsätzlich von Amts wegen zu prüfen, also unabhängig von der Rüge einer Partei.[2] Das bedeutet jedoch nicht, dass eine Pflicht zur Amtsermittlung der entscheidungserheblichen Tatsachen besteht.[3] Die Feststellungslast für alle Tatsachen, die der Anerkennung entgegenstehen, trägt – mit Ausnahme der nach Artt. 37, 39 beizubringenden Nachweise – diejenige Partei, welche die Anerkennung bestreitet.[4] Dafür spricht schon die anerkennungsfreundliche Grundtendenz der EheVO 2003, wonach eine Rechtsvermutung zugunsten der Anerkennung besteht.[5] Die Regelung geht von dem Grundsatz der Anerkennung aus, die Nichtanerkennung ist die Ausnahme. Die Versagungsgründe sind unter dem Gesichtspunkt auszulegen, dass die Vorschriften insgesamt darauf zielen, die Anerkennung von Entscheidungen im Geltungsbereich der EheVO 2003 zu erleichtern, um damit die Freizügigkeit der Menschen im Interesse des reibungslosen Funktionierens des Binnenmarkts zu fördern (Art. 65 EGV).

2 Soweit Identität in der Regelung besteht, ist ein Rückgriff auf die Auslegung des EuGVÜ/EuGVVO durch die Rechtsprechung des EuGH denkbar.[6]

B. Ordre public (lit. a)

3 Der *ordre public* kann als Ablehnungsgrund in Ausnahmefällen herangezogen werden.[7] Der Ausnahmecharakter wird im Verordnungstext durch das Wort „offensichtlich" verdeutlicht.[8] Gemeint ist die öffentliche Ordnung des Zweitstaats, bei der Prüfung von Entscheidungen anderer Mitgliedstaaten in Deutschland, also der deutsche *ordre public*.[9] Wegen der Parallelität kann auf die Auslegung zu § 328 Abs. 1 Nr. 4 ZPO verwiesen werden (Anhang II zum III. Abschnitt, Art. 7 FamRÄndG Rn 65 ff.).[10] Die Unvereinbarkeit mit wesentlichen Grundsätzen des deutschen Rechts, insbesondere den Grundrechten, hindert die Anerkennung.

---

1 Thomas/Putzo/*Hüßtege*, ZPO, Art. 15 EheVO Rn 1; *Schack*, RabelsZ 65 (2001), 615, 617; zur EuGVVO Zöller/*Geimer*, ZPO, Art. 15 EheVO Rn 1.
2 *Borrás*, ABlEG 1998 Nr. C 221, S. 50 Nr. 67; zum EuGVÜ MüKo-ZPO/*Gottwald*, Art. 27 EuGVÜ Rn 5; OLG Koblenz IPRspr 1990 Nr. 203; OLG Köln OLGZ 1990, 381; zur EuGVVO *Kropholler*, EuZPR, vor Art. 33 EuGVVO Rn 6 m.w.N.
3 Dazu näher für das EuGVÜ MüKo-ZPO/*Gottwald*, Art. 15 EuGVÜ Rn 5; für die EuGVVO *Kropholler*, EuZPR, vor Art. 33 EuGVVO Rn 8.
4 So auch für die EuGVVO *Kropholler*, EuZPR, vor Art. 33 EuGVVO Rn 7; für das EuGVÜ MüKo-ZPO/*Gottwald*, Art. 27 EuGVÜ Rn 8; a.A. *Schack*, RabelsZ 65 (2001), 615, 628; *ders.*, Int. Zivilverfahrensrecht, 3. Aufl. 2002, Rn 884.
5 Für Art. 26 EuGVÜ bzw. Art. 33 EuGVVO: Bericht *Jenard*, BT-Drucks 12/6834, S. 54; *Kropholler*,
EuZPR, vor Art. 33 EuGVVO Rn 7; a.A. Zöller/*Geimer*, ZPO, Art. 33 EuGVVO Rn 5 und § 328 ZPO Rn 184; *Geimer/Schütze*, Europ. Zivilverfahrensrecht, 2004, Art. 27 EuGVÜ Rn 1.
6 Baumbach/Lauterbach/*Albers*, Anh. I § 606a ZPO, Art. 15 EheVO Rn 1.
7 So *Helms*, FamRZ 2001, 257, 263; zum EuGVÜ: EuGH Slg. I 2000, 1935, 1973.
8 Zur EuGVVO Begründung des Kommissionsentwurfs, KOM (1999), 348 = BR-Drucks 534/99, S. 23; *Schack*, Int. Zivilverfahrensrecht, 3. Aufl. 2002, Rn 862.
9 Baumbach/Lauterbach/*Albers*, Anh. I § 606a ZPO, Art. 15 EheVO Rn 2; MüKo-ZPO/*Gottwald*, Art. 15 EheVO Rn 2.
10 Thomas/Putzo/*Hüßtege*, ZPO, Art. 15 EheVO Rn 2; *Vogel*, MDR 2000, 1045, 1049.

Als Bestandteil des europäischen Zivilprozessrechts haben bei der Auslegung des *ordre public* die gemeinsamen Grundwerte, wie sie in der EMRK gewährleistet sind, besondere Bedeutung.[11] Geprüft wird, ob die Anerkennung, d.h. die durch sie hervorgerufenen Wirkungen im Zweitstaat und nicht die Entscheidung selbst, dem *ordre public* widerspricht.[12]

Der *ordre public* wird bei Eheentscheidungen unter **materiellrechtlichen** Gesichtspunkten kaum eine Rolle spielen.[13] So ist in Deutschland in den letzten 20 Jahren keine veröffentlichte Entscheidung der zuständigen Behörden zu finden, die die Anerkennung eines positiven Eheurteils von Gerichten eines Mitgliedstaates aus Gründen des materiellrechtlichen *ordre public* ablehnt. In den Mitgliedstaaten mit relativ hohen Hürden für eine Scheidung sehen Artt. 25, 26 Schranken dagegen vor, den *ordre public* gegenüber Entscheidungen aus Mitgliedstaaten mit liberalerem Scheidungsrecht anzuwenden.[14] Weder kürzere Trennungsfristen für die Scheidung, der Verzicht auf das Zerrüttungsprinzip, die Scheidung aus Verschulden noch das Zulassen einer einverständlichen Scheidung rechtfertigen die Anwendung des *ordre public*.[15]

Die Anwendung des **prozessrechtlichen** *ordre public*[16] setzt voraus, dass die Entscheidung des ausländischen Gerichts aufgrund eines Verfahrens ergangen ist, welches von den Grundprinzipien des Verfahrensrechts des Anerkennungsstaats in einem solchen Maße abweicht, dass die Entscheidung nicht als in einem geordneten rechtsstaatlichen Verfahren ergangene angesehen werden kann.[17] Hat ein möglicher *ordre-public*-Verstoß seinen Grund nicht in den ausländischen Rechtsnormen, sondern in ihrer Missachtung im Einzelfall durch das entscheidende Gericht, so ist zu berücksichtigen, welche Rechtsmittel der vom Verfahrensverstoß betroffenen Partei zur Verfügung standen.[18] Nach deutscher Rechtsprechung zum *ordre public* kann im Allgemeinen ein Verfahrensverstoß die Anerkennung nicht hindern, wenn Rechtsmittel nicht genutzt wurden, um den Verstoß zu beseitigen.[19]

Zu den wichtigsten verfahrensrechtlichen Grundsätzen, deren Verletzung die Anwendung des *ordre public* rechtfertigen könnte, gehört der Grundsatz des rechtlichen Gehörs, soweit nicht lit. b greift.[20] Bei der Bewertung des Einzelfalls müssen System und Struktur des ausländischen Verfahrens angemessen berücksichtigt werden.

C. Verletzung des rechtlichen Gehörs in Säumnisfällen (lit. b)

I. Allgemeines

Der Versagungsgrund zielt darauf, solchen Entscheidungen im Zweitstaat keine Wirkungen zu verleihen, in denen der Gegenpartei zu Verfahrensbeginn kein effektives rechtliches Gehör gewährt wurde.[21] Geschützt wird das Interesse des Antragsgegners an einem fairen Verfahren.[22] Art. 22 lit. b ist nicht als Einrede ausgestaltet, so dass von der Beachtung des Versagungsgrundes von Amts wegen auszugehen ist.[23]

---

11 Zur Einbeziehung der EMRK in die Auslegung des *ordre public Grundel*, EWS 2000, 442 ff.; zur EuGVVO *Kropholler*, EuZPR, Art. 34 EuGVVO Rn 8.
12 *Schack*, Int. Zivilverfahrensrecht, 3. Aufl. 2002, Rn 867 f.; für die EuGVVO *Kropholler*, EuZPR, Art. 34 EuGVÜ Rn 17 f.
13 So auch die Einschätzungen von *Helms*, FamRZ 2001, 257, 263; i.E. *Hausmann*, EuLF 2000/01, 345, 349; *Rauscher/Rauscher*, Art. 15 Brüssel II-VO Rn 6.
14 *Helms*, FamRZ 2001, 257, 263.
15 *Helms*, FamRZ 2001, 257, 263; etwas einschr. *Baumbach/Lauterbach/Albers*, Anh. I § 606, Art. 15 EheVO Rn 2; *Rauscher/Rauscher*, Art. 15 Brüssel II-VO Rn 5.
16 Dazu näher *Helms*, FamRZ 2001, 257, 263; zur EuGVVO *Kropholler*, EuZPR, Art. 34 EuGVVO Rn 13 ff.
17 S. hierzu die Rspr. der deutschen Gerichte zu den bilateralen Anerkennungsverträgen unter EuGVÜ etwa BGHZ 48, 327, 329 ff.; BGH FamRZ 1990, 868, 871 = NJW 1990, 2201, 2202 f.; OLGR Düsseldorf 1997, 117.
18 Zur EuGVVO *Kropholler*, EuZPR, Art. 34 EuGVVO Rn 14; zum EuGVÜ *Geimer/Schütze*, Europ. Zivilverfahrensrecht, 2004, Art. 27 EuGVÜ Rn 30; BGH FamRZ 1990, 868, 870 = NJW 1990, 2201, 2202.
19 Hierzu für das EuGVÜ BGH FamRZ 1990, 868, 870 = NJW 1990, 2201; *Geimer/Schütze*, Europ. Zivilverfahrensrecht, 2004, Art. 27 EuGVÜ Rn 30; OLG Köln IPRax 1995, 156, 257; für die EuGVVO *Kropholler*, EuZPR, Art. 34 EuGVVO Rn 14.
20 Dazu *Wagner*, IPRax 2001, 73, 78; *Helms*, FamRZ 2001, 257, 263; für das EuGVÜ *Geimer/Schütze*, Europ. Zivilverfahrensrecht, 2004, Art. 27 EuGVÜ Rn 26 f.
21 Für das EuGVÜ EuGH Slg 1995, 2113.
22 *Helms*, FamRZ 2001, 257, 264.
23 *Helms*, FamRZ 2001, 257, 264; für die EuGVVO *Kropholler*, EuZPR, Art. 33 EuGVVO Rn 6 ff., Art. 34 EuGVVO Rn 95 m.w.N.; a.A. für das EuGVÜ *Geimer*, IPRax 1985, 6, 8; *Geimer/Schütze*, Europ. Zivilverfahrensrecht, 2004, Art. 27 EuGVÜ Rn 92 ff.

II. Nichteinlassung auf das Verfahren

8 Der Begriff ist autonom im Hinblick auf den Zweck des Ausschlussgrundes auszulegen.[24] Es darf kein Verhandeln des Antragsgegners vorliegen, aus dem sich ergibt, dass dieser von dem Verfahren in der Ehesache Kenntnis erlangt und die Möglichkeit der Verteidigung erhalten hat.[25] Einlassen liegt nicht vor, wenn der Antragsgegner lediglich die Nichtrechtzeitigkeit oder die Art und Weise der Zustellung rügt.[26]

III. Verfahrenseinleitendes Schriftstück

9 Verfahrenseinleitendes Schriftstück meint die vom Prozessrecht des Erststaats vorgesehene Urkunde, durch die der Antragsgegner erstmals von dem Verfahren, welches der Entscheidung zugrunde liegt, Kenntnis erlangen soll.[27] Im Schriftstück müssen die wesentlichen Gründe für den Antrag in der Ehesache bezeichnet sein.[28]

IV. Nichtrechtzeitigkeit

10 Die Zustellung ist dann nicht rechtzeitig, wenn dem Antragsgegner nicht genügend Zeit zur Vorbereitung einer sachgerechten Verteidigung bleibt.[29] Die Frist beginnt grundsätzlich mit Zustellung am Wohnsitz, wobei außergewöhnliche Umstände und Tatsachen – wie Krankenhausaufenthalt – berücksichtigungsfähig sind.[30]

V. Art und Weise der Zustellung

11 Ein formaler Zustellungsfehler reicht zur Ablehnung der Anerkennung nicht aus, wenn die Gegenpartei dadurch an ihrer Verteidigung nicht gehindert wurde.[31] Ob überhaupt Zustellungsmängel vorliegen, bestimmt sich nach dem Recht des Ursprungsstaates[32] unter Einschluss der EuZustVO[33] oder der für diesen Staat geltenden völkerrechtlichen Übereinkommen.[34] Wenn danach die Zustellung ordnungsgemäß erfolgte, ist davon auszugehen, dass die Art und Weise der Zustellung die Verteidigung ermöglichte.[35] Liegen Zustellungsmängel vor, so ist zu prüfen, ob sie so schwerwiegend sind, dass durch sie die Verteidigungsmöglichkeit der Gegenseite eingeschränkt wurde.[36] Dies kann zutreffen, wenn das Schriftstück oder dessen Übersetzung nicht in der Sprache des Empfangsstaates zugegangen ist und der Empfänger ihrer nicht mächtig ist.[37] Dagegen führen bloße formale Zustellungsmängel, die die Verteidigung seitens des Antragsgegners nicht hindern, nicht zur Ablehnung der Anerkennung.[38] Beide Kriterien – Nichtrechtzeitigkeit und Art und Weise der Zustellung – sind in ihrem Zusammenwirken in Bezug auf die Verteidigungsmöglichkeit zu werten. So kann eine fehlerhafte Zustellung bzgl. der Sprache, in der das Schriftstück verfasst ist, durch Einlassungsfristen kompensiert werden, die die Einholung einer Übersetzung ohne weiteres ermöglichen.[39]

---

24 Zur EuGVVO *Kropholler*, EuZPR, Art. 34 EuGVVO Rn 27.

25 Baumbach/Lauterbach/*Albers*, Anh. I § 606a ZPO, Art. 15 EheVO Rn 7; zur EuGVVO *Kropholler*, EuZPR, Art. 34 EuGVVO Rn 27.

26 Für das EuGVÜ u.a. OLG Stuttgart IPRspr 1983 Nr. 173; OLG Köln IPRax 1991, 114 m. Anm. *Linke*, S. 92.

27 Baumbach/Lauterbach/*Albers*, Anh. I § 606, Art. 15 EheVO Rn 4; für die EuGVVO *Kropholler*, EuZPR, Art. 27 EuGVVO Rn 29 m.w.N.

28 Für das EuGVÜ EuGH Slg. I 1993, 1936 = NJW 1993, 2091.

29 Rspr. zum EuGVÜ: OLG Hamm IPRax 1988, 289; OLG Köln IPRax 1995, 446.

30 Für das EuGVÜ EuGH Slg. 1981, 1593; 1985, 1779.

31 Baumbach/Lauterbach/*Albers*, Anh. I § 606a ZPO, Art. 15 EheVO Rn 6; zur EuGVVO Begründung des Kommissionsentwurfs, KOM 1999 (348) endg. 25 = BR-Drucks 534/99, S. 24 (zu Art. 41 des Entwurfs); *Kropholler*, EuZPR, Art. 34 EuGVVO Rn 38.

32 So zur EuGVVO i.E. *Kropholler*, EuZPR, Art. 34 EuGVVO Rn 39; *Schlosser*, Artt. 34–36 EuGVVO Rn 11; a.A. Baumbach/Lauterbach/*Albers*, Anh. I § 606a ZPO, Art. 15 EheVO Rn 6.

33 VO Nr. 1348/2000 des Rates über die Zustellung gerichtlicher und außergerichtlicher Schriftstücke in Zivil- und Handelssachen in den Mitgliedstaaten v. 29.5.2000 (AblEG 2000 Nr. L 160, S. 37).

34 *Schack*, Int. Zivilverfahrensrecht, 3. Aufl. 2002, Rn 846 m.w.N.

35 Zur EuGVVO *Kropholler*, EuZPR, Art. 34 EuGVVO Rn 39.

36 Zur EuGGVO *Kropholler*, EuZPR, Art. 34 EuGVVO Rn 40.

37 Thomas/Putzo/*Hüßtege*, ZPO, Art. 15 EheVO Rn 3; Baumbach/Lauterbach/*Albers*, Anh. I § 606a ZPO, Art. 15 EheVO Rn 6; Rauscher/*Rauscher*, Art. 15 Brüssel II-VO Rn 11.

38 *Nagel/Gottwald*, Int. Zivilprozessrecht, 5. Aufl. 2002, § 11 Rn 72; für das EuGVÜ so i.E. *Geimer/Schütze*, Europ. Zivilverfahrensrecht, 2004, Art. 27 EuGVÜ Rn 77.

39 Problematisiert, ob überhaupt Übersetzung seitens des Empfängers vorgenommen werden muss: *Schack*, Int. Zivilverfahrensrecht, 3. Aufl. 2002, Rn 847; abl. zum EuGVÜ OLG Hamm IPRspr 1987 Nr. 159 m. Anm. *Metzger*, RIW 1988, 77; bejahend *Geimer/Schütze*, Europ. Zivilverfahrensrecht, 2004, Art. 27 EuGVÜ Rn 91.

VI. Fehlendes Einverständnis mit der Entscheidung

Der Versagungsgrund entfällt, wenn der Antragsgegner mit der Entscheidung eindeutig einverstanden ist. Hierzu bedarf es der Bekanntgabe eines diesbezüglichen Willens,[40] die auch konkludent erfolgen kann, so z.B. durch Anmeldung einer Eheschließung, Geltendmachung des nachehelichen Unterhalts oder des Versorgungsausgleichs sowie Durchführung der güterrechtlichen Auseinandersetzung.[41] Anders als in Art. 34 Nr. 2 EuGVVO führt die Nichteinlegung eines Rechtsbehelfs gegen die Entscheidung im Ursprungsmitgliedstaat, obwohl hierzu die Möglichkeit bestand, nicht zwingend zum Ausschluss des Versagungsgrundes.[42] Dieser Umstand ist jedoch bei der Beantwortung der Frage, ob ein eindeutiges Einverständnis des Antragsgegners vorliegt, einzubeziehen.[43]

12

D. Unvereinbarkeit mit einer Entscheidung aus dem Anerkennungsstaat (lit. c)

Entscheidung aus dem Anerkennungsstaat meint auch hier gerichtliche und behördliche Entscheidungen, jedoch ist der Begriff weiter als in Art. 2 Nr. 4, denn durch diese wird der sachliche Anwendungsbereich der EheVO 2003 im Kapitel Anerkennung und Vollstreckung abgegrenzt, also die Entscheidungen aus dem Ursprungsmitgliedstaat benannt, deren Anerkennung geregelt ist.[44] Erfasst sind Entscheidungen aus dem Anerkennungsstaat, die zwischen denselben Personen getroffen wurden und die unvereinbar mit der infrage stehenden ausländischen Entscheidung in der Ehesache sind. Hätte der Verordnungsgeber den Gegenstand der Entscheidung anders präzisieren wollen, hätte er wie in Art. 23 lit. e die entgegenstehenden Entscheidungen näher bezeichnen müssen. Da dies nicht erfolgt ist, ist wie für Art. 27 Nr. 3 EuGVÜ bzw. Art. 34 Nr. 3 EuGVVO davon auszugehen, dass nur eine Entscheidung auch zu einer Entscheidung bestehen kann, die aus dem sachlichen Anwendungsbereich der EheVO 2003 fällt.[45] Eine Unvereinbarkeit kann sich deshalb sowohl aus Entscheidungen i.S.d. Art. 2 Nr. 4 als auch aus einer Feststellungsentscheidung über das Bestehen der Ehe sowie aus einer negativen Sachentscheidung in der Ehesache ergeben.[46]

13

Das Prioritätsprinzip gilt hier nicht. Es kommt deshalb nicht darauf an, ob die Entscheidung aus dem anderen Mitgliedstaat vor oder nach der Entscheidung eines Gerichts des Anerkennungsstaats erlassen oder rechtskräftig wurde bzw. ob die anderweitige Anhängigkeit nicht beachtet wurde.[47]

14

Ob **Unvereinbarkeit** vorliegt, ist aufgrund eines Vergleichs von Tenor und ggf. Entscheidungsgründen der konkurrierenden Entscheidungen zu prüfen. Vom Grundsatz her sind Entscheidungen unvereinbar, die einen unterschiedlichen Personenstand derselben Parteien für denselben Zeitraum herbeiführen.

15

Keine Unvereinbarkeit liegt vor, wenn der durch die vorhergehende Entscheidung geschaffene, festgestellte oder beibehaltene Personenstand für dieselben Parteien durch die nachgehende Entscheidung noch für die Zukunft geändert werden kann. So schließt die vorhergehende Entscheidung eines Gerichts des Anerkennungsstaats, durch die die Existenz der Ehe festgestellt ist, die Ehe ohne Auflösung des Ehebandes getrennt oder die Scheidung abgelehnt wurde, eine Anerkennung einer späteren Scheidung durch Gerichte eines anderen Mitgliedstaates im Anerkennungsstaat nicht aus.[48]

16

---

40 Thomas/Putzo/*Hüßtege*, ZPO, Art. 15 EheVO Rn 3; Rauscher/*Rauscher*, Art. 15 Brüssel II-VO Rn 12 f.

41 Thomas/Putzo/*Hüßtege*, ZPO, Art. 15 EheVO Rn 3; Baumbach/Lauterbach/*Albers*, Anh. I § 606a ZPO, Art 15 EheVO Rn 8; Zöller/*Geimer*, Art. 16 EheVO Rn 5.

42 *Borrás*, ABlEG 1998 Nr. C 221, S. 51 Nr. 70; Thomas/Putzo/*Hüßtege*, ZPO, Art. 15 EheVO Rn 3; Baumbach/Lauterbach/*Albers*, Anh. I § 606a ZPO, Art. 15 EheVO Rn 8; Nagel/Gottwald, Int. Zivilprozessrecht, 5. Aufl. 2002, § 11 Rn 72.

43 Hierzu KOM (2001) 151 endg. S. 4; i.E. *Helms*, FamRZ 2001, 257, 264.

44 *Schlosser*, Art. 15 EheVO Rn 5; *Helms*, FamRZ 2001, 257, 265; a.A. Baumbach/Lauterbach/*Albers*, Anh. I § 606a ZPO, Art. 15 EheVO Rn 10; Thomas/Putzo/*Hüßtege*, ZPO, Art. 15 EheVO Rn 4; *Nagel/Gottwald*, Int. Zivilprozessrecht, 5. Aufl. 2002, § 11 Rn 73.

45 Z.B. *Schlosser*, Art. 15 EheVO Rn 5; Rauscher/*Rauscher*, Art. 15 Brüssel II-VO Rn 16; zum EuGVÜ EuGH Slg. 1988, 645 = IPRax 1989, 159 = NJW 1989, 663.

46 Zu den negativen Sachentscheidungen wie hier *Helms*, FamRZ 2001, 257, 265; Rauscher/*Rauscher*, Art. 15 Brüssel II-VO Rn 16; a.A. MüKo-ZPO/*Gottwald*, Art. 15 EheGVO Rn 6.

47 MüKo-ZPO/*Gottwald*, Art. 15 EheGVO Rn 6; Thomas/Putzo/*Hüßtege*, ZPO, Art. 15 EheVO Rn 4.

48 Weiter gehend *Helms*, FamRZ 2001, 257, 265, wonach die spätere Entscheidung dann nicht unvereinbar ist, wenn sie eine weiter gehende Statuswirkung besitzt; *Borrás*, ABlEG 1998 Nr. C 221, S. 51 Nr. 71; *Kropholler*, EuZPR, Einl. EheVO Rn 133; Baumbach/Lauterbach/*Albers*, Anh. I § 606a ZPO, Art. 15 EheVO Rn 9.

E. Unvereinbarkeit mit einer früheren anerkennungsfähigen Entscheidung eines anderen Staates (lit. d)

17 Geregelt wird hier eine Dreierbeziehung. Der Anerkennung der Entscheidung aus einem Mitgliedstaat (i.F. Ursprungsmitgliedstaat) in einem anderen Mitgliedstaat (i.F. Anerkennungsmitgliedstaat) steht die Entscheidung eines weiteren Staates (i.F. Drittstaats) entgegen.

18 Der Ausschlussgrund erfordert:
1. Eine Entscheidung des Gerichts eines Drittstaats. Der Begriff Entscheidung ist hierbei wie für Entscheidungen aus dem Anerkennungsstaat auszulegen (lit. c, Rn 13). Drittstaatliche Entscheidung meint sowohl eine Entscheidung aus einem dritten Mitgliedstaat als auch eine Entscheidung aus einem Nichtmitgliedstaat.
2. Die Entscheidung muss zwischen denselben Parteien ergangen sein.
3. Bei der Entscheidung aus dem Drittstaat muss es sich um eine frühere Entscheidung handeln. Es findet also das zeitliche Prioritätsprinzip Anwendung. Es kommt auf den Zeitpunkt des Erlasses der Entscheidung an.[49]
4. Die Entscheidung aus dem Ursprungsmitgliedstaat muss mit der früheren Entscheidung aus dem Drittstaat unvereinbar sein. Die statusrechtlichen Wirkungen beider Entscheidungen müssen sich ausschließen (wie unter lit. c, Rn 15).
5. Die drittstaatliche Entscheidung muss die Voraussetzungen für die Anerkennung nach der Rechtsordnung des Anerkennungsmitgliedstaates erfüllen. Soweit es sich um eine Entscheidung aus einem dritten Mitgliedstaat handelt, die vom Geltungsbereich der EheVO 2003, erfasst wird, richtet sich die Anerkennungsfähigkeit nach der EheVO 2003 über die inzident entschieden werden kann. In Deutschland ist für die anderen drittstaatlichen Entscheidungen Art. 7 § 1 FamRÄndG zu beachten; die Anerkennungsfähigkeit selbst richtet sich nach bilateralen Anerkennungs- und Vollstreckungsabkommen oder nach § 328 ZPO (hierzu Anhang II zum III. Abschnitt, Art. 7 FamRÄndG Rn 43 ff.).

19 Zur Anerkennung der Ungültigkeitserklärung einer Ehe auf der Grundlage der zwischen den Mitgliedstaaten und dem Vatikan bestehenden Konkordats-Verträgen siehe Art. 63.

| EheVO 2003 Art. 23 | **Gründe für die Nichtanerkennung einer Entscheidung über die elterliche Verantwortung** |

Eine Entscheidung über die elterliche Verantwortung wird nicht anerkannt,
a) wenn die Anerkennung der öffentlichen Ordnung des Mitgliedstaates, in dem sie beantragt wird, offensichtlich widerspricht, wobei das Wohl des Kindes zu berücksichtigen ist;
b) wenn die Entscheidung – ausgenommen in dringenden Fällen – ergangen ist, ohne dass das Kind die Möglichkeit hatte, gehört zu werden, und damit wesentliche verfahrensrechtliche Grundsätze des Mitgliedstaates, in dem die Anerkennung beantragt wird, verletzt werden;
c) wenn der betreffenden Person, die sich auf das Verfahren nicht eingelassen hat, das verfahrenseinleitende Schriftstück oder ein gleichwertiges Schriftstück nicht so rechtzeitig und in einer Weise zugestellt wurde, dass sie sich verteidigen konnte, es sei denn, es wird festgestellt, dass sie mit der Entscheidung eindeutig einverstanden ist;
d) wenn eine Person dies mit der Begründung beantragt, dass die Entscheidung in ihre elterliche Verantwortung eingreift, falls die Entscheidung ergangen ist, ohne dass diese Person die Möglichkeit hatte, gehört zu werden;
e) wenn die Entscheidung mit einer späteren Entscheidung über die elterliche Verantwortung unvereinbar ist, die in dem Mitgliedstaat, in dem die Anerkennung beantragt wird, ergangen ist;
f) wenn die Entscheidung mit einer späteren Entscheidung über die elterliche Verantwortung unvereinbar ist, die in einem anderen Mitgliedstaat oder in dem Drittstaat, in dem das Kind seinen gewöhnlichen Aufenthalt hat, ergangen ist, sofern die spätere Entscheidung die notwendigen Voraussetzungen für ihre Anerkennung in dem Mitgliedstaat erfüllt, in dem die Anerkennung beantragt wird;
oder
g) wenn das Verfahren des Artikels 56 nicht eingehalten wurde.

---

[49] Zur EuGVVO *Kropholler*, EuZPR, Art. 34 EuGVVO Rn 56; i. E. *Zöller/Geimer*, ZPO, Art. 34 EuGVVO Rn 36.

A. Allgemeines 1	F. Unvereinbarkeit mit einer späteren
B. Ordre public (lit. a) 2	Entscheidung aus dem Anerkennungsstaat
C. Rechtliches Gehör des Kindes (lit. b) 4	(lit. e) 7
D. Verletzung des rechtlichen Gehörs in	G. Unvereinbarkeit mit der späteren
Säumnissachverhalten (lit. c) 5	Entscheidung eines Drittstaats (lit. f) 9
E. Elterliche Verantwortung einer dritten	
Person (lit. d) 6	

A. Allgemeines

Die Ablehnungsgründe für die Anerkennung einer Entscheidung, die die elterliche Verantwortung betrifft, sind gesondert aufgelistet, um spezifischen Gesichtspunkten Rechnung zu tragen. Im Folgenden wird nur auf diese besonderen Gesichtspunkte eingegangen. 1

B. Ordre public (lit. a)

Dieser hat eine besondere Diktion erfahren, die dem Art. 23 lit. d KSÜ[1] entnommen wurde. Das Kindeswohl ist keine zweite zusätzliche Einschränkung neben dem *ordre public*.[2] Eine Prüfung hat sich auf die Frage zu konzentrieren, ob die Entscheidung offensichtlich dem Kindeswohl widerspricht, denn die Elternverantwortung ist auf das Wohl des Kindes auszurichten und muss das Kind in seiner Persönlichkeit als Grundrechtsträger berücksichtigen.[3] Hierbei ist der eingeschränkten Bedeutung des *ordre public* in Bezug auf die Anerkennung fremder Entscheidungen dadurch Rechnung zu tragen, dass er nur bei massiver Beeinträchtigung des Kindeswohls heranzuziehen ist.[4] Diese Interpretation ist möglich, weil die Anerkennung die Abänderung der ausländischen Entscheidung bei Vorliegen der prozessualen und materiellen Voraussetzungen nicht ausschließt (siehe Art. 21 EheVO Rn 44), was in der Rechtspraxis auch genutzt wird.[5] 2

In Bezug auf den prozessualen *ordre public* ist hinzukommend zu prüfen, ob die Mindestanforderungen an die richterlichen Sachverhaltsaufklärungen in Prozessen, die die elterliche Verantwortung betreffen, eingehalten sind.[6] 3

C. Rechtliches Gehör des Kindes (lit. b)

Einer Entscheidung ist die Anerkennung zu versagen, wenn sie – ausgenommen in dringenden Fällen – ergangen ist, ohne dass das Kind die Möglichkeit hatte, gehört zu werden. In Deutschland ist auf der Grundlage des § 50b FGG zu beurteilen, ob die Anhörung des Kindes geboten war und welche Anforderungen an die Anhörung des Kindes zu stellen sind.[7] Es handelt sich hier um eine spezielle verfahrensrechtliche *ordre-public*-Klausel, die das Recht des Kindes auf Gehör zum Ausgangspunkt hat, wie es in Art. 12 des Übereinkommens über die Rechte des Kindes vom 20.11.1989[8] (Deutschland ist Vertragsstaat) fixiert ist. Als besonderer *ordre public* ist auch diese Vorschrift zurückhaltend anzuwenden. Sie führt dann nicht zur Ablehnung der Anerkennung, wenn das nicht angehörte Kind mit der getroffenen Entscheidung eindeutig einverstanden ist.[9] 4

D. Verletzung des rechtlichen Gehörs in Säumnissachverhalten (lit. c)

Die Regelung bezieht sich auf die formell verfahrensbeteiligten Personen.[10] Im Übrigen siehe zum Versagungsgrund Art. 22 EheVO Rn 7 ff. 5

---

1 Haager Übereinkommen über die Zuständigkeit, das anzuwendende Recht, Vollstreckung und Zusammenarbeit auf dem Gebiet der elterlichen Verantwortung und der Maßnahmen zum Schutz von Kindern v. 19.10.1996; abgedruckt in *Jayme/Hausmann*, Nr. 55.
2 Wie hier Baumbach/Lauterbach/*Albers*, Anh. I § 606a ZPO, Art. 15 EheVO Rn 14; Rauscher/*Rauscher*, Art. 15 Brüssel II-VO Rn 21; so wohl Thomas/Putzo/*Hüßtege*, ZPO, Art. 15 EheVO Rn 7.
3 Für das deutsche Recht u.a. BVerfGE 55, 171, 179, 181; 99, 145, 157.
4 *Schlosser*, Art. 15 EheVO Rn 3.
5 Hierzu *Helms*, FamRZ 2001, 257, 263; Baumbach/Lauterbach/*Albers*, Anh. I § 606a ZPO, Art. 15 EheVO Rn 15; zu § 16a Nr. 4 FGG *Coester*, IPRax 1996, 24; BGH IPRax 1987, 317.
6 *Helms*, FamRZ 2001, 257, 264; BVerfGE 79, 51, 66 ff.; BVerfG FamRZ 1993, 662, 663 = NJW 1993, 2671; BVerfG FamRZ 1994, 223, 225 = NJW 1994, 1208.
7 Thomas/Putzo/*Hüßtege*, ZPO, Art. 16 EheVO Rn 8; Rauscher/*Rauscher*, Art. 15 Brüssel II-VO Rn 26.
8 BGBl II 1992 S. 990.
9 Hierzu *Schlosser*, Art. 15 EheVO Rn 7.
10 *Wagner*, IPRax 2001, 73, 78.

E. Elterliche Verantwortung einer dritten Person (lit. d)

6 Der Ablehnungsgrund betrifft die Verletzung des rechtlichen Gehörs einer dritten Person, die weder Partei noch Kind im Verfahren im Entscheidungsstaat war. Dieser Dritte muss die Nichtanerkennung beantragen.[11] Er muss also entweder ein Nichtanerkennungsverfahren betreiben oder in einem schwebenden Anerkennungsverfahren bzw. in einem Hauptverfahren, in dem inzident über die Anerkennung zu entscheiden ist, einen solchen Antrag stellen. Der Antrag muss sich darauf stützen, dass in die elterliche Verantwortung der beantragenden Person durch die Entscheidung eingegriffen worden ist, ohne dass sie die Möglichkeit hatte, gehört zu werden. Die EheVO 2003 selbst bestimmt nicht, welches Recht auf die Frage, ob der betreffenden Person die elterliche Verantwortung zukommt, Anwendung findet. Bis zum In-Kraft-Treten des KSÜ in den Mitgliedstaaten beurteilt sich diese Frage nach dem Recht des Anerkennungsstatuts unter Einschluss des Kollisionsrechts.[12]

F. Unvereinbarkeit mit einer späteren Entscheidung aus dem Anerkennungsstaat (lit. e)

7 Das Besondere besteht darin, dass die Entscheidung des Gerichts eines Mitgliedstaates dann nicht anerkannt wird, wenn sie mit einer späteren Entscheidung eines Gerichts des Anerkennungsstaats unvereinbar ist. Maßgeblicher Zeitpunkt ist der Erlass der beiden Entscheidungen.[13] Diese Lösung folgt daraus, dass Entscheidungen über die elterliche Verantwortung abänderbar sind und im Regelfall die jüngere Entscheidung die frühere Entscheidung berücksichtigt sowie auf veränderte Umstände reagiert.

8 Nach dem Wortlaut muss die Unvereinbarkeit zu einer Entscheidung über die elterliche Verantwortung bestehen (auszulegen gemäß Art. 2 Nr. 7). Einzubeziehen sind jedoch auch Entscheidungen, die den Status des Kindes betreffen, wie Feststellung oder Anfechtung der Vaterschaft und Adoption.[14] Das Posterioritätsprinzip nach lit. e gilt jedoch nur für Entscheidungen, die die elterliche Sorge sichern und nicht den Status des Kindes betreffen.[15]

G. Unvereinbarkeit mit der späteren Entscheidung eines Drittstaats (lit. f)

9 Auch hier haben spätere Entscheidungen Vorrang vor früheren Entscheidungen. Bei der späteren Entscheidung kann es sich um eine Entscheidung aus einem anderen Mitgliedstaat oder einem der EheVO 2003 nicht angehörenden Drittstaat handeln. Das Kind muss im Zeitpunkt der späteren Entscheidung seinen gewöhnlichen Aufenthalt im Drittstaat haben. Ob das Erfordernis des gewöhnlichen Aufenthalts zum Zeitpunkt der Entscheidung sich auf Entscheidungen der Gerichte anderer Mitgliedstaaten bezieht, ist umstritten.[16] Die Entscheidung aus dem Drittstaat muss im Anerkennungsstaat die Voraussetzungen für die Anerkennung erfüllen. Soweit es sich bei dem Drittstaat um einen Mitgliedstaat handelt, bestimmt sich die Anerkennung nach der EheVO 2003, ansonsten nach den einschlägigen Staatsverträgen, KSÜ (nach In-Kraft-Treten für die Mitgliedstaaten), MSA (Art. 7 MSA),[17] und ESÜ[18] oder nach nationalem Recht (in Deutschland § 16a FGG).

EheVO 2003 Art. 24 | **Verbot der Nachprüfung der Zuständigkeit des Gerichts des Ursprungsmitgliedstaats**

Die Zuständigkeit des Gerichts des Ursprungsmitgliedstaats darf nicht überprüft werden. Die Überprüfung der Vereinbarkeit mit der öffentlichen Ordnung gemäß Artikel 22 Buchstabe a) und Artikel 23 Buchstabe a) darf sich nicht auf die Zuständigkeitsvorschriften der Artikel 3 bis 14 erstrecken.

---

11 Baumbach/Lauterbach/*Albers*, Anh. I § 606a ZPO, Art. 15 EheVO Rn 21; Rauscher/*Rauscher*, Art. 15 Brüssel II-VO Rn 29.
12 So auch *Heß*, JZ 2001, 573, 576.
13 Baumbach/Lauterbach/*Albers*, Anh. I § 606a ZPO, Art. 15 EheVO Rn 23.
14 *Borrás*, ABlEG 1998 Nr. C 221, S. 53 Nr. 76; Rauscher/*Rauscher*, Art. 15 Brüssel II-VO Rn 31.
15 Rauscher/*Rauscher*, Art. 15 Brüssel II-VO Rn 32.
16 Bejahend Baumbach/Lauterbach/*Albers*, Anh. I § 606a ZPO, Art. 15 EheVO Rn 24; Thomas/Putzo/*Hüßtege*, ZPO, Art. 15 EheVO Rn 13; abl. Rauscher/*Rauscher*, Art. 15 Brüssel II-VO Rn 35.
17 Haager Übereinkommen über die Zuständigkeit der Behörden und das anzuwendende Recht auf dem Gebiet des Schutzes von Minderjährigen (BGBl II 1971 S. 217).
18 Luxemburger Europäisches Übereinkommen v. 20. Mai 1980 über die Anerkennung und Vollstreckung von Entscheidungen über das Sorgerecht für Kinder und die Wiederherstellung des Sorgeverhältnisses (BGBl II 1990 S. 206 und 220).

Das **Verbot der Überprüfung der internationalen Zuständigkeit** ergibt sich bereits aus dem abschließenden Charakter der Aufzählung in Artt. 22, 23. Art. 24 ist insoweit klarstellend. Bestimmte Zuständigkeiten sind, anders als bei der EuGVVO, nicht vorbehalten. Ob überhaupt die Zuständigkeitsregeln der EheVO 2003 anwendbar waren und angewandt wurden, spielt keine Rolle. Ihre Nichtbeachtung ist nicht im Rahmen der Anerkennung zu prüfen,[1] sondern es sind durch den Antragsgegner die hierfür bestehenden Rechtsmittel im Ursprungsstaat zu nutzen.

Die Überprüfung der Vereinbarkeit mit dem *ordre public* darf sich nicht auf die in der EheVO 2003 vorgesehenen Zuständigkeitsvorschriften beziehen, Art. 24 S. 2.[2] Das betrifft auch die Restzuständigkeiten, die nach Artt. 7 und 14 eröffnet sind.[3] So kann z.B. die Anerkennung der Scheidung einer ehemals deutschen Staatsangehörigen durch ein deutsches Gericht in anderen Mitgliedstaaten nicht versagt werden, weil sie auf der exorbitanten Zuständigkeit nach § 606a Abs. 1 Nr. 1 ZPO beruht. Die Anwendung dieser Vorschrift im Erlassstaat rechtfertigt sich aufgrund von Art. 7, der nicht aus Gründen des *ordre public* abgelehnt werden kann. Ist jedoch Art. 7 fehlerhaft angewandt worden, weil die ausschließlichen Zuständigkeiten nach Art. 6 übersehen wurden, kann die Anerkennung gleichfalls nicht abgelehnt werden, da die Zuständigkeit nicht überprüft werden darf.

Von dem Grundsatz, dass im Rahmen der Anerkennung die Zuständigkeit des entscheidenden Gerichts nicht zu überprüfen ist, wird für Entscheidungen der Gerichte der nordischen Mitgliedstaaten im Anwendungsbereich des Nordischen Übereinkommens vom 6.2.1931 abgewichen. Hier setzt die Anerkennung die Einhaltung der Zuständigkeitskriterien des Kapitels II der EheVO 2003 voraus (Art. 59 Abs. 2 lit. a und d).

EheVO 2003 Art. 25 Unterschiede beim anzuwendenden Recht

Die Anerkennung einer Entscheidung darf nicht deshalb abgelehnt werden, weil eine Ehescheidung, Trennung ohne Auflösung des Ehebandes oder Ungültigerklärung einer Ehe nach dem Recht des Mitgliedstaates, in dem die Anerkennung beantragt wird, unter Zugrundelegung desselben Sachverhalts nicht zulässig wäre.

Die Vorschrift bezieht sich auf die Anerkennung von Entscheidungen in Ehesachen. Sie zielt darauf, den *ordre-public*-Vorbehalt in Art. 22 lit. a einzugrenzen. Damit wird dem Umstand Rechnung getragen, dass das Kollisionsrecht der Mitgliedstaaten auf diesem Gebiet nicht vereinheitlicht ist und dass das materielle Eherecht die Auflösung der Ehe unterschiedlich ermöglicht. Die Regelung betrifft den Fall, dass die Gerichte des Zweitstaats – anders als die Gerichte des Entscheidungsstaates –, wenn sie angerufen worden wären, nach dem für sie maßgeblichen Recht dem Antrag in der Ehesache nicht stattgegeben hätten. Dies stellt nach Art. 25 keinen Ablehnungsgrund für die Anerkennung dar und er darf auch nicht über den *ordre public* eingeführt werden. Daraus folgt, dass das Gericht, das über die Anerkennung befindet, einen Vergleich zur Lösung nach eigenem Recht unter Einschluss des IPR nicht vorzunehmen hat.

EheVO 2003 Art. 26 Ausschluss einer Nachprüfung in der Sache

Die Entscheidung darf keinesfalls in der Sache selbst nachgeprüft werden.

Art. 26 verbietet die *revision au fond*, also eine inhaltliche Überprüfung der anzuerkennenden Entscheidung in Rechts- und Tatfragen. Gerichte des Zweitstaats dürfen nicht prüfen, ob den Gerichten des Entscheidungsstaates Fehler im Verfahren unterlaufen sind, ob Tatsachen richtig festgestellt und gewürdigt sowie Kollisions- und materielles Recht richtig angewandt wurden.[1] Art. 26 stellt klar, dass der *ordre-public*-Vorbehalt der Artt. 22, 23 nicht zu einer verschleierten *revision au fond* genutzt werden darf. Die Vorschrift bildet keine Hinderung für die Änderung von Entscheidungen zur elterlichen Verantwortung der Gerichte

---

1 U.a. *Helms*, FamRZ 2001, 257, 262; *Hausmann*, EuLF 2000/01, 345, 348; *Wagner*, IPRax 2001, 73, 77; zum EuGVÜ MüKo-ZPO/*Gottwald*, Art. 17 EheVO Rn 1.
2 *Helms*, FamRZ 2001, 257, 263.
3 *Kropholler*, EuZPR, Einl. EheVO Rn 139; *Helms*, FamRZ 2001, 257, 262; *Hausmann*, EuLF 2000/01, 345, 348; *Wagner*, IPRax 2001, 73, 78; zum EuGVÜ MüKo-ZPO/*Gottwald*, Art. 17 EheVO Rn 1.

1 Zur EuGVVO *Kropholler*, EuZPR, Einl. EheVO Rn 141, Art. 36 EuGVVO Rn 2; Thomas/Putzo/*Hüßtege*, ZPO, Art. 36 EuGVVO Rn 1 m.w.N.

des Erststaats durch die des Zweitstaats, soweit dies veränderte Umstände erfordern und die internationale Zuständigkeit hierfür nach der Verordnung vorliegt.[2] In Anlehnung an Art. 27 KSÜ ist eine Abänderungsbefugnis auch dann anzunehmen, wenn die anzuerkennende Entscheidung nicht mehr dem Kindeswohl gerecht wird, unabhängig davon, ob die zugrunde liegenden Tatsachen sich geändert haben.[3]

EheVO 2003 Art. 27 | Aussetzung des Verfahrens

(1) Das Gericht eines Mitgliedstaates, vor dem die Anerkennung einer in einem anderen Mitgliedstaat ergangenen Entscheidung beantragt wird, kann das Verfahren aussetzen, wenn gegen die Entscheidung ein ordentlicher Rechtsbehelf eingelegt wurde.

(2) Das Gericht eines Mitgliedstaates, bei dem die Anerkennung einer in Irland oder im Vereinigten Königreich ergangenen Entscheidung beantragt wird, kann das Verfahren aussetzen, wenn die Vollstreckung der Entscheidung im Ursprungsmitgliedstaat wegen der Einlegung eines Rechtsbehelfs einstweilen eingestellt ist.

A. Anwendungsbereich

1 Dem Wortlaut nach bezieht sich die Vorschrift auf das förmliche Anerkennungsfeststellungsverfahren nach Art. 21 Abs. 3. Aber auch ein Verfahren, in dem die Anerkennung eine Vorfrage bildet (Art. 21 Abs. 4), kann bei Vorliegen der Voraussetzungen ausgesetzt werden.[1]

B. Ordentlicher Rechtsbehelf

2 Der Begriff ist wie für die EuGVVO autonom und weit auszulegen. Gemeint ist jeder Rechtsbehelf, der zur Aufhebung oder Abänderung der Entscheidung führen kann und für dessen Einlegung im Entscheidungsstaat eine gesetzliche Frist bestimmt ist, die durch die Entscheidung selbst in Lauf gesetzt wird.[2] Auf das Kriterium der Fristgebundenheit des Rechtsbehelfs kommt es dann nicht an, wenn das Gericht im Zweitstaat mit der Anerkennung zu einem Zeitpunkt befasst wird, zu dem im Urteilsstaat bereits das Rechtsmittel eingelegt ist.[3]

Abschnitt 2. Antrag auf Vollstreckbarerklärung

Vorbemerkungen zu Artt. 28−36

Literatur: *Dornblüth*, Die europäische Regelung der Anerkennung und Vollstreckbarerklärung von Ehe- und Kindschaftsentscheidungen, Diss. Tübingen 2003; *Winkel*, Grenzüberschreitendes Sorge- und Umgangsrecht und dessen Vollstreckung, Diss. Bielefeld 2003.

A. Erleichterung der Zwangsvollstreckung . 1
B. Ergänzung durch innerstaatliche Vorschriften 5
C. Weitere praktische Hinweise 10
I. Beteiligung von Anwälten am Verfahren, § 18 Abs. 2 IntFamRVG-E 10
II. Kosten, §§ 50, 51 IntFamRVG-E 11

A. Erleichterung der Zwangsvollstreckung

1 Abschnitt 2 regelt ein **eigenständiges einheitliches Vollstreckbarkeitserklärungsverfahren** (Exequaturverfahren). Die Vorschriften der Artt. 28 ff. erleichtern die Zwangsvollstreckung aus Titeln anderer Mitgliedstaaten durch ein vereinfachtes und beschleunigtes Klauselerteilungsverfahren sowie durch Einschränkung der Versagungsgründe gegenüber dem autonomen Recht.[1] Im Gegensatz dazu ist im Abschnitt 4 (Artt. 40 ff.) für Entscheidungen über das Umgangsrecht und Entscheidungen, die nach Art. 11 Abs. 8 die Rückgabe des

---

2 *Borrás*, ABlEG 1998 Nr. C 221, S. 53 Nr. 78; *Kropholler*, EuZPR, Einl. EheVO Rn 141; zur EuGVVO MüKo-ZPO/*Gottwald*, Art. 19 EuGVVO Rn 2; Rauscher/*Rauscher*, Art. 19 Brüssel II-VO Rn 2 ff.
3 Rauscher/*Rauscher*, Art. 19 Brüssel II-VO Rn 4; zu Art. 27 KSÜ *Siehr*, RabelsZ 62 (1998), 494.
1 Thomas/Putzo/*Hüßtege*, ZPO, Art. 20 EheVO Rn 1.

2 Zum EuGVÜ EuGH Slg. 1977, 2175.
3 Zur EuGVVO *Kropholler*, EuZPR, Art. 37 EuGVVO Rn 4; zum EuGVÜ MüKo-ZPO/*Gottwald*, Art. 30 EuGVÜ Rn 5.
1 Vgl. Thomas/Putzo/*Hüßtege*, ZPO, Art. 21 EheVO Rn 1; *Boele-Woelki*, ZfRV 2001, 121, 127; *Wagner*, IPRax 2001, 73, 79.

Kindes anordnen, eine unmittelbare Vollstreckung aus der ausländischen, nach dortigem Recht vollstreckbaren Entscheidung eingeführt, so dass eine Vollstreckbarkeitserklärung entfällt. Der Antragsteller kann jedoch auch das Verfahren nach Abschnitt 2 nutzen (Art. 40 Abs. 2).

Mit der Erteilung der Vollstreckungsklausel erhält die ausländische Entscheidung alle Wirkungen eines inländischen Vollstreckungstitels.[2] Die EheVO 2003 klärt nicht, ob das ausländische Urteil oder die erteilte Klausel den Vollstreckungstitel bildet. Für Deutschland nimmt die h.M. an, dass eigentlicher Vollstreckungstitel lediglich die inländische Vollstreckungsklausel und nicht die ausländische Entscheidung nebst Klausel bildet.[3]

Die Vollstreckung selbst richtet sich nach dem Recht des Vollstreckungsstaates (Art. 47 Abs. 1).

Die Normen folgen dem Regelungssystem von EuGVÜ[4] bzw. EuGVVO,[5] wobei Änderungen vorgenommen wurden, die sich aus dem unterschiedlichen Gegenstand beider Rechtsakte ergeben.[6] Soweit Übereinstimmung besteht, kann für die Auslegung der Vorschriften auf die Berichte, Entscheidungen und Kommentierungen zu EuGVÜ/EuGVVO zurückgegriffen werden.[7] Selbstverständlich ist die Verwendung der einschlägigen Materialien zur EheVO 2000[8],[9]

B. Ergänzung durch innerstaatliche Vorschriften

Die Vorschriften der EheVO 2003 zur Vollstreckbarkeitserklärung einer in einem anderen Mitgliedstaat ergangenen Entscheidung gelten in allen Mitgliedstaaten, außer Dänemark, unmittelbar. Einzelne Punkte bedürfen der Ergänzung durch das innerstaatliche Verfahrensrecht. Damit soll die nahtlose Einfügung des in der Verordnung geregelten Verfahrens in das System des innerstaatlichen Prozessrechts ermöglicht werden.

Die deutschen Durchführungsbestimmungen zur EheVO 2000 sind im AVAG[10] enthalten. Nunmehr wird gleichzeitig mit der EheVO 2003 am 1.3.2005 ein **Gesetz zur Aus- und Durchführung bestimmter Rechtsinstrumente auf dem Gebiet des internationalen Familienrechts** (IntFamRAG) in Kraft treten (bei Redaktionsschluss lag erst der Gesetzentwurf der Bundesregierung (IntFamRVG) vor, dessen bedeutendste Bestimmungen im Folgenden abgedruckt und in die Kommentierung mit einbezogen werden).[11] Das Gesetz enthält die entsprechenden Bestimmungen zum Anerkennungs- und Vollstreckungsverfahren nach der EheVO 2003, zum HKÜ[12] und zum ESÜ.[13]

Folgende **Regelungshierarchie** ist zu beachten: Vorrang hat die EheVO 2003 als Rechtsakt des sekundären Gemeinschaftsrechts. Für die Auslegung gilt, dass die verwendeten Begriffe möglichst autonom zu bestimmen sind.[14] Dann folgen Vorschriften des IntFamRAG. Sehen weder die EheVO 2003 noch das ergänzende IntFamRAG eine Regelung vor, richtet sich das Verfahren subsidiär nach den innerstaatlichen Allgemeinen

---

2 *Kropholler*, EuZPR, Art. 38 EuGVVO Rn 14; *Winkel*, S. 71.
3 BGHZ 122, 16, 18 m.w.N. = IPRax 1994, 367 m. Anm. *Roth*, 350 = NJW 1993, 1801 (EuGVÜ); Baumbach/Lauterbach/*Albers*, Anh. I § 606a ZPO, vor Art. 21 EheVO Rn 5; *Nagel/Gottwald*, Int. Zivilprozessrecht, 5. Aufl. 2002, § 12 Rn 103; *Geimer*, Int. Zivilprozessrecht, 5. Aufl. 2004, Rn 3155.
4 Brüsseler Übereinkommen über die gerichtliche Zuständigkeit und die Vollstreckung gerichtlicher Entscheidungen in Zivil- und Handelssachen v. 27.9.1968 (BGBl II 1972 S. 773).
5 Verordnung (EG) Nr. 44/2001 des Rates über die gerichtliche Zuständigkeit und die Anerkennung und Vollstreckung von Entscheidungen in Zivil- und Handelssachen v. 22.12.2000 (ABlEG 2001 Nr. L 12 S. 1).
6 MüKo-ZPO/*Gottwald*, vor Art. 1 EheVO Rn 3; Baumbach/Lauterbach/*Albers*, Anh. I § 606a ZPO, Einf. EheVO Rn 1; *Schlosser*, vor Art. 21 EheVO; *Nagel/Gottwald*, Int. Zivilprozessrecht, 5. Aufl. 2002, § 12 Rn 75; *Kropholler*, EuZPR, Einl. EheVO Rn 144; *Hausmann*, EuLF 2000/01, 271/345, 351.
7 S.a. *Kropholler*, EuZPR, Einl. EheVO Rn 80.
8 Verordnung (EG) Nr. 1347/2000 des Rates über die Zuständigkeit und die Anerkennung und Vollstreckung von Entscheidungen in Ehesachen und in Verfahren betreffend die elterliche Verantwortung für die gemeinsamen Kinder der Ehegatten v. 29.5.2000 (ABlEG 2000 Nr. L 160 S. 19).
9 Gleiches gilt auch für das nicht in Kraft getretene entsprechende Übereinkommen, insb. dessen begleitenden Bericht von *Alegría Borrás* (ABlEG 1998 Nr. C 221 S. 27 ff.); vgl. Erwägungsgrund (3) der EheVO 2003; s.a. *Wagner*, IPRax 2001, 73, 73 u. 75.
10 Gesetz zur Ausführung zwischenstaatlicher Verträge und zur Durchführung von Verordnungen der Europäischen Gemeinschaft auf dem Gebiet der Anerkennung und Vollstreckung in Zivil- und Handelssachen v. 19.2.2001 (BGBl I S. 288 und 436).
11 Das Gesetz befindet sich derzeit noch im Gesetzgebungsverfahren. Der Bundestag hat den Gesetzentwurf der Bundesregierung (BT-Drucks 15/3981, S. 5 ff.) bereits verabschiedet, nicht jedoch der Bundesrat.
12 Haager Übereinkommen über die zivilrechtlichen Aspekte internationaler Kindesentführung v. 25.10.1980 (BGBl II 1990 S. 201).
13 Luxemburger Europäisches Übereinkommen über die Anerkennung und Vollstreckung von Entscheidungen über das Sorgerecht für Kinder und die Wiederherstellung des Sorgeverhältnisses v. 20.5.1980 (BGBl II 1990 S. 220).
14 *Hausmann*, EuLF 2000/01, 271, 273.

verfahrensrechtlichen Bestimmungen. Dabei hat die Auslegung der speziellen oder Allgemeinen einzelstaatlichen Vorschriften in Übereinstimmung mit Regelungsinhalt und -zweck der EheVO 2003 zu erfolgen.

§ 14 IntFamRVG-E Familiengerichtliches Verfahren

Soweit nicht anders bestimmt, entscheidet das Gericht
1. über eine in den §§ 10 und 12 bezeichneten Ehesache nach den hierfür geltenden Vorschriften der Zivilprozessordnung,
2. über die übrigen in den §§ 10, 11, 12 und 47 bezeichneten Angelegenheiten als Familiensachen im Verfahren der freiwilligen Gerichtsbarkeit; § 621a Abs. 1, §§ 621c und 621f der Zivilprozessordnung gelten entsprechend.

8 **Nr. 1** bezieht sich zum einen auf das Anerkennungsfeststellungsverfahren nach Art. 21 Abs. 3 in Ehesachen (hierzu Art. 21 EheVO Rn 20 ff.) sowie zum anderen auf die Vollstreckbarkeitserklärung von Kostenentscheidungen in Ehesachen nach Art. 49 (hierzu Art. 49 EheVO Rn 1 f.).

9 **Nr. 2** bezieht sich auf alle Verfahren nach Kapitel III EheVO 2003, soweit es die elterliche Verantwortung betrifft, sowie auf Verfahren nach dem HKÜ und dem ESÜ. Damit werden Vormundschaftssachen im Anwendungsbereich der EheVO 2003 wie Familiensachen behandelt.[15] § 14 IntFamRVG-E betrifft sowohl das erstinstanzliche Verfahren als auch das Rechtsmittelverfahren.

C. Weitere praktische Hinweise

I. Beteiligung von Anwälten am Verfahren, § 18 Abs. 2 IntFamRVG-E

§ 18 IntFamRVG-E Einseitiges Verfahren

(1) ...

(2) Abweichend von § 78 Abs. 2 der Zivilprozessordnung ist in Ehesachen im ersten Rechtszug eine anwaltliche Vertretung nicht erforderlich.

10 Für das Vollstreckbarkeitserklärungsverfahren von Kostenentscheidungen in Ehesachen gelten nach § 14 Abs. 1 IntFamRVG-E (Abdruck bei Rn 7) die Vorschriften der ZPO für Ehesachen. Daraus folgt, dass für diese Verfahren eigentlich Anwaltszwang besteht (§ 78 Abs. 2 S. 1 Nr. 1 ZPO). Hiervon nimmt § 18 Abs. 2 IntFamRVG-E Verfahren im ersten Rechtszug aus. In Verfahren, die die elterliche Verantwortung betreffen, entfällt hingegen der Anwaltszwang sowohl im ersten als auch im zweiten Rechtszug, da in selbständigen Familiensachen in Verfahren der freiwilligen Gerichtsbarkeit die Regelungen über den Anwaltszwang nicht gelten (§ 78 Abs. 2 S. 1 Nr. 3 ZPO).

II. Kosten, §§ 50, 51 IntFamRVG-E

§ 50 IntFamRVG-E Anzuwendende Vorschriften

Für die Gerichtskosten sind die Vorschriften der Kostenordnung anzuwenden, soweit in diesem Abschnitt nichts anderes bestimmt ist. Bei der Anordnung von Ordnungshaft gilt § 119 Abs. 6 der Kostenordnung entsprechend.

§ 51 IntFamRVG-E Gerichtsgebühren

(1) Für ein erstinstanzliches Verfahren nach diesem Gesetz über Anträge auf
1. Erlass einer gerichtlichen Anordnung auf Rückgabe des Kindes oder über das Recht zum persönlichen Umgang,
2. Erteilung der Vollstreckungsklausel zu ausländischen Titeln,
3. Feststellung, ob Entscheidungen aus einem anderen Staat anzuerkennen sind, einschließlich der Anordnungen nach § 33 zur Wiederherstellung des Sorgeverhältnisses,
4. Aufhebung oder Änderung einer Entscheidung in den in den Nummern 2 und 3 genannten Verfahren

wird eine Gebühr von 200 Euro erhoben.

---

15 Vgl. BT-Drucks 15/3981, S. 23.

(2) Für ein Verfahren über ein Rechtsmittel in der Hauptsache wird eine Gebühr von 300 Euro erhoben.

(3) Für die Ausstellung einer Bescheinigung nach § 49 wird eine Gebühr von 10 Euro erhoben.

Die Kostenhaftung richtet sich für die unter § 51 Abs. 1 Nr. 2 und 3 IntFamRVG-E genannten Verfahren sowie für die Rechtsbehelfsinstanzen nach den allgemeinen Vorschriften der Kostenordnung. Die Kostenerstattung zwischen den Parteien bestimmt sich gemäß § 20 Abs. 2 IntFamRVG-E (Abdruck bei Art. 31 EheVO Rn 5) bei Verfahren, die die elterliche Verantwortung betreffen, analog § 13a Abs. 1 und 3 FGG und bei Verfahren in Ehesachen analog § 788 ZPO, der jedoch nur für die Vollstreckbarkeitserklärung der Kostenentscheidung im Hauptverfahren passend ist. Für das Anerkennungsfeststellungsverfahren ist eine entsprechende Heranziehung von § 13a FGG adäquater. Wird der Antrag auf Feststellung der Anerkennung oder auf Vollstreckbarkeitserklärung der Kostenentscheidung in der Ehesache abgelehnt, hat der Antragsteller die Kosten zu tragen (§ 20 Abs. 3 S. 2 IntFamRVG-E, Abdruck bei Art. 31 EheVO Rn 5). 11

EheVO 2003 Art. 28 | Vollstreckbare Entscheidungen

(1) Die in einem Mitgliedstaat ergangenen Entscheidungen über die elterliche Verantwortung für ein Kind, die in diesem Mitgliedstaat vollstreckbar sind und die zugestellt worden sind, werden in einem anderen Mitgliedstaat vollstreckt, wenn sie dort auf Antrag einer berechtigten Partei für vollstreckbar erklärt wurden.

(2) Im Vereinigten Königreich wird eine derartige Entscheidung jedoch in England und Wales, in Schottland oder in Nordirland erst vollstreckt, wenn sie auf Antrag einer berechtigten Partei zur Vollstreckung in dem betreffenden Teil des Vereinigten Königreichs registriert worden ist.

Für einstweilige Maßnahmen gelten die Ausführungen zu Art. 21 (hierzu Art. 21 EheVO Rn 4 f.) entsprechend.[1]

A. Entscheidungen

Das Klauselerteilungsverfahren ist gemäß Art. 28 Abs. 1 offen für Entscheidungen über die elterliche Verantwortung für ein Kind (vgl. Art. 2 Nr. 4 und 7), die der Vollstreckung zugänglich sind (z.B. Umgangsregelungen oder Herausgabeanordnungen[2]). Über Art. 49 gilt es auch für die Kosten in Bezug auf Verfahren, die in den sachlichen Anwendungsbereich der EheVO 2003 fallen.[3] 1

Die Entscheidung muss nach dem Recht des Entscheidungsstaats in formeller Hinsicht vollstreckbar sein.[4] Der Nachweis erfolgt durch die Bescheinigung gemäß Art. 39 (hierzu Art. 39 EheVO Rn 1). Es genügt eine vorläufige Vollstreckbarkeit. Rechtskraft der ausländischen Entscheidung ist nicht erforderlich.[5] Soweit der ausländische Titel nachträglich seine Vollstreckbarkeit wieder verloren hat, kann die im Rechtsbehelfsverfahren zur Klauselerteilung[6] oder im Verfahren nach § 34 IntFamRVG-E (hierzu Annex zu Artt. 28–36 Rn 2 f.) geltend gemacht werden. Nicht für vollstreckbar erklärt werden können Klauselerteilungsentscheidungen aus anderen Mitgliedstaaten (Verbot der Doppelexequatur).[7] 2

---

1 Vgl. EuGH Slg. 1980, 1553, 1560 f. = IPRax 1981, 95 m. Anm. *Hausmann*, 78 = NJW 1980, 2016 (EuGVÜ); BGH IPRax 1999, 371, 373 = NJW 1999, 2372 (EuGVÜ); OLG Stuttgart NJW-RR 1998, 280, 281 m.w.N. (EuGVÜ); *Winkel*, S. 136; *Hausmann*, EuLF 2000/01, 271, 348.
2 Zöller/*Geimer*, ZPO, Art. 21 EheVO Rn 1; MüKo-ZPO/*Gottwald*, Art. 21 EheVO Rn 2.
3 Nagel/Gottwald, Int. Zivilprozessrecht, 5. Aufl. 2002, § 12 Rn 74; Thomas/Putzo/*Hüßtege*, ZPO, Art. 21 EheVO Rn 1; Zöller/*Geimer*, ZPO, Art. 21 EheVO Rn 1; *Dornblüth*, S. 161; *Wagner*, IPRax 2001, 73, 79.
4 EuGH Slg. I 1999, 2543, 2571 = IPRax 2000, 18 m. Anm. *Linke*, 8 (EuGVÜ); OLG Düsseldorf NJW-RR 2001, 1575, 1576 (EuGVÜ); Baumbach/Lauterbach/*Albers*, Anh. I § 606a ZPO, Art. 21 EheVO Rn 6; *Dornblüth*, S. 162.
5 OLG Stuttgart NJW-RR 1998, 280, 281 (EuGVÜ); Thomas/Putzo/*Hüßtege*, ZPO, Art. 21 EheVO Rn 5; Baumbach/Lauterbach/*Albers*, Anh. I § 606a ZPO, Art. 21 EheVO Rn 7.
6 *Dornblüth*, S. 162; *Kropholler*, EuZPR, Art. 38 EuGVVO Rn 11.
7 Näher *Schack*, Int. Zivilverfahrensrecht, 3. Aufl. 2002, Rn 936 f.; s.a. *Geimer*, Int. Zivilprozessrecht, 5. Aufl. 2005, Rn 3110 m.w.N.

B. Zustellung der ausländischen Entscheidung

3 Mit diesem Erfordernis soll erreicht werden, dass der Antragsgegner von der Entscheidung Kenntnis und Gelegenheit erhält, ihr freiwillig nachzukommen.[8] Einzelheiten der Zustellung bestimmt das Recht des Entscheidungsstaats,[9] innerhalb der Europäischen Union ist die EuZustVO[10] zu beachten. Der Nachweis erfolgt durch die Bescheinigung gemäß Art. 39; soweit dadurch nicht erbracht, durch andere Urkunden, die die Zustellung dokumentieren.

4 Der Nachweis der Zustellung der Entscheidung kann noch nach Einreichung des Antrags, insbesondere auch während eines anhängig gemachten Rechtsbehelfsverfahrens, erbracht werden, sofern dem die nationalen Vorschriften nicht entgegenstehen und der Schuldner über eine angemessene Frist verfügt, um dem Urteil freiwillig nachzukommen.[11] § 750 Abs. 1 ZPO, wonach die Zustellung bis zum Beginn der Zwangsvollstreckung nachgeholt werden kann, ist wohl nicht analog heranzuziehen.[12] Die Partei, die die Vollstreckung beantragt, hat dabei die Kosten eines folglich unnötigen Verfahrens zu tragen.[13]

C. Antrag der berechtigten Partei

5 Antragsberechtigt sind die Personen, die nach dem Recht des Entscheidungsstats die Vollstreckung aus der Entscheidung betreiben können. Das folgt aus dem Wirkungserstreckungsprinzip, wonach die ausländische Entscheidung im Vollstreckungsstaat dieselben Rechtswirkungen hat wie im Entscheidungsstaat (hierzu Art. 21 EheVO Rn 38 f.). Infrage kommen die Parteien des Ausgangsverfahrens und sonstige Personen, die in eigenen Rechtspositionen betroffen sind, insbesondere die Eltern, das Kind und andere Personen, die in Bezug auf das Kind das Sorgerecht innehaben (Vormund, Pflegepersonen); auch die staatliche Gewalt (Staatsanwaltschaft, Jugendamt), wenn dies vorgesehen ist.[14] An die Stelle der staatlichen Gewalt im Entscheidungsstaat tritt die für solche Fragen zuständige staatliche Gewalt des Vollstreckungsstaates, weil ohne spezielle europa- oder völkerrechtliche Regelungen die hoheitliche Tätigkeit der staatlichen Gewalt territorial beschränkt ist.

6 Gegen wen sich der Antrag zu richten hat, ist dem ausländischen Titel zu entnehmen, dessen Auslegung auch insofern dem Recht des Entscheidungsstaates unterliegt.[15]

EheVO 2003 Art. 29 — Örtlich zuständiges Gericht

(1) Ein Antrag auf Vollstreckbarerklärung ist bei dem Gericht zu stellen, das in der Liste aufgeführt ist, die jeder Mitgliedstaat der Kommission gemäß Artikel 68 mitteilt.

(2) Das örtlich zuständige Gericht wird durch den gewöhnlichen Aufenthalt der Person, gegen die die Vollstreckung erwirkt werden soll, oder durch den gewöhnlichen Aufenthalt eines Kindes, auf das sich der Antrag bezieht, bestimmt.

Befindet sich keiner der in Unterabsatz 1 angegebenen Orte im Vollstreckungsmitgliedstaat, so wird das örtlich zuständige Gericht durch den Ort der Vollstreckung bestimmt.

A. Regelungsgehalt 1	B. Deutsche Ausführungsvorschriften 3
I. Sachliche Zuständigkeit (Abs. 1) 1	I. § 12 IntFamRVG-E 3
II. Örtliche Zuständigkeit (Abs. 2) 2	II. § 13 IntFamRVG-E 5

---

8 OLG Koblenz RIW 1991, 667, 669 = IPRspr 1991 Nr. 207, S. 438 (EuGVÜ); *Dornblüth*, S. 164; *Geimer/Schütze*, Europ. Zivilverfahrensrecht, 2004, Art. 34 EuGVÜ Rn 32.
9 Baumbach/Lauterbach/*Albers*, Anh. I § 606a ZPO, Art. 21 EheVO Rn 8.
10 Verordnung (EG) Nr. 1348/2000 des Rates über die Zustellung gerichtlicher und außergerichtlicher Schriftstücke in Zivil- oder Handelssachen in den Mitgliedstaaten v. 29.5.2000 (ABlEG 2000 Nr. L 160, S. 37).
11 EuGH Slg. I 1996, 1393, 1413 = IPRax 1997, 186 m. Anm. *Stadler*, S. 171 (EuGVÜ) = EuZW 1996, 240; OLGR Köln 2000, 433, 434 (EuGVÜ); OLG Köln EWS 1994, 107 (EuGVÜ); Rauscher/*Rauscher*, Art. 21 Brüssel II-VO Rn 14; Baumbach/Lauterbach/*Albers*, Anh. I § 606a ZPO, Art. 21 EheVO Rn 9; *Dornblüth*, S. 165.
12 A.A. Thomas/Putzo/*Hüßtege*, ZPO, Art. 21 EheVO Rn 6; wohl auch *Dornblüth*, S. 165.
13 EuGH Slg. I 1996, 1393, 1414 = IPRax 1997, 186 m. Anm. *Stadler*, S. 171 (EuGVÜ); OLG Köln 2000, 433, 434 (EuGVÜ); Baumbach/Lauterbach/*Albers*, Anh. I § 606a ZPO, Art. 21 EheVO Rn 9.
14 Thomas/Putzo/*Hüßtege*, ZPO, Art. 21 EheVO Rn 4; MüKo-ZPO/*Gottwald*, Art. 21 EheVO Rn 3; *Borrás*, ABlEG 1998 Nr. C 221, S. 54 Nr. 80; *Dornblüth*, S. 174; *Wagner*, IPRax 2001, 73, 79.
15 *Geimer*, Int. Zivilprozessrecht, 5. Aufl. 2005, Rn 3154; *Kropholler*, EuZPR, Art. 38 EuGVVO Rn 15; vgl. auch OLG Köln NJW-RR 2001, 66, 67 (EuGVÜ).

A. Regelungsgehalt

I. Sachliche Zuständigkeit (Abs. 1)

Diese ist in der EheVO 2003 nicht geregelt. Sie wird durch den nationalen Gesetzgeber bestimmt und gemäß Art. 68 veröffentlicht.

II. Örtliche Zuständigkeit (Abs. 2)

Sie ist anders als für das Anerkennungsfeststellungsverfahren direkt geregelt, um eine Vereinheitlichung zu erzielen.[1] Der Antragsteller kann zwischen der Zuständigkeit aufgrund des gewöhnlichen Aufenthalts des Vollstreckungsgegners und des betroffenen Kindes **wählen** (S. 1). Der Vollstreckungsgegner ist die im Vollstreckungserklärungsantrag bezeichnete Gegenpartei.[2] **Subsidiär** bestimmt sich gemäß **S. 2** die örtliche Zuständigkeit nach dem Ort, an dem die beabsichtigte Zwangsvollstreckung stattfinden soll, z.B. sich der schlichte Aufenthalt des Kindes oder Kindesvermögens befinden bzw., bezogen auf Kostenentscheidungen, sich Vermögen des Schuldners befinden soll.

B. Deutsche Ausführungsvorschriften

I. § 12 IntFamRVG-E

§ 12 IntFamRVG-E Zuständigkeitskonzentration

(1) In Verfahren über eine in den §§ 10 und 11 bezeichnete Sache sowie in Verfahren über die Vollstreckbarerklärung nach Artikel 28 der Verordnung (EG) Nr. 2201/2003 entscheidet das Familiengericht, in dessen Bezirk ein Oberlandesgericht seinen Sitz hat, für den Bezirk dieses Oberlandesgerichts.

(2) Im Bezirk des Kammergerichts entscheidet das Familiengericht Pankow/Weißensee.

(3) Die Landesregierungen werden ermächtigt, diese Zuständigkeit durch Rechtsverordnung einem anderen Familiengericht des Oberlandesgerichtsbezirks oder, wenn in einem Land mehrere Oberlandesgerichte errichtet sind, einem Familiengericht für die Bezirke aller oder mehrerer Oberlandesgerichte zuzuweisen. Sie können die Ermächtigung auf die Landesjustizverwaltungen übertragen.

Die Vorschrift dient der Ausfüllung von Art. 29 Abs. 1. Sie bestimmt das für das Vollstreckbarkeitserklärungsverfahren und, durch den Verweis auf § 10 IntFamRVG-E, das für das Anerkennungsfeststellungsverfahren sachlich zuständige Gericht. Die weiteren Verweise beziehen sich auf das HKÜ und das ESÜ. Zuständig sind die **Familiengerichte**, auch soweit es sich aus der Sicht des deutschen Rechts um eine Vormundschaftssache handelt. Die Zuständigkeit des FamG am Sitz des OLG bzw. des FamG Pankow/Weißensee für den Bezirk des KG ist **ausschließlich**.

Durch die **Zuständigkeitskonzentration** innerhalb eines OLG-Bezirks bzw. im Bezirk des KG soll eine besondere Sachkunde und praktische Erfahrung bei den zentralisierten Familiengerichten und bei den Rechtsanwälten gefördert werden.[3]

II. § 13 IntFamRVG-E

§ 13 IntFamRVG-E Zuständigkeitskonzentration für andere Familiensachen

(1) Das Familiengericht, bei dem eine in den §§ 10 bis 12 bezeichnete Sache anhängig wird, ist von diesem Zeitpunkt an ungeachtet des § 621 Abs. 2 der Zivilprozessordnung für alle dasselbe Kind betreffenden Familiensachen nach § 621 Abs. 1 Nr. 1 bis 3 der Zivilprozessordnung einschließlich der Verfügungen nach § 44 dieses Gesetzes und nach § 33 des Gesetzes über die Angelegenheiten der freiwilligen Gerichtsbarkeit zuständig. Die Zuständigkeit nach Absatz 1 Satz 1 tritt nicht ein, wenn der Antrag offensichtlich unzulässig ist. Sie entfällt, sobald das angegangene Gericht aufgrund unanfechtbarer Entscheidung unzuständig ist; Verfahren, für die dieses Gericht hiernach seine Zuständigkeit verliert, sind nach näherer Maßgabe des § 281 Abs. 2 und 3 Satz 1 der Zivilprozessordnung von Amts wegen an das zuständige Gericht abzugeben.

(2) Bei dem Familiengericht, das in dem Oberlandesgerichtsbezirk, in dem sich das Kind gewöhnlich aufhält, für Anträge der in Absatz 1 Satz 1 genannten Art zuständig ist, kann auch eine andere

---

1 Näher *Borrás*, ABlEG 1998 Nr. C 221, S. 54 Nr. 84.
2 Baumbach/Lauterbach/*Albers*, Anh. I § 606a ZPO, Art. 22 EheVO Rn 2.
3 BT-Drucks 15/3981, S. 22; *Hub*, NJW 2001, 3145, 3148.

Familiensache nach § 621 Abs. 1 Nr. 1 bis 3 der Zivilprozessordnung anhängig gemacht werden, wenn ein Elternteil seinen gewöhnlichen Aufenthalt in einem anderen Mitgliedstaat der Europäischen Union oder in einem anderen Vertragsstaat des Europäischen Sorgerechtsübereinkommens oder des Haager Kindesentführungsübereinkommens hat.

(3) Im Falle des Absatzes 1 Satz 1 hat ein anderes Familiengericht, bei dem eine dasselbe Kind betreffende Familiensache nach § 621 Abs. 1 Nr. 1 bis 3 der Zivilprozessordnung im ersten Rechtszug anhängig ist oder anhängig wird, dieses Verfahren von Amts wegen an das nach Absatz 1 Satz 1 zuständige Gericht abzugeben. Auf übereinstimmenden Antrag beider Elternteile sind andere Familiensachen, an denen diese beteiligt sind, an das nach Absatz 1 oder 2 zuständige Gericht abzugeben. § 281 Abs. 2 Satz 1 bis 3 und Abs. 3 Satz 1 der Zivilprozessordnung gilt entsprechend.

(4) Das Familiengericht, das gemäß Absatz 1 oder Absatz 2 zuständig oder an das die Sache gemäß Absatz 3 abgegeben worden ist, kann diese aus wichtigen Gründen an das nach den allgemeinen Vorschriften zuständige Familiengericht abgeben oder zurückgeben, soweit dies nicht zu einer erheblichen Verzögerung des Verfahrens führt. Als wichtiger Grund ist es in der Regel anzusehen, wenn die besondere Sachkunde des erstgenannten Gerichts für das Verfahren nicht oder nicht mehr benötigt wird. § 281 Abs. 2 und 3 Satz 1 der Zivilprozessordnung gilt entsprechend. Die Ablehnung einer Abgabe nach Satz 1 ist unanfechtbar.

(5) § 46 des Gesetzes über die Angelegenheiten der freiwilligen Gerichtsbarkeit bleibt unberührt.

5   Mit dieser Norm wird der § 64a FGG in das IntFamRVG-E überführt.[4] Damit soll dem Sachzusammenhang zu den europäischen und internationalen Rechtsinstrumenten, deren innerstaatliche Aus- und Durchführung das Gesetz zum Gegenstand hat, Rechnung getragen werden. Sie erweitert die Zuständigkeitskonzentration bei den in § 12 IntFamRVG-E genannten FamG. Sachlich bezieht sich die Erweiterung auf Familiensachen gemäß § 621 Abs. 1 Nr. 1–3 ZPO (elterliche Sorge, Umgangsrecht und Herausgabe des Kindes). Sie erstreckt sich nicht auf Vormundschaftssachen.

6   Die **obligatorische** Zuständigkeitskonzentration nach **Abs. 1 S. 1** beginnt mit der Anhängigkeit eines in der Vorschrift bezeichneten Verfahrens und endet nach Abs. 1 S. 3, sobald das spezialisierte Gericht aufgrund einer unanfechtbaren Entscheidung in diesem Verfahren unzuständig wird. Sie umfasst auch alle Anträge auf Vollstreckungsmaßnahmen nach § 44 IntFamRVG-E und § 33 FGG in Bezug auf dasselbe Kind in diesem Zeitraum. Durch die Verfahrenskonzentration wird das FamG z.B. in die Lage versetzt, eine ausländische Sorgerechtsentscheidung durch eine Herausgabeanordnung zu ergänzen oder eine ausländische Umgangsregelung aktuellen Gegebenheiten anzupassen. Das Verfahren in diesen anderen Sorge- und umgangsrechtlichen Sachen bestimmt sich nach den allgemeinen Vorschriften, einschließlich Rechtsmittel und Vollstreckung, selbst soweit ein unmittelbarer Zusammenhang zur ausländischen Entscheidung besteht. Endet die Annexzuständigkeit, so wird ein noch anhängiges Verfahren von Amts wegen an das nach allgemeiner Vorschrift zuständige Familiengericht verwiesen.

7   **Abs. 2** eröffnet eine weitere fakultative Zuständigkeit.

8   **Abs. 3** sichert die Zuständigkeitskonzentration nach Abs. 1, wenn ein Verfahren nach § 621 Abs. 1 Nr. 1–3 ZPO dasselbe Kind betreffend bei einem anderen Familiengericht anhängig ist oder wird, während die Annexzuständigkeit nach § 13 Abs. 1 S. 1 IntFamRVG-E besteht.

EheVO 2003 Art. 30 | Verfahren

(1) Für die Stellung des Antrags ist das Recht des Vollstreckungsmitgliedstaats maßgebend.

(2) Der Antragsteller hat für die Zustellung im Bezirk des angerufenen Gerichts ein Wahldomizil zu begründen. Ist das Wahldomizil im Recht des Vollstreckungsmitgliedstaats nicht vorgesehen, so hat der Antragsteller einen Zustellungsbevollmächtigten zu benennen.

(3) Dem Antrag sind die in den Artikeln 37 und 39 aufgeführten Urkunden beizufügen.

A. Regelungsgehalt 1	III. Beifügung von Urkunden (Abs. 3) 3
I. Antragstellung (Abs. 1) 1	B. Deutsche Ausführungsvorschriften 4
II. Wahldomizil oder Benennung einer Zustellungsadresse (Abs. 2) 2	I. § 16 IntFamRVG-E 4
	II. § 17 IntFamRVG-E 4

---

4 BT-Drucks 15/3981, S. 23.

A. Regelungsgehalt

I. Antragstellung (Abs. 1)

Der Verweis auf die Rechtsordnung des Vollstreckungsmitgliedstaats bezieht sich insbesondere auf Form und Inhalt des Antrags, Zahl der einzureichenden Ausfertigungen, Bestimmung der zuständigen Gerichtsstelle, Notwendigkeit der Mitwirkung eines Anwalts oder Sachverteters und ggf. die Sprache.[1]

II. Wahldomizil oder Benennung einer Zustellungsadresse (Abs. 2)

Der Antragsteller wird verpflichtet, für eine Zustellungsadresse **im Vollstreckungsstaat** zu sorgen. Die Regelung dient einer zügigen Durchführung des Vollstreckbarkeitserklärungsverfahrens.[2] Die beiden Möglichkeiten in Abs. 2 S. 1 und S. 2 tragen der unterschiedlichen Ausgestaltung des Prozessrechts der einzelnen Mitgliedstaaten Rechnung. Einzelheiten sind dem Recht des Vollstreckungsstaats zu entnehmen, einschließlich die Folgen einer Verletzung der Pflichten.[3] Die Sanktion darf weder die Gültigkeit der Exequaturentscheidung infrage stellen noch eine Beeinträchtigung der Rechte des Antragstellers mit sich bringen,[4] insbesondere keine daraus resultierende Antragsablehnung.[5]

III. Beifügung von Urkunden (Abs. 3)

Die bezeichneten Urkunden sind Bestandteil des Antrags.[6] Fehlen Urkunden, kann das Gericht gemäß Art. 38 Abs. 1 eine Frist zur Nachholung setzen (hierzu Art. 38 EheVO Rn 2). Es kann den Antrag für unzulässig erklären, wenn die vorgelegten Urkunden auch unter Beachtung der in Art. 38 in Bezug auf die Vollständigkeit der Unterlagen vorgesehenen Erleichterungen nicht ausreichen und das Gericht nicht in den Besitz der gewünschten Informationen gelangt.[7] Die Wiederholung eines lediglich wegen fehlender Urkunden zurückgewiesenen Antrags ist zulässig.[8] Zur Erforderlichkeit einer Übersetzung vgl. Art. 38 EheVO Rn 3).

B. Deutsche Ausführungsvorschriften

I. § 16 IntFamRVG-E

§ 16 IntFamRVG-E Antragstellung

(1) Mit Ausnahme der in den Artikeln 41 und 42 der Verordnung (EG) Nr. 2201/2003 aufgeführten Titel wird der in einem anderen Staat vollstreckbare Titel dadurch zur Zwangsvollstreckung zugelassen, dass er auf Antrag mit der Vollstreckungsklausel versehen wird.

(2) Der Antrag auf Erteilung der Vollstreckungsklausel kann bei dem zuständigen Familiengericht schriftlich eingereicht oder mündlich zu Protokoll der Geschäftsstelle erklärt werden.

(3) Ist der Antrag entgegen § 184 des Gerichtsverfassungsgesetzes nicht in deutscher Sprache abgefasst, so kann das Gericht der antragstellenden Person aufgeben, eine Übersetzung des Antrags beizubringen, deren Richtigkeit von einer
1. in einem Mitgliedstaat der Europäischen Union oder
2. in einem anderen Vertragsstaat eines auszuführenden Übereinkommens
hierzu befugten Person bestätigt ist.

---

1 Vgl. Thomas/Putzo/*Hüßtege*, ZPO, Art. 23 EheVO Rn 1; *Borrás*, ABlEG 1998 Nr. C 221, S. 55 Nr. 85; *Dornblüth*, S. 175; *Kropholler*, EuZPR, Art. 40 EuGVVO Rn 1.
2 Baumbach/Lauterbach/*Albers*, Anh. I § 606a ZPO, Art. 23 EheVO Rn 2; *Meyer-Götz*, FF 2001, 17, 18; vgl. auch *Borrás*, ABlEG 1998 Nr. C 221, S. 55 Nr. 86; *Dornblüth*, S. 175; *Kropholler*, EuZPR, Art. 40 EuGVVO Rn 5.
3 EuGH Slg. 1986, 2437, 2445 = IPRax 1987, 229 m. Anm. *Jayme/Abend*, S. 209 (EuGVÜ).
4 *Kropholler*, EuZPR, Art. 40 EuGVVO Rn 7.
5 So auch Thomas/Putzo/*Hüßtege*, ZPO, Art. 40 EuGVVO Rn 3.
6 Baumbach/Lauterbach/*Albers*, Anh. I § 606a ZPO, Art. 23 EheVO Rn 3; MüKo-ZPO/*Gottwald*, Art. 23 EheVO Rn 2.
7 *Borrás*, ABlEG 1998 Nr. C 221, S. 58 Nr. 107.
8 OLG Stuttgart IPRspr 1980 Nr. 163, S. 527 (EuGVÜ); *Kropholler*, EuZPR, Art. 40 EuGVVO Rn 9.

II. § 17 IntFamRVG-E

§ 17 IntFamRVG-E Zustellungsbevollmächtigter

(1) Hat die antragstellende Person in dem Antrag keinen Zustellungsbevollmächtigten im Sinne des § 184 Abs. 1 Satz 1 der Zivilprozessordnung benannt, so können bis zur nachträglichen Benennung alle Zustellungen an sie durch Aufgabe zur Post (§ 184 Abs. 1 Satz 2, Abs. 2 der Zivilprozessordnung) bewirkt werden.

(2) Absatz 1 gilt nicht, wenn die antragstellende Person einen bei einem deutschen Gericht zugelassenen Rechtsanwalt oder eine andere Person, die im Inland wohnt oder dort einen Geschäftsraum hat, zu ihrem Bevollmächtigten für das Verfahren bestellt hat.

4 Die Regelung folgt § 5 AVAG (vgl. dazu vor Artt. 28–36 EheVO Rn 6), jedoch mit der Besonderheit, dass es ausreichend ist, wenn der Zustellungsbevollmächtigte im Inland wohnt oder hier einen Geschäftsraum hat. Auch eine juristische Person kann Zustellungsbevollmächtigter sein. Die Benennung ist nach Sinn und Zweck der Vorschrift nicht erforderlich, wenn der Antragsteller in Deutschland selbst einen Wohnsitz hat. Das trifft nach § 17 Abs. 2 IntFamRVG-E auch zu, wenn er einen inländischen Verfahrensbevollmächtigten mit der Wahrnehmung seiner Interessen im Verfahren betraut hat. Unterlässt der Antragsteller die Benennung des Zustellungsbevollmächtigten, so wird die Zustellung an ihn ins Ausland durch Aufgabe zur Post gemäß § 184 Abs. 1 S. 2 und Abs. 2 ZPO bewirkt (fiktive Inlandszustellung). Sie unterbleibt, sobald eine nachträgliche Benennung erfolgt ist. Die Regelung des § 17 Abs. 1 IntFamRVG-E ist nicht zwingend, so dass die Möglichkeit einer Zustellung im Ausland verbleibt (EuZVO).

EheVO 2003 Art. 31 Entscheidung des Gerichts

(1) Das mit dem Antrag befasste Gericht erlässt seine Entscheidung ohne Verzug und ohne dass die Person, gegen die die Vollstreckung erwirkt werden soll, noch das Kind in diesem Abschnitt des Verfahrens Gelegenheit erhalten, eine Erklärung abzugeben.

(2) Der Antrag darf nur aus einem der in den Artikeln 22, 23 und 24 aufgeführten Gründe abgelehnt werden.

(3) Die Entscheidung darf keinesfalls in der Sache selbst nachgeprüft werden.

A. Regelungsgehalt 1	III. Verbot der Revision au fond (Abs. 3) 5
I. Einseitigkeit des Verfahrens (Abs. 1) 1	**B. Deutsche Ausführungsvorschriften, §§ 18**
II. Ablehnungsgründe (Abs. 2) 3	**Abs. 1, 20 IntFamRVG-E**

§ 18 IntFamRVG-E Einseitiges Verfahren

(1) Im Anwendungsbereich der Verordnung (EG) Nr. 2201/2003 erhält im erstinstanzlichen Verfahren auf Zulassung der Zwangsvollstreckung nur die antragstellende Person Gelegenheit, sich zu äußern. Die Entscheidung ergeht ohne mündliche Verhandlung. Jedoch kann eine mündliche Erörterung mit der antragstellenden oder einer von ihr bevollmächtigten Person stattfinden, wenn diese hiermit einverstanden ist und die Erörterung der Beschleunigung dient.

(2) (...)

A. Regelungsgehalt

I. Einseitigkeit des Verfahrens (Abs. 1)

1 Wegen des Beschleunigungsgebots handelt es sich in der Regel um ein schriftliches Verfahren. Eine mündliche Erörterung mit dem Antragsteller ist zulässig, wenn dies der Verfahrensschnelligkeit dient und dieser damit einverstanden ist. Das kann z.B. zweckmäßig sein, wenn über eine Befreiung von der Beibringung von Urkunden zu entscheiden ist (hierzu Art. 38 EheVO Rn 1).[1] Eine Frist sowie eine Sanktion für die Nichteinhaltung des Beschleunigungsgrundsatzes sind nicht vorgesehen.[2]

---

1 *Kropholler*, EuZPR, Art. 41 EuGVVO Rn 8.

2 Baumbach/Lauterbach/*Albers*, Anh. I § 606a ZPO, Art. 23 EheVO Rn 2; *Borrás*, ABlEG 1998 Nr. C 221, S. 55 Nr. 88; *Wagner*, IPRax 2001, 73, 79.

Im ersten Rechtszug erhält der Schuldner keine Gelegenheit, eine Erklärung abzugeben.[3] Der Antrag wird ihm seitens des Gerichts nicht mitgeteilt. Das Gericht ist auch in Ausnahmefällen nicht befugt, den Schuldner zur Stellungnahme aufzufordern.[4] Auch eine vom Antragsgegner vorsorglich eingereichte Schutzschrift ist sachlich nicht zur Kenntnis zu nehmen.[5] Damit soll der Umwandlung des gewollt einseitigen Verfahrens in ein kontradiktorisches Verfahren vorgebeugt werden.[6] Die Regelung ist mit der Garantie des rechtlichen Gehörs vereinbar, weil der Antragsgegner die Möglichkeit hat, mittels Einlegung des Rechtsbehelfs ein Verfahren mit beiderseitigem rechtlichem Gehör (Art. 33 Abs. 3) herbeizuführen.[7] Auch das Kind oder andere materiell Beteiligte werden in diesem Verfahrensabschnitt nicht angehört.[8]

II. Ablehnungsgründe (Abs. 2)

Anders als bei Art. 41 EuGVVO wird bestimmt, dass die Gründe, die die Anerkennung *ipso iure* hindern, im ersten Rechtszug für die Erteilung der Vollstreckungsklausel zu prüfen sind.[9] Die Ablehnungsgründe sind von Amts wegen zu prüfen, jedoch findet keine Amtsermittlung statt.[10] Sie sind entgegen des Wortlauts nicht vollständig aufgelistet und können sich darauf beziehen, dass

1. der sachliche Anwendungsbereich der EheVO 2003 nicht eröffnet ist, d.h. es sich um keine Entscheidung i.S.v. Art. 28 Abs. 1 handelt (wird z.B. ein Antrag auf Vollstreckbarkeitserklärung eines Unterhaltstitels gestellt, so ist der Antrag abzulehnen, weil Unterhaltstitel von der EuGVVO erfasst werden. Auf Antrag des Antragstellers hat das FamG sich für unzuständig zu erklären und die Sache an das zuständige Landgericht abzugeben, § 281 Abs. 1 ZPO);
2. die Gerichtsbarkeit des Entscheidungs- oder des Vollstreckungsstaats fehlt;[11]
3. die sachliche und örtliche Zuständigkeit des angerufenen Gerichts fehlt (§ 281 ZPO findet entsprechend Anwendung);
4. der Antragsteller nicht zu dem Kreis der berechtigten Personen gehört oder der Antragsgegner nicht die aus der Entscheidung verpflichtete Person ist (arg. e Art. 28 Abs. 1);
5. die in Artt. 37 und 39 genannten Urkunden und Bescheinigungen nicht vorgelegt sind und auch eine Befreiung von der Beibringung nicht möglich ist (hierzu Art. 38 EheVO Rn 1);
6. die Entscheidung im Ursprungsstaat nicht wirksam oder vollstreckbar ist (arg. e Art. 28 Abs. 1);
7. der ausländische Titel nicht die hinreichende Bestimmtheit aufweist (eine zusätzliche Konkretisierung des ausländischen Titels durch Auslegung kann durch das FamG vorgenommen werden, damit die Vollstreckungsklausel einen vollstreckungsfähigen Inhalt erhält.[12] Eine über die Konkretisierung, die nach Art. 48 zulässig ist, hinausgehende Ergänzung, z.B. einer Sorgerechtsentscheidung durch eine Herausgabeordnung oder Anpassung einer ausländischen Umgangsregelung an aktuelle Gegebenheiten, ist nicht im Vollstreckbarkeitserklärungsverfahren möglich. Das Verfahren hierfür richtet sich nach den allgemeinen Vorschriften. In Deutschland ist die Zuständigkeitskonzentration nach § 13 IntFamRVG-E (hierzu Art. 29 EheVO Rn 4 ff.) zu beachten); oder
8. einer der in Artt. 22 und 23 aufgelisteten Ablehnungsgründe, die die Anerkennung hindern, vorliegt. (Der Verweis auf Art. 24 ist ein redaktionelles Versehen.[13] Ansonsten sind materielle Ablehnungsgründe ausgeschlossen[14]).

---

3 EuGH Slg. I 1999, 2543, 2571 = IPRax 2000, 18, 20; Thomas/Putzo/*Hüßtege*, ZPO, Art. 24 EheVO Rn 1; *Nagel/Gottwald*, Int. Zivilprozessrecht, 5. Aufl. 2002, § 12 Rn 76; Baumbach/Lauterbach/*Albers*, Anh. I § 606a ZPO, Art. 24 EheVO Rn 1.
4 *Borrás*, ABlEG 1998 Nr. C 221, S. 55 Nr. 88.
5 *Kropholler*, EuZPR, Art. 41 EuGVVO Rn 10; Thomas/Putzo/*Hüßtege*, ZPO, Art. 24 EheVVO Rn 1; *Schack*, Int. Zivilverfahrensrecht, 3. Aufl. 2002, Rn 949; ausf. *Mennicke*, IPRax 2000, 294, 295 ff.; a.A. LG Darmstadt IPRax 2000, 309 m. abl. Anm. *Mennicke* (EuGVÜ).
6 MüKo-ZPO/*Gottwald*, Art. 24 EheVO Rn 2; *Borrás*, ABlEG 1998 Nr. C 221, S. 55 Nr. 88; *Dornblüth*, S. 176.
7 *Borrás*, Bericht ABlEG 1998 C 221, S. 55 Nr. 88; *Kropholler*, EuZPR, Einl. EheVO Rn 149 a.E. u. Art. 41 EuGVVO Rn 7; vgl. auch EuGH Slg. I 1999, 2543, 2571 = IPRax 2000, 18, 20 m. Anm. *Linke*,

S. 8 (EuGVÜ); OLG Bremen IPRspr 1977 Nr. 152, S. 449 (EuGVÜ).
8 *Nagel/Gottwald*, Int. Zivilprozessrecht, 5. Aufl. 2002, § 12 Rn 76; *Hub*, NJW 2001, 3145, 3148; krit. *Schlosser*, Art. 24 EheVO Rn 1.
9 Krit. zur Regelung Zöller/*Geimer*, ZPO, Art. 24 EheVO Rn 1.
10 OLG Koblenz RIW 1991, 667, 668 = IPRspr 1991 Nr. 207, S. 438 (EuGVÜ); Thomas/Putzo/*Hüßtege*, ZPO, Art. 24 EheVO Rn 2; MüKo-ZPO/*Gottwald*, Art. 24 EheVO Rn 4; *Dornblüth*, S. 159; *Wagner*, IPRax 2001, 73, 80; *Kropholler*, EuZPR, Einl. EheVO Rn 129.
11 MüKo-ZPO/*Gottwald*, Art. 24 EheVO Rn 3.
12 Vgl. BGHZ 122, 16, 18 = IPRax 1994, 367 m. Anm. *Roth*, 350 = NJW 1993, 1801 (EuGVÜ).
13 Näher Baumbach/Lauterbach/*Albers*, Anh. I § 606a ZPO, Art. 24 EheVO Rn 4.
14 So auch Baumbach/Lauterbach/*Albers*, Anh. I § 606a ZPO, Art. 24 EheVO Rn 4.

4 Eine fehlende Zustellung der Entscheidung führt wegen der Möglichkeit der Nachholung (hierzu Art. 28 EheVO Rn 4) wohl nicht zur Antragsablehnung.[15]

III. Verbot der Revision au fond (Abs. 3)

5 Das Verbot der sachlichen Überprüfung gilt auch für dieses Verfahren (hierzu Art. 26 Rn 1).

B. Deutsche Ausführungsvorschriften, §§ 18 Abs. 1, 20 IntFamRVG-E

§ 18 IntFamRVG-E Einseitiges Verfahren

(1) Im Anwendungsbereich der Verordnung (EG) Nr. 2201/2003 erhält im erstinstanzlichen Verfahren auf Zulassung der Zwangsvollstreckung nur die antragstellende Person Gelegenheit, sich zu äußern. Die Entscheidung ergeht ohne mündliche Verhandlung. Jedoch kann eine mündliche Erörterung mit der antragstellenden oder einer von ihr bevollmächtigten Person stattfinden, wenn diese hiermit einverstanden ist und die Erörterung der Beschleunigung dient.

(...)

§ 20 IntFamRVG-E Entscheidung

(1) Ist die Zwangsvollstreckung aus dem Titel zuzulassen, so beschließt das Gericht, dass der Titel mit der Vollstreckungsklausel zu versehen ist. In dem Beschluss ist die zu vollstreckende Verpflichtung in deutscher Sprache wiederzugeben. Zur Begründung des Beschlusses genügt in der Regel die Bezugnahme auf die Verordnung (EG) Nr. 2201/2003 oder den auszuführenden Anerkennungs- und Vollstreckungsvertrag sowie auf die von der antragstellenden Person vorgelegten Urkunden.

(2) Auf die Kosten des Verfahrens ist § 13a Abs. 1 und 3 des Gesetzes über die Angelegenheiten der freiwilligen Gerichtsbarkeit entsprechend anzuwenden; in Ehesachen gilt § 788 der Zivilprozessordnung entsprechend.

(3) Ist der Antrag nicht zulässig oder nicht begründet, so lehnt ihn das Gericht durch mit Gründen versehenen Beschluss ab. Für die Kosten gilt Absatz 2; in Ehesachen sind die Kosten dem Antragsteller aufzuerlegen.

EheVO 2003 Art. 32 | Mitteilung der Entscheidung

Die über den Antrag ergangene Entscheidung wird dem Antragsteller vom Urkundsbeamten der Geschäftsstelle unverzüglich in der Form mitgeteilt, die das Recht des Vollstreckungsmitgliedstaats vorsieht.

A. Regelungsgehalt	1	I. § 21 IntFamRVG-E	2
B. Deutsche Ausführungsvorschriften	2	II. §§ 22, 23 IntFamRVG-E	5

A. Regelungsgehalt

1 Eine Regelung in Bezug auf den Antragsgegner, die die in Art. 33 Abs. 5 geregelte Rechtsbehelfsfrist in Gang setzt, fehlt. Hier wird Art. 42 Abs. 2 EuGVVO entsprechend heranzuziehen sein.

---

[15] Nicht deutlich bei Baumbach/Lauterbach/*Albers*, Anh. I § 606a ZPO, Art. 23 EheVO Rn 3 a.E. sowie *Wagner*, IPRax 2001, 73, 80.

B. Deutsche Ausführungsvorschriften

I. § 21 IntFamRVG-E

§ 21 IntFamRVG-E   Bekanntmachung der Entscheidung

(1) Im Falle des § 20 Abs. 1 sind der verpflichteten Person eine beglaubigte Abschrift des Beschlusses, eine beglaubigte Abschrift des noch nicht mit der Vollstreckungsklausel versehenen Titels und gegebenenfalls seiner Übersetzung sowie der gemäß § 20 Abs. 1 Satz 3 in Bezug genommenen Urkunden von Amts wegen zuzustellen. Ein Beschluss nach § 20 Abs. 3 ist der verpflichteten Person formlos mitzuteilen.

(2) Der antragstellenden Person sind eine beglaubigte Abschrift des Beschlusses nach § 20, im Falle des § 20 Abs. 1 ferner eine Bescheinigung über die bewirkte Zustellung zu übersenden. Die mit der Vollstreckungsklausel versehene Ausfertigung des Titels ist der antragstellenden Person erst dann zu übersenden, wenn der Beschluss nach § 20 Abs. 1 wirksam geworden und die Vollstreckungsklausel erteilt ist.

(3) In einem Verfahren, das die Vollstreckbarerklärung einer die elterliche Verantwortung betreffenden Entscheidung zum Gegenstand hat, sind Zustellungen auch an den gesetzlichen Vertreter des Kindes, an den Vertreter des Kindes im Verfahren, an das Kind selbst, soweit es das vierzehnte Lebensjahr vollendet hat, an seinen Elternteil, der nicht am Verfahren beteiligt war, sowie an das Jugendamt zu bewirken.

(4) Handelt es sich bei der für vollstreckbar erklärten Maßnahme um eine Unterbringung, so ist der Beschluss auch dem Leiter der Einrichtung oder der Pflegefamilie bekannt zu machen, in der das Kind untergebracht werden soll.

Eine förmliche Zustellung an den Antragsgegner gemäß § 21 Abs. 1 IntFamRVG-E erfolgt von Amts wegen, wenn das FamG die Erteilung der Vollstreckungsklausel beschlossen hat. Zuzustellen sind beglaubigte Abschriften des Beschlusses, des ausländischen Titels ohne Vollstreckungsklausel sowie der anderen Bescheinigungen nach Artt. 37 und 39, die Grundlage für den Beschluss waren.

§ 21 Abs. 2 IntFamRVG-E dient der Ausfüllung von Art. 32. Der Beschluss (§ 20 Abs. 1 oder 3 IntFamRVG-E) wird dem Antragsteller nach seinem Erlass formlos mitgeteilt, da keine Rechtsbehelfsfrist für ihn besteht (vgl. Art. 33). Die Mitteilung hat unverzüglich durch den Urkundsbeamten der Geschäftsstelle zu erfolgen.

Durch § 21 Abs. 3 und 4 IntFamRVG-E wird sichergestellt, dass die anderen materiell Beteiligten, deren Rechtsstellung von dem Verfahren betroffen wird, von dessen Ausgang Kenntnis erhalten und gegebenenfalls Rechtsmittel einlegen können.

II. §§ 22, 23 IntFamRVG-E

§ 22 IntFamRVG-E   Wirksamwerden der Entscheidung

Ein Beschluss nach § 20 wird erst mit der Rechtskraft wirksam. Hierauf ist in dem Beschluss hinzuweisen.

§ 23 IntFamRVG-E   Vollstreckungsklausel

(1) Auf Grund eines wirksamen Beschlusses nach § 20 Abs. 1 erteilt der Urkundsbeamte der Geschäftsstelle die Vollstreckungsklausel in folgender Form:

„Vollstreckungsklausel nach § 23 des Internationalen Familienrechtsverfahrensgesetzes vom ... [einsetzen: Ausfertigungsdatum und Fundstelle dieses Gesetzes]. Gemäß dem Beschluss des ... (Bezeichnung des Gerichts und des Beschlusses) ist die Zwangsvollstreckung aus ... (Bezeichnung des Titels) zugunsten ... (Bezeichnung der berechtigten Person) gegen ... (Bezeichnung der verpflichteten Person) zulässig.

Die zu vollstreckende Verpflichtung lautet:

... (Angabe der aus dem ausländischen Titel der verpflichteten Person obliegenden Verpflichtung in deutscher Sprache; aus dem Beschluss nach § 20 Abs. 1 zu übernehmen)."

(2) Wird die Zwangsvollstreckung nur für einen oder mehrere der durch den ausländischen Titel niedergelegten Ansprüche oder nur für einen Teil des Gegenstands der Verpflichtung zugelassen, so ist die Vollstreckungsklausel als „Teil-Vollstreckungsklausel nach § 23 des Internationalen Familien-

rechtsverfahrensgesetzes vom ... [einsetzen: Ausfertigungsdatum und Fundstelle dieses Gesetzes]" zu bezeichnen.

(3) Die Vollstreckungsklausel ist von dem Urkundsbeamten der Geschäftsstelle zu unterschreiben und mit dem Gerichtssiegel zu versehen. Sie ist entweder auf die Ausfertigung des Titels oder auf ein damit zu verbindendes Blatt zu setzen. Falls eine Übersetzung des Titels vorliegt, ist sie mit der Ausfertigung zu verbinden.

5 Aufgrund der Regelungen in §§ 22, 23 IntFamRVG-E wird die **Rechtskraft des Beschlusses** über die Zulassung der Zwangsvollstreckung **zur Voraussetzung** für die Erteilung der Vollstreckungsklausel. Damit soll die Schaffung endgültiger Zustände verhindert werden, bevor dem Verpflichteten im sensiblen Bereich der elterlichen Verantwortung rechtliches Gehör gewährt wurde.[1] Das Gericht kann nicht die sofortige Wirksamkeit der Entscheidung anordnen. Die Zwangsvollstreckung kann erst eingeleitet werden, wenn die Rechtsbehelfsfrist abgelaufen ist.[2] Dies dient dem Schutz des Kindes, das vor Vollstreckungsmaßnahmen bewahrt werden soll, bevor ihre Zulässigkeit endgültig feststeht.

EheVO 2003 Art. 33 | Rechtsbehelf

(1) Gegen die Entscheidung über den Antrag auf Vollstreckbarerklärung kann jede Partei einen Rechtsbehelf einlegen.

(2) Der Rechtsbehelf wird bei dem Gericht eingelegt, das in der Liste aufgeführt ist, die jeder Mitgliedstaat der Kommission gemäß Artikel 68 mitteilt.

(3) Über den Rechtsbehelf wird nach den Vorschriften entschieden, die für Verfahren mit beiderseitigem rechtlichen Gehör maßgebend sind.

(4) Wird der Rechtsbehelf von der Person eingelegt, die den Antrag auf Vollstreckbarerklärung gestellt hat, so wird die Partei, gegen die die Vollstreckung erwirkt werden soll, aufgefordert, sich auf das Verfahren einzulassen, das bei dem mit dem Rechtsbehelf befassten Gericht anhängig ist. Lässt sich die betreffende Person auf das Verfahren nicht ein, so gelten die Bestimmungen des Artikels 18.

(5) Der Rechtsbehelf gegen die Vollstreckbarerklärung ist innerhalb eines Monats nach ihrer Zustellung einzulegen. Hat die Partei, gegen die die Vollstreckung erwirkt werden soll, ihren gewöhnlichen Aufenthalt in einem anderen Mitgliedstaat als dem, in dem die Vollstreckbarerklärung erteilt worden ist, so beträgt die Frist für den Rechtsbehelf zwei Monate und beginnt mit dem Tag, an dem die Vollstreckbarerklärung ihr entweder persönlich oder in ihrer Wohnung zugestellt worden ist. Eine Verlängerung dieser Frist wegen weiter Entfernung ist ausgeschlossen.

A. Regelungsgehalt 1	II. Verfahren (Abs. 3, 4) 6
I. Zulässigkeit des Rechtsbehelfs (Abs. 1) ... 2	III. Begründetheit 7
1. Beschwerdegegenstand 2	**B. Deutsche Ausführungsvorschriften** 10
2. Antragsberechtigung 3	I. § 24 IntFamRVG-E 10
3. Zuständigkeit (Abs. 2) 4	II. § 25 IntFamRVG-E 11
4. Frist 5	III. §§ 26, 27 IntFamRVG-E 12

A. Regelungsgehalt

1 Die Rechtsschutzmöglichkeiten der Artt. 33 ff. stellen ein eigenständiges und geschlossenes System dar[1] und schließen die im nationalen Recht vorgesehenen Rechtsmittel gegen die Zulassung oder Ablehnung der Vollstreckbarkeitserklärung aus.[2] Hiervon zu unterscheiden ist deren Ausfüllung durch nationale Verfahrensvorschriften, in Deutschland vor allem durch das FamRAG.

---

1 BT-Drucks 15/3981, S. 25; *Wagner*, IPRax 2001, 73, 80; *Hub*, NJW 2001, 3145, 3148.
2 *Hub*, NJW 2001, 3145, 3148.

1 EuGH Slg. I 1995, 2269, 2300 = IPRax 1996, 336 m. Anm. *Hau*, S. 322 (EuGVÜ); EuGH Slg. I 1993, 1963, 1999 = IPRax 1994, 37 m. Anm. *Heß*, S. 10 = NJW 1993, 2091 (EuGVÜ); Thomas/Putzo/*Hüßtege*, ZPO, Art. 26 EheVO Rn 1.
2 *Kropholler*, EuZPR, Art. 43 EuGVVO Rn 2.

I. Zulässigkeit des Rechtsbehelfs (Abs. 1)

1. Beschwerdegegenstand. Beschwerdegegenstand ist die Entscheidung des Gerichts im ersten Rechtszug nach Art. 31. Zwischenentscheidungen gehören nicht dazu, können aber mit den Rechtsbehelfen des innerstaatlichen Verfahrensrechts im Vollstreckungsstaat angegriffen werden.[3]

2. Antragsberechtigung. In Abs. 1 wird klargestellt, dass beide Parteien gegen die Entscheidung über den Antrag auf Vollstreckbarkeitserklärung einen Rechtsbehelf einlegen können, also Antragsteller oder Antragsgegner, soweit sie durch die Entscheidung beschwert sind. Ob weitere Personen antragsberechtigt sind, ist in Verfahren betreffend die elterliche Verantwortung fraglich. Jedenfalls ist dem betroffenen Kind bei der Vollstreckbarkeitserklärung von Sorgerechtsentscheidungen ein Antragsrecht zu gewähren.[4] Gleiches gilt im Interesse des Kindeswohls auch für die zuständigen staatlichen Stellen des Vollstreckungsstaats.[5] Teilweise wird darüber hinaus die Befugnis jedem materiell Betroffenen zugebilligt.[6]

3. Zuständigkeit (Abs. 2). Sie richtet sich nach nationalem Recht. Welche Gerichte in den Mitgliedstaaten zuständig sind, wird der Kommission mitgeteilt und in der in Art. 68 festgelegten Weise veröffentlicht.

4. Frist. Für den Rechtsbehelf des Antragstellers gegen die Ablehnung der Vollstreckbarkeitserklärung sieht die Regelung keine Frist vor.[7] Demgegenüber legt **Abs. 5** für den Rechtsbehelf des Antragsgegners gegen die Vollstreckbarkeitserklärung in S. 1 eine allgemeine Frist von **einem Monat** und in S. 2 eine spezielle von **zwei Monaten** nach Zustellung fest, wenn die Partei, gegen die die Zwangsvollstreckung erfolgen soll, in einem anderen Mitgliedstaat als dem Vollstreckungsstaat ihren gewöhnlichen Aufenthalt hat. Hat die verpflichtete Person ihren gewöhnlichen Aufenthalt im Vollstreckungsstaat, so richtet sich der für die Frist maßgebliche Zustellungszeitpunkt nach den Vorschriften des Vollstreckungsstaats. Gegenüber Personen mit gewöhnlichem Aufenthalt in einem anderen Mitgliedstaat beginnt die Frist einheitlich, wenn die Entscheidung persönlich oder in der Wohnung zugestellt worden ist.[8]

II. Verfahren (Abs. 3, 4)

Gemeinschaftsrechtlich wird sichergestellt, dass die Rechtsbehelfe in einem Verfahren mit beiderseitigem rechtlichem Gehör geprüft werden. In welcher Verfahrensart das Rechtsbehelfsverfahren, ob streitig oder nichtstreitig, durchgeführt wird und weitere Einzelheiten bestimmen sich nach dem Recht des Vollstreckungsstaats.[9] Ein kontradiktorisches Verfahren ist jedenfalls ohne Rücksicht auf die Tragweite und Gründe für die Entscheidung im ersten Rechtszug durchzuführen.[10] Art. 33 Abs. 4 S. 2 regelt den Fall, dass sich der Antragsgegner auf ein vom Antragsteller initiiertes Rechtsbehelfsverfahren nicht eingelassen hat. Das Rechtsbehelfsverfahren ist dann so lange auszusetzen, bis feststeht, dass für den Antragsgegner das Recht auf rechtliches Gehör gewahrt ist. Für die Einzelheiten wird auf Art. 18 verwiesen (hierzu Art. 18 EheVO Rn 4).

---

3 Baumbach/Lauterbach/*Albers*, Anh. I § 606a ZPO, Art. 26 EheVO Rn 3.
4 So auch Thomas/Putzo/*Hüßtege*, ZPO, Art. 26 EheVO Rn 1; Rauscher/*Rauscher*, Art. 26 Brüssel II-VO Rn 3; Baumbach/Lauterbach/*Albers*, Anh. I § 606a ZPO, Art. 26 EheVO Rn 2; Zöller/*Geimer*, ZPO, Art. 26 EheVO Rn 2; *Wagner*, IPRax 2001, 73, 80.
5 A.A. Rauscher/*Rauscher*, Art. 26 Brüssel II-VO Rn 3 a.E.
6 *Nagel/Gottwald*, Int. Zivilprozessrecht, 5. Aufl. 2002, § 12 Rn 77; *Hub*, NJW 2001, 3145, 3148.
7 *Borrás*, ABlEG 1998 Nr. C 221, S. 57 Nr. 96; unklar *Hub*, NJW 2001, 3145, 3148; a.A. *Meyer-Götz*, FF 2001, 17, 18 (Monatsfrist für beide Seiten).
8 Thomas/Putzo/*Hüßtege*, ZPO, Art. 26 EheVO Rn 9; Baumbach/Lauterbach/*Albers*, Anh. I § 606a ZPO, Art. 26 EheVO Rn 10; näher auch *Kropholler*, EuZPR, Art. 43 EuGVVO Rn 15.
9 *Borrás*, ABlEG 1998 Nr. C 221, S. 56 Nr. 92; *Kropholler*, EuZPR, Art. 43 EuGVVO Rn 10.
10 EuGH Slg. 1984, 3033, 3042 = IPRax 1985, 274 m. Anm. *Stürner*, 254 (EuGVÜ); *Geimer*, Int. Zivilprozessrecht, 5. Aufl. 2005, Rn 3143; *Kropholler*, EuZPR, Art. 43 EuGVVO Rn 9; vgl. aber den Fall des OLG Düsseldorf, IPRax 2004, 251 m. Anm. *Mankowski*, S. 220 = RIW 2003, 622 (Gericht weist auf Beschwerde des in erster Instanz abgewiesenen Antragstellers ohne mündliche Verhandlung und ohne Anhörung des Antragsgegners/Schuldners an die erste Instanz zurück).

III. Begründetheit

7 Das Rechtsbehelfsgericht prüft, ob die Voraussetzungen für eine Vollstreckbarkeitserklärung vorliegen oder ob Einwendungen dagegen bestehen.[11] Im Rechtsbehelfsverfahren ist Art. 31 Abs. 2 und 3 uneingeschränkt anwendbar, so dass die Beschwerde auf die bei Art. 31 dargestellten Ablehnungsgründe gestützt werden kann.

8 Der Antragsgegner (Verpflichteter) ist mit anderen Einwendungen, die sich auf Gründe stützen, die vor Erlass der ausländischen Entscheidung entstanden sind, im Rechtsbehelfsverfahren ausgeschlossen.[12] Er muss die hierfür im Entscheidungsstaat vorgesehenen Rechtsmittel nutzen und kann dann einen Antrag auf Aussetzung des inländischen Rechtsbehelfsverfahrens nach Art. 35 stellen. Auch mit Einwänden, die sich auf nach Erlass der Entscheidung entstandene Gründe stützen, z.B. veränderte Verhältnisse bezüglich der elterlichen Sorge, ist der Antragsgegner grundsätzlich – anders als bei der EuGVVO[13] – ausgeschlossen.[14] Ausgenommen sind Titel, die auf Leistung von Geld lauten. Hierfür bedarf es des Antrags in einem selbständigen Verfahren.[15] Ein diesbezügliches inländisches Verfahren kann erst dann eingeleitet werden, wenn die Rechtshängigkeit vor dem ausländischen Gericht beendet ist (Art. 19) und die internationale Zuständigkeit nach Artt. 8 ff. vorliegt. Ist das Verfahren im Entscheidungsstaat noch rechtshängig, so sind die veränderten Verhältnisse in den dortigen Rechtsmittelinstanzen geltend zu machen. Das Rechtsbehelfsverfahren im Zweitstaat kann auf Antrag nach Art. 35 ausgesetzt werden. Unterlässt der Verpflichtete die Geltendmachung der Einwände im Rechtsmittelverfahren im Entscheidungsstaat, so ist er präkludiert.

9 Einwendungen sind nur solche, die, ohne die Wirksamkeit des ausländischen Titels zu berühren, den zuerkannten Anspruch nachträglich vernichten oder in seiner Durchsetzbarkeit hindern.[16]

B. Deutsche Ausführungsvorschriften

I. § 24 IntFamRVG-E

§ 24 IntFamRVG-E   Einlegung der Beschwerde; Beschwerdefrist

(1) Gegen die im ersten Rechtszug ergangene Entscheidung findet die Beschwerde zum Oberlandesgericht statt. Die Beschwerde wird bei dem Oberlandesgericht durch Einreichen einer Beschwerdeschrift oder durch Erklärung zu Protokoll der Geschäftsstelle eingelegt.

(2) Die Zulässigkeit der Beschwerde wird nicht dadurch berührt, dass sie statt bei dem Oberlandesgericht bei dem Gericht des ersten Rechtszugs eingelegt wird; die Beschwerde ist unverzüglich von Amts wegen an das Oberlandesgericht abzugeben.

(3) Die Beschwerde gegen die Zulassung der Zwangsvollstreckung ist einzulegen
1. innerhalb eines Monats nach Zustellung, wenn die beschwerdeberechtigte Person ihren gewöhnlichen Aufenthalt im Inland hat;
2. innerhalb von zwei Monaten nach Zustellung, wenn die beschweredeberechtigte Person ihren gewöhnlichen Aufenthalt im Ausland hat. Die Frist beginnt mit dem Tag, an dem die Vollstreckbarerklärung der beschwerdeberechtigten Person entweder persönlich oder in ihrer Wohnung zugestellt worden ist. Eine Verlängerung dieser Frist wegen weiterer Entfernung ist ausgeschlossen.

(4) Die Beschwerdefrist ist eine Notfrist.

(5) Die Beschwerde ist dem Beschwerdegegner von Amts wegen zuzustellen.

10 Die deutsche Regelung in § 24 Abs. 3 IntFamRVG-E geht mit Art. 33 Abs. 5 nicht völlig konform. Sie gewährt der aus der Vollstreckbarkeitserklärung verpflichteten Person einheitlich bei gewöhnlichem Aufenthalt im Ausland, d.h. auch in Drittstaaten, eine zweimonatige Rechtsbehelfsfrist. Da die Beschwerde eine

---

11 Thomas/Putzo/*Hüßtege*, ZPO, Art. 26 EheVO Rn 11.
12 BGH IPRax 1985, 154, 155 m. Anm. *Prütting*, S. 137 = NJW 1983, 2773 (EuGVÜ); Thomas/Putzo/*Hüßtege*, ZPO, Art. 26 EheVO Rn 15; *Hub*, NJW 2001, 3145, 3148; *Kropholler*, EuZPR, Art. 43 EuGVVO Rn 26.
13 Hierzu *Kropholler*, EuZPR, Art. 43 EuGVVO Rn 27 f.
14 A.A. MüKo-ZPO/*Gottwald*, Art. 26 EheVO Rn 6 und 7.
15 *Hub*, NJW 2001, 3145, 3148.
16 Thomas/Putzo/*Hüßtege*, ZPO, Art. 26 EheVO Rn 15.

Notfrist ist, ist eine Wiedereinsetzung nach § 233 ZPO möglich. Die Frist wird nach § 222 ZPO i.V.m. §§ 187 ff. BGB berechnet.[17]

II. § 25 IntFamRVG-E

§ 25 IntFamRVG-E   Einwendungen gegen den zu vollstreckenden Anspruch

Die verpflichtete Person kann mit der Beschwerde gegen die Zulassung der Zwangsvollstreckung aus einem Titel über die Erstattung von Verfahrenskosten auch Einwendungen gegen den Anspruch selbst insoweit geltend machen, als die Gründe, auf denen sie beruhen, erst nach Erlass des Titels entstanden sind.

Die Vorschrift lässt Einwände, die sich auf nach Erlass der Entscheidung entstandene Gründe stützen, nur in Bezug auf Titel zu, die auf Leistung von Geld lauten, also für Kostenentscheidungen (hierzu Art. 33 Rn 8).[18]   11

III. §§ 26, 27 IntFamRVG-E

§ 26 IntFamRVG-E   Verfahren und Entscheidung über die Beschwerde

(1) Der Senat des Oberlandesgerichts entscheidet durch Beschluss, der mit Gründen zu versehen ist und ohne mündliche Verhandlung ergehen kann.
(2) Solange eine mündliche Verhandlung nicht angeordnet ist, können zu Protokoll der Geschäftsstelle Anträge gestellt und Erklärungen abgegeben werden. Wird in einer Ehesache die mündliche Verhandlung angeordnet, so gilt für die Ladung § 215 der Zivilprozessordnung.
(3) Eine vollständige Ausfertigung des Beschlusses ist den Beteiligten auch dann von Amts wegen zuzustellen, wenn der Beschluss verkündet worden ist.
(4) § 20 Abs. 1 Satz 2 und Abs. 2 und 3, § 21 Abs. 1, 2 und 4 sowie § 23 gelten entsprechend.

§ 27 IntFamRVG-E   Anordnung der sofortigen Wirksamkeit

(1) Der Beschluss des Oberlandesgerichts nach § 26 wird erst mit der Rechtskraft wirksam. Hierauf ist in dem Beschluss hinzuweisen.
(2) Das Oberlandesgericht kann in Verbindung mit der Entscheidung über die Beschwerde die sofortige Wirksamkeit eines Beschlusses anordnen.

In Deutschland wird der Beschluss erst mit Rechtskraft wirksam. Die Zustellung erfolgt von Amts wegen. Nach Wirksamwerden des Beschlusses erteilt das OLG (Urkundsbeamter der Geschäftsstelle) die Vollstreckungsklausel. Das Gericht kann jedoch die sofortige Wirksamkeit anordnen, allerdings nur in Verbindung mit der Entscheidung über die Beschwerde, d.h. nach Gewährung rechtlichen Gehörs und abgeschlossener Sachprüfung. Dies ermöglicht die Zulassung der Zwangsvollstreckung vor Rechtskraft der Entscheidung. Damit wird der Gefahr der Verschleppung des Verfahrens entgegengewirkt.   12

EheVO 2003 Art. 34	Für den Rechtsbehelf zuständiges Gericht und Anfechtung der Entscheidung über den Rechtsbehelf

Die Entscheidung, die über den Rechtsbehelf ergangen ist, kann nur im Wege der Verfahren angefochten werden, die in der Liste genannt sind, die jeder Mitgliedstaat der Kommission gemäß Artikel 68 mitteilt.

---

17 Baumbach/Lauterbach/*Albers*, Anh. I § 606a ZPO, Art. 26 EheVO Rn 14; Thomas/Putzo/*Hüßtege*, ZPO, Art. 26 EheVO Rn 10.

18 Thomas/Putzo/*Hüßtege*, ZPO, Art. 26 EheVO Rn 15; *Hub*, NJW 2001, 3145, 3147, auch zur Vereinbarkeit mit EuGVÜ/EuGVVO.

| A. Regelungsgehalt .... 1 | B. Deutsche Ausführungsvorschriften, §§ 28, 29, 30, 31 IntFamRVG-E .... 2 |

A. Regelungsgehalt

1 Europarechtlich ist eine dritte und **letzte** Instanz für die Entscheidung über die Erteilung der Vollstreckungsklausel vorgesehen, um weitere Verfahren zur bloßen Verzögerung zu vermeiden.[1] Entscheidung über den Rechtsbehelf meint eine Endentscheidung im Rechtsbehelfsverfahren nach Art. 33.[2] Nicht erfasst wird eine Entscheidung über die Aussetzung oder Nichtaussetzung des Verfahrens nach Art. 35[3] oder sonstige Zwischen- bzw. vorbereitende Entscheidungen.[4] Welches Verfahren in dem jeweiligen Mitgliedstaat Anwendung findet, wird gesondert nach Art. 68 veröffentlicht.

B. Deutsche Ausführungsvorschriften, §§ 28, 29, 30, 31 IntFamRVG-E

§ 28 IntFamRVG-E   Statthaftigkeit der Beschwerde

Gegen den Beschluss des Oberlandesgerichts findet die Rechtsbeschwerde zum Bundesgerichtshof nach Maßgabe des § 574 Abs. 1 Nr. 1, Abs. 2 der Zivilprozessordnung statt.

§ 29 IntFamRVG-E   Einlegung und Begründung der Rechtsbeschwerde

§ 575 Abs. 1 bis 4 der Zivilprozessordnung ist entsprechend anzuwenden. Soweit die Rechtsbeschwerde darauf gestützt wird, dass das Oberlandesgericht von einer Entscheidung des Gerichtshofs der Europäischen Gemeinschaften abgewichen sei, muss die Entscheidung, von der der angefochtene Beschluss abweicht, bezeichnet werden.

§ 30 IntFamRVG-E   Verfahren und Entscheidung über die Rechtsbeschwerde

(1) Der Bundesgerichtshof kann nur überprüfen, ob der Beschluss auf einer Verletzung des Rechts der Europäischen Gemeinschaft, eines Anerkennungs- und Vollstreckungsvertrags, sonstigen Bundesrechts oder einer anderen Vorschrift beruht, deren Geltungsbereich sich über den Bezirk eines Oberlandesgerichts hinaus erstreckt. Er darf nicht prüfen, ob das Gericht seine örtliche Zuständigkeit zu Unrecht angenommen hat.

(2) Der Bundesgerichtshof kann über die Rechtsbeschwerde ohne mündliche Verhandlung entscheiden. § 574 Abs. 4, § 576 Abs. 3 und § 577 der Zivilprozessordnung sind entsprechend anzuwenden; in Angelegenheiten der freiwilligen Gerichtsbarkeit bleiben § 574 Abs. 4 und § 577 Abs. 2 Satz 1 bis 3 der Zivilprozessordnung sowie die Verweisung auf § 566 in § 576 Abs. 3 der Zivilprozessordnung außer Betracht.

(3) § 20 Abs. 1 Satz 2, Abs. 2 und 3, § 21 Abs. 1, 2 und 4 sowie § 23 gelten entsprechend.

§ 31 IntFamRVG-E   Anordnung der sofortigen Wirksamkeit

Der Bundesgerichtshof kann auf Antrag der verpflichteten Person eine Anordnung nach § 27 Abs. 2 aufheben oder auf Antrag der berechtigten Person erstmals eine Anordnung nach § 27 Abs. 2 treffen.

2 In Deutschland ist die **Rechtsbeschwerde** zum BGH kraft Gesetzes statthaft. Es bedarf deshalb keiner speziellen Zulassung durch das OLG. **Antragsberechtigt** sind jedenfalls die Parteien des Beschwerdeverfahrens; bei Nichtidentität wohl auch eine Partei des Ausgangsverfahrens, wenn sie durch die Entscheidung in der

---

1 *Borrás*, ABlEG 1998 Nr. C 221, S. 56 Nr. 93.
2 So auch Baumbach/Lauterbach/*Albers*, Anh. I § 606a ZPO, Art. 27 EheVO Rn 1.
3 EuGH Slg. I 1995, 2269, 2301 = IPRax 1996, 336 m. Anm. *Hau*, S. 322 (EuGVÜ); EuGH Slg. I 1991, 4743, 4772 (EuGVÜ); BGH IPRax 1995, 243 m. Anm. *Stadler*, S. 220 und *Grunsky*, S. 218 (EuGVÜ) = NJW 1994, 2156; Baumbach/Lauterbach/*Albers*, Anh. I § 606a ZPO, Art. 27 EheVO Rn 1.
4 *Kropholler*, EuZPR, Art. 44 EuGVVO Rn 5 m.w.N.

Beschwerdeinstanz materiell betroffen ist. Zum EuGVÜ hat der EuGH[5] entschieden, dass ein Rechtsbehelf interessierter Dritter auch für den Fall ausgeschlossen ist, dass ihm nach dem nationalen Recht des Vollstreckungsstaats ein Rechtsbehelf zusteht. Fraglich ist, ob dies auch für die EheVO 2003 zu übernehmen ist. Zu Recht wird vertreten, bei Sorgerechtsentscheidungen zumindest die Behörden zuzulassen, die im Vollstreckungsstaat zum Schutz des Kindeswohls antragsberechtigt sind.[6]

Die **Überprüfung** der Rechtsbehelfsentscheidung ist allgemein auf Rechtsverletzungen beschränkt.[7] In Deutschland wird dies durch § 30 Abs. 1 IntFamRVG-E konkretisiert. Der Prüfung unterliegen nur die von den Parteien gestellten Anträge. Für das **Verfahren** und die **Entscheidung** gelten durch die Verweise in § 30 Abs. 2 und 3 IntFamRVG-E die Vorschriften der ZPO zur Rechtsbeschwerde und die Vorschriften des IntFamRVG-E zur Entscheidung im Vollstreckbarkeitserklärungsverfahren. Ist die Zwangsvollstreckung nicht bereits durch das OLG zugelassen worden, so erteilt der Urkundsbeamte der Geschäftsstelle des BGH die Vollstreckungsklausel, soweit dessen Beschluss dies anordnet (§§ 30 Abs. 3, 23 Abs. 1 IntFamRVG-E).

Ist eine Rechtsbeschwerde eingelegt, kann der BGH auf Antrag jederzeit die sofortige Wirksamkeit des Beschlusses des OLG als Voraussetzung für die Erteilung der Vollstreckungsklausel anordnen oder einen Beschluss des OLG, der eine solche Anordnung nach § 27 Abs. 2 IntFamRVG-E trifft, aufheben.[8]

EheVO 2003 Art. 35 | Aussetzung des Verfahrens

(1) Das nach Artikel 33 oder Artikel 34 mit dem Rechtsbehelf befasste Gericht kann auf Antrag der Partei, gegen die die Vollstreckung erwirkt werden soll, das Verfahren aussetzen, wenn im Ursprungsmitgliedstaat ein ordentlicher Rechtsbehelf gegen die Entscheidung eingelegt wurde oder die Frist für einen solchen Rechtsbehelf noch nicht verstrichen ist. In letzterem Fall kann das Gericht eine Frist bestimmen, innerhalb deren der Rechtsbehelf einzulegen ist.

(2) Ist die Entscheidung in Irland oder im Vereinigten Königreich ergangen, so gilt jeder im Ursprungsmitgliedstaat statthafte Rechtsbehelf als ordentlicher Rechtsbehelf im Sinne des Absatzes 1.

A. Regelungsgehalt 1   B. Weitere praktische Hinweise 4

A. Regelungsgehalt

Eine Aussetzung ist lediglich in dem **Rechtsbehelfsverfahren** zur Vollstreckbarkeitserklärung möglich. Für das Anerkennungsfeststellungsverfahren ist in Art. 27 eine gesonderte Regelung getroffen. Ziel ist es, den Verpflichteten vor möglichen Nachteilen einer Vollstreckung vorläufig vollstreckbarer Entscheidungen zu schützen.[1]

Die Aussetzung erfolgt **nur auf Antrag** der Partei, gegen die der Beschluss über die Erteilung der Vollstreckbarkeitserklärung erwirkt wurde. Ob hier für die Antragsberechtigung eine erweiterte Auslegung entsprechend Artt. 33 und 28 erfolgen kann, ist zweifelhaft. Ausreichend ist nach Abs. 1, dass im Entscheidungsstaat die Rechtsbehelfsfrist für einen ordentlichen Rechtsbehelf noch nicht abgelaufen ist; für wen sie besteht, ist unerheblich.[2] Eine Fristsetzung nach Abs. 1 S. 2 im Vollstreckungsstaat berührt nicht die Rechtsbehelfe im Ursprungsstaat.[3] Sie dient lediglich dazu, eine Verschleppung des Exequaturverfahrens zu verhindern.

Das Gericht kann entweder den Antrag ablehnen oder ihm mit oder ohne Fristsetzung stattgeben. Anders als bei der EuGVVO kann es die Zwangsvollstreckung nicht von der Leistung einer Sicherheit abhängig machen. Die Aussetzung liegt im **Ermessen** des Rechtsbehelfsgerichts. Da die EheVO 2003 die Vollstreckung vorläufig vollstreckbarer Entscheidungen in den anderen Mitgliedstaaten ermöglichen will, kommt eine Aussetzung nur in Betracht, wenn mit einem Erfolg des ordentlichen Rechtsbehelfs im Ursprungsstaat gerechnet werden kann.[4] Dabei sind nur Gründe zu berücksichtigen, die der Verpflichtete vor dem Gericht des

---

5 EuGH Slg. I 1993, 1963, 1999 = IPRax 1994, 37 = NJW 1993, 2091.
6 Baumbach/Lauterbach/*Albers*, Anh. I § 606a ZPO, Art. 27 EheVO Rn 1.
7 *Kropholler*, EuZPR, Art. 44 EuGVVO Rn 2.
8 *Hub*, NJW 2001, 3145, 3149.
1 Vgl. BGH IPRax 1995, 243, 244 = NJW 1994, 2156; *Borrás*, ABlEG 1998 Nr. C 221, S. 56 Nr. 94; *Dornblüth*, S. 181; *Kropholler*, EuZPR, Art. 46 EuGVVO Rn 1.

2 Baumbach/Lauterbach/*Albers*, Anh. I § 606a ZPO, Art. 28 EheVO Rn 3.
3 A.A. *Vogel*, MDR 2000, 1045, 1050.
4 OLG Düsseldorf NJW-RR 2001, 1575, 1576 (EuGVÜ); OLGR Köln 2000, 433, 434 (EuGVÜ); OLG Saarbrücken IPRspr 1997 Nr. 186 = RIW 1998, 632 (EuGVÜ); Thomas/Putzo/*Hüßtege*, ZPO, Art. 28 EheVO Rn 4; Baumbach/Lauterbach/*Albers*, Anh. I § 606a ZPO, Art. 28 EheVO Rn 5; *Kropholler*, EuZPR, Art. 46 EuGVVO Rn 5.

Entscheidungsstaats noch nicht geltend machen konnte.[5] Die Entscheidung über den Antrag auf Aussetzung durch das Rechtsbehelfsgericht ist keine Entscheidung i.S.d. Art. 34 und deshalb der Rechtsbeschwerde nach dieser Vorschrift nicht zugänglich (hierzu Art. 34 EheVO Rn 3). Dies folgt bereits aus der nachrangigen Regelungssystematik. Vielmehr bestimmen sich die Rechtsbehelfe nach nationalem Recht.[6]

B. Weitere praktische Hinweise

4 Das Gericht kann seine Entscheidung mit einer **einstweiligen Anordnung nach § 15 IntFamRVG-E** (hierzu Annex zu Artt. 28–36 EheVO Rn 1 f.) verbinden, um Gefahren vom Kind abzuwenden oder eine Beeinträchtigung der Interessen der Beteiligten zu vermeiden. Die Zuständigkeit des Rechtsbehelfsgerichts hierfür folgt aus §§ 621g, 620a Abs. 4 ZPO.

EheVO 2003 Art. 36 Teilvollstreckung

(1) Ist mit der Entscheidung über mehrere geltend gemachte Ansprüche entschieden worden und kann die Entscheidung nicht in vollem Umfang zur Vollstreckung zugelassen werden, so lässt das Gericht sie für einen oder mehrere Ansprüche zu.

(2) Der Antragsteller kann eine teilweise Vollstreckung beantragen.

1 Die Teilvollstreckungsklausel nach Abs. 1 ist **von Amts wegen** zu erteilen.[1] Das Recht des Antragstellers nach **Abs. 2** besteht auch dann, wenn die gesamte Entscheidung vollstreckungsfähig ist. Mögliche Fälle sind, dass die EheVO 2003 nur teilweise anwendbar ist[2] oder nicht für alle Teilentscheidungen die Voraussetzungen für die Vollstreckbarkeitserklärung (z.B. Herausgabeanordnung bezüglich mehrerer Kinder[3]) vorliegen. Der Teilvollstreckungsantrag kann durch Auslegung dem Antrag auf Vollstreckbarkeitserklärung der gesamten Entscheidung entnommen werden.[4]

Annex zu Artt. 28–36: Weitere wichtige deutsche Ausführungsvorschriften

A. Einstweilige Anordnungen, § 15 IntFamRVG-E 1
B. Aufhebung oder Änderung des Titels im Entscheidungsstaat, § 35 IntFamRVG-E . 3
C. Vollstreckungsgegenklage, §§ 37, 38 IntFamRVG-E 4

A. Einstweilige Anordnungen, § 15 IntFamRVG-E

§ 15 IntFamRVG-E Einstweilige Anordnungen

Das Gericht kann auf Antrag oder von Amts wegen einstweilige Anordnungen treffen, um Gefahren von dem Kind abzuwenden oder eine Beeinträchtigung der Interessen der Beteiligten zu vermeiden, insbesondere um den Aufenthaltsort des Kindes während des Verfahrens zu sichern oder eine Vereitelung oder Erschwerung der Rückgabe zu verhindern; § 621g der Zivilprozessordnung gilt entsprechend.

---

5 EuGH Slg. I 1991, 4743, 4776 (EuGVÜ); BGH IPRax 1995, 243, 244 = NJW 1994, 2156; *Kropholler*, EuZPR, Art. 46 EuGVVO Rn 5.
6 BGH IPRax 1995, 243, 244 = NJW 1994, 2156.
1 Näher *Dornblüth*, S. 172 f.
2 Vgl. zum EuGVÜ EuGH Slg. I 1997, 1147 = EuZW 97, 242.
3 *Schlosser*, Art. 29 EheVO Rn 1.
4 Baumbach/Lauterbach/*Albers*, Anh. I § 606a ZPO, Art. 29 EheVO Rn 2; a.A. *Kropholler*, EuZPR, Art. 48 EuGVVO Rn 2 a.E., der hilfsweise Beantragung der Teilexequatur bevorzugt.

Die Vorschrift gibt dem Gericht die Möglichkeit für den Zeitraum zwischen der Antragstellung und der Wirksamkeit der Entscheidung über die Vollstreckbarkeitserklärungsverfahren einstweilige Anordnungen zu erlassen, um einer späteren Vereitelung der Zwangsvollstreckung entgegenzuwirken, Gefahren vom Kind abzuwenden oder Beeinträchtigung der Interessen der Beteiligten zu vermeiden. Beispiele sind die Anordnung räumlicher Beschränkungen, die Hinterlegung von Ausweispapieren, die Auferlegung von Meldepflichten sowie die Anordnung begleitenden oder betreuten Umgangs während des Verfahrens.[1]

Rechtsgrundlage ist Art. 20, so dass Dringlichkeit im Sinne dieser Vorschrift vorliegen muss. In dem hier vorliegenden Zusammenhang setzt § 15 IntFamRVG-E voraus, dass ein Vollstreckbarkeitserklärungsverfahren nach Artt. 28 ff. anhängig ist. Das einstweilige Anordnungsverfahren richtet sich nach § 621g ZPO, der wiederum auf eine entsprechende Anwendung der §§ 620a–620g ZPO verweist. Zuständig ist das Gericht, bei dem die Entscheidung über die Vollstreckbarkeitserklärung anhängig ist (§ 620a Abs. 4 ZPO). Möglich ist es für das Gericht, eine Anordnung sowohl auf Antrag als auch von Amts wegen zu treffen; der Antrag kann zu Protokoll der Geschäftsstelle erklärt werden. Vor einer Anordnung sollen das Kind und das Jugendamt gehört werden. Unterbleibt dies wegen besonderer Eilbedürftigkeit, so soll dies unverzüglich nachgeholt werden (§ 620a Abs. 3 ZPO). Die Entscheidung ist unanfechtbar (§ 620c S. 2 ZPO). Das Gericht kann den Beschluss, durch den die Anordnung erlassen oder abgelehnt wurde, auf begründeten Antrag oder von Amts wegen aufheben oder ändern (§ 620b Abs. 1 ZPO). Hat es vorher ohne mündliche Verhandlung entschieden, ist auf Antrag aufgrund mündlicher Verhandlung erneut zu beschließen. Die einstweilige Anordnung tritt mit gerichtlicher Aufhebung oder zu dem Zeitpunkt, der in der Anordnung bestimmt ist, außer Kraft; ansonsten mit Rechtskraft der Entscheidung über die Vollstreckbarkeitserklärung.

B. Aufhebung oder Änderung des Titels im Entscheidungsstaat, § 34 IntFamRVG-E

§ 34 IntFamRVG-E Verfahren auf Aufhebung oder Änderung

(1) Wird der Titel in dem Staat, in dem er errichtet worden ist, aufgehoben oder abgeändert und kann die verpflichtete Person diese Tatsache in dem Verfahren der Zulassung der Zwangsvollstreckung nicht mehr geltend machen, so kann sie die Aufhebung oder Änderung der Zulassung in einem besonderen Verfahren beantragen. Das Gleiche gilt für den Fall der Aufhebung oder Änderung von Entscheidungen, Vereinbarungen oder öffentlichen Urkunden, deren Anerkennung festgestellt ist.

(2) Für die Entscheidung über den Antrag ist das Familiengericht ausschließlich zuständig, das im ersten Rechtszug über den Antrag auf Erteilung der Vollstreckungsklausel oder auf Feststellung der Anerkennung entschieden hat.

(3) Der Antrag kann bei dem Gericht schriftlich oder durch Erklärung zu Protokoll der Geschäftsstelle gestellt werden. Die Entscheidung ergeht durch Beschluss.

(4) Auf die Beschwerde finden die Unterabschnitte 2 und 3 entsprechend Anwendung.

(5) Im Falle eines Titels über die Erstattung von Verfahrenskosten sind für die Einstellung der Zwangsvollstreckung und die Aufhebung bereits getroffener Vollstreckungsmaßregeln die §§ 769 und 770 der Zivilprozessordnung entsprechend anzuwenden. Die Aufhebung einer Vollstreckungsmaßregel ist auch ohne Sicherheitsleistung zulässig.

Die EheVO 2003 trifft keine Regelung für den Fall, dass die Entscheidung im Erststaat aufgehoben oder geändert wurde, nachdem im Zweitstaat diese Entscheidung rechtsmittelfest für vollstreckbar erklärt oder ihre Anerkennung festgestellt worden ist. Hierfür bedarf es im deutschen Recht einer Lösung, um den Widerspruch zwischen der nicht mehr wirksamen ausländischen Entscheidung und der inländischen Zulassung zur Zwangsvollstreckung bzw. Anerkennungsfeststellung aufzuheben. Dem dient das in § 34 IntFamRVG-E geregelte Verfahren.

Auch wenn im inländischen Verfahren im Rechtsmittelzug endgültig entschieden wurde, ist für die Aufhebung das Gericht zuständig, das im ersten Rechtszug entschieden hat. Das Verfahren ist ein Antragsverfahren. Wird die Entscheidung im Erststaat aufgehoben, bevor das Vollstreckbarkeitserklärungsverfahren im Inland abgeschlossen ist, so erweist sich der Antrag rückwirkend als unberechtigt.[2]

---

1 BT-Drucks 15/3981, S. 23 f.   2 OLG Düsseldorf IPRax 1998, 279 (EuGVÜ).

C. Vollstreckungsgegenklage, § 36 IntFamRVG-E

§ 36 IntFamRVG-E   Verfahren auf Aufhebung oder Änderung

(1) Ist die Zwangsvollstreckung aus einem Titel über die Erstattung von Verfahrenskosten zuzulassen, so kann die verpflichtete Person Einwendungen gegen den Anspruch selbst in einem Verfahren nach § 767 der Zivilprozessordnung nur geltend machen, wenn die Gründe, auf denen ihre Einwendungen beruhen, erst
1. nach Ablauf der Frist, innerhalb deren sie die Beschwerde hätte einlegen können, oder
2. falls die Beschwerde eingelegt worden ist, nach Beendigung dieses Verfahrens entstanden sind.

(2) Die Klage nach § 767 der Zivilprozessordnung ist bei dem Gericht zu erheben, das über den Antrag auf Erteilung der Vollstreckungsklausel entschieden hat.

4   Die Regelungen zur Vollstreckungsgegenklage betreffen nur Kostentitel. Auf nicht präkludierte Einwendungen kann die verpflichtete Person eine Vollstreckungsgegenklage nach § 767 ZPO stützen, um die Vollstreckung aus dem für vollstreckbar erklärten ausländischen Titel zu verhindern. Zuständig ist das Gericht, das über den Antrag auf Erteilung der Vollstreckungsklausel entschieden hat. Der Kläger ist mit Einwendungen ausgeschlossen, die im Beschwerdeverfahren hätten Berücksichtigung finden können.

Abschnitt 3. Gemeinsame Bestimmungen für die Abschnitte 1 und 2

EheVO 2003 Art. 37   Urkunden

(1) Die Partei, die die Anerkennung oder Nichtanerkennung einer Entscheidung oder deren Vollstreckbarerklärung erwirken will, hat Folgendes vorzulegen:
a) eine Ausfertigung der Entscheidung, die die für ihre Beweiskraft erforderlichen Voraussetzungen erfüllt,
und
b) die Bescheinigung nach Artikel 39.

(2) Bei einer im Versäumnisverfahren ergangenen Entscheidung hat die Partei, die die Anerkennung einer Entscheidung oder deren Vollstreckbarerklärung erwirken will, ferner Folgendes vorzulegen:
a) die Urschrift oder eine beglaubigte Abschrift der Urkunde, aus der sich ergibt, dass das verfahrenseinleitende Schriftstück oder ein gleichwertiges Schriftstück der Partei, die sich nicht auf das Verfahren eingelassen hat, zugestellt wurde,
oder
b) eine Urkunde, aus der hervorgeht, dass der Antragsgegner mit der Entscheidung eindeutig einverstanden ist.

1   Die Vorschrift bestimmt die für die (Nicht-)Anerkennung oder Vollstreckbarkeitserklärung im Zweitstaat vorzulegenden Urkunden und Nachweise.

2   Nach **Abs. 1** ist eine Ausfertigung (also keine bloße Kopie oder Abschrift[1]) der anzuerkennenden oder für vollstreckbar zu erklärenden Entscheidung vorzulegen. Welche Anforderungen die Ausfertigung erfüllen muss, damit die für ihre Beweiskraft erforderlichen Voraussetzungen gegeben sind, regelt sich nach dem Recht des Erlassstaats.[2] Für deutsche Entscheidungen ist hier § 317 Abs. 3 ZPO maßgebend. Eine Legalisation kann nicht gefordert werden (Art. 52), jedoch gemäß Art. 38 Abs. 2 eine Übersetzung.

3   **Abs. 2** betrifft Säumnisentscheidungen. Nach Sinn und Zweck wird jede Entscheidung erfasst, auf die sich der Gegner nicht eingelassen hat.[3] Die **zusätzlich** zu erbringenden Nachweise beugen einer Ablehnung der Anerkennung (vgl. Artt. 22 lit. b, 23 lit. c) bzw. der Vollstreckbarkeitserklärung (vgl. Art. 31 Abs. 2) vor. Vorzulegen sind entweder der Nachweis der Zustellung an die säumige Partei oder eine private[4] Urkunde, aus der sich ihr eindeutiges Einverständnis mit der Entscheidung ergibt.

---

1   So auch MüKo-ZPO/*Gottwald*, Art. 32 EheVO Rn 2.
2   *Borrás*, ABlEG 1998 Nr. C 221, S. 57 Nr. 103; *Kropholler*, EuZPR, Art. 53 EuGVVO Rn 2.
3   Näher *Schlosser*, Art. 32 EheVO Rn 3; Thomas/Putzo/*Hüßtege*, ZPO, Art. 33 EheVO Rn 4.
4   So auch Thomas/Putzo/*Hüßtege*, ZPO, Art. 33 EheVO Rn 7.

EheVO 2003 Art. 38 | Fehlen von Urkunden

(1) Werden die in Artikel 37 Absatz 1 Buchstabe b) oder Absatz 2 aufgeführten Urkunden nicht vorgelegt, so kann das Gericht eine Frist setzen, innerhalb deren die Urkunden vorzulegen sind, oder sich mit gleichwertigen Urkunden begnügen oder von der Vorlage der Urkunden befreien, wenn es eine weitere Klärung nicht für erforderlich hält.

(2) Auf Verlangen des Gerichts ist eine Übersetzung der Urkunden vorzulegen. Die Übersetzung ist von einer hierzu in einem der Mitgliedstaaten befugten Person zu beglaubigen.

A. Regelungsgehalt 1	B. Weitere praktische Hinweise 4
I. Vorlage von Urkunden (Abs. 1) 1	
II. Übersetzung (Abs. 2) 3	

A. Regelungsgehalt

I. Vorlage von Urkunden (Abs. 1)

Abs. 1 bezieht sich **nur** auf die Bescheinigung nach Art. 39 sowie den Nachweis der Zustellung oder des Einverständnisses bei Säumnisentscheidungen. Fehlt bereits die Ausfertigung der Entscheidung, ist der Antrag abzulehnen. Die Vorschrift will verhindern, dass ein begründeter Antrag lediglich aus formellen Gründen abgelehnt werden muss.[1] Das Gericht hat drei Möglichkeiten (**Ermessen**). Zunächst kann es eine **Nachfrist** für die Vorlage der fehlenden Urkunden setzen. Daneben kann das Gericht **gleichwertige Urkunden** akzeptieren. Hierbei kann es sich auch um Privaturkunden handeln (z.B. Schreiben des Vollstreckungsschuldners, das die Tatsachen bestätigt[2]). Dem Antragsteller kann auch eine **Befreiung** von der Beibringung erteilt werden, wenn das Gericht eine Urkundenvorlage für die Entscheidung nicht für erforderlich hält, weil die vorliegenden Beweismittel für ausreichend erachtet werden (z.B. bei Vernichtung der Urkunden[3]). 1

Wird die Nachfrist nicht genutzt und nicht wieder verlängert,[4] sind die Ersatzurkunden nicht ausreichend, oder lehnt das Gericht eine Befreiung ab, ist der Antrag auf Vollstreckbarkeitserklärung als **unzulässig** abzulehnen.[5] Er kann jedoch wiederholt werden.[6] 2

II. Übersetzung (Abs. 2)

Der Absatz bezieht sich auf alle in Artt. 37 und 39 genannten Urkunden. Grundsätzlich können die Urkunden in der Ursprache vorgelegt werden, da die Übersetzung nur auf Verlangen (**Ermessensentscheidung**) beizubringen ist. Die Anordnung der Vorlage einer Übersetzung kann in jedem Verfahrensstadium erfolgen. Es reicht aus, dass die Übersetzung von einer in **einem** der Mitgliedstaaten, nicht notwendig Erst- oder Zweitstaat, hierzu befugten Person beglaubigt wird.[7] Die Befugnis richtet sich nach dem Recht des Niederlassungsstaats.[8] Da die Vorlage einer Übersetzung nicht zwingend ist, kann das Gericht auch eine unbeglaubigte Übersetzung als ausreichend ansehen.[9] 3

B. Weitere praktische Hinweise

Eine mit Art. 38 Abs. 2 vergleichbare Regelung ist für die Antragstellung in Deutschland, soweit sie in ausländischer Sprache erfolgt, in § 16 Abs. 3 IntFamRVG-E getroffen (Abdruck bei Art. 30 EheVO Rn 3). 4

---

1 MüKo-ZPO/*Gottwald*, Art. 34 EheVO Rn 2.
2 OLG Frankfurt MDR 1978, 942.
3 *Borrás*, ABlEG 1998 Nr. C 221, S. 58 Nr. 107; vgl. auch Baumbach/Lauterbach/*Albers*, Anh. I § 606a ZPO, Art. 34 EheVO Rn 3.
4 Eine Verlängerung kommt entspr. § 224 Abs. 2 ZPO in Betracht.
5 Baumbach/Lauterbach/*Albers*, Anh. I § 606a ZPO, Art. 34 EheVO Rn 4; *Borrás*, ABlEG 1998 Nr. C 221, S. 58 Nr. 107.
6 OLG Frankfurt IPRspr 1988 Nr. 198, S. 434 (EuGVÜ); *Kropholler*, EuZPR, Art. 55 EuGVVO Rn 2.
7 Baumbach/Lauterbach/*Albers*, Anh. I § 606a ZPO, Art. 34 EheVO Rn 6; *Borrás*, ABlEG 1998 Nr. C 221, S. 58 Nr. 108; *Kropholler*, EuZPR, Art. 55 EuGVVO Rn 3.
8 Baumbach/Lauterbach/*Albers*, Anh. I § 606a ZPO, Art. 34 EheVO Rn 6.
9 BGHZ 75, 167, 170 = NJW 1980, 527 (EuGVÜ).

EheVO 2003 Art. 39 — Bescheinigung bei Entscheidungen in Ehesachen und bei Entscheidungen über die elterliche Verantwortung

Das zuständige Gericht oder die Zuständige Behörde des Ursprungsmitgliedstaats stellt auf Antrag einer berechtigten Partei eine Bescheinigung unter Verwendung des Formblatts in Anhang I (Entscheidungen in Ehesachen) oder Anhang II (Entscheidungen über die elterliche Verantwortung) aus.

A. Regelungsgehalt

1 Die Ausstellung der Bescheinigung dient dazu, in anderen Mitgliedstaaten die Nachprüfung der Voraussetzungen zu erleichtern, da sich aus ihr die für eine Entscheidung erforderlichen Angaben ergeben.[1] Mit den Anhängen I und II zur EheVO 2003 werden einheitliche gemeinschaftsweite Formblätter geschaffen. Durch die gewählte Technik der standardisierten Bescheinigungen werden Sprachbarrieren für das Verständnis weit gehend überwunden. Die Zuständigkeit für die Ausstellung der Bescheinigung über inländische Titel ist dem innerstaatlichen Recht zu entnehmen; eine Antragsfrist gibt es nicht.

B. Deutsche Ausführungsvorschrift, § 48 Abs. 1 IntFamRVG-E

§ 48 IntFamRVG-E   Ausstellung von Bescheinigungen

(1) Die Bescheinigung nach Artikel 39 der Verordnung (EG) Nr. 2201/2003 wird von dem Urkundsbeamten der Geschäftsstelle des Gerichts des ersten Rechtszugs und, wenn das Verfahren bei einem höheren Gericht anhängig ist, von dem Urkundsbeamten der Geschäftsstelle dieses Gerichts ausgestellt.

Abschnitt 4. Vollstreckbarkeit bestimmter Entscheidungen über das Umgangsrecht und bestimmter Entscheidungen, mit denen die Rückgabe des Kindes angeordnet wird

EheVO 2003 Art. 40   Anwendungsbereich

(1) Dieser Abschnitt gilt für
a) das Umgangsrecht
und
b) die Rückgabe eines Kindes infolge einer die Rückgabe des Kindes anordnenden Entscheidung gemäß Artikel 11 Absatz 8.
(2) Der Träger der elterlichen Verantwortung kann ungeachtet der Bestimmungen dieses Abschnitts die Anerkennung und Vollstreckung nach Maßgabe der Abschnitte 1 und 2 dieses Kapitels beantragen.

EheVO 2003 Art. 41   Umgangsrecht

(1) Eine in einem Mitgliedstaat ergangene vollstreckbare Entscheidung über das Umgangsrecht im Sinne des Artikels 40 Absatz 1 Buchstabe a), für die eine Bescheinigung nach Absatz 2 im Ursprungsmitgliedstaat ausgestellt wurde, wird in einem anderen Mitgliedstaat anerkannt und kann dort vollstreckt werden, ohne dass es einer Vollstreckbarerklärung bedarf und ohne dass die Anerkennung angefochten werden kann.

Auch wenn das nationale Recht nicht vorsieht, dass eine Entscheidung über das Umgangsrecht ungeachtet der Einlegung eines Rechtsbehelfs von Rechts wegen vollstreckbar ist, kann das Gericht des Ursprungsmitgliedstaats die Entscheidung für vollstreckbar erklären.

(2) Der Richter des Ursprungsmitgliedstaats stellt die Bescheinigung nach Absatz 1 unter Verwendung des Formblatts in Anhang III (Bescheinigung über das Umgangsrecht) nur aus, wenn
a) im Fall eines Versäumnisverfahrens das verfahrenseinleitende Schriftstück oder ein gleichwertiges Schriftstück der Partei, die sich nicht auf das Verfahren eingelassen hat, so rechtzeitig und in einer

---

1 *Kropholler*, EuZPR, Art. 54 EuGVVO Rn 1.

Weise zugestellt wurde, dass sie sich verteidigen konnte, oder wenn in Fällen, in denen bei der Zustellung des betreffenden Schriftstücks diese Bedingungen nicht eingehalten wurden, dennoch festgestellt wird, dass sie mit der Entscheidung eindeutig einverstanden ist;
b) alle betroffenen Parteien Gelegenheit hatten, gehört zu werden,
und
c) das Kind die Möglichkeit hatte, gehört zu werden, sofern eine Anhörung nicht aufgrund seines Alters oder seines Reifegrads unangebracht erschien.
Das Formblatt wird in der Sprache ausgefüllt, in der die Entscheidung abgefasst ist.

(3) Betrifft das Umgangsrecht einen Fall, der bei der Verkündung der Entscheidung einen grenzüberschreitenden Bezug aufweist, so wird die Bescheinigung von Amts wegen ausgestellt, sobald die Entscheidung vollstreckbar oder vorläufig vollstreckbar wird. Wird der Fall erst später zu einem Fall mit grenzüberschreitendem Bezug, so wird die Bescheinigung auf Antrag einer der Parteien ausgestellt.

EheVO 2003 Art. 42 Rückgabe des Kindes

(1) Eine in einem Mitgliedstaat ergangene vollstreckbare Entscheidung über die Rückgabe des Kindes im Sinne des Artikels 40 Absatz 1 Buchstabe b), für die eine Bescheinigung nach Absatz 2 im Ursprungsmitgliedstaat ausgestellt wurde, wird in einem anderen Mitgliedstaat anerkannt und kann dort vollstreckt werden, ohne dass es einer Vollstreckbarerklärung bedarf und ohne dass die Anerkennung angefochten werden kann.

Auch wenn das nationale Recht nicht vorsieht, dass eine in Artikel 11 Absatz 8 genannte Entscheidung über die Rückgabe des Kindes ungeachtet der Einlegung eines Rechtsbehelfs von Rechts wegen vollstreckbar ist, kann das Gericht des Ursprungsmitgliedstaats die Entscheidung für vollstreckbar erklären.

(2) Der Richter des Ursprungsmitgliedstaats, der die Entscheidung nach Artikel 40 Absatz 1 Buchstabe b) erlassen hat, stellt die Bescheinigung nach Absatz 1 nur aus, wenn
a) das Kind die Möglichkeit hatte, gehört zu werden, sofern eine Anhörung nicht aufgrund seines Alters oder seines Reifegrads unangebracht erschien,
b) die Parteien die Gelegenheit hatten, gehört zu werden, und
c) das Gericht beim Erlass seiner Entscheidung die Gründe und Beweismittel berücksichtigt hat, die der nach Artikel 13 des Haager Übereinkommens von 1980 ergangenen Entscheidung zugrunde liegen.

Ergreift das Gericht oder eine andere Behörde Maßnahmen, um den Schutz des Kindes nach seiner Rückkehr in den Staat des gewöhnlichen Aufenthalts sicherzustellen, so sind diese Maßnahmen in der Bescheinigung anzugeben.

Der Richter des Ursprungsmitgliedstaats stellt die Bescheinigung von Amts wegen unter Verwendung des Formblatts in Anhang IV (Bescheinigung über die Rückgabe des Kindes) aus.

Das Formblatt wird in der Sprache ausgefüllt, in der die Entscheidung abgefasst ist.

EheVO 2003 Art. 43 Klage auf Berichtigung

(1) Für Berichtigungen der Bescheinigung ist das Recht des Ursprungsmitgliedstaats maßgebend.
(2) Gegen die Ausstellung einer Bescheinigung gemäß Artikel 41 Absatz 1 oder Artikel 42 Absatz 1 sind keine Rechtsbehelfe möglich.

EheVO 2003 Art. 44 Wirksamkeit der Bescheinigung

Die Bescheinigung ist nur im Rahmen der Vollstreckbarkeit des Urteils wirksam.

EheVO 2003 Art. 45 | Urkunden

(1) Die Partei, die die Vollstreckung einer Entscheidung erwirken will, hat Folgendes vorzulegen:
a) eine Ausfertigung der Entscheidung, die die für ihre Beweiskraft erforderlichen Voraussetzungen erfüllt,
und
b) die Bescheinigung nach Artikel 41 Absatz 1 oder Artikel 42 Absatz 1.

(2) Für die Zwecke dieses Artikels
– wird der Bescheinigung gemäß Artikel 41 Absatz 1 eine Übersetzung der Nummer 12 betreffend die Modalitäten der Ausübung des Umgangsrechts beigefügt;
– wird der Bescheinigung gemäß Artikel 42 Absatz 1 eine Übersetzung der Nummer 14 betreffend die Einzelheiten der Maßnahmen, die ergriffen wurden, um die Rückgabe des Kindes sicherzustellen, beigefügt.
Die Übersetzung erfolgt in die oder in eine der Amtssprachen des Vollstreckungsmitgliedstaats oder in eine andere von ihm ausdrücklich zugelassene Sprache. Die Übersetzung ist von einer hierzu in einem der Mitgliedstaaten befugten Person zu beglaubigen.

A. Regelungsgegenstand	1	II. Sorgerecht und Rückgabe	6
B. Entscheidungsinhalte	4	C. Voraussetzungen	7
I. Umgangsrecht	4	D. Vollstreckbarkeit	9

A. Regelungsgegenstand

1 Die Artt. 40–45 regeln die Voraussetzungen, unter denen Entscheidungen, die eine Regelung über das Umgangsrecht mit einem Kind enthalten oder die Rückgabe des Kindes anordnen, ohne weiteres Verfahren in allen anderen Mitgliedstaaten anzuerkennen und zu vollstrecken sind. Die entscheidende Neuerung liegt in der **Entbehrlichkeit einer Vollstreckbarkeitserklärung** für die ausländische Entscheidung im Inland. Diese Regelungen sind Teil der Umsetzung des Grundsatzes der gegenseitigen Vollstreckung von Titeln im Europäischen Rechtsraum, den der Europäische Rat 1999 in Tampere angenommen hat. Die Verwirklichung von Besuchsrechten wurde dabei als Priorität eingestuft (siehe 2. Erwägungsgrund). Zu dessen Verwirklichung wurde ein Maßnahmenprogramm zur Umsetzung des Grundsatzes der gegenseitigen Anerkennung gerichtlicher Entscheidungen in Zivil- und Handelssachen verabschiedet,[1] welches das Exequaturverfahren in allen erfassten Bereichen abschaffen will. Realisiert wurde bisher die unmittelbare Vollstreckbarkeit außerdem noch für unbestrittene Forderungen.[2]

2 Die Regelung für das Umgangsrecht geht auf einen Vorschlag Frankreichs für eine besondere Verordnung zurück,[3] der in die EheVO 2003 integriert wurde (siehe 4. Erwägungsgrund).[4] Die Artt. 45 ff. gehen über diesen Vorschlag insoweit hinaus, als sie auch die Entscheidungen über die Rückgabe des Kindes einbeziehen.

3 Die **automatische Anerkennung und Vollstreckbarkeit** ohne die Möglichkeit der Überprüfung anhand des inländischen *ordre public* stellt eine weit reichende Neuerung dar, die ein großes Maß an sachlich gerechtfertigtem Vertrauen in die Gleichwertigkeit der gerichtlichen Verfahren voraussetzt.[5] Hinzu kommt, dass gegen die Bescheinigung, durch die die unmittelbare Vollstreckbarkeit begründet wird, ein Rechtsmittel nicht möglich ist (Art. 43 Abs. 2).[6] Im speziellen Gebiet des Umgangsrechts und der Rückgabe des Kindes, erscheint zumindest die Gefahr eines *forum shopping* aufgrund unterschiedlichen Kollisionsrechts gering, weil die Zahl der Gerichtsstände begrenzt ist.[7]

---

1 ABlEG Nr. C 234 v. 15.1.2001, S. 1.
2 Verordnung zur Einführung eines europäischen Vollstreckungstitels für unbestrittene Forderungen v. 21.4.2004, ABlEG Nr. L 143 v. 30.4.2004, S. 15.
3 S. dazu *Heß*, IPRax 2000, 361.
4 Wirtschafts- und Sozialausschuss, ABlEG Nr. C 61 v. 14.3.2003, S. 76, 77 unter 4.2; *Kohler*, FamRZ 2002, 709, 710 u. 712 Fn 28.
5 Krit. daher *Kohler*, FamRZ 2002, 709, 710 f.; *Stadler*, IPRax 2004, 2, 6 ff.
6 Krit. dazu im Rahmen der EuVTVO *Stadler*, IPRax 2004, 2, 7.
7 S. zu diesem Problem in anderen Bereichen *Kohler*, FamRZ 2002, 709, 711.

B. Entscheidungsinhalte

I. Umgangsrecht

Zum Begriff des Umgangsrechts siehe Art. 2 Nr. 10 EheVO und Anhang IV zu Art. 24 EheVO, Art. 5 HKÜ Rn 6 f.). Erfasst wird durch Artt. 40, 41 nicht nur das Umgangsrecht der Eltern, sondern potenziell auch das anderer Personen, wie etwa der Großeltern.[8] Praktisch bedeutsam dürften Entscheidungen zum Umgangsrecht aus dem Mitgliedstaat, in dem das Kind nicht seinen gewöhnlichen Aufenthalt hat, vor allem in den Fällen des Art. 9 sein. Dies ermöglicht es dem Elternteil, der dem Umzug des Kindes in einen anderen Mitgliedstaat nicht widersprechen konnte oder wollte, dass die Gerichte am bisherigen Aufenthaltsort des Kindes, an dem sich dieser Elternteil weiterhin aufhält, eine Umgangsregelung treffen.

Im Unterschied zum ursprünglichen Entwurf[9] kann auch für eine Umgangsregelung, die in einem Versäumnisverfahren ergangen ist, die Bescheinigung für die Vollstreckbarkeit erteilt werden. Art. 41 Abs. 2 lit. a legt insoweit die Mindestvoraussetzungen für die Zustellung von Schriftstücken fest.

II. Sorgerecht und Rückgabe

Die Regelung über die Anerkennung und Vollstreckung von Entscheidungen, welche die Rückgabe eines Kindes anordnen, ergänzen die Regelungen zur Kindesentführung nach Artt. 9–11 sowie nach dem HKÜ. Hat das Gericht im Zufluchtstaat angeordnet, dass die Rückgabe wegen eines Ausnahmegrundes nach Art. 13 HKÜ i.V.m. Art. 11 abzulehnen ist, so kann das Gericht am gewöhnlichen Aufenthalt des Kindes vor der Entführung eine Entscheidung über das Sorgerecht treffen, wenn die Zuständigkeit nach Art. 10 weiter besteht.[10] Wird in diesem Verfahren das Sorgerecht dem nicht entführenden Elternteil übertragen und die Herausgabe des Kindes an diesen Elternteil angeordnet, so geht diese Entscheidung nach Art. 11 Abs. 8 der die Rückgabe ablehnenden Entscheidung im Zufluchtsstaat vor. Dies rechtfertigt sich daraus, dass der Entscheidungsgegenstand der reinen Rückgabesache enger ist und gleichsam einen vorläufigen Charakter hat und über die endgültige Verteilung des Sorgerechts gerade nicht entschieden wird (siehe Art. 19 HKÜ).[11]

C. Voraussetzungen

Die automatische Anerkennung und unmittelbare Vollstreckbarkeit hängt formell davon ab, dass der Richter des Ursprungsmitgliedstaats eine Bescheinigung unter Verwendung des vorgeschriebenen Formblatts ausgestellt hat. Diese Bescheinigung darf nur ausgestellt werden, wenn bestimmte Voraussetzungen im Verfahren eingehalten worden sind, insbesondere die Parteien und das Kind die Möglichkeit hatten, vor Gericht gehört zu werden. Sie ist auch möglich, wenn sich der Antragsgegner nicht an dem Verfahren beteiligt hat. Erforderlich ist nur, dass er nach Art. 42 Abs. 2 lit. b die Gelegenheit hatte, gehört zu werden. Eine materiellrechtliche Nachprüfung durch den Anerkennungsmitgliedstaat, ob diese Voraussetzungen tatsächlich vorlagen, ist nicht vorgesehen.

In Deutschland wird die Bescheinigung nach Art. 41 Abs. 2 und Art. 42 Abs. 2 gemäß § 48 Abs. 2 IntFamRVG-E beim Gericht des ersten Rechtszugs von dem Familienrichter, in Verfahren vor dem Oberlandesgericht oder dem Bundesgerichtshof von dem Vorsitzenden des Senats für Familiensachen ausgestellt.

D. Vollstreckbarkeit

Die Entscheidungen sind automatisch vollstreckbar. Die Bescheinigung unter Verwendung des Formblatts ersetzt eine Vollstreckbarkeitserklärung nach inländischem Recht. Nach Art. 43 Abs. 2 ist ein Rechtsbehelf gegen die Bescheinigung nicht möglich und nach Abs. 1 erfolgt eine Berichtigung nur nach dem Recht des Ursprungsmitgliedstaats. § 49 IntFamRVG-E erklärt für eine Berichtigung der Bescheinigung § 319 ZPO für entsprechend anwendbar. Außerdem sind die Rechtsbehelfe möglich, die auch gegen die Vollstreckung einer inländischen Entscheidung gleichen Inhalts zulässig sind.

---

8 Anders noch ausdr. Art. 45 Abs. 1 lit. a des Kommissionsvorschlags KOM 2002 (222).
9 Art. 46 Abs. 2 lit. a des Kommissionsvorschlags KOM 2002 (222).
10 *Tenreiro/Ekström*, ERA-Forum 1/2003, S. 126, 133.
11 *Schulz*, FamRZ 2003, 1351, 1353.

Abschnitt 5. Öffentliche Urkunden und Vereinbarungen

EheVO 2003 Art. 46

Öffentliche Urkunden, die in einem Mitgliedstaat aufgenommen und vollstreckbar sind, sowie Vereinbarungen zwischen den Parteien, die in dem Ursprungsmitgliedstaat vollstreckbar sind, werden unter denselben Bedingungen wie Entscheidungen anerkannt und für vollstreckbar erklärt.

A. Anwendungsbereich 1	C. Errichtung in einem Mitgliedstaat 9
B. Erfasste Urkunden 4	D. Vollstreckbarkeit 11
I. Öffentliche Urkunde 4	E. Anerkennung 12
II. Gerichtliche Vergleiche 7	F. Vollstreckbarkeitserklärung 13
III. Vereinbarungen zwischen den Parteien 8	G. Formelle Voraussetzungen 14

A. Anwendungsbereich

1 Art. 46 bezieht sich nur auf solche öffentlichen Urkunden und Parteivereinbarungen, die in den Geltungsbereich der EheVO 2003 (Art. 1) fallen.

2 Da sie zudem vollstreckbar sein müssen, gehören solche öffentlichen Urkunden und Parteivereinbarungen nicht dazu, die keinen vollstreckungsfähigen Inhalt besitzen. In Bezug auf Ehesachen beschränkt sich deshalb Art. 46 auf Urkunden und Vereinbarungen, die die Kostentragung zwischen den Parteien im Eheverfahren regeln.

3 In Angelegenheiten der elterlichen Verantwortung bezieht sich Art. 46 außerdem auf vollstreckungsfähige Regelungen in öffentlichen Urkunden und Parteivereinbarungen, z.B. betreffend die Herausgabe des Kindes und das Umgangsrecht.

B. Erfasste Urkunden

I. Öffentliche Urkunde

4 Die Urkunde muss von einer dazu ermächtigten Behörde oder Amtsperson des Ursprungsstaates aufgenommen worden sein.[1] Die Beurkundung muss sich auf den Inhalt der Urkunde beziehen.[2]

5 Entscheidend ist hier die Beteiligung einer Behörde oder anderer vom Ursprungsstaat ermächtigter Stellen.[3] Privaturkunden sind keine öffentlichen Urkunden i.S.d. Art. 46.[4] Der Begriff der öffentlichen Urkunden ist eher weit auszulegen, insbesondere ist es Sache der nationalen Rechtsordnungen, den Kreis der berechtigten Urkundspersonen zu bestimmen.[5]

6 Als öffentliche Urkunden im Geltungsbereich der EheVO 2003 sind vor allem von den Verwaltungsbehörden beurkundete Vereinbarungen oder Verpflichtungen zur elterlichen Verantwortung anzusehen.[6]

II. Gerichtliche Vergleiche

7 Anders als die EheVO 2000 sieht die EheVO 2003 keine Regelung zu gerichtlichen Vergleichen vor. Soweit vorkommend, können sie unter den Begriff öffentliche Urkunde subsumiert werden.

III. Vereinbarungen zwischen den Parteien

8 Anders als nach der EuGVVO und der EheVO 2000 sind Vereinbarungen zwischen den Parteien erfasst, auch wenn sie in keiner öffentlichen Urkunde Aufnahme gefunden haben. Voraussetzung ist, dass sie vollstreckbar sind. Auf ihre Form und auf die Mitwirkung öffentlicher Behörden kommt es nicht an. Die Aufnahme von privaten Vereinbarungen trägt dem Umstand Rechnung, dass Irland, das Vereinigte Königreich und die skandinavischen Staaten verschiedene Arten vollstreckbarer Privaturkunden kennen.[7]

---

1 Einzelheiten hierzu bei *Trittmann/Merz*, IPRax 2001, 178 ff. m.w.N.
2 OLG Saarbrücken IPRax 2001, 238 (EuGVÜ); *Kropholler*, EuZPR, Art. 57 EuGVVO Rn 3.
3 Zum EuGVÜ EuGH Slg. I 1999, 3715 = IPRax 2000, 409 m. Anm. *Geimer*, S. 366; *Fleischhauer*, DNotZ 1999, 925.
4 Für das EuGVÜ *Geimer*, IPRax 2000, 366.
5 *Fleischhauer*, DNotZ 1999, 925.
6 *Schlosser*, Art. 13 EheVO Rn 3.
7 Hierzu *Kropholler*, EuZPR, Art. 57 EuGVVO Rn 3; *Leutner*, ZZP 1998, 93, 96.

C. Errichtung in einem Mitgliedstaat

Die öffentliche Urkunde muss in einem Mitgliedstaat aufgenommen worden sein. Auf den gewöhnlichen Aufenthalt der Parteien und ihre Staatsangehörigkeit kommt es nicht an. Im Ausland errichtete konsularische Urkunden sind dem Entsendestaat zuzurechnen.[8] Voraussetzung ist, dass der Konsul in Übereinstimmung mit den bestehenden staatsvertraglichen Vereinbarungen berechtigt ist, im Empfangsstaat vollstreckbare Urkunden aufzunehmen.[9] Eine Urkunde, die in einem Drittstaat aufgenommen und in einem Mitgliedstaat für vollstreckbar erklärt wurde, fällt nicht in den Anwendungsbereich des Art. 46.[10]

Für die **Vereinbarung zwischen den Parteien** fehlt es an einem solchen Kriterium für die Zuordnung zu einem Mitgliedstaat. Hier sollte wegen seiner Austauschbarkeit und der Möglichkeit des Abschlusses des Vertrags unter Abwesenden nicht auf den Abschlussort abgestellt werden. Als Ursprungsmitgliedstaat i.S.d. EheVO 2003 ist der Mitgliedstaat anzusehen, nach dessen Recht die private Vereinbarung in formeller Hinsicht errichtet wurde und vollstreckbar ist.

D. Vollstreckbarkeit

Die Öffentliche Urkunde bzw. Parteivereinbarung müssen im Ursprungsstaat vollstreckbar sein. Die Vollstreckbarkeit ist gegeben, wenn aus der Urkunde im Erststaat ohne weiteres vollstreckt werden könnte.[11] Es reicht nicht aus, dass die Urkunde in einem Verfahren im Ursprungsstaat tituliert werden kann.[12] Kommt der Urkunde im Ursprungsstaat keine Vollstreckbarkeitswirkung zu, z.B. der privaten Parteivereinbarung in Deutschland, so wird sie von Art. 46 ausgeschlossen. Das gilt auch für solche Urkunden, die im Ursprungsstaat im Hinblick darauf errichtet werden, dass sie im Vollstreckungsstaat den Charakter einer vollstreckbaren Urkunde besitzen.[13]

E. Anerkennung

Die von Art. 46 erfassten Urkunden haben im Zweitstaat dieselben Rechtswirkungen wie im Ursprungsstaat, es sei denn, es liegt ein Ausschlussgrund nach Art. 22 oder Art. 23 vor. Vom Wirkungserstreckungsprinzip ausgeschlossen ist die Vollstreckungswirkung.

F. Vollstreckbarkeitserklärung

Die Urkunde wird im Verfahren nach Artt. 28 ff. für vollstreckbar erklärt. Anwendung finden das einseitige Antragsverfahren nach Artt. 28 ff. und die Rechtsbehelfsverfahren nach Art. 33 und 34 sowie die ergänzenden Vorschriften der IntFamRVG-E. Im Exequaturverfahren sind die Ausschlussgründe für die Anerkennung nach Artt. 22, 23 zu prüfen.

G. Formelle Voraussetzungen

„Unter denselben Bedingungen wie Entscheidungen" bedeutet auch, dass Abschnitt 3 sinngemäß heranzuziehen ist. Demnach ist entsprechend Art. 37 Abs. 1 eine Ausfertigung der vollstreckbaren Urkunde erforderlich, welche die für ihre Beweiskraft nach dem Recht des Errichtungsortes erforderlichen Voraussetzungen erfüllt. Weiterhin hat der Antragsteller eine Bescheinigung nach Art. 39 vorzulegen. Anders als nach Art. 57 Abs. 4 EuGVVO ist im Anhang zur EheVO 2003 kein speziell auf öffentliche Urkunden und hinzukommend private Vereinbarungen zugeschnittenes Formular für die Bescheinigung vorgesehen. Anhang I und II zur EheVO 2003 werden den Besonderheiten der von Art. 46 erfassten Urkunden nicht gerecht. Bis zur Aufnahme eines gesonderten Bescheinigungsformulars in die EheVO 2003 muss im Ursprungsstaat eine individuelle, an Anhang I und II EheVO 2003 orientierte Bescheinigung ausgestellt werden. Nach Art. 38 ist im Anerkennungs- und Vollstreckungsstaat zu bewerten, ob die Bescheinigung eine gleichwertige Urkunde i.S.d. Art. 39 ist.

---

8 *Geimer*, DNotZ 1975, 461, 474 Fn 29; *Kropholler*, EuZPR, Art. 57 EuGVVO Rn 5 m.w.N.

9 Insb. Wiener Übereinkommen über konsularische Beziehungen v. 24.4.1963 (BGBl II 1969 S. 1585); hierzu MüKo/ZPO-*Gottwald*, Art. 50 EuGVÜ Rn 8; *Leutner*, Die vollstreckbare Urkunde im europäischen Rechtsverkehr, 1997, S. 45.

10 Für das EuGVÜ MüKo/ZPO-*Gottwald*, Art. 50 EuGVÜ Rn 8; *Leutner*, Die vollstreckbare Urkunde im europäischen Rechtsverkehr, 1997, S. 45; *Trittmann/Merz*, IPRax 2001, 178, 182.

11 Für die EuGVVO *Kropholler*, EuZPR, Art. 57 EuGVVO Rn 6; *Geimer*, IPRax 2000, 366, 367.

12 *Leutner*, Die vollstreckbare Urkunde im europäischen Rechtsverkehr, 1997, S. 47 ff.; *Geimer*, IPRax 2000, 366, 367; *Schlosser*, Art. 57 EuGVVO Rn 3.

13 Für EuGVÜ/EuGVVO *Kropholler*, EuZPR, Art. 57 EuGVVO Rn 7; a.A. *Geimer*, DNotZ 1999, 461, 471.

Abschnitt 6. Sonstige Bestimmungen

EheVO 2003 Art. 47 | Vollstreckungsverfahren

(1) Für das Vollstreckungsverfahren ist das Recht des Vollstreckungsmitgliedstaats maßgebend.

(2) Die Vollstreckung einer von einem Gericht eines anderen Mitgliedstaates erlassenen Entscheidung, die gemäß Abschnitt 2 für vollstreckbar erklärt wurde oder für die eine Bescheinigung nach Artikel 41 Absatz 1 oder Artikel 42 Absatz 1 ausgestellt wurde, erfolgt im Vollstreckungsmitgliedstaat unter denselben Bedingungen, die für in diesem Mitgliedstaat ergangene Entscheidungen gelten.

Insbesondere darf eine Entscheidung, für die eine Bescheinigung nach Artikel 41 Absatz 1 oder Artikel 42 Absatz 1 ausgestellt wurde, nicht vollstreckt werden, wenn sie mit einer später ergangenen vollstreckbaren Entscheidung unvereinbar ist.

EheVO 2003 Art. 48 | Praktische Modalitäten der Ausübung des Umgangsrechts

(1) Die Gerichte des Vollstreckungsmitgliedstaats können die praktischen Modalitäten der Ausübung des Umgangsrechts regeln, wenn die notwendigen Vorkehrungen nicht oder nicht in ausreichendem Maße bereits in der Entscheidung der für die Entscheidung der in der Hauptsache zuständigen Gerichte des Mitgliedstaates getroffen wurden und sofern der Wesensgehalt der Entscheidung unberührt bleibt.

(2) Die nach Absatz 1 festgelegten praktischen Modalitäten treten außer Kraft, nachdem die für die Entscheidung in der Hauptsache zuständigen Gerichte des Mitgliedstaates eine Entscheidung erlassen haben.

1 Die Vollstreckung erfolgt nach dem Recht des Vollstreckungsstaates. Dieses bleibt von der Verordnung unberührt. Die tatsächliche Beschleunigung der Durchsetzung von Umgangs- und Rückgabetiteln hängt damit entscheidend von der Effizienz des jeweiligen nationalen Vollstreckungsverfahrens ab.[1] Aufgrund des Wegfalls der Klauselerteilung können sich Probleme aus der **Formulierung des ausländischen Titels** ergeben, wenn sie den Tenorierungen vergleichbarer inländischer Titel nicht entsprechen.[2] Bei Entscheidungen zum Umgangsrecht ist insoweit eine Abhilfe über Art. 48 möglich.

2 § 44 IntFamRVG-E regelt für Deutschland die Vollstreckung von ausländischen Entscheidungen, die im Anwendungsbereich der EheVO 2003, des HKÜ oder des ESÜ ergangen sind und die Herausgabe des Kindes bzw. Maßnahmen zur Realisierung eines Umgangsrechts anordnen. § 44 IntFamRVG-E tritt insoweit an die Stelle des § 33 FGG. Die wesentliche **Neuerung** liegt darin, dass die Einführung von Ordnungsmitteln anstelle von Zwangsmitteln die Durchsetzung der Anordnungen verbessert werden soll. Anders als die Zwangsmittel nach FGG dienen die Ordnungsmittel nicht nur der Einwirkung auf die pflichtige Person, sondern haben auch Sanktionscharakter, können also auch noch festgesetzt und vollstreckt werden, wenn die durchzusetzende Handlung, Duldung oder Unterlassung wegen Zeitablaufs nicht mehr vorgenommen werden kann. Dieses Problem stellte sich nach bisherigem Recht insbesondere bei Umgangsregelungen.[3]

3 § 44 IntFamRVG-E gilt für alle Entscheidungen, die aufgrund Kapitel III der EheVO 2003, des HKÜ oder des ESÜ im Inland vollstreckt werden sollen. Die nicht von Artt. 40 ff. EheVO 2003 erfassten Entscheidungen müssen nach § 16 IntFamRVG-E zuerst auf Antrag mit der Vollstreckungsklausel versehen werden.

4 **Vollstreckungsmaßnahmen** sind die Festsetzung von Ordnungsgeld und Ordnungshaft sowie die Anwendung von Gewalt, § 44 Abs. 1, 2 u. 3 IntFamRVG-E. Die Anwendung von Gewalt ist wie nach § 33 Abs. 2 S. 2 FGG nicht gegen ein Kind zulässig, wenn das Kind herausgegeben werden soll, um ein Umgangsrecht auszuüben. Dies bedeutet im Umkehrschluss, dass Gewaltanwendung zum Zweck der Rückgabe des Kindes grundsätzlich zulässig ist.[4]

5 Das Ordnungsgeld muss, die Ordnungshaft soll grundsätzlich angedroht werden, § 44 Abs. 2 IntFamRVG-E. Die Anwendung von Gewalt bedarf ebenfalls einer vorherigen gerichtlichen Verfügung. Nach § 44 Abs. 2 S. 2 IntFamRVG-E soll die Ordnungsmittelandrohung zugleich mit der inländischen Entscheidung etwa über die Rückgabe des Kindes nach Art. 12 HKÜ oder über die Vollstreckbarkeit einer ausländischen

---

1 So zum Verordnungsvorschlag für einen europäischen Besuchstitel *Heß*, IPRax 2000, 361, 362.
2 Hierzu *Heß*, IPRax 2000, 361, 362.
3 Regierungsbegründung, BR-Drucks 607/04, S. 65.
4 S. zu § 33 FGG *Zimmermann*, in: Keidel/Kuntze/Winkler, FGG, 15. Aufl. 2003, § 33 Rn 37.

Entscheidung erfolgen. Bei den nach Artt. 40 ff. EheVO 2003 unmittelbar vollstreckbaren Entscheidungen müssen die Zwangsmittel isoliert angedroht werden.[5]

Die Androhung ist nicht anfechtbar.[6] Die örtliche Zuständigkeit richtet sich nach § 10 IntFamRVG-E. Es gilt auch insoweit die Zuständigkeitkonzentration nach § 12 IntFamRVG-E. Die Androhung der Ordnungsmittel und die Anordnung unmittelbaren Zwangs stehen im pflichtgemäßen Ermessen des Gerichts.

EheVO 2003 Art. 49 | Kosten

Die Bestimmungen dieses Kapitels mit Ausnahme der Bestimmungen des Abschnitts 4 gelten auch für die Festsetzung der Kosten für die nach dieser Verordnung eingeleiteten Verfahren und die Vollstreckung eines Kostenfestsetzungsbeschlusses.

Die Vorschrift stellt sicher, dass für die Kostengrund- und Kostenhöheentscheidung in den Verfahren, die in der Hauptsache vom sachlichen und zeitlichen Anwendungsbereich der EheVO 2003 erfasst sind, die Bestimmungen über die Anerkennung, Vollstreckbarkeitserklärung und Vollstreckung gelten. Fällt die Hauptsachenentscheidung nur teilweise in den Anwendungsbereich der EheVO 2003, wie bei Scheidungen und Nebenfolgeentscheidungen, so ist davon auszugehen, dass das Gericht, im Interesse der Erleichterung des Rechtsverkehrs, Art. 49 auf die Gesamtentscheidung anwendet.[1] Der **Ausschluss von Abschnitt 4** bedeutet, dass Kostenentscheidungen, auch soweit sie die von Abschnitt 4 erfassten Verfahren betreffen, einer Vollstreckbarkeitserklärung bedürfen und einer Anerkennungsfähigkeitsprüfung unterliegen.

Festsetzung der Kosten meint die im Erkenntnisverfahren getroffene Entscheidung über die Aufteilung der Kosten auf die Parteien. Unter **„Kostenfestsetzungsbeschluss"** ist die von einem Rechtsprechungsorgan in einem justizförmigen Verfahren unter Wahrung des rechtlichen Gehörs ergangene Entscheidung[2] zu verstehen, durch die der Betrag der Kosten festgesetzt wird, den die eine Partei der anderen zu ersetzen hat. Gerichtskostenrechnungen werden nicht erfasst.[3] Beschlüsse, die die **Vergütung des eigenen Anwalts** festsetzen, oder **gerichtliche** Vollstreckbarkeitserklärungen eines durch die Standesvereinigung festgesetzten Anwaltshonorars (so in den Niederlanden) unterliegen nicht der EheVO 2003. Vielmehr richten sich ihre Anerkennung und Vollstreckung nach der EuGVVO.[4] Obwohl eine die **Statusänderung ablehnende Entscheidung** einer Ehesache nicht unter die Artt. 21 ff. fällt, sind die Kosten des Verfahrens von Art. 49 erfasst.[5]

EheVO 2003 Art. 50 | Prozesskostenhilfe

Wurde dem Antragsteller im Ursprungsmitgliedstaat ganz oder teilweise Prozesskostenhilfe oder Kostenbefreiung gewährt, so genießt er in dem Verfahren nach den Artikeln 21, 28, 41, 42 und 48 hinsichtlich der Prozesskostenhilfe oder der Kostenbefreiung die günstigste Behandlung, die das Recht des Vollstreckungsmitgliedstaats vorsieht.

Die Vorschrift erstreckt die Prozesskostenhilfe (PKH) oder Kostenbefreiung, die dem **Antragsteller** im Ursprungsmitgliedstaat gewährt wurde, auf den Zweitstaat. Erfasst sind nur das erstinstanzliche Anerkennungsfeststellungsverfahren nach Art. 21 Abs. 3, das erstinstanzliche Vollstreckbarkeitserklärungsverfahren nach Art. 28,[1] das Verfahren zur Ergänzung der Entscheidung über das Umgangsrecht nach Art. 48, die Vollstreckung von Entscheidungen über das Umgangsrecht und die Rückgabe des Kindes nach Artt. 41, 42 i.V.m. Art. 47. Ein neues PKH-Verfahren ist nicht durchzuführen. Der Nachweis der gewährten Hilfe

---

5 Regierungsbegründung, BR-Drucks 607/04, S. 66.
6 Regierungsbegründung, BR-Drucks 607/04, S. 66 f.
1 Für die EuGVVO *Kropholler*, EuZPR, Art. 32 EuGVVO Rn 11 mit Nachw. der französischen Rspr.; Thomas/Putzo/*Hüßtege*, ZPO, Art. 32 EuGVVO Rn 5; *Schlosser*, Art. 13 EheVO Rn 3.
2 *Kropholler*, EuZPR, Art. 32 EuGVVO Rn 9.
3 Für EuGVÜ/EuGVVO OLGR Schleswig 1996, 206; Thomas/Putzo/*Hüßtege*, ZPO, Art. 33 EuGVVO Rn 5.

4 Hierzu *Schmidt*, RiW 1991, 626, 629; *ders.*, Die internationale Durchsetzung von Rechtsanwaltshonoraren, 1991, insb. S. 89 ff. und 210 ff.; *Tepper*, IPRax 1996, 398, 401; *Kropholler*, EuZPR, Art. 32 Rn 9; Thomas/Putzo/*Hüßtege*, ZPO, Art. 32 EuGVVO Rn 7.
5 Rauscher/*Rauscher*, Art. 13 Brüssel II-VO Rn 16.
1 MüKo-ZPO/*Gottwald*, Art. 30 EheGVO Rn 2.

wird durch Vorlage der Bescheinigung nach Art. 39 erbracht. Eine Nachprüfung, ob die Gewährung im Ursprungsstaat berechtigt war, hat zu unterbleiben.[2]

2 **Umfang und Ausgestaltung** der PKH oder der Kostenbefreiung richten sich nach dem Recht des Zweitstaats, dabei ist dem Antragsteller die günstigste Behandlung zu gewähren. Wurde dem Antragsteller im Ursprungsstaat PKH nur teilweise zugesprochen, so ist ihm diese im Zweitstaat voll zu gewähren.[3] Die Vorschrift erstreckt sich nicht auf die Rechtsbehelfsinstanzen (Artt. 33, 34) und auf die Vollstreckung der nach Abschnitt 2 für vollstreckbar erklärten Entscheidungen gemäß Art. 47.[4]

3 Art. 50 hat keinen ausschließlichen Charakter, so dass daneben die Gewährung von PKH nach den innerstaatlichen Rechtsvorschriften des Zweitstaats infrage kommt. Dies hat insbesondere für die von Art. 50 nicht erfassten Verfahrensabschnitte sowie für die Fälle, in denen im Erststaat keine PKH in Anspruch genommen wurde, Bedeutung.[5]

EheVO 2003 Art. 51 | Sicherheitsleistung, Hinterlegung

Der Partei, die in einem Mitgliedstaat die Vollstreckung einer in einem anderen Mitgliedstaat ergangenen Entscheidung beantragt, darf eine Sicherheitsleistung oder Hinterlegung, unter welcher Bezeichnung es auch sei, nicht aus einem der folgenden Gründe auferlegt werden:
a) weil sie in dem Mitgliedstaat, in dem die Vollstreckung erwirkt werden soll, nicht ihren gewöhnlichen Aufenthalt hat, oder
b) weil sie nicht die Staatsangehörigkeit dieses Staates besitzt oder, wenn die Vollstreckung im Vereinigten Königreich oder in Irland erwirkt werden soll, ihr „domicile" nicht in einem dieser Mitgliedstaaten hat.

1 Die Vorschrift befreit nur von der Sicherheitsleistung für die Kosten des Anerkennungsfeststellungs- und Vollstreckungsverfahrens. Die Befreiung bezieht sich auf Sicherheitsleistungen nach nationalem Recht, die wegen fehlenden inländischen gewöhnlichen Aufenthalts, Wohnsitzes oder Staatsangehörigkeit vorgesehen sind. Dabei spielt es keine Rolle, ob die Partei die entsprechende Verbindung zu einem Mitgliedstaat hat.[1] Für das Verfahren im Urteilsstaat gelten die nationalen Vorschriften (in Deutschland § 110 ZPO) unter Einschluss der bestehenden Staatsverträge, insb. Art. 17 HZPÜ.[2]

EheVO 2003 Art. 52 | Legalisation oder ähnliche Förmlichkeit

Die in den Artikeln 37, 38 und 45 aufgeführten Urkunden sowie die Urkunde über die Prozessvollmacht, falls eine solche erteilt wird, bedürfen weder der Legalisation noch einer ähnlichen Förmlichkeit.

1 Ausländische öffentliche Urkunden haben nach autonomem Recht nicht die Vermutung der Echtheit für sich (§ 438 Abs. 1 ZPO). Der traditionelle Echtheitsnachweis wird durch die Legalisation erbracht (§ 438 Abs. 2 ZPO). Diese erfolgt durch den deutschen Konsularbeamten für die in seinem Amtsbezirk im Ausland ausgestellten Urkunden. Die Legalisation im engeren Sinne bestätigt durch Vermerk die Echtheit der Unterschrift, die Eigenschaft, in welcher der Unterzeichner gehandelt hat, und ggf. die Echtheit des Siegels, mit dem die Urkunde versehen ist.[1] Die Legalisation im weiteren Sinne umfasst darüber hinaus die Bestätigung der Zuständigkeit des Ausstellers und die Einhaltung der Ortsform.[2] Multilaterale und bilaterale Übereinkommen sehen Erleichterungen vor. Von besonderer Bedeutung ist das Haager Übereinkommen zur Befreiung ausländischer öffentlicher Urkunden von der Legalisation vom 5.10.1961.[3] Anstelle der

---

2 *Schlosser*, Art. 50 EuGVVO Rn 1.
3 Zur EuGVVO Thomas/Putzo/*Hüßtege*, ZPO, Art. 50 EuGVVO Rn 3; MüKo-ZPO/*Gottwald*, Art. 44 EuGVÜ Rn 5; *Schlosser*, Art. 50 EuGVVO Rn 1.
4 MüKo-ZPO/*Gottwald*, Art. 30 EheGVO Rn 4.
5 Zur EuGVVO Thomas/Putzo/*Hüßtege*, ZPO, Art. 50 EuGVVO Rn 4.
1 Baumbach/Lauterbach/*Albers*, Anh. I § 606a ZPO, Art. 31 EheVO Rn 2; *Kropholler*, EuZPR,

Art. 51 EuGVVO Rn 2; *Nagel/Gottwald*, Int. Zivilprozessrecht, 5. Aufl. 2002, § 12 Rn 58.
2 Haager Übereinkommen über den Zivilprozess v. 1.3.1954 (BGBl II 1958 S. 577); abgedruckt in *Jayme/Hausmann*, Nr. 210.
1 § 13 Abs. 1 KonsulG; abgedruckt in *Jayme/ Hausmann*, Nr. 255.
2 § 13 Abs. 4 KonsulG.
3 BGBl II 1965 S. 876; abgedruckt in *Jayme/ Hausmann*, Nr. 250.

Legalisation ist dort die Apostille vorgesehen, eine nach einem festgelegten Muster erfolgende Beglaubigung durch die zuständige Behörde des Errichtungsstaates.[4] Artikel 52 befreit nun alle in Art. 37, 38 und 45 aufgeführten Urkunden vom Erfordernis der Legalisation oder ähnlicher Förmlichkeiten, also auch von der Apostille. Die ausländischen öffentlichen Urkunden sind den inländischen gleichgestellt, für sie gilt die Vermutung der Echtheit nach § 437 Abs. 1 ZPO.[5] Die Befreiung von Förmlichkeiten gilt auch für die Prozessvollmacht im Vollstreckungsverfahren,[6] nicht für den Nachweis der gesetzlichen Vertretung.[7]

Kapitel IV
Zusammenarbeit zwischen den zentralen Behörden bei Verfahren betreffend die elterliche Verantwortung

EheVO 2003 Art. 53 | Bestimmung der Zentralen Behörden

Jeder Mitgliedstaat bestimmt eine oder mehrere Zentrale Behörden, die ihn bei der Anwendung dieser Verordnung unterstützen, und legt ihre räumliche oder sachliche Zuständigkeit fest. Hat ein Mitgliedstaat mehrere Zentrale Behörden bestimmt, so sind die Mitteilungen grundsätzlich direkt an die zuständige Zentrale Behörde zu richten. Wurde eine Mitteilung an eine nicht zuständige Zentrale Behörde gerichtet, so hat diese die Mitteilung an die zuständige Zentrale Behörde weiterzuleiten und den Absender davon in Kenntnis zu setzen.

EheVO 2003 Art. 54 | Allgemeine Aufgaben

Die Zentralen Behörden stellen Informationen über nationale Rechtsvorschriften und Verfahren zur Verfügung und ergreifen Maßnahmen, um die Durchführung dieser Verordnung zu verbessern und die Zusammenarbeit untereinander zu stärken. Hierzu wird das mit der Entscheidung 2001/470/EG eingerichtete Europäische Justizielle Netz für Zivil- und Handelssachen genutzt.

EheVO 2003 Art. 55 | Zusammenarbeit in Fällen, die speziell die elterliche Verantwortung betreffen

Die Zentralen Behörden arbeiten in bestimmten Fällen auf Antrag der Zentralen Behörde eines anderen Mitgliedstaates oder des Trägers der elterlichen Verantwortung zusammen, um die Ziele dieser Verordnung zu verwirklichen. Hierzu treffen sie folgende Maßnahmen im Einklang mit den Rechtsvorschriften dieses Mitgliedstaates, die den Schutz personenbezogener Daten regeln, direkt oder durch Einschaltung anderer Behörden oder Einrichtungen:
a) Sie holen Informationen ein und tauschen sie aus über
   i) die Situation des Kindes,
   ii) laufende Verfahren oder
   iii) das Kind betreffende Entscheidungen.
b) Sie informieren und unterstützen die Träger der elterlichen Verantwortung, die die Anerkennung und Vollstreckung einer Entscheidung, insbesondere über das Umgangsrecht und die Rückgabe des Kindes, in ihrem Gebiet erwirken wollen.
c) Sie erleichtern die Verständigung zwischen den Gerichten, insbesondere zur Anwendung des Artikels 11 Absätze 6 und 7 und des Artikels 15.
d) Sie stellen alle Informationen und Hilfen zur Verfügung, die für die Gerichte für die Anwendung des Artikels 56 von Nutzen sind.

---

4 Hierzu näher *Schack*, Int. Zivilverfahrensrecht, 3. Aufl. 2002, Rn 699 ff.; *Bindseil*, DNotZ 1992, 275 ff.; *Luther*, MDR 1986, 10 ff.; *Reithmann*, DNotZ 1995, 360 ff.

5 *Kropholler*, EuZPR, Art. 56 EuGVVO Rn 1; Thomas/Putzo/*Hüßtege*, ZPO, Art. 56 EuGVVO Rn 1; MüKo-ZPO/*Gottwald*, Art. 49 EuGVÜ Rn 1.

6 *Kropholler*, EuZPR, Art. 56 EuGVVO Rn 2.

7 Thomas/Putzo/*Hüßtege*, ZPO, Art. 56 EuGVVO Rn 1.

e) Sie erleichtern eine gütliche Einigung zwischen den Trägern der elterlichen Verantwortung durch Mediation oder auf ähnlichem Wege und fördern hierzu die grenzüberschreitende Zusammenarbeit.

EheVO 2003 Art. 56 Unterbringung des Kindes in einem anderen Mitgliedstaat

(1) Erwägt das nach den Artikeln 8 bis 15 zuständige Gericht die Unterbringung des Kindes in einem Heim oder in einer Pflegefamilie und soll das Kind in einem anderen Mitgliedstaat untergebracht werden, so zieht das Gericht vorher die Zentrale Behörde oder eine andere zuständige Behörde dieses Mitgliedstaates zurate, sofern in diesem Mitgliedstaat für die innerstaatlichen Fälle der Unterbringung von Kindern die Einschaltung einer Behörde vorgesehen ist.

(2) Die Entscheidung über die Unterbringung nach Absatz 1 kann im ersuchenden Mitgliedstaat nur getroffen werden, wenn die zuständige Behörde des ersuchten Staates dieser Unterbringung zugestimmt hat.

(3) Für die Einzelheiten der Konsultation bzw. der Zustimmung nach den Absätzen 1 und 2 gelten das nationale Recht des ersuchten Staates.

(4) Beschließt das nach den Artikeln 8 bis 15 zuständige Gericht die Unterbringung des Kindes in einer Pflegefamilie und soll das Kind in einem anderen Mitgliedstaat untergebracht werden und ist in diesem Mitgliedstaat für die innerstaatlichen Fälle der Unterbringung von Kindern die Einschaltung einer Behörde nicht vorgesehen, so setzt das Gericht die Zentrale Behörde oder eine zuständige Behörde dieses Mitgliedstaates davon in Kenntnis.

EheVO 2003 Art. 57 Arbeitsweise

(1) Jeder Träger der elterlichen Verantwortung kann bei der Zentralen Behörde des Mitgliedstaates, in dem er seinen gewöhnlichen Aufenthalt hat, oder bei der Zentralen Behörde des Mitgliedstaates, in dem das Kind seinen gewöhnlichen Aufenthalt hat oder in dem es sich befindet, einen Antrag auf Unterstützung gemäß Artikel 55 stellen. Dem Antrag werden grundsätzlich alle verfügbaren Informationen beigefügt, die die Ausführung des Antrags erleichtern können. Betrifft dieser Antrag die Anerkennung oder Vollstreckung einer Entscheidung über die elterliche Verantwortung, die in den Anwendungsbereich dieser Verordnung fällt, so muss der Träger der elterlichen Verantwortung dem Antrag die betreffenden Bescheinigungen nach Artikel 39, Artikel 41 Absatz 1 oder Artikel 42 Absatz 1 beifügen.

(2) Jeder Mitgliedstaat teilt der Kommission die Amtssprache(n) der Organe der Gemeinschaft mit, die er außer seiner/seinen eigenen Sprache(n) für Mitteilungen an die Zentralen Behörden zulässt.

(3) Die Unterstützung der Zentralen Behörden gemäß Artikel 55 erfolgt unentgeltlich.

(4) Jede Zentrale Behörde trägt ihre eigenen Kosten.

EheVO 2003 Art. 58 Zusammenkünfte

(1) Zur leichteren Anwendung dieser Verordnung werden regelmäßig Zusammenkünfte der Zentralen Behörden einberufen.

(2) Die Einberufung dieser Zusammenkünfte erfolgt im Einklang mit der Entscheidung 2001/470/ EG über die Einrichtung eines Europäischen Justiziellen Netzes für Zivil- und Handelssachen.

1 Die EheVO 2003 übernimmt die vor allem im Rahmen der Haager Konventionen erprobten Mechanismen, die Regelungen zur gerichtlichen Zuständigkeit, Anerkennung und Vollstreckung durch ein System der Zusammenarbeit zentraler Behörden zu ergänzen.

2 Dadurch wird die grenzüberschreitende Zusammenarbeit zwischen Gerichten erst effektiv ermöglicht, die ihrerseits eine zentrale Voraussetzung für das Funktionieren der EheVO 2003 darstellt, welche darauf beruht, dass die Gerichte und zuständigen Stellen in einem Mitgliedstaat die Verfahren in den anderen Mitgliedstaaten als gleichwertig anerkennen.

Kapitel V
Verhältnis zu anderen Rechtsinstrumenten

EheVO 2003 Art. 59 | Verhältnis zu anderen Rechtsinstrumenten

(1) Unbeschadet der Artikel 60, 61, 62 und des Absatzes 2 des vorliegenden Artikels ersetzt diese Verordnung die zum Zeitpunkt des Inkrafttretens dieser Verordnung bestehenden, zwischen zwei oder mehr Mitgliedstaaten geschlossenen Übereinkünfte, die in dieser Verordnung geregelte Bereiche betreffen.

(2) a) Finnland und Schweden können erklären, dass das Übereinkommen vom 6. Februar 1931 zwischen Dänemark, Finnland, Island, Norwegen und Schweden mit Bestimmungen des internationalen Verfahrensrechts über Ehe, Adoption und Vormundschaft einschließlich des Schlussprotokolls anstelle dieser Verordnung ganz oder teilweise auf ihre gegenseitigen Beziehungen anwendbar ist. Diese Erklärungen werden dieser Verordnung als Anhang beigefügt und im *Amtsblatt der Europäischen Union* veröffentlicht. Die betreffenden Mitgliedstaaten können ihre Erklärung jederzeit ganz oder teilweise widerrufen.

b) Der Grundsatz der Nichtdiskriminierung von Bürgern der Union aus Gründen der Staatsangehörigkeit wird eingehalten.

c) Die Zuständigkeitskriterien in künftigen Übereinkünften zwischen den in Buchstabe a) genannten Mitgliedstaaten, die in dieser Verordnung geregelte Bereiche betreffen, müssen mit den Kriterien dieser Verordnung im Einklang stehen.

d) Entscheidungen, die in einem der nordischen Staaten, der eine Erklärung nach Buchstabe a) abgegeben hat, aufgrund eines Zuständigkeitskriteriums erlassen werden, das einem der in Kapitel II vorgesehenen Zuständigkeitskriterien entspricht, werden in den anderen Mitgliedstaaten gemäß den Bestimmungen des Kapitels III anerkannt und vollstreckt.

(3) Die Mitgliedstaaten übermitteln der Kommission

a) eine Abschrift der Übereinkünfte sowie der einheitlichen Gesetze zur Durchführung dieser Übereinkünfte gemäß Absatz 2 Buchstaben a) und c),

b) jede Kündigung oder Änderung dieser Übereinkünfte oder dieser einheitlichen Gesetze.

(Keine Kommentierung)

EheVO 2003 Art. 60 | Verhältnis zu bestimmten multilateralen Übereinkommen

Im Verhältnis zwischen den Mitgliedstaaten hat diese Verordnung vor den nachstehenden Übereinkommen insoweit Vorrang, als diese Bereiche betreffen, die in dieser Verordnung geregelt sind:

a) Haager Übereinkommen vom 5. Oktober 1961 über die Zuständigkeit der Behörden und das anzuwendende Recht auf dem Gebiet des Schutzes von Minderjährigen,

b) Luxemburger Übereinkommen vom 8. September 1967 über die Anerkennung von Entscheidungen in Ehesachen,

c) Haager Übereinkommen vom 1. Juni 1970 über die Anerkennung von Ehescheidungen und der Trennung von Tisch und Bett,

d) Europäisches Übereinkommen vom 20. Mai 1980 über die Anerkennung und Vollstreckung von Entscheidungen über das Sorgerecht für Kinder und die Wiederherstellung des Sorgeverhältnisses und

e) Haager Übereinkommen vom 25. Oktober 1980 über die zivilrechtlichen Aspekte internationaler Kindesentführung.

Die genannten Abkommen werden, soweit der Anwendungsbereich der EheVO 2003 reicht, verdrängt. Im Falle des Haager Übereinkommens vom 5. Oktober 1961 über die Zuständigkeit der Behörden und das anzuwendende Recht auf dem Gebiet des Schutzes von Minderjährigen (MSA) ist zweifelhaft, ob das Abkommen jedenfalls insoweit anwendbar bleibt, als es das von den Gerichten bzw. Behörden anzuwendende Recht bestimmt (vgl. Art. 8 EheVO Rn 6 ff.). 1

2 Das Haager Übereinkommen vom 25. Oktober 1980 über die zivilrechtlichen Aspekte internationaler Kindesentführung (HKÜ) wird nicht vollständig verdrängt, sondern durch die Regeln des Art. 11 lediglich modifiziert.

EheVO 2003 Art. 61 Verhältnis zum Haager Übereinkommen vom 19. Oktober 1996 über die Zuständigkeit, das anzuwendende Recht, die Anerkennung, Vollstreckung und Zusammenarbeit auf dem Gebiet der elterlichen Verantwortung und der Maßnahmen zum Schutz von Kindern

Im Verhältnis zum Haager Übereinkommen vom 19. Oktober 1996 über die Zuständigkeit, das anzuwendende Recht, die Anerkennung, Vollstreckung und Zusammenarbeit auf dem Gebiet der elterlichen Verantwortung und der Maßnahmen zum Schutz von Kindern ist diese Verordnung anwendbar,
a) wenn das betreffende Kind seinen gewöhnlichen Aufenthalt im Hoheitsgebiet eines Mitgliedstaates hat;
b) in Fragen der Anerkennung und der Vollstreckung einer von dem zuständigen Gericht eines Mitgliedstaates ergangenen Entscheidung im Hoheitsgebiet eines anderen Mitgliedstaates, auch wenn das betreffende Kind seinen gewöhnlichen Aufenthalt im Hoheitsgebiet eines Drittstaats hat, der Vertragspartei des genannten Übereinkommens ist.

1 Auch das KSÜ wird von der EheVO 2003 weit gehend verdrängt. Das KSÜ bleibt anwendbar, wenn das Kind seinen gewöhnlichen Aufenthalt in einem Drittstaat hat. Entscheidungen von Mitgliedstaaten werden allerdings auch dann, wenn das Kind seinen gewöhnlichen Aufenthalt in einem Drittstaat hat, nach Maßgabe der EheVO 2003 anerkannt und vollstreckt. Auch im Falle des KSÜ ist zweifelhaft, ob es hinsichtlich seiner kollisionsrechtlichen Aussagen anwendbar bleibt (vgl. Art. 8 EheVO Rn 6 ff.). Bei Anwendung von Art. 10 KSÜ kann Art. 12 Abs. 1 EheVO 2003 als autonomes Recht des Vertragsstaates, das den Erlass einer Schutzmaßnahme zulässt, angesehen werden.[1]

EheVO 2003 Art. 62 Fortbestand der Wirksamkeit

(1) Die in Artikel 59 Absatz 1 und den Artikeln 60 und 61 genannten Übereinkünfte behalten ihre Wirksamkeit für die Rechtsgebiete, die durch diese Verordnung nicht geregelt werden.

(2) Die in Artikel 60 genannten Übereinkommen, insbesondere das Haager Übereinkommen von 1980, behalten vorbehaltlich des Artikels 60 ihre Wirksamkeit zwischen den ihnen angehörenden Mitgliedstaaten.

(Keine Kommentierung)

EheVO 2003 Art. 63 Verträge mit dem Heiligen Stuhl

(1) Diese Verordnung gilt unbeschadet des am 7. Mai 1940 in der Vatikanstadt zwischen dem Heiligen Stuhl und Portugal unterzeichneten Internationalen Vertrags (Konkordat).

(2) Eine Entscheidung über die Ungültigkeit der Ehe gemäß dem in Absatz 1 genannten Vertrag wird in den Mitgliedstaaten unter den in Kapitel III Abschnitt 1 vorgesehenen Bedingungen anerkannt.

(3) Die Absätze 1 und 2 gelten auch für folgende internationalen Verträge (Konkordate) mit dem Heiligen Stuhl:
a) Lateranvertrag vom 11. Februar 1929 zwischen Italien und dem Heiligen Stuhl, geändert durch die am 18. Februar 1984 in Rom unterzeichnete Vereinbarung mit Zusatzprotokoll,
b) Vereinbarung vom 3. Januar 1979 über Rechtsangelegenheiten zwischen dem Heiligen Stuhl und Spanien.

(4) Für die Anerkennung der Entscheidungen im Sinne des Absatzes 2 können in Italien oder Spanien dieselben Verfahren und Nachprüfungen vorgegeben werden, die auch für Entscheidungen

---

1 *Solomon*, FamRZ 2004, 1409, 1415.

der Kirchengerichte gemäß den in Absatz 3 genannten internationalen Verträgen mit dem Heiligen Stuhl gelten.

(5) Die Mitgliedstaaten übermitteln der Kommission
a) eine Abschrift der in den Absätzen 1 und 3 genannten Verträge,
b) jede Kündigung oder Änderung dieser Verträge.

Abs. 2 verpflichtet andere Mitgliedstaaten dazu, die Ungültigerklärungen durch **kirchliche Gerichte** anzuerkennen. Voraussetzung ist, dass die Ungültigerklärungen im Rahmen der in Abs. 1 und Abs. 3 genannten Konkordate ergehen.[1]

Unmittelbar anzuerkennen sind allerdings nur die Entscheidungen von portugiesischen Kirchengerichten. Demgegenüber bedürfen italienische und spanische Entscheidungen von kirchlichen Gerichten innerstaatlich der sog. **Delibation**. Aus deutscher Sicht anzuerkennen sind daher nur die staatlichen Delibationsentscheidungen.

Kapitel VI
Übergangsvorschriften

EheVO 2003 Art. 64

(1) Diese Verordnung gilt nur für gerichtliche Verfahren, öffentliche Urkunden und Vereinbarungen zwischen den Parteien, die nach Beginn der Anwendung dieser Verordnung gemäß Artikel 72 eingeleitet, aufgenommen oder getroffen wurden.

(2) Entscheidungen, die nach Beginn der Anwendung dieser Verordnung in Verfahren ergangen sind, die vor Beginn der Anwendung dieser Verordnung, aber nach Inkrafttreten der Verordnung (EG) Nr. 1347/2000 eingeleitet wurden, werden nach Maßgabe des Kapitels III der vorliegenden Verordnung anerkannt und vollstreckt, sofern das Gericht aufgrund von Vorschriften zuständig war, die mit den Zuständigkeitsvorschriften des Kapitels II der vorliegenden Verordnung oder der Verordnung (EG) Nr. 1347/2000 oder eines Abkommens übereinstimmen, das zum Zeitpunkt der Einleitung des Verfahrens zwischen dem Ursprungsmitgliedstaat und dem ersuchten Mitgliedstaat in Kraft war.

(3) Entscheidungen, die vor Beginn der Anwendung dieser Verordnung in Verfahren ergangen sind, die nach Inkrafttreten der Verordnung (EG) Nr. 1347/2000 eingeleitet wurden, werden nach Maßgabe des Kapitels III der vorliegenden Verordnung anerkannt und vollstreckt, sofern sie eine Ehescheidung, Trennung ohne Auflösung des Ehebandes oder Ungültigerklärung einer Ehe oder eine aus Anlass eines solchen Verfahrens in Ehesachen ergangene Entscheidung über die elterliche Verantwortung für die gemeinsamen Kinder zum Gegenstand haben.

(4) Entscheidungen, die vor Beginn der Anwendung dieser Verordnung, aber nach Inkrafttreten der Verordnung (EG) Nr. 1347/2000 in Verfahren ergangen sind, die vor Inkrafttreten der Verordnung (EG) Nr. 1347/2000 eingeleitet wurden, werden nach Maßgabe des Kapitels III der vorliegenden Verordnung anerkannt und vollstreckt, sofern sie eine Ehescheidung, Trennung ohne Auflösung des Ehebandes oder Ungültigerklärung einer Ehe oder eine aus Anlass eines solchen Verfahrens in Ehesachen ergangene Entscheidung über die elterliche Verantwortung für die gemeinsamen Kinder zum Gegenstand haben und Zuständigkeitsvorschriften angewandt wurden, die mit denen des Kapitels II der vorliegenden Verordnung oder der Verordnung (EG) Nr. 1347/2000 oder eines Abkommens übereinstimmen, das zum Zeitpunkt der Einleitung des Verfahrens zwischen dem Ursprungsmitgliedstaat und dem ersuchten Mitgliedstaat in Kraft war.

Die Vorschrift befasst sich mit dem **zeitlichen Anwendungsbereich** der EheVO 2003. Die **Zuständigkeitsregeln** der EheVO 2003 gelten für Verfahren, die ab dem 1.3.2005 eingeleitet werden. Einig ist man

---

1 Die Kommission hat zwischenzeitlich vorgeschlagen, Absatz 3 folgenden Buchstaben c anzufügen: „Vereinbarung zwischen dem Heiligen Stuhl und Malta über die Anerkennung der zivilrechtlichen Wirkungen von Ehen, die nach kanonischem Recht geschlossen wurden, sowie von diese Ehen betreffenden Entscheidungen der Kirchenbehörden und -gerichte, zusammen mit dem zweiten Zusatzprotokoll vom 6. Januar 1995."

sich darin, dass die „Einleitung" des Verfahrens keine Zustellung des verfahrenseinleitenden Schriftstücks an den Antragsgegner voraussetzt, selbst wenn nach dem nationalen Prozessrecht erst mit der Zustellung Rechtshängigkeit eintritt.[1] Nach einer Auffassung richtet sich der Zeitpunkt der „Einleitung" des Verfahrens i.Ü. nach dem nationalen Prozessrecht.[2] Nach der zustimmenswerten Gegenansicht ist auf den durch Art. 16 EheVO 2003 definierten Zeitpunkt abzustellen.[3] Hierdurch wird die gebotene einheitliche Anwendung der EheVO 2003 auch in zeitlicher Hinsicht erreicht.

2 Für Verfahren, die ab dem 1.3.2001 eingeleitet worden sind, gilt die EheVO 2000 (Artt. 42, 46 EheVO 2000). Die EheVO 2000 weist hinsichtlich der Zuständigkeiten für Ehesachen mit der EheVO identische Regelungen auf. Sie erfasst jedoch nur solche Verfahren, die die elterliche Verantwortung für die gemeinsamen Kinder der Ehegatten betreffen und „aus Anlass" einer Ehesache betrieben werden (vgl. zum Begriff Art. 12 EheVO Rn 3). Im Übrigen ist für diese „Altverfahren" insbesondere auf das MSA zurückzugreifen.

3 Die Abs. 2–4 enthalten für die **Anerkennung und Vollstreckung** eine Vorverlagerung des zeitlichen Anwendungsbereichs. Im Rahmen des Abs. 4 ist zu prüfen, ob sich die Zuständigkeit aus einem einschlägigen Abkommen ergab bzw. sich eine Zuständigkeit auch nach den Vorschriften der EheVO 2003 ergeben hätte.

4 Nicht ausdrücklich geregelt ist der Fall der **anderweitigen Rechtshängigkeit**, wenn eines der beiden konkurrierenden Verfahren noch vor Beginn der Anwendung der EheVO 2003 eingeleitet worden ist. Es gelten hier nach allgemeiner Meinung die Grundsätze, die vom EuGH für die intertemporale Anwendung von Art. 21 EuGVÜ entwickelt wurden.[4] Hat sich demnach das zuerst angerufene Gericht aufgrund von Vorschriften für zuständig erklärt, die mit den Zuständigkeitsregeln der EheVO 2003 oder zu diesem Zeitpunkt bestehenden völkervertraglichen Regeln übereinstimmen, so erklärt sich das später angerufene Gericht für unzuständig (Art. 19 Abs. 3). In den anderen Fällen ist Art. 19 nicht einschlägig. Die in Art. 19 Abs. 1, 2 vorgesehene Aussetzung erfolgt nur vorläufig, solange das zuerst angerufene Gericht noch nicht über seine Zuständigkeit entschieden hat.

Kapitel VII
Schlussbestimmungen

EheVO 2003 Art. 65 | Überprüfung

Die Kommission unterbreitet dem Europäischen Parlament, dem Rat und dem Europäischen Wirtschafts- und Sozialausschuss spätestens am 1. Januar 2012 und anschließend alle fünf Jahre auf der Grundlage der von den Mitgliedstaaten vorgelegten Informationen einen Bericht über die Anwendung dieser Verordnung, dem sie gegebenenfalls Vorschläge zu deren Anpassung beifügt.

(Keine Kommentierung)

EheVO 2003 Art. 66 | Mitgliedstaaten mit zwei oder mehr Rechtssystemen

Für einen Mitgliedstaat, in dem die in dieser Verordnung behandelten Fragen in verschiedenen Gebietseinheiten durch zwei oder mehr Rechtssysteme oder Regelwerke geregelt werden, gilt Folgendes:
a) Jede Bezugnahme auf den gewöhnlichen Aufenthalt in diesem Mitgliedstaat betrifft den gewöhnlichen Aufenthalt in einer Gebietseinheit.
b) Jede Bezugnahme auf die Staatsangehörigkeit oder, im Fall des Vereinigten Königreichs, auf das „domicile" betrifft die durch die Rechtsvorschriften dieses Staates bezeichnete Gebietseinheit.

---

1 Baumbach/Lauterbach/*Albers*, Anh. I § 606a ZPO, Art. 42 Rn 2; *Dilger*, Rn 168.
2 Vgl. *Wagner*, IPRax 2001, 73, 80; *Hausmann*, EuLF 2000/01, 271, 275; zum EuGVÜ BGHZ 132, 105, 107 = IPRax 1997, 187, 188.
3 Thomas/Putzo/*Hüßtege*, ZPO, Art. 42 EheVO Rn 2; Rauscher/*Rauscher*, Art. 42 Brüssel II-VO Rn 3; *Dilger*, Rn 170 ff.; *Hau*, IPRax 2003, 461.
4 Vgl. (zur EheVO 2000) OGH, IPRax 2003, 456, 457 mit zust. Anm. *Hau*, S. 461; Rauscher/*Rauscher*, Art. 42 Brüssel II-VO Rn 10; zur EheVO 2003 *Dilger*, Rn 173.

c) Jede Bezugnahme auf die Behörde eines Mitgliedstaates betrifft die zuständige Behörde der Gebietseinheit innerhalb dieses Staates.
d) Jede Bezugnahme auf die Vorschriften des ersuchten Mitgliedstaates betrifft die Vorschriften der Gebietseinheit, in der die Zuständigkeit geltend gemacht oder die Anerkennung oder Vollstreckung beantragt wird.

Die Vorschrift trägt dem Umstand Rechnung, dass das Vereinigte Königreich in die Gebietseinheiten England und Wales, Schottland sowie Nordirland gegliedert ist. 1

EheVO 2003 Art. 67 | Angaben zu den Zentralen Behörden und zugelassenen Sprachen

Die Mitgliedstaaten teilen der Kommission binnen drei Monaten nach Inkrafttreten dieser Verordnung Folgendes mit:
a) die Namen und Anschriften der Zentralen Behörden gemäß Artikel 53 sowie die technischen Kommunikationsmittel,
b) die Sprachen, die gemäß Artikel 57 Absatz 2 für Mitteilungen an die Zentralen Behörden zugelassen sind,
und
c) die Sprachen, die gemäß Artikel 45 Absatz 2 für die Bescheinigung über das Umgangsrecht zugelassen sind.

Die Mitgliedstaaten teilen der Kommission jede Änderung dieser Angaben mit.

Die Angaben werden von der Kommission veröffentlicht.

EheVO 2003 Art. 68 | Angaben zu den Gerichten und den Rechtsbehelfen

Die Mitgliedstaaten teilen der Kommission die in den Artikeln 21, 29, 33 und 34 genannten Listen mit den zuständigen Gerichten und den Rechtsbehelfen sowie die Änderungen dieser Listen mit.

Die Kommission aktualisiert diese Angaben und gibt sie durch Veröffentlichung im *Amtsblatt der Europäischen Union* und auf andere geeignete Weise bekannt.

EheVO 2003 Art. 69 | Änderungen der Anhänge

Änderungen der in den Anhängen I bis IV wiedergegebenen Formblätter werden nach dem in Artikel 70 Absatz 2 genannten Verfahren beschlossen.

EheVO 2003 Art. 70 | Ausschuss

(1) Die Kommission wird von einem Ausschuss (nachstehend „Ausschuss" genannt) unterstützt.
(2) Wird auf diesen Absatz Bezug genommen, so gelten die Artikel 3 und 7 des Beschlusses 1999/468/EG.
(3) Der Ausschuss gibt sich eine Geschäftsordnung.

EheVO 2003 Art. 71 | Aufhebung der Verordnung (EG) Nr. 1347/2000

(1) Die Verordnung (EG) Nr. 1347/2000 wird mit Beginn der Geltung dieser Verordnung aufgehoben.
(2) Jede Bezugnahme auf die Verordnung (EG) Nr. 1347/2000 gilt als Bezugnahme auf diese Verordnung nach Maßgabe der Entsprechungstabelle in Anhang VI.

EheVO 2003 Art. 72 In-Kraft-Treten

Diese Verordnung tritt am 1. August 2004 in Kraft.
Sie gilt ab 1. März 2005 mit Ausnahme der Artikel 67, 68, 69 und 70, die ab dem 1. August 2004 gelten.

Diese Verordnung ist in allen ihren Teilen verbindlich und gilt gemäß dem Vertrag zur Gründung der Europäischen Gemeinschaft unmittelbar in den Mitgliedstaaten.
Geschehen zu Brüssel am 27. November 2003.
Im Namen des Rates
Der Präsident
R. CASTELLI

Anhang I: Bescheinigung gemäß Artikel 39 über Entscheidungen in Ehesachen[1]

1. Ursprungsmitgliedstaat
2. Ausstellendes Gericht oder ausstellende Behörde
2.1. Bezeichnung
2.2. Anschrift
2.3. Telefon/Fax/E-Mail
3. Angaben zur Ehe
3.1. Ehefrau
3.1.1. Name, Vornamen
3.1.2. Anschrift
3.1.3. Staat und Ort der Geburt
3.1.4. Geburtsdatum
3.2. Ehemann
3.2.1. Name, Vornamen
3.2.2. Anschrift
3.2.3. Staat und Ort der Geburt
3.2.4. Geburtsdatum
3.3. Staat, Ort (soweit bekannt) und Datum der Eheschließung
3.3.1. Staat der Eheschließung
3.3.2. Ort der Eheschließung (soweit bekannt)
3.3.3. Datum der Eheschließung
4. Gericht, das die Entscheidung erlassen hat
4.1. Bezeichnung des Gerichts
4.2. Gerichtsort
5. Entscheidung
5.1. Datum
5.2. Aktenzeichen
5.3. Art der Entscheidung
5.3.1. Scheidung
5.3.2. Ungültigerklärung der Ehe
5.3.3. Trennung ohne Auflösung des Ehebandes
5.4. Erging die Entscheidung im Versäumnisverfahren?
5.4.1. Nein
5.4.2. Ja[2]
6. Namen der Parteien, denen Prozesskostenhilfe gewährt wurde
7. Können gegen die Entscheidung nach dem Recht des Ursprungsmitgliedstaats weitere Rechtsbehelfe eingelegt werden?
7.1. Nein
7.2. Ja

---

(1) Verordnung (EG) Nr. 2201/2003 des Rates vom 27. November 2003 über die Zuständigkeit und Anerkennung und Vollstreckung von Entscheidungen in Ehesachen und in Verfahren betreffend die elterliche Verantwortung und zur Aufhebung der Verordnung (EG) Nr. 1347/2000.

(2) Die in Artikel 37 Absatz 2 genannten Urkunden sind vorzulegen.

8. Datum der Rechtswirksamkeit in dem Mitgliedstaat, in dem die Entscheidung erging
8.1. Scheidung
8.2. Trennung ohne Auflösung des Ehebandes

Geschehen zu ... am ...

Unterschrift und/oder Dienstsiegel

Anhang II: Bescheinigung gemäß Artikel 39 über Entscheidungen über die elterliche Verantwortung[3]

1. Ursprungsmitgliedstaat
2. Ausstellendes Gericht oder ausstellende Behörde
2.1. Bezeichnung
2.2. Anschrift
2.3. Telefon/Fax/E-Mail
3. Träger eines Umgangsrechts
3.1. Name, Vornamen
3.2. Anschrift
3.3. Geburtsdatum und -ort (soweit bekannt)
4. Träger der elterlichen Verantwortung, die nicht in Nummer 3 genannt sind[4]
4.1.
4.1.1. Name, Vornamen
4.1.2. Anschrift
4.1.3 Geburtsdatum und -ort (soweit bekannt)
4.2.
4.2.1. Name, Vornamen
4.2.2. Anschrift
4.2.3. Geburtsdatum und -ort (soweit bekannt)
4.3.
4.3.1. Name, Vornamen
4.3.2. Anschrift
4.3.3. Geburtsdatum und -ort (soweit bekannt)
5. Gericht, das die Entscheidung erlassen hat
5.1. Bezeichnung des Gerichts
5.2. Gerichtsort
6. Entscheidung
6.1. Datum
6.2. Aktenzeichen
6.3. Erging die Entscheidung im Versäumnisverfahren?
6.3.1. Nein
6.3.2. Ja[5]
7. Kinder, für die die Entscheidung gilt[6]
7.1. Name, Vornamen und Geburtsdatum
7.2. Name, Vornamen und Geburtsdatum
7.3. Name, Vornamen und Geburtsdatum
7.4. Name, Vornamen und Geburtsdatum
8. Namen der Parteien, denen Prozesskostenhilfe gewährt wurde
9. Bescheinigung über die Vollstreckbarkeit und Zustellung
9.1. Ist die Entscheidung nach dem Recht des Ursprungsmitgliedstaats vollstreckbar?
9.1.1. Ja

---

(3) Verordnung (EG) Nr. 2201/2003 des Rates vom 27. November 2003 über die Zuständigkeit und Anerkennung und Vollstreckung von Entscheidungen in Ehesachen und in Verfahren betreffend die elterliche Verantwortung und zur Aufhebung der Verordnung (EG) Nr. 1347/2000.
(4) Im Fall des gemeinsamen Sorgerechts kann die in Nummer 3 genannte Person auch in Nummer 4 genannt werden.
(5) Die in Artikel 37 Absatz 2 genannten Urkunden sind vorzulegen.
(6) Gilt die Entscheidung für mehr als vier Kinder, ist ein weiteres Formblatt zu verwenden.

9.1.2. Nein
9.2. Ist die Entscheidung der Partei, gegen die vollstreckt werden soll, zugestellt worden?
9.2.1. Ja
9.2.1.1. Name, Vornamen der Partei
9.2.1.2. Anschrift
9.2.1.3. Datum der Zustellung
9.2.2. Nein
10. Besondere Angaben zu Entscheidungen über das Umgangsrecht, wenn die Vollstreckbarkeitserklärung gemäß Artikel 28 beantragt wird. Diese Möglichkeit ist in Artikel 40 Absatz 2 vorgesehen:
10.1. Modalitäten der Ausübung des Umgangsrechts (soweit in der Entscheidung angegeben)
10.1.1. Datum, Uhrzeit
10.1.1.1. Beginn
10.1.1.2. Ende
10.1.2. Ort
10.1.3. Besondere Pflichten des Trägers der elterlichen Verantwortung
10.1.4. Besondere Pflichten des Umgangsberechtigten
10.1.5. Etwaige Beschränkungen des Umgangsrechts
11. Besondere Angaben zu Entscheidungen über die Rückgabe von Kindern, wenn die Vollstreckbarkeitserklärung gemäß Artikel 28 beantragt wird. Diese Möglichkeit ist in Artikel 40 Absatz 2 vorgesehen:
11.1. In der Entscheidung wird die Rückgabe der Kinder angeordnet.
11.2. Rückgabeberechtigter (soweit in der Entscheidung angegeben)
11.2.1. Name, Vornamen
11.2.2 Anschrift

Geschehen zu ... am ...

Unterschrift und/oder Dienstsiegel

Anhang III: Bescheinigung gemäß Artikel 41 Absatz 1 über Entscheidungen über das Umgangsrecht[7]

1. Ursprungsmitgliedstaat
2. Ausstellendes Gericht bzw. ausstellende Behörde
2.1. Bezeichnung
2.2. Anschrift
2.3. Telefon/Fax/E-Mail
3. Träger eines Umgangsrechts
3.1. Name, Vornamen
3.2. Anschrift
3.3. Geburtsdatum und -ort (soweit vorhanden)
4. Träger der elterlichen Verantwortung, die nicht in Nummer 3 genannt sind[8] [9]
4.1.
4.1.1. Name, Vornamen
4.1.2. Anschrift
4.1.3 Geburtsdatum und -ort (soweit bekannt)
4.2.
4.2.1. Name, Vornamen
4.2.2. Anschrift
4.2.3. Geburtsdatum und -ort (soweit bekannt)

(7) Verordnung (EG) Nr. 2201/2003 des Rates vom 27. November 2003 über die Zuständigkeit und Anerkennung und Vollstreckung von Entscheidungen in Ehesachen und in Verfahren betreffend die elterliche Verantwortung und zur Aufhebung der Verordnung (EG) Nr. 1347/2000.

(8) Im Fall des gemeinsamen Sorgerechts kann die in Nummer 3 genannte Person auch in Nummer 4 genannt werden.

(9) Das Feld ankreuzen, das der Person entspricht, gegenüber der die Entscheidung zu vollstrecken ist.

4.3. Andere
4.3.1. Name, Vornamen
4.3.2. Anschrift
4.3.3. Geburtsdatum und -ort (soweit bekannt)
5. Gericht, das die Entscheidung erlassen hat
5.1. Bezeichnung des Gerichts
5.2. Gerichtsort
6. Entscheidung
6.1. Datum
6.2. Aktenzeichen
7. Kinder, für die die Entscheidung gilt ([10])
7.1. Name, Vornamen und Geburtsdatum
7.2. Name, Vornamen und Geburtsdatum
7.3. Name, Vornamen und Geburtsdatum
7.4. Name, Vornamen und Geburtsdatum
8. Ist die Entscheidung im Ursprungsmitgliedstaat vollstreckbar?
8.1. Ja
8.2. Nein
9. Im Fall des Versäumnisverfahrens wurde das verfahrenseinleitende Schriftstück oder ein gleichwertiges Schriftstück der säumigen Person so rechtzeitig und in einer Weise zugestellt, dass sie sich verteidigen konnte, oder, falls es nicht unter Einhaltung dieser Bedingungen zugestellt wurde, wurde festgestellt, dass sie mit der Entscheidung eindeutig einverstanden ist.
10. Alle betroffenen Parteien hatten Gelegenheit, gehört zu werden.
11. Die Kinder hatten die Möglichkeit, gehört zu werden, sofern eine Anhörung nicht aufgrund ihres Alters oder ihres Reifegrads unangebracht erschien.
12. Modalitäten der Ausübung des Umgangsrechts (soweit in der Entscheidung angegeben)
12.1. Datum, Uhrzeit
12.1.1. Beginn
12.1.2. Ende
12.2. Ort
12.3. Besondere Pflichten des Trägers der elterlichen Verantwortung
12.4. Besondere Pflichten des Umgangsberechtigten
12.5. Etwaige Beschränkungen des Umgangsrechts
13. Namen der Parteien, denen Prozesskostenhilfe gewährt wurde

Geschehen zu ... am ...

Unterschrift und/oder Dienstsiegel

Anhang IV: Bescheinigung gemäß Artikel 42 Absatz 1 über Entscheidungen über die Rückgabe des Kindes[11]

1. Ursprungsmitgliedstaat
2. Ausstellendes Gericht oder ausstellende Behörde
2.1. Bezeichnung
2.2. Anschrift
2.3. Telefon/Fax/E-Mail
3. Rückgabeberechtigter (soweit in der Entscheidung angegeben)
3.1. Name, Vornamen
3.2. Anschrift
3.3. Geburtsdatum und -ort (soweit bekannt)

---

(10) Gilt die Entscheidung für mehr als vier Kinder, ist ein weiteres Formblatt zu verwenden.
(11) Verordnung (EG) Nr. 2201/2003 des Rates vom 27. November 2003 über die Zuständigkeit und Anerkennung und Vollstreckung von Entscheidungen in Ehesachen und in Verfahren betreffend die elterliche Verantwortung und zur Aufhebung der Verordnung (EG) Nr. 1347/2000.

4. Träger der elterlichen Verantwortung[12]
4.1. Mutter
4.1.1. Name, Vornamen
4.1.2. Anschrift
4.1.3 Geburtsdatum und -ort (soweit bekannt)
4.2. Vater
4.2.1. Name, Vornamen
4.2.2. Anschrift
4.2.3. Geburtsdatum und -ort (soweit bekannt)
4.3. Andere
4.3.1. Name, Vornamen
4.3.2. Anschrift (soweit bekannt)
4.3.3. Geburtsdatum und -ort (soweit bekannt)
5. Beklagte Partei (soweit bekannt)
5.1. Name, Vornamen
5.2. Anschrift (soweit bekannt)
6. Gericht, das die Entscheidung erlassen hat
6.1. Bezeichnung des Gerichts
6.2. Gerichtsort
7. Entscheidung
7.1. Datum
7.2. Aktenzeichen
8. Kinder, für die die Entscheidung gilt ([13])
8.1. Name, Vornamen und Geburtsdatum
8.2. Name, Vornamen und Geburtsdatum
8.3. Name, Vornamen und Geburtsdatum
8.4. Name, Vornamen und Geburtsdatum
9. In der Entscheidung wird die Rückgabe des Kindes angeordnet.
10. Ist die Entscheidung im Ursprungsmitgliedstaat vollstreckbar?
10.1. Ja
10.2. Nein
11. Die Kinder hatten die Möglichkeit, gehört zu werden, sofern eine Anhörung nicht aufgrund ihres Alters oder ihres Reifegrads unangebracht erschien.
12. Die Parteien hatten die Möglichkeit, gehört zu werden.
13. In der Entscheidung wird die Rückgabe der Kinder angeordnet, und das Gericht hat in seinem Urteil die Gründe und Beweismittel berücksichtigt, auf die sich die nach Artikel 13 des Haager Übereinkommens vom 25. Oktober 1980 über die zivilrechtlichen Aspekte internationaler Kindesentführung ergangene Entscheidung stützt.
14. Gegebenenfalls die Einzelheiten der Maßnahmen, die von Gerichten oder Behörden ergriffen wurden, um den Schutz des Kindes nach seiner Rückkehr in den Mitgliedstaat seines gewöhnlichen Aufenthalts sicherzustellen.
15. Namen der Parteien, denen Prozesskostenhilfe gewährt wurde

Geschehen zu ... am ...

Unterschrift und/oder Dienstsiegel

Anhang V: Entsprechungstabelle zur Verordnung (EG) Nr. 1347/2000

[Siehe vor Art. 1 EheVO Rn 25]

---

(12) Dieser Punkt ist fakultativ.

(13) Gilt die Entscheidung für mehr als vier Kinder, ist ein weiteres Formblatt zu verwenden.

Anhang VI: Erklärungen Schwedens und Finnlands nach Artikel 59 Absatz 2 Buchstabe a) der Verordnung des Rates über die Zuständigkeit und Anerkennung und Vollstreckung von Entscheidungen in Ehesachen und in Verfahren betreffend die elterliche Verantwortung und zur Aufhebung der Verordnung (EG) Nr. 1347/2000.

Erklärung Schwedens

Gemäß Artikel 59 Absatz 2 Buchstabe a) der Verordnung des Rates über die Zuständigkeit und Anerkennung und Vollstreckung von Entscheidungen in Ehesachen und in Verfahren betreffend die elterliche Verantwortung und zur Änderung der Verordnung (EG) Nr. 1347/2000 erklärt Schweden, dass das Übereinkommen vom 6. Februar 1931 zwischen Dänemark, Finnland, Island, Norwegen und Schweden mit Bestimmungen des internationalen Verfahrensrechts über Ehe, Adoption und Vormundschaft einschließlich des Schlussprotokolls anstelle dieser Verordnung ganz auf die Beziehungen zwischen Schweden und Finnland anwendbar ist.

Erklärung Finnlands

Gemäß Artikel 59 Absatz 2 Buchstabe a) der Verordnung des Rates über die Zuständigkeit und Anerkennung und Vollstreckung von Entscheidungen in Ehesachen und in Verfahren betreffend die elterliche Verantwortung und zur Änderung der Verordnung (EG) Nr. 1347/2000 erklärt Finnland, dass das Übereinkommen vom 6. Februar 1931 zwischen Finnland, Dänemark, Island, Norwegen und Schweden mit Bestimmungen des internationalen Verfahrensrechts über Ehe, Adoption und Vormundschaft einschließlich des Schlussprotokolls anstelle dieser Verordnung in den gegenseitigen Beziehungen zwischen Finnland und Schweden in vollem Umfang zur Anwendung kommt.

Annex: Text der EheVO 2000

VERORDNUNG (EG) Nr. 1347/2000 DES RATES
vom 29. Mai 2000
über die Zuständigkeit und die Anerkennung und Vollstreckung von Entscheidungen in Ehesachen und in Verfahren betreffend die elterliche Verantwortung für die gemeinsamen Kinder der Ehegatten

DER RAT DER EUROPÄISCHEN UNION –

gestützt auf den Vertrag zur Gründung der Europäischen Gemeinschaft, insbesondere auf Artikel 61 Buchstabe c) und Artikel 67 Absatz 1,

auf Vorschlag der Kommission[14],

nach Stellungnahme des Europäischen Parlaments[15],

nach Stellungnahme des Wirtschafts- und Sozialausschusses[16],

in Erwägung nachstehender Gründe:

(1) Die Mitgliedstaaten haben sich zum Ziel gesetzt, die Union als einen Raum der Freiheit, der Sicherheit und des Rechts, in dem der freie Personenverkehr gewährleistet ist, zu erhalten und weiterzuentwickeln. Zum schrittweisen Aufbau dieses Raums hat die Gemeinschaft unter anderem im Bereich der justitiellen Zusammenarbeit in Zivilsachen die für das reibungslose Funktionieren des Binnenmarkts erforderlichen Maßnahmen zu erlassen.

(2) Für das reibungslose Funktionieren des Binnenmarkts muß der freie Verkehr der Entscheidungen in Zivilsachen verbessert und beschleunigt werden.

(3) Dieser Bereich unterliegt nunmehr der justitiellen Zusammenarbeit in Zivilsachen im Sinne von Artikel 65 des Vertrags.

---

[14] ABl. C 247 vom 31.8.1999, S. 1.
[15] Stellungnahme vom 17. November 1999 (noch nicht im Amtsblatt veröffentlicht).
[16] ABl. C 368 vom 20.12.1999, S. 23.

(4) Die Unterschiede zwischen bestimmten einzelstaatlichen Zuständigkeitsregeln und bestimmten Rechtsvorschriften über die Vollstreckung von Entscheidungen erschweren sowohl den freien Personenverkehr als auch das reibungslose Funktionieren des Binnenmarkts. Es ist daher gerechtfertigt, Bestimmungen zu erlassen, um die Vorschriften über die internationale Zuständigkeit in Ehesachen und in Verfahren über die elterliche Verantwortung zur vereinheitlichen und die Formalitäten im Hinblick auf eine rasche und unkomplizierte Anerkennung von Entscheidungen und deren Vollstreckung zu vereinfachen.

(5) Nach Maßgabe des in Artikel 5 des Vertrags niedergelegten Subsidiaritäts- und Verhältnismäßigkeitsprinzips können die Ziele dieser Verordnung auf der Ebene der Mitgliedstaaten nicht ausreichend erreicht werden; sie können daher besser auf Gemeinschaftsebene verwirklicht werden. Diese Verordnung geht nicht über das für die Erreichung dieser Ziele erforderliche Maß hinaus.

(6) Der Rat hat mit Rechtsakt vom 28. Mai 1998[17] ein Übereinkommen über die Zuständigkeit und die Anerkennung und Vollstreckung von Entscheidungen in Ehesachen erstellt und das Übereinkommen den Mitgliedstaaten zur Annahme gemäß ihren verfassungsrechtlichen Vorschriften empfohlen. Die bei der Aushandlung dieses Übereinkommens erzielten Ergebnisse sollten gewahrt werden; diese Verordnung übernimmt den wesentlichen Inhalt des Übereinkommens. Sie enthält jedoch einige nicht im Übereinkommen enthaltene neue Bestimmungen, um eine Übereinstimmung mit einigen Bestimmungen der vorgeschlagenen Verordnung über die gerichtliche Zuständigkeit und die Anerkennung und Vollstreckung von Urteilen in Zivil- und Handelssachen sicherzustellen.

(7) Um den freien Verkehr der Entscheidungen in Ehesachen und in Verfahren über die elterliche Verantwortung innerhalb der Gemeinschaft zu gewährleisten, ist es angemessen und erforderlich, daß die grenzübergreifende Anerkennung der Zuständigkeiten und der Entscheidungen über die Auflösung einer Ehe und über die elterliche Verantwortung für die gemeinsamen Kinder der Ehegatten im Wege eines Gemeinschaftsrechtsakts erfolgt, der verbindlich und unmittelbar anwendbar ist.

(8) In der vorliegenden Verordnung sind kohärente und einheitliche Maßnahmen vorzusehen, die einen möglichst umfassenden Personenverkehr ermöglichen. Daher muß die Verordnung auch auf Staatsangehörige von Drittstaaten Anwendung finden, bei denen eine hinreichend enge Verbindung zu dem Hoheitsgebiet eines Mitgliedstaats gemäß den in der Verordnung vorgesehenen Zuständigkeitskriterien gegeben ist.

(9) Der Anwendungsbereich dieser Verordnung sollte zivilgerichtliche Verfahren sowie außergerichtliche Verfahren einschließen, die in einigen Mitgliedstaaten in Ehesachen zugelassen sind, mit Ausnahme von Verfahren, die nur innerhalb einer Religionsgemeinschaft gelten. Es muß daher darauf hingewiesen werden, daß die Bezeichnung „Gericht" alle gerichtlichen und außergerichtlichen Behörden einschließt, die für Ehesachen zuständig sind.

(10) Diese Verordnung sollte nur für Verfahren gelten, die sich auf die Ehescheidung, die Trennung ohne Auflösung des Ehebandes oder die Ungültigerklärung einer Ehe beziehen. Die Anerkennung einer Ehescheidung oder der Ungültigerklärung einer Ehe betrifft nur die Auflösung des Ehebandes. Dementsprechend erstreckt sich die Anerkennung von Entscheidungen nicht auf Fragen wie das Scheidungsverschulden, das Ehegüterrecht, die Unterhaltspflicht oder sonstige mögliche Nebenaspekte, auch wenn sie mit dem vorgenannten Verfahren zusammenhängen.

(11) Diese Verordnung betrifft die elterliche Verantwortung für die gemeinsamen Kinder der Ehegatten in Fragen, die in engem Zusammenhang mit einem Antrag auf Scheidung, Trennung ohne Auflösung des Ehebandes oder Ungültigerklärung einer Ehe stehen.

(12) Die Zuständigkeitskriterien gehen von dem Grundsatz aus, daß zwischen dem Verfahrensbeteiligten und dem Mitgliedstaat, der die Zuständigkeit wahrnimmt, eine tatsächliche Beziehung bestehen muß. Die Auswahl dieser Kriterien ist darauf zurückzuführen, daß sie in verschiedenen einzelstaatlichen Rechtsordnungen bestehen und von den anderen Mitgliedstaaten anerkannt werden.

(13) Eine Eventualität, die im Rahmen des Schutzes der gemeinsamen Kinder der Ehegatten bei einer Ehekrise berücksichtigt werden muß, besteht in der Gefahr, daß das Kind von einem Elternteil in ein anderes Land verbracht wird. Die grundlegenden Interessen der Kinder sind daher insbesondere in Übereinstimmung mit dem Haager Übereinkommen vom 25. Oktober 1980 über die zivilrechtlichen Aspekte internationaler Kindesentführung zu schützen. Der rechtmäßige gewöhnliche Aufenthalt wird daher als Zuständigkeitskriterium auch in den Fällen beibehalten, in denen sich der Ort des gewöhnlichen Aufenthalts aufgrund eines widerrechtlichen Verbringens oder Zurückhaltens des Kindes faktisch geändert hat.

---

(17) ABl. C 221 vom 16.7.1998, S. 1. Der Rat hat am Tag der Fertigstellung des Übereinkommens der erläuternden Berichts zu dem Übereinkommen von Frau Professor Alegría Borrás zur Kenntnis genommen. Dieser erläuternde Bericht ist auf Seite 27 ff. des vorstehenden Amtsblatts enthalten.

(14) Diese Verordnung hindert die Gerichte eines Mitgliedstaats nicht daran, in dringenden Fällen einstweilige Maßnahmen einschließlich Sicherungsmaßnahmen in bezug auf Personen oder Vermögensgegenstände, die sich in diesem Staat befinden, anzuordnen.

(15) Der Begriff „Entscheidung" bezieht sich nur auf Entscheidungen, mit denen eine Ehescheidung, Trennung ohne Auflösung des Ehebandes oder Ungültigerklärung einer Ehe herbeigeführt wird. Öffentliche Urkunden, die im Ursprungsmitgliedstaat aufgenommen und vollstreckbar sind, sind solchen „Entscheidungen" gleichgestellt.

(16) Die Anerkennung und Vollstreckung von Entscheidungen der Gerichte der Mitgliedstaaten beruhen auf dem Grundsatz des gegenseitigen Vertrauens. Die Gründe für die Nichtanerkennung einer Entscheidung sind auf das notwendige Mindestmaß beschränkt. Im Rahmen des Verfahrens sollten allerdings Bestimmungen gelten, mit denen die Wahrung der öffentlichen Ordnung des ersuchten Staats und die Verteidigungsrechte der Parteien, einschließlich der persönlichen Rechte aller betroffenen Kinder, gewährleistet werden und zugleich vermieden wird, daß miteinander nicht zu vereinbarende Entscheidungen anerkannt werden.

(17) Der ersuchte Staat darf weder die Zuständigkeit des Ursprungsstaats noch die Entscheidung in der Sache überprüfen.

(18) Für die Beischreibung in den Personenstandsbüchern eines Mitgliedstaats aufgrund einer in einem anderen Mitgliedstaat ergangenen rechtskräftigen Entscheidung kann kein besonderes Verfahren vorgeschrieben werden.

(19) Das Übereinkommen von 1931 zwischen den nordischen Staaten sollte in den Grenzen dieser Verordnung weiter angewandt werden können.

(20) Spanien, Italien und Portugal haben vor Aufnahme der in dieser Verordnung geregelten Materien in den EG-Vertrag Konkordate mit dem Heiligen Stuhl geschlossen. Es gilt daher zu vermeiden, daß diese Mitgliedstaaten gegen ihre internationalen Verpflichtungen gegenüber dem Heiligen Stuhl verstoßen.

(21) Den Mitgliedstaaten muß es freistehen, untereinander Modalitäten zur Durchführung dieser Verordnung festzulegen, solange keine diesbezüglichen Maßnahmen auf Gemeinschaftsebene getroffen wurden.

(22) Die Anhänge I bis III betreffend die zuständigen Gerichte und die Rechtsbehelfe sollten von der Kommission anhand der von dem betreffenden Mitgliedstaat mitgeteilten Änderungen angepaßt werden. Änderungen der Anhänge IV und V sind gemäß dem Beschluß 1999/468/EG des Rates vom 28. Juni 1999 zur Festlegung der Modalitäten für die Ausübung der der Kommission übertragenen Durchführungsbefugnisse[18] zu beschließen.

(23) Spätestens fünf Jahre nach Inkrafttreten dieser Verordnung sollte die Kommission die Anwendung der Verordnung prüfen und gegebenenfalls erforderliche Änderungen vorschlagen.

(24) Das Vereinigte Königreich und Irland haben gemäß Artikel 3 des dem Vertrag über die Europäische Union und dem Vertrag zur Gründung der Europäischen Gemeinschaft beigefügten Protokolls über die Position des Vereinigten Königreichs und Irlands mitgeteilt, daß sie sich an der Annahme und Anwendung dieser Verordnung beteiligen möchten.

(25) Dänemark wirkt gemäß den Artikeln 1 und 2 des dem Vertrag über die Europäische Union und dem Vertrag zur Gründung der Europäischen Gemeinschaft beigefügten Protokolls über die Position Dänemarks an der Annahme dieser Verordnung nicht mit. Diese Verordnung ist daher für diesen Staat nicht verbindlich und ihm gegenüber nicht anwendbar –

HAT FOLGENDE VERORDNUNG ERLASSEN:

Kapitel I
Anwendungsbereich

EheVO 2000 Art. 1

(1) Die vorliegende Verordnung ist anzuwenden auf
a) zivilgerichtliche Verfahren, die die Ehescheidung, die Trennung ohne Auflösung des Ehebandes oder die Ungültigerklärung einer Ehe betreffen;
b) zivilgerichtliche Verfahren, die die elterliche Verantwortung für die gemeinsamen Kinder der Ehegatten betreffen und aus Anlaß der unter Buchstabe a) genannten Verfahren in Ehesachen betrieben werden.

---

(18) ABl. L 184 vom 17.7.1999, S. 23.

(2) Gerichtlichen Verfahren stehen andere in einem Mitgliedstaat amtlich anerkannte Verfahren gleich. Die Bezeichnung „Gericht" schließt alle in Ehesachen zuständigen Behörden der Mitgliedstaaten ein.

(3) In dieser Verordnung bedeutet der Begriff „Mitgliedstaat" jeden Mitgliedstaat mit Ausnahme des Königreichs Dänemark.

Kapitel II
Gerichtliche Zuständigkeit
Abschnitt 1. Allgemeine Bestimmungen

EheVO 2000 Art. 2 Ehescheidung, Trennung ohne Auflösung des Ehebandes und Ungültigerklärung einer Ehe

(1) Für Entscheidungen, die die Ehescheidung, die Trennung ohne Auflösung des Ehebandes oder die Ungültigerklärung einer Ehe betreffen, sind die Gerichte des Mitgliedstaats zuständig,
a) in dessen Hoheitsgebiet
 – beide Ehegatten ihren gewöhnlichen Aufenthalt haben oder
 – die Ehegatten zuletzt beide ihren gewöhnlichen Aufenthalt hatten, sofern einer von ihnen dort noch seinen gewöhnlichen Aufenthalt hat, oder
 – der Antragsgegner seinen gewöhnlichen Aufenthalt hat oder
 – im Falle eines gemeinsamen Antrags einer der Ehegatten seinen gewöhnlichen Aufenthalt hat oder
 – der Antragsteller seinen gewöhnlichen Aufenthalt hat, wenn er sich dort seit mindestens einem Jahr unmittelbar vor der Antragstellung aufgehalten hat, oder
 – der Antragsteller seinen gewöhnlichen Aufenthalt hat, wenn er sich dort seit mindestens sechs Monaten unmittelbar vor der Antragstellung aufgehalten hat und entweder Staatsangehöriger des betreffenden Mitgliedstaats ist oder, im Falle des Vereinigten Königreichs und Irlands, dort sein „domicile" hat;
b) dessen Staatsangehörigkeit beide Ehegatten besitzen, oder, im Falle des Vereinigten Königreichs und Irlands, in dem sie ihr gemeinsames „domicile" haben.

(2) Der Begriff „domicile" im Sinne dieser Verordnung bestimmt sich nach britischem und irischem Recht.

EheVO 2000 Art. 3 Elterliche Verantwortung

(1) Die Gerichte des Mitgliedstaats, in dem nach Artikel 2 über einen Antrag auf Ehescheidung, Trennung ohne Auflösung des Ehebandes oder Ungültigerklärung einer Ehe zu entscheiden ist, sind zuständig für alle Entscheidungen, die die elterliche Verantwortung für ein gemeinsames Kind der beiden Ehegatten betreffen, wenn dieses Kind seinen gewöhnlichen Aufenthalt in diesem Mitgliedstaat hat.

(2) Hat das Kind seinen gewöhnlichen Aufenthalt nicht in dem in Absatz 1 genannten Mitgliedstaat, so sind die Gerichte dieses Staates für diese Entscheidungen zuständig, wenn das Kind seinen gewöhnlichen Aufenthalt in einem der Mitgliedstaaten hat und
a) zumindest einer der Ehegatten die elterliche Verantwortung für das Kind hat und
b) die Zuständigkeit der betreffenden Gerichte von den Ehegatten anerkannt worden ist und im Einklang mit dem Wohl des Kindes steht.

(3) Die Zuständigkeit gemäß den Absätzen 1 und 2 endet,
a) sobald die stattgebende oder abweisende Entscheidung über den Antrag auf Ehescheidung, Trennung ohne Auflösung des Ehebandes oder Ungültigerklärung einer Ehe rechtskräftig geworden ist oder aber
b) in den Fällen, in denen zu dem unter Buchstabe a) genannten Zeitpunkt noch ein Verfahren betreffend die elterliche Verantwortung anhängig ist, sobald die Entscheidung in diesem Verfahren rechtskräftig geworden ist oder aber
c) sobald die unter den Buchstaben a) und b) genannten Verfahren aus einem anderen Grund beendet worden sind.

EheVO 2000 Art. 4   Kindesentführung

Die nach Maßgabe von Artikel 3 zuständigen Gerichte haben ihre Zuständigkeit im Einklang mit den Bestimmungen des Haager Übereinkommens vom 25. Oktober 1980 über die zivilrechtlichen Aspekte internationaler Kindesentführung, insbesondere dessen Artikel 3 und 16, auszuüben.

EheVO 2000 Art. 5   Gegenantrag

Das Gericht, bei dem ein Antrag auf der Grundlage der Artikel 2 bis 4 anhängig ist, ist auch für einen Gegenantrag zuständig, sofern dieser in den Anwendungsbereich dieser Verordnung fällt.

EheVO 2000 Art. 6   Umwandlung einer Trennung ohne Auflösung des Ehebandes in eine Ehescheidung

Unbeschadet des Artikels 2 ist das Gericht eines Mitgliedstaats, das eine Entscheidung über eine Trennung ohne Auflösung des Ehebandes erlassen hat, auch für die Umwandlung dieser Entscheidung in eine Ehescheidung zuständig, sofern dies im Recht dieses Mitgliedstaats vorgesehen ist.

EheVO 2000 Art. 7   Ausschließlicher Charakter der Zuständigkeiten nach den Artikeln 2 bis 6

Gegen einen Ehegatten, der
a) seinen gewöhnlichen Aufenthalt im Hoheitsgebiet eines Mitgliedstaats hat oder
b) Staatsangehöriger eines Mitgliedstaats ist oder – im Falle des Vereinigten Königreichs und Irlands – sein „domicile" im Hoheitsgebiet eines dieser Mitgliedstaaten hat,
darf ein Verfahren vor den Gerichten eines anderen Mitgliedstaats nur nach Maßgabe der Artikel 2 bis 6 geführt werden.

EheVO 2000 Art. 8   Restzuständigkeiten

(1)   Soweit sich aus den Artikeln 2 bis 6 keine Zuständigkeit eines Gerichts eines Mitgliedstaats ergibt, bestimmt sich die Zuständigkeit in jedem Mitgliedstaat nach dessen eigenem Recht.

(2)   Jeder Staatsangehörige eines Mitgliedstaats, der seinen gewöhnlichen Aufenthalt im Hoheitsgebiet eines anderen Mitgliedstaats hat, kann die in diesem Staat geltenden Zuständigkeitsvorschriften wie ein Inländer gegenüber einem Antragsgegner geltend machen, wenn dieser weder seinen gewöhnlichen Aufenthalt im Hoheitsgebiet eines Mitgliedstaats hat noch die Staatsangehörigkeit eines Mitgliedstaats besitzt oder – im Falle des Vereinigten Königreichs und Irlands – sein „domicile" im Hoheitsgebiet eines dieser Mitgliedstaaten hat.

Abschnitt 2. Prüfung der Zuständigkeit und der Zulässigkeit des Verfahrens

EheVO 2000 Art. 9   Prüfung der Zuständigkeit

Das Gericht eines Mitgliedstaats hat sich von Amts wegen für unzuständig zu erklären, wenn es in einer Sache angerufen wird, für die es nach dieser Verordnung keine Zuständigkeit hat und für die das Gericht eines anderen Mitgliedstaats aufgrund dieser Verordnung zuständig ist.

EheVO 2000 Art. 10   Prüfung der Zulässigkeit

(1)   Läßt sich eine Person, die ihren gewöhnlichen Aufenthalt nicht in dem Mitgliedstaat hat, in welchem das Verfahren eingeleitet wurde, auf das Verfahren nicht ein, so hat das zuständige Gericht das Verfahren so lange auszusetzen, bis festgestellt ist, daß es dem Antragsgegner möglich war, das verfahrenseinleitende Schriftstück oder ein gleichwertiges Schriftstück so rechtzeitig zu empfangen, daß er sich verteidigen konnte, oder daß alle hierzu erforderlichen Maßnahmen getroffen worden sind.

(2)   An die Stelle von Absatz 1 tritt Artikel 19 der Verordnung (EG) Nr. 1348/2000 des Rates vom 29. Mai 2000 über die Zustellung gerichtlicher und außergerichtlicher Schriftstücke in Zivil- oder Handelssachen in den Mitgliedstaaten[19], wenn das verfahrenseinleitende Schriftstück oder ein gleichwertiges Schriftstück nach Maßgabe jener Verordnung von einem Mitgliedstaat in einen anderen zu übermitteln war.

(3)   Sind die Bestimmungen der Verordnung (EG) Nr. 1348/2000 nicht anwendbar, so gilt Artikel 15 des Haager Übereinkommens vom 15. November 1965 über die Zustellung gerichtlicher und außergerichtlicher

---

(19) S. Seite 37 dieses Amtsblatts.

Schriftstücke im Ausland in Zivil- und Handelssachen, wenn das verfahrenseinleitende Schriftstück oder ein gleichwertiges Schriftstück nach Maßgabe des genannten Übereinkommens ins Ausland zu übermitteln war.

Abschnitt 3. Rechtshängigkeit und abhängige Verfahren

EheVO 2000 Art. 11

(1) Werden bei Gerichten verschiedener Mitgliedstaaten Anträge wegen desselben Anspruchs zwischen denselben Parteien gestellt, so setzt das später angerufene Gericht das Verfahren von Amts wegen aus, bis die Zuständigkeit des zuerst angerufenen Gerichts geklärt ist.

(2) Werden bei Gerichten verschiedener Mitgliedstaaten Anträge auf Ehescheidung, Trennung ohne Auflösung des Ehebandes oder Ungültigerklärung einer Ehe, die nicht denselben Anspruch betreffen, zwischen denselben Parteien gestellt, so setzt das später angerufene Gericht das Verfahren von Amts wegen aus, bis die Zuständigkeit des zuerst angerufenen Gerichts geklärt ist.

(3) Sobald die Zuständigkeit des zuerst angerufenen Gerichts feststeht, erklärt sich das später angerufene Gericht zugunsten dieses Gerichts für unzuständig.

In diesem Fall kann der Antragsteller, der den Antrag bei dem später angerufenen Gericht gestellt hat, diesen Antrag dem zuerst angerufenen Gericht vorlegen.

(4) Für die Zwecke dieses Artikels gilt ein Gericht als angerufen
a) zu dem Zeitpunkt, zu dem das verfahrenseinleitende Schriftstück oder ein gleichwertiges Schriftstück bei Gericht eingereicht worden ist, vorausgesetzt, daß der Antragsteller es in der Folge nicht versäumt hat, die ihm obliegenden Maßnahmen zu treffen, um die Zustellung des Schriftstücks an den Antragsgegner zu bewirken, oder
b) falls die Zustellung an den Antragsgegner vor Einreichung des Schriftstücks bei Gericht zu bewirken ist, zu dem Zeitpunkt, zu dem die für die Zustellung verantwortliche Stelle das Schriftstück erhalten hat, vorausgesetzt, daß der Antragsteller es in der Folge nicht versäumt hat, die ihm obliegenden Maßnahmen zu treffen, um das Schriftstück bei Gericht einzureichen.

Abschnitt 4. Einstweilige Maßnahmen einschließlich Sicherungsmaßnahmen

EheVO 2000 Art. 12

In dringenden Fällen können die Gerichte eines Mitgliedstaats ungeachtet der Bestimmungen dieser Verordnung die nach dem Recht dieses Mitgliedstaats vorgesehenen einstweiligen Maßnahmen einschließlich Sicherungsmaßnahmen in bezug auf in diesem Staat befindliche Personen oder Güter auch dann ergreifen, wenn für die Entscheidung in der Hauptsache gemäß dieser Verordnung ein Gericht eines anderen Mitgliedstaats zuständig ist.

Kapitel III
Anerkennung und Vollstreckung

EheVO 2000 Art. 13 Bedeutung des Begriffs „Entscheidung"

(1) Unter „Entscheidung" im Sinne dieser Verordnung ist jede von einem Gericht eines Mitgliedstaats erlassene Entscheidung über die Ehescheidung, die Trennung ohne Auflösung des Ehebandes oder die Ungültigerklärung einer Ehe sowie jede aus Anlaß eines solchen Verfahrens in Ehesachen ergangene Entscheidung über die elterliche Verantwortung der Ehegatten zu verstehen, ohne Rücksicht auf die Bezeichnung der jeweiligen Entscheidung, wie Urteil oder Beschluß.

(2) Die Bestimmungen dieses Kapitels gelten auch für die Festsetzung der Kosten für die nach dieser Verordnung eingeleiteten Verfahren und die Vollstreckung eines Kostenfestsetzungsbeschlusses.

(3) Für die Durchführung dieser Verordnung werden öffentliche Urkunden, die in einem Mitgliedstaat aufgenommen und vollstreckbar sind, sowie vor einem Richter im Laufe eines Verfahrens geschlossene Vergleiche, die in dem Mitgliedstaat, in den sie zustande gekommen sind, vollstreckbar sind, unter denselben Bedingungen wie die in Absatz 1 genannten Entscheidungen anerkannt und für vollstreckbar erklärt.

Abschnitt 1. Anerkennung

EheVO 2000 Art. 14 Anerkennung einer Entscheidung

(1) Die in einem Mitgliedstaat ergangenen Entscheidungen werden in den anderen Mitgliedstaaten anerkannt, ohne daß es hierfür eines besonderen Verfahrens bedarf.

(2) Insbesondere bedarf es unbeschadet des Absatzes 3 keines besonderen Verfahrens für die Beischreibung in den Personenstandsbüchern eines Mitgliedstaats auf der Grundlage einer in einem anderen Mitgliedstaat ergangenen Entscheidung über Ehescheidung, Trennung ohne Auflösung des Ehebandes oder Ungültigerklärung einer Ehe, gegen die nach dessen Recht keine weiteren Rechtsbehelfe eingelegt werden können.

(3) Jede Partei, die ein Interesse hat, kann im Rahmen der Verfahren nach den Abschnitten 2 und 3 dieses Kapitels die Feststellung beantragen, daß eine Entscheidung anzuerkennen oder nicht anzuerkennen ist.

(4) Ist in einem Rechtsstreit vor einem Gericht eines Mitgliedstaats die Frage der Anerkennung einer Entscheidung als Vorfrage zu klären, so kann dieses Gericht hierüber befinden.

EheVO 2000 Art. 15 Gründe für die Nichtanerkennung einer Entscheidung

(1) Eine Entscheidung, die die Ehescheidung, die Trennung ohne Auflösung des Ehebandes oder die Ungültigerklärung einer Ehe betrifft, wird nicht anerkannt,
a) wenn die Anerkennung der öffentlichen Ordnung (ordre public) des Mitgliedstaats, in dem sie beantragt wird, offensichtlich widerspricht;
b) wenn dem Antragsgegner, der sich auf das Verfahren nicht eingelassen hat, das verfahrenseinleitende Schriftstück oder ein gleichwertiges Schriftstück nicht so rechtzeitig und in einer Weise zugestellt worden ist, daß er sich verteidigen konnte, es sei denn, es wird festgestellt, daß er mit der Entscheidung eindeutig einverstanden ist;
c) wenn die Entscheidung mit einer Entscheidung unvereinbar ist, die in einem Verfahren zwischen denselben Parteien in dem Mitgliedstaat, in dem die Anerkennung beantragt wird, ergangen ist; oder
d) wenn die Entscheidung mit einer früheren Entscheidung unvereinbar ist, die in einem anderen Mitgliedstaat oder in einem Drittland zwischen denselben Parteien ergangen ist, sofern die frühere Entscheidung die notwendigen Voraussetzungen für ihre Anerkennung in dem Mitgliedstaat erfüllt, in dem die Anerkennung beantragt wird

(2) Eine Entscheidung betreffend die elterliche Verantwortung, die aus Anlaß der in Artikel 13 genannten Verfahren in Ehesachen ergangen ist, wird nicht anerkannt,
a) wenn die Anerkennung der öffentlichen Ordnung (ordre public) des Mitgliedstaats, in dem sie beantragt wird, offensichtlich widerspricht, offensichtlich widerspricht, wobei das Wohl des Kindes zu berücksichtigen ist;
b) wenn die Entscheidung – ausgenommen in dringenden Fällen – ergangen ist, ohne daß das Kind die Möglichkeit hatte, gehört zu werden, und damit wesentliche verfahrensrechtliche Grundsätze des Mitgliedstaats, in dem die Anerkennung beantragt wird, verletzt werden;
c) wenn der betreffenden Person, die sich auf das Verfahren nicht eingelassen hat, das verfahrenseinleitende Schriftstück oder ein gleichwertiges Schriftstück nicht so rechtzeitig und in einer Weise zugestellt worden ist, daß sie sich verteidigen konnte, es sei denn, es wird festgestellt, daß sie mit der Entscheidung eindeutig einverstanden ist;
d) wenn eine Person dies mit der Begründung beantragt, daß die Entscheidung in ihre elterliche Verantwortung eingreift, falls die Entscheidung ergangen ist, ohne daß die Person die Möglichkeit hatte, gehört zu werden;
e) wenn die Entscheidung mit einer späteren Entscheidung betreffend die elterliche Verantwortung unvereinbar ist, die in dem Mitgliedstaat, in dem die Anerkennung beantragt wird, ergangen ist; oder
f) wenn die Entscheidung mit einer späteren Entscheidung betreffend die elterliche Verantwortung unvereinbar ist, die in einem anderen Mitgliedstaat oder in dem Drittland, in dem das Kind seinen gewöhnlichen Aufenthalt hat, ergangen ist, sofern die spätere Entscheidung die notwendigen Voraussetzungen für ihre Anerkennung in dem Mitgliedstaat erfüllt, in dem die Anerkennung beantragt wird.

EheVO 2000 Art. 16 Übereinkünfte mit Drittstaaten

Ein Gericht eines Mitgliedstaats hat die Möglichkeit, auf der Grundlage einer Übereinkunft über die Anerkennung und Vollstreckung von Entscheidungen eine in einem anderen Mitgliedstaat ergangene Entscheidung nicht anzuerkennen, wenn in Fällen des Artikels 8 die Entscheidung nur auf in den Artikeln 2 bis 7 nicht genannte Zuständigkeitskriterien gestützt werden konnte.

EheVO 2000 Art. 17 Verbot der Nachprüfung der Zuständigkeit des Gerichts des Ursprungsmitgliedstaats

Die Zuständigkeit des Gerichts des Ursprungsmitgliedstaats darf nicht nachgeprüft werden. Die Überprüfung der Vereinbarkeit mit der öffentlichen Ordnung (ordre public) gemäß Artikel 15 Absatz 1 Buchstabe a) und Absatz 2 Buchstabe a) darf sich nicht auf die in den Artikeln 2 bis 8 vorgesehenen Vorschriften über die Zuständigkeit erstrecken.

EheVO 2000 Art. 18 Unterschiede beim anzuwendenden Recht

Die Anerkennung einer Entscheidung, die die Ehescheidung, die Trennung ohne Auflösung des Ehebandes oder die Ungültigerklärung einer Ehe betrifft, darf nicht deshalb abgelehnt werden, weil eine Ehescheidung, Trennung ohne Auflösung des Ehebandes oder Ungültigerklärung einer Ehe nach dem Recht des Mitgliedstaats, in dem die Anerkennung beantragt wird, unter Zugrundelegung desselben Sachverhalts nicht zulässig wäre.

EheVO 2000 Art. 19 Ausschluß einer Nachprüfung in der Sache

Die Entscheidung darf keinesfalls in der Sache selbst nachgeprüft werden.

EheVO 2000 Art. 20 Aussetzung des Anerkennungsverfahrens

(1) Das Gericht eines Mitgliedstaats, vor dem die Anerkennung einer in einem anderen Mitgliedstaat ergangenen Entscheidung beantragt wird, kann das Verfahren aussetzen, wenn gegen die Entscheidung ein ordentlicher Rechtsbehelf eingelegt worden ist.

(2) Das Gericht eines Mitgliedstaats, bei dem die Anerkennung einer in Irland oder im Vereinigten Königreich ergangenen Entscheidung beantragt wird, kann das Verfahren aussetzen, wenn die Vollstreckung der Entscheidung im Ursprungsmitgliedstaat wegen der Einlegung eines Rechtsbehelfs einstweilen eingestellt ist.

Abschnitt 2. Vollstreckung

EheVO 2000 Art. 21 Vollstreckbare Entscheidungen

(1) Die in einem Mitgliedstaat ergangenen Entscheidungen betreffend die elterliche Verantwortung für ein gemeinsames Kind, die in diesem Mitgliedstaat vollstreckbar sind und die zugestellt worden sind, werden in einem anderen Mitgliedstaat vollstreckt, wenn sie dort auf Antrag einer berechtigten Partei für vollstreckbar erklärt worden sind.

(2) Im Vereinigten Königreich jedoch wird eine derartige Entscheidung in England und Wales, in Schottland oder in Nordirland vollstreckt, wenn sie auf Antrag einer berechtigten Partei zur Vollstreckung in dem betreffenden Teil des Vereinigten Königreichs registriert worden ist.

EheVO 2000 Art. 22 Örtlich zuständige Gerichte

(1) Ein Antrag auf Vollstreckbarerklärung ist bei dem Gericht zu stellen, das in der Liste in Anhang I aufgeführt ist.

(2) Das örtlich zuständige Gericht wird durch den gewöhnlichen Aufenthalt der Person, gegen die die Vollstreckung erwirkt werden soll, oder durch den gewöhnlichen Aufenthalt eines Kindes, auf das sich der Antrag bezieht, bestimmt.

Befindet sich keiner der in Unterabsatz 1 angegebenen Orte in dem Mitgliedstaat, in dem die Vollstreckung erwirkt werden soll, so wird das örtlich zuständige Gericht durch den Ort der Vollstreckung bestimmt.

(3) Hinsichtlich der Verfahren nach Artikel 14 Absatz 3 wird das örtlich zuständige Gericht durch das innerstaatliche Recht des Mitgliedstaats bestimmt, in dem der Antrag auf Anerkennung oder Nichtanerkennung gestellt wird.

EheVO 2000 Art. 23 Stellung des Antrags auf Vollstreckbarerklärung

(1) Für die Stellung des Antrags ist das Recht des Mitgliedstaats maßgebend, in dem die Vollstreckung erwirkt werden soll.

(2) Der Antragsteller hat für die Zustellung im Bezirk des angerufenen Gerichts ein Wahldomizil zu begründen. Ist das Wahldomizil im Recht des Mitgliedstaats, in dem die Vollstreckung erwirkt werden soll, nicht vorgesehen, so hat der Antragsteller einen Zustellungsbevollmächtigten zu benennen.

(3) Dem Antrag sind die in den Artikeln 32 und 33 aufgeführten Urkunden beizufügen.

EheVO 2000 Art. 24 Entscheidung des Gerichts

(1) Das mit dem Antrag befaßte Gericht erläßt seine Entscheidung ohne Verzug, ohne daß die Person, gegen die die Vollstreckung erwirkt werden soll, in diesem Abschnitt des Verfahrens Gelegenheit erhält, eine Erklärung abzugeben.

(2) Der Antrag darf nur aus einem der in den Artikeln 15, 16 und 17 aufgeführten Gründe abgelehnt werden.

(3) Die ausländische Entscheidung darf keinesfalls in der Sache selbst nachgeprüft werden.

EheVO 2000 Art. 25 Mitteilung der Entscheidung

Die Entscheidung, die über den Antrag ergangen ist, wird dem Antragsteller vom Urkundsbeamten der Geschäftsstelle unverzüglich in der Form mitgeteilt, die das Recht des Mitgliedstaats, in dem die Vollstreckung erwirkt werden soll, vorsieht.

EheVO 2000 Art. 26 Rechtsbehelf gegen eine Entscheidung über die Zulassung der Vollstreckung

(1) Gegen die Entscheidung über den Antrag auf Vollstreckbarerklärung kann jede Partei einen Rechtsbehelf einlegen.

(2) Der Rechtsbehelf wird bei dem Gericht eingelegt, das in der Liste in Anhang II aufgeführt ist.

(3) Über den Rechtsbehelf wird nach den Vorschriften entschieden, die für Verfahren mit beiderseitigem rechtlichen Gehör maßgebend sind.

(4) Wird der Rechtsbehelf von der Person eingelegt, die den Antrag auf Vollstreckbarerklärung gestellt hat, so wird die Partei, gegen die die Vollstreckung erwirkt werden soll, aufgefordert, sich auf das Verfahren einzulassen, das bei dem mit dem Rechtsbehelf befaßten Gericht anhängig ist. Läßt sich die betreffende Person auf das Verfahren nicht ein, so gelten die Bestimmungen des Artikels 10.

(5) Der Rechtsbehelf gegen die Vollstreckbarerklärung ist innerhalb eines Monats nach ihrer Zustellung einzulegen. Hat die Partei, gegen die die Vollstreckung erwirkt werden soll, ihren gewöhnlichen Aufenthalt in einem anderen Mitgliedstaat als dem, in dem die Vollstreckbarerklärung erteilt worden ist, so beträgt die Frist für den Rechtsbehelf zwei Monate und beginnt mit dem Tag, an dem die Vollstreckbarerklärung ihr entweder persönlich oder in ihrer Wohnung zugestellt worden ist. Eine Verlängerung dieser Frist wegen weiter Entfernung ist ausgeschlossen.

EheVO 2000 Art. 27 Für den Rechtsbehelf zuständiges Gericht und Anfechtung der Entscheidung über den Rechtsbehelf

Die Entscheidung, die über den Rechtsbehelf ergangen ist, kann nur im Wege der in Anhang III genannten Verfahren angefochten werden.

EheVO 2000 Art. 28 Aussetzung des Verfahrens

(1) Das nach Artikel 26 oder Artikel 27 mit dem Rechtsbehelf befaßte Gericht kann auf Antrag der Partei, gegen die die Vollstreckung erwirkt werden soll, das Verfahren aussetzen, wenn im Ursprungsmitgliedstaat ein ordentlicher Rechtsbehelf eingelegt oder die Frist für einen solchen Rechtsbehelf noch nicht verstrichen ist. In letzterem Fall kann das Gericht eine Frist bestimmen, innerhalb deren der Rechtsbehelf einzulegen ist.

(2) Ist die Entscheidung in Irland oder im Vereinigten Königreich ergangen, so gilt jeder im Ursprungsmitgliedstaat statthafte Rechtsbehelf als ordentlicher Rechtsbehelf im Sinne von Absatz 1.

EheVO 2000 Art. 29 Teilvollstreckung

(1) Ist durch die Entscheidung über mehrere geltend gemachte Ansprüche erkannt worden und kann die Entscheidung nicht in vollem Umfang zur Vollstreckung zugelassen werden, so läßt das Gericht sie für einen oder mehrere Ansprüche zu.

(2) Der Antragsteller kann auch eine teilweise Vollstreckung der Entscheidung beantragen.

EheVO 2000 Art. 30 Prozeßkostenhilfe

Ist dem Antragsteller in dem Ursprungsmitgliedstaat ganz oder teilweise Prozeßkostenhilfe oder Kostenbefreiung gewährt worden, so genießt er in dem Verfahren nach den Artikeln 22 bis 25 hinsichtlich der Prozeßkostenhilfe oder der Kostenbefreiung die günstigste Behandlung, die das Recht des Mitgliedstaats, in dem er die Vollstreckung beantragt, vorsieht.

EheVO 2000 Art. 31 Sicherheitsleistung oder Hinterlegung

Der Partei, die in einem Mitgliedstaat die Vollstreckung einer in einem anderen Mitgliedstaat ergangenen Entscheidung beantragt, darf eine Sicherheitsleistung oder Hinterlegung, unter welcher Bezeichnung es auch sei, nicht aus einem der folgenden Gründe auferlegt werden:
a) weil sie in dem Mitgliedstaat, in dem die Vollstreckung erwirkt werden soll, nicht ihren gewöhnlichen Aufenthalt hat,
b) weil sie nicht die Staatsangehörigkeit dieses Staates besitzt oder, wenn die Vollstreckung im Vereinigten Königreich oder in Irland erwirkt werden soll, ihr „domicile" nicht in einem dieser Mitgliedstaaten hat.

Abschnitt 3. Gemeinsame Vorschriften

EheVO 2000 Art. 32 Urkunden

(1) Die Partei, die die Anerkennung oder Nichtanerkennung einer Entscheidung anstrebt oder den Antrag auf Vollstreckbarerklärung stellt, hat vorzulegen:
a) eine Ausfertigung der Entscheidung, die die für ihre Beweiskraft erforderlichen Voraussetzungen erfüllt, und
b) eine Bescheinigung nach Artikel 33.

(2) Bei einer im Versäumnisverfahren ergangenen Entscheidung hat die Partei, die die Anerkennung einer Entscheidung anstrebt oder deren Vollstreckbarerklärung, ferner vorzulegen
a) entweder die Urschrift oder eine beglaubigte Abschrift der Urkunde, aus der sich ergibt, daß das verfahrenseinleitende Schriftstück oder ein gleichwertiges Schriftstück der säumigen Partei zugestellt worden ist, oder
b) eine Urkunde, aus der hervorgeht, daß der Antragsgegner mit der Entscheidung eindeutig einverstanden ist.

EheVO 2000 Art. 33 Weitere Urkunden

Das zuständige Gericht oder die zuständige Behörde eines Mitgliedstaats, in dem eine Entscheidung ergangen ist, stellt auf Antrag einer berechtigten Partei eine Bescheinigung unter Verwendung des Formblatts in Anhang IV (Entscheidungen in Ehesachen) oder Anhang V (Entscheidungen betreffend die elterliche Verantwortung) aus.

EheVO 2000 Art. 34 Fehlen von Urkunden

(1) Werden die in Artikel 32 Absatz 1 Buchstabe b) oder Absatz 2 aufgeführten Urkunden nicht vorgelegt, so kann das Gericht eine Frist einräumen, innerhalb deren die Urkunden vorzulegen sind, oder sich mit gleichwertigen Urkunden begnügen oder von der Vorlage der Urkunden befreien, wenn es eine weitere Klärung nicht für erforderlich hält.

(2) Auf Verlangen des Gerichts ist eine Übersetzung dieser Urkunden vorzulegen. Die Übersetzung ist von einer hierzu in einem der Mitgliedstaaten befugten Personen zu beglaubigen.

EheVO 2000 Art. 35 Legalisation oder ähnliche Förmlichkeit

Die in den Artikeln 32 und 33 und in Artikel 34 Absatz 2 aufgeführten Urkunden sowie die Urkunde über die Prozeßvollmacht, falls eine solche erteilt wird, bedürfen weder der Legalisation noch einer ähnlichen Förmlichkeit.

Kapitel IV
Allgemeine Bestimmungen

EheVO 2000 Art. 36 Verhältnis zu anderen Übereinkünften

(1) Diese Verordnung ersetzt – unbeschadet der Artikel 38 und 42 und des nachstehenden Absatzes 2 – die zum Zeitpunkt des Inkrafttretens dieser Verordnung bestehenden, zwischen zwei oder mehr Mitgliedstaaten geschlossenen Übereinkünfte, die in dieser Verordnung geregelte Bereiche betreffen.

(2) a) Finnland und Schweden steht es frei zu erklären, daß anstelle dieser Verordnung das Übereinkommen vom 6. Februar 1931 zwischen Dänemark, Finnland, Island, Norwegen und Schweden mit Bestimmungen des internationalen Verfahrensrechts über Ehe, Adoption und Vormundschaft einschließlich des Schlußprotokolls ganz oder teilweise auf ihre gegenseitigen Beziehungen anwendbar ist. Diese Erklärungen werden in den Anhang zu der Verordnung aufgenommen und im *Amtsblatt der Europäischen Gemeinschaften* veröffentlicht. Die betreffenden Mitgliedstaaten können ihre Erklärung jederzeit ganz oder teilweise widerrufen[20].
b) Eine Diskriminierung von Bürgern der Union aus Gründen der Staatsangehörigkeit ist verboten.
c) Die Zuständigkeitskriterien in künftigen Übereinkünften zwischen den unter Buchstabe a) genannten Mitgliedstaaten, die in dieser Verordnung geregelte Bereiche betreffen, müssen mit den Kriterien dieser Verordnung im Einklang stehen.
d) Entscheidungen, die in einem der nordischen Staaten, der eine Erklärung nach Buchstabe a) abgegeben hat, aufgrund eines Zuständigkeitskriteriums erlassen werden, das einem der in Kapitel II vorgesehenen Zuständigkeitskriterien entspricht, werden in den anderen Mitgliedstaaten gemäß den Bestimmungen des Kapitels III anerkannt und vollstreckt.

(3) Die Mitgliedstaaten übermitteln der Kommission
a) eine Abschrift der Übereinkünfte sowie der einheitlichen Gesetze zur Durchführung dieser Übereinkünfte gemäß Absatz 2 Buchstaben a) und c),
b) jede Kündigung oder Änderung dieser Übereinkünfte oder dieser einheitlichen Gesetze.

EheVO 2000 Art. 37 Verhältnis zu bestimmten multilateralen Übereinkommen

Diese Verordnung hat in den Beziehungen zwischen den Mitgliedstaaten insoweit Vorrang vor den nachstehenden Übereinkommen, als diese Bereiche betreffen, die in dieser Verordnung geregelt sind:
– Haager Übereinkommen vom 5. Oktober 1961 über die Zuständigkeit der Behörden und das anzuwendende Recht auf dem Gebiet des Schutzes von Minderjährigen,
– Luxemburger Übereinkommen vom 8. September 1967 über die Anerkennung von Entscheidungen in Ehesachen,
– Haager Übereinkommen vom 1. Juni 1970 über die Anerkennung von Ehescheidungen und der Trennung von Tisch und Bett,
– Europäisches Übereinkommen vom 20. Mai 1980 über die Anerkennung und Vollstreckung von Entscheidungen über das Sorgerecht für Kinder und die Wiederherstellung des Sorgeverhältnisses,
– Haager Übereinkommen vom 19. Oktober 1996 über die Zuständigkeit, das anzuwendende Recht, die Anerkennung, Vollstreckung und Zusammenarbeit auf dem Gebiet der elterlichen Verantwortung und der Maßnahmen zum Schutz von Kindern, sofern das Kind seinen gewöhnlichen Aufenthalt in einem Mitgliedstaat hat.

---

[20] Diese Erklärung wurde von keinem dieser Mitgliedstaaten zum Zeitpunkt der Annahme der Verordnung abgegeben.

EheVO 2000 Art. 38   Fortbestand der Wirksamkeit

(1)   Die in Artikel 36 Absatz 1 und Artikel 37 genannten Übereinkünfte behalten ihre Wirksamkeit für die Rechtsgebiete, auf die diese Verordnung nicht anwendbar ist.

(2)   Sie bleiben auch weiterhin für die Entscheidungen und die öffentlichen Urkunden wirksam, die vor Inkrafttreten dieser Verordnung ergangen beziehungsweise aufgenommen sind.

EheVO 2000 Art. 39   Übereinkünfte zwischen den Mitgliedstaaten

(1)   Zwei oder mehr Mitgliedstaaten können untereinander Übereinkünfte zur Ergänzung dieser Verordnung oder zur Erleichterung ihrer Durchführung schließen.
Die Mitgliedstaaten übermitteln der Kommission
a)   eine Abschrift der Entwürfe dieser Übereinkünfte sowie
b)   jede Kündigung oder Änderung dieser Übereinkünfte.

(2)   Die Übereinkünfte dürfen keinesfalls von Kapitel II und Kapitel III dieser Verordnung abweichen.

EheVO 2000 Art. 40   Verträge mit dem Heiligen Stuhl

(1)   Diese Verordnung gilt unbeschadet des am 7. Mai 1940 in der Vatikanstadt zwischen dem Heiligen Stuhl und Portugal unterzeichneten Internationalen Vertrags (Konkordats).

(2)   Eine Entscheidung über die Ungültigkeit der Ehe gemäß dem in Absatz 1 genannten Vertrag wird in den Mitgliedstaaten unter den in Kapitel III vorgesehenen Bedingungen anerkannt.

(3)   Die Absätze 1 und 2 gelten auch für die folgenden internationalen Verträge (Konkordate) mit dem Heiligen Stuhl:
a)   Lateranvertrag vom 11. Februar 1929 zwischen Italien und dem Heiligen Stuhl, geändert durch die am 18. Februar 1984 in Rom unterzeichnete Vereinbarung mit Zusatzprotokoll;
b)   Vereinbarung vom 3. Januar 1979 über Rechtsangelegenheiten zwischen dem Heiligen Stuhl und Spanien.

(4)   Für die Anerkennung der Entscheidungen im Sinne des Absatzes 2 können in Italien oder in Spanien dieselben Verfahren und Nachprüfungen vorgegeben werden, die auch für Entscheidungen der Kirchengerichte gemäß den in Absatz 3 genannten internationalen Verträgen mit dem Heiligem Stuhl gelten.

(5)   Die Mitgliedstaaten übermitteln der Kommission
a)   eine Abschrift der in den Absätzen 1 und 3 genannten Verträge sowie
b)   jede Kündigung oder Änderung dieser Verträge.

EheVO 2000 Art. 41   Mitgliedstaaten mit zwei oder mehr Rechtssystemen

Für einen Mitgliedstaat, in dem die in dieser Verordnung behandelten Fragen in verschiedenen Gebietseinheiten durch zwei oder mehr Rechtssysteme oder Regelwerke geregelt werden, gilt folgendes:
a)   Jede Bezugnahme auf den gewöhnlichen Aufenthalt in diesem Mitgliedstaat betrifft den gewöhnlichen Aufenthalt in einer Gebietseinheit;
b)   jede Bezugnahme auf die Staatsangehörigkeit oder, im Falle des Vereinigten Königreichs, auf das „domicile" betrifft die durch die Rechtsvorschriften dieses Staats bezeichnete Gebietseinheit;
c)   jede Bezugnahme auf den Mitgliedstaat, dessen Behörde mit einem Antrag auf Ehescheidung, Trennung ohne Auflösung des Ehebandes oder Ungültigerklärung einer Ehe befaßt ist, betrifft die Gebietseinheit, deren Behörde mit einem solchen Antrag befaßt ist;
d)   jede Bezugnahme auf die Vorschriften des ersuchten Mitgliedstaats betrifft die Vorschriften der Gebietseinheit, in der die Zuständigkeit geltend gemacht oder die Anerkennung oder die Vollstreckung beantragt wird.

Kapitel V
Übergangsvorschriften

EheVO 2000 Art. 42

(1)   Diese Verordnung gilt nur für gerichtliche Verfahren, öffentliche Urkunden und vor einem Richter im Laufe eines Verfahrens geschlossene Vergleiche, die nach Inkrafttreten dieser Verordnung eingeleitet, aufgenommen beziehungsweise geschlossen worden sind.

(2)   Entscheidungen, die nach Inkrafttreten dieser Verordnung in einem vor diesem Inkrafttreten eingeleiteten Verfahren ergangen sind, werden nach Maßgabe des Kapitels III anerkannt und vollstreckt, sofern das

Gericht aufgrund von Vorschriften zuständig war, die mit den Zuständigkeitsvorschriften des Kapitels II oder eines Abkommens übereinstimmen, das zum Zeitpunkt der Einleitung des Verfahrens zwischen dem Ursprungsmitgliedstaat und dem ersuchten Mitgliedstaat in Kraft war.

Kapitel VI
Schlussbestimmungen

EheVO 2000 Art. 43   Überprüfung

Die Kommission legt dem Europäischen Parlament, dem Rat und dem Wirtschafts- und Sozialausschuß spätestens am 1. März 2006 einen Bericht über die Anwendung dieser Verordnung, insbesondere der Artikel 36 und 39 und des Artikels 40 Absatz 2, vor. Diesem Bericht werden gegebenenfalls Vorschläge zur Anpassung dieser Verordnung beigefügt.

EheVO 2000 Art. 44   Änderung der Listen mit den zuständigen Gerichten und den Rechtsbehelfen

(1)   Die Mitgliedstaaten teilen der Kommission die Texte zur Änderung der in den Anhängen I bis III enthaltenen Listen mit den zuständigen Gerichten und den Rechtsbehelfen mit. Die Kommission paßt die betreffenden Anhänge entsprechend an.

(2)   Die Aktualisierung oder technische Anpassungen der in den Anhängen IV und V wiedergegebenen Formblätter werden nach dem Verfahren des beratenden Ausschusses gemäß Artikel 45 Absatz 2 beschlossen.

EheVO 2000 Art. 45

(1)   Die Kommission wird von einem Ausschuß unterstützt.

(2)   Wird auf das Verfahren dieses Absatzes Bezug genommen, so gelten die Artikel 3 und 7 des Beschlusses 1999/468/EG.

(3)   Der Ausschuß gibt sich eine Geschäftsordnung.

EheVO 2000 Art. 46   Inkrafttreten

Diese Verordnung tritt am 1. März 2001 in Kraft.

Im Einklang mit dem Vertrag zur Gründung der Europäischen Gemeinschaft ist diese Verordnung in allen ihren Teilen verbindlich und gilt unmittelbar in jedem Mitgliedstaat.

Geschehen zu Brüssel am 29. Mai 2000.

Im Namen des Rates
Der Präsident
A. COSTA

ANHANG I

Anträge gemäß Artikel 22 sind bei folgenden Gerichten oder zuständigen Behörden zu stellen:
- in Belgien beim „tribunal de première instance"/bei der „rechtbank van eerste aanleg"/beim „erstinstanzlichen Gericht"
- in Deutschland:
- im Bezirk des Kammergerichts: beim „Familiengericht Pankow/Weißensee"
- in den Bezirken der übrigen Oberlandesgerichte: beim „Familiengericht am Sitz des betreffenden Oberlandesgerichts"
- in Griechenland beim „Μονομελές Πρωτοδικείο"
- in Spanien beim „Juzgado de Primera Instancia"
- in Frankreich beim Präsidenten des „Tribunal de grande instance"
- in Irland beim „High Court"
- in Italien bei der „Corte d'appello"
- in Luxemburg beim Präsidenten des „Tribunal d'arrondissement"
- in den Niederlanden beim Präsidenten der „Arrondissementsrechtbank"
- in Österreich beim „Bezirksgericht"
- in Portugal beim „Tribunal de Comarca" oder „Tribunal de Familia"
- in Finnland beim „käräjäoikeus"/„tingsrätt"
- in Schweden beim „Svea hovrätt"

- im Vereinigten Königreich:
  a) in England und Wales beim „High Court of Justice"
  b) in Schottland beim „Court of Session"
  c) in Nordirland beim „High Court of Justice"
  d) in Gibraltar beim „Supreme Court".

ANHANG II

Der Rechtsbehelf gemäß Artikel 26 ist bei folgenden Gerichten einzulegen:
- in Belgien:
  a) Die Person, die den Antrag auf Vollstreckbarerklärung gestellt hat, kann einen Rechtsbehelf beim „cour d'appel" oder beim „hof van beroep" einlegen.
  b) Die Person, gegen die die Vollstreckung erwirkt werden soll, kann beim „tribunal de première instance"/bei der „rechtbank van eerste aanleg"/beim „erstinstanzlichen Gericht" Einspruch einlegen.
- in Deutschland beim „Oberlandesgericht"
- in Griechenland beim „Εφετείο"
- in Spanien bei der „Audiencia Provincial"
- in Frankreich bei der „Cour d'appel"
- in Irland beim „High Court"
- in Italien bei der „Corte d'appello"
- in Luxemburg bei der „Cour d'appel"
- in den Niederlanden:
  a) Wird der Rechtsbehelf vom Antragsteller oder vom Antragsgegner, der sich auf das Verfahren eingelassen hat, eingelegt: beim „Gerechtshof".
  b) Wird der Rechtsbehelf vom Antragsgegner, gegen den ein Versäumnisurteil ergangen ist, eingelegt: bei der „Arrondissementsrechtbank".
- in Österreich beim „Bezirksgericht"
- in Portugal beim „Tribunal de Relação"
- in Finnland beim „hovioikeus"/„hovrätt"
- in Schweden beim „Svea hovrätt"
- im Vereinigten Königreich:
  a) in England und Wales beim „High Court of Justice"
  b) in Schottland beim „Court of Justice"
  c) in Nordirland beim „High Court of Justice"
  d) in Gibraltar beim „Court of appeal".

ANHANG III

Rechtsbehelfe gemäß Artikel 27 können nur eingelegt werden:
- in Belgien, Griechenland, Spanien, Frankreich, Italien, Luxemburg und den Niederlanden: mit der „Kassationsbeschwerde";
- in Deutschland: mit der „Rechtsbeschwerde";
- in Irland: mit einem auf Rechtsfragen beschränkten Rechtsbehelf beim „Supreme Court";
- in Österreich: mit dem „Revisionsrekurs";
- in Portugal: mit einem „recurso restrito à matéria de direito";
- in Finnland: mit einem Rechtsbehelf beim „korkein oikeus/högsta domstolen";
- im Vereinigten Königreich: mit einem einzigen weiteren, auf Rechtsfragen beschränkten Rechtsbehelf.

ANHANG IV

Bescheinigung gemäß Artikel 33 bei Entscheidungen in Ehesachen
1. Ursprungsmitgliedstaat ___
2. Ausstellendes Gericht bzw. ausstellende Behörde
2.1. Name ___
2.2. Anschrift ___
2.3. Tel./Fax/E-mail ___
3. Angaben zur Ehe
3.1. Ehefrau
3.1.1. Vollständiger Name ___
3.1.2. Staat und Ort der Geburt ___
3.1.3. Geburtsdatum ___

3.2.   Ehemann
3.2.1.   Vollständiger Name _____
3.2.2.   Staat und Ort der Geburt _____
3.2.3.   Geburtsdatum _____
3.3.   Land, Ort (soweit bekannt) und Datum der Eheschließung
3.3.1.   Staat der Eheschließung _____
3.3.2.   Ort der Eheschließung (soweit bekannt) _____
3.3.3.   Datum der Eheschließung _____
4.   Angaben zu dem Gericht, das die Entscheidung erlassen hat
4.1.   Bezeichnung des Gerichts _____
4.2.   Gerichtsort _____
5.   Angaben zur Entscheidung
5.1.   Datum _____
5.2.   Aktenzeichen _____
5.3.   Art der Entscheidung
5.3.1.   Scheidung ❑
5.3.2.   Ungültigerklärung der Ehe ❑
5.3.3.   Trennung ohne Auflösung des Ehebandes ❑
5.4.   Erging die Entscheidung im Versäumnisverfahren?
5.4.1.   nein ❑
5.4.2.   ja[21] ❑
6.   Namen der Parteien, denen Prozeßkostenhilfe gewährt wurde _____
7.   Können gegen die Entscheidung nach dem Recht des Ursprungsmitgliedstaats weitere Rechtsmittel eingelegt werden?
7.1.   nein ❑
7.2.   ja ❑
8.   Datum der Rechtswirksamkeit in dem Mitgliedstaat, in dem die Entscheidung erging
8.1.   Scheidung _____
8.2.   Trennung ohne Auflösung des Ehebandes _____
Geschehen zu ... am ... Unterschrift und/oder Dienstsiegel

ANHANG V

Bescheinigung gemäß Artikel 33 bei Entscheidungen betreffend die elterliche Verantwortung

1.   Ursprungsmitgliedstaat _____
2.   Ausstellendes Gericht bzw. ausstellende Behörde
2.1.   Name _____
2.2.   Anschrift _____
2.3.   Tel./Fax/E-mail _____
3.   Angaben zu den Eltern
3.1.   Mutter
3.1.1.   Vollständiger Name _____
3.1.2.   Geburtsdatum und Geburtsort _____
3.2.   Vater
3.2.1.   Vollständiger Name _____
3.2.2.   Geburtsdatum und Geburtsort _____
4.   Angaben zu dem Gericht, das die Entscheidung erlassen hat
4.1.   Bezeichnung des Gerichts _____
4.2.   Gerichtsort _____
5.   Angaben zur Entscheidung
5.1.   Datum _____
5.2.   Aktenzeichen _____
5.3.   Erging die Entscheidung im Versäumnisverfahren?
5.3.1.   nein ❑
5.3.2.   ja[22] ❑

---

[21] In diesem Fall sind die in Artikel 32 Absatz 2 genannten Urkunden vorzulegen.

[22] In diesem Fall sind die in Artikel 32 Absatz 2 genannten Urkunden vorzulegen.

6.	Von der Entscheidung erfaßte Kinder[23]
6.1.	Vollständiger Name und Geburtsdatum _____
6.2.	Vollständiger Name und Geburtsdatum _____
6.3.	Vollständiger Name und Geburtsdatum _____
6.4.	Vollständiger Name und Geburtsdatum _____
7.	Namen der Parteien, denen Prozeßkostenhilfe gewährt wurde _____
8.	Bescheinigung über die Vollstreckbarkeit und die Zustellung
8.1.	Ist die Entscheidung nach dem Recht des Ursprungsmitgliedstaats vollstreckbar?
8.1.1.	ja ❑
8.1.2.	nein ❑
8.2.	Wurde die Entscheidung der Partei, gegen die die Vollstreckung beantragt wird, zugestellt?
8.2.1.	ja ❑
8.2.1.1.	Vollständiger Name der Partei _____
8.2.1.2.	Zustellungsdatum _____
8.2.2.	nein ❑

Geschehen zu ... am ... Unterschrift und/oder Dienstsiegel

---

[23] In diesem Fall sind die in Artikel 32 Absatz 2 genannten Urkunden vorzulegen.

Anhang II zum III. Abschnitt: Internationale Zuständigkeit in Ehesachen

1. Teil: § 606a ZPO

ZPO § 606a Internationale Zuständigkeit

(1) ¹Für Ehesachen sind die deutschen Gerichte zuständig,
1. wenn ein Ehegatte Deutscher ist oder bei der Eheschließung war,
2. wenn beide Ehegatten ihren gewöhnlichen Aufenthalt im Inland haben,
3. wenn ein Ehegatte Staatenloser mit gewöhnlichem Aufenthalt im Inland ist oder
4. wenn ein Ehegatte seinen gewöhnlichen Aufenthalt im Inland hat, es sei denn, daß die zu fällende Entscheidung offensichtlich nach dem Recht keines der Staaten anerkannt würde, denen einer der Ehegatten angehört.

²Diese Zuständigkeit ist nicht ausschließlich.

(2) ¹Der Anerkennung einer ausländischen Entscheidung steht Absatz 1 Satz 1 Nr. 4 nicht entgegen, wenn ein Ehegatte seinen gewöhnlichen Aufenthalt in dem Staat hatte, dessen Gerichte entschieden haben. ²Wird eine ausländische Entscheidung von den Staaten anerkannt, denen die Ehegatten angehören, so steht Absatz 1 der Anerkennung der Entscheidung nicht entgegen.

A. Allgemeines 1	4. Gewöhnlicher Aufenthalt eines Staatenlosen im Inland (§ 606a Abs. 1 Nr. 3 ZPO) 14
B. Regelungsgehalt 3	
I. Anwendungsbereich 3	
II. Internationale Zuständigkeiten ... 5	5. Gewöhnlicher Aufenthalt des Antragstellers im Inland (§ 606a Abs. 1 Nr. 4 ZPO) 15
1. Grundsätze 5	
2. Deutsche Staatsangehörigkeit (§ 606a Abs. 1 Nr. 1 ZPO) 9	
3. Gewöhnlicher Aufenthalt der Ehegatten im Inland (§ 606a Abs. 1 Nr. 2 ZPO) .. 12	

A. Allgemeines

§ 606a Abs. 1 ZPO regelt die **internationale Zuständigkeit** in Ehesachen. Die Vorschrift hat allerdings erheblich an Bedeutung verloren, da sie durch die Zuständigkeitsregeln der **EheVO 2003** weit gehend verdrängt wird (vgl. Anhang I zum III. Abschnitt, vor Art. 1 EheVO Rn 16). Die Vorschrift ist nur noch dann anzuwenden, wenn die Artt. 6, 7 EheVO 2003 einen Rückgriff auf das nationale Zuständigkeitsrecht zulassen. Dies ist nur ausnahmsweise der Fall (vgl. näher Anhang I zum III. Abschnitt, Art. 6 EheVO Rn 1 ff., Art. 7 EheVO Rn 1). § 606a Abs. 1 ZPO sieht weitgefasste Zuständigkeiten vor, wobei – anders als in der EheVO 2003 – neben dem gewöhnlichen Aufenthalt vor allem auch der **Staatsangehörigkeit** der Ehegatten große Bedeutung zukommt. 1

§ 606a Abs. 1 ZPO gilt nach Maßgabe von § 661 Abs. 3 ZPO entsprechend für **Lebenspartnerschaftssachen.** Da die EheVO 2003 nicht für Lebenspartner gilt, sind §§ 661 Abs. 3, 606a ZPO insoweit uneingeschränkt anwendbar. 2

B. Regelungsgehalt

I. Anwendungsbereich

§ 606a Abs. 1 ZPO ist in Ehesachen nur dann anwendbar, wenn festgestellt ist, dass Artt. 6, 7 EheVO 2003 einen **Rückgriff auf das nationale Zuständigkeitsrecht** erlauben. Der genaue Inhalt der sehr unklar gefassten Artt. 6, 7 EheVO 2003 ist allerdings noch nicht abschließend geklärt. 3

Ein Rückgriff auf das nationale Zuständigkeitsrecht kommt gemäß Art. 7 Abs. 1 nur dann in Betracht, wenn sich aus den Artt. 3, 4, 5 EheVO 2003 keine internationale Zuständigkeit eines Mitgliedstaates ergibt. Zusätzlich wird von der – zutreffenden – h.L. vorausgesetzt, dass Art. 6 einem Rückgriff auf das unvereinheitlichte deutsche Recht nicht entgegensteht (vgl. näher Anhang I zum III. Abschnitt, Art. 6 EheVO Rn 2 ff.). Dies ist dann der Fall, wenn der Antragsgegner seinen gewöhnlichen Aufenthalt nicht in einem Mitgliedstaat der EG hat und auch nicht die Staatsangehörigkeit eines Mitgliedstaates besitzt (wobei der Zugehörigkeit zum Vereinigten Königreich und zu Irland allerdings keine Bedeutung zukommt) und sich sein *domicile* weder im Vereinigten Königreich noch in Irland befindet. Des Weiteren steht Art. 6 – unter 4

Gruber 2003

den Voraussetzungen von Art. 7 Abs. 1 – einem Rückgriff auf das deutsche Zuständigkeitsrecht dann nicht entgegen, wenn der Antragsgegner die deutsche Staatsangehörigkeit hat (vgl. näher Anhang I zum III. Abschnitt, Art. 6 EheVO Rn 12 ff.).

II. Internationale Zuständigkeiten

1. Grundsätze. § 606a Abs. 1 ZPO regelt nur die **internationale Zuständigkeit**. Diese ist nicht ausschließlich (Abs. 1 S. 2), sondern konkurrierend. Die örtliche Zuständigkeit richtet sich nach § 606 ZPO, die sachliche Zuständigkeit des Amtsgerichts folgt aus § 23a Nr. 4 GVG.

Die Prüfung der internationalen Zuständigkeit erfolgt **von Amts wegen**. Die Prüfung hat in jeder Lage des Verfahrens erfolgen, also (ungeachtet der zu weit gefassten §§ 513 Abs. 2, 545 Abs. 2 ZPO) auch in der Berufung, Beschwerde bzw. in der Revision.[1] Im Falle der Staatsangehörigkeit als einem zuständigkeitsbegründenden Tatbestandsmerkmal ist das Gericht an ein rechtskräftiges Verwaltungsgerichtsurteil gebunden.

Maßgebend für die Prüfung sind grundsätzlich die Umstände im Zeitpunkt der Rechtshängigkeit.[2] Es gilt der Grundsatz der *perpetuatio fori*, so dass die nachträgliche Änderung zuständigkeitsbegründender Umstände – insbesondere des gewöhnlichen Aufenthalts bzw. der Staatsangehörigkeit – die einmal vorhandene internationale Zuständigkeit nicht in Wegfall bringt.

Für **Folgesachen** (§ 623 ZPO) entsteht, soweit für die Ehesache eine internationale Zuständigkeit gegeben ist, ebenfalls eine internationale Zuständigkeit (§ 621 Abs. 2 S. 1 ZPO).[3] Allerdings gehen die Zuständigkeitsvorschriften des internationalen Einheitsrechts dem unvereinheitlichten deutschen Recht vor. Für die internationale Zuständigkeit in **Unterhaltssachen** gelten daher Art. 2, 5 Nr. 2 EuGVVO. Für die internationale Zuständigkeit in Verfahren über die **elterliche Verantwortung**, insbesondere also Sorgerechtsangelegenheiten, gelten die EheVO 2003 sowie ergänzend das KSÜ bzw. das MSA.

2. Deutsche Staatsangehörigkeit (§ 606a Abs. 1 Nr. 1 ZPO). Eine internationale Zuständigkeit deutscher Gerichte besteht dann, wenn einer der Ehegatten **Deutscher** i.S.d. Art. 116 GG ist. Maßgebend ist grundsätzlich wiederum der Zeitpunkt der Rechtshängigkeit (§ 261 Abs. 1 ZPO). Ein späterer Verlust der deutschen Staatsangehörigkeit bringt die einmal entstandene Zuständigkeit nicht in Wegfall.[4] Allerdings reicht es für die internationale Zuständigkeit auch aus, wenn die deutsche Staatsangehörigkeit bis zum Schluss der letzten mündlichen Verhandlung erworben wurde.[5] Bei Doppel- oder Mehrstaatern reicht es nach h.M. aus, wenn eine der Staatsangehörigkeiten die deutsche ist. Es kommt hierbei nicht darauf an, ob die deutsche Staatsangehörigkeit die effektive ist.[6] § 606a Abs. 1 Nr. 1 ZPO hat (unter den Voraussetzungen der Artt. 6, 7 Abs. 1 EheVO 2003) weiterhin eigenständige Bedeutung, da nach Art. 3 Abs. 1 lit. b EheVO 2003 nur die gemeinsame deutsche Staatsangehörigkeit von Antragsteller und Antragsgegner zuständigkeitsbegründend wirkt.

Art. 7 Abs. 2 EheVO 2003 führt dazu, dass Angehörige eines EG-Mitgliedstaates, die in Deutschland ihren gewöhnlichen Aufenthalt haben, zu ihren Gunsten so zu behandeln sind wie deutsche Staatsangehörige. Hierdurch soll ein Verstoß gegen das **Diskriminierungsverbot des Art. 12 EGV** verhindert werden. Ein französischer Staatsangehöriger mit gewöhnlichem Aufenthalt in Deutschland kann sich daher ebenfalls – so, als sei er selbst deutscher Staatsangehöriger – auf § 606a Nr. 1 ZPO berufen. Vorausgesetzt wird allerdings, dass der Antragsgegner seinen gewöhnlichen Aufenthalt nicht in einem Mitgliedstaat hat und auch nicht die Staatsangehörigkeit eines Mitgliedstaates besitzt (wobei der Zugehörigkeit zum Vereinigten Königreichs und Irlands allerdings keine Bedeutung zukommt) und sich sein *domicile* weder im Vereinigten Königreich noch Irland befindet (vgl. näher Anhang I zum III. Abschnitt, Art. 7 EheVO Rn 3 ff.

---

1 BGHZ 153, 82, 84 ff. = NJW 2003, 426 f. mit zust. Anm. *Leible*, S. 407, 408 f. = IPRax 2003, 346 f. mit zust. Anm. *Piekenbrock/Schulze*, S. 328 f.; BGH NJW-RR 2003, 1582; NJW 2003, 2918 = IPRax 2004, 59, 60; BGH ZIP 2004, 428, 429 f.
2 BGH NJW 1984, 1305 = IPRax 1985, 162 = FamRZ 1983, 1215.
3 BGH IPRax 2001, 454 = FamRZ 2001, 412; Musielak/*Borth*, ZPO, § 606a Rn 22; Erman/ *Hohloch*, Art. 17 EGBGB Rn 68.
4 Zöller/*Geimer*, ZPO, § 606a Rn 40; a.A. Staudinger/ *Spellenberg*, Int. Verfahrensrecht in Ehesachen, §§ 606 ff. Rn 399.
5 BGH NJW 1982, 1940 = IPRax 1983, 180 = FamRZ 1982, 795; BGH NJW 1977, 498; 1970, 1007.
6 OLG Stuttgart FamRZ 1989, 760; OLG Celle FamRZ 1987, 159; Zöller/*Geimer*, ZPO, § 606a Rn 37; Musielak/*Borth*, ZPO, § 606a Rn 8; Erman/*Hohloch*, Art. 17 EGBGB Rn 66; abweichend Staudinger/ *Spellenberg*, Int. Verfahrensrecht in Ehesachen, §§ 606 ff. Rn 153, 156 (für eine teleologische Reduktion des § 606a Abs. 1 S. 1 Nr. 1 ZPO, wenn die deutsche Staatsangehörigkeit der Partei nicht effektiv ist bzw. bei Heirat nicht war und nicht deutsches Sachrecht anzuwenden ist).

Wie deutsche Staatsangehörige behandelt werden ferner, was ihren Zugang zu den deutschen Gerichten anbelangt, **Flüchtlinge** nach der Genfer Flüchtlingskonvention sowie ihnen nach § 2 Abs. 1 AsylVfG gleichgestellte **Asylberechtigte**.[7] Teilweise wird in diesen Fällen – was allerdings ohne praktische Konsequenzen bleibt – eine analoge Anwendung von Nr. 3 befürwortet.[8]

3. Gewöhnlicher Aufenthalt der Ehegatten im Inland (§ 606a Abs. 1 Nr. 2 ZPO). Eine internationale Zuständigkeit deutscher Gerichte besteht nach § 606a Abs. 1 Nr. 2 ZPO auch dann, wenn beide Ehegatten ihren **gewöhnlichen Aufenthalt** in Deutschland haben. Nicht ausreichend ist ein einfacher Aufenthalt, der sich noch nicht zu einem gewöhnlichen Aufenthalt verfestigt hat. Bei Asylbewerbern wird allerdings z.T. ein längerer Zeitraum verlangt bzw. zumindest gefordert, dass der Aufenthalt geduldet wird und eine Abschiebung nicht konkret bevorsteht.[9] Ist ein gewöhnlicher Aufenthalt begründet worden, so entfällt er nicht mit der Ablehnung des Asylantrags oder der Anordnung der Ausreise.[10]

Näher betrachtet kommt § 606a Abs. 1 Nr. 2 ZPO keine Bedeutung mehr zu, da in diesen Fällen eine internationale Zuständigkeit deutscher Gerichte nach Art. 3 Abs. 1 lit. a EheVO 2003 besteht. Praktisch relevante Unterschiede in der Definition des gewöhnlichen Aufenthalts nach § 606a ZPO bzw. Art. 3 EheVO 2003 sind gegenwärtig nicht erkennbar (vgl. Anhang I zum III. Abschnitt, Art. 3 EheVO Rn 11).

4. Gewöhnlicher Aufenthalt eines Staatenlosen im Inland (§ 606a Abs. 1 Nr. 3 ZPO). Ist einer der Ehegatten **staatenlos**, so wird eine internationale Zuständigkeit deutscher Gerichte bereits mit dem gewöhnlichen Aufenthalt des Staatenlosen in Deutschland begründet. Der gewöhnliche Aufenthalt im Inland steht beim Staatenlosen daher praktisch der deutschen Staatsangehörigkeit gleich. Der Vorschrift kommt – wiederum nur unter den engen Voraussetzungen der Art. 6, 7 Abs. 1 EheVO 2003 – eigenständige Bedeutung zu, soweit sich die internationale Zuständigkeit auf den gewöhnlichen Aufenthalt des Antragstellers stützt. Nach Art. 3 Abs. 1 lit. a Spiegelstrich 5 EheVO 2003 ist nämlich ein gewöhnlicher Aufenthalt des Antragstellers im Inland nur dann zuständigkeitsbegründend, wenn er seit mindestens einem Jahr ununterbrochen beibehalten worden ist.

5. Gewöhnlicher Aufenthalt des Antragstellers im Inland (§ 606a Abs. 1 Nr. 4 ZPO). Grundsätzlich reicht es für die internationale Zuständigkeit deutscher Gerichte auch aus, dass nur der **Antragsteller** seinen **gewöhnlichen Aufenthalt im Inland** hat. Ausgeschlossen ist die internationale Zuständigkeit der deutschen Gerichte ausnahmsweise dann, wenn die Scheidung offensichtlich von keinem der Staaten, dem einer der Ehegatten angehört, anerkannt würde. Hat ein Ehegatten mehrere Staatsangehörigkeiten, so ist nur auf die effektive Staatsangehörigkeit abzustellen.[11] Der Vorschrift kommt (unter den Voraussetzungen der Artt. 6, 7 Abs. 1 EheVO 2003) dann eigenständige Bedeutung zu, wenn sich keine internationale Zuständigkeit aus Art. 3 Abs. 1 lit. a Spiegelstrich 5 EheVO 2003 ergibt, also der gewöhnliche Aufenthalt im Inland noch kein ganzes Jahr besteht.

Eine **Anerkennung durch die Heimatstaaten** scheidet niemals offensichtlich aus, wenn einer der Ehegatten die Staatsangehörigkeit eines EG-Mitgliedstaates (außer Dänemark) hat. Denn in diesem Fall erfolgt eine Anerkennung nach Maßgabe der Artt. 21 ff. EheVO 2003 (siehe Anhang I zum III. Abschnitt, Art. 21 EheVO Rn 1 ff.).[12] Soll eine „hinkende Inlandsehe" geschieden werden, so bedarf es keiner Anerkennungsprognose im Hinblick auf diejenigen Staaten, die ohnehin nicht von einem wirksamen Bestehen der Ehe ausgehen.[13]

In den übrigen Fällen hat das Gericht die für den betreffenden Staat maßgeblichen Anerkennungsvorschriften zu berücksichtigen. Regelmäßig kann sich das Gericht an vorhandenen Abkommen, gesetzlichen Bestimmungen oder einer bekannten ausländischen Anerkennungspraxis orientieren und gelangt ohne die Hilfe von Sachverständigen zu einem eindeutigen Ergebnis.[14] Verbleiben Zweifel, so ist von der Anerkennungsfähigkeit des deutschen Urteils auszugehen.[15]

Umstritten ist, wie intensiv die Anerkennungsfähigkeit des deutschen Urteils durch den Richter geprüft werden muss. Nach einer Ansicht hat der Richter alle objektiven Erkenntnisquellen auszuschöpfen. Nach anderer Ansicht ist demgegenüber eine „Offensichtlichkeit" der Nichtanerkennung bereits dann zu verneinen,

---

7 Vgl. Musielak/*Borth*, ZPO, § 606a Rn 9; *Kilian*, IPRax 1995, 9, 10 f.
8 So z.B. OLG München, IPRax 1989, 238; Erman/*Hohloch*, Art. 17 EGBGB Rn 66 m.w.N.
9 Vgl. OLG Hamm NJW 1990, 651; näher *Kilian*, IPRax 1995, 9, 10 f.
10 OLG Nürnberg FamRZ 2002, 324.
11 Erman/*Hohloch*, Art. 17 EGBGB Rn 66; *Kilian*, IPRax 1995, 9, 11 f.; *Spellenberg*, IPRax 1988, 1, 5; *Henrich*, FamRZ 1986, 841, 869.
12 Hat der Antragsgegner die Staatsangehörigkeit eines Mitgliedstaates, scheidet die Anwendung von § 606a ZPO bereits wegen der Sperrwirkung von Artt. 6, 7 EheVO 2003 aus.
13 Erman/*Hohloch*, Art. 17 EGBGB Rn 66.
14 Musielak/*Borth*, ZPO, § 606a Rn 15.
15 Baumbach/Lauterbach/*Albers*, § 606a ZPO Rn 8; *Spellenberg*, IPRax 1988, 1, 8.

wenn nicht jedem Sachkundigen klar ist, dass der Heimatstaat bei der gegebenen Fallgestaltung generell verweigert.[16] Das Gericht hat also die zugängliche Rechtsprechung und Literatur heranzuziehen, aber nicht (notwendigerweise) Sachverständigengutachten einzuholen. Eine „offensichtliche" Nichtanerkennung liegt nach dieser Ansicht z.B. vor, wenn der Heimatstaat die Scheidung ausschließlich seinen eigenen Gerichten vorbehält oder nur die Zuständigkeit geistlicher oder religiöser Gerichte akzeptiert.[17] Der zuletzt genannten Ansicht dürfte zuzustimmen sein, da dem Tatbestandsmerkmal der fehlenden Offensichtlichkeit nach den Gesetzesmaterialien eine verfahrensbezogene Bedeutung zukommen sollte.[18]

2. Teil: Anerkennung ausländischer Entscheidungen in Ehe- und Lebenspartnerschaftssachen, Art. 7 FamRÄndG und § 328 ZPO*

FamRÄndG Art. 7 § 1 Anerkennung ausländischer Entscheidungen in Ehesachen

(1) ¹Entscheidungen, durch die im Ausland eine Ehe für nichtig erklärt, aufgehoben, dem Bande nach oder unter Aufrechterhaltung des Ehebandes geschieden oder durch die das Bestehen oder Nichtbestehen einer Ehe zwischen den Parteien festgestellt ist, werden nur anerkannt, wenn die Landesjustizverwaltung festgestellt hat, daß die Voraussetzungen für die Anerkennung vorliegen. ²Die Verbürgung der Gegenseitigkeit ist nicht Voraussetzung für die Anerkennung. ³Hat ein Gericht oder eine Behörde des Staates entschieden, dem beide Ehegatten zur Zeit der Entscheidung angehört haben, so hängt die Anerkennung nicht von einer Feststellung der Landesjustizverwaltung ab.

(2) ¹Zuständig ist die Justizverwaltung des Landes, in dem ein Ehegatte seinen gewöhnlichen Aufenthalt hat. ²Hat keiner der Ehegatten seinen gewöhnlichen Aufenthalt im Inland, so ist die Justizverwaltung des Landes zuständig, in dem eine neue Ehe geschlossen werden soll; die Justizverwaltung kann den Nachweis verlangen, daß die Eheschließung angemeldet ist. ³Soweit eine Zuständigkeit nicht gegeben ist, ist die Justizverwaltung des Landes Berlin zuständig.

(2a) ¹Die Landesregierungen können die den Landesjustizverwaltungen nach diesem Gesetz zustehenden Befugnisse durch Rechtsverordnung auf einen oder mehrere Präsidenten des Oberlandesgerichts übertragen. ²Die Landesregierungen können die Ermächtigung auf die Landesjustizverwaltungen übertragen.

(3) ¹Die Entscheidung ergeht auf Antrag. ²Den Antrag kann stellen, wer ein rechtliches Interesse an der Anerkennung glaubhaft macht.

(4) ¹Lehnt die Landesjustizverwaltung den Antrag ab, so kann der Antragsteller die Entscheidung des Oberlandesgerichts beantragen.

(5) ¹Stellt die Landesjustizverwaltung fest, daß die Voraussetzungen für die Anerkennung vorliegen, so kann ein Ehegatte, der den Antrag nicht gestellt hat, die Entscheidung des Oberlandesgerichts beantragen. ²Die Entscheidung der Landesjustizverwaltung wird mit der Bekanntmachung an den Antragsteller wirksam. Die Landesjustizverwaltung kann jedoch in ihrer Entscheidung bestimmen, daß die Entscheidung erst nach Ablauf einer von ihr bestimmten Frist wirksam wird.

(6) ¹Das Oberlandesgericht entscheidet im Verfahren der freiwilligen Gerichtsbarkeit. ²Zuständig ist das Oberlandesgericht, in dessen Bezirk die Landesjustizverwaltung ihren Sitz hat. ³Der Antrag auf gerichtliche Entscheidung hat keine aufschiebende Wirkung. ⁴§ 21 Abs. 2, §§ 23, 24 Abs. 3, §§ 25, 28 Abs. 2, 3, § 30 Abs. 1 Satz 1 und § 199 Abs. 1 des Gesetzes über die Angelegenheiten der freiwilligen Gerichtsbarkeit gelten sinngemäß. ⁵Die Entscheidung des Oberlandesgerichts ist endgültig.

(7) ¹Die vorstehenden Vorschriften sind sinngemäß anzuwenden, wenn die Feststellung begehrt wird, daß die Voraussetzungen für die Anerkennung einer Entscheidung nicht vorliegen.

---

16 Für Letzteres z.B. Baumbach/Lauterbach/*Albers*, § 606a ZPO Rn 8 m.w.N.; ähnlich Erman/*Hohloch*, Art. 17 EGBGB Rn 66; Musielak/*Borth*, ZPO, § 606a Rn 16, 17; *Basedow*, NJW 1986, 2971, 2979; a.A. Staudinger/*Spellenberg*, Int. Verfahrensrecht in Ehesachen, §§ 606 ff. Rn 239.

17 Eine Darstellung der Anerkennungsvorschriften in den einzelnen Staaten findet sich bei *Bergmann*/*Ferid*, Internationales Ehe- und Kindschaftsrecht mit Staatsangehörigkeitsrecht, Loseblatt.

18 Vgl. Baumbach/Lauterbach/*Albers*, § 606a ZPO Rn 8.

* Für die Mitarbeit an der Kommentierung des Art. 7 FamRÄndG und des § 328 ZPO danke ich Wiss. Mitarbeiter *Thomas Heidrich*.

(8) ¹Die Feststellung, daß die Voraussetzungen für die Anerkennung vorliegen oder nicht vorliegen, ist für Gerichte und Verwaltungsbehörden bindend.

FamRÄndG Art. 7 § 2 Kosten

(1) ¹Für die Feststellung, daß die Voraussetzungen für die Anerkennung einer ausländischen Entscheidung vorliegen oder nicht vorliegen (§ 1), wird eine Gebühr von 10 Euro bis 310 Euro erhoben.

(2) ¹Für das Verfahren des Oberlandesgerichts werden Kosten nach der Kostenordnung erhoben. ²Weist das Oberlandesgericht den Antrag nach § 1 Abs. 4, 5, 7 zurück, so wird eine Gebühr von 10 Euro bis 310 Euro erhoben. ³Wird der Antrag zurückgenommen, so wird nur die Hälfte dieser Gebühr erhoben. ⁴Die Gebühr wird vom Oberlandesgericht bestimmt. ⁵Hebt das Oberlandesgericht die Entscheidung der Verwaltungsbehörde auf und entscheidet es in der Sache selbst, so bestimmt es auch die von der Verwaltungsbehörde zu erhebende Gebühr.

Literatur: *Andrae*, Internationales Familienrecht, 1999; *Andrae/Heidrich*, Anerkennung ausländischer Entscheidungen in Ehe- und Lebenspartnerschaftssachen, FPR 2004, 292; *dies.*, Aktuelle Fragen zum Anwendungsbereich des Verfahrens nach Art. 7 § 1 FamRÄndG, FamRZ 2004, 1622; *Fricke*, Anerkennungszuständigkeit zwischen Spiegelbildgrundsatz und Generalklausel, 1990; *Geimer*, Anerkennung ausländischer Entscheidungen in Deutschland, 1995; *Haecker*, Die Anerkennung ausländischer Entscheidungen in Ehesachen, 2. Auflage 2000; *Henrich*, Internationales Familienrecht, 2. Auflage 2000; *Krzywon*, StAZ 1989, 93 (teils überholt).

A. Überblick 1	a) Fehlende Zuständigkeit (§ 328 Abs. 1 Nr. 1 ZPO) 48
B. Das förmliche Feststellungsverfahren nach Art. 7 § 1 FamRÄndG 6	b) Keine ordnungsgemäße oder rechtzeitige Zustellung (§ 328 Abs. 1 Nr. 2 ZPO) 51
I. Allgemeines 6	aa) Keine Einlassung 52
1. Sinn und Zweck 6	bb) Geltendmachung der Nichteinlassung im Verfahren, in dem über die Anerkennung entschieden wird 53
2. Funktionsweise 7	
3. Struktur 8	
II. Anwendungsbereich (Art. 7 § 1 Abs. 1 S. 1 und 3, Abs. 7 FamRÄndG) 9	cc) Fehlerhafte Zustellung des verfahrenseinleitenden Schriftstücks 55
1. Entscheidungen in Ehe- und Lebenspartnerschaftssachen 9	(1) Verfahrenseinleitendes Schriftstück 55
2. Privatscheidungen 12	(2) Nichtordnungsgemäßheit und Nichtrechtzeitigkeit . . 56
3. Ausnahme: Heimatstaatentscheidung (Art. 7 § 1 Abs. 1 S. 3 FamRÄndG) ... 18	(3) Nichtordnungsgemäßheit . 58
4. Freiwilliges Feststellungsverfahren 20	(4) Nicht rechtzeitige Zustellung 61
III. Das verwaltungsbehördliche Verfahren .. 22	c) Unvereinbarkeit (§ 328 Abs. 1 Nr. 3 ZPO) 62
1. Verhältnis zu anderen (Gerichts-)Verfahren 22	d) Ordre public (§ 328 Abs. 1 Nr. 4 ZPO) 65
2. Zuständigkeit 29	e) Fehlende Verbürgung der Gegenseitigkeit (§ 328 Abs. 1 Nr. 5 ZPO) ... 69
3. Antragsbefugnis (Art. 7 § 1 Abs. 3 FamRÄndG) 30	4. Wirkung der Anerkennung 70
4. Antragsformalia 32	IV. Privatscheidungen 73
5. Verwirkung des Antragsrechts 33	1. Überblick 73
6. Verfahren 34	2. Ordre public 75
7. Zeitpunkt der Wirksamkeit der Entscheidung (Art. 7 § 1 Abs. 5 S. 2 und 3, Abs. 6 S. 3 und 4 FamRÄndG) .. 35	3. Wirkung der Anerkennung 77
	4. Stellungnahme zur extensiven Anwendung von § 1564 S. 1 BGB 78
IV. Das gerichtliche Verfahren 36	D. Weitere praktische Hinweise 79
1. Antragsbefugnis 36	I. Zum förmlichen Anerkennungsverfahren nach Art. 7 § 1 FamRÄndG 79
2. Antragsformalia 37	1. Zuständige Stellen 79
3. Verfahren 38	a) Verwaltungsbehördliches Verfahren (Art. 7 § 1 Abs. 1 S. 1, Abs. 2a FamRÄndG) 79
4. Rechtsbehelf 39	
V. Wirkungen der Feststellungsentscheidung 40	
1. Bindungswirkung 40	
2. Bestands- und Rechtskraft 41	b) Sonderzuständigkeiten in gerichtlichen Verfahren (§ 199 Abs. 1 FGG) 80
C. Sachliche Voraussetzungen der Anerkennung 43	
I. Vorrang der EheVO 2000/2003 43	
II. Bilaterale Abkommen 44	
III. § 328 Abs. 1 ZPO 45	
1. Erfasste Entscheidungen 45	
2. Funktionsweise 47	
3. Ausschlussgründe für die Anerkennung . 48	

Andrae 2007

2. Antragstellung 81
3. Urkunden 83
4. Kosten 87
   a) Verwaltungsbehördliches Verfahren . 87
b) Gerichtliches Verfahren 88
II. Privatscheidungen 89

A. Überblick

1 Gerichtsurteile und vergleichbare Hoheitsakte haben unmittelbare Rechtswirkungen grundsätzlich nur im Gebiet des Staats, in dem sie erlassen worden sind (**Territorialitätsprinzip**). In anderen Staaten entfalten sie Rechtswirkungen, wenn sie nach den dort geltenden gesetzlichen Regelungen anerkannt werden. In Bezug auf ausländische Entscheidungen in Ehe- und Lebenspartnerschaftssachen sind folgende Fallgruppen zu unterscheiden:

2 (1.) **Anerkennung nach der EheVO 2000**[1] bzw. **EheVO 2003**.[2] Erfasst werden Entscheidungen, die in einem der **EU-Staaten (außer Dänemark)** in ab dem 1.3.2001 eingeleiteten Verfahren ergangen sind. Die Anerkennung erfolgt *ipso iure*, ohne dass es eines besonderen Anerkennungsverfahrens bedarf (Anhang I zum III. Abschnitt).

3 (2.) **Förmliches Feststellungsverfahren nach Art. 7 § 1 FamRÄndG.** Außerhalb des Anwendungsbereichs der EheVO 2000/2003 wird in einem förmlichen Verfahren über die Anerkennung oder Nichtanerkennung für alle Behörden und Gerichte bindend und damit einheitlich entschieden (siehe Rn 6 ff.).

4 (3.) **Sonstige ausländische Entscheidungen in Ehe- und Lebenspartnerschaftssachen.** Im Falle von sonstigen ausländischen Entscheidungen in Ehe- und Lebenspartnerschaftssachen, die weder der EheVO 2000/2003 noch Art. 7 § 1 FamRÄndG unterliegen, entscheidet über das Vorliegen der sachlichen Anerkennungsvoraussetzungen die jeweils befasste Stelle (Gericht, Behörde) nach allgemeinen Bestimmungen inzident (siehe Rn 43 ff.).

5 (4.) **Ausländische Privatscheidungen von Ehen bzw. Lebenspartnerschaften.** Bei ausländischen Privatscheidungen von Ehen bzw. Lebenspartnerschaften geht es um die Frage der Wirksamkeit eines solchen rechtsgeschäftlichen Aktes mit statusrechtlichen Folgen. Strittig ist, ob und unter welchen Voraussetzungen die Feststellung der Wirksamkeit der Privatscheidung dem Verfahren nach Art. 7 § 1 FamRÄndG unterliegt (siehe Rn 10, 19, 73 ff.).

B. Das förmliche Feststellungsverfahren nach Art. 7 § 1 FamRÄndG

I. Allgemeines

6 **1. Sinn und Zweck.** Art. 7 § 1 FamRÄndG zielt auf die **zwingende** Durchführung eines Feststellungsverfahrens hinsichtlich ausländischer Entscheidungen durch **spezialisierte** Behörden.[3] Die Frage, ob eine im Ausland erfolgte Eheauflösung im Inland anzuerkennen ist, stellt sich in unterschiedlichen rechtlichen Zusammenhängen, z.B. im Familien-, Erb-, Sozial-, Steuer- und Aufenthaltsrecht. Sie ist derart wichtig und tritt in Bezug auf dieselbe Ehe häufig verschiedentlich auf, dass ein öffentliches Interesse an einer einheitlichen, die Gerichte und Behörden bindenden Feststellung der Anerkennungs- oder Nichtanerkennungsfähigkeit besteht. Die **Verfassungsgemäßheit** von Art. 7 § 1 FamRÄndG ist nach h.M.[4] gegeben. Die Norm wird aber rechtspolitisch kritisiert.[5]

7 **2. Funktionsweise.** Die zuständige Behörde trifft eine einheitliche und bindende **Feststellung,** dass die Voraussetzungen für die Anerkennung der ausländischen Entscheidung vorliegen oder nicht vorliegen. Die erfassten Entscheidungen entfalten im Inland erst Wirkung, nachdem die Behörde die Anerkennungsfähigkeit festgestellt hat. Eine nach der bindenden Feststellung mit der Vorfrage nach der Anerkennung/Nichtanerkennung befasste Stelle muss entsprechend der Feststellung entscheiden. Inhaltlich unterscheidet sich

---

1 VO (EG) Nr. 1347/2000 des Rates v. 29.5.2000 über die Zuständigkeit und Anerkennung und Vollstreckung von Entscheidungen in Ehesachen und in Verfahren betreffend die elterliche Verantwortung für die gemeinsamen Kinder der Ehegatten (ABlEG 2000 Nr. L 160, S. 19 ff.).
2 VO (EG) Nr. 2201/2003 des Rates v. 27.11.2003 über die Zuständigkeit und die Anerkennung und Vollstreckung von Entscheidungen in Ehesachen und in Verfahren betreffend die elterliche Verantwortung und zur Aufhebung der Verordnung (EG) Nr. 1347/2000 (ABlEG 2003 Nr. L 338, S. 1 ff.).
3 BGHZ 82, 34, 44 = IPRax 1983, 37= FamRZ 1982, 44 = NJW 1982, 517.
4 BGHZ 82, 34, 39 ff. = IPRax 1983, 37 = FamRZ 1982, 44 = NJW 1982, 517; Erman/*Hohloch*, Art. 17 EGBGB Rn 71; Baumbach/Lauterbach/*Hartmann*, § 328 Rn 50; *Nagel/Gottwald*, Int. Zivilprozessrecht, 5. Aufl. 2002, § 11 Rn 225; a.A. Zöller/*Geimer*, ZPO, § 328 Rn 271; *Geimer*, Int. Zivilprozessrecht, 5. Aufl. 2005, Rn 3015.
5 *Kegel*, IPRax 1983, 22, 24.

das Feststellungsverfahren nach Art. 7 § 1 FamRÄndG nicht von einer normalen Entscheidung über die Anerkennung oder Nichtanerkennung einer ausländischen Entscheidung, da die Entscheidung anhand der üblichen Vorschriften (bilaterale Abkommen, § 328 ZPO) erfolgt (hierzu Rn 43 ff.).

3. Struktur. Der Anwendungsbereich ist in Art. 7 § 1 Abs. 1 und 7, das Verfahren in Abs. 2–6, die Wirkungen der Entscheidungen in Abs. 8 geregelt.

II. Anwendungsbereich (Art. 7 § 1 Abs. 1 S. 1 und 3, Abs. 7 FamRÄndG)

1. Entscheidungen in Ehe- und Lebenspartnerschaftssachen. Erfasst werden ausländische Entscheidungen in **Ehesachen**, d.h. über die Nichtigerklärung, Aufhebung oder Auflösung einer Ehe, über die Feststellung des Bestehens oder Nichtbestehens einer Ehe und über die Trennung von Tisch und Bett. Nicht einbezogen sind Entscheidungen zu Scheidungsfolgesachen, auch wenn sie im Scheidungsurteil enthalten sind, die Kostenentscheidung sowie ein Schuldspruch im Scheidungsurteil,[6] weil das Verfahren nach Art. 7 § 1 FamRÄndG nur die Statusfrage einheitlich und bindend klären will.[7]

Art. 7 § 1 FamRÄndG ist auch auf Entscheidungen in **Lebenspartnerschaftssachen** anzuwenden,[8] weil der oben (Rn 6) genannte Normzweck gleichermaßen zutrifft. Zudem bestimmt § 661 Abs. 2 ZPO, dass Lebenspartnerschaftssachen verfahrensrechtlich wie Ehesachen zu behandeln sind.[9]

Der Begriff **Entscheidungen** i.S.d. Art. 7 § 1 FamRÄndG ist weit auszulegen. Gemeint sind Entscheidungen (Urteile, Beschlüsse) staatlicher Stellen, also von Gerichten oder Behörden und auch von staatlich autorisierten Stellen, insbesondere Entscheidungen geistlicher Gerichte, wenn sie gemäß der Rechtsordnung, in der sie erlassen werden, zur Auflösung der Ehe/Lebenspartnerschaft führen.[10] Es muss sich um eine dem Antrag in der Statussache **stattgebende** Sachentscheidung handeln, die **rechtskräftig** ist.[11] Nach h.M.[12] fallen abweisende Sachurteile entsprechend dem Wortlaut nicht unter Art. 7 § 1 FamRÄndG; über ihre Anerkennung ist inzident zu entscheiden. Dagegen wird für klageabweisende Feststellungsurteile, zumindest soweit ihnen *erga-omnes*-Wirkung zukommt, die Einbeziehung in Art. 7 § 1 FamRÄndG vertreten.[13] Die Art des ausländischen Verfahrens ist unerheblich.

2. Privatscheidungen. Privatscheidungen sind Ehe- oder Lebenspartnerschaftsauflösungen durch privaten Willensakt (zum genauen Begriff siehe Art. 17 EGBGB Rn 94). Zu der Frage, ob auch Privatscheidungen dem Anwendungsbereich des Art. 7 § 1 FamRÄndG unterfallen, werden bis heute im Wesentlichen drei Auffassungen vertreten. Nach der extrem verneinenden Ansicht[14] unterliegen Privatscheidungen als rechtsgeschäftliche Vorgänge keinesfalls dem förmlichen Anerkennungsverfahren, da dieses nur auf konstitutiv wirkende ausländische Entscheidungen zugeschnitten ist.

Die **herrschende Meinung** will Privatscheidungen erfassen, wenn eine **Behörde** zumindest **deklaratorisch** registrierend oder beurkundend **mitgewirkt** hat, wobei hier umstritten ist, ob diese behördliche Mitwirkung zwingend gegeben sein muss. Teilweise[15] wird dies verlangt, da andernfalls keine Entscheidung im Wortsinne

---

6 Zöller/*Geimer*, ZPO, § 328 Rn 247; MüKo-ZPO/ *Gottwald*, § 328 Rn 187; *Krzywon*, StAZ 1989, 93, 96; a.A. Palandt/*Heldrich*, Art. 17 EGBGB Rn 31; Erman/*Hohloch*, Art. 17 EGBGB Rn 75.
7 So auch *Martiny*, Handbuch Int. Zivilverfahrensrecht, Bd. III/1, Rn 1692.
8 *Hausmann*, in: FS Henrich 2000, S. 241, 265; ebenso wohl Baumbach/Lauterbach/*Hartmann*, § 328 ZPO Rn 49; nicht ganz eindeutig Bamberger/Roth/*Otte*, Art. 17b EGBGB Rn 32, der meint, Art. 14 EheVO 2000 sei entsprechend anwendbar und *ersetze* deshalb Art. 7 § 1 FamRÄndG. A.A. Zöller/*Geimer*, ZPO, § 328 Rn 234, § 661 EheVO 2001; *Wagner*, IPRax 2001, 281, 288; wohl auch *Finger*, FPR 2001, 460, 463.
9 Hierzu ausf. *Andrae*/*Heidrich*, FamRZ 2004, 1622, 1624 f.
10 BGHZ 110, 267, 270 f. = FamRZ 1990, 607 = NJW 1990, 2194 = StAZ 1990, 221; BGHZ 82, 34, 43 = IPRax 1983, 37 = FamRZ 1982, 44 = NJW 1982, 517.
11 LJV NRW IPRax 1986, 167, 169; Baumbach/ Lauterbach/*Hartmann*, § 328 Rn 52; Erman/

Hohloch, Art. 17 EGBGB Rn 72; MüKo-ZPO/ *Gottwald*, § 328 Rn 171; a.A. Stein/Jonas/*Roth*, ZPO, 21. Aufl. 1999, § 328 Rn 196: Wirksamkeit und Endgültigkeit genügt, formelle Rechtskraft ist nicht Voraussetzung.
12 KG IPRspr 1974 Nr. 183; Baumbach/Lauterbach/ *Hartmann*, § 328 ZPO Rn 56; Erman/*Hohloch*, Art. 17 EGBGB Rn 74; Zöller/*Geimer*, ZPO, § 328 Rn 246.
13 Ausf. *Andrae*/*Heidrich*, FamRZ 2004, 1622, 1627 f.; *Nagel*/*Gottwald*, Int. Zivilprozessrecht, 5. Aufl. 2002, § 11 Rn 236; MüKo-ZPO/*Gottwald*, § 328 Rn 168; Stein/Jonas/*Roth*, ZPO, 21. Aufl. 1999, § 328 Rn 200; Staudinger/*Spellenberg*, Int. Verfahrensrecht in Ehesachen, Art. 7 FamRÄndG Rn 682 f., 685.
14 *Rauscher*, IPRax 2000, 391; *Kegel/Schurig*, S. 825.
15 OLG Celle FamRZ 1998, 686; Palandt/*Heldrich*, Art. 17 EGBGB Rn 36; Zöller/*Geimer*, ZPO, § 328 Rn 241; *Schack*, Int. Zivilverfahrensrecht, 3. Aufl. 2002, Rn 895; *Geimer*, Int. Zivilprozessrecht, 5. Aufl. 2005, Rn 3020.

vorliege. Zumeist[16] wird jedoch behauptet, diese Frage könne offen bleiben, da jedenfalls die freiwillige Durchführung des Anerkennungsverfahrens zulässig sei.

14 Nach der extrem bejahenden Ansicht[17] ist Art. 7 § 1 FamRÄndG hingegen **auch bei reinen Privatscheidungen**, d.h. bei Auflösungen ohne jegliche behördliche Mitwirkung, zwingend anzuwenden. Dies ist zutreffend.[18] Das Erfordernis zwingender Durchführung folgt aus dem besonderen Zweck des Anerkennungsverfahrens, denn nur mit einer einheitlichen Entscheidung über die Anerkennung kann der *erga-omnes*-Wirkung der Privatscheidung im Inland Rechnung getragen werden. Zudem ergäbe sich bei nicht vorgeschriebener, aber zulässiger Behördenmitwirkung (Beispiel: Registrierung nur zu Beweiszwecken) die merkwürdige Konsequenz, dass nach Mitwirkung der ausländischen Behörde das Anerkennungsmonopol der Landesjustizverwaltung greift, vorher aber nicht. Die Durchführung des Verfahrens darf jedoch nicht davon abhängen, ob und wann die ausländische Behörde an der Privatscheidung mitwirkt.

15 Die Privatscheidung muss **wirksam** sein,[19] d.h. die Ehe/Lebenspartnerschaft muss – ggf. nach Ablauf einer bestimmten Wartefrist oder Registrierung nach der Rechtsordnung, nach der sie vorgenommen wurde – endgültig aufgelöst sein.

16 Dem Tatbestandsmerkmal „**im Ausland**" kommt bei Privatscheidungen **keine eigenständige Bedeutung** mehr zu.[20] Bei Privatscheidungen von Ehen ist dies nach der h.M.[21] teilweise schon so: Liegen Zweifel vor, ob die Privatscheidung im Ausland oder im Inland vorgenommen wurde (zur Abgrenzung in Zweifelsfällen vgl. Art. 17 EGBGB Rn 94), oder wirkte eine ausländische Behörde an der Privatscheidung im Inland mit (typischer Fall: Konsulat/Botschaft; ihr Sitz gilt nicht als Ausland), ist ein Antrag nach Art. 7 § 1 FamRÄndG zulässig. Der Anwendungsbereich des förmlichen Feststellungsverfahrens ist also eröffnet; allerdings wird der Antrag auf „Anerkennung" wegen § 1564 S. 1 BGB, Art. 17 Abs. 2 EGBGB oft unbegründet sein.

17 Hingegen darf eine Lebenspartnerschaft, die ausländischem Recht untersteht, wegen Art. 17b Abs. 1 S. 1 EGBGB ohne weiteres durch eine Privatscheidung im Inland aufgehoben werden, soweit dies nach dem ausländischen Recht zulässig sein sollte. Die Frage nach der Wirksamkeit der Privatscheidung stellt sich damit völlig unabhängig davon, ob sie im In- oder Ausland vorgenommen wurde. Sinn und Zweck des förmlichen Feststellungsverfahrens greifen bei inländischen Privatscheidungen von Lebenspartnerschaften offensichtlich in gleichem Umfang ein wie bei ausländischen. Zur Vermeidung komplizierter Kasuistik ist es daher angezeigt, sämtliche Formen von Privatscheidungen von Ehen und Lebenspartnerschaften – unabhängig von ihrem Vornahmeort – dem Verfahren des Art. 7 § 1 FamRÄndG zu unterstellen.

18 **3. Ausnahme: Heimatstaatentscheidung (Art. 7 § 1 Abs. 1 S. 3 FamRÄndG).** Das Feststellungsverfahren ist nicht anzuwenden auf Entscheidungen eines Gerichts und – unstreitig seit 1.7.1998[22] – einer Verwaltungsbehörde des Staats, dem beide Ehegatten im Zeitpunkt der Entscheidung angehört haben. In solchen Fällen ist die Anerkennungsfähigkeit der Entscheidung kaum problematisch und kann daher den einzelnen inländischen Behörden und Gerichten überlassen werden.[23] Der maßgebende **Zeitpunkt** für das Vorliegen der übereinstimmenden Staatsangehörigkeit ist der Erlass des Urteils.[24] Bei Staaten mit unterschiedlicher **Teilrechtsordnung** kommt es auf die gemeinsame Gesamtstaatsangehörigkeit an.[25] Nach h.M. ist S. 3 restriktiv anzuwenden. Danach ist das Feststellungsverfahren zwingend bei Mehrstaatern durchzuführen, unabhängig davon, welche Staatsangehörigkeit effektiv ist oder ob auch die deutsche Staatsangehörigkeit gegeben ist.[26] Eine starke Mindermeinung will Abs. 1 S. 3 dann heranziehen, wenn die effektive Staatsan-

---

16 BGHZ 110, 267, 270 f. = FamRZ 1990, 607 = NJW 1990, 2194 = StAZ 1990, 221; BGHZ 82, 34, 41 ff. = IPRax 1983, 37 = FamRZ 1982, 44 = NJW 1982, 517; Erman/*Hohloch*, Art. 17 EGBGB Rn 82.
17 Präs. OLG Frankfurt StAZ 2003, 137; Staudinger/*Spellenberg*, Int. Verfahrensrecht in Ehesachen, Art. 7 FamRÄndG Rn 673–675; MüKo-ZPO/*Gottwald*, § 328 Rn 175.
18 Ausf. *Andrae*/*Heidrich*, FamRZ 2004, 1622, 1626.
19 JM NRW IPRspr 1991 Nr. 216, S. 458 = StAZ 1992, 46.
20 *Andrae*/*Heidrich*, FamRZ 2004, 1622, 1626.
21 BGHZ 82, 34, 43 ff. = IPRax 1983, 37 = FamRZ 1982, 44 = NJW 1982, 517; BayObLG FamRZ 1985, 75; 1985, 1258, 1259 = NJW-RR 1986, 5; OLG Stuttgart IPRax 1980, 213 = FamRZ 1980, 886 = StAZ 1980, 152; *Geimer*, Int. Zivilprozessrecht, 5. Aufl. 2005, Rn 3020; *Krzywon*, StAZ 1989, 93, 94; a.A. Baumbach/Lauterbach/*Hartmann*,

§ 328 ZPO Rn 53; *Haecker*, S. 23; MüKo/*Winkler v. Mohrenfels*, Art. 17 EGBGB Rn 273a: Es sei – insb. bei Zweifelsfällen – wie üblich i.R.d. Zulässigkeitsprüfung zu entscheiden.
22 Neuregelung des Art. 7 § 1 Abs. 1 S. 3 FamRÄndG durch Art. 3 § 5, Art. 5 Abs. 1 BtÄndG.
23 BGHZ 82, 34, 44 f. = IPRax 1983, 37 = FamRZ 1982, 44 = NJW 1982, 517.
24 Staudinger/*Spellenberg*, Int. Verfahrensrecht in Ehesachen, Art. 7 FamRÄndG Rn 692, 694.
25 *Krzywon*, StAZ 1989, 93, 95; a.A. MüKo-ZPO/*Gottwald*, § 328 Rn 180; *Martiny*, Handbuch Int. Zivilverfahrensrecht, Bd. III/1, Rn 1702.
26 BayObLG FamRZ 1998, 1594, 1595 = NJW-RR 1998, 1538 = StAZ 1999, 108; FamRZ 1990, 897, 898 = NJW-RR 1990, 842 = StAZ 1990, 225; Baumbach/Lauterbach/*Hartmann*, § 328 ZPO Rn 72; Erman/*Hohloch*, Art. 17 EGBGB Rn 73; Zöller/*Geimer*, ZPO, § 328 Rn 245a.

gehörigkeit übereinstimmt und keiner der Partner die deutsche Staatsangehörigkeit besitzt.[27] Bei Zweifeln, ob eine Heimatstaatentscheidung vorliegt (z.B. wegen des Zerfalls des Staatsgebildes des früheren Jugoslawien oder der früheren UdSSR), ist nach h.M.[28] mit Blick auf Sinn und Zweck des Verfahrens die Durchführung obligatorisch; jedenfalls aber kommt eine freiwillige Durchführung in Betracht (Rn 20).

Ob sich Abs. 1 S. 3 auf **Privatscheidungen** erstreckt, ist streitig.[29] Obwohl seit der Neuregelung auch behördliche Entscheidungen von der Ausnahme erfasst sind, sollten Privatscheidungen – unabhängig davon, ob unter behördlicher Mitwirkung oder in Reinform durchgeführt – nicht unter die eng zu verstehende Ausnahmeregelung fallen. Die Überprüfung von Privatscheidungen erfordert eine ungleich größere Sachkenntnis. Sie sind sowohl kollisionsrechtlich (wegen evtl. Rück- oder Weiterverweisungen) als auch materiellrechtlich und damit unter Anwendung ausländischen Rechts auf ihre Wirksamkeit zu prüfen. Das Bedürfnis nach einer einheitlichen Entscheidung durch eine spezialisierte Behörde besteht hier erst recht. 19

4. Freiwilliges Feststellungsverfahren. Nach h.M.[30] hindert der Wortlaut von Art. 7 § 1 FamRÄndG ein freiwilliges Feststellungsverfahren bei entsprechendem Antrag nicht. Das betrifft die von Abs. 1 S. 3 erfassten Entscheidungen der Heimatbehörden sowie Fälle, in denen das Vorliegen der Voraussetzungen für die obligatorische Durchführung des förmlichen Verfahrens zumindest zweifelhaft ist (Schwierigkeiten bei der Abgrenzung zwischen inländischer und ausländischer Privatscheidung; Zweifel über das Vorliegen einer Heimatstaatscheidung). Begründet wird dies mit dem Interesse der Partner sowie dem öffentlichen Interesse an der bindenden Feststellung des Personenstandsverhältnisses. 20

Die über den Wortlaut des Art. 7 § 1 FamRÄndG hinausgehende Anwendung des förmlichen Feststellungsverfahrens durch die Landesjustizverwaltung ist **zutreffend**, allerdings schwierig zu begründen.[31] Zu beachten ist, dass der Gesetzgeber mit § 632 ZPO eine eigene Feststellungsklage zur Verfügung gestellt hat, in deren Rahmen die Frage der Anerkennung einer ausländischen Entscheidung inzident geklärt werden kann.[32] Auch für das Feststellungsverfahren nach Art. 21 Abs. 3 EheVO 2003 (Anhang I zum III. Abschnitt, Art. 21 EheVO Rn 20 ff.) sind ausschließlich die Familiengerichte am Sitz eines OLG zuständig.[33] Zudem soll sich dieses Verfahren nach ZPO-Bestimmungen richten. Wenn allerdings hieraus der Wille des Gesetzgebers hergeleitet wird, dass eine großzügige Anwendung des förmlichen Verfahrens nach Art. 7 § 1 FamRÄndG durch Verwaltungsbehörden über den Wortlaut hinaus unterbleiben solle, sind gleichzeitig erhebliche Rechtsschutzlücken in Kauf zu nehmen, die dem Sinn und Zweck dieses Verfahrens zuwiderlaufen. So ist der Kreis der Antragsberechtigten im Vergleich zu der Feststellungsklage nach § 632 ZPO erheblich weiter gefasst. Zudem ist das Verfahren schneller und deutlich billiger durchzuführen. Schließlich ist sowohl bei der Klage nach § 632 ZPO als auch bei dem Verfahren nach Art. 21 Abs. 3 EheVO zumindest unklar, ob die Entscheidungen *erga-omnes*-Wirkung entfalten (hierzu Anhang I zum III. Abschnitt, Art. 21 EheVO Rn 39).[34] 21

---

[27] Palandt/*Heldrich*, Art. 17 EGBGB Rn 33; *Henrich*, S. 151; Staudinger/*Spellenberg*, Int. Verfahrensrecht in Ehesachen, Art. 7 FamRÄndG Rn 697.

[28] Präs. OLG Frankfurt IPRax 2000, 124; Baumbach/Lauterbach/*Hartmann*, § 328 ZPO Rn 55; Erman/*Hohloch*, Art. 17 EGBGB Rn 73.

[29] Dafür *Rauscher*, IPRax 2000, 391, 392; MüKo-ZPO/*Gottwald*, § 328 Rn 177; Soergel/*Schurig*, Art. 17 EGBGB Rn 114; *Martiny*, Handbuch Int. Zivilverfahrensrecht, Bd. III/1, Rn 1758; a.A. Musielak/*Musielak*, ZPO, § 328 Rn 42; *Henrich*, S. 152 f.; *Richter*, JR 1987, 98, 99.

[30] BGHZ 112, 127, 130 f., 134 f. = FamRZ 1990, 1228 = NJW 1990, 3081; BayObLG FamRZ 2002, 1637, 1638; Präs. OLG Frankfurt IPRax 2000, 124; Erman/*Hohloch*, Art. 17 EGBGB Rn 73, 82; *Henrich*, S. 151; *Andrae*, Rn 400; a.A. Zöller/*Geimer*, ZPO, § 328 Rn 245; *Schack*, Int. Zivilverfahrensrecht, 3. Aufl. 2002, Rn 893; *Geimer*, Int. Zivilprozessrecht, 5. Aufl. 2005, Rn 3021; *Haecker*, S. 23.

[31] Hierzu *Andrae*/*Heidrich*, FamRZ 2004, 1622, 1626 f.

[32] Baumbach/Lauterbach/*Albers*, § 606 ZPO Rn 6; Zöller/*Geimer*, ZPO, § 328 Rn 249; *Geimer*, Int. Zivilprozessrecht, 5. Aufl. 2005, Rn 3024; Staudinger/*Spellenberg*, Int. Verfahrensrecht in Ehesachen, Art. 7 FamRÄndG Rn 656, 705–709. *Geimer* und *Spellenberg* vertreten sogar die Auffassung, dass im Rahmen dieses Verfahrens unmittelbar auf Feststellung der Anerkennung geklagt werden könne, so dass es nicht des Umwegs über die Feststellung des Bestehens der Ehe bedürfe.

[33] Gleiches galt schon gem. Artt. 14 Abs. 3, 22 Abs. 3 i.V.m. Anhang I der EheVO 2000.

[34] Für *erga-omnes*-Wirkung auch *Andrae*/*Heidrich*, FamRZ 2004, 1622, 1627.

III. Das verwaltungsbehördliche Verfahren

22 **1. Verhältnis zu anderen (Gerichts-)Verfahren.** Im Anwendungsbereich des Art. 7 § 1 FamRÄndG ist eine Klage auf Feststellung der Anerkennung einer ausländischen Entscheidung mangels Rechtsschutzbedürfnisses **unzulässig**.[35] Dasselbe gilt für eine Klage nach § 632 ZPO, soweit sie sich auf eine vom Anwendungsbereich des Art. 7 § 1 FamRÄndG erfasste Entscheidung stützt.

23 In der Praxis von großer Bedeutung sind Gerichtsverfahren, bei denen die Anerkennung der ausländischen Entscheidung eine **Vorfrage** darstellt (z.B. Antrag auf Scheidung, Trennungsunterhalt und Erbscheinerteilung).

24 Beantragt eine Partei die **Aussetzung** eines solchen Verfahrens, um eine Entscheidung nach Art. 7 § 1 FamRÄndG herbeizuführen, ist dem **Antrag** entsprechend dem Rechtsgedanken des § 154 Abs. 1 ZPO stattzugeben.[36] Das Gericht hat auf die Möglichkeit bzw. Notwendigkeit der Durchführung des Verfahrens nach Art. 7 § 1 FamRÄndG hinzuweisen (§ 139 ZPO).[37] Bei Überschreitung einer vom Gericht gesetzten Frist[38] oder der Verzögerung der Einleitung des Verfahrens nach Art. 7 § 1 FamRÄndG kann das Gericht nicht den Aussetzungsbeschluss aufheben. Dies folgt einerseits aus einer Analogie zu §§ 154 Abs. 1, 155 ZPO, andererseits daraus, dass alle Parteien die Möglichkeit haben, das förmliche Feststellungsverfahren selbst einzuleiten.

25 Stellt keine Partei einen Aussetzungsantrag, ist zu unterscheiden: Ist das Anerkennungsverfahren nach Art. 7 § 1 FamRÄndG keine zwingende Voraussetzung für die Wirksamkeit der ausländischen Entscheidung im Inland (Rn 18), muss das Gericht inzident über die Anerkennung bzw. Nichtanerkennung entscheiden, um zur Hauptfrage eine Entscheidung treffen zu können. Die **inzidente Entscheidung** hat keine Rechtskraftwirkung.

26 Unterliegt die Anerkennung bzw. Nichtanerkennung dem Entscheidungsmonopol der Landesjustizverwaltung, ist **umstritten**, ob daraus eine **Pflicht zur Aussetzung** nach § 148 ZPO folgt. Die Rechtsprechung verneint dies überwiegend.[39] Die Aussetzung liege im Ermessen des befassten Gerichts, wobei prozessökonomische Erwägungen und eine Prognose des wahrscheinlichen Ergebnisses des Anerkennungsverfahrens anzustellen seien. Eine Aussetzung von Amts wegen sei jedenfalls dann nicht geboten, wenn die Voraussetzungen für die Anerkennung des ausländischen Scheidungsausspruchs offensichtlich nicht vorliegen.

27 Nach zutreffender Auffassung[40] besteht eine Pflicht zur Aussetzung, da das Entscheidungsmonopol der Landesjustizverwaltung ein **Verfahrenshindernis** darstellt. Solange nicht festgestellt ist, dass die Voraussetzungen der Anerkennung vorliegen, entfaltet das ausländische Urteil im Inland keine Wirkung. Andererseits dürfen dritte Stellen ihrer Entscheidung nicht das Fortbestehen der Ehe/Lebenspartnerschaft zugrunde legen, solange die Frage der Anerkennungsfähigkeit ungeklärt ist.[41] Bei unterbliebener Aussetzung von Amts wegen und keiner Antragstellung durch eine Partei würde demgegenüber zwangsläufig ohne Rücksicht auf die im Ausland erlassene Entscheidung vorgegangen.[42] Das Feststellungsverfahren soll jedoch nicht zu einer größeren Ignoranz gegenüber ausländischen Entscheidungen, sondern zu einer einheitlichen, bindenden Klärung der Frage der Anerkennung führen. Das Hauptverfahren ist folglich bis zur Klärung dieser Frage auszusetzen.

28 Der Standesbeamte darf die Eheschließung eines Partners im Inland nicht vornehmen, wenn die ausländische Entscheidung dem Anerkennungsmonopol der Landesjustizverwaltung unterliegt. In anderen Fällen kann er inzident über die Anerkennungsfähigkeit entscheiden und ggf. nach § 45 Abs. 2 PStG die Frage dem Amtsgericht zur Prüfung vorlegen.

---

35 Zöller/Geimer, ZPO, § 328 Rn 224.
36 So ausdr. OLG Karlsruhe FamRZ 2000, 1021 = NJW-RR 2001, 5 = IPRspr 1999, Nr. 171, allerdings mit Verweis auf den Rechtsgedanken des früheren § 151 ZPO a.F. (Aussetzung bei vorgreiflicher Ehenichtigkeit).
37 OLG Köln FamRZ 1998, 1303 = NJW-RR 1999, 81 = IPRax 1999, 48.
38 Zur Möglichkeit der Fristsetzung BGH NJW 1983, 514, 515 = FamRZ 1982, 1203 = IPRax 1983, 292.
39 BGH FamRZ 2001, 991; NJW 1983, 514, 515 f. = FamRZ 1982, 1203 = IPRax 1983, 292; FamRZ 1983, 366, 367; OLG Frankfurt EzFamR aktuell 2003, 92; OLG Köln FamRZ 1998, 1303 = NJW-RR 1999, 81 = IPRax 1999, 48; ebenso Thomas/Putzo/Hüßtege, ZPO, § 328 Rn 27; Soergel/Schurig, Art. 17 EGBGB Rn 95.
40 KG FamRZ 1969, 96, 98; Baumbach/Lauterbach/Hartmann, § 328 Rn 59; Zöller/Geimer, ZPO, § 328 Rn 225 f.; Schack, Int. Zivilverfahrensrecht, 3. Aufl. 2002, Rn 898; Nagel/Gottwald, Int. Zivilprozessrecht, 5. Aufl. 2002, § 11 Rn 225; Geimer, Int. Zivilprozessrecht, 4. Aufl. 2001, Rn 3016 f.; Linke, Int. Zivilprozessrecht, 1990, Rn 428; Henrich, S. 152; MüKo-ZPO/Gottwald, § 328 Rn 184; Stein/Jonas/Roth, ZPO, 21. Aufl. 1999, § 328 Rn 189, 200; Geimer, Anerkennung, S. 159 f.; Martiny, Handbuch Int. Zivilverfahrensrecht, Bd. III/1, Rn 1663.
41 KG FamRZ 1969, 96, 98.
42 Hohloch, JuS 1999, 822, 823.

2. Zuständigkeit.
Die sachliche Zuständigkeit (Abs. 1 S. 1, Abs. 2a) liegt bei einer Landesjustizverwaltung oder dem Präsidenten eines OLG (siehe Rn 79). Örtlich (Abs. 2) ist vorrangig die Justizverwaltung des Landes zuständig, in dem ein Ehegatte bzw. Lebenspartner seinen gewöhnlichen Aufenthalt hat (konkurrierende Zuständigkeit, Abs. 2 S. 1). Hat keiner von ihnen einen gewöhnlichen Aufenthalt im Inland und soll hier eine neue Ehe oder Lebenspartnerschaft geschlossen werden, ist die Landesjustizverwaltung zuständig, in deren Bereich dies erfolgen soll (Abs. 2 S. 2). In den übrigen Fällen ist die Zuständigkeit bei der Landesjustizverwaltung Berlin konzentriert (Abs. 2 S. 3). Ist der Präsident eines OLG sachlich zuständig, bestimmt sich die örtliche Zuständigkeit analog Art. 7 § 1 Abs. 2 FamRÄndG. Das Tätigwerden der zuerst angerufenen örtlich zuständigen Landesjustizverwaltung schließt die Zuständigkeit der anderen aus (§ 4 FGG analog).[43] Der Zeitpunkt der Antragstellung ist maßgebend für das Vorliegen der Zuständigkeitsvoraussetzungen. Die einmal begründete Zuständigkeit wirkt fort (*perpetuatio fori*).[44]

3. Antragsbefugnis (Art. 7 § 1 Abs. 3 FamRÄndG).
Antragsberechtigt ist, wer ein rechtliches Interesse an der Klärung des Statusverhältnisses glaubhaft macht. Ein solches wird den Personen zugebilligt, deren Status durch die Anerkennung berührt sein würde. Das Antragsrecht Dritter wird davon abhängig gemacht, ob deren subjektive Rechte durch die Anerkennung betroffen sein könnten.[45] Ein rechtliches Interesse wird für Parteien eines Folgeverfahrens angenommen, in dem die Wirksamkeit der Scheidung bzw. Aufhebung als Vorfrage eine Rolle spielt.[46] Außerdem kann ein Antragsrecht im öffentlichen Interesse geboten sein. Es kommt nicht darauf an, ob der Antragsteller durch die Entscheidung, deren Nichtanerkennung er beantragt, beschwert ist.[47] Ein **Rechtsschutzbedürfnis** besteht auch dann, wenn der Anerkennungsantrag dem früheren Prozess-(Scheidungs-)Antrag widerspricht.[48] Das Antragsrecht wird bejaht für den (früheren) Ehegatten bzw. Lebenspartner, den Partner einer Zweitehe bzw. Lebenspartnerschaft, Kinder, Verlobte und Erben, dagegen nicht für den Partner einer nichtehelichen Lebensgemeinschaft.

Für **Behörden** gelten die vorgenannten Grundsätze. Für eine nur restriktive Bejahung der behördlichen Antragsbefugnis besteht kein Grund,[49] da Art. 7 § 1 FamRÄndG nur die Anerkennung einer ausländischen Entscheidung einheitlich und widerspruchsfrei gewährleisten will. Gäbe es die Norm nicht, könnte jede Behörde aus eigener Kompetenz die Vorfrage der Anerkennung der ausländischen Entscheidungen entscheiden; Art. 7 § 1 FamRÄndG soll die Entscheidungskompetenz nur bündeln. Antragsberechtigt sind jedenfalls die zur Geltendmachung der Doppelehe jeweils zuständigen Verwaltungsbehörden (§§ 631 Abs. 3 und 4; 632 Abs. 3 ZPO, § 1316 Abs. 1 Nr. 1 BGB),[50] die Staatsanwaltschaft im Strafprozess (§ 172 StGB: Mehrehe),[51] Sozialversicherungsträger und private Versicherungsgesellschaften (jedenfalls nach dem Tod eines Ehegatten bzw. Lebenspartners)[52] sowie Finanzämter.[53] Kein Antragsrecht besitzen nach der Rechtsprechung Standesämter und Gerichte.[54]

4. Antragsformalia.
Der Antrag kann **formlos** gestellt werden (vgl. auch Rn 81). Eine **Antragsfrist** besteht nicht. **Inhaltlich** kann der Antrag auf Feststellung der Anerkennungsfähigkeit (Abs. 1) oder der Nichtanerkennungsfähigkeit (Abs. 7) lauten. Wenn zweifelhaft erscheint, dass dem gewollten Antrag stattgegeben wird, und ein vorrangiges Interesse an der Klärung des Statusverhältnisses besteht, sollte hilfsweise auch der Gegenantrag gestellt werden, um die Rechtsfolge des Abs. 8 auszulösen (Rn 40). Die **Rücknahme** des

---

43 *Haecker*, S. 21; Staudinger/*Spellenberg*, Int. Verfahrensrecht in Ehesachen, Art. 7 FamRÄndG Rn 763.
44 BayObLG FamRZ 1979, 1015, 1016 = StAZ 1979, 265; NJW 1976, 1032; MüKo-ZPO/*Gottwald*, § 328 Rn 190; *Krzywon*, StAZ 1989, 93, 97.
45 JM NRW IPRspr 1991 Nr. 216 = StAZ 1992, 46; Staudinger/*Spellenberg*, Int. Verfahrensrecht in Ehesachen, Art. 7 FamRÄndG Rn 770.
46 BayObLG FamRZ 2002, 1637, 1638; FamRZ 2001, 1622 = StAZ 2001, 174; JM NRW IPRspr 1991 Nr. 216 = StAZ 1992, 46.
47 LJV NRW IPRax 1986, 167, 168; BayObLG NJW 1968, 363.
48 Soergel/*Schurig*, Art. 17 EGBGB Rn 93.
49 Ähnlich wohl auch *Geimer*, Int. Zivilprozessrecht, 5. Aufl. 2005, Rn 3028; Stein/Jonas/*Roth*, ZPO, 21. Aufl. 1999, § 328 Rn 221. *Martiny*, Handbuch Int. Zivilverfahrensrecht, Bd. III/1, Rn 1715, weist darauf hin, dass in Österreich jeder Behörde eine Antragsbefugnis zugebilligt wird, deren Entscheidung vom Bestehen oder Nichtbestehen der durch die ausländische Entscheidung berührten Ehe abhängt. A.A. (für restriktive Handhabung) *Fachausschuss*, StAZ 1993, 363 f.
50 Übersicht über die zuständigen Behörden bei Zöller/*Philippi*, ZPO, § 631 Rn 11.
51 In dieser Richtung OLG Karlsruhe FamRZ 1991, 92, 93.
52 Baumbach/Lauterbach/*Hartmann*, § 328 ZPO Rn 63; Erman/*Hohloch*, Art. 17 EGBGB Rn 74.
53 *Hohloch*, JuS 2001, 400, 401; Erman/*Hohloch*, Art. 17 EGBGB Rn 74; a.A. (aus verfassungsrechtlichen Gründen, da das fiskalische Interesse an einer Klärung nicht genüge) Staudinger/*Spellenberg*, Int. Verfahrensrecht in Ehesachen, Art. 7 FamRÄndG Rn 782; *Krzywon*, StAZ 1989, 93, 96; *Martiny*, Handbuch Int. Zivilverfahrensrecht, Bd. III/1, Rn 1719.
54 BGH NJW 1983, 514, 515 = FamRZ 1982, 1203 = IPRax 1983, 292; OLG Köln FamRZ 1998, 1303 = NJW-RR 1999, 81 = IPRax 1999, 48; *Hohloch*, JuS 1999, 822, 823.

Antrags ist jederzeit bis zur Entscheidung der Landesjustizverwaltung ohne Zustimmung anderer Verfahrensbeteiligter möglich.[55]

5. Verwirkung des Antragsrechts. Eine Verwirkung des Antragsrechts ist nach einer Auffassung[56] grundsätzlich denkbar, so dass der Antrag als unzulässig abzuweisen wäre. Nach zutreffender h.M.[57] ist eine **Verwirkung**, die zur Unzulässigkeit des Antrags führt, **abzulehnen**, da andernfalls die Anerkennungsfrage in der Schwebe bliebe und dies Sinn und Zweck des Feststellungsverfahrens zuwiderliefe. Die Statusfrage ist einheitlich und losgelöst von Verhaltensvorwürfen zu klären und kann nicht davon abhängen, welcher Beteiligte den Antrag stellt.

6. Verfahren. Zwar gelten die Vorschriften der (Landes-)**Verwaltungsverfahrensgesetze (VwVfG)** nicht unmittelbar, da die Tätigkeit der Landesjustizverwaltung nicht der Nachprüfung im Verfahren vor den Verwaltungsgerichten unterliegt; eine entsprechende Heranziehung ist jedoch geboten. Das Verfahren wird i.d.R. **schriftlich**, d.h. ohne persönliche Anhörungen etc., durchgeführt. **Rechtliches Gehör** ist zu gewähren (Art. 20 Abs. 3 GG). Der Kreis der Anzuhörenden ist weit zu fassen und betrifft all diejenigen, für die eine Entscheidung der Landesjustizverwaltung rechtliche Konsequenzen mit sich bringt.[58] Auf die Schwierigkeiten, die sich aus dem Verkehr mit dem Ausland ergeben, muss gebührend Rücksicht genommen werden. Die Landesjustizverwaltung ermittelt anhand der vorgelegten Unterlagen **von Amts wegen**.[59] Ein Anerkenntnis eines Beteiligten ist ohne Bedeutung.[60] Die Landesjustizverwaltung kann **Zeugen** vernehmen, jedoch keinen Zeugniszwang ausüben. Auch eine Vereidigung ist unzulässig. Dem Antragsteller kann die Beibringung von Unterlagen aufgegeben werden, soweit er die Feststellungslast trägt.[61] Die Grundsätze der **Beweisvereitelung** gelten (Bsp.: Nichtzahlung eines Kostenvorschusses für amtliche Nachforschungen).[62] Unterlagen und Urkunden unterliegen der **freien Beweiswürdigung,** so dass das Verlangen nach einer amtlichen Beglaubigung (Legalisation) oder einer Übersetzung im pflichtgemäßen Ermessen der Landesjustizverwaltung steht. Zwar kann im Einzelfall hierauf verzichtet werden, z.B. weil der Inhalt einer Urkunde zwischen den Beteiligten unstreitig ist, das grundsätzliche Fordern von Legalisation oder Übersetzung ist aber verfassungsrechtlich nicht zu beanstanden (Letzteres wegen § 23 [Landes-]VwVfG, § 284 GVG).[63] Ein **Säumnisverfahren** findet – wie sonst im Verwaltungsverfahren – nicht statt.[64] Eine **Begründung** des Bescheids ist nicht vorgeschrieben, aber zumindest bei Antragsablehnung oder widersprechendem Vortrag eines Verfahrensbeteiligten aus Gründen der Rechtsstaatlichkeit erforderlich.[65]

7. Zeitpunkt der Wirksamkeit der Entscheidung (Art. 7 § 1 Abs. 5 S. 2 und 3, Abs. 6 S. 3 und 4 FamRÄndG). Die Entscheidung der Landesjustizverwaltung wird mit Bekanntmachung an den Antragsteller wirksam. Die Landesjustizverwaltung kann in der Entscheidung eine Frist für die Wirksamwerden setzen. Der Antrag zum OLG (Rn 36) hat keine aufschiebende Wirkung. Das OLG kann aber gemäß § 24 Abs. 3 FGG i.V.m. Art. 7 § 1 Abs. 6 S. 4 FamRÄndG eine einstweilige Anordnung erlassen und damit die Wirksamkeit – und insbesondere die Bindungswirkung – eines Anerkennungsbescheids der Landesjustizverwaltung vorläufig aussetzen (geboten, wenn eine Wiederverheiratungsabsicht eines Ehegatten zu vermuten ist).

---

55 Staudinger/*Spellenberg*, Int. Verfahrensrecht in Ehesachen, Art. 7 FamRÄndG Rn 768; *Martiny*, Handbuch Int. Zivilverfahrensrecht, Bd. III/1, Rn 1713.

56 BayObLG IPRax 1986, 180 m. Anm. *Henrich* = FamRZ 1985, 1258 = NJW-RR 1986, 5; OLG Düsseldorf FamRZ 1988, 198; Stein/Jonas/*Roth*, ZPO, 21. Aufl. 1999, § 328 Rn 202; Soergel/*Schurig*, Art. 17 EGBGB Rn 93.

57 JM BW FamRZ 1995, 1411, 1412; Zöller/*Geimer*, ZPO, § 328 Rn 253; *Nagel/Gottwald*, Int. Zivilprozessrecht, 5. Aufl. 2002, § 11 Rn 244; *Geimer*, Int. Zivilprozessrecht, 5. Aufl. 2005, Rn 3030; MüKo-ZPO/*Gottwald*, § 328 Rn 193; MüKo/*Winkler v. Mohrenfels*, Art. 17 EGBGB Rn 272; Staudinger/*Spellenberg*, Int. Verfahrensrecht in Ehesachen, Art. 7 FamRÄndG Rn 784 f.; *Martiny*, Handbuch Int. Zivilverfahrensrecht, Bd. III/1, Rn 1711 f.

58 Baumbach/Lauterbach/*Hartmann*, § 328 ZPO Rn 65; *Geimer*, Int. Zivilprozessrecht, 5. Aufl. 2005, Rn 3038.

59 BayObLG FamRZ 1990, 897, 899 = NJW-RR 1990, 842 = StAZ 1990, 225.

60 *Geimer*, Int. Zivilprozessrecht, 5. Aufl. 2005, Rn 3035.

61 BayObLG FamRZ 1990, 897 = NJW-RR 1990, 842 = StAZ 1990, 225.

62 Staudinger/*Spellenberg*, Int. Verfahrensrecht in Ehesachen, Art. 7 FamRÄndG Rn 801 f.

63 BVerfG NJW 1997, 2040 = FamRZ 1997, 735; Staudinger/*Spellenberg*, Int. Verfahrensrecht in Ehesachen, Art. 7 FamRÄndG Rn 789. Anders *Martiny*, Handbuch Int. Zivilverfahrensrecht, Bd. III/1, Rn 1720: in der Regel nicht erforderlich.

64 *Geimer*, Int. Zivilprozessrecht, 5. Aufl. 2005, Rn 3035.

65 *Geimer*, Int. Zivilprozessrecht, 5. Aufl. 2005, Rn 3041; MüKo-ZPO/*Gottwald*, § 328 Rn 195; Stein/Jonas/*Roth*, ZPO, 21. Aufl. 1999, § 328 Rn 227.

IV. Das gerichtliche Verfahren

1. Antragsbefugnis. Die Antragsbefugnis (Abs. 4, Abs. 5 S. 1) besteht für den Antragsteller, dessen Antrag durch die Landesjustizverwaltung abgelehnt wurde, und auch für den Ehegatten bzw. Lebenspartner, der keinen Antrag gestellt hat. In Bezug auf andere Beteiligte gehen die Auffassungen auseinander. Nach einer (älteren) Ansicht ist bei Antragsablehnung nur der Antragsteller, bei Stattgabe des Antrags durch die Landesjustizverwaltung jeder Dritte mit rechtlichem Interesse an der Anerkennung bzw. Nichtanerkennung antragsberechtigt.[66] Nach a.A.[67] ist eine der weiten Auslegung von § 20 Abs. 2 FGG[68] entsprechende Lösung zu favorisieren. Hiernach können Dritte das OLG anrufen, wenn sie einen Antrag bei der Landesjustizverwaltung im Zeitpunkt der Anrufung des Gerichts noch wirksam stellen könnten.[69] Das ist sinnvoll, um den betreffenden Beteiligten nicht zu zwingen, sich zunächst an die Landesjustizverwaltung zu wenden.

2. Antragsformalia. Der Antrag ist nach ablehnender Entscheidung durch die Landesjustizverwaltung an **keine Frist** gebunden,[70] er kann grundsätzlich auch noch Jahre später gestellt werden.[71] Nach h.M. kann jedoch **Verwirkung** eintreten, wenn neben dem Zeitmoment besondere Umstände hinzutreten, die die Antragstellung als treuwidrig erscheinen lassen.[72] Der Antrag ist **schriftlich** oder durch Erklärung zu Protokoll der Geschäftsstelle zu stellen (§ 21 Abs. 2 FGG i.V.m. Art. 7 § 1 Abs. 6 S. 4 FamRÄndG). Die **Rücknahme** des Antrags bedarf nach der Rechtsprechung[73] entsprechend § 92 Abs. 1 S. 2 VwGO der Zustimmung des im entgegengesetzten Sinn agierenden Verfahrensbeteiligten, wenn dieser sich zur Sache eingelassen hat. Dies überzeugt jedoch nicht, weil es sich nicht um ein sog. echtes FGG-Streitverfahren handelt und ein anderer Beteiligter jederzeit bei rechtlichem Interesse einen Antrag stellen und so die Bindungswirkung herbeiführen kann.

3. Verfahren. Art. 7 § 1 Abs. 6 S. 4 FamRÄndG benennt zwar ausdrücklich die sinngemäße Anwendung einiger **FGG-Vorschriften**, darüber hinaus werden in der Praxis jedoch weitere – passende – Vorschriften aus dem FGG und subsidiär aus der VwGO herangezogen. Als **Beteiligte** sind die Landesjustizverwaltung und diejenigen Personen beizuladen, die an der Anerkennung oder Nichtanerkennung ein rechtliches Interesse haben. Eine **mündliche Verhandlung** ist durch das FGG nicht vorgeschrieben, steht aber im Ermessen des Gerichts. Das OLG entscheidet als **Tatsachengericht** (§ 23 FGG i.V.m. Art. 7 § 1 Abs. 6 S. 4 FamRÄndG). Ermittlungen erfolgen **von Amts wegen** (§ 12 FGG i.V.m. Art. 7 § 1 Abs. 6 S. 1 FamRÄndG). Die **Beweisaufnahme** wird nach §§ 12, 15 FGG i.V.m. Art. 7 § 1 Abs. 6 S. 1 FamRÄndG i.d.R. als Freibeweisverfahren durchgeführt. Das Gericht ist an das **Antragsbegehren** analog § 88 VwGO gebunden.[74] Die Entscheidung ergeht durch zu **begründenden Beschluss** (§ 25 FGG i.V.m. Art. 7 § 1 Abs. 6 S. 4 FamRÄndG). **Anwaltszwang** besteht nicht. **PKH** richtet sich nach den allgemeinen Vorschriften (§ 14 FGG, § 114 Abs. 1 S. 1 ZPO).

4. Rechtsbehelf. Die Entscheidung ist **endgültig** und damit unanfechtbar (Abs. 6 S. 5). Der BGH kann nur über Vorlage nach § 28 Abs. 2, 3 FGG i.V.m. Art. 7 § 1 Abs. 6 S. 4 FamRÄndG befasst werden.

---

66 KG FamRZ 1969, 96, 97 (insoweit aufgegeben durch KG FamRZ 2004, 275, 276); IPRspr 1975 Nr. 179, S. 457; Thomas/Putzo/*Hüßtege*, ZPO, § 328 Rn 26; Staudinger/*Spellenberg*, Int. Verfahrensrecht in Ehesachen, Art. 7 FamRÄndG Rn 740, 828–833; Soergel/*Schurig*, Art. 17 EGBGB Rn 100.

67 KG FamRZ 2004, 275, 276; OLG Koblenz NJW-RR 1988, 1159 = IPRax 1988, 359; Baumbach/Lauterbach/*Hartmann*, § 328 ZPO Rn 69; MüKo-ZPO/*Gottwald*, § 328 Rn 202; Stein/Jonas/*Roth*, ZPO, 21. Aufl. 1999, § 328 Rn 235 f.; *Richter/Krzywon*, IPRax 1988, 349, 351; *Martiny*, Handbuch Int. Zivilverfahrensrecht, Bd. III/1, Rn 1737.

68 § 20 Abs. 2 FGG: Soweit eine Verfügung nur auf Antrag erlassen werden kann und der Antrag zurückgewiesen worden ist, steht die Beschwerde nur dem Antragsteller zu.

69 BGHZ 120, 396, 398 f. = NJW 1993, 662; BayObLG NJW-RR 1992, 150, 151; *Bumiller/Winkler*, FGG, 7. Aufl. 1999, § 20 Rn 43.

70 BayObLG FamRZ 1990, 897, 898 = NJW-RR 1990, 842 = StAZ 1990, 225; FamRZ 1998, 1305 = NJWE-FER 1998, 209 = StAZ 1999, 144.

71 BayObLG FamRZ 2000, 836, 838 = NJW-RR 2000, 885 = StAZ 2000, 77; rechtspolitisch abl. *Geimer*, Int. Zivilprozessrecht, 5. Aufl. 2005, Rn 3046.

72 BayObLG FamRZ 1998, 1305 = NJWE-FER 1998, 209 = StAZ 1999, 144; FamRZ 1985, 1258, 1259 = NJW-RR 1986, 5 = IPRax 1986, 180 (Bspr. *Henrich*); Musielak/*Musielak*, ZPO, § 328 Rn 47; *Geimer*, Int. Zivilprozessrecht, 5. Aufl. 2005, Rn 3047; MüKo-ZPO/*Gottwald*, § 328 Rn 205; Stein/Jonas/*Roth*, ZPO, 21. Aufl. 1999, § 328 Rn 239.

73 BayObLG FamRZ 1999, 1588; OLG Düsseldorf NJW 1980, 349.

74 Staudinger/*Spellenberg*, Int. Verfahrensrecht in Ehesachen, Art. 7 FamRÄndG Rn 841.

V. Wirkungen der Feststellungsentscheidung

40 **1. Bindungswirkung.** Die Feststellung, dass die Voraussetzungen der Anerkennung bzw. Nichtanerkennung gegeben sind, führt gemäß Abs. 8 zu einer Bindungswirkung für Gerichte und Behörden. Dies gilt nach h.M. auch, wenn die Entscheidung aufgrund freiwilliger Durchführung des Verfahrens nach Art. 7 § 1 FamRÄndG ergangen ist. Die **Ablehnung** eines Antrags aus sachlichen Gründen hat nach verbreiteter Ansicht dieselbe Bindungswirkung wie eine Entscheidung, die dem gegenteiligen Antrag stattgeben würde.[75] Das ist jedoch nicht zutreffend, da durch die Ablehnung nicht automatisch das Gegenteil festgestellt wird.[76] Eine Sachabweisung kann insbesondere deshalb erfolgen, weil bestimmte Feststellungen (derzeit) nicht getroffen werden konnten. Maßgeblich ist daher der eindeutige Wortlaut von Art. 7 § 1 Abs. 8 FamRÄndG, der die Bindungswirkung nur für die positive Feststellung, dass die Voraussetzungen für die Anerkennung vorliegen oder nicht vorliegen, anordnet. Jedem Beteiligten ist es unbenommen, durch Stellung eines entgegengesetzten (Hilfs-)Antrags eine Entscheidung mit Bindungswirkung herbeizuführen.

41 **2. Bestands- und Rechtskraft.** Der Bescheid der Landesjustizverwaltung wird nicht **bestandskräftig**, solange er noch vor dem OLG angefochten werden kann. Die Landesjustizverwaltung selbst bleibt grundsätzlich an ihre Entscheidung gebunden.[77] Die Rücknahme einer (rechtswidrigen) Entscheidung ist aber in Anlehnung an § 48 (Landes-)VwVfG oder analog § 18 FGG bzw. in rechtsanaloger Anwendung beider Bestimmungen zulässig.[78] Die Entscheidungen der Landesjustizverwaltung weisen von vornherein eine geringere Bestandskraft auf als gerichtliche Entscheidungen. Sie unterliegen grundsätzlich auch noch nach Jahren der Anfechtung durch gerichtliche Anrufung (auch seitens Dritter). Zudem ist in Statussachen dem öffentlichen Interesse an der Rücknahme der Vorrang vor privatem Vertrauensinteresse einzuräumen. Ein neuer Antrag bei der Landesjustizverwaltung seitens des Antragstellers oder Dritter ist wegen fehlenden Rechtsschutzinteresses unzulässig, soweit die Anrufung des OLG möglich ist.[79] Etwas anderes soll dann gelten, wenn neue Erkenntnisse vorliegen oder zuvor fehlende Unterlagen nunmehr beschafft werden konnten (zweifelhaft).[80]

42 Der Beschluss des OLG erlangt formelle und materielle **Rechtskraft**, die allerdings nur relativ, d.h. zwischen den Beteiligten des gerichtlichen Verfahrens, wirkt. Diese Beteiligten sind an den Beschluss gebunden und können das OLG nicht nochmals anrufen, andere Antragsberechtigte hingegen schon.[81] § 18 FGG (nachträgliche Änderung gerichtlicher Verfügungen) findet grundsätzlich keine Anwendung.[82] Wird allerdings die ausländische Entscheidung im Erlassstaat **aufgehoben**, kann ein Beteiligter die Aufhebung oder Änderung des Feststellungsbescheids analog § 18 FGG beantragen[83] (vgl. auch Anhang I zum III. Abschnitt, Art. 21 EheVO Rn 42 f.).

C. Sachliche Voraussetzungen der Anerkennung

I. Vorrang der EheVO 2000/2003

43 Soweit es sich um eine Entscheidung der Gerichte eines Mitgliedstaates der EheVO 2000/2003 handelt und deren sachlicher und zeitlicher Anwendungsbereich eröffnet ist, richten sich die Voraussetzungen für die

---

75 Baumbach/Lauterbach/*Hartmann*, § 328 ZPO Rn 66; Zöller/*Geimer*, ZPO, § 328 Rn 231; *Geimer*, Int. Zivilprozessrecht, 5. Aufl. 2005, Rn 3019; Stein/Jonas/*Roth*, ZPO, 21. Aufl. 1999, § 328 Rn 231; Staudinger/*Spellenberg*, Int. Verfahrensrecht in Ehesachen, Art. 7 FamRÄndG Rn 737; *Martiny*, Handbuch Int. Zivilverfahrensrecht, Bd. III/1, Rn 1681.
76 BayObLG NJW 1968, 363; KG FamRZ 1969, 96, 97; MüKo-ZPO/*Gottwald*, § 328 Rn 196; *Richter/Krzywon*, IPRax 1988, 349, 351.
77 Stein/Jonas/*Roth*, ZPO, 21. Aufl. 1999, § 328 Rn 230; Staudinger/*Spellenberg*, Int. Verfahrensrecht in Ehesachen, Art. 7 FamRÄndG Rn 720 f.
78 BayObLG FamRZ 2000, 836, 837 = NJW-RR 2000, 885 = StAZ 2000, 77; Baumbach/Lauterbach/*Hartmann*, § 328 Rn 66; *Schack*, Int. Zivilverfahrensrecht, 3. Aufl. 2002, Rn 898; a.A. Zöller/*Geimer*, ZPO, § 328 Rn 270.
79 Staudinger/*Spellenberg*, Int. Verfahrensrecht in Ehesachen, Art. 7 FamRÄndG Rn 730 f.
80 *Haecker*, S. 27; Stein/Jonas/*Roth*, ZPO, 21. Aufl. 1999, § 328 Rn 231.
81 Staudinger/*Spellenberg*, Int. Verfahrensrecht in Ehesachen, Art. 7 FamRÄndG Rn 747, 849.
82 *Martiny*, Handbuch Int. Zivilverfahrensrecht, Bd. III/1, Rn 1739.
83 So auch § 34 des Regierungsentwurfs des Familienausführungsgesetzes in Bezug auf das Feststellungsverfahren nach Art. 21 Abs. 3 EheVO 2003. A.A. Staudinger/*Spellenberg*, Int. Verfahrensrecht in Ehesachen, Art. 7 FamRÄndG Rn 755: Die Anerkennung und der entsprechende Bescheid würden gegenstandslos. Dies ist aber unter Rechtssicherheitsgesichtspunkten sehr problematisch.

Anerkennung nach Artt. 14 ff. EheVO 2000 bzw. Artt. 21 ff. EheVO 2003 (Anhang I zum III. Abschnitt, Art. 21 EheVO). EuGVVO,[84] EuGVÜ[85] und LugÜ[86] erfassen Ehesachen nicht.

II. Bilaterale Abkommen

Bestimmte bilaterale Abkommen über die Anerkennung und Vollstreckung von Entscheidungen beziehen Ehesachen mit ein: Belgien,[87] Griechenland,[88] Italien,[89] Schweiz,[90] Spanien,[91] Tunesien[92] und Vereinigtes Königreich.[93] Auf Entscheidungen aus den EU-Mitgliedstaaten finden sie gemäß Art. 36 Abs. 1 EheVO 2000 bzw. Art. 59 Abs. 1 EheVO 2003 keine Anwendung, soweit der sachliche und zeitliche Anwendungsbereich der EheVO 2000/2003 eröffnet ist. Im Verhältnis zu den einfachgesetzlichen Anerkennungsvorschriften gilt das Günstigkeitsprinzip.[94] Die Anerkennung erfolgt, wenn die Voraussetzungen nach dem bilateralen Abkommen oder der einfachgesetzlichen Vorschrift vorliegen.

44

III. § 328 Abs. 1 ZPO

§ 328 ZPO   Anerkennung ausländischer Urteile

(1) ¹Die Anerkennung des Urteils eines ausländischen Gerichts ist ausgeschlossen:
1. wenn die Gerichte des Staates, dem das ausländische Gericht angehört, nach den deutschen Gesetzen nicht zuständig sind;
2. wenn dem Beklagten, der sich auf das Verfahren nicht eingelassen hat und sich hierauf beruft, das verfahrenseinleitende Schriftstück nicht ordnungsmäßig oder nicht so rechtzeitig zugestellt worden ist, dass er sich verteidigen konnte;
3. wenn das Urteil mit einem hier erlassenen oder einem anzuerkennenden früheren ausländischen Urteil oder wenn das ihm zugrunde liegende Verfahren mit einem früher hier rechtshängig gewordenen Verfahren unvereinbar ist;
4. wenn die Anerkennung des Urteils zu einem Ergebnis führt, das mit wesentlichen Grundsätzen des deutschen Rechts offensichtlich unvereinbar ist, insbesondere wenn die Anerkennung mit den Grundrechten unvereinbar ist;
5. wenn die Gegenseitigkeit nicht verbürgt ist.

(2) ¹Die Vorschrift der Nummer 5 steht der Anerkennung des Urteils nicht entgegen, wenn das Urteil einen nichtvermögensrechtlichen Anspruch betrifft und nach den deutschen Gesetzen ein Gerichtsstand im Inland nicht begründet war oder wenn es sich um eine Kindschaftssache (§ 640) oder um eine Lebenspartnerschaftssache im Sinne des § 661 Abs. 1 Nr. 1 und 2 handelt.

1. Erfasste Entscheidungen. Nach h.M.[95] sind die Anerkennungsvoraussetzungen auch dann § 328 ZPO zu entnehmen, wenn die ausländische Entscheidung nicht in einem ordentlichen streitigen Verfahren, sondern in einem Verwaltungsgerichtsverfahren oder in einem Verfahren, das der deutschen freiwilligen Gerichtsbarkeit entspricht, ergangen ist. Maßgeblich für die Zuordnung ist die Einordnung des Eheverfahrens im deutschen Recht (*lex-fori*-Prinzip). Anzuwenden ist das jeweilige Zuständigkeits- und Anerkennungsrecht, das im Zeitpunkt des Eintritts der Rechtskraft der ausländischen Entscheidung wirksam war.[96]

45

---

84 Verordnung (EG) Nr. 44/2001 des Rates v. 22. Dezember 2000 über die gerichtliche Zuständigkeit und die Anerkennung und Vollstreckung von Entscheidungen in Zivil- und Handelssachen (ABlEG Nr. L 012 v. 16.1.2001, S. 1 –23).
85 Brüsseler EWG-Übereinkommen über die gerichtliche Zuständigkeit und die Vollstreckung gerichtlicher Entscheidungen in Zivil- und Handelssachen v. 27.9.1968 (BGBl II 1972 S. 774).
86 Luganer Übereinkommen über die gerichtliche Zuständigkeit und die Vollstreckung gerichtlicher Entscheidungen in Zivil- und Handelssachen v. 16.9.1988 (BGBl II 1994 S. 2660).
87 Abk. v. 30.6.1958 (BGBl II 1959 S. 766); Text bei Baumbach/Lauterbach, Schlussanhang V B 4.
88 Abk. v. 4.11.1961 (BGBl II 1963 S. 109); Text bei Baumbach/Lauterbach, Schlussanhang V B 6.
89 Abk. v. 9.3.1936 (RGBl II 1937 S. 145); wieder in Kraft getreten am 1.10.1952 (BGBl II 1952 S. 986);
Text bei Baumbach/Lauterbach, Schlussanhang V B 2.
90 Abk. v. 2.11.1929 (RGBl II 1930 S. 1066); Text bei Baumbach/Lauterbach, Schlussanhang V B 1.
91 Abk. v. 14.11.1983 (BGBl II 1987 S. 35); Text bei Baumbach/Lauterbach, Schlussanhang V B 11.
92 Abk. v. 19.7.1966 (BGBl II 1969 S. 889); Text bei Baumbach/Lauterbach, Schlussanhang V B 8; hierzu JM BW FamRZ 2001, 1015.
93 Abk. v. 14.7.1960 (BGBl II 1961 S. 301); Text bei Baumbach/Lauterbach, Schlussanhang V B 5.
94 BGH IPRax 1989, 104, 106; BayObLG FamRZ 2000, 1170; FamRZ 1990, 897 = NJW-RR 1990, 842 = StAZ 1990, 225; JM BW FamRZ 2000, 1015, 1016.
95 Zöller/Geimer, ZPO, § 328 Rn 90; MüKo-ZPO/Gottwald, § 328 Rn 41; MüKo/Winkler v. Mohrenfels, Art. 17 EGBGB Rn 290; a.A. Soergel/Schurig, Art. 17 EGBGB Rn 109 f.
96 KG FamRZ 2004, 275, 276; MüKo/Winkler v. Mohrenfels, Art. 17 EGBGB Rn 294 f.

46 Erfasst ist jede Entscheidung, die über einen eine Ehesache betreffenden Antrag in einem geordneten Verfahren ergeht. Die Entscheidung muss rechtskräftig sein,[97] d.h. nach dem Recht des Erlassstaats darf innerhalb desselben Verfahrens kein Rechtsbehelf mehr möglich sein. Die Entscheidung kann dem Antrag in der Ehesache stattgeben oder ihn abweisen.[98]

47 **2. Funktionsweise.** Die Anerkennungsvoraussetzungen sind nicht positiv bestimmt, sondern die Ausschlussgründe sind abschließend benannt. Trifft einer zu, ist die Anerkennung ausgeschlossen. Liegt kein Ausschlussgrund vor, wird anerkannt. Die Rechtmäßigkeit der Entscheidung ist nicht nachzuprüfen.[99]

48 **3. Ausschlussgründe für die Anerkennung. a) Fehlende Zuständigkeit (§ 328 Abs. 1 Nr. 1 ZPO).** Gemeint ist die **internationale Zuständigkeit** der Gerichte des Entscheidungsstaates. Örtliche und sachliche Zuständigkeit bleiben außer Betracht.[100] Maßgebend für die Beurteilung ist das **Spiegelbildprinzip**. Hiernach wird geprüft, ob das ausländische Gericht international zuständig wäre, wenn dort die deutschen Vorschriften über die internationale Zuständigkeit gelten würden. In Ehesachen bestehen allerdings Abweichungen vom Spiegelbildprinzip. Die Anerkennungszuständigkeit richtet sich ausschließlich nach § 606a ZPO und nicht nach der EheVO 2000/2003. Die EheVO 2000/2003 will allein die Entscheidungszuständigkeiten unter den Mitgliedstaaten abgrenzen. Das System ihrer Zuständigkeitsordnung ist durch die Bestimmungen zur ausschließlichen und zur Restzuständigkeit in Artt. 6 und 7 EheVO 2003 nicht geeignet, auf die Anerkennungszuständigkeit für Entscheidungen aus Drittstaaten übertragen zu werden.[101] § 606a Abs. 2 ZPO erweitert die Anerkennungs- gegenüber der Entscheidungszuständigkeit.

49 Die **internationale Anerkennungszuständigkeit** des ausländischen Gerichts nach § 606a ZPO liegt zusammengefasst unter folgenden Alternativen vor:
(1.) Wenigstens ein Partner besitzt die **Staatsangehörigkeit** des Urteilsstaats oder besaß sie bei der Schließung der Ehe bzw. Lebenspartnerschaft (§ 606a Abs. 1 S. 1 Nr. 1 ZPO). Bei Bundesstaaten kommt es auf die Zugehörigkeit zu dem Gesamtstaat an.[102] Es genügt bei Mehrstaatern, dass die Entscheidung in (irgend-)einem der Heimatstaaten eines der Ehegatten ergangen ist. Art. 5 Abs. 1 EGBGB ist nicht heranzuziehen.[103]
(2.) Wenigstens ein Partner hatte seinen **gewöhnlichen Aufenthalt** im Urteilsstaat (§ 606a Abs. 1 S. 1 Nr. 2-4, Abs. 2 ZPO; § 661 Abs. 3 ZPO; zum Begriff siehe Art. 5 EGBGB Rn 16). Ein Aufenthalt nur zum Zweck der Scheidung genügt nicht (Abwehr von Scheidungsparadiesen).[104] Der gewöhnliche Aufenthalt bestimmt sich nach deutschem Recht.[105]
(3.) Die Entscheidung wird von beiden **Heimatstaaten** der Ehegatten (§ 606a Abs. 2 S. 2 ZPO) bzw. dem Register führenden Staat (§ 661 Abs. 3 Nr. 3 ZPO) **anerkannt** oder die Ehe/Lebenspartnerschaft wird dort als nicht (mehr) bestehend angesehen.[106] Diese Alternative ist nur einschlägig, wenn keiner der Ehegatten Deutscher ist.[107] Für Mehrstaater kommt es auf die effektive Staatsangehörigkeit an[108] (zum Begriff siehe Art. 5 EGBGB Rn 22).
(4.) Die Lebenspartnerschaft war in dem Urteilsstaat begründet worden (§ 661 Abs. 3 Nr. 1b ZPO).

---

97 BGH NJW 1992, 3098; KG FamRZ 2004, 275, 276; BayObLG FamRZ 1990, 897 = NJW-RR 1990, 842 = StAZ 1990, 225; Thomas/Putzo/*Hüßtege*, ZPO, § 328 Rn 1; a.A. Zöller/*Geimer*, ZPO, § 328 Rn 69: Es kommt nur darauf an, dass Urteilswirkungen eintreten.
98 Zöller/*Geimer*, ZPO, § 328 Rn 67a.
99 BayObLG FamRZ 1993, 1469.
100 OLG Bamberg FamRZ 2000, 1289; Zöller/*Geimer*, ZPO, § 328 Rn 97; MüKo-ZPO/*Gottwald*, § 328 Rn 63; a.A. *Haecker*, S. 29.
101 Gleiches gilt im Verhältnis von § 328 ZPO und EuGVVO, auch hier richtet sich die Anerkennungszuständigkeit allein nach §§ 12 ff. ZPO; a.A. *Haecker*, S. 30.
102 BGHZ 141, 286, 289 ff. = IPRax 2001, 230 = NJW 1999, 3198; LJV BW FamRZ 1990, 1015, 1017; Zöller/*Geimer*, ZPO, § 328 Rn 97a; MüKo-ZPO/*Gottwald*, § 328 Rn 64; a.A. Stein/Jonas/*Roth*, ZPO, 21. Aufl. 1999, § 328 Rn 88; *Martiny*, Handbuch Int. Zivilverfahrensrecht, Bd. III/1, Rn 747.
103 Staudinger/*Spellenberg*, Int. Verfahrensrecht in Ehesachen, § 328 ZPO Rn 358 f.; Soergel/*Schurig*, Art. 17 EGBGB Rn 83; *Krzywon*, StAZ 1989, 93, 99.
104 BayObLG NJW 1990, 3099 = FamRZ 1990, 650 = StAZ 1990, 224 = IPRspr 1990 Nr. 214; OLG Frankfurt NJW 1989, 3101, 3102 = IPRspr 1989 Nr. 226.
105 BayObLG FamRZ 1992, 584, 585 = NJW-RR 1992, 514 = StAZ 1992, 176 = IPRspr 1991 Nr. 217; NJW 1990, 3099 = FamRZ 1990, 650 = StAZ 1990, 224 = IPRspr 1990 Nr. 214; *Martiny*, Handbuch Int. Zivilverfahrensrecht, Bd. III/1, Rn 751.
106 Soergel/*Schurig*, Art. 17 EGBGB Rn 83 m.w.N.
107 BayObLG FamRZ 1992, 584, 585 = NJW-RR 1992, 514 = StAZ 1992, 176 = IPRspr 1991 Nr. 217 m. zust. Anm. *Henrich*, IPRax 1992, 178; Staudinger/*Spellenberg*, Int. Verfahrensrecht in Ehesachen, § 328 ZPO Rn 328, 330; *Krzywon*, StAZ 1989, 93, 98; a.A. Soergel/*Schurig*, Art. 17 EGBGB Rn 83: Zur Vermeidung „hinkender" Rechtslagen sei anerkennungsfreundlich zu entscheiden.
108 MüKo/*Winkler v. Mohrenfels*, Art. 17 EGBGB Rn 280; Staudinger/*Spellenberg*, Int. Verfahrensrecht in Ehesachen, § 328 ZPO Rn 329; a.A. *Basedow*, StAZ 1983, 233, 238.

(5.) Es lag eine **Notzuständigkeit** vor.[109] Ob diese gegeben war, ist gemäß dem Spiegelbildprinzip zu ermitteln. Es ist also zu fragen, ob die deutschen Gerichte in einem solchen Fall, wenn der Bezug nicht zum Entscheidungsstaat, sondern zu Deutschland gegeben wäre, die Zuständigkeit aus besonderen (Not-)Gründen, insbesondere aus dem Verbot der Justizverweigerung,[110] angenommen hätten.

Die internationale Zuständigkeit der Gerichte des Entscheidungsstaats muss wenigstens zeitweise zwischen der Klageerhebung und der letzten mündlichen Verhandlung vorgelegen haben; § 261 Abs. 3 Nr. 2 ZPO findet entsprechend Anwendung.[111] Die Prüfung erfolgt durch das deutsche Gericht **von Amts wegen**,[112] die bloße Behauptung des Vorliegens genügt nicht.[113]

b) Keine ordnungsgemäße oder rechtzeitige Zustellung (§ 328 Abs. 1 Nr. 2 ZPO). Sinn und Zweck ist die Gewährleistung rechtlichen Gehörs zum Schutz des Beklagten im Stadium der Verfahrenseröffnung.[114] Soweit im Wortlaut übereinstimmend, kann und soll bei der Auslegung auf die Rechtsprechung zu Art. 22 lit. b EheVO 2003 bzw. Art. 15 Abs. 1 lit. b EheVO 2000, Art. 34 Nr. 2 EuGVVO, Art. 27 Nr. 2 EuGVÜ bzw. LugÜ zurückgegriffen werden.[115]

aa) Keine Einlassung. Der Begriff „Einlassung" ist weit auszulegen.[116] Es genügt jede Prozesshandlung, mit der der Beklagte oder sein Vertreter zu erkennen gibt, dass er von der gegen ihn erhobenen Klage Kenntnis erlangt hat.[117] Keine Einlassung liegt vor, wenn sich der Beklagte vor dem ausländischen Gericht lediglich auf die mangelhafte Zustellung beruft[118] oder im ausländischen Verfahren ohne Mitwirkung des Beklagten ein Vertreter bestellt wird.[119]

bb) Geltendmachung der Nichteinlassung im Verfahren, in dem über die Anerkennung entschieden wird.[120] Bei verspäteter Rüge erfolgt **Präklusion** analog §§ 295, 532, 556 ZPO im gerichtlichen Verfahren nach Art. 7 § 1 FamRÄndG, wenn die Rüge nicht bereits im Verwaltungsverfahren erhoben wurde.[121] Weiterhin kommt **Verwirkung** durch widersprüchliches Verhalten sowohl vor als auch nach Erlass des Urteils in Betracht.[122] So ist es rechtsmissbräuchlich, wegen § 328 Abs. 1 Nr. 2 ZPO zu rügen und gleichzeitig die Scheidung im Inland zu beantragen, wenn dasselbe Scheidungsstatut Anwendung finden würde.[123] Dies gilt jedoch nicht, wenn über ein anderes Scheidungsstatut andere Rechtsfolgen (z.B. im Unterhaltsrecht) herbeigeführt werden sollen.[124] Ein eindeutiger **Verzicht** (auch konkludent) auf die Rüge ist – insbesondere mit Blick auf Art. 22 lit. b EheVO 2003 (siehe Anhang I zum III. Abschnitt, Art. 22 EheVO Rn 12) – denkbar.[125] Hierzu genügt es, wenn der Scheidungsbeklagte eine neue Ehe eingeht oder selbst das Verfahren nach Art. 7 § 1 FamRÄndG mit dem Ziel der Anerkennung betreibt,[126] nicht jedoch bloßes Untätigbleiben oder die sonstige faktische Hinnahme des Scheidungsausspruchs.[127]

---

109 Hierzu BayObLG FamRZ 1992, 584, 586 = NJW-RR 1992, 514 = StAZ 1992, 176 = IPRspr 1991 Nr. 217; Staudinger/*Spellenberg*, Int. Verfahrensrecht in Ehesachen, § 606 ff. ZPO Rn 381 ff.
110 *Geimer*, IPRax 2004, 97, 98.
111 BGHZ 141, 286, 290 = NJW 1999, 3198 = IPRax 2001, 230; BayObLG FamRZ 1993, 1469; Zöller/*Geimer*, ZPO, § 328 Rn 124; MüKo-ZPO/ *Gottwald*, § 328 Rn 71; Staudinger/*Spellenberg*, Int. Verfahrensrecht in Ehesachen, § 328 ZPO Rn 332 –337; a.A. (letzte mündliche Verhandlung) Stein/ Jonas/*Roth*, ZPO, 21. Aufl. 1999, § 328 Rn 90, 98; Soergel/*Schurig*, Art. 17 EGBGB Rn 84.
112 BayObLG FamRZ 1992, 584, 585 f. = NJW-RR 1992, 514 = StAZ 1992, 176 = IPRspr 1991 Nr. 217 m. zust. Anm. *Henrich*, IPRax 1992, 178; MüKo-ZPO/*Gottwald*, § 328 Rn 55; instruktiv *Fricke*, Anerkennungszuständigkeit, S. 102; a.A. OLG Hamm FamRZ 1993, 339, 340; Zöller/*Geimer*, ZPO, § 328 Rn 96, 126: Prüfung nur auf Rüge des Beklagten, da kein Schutz gegen seinen Willen erforderlich.
113 Stein/Jonas/*Roth*, ZPO, 21. Aufl. 1999, § 328 Rn 96.
114 OLG Hamm FamRZ 1993, 339, 340; Stein/Jonas/ *Roth*, ZPO, 21. Aufl. 1999, § 328 Rn 105; *Basedow*, StAZ 1983, 233, 239.
115 Zöller/*Geimer*, ZPO, § 328 Rn 133; *Schack*, JZ 1993, 621, 622.
116 BGHZ 120, 305, 308 = NJW 1993, 598 = FamRZ 1993, 311.
117 Zöller/*Geimer*, ZPO, § 328 Rn 139; Soergel/ *Schurig*, Art. 17 EGBGB Rn 85; MüKo/*Winkler v. Mohrenfels*, Art. 17 EGBGB Rn 281; *Krzywon*, StAZ 1989, 93, 99.
118 LJV BW FamRZ 1990, 1015, 1018; MüKo-ZPO/ *Gottwald*, § 328 Rn 84; MüKo/*Winkler v. Mohrenfels*, Art. 17 EGBGB Rn 281.
119 BayObLG FamRZ 2002, 1423; OLG Hamm FamRZ 1996, 178, 179 = NJW-RR 1996, 773; FamRZ 1996, 951, 952.
120 BGH NJW 1990, 3090, 3091 = FamRZ 1990, 1100 = IPRax 1991, 188 = StAZ 1990, 296 = IPRspr 1990 Nr. 220; MüKo-ZPO/*Gottwald*, § 328 Rn 73; *Nagel*, IPRax 1991, 172.
121 Zöller/*Geimer*, ZPO, § 328 Rn 131.
122 BayObLG FamRZ 2002, 1637, 1638; Staudinger/ *Spellenberg*, Int. Verfahrensrecht in Ehesachen, § 328 ZPO Rn 455 f.
123 OLG Stuttgart FamRZ 2003, 1019; BayObLG FamRZ 2002, 1637, 1638.
124 JM BW FamRZ 2001, 1015, 1017; a.A. *Schack*, JZ 1993, 621, 622.
125 KG FamRZ 1988, 641, 644; MüKo-ZPO/*Gottwald*, § 328 Rn 73; Stein/Jonas/*Roth*, ZPO, 21. Aufl. 1999, § 328 Rn 107.
126 BGH NJW 1990, 3090, 3091 = FamRZ 1990, 1100 = IPRax 1991, 188 = StAZ 1990, 296 = IPRspr 1990 Nr. 220.
127 KG FamRZ 1988, 641, 644.

54 Problematisch ist, ob sich der Beklagte auf den Ausschlussgrund berufen kann, wenn er die Gelegenheit, den Verfahrensmangel vor dem ausländischen Gericht zu rügen oder einen **Rechtsbehelf einzulegen**, nicht genutzt hat. Das wird (bisher) überwiegend bejaht,[128] da die Nutzung späterer Rechtsbehelfe mit einer Verteidigung von Beginn des Verfahrens an nicht gleichwertig sei. Nach a.A.[129] seien die Verteidigungsrechte des Beklagten in diesem Fall nicht verletzt. Das rechtliche Gehör des Beklagten dürfe nur in dem erforderlichen Maß geschützt, der Justizgewährungsanspruch des Antragstellers nicht mehr als unbedingt nötig eingeschränkt werden. § 328 Abs. 1 Nr. 2 ZPO und Art. 27 Nr. 2 EuGVÜ bzw. LugÜ seien demnach im Lichte des Art. 34 Nr. 2 EuGVVO[130] auszulegen.[131] In Ehesachen liegt jedoch eine Bezugnahme auf Art. 22 lit. b EheVO 2003 bzw. Art. 15 Abs. 1 lit. b EheVO 2000 näher; beide Normen sehen diesen Ausschlussgrund für die Rüge gerade nicht vor (siehe Anhang I zum III. Abschnitt, Art. 22 EheVO Rn 7). Deshalb sollte für § 328 Abs. 1 Nr. 2 ZPO an der bisherigen Praxis festgehalten werden, soweit es um Entscheidungen in Ehe- oder Lebenspartnerschaftssachen geht.

55 cc) Fehlerhafte Zustellung des verfahrenseinleitenden Schriftstücks. (1) Verfahrenseinleitendes Schriftstück. Das verfahrenseinleitende Schriftstück (Klage, Antrag) ist die vom Recht des Entscheidungsstaats[132] vorgesehene Urkunde, durch die der Beklagte erstmalig von dem der Entscheidung zugrunde liegenden Verfahren in Kenntnis gesetzt wird;[133] ein bestimmter Antrag ist nicht erforderlich.[134] Hierzu gehören auch Ladungen verbunden mit der Aufforderung zur Einlassung, wenn die wesentlichen Elemente des Rechtsstreits wiedergegeben sind.

56 (2) Nichtordnungsgemäßheit und Nichtrechtzeitigkeit. Nichtordnungsgemäßheit und Nichtrechtzeitigkeit der Zustellung sind nach der bisher h.M.[135] alternative Versagungsgründe. Hiernach reicht es also, dass einer der Mängel vorliegt, um die Anerkennung zu versagen. Der Beklagte kann sich auf die Nichtordnungsgemäßheit der Zustellung berufen, selbst wenn diese die Verteidigungsmöglichkeit tatsächlich nicht eingeschränkt hat. Die zusätzliche Voraussetzung im letzten Halbsatz („dass er sich nicht verteidigen konnte") bezieht sich nur auf die Rechtzeitigkeit und nicht auf die Ordnungsgemäßheit der Zustellung.

57 Nach Neuregelung der Problematik in Art. 34 Nr. 2 EuGVVO, Art. 22 lit. b EheVO 2003 bzw. Art. 15 Abs. 1 lit. b EheVO 2000 (Anhang I zum III. Abschnitt, Art. 22 EheVO Rn 7), wonach ausdrücklich nicht mehr auf das formale Kriterium der Ordnungsgemäßheit abzustellen ist, findet sich die Auffassung, die Auslegung von § 328 Abs. 1 Nr. 2 ZPO hieran anzupassen, um die internationale Urteilsanerkennung zu fördern.[136] Ob nunmehr § 328 Abs. 1 Nr. 2 ZPO entgegen seinem Wortlaut einschränkend auszulegen ist, hängt davon ab, ob die Regelungen in der EuGVVO und der EheVO 2000/2003 Ausdruck eines besonderen Vertrauens zwischen den EU-Mitgliedstaaten oder aber Indiz für eine neue Rechtsentwicklung sind. Im ersteren Fall wird man angesichts der unterbliebenen Reform von § 328 ZPO im Verhältnis zu Drittstaaten weiterhin dessen strengeren Wortlaut zu beachten haben. Für eine einschränkende Auslegung spricht hingegen, dass der Justizgewährungsanspruch des Antragstellers nicht mehr als notwendig eingeschränkt werden darf. Entscheidend kann allein sein, ob der Beklagte ausreichend Gelegenheit hatte, sich zu verteidigen.[137] Mit einer solchen Auslegung wird zudem vermieden, Zustellungen im internationalen Bereich strenger zu behandeln als im nationalen und im europäischen Raum. Das Tatbestandsmerkmal „nicht ordnungsmäßig

---

[128] BGHZ 120, 305, 313 f. = FamRZ 1993, 311 = NJW 1993, 598; BayObLG FamRZ 2000, 1170, 1172; MüKo-ZPO/*Gottwald*, § 328 Rn 81; Stein/Jonas/*Roth*, ZPO, 21. Aufl. 1999, § 328 Rn 106; Staudinger/*Spellenberg*, Int. Verfahrensrecht in Ehesachen, § 328 ZPO Rn 439; *Rauscher*, JR 1993, 413, 414; *Schack*, JZ 1993, 621, 622; *Schütze*, ZZP 106 (1993), 396, 399.

[129] OLG Köln IPRax 2004, 115, 117; *Geimer*, IPRax 2004, 97; Zöller/*Geimer*, ZPO, § 328 Rn 137; MüKo/*Winkler v. Mohrenfels*, Art. 17 EGBGB Rn 281.

[130] Art. 34 EuGVVO: „Eine Entscheidung wird nicht anerkannt, ... 2. ... es sei denn, der Beklagte hat gegen die Entscheidung keinen Rechtsbehelf eingelegt, obwohl er die Möglichkeit dazu hatte; ...".

[131] So für Art. 27 Nr. 2 EuGVÜ ausdr. OLG Köln IPRax 2004, 115, 117.

[132] MüKo-ZPO/*Gottwald*, § 328 Rn 74.

[133] EuGH, Slg. I 1993, 1963, Rn 39 = NJW 1993, 2091 = IPRax 1994, 37; BayObLG FamRZ 2000, 1170; *Kropholler*, EuZPR, Art. 34 EuGVVO Rn 29.

[134] BGHZ 141, 286, 295 f. = NJW 1999, 3198 = IPRax 2001, 230.

[135] BGHZ 120, 305, 310 = NJW 1993, 598 = FamRZ 1993, 311; OLG Köln FamRZ 1995, 306, 307 = IPRax 1996, 268 = IPRspr 1994 Nr. 165; *Schack*, Int. Zivilverfahrensrecht, 3. Aufl. 2002, Rn 845; MüKo-ZPO/*Gottwald*, § 328 Rn 79; Stein/Jonas/*Roth*, ZPO, 21. Aufl. 1999, § 328 Rn 106; Staudinger/*Spellenberg*, Int. Verfahrensrecht in Ehesachen, § 328 ZPO Rn 400; *Rauscher*, JR 1993, 413; *Schütze*, ZZP 106 (1993), 396 f.; Krzywon, StAZ 1989, 93, 100. Die Rspr. ist insoweit gelegentlich unsauber und spricht beiläufig von alternativen Voraussetzungen („oder"), so z.B. BGH NJW 1997, 2051, 2052 = FamRZ 1997, 490 = StAZ 1997, 171; KG FamRZ 1988, 641, 642.

[136] *Geimer*, IPRax 2004, 97; Zöller/*Geimer*, ZPO, § 328 Rn 133–134a.

[137] In dieser Richtung auch OLG Köln IPRax 2004, 115.

zugestellt" sollte daher einschränkend i.S.v. „nicht in einer Weise zugestellt", wie die Formulierung in Art. 34 Nr. 2 EuGVVO, Art. 22 lit. b EheVO 2003 bzw. Art. 15 Abs. 1 lit. b EheVO 2000 lautet, verstanden werden.

(3) Nichtordnungsgemäßheit. Soweit mit der bisher h.M. auf die formale Ordnungsgemäßheit abgestellt wird, beurteilt sich diese nach der ausländischen *lex fori*[138] unter Beachtung der EuZustVO[139] sowie der einschlägigen Rechtshilfeverträge, insbesondere des Haager Übereinkommens über den Zivilprozess[140] und des Haager Übereinkommens über die Zustellung gerichtlicher und außergerichtlicher Schriftstücke im Ausland in Zivil- oder Handelssachen.[141] Auch die öffentliche Zustellung oder eine sonstige Ersatzzustellung können ausreichen, solange sie entsprechend der ausländischen *lex fori* vorgenommen wurden.[142] 58

Die **Heilung** von Zustellungsmängeln ist möglich. Ob sie vorliegt, richtet sich nach dem Recht des Entscheidungsstaates einschließlich der dort geltenden internationalen Verträge.[143] Ob nach dem Günstigkeitsprinzip außerdem § 189 ZPO entsprechend heranzuziehen ist, ist umstritten.[144] § 189 ZPO findet jedenfalls dann keine entsprechende Anwendung, wenn die Zustellung einem völkerrechtlichen Vertrag unterlag (z.B. Haager Zustellungsübereinkommen).[145] Die Übereinkommen wollen Mindeststandards schaffen; dieses Ziel soll nicht dadurch umgangen werden, dass die Heilung nach dem Günstigkeitsprinzip erleichtert wird.[146] 59

Soweit das Merkmal der Ordnungsgemäßheit **zukünftig einschränkend** i.S.d. EheVO 2000/2003 bzw. der EuGVVO auszulegen ist, bietet sich eine Zweischrittprüfung an. Eine Zustellung „in einer Weise", dass sich der Gegner verteidigen konnte, wird immer dann anzunehmen sein, wenn die Zustellung ordnungsgemäß i.S.d. vorgenannten h.M. erfolgte. Liegen dagegen Zustellungsmängel vor, ist zu prüfen, ob sie so schwerwiegend sind, dass sich die Gegenseite deshalb nicht verteidigen konnte (hierzu Anhang I zum III. Abschnitt, Art. 22 EheVO Rn 11). 60

(4) Nicht rechtzeitige Zustellung. Eine nicht rechtzeitige Zustellung liegt vor, wenn durch die vom ausländischen Gericht gesetzte Frist die Möglichkeit der Verteidigung unzumutbar eingeschränkt wurde.[147] Dies bestimmt sich danach, ob dem Antragsgegner ausreichende Zeit zur Vorbereitung seiner Verteidigung oder für Schritte zur Verfügung stand, um eine Säumnisentscheidung zu verhindern.[148] Hierzu sind die Umstände des Einzelfalls (z.B. Erforderlichkeit der Übersetzung, Zeit für die Kontaktaufnahme zu einem spezialisierten Anwalt) – auch solche, die erst nach der Zustellung bekannt geworden sind – ohne Bindung an die rechtlichen und tatsächlichen Feststellungen des Erstgerichts abzuwägen.[149] Nicht ausschlaggebend ist, ob das Erstgericht die im Entscheidungsstaat geltenden Fristen eingehalten hat. Die Frist beginnt im Regelfall mit der ordnungsgemäßen Zustellung. Bei einer öffentlichen (fiktiven) Zustellung kommt es auf den Zeitpunkt der tatsächlichen Kenntnisnahmemöglichkeit an.[150] Ist der Beklagte unbekannt verzogen, genügt die Zustellung an die letzte bekannte Anschrift.[151] 61

---

138 BGH NJW 1997, 2051, 2052 = FamRZ 1997, 490 = StAZ 1997, 171; BGHZ 120, 305, 311 = FamRZ 1993, 311 = NJW 1993, 598; BayObLG FamRZ 2000, 1170 f.; OLG Düsseldorf FamRZ 1996, 176, 177 = StAZ 1996, 206; JM BW FamRZ 2001, 1015, 1017.
139 Verordnung (EG) Nr. 1348/2000 des Rates v. 29.5.2000 über die Zustellung gerichtlicher und außergerichtlicher Schriftstücke in Zivil- oder Handelssachen in den Mitgliedstaaten, ABlEG 2000 Nr. L 160, S. 37 ff.
140 Abk. v. 1.3.1954 (BGBl II 1958 S. 577).
141 Abk. v. 15.11.1965 (BGBl II 1977 S. 1453).
142 MüKo-ZPO/*Gottwald*, § 328 Rn 76; Soergel/*Schurig*, Art. 17 EGBGB Rn 85; a.A. Staudinger/*Spellenberg*, Int. Verfahrensrecht in Ehesachen, § 328 ZPO Rn 402, der aber öffentliche Zustellungen zumindest dann für ordnungsgemäß ansieht, wenn der Beklagte deutlich überwiegend die Unmöglichkeit einer anderen Zustellung verschuldet hat (Rn 413 f.).
143 BGHZ 120, 305, 311 f. = NJW 1993, 598 = FamRZ 1993, 311; LJV BW FamRZ 1990, 1015, 1018; MüKo-ZPO/*Gottwald*, § 328 Rn 78; Stein/Jonas/ *Roth*, ZPO, 21. Aufl. 1999, § 328 Rn 114.
144 Für die Anwendung von § 189 ZPO Zöller/*Geimer*, ZPO, § 328 Rn 135a, 136; Staudinger/*Spellenberg*, Int. Verfahrensrecht in Ehesachen, § 328 ZPO Rn 410 f., 420; a.A. (allein die ausländische *lex fori* sei maßgeblich) JM BW FamRZ 2001, 1015, 1017; KG FamRZ 1988, 641, 642 f. (zu § 328 Abs. 1 Nr. 2 ZPO a.F. [bis 1986]); MüKo-ZPO/*Gottwald*, § 328 Rn 78; *Schütze*, ZZP 106 (1993), 396, 398.
145 BGHZ 120, 305, 312 f. = FamRZ 1993, 311 = NJW 1993, 598; *Rauscher*, JR 1993, 413, 414; *Schack*, Int. Zivilverfahrensrecht, 3. Aufl. 2002, Rn 848.
146 Hiervon zu trennen ist die Frage nach der dringenden Reformbedürftigkeit des internationalen Zustellungsrechts, vgl. i.E. *Schack*, JZ 1993, 621.
147 BGHZ 141, 286, 296 = IPRax 2001, 230 = NJW 1999, 3198; Thomas/Putzo/*Hüßtege*, ZPO, § 328 ZPO Rn 12a.
148 Im Regelfall Zeitspanne von 15 bis 25 Tagen: BayObLG FamRZ 2000, 1170, 1171; LJV BW FamRZ 1990, 1015, 1018; Stein/Jonas/*Roth*, ZPO, 21. Aufl. 1999, § 328 Rn 115; *Kropholler*, EuZPR, Art. 34 EuGVVO Rn 34.
149 BayObLG FamRZ 2002, 1423, 1424; 2000, 1170, 1171; *Schack*, Int. Zivilverfahrensrecht, 3. Aufl. 2002, Rn 850.
150 BayObLG FamRZ 2002, 1423, 1424; OLGR Saarbrücken 2001, 474 = NJOZ 2001, 1233, 1237 (für die französische *remise au parquet*).
151 BGH IPRax 1993, 324 = NJW 1992, 1239.

62 **c) Unvereinbarkeit (§ 328 Abs. 1 Nr. 3 ZPO).** Die Anerkennung scheidet in folgenden Fällen aus:
(1.) **Unvereinbarkeit** mit einer **inländischen Entscheidung**. Auf den Zeitpunkt der Rechtshängigkeit des Streitgegenstandes sowie auf den Zeitpunkt des Erlasses und der Rechtskraft der in- und ausländischen Entscheidung kommt es nicht an.[152] Die Anerkennung ist also auch dann zu versagen, wenn im inländischen Verfahren die ausländische Rechtshängigkeit oder Entscheidung übersehen wurde.
(2.) **Unvereinbarkeit** mit einer **früheren** rechtskräftigen **ausländischen Entscheidung**, die hier anzuerkennen ist (Prioritätsprinzip). Die Priorität bestimmt sich nach dem Eintritt der Rechtskraft, die entsprechend dem Recht des Urteilsstaats bestimmt wird.[153] Es kommt nicht darauf an, ob die frühere ausländische Entscheidung der Feststellung gemäß Art. 7 § 1 FamRÄndG bedarf oder ob die Entscheidung über die Anerkennungsfähigkeit bereits ergangen ist.[154]
(3.) Frühere **deutsche Rechtshängigkeit**, die durch das ausländische Gericht nicht beachtet wurde. Bedeutung hat diese Alternative nur, solange die Streitsache vor einem deutschen Gericht rechtshängig ist. Wird die Sache rechtskräftig entschieden, greift ohnehin der inländische Urteilsvorrang; erledigt sich das deutsche Verfahren in anderer Weise, besteht kein Anerkennungshindernis.[155] Der Eintritt der Rechtshängigkeit im Ausland bestimmt sich nach dem ausländischen Recht.[156]

63 Zur Beantwortung der Frage, ob **Unvereinbarkeit** vorliegt, ist ein Vergleich von Tenor und ggf. Entscheidungsgründen der konkurrierenden Entscheidungen erforderlich. Unvereinbarkeit ist gegeben, wenn der Antrag, der der zu prüfenden Entscheidung zugrunde liegt, spiegelbildlich vor deutschen Gerichten wegen einer deutschen oder einer früheren anzuerkennenden Entscheidung unzulässig wäre. Ein scheidungsabweisendes Urteil hindert demnach nicht die Anerkennung eines (späteren) Scheidungsurteils. Das Gleiche gilt für das Verhältnis von Trennung ohne Auflösung des Ehebandes zur Scheidung, da die Trennung Vorstufe der Scheidung sein kann.[157] Bis zur Rechtskraft der Scheidung ist eine Trennungsentscheidung nicht unvereinbar.

64 Unvereinbar sind hingegen Entscheidungen, die einen anderen Feststellungsinhalt haben oder eine andere Gestaltung des Personenstandes vornehmen (z.B. Feststellung der Nichtehe – Aufhebung der Ehe; Nichtigkeitserklärung – Aufhebung; Aufhebung bzw. Scheidung zu unterschiedlichen Zeitpunkten). So schließt ein Scheidungsurteil ein (späteres) Aufhebungsurteil aus, selbst wenn sich dieses auf andere Gründe stützt (entsprechend § 1317 Abs. 3 BGB). Jedoch kann der an einer Aufhebungsentscheidung Interessierte die Feststellung begehren, dass nach dem kollisionsrechtlich maßgeblichen Recht die Voraussetzungen für die Eheaufhebung vorlagen, um statt der Scheidungs- die Aufhebungsfolgen herbeizuführen.[158] Nach Wegfall der Nichtigkeitserklärung der Ehe im deutschen Recht und damit von § 24 Abs. 1 S. 2 EheG muss die Frage neu überdacht werden, ob nach einem Scheidungs- oder Aufhebungsurteil eine spätere ausländische Entscheidung, die die Ehe *ex tunc* vernichtet oder ihr Nichtbestehen feststellt, anerkennungsfähig ist. Einzelheiten waren umstritten, jedoch ist dies überwiegend bejaht worden.[159] Die ausländische Entscheidung ist allenfalls dann anerkennungsfähig, wenn sie sich auf einen anderen selbständigen, im inländischen Prozess nicht vorgetragenen Sachverhalt (z.B. Doppelehe, Willensmängel bei der Eheschließung) bezieht, nicht jedoch, wenn die abweichende statusrechtliche Entscheidung durch eine andere kollisionsrechtliche Anknüpfung bedingt ist.

65 **d) Ordre public (§ 328 Abs. 1 Nr. 4 ZPO).** Eine ausländische Entscheidung verstößt gegen den *ordre public*, wenn sie angesichts ihres Inhalts oder der Umstände ihres Zustandekommens, ausgehend vom konkreten Sachverhalt, offensichtlich, d.h. eklatant, unzweifelhaft, auf der Hand liegend,[160] zu einem Ergebnis führt, das unvereinbar mit **tragenden Grundsätzen** des deutschen Rechts ist.[161] Die Verletzung von Grundrechten bildet einen Unterfall, wobei hiermit die Grundrechte des Grundgesetzes, der Länderverfassungen, der EMRK

---

152 LJV BW FamRZ 1990, 1015, 1019; Stein/Jonas/Roth, ZPO, 21. Aufl. 1999, § 328 Rn 118.
153 OLG Bamberg FamRZ 2000, 1289, 1290; MüKo-ZPO/*Gottwald*, § 328 Rn 88; Staudinger/*Spellenberg*, Int. Verfahrensrecht in Ehesachen, § 328 ZPO Rn 465; a.A. OLG Köln FamRZ 1995, 306, 307 = IPRax 1996, 268 = IPRspr 1994 Nr. 165: Die Anerkennungsfähigkeit setzt formelle Rechtskraft nicht voraus.
154 Staudinger/*Spellenberg*, Int. Verfahrensrecht in Ehesachen, § 328 ZPO Rn 464 f.
155 OLG Frankfurt FamRZ 1997, 92 f.
156 BGH IPRax 1989, 104 = FamRZ 1987, 580 = NJW 1987, 3083.
157 Staudinger/*Spellenberg*, Int. Verfahrensrecht in Ehesachen, § 328 ZPO Rn 479.
158 Vgl. BGHZ 133, 227, 230 = NJW 1996, 2727 = FamRZ 1996, 1209 = FPR 1997, 49 (zu § 1317 Abs. 3 BGB).
159 Staudinger/*Spellenberg*, Int. Verfahrensrecht in Ehesachen, § 328 ZPO Rn 479 m.w.N.
160 BayObLG FamRZ 1993, 1469; LG Hamburg FamRZ 1993, 980, 981; Staudinger/*Spellenberg*, Int. Verfahrensrecht in Ehesachen, § 328 ZPO Rn 509.
161 BGH NJW 1997, 2051, 2052 = FamRZ 1997, 490 = StAZ 1997, 171; BayObLG FamRZ 2002, 1637, 1639; OLG Düsseldorf FamRZ 1996, 177 = StAZ 1996, 206; LG Hamburg FamRZ 1993, 980, 981; AG Würzburg FamRZ 1994, 1596 = IPRspr 1994 Nr. 176.

sowie der Charta der Grundrechte der Europäischen Union gemeint sind.[162] Es finden sich in den letzten Jahrzehnten wenige Entscheidungen, die einer ausländischen Entscheidung in Ehesachen die Anerkennung aus *ordre-public*-Gründen versagten, die nicht von der jetzigen Nr. 2 oder 3 des § 328 Abs. 1 ZPO erfasst sind.

Erforderlich ist ein genügend enger **Inlandsbezug**, der sich insbesondere aus der deutschen Staatsangehörigkeit oder aufgrund eines inländischen gewöhnlichen Aufenthalts ergeben kann. Je geringer der Inlandsbezug ist, desto weniger Gewicht haben die Grundsätze des deutschen Rechts für die Frage der Anerkennungsfähigkeit.[163] Maßgebend für die Beurteilung ist der **Zeitpunkt**, in dem über die Anerkennungsfähigkeit im Inland entschieden wird.[164] Die ausländische Entscheidung darf grundsätzlich nicht auf ihre Richtigkeit überprüft werden (**Verbot der *révision au fond***).[165] Die Prüfung der Voraussetzungen erfolgt **von Amts wegen**.[166] Bei Zweifeln über das Vorliegen eines Verstoßes ist die Entscheidung anzuerkennen.[167] 66

Die Anerkennung kann aus prozessrechtlichen oder materiellrechtlichen Unvereinbarkeitsgründen versagt sein. Der Schwerpunkt der Anwendung des **verfahrensrechtlichen *ordre public*** liegt bei Verletzungen des Grundsatzes der Gewährung rechtlichen Gehörs im Laufe des Verfahrens, z.B. bei Übergehen von Behauptungen und Beweisanträgen.[168] Die **Möglichkeit** zur Stellungnahme **genügt** aber.[169] Es kommt nicht darauf an, ob im Verfahren vom deutschen Recht abgewichen wurde, sondern ob der Verfahrensverlauf mit Grundprinzipien eines rechtsstaatlichen Verfahrens unvereinbar ist.[170] Denkbar sind weiterhin fehlende Neutralität des Gerichts, Prozessbetrug und Verhinderung bzw. Nichtbeachtung von Rechtsmitteln.[171] Die Anwendung des *ordre public* kommt nicht in Betracht, wenn **Rechtsmittel** nicht genutzt werden, soweit Aussicht bestand, damit Verfahrensfehler zu beseitigen.[172] 67

Materiellrechtliche Gründe für die Anwendung des *ordre public* sind insbesondere denkbar, wenn die ausländische Entscheidung die Grundrechte auf Eheschließungsfreiheit, Religionsfreiheit oder Gleichstellung von Mann und Frau verletzt. So ist eine ausländische Entscheidung, die die Ehe wegen Mängeln bei der Eheschließung aufhebt oder ihre Nichtexistenz feststellt, nicht anerkennungsfähig, wenn die Ehehindernisse vom Standpunkt des deutschen IPR analog Art. 13 Abs. 2 EGBGB nicht beachtlich sind (z.B. Ehehindernis der Religionsverschiedenheit). Eine Scheidung ist nicht bereits dann *ordre-public*-widrig, wenn nach deutschem Recht die Scheidungsvoraussetzungen nicht vorlagen.[173] 68

e) Fehlende Verbürgung der Gegenseitigkeit (§ 328 Abs. 1 Nr. 5 ZPO). § 328 Abs. 1 Nr. 5 ZPO findet aufgrund von Art. 7 § 1 Abs. 1 S. 2 FamRÄndG bzw. § 328 Abs. 2 ZPO keine Anwendung. 69

---

162 EuGH Slg. I 2000, 1935, Rn 25 = IPRax 2000, 406 = NJW 2000, 1853; BGHZ 144, 390 = NJW 2000, 3289 = IPRax 2001, 50; BGH IPRax 1998, 205 = EuZW 1999, 26 (alle zu Art. 27 Nr. 1 EuGVÜ).
163 OLG Bamberg FamRZ 1997, 95, 96 = NJW-RR 1997, 4.
164 BGHZ 138, 331 = NJW 1998, 2358 = IPRax 1999, 466; BGHZ 52, 184, 192; BayObLG FamRZ 2002, 1637, 1639; 2001, 1622, 1623 = StAZ 2001, 174; OLG Köln FamRZ 1995, 306 = IPRax 1996, 268 = IPRspr 1994 Nr. 165; LJV NRW IPRax 1986, 167, 172; Soergel/*Schurig*, Art. 17 EGBGB Rn 87; differenzierter mit Blick auf eine nachträgliche Verschärfung bzw. Abschwächung des *ordre public* unter Berücksichtigung der Erwartungen der Beteiligten Staudinger/*Spellenberg*, Int. Verfahrensrecht in Ehesachen, § 328 ZPO Rn 524–529.
165 BayObLG FamRZ 1993, 1469.
166 MüKo-ZPO/*Gottwald*, § 328 Rn 55; *Fricke*, Anerkennungszuständigkeit, S. 102; a.A. OLG Hamm FamRZ 1993, 339, 340: Prüfung nur auf Rüge des damaligen Beklagten.
167 MüKo-ZPO/*Gottwald*, § 328 Rn 94.
168 OLG Köln FamRZ 1995, 306, 307 = IPRax 1996, 268 = IPRspr 1994 Nr. 165; LJV BW FamRZ 1990, 1015, 1019.
169 BVerfG NJW 1988, 1462, 1464; BGH IPRax 2002, 395 = NJW-RR 2002, 1151; NJW 1997, 2051 2052 = FamRZ 1997, 490 = StAZ 1997, 171; NJW 1990, 2201, 2203 = IPRax 1992, 33 = FamRZ 1990, 868 = IPRspr 1990 Nr. 207; BayObLG FamRZ 2001, 1622, 1623 = StAZ 2001, 174.
170 BGH NJW 1997, 2051, 2052 = FamRZ 1997, 490 = StAZ 1997, 171; NJW 1990, 2201, 2202 f. = IPRax 1992, 33 = FamRZ 1990, 868 = IPRspr 1990 Nr. 207; OLG Düsseldorf FamRZ 1996, 176, 177 = StAZ 1996, 206; AG Würzburg FamRZ 1994, 1596 = IPRspr 1994 Nr. 176; LG Hamburg FamRZ 1993, 980, 981.
171 BayObLG FamRZ 2002, 1637, 1639; 2000, 836, 837 = NJW-RR 2000, 885 = StAZ 2000, 77 (Vorlage gefälschter Unterlagen, Falschaussagen); Staudinger/*Spellenberg*, Int. Verfahrensrecht in Ehesachen, § 328 ZPO Rn 582.
172 BGH NJW 1997, 2051, 2052 = FamRZ 1997, 490 = StAZ 1997, 171; BayObLG FamRZ 2002, 1637, 1639; OLG Düsseldorf FamRZ 1996, 176, 177 = StAZ 1996, 206; LG Hamburg FamRZ 1993, 980, 982; AG Würzburg FamRZ 1994, 1596, 1597 = IPRspr 1994 Nr. 176; MüKo-ZPO/*Gottwald*, § 328 Rn 103; Stein/Jonas/*Roth*, ZPO, 21. Aufl. 1999, § 328 Rn 131; a.A. Staudinger/*Spellenberg*, Int. Verfahrensrecht in Ehesachen, § 328 ZPO Rn 518.
173 BayObLG FamRZ 1993, 1469, 1470 (falsche Bestimmung des Trennungszeitpunktes); Staudinger/*Spellenberg*, Int. Verfahrensrecht in Ehesachen, § 328 ZPO Rn 542, 545.

70 **4. Wirkung der Anerkennung.** Die Rechtsprechung geht von der **Wirkungserstreckungstheorie** aus.[174] Die anerkannte Entscheidung hat hiernach dieselbe Wirkung (Rechtskraft, Gestaltungswirkung) wie im Entscheidungsstaat. Die Anerkennungsentscheidung wirkt auf den Zeitpunkt der Rechtskraft der ausländischen Entscheidung zurück.[175] Bei ausländischen Eheanfechtungs-, Aufhebungs- und Nichtigkeitsurteilen ist dem der Entscheidung zugrunde liegenden Recht zu entnehmen, ob die Ehe *ex nunc* oder *ex tunc* aufgelöst ist.[176] Ein Schuldausspruch in der ausländischen Entscheidung nimmt grundsätzlich an der Anerkennung teil, und zwar auch dann, wenn er nur in den Gründen des Urteils steht.[177] Allerdings tritt diesbezüglich keine Bindungswirkung nach Art. 7 § 1 Abs. 8 FamRÄndG ein (Rn 9).

71 Zum Teil wird vertreten, dass ein fehlender Schuldausspruch im Inland entsprechend § 321 ZPO nachgeholt werden kann, soweit er für die Nebenfolgen der Scheidung erheblich ist.[178] Zu folgen ist eher der Auffassung, dass die Feststellung inzident in dem inländischen Verfahren nachgeholt werden kann, in dem es um die Scheidungsfolge geht.[179]

72 Die Anerkennung von **Nebenentscheidungen** ist gesondert nach der für die betreffende Nebenentscheidung anwendbaren Rechtsgrundlage (EuGVVO, multilaterale oder bilaterale Staatsverträge, § 328 ZPO, § 16a FGG) zu prüfen. Die Entscheidung nach Art. 7 § 1 FamRÄndG bezieht sich nur auf die Ehesache und nicht auf die Folgesachen. Nach h.M.[180] setzt die Anerkennung von Nebenentscheidungen voraus, dass die Entscheidung in der Ehesache – bei Eröffnung des Anwendungsbereichs förmlich nach Art. 7 § 1 FamRÄndG – anerkannt wurde, soweit die Entscheidung in der Ehesache notwendige Voraussetzung für die Nebenentscheidung ist. Umstritten ist, ob dies auch für die Anerkennung nach der EuGVVO und auf staatsvertraglicher Rechtsgrundlage gilt.[181] Richtigerweise ist zu differenzieren: Soweit eine Entscheidung über den Kindesunterhalt getroffen wurde, ist diese Entscheidung unabhängig von der Entscheidung in der Ehesache anzuerkennen.[182] Dasselbe muss seit dem Kindschaftsreformgesetz vom 16.10.1997 für Entscheidungen zur elterlichen Sorge gelten.[183] Wenn im deutschen materiellen Recht die Übertragung des Sorgerechts an einen Elternteil von der Scheidung abgekoppelt ist, kann ihre Anerkennung nicht mehr Voraussetzung für die Anerkennung der Entscheidung über die elterliche Sorge sein. Bei den Nebenfolgeentscheidungen, die nur die Eheleute betreffen, ist jedenfalls dann die Anerkennung in der Ehesache erforderlich, wenn die Anerkennung der Nebenfolgenentscheidung nicht auf europäischer oder staatsvertraglicher Rechtsgrundlage erfolgt. Trifft jedoch Letzteres zu, so kann die Nichtanerkennung in der Ehesache nicht als zusätzliches Anerkennungshindernis aufgestellt werden. Nicht ausgeschlossen ist jedoch die Berücksichtigung im Rahmen der geregelten Ausschlussgründe wie Widerspruch zu einer inländischen Statusentscheidung[184] oder des *ordre public*.

---

174 EuGH Slg. 1988, 645 = IPRax 1989, 159 m. Anm. *Schack*, 139, 141 = NJW 1989, 663 (für das EuGVÜ); BGHZ 118, 312, 318 = IPRax 1993, 310 = NJW 1992, 3096; OLG Hamm FamRZ 1993, 213, 215 = IPRspr 1991 Nr. 213; Zöller/*Geimer*, ZPO, § 328 Rn 18; *Kegel/Schurig*, S. 1061; a.A. (Gleichstellungs-, Nostrifizierungs- oder Wirkungsanpassungstheorie) *Musger*, IPRax 1982, 108, 111; im Überblick *Bungert*, IPRax 1982, 225 f.

175 BGH NJW 1983, 514, 515 = FamRZ 1982, 1203 = IPRax 1983, 292; KG FamRZ 1969, 96, 98; *Andrae*, Rn 402.

176 Staudinger/*Spellenberg*, Int. Verfahrensrecht in Ehesachen, Art. 7 FamRÄndG Rn 750.

177 BGH FamRZ 1976, 614, 615 = IPRspr 1976 Nr. 50; Palandt/*Heldrich*, Art. 17 EGBGB Rn 31; Soergel/*Schurig*, Art. 17 EGBGB Rn 90.

178 Soergel/*Schurig*, Art. 17 EGBGB Rn 90; offen gelassen von BGH FamRZ 1976, 614, 615 = IPRspr 1976, Nr. 50.

179 BGH FamRZ 1976, 614, 615 = IPRspr 1976 Nr. 50; Stein/Jonas/*Schlosser*, ZPO, 21. Aufl. 1999, vor § 606 ZPO Rn 17b; MüKo/*Winkler v. Mohrenfels*, Art. 17 EGBGB Rn 115.

180 BGH FamRZ 1975, 273 = NJW 1975, 1072; OLG Celle NJW 1991, 1428, 1429 = IPRax 1991, 62 m. abl. Anm. *Henrich* (der Unterhaltsanspruch des Kindes setzt nicht die Scheidung der Eltern voraus) = FamRZ 1990, 1390 = IPRspr 1990 Nr. 102; OLG Hamm FamRZ 1990, 59 m. abl. Anm. *Henrich* = FamRZ 1989, 785 = NJW-RR 1989, 514 = IPRspr 1989 Nr. 107; Zöller/*Geimer*, ZPO, § 328 Rn 230.

181 Dafür Zöller/*Geimer*, ZPO, § 328 Rn 230; MüKo/*Gottwald*, § 328 Rn 172; a.A. MüKo/*Siehr*, Art. 19 EGBGB Anhang I Rn 279 f.

182 OLG Hamm FamRZ 1993, 213, 214 = IPRspr 1991 Nr. 213; AG Hamburg-Altona FamRZ 1992, 82 = IPRspr 191 Nr. 191; *Henrich*, IPRax 1991, 62; *ders.*, IPRax 1990, 59; Zöller/*Geimer*, ZPO, § 328 Rn 230.

183 Die h.M. ging bisher vom Erfordernis der Feststellung der Anerkennungsfähigkeit der ausländischen Scheidung aus, u.a. BGH NJW 1975, 1072 = FamRZ 1975, 273; *Coester*, IPRax 1996, 24, 25 f.; *Henrich*, IPRax 1991, 62; *ders.*, IPRax 1990, 59.

184 EuGH Slg. 1988, 645 = IPRax 1989, 159 m. Anm. *Schack*, S. 139 = NJW 1989, 663; Staudinger/*Spellenberg*, Int. Verfahrensrecht in Ehesachen, § 328 ZPO Rn 482.

IV. Privatscheidungen

1. Überblick. Privatscheidungen werden in ihrer statusrechtlichen Wirkung im Inland anerkannt, wenn sie nach dem gemäß deutschem Kollisionsrecht maßgeblichen ausländischen Recht zulässig, materiell und formell wirksam sind, die statusrechtliche Folge der Auflösung der Ehe bzw. Lebenspartnerschaft bewirken und der Anerkennung nicht der *ordre public* entgegensteht (zum Begriff der Privatscheidung, zur Unwirksamkeit inländischer Privatscheidungen und zur Abgrenzung zwischen inländischer und ausländischer Privatscheidung siehe Art. 17 EGBGB Rn 94). Die Wirksamkeit der Scheidung oder Aufhebung wird also materiellrechtlich gemäß dem **Scheidungs- bzw. Aufhebungsstatut** geprüft.[185]

Maßgebender **Zeitpunkt** für die Beurteilung der Wirksamkeit ist der Zeitpunkt der Scheidungs- bzw. Aufhebungserklärung.[186] In erster Linie ist dies der Zugang der privatrechtlichen Erklärung bei dem anderen Partner oder, soweit dieser nicht erfolgte oder bestritten wird, der Zeitpunkt der Registrierung.[187] Ist nach deutschem IPR deutsches Recht Scheidungsstatut, so ist die Privatscheidung einer Ehe unwirksam, weil dies durch § 1564 S. 1 BGB, der auch materiellrechtlichen Charakter trägt, ausgeschlossen ist.[188] Diese Konstellation, die zu sog. **„hinkenden" Inlandsehen** führt, tritt nicht selten auf, soweit es um die Privatscheidung unter Beteiligung eines deutschen Staatsangehörigen (auch Doppelstaaters) geht.[189]

2. Ordre public. Auch bei Privatscheidungen ist der *ordre public* (Art. 6 EGBGB) im Grundsatz sparsam heranzuziehen. Seine Anwendung kommt nur infrage, wenn ein ausreichender **Inlandsbezug** vorliegt. Erforderlich ist regelmäßig sowohl ein Inlandsbezug im Zeitpunkt der Scheidung als auch der Anerkennung. Die deutsche Staatsangehörigkeit begründet selbst bei Doppelstaatlichkeit den stärksten Inlandsbezug. Ein starker Inlandsbezug ist auch bei gemeinsamem gewöhnlichem Aufenthalt in Deutschland gegeben.[190]

Beispiele: Grundsätzlich ist eine Privatscheidung nicht bereits deshalb *ordre-public*-widrig, weil die Scheidung einvernehmlich durch **Vertrag** nach ausländischem Recht zustande gekommen ist.[191] Das Gleiche gilt, wenn die Ehe bei Anwendung deutschen Rechts noch nicht hätte geschieden werden dürfen und die ausländische Privatscheidung ohne Nachweis des Scheiterns oder der Einhaltung bestimmter **Trennungszeiten** durchgeführt werden konnte.[192] Soweit nur der Vollzug der Scheidung durch privates Rechtsgeschäft erfolgt und zuvor ein (geistliches) Gericht die Scheidung als berechtigt ausgesprochen hat,[193] kommt eine Nichtanerkennung aus Gründen des *ordre public* dann in Betracht, wenn Gründe analog § 328 Abs. 1 Nr. 2 – 4 ZPO die Anerkennung der Entscheidung ausschließen würden. Eine *révision au fond* findet auch hier nicht statt. Bei dem *talaq* nach islamischem Recht, der einseitigen Verstoßung durch den Ehemann, kommt bei genügend engem Inlandsbezug wegen der Verletzung von Art. 1 GG (Schutz der Menschenwürde), Art. 3 Abs. 2 GG (Grundsatz der Gleichberechtigung von Männern und Frauen) und Art. 6 GG (Schutz der Ehe) ein Verstoß gegen den *ordre public* infrage. Die ältere Rechtsprechung, die noch auf Art. 17 EGBGB a.F. beruht, ist allerdings nur bedingt verwertbar, soweit sie die (grundrechtswidrige) Anknüpfung an das Heimatrecht des Mannes durch die Anwendung des *ordre public* kompensierte.[194] Die Anerkennung ist dann nicht ausgeschlossen, wenn die Ehe auch nach deutschem Recht auf Verlangen des Mannes hätte geschieden werden können und die Frau mit der Scheidung einverstanden war oder wenigstens im Anerkennungsverfahren

---

185 BayObLG FamRZ 2003, 381 = StAZ 2002, 108.
186 BGHZ 110, 267, 273 = FamRZ 1990, 607 = NJW 1990, 2194 = StAZ 1990, 221; BayObLG IPRax 1995, 324 = FamRZ 1994, 1263 = NJW-RR 1994, 771 = StAZ 1994, 255; FamRZ 1998, 1594 = NJW-RR 1998, 1538 = StAZ 1999, 108; OLG Celle FamRZ 1998, 686.
187 BayObLG IPRax 1995, 324 = FamRZ 1994, 1263 = NJW-RR 1994, 771 = StAZ 1994, 255.
188 BGHZ 110, 267, 272 ff. = FamRZ 1990, 607 = NJW 1990, 2194 = StAZ 1990, 221; OLG Braunschweig FamRZ 2001, 561; BayObLG FamRZ 1994, 1263, 1264 = IPRax 1995, 324 = NJW-RR 1994, 771 = StAZ 1994, 255.
189 Vgl. z.B. BGH IPRax 1995, 111 = FamRZ 1994, 434 = NJW-RR 1994, 642 = IPRspr 1994 Nr. 77, 160 (Israel); KG FamRZ 2002, 840 (Marokko); OLG Braunschweig FamRZ 2001, 561 (Syrien); OLG Celle FamRZ 1998, 686 (Japan); BayObLG FamRZ 2003, 381 = StAZ 2003, 108 (Jordanien); BayObLG FamRZ 1998, 1594 = NJW-RR 1998, 1538 = StAZ 1999, 108 (jedoch Annahme einer konkludenten Wahl des syrischen Rechts); BayObLG FamRZ 1994, 1263 = NJW-RR 1994, 771 = IPRax 1995, 324 = StAZ 1994, 255 (Syrien); JM BW FamRZ 2001, 1018, 1019 (Syrien; Ablehnung einer Rechtswahl).
190 OLG München IPRax 1989, 238, 241 = IPRspr 1989 Nr. 88; Erman/*Hohloch*, Art. 17 EGBGB Rn 81; *Bolz*, NJW 1990, 620, 621; Staudinger/*Spellenberg*, Int. Verfahrensrecht in Ehesachen, § 328 ZPO Rn 613, 626.
191 So z.B. OLG Celle FamRZ 1998, 686 (Japan); JM NRW IPRax 1982, 25 (Thailand).
192 *Henrich*, S. 155.
193 So die Scheidung vor einem RabinatsG nach jüdischem Recht, hierzu BGH FamRZ 1994, 434 = NJW-RR 1994, 642 = IPRax 1995, 111 m. Anm. *Henrich* 86 = IPRspr 1994 Nr. 77.
194 So z.B. BayObLG IPRax 1982, 104 m. Anm. *Henrich*, S. 94.

mit der Scheidung einverstanden ist.[195] Liegen beide Voraussetzungen nicht vor, ist die Scheidung nicht anerkennungsfähig. Problematisch ist die Konstellation, in der nur eine dieser Voraussetzungen vorliegt. Es kommt hier darauf an, ob das Schwergewicht der Betrachtung auf die Art und Weise des Zustandekommens der Scheidung[196] oder auf das Ergebnis – Auflösung der Ehe – gelegt wird.[197] Da es sich bei der Verstoßung nicht um ein Verfahren, sondern um die rechtsgeschäftliche Kündigung eines Vertrages – Ehe – handelt, ist das Kriterium „Gewährung des rechtlichen Gehörs" fehl am Platz.[198] Wenn der *talaq* grundsätzlich trotz der einseitig männlichen Ausgestaltung anerkennungsfähig ist, so kann es letztlich nur darauf ankommen, ob das Ergebnis – Auflösung der Ehe – *ordre-public*-widrig ist. Das trifft jedenfalls dann nicht zu, wenn die Ehe vom Standpunkt des deutschen Rechts zum Scheidungszeitpunkt zerrüttet war.[199]

77 **3. Wirkung der Anerkennung.** Die Anerkennung der ausländischen Privatscheidung wirkt auf den Zeitpunkt der endgültigen und rechtwirksamen Auflösung der Ehe nach dem ausländischen Scheidungsstatut zurück.[200]

78 **4. Stellungnahme.** In Fällen zur extensiven Anwendung von § 1564 S. 1 BGB, in denen der Vollzug der Scheidung zwar privatgeschäftlich erfolgt, die Ehescheidung aber durch ein Gericht (auch religiöses, soweit im Ursprungsstaat zur dortigen Gerichtsbarkeit gehörend) durch Entscheidung nach Prüfung der Begründetheit bewilligt oder bestätigt wird, erscheint eine exklusive Anwendung von § 1564 S. 1 BGB nicht sachgerecht.[201] Sie führt zu einer ausschließlichen Zuständigkeit deutscher Gerichte, wenn nach deutschem Kollisionsrecht deutsches Recht Scheidungsstatut ist und das „Auch"-Heimatrecht eines oder beider Partner nur die religiöse Scheidung kennt. Wenn die Kontrolle der Scheidungsvoraussetzungen durch eine unabhängige Instanz garantiert und somit dem Sinn und Zweck von § 1564 BGB Rechnung getragen wird, ist es nicht gerechtfertigt, die Anerkennung solcher Scheidungen an § 1564 BGB scheitern zu lassen, nur weil sie vom Standpunkt des deutschen IPR dem deutschen Recht unterliegen.[202] Hier bedarf es zumindest einer teleologischen Reduktion des § 1564 BGB. Noch sinnvoller wäre es – wie bei Auslandsadoptionen, die dem Mischsystem folgen –,[203] solche Scheidungen nicht materiellrechtlich zu überprüfen, sondern sie den Bestimmungen über die Anerkennung von Entscheidungen zu unterwerfen, vorausgesetzt natürlich, dass nach der Rechtsordnung des Entscheidungsstaats überhaupt eine endgültig wirksame, die Ehe auflösende Scheidung vorliegt.

D. Weitere praktische Hinweise

I. Zum förmlichen Anerkennungsverfahren nach Art. 7 § 1 FamRÄndG

79 **1. Zuständige Stellen. a) Verwaltungsbehördliches Verfahren (Art. 7 § 1 Abs. 1 S. 1, Abs. 2a FamRÄndG).** **Baden-Württemberg**: OLG Karlsruhe, Hoffstr. 10, 76133 Karlsruhe; OLG Stuttgart, Ulrichstr. 10, 70182 Stuttgart; **Bayern**: OLG München, Prielmayerstr. 5, 80335 München; **Berlin**: Senatsverwaltung für Justiz, Salzburger Straße 21–25, 10825 Berlin; **Brandenburg**: Brandenburgisches

---

195 OLG Koblenz FamRZ 1993, 563, 564 = NJW-RR 1993, 70; OLG München IPRax 1989, 238, 241 = IPRspr 1989 Nr. 88; *Henrich*, S. 156; MüKo/ *Winkler v. Mohrenfels*, Art. 17 EGBGB Rn 99, 286; Staudinger/*Spellenberg*, Int. Verfahrensrecht in Ehesachen, § 328 ZPO Rn 624; *Jayme*, IPRax 1989, 223; *Henrich*, IPRax 1995, 86, 87; a.A. für einseitige Verstoßung durch den Ehemann nach iranischem Recht AG Frankfurt NJW 1989, 1434 = IPRax 1989, 237: Verstoß gegen den *ordre public* (Art. 1 Abs. 1, Art. 3 Abs. 2, Art. 6 GG) liegt sogar dann vor, wenn die Ehefrau die Scheidung auch selbst will.

196 Verletzung des Grundsatzes der Gewährung rechtlichen Gehörs: OLG Stuttgart FamRZ 2000, 171 = IPRax 2000, 427; OLG Frankfurt FamRZ 1995, 564 m. krit. Anm. *Henrich* = IPRax 1996, 38 = IPRspr 1994 Nr. 175 (fälschlich § 328 Abs. 1 Nr. 4 ZPO statt richtig Art. 6 EGBGB angenommen); OLG München IPRax 1989, 238, 241 = IPRspr 1989 Nr. 88; BayObLG IPRax 1982, 104, 105; Staudinger/*Spellenberg*, Int. Verfahrensrecht in Ehesachen, § 328 ZPO Rn 620–623; *Krzywon*, StAZ 1989, 93, 104; differenzierend LJV NRW IPRspr 1983 Nr. 2, S. 12 f. (Verstoßung durch die Ehefrau aufgrund Bevollmächtigung durch den Ehemann im Ehevertrag).

197 Kein Verstoß, wenn Ehe nach Anhörung im gerichtlichen Verfahren hätte geschieden werden dürfen: OLG Koblenz FamRZ 1993, 563, 564 = NJW-RR 1993, 70.

198 OLG Koblenz FamRZ 1993, 563, 564 = NJW-RR 1993, 70; *Henrich*, S. 156 Fn 133.

199 *Henrich*, S. 156; *Bolz*, NJW 1990, 620, 621 f.; *Jayme*, IPRax 1989, 223.

200 OLG Hamm FamRZ 1992, 673 = NJW-RR 1992, 710.

201 Beispiele: BGH FamRZ 1994, 434 = NJW-RR 1994, 642 = IPRax 1995, 111 m. Anm. *Henrich*, S. 86 = IPRspr 1994 Nr. 77 (Scheidung eines deutsch-israelischen Ehepaares vor einem RabinatsG in Israel); OLG Braunschweig FamRZ 2001, 561 m. krit. Anm. *Gottwald* (Scheidung eines deutsch-syrischen Ehepaares vor einem Sharia-Gericht); JM BW FamRZ 2001, 1018 m. krit. Anm. *Gottwald* (ebenso).

202 *Henrich*, IPRax 1985, 86, 89.

203 *Andrae*, Rn 639; MüKo/*Klinkhardt*, Art. 22 EGBGB Rn 83; *v. Bar*, IPR II, Rn 317.

OLG, Gertrud-Piter-Platz 11, 14470 Brandenburg; **Bremen**: Senator für Justiz und Verfassung, Richtweg 16–22, 28195 Bremen; **Hamburg**: Justizbehörde, Drehbahn 36, 20354 Hamburg; **Hessen**: OLG Frankfurt, Zeil 42, 60313 Frankfurt/Main; **Mecklenburg-Vorpommern**: Justizministerium, Demmlerplatz 14, 19053 Schwerin; **Niedersachsen**: OLG Braunschweig, Bankplatz 6, 38100 Braunschweig; OLG Celle, Schlossplatz 2, 29221 Celle; OLG Oldenburg, Richard-Wagner-Platz 1, 26121 Oldenburg; **Nordrhein-Westfalen**: OLG Düsseldorf, Cecilienallee 3, 40474 Düsseldorf; **Rheinland-Pfalz**: Ministerium der Justiz, Ernst-Ludwig-Str. 3, 55116 Mainz; **Saarland**: Ministerium der Justiz, Zähringerstr. 12, 66119 Saarbrücken; **Sachsen**: OLG Dresden, Schlossplatz 1, 01067 Dresden; **Sachsen-Anhalt**: OLG Naumburg, Domplatz 10, 06618 Naumburg; **Schleswig-Holstein**: Ministerium für Justiz, Frauen, Jugend und Familie, Lorentzendamm 35, 24103 Kiel; **Thüringen**: Justizministerium, Werner-Seelenbinder-Straße 5, 99096 Erfurt.

b) Sonderzuständigkeiten im gerichtlichen Verfahren (§ 199 Abs. 1 FGG). Bayern: gemäß Art. 11 Abs. 3 Nr. 3 BayAGGVG sachliche und örtliche Zuständigkeit beim BayObLG; **Rheinland-Pfalz**: gemäß § 4 Abs. 3 Gerichtsorganisationsgesetz örtliche Zuständigkeit beim OLG Zweibrücken.

2. Antragsteilung. Der Antrag ist direkt bei der für die Anerkennung zuständigen Stelle, über eine deutsche Auslandsvertretung oder über ein deutsches Standesamt (z.B. im Zusammenhang mit der Ausstellung eines Ehefähigkeitszeugnisses) einzureichen, wobei der Standesbeamte gehalten ist, den Antrag weiterzuleiten, wenn die ihm obliegende Prüfung ergibt, dass die ausländische Entscheidung der Anerkennung bedarf. Zur Antragstellung soll das vorgesehene **Formular** verwandt werden, das bei den zuständigen Stellen erhältlich ist.

Als Unterlagen sind beizufügen: (1.) Vollständige Ausfertigung oder beglaubigte Ablichtung der ausländischen Entscheidung mit Rechtskraftvermerk (soweit dieser erteilt wird) und möglichst mit Tatbestand und Entscheidungsgründen; sonst ist auch die Klageschrift beizufügen. (2.) Nachweis über die Registereintragung bei Ländern, in denen diese zur Wirksamkeit der Entscheidung erforderlich ist. (3.) Grundsätzlich die Heiratsurkunde der aufgelösten Ehe. (4.) Nachweis der Staatsangehörigkeit (z.B. durch beglaubigte Passkopien). (5.) Von einem anerkannten Übersetzer angefertigte Übersetzungen sämtlicher fremdsprachiger Schriftstücke, einschließlich angebrachter Apostillen. Der Übersetzung englischsprachiger Unterlagen bedarf es teilweise nicht. Die Übersetzung sollte mit dem Original fest verbunden (gesiegelt) sein. (6.) Bescheinigung über das Einkommen des Antragstellers. (7.) Schriftliche Vollmacht, falls der Antrag durch einen Bevollmächtigten gestellt wird.

3. Urkunden. Urkunden sind grundsätzlich **im Original** vorzulegen. Treten bei der Urkundenbeschaffung Schwierigkeiten auf, die einen unmittelbaren Kontakt zu der ausstellenden Behörde im fremden Land unmöglich machen, so kann die örtlich zuständige deutsche Auslandsvertretung weiterhelfen. Diese wird jedoch nur für deutsche Staatsangehörige tätig. Der Antragsteller muss überdies ein berechtigtes Interesse an der Ausstellung der jeweiligen Urkunde darlegen und in der Lage sein, detaillierte Angaben (vollständige Namen der Beteiligten, Ort, Datum, wenn möglich Registernummer des Personenstandsfalls bzw. Geschäftszeichen des Gerichts) zu machen. Die Beschaffung von Urkunden und sonstigen Dokumenten ist eine gebührenpflichtige Amtshandlung. Die **Gebühren** (z.Zt. 15–100 EUR) sowie die evtl. entstandenen Auslagen (z.B. Gebühren der örtlichen Behörde) sind vom Antragsteller zu erstatten.

Können Lücken in der Urkundenvorlage nur durch eine **Versicherung an Eides statt** geschlossen werden, kann der Standesbeamte eine solche Versicherung selbst nur aufnehmen, wenn die Anerkennung im Rahmen der Anmeldung einer neuen Ehe begehrt wird. In allen anderen Fällen ist eine notarielle eidesstattliche Versicherung erforderlich.

Da ausländischen öffentlichen Urkunden die Echtheitsvermutung fehlt, müssen sie i.d.R. legalisiert (**Legalisation: § 13 Abs. 1, 2 KonsularG**) werden, d.h. eine deutsche konsularische Vertretung im Errichtungsstaat muss die Echtheit der ausländischen öffentlichen Urkunde bestätigen.

§ 13 KonsularG Legalisation ausländischer öffentlicher Urkunden

(1) Die Konsularbeamten sind befugt, die in ihrem Amtsbezirk ausgestellten öffentlichen Urkunden zu legalisieren.

(2) Die Legalisation bestätigt die Echtheit der Unterschrift, die Eigenschaft, in welcher der Unterzeichner der Urkunde gehandelt hat, und gegebenenfalls die Echtheit des Siegels, mit dem die Urkunde versehen ist (Legalisation im engeren Sinn).

(3) Die Legalisation wird durch einen auf die Urkunde zu setzenden Vermerk vollzogen. Der Vermerk soll den Namen und die Amts- oder Dienstbezeichnung des Unterzeichners der Urkunde enthalten.

Er soll den Ort und den Tag seiner Ausstellung angeben und ist mit Unterschrift und Präge- oder Farbdrucksiegel zu versehen.

(4) Auf Antrag kann, sofern über die Rechtslage kein Zweifel besteht, in dem Vermerk auch bestätigt werden, dass der Aussteller zur Aufnahme der Urkunde zuständig war und dass die Urkunde in der den Gesetzen des Ausstellungsorts entsprechenden Form aufgenommen worden ist (Legalisation im weiteren Sinn).

(5) Urkunden, die gemäß zwei- oder mehrseitiger völkerrechtlicher Übereinkunft von der Legalisation befreit sind, sollen nicht legalisiert werden.

86 Im Verkehr zwischen Mitgliedstaaten des Haager Übereinkommens zur Befreiung ausländischer öffentlicher Urkunden von der Legalisation vom 5.10.1961[204] tritt an die Stelle der Legalisation gemäß Art. 3 Abs. 1 des Übereinkommens die **Apostille**.[205] Sie wird von der zuständigen Behörde des Errichtungsstaats der Urkunde erteilt. Die Pflicht zur Beibringung der Legalisation bzw. der Apostille obliegt dem Antragsteller. Für Urkunden aus Ländern, deren Urkundswesen nach Einschätzung des Auswärtigen Amts so schwerwiegende Mängel aufweist, dass eine Legalisation nicht mehr zu vertreten ist, gelten besondere Richtlinien. Diese Urkunden werden in der Regel im Wege der Amtshilfe durch die deutsche Auslandsvertretung auf ihre Echtheit und inhaltliche Richtigkeit überprüft. Die dadurch entstehenden Kosten hat der Antragsteller zu tragen.

87 **4. Kosten. a) Verwaltungsbehördliches Verfahren.** Gemäß Art. 7 § 2 Abs. 1 FamRÄndG beträgt die **Verwaltungsgebühr** für das Anerkennungsverfahren zwischen 10 und 310 EUR. Die übliche Mittelgebühr liegt bei 160 EUR. Die jeweilige Höhe hängt von den Umständen des Einzelfalls ab. Bei der Festsetzung der Gebühr sind insbesondere die Bedeutung der Angelegenheit für die Beteiligten, der Verwaltungsaufwand und die wirtschaftlichen Verhältnisse des Antragsteller zu berücksichtigen. Kostenschuldner ist gemäß § 6 Abs. 1 Nr. 1 JVKostO grundsätzlich der Antragsteller. **PKH** wird für das Anerkennungsverfahren nicht gewährt, da es sich um ein Verwaltungsverfahren handelt. Gemäß § 12 JVKostO kann jedoch ausnahmsweise von der Erhebung von Kosten (Gebühren und Auslagen) abgesehen werden.

88 **b) Gerichtliches Verfahren.** Gemäß Art. 7 § 2 Abs. 2 FamRÄndG werden für das Verfahren vor dem OLG Kosten nach der **Kostenordnung** erhoben. Hat der Antrag auf gerichtliche Entscheidung Erfolg, fallen keine Gebühren an.[206] Weist das OLG den Antrag nach Art. 7 § 1 Abs. 4, 5, 7 zurück, wird gemäß Art. 7 § 2 Abs. 2 S. 2 FamRÄndG eine Gebühr von 10–310 EUR, bei Rücknahme des Antrags die Hälfte der Gebühr erhoben. Die Gebühren und sonstigen Auslagen des Gerichts (§§ 136 ff. KostO) sind grundsätzlich vom Antragsteller zu tragen, § 2 Nr. 1 KostO. Eine **Kostenerstattung** zwischen verschiedenen Beteiligten findet grundsätzlich nicht statt. Das Gericht kann die Erstattung aber nach § 13a FGG, Art. 7 § 1 Abs. 6 S. 1 FamRÄndG anordnen, wenn dies der Billigkeit entspricht.[207]

---

204 BGBl II 1965 S. 876.
205 Die Apostille genügt bei Unterlagen aus folgenden Staaten: Andorra, Angola, Antigua und Barbuda, Argentinien, Armenien, Aruba, Australien, Bahamas, Barbados, Belarus, Belize, Bosnien Herzegowina, Botswana, Brunei, Bulgarien, Dominikanische Republik, El Salvador, Estland, Fidschi, Finnland, Grenada, Großbritannien, Guyana, Hongkong, Israel, Japan, Jugoslawien (neu: Serbien und Montenegro), Kasachstan, Kolumbien, Kroatien, Lesotho, Lettland, Liberia, Liechtenstein, Litauen, Luxemburg, Macau, Malawi, Malta, Marshall Inseln, Mauritius, Mazedonien, Mexiko, Monaco, Mosambik, Namibia, Neuseeland (ohne Tokelau), Niederlande, Niue, Norwegen, Panama, Portugal, Rumänien, Russische Föderation, Samoa, Salomonen, San Marino, Schweiz, Serbien und Montenegro, Seychellen, Simbabwe, Slowakei, Slowenien, Spanien, St. Kitts and Nevis, St. Lucia, St. Vincent und Grenadinen, Südafrika, Suriname, Swasiland, Tonga, Trinidad und Tobago, Tschechische Republik, Türkei, Ukraine, Ungarn, Venezuela, Vereinigte Staaten von Amerika, Zypern; vgl. zu der jeweils aktuellen Liste der Staaten, die dem Abkommen beigetreten sind, § 114 DA für Standesbeamte. Für detaillierte Informationen s.a. *Bülow-Böckstiegel*, Internationaler Rechtsverkehr in Zivil- und Handelssachen, Quellensammlung mit Erläuterungen, Loseblatt.
206 BayObLG FamRZ 1994, 1263 (8. Ls.) = IPRax 1995, 324 = NJW-RR 1994, 771 = StAZ 1994, 255.
207 BayObLG FamRZ 1999, 604, 605 = NJW-RR 1999, 1375.

II. Privatscheidungen

Im Ausland vorgenommene Privatscheidungen bergen für die Beteiligten die **Gefahr der Nichtanerkennung**, weil entweder vom Standpunkt des deutschen IPR deutsches Recht die Scheidung beherrscht oder die Anwendung des *ordre public* möglich erscheint. Wenn gemischtnationale Ehepaare (doppelter oder unterschiedlicher Staatsangehörigkeit) die Auflösung der Ehe nach beiden Rechtsordnungen anstreben, um u.a. die Wiederverheiratungsfähigkeit zu erlangen, kommen sie um eine zweimalige Scheidung nicht herum, wenn gemäß deutschem Kollisionsrecht deutsches Recht Scheidungsstatut ist und nach dem anderen Heimatrecht nur die Scheidung nach religiösem Recht zur Verfügung steht.[208] In solchen Fällen sollte abgewogen werden, ob die gerichtliche Entscheidung der religiösen Scheidung vorangehen oder nachfolgen soll. Die vorgehende Scheidung durch ein deutsches Gericht erübrigt ein Verfahren nach Art. 7 § 1 FamRÄndG. Wenn ohnehin die zweifache Scheidung unumgänglich oder gewollt ist, kann die Privatscheidung nach ausländischem Recht auch im Inland vorgenommen werden.[209]

---

[208] So in deutsch-israelischen Scheidungsfällen.

[209] Zu dieser Frage in Bezug auf das jüdische Scheidungsrecht *Henrich*, IPRax 1995, 86, 87.

Vierter Abschnitt. Erbrecht

Artikel 25 **Rechtsnachfolge von Todes wegen**

(1) ¹Die Rechtsnachfolge von Todes wegen unterliegt dem Recht des Staates, dem der Erblasser im Zeitpunkt seines Todes angehörte.

(2) ¹Der Erblasser kann für im Inland belegenes unbewegliches Vermögen in der Form einer Verfügung von Todes wegen deutsches Recht wählen.

Literatur: *Adomeit/Frühbeck,* Einführung in das spanische Recht, 1993; *v. Bar,* Ausländisches Privat- und Privatverfahrensrecht in deutscher Sprache, Buch und CD-ROM, 1997; *Bergmann/Ferid,* Internationales Ehe- und Kindschaftsrecht (Loseblatt); *Coester-Waltjen/Mäsch,* Übungen in Internationalem Privatrecht und Rechtsvergleichung, 1996; *Dittmann/Reimann/Bengel,* Testament und Erbvertrag, 4. Auflage 2003; *Dörner,* Probleme des neuen internationalen Erbrechts, DNotZ 1988, 67; *Dreher,* Die Rechtswahl im internationalen Erbrecht, 1998; *Edenfeld,* Europäische Entwicklungen im Erbrecht, ZEV 2001, 457; *Ferid/Firsching/Dörner/Hausmann,* Internationales Erbrecht, Loseblatt, Stand 2004; *Firsching/Graf,* Nachlassrecht – Handbuch der Rechtspraxis, 8. Auflage 2000; *Flick/Piltz,* Der internationale Erbfall, 1999; *Fritz/Bünger,* Praxishandbuch Erbrecht, 1998 (Loseblatt); *Fuchs/Hau/Thorn,* Fälle zum IPR, 2. Auflage 2003; *Geimer,* Internationales Zivilprozessrecht, 4. Auflage 2001; *Gruber,* Anwaltshaftung bei grenzüberschreitenden Sachverhalten, MDR 1998, 1399; *ders.,* Pflichtteilsrecht und Nachlassspaltung ZEV 2001, 463; *Heinen,* Zum Erbstatut des Mehrstaaters mit deutscher Staatsangehörigkeit, MittRhNotK 1985, 34; *Heldrich,* Fragen der internationalen Zuständigkeit der Nachlaßgerichte, NJW 1967, 417; *Hetger,* Sachverständige für ausländisches und internationales Privatrecht, DNotZ 2003, 310; *Hübner/Constantinesco,* Einführung in das französische Recht, 3. Auflage 1994; *Hüßtege,* Zur Ermittlung des ausländischen Rechts: Wie man in den Wald hineinruft, so hallt es auch zurück, IPRax 2002, 292; *Kersten/Bühling,* Formularbuch und Praxis der Freiwilligen Gerichtsbarkeit, 21. Auflage 2001/2004; *Kesen,* Erbfall in der Türkei: Rechtliche und steuerliche Aspekte, ZEV 2003, 152; *Kindler,* Einführung in das italienische Recht, 1993; *Klinghöffer,* Kollisionsrechtliche Probleme des Pflichtteils, ZEV 1996, 258; *ders.,* Änderungen des französischen Ehegattenerbrechts, ZEV 2003, 148; *Kroiß,* Internationales Erbrecht, Bonn 1999; *Kropholler/Krüger/Riering/Samtleben/Siehr,* Außereuropäische IPR-Gesetze, 1999; *Krug/Rudolf/Kroiß,* AnwaltFormulare Erbrecht, 2. Auflage 2003; *Lange,* Rechtswahl als Gestaltungsmittel bei der Nachfolgeplanung, DNotZ 2000, 332; *Linke,* Internationales Zivilprozeßrecht, 2. Auflage 1995; *Lopez/Arzt,* IPR und Erbrecht in der Praxis deutsch-spanischer Erbrechtsfälle, ZErB 2002, 278; *Lorenz,* Nachlaßspaltung im geltenden österreichischen IPR?, IPrax 1990, 206; *Lucht,* Internationales Privatrecht in Nachlaßsachen, Rpfleger 1997, 133; *v. Oertzen,* Personengesellschaftsanteile im internationalen Erbrecht, IPRax 1994, 73; *Pünder,* Internationales Erbrecht, MittRhNotK 1989, 1; *Riering,* IPR-Gesetze in Europa, 1997; *ders.,* Die Rechtswahl im internationalen Erbrecht, ZEV 1995, 404; *ders.,* Internationales Nachlassverfahrensrecht, MittBayNot 1999, 519; *ders.,* Der Erbverzicht im Internationalen Privatrecht, ZEV 1998, 248; *Riering/Bachler,* Erbvertrag und gemeinschaftliches Testament im deutsch-österreichischen Rechtsverkehr, DNotZ 1995, 580; *Ring/Olsen-Ring,* Einführung in das skandinavische Recht, 1999; *Rombach,* Reform des französischen Erbrechts, ZEV 2002, 271; *Rudolph,* Grundzüge des spanischen Ehe- und Erbrechts unter Berücksichtigung der Vorschriften des internationalen Privatrechts im Verhältnis zur Bundesrepublik Deutschland, MittRhNotK 1990, 93; *Schimansky,* Reform des niederländischen Erbrechts, ZEV 2003, 149; *Schmidt,* Rechtsprechungsübersicht zum Erbrecht 1999–2003, FGPrax 2004, 6; *Schömmer/Faßold/Bauer,* Internationales Erbrecht (Italien, Österreich, Türkei, Niederlande, Schweiz), 1997/2003; *Schotten,* Probleme des internationalen Privatrechts im Erbscheinsverfahren, Rpfleger 1991, 181; *Siehr,* Internationale Zuständigkeit in Nachlaßsachen, MittBayNot 1995, 6.

A. Allgemeines 1	2. Form der Rechtswahl 45
I. Das deutsch-iranische Niederlassungsabkommen 2	3. Folgen einer zulässigen Rechtswahl ... 46
	a) Sachnormverweisung 46
II. Der deutsch-türkische Konsularvertrag 4	b) Nachlassspaltung 47
III. Der deutsch-sowjetische Konsularvertrag ... 11	c) Teilrechtswahl 52
B. Regelungsgehalt 16	4. Widerruflichkeit der Rechtswahl 53
I. Das Erbstatut des Abs. 1 18	5. Rechtswahl kraft ausländischen
1. Zeitlicher Anwendungsbereich 18	Kollisionsrechts 54
2. Das Staatsangehörigkeitsprinzip des Abs. 1 21	III. Umfang des Erbstatuts 58
	1. Reichweite 58
3. Gesamtverweisung 23	2. Hypothetisches Erbstatut 61
a) Verweisung 23	3. Vorfragen 62
b) Rückverweisung 25	4. Anpassung, Angleichung 70
c) Weiterverweisung 32	5. Ordre public, Art. 6 76
d) Unteranknüpfung bei Mehrrechtsstaaten 35	a) Allgemeines 76
	b) Verstöße im Einzelnen 80
4. Nachlassspaltung (Sonderstatut), Art. 3 Abs. 3 38	aa) Erbunfähigkeit wegen einer bestimmten Religionszugehörigkeit 81
II. Rechtswahl (Abs. 2) 43	bb) Beschränkung der Testierfreiheit 82
1. Voraussetzungen 43	cc) Kein Erbrecht der Ehefrau 83

Kroiß 2031

- dd) Diskriminierung weiblicher Erben in islamischen Rechtsordnungen 84
- ee) Kein Verstoß gegen den ordre public 85
- IV. Testamentsvollstreckung 86
- V. Verhältnis zum Güterrecht 89
  1. Allgemeines 89
  2. Ermittlung des anwendbaren Güterrechts 92
     - a) Eheschließung vor dem 1.4.1953 ... 94
     - b) Eheschließung ab dem 1.9.1986 95
     - c) Eheschließung zwischen dem 9.4.1983 und 31.8.1986 96
     - d) Eheschließung zwischen dem 1.4.1953 und dem 8.4.1983 97
  3. Qualifikation des § 1371 Abs. 1 BGB .. 98
- VI. Pflichtteilsrecht 100
  1. Fehlendes Pflichtteilsrecht in der ausländischen Rechtsordnung 100
  2. Nachlassspaltung 102
     - a) Kumulierung von Erb- und Pflichtteilsrecht 104
     - b) Kollisionsrechtliche Mangelfälle ... 105
  3. Geltendmachung des Pflichtteilsrechts .. 106
  4. Gestaltungsmöglichkeiten 107
- VII. Qualifikationsprobleme 108
  1. Rechtsnachfolge bei Personengesellschaften 108
  2. Vorzeitiger Erbausgleich des nichtehelichen Kindes 111
- **C. Weitere praktische Hinweise** 112
  - I. Die Ermittlung fremden Rechts 112
    1. Gerichtliche Prüfung 112
       - a) FGG-Verfahren 113
       - b) Zivilprozess 114
    2. Kosten 118
    3. Haftung des Anwalts 120
       - a) Mitwirkung zur Feststellung des ausländischen Rechts 121
       - b) Auswahl und Überwachung eines ausländischen Anwalts 122
  - c) Anwendung ausländischen Rechts bei Inlandsfällen 123
  - II. Internationales Verfahrensrecht 124
    1. Internationale Zuständigkeit 125
       - a) Internationales Zivilprozessrecht ... 126
         - aa) EuGVVO, EuGVÜ 127
         - bb) Örtliche Zuständigkeit 128
       - b) Internationales Nachlassverfahrensrecht 129
         - aa) Gleichlaufgrundsatz 129
         - bb) Einschränkung des Gleichlaufgrundsatzes, § 2369 BGB 133
         - cc) Weitere Ausnahmen vom Gleichlaufgrundsatz 135
    2. Erbscheinsverfahren 137
       - a) Eigenrechtserbschein 139
       - b) Gegenständlich beschränkter Eigenrechtserbschein 141
       - c) Fremdrechtserbschein (gegenständlich beschränkter Erbschein) 142
       - d) Gemischter Erbschein 149
       - e) Beschwerdeverfahren 152
    3. Anerkennung und Vollstreckung ausländischer Entscheidungen 153
       - a) Zivilurteile 153
       - b) FGG-Verfahren 156
- **D. Übersicht: Erbrechtliche Anknüpfungspunkte ausländischer Rechtsordnungen** .. 165
  - I. Nachlasseinheit mit Staatsangehörigkeitsprinzip 165
  - II. Nachlasseinheit mit Wohnsitzprinzip 166
  - III. Nachlassspaltung mit Staatsangehörigkeitsprinzip (bzgl. der Mobilien) und Lagerecht der Immobilien lex rei sitae 167
  - IV. Nachlassspaltung mit Wohnsitz bzw. Domizilprinzip bzgl. der Mobilien und Lagerecht bzgl. der Immobilien 168
  - V. Ständiger Aufenthalt des Erblassers als Anknüpfungskriterium 169

A. Allgemeines

1 Die für das anwendbare Erbrecht maßgebliche Kollisionsnorm findet sich in Abs. 1. **Staatsvertragliche Regelungen** gehen dieser nationalen Rechtsvorschrift vor, **Art. 3 Abs. 2.** Bei der Prüfung des auf einen Sachverhalt anwendbaren Rechts müssen vorrangig etwaige zweiseitige (bilaterale) oder mehrseitige (multilaterale) Staatsverträge berücksichtigt werden. Der wichtigste multilaterale Staatsvertrag, das Haager Übereinkommen über das auf die Rechtsnachfolge von Todes wegen anwendbare Recht vom 1.8.1989,[1] ist für Deutschland noch nicht in Kraft getreten. Bilaterale Regelungen auf dem Gebiete des Erbrechts enthalten das deutsch-iranische Niederlassungsabkommen vom 17.2.1929 (Rn 2), der deutsch-türkische Konsularvertrag vom 28.5.1929 (Rn 4) und der deutsch-sowjetische Konsularvertrag vom 25.4.1958 (Rn 11).

I. Das deutsch-iranische Niederlassungsabkommen

2 Das deutsch-iranische Niederlassungsabkommen[2] stellt hinsichtlich des anwendbaren Rechts für die Rechtsnachfolge von Todes wegen auf die Staatsangehörigkeit als maßgebliches Anknüpfungskriterium ab, **Art. 8 Abs. 3 S. 1 des Abkommens.**[3] Dieser lautet:
„In Bezug auf das Personen-, Familien- und Erbrecht bleiben die Angehörigen jedes der vertragschließenden Staaten im Gebiet des anderen Staates jedoch den Vorschriften ihrer heimischen Gesetze unterworfen. Die

---

[1] Staudinger/*Dörner*, Vorbem. zu Artt. 25 f. EGBGB Rn 119 ff.; Palandt/*Heldrich*, Anh. zu Art. 26 EGBGB; *van Loon*, MittRhNotK 1989, 9.
[2] Niederlassungsabkommen zwischen dem Deutschen Reich und dem Kaiserreich Persien v. 17.2.1929
(RGBl II 1931 S. 9); Bestätigung der Weitergeltung v. 4.11.1954 (BGBl II 1955 S. 829); IPG 1998 Nr. 35 (Köln).
[3] *Schotten/Wittkowski*, FamRZ 1995, 264.

Anwendung dieser Gesetze kann von dem anderen vertragschließenden Staat nur ausnahmsweise und nur insoweit ausgeschlossen werden, als ein solcher Ausschluss allgemein gegenüber jedem anderen fremden Staat erfolgt."

Es entspricht insoweit der Regelung des Art. 25 Abs. 1. Zu beachten ist aber, dass es auf Personen, die **sowohl die deutsche als auch die iranische Staatsangehörigkeit** besitzen, nicht anwendbar ist.[4] Soweit sich die Bestimmung des Erbstatuts nach diesem Abkommen richtet, ist für iranische Staatsangehörige eine Rechtswahl nach Art. 25 Abs. 2 ausgeschlossen.[5] Die Form letztwilliger Verfügungen richtet sich aus deutscher Sicht nach dem Haager Testamentsabkommen bzw. Art. 26.[6]

II. Der deutsch-türkische Konsularvertrag

Der deutsch-türkische Konsularvertrag[7] enthält folgende Regelungen:

Dt.-türk. KonsV § 1

(1) Stirbt ein Angehöriger eines Vertragsstaates im Gebiete des anderen Vertragsstaates, so hat die zuständige Ortsbehörde dem zuständigen Konsul des Staates, dem der Verstorbene angehörte, unverzüglich von dem Tode Kenntnis zu geben und ihm mitzuteilen, was ihr über die Erben und deren Aufenthalt, den Wert und die Zusammensetzung des Nachlasses sowie für das etwaige Vorhandensein einer Verfügung von Todes wegen bekannt ist. Erhält zuerst der Konsul (des Staates, dem der Verstorbene angehörte) von dem Todesfalle Kenntnis, so hat er seinerseits die Ortsbehörde (in gleicher Weise) zu benachrichtigen.

(2) Gehört der Sterbeort zu einem Konsulatsbezirk, so ist die Mitteilung an den diplomatischen Vertreter des Staates, dem der Verstorbene angehörte, zu richten.

(3) Die der Ortsbehörde und dem Konsul alsdann obliegenden Verrichtungen bestimmen sich hinsichtlich des beweglichen Nachlasses nach §§ 2–11 und hinsichtlich des unbeweglichen Nachlasses nach § 12.

Dt.-türk. KonsV § 2

(1) Für die Sicherung des Nachlasses hat in erster Linie die zuständige Ortsbehörde zu sorgen. Sie hat sich auf Maßnahmen zu beschränken, die erforderlich sind, um die Substanz des Nachlasses unversehrt zu erhalten, wie Siegelung und Aufnahme eines Nachlaßverzeichnisses. Auf Ersuchen des Konsuls hat sie in jedem Falle die von ihm gewünschten Sicherungsmaßregeln zu treffen.

(2) Der Konsul kann gemeinsam mit der Ortsbehörde, oder soweit sie noch nicht eingegriffen hat, allein gemäß den Vorschriften des von ihm vertretenen Staates entweder persönlich oder durch einen von ihm ernannten, mit seiner Vollmacht versehenen Vertreter den beweglichen Nachlaß siegeln und ein Nachlaßverzeichnis aufnehmen, wobei er die Hilfe der Ortsbehörden in Anspruch nehmen darf.

(3) Ortsbehörden und Konsul haben einander, sofern nicht besondere Umstände entgegenstehen, Gelegenheit zur Mitwirkung bei den Sicherungsmaßnahmen zu geben. Die Behörde, die hierbei nicht hat mitwirken können, ist befugt, im Falle einer Siegelung den angelegten Siegeln nachträglich ihr Siegel beizufügen. Hat die andere Behörde nicht mitwirken können, so ist ihr sobald als möglich beglaubigte Abschrift des Nachlaßverzeichnisses und des Verhandlungsprotokolls zu übersenden.

(4) Dieselben Bestimmungen gelten für die gemeinschaftlich vorzunehmende Aufhebung der Sicherungsmaßregeln und insbesondere die Abnahme der Siegel. Jedoch kann sowohl die Ortsbehörde wie der Konsul allein zur Abnahme schreiten, falls die andere Behörde ihre Einwilligung dazu erteilt oder auf eine mindestens 48 Stunden vorher an sie ergangene Einladung sich nicht rechtzeitig eingefunden hat.

Dt.-türk. KonsV § 3

Die Ortsbehörde soll die in dem Lande gebräuchlichen oder durch dessen Gesetze vorgeschriebenen Bekanntmachungen über die Eröffnung des Nachlasses und den Aufruf der Erben oder Gläubiger erlassen und die Bekanntmachungen dem Konsul mitteilen; dieser kann auch seinerseits entsprechende Bekanntmachungen erlassen.

---

[4] *Schotten*, IPR, Rn 264.
[5] Erman/*Holoch*, Art. 25 EGBGB Rn 4; MüKo/*Birk*, Art. 25 EGBGB Rn 295; Bamberger/Roth/*S.Lorenz*, Art. 25 EGBGB Rn 11; a.A. Staudinger/*Dörner*, Vorbem. zu Artt. 25 f. EGBGB Rn 149.
[6] Bamberger/Roth/*S.Lorenz*, Art. 25 EGBGB Rn 11.
[7] Konsularvertrag zwischen dem Deutschen Reich und der Türkischen Republik v. 28.5.1929 (RGBl II 1930 S. 748).

Dt.-türk. KonsV § 4

Der Konsul kann die Nachlaßregelung übernehmen. In diesem Falle gelten die Bestimmungen der §§ 5–10 des Abkommens.

Dt.-türk. KonsV § 5

(1) Der Konsul ist berechtigt, sich alle Nachlaßsachen, mit Einschluß der Papiere des Verstorbenen, die sich im Gewahrsam von Privatpersonen, Notaren, Banken, Versicherungsgesellschaften, öffentlichen Kassen und dergleichen oder der Ortsbehörden befinden, unter denselben Voraussetzungen aushändigen zu lassen, und unter denselben Voraussetzungen zum Nachlaß gehörige Forderungen einzuziehen, unter denen der Verstorbene selbst dazu befugt gewesen wäre. Wenn der Nachlaß ganz oder zum Teil beschlagnahmt ist oder sich unter Zwangsverwaltung befindet, kann der Konsul davon erst Besitz nehmen, nachdem die Beschlagnahme oder Zwangsverwaltung aufgehoben ist.

(2) Der Konsul ist ebenfalls berechtigt, die Herausgabe der von dem Verstorbenen errichteten Verfügungen von Todes wegen zu verlangen, und zwar auch dann, wenn sie von den Landesbehörden in amtliche Verwahrung genommen worden sind, die das Recht haben, die Verfügungen vor der Herausgabe zu eröffnen. Der Konsul hat eine beglaubigte Abschrift jeder in seinen Besitz gelangten und eröffneten Verfügungen der Ortsbehörde mitzuteilen.

Dt.-türk. KonsV § 6

Der Konsul hat das Recht und die Pflicht, alle Maßnahmen zu treffen, die er zur Erhaltung des Nachlasses als im Interesse der Erben liegend erachtet, oder die zur Erfüllung öffentlich-rechtlicher Verpflichtungen des Erblassers oder der Erben erforderlich sind. Insbesondere ist er gegenüber den zuständigen Behörden zur Erteilung von Auskunft über den Wert des Nachlasses verpflichtet. Er kann den Nachlaß entweder persönlich verwalten oder durch einen von ihm gewählten und in seinem Namen handelnden Vertreter, dessen Geschäftsführung er überwacht, verwalten lassen. Der Konsul ist berechtigt, die Hilfe der Ortsbehörden in Anspruch zu nehmen.

Dt.-türk. KonsV § 7

(1) Der Konsul hat den Nachlaß, sobald er ihn in Besitz genommen hat, innerhalb des Landes seines Amtssitzes aufzubewahren.

(2) Der Konsul ist befugt, selbständig im Wege der Versteigerung und gemäß den Gesetzen und Gebräuchen des Landes seines Amtssitzes die Bestandteile des Nachlasses, die dem Verderben ausgesetzt sind und deren Aufbewahrung schwierig und kostspielig sein würde, zu veräußern.

(3) Er ist ferner berechtigt, die Kosten der letzten Krankheit und die Beerdigung des Verstorbenen, den Lohn von Hausbediensteten, Angestellten und Arbeitern, Mietzins und andere Kosten, deren Aufwendung zur Verwaltung des Nachlasses erforderlich ist, sowie im Notfalle den für die Familie des Verstorbenen erforderlichen Unterhalt, ferner Gerichtskosten, Konsulatsgebühren und Gebühren der Ortsbehörden sofort aus dem Bestande des Nachlasses zu entnehmen.

Dt.-türk. KonsV § 8

Streitigkeiten infolge von Ansprüchen gegen den Nachlaß sind bei den zuständigen Behörden des Landes, in dem dieser sich befindet, anhängig zu machen und von diesen zu entscheiden.

Dt.-türk. KonsV § 9

(1) Die Zwangsvollstreckung in die Nachlaßgegenstände ist zulässig, auch wenn diese sich in der Verwahrung des Konsuls befinden. Dieser hat sie der zuständigen Behörde auf Ersuchen herauszugeben.

(2) Falls die zuständige Behörde ein Konkursverfahren über den im Lande befindlichen Nachlaß eröffnet, hat der Konsul auf Erfordern alle Nachlaßgegenstände, soweit sie zur Konkursmasse gehören, der Ortsbehörde oder dem Konkursverwalter auszuliefern. Der Konsul ist befugt, die Interessen seiner Staatsangehörigen in dem Verfahren wahrzunehmen.

Dt.-türk. KonsV § 10

Nach Ablauf von drei Monaten seit der letzten Bekanntmachung über die Eröffnung des Nachlasses oder, wenn eine solche Bekanntmachung nicht stattgefunden hat, nach Ablauf von vier Monaten seit dem Tode des Erblassers kann der Konsul die Nachlaßsachen an die Erben, die ihr Recht nachgewiesen haben, oder sofern der Nachweis nicht geführt werden konnte, an die zuständigen Behörden seines Landes herausgeben. Er darf aber die Herausgabe nicht vornehmen, bevor alle die geschuldeten öffentlich-rechtlichen Abgaben des Erblassers und die staatlichen Abgaben sowie die zugehörigen den Nachlaß von Angehörigen oder Bewohnern des Staates, in dessen Gebiet sich der Nachlaß befindet, befriedigt oder ordnungsgemäß sichergestellt sind. Diese Verpflichtung des Konsuls gegenüber den angemeldeten Forderungen erlischt, wenn er nicht binnen weiterer sechs Monaten davon in Kenntnis gesetzt wird, daß die Forderungen anerkannt oder bei dem zuständigen Gericht eingeklagt worden sind.

Dt.-türk. KonsV § 11

(1) Falls der Konsul die Herausgabe nicht verlangt hat, ist die Ortsbehörde verpflichtet, die in ihrem Gewahrsam befindlichen Nachlaßgegenstände den Erben unter denselben Bedingungen herauszugeben, unter denen der Konsul nach § 10 dazu verpflichtet ist.

(2) Führen die Interessenten nicht binnen sechs Monaten seit dem Todestage des Erblassers den Nachweis ihres Erbrechts, so hat die Ortsbehörde den Nachlaß unter Mitteilung der darauf bezüglichen Akten an den Konsul abzuliefern, vorbehaltlich der in § 10 vorgesehenen Bedingungen. Der Konsul hat damit nach Maßgabe des § 10 zu verfahren.

Dt.-türk. KonsV § 12

(1) In Ansehung des unbeweglichen Nachlasses sind ausschließlich die zuständigen Behörden des Staates, in dessen Gebiet sich dieser Nachlaß befindet, berechtigt und verpflichtet, alle Verrichtungen nach Maßgabe der Landesgesetze und in derselben Weise vorzunehmen wie bei Nachlässen von Angehörigen ihres eigenen Staates. Beglaubigte Abschrift des über den unbeweglichen Nachlaß aufgenommenen Verzeichnisses ist sobald als möglich dem zuständigen Konsul zu übersenden.

(2) Hat der Konsul eine Verfügung von Todes wegen in Besitz genommen, worin Bestimmungen über den unbeweglichen Nachlaß enthalten sind, so hat er der Ortsbehörde auf ihr Ersuchen die Urschrift dieser Verfügung auszuhändigen.

(3) Das Recht des Staates, in dem sich der Nachlaß befindet, entscheidet darüber, was zum beweglichen und unbeweglichen Nachlaß gehört.

Dt.-türk. KonsV § 13

In allen Angelegenheiten, zu denen die Eröffnung, Verwaltung und Regelung der beweglichen und unbeweglichen Nachlässe von Angehörigen des einen Staates im Gebiet des anderen Staates Anlaß geben, soll der Konsul ermächtigt sein, die Erben, die seinem Staate angehören und keinen Bevollmächtigten in dem anderen Staate bestellt haben, zu vertreten, ohne daß er gehalten ist, seine Vertretungsbefugnis durch eine besondere Urkunde nachzuweisen. Die Vertretungsbefugnis des Konsuls fällt weg, wenn alle Berechtigten anwesend oder vertreten sind.

Dt.-türk. KonsV § 14

(1) Die erbrechtlichen Verhältnisse bestimmen sich in Ansehung des beweglichen Nachlasses nach den Gesetzen des Landes, dem der Erblasser zur Zeit seines Todes angehörte.

(2) Die erbrechtlichen Verhältnisse in Ansehung des unbeweglichen Nachlasses bestimmen sich nach den Gesetzen des Landes, in dem dieser Nachlaß liegt, und zwar in der gleichen Weise, wie wenn der Erblasser zur Zeit seines Todes Angehöriger dieses Landes gewesen wäre.

Dt.-türk. KonsV § 15

Klagen, welche die Feststellung des Erbrechts, Erbschaftsansprüche, Ansprüche aus Vermächtnissen sowie Pflichtteilsansprüche zum Gegenstand haben, sind, soweit es sich um beweglichen Nachlaß handelt, bei den Gerichten des Staates anhängig zu machen, dem der Erblasser zur Zeit seines Todes angehörte, soweit es sich um unbeweglichen Nachlaß handelt, bei den Gerichten des Staates, in dessen Gebiet sich der unbewegliche Nachlaß befindet. Ihre Entscheidungen sind von dem anderen Staate anzuerkennen.

Dt.-türk. KonsV § 16

(1) Verfügungen von Todes wegen sind, was ihre Form anbelangt, gültig, wenn die Gesetze des Landes beachtet sind, wo die Verfügungen errichtet sind, oder die Gesetze des Staates, dem der Erblasser zur Zeit der Errichtung angehörte.

(2) Das gleiche gilt für den Widerruf solcher Verfügungen von Todes wegen.

Dt.-türk. KonsV § 17

Ein Zeugnis über ein erbrechtliches Verhältnis, insbesondere über das Recht des Erben oder eines Testamentsvollstreckers, das von der zuständigen Behörde des Staates, dem der Erblasser angehörte, nach dessen Gesetzen ausgestellt ist, genügt, soweit es sich um beweglichen Nachlaß handelt, zum Nachweis dieser Rechtsverhältnisse auch für das Gebiet des anderen Staates. Zum Beweise der Echtheit genügt die Beglaubigung durch einen Konsul oder einen diplomatischen Vertreter des Staates, dem der Erblasser angehörte.

Dt.-türk. KonsV § 18

Die Bestimmungen der §§ 1 bis 17 finden entsprechende Anwendung auf bewegliches oder unbewegliches Vermögen, das sich im Gebiet des einen Teils befindet und zu dem Nachlaß eines außerhalb dieses Gebietes verstorbenen Angehörigen des anderen Teils gehört.

Dt.-türk. KonsV § 19

(1) Wenn eine Person, die zur Besatzung eines Schiffes eines der beiden Staaten gehört, im Gebiet des anderen Staates stirbt und nicht diesem angehört, so sollen ihre Heuerguthaben und ihre Habseligkeiten dem Konsul des zuständigen Staates übergeben werden.

(2) Wenn ein Angehöriger des einen der beiden Staaten auf der Reise im Gebiet des anderen stirbt, ohne dort seinen Wohnsitz oder gewöhnlichen Aufenthalt gehabt zu haben, so sollen die von ihm mitgeführten Gegenstände dem Konsul seines Landes übergeben werden.

(3) Der Konsul, dem die in Abs. 1 und 2 erwähnten Nachlaßsachen übergeben sind, wird damit nach den Vorschriften seines Landes verfahren, nach dem er die von dem Verstorbenen während des Aufenthaltes in dem Lande gemachten Schulden geregelt hat.

5 Nachdem dieser Staatsvertrag hinsichtlich des beweglichen Nachlasses auf die Staatsangehörigkeit und hinsichtlich des unbeweglichen Nachlasses auf die Belegenheit (*lex rei sitae*) abstellt, kann **Nachlassspaltung**[8] eintreten, wenn z.B. ein Türke mit Grundbesitz in Deutschland oder ein Deutscher mit Grundbesitz in der Türkei verstirbt.[9]

6 Anwendbares Erbrecht hinsichtlich eines türkischen Erblassers: Bezüglich Grundvermögen in Deutschland findet deutsches Recht und bezüglich des übrigen Nachlasses (Vermögen in der Türkei und beweglicher Nachlass in Deutschland) türkisches Recht Anwendung.

7 Anwendbares Erbrecht hinsichtlich eines deutschen Erblassers: Bezüglich Grundvermögen in der Türkei richtet sich die Vererbung nach türkischem Recht und hinsichtlich des übrigen Nachlasses (Vermögen in Deutschland und beweglicher Nachlass in der Türkei) nach deutschem Recht.

8 Da es sich um eine staatsvertragliche Regelung handelt, führt die Verweisung in das jeweilige materielle Recht, so genannte **Sachnormverweisung**.[10] Eine Rückverweisung ist damit ausgeschlossen.

9 Art. 6 findet keine Anwendung. Der *ordre-public*-Vorbehalt wird von der staatsvertraglichen Regelung verdrängt.[11]

10 Die Formwirksamkeit letztwilliger Verfügungen richtet sich nach dem Haager Testamentsabkommen, das insoweit dem § 16 des deutsch-türkischen Nachlassabkommens vorgeht.[12] Lediglich hinsichtlich des auf die Form von Erbverträgen anwendbaren Rechts kommt bei deutsch-türkischen Erbfällen Art. 16 des Nachlassabkommens zur Anwendung.[13]

---

8 *Steiner*, ZEV 2003, 145.
9 *Kesen*, ZEV 2003, 152.
10 Bamberger/Roth/*S.Lorenz*, Art. 4 EBGBG Rn 7.
11 Bamberger/Roth/*S.Lorenz*, Art. 6 EBGBG Rn 7.
12 *Dörner*, ZEV 1996, 90.
13 *Süß/Haas*, A Rn 16.

III. Der deutsch-sowjetische Konsularvertrag

Art. 28 Abs. 3 des deutsch-sowjetischen Konsularvertrags vom 25.4.1958[14] enthält für das Erbrecht folgende Regelung:

„Hinsichtlich der unbeweglichen Nachlaßgegenstände finden die Rechtsvorschriften des Staates Anwendung, in dessen Gebiet diese Gegenstände gelegen sind."

Dieses Abkommen gilt nunmehr zwischen Deutschland und Russland[15] sowie den meisten Nachfolgestaaten[16] der Sowjetunion aufgrund der Erklärung von Alma Ata vom 23.12.1991.[17] Die baltischen Staaten Estland, Lettland und Litauen[18] haben das Abkommen nicht übernommen. Der persönliche Anwendungsbereich des Abkommens ist eröffnet, wenn der Erblasser deutscher, russischer Staatsangehöriger oder Staatsangehöriger eines Nachfolgestaates der Sowjetunion ist, der das Abkommen übernommen hat.

Eine **Nachlassspaltung** ist hier möglich, wenn ein Russe mit Grundvermögen in Deutschland oder ein Deutscher mit Immobilieneigentum in den GUS-Staaten verstirbt.

Da es sich um eine staatsvertragliche Regelung handelt, ist eine Rück- und Weiterverweisung ausgeschlossen.

Die Formwirksamkeit letztwilliger Verfügungen beurteilt sich nach dem Haager Testamentsübereinkommen bzw. Art. 26.

B. Regelungsgehalt

Soweit für die Frage, welches Erbrecht zur Anwendung gelangt, staatsvertragliche Regelungen fehlen, ist nach **Art. 25** vorzugehen. Das Haager Übereinkommen über das auf die Rechtsnachfolge von Todes wegen anzuwendende Recht vom 1.8.1989 ist noch nicht in Kraft getreten und von Deutschland noch nicht einmal gezeichnet worden.[19]

Als Kollisionsnorm für **eingetragene Lebenspartnerschaften**[20] ist daneben noch der neue Art. 17b Abs. 1 S. 2[21] zu beachten. Wegen der weiteren Einzelheiten wird auf die Kommentierung dieser Vorschrift verwiesen.

I. Das Erbstatut des Abs. 1

1. Zeitlicher Anwendungsbereich. Die erbrechtliche Kollisionsnorm des Art. 25 wurde letztmalig am 1.9.1986 geändert. Bei allen Vorgängen, wie z.B. der Errichtung eines Testaments, die in die Zeit vor dem 1.9.1986 fallen, stellt sich die Frage, ob die Vorschrift in der jetzigen Fassung zur Anwendung gelangt. Gemäß **Art. 220 Abs. 1** kommt es darauf an, wann ein Vorgang aus kollisionsrechtlicher Sicht beendet ist.

Beispiel: Stirbt ein ausländischer Erblasser mit Wohnsitz in Deutschland am 23.4.2004 und hatte er am 1.2.1986 ein Testament errichtet, ist das anwendbare Recht nach folgenden Vorschriften zu ermitteln.

Das **Erbstatut** bestimmt sich nach **Abs. 1 n.F.** Wäre der Ausländer vor dem 1.9.1986 verstorben, würde Art. 24 Abs. 1 a.F. gelten, da die Rechtsnachfolge von Todes wegen mit dem Eintritt des Erbfalls als kollisionsrechtlich abgeschlossen anzusehen ist und dieser im vorliegenden Verfahren vor In-Kraft-Treten der Neuregelung des Internationalen Privatrechts am 1.9.1986 liegt.[22]

Die **Gültigkeit des Testament** ist nach den Vorschriften, die zum Zeitpunkt der Errichtung galten, zu beurteilen. Insoweit sind Staatsverträge, die am 1.2.1986 galten, bzw. das EGBGB in der Fassung, die bis zum 1.9.1986 anwendbar war, zu prüfen.

2. Das Staatsangehörigkeitsprinzip des Abs. 1. Das anwendbare materielle Recht richtet sich nach der **Staatsangehörigkeit** des Erblassers. Das Personalstatut bestimmt sich nach Art. 5 Abs. 1 S. 1 und 2, Abs. 2. Bei Ausländern erfolgt danach eine Verweisung auf fremdes Recht. Bei deutschen Staatsangehörigen kommt deutsches Erbrecht zur Anwendung. Die Frage, ob jemand deutscher Staatsangehöriger ist oder war, wird nach dem **Staatsangehörigkeitsgesetz**[23] beantwortet. Der Erwerb der deutschen Staatsangehörigkeit

---

14 BGBl II 1959 S. 233.
15 Bekanntmachung v. 14.8.1992 (BGBl II S. 1016).
16 Kirgisistan (BGBl II 1992 S. 1015); Kasachstan (BGBl II 1992 S. 1120); Georgien (BGBl II 1992 S. 1128); Armenien (BGBl II 1993 S. 169); Ukraine (BGBl II 1993 S. 1189); Usbekistan (BGBl II 1993 S. 2038); Weißrussland (BGBl II 1994 S. 2533); Tadschikistan (BGBl II 1995 S. 255).
17 Vgl. *Schotten*, IPR, Rn 265.
18 *Ravlusevicius*, IPRax 2003, 272; Text: IPRax 2003, 298.
19 *Junker*, IPR, Rn 575.
20 *Jakob*, Die eingetragene Lebenspartnerschaft im Internationalen Privatrecht, 2002.
21 In Kraft seit 1.8.2001.
22 BayObLG FamRZ 1998, 514.
23 StAG v. 22.7.1913, letztmals geändert durch Gesetz zur Reform des Staatsangehörigkeitrechts v. 15. Juli 1999, abgedruckt bei Sartorius I Nr. 15.

richtet sich dabei nach § 3 StAG. Das deutsche Recht folgt dabei dem Abstammungsprinzip (*ius-sanguinis*-Grundsatz). Die deutsche Staatsangehörigkeit kann durch Geburt, Legitimation, Adoption oder Einbürgerung erlangt werden. Der Erwerb der deutschen Staatsangehörigkeit durch Einbürgerung richtet sich nach § 3 Nr. 5 StAG i.V.m. §§ 8–16 StAG, der Verlust nach §§ 17, 18 und 25 StAG.

22 Bei Doppel- und Mehrstaatern ist gemäß Art. 5 Abs. 1 S. 1 auf die so genannte **effektive Staatsangehörigkeit** abzustellen.[24] Die Zugehörigkeit eines Mehrstaaters bestimmt sich danach, mit welchem Staat die Person am engsten verbunden ist, insbesondere durch ihren gewöhnlichen Aufenthalt oder durch den Verlauf ihres Lebens, Art. 5 Abs. 1 S. 1. Dabei ist aber zu beachten, dass deutsches Recht immer dann zur Anwendung gelangt, wenn die Person „auch Deutscher" ist, Art. 5 Abs. 1 S. 2. Diese Regelung führt zu einem so genannten „Heimwärtsstreben". Auch enthalten die meisten anderen Rechtsordnungen entsprechende Klauseln. So wird z.B. ein deutsch-österreichischer Doppelstaater von den deutschen Gerichten als Deutscher und von den österreichischen Gerichten als Österreicher behandelt, was zur Konsequenz haben kann, dass international sich widersprechende Entscheidungen ergehen.

23 **3. Gesamtverweisung. a) Verweisung.** Wird auf das Recht eines anderen Staates verwiesen, so ist gemäß **Art. 4 Abs. 1** auch dessen Internationales Privatrecht anzuwenden, man spricht insoweit von einer **IPR-Verweisung** oder **Gesamtverweisung**.[25] Bevor ausländische Sachnormen angewendet werden, sind die fremden IPR-Vorschriften (inklusive Staatsverträge) zu prüfen. Eine **Ausnahme** besteht dann, wenn Kollisionsnormen des deutschen Rechts ausdrücklich auf „Sachvorschriften" verweisen, Art. 3 Abs. 1 S. 2. Beispiele hierfür finden sich in Art. 4 Abs. 2 (bei der Rechtswahl), Art. 18 (internationales Unterhaltsrecht) und Art. 35 Abs. 1 (vertragliche Schuldverhältnisse). In diesen Fällen spricht man von **Sachnormverweisungen**.

24 Ausländische Rechtsordnungen folgen in ihrem IPR teilweise dem Grundsatz der Sachnormverweisung, so z.B. das liechtensteinische oder das ägyptische IPR und das neue IPR-Gesetz der Russischen Föderation.[26]

25 **b) Rückverweisung.**[27] Das ausländische IPR kann wieder in das deutsche Recht zurückverweisen. Man spricht dann von einer Rückverweisung bzw. einem *renvoi*. In diesem Fall ist dann deutsches Sachrecht anzuwenden, Art. 4 Abs. 1 S. 2, d.h. die Rückverweisung wird angenommen. Zu einem *renvoi* kommt es vor allem, wenn das ausländische Recht ein anderes Anknüpfungsmoment als das deutsche Recht verwendet. Es muss jeweils geprüft werden, ob das Recht des Staates, auf das verwiesen wird, die Verweisung annimmt, oder ob aufgrund einer anderweitigen Anknüpfung eine **Rück- oder Weiterverweisung** stattfindet.[28]

26 **Beispiel:** Ein dänischer Staatsangehöriger stirbt in Deutschland, wo er auch seinen letzten Wohnsitz hatte. – Abs. 1 verweist zunächst auf dänisches Recht (IPR-Verweisung). Das dänische IPR verweist auf das Recht des letzten Wohnsitz des Erblassers, das ist deutsches Recht. Diese Rückverweisung wird angenommen, Art. 4 Abs. 1 S. 2, so dass deutsches materielles Erbrecht zur Anwendung gelangt.

27 Zu einer Rückverweisung kommt es auch, wenn ein in Deutschland lebender schweizer Staatsangehöriger stirbt, da Art. 91 Abs. 1 Schweizer IPRG insoweit auf den Wohnsitz abstellt.[29]

28 **Weitere Staaten mit Wohnsitzprinzip:** Argentinien (Artt. 10, 11, 3283 Codigo civil); Brasilien (Art. 10 EGZGB); Chile (Art. 955 Codigo civil); Ecuador (Artt. 1019 ff. Codigo civil); El Salvador (Art. 956 Codigo civil); Israel (Sec. 137 ErbG vom 10.11.1965); Kolumbien (Artt. 1012, 1053 ff. Codigo civil); Nicaragua; Norwegen.

29 Eine Rückverweisung findet ferner statt, wenn eine Rechtsordnung bestimmt, dass **unbeweglicher Nachlass** sich nach dem Recht des Belegenheitsstaates vererbt. Handelt es sich z.B. um Grundvermögen in Deutschland, so kommt es bei Erblassern aus folgenden Staaten zu einer **Rückverweisung**:
– **Frankreich:** Besondere Vorschriften im Sinne der Artt. 3 Abs. 3, 25 Abs. 1 bestehen nach französischem Recht nur für in Frankreich belegene Grundstücke; für die sonstigen Nachlassgegenstände bestehen nach französischem Recht keine besonderen, sondern allgemeine Vorschriften im Sinne des Art. 3 Abs. 3.[30]
– **Belgien:**[31] Bei einem Erblasser mit belgischer Staatsangehörigkeit und ständigem Aufenthalt in Deutschland verweist das belgische Recht für Mobilien auf das deutsche Recht zurück, für Immobilien auf das Recht des Belegenheitsstaates.

---

24 *Heinen*, MittRhNotK 1985, 34.
25 *Süß*, ZEV 2000, 486; *Schotten*, IPR, Rn 17.
26 In Kraft seit dem 1. März 2002, vgl. *Hay*, IPR, S. 131.
27 *Süß*, ZEV 2000, 486.
28 Vgl. Staudinger/*Dörner*, Art. 25 EGBGB Rn 615.
29 LG Kempten NJW-RR 2002, 1587 = JuS 2003, 298 m. Anm. *Hohloch*.
30 BayObLG NJW-RR 1990, 1033.
31 OLG Köln FamRZ 1992, 860.

- **Südafrika:**[32] Umfasst der Nachlass eines in Südafrika verstorbenen deutschen Erblassers dort gelegenen Grundbesitz, beurteilt sich die Erbfolge wegen des vorrangigen Belegenheitsstatuts insoweit nach südafrikanischem Recht, so dass für die Erteilung eines Erbscheins deutsche Nachlassgerichte nicht (international) zuständig sind. Für Grundbesitz in Deutschland und bewegliche Gegenstände in Südafrika ist hingegen die Zuständigkeit deutscher Nachlassgerichte gegeben, wobei für die Beurteilung, ob die Zuwendung eines einzelnen Nachlassgegenstandes bloß ein Vermächtnis darstellt, der südafrikanische Grundbesitz infolge der eingetretenen Nachlassspaltung außer Betracht bleiben muss.
- **Rumänien:**[33] Gehört ein in Rumänien belegenes Grundstück zum Nachlass eines deutschen Erblassers, so besteht insoweit keine internationale Zuständigkeit des deutschen Nachlassgerichts. Im Erbschein ist zu vermerken, dass er sich nicht auf den in Rumänien belegenen unbeweglichen Nachlass erstreckt.
- **England:**[34] Hinterlässt ein britischer Erblasser Grundvermögen in Deutschland, richtet sich sowohl die gesetzliche als auch die gewillkürte Erbfolge nach deutschem Recht (*lex rei sitae*). Im Falle von beweglichem Vermögen gilt das Recht seines letzten Domizils.
- **Bundesstaaten der USA:**[35] Die im Wege der Gesamtverweisung angesprochenen erbrechtlichen Kollisionsnormen des Staates Texas (USA) bringen, soweit es den unbeweglichen in der Bundesrepublik Deutschland gelegenen Nachlass (*immovables*) betrifft, eine Rückverweisung auf die *lex rei sitae*, also auf deutsches Recht.

Weitere Staaten mit Wohnsitzprinzip und Belegenheitsrecht bzgl. Immobilien: Bahamas, Barbados, Bolivien, Botswana, Indien, Irland, Jamaika, Kanada,[36] Kenia, Malaysia, Malta, Namibia, Neuseeland, Pakistan, Singapur.

Auch eine **teilweise Rückverweisung** ist möglich.[37] Hinterlässt z.B. ein Franzose mit Wohnsitz in Frankreich Vermögen in Deutschland, so wird er hinsichtlich seines beweglichen Vermögens nach französischem, hinsichtlich seines unbeweglichen Vermögens nach deutschem Recht beerbt.[38]

c) Weiterverweisung. Neben der Rückverweisung ist auch eine Weiterverweisung denkbar. Dies ist der Fall, wenn z.B. das Kollisionsrecht der fremden Rechtsordnung auf das Recht eines dritten Staates verweist.[39] In diesem Fall ist umstritten, ob es sich um eine IPR- oder eine Sachnormverweisung handelt. Diese Entscheidung will das deutsche IPR grundsätzlich der Rechtsordnung überlassen, welche die Verweisung vornimmt.[40]

Beispiel: Ein Däne mit Wohnsitz in Frankreich hinterlässt ein Grundstück in Deutschland. – Das deutsche IPR verweist gemäß Abs. 1 in das dänische IPR, das seinerseits in das französische IPR verweist. Dieses verweist dann bezüglich des deutschen Grundstücks in das deutsche Sachrecht, Art. 3 Abs. 2 Code civil i.V.m. Art. 4 Abs. 1 S. 2.

Auch eine **teilweise Weiterverweisung** ist möglich.

d) Unteranknüpfung bei Mehrrechtsstaaten. Enge Bezüge zum Internationalen Privatrecht weist das so genannte „interlokale Privatrecht" auf.[41] So kann es geschehen, dass auf das Recht eines fremden Staates verwiesen wird und in diesem Staat mehrere verschiedene Privatrechtsordnungen nebeneinander existieren, z.B. in den USA (50 Teilrechtsstaaten), Großbritannien,[42] Kanada, Schweiz, Spanien[43] oder Restjugoslawien.[44] Wird auf das Recht eines Staates mit mehreren **Teilrechtsordnungen** verwiesen, so bestimmt gemäß **Art. 4 Abs. 3** das Recht dieses Staates, welche Teilrechtsordnung anzuwenden ist. Es handelt sich damit auch bei diesen Vorschriften um Kollisionsrecht. Man spricht insoweit von Unteranknüpfung.

Beispiel: Ein Serbe stirbt an seinem letzten Wohnsitz in Deutschland. – Nach Abs. 1 ist die Staatsangehörigkeit des Erblassers maßgebliches Anknüpfungskriterium. Es wird auf (rest-)jugoslawisches IPR verwiesen. Bei Restjugoslawien handelt es sich nach wie vor um einen Mehrrechtsstaat mit den Teilrechtsordnungen Serbien und Montenegro. Nach Art. 4 Abs. 3 S. 1 bestimmt das interlokale jugoslawische Recht, welche Teilrechtsordnung anzuwenden ist. Dabei wird auf die Republikzugehörigkeit abgestellt. Im vorliegenden Fall ist demnach serbisches Erbrecht anzuwenden.[45]

---

32 OLG Zweibrücken FamRZ 1998, 263.
33 BayObLG FamRZ 1997, 318.
34 OLG Zweibrücken Rpfleger 1994, 466.
35 OLG Karlsruhe NJW 1990, 1420.
36 BGH NJW 1972, 1021.
37 Vgl. *Schlosshauser-Selbach*, IPR, Rn 126.
38 *Schotten*, IPR, Rn 18.
39 *Kegel/Schurig*, § 10 IV.
40 *v. Hoffmann*, IPR, § 6 Rn 97; Palandt/*Heldrich*, Art. 4 Rn 3 EGBGB; MüKo/*Sonnenberger*, Art. 4 EGBGB Rn 28.
41 Vgl. dazu *Junker*, IPR, Rn 17.
42 England, Wales, Schottland und Nordirland.
43 Sieben Teilrechtsordnungen, vgl. *Kroiß*, Internationales Erbrecht, § 6 Rn 272.
44 Beispiele bei *Schotten*, IPR, Rn 40.
45 Zum anwendbaren Recht bzgl. Bosnien/Herzogowina IPG 1998 Nr. 37 (Köln).

37 Bei einigen – vor allem islamischen Staaten (z.B. Ägypten, Indonesien und Pakistan) – findet auch eine **personale Rechtsspaltung** statt.[46] Eine Unteranknüpfung bestimmt sich dann z.B. nach der Religion des Betroffenen.[47]

38 **4. Nachlassspaltung (Sonderstatut), Art. 3 Abs. 3.** Der Grundsatz der Nachlasseinheit, der das deutsche Recht beherrscht, wird neben der Möglichkeit einer Rechtswahl nach Abs. 2 noch ein weiteres Mal durchbrochen: wenn sich Nachlassgegenstände in einem anderen Staat befinden und sie nach dem Recht dieses Staates besonderen Vorschriften unterliegen, Art. 3 Abs. 3. Damit wird das Verhältnis von Gesamt- und Einzelstatut geregelt und der Umfang einer Verweisung eingeschränkt.[48]

39 Die Anwendung dieser Vorschrift hat **drei Voraussetzungen**:
(1.) Es muss sich um eine Verweisung im **Familien- oder Erbrecht** handeln (Artt. 15, 17b, 19, 20, 21, 22, 24, 25, 26);
(2.) das **Vermögen** einer Person muss betroffen sein (Sondervermögen);
(3.) in dem Staat, wo sich das Vermögen befindet, muss es **besonderen Vorschriften** unterliegen (auch kollisionsrechtliche Vermögensspaltung[49]).

40 **Beispiel:** Ein deutscher Staatsangehöriger lebt und stirbt in Deutschland. Er hinterlässt neben beweglichem Vermögen in Deutschland auch ein Grundstück in Frankreich.[50] – Da sich ein Nachlassgegenstand im Ausland befindet, handelt es sich um einen Fall mit Auslandsberührung, Art. 3 Abs. 1. Gemäß Abs. 1 ist grundsätzlich deutsches Erbrecht anzuwenden. Allerdings ist hier Art. 3 Abs. 3 vorrangig. Das französische Recht sieht eine Vermögensspaltung vor. Während nach französischem IPR für beweglichen Nachlass der letzte Wohnsitz des Erblassers maßgeblich ist, bestimmt sich die Vererbung von unbeweglichem Vermögen nach der *lex rei sitae*, d.h. nach dem Recht des Ortes der belegenen Sache. In diesem Fall wäre dies das französische Recht. Das **Einzelstatut** des Art. 3 Abs. 3 „bricht" das **Gesamtstatut** des Art. 25. Praktisch bedeutsam sind neben den Fällen mit Grundbesitz in Frankreich auch Fälle im Zusammenhang mit Immobilien in Rumänien. Nach dem rumänischen IPR-Gesetz ist für unbewegliche Sachen eine Sonderanknüpfung vorzunehmen, die sich nach dem Recht des Belegenheitsstaates richtet. Gehört ein in Rumänien belegenes Grundstück zum Nachlass eines deutschen Erblassers, so besteht insoweit keine internationale Zuständigkeit des deutschen Nachlassgerichts. Im Erbschein ist zu vermerken, dass er sich nicht auf den in Rumänien belegenen unbeweglichen Nachlass erstreckt.[51]

41 Liegt eine Nachlassspaltung vor, so ist jeder Nachlassteil gesondert zu behandeln.[52] Dies gilt insbesondere für Fragen der Auslegung, z.B. ob ein Vermächtnis oder eine Erbeinsetzung vorliegt. Es sind dann die Wertverhältnisse bezüglich des einzelnen Nachlassteils maßgeblich.

42 Praktisch bedeutsam ist Art. 3 Abs. 3 vor allem für die Vererbung von Grundstücken,[53] von landwirtschaftlichen Betrieben im Sinne der Höfeordnung[54] und Gesellschaftsanteilen von Personengesellschaften.[55]

II. Rechtswahl (Abs. 2)

Literatur: *v. Hoffmann*, Internationales Privatrecht, 7. Auflage 2002, § 9 Rn 9 ff.; *Kryzwon*, Die Rechtswahl im Erbrecht, BWNotZ 1987, 4; *Lange*, Rechtswahl als Gestaltungsmittel bei der Nachfolgeplanung, DNotZ 2000, 332; *Mankowski/Osthaus*, DNotZ 1997, 10; *Pünder*, Internationales Erbrecht, MittRhNotK 1989, 1; *Riering*, Die Rechtswahl im internationalen Erbrecht, ZEV 95, 404; *Süß*, Die Wahl deutschen Erbrechts für inländische Grundstücke, ZNotP 2001, 173. *Süß/Haas*, Erbrecht in Europa, 2004, S. 155 ff.

43 **1. Voraussetzungen.** Durch letztwillige Verfügung kann nur sehr wenig Einfluss auf das anwendbare Recht ausgeübt werden. Der Erblasser kann lediglich für im Inland belegenes unbewegliches Vermögen deutsches Recht wählen, Abs. 2.

44 Dagegen ist die Wahl eines ausländischen Rechts generell ausgeschlossen.[56] Wird gleichwohl eine Rechtswahl vorgenommen, ist diese unbeachtlich.[57] Für deutsche Erblasser kommt der Wahlmöglichkeit praktisch keine Bedeutung zu, da für sie ohnehin deutsches Erbstatut gilt.[58] Die Frage, ob eine Rechtswahl stattgefunden hat, die insoweit, also in Bezug auf das im Inland belegene unbewegliche Vermögen, die Anwendung

---

46 Vgl. Palandt/*Heldrich*, Einl. vor Art. 3 EGBGB Rn 4.
47 *Schotten*, IPR, Rn 41.
48 *Kegel/Schurig*, § 12 II; *Schotten*, IPR, Rn 21.
49 BGHZ 50, 63, 64–69.
50 Vgl. dazu auch *Sonnenberger*, IPRax 2002, 169.
51 BayObLGZ 1997, 165–171 = ZEV 1996, 473 = NJW-RR 1997, 201 = FamRZ 1997, 318.
52 OLG Zweibrücken OLGR 1998, 13; *Riering*, MittBayNot 1999, 521.
53 BayObLGZ 97, 165 für den Fall eines in Rumänien belegenen Grundstücks.
54 Beispiele bei *Schotten* IPR, Rn 21; *Kropholler*, IPR, § 26 II 2 a.
55 Palandt/*Heldrich*, Art. 3 EGBGB Rn 13.
56 *Lange*, DNotZ 2000, 332.
57 BayObLGZ 1994, 48.
58 Vgl. Soergel/*Schurig*, Art. 25 EGBGB Rn 3.

ausländischen Rechtes ausschließt, ist am Maßstab der deutschen Bestimmung des Abs. 2 und nicht anhand ausländischer Bestimmungen zu messen.[59]

2. Form der Rechtswahl. Die Form der Rechtswahl entspricht der einer Verfügung von Todes wegen, Abs. 2. Sie ist formwirksam, wenn sie den Formerfordernissen entspricht, die eines der gemäß Art. 26 Abs. 1 –4 maßgeblichen Rechte aufstellt.[60] Damit ist in Deutschland die Rechtswahl auch in einem **privatschriftlichen Testament** möglich. Voraussetzung ist, dass die Testierfähigkeit gegeben ist. Die Rechtswahl kann auch konkludent erfolgen.[61]

3. Folgen einer zulässigen Rechtswahl. a) Sachnormverweisung. Durch eine wirksame Rechtswahl kommt es zu einer Sachnormverweisung, Art. 4 Abs. 2, d.h. die Rechtswahl zugunsten des deutschen Rechts bezieht sich auf das materielle Erbrecht.

b) Nachlassspaltung. Liegen die Voraussetzungen für eine zulässige Rechtswahl nach Abs. 2 vor, so kann dies zu einer Nachlassspaltung führen,[62] soweit der Erblasser im Übrigen nicht nach deutschem Recht beerbt wird, z.B. weil Abs. 1 in ein fremdes Recht verweist und dieses die Verweisung annimmt oder auf das Recht eines Dritten Staates weiter verweist. Was unter den Begriff des **„unbeweglichen Vermögens"** von Abs. 2 fällt, beurteilt sich nach deutschem Recht.[63] Da das BGB den Begriff des unbeweglichen Vermögens nicht kennt, ist die Abgrenzung nicht immer leicht.

Unter den Begriff des unbeweglichen Vermögens fallen jedenfalls: Grundstücke; deren Bestandteile (Gebäude[64]) gemäß §§ 93, 94, 96 BGB; das Zubehör gemäß §§ 97, 98 BGB;[65] Wohnungseigentum;[66] Erbbaurechte[67] und beschränkt dingliche Rechte an Grundstücken (Grundpfandrechte, Dienstbarkeiten, Reallast, dingliche Vorkaufsrechte[68]).

Dagegen **nicht** Gesellschaftsanteile,[69] Miterbenanteile[70] oder Ansprüche aus Grundstückskauf.[71]

Nach *Plünder*[72] gilt folgende **Faustregel**: Alle im Grundbuch eintragbaren Rechte gehören zum unbeweglichen Vermögen.

Durch eine beschränkte Rechtswahl können aber auch **„hinkende Rechtsverhältnisse"** vermieden werden, wenn z.B. ein Franzose mit ständigem Aufenthalt in Deutschland für sein in Deutschland belegenes Vermögen deutsches Erbrecht wählt.[73]

c) Teilrechtswahl. Schließlich wird auch eine Teilrechtswahl, d.h. dass der Erblasser nur für einzelne Gegenstände seines inländischen unbeweglichen Vermögens deutsches Recht wählt, für zulässig erachtet.[74] Der Erblasser kann also die Rechtswahl auf einzelne inländische Grundstücke beschränken. Das auf den übrigen Nachlass anwendbare Erbrecht bestimmt sich dann nach Abs. 1.

4. Widerruflichkeit der Rechtswahl. Wählt ein Ausländer für im Inland belegenes Grundeigentum deutsches Erbrecht, so stellt sich die Frage, nach welchem Recht sich der **Widerruf** dieser Rechtswahl bemisst. In Betracht kommt das nach dem Heimatrecht des Erblassers zu ermittelnde Erbstatut oder das gewählte deutsche materielle Recht. Abzustellen ist entsprechend den Regeln im internationalen Vertragsrecht (Artt. 27 Abs. 4, 31 Abs. 1) auf das gewählte Recht.[75] Damit richtet sich auch der Widerruf der Rechtswahl nach deutschem Recht und der Erblasser kann die Rechtswahl jederzeit in einer Form der Verfügung von Todes wegen widerrufen.[76]

5. Rechtswahl kraft ausländischen Kollisionsrechts. Sofern ein ausländisches Kollisionsrecht, das nach einer Verweisung gemäß Abs. 1 maßgeblich ist, Parteiautonomie gewährt, wird eine entsprechende Rechtswahl vom deutschen IPR akzeptiert.[77]

---

59 LG Stuttgart ZERB 2003, 326.
60 *Lange*, DNotZ 2000, 332.
61 Bamberger/Roth/*S. Lorenz*, Art. 25 EGBGB Rn 21.
62 BayObLG FamRZ 2000, 573; Erman/*Hohloch* Art. 25 EGBGB Rn 20.
63 Palandt/*Heldrich*, Art. 25 EGBGB Rn 7; *Flick/Piltz*, Rn 210.
64 MüKo/*Birk*, Art. 25 EGBGB Rn 66; *Krzywon*, BWNotZ 1986, 154.
65 *Dörner*, DNotZ 1988, 94.
66 Bamberger/Roth/*S. Lorenz*, Art. 25 EGBGB Rn 20.
67 *Kropholler*, IPR, § 45 III 3c; *Lange*, DNotZ 2000, 332.
68 MüKo/*Birk*, Art. 25 EGBGB Rn 62 ff.
69 BGHZ 24, 352; Soergel/*Schurig*, Art. 25 EGBGB Rn 4; *Riering*, ZEV 1995, 404.
70 BGHZ 146, 310; a.A. *Krywon*, BWNotZ 1986, 160.
71 Palandt/*Heldrich*, Art. 25 EGBGB Rn 7; a.A. *Dörner*, DNotZ 1988, 96.
72 MittRhNotK 1989, 3.
73 *Schotten*, IPR, Rn 300.
74 *v. Hoffmann*, IPR, § 9 Rn 20; Soergel/*Schurig*, Art. 25 EGBGB Rn 11.
75 *v. Hoffmann*, IPR, § 9 Rn 24.
76 Palandt/*Heldrich*, Art. 25 EGBGB Rn 8.
77 *Mankowski/Osthaus*, DNotZ 1997, 10.

55 So **ermöglichen z.B. folgende Rechtsordnungen eine Rechtswahl:**
– **Schweiz**: Wahl des Rechts der Staatsangehörigkeit bei objektiver Anknüpfung an den Wohnsitz, Art. 90 Abs. 2 IPRG: „Ein Ausländer kann jedoch durch letztwillige Verfügung oder Erbvertrag den Nachlass einem seiner Heimatrechte unterstellen."
– **Italien**: Wahl des Wohnsitzrechts, Art. 46 Abs. 2 1 des Gesetzes vom 31.5.1995, Nr. 218: „Der Erblasser kann durch eine ausdrückliche Erklärung in Testamentarischer Form die gesamte Rechtsnachfolge von Todes wegen dem Recht des Staates unterstellen, in dem er seinen gewöhnlichen Aufenthalt hat."
– **Rumänien**: unbeschränkte Rechtswahlfreiheit, Art. 68 Abs. 1 IPRG: „Der Erblasser kann die Erbüberlassung seiner Sachen einem anderen Recht unterwerfen als dem nach Art. 66 (Heimatrecht bzgl. beweglicher und *lex rei sitae* bzgl. unbeweglicher Sachen und Handelsgeschäfte), ohne zur Beseitigung von dessen zwingenden Vorschriften berechtigt zu sein."

56 Auch das **Ehegüterrecht**, das Auswirkungen auf das Erbstatut haben kann, ist in manchen Staaten wählbar:[78]
– **Österreich**, § 19 IPRG: „Das Ehegüterrecht ist nach dem Recht zu bestimmen, das die Parteien ausdrücklich bestimmen ...".
– **Frankreich**, Artt. 3–6 des Haager Übereinkommens über das auf eheliche Güterstände anzuwendende Recht vom 15.3.1978 (entspricht der Rechtswahlmöglichkeit nach Art. 15 Abs. 2 EGBGB).
– **Spanien**: Art. 9 Abs. 2 1, Abs. 3 Codigo Civil.
– **Italien**: Art. 30 Abs. 1 2 des Gesetzes vom 31.5.1995.

57 Auch eine Kombination einer Rechtswahl nach Abs. 2 und einer Rechtswahl kraft ausländischem Kollisionsrecht ist möglich. Bestimmt z.B. ein in Deutschland wohnhafter und verstorbener Schweizer in seinem Testament: „Für den Erbfall wird von mir deutsches Recht gewählt",[79] so ist die Rechtswahl unmittelbar nach Abs. 2 wirksam, soweit sie sich auf das in Deutschland belegene Grundvermögen des Erblassers bezieht. Im Übrigen unterliegt die Rechtsnachfolge nach Abs. 1 dem Schweizer Recht. Da das Schweizer IPR gemäß Art. 91 Abs. 1 schweizer IPRG beim Tod eines Schweizer Staatsbürgers in Deutschland aber auf das deutsche Recht zurückverweist und diese Rückverweisung auch nach Art. 4 Abs. 1 S. 2 angenommen wird, ist für die Beerbung insgesamt das deutsche materielle Recht anwendbar.

III. Umfang des Erbstatuts

58 **1. Reichweite.** Nach dem Erbstatut werden **alle mit dem Erbfall zusammenhängenden Fragen** beurteilt.[80] Lediglich die Form letztwilliger Verfügungen wird gesondert angeknüpft, Art. 26.

59 Vom Erbstatut umfasst sind demnach:
– der Kreis der gesetzlichen Erben
– die Erbquoten
– das Erbrecht des nichtehelichen Kindes
– das Pflichtteilsrecht[81]
– die Erbfähigkeit
– die Erbunwürdigkeit[82]
– die dingliche Wirkung des Erbfalls
– der Erwerb der Erbschaft
– die Testamentsvollstreckung[83]
– die Haftung für Nachlassverbindlichkeiten
– die Annahme und Ausschlagung der Erbschaft
– Verfügungen von Todes wegen
– die Auslegung von Testamenten
– die Zulässigkeit gemeinschaftlicher Testamente
– die Erbauseinandersetzung.[84]

60 Welche Gegenstände zum Nachlass gehören, bestimmt sich als selbständige Vorfrage nach deutschem IPR.[85] Dabei ist für das Sachenrecht der Grundsatz der *lex rei sitae*, d.h. das Recht des Belegenheitsstaates maßgeblich. Für den Erwerb und Verlust von Mitgliedschaftsrechten in Gesellschaften ist das **Gesellschaftsstatut** zu ermitteln.

---

78 *Schotten*, IPR, Rn 152 ff.; *Hüßtege*, IPR, S. 65.
79 BayObLGZ 2001, 203 = Rpfleger 2001, 597.
80 Palandt/*Heldrich*, Art. 25 EGBGB Rn 10 ff.; *Schotten*, IPR, Rn 307; MüKo/*Birk*, Art. 25 EGBGB Rn 186 ff.
81 Vgl. dazu *Klingelhöffer*, ZEV 1996, 258.
82 OLG Düsseldorf NJW 1963, 2230.
83 BayObLG IPrax 1991, 343.
84 BGH NJW 1959, 1317.
85 Palandt/*Heldrich*, Art. 25 EGBGB Rn 17.

2. Hypothetisches Erbstatut. Die **Gültigkeit einer letztwilligen Verfügung** ist nach dem Recht zu beurteilen, das im Zeitpunkt der Verfügung auf die Rechtsnachfolge von Todes wegen anzuwenden wäre, Art. 26 Abs. 5, so genanntes **Errichtungsstatut**.[86]

3. Vorfragen. Unter einer Vorfrage versteht man jede Frage nach dem Bestehen eines präjudiziellen Rechtsverhältnisses oder einer Rechtslage, die im Tatbestand einer in- bzw. ausländischen Kollisions- oder Sachnorm vorausgesetzt wird.[87] Teilweise wird dabei noch zwischen Vor- und Teilfragen differenziert, was aber wenig praktische Bedeutung hat.[88]

Beispiel:[89] Ein griechischer Staatsangehöriger M hatte mit der griechischen Staatsangehörigen F die Ehe nach griechisch-orthodoxem Ritus vor dem Popen in Köln geschlossen, eine standesamtliche Trauung fand nicht statt und wurde auch nicht nachgeholt. Der Mann stirbt ohne Hinterlassung von Nachkömmlingen an dem letzten gemeinsamen Wohnort in Griechenland. Wer wurde zu welcher Quote Erbe? – Art. 25 verweist in das griechische IPR, das die Verweisung auch annimmt. Nach griechischem Erbrecht „erbt die Ehefrau allein". Es stellt sich hier die Vorfrage, ob eine wirksame Ehe vorliegt.

Umstritten ist, ob Vorfragen selbständig, d.h. nach den Kollisionsnormen der *lex fori*, oder unselbständig, d.h. nach dem IPR der Hauptfrage anzuknüpfen sind. Im Interesse einer „inneren Entscheidungsharmonie" ist grundsätzlich die **selbständige Anknüpfung** vorzuziehen.[90]

So ist nach Ansicht des **BGH**[91] die Vorfrage nach der Gültigkeit einer Ehe im deutschen internationalen Erbrecht grundsätzlich **selbständig** anzuknüpfen. Das Scheidungsurteil eines deutschen Gerichts ist insoweit stets zu beachten.

Die Gegenansicht[92] verweist auf die **internationale Entscheidungsharmonie** und knüpft unselbständig an. Bei staatsvertraglichem Kollisionsrecht bedient sich auch die h.M.[93] der unselbständige Anknüpfung.

Im Beispielsfall (Rn 63) führt die selbständige Anknüpfung zur Nichtehe über Art. 13 Abs. 3 S. 1. Würde man unselbständig anknüpfen, käme man zum griechischen Recht und damit zu einer wirksamen Ehe. Man spricht in einer solchen Situation von einer **„hinkenden Ehe"**. Um diese missliche Lage zu lösen, nimmt eine vermittelnde Meinung eine Abwägung dahin gehend vor, dass geprüft wird, welches Interesse überwiegt.[94] Übertragen auf unseren Beispielsfall heißt dies, dass sich die Vorfrage des Bestehens der Ehe nach griechischem Recht richtet, vor allem weil die Ehegatten zuletzt in Griechenland lebten.

Als **Vorfragen, die selbständig anzuknüpfen sind**,[95] kommen in Betracht: die Verwandtschaft, das Bestehen einer Ehe, der maßgebliche Güterstand, die Frage der Ehelichkeit oder Nichtehelichkeit eines Kindes, die Todesvermutung (Art. 9), die Testierfähigkeit,[96] die Rechtsfähigkeit des/der Erben, die Zugehörigkeit eines Gegenstandes zum Nachlass,[97] der sachenrechtliche Eigentumsübergang und die Wirksamkeit der Adoption.

Für die Frage der Erbberechtigung des **Adoptivkindes** ist das Adoptionsstatut (vgl. Art. 22 EGBGB) maßgeblich.[98] Allerdings beurteilt das Kammergericht[99] den erbrechtlichen Einfluss einer Kindesannahme insbesondere auf gesetzliche Erbrechte grundsätzlich nicht nach dem Adoptionsstatut, sondern nach dem Heimatrecht des Erblassers (Erbstatut). Wenn aber das Adoptionsstatut dem Adoptivkind ein gesetzliches Erbrecht versagt, hat es hierbei sein Bewenden, auch wenn ein solches Erbrecht nach dem Erbstatut besteht.

4. Anpassung, Angleichung. Eine Anpassung[100] oder Angleichung ist dann erforderlich, wenn verschiedene nebeneinander anwendbare Rechtsordnungen zu einem Normenwiderspruch kommen. Dieser kann in einem Normenmangel[101] oder einer Normenhäufung[102] liegen.

Beispiel: Ein Österreicher ist mit einer Deutschen verheiratet. Gemeinsamer Wohnsitz ist München. Der Österreicher stirbt. Das Ehepaar hat zwei Kinder. Ansprüche der Ehefrau? – Güterrechtliche Ansprüche richten sich nach Art. 15 i.V.m. Art. 14 Abs. 1 nach deutschem Recht. Erbstatut ist nach Abs. 1 österreichisches Recht. Da nun das österreichische Erbrecht einen güterrechtlichen Ausgleich entsprechend §§ 1931 Abs. 3, 1371 BGB nicht kennt, ist eine Anpassung durch **Interessenabwägung** vorzunehmen. Dies ist

---

[86] *Junker*, IPR, Rn 587, 589; *Schotten*, IPR, Rn 308.
[87] *Kunz*, IPR, Rn 89 ff.; *Junker*, IPR, Rn 230 ff.; *Kegel/Schurig*, § 9.
[88] *Schotten*, IPR, S. 41 a.E.; *Schlosshauser-Selbach*, IPR, Rn 131.
[89] BGHZ 43, 213.
[90] Palandt/*Heldrich*, Einl. vor Art. 3 EGBGB Rn 29.
[91] BGH NJW 1981, 1900.
[92] MüKo/*Sonnenberger*, Einl. zu Art. 3 EGBGB Rn 390 ff.
[93] Palandt/*Heldrich*, Art. 3 EGBGB Rn 30.
[94] BVerfG NJW 1983, 511.
[95] MüKo/*Birk*, Art. 25 EGBGB Rn 79; *Johnen*, MittRhNotK 1986, 57.
[96] BayObLG FamRZ 2003, 1594.
[97] BGH BB 1969, 197.
[98] BGH FamRZ 1989, 378.
[99] KG FamRZ 1988, 434.
[100] Zum Begriff vgl. *v. Hoffmann*, IPR, § 6 Rn 31.
[101] Beispiel OLG Köln FamRZ 1995, 1200.
[102] Fall bei *Kegel/Schurig*, § 8.

entweder möglich durch eine Einschränkung des Umfangs der Verweisung oder durch einen Ausgleich auf materiellrechtlicher Ebene.

72 Möglich ist auch die Umwandlung eines dem deutschen Recht unbekannten Rechtsinstituts in ein dem gleichen Zweck dienendes deutsches Rechtsinstitut (**Transposition**[103]).

73 Es ist auch ein Widerspruch zwischen deutschen und ausländischen Rechtsinstituten denkbar, wenn z.B. nach ausländischem Erbstatut das Vermächtnis dingliche Wirkung hat. Ein entsprechendes Vindikationslegat ist im Wege der Anpassung in ein schuldrechtliches Vermächtnis (Damnationslegat) umzudeuten.[104]

74 **Beispiel:**[105] Ein Kolumbianer mit Wohnsitz in Bogota hinterlässt unter anderem ein Grundstück in Köln, das er durch Vermächtnis seinem Sohn S zuwendet. Zur Alleinerbin wurde die deutsche Ehefrau D eingesetzt. D erhält einen Erbschein und wird im Grundbuch eingetragen. – Art. 1012 kolumb. Codigo civil knüpft an den letzten Wohnsitz des Erblassers an. Nach kolumbianischem Recht kommt einem Vermächtnis unmittelbar dingliche Wirkung zu (Vindikationslegat).

75 Nach Abs. 1 findet für die Beerbung kolumbianisches Recht, das die Verweisung auch annimmt, Anwendung. Will S aber in das deutsche Grundbuch eingetragen werden, kommt es zu einer Kollision zwischen dem nach der *lex rei sitae* anwendbaren deutschen Sachenrecht und dem kolumbianischen Erbrecht, da dem deutschen Sachenrecht ein Vindikationslegat (Singularsukzession) unbekannt ist. Dieser Widerspruch wird im Wege der Anpassung gelöst.[106] S steht demnach ein schuldrechtlicher Anspruch gemäß § 2147 BGB gegen D zu.

76 **5. Ordre public, Art. 6. a) Allgemeines.** Führt die Verweisung ins ausländische Sachrecht, so ist dieses nicht schrankenlos anwendbar.

77 Art. 6 will den „Kernbestand der inländischen Rechtsordnung" schützen.[107] Aus der Vorschrift selbst ergibt sich ihr **Ausnahmecharakter**.[108] Voraussetzungen für die Anwendung des *ordre public* sind (vgl. im Einzelnen Art. 6 EGBGB Rn 1 ff.):
– ein „**eklatanter Verstoß**" gegen die deutschen Wertvorstellungen, wobei auf das „Maß des Widerspruchs" abzustellen ist;
– das **Anwendungsergebnis** muss **im konkreten Fall** unerträglich sein (Entscheidungserheblichkeit) und
– der Sachverhalt muss eine **Binnenbeziehung** aufweisen („Maß der Inlandsbeziehung").

78 Grundlegende Ausführungen zum *ordre public* enthält die sog. Spanierentscheidung des Bundesverfassungsgerichts.[109] Wird ein Verstoß gegen den *ordre public* bejaht, wird die Anwendung der ausländischen Rechtsnorm für den Einzelfall ausgeschlossen. Das übrige ausländische Recht bleibt dagegen anwendbar. Lücken müssen durch ein Ersatzrecht geschlossen werden, wobei als letzte Möglichkeit deutsches Recht bleibt.

79 Ein ausländischer *ordre public* ist grundsätzlich nicht zu beachten.[110]

80 **b) Verstöße im Einzelnen.** Im Erbrecht ist eine Anwendung des Art. 6 vor allem bei folgenden Fällen denkbar:[111]

81 **aa) Erbunfähigkeit wegen einer bestimmten Religionszugehörigkeit.** Schließt eine Rechtsordnung das Erbrecht im Hinblick auf eine bestimmte Religionszugehörigkeit aus (sog. „Erbhindernis der Religionsverschiedenheit"[112]), liegt ein Verstoß gegen Art. 3 Abs. 3 GG vor, der eine Anwendung des *ordre-public*-Vorbehalts rechtfertigt.

82 **bb) Beschränkung der Testierfreiheit.** Wird die Testierfreiheit z.B. dergestalt beschränkt, dass ausschließlich Zuwendungen an Organisationen der herrschenden Partei, wie z.B. in Erbgesetzen kommunistischer Staaten, möglich sind, führt dies zu einem schwerwiegenden Verstoß gegen Art. 14 Abs. 1 S. 1 GG.[113]

83 **cc) Kein Erbrecht der Ehefrau.**[114] Der *ordre public* kann auch in Fällen, in denen z.B. ein Araber mit mehreren Frauen im Heimatstaat die Ehe wirksam geschlossen hat,[115] bedeutsam sein. Entscheidendes Kriterium für seine Anwendung ist vor allem der hinreichende **Inlandsbezug**. So wird regelmäßig die

---

103 v. *Hoffmann*, IPR, § 6 Rn 39.
104 BGH MittBayNot 1995, 224; OLG Hamm IPRax 1994, 49, 55; Staudinger/*Dörner*, Art. 25 EGBGB Rn 847.
105 BGH IPRax 1996, 39.
106 BGH IPRax 1996, 39.
107 Vgl. Begr. RegE BT-Drucks 10/504, S. 42.
108 *Schotten*, IPR, Rn 53; *Kunz*, IPR, Rn 278 ff.; *Junker*, IPR, Rn 270 ff.

109 BVerfGE 31, 58.
110 Palandt/*Heldrich*, Art. 6 EGBGB Rn 8.
111 *Ferid*, IPR, 3–47.
112 Staudinger/*Dörner*, Art. 25 EGBGB Rn 692.
113 Erman/*Hohloch* Art. 6 EGBGB Rn 47.
114 IPG 1998 Nr. 35 (Köln).
115 Vgl. *Kunz*, IPR, Fall 31, Rn 278.

bloße Belegenheit von Vermögensgegenständen als einziges Merkmal für einen Binnensachverhalt nicht ausreichen, um zur Anwendung der Vorbehaltsklausel zu kommen. Hingegen stellt der Wohnsitz der Beteiligten in Deutschland eine entsprechend größere Inlandsbeziehung dar, die eher die Schrankenwirkung des Art. 6 zulässt.

dd) Diskriminierung weiblicher Erben in islamischen Rechtsordnungen. Auch die Diskriminierung weiblicher Erben in islamischen Rechtsordnungen kann zur Anwendung der Vorbehaltsklausel führen. So lässt es das deutsch-iranische Niederlassungsabkommen nach Art. 8 Abs. 3 S. 2 NA zu, erbrechtliche Verhältnisse an der Vorbehaltsklausel des Art. 6 GG zu messen.[116] Die Bevorzugung des Ehemannes nach iranischem Nachlassrecht verstößt nicht immer gegen den *ordre public*: es ist nicht abzustellen auf einen abstrakten Verstoß gegen das Verfassungsgebot der Gleichstellung von Mann und Frau, sondern darauf, ob im **konkreten Fall** das Ergebnis der Anwendung iranischen Rechts in untragbarem Widerspruch zu grundlegenden deutschen Gerechtigkeitsvorstellungen steht.[117] Unter anderem sind zu berücksichtigen die Sachgerechtigkeit der Kollisionsregelung und der Inhalt der danach berufenen ausländischen Sachnormen einerseits sowie der Umfang der Inlandsbeziehungen andererseits.

ee) Kein Verstoß gegen den ordre public liegt vor:
– bei Bejahung eines Erbrechts des nichtehelichen Lebenspartners;[118]
– bei Beschränkung der Dispositionsfreiheit des Erblassers auf einen Bruchteil des Nachlasses;[119]
– bei vom deutschen Recht abweichenden Erbquoten der Verwandten oder des Ehegatten.

IV. Testamentsvollstreckung

Auch das Recht, das auf die Testamentsvollstreckung anwendbar ist, bestimmt sich nach dem Erbstatut. Was das Testamentsvollstreckerzeugnis anbelangt, finden über § 2368 Abs. 3 BGB die Grundsätze des Erbscheinsverfahrens Anwendung.

Bei ausländischem Erbstatut ist auch ein gegenständlich beschränktes Testamentsvollstreckerzeugnis möglich;[120] so z.B. beschränkt auf den in Deutschland befindlichen unbeweglichen Nachlass, Abs. 2,[121] oder bei in Deutschland befindlichem beweglichem Nachlass im Rahmen einer Nachlassspaltung nach Art. 3 Abs. 3.

Ob eine Testamentsvollstreckung nach ausländischem Recht mit der deutschen vergleichbar ist, kann im Einzelfall problematisch sein. Vor allem im **anglo-amerikanischen Rechtskreis** spielen in diesem Zusammenhang verschiedene Rechtsfiguren eine Rolle:
– Der *executor*, der durch letztwillige Verfügung ernannt wird, stellt eine „zwischenberechtigte Person" (Treuhänder) dar, die als Testamentsvollstrecker qualifiziert werden kann;
– auch der *administrator*, der für die Verwaltung des Nachlasses (Sammlung, Schuldenbegleichung, Erbschaftsteuer und Verteilung) zuständig ist, kann mit einem Testamentsvollstrecker nach deutschem Recht verglichen werden;
– hingegen entspricht die Position des *trustees* eher der eines Vorerben.[122]

V. Verhältnis zum Güterrecht

1. Allgemeines. Im deutschen Erbrecht spielt das **eheliche Güterrecht** eine entscheidende Rolle für die **Erbquote,** § 1931 Abs. 3 und 4 BGB. Das Erb- und Güterrechtsstatut können aber auseinander fallen. Ursache dafür können gemischt-nationale Ehen,[123] ein Wechsel der Staatsangehörigkeit nach der Heirat oder eine Rechtswahl sein. Vorschriften, die bestimmen, dass die eheliche Gemeinschaft nach dem Tode eines Ehegatten güterrechtlich auseinander zu setzen ist, sind güterrechtlich zu qualifizieren. Erb- und Güterrechtsstatut können vor allem deshalb divergieren, weil bezüglich des anwendbaren Güterrechts auf die gemeinsame Staatsangehörigkeit der Ehegatten oder deren gemeinsamen gewöhnlichen Aufenthalt zur Zeit der Eheschließung angeknüpft wird, Artt. 15 Abs. 1, 14 Abs. 1 Nr. 1, 2.

Auch können die Ehegatten das Güterrechtsstatut durch **Rechtswahl** bestimmen, Art. 15 Abs. 2.[124] Die Rechtswahl muss notariell beurkundet werden, Artt. 15 Abs. 3, 14 Abs. 4. Sie ist auch noch nach der Eheschließung möglich. Bei der Rechtswahl haben die Ehegatten folgende Möglichkeiten:

---

116 OLG Hamm FamRZ 1993, 111.
117 OLG Hamm FamRZ 1993, 111.
118 BayObLGZ 1976, 163.
119 Staudinger/*Dörner*, Art. 25 EGBGB Rn 697.
120 *Flick/Piltz*, Rn 344.
121 BayObLGZ 1999, 296 = Rpfleger 2000, 17; Erman/ *Hohloch*, Art. 25 EGBGB Rn 20.
122 Staudinger/*Dörner*, Art. 25 EGBGB Rn 854.
123 *Junker*, IPR, Rn 584.
124 Vgl. dazu *Schotten*, IPR, Rn 52; *v. Hoffmann*, IPR, § 8 Rn 34 ff.

- Wahl des Rechts des Staates, dem einer von ihnen angehört,
- Wahl des Rechts des Staates, in dem einer von ihnen seinen gewöhnlichen Aufenthalt hat, oder
- für unbewegliches Vermögen die Wahl des Rechts des Lageortes.

91 Auch deutsche Ehegatten können damit für ihre güterrechtlichen Beziehungen eine ausländische Rechtsordnung wählen, wenn einer von ihnen in diesem Land seinen gewöhnlichen Aufenthalt genommen hat, oder für unbewegliches Vermögen, wenn es einer der Ehegatten in dem Land seiner Wahl besitzt, Art. 15 Abs. 2 Nr. 2, Abs. 3.

92 **2. Ermittlung des anwendbaren Güterrechts.** Nachdem **Art. 15** in seiner aktuellen Fassung erst seit dem 1.9.1986 gilt, stellt sich die Frage, wie das anwendbare Güterrecht in den Fällen ermittelt wird, in denen die Ehe schon früher geschlossen wurde.[125]

93 Die Antwort ist der intertemporalen Regel des **Art. 220 Abs. 1, Abs. 3** zu entnehmen. Soweit eine Ehe vor dem 1.9.1986 aufgelöst wurde, handelt es sich um einen abgeschlossenen güterrechtlichen Vorgang i.S.d. Art. 220 Abs. 1. Demnach ist das bis zu diesem Zeitpunkt geltende Kollisionsrecht maßgeblich. Für am 1.9.1986 bestehende Ehen ist Art. 220 Abs. 3 zu prüfen. Diese Vorschrift stellt auf unterschiedliche Zeitpunkte ab:[126]

94 **a) Eheschließung vor dem 1.4.1953.** Für Ehen, die vor dem 1.4.1953 geschlossen wurden, bleibt es bei der Anwendung des Art. 15 a.F., wobei eine Rechtswahl möglich ist, Art. 220 Abs. 3 S. 6. Allerdings ist eine verfassungskonforme Auslegung geboten.

95 **b) Eheschließung ab dem 1.9.1986.** Bei Ehen, die ab dem 1.9.1986 geschlossen wurden, gilt Art. 15 in seiner aktuellen Fassung.

96 **c) Eheschließung zwischen dem 9.4.1983 und 31.8.1986.** Für den Zeitraum vom 9.4.1983 bis 31.8.1986 ist Art. 15 n.F. ebenfalls – rückwirkend – anwendbar, Art. 220 Abs. 3 S. 5. Das Datum 8.4.1983 ergibt sich daraus, dass an diesem Tag die Entscheidung des Bundesverfassungsgerichts[127] bekannt wurde, in der Art. 15 a.F. mit Gesetzeskraft für nichtig erklärt wurde.

97 **d) Eheschließung zwischen dem 1.4.1953 und dem 8.4.1983.** Problematisch ist der Zeitraum 1.4.1953 bis 8.4.1983. Hierfür stellt Art. 220 Abs. 3 eine eigene Kollisionsnorm dar. Dabei ist eine „Anknüpfungsleiter" zu prüfen, Art. 220 Abs. 3 S. 1 Nr. 1–3. Problematisch ist in diesem Zusammenhang die Verfassungsmäßigkeit der Hilfsanknüpfung nach Art. 220 Abs. 3 S. 1 Nr. 3. Der BGH hält sie für verfassungskonform.[128] Auch die Rückwirkung in Art. 220 Abs. 3 S. 1 Nr. 2 wird für unbedenklich erachtet.[129]

98 **3. Qualifikation des § 1371 Abs. 1 BGB.** In den Fällen, in denen das Erbstatut und das Güterrechtsstatut auseinander fallen, ist die Frage der Einordnung (Qualifikation) des § 1371 Abs. 1 BGB entscheidend für die Erbquoten. Zur Anwendbarkeit dieser Vorschrift auf den Fall, in dem der Erblasser nach ausländischem Recht beerbt wird, werden **drei Meinungen** vertreten:[130]
a) Erbrechtliche Einordnung.[131]
Konsequenz: der nach ausländischem Recht ermittelte Erbteil wird um 1/4 erhöht.
b) Doppelqualifikation sowohl erbrechtliche als auch güterrechtliche Einordnung.[132]
c) Güterrechtliche Einordnung.[133]
Konsequenz bei b) und c): keine Erhöhung des Erbteils bei Anwendung ausländischen Rechts.

99 Mit der in der Rechtsprechung überwiegenden Meinung ist § 1371 Abs. 1 BGB **güterrechtlich zu qualifizieren**.[134] Demnach ist der Zugewinn nach dem Güterrechtsstatut zu beurteilen.[135] Dies gilt auch dann, wenn der Zugewinnausgleich pauschaliert durch eine Erhöhung des gesetzlichen Erbteils erfolgt, wie nach § 1371 BGB, jedenfalls dann, wenn deutsches Recht als Erbstatut maßgebend ist. In Fällen eines ausländischen Güterstatuts kann ein erbrechtlicher Zugewinnausgleich auch bei deutschem Erbstatut nicht stattfinden.

---

125 Übergangsrecht bei Altehen; vgl. dazu *Schotten*, IPR, Rn 179 ff.; MüKo/*Siehr*, Art. 15 EGBGB Rn 142 ff.
126 Vgl. dazu *Kunz*, IPR, Rn 637 ff.; *Hüßtege*, IPR, S. 67 ff.
127 BVerfGE 63, 181.
128 BGH FamRZ 1986, 1200, 1202.
129 BVerfG, Beschl. v. 18.12.2002–1 BvR 108/96; BGH FamRZ 1987, 793; *Süß*, ZErB 2003, 148.
130 Grundlegend zum Meinungsstreit *Clausnitzer/Schotten*, MittRhNotK 1987, 15 ff.
131 Staudinger/*Firsching*, Vorbem. zu Art. 24 EGBGB a.F. Rn 227.
132 OLG Düsseldorf MittRhNotK 1988, 69.
133 BayObLGZ 1980, 276.
134 BayObLG IPRax 1981, 100; FamRZ 1975, 416; Staudinger/*Dörner*, Art. 25 EGBGB Rn 34; Palandt/*Heldrich*, Art. 15 EGBGB Rn 26.
135 OLG Karlsruhe NJW 1990, 1420.

Kommt es bei Anwendung des deutschen Güterrechts und eines ausländischen Erbrechts zu Widersprüchen, sind diese gegebenenfalls im Wege der **Angleichung** zu lösen.[136]

VI. Pflichtteilsrecht[137]

1. Fehlendes Pflichtteilsrecht in der ausländischen Rechtsordnung. Viele Rechtsordnungen vor allem im anglo-amerikanischen Rechtskreis kennen kein Pflichtteilsrecht (Ausnahmen: Louisiana und Puerto Rico). Hinterlässt z.B. ein US-Amerikaner bewegliches Vermögen in Deutschland, stünde seinen Abkömmlingen kein Pflichtteilsanspruch zu. Hier stellt sich die Frage, ob diesem Ergebnis der *ordre public* entgegensteht. Der BGH hat dies offen gelassen.[138]

Ausdrücklich verneint wurde ein Verstoß gegen den *ordre public* vom OLG Köln[139] – allerdings in einem besonders gelagerten Fall – ohne nähere Begründung mit bloßem Hinweis auf RG JW 1912, 22. In der Literatur wird teilweise[140] differenziert: grundsätzlich ist die Versagung des Pflichtteilsrechts durch die ausländische Rechtsordnung zu respektieren, eine Ausnahme soll jedoch dann gelten, wenn der Pflichtteilsberechtigte der deutschen Sozialhilfe zur Last fallen würde. Andere[141] halten es „für nicht mehr hinnehmbar", den Pflichtteil zulasten eines minderjährigen oder bedürftigen Kindes zu entziehen, es sei denn, dass eine Kompensation – etwa durch Unterhaltsansprüche wie im englischen Recht – erfolgt.

2. Nachlassspaltung. Kommt es zu einer Nachlassspaltung, z.B. weil die ausländische Rechtsordnung das bewegliche Vermögen dem Recht des letzten Domizils und das unbewegliche Vermögen dem Recht des Belegenheitsstaates (*lex rei sitae*) unterwirft, sind **Teilnachlässe** nach der entsprechenden Rechtsordnung zu bilden. Zur Berechnung des Pflichtteils ist dabei von dem Nachlasswert derjenigen Gegenstände auszugehen, auf die deutsches Erbrecht anzuwenden ist.[142]

Zwei Grundkonstellationen sind problematisch:[143]

a) Kumulierung von Erb- und Pflichtteilsrecht. Beispiel: Deutscher Erblasser vermacht einem Pflichtteilsberechtigten ein Grundstück in den USA und schließt ihn hinsichtlich des in Deutschland belegenen Nachlasses von der Erbfolge aus. – Fraglich ist, ob der Pflichtteilsberechtigte hier hinsichtlich des deutschen Nachlasses den Pflichtteil geltend machen kann. Entschieden wurde diese Problematik für österreichisches Recht[144] dahin gehend, dass „auch der Wert des dem Kläger zukommenden beweglichen Nachlasses der Erblasserin und dessen rechtliches Schicksal berücksichtigt werden" muss. Letztlich wird wohl eine Gesamtbetrachtungsweise vorzunehmen sein.

b) Kollisionsrechtliche Mangelfälle. Beispiel: Ein deutscher Erblasser hinterlässt umfangreichen Immobilienbesitz in den USA. Pflichtteilsanspruch des Abkömmlings? – Diese Frage wird teilweise mit einer entsprechenden Anwendung des § 2325 BGB beantwortet.[145] Eine Klärung durch die Rechtsprechung ist noch nicht erfolgt.

3. Geltendmachung des Pflichtteilsrechts. Auch die Art und Weise der Geltendmachung des Pflichtteilsrechts richtet sich nach dem **Erbstatut**.[146] Auch die Verjährung des Anspruchs,[147] sein Erlass sowie der Pflichtteilsverzicht[148] bestimmen sich nach dem Erbstatut.

4. Gestaltungsmöglichkeiten. Nachdem das Pflichtteilsrecht mit dem Erbstatut, nach deutscher Sichtweise mit der **Staatsangehörigkeit**, gekoppelt ist, kann durch Rechtswahl grundsätzlich keine Änderung herbeigeführt werden. Dem künftigen Erblasser hilft allenfalls ein Wechsel der Staatsangehörigkeit. Die Anwendung der so „gewählten" Rechtsordnung kann aber wiederum mit dem *ordre public* kollidieren.

---

136 LG Mosbach ZEV 1998, 490; Soergel/*Schurig*, Art. 15 EGBGB Rn 40.
137 *Gruber*, ZEV 2001, 463; *Klingelhöffer*, ZEV 1996, 258 ff.; Staudinger/*Dörner*, Art. 25 EGBGB Rn 184 ff., 741 ff.
138 BGH NJW 1993, 1920.
139 FamRZ 1976, 170.
140 MüKo/*Birk*, Art. 25 EGBGB Rn 111.
141 Staudinger/*Dörner*, Art. 25 EGBGB Rn 695.
142 BGH NJW 1993, 1921.
143 Vgl. *Klingelhöffer*, ZEV 1996, 259.
144 OGH IPRax 1988, 37 ff.
145 Vgl. im Einzelnen *Klingelhöffer*, ZEV 1996, S. 260.
146 Staudinger/*Dörner*, Art. 25 EGBGB Rn 187.
147 BGH FamRZ 1996, 727.
148 BGH NJW 1997, 521.

VII. Qualifikationsprobleme

108 **1. Rechtsnachfolge bei Personengesellschaften.** Während sich die Vererbung von Anteilen bei **Kapitalgesellschaften** allein nach dem Erbstatut richtet,[149] sind bei **Personengesellschaften** wegen der persönlichen Bindungen des Gesellschafters an die Gesellschaft Sonderregelungen entwickelt worden.[150]

109 Es entspricht ständiger höchstrichterlicher Rechtsprechung, dass die Vererbung eines Anteils an einer Personengesellschaft sich abweichend vom Grundsatz der Universalsukzession im Wege der **Einzelrechtsnachfolge** vollzieht und damit außerhalb des gesamthänderisch gebundenen Nachlasses unmittelbar auf den – oder entsprechend geteilt die – Erben übergeht.[151] Diese in der Rechtsprechung entwickelte **Sondererbfolge** beruht darauf, dass eine Erbengemeinschaft aus spezifisch gesellschaftsrechtlichen Gründen nicht Mitglied einer Personengesellschaft sein kann, die uneingeschränkte Anwendung erbrechtlicher Regelungen daher zu dem nicht hinnehmbaren Ergebnis der generellen Unvererblichkeit eines solchen Anteils führen müsste.[152]

110 Letztlich entscheidet das **Gesellschaftsstatut** über das Fortbestehen der Gesellschaft, d.h. die Vererblichkeit der Gesellschafterstellung und die mögliche Auflösung der Gesellschaft (z.B. im deutschen Recht §§ 131 Nr. 4, 138 HGB). Wer tatsächlich **Erbe** geworden ist, entscheidet das **Erbstatut**.

111 **2. Vorzeitiger Erbausgleich des nichtehelichen Kindes.** Der § 1934d BGB in der Fassung bis zum In-Kraft-Treten des Erbrechtsgleichstellungsgesetzes am 1.4.1998, ermöglichte es dem nichtehelichen Kind, einen Anspruch auf **vorzeitigen Erbausgleich** geltend zu machen. Die Qualifikation dieses Anspruchs ist umstritten. Während teilweise für die Anwendbarkeit des Nichtehelichenstatuts gemäß Artt. 19, 20 bzw. das Unterhaltsstatut plädiert wird, hält die h.M. das Erbstatut (Art. 25) für maßgeblich.[153] Aus deutscher Sicht ist nach der **Übergangsvorschrift des Art. 225** das alte Recht noch in den Fällen zu beachten, in denen der vorzeitige Erbausgleich vor dem 1.4.1998 wirksam vereinbart oder rechtskräftig zugesprochen wurde.[154]

C. Weitere praktische Hinweise

I. Die Ermittlung fremden Rechts[155]

112 **1. Gerichtliche Prüfung.** Führt die Anwendung der deutschen Kollisionsnorm zu einer Verweisung in eine fremde Rechtsordnung, so muss das ausländische Recht (das jeweilige IPR und gegebenenfalls das Sachrecht) ermittelt werden.[156]

113 **a) FGG-Verfahren.** Im FGG-Verfahren, also insbesondere im Erbscheinsverfahren, gebietet **§ 12 FGG** (**Amtsermittlungsgrundsatz**) dem Gericht die Ermittlung des fremden Rechts.[157] Kommt in einem Verfahren der Freiwilligen Gerichtsbarkeit die Anwendung ausländischen Rechts in Betracht, steht die **Art und Weise** der Ermittlung seines Inhalts im pflichtgemäßen **Ermessen des Gerichts**.[158]

114 **b) Zivilprozess.** Im Zivilprozess darf dazu das Gericht gemäß § 293 ZPO Sachverständigengutachten in Auftrag geben. Erstellt werden diese in der Regel von Universitätsinstituten für Internationales Recht, wobei insbesondere das Max-Planck-Institut für Internationales Recht der Universität Hamburg über einen großen Fundus an einschlägiger Literatur verfügt. Eine Übersicht über Sachverständige, die Rechtsgutachten über ausländisches und internationales Privatrecht anfertigen, findet sich in der DNotZ 2003, 310 ff. (zusammengestellt von *Hetger*). Was die Beratungspraxis anbelangt, ist es gegebenenfalls ratsam, einen Rechtsanwalt oder Notar des betreffenden Staates zu konsultieren, um eine umfassende Regelung treffen zu können.

115 Die Art und Weise der Ermittlung des ausländischen Rechts steht zwar grundsätzlich im **Ermessen des Gerichts**.[159] Es müssen aber alle erreichbaren Erkenntnisquellen ausgeschöpft werden. Ein Gutachten eines wissenschaftlichen Instituts kann aber nicht immer ausreichend sein. Nach § 293 ZPO ist das Gericht nicht nur befugt, sondern verpflichtet, das ausländische Recht zu ermitteln und von den ihm zugänglichen Erkenntnisquellen Gebrauch zu machen.[160] Der Richter hat dabei nicht nur auf die positiven Rechtsnormen

---

149 MüKo/*Birk*, Art. 25 EGBGB Rn 178.
150 OLG Hamm NJW-RR 1991, 837.
151 BGHZ 22, 186; 68, 225; 108, 187 = NJW 1989, 3152.
152 BGHZ 22, 186.
153 BGH NJW 1986, 2190.
154 Vgl. dazu eingehend *Rohlfing*, Erbrecht in der anwaltlichen Praxis, 2. Aufl. 1999, § 2 Rn 17 ff.
155 *Hüßtege*, IPRax 2002, 292.
156 BGH NJW 1992, 3102; 1988, 648.
157 BGH NJW 1995, 1032; *Bumiller/Winkler*, FGG, 7. Aufl. 1999, § 12 Rn 45.
158 BayObLGR 1998, 80.
159 Vgl. BGH IPRax 1993, 87.
160 BGH NJW-RR 2002, 1359.

abzuheben, sondern auch zu berücksichtigen, wie diese aufgrund der Rechtslehre und der Rechtsprechung in der Wirklichkeit gestaltet sind.[161]

Dabei besteht ein Ermessen des Tatrichters, wie er sich die notwendigen Erkenntnisse verschafft.[162] Eventuell sind Rechtsauskünfte ausländischer Behörden einzuholen. Eine Verpflichtung zur Auskunftserteilung ergibt sich gegebenenfalls aus dem **Londoner Europäischen Übereinkommen betreffend Auskünfte über ausländisches Recht** vom 7. Juni 1968.[163]

Kann das ausländische Recht nicht ermittelt werden, hat eine **Ersatzanknüpfung** zu erfolgen. Dabei ist zunächst auf „verwandte Rechtsordnungen" abzustellen. Führt auch dies zu keinem Ergebnis, ist nach h.M. als *ultima ratio* eigenes Recht anzuwenden.[164]

2. Kosten. Soweit eine Beweisaufnahme zur Ermittlung des fremden Rechts notwendig ist, fiel bislang auch eine Beweisgebühr (§ 31 Ziff. 3 BRAGO) an.[165] Dies galt aber nicht für Verfahren der Freiwilligen Gerichtsbarkeit. Keine die Beweisgebühr auslösende Beweisanordnung lag vor, wenn das Gericht den Parteien den Nachweis von Rechtssätzen des ausländischen Rechts aufgibt oder Behörden um Mitteilung des Wortlauts bestimmter ausländischer Gesetzesvorschriften ersucht.[166] Mit der Abschaffung der Beweisgebühr durch das Rechtsanwaltsvergütungsgesetz (RVG) haben sich diese Probleme erledigt. Die Verfahrens- und die Termingebühr nach Nr. 3100 bzw. 3104 VV-RVG decken nunmehr den Aufwand des Anwalts sowohl in bürgerlichen Rechtsstreitigkeiten als auch in Verfahren der freiwilligen Gerichtsbarkeit ab.

Die Kosten eines von einer Partei eingeholten Rechtsgutachtens sind in der Regel nicht im Rahmen der §§ 91 ff. ZPO erstattungsfähig. Ausnahmen können bestehen, wenn es sich um fremdes Recht (§ 293 ZPO) handelt.[167]

3. Haftung des Anwalts. Pflichtverletzungen des Anwalts kommen in dreierlei Hinsicht in Betracht:

a) Mitwirkung zur Feststellung des ausländischen Rechts. Soweit das ausländische Recht dem Gericht unbekannt ist, bedarf es nach § 293 ZPO des Beweises. Dabei ist fraglich, ob der Prozessbevollmächtigte zur **Beibringung des ausländischen Rechts** verpflichtet ist.[168] Nach der Rechtsprechung gilt aber insoweit ohne Rücksicht auf die Beweislast der Untersuchungsgrundsatz. Das deutsche Internationale Privatrecht ist von Amts wegen zu beachten, wenn bei der Beurteilung eines Rechtsverhältnisses die Anwendung ausländischen Rechts in Betracht kommt.[169] Übersieht der Anwalt die Komponente „Auslandsberührung" oder macht er Fehler bei der Anwendung der Kollisionsnormen, kann dies zu einer Haftung wegen Schlechterfüllung des Anwaltsvertrages führen.[170]

b) Auswahl und Überwachung eines ausländischen Anwalts. Diesbezüglich fehlt es noch an Rechtsprechung. Man wird wohl differenzieren müssen, ob der ausländische Anwalt als Prozessbevollmächtigter auftreten soll oder in sonstiger Weise an der Rechtsberatung mitwirkt.[171] Im ersten Fall darf sich der Anwalt darauf verlassen, dass der Kollege seinen Pflichtenkreis vollständig und mit der notwendigen Sorgfalt übernehmen wird. Nur soweit sich Pflichtverstöße aufdrängen, ist ein Tätigwerden des deutschen Anwalts (z.B. Hinweis an Mandanten, Abhilfeverlangen etc.) nötig. Im zweiten Fall muss sich der Anwalt Fehler des ausländischen Kollegen gegebenenfalls über § 278 BGB zurechnen lassen.

c) Anwendung ausländischen Rechts bei Inlandsfällen. Nach der Rechtsprechung[172] besteht die Pflicht des Anwalts, sich die für die Ausführung des ihm erteilten Auftrags erforderlichen Kenntnisse des ausländischen Rechts zu verschaffen. Der Anwalt kann einer Haftung aber mit einem Hinweis an den Mandanten, dass er die ausländische Materie nicht beherrsche, entgehen.[173] Soweit er sich bereit erklärt, sich die notwendigen Kenntnisse zu verschaffen, muss er dann aber alle objektiv vorhandenen Möglichkeiten (Universitätsbibliotheken etc.) ausnutzen.

---

161 BGH v. 30.1.2001 – XI ZR 357/99 m. Anm. *Hüßtege*, IPRax 2002, 292; BGH NJW 1991, 1418.
162 BGH NJW 1995, 1035; *Sommerlad/Schrey*, NJW 1991, 1377.
163 Abgedruckt bei *Jayme/Hausmann*, Nr. 200.
164 BGH NJW 1982, 1216.
165 BGH NJW 1966, 1364; Zöller/*Geimer*, ZPO, § 293 Rn 7.
166 Zöller/*Geimer*, ZPO, § 293 Rn 31.
167 OLG München AnwBl 1993, 289; Zöller/*Geimer*, ZPO, § 293 Rn 7.
168 Vgl. dazu *Gruber*, MDR 1998, 1399.
169 BGH NJW 1998, 1321.
170 BGH NJW-RR 2003, 850 = JuS 2003, 921 m. Anm. *Hohloch*.
171 Vgl. *Gruber*, MDR 1998, 1400.
172 BGH NJW 1972, 1044; OLG Bamberg MDR 1989, 542.
173 OLG Hamm OLGR 1995, 250.

II. Internationales Verfahrensrecht

124 Das „Internationale Verfahrensrecht" beschränkt sich auf die Fragen der internationalen **Zuständigkeit** der Gerichte und die **Anerkennung** bzw. **Vollstreckung** von Entscheidungen. Ansonsten wenden die Gerichte ihr nationales Verfahrensrecht an. Auch hier sind vorrangig staatsvertragliche Regelungen zu beachten. Auf dem Gebiet des Zivilprozessrechts sind insbesondere die Verordnung (EG) Nr. 44/2001 über die gerichtliche Zuständigkeit und die Anerkennung und Vollstreckung von Entscheidungen in Zivil- und Handelssachen (EuGVVO), das „Brüsseler Übereinkommen über die gerichtliche Zuständigkeit und Vollstreckung gerichtlicher Entscheidungen in Zivil- und Handelssachen" (EuGVÜ) und das „Lugano-Übereinkommen" (LugÜ) von Bedeutung.

125 **1. Internationale Zuständigkeit.** Bei der internationalen Zuständigkeit der deutschen Gerichte handelt es sich um eine Verfahrensvoraussetzung, die **von Amts wegen** zu prüfen ist, § 56 ZPO, § 12 FGG.

126 **a) Internationales Zivilprozessrecht.** Grundsätzlich gilt im internationalen Verfahrensrecht, dass, soweit keine vorrangigen staatsvertraglichen Regelungen bestehen, die **örtliche Zuständigkeit** die internationale Zuständigkeit indiziert.

127 **aa) EuGVVO,**[174] **EuGVÜ.**[175] Die EuGVVO und das EuGVÜ finden auf dem „Gebiet des Erbrechts einschließlich des Testamentsrechts" **keine Anwendung**, Art. 1 Abs. 2 Nr. 1 EuGVVO/EuGVÜ. Demnach sind alle Ansprüche des Erben auf und an den Nachlass, Klagen auf Feststellung des Erbrechts sowie die Herausgabeklage des Erben gegen einen Erbprätendenten nicht vom Anwendungsbereich der Übereinkommen erfasst.[176]

128 **bb) Örtliche Zuständigkeit.** Für erbrechtliche Streitigkeiten ergibt sich die örtliche Zuständigkeit und ihr folgend die internationale Zuständigkeit aus §§ 12, 13 ZPO bzw. dem besonderen Gerichtsstand des Vermögens, § 23 ZPO,[177] bzw. dem besonderen Gerichtsstand der Erbfolge nach §§ 27, 28 ZPO. Für **Gestaltungsklagen,** wie sie in romanischen Rechtsordnungen, z.B. auf Herabsetzung oder Teilung, vorgesehen sind, ergibt sich die internationale Zuständigkeit der deutschen Gerichte aus einer **entsprechenden Anwendung** des § 27 Abs. 1 ZPO.[178]

129 **b) Internationales Nachlassverfahrensrecht. aa) Gleichlaufgrundsatz.** Anders als im streitigen Zivilprozess gilt für Nachlass- und Teilungssachen (FGG-Verfahren) der strenge Gleichlaufgrundsatz,[179] d.h. Voraussetzung für ein Tätigwerden der deutschen Nachlassgerichte ist, dass deutsches materielles Erbrecht zur Anwendung gelangt.

130 Ein deutsches Nachlassgericht ist nach dem Grundsatz des Gleichlaufs zwischen materiellem Recht und Verfahrensrecht zumindest dann international zuständig, wenn für die Erbfolge infolge Rückverweisung das inländische Recht mindestens teilweise maßgebend ist.[180]

131 **Beispiel:** Internationale und örtliche Zuständigkeit eines deutschen Nachlassgerichts für ein Erbscheinserteilungsverfahren betreffend den Nachlass eines in Südafrika verstorbenen deutschen Erblassers.[181] – Umfasst der Nachlass eines in Südafrika verstorbenen deutschen Erblassers dort gelegenen Grundbesitz, beurteilt sich die Erbfolge wegen des vorrangigen Belegenheitsstatuts insoweit nach südafrikanischem Recht, so dass für die Erteilung eines Erbscheins deutsche Nachlassgerichte nicht (international) zuständig sind. Für Grundbesitz in Deutschland und bewegliche Gegenstände in Südafrika ist hingegen die Zuständigkeit deutscher Nachlassgerichte gegeben, wobei für die Beurteilung, ob die Zuwendung eines einzelnen Nachlassgegenstandes bloß ein Vermächtnis darstellt, der südafrikanische Grundbesitz infolge der eingetretenen Nachlassspaltung außer Betracht bleiben muss.

132 Damit sind die deutschen Nachlassgerichte immer dann zur Entscheidung berufen, wenn
– der Erblasser **deutscher Staatsangehöriger** war, Abs. 1, oder

---

174 Verordnung (EG) Nr. 44/2001 über die gerichtliche Zuständigkeit und die Anerkennung und Vollstreckung von Entscheidungen in Zivil- und Handelssachen (EuGVVO)
175 Brüsseler EWG-Übereinkommen über die gerichtliche Zuständigkeit und die Vollstreckung gerichtlicher Entscheidungen in Zivil- und Handelssachen (EuGVÜ).
176 Staudinger/*Dörner*, Art. 25 EGBGB Rn 774.
177 So auch BGH NJW 1996, 1096 für einen Anspruch auf vorzeitigen Erbausgleich.
178 Vgl. OLG Düsseldorf DNotZ 1964, 351; Staudinger/*Dörner*, Art. 25 EGBGB Rn 779.
179 Vgl. BayObLG FamRZ 2003, 1994; 2000, 573; 1991, 1237; 1998, 1199; *Riering*, MittBayNot 1999, 519.
180 Brandenburgisches OLG FamRZ 1998, 985.
181 OLG Zweibrücken NJWE-FER 1997, 258; FamRZ 1998, 263 = ZEV 1997, 512.

- wenn bei ausländischen Staatsangehörigen infolge **Rückverweisung**, deutsches Erbrecht anwendbar ist, oder
- für im Inland belegenes unbewegliches Vermögen deutsches Recht nach Abs. 2 gewählt wurde.

bb) Einschränkung des Gleichlaufgrundsatzes, § 2369 BGB.
Eine Einschränkung des strengen Gleichlaufgrundsatzes ergibt sich aber wiederum aus § 2369 BGB (**sog. Fremdrechtserbscheine**). Diese Vorschrift setzt voraus, dass ein inländischer Gerichtsstand für die Erteilung eines Erbscheins fehlt. Insoweit wird damit zunächst das Prinzip des strengen Gleichlaufs bestätigt. Andererseits sieht § 2369 BGB gerade hierfür eine Ausnahme vor, wenn sich Nachlassgegenstände im Inland befinden.

Dabei ist ein deutsches Gericht bereits dann zum Tätigwerden verpflichtet, wenn der Antragsteller behauptet, dass Nachlassgegenstände im Inland vorhanden sind. Auch wenn ein gegenständlich beschränkter Erbschein das Vorhandensein eines Inlandsvermögens voraussetzt, bezeugt dieser nicht das Bestehen eines solchen Vermögens, sondern nur die Erbfolge.[182]

cc) Weitere Ausnahmen vom Gleichlaufgrundsatz:
- Zuständigkeit zur **Sicherung des Nachlasses**, § 74 FGG (Testamentseröffnung;[183] Anordnung einer Nachlasspflegschaft[184]);
- Inventarerrichtung;[185]
- Fürsorgezuständigkeit[186] für Erbberechtigte oder Nachlassgläubiger;[187] dies gilt auch für die Entlassung des Testamentsvollstreckers;[188]
- Notzuständigkeit, d.h. wenn Behörden des berufenen Staates untätig bleiben;[189]
- **Annahme** oder **Ausschlagung**[190] der Erbschaft;[191]
- wohl auch **Anfechtung** eines Testaments;[192]
- Annahme der Entgegennahme der Erbschaft.

Findet auf einen Erbfall österreichisches Recht Anwendung, so kann ein deutsches Nachlassgericht einen Fremdrechtserbschein grundsätzlich nur dann erteilen, wenn der Erbe eine **„Erbserklärung"** abgegeben hat und der Nachlass von einem österreichischen Verlassenschaftsgericht „eingeantwortet" ist.[193] Sofern eine „Verlassenschaftsabhandlung" nicht durchgeführt wird, kann das deutsche Nachlassgericht auf eine „Einantwortung" verzichten und eine Erklärung über die Annahme der Erbschaft entgegennehmen.

Für die **örtliche Zuständigkeit** gilt auch in diesen Fällen die Regelung des **§ 73 FGG**:
- letzter Wohnsitz oder Aufenthalt des ausländischen Erblassers, § 73 Abs. 1 FGG, auch Ort des Selbstmordes;[194]
- hilfsweise besteht für deutsche Erblasser eine Zuständigkeit des Amtsgerichts Berlin-Schöneberg, § 72 Abs. 2 FGG, und
- ansonsten jedes Gericht, in dessen Bezirk sich Nachlassgegenstände befinden, § 73 Abs. 3 FGG.

2. Erbscheinsverfahren.
Der deutsche Nachlassrichter wendet stets deutsches Verfahrensrecht an (sog. *lex fori*-Grundsatz). Damit gelten die §§ 2353 ff. BGB und die §§ 1–34, 72 ff. FGG.

Bei den zu erteilenden Erbscheinen ist wie folgt zu unterscheiden:

a) Eigenrechtserbschein.
Kommt materielles deutsches Erbrecht, sei es über Abs. 1 bei deutscher Staatsangehörigkeit des Erblassers oder kraft Rückverweisung zur Anwendung, so wird ein sog. Eigenrechtserbschein erteilt.

Beispiel: Ein Däne mit Wohnsitz in Deutschland verstirbt. – Das dänische internationale Privatrecht verweist auf das deutsche Recht zurück.[195] Diese Rückverweisung wird gemäß Art. 4 Abs. 1 S. 2 angenommen, womit deutsches Erbrecht maßgeblich ist. Was den Inhalt anbelangt, gelten die üblichen Voraussetzungen, § 2353 BGB. Die Rückverweisung wird in den Erbschein aufgenommen:[196] *„Hiermit wird bezeugt, dass*

---

182 Vgl. MüKo/*Promberger*, § 2353 Rn 18, 22.
183 BayObLG OLGE 40, 160.
184 BGH NJW 1968, 353.
185 BayObLGZ 1965, 423.
186 BayObLG NJW 1967, 447.
187 BGHZ 49, 1.
188 OLG Frankfurt OLGZ 77, 180.
189 Für den Fall der Nachlassverwaltung: BayObLG 1976, 151.
190 LG Hagen FamRZ 1997, 645 = NJWE-FER 1997, 236; *Lorenz*, ZEV 1998, 474.
191 Umstr., bejahend: BayObLG NJW-RR 1998, 800; BayObLGZ 1965, 423, 429; 1976, 151: sofern die Handlung mit dem deutschen Verfahrensrecht nicht gänzlich unverträglich ist; so auch *Ultsch*, MittBayNotK 1995, 6; ablehnend: BayObLG ZEV 1994, 175.
192 KG JR 1976, 2000; MüKo/*Birk*, Art. 25 EGBGB Rn 307.
193 BayObLG DNotZ 1996, 106 = FamRZ 1995, 1028 = ZEV 1995, 416.
194 BayObLG FamRZ 2003, 937.
195 *Ring/Olsen-Ring*, Rn 945.
196 Palandt/*Edenhofer*, § 2353 Rn 5.

(der Erblasser) von (dem Erben) kraft Rückverweisung des dänischen Rechts nach deutschem Recht allein beerbt worden ist."

141 **b) Gegenständlich beschränkter Eigenrechtserbschein.** Für die Fallkonstellation des **Art. 3 Abs. 3** oder aufgrund einer **Nachlassspaltung** im ausländischen IPR kann ein gegenständlich beschränkter Eigenrechtserbschein notwendig sein. Deutsches Recht ist dann nur auf einen Teil des Nachlasses anzuwenden.[197] Es ist in diesem Fall möglich, aber nicht zwingend, in den Erbschein einen Vermerk über die gegenständliche Beschränkung mit aufzunehmen.[198]

142 **c) Fremdrechtserbschein (gegenständlich beschränkter Erbschein).** § 2369 BGB verlangt die Anwendung fremden materiellen Erbrechts.

143 **Beispiel:** Ein Österreicher mit letztem Wohnsitz in Deutschland hinterlässt bewegliches Vermögen in Deutschland und ein Grundstück in Österreich. – Die Erbfolge regelt sich nach österreichischem Recht, Art. 25 Abs. 1, da das österreichische IPR ebenfalls auf die Staatsangehörigkeit abstellt. Das deutsche Nachlassgericht ist nur für die Erteilung eines Erbscheins des im Inland belegenen Nachlasses zuständig, § 2369 BGB. Hingegen besteht für das in Österreich belegene Grundstück keine internationale Zuständigkeit. Findet auf einen Erbfall österreichisches Recht Anwendung, so kann ein deutsches Nachlassgericht einen Fremdrechtserbschein grundsätzlich nur dann erteilen, wenn der Erbe eine „Erberklärung" abgegeben hat und der Nachlass von einem österreichischen Verlassenschaftsgericht „eingeantwortet" ist.[199] Sofern eine so genannte „Verlassenschaftsabhandlung" nicht durchgeführt wird, kann das deutsche Nachlassgericht auf eine „Einantwortung" verzichten und eine Erklärung über die Annahme der Erbschaft entgegennehmen.

144 **Inhalt des Fremdrechtserbscheins**:[200]
– Bezeichnung des Erben;[201]
– territoriale und gegenständliche Beschränkung, ohne dass aber die im Inland befindlichen Gegenstände einzeln aufzuzählen sind (ein diesbezüglicher Verstoß macht den Erbschein aber nicht ungültig);
– das Recht, nach dem sich die Erbfolge richtet.[202]

145 **Beispiel:** Ein Österreicher mit letztem Wohnsitz in Deutschland verstirbt unter Hinterlassung von beweglichem Nachlass in Deutschland: *„Es wird bezeugt, dass der am ... in ... verstorbene ..., zuletzt wohnhaft ..., aufgrund privatschriftlichen Testaments vom ... unter Beschränkung auf die im Inland befindlichen Gegenstände von ..., wohnhaft ..., in Anwendung österreichischen Rechts **allein** beerbt worden ist."*

146 Die Frage der **Berücksichtigung ausländischer Rechtsbegriffe in deutschen Erbscheinen** ist umstritten. Das BayObLG hat es abgelehnt, ein nach ausländischem Recht dinglich wirkendes Vermächtnis in einen Erbschein aufzunehmen. *Kegel/Schurig*[203] empfehlen dagegen, wichtige Eigenheiten des ausländischen Erbstatuts, die sich auf die Verfügungsmacht des Erben auswirken, im Erbschein zu vermerken. Das OLG Köln[204] weist darauf hin, dass der Erbschein gemäß § 2353 BGB dem Erben erteilt wird und dessen Erbrecht ausweist. Der Vermächtnisnehmer, dem lediglich einzelne Gegenstände zugewandt werden, sei kein Erbe. Seine Aufnahme in einen Erbschein widerspreche deshalb bereits dem klaren Gesetzeswortlaut. Dies gelte auch, wenn nach ausländischem Erbstatut das Vermächtnis dingliche Wirkung hat.

147 Eine nach ausländischem Recht angeordnete **Testamentsvollstreckung** ist ebenfalls zu vermerken.[205] Auch ist ein gegenständlich beschränktes Testamentsvollstreckerzeugnis möglich, **§§ 2368 Abs. 3, 2369 BGB**.

148 Verfahrensrechtlich bedeutsam ist noch, dass für die Vorlage von Nachweisen gemäß § 2356 BGB ausländische öffentliche Urkunden und eidesstattliche Versicherungen ausreichen.[206]

149 **d) Gemischter Erbschein.** Wird der Erblasser **teilweise nach deutschem und teilweise nach ausländischem** Recht beerbt (z.B. ein Franzose mit beweglichem und unbeweglichem Vermögen in Deutschland), ist sowohl ein **Eigenrechtserbschein** nach § 2353 BGB als auch ein **Fremdrechtserbschein** nach § 2369 BGB zu erteilen. Diese können in einer Urkunde verbunden werden.[207]

150 **Beispiel:** Ein französischer Erblasser mit letztem Wohnsitz in Paris stirbt unter Hinterlassung seiner Ehefrau und drei gemeinsamen Kindern. Er hinterlässt bewegliches und unbewegliches Vermögen in Deutschland. Es kommt zur Nachlassspaltung. Hinsichtlich der Immobilien wird er nach deutschem, hinsichtlich der

---

197 *Hüßtege*, IPR, S. 91.
198 Palandt/*Edenhofer*, § 2369 Rn 4.
199 BayObLG ZEV 1995, 416.
200 Palandt/*Edenhofer*, § 2369 Rn 10.
201 Kersten/Bühling/*Wähler*, § 126 Rn 41.
202 BGH IPRspr 1976 Nr. 15; BayObLG NJW 2003, 216.
203 *Kegel/Schurig*, § 21 IV.
204 OLG Köln NJW 1983, 525.
205 BGH NJW 1963, 46.
206 Kersten/Bühling/*Wähler*, § 126 Rn 43.
207 BayObLG FamRZ 1971, 259.

beweglichen Sachen nach französischem Recht beerbt. Eine letztwillige Verfügung lag nicht vor. Die Witwe will einen Nießbrauch am gesamten Nachlass.

Nach französischem Erbrecht erhalten die Kinder das Eigentum am Nachlass zu gleichen Teilen, der Ehefrau steht wahlweise 1/4 des Nachlasses zu Eigentum oder ein Nießbrauch am gesamten Nachlass (*droit d'usufruit*) in Höhe von 1/4 des gesamten Nachlasses zu:[208] *„Es wird bezeugt, dass der am ... in ... verstorbene ..., zuletzt wohnhaft ... – a) hinsichtlich seines im Inland belegenen beweglichen Nachlasses von seinen Kindern ... zu je 1/3 nach französischem Recht beerbt worden ist. Der Witwe ... steht ein Nießbrauch an 1/4 des Nachlasses nach Maßgabe des französischen Rechts zu. – b) Hinsichtlich seines in Deutschland belegenen unbeweglichen Nachlasses ist der Erblasser von seiner Ehefrau zur Hälfte und von seinen Kindern ... je zu 1/6 kraft Rückverweisung aus dem französischen Recht in Anwendung deutschen Rechts beerbt worden."* 151

e) Beschwerdeverfahren. Im Beschwerdeverfahren ist folgende Besonderheit zu beachten:[209] Die **Beschwerdeberechtigung** als Zulässigkeitsvoraussetzungen der Beschwerde ist in einem Erbfall mit Auslandsberührung nach dem deutschen Verfahrensrecht zu beurteilen. Nach dem Erbstatut ist demgegenüber zu beurteilen, ob ein Recht des Beschwerdeführers beeinträchtigt ist. 152

3. Anerkennung und Vollstreckung ausländischer Entscheidungen. a) Zivilurteile. Die Anerkennung ausländischer Urteile in streitigen Zivilverfahren richtet sich nach **§ 328 ZPO**. Zwar gehen staatsvertragliche Regelungen dem autonomen Recht vor; zu beachten ist aber, dass die EuGVVO, das EuGVÜ und das Luganer Übereinkommen **nicht** auf das „Gebiet des Erbrechts einschließlich des Testamentsrechts", Art. 1 Abs. 2 Nr. 1 EuGVVO/EuGVÜ, anzuwenden sind. 153

Folgende bilaterale Staatsverträge betreffen Entscheidungen in erbrechtlichen Streitigkeiten: 154
- deutsch-österreichischer Vertrag vom 6.6.1959[210]
- deutsch-italienisches Abkommen vom 9.3.1936[211]
- deutsch-spanischer Vertrag vom 14.11.1983[212]
- deutsch-schweizerisches Abkommen vom 2.11.1929[213]
- deutsch-belgisches Abkommen vom 30.6.1958[214]
- deutsch-britisches Abkommen vom 14.7.1960[215]
- deutsch-griechischer Vertrag vom 4.11.1961[216]
- deutsch-niederländischer Vertrag vom 30.8.1962.[217]

Soweit keiner der genannten Staatsverträge einschlägig ist, bestimmt sich die Anerkennung gerichtlicher Entscheidungen in Erbrechtsstreitigkeiten nach § 328 ZPO. Die **Vollstreckung** ausländischer Urteile im Inland richtet sich nach den **§§ 722, 723 ZPO**, falls kein vorrangiger Staatsvertrag vorhanden ist. 155

b) FGG-Verfahren. Die Anerkennung aller übrigen Entscheidungen und Akte im **Nachlassverfahren** (z.B. ausländische Erbscheine, Einantwortungsurkunden, Erbrechtszeugnisse, *letters of administration* etc.) richtet sich nach den Regeln über die Anerkennung ausländischer Akte der Freiwilligen Gerichtsbarkeit.[218] Ob eine Entscheidung der Freiwilligen Gerichtsbarkeit vorliegt, ist nach deutschen Rechtsvorstellungen zu beurteilen.[219] 156

Bei Erbscheinen beantwortet sich die Frage der Anerkennungsfähigkeit entweder nach staatsvertraglichen Regelungen oder nach **§ 16a FGG**.[220] Die oben (Rn 154) genannten bilateralen Anerkennungs- und Vollstreckungsabkommen finden auf im FGG-Verfahren ergangenen Entscheidungen mit Fürsorgecharakter grundsätzlich keine Anwendung.[221] 157

Lediglich **österreichische Einantwortungsurkunden** können nach dem „Vertrag zwischen der Bundesrepublik Deutschland und der Republik Österreich über die gegenseitige Anerkennung und Vollstreckung 158

---

208 *Rombach*, ZEV 2002, 271.
209 BayObLG NJW 1988, 2745.
210 BGBl II 1960 S. 1246; abgedruckt bei *Jayme/Hausmann*, Nr. 95.
211 RGBl II 1937 S. 145; abgedruckt bei *Jayme/Hausmann*, Nr. 93.
212 BGBl II 1987 S. 35; abgedruckt bei *Jayme/Hausmann*, Nr. 99.
213 RGBl II 1930 S. 1066; abgedruckt bei *Jayme/Hausmann*, Nr. 92.
214 BGBl II 1959 S. 766; abgedruckt bei *Jayme/Hausmann*, Nr. 94.
215 BGBl II 1961 S. 301; abgedruckt bei *Jayme/Hausmann*, Nr. 96.
216 BGBl II 1963 S. 109; abgedruckt bei *Jayme/Hausmann*, Nr. 97.
217 BGBl II 1965 S. 27; abgedruckt bei *Jayme/Hausmann*, Nr. 98.
218 MüKo/*Birk*, Art. 25 EGBGB Rn 346.
219 Zöller/*Geimer*, ZPO, § 328 Rn 90.
220 Umstr., dafür: *Kropholler*, IPR, § 51 V 2c; *Firsching*, DNotZ 1963, 333; dagegen: Zöller/*Geimer*, ZPO, § 328 ZPO Rn 90a; differenzierend: MüKo/*Birk*, Art. 25 EGBGB Rn 348 ff.
221 Vgl. Staudinger/*Dörner*, Art. 25 EGBGB Rn 868.

von gerichtlichen Entscheidungen, Vergleichen und öffentlichen Urkunden in Zivil- und Handelssachen" vom 6.6.1959[222] anerkannt werden. An sich wäre zwar die EuGVVO bzw. das Luganer Übereinkommen vorrangig,[223] jedoch ist deren Anwendungsbereich nicht eröffnet, so dass in Erbschaftssachen der deutsch-österreichische Vertrag weiter gilt. Die Anerkennung darf aber nach Art. 3 Abs. 2 i.V.m. Art. 3 Abs. 1 des Abkommens versagt werden, wenn das Gericht nach den Regeln seines Internationalen Privatrechts andere Gesetze angewendet hat, als sie nach dem Internationalen Privatrecht des Staates, in dem die Entscheidung geltend gemacht wird, anzuwenden gewesen wären, „es sei denn, dass sie auch bei der Anwendung des Internationalen Privatrechts des Staates, in dem sie geltend gemacht wird [werden], gerechtfertigt wäre[n]", Art. 3 Abs. 2 des Abkommens a.E.[224]

159 **§ 16a FGG** bestimmt in Anlehnung an **§ 328 ZPO** die **Voraussetzungen für einen Ausschluss der Anerkennung:**
- § 328 Abs. 1 Nr. 1 ZPO / § 16a Nr. 1 FGG: internationale Zuständigkeit:[225] Die Kriterien, die für die Entscheidungszuständigkeit der deutschen Gerichte aufgestellt sind, bestimmen spiegelbildlich zugleich die internationale Zuständigkeit des ausländischen Gerichts (sog. Spiegelbildtheorie);
- § 328 Abs. 1 Nr. 2 ZPO / § 16a Nr. 2 FGG: fehlendes rechtliches Gehör;
- § 328 Abs. 1 Nr. 3 ZPO / § 16a Nr. 3 FGG: entgegenstehende Rechtskraft und anderweitige Rechtshängigkeit;
- § 328 Abs. 1 Nr. 4 ZPO / § 16a Nr. 4 FGG: *ordre public*;
- § 328 Abs. 1 Nr. 5 ZPO: Gegenseitigkeit.

160 Das LG München[226] hat die Anerkennungsfähigkeit eines in Frankreich ergangenen Urteils, in dem ein Testament für gültig erklärt wird, ohne dass bestimmte Erbquoten festgelegt wurden, nach § 328 ZPO bejaht. Da die internationale Anerkennungszuständigkeit im Sinne von § 328 Abs. 1 Nr. 1 ZPO der französischen Gerichte gegeben und die Gegenseitigkeit zu Frankreich im Sinne von § 328 Abs. 1 Nr. 5 ZPO verbürgt sei, sei dieses Urteil im Inland anzuerkennen. Aufgrund dieses Urteils könne die Gültigkeit des Testamentes daher nicht mehr infrage gestellt werden. Ein deutsches Nachlassgericht sei durch diese Anerkennung nicht an der Erteilung eines Erbscheins gehindert.

161 Die Anerkennung ausländischer Gerichtsentscheidungen auf dem Gebiet der Freiwilligen Gerichtsbarkeit erfordert **kein besonderes Anerkennungsverfahren**.[227]

162 Trotz Anerkennung eines im Ausland erteilten Erbscheins bzw. Testamentsvollstreckerzeugnisses ist das deutsche Nachlassgericht zur Entscheidung daran **nicht gebunden**. So ist z.B. das international zuständige deutsche Nachlassgericht im Erbscheinsverfahren weder an die Feststellungen, die von einer schweizerischen Nachlassbehörde im Zusammenhang mit einer Testamentseröffnung getroffen wurden, noch an eine Erbbescheinigung gebunden.[228] Kommt das deutsche Gericht zum Ergebnis, dass die ausländische Entscheidung falsch ist, ist es nicht gehindert, einen anders lautenden Erbschein zu erteilen.[229]

163 Auch im **Grundbuchverfahren**[230] gilt, dass selbst ein anerkennungsfähiger Erbschein nicht ausreichend sein kann, um eine Eigentumsübertragung zu bewirken. Soweit nach § 35 Abs. 1 S. 1 GBO der Nachweis der Erbfolge nur durch einen Erbschein geführt werden kann, ist darunter vorbehaltlich zwischenstaatlicher Vereinbarungen, an denen es z.B. für Israel fehlt, nur ein inländischer Erbschein zu verstehen.[231]

164 Ausländische Erbrechtszeugnisse können aber als Beweismittel für die Entscheidung über einen deutschen Erbschein bzw. für die in **§ 2356 Abs. 1, 2 BGB** angesprochenen Angaben dienen.[232]

D. Übersicht: Erbrechtliche Anknüpfungspunkte ausländischer Rechtsordnungen[233]

I. Nachlasseinheit mit Staatsangehörigkeitsprinzip

165
- Afghanistan (Art. 25 ZGB)
- Ägypten (Art. 17 ZGB)
- Algerien (Art. 16 ZGB)

---

222 Abgedruckt bei *Jayme/Hausmann*, Nr. 95.
223 Thomas/Putzo/*Hüßtege*, ZPO, § 328 Rn 44.
224 MüKo/*Birk*, Art. 25 EGBGB Rn 354.
225 BayObLGZ 2003, 68, 75.
226 IPRax 1998, 117.
227 BGH NJW 1989, 2197.
228 BayObLG NJW-RR 1991, 1098.
229 Palandt/*Edenhofer*, § 2369 Rn 12.
230 *Kaufhold*, ZEV 1997, 399.
231 KG NJW-RR 1997, 1094.
232 MüKo/*Birk*, Art. 25 EGBGB Rn 351; Staudinger/*Dörner*, Art. 25 EGBGB Rn 877.
233 Vgl. dazu auch Bamberger/Roth/*S.Lorenz*, Art. 25 EGBGB Rn 83; Staudinger/*Dörner*, Anh. Art. 25 f. EGBGB Rn 1 ff.

- Angola (Art. 62, 31 ZGB)
- Bulgarien
- China (Nationalchina)
- Finnland
- Griechenland (Art. 28 ZGB)
- Indonesien
- Irak
- Italien
- Japan[234]
- Jugoslawien (Serbien/Montenegro, Art. 30 IPR-Gesetz)
- Kongo (Zaire, Art. 10 ZGB)
- Kroatien (Art. 30 IPRG)
- Kuba
- Kuwait
- Libanon
- Libyen (Art. 17 ZGB)
- Marokko
- Moçambique (Art. 62, 31 ZGB)
- Niederlande
- Österreich (für Sterbefälle seit dem 1.1.79[235])
- Philippinen (Art. 16 Civil Code)
- Polen (Art. 34 IPRG)
- Portugal (Art. 62 ZGB)
- Saudi-Arabien
- Schweden
- Senegal (Art. 847 FamGB)
- Slowakei (Art. 17 IPRG)
- Slowenien[236] (Art. 32 IPRG[237])
- Spanien
- Sudan (Art. 11 Abs. 10 ZGB)
- Südkorea (Art. 26f ZG)
- Syrien (Art. 18 ZGB)
- Tschechien (Art. 17 IPRG)
- Tunesien (Art. 54 IPRG)
- Ungarn (Art. 36 Abs. 1 GesetzesVO 13/1979)
- Vatikan.

II. Nachlasseinheit mit Wohnsitzprinzip

- Brasilien
- Dänemark
- Island
- Israel
- Nicaragua
- Norwegen.

III. Nachlassspaltung mit Staatsangehörigkeitsprinzip (bzgl. der Mobilien) und Lagerecht der Immobilien (lex rei sitae)

- Volksrepublik China
- Jordanien
- Liechtenstein (Art. 29 IPRG: Heimatrecht, Ausnahme: Verlassenschaftsabhandlung durch liechtensteinisches Gericht[238])
- Rumänien
- San Marino
- Türkei

---

234 *Nishitani*, IPRax 1998, 74.
235 OLG Köln NJW-RR 1997, 1091.
236 *Rudolf*, IPRax 2003, 161.
237 IPRax 2003, 163.
238 *Süß/Haas*, S. 612.

- Bolivien
- Österreich (für Sterbefälle bis 31.12.78).

IV. Nachlassspaltung mit Wohnsitz bzw. Domizilprinzip bzgl. der Mobilien und Lagerecht bzgl. der Immobilien

168
- Argentinien
- Australien
- Belgien
- Burma
- Frankreich
- Großbritannien
- Irland
- Indien
- Kanada
- Luxemburg
- Monaco
- Mongolei[239]
- Neuseeland
- Pakistan
- Südafrika
- Thailand
- USA (mit Ausnahme von Mississippi: Der dort belegene bewegliche Nachlass wird bei gesetzlicher Erbfolge dem Recht von Mississippi unterstellt).

V. Ständiger Aufenthalt des Erblassers als Anknüpfungskriterium

169
- Litauen.[240]

Artikel 26 | **Verfügungen von Todes wegen**

(1) ¹Eine letztwillige Verfügung ist, auch wenn sie von mehreren Personen in derselben Urkunde errichtet wird, hinsichtlich ihrer Form gültig, wenn diese den Formerfordernissen entspricht
1. des Rechts eines Staates, dem der Erblasser ungeachtet des Artikels 5 Abs. 1 im Zeitpunkt, in dem er letztwillig verfügt hat, oder im Zeitpunkt seines Todes angehörte,
2. des Rechts des Ortes, an dem der Erblasser letztwillig verfügt hat,
3. des Rechts eines Ortes, an dem der Erblasser im Zeitpunkt, in dem er letztwillig verfügt hat, oder im Zeitpunkt seines Todes seinen Wohnsitz oder gewöhnlichen Aufenthalt hatte,
4. des Rechts des Ortes, an dem sich unbewegliches Vermögen befindet, soweit es sich um dieses handelt, oder
5. des Rechts, das auf die Rechtsnachfolge von Todes wegen anzuwenden ist oder im Zeitpunkt der Verfügung anzuwenden wäre.

²Ob der Erblasser an einem bestimmten Ort einen Wohnsitz hatte, regelt das an diesem Ort geltende Recht.

(2) ¹Absatz 1 ist auch auf letztwillige Verfügungen anzuwenden, durch die eine frühere letztwillige Verfügung widerrufen wird. ²Der Widerruf ist hinsichtlich seiner Form auch dann gültig, wenn diese einer der Rechtsordnungen entspricht, nach denen die widerrufene letztwillige Verfügung gemäß Absatz 1 gültig war.

(3) ¹Die Vorschriften, welche die für letztwillige Verfügungen zugelassenen Formen mit Beziehung auf das Alter, die Staatsangehörigkeit oder andere persönliche Eigenschaften des Erblassers beschränken, werden als zur Form gehörend angesehen. ²Das gleiche gilt für Eigenschaften, welche die für die Gültigkeit einer letztwilligen Verfügung erforderlichen Zeugen besitzen müssen.

(4) ¹Die Absätze 1 bis 3 gelten für andere Verfügungen von Todes wegen entsprechend.

---

239 *Nelle*, IPRax 2003, 380; Text: IPRax 2003, 381.

240 *Ravlusevicius*, IPRax 2003, 272; Text: IPRax 2003, 298.

(5) ¹Im übrigen unterliegen die Gültigkeit der Errichtung einer Verfügung von Todes wegen und die Bindung an sie dem Recht, das im Zeitpunkt der Verfügung auf die Rechtsnachfolge von Todes wegen anzuwenden wäre. ²Die einmal erlangte Testierfähigkeit wird durch Erwerb oder Verlust der Rechtsstellung als Deutscher nicht beeinträchtigt.

Haager Übereinkommen über das auf die Form letztwilliger Verfügungen anzuwendende Recht vom 5.10.1961[1]

HaagerTestÜbk Art. 1 [Anknüpfung]

(1) Eine letztwillige Verfügung ist hinsichtlich ihrer Form gültig, wenn diese dem innerstaatlichen Recht entspricht:
a) des Ortes, an dem der Erblasser letztwillig verfügt hat, oder
b) eines Staates, dessen Staatsangehörigkeit der Erblasser im Zeitpunkt, in dem er letztwillig verfügt hat, oder im Zeitpunkt seines Todes besessen hat, oder
c) eines Ortes, an dem der Erblasser im Zeitpunkt, in dem er letztwillig verfügt hat, oder im Zeitpunkt seines Todes seinen Wohnsitz gehabt hat, oder
d) des Ortes, an dem der Erblasser im Zeitpunkt, in dem er letztwillig verfügt hat, oder im Zeitpunkt seines Todes seinen gewöhnlichen Aufenthalt gehabt hat, oder
e) soweit es sich um unbewegliches Vermögen handelt, des Ortes, an dem sich dieses befindet.

(2) Ist die Rechtsordnung, die aufgrund der Staatsangehörigkeit anzuwenden ist, nicht vereinheitlicht, so wird für den Bereich dieses Übereinkommens das anzuwendende Recht durch die innerhalb dieser Rechtsordnung geltenden Vorschriften, mangels solcher Vorschriften durch die engste Bindung bestimmt, die der Erblasser zu einer der Teilrechtsordnungen gehabt hat, aus denen sich die Rechtsordnung zusammensetzt.

(3) Die Frage, ob der Erblasser an einem bestimmten Ort einen Wohnsitz gehabt hat, wird durch das an diesem Orte geltende Recht geregelt.

HaagerTestÜbk Art. 2 [Widerruf letztwilliger Verfügungen]

(1) Artikel 1 ist auch auf letztwillige Verfügungen anzuwenden, durch die eine frühere letztwillige Verfügung widerrufen wird.

(2) Der Widerruf ist hinsichtlich seiner Form auch dann gültig, wenn diese einer der Rechtsordnungen entspricht, nach denen die widerrufene letztwillige Verfügung gemäß Artikel 1 gültig gewesen ist.

HaagerTestÜbk Art. 3 [Bestehende Formvorschriften der Vertragsstaaten]

Dieses Übereinkommen berührt bestehende oder künftige Vorschriften der Vertragsstaaten nicht, wodurch letztwillige Verfügungen anerkannt werden, die der Form nach entsprechend einer in den vorangehenden Artikeln nicht vorgesehenen Rechtsordnungen errichtet worden sind.

HaagerTestÜbk Art. 4 [Anwendung auf gemeinschaftliche Testamente]

Dieses Übereinkommen ist auf die Form letztwilliger Verfügungen anzuwenden, die zwei oder mehrere Personen in derselben Urkunde errichtet haben.

HaagerTestÜbk Art. 5 [Zur Form gehörig]

Für den Bereich dieses Übereinkommens werden die Vorschriften, welche die für letztwillige Verfügungen zugelassenen Formen mit Beziehung auf das Alter, die Staatsangehörigkeit oder andere persönliche Eigenschaften des Erblassers beschränken, als zur Form gehörend angesehen. Das gleiche gilt für Eigenschaften, welche die für die Gültigkeit einer letztwilligen Verfügung erforderlichen Zeugen besitzen müssen.

---

[1] BGBl II 1965 S. 1145 – Übersetzung; authentisch ist allein der französische Text.

HaagerTestÜbk Art. 6 [Allseitige Anwendung des Übereinkommens]

Die Anwendung der in diesem Übereinkommen aufgestellten Regeln über das anzuwendende Recht hängt nicht von der Gegenseitigkeit ab. Das Übereinkommen ist auch dann anzuwenden, wenn die Beteiligten nicht Staatsangehörige eines Vertragsstaates sind oder das aufgrund der vorangehenden Artikel anzuwendende Recht nicht das eines Vertragsstaates ist.

HaagerTestÜbk Art. 7 [Ordre-public-Klausel]

Die Anwendung eines durch dieses Übereinkommen für maßgebend erklärten Rechtes darf nur abgelehnt werden, wenn sie mit der öffentlichen Ordnung offensichtlich unvereinbar ist.

HaagerTestÜbk Art. 8 [Intertemporale Regelung]

Dieses Übereinkommen ist in allen Fällen anzuwenden, in denen der Erblasser nach dem Inkrafttreten des Übereinkommens gestorben ist.

HaagerTestÜbk Art. 9 [Vorbehalt bezüglich der Bestimmung des Wohnsitzrechtes]

Jeder Vertragsstaat kann sich, abweichend von Artikel 1 Abs. 3, das Recht vorbehalten, den Ort, an dem der Erblasser seinen Wohnsitz gehabt hat, nach dem am Gerichtsort geltenden Rechte zu bestimmen.

HaagerTestÜbk Art. 10 [Vorbehalt bezüglich mündlicher Testamente]

Jeder Vertragsstaat kann sich das Recht vorbehalten, letztwillige Verfügung nicht anzuerkennen, die einer seiner Staatsangehörigen, der keine andere Staatsangehörigkeit besaß, ausgenommen den Fall außergewöhnlicher Umstände, in mündlicher Form errichtet hat.

HaagerTestÜbk Art. 11 [Vorbehalt bezüglich bestimmter Formen]

(1) Jeder Vertragsstaat kann sich das Recht vorbehalten, bestimmte Formen im Ausland errichteter letztwilliger Verfügungen aufgrund der einschlägigen Vorschriften seines Rechtes nicht anzuerkennen, wenn sämtliche der folgenden Voraussetzungen erfüllt sind:
a) die letztwillige Verfügung ist hinsichtlich ihrer Form nur nach einem Rechte gültig, das ausschließlich aufgrund des Ortes anzuwenden ist, an dem der Erblasser sie errichtet hat,
b) der Erblasser war Staatsangehöriger des Staates, der den Vorbehalt erklärt hat,
c) der Erblasser hatte in diesem Staate einen Wohnsitz oder seinen gewöhnlichen Aufenthalt und
d) der Erblasser ist in einem anderen Staate gestorben als in dem, wo er letztwillig verfügt hatte.

(2) Dieser Vorbehalt ist nur für das Vermögen wirksam, das sich in dem Staate befindet, der den Vorbehalt erklärt hat.

HaagerTestÜbk Art. 12 [Vorbehalt bezüglich Anordnungen nicht erbrechtlicher Art]

Jeder Vertragsstaat kann sich das Recht vorbehalten, die Anwendung dieses Übereinkommens auf Anordnungen in einer letztwilligen Verfügung auszuschließen, die nach seinem Rechte nicht erbrechtlicher Art sind.

HaagerTestÜbk Art. 13 [Zeitlicher Vorbehalt]

Jeder Vertragsstaat kann sich, abweichend von Artikel 8, das Recht vorbehalten, dieses Übereinkommen nur auf letztwillige Verfügungen anzuwenden, die nach dessen Inkrafttreten errichtet worden sind.

HaagerTestÜbK Artt. 14–20 (...)

Literatur: Siehe bei Art. 25 EGBGB.

A. Allgemeines 1	
B. Regelungsgehalt 6	
I. Das HaagerTestÜbK 6	
1. Zeitlicher Anwendungsbereich 6	
a) Regelungsumfang 8	
b) Anwendungsbereich des HaagerTestÜbk 10	
c) Die einzelnen Anknüpfungsmöglichkeiten des Art. 1 Abs. 1 HaagerTestÜbK 13	
	aa) Ort der Errichtung der letztwilligen Verfügung, Art. 1 Abs. 1 lit. a HaagerTestÜbK ... 14
	bb) Staatsangehörigkeit des Erblassers im Zeitpunkt der Errichtung der letztwilligen Verfügung, Art. 1 Abs. 1 lit. b HaagerTestÜbK 15
	cc) Staatsangehörigkeit des Erblassers im Zeitpunkt des

	Todes, Art. 1 Abs. 1 lit. b HaagerTestÜbK 16		i.V.m. Art. 26 Abs. 1 S. 1 Nr. 5 EGBGB 22
dd)	Der Wohnsitz des Erblassers im Zeitpunkt der Errichtung der Verfügung, Art. 1 Abs. 1 lit. c HaagerTestÜbK 17	aa)	Das tatsächliche Erbstatut 22
		bb)	Das Errichtungsstatut (hypothetisches Erbstatut) 23
		e)	Die Form des Widerrufs letztwilliger Verfügungen 25
ee)	Der Wohnsitz des Erblassers im Zeitpunkt des Todes, Art. 1 Abs. 1 lit. c HaagerTestÜbK ... 18	2.	Das auf die Form von Erbverträgen anwendbare Recht 26
		3.	Das für die Form des Erbverzichtes maßgebliche Recht 27
ff)	Der gewöhnliche Aufenthalt des Erblassers im Zeitpunkt der Errichtung der Verfügung, Art. 1 Abs. 1 lit. d HaagerTestÜbK ... 19	II. Art. 26 EGBGB 28	
		1. Die einzelnen Anküpfungsmöglichkeiten ... 28	
		2. Statutenwechsel 29	
gg)	Der gewöhnliche Aufenthalt des Erblassers im Zeitpunkt des Todes, Art. 1 Abs. 1 lit. d HaagerTestÜbK 20	3. Das gemeinschaftliche Testament 31	
		4. Erbvertrag 35	
		5. Rechtsgeschäfte unter Lebenden auf den Todesfall 36	
hh)	Der Lageort des unbeweglichen Vermögens, Art. 1 Abs. 1 lit. e HaagerTestÜbK 21	a) Erbverzicht 36	
		b) Schenkung von Todes wegen 37	
		c) Erbschaftskauf 38	
d)	Die weiteren Anknüpfungsmöglichkeiten nach Art. 3 HaagerTestÜbK	6. Testierfähigkeit 39	

A. Allgemeines

Liegt eine letztwillige Verfügung vor, ist die Formwirksamkeit als **Teilfrage** gesondert anzuknüpfen. Art. 26 regelt die Frage, welche Formvorschriften für die Errichtung einer letztwilligen Verfügung maßgeblich sind. Dabei ist die Gültigkeit alternativ nach einer Reihe von Rechtsordnungen zu beurteilen, Abs. 1 Nr. 1–5. Umstritten ist, ob Art. 26 vom **Haager Übereinkommen über das auf die Form letztwilliger Verfügungen anzuwendende Recht vom 5.10.1961**[2] (**HaagerTestÜbK**) verdrängt wird. Was Abs. 1–3 anbelangt, kann dies offen bleiben, da diese Vorschriften inhaltsgleich mit der staatsvertraglichen Regelung sind. Allerdings enthalten die Abs. 4 und 5 darüber hinausgehende Regelungen.

Die Rechtsprechung[3] und die h.M. im Schrifttum[4] gehen im Hinblick auf Art. 3 Abs. 2 vom **Vorrang des Staatsvertrages** aus, so dass nur die Abs. 4 und 5 unmittelbare Anwendung finden. Die Kollisionsregeln haben das gemeinsame Ziel, dass der Wille des Erblassers nicht an Formfragen scheitern soll. Die Gültigkeit kann sich alternativ aus einer Reihe von Rechtsordnungen ergeben, Art. 1 Abs. 1 HaagerTestÜbK bzw. Art. 26 Abs. 1 Nr. 1–5. Durch die alternativen Anknüpfungsmöglichkeiten des HaagerTestÜbK und des Art. 26 gelangt man regelmäßig zu einer formwirksamen letztwilligen Verfügung. Das Testament muss lediglich nach einer der bezeichneten Rechtsordnungen wirksam sein. Durch diese „Anknüpfungshäufung" wird letztlich die Formgültigkeit der letztwilligen Verfügung begünstigt (*„favour testamenti"*[5]).

Die Verweisung nach Abs. 1 bzw. Art. 1 Abs. 1 HaagerTestÜbK stellt grundsätzlich eine **Sachnormverweisung** dar, so dass eine Rück- und Weiterverweisung nicht in Betracht kommt.[6] Eine Ausnahme gilt für Abs. 1 Nr. 5. Damit soll sichergestellt werden, dass auch die Erfüllung der Formerfordernisse eines durch Rück- bzw. Weiterverweisung berufenen Erbstatuts ausreichend ist.[7]

Neben dem HaagerTestÜbK als multilateraler Regelung kommt als bilateraler Vertrag noch das **deutsch-türkische Nachlassabkommen vom 28.5.1929** in Betracht.[8] § 16 dieses Abkommens knüpft alternativ an das Recht des Errichtungsortes oder die Staatsangehörigkeit des Erblassers zum Zeitpunkt der Errichtung an.

---

2 Vertragsstaaten sind u.a.: Australien, Belgien, Bosnien-Herzegowina, Botswana, Dänemark, Estland, Finnland, Frankreich, Griechenland, Irland, Israel, Japan, (Rest-)Jugoslawien, Kroatien, Luxemburg, Mazedonien, Niederlande, Norwegen, Österreich, Polen, Schweden, Schweiz, Slowenien, Spanien, Südafrika, Türkei, Vereinigtes Königreich Großbritannien und Nordirland.
3 BGH WM 1984, 2124.
4 Staudinger/*Dörner*, Art. 26 EGBGB Rn 16; MüKo/*Birk*, Art. 26 EGBGB Rn 2; *Basedow*, NJW 1986, 2975; a.A. Palandt/*Heldrich*, Art. 26 EGBGB Rn 1.
5 *v. Bar*, IPR II, Rn 393.
6 Kersten/Bühling/*Wähler*, § 126 Rn 11; Palandt/*Heldrich*, Art. 26 EGBGB Rn 2.
7 BT-Drucks 10/5632, S. 44.
8 RGBl II 1930 S. 747.

§ 16 des deutsch-türkischen Nachlassabkommens

„(1) Verfügungen von Todes wegen sind, was ihre Form anbelangt, gültig, wenn die Gesetze des Landes beachtet sind, wo die Verfügungen errichtet sind, oder die Gesetze des Staates, dem der Erblasser zur Zeit der Errichtung angehörte.

(2) Das gleiche gilt für den Widerruf solcher Verfügungen von Todes wegen."

5 Zum Verhältnis der beiden Abkommen ist zu sagen, dass, nachdem zwischenzeitlich[9] das HaagerTestÜbK auch im Verhältnis zur Türkei gilt, § 16 des Nachlassabkommens weitgehend durch das HaagerTestÜbK verdrängt wird. Lediglich für **Erbverträge** bleibt der Anwendungsbereich des deutsch-türkischen Nachlassabkommens eröffnet.[10]

B. Regelungsgehalt

I. Das HaagerTestÜbK

6 **1. Zeitlicher Anwendungsbereich.** In Deutschland trat das HaagerTestÜbK am 1.1.1966 in Kraft.[11] Nach Art. 8 HaagerTestÜbK ist dieses Übereinkommen in allen Fällen anzuwenden, in denen der Erblasser nach dem In-Kraft-Treten des Übereinkommens gestorben ist. Im Hinblick auf den Zeitpunkt der Errichtung der letztwilligen Verfügung ist wie folgt zu differenzieren:[12]
- Errichtung der letztwilligen Verfügung und Tod des Erblassers **vor** dem 1.1.1966: In diesem Fall finden die autonomen Regelungen des deutschen Kollisionsrecht Anwendung.
- Errichtung der letztwilligen Verfügung **vor** dem 1.1.1966 und Tod des Erblassers **nach** dem 31.5.1966: Das HaagerTestÜbK findet Anwendung.
- Errichtung der letztwilligen Verfügung und Tod des Erblassers **nach** dem 31.5.1965: Das HaagerTestÜbK findet Anwendung.

7 Ist der Erblasser vor dem 1.1.1966 gestorben, beurteilt sich das auf die Formgültigkeit von Verfügungen von Todes wegen anwendbare Recht nach Art. 11 a.F.[13]

8 **a) Regelungsumfang.** Art. 1 Abs. 1 HaagerTestÜbK spricht von der „Formgültigkeit letztwilliger Verfügungen". Gemeint sind damit Testamente, nicht jedoch Erbverträge und der Erbverzicht.[14] Demnach bestimmt sich die Formwirksamkeit von Erbverträgen aus deutscher Sicht nach § 26 Abs. 4 und die des Erbverzichts nach Art. 11. Für das Verhältnis des HaagerTestÜbK zu Art. 26 gilt im Übrigen Folgendes:
- Art. 1 Abs. 1 HaagerTestÜbK entspricht dem Art. 26 Abs. 1 Nr. 1–4.
- Art. 2 HaagerTestÜbK findet eine entsprechende Regelung in Art. 26 Abs. 2.
- Art. 5 HaagerTestÜbK entspricht dem Art. 26 Abs. 3.
- Art. 3 HaagerTestÜbK ermöglicht zusätzliche Anknüpfungsmöglichkeiten, indem er bestimmt, dass das Übereinkommen bestehende oder künftige Vorschriften der Vertragsstaaten nicht berührt, wodurch letztwillige Verfügungen anerkannt werden, die der Form nach entsprechend einer in den vorangehenden Artikeln nicht vorgesehenen Rechtsordnung errichtet worden sind. Nach deutschem Kollisionsrecht ergeben sich weitere Anknüpfungen aus Art. 26 Abs. 1 S. 1 Nr. 5.[15]

9 Folgende **Unterschiede zwischen dem HaagerTestÜbK und dem EGBGB** sind zu beachten:
- Bei Mehrrechtsstaaten ist Art. 1 Abs. 2 HaagerTestÜbK vorrangig gegenüber Art. 4 Abs. 3 EGBGB.
- Den *ordre-public*-Vorbehalt regelt Art. 7 HaagerTestÜbK, so dass auf Art. 6 EGBGB nicht zurückgegriffen werden muss.
- Eine Besonderheit ergibt sich auch bezüglich des Umfangs der Verweisung: Art. 4 Abs. 1 EGBGB gilt nicht; die Verweisung nach Art. 1 Abs. 1 HaagerTestÜbK stellt eine **Sachnormverweisung** dar, so dass eine Rück- und Weiterverweisung nicht in Betracht kommt.[16] Eine Ausnahme gilt für Art. 3 HaagerTestÜbK i.V.m. Art. 26 Abs. 1 Nr. 5 EGBGB. Damit soll sichergestellt werden, dass auch die Erfüllung der Formerfordernisse eines durch Rück- bzw. Weiterverweisung berufenen Erbstatuts ausreichend ist.[17]

---

9 Seit dem 22.10.1983 (BGBl II 1983 S. 720).
10 Staudinger/*Dörner*, Art. 25 EGBGB Rn 183.
11 BGBl II 1966 S. 11.
12 Vgl. MüKo/*Birk*, Art. 26 EGBGB Rn 33.
13 Bamberger/Roth/*S.Lorenz*, Art. 26 EGBGB Rn 3; Kersten/Bühling/*Wähler*, § 126 Rn 10.
14 Staudinger/*Dörner*, Art. 26 EGBGB Rn 29.
15 Staudinger/*Dörner*, Art. 26 EGBGB Rn 23.
16 Palandt/*Heldrich*, Art. 26 EGBGB Rn 2; MüKo/*Birk*, Art. 26 EGBGB Rn 45.
17 BT-Drucks 10/5632, S. 44.

b) Anwendungsbereich des HaagerTestÜbk. Vom HaagerTestÜbk bzw. von Art. 26 EGBGB werden Verfügungen von Todes wegen, Testamente und gemeinschaftliche Testamente erfasst. Die Formwirksamkeit von Erbverträgen beurteilt sich nach Art. 26 Abs. 4 EGBGB.

Ob ein **gemeinschaftliches Testament** als solches zulässig ist, bestimmt sich aber nach dem Erbstatut.[18] Auch die Form des Widerrufs letztwilliger Verfügungen bestimmt sich nach den vorgenannten Regeln, vgl. Art. 26 Abs. 2 EGBGB.

Nicht unter das HaagerTestÜbK bzw. Art. 26 EGBGB fallen die Vorschriften über die **Testierfähigkeit**.[19] Soweit es sich dabei um eine Frage der Geschäftsfähigkeit handelt, muss Art. 7 Abs. 1 EGBGB geprüft werden. Soweit auf eine besondere, nur das Testieren betreffende Fähigkeit abgestellt wird, gilt das Erbstatut.

c) Die einzelnen Anknüpfungsmöglichkeiten des Art. 1 Abs. 1 HaagerTestÜbK.[20] Folgende **acht alternative Anknüpfungen** sind möglich:

aa) Ort der Errichtung der letztwilligen Verfügung, Art. 1 Abs. 1 lit. a HaagerTestÜbK. Der Errichtungsort ist bei öffentlichen Testamenten ohne weitere Probleme zu ermitteln. Bei privatschriftlichen kommt es letztlich auf den Ort des Abschlusses bzw. der Unterschriftsleistung an.[21]

bb) Staatsangehörigkeit des Erblassers im Zeitpunkt der Errichtung der letztwilligen Verfügung, Art. 1 Abs. 1 lit. b HaagerTestÜbK.[22] Ähnlich wie bei Art. 25 Abs. 1 EGBGB wird auf das Heimatrecht des Erblassers im Zeitpunkt der Verfügung abgestellt. Anders als bei der Bestimmung des Erbstatuts nach dem autonomen deutschen Kollisionsrecht zählt bei Mehrstaatern jede einzelne Staatsangehörigkeit, nicht nur die effektive.[23] Ein „Heimwärtsstreben" nach Art. 5 Abs. 1 S. 2 EGBGB findet nicht statt. Art. 1 HaagerTestÜbK sieht jede Staatsangehörigkeit als gleichwertig an.[24] Für die Formwirksamkeit des Testaments eines Mehrstaaters reicht die Wirksamkeit nach einem Heimatrecht.

cc) Staatsangehörigkeit des Erblassers im Zeitpunkt des Todes, Art. 1 Abs. 1 lit. b HaagerTestÜbK. Das zu bb) (Rn 15) Gesagte gilt auch für die Staatsangehörigkeit des Erblassers zum Zeitpunkt seines Todes.

dd) Der Wohnsitz des Erblassers im Zeitpunkt der Errichtung der Verfügung, Art. 1 Abs. 1 lit. c HaagerTestÜbK. Die Frage, ob der Erblasser an einem bestimmten Ort einen Wohnsitz gehabt hat, wird durch das an diesem Ort geltende Recht geregelt, Art. 1 Abs. 3 HaagerTestÜbK Der Begriff des Wohnsitzes kann damit je nach Fallkonstellation unterschiedlich weit sein. So deckt sich z.B. der Begriff des *„domicile"* im anglo-amerikanischen Rechtskreis nicht mit dem des Wohnsitzes im deutschen Recht.[25]

ee) Der Wohnsitz des Erblassers im Zeitpunkt des Todes, Art. 1 Abs. 1 lit. c HaagerTestÜbK. Das zu dd) (Rn 17) Gesagte gilt auch für den Wohnsitz des Erblassers zum Zeitpunkt seines Todes.

ff) Der gewöhnliche Aufenthalt des Erblassers im Zeitpunkt der Errichtung der Verfügung, Art. 1 Abs. 1 lit. d HaagerTestÜbK. Unter dem gewöhnlichen Aufenthalt ist der **Daseinsmittelpunkt** des Erblassers zu verstehen, d.h. der Ort, wo sich die Person faktisch aufhält.[26] Dieser Rechtsbegriff erfordert eine „gewisse Zentrierung der Lebensumstände für eine bestimmte Zeit".[27]

gg) Der gewöhnliche Aufenthalt des Erblassers im Zeitpunkt des Todes, Art. 1 Abs. 1 lit. d HaagerTestÜbK. Das zu ff) (Rn 19) Gesagte gilt auch für den gewöhnlichen Aufenthalt des Erblassers zum Zeitpunkt seines Todes.

hh) Der Lageort des unbeweglichen Vermögens, Art. 1 Abs. 1 lit. e HaagerTestÜbK. Die vom Recht des Belegenheitsstaates vorgesehene Form gilt aber nur für das in ihrem Geltungsbereich belegene unbewegliche Vermögen.[28] Was unter den Begriff des „unbeweglichen Vermögens" fällt, bestimmt sich wiederum nach der *lex rei sitae*, d.h. nach dem Recht des Staates, in dem sich die Nachlassgegenstände befinden.

---

18 IPG 1998 Nr. 38 (München).
19 Palandt/*Heldrich*, Art. 26 EGBGB Rn 6.
20 BayObLGZ 1982, 331.
21 Staudinger/*Dörner*, Art. 26 EGBGB Rn 43.
22 MüKo/*Birk*, Art. 26 EGBGB Rn 49.
23 Palandt/*Heldrich*, Art. 26 EGBGB Rn 4; *Schotten*, IPR, Rn 260.
24 OLG Hamburg IPRspr 1981 Nr. 131.
25 Vgl. *Flick/Piltz*, Rn 1019, 1134.
26 BayObLGZ 1979, 193, 196.
27 MüKo/*Birk*, Art. 26 EGBGB Rn 53.
28 MüKo/*Birk*, Art. 26 EGBGB Rn 54.

22 **d) Die weiteren Anknüpfungsmöglichkeiten nach Art. 3 HaagerTestÜbK i.V.m. Art. 26 Abs. 1 S. 1 Nr. 5 EGBGB. aa) Das tatsächliche Erbstatut.** Eine letztwillige Verfügung ist hinsichtlich ihrer Form auch dann gültig, wenn sie den Formerfordernissen des Rechts, das auf die Rechtsnachfolge von Todes wegen anzuwenden ist, entspricht, Art. 26 Abs. 1 S. 1 Nr. 5 **Alt. 1** EGBGB.

23 **bb) Das Errichtungsstatut (hypothetisches Erbstatut).** Darüber hinaus ist die Formwirksamkeit auch dann gegeben, wenn die letztwillige Verfügung nach dem Recht formgültig ist, das auf die Rechtsnachfolge von Todes wegen im Zeitpunkt der Verfügung anzuwenden wäre, Art. 26 Abs. 1 S. 1 Nr. 5 **Alt. 2** EGBGB. Die Anwendung des Rechts, das zum Errichtungszeitpunkt auf die Rechtsnachfolge anwendbar wäre, führt dazu, dass ein Statutenwechsel, z.B. ein Wechsel der Staatsangehörigkeit, die Wirksamkeit der Verfügung nicht beeinflusst.

24 Anders als bei den Anknüpfungsmöglichkeiten nach Art. 1 Abs. 1 HaagerTestÜbK ist bei den weiteren Anknüpfungsmöglichkeiten nach Art. 3 HaagerTestÜbK i.V.m. Art. 26 Abs. 1 S. 1 Nr. 5 EGBGB eine Rückverweisung möglich, Art. 4 Abs. 1 S. 2 EGBGB. Bei Mehrstaatern ist Art. 5 EGBGB zu beachten, d.h. es kommt auf die effektive Staatsangehörigkeit an. Auch ist immer deutsches Recht anzuwenden, wenn eine Staatsangehörigkeit die deutsche ist, Art. 5 Abs. 1 S. 2 EGBGB.

25 **e) Die Form des Widerrufs letztwilliger Verfügungen.** Nach Art. 2 Abs. 1 HaagerTestÜbK ist Art. 1 HaagerTestÜbK auch auf letztwillige Verfügungen anzuwenden, durch die eine frühere letztwillige Verfügung widerrufen wird. Falls zwischenzeitlich ein Statutenwechsel eingetreten ist, ist der Widerruf auch dann formwirksam, wenn er den Formvorschriften des ursprünglichen Formstatuts entspricht, Art. 2 Abs. 2 HaagerTestÜbK.

26 **2. Das auf die Form von Erbverträgen anwendbare Recht.** Zwar erfasst das HaagerTestÜbK auch gemeinschaftliche Testamente, Art. 4 HaagerTestÜbK; nachdem es aber über Erbverträge keine Regelung enthält, ist diesbezüglich auf autonome Kollisionsnormen zurückzugreifen. Art. 26 Abs. 4 EGBGB bestimmt insoweit, dass die Abs. 1–3 des Art. 26 EGBGB auch für „andere Verfügungen von Todes wegen" entsprechend gelten. Da die Anknüpfungsmöglichkeiten des Art. 26 Abs. 1 EGBGB denen des Art. 1 Abs. 1 HaagerTestÜbK entsprechen, sind die eben dargestellten Grundsätze des HaagerTestÜbK auch entsprechend auf Erbverträge anwendbar.[29]

27 **3. Das für die Form des Erbverzichtes maßgebliche Recht.** Das HaagerTestÜbK gilt nicht für den **Erbverzicht.** Nach wohl h.M.[30] stellt er auch keine Verfügung von Todes wegen im Sinne des Art. 26 Abs. 4 EGBGB dar. Somit ist auf die allgemeine Kollisionsnorm des Art. 11 EGBGB, der das Formstatut regelt, zurückzugreifen. Demnach ist der Erbverzicht formgültig, wenn er die Formerfordernisse des Rechts des Erbstatuts oder des Rechts des Vornahmeortes erfüllt, Art. 11 Abs. 1 EGBGB.

II. Art. 26 EGBGB

28 **1. Die einzelnen Anknüpfungsmöglichkeiten.** Die Anknüpfungsmöglichkeiten des Abs. 1 Nr. 1–5 entsprechen denen des Art. 1 Abs. 1 HaagerTestÜbK. Insoweit darf auf die obige Kommentierung (Rn 13 ff.) verwiesen werden.

29 **2. Statutenwechsel.** Da zwischen der Errichtung der letztwilligen Verfügung und dem Eintritt des Erbfalls Jahre vergehen können, stellt sich nicht selten die Frage, welchen Einfluss dies auf die letztwillige Verfügung haben kann.[31]

30 Nach **Abs. 5 S. 1** unterliegt die Gültigkeit der Errichtung einer letztwilligen Verfügung und die Bindung an sie dem Recht, das anzuwenden wäre, wenn der Erbfall im Zeitpunkt der Verfügung eingetreten wäre. Unter Gültigkeit sind sämtliche Wirksamkeitsvoraussetzungen zu verstehen, welche nach dem Erbstatut zu beurteilen sind,[32] z.B. die Zulässigkeit der Errichtung von gemeinschaftlichen Testamenten. Was die Formwirksamkeit anbelangt, gelten die in Abs. 1 enthaltenen Anknüpfungspunkte.

31 **3. Das gemeinschaftliche Testament.** Gemeinschaftliche Testamente von Ehegatten werden von einigen Rechtsordnungen abgelehnt.[33] Die Gültigkeit gemeinschaftlicher Testamente bestimmt sich nach dem **hypothetischen Erbstatut**, d.h. nach dem Recht, das im Zeitpunkt der Verfügung auf die Rechtsnachfolge anwendbar wäre, Abs. 5 S. 1.[34] Haben die Ehegatten verschiedene Staatsangehörigkeiten, muss die

---

29 MüKo/*Birk*, Art. 26 EGBGB Rn 130.
30 Staudinger/*Dörner*, Art. 26 EGBGB Rn 29; *Flick/Piltz*, Rn 1155.
31 Kersten/Bühling/Wähler, S. 1592.
32 Palandt/*Heldrich*, Art. 26 EGBGB Rn 8.
33 *Edenfeld*, ZEV 2001, 461.
34 *Schotten*, IPR, Rn 315.

Wirksamkeit nach beiden Rechten geprüft werden.[35] Dabei ist auf das strengere Recht abzustellen, d.h. das gemeinschaftliche Testament muss kumulativ nach beiden Erbstatuten zulässig sein.[36] Soweit ausländische Rechtsordnungen ein gemeinschaftliches Testament verbieten, ist zu unterscheiden, ob es sich beim gemeinschaftlichen Testament um eine bloße äußerliche Zusammenfassung zweier letztwilliger Verfügungen (*testamentum mere simultaneum*), um ein gegenseitiges Testament (ohne inneres Wirksamkeitsverhältnis) oder um ein „echtes" gemeinschaftliches Testament (mit wechselbezüglichen Verfügungen) handelt.[37]

Das **italienische Recht**[38] sieht schon in der bloßen äußeren Zusammenfassung mehrerer Verfügungen in einer Urkunde einen Unwirksamkeitsgrund. Insoweit handelt es sich um ein materielles Verbot, das sich gegen den Inhalt eines gemeinschaftlichen Testaments richtet. Damit soll der Charakter des Testaments als einseitiges Rechtsgeschäft gewahrt werden.[39] Das Verbot verfolgt hier Sachzwecke (freier Entschluss beim Testieren und keine nachträgliche Gebundenheit).[40] Ein materielles Verbot wird neben dem italienischen Recht auch in Portugal[41] und in Kroatien[42] angenommen. Insoweit kommt Abs. 5 S. 1 zum Tragen, d.h. die Gültigkeit der Errichtung und die Bindungswirkung richten sich nach dem Erbstatut im Verfügungszeitpunkt.[43]

Bei anderen Rechtsordnungen, wie z.B. im französischen,[44] schweizerischen,[45] niederländischen[46] oder spanischen[47] Recht, sind die **Verbotsnormen als Formvorschriften** zu qualifizieren.[48] Diese Verbote bezwecken eine Klarheit über die Verfügungen jedes Erblassers und haben darüber hinaus eine Warnfunktion.[49] Handelt es sich um ein Verbot, das Formzwecke verfolgt, kann im Ausland wirksam unter Beachtung der Ortsform gemeinschaftlich testiert werden.[50]

Ist ein gemeinschaftliches Testament wegen eines entsprechenden Verbotes unwirksam, kommt noch eine Umdeutung („**Konversion**") in ein Einzeltestament oder in einen Erbvertrag in Betracht.[51] Die Umdeutung beurteilt sich nach dem Recht des Staates, auf dem die Unwirksamkeit beruht. Entscheidend ist dabei, ob der Erblasser die Erklärung unabhängig von der Wirksamkeit der Erklärung des anderen treffen wollte.[52]

4. Erbvertrag. Die Gültigkeit eines Erbvertrages bestimmt sich nach dem **hypothetischen Erbstatut**, Abs. 5 S. 1. Beim einseitigen Erbvertrag ist dabei das hypothetische Erbstatut des Verfügenden maßgeblich. Bei zwei- oder mehrseitigen Erbverträgen beurteilt sich die Gültigkeit nach dem hypothetischen Erbstatut aller Verfügenden. Die Grundsätze über die Wirksamkeit gemeinschaftlicher Testamente können weitgehend übernommen werden. Allerdings ist zu beachten, dass es sich beim Erbvertrag um ein zweiseitiges Rechtsgeschäft handelt, während ein gemeinschaftliches Testament einseitige Verfügungen von Todes wegen enthält. In einigen Rechtsordnungen des romanischen Rechtskreises, z.B. in Frankreich, Italien und im gemeinspanischen Recht besteht ein Verbot von Erbverträgen, welches einen materiellrechtlichen Charakter aufweist.[53] Abgelehnt wird der Erbvertrag auch vom portugiesischen,[54] polnischen[55] und griechischen Recht.[56]

5. Rechtsgeschäfte unter Lebenden auf den Todesfall. a) Erbverzicht.[57] Die Zulässigkeit eines Erbverzichts beurteilt sich entsprechend Abs. 5 S. 1 nach dem hypothetischen Erbstatut, d.h. nach dem Recht, das im Zeitpunkt der Erklärung auf die – fiktive – Rechtsnachfolge von Todes wegen anzuwenden wäre[58] (**Errichtungsstatut**[59]); jedoch bestimmt sich die Formgültigkeit nach Art. 11 Abs. 1 und nicht nach Abs. 4,

---

35 Palandt/*Edenhofer*, Art. 25 EGBGB Rn 13; MüKo/*Birk*, Art. 26 EGBGB Rn 95; Erman/*Hohloch*, Art. 25 EGBGB Rn 31.
36 MüKo/*Birk*, Art. 26 EGBGB Rn 102 f.; *Schotten*, IPR, Rn 315, 319, *Riering*, ZEV 1994, 225; *Hay*, IPR, S. 341; a.A. OLG Zweibrücken NJW-RR 1992, 587, wonach die Wirksamkeit getrennt nach dem jeweiligen Erbstatut zu beurteilen sein soll.
37 *Sieghörtner*, in: Dittmann/Reimann/Bengel, B Rn 37.
38 Artt. 458, 589 Codice civile.
39 *Hay*, IPR, S. 341.
40 *Kegel/Schurig*, § 21 III.
41 OLG Frankfurt IPRax 1986, 112.
42 DNotI-Report 2001, 97, 98.
43 *Hay*, IPR, S. 340.
44 Artt. 986, 1130 Abs. 2 code civil.
45 Das schweizerische ZGB kennt zwar den Erbvertrag, Art. 494 ZGB, nicht aber das gemeinschaftliche Testament.

46 Art. 977 BW; KG FamRZ 2001, 794; *Kropholler*, IPR, § 51 IV 4.
47 Artt. 669, 737 Codigo civil.
48 MüKo/*Birk*, Art. 26 EGBGB Rn 100; *Sieghörtner*, in: Dittmann/Reimann/Bengel, B Rn 38; *Kropholler*, IPR, § 51 V 5; Kersten/Bühling/*Wähler*, § 126 Rn 16.
49 *Kegel/Schurig*, § 21 III.
50 *Kegel/Schurig*, § 21 III.
51 *Sieghörtner*, in: Dittmann/Reimann/Bengel, B Rn 39.
52 *Denzler*, IPRax 1982, 181.
53 Kersten/Bühling/*Wähler*, § 126 I 2b.
54 *Edenfeld*, ZEV 2001, 461.
55 *Edenfeld*, ZEV 2001, 461.
56 *Kegel/Schurig*, § 21 III 2c: Ausnahmsweise kann aber ein Grieche mit einem Ausländer im Ausland einen Erbvertrag schließen.
57 *Riering*, ZEV 1998, 251.
58 OLG Hamm NJW-RR 1996, 906.
59 *Süß/Haas*, § 1 Rn 72.

da es sich beim Erbverzicht nicht um eine Verfügung von Todes wegen handelt.[60] Für die Wirkungen des Erbverzichts ist auf das effektive Erbstatut abzustellen.[61]

37 **b) Schenkung von Todes wegen.** Bei Schenkungen von Todes wegen ist zu differenzieren, ob sie im Todeszeitpunkt schon vollzogen sind. Ist dies der Fall, gilt das Schenkungsstatut, d.h. das Schuldvertragsstatut nach Artt. 27, 28; ansonsten gilt das hypothetische Erbstatut, Abs. 5 S. 1.[62] Die Qualifikation erfolgt nach der *lex fori*, d.h. die Einordnung erfolgt in Deutschland nach den Rechtsgrundsätzen des deutschen Rechts.[63]

38 **c) Erbschaftskauf.** Das auf den Erbschaftskauf anwendbare Recht bestimmt sich nach dem Vertragsstatut.[64] Allein die Frage, ob die Übertragung des Erbteils überhaupt möglich ist, beantwortet sich nach dem Erbstatut. Das Formstatut ist, da es sich um ein Rechtsgeschäft unter Lebenden handelt, nach Art. 11 Abs. 1 zu ermitteln.

39 **6. Testierfähigkeit.** Nach **Abs. 5 S. 2** wird die einmal erlangte Testierfähigkeit durch den Erwerb oder Verlust der Rechtsstellung als Deutscher nicht beeinträchtigt. Die Testierfähigkeit beurteilt sich nach **Art. 7 Abs. 1**, soweit sie von der Geschäftsfähigkeit abhängig gemacht ist; soweit es sich um eine besondere, nur auf das Testieren abgestellte Fähigkeit handelt, nach dem **Erbstatut**.[65] Dies ergibt sich insbesondere aus Abs. 5 S. 2. Diese Vorschrift schützt zum einen das Vertrauen des Erblassers in bereits errichtete letztwillige Verfügungen. Zum anderen hält sie ihm die Möglichkeit zur weiteren Abfassung von letztwilligen Verfügungen offen. Die einmal erlangte Testierfähigkeit bleibt bestehen.

Fünfter Abschnitt. Schuldrecht

Erster Unterabschnitt. Vertragliche Schuldverhältnisse

Artikel 27 | **Freie Rechtswahl**

(1) ¹Der Vertrag unterliegt dem von den Parteien gewählten Recht. ²Die Rechtswahl muß ausdrücklich sein oder sich mit hinreichender Sicherheit aus den Bestimmungen des Vertrags oder aus den Umständen des Falles ergeben. ³Die Parteien können die Rechtswahl für den ganzen Vertrag oder nur für einen Teil treffen.

(2) ¹Die Parteien können jederzeit vereinbaren, daß der Vertrag einem anderen Recht unterliegen soll als dem, das zuvor aufgrund einer früheren Rechtswahl oder aufgrund anderer Vorschriften dieses Unterabschnitts für ihn maßgebend war. ²Die Formgültigkeit des Vertrags nach Artikel 11 und Rechte Dritter werden durch eine Änderung der Bestimmung des anzuwendenden Rechts nach Vertragsabschluß nicht berührt.

(3) ¹Ist der sonstige Sachverhalt im Zeitpunkt der Rechtswahl nur mit einem Staat verbunden, so kann die Wahl des Rechts eines anderen Staates – auch wenn sie durch die Vereinbarung der Zuständigkeit eines Gerichts eines anderen Staates ergänzt ist – die Bestimmungen nicht berühren, von denen nach dem Recht jenes Staates durch Vertrag nicht abgewichen werden kann (zwingende Bestimmungen).

(4) ¹Auf das Zustandekommen und die Wirksamkeit der Einigung der Parteien über das anzuwendende Recht sind die Artikel 11, 12 und 29 Abs. 3 und Artikel 31 anzuwenden.

Literatur: *Abend*, Die lex validitatis im internationalen Vertragsrecht – Zugleich eine Untersuchung Ehrenzweigs Lehre von der Rule of Validation im amerikanischen Kollisionsrecht für Verträge, 1994; *Abicht*, Die Parteiautonomie im Schatten der Unterwerfungsklauseln – Die Unterwerfung unter fremdes Außenhandelsrecht in Schuldverträgen, 1991; *Aubin*, Vertragsstatut und Parteierwartungen im deutschen Internationalen Privatrecht, in: FS Seidl-Hohenveldern 1988, S. 1; *Basedow*, Rechtswahl und Gerichtsstandsvereinbarungen nach neuem Recht, 1987; *Bauer*, Grenzen nachträglicher Rechtswahl durch Rechte Dritter im internationalen Privatrecht, 1992; *Beck*, Floating Choice of Law Clauses, Lloyd's M.C.L.Q. 1987,

---

[60] *Kropholler*, IPR, § 51 IV 5a; Palandt/*Heldrich*, Art. 25 EGBGB Rn 5.
[61] Staudinger/*Dörner*, Art. 25 EGBGB Rn 385.
[62] MüKo/*Birk*, Art. 26 EGBGB Rn 147.
[63] OLG Düsseldorf FamRZ 1997, 61; *Lorenz*, ZEV 1996, 406; *Sieghörtner*, in: Dittmann/Reimann/Bengel, B Rn 45.
[64] H.M., Staudinger/*Dörner*, Art. 25 Rn 416 ff.; *Kropholler*, IPR, § 51 IV 6; *Süß/Haas*, § 1 Rn 89; a.A. MüKo/*Birk*, Art. 26 EGBGB Rn 155, der auf das Erbstatut abstellt.
[65] Umstr., vgl. Palandt/*Heldrich*, Art. 25 EGBGB Rn 16; a.A. MüKo/*Birk*, Art. 26 EGBGB Rn 13, wonach stets das Erbstatut maßgeblich sein soll.

523; *Bendref*, Geschäfte unter im Inland lebenden ausländischen Arbeitnehmern, MDR 1980, 639; *ders.*, Vereinbarung neutralen Rechts in internationalen Verträgen, RIW 1980, 386; *Berger*, Formalisierte oder „schleichende" Kodifizierung des transnationalen Wirtschaftsrechts – Zu den methodischen und praktischen Grundlagen der lex mercatoria, 1996; *Blase*, Die Grundregeln des Europäischen Vertragsrechts als Recht grenzüberschreitender Verträge, 2001; *Blaurock*, Übernationales Recht des Internationalen Handels, ZEuP 1993, 247; *Böckstiegel*, Der Staat als Vertragspartner ausländischer Privatunternehmen, 1971; *ders.*, Das anwendbare Recht bei öffentlich-rechtlich geprägten Staatsaufträgen, AWD 1973, 117; *ders.*, Die Bestimmung des anwendbaren Rechts in der Praxis internationaler Schiedsgerichtsverfahren, in: FS Beitzke 1979, S. 443; *Bonell*, Das autonome Recht des Welthandels – rechtsdogmatische und rechtspolitische Aspekte, RabelsZ 42 (1978), 485; *ders.*, Die UNIDROIT-Prinzipien der internationalen Handelsverträge – Eine neue Lex mercatoria?, ZfRV 37 (1996), 152; *Booysen*, Völkerrecht als Vertragsstatut internationaler privatrechtlicher Verträge, RabelsZ 59 (1995), 245; *Borchers*, Verträge von Staaten mit ausländischen Privatpersonen, 1966; *Böse*, Der Einfluß des zwingenden Rechts auf internationale Anleihen, 1963; *Briggs*, The Validity of „Floating" Choice of Law and Jurisdiction Clauses, Lloyd's M.C.L.Q. 1986, 508; *Brödermann/Iversen*, Europäisches Gemeinschaftsrecht und internationales Privatrecht, 1994; *Büchner*, Rechtswahl- und Gerichtsstandsklauseln im Rechtsverkehr mit Common-Law-Staaten, RIW 1984, 180; *Buchta*, Die nachträgliche Bestimmung des Schuldstatuts durch Prozeßverhalten im deutschen, österreichischen und schweizerischen IPR, 1986; *Colin-Sinkondo*, Les relations contractuelles des organisations internationales avec les personnes privées, Rev. dr. int. dr. comp. 69 (1992), 7; *Czernich/Heiss*, EVÜ – Das Europäische Schuldvertragsübereinkommen, 1999; *Czernich/Tiefenthaler/ Kodek*, Europäisches Gerichtsstands- und Vollstreckungsrecht, 2. Auflage 2003; *Danilowicz*, „Floating" Choice-of-Law Clauses and Their Enforceability, Int. Lawyer 20 (1986), 1005; *Dasser*, Internationale Schiedsgerichte und lex mercatoria, Zürich 1989; *Delaume*, What is an International Contract? An American and a Gallic Dilemma, Int. Comp. L. Q. 28 (1979), 258; *Einsele*, Rechtswahlfreiheit im Internationalen Privatrecht, RabelsZ 60 (1996), 417; *Ekelmans*, Le *dépeçage* du contrat dans la Convention de Rome du 19 juin 1980 sur la loi applicable aux obligations contractuelles, Mélanges Vander Elst I, Brüssel 1986, S. 243; *Fiedler*, Stabilisierungsklauseln und materielle Verweisung im internationalen Vertragsrecht, 2001; *P. Fischer*, Bemerkungen zur Lehre von Alfred Verdross über den „quasi-völkerrechtlichen Vertrag" im Lichte der neuesten Entwicklung, in: FS Verdross 1980, S. 379; *Foyer*, Le contrat d'electio juris à la lumière de la Convention de Rome du 19 juin 1980, Mélanges Loussouarn, Paris 1994, S. 169; *Fudickar*, Die nachträgliche Rechtswahl im Internationalen Schuldvertragsrecht, Diss. Bonn 1983; *Gamillscheg*, Rechtswahl, Schwerpunkt und mutmaßlicher Parteiwille im internationalen Vertragsrecht, AcP 157 (1958/59), 303; *Goltz*, Vertragsgestaltung bei Roll-Over-Eurokrediten, 1980; *Goode*, Usage and its Reception in Transnational Commercial Law, Int. Comp. L. Q. 45 (1997), 1; *Grigera Naon*, Choice of Law Problems in International Commercial Arbitration, 1992; *Grundmann*, Lex mercatoria und Rechtsquellenlehre, JJZ 1991, 62; *Harries*, Die Parteiautonomie in internationalen Kreditverträgen als Instrument der Vertragsgestaltung, in: FS Heinsius 1991, S. 201; *Hartenstein*, Die Privatautonomie im Internationalen Privatrecht als Störung des europäischen Entscheidungseinklangs, 2000; *Heiderhoff*, Das Vertragsstatut, JA 2002, 246; *Heini*, Die Rechtswahl im Vertragsrecht und das neue IPR-Gesetz, in: FS Moser 1987, S. 67; *ders.*, Vertrauensprinzip und Individualanknüpfung im internationalen Vertragsrecht, in: FS Vischer, Zürich 1983, S. 149; *Heiss*, Inhaltskontrolle in AGB nach europäischem Internationalem Privatrecht?, RabelsZ 65 (2001), 634; *von Hoffmann*, „Lex mercatoria" vor internationalen Schiedsgerichten, IPRax 1984, 106; *ders.*, Grundsätzliches zur Anwendung der „lex mercatoria" durch internationale Schiedsgerichte, in: FS Kegel 1987, S. 215; *Hohloch/Kjelland*, Abänderung stillschweigende Rechtswahl und Rechtswahlbewußtsein, IPRax 2002, 30; *Howard*, Floating Choice of Law Clauses, Lloyd's M.C.L.Q. 1995, 1; *Jacquet*, Principe d'autonomie et contrats internationaux, 1983; *Jaspers*, Nachträgliche Rechtswahl im internationalen Schuldvertragsrecht, 2002; *Jayme*, Betrachtungen zur „dépeçage" im Internationalen Privatrecht, in: FS Kegel 1987, S. 253; *ders.*, Inhaltskontrolle von Rechtswahlklauseln in Allgemeinen Geschäftsbedingungen, in: FS W. Lorenz 1991, S. 435; *ders.*, L'autonomie de la volonté des parties dans les contrats internationaux entre personnes privées, Ann. Inst. Dr. int. 1991, 14; *Junker*, Die freie Rechtswahl und ihre Grenzen, IPRax 1993, 1; *Kaczorowska*, Règles uniformes d'interprétation d'un contrat international, Rev. dr. int. dr. comp. 68 (1991), 294; *dies.*, L'internationalité d'un contrat, Rev. dr. int. dr. comp. 72 (1995), 204; *Kappus*, „Lex mercatoria" als Geschäftsstatut vor staatlichen Gerichten im deutschen internationalen Schuldrecht", IPRax 1993, 137; *ders.*, „Lex mercatoria" in Europa und Wiener UN-Kaufrechtskonvention 1980, 1990; *Kegel*, Die Bankgeschäfte im deutschen IPR, in: GS R. Schmidt 1966, S. 215; *Kindler*, Zur Anknüpfung von Handelsvertreter- und Vertragshändlerverträgen im neuen bundesdeutschen IPR, RIW 1987, 160; *Kipp*, Verträge zwischen staatlichen und nichtstaatlichen Partnern, BerGesVR 5 (1964), 133; *Kischel*, State contracts – Völker-, schieds- und internationalprivatrechtliche Aspekte des anwendbaren Rechts, 1992; *Kortenkamp*, Der Abschluß privatrechtlicher Verträge durch ausländische Staaten – Internationale Vertretungs- und Haftungsgrundsätze, 1995; *Kost*, Konsensprobleme im internationalen Schuldvertragsrecht, 1995; *Kötters*, Parteiautonomie und Anknüpfungsmaximen, 1989; *Kötz*, Allgemeine Rechtsgrundsätze als Ersatzrecht, RabelsZ 34 (1970), 663; *Kreuzer*, Das IPR des Warenkaufs in der deutschen Rechtsprechung, 1964; *ders.*, Know-how-Verträge im deutschen IPR, in: FS v. Caemmerer 1978, S. 705; *Kropholler*, Europäisches Zivilprozessrecht, 7. Auflage 2002; *ders.*, Das kollisionsrechtliche System des Schutzes der schwächeren Vertragspartei, RabelsZ 42 (1978), 634; *ders.*, Elastische Anknüpfungsmomente für das Internationale Vertrags- und Deliktsrecht?, RIW 1981, 359; *Lagarde*, Le *„dépeçage"* dans le droit international privé des contrats, Riv. dir. int. priv. proc. 11 (1975), 649; *ders.*, Le nouveau droit international privé des contrats après l'entrée en vigueur de la convention de Rome du 19 juin 1980, Rev. crit. dr. int. priv. 1991, 287; *Lalive*, Réflexions sur l'Etat et ses contrats internationaux, Genf 1976; *ders.*, Sur une notion de „Contrat international", in: FS Lipstein 1980, S. 135; *Lando*, Consumer Contracts and Party Autonomy in the Conflict of Laws, Mélanges Malmström, 1972, S. 141; *ders.*, New American Choice-of-law Principles and the European Conflict of Laws Contracts, Am. J. Comp. L. 1982, 19; *Langen*, Transnationales Recht, 1981; *R. Lehmann*, Zwingendes Recht dritter Staaten im internationalen Vertragsrecht, 1986; *Leible*, Außenhandel und Rechtssicherheit, ZVglRWiss. 97 (1998), 286; *ders.*, Parteiautonomie im IPR – Allgemeines Anknüpfungsprinzip oder Verlegenheitslösung?, in: FS Jayme 2004, S. 485; *Lochner*, Darlehen und Anleihe im IPR, 1954; *E. Lorenz*, Die Rechtswahlfreiheit im internationalen Schuldvertragsrecht – Grundsätze und Grenzen, RIW 1987, 569; *ders.*, Die Auslegung schlüssiger und ausdrücklicher Rechtswahlerklärungen im internationalen Schuldvertragsrecht, RIW 1992, 697; *ders.*, Zum neuen internationalen Vertragsrecht aus versicherungsvertraglicher Sicht, in: FS Kegel 1987, S. 303; *W. Lorenz*, Vom alten zum neuen internationalen Schuldvertragsrecht, IPRax 1987, 269; *ders.*, Die Lex mercatoria – Eine internationale Rechtsquelle?, in: FS Neumayer 1985, S. 407; *ders.*, Konsensprobleme bei internationalschuldrechtlichen Distanzverträgen, AcP 159 (1960/61), 193; *Lüderitz*, Anknüpfung im Parteiinteresse, FS Kegel, 1977, S. 31; *ders.*,

Wechsel der Anknüpfung in bestehendem Schuldvertrag, in: FS Keller 1989, S. 459; *Lüthge*, Die kollisionsrechtliche Funktion der Schiedsgerichtsvereinbarung, 1975; *Ly de*, International Business Law and Lex mercatoria, 1992; *Magold*, Die Parteiautonomie im internationalen und interlokalen Vertragsrecht der Vereinigten Staaten von Amerika, 1987; *Malau*, L'extension du champ d'application d'une convention d'unification matérielle par la volonté des parties, JDI 2004, 443; *Mankowski*, Zu einigen internationalprivat- und internationalprozeßrechtlichen Aspekten bei Börsentermingeschäften, RIW 1996, 1001; *ders.*, Überlegungen zur sach- und interessengerechten Rechtswahl für Verträge des internationalen Wirtschaftsverkehrs, RIW 2003, 2; *ders.*, Stillschweigende Rechtswahl und wählbares Recht, in: Leible (Hrsg.), Das Grünbuch zum Internationalen Privatrecht, 2004, S. 63; *Mann*, Die Gültigkeit der Rechtswahl- und Gerichtsstandsklausel und das IPR, NJW 1984, 2740; *ders.*, Die internationalprivatrechtliche Parteiautonomie in der Rechtsprechung des BGH, JZ 1962, 6; *Mansel*, Kollisions- und zuständigkeitsrechtlicher Gleichlauf der vertraglichen und deliktischen Haftung – Zugleich ein Beitrag zur Rechtswahl durch Prozeßverhalten, ZVglRWiss. 86 (1987), 1; *Markert*, Rohstoffkonzessionen in der internationalen Schiedsgerichtsbarkeit, 1989; *Mengel*, Erhöhter völkerrechtlicher Schutz durch Stabilisierungsklauseln in Investitionsverträgen zwischen Drittstaaten und privaten Investoren?, RIW 1983, 739; *Merkt*, Investitionsschutz durch Stabilisierungsklauseln, 1990; *Meyer-Sparenberg*, Rechtswahlvereinbarung in Allgemeinen Geschäftsbedingungen, RIW 1989, 347; *Michaels*, Privatautonomie und Privatkodifikation. Zur Anwendbarkeit und Geltung allgemeiner Vertragsprinzipien, RabelsZ 62 (1998), 580; *Mincke*, Die Parteiautonomie – Rechtswahl oder Ortswahl?, IPRax 1985, 313; *P. Mitterer*, Die stillschweigende Wahl des Obligationsstatuts nach der Neufassung des EGBGB vom 1.9.1986, Diss. Regensburg 1993; *Möllenhoff*, Nachträgliche Rechtswahl und Rechte Dritter, 1993; *Moser*, Vertragsschluß, Vertragsgültigkeit und Parteiwille im internationalen Obligationenrecht, 1948; *de Nova*, Wann ist ein Vertrag international?, in: FS Ferid 1978, S. 307; *Nygh*, Autonomy in International Contracts, 1999; *Ofner*, Voraussetzungen für das Vorliegen von schlüssiger Rechtswahl und Geltungsannahme gemäß § 35 Abs. 1 IPRG, ZfRV 36 (1995), 149; *Oschmann*, Faktische Grenzen der Rechtswahl, in: FS Sandrock 1995, S. 25; *Pfeiffer*, Grenzüberschreitende Internetverträge, in: Hohl/Leible/Sosnitza (Hrsg.), Vernetztes Recht, 2002, S. 21; *ders.*, Welches Recht gilt für elektronische Geschäfte, JuS 2004, 282; *Pfister*, Die nachträgliche Vereinbarung des Schuldstatuts, AWD 1973, 440; *Pierce*, Post-Formation Choice of Law in Contract, Mod. L. Rev. 50 (1987), 176; *Piltz*, Zum Ausschluß des Haager Einheitlichen Kaufrechts durch Rechtswahlklauseln, NJW 1986, 1405; *ders.*, Anwendbares Recht in grenzüberschreitenden Kaufverträgen, IPRax 1994, 191; *Pommier*, Principe d'autonomie et loi du contrat en droit international privé conventionnel, Paris 1992; *Pulkowski*, Internationale Zuständigkeit und anwendbares Recht bei Streitigkeiten aus grenzüberschreitenden Bauverträgen, IPRax 2001, 306; *Püls*, Parteiautonomie. Die Bedeutung des Parteiwillens und die Entwicklung seiner Schranken bei Schuldverträgen im deutschen Rechtsanwendungsrecht des 19. und 20. Jahrhunderts, 1996; *Raape*, Nachträgliche Vereinbarung des Schuldstatuts, in: FS Boehmer 1954, S. 111; *Rasmussen-Bonne*, Alternative Rechts- und Forumswahlklauseln, 1999; *Rauscher*, Europäisches Zivilprozessrecht, 2003; *Rees*, Die eindeutige Verknüpfung von Verträgen und ihre Auswirkung auf die Parteiautonomie, Diss. Zürich 1978; *Reimann*, Zur Lehre vom „rechtsordnungslosen" Vertrag, 1970; *Reinhart*, Zur nachträglichen Änderung des Vertragsstatuts nach Art. 27 Abs. 2 EGBGB durch Parteivereinbarung im Prozeß, IPRax 1995, 365; *Reithmann/Martiny*, Internationales Vertragsrecht, 6. Auflage 2004; *Remien*, Das anwendbare Recht bei elektronisch geschlossenen Verträgen, in: Leible (Hrsg.), Die Bedeutung des Internationalen Privatrechts im Zeitalter der neuen Medien, 2003, S. 21; *Rengeling*, Privatvölkerrechtliche Verträge, 1971; *Rinze*, The Scope of Party Autonomy under the 1980 Rome Convention on the Law Applicable to Contractual Obligations, J. B. L. 1994, 412; *W.-H. Roth*, Zur Wählbarkeit nichtstaatlichen Rechts, in: FS Jayme 2004, S. 757; *Sandrock*, „Versteinerungsklauseln" in Rechtswahlvereinbarungen für internationale Handelsverträge, in: FS Riesenfeld 1983, S. 211; *ders.*, Internationales Wirtschaftsrecht in Theorie und Praxis, 1995, S. 29; *ders.*, Die Bedeutung des Gesetzes zur Neuregelung des Internationalen Privatrechts für die Unternehmenspraxis, RIW 1986, 848; *ders.*, Zur ergänzenden Vertragsauslegung im materiellen und internationalen Schuldvertragsrecht, 1966; *Schaack*, Zu den Prinzipien der Privatautonomie im deutschen und französischen Rechtsanwendungsrecht, 1990; *ders.*, Keine stillschweigende Rechtswahl im Prozeß!, IPRax 1986, 272; *ders.*, Rechtswahl im Prozeß?, NJW 1984, 2736; *Scheuch*, Luftbeförderung und Chartervertrag unter besonderer Berücksichtigung des IPR, 1979; *Schmeding*, Zur Bedeutung der Rechtswahl im Kollisionsrecht, RabelsZ 41 (1977), 299; *Schmitz*, Haftungsausschlußklauseln nach englischem und internationalem Privatrecht, 1977; *Schnitzer*, Die funktionelle Anknüpfung im internationalen Vertragsrecht, in: FG Schönenberger 1968, S. 387; *ders.*, Die Zuordnung der Verträge im IPR, RabelsZ 33 (1969), 17; *Schröder*, Auslegung und Rechtswahl, IPRax 1985, 131; *ders.*, Vom Sinn der Verweisung im internationalen Schuldvertragsrecht, IPRax 1987, 90; *Schwander*, Subjektivismus in der Anknüpfung im internationalen Privatrecht, in: FS Lalive 1993, S. 181; *ders.*, Zur Rechtswahl im IPR des Schuldvertragsrechts, in: FS Keller 1989, S. 473; *Schwimann*, Rechtswahl durch die Parteien im neuen IPR, JBl 1981, 617; *Schwung*, Die Grenzen der freien Rechtswahl im Internationalen Vertragsrecht, WM 1984, 1301; *Segerath*, Die Teilverweisung der Parteien im internationalen Obligationenrecht, Diss. Basel 1961; *Siehr*, Die Parteiautonomie im Internationalen Privatrecht, FS Keller 1989, S. 485; *Simitis*, Aufgaben und Grenzen der Parteiautonomie im internationalen Vertragsrecht, JuS 1966, 209; *Spellenberg*, Atypischer Grundstücksvertrag, Teilrechtswahl und nicht ausgeübte Vollmacht, IPRax 1990, 295; *Spickhoff*, Der ordre public im internationalen Privatrecht, 1989; *ders.*, Internationales Handelsrecht vor Schiedsgerichten und staatlichen Gerichten, RabelsZ 56 (1992), 116; *ders.*, Internationales Handelsrecht vor Schiedsgerichten und staatlichen Gerichten, RabelsZ 56 (1992), 116; *ders.*, Nachträgliche Rechtswahl: Interlokales und intertemporales Kollisionsrecht, Form, Rückwirkung und Beweislast, IPRax 1998, 462; *ders.*, Richterliche Aufklärungspflicht und materielles Recht, 1999; *Stankewitsch*, Entscheidungsnormen im IPR als Wirksamkeitsvoraussetzungen der Rechtswahl, 2003; *Staudinger*, Anknüpfung von Gerichtsstandsvereinbarungen und Versicherungsverträgen, in: Leible (Hrsg.), Das Grünbuch zum Internationalen Vertragsrecht, 2004, S. 37; *Stein*, Lex mercatoria – Realität und Theorie, 1995; *ders.*, The Drafting of Effective Choice-of-Law Clauses, J. Int. Arb. 8 (1991), 69; *Steiner*, Die stillschweigende Rechtswahl im Prozeß im System der subjektiven Anknüpfungen im deutschen IPR, 1998; *Steinle*, Konkludente Rechtswahl und objektive Anknüpfung nach altem und neuem deutschen Internationalen Vertragsrecht, ZVglRWiss. 93 (1994), 300; *Stoll*, Das Statut der Rechtswahlvereinbarung – eine irreführende Konstruktion, in: FS Heini 1995, S. 429; *ders.*, Dinglicher Gerichtsstand, Vertragsstatut und Realstatut bei Vereinbarungen zum Miteigentümerverhältnis, IPRax 1999, 29; *ders.*, Rechtsnatur und Bestandsschutz von Vereinbarungen zwischen Staaten und ausländischen privaten Investoren, RIW 1981, 808; *ders.*, Vereinbarungen zwischen Staat und ausländischem Investor, 1982; *Straub*, Zwei Wechselfälle der Parteiautonomie, IPRax 1994, 241; *Sturm*, Fakultatives Kollisionsrecht – Notwendigkeit und Grenzen, in: FS Zweigert 1981, S. 329; *Sumampouw*, Rechtswahl im Vertragsrecht, RabelsZ 30 (1966), 334; *Tassikas*, Dispositives Recht und Rechtswahlfreiheit als Ausnahmebereiche der EG-Grundfreiheiten, 2004; *Thode*, Die Bedeutung des neuen internationalen Schuldvertragsrechts für grenzüberschreitende Bauverträge, ZfBR 1989, 43; *Tiedemann*, Kollidierende AGB – Rechtswahlklauseln im österreichischen und deutschen IPR, IPRax 1991, 424; *Tschanz*, Contrats d'État et mesures unilatérales de l'État devant l'arbitre international, Rev. crit. dr. int. priv. 74 (1985), 47; *Umbricht*, Die immanenten Schranken der Rechtswahl im internationalen Schuldrecht, Diss. Zürich 1963; *Vander Elst*, Liberté, respect et protection de la volonté en droit international privé, in: Hommage à F. Rigaux, Brüssel 1993, S. 507; *Velten*, Die Anwendung des Völkerrechts auf State Contracts in der internationalen Schiedsgerichtsbarkeit, 1987; *Veltins*, Umfang und Grenzen von Rechtswahlklauseln, JbPraxSch 3 (1989), 126; *Vischer*, Veränderungen des Vertragsstatuts und ihre Folgen, in: FS Keller 1989, S. 547; *ders.*, Internationales Vertragsrecht, 1962; *Wälde*, Transnationale Investitionsverträge, RabelsZ 42 (1978), 28; *Weise*, Lex mercatoria, 1990; *Wengler*, Allgemeine Rechtsgrundsätze als wählbares Geschäftsstatut?, ZfRV 23 (1982), 11; *ders.*, IPR-Rechtsnormen und Wahl des Vertragsstatuts, 1991; *ders.*, Rechtswahl unter Zwang, in: FS Lalive 1993, S. 211; *Wenner*, Die HOAI im internationalen Rechtsverkehr, RIW 1998, 173; *ders.*, Internationale Architektenverträge, insbes. das Verhältnis Schuldstatut – HOAI, BauR 1993, 257; *von Westphalen*, Fallstricke bei Verträgen und Prozessen mit Auslandsberührung, NJW 1994, 2113; *Wichard*, Die Anwendung der UNIDROIT – Prinzipien für internationale Handelsverträge durch Schiedsgerichte und staatliche Gerichte, RabelsZ 60 (1996), 269; *Wicki*, Zur Dogmengeschichte der Parteiautonomie im Internationalen Privatrecht, 1965; *Wiesner*, Die Zulässigkeit der kollisionsrechtlichen Teilverweisung im internationalen Obligationenrecht, Diss. Regensburg 1971; *Wilderspin*, Les perspectives d'une révision de la convention de Rome sur la loi applicable aux obligations contractuelles, in: Fuchs/Muir Watt/Pataut (Hrsg.), Les conflits de lois et le système communautaire, 2004, S. 173; *von Wilmowsky*, EG-Vertrag und kollisionsrechtliche Rechtswahlfreiheit, RabelsZ 62 (1998), 1; *Windmöller*, Die Vertragsspaltung im Internationalen Privatrecht des EGBGB und EGVVG, 2000; *Wohlgemuth*, Veränderungen im Bestand des Geltungsgebietes des Vertragsstatuts, 1979; *Zweigert*, Verträge zwischen staatlichen und nichtstaatlichen Partnern, BerGesVR 5 (1964), 194.

A. Allgemeines 1	4. Teilrechtswahl und bedingte Rechtswahl 36
I. Grundsatz 1	a) Teilrechtswahl (dépeçage) 36
II. Entwicklung 2	b) Optionale Rechtswahl (floating choice of law clauses) 40
III. Gründe für die Gewährung von Parteiautonomie 4	IV. Rechtswahl als Vertrag 43
IV. Regelungsziel und -struktur 7	1. Einigung 43
V. E-Commerce 9	a) Ausdrückliche Rechtswahl 43
B. Regelungsgehalt 10	b) Stillschweigende Rechtswahl 46
I. Geltung allgemeiner Regeln 10	aa) Grundsatz 46
1. Auslegung 10	bb) Gerichtsstandsvereinbarung . . . 48
2. Rück- und Weiterverweisung 11	cc) Schiedsgerichtsvereinbarung . . . 50
3. Ordre public 13	dd) Bezugnahme auf Normen oder Institute eines bestimmten Rechts 52
II. Verhältnis zu anderen Vorschriften 16	
1. Verhältnis zu Art. 28 16	
2. Verhältnis zu Artt. 29–30 17	ee) Prozessverhalten 54
3. Verhältnis zu Art. 34 20	ff) Sonstige Umstände 57
III. Freie Rechtswahl 21	2. Zeitpunkt 58
1. Grundsatz 21	a) Anfängliche Rechtswahl 58
2. Schranken 22	b) Nachträgliche Rechtswahl 59
3. Kreis der wählbaren Rechte 23	3. Zustandekommen und Wirksamkeit 65
a) Nationales Recht 23	a) Grundsatz 65
b) Stabilisierungs- und Versteinerungs- klauseln 24	b) Rechtswahl in AGB 68
	c) Form 72
aa) Versteinerungsklauseln 24	d) Verkehrsschutz 73
bb) Stabilisierungsklauseln 28	V. Unzureichende Auslandsberührung 74
c) Anationales Recht 29	**C. Internationale Zuständigkeit** 80
aa) Rechtsordnungsloser Vertrag . . 29	I. Überblick 80
bb) Allgemeine Rechtsprinzipien . . 30	II. EuGVVO 81
cc) Transnationales Handelsrecht (lex mercatoria) 31	III. EuGVÜ/LugÜ 93
	IV. Autonomes Recht 94
dd) Prinzipienkataloge 33	
ee) UN-Kaufrecht 35	

A. Allgemeines

I. Grundsatz

Parteiautonomie ist das kollisionsrechtliche Pendant zur Privatautonomie. Während mit Privatautonomie die Freiheit der Parteien bezeichnet wird, den materiellen Vertragsinhalt selbst zu bestimmen, meint **Parteiautonomie** die kollisionsrechtliche Freiheit der Rechtswahl. Systematisch sind Privat- und Parteiautonomie voneinander zu unterscheiden. Auch wenn es den Parteien im Rahmen der Privatautonomie verwehrt ist, die Geltung unabdingbarer innerstaatlicher Normen des materiellen Rechts auszuschließen, können sie das gewünschte Ergebnis im internationalen Rechtsverkehr gleichwohl durch die parteiautonome Wahl einer fremden Rechtsordnung erreichen. Die kollisionsrechtliche Freiheit kann also über die materiellrechtliche hinausreichen.

II. Entwicklung

2   Ansätze zur Gewährung von Rechtswahlfreiheit sollen bereits im ptolemäischen Ägypten vorhanden gewesen sein.[1] Gemeinhin wird jedoch *Dumoulin* als Begründer der Parteiautonomie angesehen.[2] In Rechtsprechung und Lehre ist man sich jedenfalls insbesondere seit *Savigny*[3] und *Mancini*[4] darüber einig, dass in erster Linie das von den Parteien gewollte Recht anzuwenden ist. Was dies im Einzelnen bedeutet, blieb freilich lange Zeit umstritten. Vor allem die deutsche Lehre zur Jahrhundertwende widersprach vehement der Annahme, die Bestimmung des maßgeblichen Rechts könne *allein* dem Willen der Parteien überlassen werden. Man wandte ein, dass der Wille der Parteien Rechtswirkungen nur insoweit auslösen könne, wie er vom Gesetz anerkannt würde. „Denn was die Parteien vereinbaren, ist rechtliche Luft, wenn nicht zuvor bereits eine Rechtsordnung maßgebend ist, aus der solche Abreden rechtliche Wirksamkeit schöpfen können."[5] Daher sei zunächst nach rein objektiver Anknüpfung die „primär" geltende Rechtsordnung zu ermitteln. Erst in einem weiteren Schritt könne gefragt werden, inwieweit die in ihr enthaltenen Normen es gestatten, der „Parteiverweisung" zu entsprechen. Die von den Parteien vorgenommene Rechtswahl wurde also nur als eine in heutiger Terminologie rein materiellrechtliche Verweisung begriffen.[6] Rechtsprechung und Lehre sind jedoch über diese Einwände zu Recht hinweggegangen.[7] Das RG ließ die kollisionsrechtliche Rechtswahl entgegen der Kritik der damals h.M. in der Literatur bereits frühzeitig zu.[8] Der BGH ist dem gefolgt.[9] Die Parteiautonomie hat sich zumindest im Internationalen Vertragsrecht als Anknüpfungsmaxime nahezu weltweit durchgesetzt[10] und kann als dessen wichtigster Grundsatz bezeichnet werden.[11] Im EGBGB steht sie an prominenter Stelle, nämlich zu Beginn des fünften Abschnitts. Art. 27 geht auf Art. 3 EVÜ[12] zurück. Parteiautonomie ist damit zumindest im Internationalen Vertragsrecht zu einem gemeineuropäischen Rechtsprinzip geworden, das auch von der Kommission in ihrem Grünbuch zum Internationalen Vertragsrecht[13] nicht infrage gestellt wird.

---

1   *Sturm*, in: FS E. Wolff 1985, S. 637.
2   So etwa *Gutzwiller*, Geschichte des Internationalprivatrechts, 1977, S. 74 und 78; *Meili*, Das internationale Civil- und Handelsrecht aufgrund der Theorie, Gesetzgebung und Praxis, 1902, S. 93; *Moser*, Vertragsschluss, Vertragsgültigkeit und Parteiwille im internationalen Obligationenrecht, 1948, S. 135; *Nussbaum*, Deutsches Internationales Privatrecht, 1932, S. 22 und 215; *Raape*, Internationales Privatrecht, 5. Aufl. 1961, S. 456; *Wicki*, Zur Dogmengeschichte der Parteiautonomie im Internationalen Privatrecht, 1965, S. 18 ff.; *M. Wolff*, Das Internationale Privatrecht Deutschlands, 3. Aufl. 1954, S. 14 (in Fn 12); a.A. *Gamillscheg*, Der Einfluss Dumoulins auf die Entwicklung des Kollisionsrechts, 1955, S. 110 ff.; ders., AcP 157 (1958), 303, 307; *Nygh*, Autonomy in International Contracts, S. 4.
3   Zwar spricht sich *Savigny* nicht explizit für die Verweisungsfreiheit aus, doch rechtfertigt er die Anwendung der Erfüllungsortregel mit der freiwilligen Unterwerfung der Parteien und gelangt damit – wenn auch unter anderen Prämissen – letztlich zum gleichen Erg., vgl. *Savigny*, System des heutigen Römischen Rechts, Band VIII (2. Neudruck 1981), S. 203 und 206.
4   Vgl. vor allem *Mancini*, Clunet 1 (1874), S. 221 ff., 285 ff., insb. 295 ff.
5   *Neumeyer*, Internationales Verwaltungsrecht, Bd. II (unveränd. Nachdruck von 1980), S. 456.
6   Vgl. bereits *Wächter*, AcP 25 (1842), 1, 35 f.; später ebenso *L. v. Bar*, Theorie und Praxis des Internationalen Privatrechts, Band II, 2. Aufl. 1889, S. 4 ff.; *Frankenstein*, Internationales Privatrecht, Band II, 1929, S. 159 ff.; *Gutzwiller*, Internationalprivatrecht, 1930, S. 1605; *Lewald*, Das deutsche Internationale Privatrecht auf der Grundlage der Rechtsprechung, 1931, S. 201 ff.; *Neumeyer*, Internationales Privatrecht, 2. Aufl. 1930, S. 6 und 29; *Zitelmann*, Internationales Privatrecht, Band II, 1912, S. 375. Eine ausf. Darstellung der Entwicklung findet sich u.a. bei *Püls*, Parteiautonomie.
7   Grundlegend *Haudek*, Die Bedeutung des Parteiwillens im Internationalen Privatrecht, 1931, S. 47 ff., und *Mayer*, NiemZ 44 (1931), 103, 121 ff.; vgl. weiterhin *Melchior*, Die Grundlagen des deutschen internationalen Privatrechts, 1932, S. 498 ff.; *Neumann*, Vertragsgültigkeit und Parteiwille in Lehre und Rechtsprechung des internationalen Schuldrechts, 1930.
8   Vgl. z.B. RGZ 4, 224, 247; 6, 125, 132; 34, 72, 81. Ausf. und m.w.N. zur Rspr. des RG *Püls*, Parteiautonomie, S. 126 ff.
9   Vgl. z.B. BGHZ 7, 231, 234; 7, 110, 111.
10 Kurzer rechtsvergleichender Überblick bei *Nygh*, S. 13 f.; vgl. außerdem *Lando*, in: International Enciclopedia of Comparative Law III, 1976, Kap. 24, Nr. 13–33; *Sandrock*, Handbuch der Internationalen Vertragsgestaltung I, 1980, Rn 263 ff.; *Vischer*, Internationales Vertragsrecht, S. 39 ff.
11 *Lalive*, Rec. des Cours 1967-I, 569 (621).
12 Römisches EWG-Übereinkommen über das auf vertragliche Schuldverhältnisse anzuwendende Recht v. 19.6.1980 (BGBl II 1986 S. 810) i.d.F. des 3. BeitrittsÜbk. v. 29.11.1996 (BGBl II 1999 S. 7).
13 „Grünbuch über die Umwandlung des Übereinkommens von Rom aus dem Jahre 1980 über das auf vertragliche Schuldverhältnisse anzuwendende Recht in ein Gemeinschaftsinstrument sowie über seine Aktualisierung", KOM (2002) 654 endg. und dazu *Ehle*, GPR 2003–04, 49; *Handig*, ecolex 2003, 290; *Magnus/Mankowski*, ZVglRWiss 2004, 131, 143; *Mankowski*, ZEuP 2003, 483; außerdem die Beiträge in: Leible, Das Grünbuch zum Internationalen Vertragsrecht, 2004.

Seine heutige Gestalt hat Art. 27 durch das IPRNG von 1986 erhalten. Die Vorschrift inkorporierte Art. 3 EVÜ in das deutsche Recht und ist seitdem unverändert geblieben. Sie hat sich in der Praxis bewährt. Der Änderungsbedarf ist, wenn er denn überhaupt besteht, allenfalls gering. Auch im Grünbuch zum Internationalen Vertragsrecht werden nur wenige Fragen zu Art. 3 EVÜ gestellt. Sie beschäftigen sich vornehmlich mit Einzelheiten der stillschweigenden Rechtswahl, dem Kreis der wählbaren Rechte und der Erweiterung der „Inlandsklausel" des Abs. 3 um Fälle eines ausschließlichen Gemeinschaftsbezugs.

III. Gründe für die Gewährung von Parteiautonomie

Positivrechtlich zu legitimieren vermag die freie Rechtswahl allein das geltende staatliche Recht, nicht jedoch ein wie auch immer ausgestaltetes Prinzip der persönlichen Freiheit. Die *lex fori* muss erklären, welches Recht anwendbar ist. Es sind daher die Kollisionsnormen des Forums und nicht die Parteien, die die für den Vertrag maßgeblichen internationalprivatrechtlichen Anknüpfungskriterien festlegen.[14] Sie bilden den „archimedischen Punkt", von dem aus die Geltung des inländischen materiellen Rechts aus den Angeln gehoben werden kann.[15]

Für die innere, sozusagen rechtspolitische Berechtigung der freien Rechtswahl sprechen viele Gründe: der Grundsatz *„in dubio pro libertates"*,[16] die Parallelität kollisions- und sachrechtlicher Wertungen,[17] der Gewinn an Rechtssicherheit,[18] die Überwindung ansonsten bestehender Anknüpfungsschwierigkeiten usw.[19] Die Parteiautonomie ermöglicht es den Parteien außerdem, die Rechtsordnung zu wählen, die ihren Interessen im Einzelfall am ehesten entspricht. Parteiautonomie dient damit nicht nur der Verwirklichung individueller Gerechtigkeit, sondern fördert gleichzeitig die internationalprivatrechtliche Gerechtigkeit. Denn es sind die Parteien selbst, die schließlich wissen müssen, „was ihnen frommt".[20] Eine allseitige Berücksichtigung aller für die Parteien wirtschaftlich relevanten Faktoren kann von objektiven Anknüpfungen offensichtlich nicht erbracht werden, da das Recht notwendigerweise abstrakt sein muss, um eine Vielzahl im Vorhinein nicht absehbarer Fälle erfassen zu können.

Letztlich ausschlaggebend für die Zulassung einer freien Rechtswahl ist jedoch die besondere Bedeutung, die dem menschlichen Willen in jeder einem freiheitlichen Menschenbild verschriebenen Rechtsordnung zukommt. Der Respekt vor der individuellen Entscheidung bildet eine Leitmaxime, die nicht nur das nationale, sondern auch das internationale Privatrecht beherrscht bzw. so weit als möglich beherrschen sollte. Manche halten die Rechtswahlfreiheit daher zumindest in ihrem Kern für durch die Verfassung gewährleistet.[21] Ein ähnlicher Gewährleistungsgehalt wird den europäischen Grundfreiheiten zugeschrieben.[22] Auf jeden Fall muss die Parteiautonomie im Zentrum eines gewandelten Kollisionsrechts stehen, das heute nicht mehr nur vornehmlich der Durchsetzung staatlicher Interessen dienen kann.[23] Parteiautonomie stellt sich insoweit *nicht* als Fortschreibung nationaler Privatautonomie dar, sondern ist Ausfluss eines überpositiven Autonomie- und Freiheitsgedankens;[24] denn wo sich aufgrund der Internationalität des Sachverhalts die Anwendung eines

---

14 *Kropholler*, IPR, S. 288; *Melchior* (Fn 7), S. 500; *Raape*, Internationales Privatrecht, 5. Aufl. 1961, S. 457; *Siehr*, in: FS Keller 1989, S. 485, 486; *Vischer*, Internationales Vertragsrecht, S. 24.
15 *Dölle*, RabelsZ 17 (1952), 170, 173 f.); *Neuhaus*, Die Grundbegriffe des internationalen Privatrechts, 2. Aufl. 1976, S. 256.
16 *Kropholler*, IPR, S. 267; *Neuhaus*, Die Grundbegriffe des internationalen Privatrechts, 2. Aufl. 1976, S. 257.
17 *Kropholler*, IPR, S. 267; *Neuhaus*, Die Grundbegriffe des internationalen Privatrechts, 2. Aufl. 1976, S. 257.
18 *Leible*, ZVglRWiss 97 (1998), 286 (289); *W.-H. Roth*, Internationales Versicherungsvertragsrecht, 1985, S. 435; *Schack*, Liber amicorum Kegel 2002, S. 179, 190; *Spellenberg*, Geschäftsstatut und Vollmacht im internationalen Privatrecht, 1979, S. 193.
19 Überblick bei *Schmeding*, RabelsZ 41 (1977), 298, 305 f.
20 *Raape*, Internationales Privatrecht, 5. Aufl. 1961, S. 458. Ähnlich *W.-H. Roth*, Internationales Versicherungsvertragsrecht, 1985, S. 436; *Spellenberg*, Geschäftsstatut und Vollmacht im internationalen Privatrecht, 1979, S. 192.
21 So z.B. *Beitzke*, Grundgesetz und Internationalprivatrecht, 1961, S. 16 f.; *Junker*, Internationales Arbeitsrecht im Konzern, 1992, S. 54; vgl. m.w.N. auch *Laufkötter*, Parteiautonomie im Internationalen Wettbewerbs- und Kartellrecht, 2001, S. 56 ff.; a.A. z.B. *Kühne*, Die Parteiautonomie im internationalen Erbrecht, 1973, S. 30; *Neuhaus*, Die Grundbegriffe des internationalen Privatrechts, 2. Aufl. 1976, S. 255.
22 Vgl. z.B. *von Wilmowsky*, Europäisches Kreditsicherungsrecht, 1996, S. 46; *ders.*, RabelsZ 62 (1998), 1, 5; ähnlich *Drasch*, Das Herkunftslandprinzip im internationalen Privatrecht, 1997, S. 244 ff.; *Freitag*, Der Einfluss des Europäischen Gemeinschaftsrechts auf das Internationale Produkthaftungsrecht, 2000, S. 370; *Grundmann*, IPRax 1992, 1, 4.
23 *Flessner*, Interessenjurisprudenz im internationalen Privatrecht, 1990, S. 102 f.; *Keller/Siehr*, Allgemeine Lehren des internationalen Privatrechts, 1986, S. 372; *Junker*, IPRax 1993, 1, 2; *Püls*, Parteiautonomie. S. 162; *Sandrock*, in: FS Riesenfeld 1983, S. 211, 221.
24 Ähnlich *Jayme*, RdC 251 (1995), 9, 147 ff.

bestimmten Rechts nicht mehr von selbst versteht, ist es für die Parteien „die natürliche Reaktion, die rechtliche Ordnung ihrer Beziehungen selbst in die Hand zu nehmen".[25]

IV. Regelungsziel und -struktur

7 Art. 27 statuiert den Grundsatz der Privatautonomie: „Der Vertrag unterliegt dem von den Parteien gewählten Recht". Die Rechtswahl kann ausdrücklich, aber auch konkludent erfolgen und für den ganzen Vertrag oder auch nur einen Teil von ihm (*dépeçage*) getroffen werden (Abs. 1). Sie ist jederzeit möglich, doch lässt eine nachträgliche Rechtswahl die Formgültigkeit des Vertrages sowie Rechte Dritter unberührt (Abs. 2). Das Zustandekommen und die Wirksamkeit der Rechtswahl richten sich nach dem gleichen Recht, das für den Hauptvertrag gilt (Abs. 4).

8 Die Rechtswahl hat, sofern die Parteien nichts anderes vereinbart haben, grundsätzlich kollisionsrechtliche Wirkung. Das bei objektiver Anknüpfung eigentlich anwendbare Recht wird – unter Ausnahme seiner Eingriffsnormen (Art. 34) – insgesamt verdrängt. Ist der Sachverhalt – abgesehen von der Rechtswahl- und/oder einer Gerichtsstandsvereinbarung – im Zeitpunkt der Rechtswahl allerdings nur mit einem Staat verbunden, so bleiben die zwingenden Bestimmungen dieses Staates von ihr unberührt (Abs. 4). Die Rechtswahl hat dann eine nur materiellrechtliche Wirkung.

V. E-Commerce

9 Art. 27 ist auch bei Schuldverträgen im E-Commerce zu beachten. Denn gem. § 4 Abs. 2 Nr. 1 TDG wird „die Freiheit der Rechtswahl" ausdrücklich vom kollisionsrechtlich zu verstehenden Herkunftslandprinzip[26] des § 4 TDG nicht berührt. Das Regelungsregime des Art. 27 gibt daher auch für die Anknüpfung von Schuldverträgen im elektronischen Geschäftsverkehr Maß.[27]

B. Regelungsgehalt

I. Geltung allgemeiner Regeln

10 **1. Auslegung.** Art. 27 inkorporiert Art. 3 EVÜ in deutsches Recht und ist daher gem. Art. 36 unter Berücksichtigung der in anderen Vertragsstaaten des EVÜ ergangenen Rechtsprechung **autonom-rechtsvergleichend** auszulegen. Gleiches gilt für die Qualifikation, bei der auf die rechtsvergleichende Qualifikationsmethode zurückzugreifen ist. Nachdem Belgien endlich das zweite Auslegungsprotokoll zum EVÜ ratifiziert hat,[28] sollte von den in Art. 2 des ersten Auslegungsprotokolls aufgeführten Gerichten (BGH und Rechtsmittelgerichte) in entscheidungserheblichen Zweifelsfragen eine Vorabentscheidung des EuGH zur Auslegung der inkorporierten Norm des Art. 3 EVÜ eingeholt werden.

11 **2. Rück- und Weiterverweisung.** Die von Abs. 1 ausgesprochene Verweisung ist gem. Art. 35 Abs. 1 grundsätzlich eine Sachnormverweisung, führt also direkt zu den Sachvorschriften des Staates, auf dessen Recht verwiesen wurde. Rück- und Weiterverweisung sind daher unbeachtlich. Den Parteien steht es allerdings frei, auch eine Gesamtverweisung zu vereinbaren; denn der Wortlaut des Art. 35 Abs. 1, der der allgemeinen Regelung des Art. 4 Abs. 2 vorgeht, schließt die Wahl eines ausländischen Kollisionsrechts nicht ausdrücklich aus.[29] Dann soll man den rechtswahlbefugten Parteien auch die Wahl eines ausländischen Kollisionsrechts gestatten, sofern sie es denn eindeutig genug vereinbart haben. In Schiedsvereinbarungen können sie es ohnehin.[30]

12 Umfasst **ein Staat mehrere Gebietseinheiten**, von denen jede für vertragliche Schuldverhältnisse ihre eigenen Rechtsvorschriften hat (USA, Kanada, Australien, Großbritannien usw.), können die Parteien unmittelbar das Recht einer Gebietseinheit wählen, etwa das Recht des Staates Kalifornien. Die Verweisung führt dann direkt zu den kalifornischen Sachvorschriften, da gem. Art. 35 Abs. 2 jede Gebietseinheit als

---

25 *Flessner*, Interessenjurisprudenz im internationalen Privatrecht, 1990, S. 100; *Junker*, IPRax 1993, 1, 2.
26 Vgl. dazu m.w.N. *Leible*, in: Nordhausen, Neue Entwicklungen in der Dienstleistungs- und Warenverkehrsfreiheit, 2002, S. 71, 78 ff. und 86.
27 Vgl. dazu auch m.w.N. MüKo/*Martiny*, nach Art. 34 EGBGB Rn 41.
28 Vgl. dazu *Dutta/Volders*, EuZW 2004, 556.
29 Czernich/Heiss/*Czernich*, Art. 15 EVÜ Rn 5; *Freitag/Leible*, ZVglRWiss 99 (2000), 101, 140; Staudinger/*Hausmann*, Art. 35 EGBGB Rn 8; Soergel/*v. Hoffmann*, Art. 35 EGBGB Rn 7; Erman/

Hohloch, Art. 4 EGBGB Rn 14; *Kropholler*, IPR, S. 173; MüKo/*Martiny*, Art. 35 EGBGB Rn 4 ff.; Reithmann/Martiny/*Martiny*, Rn 177; Staudinger/ *Magnus*, Art. 27 EGBGB Rn 14; *v. Bar/Mankowski*, IPR I, § 7 Rn 938; a.A. Palandt/*Heldrich*, Art. 27 EGBGB Rn 2; *Looschelders*, Art. 27 Rn 2; *W. Lorenz*, IPRax 1987, 269, 276; MüKo/*Sonnenberger*, Art. 4 Rn 71; Bamberger/Roth/*Spickhoff*, Art. 35 EGBGB Rn 3.
30 Das gestehen auch die Vertreter der Gegenauffassung (vorige Fn) zu, vgl. *Looschelders*, Art. 27 Rn 3; *v. Bar*, IPR II, Rn 424.

Staat zu behandeln ist. Ein möglicherweise existentes interlokales Privatrecht des Zentralstaates wird dadurch ausgeschaltet. Wird allerdings nur das Recht des Zentralstaates gewählt, etwa „amerikanisches Recht",[31] geht die Verweisung ins Leere. Dann ist durch Auslegung zu ermitteln, ob die Parteien das Recht einer Gebietseinheit zur Anwendung bringen wollten. Lässt sich ein dahin gehender Parteiwille nicht feststellen, ist die Rechtswahl unwirksam und stattdessen objektiv anzuknüpfen.[32]

3. Ordre public. Art. 6 ist zwar auch im Internationalen Schuldvertragsrecht anwendbar, die praktische Relevanz der *ordre-public*-Klausel ist allerdings gering, da bereits mit den Artt. 29–30, 34 Normen zur Verfügung stehen, die einen kollisionsrechtlichen Schwächerenschutz sicherstellen und helfen, einen Widerspruch zu öffentlichen Interessen zu vermeiden sowie die Geltung unbedingte Anwendung erheischenden zwingenden Rechts zu gewährleisten.

Ein *ordre-public*-Verstoß wurde etwa angenommen bei der Inanspruchnahme eines **Bürgen**, der sich für die Verbindlichkeiten seines im Ausland gelegenen Unternehmens verbürgt hatte, wenn die im Inland ansässige Bürgschaftsgläubigerin von demjenigen ausländischen Staat beherrscht wird, der sämtliche Anteile des Bürgen an der Hauptschuldnerin entschädigungslos enteignet hat.[33] *Ordre-public*-Verstöße sind weiterhin möglich bei Bürgschaften geschäftlich unerfahrener Personen für Verbindlichkeiten naher Angehöriger.[34] Bei **Schadensersatzansprüchen** ist zu differenzieren. Ob die Voraussetzungen und Folgen des Schadensersatzanspruchs mit denen des ausländischen Rechts übereinstimmen, gehört grundsätzlich nicht zur deutschen öffentlichen Ordnung,[35] wohl aber die Zubilligung exorbitanter Schadensersatzansprüche mit Strafcharakter (*punitive damages*).[36] Korrigiert werden kann auch die Vereinbarung übermäßiger Vertragsstrafen, wenn das Schuldstatut keine Korrekturmöglichkeiten kennt.[37] Als Beispiel für eine *ordre-public*-Widrigkeit wird mitunter die nach ausländischem Vertragsstatut bestehende Durchsetzbarkeit von Ansprüchen, die nach deutschem Verständnis Naturalobligationen sind, angeführt, etwa bei Spiel- und Wettverträgen oder Differenzgeschäften.[38] Dabei ist – jedenfalls im Anwendungsbereich der europäischen Grundfreiheiten – freilich Vorsicht geboten.[39]

Art. 6 erlaubt nur eine Korrektur des ausländischen Vertragsstatuts, kann aber grundsätzlich nicht zur Unwirksamkeit der Rechtswahlvereinbarung führen.[40] Ausnahmen sind allenfalls dann denkbar, wenn die Rechtswahlvereinbarung durch Täuschung oder Drohung herbeigeführt wurde und das gewählte Recht keine Vorschriften enthält, die den Mindesterfordernissen zum Schutz des Getäuschten oder Bedrohten entsprechen.[41]

II. Verhältnis zu anderen Vorschriften

1. Verhältnis zu Art. 28. Art. 27 ist die „Königsnorm", Art. 28 ihr untergeordnet. Zu einer objektiven Anknüpfung kann es nur kommen, wenn es an einer Rechtswahlvereinbarung fehlt, sie unwirksam ist oder sich auf einen Teil des Vertrages beschränkt.

2. Verhältnis zu Artt. 29–30. Artt. 29 Abs. 1, 30 Abs. 1 setzen den Grundsatz der freien Rechtswahl nicht außer Kraft, sondern vielmehr das Vorliegen einer wirksam zustande gekommenen Rechtswahlvereinbarung (Artt. 27 Abs. 4, 31) voraus. Das gewählte Recht ist auch grundsätzlich anwendbar. Verbraucher- und

---

31 Vgl. dazu OLG München IPRax 1983, 120.
32 *Looschelders*, Art. 27 Rn 5; Staudinger/*Magnus*, Art. 27 EGBGB Rn 38; Reithmann/Martiny/*Martiny*, Rn 179; *v. Bar*, IPR II, Rn 464.
33 BGHZ 104, 240.
34 So unter Hinw. auf die einschlägige BGH- und BVerfG-Rspr. *Dörner*, in: FS Sandrock 2000, S. 205; *Looschelders*, Art. 27 Rn 8; Staudinger/*Magnus*, Art. 28 EGBGB Rn 503; vorsichtiger *Martiny*, ZEuP 1995, 67, 86.
35 BGHZ 141, 286, 299; ähnlich BGHZ 118, 312, 330 f.
36 BGHZ 118, 312, 334 ff.; *Looschelders*, Art. 27 Rn 7; Staudinger/*Magnus*, Art. 27 EGBGB Rn 19.
37 Erman/*Hohloch*, Art. 32 EGBGB Rn 12; Reithmann/Martiny/*Martiny*, Rn 281; a.A. *Rau*, RIW 1978, 23, 26; rechtsvergleichend zur Moderationsmöglichkeit *Leible*, ZEuP 2000, 322.
38 Palandt/*Heldrich*, Art. 6 EGBGB Rn 16; *Looschelders*, Art. 27 Rn 8, unter Hinw. auf OLG Hamm NJW-RR 1997, 1007, 1008; LG Mönchengladbach WM 1994, 1374. Vgl. zu Börsen- oder Warentermingeschäften u.a. OLG Köln OLGR 1998, 166; OLG München OLGR 2003, 330.
39 Vgl. dazu *Leible*, Wege zu einem Europäischen Privatrecht, 2005, § 4 D IV 3b, aa; *Remien*, Zwingendes Vertragsrecht und Grundfreiheiten des EG-Vertrags, 2003, S. 367 ff., sowie EuGH Slg. 1978, 1971 – Koestler.
40 Palandt/*Heldrich*, Art. 27 EGBGB Rn 3; Staudinger/*Magnus*, Art. 27 EGBGB Rn 9; MüKo/*Martiny*, Art. 27 EGBGB Rn 94; a.A. LG Berlin NJW-RR 1995, 754, 755.
41 Zutr. *Looschelders*, Art. 27 Rn 9; allg. zum Schutz vor Täuschung und Bedrohung als Bestandteil des deutschen *ordre public* Reithmann/Martiny/*Martiny*, Rn 246.

arbeitnehmerschützende Vorschriften des Aufenthaltsstaats des Verbrauchers bzw. des objektiven Arbeitsvertragsstatuts sind lediglich dann anzuwenden, wenn sie für den Verbraucher bzw. Arbeitnehmer günstiger als das gewählte Recht sind.

18 Sowohl bei Verbraucher- als auch bei Arbeitsverträgen kann die Rechtswahl ausdrücklich oder stillschweigend, anfänglich oder nachträglich erfolgen und sich auch nur auf einen Teil des Vertrags beschränken. Bei reinen Inlandsfällen kommt Abs. 3 der Vorrang vor Artt. 29 Abs. 1 bzw. 30 Abs. 1 zu.

19 Art. 29a greift nur, sofern der Anwendungsbereich des Art. 29 nicht eröffnet ist, und führt zu einer partiellen Wirkungsbegrenzung des Art. 27. Sind die Anwendungsvoraussetzungen des Art. 29a erfüllt, gelangt das der Umsetzung der in Abs. 4 aufgeführten Richtlinien dienende Recht des EG-/EWR-Staates zur Anwendung, zu dem der Sachverhalt die engste Beziehung hat.

20 **3. Verhältnis zu Art. 34.** Art. 34 berührt die Rechtswahl als solche nicht, sondern gestattet als Öffnungsklausel lediglich die Durchsetzung deutscher Normen mit unbedingtem Anwendungswillen gegen ein ausländisches Vertragsstatut.

III. Freie Rechtswahl

21 **1. Grundsatz.** Art. 3 EVÜ verwirklicht erstmals für alle (Alt-)Mitgliedstaaten der EG und damit über Art. 27 auch für Deutschland das Prinzip der freien Rechtswahl. Wählbar ist jedes nationale Recht. Der Sachverhalt braucht keinen besonderen sachlichen oder räumlichen Bezug zum gewählten Recht aufzuweisen. Auch ein besonderes Interesse der Parteien an der gewählten Rechtsordnung wird nicht verlangt.[42] Der Wille der Parteien findet vorbehaltlose Anerkennung. Selbst eine Teilrechtswahl oder eine nachträgliche Änderung des Vertragsstatuts ist möglich.

22 **2. Schranken.** Handlungsfreiheit eröffnet immer die Möglichkeit missbräuchlichen Handelns. Sind die Verhandlungspositionen ungleich, kann sich der Stärkere gegen den Schwächeren durchsetzen. Und bei gleicher Verhandlungsstärke mögen die Parteien versucht sein, staatliche Vorschriften durch Ausweichen auf ein anderes Recht zu umgehen oder Dritten durch eine nachträgliche Veränderung des Vertragsstatuts bis dahin zustehende Rechte zu entziehen. Der Parteiautonomie werden daher, zumindest in bestimmten Teilbereichen, auch Grenzen gezogen. Abs. 3 gesteht der Rechtswahl bei fehlendem Auslandsbezug keine kollisions-, sondern eine lediglich materiellrechtliche Wirkung zu. Erfolgt die Rechtswahl nachträglich, bleiben Rechte Dritter unberührt (Abs. 2 S. 2). Seit den Siebzigerjahren des vergangenen Jahrhunderts besonders ausgeprägt ist der kollisionsrechtliche Schwächerenschutz, der sich vor allem durch Sonderanknüpfungen im Verbrauchervertragsrecht (Artt. 29, 29a), im Arbeitsvertragsrecht (Art. 30) und im Versicherungsvertragsrecht (§§ 7 ff. EGVVG) manifestiert. Wichtigen Staatsinteressen dienende nationale Normen werden bei hinreichendem Inlandsbezug gegen das fremde Vertragsstatut durchgesetzt (Art. 34). Vor als mit nationalen Gerechtigkeitsvorstellungen schlichtweg unvereinbar empfundenen Ergebnissen der Anwendung ausländischen Rechts schützt schließlich Art. 6. All dies schränkt die Zulässigkeit der Rechtswahl als solcher freilich nicht ein, sondern beschränkt lediglich ihre Wirkungen.[43]

23 **3. Kreis der wählbaren Rechte. a) Nationales Recht.** Die Frage, ob der Kreis wählbarer Rechte begrenzt ist oder die Parteien jede ihnen beliebige Rechtsordnung wählen dürfen, hat ganze Generationen von Kollisionsrechtlern beschäftigt. Mittlerweile ist jedoch nahezu unumstritten, dass die Parteien ihren Vertrag dem Recht eines jeden Staates dieser Welt unterstellen können und es weder eines besonderen sachlichen oder räumlichen Bezugs zum gewählten Recht bedarf noch ein besonderes Interesse der Parteien gerade an dem gewählten Recht bestehen muss.[44] Die Parteien können und sollen fernab von staatlicher Kontrolle selbst entscheiden. Damit wird ihnen vor allem die Möglichkeit der Wahl eines neutralen Rechts eröffnet, für die in der Praxis viele Gründe sprechen können (kein Konsens über die Wahl des Rechts einer

---

[42] Zweifelnd freilich immer noch *Kegel/Schurig*, § 18 I 1c (S. 653): „irgendein anerkennenswertes Interesse an der Herrschaft des gewählten Rechts muss erkennbar sein". Aber warum? Und wer schwingt sich zur Bewertung der Parteiinteressen auf?

[43] Staudinger/*Magnus*, Art. 27 EGBGB Rn 26.

[44] OLG Frankfurt IPRax 1990, 236, 239; Czernich/Heiss/*Heiss*, Art. 3 EVÜ Rn 43; Palandt/*Heldrich*, Art. 27 EGBGB Rn 3; Erman/*Hohloch*, Art. 27 EGBGB Rn 7; Soergel/*v. Hoffmann*, Art. 27 EGBGB Rn 7; *Looschelders*, Art. 27 Rn 11; Staudinger/*Magnus*, Art. 27 EGBGB Rn 35; Bamberger/Roth/*Spickhoff*, Art. 27 EGBGB Rn 7; a.A. *Kegel/Schurig*, § 18 I 1c (S. 653).

der Parteien,[45] Verträge mit ausländischen Staaten, besonders ausgeprägte Regeln für einen bestimmten Vertragstyp,[46] Gleichlauf mit einer Gerichtsstandsklausel etc.).[47]

b) Stabilisierungs- und Versteinerungsklauseln. aa) Versteinerungsklauseln. Gewählt werden kann immer nur geltendes Recht. Die Wahl außer Kraft getretenen Rechts, etwa römischen Rechts oder des Rechts der DDR, ist zwar nicht unzulässig,[48] aber nur als materiellrechtliche Verweisung beachtlich.[49]

24

Recht ist nicht statisch, sondern einem ständigen Wandel unterworfen. Das anwendbare Recht und seine stets mitgewählten intertemporalen Vorschriften haben zu erklären, ob und wie sich Änderungen auf unter altem Recht abgeschlossene Verträge auswirken.[50] Vor allem bei Dauerschuldverhältnissen, sich abzeichnenden politischen Reformen oder beim Handel mit Geschäftspartnern in politisch unruhigen Weltgegenden kann aber das Bedürfnis bestehen, das zum Vertragsstatut berufene Recht in seinem jetzigen Zustand festzuschreiben, es „einzufrieren" oder zu „versteinern".[51] Die Parteien können so sichergehen, dass sich ihre bei Abschluss des Vertrages erkennbaren Rechte und Pflichte während der Vertragslaufzeit nicht durch Rechts- oder Rechtsprechungsänderungen wandeln.

25

Die durch Versteinerungsklauseln (*freezing clauses*) bewirkte „zeitliche Arretierung" des vereinbarten Rechts wird von der h.M. zwar anerkannt, jedoch nur als materiellrechtliche Verweisung,[52] da nur dadurch gewährleistet sei, dass die – auch künftigen – zwingenden Bestimmungen des Vertragsstatuts unangetastet bleiben.[53] Damit wird den Parteien freilich in den seltensten Fällen geholfen sein, ist es doch regelmäßig das zwingende Recht, das Kopfzerbrechen bereitet. Überzeugende Gründe, warum die Vereinbarung einer Versteinerungsklausel nicht auch als kollisionsrechtliche Verweisung zulässig sein soll, sind nicht ersichtlich.[54] Schließlich wird der Vertrag durch eine zeitliche Fixierung des anwendbaren Rechts nicht rechtsordnungslos, sondern untersteht weiterhin einer Rechtsordnung, nur eben keiner „lebenden". Die Anwendung „toten" Rechts[55] ist außerdem auch dem Internationalen Privatrecht durchaus geläufig.[56] Klassisches Beispiel ist Art. 15 Abs. 1, der die güterrechtlichen Wirkungen der Ehe dem bei der Eheschließung für die allgemeinen Wirkungen der Ehe maßgebenden Recht unterstellt.[57] Als Grund für die Unwandelbarkeit des Ehegüterstatuts wird u.a. die äußere Rechtssicherheit ins Feld geführt.[58] Rechtssicherheit ist aber auch eines der entscheidenden Begründungselemente für die Zulässigkeit parteiautonomen Handelns im Internationalen Vertragsrecht. Eine gerichtliche Anwendung „toten" Rechts ist zudem in weiteren Fällen möglich. So darf der Richter z.B. auf die früher geltenden Vorschriften der *lex causae* zurückgreifen, wenn sich der Inhalt der derzeit geltenden

26

---

45 Allg. dazu *Mankowski*, RIW 2003, 2, 4.
46 Gängiges Beispiel ist die Wahl englischen Rechts für Getreidelieferungsverträge wegen der führenden Rolle der London Corn Trade Association, vgl. *v. Hoffmann*, IPR, S. 396. Abweichend freilich *Hanebuth*, zit. bei *Remien*, RabelsZ 56 (1992), 300, 310. Allg. dazu *Mankowski*, RIW 2003, 2, 6 f.
47 Vgl. zur Vereinbarung neutralen Rechts in internationalen Verträgen auch *Bendref*, RIW 1980, 386; *Mankowski*, RIW 2003, 2, 4 ff.
48 So jedoch Staudinger/*Magnus*, Art. 27 EGBGB Rn 40.
49 Erman/*Hohloch*, Art. 27 EGBGB Rn 10; *Looschelders*, Art. 27 Rn 14; Bamberger/Roth/*Spickhoff*, Art. 27 EGBGB Rn 9; *v. Bar*, IPR II, Rn 482.
50 Reithmann/Martiny/*Martiny*, Rn 69; vgl. auch Art. 3 der Resolution des Institut de Droit International (Tagung Dijon 1982), Annuaire de l'Institut de Droit International, Session de Dijon, 1982, Vol. 59 II, 249: „L'effet dans le temps d'un changement dans le droit applicable est determiné par ce droit".
51 Vgl. den Formulierungsvorschlag für eine derartige „Versteinerungsklausel" bei *Sandrock*, in: FS Riesenfeld 1983, S. 211: „Die Vorschriften dieses Rechts sollen in derjenigen Fassung maßgeblich sein, in der sie zum Zeitpunkt des Wirksamwerdens dieser Rechtswahlvereinbarung gelten; spätere Änderungen des gewählten Rechts sollen also nicht berücksichtigt werden, ohne Rücksicht darauf, ob sie durch Gesetz bewirkt werden oder auf einen Wechsel in der Rechtsprechung zurückzuführen sind."

52 Soergel/*v. Hoffmann*, Art. 27 EGBGB Rn 23; Erman/*Hohloch*, Art. 27 EGBGB Rn 10; *Looschelders*, Art. 27 Rn 15; Staudinger/*Magnus*, Art. 27 EGBGB Rn 41; MüKo/*Martiny*, Art. 27 EGBGB Rn 24; Reithmann/Martiny/*Martiny*, Rn 81; Bamberger/Roth/*Spickhoff*, Art. 27 EGBGB Rn 9; *v. Bar*, IPR II, Rn 482.
53 Vgl. auch Art. 8 der Baseler Resolution des Institut de Droit International von 1991, abgedruckt bei *Jayme*, IPRax 1991, 429 (430) = RabelsZ 56 (1992) 560 mit Bericht *Rigaux*, ebda., 547: „Si les parties conviennent que la loi choisie doit être entendue comme celle en vigeur au moment de la conclusion du contrat, ses dispositions seront appliquées comme clauses matérielles incorporées dans le contrat; si toutefois, cette lois a été modifiée ou abrogée par des règles qui entendent impérativement régir les contrats en cours, ces règles doivent être appliquées".
54 Für eine kollisionsrechtliche Wirkung daher Palandt/*Heldrich*, Art. 32 EGBGB Rn 1; *Leible*, ZVglRWiss 97 (1998), 286, 305 f.; *ders.*, in: FS Jayme 2004, S. 485, 490; *Nygh*, Autonomy in International Contracts, S. 66; *Sandrock*, in: FS Riesenfeld 1983, S. 193, 211; *Vischer*, in: FS Keller 1989, S. 547, 552.
55 Das ist zu unterscheiden von der Wahl fremden Rechts!
56 Vgl. dazu z.B. *Makarov*, Grundriß des internationalen Privatrechts, 1970, S. 90 f.
57 Unter bestimmten Voraussetzungen kann es sogar zu einer Versteinerung des materiellen Rechts, also des Ehegüterstandes, kommen, vgl. Staudinger/*Mankowski*, Art. 15 EGBGB Rn 58 ff. m.w.N.
58 Vgl. BegrRegE BT-Drucks 10/504, S. 58.

Normen nicht mit hinreichender Sicherheit bestimmen lässt.[59] Gleiches ist möglich, wenn der Staat der *lex causae* einen Rechtssatz durch einen neuen Rechtssatz eingeschränkt und damit teilweise aufgehoben hat, der einschränkende Rechtssatz aber dem deutschen *ordre public* widerspricht.[60] Gestattet wird sie schließlich auch bei einem Souveränitätswechsel,[61] u.U. nach einer Revolution[62] oder der grundlegenden Schiedsordnung eines institutionellen Schiedsgerichts.[63]

27 Auch wenn Versteinerungsklauseln daher entgegen der h.M. kollisionsrechtliche Wirkung zukommt, ist den Parteien eine Versteinerung von Eingriffsrecht gleichwohl verwehrt. Da überwiegend öffentlichen Interessen dienendes Recht der Parteidisposition entzogen ist, kann mit Hilfe der Parteiautonomie auch sein Inhalt nicht zeitlich fixiert werden.[64]

28 **bb) Stabilisierungsklauseln.** Kommt schon Versteinerungsklauseln eine kollisionsrechtliche Wirkung zu, muss Gleiches entgegen der h.M.[65] erst recht für die mitunter in Staatshandels- oder Investitionskontrakten vorzufindenden Stabilisierungsklauseln (*stabilization clauses*) gelten,[66] mittels deren sich Private vor nachträglichen Rechtsänderungen durch den als Vertragspartei beteiligten Staat schützen.[67]

29 **c) Anationales Recht. aa) Rechtsordnungsloser Vertrag.** Der Vertrag allein kann nicht einzige Grundlage der Rechte und Pflichten der Parteien sein; denn „in absence of any ‚jus cogens' international trade would be ruled by jungle law".[68] Es bedarf daher einer den Vertrag kontrollierenden Rechtsordnung. Einen rechtsordnungslosen Vertrag kann es nicht geben.[69] Der Vertrag ist trotz einer Abwahl aller Rechtsordnungen objektiv anzuknüpfen.

30 **bb) Allgemeine Rechtsprinzipien.** Für zulässig gehalten wird jedoch die Wahl allgemeiner Rechtsprinzipien (*general principles of law*). Sie führt nach überwiegender Ansicht jedoch nur zu einer materiellrechtlichen Verweisung,[70] während manche ihr auch eine kollisionsrechtliche Wirkung zusprechen, z.T. allerdings beschränkt auf Verträge zwischen Privaten und Staaten.[71] Letzteres begegnet freilich, zumindest in Verfahren vor staatlichen Gerichten, Bedenken, da die Ermittlung allgemeiner Rechtsprinzipien zwar theoretisch möglich, praktisch aber kaum durchführbar ist.[72] Unklar ist außerdem, wie allgemein ein Rechtsprinzip sein muss, damit es ein „allgemeines Rechtsprinzip" sein kann.[73]

---

59 *Koch/Magnus/Winkler von Mohrenfels*, S. 21; *Raape/Sturm*, IPR, Bd. I, § 17 II 5m (S, 311); *Sandrock*, in: FS Riesenfeld 1983, S. 211, 229.
60 *M. Wolff*, Das Internationale Privatrecht Deutschlands, 3. Aufl. 1954, S. 85.
61 RGZ 107, 121, 123; 108, 298, 303; 121, 337, 341; 131, 41, 48 f.
62 BayObLG JW 1928, 2030.
63 OLG Frankfurt, VersR 1983, 299.
64 *Leible*, ZVglRWiss 97 (1998), 286, 307; *Sandrock*, in: FS Riesenfeld 1983, S. 211, 223. Wohl auch *Vischer*, in: FS Keller 1989, S. 547, 553. Etwas anderes mag bei den Stabilisierungsklauseln gelten, da bei ihnen ja nicht ein Privater, sondern der Staat über *seine* Eingriffsnormen disponiert.
65 Die h.M. knüpft die Zulässigkeit von Stabilisierungsklauseln an die *lex causae* und lehnt damit wiederum eine kollisionsrechtliche Wirkung der Verweisung ab, vgl. Erman/*Hohloch*, Art. 27 EGBGB Rn 10; *Lagarde*, Rev. crit. dr. int. priv. 80 (1991), 287, 303; *Looschelders*, Art. 27 Rn 15; Staudinger/*Magnus*, Art. 27 EGBGB Rn 42; Reithmann/Martiny/*Martiny*, Rn 81; Bamberger/Roth/*Spickhoff*, Art. 27 EGBGB Rn 9; *v. Bar*, IPR II, Rn 482.
66 *Leible*, ZVglRWiss 97 (1998), 286, 307; *Sandrock*, in: FS Riesenfeld 1983, S. 211, 215 ff.; *Vischer*, in: FS Keller 1989, S. 547, 550.
67 Dies geschieht i.d.R. durch eine Vereinbarung, dass spätere Rechtsänderungen den Vertrag nicht berühren. Vgl. näher zu Stabilisierungsklauseln u.a. *David*, Clunet 113 (1986), 79; *Fiedler*, Stabilisierungsklauseln und materielle Verweisung im internationalen Vertragsrecht; *Higgins*, Rec. des Cours 176 (1982-III) 259, 300 ff.; *Lalive*, Contrats entre Etats et Entreprises étatiques et Personnes privées, 1984, S. 76; *Mengel*, RIW 1983, 739; *Merkt*, Investitionsschutz durch Stabilisierungsklauseln; *Weil*, Rec. des Cours 128 (1969-III) 95, 226; *ders.*, Mélanges Rousseau, 1974, S. 301; *J. Stoll*, Vereinbarungen zwischen Staat und ausländischem Investor. Rechtsnatur und Bestandsschutz, S. 105 ff.
68 *Tallon*, J. Soc. P. T. L. 10 (1968/69) 271, zit. nach *Kropholler*, IPR, S. 457.
69 Palandt/*Heldrich*, Art. 27 EGBGB Rn 3; Soergel/*v. Hoffmann*, Art. 27 EGBGB Rn 19; Erman/*Hohloch*, Art. 27 EGBGB Rn 9; Staudinger/*Magnus*, Art. 27 EGBGB Rn 45; Reithmann/Martiny/*Martiny*, Rn 74; Bamberger/Roth/*Spickhoff*, Art. 27 EGBGB Rn 10; *Spickhoff*, RabelZ 56 (1992), 116, 126.
70 *Kropholler*, IPR, S. 457; *Looschelders*, Art. 27 Rn 12; Staudinger/*Magnus*, Art. 27 EGBGB Rn 47; *Mankowski*, in: Leible, Das Grünbuch zum Internationalen Vertragsrecht, 2004, S. 63, 102.
71 Soergel/*v. Hoffmann*, Art. 27 EGBGB Rn 29; Reithmann/Martiny/*Martiny*, Rn 71.
72 *Grundmann*, in: Liber amicorum Richard M. Buxbaum, 2000, S. 213, 223.
73 *Mankowski*, in: Leible, Das Grünbuch zum Internationalen Vertragsrecht, 2004, S. 63, 102.

cc) Transnationales Handelsrecht (lex mercatoria). Dem Einwand fehlender Publizität sieht sich auch die Lehre von der *„lex mercatoria"*[74] ausgesetzt: „The law is public, if it is anything".[75] Fehlende Publizität führt zu Rechtsunsicherheit. Woher sollen die Parteien und die Gerichte wissen, was außer internationalen Handelsbräuchen im Einzelnen zu den einheitlichen Regeln des internationalen Handels zählt, wenn diese Rechtssätze nicht veröffentlicht sind? Ungeklärt geblieben ist bis heute außerdem, welche Regelungswerke überhaupt *„lege mercatorium"* sein sollen und welche nicht. Solange es an hinreichender Publizität mangelt,[76] kann einer Inbezugnahme der *„lex mercatoria"* schon aus diesem Grunde allenfalls die Wirkung einer materiellrechtlichen,[77] nicht aber einer kollisionsrechtlichen Verweisung zukommen.[78]

In der internationalen Handelsschiedsgerichtsbarkeit scheint der Vormarsch der *„lex mercatoria"* allerdings unaufhaltsam zu sein. Immer mehr Rechtsordnungen erkennen an, dass die Parteien für Schiedsverfahren anstelle staatlich gesetzten Rechts die Anwendung nichtstaatlichen Rechts vereinbaren können.[79] Die Anerkennung von Schiedssprüchen, die auf Grundlage der *„lex mercatoria"* gefällt wurden, durch die nationalen Gerichte nimmt zu. Ein Vollstreckungsrisiko solcher Schiedssprüche besteht, sofern sie wenigstens eine gewisse Präzisierung der allgemeinen Rechtsregeln vornehmen, in vielen Staaten nicht mehr. Für die Rechtsanwendung durch staatliche Gerichte lässt sich daraus freilich nichts gewinnen.

dd) Prinzipienkataloge. Der Einwand fehlender Publizität greift freilich nicht bei verschiedenen, in der Vergangenheit veröffentlichten Prinzipienkatalogen, etwa den „Principles of European Contract Law"[80] der Lando-Kommission oder den „Principles of International Commercial Contracts"[81] von UNIDROIT, die sich u.a. auch als eine moderne Formulierung der *lex mercatoria* verstehen. Gleichwohl soll ihrer Vereinbarung als Vertragsstatut[82] vor staatlichen Gerichten[83] nur die Bedeutung einer materiellrechtlichen Verweisung zukommen.[84] Zumindest der Wortlaut von Art. 27 schließt eine kollisionsrechtliche Verweisung jedoch nicht aus; denn im Gegensatz zu Art. 28, der bei fehlender Rechtswahl nur eine Anknüpfung an staatliches Recht zulässt, spricht Art. 27 in wesentlich allgemeinerer Form von dem „von den Parteien gewählten Recht".

---

74 Vgl. dazu z.B. *Booysen*, International Transactions and the International Law Merchant, 1996; *Dasser*, Internationale Schiedsgerichtsbarkeit und lex mercatoria; *Kappus*, „Lex mercatoria" in Europa und Wiener UN-Kaufrechtskonvention 1980; *Kassis*, Théorie générale des usages du commerce, 1984, S. 271 ff.; *de Ly*, De lex mercatoria. Inleiding op de studie van het transnationaal handelsrecht, 1989; *R. Meyer*, Bona fides und lex mercatoria in der europäischen Rechtstradition, 1994; *Stein*, Lex mercatoria. Realität und Theorie, 1995; *Weise*, Lex mercatoria. Materielles Recht vor der internationalen Handelsschiedsgerichtsbarkeit, 1990. Weitere Nachw. bei *Mankowski*, in: Leible, Das Grünbuch zum Internationalen Vertragsrecht, 2004, S. 61, 96; *Schroeder*, Jahrbuch Junger Zivilrechtswissenschaftler 2002, 2003, 257; *Zumbansen*, RabelsZ 67 (2003), 637.

75 *Kegel*, Rec. des Cours 112 (1964-II), S. 87, 262; ähnlich *W. Lorenz*, in: FS Neumayer 1985, S. 407, 408.

76 Hinreichende Publizität hält hingegen für gegeben *Schroeder*, JJZ 2002, 2003, S. 257, 273.

77 *Erman/Hohloch*, Art. 27 EGBGB Rn 9; *Looschelders*, Art. 27 Rn 10; *Staudinger/Magnus*, Art. 27 EGBGB Rn 49; *Mankowski*, RIW 2003, 2, 13 f.; *W.-H. Roth*, in: FS Jayme 2004, S. 757, 766; *Spickhoff*, RabelsZ 56 (1992), 116, 133 f.; *v. Bar/Mankowski*, IPR I, § 2 Rn 86.

78 So aber *Coing*, in: Klein/Vischer, Colloque de Bâle sur la loi régissant les obligations contractuelles, 1983, S. 29, 49 ff.; *Weise*, Lex mercatoria, 1990, S. 141 f. Für einen Vorrang der „lex mercatoria", d.h. ihre Anwendung ohne Einschaltung des Kollisionsrechts gar *Goldman*, in: FS Lalive 1993, S. 241, 252 ff.

79 So unterliegen die Parteien z.B. auch nach § 1051 ZPO nicht den Grenzen, die das EGBGB einer Rechtswahl zieht, vgl. Musielak/*Voit*, ZPO, § 1051 Rn 3.

80 *Lando/Beale*, The Principles of European Contract Law Parts I and II, 1999; *Lando/Clive/Prüm/Zimmermann*, Principles of European Contract Law Part III, 2003.

81 UNIDROIT, Principles of International Commercial Contracts, 2004; UNIDROIT, Principes relatifs aux contrats du commerce international, 2004.

82 Umfassend dazu *Blase*, Die Grundregeln des Europäischen Vertragsrechts als Recht grenzüberschreitender Verträge, 2001.

83 Zur Bedeutung der UNIDROIT-Prinzipien für die Schiedsgerichtsbarkeit vgl. *Boele-Woelki*, IPRax 1997, 161, 165 f.; *Wichard*, RabelsZ 60 (1996), 269, 276 ff. Zu ersten Anwendungserfahrungen vgl. *Bonell*, ULR 2 (1997), 34 ff.

84 Vgl. z.B. *Canaris*, in: Basedow, Europäische Vertragsrechtsvereinheitlichung und deutsches Recht, 2000, S. 5, 18 f.; *Ferrari*, Tul. L. Rev. 69 (1995), 1225, 1229; ders., JZ 1998, 9, 17; *Giardina*, JDI 122 (1995), 547, 549 f.; *Looschelders*, Art. 27 Rn 12; Staudinger/*Magnus*, Art. 27 EGBGB Rn 48; MüKo/*Martiny*, Art. 27 EGBGB Rn 30; Reithmann/*Martiny*, Rn 71; *Michaels*, RabelsZ 62 (1998), 580, 597 f.; *Parra-Aranguren*, Tul. L. Rev. 69 (1995), 1239, 1245; *Siehr*, IPR, 2001, S. 122; MüKo/*Sonnenberger*, Einl. IPR Rn 234; *v. Bar/Mankowski*, IPR I, § 2 Rn 86. Weitere Nachw. bei *Mankowski*, RIW 2003, 2, 11 in Fn 132.

Begrifflich kann damit sowohl staatliches als auch nichtstaatliches Recht gemeint sein.[85] Entgegen dieser offenen Formulierung von Art. 27 wird die Möglichkeit einer Wahl der Principles mit kollisionsrechtlicher Wirkung jedoch überwiegend abgelehnt und vor allem auf das Primat des staatlichen Rechts verwiesen. Autonomie könne immer nur von staatlichen Autoritäten verliehen werden. Kollisionsrechtlich sei daher nur eine Verweisung auf staatliches Recht möglich. Dieser rein positivistische Ansatz überzeugt nicht. Denn das staatliche Rechtsetzungsprimat wird bei einer Verweisung auf anationales Recht nicht infrage gestellt. Die staatliche Autorisation erfolgt lediglich eine Stufe früher, indem die Wahl nichtstaatlichen Rechts bereits kollisionsrechtlich sanktioniert wird. Das letzte Wort verbleibt aber stets beim staatlichen Recht.[86]

34 Der in Art. 27 gebrauchte **Begriff des Rechts** ist nicht institutionell (= vom Staat geschaffene Normen), sondern **funktional** (= Ordnung mit Gerechtigkeitsgewähr) zu verstehen. Staatlichem Recht kann man eine Gerechtigkeitsgewähr von vornherein unterstellen, nichtstaatliche Verhaltensregeln sind hingegen einer rein summarischen „Vorkontrolle" zu unterziehen.[87] Bei einem solchen Verständnis ist zumindest die (kollisionsrechtliche) Wahl solcher Teile der *„lex mercatoria"* nicht ausgeschlossen, die öffentlich zugänglich, also für jedermann einsehbar sind und aufgrund ihrer inneren Struktur das Erzielen als gerecht empfundener Ergebnisse wahrscheinlich machen. Das IPR und der in ihm verankerte Grundsatz der Rechtswahlfreiheit gewähren den Vertragsparteien dann nicht völlige „Narrenfreiheit", sondern bewahren sich eine Restkontrolle. (Kollisionsrechtlich) wählbar sind daher entgegen der h.M. bereits heute z.B. die Europäischen Vertragsrechtsprinzipien oder die UNIDROIT-Prinzipien.[88] Unabhängig davon erscheint zur Herstellung von mehr Rechtssicherheit bei der anstehenden Überführung des EVÜ in ein Gemeinschaftsinstrument eine klarstellende Änderung von Art. 3 EVÜ, die nicht nur die Wahl staatlichen, sondern unter noch näher auszuformenden Kautelen ebenso nicht-staatlichen Rechts zulässt, wünschenswert.[89]

35 **ee) UN-Kaufrecht.** Aus den gleichen Gründen ist auch gegen eine kollisionsrechtliche Wirkung der Wahl internationalen Einheitsrechts nichts einzuwenden. Die Parteien können daher z.B. das Wiener Kaufrechtsübereinkommens in Fällen, in denen seine räumlichen Anwendungsvoraussetzungen nicht vorliegen,

---

85 *Basedow*, Jahrb. f. d. Prax. d. Schiedsgerichtsbarkeit 1 (1989), 3, 10; *Kappus*, IPRax 1993, 137; *Spickhoff*, RabelsZ 56 (1992), 116, 133; *Wichard*, RabelsZ 60 (1996), 269, 282. Gegenteiliges lässt sich auch nicht dem EVÜ entnehmen, obgleich in der englischen Fassung von Art. 1 Abs. 1 EVÜ der Anwendungsbereich des Übereinkommens scheinbar nur auf eine „choice between the laws of different countries" begrenzt wird. Aus den andersssprachigen Fassungen und dem Bericht von *Giuliano/Lagarde* ergibt sich jedoch, dass diese Aussage lediglich sachverhaltsbezogen ist. Voraussetzung der Anwendbarkeit des EVÜ ist, dass der Sachverhalt Verbindungen zum Recht verschiedener Staaten aufweist, also (theoretisch) die Rechtssysteme mehrerer Länder angewandt werden können („*conflit des lois*"). Die Folgerung, dass bei Erfüllung dieser Voraussetzung lediglich das Recht eines Landes, d.h. nationales Recht, gewählt werden kann, ist hingegen nicht zwingend, vgl. *Leible*, ZVglRWiss 97 (1998), 286, 314.
86 *Leible*, ZVglRWiss 97 (1998), 286, 315.
87 Einer solchen Argumentation wird freilich entgegengehalten, dass die Möglichkeit einer kollisionsrechtlichen Wahl anationaler Regelwerke nicht auf die PECL oder UPICC beschränkt werden könnte, sondern auch für andere von Privatpersonen verfasste Regelwerke eröffnet werden müsste; zwischen „Meisterwerk und Machwerk" lasse sich hinsichtlich der Anwendbarkeit von Art. 27 EGBGB aber nicht differenzieren; ebenso wenig könne auf das Maß ihrer inneren Ausgewogenheit abgestellt werden; denn man geriete so zwangsläufig in einen vitiösen Zirkel, „weil der Maßstab für eine solche Prüfung durch ein staatliches (!) Gericht folgerichtig nur eine staatliche Rechtsordnung sein könne, und man also im Erg. doch wieder bei einer nur materiellrechtlichen Verweisung landen würde (*Canaris*, in: Basedow, Europäische Vertragsrechtsvereinheitlichung und deutsches Recht, 2000, S. 5, 19). Zu überzeugen vermag dieser Einwand jedoch nicht. Denn eine eingehende Überprüfung – gar Vorschrift für Vorschrift – ist nicht angestrebt. Erforderlich ist lediglich eine summarische Vorprüfung. Zu einer Reduzierung der Rechtswahlfreiheit auf eine lediglich materiellrechtliche Verweisung führt dies nicht. Unschädlich ist außerdem, dass sich diese Prüfung an staatlichen Gerechtigkeitskriterien ausrichtet, handelt es sich bei dieser Vorprüfung doch um nichts anderes als um eine vorweggenommene *ordre-public*-Kontrolle. Von der Beachtung des *ordre public* wird aber nicht einmal die Anwendung fremden *staatlichen* Rechts freigestellt.
88 Ebenso *Boele-Woelki*, IPRax 1997, 161, 166; *Grundmann*, in: FS Rolland 1999, S. 145, 151 f.; *Lando*, Kings College L. J. 7 (1996), 55, 62; *Leible*, ZVglRWiss 97 (1998), 286, 317; *Mayer*, AJP/PJA 1998, 499, 505; *Vischer*, Eur. J. L R. 1 (1998/99), 203, 210 ff.; *ders.*, in: FS Schlechtriem 2003, S. 445; *Wichard*, RabelsZ 60 (1996), 269; wohl auch *Pendón Meléndez*, in: Morán Bovio, Comentario a los Principios de UNIDROIT para los Contratos del Comercio Internacional, 1999, S. 43 ff. Weitere Nachw. bei *Mankowski*, RIW 2003, 2, 11 in Fn 132.
89 *Leible*, in: Leible, Das Grünbuch zum Internationalen Vertragsrecht, 2004, S. 1, 11; *ders.*, in: FS Jayme 2004, S. 485, 491; *W.-H. Roth*, in: FS Jayme 2004, S. 757, 771; ähnlich *Kieninger*, Wettbewerb der Rechtsordnungen im Europäischen Binnenmarkt, 2002, S. 286, a.A. *Magnus/Mankowski*, ZVglRWiss 103 (2004), 131, 149 ff.; *Mankowski*, in: Leible, Das Grünbuch zum Internationalen Vertragsrecht, 2004, S. 61, 88 ff.

zum Vertragsstatut bestimmen.[90] Die (wohl) h.M. betrachtet freilich auch dies nur als materiellrechtliche Verweisung.[91]

4. Teilrechtswahl und bedingte Rechtswahl. a) Teilrechtswahl (dépeçage). Die Parteien haben gem. Abs. 1 S. 3 die Möglichkeit, die Rechtswahl nicht nur für den gesamten Vertrag, sondern auch für einen Teil von ihm zu treffen. Das erlaubt es ihnen nicht nur, hinsichtlich eines Teiles eine Rechtswahl zu vereinbaren und den anderen der objektiven Anknüpfung zu überlassen, sondern gestattet es ihnen auch, jeden Vertragsteil parteiautonom einem anderen Recht zu unterstellen. Die Teilrechtswahl kann von Beginn an oder nachträglich sowie ausdrücklich oder stillschweigend erfolgen.[92] Da die Aufspaltung des Vertrages unter Umständen zu erheblichen Anpassungsproblemen führen kann, ist gegenüber der Annahme einer stillschweigenden Teilrechtswahl aber äußerste Zurückhaltung geboten. 36

Eine Teilrechtswahl ist nur zulässig, wenn die Teilfrage auch abspaltbar ist. Es muss sich um eine Rechtsfrage mit einer gewissen Selbständigkeit handeln. Abgespalten werden kann nur ein Vertragsteil, der mit keinem anderen Vertragsteil aus materiellrechtlichen Gründen in einer unauflösbaren Wechselbeziehung steht. Im Zweifel sollte zugunsten einer Abspaltbarkeit entschieden werden, da auch Abs. 1 S. 3 Ausdruck der Rechtswahlfreiheit ist.[93] Führt die Teilrechtswahl allerdings zu widersprüchlichen Ergebnissen, die sich auch durch Auslegung oder Anpassung nicht verhindern lassen, ist sie wegen **Perplexität** unwirksam.[94] 37

Als zulässig angesehen wird es, den Vertragsschluss dem einen und die **Erfüllung einem anderen Recht zu unterstellen**.[95] Trennen lässt sich auch zwischen Formgültigkeit auf der einen und materieller Gültigkeit auf der anderen Seite.[96] Untrennbar miteinander verbunden ist hingegen der materielle Konsens beim Vertragsschluss. Ob ein Vertrag durch zwei übereinstimmende Willenserklärungen zustande gekommen ist, kann nur einheitlich nach einem Recht beurteilt werden.[97] Ob das zwischen den Parteien bestehende Pflichtengefüge „horizontal" aufgespaltet werden kann, indem etwa die Folgen der Nichterfüllung des Vertrages für jede Partei einem anderen Recht unterstellt wird, ist umstritten.[98] 38

Die Teilrechtswahl hat nicht lediglich eine materiell-, sondern auch eine **kollisionsrechtliche Wirkung**. Das kann sie zur Umgehung zwingender Vorschriften des ansonsten kraft objektiver oder subjektiver Anknüpfung für den gesamten Vertrag geltenden Rechts attraktiv machen. Die Grenzen der Artt. 27 Abs. 3, 34 bleiben freilich zu beachten. Ob man „im Interesse der Vermeidung spannungsträchtiger Rechtszersplitterungen im Zweifel nur eine Rechtswahl und eine damit verbundene materiell-rechtliche Verweisung annehmen (kann)",[99] erscheint fraglich. Das Gesetz entscheidet sonst auch nicht „im Zweifel" zugunsten einer materiellrechtlichen Verweisung. Auch hier gilt der Grundsatz *„in dubio pro libertate"*, d.h. einer kollisionsrechtlichen Wirkung. Für eine lediglich materiellrechtliche Verweisung bedarf es schon über mögliche Anpassungsschwierigkeiten hinreichender Anhaltspunkte.[100] 39

b) Optionale Rechtswahl (floating choice of law clauses). Optionale Rechtswahlklauseln (*floating choice of law clauses*) sind Klauseln, die erst durch Ausübung eines Optionsrechts seitens einer Partei zu einer subjektiven Anknüpfung führen. In der Praxis begegnen vor allem Klauseln, in denen das Recht am Sitz des jeweiligen Klägers bzw. des jeweiligen Beklagten, für anwendbar erklärt wird.[101] Zu einer Aktualisierung kommt es dann erst im Moment der Klageerhebung. Bis dahin ist objektiv anzuknüpfen. Der 40

---

90 Hoge Rad NJ 1992, 103, 105; Hoge Rad NJ 2001, 391; OLG Jena TanspR-IHR 2000, 25; Honsell/*Siehr*, Art. 6 CISG, Rn 14 ff.; *Karollus*, UN-Kaufrecht, 1991, S. 39; *Leible*, ZVglRwiss 97 (1998), 286, 317 in Fn 144; *Lindbach*, Rechtswahl im Einheitsrecht am Beispiel des Wiener UN-Kaufrechts, 1996, S. 203; *Piltz*, NJW 1989, 615, 617; *W.-H. Roth*, in: FS Jayme 2004, S. 757, 770 f.; *Siehr*, RabelsZ 52 (1988), 587, 612; *Vischer*, in: FS Keller 1989, S. 547, 552; *v. Bar*, IPR II, Rn 425.
91 Schlechtriem/*Ferrari*, Art. 6 CISG 43; *Freitag*, in: Leible/Sosnitza, Versteigerungen im Internet, 2004, Rn 824; *Looschelders*, Art. 27 Rn 13; Staudinger/ *Magnus*, Art. 6 CISG Rn 62; *Mankowski*, RIW 2003, 2, 9 f.; Reithmann/Martiny/*Martiny*, Rn 725; *Schlechtriem*, Internationales UN-Kaufrecht, 2. Aufl. 2003, Rn 23.
92 Erman/*Hohloch*, Art. 27 EGBGB Rn 19; Staudinger/ *Magnus*, Art. 27 EGBGB Rn 90; MüKo/*Martiny*, Art. 27 EGBGB Rn 53; Bamberger/Roth/*Spickhoff*, Art. 27 EGBGB Rn 26.
93 Erman/*Hohloch*, Art. 27 EGBGB Rn 21.
94 *Windmöller*, S. 70 ff.
95 OLG Frankfurt IPRax 1992, 314, 316; vgl. auch LG Aurich IPRspr 1973 Nr. 10.
96 OLG Hamm IPRspr 1995 Nr. 36.
97 Soergel/*v. Hoffmann*, Art. 27 EGBGB Rn 58; Staudinger/*Magnus*, Art. 27 EGBGB Rn 94.
98 Abl. Palandt/*Heldrich*, Art. 27 EGBGB Rn 9; Soergel/*v. Hoffmann*, Art. 27 EGBGB Rn 59; *Jayme*, in: FS Kegel 1987, S. 253, 263; *Kropholler*, IPR, S. 456; *Looschelders*, Art. 27 Rn 20; a.A. *W. Lorenz*, IPRax 1987, 269, 272; Staudinger/*Magnus*, Art. 27 EGBGB Rn 94; Reithmann/Martiny/*Martiny*, Rn 65; Bamberger/Roth/*Spickhoff*, Art. 27 EGBGB Rn 26.
99 So *Kropholler*, IPR, S. 456; Reithmann/Martiny/ *Martiny*, Rn 67.
100 Staudinger/*Magnus*, Art. 27 EGBGB Rn 96.
101 Umfassend *Rasmussen-Bonne*, Alternative Rechts- und Forumswahlklauseln, S. 34 ff.

Sache nach handelt es sich um eine Rechtswahl unter der aufschiebenden Bedingung der Klageerhebung. Ob die mit Bedingungseintritt vorgenommene Wahl auf den Zeitpunkt des Vertragsschlusses zurückwirken soll, ist durch Auslegung zu ermitteln und im Zweifel zu bejahen.[102]

41 Derartige Klauseln begegnen keinen durchgreifenden Bedenken. Die Rechtswahl beruht nicht auf der einseitigen Ausübung eines Optionsrechts, sondern auf dessen vorheriger Vereinbarung und der durch sie ausgestalteten Bedingung für den Wirkungseintritt. Obgleich die Rechtswahlvereinbarung bereits ursprünglich getroffen wird, ist sie aufgrund ihrer erst späteren Aktualisierung wie eine nachträgliche Rechtswahl zu behandeln.[103] Die Formgültigkeit des Vertrags und zwischenzeitlich entstandene Rechte Dritter bleiben auf jeden Fall unberührt.

42 Englische Gerichte stehen – trotz gewichtiger anders lautender Stimmen in der englischen Literatur[104] – optionalen Rechtswahlklauseln traditionell skeptisch gegenüber.[105] Eine klarstellende Ergänzung von Art. 3 EVÜ im Zuge der anstehenden Überführung des EVÜ in ein Gemeinschaftsinstrument wäre daher im Interesse der Rechtssicherheit wünschenswert.[106]

IV. Rechtswahl als Vertrag

43 **1. Einigung. a) Ausdrückliche Rechtswahl.** Die Rechtswahl ist ein vom Hauptvertrag unabhängiger, eigenständiger Vertrag. Er erfordert eine Einigung der Parteien, die ausdrücklich oder stillschweigend erfolgen kann. Eine einseitige Rechtswahl gibt es hingegen nicht. Auch optionale Rechtswahlklauseln begründen kein Recht zur einseitigen Rechtswahl, sondern beruhen auf einer gemeinsamen Vereinbarung (vgl. Rn 41). Eine ausdrückliche Rechtswahl wird oft **individualvertraglich**, noch häufiger aber mittels **AGB** getroffen. Das ist grundsätzlich zulässig, doch sind Artt. 27 Abs. 4, 31 zu beachten (vgl. Rn 68 ff.). Von einer ausdrücklichen Rechtswahl ist auch auszugehen, wenn die Rechtswahlklauseln enthaltenden AGB stillschweigend in den Vertrag einbezogen wurden.[107] Wird ausdrücklich die Geltung eines bestimmten Rechts vereinbart („Dieser Vertrag unterliegt deutschem Recht."), ist zu beachten, dass dies zugleich einheitsrechtliche Regelungen – wie etwa das CISG – umfassen kann.[108] Möchte man dies vermeiden, muss die Rechtswahl- mit einer Rechtsabwahlklausel verbunden werden („Dieser Vertrag unterliegt deutschem Recht unter Ausschluss des UN-Kaufrechts."). Sog. *„construction clauses"*, mittels deren der Vertrag ausdrücklich den Auslegungsgrundsätzen eines bestimmten Rechts unterstellt wird, werden häufig zugleich als ausdrückliche Rechtswahl verstanden.[109] Auf jeden Fall können sie aber ein gewichtiges Indiz für eine schlüssige Rechtswahl sein.[110]

44 Die Rechtswahl muss nicht positiv, sondern kann **auch negativ formuliert** sein („Dieser Vertrag unterliegt nicht deutschem Recht."). Fehlt es an einer gleichzeitigen ausdrücklichen Verweisung auf ein anderes Recht, ist, sofern auch keine stillschweigende Rechtswahl erkennbar ist, objektiv anzuknüpfen. Führt die objektive Anknüpfung zum ausdrücklich abgewählten Recht, ist das Recht anzuwenden, zu dem die zweitengste Verbindung besteht.[111] Eine Abwahl sämtlichen staatlichen Rechts ist ausgeschlossen, da es einen rechtsordnungslosen Vertrag nicht geben kann (vgl. Rn 29).

45 Ist die **Rechtswahlvereinbarung unklar**, soll sich ihre Auslegung nach der *lex fori* richten.[112] Zum Teil wird auch allein oder in Kombination hiermit auf die Kriterien des Abs. 1 S. 2 rekurriert.[113] Nach wieder

---

102 *Kropholler*, IPR, S. 456.
103 S. nur *Jaspers*, S. 136 ff.; *Kötters*, S. 49; *Kropholler*, IPR, S. 456; *Mankowski*, in: Leible, Das Grünbuch zum Internationalen Vertragsrecht, 2004, S. 63, 106; *Rasmussen-Bonne*, Alternative Rechts- und Forumswahlklauseln, S. 121 ff.
104 Vgl. Z.B. *Plender/Wilderspin*, The European Contracts Convention, 2. Aufl. 2001, Rn 5–06; *Pierce*, Mod. L. Rev. 50 (1987), 176, 197 ff.
105 Vgl. die Nachweise bei *Mankowski*, in: Leible, Das Grünbuch zum Internationalen Vertragsrecht, 2004, S. 63, 105; *Rasmussen-Bonne*, Alternative Rechts- und Forumswahlklauseln, S. 3 f.
106 *Mankowski*, in: Leible, Das Grünbuch zum Internationalen Vertragsrecht, 2004, S. 63, 106.
107 BGHZ 108, 353, 361 f.; Staudinger/*Magnus*, Art. 27 EGBGB Rn 53; Bamberger/Roth/*Spickhoff*, Art. 27 EGBGB Rn 16.
108 Vgl. z.B. BGH NJW 1997, 3309; OLG Hamburg IHR 2001, 109; OLG München VersR 1997, 875, 876; OLG Düsseldorf IPRax 1993, 412, 413; LG Kassel IPRspr 1996 Nr. 30.
109 Vgl. z.B. OLG München IPRax 1989, 42; MüKo/*Martiny*, Art. 27 EGBGB Rn 45; *Schröder*, IPrax 1985, 131, 132.
110 LG München IPRax 1984, 318; Palandt/*Heldrich*, Art. 27 EGBGB Rn 6; Czernich/Heiss/*Heiss*, Art. 3 EVÜ Rn 7; Staudinger/*Magnus*, Art. 27 EGBGB Rn 76.
111 Soergel/*v. Hoffmann*, Art. 27 EGBGB Rn 20; *v. Hoffmann*, IPR, S. 396; Staudinger/*Magnus*, Art. 27 EGBGB Rn 56; Bamberger/Roth/*Spickhoff*, Art. 27 EGBGB Rn 16.
112 Soergel/*v. Hoffmann*, Art. 27 EGBGB Rn 34; *v. Hoffmann*, IPR, § 10 Rn 31; Hohloch/Kjelland, IPRax 2002, 30, 31; *Looschelders*, Art. 27 Rn 16; MüKo/*Martiny*, Art. 27 EGBGB Rn 39.
113 *Jayme*, in: FS W. Lorenz 1991, S. 435, 438; *E. Lorenz*, RIW 1992, 697, 704; *Mankowski*, in: Leible, Das Grünbuch zum Internationalen Vertragsrecht, 2004, S. 63, 64.

anderer Ansicht sollen die Auslegungskriterien dem zunächst hypothetisch zu ermittelnden Vertragsstatut zu entnehmen sein.[114] Der BGH hat die Frage letztlich offen gelassen.[115] Im Hinblick auf Art. 36 verdient keine dieser Meinungen den Vorzug. Da Abs. 4 gerade nicht auf Art. 32 Abs. 1 Nr. 1 verweist, sind vielmehr europäisch-autonome Auslegungskriterien heranzuziehen.[116] In der Sache führt das freilich zu keinem großen Unterschied im Vergleich zur *lex-fori*-Lösung, da die eher generalklauselartigen §§ 133, 157 BGB zugleich den europäischen *common sense* abbilden und daher auch einer „EVÜ-konformen Handhabung" zugänglich sind,[117] wie schon ein Blick in die Principles of European Contract Law (Art. 5:101 ff.) deutlich macht.

b) Stillschweigende Rechtswahl. aa) Grundsatz. Die Rechtswahl muss nicht ausdrücklich, sondern kann auch stillschweigend erfolgen. Die Annahme einer stillschweigenden Rechtswahl setzt allerdings voraus, dass ein entsprechender Parteiwille „mit hinreichender Sicherheit aus den Bestimmungen des Vertrages oder aus den Umständen des Falles" entnommen werden kann. Ein bloß hypothetischer Parteiwille genügt – anders als vor In-Kraft-Treten des IPRNG[118] – nicht.[119] Es kommt nicht darauf an, was die Parteien gewollt hätten, sondern was sie gewollt haben. Das setzt voraus, dass sie die Möglichkeit, das anwendbare Recht frei zu bestimmen, auch tatsächlich erkannten (und nicht z.B. von einem reinen Inlandsfall, Abs. 3, ausgingen). Gefordert ist ein aktuelles Erklärungsbewusstsein i.S. eines **Rechtswahlbewusstseins**. Anders als im internen deutschen Sachrecht reicht ein bloß potenzielles Erklärungsbewusstsein nicht aus.[120] Es bedarf eines kollisionsrechtlichen Gestaltungswillens.[121] Lässt sich ein realer Wille nicht ermitteln, muss objektiv angeknüpft werden.

46

Wie der **Parteiwille zu ermitteln** ist, verrät Abs. 1 S. 2 nicht. Die Vorschrift verzichtet insbesondere darauf, bestimmte Indizien für eine schlüssige Rechtswahl zu benennen, hervorzuheben oder zu bewerten. Das schafft, solange es an einschlägiger Rechtsprechung einer zentralen europäischen Auslegungsinstanz fehlt, Rechtsunsicherheit und ist daher auch Thema des Grünbuchs zum Internationalen Vertragsrecht.[122] Bis zu einer gesetzlichen Konkretisierung muss man sich freilich mit der Herausarbeitung von Indizien behelfen, die Anhaltspunkte für das Vorliegen einer Rechtswahlvereinbarung geben können. Zurückgreifen lässt sich dabei u.a. auf die Kriterien, die bei der objektiven Bestimmung des Vertragsstatuts im Rahmen des Art. 28 Abs. 1 herangezogen werden können. Dabei ist freilich zu beachten, dass trotz einer derartigen Typisierung die Entscheidung immer einzelfallbezogen bleiben muss. Zu berücksichtigen ist, dass zum einen den einzelnen Indizien ein durchaus unterschiedliches Gewicht zukommen kann und es zum anderen stets einer Abwägung zwischen allen gewichteten Indizien bedarf.[123] Nur wenn unter Berücksichtigung „aller Umstände des Einzelfalls"[124] alle oder wenigstens die überwiegende Anzahl dieser Indizien zu einer bestimmten Rechtsordnung hinführt, kann von einer schlüssigen Rechtswahlvereinbarung ausgegangen werden.

47

bb) Gerichtsstandsvereinbarung. Die Vereinbarung eines ausschließlichen Gerichtsstands ist ein zwar nicht unwiderlegliches, aber doch gewichtiges Indiz dafür, dass die Parteien zugleich das am Gerichtsort geltende Recht gewählt haben (*qui eligit forum vel iudicem eligit ius*).[125] Die Anwendung des materiellen Rechts der *lex fori* liegt im Parteiinteresse, da sie Zeit und Rechtsermittlungskosten spart und zudem die Richtigkeitsgewähr der Entscheidung erhöht. Nach h.M. soll die Indizwirkung allerdings entfallen, wenn

48

---

114 *Von Bar*, IPR II, Rn 539 in Fn 540.
115 BGH IPRax 2002, 37.
116 Bamberger/Roth/*Spickhoff*, Art. 27 EGBGB Rn 17; i. Erg. ebenso teilweise: *Jayme*, in: FS W. Lorenz 1991, S. 435, 438; *E. Lorenz*, RIW 1992, 697, 704; *Mankowski*, in: Leible, Das Grünbuch zum Internationalen Vertragsrecht, 2004, S. 63, 64.
117 *Hohloch/Kjelland*, IPRax 2002, 30, 31.
118 Bis dahin st. Rspr., vgl. z.B. BGHZ 7, 231, 235; 44, 183, 186; 61, 221, 223; BGH NJW 1977, 1586; 1996, 2569.
119 BT-Drucks 10/504, S. 77.
120 Erman/*Hohloch*, Art. 27 EGBGB Rn 13; *Hohloch/Kjelland*, IPRax 2002, 30, 32; *Mansel*, ZVglRwiss 86 (1987), 1, 12; Bamberger/Roth/*Spickhoff*, Art. 27 EGBGB Rn 18.
121 *Hartenstein*, S. 118; *E. Lorenz*, RIW 1987, 569; *Mankowski*, in: Leible, Das Grünbuch zum Internationalen Vertragsrecht, 2004, S. 63, 65.

122 Vgl. Frage 9, KOM (2002) 654 endg., S. 1, 28 f., und dazu *Mankowski*, in: Leible, Das Grünbuch zum Internationalen Vertragsrecht, 2004, S. 63; zuvor bereits *Hartenstein*, S. 125.
123 Staudinger/*Magnus*, Art. 27 EGBGB Rn 63; Bamberger/Roth/*Spickhoff*, Art. 27 EGBGB Rn 19.
124 OLG Köln RIW 1994, 970.
125 BGHZ 104, 268, 269; BGH NJW-RR 1990, 183 f.; NJW 1991, 1418, 1420; 1996, 2569, 2570; OLG Celle RIW 1988, 137, 138; OLG Hamburg TranspR 1993, 111, 112; OLG Frankfurt RIW 1989, 911, 912; 1998, 477; LAG Düsseldorf RIW 1987, 61; Czernich/Heiss/*Heiss*, Art. 3 EVÜ Rn 10; Palandt/ *Heldrich*, Art. 27 EGBGB Rn 6; Staudinger/*Magnus*, Art. 27 EGBGB Rn 64; Reithmann/Martiny/*Martiny*, Rn 86; *Plender/Wilderspin*, European Contracts Convention, 2. Aufl. 2001, Rn 5.11; Bamberger/ Roth/*Spickhoff*, Art. 27 EGBGB Rn 20.

die Gerichtsstandsvereinbarung nicht wirksam vereinbart wurde.[126] Dem ist in dieser Pauschalität freilich zu widersprechen. Entscheidend muss der Grund der Unwirksamkeit sein. Fehlt es an einer wirksamen Einbeziehung aufgrund Nichterfüllung der formellen Konsenserfordernisse, kommt eine Indizwirkung nicht in Betracht. Scheitert die Gerichtsstandsvereinbarung hingegen aus anderen Gründen, vermag ihre Unwirksamkeit die Indizwirkung nicht zu vermindern, da es schließlich um die Ermittlung des zum Zeitpunkt des Vertragsschlusses vorliegenden Parteiwillens geht.

49 Nicht ausschließlichen Gerichtsstandsvereinbarungen kommt keine vergleichbare Indizwirkung zu. Dies gilt vor allem für fakultative oder optionale Gerichtsstandsvereinbarungen.[127]

50 **cc) Schiedsgerichtsvereinbarung.** Eine den Gerichtsstandsklauseln ähnliche Indizwirkung entfalten Schiedsklauseln (*qui eligit arbitrum eligit ius*).[128] Als weitere Bedingung hinzukommen muss freilich noch, dass das Schiedsgericht das materielle Recht seines Sitzortes anzuwenden hat. Das setzt zum einen einen festen Tagungsort und zum anderen eine Bindung an dessen Recht voraus.

51 Nach h.M. scheidet eine Indizwirkung grundsätzlich bei einer Unwirksamkeit der Schiedsvereinbarung aus.[129] Gegenüber einer derart pauschalen Aussage bestehen jedoch die gleichen Bedenken wie bei einer unwirksamen Gerichtsstandsvereinbarung (vgl. Rn 48). Optionale Schiedsvereinbarungen bleiben unberücksichtigt.[130]

52 **dd) Bezugnahme auf Normen oder Institute eines bestimmten Rechts.** Die **ausdrückliche Bezugnahme** des Vertrages[131] **auf Vorschriften oder Rechtsinstitute einer bestimmten Rechtsordnung** ist ein gewichtiges Indiz für das Vorliegen einer Rechtswahl.[132] Verweisen z.B. die Nutzungsbedingungen des Betreibers einer Internet-Auktionsplattform auf Normen eines bestimmten US-amerikanischen Bundesstaates, führt ihre Einbeziehung in die vertragliche Einigung zwischen Ersteigerer und Einlieferer zu einer konkludenten Rechtswahl.[133] Gleiches gilt, wenn der Vertrag erkennbar auf die Gepflogenheiten oder Anforderungen einer bestimmten Rechtsordnung Rücksicht nimmt[134] oder die Parteien Formulare oder Standardbedingungen verwenden, die offenkundig auf der Basis eines bestimmten Rechts entwickelt wurden.[135] Ein Indiz dafür, dass stets das Recht (Sitzrecht oder Personalstatut) dessen gelten soll, der vorformulierte Vertragsbedingungen verwendet,[136] besteht freilich nicht. Für die Berechtigung einer derartigen Annahme müssen schon weitere Anhaltspunkte hinzutreten. Zu fordern ist auch hier eine erkennbare Rücksichtnahme auf ein bestimmtes Recht.[137] Zu „*construction clauses*" vgl. Rn 43.

---

126 BGH DB 1969, 1053; Palandt/*Heldrich*, Art. 27 EGBGB Rn 6; Staudinger/*Magnus*, Art. 27 EGBGB Rn 65; *Mankowski*, in: Leible, Das Grünbuch zum Internationalen Vertragsrecht, 2004, S. 63, 67; MüKo/*Martiny*, Art. 27 EGBGB Rn 43; Bamberger/Roth/*Spickhoff*, Art. 27 EGBGB Rn 20; a.A. OLG Celle IPRspr 1999 Nr. 31.
127 Czernich/Heiss/*Heiss*, Art. 3 EVÜ Rn 10; Staudinger/*Magnus*, Art. 27 EGBGB Rn 66; *Mankowski*, in: Leible, Das Grünbuch zum Internationalen Vertragsrecht, 2004, S. 63, 68; MüKo/*Martiny*, Art. 27 EGBGB Rn 43a; *Patrzek*, Die vertragsakzessorische Anknüpfung im Internationalen Privatrecht, 1992, S. 9; Bamberger/Roth/*Spickhoff*, Art. 27 EGBGB Rn 20; BGH IPRspr 1958/59 Nr. 53; LG Freiburg IPRspr 1966/67 Nr. 34A.
128 OLG Hamburg IPRspr 1982 Nr. 38; OLG Düsseldorf TranspR 1992, 415, 417; OLG Hamm NJW-RR 1993, 1445; LG Hamburg RIW 1997, 873; Schiedsgericht Hamburger Freundschaftliche Arbitrage RIW 1999, 394, 395; Staudinger/*Magnus*, Art. 27 EGBGB Rn 68; *Mankowski*, in: Leible, Das Grünbuch zum Internationalen Vertragsrecht, 2004, S. 63, 69; Reithmann/Martiny/*Martiny*, Rn 88; Bamberger/Roth/*Spickhoff*, Art. 27 EGBGB Rn 21.
129 S. nur Staudinger/*Magnus*, Art. 27 EGBGB Rn 69; *Mankowski*, in: Leible, Das Grünbuch zum Internationalen Vertragsrecht, 2004, S. 63, 69; Reithmann/Martiny/*Martiny*, Rn 90; Bamberger/Roth/*Spickhoff*, Art. 27 EGBGB Rn 21.
130 Staudinger/*Magnus*, Art. 27 EGBGB Rn 69; *Mankowski*, VersR 2002, 1177, 1180; Bamberger/Roth/*Spickhoff*, Art. 27 EGBGB Rn 21.
131 Allein eine einseitige Bezugnahme durch eine Partei genügt nicht, vgl. OLG Brandenburg IPRspr 2000 Nr. 28.
132 BGH NJW-RR 1996, 1034; 1997, 686, 687; WM 1999, 1177, IPRax 2002, 37; BAG NZA 2003, 339, 340; OLG Köln RIW 1993, 414, 415; IPRspr 2000 Nr. 21; LG Waldshut-Tiengen IPRspr 1984, 100; AG Rostock IPRspr 1997 Nr. 30; AG Hamburg NJW-RR 2000, 352 (353); Soergel/*v. Hoffmann*, Art. 27 EGBGB Rn 45; Erman/*Hohloch*, Art. 27 EGBGB Rn 16; Staudinger/*Magnus*, Art. 27 EGBGB Rn 78; MüKo/*Martiny*, Art. 27 EGBGB Rn 46; *Pulkowski*, IPRax 2001, 306, 309; Bamberger/Roth/*Spickhoff*, Art. 27 EGBGB Rn 22.
133 *Freitag*, in: Leible/Sosnitza, Versteigerungen im Internet, 2004, Rn 773.
134 BGH RIW 1992, 54, 55; OLG Köln NJW-RR 1994, 200.
135 BGH NJW-RR 1999, 813.
136 Vgl. etwa BGH RIW 1976, 447, 448; OLG Hamburg RIW 1986, 462, 463; RIW 1991, 61, 62; OLG München RIW 1983, 957; IPRax 1989, 42; OLG Schleswig NJW-RR 1988, 283, 284: Palandt/*Heldrich*, Art. 27 EGBGB Rn 6; Erman/*Hohloch*, Art. 27 EGBGB Rn 16; MüKo/*Martiny*, Art. 27 EGBGB Rn 47.
137 Staudinger/*Magnus*, Art. 27 EGBGB Rn 80; *Meyer-Sparenberg*, RIW 1989, 347, 348; Bamberger/Roth/*Spickhoff*, Art. 27 EGBGB Rn 22.

Von einer stillschweigenden Rechtswahl kann weiterhin auszugehen sein, wenn der Vertrag auf einen anderen Bezug nimmt, der eine ausdrückliche Rechtswahlklausel enthält, oder mit diesem wirtschaftlich eng verbunden ist.[138] Indizwirkung kann außerdem im Rahmen einer ständigen Geschäftsbeziehung einer **bisher gepflegten Vertragspraxis** zukommen, sofern keine Anhaltspunkte dafür ersichtlich sind, dass diese gerade mit dem vorliegenden Vertrag aufgegeben werden sollte.[139]

53

ee) Prozessverhalten. Auch aus dem Prozessverhalten der Parteien können sich Indizien für eine (nachträgliche) stillschweigende Rechtswahl der Parteien ergeben, sofern sie während des Rechtsstreits übereinstimmend von der Anwendbarkeit einer bestimmten Rechtsordnung ausgegangen sind.[140] Indes ist bei Rückschlüssen aus dem Prozessverhalten Vorsicht geboten. Erforderlich ist auch hier stets die Feststellung eines entsprechenden beiderseitigen aktuellen Erklärungs- oder besser Rechtswahlbewusstseins, und zwar nicht nur, aber besonders dann, wenn eine früher getroffene Rechtswahlvereinbarung geändert werden soll.[141]

54

Von einem tatsächlichen Willen zur Rechtswahl kann in der Regel ausgegangen werden, wenn die Parteien vor einem deutschen Gericht übereinstimmend **nach ausländischem Recht verhandeln**. In diesem Fall ist ihnen jedenfalls bewusst, dass der Vertrag einen Auslandsbezug hat. Dann werden ihnen aber auch die von Art. 27 eröffneten Möglichkeiten bekannt sein.[142] Im umgekehrten Fall, d.h. einer sich aufgrund objektiver Anknüpfung ergebenden Anwendbarkeit ausländischen Rechts und Verhandlung ausschließlich zum deutschen Recht, kann man von einem realen Rechtswahlwillen nicht ohne weiteres,[143] sondern zunächst nur bei einem vorherigen richterlichen Hinweis oder einer zwischenzeitlichen Erörterung der Rechtsanwendungsfrage durch die Parteien ausgehen. Ansonsten bedarf es anderer gewichtiger Anhaltspunkte, denen sich entnehmen lässt, dass den Parteien die Möglichkeit einer Rechtswahl bewusst war und sie hiervon Gebrauch machen wollten. Vor einem allzu schnellen Heimwärtsstreben, wie es immer noch zahlreiche Gerichtsentscheidungen aufgrund der vorschnellen Annahme einer schlüssigen Rechtswahlvereinbarung durch übereinstimmendes Prozessverhalten erkennen lassen, ist jedenfalls nachdringlich zu warnen. Gehen die Parteien zu Unrecht von der Maßgeblichkeit der Rechtsordnung aus, auf deren Grundlage sie verhandeln, fehlt es am erforderlichen Rechtswahlbewusstsein als unabdingbarer Voraussetzung einer wirksamen Rechtswahl.[144]

55

Wurde die Partei im Verfahren anwaltlich vertreten, ist eine schlüssige Rechtswahlerklärung nur bei bestehender Vertretungsmacht wirksam.[145] Die unwidersprochene Hinnahme, dass die Vorinstanz aufgrund einer vorgeblich schlüssigen Rechtswahl fälschlich nach deutschem Recht entschieden hat, soll im Rechtsmittelverfahren zur Präklusion führen können,[146] nach anderer – allerdings zweifelhafter – Ansicht hingegen ihrerseits als schlüssige Rechtswahl zu interpretieren sein.[147]

56

ff) Sonstige Umstände. Der Abschlussort des Vertrages ist nur von untergeordneter Bedeutung.[148] Gleiches gilt für die Vereinbarung eines einheitlichen Erfüllungsortes, der von der älteren Rechtsprechung noch Bedeutung zugemessen wurde,[149] der heute aber ein entsprechender Wille, das Recht am Erfüllungsort angewendet sehen zu wollen, nur bei Hinzutreten weiterer Umstände entnommen werden kann.[150] Ähnlich schwach ausgeprägt ist die von der Vertragssprache, der Vertragswährung[151] oder der Ansässigkeit der

57

---

138 BGH NJW 2001, 1936, 1937; *Mankowski*, in: Leible, Das Grünbuch zum Internationalen Vertragsrecht, 2004, S. 63, 80 f.
139 Soergel/*v. Hoffmann*, Art. 27 EGBGB Rn 47; *Looschelders*, IPRax 1998, 296, 297; *ders.*, Art. 27 EGBGB Rn 18; Staudinger/*Magnus*, Art. 27 EGBGB Rn 82; *Mankowski*, in: Leible, Das Grünbuch zum Internationalen Vertragsrecht, 2004, S. 63, 79 f.; Bamberger/Roth/*Spickhoff*, Art. 27 EGBGB Rn 23.
140 Vgl. z.B. BGHZ 53, 189, 191; 119, 392, 396; BGH NJW-RR 1986, 456, 457; 1990, 248, 249; NJW 1991, 1292, 1293.
141 BGH NJW 1991, 1292, 1293; NJW-RR 2000, 1002, 1004; OLG München RIW 1996, 329, 330.
142 BGH NJW 1990, 248, 249; OLG Celle RIW 1990, 320, 322.
143 *Hartenstein*, S. 118; *Koch*, RabelsZ 61 (1997); 623, 644; *Schack*, NJW 1994, 2736, 2737; *ders.*, IPRax 1986, 272, 273; *Steinle*, ZVglRWiss 93 (1994), 300, 313.
144 BGH NJW-RR 2000, 1002, 1004; vgl. auch BGH BGHR 2004, 679.

145 Erman/*Hohloch*, Art. 27 EGBGB Rn 17; *Mansel*, ZVglRWiss 86 (1987), 1, 13; *Schack*, NJW 1984, 2736, 2739; Bamberger/Roth/*Spickhoff*, Art. 27 EGBGB Rn 25.
146 Soergel/*v. Hoffmann*, Art. 27 EGBGB Rn 52; *Looschelders*, Art. 27 Rn 19; Staudinger/*Magnus*, Art. 27 EGBGB Rn 73.
147 So BGH NJW 1991, 1292, 1293.
148 BGH NJW 2001, 1936, 1937.
149 RGZ 58, 366, 367; 81, 273, 275.
150 Czernich/Heiss/*Heiss*, Art. 3 EVÜ Rn 10; Erman/*Hohloch*, Art. 27 EGBGB Rn 18; *v. Hoffmann*, IPR, 10 Rn 35; Staudinger/*Magnus*, Art. 27 EGBGB Rn 83; *Mankowski*, in: Leible, Das Grünbuch zum Internationalen Vertragsrecht, 2004, S. 63, 78; *Thorn*, IPRax 1996, 257, 258; vgl. aber auch OLG Köln RIW 1994, 970; IPRax 1996, 270.
151 Eine andere Beurteilung soll aber bei einem Wechsel der ursprünglich in Aussicht genommenen Währung einer Partei auf die Währung der anderen Partei geboten sein, vgl. BGH NJW-RR 1995, 245, 246 (zweifelhaft).

Parteien ausgehende Indizwirkung. Hier bedarf es schon einer sehr weit reichenden Kumulation einzelner Indizien, um eine schlüssige Rechtswahl anzunehmen.[152] Das Zusammentreffen weniger schwacher Indizien genügt noch nicht.[153]

58 **2. Zeitpunkt. a) Anfängliche Rechtswahl.** Die Rechtswahl kann zusammen mit dem Hauptvertrag, aber auch danach vereinbart werden. Die anfängliche Rechtswahl ist in der Praxis die Regel. Zu einer nachträglichen Rechtswahl kommt es des Öfteren im Prozess, weil die Parteien mitunter überhaupt erst jetzt die Möglichkeit einer Rechtswahl erkennen oder die Gerichte ihnen allzu leichtfertig eine schlüssige Rechtswahl durch Prozessverhalten unterstellen.

59 **b) Nachträgliche Rechtswahl.** Die Parteien sind an eine einmal getroffene Rechtswahlvereinbarung nicht gebunden, sondern können sie nach Abs. 2 S. 1 jederzeit aufheben oder ändern. Auch eine erstmalige nachträgliche Rechtswahl ist möglich und führt dann zu einem Wechsel des bislang kraft objektiver Anknüpfung bestimmten Vertragsstatuts. Geändert bzw. erstmalig vereinbart werden kann auch eine Teilrechtswahl.

60 Die nachträgliche Rechtswahl unterliegt im Wesentlichen den gleichen Grundsätzen wie die anfängliche Rechtswahl. Sie kann ausdrücklich oder durch schlüssiges Verhalten getroffen werden. Auch für eine nachträgliche konkludente Rechtswahl durch übereinstimmendes Prozessverhalten bedarf es der Feststellung eines dahin gehenden realen Parteienwillens,[154] der nicht allein deshalb unterstellt werden darf, weil die bisherige Rechtswahl (oder objektive Anknüpfung des Vertragsstatuts) zur Geltung eines Rechts führt, das den Vertrag unwirksam sein lässt.[155]

61 Die Zulässigkeit einer nachträglichen Rechtswahl beurteilt sich ausschließlich nach dem IPR der *lex fori*, in Deutschland also vor allem Art. 27, nicht aber nach dem Prozessrecht des Forums. Prozessual beachtlich kann allenfalls sein, ob die für eine nachträgliche Rechtswahl erforderlichen Tatsachen dargetan und ordnungsgemäß in das Verfahren eingeführt wurden.[156] Aus der Maßgeblichkeit des IPR der *lex fori* ergibt sich außerdem, dass es für die Zulässigkeit der nachträglichen Rechtswahl nicht darauf ankommt, ob sie vom Kollisionsrecht des ursprünglich geltenden oder nunmehr vereinbarten Vertragsstatuts akzeptiert wird.[157]

62 Zustandekommen und Wirksamkeit der nachträglichen Rechtswahlvereinbarung richten sich nach dem von Abs. 4 für maßgeblich erklärten Recht. Ist sie danach wirksam, kommt ihr grundsätzlich kollisionsrechtliche Wirkung zu, sofern die Parteien sich nicht ausnahmsweise auf eine materiellrechtliche Verweisung beschränkt haben. Ob die Wirkungen der nachträglichen Rechtswahl *ex nunc* oder *ex tunc* eintreten, hängt von der Parteiabsprache ab.[158] Im Zweifel wird von einer Rückwirkung auf den Zeitpunkt des Vertragsschlusses auszugehen,[159] sofern diese nicht zur Unwirksamkeit des Vertrages führt.[160]

63 Die **Formgültigkeit des Vertrages** nach Art. 11 wird gem. Abs. 2 S. 2 Hs. 1 durch eine nachträgliche Rechtswahl nicht berührt. War der Vertrag nach dem alten Statut formwirksam, kann die nachträgliche Wahl eines anderen, formstrengeren Rechts nicht zu seiner Formunwirksamkeit führen. Umgekehrt können aber die Parteien durch die Wahl eines in Formfragen laxeren Rechts den ursprünglich formunwirksamen Vertrag *ex tunc* formwirksam werden lassen (Heilung durch Statutenwechsel).[161]

64 **Rechte Dritter** werden nach Abs. 2 S. 2 Hs. 2 durch einen mit der nachträglichen Rechtswahl einhergehenden Statutenwechsel ebenfalls nicht berührt. Dritte i.d.S. können z.B. Bürgen, Pfändungsgläubiger,

---

152 Staudinger/*Magnus*, Art. 27 EGBGB Rn 86; vgl. dazu – im Einzelnen mitunter durchaus zweifelhaft – BGH RIW 1997, 42; ZIP 1998, 956; OLG Brandenburg IPRspr 1996 Nr. 161; OLG Celle NJW-RR 1992, 1126; OLG Düsseldorf NJW-RR 1991, 55; NJW-RR 1995, 1396; OLG Köln RIW 1994, 970; OLG Nürnberg NJW-RR 1997, 1484; OLG München RIW 1997, 507; VersR 2001, 459.
153 LG Hamburg RIW 1993, 144, 145; Palandt/*Heldrich*, Art. 27 EGBGB Rn 7; Staudinger/*Magnus*, Art. 27 EGBGB Rn 86.
154 BGH NJW 2000, 1002, 1004; BGHR 2004, 679.
155 Staudinger/*Magnus*, Art. 27 EGBGB Rn 103.
156 OLG Düsseldorf, RIW 1987, 793; Erman/*Hohloch*, Art. 27 EGBGB Rn 23; Staudinger/*Magnus*, Art. 27 EGBGB Rn 105.
157 Reithmann/Martiny/*Martiny*, Rn 100.
158 LG Essen RIW 2001, 943, 944; Erman/*Hohloch*, Art. 27 EGBGB Rn 23; Soergel/*v. Hoffmann*, Art. 27 EGBGB Rn 73; MüKo/*Martiny*, Art. 27 EGBGB Rn 66.
159 BGH WM 1970, 1454, 1455; IPRax 1998, 479, 481; OLG Bremen VersR 1978, 277; OLG Koblenz RIW 1982, 354; OLG Saarbrücken OLGZ 1966, 142, 145 f.; Palandt/*Heldrich*, Art. 27 EGBGB Rn 10; Erman/*Hohloch* Art. 27 EGBGB Rn 23; Reithmann/Martiny/*Martiny*, Rn 100; *Reinhart*, IPRax 1995, 365, 367 ff.; *Thorn*, IPRax 2002, 349, 361; a.A. OLG Frankfurt IPRax 1992, 314, 317; LG Essen RIW 2001, 943, 944; *W. Lorenz*, IPRax 1987, 269, 273.
160 LG Essen RIW 2001, 943, 944; *Looschelders*, Art. 27 Rn 23.
161 Palandt/*Heldrich*, Art. 27 EGBGB Rn 10; Erman/*Hohloch*, Art. 27 EGBGB Rn 23; Staudinger/*Magnus*, Art. 27 EGBGB Rn 111; Reithmann/Martiny/*Martiny*, Rn 102; Bamberger/Roth/*Spickhoff*, Art. 27 EGBGB Rn 30.

Begünstigte aus einem Vertrag zugunsten Dritter oder mit Schutzwirkung für Dritte usw. sein.[162] Bleibt das nachträglich gewählte Recht im Hinblick auf Rechte Dritter hinter dem ursprünglich geltenden zurück, gilt im Verhältnis der Parteien zu diesen Dritten weiterhin das Altstatut. Das neue Statut wirkt dann gegebenenfalls nur *inter partes*.[163] Abs. 2 S. 2 Hs. 2 soll Dritte nur vor einem Rechtsverlust durch Statutenwechsel bewahren, nicht aber eine Rechtsverbesserung verhindern. Begünstigt der Statutenwechsel den Dritten, kommt der Statutenwechsel grundsätzlich auch ihm zugute.[164] Die Parteien haben es in der Hand, eine Drittbegünstigung zu verhindern, indem sie sich – sofern zulässig (vgl. Rn 38) – für eine Teilrechtswahl entscheiden.[165] Da gegenüber der Annahme einer stillschweigenden Teilrechtswahl allerdings äußerste Zurückhaltung geboten ist (vgl. Rn 36), ist freilich im Zweifel von einem Willen zur Drittbegünstigung auszugehen.[166]

3. Zustandekommen und Wirksamkeit. a) Grundsatz. Haupt- und Verweisungsvertrag sind voneinander zu unterscheiden. Es handelt sich um zwei rechtlich selbständige Verträge, auch wenn sie zusammen abgeschlossen werden. Die Wirksamkeit des einen berührt die Wirksamkeit des anderen nicht. Der – dann objektiv anzuknüpfende – **Hauptvertrag** kann auch wirksam sein, wenn die Rechtswahlvereinbarung unwirksam ist. Umgekehrt wird die Wirksamkeit des **Verweisungsvertrages** nicht dadurch beeinträchtigt, dass er zur Anwendung eines Rechts führt, nach dem der Hauptvertrag unwirksam ist.

65

Das Zustandekommen und die Wirksamkeit der Rechtswahlvereinbarung[167] sind gem. Abs. 4 i.V.m. Art. 31 Abs. 1 nach dem Recht zu beurteilen, das anzuwenden wäre, wenn die Rechtswahl wirksam wäre,[168] und zwar auch dann, wenn der Hauptvertrag aus Sicht des gewählten Rechts unwirksam ist.[169] Die Verweisung auf Art. 31 Abs. 1 bezieht sich nicht auf die Zulässigkeit einer Rechtswahlvereinbarung. Darüber, ob die Parteien das Vertragsstatut überhaupt parteiautonom bestimmen können, entscheidet allein die *lex fori*.[170] Und für die Auslegung der Rechtswahlvereinbarung sind weder die *lex fori* noch die (potenzielle) *lex causae* zu beachten. Sie hat sich vielmehr an europäisch-autonomen Kriterien zu orientieren (vgl. Rn 45).

66

Ist die Wirkung des Verhaltens einer Partei zu beurteilen, muss gem. Abs. 4 i.V.m. Art. 31 Abs. 2 EGBGB auch das Recht an deren gewöhnlichem Aufenthalt berücksichtigt werden. Art. 31 Abs. 2 dient dem Schutz der anderen Partei vor einer unzumutbaren, da für sie unvorhersehbaren vertraglichen Bindung (vgl. Art. 31 EGBGB Rn 3). Dementsprechend ist lediglich zu prüfen, ob das Verhalten der Partei überhaupt als äußerliche Zustimmung zum Abschluss des Rechtswahlvertrages gewertet werden kann. Bedeutung kann Art. 31 Abs. 2 u.U. für ein Schweigen auf ein Rechtswahlvereinbarung wiedergebendes kaufmännisches Bestätigungsschreiben[171] oder eine Rechtswahlvereinbarung mittels AGB haben.

67

b) Rechtswahl in AGB. Eine Rechtswahl durch AGB ist grundsätzlich zulässig.[172] Über ihr Zustandekommen und ihre materielle Wirksamkeit entscheidet die *lex causae*. Art. 31 Abs. 2 bleibt zu beachten. Im Einzelnen gilt Folgendes:

68

Nach Abs. 4 beurteilen sich Zustandekommen (äußerer Konsens) und rechtsgeschäftliche Wirksamkeit von Rechtswahlvereinbarungen einschließlich solcher in AGB nach dem gewählten Recht. Damit unterliegen Rechtswahlklauseln in AGB der Einbeziehungskontrolle derjenigen Rechtsordnung, die sie als maßgeblich bezeichnen. Eine Einbeziehungskontrolle gem. §§ 305 Abs. 2 bis 306 BGB findet demnach nur statt, wenn deutsches Recht gewählt wurde. Zwar ist es im Einzelfall durchaus denkbar, dass eine Rechtswahlklausel überraschend ist,[173] doch ist dies im Allgemeinen bei einem Auslandsbezug des Sachverhalts nicht der Fall.[174] Ist das in den AGB bezeichnete Recht ein ausländisches, muss dieses über die wirksame Einbeziehung der Rechtswahlklausel entscheiden. War sie für die andere Partei nicht verständlich oder überraschend, wird es ihre wirksame Einbeziehung bereits verneinen. Dann ist der Vertrag objektiv anzuknüpfen. Eine Umdeutung in eine stillschweigende Rechtswahlvereinbarung kommt nicht in Betracht. Ist die Rechtswahlklausel danach ausnahmsweise doch wirksam einbezogen, kann über Art. 31 Abs. 2 auf das Umweltrecht der anderen Partei zurückgegriffen werden, sofern es nicht gerechtfertigt ist, die Wirkung ihres Verhaltens nach dem

69

---

162 Staudinger/*Magnus*, Art. 27 EGBGB Rn 112; Reithmann/Martiny/*Martiny*, Rn 102; Bamberger/Roth/*Spickhoff*, Art. 27 EGBGB Rn 31.
163 *Kropholler*, IPR, S. 459; *Möllenhoff*, S. 134; Reithmann/Martiny/*Martiny*, Rn 103.
164 Staudinger/*Magnus*, Art. 27 EGBGB Rn 113.
165 I.d.S. wohl auch Czernich/Heiss/*Heiss*, Art. 3 EVÜ Rn 42; Soergel/*v. Hoffmann*, Art. 27 EGBGB Rn 79; Bamberger/Roth/*Spickhoff*, Art. 27 EGBGB Rn 31; *v. Bar*, IPR II, Rn 481.
166 A.A. die in der vorigen Fn Genannten; im Erg. wie hier Staudinger/*Magnus*, Art. 27 EGBGB Rn 113.
167 Umfassend dazu *Kost*, a.a.O.; *Stankewitsch*, S. 415 ff.
168 BGHZ 123, 380, 383; *Looschelders*, Art. 27 Rn 28; Staudinger/*Magnus*, Art. 27 EGBGB Rn 140; MüKo/*Martiny*, Art. 27 EGBGB Rn 83; Bamberger/Roth/*Spickhoff*, Art. 27 EGBGB Rn 12.
169 *Meyer-Sparenberg*, RIW 1989, 347, 349.
170 *Kost*, S. 26 ff.; *Looschelders*, Art. 27 Rn 28; MüKo/*Martiny*, Art. 27 EGBGB Rn 83.
171 Vgl. dazu BGHZ 57, 72, 77.
172 BGHZ 123, 380, 383; Staudinger/*Magnus*, Art. 27 EGBGB Rn 144.
173 OLG Düsseldorf NJW-RR 1994, 1132.
174 BGHZ 123, 380, 383; Reithmann/Martiny/*Martiny*, Rn 211.

in der Rechtswahlklausel bezeichneten Recht zu bestimmen. Einer Partei mit gewöhnlichem Aufenthalt in Deutschland kann dann der Schutz der §§ 305b und 305c Abs. 1 BGB zugute kommen.

70 Bei **kollidierenden Rechtswahlklauseln** entscheidet zunächst das jeweils in ihr bezeichnete Recht darüber, ob sie wirksam in den Vertrag einbezogen worden ist. Gelangt eines der beiden Rechte zur Unwirksamkeit, unterliegt der Vertrag dem durch die wirksame Klausel berufenen Recht. Sind beide Klauseln unwirksam, ist objektiv anzuknüpfen. Sind schließlich beide wirksam, kommt es zu einem unlösbaren Normenwiderspruch. Er muss durch Bildung einer Sachnorm im IPR gelöst werden, die unmittelbar aus Abs. 1 abgeleitet werden kann. Abs. 1 fordert Konsens. Daran fehlt es aber. Eine Rechtswahlvereinbarung liegt nicht vor. Auch in diesem Fall ist daher objektiv anzuknüpfen.[175]

71 Eine **Inhaltskontrolle der Rechtswahlvereinbarung findet nicht statt**, und zwar weder nach der *lex fori* noch nach der in Aussicht genommenen *lex causae* (sehr str., vgl. Art. 31 EGBGB Rn 22). Der Gesetzgeber hat sich für die freie Rechtswahl entschieden und deren Zulässigkeit abschließend an die Erfüllung der Voraussetzungen des Abs. 1 S. 2 geknüpft. Eine darüber hinausreichende Inhaltskontrolle ist nicht geboten und sogar kontraproduktiv. Der durch Abs. 4 ausgesprochene Verweis auf das in Aussicht genommene Recht bezieht sich nur auf die rechtsgeschäftliche Wirksamkeit (Anfechtung wegen Irrtums, Täuschung, Drohung etc.).

72 **c) Form.** Die Form der Rechtswahlvereinbarung richtet sich nach Art. 11. Sie ist selbständig, d.h. unabhängig vom Hauptvertrag zu betrachten,[176] und formgültig, wenn sie den Formvorschriften des in Aussicht genommenen Hauptvertragsstatuts oder denen des Rechts am Vornahmeort entspricht (Art. 11 Abs. 1). Dies kann zur Folge haben, dass zwar die Rechtswahlvereinbarung formgültig, der Hauptvertrag hingegen formungültig ist.[177] Bei Verbraucherverträgen i.S.v. Art. 29 Abs. 1 unterliegt die Form der Rechtswahl dem Recht am gewöhnlichen Aufenthalt des Verbrauchers (Art. 29 Abs. 3).

73 **d) Verkehrsschutz.** Kommt es nach dem in Aussicht genommenen Recht für die Wirksamkeit der Rechtswahlvereinbarung auf die Geschäftsfähigkeit der Parteien an, muss diese nach ihrem jeweiligen Heimatrecht festgestellt werden (Art. 7).[178] Ist danach Geschäftsunfähigkeit gegeben, kann sich die Partei auch für den Rechtswahlvertrag hierauf nicht berufen, wenn die Anwendungsvoraussetzungen des Art. 12 erfüllt sind.[179]

V. Unzureichende Auslandsberührung

74 (Kollisionsrechtliche) Rechtswahlfreiheit scheidet aus, wenn der Sachverhalt überhaupt keine Auslandsberührung aufweist. Den Parteiinteressen gebührt nur dann der Vorrang, wenn sich die Anwendung des nationalen Rechts nicht von selbst versteht. Mangelt es an der notwendigen Internationalität, ist das Interesse der Parteien gegenüber dem Geltungsanspruch des nationalen Rechts nicht anerkennenswert. Rechtsunsicherheit, die zu beseitigen die Parteiautonomie geeignet ist, besteht zudem nicht. Abs. 3 schränkt daher die Rechtswahlfreiheit für reine Inlandsfälle ein. Wenn der sonstige Sachverhalt im Zeitpunkt der Rechtswahl abgesehen von dieser und einer möglichen Vereinbarung der Zuständigkeit eines Gerichts eines anderen Staates mit nur einer Rechtsordnung verbunden ist, können die Parteien zwar das Recht eines anderen Staates wählen, doch bleiben die zwingenden Bestimmungen der ersteren Rechtsordnung hiervon unberührt. Die Rechtswahl hat dann nur die Wirkung einer materiellkollischen Verweisung.

75 **Abs. 3** ist keine einseitige, sondern eine **allseitige Kollisionsnorm**. Ist ein Sachverhalt zu beurteilen, der ausschließlich Bezüge zu einer ausländischen Rechtsordnung aufweist, wendet das Gericht ungeachtet der Rechtswahl deren zwingende Bestimmungen an.[180]

76 Abs. 3 setzt eine wirksame Rechtswahl voraus. Sie kann ausdrücklich oder stillschweigend erfolgt sein, Letzteres etwa durch Vereinbarung eines ausländischen Gerichtsstands oder einer Schiedsklausel (vgl. auch Rn 48 ff.).[181]

77 Die Rechtswahl hat lediglich die Wirkung einer materiellrechtlichen Verweisung, wenn es an einem hinreichenden Auslandsbezug fehlt. Wann ein Sachverhalt mit lediglich einer Rechtsordnung verbunden ist bzw. ein für eine kollisionsrechtliche Rechtswahl ausreichender Auslandsbezug vorliegt, führt Abs. 3,

---

175 Vgl. z.B. Palandt/*Heldrich*, Art. Art. 27 EGBGB Rn 8; *Kost*, S. 60; Staudinger/*Magnus*, Art. 27 EGBGB Rn 142; *v. Bar*, IPR II, Rn 475.
176 BGH WM 1997, 1713, 1715; Erman/*Hohloch*, Art. 27 EGBGB Rn 29; Looschelders, Art. 27 Rn 32; Staudinger/*Magnus*, Art. 27 EGBGB Rn 147; MüKo/*Martiny*, Art. 27 EGBGB Rn 88; Bamberger/Roth/*Spickhoff*, Art. 27 EGBGB Rn 14.
177 Vgl. z.B. OLG Nürnberg NJW-RR 1997, 1484, 1485.
178 Näher dazu m.w.N. *Stankewitsch*, S. 187 ff.
179 Vgl. auch OLG Hamm NJW-RR 1996, 1144.
180 Palandt/*Heldrich*, Art. 27 EGBGB Rn 4; Staudinger/*Magnus*, Art. 27 EGBGB Rn 118; MüKo/*Martiny*, Art. 27 EGBGB Rn 75.
181 Staudinger/*Magnus*, Art. 27 EGBGB Rn 119 f.

abgesehen von der Ausstellung eines Negativattests für die alleinige Maßgeblichkeit von Rechtswahl- und Gerichtsstandsklauselnvereinbarungen, nicht näher aus. Zurückgegriffen werden kann auf die bei der objektiven Anknüpfung von Schuldverträgen zu berücksichtigenden Merkmale (vgl. auch Art. 28 EGBGB Rn 19 ff.),[182] also z.B. den Abschlussort, den Erfüllungsort, den gewöhnlichen Aufenthalt oder Sitz der Parteien, die Belegenheit des Vertragsgegenstands, die Vertragswährung usw. Eine Regel, dass bereits das Vorliegen eines Merkmals einen hinreichenden Auslandsbezug zu begründen vermag, gibt es nicht. Es bedarf vielmehr einer **wertenden Betrachtung**, die einerseits zu berücksichtigen hat, dass Abs. 3 eine Umgehung des *ius cogens* verhindern soll, andererseits aber auch den Bogen nicht überspannen darf, da dies die grundsätzliche Entscheidung des Gesetzgebers für die (kollisionsrechtliche!) Rechtswahlfreiheit konterkarieren würde. In Zweifelsfällen sollte allerdings auch hier nach dem Grundsatz *„in dubio pro libertate"* entschieden werden. Daher kann oft schon ein ausländischer Abschlussort für die Vermittlung des notwendigen Auslandsbezugs genügen, auch wenn alle übrigen Merkmale in das Inland weisen.[183] Vorsicht ist allerdings bei der Staatsangehörigkeit geboten. Nur weil man beim „Italiener" in seiner Straße essen geht, kann man nicht durch die Wahl italienischen Rechts deutsches *ius cogens* ausschalten. Dafür müssen schon andere Umstände hinzutreten, wie etwa ein ausländischer gewöhnlicher Aufenthalt des Vertragspartners usw.[184]

Der **Begriff der zwingenden Vorschriften i.S.v. Abs. 3** ist nicht mit dem des Art. 34 identisch. Art. 34 meint nur international zwingende Normen, während für Abs. 3 schon einfach zwingende, d.h. der materiellrechtlichen Parteidisposition entzogene Normen genügen.[185] „Abgewählt" werden kann daher nur dispositives Gesetzesrecht. Die dispositiven und zwingenden Bestimmungen des gewählten Rechts finden lediglich Anwendung, sofern dies nicht den zwingenden Regelungen des sog. „Einbettungsstatuts" widerspricht. Dies gilt sogar bei Verbraucher- oder Arbeitsverträgen selbst dann, wenn sie zu einem für den Verbraucher oder Arbeitnehmer günstigeren Ergebnis führen würden. Insoweit kommt Abs. 3 Vorrang vor Artt. 29 Abs. 1 bzw. 30 Abs. 1 zu (vgl. näher Art. 29 EGBGB Rn 12 und Art. 30 EGBGB Rn 12). 78

In der Literatur ist verschiedentlich vorgeschlagen worden, Abs. 3 auf **binnenmarktinterne Sachverhalte** analog anzuwenden,[186] doch lässt sich dieser Vorschlag mit den Wertungen des EVÜ nicht in Einklang bringen.[187] Abgesehen von der äußerst umstrittenen Frage, ob und inwieweit staatsvertragliche Regelungen überhaupt analogiefähig sind,[188] erscheint eine Analogie schon deshalb bedenklich, weil man eine supranationale Organisation wie die Europäische Gemeinschaft mit einem „Staat" i.S.v. Abs. 3 gleichsetzen müsste. Das ist – zumindest beim derzeitigen Stand des Gemeinschaftsrechts – nicht möglich. Erforderlich wäre also eine doppelte Analogie. Das aber geht zu weit. Unbeantwortet bleibt darüber hinaus die Frage, welches der Rechte der Mitgliedstaaten bei Binnenmarktsachverhalten zur Anwendung gelangen soll. Dem hinter dem Vorschlag einer analogen Anwendung stehenden kollisionsrechtlichen Schutzanliegen ist mittlerweile weit gehend durch Art. 29a Rechnung getragen. Im Übrigen hat das Grünbuch zum Internationalen Privatrecht die Problematik aufgegriffen.[189] Ob es zu einer Rechtsänderung kommen wird, bleibt abzuwarten. Ihr sollte jedenfalls nicht durch eine Analogie vorgegriffen werden. 79

---

182 Soergel/*v. Hoffmann*, Art. 27 EGBGB Rn 87; Erman/*Hohloch*, Art. 27 EGBGB Rn 26; *Looschelders*, Art. 27 Rn 25; Staudinger/*Magnus*, Art. 27 EGBGB Rn 122; MüKo/*Martiny*, Art. 27 EGBGB Rn 78; Bamberger/Roth/*Spickhoff*, Art. 27 EGBGB Rn 33.

183 So z.B. OLG Celle RIW 1991, 421; LG Stade IPRspr 1989 Nr. 39; LG Koblenz IPRspr 1989 Nr. 43; LG Hildesheim IPRax 1993, 173, 174; Palandt/*Heldrich*, Art. 27 EGBGB Rn 4; Staudinger/*Magnus*, Art. 27 EGBGB Rn 123; *Mankowski*, RIW 1993, 453, 454; MüKo/*Martiny*, Art. 27 EGBGB Rn 78; Bamberger/Roth/*Spickhoff*, Art. 27 EGBGB Rn 33; *Taupitz*, BB 1990, 642, 648; a.A. OLG Frankfurt IPRax 1990, 236; LG Hamburg IPRax 1990, 239; Soergel/*v. Hoffmann*, Art. 27 EGBGB Rn 88; *Mäsch*, Rechtswahlfreiheit und Verbraucherschutz, 1993, S. 103.

184 Soergel/*v. Hoffmann*, Art. 27 EGBGB Rn 95; *E. Lorenz*, RIW 1987, 569, 575; *Looschelders*, Art. 27 Rn 25; MüKo/*Martiny*, Art. 27 EGBGB Rn 78; Staudinger/*Magnus*, Art. 27 EGBGB Rn 124; Bamberger/Roth/*Spickhoff*, Art. 27 EGBGB Rn 33; *v. Bar*, IPR II, Rn 419; für alleinige Maßgeblichkeit der Staatsangehörigkeit hingegen Sandrock, RIW 1986, 841, 846.

185 Näher zur Abgrenzung zwischen einfach und international zwingenden Normen *Freitag*, in: Leible, Das Grünbuch zum Internationalen Vertragsrecht, 2004, S. 167 ff.

186 *Lando*, CMLR 24 (1987), 159, 181; ähnlich *Michaels/Kamann*, JZ 1997, 601.

187 *Leible*, in: Schulte-Nölke/Schulze, Europäische Rechtsangleichung und nationale Privatrechte, 1999, S. 353, 369 f.; i. Erg. ebenso Staudinger/*Magnus*, Art. 27 EGBGB Rn 127.

188 Dazu *Kropholler*, Internationales Einheitsrecht, 1975, S. 293 ff.; *Mankowski*, IPRax 1991, 305, 308 ff.; *Meyer-Sparenberg*, Staatsvertragliche Kollisionsnormen, 1990, S. 121 ff.

189 Vgl. Frage 4, KOM (2002) 654 endg., und dazu *Pfeiffer*, in: Leible, Das Grünbuch zum Internationalen Vertragsrecht, 2004, S. 25 ff.

C. Internationale Zuständigkeit

I. Überblick

80 **Art. 5 Nr. 1 EuGVVO/EuGVÜ/LugÜ** schafft einen besonderen Gerichtsstand für Streitigkeiten aus einem Vertrag, der indes nicht ausschließlicher, sondern fakultativer Natur ist und daher mit dem allgemeinen Gerichtsstand nach Art. 2 Abs. 1 EuGVVO/EuGVÜ/LugÜ konkurriert. Der Kläger kann seine Ansprüche sowohl vor den Gerichten des Mitgliedstaats, in dem der Beklagte seinen Wohnsitz hat, als auch vor den nach Art. 5 Nr. 1 EuGVVO/EuGVÜ/LugÜ bestimmten Gerichten verklagen. Eine Berufung des Klägers auf Art. 5 Nr. 1 EuGVVO/EuGVÜ/LugÜ ist jedoch ausgeschlossen, wenn der Anwendungsbereich des Abschnitts 4 (Verbrauchersachen) eröffnet ist, eine der ausschließlichen Zuständigkeiten des Art. 22 EuGVVO bzw. Art. 16 EuGVÜ/LugÜ greift oder eine ausschließliche Gerichtsstandsvereinbarung vorliegt.

II. EuGVVO

81 Gem. Art. 5 Nr. 1 lit. a EuGVVO kann eine Person, die ihren Wohnsitz im Hoheitsgebiet eines Mitgliedstaats hat, in einem anderen Mitgliedstaat verklagt werden, wenn ein Vertrag oder Ansprüche aus einem Vertrag den Gegenstand des Verfahrens bilden. Zuständig sind die Gerichte des Ortes, an dem die vertragliche Verpflichtung erfüllt worden ist oder zu erfüllen wäre. Nach lit. b ist, sofern nichts anderes vereinbart wurde, Erfüllungsort sämtlicher Verpflichtungen aus dem Verkauf beweglicher Sachen der Ort in einem Mitgliedstaat, an dem sie nach dem Vertrag geliefert worden sind oder hätten geliefert werden müssen, und für die Erbringung von Dienstleistungen derjenige, an dem sie nach dem Vertrag erbracht worden sind oder hätten erbracht werden müssen. Bei allen anderen Verträgen ist gem. lit. c der Erfüllungsort nicht autonom, sondern nach der *lex causae* zu bestimmen.

82 Der Begriff des Vertrags wird **europäisch-autonom qualifiziert**.[190] Ein vertragliches Rechtsverhältnis zeichnet sich dadurch aus, dass eine Partei gegenüber einer anderen freiwillig Verpflichtungen eingeht.[191] Darüber hinaus genügt aber überhaupt jede rechtsgeschäftliche Verbindung, die auf einer willensgetragenen Verpflichtung mindestens einer Partei beruht (z.B. Auslobung).[192]

83 Art. 5 Nr. 1 EuGVVO erfasst zunächst **Klagen, deren Gegenstand „ein Vertrag" ist**. Ausgeschlossen sind damit Klagen aus gesetzlichen Schuldverhältnissen, die in keinerlei Verbindung zu einem Vertragsverhältnis stehen, so etwa Ansprüche aus Quasi-Kontrakten oder GoA und selbständige Bereicherungsansprüche.[193] Art. 5 Nr. 1 EuGVVO geht nicht zwingend von der Existenz eines Vertrags aus, sondern eröffnet eine Zuständigkeit für Klagen bereits dann, wenn infrage steht, ob überhaupt ein Vertrag zustande gekommen ist,[194] weil z.B. der verklagte „Käufer" einwendet, das Gebot sei nicht von ihm, sondern nur unter seinem Namen von einem unbefugten Dritten abgegeben worden.[195] Der Vertragsgerichtsstand steht weiterhin zur Verfügung, wenn zwischen den Parteien die Fortexistenz eines Vertrages umstritten ist,[196] etwa aufgrund einer ausgesprochenen Kündigung, einer Vertragsaufhebung oder einer Anfechtung des Vertrags.

84 Art. 5 Nr. 1 EuGVVO unterfallen außerdem die in der Praxis wesentlich zahlreicheren Verfahren über „Ansprüche aus einem Vertrag". Gemeint sind damit nicht nur die aus dem Vertrag resultierenden Primäransprüche auf Erfüllung einer Haupt- oder Nebenpflicht,[197] sondern sämtliche vertragliche Sekundäransprüche, etwa Schadensersatz wegen Vertragsverletzung, Rückerstattung zu viel entrichteten Entgelts nach Minderung usw.[198]

---

190 Vgl. m.w.N. Rauscher/*Leible*, Art. 5 Brüssel I-VO Rn 15 ff.
191 EuGH Slg. 1992, I-3967 Rn 15 – Handte/Traitements mécano-chimiques des surfaces; Slg. 1998, I-6511 Rn 17 – Réunion européenne/Spliethoff's Bevrachtingskantoor; Slg. 2002, I-7357 Rn 23 – Tacconi/Wagner.
192 Rauscher/*Leible*, Art. 5 Brüssel I-VO Rn 20.
193 BGH JZ 1997, 88. Der Gerichtsstand des Art. 5 Nr. 1 EuGVO ist allerdings gleichwohl bei der Leistungskondiktion aufgrund – auch anfänglicher – Vertragsnichtigkeit eröffnet, so etwa bei der Rückforderung geleisteter Vorauszahlungen für ersteigerte Gegenstände, deren Veräußerung gesetzlich verboten oder sittenwidrig ist (menschliche Organe, unter Artenschutz stehende Tiere usw.).
194 EuGH Slg. 1982, 825 Rn 7 – Effer/Kantner; vgl. auch BGH IPRax 1983, 67; BAG, RIW 1987, 464; OLG Hamm RIW 1980, 662; OLG Koblenz IPRax 1986, 105; LG Trier NJW-RR 2003, 287; Mölnlycke AB v. Procter & Gamble Ltd. [1992] 1 WLR 1112 (C.A.) = [1992] 4 All ER 47; Boss Group Ltd. v. Boss France SA [1996] 4 All ER 970 (C.A.); Ostre Landsret UfR 1998, 1092 OLD m. Bspr. Fogt, IPRax 2001, 358.
195 Vgl. zu derartigen Konstellationen im nationalen Recht etwa OLG Köln MMR 2002, 813; LG Bonn CR 2002, 293 m. Anm. *Hoeren* = MMR 2002, 255 m. Anm. *Wiebe*; JurPC Web-Dok 74/2004; LG Konstanz MMR 2002, 835 m. Anm. *Winter*; AG Erfurt MMR 2002, 127 m. Anm. *Wiebe* = CR 2002, 767 m. Anm. *Winter*.
196 OLG Frankfurt RIW 1980, 585; *Kropholler*, EuZPR, Art. 5 EuGVO Rn 11.
197 Vgl. z.B. zur Erfüllungsklage BGH RIW 1991, 513.
198 Rauscher/*Leible*, Art. 5 Brüssel I-VO Rn 23 und 30.

Für die beiden wichtigsten Vertragstypen, nämlich Verträge über den **Kauf** beweglicher Sachen sowie über die Erbringung von **Dienstleistungen**, bestimmt Art. 5 Nr. 1 lit. b EuGVVO den Erfüllungsort autonom. Um einen Kaufvertrag handelt es sich bei einem Vertrag, vermöge dessen sich der eine Teil zur Lieferung und Übereignung einer Sache und der andere zur Zahlung eines Kaufpreises verpflichtet.[199] Er muss allerdings den Verkauf beweglicher Sachen zum Inhalt haben. Patente, Lizenzen, Wertpapiere oder Gesellschaftsanteile etc. fallen nicht in den Anwendungsbereich des Art. 5 Nr. 1 lit. b EuGVVO.[200] Ob eine Sache beweglich oder etwa als „wesentlicher Bestandteil" eines Grundstücks unbeweglich ist, ist europäisch-autonom zu bestimmen.[201]

85

Gleiches gilt für die Ausfüllung des Terminus des **Dienstleistungsvertrags**. Auf den Dienstleistungsbegriff des EGV kann zurückgegriffen werden, doch kommt der dortigen Definition für die EuGVVO kein abschließender Charakter zu, da der Begriff der Dienstleistung i.S.v. Art. 5 EuGVVO anerkanntermaßen weit auszulegen ist.[202] Er umfasst entgeltliche gewerbliche, kaufmännische, handwerkliche und freiberufliche Tätigkeiten. Um Dienstverträge handelt es sich auch bei Werk- und Werklieferungsverträgen, soweit sie nicht als Kaufverträge zu qualifizieren sind.

86

Art. 5 Nr. 1 lit. b EuGVVO verknüpft den Gerichtsstand nicht mit dem Erfüllungsort der streitigen Verpflichtung, sondern dem der **vertragscharakteristischen Leistung**, sofern dieser in einem Mitgliedstaat (Art. 1 Abs. 3 EuGVVO) liegt. Wurde die Leistung als vertragsgemäß angenommen, ist der Ort der tatsächlichen Leistungserbringung zugleich der maßgebliche Erfüllungsort, mag auch zuvor eine andere vertragliche Regelung getroffen worden sein.[203] Wurde die Leistung hingegen noch nicht erbracht, ist auf den Ort abzustellen, an dem nach dem Vertrag hätte geliefert bzw. die Dienstleistung erbracht werden müssen. Bleiben bei der Auslegung des Vertrags Zweifel, verdient diejenige Auslegung den Vorzug, die Sinn und Zweck des Gerichtsstands am Erfüllungsort sowie den Zielen der EuGVVO am ehesten Rechnung trägt.[204] Entscheidend ist eine genaue Betrachtung des ausgemachten Pflichtenprogramms. Haben die Parteien eine Beförderung durch den Verkäufer oder einen von diesem beauftragten Dritten vereinbart, ist zu fragen, wann und wo die Erfüllungshandlung des Verkäufers als abgeschlossen betrachtet werden kann.[205]

87

Der Erfüllungsort gilt für alle Ansprüche aus dem Vertrag, also auch für die Zahlungsverpflichtung des Käufers oder Dienstleistungsgläubigers. Damit wird eine Konzentration aller Streitigkeiten aus einem Vertrag an einem Gericht erreicht.

88

Liegen kein Kaufvertrag über bewegliche Sachen und auch kein Dienstleistungsvertrag i.S.v. lit. b vor oder ist der Erfüllungsort in keinem Mitgliedstaat der EuGVVO situiert, gelangt die **Auffangregel der lit. a** zur Anwendung. Sie unterscheidet sich in zweierlei Hinsicht von lit. b.

89

Zum einen ist zur Bestimmung der Zuständigkeit nicht auf die vertragscharakteristische Leistung, sondern auf die konkret streitige Verpflichtung abzustellen.[206] Für Geld- auf der einen und Sachleistungsschulden auf der anderen Seite können daher bei unterschiedlichen Erfüllungsorten verschiedene Gerichtsstände bestehen. Maßgeblich ist nicht die streitgegenständliche Verpflichtung, sondern diejenige, „die dem vertraglichen Anspruch entspricht, auf den der Kläger seine Klage stützt".[207] Entscheidend ist folglich auch bei der Geltendmachung von Sekundärpflichten die verletzte Primärpflicht.[208] Daher werden z.B. durch Leistungsstörungen entstandene Sekundärpflichten auf Leistung von Schadensersatz nicht gesondert angeknüpft. Wer Schadensersatz wegen Lieferung mangelhafter Ware verlangt, muss die Klage beim Gericht des Erfüllungsorts der Liefer-, nicht aber der Schadensersatzpflicht erheben.[209] Bei mehreren Verpflichtungen gibt grundsätzlich

90

---

199 *Kropholler*, EuZPR, Art. 5 EuGVO Rn 32; Rauscher/*Leible*, Art. 5 Brüssel I-VO Rn 46; *Magnus*, IHR 2002, 45, 47.
200 *Czernich*, in: Czernich/Tiefenthaler/Kodek, Art. 5 Rn 32; *Magnus*, IHR 2002, 45, 47; Thomas/Putzo/*Hüßtege*, Art. 5 EuGVVO Rn 6; *Kropholler*, Art. 5 EuGVO Rn 34; Rauscher/*Leible*, Art. 5 Brüssel I-VO Rn 47.
201 *Kropholler*, EuZPR, Art. 5 EuGVO Rn 34; Rauscher/*Leible*, Art. 5 Brüssel I-VO Rn 48; a.A. (*lex fori*) *Czernich*, in: Czernich/Tiefenthaler/Kodek, Art. 5 EuGVO Rn 32; (*lex rei sitae*) Thomas/Putzo/*Hüßtege*, Art. 5 EuGVVO Rn 6.
202 *Kropholler*, EuZPR, Art. 5 EuGVO Rn 35; Rauscher/*Leible*, Art. 5 Brüssel I-VO Rn 49; *Leipold*, in: GS Lüderitz 2000, S. 431, 446.
203 *Magnus*, IHR 2002, 45, 47.
204 *Gsell*, IPRax 2002, 484, 487.
205 *Bajons*, in: FS Geimer 2002, S. 15, 52.
206 Vgl. zum EuGVÜ EuGH Slg. 1976, 1497 Rn 9/12 – de Bloos; Slg. 1987, 251 Rn 20 – Shenavai/Kreischer; Slg. 1994, I-2913 Rn 23 ff. – Custom Made Commercia/Stawa Metallbau; Slg. 1999, I-6307 Rn 32 – GIE Groupe Concorde/Kapitän des Schiffes „Suhadiwarno Panjan"; Slg. 2002, I-1699 Rn 17 – Besix/Kretzschmar. Die Begründung des Kommissionsentwurfs geht davon aus, dass im Anwendungsbereich weiterhin die jeweils konkret streitige Verpflichtung maßgeblich bleibt, vgl. KOM 1999 (348) endg., S. 1 (15).
207 EuGH Slg. 1976, 1497 Rn 13/14 – de Bloos/Bouyer.
208 BGH RIW 1979, 711; WM 1992, 1344; NJW 1996, 1819; BGHZ 134, 205; NJW 2001, 1937; OLG Stuttgart RIW 2000, 631.
209 Vgl. z.B. OLG Hamm NJW-RR 1995, 188; BayObLG RIW 2001, 863.

die Hauptverpflichtung das Maß.[210] Eine Berücksichtigung von Nebenpflichten kommt nicht in Betracht. Bei mehreren gleichrangigen Verpflichtungen ist jedes Gericht nur für die Verpflichtung zuständig, die am Gerichtsort erfüllt werden muss.[211]

91 Zum anderen ist der Erfüllungsort nach der vom EuGH zum EuGVÜ entwickelten **Tessili-Formel**[212] nach der *lex causae*, d.h. dem auf den Vertrag anzuwendenden Recht zu ermitteln. Zwar sprechen die besseren Gründe für eine vertragsautonome Bestimmung des Erfüllungsorts,[213] doch ist angesichts der Begründung des Kommissionsentwurfs, in dem zur Erläuterung von lit. a ausdrücklich auf die Tessili-Formel verwiesen wird, ohne entsprechende legislative Flankierung kaum mit einer Änderung der EuGH-Rechtsprechung zu rechnen.

92 Von Art. 5 Nr. 1 lit. a und b EuGVVO **abweichende Vereinbarungen** sind zulässig und begründen, anders als zum Teil im deutschen Recht (vgl. § 29 Abs. 2 ZPO), einen auch prozessual relevanten Erfüllungsort. Ihre Wirksamkeit bemisst sich allein nach der *lex causae*.[214] Die Formanforderungen des Art. 23 EuGVVO sind nicht zu beachten.[215] Letzteres gilt freilich nur für „reale Erfüllungsortvereinbarungen". Handelt es sich hingegen um eine „abstrakte Erfüllungsortvereinbarung", weil der Erfüllungsort keinen Zusammenhang mit der Vertragswirklichkeit aufweist, sondern lediglich der Gerichtsstandsbestimmung dient, kommt ihr eine gerichtsstandsbegründende Wirkung nur zu, wenn sie den Anforderungen des Art. 23 EuGVVO genügt.[216]

III. EuGVÜ/LugÜ

93 Die Bestimmung der Zuständigkeit nach Art. 5 Nr. 1 EuGVÜ/LugÜ folgt den in Art. 5 Nr. 1 lit. a EuGVVO vorgesehenen Grundsätzen: Der Begriff des Vertrags wird europäisch-autonom qualifiziert; zur Bestimmung der Zuständigkeit ist auf die konkret streitige Verpflichtung abzustellen; der Erfüllungsort der streitigen Verpflichtung wird nach der *lex causae* ermittelt; Erfüllungsortvereinbarungen sind auch ohne Beachtung der Formerfordernisse des Art. 17 EuGVÜ/LugÜ zuständigkeitsbegründend, wenn es sich um „reale Erfüllungsortvereinbarungen" handelt.

IV. Autonomes Recht

94 Gem. **§ 29 Abs. 1 ZPO** ist für Streitigkeiten aus einem Vertragsverhältnis und über dessen Bestehen das Gericht des Ortes zuständig, an dem die streitige Verpflichtung zu erfüllen ist. Art. 5 Nr. 1 EuGVVO/EuGVÜ/LugÜ gehen vor, sofern der Anwendungsbereich der VO bzw. des Einheitsrechts eröffnet ist. Ansonsten begründet § 29 Abs. 1 ZPO bei einem Erfüllungsort in Deutschland auch die internationale Zuständigkeit deutscher Gerichte.[217]

95 Der Tatbestand des § 29 Abs. 1 ZPO setzt „Streitigkeiten aus einem Vertragsverhältnis" voraus. Qualifiziert wird nicht nach der *lex causae*, sondern nach der *lex fori*. Vertraglich i.S.v. § 29 Abs. 1 ZPO sind alle schuldrechtlichen, auf eine Verpflichtung gerichteten Vereinbarungen, während dingliche Verträge und gesetzliche Schuldverhältnisse, z.B. Ansprüche aus Geschäftsführung ohne Auftrag oder ungerechtfertigter Bereicherung, nicht darunterfallen.[218] Der Erfüllungsort ist für die jeweils in Streit stehende Verbindlichkeit einzeln und gesondert zu bestimmen, nicht aber – wie nach Art. 5 Nr. 1 lit. b EuGVVO – für das gesamte Schuldverhältnis einheitlich.[219] Berücksichtigt werden nur die vertraglichen Primär-, nicht aber durch deren Verletzung ausgelöste gesetzliche Sekundärpflichten. Wo der maßgebliche Erfüllungsort liegt, ermittelt die herrschende Meinung anhand der *lex causae*, d.h. des auf die streitige Verpflichtung anwendbaren, also unter Umständen auch ausländischen Rechts.[220] Erfüllungsortvereinbarungen sind nach § 29 Abs. 2 ZPO zulässig, begründen eine Zuständigkeit aber nur, wenn die Vertragsparteien Kaufleute, juristische Personen des öffentlichen Rechts oder öffentlich-rechtliche Sondervermögen sind.

---

210 EuGH 1976 1497, Rn 9/12 – de Bloos/Bouyer; Slg. 1987, 251 Rn 19 – Shenavai/Kreischer.
211 EuGH Slg. 1999, I-6747 Rn 42 – Leathertex/Bodetex.
212 Vgl. EuGH Slg. 1976, 1473 Rn 13, 15 – Tessili/Dunlop; Slg. 1987, 239 Rn 7 – Shenavai/Kreischer; Slg. 1994, I-2913 Rn 26 – Custom Made Commercial/Stawa Metallbau, Slg. 1999, I-6307 Rn 32 – GIE Groupe Concorde/Kapitän des Schiffes „Suhadiwarno Panjan"; Slg. 1999, I-6747 Rn 33 – Leathertex/Bodetex; Slg. 2002, I-1699 Rn 33 – Besix/Kretzschmar.
213 Vgl. die Nachw. bei Rauscher/*Leible*, Art. 5 Brüssel I-VO Rn 41 in Fn 155.
214 Vgl. z.B. OLG Karlsruhe RIW 1994, 1046.
215 EuGH Slg. 1980, 89 Rn 4 – Zelger/Salinitri.
216 EuGH Slg. 1996, I-911 Rn 33 – MSG/Les Gravières Rhénanes; Slg. 1999. I-6307 Rn 28 – GIE Groupe Concorde/Kapitän des Schiffes „Suhadiwarno Panjan". Vgl auch BGH NJW-RR 1998, 755.
217 BGHZ 132, 105, 109.
218 BGHZ 132, 105, 109.
219 Vgl. m.w.N. *Einsiedler*, NJW 2001, 1549.
220 Vgl. z.B. OLG Nürnberg NJW 1985, 1296 (1297); Stein/Jonas/*Roth*, § 29 Rn 52; MüKo-ZPO-*Patzina*, § 29 Rn 104; BGH NJW 1981, 2642 (2643); a.A. z.B. *Schack*, Internationales Zivilverfahrensrecht, 3. Aufl. 2002, Rn 273.

| Artikel 28 | Mangels Rechtswahl anzuwendendes Recht |

(1) ¹Soweit das auf den Vertrag anzuwendende Recht nicht nach Artikel 27 vereinbart worden ist, unterliegt der Vertrag dem Recht des Staates, mit dem er die engsten Verbindungen aufweist. ²Läßt sich jedoch ein Teil des Vertrags von dem Rest des Vertrags trennen und weist dieser Teil eine engere Verbindung mit einem anderen Staat auf, so kann auf ihn ausnahmsweise das Recht dieses anderen Staates angewandt werden.

(2) ¹Es wird vermutet, daß der Vertrag die engsten Verbindungen mit dem Staat aufweist, in dem die Partei, welche die charakteristische Leistung zu erbringen hat, im Zeitpunkt des Vertragsabschlusses ihren gewöhnlichen Aufenthalt oder, wenn es sich um eine Gesellschaft, einen Verein oder eine juristische Person handelt, ihre Hauptverwaltung hat. ²Ist der Vertrag jedoch in Ausübung einer beruflichen oder gewerblichen Tätigkeit dieser Partei geschlossen worden, so wird vermutet, daß er die engsten Verbindungen zu dem Staat aufweist, in dem sich deren Hauptniederlassung befindet oder in dem, wenn die Leistung nach dem Vertrag von einer anderen als der Hauptniederlassung zu erbringen ist, sich die andere Niederlassung befindet. ³Dieser Absatz ist nicht anzuwenden, wenn sich die charakteristische Leistung nicht bestimmen läßt.

(3) ¹Soweit der Vertrag ein dingliches Recht an einem Grundstück oder ein Recht zur Nutzung eines Grundstücks zum Gegenstand hat, wird vermutet, daß er die engsten Verbindungen zu dem Staat aufweist, in dem das Grundstück belegen ist.

(4) ¹Bei Güterbeförderungsverträgen wird vermutet, daß sie mit dem Staat die engsten Verbindungen aufweisen, in dem der Beförderer im Zeitpunkt des Vertragsabschlusses seine Hauptniederlassung hat, sofern sich in diesem Staat auch der Verladeort oder der Entladeort oder die Hauptniederlassung des Absenders befindet. ²Als Güterbeförderungsverträge gelten für die Anwendung dieses Absatzes auch Charterverträge für eine einzige Reise und andere Verträge, die in der Hauptsache der Güterbeförderung dienen.

(5) ¹Die Vermutungen nach den Absätzen 2, 3 und 4 gelten nicht, wenn sich aus der Gesamtheit der Umstände ergibt, daß der Vertrag engere Verbindungen mit einem anderen Staat aufweist.

Literatur: *Abel*, Die Qualifikation der Schenkung, 1997; *Abend*, Die lex validitatis im internationalen Vertragsrecht, 1994; *Atrill*, Choice of Law in Contract: The Missing Pieces of the Article 4 Jigsaw?, ICLQ 53 (2004), 549; *Bachmann*, Internet und Internationales Privatrecht, in: Lehmann (Hrsg.), Internet- und Multimediarecht (Cyberlaw), 1996, S. 169; *v. Bar*, Kollisionsrechtliche Aspekte der Vereinbarung und Inanspruchnahme von Dokumentenakkreditiven, ZHR 152 (1988), 38; *Basedow*, Der Transportvertrag, 1987; *ders.*, Internationales Factoring zwischen Kollisionsrecht und Unidroit-Konvention, ZEuP 1997, 615; *ders.*, Kollisionsrechtliche Aspekte der Seerechtsreform von 1986, IPRax 1987, 333; *ders.*, Zulässigkeit und Vertragsstatut der Kabotagetransporte, ZHR 156 (1992), 413; *Beier*, Das auf internationale Markenlizenzverträge anwendbare Recht, GRUR Int. 1981, 299; *Bendref*, Erfolgshonorar und internationales Mandate, AnwBl BE 1997, 191; *ders.*, Geschäfte unter im Inland lebenden ausländischen Arbeitnehmern, MDR 1980, 639; *Birk*, Das Handelsvertreterrecht im deutsch-italienischen Wirtschaftsverkehr, ZVglRWiss. 79 (1980), 268; *Blaurock*, Vermutungen und Ausweichklausel in Art. 4 EVÜ – ein tauglicher Kompromiß zwischen starren Anknüpfungsregeln und einem flexible approach?, in: FS Stoll 2001, S. 463; *Böckstiegel*, Die Bestimmung des anwendbaren Rechts in der Praxis internationaler Schiedsgerichtsverfahren, in: FS Beitzke 1979, S. 443; *Böhmer*, Das deutsche Internationale Privatrecht des timesharing, 1993; *Bopp*, Vertragsstrukturen internationaler Kompensationsgeschäfte, 1992; *Borges*, Weltweite Geschäfte per Internet und deutscher Verbraucherschutz, ZIP 1999, 565; *Bork-Stöve*, Schiedsgerichtsbarkeit bei Börsentermingeschäften, 1992; *Böse*, Der Einfluss des zwingenden Rechts auf internationale Anleihen, 1963; *Braun*, Die internationale Coproduktion von Filmen im Internationalen Privatrecht, 1996; *Bülow*, Scheckrechtliche Anweisung und Überweisungsvertrag, WM 2000, 58; *Carrillo Pozo*, El contrato internacional – La prestación caracteristica, Bolonia 1994; *Czernich/Heiss*, EVÜ – Das Europäische Schuldvertragsübereinkommen, 1999; *Czernich/Tiefenthaler/Kodek*, Europäisches Gerichtsstands- und Vollstreckungsrecht, 2. Auflage 2003; *Dageförde*, In-Kraft-Treten der UNIDROIT-Konvention von Ottawa vom 28.5.1988 über Internationales Finanzierungsleasing, RIW 1995, 265; *ders.*, Internationales Finanzierungsleasing – Deutsches Kollisionsrecht und Konvention von Ottawa, 1992; *Dannhoff*, Das Recht der Warentermingeschäfte, 1993; *Detzer/Thamm*, Verträge mit ausländischen Vertragshändlern, 1991; *Detzer/Zwernemann*, Ausländisches Recht der Handelsvertreter und Vertragshändler, 1997; *Deutsch*, Das IPR der Arzthaftung, in: FS Ferid 1978, S. 117; *Diehl-Leistner*, Internationales Factoring, 1992; *Dieselhorst*, Anwendbares Recht bei internationalen Online-Diensten, ZUM 1998, 293; *Dohse*, Der multimodale Gütertransportvertrag in der Bundesrepublik Deutschland, 1994; *Dörner*, Die Auskunftshaftung italienischer Banken im deutsch-italienischen Geschäftsverkehr, WM 1977, 962; *Drews*, Zum anwendbaren Recht beim multimodalen Transport, TranspR 2003, 12; *Drobnig*, Billige Flaggen im Internationalen Privatrecht, BerGesVR 31 (1990), 31; *ders.*, Vergleichende und kollisionsrechtliche Probleme der Girosammelverwahrung von Wertpapieren im Verhältnis Deutschland – Frankreich, in: FS Zweigert 1981, S. 73; *Dünnweber*, Vertrag zur Erstellung einer schlüsselfertigen Industrieanlage im internationalen Wirtschaftsverkehr, 1984; *Ebenroth*, Das Vertragsrecht der internationalen Konsortialkredite und Projektfinanzierungen, JZ 1986, 731; *ders.*, Die internationalprivatrechtliche Anknüpfung von Finanzinnovationen aus deutscher und schweizerischer Sicht, in: FS Keller 1989, S. 391; *ders.*, Kollisionsrechtliche Anknüpfung der Vertragsverhältnisse von Handelsvertretern, Kommissionsagenten, Vertragshändlern und Handelsmaklern, RIW 1984, 165; *ders.*, Les clauses d'arbitrage comme méchanisme d'alternance au règlement des litiges dans les contrats internationaux de crédits consortiels et les conventions de réaménagement de la dette, Rev. int. dr. comp. 1992, 213; *ders./Wilken*, Kollisionsrechtliche Einordnung transnationaler Unternehmensübernahmen, ZvglRWiss 90 (1990), 235; *Eberl*, Rechtsfragen der Bankgarantie im internationalen Wirtschaftsverkehr nach deutschem und schweizerischem Recht, 1992; *Eidenmüller*, Der nationale und der internationale Insolvenzverwaltervertrag, ZZP 114 (2001), 3; *Einsele*, Das neue Recht der Banküberweisung, JZ 2000, 9; *Eschmann*, Die Auslegungsfähigkeit eines Standby letter of Credit, RIW 1996, 913; *Ferrari*, Der internationale Anwendungsbereich des Ottawa Übereinkommens von 1988 über Internationales Factoring, RIW 1996, 181; *Frick*, Formerfordernisse schweizerischer Bürgschaften mit ausländischem Abschlussort, IPRax 1994, 241; *Frigo*, Brevi note sull'interpretazione dell'art. 4 della Convenzione di Roma, in: Ballarino (Hrsg.), La Convenzione di Roma sulla legge applicabile alle obbligazioni contrattuali, Bd. II, Mailand 1994, S. 187; *Fuchs*, § 92c Abs. 1 HGB a.F. verstößt gegen den EG-Vertrag, IPRax 1997, 32; *dies.*, Zur rechtlichen Behandlung der Eurodevisen, ZVglRWiss. 95 (1996), 283; *Fülbier*, Das Vertrags- und Wirtschaftsrecht des Gegenkaufs im internationalen Wirtschaftsverkehr, 1992; *Furche*, Internationale Entscheidungszuständigkeit und anwendbares Recht bei Bürgschaften mit Auslandsbezug, WM 2004, 205; *Geimer*, Zuständigkeitskonzentration für Klagen gegen den Eigenhändler am Sitz des Lieferanten mittels Art. 5 Nr. 1 EuGVÜ, IPRax 1986, 85; *Geisler*, Die engste Verbindung im Internationalen Privatrecht, 2001; *Girsberger*, Grenzüberschreitendes Finanzierungsleasing, 1997; *Goerke*, Kollisionsrechtliche Probleme internationaler Garantien, 1982; *Goetz*, Das internationale Kreditverfahren, 1992; *Goltz*, Vertragsgestaltung bei Roll-Over-Eurokrediten, 1980; *Gralka*, Time-Sharing bei Ferienhäusern und Ferienwohnungen, 1986; *Gruber*, Die Befugnis des Darlehensgebers zur Vertragsbeendigung bei internationalen Kreditverträgen, 1997; *Grundmann*, Deutsches Anlegerschutzrecht in internationalen Sachverhalten, RabelsZ 54 (1990), 283; *Grützmacher/Laier/May*, Der internationale Lizenzverkehr, 8. Auflage 1997; *Gunst*, Die charakteristische Leistung: zur funktionellen Anknüpfung im internationalen Vertragsrecht Deutschlands, der Schweiz und der Europäischen Gemeinschaft, 1994; *Hanisch*, Bürgschaft mit Auslandsbezug, IPRax 1987, 47; *Harries*, Die Parteiautonomie in internationalen Kreditverträgen als Instrument der Vertragsgestaltung, in: FS Heinsius 1991, S. 201; *Hartmann*, Das Vertragsstatut in der deutschen Rechtsprechung seit 1945, Diss. Freiburg i.Br., 1972; *Heini*, Vertrauensprinzip und Individualanknüpfung im internationalen Vertragsrecht, in: FS Vischer 1983, S. 149; *Heldrich*, Kollisionsrechtliche Aspekte des Mißbrauchs von Bankgarantien, in: FS Kegel 1987, S. 175; *Henn*, Problematik und Systematik des internationalen Patentlizenzvertrages, 1967; *Henrich*, Die Anknüpfung von Spar- und Depotverträgen zugunsten Dritter auf den Todesfall, in: FS W. Lorenz 1991, S. 379; *Hepting*, Schwerpunktanknüpfung und Schwerpunktvermutungen im internationalen Vertragsrecht – zugleich ein Beitrag zur Beweislast bei der Konkretisierung von Generalklauseln, in: FS W. Lorenz 1991, S. 393; *Herber*, Gedanken zum In-Kraft-Treten der Hamburg-Regeln, TranspR 1992, 381; *Hiestand*, Die Anknüpfung internationaler Lizenzverträge, 1993; *ders.*, Die internationalprivatrechtliche Beurteilung von Franchise-Verträgen ohne Rechtswahlklausel, RIW 1993, 173; *Hoeren/Florian*, Rechtsfragen des internationalen Dokumentenakkreditivs und -inkassos unter besonderer Berücksichtigung der ICC-Richtlinie vom 1.1.1996, 1996; *von Hoffmann*, Verträge über gewerbliche Schutzrechte im internationalen Privatrecht, RabelsZ 40 (1976), 205; *von Hoffmann/Pauli*, Kollisions- und Währungsrechtliches zur Diskontierung von DM-Wechseln durch eine ausländische Bank, IPRax 1985, 13; *D. Hoffmann*, Die Patronatserklärung im deutschen und österreichischen Recht, 1989; *Hoffmann*, Die Urheberrechtsverträge im IPR, RabelsZ 5 (1931), 759; *St. Hofmann*, Internationales Anwaltsrecht, 2. Auflage 1992; *Hoppe*, Lizenz- und Know-how-Verträge im internationalen Privatrecht, 1994; *Horn*, Das Börsentermingeschäft in Wertpapieren mit dem Ausland, 1974; *ders.*, Das Recht der internationalen Anleihen, 1972; *Hövel*, Internationale Leasingtransaktionen unter besonderer Berücksichtigung der Vertragsgestaltung, DB 1991, 1029; *Hoyer*, Die Anknüpfung des privaten Darlehensvertrages, ZfRV 37 (1996), 221; *Hübner/Linden*, International-privatrechtliche Probleme ärztlicher Tätigkeit bei versicherten Krankenrücktransporten, VersR 1998, 793; *Jander/Hess*, Die Behandlung von Patronatserklärungen im deutschen und amerikanischen Recht, RIW 1995, 730; *Jayme*, „Timesharingverträge" im Internationalen Privat- und Verfahrensrecht, IPRax 1995, 234; *ders.*, BOT-Projekte – Probleme der Rechtswahl, in: Nicklisch (Hrsg.), Rechtsfragen privatfinanzierter Projekte – Nationale und internationale BOT-Projekte, 1994, S. 65; *ders.*, Ferienhausvermittlung und Verbraucherschutz – Zur einschränkenden Auslegung des Art. 16 Nr. 1 EuGVÜ, IPRax 1993, 18; *ders.*, Kollisionsrecht und Bankgeschäfte mit Auslandsberührung, 1977; *ders.*, Komplexe Langzeitverträge und IPR, IPRax 1987, 63; *ders.*, Subunternehmervertrag und Europäisches Gerichtsstands- und Vollstreckungsübereinkommen (EuGVÜ), in: FS Pleyer 1986, S. 371; *Jessurun d'Oliveira*, „Characteristic Obligation" in the Draft EEC Obligation Convention, Am. J. Comp. L. 25 (1977), 303; *Kaiser*, Rechtsfragen des grenzüberschreitenden elektronischen Zahlungsverkehrs, EuZW 1991, 83; *Kappus*, „Lex mercatoria" als Geschäftsstatut vor staatlichen Gerichten im deutschen internationalen Schuldrecht, IPRax 1993, 137; *Kartzke*, Internationaler Erfüllungsortsgerichtsstand bei Bau- und Architektenverträgen, ZfBR 1994, 1; *ders.*, Verträge mit gewerblichen Ferienhausanbietern, NJW 1994, 823; *Katzenberger*, Urheberrechtsverträge im Internationalen Privatrecht und Konventionsrecht, in: FG Schricker 1995, S. 225; *Kaufmann-Kohler*, La prestation caractéristique en droit international privé des contrats et l'influence de la Suisse, SchwJbIntR 45 (1989), 195; *Kegel*, Die Bankgeschäfte im deutschen internationalen Privatrecht, in: GS R. Schmidt 1966, S. 215; *Kiel*, Internationales Kapitalanlegerschutzrecht, 1994; *Kindler*, Der Ausgleichsanspruch des Handelsvertreters im deutsch-italienischen Warenverkehr, 1987; *ders.*, L'arrêt Optelec – Deutsch-französisches zur objektiven Anknüpfung des Vertragshändlervertrages, in: FS Sonnenberger 2004, S. 433; *ders.*, Zur Anknüpfung von Handelsvertreter- und Vertragshändlerverträgen im neuen bundesdeutschen IPR, RIW 1987, 660; *Kissner*, Die praktische Abwicklung des à forfait-Geschäftes, Die Bank 1981, 56; *Kleine*, Urheberrechtsverträge im Internationalen Privatrecht, 1986; *Klimek/Sieber*, Anwendbares Recht beim Vertrieb digitalisierbarer Waren über das Internet am Beispiel der Softwareüberlassung, ZUM 1998, 902; *Klotz*, Kreditvergabe durch deutsche Banken und Verbraucherschutz in Frankreich, RIW 1997, 197; *Knaul*, Auswirkungen des europäischen Binnenmarktes der Banken auf das internationale Bankvertragsrecht unter besonderer Berücksichtigung des Verbraucherschutzes, 1995; *Kocher*, Analoge Anwendung des Handelsvertreterrechts auf Vertragshändler in Europa, RIW 2003, 512; *Könning-Feil*, Das internationale Arzthaftungsrecht, 1992; *Kränzlin*, Das deutsche internationale Handelsvertreterrecht im Rechtsverkehr mit den USA, ZVglRWiss. 83 (1984), 257; *Kretschmer*, Das Internationale Privatrecht der zivilen Verkehrsluftfahrt, 2002; *Kreuzer*, Berichtigungsklauseln im IPR, in: FS Zajtay 1982, S. 295; *ders.*, Know-how-Verträge im internationalen IPR, in: FS von Caemmerer 1978, S. 705; *ders.*, Kollisionsrechtliche Probleme der Produkthaftung, IPRax 1982, 1; *ders.*, Zur Anknüpfung der Sachwalterhaftung, IPRax 1988, 16; *Krings-Brand*, Vertragswidrige Transportmittel und Beförderung durch internationale Kurierdienste, IPRax 1994, 272; *Kronke*, Unfälle von Profi-Sportlern – Probleme zwischen charakteristischer Leistung und akzessorischer Anknüpfung, IPRax 1994, 472; *Kropholler*, Europäisches Zivilprozessrecht, 7. Auflage 2002; *Lagarde*, Le nouveau droit international privé des contrats après l'entrée en viguer de la convention de Rome du juin 1980, Rev. crit. dr. int. priv. 1991, 287; *Langefeld-Wirth*, Rechtsfragen des internationalen Gemeinschaftsunternehmens – Joint Venture, RIW 1990, 1; *Lipstein*, Characteristic performance – A new concept in the conflict of laws in matters of contract for the EEC, Northw. J. int. L. B. 3 (1982), 402; *Lochner*, Darlehen und Anleihe, Diss. Göttingen 1954; *W. Lorenz*, AGB-Kontrolle bei gewerbsmäßiger Überlassung von Ferienwohnungen im Ausland: Internationale Zuständigkeit für Verbandsklagen, IPRax 1990, 292; *ders.*, Die Beendigung von Vertriebsverträgen europäischer Produzenten mit Vertragshändlern in den Vereinigten Staaten von Amerika, in: FS Lipstein 1980, S. 157; *ders.*, Internationale Zuständigkeit für die Rückforderungsklage einer italienischen Bank nach fehlerhafter Ausführung einer Giroüberweisung nach Deutschland, IPRax 1993, 44; *ders.*, Verträge über im Ausland zu erbringende Bauleistungen – Vertragsstatut bei fehlender Rechtswahl, IPRax 1995, 329; *ders.*, Kollisionsrechtliche Betrachtungen zum Rembours beim Dokumentenakkreditiv, in: FS Steindorff 1990, S. 405; *Lüderitz*, Wechsel der Anknüpfung in bestehendem Schuldvertrag, in: FS Keller 1989, S. 459; *Lurger*, Der Timesharing-Vertrag im Internationalen Privatrecht und im Konsumentenschutzrecht, ZfRV 33 (1992), 348; *dies.*, Handbuch der internationalen Tausch- und Gegengeschäftsverträge, Wien 1992; *Mackensen*, Der Verlagsvertrag im IPR, 1965; *Magagni*, La prestazione caratteristica nella convenzione di Roma del 19 giugno 1980, 1989; *Mäger*, Der Schutz des Urhebers im internationalen Vertragsrecht, 1995; *Mankowski*, „Timesharingverträge" und internationales Vertragsrecht, RIW 1995, 364; *ders.*, Anwendbares Recht beim Mandatsverhältnis unter internationalen Anwaltssozietät, AnwBl 2001, 249; *ders.*, Das Internet im Internationalen Vertrags- und Deliktsrecht, RabelsZ 63 (1999), 203; *ders.*, Die Ausweichklausel des Art. 4 V EVÜ und das System des EVÜ, IPRax 2003, 464; *ders.*, Kollisionsrechtsanwendung bei Güterbeförderungsverträgen, TranspR 1993, 213; *ders.*, Seerechtliche Vertragsverhältnisse im Internationalen Privatrecht, 1995; *ders.*, Timesharingverträge und Internationales Vertragsrecht, RIW 1995, 362; *ders.*, Zu einigen internationalprivat- und internationalprozeßrechtlichen Aspekten bei Börsentermingeschäften, WM 1996, 1001; *Mann*, Börsentermingeschäfte und IPR, in: FS von Caemmerer 1978, S. 737; *Mansel*, Kollisions- und zuständigkeitsrechtlicher Gleichlauf der vertraglichen und deliktischen Haftung, ZVglRW 86 (1987), 1; *ders.*, Kollisionsrechtliche Bemerkungen zum Arzthaftungsprozeß, in: Institut für ausländisches und internationales Privatrecht Heidelberg (Hrsg.), Einheit in der Vielfalt, 1985, S. 33; *Marsch*, Der Favor Negotii im deutschen IPR, 1976; *Martiny*, Spiel und Wette im Internationalen Privat- und Verfahrensrecht, in: FS W. Lorenz 2001, S. 375; *Mehrings*, Internet-Verträge und internationales Vertragsrecht, CR 1998, 613; *Merkt*, Internationaler Unternehmenskauf durch Beteiligungserwerb, in: FG Sandrock 1995, S. 138; *ders.*, Internationaler Unternehmenskauf durch Erwerb der Wirtschaftsgüter, RIW 1995, 533; *Merschformann*, Die objektive Bestimmung des Vertragsstatuts beim internationalen Warenkauf, 1991; *C. Meyer*, Der Alleinvertrieb – Typus, vertragsrechtliche Probleme und Qualifikation im IPR, 1990; *D. M. Meyer*, Der Regreß im IPR, 1982; *Meyer-Sparenberg*, Internationalprivatrechtliche Probleme bei Unternehmenskäufen, WiB 1995, 849; *de la Motte*, COTIF – Das Übereinkommen über den internationalen Eisenbahnverkehr, TranspR 1985, 245; *Müller-Feldhammer*, Der Ausgleichsanspruch des Vertragshändlers im deutsch-schweizerischen Handelsverkehr, RIW 1994, 926; *Mutz*, COTIF – der Weg ins 3. Jahrtausend, TranspR 1994, 173; *ders.*, Die Teilrevision des Übereinkommens über den internationalen Eisenbahnverkehr (COTIF) v. 9.5.1992, TranspR 1992, 126; *Nadelmann*, Choice of Law Resolved by Rules or Presumptions with an Escape Clause, Am. J. Comp. L. 33 (1985), 145; *Nicklisch*, Internationale Zuständigkeit bei vereinbarten Standardvertragsbedingungen (VOB/B), IPRax 1987, 286; *ders.*, Privatautonomie und Schiedsgerichtsbarkeit bei internationalen Bauverträgen, RIW 1991, 89; *Nielsen*, Neue Richtlinien für Dokumenten-Akkreditive, 1994; *Niggemann*, Gestaltungsformen und Rechtsfragen bei Gegengeschäften, RIW 1987, 169; *Otte*, Anwendbares Recht bei grenzüberschreitendem Timesharing, RabelsZ 62 (1998), 405; *Otto*, Deutsch-mauretanische Spendenaktionen: Vertragsstatut, Ausländersicherheit und Verfahrensfragen, IPRax 1996, 22; *Patocchi*, Characteristic Performance: A New Myth in the Conflict of Laws?, Études de droit international en l'honneur de Pierrre Lalive, 1993, S. 113; *Pfeiffer*, Die Entwicklung des Internationalen Vertrags-, Schuld- und Sachenrechts in den Jahren 1995/96, NJW 1997, 1207; *ders.*, Die Entwicklung des Internationalen Vertrags-, Schuld- und Sachenrechts 1997–1999, NJW 1999, 3674; *Piltz*, Anwendbares Recht in grenzüberschreitenden Kaufverträgen, IPRax 1994, 191; *Pleyer/Wallach*, Erfüllungszeitpunkt und Gefahrtragung bei grenzüberschreitenden Überweisungen nach deutschem und englischem Recht, RIW 1988, 172; *Poczobut*, Internationales Finanzierungsleasing, RabelsZ 51 (1987), 681; *Rammeloo*, Die Auslegung von Art. 4 Abs. 2 und Abs. 5 EVÜ – Eine niederländische Perspektive, IPRax 1994, 243; *Rauscher*, Europäisches Zivilprozeßrecht, 2003; *Rebmann*, Das Unidroit-Übereinkommen über das internationale Factoring (Ottawa 1988), RabelsZ 53 (1989), 599; *Rees*, Die eindeutige Verknüpfung von Verträgen und ihre Auswirkung auf die Parteiautonomie, Diss. Zürich 1978; *Reithmann/Martiny*, Internationales Vertragsrecht, 6. Auflage 2004; *Reuter*, Schuldübernahme und Bürgschaft im IPR, 1939; *Roden*, Zum Internationalen Privatrecht des Vergleichs, 1994; *Rosenau*, Das Eurodollar-Darlehen und sein anwendbares Recht, RIW 1992, 879; *W.-H. Roth*, Internationales Versicherungsvertragsrecht, 1985; *ders.*, Termingeschäfte an ausländischen Börsen und § 63 Börsengesetz, IPRax 1987, 147; *Sailer*, Gefahrübergang, Eigentumsübergang, Verfolgungs- und Zurückbehaltungsrecht beim Kauf beweglicher Sachen im IPR, 1966; *Samtleben*, Das IPR der Börsengeschäfte und der EWG-Vertrag, RabelsZ 45 (1981), 218; *ders.*, Termingeschäfte an Auslandsbörsen – Zur Neuregelung des Börsengesetzes, NJW 1990, 2670; *ders.*, Warentermingeschäfte im Ausland – ein Glücksspiel, IPRax 1989, 148; *ders.*, Warentermingeschäfte im Ausland und Schiedsverfahren – Neues Recht für alte Fälle, IPRax 1992, 362; *Sandrock*, Das Vertragsstatut bei japanisch-deutschen privatrechtlichen Verträgen, RIW 1994, 381; *Schack*, Zur Anknüpfung des Urheberrechts im IPR, 1979; *Schäfer*, Grenzüberschreitende Kreditsicherung an Grundstücken, 1992; *Schefold*, Die rechtsmissbräuchliche Inanspruchnahme von Bankgarantien und das Kollisionsrecht, IPRax 1995, 118; *ders.*, Neue Rechtsprechung zum anwendbaren Recht bei Dokumenten-Akkreditiven, IPRax 1996, 347; *ders.*, Zum IPR des Dokumenten-Akkreditivs, IPRax 1990, 20; *Scheuch*, Luftbeförderung und Chartervertrag unter besonderer Berücksichtigung des IPR, Diss. Zürich 1979; *Schlemmer*, Kollisions- und sachrechtliche Fragen bei Franchising, IPRax 1988, 252; *Schlosser*, Gläubigeranfechtungsklage nach französischem Recht und Art. 16 EuGVÜ, IPRax 1991, 29 ff.; *Schmidt-Dencker*, Die Korrespondenzbank im Außenhandel, 1982; *Schneider-Troberg*, Finanzdienstleistungen im EG-Binnenmarkt: Sitzland- oder Gastlandrecht?, WM 1990, 165; *Schnelle*, Die objektive Anknüpfung von Darlehensverträgen im deutschen und amerikanischen IPR, 1992; *Schobel*, Die Haftungsbegrenzung des Luftfrachtführers nach dem Warschauer Abkommen, 1993; *Schönning*, Anwendbares Recht bei grenzüberschreitenden Direktübertragungen, ZUM 1997, 34; *Schröder*, Vom Sinn der Verweisung im internationalen Schuldvertragsrecht, IPRax 1987, 90; *ders.*, Zur Anziehungskraft der Grundstücksbelegenheit im internationalen Privat- und Verfahrensrecht, IPRax 1985, 145; *Schücking*, Das Internationale Privatrecht der Banken-Konsortien, WM 1996, 281;

Schultsz, Fixity and flexibility in the objective choice of law rules regarding contracts, in: *v. Bar* (Hrsg.), Perspektiven des internationalen Privatrechts nach dem Ende der Spaltung Europas, 1993, S. 97; *ders.*, The Concept of Characteristic Performance and the Effect of the E. E. C. Convention on Carriage of Goods, in: North (Hrsg.), Contract Conflicts, Amsterdam, New York, Oxford 1982, S. 185; *Schurig*, Schiffbruch bei Eigentumsvorbehalt – Sachenrechtsstatut, Vertragsstatut, Sprachenrisiko, IPRax 1994, 27; *Schuster*, Die internationale Anwendung des Börsenrechts, 1996; *Schütze*, Internationales Privatrecht, in: Assmann/Schütze (Hrsg.), Handbuch des Kapitalanlagerechts, 2. Auflage 1997, S. 366; *ders.*, Kollisionsrechtliche Probleme der Forfaitierung von Exportforderungen, WM 1979, 962; *ders.*, Kollisionsrechtliche Probleme des Dokumentenakkreditivs, WM 1982, 226; *Schwander*, Die Behandlung der Innominatverträge im internationalen Privatrecht, in: FG Schluep 1988, S. 501; *ders.*, Die internationalprivatrechtliche Behandlung der Bankgarantien, in: FS Kleiner 1993, S. 41; *ders.*, Internationales Vertragsschuldrecht – Direkte Zuständigkeit und objektive Anknüpfung, in: FS Moser 1987, S. 79; *Schwenzer*, Einbeziehung von Spediteurbedingungen sowie Anknüpfung des Schweigens bei grenzüberschreitenden Verträgen, IPRax 1988, 86; *Schwimann*, Fragen der gesetzlichen Anknüpfung im internationalen Schuldvertragsrecht, in: FS Strasser 1985, S. 895; *Seeberg*, Der Termin- und Differenzeinwand und die internationale Zuständigkeit bei Geschäften mit ausländischen Banken nach der Börsengesetznovelle 1989, ZIP 1992, 600; *von der Seipen*, Akzessorische Anknüpfung und engste Verbindung im Kollisionsrecht der komplexen Vertragsverhältnisse, 1989; *Severain*, Die Bürgschaft im deutschen internationalen Privatrecht, 1990; *Sieg*, Internationale Anwaltshaftung, 1996; *Spellenberg*, Atypischer Grundstücksvertrag, Teilrechtswahl und nicht ausgeübte Vollmacht, IPRax 1990, 295; *Spickhoff*, Internationales Handelsrecht vor Schiedsgerichten und staatlichen Gerichten, RabelsZ 56 (1992), 117; *Stadler*, Grundzüge des Internationalen Vertragsrechts, Jura 1997, 505; *Starp*, Die Börsentermingeschäfte an Auslandsbörsen, 1985; *Stegemann*, Der Anknüpfungsgesichtspunkt der Most significant relationship nach dem Restatement of the Laws, second, Conflict of the Law 2nd im deutschen internationalen Deliktsrecht und Vertragsrecht, Diss. Mainz 1990; *Steinle*, Konkludente Rechtswahl und objektive Anknüpfung nach altem und neuem deutschem Internationalen Vertragsrecht, ZvglRWiss 93 (1994), 300; *Stucke*, Die Rechte der Gläubiger bei DM-Auslandsanleihen, 1988; *Sturm*, Der Eigenhändler im Außenprivatrecht, in: FS Wahl 1973, S. 207; *Sura*, Die Anknüpfung des internationalen Handelsvertretervertrages, DB 1981, 1269; *Thode*, Die Bedeutung des neuen internationalen Schuldvertragsrechts für grenzüberschreitende Bauverträge, ZfBR 1989, 43; *Thorn*, Ausländisches Akkreditiv und inländische Zahlstelle, IPRax 1996, 257; *Thume*, Keine zwingende CMR-Haftung des Fixkosten- und Sammelladungsspediteurs im grenzüberschreitenden Güterverkehr, TranspR 1992, 355; *Triebel/Peglow*, Positive Funktion des *ordre public* bei Termingeschäften?, ZIP 1987, 613; *Ullrich/Körner* (Hrsg.), Der internationale Softwarevertrag, 1995; *E. Ulmer*, Die Immaterialgüterrechte im IPR, 1975; *Ungnade*, Die Geltung von Allgemeinen Geschäftsbedingungen der Kreditinstitute im Verkehr mit dem Ausland, WM 1973, 1130; *Vischer*, Haftung des Kreditkartenunternehmers gegenüber dem Vertragsunternehmen, in: FG Schluep 1988, S. 515; *ders.*, The Concept of the Characteristic Performance Reviewed, in: Liber amicorum Droz, 1996, S. 499; *Vortmann*, Aufklärungs- und Beratungspflichten bei grenzüberschreitenden Bankdienstleistungen, WM 1993, 581; *Waldenberger*, Grenzen des Verbraucherschutzes beim Abschluss von Verträgen im Internet, BB 1996, 2365; *Wandt*, Zum Rückgriff im Internationalen Privatrecht, ZVglRWiss 86 (1987), 272; *Weber*, Swap-Geschäfte, in: FG Schluep 1988, S. 301; *Weimar/Grote*, Vertragsgestaltung internationaler Transfers von Managementleistungen, RIW 1998, 267; *Weitnauer*, Der Vertragsschwerpunkt, 1981; *Welter*, Kreditvergabe und Kreditsicherung über die Grenze, in: Hadding/Welter, Rechtsfragen bei Bankleistungen im Europäischen Binnenmarkt, 1994, 25; *Wengler*, Zum IPR des Handelsvertretervertrages, ZHR 146 (1982), 30; *Wernicke*, Privates Bankvertragsrecht im EG-Binnenmarkt, dargestellt am Beispiel des kartengesteuerten Zahlungsverkehrs, 1996; *Westphal*, Die Handelsvertreterrichtlinie und ihre Umsetzung in den Mitgliedstaaten der Europäischen Union, 1994; *von Westphalen*, Grenzüberschreitendes Finanzierungsleasing, RIW 1992, 257; *Wichard*, Die Anwendung der UNIDROIT-Prinzipien für internationale Handelsverträge durch Schiedsgerichte und staatliche Gerichte, RabelsZ 60 (1996), 269 ff.; *Wildhaber*, Franchising im Internationalen Privatrecht, 1991; *Witthuhn*, Patronatserklärung im Anglo-amerikanischen Rechtskreis, RIW 1990, 495; *Zeiger*, Der Management-Vertrag als internationales Kooperationsinstrument, 1983; *Zenhäusern*, Der internationale Lizenzvertrag, 1991; *Zuck*, Internationales Anwaltsrecht, NJW 1987, 3033; *Zweigert/von Hoffmann*, Zum internationalen Joint-venture, in: FS Luther 1976, S. 203.

A. Allgemeines 1	
I. Grundsatz 1	
II. Entstehungsgeschichte 2	
III. Regelungsziel 4	
IV. Regelungsstruktur 6	
V. E-Commerce 8	
B. Regelungsgehalt 9	
I. Geltung allgemeiner Regeln 9	
1. Auslegung 9	
2. Rück- und Weiterverweisung 10	
3. Ordre public 11	
II. Verhältnis zu anderen Vorschriften 12	
1. Verhältnis zu Art. 27 12	
2. Verhältnis zu Artt. 29–30 13	
3. Andere besondere Anknüpfungsnormen . 14	
4. Verhältnis zu Art. 34 15	
III. Das Prinzip der engsten Verbindung (Abs. 1) 16	
1. Grundsatz 16	
2. Die einzelnen Indizien 19	
a) Gewöhnlicher Aufenthalt und Niederlassung 19	
b) Belegenheit des Vertragsgegenstands 20	
c) Erfüllungsort 21	
d) Ort der Vertragsverhandlungen und des Vertragsschlusses 23	
e) Vertragssprache und vereinbarte Währung 24	
f) Mitwirkung Dritter 25	
g) Staatsangehörigkeit der Vertragsparteien 26	
h) Favor negotii 27	
i) Prozessverhalten 28	
j) Gerichtsstands- und Schiedsgerichtsvereinbarungen 29	
k) Verträge mit Staaten oder Staatsunternehmen 30	
l) Registerort 31	
3. Vertragsspaltung 32	
4. Recht eines Staates 34	
5. Maßgeblicher Zeitpunkt 35	
IV. Gesetzliche Vermutungen (Abs. 2–4) 36	
1. Charakteristische Leistung (Abs. 2) . . . 36	
a) Grundsatz 36	
b) Bestimmung der charakteristischen Leistung 37	
c) Räumliche Zuordnung 39

aa) Handeln zu privaten Zwecken	40	a) Franchising	111
bb) Handeln zu beruflichen oder gewerblichen Zwecken	42	b) Handelsvertretervertrag	112
		c) Kommissionsvertrag	113
d) Maßgeblicher Zeitpunkt	46	d) Vertragshändlervertrag	114
e) Nichtermittelbarkeit der charakteristischen Leistung	47	e) Maklervertrag	116
		9. Reisevertrag	119
2. Grundstücksverträge (Abs. 3)	50	10. Verwahrungsvertrag	120
a) Grundsatz	50	11. Auftrag und Geschäftsbesorgung	121
b) Begriff des Grundstücksvertrags	51	12. Bankgeschäfte	123
c) Timesharing	55	a) Grundsatz	123
3. Güterbeförderungsverträge (Abs. 4)	58	b) Einlagen-, Giro- und Diskontgeschäft	124
a) Grundsatz	58	c) Dokumentenakkreditiv	125
b) Begriff des Güterbeförderungsvertrags	63	d) Factoring	126
		e) Forfaitierung	127
c) Räumliche Zuordnung	67	f) Inkassogeschäft	128
aa) Hauptniederlassung des Beförderers	67	g) Andere Bankgeschäfte	129
		13. Werkvertrag	130
bb) Ver- oder Entladeort, Hauptniederlassung des Absenders	68	a) Grundsatz	130
		b) Bauvertrag	131
		c) Anlagenvertrag	132
d) Maßgeblicher Zeitpunkt	69	d) Architektenvertrag	133
e) Internationales Einheitsrecht	70	14. Gebrauchsüberlassungsverträge	134
V. Ausweichklausel (Abs. 5)	75	a) Miete, Pacht, Leihe	134
1. Grundsatz	75	b) Leasing	135
2. Engere Verbindung	78	c) Darlehen	138
3. Maßgeblicher Zeitpunkt	84	aa) Gelddarlehen	138
VI. Einzelne Vertragstypen	85	bb) Sachdarlehen	141
1. Kauf- und Werklieferungsvertrag	85	d) Anleihe	142
2. Schenkung	90	15. Sicherungsverträge	143
3. Tausch	92	a) Grundsatz	143
4. Dienstleistungsvertrag	94	b) Bürgschaft	144
a) Grundsatz	94	c) Schuldversprechen und -anerkenntnis	146
b) Arbeitsvertrag	95	d) Garantievertrag	147
c) Arztvertrag	96	e) Patronatserklärung	148
d) Beratungsvertrag	97	f) Vertragsstrafeversprechen	149
e) Unterrichtsvertrag	98	16. Vergleich	150
5. Beförderungsvertrag	99	17. Versicherungsvertrag	151
a) Personenbeförderung	99	18. Spiel- und Wettverträge	153
b) Güterbeförderung	100	19. Auslobung, Preisausschreiben, Gewinnzusagen	155
c) Speditionsvertrag	101		
6. Beherbergungsvertrag	102	20. Verträge zwischen Gesellschaftern	157
7. Internetverträge	103	21. Verträge über geistiges Eigentum	158
a) Grundsatz	103	a) Verlagsverträge	158
b) Provider-Verträge	105	b) Lizenzverträge	160
c) Domainregistrierungsverträge	106	c) Know-how- und Technologietransferverträge	161
d) Internetauktionen	109		
8. Vertriebsverträge	111		

A. Allgemeines

I. Grundsatz

Nach Art. 28 ist das auf den Schuldvertrag anwendbare Recht (Vertragsstatut) in all denjenigen Fällen zu bestimmen, in denen es an einer (wirksamen) Rechtswahl nach Art. 27 fehlt. Das Vertragsstatut muss dann nicht nach subjektiven, sondern anhand objektiver Kriterien ermittelt werden (**objektive Anknüpfung**). Staatsvertragliche Regelungen oder speziellere Kollisionsnormen bleiben zu beachten. 1

II. Entstehungsgeschichte

„Schuldverträge anknüpfen ist schwer.",[1] denn Parteiinteressen, die nach Anerkennung heischen, gibt es viele. Ebenso vielfältig ist die Anzahl der zur Verfügung stehenden Anknüpfungspunkte: Erfüllungs- oder Abschlussort des Vertrages, Geschäftssitz oder Aufenthaltsort der Parteien, Gerichtsort usw. Die deutsche Rechtsprechung stellte lange Zeit auf den sog. **„hypothetischen Parteiwillen"** ab. Dieser wurde nicht durch 2

---

1 *Kegel/Schurig*, § 18 I 1a (S. 647).

die subjektiven Vorstellungen der Parteien bestimmt, es handelte sich vielmehr um eine Abwägung der Interessen der Parteien auf objektiver Grundlage, um zu ermitteln, ob der Schwerpunkt des Vertrages objektiv auf eine bestimmte Rechtsordnung für das ganze Vertragsverhältnis hinweist.[2] Ließ sich ein hypothetischer Parteiwille nicht feststellen, gab das Recht am Erfüllungsort der streitigen Verpflichtung Maß.[3]

Art. 28 erhielt seine heutige Gestalt mit dem IPRNG und inkorporiert Art. 4 EVÜ in deutsches Recht. Die Übernahme erfolgte zwar nicht wortidentisch, doch ohne inhaltliche Abweichungen. Das **Grünbuch zur Rom I-Verordnung**[4] stellt das Konzept des Art. 4 EVÜ nicht grundsätzlich infrage, sondern erwägt nur eine Präzisierung des Wortlauts der Vorschrift dahin gehend, dass die Gerichte zunächst von der Vermutung des Art. 4 Abs. 2 EVÜ auszugehen haben und von der Anwendung des auf diese Weise ermittelten Rechts nur absehen dürfen, wenn dieses im betreffenden Fall offensichtlich ungeeignet ist (Frage 10).[5] Zur Diskussion gestellt wird außerdem die Aufnahme einer Klausel für kurzfristige Mietverträge für Ferienunterkünfte nach dem Vorbild von Artikel 22 Nr. 1 Abs. 2 EuGVO (Frage 11).[6]

III. Regelungsziel

Ziel der Vorschrift ist es, das Vertragsverhältnis bei Fehlen einer (wirksamen) Rechtswahl oder vorrangig anwendbarer anderer Kollisionsnormen einheitlich derjenigen Rechtsordnung zuzuweisen, zu der der Vertrag die „engste Beziehung" aufweist. Das **Prinzip der engsten Verbindung** ist zwar verschiedentlich wegen seiner Unbestimmtheit kritisiert worden,[7] doch ist es die moderne Fortschreibung des Savigny'schen Sitzbegriffes und als solche kollisionsrechtlich weithin anerkannt. Es findet sich in unterschiedlichen Schattierungen in zahlreichen anderen Rechtsordnungen, etwa als „engster Zusammenhang" im schweizerischen Recht,[8] *„most significant relationship"* in den USA[9] oder *„closest ties"* in der Konvention von Mexiko.[10] Es vermeidet starre Anknüpfungen und erlaubt eine Einbeziehung sämtlicher Umstände des Vertrages in den Prozess der Suche nach dem anwendbaren Recht.

Anders als verschiedene andere Rechte der Welt belassen es das EGBGB und EVÜ allerdings nicht beim generalklauselartigen Begriff der „engsten Verbindungen", sondern formulieren in den Abs. 2–4 **gesetzliche Vermutungen**. Das macht das anwendbare Recht vorhersehbar und schafft Rechtssicherheit. „Ausreißer" können über die **Ausweichklausel** des Abs. 5 eingefangen werden. Auch das in der allgemeinen Vermutungsregel des Abs. 2 verwendete, auf *Adolf F. Schnitzer* zurückgehende[11] und von *Frank Vischer* fortentwickelte[12] Prinzip der „charakteristischen Leistung" sieht sich freilich bis heute der Kritik ausgesetzt.[13] Es bevorzuge eine Partei, die als Anbieter zudem die wirtschaftlich stärkere sei, nur wegen ihrer Leistung und vernachlässige den Abnehmer.[14] Zudem sei die Bestimmung der charakteristischen Leistung mitunter schwierig oder gar – wie etwa beim Tausch – unmöglich oder führe zu einer mit dem Sachverhalt gleichwohl nur schwach verbundenen Rechtsordnung.[15] Zu überzeugen vermag die Kritik freilich nicht. Eine einseitige Bevorzugung des Anbieters verhindern zumindest bei strukturellen Ungleichgewichtslagen die Art. 29, 29a, 30. In Ausnahmefällen kann außerdem auf Art. 34 zurückgegriffen werden. Schwierigkeiten bei der Bestimmung der charakteristischen Leistung zu meistern hilft Abs. 1, während Abs. 5 die Anwendung eines mit dem Sachverhalt nur lose verbundenen Rechts verhindern kann. Art. 28 hat sich in der Praxis als praktikabel

---

2 Vgl. z.B. BGHZ 7, 231, 235; 17, 89, 92; 19, 110; 57, 72, 75 f.; 61, 221, 223; BGH NJW 1961, 25; 1960, 1720; 1976, 1581; 1977, 1586; 1987, 1141.
3 Vgl. z.B. BGHZ 52, 239, 241; 73, 391, 393.
4 Grünbuch über die Umwandlung des Übereinkommens von Rom aus dem Jahr 1980 über das auf vertragliche Schuldverhältnisse anzuwendende Recht in ein Gemeinschaftsinstrument sowie über seine Aktualisierung, KOM (2002) 654 endg. Vgl. dazu Leible (Hrsg.), Das Grünbuch zum Internationalen Vertragsrecht, 2004.
5 Vgl. dazu *Martiny*, in: Leible (Hrsg.), Das Grünbuch zum Internationalen Vertragsrecht, 2004, S. 109, 110 ff.
6 Dazu *Martiny*, in: Leible (Hrsg.), Das Grünbuch zum Internationalen Vertragsrecht, 2004, S. 109, 121 ff.
7 Vgl. *Juenger*, RabelsZ 46 (1982), 57, 72.
8 Art. 117 schweiz. IPRG.
9 Restatement (Second) § 188 (2).
10 Art. 9 Abs. 1 der Inter-American Convention on the Law of Applicable to International Contracts (CIDIP-V), OEA/Ser.C/VI.21.5., abgedruckt u.a. in IPRax 1998, 404.
11 Vgl. *Schnitzer*, Internationales Privatrecht, Bd. 2, 4. Aufl. 1958, S. 639 ff.
12 Vgl. *Vischer*, Internationales Vertragsrecht, 1962, S. 108 ff.; zur Verteidigung des Konzepts etwa *ders.*, in: Liber amicorum Droz 1996, S. 499.
13 Vgl. z.B. *Juenger*, RabelsZ 46 (1982), 57, 75 ff.; *Kaye*, The New Private International Law of Contract of the European Community, 1993, S. 188 ff.; *Morse*, Yb.Eur.L. 2 (1982), 107, 125 ff.
14 Vgl. etwa *Jessurun d'Oliveira*, AJCL 25 (1977), 303.
15 Vgl. z.B. *Juenger*, RabelsZ 46 (1982), 57, 78 ff.; *Kaye*, The New Private International Law of Contract of the European Community, 1993, S. 188 ff.

erwiesen.[16] An der Konzeption ist festzuhalten. Korrekturen mögen allenfalls in Randbereichen angezeigt sein.[17]

IV. Regelungsstruktur

Abs. 1 statuiert den die objektive Anknüpfung bestimmenden Grundsatz der engsten Verbindung. Die Abs. 2–4 **konkretisieren** diesen Grundsatz durch **gesetzliche Vermutungen**, die allerdings widerlegbar sind. Maßgebend ist nach Abs. 2 grundsätzlich das Aufenthalts- oder Sitzrecht desjenigen, der die charakteristische Leistung erbringt. Hiervon ausgenommen sind Grundstücks- und Güterbeförderungsverträge, für die Abs. 3 und 4 speziellere Vermutungen aufstellen. Die Ausweichklausel des Abs. 5 verhindert, dass die Anknüpfung nach Abs. 2–4 zur Anwendung eines Rechts führt, mit dem der Sachverhalt nur lose verbunden ist, und stellt so sicher, dass sich eine engere Verbindung zu einer anderen Rechtsordnung auch kollisionsrechtlich niederschlägt.

Die Vermutungsregeln der Abs. 2–4 sind vor der Generalklausel des Abs. 1 zu prüfen, die gem. Abs. 2 S. 3 nur zur Anwendung gelangen kann, wenn sich die charakteristische Leistung nicht bestimmen lässt (sog. **primärer Anwendungsbereich** des Abs. 1). Innerhalb der Vermutungsregeln der Abs. 2–4 genießen die spezielleren der Abs. 3 und 4 den Vorrang vor der allgemeinen des Abs. 2.[18] Liegen die tatbestandlichen Voraussetzungen einer der Vermutungsregeln vor, bedarf es stets gleichwohl noch einer Abwägung mit den übrigen in Betracht kommenden Anknüpfungspunkten. Führt sie zum Ergebnis, dass der Sachverhalt eine engere Verbindung zu einem anderen als dem in Abs. 2–4 bezeichneten Recht hat, ist nach Abs. 5 dieses anzuwenden. Zur Bestimmung der „engeren Verbindung" i.S.v. Abs. 5 ist auf die im Rahmen von Abs. 1 maßgeblichen Kriterien zurückzugreifen (sog. **sekundärer Anwendungsbereich** des Abs. 1).

V. E-Commerce

Besonderheiten sind bei der objektiven Anknüpfung von im E-Commerce geschlossenen Schuldverträgen zu beachten. Im **Anwendungsbereich des TDG** gilt dessen § 4. Die Abs. 1 und 2 dieser Vorschrift statuieren ein **Herkunftslandprinzip**, das nach zwar umstrittener, aber zutreffender Auffassung kollisionsrechtlicher Natur ist und eine Sachnormverweisung ausspricht.[19] Maßgebend ist danach das Recht des Diensteanbieters. Hiervon ausgenommen sind lediglich die **freie Rechtswahl** (Art. 27) sowie **Verbraucherverträge** (Artt. 29, 29a), nicht aber die objektive Anknüpfung; denn für eine Ausnahme des gesamten internationalen Vertragsrechts aus „Respekt" vor den staatsvertraglichen Regelungen des EVÜ[20] lassen sich dem für die Auslegung des TDG maßgeblichen Gemeinschaftsrechtsakt, der E-Commerce-Richtlinie, keinerlei Anhaltspunkte entnehmen.[21] Art. 28 wird insoweit von § 4 Abs. 1, 2 TDG verdrängt. In der Sache führt dies freilich zu keinen grundstürzenden Änderungen, da die Maßgeblichkeit der charakteristischen Leistung (Abs. 2) ohnehin zum Recht des Diensteanbieters führt, das regelmäßig auch das Recht des Herkunftslandes sein wird.[22] Betroffen ist allerdings die Ausweichklausel des Abs. 5, da das Herkunftslandprinzip des TDG bzw.

---

16 Vgl. z.B. die Berichte von *Martiny*, ZEuP 1993, 298, 300 ff.; *dems.*, ZEuP 1995, 67 (75 f.); *dems.*, ZEuP 1997, 117 f.; *dems.*, ZEuP 1999, 246, 254 ff.; *dems.*, ZEuP 2001, 306, 316 ff.; *dems.*, ZEuP 2003, 590, 597 ff.

17 Vgl. etwa *Martiny*, in: Leible (Hrsg.), Das Grünbuch zum Internationalen Vertragsrecht, 2004, S. 109, 121, der lediglich dafür plädiert, den Ausnahmecharakter von Abs. 5 deutlicher hervorzuheben.

18 BGH, Urt. v. 26.7.2004 – Az. VIII ZR 273/03, JURIS-Dok.-Nr. KORE311922004. Daher kann nicht von einer speziellen zur allgemeinen Vermutungsregel übergegangen werden. Zurückzugreifen ist dann vielmehr auf Abs. 1, vgl. Staudinger/*Magnus*, Art. 28 EGBGB Rn 32; a.A. OLG Köln NJW-RR 1996, 1144, 1145.

19 So etwa *Landfermann*, in: FS 75 Jahre MPI 2001, S. 503, 514; *Leible*, in: Nordhausen (Hrsg.), Neue Entwicklungen in der Dienstleistungs- und Warenverkehrsfreiheit, 2002, S. 71, 80; *Lurger/Vallant*, MMR 2002, 203, 206; *dies.*, RIW 2002, 188, 201; *Mankowski*, ZVglRWiss 100 (2001), 137, 144 f.; *ders.*, IPRax 2002, 257, 258 f.; *Thünken*, IPRax 2000, 15, 20; *ders.*, Das kollisionsrechtliche Herkunftslandprinzip, 2003, S. 67 ff.; a.A. z.B. *Arndt/Köhler*, EWS 2001, 102, 106 f.; *Fezer/Koos*, IPRax 2000, 349, 352 ff.; *Freitag*, in: Leible/Sosnitza (Hrsg.), Versteigerungen im Internet, 2004, Rn 754; *Glöckner*, ZVglRWiss 99 (2000), 278, 305 f.; *Grundmann*, RabelsZ 67 (2003), 246, 262 ff.; MüKo/*Martiny*, nach Art. 34 EGBGB Rn 37; *Pfeiffer*, in: Hohl/Leible/Sosnitza (Hrsg.), Vernetztes Recht, 2002, S. 23 ff.; *Sonnenberger*, ZVglRWiss 100 (2001), 107, 127 f.; *Spindler*, RabelsZ 66 (2002), 633, 649 ff. Ein Überblick über die im Einzelnen vertretenen Ansichten findet sich bei *Leible*, a.a.O., S. 79 f.; MüKo/*Martiny*, nach Art. 34 EGBGB Rn 27 ff.

20 So *Mankowski*, ZVglRWiss 100 (2001), 137, 153 ff.; *ders.*, IPRax 2002, 257, 264.

21 Wie hier *Leible*, in: Nordhausen (Hrsg.), Neue Entwicklungen in der Dienstleistungs- und Warenverkehrsfreiheit, 2002, S. 71, 80 (in Fn 45); *Spindler*, IPRax 2001, 400, 402; *ders.*, RIW 2002, 183, 185; *ders.*, RabelsZ 66 (2002), 633, 666; *Thünken*, Das kollisionsrechtliche Herkunftslandprinzip, 2003, S. 88 f.

22 *Mankowski*, IPRax 2004, 385, 394; MüKo/*Martiny*, Nach Art. 34 EGBGB Rn 42; *Spindler*, RabelsZ 66 (2002), 633, 685; *Thünken*, Das kollisionsrechtliche Herkunftslandprinzip, 2003, S. 89.

der E-Commerce-Richtlinie strikt formuliert ist und Abweichungen zugunsten eines Rechts, zu dem engere Beziehungen bestehen, nicht zulässt.[23]

B. Regelungsgehalt

I. Geltung allgemeiner Regeln

9 **1. Auslegung.** Art. 28 inkorporiert Art. 4 EVÜ in deutsches Recht und ist daher gem. Art. 36 unter Berücksichtigung der in anderen Vertragsstaaten des EVÜ ergangenen Rechtsprechung **autonomrechtsvergleichend auszulegen**. Vgl. auch Art. 27 EGBGB Rn 10.

10 **2. Rück- und Weiterverweisung.** Die von Art. 28 ausgesprochene Verweisung ist gem. Art. 35 Abs. 1 grundsätzlich eine **Sachnormverweisung**, führt also direkt zu den Sachvorschriften des Staates, auf dessen Recht verwiesen wurde. Rück- und Weiterverweisung sind unbeachtlich. Umfasst ein Staat mehrere Gebietseinheiten, von denen jede für vertragliche Schuldverhältnisse ihre eigenen Rechtsvorschriften hat (USA, Kanada, Australien, Großbritannien usw.), führt die Verweisung unmittelbar zu den Sachvorschriften der jeweiligen Gebietseinheit, da gem. Art. 35 Abs. 2 jede Gebietseinheit als Staat zu behandeln ist. Ein möglicherweise existentes interlokales Privatrecht des Zentralstaates wird dadurch ausgeschaltet. Maßgeblich ist das Recht derjenigen Gebietseinheit, in der der Anbieter der charakteristischen Leistung ansässig ist oder sich gewöhnlich aufhält, das Grundstück belegen ist usw.

11 **3. Ordre public.** Der *ordre public* (Art. 6) kann auch der Anwendung des kraft objektiver Anknüpfung berufenen Rechts entgegenstehen, doch ist die praktische Relevanz der *ordre-public*-Klausel gering, da bereits mit den Artt. 29–30, 34 Normen zur Verfügung stehen, die einen kollisionsrechtlichen Schwächerenschutz sicherstellen und helfen, einen Widerspruch zu öffentlichen Interessen zu vermeiden sowie die Geltung unbedingte Anwendung erheischenden zwingenden Rechts zu gewährleisten. Vgl. dazu Art. 27 EGBGB Rn 13.

II. Verhältnis zu anderen Vorschriften

12 **1. Verhältnis zu Art. 27.** Art. 27 ist die „Königsnorm", Art. 28 die ihr untergeordnete **„Auffangnorm"**. Zu einer objektiven Anknüpfung kann es nur kommen, wenn es an einer Rechtswahlvereinbarung fehlt, sie unwirksam ist oder sich auf einen Teil des Vertrages beschränkt.

13 **2. Verhältnis zu Artt. 29–30.** Art. 29 Abs. 2, 29a Abs. 3, 30 Abs. 2 enthalten **Sondervorschriften** für die objektive Anknüpfung von Verbraucher- und Arbeitsverträgen, die der allgemeinen Regel des Art. 28 vorgehen.

14 **3. Andere besondere Anknüpfungsnormen.** Für bestimmte Vertragstypen gelten besondere Anknüpfungsregeln, die die allgemeine Vorschrift des Art. 28 verdrängen. Dies ist etwa bei **Verpflichtungsgeschäfte aus Schecks** (Artt. 60 ff. ScheckG) oder Wechseln (Artt. 91 ff. WG) der Fall, weiterhin bei **Versicherungsverträgen** (Artt. 7 ff. EGVVG). Soweit Gesellschafter schuldrechtliche Vereinbarungen treffen, die nicht in die Struktur der Gesellschaft eingreifen, ist bei fehlender Rechtswahl für diese Vereinbarung das maßgebliche Recht nach Art. 28 zu bestimmen, andernfalls jedoch nach dem **Gesellschaftsstatut**.[24] Besonderheiten sind weiterhin bei der objektiven Anknüpfung im Rahmen von in Deutschland durchgeführten **Schiedsverfahren** (vgl. § 1051 ZPO)[25] sowie der Bestimmung des auf **Gerichtsstands- und Schiedsvereinbarungen** anwendbaren Rechts zu beachten.[26]

15 **4. Verhältnis zu Art. 34.** Art. 34 gestattet die Durchsetzung deutscher Normen mit unbedingtem Anwendungswillen gegen ein kraft objektiver Anknüpfung geltendes ausländisches Vertragsstatut. Zur Anknüpfung von **Eingriffsrecht** der mittels objektiver Anknüpfung ermittelten *lex causae* vgl. Art. 34 EGBGB Rn 34 ff., zur Anknüpfung drittstaatlichen Eingriffsrechts vgl. ebenfalls Art. 34 EGBGB Rn 34 ff.

---

[23] *Mankowski*, ZVglRWiss 100 (2001), 137, 155 ff.; *ders.*, IPRax 2002, 257, 264; *ders.*, IPRax 2004, 385, 394; MüKo/*Martiny*, nach Art. 34 EGBGB Rn 42; *Spindler*, in: Hohloch (Hrsg.), Recht und Internet, 2001, S. 9, 17; *ders.*, RabelsZ 66 (2002), 633, 685.

[24] BGH NJW 1996, 54, 55; vgl. auch Michalski/*Leible*, GmbHG, 2002, Syst. Darst. 2 Rn 103 ff.

[25] Näher *Martiny*, in: FS Schütze 1999, S. 529, 538; *Sandrock*, RIW 2000, 321.

[26] Näher dazu m.w.N. Reithmann/Martiny/*Hausmann*, Rn 2928 ff.

III. Das Prinzip der engsten Verbindung (Abs. 1)

1. Grundsatz. Haben die Parteien das auf den Vertrag anwendbare Recht weder ausdrücklich noch stillschweigend festgelegt, ist nach Art. 28 objektiv anzuknüpfen. Abs. 1 statuiert hierfür das **Prinzip der engsten Verbindung**: Anwendbar ist das Recht des Staates, mit dem der Vertrag die engsten Verbindungen aufweist. Zu beachten bleibt der **Vorrang der Abs. 2–4**. Die Kriterien des Abs. 1 sind allerdings auch im Rahmen der Ausweichklausel des Abs. 5 zu beachten (vgl. Rn 7).

Das Gesetz konkretisiert den generalklauselartigen Begriff der „engsten Verbindung" nicht näher. Welche Kriterien zu seiner Ausfüllung heranzuziehen sind, ist umstritten. Einigkeit besteht jedoch insoweit, dass nicht auf einen einzigen Anhaltspunkt abgestellt werden kann, sondern die **Gesamtheit der Umstände** zu berücksichtigen ist.[27] Dabei kann es sich in Abgrenzung zu Art. 27 freilich nur um **objektive Gegebenheiten** handeln. Ein Rekurs auf einen hypothetischen Parteiwillen ist ausgeschlossen. In der Praxis lassen sich die Grenzen zur stillschweigenden Rechtswahl gleichwohl nur schwer bestimmen.

Zur Konkretisierung der engsten Verbindung kann sowohl auf **gesetzlich verwendete Anknüpfungsmerkmale** (z.B. gewöhnlicher Aufenthalt, Belegenheit) als auch auf bestimmte in Rechtsprechung und Lehre herausgearbeitete und ebenfalls nachfolgend dargestellte **Indizien** zurückgegriffen werden. Sie werden freilich nur in den seltensten Fällen in ihrer Gesamtheit auf eine bestimmte Rechtsordnung hinweisen. Lassen sie Verbindungen zu mehr als einer Rechtsordnung erkennen, bedarf es einer Abwägung, in der insbesondere die unterschiedliche kollisionsrechtliche Signifikanz der einzelnen Gegebenheiten zu berücksichtigen ist.[28]

2. Die einzelnen Indizien. a) Gewöhnlicher Aufenthalt und Niederlassung. Gewichtiges Indiz zur Bestimmung des objektiven Vertragsstatuts ist der gewöhnliche Aufenthalt der Parteien bzw. bei gewerblich oder freiberuflich Tätigen ihre Niederlassung sowie juristischen Personen deren Sitz, da sie dort regelmäßig ihre privaten oder geschäftlichen Tätigkeiten entfalten werden und auch andere Vorschriften die Bedeutung dieses Anknüpfungsmoments anerkennen (Artt. 28 Abs. 2, 29 Abs. 2, 3 und 4, 29a Abs. 2 Nr. 2, 31 Abs. 2). Sind beide Parteien in demselben Staat ansässig, spricht dies in hohem Maße auch für die Geltung dessen Rechts. Halten sich die Parteien hingegen gewöhnlich in verschiedenen Staaten auf, kommt diesem Anknüpfungsmoment grundsätzlich keine Bedeutung zu, da sich die widersprechenden Hinweise gegeneinander aufheben, sofern nicht aufgrund besonderer Umstände des Einzelfalls die vorrangige Berücksichtigung des Aufenthalts- oder Niederlassungsorts einer Partei gerechtfertigt erscheint.[29]

b) Belegenheit des Vertragsgegenstands. Die Belegenheit des Vertragsgegenstands kann nicht nur für die Schwerpunktbestimmung bei Grundstücks-, sondern auch bei anderen Verträgen bedeutsam sein, sofern er in ähnlicher Weise wie ein Grundstück ortsfest ist. Zu denken ist etwa an Unternehmenskaufverträge in Form eines *asset deals* oder Lizenzverträge.[30]

c) Erfüllungsort. Der Erfüllungsort hat heute bei weitem nicht mehr die Bedeutung, die ihm noch vor In-Kraft-Treten des IPRNG zukam.[31] Ihm wird überwiegend eine nur **schwache Indizwirkung** zugesprochen.[32] Das ist freilich nicht unumstritten.[33] So begründete etwa der BGH – im Rahmen von Abs. 5 – die Anwendung deutschen Rechts vor allem damit, dass die Beklagte die für ihre Verträge charakteristische Leistung in Deutschland erbrachte.[34] Liegen die Erfüllungsorte der synallagmatischen Leistungspflichten in verschiedenen Staaten, kann dies freilich zu einer nach Abs. 1 S. 2 grundsätzlich unerwünschten („ausnahmsweise") Vertragsspaltung führen. Einen größeren Einfluss sollte man dem Erfüllungsort daher nur dann zugestehen, wenn er für die Leistungspflichten beider Vertragsparteien zu derselben Rechtsordnung führt.[35]

Wurde bereits geleistet und die Leistung als vertragsgemäß angenommen, ist auf den **tatsächlichen** und nicht den rechtlichen Erfüllungsort abzustellen.[36] Ansonsten ist der **rechtliche Erfüllungsort** entscheidend. Die h.M. entnimmt ihn der *lex fori*, bei einem deutschen Gerichtsstand also deutschem Recht (§§ 269, 270

---

[27] Palandt/*Heldrich*, Art. 28 EGBGB Rn 2; Erman/*Hohloch*, Art. 28 EGBGB Rn 10; *Looschelders*, Art. 28 Rn 8; Staudinger/*Magnus*, Art. 28 EGBGB Rn 35; MüKo/*Martiny*, Art. 28 EGBGB Rn 6; Reithmann/Martiny/*Martiny*, Rn 116.

[28] *Looschelders*, Art. 28 Rn 9; Staudinger/*Magnus*, Art. 28 EGBGB Rn 38; MüKo/*Martiny*, Art. 28 EGBGB Rn 74; Reithmann/Martiny/*Martiny*, Rn 143.

[29] *Looschelders*, Art. 28 Rn 11; Reithmann/Martiny/*Martiny*, Rn 144.

[30] Staudinger/*Magnus*, Art. 28 EGBGB Rn 41.

[31] Vgl. dazu z.B. BGHZ 57, 72, 75 ff.; BGH NJW 1958, 750.

[32] Vgl. z.B. Erman/*Hohloch*, Art. 28 EGBGB Rn 10; Staudinger/*Magnus*, Art. 28 EGBGB Rn 42; MüKo/*Martiny*, Art. 28 EGBGB Rn 81.

[33] Vgl. vor allem Soergel/*v. Hoffmann*, Art. 28 EGBGB Rn 128.

[34] BGHZ 109, 29, 36.

[35] *Looschelders*, Art. 28 Rn 14.

[36] Staudinger/*Magnus*, Art. 28 EGBGB Rn 43; a.A. MüKo/*Martiny*, Art. 28 EGBGB Rn 81.

BGB).[37] Dem Gedanken der einheitlichen Anwendung und Auslegung des internationalen Schuldvertragsrechts (Art. 36) entspricht jedoch eher eine autonome Begriffsbestimmung, zumal sich mittlerweile auch das europäische Prozessrecht zumindest für Warenlieferungs- und Dienstleistungsverträge hierfür entschieden hat (vgl. Art. 5 Abs. 1 lit. b EuGVO[38]).[39]

23 **d) Ort der Vertragsverhandlungen und des Vertragsschlusses.** Den Orten der Vertragsverhandlungen und des Vertragsschlusses kommt nach z.T vertretener Ansicht keine,[40] aber auch nach zutreffender Ansicht allenfalls geringe Bedeutung zu.[41] Beide Orte sind oft zufällig und können nicht für sich alleine, sondern lediglich im Einklang mit anderen Indizien eine enge Beziehung des Vertrags zu einer bestimmten Rechtsordnung vermitteln. Eine Ausnahme ist nur für Vertragsabschlüsse an **Börsen**[42] und u.U. auch bei **Versteigerungen**,[43] nicht aber auf **Märkten und Messen**[44] zu machen.[45]

24 **e) Vertragssprache und vereinbarte Währung.** Ebenfalls nur von geringer Indizwirkung sind die Vertragssprache und die vereinbarte Währung. Denn auch Verhandlungs- und Vertragssprache sind oft zufällig und geben genauso wenig wie die vereinbarte Währung einen sicheren Hinweis auf die Rechtsordnung, mit der der Vertrag am engsten verbunden ist. Das gilt vor allem bei Sprachen (Deutsch, Englisch usw.) oder Währungen (Euro), die in verschiedenen Staaten verbreitet sind. Beide Hinweise können allenfalls bei einer Indizienkumulation von Bedeutung sein.

25 **f) Mitwirkung Dritter.** Wirken Dritte beim Vertragsschluss mit, ist zu differenzieren. Handelt es sich um **amtliche Stellen**, wie etwa Notare, Gerichte oder Behörden, ist dies jedenfalls dann ein gewichtiges Indiz für eine enge Verbindung zu dem Recht, auf dem die amtliche Eigenschaft dieser Stelle beruht, wenn ihre Mitwirkung für den Vertrag von einiger Bedeutung ist. Davon wird vor allem bei Beurkundungen auszugehen sein,[46] nicht aber bei der bloßen Beglaubigung von Unterschriften.[47] Die Hinzuziehung von **Rechtsanwälten**[48] oder **Privaten**, wie z.B. Maklern,[49] hat hingegen stets nur in Verbindung mit anderen Umständen, etwa einer gesetzlichen Pflicht zu ihrer Einschaltung, indizielle Kraft.

26 **g) Staatsangehörigkeit der Vertragsparteien.** Im internationalen Vertragsrecht kommt der Staatsangehörigkeit als Anknüpfungsmoment heutzutage eine nur noch geringe Bedeutung zu. An ihre Stelle ist vielfach der **gewöhnliche Aufenthalt** getreten. Daher sollte auch im Rahmen von Abs. 1 das Gewicht der Staatsangehörigkeit nur noch niedrig bemessen werden.[50] Beachtlich kann allenfalls eine gemeinsame Staatsangehörigkeit[51] der Vertragsparteien sein,[52] doch tritt sie hinter einen gemeinsamen gewöhnlichen Aufenthalt zurück,[53] sofern nicht noch weitere Verbindungen zum Heimatstaat der Kontrahenten bestehen,[54] weil der Vertrag dort z.B. beurkundet wurde, dort zu erfüllen ist usw. Einer über die gemeinsame Staatsangehörigkeit hinausreichenden Beziehung zum Heimatstaat bedarf es aber genauso, wenn es an einem gemeinsamen

---

37 BGH, NJW 1988, 966, 967; OLG Hamm NJW 1990, 652, 653; MüKo/*Martiny*, Art. 28 EGBGB Rn 81.
38 Näher dazu *Kropholler*, EuZPR, Art. 5 Rn 30 ff.; Rauscher/*Leible*, Art. 5 Brüssel I-VO Rn 45 ff.
39 *Looschelders*, Art. 28 Rn 15.
40 So z.B. BGH NJW 1976, 1581, 1582; OLG Frankfurt RIW 1995, 1033.
41 Vgl. z.B. RGZ 61, 343, 345 f.; OLG Düsseldorf WM 1989, 45, 46; MDR 2000, 575 = IPRspr 1999 Nr. 35; OLG München NJW-RR 1989, 663, 665; LG Frankfurt IPRax 1981, 134, 135; LG Hamburg RIW 1993, 144, 145; Erman/*Hohloch*, Art. 28 EGBGB Rn 12; MüKo/*Martiny*, Art. 28 EGBGB Rn 80; Staudinger/*Magnus*, Art. 28 EGBGB Rn 45 f.
42 Reithmann/Martiny/*Martiny*, Rn 770; *Merschformann*, Die objektive Bestimmung des Vertragsstatuts beim internationalen Warenkauf, 1991, S. 214 f.
43 Vgl. einerseits OLG Düsseldorf NJW 1991, 1492, und andererseits BGH NJW-RR 2003, 192. Zu Internetauktionen vgl. *Freitag*, in: Leible/Sosnitza, Versteigerungen im Internet, 2004, Rn 790 ff.
44 Vgl. dazu z.B. LG Aachen RIW 1990, 491, 492; *Merschformann*, Die objektive Bestimmung des Vertragsstatuts beim internationalen Warenkauf, 1991, S. 221; Soergel/*v. Hoffmann*, Art. 28 EGBGB Rn 144; MüKo/*Martiny*, Art. 28 EGBGB Rn 114, 80; Staudinger/*Magnus*, Art. 28 EGBGB Rn 176.
45 Czernich/Heiss/*Czernich*, Art. 4 EVÜ Rn 16; Staudinger/*Magnus*, Art. 28 EGBGB Rn 45; Reithmann/Martiny/*Martiny*, Rn 150 f.
46 Vgl. z.B. OLG Frankfurt NJW-RR 1993, 182, 183; LG Hamburg RIW 1977, 787, 788; LG Amberg IPRax 1982, 29.
47 Reithmann/Martiny/*Martiny*, Rn 152.
48 Vgl. dazu OLG Köln RIW 1993, 415.
49 Vgl. dazu OLG Köln IPRspr 2000 Nr. 26; OLG Hamburg RIW 1979, 482, 484; LG Hamburg IPRspr 1974 Nr. 154.
50 Czernich/Heiss/*Czernich*, Art. 4 Rn 14; Erman/*Hohloch*, Art. 28 EGBGB Rn 11; Staudinger/*Magnus*, Art. 28 EGBGB Rn 44; MüKo/*Martiny*, Art. 28 EGBGB Rn 83; Reithmann/Martiny/*Martiny*, Rn 145.
51 Zu Fällen gemeinsamer Staatsangehörigkeit vgl. auch KG NJW 1957, 347, 348; OLG Frankfurt NJW-RR 1993, 182, 183; RIW 1995, 1033; OLG Köln IPRspr 2000 Nr. 26.
52 Bereits *a priori* unbeachtlich sein muss die Staatsangehörigkeit, wenn sie unterschiedlich ist, vgl. z.B. OLG Celle NJW-RR 1987, 1190.
53 Vgl. z.B. OLG Düsseldorf IPRax 1984, 270, 271; LG Hamburg IPRspr 1975 Nr. 14.
54 OLG Hamm NJW-RR 1995, 187.

gewöhnlichen Aufenthalt fehlt (Vertrag zwischen in Hamburg und Marbella ansässigen Deutschen). Auf sie kann allenfalls bei einem nur vorübergehenden Auslandsaufenthalt, etwa aus beruflichen Gründen, verzichtet werden.[55]

h) Favor negotii. Keine eigenständige Bedeutung für die objektive Anknüpfung hat die **Gültigkeit oder Ungültigkeit des Vertrages** nach dem aufgrund anderer Indizien in Betracht kommenden Vertragsstatut.[56] Sie kann allerdings die bei der objektiven Anknüpfung zu berücksichtigende Interessenlage der Parteien beeinflussen.[57]

i) Prozessverhalten. Das Prozessverhalten der Parteien kann zwar Hinweise auf eine ausdrückliche oder stillschweigende Rechtswahl der Parteien geben, lässt jedoch die objektive Anknüpfung von Verträgen unberührt.[58]

j) Gerichtsstands- und Schiedsgerichtsvereinbarungen. Gerichtsstands- und Schiedsvereinbarungen können ein gewichtiges Indiz für eine stillschweigende Rechtswahl sein (Art. 27 EGBGB Rn 48 ff.). Sind sie allerdings im Rahmen von Art. 27 nicht geeignet, die Wahl eines bestimmten Rechts zu begründen, kann ihnen auch bei der objektiven Anknüpfung keine Indizwirkung zukommen.[59]

k) Verträge mit Staaten oder Staatsunternehmen. Nach verbreiteter Ansicht soll bei Verträgen mit Staaten oder Staatsunternehmen eine starke Vermutung für die Anwendbarkeit des Rechts des kontrahierenden Staates bestehen.[60] Überzeugende Gründe, warum Verträge mit Staaten anders als Verträge unter Privaten zu behandeln sein sollen, sind freilich nicht ersichtlich. Eine solche Lösung orientiert sich außerdem zu einseitig an den Interessen des staatlichen Vertragspartners und benachteiligt den Privaten, der der Gefahr nachträglicher Änderungen des Vertragsstatuts durch seinen Vertragspartner ausgesetzt wird, über Gebühr. Bei einer subjektiven Anknüpfung hat er immerhin die Möglichkeit, sich durch **Versteinerungs- oder Stabilisierungsklauseln** zu schützen (Art. 27 EGBGB Rn 24 ff.), bei einer objektiven Anknüpfung nicht. Der Beteiligung von Staaten bzw. Staatsunternehmen sollte daher keinerlei oder allenfalls eine ergänzende Indizwirkung zugebilligt werden.[61]

l) Registerort. Dem Registerort soll beachtliche Indizwirkung bei Verträgen über registrierte Schiffe, Flugzeuge, Kraftfahrzeuge oder sonstige Gegenstände sowie Rechten hieran zukommen.[62] Schwach ist die Hinweiswirkung hingegen bei Verträgen über eine Beförderung mit derartigen Fahrzeugen (Charterverträge, Frachtverträge etc.).[63]

3. Vertragsspaltung. Lässt sich ein Teil des Vertrages von dessen Rest trennen und weist dieser Teil eine engere Verbindung mit einem anderen Staat auf, gestattet Abs. 1 S. 2 ausnahmsweise eine Vertragsspaltung. Auf diesen Teil ist dann das Recht des anderen Staates anzuwenden. Bereits die Formulierung „ausnahmsweise" macht jedoch deutlich, dass die Vertragsspaltung – anders als bei einer Anknüpfung an den Parteiwillen (vgl. Art. 27 Abs. 1 S. 3) – bei der objektiven Anknüpfung die **absolute Ausnahme** ist.

Vorausgesetzt wird auch im Rahmen von Abs. 1 S. 2 die **Abspaltbarkeit der Teilfrage**. Davon ist nur auszugehen, wenn der Betroffene mit keinem anderen Vertragsteil aus materiellrechtlichen Gründen in einer unauflösbaren Wechselbeziehung steht. Daran fehlt es vor allem, wenn durch die Abspaltung das vertragliche Synallagma zerstört würde.[64] Im Übrigen kann auf die Ausführungen zu Art. 27 EGBGB Rn 36 ff. verwiesen

---

55 Näher Czernich/Heiss/*Czernich*, Art. 4 EVÜ Rn 14.
56 Palandt/*Heldrich* Art. 28 EGBGB Rn 2; Erman/ *Hohloch*, Art. 28 EGBGB Rn 13; MüKo/*Martiny*, Art. 28 EGBGB Rn 88; Reithmann/Martiny/*Martiny*, Rn 154. Anders vor In-Kraft-Treten des IPRNG BGH NJW 1961, 25; WM 1977, 793, 794.
57 *Looschelders*, Art. 28 Rn 22; Staudinger/*Magnus*, Art. 28 EGBGB Rn 54; MüKo/*Martiny*, Art. 28 EGBGB Rn 88.
58 *Looschelders*, Art. 28 Rn 19; Staudinger/*Magnus*, Art. 28 EGBGB Rn 50; MüKo/*Martiny*, Art. 28 EGBGB Rn 79; Bamberger/Roth/*Spickhoff*, Art. 28 EGBGB Rn 6; anders vor In-Kraft-Treten des IPRNG BGH NJW 1962, 1005; NJW 1981, 918.
59 Soergel/*v. Hoffmann*, Art. 28 EGBGB Rn 109; *Looschelders*, Art. 28 Rn 18; Staudinger/*Magnus*, Art. 28 EGBGB Rn 51; MüKo/*Martiny*, Art. 28 EGBGB Rn 75 f., a.A. wohl Erman/*Hohloch* Art. 28 EGBGB Rn 12: „Von ... Bedeutung sind Gerichtsstandsklauseln, sofern sie nicht i.S. stillschweigender Rechtswahl gem Art. 27 den Ausschlag geben ..."
60 Vgl. z.B. KG IPRspr 1954/55 Nr. 28; OLG Hamburg WM 1969, 709, 711; OLG Frankfurt IPRspr 1979 Nr. 10b; Palandt/*Heldrich* Art. 28 EGBGB Rn 2; Erman/*Hohloch* Art. 28 EGBGB Rn 11.
61 KG IPRax 1998, 280, 283; *v. Hoffmann*, BerfesVR 25 (1984), 35, 57 f.; Soergel/*v. Hoffmann*, Art. 28 EGBGB Rn 108; *Looschelders*, Art. 28 Rn 16; Staudinger/*Magnus*, Art. 28 EGBGB Rn 49; Reithmann/Martiny/*Martiny*, Rn 147.
62 Staudinger/*Magnus*, Art. 28 EGBGB Rn 48; Reithmann/Martiny/*Martiny*, Rn 156.
63 Staudinger/*Magnus*, Art. 28 EGBGB Rn 48; Reithmann/Martiny/*Martiny*, Rn 156.
64 Soergel/*v. Hoffmann*, Art. 28 EGBGB Rn 136; Bamberger/Roth/*Spickhoff*, Art. 28 EGBGB Rn 7.

werden. Dabei ist freilich zu beachten, dass die Anforderungen an eine Abspaltbarkeit aufgrund der Ausnahmestellung von Abs. 1 S. 2 bei der objektiven Anknüpfung höher als bei der subjektiven sein müssen.[65] Als mögliche Anwendungsfälle kommen etwa komplexe Vertragsverhältnisse oder Kooperationsverträge (Joint-Venture-Verträge) in Betracht.[66] Der abgespaltene Teil ist nach den gleichen Regeln anzuknüpfen wie der übrige Vertrag.

34 **4. Recht eines Staates.** Abs. 1 verweist ausdrücklich auf das Recht eines Staates. Damit ist anders als bei der subjektiven Anknüpfung die Anwendung **nichtstaatlichen Rechts** schon nach dem Gesetzeswortlaut ausgeschlossen und dem Richter daher ein Rückgriff auf die *lex mercatoria*, private Regelwerke wie die „Principles of European Contract Law"[67] der Lando-Kommission, die „Principles of International Commercial Contracts"[68] von UNIDROIT usw. verwehrt.[69] Das bedeutet freilich nicht, dass derartige Prinzipienkataloge bei einem objektiv bestimmten Vertragsstatut völlig bedeutungslos sind. In Betracht kommt immerhin ihre Berücksichtigung als **„Ersatzrecht"** oder als „Auslegungsleitlinie".[70]

35 **5. Maßgeblicher Zeitpunkt.** Nach Abs. 2 S. 1 ist für die Anknüpfung von Verträgen mit einer charakteristischen Leistung auf den **„Zeitpunkt des Vertragsabschlusses"** abzustellen (ebenso Abs. 4 S. 1). Eine entsprechende Festlegung des für die Anknüpfung maßgeblichen Zeitpunkts fehlt in Abs. 1. Nach dem Bericht von *Giuliano/Lagarde* soll es möglich sein, zur Ermittlung der engsten Verbindung eines Vertrages auch noch nach Vertragsschluss eingetretene Umstände berücksichtigen zu können.[71] Was damit gemeint ist, ist unklar. Nach z.T. vertretener Auffassung soll ein **Statutenwechsel** grundsätzlich ausgeschlossen sein; eine Berücksichtigung nach Vertragsschluss eingetretener Umstände sei nur insoweit möglich, als aus ihnen Rückschlüsse auf die bereits bei Vertragsschluss bestehende engste Verbindung gezogen werden könnten.[72] Nach anderer Ansicht soll immerhin bei einer grundlegenden Änderung der die Anknüpfung determinierenden Umstände ein Wandel des Vertragsstatuts möglich sein, sofern hierfür – wie etwa bei langfristigen Verträgen – ein besonderes Bedürfnis besteht.[73] Überzeugender erscheint eine Differenzierung zwischen Umständen, die im Vertrag selbst liegen, und solchen, die einseitig von einer Partei herbeigeführt werden.[74] **Vertragsinterne Umstände** (wie z.B. ein Schuldner- oder Gläubigerwechsel) sind zu berücksichtigen, sofern sie die Verbindung zur bisher maßgeblichen Rechtsordnung locker werden lassen und eine engere Verbindung zu einer anderen Rechtsordnung herstellen.[75] Eine **einseitige Manipulation** der für die Anknüpfung maßgeblichen Umstände, wie etwa eine nachträgliche Änderung der Staatsangehörigkeit oder eine Verlegung des Sitzes oder gewöhnlichen Aufenthalts, ist hingegen ohne jede Relevanz.[76]

IV. Gesetzliche Vermutungen (Abs. 2–4)

36 **1. Charakteristische Leistung (Abs. 2). a) Grundsatz.** Nach Abs. 2 S. 1 wird vermutet, dass der Vertrag die engsten Verbindungen mit dem Staat aufweist, in dem die Partei, welche die charakteristische Leistung zu erbringen hat, im Zeitpunkt des Vertragsabschlusses ihren gewöhnlichen Aufenthalt bzw. ihre Hauptverwaltung hat. Der **Grundsatz der charakteristischen Leistung** gilt für alle Verträge, bei denen sich eine charakteristische Leistung ermitteln lässt, die nicht von Art. 37 ausgeschlossen sind und für die nicht die speziellere Vermutung der Abs. 3 und 4 greift. Die mit der Maßgeblichkeit der charakteristischen Leistung einhergehende Bevorzugung des Sach- oder Dienstleistenden, bei dem es sich häufig um eine berufsmäßig tätige Partei handelt, und gleichzeitige Benachteiligung desjenigen, der eine Gegenleistung „nur" in Geld zu erbringen hat, ist verschiedentlich kritisiert worden (vgl. Rn 5), erscheint aber mit Blick auf die existenten

---

65 Staudinger/*Magnus*, Art. 28 EGBGB Rn 57; Reithmann/Martiny/*Martiny*, Rn 119.
66 BT-Drucks 10/504, S. 36, 78; Czernich/Heiss/*Czernich*, Art. 4 EVÜ Rn 38; Staudinger/*Magnus*, Art. 28 EGBGB Rn 59; MüKo/*Martiny*, Art. 28 EGBGB Rn 21; Bamberger/Roth/*Spickhoff*, Art. 28 EGBGB Rn 7. Vgl. aus der Rspr. z.B. OLG Frankfurt RIW 1998, 807, zu einem gesellschaftsrechtlichen Kooperationsvertrag.
67 *Lando/Beale*, The Principles of European Contract Law Parts I and II, 1999; *Lando/Clive/Prüm/Zimmermann*, Principles of European Contract Law Part III, 2003.
68 UNIDROIT, Principles of International Commercial Contracts, 1994; UNIDROIT, Principes relatifs aux contrats du commerce international, 1994.
69 Bamberger/Roth/*Spickhoff*, Art. 28 EGBGB Rn 5; *Spickhoff*, RabelsZ 56 (1992), 116, 133 f.; *Wichard*, RabelsZ 60 (1996), 269, 294.
70 Vgl. dazu ausf. *Wichard*, RabelsZ 60 (1996), 269, 294 ff.; Art. 9 Abs. 2 S. 2 und Art. 10 der Konvention von México haben eine Berücksichtigung der allgemeinen Prinzipien des Welthandelsrechts auch bei einer objektiven Vertragsanknüpfung ausdr. festgeschrieben, vgl. z.B. *Boele-Woelki*, IPRax 1997, 161, 170.
71 Bericht *Giuliano/Lagarde*, BT-Drucks 10/503, S. 33, 52.
72 So etwa Staudinger/*Magnus*, Art. 28 EGBGB Rn 61; ähnlich Bamberger/Roth/*Spickhoff*, Art. 28 EGBGB Rn 8.
73 Reithmann/Martiny/*Martiny*, Rn 115.
74 Czernich/Heiss/*Czernich*, Art. 4 EVÜ Rn 9.
75 Czernich/Heiss/*Czernich*, Art. 4 EVÜ Rn 9.
76 BGH GRUR Int. 1980, 230.

Instrumente des kollisionsrechtlichen Schwächerenschutzes (Artt. 29 Abs. 2, 29a Abs. 3, 30 Abs. 2) hinnehmbar. Sie ermöglicht eine **typisierende Einordnung von Verträgen** und führt somit bei der Anknüpfung zu größerer **Rechtssicherheit** als eine allein am Einzelfall ausgerichtete Schwerpunktbildung. Sie lässt sich außerdem aus dem vertraglichen Leistungsgefüge erklären, ist doch die Sach- und Dienstleistung meist die kompliziertere, die eine umfangreichere rechtliche Regelung gefunden hat und den Vertragstyp bestimmt. Insoweit folgt das Kollisionsrecht der materiellrechtlichen Einordnung,[77] indem es in der charakteristischen Leistung zugleich das den Vertrag räumlich widerspiegelnde Element erkennt. Hinzu kommt ein **Rationalisierungseffekt**, da der die vertragstypische Leistung Erbringende sich mangels abweichender Rechtswahl stets nur an einer Rechtsordnung orientieren muss.[78] Der bei Typisierungen immer bestehenden Gefahr von Fehlabbildungen in Randbereichen kann mit Hilfe der **Ausweichklausel** des Abs. 5 begegnet werden, deren Existenz den Grundsatz nicht infrage stellt,[79] sofern man nur ihren exzeptionellen Charakter beachtet.

b) Bestimmung der charakteristischen Leistung. Der Begriff der charakteristischen Leistung ist nicht unter Rückgriff auf die *lex fori*, sondern rechtsvergleichend **autonom** auszulegen.[80] Charakteristische Leistung ist diejenige, die dem jeweiligen Vertragstyp sein **rechtliches Gepräge** verleiht und ihn von anderen Typen unterscheidbar macht.[81] Das ist bei **Austauschverträgen** regelmäßig „die Leistung, für die Zahlung geschuldet wird",[82] also z.B. bei der Miete die Nutzungsüberlassung auf Zeit, beim Werkvertrag die Erstellung des Werkes,[83] beim Dienstvertrag die Erbringung von Diensten usw. Bei **einseitig verpflichtenden Schuldverhältnissen** verleiht die Verpflichtung des Schuldners dem Vertrag sein typisches Gepräge, während bei **unentgeltlichen Verträgen** (Leihe, Schenkung etc.) in der unentgeltlichen zugleich die charakteristische Leistung zu sehen ist.[84] Ob die charakteristische Leistung auch die berufstypische ist, ist unerheblich.[85] 37

Bei typengemischten Verträgen ist zu differenzieren. Bei **Typenkombinations- und Typenverschmelzungsverträgen** werden jeweils nur für bestimmte Vertragsarten typische Leistungen miteinander kombiniert bzw. verschmolzen, denen jedoch regelmäßig eine Geldleistung gegenübersteht. Die Bestimmung der charakteristischen Leistung bereitet dann keine Probleme.[86] Bei **typengemischten Verträgen mit andersartiger Gegenleistung** muss das Recht der engsten Verbindung hingegen unmittelbar nach Abs. 1 ermittelt werden, sofern keine der beiden in Synallagma stehenden Leistungspflichten dem Vertrag sein besonderes Gepräge verleiht.[87] 38

c) Räumliche Zuordnung. Der von Abs. 2 gewählte Anknüpfungspunkt ist der gewöhnliche Aufenthalt oder Sitz bzw. die Hauptniederlassung desjenigen, der die charakteristische Leistung erbringt. Der Vertrag hat dort seinen **wirtschaftlichen Schwerpunkt**, weil der Schuldner der charakteristischen Leistung an diesem Ort bzw. von diesem Ort aus regelmäßig erfüllen oder wenigstens den Großteil der zur Erfüllung seiner Leistungspflicht notwendigen Handlungen vornehmen wird. Zu differenzieren ist jedoch danach, ob er den Vertrag zu privaten Zwecken oder in Ausübung einer beruflichen bzw. gewerblichen Tätigkeit geschlossen hat. 39

aa) Handeln zu privaten Zwecken. Hat die Partei, welche die charakteristische Leistung zu erbringen hat, den Vertrag als **Privatperson**, d.h. nicht in Ausübung einer beruflichen oder gewerblichen Tätigkeit geschlossen, so ist das Recht des Staates maßgeblich, in dem sie zum Zeitpunkt des Vertragsschlusses ihren gewöhnlichen Aufenthalt hat. Der Begriff des gewöhnlichen Aufenthalts ist autonom auszulegen und meint den sich aus den tatsächlichen Verhältnissen ergebenden, auf eine gewisse Dauer angelegten **Daseinsmittelpunkt** einer Person.[88] 40

Gesellschaften, Vereine und juristische Personen haben keinen gewöhnlichen Aufenthalt. Bei ihnen kommt es, sofern sie zu nicht beruflichen oder gewerblichen Zwecken tätig werden,[89] daher auf den **Sitz der Hauptverwaltung** an. Mit „Sitz der Hauptverwaltung" ist nicht der statuarische, sondern der **tatsächliche** 41

---

77 *Kropholler*, IPR, § 52 III 2a (S. 461); krit. gegenüber dieser Begründung freilich MüKo/*Martiny*, Art. 28 EGBGB Rn 30.
78 Soergel/*v. Hoffmann*, Art. 28 EGBGB Rn 30; Reithmann/Martiny/*Martiny*, Rn 121; *Schnitzer*, in: FG Schönenberger 1968, S. 387, 392 f.
79 Generell skeptisch gegenüber Ausweichklauseln jedoch *Kegel/Schurig*, § 6 I 4b (S. 305 ff.).
80 Bamberger/Roth/*Spickhoff*, Art. 28 EGBGB Rn 9.
81 *v. Hoffmann*, IPR, § 10 Rn 45; *Kropholler*, IPR, § 52 III 2 (S. 461).
82 Bericht *Giuliano/Lagarde*, BT-Drucks 10/503, S. 33, 52; BAG NZA 2004, 58, 63.
83 OLG Düsseldorf, Urt. v. 23.9.2003 – 23 U 218/02, JURIS-Dok.-Nr. KORE445332003.
84 Staudinger/*Magnus*, Art. 28 EGBGB Rn 74; MüKo/*Martiny*, Art. 28 EGBGB Rn 30.
85 Soergel/*v. Hoffmann*, Art. 28 EGBGB Rn 33.
86 Vgl. auch *v. Hoffmann*, IPR, § 10 Rn 48; Reithmann/Martiny/*Martiny*, Rn 170 und 172; *v. Bar*, IPR II, Rn 500 und 501.
87 *v. Hoffmann*, IPR, § 10 Rn 49; *v. Bar*, IPR II, Rn 502.
88 Soergel/*v. Hoffmann*, Art. 28 EGBGB Rn 61; MüKo/*Martiny*, Art. 28 EGBGB Rn 40.
89 Übersehen von BGH BGHR 2004, 679, der Abs. 2 S. 1 auch bei Handeln zu beruflichen oder gewerblichen Zwecken für gegeben hält.

Sitz gemeint, an dem die grundlegenden Entscheidungen der Unternehmensleitung effektiv in laufende Geschäftsführungsakte umgesetzt werden.[90] Die Nichtberücksichtigung des Satzungssitzes ist in diesem Fall gemeinschaftsrechtlich zulässig und zudem kollisionsrechtlich geboten, da es für die Lokalisierung des Vertrages maßgeblich auf den Ort ankommt, von dem aus der Schuldner tätig wird (Rn 39); darüber gibt der Satzungssitz jedoch keine Auskunft.

42 **bb) Handeln zu beruflichen oder gewerblichen Zwecken.** Wurde der Vertrag hingegen in Ausübung einer beruflichen oder gewerblichen Tätigkeit des Schuldners der charakteristischen Leistung geschlossen, so wird vermutet, dass er die engste Verbindung zu dem Staat aufweist, in dem sich seine **Hauptniederlassung** befindet. Ist die Leistung nach dem Vertrag von einer anderen Niederlassung aus zu erbringen, kommt es auf diese und nicht die Hauptniederlassung an. Das gilt sowohl für natürliche als auch für juristische Personen.[91]

43 Der Begriff der Hauptniederlassung, der weder im EGBGB noch im EVÜ definiert wird, ist **autonom auszulegen**. Zurückgegriffen werden kann jedoch auf die EuGVO, deren Art. 60 ebenfalls den Begriff der Hauptniederlassung verwendet. Unter einer Hauptniederlassung ist folglich der Ort zu verstehen, von wo aus die Gesellschaft mit der Umwelt in geschäftlichen Kontakt tritt.[92] Das kann z.B. der Ort sein, an dem produziert wird oder die unternehmensgegenständlichen Dienstleistungen erbracht werden.[93] Hauptverwaltung und Hauptniederlassung werden häufig identisch sein, müssen es aber nicht.[94] Ansonsten wäre die unterschiedliche Wortwahl in S. 1 und S. 2 auch unverständlich.

44 Ebenso wenig wie den Begriff der Hauptniederlassung definieren EGBGB und EVÜ den der „anderen Niederlassung". Auch er ist autonom auszulegen, wobei ein Rückgriff auf Art. 5 Nr. 5 EuGVO nahe liegt.[95] Um eine Niederlassung handelt es sich folglich bei einem „**Mittelpunkt geschäftlicher Tätigkeit** [...], der auf Dauer als Außenstelle eines Stammhauses hervortritt, eine Geschäftsführung hat und sachlich so ausgestattet ist, daß er in der Weise Geschäfte mit Dritten betreiben kann, daß diese, obgleich sie wissen, daß möglicherweise ein Rechtsverhältnis mit dem im Ausland ansässigen Stammhaus begründet wird, sich nicht unmittelbar an dieses zu wenden brauchen, sondern Geschäfte an dem Mittelpunkt geschäftlicher Tätigkeit abschließen können, der dessen Außenstelle ist."[96] Die Niederlassung muss zudem unter der **Aufsicht und Leitung** des Stammhauses stehen.[97] Wesentlich ist vor allem das Erfordernis einer auf Dauer angelegten Tätigkeit an einem bestimmten Ort. Kurzfristige Arbeiten, etwa bei Messen oder sonstigen Veranstaltungen, begründen daher keine Niederlassung.[98] Keine Relevanz im Rahmen von Abs. 2 S. 2 haben außerdem **Agenturen**, da sie Geschäfte lediglich vermitteln, jedoch nicht leisten.[99] Grundsätzlich unbeachtlich ist außerdem die Tätigwerden selbständiger **Tochter- oder sonstiger Gesellschaften**. Eine Ausnahme ist jedoch für den Fall zu machen, dass der **Anschein einer Außenstelle** erweckt wird, etwa weil sich eine Tochterfirma um die Abwicklung eines von der Mutterfirma geschlossenen Vertrages kümmert.[100]

45 Die Parteien müssen außerdem vereinbart haben, dass die Leistung von der **„anderen Niederlassung"** zu erbringen ist. Die tatsächliche Leistungserbringung durch eine andere als die Hauptniederlassung des Schuldners ist im Rahmen von Abs. 2 S. 2 also unbeachtlich, sofern sie der vertraglichen Grundlage entbehrt; sie kann jedoch zu einer anderen Anknüpfung über Abs. 5 führen.[101]

46 **d) Maßgeblicher Zeitpunkt.** Gem. Abs. 2 S. 1 ist für die Anknüpfung von Verträgen mit einer charakteristischen Leistung auf den „Zeitpunkt des Vertragsabschlusses" abzustellen.[102] Eine entsprechende zeitliche Fixierung fehlt zwar in Abs. 2 S. 2, doch ist auch bei einem Handeln zu beruflichen oder gewerblichen Zwecken

---

90 Soergel/*v. Hoffmann*, Art. 28 EGBGB Rn 62; Looschelders, Art. 28 EGBGB Rn 56; Staudinger/*Magnus*, Art. 28 EGBGB Rn 85; MüKo/*Martiny*, Art. 28 EGBGB Rn 42; Bamberger/Roth/*Spickhoff*, Art. 28 EGBGB Rn 13.
91 Soergel/*v. Hoffmann*, Art. 28 EGBGB Rn 65; MüKo/ *Martiny*, Art. 28 EGBGB Rn 43.
92 Rauscher/*Staudinger*, Art. 60 Brüssel I-VO Rn 1.
93 Czernich/Tiefenthaler/Kodek/*Czernich*, Art. 60 EuGVO Rn 3.
94 *Leible*, in: Hirte/Bücker (Hrsg.), Grenzüberschreitende Gesellschaften, 2005, § 11 Rn 3; a.A. Soergel/*v. Hoffmann*, Art. 28 EGBGB Rn 66; *v. Hoffmann*, IPR, § 10 Rn 50; *Looschelders*, Art. 28 Rn 58.
95 Bamberger/Roth/*Spickhoff*, Art. 28 EGBGB Rn 15; *v. Bar*, IPR II, Rn 510.
96 EuGH Slg. 1978, 2183 Rn 12 – Somafer/Saar-Ferngas.
97 EuGH Slg. 1976, 1497 Rn 20/22 – de Bloos/Bouyer; Slg. 1981, 819 Rn 9 – Blanckaert und Willems/Trost.
98 OLG Düsseldorf IPRax 1998, 210; Rauscher/*Leible*, Art. 5 Brüssel I-VO Rn 103.
99 Soergel/*v. Hoffmann*, Art. 28 EGBGB Rn 69; MüKo/ *Martiny*, Art. 28 EGBGB Rn 50.
100 Vgl. zu Art. 5 Nr. 5 EuGVÜ EuGH Slg. 1987, 4905 Rn 14, 15 – SAR Schotte/Parfums Rothschild; zu § 21 ZPO BGH NJW 1987, 3081; außerdem z.B. Soergel/*v. Hoffmann*, Art. 28 EGBGB Rn 70; Rauscher/*Leible*, Art. 5 Brüssel I-VO Rn 107; MüKo/*Martiny*, Art. 28 EGBGB Rn 48a und 51.
101 Staudinger/*Magnus*, Art. 28 EGBGB Rn 89; MüKo/ *Martiny*, Art. 28 EGBGB Rn 49.
102 Vgl. dazu auch OLG Hamm IPRax 1996, 33, 36.

das **Moment der vertraglichen Bindung** entscheidend.[103] Das Vertragsstatut ist damit grundsätzlich **unwandelbar**. Die Parteien können es nur im Wege der (nachträglichen) Rechtswahl (Art. 27 Abs. 2) ändern. In Betracht kommt daneben aber auch die Herbeiführung eines Statutenwechsels durch eine **nachträgliche Vertragsänderung**, die zugleich zu einer Änderung der für die objektive Anknüpfung relevanten Merkmale führt (z.B. Vereinbarung der Erfüllung durch eine andere als die ursprünglich vorgesehene Niederlassung des Schuldners).[104] Auch in diesem Fall sollte aber **Art. 27 Abs. 2 S. 2** zu beachten sein.[105] Einseitige Manipulationen anknüpfungsrelevanter Merkmale (wie z.B. eine Verlegung der Hauptverwaltung) sind hingegen unbeachtlich und sollten auch nicht als geeignet angesehen werden, nach Abs. 5 eine engere Verbindung zu einem anderen Recht begründen zu können;[106] denn auch bei Fehlen einer Rechtswahlvereinbarung gebührt dem Vertragspartner Vertrauensschutz. Anders mag man bei einer von beiden Parteien konsentierten Verlegung der Hauptverwaltung entscheiden; Vertrauen, das es zu schützen gilt, gibt es dann nicht.[107]

e) Nichtermittelbarkeit der charakteristischen Leistung. Ist für das Vertragsverhältnis keine der vereinbarten Leistungen charakteristisch, greift auch die Vermutungsregel des Abs. 2 nicht (Abs. 2 S. 3). In einem derartigen Fall muss nach Abs. 1 angeknüpft und **unter Berücksichtigung aller Umstände des Einzelfalls** das Recht des Staates ermittelt werden, mit dem der Vertrag die engste Verbindung aufweist (Rn 19 ff.). 47

Die charakteristische Leistung lässt sich nicht ermitteln, wenn die einander versprochenen Leistungen **gleichartig** sind, also z.B. beide Parteien Sach- oder Dienstleistungen erbringen (Tausch, Kompensationsgeschäfte, private Wette, gegenseitige Vertriebspflichten[108] usw.) und keiner der beiden Leistungen der Vorrang gebührt, weil die andere nur an die Stelle einer Geldzahlung tritt. In der Praxis von Bedeutung sind vor allem komplexe Vertragswerke, wie etwa Kooperationsverträge, bei denen die Parteien eine Vielzahl gegenseitiger Verpflichtungen übernehmen, ohne dass eine der Leistungen dem Vertrag sein besonderes Gepräge verleiht. In derartigen Fällen ist die engste Verbindung nach Abs. 1 zu bestimmen.[109] Eine Aufspaltung des Vertrages ist zwar grundsätzlich zulässig, sollte aber aufgrund der Ausnahmestellung des Abs. 1 S. 2 (vgl. Rn 32 f.) möglichst vermieden werden. 48

Nach Abs. 1 und nicht Abs. 2 ist außerdem dann anzuknüpfen, wenn sich zwar eine charakteristische Leistung ermitteln lässt, diese aber von zwei oder mehr in verschiedenen Staaten ansässigen Vertragspartnern gemeinsam erbracht wird. Auch in derartigen Fällen ist eine Vertragsspaltung möglichst zu vermeiden und der gesamte Vertrag über Abs. 1 an das Recht eines Staates anzuknüpfen.[110] 49

2. Grundstücksverträge (Abs. 3). a) Grundsatz. Für Verträge, die ein dingliches Recht an einem Grundstück oder ein Recht zur Nutzung eines Grundstücks zum Gegenstand haben, ist nach Abs. 3 zu vermuten, dass sie die engsten Verbindungen zu dem Staat aufweisen, in dem das **Grundstück belegen** ist. Das entspricht der schon vor In-Kraft-Treten des IPRNG gängigen Rechtsprechung[111] und soll einen Gleichklang zwischen schuldrechtlichem und dinglichem Rechtsgeschäft (Übereignung, Bestellung von Grundpfandrechten etc.), das nach Art. 43 ebenfalls der *lex rei sitae* untersteht, sichern. Aber auch bei reinen **Gebrauchsüberlassungsverträgen** streitet eine Vermutung zugunsten des Rechts der Belegenheit. Die Anknüpfung nach Abs. 3 verdrängt als *lex specialis* diejenige nach Abs. 2.[112] Ebenso wie die Vermutungen der Abs. 2 und 4 kann allerdings auch die Vermutung des Abs. 3 nach Abs. 5 durch eine engere Verbindung zu einer anderen Rechtsordnung widerlegt werden, sofern die hierfür streitenden Indizien nicht ohnehin zur Begründung einer stillschweigenden Rechtswahl geeignet sind. In der Rechtsprechungspraxis spielen vor allem die **Beurkundung durch einen Notar**[113] und die **Staatsangehörigkeit der Parteien**[114] eine Rolle. 50

---

103 Soergel/*v. Hoffmann*, Art. 28 EGBGB Rn 71; MüKo/*Martiny*, Art. 28 EGBGB Rn 37; Bamberger/Roth/*Spickhoff*, Art. 28 EGBGB Rn 10.
104 So andeutungsweise auch BGH BGHR 2004, 679, 680 (Einigung im Berufungsverfahren auf eine Mängelbeseitigung durch eine Zweigniederlassung des Schuldners kann zur Anwendung des Rechts des Staates der Zweigniederlassung führen).
105 Ebenso Soergel/*v. Hoffmann*, Art. 28 EGBGB Rn 71.
106 So aber Soergel/*v. Hoffmann*, Art. 28 EGBGB Rn 71; MüKo/*Martiny*, Art. 28 EGBGB Rn 38.
107 Vgl. dazu Lüderitz, in: FS Keller 1989, S. 459, 462 ff.
108 Vgl. z.B. LG Dortmund IPRax 1989, 51.
109 Soergel/*v. Hoffmann*, Art. 28 EGBGB Rn 159; *Looschelders*, Art. 28 Rn 60; Staudinger/*Magnus*, Art. 28 EGBGB Rn 95; MüKo/*Martiny*, Art. 28 EGBGB Rn 55; Bamberger/Roth/*Spickhoff*, Art. 28 EGBGB Rn 16.
110 MüKo/*Martiny*, Art. 28 EGBGB Rn 55.
111 Vgl. z.B. WM 1976, 792: Anwendung des Belegenheitsrechts aufgrund von Rechtswahl; NJW-RR 1996, 1034; OLG Frankfurt NJW-RR 1993, 182, 183; OLG Hamm IPRspr 1985 Nr. 28; OLG Köln RIW 1975, 350.
112 BGH, Urt. v. 26.7.2004 – Az. VIII ZR 273/03, JURIS-Dok.-Nr. KORE311922004; Soergel/*v. Hoffmann*, Art. 28 EGBGB Rn 72.
113 Vgl. z.B. OLG Köln RIW 1993, 415; LG Hamburg RIW 1977, 787; LG Amberg IPRax 1982, 29.
114 Vgl. z.B. (teilweise allerdings auch zur stillschweigenden Rechtswahl) BGH NJW 1970, 999, 1000; OLG Celle RIW 1988, 137, 138; OLG Frankfurt OLGR 1995, 15; OLG Köln OLGR 2001, 69.

51 **b) Begriff des Grundstücksvertrags.** Abs. 3 erfasst nur die Anknüpfung von schuldrechtlichen, nicht aber von dinglich wirkenden Grundstücksverträgen. Fraglich und umstritten ist, wie die Begriffe „Grundstück" und „dingliches Recht" zu qualifizieren sind. Im Wesentlichen stehen sich eine **autonome Qualifikation**[115] sowie eine Qualifikation nach der *lex rei sitae*[116] oder der *lex fori* gegenüber. Ebenso wie im europäischen Zivilprozessrecht streiten auch im europäischen Kollisionsrecht[117] und damit zugleich im Rahmen von Art. 28 bei beiden Begriffen die besseren Gründe für eine autonome Qualifikation. Nur so lässt sich die einheitliche Geltung von Art. 4 Abs. 3 EVÜ in Europa sicherstellen.

52 Unter einem Grundstück ist ein **räumlich abgrenzbarer Bereich der Erdoberfläche** sowie jeder körperliche Gegenstand zu verstehen, der mit ihr so fest verbunden ist, dass er gar nicht oder nur unter wesentlicher Änderung des Sachsubstrats vom bisherigen Lageort entfernt werden kann.[118] Erfasst werden neben bebauten und unbebauten Grundstücken vor allem auch Eigentumswohnungen und u.U. Zubehör.

53 Unter einem dinglichen Recht ist ein Recht zu verstehen, das im Gegensatz zum persönlichen Recht Wirkung gegen jedermann entfaltet, also ein **absolutes Recht** und nicht nur ein relativ wirkendes Forderungsrecht ist.[119] Verträge über dingliche Rechte an Grundstücken sind etwa der Kauf,[120] der Tausch oder die Schenkung von Grundstücken, weiterhin Verträge über die Bestellung von Grundstückssicherheiten (Hypothek, Grundschuld etc.), Grunddienstbarkeiten, einen Nießbrauch o.Ä. Bau- oder Hausreparaturverträge werden hingegen nicht erfasst, da sie weder ein dingliches Recht an einem Grundstück noch dessen Nutzung, sondern nur die Ausführung einer Bauleistung zum Gegenstand haben,[121] wohl aber Verträge über einen Kauf vom Bauträger.[122]

54 Verträge über die **Nutzung von Grundstücken** sind Verträge, die einen obligatorischen Anspruch auf die zeitweilige Gebrauchsüberlassung von Grundstücken einräumen, also vor allem Miete, Pacht und Leihe, aber z.B. auch das Immobilienleasing,[123] nicht jedoch die Haus- oder Grundstücksverwaltung.[124] Das Nutzungsrecht kann sich auf das gesamte Grundstück erstrecken, aber auch nur auf Teile hiervon, etwa Wohnungen, einzelne Räume,[125] Park- und Stellplätze[126] usw. Nach z.T. vertretener Ansicht sollen **kurzfristige Mietverträge**, insbesondere über Ferienwohnungen im Ausland, nicht erfasst werden.[127] Dafür spricht zwar die Parallele zu Art. 22 Nr. 1 S. 2 EuGVO („sechs Monate"), doch erscheint ein Rückgriff auf Abs. 5 in derartigen Fällen methodisch vorzugswürdig:[128] Schließen Privatpersonen mit gleicher Staatsangehörigkeit

---

115 So etwa umfassend Czernich/Heiss/*Czernich*, Art. 4 EVÜ Rn 183 ff.; lediglich für die Begriffe „dingliches Recht" und „Nutzungsrecht" MüKo/*Martiny*, Art. 28 EGBGB Rn 56a; Bamberger/Roth/*Spickhoff*, Art. 28 EGBGB Rn 17.
116 So etwa umfassend Soergel/*v. Hoffmann*, Art. 28 EGBGB Rn 73; *v. Hoffmann*, IPR, § 10 Rn 52; lediglich für den Begriff des Grundstücks hingegen Reithmann/Martiny/*Limmer*, Rn 937; MüKo/*Martiny*, Art. 28 EGBGB Rn 123.
117 Vgl. zum Begriff des „dinglichen Rechts" EuGH Slg. 1990, I-27 Rn 9 – Reichert und Kockler/Dresdner Bank; Slg. 1994, I-2535 Rn 14 – Lieber/Göbel; Rauscher/*Mankowski*, Art. 22 Brüssel I-VO Rn 6; hingegen soll die Frage, ob eine unbewegliche oder bewegliche Sache vorliegt, im Wege der Qualifikationsverweisung das (materielle) Recht des Staates beantworten, in welchem der betreffende Gegenstand belegen ist, vgl. z.B. *Schlosser*, in: GS Bruns 1980, S. 45, 58 ff.; *Kropholler*, EuZPR, Art. 22 Rn 12; Rauscher/*Mankowski*, Art. 22 Brüssel I-VO Rn 5; a.A. und für eine autonome Auslegung hingegen Rauscher/*Leible*, Art. 5 Brüssel I-VO Rn 48; *obiter* auch EuGH Slg. 1990, I-27 Rn 8 – Reichert/Dresdner Bank, sowie vom Ansatz her Rb Utrecht NIPR 1998 Nr. 138 S. 165.
118 Ähnlich Czernich/Heiss/*Czernich*, Art. 4 EVÜ Rn 184.
119 EuGH Slg. 1990, I-27 Rn 9 – Reichert und Kockler/Dresdner Bank; Slg. 1994, I-2535 Rn 14 – Lieber/Göbel.
120 OLG Hamburg IPRspr 1989 Nr. 38; OLG Frankfurt NJW-RR 1993, 182, 183; OLG Brandenburg RIW 1997, 424, 425.
121 BGH RIW 1999, 456 (Bauvertrag); NJW 2003, 2020 (Architektenvertrag); Staudinger/*Magnus*, Art. 28 EGBGB Rn 103; Reithmann/Martiny/*Thode*, Rn 1111. Gleiches gilt für Verträge, in denen die Verpflichtung zur Bebauung eines Grundstücks übernommen wird, vgl. OLG Hamm NJW-RR 1996, 1144, 1145.
122 Ein Überwiegen des wirtschaftlichen Werts des Grundstücks verlangt Bamberger/Roth/*Spickhoff*, Art. 28 EGBGB Rn 17.
123 Dazu Reithmann/Martiny/*Mankowski*, Rn 1062 ff.
124 Soergel/*v. Hoffmann*, Art. 28 EGBGB Rn 240; Staudinger/*Magnus*, Art. 28 EGBGB Rn 103; Bamberger/Roth/*Spickhoff*, Art. 28 EGBGB Rn 18; offen gelassen von MüKo/*Martiny*, Art. 28 EGBGB Rn 126; vgl. aber auch BGH, WM 1959, 354.
125 LG Hamburg IPRspr 1991 Nr. 40.
126 AG Mannheim IPrspr. 1994 Nrr. 36; übersehen von AG Delmenhorst IPRspr 1994 Nr. 45.
127 Soergel/Heiss/*Czernich*, Art. 4 EVÜ Rn 188; Soergel/*v. Hoffmann*, Art. 28 EGBGB Rn 164; *v. Hoffmann*, IPR, § 10 Rn 55; *Kegel/Schurig*, § 18 I 1d (S. 664); MüKo/*Martiny*, Art. 28 EGBGB Rn 121.
128 Eine Anpassung an die Regelung des Art. 22 Nr. 1 S. 2 EuGVO wird im „Grünbuch über die Umwandlung des Übereinkommens von Rom aus dem Jahre 1980 über das auf vertragliche Schuldverhältnisse anzuwendende Recht in ein Gemeinschaftsinstrument sowie über seine Aktualisierung" erwogen, vgl. KOM (2002) 654, S. 32, und dazu *Martiny*, in: Leible (Hrsg.), Das Grünbuch zum Internationalen Vertragsrecht, 2004, S. 109, 123 f.

und gewöhnlichem Aufenthalt in demselben Staat einen Vertrag über die kurzfristige Überlassung einer ausländischen Ferienwohnung, weist der Vertrag eine wesentlich engere Verbindungen zum Aufenthalts- als zum Belegenheitsstaat auf, so dass nach Abs. 5 i.V.m. Abs. 1 S. 1 statt des eigentlich anwendbaren Belegenheitsrechts (Abs. 3) das am gewöhnlichen Aufenthaltsort geltende Recht heranzuziehen ist.[129] Bei einer **gewerblichen Vermittlung** von Ferienhäusern oder -wohnungen ist im Zweifel an die Hauptniederlassung des Vermittlers anzuknüpfen.[130]

c) Timesharing. Die Anknüpfung an die Belegenheit des Grundstücks gilt auch für den schuldrechtlichen Vertrag über eine periodisch wiederkehrende Gebrauchsüberlassung von Immobilien oder Teilen hiervon (Timesharing), unabhängig davon, ob das Nutzungsrecht selbst obligatorisch oder dinglich ausgestaltet ist.[131] Aufgrund der Parallele zur Vermietung von Ferienwohnungen sollen aber die für die kurzfristige Überlassung von Ferienwohnungen geltenden Grundsätze (Rn 54) auf Timesharingverträge mit kurzer Laufzeit zu übertragen sein.[132] Werden Timesharingrechte an in verschiedenen Staaten belegenen Immobilien eingeräumt, ist der Vertrag entsprechend aufzuspalten (Abs. 1 S. 3).[133]

55

Nicht herangezogen werden kann Abs. 3 bei einer **gesellschaftsrechtlichen Ausgestaltung** des Timesharing. Beim derivativen Erwerb von Gesellschaftsanteilen handelt es sich um einen Rechtskauf. Anzuwenden ist nach Abs. 2 das Recht am Sitz des Verkäufers.[134] Den Beitritt zu Verein oder Gesellschaft regelt hingegen das Gesellschaftsstatut, auf das außerdem zur Bestimmung der aus der Mitgliedschaft resultierenden Rechte und Pflichten zurückzugreifen ist.[135]

56

Handelt es sich bei dem Erwerber des Timesharingrechts um einen **Verbraucher**, gewährt ihm Art. 29a besonderen kollisionsrechtlichen Schutz (vgl. Art. 29a EGBGB Rn 51 ff.). Art. 29 kann nur bei gemischten Timesharingverträgen herangezogen werden, bei denen nicht die zeitweilige Nutzungsüberlassung, sondern die Erbringung von Dienstleistungen im Vordergrund steht (Art. 29 EGBGB Rn 32).

57

3. Güterbeförderungsverträge (Abs. 4). a) Grundsatz. Für Güterbeförderungsverträge gilt nicht die allgemeine Vermutungsregel des Abs. 2, sondern eine Sonderregelung. Es wird vermutet, dass sie mit dem Staat die engste Verbindung aufweisen, in dem der Beförderer im Zeitpunkt des Vertragsabschlusses seine **Hauptniederlassung** hat. Das entspricht dem Ergebnis des Abs. 2, da der Beförderer auch die charakteristische Leistung erbringt. Von Abs. 2 wird aber insoweit abgewichen, als eine weitere räumliche Verbindung des Vertrags zum Sitzstaat des Beförderers verlangt wird. Dort muss sich auch der **Verladeort** oder der **Entladeort** oder die **Hauptniederlassung des Absenders** befinden.[136] Nur bei einer **Kumulation** beider Anknüpfungsmomente kommt eine Anknüpfung nach Abs. 3 in Betracht.[137] Zur Begründung dieser zusätzlichen Anforderung wird zum einen auf die Besonderheiten des Transportrechts verwiesen.[138] Eine nicht zu unterschätzende Rolle scheint zum anderen aber auch der Wunsch gespielt zu haben, ein Ausflaggen zu verhindern; käme es nur auf die charakteristische Leistung und damit die Niederlassung des Beförderers an, wäre eine Vielzahl der Transporteure bestrebt gewesen, in „Billigflaggenstaaten" eine nur formale Hauptniederlassung zu nehmen, um sich so die Anwendung eines für sie günstigen Rechts zu sichern.[139]

58

Aus dieser Zielsetzung ergibt sich auch, dass immer dann, wenn zwar ein Güterbeförderungsvertrag vorliegt, aber die räumlichen Anknüpfungspunkte des Abs. 4 nicht gegeben sind, ein Rückgriff auf Abs. 2

59

---

129 Bericht *Giuliano/Lagarde*, BT-Drucks 10/503, S. 33, 53; *Kropholler*, IPR, § 52 IV (S. 466).
130 BGHZ 109, 29, 36; 119, 152, 158; KG VuR 1995, 35, 39; Palandt/*Heldrich*, Art. 28 EGBGB Rn 5; Erman/*Hohloch*, Art. 28 EGBGB Rn 35; *Kropholler*, IPR, § 52 IV (S. 466); *Looschelders*, Art. 28 Rn 64; Staudinger/*Magnus*, Art. 28 EGBGB Rn 211; Bamberger/Roth/*Spickhoff*, Art. 28 EGBGB Rn 18.
131 OLG Frankfurt RIW 1995, 1033; LG Detmold NJW 1994, 3301, 3302; Soergel/*v. Hoffmann*, Art. 28 EGBGB Rn 167; Staudinger/*Magnus*, Art. 28 EGBGB Rn 230; *Mankowski*, RIW 1995, 364, 365; MüKo/*Martiny*, Art. 28 EGBGB Rn 125 f.; *Otte*, RabelsZ 62 (1998), 405, 414; Bamberger/Roth/ *Spickhoff*, Art. 28 EGBGB Rn 17.
132 Soergel/*v. Hoffmann*, Art. 28 EGBGB Rn 167; *Looschelders*, Art. 28 Rn 65; *Pfeiffer*, NJW 1997, 1207, 1213; abl. Reithmann/Martiny/*Mankowski*, Rn 1078.
133 Czernich/Heiss/*Czernich*, Art. 4 EVÜ Rn 190 und 191; Reithmann/Martiny/*Mankowski*, Rn 1080 und 1081.
134 Soergel/*v. Hoffmann*, Art. 28 EGBGB Rn 168; *Looschelders*, Art. 28 Rn 66; Staudinger/*Magnus*, Art. 28 EGBGB Rn 229; *Mankowski*, RIW 1995, 364, 365; Reithmann/Martiny/*Mankowski*, Rn 1088.
135 Staudinger/*Magnus*, Art. 28 EGBGB Rn 229; *Mankowski*, RIW 1995, 364, 365; Reithmann/ Martiny/*Mankowski*, Rn 1085; MüKo/*Martiny*, Art. 28 EGBGB Rn 125 f.
136 Vgl. z.B. BGH RIW 1995, 411, 412; OLG Braunschweig TranspR 1996, 385, 387; OLG Düsseldorf TranspR 1995, 350, 351; OLG Köln VersR 1999, 639, 640.
137 Bericht *Giuliano/Lagarde*, BT-Drucks 10/503, S. 33, 54; Staudinger/*Magnus*, Art. 28 EGBGB Rn 110; *Mankowski*, TranspR 1993, 213, 219 f.; MüKo/ *Martiny*, Art. 28 EGBGB Rn 57.
138 Näher *Mankowski*, TranspR 1993, 213, 220 f. m.w.N.
139 BT-Drucks 10/504, S. 20, 79.

ausgeschlossen ist und nach Abs. 1 angeknüpft werden muss.[140] Und auch im Rahmen von Abs. 1 sind die Wertungen des Abs. 4 zu beachten, sodass sich die engste Verbindung niemals **allein** aus der Niederlassung des Beförderers ergeben kann,[141] sondern stets **weitere** Elemente hinzutreten müssen, die auf das Recht am Ort seiner Hauptniederlassung hinweisen.[142] Wie bei den übrigen Vermutungsregeln schließt andererseits das Vorliegen der in Abs. 4 genannten Anknüpfungspunkte die Anwendung eines anderen Rechts nicht aus, sofern der Vertrag zu diesem eine engere Verbindung aufweist (Abs. 5).

60 Bei der Heranziehung von Abs. 4 ist darauf zu achten, dass im Recht des Gütertransports in großem Umfang **internationales Einheitsrecht** existiert und in seinem Anwendungsbereich der Anknüpfung nach Abs. 4 vorgehen kann (vgl. Rn 70 ff.).[143]

61 Gem. Art. 29 Abs. 4 S. 1 Nr. 1 ist die Vorschrift des Art. 29 auf Beförderungsverträge nicht anzuwenden (mit Unterausnahme für Pauschalreiseverträge in Abs. 4 S. 2). Güterbeförderungsverträge i.S.v. Art. 28 Abs. 4 sind stets Beförderungsverträge i.S.v. Art. 29 Abs. 4 S. 1 Nr. 1. **Kollisionsrechtlicher Verbraucherschutz** nach Art. 29 ist daher grundsätzlich ausgeschlossen.[144] Zu beachten bleibt aber Art. 29a.[145]

62 Abs. 4 erfasst **nur Güter-, nicht aber Personenbeförderungsverträge**. Letztere sind nach der Grundregel des Abs. 2 anzuknüpfen.[146] Eine in der Literatur verschiedentlich erwogene Übertragung der Grundsätze des Abs. 4 auch auf Personenbeförderungsverträge[147] widerspricht dem eindeutigen Gesetzeswortlaut sowie dem Willen des Gesetzgebers und kommt daher nicht in Betracht.[148]

63 **b) Begriff des Güterbeförderungsvertrags.** Was unter einem Güterbeförderungsvertrag zu verstehen ist, erläutert Abs. 4 nicht. Einigkeit besteht jedoch darüber, dass damit Verträge gemeint sind, kraft derer sich eine Person in der Hauptsache[149] zum **Transport beweglicher Sachen** von einem Ort zu einem anderen verpflichtet. Darauf, auf welchem Wege dieser Transport erfolgt (Straße, Wasser, Luft, Schiene) und welche Beförderungsmittel eingesetzt werden (Kfz, Eisenbahn, Schiff, Flugzeug), kommt es nicht an. Erfasst wird auch der multimodale Transport.[150]

64 Der Wortlaut der Vorschrift („Hauptniederlassung") deutet darauf hin, dass Abs. 4 nur Beförderungen durch **gewerbliche Transporteure** erfasst. Der Telos der Norm soll aber dafür sprechen, sie auch auf die private Güterbeförderung anzuwenden.[151] Angesichts der Zielsetzung von Abs. 4, den Besonderheiten des Transportrechts Rechnung zu tragen und ein „Ausflaggen" zu verhindern (vgl. Rn 58), überzeugt diese Erweiterung freilich nicht; denn besondere transportrechtliche Regelungen sind meist auf gewerblich tätige Transporteure zugeschnitten, und auch die Gefahr des „Ausflaggens" besteht bei einer Beförderung durch Private nicht.

65 Abs. 4 unterfallen grundsätzlich nur **Frachtverträge**. Darüber hinaus wird Abs. 4 z.T. aber auch auf alle **Speditionsverträge** angewandt.[152] Das überzeugt nicht, da der Spediteur sich grundsätzlich nicht zur Beförderung verpflichtet, sondern es nur übernimmt, Güterversendungen durch einen Frachtführer zu besorgen (vgl. z.B. § 453 Abs. 1 HGB). Abs. 4 kann daher nur für die Speditionsverträge herangezogen werden,

---

140 BT-Drucks 10/504, S. 20, 79; OLG München NJW-RR 1998, 549, 550; *Basedow* IPRax 1987, 333, 340; Erman/*Hohloch*, Art. 28 EGBGB Rn 25; Soergel/*v. Hoffmann*, Art. 28 EGBGB Rn 79; Staudinger/*Magnus*, Art. 28 EGBGB Rn 111; *Mankowski*, TranspR 1993, 213; Reithmann/Martiny/*Mankowski*, Rn 1429; MüKo/*Martiny*, Art. 28 EGBGB Rn 59; a.A. OLG Frankfurt NJW-RR 1993, 809, 810; Czernich/Heiss/*Czernich*, Art. 4 EVÜ Rn 197; *Kegel/Schurig*, § 18 I 1 d (S. 663).

141 Es spricht jedoch nichts dagegen, der Hauptniederlassung des Transporteurs bei der Indizienabwägung ein starkes Gewicht beizumessen, vgl. z.B.: OLG Bremen VersR 1996, 868; Reithmann/Martiny/*Mankowski*, Rn 1378 und 1431 (dort auch zu weiteren, in die Abwägung einzustellenden Faktoren).

142 Staudinger/*Magnus*, Art. 28 EGBGB Rn 111.

143 Bericht *Giuliano/Lagarde*, BT-Drucks 10/503, S. 33, 54.

144 Anders hingegen beim echten Speditionsvertrag, vgl. Reithmann/Martiny/*Mankowski*, Rn 1380.

145 Vgl. dazu *Staudinger*, IPRax 2001, 183.

146 Bericht *Giuliano/Lagarde*, BT-Drucks 10/503, S. 33, 54.

147 Vgl. etwa MüKo/*Martiny*, Art. 28 EGBGB Rn 63.

148 Soergel/*v. Hoffmann*, Art. 28 EGBGB Rn 86; *Looschelders*, Art. 28 Rn 71.

149 Ausgenommen bleiben daher z.B. Verträge über die Beförderung von Reisegepäck, die wegen ihres engen Zusammenhangs mit der Personenbeförderung wie diese anzuknüpfen sind, vgl. Czernich/Heiss/*Czernich*, Art. 4 EVÜ Rn 195; MüKo/*Martiny*, Art. 28 EGBGB Rn 61. Umzugsverträge werden stets von Abs. 4 erfasst, da die Zusatzleistungen (Ein-, Aus- und Zusammenbau von Möbeln) regelmäßig nicht überwiegen, OLG Düsseldorf TranspR 1995, 350, 351; LG Bonn TranspR 1991, 25, 26), vgl. auch *Fischer*, TranspR 1996, 407, 416.

150 Soergel/*v. Hoffmann*, Art. 28 EGBGB Rn 84; MüKo/*Martiny*, Art. 28 EGBGB Rn 61.

151 *Looschelders*, Art. 28 Rn 72; Staudinger/*Magnus*, Art. 28 EGBGB Rn 112.

152 OLG Düsseldorf TranspR 1994, 391, 392, OLG Hamburg TranspR 1989, 321, 322; OLG Hamm TranspR 1999, 442, 443; Palandt/*Heldrich*, Art. 28 EGBGB Rn 6; Erman/*Hohloch*, Art. 28 EGBGB Rn 25.

bei denen der Spediteur – etwa aufgrund eines Selbsteintritts (§§ 458–460 HGB) – ausnahmsweise selbst die Beförderungsleistung schuldet.[153] Andernfalls bleibt es bei der allgemeinen Vermutung des Abs. 2. Anzuknüpfen ist der Speditionsvertrag dann an die Niederlassung des Spediteurs (Rn 101).

Gem. Abs. 4 S. 2 gelten auch **Charterverträge für eine einzige Reise** und andere Verträge, die in der Hauptsache der Güterbeförderung dienen, als Güterbeförderungsverträge i.S.v. Abs. 4 S. 1. Entscheidendes Abgrenzungskriterium ist der **Güterbeförderungszweck**, der überwiegen muss. Nicht erfasst werden daher Charterverträge, die tatsächlich auf eine **Miete des Transportmittels** abzielen (*time charter* mit oder ohne employment clause, *demise charter*, *bareboat charter* usw.).[154] Deutlich im Vordergrund steht der Güterbeförderungszweck hingegen bei der Reisecharter. Erfasst werden neben der *single voyage charter* (Abs. 4 S. 2 Var. 1) auch *consecutive voyage charters* und *multi voyage charters*, da Abs. 4 S. 2 Var. 2 ein offener Obertatbestand, der „Chartervertrag für eine einzige Reise" (Var. 1) hingegen nur ein Beispiel ist und die Gemeinsamkeiten zwischen diesen Vertragstypen überwiegen.[155] 66

c) Räumliche Zuordnung. aa) Hauptniederlassung des Beförderers. Beförderer ist, wer sich verpflichtet, ein Gut zu befördern. Darauf, ob der Transport **selbst oder von Dritten** durchgeführt wird, kommt es nicht an.[156] Der Begriff der Hauptniederlassung ist ebenso wie in Abs. 2 auszulegen (vgl. Rn 43). Andere Niederlassungen des Beförderers sind bei der Anknüpfung nach Abs. 4 unbeachtlich, können aber im Rahmen der Ausweichklausel des Abs. 5 von Bedeutung sein. 67

bb) Ver- oder Entladeort, Hauptniederlassung des Absenders. Verladeort ist derjenige Ort, an dem der Beförderer das Transportgut vertragsgemäß zu übernehmen hat, und **Entladeort** der Ort der vertragsgemäßen Ablieferung.[157] Einseitige Änderungen des Ver- oder Entladeorts sind unbeachtlich,[158] nicht hingegen nachträgliche einvernehmliche Änderungen.[159] **Absender** ist der Vertragspartner des Beförderers, der diesem die Güter zur Beförderung zuliefert.[160] Abs. 4 stellt beim Absender ebenso wie beim Beförderer auf die Hauptniederlassung ab. Andere Niederlassungen des Absenders sind für die Anknüpfung nach Abs. 4 nicht relevant. 68

d) Maßgeblicher Zeitpunkt. Entscheidender Zeitpunkt ist der des **Vertragsschlusses**. Spätere einseitige Veränderungen der anknüpfungsrelevanten Merkmale (Hauptniederlassung des Beförderers bzw. Absenders, Ver- oder Entladeort) lassen das Vertragsstatut grundsätzlich unberührt, sollen aber u.U. bei einer Prüfung von Abs. 5 zu berücksichtigen sein.[161] Zu den hiergegen bestehenden Bedenken vgl. Rn 35 und 46. Zu einem Statutenwechsel kann es dagegen bei einer nachträglichen Vertragsänderung kommen, die zugleich zu einer Änderung der für die objektive Anknüpfung relevanten Merkmale führt (z.B. Vereinbarung eines anderen als den ursprünglich vorgesehenen Entladeorts). 69

e) Internationales Einheitsrecht. Das **internationale Transportrecht** wird durch die Existenz einer Vielzahl von Staatsverträgen geprägt, die **materielles Einheitsrecht** schaffen und in ihrem Anwendungsbereich dem autonomen deutschen Kollisionsrecht nach Art. 3 Abs. 2 S. 1 vorgehen. Auf das Vertragsstatut ist jedoch bei Lückenhaftigkeit des Einheitsrechts zurückzugreifen, sofern sich diese Lücken nicht durch Auslegung schließen lassen oder die Konvention nicht zur Lückenschließung auf ein bestimmtes Recht verweist.[162] Einer Anknüpfung nach Abs. 4 steht dann nichts entgegen.[163] 70

Bei der grenzüberschreitenden Beförderung von Gütern auf der Straße ist das Genfer Übereinkommen über den Beförderungsvertrag im internationalen Straßengüterverkehr (**Convention relative au Contrat de transport international de Marchandises par Route – CMR**) vom 19.5.1956[164] zu beachten. Es ist für die Bun- 71

---

153 OLG München TranspR 1997, 33, 34; TranspR 1998, 353, 355; Czernich/Heiss/*Czernich*, Art. 4 EVÜ Rn 195; Soergel/*v. Hoffmann*, Art. 28 EGBGB Rn 83; Staudinger/*Magnus*, Art. 28 EGBGB Rn 481; Reithmann/Martiny/*Mankowski*, Rn 1376; MüKo/ *Martiny*, Art. 28 EGBGB Rn 162; Bamberger/Roth/ *Spickhoff*, Art. 28 EGBGB Rn 20.
154 Czernich/Heiss/*Czernich*, Art. 4 EVÜ Rn 199; Staudinger/*Magnus*, Art. 28 EGBGB 397, 398, 402; MüKo/*Martiny*, Art. 28 EGBGB Rn 64; näher Reithmann/Martiny/*Mankowski*, Rn 1617 ff.
155 Czernich/Heiss/*Czernich*, Art. 4 EVÜ Rn 199; Staudinger/*Magnus*, Art. 28 EGBGB Rn 400; Reithmann/Martiny/*Mankowski*, Rn 1614; a.A. Soergel/*v. Hoffmann*, Art. 28 EGBGB Rn 443; MüKo/*Martiny*, Art. 28 EGBGB Rn 64.
156 Bericht *Giuliano/Lagarde*, BT-Drucks 10/503, S. 33, 54.
157 Bericht *Giuliano/Lagarde*, BT-Drucks 10/503, S. 33, 54.
158 MüKo/*Martiny*, Art. 28 EGBGB Rn 71a.
159 Soergel/*v. Hoffmann*, Art. 28 EGBGB Rn 436.
160 Staudinger/*Magnus*, Art. 28 EGBGB Rn 124; MüKo/ *Martiny*, Art. 28 EGBGB Rn 72.
161 Staudinger/*Magnus*, Art. 28 EGBGB Rn 125.
162 MüKo/*Martiny*, Art. 28 EGBGB Rn 73.
163 Vgl. z.B. zum CMR OLG Düsseldorf RIW 1994, 774; OLG Koblenz RIW 1990, 931, 932; OLG München TranspR 1991, 61, 62; RIW 1997, 507, 508.
164 BGBl II 1961 S. 1119, mit Änderungsprotokoll vom 5.7.1978 (BGBl II 1980 S. 733). Literaturnachw. bei Reithmann/Martiny/*Mankowski*, Rn 1394.

desrepublik Deutschland am 5.2.1962 in Kraft getreten[165] und gilt im Verhältnis zu fast allen europäischen Staaten. Das Übereinkommen schafft materielles Einheitsrecht in wichtigen Fragen des grenzüberschreitenden Güterfernverkehrs (Beförderungspapiere, Haftung, Durchsetzung von Schadensersatzansprüchen usw.). Es gilt gem. Art. 1 Abs. 1 S. 1 CMR für jeden Vertrag über die entgeltliche Beförderung von Gütern auf der Straße mittels Kraftfahrzeugen, Sattelfahrzeugen, Anhängern oder Sattelanhängern, wenn der Ort der Übernahme des Gutes und der für die Ablieferung vorgesehene Ort, wie sie im Vertrag angegeben sind, in zwei verschiedenen Staaten liegen, von denen mindestens einer ein Vertragsstaat ist. Die Bestimmungen des CMR sind zwingend und können von den Parteien nicht abbedungen werden (Art. 41 CMR).

72 Auf dem Gebiet der grenzüberschreitenden Beförderung von Gütern auf der Schiene ist das Übereinkommen über den internationalen Eisenbahnverkehr (**Convention relative aux Transports International aux Ferroviaires – COTIF**) vom 9.5.1980[166] zu beachten. Es ist für die Bundesrepublik Deutschland am 1.5.1985 in Kraft getreten und gilt im Verhältnis zu den meisten europäischen Staaten. Die COTIF wird gem. Art. 3 § 1 durch zwei Anhänge (A und B) ergänzt, von denen für den Gütertransport die **CIM (Einheitliche Rechtsvorschriften für den Vertrag über die internationale Eisenbahnbeförderung von Gütern – Anhang B zum COTIF)** von Bedeutung sind.[167] Die CIM schafft materielles Einheitsrecht in wichtigen Fragen des grenzüberschreitenden Gütertransports auf der Schiene (Frachtbrief, Haftung, Durchsetzung von Schadensersatzansprüchen usw.). Es gilt gem. Art. 1 § 1 CIM für alle Sendungen von Gütern, die mit durchgehendem Frachtbrief zur Beförderung auf einen Weg gegeben werden, der die Gebiete mindestens zweier Mitgliedstaaten berührt und ausschließlich Linien umfasst, die in einer bestimmten Liste eingetragen sind. Soweit der Anwendungsbereich der CIM nicht eröffnet ist oder bestimmte Rechtsfragen nicht abschließend geregelt sind (Art. 10 CIM), kann auf nationales Recht zurückgegriffen werden, das nach den allgemeinen Regeln des Internationalen Vertragsrechts zu bestimmen ist. Die COTIF samt ihrer Anhänge CIM und CIV sind durch das „Protokoll vom 3. Juni 1999 betreffend die Änderung des Übereinkommens vom 9. Mai 1980 über den internationalen Eisenbahnverkehr (COTIF)"[168] geändert worden. Das Änderungsprotokoll ist aber noch nicht in Kraft getreten.[169]

73 Für den Bereich der Güterbeförderung im internationalen Luftverkehr gilt das **Montrealer Übereinkommen zur Vereinheitlichung bestimmter Vorschriften über die Beförderung im internationalen Luftverkehr vom 28.5.1999**,[170] das für die Bundesrepublik Deutschland am 28.6.2004 in Kraft getreten ist.[171] Das Montrealer Übereinkommen schafft u.a. materielles Einheitsrecht in wichtigen Fragen der internationalen Frachtbeförderung mit Luftfahrzeugen gegen Entgelt (Luftfrachtbrief, Haftung für Schäden am Frachtgut und Verspätungsschäden, Durchsetzung von Schadensersatzansprüchen usw.). Es findet Anwendung, wenn nach den Vereinbarungen der Parteien Abgangs- und Bestimmungsort in den Hoheitsgebieten von zwei Vertragsstaaten liegen oder, wenn dieses Orte zwar im Hoheitsgebiet nur eines Vertragsstaats liegen, aber eine Zwischenlandung in dem Hoheitsgebiet eines anderen Staates vorgesehen ist, selbst wenn dieser kein Vertragsstaat ist (Art. 1). Entscheidend sind der vereinbarte erste Start und die vereinbarte letzte Landung.[172] Außerhalb des sachlichen oder räumlichen Anwendungsbereichs des Übereinkommens sowie bei Lückenhaftigkeit seiner materiellrechtlichen Regelungen darf auf das nach Abs. 4 bestimmte nationale Recht zurückgegriffen werden. Solange nicht alle Staaten das Montrealer Übereinkommen ratifiziert haben, kann auch noch das **Warschauer Abkommen (WA) zur Vereinheitlichung von Regeln über die Beförderung im internationalen Luftverkehr vom 12.10.1929**,[173] das für die Bundesrepublik Deutschland seit dem 29.12.1933 in Kraft ist, Anwendung finden.[174] Das WA enthält ebenfalls materielles Einheitsrecht für die entgeltliche internationale Luftbeförderung von Gütern. Art. 1 WA formuliert seinen internationalen Anwendungsbereich nahezu wortidentisch mit Art. 1 des Montrealer Übereinkommens.

---

165 BGBl II 1962 S. 12.
166 BGBl II 1985 S. 129. Literaturnachw. bei Reithmann/Martiny/*Mankowski*, Rn 1442.
167 BGBl II 1985 S. 144, i.d.F. des Protokolls vom 9.12.1990 (BGBl II 1992 S. 1182).
168 BGBl II 2002 S. 2149. Vgl. dazu auch *Freise*, TranspR 1999, 417; *Mutz*, in: FG Herber 1999, S. 302; *ders.*, in: GS Helm 2001, S. 243.
169 Das Protokoll nebst Angaben über seinen Zeichnungs- und Ratifikationsstand sowie die geänderte Fassung des COTIF können unter www.otif.ch abgerufen werden.
170 ABlEG 2001 L 194/39. Vgl. dazu *Bollweg*, ZLW 2000, 439; *Cheng*, ZLW 2000, 287 und 484; *Müller-Rostin*, TranspR 1999, 291; *dens.*, TranspR 2000, 234; *Saenger*, NJW 2000, 169; *Ruhwedel*, TranspR 2001, 189.
171 BGBl I 2004 S. 1027. Vgl. dazu *Schmid/Müller-Rostin*, NJW 2003, 3516. Zeichnungs- und Ratifikationsstand können unter www.icao.int abgerufen werden.
172 OLG Hamm TranspR 2003, 201, 202.
173 BGBl II 1958 S. 312. Zu den nachfolgenden Änderungen durch das Haager Protokoll, das Protokoll von Guatemala, das Zusatzabkommen von Guadalajara sowie die Montrealer Protokolle vgl. die Nachw. bei Reithmann/Martiny/*Mankowski*, Rn 1465 ff.; Literaturnachw. ebda., Rn 1464.
174 Vgl. dazu auch Art. 55 Montrealer Übereinkommen sowie *Schmid/Müller-Rostin*, NJW 2003, 3516, 3520.

Im Seefrachtvertragsrecht[175] können u.a. das **„Internationale Übereinkommen zur Vereinheitlichung von Regeln über Konnossemente" (Haager Regeln)** vom 25.8.1924[176] sowie dessen Änderung durch die **Visby Regeln vom 23.2.1968**[177] von Bedeutung sein (vgl. Art. 6 EGHGB). 74

V. Ausweichklausel (Abs. 5)

1. Grundsatz. Die Vermutungen der Abs. 2–4 gelten nach Abs. 5 nicht, wenn sich aus der Gesamtheit der Umstände ergibt, dass der Vertrag engere Verbindungen mit einem anderen Staat aufweist. In diesem Fall ist auf die Grundregel des Abs. 1 zurückzugreifen (sog. **sekundärer Anwendungsbereich**). Maßgeblich ist die Rechtsordnung, zu der der Vertrag die engste Verbindung hat. Diese ist mit dem Recht der „engeren Verbindung" i.S.v. Abs. 5 identisch. Durch die Ausweichklausel soll verhindert werden, dass die Anknüpfung aufgrund der statischen Momente der Abs. 2–4 zu einem aus kollisionsrechtlicher Sicht sachfernen Recht führt, obgleich tatsächlich ein sachnäheres Recht ermittelbar ist. Zu diesem Zweck wird die gewöhnliche Anknüpfung korrigiert. 75

Zu beachten ist freilich der **Ausnahmecharakter** der Ausweichklausel des Abs. 5. Ihre Anwendung darf nicht dazu führen, dass die Abs. 2–4 ihren Regelcharakter verlieren. Sie ist daher **eng auszulegen**.[178] Das Gewicht der Anknüpfungspunkte, die zu einem anderen als dem vermuteten Recht führen, muss das der von den Vermutungen verwendeten Anknüpfungspunkte deutlich übertreffen.[179] Zu weit geht jedoch die Annahme, die Anknüpfung an den gewöhnlichen Aufenthaltsort der die vertragscharakteristische Leistung erbringenden Partei sei für sich ohne Aussagewert;[180] denn beurteilen lässt sich der Aussagewert der Regelanknüpfung immer nur unter Heranziehung aller Umstände des Einzelfalls. 76

Ins Kalkül zu ziehende Anknüpfungspunkte können alle diejenigen sein, die im Rahmen von Abs. 1 in Betracht kommen (vgl. Rn 19 ff.). Auf sie kann eine Abweichung von den gesetzlichen Vermutungen freilich nur gestützt werden, wenn sich mit ihrer Hilfe **eindeutig** ein anderes Zentrum des Leistungsaustauschs ermitteln lässt.[181] Dass sie alle auf einen anderen Ort als den des gewöhnlichen Aufenthalts der die vertragscharakteristische Leistung erbringenden Partei hinweisen, ist nicht erforderlich.[182] Es genügt, wenn sich aus ihrer Mehrzahl ein **eindeutiger Hinweis** ergibt.[183] Ist ihre Hinweiswirkung hingegen **indifferent**, bleibt es beim Vorrang der Abs. 2–4.[184] 77

2. Engere Verbindung. Anknüpfungspunkte, die abweichend von Abs. 2–4 eine engere Verbindung zu einer anderen Rechtsordnung begründen können, sind alle, die im Rahmen von Abs. 1 zu berücksichtigen sind,[185] also auch eher personen- und nicht leistungsbezogene Momente wie Vertragssprache, Abschlussort oder Staatsangehörigkeit; eine Beschränkung „auf den objektiven Leistungsaustausch bezogene Elemente"[186] ist nicht angezeigt, da nach Abs. 5 ausdrücklich auf die **„Gesamtheit der Umstände"** abzustellen ist. Zu beachten bleibt freilich, dass nicht auf den objektiven Leistungsaustausch bezogenen Elementen auch im Rahmen von Abs. 1 ein geringeres Gewicht zukommt. Das gilt natürlich ebenso bei Anwendung der Ausweichklausel. 78

Die Vermutung des Abs. 2 kann widerlegt werden, wenn eine **Kumulation mehrerer Elemente** eindeutig erkennen lässt, dass der Vertrag eine engere Beziehung zu einer anderen Rechtsordnung als der aufweist, die im Staat des die charakteristische Leistung Erbringenden gilt. So ist etwa von einer Widerlegung der Vermutung des Abs. 2 bei einer Veräußerung einer Forderung durch einen in Deutschland ansässigen Verkäufer auszugehen, wenn die deutschem Recht unterliegende Forderung durch eine an einem französischen Grundstück bestellte Hypothek gesichert ist, es dem Käufer entscheidend auf den Erwerb der Hy- 79

---

175 Vgl. dazu m.w.N. u.a. Staudinger/*Magnus*, Art. 28 EGBGB Rn 380 ff.; Reithmann/Martiny/*Mankowski*, Rn 1495 ff.; MüKo/*Martiny*, Art. 28 EGBGB Rn 189 ff.
176 RGBl II 1939 S. 1065.
177 Näher dazu Reithmann/Martiny/*Mankowski*, Rn 1566.
178 Das wird von den Gerichten mitunter missachtet, vgl. die Kritik im Grünbuch, KOM (2002) 654 endg., S. 30, und dazu Martiny, in: Leible, Das Grünbuch zum Internationalen Vertragsrecht, 2004, S. 109 ff.
179 BGH, Urt. 26.7.2004 – Az. VIII ZR 273/03, juris-Dok KORE311922004.
180 So aber Czernich/Heiss/*Czernich*, Art. 4 EVÜ Rn 24, unter Hinw. auf Hooge Rad, Nederlandse Jurisprudentie 1992 Nr. 750 (dazu *Rameloo*, IPRax 1994, 243).
181 BGH, Urt. 26.7.2004 – Az. VIII ZR 273/03, JURIS-Dok.-Nr. KORE311922004.
182 So aber *Schultz*, in: North (Hrsg.), Contract Conflicts in the E.E.C. Convention on the Law Applicable to Contractual Obligation: A Comparative Study, 1982, S. 185, 187; ähnlich wohl Czernich/Heiss/*Czernich*, Art. 4 EVÜ Rn 24 f.
183 Soergel/*v. Hoffmann*, Art. 28 EGBGB Rn 101; MüKo/*Martiny*, Art. 28 EGBGB Rn 93; *v. Bar*, IPR II, Rn 489.
184 *Looschelders*, Art. 28 Rn 81; Staudinger/*Magnus*, Art. 28 EGBGB Rn 130.
185 Staudinger/*Magnus*, Art. 28 EGBGB Rn 129; MüKo/*Martiny*, Art. 28 EGBGB Rn 93a.
186 So *v. Hoffmann*, IPR, § 10 Rn 60; Soergel/*v. Hoffmann*, Art. 28 EGBGB Rn 98.

pothek ankommt, eine Beurkundung des Kaufvertrags durch einen französischen Notar in französischer Sprache erfolgen soll und die Parteien dabei von französischen Rechtsanwälten vertreten werden sollen und der Kaufpreis in französischer Währung vereinbart ist.[187] Von der Vermutung des Abs. 2 ist weiterhin abzuweichen, wenn lediglich die Niederlassung des die Leistung erbringenden Schuldners im Ausland liegt, im Inland aber die Hauptniederlassung des Schuldners, der Sitz des Vertragspartners und der Erfüllungsort lokalisiert sind.[188] Ebenso wäre z.B. inländisches Recht bei **Bauvorhaben** anzuwenden, die von der ausländischen (unselbständigen) Niederlassung eines inländischen Bauunternehmers im Inland für einen inländischen Auftraggeber durchgeführt werden.[189] Wird die Bauleistung hingegen nicht lediglich von einer ausländischen Niederlassung, sondern von einem dort ansässigen Schuldner erbracht, ist allein der Ort der Baustelle nicht geeignet, die Vermutung des Abs. 2 zu widerlegen,[190] und zwar selbst dann nicht, wenn es sich um Großprojekte wie die Errichtung von Industrieanlagen, Wolkenkratzern, U-Bahnen etc. handelt.[191]

80 Verträge, die im Rahmen einer **Börse** oder **öffentlichen Versteigerung** geschlossen werden, weisen eine derart enge Beziehung zum Börsen- bzw. Versteigerungsort auf, dass eine Abweichung von der Regelanknüpfung des Abs. 2 zugunsten des Rechts am Ort der Börse bzw. der Versteigerung[192] gerechtfertigt ist. Ob Gleiches auch für Versteigerungsgeschäfte unter Privaten[193] und vor allem für im Rahmen von **Internetauktionen** geschlossene Verträge mit der Folge einer Anwendung des Plattformrechts gilt (Rn 109 f.),[194] ist umstritten. Auf jeden Fall bleibt es bei Verträgen, die auf Messen oder Märkten zustande kommen, bei der Geltung des Heimatrechts des die charakteristische Leistung Erbringenden; über Abs. 5 kann nicht auf das Recht des Messeortes abgestellt werden.[195]

81 Das Recht am Ort des die charakteristische Leistung Erbringenden muss unberücksichtigt bleiben, wenn der Vertrag in einer derartigen Nähebeziehung zu einem weiteren, anderem Recht unterliegenden Vertrag steht, dass eine hiervon abweichende Anknüpfung das zwischen beiden Verträgen bestehende enge Band zerreißt und zu wenig sachgerechten Ergebnissen führt. Steht der **andere Vertrag eindeutig im Vordergrund** und ist der anzuknüpfende ihm offensichtlich untergeordnet, sollte er über Abs. 5 auch akzessorisch an das Statut des Hauptvertrags angeknüpft werden.[196] Eine **akzessorische Anknüpfung** liegt etwa bei Sicherungsgeschäften nahe, die der Sicherung der Erfüllung einer vertraglichen Verbindlichkeit dienen,[197] aber auch bei sonstigen untergeordneten Verträgen[198] oder Verträgen, die lediglich der Ausfüllung eines Rahmenvertrags dienen.[199] Vorauszusetzen für eine akzessorische Anknüpfung ist stets Parteiidentität. Eine akzessorische Anknüpfung zulasten Dritter kommt nicht in Betracht. Bürgschaften und andere Sicherungsgeschäfte, bei denen lediglich Teilidentität besteht, sind daher stets selbständig und nicht über Abs. 5 an das Statut des zu sichernden Rechtsgeschäfts anzuknüpfen. Das wird europaweit freilich nicht einhellig so gesehen[200] und macht schmerzlich das Fehlen einer allgemeinen Bestimmung über akzessorische Rechtsgeschäfte oder über zusammenhängende Verträge deutlich. Ob die Überführung des EVÜ in eine EG-Verordnung dies ändern wird, bleibt abzuwarten.[201]

---

187 BGH, Urt. 26.7.2004 – Az. VIII ZR 273/03, JURIS-Dok.-Nr. KORE311922004.
188 v. *Hoffmann*, IPR, § 10 Rn 59; Staudinger/*Magnus*, Art. 28 EGBGB Rn 131.
189 *Looschelders*, Art. 28 EGBGB Rn 83.
190 BGH RIW 1999, 456; OGH IPRax 1995, 326; *Kropholler*, IPR, § 52 III 2c (S. 462).
191 Staudinger/*Magnus*, Art. 28 EGBGB Rn 133.
192 Soergel/v. *Hoffmann*, Art. 28 EGBGB Rn 145 f.; Staudinger/*Magnus*, Art. 28 EGBGB Rn 176; Reithmann/Martiny/*Martiny*, Rn 770; MüKo/*Martiny*, Art. 28 EGBGB Rn 115.
193 Vgl. einerseits (Recht am Auktionsort) OLG Düsseldorf IPRax 1991, 1492, und andererseits (Recht des Einlieferers) BGH NJW-RR 2003, 192 (allerdings kam es auf Abs. 5 nicht an, da sich der Versteigerungsort im Staat der Verkäuferniederlassung befand).
194 Für Heranziehung des Plattformrechts *Freitag*, in: Leible/Sosnitza, Versteigerungen im Internet, 2004, Rn 790 ff.; für Geltung des Rechts der Verkäuferniederlassung hingegen *Bücker*, Internetauktionen. Internationales Privat- und Verfahrensrecht, 2003, S. 112; Staudinger/*Magnus*, Art. 28 EGBGB Rn 176; Mankowski, in: Spindler/Wiebe, Internet-Auktionen, 2001, Rn G 56; Reithmann/Martiny/*Martiny*, Rn 770; *Schlömer*/*Dittrich*, eBay & Recht, 2004, Rn 444.
195 LG Aachen RIW 1990, 491; Soergel/v. *Hoffmann*, Art. 28 EGBGB Rn 144; Staudinger/*Magnus*, Art. 28 EGBGB Rn 176; MüKo/*Martiny*, Art. 28 EGBGB Rn 114; *Merschformann*, Die objektive Bestimmung des Vertragsstatuts beim internationalen Warenkauf, 1991, S. 221.
196 Staudinger/*Magnus*, Art. 28 EGBGB Rn 134; MüKo/*Martiny*, Art. 28 EGBGB Rn 96.
197 Czernich/Heiss/*Czernich*, Art. 4 EVÜ Rn 31; Soergel/v. *Hoffmann*, Art. 28 EGBGB Rn 120; MüKo/*Martiny*, Art. 28 EGBGB Rn 100.
198 OLG Düsseldorf, RIW 1997, 780.
199 Staudinger/*Magnus*, Art. 28 EGBGB Rn 134; MüKo/*Martiny*, Art. 28 EGBGB Rn 101; a.A. OLG Düsseldorf RIW 1996, 958, 959.
200 So knüpft etwa die französische Rspr. die Bürgschaft nicht selbständig, sondern seit und je an die gesicherte Forderung an, vgl. die Nachw. bei *Martiny*, ZEuP 1993, 298, 300 f.; *dems.*, ZEuP 1999, 246, 256 f.
201 Vgl. dazu auch *Martiny*, in: Leible (Hrsg.), Das Grünbuch zum Internationalen Vertragsrecht, 2004, S. 109, 119.

Eine **Abweichung nach Abs. 5** ist auch bei schuldrechtlichen Verträgen über ein dingliches Recht an einem Grundstück oder ein Recht zur Nutzung eines Grundstücks möglich. Die Rspr. lässt es mitunter für Grundstücksgeschäfte genügen, dass der gewöhnliche Aufenthalt beider Parteien und der Abschlussort auf ein anderes Recht als die *lex rei sitae* hinweisen.[202] Angesichts der „Anknüpfungskraft" der Elemente, die die Regelanknüpfung des Abs. 3 bei Verträgen über dingliche Rechte an Grundstücken tragen, sollte man aber **äußerste Zurückhaltung** walten lassen und von der Regelanknüpfung über Abs. 5 nur dann abweichen, wenn wirklich alle übrigen Anknüpfungsmerkmale auf eine andere Rechtsordnung hinweisen.[203] Großzügiger kann man hingegen bei Verträgen über Nutzungsrechte an Grundstücken sein, da bei ihnen der Belegenheit des Grundstücks keine überragende Bedeutung zukommt.[204] Eine Heranziehung der Ausweichklausel des Abs. 5 ist daher vor allem bei **kurzfristigen Mietverträgen**, insbesondere über Ferienwohnungen, möglich (vgl. auch Rn 54 ff.). Schließen etwa Privatpersonen mit gleicher Staatsangehörigkeit und gewöhnlichem Aufenthalt in demselben Staat einen Vertrag über die kurzfristige Überlassung einer ausländischen Ferienwohnung, ist über Abs. 5 i.V.m. Abs. 1 das am Ort des gemeinsamen Aufenthalts geltende Recht anzuwenden.[205] Bei der Vermutung des Abs. 3 muss es hingegen bleiben, wenn sich nur der Hauptsitz des Mieters in einem anderen Staat befindet.[206] 82

Auch die **Vermutungsregel des Abs. 4 ist widerleglich**. Von einer Widerlegung ist z.B. auszugehen, wenn zwar das Transportgut im Staat der Hauptniederlassung des Beförderers verladen wurde, aber sowohl die Hauptniederlassung des Absenders als auch der Entlade- und Abschlussort in einem zweiten Staat liegen, auf den auch der Zahlungsort, die Vertragssprache und -währung hindeuten.[207] 83

3. Maßgeblicher Zeitpunkt. Abs. 5 enthält ebenso wenig wie Abs. 1, aber anders als Abs. 2 S. 1 und Abs. 4 S. 1, eine Festlegung des maßgeblichen Zeitpunkts. Die Wertung muss hier jedoch genauso ausfallen wie bei Abs. 1 (vgl. dazu Rn 35). Nachträgliche Änderungen der im Rahmen von Abs. 5 zu berücksichtigenden Elemente (Staatsangehörigkeitswechsel, Verlegung des Sitzes oder gewöhnlichen Aufenthalts etc.) sind **nur beachtlich**, wenn sie nicht einseitig, sondern mit Zustimmung der anderen Partei erfolgt sind. 84

VI. Einzelne Vertragstypen

1. Kauf- und Werklieferungsvertrag. Charakteristische Leistung des Kaufvertrags ist die des **Verkäufers**. Anwendung findet daher beim Kauf beweglicher Sachen sowie von Rechten[208] gem. Abs. 2 das an seinem Sitz geltende Recht.[209] Bei **Kaufverträgen über Grundstücke** ist nach Abs. 3 hingegen die *lex rei sitae* anzuwenden. Zu beachten bleibt bei allen Arten des Fahrnis-, nicht aber des Rechtskaufs außerdem das Wiener UN-Kaufrecht. Es beansprucht bei Eröffnung seines sachlichen, räumlichen und zeitlichen Anwendungsbereichs vorrangige Geltung. Auf das nach Abs. 2 maßgebende Vertragsstatut kann dann nur zur Schließung externer Lücken zurückgegriffen werden. 85

Das Recht am Sitz des Verkäufers ist auch bei **Unternehmenskaufverträgen** maßgeblich, und zwar unabhängig davon, ob sie in Form eines *asset deals* oder eines *share deals*[210] geschlossen werden.[211] Ob und unter welchen Voraussetzungen bei einem *share deal* Gesellschaftsanteile durch Rechtsgeschäft übertragen werden können, entscheidet hingegen das Gesellschaftsstatut.[212] Art. 37 Nr. 1 greift nicht, da Gesellschaftsanteile keine Wertpapiere sind.[213] 86

Handelt es sich um einen *asset deal* und besteht das Unternehmensvermögen nahezu ausschließlich aus Grundstücken, greift nicht Abs. 2, sondern Abs. 3 mit der Folge einer Geltung der *lex rei sitae*, sofern die Grundstücke alle oder doch zum überwiegenden Teil in einem Staat belegen sind. In allen übrigen Fällen bleibt es hingegen bei der Anwendung von Abs. 2, mögen auch Grundstücke zum Unternehmensvermögen gehören. 87

---

202 Vgl. z.B. BGH NJW 1969, 1760; BGHZ 53, 189, 191.
203 Ähnlich Czernich/Heiss/*Czernich*, Art. 4 EVÜ Rn 188.
204 Czernich/Heiss/*Czernich* a.a.O.
205 Bericht *Guiliano/Lagarde*, BT-Drucks 10/503, S. 32, 53; *Kropholler*, IPR, § 52 IV (S. 466).
206 OLG Düsseldorf NJW-RR 1998, 1159.
207 Staudinger/*Magnus*, Art. 28 EGBGB Rn 130.
208 Vgl. etwa zum Forderungskauf BGH, Urt. v. 26.7.2004 – Az. VIII ZR 273/03, JURIS-Dok.-Nr. KORE311922004.
209 BGH NJW 1997, 2322; OLG Karlsruhe IHR 2004, 62, 63.
210 Vgl. z.B. zur Frage der Geltung deutschen Rechts für einen Kaufvertrag, der Aktien eines belgischen Unternehmens zum Gegenstand hatte, BGH NJW 1987, 1141.
211 Umfassend dazu *Merkt*, Internationaler Unternehmenskauf, 2. Aufl. 2003.
212 Erman/*Hohloch*, Anh. II Art. 37 EGBGB Rn 34; Staudinger/*Großfeld*, Int. GesR, Rn 340; Michalski/*Leible*, GmbHG, Syst. Darst. 2, 2002, Rn 106; vgl. auch OLG Karlsruhe IPRspr 1983 Nr. 20; OLG Celle WM 1984, 494, 500.
213 Bamberger/Roth/*Spickhoff*, Art. 28 EGBGB Rn 79.

88 Bei **Verbraucherverträgen** ist Art. 29 Abs. 2 zu beachten; denn mit „Verträgen über die Lieferung beweglicher Sachen" (vgl. Art. 29 Abs. 1) sind u.a. alle Arten von Warenkäufen gemeint (Art. 29 EGBGB Rn 27).

89 **Werklieferungsverträge** sind ebenso anzuknüpfen wie Kaufverträge. Es gilt das Recht am Sitz des Lieferanten.[214] Ist Lieferant ein Unternehmer und Empfänger ein Verbraucher, muss indes nach Art. 29 Abs. 2 angeknüpft werden (Art. 29 EGBGB Rn 28), sofern der räumlich-situative Anwendungsbereich der Vorschrift (Art. 29 EGBGB Rn 46 ff.) eröffnet ist.

90 **2. Schenkung. Charakteristische Leistung** bei einer Schenkung ist **stets die des Schenkenden**; denn der Beschenkte erbringt regelmäßig keine Gegenleistung. Es gilt nach Abs. 2 das Recht am gewöhnlichen Aufenthaltsort des Schenkers,[215] und zwar auch bei Schenkungen **unter Ehegatten**, die gleichfalls dem Schenkungsvertragsstatut unterfallen;[216] zu beachten können freilich vom Ehewirkungsstatut ausgesprochene Schenkungsverbote sein.[217] Bei der Schenkung von **Grundstücken**, beschränkt dinglichen Rechten oder obligatorischen Nutzungsrechten an Grundstücken greift hingegen nicht Abs. 2, sondern Abs. 3.[218] Die Schenkung **von Todes wegen** untersteht nach h.M. dem Erbstatut.[219] Wird sie allerdings schon zu Lebzeiten vollzogen, gilt das Schenkungsvertragsstatut.[220]

91 Bei **gemischten Schenkungen** kommt es auf das Verhältnis der unentgeltlichen zur entgeltlichen Leistung an. Überwiegt die unentgeltliche, ist auf das Recht am Aufenthaltsort des Schenkers abzustellen; ansonsten gelten die Regeln über den Kauf.[221] In der Praxis spielt die Abgrenzung freilich keine Rolle, da die Anknüpfung in beiden Fällen regelmäßig zum Recht des (gemischt) Schenkenden führen wird.[222]

92 **3. Tausch.** Bei Tauschverträgen gibt es weder eine charakteristische Leistung noch vorrangig geltendes internationales Einheitsrecht.[223] Anzuknüpfen ist daher der gesamte Tauschvertrag **einheitlich** nach Abs. 1 (Abs. 2 S. 3), d.h. unter Berücksichtigung aller Umstände des Einzelfalls.[224] Eine Ausnahme kann bei **Kompensationsgeschäften**[225] zu machen sein, sofern der Vertragspartner kein besonderes Interesse gerade an dieser Gegenleistung hat und sie nur an die Stelle einer (der anderen Vertragspartei meist nicht möglichen) Geldzahlung tritt; in einem derartigen Fall erhält der Vertrag durch die „Erstleistung" sein Gepräge und ist daher nach Abs. 2 an das Recht am Ort der Niederlassung des sie Erbringenden anzuknüpfen.

93 Bei **gemischten Verträgen** kommt es auf das Verhältnis von Sach- und Geldleistung an. Überwiegt die Sachleistung, bleibt es bei der Anknüpfung nach Abs. 1, während bei einem deutlichen Überwiegen der Geldleistung ein Kaufvertrag, etwa unter „Inzahlungnahme", vorliegt, für dessen Anknüpfung Abs. 2 heranzuziehen ist.

94 **4. Dienstleistungsvertrag. a) Grundsatz.** Charakteristische Leistung bei Verträgen, mittels derer sich eine Person zur Erbringung einer bestimmten **Dienstleistung** verpflichtet, ist ebendiese Leistung. Anzuknüpfen ist daher grundsätzlich an das Recht am gewöhnlichen Aufenthaltsort bzw. Sitz des zur Dienstleistung Verpflichteten.[226] Das gilt selbst dann, wenn die Dienstleistung im Ausland erbracht wird.[227] Allerdings

---

[214] OLG Düsseldorf RIW 1993, 845; OLG Frankfurt NJW 1992, 633, 634; Staudinger/*Magnus*, Art. 28 EGBGB Rn 197.
[215] OLG Düsseldorf FamRZ 1983, 1229; OLG Köln NJW-RR 1994, 1026; OLG Frankfurt IPRspr 1964/65, Nr. 37; IPRspr 1996 Nr. 122; GRUR 1998, 141, 142; Palandt/*Heldrich*, Art. 28 EGBGB Rn 10; Erman/*Hohloch*, Art. 28 Rn 34; *Looschelders*, Art. 28 Rn 30; Bamberger/Roth/*Spickhoff*, Art. 28 EGBGB Rn 72; *v. Bar*, IPR II, Rn 496.
[216] *Jaeger*, DNotZ 1991, 431, 445.
[217] Vgl. auch BGH NJW 1993, 385; näher *Abel*, Die Qualifikation der Schenkung, 1997, S. 149 ff.
[218] Palandt/*Heldrich*, Art. 28 EGBGB Rn 10; Erman/*Hohloch*, Art. 28 EGBGB Rn 34; Staudinger/*Magnus*, Art. 28 EGBGB Rn 204; MüKo/*Martiny*, Art. 28 EGBGB Rn 128.
[219] *Abel*, Die Qualifikation der Schenkung, 1997, S. 143; Reithmann/*Martiny*, Rn 136; offen gelassen von BGH NJW 1983, 1487.
[220] *Abel*, Die Qualifikation der Schenkung, 1997, S. 143; Staudinger/*Magnus*, Art. 28 EGBGB Rn 206; *Winkler von Mohrenfels*, IPRax 1991, 237, 239.
[221] Soergel/*v. Hoffmann*, Art. 28 EGBGB Rn 161; *Looschelders*, Art. 28 Rn 31; MüKo/*Martiny*, Art. 28 EGBGB Rn 128.
[222] Czernich/Heiss/*Czernich*, Art. 4 EVÜ Rn 134.
[223] Zur (Nicht-)Anwendbarkeit des UN-Kaufrechts vgl. einerseits *Schlechtriem*, Internationales UN-Kaufrecht, 2. Aufl. 2003, Rn 24; Schlechtriem/*Ferrari*, Kommentar zu einheitlichen UN-Kaufrecht, 3. Aufl. 2000, Art. 1 CISG, Rn 30; Staudinger/*Magnus*, Art. 1 CISG Rn 29 und andererseits *Lurger*, ZfRV 1991, 415, 421 ff.
[224] Czernich/Heiss/*Czernich*, Art. 4 EVÜ Rn 148; Palandt/*Heldrich*, Art. 28 EGBGB Rn 9; Erman/*Hohloch*, Art. 28 EGBGB Rn 33; Staudinger/*Magnus*, Art. 28 EGBGB Rn 202; Reithmann/*Martiny*, Rn 139.
[225] Vgl. dazu *Niggemann*, RIW 1987, 169.
[226] BGHZ 128, 41, 48; Palandt/*Heldrich*, Art. 28 EGBGB Rn 13; Soergel/*v. Hoffmann*, Art. 28 EGBGB Rn 201; Erman/*Hohloch*, Art. 28 EGBGB Rn 38; Staudinger/*Magnus*, Art. 28 EGBGB Rn 248; MüKo/*Martiny*, Art. 28 EGBGB Rn 148.
[227] BGH RIW 1995, 1027, 1028.

kann eine ausschließliche Dienstleistungserbringung im Ausland ein im Rahmen von Abs. 5 zu beachtendes Kriterium sein.[228]

b) Arbeitsvertrag. Arbeitsverträge werden bei Fehlen einer Rechtswahl nicht an den Sitz des charakteristisch Leistenden, sondern nach Art. 30 Abs. 2 **gesondert angeknüpft**. Abzustellen ist auf den gewöhnlichen Arbeitsort bzw. bei wechselnden Arbeitsorten auf den Einstellungsort (näher Art. 30 EGBGB). 95

c) Arztvertrag. Verträge mit Ärzten unterliegen nach Abs. 2 dem Recht am Ort der **Niederlassung des Arztes**.[229] Das am Niederlassungsort geltende Recht ist außerdem bei Verträgen mit anderen Angehörigen der **Heilberufe** (Heilpraktiker, Psychologen, Physiotherapeuten, Hebammen usw.) heranzuziehen. Das gilt auch bei einem Vertragsschluss und/oder einer Behandlung via **Internet** („Telemedizin").[230] 96

d) Beratungsvertrag. Verträge mit **Anwälten** und **Notaren** unterstehen bei Fehlen einer Rechtswahl gem. Abs. 2 dem Recht am Ort der Niederlassung des Anwalts[231] bzw. Notars.[232] Bei mehreren Niederlassungen ist nach Abs. 2 S. 3 die Niederlassung maßgeblich, welche die geschuldete Leistung erbringt.[233] Ebenso sind Verträge mit **Steuerberatern** oder **Wirtschaftsprüfern** anzuknüpfen.[234] 97

e) Unterrichtsvertrag. Verträge über die Erteilung von Unterricht unterstehen dem am **Niederlassungsort des Veranstalters** geltenden Recht,[235] und zwar auch bei **Fernunterrichtsverträgen**.[236] Auf den Unterrichtsort (Sprachkurs im Ausland etc.) kommt es nicht an, doch kann dieser in Zusammenhang mit anderen Kriterien eine abweichende Anknüpfung nach Abs. 5 rechtfertigen. 98

5. Beförderungsvertrag. a) Personenbeförderung. Charakteristische Leistung von Beförderungsverträgen ist die Beförderung. Personenbeförderungsverträge unterliegen daher nach Abs. 2 dem Recht am Sitz des Beförderers,[237] sofern nicht internationales Einheitsrecht (Montrealer bzw. Warschauer Abkommen, COTIF mit Anhang CIM usw.) vorrangige Geltung beansprucht. Art. 29 Abs. 2 ist nicht zu beachten, da Art. 29 Abs. 4 Nr. 1 Beförderungsverträge (Personen- und Güterbeförderung) vom Anwendungsbereich des Art. 29 ausnimmt. Allerdings enthält Art. 29 Abs. 4 S. 2 eine Rückausnahme für **Pauschalreisen**, die zur Anwendung eines anderen als des sonst maßgeblichen Rechts am Sitz der Niederlassung des Reiseveranstalters[238] führen kann. Wird die Reise von einer ausländischen Niederlassung des Reiseveranstalters vermittelt und betreut, gilt das dortige Recht, sofern sie wie der eigentliche Vertragspartner erscheint.[239] 99

b) Güterbeförderung. Güterbeförderungsverträge werden nicht nach Abs. 2, sondern nach Abs. 4 angeknüpft (vgl. Rn 58 ff.). Zu beachten ist vor allem das sehr umfangreiche internationale Einheitsrecht. (vgl. Rn 70 ff.). 100

c) Speditionsvertrag. Der Spediteur ist nicht zur Beförderung verpflichtet, sondern übernimmt es nur, Güterversendungen durch einen Frachtführer zu besorgen (vgl. z.B. § 453 Abs. 1 HGB). Da er die vertragscharakteristische Leistung erbringt, ist der Speditionsvertrag an die **Niederlassung des Spediteurs** anzuknüpfen.[240] Abs. 4 kann bei Speditionsverträgen nur herangezogen werden, wenn der Spediteur – 101

---

228 BGHZ 128, 41, 49.
229 *Deutsch*, in: FS Ferid 1978, S. 117, 121 ff.; Palandt/*Heldrich*, Art. 28 EGBGB Rn 13; Soergel/ *v. Hoffmann*, Art. 28 EGBGB Rn 210; Erman/ *Hohloch*, Art. 28 EGBGB Rn 38; *Hübner/Linden*, VersR 1998, 793, 794; Staudinger/*Magnus*, Art. 28 EGBGB Rn 257; Bamberger/Roth/*Spickhoff*, Art. 28 EGBGB Rn 34; *v. Bar*, IPR II, Rn 496.
230 *Pfeiffer*, in: Gounalakis, Rechtshandbuch Electronic Commerce, 2003, § 12 Rn 120 f.
231 Vgl. z.B. BGHZ 22, 162; 44, 183, 186; BGH RIW 1991, 513, 514; KG Rpfleger 2000, 85; LG Hamburg NJW-RR 2000, 510, 514; LG Paderborn EWS 1995, 248; SozG Münster AnwBl. 1992, 238; *Berger*, NJW 2001, 1530, 1533; *Mankowski*, AnwBl 2001, 249, 253.
232 IPG 1976 Nr. 11.
233 Näher Reithmann/Martiny/*Mankowski*, Rn 2101 ff.
234 Zur Anknüpfung des Vertrags mit einem Wirtschaftsprüfer vgl. *Ebke*, in: FS Sandrock 2000, S. 243, 251.
235 Erman/*Hohloch*, Art. 28 EGBGB Rn 38; Soergel/ *v. Hoffmann*, Art. 28 EGBGB Rn 203; Staudinger/ *Magnus*, Art. 28 EGBGB Rn 259; MüKo/*Martiny*, Art. 28 EGBGB Rn 259; vgl. auch AG Heidelberg IPRax 1987, 25.
236 Zur Frage des Eingriffsnormcharakters der §§ 2–10 FernUG vgl. Staudinger/*Magnus*, Art. 28 EGBGB Rn 261 f.
237 OLG Frankfurt IPRax 1998, 35, 36; AG Frankfurt NJW-RR 1996, 1335, 1336; Palandt/*Heldrich*, Art. 28 EGBGB Rn 14; Soergel/*v. Hoffmann*, Art. 28 EGBGB Rn 408; Erman/*Hohloch*, Art. 28 EGBGB Rn 40; Staudinger/*Magnus*, Art. 28 EGBGB Rn 366.
238 Bamberger/Roth/*Spickhoff*, Art. 28 EGBGB Rn 71.
239 KG IPRspr 1994 Nr. 21b.
240 OLG Köln TranspR 2003, 116, 117; Czernich/Heiss/ *Czernich*, Art. 4 Rn 146; Staudinger/*Magnus*, Art. 28 EGBGB Rn 461; Reithmann/Martiny/*Mankowski*, Rn 1377; *v. Bar*, IPR II, Rn 523.

etwa aufgrund eines Selbsteintritts (§§ 458–460 HGB) – ausnahmsweise selbst die Beförderungsleistung schuldet.[241]

102 **6. Beherbergungsvertrag.** Beherbergungsverträge unterstehen dem Recht am Aufenthaltsort oder **Sitz des Gastwirts**.[242] Das wird überwiegend das Recht am Unterbringungsort sein. Zum gleichen Ergebnis gelangt daher meist, wer aufgrund des mietvertraglichen Elements nach Abs. 3 anknüpft und die *lex rei sitae* heranzieht.[243] Beachtlich kann internationales Einheitsrecht in Form des „Europaratsübereinkommens über die Haftung von Gastwirten für die von Gästen eingebrachten Sachen vom 17.12.1962" sein.[244] Art. 29 Abs. 2 gewährt bei Vorliegen der persönlichen und räumlich-situativen Anwendungsvoraussetzungen kollisionsrechtlichen Verbraucherschutz, doch sind hiervon Verträge über ausschließlich im Ausland zu erbringende Beherbergungsleistungen ausgenommen (Art. 29 Abs. 4 S. 1 Nr. 2).

103 **7. Internetverträge. a) Grundsatz.** Internetverträge bilden keine kollisionsrechtlich eigenständig zu behandelnde Kategorie, sondern sind nach den gleichen Grundsätzen anzuknüpfen wie in der „realen" Welt geschlossene Verträge. Besondere Anknüpfungsschwierigkeiten bestehen meist nicht, da die Regelvermutungen der Abs. 2–4 personen- bzw. sachbezogen (Aufenthalt, Sitz oder Niederlassung des Vertragspartners, Belegenheit des Grundstücks) und die verwendeten Anknüpfungsmomente sämtlich in der „realen" Welt belegen sind und sich damit leicht lokalisieren lassen.[245] Auf die **Standorte von Rechnern, Servern usw.** kommt es nicht an.[246] Sie können allenfalls im Rahmen der Ausweichklausel des Abs. 5 oder bei Fehlen einer charakteristischen Leistung von Bedeutung sein, werden dann aber meist nicht das Gewicht wie personenbezogene Anknüpfungsmomente haben.[247] So wird etwa diskutiert, ob bei einem Download des Vertragsgegenstands (Software, Musik, Filme etc.) der Vertrag nicht dem am Standort des Rechners, auf den der Kunde die Dateien herunterlädt, geltenden Recht unterstellt werden sollte. Überzeugende Gründe, allein aufgrund des Rechnerstandorts von der Regelvermutung des Abs. 2 abzuweichen, sind freilich nicht ersichtlich.[248]

104 Bei der objektiven Anknüpfung von Internetverträgen kann § 4 TDG zu beachten sein, der nach der hier vertretenen Auffassung kollisionsrechtlicher Natur ist (Rn 8) und in seinem Anwendungsbereich der Regelung des Art. 28 vorgeht. Zu anderen Ergebnissen als einer Anknüpfung nach Abs. 2 wird dies freilich nicht führen, da der Sitz oder Niederlassungsort des Diensteanbieters regelmäßig in dessen Herkunftsland liegt. Unterschiede können sich allein im Hinblick auf Abs. 5 ergeben, da das **Herkunftslandprinzip** des TDG Abweichungen vom Primat des Rechts des Herkunftslands zugunsten eines Rechts, zu dem engere Beziehungen bestehen, nicht zulässt.[249]

105 **b) Provider-Verträge.** Provider-Verträge sind Verträge, mittels derer sich ein Diensteanbieter verpflichtet, eigene oder fremde Teledienste zur Nutzung bereitzuhalten oder den Zugang zu ihrer Nutzung zu vermitteln. Charakteristische Leistung ist stets die des Providers, unabhängig davon, ob er als Access-Provider, Internet-Service-Provider, Content-Provider oder Net-Provider tätig wird und z.B. nur den Anschluss an das Internet vermittelt oder auch eigene Inhalte zur Nutzung, Gesamtkonzeptionen für den Internetauftritt seiner Kunden anbietet usw.[250] Anzuwenden ist mangels Rechtswahl das am Ort der **Niederlassung des Providers** geltende

---

241 OLG München TranspR 1997, 33, 34; TranspR 1998, 353, 355; Czernich/Heiss/*Czernich*, Art. 4 EVÜ Rn 195; Soergel/*v. Hoffmann*, Art. 28 EGBGB Rn 83; Staudinger/*Magnus*, Art. 28 EGBGB Rn 481; Reithmann/Martiny/*Mankowski*, Rn 1376; MüKo/ *Martiny*, Art. 28 EGBGB Rn 162; Bamberger/Roth/ *Spickhoff*, Art. 28 EGBGB Rn 20.
242 OGH ZfRV 1994, 161, 163; LG Hamburg IPRspr 1991 Nr. 33; AG Bernkastel-Kues IPRspr 1993 Nr. 28; Palandt/*Heldrich*, Art. 28 EGBGB Rn 18; Erman/*Hohloch*, Art. 28 EGBGB Rn 50; Staudinger/ *Magnus*, Art. 28 EGBGB Rn 331; Reithmann/ Martiny/*Martiny*, Rn 135.
243 So *v. Bar*, IPR II, Rn 515.
244 Deutschland hat das Übereinkommen in die §§ 701 ff. BGB übernommen, vgl. BGBl I 1966 S. 181.
245 Zu Sonderproblemen bei Leistungen durch „virtuelle" Unternehmen oder Niederlassungen vgl. m.w.N.

Pfeiffer, in: Gounalakis, Rechtshandbuch Electronic Business, 2003, § 12 Rn 36 ff.; dens., in: Hohl/ Leible/Sosnitza, Vernetztes Recht, 2002, S. 21, 30 f.
246 *Remien*, in: Leible, Die Bedeutung des Internationalen Privatrechts im Zeitalter der neuen Medien, 2003, S. 21, 29; *Pfeiffer*, in: Hohl/Leible/Sosnitza, Vernetztes Recht, 2002, S. 21, 30.
247 Ähnlich *Mankowski*, in: Spindler, Vertragsrecht der Internet-Provider, 2000, Teil III Rn 44.
248 Vgl. auch *Mankowski*, CR 1999, 512, 515; RabelsZ 63 (1999), 203, 220 und 228; *Pfeiffer*, in: Hohl/ Leible/Sosnitza, Vernetztes Recht, 2002, S. 21, 33.
249 Vgl. dazu auch *Remien*, in: Leible, Die Bedeutung des Internationalen Privatrechts im Zeitalter der neuen Medien, 2003, S. 21, 30.
250 Zur Typologie der Providerverträge vgl. *Schneider*, Verträge über Internet-Access, 2001, S. 89 ff.

Recht.[251] Der Ort der Einwahl in das Internet ist grundsätzlich ebenso unbeachtlich wie der Standort eines Servers.[252] Art. 29 Abs. 2 bleibt zu beachten.

c) Domainregistrierungsverträge. Charakteristische Leistung des Domainregistrierungsvertrags ist unabhängig davon, wie man ihn rechtlich einordnen mag,[253] die der Aufnahme der Domain und ihrer technischen Daten in die Nameserver für die jeweilige Top Level Domain (Konnektierung). Mangels Rechtswahl unterliegt der Vertrag daher dem am Sitz bzw. Niederlassungsort der Registrierungsstelle geltenden Recht. 106

Dieses Recht ist auch dann maßgeblich, wenn die Domainregistrierung nicht vom Kunden selbst, sondern für ihn durch einen **Provider** vorgenommen wird. Das im Vorfeld zwischen Kunden und Provider entstandene Vertragsverhältnis untersteht hingegen dem Recht des Providers (Rn 105), da es durch die Pflicht des Providers zur Registrierung der Domain auf den Namen des Kunden bei der Registrierungsstelle, die für die gewünschte Domain zuständig ist, charakterisiert wird.[254] 107

Obligatorische Verträge über die entgeltliche oder unentgeltliche **Übertragung**[255] **oder Nutzungsüberlassung**[256] **einer Domain** unterstehen mangels Rechtswahl nach Abs. 2 dem Recht des Übertragenden, da dieser die charakteristische Leistung erbringt. Eine nach Abs. 5 zu berücksichtigende engere Beziehung zum Recht am Ort der Registrierungsstelle besteht nicht. Dieses entscheidet allerdings darüber, ob die Domain überhaupt übertragbar ist.[257] 108

d) Internetauktionen. Bei im Zusammenhang mit Internetauktionen[258] geschlossenen Verträgen ist zu differenzieren. Verträge zwischen dem Betreiber der Auktionsplattform und ihren Nutzern unterstehen stets dem am Ort der **Niederlassung des Internetauktionshauses** geltenden Recht; denn dieses erbringt mit der Bereitstellung der Auktionsplattform und den damit meist verbundenen zusätzlichen Diensten die vertragscharakteristische Leistung.[259] Auf das dort geltende Recht ist außerdem dann abzustellen, wenn das Internetauktionshaus, was mittlerweile allerdings äußerst selten ist, als Kommissionär für den Einlieferer tätig wird.[260] 109

Umstritten ist hingegen die **Anknüpfung des zwischen den Nutzern der Plattform geschlossenen Vertrags**. Die h.M. gelangt über Abs. 2 zur Anwendung des am Ort des gewöhnlichen Aufenthalts oder der Niederlassung des Verkäufers geltenden Rechts, da dieser die charakteristische Leistung erbringt.[261] Nach anderer Ansicht ist der Vertrag hingegen gem. Abs. 5 nach dem für die Versteigerungsplattform maßgeblichen Recht zu beurteilen.[262] Für Letzteres sprechen scheinbar gute Gründe; denn nicht selten werden bereits im Vertrag zur Nutzung der Plattform Vorgaben für den Vertragsschluss und die inhaltliche Ausgestaltung von Verträgen zwischen den einzelnen Nutzern gemacht.[263] Hinzu kommt, dass die Herkunft des Veräußerers dem Ersteigerer häufig nicht ohne weiteres erkennbar ist, sodass er mit der Geltung dessen Heimatrechts – anders als mit der Geltung des Plattformrechts – nicht rechnen kann.[264] Hingewiesen wird außerdem auf die Parallele zu Verträgen, die im Rahmen einer Börse oder öffentlichen Versteigerung geschlossen werden (vgl. auch Rn 80).[265] Ob all dies geeignet ist, statt nach Abs. 2 über Abs. 5 **regelmäßig** an das Recht 110

---

251 Staudinger/*Magnus*, Art. 28 EGBGB Rn 663; *Pfeiffer*, in: Gounalakis, Rechtshandbuch Electronicc Business, 2003, § 12 Rn 109.
252 Staudinger/*Magnus*, Art. 28 EGBGB Rn 663; *Mankowski*, in: Spindler, Vertragsrecht der Internet-Provider, 2000, Teil III Rn 43.
253 Vgl. etwa zu einem Domainregistrierungsvertrag mit der DENIC *Mankowski*, in: Hohl/Leible/Sosnitza, Domains, Frames und Links, 2002, S. 99, 109 ff.
254 *Mankowski*, in: Hohl/Leible/Sosnitza, Domains, Frames und Links, 2002, S. 99, 119; *Schuppert*, in: Spindler, Vertragsrecht der Internet-Provider, 2000, Teil VI Rn 14.
255 Vgl. dazu z.B. *Grützmacher/Siekmann*, ITRB 2001, 268; *Härting*, ITRB 2002, 96; *Ernst*, MMR 2002, 714, 720.
256 Vgl. zur Domainmiete *Ernst*, MMR 2002, 714, 720; *Härting*, ITRB 2002, 96, 97 f.
257 Vgl. z.B. zu rechtsgeschäftlichen und gesetzlichen Übertragungsverboten für bei der DENIC registrierten Domains *Stickelbrock*, in: Hohl/Leible/Sosnitza, Domains, Frames und Links, 2002, S. 49, 58 ff.
258 S. allg. zu Internetauktionen auch den Anhang zu § 156 BGB.
259 *Freitag*, in: Leible/Sosnitza, Versteigerungen im Internet, 2004, Rn 778; Staudinger/*Magnus*, Art. 28 EGBGB Rn 668; *Mankowski*, in: Spindler/Wiebe, Internet-Auktionen, 2001, Rn G 77; *Pfeiffer*, in: Gounalakis, Rechtshandbuch Electronic Commerce, 2003, § 12 Rn 111.
260 Staudinger/*Magnus*, Art. 28 EGBGB Rn 668; *Mankowski*, in: Spindler/Wiebe, Internet-Auktionen, 2001, Rn G 77.
261 *Bücker*, Internetauktionen, 2003, S. 159 ff.; *Mankowski*, in: Spindler/Wiebe, Internet-Auktionen, 2001, Rn G Rn 55 f.; Staudinger/*Magnus*, Art. 28 EGBGB Rn 176; MüKo/*Martiny*, Art. 28 EGBGB Rn 114a; *Pfeiffer*, in: Gounalakis, Rechtshandbuch Electronic Commerce, 2003, § 12 Rn 112.
262 *Freitag*, in: Leible/Sosnitza, Versteigerungen im Internet, 2004, Rn 790 ff.
263 *Freitag*, in: Leible/Sosnitza, Versteigerungen im Internet, 2004, Rn 792.
264 *Borges*, Verträge im elektronischen Geschäftsverkehr, 2003, S. 875 ff.; *Freitag*, in: Leible/Sosnitza, Versteigerungen im Internet, 2004, Rn 791.
265 *Freitag*, in: Leible/Sosnitza, Versteigerungen im Internet, 2004, Rn 793.

der Auktionsplattform anzuknüpfen,[266] erscheint indes zweifelhaft. Vorzugswürdig ist es, es bei der nach Abs. 5 gebotenen Einzelfallbetrachtung zu belassen.[267] In diese sind zwar mit starkem Gewicht zugunsten des Plattformrechts die vorstehend aufgeführten Kriterien einzustellen, aber auch weitere Faktoren zu berücksichtigen. Von Bedeutung können die für die Angebotspräsentation verwendete Sprache, die Kenntlichmachung der ausländischen Niederlassung bereits auf der Angebotsseite, die Angabe eines Kontos im Staat des Plattformbetreibers, die Verwendung der dort geltenden Währung usw. sein.[268] Nur wenn diese Kriterien in ihrer Gesamtheit oder jedenfalls zum überwiegenden Teil auf das Plattformrecht hindeuten, sollte von der Vermutung des Abs. 2 abgewichen werden.

111 **8. Vertriebsverträge. a) Franchising.** Die Anknüpfung des Franchisevertrags ist umstritten. Während einige die Leistung des Franchisegebers (Lizenzierung, Know-how-Transfer, Kauf, Miete, Pacht usw.) für vertragscharakteristisch erachten und an seine Niederlassung anknüpfen,[269] stellen andere grundsätzlich auf das Recht des Franchisenehmers ab, da nicht dessen Geldzahlung, sondern die durch ihn vorgenommene Geschäftsbesorgung vertragscharakteristisch sei.[270] Die besseren Argumente sprechen freilich dafür, bei Franchiseverträgen überhaupt von einer einheitlichen Anknüpfung abzusehen und nach der Ausgestaltung des Vertrags im **Einzelfall** zu differenzieren. Ist der Franchisenehmer eng in das Absatzsystem des Franchisegebers eingebunden, sollte das an dessen Niederlassung geltende Recht Anwendung finden, andernfalls das Recht am Ort der Niederlassung des Franchisenehmers.[271]

112 **b) Handelsvertretervertrag. Vertragscharakteristische Leistung** des Handelsvertretervertrags ist die **des Handelsvertreters**. Anzuwenden ist das am Ort seiner Niederlassung geltende Recht,[272] und zwar auch dann, wenn er in einem anderen Staat als dem seiner Niederlassung tätig wird.[273] Der andere Tätigkeitsort kann jedoch ein Kriterium sein, das in Zusammenschau mit weiteren Anhaltspunkten zu einer von Abs. 2 abweichenden Anknüpfung nach Abs. 5 führt. Abgestellt wurde in der Rechtsprechung u.a. auf die gemeinsame Staatsangehörigkeit der Parteien.[274]

113 **c) Kommissionsvertrag. Charakteristische Leistung** des Kommissionsvertrags ist die **des Kommissionärs**. Anwendung findet daher das am Ort seiner Niederlassung geltende Recht.[275] Das Statut des in Kommission vorgenommenen Geschäfts ist ebenso unbeachtlich wie der Ort seiner Durchführung. Beide Kriterien können aber zusammen mit anderen Kriterien geeignet sein, nach Abs. 5 eine Abweichung von der Regelanknüpfung des Abs. 2 zu begründen.

114 **d) Vertragshändlervertrag.** Beim Vertragshändlervertrag erbringt der **Vertragshändler** mit dem Vertrieb die **charakteristische Leistung**. Bei objektiver Anknüpfung ist daher auf seine Niederlassung abzustel-

---

266 So wohl *Freitag*, in: Leible/Sosnitza, Versteigerungen im Internet, 2004, Rn 795: „nicht allein der Abschluss des Kaufvertrages, sondern dessen gesamter Inhalt (ist) nach dem Plattformrecht zu beurteilen".
267 So auch *Pfeiffer*, in: Hohl/Leible/Sosnitza, Vernetztes Recht, 2002, S. 21, 33.
268 Zur Berücksichtigungsfähigkeit dieser Kriterien im Rahmen der Ausweichklausel des Abs. 5 vgl. *Mehrings*, CR 1998, 613, 617; *Pfeiffer*, in: Hohl/Leible/Sosnitza, Vernetztes Recht, 2002, S. 21, 32 f.; *dens.*, in: Gounalakis, Rechtshandbuch Electronic Commerce, 2003, § 12 Rn 40.
269 *Bräutigam*, WiB 1997, 897, 899; Palandt/*Heldrich*, Art. 28 EGBGB Rn 11; *v. Bar*, IPR II, Rn 499; *Hiestand*, RIW 1993, 173, 179.
270 *Looschelders*, Art. 28 Rn 38; Staudinger/*Magnus*, Art. 28 EGBGB Rn 297; MüKo/*Martiny*, Art. 28 EGBGB Rn 161; Bamberger/Roth/*Spickhoff*, Art. 28 EGBGB Rn 53; *Schlemmer*, IPRax 1988, 252, 253.
271 Martinek/Semler/Habermeier/*Jacobsson*, Handbuch des Vertriebsrechts, 2. Aufl. 2003, § 55 Rn 22; für eine Differenzierung auch Czernich/Heiss/*Czernich*, Art. 4 EVÜ Rn 93; Soergel/*v. Hoffmann*, Art. 28 EGBGB Rn 275. Für eine generelle Anknüpfung an den Sitz des Franchisegebers auch *Plassmeier*, Kollisionsrechtliche Probleme internationaler Franchisesysteme, 1999, S. 111, 116 f., 118 f., allerdings unter Anwendung von Art. 28 Abs. 1 EGBGB.
272 BGHZ 127, 368, 370 f.; BGH NJW-RR 1993, 741, 742; NJW 1993, 2754 f.; OLG Düsseldorf RIW 1995, 53, 54; RIW 1996, 959; OLG Koblenz IPRax 1994, 46, 47; RIW 1996, 151, 152; OLG Stuttgart IPRax 1999, 103; Reithmann/Martiny/*Häuslschmid*, Rn 2030; Palandt/*Heldrich*, Art. 28 EGBGB Rn 15; Soergel/*v. Hoffmann*, Art. 28 EGBGB Rn 259; Erman/*Hohloch*, Art. 28 EGBGB Rn 53; *Looschelders*, Art. 28 Rn 39; Staudinger/*Magnus*, Art. 28 EGBGB Rn 280 ff.
273 Bamberger/Roth/*Spickhoff*, Art. 28 EGBGB Rn 56; a.A. *Birk*, ZVglRWiss 79 (1980), 268, 282.
274 Vgl. RG IPRspr 1930 Nr. 32; LG Hamburg IPRax 1981, 174.
275 BGH NJW-RR 2003, 1582; Soergel/*v. Hoffmann*, Art. 28 EGBGB Rn 250; Erman/*Hohloch*, Art. 28 EGBGB Rn 53; *Looschelders*, Art. 28 Rn 40; Staudinger/*Magnus*, Art. 28 EGBGB Rn 270; Reithmann/Martiny/*Martiny*, Rn 2086; Bamberger/Roth/*Spickhoff*, Art. 28 EGBGB Rn 60; *v. Bar*, IPR II, Rn 498.

len,[276] nicht aber, wie in der französischen Rechtsprechung zu verzeichnen,[277] auf die des Prinzipals, und zwar – anders als bei Franchiseverträgen (Rn 111) – auch nicht bei einer sehr engen Bindung an diesen.[278] Das Recht am Ort der Niederlassung des Vertragshändlers beherrscht das Vertragsverhältnis auch bei einer Vertriebstätigkeit in einem oder mehreren anderen Staat(en).[279] Sind mehrere seiner Niederlassungen tätig, ist auf die **Hauptniederlassung** abzustellen.[280] Ein von der Niederlassung abweichender Tätigkeitsort kann freilich eines von mehreren, eine Abweichung von Abs. 2 begründenden Kriterien im Rahmen von Abs. 5 sein.

UN-Kaufrecht findet auf den Vertriebshändlervertrag grundsätzlich keine Anwendung.[281] Vom Vertriebsvertrag zu trennen sind die einzelnen Lieferverträge, die einem eigenen Statut unterstehen und als Kaufverträge entweder nach UN-Kaufrecht oder dem an der Niederlassung des Prinzipals (= Verkäufers) geltenden autonomen Recht zu beurteilen sind.[282]

115

e) Maklervertrag. Charakteristische Leistung des Maklervertrags ist die der Vermittlung von Geschäften mit Dritten. Anzuwenden ist daher das **am Ort der Niederlassung des Maklers geltende Recht**.[283] Das gilt auch bei Verträgen über die Vermittlung von Grundstücksverträgen. Abs. 3 ist nicht heranzuziehen, da eine Vermittlungstätigkeit, nicht aber die Einräumung von dinglichen oder Nutzungsrechten an Grundstücken geschuldet wird. Auf das Statut des vermittelten Geschäfts kommt es nicht an, doch kann dieses ein Kriterium im Rahmen des Abs. 5 sein, das zusammen mit anderen eine von der Regelanknüpfung des Abs. 2 abweichende Anknüpfung zu begründen vermag.[284] Art. 29 Abs. 2 bleibt zu beachten.[285]

116

Abweichend von voriger Rn soll es bei **Börsenmaklern** nicht auf die Niederlassung des Maklers, sondern den Börsenort ankommen.[286] Eine derartige Abweichung ist indes nur bei amtlichen Kursmaklern, nicht aber bei Freiverkehrsmaklern gerechtfertigt.[287]

117

Schaltet ein Makler weitere Makler als **Untermakler** ein, untersteht das zwischen ihnen bestehende Vertragsverhältnis dem Recht am Ort der Niederlassung des Untermaklers. Eine akzessorische Anknüpfung an das Recht des Hauptmaklervertrags ist nicht angezeigt.[288]

118

9. Reisevertrag. Charakteristische Leistung des Reisevertrags ist die des **Reiseveranstalters**. Anzuwenden ist das am Ort seiner Niederlassung geltende Recht.[289] Bei Pauschalreisen ist Art. 29 Abs. 2 zu beachten (vgl. Rn 99 sowie Art. 29 EGBGB Rn 44 f.).

119

10. Verwahrungsvertrag. Die **charakteristische Leistung** beim Verwahrungsvertrag erbringt der **Verwahrer**. Anwendbar ist das Recht, das am Ort seines gewöhnlichen Aufenthalts oder seiner Niederlassung gilt.[290] Gleiches gilt für die treuhänderische Verwahrung.[291] Ebenso anzuknüpfen sind die **Hinterlegung**

120

---

276 BGHZ 127, 368, 370 f.; OLG Düsseldorf RIW 1993, 761, 762; 1996, 958, 959; OLG Hamm IPRspr 1997 Nr. 160a; OLG Koblenz RIW 1992, 1019, 1020; OLG Stuttgart RIW 1999, 782; Erman/*Hohloch*, Art. 28 EGBGB Rn 53; Soergel/*v. Hoffmann*, Art. 28 EGBGB Rn 266; Staudinger/*Magnus*, Art. 28 EGBGB Rn 288.
277 Vgl. Cour Cass. Rev. crit. dr. int. pr. 91 (2002), 148 und dazu *Kindler*, in: FS Sonnenberger 2004, S. 433; a.A. noch Cour cass., Rev. crit. dr. int. pr. 90 (2001), 141. Ähnlich LG Freiburg IPRspr 1966/67 Nr. 34A.
278 A.A. Martinek/Semler/Habermeier/*Jacobsson*, Handbuch des Vertriebsrechts, 2. Aufl. 2003, § 55 Rn 22 (Maßgeblichkeit des Rechts des Prinzipals bei hochintegriertem Vertrieb).
279 Czernich/Heiss/*Czernich*, Art. 4 EVÜ Rn 176; a.A. und für Geltung des Rechts am Tätigkeitsort, allerdings noch zum alten IPR, BGH NJW-RR 1992, 421; OLG Hamburg IPRspr 1976 Nr. 125b; LG München IPRspr 1982 Nr. 141.
280 Czernich/Heiss/*Czernich*, Art. 4 EVÜ Rn 177; Reithmann/Martiny/*Häuslschmid*, Rn 2054; Soergel/*v. Hoffmann*, Art. 28 EGBGB Rn 266; Staudinger/*Magnus*, Art. 28 EGBGB Rn 288.
281 Vgl. näher *Schlechtriem*, Internationales Kaufrecht, 2. Aufl. 2003, Rn 24a.
282 OLG Düsseldorf RIW 1996, 957, 958.
283 LG Frankfurt RIW 1994, 778; Czernich/Heiss/*Czernich*, Art. 28 Rn 126; Palandt/*Heldrich*, Art. 28 EGBGB Rn 15; Soergel/*v. Hoffmann*, Art. 28 EGBGB Rn 246; *Looschelders*, Art. 28 Rn 41; Reithmann/Martiny/*Martiny*, Rn 2082. Ebenso schon zum alten IPR BGH IPRspr 1962/63 Nr. 22; OLG Düsseldorf IPRspr 1973 Nr. 7; OLG München IPRspr 1974 Nr. 146.
284 Staudinger/*Magnus*, Art. 28 EGBGB Rn 265; Reithmann/Martiny/*Martiny*, Rn 2084.
285 Näher *Klingmann*, Maklerverträge im Internationalen Privatrecht, 1999, S. 105 ff.
286 Staudinger/*Magnus*, Art. 28 EGBGB Rn 264.
287 Soergel/*v. Hoffmann*, Art. 28 EGBGB Rn 246.
288 Staudinger/*Magnus*, Art. 28 EGBGB Rn 264; Reithmann/Martiny/*Martiny*, Rn 2083; a.A. OLG Düsseldorf RIW 1997, 780, 781.
289 KG IPRspr 1994 Nr. 21b; Czernich/Heiss/*Czernich*, Art. 4 EVÜ Rn 130; Staudinger/*Magnus*, Art. 28 EGBGB Rn 326; MüKo/*Martiny*, Art. 28 Rn 147a; Bamberger/Roth/*Spickhoff*, Art. 28 EGBGB Rn 71.
290 LG Aachen RIW 1999, 304; Palandt/*Heldrich*, Art. 28 EGBGB Rn 17; *Looschelders*, Art. 28 Rn 44; Staudinger/*Magnus*, Art. 28 Rn 357; MüKo/*Martiny*, Art. 28 EGBGB Rn 217; *v. Bar*, IPR II, Rn 496.
291 OLG Hamm RIW 1994, 513, 516.

(Recht der Hinterlegungsstelle),[292] die **Lagerhaltung** (Recht des Lagerhalters)[293] und vergleichbare Vertragsgestaltungen.[294] Art. 29 Abs. 2 bleibt zu beachten.

121 **11. Auftrag und Geschäftsbesorgung.** Beim Auftrag erbringt die **charakteristische Leistung** der **Beauftragte**. Anwendbar ist das an seinem Aufenthalts- bzw. Niederlassungsort geltende Recht.[295] Bei enger Verknüpfung des Auftrags mit anderen Geschäften kann dieser allerdings über Abs. 5 deren Statut folgen.[296] Die Geschäftsführung ohne Auftrag ist nach Art. 39 anzuknüpfen.

122 Die **Geschäftsbesorgung** richtet sich nach dem Recht am Aufenthalts- oder Niederlassungsort desjenigen, der das Geschäft besorgt.[297] Besonderheiten sind jedoch bei Management- und Betriebsführungsverträgen zu beachten.[298]

123 **12. Bankgeschäfte. a) Grundsatz.** Vertragsbeziehungen zwischen der Bank und ihren Kunden unterstehen mangels Rechtswahl[299] regelmäßig dem an der **Niederlassung der Bank** geltenden Recht, da die Bank die vertragscharakteristische Leistung erbringt.[300] Bei Rechtsgeschäften zwischen Banken gilt i.d.R. das Recht der beauftragten Bank.[301] Nach Abs. 1 ist nur dann anzuknüpfen, wenn es dem Vertragsverhältnis an einer charakteristischen Leistung fehlt.[302] Art. 29 Abs. 2 ist zu beachten, doch ist der Kreis der von der Vorschrift erfassten Bankgeschäfte recht klein.[303]

124 **b) Einlagen-, Giro- und Diskontgeschäft.** Beim **Einlagengeschäft** steht nicht die Darlehensgewährung durch den Einlegenden, sondern das sichere Verfügbarhalten der Einlage durch die annehmende Bank im Vordergrund, sodass der Einlagevertrag dem am Ort der Bankniederlassung geltenden Recht zu unterstellen ist.[304] Das Recht der beauftragten Bank ist weiterhin für die Abwicklung des bargeldlosen Zahlungs- und Abrechnungsverkehrs (**Girogeschäft**),[305] den davon zu trennenden **Überweisungsvertrag**[306] sowie das **Diskontgeschäft** (Inkasso des unter Abzug eines Diskonts „angekauften" Wechsels oder Schecks)[307] maßgeblich.

125 **c) Dokumentenakkreditiv.** Mangels Rechtswahl untersteht das Rechtsverhältnis zwischen Auftraggeber und eröffnender Bank ebenso dem Recht am **Niederlassungsort der Bank** wie das zwischen Bank und Begünstigtem.[308] Wie bei Einschaltung einer **Zweitbank** anzuknüpfen ist, ist umstritten. Das Verhältnis der Zweitbank zum Begünstigten unterliegt, insbesondere bei einer Bestätigung des Akkreditivs, jedenfalls ihrem Sitzrecht.[309] Nach z.T. vertretener Ansicht sollen sich dann aber auch die Ansprüche des Begünstigten gegen die Erstbank nach dem Recht am Niederlassungsort der Zweitbank richten.[310] Die gegenteilige Auffassung

---

292 Soergel/*v. Hoffmann*, Art. 28 EGBGB Rn 223; Staudinger/*Magnus*, Art. 28 EGBGB Rn 358; Reithmann/Martiny/*Martiny*, Rn 134.
293 OLG Hamburg IPRspr 1971 Nr. 23; Soergel/*v. Hoffmann*, Art. 28 EGBGB Rn 225; Reithmann/Martiny/*Martiny*, Rn 134; *v. Bar*, IPR II, Rn 497.
294 Vgl. z.B. zu einem Archivierungsvertrag KG ZUM 1986, 550, 552.
295 OLG Hamm RIW 1994, 513, 515; NJW-RR 1997, 1007, 1008; bereits zum alten IPR OLG Hamburg IPRspr 1974 Nr. 11A; KG IPRspr 1979 Nr. 13A; Palandt/*Heldrich*, Art. 28 EGBGB Rn 16; Erman/*Hohloch*, Art. 28 EGBGB Rn 47; Bamberger/Roth/*Spickhoff*, Art. 28 EGBGB Rn 35; *v. Bar*, IPR II, Rn 496.
296 MüKo/*Martiny*, Art. 28 EGBGB Rn 138.
297 BGH NJW 1987, 1825, 1826; DtZ 1996, 51.
298 Näher Staudinger/*Magnus*, Art. 28 EGBGB Rn 348.
299 Zur Rechtswahl durch Nr. 6 Abs. 1 AGB-Banken vgl. BGH NJW 1981, 1101; 1987, 1825.
300 BGH NJW 2001, 2968, 2970; OLG Celle IPRspr 1998 Nr. 76; OLG Köln RIW 1993, 1023, 1025; OLG München RIW 1996, 329, 330; LG Aachen RIW 1999, 304; AG Düsseldorf RIW 1994, 158.
301 BGHZ 108, 353, 362; OLG Düsseldorf RIW 1996, 155; Palandt/*Heldrich*, Art. 28 EGBGB Rn 21; *Hoffmann*, ZBB 2000, 391, 396; Reithmann/Martiny/*Martiny*, Rn 1216; *Pleyer/Wallach*, RIW 1988, 172, 174.
302 Vgl. z.B. zum Swapgeschäft Staudinger/*Magnus*, Art. 28 EGBGB Rn 578.
303 Näher Staudinger/*Magnus*, Art. 28 EGBGB Rn 528.
304 OLG Düsseldorf RIW 1996, 155; Erman/*Hohloch*, Art. 28 EGBGB Rn 56; Staudinger/*Magnus*, Art. 28 EGBGB Rn 529; Reithmann/Martiny/*Martiny*, Rn 1218; Bamberger/Roth/*Spickhoff*, Art. 28 EGBGB Rn 37; a.A. Soergel/*v. Hoffmann*, Art. 28 EGBGB Rn 318 – Recht des Einlegenden.
305 BGH IPRspr 1987 Nr. 16; OLG Köln RIW 1993, 1023, 1025; Soergel/*v. Hoffmann*, Rn 339; Staudinger/*Magnus*, Art. 28 EGBGB Rn 545; Reithmann/Martiny/*Martiny*, Rn 1219; *v. Bar*, IPR II, Rn 497.
306 *Hoffmann*, ZBB 2000, 391, 395.
307 OLG Hamburg WM 1990, 538; OLG Frankfurt WM 1984, 20; Staudinger/*Magnus*, Art. 28 EGBGB Rn 533; Reithmann/Martiny/*Martiny*, Rn 1223; Bamberger/Roth/*Spickhoff*, Art. 28 EGBGB Rn 37.
308 OLG Frankfurt RIW 1992, 315; OLG Karlsruhe RIW 1997, 781; Erman/*Hohloch*, Art. 28 EGBGB Rn 56; *Kegel*, in: GS R. Schmidt 1966, S. 215, 240 ff.; Staudinger/*Magnus*, Art. 28 EGBGB Rn 556, 557; Reithmann/Martiny/*Martiny*, Rn 1226; *Schefold*, IPRax 1996, 347, 348; *Schütze*, WM 1982, 226, 227; *Thorn*, IPRax 1996, 257, 259; *v. Bar*, ZHR 152 (1988), 38, 53.
309 Staudinger/*Magnus*, Art. 28 EGBGB Rn 558; Reithmann/Martiny/*Martiny*, Rn 1226; *Schütze*, WM 1982, 226, 228; *v. Bar*, ZHR 152 (1988), 35, 53.
310 OLG Frankfurt RIW 1988, 905, 906; NJW-RR 1988, 682, 683; *v. Bar*, ZHR 152 (1988), 38, 53; *Jayme*, Kollisionsrecht und Bankgeschäfte, 1977, S. 35 f.

belässt es hingegen bei der Trennung: Anzuwenden ist jeweils das am Niederlassungsort der in Anspruch genommenen Bank geltende Recht.[311] Für das Rechtsverhältnis **zwischen Erst- und Zweitbank** gilt das Sitzrecht der Zweitbank.[312] Das Rechtsverhältnis **zwischen Auftraggeber und Begünstigtem** untersteht einem eigenen Statut, etwa dem Kaufvertragsstatut.

d) Factoring. Charakteristische Leistung beim Factoringvertrag ist die des Factors (Einziehung der Forderungen, Finanzierung und Kreditierung etc.). Anzuwenden ist auf die schuldrechtlichen Vereinbarungen zwischen Factor und Kunden daher nach Abs. 2 das am Ort der **Niederlassung des Factors** geltende Recht.[313] Ob die Forderung übertragen werden kann, hängt nach Art. 33 Abs. 2 allerdings von dem Recht ab, dem die Forderung unterliegt. Beachtlich kann Internationales Einheitsrecht in Form des „UNIDROIT-Übereinkommens über das internationale Factoring vom 28.5.1988" sein.[314]

e) Forfaitierung. Charakteristische Leistung bei der Forfaitierung ist die des **Forfaiteurs**. Anwendung findet das an seiner Niederlassung geltende Recht.[315] Für den Übergang der forfaitierten Forderung gilt Art. 33.[316]

f) Inkassogeschäft. Beim Inkassogeschäft richten sich die Rechtsverhältnisse zwischen Einreicher und Einreicherbank sowie Inkassobank und Kunden nach dem am **Niederlassungsort der jeweiligen Bank** geltenden Recht.[317] Im **Interbankenverhältnis** gilt das Recht der beauftragten Bank.[318]

g) Andere Bankgeschäfte. Bei der Anschaffung und Veräußerung von Wertpapieren für Kunden (**Effektengeschäft**) untersteht das Rechtsverhältnis zwischen Bank und Kunden dem am Niederlassungsort der Bank geltenden Recht. Gleiches gilt für das **Investment- und das Depotgeschäft**: Im Rechtsverhältnis zwischen Anleger und anlegendem bzw. verwaltendem Institut gilt das Recht am Niederlassungsort der Kapitalanlagegesellschaft bzw. Bank.[319] Über Ansprüche aus einem **Auskunftsvertrag** entscheidet das Recht am Niederlassungsort der Auskunft erteilenden Bank.[320]

13. Werkvertrag. a) Grundsatz. Charakteristische Leistung beim Werkvertrag ist die des **Werkunternehmers**. Mangels Rechtswahl gilt daher das am Ort seines gewöhnlichen Aufenthalts oder seiner Niederlassung maßgebliche Recht, so etwa bei der Reparatur von Kraftfahrzeugen[321] oder Schiffen,[322] dem Färben und Bügeln von Kleidungsstücken,[323] dem Erstellen einer Studie,[324] der Entwicklung von Software,[325] dem Binden von Büchern[326] usw.[327]

---

311 Soergel/*v. Hoffmann*, Art. 28 EGBGB Rn 347; Staudinger/*Magnus*, Art. 28 EGBGB Rn 562; *Schefold*, IPRax 1990, 20, 21 ff.
312 OLG Frankfurt RIW 1988, 905, 906; Soergel/*v. Hoffmann*, Art. 28 EGBGB Rn 352; Staudinger/*Magnus*, Art. 28 EGBGB Rn 563; Reithmann/Martiny/*Martiny*, Rn 1226.
313 *Basedow*, ZEuP 1997, 615, 620; Erman/*Hohloch*, Art. 28 EGBGB Rn 56; *Looschelders*, Art. 28 Rn 36; Staudinger/*Magnus*, Art. 28 EGBGB Rn 536; Reithmann/Martiny/*Martiny*, Rn 1228; a.A. für das echte Factoring hingegen Czernich/Heiss/*Czernich*, Art. 4 EVÜ Rn 74; Soergel/*v. Hoffmann*, Art. 28 EGBGB Rn 328 (Recht des Kunden als Verkäufer).
314 Dazu *Basedow*, ZEuP 1997, 615; *Diehl-Leistner*, Internationales Factoring, 1992; *Ferrari*, RIW 1996, 181; *Häusler*, Das UNIDROIT-Übereinkommen über internationales Factoring, 1998; *Rebmann*, RabelsZ 53 (1989), 599; *Weller*, RIW 1999, 161; *Zaccaria*, IPRax 1995, 279.
315 *Bernard*, Rechtsfragen des Forfaitierungsgeschäfts, 1991, S. 180 f.; Erman/*Hohloch*, Art. 28 EGBGB Rn 56; MüKo/*Martiny*, Art. 28 EGBGB Rn 246; Staudinger/*Magnus*, Art. 28 EGBGB Rn 540; Reithmann/Martiny/*Martiny*, Rn 1229; a.A. *Hakenberg*, RIW 1998, 906, 909; Palandt/*Heldrich*, Art. 28 EGBGB Rn 21 (Recht des *forfaitisten*); differenzierend Soergel/*v. Hoffmann*, Art. 28 EGBGB Rn 331.
316 OLG Hamburg IPRspr 1982 Nr. 24; Bamberger/Roth/*Spickhoff*, Art. 28 EGBGB Rn 40.
317 BGH IPRax 1997, 45 f. (zum Verhältnis Einreicher-Einreicherbank); Soergel/*v. Hoffmann*, Art. 28 EGBGB Rn 355; Staudinger/*Magnus*, Art. 28 EGBGB Rn 569; Reithmann/Martiny/*Martiny*, Rn 1230.
318 Soergel/*v. Hoffmann*, Art. 28 EGBGB Rn 356; Staudinger/*Magnus*, Art. 28 EGBGB Rn 569; Reithmann/Martiny/*Martiny*, Rn 1230.
319 Czernich/Heiss/*Czernich*, Art. 4 EVÜ Rn 71; Soergel/*v. Hoffmann*, Art. 28 EGBGB Rn 335; Staudinger/*Magnus*, Art. 28 EGBGB Rn 574, 576; Reithmann/Martiny/*Martiny*, Rn 1231, 1232.
320 *Dörner*, WM 1977, 962 f.; Erman/*Hohloch*, Art. 28 EGBGB Rn 56; Staudinger/*Magnus*, Art. 28 EGBGB Rn 579; Reithmann/Martiny/*Martiny*, Rn 1233; Bamberger/Roth/*Spickhoff*, Art. 28 EGBGB Rn 42.
321 LG Hamburg IPRspr 1974 Nr. 189; AG Mainz IPRax 1983, 299; IPG 1971 Nr. 6; IPG 1975 Nr. 3.
322 Reithmann/Martiny/*Thode*, Rn 1108.
323 OLG Schleswig NJW-RR 1993, 314.
324 OLG Köln RIW 1994, 970.
325 OLG Nürnberg IPRspr 1993 Nr. 31.
326 LG Köln RIW 1979, 128.
327 Vgl. aus der Rspr. z.B. noch OLG Brandenburg NJ 2001, 257.

131 b) Bauvertrag. Die **charakteristische Leistung** beim Bauvertrag erbringt der das Bauvorhaben durchführende **Bauunternehmer**.[328] Anzuwenden ist nach Abs. 2 das am Ort seiner Niederlassung geltende Recht.[329] Auf den **Ort der Baustelle** kommt es nicht an. Er kann allerdings im Rahmen der Ausweichklausel des Abs. 5 von Bedeutung sein (Rn 79). Abs. 3 ist bei **Bau- oder Hausreparaturverträgen** nicht einschlägig, da sie weder ein dingliches Recht an einem Grundstück noch dessen Nutzung, sondern nur die Ausführung einer Bauleistung zum Gegenstand haben,[330] wohl aber bei Verträgen über einen Kauf vom Bauträger.[331] Ebenfalls nicht von Abs. 3, sondern von Abs. 2 erfasst wird der Anspruch des Bauunternehmers auf Bewilligung einer **Sicherungshypothek** (§ 648 BGB).[332] Ob Gleiches auch für das Pfandrecht nach § 647 BGB gilt, ist umstritten.[333]

132 c) Anlagenvertrag. Auch für internationale Anlagenverträge gilt grundsätzlich die Anknüpfungsregel des Abs. 2 und damit das Recht am **Ort der Niederlassung des beauftragten Unternehmens**.[334] Nach a.A. soll hingegen das Recht des Errichtungsortes maßgebend sein.[335] Mitunter wird auch auf das Recht am Sitz des Auftraggebers abgestellt.[336] Gründe, stets abweichend von Abs. 2 anzuknüpfen, sind indes nicht erkennbar. Es sollte bei einer einzelfallbezogenen Betrachtung im Rahmen von Abs. 5 bleiben, die aufgrund der Komplexität des Vertragsverhältnisses freilich wesentlich häufiger als beim „normalen" Bauvertrag zu einer Abweichung von der Regelanknüpfung führen wird.[337]

133 d) Architektenvertrag. Der Architektenvertrag unterliegt nach Abs. 2 dem am **Ort der Niederlassung des Architekten** geltenden Recht.[338] Der Ort der Baustelle kann niemals für sich allein, sondern allenfalls in Zusammenschau mit anderen Kriterien über Abs. 5 die Anwendung eines anderen als des nach der Vermutungsregel des Abs. 2 maßgeblichen Rechts begründen.[339] Nach Auffassung des BGH soll es sich bei der Mindestsatzregelung des § 4 HOAI um zwingendes Recht i.S.v. Art. 34 handeln, das auch dann anzuwenden ist, wenn der Architektenvertrag einem ausländischen Vertragsstatut untersteht.[340] Das ist freilich ebenso wie der Eingriffsnormcharakter weiterer Vorschriften des HOAI umstritten (vgl. auch Art. 34 EGBGB Rn 27).[341]

134 14. Gebrauchsüberlassungsverträge. a) Miete, Pacht, Leihe. Charakteristische Leistung von Gebrauchsüberlassungsverträgen (Miete, Pacht, Leihe) ist die Überlassung von Sachen oder Rechten auf Zeit. Handelt es sich um **bewegliche Sachen**, findet das am Aufenthalts- oder Niederlassungsort des sie Überlassenden (Vermieter, Verpächter, Verleiher) geltende Recht Anwendung.[342] Bei der Gebrauchsüberlassung von **Grundstücken** ist hingegen nach Abs. 3 die lex rei sitae maßgeblich.[343] Abs. 5 kann vor allem bei gleichem gewöhnlichem Aufenthalt der Parteien von Bedeutung sein. Art. 29 Abs. 2 greift nicht, sofern

---

328 Ausf. *Thode/Wenner*, Internationales Architekten- und Bauvertragsrecht, 1998, S. 79 f.
329 BGH RIW 1999, 456; OLG Hamm NJW-RR 1996, 1144, 1145; Palandt/*Heldrich*, Art. 28 EGBGB Rn 14; Erman/*Hohloch*, Art. 28 EGBGB Rn 39; *Looschelders*, Art. 28 Rn 34; Staudinger/*Magnus*, Art. 28 EGBGB Rn 310.
330 BGH RIW 1999, 456 (Bauvertrag); NJW 2003, 2020 (Architektenvertrag); Staudinger/*Magnus*, Art. 28 EGBGB Rn 103; Reithmann/Martiny/*Thode*, Rn 1111. Gleiches gilt für Verträge, in denen die Verpflichtung zur Bebauung eines Grundstücks übernommen wird, vgl. OLG Hamm NJW-RR 1996, 1144, 1145.
331 Ein Überwiegen des wirtschaftlichen Werts des Grundstücks verlangt Bamberger/Roth/*Spickhoff*, Art. 28 EGBGB Rn 17. Näher zum Bauträgervertrag im IPR *Martiny*, in: FS Ferid 1988, S. 363. Zur Anwendbarkeit der MaBV vgl. m.w.N. Reithmann/Martiny/*Freitag*, Rn 426.
332 OLG Köln IPRax 1985, 161; Reithmann/Martiny/*Thode*, Rn 1113.
333 Näher *Kartzke*, ZfBR 1993, 205, 206.
334 Soergel/*v. Hoffmann*, Art. 28 EGBGB Rn 217; Staudinger/*Magnus*, Art. 28 EGBGB Rn 317; Bamberger/Roth/*Spickhoff*, Art. 28 EGBGB Rn 29; Reithmann/Martiny/*Thode*, Rn 1116; *Thode/Wenner*, Internationales Architekten- und Bauvertragsrecht, 1998, Rn 310 ff.; *v. Bar*, IPR II, Rn 502.
335 Erman/*Hohloch*, Art. 28 EGBGB Rn 39.
336 So z.B. der frühere § 12 Abs. 1 lit. c DDR-RAnwG
337 Näher zum Anlagenvertrag z.B. *Dünnweber*, Verträge zur Erstellung von schlüsselfertigen Industrieanlage im internationalen Wirtschaftsverkehr, 1984; *Joussen*, Der Industrieanlagen-Vertrag, 2. Aufl. 1996; *Tiling*, RIW 1986, 91; *Vetter*, RIW 1984, 170; ders., RIW 1986, 81.
338 Staudinger/*Magnus*, Art. 28 EGBGB Rn 319; Reithmann/Martiny/*Thode*, Rn 1118.
339 Reithmann/Martiny/*Thode*, Rn 1118; *Wenner*, BauR 1993, 257, 260 f.
340 BGHZ 154, 110, 116; Reithmann/Martiny/*Thode*, Rn 1124; *Wenner*, RIW 1998, 173, 177; vgl. zuvor bereits BGH NJW 2001, 1936, 1937; a.A. Reithmann/Martiny/*Freitag*, Rn 425; Staudinger/*Magnus*, Art. 28 EGBGB Rn 321.
341 Vgl. auch m.w.N. Reithmann/Martiny/*Freitag*, Rn 425.
342 Palandt/*Heldrich*, Art. 28 EGBGB Rn 11; Erman/*Hohloch*, Art. 28 EGBGB Rn 35; Soergel/*v. Hoffmann*, Art. 28 EGBGB Rn 162, 182; *Looschelders*, Art. 28 Rn 45; MüKo/*Martiny*, Art. 28 EGBGB Rn 129, 132; Staudinger/*Magnus*, Art. 28 EGBGB Rn 215, 217, 219.
343 OLG Frankfurt NJW-RR 1993, 182, 183; AG Mannheim IPRspr 1994 Nr. 36.

der Gebrauchsüberlassungsvertrag nicht ausnahmsweise von dienstvertraglichen Elementen dominiert wird (näher Art. 29 EGBGB Rn 32). Zur Ferienhausmiete vgl. Rn 54, zum Timesharing Rn 55 ff.

b) Leasing. Finanzierungsleasingverträge sind Verträge eigener Art mit gleichgewichtigen Gebrauchs- 135 überlassungs- und Finanzierungselementen.[344] Die charakteristische Leistung wird vom Leasinggeber erbracht. Beim Finanzierungsleasing von **Mobilien** gilt daher das Recht seines Aufenthalts- bzw. Niederlassungsortes,[345] sofern nicht internationales Einheitsrecht einschlägig ist. Beachtlich kann vor allem die „UNIDROIT-Konvention zum Internationalen Finanzierungsleasing"[346] sein,[347] in Ausnahmefällen aber auch das UN-Kaufrecht.[348] Bei Finanzierungsleasingverträgen über **Immobilien** findet gem. Abs. 3 die *lex rei sitae* Anwendung.[349]

Mit **Operatingleasing** bezeichnet man die entgeltliche Überlassung von Investitionsgütern entweder für 136 eine kurze Zeit oder auf unbestimmte Zeit mit der Möglichkeit der jederzeitigen Kündigung durch den Leasingnehmer.[350] Charakteristische Leistung ist auch hier die des Leasinggebers. Auf die Ausführungen in der vorigen Rn kann verwiesen werden.

Art. 29 Abs. 2 kann bei Finanzierungsleasingverträgen zu einer abweichenden Anknüpfung führen, sofern die 137 Sache später erworben wird.[351] Ansonsten aber lassen sich Leasingverträge nicht als Sachlieferungsverträge qualifizieren, da bei ihnen nicht die Eigentumsverschaffung, sondern die Nutzungsmöglichkeit im Vordergrund steht;[352] daran vermag auch die Einräumung einer Kaufoption nichts zu ändern, da das Nutzungsweiterhin das Erwerbsinteresse überwiegt. Immerhin kommt aber eine Einordnung als Dienstleistungs- und vor allem als Finanzierungsvertrag in Betracht.[353]

c) Darlehen. aa) Gelddarlehen. Charakteristische Leistung eines Gelddarlehens ist die Überlassung der 138 vereinbarten Geldsumme auf Zeit, nicht aber deren Nutzung. Anwendbar ist daher das Recht am Ort des gewöhnlichen Aufenthalts oder der **Niederlassung des Darlehensgebers**,[354] bei Banken gegebenenfalls der Zweigniederlassung, die das Darlehen ausgereicht hat.[355] Art. 29 Abs. 2 bleibt zu beachten. Allerdings fallen **reine Konsumentenkredite**, d.h. Kredite, die nicht der Finanzierung eines Verbrauchervertrags über die Lieferung beweglicher Sachen oder der Erbringung von Dienstleistungen dienen, sondern unabhängig hiervon gewährt werden, mangels Zweckbindung nicht in den sachlichen Anwendungsbereich der Norm (Art. 29 EGBGB Rn 32). Jedoch kann Art. 29a analog anzuwenden sein (Art. 29a EGBGB Rn 48 ff.).

Bei einer **grundpfandrechtlichen Darlehenssicherung** spricht viel dafür, dass der Vertrag eine engere 139 Verbindung zum Staat der Grundstücksbelegenheit aufweist. Sofern der Lageort des Grundstücks nicht völlig zufällig ist und auch nicht weitere Kriterien für die Regelanknüpfung streiten, sollte der Darlehensvertrag daher bei seiner grundpfandrechtlichen Sicherung in einem anderen Staat als dem der Niederlassung des Darlehensgebers über Abs. 5 der *lex rei sitae* unterstellt werden.[356]

---

344 *Leible*, Finanzierungsleasing und „arrendamiento financiero", 1996, S. 94.
345 Reithmann/Martiny/*Dageförde*, Rn 1154; Palandt/*Heldrich*, Art. 28 EGBGB Rn 11; *Hövel*, DB 1991, 1029, 1032; Erman/*Hohloch*, Art. 28 EGBGB Rn 36; *Knebel*, RIW 1993, 537, 538; Staudinger/*Magnus*, Art. 28 EGBGB Rn 223; MüKo/*Martiny*, Art. 28 EGBGB Rn 131.
346 Deutsche Übersetzung in FLF 1992, 56; englische und französische Fassung in RabelsZ 51 (1987), 736.
347 Dazu m.w.N. *Dageförde*, Internationales Finanzierungsleasing, 1992; *ders.*, RIW 1995, 265; Reithmann/Martiny/*Dageförde*, Rn 1129 ff.
348 Vgl. zum Streitstand, ob und inwieweit Finanzierungsleasingverträge in den sachlichen Anwendungsbereich des UN-Kaufrechts fallen, Schlechtriem/*Ferrari*, Kommentar zum einheitlichen UN-Kaufrecht, 3. Aufl. 2000, Art. 1 CISG Rn 28 Staudinger/*Magnus*, Art. 1 CISG Rn 34 ff.
349 Reithmann/Martiny/*Mankowski*, Rn 1063.
350 *Leible*, Finanzierungsleasing und „arrendamiento financiero", 1996, S. 39.
351 Palandt/*Heldrich*, Art. 29 Rn 2; Soergel/*v. Hoffmann*, Art. 29 EGBGB Rn 5; Erman/*Hohloch*, Art. 29 EGBGB Rn 23; *Looschelders*, Art. 29 Rn 26; Staudinger/*Magnus*, Art. 29 Rn 47; Reithmann/Martiny/*Martiny*, Rn 806; Bamberger/Roth/

Spickhoff, Art. 29 Rn 8; a.A. *v. Bar*, IPR II, Rn 431 in Fn 136.
352 Vgl. zu Art. 5 Nr. 1 lit. b Czernich/Tiefenthaler/Kodek/*Czernich*, Art. 5 EuGVO Rn 30; Rauscher/*Leible*, Art. 5 Brüssel I-VO Rn 486; ebenso zur Qualifikation des Leasingvertrags im deutschen Recht *Leible*, Finanzierungsleasing und „arrendamiento financiero", 1996, S. 94.
353 Vgl. Reithmann/Martiny/*Dageförde*, Rn 1155.
354 OLG Celle IPRax 1999, 456, 457; OLG Düsseldorf NJW-RR 1995, 755, 756; NJW-RR 1998, 1145, 1146; OLG München RIW 1996, 329, 330; Palandt/*Heldrich*, Art. 28 EGBGB Rn 12; Erman/*Hohloch*, Art. 28 EGBGB Rn 37; Staudinger/*Magnus*, Art. 28 EGBGB Rn 235; MüKo/*Martiny*, Art. 28 EGBGB Rn 134.
355 OLG München RIW 1996, 329; *Rosenau*, RIW 1992, 879, 882.
356 Vgl. z.B. OLG Karlsruhe NJW-RR 1989, 367; *Looschelders*, Art. 28 Rn 46; Palandt/*Heldrich*, Art. 28 EGBGB Rn 12; Erman/*Hohloch*, Art. 28 EGBGB Rn 37; Reithmann/Martiny/*Martiny*, Rn 1167; Bamberger/Roth/*Spickhoff*, Art. 28 EGBGB Rn 48; a.A. Soergel/*v. Hoffmann*, Art. 28 EGBGB Rn 184; vgl. aber auch BGH RIW 1997, 426; OLG Düsseldorf WM 1990, 1959.

140 Ein Darlehen, das nicht von einem einzelnen Darlehensgeber, sondern von mehreren gemeinsam gewährt wird (**Konsortialkredit**),[357] wird kollisionsrechtlich nicht aufgespalten,[358] sondern einheitlich angeknüpft, und zwar an die Niederlassung des Konsortialführers.[359] Dem dort geltenden Recht unterstehen auch die vertraglichen Beziehungen der Konsorten untereinander.[360]

141 **bb) Sachdarlehen.** Auch beim **Sachdarlehensvertrag** wird die charakteristische Leistung vom Darlehensgeber erbracht. Eine Parallele zum Tausch ist nicht zu ziehen und daher nach Abs. 2, nicht aber Abs. 1 anzuknüpfen. Anzuwenden ist das am Ort des gewöhnlichen Aufenthalts oder der Niederlassung des Darlehensgebers geltende Recht.

142 **d) Anleihe.** Anleihen werden – anders als Darlehen – an den **Sitz des Anleiheschuldners** angeknüpft, da dieser und nicht der Anleihegläubiger mit seinem Schuldversprechen die charakteristische Leistung erbringt.[361] Das gilt auch für **Staatsanleihen**.[362] Ob der **Emissionsort** der Anleihe geeignet ist, eine engere Beziehung i.S.v. Abs. 5 zu begründen, ist umstritten.[363]

143 **15. Sicherungsverträge. a) Grundsatz.** Verträge zur Sicherung oder Feststellung einer Schuld erhalten ihre Prägung durch die Leistung derjenigen Partei, welche die Schuld sichert oder anerkennt.[364] Eine mögliche **akzessorische Abhängigkeit** von Hauptgeschäften ist grundsätzlich unbeachtlich und kann lediglich im Rahmen der Ausweichklausel des Abs. 5 von Bedeutung sein.

144 **b) Bürgschaft.** Bei einem Bürgschaftsvertrag hat der **Bürge** die charakteristische Leistung zu erbringen. Anzuwenden ist daher das am Ort des gewöhnlichen Aufenthalts oder der Niederlassung des Bürgen geltende Recht.[365] Ob dies auch für die **Prozessbürgschaft** gilt, ist umstritten.[366] Die Akzessorietät der Bürgschaft ist für sich allein nicht geeignet, eine engere Beziehung i.S.v. Abs. 5 zu dem Recht, dem die Hauptschuld unterliegt, zu begründen.[367] Jedoch kann sich aus einer Kumulation verschiedener Kriterien ein derart enger Zusammenhang mit einem anderen Vertrag ergeben, dass über Abs. 5 auch die Bürgschaft dem Statut dieses Vertrags zu unterstellen ist.[368]

145 Das Bürgschaftsstatut entscheidet über die **Leistungspflicht des Bürgen** sowie die **Folgen seiner Inanspruchnahme**, während sich der **Umfang der Bürgenhaftung** nach dem Statut des Hauptvertrags richtet.[369] Die **Form** der Bürgschaft ist nach Art. 11 gesondert anzuknüpfen. So können etwa Bürgschaftsverträge, zu deren Gültigkeit nach deutschem Recht die schriftliche Erteilung der Bürgschaftserklärung erforderlich ist, nach Art. 11 Abs. 2, 3 auch ohne diese Schriftlichkeit formgültig sein.[370] Interzessionsverbote und andere familienrechtliche Schranken unterstehen nicht dem Bürgschafts-, sondern dem Ehewirkungs- oder

---

357 Ausf. dazu *Hinsch/Horn*, Das Vertragsrecht der internationalen Konsortialkredite und Projektfinanzierungen, 1985; *Horn*, JBl 1987, 407; *Schücking*, WM 1986, 281.
358 A.A. Czernich/Heiss/*Czernich*, Art. 4 EVÜ Rn 67.
359 Soergel/*v. Hoffmann*, Art. 28 EGBGB Rn 321; Staudinger/*Magnus*, Art. 28 EGBGB Rn 237; Reithmann/Martiny/*Martiny*, Rn 1165; *Schnelle*, Die objektive Anknüpfung von Darlehen im deutschen und amerikanischen IPR, 1992, S. 206 f.; *Schücking*, WM 1996, 281, 283.
360 *Schücking*, WM 1986, 281, 288.
361 RGZ 118, 370, 371; 126, 196, 200; *Ebenroth*, in: FS Keller 1989, S. 391, 406 f.; *Kegel*, in: GS R. Schmidt 1966, S. 215, 224; Staudinger/*Magnus*, Art. 28 EGBGB Rn 241; Reithmann/Martiny/*Mankowski*, Rn 1265; *Mankowski*, AG 1998, 11, 20; Bamberger/Roth/*Spickhoff*, At. 28 EGBGB Rn 30; a.A. Soergel/*v. Hoffmann*, Art. 28 EGBGB Rn 190.
362 RGZ 118, 370; Soergel/*v. Hoffmann*, Art. 28 EGBGB Rn 191; Staudinger/*Magnus*, Art. 28 EGBGB Rn 242; MüKo/*Martiny*, Art. 28 EGBGB Rn 137; Bamberger/Roth/*Spickhoff*, Art. 28 EGBGB Rn 30.
363 Bejahend etwa *Böse*, Der Einfluß zwingenden Rechts auf internationale Anleihen, 1963, S. 59 f.; Soergel/*v. Hoffmann*, Art. 28 EGBGB Rn 190; *Kegel*, in: GS R. Schmidt 1963, S. 215, 225; Staudinger/*Magnus*, Art. 28 EGBGB Rn 241; MüKo/*Martiny*, Art. 28 EGBGB Rn 137d; ablehnend *Mankowski*, AG 1998, 11, 20; Reithmann/Martiny/*Mankowski*, Rn 1265; *Mankowski*, in: Spindler/Werner, Online-Banking, 2004, E Rn 91.
364 Czernich/Heiss/*Czernich*, Art. 4 EVÜ Rn 137; *Looschelders*, Art. 28 Rn 47; MüKo/*Martiny*, Art. 28 EGBGB Rn 32.
365 BGHZ 121, 224, 228; BGH NJW 1999, 2372, 2373; OLG Frankfurt RIW 1995, 1033; OLG Saarbrücken WM 1998, 2465, 2466; LG Hamburg RIW 1993, 144 f.; Czernich/Heiss/*Czernich*, Art. 4 EVÜ Rn 138; Palandt/*Heldrich*, Art. 28 EGBGB Rn 20; Soergel/*v. Hoffmann*, Art. 28 EGBGB Rn 286; *Looschelders*, Art. 28 Rn 47; Staudinger/*Magnus*, Art. 28 EGBGB Rn 497; Reithmann/Martiny/*Martiny*, Rn 1183; Bamberger/Roth/*Spickhoff*, Art. 28 EGBGB Rn 47.
366 Bejahend Palandt/*Heldrich*, Art. 28 EGBGB Rn 20; Erman/*Hohloch*, Art. 28 EGBGB Rn 51; Staudinger/*Magnus*, Art. 28 EGBGB Rn 497; Reithmann/Martiny/*Martiny*, Rn 1183; ablehnend und für die Anwendung der *lex fori Fuchs*, RIW 1996, 280, 288.
367 Soergel/*v. Hoffmann*, Art. 28 EGBGB Rn 285.
368 Vgl. auch OLG Oldenburg IPRspr 1975 Nr. 15; *Geisler*, Die engste Verbindung im Internationalen Privatrecht, 2001, S. 236 ff.
369 BGH NJW 1996, 1126. Näher Reithmann/Martiny/*Martiny*, Rn 1186 ff.
370 BGH NJW 1996, 1126.

Güterrechtsstatut (Artt. 14, 15).[371] Zu beachten ist Art. 6. *ordre-public*-Verstöße sind insbesondere möglich bei Bürgschaften geschäftlich unerfahrener Personen für Verbindlichkeiten naher Angehöriger.[372] Ein *ordre-public*-Verstoß wurde außerdem z.B. angenommen bei der Inanspruchnahme eines Bürgen, der sich für die Verbindlichkeiten seines im Ausland gelegenen Unternehmens verbürgt hatte, wenn die im Inland ansässige Bürgschaftsgläubigerin von demjenigen ausländischen Staat beherrscht wird, der sämtliche Anteile des Bürgen an der Hauptschuldnerin entschädigungslos enteignet hat.[373]

c) Schuldversprechen und -anerkenntnis. Schuldversprechen und Schuldanerkenntnisse unterliegen, wenn sie **abstrakt** und nicht kausal sind, nach Abs. 2 dem Recht, das am Aufenthaltsort oder der Niederlassung der das Versprechen bzw. Anerkenntnis abgebenden Partei gilt.[374] **Kausale** Schuldversprechen und -anerkenntnisse beziehen sich hingegen auf ein bestimmtes Geschäft und haben einen derart engen Bezug zu dessen Statut, dass sie in der Regel akzessorisch anzuknüpfen sind.[375]

146

d) Garantievertrag. Der Garantievertrag wird geprägt durch die **Leistung des Garanten**. Anwendbar ist das am Aufenthaltsort oder der Niederlassung des Garanten geltende Recht.[376] Es liegt in seinem Interesse, das Ausmaß seiner Verpflichtung nach der ihm vertrauten Rechtsordnung leicht und zuverlässig feststellen zu können,[377] während der Begünstigte sich darauf einstellen kann, welcher Inhalt und Wert einer Garantiezusage nach dem Recht des Verpflichteten zukommt.[378] Das gilt auch für die **Bankgarantie**, die dem Recht am Ort der Niederlassung der Bank untersteht,[379] sowie Sonderformen der Garantie oder einen **Standby Letter of Credit**.[380] Abweichungen von der Regelanknüpfung können sich bei einer Kumulation von Kriterien ergeben, die eine engere Beziehung zu einer anderen Rechtsordnung begründen. Davon ist etwa auszugehen, wenn der Vertrag in einem anderen Staat angebahnt sowie abgeschlossen und in der dortigen Sprache verhandelt wurde und zudem besondere Schutzinteressen auf dessen Recht hindeuten.[381]

147

e) Patronatserklärung. Charakteristische Leistung der Patronatserklärung ist die gegenüber dem Kreditgeber der Tochtergesellschaft abgegebene Erklärung der Muttergesellschaft, die Tochtergesellschaft hinreichend finanziell oder wirtschaftlich zu unterstützen. Anwendbar ist daher das am Sitz oder der Niederlassung der Muttergesellschaft geltende Recht.[382]

148

f) Vertragsstrafeversprechen. Vertragsstrafevereinbarungen sind nicht gesondert anzuknüpfen, sondern unterstehen als Vertragsbestandteil dem **Statut des Hauptvertrags**.[383] Im Übrigen gelangte man auch bei einer gesonderten Anknüpfung zum selben Ergebnis, da dann akzessorisch zum Hauptvertrag anzuknüpfen wäre.[384]

149

16. Vergleich. Die Form und prozessualen Wirkungen des **gerichtlichen Vergleichs** unterstehen der *lex fori*,[385] während für seine **materiellrechtlichen Wirkungen** dasselbe Statut wie für außergerichtliche Vergleiche gilt.[386] Fehlt es an einer Rechtswahl, ist nach Abs. 1 anzuknüpfen, da sich aufgrund des

150

---

371 Palandt/*Heldrich*, Art. 28 EGBGB Rn 20; Erman/*Hohloch*, Art. 28 EGBGB Rn 51; *Kühne*, JZ 1977, 439; Staudinger/*Magnus*, Art. 28 EGBGB Rn 501; a.A. BGH NJW 1977, 1011.
372 So unter Hinweis auf die einschlägige BGH- und BVerfG-Rspr. *Dörner*, in: FS Sandrock 2000, S. 205; *Looschelders*, Art. 27 Rn 8; Staudinger/*Magnus*, Art. 28 EGBGB Rn 503; vorsichtiger *Martiny*, ZEuP 1995, 67, 86; vgl. außerdem BGH NJW 1999, 2372.
373 BGHZ 104, 240.
374 Staudinger/*Magnus*, Art. 28 EGBGB Rn 511; MüKo/*Martiny*, Art. 28 EGBGB Rn 235; vgl. auch OLG Frankfurt, RIW 1987, 217.
375 OLG Hamm RIW 1999, 785, 786; LG Hamburg NJW-RR 1995, 183, 184 f.; LG München IPRspr 1981 Nr. 13A; Soergel/*v. Hoffmann*, Art. 28 EGBGB Rn 314; *Looschelders*, Art. 28 Rn 48; Staudinger/*Magnus*, Art. 28 EGBGB Rn 511; MüKo/*Martiny*, Art. 28 EGBGB Rn 235.
376 BGH NJW 1996, 54; NJW 1996, 2569, 2570; OLG Köln RIW 1992, 145; OLG Saarbrücken ZIP 2001, 1318; Czernich/Heiss/*Czernich*, Art. 4 EVÜ Rn 142; *Heldrich*, in: FS Kegel 1987, S. 175, 184 f.; Staudinger/*Magnus*, Art. 28 EGBGB Rn 506; MüKo/*Martiny*, Art. 28 EGBGB Rn 226.
377 *Goerke*, Kollisionsrechtliche Probleme internationaler Garantien, 1982, S. 90 ff.
378 BGH NJW 1996, 2569, 2570.
379 *Goerke*, Kollisionsrechtliche Probleme internationaler Garantien, 1982, S. 90 ff.; *Heldrich*, in: FS Kegel 1987, S. 175, 184 f.; *von Westphalen*, Die Bankgarantie im internationalen Handelsverkehr, 2. Aufl. 1990, S. 324.
380 Dazu *Eschmann*, RIW 1996, 913 f.
381 BGH NJW 1996, 2569, 2570.
382 LG Berlin IPRax 2000, 526; Czernich/Heiss/*Czernich*, Art. 4 EBÜ Rn 141; Soergel/*v. Hoffmann*, Art. 28 EGBGB Rn 309; Jander/Hess, RIW 1995, 730, 735; Staudinger/*Magnus*, Art. 28 EGBGB Rn 510; Reithmann/Martiny/*Martiny*, Rn 1208; Bamberger/Roth/*Spickhoff*, Art. 28 EGBGB Rn 70; *v. Bar*, IPR II, Rn 497; *Wolf*, IPRax 2000, 477, 482.
383 BGH NJW-RR 1997, 686; OLG Hamm NJW 1990, 1012; OLG Koblenz IPRspr 1976 Nr. 139.
384 Czernich/Heiss/*Czernich*, Art. 4 EVÜ Rn 144.
385 LG München IPRspr 1974 Nr. 10B.
386 Ausf. *Roden*, Zum Internationalen Privatrecht des Vergleichs, 1994.

beiderseitigen Nachgebens eine charakteristische Leistung meist nicht ermitteln lässt (Abs. 2 S. 3), und zwar akzessorisch an das Statut des ursprünglichen Vertragsverhältnisses.[387]

151 **17. Versicherungsvertrag.** Charakteristische Leistung des Versicherungsvertrags ist die der Übernahme eines Risikos durch den **Versicherer**. Soweit Versicherungsverträge in den Anwendungsbereich der Artt. 27 ff. fallen (vgl. Art. 37 EGBGB Rn 43), unterstehen sie daher mangels Rechtswahl dem Recht am Ort der Niederlassung des Versicherers,[388] nicht aber dem am Ort der Belegenheit des zu versichernden Risikos[389] oder des Aufenthalts bzw. der Niederlassung des Versicherungsnehmers.[390] Art. 29 Abs. 2 bleibt zu beachten.

152 Eine Ausnahme wird von der h.M. jedoch für **Rückversicherungsverträge** gemacht, die nicht an den Sitz des Rück-, sondern über Abs. 5 an den des Erstversicherers angeknüpft werden.[391] Dadurch soll eine Statutenspaltung bei Verträgen eines Rückversicherers mit in verschiedenen Staaten ansässigen Erstversicherern vermieden werden. Allein das vermag indes keine engere Beziehung des Rückversicherungsvertrags zum Recht des Erstversicherers zu begründen, zumal der Rückversicherer durch eine einfache Rechtswahl eine Statutenspaltung verhindern kann. Auch Rückversicherungsverträge sind daher an das Recht des Niederlassungsortes des Versicherers, hier des Rückversicherers, anzuknüpfen.[392]

153 **18. Spiel- und Wettverträge.** Bei Spiel- und Wettverträgen **unter Privaten** fehlt es an einer charakteristischen Leistung, weil sich Leistung und Gegenleistung der Parteien gleichgewichtig gegenüberstehen.[393] Anzuknüpfen ist daher nach Abs. 1 (Abs. 2 S. 3). Die engste Verbindung wird regelmäßig zum Recht des Ortes bestehen, an dem das Spiel oder die Wette durchgeführt wird.[394] Nach a.A. soll auf den Abschlussort abgestellt werden.[395]

154 Anders sind Spiel- und Wettverträge mit **gewerblichen Anbietern** (z.B. Fußball- oder Pferdewetten etc.) anzuknüpfen, da bei ihnen organisatorische Pflichten des Veranstalters hinzutreten, die dem Vertrag sein Gepräge verleihen. Es gilt daher das Recht am Niederlassungsort des Veranstalters.[396] Das gilt auch bei im Internet geschlossenen Spiel- und Wettverträgen (Cyber-Casinos etc.).[397]

155 **19. Auslobung, Preisausschreiben, Gewinnzusagen.** Charakteristisch für die **Auslobung** ist das öffentliche Versprechen einer Belohnung bei Erbringung einer bestimmten Leistung. Anzuwenden ist daher das am Aufenthalts- oder Niederlassungsort des Auslobenden geltende Recht.[398] Ebenso ist bei **Preisausschreiben** zu verfahren.[399]

---

387 OLG Hamm IPRspr 1985 Nr. 28; OLG Schleswig IPRspr 1989 Nr. 48; Soergel/v. Hoffmann, Art. 28 EGBGB Rn 53; Looschelders, Art. 28 Rn 49; Staudinger/Magnus, Art. 28 EGBGB Rn 517; Reithmann/Martiny/Martiny, Rn 323; Roden, Zum Internationalen Privatrecht des Vergleichs, 1994, S. 93 ff.

388 OLG Bremen VersR 1996, 868; OLG Karlsruhe WM 1993, 893, 894; OLG Stuttgart NJW-RR 1990, 624; Basedow/Drasch, NJW 1991, 785, 789; Czernich/Heiss/Czernich, Art. 4 EVÜ Rn 163; Looschelders, Art. 28 Rn 51; E. Lorenz, in: FS Kegel 1987, S. 303, 327; Staudinger/Magnus, Art. 28 EGBGB Rn 485; MüKo/Martiny, Art. 37 EGBGB Rn 182; Reithmann/Martiny/Schnyder, Rn 1336.

389 So aber Soergel/v. Hoffmann, Art. 28 EGBGB Rn 143.

390 So jedoch Armbrüster, ZVersWiss 1995, 139, 146; Staudinger/Armbrüster, Anh. I zu Art. 37 Rn 9 ff.; Prölss/Martin/Prölss, VVG, 27. Aufl. 2004, vor Art. 7 EGVVG Rn 14.

391 Staudinger/Armbrüster, Anh. I zu Art 37 EGBGB Rn 13; Soergel/v. Hoffmann, Art. 37 EGBGB Rn 144; Looschelders, Art. 28 Rn 52; E. Lorenz, in: FS Kegel 1987, S. 303, 327 f.; MüKo/Martiny, Art. 37 EGBGB Rn 185; Prölss/Martin/Prölss, VVG, 27. Aufl. 2004, vor Art. 7 EGVVG Rn 15; W.-H. Roth, Internationales Versicherungsvertragsrecht, 1985, S. 590; Rudisch, Österreichisches Internationales Versicherungsvertragsrecht, 1994, S. 53 ff.; Reithmann/Martiny/Schnyder, Rn 1337.

392 Ebenso Basedow, in: Reichert-Facilides, Versicherungsrecht in Europa, Kernperspektiven am Ende des 20. Jahrhunderts, 2000, S. 89, 95; Czernich/Heiss/Czernich, Art. 4 EVÜ Rn 164; Staudinger/Magnus, Art. 28 EGBGB Rn 487; v. Bar, IPR II, Rn 531.

393 Czernich/Heiss/Czernich, Art. 4 EVÜ Rn 97; MüKo/Martiny, Art. 28 EGBGB Rn 249.

394 Soergel/v. Hoffmann, Art. 28 EGBGB Rn 526; Looschelders, Art. 28 Rn 53; Staudinger/Magnus, Art. 28 EGBGB Rn 593; Martiny, in: FS W. Lorenz 2001, S. 375, 383; MüKo/Martiny, Art. 28 EGBGB Rn 249.

395 Czernich/Heiss/Czernich, Art. 4 EVÜ Rn 97.

396 BGH IPRax 1988, 228, 229; OLG Hamm NJW-RR 1997, 1007, 1008; Czernich/Heiss/Czernich, Art. 4 EVÜ Rn 98; Martiny, in: FS W. Lorenz 2001, S. 375, 383 f.; MüKo/Martiny, Art. 28 EGBGB Rn 249; Staudinger/Magnus, Art. 28 EGBGB Rn 594; a.A., jedoch mit gleichem Erg. über Abs. 1 Soergel/v. Hoffmann, Art. 28 EGBGB Rn 526; Looschelders, Art. 28 Rn 53.

397 Pfeiffer, in: Gounalakis, Rechtshandbuch Electronic Commerce, 2003, § 12 Rn 117.

398 Soergel/v. Hoffmann, Art. 28 EGBGB Rn 522; Staudinger/Magnus, Art. 28 EGBGB Rn 598; v. Bar, IPR II, Rn 496.

399 Staudinger/Magnus, Art. 28 EGBGB Rn 593.

Ansprüche auf Gewinnauskehr aufgrund von **Gewinnmitteilungen** (vgl. z.B. § 661a BGB oder § 5j öKSchG) sind nach zutreffender, aber nicht unbestrittener Ansicht deliktisch zu qualifizieren und daher nach Art. 40 anzuknüpfen.[400] Qualifiziert man hingegen rechtsgeschäftlich,[401] wäre nach Abs. 2 das am Ort der Niederlassung des Absenders geltende Recht anzuwenden, da dieser die charakteristische Leistung (Zahlung der Gewinnsumme) erbringt.[402] Ob und inwieweit in beiden Fällen eine akzessorische Anknüpfung an den Hauptvertrag, bei dem es sich regelmäßig um einen Verbrauchervertrag i.S.v. Art. 29 handeln wird, in Betracht kommt, ist umstritten.[403] Scheitern muss sie jedenfalls bei isolierten Gewinnzusagen.

20. Verträge zwischen Gesellschaftern. Schuldrechtliche Absprachen zwischen Gesellschaftern – wie z.B. Wettbewerbsvereinbarungen, interne Ausgleichsvereinbarungen oder Schiedsverträge – unterstehen nicht dem Gesellschafts-, sondern dem **Schuldvertragsstatut**.[404] Grundsätzlich ist nach Abs. 2 auf die charakteristische Leistung abzustellen, doch wird häufig eine engere Beziehung zum Recht am Sitz der Gesellschaft bestehen.[405] Gleiches gilt für Verträge oder Vorverträge, die allein die **Verpflichtung zur Gründung einer Gesellschaft** schaffen, sofern nicht schon der Vorvertrag zu einem als Gesellschaft zu qualifizierenden Gebilde (Vorgründungsgesellschaft) führt (näher Art. 37 EGBGB Rn 37), sowie für Verträge zur Bildung von Gelegenheits-, Innen- oder sonstigen Gesellschaften ohne eigene, nach außen tretende Organisationsstruktur. Da für sie die Vermutung des Abs. 2 nicht passt, ist auf Abs. 1 zurückzugreifen und das an dem Ort geltende Recht anzuwenden, an dem der Geschäftszweck hauptsächlich verfolgt wird.[406] Vgl. dazu auch Anhang zu Art. 12 EGBGB.

21. Verträge über geistiges Eigentum. a) Verlagsverträge. Verlagsverträge unterstehen ebenso wie Verträge über andere Immaterialgüterrechte[407] in ihrem verpflichtenden Teil[408] dem Vertragsstatut, sind also bei Fehlen einer Rechtswahl nach Abs. 2 anzuknüpfen.[409] **Charakteristische Leistung** des Verlagsvertrags ist die Verbreitung des Werkes durch den **Verleger** (vgl. z.B. § 1 S. 2 VerlG). Anwendung findet das an seinem Sitz geltende Recht.[410] Hat sich der Verleger hingegen nicht zur Nutzung der eingeräumten Rechte, sondern lediglich zur Zahlung einer Vergütung verpflichtet, wird die charakteristische Leistung vom **Autor** erbracht mit der Folge einer Anwendung des an seinem Sitz geltenden Rechts.[411] § 22 S. 2 VerlG ist als

---

400 OLG Dresden IPRax 2002, 421, 422; *Felke/Jordans*, IPRax 2004, 409, 411 f.; *Fetsch*, RIW 2002, 936, 938; *Feuchtmeyer*, NJW 2002, 3598 f.; *Leible*, IPRax 2003, 28, 30 f.; *ders.*, NJW 2003, 407; *Jauernig/ Mansel*, § 661a Rn 2; *Rauscher/Schülke*, EuLF 2000/ 01, 334, 337; *M. Vollkommer*, in: GS Blomeyer 2004, S. 845, 860 f.
401 So etwa OLG Nürnberg NJW 2002, 3637, 3639; *Leipold*, in: FS Musielak 2004, S. 317, 333; *S. Lorenz*, IPRax 2003, 192, 193; *Piekenbrock/Schulze*, IPRax 2003, 328, 332.
402 Zutr. *Felke/Jordans*, IPRax 2004, 409, 410.
403 Näher *Leible*, IPRax 2003, 28, 33.
404 *Michalski/Leible*, GmbHG, 2002, Syst. Darst. 2 Rn 107.
405 Vgl. z.B. BGH NJW-RR 1996, 969, 970: Ausgleichsvereinbarung nach deutschem Recht beurteilt, obgleich die Parteien des Rechtsstreits indische Rechtssubjekte waren und die Ausgleichsvereinbarung in Indien in englischer Sprache niedergelegt wurde, da sie das Innenverhältnis zwischen den Gesellschaftern einer in Deutschland betriebenen GmbH betraf und der Kl. seinen Wohnsitz in Deutschland hatte.
406 Vgl. z.B. OLG Frankfurt RIW 1998, 807, 808; Reithmann/Martiny/*Hausmann*, Rn 2257; Palandt/ *Heldrich*, Art. 28 EGBGB Rn 19; Staudinger/ *Magnus*, Art. 28 EGBGB Rn 625 f.
407 Näher *Intveen*, Internationales Urheberrecht und Internet: Zur Frage des anzuwendenden Urheberrechts bei grenzüberschreitenden Datenübertragungen, 1999; *Kleine*, Urheberrechtsverträge im internationalen Privatrecht, 1986; *Mäger*, Der Schutz des Urhebers im internationalen Vertragsrecht, 1995; *Regelin*, Das Kollisionsrecht der Immaterialgüterverträge an der Schwelle des 21. Jahrhunderts, 2000; *Ulmer*, Die Immaterialgüterrechte im Internationalen Privatrecht, 1975.
408 Vgl. zur Abgrenzung zwischen Urheberrechts- und Urhebervertragsstatut m.w.N. Reithmann/Martiny/ *Obergfell*, Rn 1781 ff.
409 *Soergel/v. Hoffmann*, Art. 28 EGBGB Rn 495; Erman/*Hohloch*, Art. 28 EGBGB Rn 54; Staudinger/ *Magnus*, Art. 28 EGBGB Rn 600; Bamberger/Roth/ *Spickhoff*, Art. 28 EGBGB Rn 80; *v. Bar*, IPR II, Rn 498.
410 BGH GRUR Int. 2002, 170, 171; zuvor bereits BGHZ 19, 110, 113; BGH GRUR 1959, 331, 333; GRUR 1980, 227, 230; außerdem z.B. OLG Hamburg GRUR Int. 1998, 431, 432; 1999, 76, 77 f.; Czernich/Heiss/*Czernich*, Art. 4 EVÜ Rn 159; *Fallenböck*, ZfRV 1999, 98, 102; Möhring/Nicolini/ *Hartmann*, Urheberrecht, 2. Aufl. 2000, vor §§ 120 ff. Rn 40; Erman/*Hohloch*, Art. 28 EGBGB Rn 54; Schricker/*Katzenberger*, Urheberrecht, 2. Aufl. 1999, vor §§ 120 ff. Rn 156; Staudinger/*Magnus*, Art. 28 EGBGB Rn 607; Fromm/Nordemann/*Nordemann*, Urheberrecht, 9. Aufl. 1998, vor §§ 120 ff. Rn 6; *Nordemann-Schiffel*, in: FS Nordemann 2004, S. 479, 480; Reithmann/Martiny/*Obergfell*, Rn 1802; Bamberger/Roth/*Spickhoff*, Art. 29 EGBGB Rn 80; Wandtke/Bullinger/*von Welser*, Urheberrecht, 2003, vor §§ 120 ff. Rn 24.
411 Möhring/Nicolini/*Hartmann*, Urheberrecht, 2. Aufl. 2000, vor §§ 120 ff. Rn 40; Schricker/ *Katzenberger*, Urheberrecht, 2. Aufl. 1999, vor §§ 120 ff. Rn 156; Fromm/Nordemann/*Nordemann*, Urheberrecht, 9. Aufl. 1998, vor §§ 120 ff. Rn 6; *Nordemann-Schiffel*, in: FS Nordemann 2004, S. 479, 481; Wandtke/Bullinger/*von Welser*, Urheberrecht, 2003, vor §§ 120 ff. Rn 24.

international zwingende Norm (Art. 34) auch bei einem ausländischen Vertragsstatut anzuwenden, sofern das Werk in Deutschland verbreitet wird.[412]

159 Nach den gleichen Kriterien richtet sich die Anknüpfung von **Urheberrechtsverträgen**. Bei einer Verwertung in Deutschland finden §§ 32, 32a UrhG auch bei einem ausländischen Vertragsstatut Anwendung (Art. 34).[413]

160 **b) Lizenzverträge.** Charakteristische Leistung des Lizenzvertrags ist die Nutzungsgestattung, und zwar selbst dann, wenn der Lizenznehmer zur Ausübung verpflichtet ist.[414] Verträge über die Einräumung einer ausschließlichen wie auch einer nicht ausschließlichen Lizenz[415] unterstehen daher dem Recht am Ort des gewöhnlichen Aufenthalts oder der **Niederlassung des Lizenzgebers**.[416] Nach anderer Ansicht soll hingegen bei nur **einem Schutzland** auf das Recht dieses Schutzlandes abzustellen[417] und das Recht des Lizenzgebers lediglich dann maßgeblich sein, wenn der Lizenzvertrag mehrere Schutzländer umfasst.[418]

161 **c) Know-how- und Technologietransferverträge.** Die charakteristische Leistung bei Know-how- und Technologietransferverträgen erbringt diejenige Partei, die sich zur entgeltlichen Vermittlung besonderen, etwa naturwissenschaftlichen oder ökonomischen, Wissens verpflichtet, das keinen Immaterialgüterschutz genießt.[419] Anzuwenden ist mangels Rechtswahl daher nach Abs. 2 das Recht am Niederlassungsort des **Know-how-Gebers** bzw. desjenigen, der technologisches Wissen transferiert.[420]

Artikel 29 Verbraucherverträge

(1) ¹Bei Verträgen über die Lieferung beweglicher Sachen oder die Erbringung von Dienstleistungen zu einem Zweck, der nicht der beruflichen oder gewerblichen Tätigkeit des Berechtigten (Verbrauchers) zugerechnet werden kann, sowie bei Verträgen zur Finanzierung eines solchen Geschäfts darf eine Rechtswahl der Parteien nicht dazu führen, daß dem Verbraucher der durch die zwingenden Bestimmungen des Rechts des Staates, in dem er seinen gewöhnlichen Aufenthalt hat, gewährte Schutz entzogen wird,
1. wenn dem Vertragsabschluß ein ausdrückliches Angebot oder eine Werbung in diesem Staat vorausgegangen ist und wenn der Verbraucher in diesem Staat die zum Abschluß des Vertrags erforderlichen Rechtshandlungen vorgenommen hat,
2. wenn der Vertragspartner des Verbrauchers oder sein Vertreter die Bestellung des Verbrauchers in diesem Staat entgegengenommen hat oder
3. wenn der Vertrag den Verkauf von Waren betrifft und der Verbraucher von diesem Staat in einen anderen Staat gereist ist und dort seine Bestellung aufgegeben hat, sofern diese Reise vom Verkäufer mit dem Ziel herbeigeführt worden ist, den Verbraucher zum Vertragsabschluß zu veranlassen.

---

412 Vgl. dazu und zum Verhältnis der Vorschrift zu §§ 32, 32a UrhG Reithmann/Martiny/*Obergfell*, Rn 1813.
413 Näher dazu Nordemann-Schiffel, in: FS Nordemann 2004, S. 479 ff.; Reithmann/Martiny/*Obergfell*, Rn 1810 ff.
414 Reithmann/Martiny/*Hiestand*, Rn 1737; a.A. Soergel/*v. Hoffmann*, Art. 28 EGBGB Rn 502.
415 Vgl. zu besonderen Problemen bei der Open-Source-Software *Spindler*, in: Spindler, Rechtsfragen bei open source, 2004, C Rn 134 ff. und D Rn 41 ff.
416 *Hiestand*, Die Anknüpfung internationaler Lizenzverträge, 1993; Reithmann/Martiny/*Hiestand*, Rn 1737 f.; Erman/*Hoholch*, Art. 28 EGBGB Rn 54; Staudinger/*Magnus*, Art. 28 EGBGB Rn 610; Bamberger/Roth/*Spickhoff*, Art. 28 EGBGB Rn 64; v. Bar, IPR II, Rn 498.
417 *Beier*, GRUR Int. 1981, 299, 305; Benkard/*Ullmann*, Patentgesetz, 9. Aufl. 1993, § 15 PatG Rn 135; *Liechtenstein*, NJW 1964, 1345, 1350; MüKo/*Martiny*, Art. 28 EGBGB Rn 269; vgl. auch OLG Düsseldorf GRUR Int. 1962, 256; wieder anders *Fallenböck*, ZfRV 1999, 98, 102 (Sitz des Lizenznehmers).
418 Benkard/*Ullmann*, Patentgesetz, 9. Aufl. 1993, § 15 PatG Rn 135; MüKo/*Martiny*, Art. 28 EGBGB Rn 269a. Für das Niederlassungsrecht des Lizenznehmers hingegen Henn, Problematik und Systematik des internationalen Patentlizenzvertrages, 1967, S. 90. Für das Recht des primären Schutzlandes schließlich LG Düsseldorf GRUR Int. 1999, 772; *Beier*, in: Holl/Klinke, Internationales Privatrecht, internationales Wirtschaftsrecht, 1985, S. 287, 298.
419 Ausf. Hoppe, Lizenz- und Know-How-Verträge im internationalen Privatrecht, 1994.
420 *Beier*, in: Holl/Klinke, Internationales Privatrecht, internationales Wirtschaftsrecht, 1985, S. 287, 302; Erman/*Hoholch*, Art. 28 EGBGB Rn 55; Reithmann/Martiny/*Hiestand*, Rn 1736; *Kreuzer*, in: FS von Caemmerer 1978, S. 705, 723; Staudinger/*Magnus*, Art. 28 EGBGB Rn 622; MüKo/*Martiny*, Art. 28 EGBGB Rn 270; Bamberger/Roth/*Spickhoff*, Art. 28 EGBGB Rn 58.

(2) ¹Mangels einer Rechtswahl unterliegen Verbraucherverträge, die unter den in Absatz 1 bezeichneten Umständen zustande gekommen sind, dem Recht des Staates, in dem der Verbraucher seinen gewöhnlichen Aufenthalt hat.

(3) ¹Auf Verbraucherverträge, die unter den in Absatz 1 bezeichneten Umständen geschlossen worden sind, ist Artikel 11 Abs. 1 bis 3 nicht anzuwenden. ²Die Form dieser Verträge unterliegt dem Recht des Staates, in dem der Verbraucher seinen gewöhnlichen Aufenthalt hat.

(4) ¹Die vorstehenden Absätze gelten nicht für
1. Beförderungsverträge,
2. Verträge über die Erbringung von Dienstleistungen, wenn die dem Verbraucher geschuldeten Dienstleistungen ausschließlich in einem anderen als dem Staat erbracht werden müssen, in dem der Verbraucher seinen gewöhnlichen Aufenthalt hat.

²Sie gelten jedoch für Reiseverträge, die für einen Pauschalpreis kombinierte Beförderungs- und Unterbringungsleistungen vorsehen.

Literatur: *Aden*, Rechtswahl und Schiedsklausel im Verbraucherschutz, RIW 1997, 723; *Backert*, Kollisionsrechtlicher Verbraucherschutz im Mosaik der Sonderanknüpfungen des deutschen internationalen Schuldvertragsrechts: Eine Darstellung am Beispiel der „Gran Canaria-Fälle", 2000; *Basedow*, Das neue Internationale Versicherungsvertragsrecht, NJW 1991, 785; *ders.*, Materielle Rechtsangleichung und Kollisionsrecht, in: Schnyder/Heiss/Rudisch, Internationales Verbraucherschutzrecht, 1995, S. 11; *ders.*, Internationales Verbrauchervertragsrecht – Erfahrungen, Prinzipien und europäische Reform, in: FS Jayme 2004, S. 3; *Baumert*, Die Umsetzung des Art. 6 Abs. 2 der AGB-Richtlinie im System des europäischen kollisionsrechtlichen Verbraucherschutzes, EWS 1995, 57; *ders.*, Europäischer ordre public und Sonderanknüpfung zur Durchsetzung von EG-Recht unter besonderer Berücksichtigung der sog. mittelbaren Wirkung von EG-Richtlinien, 1994; *Beise*, Rechtswahlklauseln in Time-Sharing-Verträgen, NJW 1995, 1724; *ders.*, Time-Sharing-Verträge und die Isle of Man, RIW 1995, 632; *B. Böhm*, Verbraucherschutz im Internationalen Privatrecht – Die Reichweite des Art. 29 EGBGB an Hand ausgesuchter Fälle, Diss. Bayreuth 1993; *Borges*, Weltweite Geschäfte per Internet und deutscher Verbraucherschutz, ZIP 1999, 565; *ders.*, Lokalisierung von Angeboten beim Electronic Banking, WM 2001, 1542; *Bröcker*, Verbraucherschutz im Europäischen Kollisionsrecht, 1998; *Bülow*, Zum internationalen Anwendungsbereich des deutschen Verbraucherkreditgesetzes, EuZW 1993, 435; *Bureau*, Le droit de la consommation transfrontière, 1999; *Calliess*, Coherence and Consistency in European Consumer Contract Law: a ProgressReport, GLJ 4 (2003), 333; *Coester-Waltjen*, Der Eskimo-Mantel aus Spanien – Ist der kollisionsrechtliche Verbraucherschutz zu kurz gestrickt?, in: FS W. Lorenz 1991. S. 297; *Czernich/Heiss*, EVÜ – Das Europäische Schuldvertragsübereinkommen, 1999; *Czernich/Tiefenthaler/Kodek*, Europäisches Gerichtsstands- und Vollstreckungsrecht, 2. Aufl. 2003; *Ebke*, Erste Erfahrungen mit dem EG-Schuldvertragsübereinkommen, in: v. Bar, Europäisches Gemeinschaftsrecht und IPR, 1991, S. 77; *ders.*, Schuldrechtliche Teilzeitwohnrechte an Immobilien im Ausland und kein Widerrufsrecht: Zum Ende der Altfälle, IPRax 1998, 263; *Ehle*, Wege zu einer Kohärenz der Rechtsquellen im Europäischen Kollisionsrecht der Verbraucherverträge, 2002; *Fischer*, Das Kollisionsrecht der Verbraucherverträge jenseits von Art. 5 EVÜ, in: FS Großfeld 1999, S. 277; *Grundmann*, Europäisches Vertragsrechtsübereinkommen, EWG-Vertrag und § 12 AGBG, IPRax 1992, 1; *Heiss*, Formvorschriften als Instrument europäischen Verbraucherschutzes, in: Schnyder/Heiss/Rudisch, Internationales Verbraucherschutzrecht, 1995, S. 87; *ders.*, Wandlungen im internationalen Verbraucherschutzrecht, in: FS G. Mayer, Wien 2004, S. 33; *von Hoffmann*, Consumer Contracts and the 1980 Rome EC Convention on the Law Applicable to Contractual Obligations, J. Cons. Policy 15 (1992), 365; *ders.*, Inländische Sachnormen mit zwingendem internationalem Anwendungsbereich, IPRax 1989, 261; *ders.*, Über den Schutz des Schwächeren bei internationalen Schuldverträgen, RabelsZ 38 (1974), 396; *Imhoff-Scheier*, Protection du consommateur et contrats internationaux, Genf 1981; *Jasef*, Art. 29 EGBGB und grenzüberschreitende Verbraucherkreditverträge, FLF 1995, 103; *Jayme*, „Timesharing-Verträge" im Internationalen Privat- und Verfahrensrecht, IPRax 1995, 234; *ders.*, Die internationale Zuständigkeit bei Haustürgeschäften, in: FS Nagel 1987, S. 123; *ders.*, Haustürgeschäfte deutscher Urlauber in Spanien – Horizontale Wirkungen der EG-Richtlinien und internationales Vertragsrecht, IPRax 1990, 220; *ders.*, Klauselrichtlinie und Internationales Privatrecht, in: FS Trinkner 1995, S. 575; *ders.*, Spanien: Umsetzung der EG-Richtlinie 85/577 über den Schutz von Verbrauchern bei außerhalb der Geschäftsräume geschlossenen Verträgen, IPRax 1992, 203; *Joustra*, De internationale consumentenovereenkomst, 1997; *Junker*, Die freie Rechtswahl und ihre Grenzen, IPRax 1993, 1; *ders.*, Vom Citoyen zum Consommateur – Entwicklungen des Internationalen Verbraucherschutzes, IPRax 1998, 65; *Kartzke*, Verträge mit gewerblichen Ferienhausanbietern, NJW 1994, 823; *Keller*, Schutz des Schwächeren im Internationalen Vertragsrecht, in: FS Vischer 1983, S. 175; *Klauer*, Das europäische Kollisionsrecht der Verbraucherverträge zwischen Römer-EVÜ und EG-Richtlinien, 2002; *Klingsporn*, Der Schutz des Verbrauchers im internationalen Privatrecht, WM 1994, 1093; *Klotz*, Kreditvergabe durch deutsche Banken und Verbraucherschutz in Frankreich, RIW 1997, 197; *Knaul*, Auswirkungen des europäischen Binnenmarktes der Banken auf das internationale Bankvertragsrecht unter besonderer Berücksichtigung des Verbraucherschutzes, 1995; *Koch*, Verbrauchergerichtsstand nach dem EuGVÜ und Vermögensgerichtsstand nach der ZPO für Termingeschäfte?, IPRax 1995, 71; *Kohte*, Verbraucherschutz im Licht des europäischen Wirtschaftsrechts, EuZW 1990, 150; *Kroeger*, Der Schutz der „marktschwächeren" Partei im Internationalen Vertragsrecht, 1984; *Kronke*, Electronic Commerce und Europäisches Verbraucher-IPR – Zur Umsetzung der Fernabsatzrichtlinie, RIW 1996, 985; *Kropholler*, Das kollisionsrechtliche System des Schutzes der schwächeren Vertragspartei, RabelsZ 42 (1978), 634; *Lagarde*, Le consommateur en droit international privé, 1999; *Lando*, Consumer Contracts and Party Autonomy in the Conflict of Laws, Mélanges Malmström, 1972, S. 141; *Lange*, Haustürgeschäfte deutscher Spanienurlauber nach spanischem Recht – Verbraucherschutz, internationales Privatrecht und interregionales Zivilrecht, 1993; *Langenfeld*, Noch einmal – Die EG-Richtlinie zum Haustürwiderrufsgesetz und deutsches IPR, IPRax 1993, 155; *Langer*, Vertragsanbahnung und Vertragsschluss im Internet – Rechts- und Verbraucherschutz, EuLF 2000 –01, 117; *Leible*, Rechtswahlfreiheit und kollisionsrechtlicher Verbraucherschutz, Jb. Junger ZivWiss. 1995, 245; *ders.*, Kollisionsrechtlicher Verbraucherschutz im EVÜ und in EG-Richtlinien, in: Schulte-Nölke/Schulze, Rechtsangleichung und nationale Privatrechte, 1999, S. 353; *ders.*, Verbesserung des kollisionsrechtlichen Verbraucherschutzes, in: Leible (Hrsg.), Das Grünbuch zum Internationalen Vertragsrecht, 2004, S. 133; *Lindacher*, AGB-Verbandsklage im Reiseveranstaltergeschäft mit auslandsbelegenen Ferienhäusern und -wohnungen, IPRax 1993, 228; *Looschelders*, Der Schutz von Verbrauchern und Versicherungsnehmern im Internationalen Privatrecht, in: FS E. Lorenz 2004, S. 441; *E. Lorenz*, Die Rechtswahlfreiheit im internationalen Schuldvertragsrecht, RIW 1987, 569; *ders.*, Zum neuen internationalen Vertragsrecht aus versicherungsvertraglicher Sicht, in: FS Kegel 1987, S. 303; *W. Lorenz*, Kollisionsrecht des Verbraucherschutzes – Anwendbares Recht und internationale Zuständigkeit, IPRax 1994, 429; *Lüderitz*, „Verbraucherschutz" im internationalen Vertragsrecht – ein Zuständigkeitsproblem, in: FS Riesenfeld 1983, S. 147; *ders.*, Ein Haustürgeschäft über Haustüren – Deutsch-französischer Justizkonflikt wegen Bagatellen, IPRax 1989, 25; *ders.*, Internationaler Verbraucherschutz in Nöten, IPRax 1990, 216; *Lurger*, Zur Umsetzung der Kollisionsnormen von Verbraucherschutzrichtlinien, in: FS Posch 1996, S. 179; *dies.*, Vollmacht und Verbraucherschutz im österreichischen IPR, IPRax 1996, 54; *dies.*, Internationaler Verbraucherschutz im Internet, in: Leible (Hrsg.), Die Bedeutung des Internationalen Privatrechts im Zeitalter der neuen Medien, 2003, S. 33; *Mankowski*, Aspekte des internationalrechtlichen Verbraucherschutzes beim Time-Sharing-Geschäft, VuR 1996, 392; *ders.*, Das Internet im Internationalen Vertrags- und Deliktsrecht, RabelsZ 63 (1999), 203; *ders.*, Keine Sonderanknüpfung deutschen Verbraucherschutzrechts über Art. 34 EGBGB, DZWir 1996, 273; *ders.*, Spezielle vertragsrechtliche Gesetze und internationales Privatrecht, IPRax 1995, 230; *ders.*, Internationaler Verbraucherschutz und Internet, in: Studiengesellschaft für Wirtschaft und Recht (Hrsg.), Internet und Recht – Rechtsfragen von E-Commerce und E-Government, 2002, S. 191; *ders.*, Strukturfragen des internationalen Verbrauchervertragsrechts, RIW 1993, 453; *ders.*, Timesharingverträge und Internationales Vertragsrecht, RIW 1995, 364; *ders.*, Widerrufsrecht und Art. 31 Abs. 2 EGBGB, RIW 1996, 382; *ders.*, Zu einigen internationalprivat- und internationalprozeßrechtlichen Aspekten bei Börsentermingeschäften, RIW 1996, 1001; *ders.*, Zur Analogie im internationalen Schuldvertragsrecht, IPRax 1991, 305; *ders.*, Zur Auslegung des Art. 13 EuGVÜ, RIW 1997, 990; *ders.*, E-Commerce und Internationales Verbrauchervertragsrecht, MMR 2000, 22; *Mäsch*, Die Time-Sharing-Richtlinie, EuZW 1995, 8; *ders.*, Gran Canaria und kein Ende – Zur Sonderanknüpfung vorkonsensualer Elemente im internationalen Vertragsrecht nach Art. 31 Abs. 2 EGBGB, IPRax 1995, 371; *ders.*, Rechtswahlfreiheit und Verbraucherschutz, 1993; *De Matos*, Les contrats transfrontières conclus par les consommateurs au sein de l'Union Européenne, 2001; *Mayer, U.*, Die Vereinbarung Allgemeiner Geschäftsbedingungen bei Geschäften mit ausländischen Kontrahenten, 1984; *van Meeren*, Lauterkeitsrecht und Verbraucherschutz im IPR, 1995; *Morse*, Consumer Contracts, Employment Contracts and the Rome Convention, Int. Comp. L. Q. 41 (1992), 1; *Nassall*, Die Auswirkungen der EU-Richtlinie über mißbräuchliche Klauseln in Verbraucherverträgen auf nationale Individualprozesse, WM 1994, 1645; *Nemeth*, Kollisionsrechtlicher Verbraucherschutz in Europa, 2000; *dies.*, Kollisionsrechtlicher Verbraucherschutz in Europa, WBl 2000, 341; *H.-H. Otto*, Allgemeine Geschäftsbedingungen und Internationales Privatrecht, 1984; *Paefgen*, Kollisionsrechtlicher Verbraucherschutz im Internationalen Vertragsrecht und europäisches Gemeinschaftsrecht, ZEuP 2003, 266; *Pfeiffer*, Grenzüberschreitende Internetverträge, in: Hohl/Leible/Sosnitza (Hrsg.), Vernetztes Recht. Das Internet als Herausforderung für eine moderne Rechtsordnung, 2002, S. 21; *Rauscher*, Europäisches Zivilprozessrecht, 2003; *ders.*, Gran Canaria – Isle of Man – Was kommt danach?, EuZW 1996, 650; *ders.*, Prozessualer Verbraucherschutz im EuGVÜ?, IPRax 1995, 289; *Reich*, Cleverles Binnenmarkt II – Vom Sieg der praktischen über die theoretische Vernunft, VuR 1992, 189; *Reichert-Facilides*, Zum internationalprivatrechtlichen Verbraucherschutz, in: FS Schwind 1993, S. 125; *Reinhart*, Zur Auslegung des Begriffs „Verbraucher" im Kollisionsrecht, in: FS Trinkner 1995, S. 657; *Reithmann/Martiny*, Internationales Vertragsrecht, 6. Auflage 2004; *W.-H. Roth*, Internationales Versicherungsvertragsrecht, 1985; *ders.*, Verbraucherschutz über die Grenze, RIW 1994, 275; *ders.*, Zum Verhältnis von Art. 7 Abs. 2 und Art. 5 der Römer Schuldvertragskonvention, in: Schnyder/Heiss/Rudisch, Internationales Verbraucherschutzrecht, 1995, S. 35; *ders.*, Grundfragen im künftigen internationalen Verbrauchervertragsrecht der Gemeinschaft, FS Sonnenberger 2004, S. 591; *Rudisch*, Grenzüberschreitender Schutz bei Verbrauchergeschäften im Gefüge von internationalem Privatrecht und internationalem Verfahrensrecht, in: Schnyder/Heiss/Rudisch, Internationales Verbraucherschutzrecht, 1995, S. 191; *Schlosser*, Sonderanknüpfung von zwingendem Verbraucherschutzrecht und europäisches Prozeßrecht – Eine Studie unter besonderer Berücksichtigung der deutschen Rechtsprechung zu Differenzeinwand und Börsentermingeschäftsfähigkeit, in: FS Steindorff 1990, S. 1379; *Schnyder*, Ausweichklausel und Verbraucherschutz, in: Schnyder/Heiss/Rudisch, Internationales Verbraucherschutzrecht, 1995, S. 57; *Schwander*, Internationales Vertragsschuldrecht – direkte Zuständigkeit und objektive Anknüpfung, in: FS Moser 1987, S. 79; *Schwarz*, Schutzkollisionen im internationalen Verbraucherschutz, dargestellt an der Neuregelung des Rechts der Allgemeinen Geschäftsbedingungen in Portugal, 1991; *Schwimann*, Verbraucherverträge im österreichischen IPR, IPRax 1989, 317; *ders.*, Zur internationalprivatrechtlichen Behandlung von Verbraucherverträgen, Miete und Wohnungseigentum, ÖJZ 1981, 309; *Stauder*, Contrats transfrontières de consommation conclus via Internet (b2c) – droit international privé: compétence judiciaire et droit applicable, in: Koller/Müller (Hrsg.), Tagung 2001 für Informatikrecht, 2002, S. 115; *Staudinger*, Rom, Brüssel, Berlin und Amsterdam – Chiffren eines Europäischen Kollisionsrechts für Verbraucherverträge, ZfRV 2000, 93; *Stoll*, Das Statut der Rechtswahlvereinbarung – eine irreführende Konstruktion, in: FS Heini 1995, S. 429; *ders.*, Zur Neuordnung des internationalen Verbrauchervertragsrechts, in: FS Max-Planck-Institut 2001, S. 463; *Taupitz*, Kaffeefahrt auf Gran Canaria – Deutscher Verbraucherschutz im Urlaubsgepäck, BB 1990, 642; *Thorn*, Verbrauchergerichtsstand nach EuGVÜ und örtliche Zuständigkeit, IPRax 1994, 426; *ders.*, Verbraucherschutz bei Verträgen im Fernabsatz, IPRax 1999, 1; *Tonner*, Gerichtsstand und anwendbares Recht bei Buchung bei einem ausländischen Reiseveranstalter, VuR 1988, 274; *Trapp*, Internationaler Verbraucherschutz durch das Gesetz zur Regelung des Rechts der Allgemeinen Geschäftsbedingungen, 1994; *Wach-Weberpals*, Inländischer Gerichtsstand für Bereicherungsklagen gegen ausländische Brokerfirmen aus unverbindlichen Termin- und Differenzgeschäften, AG 1989, 193; *Wagner*, Verfahrens- und kollisionsprivatrechtliche Fragen beim Teleshopping, WM 1995, 1129; *Weber-Stecher/Isler*, E-Commerce: Konsum ohne Grenzen – Rechtsschutz mit Grenzen (Aspekte des IZPR und des IPR), in: in: Koller/Müller (Hrsg.), Tagung 2001 für Informatikrecht, 2002, S. 135; *Wilderspin*, Les perspectives d'une révision de la convention de Rome sur la loi applicable aux obligations contractuelles, in: Fuchs/Muir Watt/Pataut (Hrsg.), Les conflits de lois et le système communautaire, 2004, S. 173; *von Wilmowsky*, Der internationale Verbrauchervertrag im EG-Binnenmarkt, ZEuP 1995, 735; *Yeun*, Verbraucherschutz im internationalen Vertragsrecht, IPRax 1994, 257.

Verbraucherverträge — Art. 29 EGBGB

A. Allgemeines 1	e) Andere Vertragstypen 35
I. Entstehung 1	f) Ausnahmen und Rückausnahme 37
II. Gründe für einen kollisionsrechtlichen	aa) Beförderungsverträge 37
Verbraucherschutz 2	bb) Dienstleistungserbringung im
III. Regelungsziel 3	Ausland 40
IV. Regelungsstruktur 4	cc) Pauschalreisen (Rückausnahme) 44
V. Europäisches Richtlinienkollisionsrecht ... 5	4. Räumlich-situative Anwendungsvoraus-
VI. E-Commerce 6	setzungen (Abs. 1 Nr. 1–3) 46
B. Regelungsgehalt 7	a) Überblick 46
I. Geltung allgemeiner Regeln 7	b) Angebot oder Werbung im
1. Auslegung 7	Aufenthaltsstaat des Verbrauchers
2. Rück- und Weiterverweisung 8	(Abs. 1 Nr. 1) 48
3. Ordre public 9	c) Entgegennahme der Bestellung im
II. Verhältnis zu anderen Vorschriften 11	Aufenthaltsstaat des Verbrauchers
1. Verhältnis zu Art. 27 11	(Abs. 1 Nr. 2) 53
2. Verhältnis zu Art. 28 13	d) Verkaufsfahrten in das Ausland
3. Verhältnis zu Art. 29a 14	(Abs. 1 Nr. 3) 55
4. Verhältnis zu Art. 34 15	e) Erweiterung des situativen
III. Anwendungsvoraussetzungen 19	Anwendungsbereichs? 59
1. Grundsatz 19	IV. Rechtsfolgen 61
2. Beteiligung eines Verbrauchers ... 20	1. Subjektive Anknüpfung (Abs. 1) ... 61
a) Verbraucherbegriff 20	a) Allgemeines 61
aa) Zweckrichtung 20	b) Günstigkeitsprinzip 63
bb) Natürliche Person 24	c) Zwingende Bestimmungen ... 65
b) Zweiseitig funktionaler	d) Günstigkeitsvergleich 67
Verbraucherbegriff 25	2. Objektive Anknüpfung (Abs. 2) ... 69
3. Erfasste Vertragstypen 26	3. Form (Abs. 3) 70
a) Überblick 26	C. Internationale Zuständigkeit 71
b) Lieferung beweglicher Sachen 27	I. EuGVVO 71
c) Dienstleistungsverträge 30	II. EuGVÜ/LugÜ 78
d) Finanzierungsverträge 33	III. Autonomes Recht 82

A. Allgemeines

I. Entstehung

Einwände gegen eine unbeschränkte Geltung des Grundsatzes der Parteiautonomie wurden bereits in den Siebzigerjahren des 20. Jahrhunderts erhoben und mit der Forderung nach einer Begrenzung der Rechtswahlfreiheit zum Schutz der „marktschwächeren" Partei verbunden.[1] Gleichwohl fanden sich im deutschen – anders als im österreichischen[2] – Recht lange Zeit lediglich vereinzelte Normen, die einen – allerdings nur rudimentären – kollisionsrechtlichen Verbraucherschutz ermöglichten (§§ 10 Nr. 8, 12 AGBGB a.F., § 11 FernUSG a.F.). Das änderte sich erst grundlegend mit der Aufnahme von Art. 29 in das EGBGB durch das IPRNG von 1986, der Art. 5 EVÜ in das deutsche Recht inkorporiert. Abs. 1 entspricht Art. 5 Abs. 1 und 2 EVÜ, Abs. 2 dem Art. 5 Abs. 3 EVÜ. Art. 5 Abs. 4 und 5 EVÜ werden durch Abs. 4 inkorporiert, während Abs. 3 den Art. 9 Abs. 5 EVÜ übernimmt. Die Norm ist seitdem unverändert geblieben, allerdings im Jahr 2000 durch Art. 29a ergänzt worden (vgl. Art. 29a EGBGB Rn 8). Im Zuge der Überführung des EVÜ in eine EG-Verordnung ist aufgrund der zwischenzeitlich deutlich gewordenen Defizite des kollisionsrechtlichen Verbraucherschutzes mit einer Änderung des Schutzkonzepts zu rechnen (vgl. Rn 5). 1

II. Gründe für einen kollisionsrechtlichen Verbraucherschutz

Rechtswahlfreiheit wird im Internationalen Schuldvertragsrecht u.a. deshalb gewährt, weil es zuvorderst die Parteien sind, die wissen, welches Recht das für ihr Rechtsverhältnis passendste ist. Sind die Kräfteverhältnisse allerdings ungleich, droht die Gefahr, dass die Rechtswahl nicht auf einer gemeinsamen Überzeugung der Parteien beruht, welches Recht das für ihre Leistungsbeziehung bessere ist, und die kollisionsrechtliche Wahlfreiheit von der marktstärkeren Partei ausgenutzt wird, um einseitig eigene Interessen durchzusetzen und Vorteile zu erlangen. Die Parteiautonomie verliert aber ihren Sinn, wenn sie zur Herrschaft des Stärke- 2

---

[1] Vgl. z.B. *v. Hoffmann*, RabelsZ 38 (1974), 396; *Imhoff-Scheier*, Protection du consommateur et contrats internationaux, 1981; *Keller*, in: FS Vischer 1983, S. 175; *Kroeger*, Der Schutz der „marktschwächeren" Partei im Internationalen Vertragsrecht; *Kropholler*, RabelsZ 42 (1978), 634; *Uebersax*, Der Schutz der schwächeren Partei im internationalen Vertragsrecht, 1976.

[2] Vgl. § 41 IPRG a.F., (Österreichisches) BGBl Nr. 304/1978; ein Vergleich zwischen § 41 IPRG und Art. 5 EVÜ findet sich bei *Reichert-Facilides*, in: FS Schwind 1993, S. 125.

ren über den Schwächeren wird.³ Die Parteiautonomie beruht ebenso wie die Privatautonomie auf dem Gedanken der freien Entfaltung der Persönlichkeit. Eine solche Selbstverwirklichung kann aber nur dort stattfinden, wo entsprechende Voraussetzungen gegeben sind. Ungleichgewichtslagen können das zur Vertragsaushandlung notwendige Gleichgewicht stören und damit das Entstehen „gerechter" Vertragsverhältnisse verhindern. Es ist daher Aufgabe des Staates, den zur freien Persönlichkeitsentfaltung notwendigen Rahmen zu schaffen. Wenn die Parteien durch ihre eigenverantwortliche Rechtswahl am ehesten zur Verwirklichung internationalprivatrechtlicher Gerechtigkeit in der Lage sind, entspricht es auch IPR-spezifischen Interessen, das Erzielen „richtiger" Ergebnisse durch Schaffung gleichwertiger Verhandlungspositionen sicherzustellen. Verbraucherschützende Einschränkungen der Parteiautonomie dienen somit nicht nur der Durchsetzung materiellrechtlicher Wertungen, sondern zielen gleichzeitig auf das Erreichen internationalprivatrechtlicher Gerechtigkeit.⁴

III. Regelungsziel

3 Art. 29 schützt nicht den „dynamischen" Verbraucher, der sich aus eigenem Antrieb auf den Auslandsmarkt begibt, sondern den „passiven" Verbraucher, der vom Anbieter auf seinem heimatlichen Markt angesprochen wird.⁵ Durch das Handeln des Anbieters auf dem Inlandsmarkt wird ein schutzwürdiges Vertrauen des Verbrauchers auf die Geltung „seines" Rechts begründet. In diesen Fällen hat der „Marktstaat" ein legitimes Interesse daran, Verantwortung für den Inhalt der auf seinem Markt geschlossenen oder angebahnten Geschäfte zu übernehmen und einen aus seiner Sicht angemessenen Interessenausgleich zu gewährleisten.⁶ Sind Anbahnungsmarkt und Wohnsitzstaat des Verbrauchers hingegen verschieden, bleibt der Verbraucher ohne Schutz des Aufenthaltsstatuts. Das ist in der Regel auch interessengerecht. Verbraucher, die sich aus eigener Initiative ins Ausland begeben, um dort Waren zu kaufen oder Dienstleistungen in Anspruch zu nehmen, können (und werden) nicht erwarten, ihr heimisches Verbraucherschutzrecht als Handgepäck ständig mit sich zu führen. Eine uneingeschränkte Sonderanknüpfung von Verbraucherverträgen führte zudem zu einer nicht hinnehmbaren Risikoallokation auf Seiten des Anbieters. Denn keinem Waren- oder Dienstleistungsanbieter kann zugemutet werden, bei jeder Art von Geschäften mit (vielleicht sogar unerkannt) ausländischen Konsumenten stets das am Wohnsitz des Verbrauchers geltende Recht ermitteln zu müssen.⁷

IV. Regelungsstruktur

4 Abs. 1 und 4 umreißen den persönlichen, sachlichen sowie räumlich-situativen Anwendungsbereich der Norm. Ist er eröffnet, wird eine Rechtswahl – anders als im schweizerischen Recht (Art. 120 IPRG) – nicht ausgeschlossen, sondern von Abs. 1 lediglich in ihren Wirkungen eingeschränkt: Wenn das Recht am Ort des gewöhnlichen Aufenthalts des Verbrauchers für ihn günstiger ist, findet dieses und nicht das gewählte Recht Anwendung. Beim Fehlen einer Rechtswahlvereinbarung ist es nach Abs. 2 stets anwendbar. Auch die Form von Verbraucherverträgen unterliegt – abgesehen von den Art. 11 Abs. 4 und 5, die ohnehin nicht in den Anwendungsbereich des Art. 29 fallen – grundsätzlich dem Recht des Staates, in dem der Verbraucher seinen gewöhnlichen Aufenthalt hat.

V. Europäisches Richtlinienkollisionsrecht

5 Der Anwendungsbereich des Art. 29 ist sowohl in sachlicher als auch in räumlicher Sicht zu eng. Der Gemeinschaftsgesetzgeber hat daher im Laufe der Zeit in zahlreiche privatrechtsangleichende EG-Richtlinien kollisionsrechtliche Regelungen aufgenommen, deren Umsetzung durch die Mitgliedstaaten die mit dem EVÜ in Europa erreichte Einheitlichkeit des Kollisionsrechts der Schuldverträge zerstört hat (vgl. näher Art. 29a EGBGB Rn 7). Nachdem in der Literatur vermehrt auf die Notwendigkeit einer Kohärenz der Rechtsquellen hingewiesen und Vorschläge zur ihrer (Wieder-)Herstellung unterbreitet wurden,⁸ hat die

---

3 *Neuhaus*, Die Grundbegriffe des Internationalen Privatrechts, 2. Aufl. 1976, S. 172. Ähnlich *v. Hoffmann*, RabelsZ 38 (1974), 396; *Kropholler*, RabelsZ 42 (1978) 634, 645; *W.-H. Roth*, Internationales Versicherungsvertragsrecht, S. 442.
4 *Leible*, JJZ 1995, 1996, S. 245, 252;; *ders.*, in: FS Jayme 2004, S. 485, 492.
5 *Jayme*, in: Hommelhoff/Jayme/Mangold, Europäischer Binnenmarkt, Internationales Privatrecht und Rechtsangleichung, 1995, S. 35, 46; *Mankowski*, RIW 1993, 453, 457; *Martiny*, ZEuP 1995, 67, 79.
6 *Stoll*, in: FS Kegel 1987, S. 623, 631.
7 *Leible*, JJZ 1995, 1996, S. 245, 256.
8 Vgl. *Basedow*, in: Schnyder/Heiss/Rudisch, Internationales Verbraucherschutzrecht, S. 11, 34; *Ehle*, S. 275 f.; *Klauer*, Das europäische Kollisionsrecht der Verbraucherverträge zwischen Römer-EVÜ und EG-Richtlinien, S. 336 f.; *Leible*, in: Schulte-Nölke/Schulze, Rechtsangleichung und nationale Privatrechte, S. 353, 382 ff.; *Lurger*, in: FS Posch 1996, S. 179, 202 f.

EG-Kommission in ihrem „Grünbuch über die Umwandlung des Übereinkommens von Rom aus dem Jahre 1980 über das auf vertragliche Schuldverhältnisse anzuwendende Recht in ein Gemeinschaftsinstrument sowie über seine Aktualisierung"[9] die Kritik aufgegriffen, eine recht umfangreiche Frage zur Zukunft des kollisionsrechtlichen Verbraucherschutzes in der Europäischen Gemeinschaft und insgesamt acht verschiedene Regelungsmodelle zur Diskussion gestellt.[10] Wann ein erster Verordnungsvorschlag vorgelegt werden und wie er inhaltlich ausgestaltet sein wird, ist derzeit noch nicht absehbar.

VI. E-Commerce

Art. 29 ist auch bei Verbrauchergeschäften im E-Commerce zu beachten. § 4 Abs. 2 Nr. 2 TDG nimmt „die Vorschriften für vertragliche Schuldverhältnisse in Bezug auf Verbraucherverträge" ausdrücklich vom kollisionsrechtlich verstehenden Herkunftslandprinzip des § 4 TDG aus. Von dieser Ausnahme werden alle vertraglichen Pflichten der Parteien und alle diesbezüglichen Normen einschließlich der kollisionsrechtlichen Verweisungsregeln erfasst. Damit bleibt es bei der Geltung der allgemeinen kollisionsrechtlichen Bestimmungen einschließlich Art. 29.[11]

B. Regelungsgehalt

I. Geltung allgemeiner Regeln

1. Auslegung. Art. 29 inkorporiert Art. 5 EVÜ in deutsches Recht und ist daher gem. Art. 36 unter Berücksichtigung der in anderen Vertragsstaaten des EVÜ ergangenen Rechtsprechung autonom-rechtsvergleichend auszulegen. Gleiches gilt für die Qualifikation, bei der auf die rechtsvergleichende Qualifikationsmethode zurückzugreifen ist. Besonderes Gewicht kommt der zu den ähnlich strukturierten Bestimmungen der Artt. 15 ff. EuGVVO und vor allem Artt. 13 ff. EuGVÜ ergangenen Rechtsprechung des EuGH zu. Nachdem Belgien endlich das zweite Auslegungsprotokoll zum EVÜ ratifiziert hat, sollte von den in Art. 2 des ersten Auslegungsprotokolls aufgeführten Gerichten (BGH und Rechtsmittelgerichte) in entscheidungserheblichen Zweifelsfragen eine Vorabentscheidung des EuGH zur Auslegung der inkorporierten Norm des Art. 5 EVÜ eingeholt werden.

2. Rück- und Weiterverweisung. Art. 29 spricht gem. Art. 35 Abs. 1 eine Sachnorm- und keine Gesamtverweisung aus. Rück- oder Weiterverweisungen durch das von Art. 29 berufenen Recht sind daher unbeachtlich. Führt die Verweisung zum Recht eines Staates mit gespaltener Rechtsordnung, ist nach Art. 35 Abs. 2 eine Unteranknüpfung vorzunehmen. Anzuwenden sind die Sachvorschriften derjenigen Gebietseinheit mit eigenem Schuldrecht, in der der Verbraucher seinen gewöhnlichen Aufenthalt hat.

3. Ordre public. Sind die Abweichungen des von Art. 29 berufenen Rechts von deutschen Gerechtigkeitsvorstellungen besonders krass, eröffnet Art. 6 S. 1 die Möglichkeit, von der Anwendung des ausländischen Rechts abzusehen. Praktische Anwendungsfälle sind allerdings kaum vorstellbar, da häufig schon der Günstigkeitsvergleich des Abs. 1 Korrekturmöglichkeiten gibt (vgl. Rn 67 f.), Art. 29a eine ergänzende Hilfestellung bietet und schließlich Art. 34, wenn auch unter engen Voraussetzungen, eine Durchsetzung international zwingender Normen des deutschen Verbraucherschutzrechts gegen das Vertragsstatut ermöglicht (vgl. Rn 16). Selbst wenn dies nicht weiterhilft, dürfen Widerrufsrechte und andere verbraucherschützende Rechtsbehelfe nicht leichtfertig zum Kernbestand der inländischen Rechtsordnung erklärt werden.[12] Art. 6 kann nicht zur weltweiten Durchsetzung deutscher Wertmaßstäbe materialisiert werden, sondern muss funktionell auf die Abwehr besonders schwerwiegender Verstöße gegen deutsche Gerechtigkeitsvorstellungen beschränkt bleiben.

Art. 6 umfasst nicht nur die wesentlichen Grundsätze des deutschen Rechts, sondern ebenso die des Gemeinschaftsrechts („europäischer *ordre public*").[13] Gleichwohl kann von der Vorbehaltsklausel nicht allein deshalb

---

9 KOM (2002) 654 endg. Vgl. dazu *Ehle*, GPR 2003 –04, 49; *Handig*, ecolex 2003, 290; *Wilderspin*, in: Fuchs/Muir Watt/Pataut (Hrsg.), Les conflits de lois et le système communautaire, 2004, S. 173; *Magnus/Mankowski*, ZVglRWiss 2004, 131, 164; *Mankowski*, ZEuP 2003, 483; außerdem die Beiträge in: Leible, Das Grünbuch zum Internationalen Vertragsrecht, 2004.

10 Vgl. dazu *Calliess*, GLJ 4 (2003), 333; *Leible*, in: Leible, Das Grünbuch zum Internationalen Vertragsrecht, 2004 S. 133; *W.-H. Roth*, in: FS Sonnenberger 2004, S. 591.

11 Näher dazu m.w.N. MüKo/*Martiny*, nach Art. 34 EGBGB Rn 43 ff.

12 So aber z.B. OLG Celle RIW 1991, 421, 423; LG Bamberg NJW-RR 1990, 694; AG Lichtenfels IPRax 1990, 235, 236. Ähnlich *Löwe*, BB 1986, 821, 825; *Reich*, RabelsZ 56 (1992), 444, 483 in Fn 107; Bamberger/Roth/*Spickhoff*, Art. 29 EGBGB Rn 15.

13 BGH NJW 1969, 980; *v. Bar/Mankowski*, IPR I, § 7 Rn 272; *Jayme*, Methoden der Konkretisierung des ordre public im Internationalen Privatrecht, 1989, S. 12; MüKo/*Sonnenberger*, Art. 6 EGBGB Rn 67.

Gebrauch gemacht werden, weil der Staat, auf dessen Recht verwiesen wurde, eine verbraucherschützende EG-Richtlinie nicht oder nicht zutreffend umgesetzt hat.[14] Selbst der EuGH lässt eine Nichtbeachtung des Gemeinschaftsrechts nur dann für einen Verstoß gegen den *ordre public* genügen, wenn sie zu einem grundlegenden europäischen Gerechtigkeitsvorstellungen zuwiderlaufenden Ergebnis führt.[15] Zudem stellt das Gemeinschaftsrecht für die Fälle einer unterbliebenen Richtlinien-Umsetzung das Instrument der Staatshaftung zur Verfügung, das insoweit Vorrang vor der *ordre public*-Klausel beansprucht.

II. Verhältnis zu anderen Vorschriften

11 **1. Verhältnis zu Art. 27.** Art. 29 setzt den Grundsatz der freien Rechtswahl nicht außer Kraft, sondern Abs. 1 das Vorliegen einer wirksam zustande gekommenen Rechtswahlvereinbarung (Artt. 27 Abs. 4, 31) vielmehr voraus. Es bleibt auch grundsätzlich bei der Anwendung des gewählten Rechts. Verbraucherschützende Vorschriften des Aufenthaltsstaats des Verbrauchers sind lediglich dann anzuwenden, wenn sie für den Verbraucher günstiger als das gewählte Recht sind.

12 **Umstritten** ist das Verhältnis zwischen Art. 29 und Art. 27 Abs. 3. Art. 27 Abs. 3 führt bei fehlendem Auslandsbezug dazu, dass es zu keiner kollisions-, sondern lediglich einer materiellrechtlichen Verweisung kommt und daher die zwingenden Vorschriften des Aufenthaltsstaats des Verbrauchers ohnehin anwendbar bleiben.[16] Für Art. 29 ist daher eigentlich kein Raum mehr. Gleichwohl soll nach verbreiteter Auffassung nicht nach Art. 27 Abs. 3, sondern nach Abs. 1 anzuknüpfen sein, da es sich bei Art. 29 um die speziellere Vorschrift handele und es außerdem für den Verbraucher vorteilhaft sei, wenn das gewählte Recht maßgeblich bleibe, sofern es für ihn günstiger ist.[17] Dem ist zu widersprechen. Das in Art. 29 vorgesehene Günstigkeitsprinzip überschreitet das Maß des erforderlichen kollisionsrechtlichen Verbraucherschutzes ohnehin schon[18] und sollte folglich nicht auch noch auf reine Inlandsfälle ausgedehnt werden. Insoweit muss es mit dem Vorrang von Art. 27 Abs. 3 sein Bewenden haben.[19]

13 **2. Verhältnis zu Art. 28.** Abs. 2 geht Art. 28 vor. Insbesondere kann das danach gefundene Ergebnis nicht über die Ausweichklausel des Art. 28 Abs. 5 korrigiert werden.[20]

14 **3. Verhältnis zu Art. 29a.** Art. 29 ist auch im Verhältnis zu Art. 29a vorrangig anzuwenden (vgl. Art. 29a EGBGB Rn 17 und 34 ff.).[21] Auf Art. 29a kann daher nur zurückgegriffen werden, wenn der Anwendungsbereich von Art. 29 nicht eröffnet ist oder die Norm zum Recht eines Staates führt, der nicht Mitgliedstaat der EG oder Vertragsstaat des EWR ist. Und selbst in letzterem Fall greift Art. 29a nicht, sofern das gewählte Drittstaatenrecht von Art. 29 allein deshalb berufen wurde, weil es für den Verbraucher günstiger ist (vgl. Art. 29a EGBGB Rn 36).[22]

15 **4. Verhältnis zu Art. 34.** Ob deutsche Normen des zivilrechtlichen Verbraucherschutzes über Art. 34 gegen das kraft subjektiver oder objektiver Anknüpfung bestimmte ausländische Vertragsstatut durchgesetzt werden können, hängt zum einen von ihrer Eingriffsnormqualität und zum anderen vom Verhältnis zwischen Art. 34 auf der einen und Art. 29 (und 29a) auf der anderen Seite ab.

---

14 So aber *Steindorff*, EuR 1981, 426, 434; ähnlich *Iversen*, in: Iversen/Brödermann, Europäisches Gemeinschaftsrecht und Internationales Privatrecht, 1994, Rn 1052; *Lüderitz*, IPRax 1990, 216, 219; wie hier z.B. OLG Düsseldorf NJW-RR 1995, 1396; LG Düsseldorf RIW 1995, 415; Soergel/*v. Hoffmann*, Art. 29 EGBGB Rn 35; *Leible*, JJZ 1995, 1996, 245, 267; Staudinger/*Magnus*, Art. 29 EGBGB Rn 15; *Mankowski*, RIW 1995, 364, 367 f.; MüKo/*Martiny*, Art. 29 EGBGB Rn 43; offen gelassen von BGHZ 135, 124, 139.

15 Vgl. (zum EuGVÜ) EuGH Slg. 2000, I-2973 – Renault/Maxicar.

16 Vgl. näher *Mäsch*, Rechtswahlfreiheit und Verbraucherschutz, S. 95 f.

17 So etwa Soergel/*v. Hoffmann*, Art. 29 EGBGB Rn 30; Erman/*Hohloch*, Art. 29 EGBGB Rn 8; *Looschelders*, Art. 29 Rn 7; *Lorenz*, in: FS Kegel 1987, S. 303, 337; Staudinger/*Magnus*, Art. 29 EGBGB Rn 20.

18 Vgl. zur Kritik des Günstigkeitsprinzips u.a. *Leible*, JJZ 1995, 1996, S. 245, 258 f.; *ders.*, in: Leible,

Das Grünbuch zum Internationalen Vertragsrecht, 2004, S. 133, 145 ff.; *Mäsch*, Rechtswahlfreiheit und Verbraucherschutz, S. 65 ff.

19 Im Erg. ebenso Palandt/*Heldrich*, Art. 29 EGBGB Rn 4.

20 Palandt/*Heldrich*, Art. 28 EGBGB Rn 1; *Looschelders*, Art. 29 Rn 8; Staudinger/*Magnus*, Art. 29 EGBGB Rn 21.

21 BT-Drucks 14/2658, S. 50; *Freitag/Leible*, EWS 2000, 342, 346; Palandt/*Heldrich*, Art. 29 EGBGB Rn 1; *Looschelders*, Art. 29 Rn 9; *Rauscher*, IPR, S. 255; Bamberger/Roth/*Spickhoff*, Art. 29a Rn 7; *Staudinger*, RIW 2000, 416, 419; a.A. Erman/*Hohloch*, Art. 29a EGBGB Rn 8; MüKo/*Martiny*, Art. 29a EGBGB Rn 25; *v. Hoffmann*, IPR, § 10 Rn 73c.

22 *Ehle*, S. 204. *Freitag/Leible*, EWS 2000, 342, 346; Erman/*Hohloch*, Art. 29a EGBGB Rn 24; *Staudinger*, RIW 2000, 416, 419.

Art. 34 dient nach tradierter Ansicht nur der Durchsetzung von Vorschriften, die auf die Verfolgung außerhalb des Vertragsverhältnisses liegender überindividueller öffentlicher Interessen gerichtet sind.[23] Eine derartige Unterscheidung ist aber bereits deshalb wenig überzeugend, weil gerade der „Schutz des Schwachen" meist auf der Grenze zwischen reinem Privatrecht und den rechts- oder staatspolitischen Eingriffsnormen liegt.[24] Zwingende Verbraucherschutznormen haben häufig eine Doppelfunktion. Neben vertragsregulierenden Zwecken werden oft auch sozialpolitische Absichten verfolgt. Eine allgemein gültige Abgrenzung zwischen lediglich die „Mikrofunktion" des Vertrages betreffenden und gesamtwirtschaftlichen, auf die „Makrofunktion" des Vertrages bezogenen Normen lässt sich daher nicht treffen.[25] Art. 34 hat mit guten Gründen auf sie verzichtet und spricht nur von „zwingenden Normen". Dass dies grundsätzlich auch verbraucherschützende Normen (wie etwa zum Verbraucherdarlehensvertrag, §§ 491 ff. BGB[26]) sein können, ergibt sich zudem aus dem **Bericht von** *Giuliano/Lagarde*.[27] Indes sind nicht sämtliche Normen des zivilrechtlichen Verbraucherschutzes international zwingend. Es bedarf vielmehr einer sorgfältigen Analyse im Einzelfall, ob ihnen nach dem Willen des Gesetzgebers der Charakter einer Eingriffsnorm zukommen soll. Hierfür kann die dargelegte Differenzierung durchaus nützlich sein, vermag doch die öffentlich-rechtliche Natur oder die staats- oder wirtschaftspolitische Zielsetzung einer Norm immerhin einen ersten Anhaltspunkt geben; bei solchen Normen kann eher als bei primär privatrechtlichen Normen unterstellt werden, dass sie mit einem kollisionsrechtlichen Eingriffsbefehl ausgestattet werden sollten.[28] Bei sozialpolitisch motivierten Vorschriften des Verbraucherschutzes wird hingegen im Zweifel von einfach zwingendem Recht auszugehen sein.[29]

Maßgeblich für eine Abweichung vom Vertragsstatut sind stets die **mit der Sachnorm verfolgten Interessen**. Sind diese Interessen für Verbraucherverträge bereits durch die Anknüpfungspunkte des Art. 29 gesetzlich präzisiert, kommt eine hiervon abweichende Anknüpfung nicht mehr in Betracht; denn „Schutznormen, die bei den in Abs. 1 genannten Geschäften zur Anwendung berufen werden und damit in den Anwendungsbereich des Verbrauchervertragsstatuts fallen, haben einen durch die Anknüpfungspunkte des Abs. 1 Nr. 1–3 konkretisierten internationalen Anwendungsbereich".[30] Eine gesonderte Anknüpfung ist folglich nur bei nicht von Art. 29 erfassten Vertragstypen oder Vertragsschlusssituationen möglich, sofern Sinn und Zweck der infrage stehenden Schutznorm das gebietet.[31] Einer gesonderten Anknüpfung sind daher allenfalls Verbraucherdarlehensverträge (vgl. aber auch Rn 48 ff.) zugänglich, nicht aber Verbraucherdarlehensverträge zur Finanzierung von Warenkäufen oder Dienstleistungen.[32] Und selbst in diesen Fällen bedarf es eines Abs. 1 Nr. 1–3 vergleichbaren Inlandsbezugs.[33]

---

23 *Felke*, RIW 2001, 30, 31 f.; Reithmann/Martiny/ *Freitag*, Rn 404; *Freitag*, in: Leible, Das Grünbuch zum Internationalen Vertragsrecht, 2004, S. 165, 177 ff.; *Junker*, IPRax 2000, 65, 67; *Kropholler*, IPR, S. 494; *Lagarde*, Rev. Crit. Dr. Int. Pr. 80 (1991), 293, 316; *Mankowski*, RIW 1993, 453, 461; *ders.*, IPRax 1994, 88, 94; *ders.*, RIW 1994, 688, 692; *ders.*, RIW 1995, 364, 368; *ders.*, DZWiR 1996, 273, 277 f.; *ders.*, RIW 1998, 287, 289; *van Meeren*, Lauterkeitsrecht und Verbraucherschutz im IPR, S. 38; *Radtke*, ZVglRWiss 84 (1985), 325, 329; *Schaack*, Zu den Prinzipien der Privatautonomie im deutschen und französischen Rechtsanwendungsrecht, 1990, S. 43 f. und 88. Ähnlich auch BAGGE 63, 17, 32 zum KSchG; ebenso etwa BAG, NZA 1992, 1129; IPRax 1994, 123.
24 *Neuhaus*, RabelsZ 46 (1982), 4, 19.
25 So aber z.B. *Mankowski*, RIW 1993, 453, 461; wie hier *Leible*, JJZ 1995, 1996, 245, 263; *Mäsch*, Rechtswahlfreiheit und Verbraucherschutz, S. 138; *Meyer-Sparenberg*, Staatsvertragliche Kollisionsnormen, 1990, S. 180; *Schurig*, RabelsZ 54 (1990), 217, 227.
26 Vgl. dazu z.B. *Bülow*, EuZW 1993, 435.
27 BT-Drucks 10/503, S. 36, 60: „Dieser Absatz ist auf den Wunsch einiger Delegationen zurückzuführen, die Anwendungen jener Bestimmungen des Rechts des Staates des angerufenen Gerichts sicherzustellen, die den Sachverhalt ohne Rücksicht auf das auf den Vertrag anzuwendende Recht zwingend regeln (vor allem auf den Gebieten des ...

Verbraucherschutzrechts)." Im Erg. ebenso, wenn auch mit unterschiedlichen Differenzierungen, z.B. BGHZ 123, 380, 391; 135, 124, 136; *Basedow*, RabelsZ 52 (1988), 20, 27 – „ordnungspolitische Normen des Gruppenschutzes"; *Bülow*, EuZW 1993, 435, 436; *Fischer*, JZ 1994, 367, 379; Palandt/*Heldrich*, Art. 34 EGBGB Rn 3a; Soergel/ *v. Hoffmann*, Art. 34 EGBGB Rn 54; *v. Hoffmann*, IPRax 1989, 261, 263 und 266; *ders.*, JCP 15 (1992), 365, 377; Erman/*Hohloch*, Art. 34 EGBGB, Rn 15; *Klingsporn*, WM 1994, 1093, 1098; *Kohte*, EuZW 1990, 150, 153 ff.; *Looschelders*, Art. 34 Rn 19; *E. Lorenz*, RIW 1987, 569, 580; *W. Lorenz*, IPRax 1994, 429, 431; MüKo/*Martiny*, Art. 34 EGBGB Rn 79; *Meyer-Sparenberg*, RIW 1989, 347, 349; *Reich*, NJW 1994, 2128; *W.-H. Roth*, RIW 1994, 275, 277; *Siehr*, RabelsZ 52 (1988), 41, 48.
28 *E. Lorenz*, RIW 1987, 569, 579.
29 *Leible*, JJZ 1995, 1996, 245, 263.
30 *W.-H. Roth*, RIW 1994, 275, 278; dem folgend etwa BGHZ 123, 380. 391.
31 Grenzen dieser Sonderanknüpfung ergeben sich in der Europäischen Union lediglich aus den durch den EGV gewährten Grundfreiheiten. Ausf. dazu *von Wilmowsky*, ZEuP 1995, 735, 737.
32 *Grundmann*, IPRax 1992, 1, 2 und 4; *Mäsch*, IPRax 1995, 371, 374; *W.-H. Roth*, RIW 1994, 275, 278.
33 BGHZ 135, 124, 136; Palandt/*Heldrich*, Art. 34 EGBGB Rn 3a; *Leible*, JJZ 1995, 1996, 245, 263; *W.-H. Roth*, RIW 1994, 275, 278; a.A. *Junker*, IPRax 2000, 65, 71; *Looschelders*, Art. 34 Rn 21.

18 Soweit verbraucherschützende Vorschriften auf einer der in Art. 29a Abs. 4 genannten Richtlinien beruhen, wird Art. 34 außerdem durch Art. 29a verdrängt (vgl. Art. 29a EGBGB Rn 18). Art. 34 tritt schließlich auch dann zurück, wenn Art. 29a analog anzuwenden ist (vgl. Art. 29a EGBGB Rn 48 ff.).

III. Anwendungsvoraussetzungen

19 **1. Grundsatz.** Der durch Art. 29 gewährte kollisionsrechtliche Verbraucherschutz ist nicht vollkommen. Der Anwendungsbereich der Vorschrift wird auf dreifache Weise – persönlich, sachlich und räumlich – eingegrenzt: Eine Partei muss „Verbraucher" sein, es muss sich um einen bestimmten Kreis von Geschäften handeln und der Vertrag unter bestimmten Umständen zustande gekommen sein.

20 **2. Beteiligung eines Verbrauchers. a) Verbraucherbegriff. aa) Zweckrichtung.** Art. 29 erfasst nur Schuldverträge, die von einem Verbraucher geschlossen werden. Die Definition des Verbrauchers bzw. Verbrauchervertrages entspricht der des Art. 15 EuGVVO. Um einen Verbraucher handelt es sich beim privaten Endverbraucher, d.h. einer Person, die zu einem Zweck kontrahiert, der nicht ihrer beruflichen oder gewerblichen Tätigkeit zugerechnet werden kann.[34] Maßgeblich für die Bestimmung des Geschäftszwecks ist in erster Linie die subjektive Absicht des Kunden, die allerdings in hinreichender Weise nach außen manifestiert werden muss.

21 Art. 29 unterfallen nur solche Geschäfte, die nicht den beruflichen oder gewerblichen Zwecken des Kontrahenten dienen. Es ist also eine **Negativabgrenzung** vorzunehmen. Ausgeschlossen sind auf jeden Fall alle Geschäfte, die im Rahmen und für die Ausübung einer gewerblichen oder selbständigen beruflichen Tätigkeit abgeschlossen werden, wie beispielsweise die Anschaffung von Büromaterial oder sonstigen betrieblichen Verbrauchsgütern, der Büroausstattung, von Maschinen, Arbeitsbekleidung für die Belegschaft usw.[35]

22 Kontrahieren Freiberufler oder andere Selbständige oder Gewerbetreibende hingegen zu Zwecken, die dem privaten Lebensbereich zuzuordnen sind, handeln sie als Verbraucher.[36] Indes sollen auch **berufsbezogene Geschäfte von unselbständig Beschäftigten**, wie etwa der Kauf von Berufskleidung, privaten Zwecken dienen und daher von Art. 29 erfasst werden. Das geht freilich über den Wortlaut von Art. 29 hinaus, der ebenso wie die EG-Richtlinien zum zivilrechtlichen Verbraucherschutz auch eine abhängige berufliche Tätigkeit genügen lässt. Während aber die Beschränkung auf § 13 BGB auf eine selbständige berufliche Tätigkeit mit dem Mindestschutzcharakter der EG-Richtlinien begründet werden kann,[37] regeln Art. 29 EGBGB bzw. Art. 5 EVÜ die Materie abschließend. Indes sind Systematik und Zweck der Vorschriften zu beachten. Der gleichberechtigt verwendete Begriff „gewerblich" beinhaltet das Merkmal der Selbständigkeit. Daher liegt die Annahme nahe, dass mit der Bezeichnung „beruflich" nur eine Erweiterung auf andere selbständige Tätigkeiten erfolgen sollte, die nicht gewerblicher, sondern z.B. freiberuflicher Natur (Ärzte, Anwälte, Architekten etc.) sind.[38] Auch der Zweck des Verbraucherschutzes fordert eine Ausnahme von Verträgen zu nicht selbständigen beruflichen Zwecken. Denn die Ungleichgewichtslage ist beim Erwerb von Arbeitsgeräten zur Ausübung einer unselbständigen beruflichen Tätigkeit keine andere als beim Erwerb zu privaten Zwecken.[39] Ergänzend kann außerdem auf Art. 30 verwiesen werden, der den Arbeitnehmer als schwächere Vertragspartei bei einer kollisionsrechtlichen Rechtswahl schützt. Es liegt daher nahe, den Berechtigten nach Art. 29 auch bei Verträgen zu schützen, die im Zusammenhang mit einem Arbeitsverhältnis stehen.[40] Dient das Geschäft sowohl privaten als auch gewerblichen oder beruflichen Zwecken, entscheidet der überwiegende Zweck.[41]

23 Der **Zweck eines Geschäfts** ist zwar grundsätzlich subjektiv zu bestimmen, doch erfordert bei einer privaten Zweckbestimmung der Schutz des Vertragspartners, dass er diese auch kannte oder zumindest erkennen konnte.[42] Fehlt es an einer gemeinsamen Festlegung durch die Parteien, kommt es für die Zurechnung des

---

34 So zu Art. 13 EuGVÜ EuGH Slg. 1993, I-139, 188 Rn 20 – Shearson/TVB Treuhandgesellschaft; Slg. 1997, I-3767, 3795 Rn 15 – Benincasa/Dentalkit.
35 Bericht *Giuliano/Lagarde*, BT-Drucks 10/503, S. 55; *Looschelders*, Art. 29 Rn 19; Staudinger/*Magnus*, Art. 29 EGBGB Rn 34; Bamberger/Roth/*Spickhoff*, Art. 29 EGBGB Rn 10.
36 Vgl. OLG Düsseldorf RIW 1995, 769 zu Börsentermingeschäften eines Arztes.
37 Vgl. dazu *Bülow/Artz*, NJW 2000, 2049, 2050.
38 Vgl. ebenso zum Verbraucherbegriff der Verbrauchsgüterkauf-Richtlinie *Leible*, in: Gebauer/Wiedmann, Zivilrecht unter gemeinschaftsrechtlichem Einfluss, 2004, Kap. 9 Rn 162.
39 Im Erg. ebenso Palandt/*Heldrich*, Art. 29 EGBGB Rn 3; Erman/*Hohloch*, Art. 29 EGBGB Rn 34; *Junker*, IPRax 1998, 65, 68; Staudinger/*Magnus*, Art. 29 EGBGB Rn 35; MüKo/*Martiny*, Art. 29 EGBGB Rn 5; Reithmann/Martiny/*Martiny*, Rn 803; *Reinhart*, in: FS Trinkner 1995, S. 657, 659 f.
40 *E. Lorenz*, RIW 1987, 569, 576; *Looschelders*, Art. 29 Rn 20.
41 Czernich/Heiss/*Heiss*, Art. 5 EVÜ Rn 9; Staudinger/*Magnus*, Art. 29 EGBGB Rn 39; Reithmann/Martiny/*Martiny*, Rn 803; a.A. *E. Lorenz*, RIW 1987, 569, 576; wohl auch *Lüderitz*, in: FS Riesenfeld 1983, S. 147, 156.
42 Staudinger/*Magnus*, Art. 29 EGBGB Rn 38; MüKo/*Martiny*, Art. 29 EGBGB Rn 6.

Vertrages daher entscheidend auf die dem Vertragspartner objektiv erkennbaren Umstände des Geschäfts an.[43] Im Zweifel ist das Geschäft als Verbrauchervertrag zu behandeln.[44]

bb) Natürliche Person. Voraussetzung für die Einordnung als Verbraucher ist weiterhin, dass es sich beim Kontrahenten um eine natürliche Person handelt.[45] Der EuGH hat jedenfalls juristische Personen aus dem Anwendungsbereich der Klausel-Richtlinie ausgenommen.[46] Zwar verwendet die Klausel-Richtlinie – anders als Art. 29 – ausdrücklich den Begriff der „natürlichen Person", doch wird auch bei den Parallelnormen der Art. 13 EuGVÜ bzw. Art. 15 EuGVVO grundsätzlich davon ausgegangen, dass es bei juristischen Personen regelmäßig an einer strukturellen Ungleichgewichtslage fehlt.[47]

b) Zweiseitig funktionaler Verbraucherbegriff. Art. 29 setzt weiterhin voraus, dass die andere Vertragspartei im Rahmen ihrer beruflichen oder gewerblichen Tätigkeit handelt. Der Verbraucherbegriff des Art. 29 ist nicht eindimensional, sondern zweiseitig funktional. Entgegen verbreiteter Ansicht[48] werden reine Privatgeschäfte, z.B. ein Gebrauchtwagenkauf unter Privaten, nicht erfasst.[49] Ziel der Vorschrift ist eine Einschränkung der allgemeinen Anknüpfungskriterien für Situationen, in denen im Moment des Vertragsschlusses zwischen den Parteien *typischerweise* ein Machtgefälle besteht. Genau daran mangelt es bei Geschäften zwischen Privatleuten. Nur ein zweiseitig funktionaler Verbraucherbegriff entspricht im Übrigen dem der verbraucherschützenden EG-Richtlinien.[50]

3. Erfasste Vertragstypen. a) Überblick. Verbraucherverträge werden nur gesondert angeknüpft, wenn es sich um bestimmte Vertragstypen handelt. Art. 29 erfasst lediglich Verträge über die Lieferung beweglicher Sachen oder die Erbringung von Dienstleistungen sowie Verträge zur Finanzierung eines solchen Geschäfts (Abs. 1). Beförderungsverträge und Verträge über Dienstleistungen, die dem Verbraucher ausschließlich außerhalb seines Aufenthaltsstaats zu erbringen sind, sind ausdrücklich vom Anwendungsbereich des Übereinkommens ausgenommen (Abs. 4 S. 1). Im Wege einer Unterausnahme werden freilich Pauschalreiseverträge wieder der Kollisionsnorm unterstellt (Abs. 4 S. 2).

b) Lieferung beweglicher Sachen. Verträge über die Lieferung beweglicher Sachen sind zunächst einmal alle Arten von Warenkäufen. Darauf, ob der Kaufpreis bar bezahlt oder finanziert wird, kommt es nicht an. Entscheidend ist die endgültige Sachübertragung. Daher werden auch **Mietkauf- und Finanzierungsleasingverträge** erfasst, sofern die Sache später erworben wird.[51] Ansonsten aber lassen sich Leasing- und Mietkaufverträge nicht als Sachlieferungsverträge qualifizieren, da bei ihnen nicht die Eigentumsverschaffung, sondern die Nutzungsmöglichkeit im Vordergrund steht;[52] daran vermag auch die Einräumung einer Kaufoption nichts zu ändern, da das Nutzungs- weiterhin das Erwerbsinteresse überwiegt. Immerhin kommt

---

43 Palandt/*Heldrich* Art. 29 EGBGB Rn 3; *Looschelders*, Art. 29 Rn 22; Staudinger/*Magnus*, Art. 29 EGBGB Rn 38; Reithmann/Martiny/*Martiny*, Rn 804.
44 Bamberger/Roth/*Spickhoff*, Art. 29 EGBGB Rn 10; Reithmann/Martiny/*Martiny*, Rn 804; *Looschelders*, Art. 29 Rn 22.
45 Czernich/Heiss/*Heiss*, Art. 5 EVÜ Rn 7; Erman/*Hohloch*, Art. 29 EGBGB Rn 22; *Looschelders*, Art. 29 Rn 18; MüKo/*Martiny*, Art. 29 EGBGB Rn 5; a.A., *Lüderitz*, IPR, 2. Aufl., 1992, Rn 274.
46 EuGH Slg. 2001, I-9049, 9065 Rn 15 – Idealservice.
47 Vgl. m.w.N. z.B. Rauscher/*Staudinger*, Art. 15 Brüssel I-VO Rn 2. Dies muss ungeachtet einer möglicherweise bestehenden Schutzbedürftigkeit grundsätzlich auch für Idealvereine oder Stiftungen gelten.
48 Vgl. die amtl. Begründung zu Art. 29 EGBGB, BT-Drucks 10/504, S. 79. Ebenso etwa *Bülow*, EuZW 1993, 435, 436: Staudinger/*Magnus*, Art. 29 EGBGB Rn 40; MüKo/*Martiny*, Art. 29 EGBGB, Rn 7; Palandt/*Heldrich*, Art. 29 EGBGB Rn 3; Erman/*Hohloch*, Art. 29 EGBGB Rn 22; *Medicus*, in: FS Kitagawa 1992, S. 471, 479; *Rauscher*, IPR, S. 248; *Teske*, NJW 1991, 2793, 2800.
49 Wie hier z.B. *v. Bar*, IPR II, Rn 435; Soergel/*v. Hoffmann*, Art. 29 EGBGB Rn 14; *Leible*, in: Schulte-Nölke/Schulze, Rechtsangleichung und nationale Privatrechte, 1999, S. 353, 357; *ders.*, in: Leible, Das Grünbuch zum Internationalen Vertragsrecht, 2004, S. 133, 138; *Looschelders*, Art. 29 Rn 21; *E. Lorenz*, RIW 1987, 569, 576; *W. Lorenz*, IPRax 1994, 429; Reithmann/Martiny/*Martiny*, Rn 804; *Reinhart*, in: FS Trinkner 1995, S. 657, 666; *Rudisch*, RabelsZ 63 (1999), 70, 96; Bamberger/Roth/*Spickhoff*, Art. 29 EGBGB Rn 10. Ausf. *Rudisch*, in: Schnyder/Heiss/Rudisch, Internationales Verbraucherschutzrecht, S. 191, 219–227.
50 Vgl. dazu *Pfeiffer*, in: Schulte-Nölke/Schulze, Rechtsangleichung und nationale Privatrechte, 1999, S. 21, 38.
51 Palandt/*Heldrich*, Art. 29 EGBGB Rn 2; Soergel/*v. Hoffmann*, Art. 29 EGBGB Rn 5; Erman/*Hohloch*, Art. 29 EGBGB Rn 23; *Looschelders*, Art. 29 Rn 26; Staudinger/*Magnus*, Art. 29 EGBGB Rn 47; Reithmann/Martiny/*Martiny*, Rn 806; Bamberger/Roth/*Spickhoff*, Art. 29 EGBGB Rn 8; a.A. *v. Bar*, IPR II, Rn 431 in Fn 136.
52 Vgl. zu Art. 5 Nr. 1 lit. b Czernich, in: Czernich/Tiefenthaler/Kodek, Art. 5 EuGVO Rn 30; Rauscher/*Leible*, Art. 5 Brüssel I-VO Rn 486; ebenso zur Qualifikation des Leasingvertrags im deutschen Recht *Leible*, Finanzierungsleasing und „arrendamiento financiero", 1996, S. 94.

aber eine Einordnung als Dienstleistungsvertrag und vor allem als Finanzierungsvertrag in Betracht.[53] Hingegen greift Art. 29 überhaupt nicht bei Miet-, Pacht- und Leihverträgen, da es sich weder um Verträge über die Lieferung von Sachen noch über die Erbringung von Dienstleistungen handelt.[54]

28 Ob die Gegenleistung in Geld oder ebenfalls der Lieferung von Sachen besteht, ist unerheblich. Daher handelt es sich auch bei Tauschverträgen um Sachlieferungsverträge.[55] Bei **Werklieferungsverträgen** ist entsprechend Art. 3 CISG darauf abzustellen, wer den wesentlichen Teil der für die Herstellung erforderlichen Stoffe zur Verfügung stellt. Stammen sie vom Verkäufer, liegt eine Sachlieferung vor,[56] andernfalls ein Dienstleistungsvertrag.[57]

29 Vertragsgegenstand muss die Lieferung einer beweglichen Sache sein. Ausgenommen sind damit sowohl der Erwerb von Immobilien als auch von Rechten an Immobilien einschließlich dinglich ausgestalteter Timesharingverträge, die ein zeitlich befristetes Nutzungsrecht einräumen.[58] Auch wenn die deutsche Fassung des EVÜ dies nicht erkennen lässt, unterfallen Art. 29 nur körperliche Sachen.[59] Um keine Sachlieferungsverträge handelt es sich daher beim Erwerb von Forderungen, Wertpapieren,[60] Mitgliedschafts-, Immaterialgüter- oder sonstigen Rechten.[61] **Standardsoftware** soll jedenfalls dann als Sache anzusehen sein, wenn sie auf einem Datenträger (Diskette, CD-ROM, Festplatte) geliefert wird.[62] Bei der Beurteilung der Sachqualität kann es aber keinen Unterschied machen, ob die Software nicht auf Diskette erworben, sondern vom Nutzer direkt – etwa durch Download im Internet – auf die Festplatte kopiert wird.[63] Auch **online übermittelte** Standardsoftware ist daher eine Sache i.S.v. Abs. 1.[64] Beim Erwerb von Individualsoftware wird es sich hingegen um einen Dienstleistungsvertrag handeln. Lieferverträge über Gas und Wasser sind wiederum Sachlieferungsverträge, solche über Strom mangels Körperlichkeit allerdings nicht.[65]

30 **c) Dienstleistungsverträge.** Eine Definition des Begriffes des Dienstleistungsvertrages findet sich weder im EGBGB noch im EVÜ. Der Begriff ist im Hinblick auf Art. 5 EVÜ und Art. 36 vertragsautonom auszulegen.[66] Dabei ist die zu Art. 13 Abs. 1 Nr. 3 EuGVÜ ergangene EuGH-Rechtsprechung zu berücksichtigen, da die Vorschrift gleichfalls den Begriff der Erbringung von Dienstleistungen verwendet und in einem engen

---

53 Vgl. Reithmann/Martiny/*Dageförde*, Rn 1155.
54 Palandt/*Heldrich*, Art. 29 EGBGB Rn 2; Soergel/ *v. Hoffmann*, Art. 29 EGBGB Rn 5; Erman/*Hohloch*, Art. 29 EGBGB Rn 23; *Looschelders*, Art. 29 Rn 26; *E. Lorenz*, RIW 1987, 569, 576; Staudinger/*Magnus*, Art. 29 EGBGB Rn 47; MüKo/*Martiny*, Art. 29 EGBGB Rn 9; Reithmann/Martiny/*Martiny*, Rn 806; Bamberger/Roth/*Spickhoff*, Art. 29 EGBGB Rn 6.
55 Czernich/Heiss/*Heiss*, Art. 5 EVÜ Rn 15; Erman/ *Hohloch*, Art. 29 EGBGB Rn 23; Staudinger/ *Magnus*, Art. 29 EGBGB Rn 48.
56 Czernich/Heiss/*Heiss*, Art. 5 EVÜ Rn 15; Palandt/*Heldrich*, Art. 29 EGBGB Rn 2; Soergel/ *v. Hoffmann*, Art. 29 EGBGB Rn 6; Erman/*Hohloch*, Art. 29 EGBGB Rn 23; *Looschelders*, Art. 29 Rn 26; Staudinger/*Magnus*, Art. 29 EGBGB Rn 47; Reithmann/Martiny/*Martiny*, Rn 806; Bamberger/ Roth/*Spickhoff*, Art. 29 EGBGB Rn 6.
57 Vgl. auch BGHZ 123, 380, 385; 135, 124, 131.
58 BGHZ 123, 380, 387; LG Darmstadt, NJW-RR 1994, 684; Czernich/Heiss/*Heiss*, Art. 5 EVÜ Rn 16; Palandt/*Heldrich*, Art. 29 EGBGB Rn 2; Soergel/ *v. Hoffmann*, Art. 29 EGBGB Rn 5; Erman/*Hohloch*, Art. 29 EGBGB Rn 24; *Looschelders*, Art. 29 Rn 26; Staudinger/*Magnus*, Art. 29 EGBGB Rn 47; Reithmann/Martiny/*Martiny*, Rn 806; Bamberger/ Roth/*Spickhoff*, Art. 29 EGBGB Rn 6.
59 Vgl. die italienische („beni mobili materiali") und französische Textfassung („fourniture d'objets mobiliers corperels") des EVÜ.
60 Vgl. Bericht *Guiliano/Lagarde*, BT-Drucks 10/504, S. 83.
61 Czernich/Heiss/*Heiss*, Art. 5 EVÜ Rn 15; Palandt/*Heldrich*, Art. 29 EGBGB Rn 2; Soergel/ *v. Hoffmann*, Art. 29 EGBGB Rn 5; Erman/*Hohloch*, Art. 29 EGBGB Rn 23; *Looschelders*, Art. 29 Rn 25; Staudinger/*Magnus*, Art. 29 EGBGB Rn 50; Reithmann/Martiny/*Martiny*, Rn 806; Bamberger/ Roth/*Spickhoff*, Art. 29 EGBGB Rn 6; a.A. OLG Düsseldorf IPRax 1997, 115; IPRax 1997, 118.
62 Czernich/Heiss/*Heiss*, Art. 5 EVÜ Rn 15.
63 So wird etwa auch im UN-Kaufrecht Standardsoftware nicht nur bei Lieferung in Form eines körperlichen Datenträgers, sondern ebenso bei einer Online-Lieferung als „Ware" angesehen, vgl. z.B. Staudinger/*Magnus*, Art. 1 CISG Rn 44, 56; *Karollus*, UN-Kaufrecht, 1991, S. 21; außerdem z.B. OLG Koblenz, RIW 1993, 934.
64 *Boele-Woelki*, BerGesVR 39 (2000), 307, 325; *Freitag*, in: Leible/Sosnitza, Versteigerungen im Internet, 2004, Rn 829; *Leible*, in: Leible, Das Grünbuch zum Internationalen Vertragsrecht, 2004, S. 133, 140; *Lurger*, in: Leible, Die Bedeutung des internationalen Privatrechts im Zeitalter der neuen Medien, 2003, S. 33, 44 f.; *Mankowski*, RabelsZ 63 (1999), 203, 232; *ders.*, in: Spindler/Wiebe, Internet-Auktionen, 2001, G Rn 11; *Pfeiffer*, in: Hohl/Leible/Sosnitza, Vernetztes Recht, S. 21, 38; *Thorn*, IPRax 1999, 1, 3; a.A. Czernich/Heiss/ *Heiss*, Art. 5 EVÜ Rn 16; *Koch*, Internet-Recht, 1998, S. 53; *Klimek/Sieber*, ZUM 1998, 902, 907 (jedoch analoge Anwendung von Art. 29 EGBGB).
65 A.A. im Hinblick auf Strom Staudinger/*Magnus*, Art. 29 EGBGB Rn 51, unter Hinw. auf das Fehlen einer Art. 2 lit. f CISG vergleichbaren Norm. Indes ist auch im UN-Kaufrecht fraglich, ob Strom überhaupt unter den Warenbegriff fällt, vgl. Schlechtriem/ *Ferrari*, Art. 2 CISG Rn 46; Bamberger/Roth/ *Saenger*, Art. 2 CISG Rn 11. Im deutschen Recht wird eine Körperlichkeit verneint, vgl. z.B. RGZ 86, 12, 14; Bamberger/Roth/*Fritzsche*, § 90 BGB Rn 6.
66 BGHZ 123, 380, 384.

Zusammenhang mit Art. 29 EGBGB bzw. Art. 5 EVÜ steht.[67] Zurückgegriffen werden kann außerdem auf die Auslegung des Begriffs der Dienstleistung in Art. 5 Nr. 1 lit. b EuGVVO.[68]

Der Begriff der Dienstleistungen ist anerkanntermaßen weit auszulegen und umfasst „die Erbringung von tätigkeitsbezogenen Leistungen an den Verbraucher aufgrund von Dienst- (ohne Arbeits-) Verträgen, Werk-, Werklieferungs-[69] und Geschäftsbesorgungsverträgen.[70] **Beispiele** für Dienstleistungsverträge: Beraterverträge,[71] Beförderungs- und Frachtverträge, Unterrichtsverträge, Treuhandverträge,[72] Reiseveranstaltungsverträge, Behandlungsverträge, Kommissionsverträge, Beherbergungsverträge, Vertriebsverträge, Verträge zur Nutzung einer Online-Auktionplattform,[73] Providerverträge[74] etc., außerdem Verträge über eine Vermittlungstätigkeit, etwa von Waren oder Finanzprodukten.[75] Versicherungsverträge sind zwar Verträge über Dienstleistungen, jedoch die Artt. 27 ff. und damit auch Art. 29 nach Art. 37 S. 1 Nr. 4 weit gehend unanwendbar (näher dazu Art. 37 EGBGB Rn 43 ff.).

Reine Kreditverträge sind keine Dienstleistungsverträge (vgl. auch Rn 34), ebenso wenig Mietverträge. Gleiches gilt für Timesharingverträge, die sich in einer periodisch wiederkehrenden Gebrauchsüberlassung von Immobilien oder Teilen hiervon erschöpfen.[76] Daran vermag auch der Umstand nichts zu ändern, dass derartige Verträge meist nicht nur das Wohnrecht, sondern daneben die Erbringung von Wirtschafts- und Verwaltungsleistungen zum Gegenstand haben.[77] Gegenteilig wäre nur bei einem Überwiegen des Dienstleistungselements zu entscheiden; denn gemischte Verträge fallen in den Anwendungsbereich des Art. 29, sofern die Dienstleistung im Vordergrund steht.

d) Finanzierungsverträge. Finanzierungsverträge werden von Abs. 1 erfasst, sofern sie der Finanzierung eines Verbrauchervertrags über die Lieferung beweglicher Sachen oder die Erbringung von Dienstleistungen dienen. Derartige zweckgebundene Finanzierungen begegnen meist in Form von Kreditkäufen und Teilzahlungsgeschäften, kommen aber auch bei Dienstleistungen (z.B. finanzierte Reisen[78] oder Unterrichtsveranstaltungen) in Betracht. Der Finanzierungsvertrag muss nicht mit dem Lieferer oder Dienstleister, sondern kann auch mit einem Dritten geschlossen worden sein. Entscheidend ist die Zweckbindung.[79]

Aus dem Anwendungsbereich des Abs. 1 heraus fallen mangels Zweckbindung die reinen Konsumentenkredite, d.h. Kredite, die nicht der Finanzierung eines Verbrauchervertrags über die Lieferung beweglicher Sachen oder die Erbringung von Dienstleistungen dienen, sondern unabhängig hiervon gewährt werden.[80] Um ein Finanzierungsgeschäft im vorgenannten Sinne handelt es sich nicht. Auch eine Einordnung als Dienstleistung kommt nicht in Betracht. Zwar werden Kreditverträge im Gemeinschaftsrecht gemeinhin als Finanz-

---

67 BGHZ 123, 380, 385; Czernich/Heiss/*Heiss*, Art. 5 EVÜ Rn 17; Erman/*Hohloch* Art. 29 EGBGB Rn 24; Bamberger/Roth/*Spickhoff*, Art. 29 EGBGB Rn 7.
68 Vgl. dazu *Kropholler*, Europäisches Zivilprozessrecht, 7. Aufl. 2002, Art. 5 EuGVO Rn 35; Rauscher/*Leible*, Art. 5 Brüssel I-VO Rn 49 ff.
69 Soweit sie nicht als Verträge über die Lieferung einer Sache zu qualifizieren sind, vgl. Rn 28. In der Praxis wird die Abgrenzung meist offen bleiben können, vgl. etwa (zu Art. 13 EuGVÜ) EuGH Slg. 1999, I-2277, 2312 Rn 33 – Mietz/Intership Yachting.
70 BGHZ 123, 380, 385; Erman/*Hohloch*, Art. 29 EGBGB Rn 24; *Looschelders*, Art. 29 Rn MüKo/*Martiny*, Art. 29 EGBGB Rn 10.
71 Z.B. mit einem Rechtsanwalt (vgl. OLG Frankfurt NJW-RR 2000, 1367, 1368) oder Steuerberater.
72 Vgl. z.B. BGHZ 123, 380, 386 (treuhänderischer Erwerb von Kommanditanteilen).
73 Vgl. dazu *Freitag*, in: Leible/Sosnitza, Versteigerungen im Internet, 2004, Rn 829; *Mankowski*, in: Spindler/Wiebe, Internet-Auktionen, 2001, G Rn 12.
74 *Fuchs*, in: Spindler, Vertragsrecht für Internet-Provider, 2000, S. 97, 148 (Rn 348).
75 Vgl. zu Börsentermingeschäften z.B. OLG Düsseldorf RIW 1994, 420; RIW 1995, 769, 770; RIW 1996, 681, 683.
76 BGHZ 135, 124, 131; OLG Celle RIW 1996, 963, 964; LG Bielefeld NJW-RR 1999, 1282, 1283; a.A. LG Düsseldorf VuR 1994, 262, 264; *Jayme*, IPRax 1995, 234, 235 f.
77 BGHZ 135, 124, 131; LG Bielefeld NJW-RR 1999, 1282, 1283; Palandt/*Heldrich*, Art. 29 EGBGB Rn 2; *Looschelders*, Art. 29 Rn 31; MüKo/*Martiny*, Art. 29 EGBGB Rn 11a.
78 Vgl. etwa AG Flensburg IPRspr 1998 Nr. 145b.
79 Czernich/Heiss/*Heiss*, Art. 5 EVÜ Rn 27; Soergel/v. *Hoffmann*, Art. 29 EGBGB Rn 11; Erman/*Hohloch*, Art. 29 EGBGB Rn 25; *Looschelders*, Art. 29 Rn 32; Staudinger/*Magnus*, Art. 29 EGBGB Rn 55; MüKo/*Martiny*, Art. 29 EGBGB Rn 12.
80 Czernich/Heiss/*Heiss*, Art. 5 EVÜ Rn 19; Palandt/*Heldrich*, Art. 29 EGBGB Rn 2; Soergel/v. *Hoffmann*, Art. 29 EGBGB Rn 11; *Klotz*, RIW 1997, 197, 198; *Knaul*, Auswirkungen des europäischen Binnenmarkts der Banken auf das internationale Bankvertragsrecht unter besonderer Berücksichtigung des Verbraucherschutzes, S. 285 f.; *Looschelders*, Art. 29 Rn 33; Staudinger/*Magnus*, Art. 29 EGBGB Rn 56; MüKo/*Martiny*, Art. 29 EGBGB Rn 12; *Schnelle*, Die objektive Anknüpfung von Darlehensverträgen im deutschen und amerikanischen IPR, 1992, S. 163 f.; Bamberger/Roth/*Spickhoff*, Art. 29 EGBGB Rn 8.

dienstleistungen angesehen,[81] doch macht die separate Aufführung nur zweckgebunder Kredite in Abs. 1 deutlich, dass sie nicht zugleich Dienstleistungen i.S.d. Vorschrift sein können.[82]

35 **e) Andere Vertragstypen.** Der sachliche Anwendungsbereich von Art. 29 ist deutlich zu eng. Eine Vielzahl grenzüberschreitender Verbraucherverträge fällt durch die Maschen der Norm, obgleich die nationalen Rechte und mittlerweile auch das Gemeinschaftsrecht zahlreiche materiellrechtlich zwingende Bestimmungen enthalten. Das plastischste Beispiel sind sicherlich die reinen **Verbraucherdarlehensverträge**. Da die Darlehensgewährung keine Dienstleistung der Bank ist, werden sie nach den allgemeinen Regeln angeknüpft, während bei einem entsprechenden Finanzierungszweck das Sonderregime des Art. 29 gilt. Überzeugende Gründe für eine derartige Differenzierung sind nicht ersichtlich. Nicht recht einleuchten will auch der Ausschluss weiterer Finanzgeschäfte, etwa des **Einlagen-, Bauspar- oder Diskontgeschäfts** oder des Verkaufs von **Wertpapieren**. Man mag ihn mit der Unterschiedlichkeit des zivil- und des gemeinschaftsrechtlichen Dienstleistungsbegriffs erklären,[83] doch ändert dies nichts an der Notwendigkeit, im Zuge einer Revision von Art. 5 EVÜ vom Erfordernis einer „Dienstleistung" Abschied zu nehmen.[84] Dies gilt umso mehr, als Art. 2 lit. b der Richtlinie über den Fernabsatz von Finanzdienstleistungen[85] den Begriff der „Finanzdienstleistung" wesentlich weiter definiert[86] und die prozessuale Parallelnorm des Art. 15 EuGVVO nach ihrer Reform in Abs. 1 lit. c auf das Merkmal der „Dienstleistung" gänzlich verzichtet und nunmehr schlicht „alle anderen Fälle" erfasst.

36 Solange es an einer entsprechenden gesetzgeberischen Fortentwicklung von Art. 29 EGBGB bzw. Art. 5 EVÜ fehlt, muss es mit diesem unbefriedigenden Ergebnis sein Bewenden haben. Eine analoge Anwendung der Norm[87] kommt angesichts der detaillierten Aufzählung der geregelten Vertragstypen nicht in Betracht. Von einer planwidrigen Regelungslücke kann nicht ausgegangen werden.[88] Ergänzenden kollisionsrechtlichen Verbraucherschutz gewährt in Teilbereichen (vor allem bei Timesharingverträgen) immerhin Art. 29a. Unter Umständen kann, etwa bei reinen Verbraucherdarlehensverträgen, im Hinblick auf die „Ingmar"-Rechtsprechung des EuGH auch eine analoge Anwendung von Art. 29a geboten sein (vgl. Art. 29a EGBGB Rn 48 ff.).

37 **f) Ausnahmen und Rückausnahme. aa) Beförderungsverträge.** Art. 29 ist auf Beförderungsverträge nicht anwendbar, obgleich es sich auch bei ihnen regelmäßig um Verträge über eine Dienstleistung handelt. Es bleibt daher bei der Geltung von Artt. 27, 28. Zu beachten ist allerdings Art. 29a, der eine Abs. 4 S. 1 Nr. 1 vergleichbare Regelung nicht kennt.

38 Man hielt eine Ausnahme vom Regime des Art. 29 für erforderlich, da es dem Transporteur unzumutbar sei, bei einem einheitlichen Transportvorgang, etwa einer Schiffs- oder Flugreise, eine Vielzahl von Aufenthaltsrechten der zu transportierenden Personen beachten zu müssen. Zudem wird das Recht der internationalen Personen- und Güterbeförderung durch die Existenz umfangreichen internationalen Einheitsrechts geprägt, das auch Beförderungsverträge mit Verbrauchern erfasst (Montrealer Abkommen zur Vereinheitlichung bestimmter Vorschriften über die Beförderung im internationalen Luftverkehr vom 28.5.1999, COTIF mit den Anhängen A [CIM] und B [CIV] usw.).[89] Ob die Transportrechtskonventionen den Gedanken des zivilrechtlichen Verbraucherschutzes stets hinreichend verwirklichen, erscheint allerdings durchaus fraglich.[90]

---

[81] Vgl. etwa den weiten Dienstleistungsbegriff von Art 2 lit. b der Richtlinie 2002/65/EG des Europäischen Parlaments und des Rates v. 23. September 2002 über den Fernabsatz von Finanzdienstleistungen an Verbraucher und zur Änderung der Richtlinie 90/619/EWG des Rates und der Richtlinien 97/7/EG und 98/27/EG (ABlEG 2002 Nr. L 271/16). Deshalb ist z.B. auch ein Ausschluss reiner Kreditverträge aus dem Anwendungsbereich des Art. 5 Nr. 1 lit. b EuGVO nicht angezeigt, vgl. *Kropholler*, Europäisches Zivilprozessrecht, 7. Aufl. 2002, Art. 5 EuGVO Rn 37; *Rauscher/Leible*, Art. 5 Brüssel I-VO Rn 50; *Micklitz/Rott*, EuZW 2001, 328.

[82] Eine Einbeziehung gleichwohl erwägen *Klauer*, S. 168 f.

[83] Vgl. Soergel/*v. Hoffmann*, Art. 29 EGBGB Rn 7.

[84] *Leible*, in: Leible, Das Grünbuch zum Internationalen Vertragsrecht, 2004, S. 133.

[85] Richtlinie 2002/65/EG über den Fernabsatz von Finanzdienstleistungen an den Verbraucher, ABlEG 2002 Nr. L 271, S. 16.

[86] *Heiss*, IPRax 2003, 100, 101.

[87] Dafür etwa *v. Hoffmann*, IPRax 1989, 261, 271.

[88] BGHZ 123, 380, 387; 135, 124, 133; OLG Düsseldorf NJW-RR 1995, 1396; LG Bielefeld NJW-RR 1999, 1282, 1283; Erman/*Hohloch*, Art. 29 EGBGB Rn 10; *Looschelders*, Art. 29 Rn 34; Staudinger/*Magnus*, Art. 29 EGBGB Rn 45; MüKo/*Martiny*, Art. 29 EGBGB Rn 8.

[89] Czernich/Heiss/*Heiss*, Art. 5 EVÜ Rn 21; *Looschelders*, Art. 29 Rn 37; Staudinger/*Magnus*, Art. 29 EGBGB Rn 59; Reithmann/Martiny/*Martiny*, Rn 819; MüKo/*Martiny*, Art. 29 EGBGB Rn 15.

[90] Vgl. dazu z.B. *Mankowski*, Seerechtliche Vertragsverhältnisse, 1995, S. 405 ff.

Um Beförderungsverträge handelt es sich sowohl bei Verträgen über eine **Personen- als auch** über eine **Güterbeförderung**. Auf die Art des zur Beförderung eingesetzten Verkehrsmittels kommt es ebenso wenig an wie auf eine Entgeltlichkeit der Beförderung.[91]

bb) Dienstleistungserbringung im Ausland. Abs. 4 S. 1 Nr. 2 nimmt Verträge über die Erbringung von Dienstleistungen vom Anwendungsbereich des Art. 29 aus, bei denen die dem Verbraucher geschuldeten Dienstleistungen ausschließlich in einem anderen als dem Staat seines gewöhnlichen Aufenthalts erbracht werden. Diese Ausnahme greift selbst dann, wenn die situativen Anwendungsvoraussetzungen der Norm (Abs. 1 Nr. 1–3) erfüllt sind. Der Grund hierfür wird zum einen in der fehlenden Schutzwürdigkeit des Verbrauchers gesehen, der sich selbst auf den fremden Markt begeben hat; dann könne er auch keine Privilegierung gegenüber anderen Verbrauchern erwarten.[92] Zum anderen sei es nicht gerechtfertigt, den Schuldner in diesen Fällen mit den für ihn eventuell nachteiligen strengeren Voraussetzungen des fremden Rechts zu belasten.[93] Diese Argumentation trägt freilich nur bedingt. Denn auch bei derartigen Verträgen ist bereits die Werbung im Inland geeignet, ein hinreichend schutzwürdiges Vertrauen des Verbrauchers auf die Geltung seines Rechts entstehen zu lassen. Mit gutem Grund nimmt daher z.B. Art. 15 Abs. 3 EuGVVO nur Beförderungsverträge, nicht aber Verträge über eine ausschließlich im Ausland zu erbringende Dienstleistung von seinem sachlichen Anwendungsbereich aus. Der Gleichklang zwischen Kollisions- und internationalem Zivilverfahrensrecht sollte bei der anstehenden Überführung des EVÜ in eine EG-VO wiederhergestellt werden.[94]

Der **Kreis der in Abs. 4 S. 1 Nr. 2 genannten Geschäfte** ist groß. Erfasst werden etwa Beherbergungsverträge (Hotelunterbringung im Ausland),[95] Verträge über Sprach-, Segel- oder Skikurse im Ausland,[96] Verträge mit einem Arzt oder einem Rechtsanwalt über eine ausschließlich im Ausland erfolgende Behandlung bzw. Rechtsbesorgung usw.[97] Entscheidend ist stets, dass die Dienstleistung nicht, auch nicht nur teilweise grenzüberschreitend, sondern stets ausschließlich im Ausland erbracht wird. Leistungen im Internet werden, wenn es zu ihrer Entgegennahme eines Abrufs oder einer online erfolgenden Lieferung (Zusendung von Unterrichtsmaterial, Inanspruchnahme einer auf einem ausländischen Server befindlichen Datenbank usw.) bedarf, stets am Rechner und damit meist am Aufenthaltsort des Verbrauchers erbracht, so dass in diesen Fällen Abs. 4 S. 1 Nr. 1 nicht greift.[98] Gleiches gilt für Verträge zur Nutzung einer ausländischen Plattform für Internetauktionen, weil das Auktionshaus seine Dienstleistung typischerweise online grenzüberschreitend erbringt und es damit an der rein lokalen Vertragserfüllung fehlt,[99] oder für Access-Provider-Verträge, weil hier schon die Zurverfügungstellung des inländischen Einwahlknotens ein inländisches Dienstleistungselement ist.[100]

Verträge über die Finanzierung von Dienstleistungen, die ausschließlich im Ausland erbracht werden, erwähnt der Wortlaut des Abs. 4 S. 1 Nr. 2 nicht. Da **Finanzierungsverträge** einer in Abs. 1 ausdrücklich gebildeten Sonderkategorie unterfallen, hätte es ihrer Erwähnung bedurft, sollten sie ebenfalls von der Ausnahmeregelung des Abs. 4 hätten erfasst werden sollen. Auch der Zweck des Art. 29, den Bedürfnissen eines angemessenen Verbraucherschutzes Rechnung zu tragen, spricht dafür, dass der Anwendungsbereich der Ausnahme des Abs. 4 S. 1 Nr. 2 bewusst auf Verträge über die Erbringung von Dienstleistungen im Ausland beschränkt worden ist; denn bei der Finanzierung solcher Dienstleistungen durch ein ausländisches Kreditinstitut unter den Voraussetzungen des Abs. 1 ist der Verbraucher nicht weniger schutzwürdig als bei der Inanspruchnahme eines gleichgerichteten Kredits bei einem inländischen Kreditinstitut.[101] Indes kann das nur für zweckgebundene Finanzdienstleistungen gelten. Sonstige Finanzdienstleistungen, die vom Dienstleistungsbegriff des Abs. 1 erfasst werden (vgl. Rn 33), fallen dagegen unter die Ausnahmeregelung des Abs. 4 S. 1 Nr. 2, wenn die Dienstleistung allein im Ausland erbracht wird.[102]

---

91 Czernich/Heiss/*Heiss*, Art. 5 EVÜ Rn 21; Erman/*Hohloch*, Art. 29 Rn 26; *Looschelders*, Art. 29 Rn 37; Staudinger/*Magnus*, Art. 29 EGBGB Rn 59; Reithmann/Martiny/*Martiny*, Rn 819; MüKo/*Martiny*, Art. 29 EGBGB Rn 15; Bamberger/Roth/*Spickhoff*, Art. 29 EGBGB Rn 9.
92 Bericht *Giuliano/Lagarde*, BT-Drucks 10/503, S. 56 f.; vgl. auch BGHZ 123, 380, 388; MüKo/*Martiny*, Art. 29 EGBGB Rn 16.
93 *Looschelders*, Art. 29 Rn 38.
94 *Leible*, in: Leible, Das Grünbuch zum Internationalen Vertragsrecht, 2004, S. 133, 141.
95 AG Bernkastel-Kues IPRax 1994, 141.
96 Bericht *Giuliano/Lagarde*, BT-Drucks 10/503, S. 57.
97 Vgl. zum Anwaltsvertrag m.w.N. *Mankowski*, AnwBl 2001, 249, 252; Reithmann/Martiny/*Mankowski*, Rn 2098.
98 Vgl. m.w.N. *Pfeiffer*, in: Gounalakis, Rechtshandbuch Electronic Business, 2003, § 12 Rn 81.
99 *Freitag*, in: Leible/Sosnitza, Versteigerungen im Internet, 2004, Rn 829.
100 *Mankowski*, in: Spindler, Vertragsrecht der Internet-Provider, 2000, 161, 178 f. (Rn 29).
101 BGHZ 123, 380, 388; vgl. auch *Reich*, ZHR 153 (1989), 571, 593 f.; krit. *W. Lorenz*, IPRax 1994, 429, 430.
102 Erman/*Hohloch*, Art. 29 EGBGB Rn 24; Staudinger/*Magnus*, Art. 29 EGBGB Rn 62; Reithmann/Martiny/*Martiny*, Rn 821.

43 Bei der **Miete ausländischer Ferienhäuser oder -wohnungen** ist zu differenzieren. Handelt es sich um reine Mietverträge, ist schon der sachliche Anwendungsbereich des Art. 29 nicht eröffnet (vgl. Rn 32).[103] Treten jedoch weitere Leistungsbestandteile hinzu, die das Gepräge des Vertrages entscheidend ändern, da nunmehr die Dienstleistungselemente (Auskunft und Beratung, Betreuung vor Ort, Vermittlung von Reiserücktrittsversicherungen, Reinigungspersonal oder sonstigen Zusatzleistungen usw.) deutlich in den Vordergrund treten und die Nutzungsüberlassung nur noch Teil eines Gesamtpakets ist, kommt auch dem Ort der Leistungserbringung Bedeutung zu. Ausländische gewerbliche Ferienhausanbieter erbringen ihre Leistung meist ausschließlich im Ausland, mögen sie auch im Inland hierfür geworben haben. Mit ihnen geschlossene Verträge unterfallen daher der Ausnahme des Abs. 4 S. 1 Nr. 2,[104] nicht hingegen Verträge mit inländischen oder im Inland niedergelassenen ausländischen Anbietern, da in diesem Fall die Leistungen nicht ausschließlich im Ausland erbracht worden sind.[105]

44 **cc) Pauschalreisen (Rückausnahme).** Für Reiseverträge, die für einen Pauschalpreis kombinierte Beförderungs- und Unterbringungsleistungen vorsehen, enthält Abs. 4 S. 2 eine Rückausnahme. Sie unterliegen den allgemeinen Anknüpfungsregeln des Art. 29. Zur Ausfüllung des Begriffs der Pauschalreise kann auf Art. 2 Nr. 1 der Pauschalreise-Richtlinie bzw. den diese Norm in deutsches Recht umsetzenden § 651a BGB zurückgegriffen werden. Danach ist von einer Pauschalreise auszugehen, wenn zwei zu einer Gesamtleistung zusammengefasste Reiseleistungen erbracht werden, sofern nicht die eine von der anderen völlig untergeordneter Bedeutung ist.[106] Um Pauschalreisen handelt es sich daher z.B. bei **Schiffskreuzfahrten**, nicht aber bei einer bloßen Schiffspassage mit Übernachtungsmöglichkeit.[107] Von wem die Initiative zur Kombination einzelner Reiseleistungen ausgeht, ist unerheblich. Als Pauschalreise gilt auch eine Reise, die von einem Reisebüro auf Wunsch und nach den Vorgaben eines Verbrauchers organisiert wird.[108]

45 Darauf, ob die Leistungen im Zusammenhang mit der Pauschalreise ausschließlich im Ausland zu erbringen sind oder die Reise im Inland beginnt, kommt es nicht an, da Abs. 4 S. 2 für Pauschalreiseverträge die Regelung des Abs. 4 S. 1 Nr. 2 überwindet.[109] Erforderlich ist freilich stets, dass der Pauschalreisevertrag unter den Bedingungen des Abs. 1 Nr. 1–3 zustande gekommen ist.[110]

46 **4. Räumlich-situative Anwendungsvoraussetzungen (Abs. 1 Nr. 1–3). a) Überblick.** Art. 29 liegt der Gedanke zugrunde, dass sich eine Einschränkung der Rechtswahlfreiheit bzw. eine vom Grundsatz des Art. 28 abweichende objektive Anknüpfung zugunsten der schwächeren Vertragspartei nur dann rechtfertigen lässt, wenn der Verbrauchervertrag einen **über den gewöhnlichen Aufenthalt hinausreichenden Inlandsbezug** besitzt. Ein solcher Inlandsbezug wird angenommen, wenn der Anbieter den Vertragsschluss durch ein ausdrückliches Angebot oder eine Werbung im Aufenthaltsstaat des Verbrauchers angebahnt und der Verbraucher dort die zum Vertragsschluss notwendigen Rechtshandlungen vorgenommen (Nr. 1) oder der Anbieter bzw. sein Vertreter die Bestellung dort entgegengenommen hat (Nr. 2). Eine derartige Nahebeziehung liegt außerdem vor, wenn der Vertragsschluss zwar in einem anderen Staat erfolgte, der Verbraucher aber nicht aus eigener Initiative, sondern auf Veranlassung des Anbieters dorthin gereist ist (Nr. 3). Die Voraussetzungen der Nr. 1–3 müssen nicht kumulativ erfüllt sein. Es genügt, wenn eine der Fallkonstellationen gegeben ist.

47 Geschützt werden soll nicht der „dynamische" Verbraucher, der sich aus eigenem Antrieb auf den Auslandsmarkt begibt, sondern der „passive" Verbraucher, der vom Anbieter auf seinem heimatlichen Markt angesprochen wird.[111] Durch das Handeln des Anbieters auf dem Inlandsmarkt wird ein schutzwürdiges Vertrauen des Verbrauchers auf die Geltung „seines" Rechts begründet. In diesen Fällen hat der „Marktstaat" ein legitimes Interesse daran, Verantwortung für den Inhalt der auf seinem Markt geschlossenen oder angebahnten Geschäfte zu übernehmen und einen aus seiner Sicht angemessenen Interessenausgleich zu gewährleisten.[112] Sind Anbahnungsmarkt und Wohnsitzstaat des Verbrauchers hingegen verschieden, bleibt

---

103 AG Hamburg NJW-RR 2000, 353; Palandt/*Heldrich*, Art. 29 EGBGB Rn 2; Erman/Hohloch, Art. 29 EGBGB Rn 24; *Kartzke*, NJW 1994, 823, 825; Staudinger/*Magnus*, Art. 29 EGBGB Rn 61.
104 *Kartzke*, NJW 1994, 823, 825; *Mankowski*, RIW 1995, 364, 367.
105 BGHZ 119, 152, 158; unklar BGHZ 109, 29, 36; Palandt/*Heldrich*, Art. 29 EGBGB Rn 2; Erman/Hohloch, Art. 29 EGBGB Rn 24; *Kartzke*, NJW 1994, 823, 825; *Lindacher*, BB 1990, 661; *ders.*, IPRax 1993, 228, 229; Bamberger/Roth/*Spickhoff*, Art. 29 EGBGB Rn 9.
106 Palandt/*Sprau*, § 651a BGB Rn 3.
107 Näher *Mankowski*, Seerechtliche Vertragsverhältnisse, 1995, S. 400 ff.
108 EuGH Slg. 2002, I-4051, 4071 f. Rn 13 ff. – Club Tour Viagens e Turismo.
109 Denkschrift zum EVÜ, BT-Drucks 10/503, S. 27; *Looschelders*, Art. 29 Rn 41, Reithmann/Martiny/*Martiny*, Rn 822; MüKo/*Martiny*, Art. 29 EGBGB Rn 13.
110 LG Konstanz NJW-RR 1993, 638.
111 *Jayme*, in: Hommelhoff/Jayme/Mangold, Europäischer Binnenmarkt, Internationales Privatrecht und Rechtsangleichung, 1995, S. 35, 46; *Mankowski*, RIW 1993, 453, 457; *Martiny*, ZEuP 1995, 67, 79.
112 *Stoll*, in: FS Kegel 1987, S. 623, 631.

der Verbraucher ohne Schutz des Wohnsitzstatuts. Das ist in der Regel auch interessengerecht. Verbraucher, die sich aus eigener Initiative ins Ausland begeben, um dort Waren zu kaufen oder Dienstleistungen in Anspruch zu nehmen, können (und werden) nicht erwarten, ihr heimisches Verbraucherschutzrecht als Handgepäck ständig mit sich zu führen. Eine uneingeschränkte Sonderanknüpfung von Verbraucherverträgen führte zudem zu einer nicht hinnehmbaren Risikoallokation auf Seiten des Anbieters. Denn keinem Waren- oder Dienstleistungsanbieter kann zugemutet werden, bei jeder Art von Geschäften mit (vielleicht sogar unerkannt) ausländischen Konsumenten stets das am Wohnsitz des Verbrauchers geltende Recht ermitteln zu müssen.[113]

b) Angebot oder Werbung im Aufenthaltsstaat des Verbrauchers (Abs. 1 Nr. 1). Um ein ausdrückliches Angebot i.S.d. Nr. 1 handelt es bei jeder an den Verbraucher gerichteten und auf einen Vertragsabschluss zielenden Erklärung des Verkäufers. Sie muss nicht gegenüber einer bestimmten Person, sondern kann auch gegenüber einem unbestimmten Personenkreis abgegeben werden (*ad incertas personas*), und muss außerdem nicht bindend sein. Bereits eine *invitatio ad offerendum* genügt.[114] Vorausgesetzt wird jedoch, dass das Angebot dem Verbraucher in seinem Aufenthaltsstaat zugegangen und dem Vertragspartner zuzurechnen ist. 48

Der **Begriff der Werbung** erfasst alle absatzfördernden Handlungen, so etwa Zeitungsanzeigen, Rundfunk-, Fernseh- oder Kinospots, Teleshopping,[115] Telefonanrufe, Prospekte usw.[116] Sie müssen im Aufenthaltsstaat des Verbrauchers bestimmungsgemäß entfaltet worden sein. 49

Fraglich und umstritten ist allerdings, ob Nr. 1 nur solche Angebote oder Werbung unterfallen, die vom Anbieter zielgerichtet auf den Aufenthaltsstaat des Verbrauchers ausgerichtet worden sind. Bedeutung hat dies für Werbung in Zeitung, Rundfunk oder Fernsehen, aber vor allem für den Vertrieb via Internet. Nach h.M. ergibt sich bereits aus der weltweiten Verfügbarkeit des Internets sowie daraus, dass sich Unternehmen bewusst des mit vergleichsweise niedrigem Kostenaufwand verbundenen Internetauftrittes bedienen, um ihren Bekanntheitsgrad auch jenseits der Landesgrenzen zu erhöhen, dass die bloße Internetpräsenz zur erforderlichen Lokalisierung von Angebot bzw. Werbung im Staat des gewöhnlichen Aufenthaltes eines jeden Verbrauchers ausreicht.[117] Demgegenüber wird unter Berufung auf die Entstehungsgeschichte des EVÜ[118] eine teilweise Einschränkung dahin gehend gefordert, dass nur in solchen Staaten i.S.v. Nr. 1 geworben werde, auf die der Unternehmer sein **Angebot bzw. seine Werbung erkennbar ausgerichtet** hat.[119] Letzterer Auffassung ist zuzustimmen. Sie entspricht auch der Regelung des neuen Art. 15 Abs. 1 lit. c EuGVVO, führt indes allenfalls bei passiven Websites zu marginal anderen Ergebnissen als die h.M.; denn von einem „Ausrichten" ist auf jeden Fall bei einer interaktiven Website auszugehen, über die ein Vertrag abgeschlossen werden kann, und zwar unabhängig davon, ob die Website in der Sprache des Wohnsitzstaates des Verbrauchers ausgestaltet ist oder nicht.[120] Entscheidend ist die Kombination der – im Internet grundsätzlich ubiquitären – Website mit der Möglichkeit des Vertragsschlusses. Eine übermäßige Belastung der Anbieter ist damit nicht verbunden. Ihnen steht es schließlich frei, durch eine Begrenzung auf bestimmte Abnehmerländer die Anwendung des Rechts am Aufenthaltsort des Verbrauchers zu vermeiden. 50

---

113 *Leible*, JJZ 1955, 1996, S. 245, 256.
114 BGHZ 123, 380, 389; *Freitag*, in: Leible/Sosnitza, Versteigerungen im Internet, 2004, Rn 842; Czernich/Heiss/*Heiss*, Art. 5 EVÜ Rn 30; Soergel/ *v. Hoffmann*, Art. 29 EGBGB Rn 17; Staudinger/ *Magnus*, Art. 29 EGBGB Rn 69; Reithmann/ Martiny/*Martiny*, Rn 811; selbst wenn man dem nicht zustimmt, ändert dies nichts am Erg., da es sich dann jedenfalls um Werbung i.S.v. Nr. 1 handelt, so z.B. Erman/*Hohloch*, Art. 29 EGBGB Rn 11; *Looschelders*, Art. 29 EGBGB Rn 45; Bamberger/Roth/ *Spickhoff*, Art. 29 EGBGB Rn 12.
115 Dazu *Wagner*, WM 1995, 1129.
116 Staudinger/*Magnus*, Art. 29 EGBGB Rn 70; Reithmann/Martiny/*Martiny*, Art. 29 EGBGB Rn 811.
117 Vgl. z.B. *Ernst*, VuR 1997, 259, 260; Palandt/ *Heldrich*, Art. 29 EGBGB, Rn 5; Soergel/ *v. Hoffmann*, Art. 29 EGBGB Rn 18; *Junker*, RIW 1999, 809, 816; *Kronke*, RIW 1996, 985, 988; *Mankowski*, RabelsZ 63 (1999), 203, 234 ff.; MüKo/ *Martiny*, Art. 29 EGBGB Rn 20; *Mochar/Seidl*, ÖJZ 2003, 241, 245 ff.; *Scherer/Butt*, DB 2000, 1009, 1011; Staudinger/*Magnus*, Art. 29 EGBGB Rn 71; *Taupitz/Kritter*, JuS 1999, 839, 844; *Thorn*, IPRax 1999, 1, 4 f.; *Waldenberger*, BB 1996, 2365, 2371.
118 Bericht *Guiliano/Lagarde*, BT-Drucks 10/503, S. 56.
119 *Borges*, ZIP 1999, 565, 569 f.; Erman/*Hohloch*, Art. 29 EGBGB Rn 11; Soergel/*v. Hoffmann*, Art. 29 EGBGB Rn 18; *Horn*, MMR 2002, 210, 213; *Mehrings*, CR 1998, 613, 619; *Pfeiffer*, NJW 1997, 1207, 1214; *ders.*, in: Hohl/Leible/Sosnitza, Vernetztes Recht, S. 21, 39 ff.
120 Die auf der Homepage verwendete Sprache ist aufgrund der weiten Verbreitung von Fremdsprachenkenntnissen kein brauchbares Abgrenzungskriterium, vgl. *Leible*, in: Leible, Das Grünbuch zum Internationalen Vertragsrecht, 2004, S. 133 (143); *Lurger*, in: Leible, Die Bedeutung des Internationalen Privatrechts im Zeitalter der neuen Medien, 2003, S. 33, 41; *Mankowski*, RabelsZ 63 (1999), 203, 245 f.; a.A. *Kropholler*, Europäisches Zivilprozessrecht, 7. Aufl. 2002, Art. 15 EuGVO Rn 24; differenzierend *Pfeiffer*, in: Hohl/Leible/ Sosnitza, Vernetztes Recht, S. 21, 42: „internationaler Verbreitungsgrad (ist) zu berücksichtigen"; ähnlich Rauscher/*Staudinger*, Art. 15 Brüssel I-VO Rn 15.

Kommt es aufgrund falscher Angaben des Verbrauchers gleichwohl zu einem Vertragsschluss, muss sich der Verbraucher hieran festhalten lassen.[121] Schwieriger fällt eine wertende Ermittlung des Adressatenkreises bei passiven Websites. Bei ihnen ist durch eine Gesamtschau festzustellen, ob sie sich ausschließlich an Verbraucher richtet, die in einem oder mehreren bestimmten Staaten ansässig sind. Davon ist nicht nur, aber vor allem auszugehen, wenn der Anbieter Beschränkungen des Adressatenkreises oder Auslieferungsgebiets hervorhebt und deutlich macht, dass er mit in anderen Staaten ansässigen Verbrauchern nicht kontrahiert. Ist eine räumliche Begrenzung nicht erkennbar, muss sich der Anbieter das gesamte Verbreitungsgebiet des Internet als Ort seiner Werbung zurechnen lassen.[122]

51 Eine Kausalität zwischen Vertriebsmaßnahme und Vertragsschluss ist nicht erforderlich (und wäre oft auch nur schwer nachweisbar). Es genügt, dass die Werbung oder das Angebot **dem Anbieter zuzurechnen** ist, den Verbraucher an seinem Aufenthaltsort bestimmungsgemäß erreichen konnte und das vom Verbraucher geschlossene Geschäft im wesentlich mit dem übereinstimmt, dessen Abschluss angeboten oder für das geworben wurde.[123]

52 Nr. 1 verlangt weiterhin, dass der Verbraucher seine auf den Vertragsschluss gerichtete Rechtshandlung im Staat seines gewöhnlichen Aufenthalts vorgenommen hat. Er muss dort seine Angebots- oder Annahmeerklärung abgeschickt oder ausgesprochen oder durch sonstiges Verhalten seine Zustimmung zu einer vertraglichen Bindung zu erkennen gegeben haben. Die **Einschaltung eines Boten** zur Übermittlung seiner Erklärung in den Staat des Anbieters genügt, nicht aber die dortige Abgabe seiner Willenserklärung durch einen Vertreter (Art. 11 Abs. 3 analog).[124] Der aktuelle Aufenthaltsort des Verbrauchers ist auch maßgeblich, wenn der Verbraucher seine Erklärung elektronisch abgibt, etwa via Internet oder per SMS. Entscheidend ist der **Ort der Dateneingabe**. Erfolgt sie vom Ausland aus, greift Abs. 1 Nr. 1 nicht, und zwar auch dann nicht, wenn sich der Verbraucher zuvor per Fernwahl in einen im Staat seines gewöhnlichen Aufenthalts stationären Rechners eingeloggt hat und seine Erklärungen scheinbar von dort abgibt.[125] In der Praxis wird sich das freilich kaum nachweisen lassen.

53 **c) Entgegennahme der Bestellung im Aufenthaltsstaat des Verbrauchers (Abs. 1 Nr. 2).** Nr. 2 ergänzt Nr. 1 und setzt voraus, dass der Unternehmer oder dessen Vertreter eine Bestellung des Verbrauchers in dessen Aufenthaltsstaat entgegengenommen hat. Der Begriff des „Vertreters" ist nicht auf Vertreter i.S.v. § 164 BGB begrenzt, sondern umfasst alle Personen, die der Unternehmer mit der Entgegennahme von Bestellungen betraut hat.[126] Unter „Bestellung" ist die zum Vertragsschluss führende Erklärung des Verbrauchers zu verstehen, d.h. sein Angebot oder seine Annahme. Eine bloße *invitatio ad offerendum* genügt genauso wenig wie eine Auftragsbestätigung des Unternehmers, wenn der Verbraucher sein Angebot zuvor in einem anderen Staat abgegeben hat.[127] „Entgegennahme" meint den Erhalt oder Zugang der Bestellung.[128]

54 Nr. 2 hat im Vergleich zu Nr. 1 dann eigenständige Bedeutung, wenn der Verbraucher ohne vorherige Werbung des Anbieters **aus eigenem Entschluss** den Kontakt zu diesem aufgenommen hat. Anwendungsfälle der Nr. 2 sind z.B. Bestellungen an einem Messe- oder Marktstand, bei einer Niederlassung oder sonstigen Repräsentanz oder einem reisenden Handelsvertreter des Anbieters im Aufenthaltsstaat des Verbrauchers.[129] Daraus wird geschlossen, dass die Vorschrift von der Prämisse der physischen Anwesenheit beider Vertragsparteien im Aufenthaltsstaat des Verbrauchers ausgeht. Eine grenzüberschreitende Entgegennahme

---

121 *Freitag*, in: Leible/Sosnitza, Versteigerungen im Internet, 2004, Rn 849; *Lurger*, in: Leible, Die Bedeutung des Internationalen Privatrechts im Zeitalter der neuen Medien, 2003, S. 33, 42; *Mankowski*, RabelsZ 63 (1999), 203, 249; *ders.*, MMR-Beil. 7/2000, 22, 26 f.; *Pfeiffer*, in: Gounalakis, Rechtshandbuch Electronic Business, 2003, § 12 Rn 76.
122 *Looschelders*, Art. 29 Rn 49; Reithmann/*Martiny*, Rn 812; *Pfeiffer*, in: Gounalakis, Rechtshandbuch Electronic Commerce, 2003, § 12 Rn 75.
123 Soergel/*v. Hoffmann*, Art. 29 EGBGB Rn 17; Staudinger/*Magnus*, Art. 29 EGBGB Rn 72.
124 Czernich/Heiss/*Heiss*, Art. 5 EVÜ Rn 34; Palandt/*Heldrich*, Art. 29 EGBGB Rn 5; Erman/*Hohloch*, Art. 29 EGBGB Rn 11; Soergel/*v. Hoffmann*, Art. 29 EGBGB Rn 19; *Looschelders*, Art. 29 Rn 50; Staudinger/*Magnus*, Art. 29 EGBGB Rn 74; MüKo/*Martiny*, Art. 29 EGBGB Rn 21; Bamberger/Roth/*Spickhoff*, Art. 29 EGBGB Rn 12.
125 Palandt/*Heldrich*, Art. 29 EGBGB Rn 5; *Looschelders*, Art. 29 Rn 51; Staudinger/*Magnus*, Art. 29 EGBGB Rn 75; *Mankowski*, RabelsZ 63 (1999), 234, 254; *Pfeiffer*, in: Gounalakis, Rechtshandbuch Electronic Commerce, 2003, § 12 Rn 77; *ders.*, in: Hohl/Leible/Sosnitza, Vernetztes Recht, S. 21, 43; a.A. etwa *Borges*, ZIP 1999, 565, 571; *Kronke*, RIW 1996, 985. 988.
126 BGHZ 123, 380, 390; Palandt/*Heldrich*, Art. 29 EGBGB Rn 5; Staudinger/*Magnus*, Art. 29 EGBGB Rn 78; MüKo/*Martiny*, Art. 29 EGBGB Rn 22.
127 BGHZ 135, 124, 132; a.A. OLG Frankfurt RIW 1989, 646, 648; LG Hamburg IPRax 1990, 239, 241; RIW 1990, 664, 666.
128 BGHZ 135, 124, 132.
129 Bericht *Giuliano/Lagarde*, BT-Drucks 10/503, S. 56.

von Bestellungen wäre dann von vornherein ausgeschlossen.[130] Nach anderer Ansicht soll es bereits genügen, wenn dem Verbraucher die Möglichkeit geboten wird, unmittelbar von seinem Staat aus ohne erkennbaren Grenzübertritt die Willenserklärung an den Empfänger abzusenden.[131] Richtigerweise wird man jedoch darauf abstellen müssen, ob sich für den Verbraucher erkennbar, etwa aufgrund verwendeter Länderkürzel in der E-Mail- oder Internetadresse, eine Empfangseinrichtung des Anbieters in Aufenthaltsstaat des Verbrauchers befindet.[132]

d) Verkaufsfahrten in das Ausland (Abs. 1 Nr. 3). Nr. 3 erweitert den Anwendungsbereich des Art. 29 um die sog. „Kaffeefahrten ins Ausland", d.h. vom Verkäufer veranlasste Verkaufsfahrten in einen anderen Staat als den Aufenthaltsstaat des Verbrauchers. Erfasst werden nur während einer solchen Auslandsreise geschlossene Warenkaufverträge, nicht jedoch Verträge über die Erbringung von Dienstleistungen oder zweckgebundene Finanzierungsverträge. 55

Nr. 3 verlangt, dass die Reise vom Verkäufer „herbeigeführt" wurde. Eine Beförderung durch den Verkäufer selbst ist nicht erforderlich. Es genügt, dass er die Reise von einem Dritten durchführen lässt.[133] Entfaltet der Verkäufer seine Verkaufsaktivität hingegen am Zielort einer von einem Dritten unabhängig organisierten und durchgeführten Reise oder erwirbt der Verbraucher dort aus eigener Initiative Waren, etwa während des Landgangs bei einer Kreuzfahrt, greift Nr. 3 nicht.[134] 56

Die Verkaufsförderung muss der wesentliche Zweck der Reise gewesen sein. Allein ein wirtschaftlicher Nutzen des Veranstalters genügt noch nicht. Nr. 3 unterfallen daher keine Warenverkäufe im Rahmen einer längeren Pauschalreise, selbst wenn der Pauschalreiseveranstalter am Verkaufsgewinn beteiligt sein sollte.[135] 57

Der Verbraucher muss die Reise in seinem Aufenthaltsstaat angetreten haben. Reisen aus einem Drittstaat werden hingegen nicht erfasst,[136] wohl aber Reisen aus dem Aufenthaltsstaat des Verbrauchers in mehrere Staaten oder durch mehrere Staaten zum Verkaufsort.[137] 58

e) Erweiterung des situativen Anwendungsbereichs? Der situative Anwendungsbereich des Art. 29 ist aufgrund der zwingenden Identität von Anbahnungsmarkt und Aufenthaltsstaat des Verbrauchers deutlich zu eng. Das konfligiert zum einen mit den kollisionsrechtlichen Vorgaben von EG-Richtlinien des zivilrechtlichen Verbraucherschutzes, die bereits einen engen Zusammenhang zum Gebiet der Gemeinschaft genügen lassen,[138] und hat zum anderen in der Vergangenheit im Rahmen der sog. „**Gran Canaria-Fälle**"[139] zu zahlreichen Problemen und vielfältigen, hier nicht im Detail nachzuzeichnenden Lösungsvorschlägen[140] geführt. Befürwortet wurde – und wird teilweise bis heute[141] – auch eine **analoge Anwendung** 59

---

130 So z.B. *Borges*, ZIP 1999, 565, 567; *Bücker*, Internetauktionen, 2003, S. 140 ff.; *Gruber*, DB 1999, 1437; Palandt/*Heldrich*, Art. 29 EGBGB, Rn 5.
131 *Freitag*, in: Leible/Sosnitza, Versteigerungen im Internet, 2004, Rn 855; ähnlich *Waldenberger*, BB 1996, 2365, 2371.
132 Staudinger/*Magnus*, Art. 29 EGBGB Rn 76; Reithmann/Martiny/*Martiny*, Rn 814; *Mehrings*, CR 1998, 613, 620; *Mankowski*, RabelsZ 63 (1999), 203, 253; *ders.*, in: Spindler/Wiebe, Internet-Auktionen, 2001, G Rn 36; *Pfeiffer*, in: Gounalakis, Rechtshandbuch Electronic Commerce, 2003, § 12 Rn 78; *ders.*, in: Hohl/Leible/Sosnitza, Vernetztes Recht, S. 33, 44.
133 Bericht *Giuliano/Lagarde*, BT-Drucks 10/503, S. 56; Erman-*Hohloch*, Art. 29 EGBGB Rn 13; *Looschelders*, Art. 29 Rn 53; Staudinger/*Magnus*, Art. 29 EGBGB Rn 80.
134 OLG Düsseldorf NJW-RR 1995, 1396; LG Baden-Baden IPRspr 1997 Nr. 31.
135 LG Düsseldorf NJW 1991, 2220; LG Hamburg RIW 1999, 391, 392; Palandt/*Heldrich*, Art. 29 EGBGB Rn 5; Staudinger/*Magnus*, Art. 29 EGBGB Rn 81; Reithmann/Martiny/*Martiny*, Rn 815; a.A. LG Limburg RIW 1991, 339.
136 OLG Düsseldorf NJW-RR 1995, 1396; OLG Naumburg IPRspr 1998 Nr. 30; Bamberger/Roth/*Spickhoff*, Art. 29 EGBGB Rn 14; einschr. Staudinger/*Magnus*, Art. 29 EGBGB Rn 82: Nur bei Beginn der Reise in einem anderen Staat als dem Aufenthaltsstaat des Verbrauchers.
137 Erman/*Hohloch*, Art. 29 EGBGB Rn 16; *Looschelders*, Art. 29 Rn 54; Staudinger/*Magnus*, Art. 29 EGBGB Rn 83.
138 Vgl. dazu m.w.N. *Leible*, in: Schulte-Nölke/Schulze, Rechtsangleichung und nationale Privatrechte, S. 353, 365 f.
139 Umfassend dazu *Backert*, a.a.O.; vgl. außerdem Reithmann/Martiny/*Martiny*, Rn 816; Staudinger/*Magnus*, Art. 29 EGBGB Rn 84 ff.
140 Vertreten wurde u.a. das Vorliegen eines reinen Inlandsfalls i.S.v. Art. 27 Abs. 3 (OLG Frankfurt IPRax 1990, 236; LG Hamburg IPRax 1990, 239, 241), das Fehlen einer wirksamen Vereinbarung gem. Art. 31 Abs. 2 (LG Aachen NJW 1991, 2221; LG Gießen NJW 1995, 406; LG Koblenz NJW-RR 1995, 1335), der Vorrang zwingenden deutschen Rechts gem. Art. 34 EGBGB (AG Lichtenfels IPRax 1990, 235, 236.), das Vorliegen eines *ordre-public*-Verstoßes (LG Bamberg NJW-RR 1990, 694) oder gar eine unmittelbaren oder mittelbaren Geltung europäischen Richtlinienrechts (OLG Celle EuZW 1990, 550; LG Wiesbaden MDR 1991, 156; AG Bremerhaven EuZW 1990, 294).
141 Erman/*Hohloch*, Art. 29 EGBGB Rn 15; Staudinger/*Magnus*, Art. 29 EGBGB Rn 94; Reithmann/Martiny/*Martiny*, Rn 818.

von Abs. 1 Nr. 3.[142] Dem ist freilich entgegenzutreten. Zum einen lässt sich keine Planwidrigkeit erkennen. Ziel des Gesetzgebers war ersichtlich nicht die Schaffung eines erschöpfenden Verbraucherschutzes, sondern entscheidend vielmehr die Gewährung einer möglichst umfassenden Rechtswahlfreiheit. Lediglich in besonderen, eng umgrenzten Fällen sollte die Möglichkeit parteiautonomen Handelns zum Schutz der schwächeren Partei eingeschränkt werden. Abs. 1 stellt insofern eine abschließende Regelung dar, die einer Analogie nicht zugänglich ist.[143] Einer analogen Anwendung von Abs. 1 steht zudem Art. 36 entgegen.[144] Ziel der auf Art. 18 EVÜ beruhenden Vorschrift ist es, die einheitliche Auslegung der Kollisionsnormen für vertragliche Schuldverhältnisse in den Vertragsstaaten des Übereinkommens sicherzustellen.[145] Die in das EGBGB inkorporierten Normen sollen nach den gleichen Maßstäben ausgelegt werden, die bei unmittelbarer Anwendbarkeit des EVÜ zu beachten gewesen wären. Grundsätzlich ausgeschlossen ist eine Analogie zwar auch bei einheitlicher Auslegung nicht. Jedoch können nationale Gerichte Normen des EVÜ bzw. darauf beruhende Vorschriften nicht so auslegen, dass das Ergebnis für andere Vertragsstaaten nicht tragbar ist.[146] Eine rechtsvergleichende Betrachtung zeigt aber, dass in den anderen Vertragsstaaten eine Tendenz zur Extensivierung kollisionsrechtlichen Verbraucherschutzes nicht zu verzeichnen ist. Art. 5 EVÜ wird vielmehr als exklusive und abschließende Regelung verstanden.[147]

60 Ein Teil der verbleibenden Schutzlücken lässt sich mittlerweile mit der Regelung des Art. 29a schließen, die einen ergänzenden kollisionsrechtlichen Verbraucherschutz gewährt. Außerdem macht die „Ingmar"-Rechtsprechung des EuGH bei hinreichendem Gemeinschaftsbezug auch eine Durchsetzung der Normen zur Umsetzung von Richtlinien, die nicht in Art. 29a Abs. 4 aufgeführt sind, erforderlich. Dies sollte mittels einer analogen Anwendung von Art. 29a geschehen, ansonsten über Art. 34 (vgl. näher Art. 29a EGBGB Rn 48 ff.). Im Übrigen steht die Verbesserung des kollisionsrechtlichen Verbraucherschutzes seit 2003 auf der Agenda der Europäischen Gemeinschaft.[148] Wahrscheinlich erscheint derzeit eine an Art. 15 EuGVVO angelehnte Neuformulierung des Art. 5 EVÜ.

IV. Rechtsfolgen

61 **1. Subjektive Anknüpfung (Abs. 1). a) Allgemeines.** Art. 29 schließt eine Rechtswahl nicht aus, sondern führt lediglich dazu, dass an Stelle des gewählten Rechts die dem Verbraucher günstigeren Bestimmungen des Rechts seines Aufenthaltsstaats Anwendung finden. Es handelt sich um eine allseitige Kollisionsregel, die auch Anwendung findet, wenn sich der Verbraucher gewöhnlich außerhalb Deutschlands aufhält, und zwar selbst dann, wenn sein Aufenthaltsrecht einen entsprechenden kollisionsrechtlichen Schutz gar nicht kennt.

62 Die Zulässigkeit und Wirksamkeit der Rechtswahlvereinbarung richtet sich nach Art. 27. Die Rechtswahl kann ausdrücklich oder stillschweigend sowie vorher oder nachträglich erfolgen. Eine *depéçage* ist zulässig. Die Parteien können außerdem – in den Grenzen des Art. 27 – frei darüber entscheiden, welches Recht sie wählen. Zum Verhältnis zu Art. 27 Abs. 3 vgl. Rn 12. Über die Wirksamkeit der Rechtswahlvereinbarung entscheidet das gewählte Recht (Artt. 27 Abs. 4, 31 Abs. 1).

---

142 Vgl. z.B. OLG Stuttgart NJW-RR 1990, 1081, 1083; LG Konstanz NJW-RR 1992, 1332, 1333; AG Bremerhaven NJW-RR 1990, 1083, 1084; *Bernhard*, GRUR Int. 1992, 366, 373; *Böhm*, S. 171; *Klingsporn*, WM 1994, 1093, 1096; *Kohte*, EuZW 1990, 216, 219; *Lüderitz*, IPR, Rn 274; *ders.*, IPRax 1990, 216, 219; *Mäsch*, Rechtswahlfreiheit und Verbraucherschutz, S. 166–171; *Reich*, VuR 1992, 189, 192; *Sack*, IPRax 1992, 24, 28; *Yeun*, IPRax 1994, 257, 260.

143 So ausdr. auch BGHZ 123, 380, 391: „... in sich geschlossene Regelung des Gesetzes ..."; vgl. auch BGHZ 135, 124, 133 (zur Erweiterung des sachlichen Anwendungsbereichs im Wege der Analogie). Im Erg. ebenso OLG Hamm NJW-RR 1989, 496; OLG Celle IPRax 1991, 334, 335; *Baumert*, Europäischer ordre public, S. 103 ff. und 209 ff.; *Coester-Waltjen*, in: FS W. Lorenz 1991, S. 297, 309; *Droste*, Der Begriff der zwingenden Bestimmung" in den Artt. 27 ff. EGBGB, 1991, S. 134 f.; Palandt/*Heldrich*, Art. 29 EGBGB Rn 5; *Junker*, IPRax 1993, 1, 8; *Leible*, JJZ 1995, 1996, S. 245, 259 f.; *Looschelders*, Art. 29 Rn 58; *Mankowski*, IPRax 1991, 305, 310;

ders., RIW 1993, 453, 459; *Schlosser*, in: FS Steindorff 1990, S. 1379, 1388; Bamberger/Roth/*Spickhoff*, Art. 29 EGBGB Rn 15; *Taupitz*, BB 1990, 642, 649.

144 *Junker*, RabelsZ 55 (1991), 674, 686; *ders.*, IPRax 1993, 1, 8; *Leible*, JJZ 1995, 1996, S. 245, 260; *Looschelders*, Art. 29 Rn 58; *Mankowski*, IPRax 1991, 305, 308; *ders.*, RIW 1993, 453, 460. Ebenso – allerdings zur Erweiterung des sachlichen Anwendungsbereichs im Wege der Analogie – BGHZ 135, 124, 134.

145 Ausf. dazu *Junker*, RabelsZ 55 (1991), 674; *Reinhart*, RIW 1994, 445.

146 *Ebke*, in: v. Bar, Europäisches Gemeinschaftsrecht und internationales Privatrecht, S. 77, 100 f.; *Junker*, RabelsZ 55 (1991), 674, 679; *Martiny*, RabelsZ 45 (1981), 427, 442.

147 *Mankowski*, RIW 1993, 453, 460 m. Nachw. in Fn 100.

148 Vgl. dazu *Leible*, in: Leible, Das Grünbuch zum Internationalen Vertragsrecht, 2004, S. 133; *W.-H. Roth*, in: FS Sonnenberger 2004, S. 591.

b) Günstigkeitsprinzip. Berufen wird bei einem Verbrauchervertrag i.S.v. Abs. 1 neben dem gewählten 63
Recht das zwingende Recht des Staates, in dem der Verbraucher seinen gewöhnlichen Aufenthalt hat. Abs. 1
ist ein Fall der Alternativanknüpfung. Welches Recht im konkreten Fall tatsächlich zur Anwendung gelangt,
ist vom Richter in einem Günstigkeitsvergleich zu ermitteln (Rn 67 f.).

Das Günstigkeitsprinzip ist **rechtspolitisch bedenklich**. Es schafft Rechtsunsicherheit, da sich das an- 64
wendbare Recht nicht bereits beim Vertragsschluss, sondern erst mit dem konkreten Prozessbegehren des
Verbrauchers bestimmen lässt. Die Alternativanknüpfung bei Verbraucherverträgen dient zudem weder der
materiellrechtlichen noch der kollisionsrechtlichen Gerechtigkeit.[149] Durch die Kumulation von Verbraucher-
schutzrechten werden nicht materiellrechtliche Gerechtigkeitsvorstellungen des Marktstaates durchgesetzt,
sondern es wird im Ergebnis ein über beide beteiligte Sachrechtsordnungen hinausgehendes „neues Recht"
geschaffen. Damit korrespondiert eine über die materielle *lex fori* hinausgehende unverhältnismäßige Mehrbelastung des Anbieters. Auch kollisionsrechtliche Erwägungen vermögen eine alternative Anknüpfung von
Verbraucherverträgen nicht zu rechtfertigen.[150] Denn der kollisionsrechtliche Schutz der strukturell unterlegenen Vertragspartei kann sich nicht darauf beschränken, die „ungewollte" Wahl eines ungünstigen fremden Rechts zu verhindern. Zum kollisionsrechtlichen Schwächerenschutz sollte es stattdessen gehören, den
Verbraucher angesichts der bei Geltung fremden Rechts stets bestehenden Informationsprobleme überhaupt
vor der Anwendung eines ihm unbekannten Rechts zu schützen.[151] Überzeugend und die Interessen beider
Vertragsparteien hinreichend berücksichtigend ist daher allein die strikte Anwendung des Aufenthaltsrechts
des Verbrauchers, wie sie etwa Art. 120 schwIPRG vorsieht.[152]

c) Zwingende Bestimmungen. Art. 29 erfasst alle zwingenden Normen des Wohnsitzstaates, die auf einen 65
Ausgleich typischer Ungleichgewichtslagen zwischen den Parteien gerichtet sind. Dies müssen nicht unbedingt spezifische Verbraucherschutzregelungen sein. Berufen sind genauso Normen (und auch Richterrecht)
des allgemeinen Vertragsrechts, sofern sie in gleicher Weise den schwächeren Vertragsteil vor Übervorteilung
bewahren wollen.[153] Sie sind zwingend, wenn sie sachrechtlich von den Parteien nicht abbedungen werden
können. Der besondere internationale Geltungswille dieser Vorschriften wird bei Vorliegen der Voraussetzungen des Art. 29 unwiderleglich vermutet.[154]

Zwingende Normen i.S.v. Art. 29 sind **zum Beispiel** die Bestimmungen über den Reisevertrag (§§ 651a ff. 66
BGB), allgemeine Geschäftsbedingungen (§§ 305 ff. BGB), Haustürgeschäfte (§§ 312, 312a BGB), Fernabsatzverträge (§ 312b ff. BGB), Verträge im elektronischen Geschäftsverkehr (§ 312e BGB), den Verbrauchsgüterkauf (§§ 474 ff. BGB), Verbraucherdarlehensverträge (§§ 491 ff. BGB), aber auch Vorschriften
der allgemeinen Rechtsgeschäftslehre wie §§ 134, 138 BGB oder Normen des allgemeinen Schuldrechts
wie z.B. § 242 BGB.[155] Gesetzliche Regelungen mit einer allgemein wirtschaftlichen, sozialen oder außen-
politischen Zielsetzung, wie etwa Ausfuhrbestimmungen oder Devisenvorschriften, werden hingegen nicht
erfasst, selbst wenn sie dem Verbraucher günstig sein sollten. Es bleibt dann nur ein Rückgriff auf Art. 34
(bzw. die Grundsätze zur Anwendung ausländischen Eingriffsrechts), sofern ihnen Eingriffsnormcharakter
zukommt.[156]

---

149 *Leible*, JJZ 1995, 1996, S. 245, 258 f.
150 Ausf. und überzeugend *Mäsch*, Rechtswahlfreiheit und Verbraucherschutz, S. 65–68.
151 *Leible*, JJZ 1995, 1996, S. 245, 259; *ders.*, in: Schulte-Nölke/Schulze, Rechtsangleichung und nationale Privatrechte, S. 353, 375; *Leible*, in: Leible, Das Grünbuch zum Internationalen Vertragsrecht, 2004, S. 133, 146; *Mäsch*, Rechtswahlfreiheit und Verbraucherschutz, S. 68; *W.-H. Roth*, Internationales Versicherungsvertragsrecht, S. 441, insb. Fn 52; *von Wilmowsky*, ZEuP 1995, 735 (739).
152 *Fischer*, ZVglRWiss 88 (1989), 14, 26; *Mäsch*, Rechtswahlfreiheit und Verbraucherschutz, S. 72; *Schwenzer*, IPRax 1991, 129, 131. Krit. hingegen die überwiegende Ansicht im Schrifttum, so z.B. *Böhm*, S. 84; *Keller*, in: FS Vischer 1983, S. 175, 185: *Kren*, ZVglRWiss 88 (1989), 48, 56; *E. Lorenz*, RIW 1987, 569, 571; *ders.*, in: FS Kegel 1987, S. 303, 316.
153 *Böhm*, S. 129; *Droste*, Der Begriff der „zwingenden Bestimmung" in den Artt. 27 ff. EGBGB, 1991, S. 213; *Mäsch*, Rechtswahlfreiheit und Verbraucherschutz, S. 51; MüKo/*Martiny*, Art. 29 EGBGB Rn 35; Reithmann/Martiny/*Martiny*, Rn 824, Bamberger/Roth/*Spickhoff*, Art. 29 EGBGB Rn 17. Enger: *Firsching*, IPRax 1981, 37, 41; Palandt/*Heldrich*, Art. 29 EGBGB Rn 6; *Schwarz*, S. 175 (konkret verbraucherschützender Bezug).
154 *W.-H. Roth*, RIW 1994, 275 (277); im Erg. ebenso *Mankowski*, RIW 1993, 453 (459): „.... ersetzt".
155 *Looschelders*, Art. 29 Rn 61; Staudinger/*Magnus*, Art. 29 EGBGB Rn 102; Reithmann/Martiny/*Martiny*, Art. 29 Rn 825.
156 *Droste*, Der Begriff der „zwingenden Bestimmung" in den Artt. 27 ff. EGBGB, 1991, S. 213; Erman/*Hohloch*, Art. 29 EGBGB Rn 17; *Looschelders*, Art. 29 Rn 62; Staudinger/*Magnus*, Art. 29 EGBGB Rn 102; MüKo/*Martiny*, Art. 29 EGBGB Rn 35; *Stoll*, in: FS Beitzke 1979, S. 759, 776 f.

67 **d) Günstigkeitsvergleich.** Der Richter hat den Günstigkeitsvergleich **von Amts wegen** durchzuführen.[157] Er muss das Recht heranziehen, das dem im Prozess vorgetragenen Begehren des Verbrauchers (z.B. Widerruf der Vertragsannahmeerklärung) am ehesten entspricht. Im Übrigen bleibt es bei der Anwendbarkeit des gewählten Rechts. Es erfolgt also kein abstrakter Gesamtvergleich;[158] denn es ist unmöglich zu ermitteln, welche der zu vergleichenden Rechtsordnungen überhaupt für den Verbraucher günstiger ist – die Günstigkeit ist stets eine Frage der konkreten Interessensituation im Einzelfall. Damit kommt es beim Rechtsvergleich auf den konkreten Streitgegenstand an, d.h. auf das konkrete Rechtsanwendungsinteresse des Verbrauchers in der jeweiligen Situation. Verglichen werden können stets nur konkrete Teilbereiche.

68 Unklar ist indes, **wie bei der konkreten Einzelfallbetrachtung vorzugehen** ist. So ließe sich zunächst an eine punktuelle Betrachtungsweise denken. Dem Verbraucher würde so allerdings die Möglichkeit gegeben, ihm günstige Rechte aus den beteiligten Rechtsordnungen „herauszupicken" und zu kumulieren (sog. Rosinentheorie).[159] Vorzugswürdig erscheint daher ein Gruppenvergleich. Die streitige Rechtsfrage ist dann für jede Rechtsordnung jeweils anhand sämtlicher Vorschriften zu prüfen, die für ihre Beantwortung erforderlich sind. In diese Betrachtung sind z.B. nicht allein die Voraussetzungen eines Unwirksamkeitstatbestandes, sondern auch diejenigen der Verjährung einzubeziehen.[160] So wäre es etwa unzulässig, dem gewählten Recht die Voraussetzungen für einen Anspruch des Verbrauchers zu entnehmen, der nach dessen Heimatrecht nicht in Betracht kommt, um anschließend die nach dem gewählten Recht eingetretene Verjährung unter Berufung auf die langen Verjährungsfristen des Heimatrechts des Verbrauchers zu verneinen. Auch durch einen Gruppenvergleich wird sich freilich nicht mit letzter Sicherheit verhindern lassen, dass es unter Umständen doch zu Rechtsfolgen kommt, die über dem Schutzniveau beider beteiligter Rechtsordnungen liegen.

69 **2. Objektive Anknüpfung (Abs. 2).** Liegen alle Voraussetzungen des Abs. 1 vor, unterliegt der Verbrauchervertrag in Ermangelung einer Rechtswahlvereinbarung (oder bei deren Unwirksamkeit) gem. Abs. 2 abweichend von Art. 28 dem Recht des Staates des gewöhnlichen Aufenthaltes des Verbrauchers. Ein Günstigkeitsvergleich findet nicht statt. Art. 28 wird vollständig verdrängt. Selbst wenn der Vertrag eine engere Beziehung mit einem anderen Staat aufweist, bleibt es bei der Geltung des Aufenthaltsrechts des Verbrauchers, da die Ausweichklausel des Art. 28 Abs. 5 nicht zum Tragen kommt. Die Reichweite des von Abs. 2 berufenen Vertragsstatuts richtet sich nach Artt. 31, 32.

70 **3. Form (Abs. 3).** Das objektive Statut des Verbrauchervertrages ist gem. Abs. 3 und abweichend von Art. 11 Abs. 1–3 zugleich dessen Formstatut: Die Form des Verbrauchervertrages richtet sich ausschließlich nach dem Recht des Staates, in dem der Verbraucher seinen gewöhnlichen Aufenthalt hat, da der Verbraucher mit „seinen" Formvorschriften am ehesten vertraut ist und sie meist auch mit den materiellrechtlichen Normen des zivilrechtlichen Verbraucherschutzes abgestimmt sind.[161] Die starre Anknüpfung der Form an das Aufenthaltsrecht kann freilich bei einer Wahl günstigeren Sachrechts das Auseinanderfallen von Form- und Sachvorschriften nicht verhindern und dem Verbraucher zudem ein unter Umständen günstigeres, ansonsten nach Art. 11 beachtliches Formstatut entziehen.[162] Angesichts des eindeutigen Wortlauts der Norm kommt ein formbezogener Günstigkeitsvergleich jedoch nicht in Betracht.[163] Die Formerfordernisse des Aufenthaltsrechts gelten nicht nur für den Verbrauchervertrag selbst, sondern ebenso für die – meist in ihm enthaltene – Rechtswahlvereinbarung.[164]

---

157 *Mäsch*, Rechtswahlfreiheit und Verbraucherschutz, S. 41 f.; Bamberger/Roth/*Spickhoff*, Art. 29 EGBGB Rn 18.
158 Für eine Gesamtbetrachtung plädiert *Mäsch*, Rechtswahlfreiheit und Verbraucherschutz, S. 41 f.
159 *Knüppel*, Zwingendes materielles Recht und internationale Schuldverträge, 1988, S. 7 und 131; *E. Lorenz*, RIW 1987, 569, 577; *Schurig*, RabelsZ 54 (1990), 217, 225.
160 Soergel/*v. Hoffmann*, Art. 29 EGBGB Rn 31; *Looschelders*, Art. 29 Rn 65; MüKo/*Martiny*, Art. 29 EGBGB Rn 38; ausf. *Mäsch*, Rechtswahlfreiheit und Verbraucherschutz, S. 37 ff.

161 Bericht *Giuliano/Lagarde*, BT-Drucks 10/504, S. 64; MüKo/*Martiny*, Art. 29 EGBGB Rn 50.
162 Krit. daher *Looschelders*, Art. 29 Rn 71 f.; Staudinger/*Magnus*, Art. 29 EGBGB Rn 116.
163 Palandt/*Heldrich*, Art. 29 EGBGB Rn 8; Erman/*Hohloch*, Art. 29 EGBGB Rn 21; Reithmann/Martiny/*Martiny*, Rn 833; *Mankowski*, in: Spindler/Wiebe, Internet-Auktionen, 2001, H Rn 19.
164 Erman/*Hohloch*, Art. 29 EGBGB Rn 21; Soergel/*v. Hoffmann*, Art. 29 EGBGB Rn 40; *Leible*, JJZ 1995, 1996, S. 245, 254; MüKo/*Martiny*, Art. 29 EGBGB Rn 50; Bamberger/Roth/*Spickhoff*, Art. 29 EGBGB Rn 20.

C. Internationale Zuständigkeit

I. EuGVVO

Artt. 15–17 EuGVVO enthalten für Verbrauchersachen ein abgeschlossenes Zuständigkeitssystem mit dem Ziel des Verbraucherschutzes. Mit Ausnahme der Zuständigkeitsbegründung durch rügeloses Einlassen (Art. 24 EuGVVO) sind die allgemeinen Zuständigkeitsbestimmungen verdrängt, soweit Artt. 15–17 EuGVVO nicht ausdrücklich auf sie verweisen.

Art. 15 Abs. 1 EuGVVO erfasst Verträge oder Ansprüche aus Verträgen, die eine Person zu einem Zweck geschlossen hat, der nicht ihrer beruflichen oder gewerblichen Tätigkeit zugerechnet werden kann (Verbraucher). Der Begriff des Verbrauchers ist autonom und in Anlehnung an Art. 5 EVÜ (= Art. 29 EGBGB) auszulegen.

In den **sachlichen Anwendungsbereich** fallen zum einen Teilzahlungskaufverträge (Art. 15 Abs. 1 lit. a EuGVVO) und andere Kreditgeschäfte zur Finanzierung des Kaufs beweglicher Sachen (Art. 15 Abs. 1 lit. b EuGVVO). Die Norm erfasst zum anderen aber auch „alle anderen Fälle" (Art. 15 Abs. 1 lit. c EuGVVO), d.h. alle übrigen Vertragstypen,[165] sofern hierfür nicht besondere Zuständigkeitsvorschriften bestehen (z.B. Artt. 8 ff. EuGVVO für Versicherungsverträge) oder eine ausschließliche Zuständigkeit (etwa Art. 22 Nr. 1 EuGVVO) greift. Gem. Art. 15 Abs. 3 EuGVVO sind Beförderungsverträge allerdings ausgenommen, nicht jedoch Pauschalreiseverträge.

Während bei **Teilzahlungskaufverträgen** (Art. 15 Abs. 1 lit. a EuGVVO) und anderen Kreditgeschäften zur Finanzierung des Kaufs beweglicher Sachen (Art. 15 Abs. 1 lit. b EuGVVO) allein der Abschluss eines entsprechenden Vertrags zwischen einem Unternehmer und einem Verbraucher genügt, um die Rechtsfolgen der Artt. 15–17 EuGVVO auszulösen, bedarf es bei allen anderen Vertragstypen darüber hinaus der Eröffnung des situativen Anwendungsbereichs von **Art. 15 Abs. 1 EuGVVO. Lit. c** verlangt, dass der andere Vertragspartner in dem Mitgliedstaat, in dessen Hoheitsgebiet der Verbraucher seinen Wohnsitz hat, **eine berufliche oder gewerbliche Tätigkeit ausübt oder** eine solche auf irgendeinem Wege auf diesen Mitgliedstaat oder auf mehrere Staaten, einschließlich dieses Mitgliedstaates, **ausrichtet** und der Vertrag in den Bereich dieser Tätigkeit fällt. Von der Ausübung einer beruflichen oder gewerblichen Tätigkeit in einem anderen Mitgliedstaat ist auszugehen, wenn sich der Vertragspartner aktiv am dortigen Wirtschaftsverkehr beteiligt, indem er z.B. vor Ort Dienstleistungen erbringt.[166] Eine (Zweig-)Niederlassung im Wohnsitzstaat des Verbrauchers ist dazu nicht erforderlich. Von wesentlich größerer praktischer Relevanz ist das in lit. c alternativ aufgeführte Kriterium des „Ausrichtens". Mit ihm sollte ausdrücklich der wachsenden Bedeutung des elektronischen Geschäftsverkehrs Rechnung getragen werden.[167] Art. 15 Abs. 1 lit. c EuGVVO bezieht alle durch das Internet zu einem bestimmten Abschluss motivierten Verbraucher in die Kategorie der kollisionsrechtlich schützenswerten „passiven" Verbraucher ein. Es genügt bereits, dass der Anbieter seine Tätigkeit auf bzw. auch auf den Staat ausrichtet, in dem der Verbraucher seinen Wohnsitz hat.[168]

Der Verbraucher hat die **Wahl** zwischen einer Klage vor den Gerichten im Wohnsitzstaat des Vertragspartners oder im Staat seines Wohnsitzes (Art. 16 Abs. 1 EuGVVO). Hat der Vertragspartner zwar keinen Wohnsitz, aber eine Zweigniederlassung o.Ä. in einem Mitgliedstaat, sind die Gerichte des Zweigniederlassungsstaats international zuständig. Entscheidend ist der Wohnsitz zum Zeitpunkt der Klageerhebung. Der Verbraucher kann nicht auf weitere Gerichtsstände zugreifen; insbesondere ist der Vertragsgerichtsstand des Art. 5 Nr. 1 EuGVVO auch für Klagen des Verbrauchers verdrängt. Art. 16 Abs. 1 Alt. 2 EuGVVO (Klagen im Wohnsitzstaat des Verbrauchers) regelt nicht nur die internationale, sondern zugleich die örtliche Zuständigkeit („Gericht des Ortes"), während durch Art. 16 Abs. 1 Alt. 1 EuGVVO nur die internationale Zuständigkeit determiniert wird und daher bei Klagen des Verbrauchers im Wohnsitzstaat des Unternehmers die örtliche Zuständigkeit nach der *lex fori* zu ermitteln ist.[169] Der Vertragspartner kann den Verbraucher nur vor den Gerichten des Wohnsitzstaates des Verbrauchers verklagen. Art. 16 Abs. 2 EuGVVO verdrängt alle Wahlgerichtsstände der Art. 5 und 6 EuGVVO. Art. 16 Abs. 2 EuGVVO bestimmt nur die internationale Zuständigkeit. Die örtliche richtet sich nach der *lex fori*.

Gerichtsstandsvereinbarungen sind im Geschäftsverkehr mit Verbrauchern nach Maßgabe des Art. 17 EuGVVO nur zulässig, sofern sie eine der nachstehenden drei Voraussetzungen erfüllen, d.h.

---

165 Beispiele bei Rauscher/*Staudinger*, Art. 15 Brüssel I-VO Rn 8 f.
166 Thomas/Putzo/*Hüßtege*, ZPO, Art. 15 EuGVVO Rn 8; Rauscher/*Staudinger*, Art. 15 Brüssel I-VO Rn 12.
167 KOM (1999) 348 endg., S. 1, 17; *Kropholler*, Europäisches Zivilprozeßrecht, 7. Aufl. 2002, Art. 15 EuGVO Rn 23; *Micklitz/Rott*, EuZW 2001, 325, 331; Rauscher/*Staudinger*, Art. 15 Brüssel I-VO Rn 14.
168 Zu den Einzelheiten *Leible*, in: Leible/Sosnitza, Versteigerungen im Internet, 2004, Rn 1008.
169 Rauscher/*Staudinger*, Art. 16 Brüssel I-VO Rn 3 und 4.

– dem Verbraucher zusätzliche Gerichtsstände zur Wahl stellen oder
– nach Entstehung der Streitigkeit getroffen werden oder
– die Zuständigkeit der Gerichte eines Mitgliedstaats begründen, in dem sowohl der Verbraucher als auch sein Vertragspartner zum Zeitpunkt des Vertragsabschlusses ihren Wohnsitz oder gewöhnlichen Aufenthalt haben, sofern das Recht des prorogierten Gerichts eine derartige Vereinbarung zulässt.

77 Besteht danach Prorogationsfreiheit, sind weiterhin die Anforderungen des Art. 23 EuGVVO zu beachten. Ob und inwieweit sich darüber hinaus weitere Einschränkungen für vorformulierte Gerichtsstandsklauseln in Verbraucherverträgen aus der Klausel-Richtlinie und insbesondere deren Art. 3 i.V.m. lit. q des Anhangs zu Art. 3 ergeben können, ist umstritten.[170]

II. EuGVÜ/LugÜ

78 Während der persönliche Anwendungsbereich von Art. 15 EuGVVO auf der einen und Art. 13 EuGVÜ/LugÜ auf der anderen Seite identisch sind, ergeben sich zumindest dem Wortlaut nach durchaus gewichtige Unterschiede sowohl beim sachlichen als auch beim situativen Anwendungsbereich.

79 Anders als Art. 15 Abs. 1 lit. c EuGVVO erfasst Art. 13 Abs. 1 EuGVÜ/LugÜ in seiner dritten Variante (Nr. 3) nicht sämtliche Verträge, sondern ebenso wie Abs. 1 lediglich Verträge, die die Erbringung einer Dienstleistung oder die Lieferung einer beweglichen Sache zum Gegenstand haben.

80 Wesentlich bedeutsamer scheinen die **Unterschiede beim situativen Anwendungsbereich** zu sein. Während Art. 15 Abs. 1 lit. c EuGVVO mit dem Tatbestandsmerkmal des „Ausrichtens" der wachsenden Bedeutung des elektronischen Geschäftsverkehrs Rechnung trägt, verlangt Art. 13 Abs. 1 Nr. 3 EuGVÜ/LugÜ, dass dem Vertragsschluss in dem Staat des Wohnsitzes des Verbrauchers ein ausdrückliches Angebot oder eine Werbung vorausgegangen ist (lit. a) und der Verbraucher in diesem Staat die zum Abschluss des Vertrages erforderlichen Rechtshandlungen vorgenommen hat (lit. b). Diese Voraussetzungen sind identisch mit den Anforderungen des Abs. 1 Nr. 1 bzw. Art. 5 Abs. 2 Spiegelstrich 1 EVÜ. Die Ausführungen unter Rn 50 haben jedoch gezeigt, dass sich das in Art. 15 Abs. 1 EuGVVO explizit enthaltene Merkmal des „Ausrichtens" im Wege der Auslegung ohne weiteres in Abs. 1 Nr. 1 bzw. Art. 5 Abs. 2 Spiegelstrich 1 EVÜ und damit zugleich in Art. 13 Abs. 1 Nr. 3 EuGVÜ/LugÜ, der parallel zu vorgenannten Vorschriften auszulegen ist,[171] „hineinlesen" lässt.

81 Die Rechtsfolgen des Vorliegens einer „Verbrauchersache" sind in Artt. 14, 15 EuGVÜ/LugÜ nahezu die gleichen wie in Artt. 16, 17 EuGVVO. Der einzige Unterschied besteht darin, dass Art. 14 Abs. 1 Alt. 2 EuGVÜ/LugÜ bei Klagen des Verbrauchers in seinem Wohnsitzstaat nur die internationale Zuständigkeit der Gerichte dieses Staates, nicht aber zugleich ihre örtliche Zuständigkeit festlegt. Für die Bestimmung der örtlichen Zuständigkeit ist dann auf die *lex fori* zurückzugreifen.

III. Autonomes Recht

82 Anders als das europäische kennt das deutsche internationale Zivilprozessrecht keinen besonderen **Verbrauchergerichtsstand**. Es gelten grundsätzlich die allgemeinen Regeln. Eine Ausnahme findet sich lediglich in § 29c ZPO für Haustürgeschäfte. Danach ist für Klagen aus Haustürgeschäften das Gericht zuständig, in dessen Bezirk der Verbraucher zur Zeit der Klageerhebung seinen Wohnsitz und in Ermangelung eines solchen seinen gewöhnlichen Aufenthalt hat. Für Klagen gegen den Verbraucher ist dieses Gericht ausschließlich zuständig. Die Vorschrift begründet bei Haustürgeschäften, die die in § 312 Abs. 1 BGB aufgeführten Merkmale aufweisen,[172] nicht nur die örtliche, sondern zugleich die internationale Zuständigkeit.

Artikel 29a Verbraucherschutz für besondere Gebiete

(1) ¹Unterliegt ein Vertrag aufgrund einer Rechtswahl nicht dem Recht eines Mitgliedstaats der Europäischen Union oder eines anderen Vertragsstaats des Abkommens über den Europäischen Wirtschaftsraum, weist der Vertrag jedoch einen engen Zusammenhang mit dem Gebiet eines dieser Staaten auf, so sind die im Gebiet dieses Staats geltenden Bestimmungen zur Umsetzung der Verbraucherschutzrichtlinien gleichwohl anzuwenden.

---

170 Vgl. dazu m.w.N. Rauscher/*Staudinger*, Art. 17 Brüssel I-VO Rn 6.
171 Vgl. BGHZ 123, 380, 384 f.; *Kropholler*, Europäisches Zivilprozessrecht, 6. Aufl. 1998, Art. 13 EuGVÜ Rn 5.
172 Der Vertrag muss indes nicht deutschem Recht unterliegen, vgl. *Bücker*, Internetauktionen, 2003, S. 254; *Mankowski*, in: Spindler/Wiebe, Internet-Auktionen, 2001, H Rn 34.

(2) ¹Ein enger Zusammenhang ist insbesondere anzunehmen, wenn
1. der Vertrag aufgrund eines öffentlichen Angebots, einer öffentlichen Werbung oder einer ähnlichen geschäftlichen Tätigkeit zustande kommt, die in einem Mitgliedstaat der Europäischen Union oder einem anderen Vertragsstaat des Abkommens über den Europäischen Wirtschaftsraum entfaltet wird, und
2. der andere Teil bei Abgabe seiner auf den Vertragsschluss gerichteten Erklärung seinen gewöhnlichen Aufenthalt in einem Mitgliedstaat der Europäischen Union oder einem anderen Vertragsstaat des Abkommens über den Europäischen Wirtschaftsraum hat.

(3) ¹Die Vorschriften des Bürgerlichen Gesetzbuchs über Teilzeit-Wohnrechteverträge sind auf einen Vertrag, der nicht dem Recht eines Mitgliedstaats der Europäischen Union oder eines anderen Vertragsstaats des Abkommens über den Europäischen Wirtschaftsraum unterliegt, auch anzuwenden, wenn das Wohngebäude im Hoheitsgebiet eines dieser Staaten liegt.

(4) ¹Verbraucherschutzrichtlinien im Sinne dieser Vorschrift sind in ihrer jeweils geltenden Fassung:
1. die Richtlinie 93/13/EWG des Rates vom 5. April 1993 über missbräuchliche Klauseln in Verbraucherverträgen (ABl. EG Nr. L 95 S. 29);
2. die Richtlinie 94/47/EG des Europäischen Parlaments und des Rates vom 26. Oktober 1994 zum Schutz der Erwerber im Hinblick auf bestimmte Aspekte von Verträgen über den Erwerb von Teilzeitnutzungsrechten an Immobilien (ABl. EG Nr. L 280 S. 83);
3. die Richtlinie 97/7/EG des Europäischen Parlaments und des Rates vom 20. Mai 1997 über den Verbraucherschutz bei Vertragsabschlüssen im Fernabsatz (ABl. EG Nr. L 144 S. 19);
4. die Richtlinie 1999/44/EG des Europäischen Parlaments und des Rates vom 25. Mai 1999 zu bestimmten Aspekten des Verbrauchsgüterkaufs und der Garantien für Verbrauchsgüter (ABl. EG Nr. L 171 S. 12);
5. die Richtlinie 2002/65/EG des Europäischen Parlaments und des Rates vom 23. September 2002 über den Fernabsatz von Finanzdienstleistungen an Verbraucher und zur Änderung der Richtlinie 90/619/EWG des Rates und der Richtlinien 97/7/EG und 98/27/EG (ABl. EG Nr. L 271 S. 16).

Literatur: *Basedow*, Internationales Verbrauchervertragsrecht – Erfahrungen, Prinzipien und europäische Reform, in: FS Jayme 2004, S. 3; *Baumert*, Die Umsetzung des Art. 6 Abs. 2 der AGB-Richtlinie im System des europäischen kollisionsrechtlichen Verbraucherschutzes, EWS 1995, 57; *Bitterich*, Die analoge Anwendung des Art. 29a Abs. 1 EGBGB auf Verbraucherschutzrichtlinien ohne kollisionsrechtlichen Rechtsetzungsauftrag, VuR 2002, 155; *ders.*, Die kollisionsrechtliche Absicherung der AGB-Richtlinie (Art. 6 Abs 2) – Rechtszersplitterung statt Kollisionsrechtseinheit in Europa, ZfRV 2002, 123; *ders.*, Die Neuregelung des Internationalen Verbrauchervertragsrechts in Art. 29a EGBGB, 2003; *Brinker*, Die Vereinbarkeit des § 12 AGBGB mit dem Art. 6 Abs. 2 der EG-Richtlinie über missbräuchliche Klauseln in Verbraucherverträgen, 2000; *Bröcker*, Verbraucherschutz im Europäischen Kollisionsrecht, ZEuP 1998, 37; *Ehle*, Wege zu einer Kohärenz der Rechtsquellen im Europäischen Kollisionsrecht der Verbraucherverträge, 2002; *Fallon-Francq*, Towards Internationally Mandatory Directives for Consumer Contracts?, in: Liber Amicorum Kurt Siehr 2000, S. 155; *Freitag/Leible*, Ergänzung des kollisionsrechtlichen Verbraucherschutzes durch Art. 29a EGBGB, EWS 2000, 342; *dies.*, Von den Schwierigkeiten der Umsetzung kollisionsrechtlicher Richtlinienbestimmungen, ZIP 1999, 1296; *Heiss*, Die Richtlinie über den Fernabsatz von Finanzdienstleistungen an Verbraucher aus Sicht des IPR und des IZVR, IPRax 2003, 100; *Klauer*, Das europäische Kollisionsrecht der Verbraucherverträge zwischen Römer-EVÜ und EG-Richtlinien, 2002; *Leible*, Kollisionsrechtlicher Verbraucherschutz im EVÜ und in EG-Richtlinien, in: Schulte-Nölke/Schulze, Rechtsangleichung und nationale Privatrechte, 1999, S. 353; *ders.*, Verbesserung des kollisionsrechtlichen Verbraucherschutzes, in: Leible, Das Grünbuch zum Internationalen Vertragsrecht, 2004, S. 133; *Looschelders*, Der Schutz von Verbrauchern und Versicherungsnehmern im Internationalen Privatrecht, FS E. Lorenz 2004, S. 441; *Mankowski*, § 12 AGBG im System des Internationalen Verbrauchervertragsrechts, BB 1999, 1225; *Otte*, Anwendbares Recht bei grenzüberschreitendem Timesharing, RabelsZ 62 (1998), 405; *Paefgen*, Kollisionsrechtlicher Verbraucherschutz im Internationalen Vertragsrecht und europäischen Gemeinschaftsrecht, ZEuP 2003, 266; *Reithmann/Martiny*, Internationales Vertragsrecht, 6. Auflage 2004; *Roth/Schulze*, Verbraucherschutz im Electronic Commerce – Schutzmechanismen und grenzüberschreitende Geschäfte nach dem Referentenentwurf eines Fernabsatzgesetzes, RIW 1999, 924; *Rühl*, § 12 AGBG im System des internationalen Verbraucherschutzrechts, RIW 1999, 321; *Rusche*, Der „enge Zusammenhang" im Sinne des Art. 29a EGBGB, IPRax 2001, 420; *Sonnenberger*, Die Umsetzung kollisionsrechtlicher Regelungsgebote in EG-Richtlinien, ZEuP 1996, 383; *Staudinger*, Artikel 6 Absatz 2 der Klauselrichtlinie und § 12 AGBG, 1998; *ders.*, Art. 29a EGBGB des Referentenentwurfs zum Fernabsatzgesetz, IPRax 1999, 414; *ders.*, Internationales Verbraucherschutzrecht made in Germany, RIW 2000, 416; *ders.*, Rom, Brüssel, Berlin und Amsterdam – Chiffren eines Europäischen Kollisionsrechts für Verbraucherverträge, ZfRV 2000, 93; *ders.*, Das Transportrechtsreformgesetz und seine Bedeutung für das Internationale Privatrecht, IPRax 2001, 183; *ders.*, Die ungeschriebenen kollisionsrechtlichen Regelungsgebote der Handelsvertreter-, Haustürwiderrufs- und Produkthaftungsrichtlinie, NJW 2001, 1974; *ders.*, Der Rückgriff des Unternehmers in grenzüberschreitenden Sachverhalten, ZGS 2002, 63; *Stoll*, Zur Neuordnung des internationalen Verbrauchervertragsrechts, in: FS Max-Planck-Institut 2001, S. 463; *Thorn*, Verbraucherschutz bei Verträgen im Fernabsatz, IPRax 1999, 1; *R. Wagner*, Zusammenführung verbraucherschützender Kollisionsnormen aufgrund EG-Richtlinien in einem neuen Art. 29a EGBGB, IPRax 2000, 249; *Wegner*, Internationaler Verbraucherschutz beim Abschluß von Timesharingverträgen: § 8 Teilzeitwohnrechtegesetz, 1998; *dies.*, Internationaler Verbraucherschutz für Time-Sharing-Erwerber nach dem neuen Art. 29a EGBGB, VuR 2000, 227.

Art. 29a EGBGB

A. Allgemeines 1	2. Reichweite der Verweisung 38
I. Gemeinschaftsrecht 1	3. Bezug zu mehreren Staaten 41
II. Defizite von Art. 29 5	4. Günstigkeitsvergleich 42
III. Entstehung von Art. 29a 7	5. Unterbliebene oder mangelhafte
IV. Struktur 9	Richtlinienumsetzung 43
V. E-Commerce 10	6. Verbraucherschutzrichtlinien 46
B. Regelungsgehalt 11	a) Erfasste Richtlinien 46
I. Geltung allgemeiner Regeln 11	b) Analoge Anwendung von Art. 29a . . 47
1. Auslegung 11	aa) Objektive Anknüpfung 47
2. Rück- und Weiterverweisung 13	bb) Verbraucherschutzrichtlinien
3. Ordre public 14	ohne geschriebene kollisions-
4. Intertemporales Recht 16	rechtliche Vorgaben 48
II. Verhältnis zu anderen Vorschriften 17	V. Anknüpfung von Timesharing-Verträgen
1. Art. 29 EGBGB 17	(Abs. 3) 51
2. Art. 34 EGBGB 18	1. Allgemeines 51
III. Anwendungsvoraussetzungen 19	2. Verhältnis zu Abs. 1 52
1. Anwendungsbereich 19	3. Anwendungsvoraussetzungen 53
a) Persönlicher Anwendungsbereich . . . 19	a) Timesharing-Vertrag 53
b) Sachlicher Anwendungsbereich 22	aa) Vertragsgegenstand 53
c) Räumlicher Anwendungsbereich . . . 23	bb) Vertragsparteien 54
aa) Grundsatz 23	b) Geltung drittstaatlichen Rechts
bb) Regelbeispiele 24	aufgrund objektiver Anknüpfung . . . 55
cc) Weitere Fälle 30	c) Belegenheit der Timesharingimmo-
2. Anwendbarkeit eines Drittstaatenrechts	bilie in einem EG-/EWR-Staat 57
aufgrund einer Rechtswahl 34	4. Rechtsfolgen 58
IV. Rechtsfolgen 37	
1. Grundsatz 37	

A. Allgemeines

I. Gemeinschaftsrecht

1 Die Verbesserung des Verbraucherschutzes ist eines der erklärten Vertragsziele der Europäischen Gemeinschaft (Artt. 3 lit. g, 153 EGV). Die zu seiner Verwirklichung auf der Grundlage von Art. 95 EGV erlassenen Richtlinien zum zivilrechtlichen Verbraucherschutz beschränken sich seit einiger Zeit nicht auf die Angleichung des materiellen Rechts, sondern enthalten neuerdings auch internationalprivatrechtliche Vorgaben. Kollisionsrechtliche Regelungen finden sich in Art. 6 Abs. 2 der Richtlinie über missbräuchliche Klauseln in Verbraucherverträgen,[1] Art. 9 der Timesharing-Richtlinie,[2] Art. 12 Abs. 2 der Fernabsatz-Richtlinie,[3] Art. 7 Abs. 2 der Verbrauchsgüterkauf-Richtlinie[4] sowie Art. 12 Abs. 2 der Richtlinie über den Fernabsatz von Finanzdienstleistungen.[5] Die angeführten Vorschriften weisen zwar durchaus Unterschiede auf, doch überwiegen die gemeinsamen Strukturmerkmale. Archetypisch ist Art. 12 Abs. 2 der Richtlinie über den Fernabsatz von Finanzdienstleistungen. Danach treffen die Mitgliedstaaten „die erforderlichen Maßnahmen um sicherzustellen, dass der Verbraucher den durch diese Richtlinie gewährten Schutz nicht dadurch verliert, dass das Recht eines Drittstaates als das auf den Vertrag anzuwendende Recht gewählt wird, wenn der Vertrag eine enge Verbindung mit dem Hoheitsgebiet eines oder mehrerer Mitgliedstaaten aufweist."

2 Vorschriften wie diese dienen der Abgrenzung des Anwendungsbereichs des angeglichenen Rechts. Seine Geltung soll auch bei einer Verbindung des Sachverhalts mit dritten, d.h. nicht der Gemeinschaft angehöriger Staaten, gesichert werden. Sie sind folglich normbezogen. Ihr Ansatz ist ein statutarischer. Sie erinnern auf den ersten Blick an die aus dem nationalen Recht bekannten Eingriffsnormen. Von Eingriffsnormen unterscheiden sie sich jedoch dadurch, dass sie bzw. die entsprechenden nationalen Umsetzungsnormen keinen unbedingten Geltungswillen haben. Das angeglichene nationale Recht soll bei Sachverhalten mit Drittstaatsberührung nicht stets zur Geltung gelangen. Es soll nur sichergestellt werden, dass der Verbraucher bei Vorliegen der entsprechenden situativen Voraussetzungen („enger Zusammenhang") den „durch die Richtlinien gewährten Schutz nicht verliert" bzw. dieser ihm „nicht vorenthalten wird". „Nicht verlieren"

---

[1] Richtlinie 93/13/EWG v. 5. April 1993 über missbräuchliche Klauseln in Verbraucherverträgen, ABlEG 1993 Nr. L 95/29.

[2] Richtlinie 94/47/EG v. 26. Oktober 1994 zum Schutz der Erwerber im Hinblick auf bestimmte Aspekte von Verträgen über den Erwerb von Teilnutzungsrechten an Immobilien, ABlEG 1994 Nr. L 280/83.

[3] Richtlinie 97/7/EG v. 20. Mai 1997 über den Verbraucherschutz bei Vertragsabschlüssen im Fernabsatz, ABlEG 1997 Nr. L 144/19.

[4] Richtlinie 1999/44/EG des Europäischen Parlaments und des Rates v. 25. Mai 1999 zu bestimmten Aspekten des Verbrauchsgüterkaufs und der Garantien für Verbrauchsgüter, ABlEG 1999 Nr. L 171/12.

[5] Richtlinie 2002/65/EG v. 23. September 2002 über den Fernabsatz von Finanzdienstleistungen an Verbraucher und zur Änderung der Richtlinie 90/619/EWG des Rates und der Richtlinien 97/7/EG und 98/27/EG, ABlEG 2002 Nr. L 271/16.

bzw. „nicht vorenthalten" bedeutet dem Wortsinn nach lediglich, dass der Verbraucher durch die Anwendung fremden Rechts nicht schlechter gestellt, d.h. der durch die Richtlinien garantierte Mindeststandard nicht unterschritten werden darf. Gewährt das Recht dritter Staaten hingegen weiter gehenden Verbraucherschutz, soll seine Anwendung nicht ausgeschlossen werden. Sämtliche kollisionsrechtlichen Richtlinienbestimmungen sehen also eine Alternativanknüpfung mit einem Günstigkeitsvergleich vor.[6]

Die kollisionsrechtlichen Richtlinienvorgaben sind von der Überzeugung getragen, dass der Verbraucher nicht stets des Schutzes umgesetzten Gemeinschaftsrechts bedarf, sondern dieses nur Anwendung finden soll, sofern er berechtigterweise auf die Geltung „seines Rechts" vertrauen darf. Allerdings verzichten die Richtlinienbestimmungen mit Ausnahme von Art. 9 der Timesharing-Richtlinie auf eine nähere Konkretisierung des erforderlichen Inlandsbezugs und lassen ganz allgemein einen „engen Zusammenhang" bzw. eine „enge Verbindung" genügen. Variabel zu sein scheint der räumliche Bezugspunkt, d.h. das Gebiet, mit dem der Vertrag in einem „engen Zusammenhang" stehen muss: Mal ist es „das Gebiet der Mitgliedstaaten", mal „das Gebiet eines oder mehrerer Mitgliedstaaten" oder schließlich schlicht die „Gemeinschaft". Dabei handelt es sich jedoch lediglich um terminologische, nicht aber inhaltliche Unterschiede. Vorausgesetzt wird stets, dass der jeweilige Sachverhalt mindestens einen engen Zusammenhang mit einem Mitgliedstaat der Gemeinschaft aufweist.

Außer der Timesharing-Richtlinie sehen alle Richtlinien eine Sonderanknüpfung von Verbraucherverträgen nur bei einer Rechtswahl der Parteien, nicht aber bei ihrem Fehlen vor.[7]

II. Defizite von Art. 29

Der durch Art. 29 gewährte Verbraucherschutz ist unvollkommen. Der **räumlich-situative Anwendungsbereich der Norm ist zu eng**, um den in verbraucherschützenden EG-Richtlinien enthaltenen kollisionsrechtlichen Vorgaben zu genügen. Die Vorschrift schützt nicht den „aktiven" oder „dynamischen" Verbraucher, der sich aus eigenem Antrieb auf den Auslandsmarkt begibt, sondern allein den „passiven" Verbraucher, der vom Anbieter auf seinem heimatlichen Markt angesprochen wird. Sie verlangt eine Nähebeziehung des Vertrags zum Aufenthaltsstaat des Verbrauchers. Die Richtlinien dagegen lassen bereits einen hinreichenden Bezug zum Gebiet der Gemeinschaft genügen.[8] Sie verzichten zudem auf eine Art. 29 Abs. 1 Nr. 1–3 vergleichbare Konkretisierung des notwendigen Gemeinschaftsbezugs und fordern lediglich einen „engen Zusammenhang" des Sachverhalts mit der Gemeinschaft.[9]

Darüber hinaus ist auch der **sachliche Anwendungsbereich des Art. 29 nicht weit genug**, um den gemeinschaftsrechtlich geforderten kollisionsrechtlichen Verbraucherschutz zu gewähren. So gilt z.B. Art. 29 nur für Verträge über die Lieferung beweglicher Sachen, die Erbringung von Dienstleistungen sowie Verträge zur Finanzierung solcher Geschäfte, und selbst das nur unter Ausnahme der in Abs. 4 aufgezählten Vertragstypen (mit Rückausnahme in Abs. 5). Die Anzahl der von den drei Richtlinien erfassten Vertragstypen ist jedoch wesentlich größer, wie bereits das Beispiel des Timesharing-Vertrages deutlich macht, auf den Art. 29 nicht anwendbar ist (vgl. Art. 29 EGBGB Rn 32). Außerdem belässt es z.B. Art. 29 Abs. 4 bei Verträgen über die Erbringung von Dienstleistungen bei der alleinigen Geltung des gewählten Rechts eines Drittstaats, wenn die dem Verbraucher geschuldeten Dienstleistungen ausschließlich in einem anderen als dem Staat erbracht werden müssen, in dem der Verbraucher seinen gewöhnlichen Aufenthalt hat; Art. 6 Abs. 2 Klausel-Richtlinie verlangt in derartigen Fällen hingegen schon dann nach einer AGB-Kontrolle am Maßstab umgesetzten

---

6 Wie hier *Ehle*, S. 198; *Jayme*, in: Hommelhoff/Jayme/Mangold, Europäischer Binnenmarkt, Internationales Privatrecht und Rechtsvergleichung, 1995, S. 35, 46; *Jayme/Kohler*, IPRax 1995, 343, 345 und 346; *Klauer*, Das europäische Kollisionsrecht der Verbraucherverträge zwischen Römer-EVÜ und EG-Richtlinien, S. 220; *Leible*, in: Schulte-Nölke/Schulze, Europäische Rechtsangleichung und nationale Privatrechte, S. 353, 364; *Sonnenberger*, in: FS Fikentscher 1998, S. 281, 295; *Staudinger*, Artikel 6 Absatz 2 der Klauselrichtlinie und § 12 AGBG, 1998, S. 30 f.; *Thorn*, IPRax 1999, 1, 8; a.A. *Kapnopoulou*, Das Recht der missbräuchlichen Klauseln in der Europäischen Union, 1997, S. 154; *Kretschmar*, Die Richtlinie 93/13/EWG des Rates v. 5.4.1993 über missbräuchliche Klauseln in Verbraucherverträgen und das deutsche AGB-Gesetz, 1998, S. 282; *Mäsch*, EuZW 1995, 8, 13; *Rauscher*, EuZW 1996, 650, 651; *Wegner*, Internationaler Verbraucherschutz beim Abschluss von Timesharingverträgen, S. 180; *von Wilmowsky*, ZEuP 1995, 735, 760.
7 Zur Kritik vgl. *Leible*, in: Schulte-Nölke/Schulze, Europäische Rechtsangleichung und nationale Privatrechte, S. 353, 366 f.
8 Dazu *Leible*, in: Schulte-Nölke/Schulze, Europäische Rechtsangleichung und nationale Privatrechte, S. 353, 365 f.
9 Dazu *Leible*, in: Schulte-Nölke/Schulze, Europäische Rechtsangleichung und nationale Privatrechte, S. 353, 375 ff.

Gemeinschaftsrechts, wenn der Vertrag aufgrund sonstiger Umstände (z.B. Werbung) einen engen Zusammenhang mit dem Gebiet der Gemeinschaft aufweist.[10]

III. Entstehung von Art. 29a

7 Der deutsche Gesetzgeber begnügte sich zunächst mit der Schaffung von Spezialkollisionsnormen in § 12 AGBG und § 8 TzWrG. Rechtstechnisch hätte er es auch im Rahmen der im Jahre 2000 anstehenden Umsetzung der Fernabsatz-Richtlinie bei dieser Vorgehensweise belassen können. Er entschied sich gleichwohl und mit guten Gründen[11] für eine „zentrale Umsetzung" in einer Norm des EGBGB, da das Verhältnis der in verschiedenen Einzelgesetzen enthaltenen Sonderkollisionsnormen zueinander und insbesondere zu Art. 29 vielfältige Abgrenzungsprobleme aufwarf und die Situation mit einer Umsetzung von Art. 12 Abs. 2 der Fernabsatz-Richtlinie durch Schaffung einer weiteren Sonderkollisionsnorm, diesmal im Fernabsatzgesetz, noch komplizierter geworden wäre. Eine einheitliche Norm verdeutlicht außerdem, dass die verschiedenen Richtlinienbestimmungen trotz ihres nicht immer kongruenten Wortlauts gemeinsame Strukturelemente aufweisen, und ermöglicht so eine Systematisierung des über Art. 29 hinausreichenden kollisionsrechtlichen Verbraucherschutzes in bestimmten Bereichen des angeglichenen Binnenmarktrechts. Sie lässt zudem klarer als bisher die Notwendigkeit einer Anpassung des die Artt. 27 ff. determinierenden völkervertraglichen Umfelds, d.h. des EVÜ, zu Tage treten[12] und hält den Änderungsaufwand bei der Umsetzung nachfolgender Richtlinien gering. Und sie ermöglichte schließlich, der zwischenzeitlich an den Vorschriften der § 12 AGBG und § 8 TzWrG geäußerten Kritik[13] Rechnung zu tragen. Der vom europäischen Richtlinienrecht ausgehenden Kollisionsrechtszersplitterung in Europa[14] vermag freilich auch sie nicht zu begegnen. Dies lässt sich nur durch Überführung des EVÜ in eine EG-VO erreichen.

8 Der im Jahre 1999 veröffentlichte Referentenentwurf[15] erfuhr in der Literatur deutliche Kritik,[16] wurde daraufhin bis zum Regierungsentwurf[17] grundlegend überarbeitet und passierte dann unverändert das Gesetzgebungsverfahren.[18] Art. 29a trat am 30.6.2000 in Kraft.[19] Zugleich wurden § 8 TzWrG, § 12 AGBG aufgehoben. Nachfolgend kam es zu zwei Änderungen. Im Zuge der Schuldrechtsmodernisierung wurde der Integration verbraucherschutzrechtlicher Nebengesetze in das BGB Rechnung getragen und der Verweis auf das TzWrG durch einen Verweis auf die entsprechenden Normen des BGB ersetzt sowie in Abs. 4 eine neue Nr. 4 aufgenommen.[20] Diese Änderung trat zum 1.1.2002 in Kraft. Abs. 4 Nr. 5 fand im Zuge der Umsetzung der Richtlinie über den Fernabsatz von Finanzdienstleistungen Aufnahme in Art. 29a.[21]

---

10 Vgl. allg. zu Divergenzen im sachlichen Anwendungsbereich der EG-Richtlinien und Art. 29 EGBGB *Bitterich*, Die Neuregelung des Internationalen Verbrauchervertragsrechts in Art. 29a EGBGB, S. 168; speziell zum Vergleich zwischen Art. 6 Abs. 2 Klausel-RL und Art. 29 EGBGB *Staudinger*, Artikel 6 Absatz 2 der Klauselrichtlinie und § 12 AGBG, 1998, S. 90.

11 So bereits zum Referentenentwurf *Freitag/Leible*, ZIP 1999, 1296, 1301; *Micklitz/Reich*, BB 1999, 2093, 2098; für eine „zentrale Umsetzung" im österreichischen Recht scheinbar auch *Czernich/Heiss/Heiss*, Art. 5 EVÜ Rn 3; krit. gegenüber einer solchen „Einheitslösung" hingegen *Staudinger*, IPRax 1999, 414, 420 („richtliniengeprägter Fremdkörper innerhalb eines völkervertraglichen Umfelds"), und wohl auch *Kronke*, RIW 1996, 985, 992 („nicht falsch, ... jeweils eigenständig zu regeln").

12 BT-Drucks 14/2658, S. 50; BT-Drucks 14/2920, S. 16.

13 Vgl. z.B. zu § 12 AGBGB *Mankowski*, BB 1999, 1225; *Rühl*, RIW 1999, 321; *Staudinger*, Artikel 6 Absatz 2 der Klauselrichtlinie und § 12 AGBG, 1998, S. 139 ff.; zu § 8 TzWrG *Otte*, RabelsZ 62 (1998), 405; *Wegner*, Internationaler Verbraucherschutz beim Abschluss von Timesharingverträgen.

14 Rechtsvergleichend zur Umsetzung von Art. 6 Abs. 2 der Klausel-Richtlinie etwa *Bitterich*, ZfRV 2002, 123, 125 ff.; *Klauer*, S. 267 ff.

15 Vgl. IPRax 1999, Heft 4, S. VII.

16 Vgl. vor allem *Freitag/Leible*, ZIP 1999, 1296; *Roth/Schulze*, RIW 1999, 924; *Staudinger*, IPRax 1999, 414.

17 BT-Drucks 14/2658. Zur Stellungnahme des Bundesrates und zur Gegenäußerung der Bundesregierung vgl. BT-Drucks 14/2920; zum Bericht des Rechtsausschusses vgl. BT-Drucks 14/3195.

18 Ausf. zur Entstehungsgeschichte *Bitterich*, Die Neuregelung des Internationalen Verbrauchervertragsrechts in Art. 29a EGBGB, S. 298 ff.; *Wagner*, IPRax 2000, 249, 255 ff.

19 Vgl. BGBl I 2000 S. 897.

20 BGBl I 2001 S. 3138.

21 Durch das Gesetz zur Änderung der Vorschriften über Fernabsatzverträge bei Finanzdienstleistungen v. 2.12.2004 (BGBl I S. 3102).

IV. Struktur

Abs. 1 ordnet für den Fall der Wahl des Rechts eines Drittstaats die Geltung der Normen zur Umsetzung der in Abs. 4 aufgeführten EG-Richtlinien des EG-Mitgliedstaats bzw. Vertragsstaats des EWR an, mit dessen Gebiet der Vertrag eine enge Beziehung aufweist. Was unter dem Begriff der „engen Beziehung" zu verstehen ist, erläutert Abs. 2 anhand von zwei Regelbeispielen. Abs. 3 enthält eine Sonderregelung für Timesharingverträge. Ist das Wohngebäude im Hoheitsgebiet eines Mitgliedstaats der EG oder Vertragsstaats des EWR belegen, findet – systemwidrig – stets deutsches Recht Anwendung.

V. E-Commerce

Art. 29a ist auch bei Verbrauchergeschäften im E-Commerce zu beachten. § 4 Abs. 2 Nr. 2 TDG nimmt „die Vorschriften für vertragliche Schuldverhältnisse in Bezug auf Verbraucherverträge" ausdrücklich vom kollisionsrechtlich verstehenden Herkunftslandprinzip des § 4 TDG aus. Von dieser Ausnahme werden alle vertraglichen Pflichten der Parteien und alle diesbezüglichen Normen einschließlich der kollisionsrechtlichen Verweisungsregeln erfasst. Damit bleibt es bei der Geltung der allgemeinen kollisionsrechtlichen Bestimmungen einschließlich Art. 29a.[22]

B. Regelungsgehalt

I. Geltung allgemeiner Regeln

1. Auslegung. Bei der Auslegung von Art. 29a ist sein gemeinschaftsrechtlicher Ursprung zu beachten. Er unterfällt nicht dem Gebot der einheitlichen Auslegung des Art. 18 EVÜ und wird daher gem. Art. 36 S. 2 ausdrücklich von der Geltung des Art. 36 ausgenommen. Stattdessen greifen die allgemeinen Prinzipien der richtlinienkonformen Auslegung. Wesentliche Unterschiede zwischen beiden Methoden bestehen jedoch nicht. Bei Zweifeln über die Vereinbarkeit der in Art. 29a enthaltenen Umsetzung von Richtlinienvorgaben ist allerdings gem. Art. 234 EGV und nicht nach Art. 2 des ersten Brüsseler Auslegungsprotokolls an den EuGH vorzulegen.

Führt die Auslegung und Anwendung des Art. 29a zu Konflikten mit den ihn umgebenden Bestimmungen des (umgesetzten) EVÜ, ist zu differenzieren: Soweit Art. 29a unmittelbar der Umsetzung der in Abs. 4 genannten Richtlinien dient, ist gem. Art. 3 Abs. 2 S. 1 EGBGB, Art. 20 EVÜ der Vorrang des Gemeinschaftsrechts vor dem EVÜ zu berücksichtigen, so dass Letzteres verdrängt wird (vgl. aber auch Rn 17 und 34 ff.). Soweit die Bundesrepublik in Art. 29a indes Regelungen getroffen hat, die nicht unmittelbar von den betroffenen Richtlinien inspiriert sind, bedeutet jede Abweichung von den Regelungen des EVÜ einen Verstoß gegen die völkervertraglichen Pflichten aus diesem Abkommen und ist daher prinzipiell zu vermeiden, selbst wenn hier keine unmittelbaren Sanktionen drohen.

2. Rück- und Weiterverweisung. Ein *renvoi* des Rechts, auf das verwiesen wird, ist unbeachtlich, da Art. 29a gem. Art. 35 Abs. 1, der für die Vorschrift keine Art. 36 S. 2 entsprechende Ausnahme vorsieht, eine Sachnorm- und keine Gesamtverweisung ausspricht.[23] Führt die Verweisung zu einem Mehrrechtsstaat, ist nach Art. 35 Abs. 2 eine Unteranknüpfung vorzunehmen.

3. Ordre public. Art. 6 ist zwar grundsätzlich anwendbar,[24] doch sind Anwendungsfälle nur schwer vorstellbar, da der durch die Richtlinie für die nationalen Rechte vorgegebene Schutzstandard gerade Ausdruck eines gemeineuropäischen Gerechtigkeitsempfindens ist.

Die *ordre-public*-Klausel kann nicht herangezogen werden, um die Anwendung des Rechts eines Mitgliedstaats oder Vertragsstaats des EWR zu verhindern, der die Richtlinie (noch) nicht in nationales Recht umgesetzt hat.[25] Es erscheint bereits fraglich, ob die der Umsetzung einer verbraucherschützenden EG-Richtlinie dienenden Vorschriften des deutschen Rechts zum unverzichtbaren Kernbestand des inländischen Rechts zu zählen sind.[26] Genauso wenig wird man außerdem einen gesamteuropäischen *ordre public* bemühen können,

---

22 Näher dazu m.w.N. MüKo/*Martiny*, nach Art. 34 EGBGB Rn 43 ff.

23 Palandt/*Heldrich*, Art. 29a EGBGB Rn 5; Erman/ *Hohloch*, Art. 29a EGBGB Rn 5; *Looschelders*, Art. 29a Rn 12; Staudinger/*Magnus*, Art. 29a EGBGB Rn 21; MüKo/*Martiny*, Art. 29a EGBGB Rn 119; Bamberger/Roth/*Spickhoff*, Art. 29a EGBGB Rn 15.

24 Palandt/*Heldrich*, Art. 29a EGBGB Rn 7; Erman/ *Hohloch*, Art. 29a EGBGB Rn 6; *Looschelders*, Art. 29a Rn 13; Staudinger/*Magnus*, Art. 29a EGBGB Rn 22; MüKo/*Martiny*, Art. 29a EGBGB Rn 120; *Staudinger*, RIW 2000, 416, 419.

25 So aber Palandt/*Heldrich*, Art. 29a EGBGB Rn 5 („in krassen Fällen"); ähnlich Erman/*Hohloch*, Art. 29a EGBGB Rn 6.

26 *Staudinger*, RIW 2000, 416, 420; *Looschelders*, Art. 29a Rn 14.

da auch hierfür nicht die schlichte Nichtbeachtung des Gemeinschaftsrechts genügt, sondern es ebenso eines Verstoßes gegen grundlegende europäische Gerechtigkeitsvorstellungen bedarf.[27] Zudem stellt das Gemeinschaftsrecht für die Fälle einer unterbliebenen Richtlinien-Umsetzung das Instrument der Staatshaftung zur Verfügung, das insoweit Vorrang vor der *ordre-public*-Klausel beansprucht.[28]

4. Intertemporales Recht. Der deutsche Gesetzgeber hat bei der Einführung von Art. 29a auf eine Norm zum intertemporalen Kollisionsrecht verzichtet, „da erforderlichenfalls die Grundsätze des Art. 220 ergänzend herangezogen werden können".[29] Daher gilt im Grundsatz, dass Art. 29a nur auf nach dem 30.6.2000 abgeschlossene Verträge Anwendung finden kann, während sich das anwendbare Recht bei einem früheren Vertragsschluss nach § 12 AGBG oder § 8 TzWrG bestimmt. Bei Dauerschuldverhältnissen geht die h.M. freilich und zu Recht davon aus, dass es sich bei ihnen nicht um abgeschlossene Vorgänge handelt und ihre nach dem Stichtag eintretenden Wirkungen daher nach neuem IPR zu beurteilen sind.[30] Das muss auch für Timesharing-Verträge gelten, die deshalb grundsätzlich dem Regelungsregime des Art. 29a unterstehen, selbst wenn sie vor dem 30.6.2000 abgeschlossen wurden.[31]

II. Verhältnis zu anderen Vorschriften

1. Art. 29 EGBGB. Gem. Art. 20 EVÜ genießt das Gemeinschaftsrecht Vorrang vor den Vorschriften dieses Übereinkommens und damit auch vor Normen wie Art. 29, die das EVÜ in nationales Recht übernehmen. Daraus wird verschiedentlich ein allgemeiner Anwendungsvorrang des Art. 29a vor Art. 29 abgeleitet.[32] Das überzeugt jedoch nicht. Denn EG-Richtlinien geben dem nationalen Gesetzgeber nur das zu erreichende Ziel vor, nicht aber, wie es zu verwirklichen ist. Soweit dem Regelungsanliegen der kollisionsrechtlichen Richtlinienvorgaben bereits mit der Anwendung von Art. 29 Genüge getan ist, hat es folglich damit sein Bewenden. Art. 29a greift daher nur, sofern der Anwendungsbereich des Art. 29 nicht eröffnet ist (zu den Einzelheiten vgl. Rn 34 ff.).

2. Art. 34 EGBGB. Ein Rückgriff auf Art. 34 ist im sachlichen und räumlichen Anwendungsbereich des Art. 29a ausgeschlossen.[33] Das gilt selbst dann, wenn der Staat, auf dessen Recht Art. 29a verweist, eine Richtlinie noch nicht oder nicht richtlinienkonform umgesetzt hat. Der Gesetzgeber hat dieses Problem im Übrigen erkannt, von einer abweichenden Regelung aber ausdrücklich abgesehen, weshalb auch von keiner unbewussten, ausfüllungsbedürftigen Regelungslücke ausgegangen werden kann.[34]

III. Anwendungsvoraussetzungen

1. Anwendungsbereich. a) Persönlicher Anwendungsbereich. Art. 29a spricht nur ganz allgemein von „Verträgen", ohne seinen Anwendungsbereich auf „Verbraucherverträge" i.S.d. Abs. 4 zu beschränken.[35] Es kommt also auf den ersten Blick für die Verweisung nicht darauf an, ob der Vertrag überhaupt in den persönlichen Regelungsbereich der in Abs. 4 aufgeführten Verbraucherschutzrichtlinien fällt.[36] Doch sollten im Hinblick auf den Regelungszweck der Vorschrift die in Abs. 4 genannten Richtlinien zugleich bei der Bestimmung der Reichweite des Abs. 1 berücksichtigt und dieser damit teleologisch

---

27 Vgl. (zum EuGVÜ) auch EuGH Slg. 2000, I-2973 – Renault/Maxicar.
28 Staudinger/*Magnus*, Art. 29a EGBGB Rn 22.
29 BT-Drucks 14/2658, S. 50.
30 Vgl. z.B. BAG IPRax 1994, 123, 124 f.; OLG Hamm RIW 1993, 940; MüKo/*Martiny*, vor Art. 27 EGBGB Rn 32; MüKo/*Sonnenberger*, Art. 220 EGBGB Rn 24; Staudinger/*Dörner*, Art. 220 EGBGB Rn 62; Staudinger/*Magnus*, Vorbem. zu Artt. 27–37 EGBGB Rn 48; *Hess*, Intertemporales Privatrecht, 1998, S. 247; *Looschelders*, Art. 220 EGBGB Rn 5; *v. Bar/Mankowski*, IPR I, § 4 Rn 177; a.A. OLG Koblenz RIW 1993, 935; Erman/*Hohloch*, Art. 220 EGBGB Rn 12; Bamberger/Roth/*Otte*, Art. 220 EGBGB Rn 18; Palandt/*Heldrich*, Art. 220 EGBGB Rn 4; Soergel/*Schurig*, Art. 220 EGBGB Rn 14; offen gelassen von BGH NJW 1993, 2754.
31 Staudinger/*Magnus*, Art. 29a EGBGB Rn 24; a.A. *Staudinger*, RIW 2000, 416, 420.
32 Vgl. z.B. Erman/*Hohloch*, Art. 29a EGBGB Rn 8; MüKo/*Martiny*, Art. 29a EGBGB Rn 115; Staudinger/*Magnus*, Art. 29a EGBGB Rn 25; *v. Hoffmann*, IPR, § 10 Rn 73c.
33 Palandt/*Heldrich*, Art. 29a EGBGB Rn 7; Erman/*Hohloch*, Art. 29a EGBGB Rn 7; *Looschelders*, Art. 29a Rn 11.
34 *Staudinger*, RIW 2000, 416, 417; Erman/*Hohloch*, Art. 29a EGBGB Rn 7; *Looschelders*, Art. 29a Rn 11; BT-Drucks 14/2658, S. 50.
35 Krit. dazu bereits *Freitag/Leible*, ZIP 1999, 1296, 1301.
36 So etwa Palandt/*Heldrich*, Art. 29a EGBGB Rn 3; Erman/*Hohloch*, Art. 29a EGBGB Rn 12; *Looschelders*, Art. 29a Rn 17; Staudinger/*Magnus*, Art. 29a EGBGB Rn 35; *Mankowski*, in: Spindler/Wiebe, Internet-Auktionen, 2001, E Rn 202; *Schlechtriem*, in: FS Lorenz 2001, S. 565, 567; *Wagner*, IPRax 2000, 249, 255.

reduziert werden:³⁷ Art. 29a gilt nur für solche Verträge, die von den Richtlinien des Abs. 4 erfasst werden.³⁸

Damit ist der persönliche Anwendungsbereich der Vorschrift nur beim Vorliegen eines **Verbrauchergeschäfts** eröffnet. Vorausgesetzt wird ein Vertrag mit einer natürlichen Person, die zu einem Zweck handelt, der nicht ihrer gewerblichen oder beruflichen Tätigkeit zugerechnet werden kann (vgl. auch § 13 BGB). Aus der Richtlinienorientierung der Vorschrift ergibt sich weiterhin, dass ihr nur solche Kaufverträge unterfallen, bei denen der Käufer eine natürliche und keine juristische Person ist.³⁹ 20

Der den Richtlinien zugrunde liegende **Verbraucherbegriff** ist freilich nicht eindimensional, sondern **zweiseitig funktional**. Die Anwendung von Art. 29a kommt daher nur in Betracht, wenn die andere Vertragspartei beim Abschluss des Vertrages im Rahmen ihrer gewerblichen oder beruflichen Tätigkeit handelt (vgl. auch § 14 BGB). Verträge zwischen Privatpersonen sind folglich vom Anwendungsbereich der Norm ausgeschlossen. Ob ein Vertrag zur „beruflichen oder gewerblichen Tätigkeit" der Vertragsparteien zu zählen ist oder nicht, beurteilt sich jeweils aus dem Empfängerhorizont der anderen Vertragspartei. Entscheidend sind die objektiv erkennbaren Umstände des Rechtsgeschäfts, sofern es nicht ausnahmsweise an einer Schutzbedürftigkeit fehlt. Insoweit kann auf Kommentierung zu Art. 29 verwiesen werden (vgl. dort Rn 20 ff.). 21

b) Sachlicher Anwendungsbereich. Für den sachlichen Anwendungsbereich von Abs. 1 folgt aus der hier favorisierten teleologischen Reduktion der Vorschrift, dass von ihr nicht Verträge aller Art, sondern nur solche erfasst werden, die zugleich in den sachlichen Anwendungsbereich der in Abs. 4 aufgeführten Richtlinien fallen.⁴⁰ 22

c) Räumlicher Anwendungsbereich. aa) Grundsatz. Abs. 1 verlangt für die Eröffnung des räumlichen Anwendungsbereichs der Vorschrift, dass der Vertrag einen „engen Zusammenhang"⁴¹ mit dem Gebiet eines Mitgliedstaats der EG (vgl. Art. 299 EGV) oder Vertragsstaats des EWR-Abkommens aufweist. Die Erstreckung auf die Vertragsstaaten des Abkommens über den Europäischen Wirtschaftsraum (EWR)⁴² rechtfertigt sich aus Art. 7 des EWR-Abkommens. Die Vorschrift erklärt die in den Anhängen zu diesem Abkommen aufgeführten Rechtsakte für die Vertragsparteien verbindlich und verpflichtet Vertragsstaaten des EWR zur Umsetzung in innerstaatliches Recht. Für den Bereich des Verbraucherschutzes verweist Art. 72 des EWR-Abkommens auf die in Anhang XIX enthaltenen Bestimmungen, zu denen u.a. die in Abs. 4 aufgeführten Richtlinien zählen. Von Bedeutung ist das EWR-Abkommen im Verhältnis zu Island, Liechtenstein und Norwegen. 23

bb) Regelbeispiele. Abs. 2 präzisiert den Begriff des „engen Zusammenhangs" in Form eines Regelbeispiels. Danach ist ein enger Zusammenhang insbesondere anzunehmen, wenn der Vertrag aufgrund eines öffentlichen Angebots, einer öffentlichen Werbung oder einer ähnlichen geschäftlichen Tätigkeit zustande kommt, die in einem Mitgliedstaat der EG oder einem anderen Vertragsstaat des EWR entfaltet wird, *und* der andere Teil bei Abgabe seiner auf den Vertragsschluss gerichteten Erklärung seinen gewöhnlichen Aufenthalt in einem Mitgliedstaat der EG oder einem anderen Vertragsstaat des EWR hat. Beide Voraussetzungen 24

---

37 In der Sache führt das meist ohnehin zu keinem anderen Erg., da derjenige, der eine teleologische Reduktion des persönlichen Anwendungsbereichs der Vorschrift ablehnt, dann auf der Rechtsfolgenseite den persönlichen Anwendungsbereich der in Bezug genommenen Richtlinie beachten muss, vgl. *Freitag/Leible*, EWS 2000, 342, 344. Relevant kann der Streit freilich werden, wenn die Richtlinie vor allem, aber nicht nur verbraucherschützende Normen enthält und ihrem Anwendungsbereich unter Umständen auch Geschäfte zwischen Unternehmern unterfallen können, wie dies etwa im Hinblick auf den Lieferantenregress bei der Verbrauchsgüterkauf-Richtlinie der Fall ist. Vgl. zur Bedeutung von Art. 29a EGBGB beim Rückgriff des Unternehmers in grenzüberschreitenden Sachverhalten einerseits *Staudinger*, ZGS 2002, 63, und andererseits *Looschelders*, Art. 29a Rn 17.
38 *Bitterich*, Die Neuregelung des Internationalen Verbrauchervertragsrechts in Art. 29a EGBGB, S. 335 f.; *Freitag/Leible*, EWS 2000, 342, 344; Palandt/*Heinrichs*, § 13 BGB Rn 6; MüKo/*Martiny*, Art. 29a EGBGB Rn 16; *Staudinger*, ZGS 2002, 63; *Graf von Westphalen*, in: Graf von Westphalen, Vertragsrecht und AGB-Klauselwerke, Bd. I, Rechtswahlklauseln, 2003, Rn 38.
39 *Freitag/Leible*, EWS 2000, 342, 344; MüKo/*Martiny*, Art. 29a EGBGB Rn 17; a.A. Palandt/*Heldrich*, Art. 29a EGBGB Rn 3.
40 *Bitterich*, Die Neuregelung des Internationalen Verbrauchervertragsrechts in Art. 29a EGBGB, 335 f.; *Freitag/Leible*, EWS 2000, 342, 344; MüKo/*Martiny*, Art. 29a EGBGB Rn 21; *Staudinger*, IPRax 2001, 183, 186; a.A. Palandt/*Heldrich*, Art. 29a EGBGB Rn 3; Erman/*Hohloch*, Art. 29a EGBGB Rn 10; *Looschelders*, Art. 29a Rn 18.
41 Ausf. dazu *Rusche*, IPRax 2001, 420.
42 Abkommen über den Europäischen Wirtschaftsraum v. 2.5.1992 (BGBl II 1993 S. 267) in der Fassung des Anpassungsprotokolls v. 17.3.1993 (BGBl II 1993 S. 1294), in Kraft getreten am 1.1.1994.

müssen also kumulativ vorliegen.[43] Allein der gewöhnliche Aufenthalt des Verbrauchers in einem Mitgliedstaat bzw. Vertragsstaat des EWR genügt daher nicht.[44]

25 Von einem Angebot ist nicht nur bei einem Angebot im rechtstechnischen Sinne, sondern auch bei einer *invitatio ad offerendum* auszugehen.[45] Das Angebot muss zudem „öffentlich" sein, doch kommt diesem Tatbestandsmerkmal keine eigenständige Bedeutung zu. Es kann insbesondere nicht verhindern, dass auch persönlich gestaltete Angebote oder Werbebriefe mit persönlicher Anrede erfasst werden. Auszugrenzen sind lediglich Angebote aufgrund vorausgegangener Vertragsverhandlungen.[46] Im Übrigen ist der Übergang zwischen öffentlichen Angeboten und öffentlicher Werbung fließend. Entscheidend ist, dass der Anbieter im Binnenmarkt bzw. im EWR in einer Art und Weise auf seine Leistungen aufmerksam gemacht hat, dass Dritte, die zuvor noch in keinem geschäftlichen Kontakt zu ihm standen, hiervon Kenntnis nehmen konnten. Davon ist z.B. bei einer „ubiquitären", weil weltweit abrufbaren, Internetwerbung, gleich von welchem Server aus sie in das Netz eingespeist wird, auszugehen, aber z.B. auch bei der Versendung von Werbemails etc.[47] Selbst wenn kein öffentliches Angebot oder keine öffentliche Werbung vorliegen, kann schon eine ähnliche geschäftliche Tätigkeit genügen. Der Begriff ist weit auszulegen und umfasst u.a. Vertreterbesuche, telefonische Geschäftsanbahnungen u.Ä. Im Übrigen kann auf Art. 29 Abs. 1 zurückgegriffen werden. Es genügt daher, wenn der Anbieter oder sein Vertreter die Bestellung des Verbrauchers in einem Mitgliedstaat bzw. Vertragsstaat des EWR entgegengenommen oder von dort aus z.B. eine Verkaufsreise in einen Drittstaat organisiert hat.[48]

26 Abs. 2 Nr. 1 fordert, dass der Vertragsschluss „aufgrund" der unternehmerischen Tätigkeit erfolgt ist. Das Handeln des Anbieters muss also für den Vertragsschluss kausal gewesen sein.[49] Ein Nachweis strikter Kausalität ist freilich nicht erforderlich. Es genügt bereits, wenn die Vertriebsaktivität des Anbieters nach allgemeinen Erfahrungssätzen zum Vertragsschluss führen konnte.[50]

27 Abs. 2 Nr. 2 verlangt einen gewöhnlichen Aufenthalt des Verbrauchers im Binnenmarkt. Das ist entgegen anders lautender Ansicht nicht von vornherein unzulässig,[51] da Abs. 2 Nr. 2 nur ein Regelbeispiel enthält und einen Schutz von Verbrauchern aus Drittstaaten nicht per se ausschließt (vgl. aber Rn 31). Der Begriff des „gewöhnlichen Aufenthalts" ist ebenso wie in Artt. 28 oder 29 zu verstehen. Ein schlichter Aufenthalt genügt daher nicht. Maßgeblicher Zeitpunkt zur Feststellung des gewöhnlichen Aufenthalts ist der der Abgabe der zum Vertragsschluss führenden Erklärung des Verbrauchers.[52]

28 Darauf, wo der Verbraucher seine Willenserklärung abgegeben hat, kommt es – im Gegensatz zu Art. 29 – nicht an. Das trägt dem Anliegen der EG-Richtlinien, nicht nur den passiven, sondern auch den aktiven Verbraucher bei hinreichendem Gemeinschaftsbezug zu schützen, Rechnung und vermeidet die mitunter und gerade bei Vertragsschlüssen via Internet schwierige Ermittlung des Ortes der Vertragsanbahnung.[53]

29 Nach z.T. vertretener Auffassung soll beim Vorliegen der Voraussetzungen des Abs. 2 ein enger Zusammenhang i.S.v. Abs. 1 zwar regelmäßig, aber nicht zwangsläufig zu bejahen sein.[54] Das überzeugt angesichts des Wortlauts der Vorschrift („ist ... anzunehmen") indes nicht.[55]

30 **cc) Weitere Fälle.** Von einem „engen Zusammenhang" ist nicht nur bei Erfüllung der Voraussetzungen des Abs. 2 auszugehen. Ein enger Zusammenhang i.S.v. Abs. 1 kann durchaus auch bei anderen Sachverhaltskonstellationen vorliegen. Es genügt jeder andere Zusammenhang, der eine dem Regelbeispiel des Abs. 2 vergleichbare Nähebeziehung erkennen lässt. Erforderlich ist eine Gesamtwürdigung der Umstände des Einzelfalls.[56] Zu berücksichtigen sind sämtliche Merkmale, die auch ansonsten zur Lokalisierung von

---

43 Palandt/*Heldrich*, Art. 29a EGBGB Rn 3; Staudinger/*Magnus*, Art. 29a EGBG Rn 42; MüKo/*Martiny*, Art. 29a EGBGB Rn 48.
44 *Freitag/Leible*, EWS 2000, 342, 345; *Staudinger*, RIW 2000, 416, 418.
45 MüKo/*Martiny*, Art. 29a EGBGB Rn 58; Staudinger/*Magnus*, Art. 29a EGBGB Rn 43; *Roth/Schulze*, RIW 1999, 924, 930; a.A. *Looschelders*, Art. 29a Rn 27.
46 Staudinger/*Magnus*, Art. 29a EGBGB Rn 43; *Looschelders*, Art. 29a Rn 28.
47 *Freitag/Leible*, EWS 2000, 342, 345; Staudinger/*Magnus*, Art. 29a EGBGB Rn 43; Bamberger/Roth/*Spickhoff*, Art. 29a EGBGB Rn 11.
48 *Freitag/Leible*, EWS 2000, 342, 345; MüKo/*Martiny*, Art. 29a EGBGB Rn 60 und 61.
49 Palandt/*Heldrich*, Art. 29a EGBGB Rn 3; *Freitag/Leible*, EWS 2000, 342, 345; Bamberger/Roth/*Spickhoff*, Art. 29a EGBGB Rn 11.
50 Bamberger/Roth/*Spickhoff*, Art. 29a EGBGB Rn 11; Staudinger/*Magnus*, Art. 29a EGBGB Rn 45; MüKo/*Martiny*, Art. 29a EGBGB Rn 63; *Roth/Schulze*, RIW 1999, 924, 930; *Looschelders*, Art. 29a Rn 30.
51 So aber *Fetsch*, Eingriffsnormen und EG-Vertrag, 2002, S. 262.
52 Staudinger/*Magnus*, Art. 29a EGBGB Rn 46; MüKo/*Martiny*, Art. 29a EGBGB Rn 69.
53 Vgl. dazu auch *Bitterich*, Die Neuregelung des Internationalen Verbrauchervertragsrechts in Art. 29a EGBGB, S. 358 ff.
54 Staudinger/*Magnus*, Art. 29a EGBGB Rn 47; *Looschelders*, Art. 29a Rn 32.
55 In dem von Staudinger/*Magnus*, Art. 29a EGBGB Rn 47 angegebenen Beispielsfall fehlt es schon an der Kausalität.
56 Näher Bamberger/Roth/*Spickhoff*, Art. 29a EGBGB Rn 10.

Schuldverhältnissen herangezogen werden, wie etwa der Sitz der Parteien, der Abschluss- oder Erfüllungsort des Vertrages, die Belegenheit des Vertragsgegenstands, die Vertragssprache und -währung usw.[57] Weist nach einer Gewichtung die Mehrheit von ihnen auf das Gebiet der Gemeinschaft oder des EWR, ist von einem engen Zusammenhang i.S.v. Abs. 1 auszugehen.

Ein enger Zusammenhang ist auf jeden Fall gegeben, wenn der Vertrag aufgrund seines Bezugs zum Gemeinschaftsterritorium bzw. dem Gebiet des EWR bei objektiver Anknüpfung gem. Artt. 28 oder 29 Abs. 2 dem Recht eines Mitgliedstaates unterläge.[58] Abs. 1 fordert – anders als Abs. 2 – nicht, dass der Verbraucher seinen gewöhnlichen Aufenthalt in einem Mitgliedstaat der EG oder Vertragsstaat des EWR hat. Indes ist im Hinblick auf den Zweck der der Vorschrift zugrunde liegenden Richtlinien, in der EG ansässige Verbraucher zu schützen, auch im Rahmen von Abs. 1 der gewöhnliche Aufenthalt des Verbrauchers im Gemeinschaftsgebiet notwendige Anknüpfungsvoraussetzung.[59]

Abs. 1 verlangt seinem Wortlaut nach einen engen **Zusammenhang des Sachverhalts zu „einem" Vertragsstaat** der Europäischen Union bzw. des Abkommens über den Europäischen Wirtschaftsraum. Das ist freilich zu eng formuliert und wird dem Regelungsansinnen der Richtlinien nicht gerecht,[60] die das Gemeinschaftsgebiet kollisionsrechtlich wie einen einheitlichen Rechtsraum behandeln.[61] Für die Anwendung von Abs. 1 muss es daher bereits genügen, wenn der Sachverhalt mehrere schwache Bezüge zu unterschiedlichen Mitgliedstaaten bzw. Vertragsstaaten des EWR aufweist, sofern sie gemeinsam die Wesentlichkeitsschwelle erreichen.[62] Dies entspricht im Übrigen auch dem Willen des Gesetzgebers, lässt er doch im Rahmen des Regelbeispiels des Abs. 2 einen Bezug zum Gebiet von EG und EWR ausreichen. Weist der Sachverhalt tatsächlich Bezüge zu mehreren Mitgliedstaaten auf, sollte dasjenige Recht angewendet werden, zu dem der engste Bezug besteht (vgl. Rn 41).

Bei Timesharing-Verträgen sollte hingegen immer das in Umsetzung der Timesharing-Richtlinie geltende Recht am Lageort des Objektes angewendet werden. Da der Katalog des Abs. 2 nicht abschließend ist („insbesondere"), steht einem solchen Gleichlauf mit Abs. 3 der Vorschrift, der ebenfalls auf die Belegenheit abstellt, mit Art. 28 Abs. 3 sowie international-sachenrechtlichen Grundsätzen nichts im Wege; die Lage des Teilzeit-Objektes vermittelt jedenfalls einen objektiv leicht feststellbaren besonders engen Bezug zum Gemeinschaftsgebiet.[63]

2. Anwendbarkeit eines Drittstaatenrechts aufgrund einer Rechtswahl. Abs. 1 ist nur anwendbar, wenn der Vertrag aufgrund einer Rechtswahl nicht dem Recht eines Staates unterliegt, der Mitglied der Europäischen Union oder Vertragsstaat des EWR-Abkommens ist. Daraus folgt zweierlei. Zum einen ist die Vorschrift auf die subjektive Anknüpfung beschränkt. Vorausgesetzt wird eine wirksame Rechtswahlvereinbarung, die sowohl ausdrücklich als auch konkludent erfolgen kann. Ob und wann eine solche vorliegt, beurteilt sich nach den allgemeinen Grundsätzen. Eine Korrektur des Ergebnisses einer objektiven Anknüpfung mithilfe von Art. 29a ist daher außer bei Timesharingverträgen (Abs. 3) ausgeschlossen (zur Möglichkeit einer Analogie vgl. Rn 47). Zum anderen hilft Art. 29a bei der Wahl des Rechts eines Mitgliedstaats der EG bzw. Vertragsstaats des EWR nicht weiter, mag dieses auch gemeinschaftsrechtswidrig hinter dem Richtlinienstandard zurückbleiben.

Entsprechend ihrem Regelungszweck findet die Vorschrift nur Anwendung, wenn durch die Wahl drittstaatlichen Rechts die der Umsetzung der in Abs. 4 aufgezählten Richtlinien dienenden nationalen Vorschriften verdrängt werden. Wurde hingegen **drittstaatliches Recht gewählt**, sichert aber bereits Art. 29 die Anwendung der nationalen Umsetzungsnormen, bleibt für Art. 29a kein Raum. Es kommt daher nicht auf die grundsätzliche Anwendbarkeit eines Drittlandsrechts sondern darauf an, ob aufgrund der Rechtswahl

---

57 Vgl. ausf. dazu und vor allem zur Relevanz dieser Kriterien *Bitterich*, Die Neuregelung des Internationalen Verbrauchervertragsrechts in Art. 29a EGBGB, S. 371 ff.
58 *Bitterich*, Die Neuregelung des Internationalen Verbrauchervertragsrechts in Art. 29a EGBGB, S. 370 f.; *Freitag/Leible*, EWS 2000, 342, 345. Ähnlich u.a. *Jayme/Kohler*, Rev. crit. d.i.p. 84 (1995), 1, 20 f., 25 f.; *Krebber*, ZVglRWiss 97 (1998), 124, 134 zur Klausel-Richtlinie.
59 *Bitterich*, Die Neuregelung des Internationalen Verbrauchervertragsrechts in Art. 29a EGBGB, S. 385; *Freitag/Leible*, EWS 2000, 342, 345; Erman/ *Hohloch*, Art. 29a EGBGB Rn 16; *Looschelders*, Art. 29a Rn 33; Staudinger/*Magnus*, Art. 29a EGBGB Rn 50; *Staudinger*, IPRax 1999, 414, 416; offen gelassen von MüKo/*Martiny*, Art. 29a EGBGB Rn 71; *Staudinger*, RIW 2000, 416, 418; a.A. *Fetsch*, Eingriffsnormen und EG-Vertrag, 2002, S. 262.
60 So stellen Art. 6 Abs. 2 der Klauselrichtlinie und Art. 7 Abs. 3 der Verbrauchsgüterkauf-Richtlinie auf den engen Zusammenhang des Vertrages „mit dem Gebiet der Mitgliedstaaten" ab, gem. Art. 12 Abs. 2 der Fernabsatzrichtlinie genügt eine enge Beziehung zu „einem oder mehreren Mitgliedstaaten".
61 Vgl. *Leible*, in: Schulte-Nölke/Schulze, Europäische Rechtsangleichung und nationale Privatrechte, S. 353, 366.
62 Zutr. *Freitag*, in: Leible/Sosnitza, Versteigerungen im Internet, 2004, Rn 865.
63 *Freitag/Leible*, EWS 2000, 342, 346.

die Verbraucherschutzvorschriften des EU-Mitgliedstaates bzw. EWR-Vertragsstaats, zu dem die engste Beziehung besteht, ausgeschaltet worden sind. Das setzt eine vorrangige Prüfung von Art. 29 voraus.[64]

36 Darüber hinaus genügt auch nicht jede mit der Wahl eines Drittstaatenrechts einhergehende Verdrängung richtliniendeterminierter Verbraucherschutzvorschriften. Sind die nationalen Umsetzungsnormen gem. Art. 29 allein deshalb nicht anzuwenden, weil das gewählte Drittstaatenrecht für den Verbraucher günstiger ist, bleibt es bei dessen Geltung.[65] Art. 29a soll den kollisionsrechtlichen Verbraucherschutz verbessern, nicht aber einschränken. Auch wenn der deutsche Gesetzgeber das Günstigkeitsprinzip richtlinienwidrig nicht in Art. 29a übernommen hat, hat er doch durch die Postulierung des Vorrangs von Art. 29 vor Art. 29a[66] zu erkennen gegeben, dass er immerhin insoweit nicht hinter dem durch Art. 29 gewährten Verbraucherschutzstandard zurückbleiben möchte.

IV. Rechtsfolgen

37 **1. Grundsatz.** Art. 29a verweist auf die „geltenden Bestimmungen zur Umsetzung der Verbraucherschutzrichtlinien" desjenigen Staates, zu dessen Gebiet der Vertrag einen engen Zusammenhang aufweist. Dessen Normen sind, sofern sie der Umsetzung der Verbraucherschutz-Richtlinien dienen, „gleichwohl anzuwenden", d.h. trotz der Vereinbarung des Rechts eines Drittlandes. Damit hat der Gesetzgeber – entgegen der Stellungnahme des Bundesrates[67] und in Abweichung sowohl vom Referentenentwurf[68] als auch der in § 12 AGBG, § 8 TzWrG gewählten Regelungstechnik – vom *lex-fori*-Prinzip, d.h. der schlichten Berufung der Umsetzungsnormen des (deutschen) Forums, Abstand genommen und so jedenfalls im Bereich der subjektiven Anknüpfung dem Willen des Richtliniengebers weit gehend Rechnung getragen. Die nunmehr gefundene Lösung vermeidet das andernfalls eintretende „Heimwärtsstreben" und verhindert, dass der Sachverhalt einem Recht unterstellt werden kann, zu dem er – abgesehen von der internationalen Zuständigkeit – keine oder jedenfalls keine hinreichenden Berührungspunkte aufweist. Sie vermindert außerdem etwaige Anreize zum *forum shopping*[69] und trägt dem im Internationalen Privatrecht herrschenden „Prinzip der engsten Verbindung" Rechnung.

38 **2. Reichweite der Verweisung.** Der in Art. 29a enthaltene Verweis ist ausdrücklich auf die „geltenden Bestimmungen zur Umsetzung der Verbraucherschutzrichtlinien" beschränkt. Das können sowohl die Richtlinien transformierenden Sondergesetze als auch ihrer Umsetzung dienende Normen des allgemeinen Zivilrechts sein.[70] Für alle übrigen, den schuldrechtlichen Inhalt des Vertrags betreffenden Fragen bleibt hingegen das durch die Rechtswahl berufene Statut maßgeblich.

39 Sämtliche Richtlinien mit Ausnahme der Richtlinie über den Fernabsatz von Finanzdienstleistungen führen zu keiner Totalharmonisierung, sondern beschränken sich auf die Statuierung von Mindeststandards und stellen es den Mitgliedstaaten frei, strengere Bestimmungen zu erlassen oder aufrechtzuerhalten, um einen höheren Schutz für die Verbraucher sicherzustellen. Auch derartige „überschießende" Normen werden von der durch Abs. 1 ausgesprochenen Verweisung erfasst.[71]

40 Zu beachten ist allerdings, dass die Eröffnung des sachlichen Anwendungsbereichs des Abs. 1 nicht notwendig zu einer Berufung der nationalstaatlichen Umsetzungen aller in Abs. 4 aufgezählten Verbraucherschutzrichtlinien führt. Wird z.B. ein bestimmter Vertragstyp nur von der Verbrauchsgüterkauf-Richtlinie

---

64 Vgl. auch die Regierungsbegründung, BT-Drucks 14/2658, S. 50: „Artikel 29 ist vor 29a zu prüfen." Ebenso *Freitag/Leible*, EWS 2000, 342, 346; *Looschelders*, in: FS E. Lorenz 2004, S. 441, 447; *Bamberger/Roth/Spickhoff*, Art. 29a EGBGB Rn 7; *Staudinger/Magnus*, Art. 29a EGBGB Rn 25; *Tonner*, BB 2000, 1413, 1419; a.A. *v. Hoffmann*, IPR, § 10 Rn 73c; *Kegel/Schurig*, S. 677 (Art. 29a EGBGB ist *lex specialis* im Verhältnis zu Art. 29 EGBGB).

65 *Ehle*, S. 204. *Freitag/Leible*, EWS 2000, 342, 346; *Erman/Hohloch*, Art. 29a EGBGB Rn 24; *Staudinger*, RIW 2000, 416, 419.

66 Vgl. BT-Drucks 14/2658, S. 50.

67 Der Bundesrat präferierte das im Referentenentwurf vorgesehene *lex-fori*-Prinzip (vgl. nächste Fn), da der Aufwand der Ermittlung des betreffenden ausländischen Verbraucherschutzrechts und die damit verbundene Mehrbelastung der deutschen Gerichte nicht lohne, weil die angeglichenen ausländischen Sachrechte ohnehin deckungsgleich seien, vgl. BT-Drucks 14/2920, S. 7.

68 Der Referentenentwurf sah noch die Anwendung der „Vorschriften des AGB-Gesetzes, des Fernabsatzgesetzes, des Fernunterrichtschutzgesetzes und des Teilzeit-Wohnrechtegesetzes" vor. Zur Kritik vgl. *Freitag/Leible*, ZIP 1999, 1296, 1300; *Micklitz/Reich*, BB 1999, 2093, 2098; *Roth/Schulze*, RIW 1999, 924, 931; *Staudinger*, IPRax 1999, 414, 417.

69 Ähnlich die Gegenäußerung der Bundesregierung zur Stellungnahme des Bundesrates, vgl. BT-Drucks 14/2920, S. 16.

70 *Freitag/Leible*, EWS 2000, 342, 346; *Looschelders*, Art. 29a Rn 36; *MüKo/Martiny*, Art. 29a EGBGB Rn 74; *Staudinger/Magnus*, Art. 29a EGBGB Rn 53.

71 *Freitag/Leible*, EWS 2000, 342, 346; *Looschelders*, Art. 29a Rn 36; *Staudinger/Magnus*, Art. 29a EGBGB Rn 53; *MüKo/Martiny*, Art. 29a EGBGB Rn 75; a.A. wohl *Siehr*, IPR, S. 159 („nur das verbraucherrechtliche Minimum"); ähnlich *Freitag*, in: Leible/Sosnitza, Versteigerungen im Internet, 2004, Rn 873.

erfasst, kommen auch nur die der Umsetzung dieser Richtlinie dienenden Normen des EG-Mitgliedstaats bzw. Vertragsstaats des EWR-Abkommens, zu dem die engste Beziehung besteht, über Art. 29a zur Anwendung. Nicht nur der sachliche Anwendungsbereich von Art. 29a, sondern auch der Umfang des durch diese Vorschrift berufenen mitgliedstaatlichen Rechts ist also an den Richtlinieninhalt rückzukoppeln.[72]

3. Bezug zu mehreren Staaten. Weist der Sachverhalt tatsächlich Bezüge zu mehreren Mitgliedstaaten der EG oder Vertragsstaaten des EWR auf, ist dasjenige Recht anzuwenden, zu dem der engste Bezug besteht.[73] Zu welchem Staat der engste Bezug besteht, ist nach den auch für Art. 28 wesentlichen Kriterien zu bestimmen. Besteht ein Bezug hingegen nur zu einem Mitgliedstaat der EG bzw. Vertragsstaat des EWR und ansonsten zu einem oder mehreren Drittstaat(en), bedarf es keiner besonderen Nähebestimmung. In diesem Fall genügt bereits das Vorliegen des Tatbestandsmerkmals des „engen Zusammenhangs", um die Umsetzungsnormen des berührten EG-/EWR-Staats zur Anwendung zu bringen.[74]

4. Günstigkeitsvergleich. Sämtliche kollisionsrechtlichen Richtlinienbestimmungen sehen ebenso wie Art. 29 EGBGB bzw. Art. 5 EVÜ eine Alternativanknüpfung mit einem Günstigkeitsvergleich vor (vgl. Rn 2). Angewendet werden soll das dem Verbraucher vorteilhafteste Recht. Das kann auch das gewählte Recht des Drittlandes sein. Abs. 1 bestimmt hingegen, dass die der Umsetzung der Verbraucherschutzrichtlinien dienenden Normen anzuwenden *sind*. Ein Günstigkeitsvergleich findet also nicht statt, hätte doch andernfalls formuliert werden müssen, dass der Verbraucher durch eine Rechtswahl „den Schutz nicht verliert" oder „ihm der Schutz nicht entzogen werden darf".[75] Angesichts des eindeutigen Wortlauts der Vorschrift und des sich aus den Materialien ergebenden subjektiven Willens des Gesetzgebers[76] bleibt auch kein Raum für die Gewinnung eines anderen Ergebnisses mittels richtlinienkonformer Auslegung;[77] denn auch die Pflicht zur richtlinienkonformen Auslegung angeglichenen Rechts erlaubt keine Auslegung *contra legem*. Eine teleologische Reduktion der Vorschrift auf einen Günstigkeitsvergleich kommt folglich nicht in Betracht.[78]

5. Unterbliebene oder mangelhafte Richtlinienumsetzung. Hat der Staat, auf dessen Recht Art. 29a rekurriert, die entsprechende Richtlinie gar nicht umgesetzt, geht die Verweisung scheinbar ins Leere, da auf die „Bestimmungen zur Umsetzung der Verbraucherschutzrichtlinien" verwiesen wird.[79] Indes ist ganz allgemein von den geltenden und nicht nur den zur Umsetzung ergangenen Bestimmungen die Rede. Der Grundsatz der richtlinienkonformen Auslegung erfasst aber auch vor dem In-Kraft-Treten einer Richtlinie existentes nationales Recht;[80] die nationalen Gerichte müssen sich bei dessen Auslegung und Anwendung ebenfalls „so weit wie möglich am Wortlaut und Zweck der Richtlinie ausrichten, um das mit der Richtlinie verfolgte Ziel zu erreichen und auf diese Weise Art. 189 Abs. 3 EGV nachzukommen".[81] Daher ist auch bei einer gänzlich fehlenden Richtlinienumsetzung zunächst zu prüfen, ob sich ein richtlinienkonformes Ergebnis

---

72 *Freitag/Leible*, EWS 2000, 342, 346; *Leible*, in: Gebauer/Wiedmann, Zivilrecht und gemeinschaftsrechtlichen Einfluss, 2004, Kap. 9 Rn 176; MüKo/*Martiny*, Art. 29a EGBGB Rn 75.
73 BT-Drucks 14/2658, S. 50; *Freitag/Leible*, EWS 2000, 342, 345; Palandt/*Heldrich*, Art. 29a EGBGB Rn 5; *Looschelders*, Art. 29a Rn 39; Staudinger/*Magnus*, Art. 29a EGBGB Rn 52; Bamberger/Roth/*Spickhoff*, Art. 29a EGBGB Rn 13; a.A. *v. Hoffmann*, IPR, § 10 Rn 73d (Staat der Kontaktaufnahme).
74 *Looschelders*, Art. 29a Rn 40; Staudinger/*Magnus*, Art. 29a EGBGB Rn 52.
75 *Freitag/Leible*, EWS 2000, 342, 347; Bamberger/Roth/*Spickhoff*, Art. 29a EGBGB Rn 13; Palandt/*Heldrich*, Art. 29a EGBGB Rn 5.
76 In der Begründung des Gesetzentwurfs der Bundesregierung wird mehrfach darauf hingewiesen, dass die Umsetzungsnormen anzuwenden *sind* (vgl. BT-Drucks 14/2658, S. 50). Ein Rekurs auf das Günstigkeitsprinzip findet sich dagegen nirgendwo, und zwar nicht einmal ansatzweise. Der Rechtsausschuss des Bundestages äußerte keine Bedenken. Da der Bundestag die Formulierung trotz der in der Literatur wiederholt geäußerten Bedenken (vgl. z.B. *Freitag/Leible*, ZIP 1999, 1296, 1299; *Jayme/Kohler*, IPRax 1995, 343, 345 und 346; *Mankowski*, BB 1999, 1225, 1228; *Micklitz/Reich*, BB 1999, 2093, 2099; *Roth/Schulze*, RIW 1999, 924, 931; *Staudinger*, IPRax 1999, 414, 417; *Thorn*, IPRax 1999, 1, 8) übernommen hat, kann auch nicht von einem gesetzgeberischen Irrtum ausgegangen werden.
77 *Freitag*, in: Leible/Sosnitza, Versteigerungen im Internet, 2004, Rn 875; *Freitag/Leible*, EWS 2000, 342, 347; Palandt/*Heldrich*, Art. 29a EGBGB Rn 5; *v. Hoffmann*, IPR, § 10 Rn 73d; Erman/*Hohloch*, Art. 29a EGBGB Rn 21; *Looschelders*, Art. 29a Rn 41; *Tonner*, BB 2000, 1413, 1419.
78 A.A. *Bitterich*, Die Neuregelung des Internationalen Verbrauchervertragsrechts in Art. 29a EGBGB, S. 410; *Doehner*, Die Schuldrechtsreform vor dem Hintergrund der Verbrauchsgüterkauf-Richtlinie, 2004, S. 297; *Siehr*, IPR, S. 159; *Staudinger*, RIW 2000, 416, 419; *Wagner*, IPRax 2000, 249, 255; wohl auch MüKo/*Martiny*, Art. 29a EGBGB Rn 81.
79 *Freitag/Leible*, EWS 2000, 342, 347; Palandt/*Heldrich*, Art. 29a EGBGB Rn 5; *Looschelders*, Art. 29a Rn 37; MüKo/*Martiny*, Art. 29a EGBGB Rn 76; Staudinger/*Magnus*, Art. 29a EGBGB Rn 32; *Schlechtriem*, in: FS Lorenz 2001, S. 565, 566 in Fn 4; *Staudinger*, RIW 2000, 416, 417; *ders.*, ZfRV 2000, 93, 101.
80 Vgl. dazu *Leible/Sosnitza*, NJW 1998, 2507.
81 EuGH Slg. 1990, I-4135, 4159 Rn 8 – Marleasing.

mit Hilfe des bereits vorhandenen Normbestandes erreichen lässt. Nur wenn das nicht möglich ist, bleibt es bei einer vollumfänglichen Anwendung des gewählten Rechts.[82] Ein Rückgriff auf die *lex fori* oder das Recht eines umsetzungstreuen Staates, zu dem die nächst engere Beziehung besteht, kommt auf keinen Fall in Betracht.

44 Normen, die eine der in Abs. 4 aufgeführten Richtlinien fehlerhaft umsetzen, sind gleichwohl zu ihrer Umsetzung ergangen und werden folglich ebenfalls durch Art. 29a zur Anwendung berufen. Der deutsche Richter ist gehalten, ein möglichst richtlinienkonformes Ergebnis im Wege der richtlinienkonformen Auslegung des berufenen Rechts herbeizuführen. Lassen das die Grenzen der richtlinienkonformen Auslegung nicht zu, ist auch in diesem Fall das richtlinienwidrige Ergebnis hinzunehmen.[83]

45 Die dem Verbraucher in beiden Konstellationen entstehenden Nachteile sind vom umsetzungssäumigen bzw. fehlerhaft umsetzenden Staat, nicht aber von Deutschland zu ersetzen, sofern die Voraussetzung einer Staatshaftung wegen unterlassener oder mangelhafter Richtlinienumsetzung vorliegen.[84]

46 **6. Verbraucherschutzrichtlinien. a) Erfasste Richtlinien.** Verbraucherschutzrichtlinien i.S.v. Abs. 1 sind die in Abs. 4 aufgezählten Richtlinien, d.h. die Klausel-Richtlinie, die Timesharing-Richtlinie, die Fernabsatz-Richtlinie, die Verbrauchsgüterkauf-Richtlinie sowie die Richtlinie über den Fernabsatz von Finanzdienstleistungen. Nur das der Umsetzung dieser Richtlinien dienende nationale Recht wird durch Abs. 1 berufen. Ansonsten bleibt es bei der Anwendung des gewählten Drittstaatenrechts.

47 **b) Analoge Anwendung von Art. 29a. aa) Objektive Anknüpfung.** Der über Art. 29a gewährte ergänzende kollisionsrechtliche Verbraucherschutz ist, abgesehen von Timesharing-Verträgen (Abs. 3), auf eine Korrektur der subjektiven Anknüpfung beschränkt. Gelangt drittstaatliches Recht nicht aufgrund einer Rechtswahl, sondern kraft objektiver Anknüpfung zur Anwendung, wird dies hingenommen. Das ist bedenklich, da es dazu führen kann, dass der Schutz des Verbrauchers trotz eines vergleichbaren Gemeinschaftsbezugs hinter dem bei einer Rechtswahl gewährten zurückbleibt und Art. 29 Abs. 2 aufgrund seines begrenzten Anwendungsbereichs nur bedingt zum Ausgleich dieses Mankos in der Lage ist.[85] Indes ist diese Vernachlässigung der objektiven Anknüpfung auch den kollisionsrechtlichen Vorgaben der Verbraucherschutzrichtlinien eigen.[86] Der deutsche Gesetzgeber hat dem bewusst Rechnung getragen und im Zuge der Formulierung von Art. 29a ausdrücklich auf eine Regelung des von § 12 AGBGB noch erfassten Falls der objektiven Anknüpfung verzichtet.[87] Angesichts dieses klaren gesetzgeberischen Willens scheidet eine analoge Anwendung von Art. 29a aus.[88]

48 **bb) Verbraucherschutzrichtlinien ohne geschriebene kollisionsrechtliche Vorgaben.** Die Verbraucherschutzrichtlinien „älteren Typs", d.h. die Haustürgeschäfte-Richtlinie,[89] die Verbraucherkredit-Richtlinie[90] und die Pauschalreise-Richtlinie[91] enthalten keine geschriebenen kollisionsrechtlichen Vorgaben. Allerdings hat der EuGH in der Rechtssache „Ingmar" zur Handelsvertreter-Richtlinie[92] entschieden, dass deren Art. 17 und 18, die dem Handelsvertreter nach Vertragsbeendigung gewisse Ansprüche gewähren, „auch dann anzuwenden (sind), wenn der Handelsvertreter seine Tätigkeit in einem Mitgliedstaat ausgeübt hat, der Unternehmer seinen Sitz aber in einem Drittland hat und der Vertrag vereinbarungsgemäß dem Recht dieses Landes unterliegt".[93] Der EuGH begründet dies u.a. damit, dass die Richtlinie dem Schutz des

---

82 Zutr. *Bitterich*, Die Neuregelung des Internationalen Verbrauchervertragsrechts in Art. 29a EGBGB, S. 420; insoweit wird an *Freitag/Leible*, EWS 2000, 342, 347, nicht festgehalten.

83 *Freitag/Leible*, EWS 2000, 342, 347; MüKo/ *Martiny*, Art. 29a EGBGB Rn 77; *Staudinger*, RIW 2000, 416, 417.

84 *Freitag/Leible*, EWS 2000, 342, 347; MüKo/ *Martiny*, Art. 29a EGBGB Rn 77; *Staudinger*, RIW 2000, 416, 417.

85 Beispiele bei *Jayme*, in: FS Trinkner 1995, S. 575, 577; *Kronke*, RIW 1996, 985, 991; *Thorn*, IPRax 1999, 1, 8.

86 Zur Kritik vgl. *Leible*, in: Schulte-Nölke/Schulze, Europäische Rechtsangleichung und nationale Privatrechte, S. 353, 366 f.

87 BT-Drucks 14/2658, S. 50.

88 Ebenso *Bitterich*, Die Neuregelung des Internationalen Verbrauchervertragsrechts in Art. 29a EGBGB, S. 461 f.; Erman/*Hohloch*, Art. 29a EGBGB Rn 26; *Rusche*, IPRax 2001, 420, 424.

89 Richtlinie 85/577/EWG betreffend den Verbraucherschutz im Falle von außerhalb von Geschäftsräumen geschlossenen Verträgen, ABlEG 1985 Nr. L 372/31.

90 Richtlinie 87/102/EWG zur Angleichung der Rechts- und Verwaltungsvorschriften der Mitgliedstaaten über den Verbraucherkredit ABlEG 1987 Nr. L 42/48. Geändert durch Richtlinie 90/88/EWG, ABlEG 1990 Nr. L 61/14.

91 Richtlinie 90/314/EWG v. 13.6.1990 über Pauschalreisen ABlEG 1990 Nr. L 158/52.

92 Richtlinie 86/653/EWG zur Koordinierung der Rechtsvorschriften der Mitgliedstaaten betreffend die selbständigen Handelsvertreter, ABlEG 1986 Nr. L 382/17.

93 EuGH Slg. 2000, I-9305 – Ingmar. Vgl. dazu u.a. *Freitag/Leible*, RIW 2001, 287; *Jayme*, IPRax 2001, 190; *Michaels/Kamann*, EWS 2001, 301; *Nemeth/ Rudisch*, ZfRV 2001, 179; *Schurig*, in: FS Jayme 2004, S. 837; *Schwarz*, ZVglRWiss 101 (2002), 45.

schwächeren Vertragspartners dient[94] und außerdem die Wettbewerbsbedingungen innerhalb der Gemeinschaft vereinheitlichen soll,[95] weshalb die Einhaltung ihrer Bestimmungen im Gemeinschaftsgebiet „für die Verwirklichung dieser Ziele des EG-Vertrags" unerlässlich sei.[96] Daher sei es „für die gemeinschaftliche Rechtsordnung von grundlegender Bedeutung, dass ein Unternehmer mit Sitz in einem Drittland, dessen Handelsvertreter seine Tätigkeit innerhalb der Gemeinschaft ausübt, diese Bestimmungen nicht schlicht durch eine Rechtswahlklausel umgehen kann. Der Zweck dieser Bestimmungen erfordert nämlich, dass sie unabhängig davon, welchem Recht der Vertrag nach dem Willen der Parteien unterliegen soll, anwendbar sind, wenn der Sachverhalt einen starken Gemeinschaftsbezug aufweist, etwa weil der Handelsvertreter seine Tätigkeit im Gebiet eines Mitgliedstaats ausübt".[97]

Auch wenn die Ausführungen des EuGH alles andere als überzeugend sind,[98] lässt sich ihnen doch ein **verallgemeinerungsfähiges Konzept** entnehmen, dass sich mit dem kollisionsrechtlichen Ansatz der Verbraucherschutzrichtlinien neueren Typs deckt. Die Mitgliedstaaten sind daher auch bei Verbraucherschutzrichtlinien ohne geschriebene kollisionsrechtliche Regelungsvorgaben verpflichtet, durch geeignete Maßnahmen dafür Sorge zu tragen, dass der durch die jeweilige Richtlinie garantierte Standard vor einer Wahl drittstaatlichen Rechts bewahrt wird, sofern der Sachverhalt einen Zusammenhang mit dem Gebiet der EG-Mitgliedstaaten aufweist.[99] Dem kann durch eine analoge Anwendung von Art. 29a nachgekommen werden.[100] Eine analoge Anwendung der Vorschrift lockert zwar die enumerative Begrenzung des Abs. 4, erscheint aber allemal besser als die ansonsten gebotene Durchsetzung deutscher Umsetzungsnormen über Art. 34 und ausländischer Umsetzungsnormen anhand einer Art. 7 Abs. 2 EVÜ entsprechenden ungeschriebenen Regel des deutschen Kollisionsrechts. Gegen eine analoge Anwendung lässt sich auch nicht ein entgegenstehender Wille des Gesetzgebers ins Feld führen,[101] da zum Zeitpunkt der Schaffung des Art. 29a weder die „Ingmar"-Entscheidung ergangen noch die sich aus ihr ergebenden Konsequenzen für die nationalen Kollisionsrechte absehbar waren. Eine analoge Anwendung würde zudem eine elegante Lösung der umstrittenen Gran Canaria-Fälle (vgl. Art. 29 EGBGB Rn 59) erlauben.

49

Der Rechtsgedanke des Art. 29a ist über Verbraucherverträge hinaus anzuwenden, sofern sich nur so das mit einer EG-Richtlinie angestrebte Ziel der kollisionsrechtlichen Absicherung der in ihr vorgesehenen Standards erreichen lässt.[102] Bedeutung hat dies u.a. für die Pauschalreise-Richtlinie, deren Verbraucherbegriff nicht auf Verbraucher i.S.v. § 13 BGB beschränkt ist, sondern auch Unternehmen als Nachfrager von Pauschalreisen umfasst (vgl. Art. 2 Nr. 4 Pauschalreise-Richtlinie). Bucht ein deutsches Unternehmen aufgrund einer Werbeanzeige in einer deutschen Zeitung bei einem amerikanischen Reiseveranstalter zur besseren Motivation seiner Mitarbeiter eine Incentive-Reise in die USA und wird die Geltung des Rechts von Florida vereinbart, kann die Rechtswahl gem. Art. 29a analog nicht dazu führen, dass es die ihm von den deutschen Normen zur Umsetzung der Pauschalreise-Richtlinie eingeräumten Rechte, z.B. zum Rücktritt vom Vertrag, verliert.

50

---

94 EuGH Slg. 2000, I-9305, 9333 Rn 20 – Ingmar.
95 EuGH Slg. 2000, I-9305, 9334 Rn 23 – Ingmar.
96 EuGH Slg. 2000, I-9305, 9334 Rn 24 – Ingmar.
97 EuGH Slg. 2000, I-9305, 9335 Rn 25 – Ingmar.
98 Vgl. zur Kritik etwa *Freitag/Leible*, RIW 2001, 287, 291 f.
99 Zur Übertragbarkeit der Ingmar-Grundsätze vgl. z.B. *Bitterich*, VuR 2002, 155, 157 ff.; *Lurger*, in: Leible, Die Bedeutung des Internationalen Privatrechts im Zeitalter der neuen Medien, 2003, S. 33, 46; *Staudinger*, NJW 2001, 1974, 1976 ff.; außerdem z.B. m.w.N. *v. Bar/Mankowski*, IPR I, § 4 Rn 101.
100 Für eine analoge Anwendung von Art. 29a EGBGB auch *Bitterich*, Die Neuregelung des Internationalen Verbrauchervertragsrechts in Art. 29a EGBGB, S. 470 ff.; *ders.*, VuR 2002, 155, 161 ff.; *Mankowski*, MDR 2002, 1352, 1353; *ders.*, in: Spindler/Wiebe, Internet-Auktionen, 2001, E Rn 63; *Paefgen*, ZEuP 2003, 266, 291 f.; *Pfeiffer*, in: FS Geimer 2002, S. 821, 832; *Rauscher*, Fälle und Lösungen nach höchstrichterlichen Entscheidungen: Internationales Privatrecht mit Internationalem Verfahrensrecht, 2002, S. 130 und 170; *Staudinger*, NJW 2001, 1974, 1977; *v. Bar/Mankowski*, IPR I, § 4 Rn 103; *de lege ferenda* für eine Aufnahme in Art. 29a und bis dahin *de lege lata* für eine Anknüpfung nach Art. 34 *Fetsch*, Eingriffsnormen und EG-Vertrag, 2002, S. 288, 291 und 294; gegen eine analoge Anwendung *Coester-Waltjen/Mäsch*, Übungen in Internationalem Privatrecht und Rechtsvergleichung, 2. Aufl. 2001, S. 103; Palandt/*Heldrich*, Art. 29a EGBGB Rn 2; Erman/*Hohloch*, Art. 29a EGBGB Rn 26; *Looschelders*, Art. 29a Rn 13; Staudinger/*Magnus*, Art. 29a EGBGB Rn 53; MüKo/*Martiny*, Art. 29a EGBGB Rn 111; Bamberger/Roth/*Spickhoff*, Art. 29a EGBGB Rn 8.
101 So aber Bamberger/Roth/*Spickhoff*, Art. 29a EGBGB Rn 8.
102 *Rauscher*, Fälle und Lösungen nach höchstrichterlichen Entscheidungen: Internationales Privatrecht mit Internationalem Verfahrensrecht, 2002, S. 170.

V. Anknüpfung von Timesharing-Verträgen (Abs. 3)

1. Allgemeines. Abs. 3 enthält eine Sonderregelung für grenzüberschreitende Timesharing-Verträge, die an die Stelle von § 8 Nr. 1 TzWrG getreten ist, während Art. 29 Abs. 1 i.V.m. Abs. 4 den alten § 8 Nr. 2 TzWrG ersetzen sollen.[103] Die Norm ist aufgrund ihrer allfälligen Berufung deutschen Rechts inhaltlich verunglückt. Zudem erweist sich das Zusammenspiel des Abs. 3 mit den übrigen Absätzen der Vorschrift als kompliziert.[104]

2. Verhältnis zu Abs. 1. Abs. 1 ist grundsätzlich auf Timesharingverträge anwendbar, da die Timesharing-Richtlinie gem. Abs. 4 zu den „Verbraucherschutzrichtlinien" zählt. Damit gilt für grenzüberschreitende Timesharing-Verträge mit engem Bezug zum Gemeinschaftsterritorium, die aufgrund einer Rechtswahl dem Recht eines Drittstaates unterliegen, das Recht desjenigen Mitgliedstaates der Gemeinschaft, der diese Beziehung vermittelt.[105] Indes ist der Wortlaut des Abs. 3 nicht auf Fälle objektiver Anknüpfung beschränkt, sondern erfasst auch die **Anwendung eines Drittstaatenrechts aufgrund einer Rechtswahl**. Das Verhältnis zwischen beiden Absätzen lässt sich nicht nach der *lex-specialis*-Regel zugunsten von Abs. 3 lösen, da dies zu einer Überdehnung des Anwendungsbereichs des deutschen Rechts führen würde. Untersteht der Timesharingvertrag bereits dem Recht eines Mitgliedstaats der EG oder Vertragsstaats des EWR, ist kein Bedürfnis erkennbar, gleichwohl die deutschen Vorschriften über Teilzeitwohnrechts-Verträge anzuwenden. Insoweit genießt Abs. 1 Vorrang vor Abs. 3.[106] Nach z.T. vertretener Ansicht soll Abs. 3 bei einer Wahl drittstaatlichen Rechts aber immerhin dann greifen, wenn der Vertrag trotz Belegenheit des Gebäudes in einem Mitgliedstaat der EG oder Vertragsstaat des EWR keinen Zusammenhang zu einem dieser Staaten hat, weil er z.B. im Ausland oder zwischen zwei dort ansässigen Personen geschlossen wurde.[107] Das erscheint schon deshalb fraglich, da der gewöhnliche Aufenthalt des Verbrauchers auch ungeschriebene Anwendungsvoraussetzung von Abs. 3 ist (vgl. bereits Rn 31). Zudem wird implizit davon ausgegangen, dass Abs. 1 keine Anwendung findet. Davon kann indes keine Rede sein, da – wie sich auch aus Art. 9 Timesharing-Richtlinie ergibt[108] – bereits die Belegenheit des Objekts in einem Mitgliedstaat der EG oder Vertragsstaat des EWR geeignet ist, einen hinreichend engen Zusammenhang i.S.v. Abs. 1 zu vermitteln.[109] Die Anknüpfung des Abs. 3 kommt daher lediglich dann zum Tragen, wenn kein Rechtswahlvertrag vorliegt.[110]

3. Anwendungsvoraussetzungen. a) Timesharing-Vertrag. aa) Vertragsgegenstand. Vorausgesetzt wird das Vorliegen eines Vertrags über Teilzeit-Wohnrechte. Was darunter zu verstehen ist, richtet sich nach § 481 BGB. Es muss sich um einen Vertrag handeln, durch den der Veräußerer dem Erwerber gegen Zahlung eines Gesamtpreises das Recht verschafft oder zu verschaffen verspricht, für die Dauer von mindestens drei Jahren ein Wohngebäude oder den Teil eines Wohngebäudes jeweils für einen bestimmten oder zu bestimmenden Zeitraum des Jahres zu Erholungs- oder Wohnzwecken zu nutzen. Das Recht kann auch darin bestehen, die Nutzung eines Wohngebäudes jeweils aus einem Bestand von Wohngebäuden zu wählen. Darauf, ob der Vertrag schuldrechtlich, dinglich, gesellschaftsrechtlich oder noch anders ausgestaltet ist, kommt es nicht an.

bb) Vertragsparteien. Auch wenn Abs. 3 nur von einem „Vertrag" spricht, genügt nicht jeder Vertrag über den Erwerb von Teilzeit-Wohnrechten. Vorausgesetzt wird vielmehr, dass es sich beim Veräußerer um einen Unternehmer (§ 14 BGB) und beim Erwerber um einen Verbraucher (§ 13 BGB) handelt.

---

103 So die Regierungsbegründung, BT-Drucks 14/2658, S. 50, 61.
104 Das wurde auch vom Bundesrat in seiner Stellungnahme zu dem Gesetzentwurf kritisiert. Er bemängelte das Fehlen eines sachlichen Grundes für die unterschiedlichen Anknüpfungsregelungen in Art. 29a Abs. 1 und 3 EGBGB, vgl. BT-Drucks 14/2920, S. 7.
105 BT-Drucks 14/2658, S. 50; vgl. auch *Freitag/Leible*, EWS 2000, 342, 348; *Looschelders*, Art. 29a Rn 44; MüKo/*Martiny*, Art. 29a EGBGB Rn 83; *Staudinger*, RIW 2000, 415, 418; *Wegner*, VuR 2000, 227, 229.
106 Ebenso *Bitterich*, Die Neuregelung des Internationalen Verbrauchervertragsrechts in Art. 29a EGBGB, S. 447; *Klauer*, S. 329; *Looschelders*, Art. 29a Rn 46; Staudinger/*Magnus*, Art. 29a EGBGB Rn 61; *Paefgen*, ZEuP 2003, 266, 282; *Staudinger*, RIW 2000, 416, 418; *Wegner*, VuR 2000, 227, 229; *dies.*, NJ 2000, 407, 410.
107 So z.B.: *Looschelders*, Art. 29a Rn 47; Staudinger/*Magnus*, Art. 29a EGBGB Rn 62.
108 Grundsätzlich krit. zu dieser Gleichsetzung von „engem Zusammenhang" und Belegenheit durch die Timesharing-Richtlinie *Leible*, in: Schulte-Nölke/Schulze, Europäische Rechtsangleichung und nationale Privatrechte, S. 353, 361.
109 *Bitterich*, Die Neuregelung des Internationalen Verbrauchervertragsrechts in Art. 29a EGBGB, S. 448; *Freitag/Leible*, EWS 2000, 342, 345 f.; *Fuchs/Hau/Thorn*, Fälle zum Internationalen Privatrecht, 2. Aufl. 2003, S. 151; v. *Hoffmann*, IPR, § 10 Rn 73e; *Neises*, NZM 2000, 1033, 1036; *Wegner*, VuR 2000, 227, 229; *dies.*, NJ 2000, 407, 410.
110 So schon *Freitag/Leible*, EWS 2000, 342, 348.

b) Geltung drittstaatlichen Rechts aufgrund objektiver Anknüpfung. Abs. 3 erfasst aufgrund des 55
Vorrangs von Abs. 1 nur Fälle, in denen es aufgrund einer objektiven Anknüpfung ansonsten zur Geltung
drittstaatlichen Rechts käme. Derartige Fälle sind schon deshalb praktisch selten, da nahezu alle Formulare für das Angebot von Teilzeit-Wohnrechten auch Rechtswahlklauseln enthalten, denen sich zumindest Verbraucher kaum widersetzen dürften. Ausschließen lässt sich das Fehlen einer Rechtswahlklausel freilich nicht. Häufiger werden allerdings die Fälle ihrer Unwirksamkeit sein. Eine objektive Anknüpfung kommt weiterhin in Betracht, falls die für die Anknüpfung des Timesharing-Vertrages geltenden Regelungen des Internationalen Privatrechts eine parteiautonome Bestimmung des anwendbaren Rechts prinzipiell nicht zulassen. Dies gilt insbesondere für sachen- und gesellschaftsrechtlich konzipierte Timesharing-Modelle.

Die objektive Anknüpfung muss außerdem zu einer Anwendung drittstaatlichen Rechts führen. Führt sie 56
hingegen zum Recht eines anderen EG-/EWR-Staates, greift Abs. 3 nicht. Von der Geltung drittstaatlichen Rechts ist bei einer dinglichen Gestaltung des Teilzeit-Wohnrechtevertrags nur bei einer dortigen Belegenheit des Timesharing-Objekts auszugehen. Gleiches gilt – unter Ausnahme von Art. 28 Abs. 5 sowie des derivativen Erwerbs von Gesellschaftsanteilen (Art. 28 Abs. 2)[111] – für schuldrechtliche Formen des Timesharing (vgl. Art. 28 Abs. 3). In diesen Fällen ist Abs. 3 schon per se nicht anwendbar. Es verbleiben vor allem schuldrechtliche Ausgestaltungen, bei denen über Art. 28 Abs. 5 ausnahmsweise nicht drittstaatliches Belegenheitsrecht zum Zuge kommt oder die den derivativen Erwerb von Anteilen von einem in einem Drittstaat ansässigen Verkäufer zum Inhalt haben, sowie mitgliedschaftsrechtliche Konstruktionen (z.B. Vereins- oder Gesellschaftsbeitritt), wenn der Sitz der Vereinigung oder Korporation in einem Drittstaat situiert ist.[112]

c) Belegenheit der Timesharingimmobilie in einem EG-/EWR-Staat. Art. 29 Abs. 3 ist nur bei einer 57
Belegenheit der Timesharingimmobilie in einem EG-/EWR-Staat anwendbar. Befindet sich das Wohngebäude in einem Drittstaat, kann jedoch Abs. 1 anwendbar sein, sofern – etwa aufgrund des Vertriebs der Teilzeit-Wohnrechte – ein enger Zusammenhang zur EG oder dem EWR besteht.

4. Rechtsfolgen. Sind die Anwendungsvoraussetzungen des Abs. 3 erfüllt, werden nicht etwa das Lageortrecht oder das Recht des Staates berufen, zu dem der Sachverhalt die engsten Verbindungen aufweist, sondern die Vorschriften des BGB über Teilzeit-Wohnrechte (§§ 481 ff. BGB), und zwar unabhängig davon, ob der Vertrag überhaupt einen Bezug zum Gebiet der Bundesrepublik aufweist. Das führt zu teils absonderlichen Konsequenzen, die schon im Hinblick auf § 8 TzWrG[113] und den Referentenentwurf[114] hinreichend kritisiert worden sind. Die Kritik wurde vom Gesetzgeber indes nicht aufgegriffen.[115] Das geltende Recht ist trotz aller rechtspolitischen Bedenken[116] hinzunehmen. Daher kommt auch keine Reduzierung des Anwendungsbereichs der Norm allein auf Fälle der Belegenheit des Wohngebäudes in Deutschland in Betracht.[117] Einer solchen – sicherlich sachgerechten – Lösung steht schon der insoweit eindeutige Wortlaut der Vorschrift entgegen.[118] 58

Artikel 30	Arbeitsverträge und Arbeitsverhältnisse von Einzelpersonen

(1) ¹Bei Arbeitsverträgen und Arbeitsverhältnissen darf die Rechtswahl der Parteien nicht dazu führen, daß dem Arbeitnehmer der Schutz entzogen wird, der ihm durch die zwingenden Bestimmungen des Rechts gewährt wird, das nach Absatz 2 mangels einer Rechtswahl anzuwenden wäre.

(2) ¹Mangels einer Rechtswahl unterliegen Arbeitsverträge und Arbeitsverhältnisse dem Recht des Staates,

---

111 Vgl. dazu m.w.N. Reithmann/Martiny/*Mankowski*, Rn 1088.
112 Vgl. näher zur objektiven Anknüpfung von Timesharingverträgen *Böhmer*, Das deutsche Internationale Privatrecht des timesharing, 1993, S. 151 ff.; Reithmann/Martiny/*Mankowski*, Rn 1071 ff.; *Wegner*, Internationaler Verbraucherschutz beim Abschluss von Timesharingverträgen, S. 80 ff.
113 Vgl. z.B. *Mäsch*, DNotZ 1997, 180, 206 ff.; *Otte*, RabelsZ 62 (1998), 405, 426 ff.; *Jayme*, IPRax 1997, 233, 234; *Wegner*, Internationaler Verbraucherschutz beim Abschluss von Timesharingverträgen, S. 205 ff.
114 Vgl. z.B. *Freitag/Leible*, ZIP 1999, 1296, 1300; *Staudinger*, IPRax 1999, 414, 417.
115 Bemerkenswert ist allenfalls, dass der Bundesrat in Verkennung dieses ohnehin schon kritikwürdigen Heimwärtsstrebens sogar auch bei fehlendem Bezug zum deutschen Territorium die Anwendung der deutschen Normen zu Teilzeit-Wohnrechten noch über den Absatz 3 hinaus gefordert hatte (BT-Drucks 14/2920, S. 7), was indes von Bundesregierung und Bundestag zurückgewiesen wurde (Gegenäußerung der Bundesregierung zur Stellungnahme des Bundesrates, BT-Drucks 14/2920, S. 16).
116 Vgl. z.B. *Freitag/Leible*, EWS 2000, 342, 349; *Staudinger*, RIW 2000, 416, 419.
117 So aber Staudinger/*Magnus*, Art. 29a EGBGB Rn 64; MüKo/*Martiny*, Art. 29a EGBGB Rn 89.
118 Wie hier *Looschelders*, Art. 29a Rn 55.

1. in dem der Arbeitnehmer in Erfüllung des Vertrags gewöhnlich seine Arbeit verrichtet, selbst wenn er vorübergehend in einen anderen Staat entsandt ist, oder
2. in dem sich die Niederlassung befindet, die den Arbeitnehmer eingestellt hat, sofern dieser seine Arbeit gewöhnlich nicht in ein und demselben Staat verrichtet,

es sei denn, daß sich aus der Gesamtheit der Umstände ergibt, daß der Arbeitsvertrag oder das Arbeitsverhältnis engere Verbindungen zu einem anderen Staat aufweist; in diesem Fall ist das Recht dieses anderen Staates anzuwenden.

Literatur: *Agel-Pahlke,* Der internationale Geltungsbereich des Betriebsverfassungsrechts, 1988; *Birk,* Das internationale Arbeitsrecht der Bundesrepublik Deutschland, RabelsZ 46 (1982), 385; *Birk,* Das Arbeitskollisionsrecht der Bundesrepublik Deutschland, RdA 1984, 129; *Birk,* Arbeitnehmer und arbeitnehmerähnliche Person im Urheberrecht bei Auslandsbeziehungen, in: FS Hubmann 1985, S. 1; *ders.,* Die Bedeutung der Parteiautonomie im internationalen Arbeitsrecht, RdA 1989, 201; *Däubler,* Das neue internationale Arbeitsrecht, RIW 1987, 249; *ders.,* Neue Akzente im Arbeitskollisionsrecht, RIW 2000, 255; *Deinert,* Arbeitnehmerentsendung im Rahmen der Erbringung von Dienstleistungen innerhalb der Europäischen Union, RdA 1996, 339; *Drobnig/Puttfarken,* Arbeitskampf auf Schiffen fremder Flagge, 1989; *Ebenroth/Fischer/Sorek,* Das Kollisionsrecht der Fracht-, Passage- und Arbeitsverträge im internationalen Seehandelsrecht, ZVglRWiss 88 (1989), 124; *Elwan/Ost,* Kollisionsrechtliche Probleme bei Arbeitsstreitigkeiten zwischen einer Internationalen Organisation und ihren Ortskräften, dargestellt am Beispiel der Arabischen Liga, IPRax 1995, 1; *Erfurter Kommentar* zum Arbeitsrecht, 4. Auflage 2004 (zitiert: ErfK/*Bearbeiter*); *Esslinger,* Die Anknüpfung des Heuervertrages, 1991; *Franzen,* Der Betriebsinhaberwechsel nach § 613a BGB im internationalen Arbeitsrecht, 1994; *Franzen,* Internationales Arbeitsrecht, in: Oehmann/Dietrich (Hrsg.), Arbeitsrechts-Blattei SD Nr. 920, 1993; *Franzen,* Rechtsangleichung der Europäischen Union im Arbeitsrecht, ZEuP 1995, 796; *Gamillscheg,* Ein Gesetz über das internationale Arbeitsrecht, ZfA 14 (1983), 307; *Hanau/Steinmeyer/Wank,* Handbuch des europäischen Arbeits- und Sozialrechts, 2002; *Heilmann,* Das Arbeitsvertragsstatut, 1991; *Hergenröder,* Der Arbeitskampf mit Auslandsberührung, 1987; *Hergenröder,* Europäisches und internationales Tarifvertragsrecht, in: Oehmann/Dietrich (Hrsg.), Arbeitsrechts-Blattei SD Nr. 1550.15, 2004; *Hohloch,* Arbeitsverhältnisse mit Auslandsbezug und Vergütungspflicht, RIW 1987, 353; *Hönsch,* Die Neuregelung des Internationalen Privatrechts aus arbeitsrechtlicher Sicht, NZA 1988, 113; *Junker,* Internationales Arbeitsrecht im Konzern, 1992; *ders.,* Internationales Arbeitsrecht in der Praxis im Blickpunkt: Zwanzig Entscheidungen der Jahre 1994–2000, RIW 2001, 94; *Klima,* Zur Frage der Vereinbarkeit von § 92c HGB mit Art. 30 des Gesetzes zur Neuregelung des Internationalen Privatrechts, RIW 1987, 796; *Koberski/Asshoff/Hold,* Arbeitnehmer-Entsendegesetz, 2. Auflage 2002; *Krebber,* Internationales Privatrecht des Kündigungsschutzes bei Arbeitsverhältnissen, 1997; *ders.,* Die Bedeutung von Entsenderichtlinie und Arbeitnehmer-Entsendegesetz für das Arbeitskollisionsrecht, IPRax 2001, 22; *Mankowski,* Arbeitsverträge mit Seeleuten im deutschen Internationalen Privatrecht, RabelsZ 53 (1989), 487; *ders.,* Ausländische Scheinselbständige und internationales Privatrecht, BB 1997, 465; *ders.,* Europäisches Internationales Arbeitsprozessrecht – Weiteres zum gewöhnlichen Arbeitsort, IPrax 2003, 21; *Münchener Handbuch* zum Arbeitsrecht, Band 1, 2. Auflage 2000 (zitiert: MünchArbR/*Bearbeiter*); *Oppertshäuser,* Das Internationale Privat- und Zivilprozessrecht im Spiegel arbeitsgerichtlicher Rechtsprechung – Die Rechtsprechung 1995–1999, NZA-RR 2000, 393; *Puttfarken,* Grundrechte im internationalen Rechtsraum, RIW 1995, 617; *Reithmann/Martiny,* Internationales Vertragsrecht, 6. Auflage 2004; *Schlachter,* Grenzüberschreitende Arbeitsverhältnisse, NZA 2000, 57; *Schlüpers-Oehmen,* Betriebsverfassung bei Auslandstätigkeit, 1984; *Seidl-Hohenveldern,* Leiharbeitnehmer keine Bediensteten Internationaler Organisationen, IPRax 1995, 14; *Thüsing,* Rechtsfragen grenzüberschreitender Arbeitsverhältnisse – Grundlagen und Neuigkeiten im Internationalen Arbeitsrecht, NZA 2003, 1303; *Wank/Börgmann,* Die Einbeziehung ausländischer Arbeitnehmer in das deutsche Urlaubskassenverfahren, NZA 2001, 177; *Webers,* Das Arbeitnehmer-Entsendegesetz, DB 1996, 574; *Winkler v. Mohrenfels,* Abschluss des Arbeitsvertrages und anwendbares Recht, in: Oetker/Preis (Hrsg.), Europäisches Arbeits- und Sozialrecht, Loseblatt, 1998, B 3000.

A. Allgemeines 1	1. Allgemeines 20
I. Normzweck und Herkunft 1	2. Arbeitsort (Abs. 2 Hs. 1 Nr. 1) 21
II. Überlagerung durch Gemeinschaftsrecht ... 2	a) Begriff 21
III. Intertemporale und innerdeutsche Anwendung 5	b) Vorübergehende Entsendung 23
IV. Verhältnis zu den allgemeinen Regeln 6	3. Einstellende Niederlassung (Abs. 2 Hs. 1 Nr. 2) 24
B. Regelungsgehalt 8	a) Allgemeines 24
I. Arbeitsvertrag und Arbeitsverhältnis 8	b) Niederlassung 25
II. Reichweite des Arbeitsvertragsstatuts 10	c) Besondere Berufsgruppen 26
III. Rechtswahl (Abs. 1) 12	aa) Flugpersonal 26
1. Durchführung und Wirksamkeit 12	bb) Seeleute 27
2. Zwingende Bestimmungen und Abgrenzung 14	cc) Handelsvertreter 28
a) Begriff 14	4. Ausweichklausel (Abs. 2 Hs. 2) 29
b) Verhältnis zu Art. 27 Abs. 3 16	**C. Kollektives Arbeitsrecht** 30
c) Verhältnis zu Art. 34 17	I. Betriebsverfassung 30
3. Günstigkeitsvergleich 18	II. Tarifverträge 32
IV. Objektive Anknüpfung (Abs. 2) 20	III. Arbeitskampf 34

A. Allgemeines

I. Normzweck und Herkunft

Art. 30 enthält eine kollisionsrechtliche Norm zum Schutz des (typischerweise) sozial und wirtschaftlich schwächeren Arbeitnehmers.[1] Die Regelung geht auf Art. 6 EVÜ zurück. Aus diesem Ursprung folgt zugleich ihre strukturelle Ähnlichkeit zu Art. 29, der aus Art. 5 EVÜ hervorgegangen ist und die kollisionsrechtliche Position des Verbrauchers stärkt. Nach Abs. 1 darf eine (zulässige) Rechtswahl i.S.d. Art. 27 nicht dazu führen, dass dem Arbeitnehmer der Schutz entzogen wird, der ihm durch die zwingenden Bestimmungen desjenigen Rechts gewährt wird, das mangels Rechtswahl objektiv anwendbar wäre. Die von Art. 28 abweichende objektive Anknüpfung findet sich in Abs. 2. Danach ist das Recht des gewöhnlichen Arbeitsorts (Nr. 1) oder der einstellenden Niederlassung (Nr. 2) maßgeblich, es sei denn, dass aus der für beide Anknüpfungstatbestände relevanten Ausnahmeklausel eine engere Verbindung zu einem anderen Staat folgt.[2] Aufgrund seines völkervertraglichen Unterbaus ist Art. 30 insgesamt einheitlich am Maßstab des EVÜ auszulegen (Art. 36). **Verfahrensrechtlich** wird Art. 30 ergänzt durch die besonderen Zuständigkeitsregeln in Artt. 18–21 EuGVVO, die für Klagen ab dem 1.3.2002 den internationalen Gerichtsstand des Erfüllungsorts in Art. 5 Nr. 1 lit. b EuGVVO weithin verdrängen werden,[3] sowie durch § 8 AEntG.[4] Im Übrigen ist die internationale Zuständigkeit anzunehmen, soweit ein deutsches Gericht örtlich zuständig ist.[5]

II. Überlagerung durch Gemeinschaftsrecht

Abseits der Rechtsvereinheitlichung durch die Internationale Arbeitsorganisation[6] ist es vor allem die Europäische Gemeinschaft, die zur Durchsetzung der Arbeitnehmerfreizügigkeit[7] und des allgemeinen (Art. 13 EGV)[8] und besonderen Diskriminierungsverbots (Art. 141 EGV)[9] bereits zahlreiche Verordnungen und Richtlinien erlassen hat.[10] Ferner finden sich Richtlinien, die eine Harmonisierung des materiellen Arbeitsrechts zum Gegenstand haben und teilweise eine Überlagerung des (nach dem EVÜ vereinheitlichten) Kollisionsrechts nach sich ziehen (vgl. Art. 20 EVÜ). Hervorhebung verdienen hier die **Richtlinie über den Arbeitnehmerschutz bei Massenentlassungen**,[11] beim **Betriebsübergang**,[12] beim **Arbeitgeberkonkurs**[13] sowie die **Richtlinie über den Europäischen Betriebsrat**[14] und die **Entsende-Richtlinie**.[15]

Nach der letztgenannten Richtlinie hatten die Mitgliedstaaten bis zum 16.12.1999 dafür Sorge zu tragen, dass unabhängig von dem auf das jeweilige Arbeitsverhältnis anwendbaren Recht das entsendende Unternehmen seinen Arbeitnehmern die Arbeits- und Beschäftigungsbedingungen garantiert, die in dem Mitgliedstaat, in dessen Hoheitsgebiet die Arbeitsleistung erbracht wird, durch Rechts- oder Verwaltungsvorschriften und/oder durch für allgemeinverbindlich erklärte Tarifverträge oder Schiedssprüche im Bereich des Baugewerbes festgelegt sind. Die Richtlinie wurde fristgerecht in das schon zuvor am 1.3.1996 in Kraft getretene

---

1 BT-Drucks 10/504, S. 81; *Guillano/Lagarde*, BT-Drucks 10/503, S. 57.
2 Das EGBGB in der Fassung der Bekanntmachung v. 21.9.1994 (BGBl I 1999 S. 2494) schloss die Ausnahmeklausel lediglich an Art. 30 Abs. 2 Nr. 2 EGBGB an. Der Druckfehler wurde durch Bekanntmachung v. 5.5.1997 (BGBl I S. 1061) behoben. Unrichtig daher LAG Köln NZA-RR 1999, 118.
3 *Mankowski*, IPRax 2003, 21, 27. Zu Art. 5 Nr. 1 Hs. 2 EuGVÜ vgl. *Oppertshäuser*, NZA-RR 2000, 393, 399 f. m.w.N.; zuletzt EuGH, Urt. v. 27.3.2002 – Rs. C-37/00 (*Weber/UOS*), Slg. 2002, I-2013 = IPRax 2003, 45 m. Anm. *Mankowski*, S. 21.
4 Dazu *Thüsing*, NZA 2003, 1303, 1309.
5 BAG NZA 2003, 339; 1997, 1182; 1995, 1191.
6 *Internationale Arbeitsorganisation*, Übereinkommen und Empfehlungen 1919–1991, Band 1, 1966; Band 2, 1993. Dazu Staudinger/*Magnus*, Art. 30 Rn 17 f.; Reithmann/Martiny/*Martiny*, Rn 1859.
7 Vgl. VO Nr. 1612/68 (ABlEG Nr. L 257 v. 19.10.1968, S. 2); VO Nr. 1251/70 (ABlEG Nr. L 142 v. 30.6.1970, S. 24); VO Nr. 312/76 (ABlEG Nr. L 39 v. 14.2.1976, S. 2).
8 Vgl. Richtlinie 2000/43/EG (ABlEG Nr. L 180 v. 19.7.2000, S. 22).
9 Vgl. insb. Richtlinie 75/117/EWG (ABlEG Nr. L 45 v. 19.2.1975, S. 19); Richtlinie 76/207/EWG (ABlEG Nr. L 39 v. 14.2.1976); Richtlinie 79/7/EWG (ABlEG Nr. L 6 v. 10.1.1979); Richtlinie 86/378/EWG (ABlEG Nr. L 225 v. 12.8.1986); vgl. auch *Franzen*, ZEuP 1995, 796, 807 ff.; MünchArbR/*Birk*, § 19 Rn 306 ff.
10 Zusammenfassend *Schiek*, Europäisches Arbeitsrecht, 1997; *Schmidt*, Das Arbeitsrecht der Europäischen Gemeinschaft, 2001; *Fuchs/Marhold*, Europäisches Arbeitsrecht, 2001.
11 Richtlinie 75/129/EWG (ABlEG Nr. L 48 v. 22.2.1975, S. 29); Richtlinie 92/56/EWG (ABlEG Nr. L 245 v. 26.8.1992, S. 3), i.d.F. der Richtlinie 98/59/EG (ABlEG Nr. L 225 v. 20.7.1998, S. 16). Dazu *Hinrichs*, Kündigungsschutz und Arbeitnehmerbeteiligung bei Massenentlassungen, 2001; MünchArbR/*Birk*, § 19 Rn 270 ff.
12 Richtlinie 77/187/EWG (ABlEG Nr. L 61 v. 5.3.1977, S. 26); neu gef. durch d. Richtlinie 98/50/EG (ABlEG Nr. L 201 v. 17.7.1998, S. 88). Dazu *Franzen*, ZEuP 1995, 796, 818 ff.
13 Richtlinie 80/987/EWG (ABlEG Nr. L 283 v. 28.10.1980, S. 23). Dazu MünchArbR/*Birk*, § 19 Rn 174 ff.
14 Richtlinie 94/45/EG (ABlEG Nr. L 254 v. 30.9.1994, S. 64). Dazu *Rademacher*, Der Europäische Betriebsrat, 1996; *Müller*, Europäische Betriebsräte-Gesetz, 1997.
15 Richtlinie 96/71/EG (ABlEG Nr. L 18 v. 21.1.1997, S. 1).

AEntG[16] eingearbeitet.[17] § 1 Abs. 1 AEntG setzt die Rechtsnormen eines allgemeinverbindlich erklärten Tarifvertrags des Bauhaupt- oder Baunebengewerbes über die Mindestentgeltsätze sowie die Dauer des Erholungsurlaubs, das Urlaubsentgelt oder ein zusätzliches Urlaubsgeld gegenüber einem Arbeitsverhältnis zwischen einem Arbeitgeber mit Sitz im Ausland und seinem im räumlichen Geltungsbereich des Tarifvertrags beschäftigten Arbeitnehmer durch. Entsprechendes gilt im Bereich der Seeschifffahrtsassistenz (§ 1 Abs. 2 AEntG). Innerhalb dieses Korridors ist somit die Streitfrage geklärt, ob (allgemeinverbindlich erklärte) Tarifnormen international zwingende Eingriffsnormen i.S.d. Art. 34 begründen können.[18]

4 Darüber hinaus finden die in § 7 AEntG aufgeführten gesetzlichen Arbeitnehmerschutzbestimmungen **branchenübergreifend** auf Arbeitsverhältnisse zwischen einem im Ausland ansässigen Arbeitgeber und seinem im Inland beschäftigten Arbeitnehmer Anwendung. § 1 und § 7 AEntG gelten zudem jeweils unabhängig vom Arbeitsvertragsstatut als **international zwingendes Recht** i.S.d. Art. 34. Die Gemeinschaftsrechtskonformität der Mindestlohnregelung (§ 1 Abs. 1 AEntG)[19] sowie die Einbeziehung der entsendeten Beschäftigten in das im deutschen Baugewerbe geltende Urlaubskassenverfahren (§ 1 Abs. 3 AEntG)[20] wurde von Seiten des EuGH zwar mit Blick auf den Schutz inländischer Arbeitnehmer vor „Lohn-Dumping" bejaht. Zweifel bleiben indes mit Blick auf die Regelung des Art. 3 Abs. 7 der Entsende-Richtlinie, wonach günstigere Bedingungen des anwendbaren Rechts unberührt bleiben sollen. Diese Regelung findet im AEntG keine Entsprechung.[21] Darüber hinaus hat der EuGH die Vereinbarkeit von § 1 Abs. 4 AEntG (Definition des Betriebs) mit Art. 59 EGV verneint.[22]

III. Intertemporale und innerdeutsche Anwendung

5 Nach Auffassung des BAG stellt ein vor dem 1.9.1986 begründetes Arbeitsverhältnis aufgrund seines Charakters als Dauerschuldverhältnis keinen abgeschlossenen Vorgang i.S.d. Übergangsregelung des Art. 220 Abs. 1 dar.[23] Art. 30 erfasst damit auch über den 1.9.1986 hinaus fortdauernde Arbeitsverhältnisse, soweit Umstände in Rede stehen, die erst nach diesem Datum eingetreten sind. Folglich kann Art. 30 im Verhältnis zu den früheren, noch ungeschriebenen Anknüpfungsregeln[24] zu einem Statutenwechsel führen, dem sich allerdings durch eine nachträgliche Rechtswahl – mit der Einschränkung des Art. 27 Abs. 2 S. 2 – entgegenwirken lässt.[25] Zum innerdeutschen Kollisionsrecht vgl. Art. 232 § 5.

IV. Verhältnis zu den allgemeinen Regeln

6 Art. 30 enthält lediglich eine **Sachnormverweisung** (vgl. Art. 35), so dass Rück- oder Weiterverweisungen von vornherein nicht in Betracht kommen.[26] Bei Verweisung in das Recht eines Mehrrechtsstaats bestimmt sich die Unteranknüpfung nach Art. 35 Abs. 2.

7 Ein (negativ wirkender) Ausschluss des durch Art. 30 zur Anwendung berufenen **ausländischen Rechts** am Maßstab des *ordre public* bleibt unberührt,[27] wengleich Art. 6 insoweit an Bedeutung verloren hat, als inländisch zwingenden Arbeitnehmerschutzvorschriften über den Günstigkeitsvergleich (Abs. 1) oder

---

16 BGBl I 1996 S. 227; dazu *Webers*, DB 1996, 574; *Koberski/Asshoff/Hold*, Einl. Rn 6 ff.; *Schwab*, NZA-RR 2004, 1.
17 BGBl I 1998 S. 3843; dazu *Däubler*, RIW 2000, 255; *Krebber*, IPRax 2001, 22.
18 Zurückhaltend BAG AP Nr. 30 § 1 TVG Tarifverträge Bau; abl. ErfK/*Schlachter*, Art. 27, 30, 34 Rn 19.
19 EuGH, Urt. v. 24.1.2002 – Rs. C-164/99 (*Portugaia Construcoes Lda*), Slg. 2002, I-787 Rn 28 = EuZW 2002, 245; vgl. zuvor schon EuGH, Urt. v. 23.11.1999 – verb. Rs. C-369 u. 376/96 (*Arblade*), Slg. 1999, I-8498 = NZA 2000, 85.
20 EuGH, Urt. v. 25.10.2001 – verb. Rs. C-49, 50, 52–54, 68–17/98 (*Finalarte* u.a.), Slg. 2001, I-7831 = NZA 2001, 1377; weiterführend *v. Dannwitz*, EuZW 2002, 237 ff.; *Wank/Börgmann*, NZA 2001, 177; *Schlachter*, NZA 2002, 1242; vgl. auch BAG NZA 2003, 275.
21 *Jayme/Kohler*, IPRax 2000, 464; *Junker/Wichmann*, NZA 1996, 505, 509 ff.
22 EuGH, Urt. v. 25.10.2001 – Rs. C-49/98 (*Finalarte* u.a.), Slg. 2001, I-7381 Rn 82 f.
23 BAGE 71, 297, 306 f. = IPRax 1994, 123 m. Anm. *Mankowski*, 88 = NZA 1993, 743; LAG Baden-Württemberg, BB 2003, 900, 902; zust. Staudinger/*Magnus*, Art. 30 Rn 26 m.w.N.; a.A. *Hönsch*, NZA 1988, 113, 119.
24 Noch vor Inkrafttreten des Art. 30 erachtete die Rspr. eine Rechtswahl im Internationalen Arbeitsvertragsrecht bei materiellem Inlandsbezug als prinzipiell statthaft, vgl. BAGE 2, 18, 19; 13, 121, 124. Ansonsten wurde auf den hypothetischen Parteiwillen abgestellt, der dem Schwerpunkt des Arbeitsvertrages und damit regelmäßig dem Recht des Arbeitsortes den Weg ebnete, vgl. BAGE 7, 357, 359 f.; 7, 362, 363 f.; 16, 215, 222; BAG NJW 1985, 2910.
25 Erman/*Hohloch*, Art. 30 EGBGB Rn 6.
26 Staudinger/*Magnus*, Art. 30 EGBGB Rn 23 m.w.N.
27 Vgl. z.B. BAG NZA 1995, 1191, 1193; NJW 1985, 2910; 2911; NZA 1990, 841, 844; BAGE 63, 17, 30 f.; LAG Düsseldorf, RIW 1987, 61.

im Falle eines internationalen Durchsetzungsanspruchs gar über die Sonderanknüpfung nach Art. 34 zur positiven Geltung verholfen werden kann.[28]

B. Regelungsgehalt

I. Arbeitsvertrag und Arbeitsverhältnis

Art. 30 setzt das Vorliegen eines Arbeitsvertrags oder Arbeitsverhältnisses voraus. Die Interpretation beider Begriffe muss sich vom Prinzip der einheitlich-europäischen Auslegung des EVÜ leiten lassen, auch wenn der EuGH gegenwärtig noch keine Zuständigkeit zur letztverbindlichen Entscheidung von Auslegungsfragen des EVÜ besitzt.[29] Dieses Defizit lässt sich allerdings unter Rückgriff auf die Rechtsprechung des Gerichtshofs zu Art. 39 EGV und Art. 5 Nr. 1 Hs. 2 EuGVÜ (nunmehr Art. 5 Nr. 1 lit. b EuGVVO) in weitem Umfang kompensieren.[30] Praktisch besteht ohnehin darüber Einigkeit, dass unabhängig von der Bezeichnung oder gewählten Gestaltung unter einem **Arbeitsvertrag** jeder rechtlich wirksame Dienstvertrag zu verstehen ist, der eine fremdbestimmte und weisungsgebundene Tätigkeit des wirtschaftlich und persönlich abhängigen Arbeitnehmers gegen Vergütung zum Gegenstand hat und zugleich zu einer Einbindung des Verpflichteten in den Betrieb des Arbeitgebers führt. Erfasst werden demnach Teilzeitarbeits-,[31] Ausbildungs-[32] oder Leiharbeitsverhältnisse[33] ebenso wie Verträge über Heim- oder Telearbeit[34] und – trotz der missverständlichen Überschrift des Art. 30 – Gruppenarbeitsverträge.[35] Weiter hinzufügen lassen sich Arbeitsverhältnisse mit leitenden Angestellten,[36] Arbeitsverträge zwischen Familienmitgliedern,[37] privatrechtliche Arbeitsverträge der Beschäftigten im öffentlichen Dienst[38] und je nach Ausmaß der Abhängigkeit auch Verträge mit sog. Scheinselbständigen,[39] arbeitnehmerähnlichen Personen[40] oder Handelsvertretern.[41]

Besonderheiten gelten mit Blick auf Bedienstete von internationalen Organisationen. Soweit autonomes Dienstrecht der betreffenden Einrichtung existiert, wird dieses Recht kraft Völkergewohnheitsrecht unter Ausschließung der herkömmlichen Anknüpfung nach Artt. 27 ff. zur Anwendung berufen.[42] Hingegen verbleibt es bei Art. 30, wenn eigenständiges Dienstrecht innerhalb der betreffenden Institution fehlt[43] oder Arbeitsverträge mit Ortskräften ohne hoheitliche Aufgabenzuweisung in Rede stehen.[44] Schließlich erfasst Art. 30 seinem ausdrücklichen Wortlaut nach auch nichtige, in Vollzug gesetzte Arbeitsverträge sowie rein faktisch wirkende **Arbeitsverhältnisse** (vgl. auch Art. 32 Abs. 1 Nr. 5).[45]

II. Reichweite des Arbeitsvertragsstatuts

Der Umfang der in Art. 30 angeordneten Verweisung folgt den allgemeinen, in Artt. 31 und 32 niedergelegten Prinzipien. Vorbehaltlich der Sonderanknüpfung zwingender Bestimmungen nach Art. 34 oder Abs. 1 regelt das von den Parteien gewählte oder durch objektive Anknüpfung nach Abs. 2

---

28 *Junker*, 315 ff.; *Franzen*, AR-Blattei SD Nr. 920 Rn 130.
29 So auch *Mankowski*, BB 1997, 465, 466; *Schlachter*, NZA 2000, 57, 58; MünchArbR/*Birk*, § 20 Rn 3 m.w.N.; Staudinger/*Magnus*, Art. 30 EGBGB Rn 20 m.w.N. Für eine Qualifikation am Maßstab der *lex fori* etwa MüKo/*Martiny*, Art. 30 EGBGB Rn 7; *v. Bar*, IPR II, Rn 446; *Däubler*, RIW 1987, 249, 250; *Gamillscheg*, ZfA 14 (1983), 307, 365. Eine Ausrichtung am Maßstab der *lex causae* favorisiert Soergel/*v. Hoffmann*, Art. 30 EGBGB Rn 4. Zusammenfassend *Heilmann*, S. 40 ff.
30 Vgl. etwa EuGH, Urt. v. 3.7.1986 – Rs. 66/85 (Lawrie-Blum/Baden-Wuerttemberg), Slg. 1986, 2121 Rn 17; *Schlosser*, EU-Zivilprozessrecht, 2. Aufl. 2002, Art. 5 EuGVVO Rn 8 m.w.N.; *Mankowski*, IPRax 2003, 21 m.w.N.
31 EuGH, Urt. v. 23.3.1982 – Rs. 53/81 (Levin/Staatssecretaris van Justice), Slg. 1982, 1035 Rn 14; *Mankowski*, BB 1997, 465, 468.
32 Soergel/*v. Hoffmann*, Art. 30 EGBGB Rn 7; MünchArbR/*Birk*, § 19 Rn 206.
33 Hess. LAG, AR-Blattei ES 920 Nr. 4 m. Anm. *Mankowski*.
34 Staudinger/*Magnus*, Art. 30 EGBGB Rn 41.
35 *Gamillscheg*, ZfA 14 (1983), 307, 333; Soergel/*v. Hoffmann*, Art. 30 EGBGB Rn 10.
36 Reithmann/Martiny/*Martiny*, Rn 1872. Das gilt auch bei einem Gesellschaftsgeschäftsführer, soweit das Verhältnis zum Arbeitgeber und nicht die Wirkungen als Organ der Gesellschaft in Rede stehen, vgl. OLG München IPRax 2000, 416 m. Anm. *Haubold*, S. 375.
37 FG Düsseldorf RIW 1992, 160.
38 EuGH Urt. v. 3.7.1986, Rs. C-66/85 (Lawrie-Blum/Baden-Württemberg), Slg. 1986, 2121 Rn 20; a.A. Soergel/*v. Hoffmann*, Art. 30 EGBGB Rn 7.
39 *Mankowski*, BB 1997, 465.
40 MünchArbR/*Birk*, § 20 Rn 216.
41 Dazu *Klima*, RIW 1987, 796; vgl. auch LAG Bremen, NZA-RR 1997, 107.
42 BAG AP Nr. 3 zu Art. 25 m. Anm. *Grunsky*; *Elwan/Ost*, IPRax 1995, 1, 6 ff.; *Seidl-Hohenveldern*, IPRax 1995, 14, 15.
43 Staudinger/*Magnus*, Art. 30 EGBGB Rn 48 m.w.N.
44 BAG NZA 1998, 813, 814 f.; LAG Berlin IPRax 2001, 144 m. Anm. *Mankowski*, 123; vgl. auch Elwan/Ost, IPRax 1995, 1, 6 ff.
45 *Guillano/Lagarde*, BT-Drucks 10/503, S. 33, 58; weiterführend *Gamillscheg*, ZfA 14 (1983), 307, 332 f.

berufene Arbeitsvertragsstatut alle mit der **Begründung, Inhalt, Erfüllung und Beendigung** eines Arbeitsverhältnisses zusammenhängenden Fragen.[46] Erfasst werden insbesondere vorvertragliche Pflichten (z.B. Aufklärungspflichten),[47] die Provisions-[48] oder Lohnzahlungspflicht[49] einschließlich einer etwaigen Mehrarbeitsvergütung,[50] die Erstattung von Umzugskosten,[51] die Fürsorgepflicht des Arbeitgebers,[52] der Urlaubsanspruch,[53] die Vertragsübernahme bei Betriebsübergang (§ 613a BGB),[54] die Zulässigkeit von Befristungen,[55] das Ruhen des Arbeitsverhältnisses sowie der privatrechtliche Kündigungsschutz, jedenfalls soweit er nicht durch öffentlich-rechtliche Vorschriften überlagert wird.[56] Auch die Vereinbarkeit nachvertraglicher Wettbewerbsverbote[57] oder die mit Arbeitnehmererfindungen[58] oder der betrieblichen Alterversorgung zusammenhängenden Fragen unterliegen dem Arbeitsvertragsstatut.

11 Hinsichtlich der **Geschäftsfähigkeit** zum Eingehen von Arbeitsverhältnissen verbleibt es bei den allgemeinen Regeln (Artt. 7, 12). Entsprechendes gilt für die **Form** des Arbeitsvertrags, die dem Abschlussort oder *lex causae* zu entnehmen ist (vgl. Art. 11).[59] Behördliche **Arbeitsgenehmigungen** (etwa nach § 285 SGB III i.V.m. der ArbeitsgenehmigungsVO) sind auf alle Arbeitsverhältnisse zu beziehen, die ihren Schwerpunkt in Deutschland haben.[60] Die **deliktische Haftung** zwischen Arbeitgeber und Arbeitnehmer bestimmt sich schließlich nach Artt. 40 ff.[61]

III. Rechtswahl (Abs. 1)

12 **1. Durchführung und Wirksamkeit.** Vorbehaltlich einer Sonderanknüpfung international (Art. 34) bzw. national zwingender Vorschriften deutschen Rechts (Art. 30) oder einer Anknüpfung nach Art. 27 Abs. 3 sind die Parteien berechtigt, das Arbeitsverhältnis jeder in Geltung befindlichen Rechtsordnung zu unterstellen. Eine Auslandsberührung wird dabei nicht vorausgesetzt. **Zustandekommen** und **Wirksamkeit** der Rechtswahl richten sich wie üblich nach der ins Auge gefassten Rechtsordnung, vgl. Artt. 27 Abs. 4, 31. Die Rechtswahl kann ausdrücklich, stillschweigend, aber auch nachträglich (Art. 27 Abs. 2 S. 1)[62] oder bei Trennbarkeit nur teilweise (Art. 27 Abs. 1 S. 3) erfolgen.[63] Einer besonderen Form bedarf die Rechtswahl nicht, wenngleich bei einer über einen Monat andauernden Auslandstätigkeit § 2 Abs. 2 NachwG zu beachten ist, wonach die dem Arbeitnehmer auszuhändigende Niederschrift des Arbeitsverhältnisses ausdrücklich die Dauer der Auslandstätigkeit, die Währung des Entgelts, ein etwaiges zusätzliches Arbeitsentgelt für den Auslandsaufenthalt sowie die Bedingungen für die Rückkehr des Arbeitnehmers beinhalten muss. Zulässig sind auch Rechtswahlvereinbarungen durch die Tarifvertragsparteien für die dem Tarifvertrag unterworfenen Individualarbeitsverhältnisse,[64] wobei der Tarifvertrag für ausschließlich im Ausland zu erfüllende Arbeitsverträge hinter den dort geltenden zwingenden Bestimmungen zurücktritt.[65] Zudem erfasst der in Abs. 1 niedergelegte Günstigkeitsvergleich selbstverständlich auch die mittels Tarifvertrag getroffene Rechtswahl.[66]

13 Nehmen die Vertragsparteien auf Tarifverträge oder sonstige Regelungen am Sitz des Arbeitgebers Bezug, folgt daraus ein gewichtiges Indiz für die Annahme einer **konkludenten** Rechtswahl.[67] Entsprechendes gilt für Gerichtsstandsvereinbarungen oder die Zuständigkeit eines ortsgebundenen Schiedsgerichts.[68] Allein die Bezugnahme auf deutsches Sozialversicherungsrecht[69] oder die Anknüpfung an den hypothetischen

---

46 Palandt/*Heldrich*, Art. 30 EGBGB Rn 3; Bamberger/Roth/*Spickhoff*, Art. 30 EGBGB Rn 10.
47 Oetker/Preis/*Winkler v. Mohrenfels*, Rn 123.
48 BAG NJW 1985, 2910, 2911; *Birk*, RabelZ 46 (1982), 384, 400.
49 *Gamillscheg*, ZfA 14 (1983), 307, 360; *Deinert*, RdA 1996, 339, 343.
50 *Hohloch*, RIW 1987, 353, 355 ff.
51 BAG NJW 1996, 741.
52 *Schliemann*, BB 2001, 1303.
53 *Gamillscheg*, ZfA 14 (1983), 307, 369; *Schmidt-Hermesdorf*, RIW 1988, 938, 941.
54 BAG IPRax 1994, 123, 126 ff. m. Anm. *Mankowski*, 88; LAG Köln, RIW 1992, 933; *Feudner*, NZA 1999, 1184; weiterführend *Franzen*, S. 74 ff.
55 Erman/*Hohloch*, Art. 30 EGBGB Rn 25; MüKo/*Martiny*, Art. 30 EGBGB Rn 33.
56 BAG NJW 1987, 2766, 2767.
57 LAG Frankfurt IPRspr 2000 Nr. 40; *Fischer*, DB 1999, 1702, 1703.
58 *Birk*, in: FS Hubmann 1985, S. 1, 5 f.
59 Reithmann/Martiny/*Martiny*, Rn 1911; einschr. MünchArbR/*Birk*, § 20 Rn 67; Staudinger/*Magnus*, Art. 30 EGBGB Rn 183.
60 *Birk*, RabelsZ 46 (1982), 385, 394.
61 *Däubler*, RIW 2000, 255, 256 f.
62 BAG NJW-RR 1988, 482, 483; ebenso schon BAGE 16, 215, 221; einschr. *Schlachter*, NZA 2000, 57, 59.
63 BAG NZA 1998, 813, 815 = IPRax 1999, 174 m. krit. Anm. *Krebber*, 164, 165 f.; BAG NZA 1987, 21, 22; differenzierend *Gamillscheg*, ZfA 14 (1983), 307, 328.
64 LAG Rheinland-Pfalz IPRspr 1984, Nr. 44; ebenso *Däubler*, NZA 1990, 673, 674 m.w.N.; ErfK/*Schlachter*, Art. 27, 30, 34 Rn 6; *Heilmann*, S. 46 ff.; krit. *Thüsing*, NZA 2003, 1303, 1304 f.
65 BAG NZA 1992, 321, 322.
66 Staudinger/*Magnus*, Art. 30 EGBGB Rn 63.
67 BAG NZA 2002, 734, 736; BAG NZA 1996, 20; LAG Köln NZA-RR 1999, 118; *Schlachter*, NZA 2000, 57, 58 f.; *Junker*, RIW 2001, 94, 96; MünchArbR/*Birk*, § 20 Rn 11; vgl. auch *Opperthäuser*, NZA-RR 2000, 393, 394 m.w.N.
68 *Franzen*, AB-Blattei SD Nr. 920 Rn 67.
69 A.A. ArbG Düsseldorf, IPRax 1990, 328, 330 m. krit. Anm. *Junker*, 303, 305.

Parteiwillen begründet allerdings keine (schlüssige) Rechtswahl (vgl. Art. 27 Abs. 1 S. 2). Zulässig ist auch eine Rechtswahl durch **Formularvertrag**, da eine besondere Einbeziehungskontrolle zum Schutz der schwächeren Vertragspartei schon deshalb nicht geboten ist, weil das internationale Arbeitsrecht mit Abs. 1 gerade ein eigenständiges Schutzmodell anbietet.[70] Im Einzelfall kann der Arbeitnehmer gegenüber einer formularmäßigen Rechtswahl freilich den Einwand erheben, dass die Bestimmungen am Ort seines gewöhnlichen Aufenthalts seinem Verhalten keine Vertragsschlusswirkung beimessen (Art. 31 Abs. 2), etwa mit Blick auf überraschende Klauseln (vgl. § 305c BGB).[71]

2. Zwingende Bestimmungen und Abgrenzung. a) Begriff. Die Rechtswahl darf die Anwendung zwingender Bestimmungen, die den Schutz des Arbeitnehmers bezwecken und der nach Abs. 2 ermittelten Rechtsordnung zugehören, nicht verhindern. Abs. 1 setzt damit (inländisch) **zwingende Arbeitnehmerschutzbestimmungen** des objektiven Vertragsstatuts gegenüber der gewählten Rechtsordnung durch. Die privatrechtliche oder öffentlich-rechtliche Natur der betreffenden Regelung ist ohne Belang, solange sich nur Auswirkungen auf den Inhalt, Bestand oder Beginn des Arbeitsvertrags ergeben.[72]

In Anbetracht der Zielsetzung, dem Arbeitnehmer den Schutzstandard des objektiven Vertragsstatuts zu erhalten, ist der **Begriff der zwingenden Bestimmungen in Abs. 1 weit zu fassen** und infolgedessen auf sämtliche (inländisch) unabdingbare Regelungen zu beziehen, die nur in irgendeiner Art die Position des Arbeitnehmers als strukturell schwächere Vertragspartei verbessern. Als Schutzbestimmungen sind damit nicht nur die besonderen Normen des Individualarbeitsrechts anzuerkennen, sondern auch zwingende Vorschriften des allgemeinen Vertragsrechts, wie etwa Verjährungsregeln oder die §§ 310 Abs. 4 S. 2, 305 ff. BGB über die allgemeinen Geschäftsbedingungen.[73] Als zwingende Bestimmungen lassen sich vor allem ausmachen: Vorschriften des Kündigungsschutzrechts,[74] Bestimmungen über gesetzliche Mindestlöhne und ähnliche garantierte Leistungen, der arbeitsrechtliche Gleichbehandlungsgrundsatz,[75] Urlaubsansprüche oder Arbeitnehmererfindungen, der Arbeitnehmerschutz beim Betriebsübergang (§ 613a BGB),[76] Arbeitsschutz- und Arbeitszeitbestimmungen sowie Schutzvorschriften für Mütter, Schwerbehinderte oder Jugendliche.[77] In Betracht kommen auch zwingende Vorschriften aus einem Tarifvertrag, dem zumindest eine Vertragspartei aufgrund Tarifgebundenheit oder Allgemeinverbindlicherklärung unterworfen ist.[78]

b) Verhältnis zu Art. 27 Abs. 3. Allerdings fällt ins Auge, dass Abs. 1 weniger weit reicht als Art. 27 Abs. 3, der gegenüber dem gewählten Recht alle zwingenden Bestimmungen desjenigen Landes für vorrangig erklärt, mit dem der Sachverhalt allein verbunden ist (vgl. dazu Art. 27 Rn 74 ff.). Andererseits kennt Art. 27 Abs. 3 keinen Günstigkeitsvergleich, so dass bei einem reinen Inlandsfall das zwingende Recht selbst dann anzuwenden wäre, wenn die gewählte Rechtsordnung für den Arbeitnehmer vorteilhaftere Regelungen enthalten würde. Die überwiegende Auffassung löst dieses **Spannungsverhältnis** richtigerweise zugunsten von Abs. 1 auf, denn es ist in der Tat kein überzeugender Grund ersichtlich, weshalb dem Arbeitnehmer das günstigere vereinbarte Recht vorenthalten werden soll.[79]

c) Verhältnis zu Art. 34. Im Gegensatz zu Art. 34 muss die Schutzbestimmung i.S.d. Abs. 1 **keinen internationalen Geltungswillen** aufweisen. Nicht zuletzt mit Blick auf § 7 AEntG häufen sich freilich Konstellationen, in denen eine nach Abs. 1 zwingende deutsche Schutznorm zugleich als international zwingend i.S.d. Art. 34 zu qualifizieren sein wird. Die Überschneidungen sind im Wege eines **relativen Vorrangs des Art. 34** aufzulösen. Danach setzen sich international zwingende Normen des deutschen Rechts gegenüber dem nach Art. 30 berufenen Vertragsstatut durch, allerdings nur unter Aufrechterhaltung des Günstigkeitsprinzips (vgl. Art. 34 EGBGB Rn 20). Zu den einzelnen international zwingenden Arbeitsrechtsbestimmungen des deutschen Rechts, die einen internationalen Anwendungswillen aufweisen vgl. Art. 34 EGBGB Rn 28.

---

70 *Thüsing*, NZA 2003, 1303, 1304 m.w.N.; *Schlachter*, NZA 2000, 57, 59; a.A. *Gamillscheg*, ZfA 14 (1983), 307, 323.
71 *Mook*, DB 1987, 2252, 2253 f.; *Birk*, RdA 1989, 201, 203.
72 *Guillano/Lagarde*, BT-Drucks 15/503, S. 57; *Kropholler*, IPR, § 52 V 2a; MünchArbR/*Birk*, § 20 Rn 76 f.
73 Staudinger/*Magnus*, Art. 30 EGBGB Rn 75; MüKo/*Martiny*, Art. 30 EGBGB Rn 19; enger *v. Bar*, IPR II, Rn 448.
74 BAG NZA 1998, 813, 815.
75 *Bittner*, NZA 1993, 161.
76 BAG NZA 1993, 743, 746.
77 *Junker*, IPRax 1989, 69, 72; Erman/*Hohloch*, Art. 30 EGBGB Rn 10; Staudinger/*Magnus* Art. 30 EGBGB Rn 79.
78 *Guillano/Lagarde*, BT-Drucks 15/503, S. 57.
79 *Franzen*, AR-Blattei SD Nr. 920 Rn 126 m.w.N.; Staudinger/*Magnus*, Art. 30 EGBGB Rn 55; Palandt/*Heldrich*, Art. 30 EGBGB Rn 4; ErfK/*Schlachter*, Art. 27, 30, 34 Rn 15.

18 **3. Günstigkeitsvergleich.** Im Rahmen des Günstigkeitsvergleichs ist sodann festzustellen, ob das nach Abs. 1 gewählte Recht hinter dem Arbeitnehmerschutzniveau solcher zwingender Bestimmungen zurückbleibt, die Bestandteil der nach Abs. 2 Hs. 1 Nr. 1 und 2 einschließlich Abs. 2 Hs. 2[80] ermittelten Rechtsordnung sind. Die Gegenüberstellung hat sich dabei an der zwischen beiden Parteien streitigen Rechtsfrage auszurichten und ist auf denjenigen Zeitpunkt zu beziehen, in dem der Richter über diese Frage von Amts wegen (§ 293 ZPO) zu entscheiden hat.[81]

19 Große Probleme bereitet allerdings seit jeher die praktische Durchführung des Günstigkeitsvergleichs, insbesondere mit Blick auf die Reichweite der in den Vergleich einzubeziehenden Regelungen.[82] Teilweise wird der Maßstab auf einen isolierten Vorschriftenvergleich (z.B. die Länge der Kündigungsfrist) verengt,[83] was nicht zuletzt bei der Geltendmachung funktional zusammengehörender Ansprüche eine Kumulation von Vorteilen nach sich ziehen würde, die keine der beiden in den Vergleich einbezogenen Rechtsordnungen für sich genommen zum Gegenstand hätte. Aus diesem Grund stellt die überwiegende Meinung auf einen **beschränkten Gruppenvergleich** ab, der die Vergleichsbasis um diejenigen Normen erweitert, die inhaltlich mit der streitentscheidenden Regelung verbunden sind.[84] Erweisen sich hiernach zwingende Bestimmungen, die gemäß Abs. 2 zur Anwendung berufen wären, für den Arbeitnehmer als günstiger, werden sie in das subjektive Vertragsstatut unter Verdrängung entgegenstehender Vorschriften eingeblendet. Aus Sicht der Praxis sollte allerdings immer genau untersucht werden, ob nicht schon das nach Abs. 1 gewählte Recht das Arbeitnehmerbegehren mit seinen zwingenden Bestimmungen ebenso stützt, wie das nach Abs. 2 ermittelte Recht. Unter diesen Vorzeichen wäre die beschwerliche Durchführung des Günstigkeitsvergleichs nicht streitentscheidend und damit entbehrlich.

IV. Objektive Anknüpfung (Abs. 2)

20 **1. Allgemeines.** Die in Abs. 2 geregelte objektive Anknüpfung des Arbeitsvertrags bzw. des Arbeitsverhältnisses ist immer dann von Bedeutung, wenn es entweder an einer (wirksamen) Rechtswahl fehlt oder der nach Abs. 1 erforderliche Günstigkeitsvergleich zwischen der gewählten und der nach Abs. 2 bestimmten Rechtsordnung durchzuführen ist. Abweichend von Art. 28 ist nicht der Sitz der charakteristischen Leistung entscheidend, sondern der gewöhnliche Arbeitsort (Nr. 1) und, soweit dieser Änderungen unterliegt, der Einstellungsort (Nr. 2). Beide Regelanknüpfungen stehen unter dem Vorbehalt, dass das Arbeitsverhältnis (vergleichsweise) engere Verbindungen zu einer anderen Rechtsordnung aufweist (Abs. 2 Hs. 2). Aus dieser Struktur wird deutlich, dass Abs. 2 Hs. 2 lediglich als Ausweichklausel und damit keineswegs als weitere Anknüpfungsvariante neben Abs. 2 Hs. 1 Nr. 1 und 2 fungiert.[85] Folglich muss auch bei Tätigkeiten im extraterritorialen Raum (wie z.B. Hochseebohrinseln) zunächst eine Anknüpfung nach dem – als geschlossen zu qualifizierenden – Regelungssystem der Nr. 1 und 2 erfolgen. Diese Vorgehensweise wird nicht zuletzt durch das EVÜ gestützt, das Art. 6 Abs. 2 lit. b EVÜ gerade auch bei Arbeiten im staatsfreien Gebiet angewendet wissen will.[86]

21 **2. Arbeitsort (Abs. 2 Hs. 1 Nr. 1). a) Begriff.** Vorbehaltlich der Ausweichklausel in Abs. 2 Hs. 2 unterliegen Arbeitsverträge und Arbeitsverhältnisse dem Recht des Staats des **gewöhnlichen Arbeitsortes** (*lex loci laboris*), selbst wenn der Arbeitnehmer vorübergehend in einen anderen Staat entsandt ist. Der gewöhnliche Arbeitsort ist stets dort anzusiedeln, wo der Arbeitnehmer regelmäßig und im Wesentlichen seine geschuldete **Arbeitsleistung tatsächlich erbringt**.[87] Das wird in der Mehrzahl der Fälle zugleich der Betrieb sein, in den der Arbeitnehmer organisatorisch eingegliedert ist.[88] Allerdings begründen allein die Zuordnung zu einer bestimmten Niederlassung und die Eingliederung in die jeweilige Organisationsstruktur des Unternehmens

---

80 BAGE 63, 17, 25 = IPRax 1991, 407 m. Anm. *Magnus*, 382; Palandt/*Heldrich*, Art. 30 EGBGB Rn 4.
81 Staudinger/*Magnus*, Art. 30 EGBGB Rn 89; a.A. Reithmann/Martiny/*Martiny*, Rn 1883.
82 Ein umfassender Gesamtvergleich ist unstreitig nicht statt, vgl. nur Reithmann/Martiny/*Martiny*, Rn 1883 m.w.N.; *Franzen*, AR-Blattei SD Nr. 920 Rn 107 m.w.N.
83 So im Erg. wohl LAG Baden-Württemberg, BB 2003, 900, 902 ff. m. krit. Anm. *Thüsing*, S. 898. Aus dem Schrifttum: *E. Lorenz*, RIW 1987, 569, 577; *Schurig*, RabelsZ 54 (1990), 217, 220; *v. Bar*, IPR II, Rn 449; dagegen *Junker*, 268; *Gamillscheg*, ZfA 14 (1983), 307, 339; *Birk*, RdA 1989, 201, 206.
84 MünchArbR/*Birk*, § 20 Rn 24; *Krebber*, S. 330 ff.; ErfK/*Schlachter*, Artt. 27, 30, 34 EGBGB Rn 14; MüKo/*Martiny*, Art. 30 EGBGB Rn 25; Erman/ *Hohloch*, Art. 30 EGBGB Rn 12; Staudinger/ *Magnus*, Art. 30 EGBGB Rn 84; Bamberger/Roth/ *Spickhoff*, Art. 30 EGBGB Rn 16.
85 Überwiegende Meinung: *Franzen*, AR-Blattei SD Nr. 920 Rn 73; *Mankowski*, RabelsZ 53 (1989), 487, 491; Staudinger/*Magnus*, Art. 30 EGBGB Rn 94; a.A. *Puttfarken*, RIW 1995, 617, 623 f.; wohl auch BAG IPRax 1996, 416, m. Anm. *Mankowski*, S. 405.
86 *Guillano/Lagarde*, BT-Drucks 10/503, S. 33, 58.
87 Vgl. EuGH, Urt. v. 10.7.1993 – Rs. C-125/92 (Mulox/Geels), Slg. 1993, I-4075 Rn 20.
88 BAG NZA 1993, 743, 746.

keinen gewöhnlichen Arbeitsort.[89] Verrichtet der Arbeitnehmer etwa seine Arbeit andernorts, etwa in Form von Heimarbeit (z.B. Telearbeit) auf dem Gebiet eines anderen Staats, so ist auf den Ort der tatsächlichen Arbeitsleistung abzustellen. Entsprechendes gilt, wenn vereinbarter und realer Arbeitsort in unterschiedlichen Staaten liegen oder der Arbeitnehmer abweichend vom Einstellungsort seine Arbeit in einem anderen Staat verrichtet. Inländische Arbeitnehmer, die von ausländischen Arbeitgebern speziell für langfristige Projekte im Inland eingestellt werden (sog. Ortskräfte), unterliegen somit ebenso wie Leiharbeitnehmer dem Recht des realen Arbeitsorts. Bei einem Einsatz an **wechselnden Orten innerhalb eines Landes** ist der Arbeitsort i.S.d. Abs. 2 Hs. 1 Nr. 1 nicht auf einen einzelnen Betrieb begrenzt, sondern erfasst das gesamte Staatsgebiet.[90] Vor diesem Hintergrund ist es folgerichtig, wenn die Rechtsprechung fliegendes Personal, das lediglich auf Inlandsflügen eingesetzt wird, Abs. 2 Hs. 1 Nr. 1 unterwirft.

Bestimmen die Vertragsparteien innerhalb desselben Arbeitsverhältnisses einen neuen Mittelpunkt der tatsächlichen Arbeitsleistung, wird ein neuer gewöhnlicher Arbeitsort begründet. Ein rückwirkender Statutenwechsel würde demgegenüber das Vertrauen der Parteien in die Vorsehbarkeit des anwendbaren Rechts und damit ihre Planungssicherheit enttäuschen. Unter Einbeziehung der Zeitkomponente spricht Abs. 2 Hs. 1 Nr. 1 also eine **wandelbare Anknüpfung** an den jeweiligen gewöhnlichen Arbeitsort aus.[91]

b) Vorübergehende Entsendung. Unter einer vorübergehenden Entsendung, die anders als die Begründung eines neuen gewöhnlichen Arbeitsorts keinen Statutenwechsel nach sich zieht, ist eine temporäre, d.h. nicht endgültige Abordnung des Arbeitnehmers in ein anderes Land zu verstehen. Im Prinzip hängt es von den **Umständen des Einzelfalles** ab, ob der Arbeitnehmer trotz seines Auslandseinsatzes den Mittelpunkt des Arbeitsverhältnisses am ursprünglichen gewöhnlichen Arbeitsort aufrechterhält. Anzulegende Kriterien sind dabei namentlich der Inhalt einer etwaigen Parteivereinbarung sowie objektive Faktoren, wie z.B. die Befristung oder der Zweck der im Ausland zu erbringenden Tätigkeit, die Zuordnung der Weisungsbefugnis oder die Dauer des Auslandseinsatzes, die schon für sich genommen eine zuvor anvisierte Rückkehrmöglichkeit ausschließen kann. Im Schrifttum differieren freilich die Ansichten darüber, innerhalb welcher Frist eine vorübergehende Entsendung in die Begründung eines neuen gewöhnlichen Arbeitsortes umschlägt. Überwiegend werden hier Zeiträume von einem bis zu drei Jahren genannt.[92] Oftmals bleibt der Arbeitnehmer mit seiner inländischen Konzernmutter durch ein Rumpfarbeitsverhältnis verbunden, welches durch einen weiteren, mit der ausländischen Tochtergesellschaft abzuschließenden Vertrag ergänzt wird.[93] Behält sich die Konzernmutter ihr Weisungsrecht vor und ist die Auslandstätigkeit nur vorübergehend, führt dies auch mit Blick auf das zweite Arbeitsverhältnis zur Anwendung des Rechts des im Inland verbliebenen gewöhnlichen Arbeitsorts.[94]

3. Einstellende Niederlassung (Abs. 2 Hs. 1 Nr. 2). a) Allgemeines. Verrichtet der Arbeitnehmer seine Arbeit gewöhnlich nicht in ein und demselben Land, unterliegt der Arbeitsvertrag oder das Arbeitsverhältnis dem Recht des Staats, in dem sich die Niederlassung befindet, die den Arbeitnehmer eingestellt hat. Erfasst wird zunächst diejenige Konstellation, in der der Arbeitnehmer **gewöhnlich in mehreren Staaten seine Arbeitsleistung** erbringt, so dass es an einem homogenen Anknüpfungspunkt des Arbeitsverhältnisses mangelt. Das ist etwa der Fall bei Schaustellerpersonal, Monteuren, Reisevertretern, Schlafwagenschaffnern, Angehörigen des fliegenden Personals von Luftfahrtunternehmen oder Seeleuten. Auch Leiharbeitnehmer können Abs. 2 Hs. 1 Nr. 2 unterfallen, vorausgesetzt, ihr Einsatzort wechselt zwischen mehreren Staatsgebieten. Darüber hinaus greift Abs. 2 Hs. 1 Nr. 2 auch dann ein, wenn der gewöhnliche Arbeitsort keinem Staat zugeordnet werden kann, sondern auf **extraterritorialem Gebiet** liegt, wie z.B. bei Bohrinseln.

b) Niederlassung. Unter Niederlassung ist jede Organisationseinheit des Arbeitgebers zu verstehen, die eigene Entscheidungskompetenzen zum Abschluss von Arbeitsverträgen besitzt.[95] Uneinigkeit besteht lediglich über die Frage, ob unter der einstellenden Niederlassung stets derjenige Ort zu verstehen ist, an dem

---

89 BAG NZA 2002, 734, 736.
90 BAG NZA 1993, 743, 746; ebenso MünchArbR/Birk, § 20 Rn 32.
91 *Mankowski*, IPRax 2003, 21, 25.
92 Vgl. *Franzen*, AR-Blattei SD Nr. 902 Rn 76; *v. Hoffmann*, IPR, Rn 81; *Gamillscheg*, ZfA 14 (1983), 307, 333; *Heilmann*, 144; gegen zu starre Fristen *Däubler*, RIW 1989, 249, 251; *Junker*, 183; *E. Lorenz*, RdA 1989, 220, 223. Zusammenfassend *Hanau/Steinmeyer/Wank*, § 31 Rn 88 f.
93 Zu einer derartigen Konstellation BAG NZA 1999, 539; weiterführend ErfK/*Schlachter*, Artt. 27, 30, 34 Rn 10.
94 MüKo/*Martiny*, Art. 30 EGBGB Rn 38; Soergel/*v. Hoffmann*, Art. 30 EGBGB Rn 52; a.A. *Thüsing*, NZA 2003, 1303, 1306 f.
95 MünchArbR/*Birk*, § 20 Rn 46 ff.; Bamberger/Roth/*Spickhoff*, Art. 30 EGBGB Rn 24. Für eine Gleichsetzung von Niederlassung und Betrieb *Gamillscheg*, ZfA 14 (1983), 307, 334.

der Vertrag abgeschlossen wurde.[96] Während dies zum Teil unter Hinweis auf den Wortlaut bejaht wird, soll nach überwiegender Meinung der Ort des Vertragsschlusses jedenfalls dann unmaßgeblich sein, wenn der Arbeitnehmer sofort nach Abschluss des Vertrags bei einer anderen Niederlassung zum Einsatz kommt. Die einstellende Niederlassung müsse sich in diesem Fall dann nach dem Ort der tatsächlichen organisatorischen Eingliederung bestimmen.[97] Freilich werden beide Ansätze oftmals zu gleichen Ergebnissen führen, denn selbst wenn man allein auf den Vertragsabschlussort abstellen wollte, bliebe die Anwendung der Ausnahmeklausel der engeren Verbindung nach der Gesamtheit der Umstände (Abs. 2 Hs. 2) stets vorbehalten.

26 **c) Besondere Berufsgruppen. aa) Flugpersonal.** Trotz entgegenstehender Stimmen im Schrifttum[98] hat das BAG bei Flugpersonal einer Anknüpfung an das Recht desjenigen Staates, in dem das Flugzeug registriert ist, eine Absage erteilt und stattdessen eine Anwendung des Abs. 2 Nr. 2 propagiert.[99] Dies erscheint aus Gründen der Rechtssicherheit sachgerecht, denn Flugzeugbesatzungen werden regelmäßig in verschiedenen Maschinen eingesetzt, die unterschiedlichen Rechten zugeordnet sind und zudem von anderen Fluggesellschaften ausgeliehen sein können.

27 **bb) Seeleute.** Die Regel des Abs. 2 Nr. 2 erfasst nach zutreffender Auffassung auch die **Besatzungen von Hochseeschiffen.**[100] § 1 SeemG steht dieser Anknüpfung nicht entgegen, denn nach nahezu einhelliger Meinung hat diese Bestimmung nicht die Wirkung einer Abs. 2 verdrängenden Kollisionsnorm.[101] Innerhalb des Abs. 2 wird für Heuerverhältnisse allerdings oftmals die Regelanknüpfung des Abs. 2 Nr. 1 favorisiert, die das Recht desjenigen Staates zur Anwendung bringt, dessen Flagge das Schiff als gewöhnlicher Arbeitsort des Seemanns führt.[102] Diese Ansicht ist im Zeitalter von Billigflaggen indes weder ein taugliches Indiz für die Bestimmung des sachnäheren Rechts,[103] noch steht sie in Einklang mit § 21 Abs. 4 S. 1 FlaggRG, der für Seearbeitsverhältnisse mit Personen, die im Inland oder innerhalb der EU keinen ständigen Aufenthalt oder Wohnsitz haben, eine die Auslegung des Art. 30 leitende – verfassungs-[104] und gemeinschaftsrechtskonforme[105] – Regelung vorsieht.[106] Danach begründet der Umstand, dass ein Kauffahrteischiff im Internationalen Seeschifffahrtsregister eingetragen ist und die Bundesflagge führt, für sich genommen nicht die Anwendung deutschen Rechts. Der Gesetzgeber relativiert damit über die persönliche und sachliche Reichweite des § 21 Abs. 4 S. 1 FlaggRG hinaus die Flagge des Schiffs als Anknüpfungselement.[107] Statt der dann nahe liegenden Anwendung des Abs. 2 Hs. 1 Nr. 2 favorisiert das BAG in diesen Fällen jedoch einen unmittelbaren Rückgriff auf die Ausweichklausel des Abs. 2 Hs. 2.[108] Da sich diese Vorgehensweise aufgrund systematischer Überlegungen verbietet (vgl. Rn 20), bleibt es im Ergebnis bei der Anknüpfung an den Ort der Einstellungsniederlassung, dem allerdings die Ausweichklausel im Einzelfall entgegenstehen kann.

---

96 LAG Hessen NZA-RR 2000, 401, 403; LAG Niedersachsen, LAGE Art. 30 RGBGB Nr. 3; MünchArbR/*Birk*, § 20 Rn 49; *Benecke*, IPRax 2001, 449, 450; *Schlachter*, NZA 2000, 57, 60; *Franzen*, AR-Blattei SD Nr. 920 Rn 79.
97 MüKo/*Martiny*, Art. 30 EGBGB Rn 42; Soergel/*v. Hoffmann*, Art. 30 EGBGB Rn 44; *Gamillscheg*, ZfA 14 (1983), 307, 334; Erman/*Hohloch*, Art. 30 EGBGB Rn 18.
98 *Franzen*, AR-Blattei Nr. SD Nr. 920 Rn 99 ff. m.w.N.; *Junker*, 188; *Mankowski*, RabelsZ 53 (1989), 487, 508.
99 BAG NZA 2002, 734, 736 f.; LAG Hessen NZA-RR 2000, 401, 402; ebenso *Benecke*, IPRax 2001, 449, 550; *Ebenroth/Fischer/Sorek*, ZVglRWiss 88 (1989), 124, 139; *Thüsing*, NZA 2003, 1303, 1306; Erman/*Hohloch*, Art. 30 EGBGB Rn 17.
100 *Ebenroth/Fischer/Sorek*, ZVglRWiss 88 (1989), 138; Bamberger/Roth/*Spickhoff*, Art. 30 EGBGB Rn 23; Erman/*Hohloch*, Art. 30 EGBGB Rn 19; Palandt/*Heldrich*, Art. 30 EGBGB Rn 7.
101 *Franzen*, AR-Blattei SD Nr. 920 Rn 86 m.w.N.; *Drobnig/Puttfarken*, 14; a.A. *Esslinger*, S. 125.
102 *Franzen*, AR-Blattei SD Nr. 920 Rn 91 m.w.N. sowie Nr. 1450.2 Rn 8 ff. m.w.N.; *Gamillscheg*, ZfA 14 (1983), 307, 342; *Däubler*, RIW 1987, 249, 251 f.; *Mankowski*, RabelsZ 53 (1989), 487, 495. Der Missbrauchsgefahr bei „Billigflaggen" wird dann in aller Regel durch Anwendung der Ausweichklausel nach Art. 30 Abs. 2 Hs. 2 Rechnung getragen.
103 *Ebenroth/Fischer/Sorek*, ZVglRWiss 88 (1989), 124, 138 ff.; MüKo/*Martiny*, Art. 30 EGBGB Rn 48b; *Esslinger*, S. 43; *Leffler*, RdA 1978, 97, 98.
104 BVerfG 92, 26, 41 ff.; dazu *Puttfarken*, RIW 1995, 617.
105 EuGH, Urt. v. 17.3.1993 – verb. Rs 72 und 73/91 (Sloman Neptun Schiffahrts AG/Ziesemer), Slg. 1993, I-887 Rn 21 und 25 ff. = IPRax 1994, 199 m. Anm. *Magnus*, S. 178.
106 BVerfGE 92, 26, 39, 50; ebenso BT-Drucks 11/2161, S. 6; *Franzen*, AR-Blattei Nr. SD 920 Rn 95; Staudinger/*Magnus*, Art. 30 EGBGB Rn 154.
107 *Hanau/Steinmeyer/Wank*, § 31 Rn 98.
108 BAG NZA 1995, 1191, 1192; ebenso Oetker/Preis/Winkler v. Mohrenfels, Rn 79; *Drobnig/Puttfarken*, S. 15; offen gelassen noch in BAG NZA 1990, 841, 843.

cc) Handelsvertreter. Soweit ein Handelsvertreter als Arbeitnehmer i.S.d. Art. 30 zu qualifizieren ist, greift Abs. 2 Hs.1 Nr. 2 unter der Voraussetzung ein, dass ein länderübergreifendes Vertragsgebiet nach der arbeitsvertraglichen Übereinkunft zu betreuen und infolgedessen die Tätigkeit von einem Standort aus in einem anderen Staat nicht ungewöhnlich ist.[109]

4. Ausweichklausel (Abs. 2 Hs. 2). Das aufgrund Abs. 2 Nr. 1 und 2 bestimmte Recht ist nach der Ausnahmeklausel des Hs. 2 nicht maßgebend, wenn sich aus einer Mehrzahl von gewichtigen Einzelumständen ergibt, dass der Arbeitsvertrag **engere Verbindungen zu einem anderen Staat** aufweist; dann ist das Recht dieses anderen Staates anzuwenden. Im Interesse der Rechtssicherheit darf sich die Ausweichklausel nur dann durchsetzen, wenn die für ihr Eingreifen sprechenden Kriterien gegenüber den Umständen deutlich überwiegen, die eine Anknüpfung nach den herkömmlichen Regeln stützen würden.[110] **Umstände i.S.d. Abs. 2 Hs. 2** sind in erster Linie die Staatsangehörigkeit der Vertragsparteien, der Sitz des Arbeitgebers und der Erfüllungs- bzw. Arbeitsort. Lediglich indizielle Bedeutung haben der Wohnsitz des Arbeitnehmers, der Abschlussort sowie die Vertragssprache und -währung.[111] Ferner mag im Einzelfall die Zugehörigkeit des Arbeitnehmers zu einer bestimmten Altersversorgung oder der Registerort von Schiffen und Flugzeugen die Ausnahmeklausel stützen. Auch die Abwicklung des Arbeitsverhältnisses nach bestimmten sozialversicherungs- und steuerrechtlichen Bestimmungen kann von – freilich geringer – Bedeutung sein.[112]

C. Kollektives Arbeitsrecht

I. Betriebsverfassung

Art. 30 hat wegen seiner Ausrichtung auf Arbeitsverträge und Arbeitsverhältnisse von Einzelpersonen keine Auswirkungen auf das internationale kollektive Arbeitsrecht.[113] Während für die unternehmerische Mitbestimmung nach dem MitBestG das Personalstatut der Gesellschaft Anwendung findet, ist für das Betriebsverfassungsrecht das **Territorialitätsprinzip** kennzeichnend,[114] so dass lediglich Betriebe mit Sitz im Inland dem BetrVG unterworfen sind.[115] Infolgedessen erfasst das BetrVG auch inländische Betriebe ausländischer Unternehmen, während umgekehrt ausländische Betriebe inländischer Unternehmen selbst dann nicht in die Reichweite des deutschen Betriebsverfassungsrechts geraten, wenn die Arbeitsverhältnisse der dort Beschäftigten deutschem Recht unterliegen.[116] Entsprechendes gilt mit Blick auf das Personalvertretungsrecht.[117]

Das BetrVG bleibt bei einer nur vorübergehenden Entsendung eines Beschäftigten oder gar der gesamten Belegschaft vom inländischen Betrieb ins Ausland anwendbar (sog. **Ausstrahlung**, vgl. § 4 SGB IV),[118] so dass der Betriebsrat bei der Kündigung derartiger Arbeitnehmer zu beteiligen ist[119] oder selbst besonderen Kündigungsschutz genießt (vgl. § 103 BetrVG, § 15 KSchG).[120] Ebenso sind inländische Arbeitnehmer, die lediglich vorübergehend an einen ausländischen Betrieb ausgeliehen worden sind, aktiv oder passiv zur Teilnahme an der Wahl eines inländischen (Gesamt- oder Konzern-)Betriebsrats befugt.[121] Wurde der Arbeitnehmer (etwa als Ortskraft) nur für die Auslandstätigkeit eingestellt, ohne zugleich in den Inlandsbetrieb eingegliedert zu sein, strahlt das deutsche Betriebsverfassungsrecht auf das Arbeitsverhältnis hingegen nicht aus.[122] Da die Ausstrahlung im Übrigen untrennbar mit der Betriebszugehörigkeit verbunden ist,[123] verliert der Arbeitnehmer die Betriebsverfassung mit Ausscheiden aus dem inländischen Betrieb, was anhand verschiedener Umstände (z.B. Ausübung des Direktionsrechts oder vertragliches Rückrufsrecht[124]) zu

---

109 LAG Bremen NZA-RR 1997, 107, 108 f.
110 BAG NZA 1990, 841, 843; LAG Hessen NZA-RR 2000, 401, 403 f.; *Mankowski*, IPRax 2001, 123, 126. *Franzen*, AR-Blattei Nr. 920 Rn 83. Zu weit BAG NZA 2002, 734, 737 = IPRax 2003, 262 mit insoweit abl. Anm. *Franzen*, 239, 242.
111 BAG NZA 1990, 841, 843; LAG Bremen NZA-RR 1997, 107, 109; vgl. auch BAG NZA 2003, 1424; *Oppertshäuser*, NZA-RR 2000, 393, 397 m.w.N.
112 BAG NZA 1997, 334, 335.
113 *Giuliano/Lagarde*, BT-Drucks 10/503, S. 33, 57.
114 Zuletzt BAG NZA 2000, 1119, 1121 m.w.N.; vgl. auch BAG NJW 1987, 2766; BAG NZA 1997, 493; ebenso MüKo/*Martiny*, Art. 30 EGBGB Rn 83 ff.; *Schlachter*, NZA 2000, 57, 63 f.; *Schaub*, in: FS Söllner 2000, S. 1011; krit. *Fischer*, RdA 2002, 160, 162 ff.; weiterführend *Schlüpers-Oehmen*, S. 13 ff.; *Agel-Pahlke*, S. 64 ff.
115 Im Erg. ebenso *Junker*, RIW 2001, 94, 105; *Franzen*, AR-Blattei Nr. 920 Rn 190.
116 BAGE 30, 266, 269 = DB 1978, 1840.
117 BAG NZA 1997, 493.
118 BAG NZA 2000, 1119, 1121; ebenso BAG NZA 1990, 658; BAG DB 1986, 331; Reithmann/Martiny/*Martiny*, Rn 1933; Staudinger/*Magnus*, Art. 30 EGBGB Rn 269.
119 BAG NJW 1978, 1124; vgl. auch LAG Köln DB 1985, 392; LAG Düsseldorf DB 1979, 2233.
120 MünchArbR/*Birk*, § 20 Rn 12 f.
121 BAG NZA 2000, 1119, 1120 f.
122 BAGE 30, 266, 271 = DB 1978, 1840, 1841; BAG NJW 1981, 1175, 1176.
123 *Franzen*, AR-Blattei SD Nr. 920 Rn 192; *Schlachter*, NZA 2000 57, 63.
124 BAG NZA 2001, 1033, 1035; vgl. auch BAG NZA 2000, 1119, 1120 f.

ermitteln ist. Eine Ausstrahlung kommt ferner ebenso wenig in Betracht, soweit organschaftliche Handlungen des Betriebsrates (z.B. Betriebsversammlungen, Bildung des Betriebsrats) in Rede stehen.[125] So fehlt dem Betriebsrat etwa die Kompetenz für Betriebsvereinbarungen, deren Anwendungsbereich sich ausschließlich auf ausländische Montagebaustellen und Betriebe erstreckt.[126]

II. Tarifverträge

32 Für das internationale Tarifvertragsrecht gelten mangels gesetzlicher Regelung ebenfalls die von Rechtsprechung und Schrifttum entwickelten Prinzipien.[127] Aus Sicht des Kollisionsrechts sind als Tarifverträge alle Übereinkommen zu qualifizieren, die durch die Kollektivvertreter von Arbeitgeber und Arbeitnehmer zur Regelung der Arbeitsbedingungen der tarifunterworfenen Arbeitsverhältnisse abgeschlossen werden.[128] Nach überwiegender Meinung finden die Vorschriften des internationalen Vertragsrechts – namentlich die **Artt. 27, 28, 31, 32, 35** – auf Tarifverträge Anwendung, und zwar nicht nur mit Blick auf den schuldrechtlichen,[129] sondern auch auf den normativen Teil des Tarifvertrags.[130] Dies folgt u.a. aus Art. 37, der Tarifverträge gerade nicht dem Anwendungsbereich der Artt. 27 ff. entzieht, sowie aus einem verallgemeinernden Verständnis des § 21 Abs. 4 S. 2 FlaggRG. Demzufolge sind die Tarifvertragsparteien bei Fällen mit Auslandsberührung nach Art. 27 zur Rechtswahl zuzulassen.[131] Indizien für eine konkludente Rechtswahl sind insbesondere die Unterstellung eventueller Rechtsstreitigkeiten unter ein bestimmtes Recht, die Bezugnahme auf ein bestimmtes Tarifrecht oder die Anmeldung zu lediglich einem Tarifregister.[132] Da es im Regelfall an einer charakteristischen Leistung einer Tarifvertragspartei fehlen wird, ist in Ermangelung einer Rechtswahl das Recht desjenigen Staats zur Anwendung berufen, zu dem der Tarifvertrag die engste Verbindung aufweist (Art. 28 Abs. 1 S. 1). Soweit nicht beide Tarifvertragsparteien dasselbe Heimatrecht teilen, wird das im Regelfall der Ort sein, an dem die tarifvertraglich gebundenen Arbeitsverhältnisse durchgeführt werden.[133] Das Tarifvertragsstatut beantwortet sämtliche Fragen, die mit der Bindung der Tarifvertragsparteien oder der normativen Einwirkung des Tarifvertrags auf individuelle Arbeitsverhältnisse zusammenhängen.

33 Die **internationale Reichweite von Tarifverträgen**, die zwischen inländischen Tarifvertragsparteien abgeschlossen wurden, ist ebenfalls umstritten. Meist wird ein Gleichlauf zwischen Arbeitsvertrags- und Tarifvertragsstatut abgelehnt, so dass Tarifverträge alle Arbeitsverhältnisse erfassen, die ihren Schwerpunkt im räumlichen Geltungsbereich des Tarifvertrags haben. Gemäß Abs. 1 setzt sich dann das Tarifrecht gegenüber dem ausländischen Arbeitsvertragsstatut durch, soweit es sich als vergleichsweise günstiger erweist. Da die Ermittlung des hypothetischen objektiven Vertragsstatuts regelmäßig am gewöhnlichen Arbeitsort nach Abs. 2 Hs. 1 Nr. 1 ansetzt, führt die vorübergehende Entsendung eines (ausländischen) Arbeitnehmers ins Inland an sich nicht zur Anwendung inländischer Tarifvertragsbestimmungen. Das **AEntG** (vgl. Rn 3 f.) bewirkt jedoch für den Baubereich und die Seeschifffahrtsassistenz, dass inländisch allgemeinverbindlich erklärte Tarifverträge für nur vorübergehend im Inland tätige Arbeitnehmer gelten, selbst wenn ihre Arbeitsverträge ausländischem Recht unterstehen und ihr gewöhnlicher Aufenthaltsort im Ausland liegt (vgl. § 1 AEntG).

III. Arbeitskampf

34 Nach herrschender Meinung folgt das Arbeitskampfrecht, also die Voraussetzungen und (individualarbeitsrechtlichen) Folgen eines Streiks, Boykottaufrufs oder einer Aussperrung, der Rechtsordnung des Staates, in dem die **konkrete Kampfmaßnahme** stattfindet.[134] Eine einheitliche Schwerpunktanknüpfung kommt nach wohl h.M. selbst dann nicht in Betracht, wenn die Kampfmaßnahmen unter einheitlicher Organisation ausgeübt werden und sich in mehreren Staaten auswirken.[135] Entsprechendes gilt für die Zulässigkeit von

---

125 *Reithmann/Martiny/Martiny*, Rn 1934; *Staudinger/Magnus*, Art. 30 EGBGB Rn 271.
126 LAG Düsseldorf DB 1979, 2233, 2334.
127 Ausf. dazu *Hergenröder*, AR-Blattei SD Nr. 1550.15.
128 *Staudinger/Magnus*, Art. 30 EGBGB Rn 250.
129 Darauf begrenzt *Ebenroth/Fischer/Sorek*, ZVglRWiss 88 (1989), 124, 145; *Birk*, RdA 1984, 129, 136.
130 *Franzen*, AR-Blattei SD Nr. 920 Rn 201 m.w.N.; *Hergenröder*, AR-Blattei SD Nr. 1550.15 Rn 62 ff. m.w.N.; *Junker*, S. 422.
131 BAG NZA 1992, 321, 323; ebenso *Franzen*, AR-Blattei SD Nr. 920 Rn 201 m.w.N.; MüKo/*Martiny*, Art. 30 EGBGB Rn 83.
132 ErfK/*Schlachter*, Artt. 27, 30, 34 Rn 26.
133 *Hergenröder*, AR-Blattei SD Nr. 1550.15 Rn 76 ff.
134 *Junker*, S. 480 ff.; *Kegel/Schurig*, § 23 VIII; Reithmann/Martiny/*Martiny*, Rn 1946 m.w.N.; *Staudinger/Magnus*, Art. 30 EGBGB Rn 275 m.w.N.; a.A. *Gitter*, ZfA 1971, 127, 146 (Arbeitsort); *Hergenröder*, Der Arbeitskampf mit Auslandsberührung, S. 223 ff, 406 (Schwerpunktbetrachtung).
135 *Staudinger/Magnus*, Art. 30 EGBGB Rn 275; Soergel/*v. Hoffmann*, Art. 30 EGBGB Rn 503; Reithmann/Martiny/*Martiny*, Rn 1946; a.A. *Franzen*, AR-Blattei SD Nr. 920, Internat. Arbeitsrecht, Rn 216 f.; *Hergenröder*, AR-Blattei SD Nr. 170.8 Rn 36 ff.

Sympathiestreiks zur Unterstützung eines ausländischen Arbeitskampfes.[136] Streiks von Seeleuten werden hingegen prinzipiell dem Recht der Flagge unterworfen, die das Schiff führt.[137] Besonderheiten gelten lediglich für Arbeitskämpfe auf sog. Billigflaggenschiffen. Hier wird grundsätzlich das Recht des Küsten- oder Hafenstaats als maßgebend angesehen, um der Berufung (zu) strenger Streikvoraussetzungen entgegenzuwirken.[138]

Artikel 31   Einigung und materielle Wirksamkeit

(1) [1]Das Zustandekommen und die Wirksamkeit des Vertrags oder einer seiner Bestimmungen beurteilen sich nach dem Recht, das anzuwenden wäre, wenn der Vertrag oder die Bestimmung wirksam wäre.

(2) [1]Ergibt sich jedoch aus den Umständen, daß es nicht gerechtfertigt wäre, die Wirkung des Verhaltens einer Partei nach dem in Absatz 1 bezeichneten Recht zu bestimmen, so kann sich diese Partei für die Behauptung, sie habe dem Vertrag nicht zugestimmt, auf das Recht des Staates ihres gewöhnlichen Aufenthaltsorts berufen.

Literatur: *Aden,* Auslegung und Revisibilität ausländischer AGB am Beispiel der Schiedsverfahrensordnung der Internationalen Handelskammer, RIW 1989, 607; *Basedow,* Internationale Transporte und AGB-Gesetz, in: Symposium der Deutschen Gesellschaft für Transportrecht, 1987 – Transportrecht und Gesetz über Allgemeine Geschäftsbedingungen, 1988, S. 239 (zit. Symposium); *Basse,* Das Schweigen als rechtserhebliches Verhalten im Vertragsrecht. Eine rechtsvergleichende Untersuchung unter Berücksichtigung von England, Schottland und Deutschland, 1986; *Baumert,* Abschlußkontrolle bei Rechtswahlvereinbarungen, RIW 1997, 805; *Böhm;* Vertrauensschutz im Internationalen Privatrecht, 1993; *Böhmer,* Das deutsche Internationale Privatrecht des time-sharing, 1993; *Boll,* Ausländische AGB und der Schutz des inländischen kaufmännischen Kunden, IPRax 1987, 11; *Brunner,* Allgemeine Geschäftsbedingungen im Internationalen Privatrecht, 1985; *Bülow,* Stillschweigen und Vertragsschluß im amerikanischen Recht unter besonderer Berücksichtigung des kaufmännischen Bestätigungsschreibens, NJW 1976, 2075; *Dreis/von Borries,* Das Zustandekommen von Distanzverträgen Deutschland-USA, JuS 1967, 54; *Drobnig,* Allgemeine Geschäftsbedingungen im internationalen Handelsverkehr, in: FS Mann 1977, S. 591; *Ebenroth,* Das kaufmännische Bestätigungsschreiben im internationalen Handelsverkehr, ZVglRWiss 77 (1978), 61; *Eckert,* Das neue Recht der Allgemeinen Geschäftsbedingungen, ZIP 1996, 1238 ff.; *Esser,* Die letzte Glocke zum Geleit – kaufmännische Bestätigungsschreiben im internationalen Handel, ZfRV 1988, 167; *Fischer,* Verkehrsschutz im Internationalen Vertragsrecht, 1990; *Freitag,* Sprachenzwang, Sprachrisiko und Formanforderungen im Internationalen Privatrecht, IPRax 1999, 142; *Heiss,* Inhaltskontrolle von Rechtswahlklauseln in AGB nach europäischem IPR, RabelsZ (2001), 634; *Hepting,* Die ADSp im internationalen Speditionsverkehr, RIW 1975, 457; *von Hoffmann,* Vertragsannahme durch Schweigen im internationalen Schuldrecht, RabelsZ 36 (1972), 510; *Hohloch,* Wirksamkeit der „Isle of Man"-Rechtswahlklausel im internationalen Time-Sharing-Vertrag, JuS 1997, 943; *Hübner,* Allgemeine Geschäftsbedingungen und IPR, NJW 1980, 2601; *ders.,* Allgemeine Geschäftsbedingungen und IPR, ZHR 142 (1978), 105; *ders.,* Sprachrisiko und Internationales Privatrecht im Bankverkehr mit ausländischen Kunden, in: FS Bärmann 1978, S. 509; *Kost,* Konsensprobleme im internationalen Schuldvertragsrecht, 1995; *Kronke,* Zur Verwendung von Allgemeinen Geschäftsbedingungen im Verkehr mit Auslandsberührung, NJW 1977, 992; *Kühne,* Choice of Law and the Effects of Silence, in: v. Hoffmann/Lando/Siehr (Hrsg.), European Private International Law of Obligations, 1975, S. 121; *Lagarde,* The Scope of the Applicable Law in the E. E. C. Convention, in: North (Hrsg.), Contract Conflicts, Amsterdam, New York, Oxford 1982, S. 49; *Langer,* Vertragsanbahnung und Vertragsschluss im Internet, EuLF 2000–01, 117; *Linke,* Sonderanknüpfung der Willenserklärung? ZVglRWiss. 79 (1980), 1; *W. Lorenz,* Konsensprobleme bei international-schuldrechtlichen Distanzverträgen, AcP 159 (1960/61), 193; *Mankowski,* Strukturfragen des internationalen Verbrauchervertragsrechts, RIW 1993, 453; *ders.,* Widerrufsrecht und Art. 31 Abs. 2 EGBGB, RIW 1996, 382; *Mann,* Die Gültigkeit der Rechtswahl- und Gerichtsstandsklauseln und das IPR, NJW 1984, 2740; *Martiny,* Zustandekommen von Gerichtsstandsvereinbarungen und stillschweigende Rechtswahl bei Vertragshändlerverträgen, AWD 1972, 165; *Mäsch,* Gran Canaria und kein Ende – Zur Sonderanknüpfung vorkonsensualer Elemente im internationalen Vertragsrecht nach Art. 31 Abs. 2 EGBGB, IPRax 1995, 371; *Maxl,* Zur Sonderanknüpfung des Schweigens im rechtsgeschäftlichen Verkehr, IPRax 1989, 398; *U. Mayer,* Die Verwendung Allgemeiner Geschäftsbedingungen bei Geschäften mit ausländischen Kontrahenten, 1984; *Meyer-Sparenberg,* Rechtswahlvereinbarung in Allgemeinen Geschäftsbedingungen, RIW 1989, 347; *Mezger,* Die Beurteilung der Gerichtsstandsvereinbarung nach dem Vertragsstatut und die des Vertrages nach dem Recht des angeblich gewählten Gerichts, insbesondere im deutsch-französischen Rechtsverkehr, in: FS Wengler 1973, S. 541; *Moser,* Vertragsabschluß, Vertragsgültigkeit und Parteiwille im internationalen Obligationenrecht, 1948; *Niggemann,* Zustandekommen des Kaufvertrages, Einbeziehung und Inhaltskontrolle von Allgemeinen Geschäftsbedingungen, in: Witz-Bopp (Hrsg.), Französisches Vertragsrecht für deutsche Exporteure, 1989, S. 20; *Nörenberg,* Internationale Verträge und Allgemeine Geschäftsbedingungen, NJW 1978, 1082; *H.-H. Otto,* Allgemeine Geschäftsbedingungen und Internationales Privatrecht, 1984; *Reinhart,* Zum Sprachenproblem im grenzüberschreitenden Handelsverkehr, IPRax 1982, 226; *Reinmüller,* Das Schweigen als Vertragsannahme im deutsch-französischen Rechtsverkehr unter besonderer Berücksichtigung der Allgemeinen Geschäftsbedingungen, Diss. Mainz 1976; *Reithmann/Martiny,* Internationales Vertragsrecht, 6. Auflage 2004; *Rott,*

---

136 Reithmann/Martiny/*Martiny*, Rn 1948 m.w.N.; a.A. ArbG Wuppertal BB 1960, 443 m. krit. Anm. *Herschel*.

137 *Gefken*, NJW 1979, 1744.

138 ArbG Hamburg IPRax 1987, 29, 31 m. Anm. *Birk*, 14.

Informationspflichten in Fernabsatzverträgen als Paradigma für die Sprachenproblematik im Vertragsrecht, ZVglRWiss 98 (1999), 382; *Scheerer*, Die Allgemeinen Geschäftsbedingungen im deutsch-italienischen Rechtsverkehr unter besonderer Berücksichtigung der AGB der Kreditinstitute, AWD 1974, 181; *Schlechtriem*, Die Kollision von Standardbedingungen beim Vertragsschluß, in: FS Wahl 1973, S. 67; *G. Schmitz*, Haftungsausschlußklauseln nach englischem und internationalem Privatrecht, 1977; *Schütze*, Allgemeine Geschäftsbedingungen bei Auslandsgeschäften, DB 1978, 2301; *Schwenzer*, Einbeziehung von Spediteurbedingungen sowie Anknüpfung des Schweigens bei grenzüberschreitenden Verträgen, IPRax 1988, 86; *Spellenberg*, Fremdsprache und Rechtsgeschäft, in: FS Ferid 1988, S. 463; *Stoll*, Internationalprivatrechtliche Probleme bei Verwendung Allgemeiner Geschäftsbedingungen, in: FS Beitzke 1979, S. 759; *Stoll*, Rechtliche Inhaltskontrolle bei internationalen Handelsgeschäften, in: FS Kegel 1987, S. 623; *ders.*, Das Statut der Rechtswahlvereinbarung – eine irreführende Konstruktion, in: FS Heini 1995, S. 429; *Tiedemann*, Kollidierende AGB-Rechtswahlklauseln im österreichischen und deutschen IPR, IPRax 1991, 424; *Ungnade*, Die Geltung von Allgemeinen Geschäftsbedingungen der Kreditinstitute im Verkehr mit dem Ausland, WM 1973, 1130; *v. Westphalen*, Anwendung des AGB-Rechts im Export, in: Heinrichs/Löwe/Ulmer (Hrsg.), Zehn Jahre AGB-Gesetz, 1987, S. 175.

A. Allgemeines 1	d) Zulässigkeit des Geschäftsinhalts ... 19
B. Regelungsgehalt 5	e) Wirksamkeit von AGB-Klauseln ... 21
I. Geltung allgemeiner Regelungen 5	IV. Sonderanknüpfung an das Aufenthaltsrecht
II. Verhältnis zu anderen Vorschriften 6	(Abs. 2) 23
III. Einheitliche Anknüpfung 7	1. Grundsatz 23
1. Grundsatz 7	2. Reichweite 24
2. Zustandekommen des Vertrags 11	3. Wirksamkeit des Vertrages nach dem
a) Einigung 11	Geschäftsstatut 26
b) Einbeziehung Allgemeiner	4. Unterschiedlichkeit von Geschäfts- und
Geschäftsbedingungen 14	Aufenthaltsstatut 27
c) Schweigen mit Erklärungswirkung .. 15	5. Geltendmachung der Unwirksamkeit
3. Wirksamkeit 16	nach dem Aufenthaltsstatut 28
a) Grundsatz 16	6. Interessenabwägung 29
b) Willensmängel 17	7. Wirkung der Berufung auf das Recht des
c) Widerruf des Vertrages oder einer	gewöhnlichen Aufenthalts 33
Willenserklärung 18	

A. Allgemeines

1 Art. 31 fand mit dem IPRNG von 1986 Eingang in das EGBGB und inkorporiert den nahezu wortgleichen Art. 8 EVÜ in das deutsche Recht. Die Vorschrift konkretisiert zusammen mit Art. 32 das Anknüpfungsmoment „Vertrag" der Artt. 27 ff. und manifestiert in ihrem Abs. 1 die bereits vor In-Kraft-Treten des IPRNG bzw. EVÜ in Deutschland und den meisten anderen europäischen Staaten geltende **Lehre vom Einheitsstatut**:[1] Abschluss, Wirksamkeit und Wirkungen des Vertrages unterliegen einem einheitlichen Recht. Abs. 1 hat daher keinen eigenen kollisionsrechtlichen Regelungsgehalt, sondern präzisiert lediglich den Umfang des Vertragsstatuts.

2 Eine einheitliche Anknüpfung ist von Vorteil, da es bei Wirksamkeit des Vertrages zu keinen Qualifikationsproblemen bei der Abgrenzung von Vertragsschluss und -wirkungen kommt.[2] Die Gefahr, dass durch unterschiedliche Anknüpfungen einzelner Teilfragen des Vertrags ein Normenmangel oder eine Normenhäufung entstehen, wird vermieden.[3] Zwingend ist eine einheitliche Anknüpfung jedoch nicht, da es den Parteien frei steht, durch eine Teilrechtswahl die einzelnen Teile des Vertrages verschiedenen Rechtsordnungen zu unterstellen (Art. 27 Abs. 1 S. 3).

3 Die Einheitlichkeit des Vertragsstatuts wird außerdem für vorkonsensuale Elemente aus Billigkeitsgründen durch Abs. 2 durchbrochen.[4] Danach kann sich eine Partei im *Hinblick auf das Zustandekommen* des Vertrages auf das Recht ihres gewöhnlichen Aufenthalts berufen, wenn die Anwendung der *lex causae* unzumutbar wäre (näher dazu Rn 23 ff.). Sie soll vor einer unzumutbaren, da für sie unvorhersehbaren vertraglichen Bindung bewahrt werden.

4 Art. 31 regelt nicht nur Zustandekommen und Wirksamkeit des Schuldvertrages selbst, sondern über Art. 27 Abs. 4 auch die Rechtswahlvereinbarung. Gesondert angeknüpft werden hingegen Fragen der Form (Artt. 11, 29 Abs. 3), der Rechts- und Geschäftsfähigkeit (Artt. 7 und 12) sowie der Stellvertretung.

---

1 Bamberger/Roth/*Spickhoff*, Art. 31 EGBGB, Rn 1; MüKo/*Spellenberg*, Art. 31 EGBGB Rn 1; Erman/Hohloch, Art. 31 EGBGB Rn 1; rechtsgeschichtliche und rechtsvergleichende Nachw. bei Staudinger/Hausmann, Art. 31 EGBGB Rn 1.
2 *Rauscher*, IPR, S. 267.
3 Soergel/*v. Hoffmann*, Art. 31 EGBGB Rn 1.
4 Zur Entstehungsgeschichte der Sonderanknüpfung vgl. Staudinger/*Hausmann*, Art. 31 EGBGB Rn 2 ff.

B. Regelungsgehalt

I. Geltung allgemeiner Regelungen

Rück- und Weiterverweisungen sind – wie im gesamten internationalen Schuldvertragsrecht – auch im Rahmen von Art. 31 ausgeschlossen (Art. 35 Abs. 1). Der *ordre-public*-Vorbehalt des Art. 6 ist zwar zu beachten, doch bleibt für ihn aufgrund der besonderen Schutzvorschriften des internationalen Schuldvertragsrechts (Artt. 27 Abs. 3, 29 Abs. 1, 29a Abs. 1, 30 Abs. 1, 31 Abs. 2, 34) meist kein Raum.[5] Von einem *ordre-public*-Verstoß wurde z.B. bei mangelnder Respektierung der Willensfreiheit durch Nichtgewährung eines Anfechtungsrechts wegen Drohung oder arglistiger Täuschung ausgegangen.[6]

II. Verhältnis zu anderen Vorschriften

Soweit internationales Einheitsrecht, insbesondere das UN-Kaufrecht,[7] eingreift, ist eine Anwendung des IPR und damit auch des Art. 31 entbehrlich.[8] Das UN-Kaufrecht entscheidet auch darüber, ob AGB wirksam zum Vertragsinhalt geworden sind.[9]

III. Einheitliche Anknüpfung

1. Grundsatz. Abs. 1 ordnet für das Zustandekommen und die Wirksamkeit des Vertrages die Maßgeblichkeit desjenigen Rechts an, das bei unterstellter Wirksamkeit des Vertrages oder der Bestimmung anwendbar wäre. Abs. 1 trägt damit zur einheitlichen Beurteilung des Vertrages nach der *lex causae* bei.

Haben die Parteien das anwendbare Recht parteiautonom vereinbart, so ist im Hinblick auf das Zustandekommen und die Wirksamkeit des Schuldvertrages und gem. Art. 27 Abs. 4 außerdem der Rechtswahlvereinbarung das gewählte Recht anzuwenden. Zu beachten sind hierbei aber die besonderen Schutzvorschriften der Artt. 29 Abs. 1, 29a und 30 Abs. 1. Haben die Parteien keine Rechtswahlvereinbarung geschlossen, so beurteilt sich das Zustandekommen und die Wirksamkeit des Vertrages nach dem Recht, zu dem der Vertrag die engste Verbindung aufweist (Art. 28 Abs. 1 S. 1), wobei diese engste Verbindung durch Artt. 28 Abs. 2–5, 29, 29a Abs. 3, 30 konkretisiert wird.

Die Unterscheidung zwischen Zustandekommen und Wirksamkeit des Vertrages ist zwar nicht für Abs. 1, wohl aber für Abs. 2 von besonderer Bedeutung, da dieser den Parteien lediglich in Fragen der Zustimmung zu einem Vertrag die Möglichkeit einräumt, sich auf das Recht ihres gewöhnlichen Aufenthalts zu berufen, also lediglich das Zustandekommen des Vertrages betrifft.[10] Die Abgrenzung zwischen Zustandekommen und Wirksamkeit muss übereinkommenskonform erfolgen (Art. 36).[11]

Unter das Zustandekommen fällt der äußere Vertragsabschlusstatbestand, d.h. das zum Vertragsschluss führende oder den Vertragsschluss modifizierende Verhalten der Parteien.[12] Diese Auslegung lässt sich auf den Wortlaut des Abs. 2 stützen, der auf das Verhalten der Parteien abstellt. Der innere Tatbestand des Vertragsabschlusses sowie die Zulässigkeit des Geschäftsinhalts sind hingegen vom Begriff Wirksamkeit umfasst.[13]

2. Zustandekommen des Vertrags. a) Einigung. Zum äußeren Vertragsabschlusstatbestand zählen zunächst Regelungen über Angebot und Annahme, im deutschen Recht also die §§ 145 ff. BGB. Da für das Zustandekommen eines Vertrages überhaupt ein wirksames Angebot vorliegen muss, richtet sich auch die Abgrenzung zur *invitatio ad offerendum* nach der prospektiven *lex causae*,[14] des Weiteren die

---

5 Erman/*Hohloch*, Art. 31 EGBGB Rn 3; Staudinger/*Hausmann*, Art. 31 EGBGB Rn 10.
6 KG IPRspr 1928 Nr. 10; OLG Düsseldorf IPRspr 1929 Nr. 48; LAG Düsseldorf RIW 1987, 61.
7 Wiener UN-Übereinkommen über Verträge über den internationalen Warenkauf v. 11. April 1980 (BGBl II 1989 S. 588).
8 Staudinger/*Hausmann*, Art. 31 EGBGB Rn 8.
9 Vgl. dazu *Piltz*, IHR 2004, 133; Staudinger/*Magnus*, Art. 14 CISG Rn 40; *Sieg*, RIW 1997, 811, 813 f.
10 Bericht *Giuliano/Lagarde*, BT-Drucks 10/503, S. 33, 60.
11 Staudinger/*Hausmann*, Art. 31 EGBGB Rn 13; Soergel/*v. Hoffmann*, Art. 31 EGBGB Rn 14; Bamberger/Roth/*Spickhoff*, Art. 31 EGBGB Rn 3.
12 Erman/*Hohloch*, Art. 31 EGBGB Rn 6; Staudinger/*Hausmann*, Art. 31 EGBGB Rn 13; Bamberger/Roth/*Spickhoff*, Art. 31 EGBGB Rn 3; MüKo/*Spellenberg*, Art. 31 EGBGB Rn 53; *Mäsch*, IPRax 1995, 371, 372; *Mankowski*, RIW 1996, 382; a.A. wohl LG Aachen NJW 1991, 2221; LG Gießen IPRax 1995, 395 f.
13 Soergel/*v. Hoffmann*, Art. 31 EGBGB Rn 13, 20.
14 Staudinger/*Hausmann*, Art. 31 EGBGB Rn 13; Bamberger/Roth/*Spickhoff*, Art. 31 EGBGB Rn 3.

Bindungswirkung bzw. Widerruflichkeit eines Angebots (Zugang, *mailbox rule* etc.), die Beantwortung der Frage, ob und inwieweit eine Leistung bestimmt oder bestimmbar sein muss,[15] die Rechtsfolgen einer abändernden Angebotsannahme sowie Fragen eines Dissenses.

12 Nach zum Teil vertretener Auffassung soll auch die Notwendigkeit einer Verpflichtung zur Gegenleistung (*consideration*) eine Frage der Wirksamkeit oder des Zustandekommens des Vertrages sein.[16] Geht man indes zutreffend davon aus, dass es sich bei der *consideration* um ein Seriositätsindiz handelt,[17] unterscheidet sie nichts von Formvorschriften des kontinentalen Rechts. Denn auch diese sind dazu bestimmt, die Ernsthaftigkeit eines Versprechens zum Ausdruck zu bringen. Zu einer wirklichen Verpflichtung kommt es erst, wenn die vorgeschriebene Form eingehalten wurde. Die *consideration* ist daher der Form zugehörig zu qualifizieren, so dass Art. 11 und nicht Art. 31 anzuwenden ist.[18]

13 Weiter kann sich die Frage stellen, zwischen welchen Personen ein Vertrag zustande gekommen ist, wenn ein Bote oder Vertreter gehandelt hat. Auch zu ihrer Beantwortung wird man das Vertragsstatut heranziehen müssen.[19] Zulässigkeit und Wirkung der Stellvertretung werden dagegen gesondert angeknüpft (Wirkungs- bzw. Gebrauchsland).[20] Die Zulässigkeit der Botenschaft richtet sich nach Art. 11, sofern das Formstatut die persönliche Anwesenheit des Erklärenden fordert.[21] Im Übrigen beurteilt sich die Wirksamkeit der Übermittlung einer fremden Willenserklärung durch den Boten jedoch nach dem Vertragsstatut, da es sich hierbei um eine Frage von Abgabe und Zugang der Willenserklärung handelt.[22]

14 **b) Einbeziehung Allgemeiner Geschäftsbedingungen.** Ob und inwieweit AGB Vertragsinhalt geworden sind – und somit die gesamte Einbeziehungskontrolle –, ist ebenfalls eine Frage des Zustandekommens des Vertrages.[23] Denn auch hier stellt sich die Frage, ob aus dem Verhalten der Parteien auf eine Einigung über den Inhalt der AGB geschlossen werden kann. Das gilt über Art. 27 Abs. 4 auch für Rechtswahlvereinbarungen durch AGB (vgl. näher Art. 27 Rn 68 ff.). Der Wirksamkeit der AGB zugehörig ist hingegen die inhaltliche Prüfung der Klauseln, da in diesem Fall die Zulässigkeit des Vertragsinhalts infrage steht.

15 **c) Schweigen mit Erklärungswirkung.** Ob und inwieweit dem Schweigen eine Erklärungswirkung zukommt, ist eine Frage des Zustandekommens des Vertrages.[24] Schließlich geht es darum, ein Verhalten einer Partei als Bestandteil einer Einigung zu deuten. Bedeutung erlangt diese Einordnung insbesondere im Hinblick auf das Schweigen auf ein kaufmännisches Bestätigungsschreiben: Da es in anderen Vertragsstaaten nicht bzw. nicht in dem Maße bekannt ist, wird häufig eine kumulative Anknüpfung nach Abs. 2 in Betracht kommen.

16 **3. Wirksamkeit. a) Grundsatz.** Die Wirksamkeit des Vertrages wird nach der *lex causae*, also dem nach Artt. 27 ff. bestimmten Recht beurteilt. Im Gegensatz zum Zustandekommen des Vertrages ist aber eine Sonderanknüpfung an das Aufenthaltsstatut gem. Abs. 2 nicht möglich. Der Wirksamkeit des Vertrages sind alle diejenigen Fragen zuzuordnen, die nicht zur Zustimmung gehören und die auch sonst nicht gesondert angeknüpft werden müssen (wie etwa die Form sowie die Rechts- und Geschäftsfähigkeit).

17 **b) Willensmängel.** Beachtlichkeit und Rechtsfolgen von Willensmängeln sind als Wirksamkeitserfordernis zu qualifizieren.[25] Denn Willensmängel berühren den inneren Tatbestand der Willenserklärung. Im Einzelnen gehören hierher: Beachtlichkeit und Folgen – also unmittelbare Nichtigkeit, Anfechtbarkeit oder Notwendig-

---

15 Staudinger/*Hausmann*, Art. 31 EGBGB Rn 15; Soergel/*v. Hoffmann*, Art. 31 EGBGB Rn 15; *v. Bar*, IPR II, Rn 536.
16 Zustandekommen: *Dicey/Morris*, Conflict of Laws, 13. Aufl. 2003, Rn 32–154 ff.; *Cheshire/North*, Private International Law, 13. Aufl. 1999, S. 587 f.; Staudinger/*Hausmann*, Art. 31 EGBGB Rn 17; Bamberger/Roth/*Spickhoff*, Art. 31 EGBGB Rn 4; *v. Bar*, IPR II, Rn 536. Wirksamkeit: Soergel/*v. Hoffmann*, Art. 31 EGBGB Rn 23; Mankowski, RIW 1996, 382, 383.
17 *Kötz*, Europäisches Vertragsrecht I, 1996, S. 86; *Zweigert/Kötz*, Einführung in die Rechtsvergleichung, 2. Aufl. 1996, § 29 II.
18 *Kropholler*, IPR, 4. Aufl. 2001, S. 304 (§ 14 III 3. a) – zum US-amerikanischen Recht); unklar insoweit MüKo/*Spellenberg*, der einerseits die *consideration* der Form (Art. 11 EGBGB Rn 79a), sie andererseits aber allg. dem Art. 31 (Art. 31 EGBGB Rn 4) zuordnet.
19 Erman/*Hohloch*, Art. 31 EGBGB Rn 6.
20 BGHZ 64, 183, 192; *v. Hoffmann*, IPR, § 7 Rn 50–51; *Junker*, IPR, Rn 333; a.A. (Anwendung des Geschäftsstatuts) MüKo/*Spellenberg*, vor Art. 11 EGBGB Rn 229.
21 Erman/*Hohloch*, Art. 11 EGBGB Rn 13; Bamberger/Roth/*Mäsch*, Art. 11 EGBGB Rn 20; MüKo/*Spellenberg*, Art. 11 EGBGB Rn 73.
22 MüKo/*Spellenberg*, Art. 31 EGBGB Rn 4; ebenso wohl Erman/*Hohloch*, Art. 31 EGBGB Rn 6.
23 Erman/*Hohloch*, Art. 31 EGBGB Rn 8; Bamberger/Roth/*Spickhoff*, Art. 31 EGBGB Rn 6; Staudinger/*Hausmann*, Art. 31 EGBGB Rn 72; Soergel/*v. Hoffmann*, Art. 31 EGBGB Rn 17.
24 Vgl. bereits *Giuliano/Lagarde*, Bericht zum Römischen Übereinkommen, BT-Drucks 10/503 S. 60.
25 Soergel/*v. Hoffmann*, Art. 31 EGBGB Rn 18 f.; Staudinger/*Hausmann*, Art. 31 EGBGB Rn 21 f.; a.A. *v. Bar*, IPR II, Rn 536.

keit der gerichtlichen Geltendmachung – eines Irrtums, einer Drohung oder arglistigen Täuschung[26] oder von Erklärungen unter geheimem Vorbehalt und Scherzerklärungen.[27]

c) Widerruf des Vertrages oder einer Willenserklärung. Auch der Widerruf eines Vertrages nach § 355 BGB ist als Wirksamkeitsfrage zu qualifizieren,[28] wird doch ein Widerrufsobjekt – die zu widerrufende Willenserklärung – vorausgesetzt.[29] Der Vertrag kommt zunächst – wenn auch nur „schwebend wirksam" – zustande.[30] Die Willenserklärung des Verbrauchers kann aber im Nachhinein durch Widerruf zerstört und der Vertrag dadurch – z.B. in ein Rückgewährschuldverhältnis – umgewandelt werden.[31]

d) Zulässigkeit des Geschäftsinhalts. Ob der Geschäftsinhalt zulässig ist, ist eine Frage der Wirksamkeit des Vertrages. Hierher gehören zunächst die Folgen eines Verstoßes gegen die guten Sitten (§ 138 BGB bzw. entsprechende Normen des ausländischen Rechts).[32] Eine Sonderanknüpfung über Art. 34 kommt hingegen nicht in Betracht, da es sich bei § 138 BGB nicht um eine international zwingende Norm deutschen Rechts handelt,[33] denn § 138 BGB ist als Instrument der Missbrauchskontrolle eine dem Interessenausgleich zwischen den Parteien dienende Norm.[34]

Fraglich ist, inwieweit bei **Verstößen gegen gesetzliche Verbote des Vertragsstatuts** dieses über Abs. 1 zur Anwendung kommen soll. Übereinstimmung besteht lediglich dahin gehend, dass privatrechtsimmanente Verbote der *lex causae* als Teil des gewählten oder kraft objektiver Anknüpfung anwendbaren Rechts über Abs. 1 stets zu beachten sind.[35] Die sog. **Schuldstatutstheorie** geht ebenso bei wirtschaftsrechtlichen Normen der *lex causae* vor, da sie diese wie privatrechtliche Normen behandelt und den transnationalen Schuldvertrag insgesamt und ausschließlich dem vom IPR der *lex fori* berufenen Vertragsstatut unterstellt.[36] Die Rechtsprechung lehnt eine Einheitsanknüpfung seit Mitte des vergangenen Jahrhunderts freilich mit der Begründung ab, dass deutsche Gerichte ausländisches öffentliches Recht grundsätzlich nicht anzuwenden hätten.[37] Verfolgt wird stattdessen ein **materiellrechtlicher Lösungsweg**. Ist deutsches Recht Vertragsstatut, soll z.B. in der Umgehung ausländischer Eingriffsnormen ein Verstoß gegen die guten Sitten zu sehen sein, der gem. § 138 BGB zur Nichtigkeit des Vertrages führen[38] oder gem. § 826 BGB eine Pflicht zum Schadensersatz begründen kann.[39] Offen geblieben ist bisher allerdings, wie bei Vereinbarung eines ausländischen Vertragsstatuts zu verfahren ist. Nach wiederum anderer Ansicht soll schließlich bei Verstößen gegen solche Normen, die wirtschafts- und sozialpolitische Ziele verfolgen, gesondert anzuknüpfen sein (Art. 34).[40] Eine derartige Abgrenzung ergibt sich freilich nicht aus dem Gesetz.[41] Außerdem ist eine Anknüpfung ausländischer Verbotsgesetze über Art. 34 nicht möglich, da die Norm nur den Weg für international zwingende Normen des deutschen Rechts freisperrt.[42] Im Vordringen befindlich und überzeugend ist ein primär kollisionsrechtlicher Lösungsansatz. Ausländische Eingriffsnormen sind (ebenso wie international zwingendes Recht der *lex fori*) gesondert anzuknüpfen.[43] Eine Unterscheidung zwischen Eingriffsnormen der *lex causae* und dritter Staaten findet nicht statt. Damit das fremde Recht von der *lex fori* beachtet werden kann, müssen im Wesentlichen drei Voraussetzungen erfüllt sein: Das fremde Recht muss überhaupt angewendet werden wollen, der Sachverhalt einen hinreichenden Bezug zum anwendungswilligen Recht aufweisen und

---

26 Bamberger/Roth/*Spickhoff*, Art. 31 EGBGB Rn 5; Soergel/*v. Hoffmann*, Art. 31 EGBGB Rn 18 f.; Staudinger/*Hausmann*, Art. 31 EGBGB Rn 21 f.
27 Bamberger/Roth/*Spickhoff*, Art. 31 EGBGB Rn 5; Erman/*Hohloch*, Art. 31 EGBGB Rn 7; MüKo/*Spellenberg*, Art. 31 EGBGB Rn 5.
28 Soergel/*v. Hoffmann*, Art. 31 EGBGB Rn 19; insb. für das Widerrufsrecht nach § 1 HausTWG BGHZ 135, 125, 138; ausf. *Mankowski*, RIW 1996, 382, 386 f.; a.A. LG Aachen NJW 1991, 2221; LG Gießen NJW 1995, 406; LG Koblenz NJW-RR 1995, 1335; LG Stuttgart RIW 1996, 424, 425; *Klingsporn*, WM 1994, 1093, 1097; Bamberger/Roth/*Spickhoff*, Art. 31 EGBGB Rn 5.
29 *Mankowski*, RIW 1996, 382, 386.
30 Umfassend m.w.N. *Mankowski*, Beseitigungsrechte, 2003, S. 33 ff.
31 Palandt/*Heinrichs*, § 355 Rn 5.
32 Vgl. z.B. RGZ 82, 308; BGHZ 44, 183, 190; 50, 63, 69; OLG Düsseldorf NJW 1963, 2227; Palandt/*Heldrich*, Art. 31 EGBGB Rn 3; MüKo/*Spellenberg*, vor Art. 11 EGBGB Rn 153.
33 BGHZ 135, 125, 139; *Leible*, JJZ 1995, 245, 263 f.; zahlreiche weitere Nachw. bei Staudinger/*Hausmann*, Art. 31 EGBGB Rn 25.
34 *Mankowski*, RIW 1996, 8, 12.
35 MüKo/*Spellenberg*, vor Art. 11 EGBGB Rn 114.
36 Vertreten vor allem von *Heini*, ZSchwR 100-I (1981), 65, 77, 83; *Mann*, Rec. des Cours 132 (1971), 107, 157, 190; *Vischer*, in: FS Gerwig 1960, S. 167, 170 f., 178.
37 BGHZ 31, 367, 371. Bis dahin ging auch die deutsche Rspr. vom Grundsatz der Einheitsanknüpfung aus.
38 BGHZ 34, 169, 177; 59, 82, 86; BGH NJW 1962, 1436.
39 BGH NJW 1991, 634 m. Bespr. von *Junker*, JZ 1991, 699, und *v. Hoffmann*, IPRax 1991, 345; BGH NJW 1993, 194.
40 Staudinger/*Hausmann*, Art. 31 EGBGB Rn 24; Soergel/*v. Hoffmann*, Art. 31 EGBGB Rn 21.
41 Bamberger/Roth/*Spickhoff*, Art. 31 EGBGB Rn 5.
42 Zu Lösungsmöglichkeiten vgl. *Leible*, ZVglRWiss 97 (1998), 286, 299 ff.
43 Grundlegend *Wengler*, ZVglRWiss 54 (1941), 168 ff., und *Zweigert*, RabelsZ 14 (1942), 283 ff.

die Berücksichtigung fremder Eingriffsnormen die Interessen des Gerichtsstaats fördern.[44] Kommt eine kollisionsrechtliche Lösung nicht in Betracht, weil es z.B. am geforderten Interessengleichklang fehlt, das ausländische Eingriffsrecht gar völkerrechtswidrig ist oder gegen den *ordre public* verstößt, bleibt immer noch die Möglichkeit, die tatsächlichen Auswirkungen der Eingriffsnorm auf materiellrechtlicher Ebene, d.h. bei Anwendung der privatrechtlichen Normen der *lex causae*, zu berücksichtigen.[45]

21 **e) Wirksamkeit von AGB-Klauseln.** Die Inhaltskontrolle von AGB-Klauseln ist eine Frage der Wirksamkeit des Vertrages bzw. eines Vertragsbestandteils. Denn es geht nicht darum, ob der Einbeziehung von AGB zugestimmt wurde, sondern ob sie rechtlich zulässig sind. Das ist durchaus der Frage vergleichbar, ob ein Geschäft als Ganzes rechtlich zulässig ist. Allerdings kann die Abgrenzung der Einbeziehung von AGB zu deren Inhaltskontrolle schwierig sein. Sie ist indes nur im Hinblick auf Abs. 2 von Bedeutung. Die Wirksamkeit von AGB meint nicht nur die Inhaltskontrolle im engeren Sinne, sondern auch Fragen der Auslegung oder die Folgen unwirksamer Klauseln.[46] Abs. 1 bezieht bei einem Verweis auf deutsches Recht daher nicht nur §§ 307 ff. BGB, sondern z.B. auch § 306 BGB mit ein. Ob die Geltung überraschender Klauseln (§ 305c Abs. 1 BGB) eine Frage der Wirksamkeit oder noch der Einbeziehung ist, ist streitig. Die besseren Gründe sprechen für Letzteres, da die Regelung primär den äußeren Konsens der Vertragsparteien betrifft und lediglich zu einer indirekten Inhaltskontrolle führt.[47]

22 Ob über Art. 27 Abs. 4 auch Rechtswahlvereinbarungen einer Inhaltskontrolle nach der prospektiven *lex causae* unterworfen sind,[48] ist umstritten. Da über die Zulässigkeit einer Rechtswahl allein die *lex fori* entscheidet, müssen auch Vorschriften der gewählten *lex causae*, die inhaltlich besondere Anforderungen an eine durch AGB vorgenommene Rechtswahl stellen, grundsätzlich unbeachtlich sein.[49] Selbst wenn es sich bei ihnen um primär sachrechtliche (z.B. § 307 BGB vergleichbare) Normen handeln sollte, kommt ihnen, soweit sie zur inhaltlichen Beurteilung von Rechtswahlklauseln herangezogen werden, allemal kollisionsrechtlicher Gehalt zu. Einer Anwendung durch den deutschen Rechtsanwender[50] steht dann aber Art. 35 Abs. 1 im Wege.[51] Ebenso ausgeschlossen ist im Übrigen eine Inhaltskontrolle von Rechtswahlklauseln am Maßstab des Sachrechts der *lex fori*, da der Gesetzgeber Zulässigkeit und Grenzen der Rechtswahl abschließend an die Erfüllung der Voraussetzungen des Art. 27 Abs. 1 S. 2 geknüpft hat (vgl. Art. 27 EGBGB Rn 71).[52] Eine darüber hinausreichende Inhaltskontrolle nach §§ 307 ff. BGB kann allerdings im Hinblick auf die Klausel-RL und die hierzu ergangene Océano-Entscheidung des EuGH[53] bei Verbraucherverträgen geboten sein.[54]

IV. Sonderanknüpfung an das Aufenthaltsrecht (Abs. 2)

23 **1. Grundsatz.** Der rechtliche Bedeutungsgehalt bestimmter Verhaltensweisen wird in den einzelnen Rechtsordnungen durchaus unterschiedlich bewertet. Die Unterstellung des Vertragsschlusses unter fremdes Recht kann für die Parteien daher zu einer für sie überraschenden Bindung führen. Um sie im Fall ihrer Schutzbedürftigkeit davor zu bewahren, kann bei der Beurteilung des Zustandekommens des Vertrages ausnahmsweise neben der *lex causae* gem. Abs. 2 kumulativ das Recht des Staates des gewöhnlichen Aufenthalts[55] einer Vertragspartei zur Anwendung kommen.

24 **2. Reichweite.** Art. 31 knüpft in seinem Abs. 2 an den vorausgehenden Abs. 1 an, wonach „das Zustandekommen und die Wirksamkeit" des Vertrags nach dem Recht zu beurteilen ist, das bei Wirksamkeit des

---

44 *Leible*, ZVglRwiss 97 (1998), 286, 299 ff.
45 So auch *Kropholler*, IPR, § 52 X 3c (S. 502); *Siehr*, RabelsZ 52 (1988), 41, 97.
46 MüKo/*Spellenberg*, Art. 31 EGBGB Rn 16 f.
47 Wie hier Staudinger/*Hausmann*, Art. 31 EGBGB Rn 89; *Mankowski*, RIW 1993, 453, 454 f.; *ders.*, RIW 1996, 1001; Reithmann/Martiny/*Martiny*, Rn 240; *Rühl*, Obliegenheiten im Versicherungsvertragsrecht, 2004, S. 124 ff.; *Thorn*, IPRax 1997, 98, 104; a.A. (Wirksamkeit) Soergel/*v. Hoffmann*, Art. 31 EGBGB Rn 47.
48 So etwa ausf. *Heiss*, RabelsZ 65 (2001), 634.
49 *Grundmann*, IPRax 1992, 1, 2; *Jayme*, in: FS W. Lorenz 1991, S. 435, 439; *Mankowski*, RIW 1993, 453, 455; *Meyer-Sparenberg*, RIW 1989, 347, 350; *W.-H. Roth*, RIW 1994, 275, 277.
50 Befürwortend z.B. LG Limburg NJW-RR 1989, 119; LG Hamburg v. 29.3.1990, NJW-RR 1990, 695, 697; *Schwartz*, S. 197; *M. Wolf*, ZHR 153 (1989), 300, 301 f.; *ders.*, JZ 1989, 695, 696.
51 *Leible*, JJZ 1995, 245, 253; *Mankowski*, VuR 1999, 138, 142; a.A. *Heiss*, RabelsZ 65 (2001), 634, 644. Übersehen und daher auch nicht problematisiert von BGHZ 123, 380; zu Recht krit. *Dörner*, JR 1995, 18, 19; *Fischer*, JZ 1994, 367, 369; *W.-H. Roth*, RIW 1994, 275, 277.
52 Wie hier z.B. *Baumert*, RIW 1997, 805, 809; *Junker*, RIW 1999, 809, 817; *Mankowski*, RabelsZ 63 (1999), 203, 210; *Sieg*, RIW 1997, 811, 816.
53 EuGH, Slg. 2000, I-4941 – Océano. Vgl. dazu und vor allem zum vergleichbaren Problem des Verhältnisses zwischen Klausel-RL und Art. 23 EuGVO auch *Leible*, RIW 2001, 422, 429.
54 Dazu *Heiss*, RabelsZ 65 (2001), 634, 647 ff.
55 Zur Bestimmung des gewöhnlichen Aufenthalts vgl. *Baetge*, Der gewöhnliche Aufenthalt im Internationalen Privatrecht, 1994.

Vertrags anzuwenden wäre. In Ergänzung hierzu bestimmt Abs. 2, dass sich eine Partei unter besonderen Umständen „für die Behauptung, sie habe dem Vertrag nicht zugestimmt", auf das Recht des Staats ihres gewöhnlichen Aufenthaltsorts berufen kann. Die Sonderregelung des Abs. 2 erfasst damit lediglich einen begrenzten Ausschnitt aus dem Regelungsbereich des Abs. 1. Sie bezieht sich nur auf die Frage des Zustandekommens der Einigung, nicht aber auf deren Wirksamkeit.[56] Zweck der Vorschrift ist es, der Partei für ihr Verhalten bei Vertragsabschluss das ihr vertraute Recht des Staats ihres gewöhnlichen Aufenthaltsorts zugute kommen zu lassen. Die Partei soll nicht nach einem ihr fremden Recht rechtsgeschäftlich gebunden werden, mit dessen Geltung sie noch nicht zu rechnen brauchte, so dass sie ihr Verhalten nicht nach diesen fremden rechtsgeschäftlichen Verhaltensregeln ausrichten musste. Abs. 2 schützt folglich nur vor dem **Fehlen des Erklärungsbewusstseins**. Die Vorschrift betrifft also allein die Frage, ob überhaupt eine rechtsgeschäftliche Willenserklärung einer Partei vorliegt, während nach ihrem eigenen Recht ihr Verhalten rechtsgeschäftlich (noch) irrelevant wäre, nicht dagegen die Frage, ob die Willenserklärung wirksam ist.[57] Daher können z.B. nach dem Aufenthaltsrecht bestehende Widerrufsrechte oder ähnliche Rechtsbehelfe, die eine vertragliche Einigung voraussetzen, auch nicht über Abs. 2 berücksichtigt werden;[58] denn die Endgültigkeit der rechtsgeschäftlichen Bindung betrifft die Vertragswirksamkeit, die von Abs. 2 gerade nicht geregelt wird, sondern entsprechend dem in Abs. 1 aufgestellten Grundsatz nach der gewählten *lex causae* zu beurteilen ist.[59] Aus diesem Grunde verbietet es sich erst recht, Abs. 2 unter Heranziehung von § 307 BGB zu einer allgemeinen inhaltlichen Kontrollschranke für Rechtswahlklauseln umzufunktionieren.[60] Da Willensmängel grundsätzlich nicht das Vorliegen einer Erklärung an sich berühren, richtet sich schließlich auch die Beantwortung der Frage, welche Folgen Willensmängel haben, nicht nach Abs. 2, sondern gemäß Abs. 1 allein nach dem Vertragsstatut.[61] Daher kann sich eine Partei nicht mit der Behauptung auf ihr Aufenthaltsrecht berufen, das Vertragsstatut versage eine Anfechtung der von ihr abgegebenen Willenserklärung.[62]

Eingefügt wurde die Regelung insbesondere im Hinblick auf die Bedeutung des Schweigens einer Partei für den Vertragsschluss.[63] Ihr Regelungsgehalt beschränkt sich aber nicht hierauf. Vielmehr wird jedes Parteiverhalten erfasst, sei es aktives oder passives Tun,[64] vorausgesetzt, es betrifft dessen rechtsgeschäftlichen Erklärungswert,[65] wie etwa die Einbeziehung von AGB[66] oder die Vertragsänderung durch widerspruchslose Entgegennahme eines Bestätigungsschreibens.

3. Wirksamkeit des Vertrages nach dem Geschäftsstatut. Eine Vertragspartei kann sich nur dann auf Abs. 2 berufen, wenn der Vertrag nach dem nach Artt. 27 ff. bestimmten Geschäftsstatut wirksam zustande gekommen ist. Fehlt es bereits an einem wirksamen Vertrag, bedarf es auch keiner Sonderanknüpfung nach Abs. 2, um die Unwirksamkeit geltend zu machen.[67] Andererseits ist eine Partei nicht daran gehindert, geltend zu machen, der Vertrag sei nach ihrem Aufenthaltsrecht zustande gekommen, wenn er nach dem Geschäftsstatut unwirksam ist.[68]

4. Unterschiedlichkeit von Geschäfts- und Aufenthaltsstatut. Damit eine kumulative Anknüpfung überhaupt in Betracht kommt, müssen Geschäfts- und Aufenthaltsstatut verschieden sein. Die Partei, die sich auf Abs. 2 berufen will, darf daher ihren gewöhnlichen Aufenthalt nicht in dem Staat haben, dessen Recht gem. Artt. 27 ff. das Vertragsstatut bildet.

---

56 Bericht *Giuliano/Lagarde*, BT-Drucks 10/503, S. 33, 60.
57 BGHZ 135, 128, 137; MüKo/*Spellenberg*, Art. 31 EGBGB Rn 53; *Mankowski*, RIW 1996, 382, 385.
58 BGHZ 135, 128, 137.
59 *Böhm*, S. 93; *Iversen*, in: Iversen/Brödermann, Europäisches Gemeinschaftsrecht und Internationales Privatrecht, 1994, Rn 886; *Kost*, 1995, S. 113; *Leible*, JJZ 1995, 245, 253; *Mäsch*, Rechtswahlfreiheit und Verbraucherschutz, 1993, S. 118 f.; *ders.*, IPRax 1995, 371, 372; *Mankowski*, RIW 1993, 453, 455; *ders.*, RIW 1995, 364, 367; Palandt/*Heldrich*, Art. 31 EGBGB, Rn 5; *Schomerus*, NJW 1995, 359, 361.
60 So aber *Reich*, VuR 1989, 158, 161; *ders.*, ZHR 153 (1989), 571 (590); *ders.*, VuR 1992, 189 (191). Fehl geht genauso der Hinw., die in einem Time-Sharing-Vertrag enthaltene Wahl des Rechts der Isle of Man sei ungerechtfertigt und daher unwirksam, weil das Recht der Isle of Man kein dem deutschen HWiG vergleichbares Widerrufsrecht kenne, so jedoch *Jäckel/Tonner*, VuR 1994, 9, 16; vgl. auch LG Gießen NJW 1995, 406.
61 Staudinger/*Hausmann*, Art. 31 EGBGB Rn 46; Erman/*Hohloch*, Art. 31 EGBGB Rn 15; Soergel/*v. Hoffmann*, Art. 31 EGBGB Rn 32; MüKo/*Spellenberg*, Art. 31 EGBGB Rn 62 ff.
62 So wohl auch Palandt/*Heldrich*, Art. 31 EGBGB Rn 5; *Kegel/Schurig*, § 17 II (S. 616).
63 Vgl. dazu z.B. OLG Karlsruhe RIW 1994, 1046, 1047; OLG Schleswig IPRspr 1989 Nr. 48.
64 Bericht *Giuliano/Lagarde*, BT-Drucks 10/503, S. 33, 60.
65 MüKo/*Spellenberg*, Art. 31 EGBGB Rn 49; Soergel/*v. Hoffmann*, Art. 31 EGBGB Rn 31; Staudinger/*Hausmann*, Art. 31 EGBGB Rn 41.
66 Vgl. dazu z.B. OLG Karlsruhe NJW-RR 1993, 567, 568; RIW 1994, 1046, 1047; OLG München IPRax 1991, 46, 49.
67 Bamberger/Roth/*Spickhoff*, Art. 31 EGBGB Rn 11.
68 Bericht *Giuliano/Lagarde*, BT-Drucks 10/503, S. 33, 60.

28 **5. Geltendmachung der Unwirksamkeit nach dem Aufenthaltsstatut.** Das entscheidende Gericht kann eine Unwirksamkeit des Vertrages nach dem Aufenthaltsstatut einer Partei nicht von Amts wegen berücksichtigen, sondern nur auf deren Einrede.[69] Die Partei, die den Schutz ihres Aufenthaltsrechts in Anspruch nehmen will, muss hinreichend deutlich machen, dass sie den Vertrag nicht gegen sich gelten lassen will.[70] Einer ausdrücklichen Berufung auf ihr Aufenthaltsrecht bedarf es nicht.[71] Verzichtet sie auf die Geltendmachung der ihr zustehenden Einrede, ist der Vertrag wirksam. Der anderen Partei ist in diesem Fall eine Berufung darauf, der Vertrag sei nach dem Aufenthaltsrecht des Vertragspartners unwirksam, und damit die Möglichkeit, sich so von einem ihr ungünstig erscheinenden Vertrag zu lösen, verwehrt.[72]

29 **6. Interessenabwägung.** Eine Sonderanknüpfung nach Abs. 2 kommt nur in Betracht, wenn es nach den Umständen nicht gerechtfertigt ist, das Verhalten der Partei nach dem Vertragsstatut zu bewerten. Das erfordert eine umfassende Abwägung zwischen den Interessen der Partei, deren Verhalten nach dem Vertragsstatut als Zustimmung gewertet werden soll, und dem Interesse der anderen Partei am Erhalt des Vertrages, das wesentlich vom Verkehrsschutz getragen wird.[73] Dabei ist u.a. zu berücksichtigen, ob zwischen den Parteien bereits zuvor Verträge geschlossen wurden oder besondere Gepflogenheiten entstanden sind.[74] Von Bedeutung können außerdem die Umstände der Vertragsanbahnung, eine etwaige Kaufmannseigenschaft der Partei, die Kenntnis oder Möglichkeit der Kenntnisnahme von Gepflogenheiten am Empfangs- bzw. Abgabeort der Erklärung[75] oder sonstige Gründe sein, die eine Partei zu der Annahme veranlassen konnten, ihr Verhalten werde nicht nach dem Recht ihres gewöhnlichen Aufenthalts bewertet.

30 Bedeutung erlangt Abs. 2 insbesondere bei **internationalen Distanzgeschäften**,[76] da bei solchen Transaktionen die Parteien häufig nicht die Gepflogenheiten des anzuwendenden Rechts näher kennen.[77] So wird man vor allem von einer geschäftsunerfahrenen oder bislang nur überwiegend national handelnden Partei, die ein Angebot aus einem anderen Staat als ihrem Aufenthaltsstaat erhält, nicht erwarten können, dass sie ihr Verhalten an einem ausländischen Vertragsstatut ausrichtet.[78] Sofern das Vertragsstatut in einem solchen Fall z.B. das Schweigen auf ein Angebot als Annahme wertet, kann sie sich auf ihr Umweltrecht berufen. Etwas anderes gilt hingegen, wenn zwischen den Parteien bereits geschäftliche Kontakte bestanden und sich hieraus Gepflogenheiten entwickelt haben, die es gerechtfertigt erscheinen lassen, das Zustandekommen des Vertrages allein nach dem Vertragsstatut zu beurteilen. Davon ist etwa auszugehen, wenn die Parteien Verträge bisher immer demselben Recht unterstellt haben oder auf die Rechtsfolgen des Schweigens nach dem Vertragsstatut hingewiesen wurde.[79] Eine Schutzwürdigkeit kann außerdem bereits deshalb abzulehnen sein, weil die von der Partei verkannte Rechtsfolge ihres Handelns zu den offenkundigen Gepflogenheiten des internationalen Handels gehört, die ihr hätten bekannt sein müssen.[80]

31 Derjenige, der eine Erklärung ins Ausland versendet, kann sich nicht darauf berufen, sein Angebot sei nach seinem Aufenthaltsrecht lediglich als *invitatio ad offerendum* zu verstehen, wenn das Vertragsstatut von einem Angebot ausgeht; denn wer sein Handeln auf einen anderen Staat ausrichtet, muss grundsätzlich damit rechnen, dass ein anderes Recht als sein Umweltrecht zur Anwendung kommt.[81]

32 Begibt sich eine Partei zum Vertragsschluss ins Ausland und ist das Recht des Staates, in dem der Vertrag abgeschlossen wurde, zugleich Vertragsstatut, ist ihr eine Berufung auf ihr Aufenthaltsrecht verwehrt. Wer sich in einen anderen Staat begibt, um einen Vertrag abzuschließen, kann nicht darauf vertrauen, dass das Recht seines gewöhnlichen Umfeldes zur Anwendung kommt.[82] Nach anderer, vor allem instanzgerichtlicher

---

69 *Kost*, 1995, S. 147 f.; MüKo/*Spellenberg*, Art. 31 EGBGB Rn 68; Bamberger/Roth/*Spickhoff*, Art. 31 EGBGB Rn 13.
70 MüKo/*Spellenberg*, Art. 31 EGBGB Rn 68; Bamberger/Roth/*Spickhoff*, Art. 31 EGBGB Rn 13.
71 Vgl. auch OLG Düsseldorf RIW 1997, 780.
72 Staudinger/*Hausmann*, Art. 31 EGBGB Rn 54.
73 *Mankowski*, RIW 1996, 382, 383; Staudinger/*Hausmann*, Art. 31 EGBGB Rn 55; Erman/*Hohloch*, Art. 31 EGBGB Rn 16; Bamberger/Roth/*Spickhoff*, Art. 31 EGBGB Rn 12.
74 Bericht *Guiliano/Lagarde*, BT-Drucks 10/503, S. 60.
75 Soergel/v. *Hoffmann*, Art. 31 EGBGB Rn 37 ff.; Staudinger/*Hausmann*, Art. 31 EGBGB Rn 55. Die Kenntnis oder die Möglichkeit der Kenntnisnahme des fremden Rechts schafft aber allein noch keine Handlungspflicht, wenn nach dem Vertragsstatut das Schweigen als Annahme verstanden wird. Vielmehr müssen noch weitere Umstände hinzutreten, vgl. MüKo/*Spellenberg*, Art. 31 EGBGB Rn 86.
76 Reithmann/Martiny/*Martiny*, Rn 216; Bamberger/Roth/*Spickhoff*, Art. 31 EGBGB Rn 12; Staudinger/*Hausmann*, Art. 31 EGBGB Rn 63.
77 Staudinger/*Hausmann*, Art. 31 EGBGB Rn 63.
78 Bamberger/Roth/*Spickhoff*, Art. 31 EGBGB Rn 12; Staudinger/*Hausmann*, Art. 31 EGBGB Rn 63; Soergel/v. *Hoffmann*, Art. 31 EGBGB Rn 38; *Stoll*, in: FS Beitzke 1979, S. 770 ff.; *Linke*, ZVerglRW 79 (1980) 1, 43.
79 Bamberger/Roth/*Spickhoff*, Art. 31 EGBGB Rn 12; Soergel/v. *Hoffmann*, Art. 31 EGBGB Rn 38.
80 OLG Hamburg RIW 1997, 70.
81 Bamberger/Roth/*Spickhoff*, Art. 31 EGBGB Rn 12.
82 Für einen Vertragsschluss in Deutschland bei deutschem Recht als Vertragsstatut: Staudinger/*Hausmann*, Art. 31 EGBGB Rn 45; für den Vertragsabschluss in einem Drittstaat ebenda Rn 65.

Ansicht soll in derartigen Fällen freilich über Abs. 2 ein verbraucherschützendes Widerrufsrecht des Aufenthaltsstaates zum Zuge kommen können.[83] Das verkennt freilich, dass der Widerruf die Vertragswirksamkeit betrifft und daher schon gar nicht in den Anwendungsbereich des Abs. 2 fällt (vgl. Rn 24).

7. Wirkung der Berufung auf das Recht des gewöhnlichen Aufenthalts. Beruft sich eine Partei auf das Recht ihres gewöhnlichen Aufenthalts und liegen die weiteren Voraussetzungen des Abs. 2 vor, fällt also insbesondere die Interessenabwägung zu ihren Gunsten aus, gilt die Zustimmung zum Vertrag als nicht erteilt und der Vertrag als nicht zustande gekommen. Im Übrigen bleibt es bei der Geltung des Vertragsstatuts. Sollten bereits Leistungen erbracht worden sein, richtet sich deren Rückabwicklung gem. Art. 32 Abs. 1 Nr. 5 wieder nach dem Vertragsstatut. Nicht heranzuziehen ist das Aufenthaltsrecht, nach dem der Vertrag unwirksam ist. 33

Art. 31 gilt unmittelbar nur für Schuldverträge. Eine analoge Anwendung auf andere, etwa dingliche Verträge ist mangels vergleichbarer Interessenlage nicht angezeigt.[84] Zudem fehlt es an einem konkreten Bedürfnis für eine analoge Anwendung.[85] 34

Artikel 32   Geltungsbereich des auf den Vertrag anzuwendenden Rechts

(1) ¹Das nach den Artikeln 27 bis 30 und nach Artikel 33 Abs. 1 und 2 auf einen Vertrag anzuwendende Recht ist insbesondere maßgebend für
1. seine Auslegung,
2. die Erfüllung der durch ihn begründeten Verpflichtungen,
3. die Folgen der vollständigen oder teilweisen Nichterfüllung dieser Verpflichtungen einschließlich der Schadensbemessung, soweit sie nach Rechtsvorschriften erfolgt, innerhalb der durch das deutsche Verfahrensrecht gezogenen Grenzen,
4. die verschiedenen Arten des Erlöschens der Verpflichtungen sowie die Verjährung und die Rechtsverluste, die sich aus dem Ablauf einer Frist ergeben,
5. die Folgen der Nichtigkeit des Vertrags.

(2) ¹In bezug auf die Art und Weise der Erfüllung und die vom Gläubiger im Fall mangelhafter Erfüllung zu treffenden Maßnahmen ist das Recht des Staates, in dem die Erfüllung erfolgt, zu berücksichtigen.

(3) ¹Das für den Vertrag maßgebende Recht ist insoweit anzuwenden, als es für vertragliche Schuldverhältnisse gesetzliche Vermutungen aufstellt oder die Beweislast verteilt. ²Zum Beweis eines Rechtsgeschäfts sind alle Beweismittel des deutschen Verfahrensrechts und, sofern dieses nicht entgegensteht, eines der nach Artikel 11 und 29 Abs. 3 maßgeblichen Rechte, nach denen das Rechtsgeschäft formgültig ist, zulässig.

Literatur: *Ahlt*, Die Aufrechnung im IPR, Diss. Regensburg 1977; *Ahrens*, Wer haftet statt der zusammengebrochenen Abschreibungsgesellschaft? – Zur Sachwalterhaftung im Kollisionsrecht, IPRax 1986, 355; *Alberts*, Der Einfluß von Währungsschwankungen auf Zahlungsansprüche nach deutschem und englischem Recht, 1986; *Baetge*, Anknüpfung der Rechtsfolgen bei fehlender Geschäftsfähigkeit, IPRax 1996, 185; *Berger*, Der Aufrechnungsvertrag, 1996; *ders.*, Der Zinsanspruch im internationalen Wirtschaftsrecht, RabelsZ 61 (1997) 313; *Bernstein*, Kollisionsrechtliche Fragen der culpa in contrahendo, RabelsZ 41 (1977), 281; *Birk*, Aufrechnung bei Fremdwährungsforderungen und IPR, AWD 1969, 12; *ders.*, Schadensersatz und sonstige Restitutionsformen im Internationalen Privatrecht, 1969; *Böckstiegel*, Der Durchgriff auf den Staat bei Verträgen im internationalen Wirtschaftsverkehr, in: FS Seidl-Hohenveldern 1988, S. 17; *ders.*, Vertragsklauseln über nicht zu vertretende Risiken im internationalen Wirtschaftsverkehr, RIW 1984, 1; *Braun*, Vertragliche Geldwertsicherung im grenzüberschreitenden Wirtschaftsverkehr, 1982; *Buciek*, Beweislast und Anscheinsbeweis im internationalen Recht, 1984; *Burr*, Fragen des kontinentaleuropäischen internationalen Verjährungsrechts, 1968; *Busse*, Aufrechnung bei internationalen Prozessen vor deutschen Gerichten, MDR 2001, 729; *ders.*, Internationales Bereicherungsrecht, 1998; *Clausius*, Vertragskontinuität und Anpassungsbedarf, NJW 1998, 3148; *Coester-Waltjen*, Internationales Beweisrecht, 1983; *Conrads*, Verjährung im englischen Recht, 1996; *Czernich/Heiss*, EVÜ – Das Europäische Schuldvertragsübereinkommen, 1999; *Degner*, Kollisionsrechtliche Anknüpfung der Geschäftsführung ohne Auftrag, des Bereicherungsrechts und der culpa in contrahendo, RIW 1983, 825; *ders.*, Kollisionsrechtliche Probleme zum Quasikontrakt, 1984; *Dölle*, Die Kompensation im IPR, RheinZ 13 (1924), 32; *Eickhoff*, Inländische Gerichtsbarkeit und internationale Zuständigkeit für Aufrechnung und Widerklage, 1985; *Eujen*, Die Aufrechnung im internationalen Verkehr zwischen Deutschland, Frankreich und England, 1975; *v. Falkenhausen*, Ausschluß von Aufrechnung und Widerklage durch internationale Gerichtsstandsvereinbarungen,

---

83 LG Aachen NJW 1991, 2221; LG Gießen NJW 1995, 406; LG Koblenz NJW-RR 1995, 1335; LG Stuttgart RIW 1996, 424; weitere Rechtsprechungsnachweise bei *Kegel/Schurig*, § 17 V 1a (S. 539).

84 MüKo/*Spellenberg*, Art. 31 EGBGB Rn 52.

85 Erman/*Hohloch*, Art. 31 EGBGB Rn 17; MüKo/ *Spellenberg*, Art. 31 EGBGB Rn 52.

RIW 1982, 386; *Fischer,* Culpa in contrahendo im Internationalen Privatrecht, JZ 1991, 168; *Frank,* Unterbrechung der Verjährung durch Auslandsklage, IPRax, 1983, 108; *Frey,* Anwendung ausländischer Beweismittelvorschriften durch deutsche Gerichte, NJW 1972, 1602; *Gäbel,* Neuere Probleme zur Aufrechnung – Unter besonderer Berücksichtigung deutsch-amerikanischer Rechtsverhältnisse, 1983; *Gebauer,* Internationale Zuständigkeit und Prozessaufrechnung, IPRax 1998, 79; *Geimer,* EuGVÜ und Aufrechnung, IPRax 1986, 208; *ders.,* Nochmals: Zur Unterbrechung der Verjährung durch Klageerhebung im Ausland: Keine Gerichtspflichtigkeit des Schuldners all over the world, IPRax 1984, 83; *Gottwald,* Die Prozeßaufrechnung im europäischen Zivilprozeß, IPRax 1986, 10; *Grothe,* Der Verzugszins bei Fremdwährungsforderungen nach griechischem und deutschem Recht, IPRax 2002, 119; *ders.,* Fremdwährungsverbindlichkeiten, 1999; *Gruber,* Auslegungsprobleme bei fremdsprachigen Verträgen unter deutschem Recht, DZWiR 1997, 353; *ders.,* Die Aufrechnung von Fremdwährungsforderungen, MDR 1992, 121; *ders.,* Die kollisionsrechtliche Anknüpfung der Prozeßzinsen, DZWiR 1996, 169; *ders.,* Die kollisionsrechtliche Anknüpfung der Verzugszinsen, MDR 1994, 759; *Grundmann,* Deutscher Anlegerschutz in internationalen Sachverhalten, RabelsZ 54 (1990), 283; *Grunsky,* Anwendbares Recht und gesetzlicher Zinssatz, in: FS Merz 1992, S. 147; *Habscheid,* Beweislast und Beweismaß, in: FS Baumgärtel 1990, S. 105; *ders.,* Zur Aufrechnung (Verrechnung) gegen eine Forderung mit englischem Schuldstatut im Zivilprozeß, in: FS Neumayer 1985, S. 263; *Hage-Chahine,* Les conflits dans l'espace et dans le temps en matière de prescription, 1977; *Harries,* Die Rechtsscheinshaftung für fehlerhafte Rechtsgutachten bei internationalen Verträgen, in: FS Zweigert 1981, S. 451; *Henn,* Aufrechnung gegen Fremdwährungsforderungen, MDR 1956, 584; *ders.,* Kursumrechnung bei der Erfüllung von Fremdwährungsforderungen, RIW 1957, 153; *v. Hoffmann,* Aufrechnung und Zurückbehaltungsrecht bei Fremdwährungsforderung, IPRax 1981, 155; *ders.,* Gegenwartsprobleme internationaler Zuständigkeit, IPRax 1982, 217; *ders.,* Inländische Sachnormen mit zwingendem internationalem Anwendungsbereich, IPRax 1989, 261; *ders.,* Staatsunternehmen im IPR, BerGesVR 25 (1984), 35; *ders.,* Zur Auslegung von Formularbedingungen des internationalen Handelsverkehrs, AWD 1970, 247; *Junker,* Die einheitliche Auslegung nach dem EG-Schuldvertragsübereinkommen, RabelsZ 55 (1991) 674; *Kahn,* L'interprétation des contrats internationaux, Clunet 108 (1981), 5; *Kannengießer,* Die Aufrechnung im Internationalen Privat- und Verfahrensrecht, 1998; *Kegel,* Die Grenzen von Qualifikation und renvoi im internationalen Verjährungsrecht, 1962; *Kindler,* Gesetzliche Zinsansprüche im Zivil- und Handelsrecht, RIW 1996, 16; *Koch,* Streitverkündung und Drittklage im amerikanisch-deutschen Prozeß, ZVglRWiss. 85 (1986), 11; *Königer,* Die Bestimmung der gesetzlichen Zinshöhe nach dem deutschen Internationalen Privatrecht, 1997; *Kreuzer,* Zur Anknüpfung der Sachwalterhaftung, IPRax 1988, 16; *Kudlich,* Die privatrechtlichen Nebenwirkungen einer im Ausland erhobenen Klage, 1962; *Lagarde,* The Scope of Applicable Law in the E. E. C. Convention, in: North (Hrsg.), Contract Conflicts, 1982, S. 49; *Lando,* The EC Draft Convention on the law applicable to contractual and non-contractual obligations, RabelsZ 38 (1974), 6; *ders.,* The Interpretation of Contracts in the Conflict of Laws, RabelsZ 38 (1974), 388; *Linke,* Die Bedeutung ausländischer Verfahrensakte im deutschen Verfahrensrecht, in: FS Nagel 1987, S. 209; *Looschelders,* Anpassung und Substitution bei der Verjährungsunterbrechung durch unzulässige Auslandsklage, IPRax 1998, 296; *S. Lorenz,* „RGZ 106, 82 ff. revisited": Zur Lückenfüllungsproblematik beim *ordre public* in „Ja/Nein-Konflikten", IPRax 1999, 429; *W. Lorenz,* Der Bereicherungsausgleich im deutschen IPR und in rechtsvergleichender Sicht, in: FS Zweigert 1981, S. 199; *Magnus,* Internationale Aufrechnung, in: Leible (Hrsg.), Das Grünbuch zum Internationalen Vertragsrecht, 2004, S. 209 ff.; *ders.,* Zurückbehaltungsrechte und IPR, RabelsZ 38 (1974), 440; *Maier-Reimer,* Fremdwährungsverbindlichkeiten, NJW 1985, 2049; *Mann,* Staatsunternehmen in internationalen Handelsbeziehungen, RIW 1987, 186; *Mann-Kurth,* Haftungsgrenzen und Zinsansprüche in internationalen Übereinkommen, RIW 1988, 251; *Meyer-Collings,* Aufrechnung und IPR, ZAkDR 1942, 235; *Mitscherlich-Jander,* Verjährungsprobleme im internationalen Privatrecht der Vereinigten Staaten, RIW/ADW 1978, 358; *Mülbert,* Ausländische Eingriffsnormen als Datum, IPRax 1986, 140; *K. Müller,* Zur kollisionsrechtlichen Anknüpfung der Verjährung, in: FS zum 150jährigen Bestehen des OLG Zweibrücken, 1969, S. 183; *Müller-Freienfels,* Die Verjährung englischer Wechsel vor deutschen Gerichten, in: FS Zepos 1973, S. 491; *Nickl,* Die Qualifikation der culpa in contrahendo im internationalen Privatrecht, 1992; *Nicklisch,* Die Ausfüllung von Vertragslücken durch das Schiedsgericht, RIW 1989, 15; *Nolting,* Hoheitliche Eingriffe als Force Majeure bei internationalen Wirtschaftsverträgen mit Staatsunternehmen?, RIW 1988, 511; *Otte,* „Verfolgung ohne Ende" – ausländische Verjährungshemmung vor deutschen Gerichten, IPRax 1993, 209; *Piehl,* Bestechungsgelder im internationalen Wirtschaftsverkehr, 1991; *Plaßmeier,* Ungerechtfertigte Bereicherung im Internationalen Privatrecht und aus rechtsvergleichender Sicht, 1996; *Pleyer-Wallach,* Erfüllungszeitpunkt und Gefahrtragung bei grenzüberschreitenden Überweisungen nach deutschem und englischem Recht, RIW 1988, 172; *Rauscher,* Europäisches Zivilprozeßrecht, 2003; *Reder,* Die Eigenhaftung vertragsfremder Dritter im IPR, 1989; *Reinhart,* Zur Auslegung von Auslandsverträgen, RIW 1956, 15; *Reithmann/Martiny,* Internationales Vertragsrecht, 6. Auflage 2004; *Remien,* Die Währung von Schaden und Schadensersatz, RabelsZ 62 (1998), 245; *Sailer,* Gefahrübergang, Eigentumsübergang, Verfolgungs- und Zurückbehaltungsrecht beim Kauf beweglicher Sachen im IPR, 1966; *Sandrock,* Zur ergänzenden Vertragsauslegung im materiellen und internationalen Schuldvertragsrecht, 1966; *Schack,* Der Erfüllungsort im deutschen, ausländischen und internationalen Privat- und Zivilprozeßrecht, 1985; *ders.,* Wirkungsstatut und Unterbrechung der Verjährung im Internationalen Privatrecht durch Klageerhebung, RIW 1981, 301; *Scheffler,* Culpa in contrahendo und Mängelgewährleistung bei deutsch-schweizerischen Werkverträgen, IPRax 1995, 20; *Schlechtriem,* Aufrechnung durch den Käufer wegen Nachbesserungsaufwand – deutsches Vertragsstatut und UN-Kaufrecht, IPRax 1996, 256; *Schlosser,* Ausschlußfristen, Verjährungsunterbrechung und Auslandsklage, in: FS Bosch 1976, S. 859; *Schmitz,* Zinsrecht, Zum Recht der Zinsen in Deutschland und in der Europäischen Union, 1994; *Schütze,* Die Unterbrechung und Inlaufsetzung der Verjährung von Wechselansprüchen durch ausländische Klageerhebung, WM 1967, 246; *Schwimann,* Zur internationalprivatrechtlichen Behandlung von Schuldgeschäft und Schulderlaß, ÖNotZ 108 (1976), 114; *Spickhoff,* Gerichtsstand des Sachzusammenhangs und Qualifikation von Anspruchsgrundlagen, ZZP 109 (1996), 493; *ders.,* Verjährungsunterbrechung durch ausländische Beweissicherungsverfahren, IPRax 2001, 37; *Stoll,* Internationalprivatrechtliche Fragen bei der landesrechtlichen Ergänzung des Einheitlichen Kaufrechts, in: FS Ferid 1988, S. 495; *ders.,* Rechtliche Inhaltskontrolle bei internationalen Handelsgeschäften, FS Kegel 1987, S. 623; *Taupitz,* Unterbrechung der Verjährung durch Auslandsklage aus Sicht des österreichischen und des deutschen Rechts, IPRax 1996, 140; *ders.,* Verjährungsunterbrechung im Inland durch unfreiwillige Beteiligung am fremden Rechtsstreit im Ausland, ZZP 102 (1989), 288; *Teske,* Die Revisibilität der Auslegung von ausländischen AGB, EuZW 1991, 149; *Triebel/Balthasar,* Auslegung englischer Vertragstexte unter deutschem Vertragsstatut – Fallstricke des Art. 32 Abs. 1 Nr. 1 EGBGB, NJW 2004, 2189; *Ulmer,* Die Aufrechnung von Heimwährungs- und Fremdwährungsforderungen, Diss. Tübingen 1931; *van Venrooy,* Die Anknüpfung der Kaufmannseigenschaft im deutschen IPR, 1985; *Vorpeil,* Aufrechnung bei währungsverschiedenen Forderungen, RIW 1993, 529; *Wandt*, Die Geschäftsführung ohne Auftrag im Internationalen Privatrecht, 1989; *Wessels*, Zinsrecht in Deutschland und England, 1992; *Wieling*, Wegfall der Geschäftsgrundlage bei Revolutionen?, JuS 1986, 272; *Will*, Verwirkung im Internationalen Privatrecht, RabelsZ 42 (1978), 211.

A. Allgemeines 1	4. Erlöschen, Verjährung und Fristablauf
B. Regelungsgehalt 4	(Abs. 1 Nr. 4) 27
I. Geltung allgemeiner Regelungen 4	a) Erlöschen 27
II. Verhältnis zu anderen Vorschriften 5	aa) Allgemeines 27
III. Geltungsbereich des Vertragsstatuts 6	bb) Aufrechnung 30
1. Auslegung des Vertrages (Abs. 1 Nr. 1) . 6	b) Verjährung und Fristablauf 34
2. Erfüllung der vertraglichen Verpflich-	5. Nichtigkeitsfolgen (Abs. 1 Nr. 5) 38
tungen (Abs. 1 Nr. 2) 13	IV. Erfüllungsmodalitäten (Abs. 2) 42
3. Folgen der Nichterfüllung der	1. Grundsatz 42
Vertragspflichten (Abs. 1 Nr. 3) 16	2. Art und Weise der Erfüllung 43
a) Vollständige oder teilweise	3. Berücksichtigung 45
Nichterfüllung 16	4. Abdingbarkeit 46
aa) Grundsatz 16	**C. Beweisfragen (Abs. 3)** 47
bb) Als Nichterfüllung zu	I. Grundsatz 47
qualifizierende Tatbestände 17	II. Gesetzliche Vermutungen 49
cc) Anspruchsvoraussetzungen 18	III. Beweislast 51
dd) Rechtsfolgen der Nichterfüllung 19	IV. Beweismittel 54
b) Schadensbemessung 22	**Anhang Vollmachtsstatut**
c) Culpa in contrahendo 24	

A. Allgemeines

Die Abs. 1 und 2 inkorporieren Art. 10 EVÜ in deutsches Recht, während Abs. 3 auf Art. 14 EVÜ beruht. Es erfolgten geringfügige sprachliche Anpassungen. Zu inhaltlichen Änderungen kam es hingegen nicht. **1**

Art. 32 ist ebenso wie Art. 31 Abs. 1 **keine eigenständige Kollisionsnorm**, sondern umschreibt lediglich die Reichweite des zuvor nach Artt. 27–30, 33 ermittelten Vertragsstatuts: Alle vertragsrechtlichen Folgen sollen grundsätzlich dem gewählten oder kraft objektiver Anknüpfung anwendbaren Recht unterstehen. Dabei ist die Geltung des Vertragsstatuts nicht auf die in Abs. 1 ausdrücklich genannten Punkte beschränkt, sondern die dortige Aufzählung nur beispielhaft („insbesondere").[1] Angestrebt wird eine einheitliche Anknüpfung sämtlicher Wirkungen des Vertrags (einheitliches Vertragsstatut).[2] Dass die Wirksamkeit und das Zustandekommen des Vertrages ebenfalls dem Vertragsstatut unterliegen, ergibt sich allerdings nicht aus Art. 32, sondern Art. 31 Abs. 1. Beide Normen ergänzen sich und garantieren erst in ihrer Gesamtheit einen maximalen Umfang der Verweisung. Abs. 3 bezieht auch bestimmte Aspekte des materiellen Beweisrechts in das Vertragsstatut mit ein, während Abs. 2 den Grundsatz der Einheitlichkeit des Vertragsstatuts für Erfüllungsmodalitäten durch das Gebot der Berücksichtigung des Rechts des Erfüllungsorts durchbricht. **2**

Zweck der einheitlichen Anknüpfung ist es, Wertungswidersprüche und Angleichungsschwierigkeiten, die sich aus der Anwendung verschiedener Rechtsordnungen ergeben können, weitestgehend zu vermeiden.[3] Eine parteiautonome Aufspaltung des Vertrags wird den Parteien freilich nicht verwehrt. Wollen sie bestimmte Teilfragen des Vertrages einem anderen als dem eigentlich anwendbaren Recht unterstellen (Art. 27 Abs. 1 S. 3), werden sie hieran durch den insoweit dispositiven Art. 32 nicht gehindert. Zu einer **Vertragsspaltung** kann es außerdem kraft objektiver Anknüpfung kommen (Art. 28 Abs. 1 S. 2). Weiterhin zu beachten sind Artt. 27 Abs. 3, 29 Abs. 1, 29a, 30 Abs. 1. Ordnen sie die Anwendung bestimmter zwingender Bestimmungen an, genießen diese unter den dort aufgeführten Voraussetzungen auch dann gegenüber dem Vertragsstatut Vorrang, wenn ihr Regelungsbereich zu den von Art. 32 erfassten Materien zählt. Gleiches gilt für Sonderanknüpfungen nach Art. 34, die ebenfalls die durch Art. 32 berufenen Regelungen verdrängen. Eine gewisse Aufweichung erfährt die Einheitlichkeit des Vertragsstatuts schließlich durch die von Abs. 2 vorgesehene „Berücksichtigung" des Rechts des Staates, in dem erfüllt werden soll. **3**

---

1 Bericht *Giuliano/Lagarde*, BT-Drucks 10/503, S. 64.
2 Staudinger/*Magnus*, Art. 32 EGBGB Rn 21.

3 Bamberger/Roth/*Spickhoff*, Art. 32 EGBGB Rn 1; Soergel/*v. Hoffmann*, Art. 32 EGBGB Rn 1; Staudinger/*Magnus*, Art. 32 EGBGB Rn 21.

B. Regelungsgehalt

I. Geltung allgemeiner Regelungen

4   Rück- und Weiterverweisungen sind nach Art. 35 Abs. 1 ausgeschlossen. Verstöße gegen den *ordre public* (Art. 6) kommen zwar grundsätzlich in Betracht, sind aber äußerst selten. Von einer *ordre-public*-Widrigkeit wurde etwa bei einer Unverjährbarkeit von Ansprüchen ausgegangen.[4] Auch zu kurze oder zu lange Verjährungsfristen sollen zu einem *ordre-public*-Verstoß führen können.[5] Indes ist hier Zurückhaltung geboten, da auch das deutsche Recht unverjährbare Ansprüche kennt.

II. Verhältnis zu anderen Vorschriften

5   Form, Rechts- und Geschäftsfähigkeit sind selbständig anzuknüpfende Vorfragen und unterliegen daher nicht dem Vertragsstatut. Zustandekommen und Wirksamkeit des Vertrages werden durch Art. 31 geregelt, der Art. 32 insoweit vorgeht.

III. Geltungsbereich des Vertragsstatuts

6   **1. Auslegung des Vertrages (Abs. 1 Nr. 1).** Das Vertragsstatut entscheidet darüber, ob und wie der Vertrag auszulegen ist. Die *lex causae* gibt also die Auslegungsregeln an die Hand,[6] mögen sie allgemeiner oder auch spezieller Natur sein, weil sie z.B. nur für bestimmte Personengruppen (etwa Kaufleute) gelten.[7] Nicht in den Anwendungsbereich des Abs. 1 Nr. 1 fällt hingegen die Auslegung der von den Parteien abgegeben Willenserklärungen daraufhin, ob ein Vertrag zustande gekommen ist; denn diese Frage regelt bereits Art. 31. Zwar ordnet Art. 31 Abs. 1 ebenfalls die Geltung der *lex causae* an, doch kann gem. Art. 31 Abs. 2 unter Umständen eine Sonderanknüpfung an das Recht des gewöhnlichen Aufenthalts möglich sein (vgl. Art. 31 EGBGB Rn 23 ff.).

7   Nach dem Vertragsstatut richtet sich nicht nur die Auslegung des Vertrages, sondern ebenso von einseitigen Verpflichtungserklärungen,[8] von mit dem Vertrag in Zusammenhang stehenden rechtsgeschäftlichen Erklärungen sowie die Beantwortung der Frage, ob und inwieweit Parteiverhalten ein für die Bestimmung des Vertragsinhalts relevanter Erklärungswert zukommt.[9]

8   Den Parteien steht es frei, den Vertrag einem eigenen, vom Vertragsstatut abweichenden Auslegungsstatut zu unterstellen.[10] Dies geschieht mitunter mittels sog. *„construction clauses"*, die allerdings häufig zugleich als ausdrückliche Rechtswahl verstanden[11] oder als gewichtiges Indiz für eine schlüssige Rechtswahl gewertet werden (vgl. Art. 27 EGBGB Rn 43).[12] Für ein selbständiges Auslegungsstatut bedarf es daher zugleich der Vereinbarung eines hiervon abweichenden Vertragsstatuts.

9   Die Auslegung kann sich zum einen nach gesetzlich festgelegten Auslegungsregeln des Vertragsstatuts richten (wie z.B. §§ 133, 157 BGB), aber auch, sofern die *lex causae* dies zulässt, auf Erklärungssitten rekurrieren, nach denen bestimmten Wendungen üblicherweise oder in den jeweiligen Verkehrskreisen ein bestimmter Bedeutungsgehalt zukommt. Musterbeispiele hierfür sind Formulierungen wie „freibleibend" oder den Incoterms entnommene Klauseln wie „cif" oder „fob".[13] Das Vertragsstatut regelt außerdem, ob und inwieweit eine ergänzende Vertragsauslegung zulässig ist.[14]

10   Wird eine **andere Sprache** oder werden **Begriffe aus anderen Rechtsordnung** als der des Vertragsstatuts verwendet, ist bei der Auslegung die Bedeutung des Begriff im Herkunftsland zu berücksichtigen,[15] sofern die Parteien diesem nicht ausnahmsweise übereinstimmend einen hiervon abweichenden Bedeutungsgehalt

---

4   RGZ 106, 82, 84; 151, 193, 201; *Looschelders*, Art. 32 Rn 4.
5   OLG München HRR 1938 Nr. 1020; MüKo/*Spellenberg*, Art. 32 EGBGB Rn 75.
6   OLG München RIW 1990, 585, 586; AG Langenfeld NJW-RR 1998, 1524, 1525; Erman/*Hohloch*, Art. 32 EGBGB Rn 6.
7   MüKo/*Spellenberg*, Art. 32 EGBGB Rn 12.
8   BGH RIW 1981, 194; Staudinger/*Magnus*, Art. 32 EGBGB Rn 26; Bamberger/Roth/*Spickhoff*, Art. 32 EGBGB Rn 4; MüKo/*Spellenberg*, Art. 32 EGBGB Rn 13.
9   Staudinger/*Magnus*, Art. 32 EGBGB Rn 26.
10   Staudinger/*Magnus*, Art. 32 EGBGB Rn 25.
11   Vgl. z.B. OLG München IPRax 1989, 42; MüKo/*Martiny*, Art. 27 EGBGB Rn 45; *Schröder*, IPrax 1985, 131, 132.
12   LG München IPRax 1984, 318; Palandt/*Heldrich*, Art. 27 EGBGB Rn 6; Czernich/Heiss/*Heiss*, Art. 3 EVÜ Rn 7; Staudinger/*Magnus*, Art. 27 EGBGB Rn 76.
13   MüKo/*Spellenberg*, Art. 32 EGBGB Rn 10; *Looschelders*, Art. 32 Rn 6.
14   Bamberger/Roth/*Spickhoff*, Art. 32 EGBGB Rn 4; MüKo/*Spellenberg*, Art. 32 EGBGB Rn 9.
15   Vgl. z.B. RGZ 39, 65, 67; 71, 8, 11; 122, 233, 235; OLG Hamburg GRUR Int. 1990, 388, 389; VersR 1996, 229, 230; LG Hamburg MDR 1954, 422 f.; Erman/*Hohloch*, Art. 32 EGBGB Rn 6; MüKo/*Spellenberg*, Art. 32 EGBGB Rn 13; Bamberger/Roth/*Spickhoff*, Art. 32 EGBGB Rn 4; Staudinger/*Magnus*, Art. 32 EGBGB Rn 30; Palandt/*Heldrich*, Art. 32 EGBGB Rn 3; RGZ 39, 65, 67; 122, 233, 235.

beigemessen haben.[16] Nutzen die Parteien international gebräuchliche Klauseln, etwa der Incoterms, so ist der international gebräuchliche Sinn dieser Klauseln zu berücksichtigen.[17]

Nach welchem Recht sich die **Auslegung des Verweisungsvertrags** richtet, ist umstritten.[18] Nach z.T. vertretener Ansicht sollen stets die Auslegungsregeln des prospektiven Vertragsstatuts heranzuziehen sein,[19] nach anderer Ansicht allein die der *lex fori*.[20] Auch wenn Art. 27 Abs. 4 nur auf Art. 31, nicht aber auch auf Art. 32 verweist, sollte man zur Auslegung von Rechtswahlvereinbarungen grundsätzlich auf die *lex causae* abstellen, da sich nur so die einheitliche Anknüpfung von Haupt- und Verweisungsvertrag sicherstellen lässt. Eine Ausnahme ist nur insofern angezeigt, als es um die Beantwortung der Frage geht, ob überhaupt eine Rechtswahl getroffen und welches Recht gewählt wurde; denn in diesen Fällen läuft eine Auslegung nach der *lex causae* (welcher?) leer. Heranzuziehen sind die Regeln der *lex fori*.[21] Dabei kann freilich bei der Anwendung deutschen Rechts angesichts des einheitsrechtlichen Hintergrunds von Art. 27 nicht unbesehen auf deutsche Auslegungsregeln zurückgegriffen werden. Die Auslegungsmaßstäbe sind vielmehr autonom-rechtsvergleichend Artt. 27 ff. EGBGB bzw. Artt. 3 ff. EVÜ zu entnehmen.[22]

Die Auslegungsgrundsätze des ausländischen Rechts sind vom Gericht von Amts wegen zu ermitteln (§ 293 ZPO). Die Auslegung als solche ist tatrichterliche Aufgabe und nicht revisibel,[23] wohl aber die unterbliebene oder unzureichende Ermittlung der Auslegungsmethoden des ausländischen Vertragsstatuts.[24]

2. Erfüllung der vertraglichen Verpflichtungen (Abs. 1 Nr. 2). Das Vertragsstatut ist gem. Abs. 1 Nr. 2 weiterhin für die Erfüllung der durch den Vertrag begründeten Verpflichtungen maßgeblich. Mit Erfüllung ist dabei „die Gesamtheit der aus dem geltenden Recht oder aus dem Vertrag resultierenden Bedingungen [...], unter denen die für die jeweilige Verpflichtung charakteristische Leistung zu erbringen ist [...]", gemeint.[25] Das nach Artt. 27 ff. bestimmte Recht entscheide daher zunächst darüber, welche Hauptpflichten bestehen (sofern sich diese nicht bereits aus dem Vertrag selbst ergeben). Darüber hinaus befindet es über die Existenz und Reichweite vertraglicher Nebenpflichten.[26] Das können insbesondere Schutz- und Aufklärungspflichten sein, etwa aus § 241 Abs. 2 BGB. Daneben sind allgemeine Rechtsgrundsätze, wie z.B. der Grundsatz von Treu und Glauben (§ 242 BGB),[27] sowie etwaige Handelsbräuche[28] aus dem Vertragsstatut zu entnehmen. Das Vertragsstatut legt weiterhin fest, ob für bestimmte Verträge **handelsrechtliche Sondervorschriften** gelten.[29] Dabei ist allerdings zu beachten, dass nach zum Teil vertretener Ansicht die Kaufmannseigenschaft gesondert angeknüpft werden soll.[30] Dem ist freilich entgegenzuhalten, dass der Kaufmannsbegriff stets auf die Eigenheiten des jeweiligen Rechts zugeschnitten sowie mit jeweils ganz spezifischen Rechtsfolgen verbunden ist und sich daher einer eigenständigen, vom Hauptgeschäft gesonderten Anknüpfung entzieht. Maßgeblich muss das Wirkungs-, bei Verträgen also das Vertragsstatut sein.[31] Nur so lässt sich dem Umstand Rechnung tragen, dass zahlreiche Rechtsordnungen den Begriff des Kaufmanns nicht kennen.

Das nach Artt. 27 ff. ermittelte Recht ist weiterhin für die **Erfüllungsmodalitäten** maßgeblich, wobei jedoch nach Abs. 2 das Recht des Erfüllungsortes zu berücksichtigen ist (vgl. Rn 42 ff.). Das Vertragsstatut entschei-

---

16 OLG München TranspR 1993, 433; OLG Frankfurt IPRspr 2001 Nr. 23.
17 Erman/*Hohloch*, Art. 32 EGBGB Rn 6; Staudinger/*Magnus*, Art. 32 EGBGB Rn 31.
18 Offen gelassen von BGH JZ 2000, 1115, 1116.
19 *v. Bar*, IPR II (1991) Rn 539 Fn 596.
20 Bamberger/Roth/*Spickhoff*, Art. 32 EGBGB Rn 4; *E. Lorenz*, RIW 1992, 697.
21 RG IPRspr 1929 Nr. 35; Staudinger/*Magnus*, Art. 32 EGBGB Rn 28; MüKo/*Spellenberg*, Art. 32 EGBGB Rn 8; *v. Hoffmann*, IPR, § 10 Rn 31; Czernich/Heiss/*Czernich*, Art. 10 EVÜ Rn 10.
22 Staudinger/*Magnus*, Art. 32 EGBGB Rn 28; Reithmann/Martiny/*Martiny*, Rn 251.
23 Vgl. zur Auslegung ausländischer AGB BGH RIW 1995, 155, 156.
24 Vgl. z.B. BGH NJW 1987, 591; NJW-RR 1990, 248, 249.
25 Bericht *Giuliano/Lagarde*, BT-Drucks 10/503, S. 64.
26 BGH IPRspr 1962/63 Nr. 172; OLG Hamburg VersR 1983, 350, 351; Staudinger/*Magnus*, Art. 32 EGBGB Rn 40; MüKo/*Spellenberg*, Art. 32 EGBGB Rn 19; Soergel/*v. Hoffmann*, Art. 32 EGBGB Rn 24; *Looschelders*, Art. 32 Rn 9.
27 Staudinger/*Magnus*, Art. 32 EGBGB Rn 40; *Looschelders*, Art. 32 Rn 9.
28 Bamberger/Roth/*Spickhoff*, Art. 32 EGBGB Rn 5; Soergel/*v. Hoffmann*, Art. 32 EGBGB Rn 30; Staudinger/*Magnus*, Art. 32 EGBGB Rn 40. Die Frage der Kaufmannseigenschaft ist hingegen gesondert anzuknüpfen, vgl. die eben Genannten.
29 MüKo/*Spellenberg*, Art. 32 EGBGB Rn 17; Staudinger/*Magnus*, Art. 32 EGBGB Rn 40.
30 Für eine Anknüpfung an den Ort der gewerblichen Niederlassung etwa LG Hamburg IPRspr 1958/59 Nr. 22; *Hübner*, NJW 1980, 2606; MüKo/*Ebenroth*, 2. Aufl. 1990, nach Art. 10 (IntGesR), Rn 56; Staudinger/*Magnus*, Art. 32 EGBGB Rn 40.
31 Wie hier z.B. *Birk*, ZVglRWiss 79 (1980), 281; *Jayme*, ZHR 142 (1978), 105, 115 ff.; *Kaligin*, DB 1985, 1449, 1454; MüKo/*Kindler*, IntGesR, Rn 101 ff.; Staudinger/*Großfeld*, IntGesR, Rn 326; *Michalski/Leible*, GmbHG, 2002, Syst. Darst. Rn 102; *ders.*, in: Hirte/Bücker, Handbuch des grenzüberschreitenden Gesellschaftsrechts, 2005, § 10 Rn 51a.

det etwa darüber, wem gegenüber vertragliche Pflichten zu erfüllen sind, und damit insbesondere darüber, ob Dritte in die Leistungserbringung als Leistungsempfänger oder Leistende einbezogen[32] und wie Schuldner- und Gläubigermehrheiten zu behandeln sind,[33] sowie über die Haftung für Hilfspersonen.[34] Nach dem Vertragsstatut richten sich weiterhin die bei der Leistungserbringung zu beachtenden Sorgfaltsmaßstäbe,[35] die Leistungszeit sowie der Leistungs- und Erfüllungsort der vertraglichen Verpflichtungen,[36] die Einordnung als Hol-, Bring- oder Schickschuld,[37] der Übergang der Preis-, Sach- und Leistungsgefahr,[38] die Teilbarkeit der Schuld und ein Wahlrecht des Schuldners[39] sowie bei Geldleistungen die geschuldete und die zahlbare Währung.[40]

15 Ob eine vertragliche Verpflichtung abstrakt oder kausal ist, bestimmt das Vertragsstatut.[41] Darüber, ob dem Schuldvertrag auch eine dingliche Wirkung zukommt, entscheidet hingegen die *lex rei sitae*.[42]

16 **3. Folgen der Nichterfüllung der Vertragspflichten (Abs. 1 Nr. 3). a) Vollständige oder teilweise Nichterfüllung. aa) Grundsatz.** Dem Vertragsstatut unterliegen alle mit der vollständigen oder teilweisen Nichterfüllung von Vertragspflichten verbundenen Rechtsfolgen einschließlich der Schadensbemessung (vgl. zur Schadensbemessung aber auch Rn 22 f.). Entgegen dem insoweit missverständlichen Wortlaut der Nr. 3 unterfallen dem Vertragsstatut weiterhin die Voraussetzungen von Ansprüchen aus Vertragsverletzungen.[43]

17 **bb) Als Nichterfüllung zu qualifizierende Tatbestände.** Unter Nichterfüllung ist jedes vollständige Ausbleiben der nach dem Vertragsstatut geschuldeten Leistung sowie jede Abweichung der erbrachten von der vertraglich geschuldeten Leistung zu verstehen.[44] Dazu gehören vor allem die völlige Nichterfüllung, die verspätete Erfüllung[45] sowie die Schlechterfüllung der Hauptleistungs- sowie sonstiger vertraglicher Nebenpflichten.[46]

18 **cc) Anspruchsvoraussetzungen.** Nr. 3 erfasst nicht nur die Folgen, sondern ebenso die Voraussetzungen von Ansprüchen wegen Leistungsstörungen, so etwa die Unmöglichkeit der Leistung, die Ursächlichkeit eines bestimmten Verhaltens,[47] die Notwendigkeit eines spezifischen Gläubigerhandelns für die Auslösung von Rechtsfolge[48] (z.B. Mahnung zur Auslösung des Verzugs und daraus resultierender Schadensersatzansprüche;[49] Wahrnehmung einer Rügeobliegenheit; Nachfristsetzung; Klage auf Erfüllung), den Verzug und den Zeitpunkt seines Eintritts,[50] ein Verschulden des Schuldners[51] oder die Zurechnung des Verschuldens

---

32 Bamberger/Roth/*Spickhoff*, Art. 32 EGBGB Rn 5; MüKo/*Spellenberg*, Art. 32 EGBGB Rn 19, 20; Staudinger/*Magnus*, Art. 32 EGBGB Rn 37. Insb. zur Zulässigkeit der Leistung durch Dritte *Siehr*, AWD 1973, 569; 583; *W. Lorenz*, in: FS Zweigert 1981, S. 214. Zur Einbeziehung Dritter in den Schutzbereich eines Vertrage OLG Hamburg VersR 1983, 351. Zum Vertrag zugunsten Dritter vgl. OLG Hamburg IPRspr 1974, Nr. 39.
33 Erman/*Hohloch*, Art. 32 EGBGB Rn 7; *Stoll*, in: FS Müller-Freienfels 1986, S. 631, 646; *Looschelders*, Art. 32 Rn 10 (beide zur Schuldnermehrheit).
34 Bamberger/Roth/*Spickhoff*, Art. 32 EGBGB Rn 5; MüKo/*Spellenberg*, Art. 32 EGBGB Rn 20.
35 Bericht *Giuliano/Lagarde*, BT-Drucks 10/503, S. 65.
36 Bericht *Giuliano/Lagarde*, BT-Drucks 10/503, S. 65; Bamberger/Roth/*Spickhoff*, Art. 32 EGBGB Rn 5; MüKo/*Spellenberg*, Art. 32 EGBGB Rn 20; *v. Bar*, IPR II, Rn 541.
37 *v. Bar*, IPR II, Rn 541; Bamberger/Roth/*Spickhoff*, Art. 32 EGBGB Rn 5; Staudinger/*Magnus*, Art. 32 EGBGB Rn 36; Soergel/*v. Hoffmann*, Art. 32 EGBGB Rn 15.
38 Staudinger/*Magnus*, Art. 32 EGBGB Rn 36; Erman/*Hohloch*, Art. 32 EGBGB Rn 7.
39 Bericht *Giuliano/Lagarde*, BT-Drucks 10/503, S. 65.
40 BGH FamRZ 1987, 370, 371; OLG Hamm FamRZ 1991, 1320, 1321; Erman/*Hohloch*, Art. 32 EGBGB Rn 7; *Grunsky*, in: FS Merz 1992, S. 147, 149. Näher zu Währungsfragen, insb. zur Unterscheidung zwischen Schuld- und Zahlungswährung sowie zur Bedeutung des Währungsstatuts Staudinger/*Magnus*, Art. 32 EGBGB Rn 122 ff.
41 Soergel/*v. Hoffmann*, Art. 32 EGBGB Rn 30.
42 MüKo/*Spellenberg*, Art. 32 EGBGB Rn 15; *Looschelders*, Art. 32 Rn 9.
43 OLG Köln RIW 1993, 414, 415; Bamberger/Roth/*Spickhoff*, Art. 32 EGBGB Rn 6; Staudinger/*Magnus*, Art. 32 EGBGB Rn 44.
44 MüKo/*Spellenberg*, Art. 32 EGBGB Rn 26.
45 OLG Köln RIW 1993, 414, 415; 1996, 778, 779.
46 MüKo/*Spellenberg*, Art. 32 EGBGB Rn 26; Bamberger/Roth/*Spickhoff*, Art. 32 EGBGB Rn 7; ähnlich Staudinger/*Magnus*, Art. 32 EGBGB Rn 44; Erman/*Hohloch*, Art. 32 EGBGB Rn 9; vgl. auch BGHZ 123, 200, 207, zur Haftung aus positiver Vertragsverletzung nach altem Recht wegen falscher Auskunft über den Stand des Transports.
47 Staudinger/*Magnus*, Art. 32 EGBGB Rn 47.
48 MüKo/*Spellenberg*, Art. 32 EGBGB Rn 30.
49 Bericht *Giuliano/Lagarde*, BT-Drucks 10/503, S. 65.
50 OLG Köln RIW 1993, 414, 415.
51 MüKo/*Spellenberg*, Art. 32 EGBGB Rn 29; Staudinger/*Magnus*, Art. 32 EGBGB Rn 46; Soergel/*v. Hoffmann*, Art. 32 EGBGB Rn 35.

Dritter.[52] Inwieweit ein Mitverschulden des Anspruchstellers zu berücksichtigen ist, richtet sich gleichfalls nach dem Vertragsstatut,[53] ebenso die Möglichkeit von Haftungsausschlüssen.[54]

dd) Rechtsfolgen der Nichterfüllung. Nach dem Vertragsstatut sind die Folgen einer Nichterfüllung i.S.v. Nr. 3 zu beurteilen. Das kann jede Rechtsfolge sein, die das anwendbare Recht im Falle einer Leistungsstörung zulässt oder anordnet. In Betracht kommen etwa Leistungsverweigerungsrechte (wie z.B. die Einrede des nicht erfüllten Vertrags nach § 320 BGB oder das Zurückbehaltungsrecht nach § 273 BGB),[55] Rücktritts-,[56] Kündigungs-[57] und sonstige Rechte zur Vertragsaufhebung,[58] die Minderung,[59] Schadensersatzpflichten,[60] aber auch die Befreiung des Schuldners von seiner Vertragspflicht aufgrund höherer Gewalt bzw. Unzumutbarkeit (*hardship*, *force majeure*) oder Wegfalls der Geschäftsgrundlage.[61] Gestattet das anwendbare Recht eine Vertragsauflösung wegen Leistungsstörungen nur durch Richterspruch (vgl. z.B. Art. 1124 Abs. 3 span. Código Civil), ist jedes zuständige deutsche Gericht zum Erlass eines entsprechenden Gestaltungsurteils befugt.[62]

Das Vertragsstatut entscheidet weiterhin über die Wirkung von **Vertragsstrafen** oder **Schadenspauschalen**.[63] Auch die Wirksamkeit derartiger Abreden ist nach dem Vertragsstatut zu beurteilen (Art. 31 Abs. 1). Exorbitant hohe Vertragsstrafen können über den *ordre public* (Art. 6) korrigiert werden,[64] sofern nicht schon das Vertragsstatut eine richterliche Moderation zulässt.[65]

Das Vertragsstatut befindet über sonstigen Schadensersatz bei Nichterfüllung und damit auch über die Pflicht des Schuldners zur Zahlung von **Verzugszinsen**. Umstritten ist freilich, ob Gleiches auch für die geschuldete Zinshöhe gilt. Nach z.T vertretener Ansicht soll zur Bestimmung der Höhe von Verzugszinsen auf das Statut der vereinbarten Währung abgestellt werden, da der gesetzliche Zinssatz in Korrelation mit der Geldwertstabilität stehe und die Zinshöhe daher häufig unmittelbar mit der Stabilität der geschuldeten Währung zusammenhänge.[66] Indes ist zu bedenken, dass der gesetzliche Verzugszinssatz nicht primär dem Inflationsausgleich dient, sondern dem pauschalierten Ersatz entgangener Nutzungsmöglichkeiten. Eine Anknüpfung von Verzugszinsen an das Recht der geschuldeten Währung überzeugt daher ebenso wenig wie die Unterstellung von Prozesszinsen unter die *lex fori*.[67] In beiden Fällen handelt es sich ungeachtet ihrer gesetzlichen Anordnung um materiellrechtlich zu qualifizierende und aus dem Vertrag folgende Ansprüche, die dem Vertragsstatut zu unterwerfen sind.[68]

---

52 MüKo/*Spellenberg*, Art. 32 EGBGB Rn 29; Soergel/*v. Hoffmann*, Art. 32 EGBGB Rn 35; Erman/*Hohloch*, Art. 32 EGBGB Rn 9; Palandt/*Heldrich*, Art. 32 EGBGB Rn 5; Staudinger/*Magnus*, Art. 32 EGBGB Rn 48, *Looschelders*, Art. 32 Rn 15.

53 OLG Düsseldorf IPRspr 1970 Nr. 15; MüKo/*Spellenberg*, Art. 32 EGBGB Rn 29; Staudinger/*Magnus*, Art. 32 EGBGB Rn 48.

54 BGHZ 119, 153, 166 f.; OLG Hamburg IPRspr 1975 Nr. 27; Erman/*Hohloch*, Art. 32 EGBGB Rn 9; MüKo/*Spellenberg*, Art. 32 EGBGB Rn 29; Bamberger/Roth/*Spickhoff*, Art. 32 EGBGB Rn 7; Reithmann/Martiny/*Martiny*, Rn 266.

55 Bamberger/Roth/*Spickhoff*, Art. 32 EGBGB Rn 7; *Looschelders*, Art. 32 Rn 15.

56 Erman/*Hohloch*, Art. 32 EGBGB Rn 10; MüKo/*Spellenberg*, Art. 32 EGBGB Rn 31; Soergel/*v. Hoffmann*, Art. 32 EGBGB Rn 37; Staudinger/*Magnus*, Art. 32 EGBGB Rn 50; Reithmann/Martiny/*Martiny*, Rn 273; *v. Bar*, IPR II, Rn 546.

57 Staudinger/*Magnus*, Art. 32 EGBGB Rn 50.

58 LG Hamburg IPRspr 1974 Nr. 14; *Looschelders*, Art. 32 Rn 15.

59 *v. Bar*, IPR II, Rn 546.

60 BGH VersR 1976, 832, 833; OLG Hamm FamRZ 1994, 1259; Erman/*Hohloch*, Art. 32 EGBGB Rn 11; Soergel/*v. Hoffmann*, Art. 32 EGBGB Rn 38; Bamberger/Roth/*Spickhoff*, Art. 32 EGBGB Rn 7; MüKo/*Spellenberg*, Art. 32 EGBGB Rn 32.

61 Staudinger/*Magnus*, Art. 32 EGBGB Rn 54; Soergel/*v. Hoffmann*, Art. 32 EGBGB Rn 33; Erman/*Hohloch*, Art. 32 EGBGB Rn 10.

62 Vgl. z.B. OLG Celle RIW 1988, 137, 139; LG Freiburg IPRspr 1966/67 Nr. 34 A; LG Hamburg RIW 1975, 351, 352; 1977, 787, 789; LG Münster informationes 2000, 199, 200; MüKo/*Spellenberg*, Art. 32 EGBGB Rn 31.

63 Staudinger/*Magnus*, Art. 32 EGBGB Rn 53; Soergel/*v. Hoffmann*, Art. 32 EGBGB Rn 39; MüKo/*Spellenberg*, Art. 32 EGBGB Rn 41; *Looschelders*, Art. 32 Rn 16.

64 Staudinger/*Magnus*, Art. 32 EGBGB Rn 53; MüKo/*Spellenberg*, Art. 32 EGBGB Rn 41; näher *Berger*, RIW 1999, 401, 402.

65 Rechtsvergleichend zur richterlichen Herabsetzung von Vertragsstrafen etwa *Leible*, ZEuP 2000, 322.

66 Vgl. etwa OLG Frankfurt IPRspr 1999 Nr. 34; OLG Düsseldorf DB 1981, 1612 (zum EKG); *Grunsky*, in: FS Merz 1992, S. 147, 152; *Berger*, RabelsZ 61 (1997), 313, 326; Palandt/*Heldrich*, Art. 32 EGBGB Rn 5.

67 So aber LG Aschaffenburg IPRspr 1952/53 Nr. 38; LG Frankfurt RIW 1994, 778.

68 BGH WM 1964, 879, 881; OLG Bamberg RIW 1989, 221; OLG Köln RIW 1996, 778, 779; OLG Rostock IPRax 2000, 230, 231; MüKo/*Spellenberg*, Art. 32 EGBGB Rn 35 ff.; Erman/*Hohloch*, Art. 32 EGBGB Rn 12; Soergel/*v. Hoffmann*, Art. 32 EGBGB Rn 36; *Looschelders*, Art. 32 Rn 17; Reithmann/Martiny/*Martiny*, Rn 277 f.

22 **b) Schadensbemessung.** Gem. Nr. 3 ist das Vertragsstatut auch maßgebend für „die Schadensbemessung, soweit sie nach Rechtsvorschriften erfolgt, innerhalb der durch das deutsche Verfahrensrecht gezogenen Grenzen". Dabei handelt es sich um eine Kompromissformel, da die Zuweisung der Schadensbemessung bei den Verhandlungen des EVÜ Schwierigkeiten bereitete. Die Schadensbemessung wurde von einigen Verhandlungsdelegationen als Sachfrage angesehen, die nicht in das Übereinkommen mit einbezogen werden sollte.[69] Bei der Festsetzung der Höhe des Schadensersatzes sei jedes Gericht verpflichtet, den wirtschaftlichen und sozialen Gegebenheiten seines Staates Rechnung zu tragen. Zudem werde in einigen Staaten die Höhe des Schadensersatzes durch eine Jury festgelegt.[70] Dem hielt man entgegen, dass es in manchen Rechtsordnungen durchaus Regelungen zur Höhe des Schadensersatzes gebe und in einigen internationalen Übereinkommen auch Haftungshöchstgrenzen festgesetzt sind.[71] Auch der gefundene Kompromiss unterstellt jedenfalls das Ob und Wie der Schadensbemessung grundsätzlich der *lex causae*. Diese regelt insbesondere, welche Haftungshöchstgrenzen zu beachten sind, ob nur materielle oder auch immaterielle Schäden zu ersetzen sind und in welcher Form die Wiedergutmachung zu erfolgen hat (Naturalrestitution, Geldersatz usw.). Lediglich bei Tatsachenfeststellungen ist auf die *lex fori* zurückzugreifen. In Deutschland kann daher z.B. eine richterliche Schadensschätzung nach § 287 ZPO vorgenommen werden,[72] und zwar auch bei einem ausländischen Vertragsstatut.

23 Eine Begrenzung des Schadensersatzes der Höhe nach sieht Nr. 3 nicht vor. Der Zusatz kann insbesondere nicht gegen die Zuerkennung von Strafschadensersatz, d.h. vor allem *punitive damages* US-amerikanischen Rechts, ins Feld geführt werden. In derartigen Fällen bleibt nur ein Rückgriff auf den *ordre public* (Art. 6).[73]

24 **c) Culpa in contrahendo.** Probleme bereitet die Behandlung von Ansprüchen aus vorvertraglichem Verschulden, deren Qualifikation schon in den nationalen Rechten alles andere als einheitlich ist. Während z.B. in Deutschland und Österreich Ansprüche aus *culpa in contrahendo* vornehmlich vertragsrechtlich qualifiziert werden, dominiert vor allem in den romanischen Staaten eine deliktsrechtliche Einordnung.[74] Kollisionsrechtlich sollen nach zum Teil vertretener Auffassung Ansprüche aus jeglicher vorvertraglicher Pflichtverletzung als vertragsrechtlich,[75] nach anderer Ansicht als deliktsrechtlich zu behandeln sein.[76] Die deutsche Rechtsprechung tendiert zu einer vertragsrechtlichen Einordnung und stellt auf das Statut des angebahnten Vertrages ab.[77]

25 Zur Lösung des Problems ist zu differenzieren: Ansprüche aus c.i.c. sollte man nach Nr. 3 dem Vertragsstatut auf jeden Fall dann zuzuweisen, wenn es auch tatsächlich zum Vertragsabschluss gekommen ist. Fehlt es an einem Vertrag, wurden jedoch Auskunfts- und Aufklärungspflichten im Vorfeld eines Vertrages verletzt, bewegt sich die Haftung aus c.i.c. im quasivertraglichen Bereich, so dass eine Anknüpfung nach Abs. 1 Nr. 3 ebenfalls gerechtfertigt erscheint. Anzuwenden ist das Recht, das auf den Vertrag bei dessen Zustandekommen anzuwenden gewesen wäre. Dient die c.i.c. hingegen nur der „Lückenfüllung" im Deliktsrecht, so muss die Anknüpfung auch nach internationalem Deliktsrecht erfolgen.[78]

26 Zu bedenken ist freilich, dass der EuGH im europäischen Zivilprozessrecht eine vertragsrechtliche Qualifikation nur zulässt, wenn „irgendeine ... freiwillig eingegangene Verpflichtung bestanden" hat.[79] Folgt man dem auch für das Kollisionsrecht, kommt es bei Ansprüchen aus c.i.c. folglich immer auf das Bestehen eines Vertrages, mindestens aber einer einseitigen, willentlich eingegangenen Verpflichtung an. Ansprüche wegen vorvertraglicher Pflichtverletzungen unterstehen aber selbst in diesem Fall nur dem Vertragsstatut, wenn sie vertragsgegenstandsbezogen sind. Davon ist bei der Verletzung vorvertraglicher Aufklärungs- und Beratungspflichten, nicht aber von Schutz- oder Obhutspflichten auszugehen.[80]

27 **4. Erlöschen, Verjährung und Fristablauf (Abs. 1 Nr. 4). a) Erlöschen. aa) Allgemeines.** Das Vertragsstatut bestimmt über die verschiedenen Arten des Erlöschens einer Verpflichtung. Es legt zum einen

---

69 Bericht *Giuliano/Lagarde*, BT-Drucks 10/503, S. 65.
70 Ebenda.
71 Ebenda.
72 *Soergel/v. Hoffmann*, Art. 32 EGBGB Rn 38; *MüKo/Spellenberg*, Art. 32 EGBGB Rn 33; *Staudinger/Magnus*, Art. 32 EGBGB Rn 56.
73 Vgl. BGHZ 118, 312, 334 ff.; *Looschelders*, Art. 32 Rn 16.
74 Vgl. dazu m.w.N. *Mankowski*, IPRax 2003, 132 f.
75 OLG München IPRspr 1954/55 Nr 18 = BB 1955, 205; LG Hamburg/OLG Hamburg IPRspr 1976 Nr 125a, b; *Looschelders*, Art. 32 Rn 29.
76 RGZ 159, 33, 53; OLG München WM 1983, 1093, 1095.
77 Vgl. z.B. BGH NJW 1987, 1141; OLG Frankfurt IPRax 1986, 373, 377; LG Braunschweig IPRax 2002, 213, 215.
78 OLG München WM 1983, 1093, 1097; OLG Frankfurt IPRax 1986, 373, 378; *Bernstein*, RabelsZ 41 (1977), 281, 288 f.; *Canaris*, in: FS Larenz 1983, S. 27, 109; *Erman/Hohloch*, Art. 32 EGBGB Rn 21; *Kreuzer*, IPRax 1988, 16, 17; *Mankowski*, IPRax 2002, 257, 265; *Scheffler*, IPRax 1995, 20, 21; *Stoll*, in: FS Ferid 1988, S. 495, 505; *MüKo/Spellenberg*, Art. 32 EGBGB Rn 44, 46; *Thorn*, IPRax 2002, 349, 361.
79 EuGH Slg. 2002, I-7357 Rn 24 – Tacconi/Wagner.
80 *Rauscher/Leible*, Art. 5 Brüssel I-VO Rn 27.

fest, ob ein Anspruch überhaupt erlöschen kann, und determiniert zum anderen die konkreten Voraussetzungen des Erlöschens, wie etwa die Notwendigkeit bestimmter Handlungen oder Erklärungen des Schuldners.[81] Erlöschensgründe können z.B. Erfüllung, Hinterlegung, Verzicht, Kündigung, Erlass, Aufrechnung, aber auch Unmöglichkeit der Leistung, Tod einer Partei oder Vertragsaufhebung sein. Die Anfechtung des Vertrags führt zwar auch zu seiner Vernichtung, betrifft aber das Zustandekommen und unterfällt daher Art. 31.

Das Vertragsstatut entscheidet, **wann überhaupt** von einer **Erfüllung** ausgegangen werden kann, ob die Leistung an Erfüllung statt oder erfüllungshalber erbracht wurde, welche Folgen sich hieraus für das Vertragsverhältnis ergeben usw.[82] Auch die Kündigung eines Vertrages unterliegt grundsätzlich dem Vertragsstatut.[83] Dieses bestimmt weiterhin, ob und unter welchen Voraussetzungen der Schuldner aufgrund einer Hinterlegung von seinen Leistungspflichten befreit wird.[84] Das Recht des Hinterlegungsortes ist allein für die für eine wirksame Hinterlegung beachtlichen Voraussetzungen maßgeblich.

Vereinbarungen der Parteien über das **Erlöschen oder die Abänderung vertraglicher Ansprüche**, wie Erlass, Stundung, Novation, Vergleich oder Vertragsaufhebung, sind grundsätzlich kollisionsrechtlich eigenständige Verträge und als solche gesondert anzuknüpfen. Das Statut des Haupt- und das des Aufhebungs- oder Änderungsvertrags können durchaus verschieden sein. Haben die Parteien allerdings keine ausdrückliche Rechtswahl getroffen, folgt das beendende oder ändernde Rechtsgeschäft freilich meist dem Hauptvertrag, unterliegt also ebenfalls dem Vertragsstatut.[85]

bb) Aufrechnung. Die (einseitige)[86] Aufrechnung wird von Nr. 4 nicht ausdrücklich erwähnt, doch handelt es sich auch bei ihr um einen Erlöschensgrund, der materiellrechtlich zu qualifizieren ist[87] und von Nr. 4 erfasst wird.[88] Das gilt zumindest dann, wenn Vertragsstatut der Haupt- und der Gegenforderung identisch sind.[89] Nach zum Teil vertretener Ansicht soll Nr. 4 hingegen nicht heranzuziehen sein, wenn Haupt- und Gegenforderung verschiedenen Rechten unterliegen; zu entscheiden sei dann nach autonomem Kollisionsrecht.[90] Nach wieder anderer Ansicht ist alternativ anzuknüpfen.[91] Die h.M. geht indes zu Recht davon aus, dass Nr. 4 auch den Fall der einseitigen Aufrechnung regelt, und weist die Gegenforderung dem Statut der Hauptforderung zu;[92] denn durch die Aufrechnung soll die Hauptforderung zum Erlöschen gebracht und damit die Wirkung des Vertrages, zu dem die Hauptforderung gehört, beendet werden.[93] Der Meinungsstand ist in Europa freilich nicht einhellig. So wird vor allem in Frankreich die Aufrechnung generell kumulativ dem Recht der Haupt- und der Gegenforderung und die gerichtliche Aufrechnung der *lex fori* unterstellt.[94] Auch der EuGH scheint dies so zu sehen.[95]

Probleme kann die Aufrechnung bei Anwendbarkeit deutschen Sachrechts bereiten, sofern **Haupt- und Gegenforderung in unterschiedlichen Währungen** zu erfüllen sind. Vor allem nach Auffassung der Recht-

---

81 OLG Bamberg RIW 1989, 221, 225.
82 Staudinger/*Magnus*, Art. 32 EGBGB Rn 59.
83 BGH FamRZ 1997, 547, 548; OLG Hamburg GRUR Int. 1998, 431, 432, 435 f.; OLG München IPRspr 1981 Nr. 13; LG München I IPRspr 1964/65 Nr. 43.
84 MüKo/*Spellenberg*, Art. 32 EGBGB Rn 58; Staudinger/*Magnus*, Art. 32 EGBGB Rn 67.
85 Vgl. z.B. OLG Karlsruhe NJW-RR 1989, 367, 368; OLG Bamberg RIW 1989, 221; OLG Hamm RIW 1999, 621, 622.
86 Zur vertraglichen Aufrechnung vgl. *Berger*, Der Aufrechnungsvertrag, 1996, S. 121 ff.; *Gebauer*, IPRax 1998, 79; *Kannengießer*, S. 132 ff.; *Magnus*, in: Leible (Hrsg.), Das Grünbuch zum Internationalen Vertragsrecht, 2004, S. 209, 224 f.
87 Das gilt auch dann, wenn sie das Vertragsstatut prozessrechtlich qualifiziert, vgl. z.B. LG München I IPRax 1996, 31, 33; Palandt/*Heldrich*, Art. 32 EGBGB Rn 6; Erman/*Hohloch*, Art. 32 EGBGB Rn 13; MüKo/*Spellenberg*, Art. 32 EGBGB Rn 51; Bamberger/Roth/*Spickhoff*, Art. 32 EGBGB Rn 10.
88 BGH NJW 1994, 1416; Staudinger/*Magnus*, Art. 32 EGBGB Rn 65; Bamberger/Roth/*Spickhoff*, Art. 32 EGBGB Rn 13; MüKo/*Spellenberg*, Art. 32 EGBGB Rn 54; Soergel/*v. Hoffmann*, Art. 32 EGBGB Rn 54; MüKo/*Spellenberg*, Art. 32 EGBGB Rn 51.
89 OLG Hamm RIW 1996, 689, 690; OLG Stuttgart RIW 1995, 943, 944; LG München I RIW 1996, 688, 689.
90 Soergel/*v. Hoffmann*, Art. 32 EGBGB Rn 49; *Lagarde*, Rev. crit. dr. int. pr. 1991, 287, 334 f.
91 Vgl. *Kannengießer*, S. 117 ff.
92 BGH IPRax 1994, 366; OLG Düsseldorf RIW 1995, 53, 55; OLG Koblenz RIW 1987, 629, 630 f.; 1992, 59, 61; 1993, 934, 937; OLG München RIW 1998, 559, 560; OLG Stuttgart RIW 1995, 943, 944; LG München I RIW 1996, 688, 689; LG Duisburg RIW 1996, 774, 776; ältere Rechtsprechungsnachweise bei *Kannengießer*, S. 100 in Fn 53; Bamberger/Roth/*Spickhoff*, Art. 32 EGBGB Rn 10; Staudinger/*Magnus*, Art. 32 EGBGB Rn 61 m.w.N. aus der Lit.
93 Staudinger/*Magnus*, Art. 32 EGBGB Rn 62; *Dicey/Morris*, Conflict of Laws, 13. Aufl. 2003, Rn 32–305.
94 Vgl. *Batiffol/Lagarde*, Droit international privé, Bd. II, 7. Aufl. 1983, Nr. 614; *Mayer*, Droit international privé, 6. Aufl. 1998, Nr. 749, Nr. 749. Zu Spanien vgl. *Calvo Caravaca/Carrascosa González* (Hrsg.), Derecho Internacional Privado, Bd. II, 4. Aufl. 2004, S. 548. Rechtsvergleichend außerdem *Kannengießer*, S. 105 ff.
95 Vgl. EuGH, Slg. 2003, I-7617 Rn 61 – Kommission/CCRE, allerdings ohne näher auf das EVÜ einzugehen.

sprechung soll es in diesem Fall stets[96] oder jedenfalls dann, wenn die Parteien für die Gegenforderung eine echte oder effektive Valutaschuld vereinbart haben (§ 244 BGB),[97] an der von § 387 BGB vorausgesetzten Gleichartigkeit fehlen. Überzeugender ist es jedoch, eine Aufrechnung mit Fremdwährungsschulden immer dann zuzulassen, wenn beide Währungen frei konvertierbar sind[98] und die Parteien kein Aufrechnungsverbot vereinbart haben.[99]

32 Ob im **Prozess** aufgerechnet werden darf, ist angesichts der Doppelnatur der entsprechenden Erklärungen nach der *lex fori*, also nach deutschem Verfahrensrecht zu beurteilen.[100] Nach Auffassung des BGH können deutsche Gerichte über Gegenforderungen allerdings nur dann entscheiden, wenn sie auch für diese international zuständig sind.[101] Nach Ansicht des EuGH handelt es sich bei der Aufrechnung indes um ein reines Verteidigungsmittel, weshalb die Aufrechnung nicht in den Anwendungsbereich des Art. 6 Nr. 3 EuGVVO fällt, sondern Bestandteil des vom Kläger in Gang gesetzten Verfahrens ist, das durch die Vorschriften des nationalen Rechts gestaltet wird.[102] Folglich bestimmen allein die nationalen Rechtsordnungen, welche Voraussetzungen für die Aufrechnung gelten. Nach zwar umstrittener, aber zutreffender Ansicht sind damit nur nach materiellem Recht bestehende Zulässigkeitsvoraussetzungen gemeint (wie z.B. § 387 BGB), da die EuGVVO die prozessualen Zuständigkeitsvoraussetzungen abschließend regelt. Im Anwendungsbereich der EuGVVO lässt sich das Zuständigkeitserfordernis folglich nicht mehr aufrechterhalten.[103] Darüber hinaus sprechen gute Gründe dafür, auch bei alleiniger Geltung der ZPO darauf zu verzichten.[104]

33 Über die Zulässigkeit der Aufrechnung nach Eröffnung eines Insolvenzverfahrens entscheidet das Insolvenzstatut.[105] Art. 4 Abs. 2 lit. d EuInsVO verweist für „die Voraussetzungen für die Wirksamkeit einer Aufrechnung" ausdrücklich auf das Recht des Staates, in dem das Insolvenzverfahren eröffnet wurde. Ob damit nur die spezifischen insolvenzrechtlichen Wirkungen der Aufrechnung gemeint sind, also vor allem die Frage, ob die Aufrechnung trotz der Insolvenz des Gläubigers der Hauptforderung noch zulässig ist,[106] oder sich sowohl die insolvenz- als auch die zivilrechtlichen Voraussetzungen der Aufrechnung nach dem Insolvenzstatut richten,[107] ist umstritten. Ergänzt wird die Vorschrift durch Art. 6 Abs. 1 EuInsVO, der eine Aufrechnung mit vor Insolvenzeröffnung entstandenen Forderungen auch dann zulässt, wenn das Statut der Hauptforderung – allerdings unter Einschluss etwaiger insolvenzrechtlicher Modifikationen[108] – sie gestattet. Zum autonomen internationalen Insolvenzrecht vgl. § 338 InsO.

34 **b) Verjährung und Fristablauf.** Gem. Abs. 1 Nr. 4 unterliegen weiterhin die Verjährung vertraglicher Ansprüche sowie die Folgen eines Fristablaufs dem Vertragsstatut.[109] Angesichts der Entscheidung, die Verjährung der *lex causae* zu unterstellen, ist diese materiellrechtlich zu qualifizieren,[110] mag sie auch in einigen Staaten prozessrechtlich ausgestaltet sein. Ausländische Verjährungsregeln gelangen folglich

---

96 RGZ 106, 99; KG NJW 1988, 2181; OLG Hamm NJW-RR 1999, 1736.
97 BGH IPRax 1994, 366.
98 So z.B. OLG Koblenz RIW 1992, 59, 61; *v. Hoffmann*, IPRax 1981, 155, 156; Soergel/*v. Hoffmann*, Art. 32 EGBGB Rn 55; *Vorpeil*, RIW 1993, 529, 532 ff.
99 *Magnus*, in: Leible (Hrsg.), Das Grünbuch zum Internationalen Vertragsrecht, 2004, S. 209, 229.
100 BGHZ 38, 254, 258; 60, 85, 87; MüKo/*Spellenberg*, Art. 32 EGBGB Rn 55; Bamberger/Roth/*Spickhoff*, Art. 32 EGBGB Rn 10; *Looschelders*, Art. 32 Rn 21.
101 BGH NJW 1993, 2753.
102 EuGH Slg. 1995, I-2053 Rn 13 – Danvern Production/Schuhfabriken Otterbeck.
103 LG Köln RIW 1997, 956; *Gebauer*, IPRax 1998, 79, 85; *Kannengießer*, S. 181 ff.; Rauscher/*Leible*, Art. 6 Brüssel I-VO Rn 32; *Mankowski*, ZZP 109 (1996), 376, 394; *Roth*, RIW 1999, 819; a.A. *Coester-Waltjen*, in: FS Lüke 1997, S. 35, 46 f.; *Jayme/Kohler*, IPRax 1995, 343, 349; *Wagner*, IPRax 1999, 65, 71 f. und 76; offen gelassen in BGH NJW 2002, 2183, 2184.
104 *Coester-Waltjen*, in: FS Lüke 1997, S. 35, 48; *Gebauer*, IPRax 1998, 79, 85; *Kannengießer*, S. 184 ff.; Rauscher/*Leible*, Art. 6 Brüssel I-VO Rn 32; *Roth*, RIW 1999, 819.
105 BGHZ 95, 256, 273.
106 So z.B. *Bork*, ZIP 2002, 690; *Kolmann*, EuLF 2002, 167, 175; *ders.*, Kooperationsmodelle im Internationalen Insolvenzrecht, 2001, S. 310 f.; *Magnus*, in: Leible (Hrsg.), Das Grünbuch zum Internationalen Vertragsrecht, 2004, S. 209, 227; *von Wilmowsky*, KTS 1998, 343, 357 ff.
107 So etwa *Balz*, ZIP 1996, 948, 950; *Eidenmüller*, IPRax 2001, 2, 6 (in Fn 33); *Gottwald*, Grenzüberschreitende Insolvenzen, 1997, S. 36; *Huber*, ZZP 114 (2001), 133, 161; *Kannengießer*, S. 101; *Leible/Staudinger*, KTS 2000, 533, 555; *Smid*, Deutsches und europäisches Internationales Insolvenzrecht, 2004, Art. 4 EuInsVO Rn 13; *Taupitz*, ZZP 111 (1998), 315, 343 f.
108 *Leible/Staudinger*, KTS 2000, 533, 555.
109 Die Verjährung von Forderungen aus Wechsel oder Scheck richtet sich hingegen gem. Art. 93 Abs. 2 WG bzw. Art. 63 ScheckG nach dem Recht des Unterzeichnungsortes, vgl. BGH, IPRax 1995, 110, 111; vgl. außerdem OLG Saarbrücken WM 1998, 2465, 2467; *Looschelders*, Art. 32 Rn 23.
110 Anders noch RGZ 7, 21, 23 f.; 24, 383, 392, das danach qualifizierte, ob die Verjährung ihre Regelung im Sach- oder Prozessrecht gefunden hat.

über Nr. 4 auch dann zur Anwendung, wenn das Vertragsstatut sie prozessual qualifizieren sollte.[111] Die Maßgeblichkeit des Vertragsstatuts ist für Deutschland[112] und Kontinentaleuropa[113] nicht neu, da hier schon lange auf das das Vertragsverhältnis beherrschende Recht abgestellt wurde, wohl aber für die Staaten des *common law*, die Fragen der Verjährung dem Prozessrecht und damit der *lex fori* zuordnen.[114]

Das Vertragsstatut regelt den Beginn, die Berechnung und den Ablauf der **Verjährungsfrist** sowie die Hemmung, Ablaufhemmung und den Neubeginn.[115] Sofern die *lex causae* bestimmten Ereignissen andere Auswirkungen auf die Verjährung zuschreibt, treten auch diese ein. Ist Einheitsrecht anwendbar, sind dessen Verjährungsbestimmungen heranzuziehen. Nur wenn es an Regelungen über die Verjährung fehlt und auch eine interne Lückenfüllung nicht möglich ist, kann auf nationales Recht zurückgegriffen werden.

Umstritten ist, ob bei Anwendung deutschen Sachrechts auch **ausländische Urteile oder Prozesshandlungen** zur Hemmung der Verjährung nach § 204 Abs. 1 BGB führen können. Das ist eine Frage der Substitution. Von der wohl h.M. wird für eine Hemmungswirkung bei ausländischen Urteilen eine positive Anerkennungsprognose,[116] bei der Klage gleichstehenden ausländischen Prozesshandlungen ihre Gleichwertigkeit mit Prozesshandlungen vor deutschen Gerichten verlangt.[117] Bedenklich daran ist freilich, dass dadurch eigentlich sachfremde prozessrechtliche Wertungen, insbesondere das Vergeltungsdenken des § 328 Abs. 1 Nr. 5 ZPO, in die Auslegung der materiellrechtlichen Norm des § 204 Abs. 1 BGB einfließen.[118] Es sollte genügen, dass eine wirksame Klage vorliegt, die i.S.d. § 328 Abs. 1 Nr. 2 ZPO, Art. 34 Nr. 2 EuGVVO ordnungsgemäß zugestellt wurde[119] und nicht *ordre-public*-widrig ist.[120]

Führt die Verwirkung eines vertraglichen Anspruchs zum Rechtsverlust, so sind deren Voraussetzungen und Rechtsfolgen ebenfalls dem Vertragsstatut zu entnehmen.[121] Nr. 4 unterstellt dem Vertragsstatut außerdem sonstige Rechtsverluste, die sich aus dem Ablauf einer Frist ergeben. Dazu zählt vor allem die Präklusion von Gestaltungs- oder Rügerechten, nicht jedoch Regeln über präkludiertes Vorbringen im Prozess oder die Folgen verspäteter Einlegung von Rechtsmitteln, die allein der *lex fori* zu entnehmen sind.[122]

5. Nichtigkeitsfolgen (Abs. 1 Nr. 5). Nr. 5 unterstellt die Folgen der Nichtigkeit eines Vertrages dem Vertragsstatut. Das ist nicht selbstverständlich, da viele der einschlägigen Tatbestände im deutschen Sachrecht bereicherungsrechtlich qualifiziert werden. Art. 22 Abs. 1 lit. b EVÜ räumt den Staaten daher die Möglichkeit ein, gegen Art. 10 Abs. 1 lit. e EVÜ einen Vorbehalt einzulegen. Hiervon haben jedoch nur Großbritannien und Italien, nicht aber Deutschland Gebrauch gemacht. Nr. 5 erfasst insbesondere die Rückabwicklung unwirksamer Verträge. Das ist an sich systemwidrig, da Rückabwicklungsansprüche gesetzliche und keine vertraglichen Ansprüche sind und daher grundsätzlich aus dem Anwendungsbereich des EVÜ herausfallen, aber gleichwohl sachgerecht; denn es vermeidet eine Rechtsspaltung zwischen Haupt- und bereicherungs-

---

111 Irrig noch RGZ 7, 21 im berühmten „Tennessee-Wechsel-Fall" mit der Folge, das dieser Wechsel „wie der zu ewiger Wanderung verurteilte Perserkönig Xerxes, der nicht sterben kann, ... durch die Jahrhunderte unverjährbar geistern (muss), selbst wenn er sowohl nach dem Recht des Zahlungsorts (lex causae) als auch nach dem Recht des Gerichtsorts (lex fori) bereits verjährt ist" (*Ferid*, Internationales Privatrecht, 2. Aufl. 1982, Rn 4–2).

112 Vgl. vor In-Kraft-Treten des IPRNG z.B. RGZ 145, 121, 126; BGH IPRspr 1952/53 Nr. 20; IPRspr 1956/57 Nr. 4; VersR 1958, 109; IPRspr 1958/59 Nr. 39, zugrunde liegendes Rechtsverhältnis ist maßgeblich.

113 Vgl. die Nachw. bei MüKo/*Spellenberg*, Art. 32 EGBGB Rn 65 in Fn 165.

114 *Morse*, YEBL 1982, 79, 155; *Edler*, RabelsZ 40 (1976), 43; rechtsvergleichend *Conrads*, Verjährung im englischen Recht, 1996. Allerdings ist auch hier ein schleichender Übergang zu einer materiellrechtlichen Qualifikation zu verzeichnen, vgl. z.B. den Foreign Limitation Periods Act 1984, besprochen in RabelsZ 49 (1985), 371.

115 OLG Köln RIW 1992, 1021, 1024; Bamberger/Roth/*Spickhoff*, Art. 32 EGBGB Rn 12 Soergel/*v. Hoffmann*, Art. 32 EGBGB Rn 42; Staudinger/*Magnus*, Art. 32 EGBGB Rn 68.

116 RGZ 129, 385, 389 f.; OLG Düsseldorf NJW 1978, 1752; LG Deggendorf IPRax 1983, 125, 126 (m. abl. Aufsatz *Frank*, S. 108); LG Duisburg IPRspr 1985 Nr. 43; Staudinger/*Magnus*, Art. 32 EGBGB Rn 69; Palandt/*Heldrich*, Art. 32 EGBGB Rn 6; Bamberger/Roth/*Spickhoff*, Art. 32 EGBGB Rn 12.

117 OLG Köln RIW 1980, 877; OLG Düsseldorf RIW 1989, 743. Zu ausländischen Beweissicherungsverfahren vgl. LG Hamburg IPRax 2001, 45, 46.

118 Zur Kritik vgl. z.B. *Frank*, IPRax 1983, 108; *Geimer*, IPRax 1984, 83; Soergel/*v. Hoffmann*, Art. 32 EGBGB Rn 46; *Linke*, in: FS Nagel 1987, S. 209, 226; *Schack*, RIW 1981, 301, 302 f.

119 Bamberger/Roth/*Henrich*, § 204 BGB Rn 20; MüKo/*Spellenberg*, Art. 32 EGBGB Rn 86.

120 *Schack*, Internationales Zivilverfahrensrecht, 3. Aufl. 2001, Rn 783; *ders.*, RIW 1981, 301; tendenziell auch Bamberger/Roth/*Spickhoff*, Art. 32 EGBGB Rn 12.

121 OLG Frankfurt RIW 1982, 914, 915; AG Traunstein IPRspr 1973 Nr. 13; *v. Bar*, IPR II, Rn 548; Staudinger/*Magnus*, Art. 32 EGBGB Rn 73; Reithmann/*Martiny*, Rn 319, Bamberger/Roth/*Spickhoff*, Art. 32 EGBGB Rn 14; anders *Will*, RabelsZ 42 (1978), 211, 217 ff.

122 MüKo/*Spellenberg*, Art. 32 EGBGB Rn 71; *Looschelders*, Art. 32 Rn 25.

rechtlichen Rückabwicklungsansprüchen und erlaubt es, den Vertrag „von der Wiege bis zum Grabe"[123] ein und derselben Rechtsordnung zuzuweisen.[124]

39 Nr. 5 setzt einen **nichtigen Vertrag** voraus. Über die Nichtigkeit des Vertrages entscheidet gem. Art. 31 Abs. 1 ebenfalls das Vertragsstatut (zu beachten bleiben allerdings staatliche Eingriffe, Verbote usw., vgl. Art. 31 EGBGB Rn 20). Worauf die Nichtigkeit beruht, ist für Nr. 5 jedoch unerheblich. Erfasst werden außerdem nicht nur nichtige, sondern ganz allgemein unwirksame Verträge. Als Folgen der Vertragsnichtigkeit sind z.B. Rückabwicklungsansprüche aus Bereicherungsrecht[125] sowie Haftungsansprüche,[126] etwa wegen Nichtigkeit des Vertrages durch Anfechtung, und die Folgen eines unwirksamen aber faktisch durchgeführten Arbeitsverhältnisses,[127] zu qualifizieren. Da der Begriff der Nichtigkeit nicht technisch zu verstehen ist, unterfallen Nr. 5 aber auch Rückabwicklungsansprüche, die sich aus dem Rücktritt vom Vertrag, seiner Wandlung, der Ausübung eines gesetzlichen Widerrufs- oder eines vertraglichen Rücktrittsrechts oder der Kündigung von Dauerschuldverhältnissen ergeben.[128] Nicht erfasst sind hingegen sonstige Bereicherungsansprüche oder Ansprüche aus Geschäftsführung ohne Auftrag, weil es hier an einem nichtigen oder unwirksamen Vertrag fehlt.[129] Sie sind nach Artt. 38, 39 anzuknüpfen.

40 Gegenüber der Vorschrift des Art. 38 Abs. 1 ist Abs. 1 Nr. 5 die speziellere Norm, so dass Abs. 1 Nr. 5 immer dann zur Anwendung kommt, wenn eine Leistung aufgrund eines vermeintlichen Vertrages erbracht wurde.[130] Praktische Bedeutung hat dies allerdings nur im Hinblick auf Art. 41.[131]

41 Die Folgen der Unwirksamkeit eines Rechtsgeschäfts aufgrund fehlender Geschäftsfähigkeit des Kontrahenten werden von der h.M. gem. Art. 7 gesondert angeknüpft.[132] Gleiches gilt für die Folgen der Nichtigkeit wegen Formmangels. Heranzuziehen ist entsprechend Art. 11 Abs. 1 dasjenige Recht, dass die Formunwirksamkeit mit den milderen Folgen verknüpft.[133] Für die Folgen fehlender Vertretungsmacht bleibt es hingegen – in Abweichung von der ansonsten von der h.M. vorgenommenen Sonderanknüpfung der Vollmacht (vgl. Anh. Art. 32 EGBGB Rn 2) – bei der Maßgeblichkeit des Vertragsstatuts.[134]

IV. Erfüllungsmodalitäten (Abs. 2)

42 **1. Grundsatz.** Nach Abs. 2 ist das Recht des Staates, in dem die Erfüllung erfolgt, zu berücksichtigen, wenn es um die Art und Weise der Erfüllung sowie um Maßnahmen des Gläubigers bei mangelhafter Erfüllung geht. Bedeutung erlangt Abs. 2 immer dann, wenn das Recht am Erfüllungsort für den äußeren Erfüllungsablauf andere Regeln vorsieht als das Vertragsstatut.[135] Ziel der Vorschrift ist es, in solchen Fällen Konflikte zwischen der *lex causae* und dem Recht am Ort der Leistungserbringung zu vermeiden. Maßgeblich ist der Ort, an dem tatsächlich erfüllt wurde; der rechtliche Erfüllungsort, der mit Hilfe des Vertragsstatuts ermittelt oder privatautonom vereinbart wurde, bleibt außer Betracht.[136]

43 **2. Art und Weise der Erfüllung.** Zur Art und Weise der Erfüllung gehören Regelungen über Feiertage und Öffnungszeiten sowie Höchstarbeitszeiten.[137] Weiter zählen dazu die kaufmännischen Untersuchungs- und Rügepflichten, die der Gläubiger bei mangelhafter Erfüllung einzuhalten hat.[138] Ist bei der Erfüllung oder bei Maßnahmen des Gläubigers wegen mangelhafter Erfüllung nach dem Vertragsstatut eine Mitwirkung einer Behörde oder ein besonderer Rechtsbehelf erforderlich und existiert die Behörde oder die Maßnahme im

---

123 *Kegel/Schurig*, § 17 VI 3 (S. 638).
124 Czernich/Heiss/*Czernich*, Art. 10 EVÜ Rn 37; Staudinger/*Magnus*, Art. 32 EGBGB Rn 76; näher *E. Lorenz*, in: FS Zweigert 1981, S. 199, 203.
125 BGHZ 73, 391, 393; BGH DtZ 1995, 250, 253; OLG Frankfurt WM 1996, 2107, 2109; OLG Köln NJW-RR 1994, 1026; OLG Hamm FamRZ 1994, 1259, 1260; LG Aachen RIW 1999, 304; *v. Bar*, IPR II, Rn 549; Staudinger/*Magnus*, Art. 32 EGBGB Rn 78; Bamberger/Roth/*Spickhoff*, Art. 32 EGBGB Rn 15.
126 Staudinger/*Magnus*, Art. 32 EGBGB Rn 78.
127 *v. Bar*, IPR II, Rn 549; Staudinger/*Magnus*, Art. 32 EGBGB Rn 78.
128 Czernich/Heiss/*Czernich*, Art. 10 EVÜ Rn 37.
129 Czernich/Heiss/*Czernich*, Art. 10 EVÜ Rn 39; a.A. zur GoA MüKo/*Spellenberg*, Art. 32 EGBGB Rn 109.
130 LG Bonn IPRax 2003, 65; Reithmann/Martiny/*Martiny*, Rn 363; Staudinger/*Magnus*, Art. 32 EGBGB Rn 76; Bamberger/Roth/*Spickhoff*, Art. 32 EGBGB Rn 16; a.A. *Busse*, RIW 1999, 16, 18.
131 Vgl. dazu *Junker*, RIW 2000, 241, 244.
132 *Baetge*, IPRax 1996, 185, 187; Erman/*Hohloch*, Art. 7 EGBGB Rn 14; Palandt/*Heldrich*, Art. 7 EGBGB Rn 5; *v. Bar*, IPR II, Rn 43; a.A. z.B.: OLG Düsseldorf NJW-RR 1995, 755, 756; MüKo/*Birk*, Art. 7 EGBGB Rn 34; MüKo/*Spellenberg*, Art. 32 EGBGB Rn 112.
133 MüKo/*Spellenberg*, Art. 32 EGBGB Rn 112.
134 Vgl. m.w.N. Bamberger/Roth/*Mäsch*, Art. 10 Anh. EGBGB Rn 17.
135 Staudinger/*Magnus*, Art. 32 EGBGB Rn 79.
136 Bamberger/Roth/*Spickhoff*, Art. 32 EGBGB Rn 17; Staudinger/*Magnus*, Art. 32 EGBGB Rn 82; MüKo/*Spellenberg*, Art. 32 EGBGB Rn 119.
137 Staudinger/*Magnus*, Art. 32 EGBGB Rn 84; Erman/*Hohloch*, Art. 32 EGBGB Rn 8; MüKo/*Spellenberg*, Art. 32 EGBGB Rn 122 (Feiertage); *Looschelders*, Art. 32 Rn 12.
138 *v. Bar*, IPR II, Rn 540.

Staat der tatsächlichen Erfüllung nicht, so ist im Wege der Angleichung ein anderer, nach dem Handlungsort möglicher Rechtsbehelf heranzuziehen.[139]

Vorschriften zur Preis-, Währungs- oder Devisenregulierung sowie Bewirtschaftungsmaßnahmen werden nicht von Abs. 2 erfasst.[140] Sie können aber über Art. 34 oder mittels einer Sonderanknüpfung ausländischen Eingriffsrechts zur Anwendung gelangen.[141] Ob es sich immerhin bei der Art der Zahlung, insbesondere der zu leistenden Währung, um eine Erfüllungsmodalität handelt, ist umstritten.[142] 44

3. Berücksichtigung. Das Recht am Ort der tatsächlichen Erfüllung ist nicht anzuwenden, sondern nur „zu berücksichtigen". Ihm soll also kein unbedingter Anwendungsvorrang eingeräumt werden.[143] Es liegt daher nach verbreiteter Ansicht im richterlichen Ermessen, darüber zu befinden, ob eine Anwendung des Erfüllungsortsrechts geboten erscheint.[144] Nach anderer Ansicht soll es sich hingegen gleichwohl um eine gebundene Entscheidung handeln und das Recht des Erfüllungsortes zwingend anzuwenden sein, sofern es andere Erfüllungsmodalitäten als die *lex causae* vorsieht.[145] Eine solch strikte Sicht vermag freilich die unterschiedliche Wortwahl (hier nur „berücksichtigen", dort aber „anwenden") nicht zu erklären. Das Gesetz erhebt zwar die „Berücksichtigung" bei Unterschiedlichkeit der Regeln der *lex causae* und am Erfüllungsort zur Pflicht, überlässt die Art und Weise, wie dies geschieht, aber dem Ermessen des Richters, der der Divergenz zwischen beiden Rechten z.B. mit einer Modifikation der Erfüllungsregeln des Vertragsstatuts Rechnung tragen kann.[146] 45

4. Abdingbarkeit. Abs. 2 ist abdingbar. Den Parteien steht es frei, im Wege der *dépeçage* (Art. 27 Abs. 1 S. 3) die Art und Weise der Erfüllung einer anderen Rechtsordnung als dem Vertragsstatut zu unterstellen.[147] Haben die Parteien hingegen schlicht ein bestimmtes Recht gewählt, ist Abs. 2 stets zu beachten. Nur bei Vorliegen besonderer Anhaltspunkte kann davon ausgegangen werden, dass damit zugleich das differierende Recht am Erfüllungsort ausgeschlossen werden sollte.[148] 46

C. Beweisfragen (Abs. 3)

I. Grundsatz

Abs. 3 S. 1 inkorporiert Art. 14 Abs. 1 EVÜ in deutsches Recht und regelt einige Fragen des Beweisrechts, indem es das für gesetzliche Vermutungen sowie die Beweislastverteilung maßgebliche Recht bestimmt. S. 1 ordnet für beide die Geltung des Vertragsstatuts an. Diese Bereiche sind daher als materielles und nicht als Verfahrensrecht zu qualifizieren.[149] In Deutschland wurde das freilich auch schon vor dem IPRNG so gesehen.[150] Die materiellrechtliche Qualifikation gilt selbst dann, wenn das ausländische Recht die Frage prozessual einordnet.[151] 47

Alle übrigen Beweisfragen unterliegen grundsätzlich dem Verfahrensrecht der *lex fori* (vgl. auch Art. 1 Abs. 2 lit. h EVÜ). Abs. 3 S. 2, der Art. 14 Abs. 2 EVÜ in deutsches Recht inkorporiert, erweitert jedoch die zur Verfügung stehenden Beweismittel: Für den Beweis eines Rechtsgeschäfts sind auch Beweismittel des Formstatuts zulässig, wenn das deutsche Verfahrensrecht dem nicht entgegensteht. 48

---

139 Soergel/*v. Hoffmann*, Art. 32 EGBGB Rn 69.
140 BT-Drucks 10/504, S. 20, 82.
141 Bamberger/Roth/*Spickhoff*, Art. 32 EGBGB Rn 17.
142 Für eine Einordnung der Zahlungs-, nicht aber der Schuldwährung als Erfüllungsmodalität etwa Staudinger/*Magnus*, Art. 32 EGBGB Rn 86; MüKo/ *Spellenberg*, Art. 32 EGBGB Rn 126; wohl auch Reithmann/Martiny/*Martiny*, Rn 305; Bamberger/ Roth/*Spickhoff*, Art. 32 EGBGB Rn 17; a.A. Soergel/ *v. Hoffmann*, Art. 32 EGBGB Rn 20 und 74.
143 Erman/*Hohloch*, Art. 32 EGBGB Rn 8.
144 Bericht *Giuliano/Lagarde*, BT-Drucks 10/503, S. 66; Czernich/Heiss/*Czernich*, Art. 10 EVÜ Rn 46; Erman/*Hohloch*, Art. 32 EGBGB Rn 8; Bamberger/ Roth/*Spickhoff*, Art. 32 EGBGB Rn 18; a.A. Soergel/ *v. Hoffmann*, Art. 32 EGBGB Rn 71.

145 Staudinger/*Magnus*, Art. 32 EGBGB Rn 93; Reithmann/Martiny/*Martiny*, Rn 306.
146 So z.B. MüKo/*Spellenberg*, Art. 32 EGBGB Rn 123; Bamberger/Roth/*Spickhoff*, Art. 32 EGBGB Rn 18; Soergel/*v. Hoffmann*, Art. 32 EGBGB Rn 75; *Looschelders*, Art. 32 Rn 13.
147 Staudinger/*Magnus*, Art. 32 EGBGB Rn 98; Reithmann/Martiny/*Martiny*, Rn 307; MüKo/ *Spellenberg*, Art. 32 EGBGB Rn 124; vgl. auch BGH IPRax 1981, 93, 94.
148 Ähnlich Staudinger/*Magnus*, Art. 32 EGBGB Rn 98.
149 Staudinger/*Magnus*, Art. 32 EGBGB Rn 99; MüKo/ *Spellenberg*, Art. 32 EGBGB Rn 130.
150 BGHZ 42, 385, 388.
151 MüKo/*Spellenberg*, Art. 32 EGBGB Rn 139.

II. Gesetzliche Vermutungen

49 Gesetzliche Vermutungen sind Regelungen, denen zufolge bestimmte Tatsachen unwiderleglich oder widerleglich, d.h. bis zum Beweis des Gegenteils oder auch nur bis zur Erschütterung der Wahrscheinlichkeit, als gegeben anzunehmen sind.[152] Sie tragen zur Präzisierung der Verpflichtungen der Parteien bei und lassen sich deshalb nicht von dem für den Vertrag maßgebenden Recht trennen.[153]

50 Zu den gesetzlichen Vermutungen zählen ausdrücklich so formulierte Normen des Vertragsrechts („Es wird vermutet, dass ...") – der Bericht von *Guiliano/Lagarde* nennt beispielhaft Art. 1731 des französischen C.c. – sowie gesetzliche Fiktionen („gilt als ..."), wie beispielsweise §§ 632 Abs. 2, 550 S. 1 BGB. Rein prozessuale Vermutungen, wie z.B. §§ 138 Abs. 3, 331 Abs. 1 S. 1 ZPO, werden von Art. 32 Abs 3 S. 1 nicht erfasst.[154]

III. Beweislast

51 Die Beweislast regelt, wer für eine streitige Tatsache Beweis antreten muss (subjektive Beweislast) und wer bei Unaufklärbarkeit einer entscheidungserheblichen Tatsache die Folge der Beweislosigkeit zu tragen hat (objektive Beweislast). Maßgeblich für beide Arten der Beweislast ist – ebenso wie für die mit der objektiven Beweislast deckungsgleiche Darlegungslast[155] – nach Abs. 3 S. 1 das Vertragsstatut.[156] Das Vertragsstatut entscheidet grundsätzlich auch über eine Umkehr der Beweislast,[157] sofern sie nicht der Sanktionierung prozessualer Pflichten dient. In letzterem Fall ist nicht die *lex causae*, sondern die *lex fori* maßgebend.[158]

52 Nicht nur die Verteilung der Beweislast, sondern auch die Folgen des unterbliebenen oder misslungenen Beweises unterliegen dem Vertragsstatut. Die Beweiswürdigung richtet sich hingegen nach den Regeln der *lex fori*.[159] Ob Gleiches auch für das Beweismaß, d.h. den für einen erfolgreichen Beweis erforderlichen Wahrscheinlichkeitsgrad gilt, ist umstritten.[160]

53 Daraus erklärt sich auch der Streit um die Einordnung des Anscheinsbeweises.[161] Für eine verfahrensrechtliche Qualifikation spricht die enge Verbindung des Anscheinsbeweises mit der Beweiswürdigung;[162] denn der Anscheinsbeweis ermöglicht einen vollen Beweis und schließt damit die Anwendung der nur bei einem „*non liquet*" greifenden Beweislastregeln aus.[163] Dagegen wird freilich eingewandt, der Anscheinsbeweis stehe der Beweislastverteilung nahe, weil er *de facto* eine Beweislastumkehr bewirke.[164] Der Richter müsse abstrakt und rechtssatzmäßig entscheiden, ob und wann ein bestimmtes Geschehen den Schluss auf weitere Tatsachen zulasse.[165] Der Anscheinsbeweis folge daher dem Vertragsstatut. Dem ist freilich entgegenzuhalten, dass mit dem Anscheinsbeweis keine Beweislast verteilt wird, sondern der Anscheinsbeweis für den Richter ein Mittel zur freien, am bestehenden Erfahrungswissen ausgerichteten Überzeugungsbildung und damit Teil der Beweiswürdigung ist, der als solcher der *lex fori* untersteht.[166]

IV. Beweismittel

54 Welche Beweismittel zulässig sind, entscheidet grundsätzlich deutsches Recht als *lex fori*.[167] Abs. 3 S. 2 lässt aber zusätzlich Beweismittel derjenigen Rechtsordnung zu, nach der der Vertrag formwirksam abgeschlossen wurde. Ziel dieser Vorschrift ist es, die Erwartung der Parteien zu schützen, dass sie einen formwirksamen Vertrag abgeschlossen haben. Würde das Formstatut etwa einen mündlich durch Zeugen geschlossenen Vertrag für wirksam erachten, die *lex fori* aber einen Urkundsbeweis fordern, würde das Vertrauen der Parteien in das Formstatut erschüttert.[168]

---

152 Bericht *Guiliano/Lagarde*, BT-Drucks 10/503, S. 68.
153 Ebenda.
154 Bericht *Guiliano/Lagarde*, BT-Drucks 10/503, S. 33, 68; Bamberger/Roth/*Spickhoff*, Art. 32 EGBGB Rn 20; Staudinger/*Magnus*, Art. 32 EGBGB Rn 100; MüKo/*Spellenberg*, Art. 32 EGBGB Rn 136; Erman/*Hohloch*, Art. 32 EGBGB Rn 17.
155 Vgl. BGH WM 1977, 793, 794.
156 *Giuliano/Lagarde*, BT-Drucks 10/503, S. 33, 69; Staudinger/*Magnus*, Art. 32 EGBGB Rn 102.
157 Staudinger/*Magnus*, Art. 32 EGBGB Rn 102.
158 *Linke*, Internationales Zivilprozessrecht, 3. Aufl. 2001, Rn 298; *Schack*, Internationales Zivilverfahrensrecht, 3. Aufl. 2002, Rn 675.
159 *Linke*, Internationales Zivilprozessrecht, 3. Aufl. 2001, Rn 303; *Schack*, Internationales Zivilverfahrensrecht, 3. Aufl. 2002, Rn 675.
160 Vgl. m.w.N. *Linke*, Internationales Zivilprozessrecht, 3. Aufl. 2001, Rn 303; *Schack*, Internationales Zivilverfahrensrecht, 3. Aufl. 2002, Rn 694 ff.
161 Für eine prozessuale Qualifikation z.B. Bamberger/Roth/*Spickhoff*, Art. 32 EGBGB Rn 22; Erman/*Hohloch*, Art. 32 EGBGB Rn 17; *v. Bar*, IPR II, Rn 552; materiellrechtlich qualifizieren *Coester-Waltjen*, Internationales Beweisrecht, 1983, S. 353 f.; *Looschelders*, Art. 32 EGBGB Rn 36; Reithmann/Martiny/*Martiny*, Rn 287; MüKo/*Spellenberg*, Art. 32 EGBGB Rn 134; Staudinger/*Magnus*, Art. 32 EGBGB Rn 106 f.; Soergel/*v. Hoffmann*, Art. 32 EGBGB Rn 77.
162 Bamberger/Roth/*Spickhoff*, Art. 32 EGBGB Rn 22.
163 *Schilken*, Zivilprozessrecht, 4. Aufl. 2002, Rn 494.
164 Soergel/*v. Hoffmann*, Art. 32 EGBGB Rn 77.
165 Staudinger/*Magnus*, Art. 32 EGBGB Rn 107.
166 Wie hier *v. Bar*, IPR II, Rn 552; Erman/*Hohloch*, Art. 32 EGBGB Rn 17; *Schack*, Internationales Zivilverfahrensrecht, 3. Aufl. 2002, Rn 694.
167 *Giuliano/Lagarde*, BT-Drucks 10/503, S. 33, 69.
168 *Giuliano/Lagarde*, BT-Drucks 10/503, S. 33, 69.

Auf die Beweismittel des Formstatuts kann nur zurückgegriffen werden, wenn dies mit den deutschen Verfahrensgrundsätzen vereinbar ist. Der deutsche Richter soll nicht gezwungen werden, Beweismittel anzuerkennen, die nach deutschem Verfahrensrecht unzulässig sind.[169] Ausgeschlossen bleibt daher z.B. der Beweis durch Vernehmung einer Partei als Zeuge. Auch die Beschränkung besonderer Verfahrensarten auf bestimmte Beweismittel (Bsp.: Urkundenprozess) kann nicht durch Abs. 3 überspielt werden. 55

Die Frage der Beweiskraft von Beweismitteln, insbesondere von ausländischen Urkunden,[170] unterliegt nicht Abs. 3, sondern richtet sich nach der *lex fori*.[171] Eine weitere Ausnahme zugunsten der *lex fori* wird bei der Eintragung von Rechten in öffentliche Register gemacht.[172] 56

Anhang zu Art. 32 EGBGB: Vollmachtsstatut

Literatur: *Ackmann*, Zur Geltung des „Wirkungsstatuts" im Fall des Handelns eines Vertreters von seiner ausländischen Niederlassung aus, IPRax 1991, 220; *v. Caemmerer*, Die Vollmacht für schuldrechtliche Geschäfte im deutschen internationalen Privatrecht, RabelsZ 24 (1959), 201; *Claßen*, Rechtswahl im internationalen Stellvertretungsrecht, 1998; *Ebenroth*, Kollisionsrechtliche Anknüpfung kaufmännischer Vollmachten, JZ 1983, 821; *Leible*, Vertretung ohne Vertretungsmacht, Genehmigung und Anscheinsvollmacht, IPRax 1998, 257; *Lüderitz*, Prinzipien im internationalen Vertretungsrecht, in: FS Coing, Bd. 2, 1982, S. 305; *Mankowski*, Internationalprivatrechtliche Aspekte der IoC-Problematik, TranspR 1991, 233; *Müller-Freienfels*, Vertretung beim Rechtsgeschäft, 1955; *Reithmann/Martiny*, Internationales Vertragsrecht, 6. Auflage 2004; *Ruthig*, Vollmacht und Rechtsschein im IPR, 1996; *Sandrock*, Handbuch der Internationalen Vertragsgestaltung, Bd. 2, 1980; *Schäfer*, Das Vollmachtsstatut im deutschen IPR – einige neuere Ansätze in kritischer Würdigung, RIW 1996, 189; *Spellenberg*, Geschäftsstatut und Vollmacht im IPR, 1979; *Steding*, Die Anknüpfung der Vollmacht im IPR, ZVglRWiss 86 (1987), 25.

A. Herleitung des Vollmachtsstatuts 1	c) Hauptgeschäftsbezogene Abweichungen 7
I. Allgemeines 1	B. Reichweite des Vollmachtsstatuts 8
II. Anknüpfung 2	I. Entstehen, Umfang und Beendigung der Vollmacht 8
1. Grundsatz 2	
2. Ermittlung des Wirkungslandes 3	II. Form der Vollmacht 11
3. Ausnahmen 4	III. Rechtsscheinsvollmacht 12
a) Rechtswahl 4	C. Eingreifen des Geschäftsstatuts 13
b) Vertreterbezogene Abweichungen . . . 5	D. Vertretung ohne Vertretungsmacht 14

A. Herleitung des Vollmachtsstatuts

I. Allgemeines

Das internationale Privatrecht der Vollmacht, d.h. der gewillkürten oder rechtsgeschäftlich erteilten Vertretungsmacht, ist **nicht kodifiziert**.[1] Art. 37 Nr. 3 (= Art. 1 Abs. 2 lit. f EVÜ) bestimmt ausdrücklich, dass die Vorschriften des internationalen Vertragsrechts nicht auf die Frage anzuwenden sind, ob ein Vertreter die Person, für deren Rechnung er zu handeln vorgibt, Dritten gegenüber verpflichten kann. Staatsvertragliche Regelungen, wie das Haager Übereinkommen über das auf die Stellvertretung anzuwendende Recht von 1978[2] oder das Genfer Übereinkommen über die Vertretung beim internationalen Warenkaufvertrag von 1983[3] entfalten gegenüber der Bundesrepublik Deutschland ebenfalls keine Geltung. Maßgeblich sind deshalb allein die in Rechtsprechung und Schrifttum entwickelten Grundsätze des autonomen Kollisionsrechts, 1

---

169 Soergel/*v. Hoffmann*, Art. 32 EGBGB Rn 79; MüKo/*Spellenberg*, Art. 32 EGBGB Rn 146; Staudinger/*Magnus*, Art. 32 EGBGB Rn 108; Erman/*Hohloch*, Art. 32 EGBGB Rn 18.

170 Dazu m.w.N. Staudinger/*Magnus*, Art. 32 EGBGB Rn 111 ff.

171 Reithmann/Martiny/*Martiny*, Rn 290; Bamberger/Roth/*Spickhoff*, Art. 32 EGBGB Rn 23.

172 Vgl. *Giuliano/Lagarde*, BT-Drucks 10/503, S. 33, 69; MüKo/*Spellenberg*, Art. 32 EGBGB Rn 147.

1 Das Rechtsanwendungsgesetz der DDR kannte demgegenüber in § 15 eine eigene Regelung zur Vollmacht, die für Altverträge von Bestand bleibt (Art. 236 § 1 EGBGB). Rechtsvergleichender Überblick bei Sandrock/*Müller*, § 14; *Ruthig*, S. 67 ff.; *Claßen*, S. 115 ff.; *Spellenberg*, S. 21 ff.; *Steding*, ZVglRWiss 86 (1987), 25, 32 ff.

2 *Freienfels*, RabelsZ 43 (1979), 80; *Basedow*, RabelsZ 81, 196. Das Übereinkommen wurde allerdings von Argentinien, Frankreich, den Niederlanden und Portugal gezeichnet und gilt dort als staatsvertragliche Kollisionsnorm für sämtliche Fälle mit Auslandsbezug (*loi uniforme*). Da ein *renvoi* bei der Ermittlung des Vollmachtsstatuts ausscheidet (vgl. Rn 1 a.E.), kommt dem Übereinkommen für den deutschen Rechtsanwender keine Bedeutung zu.

3 *Stöcker*, WM 1983, 778. Das Abkommen ist bislang in keinem Staat in Kraft getreten.

die im Wesentlichen darin übereinstimmen, die Vollmacht **selbständig anzuknüpfen**[4] – d.h. unabhängig vom Geschäftsstatut des Vertretergeschäfts[5] oder dem der Vertretung zugrunde liegenden Rechtsverhältnis (z.B. Dienst-, Geschäftsbesorgungs- oder Agenturvertrag).[6] Andernfalls hätten es Vollmachtgeber und Vertreter in der Hand, das Grundverhältnis und damit auch die Vollmacht einem Recht zu unterstellen, das der Drittkontrahent nicht kennt. Ebenso wenig wäre der Schutz des Vertretenen garantiert, wenn Vertreter und Geschäftspartner eine Rechtsordnung für das Hauptgeschäft auswählen und damit zugleich Voraussetzung und Reichweite der Vollmacht durch Festlegung des Geschäftsstatuts selbst bestimmen könnten. Um den mit der Sonderanknüpfung bezweckten Verkehrsschutz nicht zu unterlaufen, insbesondere den Vertretenen vor einem *renvoi* auf das Geschäftsstatut zu bewahren, sind etwaige **Rück- oder Weiterverweisungen** (Art. 4) für deutsche Gerichte **unbeachtlich**.[7]

II. Anknüpfung

1. Grundsatz. Rechtsprechung und herrschende Literatur bestimmen das Vollmachtsstatut im Grundsatz **objektiv** nach dem **Recht des Wirkungslandes**, also nach demjenigen Land, in dem von der Vollmacht Gebrauch gemacht wird.[8] Diese Aussage soll selbst dann gelten, wenn das Recht am Sitz des Vertretenen für den Drittkontrahenten günstiger wäre.[9] Das sog. Gebrauchs- oder Wirkungsstatut hat vor allem den Schutz des Drittkontrahenten im Auge, der sich bei der Prüfung der Wirksamkeit und des Umfangs der Vollmacht an das an seinem Wohnsitz- oder Niederlassungsstaat geltende materielle Vertretungsrecht verlassen können muss. Die im Schrifttum wiederholt erhobene Forderung, stattdessen allein vom Wohnsitzrecht des Vollmachtgebers auszugehen[10] oder diese Rechtsordnung zumindest kumulativ neben der des Wirkungslandes mit zu berücksichtigen,[11] wurde von deutschen Gerichten zu Recht nicht aufgegriffen, denn es ist gerade der Vollmachtgeber, der durch die Einschaltung eines Vertreters seinen Geschäftskreis erweitert und die Person des Vertreters auswählt. Die von Seiten der Rechtsprechung gewöhnlich verwendete Formel, wonach das Recht des Landes maßgeblich sei, in dem die Vollmacht (nach dem Willen des Vollmachtgebers) **ihre Wirkung entfalten soll**,[12] steht zu dieser Schutzrichtung nur scheinbar in Widerspruch. Tatsächlich darf aus Gründen des Verkehrsschutzes der Wille des Vollmachtgebers nur dann beachtlich sein, wenn der Drittkontrahent entsprechend dem Rechtsgedanken des Art. 12 die Abweichung vom intendierten Gebrauchsort kannte oder kennen musste.[13]

2. Ermittlung des Wirkungslandes. Um das Recht des Landes zu ermitteln, in dem die Vollmacht mangels Rechtswahl ihre Wirkung entfalten soll, ist auf den **tatsächlichen Gebrauchsort** abzustellen. Maßgeblich ist stets diejenige Örtlichkeit, an der der Vertreter eine Willenserklärung für einen anderen **abgibt oder entgegennimmt**. Bei Distanzgeschäfte ist demnach der Ort des Zugangs oder des Nachweises der Vollmacht unbeachtlich.[14] Solange der Bevollmächtigte die Vollmacht **noch nicht ausgeübt** hat, ist freilich der vom Vollmachtgeber intendierte Gebrauchsort bestimmend. Die punktuelle Anknüpfung am realen oder

---

4 RGZ 38, 194; 78, 55, 60; 134, 67, 69; BGHZ 43, 21, 26 = NJW 1965, 487; BGHZ 64, 183, 192 = WM 1975, 610; BGH NJW 1954, 1561; 1982, 2733; OLG Frankfurt IPRax 1986, 373, 375; OLG München IPRax 1990, 320 m. Anm. *Spellenberg*, S. 295; Staudinger/*Magnus*, Einl. Artt. 27–37 EGBGB Rn 110 m.w.N.; Soergel/*Lüderitz*, Anh. Art. 10 EGBGB Rn 93 m.w.N.; *v. Bar*, IPR II, Rn 586 f.

5 So freilich *Spellenberg*, S. 225 f.; MüKo/*Spellenberg*, vor Art. 11 EGBGB Rn 229 ff.; ähnlich auch *Müller-Freienfels*, S. 210 ff.; RGRK/*Wengler*, Internationales Privatrecht, S. 572; dagegen zu Recht Reithmann/Martiny/*Hausmann*, Rn 2429 m.w.N.; Staudinger/*Magnus*, Einl. zu Artt. 27–37 EGBGB Rn A 11; *Schäfer*, RIW 1996, 189, 190.

6 Anders als bei gesetzlichen oder organschaftlichen Vertretungen besteht demnach kein Gleichlauf von Innen- und Außenverhältnis, vgl. Bamberger/Roth/*Mäsch*, Anh. Art. 10 EGBGB Rn 20. Zur gesetzlichen Vertretung minderjähriger Kinder vgl. Art. 21 EGBGB Rn 5 sowie Art. 24 EGBGB Rn 9 ff.; zur Vertretung von Gesellschaften Anhang zu Art. 12 EGBGB Rn 16.

7 Staudinger/*Magnus*, Einl. Artt. 27–37 EGBGB Rn 61 m.w.N.; *v. Bar*, IPR II, Rn 589; *Kropholler*, IPR, § 41 I 4; a.A. Sandrock/*Müller*, Rn D 101.

8 RGZ 78, 55, 60; 134, 67, 69; BGHZ 43, 21, 26; 64, 183, 192 f.; 128, 41, 47; BGH NJW 1990, 3088; BayObLGZ 1987, 363 = NJW-RR 1988, 873; OLG Düsseldorf IPRax 1996, 423, 425; LG Karlsruhe RIW 2002, 153, 155; Reithmann/Martiny/*Hausmann*, Rn 2431 m.w.N.; Palandt/*Heldrich*, Anh. Art. 32 EGBGB Rn 1; im Erg. ebenso Soergel/*Lüderitz*, vor Art. 10 EGBGB Rn 101; *ders.*, in: FS Coing II 1982, S. 305, 319 ff.

9 RG SeuffA 66 Nr. 73; zust. *v. Caemmerer*, RabelsZ 24 (1959), 201, 211.

10 Kegel/*Schurig*, § 17 V 2a; *Ebenroth*, JZ 1983, 821; *Müller*, RIW/AWD 1979, 377, 382.

11 *Luther*, RabelsZ 38 (1974), 421, 436 f.

12 BGHZ 64, 183, 192 f.; 128, 41, 47; BGH NJW 1982, 2733; OLG Frankfurt IPRax 1986, 373, 375 m. Anm. *Ahrens*, S. 355; OLG München IPRax 1990, 320, 322; OLG Koblenz IPRax 1994, 302, 304; auf den tatsächlichen Gebrauchsort abstellend BGH NJW 1990, 3088.

13 Reithmann/Martiny/*Hausmann*, Rn 2439; Staudinger/*Magnus*, Einl. Artt. 27–37 EGBGB Rn A 21 f.

14 Reithmann/Martiny/*Hausmann*, Rn 2433; ebenso schon *Lüderitz*, JZ 1963, 169, 171.

beabsichtigten Gebrauchsort gilt selbstverständlich auch dann, wenn die Vollmacht in mehreren Ländern – einschließlich solcher Staaten mit mehreren Teilrechtsordnungen (Art. 35 Abs. 2) – verwendet werden soll.

3. Ausnahmen. a) Rechtswahl. Um das Risiko des Vollmachtgebers zu minimieren, je nach Gebrauchsort mit einer ihm fremden Rechtsordnung konfrontiert zu werden, lässt das Schrifttum in engen Grenzen eine Rechtswahl des Vollmachtsstatuts zu.[15] Dafür ist zunächst notwendig, dass die Vollmacht auf den Abschluss von Geschäften gerichtet ist, die ihrerseits eine Rechtswahl ermöglichen (z.B. Schuldverträge). Ferner muss aus Gründen des Verkehrsschutzes der Vollmachtgeber zweifelsfrei zu erkennen geben, die Vollmacht einer bestimmten Rechtsordnung zu unterwerfen, damit der Geschäftsgegner den Geschäftsabschluss noch ablehnen kann. Dies kommt im Ergebnis denjenigen Strömungen gleich, die eine Rechtswahl nur unter der Voraussetzung einer entsprechenden Vereinbarung zwischen Vollmachtgeber und Drittkontrahenten zulassen wollen, die bei entsprechendem Einverständnis des Vertretenen auch durch den Vertreter abgeschlossen werden kann.[16] Schließlich wird man mit Blick auf das Risiko des Vertreters, bei Überschreiten der Vertretungsmacht als *falsus procurator* in Anspruch genommen zu werden, auch dessen Kenntnis von der Rechtswahl einzufordern haben. Die Wirksamkeit der Rechtswahl richtet sich im Übrigen nach Artt. 27 Abs. 4, 31 analog.

b) Vertreterbezogene Abweichungen. Eine – vom oben Rn 2 genannten Grundsatz her – **abweichende objektive Anknüpfung** kommt ferner immer dann in Betracht, wenn für den Partner des Hauptgeschäfts erkennbar ist, dass die Person des Vertreters zu einer anderen – vom Gebrauchsort abweichenden – Rechtsordnung engere Bindungen unterhält. Dieser Gesichtspunkt tritt insbesondere bei einem **Prokuristen** hervor, der etwa durch Briefkopf oder Geschäftskarte zu erkennen gibt, dass sein Handeln dem Ort der Geschäftsleitung zugeordnet werden soll.[17] Dieser Gedanke lässt sich auf weitere bevollmächtigte, **unselbständige Firmenvertreter** ausdehnen, die in das Unternehmen – für den Rechtsverkehr ersichtlich – eingegliedert sind.

Die Vollmacht **ständiger Vertreter** (Handelsvertreter, Agenten) mit eigener Niederlassung sowie nichtständiger Vertreter, die eine selbständige Berufstätigkeit aufgrund kaufmännischer Vertretungsmacht ausüben, unterliegt hingegen dem am Ort ihrer Niederlassung geltenden Recht.[18] Diese Anknüpfung führt gegenüber dem allgemeinen Wirkungsstatut allerdings nur dann zu abweichenden Ergebnissen, wenn der Vertreter von der Vollmacht außerhalb seines Niederlassungsstaats Gebrauch macht und für den Geschäftsgegner ersichtlich ist, dass der Vertreter gewöhnlich von dieser Niederlassung aus handelt.[19] Vergleichbares gilt für die Vollmacht des **Schiffskapitäns**, die sich nicht etwa nach dem Recht des Hafens richtet, an dem sie ausgeübt wird, sondern regelmäßig dem Recht der Flagge des Schiffs unterfällt.[20] **Börsen-, Markt- und Messevollmachten** folgen überdies dem Ortsrecht der jeweiligen Börse, Messe oder des betreffenden Marktes, so dass es wiederum nicht darauf ankommt, an welchem Ort die Vollmacht tatsächlich verwendet wurde.[21] Ein weiteres, hierher gehörendes Beispiel ist schließlich die **Dauervollmacht zwischen Ehegatten**, die kollisionsrechtlich an den gemeinsamen gewöhnlichen Aufenthaltsort anzuknüpfen ist.[22]

c) Hauptgeschäftsbezogene Abweichungen. Abweichungen vom Grundsatz des Wirkungslandes ergeben sich außerdem, wenn das vom Bevollmächtigten durchzuführende Hauptgeschäft seinen Schwerpunkt an einem Ort hat, der vom Gebrauchsort der Vollmacht offenkundig abweicht. Zu denken ist hier in erster Linie an Bevollmächtigungen, die zu **Verfügungen über Grundstücke oder Immobiliarrechte** legitimieren. Sie folgen uneingeschränkt dem Recht desjenigen Staates, in dem sich das Grundstück befindet (*lex rei sitae*), und zwar auch dann, wenn von der Vollmacht in einem anderen als dem Belegenheitsort Gebrauch gemacht

---

15 Reithmann/Martiny/*Hausmann*, Rn 2435 f. m.w.N.; ausf. *Claßen*, S. 131 ff.; zu den Voraussetzungen einer stillschweigenden Rechtswahl Staudinger/*Magnus*, Einl. Artt. 27–37 EGBGB Rn 12.
16 *Lüderitz*, in: FS Coing II 1982, S. 305, 319.
17 OLG Frankfurt IPRax 1986, 373, 375; LG Bielefeld IPRax 1990, 315 m. Anm. *Reinhart*, S. 289; Reithmann/Martiny/*Hausmann*, Rn 2442; eine Gleichstellung mit der organschaftlichen Vertretung juristischer Personen kommt hingegen wegen des rechtsgeschäftlichen Charakters der Prokura nicht in Betracht, vgl. Sandrock/*Müller*, D 18 m.w.N.
18 RGZ 38, 194, 196; 51, 147, 149; 134, 67, 69; BGH NJW 1954, 1561; BGHZ 64, 183, 192; BGH NJW 1990, 3088; OLG Frankfurt AWD 1969, 415; LG Biefeld IPRax 1990, 315; *Ackmann*, IPRax 1991, 220, 222.
19 Staudinger/*Magnus*, Einl. zu Artt. 27–37 EGBGB Rn A 26; ebenso Reithmann/Martiny/*Hausmann*, Rn 2446; v. *Caemmerer*, RabelsZ 24 (1959), 201, 207; a.A. OLG Köln, IPRspr 1966/67 Nr. 25; *Steding*, ZVglRWiss 86 (1987), 25, 45; Sandrock/*Müller*, D Rn 31 (stets Gebrauchsstatut).
20 Reithmann/Martiny/*Hausmann*, Rn 2449.
21 BGH JZ 1963, 167, 168 m. Anm. *Lüderitz* = MDR 1962, 400 (Ls) = DB 1962, 197.
22 Vgl. BGH NJW-RR 1980, 248, 250; Bamberger/Roth/*Mäsch*, Art. 10 EGBGB Anh. Rn 28.

wird.[23] Ob von diesen Grundsätzen auch die Vollmacht für das zugrunde liegende schuldrechtliche Geschäft erfasst wird, ist nach zutreffender Auffassung abzulehnen, so dass es hierfür bei den allgemeinen Regeln (Wirkungsstatut) verbleibt.[24] Ebenfalls der *lex rei sitae* soll allerdings die Vollmacht zur **Verwaltung** von Grundstücken unterliegen.[25] Das Recht der **Prozessvollmacht** richtet sich demgegenüber ausschließlich nach dem Recht des Landes, vor dessen Gerichten sie verwendet wird oder werden soll (*lex fori*).[26] Entsprechendes gilt für Vollmachten, die zur Vertretung vor Schiedsgerichten oder innerhalb sonstiger Verfahren berechtigen.[27] Die Bevollmächtigung zur Ausstellung eines **Konnossements** ist schließlich stets an das am Ort der Ausstellung geltende Recht anzuknüpfen.[28]

B. Reichweite des Vollmachtsstatuts

I. Entstehen, Umfang und Beendigung der Vollmacht

8 Das Vollmachtsstatut entscheidet über alle Fragen, die mit der Befugnis des Bevollmächtigten zusammenhängen, den Vollmachtgeber gegenüber dem Drittkontrahenten wirksam zu vertreten. Dieser Grundsatz bestimmt zunächst **Erteilung und Gültigkeit** der Vollmacht,[29] auch wenn der Bundesgerichtshof bislang noch keine Gelegenheit sah, seine frühere Rechtsprechung zur Anknüpfung des gültigen Bestehens der Vollmacht an das gemeinsame Heimatrecht von Prinzipal und Vertreter sowie den Ort der Erteilung[30] ausdrücklich zu revidieren.[31] Das Vollmachtsstatut ist demnach zu befragen, ob für die Erteilung eine einseitige Willenserklärung ausreicht oder ein Vertrag zu fordern ist, wer als Adressat der Bevollmächtigung in Betracht kommt, inwieweit Willensmängel in der Person des Vertretenen Einfluss auf die Wirksamkeit der Bevollmächtigung haben und ob eine beschränkt geschäftsfähige Person Vertreter sein kann.[32] Nach Art. 7 richtet sich freilich die Frage, unter welchen Voraussetzungen Vollmachtgeber oder Bevollmächtigter geschäftsfähig sind.[33]

9 Dem Vollmachtsstatut unterliegen ferner **Auslegung und Umfang** der Vollmacht. Die oben gewonnenen Anknüpfungskriterien bestimmen daher, anhand welcher Auslegungsprinzipien der Inhalt der Vollmacht zu ermitteln ist,[34] ob die Vollmacht zur Einzel- oder Gesamtvertretung berechtigt, inwieweit das vom Vertreter mit dem Drittkontrahenten abgeschlossene Geschäft durch die Vollmacht gedeckt ist[35] oder der Vertreter seine Vertretungsmacht gar missbraucht hat.[36] Letzteres gilt insbesondere für die Frage, ob die Vollmacht die Erteilung einer Untervollmacht[37] oder das Selbstkontrahieren[38] einschließt.

10 **Dauer und Erlöschen** der Vollmacht (etwa durch Widerruf, Ablauf der Gültigkeitsdauer, Rückgabe der Vollmachtsurkunde sowie Tod, Insolvenz oder Geschäftsunfähigkeit des Vollmachtgebers) unterliegen ebenfalls dem Vollmachtsstatut,[39] selbst mit Blick auf die Frage, ob die Beendigung des zugrunde liegenden Rechtsverhältnisses auch die Vollmacht zum Erlöschen bringt. Unter welchen Voraussetzungen das Innenverhältnis zwischen Vertreter und Vertretenem beendet wird, entscheidet hingegen das darauf anzuwenden Recht.

---

23 RGZ 149, 93, 94; BGH NJW 1963, 46, 47; OLG München IPRax 1990, 320; OLG Stuttgart DNotZ 1981, 746 = Rpfleger 1981, 145; *v. Caemmerer*, RabelsZ 24 (1959), 201, 209 m.w.N.
24 BGH NJW 1963, 47; NJW-RR 1990, 250; Reithmann/Martiny/Hausmann, Rn 2454; a.A. *Müller*, RIW/AWD 1979, 377, 378 f.
25 BGH JZ 1955, 702 m. Anm. *Gamillscheg*; OLG Frankfurt WM 1963, 872, 875; *v. Caemmerer*, RabelsZ 24 (1929), 201, 208.
26 BGH WM 1958, 557, 559 = JZ 1958, 351; BGH NJW 1990, 3088 = IPRax 1991, 247 m. Anm. *Ackmann*, 220; OLG München, WM 1969, 731.
27 Reithmann/Martiny/Hausmann, Rn 2457; vgl. auch BFH RIW 1987, 635; BPatG GRUR 1988, 685.
28 *Mankowski*, TranspR 1991, 253, 258 ff.
29 BGH JZ 1963, 167, 168; BGHZ 64, 183, 192; BGH NJW 1982, 2733; OLG Koblenz RIW 1996, 151, 152; OLG Köln NJW-RR 1996, 411.
30 BGH JZ 1955, 702, 703; dagegen zu Recht *v. Caemmerer*, RabelsZ 24 (1959), 201, 211; *Steding* ZVglRWiss 86 (1987), 25, 28.
31 Offen gelassen in BGHZ 43, 21, 27; 64, 183, 192 f.; beiläufig bejaht wurde das Vollmachtsstatut in BGH JZ 1963, 167, 168; eindeutig indes OLG Hamburg IPRspr 1964/65 Nr. 46.
32 *v. Caemmerer*, RabelsZ 24 (1959), 201, 215.
33 BGH NJW 2004, 1315, 1316.
34 BGH JZ 1955, 702, 703; *Luther*, RabelsZ 38 (1974), 435.
35 RGZ 78, 55, 60; BGHZ 64, 183, 192; BGH NJW 1954, 1561.
36 RGZ 134, 67, 69, 71 f.
37 OLG Frankfurt WM 1963, 872, 875; LG Karlsruhe RIW 2002, 153, 155.
38 BGH NJW 1992, 618 = JZ 1992, 581 m. Anm. *v. Bar*; OLG Koblenz RIW 1996, 151, 152; OLG Düsseldorf IPRax 1996, 423, 425.
39 Vgl. BGH WM 1958, 557, 559; BGHZ 64, 183, 193.

II. Form der Vollmacht

Besonderheiten gelten für die Form der Vollmacht. Sie ist formgültig, wenn sie die Anforderungen des Vollmachtstatuts, also des Rechts des Gebrauchslandes (Art. 11 Abs. 1 Alt. 1), oder desjenigen Ortes einhält, an dem sie vorgenommen, d.h. ausgestellt wird (Art. 11 Abs. 1 Alt. 2). Die u.U. schwächere Form einer im Ausland wirksam erteilten Vollmacht reicht demnach für inländische, formgebundene Rechtsgeschäfte aus, selbst wenn nach deutschem Recht die Vollmacht die Form des Hauptgeschäfts teilen sollte, wie etwa bei einer unwiderruflichen Auflassungsvollmacht oder der Befreiung vom Verbot des Selbstkontrahierens. Das Kollisionsrecht kennt keinen Formverbund von Vollmacht und Hauptgeschäft,[40] so dass die Wirksamkeit der Vollmacht im Inland von den in Art. 11 Abs. 4 und Abs. 5 gezogenen Schranken nicht betroffen wird. Unberührt bleiben die Formerfordernisse des § 29 GBO, denen jedoch durch öffentliche Beglaubigung eines ausländischen Notars[41] und – soweit von Seiten des Grundbuchamts gefordert – durch anschließende Legalisation einer deutschen Auslandsvertretung genügt werden kann.[42]

III. Rechtsscheinsvollmacht

Soweit sich aus dem Vollmachtstatut keine wirksame Bevollmächtigung herleiten lässt, unterliegt die Frage, ob die Vertretungsmacht zumindest aus dem Rechtsschein einer Vollmacht folgt, nach höchstrichterlicher Rechtsprechung dem Ort, an dem „der Rechtsschein entstanden ist und sich ausgewirkt hat."[43] Diese Formel bringt allerdings wenig Klarheit, denn sie umfasst scheinbar auch denjenigen Ort, an dem der Dritte dem Rechtsschein Glauben schenkt.[44] Richtigerweise unterliegen Rechtsscheinsvollmachten uneingeschränkt dem mutmaßlichen Vollmachtstatut, also dem Recht, dass im Falle einer tatsächlichen Bevollmächtigung anwendbar wäre.[45] Es ist kein Grund ersichtlich, weshalb der Verkehrs- und Vertrauensschutz des Drittkontrahenten eine Anknüpfung der Vollmacht am tatsächlichen Gebrauchsort auslöst, beim Rechtsschein einer Vollmacht hingegen der Ort maßgeblich sein soll, an dem sich der Rechtsschein in der Person des Drittkontrahenten auswirkt. Analog Art. 31 Abs. 2 ist der Vertretene jedoch befugt, sich auf das an seinem gewöhnlichen Aufenthalt geltende Recht zu berufen, soweit es keine Rechtscheinshaftung vorsieht und der Gebundene mit der Anwendung einer anderen Rechtsordnung auch nicht rechnen musste.[46]

C. Eingreifen des Geschäftsstatuts

Demgegenüber ist das Geschäftsstatut maßgeblich, soweit nicht die Vollmacht selbst im Mittelpunkt steht, sondern weitere Voraussetzungen berührt werden, die erst zusammen mit der Vollmacht eine Bindung des Vertretenen an das Vertretergeschäft begründen. Folglich ist anhand des Geschäftsstatuts zu entscheiden, ob die Vertretung etwa wegen der **Höchstpersönlichkeit** des beabsichtigten Vertretergeschäfts ausgeschlossen ist[47] oder besonderen Anforderungen genügen muss (ausdrückliche Vollmacht, Spezialvollmacht etc.).[48] Gleiches gilt für die Frage, ob der Stellvertreter das Vertretungsverhältnis nach außen hin **offen legen** muss, um den Vollmachtgeber gegenüber dem Drittkontrahenten zu berechtigen und zu verpflichten.[49] Namentlich die Zulässigkeit einer verdeckten Stellvertretung, des Geschäfts „für den, den es angeht"[50] sowie das Handeln unter fremdem Namen[51] werden von diesem Grundsatz ebenso erfasst. Auch die Auswirkungen von **Willensmängeln** oder die **Kenntnis** oder das **Kennenmüssen** gewisser Umstände auf das Vertretergeschäft entscheiden sich nach dem Geschäftsstatut, weil hiervon die Vollmacht von vornherein nicht berührt wird.

---

40 Reithmann/Martiny/*Hausmann*, Rn 2471 m.w.N.; Soergel/*Lüderitz*, Anh. zu Art. 10 EGBGB Rn 110; *v. Caemmerer*, RabelsZ 24 (1959), 201, 213 f.; a.A. *Ludwig* NJW 1983, 495, 496.
41 OLG Zweibrücken Rpfleger 1999, 326 = FGPrax 1999, 86 = MittBayNot 1999, 480.
42 Im Verhältnis zu einzelnen Staaten ist kraft völkerrechtlicher Verträge keine Legalisation notwendig, vgl. Reithmann/Martiny/*Hausmann*, Rn 2472, 706 ff.; *Demharter*, GBO, 24. Aufl. 2002, § 29 Rn 52 ff.
43 BGHZ 43, 21, 27; vgl. auch BGHZ 64, 183, 193; BGH WM 1968, 440; NJW 2004, 1315, 1316; OLG Karlsruhe IPRax 1987, 237, 239 m. Anm. *Weitnauer*, 221; OLG Frankfurt AWD 1969, 415; offen gelassen in BGH NJW-RR 1990, 248, 250.
44 So im Erg. Staudinger/*Magnus*, Einl. zu Artt. 27–37 Rn A 35.
45 *Leible*, IPRax 1998, 257, 260; Bamberger/Roth/*Mäsch*, Art. 10 EGBGB Anh. Rn 37; Reithmann/Martiny/*Hausmann*, Rn 2480; *v. Bar*, IPR II, Rn 587; ebenso schon *Lüderitz*, JZ 1963, 169, 172.
46 Reithmann/Martiny/*Hausmann*, Rn 2480; Palandt/*Heldrich*, Anh. Art. 32 EGBGB Rn 3; einschr. Bamberger/Roth/*Mäsch*, Anh. Art. 10 EGBGB Rn 41; a.A. Erman/*Hohloch*, Art. 37 EGBGB Anh. Rn 19.
47 *v. Caemmerer*, RabelsZ 24 (1959), 201, 217.
48 *v. Caemmerer*, RabelsZ 24 (1959), 201, 219.
49 OLG Hamburg IPRspr 1964/65 Nr. 46; Staudinger/*Magnus*, Einl. Artt. 27–37 EGBGB Rn A 40; a.A. *Steding*, ZVglRWiss 86 (1987), 25, 47.
50 Staudinger/*Magnus*, Einl. Artt. 27–37 EGBGB Rn A 40.
51 *Lüderitz*, in: FS Coing II 1982, S. 305, 320.

Anhand des Vollmachtsstatuts bleibt allerdings zu überprüfen, ob es für die Zurechnung auf die Person des Vertreters oder des Vertretenen ankommt.[52]

D. Vertretung ohne Vertretungsmacht

14 Besondere Schwierigkeiten bereitet schließlich das Kollisionsrecht des Vertreters ohne Vertretungsmacht. Die Rechtsprechung und das überwiegende Schrifttum verknüpfen namentlich die Frage, ob der Vertretene mittels Genehmigung das Geschäft an sich ziehen kann, mit dem Geschäftsstatut, weil im Kern die Heilung des abgeschlossenen Hauptgeschäfts in Rede stehe.[53] Diese Aussage ist freilich nur wenig überzeugend, denn durch die Genehmigung ist das Geschäft gerade so anzusehen, als habe der Vertreter bereits bei dessen Vornahme die erforderliche Vertretungsmacht gehabt.[54] Hinzu kommt, dass der Drittkontrahent die Voraussetzungen und Wirkungen der Genehmigung – ebenso wie die einer wirksamen Bevollmächtigung – leicht überprüfen und feststellen können muss.[55] Das alles spricht für eine Anknüpfung der Genehmigung an das **Vollmachtsstatut**. Entsprechendes gilt – konsequent weitergedacht – für die Frage nach der Befugnis des Geschäftsgegners, dass Hauptgeschäft zu widerrufen.[56] Aufgrund des engen Zusammenhangs zwischen dem Fehlen der Vollmacht und den daraus erwachsenden Folgen richtet sich die Haftung des vermeintlichen Vertreters als *falsus procurator* ebenfalls nach dem Vollmachtsstatut.[57] Dem Geschäftsstatut unterliegt hingegen die Frage, ob der Vertretene unter dem Gesichtspunkt der *culpa in contrahendo* für das Fehlverhalten des vollmachtlosen Vertreters einzustehen hat.[58]

Artikel 33	Übertragung der Forderung; Gesetzlicher Forderungsübergang

(1) [1]Bei Abtretung einer Forderung ist für die Verpflichtungen zwischen dem bisherigen und dem neuen Gläubiger das Recht maßgebend, dem der Vertrag zwischen ihnen unterliegt.

(2) [1]Das Recht, dem die übertragene Forderung unterliegt, bestimmt ihre Übertragbarkeit, das Verhältnis zwischen neuem Gläubiger und Schuldner, die Voraussetzungen, unter denen die Übertragung dem Schuldner entgegengehalten werden kann, und die befreiende Wirkung einer Leistung durch den Schuldner.

(3) [1]Hat ein Dritter die Verpflichtung, den Gläubiger einer Forderung zu befriedigen, so bestimmt das für die Verpflichtung des Dritten maßgebende Recht, ob er die Forderung des Gläubigers gegen den Schuldner gemäß dem für deren Beziehungen maßgebenden Recht ganz oder zu einem Teil geltend zu machen berechtigt ist. [2]Dies gilt auch, wenn mehrere Personen dieselbe Forderung zu erfüllen haben und der Gläubiger von einer dieser Personen befriedigt worden ist.

Literatur: *v. Bar*, Abtretung und Legalzession im neuen deutschen Internationalen Privatrecht, RabelsZ 53 (1989), 462; *ders.*, Kollisionsrechtliches zum Schuldbeitritt und zum Schuldnerwechsel, IPRax 1991, 197; *Basedow*, Internationales Factoring zwischen Kollisionsrecht und Unidroit-Konvention, ZEuP 1997, 615; *v. Bernstorff*, Die Forderungsabtretung in den EU-Staaten, RIW 1994, 542; *Bette*, Abtretung von Auslandsforderungen, WM 1997, 797; *ders.*, Vertraglicher Abtretungsausschluß im deutschen und grenzüberschreitenden Geschäftsverkehr, WM 1994, 1909; *Busch/Müller*, Das Internationale Privatrecht des Gläubigerschutzes bei Vermögens- und Unternehmensübertragung, ZVglRWiss 94 (1995), 157; *Einsele*, Das Internationale Privatrecht der Forderungszession und der Schuldnerschutz, ZVglRWiss 90 (1991), 1; *Hadding/Schneider*, Die Forderungsabtretung, insbesondere zur Kreditsicherung, in ausländischen Rechtsordnungen, 1999;

---

52 RGZ 78, 55, 60; 134, 67, 71 f.; LG Essen RIW 1992, 227; Staudinger/*Magnus*, Einl. Artt. 27–37 EGBGB Rn A 44.
53 BGHZ 128, 41, 48 = NJW 1995, 250 = IPRax 1996, 332; BGH NJW 1992, 618, 619; BGH WM 1965, 868, 869; KG IPRax 1998, 283; OLG Celle WM 1984, 494, 495; OLG Düsseldorf IPRax 1996, 423, 426; OLG Koblenz RIW 1996, 151; Reithmann/Martiny/*Hausmann*, Rn 2488; *Fischer*, IPRax 1996, 332, 335; *v. Bar*, JZ 1992, 582; *v. Caemmerer*, RabelsZ 24 (1959), 201, 217 f.
54 *Leible*, IPRax 1998, 257, 259; Staudinger/*Magnus*, Einl. Artt. 27–37 EGBGB Rn A 57; *Steding*, ZVglRWiss 86 (1987), 25, 47; *Ruthig*, S. 170 f.; Bamberger/Roth/*Mäsch*, Art. 10 EGBGB Anh. Rn 17.
55 *Leible*, IPRax 1998, 257, 259; im Erg. ebenso BGH NJW-RR 1990, 248, 250.
56 *Steding*, ZVglRWiss 86 (1987), 25, 47; *Kegel/Schurig*, § 17 V 2c; *Kayser*, Vertretung ohne Vertretungsmacht im deutschen internationalen Privatrecht, 1967, S. 103 ff.; a.A. Reithmann/Martiny/*Hausmann*, Rn 2490 m.w.N.
57 Str., wie hier OLG Hamburg VersR 1987, 1216; Palandt/*Heldrich*, Anh. Art. 32 EGBGB Rn 3; *Steding*, ZVglRWiss 86 (1987), 25, 47; *Fischer*, IPRax 1996, 332, 335; *Kropholler*, IPR, § 41 I 3; für das Geschäftsstatut Bamberger/Roth/*Mäsch*, Anh. Art. 10 EGBGB Rn 17; *v. Bar*, IPR II, Rn 593; *v. Hoffmann*, IPR, § 10 Rn 13; *v. Caemmerer*, RabelsZ 24 (1959), 205, 217 f.; Reithmann/Martiny/*Hausmann*, Rn 2491.
58 Bamberger/Roth/*Mäsch*, Anh. Art. 10 EGBGB Rn 17; Sandrock/*Müller*, D Rn 83.

Übertragung der Forderung; Gesetzlicher Forderungsübergang **Art. 33 EGBGB**

Kaiser, Verlängerter Eigentumsvorbehalt und Globalzession im IPR, 1986; *Keller, H.*, Zessionsstatut im Lichte des Übereinkommens über das auf vertragliche Schuldverhältnisse anzuwendende Recht vom 19. Juni 1980, 1985; *Kieninger*, Das Statut der Forderungsabtretung im Verhältnis zu Dritten, RabelsZ 62 (1998), 678; *Koziol*, Probleme der Sicherungszession im grenzüberschreitenden Verkehr Deutschland – Österreich, DZWiR 1993, 353; *Mangold*, Die Abtretung im Europäischen Kollisionsrecht, 2001; *Merkt/Dunckel*, Anknüpfung der Haftung aus Vermögensübernahme bzw. Firmenfortführung beim Unternehmenskauf, RIW 1996, 533; *Reithmann/Martiny*, Internationales Vertragsrecht, 6. Auflage 2004; *Schack*, Subrogation und Prozeßstandschaft, Ermittlung ausländischen Rechts im einstweiligen Verfügungsverfahren, IPRax 1995, 158; *Schnelle*, Die kollisionsrechtliche Anknüpfung der Haftung aus Vermögensübernahme im deutschen Internationalen Privatrecht, RIW 1997, 281; *Stadler*, Der Streit um das Zessionsstatut – eine endlose Geschichte?, IPRax 2000, 104; *Stoll*, Anknüpfung bei mehrfacher Abtretung derselben Forderung, IPRax 1991, 223; *Tiedemann*, Die Haftung aus Vermögensübernahme im internationalen Recht, 1995; *Wandt*, Zum Rückgriff im Internationalen Privatrecht, ZVglRWiss 86 (1987), 272; *Zweigert*, Das Statut der Vertragsübernahme, RabelsZ 23 (1958), 643.

A. Allgemeines 1	b) Dinglich gesicherte Forderungen ... 11
B. Regelungsgehalt 3	III. Gesetzlicher Forderungsübergang (Abs. 3) . 12
I. Verpflichtungsstatut (Abs. 1) 3	1. Allgemeines und Sondervorschriften ... 12
II. Forderungsstatut (Abs. 2) 4	2. Subsidiäre Verpflichtungen (Abs. 3 S. 1) 14
1. Reichweite 4	3. Gleichrangige Verpflichtungen
a) Allgemeines 4	(Abs. 3 S. 2) 16
b) Übertragbarkeit 6	C. Schuldübernahme 17
c) Schuldnerschutz 8	D. Vertragsübernahme 19
d) Erweiterungen 9	E. Vermögens- und Unternehmens-
2. Sonderanknüpfungen 10	übernahme 20
a) Form 10	

A. Allgemeines

Die beiden ersten Absätze des Art. 33 betreffen in Übereinstimmung mit Art. 12 EVÜ das Kollisionsrecht der **rechtsgeschäftlichen Forderungsabtretung**.[1] Ausgangspunkt ist zunächst das Verhältnis zwischen dem bisherigen und dem neuen Gläubiger. Die der Abtretung unterliegende kausale Verpflichtung bestimmt sich nach dem Recht, dem der Vertrag zwischen beiden Parteien unterliegt (sog. **Verpflichtungsstatut**, Abs. 1). 1

Auch wenn Abs. 2 nur einzelne Aspekte der Abtretung ausdrücklich dem Recht der abzutretenden Forderung zuweist, knüpfen Rechtsprechung[2] und herrschende Literatur[3] die **Voraussetzungen der Abtretung insgesamt** an das Recht der zedierten Forderung (sog. **Forderungsstatut**) an. Allerdings finden sich zu dieser Frage auch abweichende Stimmen. So soll etwa der Anwendungsbereich des Abs. 1 um das dingliche Verhältnis zwischen Zedent und Zessionar erweitert werden, um den Forderungsübergang mit Ausnahme der in Abs. 2 genannten Schuldnerschutzgesichtspunkte prinzipiell dem Verpflichtungsstatut zu unterstellen.[4] Teilweise wird auch die Ansicht favorisiert, das Abtretungsstatut in Ermangelung einer kollisionsrechtlichen Regelung an das Niederlassungsrecht des Zedenten anzuknüpfen.[5] Beiden Strömungen ist zuzugeben, dass Abs. 2 seinem Wortlaut nach tatsächlich nur punktuelle Regelungsgegenstände der Abtretung betrifft. Richtig ist auch, dass den Schutzinteressen des Schuldners durch eine nur partielle Einblendung des Forderungsstatuts genügt werden könnte, was nicht zuletzt die vorherrschende Meinung in solchen Mitgliedstaaten des EVÜ ist, die nicht zwischen Verfügungs- und Verpflichtungsgeschäft trennen.[6] Allerdings wurde der Begriff der „Verpflichtung" gerade mit Rücksicht auf das deutsche Trennungs- und Abstraktionsprinzip in Art. 12 Abs. 1 EVÜ aufgenommen, so dass die Beschränkung des Abs. 1 auf das der Zession zugrunde liegende 2

---

1 Rechtsvergleichend *Mangold*, S. 85 ff.; *Bernstorff*, RIW 1994, 542. Das Abtretungsrecht soll im Übrigen durch das UNCITRAL-Übereinkommen über die Forderungsabtretung (Uncitral Convention on the Assignment of Recievables in International Trade) v. 12.12.2002 (abgedruckt in ZEuP 2002, 860 ff.) vereinheitlicht werden. Das Übereinkommen tritt allerdings erst mit Ratifizierung durch fünf Mitgliedstaaten in Kraft (Art. 45 Abs. 1).

2 BGHZ 111, 376, 379 f. = NJW 1991, 637 = IPRax 1991, 248 m. Anm. *Stoll*, S. 223; BGH NJW 1991, 1414 = IPRax 1992, 43 m. Anm. *v. Bar*, S. 20; BGHZ 125, 196, 204 f. = NJW 1994, 2596 = IPRax 168 m. Anm. *Gottwald*, S. 157; BGH NJW 1999, 940 = JZ 1999, 404 m. Anm. *Kieninger* = IPRax 2000, 128 m. Anm. *Stadler*, S. 104; OLG Karlsruhe WM 1993, 893, 894; OLG Düsseldorf VersR 2000, 460, 462; OLG Köln ZIP 1994, 1791, 1793. Aus der Zeit vor der Neukodifikation des EGBGB vgl. RGZ 65, 357, 358; BGH WM 1957, 1574, 1575; BGHZ 87, 19, 21.

3 Reithmann/Martiny/*Martiny*, Rn 333; Soergel/*v. Hoffmann*, Art. 33 EGBGB Rn; Palandt/*Heldrich*, Art. 33 EGBGB Rn 2; Bamberger/Roth/*Spickhoff*, Art. 33 EGBGB Rn 2; Erman/*Hohloch*, Art. 33 EGBGB Rn 3; *Kropholler*, IPR, § 52 VIII 1; *v. Bar*, IPR II, Rn 564; *Bette*, WM 1997, 797, 798; im Erg. ebenso *Mangold*, S. 179 ff.

4 Staudinger/*Hausmann*, Art. 33 EGBGB Rn 26 ff.; *Einsele*, ZVglRWiss 90 (1991), 1, 13 f., 17 ff.; *Stadler*, IPRax 2000, 104, 106; *Kaiser*, S. 219 ff.; differenzierend *Mangold*, S. 179 ff.

5 *Kieninger*, RabelsZ 62 (1998), 678, 702 ff.; *dies.*, JZ 1999, 405, 406.

6 Ausf. Staudinger/*Hausmann*, Art. 33 EGBGB Rn 14 ff.

Kausalgeschäft keineswegs in Widerspruch zu den Vorgaben des EVÜ steht (vgl. Art. 36).[7] Hinzu kommt, dass die umfassende Zuweisung der Abtretung zum Forderungsstatut der Entstehung „relativer Forderungsrechte" vorbeugt. Auf diese Weise lässt sich im Übrigen die Vorhersehbarkeit der Rechtsanwendung deutlich verbessern,[8] so dass die herrschende Meinung insgesamt die besseren Argumente auf ihrer Seite hat.

B. Regelungsgehalt

I. Verpflichtungsstatut (Abs. 1)

3 Ausgehend von der herrschenden Meinung gilt Abs. 1 ausschließlich für das der Abtretung zugrunde liegende **Kausalverhältnis** (z.B. Kauf, Factoring,[9] Schenkung), dessen Recht anhand der allgemeinen Regeln (Artt. 27 ff.) zu bestimmen ist. Im Falle eines Forderungskaufs entscheidet damit das Verpflichtungsstatut über die Frage, ob der Zedent gegenüber dem Zessionar für Verität oder Bonität der Forderung einzustehen hat. Da der Bezug zu den „vertraglichen Schuldverhältnissen" nicht erst über die abzutretende Forderung, sondern bereits durch die Verpflichtung zur Abtretung hergestellt wird, ist der Rechtsgrund der Forderung für die rechtsgeschäftliche Verpflichtung zur Abtretung ohne Belang.[10] Folglich erfasst Abs. 1 auch Forderungen aus gesetzlichen Schuldverhältnissen sowie Ansprüche aus sonstigen Rechtsbeziehungen, die ihren Ursprung außerhalb des Schuldrechts finden. Im Falle einer Sicherungszession sind sowohl die **Sicherungsabrede** als auch die aus ihr folgenden Verwertungsbefugnisse ebenfalls unter Abs. 1 zu subsumieren.[11]

II. Forderungsstatut (Abs. 2)

4 **1. Reichweite. a) Allgemeines.** Die abzutretende Forderung teilt das – im Zeitpunkt ihrer Übertragung zu ermittelnde – Schuldstatut desjenigen Rechtsverhältnisses, aus dem sie hervorgeht.[12] Vertragliche Forderungen unterfallen mithin dem Vertragsstatut, deliktische Forderungen dem Deliktsstatut[13] etc.[14] Um das Bestandsinteresse des Schuldners nicht zu unterlaufen, ist es Alt- und Neugläubiger verwehrt, das Forderungsstatut nachträglich in ein anderes Recht zu überführen.[15] Unberührt bleibt freilich die Möglichkeit, dass Zessionar und Schuldner in den Grenzen des Art. 27 Abs. 2 S. 2 ein anderes Forderungsstatut wählen. Richtet sich die abzutretende Forderung nach internationalem Einheitsrecht, das keine eigenen Regelungen über die Abtretung (wie z.B. das UN-Kaufrecht) enthält, ist das Forderungsstatut anhand der Artt. 27 ff. **unter Ausblendung des Einheitsrechts** zu ermitteln.[16]

5 Abs. 2 setzt seinem Wortlaut nach eine „übertragene" Forderung voraus. Damit ist allerdings nicht nur die rechtsgeschäftliche Abtretung angesprochen, sondern auch die **Einziehungsermächtigung**, d.h. die vom Forderungsinhaber abgespaltene Befugnis des ermächtigten Dritten zur Einziehung der Forderung im eigenen Namen. Sie ist ebenso dem Forderungsstatut zu unterwerfen[17] wie die aus dem französischen Recht bekannte vertragliche **Subrogation**, also der Forderungsübergang auf den leistenden Dritten durch Erklärung des Gläubigers.[18] Auch die **Verpfändung** einer Forderung lässt sich dem Forderungsstatut zuordnen, weil die Belastung eines Rechts nur einen Ausschnitt gegenüber der weiter gehenden Übertragung darstellt.[19]

6 **b) Übertragbarkeit.** Wie aus Abs. 2 unmittelbar zu entnehmen, richtet sich die Übertragbarkeit der Forderung nach dem sie beherrschenden Recht.[20] Das Forderungsstatut ist deshalb zu befragen, ob gesetzliche

---

7 BT-Drucks 10/503, S. 36, 66 f.; ebenso Bamberger/Roth/*Spickhoff*, Art. 33 EGBGB Rn 1.
8 Reithmann/Martiny/*Martiny*, Rn 333; Soergel/*v. Hoffmann*, Art. 33 EGBGB Rn 7.
9 Im Verhältnis zu Frankreich, Italien, Lettland, Nigeria und Ungarn ist für die Bundesrepublik Deutschland das UNIDROIT-Übereinkommen von Ottawa über das internationale Factoring v. 28.5.2988 am 1.12.1998 in Kraft getreten (Bek. v. 31.9.1998, BGBl II S. 2375); vgl. dazu *Basedow*, ZEuP 1997, 615 ff.; Staudinger/*Hausmann*, Anh. zu Art. 33 EGBGB Rn 10 ff.
10 *v. Bar*, IPR II, Rn 564; Soergel/*v. Hoffmann*, Art. 33 EGBGB Rn 2.
11 *Koziol*, DZWiR 1993, 353, 356; Bamberger/Roth/*Spickhoff*, Art. 33 EGBGB Rn 3.
12 *v. Bar*, IPR II, Rn 566.
13 OLG Hamburg NJW-RR 1993, 40 = NZV 1993, 71.
14 Vgl. etwa BGH NJW 1988, 3095, 3096 (Empfängerrechte nach Art. 13 CMR); BGHZ 104, 145, 149 (Wechselforderung); BGHZ 108, 353, 362 (Scheck); OLG Düsseldorf VersR 2000, 460, 462 (Bereicherungsanspruch).
15 OLG Köln NJW 1987, 1151 = IPRax 1987, 239 m. krit. Anm. *Sonnenberger*, S. 221; MüKo/*Martiny*, Art. 33 EGBGB Rn 6; Palandt/*Heldrich*, Art. 33 EGBGB Rn 2; Bamberger/Roth/*Spickhoff*, Art. 33 EGBGB Rn 4; ebenso schon BGH RIW 1985, 154, 155 zum alten Recht.
16 Vgl. OLG Hamm ZIP 1983, 1211, 1213.
17 BGHZ 125, 196, 204 f. = NJW 1994, 2549 = IPRax 1995, 168 m. Anm. *Gottwald*, 157; BGH NJW-RR 1990, 248, 250; ebenso Reithmann/Martiny/*Martiny*, Rn 327; Soergel/*v. Hoffmann*, Art. 33 EGBGB Rn 16; a.A. Staudinger/*Hausmann*, Art. 33 EGBGB Rn 63.
18 *Sonnenberger* IPRax1987, 221, 222 ff.
19 So etwa *v. Bar*, RabelsZ 53 (1989), 462, 474; *v. Hoffmann*, in: Hadding/Schneider, S. 17.
20 Vgl. BT-Drucks 10/503, S. 67; OLG München NJW-RR 1998, 549, 550; OLG Düsseldorf RIW 1995, 508, 509; *Bette*, WM 1994, 1909, 1913.

Abtretungsverbote (z.B. bei Lohnforderungen oder Versicherungsansprüchen) eingreifen.[21] Gleiches gilt für die Wirkungen, die aus der etwaigen Verabredung eines Zessionsverbots resultieren. Weiterhin gehört hierher die Problematik, ob und bejahendenfalls unter welchen Voraussetzungen bedingte bzw. künftige Forderungen zum Gegenstand einer Abtretung gemacht werden dürfen. Auch die Zulässigkeit einer Globalzession bleibt dem Forderungsstatut vorbehalten.[22]

Ebenfalls zur Übertragbarkeit gehört die Frage, welchen Einfluss **Mängel des Kausalgeschäfts** auf die Abtretung haben. Das gilt nach der oben (Rn 2) skizzierten h.M. selbst dann, wenn die Forderungsübertragung nicht abstrakt, sondern insgesamt kausal ausgestaltet ist.[23] Sofern die Forderung deutschem Recht unterliegt, setzt sich mithin das Abstraktionsprinzip gegenüber einem etwaigen kausalen Verständnis der Forderungsabtretung durch. Die – insoweit rechtsgrundlos – erworbene Forderung ist dann nach Maßgabe des jeweiligen Vertragsstatuts zurückzuübertragen (vgl. Art. 32 Abs. 1 Nr. 5).[24]

c) Schuldnerschutz. Zudem unterwirft Abs. 2 auch das **Rechtsverhältnis zwischen Zessionar und Schuldner** dem Forderungsstatut,[25] womit der unveränderte Inhalt der zedierten Forderung zum Schutz des Schuldners garantiert wird. Der vorstehende Passus erfasst im Übrigen auch die Frage, ob der Zessionar nur den Betrag verlangen darf, den er selbst dem Zedenten für die Forderung gezahlt hat. Weiterhin gilt Abs. 2 für die Voraussetzungen, unter denen die **Übertragung der Forderung dem Schuldner entgegengehalten** werden kann. Es ist deshalb eine Frage des Forderungsstatuts – und nicht etwa der Form der Abtretung (dazu Rn 10) –, ob die Zession als materiellrechtliche Publikationsvoraussetzung eine Benachrichtigung des Schuldners (etwa eine Signifikation nach Art. 1690 Code civile) oder eine Registereintragung erfordert.[26] Schließlich folgt aus Abs. 2 weiter, dass die **befreiende Wirkung einer Leistung durch den Schuldner** am Forderungsstatut zu messen ist. Dieser Aspekt betrifft insbesondere die Folgen einer Leistung des Schuldners an den Altgläubiger.

d) Erweiterungen. In Einklang mit der herrschenden Auffassung ist das Forderungsstatut freilich keineswegs auf die in Abs. 2 genannten Regelbeispiele begrenzt, sondern umfassend zu verstehen. Dementsprechend erfasst das Forderungsstatut auch die **Art und Weise der Abtretung**, ihre Nichtigkeit oder Anfechtbarkeit. Bei der **Sicherungsabtretung** zukünftiger Forderungen, insbesondere im Rahmen eines verlängerten Eigentumsvorbehalts[27] oder einer Globalzession,[28] wird zwar – abseits der in Abs. 2 aufgeführten Schuldnerschutzaspekte – vermehrt für eine Sonderanknüpfung der Abtretung am gewöhnlichen Aufenthalts- bzw. Niederlassungsort des Zedenten eingetreten, um eine einheitliche Behandlung aller abgetretenen Forderungen, deren Statut im Zeitpunkt der Vorausabtretung noch gar nicht bekannt sein kann, sicherzustellen.[29] Dieser Betrachtungsweise ist auf Basis der einleitend dargelegten h.M. (Rn 2) jedoch zu entgegnen, dass sich die in Erwägung gezogene Sonderanknüpfung zum einen auf gesetzlich ungesichertem Terrain bewegt und zudem wegen des zwingend zu beachtenden Schuldnerschutzes in Abs. 2 nicht geeignet erscheint, der kritisierten Rechtszersplitterung vorzubeugen.[30] Auch im Falle einer **mehrfachen Zession** entscheidet schließlich das Forderungsstatut, in welchem Rangverhältnis die konkurrierenden Abtretungen zueinander stehen.[31]

2. Sonderanknüpfungen. a) Form. Ob die Abtretung einer bestimmten Form bedarf, bestimmt sich am Maßstab des Art. 11. In den durch Art. 11 Abs. 3 und Abs. 4 gezogenen Grenzen gelten damit die Formvoraussetzungen des Forderungsstatuts oder des Vornahmeorts. Diese Aussage reicht allerdings nur soweit, wie tatsächlich ein Formerfordernis – und nicht etwa eine materiellrechtliche Voraussetzung, etwa das Erfordernis einer *signification* – in Rede steht. Vorrang vor dem Zessionsstatut genießt im Übrigen stets das rechtsgeschäftliche **Fähigkeitsstatut** (Artt. 7 und 12).

---

21 Zur Anwendbarkeit des § 67 Abs. 2 VVG vgl. OLG Hamburg NJW-RR 1993, 40 = NZV 1993 m. krit. Anm. *Wandt*, S. 56.
22 OLG Hamburg WM 1997, 1773; vgl. auch BGH NJW 1999, 940 = IPRax 2000, 218 m. Anm. *Stadler*, S. 104.
23 BGH NJW 1991, 1414, 1415 = IPRax 1992, 43 m. krit. Anm. *v. Bar*, 20 = EWiR 1991, 161 (*Ebenroth*).
24 *v. Bar*, IPR II, Rn 564.
25 BGH NJW-RR 2001, 307 = WM 2000, 2373; OLG Stuttgart RIW 1991, 159, 160.
26 Dazu etwa OLG Köln NJW 1987, 1151 = IPRax 1987, 239 m. Anm. *Sonnenberger*, S. 221. Entsprechendes gilt in den Niederlanden (Art. 3:94 BW) sowie in Italien (Art. 1264 Codice civile).

Zu Letzterem OLG Hamm NJW-RR 1996, 1271, 1272 = IPRax 1996, 1997 m. Anm. *Schlechtriem*, S. 187. A.A. *Koziol*, DZWiR 1993, 353, 356.
27 Staudinger/*Stoll*, IntSachR, Rn 291 f.
28 *Stoll*, IPRax 1991, 223, 225 ff.
29 So etwa LG Hamburg IPRspr 1980 Nr. 53; *Kaiser*, S. 224 ff.
30 *v. Hoffmann*, in: Hadding/Schneider, S. 13 f.; Erman/*Hohloch*, Art. 33 EGBGB Rn 5.
31 BGHZ 111, 376, 380 ff. = NJW 1991, 637 = IPRax 1991, 248 m. Anm. *Stoll*, S. 223; BGH NJW 1999, 940 = JZ 1999, 404 m. krit. Anm. *Kieninger* = IPRax 2000, 128 m. krit. Anm. *Stadler*, S. 104; für das Niederlassungsrecht des Zedenten *Kaiser*, S. 208 ff.

b) Dinglich gesicherte Forderungen. Besonderheiten gelten schließlich für die Abtretung einer dinglich gesicherten Forderung. Besteht die Sicherung in Gestalt eines nichtakzessorischen Grundpfandrechts (z.B. einer Grund- oder Rentenschuld), unterliegt die Verfügung über das dingliche Recht in materieller wie in formeller (Art. 11 Abs. 5) Hinsicht dem Recht am Belegenheitsort des Grundstücks, während für die Übertragung der gesicherten Forderung wie bisher das Forderungsstatut eingreift. Schwierigkeiten treten indes dann auf, wenn die einem ausländischen Statut unterliegende Forderung durch eine Hypothek gesichert wird, die sich auf ein deutsches Grundstück bezieht. Im Kern geht es dann um die Frage, ob die in § 1154 BGB enthaltene Formvorgabe für den Hypothekenübergang auch dann Geltung beansprucht, wenn die Abtretung der Forderung in Einklang mit dem einschlägigen ausländischen Statut formlos durchgeführt wird. Da kein Grund ersichtlich ist, weshalb der Grundstückseigentümer die durch die Zession der Forderung entstehende Eigentümergrundschuld behalten können soll, tritt die überwiegende Meinung zu Recht dafür ein, auch die Hypothek in entsprechender Anwendung von §§ 410, 412 BGB oder kraft Vorrangs des § 1153 BGB übergehen zu lassen.[32] Sind demgegenüber die Voraussetzungen des § 1154 erfüllt, fehlt es jedoch an einer wirksamen Abtretung nach dem ausländischen Forderungsstatut, kann die Hypothek mangels Forderungsübergang nicht übergehen.[33] § 1138 BGB findet in dieser Konstellation keine Anwendung.[34]

III. Gesetzlicher Forderungsübergang (Abs. 3)

1. Allgemeines und Sondervorschriften. Abs. 3 betrifft insgesamt den **gesetzlichen Forderungsübergang**. Mit dieser Regelung ist der deutsche Gesetzgeber bewusst[35] über Art. 13 Abs. 1 EVÜ hinausgegangen, der lediglich auf vertragliche Forderungen beschränkt ist. Dementsprechend gilt Abs. 3 – trotz seiner Stellung im ersten Unterabschnitt über vertragliche Schuldverhältnisse – auch für Forderungen aus gesetzlichen Schuldverhältnissen. Innerhalb dieser autonomen Erweiterung ist das Gebot der übereinkommenskonformen Auslegung (Art. 36) nicht zu beachten. Keine Anwendung findet Abs. 3 S. 1 auf den gesetzlichen Eigentumsübergang in Gestalt einer dinglichen Surrogation[36] sowie auf die freiwillige Drittleistung (z.B. nach § 267 BGB), so dass es insoweit bei der Geltung des Statuts der getilgten Forderung verbleibt.[37]

Der Umfang der Erstattungspflicht des Unterhaltsschuldners richtet sich **vorrangig** nach dem Unterhaltsstatut (Art. 18 Abs. 6 Nr. 3).[38] Eine weitere, unmittelbar geltende gemeinschaftsrechtliche Sonderregelung findet sich in Art. 93 der VO Nr. 1408/71 über die Anwendung der Systeme der sozialen Sicherheit auf Arbeitnehmer und Selbständige sowie deren Familienangehörige, die innerhalb der Gemeinschaft zu- und abwandern.[39] Mangels spezieller Vorschriften verbleibt es für Versicherungsverträge allerdings bei der allgemeinen Kollisionsnorm des Art. 33 (vgl. Art. 15 EGGVG).

2. Subsidiäre Verpflichtungen (Abs. 3 S. 1). Abs. 3 S. 1 setzt im Gegensatz zu S. 2 die **subsidiäre** Verpflichtung eines Dritten voraus, den Gläubiger eines primär haftenden Schuldners zu befriedigen. Voraussetzungen, Zeitpunkt und auch Umfang[40] der *cessio legis* hängen von dem die Verpflichtung des Dritten beherrschenden Recht (sog. **Zessionsgrundstatut**) ab. Der Dritte ist demnach zum Rückgriff berechtigt, wenn das Recht, dem die Bürgschaft, der Arbeits- oder Versicherungsvertrag etc. unterliegt, den Forderungsübergang anordnet.[41] Keine abweichende Beurteilung folgt daraus, dass die *cessio legis* durch öffentlich-rechtliche Vorschriften (z.B. § 116 SGB X, § 87 BBG) festgelegt wird[42] oder der Dritte gegenüber Schuldner und Gläubiger[43] bzw. nur ausschließlich dem Schuldner, etwa aufgrund eines Versicherungsvertrags, zur Leistung verpflichtet ist.[44] Soweit dem Neugläubiger neben dem Zessionsregress eigenständige Rückgriffsansprüche gegen den Schuldner zustehen, ist allerdings nicht das Zessionsgrundstatut, sondern die jeweilige *lex causae*

---

32 Vgl. MüKo/*Kreuzer*, nach Art. 38 EGBGB Anh. I Rn 47; Staudinger/*Stoll*, Int.SachR, Rn 181; *v. Bar*, RabelsZ 53 (1989), 462, 474.

33 Reithmann/Martiny/*Martiny*, Rn 339; *v. Hoffmann*, in: Hadding/Schneider, S. 16; *v. Bar*, RabelsZ 53 (1989), 462, 474.

34 A.A. MüKo/*Kreuzer*, nach Art. 38 EGBGB Anh. I Rn 47; Staudinger/*Stoll*, Int.SachR, Rn 181.

35 BT-Drucks 10/504, S. 83; dazu *v. Bar*, RabelsZ 53 (1989), 462, 481 ff.

36 *Schack*, IPRax 1995, 158, 159; a.A. wohl OLG Koblenz IPRax 1995, 171.

37 *v. Bar*, IPR II, Rn 582; einschr. für den Fall des § 1142 BGB Soergel/*v. Hoffmann*, Art. 33 EGBGB Rn 21.

38 *Wandt*, ZVglRWiss 86 (1987), 272, 295 f.

39 Vgl. ABlEG Nr. L 28 v. 30.1.1997, 1.

40 *Wandt*, ZVglRWiss 86 (1987), 272, 281; vgl. auch BT-Drucks 10/503, S. 67.

41 Zur Subrogation im englischen Recht der Schadensversicherung OLG Düsseldorf NZV 1992, 447, 448 m. Anm. *Liebelt*, NZV 1993, 298, 299 f.

42 Soergel/*v. Hoffmann*, Art. 33 EGBGB Rn 25 m.w.N.; *Keller*, S. 199 ff.; *v. Bar*, IPR II, Rn 578; Reithmann/Martiny/*Martiny*, Rn 343.

43 *Wandt*, ZVglRWiss 86 (1987), 272, 288 f.; Soergel/*v. Hoffmann*, Art. 33 EGBGB Rn 19; für eine Anknüpfung an das besondere Rechtsverhältnis zwischen Schuldner und Gläubiger hingegen *Stoll*, in: FS Müller-Freienfels, 1986, S. 631, 643; *Hübner*, RabelsZ 50 (1986), 740, 742.

44 *Stoll*, in: FS Müller-Freienfels, 1986, S. 631, 633 f.; Soergel/*v. Hoffmann*, Art. 33 EGBGB Rn 19; a.A. *Wandt*, ZVglRWiss 86 (1987), 272, 279 f.

dieser Rückgriffsbeziehung maßgebend. Etwaige Gegenrechte, die der Schuldner gegen solche Rückgriffsansprüche zu erheben befugt ist, kann er auch gegenüber der kraft Gesetzes übergegangenen Forderung geltend machen.[45]

Das die übergegangene Forderung beherrschende **Forderungsstatut** regelt demgegenüber den Inhalt der übergegangenen Forderung sowie die Frage, welche Einrede der Schuldner gegenüber dem neuen Gläubiger geltend machen kann. Dadurch wird dem Bestandsinteresse des Schuldners Rechnung getragen. In Anlehnung an Abs. 2 können weitere Gesichtspunkte des Schuldnerschutzes – etwa die befreiende Wirkung einer Leistung durch den Schuldner – auch innerhalb des Abs. 3 Berücksichtigung finden.[46] Stark umstritten ist allerdings, ob das Forderungsstatut auch die Frage der Übertragbarkeit der Forderung erfasst[47] oder ob es insoweit bei der Geltung des Zessionsgrundstatuts verbleibt.[48] Für die erstgenannte Auffassung spricht insbesondere, dass schon Art. 17 Abs. 2 des EVÜ-Vorentwurfs die Übertragbarkeit der Forderung dem Forderungsstatut unterwerfen wollte und mit der Korrektur des Wortlauts in der Endfassung des Art. 13 EVÜ keine sachliche Änderung beabsichtigt war.[49]

3. Gleichrangige Verpflichtungen (Abs. 3 S. 2). Erfolgt die Befriedigung des Gläubigers durch einen von mehreren Gesamtschuldnern, richtet sich der Rückgriff nach dem **Zessionsgrundstatut** des Leistenden im Verhältnis zum Gläubiger. Richtigerweise findet Abs. 3 S. 2 nicht nur dann Anwendung, wenn die Verpflichtungen demselben Recht unterliegen,[50] sondern gerade dann, wenn die – gleichartigen und ranggleichen – Verpflichtungen durch verschiedene Rechtsordnungen geprägt sind.[51] Wendet man Abs. 3 S. 2 in einer solchen Konstellation strikt an, unterliegt der gesetzliche Forderungsübergang dem Recht, für das die zuerst erfüllte Forderung Maß gibt. Das nahe liegende Risiko eines Schuldnerwettlaufs lässt sich in diesen Fällen reduzieren, indem man dem regresspflichtigen Mitschuldner den Einwand eröffnet, ein Rückgriff bestehe nach dem für seine eigene Verpflichtung maßgebenden Recht nicht oder jedenfalls nicht in der geltend gemachten Höhe.[52] Soweit die gleichrangig haftenden Schuldner ausnahmsweise durch ein besonderes Rechtsverhältnis (z.B. Gesellschafts- oder Dienstvertrag) miteinander verbunden sind, beeinflusst das darauf anwendbare Recht nicht nur einen etwaigen selbständigen Ausgleichsanspruch, sondern – in Ausnahme zu Abs. 3 S. 2 – auch die Frage des Forderungsübergangs.[53]

C. Schuldübernahme

Das Kollisionsrecht der Schuldübernahme ist nicht kodifiziert,[54] so dass auf die in Rechtsprechung und Schrifttum entwickelten Grundsätze zurückgegriffen werden muss. Die **befreiende Schuldübernahme** lässt sich durch Vertrag zwischen Alt- und Neuschuldner mit Genehmigung des Gläubigers (§ 415 BGB) oder durch Vertrag zwischen Gläubiger und Übernehmer vereinbaren. In beiden Fällen richten sich die obligatorischen Folgen des Übernahmevertrags, insbesondere die Verpflichtung des Neuschuldners zur Begleichung der Schuld, zunächst nach dem gewählten (Art. 27),[55] ersatzweise dem Recht am Sitz des Neuschuldners (Art. 28 Abs. 2).[56] Die verfügenden Wirkungen des Übernahmevertrags – namentlich Voraussetzungen und Zeitpunkt des Schuldnerwechsels – bestimmen sich hingegen nach dem für die übernommene Schuld maßgebenden Recht.[57] Auf diese Weise lässt sich dem Bestandsinteresse des Gläubigers umfassend Rechnung tragen.

Im Rahmen des **Schuldbeitritts** muss der Gläubiger freilich nicht beteiligt werden, da seine Interessen durch das Hinzutreten eines weiteren Schuldners nicht berührt sind. Infolgedessen unterliegt die Verpflichtung des Beitretenden dem mit dem Erstschuldner vereinbarten Recht (Art. 27), ersatzweise dem Recht des

---

[45] *Wandt*, ZVglRWiss 86 (1987), 272, 288; Staudinger/*Hausmann*, Art. 33 EGBGB Rn 81 a.E.
[46] *Keller*, 164; Reithmann/Martiny/*Martiny*, Rn 344; Soergel/*v. Hoffmann*, Art. 33 EGBGB Rn 23.
[47] *Einsele*, ZVglRWiss 90 (1991), 1, 19 f.; Staudinger/*Hausmann*, Art. 33 EGBGB Rn 72; *Keller*, S. 167 f.
[48] OLG Stuttgart VersR 1991, 1012; *Wandt*, ZVglRWiss 86 (1987), 272, 286 f.; *v. Bar*, IPR II, Rn 577; *Kropholler*, IPR, § 52 VIII 2.
[49] Soergel/*v. Hoffmann*, Art. 33 EGBGB Rn 24.
[50] Darauf beschränkt *Wandt*, ZVglRWiss 86 (1987), 272, 293; Palandt/*Heldrich*, Art. 33 EGBGB Rn 3.
[51] Staudinger/*Hausmann*, Art. 33 EGBGB Rn 86 f.; Reithmann/Martiny/*Martiny*, Rn 321; *v. Bar*, RabelsZ (1989), 462, 484.
[52] *Stoll*, in: FS Müller-Freienfels, 1986, S. 631, 659; Staudinger/*Hausmann*, Art. 33 EGBGB Rn 87; *Keller*, S. 180 ff.
[53] *Stoll*, in: FS Müller-Freienfels, 1986, S. 631, 660.
[54] BT-Drucks 10/503, S. 68.
[55] Staudinger/*Hausmann*, Art. 33 EGBGB Rn 99 f. m.w.N.; *v. Bar*, IPRax 1991, 197, 199 f.; *Kropholler*, IPR, § 52 VIII 4.
[56] Vgl. Soergel/*v. Hoffmann*, Art. 33 EGBGB Rn 41 f. m.w.N.; Staudinger/*Hausmann*, Art. 33 EGBGB Rn 99 f. m.w.N.
[57] RG JW 1932, 3810; LG Hamburg, IPRax 1991, 400, 402 m. Anm. *Reinhart*, S. 376; Soergel/*v. Hoffmann*, Art. 33 EGBGB Rn 38 m.w.N.; a.A. (Vertragsstatut) für die Konstellation eines Übernahmevertrags zwischen Gläubiger und Übernehmer *Girsberger*, ZVglRWiss (88) 1989, 31, 37; *v. Bar*, IPRax 1991, 197, 199; Staudinger/*Hausmann*, Art. 33 EGBGB Rn 101.

gewöhnlichen Aufenthalts bzw. der Niederlassung des Zweitschuldners (Art. 28 Abs. 2)[58] oder ganz ausnahmsweise dem Statut der übernommenen Schuld (Art. 28 Abs. 5).[59] Der wichtigste Fall eines **gesetzlichen Schuldbeitritts**, der sog. Direktanspruch des Geschädigten gegen den Kfz-Haftpflichtversicher (§ 3 Nr. 1 PflVG), ist explizit in Art. 40 Abs. 4 geregelt.

D. Vertragsübernahme

19 Die rechtsgeschäftliche Vertragsübernahme, die von dem zugrunde liegenden und eigenständig anzuknüpfenden Kausalverhältnis zu trennen ist,[60] beruht regelmäßig auf einem einheitlichen Rechtsgeschäft, an dem naturgemäß sämtliche Beteiligte mitwirken müssen. Deshalb erscheint es gerechtfertigt, die Parteien weitestmöglich zur Rechtswahl zuzulassen.[61] Objektiv ist die Vertragsübernahme hingegen an das auf den übernommenen Vertrag anwendbare Recht anzuknüpfen.[62] Letzteres gilt ebenso mit Blick auf einen gesetzlich angeordneten Vertragsübergang.[63]

E. Vermögens- und Unternehmensübernahme

20 Das Kollisionsrecht der internationalen Vermögens- bzw. Unternehmensübernahme ist ebenfalls nicht kodifiziert. Einigkeit besteht zunächst darüber, dass das Statut des **schuldrechtlichen** Übernahmevertrags sich nach den allgemeinen Regeln des internationalen Vertragsrechts richtet (Artt. 27 ff.).[64] Bei der Bestimmung des „verfügenden" Teils des Übernahmestatuts, welches namentlich die Haftung des Übernehmers festlegt, muss vorrangig den Interessen des Gläubigers des ursprünglichen Vermögensinhabers Rechnung getragen werden, denn es droht gerade ihm ein Verlust an Vollstreckungsobjekten. Aus diesem Grund ist eine – auch nachträglich getroffene[65] – Rechtswahl nur dann zuzulassen, wenn sie unter Einbeziehung des Gläubigers herbeigeführt wird.[66] In objektiver Hinsicht unterliegt die Haftung bei Vermögens- oder Unternehmensübernahme hingegen dem Recht am Lageort des jeweiligen Vermögensobjekts (*lex rei sitae*)[67] bzw. dem Recht am tatsächlichen Sitz des übernommenen oder fortgeführten Unternehmens.[68]

Artikel 34 **Zwingende Vorschriften**

[1]Dieser Unterabschnitt berührt nicht die Anwendung der Bestimmungen des deutschen Rechts, die ohne Rücksicht auf das auf den Vertrag anzuwendende Recht den Sachverhalt zwingend regeln.

Literatur: *Anderegg*, Ausländische Eingriffsnormen im internationalen Vertragsrecht, 1989; *Basedow*, Wirtschaftskollisionsrecht. Theoretischer Versuch über die ordnungspolitischen Normen des Forumstaates, RabelsZ 52 (1988), 8; *Berger*, Devisenrecht in der internationalen Wirtschaftsschiedsgerichtsbarkeit, ZVglRWiss 96 (1997), 316; *Busse*, Die Berücksichtigung ausländischer „Eingriffsnormen" durch die deutsche Rechtsprechung, ZVglRWiss 95 (1996), 386; *Felke*, Internationale Konsumentenkredite: Sonderanknüpfung des VerbrKrG über Art. 34 EGBGB, RIW 2001, 30; *Fetsch*, Eingriffsnormen und EG-Vertrag, 2002; *Franzen*, Vertragsstatut und zwingende Bestimmungen im internationalen Arbeitsrecht, IPRax 2003, 239; *Freitag/Leible*, Internationaler Anwendungsbereich der Handelsvertreter-Richtlinie – Europäisches Handelsvertreterrecht weltweit?, RIW 2001, 287; *v. Hoffmann*, Inländische Sachnormen mit zwingendem internationalem Anwendungsbereich, IPRax 1989, 261; *Kilian/Müller*, Öffentlich-rechtliches Preisrecht als Eingriffsnorm i.S. des Art. 34 EGBGB, IPRax 2003, 436; *Kothe*, Verbraucherschutz im Licht des europäischen Wirtschaftsrechts, EuZW 1990, 150; *Leible*, Außenhandel und Rechtssicherheit, ZVglRWiss 97 (1998), 286; *Mankowski*, Strukturfragen des internationalen Verbrauchervertragsrechts, RIW 1993, 453; *ders.*, Art. 34 EGBGB erfaßt § 138 BGB nicht!, RIW 1996, 8; *ders.*, Keine Sonderanknüpfung deutschen Verbraucherschutzrechts über Art. 34 EGBGB, DZWiR 1996, 273; *Pfeiffer*, Eingriffsnormen und ihr sachlicher Regelungsgegenstand, in: FS Geimer 2002, S. 821; *Radtke*, Schuldstatut und Eingriffsrecht, ZVglRWiss

---

58 *v. Bar*, IPRax 1991, 197, 198; *Girsberger*, ZVglRWiss 88 (1989), 31, 37; *Soergel/v. Hoffmann*, Art. 33 EGBGB Rn 34 m.w.N.
59 *Soergel/v. Hoffmann*, Art. 33 EGBGB Rn 34 a.E. (wirtschaftliche Identität zwischen Altschuldner und Beitretenden).
60 *Zweigert*, RabelsZ 23 (1958), 643, 651.
61 *Zweigert*, RabelsZ 23 (1958), 643, 656 ff.; *Girsberger*, ZVglRWiss 88 (1989), 31, 41 f.; *v. Bar*, IPRax 1991, 197, 200; Staudinger/Hausmann, Art. 33 EGBGB Rn 104 m.w.N.
62 *Zweigert*, RabelsZ 23 (1958), 643, 646 ff.; *Soergel/v. Hoffmann*, Art. 33 EGBGB Rn 46 m.w.N.
63 *Zweigert*, RabelsZ 23 (1958), 643, 656 f.; *v. Bar*, IPRax 1991, 197, 200 f.; Staudinger/*Hausmann*, Art. 33 EGBGB Rn 106 m.w.N.

64 Staudinger/*Hausmann*, Art. 33 EGBGB Rn 109.
65 OLG Koblenz IPRax 1989, 175; *v. Bar*, IPR II, Rn 616.
66 Staudinger/*Hausmann*, Art. 33 EGBGB Rn 110.
67 *Merkt/Dunkel*, RIW 1996, 533, 541 f.; MüKo/*Martiny*, Art. 33 EGBGB Rn 42; *Schnelle*, RIW 1997, 281, 284; a.A. *Tiedemann*, S. 120 ff. (Wohnsitz des Vermögensträgers).
68 *Schnelle*, RIW 1997, 281, 285; a.A. *Busch/Müller*, ZVglRWiss 94 (1995), 157, 177 ff. (zusätzliche Berücksichtigung des Statuts der betreffenden Forderung); *Ebenroth/Offenloch*, RIW 1997, 1, 8 (Wohnsitz des Veräußerers).

84 (1985), 325; *Reich*, Grundgesetz und internationales Vertragsrecht, NJW 1994, 2128; *Reithmann/Martiny*, Internationales Vertragsrecht, 6. Auflage 2004; *Remien*, Außenwirtschaftsrecht in kollisionsrechtlicher Sicht, RabelsZ 54 (1990), 217; *W.-H. Roth*, Verbraucherschutz über die Grenze, RIW 1994, 275; *ders.*, Ausländische Eingriffsnormen und Reform des Römischen EWG-Übereinkommens, in: FS Immenga 2004, S. 331; *Schubert*, Internationale Verträge und Einheitsrecht – ein Beitrag zur Methode des Wirtschaftskollisionsrechts, RIW 1987, 729; *Siehr*, Ausländische Eingriffsnormen im inländischen Wirtschaftskollisionsrecht, RabelZ 52 (1988), 41; *Staudinger*, Die ungeschriebenen kollisionsrechtlichen Regelungsgebote der Handelsvertreter-, Haustürwiderrufs- und Produkthaftungsrichtlinie, NJW 2001, 1975; *Wengler*, Die Anknüpfung des zwingenden Schuldrechts im internationalen Privatrecht, ZVglRWiss 54 (1941), 168; *Wenner*, Die HOAI im internationalen Rechtsverkehr, RIW 1998, 173; *Zweigert*, Nichterfüllung aufgrund ausländischer Leistungsverbote, RabelsZ 14 (1942), 283.

A. Überblick 1	5. Schutz der Verbraucher, Mieter und Handelsvertreter 29
B. Inländische international zwingende Normen (Art. 34) 2	6. Sonstiges 32
I. Allgemeines 2	C. Ausländische international zwingende Normen 33
II. Reichweite 5	I. Begriff 34
III. Internationaler Geltungswille 6	II. Berücksichtigung ausländischer Eingriffsnormen 35
1. Nationale Perspektive 7	1. Konzeptionen 36
2. Gemeinschaftsrechtliche Erweiterungen . 10	a) Schuldstatuttheorie 36
3. Konsequenzen 16	b) Kollisionsrechtliche Sonderanknüpfung 37
IV. Inlandsbezug 18	c) Judikatur 38
V. Verhältnis zu Artt. 29, 30 sowie Art. 6 19	2. Praktische Folgerungen 42
VI. Einzelne inländische Eingriffsnormen 22	III. Einzelne ausländische Eingriffsnormen ... 44
1. Außenhandel, Kulturgüterschutz und Devisenrecht 23	D. Rangverhältnis 45
2. Grundstücksbezogene Vorschriften 26	
3. Gewerbe- und Berufsrecht 27	
4. Arbeitnehmerschutzvorschriften 28	

A. Überblick

Die schwierige Frage, unter welchen Voraussetzungen international zwingende Normen gegenüber dem nach herkömmlichen Anknüpfungsregeln berufenen Recht bevorrechtigt sind, stellt sich in verschiedenen Konstellationen, je nachdem, aus welcher Rechtsordnung die in Rede stehende Eingriffsnorm hervorgeht. Eine zumindest partielle Regelung der Materie findet sich in Art. 34, der in Anschluss an Art. 7 Abs. 2 EVÜ den Einfluss **zwingender Vorschriften der deutschen** *lex fori* gegenüber einer – implizit vorausgesetzten[1] – ausländischen *lex causae* zum Gegenstand hat, ohne freilich selbst Kollisionsnormen anzuordnen oder zu beinhalten.[2] Steht hingegen eine ausländische international zwingende Norm im Raum, so kann danach unterschieden werden, ob die Regelung aus derselben Rechtsordnung stammt, die entweder schon dem **Vertragsstatut** Maß gibt, oder einer **drittstaatlichen Rechtsordnung** zugehört, die weder mit der *lex fori* noch mit der *lex causae* identisch ist. Von dem letztgenannten Ausschnitt wird auch der sog. unechte Drittstaatsfall[3] erfasst, in dem lediglich die Eingriffsnorm ausländischem Recht entspringt, Forumrecht und Vertragsstatut hingegen der deutschen Rechtsordnung unterfallen. Die noch im Regierungsentwurf zum IPR-Neuregelungsgesetz von 1986 vorgesehene Übernahme des Art. 7 Abs. 1 EVÜ,[4] der die Berücksichtigung drittstaatlicher Eingriffsnormen ausdrücklich zugelassen hätte, ist im damaligen Gesetzgebungsverfahren aufgrund des Vorbehalts in Art. 22 Abs. 1 lit. a EVÜ bewusst gestrichen worden.[5] Das bedeutet indes nicht, dass ausländische Eingriffsnormen generell unbeachtlich wären; vielmehr besteht im Ergebnis Einigkeit darüber, dass auch international zwingende Bestimmungen einer ausländischen Rechtsordnung vor deutschen Gerichten Berücksichtigung finden können (vgl. Rn 33 ff.).

1

---

[1] Staudinger/*Magnus*, Art. 34 EGBGB Rn 2. Ist hingegen deutsches Recht Schuldstatut, gelten denknotwendig die Eingriffsnormen der deutschen *lex fori*, so dass eine Konfliktsituation von vornherein ausscheidet, vgl. Staudinger/*Magnus*, Art. 34 EGBGB Rn 20.

[2] W.-H. Roth, RIW 1994, 275, 277; Bamberger/Roth/*Spickhoff*, Art. 34 EGBGB Rn 1.

[3] MüKo/*Martiny*, Art. 34 EGBGB Rn 23.

[4] BT-Drucks 10/504, S. 83. Zur angestrebten Reform des Art. 7 EVÜ *Junker*, IPRax 2000, 65; *W.-H. Roth*, in: FS Immenga 2004, S. 331, 336 ff.

[5] BT-Drucks 10/504, S. 100, 106; BT-Drucks 10/5632, S. 45.

B. Inländische international zwingende Normen (Art. 34)

I. Allgemeines

2 Unabhängig von dem auf den Schuldvertrag nach Artt. 27–30 anwendbaren Recht sind gemäß Art. 34 die Vorschriften des deutschen Rechts anzuwenden, die ohne Rücksicht auf das ausländische Vertragsstatut den Sachverhalt zwingend regeln. Damit bringt der Gesetzgeber zum Ausdruck, dass die Zuordnung einer Bestimmung zum deutschen *ius cogens* – anders als in Artt. 27 Abs. 3, 29 Abs. 1 sowie 30 Abs. 1 – keineswegs schon ausreicht, um als international zwingende Vorschrift Geltung zu beanspruchen.[6] Zu fordern sind vielmehr Regelungen, die **ohne Rücksicht auf den gegebenen Auslandsbezug den Sachverhalt im Inland zwingend regeln wollen**.[7] Ob eine inländisch zwingende Vorschrift diesen Charakter aufweist, ist anhand ihres **Geltungswillens** bzw. **Normzwecks** zu ermitteln (Rn 6 ff.).

3 Nach herrschender Auffassung setzt Art. 34 zudem einen **hinreichenden Inlandsbezug** voraus (Rn 18). Bestrebungen der Lehre,[8] Geltungswille und Inlandsbezug miteinander derart in Beziehung zu setzen, dass eine inländisch zwingende Vorschrift umso eher auch international zwingend ist, je intensiver die Inlandsberührung im konkreten Fall ausfällt (und umgekehrt), kann trotz eines erkennbaren Zuwachses an Flexibilität nicht überzeugen. Eine Vorschrift, die keinen internationalen Durchsetzungsanspruch verfolgt, wird nicht etwa schon dadurch zur Eingriffsnorm, weil der Sachverhalt einen engen Bezug zum Inland aufweist.[9] Hinzu kommt, dass die Verknüpfung beider Bedingungen innerhalb eines beweglichen Systems die naturgemäß vagen Konturen des Art. 34 gänzlich aufweicht.

4 Soweit Art. 34 eingreift, hat der Richter die betreffende deutsche Norm mittels **Sonderanknüpfung** einschließlich ihrer ausdrücklich genannten oder durch die Rechtsprechung beigelegten Rechtsfolge anzuwenden.[10] Das an sich berufene ausländische Sachrecht wird insoweit verdrängt. Sowohl der internationale Entscheidungseinklang als auch der in Art. 27 ausgesprochene Vorrang der Parteiautonomie werden dadurch durchbrochen.[11] Schon aus diesem Grund sollte von Art. 34 nur zurückhaltend Gebrauch gemacht werden.[12]

II. Reichweite

5 Entgegen der Rechtsprechung[13] bezieht sich Art. 34 nicht nur auf den Unterabschnitt über vertragliche Schuldverhältnisse, sondern auch auf Art. 11, der die Formstatutsregel des Art. 9 EVÜ in deutsches Recht transformiert. Entsprechendes gilt mit Blick auf Art. 12 S. 1, der die Vorgaben des Art. 11 EVÜ in das EGBGB aufnimmt. Mit Art. 34 hat der deutsche Gesetzgeber Art. 7 Abs. 2 EVÜ, der die Anwendung international zwingender Normen der *lex fori* gegenüber dem EVÜ in seiner Gesamtheit zulässt, ohne Abstriche in deutsches Recht überführen wollen. Damit wurde beabsichtigt, insbesondere das dem EVÜ zugehörige Formstatut in den Anwendungsbereich des Art. 34 miteinzuschließen. Infolgedessen können namentlich **Formvorschriften** des deutschen Rechts als international zwingende Bestimmungen durchaus in Betracht kommen. Allerdings bleibt zu beachten, dass § 311b BGB kein international zwingender Charakter beizumessen ist.[14]

III. Internationaler Geltungswille

6 Welche Eigenschaften eine inländisch zwingende Regelung in den Stand einer Norm mit internationalem Durchsetzungsanspruch erheben, wird in Rechtsprechung und Schrifttum überaus kontrovers diskutiert. Einigkeit besteht lediglich darin, dass Art. 34 **keine Differenzierung** zwischen öffentlich-rechtlichen oder strafbewehrten Normen einerseits und Bestimmungen des Privatrechts andererseits notwendig macht,[15] sondern lediglich einen Bezug der betreffenden Regelung zum Vertragsgeschehen voraussetzt.[16] Auch der Zeitpunkt ihres Erlasses ist für Anwendung der Eingriffsnorm ohne Belang.[17]

---

6 Unstreitig, vgl. etwa BAG NZA 1990, 841, 844; *Becker*, RabelsZ 60 (1990), 691, 694; *E. Lorenz*, RIW 1987, 569, 578 f.
7 Reithmann/Martiny/*Freitag*, Rn 399 m.w.N.
8 *Kothe*, EuZW 1990, 150, 153 ff.; ebenso Palandt/*Heldrich*, Art. 34 EGBGB Rn 3.
9 *Mankowski*, DZWiR 1996, 273, 279; *ders.*, RIW 1998, 287, 290; Reithmann/Martiny/*Freitag*, Rn 402; *Kropholler*, IPR, § 52 IX 1; Staudinger/*Magnus*, Art. 34 EGBGB Rn 62.
10 Reithmann/Martiny/*Freitag*, Rn 407.
11 Reithmann/Martiny/*Freitag*, Rn 399.
12 *Mann*, NJW 1988, 3074, 3075; Staudinger/*Magnus*, Art. 34 EGBGB Rn 45.
13 BGH NJW 1993, 1126, 1128; ebenso Palandt/*Heldrich*, Art. 34 EGBGB Rn 3.
14 Staudinger/*Magnus*, Art. 34 EGBGB Rn 87.
15 BT-Drucks 10/504, S. 83; BAG NZA 1990, 841, 844 = IPRax 1991, 407 m. Anm. *Magnus*, S. 382; BAG NZA 1993, 743, 748 = IPRax 1994, 123 m. Anm. *Mankowski*, S. 88; MüKo/*Martiny*, Art. 34 EGBGB Rn 11; *Schubert*, RIW 1987, 729, 731.
16 Staudinger/*Magnus*, Art. 34 EGBGB Rn 47.
17 *Radtke*, ZVglRWiss 84 (1985), 325, 327 f.; MüKo/*Martiny*, Art. 34 EGBGB Rn 17 f.

1. Nationale Perspektive. Die Frage nach der internationalen Normgeltung bereitet ausnahmsweise dann keine Probleme, wenn der Zweck der Regelung, unabhängig vom anwendbaren Recht eingreifen zu wollen, in der betreffenden Norm selbst **ausdrücklich angeordnet** wird. Das ist etwa in § 130 Abs. 2 GWB, §§ 1, 7 AEntG, § 11 AuslInvestG, § 32b UrhG, Art. 29a EGBGB sowie den §§ 449 Abs. 3, 451h Abs. 3, 466 Abs. 4 HGB der Fall. Regelmäßig wird jedoch die internationale Reichweite einer zwingenden Vorschrift des deutschen Rechts nicht eindeutig aus dem Gesetz hervorgehen, so dass die Frage nach dem internationalen Durchsetzungsanspruch nur mittels – einheitlicher (Art. 36) – **Auslegung** aufgeklärt werden kann.[18] In diesem Fall ist anhand der Zielsetzung des Gesetzes zu bestimmen, ob trotz der Berufung ausländischen Sachrechts als Vertragsstatut die deutsche Norm Geltung beanspruchen soll.

Nach **überwiegender Meinung**, die namentlich durch die ständige **Rechtsprechung des BAG** geprägt wurde, ist für den international zwingenden Charakter einer Vorschrift entscheidend, dass der Zweck der Norm „sich nicht im Ausgleich widerstreitender Interessen der Vertragsparteien erschöpft, sondern auch auf öffentliche Interessen gerichtet ist."[19] Art. 34 soll danach nur bei zwingenden Vorschriften mit vornehmlich wirtschafts- oder sozialpolitischem Gehalt eingreifen, nicht jedoch, wenn der ordnungspolitische Charakter der Norm hinter dem primär angestrebten privaten Interessenausgleich zurückbleibt. Vor diesem Unterscheidungskriterium lassen sich viele Regelungen, die öffentlichen Interessen zu dienen bestimmt sind, als klassische Anwendungsfälle des Art. 34 ausmachen, wie z.B. Ein- und Ausfuhrbestimmungen des AWG, Preis- und Devisenvorschriften, Bestimmungen des Kartellrechts oder Embargovorschriften.[20] Schwierigkeiten bereitet allerdings die umgekehrte Folgerung, dass nämlich der internationale Geltungswille solcher Vorschriften stets zu verneinen sei, die zum Schutz des schwächeren Vertragsteils eine Ungleichgewichtslage kompensieren wollen. Dieser Schluss wird zwar im Schrifttum überwiegend gezogen,[21] doch finden sich auch kritische Stimmen, die zwingende Vorschriften namentlich des Verbraucherschutzrechts, Wohnungsmietrechts und Arbeitsrechts in den Anwendungsbereich des Art. 34 weithin integrieren wollen, weil auch sie neben dem Individualschutz Ausdruck einer bestimmten sozial- und ordnungspolitischen Wertung seien.[22] Auch verfassungsrechtliche Gründe, allen voran das Sozialstaatsprinzip, werden bemüht, um eine Anwendung des Art. 34 abzustützen.[23]

Die **Rechtsprechung des BGH** hat es demgegenüber bis dato vermieden, zu den Voraussetzungen des internationalen Geltungsanspruchs einer Norm abschließend Stellung zu nehmen. Verbraucherschützende Vorschriften, die nicht bereits vom sachlichen Anwendungsbereich des Art. 29 erfasst sind, sollen nach einer jüngeren Entscheidung jedenfalls nur dann als potenzielle Eingriffsnormen i.S.d. Art. 34 anzuerkennen sein, wenn und soweit der in Art. 29 Abs. 1 Nr. 1–3 normierte situative Inlandsbezug vorliegt.[24] Speziell für § 1 HausTWG (§ 312 BGB n.F.) konnte sich der BGH damit noch einer klaren Aussage enthalten. Vor diesem Hintergrund ist es jedoch nicht ausgeschlossen, dass Verbraucherschutzrecht im Einzelfall einen Rückgriff auf Art. 34 rechtfertigt, wenn und soweit Art. 29 hierfür keinen ausreichenden Schutz bietet. Dafür scheint nicht zuletzt der Bericht zum EVÜ von *Giuliano/Lagarde* zu sprechen, der Verbraucherschutzvorschriften als einen potenziellen Anwendungsfall des Art. 7 Abs. 2 EVÜ aufführt.[25] Diese eher **einzelfallorientierte Betrachtungsweise** hat im Schrifttum erkennbar Zulauf gewonnen,[26] wenngleich die dahinterstehenden Wertungen bislang nur vage hervorgetreten sind.

2. Gemeinschaftsrechtliche Erweiterungen. Die gesamte Problematik um den internationalen Geltungswillen individualschützender Normen hat in den letzten Jahren durch vielfältige Impulse des Gemeinschaftsrechts erheblich an praktischer Bedeutung verloren. Viele der jüngeren Verbraucherschutz-Richtlinien verpflichten die Mitgliedstaaten ausdrücklich, in ihrem Recht Vorkehrungen für den Fall zu treffen, dass die Parteien durch Vereinbarung des Rechts eines Drittstaats die praktische Wirksamkeit der richtlinienbedingten Standards unterlaufen. Art. 29a greift diese Vorgaben auf und bestimmt, dass die Regelungsvorgaben der Klausel-RL, Teilzeitnutzungsrechte-RL, Fernabsatz-RL und Verbrauchsgüterkauf-RL international zwingend

---

18 *Wengler*, ZVglRWiss 54 (1941), 168, 178.
19 BAG NZA 1990, 841, 844 ff.; BAG NZA 1995, 1191, 1193; zuletzt BAG NZA 2002, 734, 737; Staudinger/*Magnus*, Art. 34 EGBGB Rn 57; MüKo/ *Martiny*, Art. 34 EGBGB Rn 12; Bamberger/Roth/ *Spickhoff*, Art. 34 EGBGB Rn 14; *Kropholler*, IPR, § 52 VIII 1; *Anderegg*, S. 87 ff.; *Mankowski*, DZWiR 1996, 273, 274; *Basedow*, RabelsZ 52 (1988), 8, 9.
20 BT-Drucks 10/504, S. 83.
21 So im Erg. *Sonnenberger*, IPRax 2003, 104 ff.; *Mankowski*, RIW 1993, 453, 460; *Kothe*, EuZW 1990, 150, 153; *Schubert* RIW 1987, 729, 731; Reithmann/Martiny/*Freitag*, Rn 405.
22 Soergel/*v. Hoffmann*, Art. 34 EGBGB Rn 7; *ders.*, IPRax 1989, 261 ff.; *ders.*, IPR, § 10 Rn 95 f.; *Siehr*, RabelsZ 52 (1998), 41, 48.
23 *Reich*, NJW 1994, 2128, 2129; dagegen zu Recht Bamberger/Roth/*Spickhoff*, Art. 34 EGBGB Rn 12.
24 BGHZ 135, 124, 135 f.; ebenso OLG Koblenz, NJW-RR 2001, 490, 491; weiter gehend noch BGHZ 123, 380, 391. Zur älteren Rspr. der Instanzgerichte Palandt/*Heldrich*, Art. 34 EGBGB Rn 3a.
25 *Guillano/Lagarde*, BT-Drucks 10/503, S. 60.
26 Palandt/*Heldrich*, Art. 34 EGBGB Rn 3.

durchgesetzt werden müssen, wenn der einem Drittstaat unterliegende Vertrag einen engen Zusammenhang mit dem Gebiet eines Staats der EG oder des EWR aufweist. Aber auch außerhalb des Art. 29a – d.h. bei solchen (älteren) Richtlinien, die noch keine Verpflichtung zur Schaffung einer allseitigen Kollisionsregel enthalten – hat die Rechtsprechung des Gerichtshofs zu einem Paradigmenwechsel geführt.

11 In der **Rechtssache „Ingmar GB"** hatte der EuGH zu entscheiden, ob ein in England für ein kalifornisches Unternehmen tätiger Handelsvertreter nach Vertragsbeendigung auch dann einen Ausgleichsanspruch geltend machen kann, wenn dem Handelsvertretervertrag kalifornisches Recht zugrunde gelegt wurde, das – anders als das an die Handelsvertreterrichtlinie[27] angeglichene englische Recht – keinen intern zwingenden Ausgleichsanspruch kennt. Nach Auffassung des EuGH sind die richtlinienbedingten Vorschriften des englischen Rechts unabhängig davon anwendbar, „welchem Recht der Vertrag nach dem Willen der Parteien unterliegen soll, [...] wenn der Sachverhalt einen starken Gemeinschaftsbezug aufweist, etwa weil der Handelsvertreter seine Tätigkeit im Gebiet eines Mitgliedstaats ausübt."[28] Begründet wurde diese ungeschriebene, gemeinschaftsrechtlich fundierte Kollisionsnorm mit der Schutzbedürftigkeit des Handelsvertreters sowie mit dem Abbau von Wettbewerbsverzerrungen im Binnenmarkt.[29]

12 Seit dieser Entscheidung besteht im Prinzip Einigkeit darüber, die Argumentation des EuGH weiter auszubauen und auch auf sonstige privatrechtsharmonisierende Richtlinien zu übertragen, die keine kollisionsrechtlichen Vorgaben enthalten.[30] Grundvoraussetzung einer solchen **ungeschriebenen Kollisionsregel** ist zunächst, dass das umzusetzende Richtlinienrecht im Inland der Parteidisposition entzogen ist.[31] Hinzu kommen muss, dass die Parteien den Vertrag einer drittstaatlichen Rechtsordnung unterstellen, obwohl sich der Sachverhalt nur zwischen Mitgliedstaaten der EG abspielt[32] oder aber trotz Beziehung zu einem Drittstaat einen starken Binnenmarktbezug aufweist.[33] Uneinigkeit besteht hingegen über die sich anschließende Frage, ob der internationale Durchsetzungsanspruch richtlinienbedingter Normen lediglich unter der weiteren Voraussetzung in Betracht kommt, dass der Richtliniengeber mit der Rechtsangleichung nicht nur den Verbraucherschutz verbessern möchte, sondern darüber hinaus konkrete Gemeinschaftsziele anstrebt, wie etwa die Beseitigung von Wettbewerbsverzerrungen oder den Abbau von Beeinträchtigungen der Grundfreiheiten.[34]

13 Bei Licht betrachtet führt diese Unterscheidung freilich nicht weiter, denn die Gemeinschaft sieht den Verbraucherschutz seit jeher unlösbar mit der Stärkung der grundfreiheitlich abgesicherten Nachfragemacht im Binnenmarkt verbunden.[35] Der Schutz der Verbraucher ist nach Bekunden der gemeinschaftlichen Rechtsetzungsorgane gerade Teil des Binnenmarktprojekts, so dass die Gemeinschaft mit ihrer Verbraucherschutzgesetzgebung per se ein essentielles Gemeinschaftsziel verfolgt. So soll die Angleichung innerstaatlicher Zivilrechtsnormen über den Fernabsatz,[36] den Verbrauchsgüterkauf,[37] missbräuchliche Klauseln,[38] Teilnutzungsrechte an Immobilien[39] oder Pauschalreisen[40] gerade das Vertrauen des grenzüberschreitend agierenden Konsumenten in den Binnenmarkt stärken. Dieser Begründungsansatz findet sich mit Blick auf den Gemeinsamen Markt im Übrigen auch schon in der Verbraucherkredit-RL.[41] Es sprechen deshalb die besseren Gründe dafür, den in jüngeren Verbraucherschutzrichtlinien explizit zum Ausdruck gekommenen Willen des Gemeinschaftsgesetzgebers, die Mitgliedstaaten zur Schaffung einer allseitigen Kollisionsnorm zu verpflichten, als allgemeines Instrument zur Stärkung des binnenmarktaktiven Konsumenten auch in die Verbraucherkredit-RL und Haustürwiderrufs-RL einzublenden.

14 Zweifelhaft bleibt damit nur noch, auf welche Weise sich dem gemeinschaftsrechtlichen Gebot zur **Begründung einer marktabgrenzenden Kollisionsnorm auf mitgliedstaatlicher Ebene** nachkommen lässt. Da Art. 34 eine solche nicht beinhaltet oder anordnet, kommt entweder eine analoge Anwendung des

---

27 RL 86/653/EWG (ABlEG Nr. L 382 v. 31.12.1986, S. 17).
28 EuGH, Urt. v. 9.11.2000, Rs. C-381/98 (Ingmar GB Ltd./Eaton Leonhard Technologies Inc.), Slg. 2000, I-9305 Rn 25 = NJW 2001, 2007 = RIW 2001, 133 m. Anm. *Leible/Freitag*, S. 287 ff.
29 EuGH, Urt. v. 9.11.2000, Rs. C-381/98 (Ingmar GB Ltd./Eaton Leonhard Technologies Inc.), Slg. 2000, I-9305 Rn 21 ff.
30 *Michaels/Kamann*, EWS 2001, 301, 307 ff.; *Staudinger*, NJW 2001, 1974, 1976; *Martiny*, ZEuP 2001, 301, 331 f.
31 Staudinger/*Magnus*, Art. 34 EGBGB Rn 42; *Staudinger*, NJW 2001, 1974, 1977 ff.
32 Reithmann/Martiny/*Freitag*, Rn 418.
33 Reithmann/Martiny/*Freitag*, Rn 419.
34 Staudinger/*Magnus*, Art. 34 EGBGB Rn 42; ähnlich Bamberger/Roth/*Spickhoff*, Art. 34 EGBGB Rn 15.
35 *Reich*, ZEuP 1994, 381, 387 f.; *Heiss*, ZEuP 1996, 625, 641 ff.; ähnlich schon für den Gemeinsamen Markt *Rambow*, EuR 1981, 240, 242.
36 Erwägungsgrund Nr. 2 RL 97/7/EG (ABlEG Nr. L 144 v. 4.6.1997, S. 19).
37 Erwägungsgrund Nr. 2 und 4 RL 99/44/EG (ABlEG Nr. L 171 v. 7.7.1999, S. 12).
38 Erwägungsgrund Nr. 2 und 5 f. RL 93/13/EWG (ABlEG Nr. L 95 v. 21.4.1993, S. 29).
39 Erwägungsgrund Nr. 1 94/47/EG (ABlEG Nr. L 280 v. 29.10.1994, S. 83).
40 Erwägungsgrund Nr. 2 RL 90/314/EWG (ABlEG Nr. L 158 v. 23.6.1990, S. 59).
41 Erwägungsgrund Nr. 3 und 4 RL 87/102/EWG (ABlEG Nr. L 42 v. 12.2.1987, S. 48).

Art. 29a[42] oder aber die (richterrechtliche) Erzeugung einer ungeschriebenen Kollisionsnorm in Betracht, die namentlich die deutschen Umsetzungsbestimmungen zur Verbraucherkredit-RL und Haustürwiderrufs-RL gegenüber der Wahl einer (ungünstigeren) drittstaatlichen Rechtsordnung resistent macht und im Anschluss eine Sonderanknüpfung nach Art. 34 auslöst. Für eine Analogie zu Art. 29a spricht insbesondere, dass der in Abs. 1 und 2 umrissene Binnenmarktbezug auch auf sonstige grenzüberschreitende Konsumentengeschäfte passt. Methodische Bedenken, hier werde einer richtlinienkonformen Rechtsfortbildung *contra legem* das Wort geredet, lassen sich mit dem Hinweis zerstreuen, dass die Regelungsstruktur des Art. 29a keineswegs auf einen abschließenden Charakter hindeutet, sondern mit Blick auf zukünftige Rechtsangleichungsmaßnahmen der Gemeinschaft bewusst offen gestaltet wurde.

Aufgrund ihrer gemeinschaftsrechtlichen Provenienz kann die analoge Anwendung des Art. 29a freilich **nur insoweit** Geltung beanspruchen, wie die betreffende Richtlinie sachlich und inhaltlich reicht. Außerhalb ihres Harmonisierungskorridors sowie oberhalb der richtlinienbedingten Mindeststandards wirft die Frage nach der Klassifizierung einer Vorschrift als inländische Eingriffsnorm mithin weiteren Klärungsbedarf auf (dazu sogleich Rn 16 f.).

3. Konsequenzen. Im Nachgang zur „Ingmar GB"-Entscheidung wurde im Schrifttum die oben (Rn 8) dargelegte Differenzierung zwischen Normen mit ordnungspolitischer und individualbezogener Ausrichtung wiederholt in Zweifel gezogen.[43] Tatsächlich ist nicht einzusehen, weshalb etwa der Ausgleichsanspruch des Handelsvertreters oder aber die Vorschriften über die Wohnraummiete eine Sonderanknüpfung nach Art. 34 auslösen sollen,[44] die Regelungen über den Kündigungsschutz des Arbeitnehmers nach dem KSchG[45] oder den Betriebsübergang[46] hingegen nicht. Derartige Widersprüchlichkeiten finden ihre Ursache darin, dass der Gesetzgeber jederzeit eine Vorschrift international zwingend ausgestalten kann, selbst wenn sie primär auf den Interessenausgleich zwischen Privaten gerichtet ist. Daran zeigt sich, dass die Ausformung einer Vorschrift als Eingriffsnorm letztlich in der **Befehlsgewalt des gemeinschaftlichen oder deutschen Gesetzgebers** liegt, deren Zielrichtung es stets mittels **gründlicher Interpretation** zu ermitteln gilt. Dieser Ausgangspunkt wird durch die Unterscheidung zwischen Bestimmungen mit Allgemeinwohlcharakter und dem Schutz privater Interessen in die eine wie in die andere Richtung allzu leicht verschleiert. Stellt man hingegen den gesetzgeberisch vermittelten Geltungswillen in den Mittelpunkt der Betrachtung, kann der ordnungspolitische Gehalt einer Norm allenfalls die Vermutung rechtfertigen, es liege eine international zwingende Bestimmung vor.[47] Umgekehrt vermag die Zuordnung einer Norm zum Bereich des individuellen Interessensausgleichs keineswegs dem vom Gesetzgeber beabsichtigten und eventuell durch Auslegung zu ermittelnden internationalen Geltungswillen negieren. Für diesen – namentlich von *Pfeiffer* betonten – positivistischen Ansatz spricht vor allem der Gedanke, dass der kollisionsrechtliche Anwendungsbereich einer Norm nicht allein aus ihrem sachrechtlichen Inhalt geschlossen werden kann, denn die sachrechtliche Anwendung einer Vorschrift setzt mit Blick auf Art. 34 ihre Qualifikation als Eingriffsnorm denknotwendig voraus.[48]

Lässt sich mithin ein internationaler Geltungswille des Gesetzgebers ausmachen, ist die betreffende Vorschrift als Eingriffsnorm zu qualifizieren, selbst wenn dadurch die besonderen situativen Voraussetzungen der Artt. 29 f. (Artt. 5 f. EVÜ) unterminiert werden sollten. Umgekehrt sind Lücken im internationalen Konsumenten- oder Arbeitnehmerschutz hinzunehmen, sofern der Gesetzgeber einen entsprechenden Geltungswillen vermissen lässt.

IV. Inlandsbezug

Nach ganz überwiegender Auffassung sind die international zwingenden Vorschriften des deutschen Rechts nur unter der weiteren Bedingung anzuwenden, dass der Sachverhalt einen hinreichenden Bezug zum Inland aufweist.[49] Hintergrund dieser Anforderung ist das Verständnis des Art. 34 als Unterfall der **Lehre von der Sonderanknüpfung**, die neben dem Geltungswillen seit jeher das Merkmal einer „genügend engen Beziehung" verlangt.[50] Hinzu kommt, dass Art. 7 Abs. 1 EVÜ explizit eine enge Verbindung des Sachverhalts

---

42 *Michaels/Kamann*, EWS 2001, 301, 309.
43 *Pfeiffer*, in: FS Geimer 2002, S. 821, 836; *W.-H. Roth*, in: FS Immenga 2004, S. 331, 341 f.; *Jayme*, IPRax 2001, 191; *Sonnenberger*, IPRax 2003, 104, 108 ff.
44 BT-Drucks 10/504, S. 83.
45 BAG NZA 1990, 841, 845 = IPRax 1991, 407 m. Anm. *Magnus*, S. 382.
46 BAG NZA 1993, 743, 748 = IPRax 1994, 123 m. Anm. *Mankowski*, S. 88.
47 *Pfeiffer*, in: FS Geimer 2002, S. 821, 828 ff.
48 *Pfeiffer*, in: FS Geimer 2002, S. 821, 824 ff.
49 BGH NJW 1997, 1697, 1699; MüKo/*Martiny*, Art. 34 EGBGB Rn 90; Reithmann/Martiny/*Freitag*, Rn 402; Staudinger/*Magnus*, Art. 34 EGBGB Rn 77; Erman/*Hohloch*, Art. 34 EGBGB Rn 13; *Kropholler*, IPR, § 52 VIII 1; a.A. *Radtke*, ZVglRWiss 84 (1985), 325, 331.
50 *Zweigert*, RabelsZ 14 (1942), 238, 289; Reithmann/Martiny/*Freitag*, Rn 402.

mit demjenigen Staat einfordert, der die betreffende Eingriffsnorm erlassen hat. An dieser Aussage hat sich die Auslegung des Art. 7 Abs. 2 EVÜ und damit mittelbar auch die Interpretation des Art. 34 zu orientieren.[51] Art und Ausmaß des erforderlichen Inlandbezugs sind sodann am **Maßstab der jeweiligen Eingriffsnorm**, keineswegs jedoch anhand des Vertrags zu ermitteln, auf den sie angewendet werden soll.[52] Oftmals bringen international zwingende Normen die notwendige Beziehung zum Inland schon explizit selbst zum Ausdruck, wie etwa Art. 29a Abs. 2 und 3 EGBGB, § 130 Abs. 2 GWB oder §§ 449 Abs. 3, 451h Abs. 3 sowie 466 Abs. 4 HGB. Andernfalls ist der Inlandsbezug durch Auslegung der betreffenden Vorschrift zu ermitteln, wobei den Besonderheiten des jeweiligen Regelungsbereichs stets Rechnung zu tragen ist. Mit Blick auf die deutschen Bestimmungen des Wohnungsmiet- und Grundstückverkehrsrechts wird etwa die Inlandsbelegenheit des betroffenen Grundstücks zu fordern sein.[53] Vorschriften mit markt- oder gewerberegelnden Bezügen werden regelmäßig eine Tätigkeit am inländischen Markt voraussetzen. Für wettbewerbsrechtliche Vorschriften genügen hingegen schon die Auswirkungen des Verhaltens auf den diesen Markt.[54]

V. Verhältnis zu Artt. 29, 30 sowie Art. 6

19 Nach dem oben Gesagten (Rn 16 f.) können auch Vorschriften zum Verbraucher- und Arbeitnehmerschutz zu den international zwingenden Vorschriften i.S.d. Art. 34 zählen. Teilweise wird versucht, die sich dann aufdrängende Frage nach dem Rangverhältnis zwischen Artt. 29 und 30 gegenüber Art. 34 durch eine passgenaue Abgrenzung beider Normbereiche aufzulösen.[55] Leitet man inländische Eingriffsnormen indes aus dem gesetzgeberischen Geltungswillen ab, kann nicht zweifelhaft sein, „dass es dem Gesetzgeber ohne weiteres freisteht, eine Regelung mit dem angeblich unmöglichen Inhalt einer gleichzeitig allseitigen und zwingend einseitigen Geltung zu treffen."[56] Andere Stimmen gestehen zwar eine Überschneidung beider Regelungskomplexe zu, plädieren sodann aber für einen Vorrang der Artt. 29 und 30[57] oder umgekehrt des Art. 34.[58] Richtigerweise verdient die überwiegende Meinung, die einen lediglich **relativen Vorrang des Art. 34** favorisiert,[59] den Vorzug. Danach sind die international zwingenden Normen des deutschen Rechts gegenüber dem nach Artt. 29 und 30 berufenen Vertragsstatut bevorrechtigt, allerdings nur unter Aufrechterhaltung des Günstigkeitsprinzips.

20 Infolgedessen setzen sich deutsche Eingriffsnormen unter Geltung eines kraft Rechtswahl zur Anwendung berufenen **ausländischen Vertragsstatuts** durch, soweit das ausländische Recht kein vergleichsweise höheres Verbraucher- oder Arbeitnehmerschutzniveau aufweist und die deutsche Eingriffsnorm zudem nicht der Durchführung des Günstigkeitsvergleichs entgegensteht. Sofern sich in dieser Konstellation deutsches Recht über **Art. 29 Abs. 1 oder Art. 30 Abs. 1** ohnehin als günstigeres Recht durchsetzen würde, kann die Frage nach der Rangkollision im Ergebnis freilich dahinstehen. Ist hingegen eine international zwingende deutsche Verbraucher- oder Arbeitnehmerschutznorm Bestandteil des subjektiven Vertragsstatuts und kommt zugleich ausländisches Recht als objektiv geltendes Recht nach Art. 30 Abs. 2 in Betracht, das sich gegenüber der international zwingenden deutschen Norm als günstiger erweisen würde, genießt Art. 30 gegenüber Art. 34 wiederum Vorrang.

21 Art. 34 und Art. 6 lassen sich schließlich anhand ihrer Zielrichtung deutlich voneinander abgrenzen: Während **Art. 6 die negative Funktion** des *ordre public* in den Mittelpunkt der Betrachtung stellt und dazu führt, dass die Anwendung (inakzeptablen) ausländischen Rechts abgewehrt wird, führt **Art. 34** zur **positiven Berücksichtigung deutscher Eingriffsnormen**. Aufgrund ihrer gegenläufigen Zielrichtung stehen beide Normen nebeneinander. Allerdings erweitert Art. 34 den Geltungsanspruch der *lex fori* und greift damit erheblich weiter als der lediglich kassatorisch wirkende *ordre public*. Innerhalb des Anwendungsbereichs des Art. 6 wird sich ein Rückgriff auf den *ordre public* in aller Regel erübrigen.[60]

---

51 Staudinger/*Magnus*, Art. 34 EGBGB Rn 77.
52 Reithmann/Martiny/*Freitag*, Rn 401.
53 MüKo/*Martiny*, Art. 34 EGBGB Rn 108; Staudinger/*Magnus*, Art. 34 EGBGB Rn 81.
54 Reithmann/Martiny/*Freitag*, Rn 401; MüKo/*Martiny*, Art. 34 EGBGB Rn 110.
55 *Kropholler*, IPR, § 52 IX 3; *Mankowski*, DZWiR 1996, 273, 274 ff.; Soergel/*v. Hoffmann*, Art. 30 EGBGB Rn 22 f.
56 *Pfeiffer*, in: FS Geimer 2002, S. 821, 835.
57 BT-Drucks 15/504, S. 83; MünchArbR/*Birk*, Bd. 1, 2. Aufl. 2002, § 19 Rn 85.
58 Palandt/*Heldrich*, Art 34 EGBGB Rn 3.
59 Staudinger/*Magnus*, Art. 34 EGBGB Rn 36; *Pfeiffer*, in: FS Geimer 2002, S. 821, 834; Erman/*Hohloch*, Art. 28 EGBGB Rn 8; MüKo/*Martiny*, Art. 34 EGBGB Rn 120; einschr. Bamberger/Roth/*Spickhoff*, Art. 34 EGBGB Rn 4.
60 Staudinger/*Magnus*, Art. 34 EGBGB Rn 40.

VI. Einzelne inländische Eingriffsnormen

Abgesehen von den bereits unter Rn 7 genannten Bestimmungen, die ihren internationalen Geltungswillen ausdrücklich hervorheben, lassen sich im deutschen Recht auf der Grundlage der oben dargelegten Kriterien der h.M. (Rn 8 f.) vielfältige Eingriffsnormen ausmachen:

1. Außenhandel, Kulturgüterschutz und Devisenrecht. Soweit im AWG oder in der AußenwirtschaftsVO die prinzipielle Freiheit des **Außenhandels** beschränkt wird, setzen sich diese Interventionen auch gegenüber einem ausländischen Vertragsstatut durch.[61] Nach allgemeiner Auffassung stellen deshalb die in § 34 AWG und in den einschlägigen EU-Verordnungen[62] enthaltenen Verbote ebenso klassische Eingriffsnormen dar wie z.B. Embargobestimmungen,[63] das Washingtoner Artenschutzabkommen[64] oder das KriegswaffenkontrollG. Weitere Vorschriften, die außerhalb der Reichweite des § 31 AWG einen Ein- oder Ausfuhrvertrag über bestimmte Produkte von einer Genehmigung abhängig machen, weisen oftmals ebenso einen potenziellen Eingriffsnormcharakter auf wie etwa §§ 72 ff. AMG, §§ 3 ff. AtomG, § 3 BtMG, §§ 8, 14 GenTG sowie § 47 LMBG.[65]

Ausfuhrverbote im **Kulturgüterschutzrecht** haben zum Ziel, dass für die kulturelle Identität eines Staats besonders bedeutsame Güter nicht oder jedenfalls nicht ohne Genehmigung der zuständigen Behörde außer Landes geschafft werden können.[66] Die betreffenden Verbote sind deshalb als international zwingend zu qualifizieren. Die nach §§ 1 Abs. 4, 10 Abs. 3 KultgSchG erforderliche Genehmigung für die Ausfuhr von Kulturgütern ist zu versagen, wenn der betreffende Gegenstand in das Verzeichnis national wertvollen Kulturguts aufgenommen wurde (§§ 4, 11 KultgSchG). Entsprechendes gilt mit Blick auf gemeinschaftsrechtliche Bestimmungen, wie etwa die Verordnung Nr. 3911/92 über die Ausfuhr von Kulturgütern.[67]

Traditionell finden sich Eingriffsnormen auch im Bereich des **Devisenrechts**, wenngleich innerhalb des Binnenmarktes etwaige Beschränkungen wegen der Kapital- und Zahlungsverkehrfreiheit (Art. 56 EGV) nur noch im zwingenden Interesse des Allgemeinwohls möglich sind. **Währungsvorschriften**, die den Schutz der inneren Kaufkraft des Geldes garantieren sollen, finden sich nach Aufhebung des § 3 WährG in Zuge der Euro-Einführung nur noch in § 2 PaPkG, der die Zulässigkeit sog. „Gleitklauseln" – von bestimmten Ausnahmen abgesehen – einer Genehmigung durch das Bundeswirtschaftsministerium unterwirft.[68] Ein internationaler Geltungswille lässt sich der Begründung des Gesetzgebers allerdings nicht entnehmen.

2. Grundstücksbezogene Vorschriften. Unabhängig von dem Recht, dass auf den schuldrechtlichen Vertrag über ein im Inland belegenes **Grundstück** Anwendung findet, sind die Vorschriften des GrundstückverkehrsG oder des BauGB als international zwingende Bestimmung zu beachten, da sie im öffentlichen Interessen den Bodenverkehr steuern.[69] Demgegenüber setzt § 311b Abs. 1 BGB die Geltung deutschen Rechts als Formstatut voraus.[70]

3. Gewerbe- und Berufsrecht. International zwingende Bestimmungen finden sich zudem im Gewerbe- und Berufsrecht. So werden etwa § 34c GewO und die auf seiner Grundlage erlassenen **Makler- und Bauträgerverordnung** (MaBV) überwiegend als Eingriffsnormen qualifiziert.[71] Hinzukommen muss jedoch eine Tätigkeit des Bauträgers im Inland. Teilweise wird zudem die Durchführung eines inländischen Bauvorhabens gefordert,[72] was in Anbetracht der öffentlich-rechtlichen Herkunft der MaBV und dem damit verbundenen Territorialitätsprinzip durchaus angezeigt erscheint. Nach Auffassung des BGH gehört auch die Mindestsatzregelung in **§ 4 HOAI** zu den international zwingende Bestimmungen,[73] wobei der erforderliche Inlandsbezug mit Blick auf die Regelung über die Mindestsätze nach § 4 Abs. 2 HOAI zumindest ein

---

[61] *Remien*, RabelsZ 54 (1990), 431, 460; Reithmann/Martiny/*Freitag*, Rn 427 ff. m.w.N.; Staudinger/*Magnus*, Art. 34 EGBGB Rn 107 f.
[62] Ausf. dazu Reithmann/Martiny/*Freitag*, Rn 428 m.w.N.
[63] *Oeter*, IPRax 1996, 73, 76 f.
[64] BGBl II 1975 S. 773; BGBl II 1976 S. 1237; vgl. Bamberger/Roth/*Spickhoff*, Art. 34 EGBGB Rn 19.
[65] Bamberger/Roth/*Spickhoff*, Art. 34 EGBGB Rn 19.
[66] Dazu *Dolzer/Jayme/Mußgnug*, Rechtsfrage des internationalen Kulturgüterschutzes, 1994; *Schmeik*, International-privatrechtliche Aspekte des Kulturgüterschutzes, 1994; *Schwadorft-Ruckdeschel*, Rechtsfragen des grenzüberschreitenden rechtsgeschäftlichen Erwerbs von Kulturgütern, 1995; *ders.*, NJW 1993, 2206; *Jayme*, ZVglRWiss 95 (1996), 158.
[67] ABlEG Nr. L 395 v. 31.12.1992, S. 1, zuletzt geändert durch VO Nr. 974/01 (ABlEG Nr. L 137 v. 19.5.2001, S. 10; weiterführend zum Sekundärrecht *Siehr*, ZVglRWiss 95 (1996), 170, 173 ff.
[68] Dazu *Schmidt-Räntsch*, NJW 1998, 3166.
[69] MüKo/*Martiny*, Art. 34 EGBGB Rn 108.
[70] OLG Köln RIW 1993, 414, 415.
[71] Reithmann/Martiny/*Freitag*, Rn 426 m.w.N.; Soergel/v. *Hoffmann*, Art. 34 EGBGB Rn 50.
[72] *Lichtenberger*, MittBayNot 1977, 18, 184; Reithmann/Martiny/*Freitag*, Rn 426; a.A. OLG Hamm NJW 1977, 1594.
[73] BGH NJW 2003, 2020 = IPRax 2003, 449 m. krit. Anm. *Kilian/Müller*, S. 436; BGH NJW 2001, 1936, 1937.

Bauvorhaben im Inland voraussetzt.[74] Ebenfalls von einem internationalen Geltungswillen getragen ist **Art. 1 § 1 RBerG**, wonach die geschäftsmäßige Rechtsberatung mit Inlandsbezug, namentlich die Durchsetzung von Forderung inländischer Gläubiger gegenüber inländischen Schuldnern, von einer Erlaubnis abhängig ist.[75] Weiter hinzufügen lässt sich das Verbot der Erfolgshonorarvereinbarung in **§ 49b Abs. 2 BRAO**, wenngleich eine anwaltlich geschuldete Tätigkeit in Deutschland zu fordern sein wird, weil nur darauf der Schutzzweck des Gesetzes, nämlich das öffentliche Interesse an der deutschen Rechtspflege, bezogen ist.[76] Entsprechendes wird mit Blick auf **§ 9 StBerG** zu gelten haben.

28 **4. Arbeitnehmerschutzvorschriften.** Vorschriften zugunsten von Arbeitnehmern, die über ihre kollisionsrechtliche Berücksichtigung nach Art. 30 hinaus einen internationalen Durchsetzungsanspruch entfalten, finden sich in §§ 17 ff. KSchG, in dem besonderen Kündigungsschutz für Betriebsverfassungsorgane (§ 103 BetrVG, § 15 KSchG),[77] im Kündigungsschutz für Mütter- und Schwerbehinderte,[78] in § 3 EFZG,[79] in §§ 15, 18 BErzGG (Anspruch auf Erziehungsurlaub)[80] sowie in § 14 MuSchG (Zuschuss zum Mutterschaftsgeld).[81] Keinen eingriffsrechtlichen Gehalt spricht die überwiegende Meinung hingegen dem Kündigungsschutz nach dem KSchG,[82] der Urlaubsabgeltung, dem Betriebsübergang,[83] § 1 SeemG,[84] dem arbeitsrechtlichen Gleichbehandlungsgrundsatz sowie dem deutschen Mitbestimmungsrecht zu. Auch wird eine Tarifnorm nicht etwa schon dadurch zur Eingriffsnorm, weil der zugrunde liegende Tarifvertrag für allgemeinverbindlich erklärt wurde.[85]

29 **5. Schutz der Verbraucher, Mieter und Handelsvertreter.** Während weit gehend Einigkeit darüber besteht, **allgemeinen** bürgerlich-rechtlichen Vorschriften wie etwa § 138 und § 242 BGB eine Sonderanknüpfung nach Art. 34 zu versagen,[86] wird über den Eingriffsnormcharakter der **§§ 312 ff.**[87] sowie **§§ 491 ff. BGB**[88] heftig gestritten. Wie bereits angedeutet (Rn 16), sprechen durchgreifende Gründe des Gemeinschaftsrechts für eine analoge Anwendung des Art. 29a. Diese Frage muss jedenfalls bei nächster Gelegenheit dem Gerichtshof zur Vorabentscheidung vorgelegt werden. Dies gilt umso mehr, als sich die **zwingenden Vorschriften über den Mieter- und Pächterschutz** trotz ihres individualschutzbezogenen Zwecks gegenüber dem ausländischen Vertragsstatut durchsetzen, freilich immer vorausgesetzt, dass die vermieteten oder verpachteten Räume bzw. Grundstücke im Inland belegen sind. Das gilt namentlich für die Mieterschutzvorschriften im BGB und das WohnraumbindungsG.[89]

30 Das deutsche **Bürgschaftsrecht** findet hingegen nur bei deutschem Vertragsstatut Anwendung.[90] Ansprüche aus **Gewinnzusagen nach § 661a BGB**, die unabhängig von einer Bestellung geltend gemacht werden, lösen nach h.M. eine Sonderanknüpfung gemäß Art. 34 aus, die sich gegenüber dem nach Artt. 27 ff. herkömmlich berufenen Vertragsstatut durchsetzt.[91] Hat der Verbraucher – um den Gewinnanspruch einzulösen – zusätzlich eine Warenbestellung aufgegeben, ist die Gewinnzusage hingegen akzessorisch am Statut des Liefervertrags anzuknüpfen.[92]

---

74 BGH NJW 2003, 2020; weiter gehend Reithmann/*Martiny*/*Freitag* Rn 425.
75 OLG Hamm RIW 2000, 58, 59 m. Anm. *Armbrüster*, S. 583 = NJW-RR 2000, 509. Zur Vereinbarkeit mit der Dienstleistungsfreiheit EuGH, Urt. v. 12.12.1996, Rs. C-3/95 (Reisebüro Broede), Slg. 1996, I-6529 Rn 27 ff.
76 OLG Frankfurt NJW-RR 2000, 1367, 1369 = IPRax 2002, 399 m. Anm. *Krapfl*, S. 380; a.A. *Bendref*, AnwBl 1998, 309; zusammenfassend *Kilian*, AnwBl 2003, 460.
77 BAG NZA 1990, 841, 845.
78 BAG NZA 1990, 841, 845.
79 BAG NZA 2002, 734, 737 = IPRax 2003, 262 m. insoweit krit. Anm. *Franzen*, S. 239, 242.
80 LAG Hessen NZA-RR 2000, 401, 406.
81 BAG NZA 2002, 734, 737; zust. *Franzen*, IPRax 2003, 239, 243.
82 BAG NZA 1990, 841, 845; 1994, 743, 748.
83 BAG NZA 1993, 743, 748; dagegen mit Blick auf Art. 1 Abs. 2 der RL 77/187/EWG über den Betriebsübergang (ABlEG Nr. L 201 v. 17.7.1998) zu Recht krit. *Pfeiffer*, in: FS Geimer 2002, S. 821, 830 f.; Reithmann/*Martiny*/*Freitag*, Rn 438; *Birk*, RdA 1989, 201, 207; *Krebber*, Internationales Privatrecht des Kündigungsschutzes bei Arbeitsverhältnissen, 1997, S. 312 ff.
84 BAG NZA 1995, 1191, 1193.
85 ErfK/*Schlachter*, Artt. 27, 30, 34 Rn 19 m.w.N.
86 BGHZ 135, 124, 139 f. m.w.N.; *Kropholler*, IPR, § 52 VIII 2; *Mankowski*, RIW 1996, 8 ff.
87 Dafür z.B. OLG Celle RIW 1996, 964, 965; Palandt/*Heldrich*, Art. 34 EGBGB Rn 3a; *Mäsch*, IPRax 1995, 371, 374; *Klingsporn*, WM 1994, 1093, 1098 f.; dagegen OLG Hamm, NJW-RR 1989, 496, 497; *Mankowski*, RIW 1998, 287, 290; *Junker*, IPRax 1993, 1, 9.
88 Offen gelassen in BGH ZIP 1999, 103, 104; abl. etwa *Felke*, RIW 2001, 30, 32 ff. m.w.N.
89 BT-Drucks 10/504, S. 83; für einen Günstigkeitsvergleich mit der gewählten ausländischen Rechtsordnung *Lurger*, IPRax 2001, 52, 55 f.; Reithmann/*Martiny*/*Freitag*, Rn 422.
90 *Martiny*, ZEuP 1995, 67, 85 f.; Staudinger/*Magnus*, Art. 34 EGBGB Rn 99 f.; a.A. *Reich*, NJW 1994, 2128, 2129 f.
91 *Lorenz*, IPRax 2002, 192, 195 f.; Erman/*Hohloch*, Art. 34 EGBGB Rn 15; a.A. *Leible*, IPRax 2003, 28, 33; Reithmann/*Martiny*/*Freitag*, Rn 442 (deliktische Qualifikation des § 661a BGB); *Lorenz*, NJW 2000, 3305, 3307 ff. (Qualifikation als Rechtsscheinstatbestand).
92 Reithmann/*Martiny*/*Freitag*, Rn 442.

Aufgrund der oben schon näher erläuterten Rechtsprechung des Gerichtshofs in der Sache „Ingmar GB" 31
ist auch der durch die **Handelsvertreter-Richtlinie** veranlassten Ausgleichsanspruch nach § 89b HGB
international zwingend anzuknüpfen und damit gegenüber der Wahl einer drittstaatlichen Rechtsordnung
resistent.

6. Sonstiges. Auch **Anlegerschutzvorschriften**, wie etwa §§ 37d, 14 oder 31, 32 WpHG begründen 32
ebenfalls eine Sonderanknüpfung nach Art. 34.[93] Entsprechendes gilt für diverse Vorschriften des **Versicherungsvertragsrechts**.[94] Zweifelhaft – wenngleich im Ergebnis zu verneinen – ist schließlich der internationale Durchsetzungsanspruch der §§ 676b Abs. 3 S. 7, 676c Abs. 2 sowie 676e Abs. 5 BGB im Recht des
Überweisungsvertrags.[95]

C. Ausländische international zwingende Normen

Haben die Parteien mittels Rechtswahl deutsches Recht zur Anwendung berufen, kommen zwingende 33
Vorschriften einer ausländischen Rechtsordnung nach Maßgabe der Artt. 27 Abs. 3, 29 Abs. 1 sowie
30 Abs. 1 zur Anwendung. Davon abgesehen stellt sich aber auch die Frage, inwieweit **ausländische
Eingriffsnormen** geeignet sind, sich gegenüber der anzuwendenden deutschen Rechtsordnung oder einer
anderen ausländischen Rechtsordnung durchzusetzen.[96] Ebenso muss geklärt werden, ob die Berufung einer
ausländischen *lex causae* gleichzeitig deren Eingriffsnormen miterfasst.

I. Begriff

Einigkeit besteht darüber, dass ausländische Eingriffsnormen hinsichtlich ihrer Voraussetzungen ebenso 34
zu ermitteln sind wie inländische international zwingende Regelungen. Das folgt schon daraus, dass die
Verbindlichkeit zwingender Bestimmungen nur der jeweilige Erlassstaat anordnen kann.[97] Fehlt es an einer
gesetzlichen oder richterlichen Formulierung des internationalen Geltungswillens, ist die in Rede stehende
Norm im Lichte ihrer Rechtsordnung auf ihren Eingriffscharakter hin zu untersuchen.

II. Berücksichtigung ausländischer Eingriffsnormen

Auf welche Weise und in welchem Umfang ausländische Eingriffsnormen vor deutschen Gerichten Berück- 35
sichtigung finden, ist seit jeher Gegenstand eines viel diskutierten Meinungsstreits, dessen praktische Bedeutung allerdings nicht überschätzt werden darf.[98]

1. Konzeptionen. a) Schuldstatuttheorie. Von den verschiedenen, im Schrifttum vertretenen Lehrmei- 36
nungen soll hier zunächst die sog. **Schuldstatuttheorie** Erwähnung finden. Nach ihr werden über das
ausländische Vertragsstatut auch dessen Eingriffnormen berufen, ganz gleich, ob es sich um privatrechtliche
oder öffentlich-rechtliche Bestimmungen handelt.[99] Zwingende drittstaatliche Eingriffsnormen finden unter
dieser Prämisse keine kollisionsrechtliche Berücksichtigung, sondern entfalten allenfalls im Rahmen der
Sachnormen des ausländischen Vertragsstatuts Wirkung. Das gilt auch für den sog. unechten Drittstaatsfall,
also wenn etwa *lex fori* und *lex causae* deutschem Recht unterstehen und eine ausländische Eingriffsnorm in
Rede steht.

b) Kollisionsrechtliche Sonderanknüpfung. Anstelle der bloßen Berücksichtigung ausländischer Ein- 37
griffsnormen auf der Ebene des jeweiligen Schuldstatuts bevorzugt das überwiegende Schrifttum deren
unmittelbare Anwendung kraft kollisionsrechtlicher Sonderanknüpfung,[100] und zwar unabhängig davon,
ob sie dem Vertragsstatut[101] oder einer drittstaatlichen Rechtsordnung zugehören. Voraussetzungen einer

---

[93] Reithmann/Martiny/*Freitag*, Rn 445 ff. m.w.N.
[94] Reithmann/Martiny/*Freitag*, Rn 457 ff. m.w.N.
[95] Reithmann/Martiny/*Freitag*, Rn 463a; a.A. *Einsele*, JZ 2000, 9, 15.
[96] Zur gemeinschaftsrechtlichen Pflicht, international zwingende Bestimmungen anderer Mitgliedstaaten anzuwenden, W.-H. *Roth*, in: FS Immenga 2004, S. 331, 346 ff. m.w.N.; vgl. auch *Fetsch*, S. 237 ff., 319 ff.; Reithmann/Martiny/*Freitag*, Rn 469.
[97] Staudinger/*Magnus*, Art. 34 EGBGB Rn 113.
[98] Vgl. Staudinger/*Magnus*, Art. 34 EGBGB Rn 115 ff. m.w.N. zum Streitstand.
[99] So heute noch Palandt/*Heldrich*, Art. 34 EGBGB Rn 4; Bamberger/Roth/*Spickhoff*, Art. 34 EGBGB Rn 27; ebenso RG RabelsZ 10 (1936), 385, 387; abl.

BGH NJW 1960, 1101, 1102; *Remien*, RabelsZ 54 (1990), 431, 462 f.; *Anderegg*, S. 79 f.; *Mankowski*, RIW 1996, 8, 9.
[100] *Zweigert*, RabelsZ 14 (1941), 283 ff.; *Wengler*, ZVglRWiss 54 (1941), 168, 172; *Radtke*, ZVglRWiss 84 (1985), 325, 332 f.; *Kropholler*, IPR, § 52 IX 3; *Kegel/Schurig*, § 2 IV; *Leible*, ZVglRWiss 97 (1998), 286, 297 ff.; Reithmann/Martiny/*Freitag*, 480; MüKo/*Martiny*, Art. 34 EGBGB Rn 39 ff.; Staudinger/*Magnus*, Art. 34 EGBGB Rn 138 ff.; Soergel/*v. Hoffmann*, Art. 34 EGBGB Rn 89 ff.
[101] Zu der dann auch praktisch notwendigen Abgrenzung von Vertragsstatut und Eingriffsnorm Staudinger/*Magnus*, Art. 34 EGBGB Rn 16 ff.

solchen Sonderanknüpfung sind zunächst der internationale Anwendungswillen der ausländischen Norm, sodann eine hinreichend enge Beziehung des Sachverhalts zum normsetzenden Staat[102] und schließlich ein rechtspolitischer Interessengleichklang zwischen dem Forumstaat und dem ausländischen Staat, dessen Rechtsordnung die Eingriffsnorm entspringt.[103] Soweit die ausländische Eingriffsnorm mit inländischen Wertvorstellungen unvereinbar erscheint, wird regelmäßig für eine tatsächliche Berücksichtigung der betreffenden Auslandsnorm auf der Ebene des Sachrechts plädiert, jedenfalls soweit der ausländische Staat Einwirkungsmöglichkeiten auf die Gestaltung und Durchführung des Vertrags besitzt.[104]

38 **c) Judikatur.** Die Rechtsprechung hat sich an diesen dogmatischen Konzeptionen allerdings nur selten orientiert[105] und sich vielmehr für eine flexible Berücksichtigung drittstaatlichen Eingriffsrechts im Rahmen der Anwendung des materiellen Vertragsrechts entschieden. Ausgangspunkt der Judikatur ist das sog. **Territorialitätsprinzip**, wonach öffentlich-rechtliche Eingriffsnormen nur innerhalb ihres Ursprungslandes, nicht aber in Deutschland Wirkung entfalten können.[106]

39 Davon unberührt bleibt jedoch die materiellrechtliche Berücksichtigung ausländischer Eingriffsnormen innerhalb des zur Anwendung berufenen deutschen Vertragsstatuts, jedenfalls soweit der ausländische Staat seine Eingriffsnormen tatsächlich auch (noch) durchzusetzen vermag.[107] So wurden Auslandsnormen mit internationalem Durchsetzungsanspruch etwa als **faktischer Umstand** unter dem Gesichtspunkt des § 826 BGB anerkannt (z.B. Gefährdung von Vermögensinteressen Dritter bei Verstoß gegen Boykottbestimmungen[108]), ebenso im Rahmen der anfänglichen wie nachträglichen (praktischen) Unmöglichkeit nach § 275 BGB (z.B. bei Leistungsverboten oder -hindernissen[109]), innerhalb der Störung der Geschäftsgrundlage[110] oder bei der Begründung von Leistungsverweigerungsrechten.[111]

40 Ferner hat die Rechtsprechung ausländische Eingriffsvorschriften auch zur Begründung der Nichtigkeit eines Vertrags herangezogen, der deutschem Recht unterliegt. Mangels kollisionsrechtlicher Berufung der ausländischen Eingriffsnorm geschah dies allerdings nicht nach § 134 BGB,[112] sondern lediglich durch Ausfüllung der Generalklausel des § 138 Abs. 1 BGB mit den Vorgaben der ausländischen Eingriffsbestimmung, freilich immer unter der Voraussetzung, dass die verletzte ausländische Regelung mit den **Wertvorstellungen der** *lex fori* **übereinstimmte**.[113] Hierher gehört etwa der Fall, dass die Befolgung einer Auslandsnorm – konkret ging es um eine US-amerikanische Embargovorschrift, die einer Stärkung des Ostblocks entgegenwirken sollte[114] – dem „gesamten freiheitlichen Westen" und damit auch bundesdeutschen Interessen diente.

41 Einen Anwendungsfall des § 138 Abs. 1 BGB erblickte die Rechtsprechung ferner darin, dass die verletzte oder umgangene ausländische Regelung, die die Ausfuhr nationalen Kulturguts verbietet, eine **allen Kulturstaaten gemeinsame Anschauung** widerspiegelt.[115] Ebenso beanstandete der BGH die Bestechung ausländischer Beamter bei der Anwendung deutschen Rechts, sofern die Täter in der Folge gegen die Rechtsordnung ihres Heimatlandes verstoßen und sich daraus zugleich eine Verletzung allgemein gültiger sittlicher Grundsätze ableiten lässt.[116]

42 **2. Praktische Folgerungen.** In der praktischen Rechtsanwendung führen die vorgenannten Lösungsansätze nur selten zu divergierenden Ergebnissen. Das gilt zunächst für den Fall, dass als *lex fori* und *lex causae* deutsches Recht in Betracht kommt. Ausländisches Eingriffsrecht kann dann aus der Perspektive der Schuldstatuttheorie nur auf der Ebene des Sachrechts angewendet werden. Das entspricht zugleich dem Ansatz der Rechtsprechung, deren wertende Betrachtungsweise im Rahmen des § 138 Abs. 1 BGB sich in vergleichbarer Gestalt auch als Bedingung für eine kollisionsrechtliche Sonderanknüpfung wiederfindet. Entsprechendes wird für die Fallgruppe des echten Drittstaatsfalls (deutsches Recht als *lex fori*, ausländisches Recht als Vertragsstatut sowie drittstaatliche Eingriffsnorm) zu gelten haben, obgleich die Rechtsprechung diese Konstellation bislang noch nicht ausdrücklich zu entscheiden hatte.

---

102 Reithmann/Martiny/*Freitag*, Rn 475 m.w.N.
103 Reithmann/Martiny/*Freitag*, Rn 476; *Berger*, ZVglRWiss 96 (1997), 316, 331; Erman/*Hohloch*, Art. 34 EGBGB Rn 24.
104 *Leible*, ZVglRWiss 97 (1998), 286, 299 ff.; Reithmann/Martiny/*Freitag*, Rn 481.
105 Zu vereinzelten Ansätzen *Busse*, ZVglRWiss 95 (1996), 386, 394 ff.
106 Vgl. etwa BGHZ 9, 34, 39; 12, 79, 84; 25, 134, 143 f.; 31, 367, 370 f.; 64, 183, 189; einschr. BGHZ 147, 178. Dagegen *Kropholler*, IPR, § 52 IX; MüKo/*Martiny*, Art. 34 EGBGB Rn 36; Soergel/v. *Hoffmann*, Art. 34 EGBGB Rn 84.
107 BGHZ 31, 367, 372; 64, 182, 188 ff.; 128, 41, 52.
108 BGH NJW 1991, 634, 636; 1993, 194, 195.
109 RGZ 91, 260, 261 f.; 93, 182, 184; BGHZ 83, 197, 201 f.; vgl. auch BGHZ 128, 41, 53.
110 BGH NJW 1984, 1746, 1747.
111 BAG NJW 1984, 575; LG Hamburg IPRax 1981, 174.
112 BGHZ 59, 82, 85; 69, 295, 296; 128, 41, 53.
113 Reithmann/Martiny/*Freitag*, Rn 484; differenzierend *Busse*, ZVglRWiss 95 (1996), 386, 403 ff.
114 BGHZ 34, 169, 177; ebenso BGH NJW 1962, 1436, 1437.
115 BGH 59, 82, 85 = NJW 1972, 1575.
116 BGHZ 94, 268, 271; vgl. andererseits BGZ 69, 295, 271 = JZ 1978, 61 m. Anm. *Wengler*.

Erweist sich hingegen eine ausländische Eingriffsnorm der *lex causae* mit inländischen Wertvorstellungen als 43
vereinbar, ist sie nicht nur nach der Schuldstatuttheorie, sondern (regelmäßig) auch nach der Lehre von der
kollisionsrechtlichen Sonderanknüpfung beachtlich. Umgekehrt zieht das Fehlen eines Wertungsgleichklangs
weder eine Sonderanknüpfung noch eine Berücksichtigung der Eingriffsnorm auf Basis der Schuldstatuttheorie nach sich – Letzteres wegen Eingreifens des *ordre-public-*Vorbehalts (Art. 6). Was die Position der
Rechtsprechung angeht, so mangelt es für diese Fallgruppe zwar wiederum an höchstrichterlichem Entschei-
dungsmaterial, doch spricht viel dafür, dass Eingriffsnormen innerhalb des ausländischen Vertragsstatuts die
Nichtigkeit des Vertrages herbeiführen können, jedenfalls soweit ein Wertungseinklang zwischen *lex fori* und
Eingriffsnorm besteht.[117]

III. Einzelne ausländische Eingriffsnormen

Nach dem Gesagten können international zwingende Auslandsnormen, die etwa den Bodenverkehr im 44
Ausland belegener Grundstücke, die Aufnahme und Ausübung einer Berufstätigkeit im Ausland, die
Geschäftstätigkeit an einer ausländischen Börse oder den Außenhandel eines ausländischen Staates regeln, je
nach dogmatischem Standpunkt kollisions- oder materiellrechtliche Beachtung vor deutschen Gerichten
finden.[118] Besonderheiten gelten für Art. VIII Abschn. 2b des **Abkommens über den Internationalen Währungsfonds**, der nach überwiegender Meinung auch als Kollisionsnorm fungiert und damit
eine Berücksichtigung abkommenskonformer Devisenkontrollbestimmungen anderer Mitgliedstaaten des
Währungsfonds ausspricht, selbst wenn die betreffenden Devisenkontrollbestimmungen nicht dem Vertragsstatut angehören.[119]

D. Rangverhältnis

Kommt es zur Konkurrenz zwischen mehreren Eingriffsnormen unterschiedlicher Herkunft und lässt sich 45
diese Gemengelage nicht durch Aufspaltung des Rechtsverhältnisses in verschiedene wirksame Teile aufrechterhalten, muss das Rangverhältnis der in Rede stehenden Eingriffsnormen geklärt werden. Regelmäßig
wird für einen Vorrang international zwingender Normen der *lex fori* gegenüber denjenigen der *lex causae*
oder dritten Staaten plädiert, nicht zuletzt mit Blick auf den Wortlaut des Art. 7 Abs. 2 EVÜ, wonach
Eingriffsnormen der *lex fori* von dem nach Art. 7 Abs. 1 EVÜ zu beachtenden drittstaatlichen Regelungen
nicht berührt werden.[120] Hingegen wird sich die Kollision von Eingriffsnormen der *lex causae* und dritten
Staaten nur unter Abwägung der jeweiligen Regelungsinteressen auflösen lassen.[121]

Artikel 35	Rück- und Weiterverweisung; Rechtsspaltung

(1) ¹Unter dem nach diesem Unterabschnitt anzuwendenden Recht eines Staates sind die in diesem
Staat geltenden Sachvorschriften zu verstehen.

(2) ¹Umfaßt ein Staat mehrere Gebietseinheiten, von denen jede für vertragliche Schuldverhältnisse
ihre eigenen Rechtsvorschriften hat, so gilt für die Bestimmung des nach diesem Unterabschnitt
anzuwendenden Rechts jede Gebietseinheit als Staat.

Literatur: W. *Bauer*, renvoi im internationalen Schuld- und Sachenrecht, 1985; *Czernich/Heiss*, EVÜ – Das Europäische
Schuldvertragsübereinkommen, 1999; *Graue*, Rück- und Weiterverweisung im internationalen Vertragsrecht, AWD 1968,
121; *Hartwieg*, Der renvoi im deutschen internationalen Vertragsrecht, 1967; *Rauscher*, Sachnormverweisungen aus dem
Sinn der Verweisung, NJW 1988, 2151; *Reithmann/Martiny*, Internationales Vertragsrecht, 6. Auflage 2004; *J. Schröder*,
Vom Sinn der Verweisung im internationalen Schuldvertragsrecht, IPRax 1987, 90.

---

117 OLG Hamburg NJW 1992, 635, 636; vgl. auch
    Busse, ZVglRWiss 95 (1996), 386, 410.
118 Weiterführend Reithmann/Martiny/*Freitag*,
    Rn 488 ff.
119 Ausf. dazu *Ebke*, Internationales Devisenrecht, 1991;
    Staudinger/*Ebke*, Anh. zu Art. 34 EGBGB Rn 7 ff.;
    Reithmann/Martiny/*Thode*, Rn 501 ff.
120 Staudinger/*Magnus*, Art. 34 EGBGB Rn 147 m.w.N.;
    ebenso Palandt/*Heldrich*, Art. 34 EGBGB Rn 6.
121 MüKo/*Martiny*, Art. 34 EGBGB Rn 120.

| A. Allgemeines .... 1 | C. Rechtsspaltung .... 5 |
| B. Rück- und Weiterverweisung .... 2 | |

A. Allgemeines

1 Abs. 1 inkorporiert Art. 15 EVÜ in deutsches Recht und übernimmt dessen Inhalt mit sprachlichen Anpassungen. Abs. 2 geht auf Art. 19 Abs. 1 EVÜ zurück. Die Begrenzung des Anwendungsbereichs der Abs. 1 und 2 auf „diesen Unterabschnitt" darf nicht darüber hinwegtäuschen, dass die Vorschrift auch für die Formanknüpfung von und den Verkehrsschutz bei Schuldverträgen gilt;[1] denn die Norm ist auch bei Bestimmungen des EGBGB außerhalb des Unterabschnitts „Vertragliche Schuldverhältnisse" zu beachten, sofern sie auf dem EVÜ beruhen und im konkreten Fall auf Schuldverträge i.S.d. EVÜ angewendet werden. Dazu aber zählen Art. 11 Abs. 1–4 (vgl. Art. 9 EVÜ) und Art. 12 S. 1 (vgl. Art. 11 EVÜ). Art. 35 enthält keine Art. 36 S. 2 vergleichbare Ausnahme und gilt daher auch für durch Art. 29a ausgesprochene Verweisungen.

B. Rück- und Weiterverweisung

2 Abs. 1 ist *lex specialis* zur allgemeinen Vorschrift des Art. 4[2] und schließt die Rück- und Weiterverweisung aus, zu der es sonst nach Art. 4 Abs. 1 S. 1 kommen würde. Eine Verweisung gem. Artt. 27 ff. auf das Recht eines Staates ist folglich keine Gesamt-, sondern nur eine Sachnormverweisung.

3 Dadurch soll verhindert werden, dass die Kollisionsnormen eines anderen Staates, auf dessen Recht verwiesen wird, zur Bestimmung des anwendbaren Sachrechts herangezogen werden müssen.[3] Das erleichtert die Rechtsanwendung.[4] Sofern die Parteien das auf den Vertrag anwendbare Recht gewählt haben, entspricht es in der Regel ohnehin ihrem Willen, dass die materiellen Bestimmungen des gewählten Rechts zur Anwendung kommen.[5] Auch bei einer Ermittlung des Vertragsstatuts anhand der objektiven Kriterien der Artt. 28, 29 Abs. 2, 30 Abs. 2 wäre eine Rück- und Weiterverweisung nicht sinnvoll, da der Sitz des Vertrages bereits aufgrund der dort vorgegebenen Anknüpfungsmerkmale lokalisiert wurde und der Richter bei einer Rück- oder Weiterverweisung möglicherweise andere Anknüpfungsmerkmale beachten müsste, die den Wertungen der Anknüpfung nach Artt. 28, 29 Abs. 2, 30 Abs. 2 zuwiderlaufen.[6] Darüber hinaus dient der Ausschluss der Rück- und Weiterverweisung dem internationalen Entscheidungseinklang mit den Vertragsstaaten des EVÜ, da die deutschen Kollisionsnormen mit denen der anderen Vertragsstaaten des EVÜ im Wesentlichen übereinstimmen.[7]

4 Unklar ist, ob die Parteien trotz des Abs. 1 berechtigt sind, eine **Rechtswahl in Form einer Kollisionsrechtswahl** zu treffen. Dem Wortlaut des Abs. 1 lässt sich *kein absolutes* Verbot einer solchen Rechtswahl entnehmen. Eine derartige Beschränkung ergibt sich angesichts des Vorrangs des Abs. 1 vor Art. 4 (vgl. oben Rn 2) auch nicht aus Art. 4 Abs. 2. Eine Kollisionsrechtswahl ist also als Minus[8] zur Sachrechtswahl zuzulassen,[9] wenngleich selten ein Bedürfnis der Vertragsparteien nach einer derartigen Rechtswahl besteht, weil die Parteien meist nur die Absicht haben werden, das anwendbare Sachrecht festzulegen.[10]

---

1 Unzutr. BGHZ 121, 224, 235; wie hier Soergel/v. *Hoffmann*, Art. 35 EGBGB Rn 4; *Looschelders*, Art. 35 Rn 1; Staudinger/*Hausmann*, Art. 35 EGBGB Rn 5; *Sandrock*, RIW 1986, 841, 844.
2 Bamberger/Roth/*Spickhoff*, Art. 35 EGBGB Rn 1; Erman/*Hohloch*, Art. 35 EGBGB Rn 1.
3 MüKo/*Martiny*, Art. 35 EGBGB Rn 1.
4 Staudinger/*Hausmann*, Art. 35 EGBGB Rn 4.
5 Bericht *Giuliano/Lagarde*, BT-Drucks 10/503, S. 33, 69.
6 Bericht *Giuliano/Lagarde*, BT-Drucks 10/503, S. 33, 69 f.
7 Soergel/v. *Hoffmann*, Art. 35 EGBGB Rn 8.
8 Staudinger/*Hausmann*, Art. 35 EGBGB Rn 8; Soergel/v. *Hoffmann*, Art. 35 EGBGB Rn 7.
9 Czernich/Heiss/*Czernich*, Art. 15 EVÜ Rn 5; *Freitag/Leible*, ZVglRWiss 99 (2000), 101, 140; Staudinger/*Hausmann*, Art. 35 EGBGB Rn 8; Soergel/v. *Hoffmann*, Art. 35 EGBGB Rn 7; Erman/*Hohloch*, Art. 4 EGBGB Rn 14; *Kropholler*, IPR, S. 173; MüKo/*Martiny*, Art. 35 EGBGB Rn 4 ff.; Reithmann/Martiny/*Martiny*, Rn 177; Staudinger/*Magnus*, Art. 27 EGBGB Rn 14; v. *Bar/Mankowski*, IPR I, § 7 Rn 938; a.A. Palandt/*Heldrich*, Art. 27 EGBGB Rn 2; *Looschelders*, Art. 27 Rn 2; W. *Lorenz*, IPRax 1987, 269, 276; MüKo/*Sonnenberger*, Art. 4 EGBGB Rn 71; Bamberger/Roth/*Spickhoff*, Art. 35 EGBGB Rn 3.
10 Bericht *Giuliano/Lagarde*, BT-Drucks 10/503, S. 33, 69; MüKo/*Martiny*, Art. 35 EGBGB Rn 6; Bamberger/Roth/*Spickhoff*, Art. 35 EGBGB Rn 4. Im Rahmen der internationalen Schiedsgerichtsbarkeit kann ein Interesse der Parteien an einer Kollisionsrechtswahl bestehen, vgl. MüKo/*Martiny*, Art. 35 EGBGB Rn 4; Staudinger/*Hausmann*, Art. 35 EGBGB Rn 8.

C. Rechtsspaltung

Verweisen die Artt. 27 ff. auf das Recht eines Mehrrechtsstaates, stellt sich die Frage, ob dessen Interlokales Privatrecht darüber bestimmen soll, welches Gebietsrecht Anwendung findet oder ob das EGBGB als *lex fori* selbst diese Entscheidung trifft. Die Antwort gibt Abs. 2: Sofern ein Staat mehrere Gebietseinheiten besitzt und diese eigene Rechtsvorschriften für vertragliche Schuldverhältnisse haben, gilt jede Gebietseinheit als Staat. Jede Gebietseinheit wird damit rechtlich verselbständigt.[11] Das Interlokale Recht des Gesamtstaates muss nicht mehr befragt werden. Gegenüber Art. 4 Abs. 3 ist Abs. 2 *lex specialis*. Die Parteien können somit das Recht einer Gebietseinheit wählen, wenn in den Gebietseinheiten eines Staates unterschiedliche Vertragsrechte gelten.[12] Haben die Parteien keine Rechtswahl getroffen, kommt es darauf an, auf welche Gebietseinheit die objektive Anknüpfung verweist.

Vorausgesetzt werden dem Wortlaut nach „eigene Rechtsvorschriften". Das meint indes nicht nur geschriebenes Recht, sondern ebenso Richter- und Gewohnheitsrecht. Um Gebietseinheiten handelt es sich bei territorial begrenzten Untergliederungen eines Staates. Gespaltenes Recht i.d.S. findet sich z.B. in den USA, Kanada, Großbritannien, Australien, Mexiko oder Spanien.

Als problematisch können sich Fälle erweisen, in denen das Recht eines Gesamtstaates gewählt wurde, dessen **Schuldvertragsrecht** aber **durch die Einzelstaaten geregelt** ist (z.B. Wahl „amerikanischen Rechts"[13]). Die Verweisung geht ins Leere, sofern sich nicht durch Auslegung ermitteln lässt, dass die Parteien das Recht einer bestimmten Gebietseinheit zur Anwendung bringen wollten. Scheitert eine dahin gehende Auslegung, ist die Rechtswahl unwirksam und stattdessen objektiv anzuknüpfen.[14] Das anwendbare Recht des Einzelstaates ist dann über Artt. 28, 29 Abs. 2, 29a, 30 Abs. 2 zu bestimmen.

Nach anderer Ansicht soll in diesem Fall das Interlokale Recht des Gesamtstaates anwendbar sein, da dessen Anwendung durch Abs. 1 nicht ausgeschlossen werde und es am ehesten den Interessen der Parteien entspreche, innerhalb der gewählten Gesamtrechtsordnung zu verbleiben.[15] Das überzeugt nicht. Denn bestimmt wird dergestalt ein rein „hypothetischer Parteiwille". Allein dieser genügt – anders als vor In-Kraft-Treten des IPRNG[16] – jedoch nicht.[17] Es kommt nicht darauf an, was die Parteien gewollt hätten, sondern was sie gewollt haben. Es bedarf daher der Feststellung eines realen Willens, nicht bloß eines Interesses. Im Übrigen muss auch nach dieser Ansicht objektiv angeknüpft werden, sofern das interlokale Recht keine hinreichenden Anknüpfungskriterien zur Verfügung stellt. Kommt es aber letztendlich ohnehin zu einer Anknüpfung an die engste Verbindung, sollte man auch deshalb nicht den zusätzlichen Weg über das Interlokale Recht beschreiten.

Artt. 27 ff. sind entsprechend auf innerdeutsche Fälle anzuwenden. Art. 19 Abs. 2 EVÜ überlässt es den Vertragsstaaten, ob sie das Übereinkommen auch auf interlokaler Ebene anwenden wollen. Diese Vorschrift wurde zwar nicht in das EGBGB übernommen, indes nur deshalb, weil sie seinerzeit für die Bundesrepublik Deutschland ohne Bedeutung war.[18] Eine analoge Anwendung bleibt daher möglich.

| Artikel 36 | Einheitliche Auslegung |

[1]Bei der Auslegung und Anwendung der für vertragliche Schuldverhältnisse geltenden Vorschriften dieses Kapitels mit Ausnahme von Artikel 29a ist zu berücksichtigen, daß die ihnen zugrunde liegenden Regelungen des Übereinkommens vom 19. Juni 1980 über das auf vertragliche Schuldverhältnisse anzuwendende Recht (BGBl 1986 II S. 809) in den Vertragsstaaten einheitlich ausgelegt und angewandt werden sollen.

Literatur: *Czernich/Heiss*, EVÜ – Das Europäische Schuldvertragsübereinkommen, 1999; *Daniele*, La Corte di giustizia comunitaria e le Convenzioni di Roma e di Lugano, Riv. dir. int. priv. proc. 26 (1990), 917; *von Hoffmann*, Empfiehlt es sich, das EG-Übereinkommen über das auf vertragliche Schuldverhältnisse anzuwendende Recht in das deutsche IPR-Gesetz zu inkorporieren?, IPRax 1984, 10; *Jayme/Kohler*, Das Internationale Privat- und Verfahrensrecht der EG 1991 – Harmonisierungsmodell oder Mehrspurigkeit des Kollisionsrechts, IPRax 1991, 361; *Junker*, Die einheitliche Auslegung nach dem EG-Schuldvertragsübereinkommen, RabelsZ 55 (1991), 674; *Kropholler*, Eine Auslegungskompetenz des Gerichtshofs der

---

11 MüKo/*Martiny*, Art. 35 EGBGB Rn 10.
12 MüKo/*Martiny*, Art. 35 EGBGB Rn 11.
13 Vgl. dazu OLG München IPRax 1983, 120.
14 *Looschelders*, Art. 27 Rn 5; Staudinger/*Magnus*, Art. 27 EGBGB Rn 38; Reithmann/Martiny/*Martiny*, Rn 179; *v. Bar*, IPR II, Rn 464.

15 Staudinger/*Hausmann*, Art. 35 EGBGB Rn 13; Bamberger/Roth/*Spickhoff*, Art. 35 EGBGB Rn 8.
16 Bis dahin st. Rspr., vgl. z.B. BGHZ 7, 231, 235; 44, 183, 186; 61, 221, 223; BGH NJW 1977, 1586; 1996, 2569.
17 BT-Drucks 10/504, S. 77.
18 MüKo/*Martiny*, Art. 35 EGBGB Rn 17.

Europäischen Gemeinschaften für das Internationale Schuldvertragsrecht, in: Stoll (Hrsg.), Stellungnahmen und Gutachten zum Europäischen Zivilverfahrens- und Versicherungsrecht, 1991, S. 171; *Luzzatto*, L'interpretazione della Convenzione e il problema della competenza della Corte di Giustizia delle Comunità, in: Treves (Hrsg.), Verso una disciplina comunitaria della legge applicabile ai contratti, Padua 1983, S. 57; *Mankowski*, Zur Analogie im internationalen Schuldvertragsrecht, IPRax 1991, 305; *Mansel*, Europäisches Gemeinschaftsrecht und IPR, IPRax 1990, 344; *ders.*, Rechtsvergleichung und europäische Rechtseinheit, JZ 1991, 529; *Mignolli*, L'interpretazione della Convenzione di Roma da parte della Corte di giustizia delle comunità europee, in: Sacerdoti (Hrsg.), La Convenzione di Roma sul diritto applicabile ai contratti internazionali, 1993, S. 129; *Nolte*, Zur Technik der geplanten Einführung des EG-Schuldvertragsübereinkommens in das deutsche Recht aus völkerrechtlicher Sicht, IPRax 1985, 71; *Pirrung*, Zur Auslegung der Anknüpfungsnormen für Schuldverhältnisse, in: FS W. Lorenz 2001, S. 399; *Reinhart*, Zur einheitlichen Auslegung vereinheitlichter IPR-Normen nach Art. 36 EGBGB, RIW 1994, 445; *Rigaux*, Quelques problèmes d'interprétation de la Convention de Rome, in: Lagarde/von Hoffmann (Hrsg.), L'Européanisation du droit international privé, 1996, S. 33; *Tizzano*, I protocoli relativi all'interpretazione di Roma sulla legge regolatrice delle obbligazioni contrattuali, Foro Pad. 1990, 538; *ders.*, Informe sobre los protocolos relativos a la interpretación por el tribunal de justicia del convenio de Roma de 19 de junio de 1980 sobre la ley aplicable en las obligaciones contractuales, Noticias C. E. E. 1990, 107; *Virgós Soriano*, La interpretación del Convenio de Roma de 1980 sobre Ley aplicable a las obligaciones contractuales y el Tribunal de Justicia de las Comunidades Europeas, Noticias C. E. E. 1990, 83.

A. Allgemeines 1	b) Grammatikalische Auslegung 8
B. Regelungsgehalt 3	c) Systematische Auslegung 9
I. Anwendungsreichweite 3	d) Historische Auslegung 10
II. Pflicht zur einheitlichen Auslegung 5	e) Teleologische Auslegung 11
1. Rechtspflicht 5	f) Rechtsvergleichende Auslegung 12
2. Methoden 6	g) Rechtsfortbildung 13
a) Grundsatz der einheitlichen Auslegung 6	III. Ausblick 14

A. Allgemeines

1 Art. 36 geht auf Art. 18 EVÜ zurück, der die einheitliche Auslegung und Anwendung der Vorschriften des EVÜ in den Vertragsstaaten sichern und verhindern soll, dass die Auslegung allein durch nationale Einflüsse bestimmt wird. Würde das Übereinkommen nicht einheitlich ausgelegt, bestünde die Gefahr einer Renationalisierung des IPR der vertraglichen Schuldverhältnisse.[1] Diese Gefahr ist umso größer, je unbestimmter und ausfüllungsbedürftiger die gemeinsamen Normen sind. Zwar sollte vereinheitlichtes oder angeglichenes Recht so weit wie möglich autonom ausgelegt werden, doch ist die Versuchung des nationalen Richters naturgemäß groß, die ihm vertrauten Sichtweisen die Oberhand gewinnen zu lassen.[2] Folge hiervon ist eine gerade nicht gewollte national oder nach „Rechtsfamilien" differierende Lesart des vereinheitlichten Rechts. Diese Renationalisierung ist daher bereits und zu Recht als „die Lebenslüge der Rechtsvereinheitlichung in diesem Jahrhundert"[3] bezeichnet worden. Wie wichtig die Sicherung der Einheitlichkeit ist, ist vor allem aufgrund des „Wildwuchses" der instanzlichen Rechtsprechung zu Artt. 5 und 7 EVÜ (= Artt. 29 und 34) im Rahmen der sog. Gran-Canaria- und Time-Sharing-Fälle offenbar geworden.[4]

2 Besondere Bedeutung kommt Art. 36 vor allem deshalb zu, weil es bislang an einer einheitlichen Auslegungsinstanz für das Übereinkommen mangelte. Zwar wurden zwei Protokolle zur Auslegung des EVÜ und zur Auslegungszuständigkeit verabschiedet,[5] doch fehlte es bis ins Jahr 2004 an einer Ratifikation des zweiten Protokolls durch Belgien, so dass der EuGH bisher für Fragen der Auslegung des Übereinkommens nicht

---

1 Staudinger/*Magnus*, Art. 36 EGBGB Rn 2; Bamberger/Roth/*Spickhoff*, Art. 36 EGBGB Rn 1; i.d.S. auch *Mansel*, JZ 1991, 529, 532.
2 Allg. dazu auch *Esser*, Vorverständnis und Methodenwahl in der Rechtsfindung, 1972.
3 *Kohler*, in: Jayme, Ein internationales Zivilverfahrensrecht für Gesamteuropa, 1992, S. 11, 12.
4 Vgl. dazu mit zahlreichen Rechtsprechungsnachweisen *Leible*, JJZ 1995, 1996, S. 245 (252 ff.); *Mäsch*, Rechtswahlfreiheit und Verbraucherschutz, 1993; *Mankowski*, Seerechtliche Vertragsverhältnisse, 1996, S. 392 ff.; *ders.*, RIW 1998, 287.

5 Erstes Protokoll betreffend die Auslegung des am 19. Juni 1980 in Rom zur Unterzeichnung aufgelegten Übereinkommens über das auf vertragliche Schuldverhältnisse anzuwendende Recht durch den Gerichtshof der Europäischen Gemeinschaften, ABlEG 1989 Nr. L 48/1; Zweites Protokoll zur Übertragung bestimmter Zuständigkeiten für die Auslegung des am 19. Juni 1980 in Rom zur Unterzeichnung aufgelegten Übereinkommens über das auf vertragliche Schuldverhältnisse anzuwendende Recht auf den Gerichtshof der Europäischen Gemeinschaften, ABlEG 1989 Nr. L 48/17.

zuständig war. Mittlerweile hat Belgien aber auch das zweite Auslegungsprotokoll ratifiziert, das damit am 1.8.2004 in Kraft getreten ist.[6]

B. Regelungsgehalt

I. Anwendungsreichweite

Die Pflicht zur einheitlichen Auslegung nach Art. 36 gilt nicht nur für die Artt. 27 ff., sondern für sämtliche Vorschriften „dieses Kapitels". Damit sind alle Normen des 2. Kapitels des EGBGB erfasst, also auch die Artt. 3 ff., soweit sie auf Regelungen des EVÜ zurückzuführen sind.[7] Bedeutsam ist dies vor allem für Art. 11 Abs. 2–4 und Art. 12 Abs. 1 S. 1 sowie Art. 3 Abs. 2 S. 2 und Art. 6 S. 1. Die Pflicht zur einheitlichen Auslegung gilt auch für die Sonderanknüpfung zwingender Vorschriften nach Artt. 27 Abs. 3, 29 Abs. 1, 30 Abs. 1, 34, da auch die in diesen Normen enthaltenen Begriffe einer einheitlichen Auslegung zugänglich sind.[8] Der Pflicht zur einheitlichen Auslegung nach Art. 36 unterfällt hingegen nicht die Regelung des Art. 29a, da diese der Umsetzung europäischen Richtlinienrechts dient und damit nicht konventions-, sondern richtlinienkonform auszulegen ist, was letztlich aber zur Heranziehung derselben Auslegungsgrundsätze führt. Eine einheitliche Auslegung wird hier institutionell durch den EuGH im Rahmen des Vorabentscheidungsverfahrens gesichert (Art. 234 EGV).[9]

Die von Art. 36 statuierte Pflicht zur einheitlichen Auslegung beschränkt sich entgegen dem insoweit etwas zu engen Wortlaut der Norm nicht auf die „Auslegung und Anwendung", sondern gilt ebenso für die **Qualifikation**. Ob ein Anspruch z.B. vertraglicher Natur ist oder es sich um ein Arbeitsverhältnis i.S.v. Art. 30 handelt, ist daher grundsätzlich nicht nach der *lex fori* oder einer (fiktiven) *lex causae*, sondern konventionsautonom festzustellen.

II. Pflicht zur einheitlichen Auslegung

1. Rechtspflicht. Art. 36 statuiert einen „bindenden Auftrag",[10] d.h. eine echte Rechtspflicht zur einheitlichen Auslegung („ist zu berücksichtigen")[11] und geht damit deutlich weiter als Art. 18 des EVÜ, der lediglich formuliert, dass „dem Wunsch Rechnung zu tragen [sei], eine einheitliche Auslegung und Anwendung dieser Vorschriften zu erreichen." Zurückzuführen ist die im Vergleich zu Art. 18 EVÜ wesentlich weiter gehende Formulierung des Art. 36 auf die von Deutschland gewählte Inkorporationslösung, die schon per se eine einheitliche Auslegung erschwert.[12] Dies sollte offenbar durch eine Auslegungsnorm mit verpflichtendem Charakter kompensiert werden.[13]

2. Methoden. a) Grundsatz der einheitlichen Auslegung. Die Auslegung hat einheitlich zu erfolgen. Im Vordergrund muss dabei die vertragsautonome Auslegung stehen. Die in den Kollisionsnormen verwendeten Begriffe sind aus sich selbst heraus, d.h. ohne Rekurs auf die Maßstäbe einer einzelnen Rechtsordnung, auszulegen.[14] Auf die vom EuGH zur Auslegung und Anwendung des EuGVÜ entwickelten Kriterien kann zurückgegriffen werden. In beiden Konventionen bzw. der EuGVVO verwendete Systembegriffe sollten möglichst gleich lautend verstanden werden, sofern nicht ausnahmsweise besondere internationalprivatrechtliche Interessen eine abweichende Beurteilung erforderlich machen.

Im Rahmen der vertragsautonomen Auslegung sind die bekannten Auslegungsmethoden – grammatikalische Auslegung, systematische Auslegung, historische Auslegung und teleologische Auslegung – heranzuziehen. Dabei sind jedoch oft gewichtige Besonderheiten zu beachten.[15]

b) Grammatikalische Auslegung. Jede Auslegung beginnt beim Wortlaut der Norm. Im Rahmen der grammatikalischen Auslegung der die Vorschriften des EVÜ in das EGBGB inkorporierenden Normen ist freilich stets ihre staatsvertragliche Herkunft zu beachten.[16] Ein Blick allein auf die deutsche Textfassung des EVÜ genügt nicht, da nach Art. 33 EVÜ alle Sprachfassungen im gleichen Maße verbindlich sind.

---

6 Vgl. dazu *Dutta/Volders*, EuZW 2004, 556.
7 Bamberger/Roth/*Spickhoff*, Art. 36 EGBGB Rn 3.
8 MüKo/*Martiny*, Art. 36 EGBGB Rn 11.
9 Bamberger/Roth/*Spickhoff*, Art. 36 EGBGB Rn 3.
10 Erman/*Hohloch*, Art. 36 EGBGB Rn 2.
11 BAGE 63, 17, 33 f. („Gebot der einheitlichen Anwendung"); *Junker*, RabelsZ 55 (1991), 674, 694 f.; Staudinger/*Magnus*, Art. 36 EGBGB Rn 7; *Mankowski*, IPRax 1991, 305, 308; *Mansel*, JZ 1991, 529, 531; MüKo/*Martiny*, Art. 36 EGBGB Rn 7; *Reinhart*, RIW 1994, 445, 451; Czernich/Heiss/

Rudisch, Art. 5 EVÜ Rn 3 f.; Bamberger/Roth/ *Spickhoff*, Art. 36 EGBGB Rn 7.
12 *v. Hoffmann*, IPRax 1984, 10, 12 f.
13 BT-Drucks 10/5632, S. 35, 45; *Reinhart*, RIW 1994, 445, 451.
14 Soergel/*v. Hoffmann*, Art. 36 EGBGB Rn 4; MüKo/ *Martiny*, Art. 36 EGBGB Rn 6; Bamberger/Roth/ *Spickhoff*, Art. 36 EGBGB Rn 5.
15 *Reinhart*, RIW 1994, 445, 447 ff.
16 Bamberger/Roth/*Spickhoff*, Art. 36 EGBGB Rn 6; MüKo/*Martiny*, Art. 36 EGBGB Rn 16.

Zu erforschen ist daher unter Berücksichtigung sämtlicher Sprachfassungen, welcher einheitliche Sinn den Formulierungen zukommt.[17] Die Wortlautauslegung geht damit in eine teleologische und rechtsvergleichende Auslegung über.

9 **c) Systematische Auslegung.** Ziel der systematischen Auslegung ist es, den Regelungsgehalt einer Norm durch Rückschlüsse aus ihrer Stellung im Gefüge des betreffenden Gesetzes oder aus dem Inhalt anderer Normen zu ermitteln. Abgestellt werden kann dabei nicht auf das Regelungsgefüge des EGBGB, sofern sich nicht ausnahmsweise – etwa aus der Entstehungsgeschichte des EVÜ – ergibt, dass auf die Systematik des deutschen Rechts Rücksicht genommen werden sollte. Entscheidend ist ansonsten die Systematik des EVÜ, die sich mitunter deutlich von der des EGBGB unterscheidet und sich aus dem EGBGB selbst nicht entnehmen lässt.[18] Bei systematischen Widersprüchen zwischen beiden Regelungskomplexen gebührt dem EVÜ der Vorrang. Zur Wahrung von Kohärenz im europäischen IPR sollte außerdem der enge Zusammenhang zwischen EVÜ und EuGVÜ/EuGVVO beachtet werden. Eine einheitliche Auslegung gleicher Begriffe ist häufig von Vorteil.[19] Zurückgegriffen werden kann mitunter auch auf den EGV.[20]

10 **d) Historische Auslegung.** Bei der historischen Auslegung geht es darum, aus der Entstehungsgeschichte einer Norm Erkenntnisse für ihren Inhalt zu gewinnen. Bei der historischen Auslegung kann vor allem auf den Bericht von Giuliano und Lagarde[21] zurückgegriffen werden. Hilfreich ist weiterhin ein Blick auf die Entwicklung vom EVÜ-Entwurf aus dem Jahre 1972[22] bis zum EVÜ und schließlich die Denkschrift der Bundesregierung zum EVÜ.[23] Da einige Kollisionsnormen des EVÜ auf Grundsätzen aufbauen, die im deutschen Recht schon vor dem In-Kraft-Treten des IPRNG anerkannt waren, ist auch eine Berücksichtigung der früheren Rechtslage und vor allem Rechtsprechung jedenfalls nicht grundsätzlich ausgeschlossen. Mit in die Betrachtung einzubeziehen ist dann freilich die frühere Rechtslage in anderen Mitgliedstaaten.[24]

11 **e) Teleologische Auslegung.** Die teleologische Interpretation fragt nach dem Sinn und Zweck einer Norm. Ihr kommt auch im Rahmen von Art. 36 überragende Bedeutung zu. Bei der Auslegung des EVÜ (und der dieses in deutsches Recht inkorporierenden Normen) ist besonders der Zweck der Vereinheitlichung des IPR der vertraglichen Schuldverhältnisse zu beachten.[25] Die einzelnen Vorschriften sind so auszulegen, dass eine internationale Harmonie mit dem in den anderen Mitgliedstaaten herrschenden Verständnis erreicht wird.[26]

12 **f) Rechtsvergleichende Auslegung.** Von eminenter Wichtigkeit für die Auslegung von Staatsverträgen ist die rechtsvergleichende Methode; denn nur mit ihr lässt sich beim Fehlen einer gemeinsamen Auslegungsinstanz letztlich die Einheitlichkeit der Anwendung gewährleisten. Zum Vergleich heranzuziehen sind die Rechtsordnungen der Vertragsstaaten des EVÜ. Ist etwa die im Übereinkommen verwendete Begrifflichkeit unklar, kann auf deren Auslegung und Verwendung durch die einzelnen nationalstaatlichen Jurisdiktionen zurückgegriffen werden.[27] Sofern ausländische Judikate bereits vorliegen, bedarf es einer sorgfältigen Auseinandersetzung mit ihnen, wobei abweichende Entscheidungen indes nicht ausgeschlossen sind.[28]

13 **g) Rechtsfortbildung.** Ergeben sich bei der Auslegung des EGBGB Regelungslücken, so können diese durch die analoge Anwendung von Normen des EGBGB geschlossen werden;[29] denn der staatsvertragliche Hintergrund des EGBGB steht einer Rechtsfortbildung grundsätzlich nicht entgegen. Sie muss sich freilich nach den in der europäischen Methodenlehre anerkannten Grundsätzen richten. Außerdem bedarf es der Feststellung gleicher rechtspolitischer Wertungen in den übrigen Vertragsstaaten des EVÜ,[30] da ansonsten die einheitliche Auslegung des EVÜ gefährdet würde.

---

17 MüKo/*Martiny*, Art. 36 EGBGB Rn 16; *Nolte*, IPRax 1985, 71, 73.
18 MüKo/*Martiny*, Art. 36 EGBGB Rn 17.
19 Vgl. z.B. BGHZ 123, 380, 384; Bamberger/Roth/ *Spickhoff*, Art. 36 EGBGB Rn 7.
20 Soergel/*v. Hoffmann*, Art. 36 EGBGB Rn 10.
21 BT-Drucks 10/503, S. 33.
22 RabelsZ 38 (1974), 211.
23 BT-Drucks 10/504, S. 21.
24 *Looschelders*, Art. 36 Rn 8.
25 Bericht *Giuliano/Lagarde*, BT-Drucks 10/503, S. 33, 36: „Wunsch (...), die Nachteile zu beseitigen, die sich aus der Verschiedenheit der Kollisionsnormen (...) ergeben". Vgl. auch die Präambel des EVÜ, ABlEG 1998 Nr. C 27/34, S. 36: „Wunsch, einheitliche Normen für die Bestimmung des auf vertragliche Schuldverhältnisse anzuwendenden Rechts zu schaffen".
26 MüKo/*Martiny*, Art. 36 EGBGB Rn 19.
27 Soergel/*v. Hoffmann*, Art. 36 EGBGB Rn 13.
28 Soergel/*v. Hoffmann*, Art. 36 EGBGB Rn 13.
29 Bamberger/Roth/*Spickhoff*, Art. 36 EGBGB Rn 11; Soergel/*v. Hoffmann*, Art. 36 EGBGB Rn 14; MüKo/ *Martiny*, Art. 36 EGBGB Rn 23.
30 BGHZ 135, 124, 134 = BGH NJW 1997, 1697, 1699; *Lüderitz*, IPRax 1990, 216, 219; *Magnus*, RabelsZ 53 (1989), 124; *Mansel*, IPRax 1990, 334, 335; *Juncker*, RabelsZ 55 (1991), 674, 685 und die eben Genannten.

III. Ausblick

Mit der geplanten Überführung des Römischen Übereinkommens in eine EG-Verordnung[31] wird sich nichts Wesentliches ändern. Auszulegen durch die nationalen Gerichte ist dann nicht mehr Völkervertragsrecht bzw. dieses inkorporiendes nationales Recht, sondern Gemeinschaftsrecht. An die Stelle der Auslegungszuständigkeit des EuGH nach den beiden Protokollen zum EVÜ tritt dann seine Zuständigkeit zur Entscheidung über Vorabentscheidungsverfahren nach Art. 234 EGV, wobei die Besonderheiten des Art. 68 EGV zu beachten bleiben.[32]

14

Artikel 37 Ausnahmen

¹Die Vorschriften dieses Unterabschnitts sind nicht anzuwenden auf
1. Verpflichtungen aus Wechseln, Schecks und anderen Inhaber- oder Orderpapieren, sofern die Verpflichtungen aus diesen anderen Wertpapieren aus deren Handelbarkeit entstehen;
2. Fragen betreffend das Gesellschaftsrecht, das Vereinsrecht und das Recht der juristischen Personen, wie zum Beispiel die Errichtung, die Rechts- und Handlungsfähigkeit, die innere Verfassung und die Auflösung von Gesellschaften, Vereinen und juristischen Personen sowie die persönliche gesetzliche Haftung der Gesellschafter und der Organe für die Schulden der Gesellschaft, des Vereins oder der juristischen Person;
3. die Frage, ob ein Vertreter die Person, für deren Rechnung er zu handeln vorgibt, Dritten gegenüber verpflichten kann, oder ob das Organ einer Gesellschaft, eines Vereins oder einer juristischen Person diese Gesellschaft, diesen Verein oder diese juristische Person gegenüber Dritten verpflichten kann;
4. Versicherungsverträge, die in dem Geltungsbereich des Vertrags zur Gründung der Europäischen Wirtschaftsgemeinschaft oder des Abkommens über den Europäischen Wirtschaftsraum belegene Risiken decken, mit Ausnahme von Rückversicherungsverträgen. Ist zu entscheiden, ob ein Risiko in diesem Gebiet belegen ist, so wendet das Gericht sein Recht an.

²Artikel 29a findet auch in den Fällen des Satzes 1 Anwendung.

Literatur: *Armbrüster*, Aktuelle Streitfragen des Internationalen Privatversicherungsrechts, ZVersWiss. 1995, 139; *Bachmann*, Art. 5 Nr. 1 EuGVÜ – Wechselrechtliche Haftungsansprüche im Gerichtsstand des Erfüllungsorts?, IPRax 1997, 237; *v. Bar*, Wertpapiere im deutschen Internationalen Privatrecht, in: FS W. Lorenz 1991, S. 273; *Basedow*, Kollisionsrechtliche Aspekte der Seerechtsreform von 1986, IPRax 1987, 333; *Basedow/Drasch*, Das neue Internationale Versicherungsvertragsrecht, NJW 1991, 785; *Bernstein*, Wechselkollisionsrecht and excuses for non-performance bei Enteignung des Wechselschuldners, in: FS Reimers 1979, S. 229; *Beckmann/Matusche-Beckmann*, Versicherungsrechts-Handbuch, 2004; *v. Bernstorff*, Das internationale Wechsel- und Scheckrecht, 2. Auflage 1992; *ders.*, Neuere Entwicklungen im internationalen Wechselrecht, RIW 1991, 896; *Bosse*, Der Abschluß eines grenzüberschreitenden Versicherungsvertrages mit einem englischen Versicherer, 1992; *Czempiel/Kurth*, Schiedsvereinbarung und Wechselforderung im deutschen und internationalen Privatrecht, NJW 1987, 2118; *Czernich/Heiss*, EVÜ – Das Europäische Schuldvertragsübereinkommen, 1999; *Dörner*, Internationales Versicherungsvertragsrecht, 1997; *Ebenroth/Bader*, Rechtliche Qualifikation und aufsichtsrechtliche Behandlung grenzüberschreitender Wertpapierpensionsgeschäfte, ZBB 1990, 75; *Einsele*, Wertpapiere im elektronischen Bankgeschäft, WM 2001, 7; *dies.*, Wertpapierrecht als Schuldrecht, 1995; *Eschelbach*, Deutsches Internationales Scheckrecht, 1990; *v. Escher*, Einheitsgesetz und Einheitsrecht – Ausländische Gerichtsurteile zum Genfer Einheitlichen Wechsel- und Checkrecht und deren Einflüsse auf die inländische Rechtsprechung, 1992; *Fingerhuth*, Anknüpfung des Versicherungsvertrages im schweizerischen IPR-Gesetz, ZVglRWiss 88 (1989), 4; *Firsching*, „Spanische Wechsel", IPRax 1982, 174; *Fricke*, Das IPR der Versicherungsverträge außerhalb des Anwendungsbereichs des EGVVG, VersR 1994, 773; *ders.*, Die Neuregelung des IPR der Versicherungsverträge im EGVVG durch das Gesetz zur Durchführung versicherungsrechtlicher Richtlinien des Rates der Europäischen Gemeinschaften, IPRax 1990, 361; *Furtak*, Wechselrückgriff und Art. 5 Nr. 1 EuGVÜ, IPRax 1989, 212; *Gross*, Die Anknüpfung des Versicherungsvertrages im Internationalen Privatrecht in rechtsvergleichender Sicht, 1987; *Gruber*, Internationales Versicherungsvertragsrecht, 1999; *Hahn*, Die „europäischen" Kollisionsnormen für Versicherungsverträge, 1992; *Hübner*, IPR des Versicherungsvertrages und EG-Recht, ZVersWiss. 1983, 21; *Imbusch*, Das IPR der Versicherungsverträge über innerhalb der EG belegene Risiken, VersR 1993, 1059; *Kadletz*, Versicherung im Weltraum, VersR 1996, 946; *Karcher*, Kollisionsrechtliche Fragen bei der Kraftfahrzeug-Haftpflichtversicherung, 1973; *Koch*, Konfliktprobleme des angelsächsischen und des deutschen Scheckrechts, ZHR 140 (1976), 1; *Kozuchowski*, Der internationale Schadensversicherungsvertrag im EG-Binnenmarkt, 1995; *Kramer*, Internationales Versicherungsvertragsrecht, 1995; *Kronke/Berger*, Wertpapierstatut, Schadensersatzpflichten der Inkassobank, Schuldnerschutz in der Zession – Schweizer Orderschecks auf Abwegen, IPRax 1991, 316; *Liauh*, Internationales Versicherungsvertragsrecht, 2000; *Liesecke*, Der internationale Wechsel, WM 1973, 442; *ders.*, Neuere Entwicklungen

---

[31] Vgl. das Grünbuch über die Umwandlung des Übereinkommens von Rom aus dem Jahr 1980 über das auf vertragliche Schuldverhältnisse anzuwendende Recht in ein Gemeinschaftsinstrument sowie über seine Aktualisierung, KOM (2002) 654 endg.

[32] Zu den Einzelheiten vgl. *Hau*, in: Leible, Das Grünbuch zum internationalen Vertragsrecht, 2004, S. 23, 20.

im internationalen Wechselrecht, WM 1971, 294; *Looschelders,* Der Schutz von Verbrauchern und Versicherungsnehmern im Internationalen Privatrecht, in: FS E. Lorenz 2004, S. 441; *E. Lorenz,* Das auf grenzüberschreitende Lebensversicherungsverträge anwendbare Recht – eine Übersicht über die kollisionsrechtlichen Rechtsgrundlagen, ZVersWiss. 1991, 121; *ders.,* Die Umsetzung der internationalprivatrechtlichen Bestimmungen der Zweiten Schadensversicherungsrichtlinie (88/357/EWG) zur Regelung der Direktversicherung der in der EWG belegenen Risiken, in: Stoll (Hrsg.), Stellungnahmen und Gutachten zum Europäischen Internationalen Zivilverfahrens- und Versicherungsrecht, 1991, S. 210; *ders.,* Zum neuen internationalen Vertragsrecht aus versicherungsvertraglicher Sicht, in: FS Kegel 1987, S. 303; *Mächler-Erne,* Parteiautonomie am Horizont des internationalen Versicherungsvertragsrechts der Schweiz, in: FS Heini 1995, S. 257; *dies.,* Internationale Versicherungsverträge – Formen und Inhalt, in: Reichert-Facilides/Schnyder (Hrsg.), Versicherungsrecht in Europa – Kernperspektiven am Ende des 20. Jahrhunderts, 1998, S. 153; *Mankowski,* Internationales Versicherungsvertragsrecht und Internet, VersR 1999, 923; *ders.,* Nationale Erweiterungen der Rechtswahl im neuen Internationalen Versicherungsvertragsrecht, VersR 1993, 154; *ders.,* Versicherungsverträge zugunsten Dritter, Internationales Privatrecht und Art. 17 EuGVÜ, IPRax 1996, 427; *Mansel,* Direktansprüche gegen den Haftpflichtversicherer, 1986; *Mewes,* Internationales Versicherungsvertragsrecht unter besonderer Berücksichtigung der europäischen Dienstleistungsfreiheit im Gemeinsamen Markt, 1995; *Morawitz,* Das internationale Wechselrecht: eine systematische Untersuchung der auf dem Gebiet des Wechselrechts auftretenden kollisionsrechtlichen Fragen, 1991; *Morse,* Party Autonomy in International Insurance Contract Law, in: Reichert-Facilides/Jessurun d'Oliveira (Hrsg.), International Insurance Contract Law, 1993, S. 23; *Philip,* Private International Law of Insurance in Denmark and the European Communities, in: Festskrift till Grönfors 1991, S. 347; *Pocar,* Conflitti di legge e di giurisdizioni in materia di assicurazioni nella Comunità economica europea, Riv.dir.int.priv.proc. 23 (1987), 417; *Rauscher,* Europäisches Zivilprozessrecht, 2003; *Reichert-Facilides* (Hrsg.), Aspekte des internationalen Versicherungsvertragsrechts im Europäischen Wirtschaftsraum, 1994; *ders.,* Auswirkungen des AGB-Gesetzes auf das deutsche Internationale Versicherungsvertragsrecht, VersR 1978, 481; *ders.,* Gesetzesvorschlag zur Neuregelung des deutschen Internationalen Versicherungsvertragsrechts, VersR 1993, 1177; *ders.,* Versicherungsverbraucherschutz und IPR, in: FS R. Schmidt 1976, S. 1023; *ders.,* Zur Kodifikation des deutschen internationalen Versicherungsvertragsrechts, IPRax 1990, 1; *Reichert-Facilides/Jessurun d'Oliveira* (Hrsg.), International Insurance Contract Law in the EC, 1993; *Reithmann/Martiny,* Internationales Vertragsrecht, 6. Auflage 2004; *Richter,* Internationales Versicherungsvertragsrecht: eine kollisionsrechtliche Untersuchung unter besonderer Berücksichtigung des Rechts der Europäischen Gemeinschaften, 1980; *W.-H. Roth,* Das Allgemeininteresse im europäischen Internationalen Versicherungsvertragsrecht, VersR 1993, 129; *ders.,* Dienstleistungsfreiheit und Allgemeininteresse im europäischen internationalen Versicherungsvertragsrecht, in: Reichert-Facilides (Hrsg.), Aspekte des internationalen Versicherungsvertragsrechts im europäischen Wirtschaftsraum, 1994, S. 1; *ders.,* Internationales Versicherungsvertragsrecht, 1985; *ders.,* Internationales Versicherungsvertragsrecht in der Europäischen Union – Ein Vorschlag zu seiner Neuordnung, in: FS E. Lorenz 2004, S. 631; *Rothe,* Über deutsches internationales Privatversicherungsrecht, 1934; *Rudisch,* Europäisches Internationales Versicherungsvertragsrecht für Österreich, ZVglRWiss. 93 (1994), 80; *ders.,* Österreichisches Internationales Versicherungsvertragsrecht, 1994; *ders.,* Österreichisches internationales Versicherungsvertragsrecht für den EWR, ZEuP 1995, 45; *Ryser,* Der Versicherungsvertrag im IPR, 1957; *Schefold,* Grenzüberschreitende Wertpapierübertragungen und IPR, IPRax 2000, 468; *ders.,* Zur Rechtswahl im internationalen Scheckrecht, IPRax 1987, 150; *Schlechtriem,* Zur Abdingbarkeit von Art. 93 Abs. 1 WG, IPRax 1989, 155; *Schnyder,* Parteiautonomie im europäischen Versicherungskollisionsrecht, in: Reichert-Facilides (Hrsg.), Aspekte des internationalen Versicherungsvertragsrechts im europäischen Wirtschaftsraum, 1994, S. 49; *Sieg,* Versicherungsfragen zum Recht des Überseekaufs, RIW 1995, 100; *Staudinger,* Anknüpfung von Gerichtsstandsvereinbarungen und Versicherungsverträgen, in: Leible (Hrsg.), Das Grünbuch zum Internationalen Vertragsrecht, 2004, S. 37; *Steindorff,* Europäisches Gemeinschaftsrecht und deutsches IPR, EuR 16 (1981), 426; *Stöcklin,* Eurocheque und deutsches Internationalprivatrecht, JZ 1976, 310; *Straub,* Zur Rechtswahl im internationalen Wechselrecht, 1995; *ders.,* Zwei Wechselfälle der Parteiautonomie, IPRax 1994, 432; *Uebel,* Die deutschen Kollisionsnormen für (Erst-)Versicherungsverträge mit Ausnahme der Lebensversicherung über in der Europäischen Wirtschaftsgemeinschaft belegene Risiken, 1994; *Volken,* Das UNO-Übereinkommen vom 9. Dezember 1988 über internationale Wechsel, SZW 1990, 100; *Wandt,* Internationales Privatrecht der Versicherungsverträge, in: Reichert-Facilides/Schnyder (Hrsg.), Versicherungsrecht in Europa – Kernperspektiven am Ende des 20. Jahrhunderts, 1998, S. 85; *Windmöller,* Die Vertragsspaltung im internationalen Privatrecht des EGBGB und des EGVVG, 2000; *Wirth/Phillips-Rinke,* Wechselprotest und Rückgriff mangels Zahlung und ihre kollisionsrechtliche Behandlung im deutschen Recht, in: FS Zajtay 1982, S. 527.

A. Allgemeines 1	d) Wirkungen der Scheckerklärungen,
B. Regelungsgehalt 5	Art. 63 ScheckG 27
I. Wertpapierrechtliche Verpflichtungen	e) Rechtswahl 29
(S. 1 Nr. 1) 5	f) Sonderanknüpfungen 30
1. Allgemeines 5	4. Andere handelbare Wertpapiere ... 31
2. Wechsel 6	II. Gesellschaftsrecht (S. 1 Nr. 2) 35
a) Grundsatz 6	III. Vertretungsmacht (S. 1 Nr. 3) 38
b) Wechselfähigkeit, Art. 91 WG ... 8	IV. Versicherungsvertragsrecht (S. 1 Nr. 4) ... 43
c) Form der Wechselerklärung,	1. Allgemeines 43
Art. 92 WG 11	2. Das Internationale Versicherungsvertragsrecht für in der EG oder dem EWR
d) Wirkungen der Wechselerklärungen,	belegene Risiken, Artt. 7–15 EGVVG . 46
Art. 93 WG 15	a) Allgemeines 46
e) Rechtswahl 18	aa) Sachlicher Anwendungsbereich,
f) Sonderanknüpfungen 19	Art. 7 Abs. 1 EGVVG 46
3. Scheck 20	bb) Räumlicher Anwendungsbereich,
a) Grundsatz 20	Art. 7 Abs. 2 EGVVG 48
b) Scheckfähigkeit, Artt. 60, 61	(1) Versicherung unbeweg-
ScheckG 22	licher Sachen 50
c) Form, Art. 62 ScheckG 24	

(2)	Fahrzeugversicherung ...	52	
(3)	Reise- und Ferienversicherung	54	
(4)	Sonstige Versicherungen .	57	
(5)	Mehrfachbelegenheit des versicherten Risikos	61	

b) Die Kollisionsnormen des EGVVG im Einzelnen 65
   aa) Gesetzliche Anknüpfung, Art. 8 EGVVG 65
      (1) Risikobelegenheit 67
      (2) Gewöhnlicher Aufenthalt oder Hauptverwaltung des Versicherungsnehmers ... 70
      (3) Maßgeblicher Zeitpunkt .. 71
      (4) Verhältnis zu Art. 11 EGVVG 72
   bb) Wählbare Rechtsordnungen, Art. 9 EGVVG 73
      (1) Grundregel, Art. 9 Abs. 1 EGVVG 74
      (2) Versicherung von Risiken aus geschäftlicher Tätigkeit, Art. 9 Abs. 2 EGVVG 76
      (3) Divergenz zwischen Risikobelegenheit und Ort der Risikoverwirklichung, Art. 9 Abs. 3 EGVVG ... 77
      (4) Korrespondenzversicherung, Art. 9 Abs. 4 EGVVG 81
      (5) Lebensversicherung, Art. 9 Abs. 5 EGVVG 86
   cc) Erweiterte Rechtswahlmöglichkeiten, Art. 10 EGVVG 89
      (1) Rechtswahl bei Versicherung von Großrisiken, Art. 10 Abs. 1 EGVVG 89
      (2) Außerhalb des EWR belegene Risiken, Art. 10 Abs. 2 EGVVG 91
      (3) Beachtung mitgliedstaatlicher Erweiterungen der Rechtswahl, Art. 10 Abs. 3 EGVVG 92
   dd) Mangels Rechtswahl anzuwendendes Recht, Art. 11 EGVVG . 95
   ee) Pflichtversicherung, Art. 12 EGVVG 97
   ff) Gesetzliche Krankenversicherung ersetzender Vertrag, Art. 13 EGVVG 101
   gg) Prozessstandschaft bei Versicherermehrzahl, Art. 14 EGVVG 105
   hh) Verweisung auf das EGBGB, Art. 15 EGVVG 109

A. Allgemeines

S. 1 beruht auf Art. 1 Abs. 2–4 EVÜ, hat die völkervertraglichen Vorgaben jedoch nur **unvollständig** übernommen. In der Vorschrift finden sich lediglich Art. 1 Abs. 2 lit. c, e und f sowie Abs. 3 und 4 EVÜ wieder. Die übrigen Tatbestände des Art. 1 Abs. 2 EVÜ (Personenstand, Rechts-, Geschäfts- und Handlungsfähigkeit von natürlichen Personen, vertragliche Schuldverhältnisse auf den Gebieten des Familien- und Erbrechts, Schieds- und Gerichtsstandsvereinbarungen, Gründung von „Trusts" und dadurch geschaffene Rechtsbeziehungen sowie Beweis- und Verfahrensfragen) hielt man bereits für offensichtlich vom Anwendungsbereich der Artt. 27 ff. ausgeschlossen, so dass sich eine Übernahme erübrigte. S. 2 wurde angefügt durch das FernAbsG vom 27.6.2000.[1]

S. 1 trägt dem Umstand Rechnung, dass die Artt. 27–36 für bestimmte Rechtsverhältnisse aufgrund deren **besonderer Charakteristika** nicht passen, und nimmt außerdem auf bestehendes internationales Einheitsrecht, wie die Genfer Scheck- und Wechselkonventionen, Rücksicht.

Die Ausnahmeregelungen des S. 1 dienen der Inkorporation der Vorgaben des EVÜ in deutsches Recht. Art. 29a soll hingegen EG-Richtlinien umsetzen, deren Anwendungsbereich durch den Ausschluss in Art. 1 Abs. 2–4 EVÜ nicht berührt wird. Erforderlich war daher eine entsprechende **„Rückausnahme"**.[2] So nimmt etwa S. 1 Nr. 2 das Internationale Gesellschafts- sowie das Internationale Vereinsrecht vom Anwendungsbereich der Artt. 27–36 aus, während die Timesharing-Richtlinie auch die gesellschafts- oder vereinsrechtlich ausgestalteten Teilzeitwohnrechte erfasst. Ohne S. 2 wäre das deutsche internationale Vertragsrecht richtlinienwidrig gewesen.

Liegt einer der Ausnahmetatbestände des S. 1 vor, können die Artt. 27–36, abgesehen von Art. 29a, nicht zur Bestimmung des anwendbaren Rechts herangezogen werden. Zurückzugreifen ist dann entweder auf möglicherweise existentes **internationales Einheitsrecht**, ansonsten und u.U. auch zu dessen Lückenfüllung auf **autonomes Kollisionsrecht**. Die Vorgaben des EVÜ dürfen allerdings nicht dahin gehend verstanden werden, dass sie eine autonome Anwendung der Regelungen des EVÜ bzw. diesen nachgebildeter Normen des nationalen Rechts ausschließen. Art. 1 Abs. 2–4 EVÜ dient lediglich der Negativangrenzung des sachlichen Anwendungsbereichs des EVÜ. Den Mitgliedstaaten steht es frei, die vom EVÜ verwendeten

---

1 BGBl I 2000 S. 897.   2 BT-Drucks 14/2658, S. 50.

Anknüpfungsgrundsätze auch für die kollisionsrechtliche Beurteilung der in Art. 1 Abs. 2–4 EVÜ ausgeschlossenen Tatbestände heranzuziehen.[3] Einer analogen Anwendung der Art. 27–36 steht daher zumindest das EVÜ nicht entgegen. Aber auch S. 1 verbietet sie nicht grundsätzlich, sofern sich nur so eine kollisionsrechtliche Lücke sinnvoll schließen lässt.[4]

B. Regelungsgehalt

I. Wertpapierrechtliche Verpflichtungen (S. 1 Nr. 1)

5 **1. Allgemeines.** S. 1 Nr. 1 nimmt Verpflichtungen aus **Wechsel- und Scheckverbindlichkeiten** sowie **aus anderen Inhaber- und Orderpapieren** aus dem Anwendungsbereich der Artt. 27 ff. aus. Dieser Ausschluss ist vor allem darauf zurückzuführen, dass bereits andere Übereinkommen weite Teile dieser Materie regeln.[5] Von Bedeutung sind insbesondere das Genfer Wechselübereinkommen[6] und das Genfer Scheckübereinkommen,[7] die in Artt. 91 ff. WG bzw. Artt. 60 ff. ScheckG Eingang gefunden haben. Hinzu kommt, dass die Regelungen der Artt. 27 ff. nur bedingt zur Anknüpfung derartiger Schuldverhältnisse geeignet sind und eine Einigung außerdem deshalb schwer fiel, weil einige Mitgliedstaaten sie als außervertragliche Schuldverhältnisse betrachten.[8]

6 **2. Wechsel. a) Grundsatz.** Das IPR für Wechselverbindlichkeiten ist in Deutschland in Artt. 91 ff. WG umfassend geregelt. Die Normen beruhen auf dem **Genfer Wechselübereinkommen von 1931**. Aufgrund der Übernahme der Regelungen des Übereinkommens in das deutsche Wechselgesetz finden die staatsvertraglich determinierten Kollisionsnormen aber auch gegenüber Staaten Anwendung, die nicht Vertragsstaat des Genfer Wechselübereinkommens sind.[9]

7 Soweit das WG keine Regelungen enthält, kann auf die allgemeinen Kollisionsnormen zurückgegriffen werden.[10] Artt. 27 ff. können wegen Art. 37 Nr. 1 nur entsprechend angewandt werden.[11] **Rück- und Weiterverweisungen** sind schon aus Rücksicht auf den staatsvertraglichen Ursprung der Artt. 91 ff. WG unbeachtlich.[12] Hiervon auszunehmen ist lediglich die Verweisung des Art. 91 Abs. 1 S. 2 WG.

8 **b) Wechselfähigkeit, Art. 91 WG.** Nach Art. 91 Abs. 1 S. 1 WG bestimmt grundsätzlich das **Heimatrecht**, ob eine Person wechselfähig ist.[13] Die Regelung stimmt damit inhaltlich mit Art. 7 Abs. 1 S. 1 EGBGB überein.[14] Bei Staatenlosen ist auf ihren gewöhnlichen Aufenthalt bzw. ihren schlichten Aufenthalt zurückzugreifen (Art. 5 Abs. 2 EGBGB).[15] Bei Mehrstaatern genügt es, wenn die Person nach einem seiner Heimatrechte wechselfähig ist.[16] Ist der Mehrstaater auch Deutscher, so ist deutsches Recht maßgeblich (Art. 5 Abs. 1 S. 2 EGBGB).[17]

---

3 Bericht *Giuliano/Lagarde*, BT-Drucks 10/503, S. 33, 45.
4 BGHZ 99, 207, 209 f.; BGH NJW 1994, 187; Palandt/*Heldrich*, Art. 37 EGBGB Rn 1; Soergel/*v. Hoffmann*, Art. 37 EGBGB Rn 3; Staudinger/*Magnus*, Art. 37 EGBGB Rn 7; MüKo/*Martiny*, Art. 37 EGBGB Rn 7; Reithmann/Martiny/*Martiny*, Rn 184; Bamberger/Roth/*Spickhoff*, Art. 37 EGBGB Rn 2.
5 Bericht *Giuliano/Lagarde*, BT-Drucks 10/503, S. 33, 43.
6 Genfer Abkommen über Bestimmungen auf dem Gebiet des internationalen Wechselprivatrechts v. 7.6.1930 (RGBl II 1933 S. 444.)
7 Genfer Abkommen über Bestimmungen auf dem Gebiet des internationalen Scheckprivatrechts v. 19.3.1931 (RGBl II 1933 S. 594.)
8 Bericht *Giuliano/Lagarde*, BT-Drucks 10/503, S. 33, 43.
9 BGHZ 21, 155, 157; OLG München IPRspr 1974 Nr. 26; Baumbach/*Hefermehl*, WG und ScheckG, 21. Aufl. 1999, vor Art. 91 WG Rn 1; Soergel/*v. Hoffmann*, Art. 37 EGBGB Rn 13; MüKo/*Martiny*, Art. 37 EGBGB Rn 15.
10 *Morawitz*, S. 18; Soergel/*v. Hoffmann*, Art. 37 EGBGB Rn 13; MüKo/*Martiny*, Art. 37 EGBGB Rn 15.
11 Soergel/*v. Hoffmann*, Art. 37 EGBGB Rn 13.
12 *v. Bar*, in: FS W. Lorenz 1991, S. 273, 290 f.; Soergel/*v. Hoffmann*, Art. 37 EGBGB Rn 25; Staudinger/*Magnus*, Art. 37 EGBGB Rn 32; MüKo/*Martiny*, Art. 37 EGBGB Rn 26; *Morawitz*, S. 139 f.; Czernich/Heiss/*Nemeth*, Art. 1 EVÜ Rn 27; a.A. z.B. BGHZ 108, 353, 357 (für das Scheckrecht); LG Mainz IPRspr 1974 Nr. 27; OLG Koblenz IPRspr 1976 Nr. 20; *Eschelbach*, S. 163 ff. (für das Scheckrecht); *Müller-Freienfels*, in: FS Zepos 1973, S. 491, 505 ff.; dahin gehend offenbar auch *Kronke/Berger*, IPRax 1991, 316.
13 *Morawitz*, S. 76; Soergel/*v. Hoffmann*, Art. 37 EGBGB Rn 14.
14 *Bülow*, WechselG/ScheckG/AGB, 4. Aufl. 2004, Art. 91 WG Rn 1.
15 *Bülow*, WechselG/ScheckG/AGB, 4. Aufl. 2004, Art. 91 WG Rn 1; *Morawitz*, S 78.
16 *Baumbach/Hefermehl*, WG und ScheckG, 21. Aufl. 1999, Art. 91 WG Rn 2.
17 *Baumbach/Hefermehl*, WG und ScheckG, 21. Aufl. 1999, Art. 91 WG Rn 2; a.A. *Morawitz*, S. 77 f. (mit den Zielen der Rechtsvereinheitlichung nicht vereinbar).

Ausnahmen   **Art. 37 EGBGB**

Bei der Anknüpfung an die **Staatsangehörigkeit** der Person, deren Wechselfähigkeit infrage steht, sind 9
allerdings gem. Art. 91 Abs. 1 S. 2 WG **Rück- und Weiterverweisungen** zu beachten. Bei einer Rückverweisung auf deutsches Recht findet deutsches Sachrecht Anwendung (Art. 4 Abs. 1 S. 2 EGBGB).[18] Zweck des Art. 91 Abs. 1 S. 2 WG war es wohl, die Akzeptanz des Wechselübereinkommens insbesondere im angloamerikanischen Rechtskreis zu erhöhen. Dieses Ziel wurde freilich verfehlt.[19]

Eine weitere Ausnahme von Art. 91 Abs. 1 S. 1 WG statuiert Art. 91 Abs. 2 S. 1 WG. Danach ist eine 10
Person, auch wenn sie nach dem nach Abs. 1 bestimmten Recht nicht wechselfähig ist, gleichwohl als wechselfähig anzusehen, wenn der Wechsel im Gebiet eines Landes unterzeichnet wurde, nach dessen Recht der Unterzeichner wechselfähig ist. Das dient dem **Verkehrsschutz**.[20] Dieser geht allerdings weiter als Art. 12 EGBGB, da der Geschäftspartner nicht gutgläubig sein muss.[21] Eine Einschränkung erfährt er jedoch durch die Inländerschutzklausel des Art. 91 Abs. 2 S. 2 WG; danach findet S. 1 keine Anwendung, wenn die Verbindlichkeit von einem Inländer im Ausland übernommen worden ist. Unterzeichnet ein Deutscher im Ausland einen Wechsel, ist für die Wechselfähigkeit allein das (deutsche) Heimatrecht maßgeblich.[22] Diese Form der **Inländerbegünstigung** ist bei Sachverhalten im Anwendungsbereich des EGV nicht mit Art. 12 EGV vereinbar.[23]

c) Form der Wechselerklärung, Art. 92 WG. Die Form der Wechselerklärung ist nach Art. 92 WG 11
anzuknüpfen. Sie richtet sich nach dem Recht des Landes, in dessen Gebiet die Erklärung unterschrieben worden ist (Art. 92 Abs. 1 WG).[24] **Unterzeichnungsort** ist der tatsächliche Vornahmeort und nicht der auf dem Wechsel angegebene.[25] Im Gegensatz zu Art. 11 EGBGB findet das Recht des Ortes, an dem die Wechselerklärungen wirken sollen, keine Beachtung.[26]

Gem. Art. 92 Abs. 2 WG ist die **Unwirksamkeit einer Wechselerklärung** nach dem nach Abs. 1 bestimmten 12
Recht unbeachtlich, wenn sie nach dem Recht des Staates, in dem eine spätere Wechselerklärung vorgenommen wurde, formwirksam wäre. Die Vorschrift führt die in Art. 7 WG angeordnete Unabhängigkeit der Wechselerklärungen im IPR fort.[27] Im Ergebnis bewirkt Abs. 2 die volle Wirksamkeit der späteren Wechselerklärungen; die Ausstellererklärung bleibt aber ungültig und zieht keine wechselrechtliche Haftung nach sich.[28]

Eine weitere **Inländerschutzklausel** findet sich in Art. 92 Abs. 3 WG: Gibt ein Inländer im Ausland eine 13
Wechselerklärung ab, so ist sie im Inland gegenüber jedem Inländer gültig, wenn sie den inländischen Formvorschriften entspricht. An der Ungültigkeit im Ausland ändert sich dadurch jedoch nichts.[29] Diese Regelung geht auf die Ermächtigung des Art. 3 Abs. 3 des Internationalen Wechselübereinkommens von 1930 zurück.[30]

Der Form des Wechsels zugehörig sind sämtliche Erfordernisse der **Gültigkeit einer Wechselerklärung**.[31] 14
Das sind insbesondere die sich aus Artt. 1 und 2 WG ergebenden Anforderungen[32] bzw. die Anforderungen des Art. 75 WG beim eigenen Wechsel.[33] Dazu zählen etwa die Unterschrift des Ausstellers,[34] die Möglichkeit, den Wechsel in einer Fremdsprache auszustellen (insbes. Bezeichnung als Wechsel in der

---

18 *Bülow*, WechselG/ScheckG/AGB, 4. Aufl. 2004, Art. 91 WG Rn 2.
19 Vgl. *Morawitz*, S. 79.
20 Vgl. *Morawitz*, S. 80; *Bülow*, WechselG/ScheckG/AGB, 4. Aufl. 2004, Art. 91 Rn 3.
21 *Morawitz*, 1991, S. 80.
22 Zur Kritik an dieser Vorschrift, die auf die Vorbehaltsermächtigung des Art. 2 Abs. 3 des internationalen Wechselübereinkommens von 1930 zurückgeht vgl. *Morawitz*, S. 81.
23 Ebenso Staudinger/*Magnus*, Art. 37 EGBGB Rn 21.
24 BGHZ 21, 155, 157; Soergel/*v. Hoffmann*, Art. 37 EGBGB Rn 15; MüKo/*Martiny*, Art. 37 EGBGB Rn 16; *Baumbach/Hefermehl*, WG und ScheckG, 21. Aufl. 1999, Art. 92 WG Rn 1.
25 MüKo/*Martiny*, Art. 37 EGBGB Rn 16; Soergel/*v. Hoffmann*, Art. 37 EGBGB Rn 15; *Morawitz*, S. 70; *Baumbach/Hefermehl*, WG und ScheckG, 21. Aufl. 1999, Art. 92 WG Rn 1.
26 *Morawitz*, S. 67.
27 *Morawitz*, S. 69; *Baumbach/Hefermehl*, WG und ScheckG, 21. Aufl. 1999, Art. 92 WG Rn 2; *Bülow*, WechselG/ScheckG/AGB, 4. Aufl. 2004, Art. 92 Rn 4; Soergel/*v. Hoffmann*, Art. 37 EGBGB Rn 16; MüKo/*Martiny*, Art. 37 EGBGB Rn 16.
28 OLG Frankfurt NJW 1982, 2734; *Bülow*, WechselG/ScheckG/AGB, 4. Aufl. 2004, Art. 92 Rn 4; *Baumbach/Hefermehl*, WG und ScheckG, 21. Aufl. 1999, Art. 92 WG Rn 2.
29 *Baumbach/Hefermehl*, WG und ScheckG, 21. Aufl. 1999, Art. 92 WG Rn 3; Staudinger/*Magnus*, Art. 37 EGBGB Rn 25.
30 Krit. dazu *Morawitz*, S. 69 f.
31 BGHZ 21, 155, 158; *Baumbach/Hefermehl*, WG und ScheckG, 21. Aufl. 1999, Art. 92 WG Rn 1; MüKo/*Martiny*, Art. 37 EGBGB Rn 17; *Firsching*, IPRax 1982, 174, 176.
32 MüKo/*Martiny*, Art. 37 EGBGB Rn 17.
33 *Bülow*, WechselG/ScheckG/AGB, 4. Aufl. 2004, Art. 92 Rn 3.
34 BGH WM 1977, 1322, 1323; MüKo/*Martiny*, Art. 37 EGBGB Rn 17; Soergel/*v. Hoffmann*, Art. 37 EGBGB Rn 17.

Ausstellungssprache)³⁵ sowie einen Blankettwechsel durch Ausfüllen durch den Blankettnehmer zu einem formwirksamen Wechsel werden zu lassen.³⁶ Ob und in welchem Umfang ein Wechselblankett durch den Blankettnehmer ausgefüllt werden kann, richtet sich hingegen nicht nach dem nach Art. 92 WG bestimmten Recht, sondern nach dem Schuldstatut, da durch das Blankett selbst noch keine Wechselverbindlichkeit entsteht.³⁷ Zur Möglichkeit der Wahl des Formstatuts vgl. Rn 18.

15 **d) Wirkungen der Wechselerklärungen, Art. 93 WG.** Das für die **Wirkungen der Wechselerklärungen** maßgebliche Recht ist nach Art. 93 WG zu ermitteln. Als Frage der Wirkung sind dabei die **Art der Verpflichtungen** des/der Wechselschuldner(s) sowie ihr **Umfang** und weiterhin die **Voraussetzungen für die Verpflichtungen** des Wechselschuldners zu qualifizieren.³⁸ Sie unterstehen dem nach Art. 93 WG bestimmten Recht, soweit nicht eine der Sonderanknüpfungen der Artt. 94 ff. WG bzw. die Sonderregelung zum Formstatut (Art. 92 WG) greift.³⁹ So ist das nach Art. 93 WG ermittelte Statut auch maßgeblich für die Beantwortung der Frage, ob der Wechselschuldner Einwendungen gegen den Wechsel geltend machen kann⁴⁰ (Verjährungseinreden⁴¹ auch dann, wenn sie nach dem maßgeblichen Recht prozessual behandelt werden⁴²), wann ein wechselrechtlicher Anspruch untergeht,⁴³ ob ein Protest zur Erhaltung des Anspruchs notwendig ist⁴⁴ und ob ein Begebungsvertrag notwendig ist.⁴⁵

16 Welche Wirkungen den Wechselerklärungen des Annehmers eines gezogenen Wechsels und des Ausstellers eines eigenen Wechsels zukommen, entscheidet nach Art. 93 Abs. 1 WG das **Recht am Zahlungsort**. Die Wirkungen der übrigen Wechselerklärungen, insbesondere der Verpflichtungserklärung des Ausstellers und der Indossanten⁴⁶ sowie der Wechselbürgen,⁴⁷ richten sich nach dem Recht des Ortes, an dem sie (tatsächlich) unterschrieben wurden (Art. 93 Abs. 2 WG). Umstritten ist, ob auch die Übertragung der Wechselurkunde bzw. -forderung(en) durch **Indossament** von Art. 93 Abs. 2 WG erfasst wird oder es für die Verfügungswirkung einer eigenständigen Anknüpfung bedarf. Rechtsprechung,⁴⁸ internationalprivatrechtliches Schrifttum⁴⁹ und Teile des wechselrechtlichen Schrifttums⁵⁰ befürworten eine Übertragungswirkung, während nach anderer Ansicht eine Erstreckung mit Blick auf den Wortlaut des zugrunde liegenden Übereinkommens nicht in Betracht kommen soll.⁵¹ Eine echte Alternative wird freilich nicht geboten und letztlich ebenfalls an den Unterzeichnungsort angeknüpft.⁵²

17 Soweit die Wechselrechte nicht durch Indossament, sondern durch **einfache Abtretung** übertragen werden, greift Art. 93 Abs. 2 WG nicht ein. Für die Wirkungen der Abtretung ist stattdessen das Recht der übertragenen Forderung maßgeblich (Art. 33 Abs. 2 EGBGB analog).⁵³

18 **e) Rechtswahl.** Artt. 91 ff. WG treffen keine Aussage darüber, ob von der Anknüpfung nach Artt. 92, 93 WG durch Rechtswahl abgewichen werden kann.⁵⁴ Nach herrschender und zutreffender Ansicht ist eine

---

35 BGH IPRax 1994, 454, 455 m. Anm. *Straub*, S. 432, 434; BGH IPRax 1982, 189 m. Anm. *Firsching*, S. 174, 176; Soergel/*v. Hoffmann*, Art. 37 EGBGB Rn 17; MüKo/*Martiny*, Art. 37 EGBGB Rn 17.
36 Soergel/*v. Hoffmann*, Art. 37 EGBGB Rn 17 Fn 43; MüKo/*Martiny*, Art. 37 EGBGB Rn 17; *Bülow*, WechselG/ScheckG/AGB, 4. Aufl. 2004, Art. 92 Rn 3.
37 OLG München OLGZ 1966, 34; Soergel/*v. Hoffmann*, Art. 37 EGBGB Rn 17; MüKo/*Martiny*, Art. 37 EGBGB Rn 17; *Bülow*, WechselG/ScheckG/AGB, 4. Aufl. 2004, Art. 92 Rn 3; *Baumbach/Hefermehl*, WG und ScheckG, 21. Aufl. 1999, Art. 92 WG Rn 1.
38 MüKo/*Martiny*, Art. 37 EGBGB Rn 20; *Bülow*, WechselG/ScheckG/AGB, 4. Aufl. 2004, Art. 93 Rn 2; Soergel/*v. Hoffmann*, Art. 37 EGBGB Rn 20; *Morawitz*, S. 96.
39 *Morawitz*, S. 96.
40 KG WM 2003 2093, 2094; *Baumbach/Hefermehl*, WG und ScheckG, 21. Aufl. 1999, Art. 93 WG Rn 1; *Morawitz*, S. 96; *Bülow*, WechselG/ScheckG/AGB, 4. Aufl. 2004, Art. 93 Rn 2.
41 OLG Saarbrücken WM 1998, 2465, 2467.
42 RGZ 145, 121, 126 ff.; *Bülow*, WechselG/ScheckG/AGB, 4. Aufl. 2004, Art. 93 Rn 2.
43 *Bülow*, WechselG/ScheckG/AGB, 4. Aufl. 2004, Art. 93 Rn 2.
44 BGH WM 1999, 1561, 1562; NJW 1963, 252, 253; *Bülow*, WechselG/ScheckG/AGB, 4. Aufl. 2004, Art. 93 Rn 2.
45 OLG Düsseldorf 1976 Nr. 19 (zum Scheckrecht); Soergel/*v. Hoffmann*, Art. 37 EGBGB Rn 20; MüKo/*Martiny*, Art. 37 EGBGB Rn 20.
46 *Baumbach/Hefermehl*, WG und ScheckG, 21. Aufl. 1999, Art. 93 WG Rn 3.
47 BGH NJW 1963, 252, 253; *Baumbach/Hefermehl*, WG und ScheckG, 21. Aufl. 1999, Art. 93 WG Rn 3; *Morawitz*, S. 97 ff.
48 BGHZ 108, 353, 357 (zum gleich lautenden Art. 63 ScheckG).
49 *v. Bar*, in: FS W. Lorenz 1991, S. 273, 293 f.; Soergel/*v. Hoffmann*, Art. 37 EGBGB Rn 21; MüKo/*Martiny*, Art. 37 EGBGB Rn 22.
50 *Staub/Stranz*, WG, 13. Aufl. 1934, Art. 93 Anm. 22.
51 *Morawitz*, S. 114–117; *Baumbach/Hefermehl*, WG und ScheckG, 21. Aufl. 1999, Art. 93 WG Rn 1.
52 *Morawitz*, S. 122 f.
53 BGHZ 104, 145, 149; Soergel/*v. Hoffmann*, Art. 37 EGBGB Rn 22; MüKo/*Martiny*, Art. 37 EGBGB Rn 23.
54 Umfassend dazu *Straub*, Zur Rechtswahl im internationalen Wechselrecht, 1995.

Rechtswahl möglich.[55] Die Parteien können daher ausdrücklich, aber auch stillschweigend[56] ein anderes Recht für anwendbar erklären. Soweit jedoch weitere Wechselbeteiligte von der Rechtswahl betroffen sind, muss sich diese hinreichend **aus dem Wechsel** ergeben.[57] Dem wird wohl nur eine ausdrückliche Rechtswahlvereinbarung genügen.

f) Sonderanknüpfungen. In welcher Frist ein Beteiligter **Rückgriffsrechte** geltend machen kann, richtet sich gem. Art. 94 WG nach dem Recht des Ausstellungsortes. Erfasst werden von dieser Regelung nach h.M. auch die Verjährungsfristen.[58] Ob der Inhaber eines **gezogenen Wechsels** auch die dem Wechsel zugrunde liegende Forderung erwirbt, richtet sich gem. Art. 95 WG ebenfalls nach dem Recht des Ausstellungsortes. Das **Recht des Zahlungsortes** ist maßgeblich dafür, ob ein Wechsel teilweise angenommen werden kann und ob der Inhaber zur Annahme einer Teilzahlung verpflichtet ist (Art. 96 WG). Eine abweichende Rechtswahl ist möglich.[59] Sind **Rechtserhaltungsmaßnahmen** wie ein Protest erforderlich, so bestimmen sich deren Form und Fristen nach dem Recht des Landes, in dem die Handlung vorzunehmen ist (Art. 97 WG). Dieses Recht entscheidet außerdem darüber, wer zuständig ist, die Handlung vorzunehmen, und an welcher Örtlichkeit sie zu erfolgen hat.[60] Eine abweichende Rechtswahl ist möglich.[61] Das Recht des Zahlungsortes legt fest, welche Maßnahmen bei **Verlust oder Diebstahl** eines Wechsels zu ergreifen sind (Art. 98 WG).

3. Scheck. a) Grundsatz. Das IPR für Scheckverbindlichkeiten ist in Deutschland in Artt. 60 ff. ScheckG geregelt. Die Normen beruhen auf dem **Genfer Scheckübereinkommen von 1931**. Sie gelten aber auch gegenüber Staaten, die nicht Vertragsstaat dieses Übereinkommens sind.[62]

Soweit das ScheckG keine Regelungen enthält, kann auf die allgemeinen Kollisionsnormen zurückgegriffen werden. Artt. 27 ff. EGBGB können wegen Art. 37 Nr. 1 EGBGB nur entsprechend angewandt werden. **Rück- und Weiterverweisungen** sind schon aus Rücksicht auf den staatsvertraglichen Ursprung der Artt. 60 ff. ScheckG unbeachtlich.[63] Hiervon auszunehmen ist lediglich die Verweisung des Art. 60 Abs. 1 S. 2 ScheckG.

b) Scheckfähigkeit, Artt. 60, 61 ScheckG. Art. 60 ScheckG regelt die **aktive Scheckfähigkeit** in gleicher Weise wie Art. 91 WG die Wechselfähigkeit. Abzustellen ist auf das Recht des Landes, dessen **Staatsangehörigkeit** die Person hat (Art. 60 Abs. 1 S. 1 ScheckG). Rück- und Weiterverweisungen sind zu beachten (Art. 60 Abs. 1 S. 2 ScheckG). Eine Person, die nach dem derart bestimmten Recht nicht zur Eingehung einer Scheckverbindlichkeit fähig ist, kann sich gleichwohl wirksam verpflichten, wenn sie ihre Unterschrift in dem Gebiet eines Landes abgegeben hat, nach dessen Recht sie scheckfähig ist (Art. 60 Abs. 2 S. 1 ScheckG). Gegenüber der Inländerschutzklausel des Art. 60 Abs. 2 S. 2 ScheckG bestehen bei Sachverhalten mit Binnenmarktbezug im Hinblick auf Art. 12 EGV die gleichen Bedenken wie gegenüber derjenigen des Art. 91 Abs. 2 S. 2 WG.

Die **passive Scheckfähigkeit**, d.h. die Fähigkeit, Bezogener sein zu können, richtet sich hingegen nach dem Recht des **Zahlungsorts** (Art. 61 Abs. 1 ScheckG). Ist danach der Scheck im Hinblick auf die Person des Bezogenen nichtig, so sind aus Gründen des Verkehrsschutzes Verpflichtungen aus Unterschriften, die in Ländern auf den Scheck gesetzt worden sind, deren Recht die Nichtigkeit aus einem solchen Grunde nicht vorsieht, gleichwohl gültig (Art. 61 Abs. 2 S. 2 ScheckG).

---

55 BGH IPRax 1994, 452, 453; BGHZ 104, 145, 147 f.; 108, 353,356; OLG Hamm NJW-RR 1992, 499; Soergel/*v. Hoffmann*, Art. 37 EGBGB Rn 19; MüKo/ *Martiny*, Art. 37 EGBGB Rn 19; Czernich/Heiss/ *Nemeth*, Art. 1 EVÜ Rn 28; Baumbach/Hefermehl, WG und ScheckG, 21. Aufl. 1999, vor Art. 91 WG Rn 1, Art. 93 Rn 1; *Straub*, Zur Rechtswahl im internationalen Wechselrecht, 1995, S. 53 ff.; *ders.*, IPRax 1994, 432, 434; *Schlechtriem*, IPRax 1989, 155, 156; *Morawitz*, S. 149 ff.; *Wirth/Philipps/ Rinke*, in: FS Zajtay 1982, S. 527, 545–547; *v. Bar*, in: FS W. Lorenz 1991, S. 273, 287 f.; a.A. etwa *Eschelbach*, S. 153 ff. (zum Scheckrecht); RGRK/ *Wengler*, Art. 37 S. 620; *Wolff*, in: FS Wieland 1934, S. 438, 459.
56 Vgl. etwa BGH IPRax 1994, 452, 453.
57 BGHZ 104, 145, 148 f.; Soergel/*v. Hoffmann*, Art. 37 EGBGB Rn 19.
58 *Baumbach/Hefermehl*, WG und ScheckG, 21. Aufl. 1999, Art. 94 WG Rn 1; *Bülow*, WechselG/ScheckG/ AGB, 4. Aufl. 2004, Art. 94 Rn 1.
59 *Bülow*, WechselG/ScheckG/AGB, 4. Aufl. 2004, Art. 96 Rn 1.
60 *Bülow*, WechselG/ScheckG/AGB, 4. Aufl. 2004, Art. 96 Rn 1.
61 Ebenda.
62 *Baumbach/Hefermehl*, WG und ScheckG, 21. Aufl. 1999, vor Art. 60 ScheckG Rn 1; Soergel/ *v. Hoffmann*, Art. 37 EGBGB Rn 27; Staudinger/ *Magnus*, Art. 37 EGBGB Rn 34; MüKo/*Martiny*, Art. 37 EGBGB Rn 27.
63 *v. Bar*, in: FS W. Lorenz 1991, S. 273, 290 f.; Soergel/*v. Hoffmann*, Art. 37 EGBGB Rn 28; Staudinger/*Magnus*, Art. 37 EGBGB Rn 343; MüKo/ *Martiny*, Art. 37 EGBGB Rn 27; Czernich/Heiss/ *Nemeth*, Art. 1 EVÜ Rn 31; a.A. z.B. BGHZ 108, 353, 357; *Eschelbach*, S. 163 ff.

24 **c) Form, Art. 62 ScheckG.** Die **Form der Scheckerklärungen** richtet sich gem. Art. 62 Abs. 1 ScheckG nach dem Recht des jeweiligen Zeichnungsorts. Entscheidend ist der tatsächliche, nicht der auf dem Scheck angegebene Ort.[64] Eine Formunwirksamkeit nach diesem Recht ist unbeachtlich, sofern die Scheckerklärung immerhin nach dem Recht des Zahlungsorts wirksam ist.

25 Eine Scheckerklärung, die sowohl nach dem Recht des Zeichnungs- als auch dem des Zahlungsorts ungültig ist, berührt die Wirksamkeit später, in einem weiteren Staat unterschriebener Scheckerklärung nicht, sofern sie nach dem Recht dieses Staates wirksam wäre (Art. 62 Abs. 2 ScheckG). Hat ein Inländer eine **Scheckerklärung im Ausland** abgegeben, so ist sie im Inland gegenüber anderen Inländern gültig, sofern sie den Formerfordernissen des inländischen Rechts genügt (Art. 62 Abs. 3 ScheckG). An der Ungültigkeit im Ausland ändert sich dadurch jedoch nichts.[65]

26 Der Form des Schecks zugehörig sind sämtliche **Erfordernisse der Gültigkeit einer Scheckerklärung**. Das sind insbesondere die sich aus Art. 1 ScheckG ergebenden Anforderungen, also etwa die Bezeichnung als Scheck im Texte der Urkunde in der Sprache, in der der Scheck ausgestellt wurde, die Anweisung, eine bestimmte Geldsumme zu zahlen,[66] der Name des Bezogenen, die Angabe des Zahlungsortes oder die Unterschrift des Ausstellers.[67] Zur Möglichkeit der Wahl des Formstatuts vgl. Rn 29.

27 **d) Wirkungen der Scheckerklärungen, Art. 63 ScheckG.** Die Wirkungen der Scheckerklärungen, wie etwa die Ausstellerhaftung[68] oder die Haftung des Bezogenen,[69] bestimmen sich gem. Art. 63 ScheckG nach dem Recht des **tatsächlichen Zeichnungsortes**. Gleiches gilt für die Voraussetzungen von Scheckerklärungen und die Zulässigkeit von Einwendungen, sofern nicht bereits Art. 62 ScheckG greift.[70] Zu beachten bleiben außerdem die Sonderanknüpfungen der Artt. 64–66 ScheckG.

28 Nicht vom Wirkungsstatut erfasst wird der **Eigentumsübergang am Scheck**, sofern er ohne Indossament übertragen wurde.[71] Maßgeblich ist das Wertpapiersachstatut (dazu Art. 43 EGBGB Rn 25) und damit nach Art. 43 das Recht des Lageorts.[72]

29 **e) Rechtswahl.** Eine ausdrückliche oder konkludente Rechtswahl ist ebenso wie im Internationalen Wechselrecht zulässig,[73] doch gilt auch hier, dass sie Dritten nur entgegengehalten werden kann, wenn sie **aus der Scheckurkunde ersichtlich**, also ausdrücklich erfolgt ist.[74] Ansonsten entfaltet sie nur Wirkung *inter partes*.

30 **f) Sonderanknüpfungen.** Die **Rückgriffsfristen** richten sich für alle Scheckverpflichteten nach dem Recht des Ausstellungsortes (Art. 64 ScheckG), die **Vorlegungsfrist**[75] sowie zahlreiche weitere Fragen hingegen nach dem Recht des Zahlungsorts (vgl. Art. 65 Nr. 1–9 ScheckG). Die **Form des Protestes** und die **Fristen für die Protesterhebung** sowie die Form der übrigen Handlungen, die zur Ausübung oder Erhaltung der Scheckrechte erforderlich sind, bestimmen sich nach dem Recht des Landes, in dessen Gebiet der Protest zu erheben oder die Handlung vorzunehmen ist (Art. 66 ScheckG). Ob es eines Protestes oder einer gleichbedeutenden Feststellung zur Erhaltung des Rückgriffs gegen die Indossanten, den Aussteller und die anderen Scheckverpflichteten bedarf, entscheidet hingegen das Recht des Zahlungsorts (Art. 65 Nr. 9 ScheckG).

31 **4. Andere handelbare Wertpapiere.** Ausgeschlossen sind nach S. 1 Nr. 1 weiterhin Verpflichtungen aus „anderen Inhaber- oder Orderpapieren, sofern die Verpflichtungen aus diesen anderen Wertpapieren aus deren Handelbarkeit entstehen". Art. 1 Abs. 2 lit. c EVÜ spricht hingegen von „anderen handelbaren

---

64 MüKo/*Martiny*, Art. 37 EGBGB Rn 28; Staudinger/*Magnus*, Art. 37 EGBGB Rn 38.
65 Baumbach/*Hefermehl*, WG und ScheckG, 21. Aufl. 1999, Art. 62 ScheckG Rn 1 i.V.m. Art. 92 WG Rn 3.
66 Vgl. zu einem Scheck ohne Währungsangabe OLG Köln RIW 1985, 329.
67 BGH IPRspr 1977 Nr. 30; OLG Düsseldorf IPRspr 1976 Nr. 19; OLG Hamm NJW-RR 1992, 499; OLG München RIW 2000, 228; außerdem *Eschelbach*, S. 81 ff.; Soergel/*v. Hoffmann*, Art. 37 EGBGB Rn 31; Staudinger/*Magnus*, Art. 37 EGBGB Rn 38; MüKo/*Martiny*, Art. 37 EGBGB Rn 28.
68 BGH NJW 1988, 647; LG München II IPRax 1987, 175.
69 OLG München, RIW 2000, 228; LG Köln RIW 1980, 215.
70 *Looschelders*, Art. 28 Rn 10; MüKo/*Martiny*, Art. 37 EGBGB Rn 29.
71 BGHZ 108, 353, 356.
72 BGHZ 108, 353, 356; *Looschelders*, Art. 28 Rn 11; Staudinger/*Magnus*, Art. 37 EGBGB Rn 40.
73 BGHZ 104, 145, 147 f. (zum Wechselrecht); 108, 353, 356; BGH WM 1974, 558; a.A. *Eschelbach*, S. 152 ff.; Czernich/Heiss/*Nemeth*, Art. 1 EVÜ Rn 31.
74 Soergel/*v. Hoffmann*, Art. 37 EGBGB Rn 32; *Looschelders*, Art. 37 Rn 10; Staudinger/*Magnus*, Art. 37 EGBGB Rn 42; MüKo/*Martiny*, Art. 37 EGBGB Rn 30.
75 Vgl. dazu OLG Düsseldorf WM 1982, 622, 623; außerdem z.B. OLG München NJW 1985, 567; LG München II IPRax 1987, 175.

Ausnahmen

Wertpapieren". Gemeint ist damit jedoch dasselbe, nämlich Wertpapiere, die **umlauffähig** sind. Sie müssen ein Recht verbriefen, das erst mit der Übertragung der entsprechenden Urkunde auf den Erwerber übergeht.[76] Während der Begriff der Handelbarkeit also europäisch-autonom ausgefüllt werden kann, muss sich die Einordnung der verschiedenen nationalen Wertpapiere an ihrer jeweiligen **nationalen Ausgestaltung** orientieren. Ob ein Wertpapier handelbar ist, ist daher nach der *lex fori* einschließlich ihrer internationalprivatrechtlichen Vorschriften zu entscheiden.[77] Zu befragen ist das Wertpapiersachstatut (dazu Art. 43 EGBGB Rn 25), d.h. das Statut des in dem Wertpapier verbrieften Rechts.[78] Heranzuziehen ist das Recht, das anwendbar wäre, wenn es sich um ein Inhaber- oder Orderpapier handeln sollte.[79] Über die Handelbarkeit von Aktien entscheidet daher z.B. das Gesellschaftsstatut,[80] über die eines Ladescheins das Schuldstatut.[81] Aus deutscher Sicht sind vor allem die **Orderpapiere des § 363 HGB** handelbar. Das sind zum einen die "geborenen" Orderpapiere, wie etwa die Namensaktie (§ 68 Abs. 1 AktG), und zum anderen alle solche Papiere, die privatautonom zu Orderpapieren gemacht werden können, indem sie in Papier mit einer wirksamen Orderklausel versehen werden.[82] Hinzu treten die **Inhaberpapiere**, also Inhaberschuldverschreibungen (§ 793 BGB) und Inhaberaktien (§ 10 Abs. 1 AktG). Ausgenommen bleiben müssen dagegen **Rektapapiere**, wie etwa die handelsrechtlichen Wertpapiere des § 363 HGB, die nicht an Order gestellt sind, oder z.B. das Rektakonnossement.[83]

Die **sachenrechtliche Übertragung** der handelbaren Wertpapiere fällt von vornherein nicht in den Anwendungsbereich des Vertragsstatuts, sondern untersteht einem eigenen Statut, dem sog. **Wertpapiersachstatut** (näher Art. 43 EGBGB Rn 25). S. 1 Nr. 1 nimmt die schuldrechtliche Seite von Wertpapiergeschäften nicht vollständig vom Vertragsstatut aus, sondern nur insoweit, als es sich um schuldrechtliche Verpflichtungen aus dem Wertpapier handelt, die aus dessen Handelbarkeit entstehen, also im Interesse der Verkehrsfähigkeit des Wertpapiers besonders geformt wurden. Gemeint sind damit „alle schuldrechtlichen Verpflichtungen aus dem Wertpapier ..., die im Interesse seiner Verkehrsfähigkeit besonders ausgestaltet sind, etwa die durch Übertragung des Papiers zustande kommenden Verpflichtungen sowie der weitgehende Ausschluss von Einwendungen".[84] Dazu zählen sicherlich die schuldrechtlichen Folgen, die sich aus der besonderen Übertragungsform des Papiers (Indossament o.Ä.) ergeben. Zur Vermeidung eines bzw. Verminderung des Nebeneinanders von Vertrags- und Wertpapierrechtsstatut erscheint es jedoch sinnvoll, unter S. 1 Nr. 1 überhaupt alle aus dem Papier resultierenden Primär- und Sekundäransprüche zu subsumieren.[85] In diese Richtung scheint auch der BGH zu tendieren, nach dessen Auffassung bei einem **Orderkonnossement** zu dem von S. 1 Nr. 1 ausgeschlossenen Bereich „zweifellos jene Orderkonnossements folgen, wie die Verpflichtungen des Indossaments eines Orderkonnossements folgen, wie die Verpflichtung des Verfrachters zur Herausgabe der Güter oder zur Leistung von Schadensersatz gem. § 606 HGB wegen Verlustes oder Beschädigung der Güter".[86]

Das Internationale Privatrecht von anderen handelbaren Wertpapieren als Wechseln (Rn 6 ff) und Schecks (Rn 20 ff) ist nicht gesetzlich geregelt, sieht man einmal von der Vorschrift des Art. 6 EGHGB für Konnossemente ab. Es gelten die allgemeinen kollisionsrechtlichen Grundsätze. Das in der Urkunde verbriefte Recht unterliegt der Rechtsordnung, die durch das jeweilige Recht einschlägigen Kollisionsnormen bestimmt wird (**Wertpapierrechtsstatut**).[87] Eine entsprechende Heranziehung der Artt. 27 ff. wird durch S. 1 Nr. 1 für handelbare Wertpapiere nicht ausgeschlossen,[88] Eine Rechtswahl ist daher möglich,[89] sollte aber – ebenso wie bei Wechseln und Schecks (vgl. Rn 18 und 29) – aus dem Papier ersichtlich sein und sonst nur *inter partes* wirken.[90] Bei Fehlen einer Rechtswahlvereinbarung ist nach Art. 28 Abs. 1 an das Recht des Landes anzuknüpfen, zu dem die engste Verbindung besteht.[91] Dies soll regelmäßig das Recht des Staates

---

[76] Soergel/v. *Hoffmann*, Art. 37 EGBGB Rn 35; *Looschelders*, Art. 37 Rn 12; Staudinger/*Magnus*, Art. 37 EGBGB Rn 44; MüKo/*Martiny*, Art. 37 EGBGB Rn 34; Czernich/Heiss/*Nemeth*, Art. 1 EVÜ Rn 33.
[77] Soergel/v. *Hoffmann*, Art. 37 EGBGB Rn 35; Staudinger/*Magnus*, Art. 37 EGBGB Rn 45; MüKo/*Martiny*, Art. 37 EGBGB Rn 35.
[78] OLG Karlsruhe RIW 2002, 797; v. *Bar*, in: FS W. Lorenz 1991, S. 273; *Kieninger*, IPRax 1997, 449, 454; *Mankowski*, in: FS Herber 1999, S. 147, 170; Reithmann/Martiny/*Mankowski*, Rn 1498; MüKo/*Martiny*, Art. 37 EGBGB Rn 35.
[79] *Mankowski*, in: FS Herber 1999, S. 147, 170 f.
[80] BGH NJW 1994, 939, 940.
[81] Soergel/v. *Hoffmann*, Art. 37 EGBGB Rn 35; Czernich/Heiss/*Nemeth*, Art. 1 EVÜ Rn 33.
[82] Vgl. z.B. zum Orderkonnossement BGHZ 99, 207.
[83] Reithmann/Martiny/*Mankowski*, Rn 1498; MüKo/*Martiny*, Art. 37 EGBGB Rn 34.
[84] BT-Drucks 10/504, S. 20, 84; vgl. außerdem Bericht *Giuliano/Lagarde*, BT-Drucks 10/503, S. 21, 23 und 43.
[85] Soergel/v. *Hoffmann*, Art. 37 EGBGB Rn 37; Staudinger/*Magnus*, Art. 37 EGBGB Rn 47.
[86] BGHZ 99, 207, 209.
[87] BGHZ 108, 353, 356. Näher Art. 43 EGBGB Rn 25.
[88] BGHZ 99, 207, 210.
[89] BGH a.a.O.
[90] Soergel/v. *Hoffmann*, Art. 37 EGBGB Rn 39; Staudinger/*Magnus*, Art. 37 EGBGB Rn 50; Czernich/Heiss/*Nemeth*, Art. 1 EVÜ Rn 35.
[91] Czernich/Heiss/*Nemeth*, Art. 1 EVÜ Rn 35.

sein, „in dem die jeweilige wertpapierrechtliche Erklärung, aus der die eine Verpflichtung folgen soll, tatsächlich unterschrieben wurde".[92]

II. Gesellschaftsrecht (S. 1 Nr. 2)

35 Das Internationale Gesellschaftsrecht untersteht **eigenen kollisionsrechtlichen Regeln** (vgl. näher Anhang zu Art. 12 EGBGB), die deutliche Unterschiede zu den Anknüpfungsgrundsätzen des Internationalen Vertragsrechts aufweisen. Der von S. 1 Nr. 2 rezipierte Ausschluss des Art. 1 Abs. 2 lit. e EVÜ sollte außerdem dem Umstand Rechnung tragen, dass das europäische Internationale Gesellschaftsrecht durch Akte des Gemeinschaftsrechts angeglichen bzw. vereinheitlicht werden soll.[93]

36 Die Abgrenzung zwischen Gesellschafts- und Vertragsstatut darf nicht aus nationaler Sicht, sondern muss **europäisch-autonom** erfolgen (Art. 36). Sie ist gleichwohl nicht leicht. S. 1 Nr. 2 führt aus diesem Grund einige Regelungsbereiche auf, die stets dem Gesellschafts- und nicht dem Vertragsstatut angehören. Dies sind die Errichtung, die Rechts- und Handlungsfähigkeit, die innere Verfassung und die Auflösung von Gesellschaften, Vereinen und juristischen Personen sowie die persönliche gesetzliche Haftung der Gesellschafter und der Organe für die Schulden der Gesellschaft, des Vereins oder der juristischen Person. Diese Aufzählung ist zwar sehr umfassend, hat aber, wie die Formulierung „zum Beispiel" deutlich macht, keinen abschließenden Charakter.[94]

37 Nicht dem Gesellschaftsrecht zuzurechnen sind z.B. **schuldrechtliche Vereinbarungen zwischen Gesellschaftern**, die nicht in die Struktur der Gesellschaft eingreifen (Art. 28 EGBGB Rn 14), sowie Verträge zur Bildung von Gelegenheits-, Innen- oder sonstigen Gesellschaften ohne eigene, nach außen tretende Organisationsstruktur (Art. 28 EGBGB Rn 157). Gleiches soll für Verträge oder Vorverträge gelten, die allein die Verpflichtung zur Gründung einer Gesellschaft schaffen.[95] So wird etwa der **Vorvertrag** von der h.M. dem Schuldvertragsstatut unterstellt[96] und zur Begründung angeführt, dass lediglich Rechte und Pflichten *inter partes* betroffen seien und eine „Teilnahme am Rechtsverkehr als Gesellschaft ... in diesem Stadium noch nicht hinreichend konkretisiert werden" könne.[97] Das überzeugt jedoch nicht. Führt – wie etwa bei verschiedenen Gesellschaftsformen des deutschen Rechts[98] – schon der Vorvertrag zu einem als Gesellschaft zu qualifizierenden Gebilde (**Vorgründungsgesellschaft**), sollte auch dieser dem für jene maßgeblichen Personalstatut unterstellt werden.[99] Andernfalls ist gegen eine Geltung des Vertragsstatuts jedoch nichts einzuwenden.

III. Vertretungsmacht (S. 1 Nr. 3)

38 Die Artt. 27–36 sind nach S. 1 Nr. 3 weiterhin nicht maßgeblich für die Beantwortung der Frage, ob ein Vertreter die Person, für deren Rechnung er zu handeln vorgibt, Dritten gegenüber verpflichten kann oder ob das Organ einer Gesellschaft, eines Vereins oder einer juristischen Person diese Gesellschaft, diesen Verein oder diese juristische Person gegenüber Dritten verpflichten kann. Dieser Ausschluss erfasst freilich nur die **Außenverhältnis**, d.h. die Wirkungen der Stellvertretung gegenüber Dritten, nicht aber das **Innenverhältnis**, d.h. der Erteilung der Vollmacht zugrunde liegende Rechtsbeziehung zwischen Vertreter und Vertretenem. Dabei wird es sich meist um einen Auftrag oder einen Dienst- oder Geschäftsbesorgungsvertrag handeln, für dessen Anknüpfung auf Artt. 27 ff. zurückgegriffen werden kann.

39 Die rechtsgeschäftliche Vertretung richtet sich grundsätzlich nach einem eigenen Statut, dem sog. **Vollmachtsstatut** (näher Anhang zu Art. 32 EGBGB). Ihm unterfallen sämtliche Formen der Vollmacht einschließlich solcher kraft Rechtsscheins, wie z.B. die Anscheins- und Duldungsvollmacht.[100]

---

[92] Staudinger/*Magnus*, Art. 37 EGBGB Rn 50.
[93] Näher dazu m.w.N. Michalski/*Leible*, GmbHG, 2002, Syst. Darst. 2 Rn 35 ff.; neuestens *Leible*, ZGR 2004, 531; *Zimmer*, RabelsZ 67 (2003), 298.
[94] Näher zum Umfang des Gesellschaftsstatuts Anhang zu Art. 12 EGBGB Rn 2.
[95] Vgl. z.B. Bericht *Giuliano/Lagarde*, BT-Drucks 10/503, 33, 44; Soergel/*v. Hoffmann*, Art. 37 EGBGB Rn 47; Erman/*Hohloch*, Art. 37 EGBGB Rn 5; Staudinger/*Magnus*, Art. 37 EGBGB Rn 56; MüKo/*Martiny*, Art. 37 EGBGB Rn 45; Bamberger/Roth/*Spickhoff*, Art. 37 EGBGB Rn 4.
[96] RG IPRspr 1931 Nr. 11; BGH WM 1975, 387; dahingestellt in BGH WM 1969, 291, 292; *Kaligin*, DB 1985, 1449, 1453; MüKo/*Kindler*, Int. GesR, Rn 415; Palandt/*Heldrich*, Anh. zu Art. 12 EGBGB Rn 6; Staudinger/*Großfeld*, Int. GesR, Rn 257.
[97] So z.B. MüKo/*Kindler*, Int. GesR, Rn 415.
[98] So entsteht z.B. durch den Vorvertrag zur Gründung einer GmbH (Vorgründungsvertrag) zwischen den Parteien eine Vorgründungsgesellschaft, bei der es sich i.d.R. um eine BGB-Gesellschaft handelt, vgl. Michalski/*Michalski*, GmbHG, 2002, § 11 Rn 14 ff.
[99] *Behrens*, Die Gesellschaft mit beschränkter Haftung im internationalen und europäischen Recht, 2. Aufl. 1997, Rn IPR 28; Michalski/*Leible*, GmbHG, 2002, Syst. Darst. 2 Rn 64.
[100] *Leible*, IPRax 1998, 257; Soergel/*v. Hoffmann*, Art. 37 EGBGB Rn 53; MüKo/*Martiny*, Art. 37 EGBGB Rn 48; Bamberger/Roth/*Spickhoff*, Art. 37 EGBGB Rn 5.

Ausnahmen **Art. 37 EGBGB**

Von der rechtsgeschäftlichen zu unterscheiden ist die **organschaftliche Vertretung von Gesellschaften**. 40
Über die Beantwortung der Frage, welche Organe die Gesellschaft in welchem Umfang vertreten können, entscheidet deren Personalstatut.[101] So bestimmt das Gesellschaftsstatut etwa darüber, ob einzelne Gesellschafter von der Vertretung ausgeschlossen sind, ob sie die Gesellschaft einzeln oder nur gemeinsam vertreten können oder müssen, ob der Umfang ihrer Vertretungsmacht durch den Gesellschaftszweck begrenzt ist, ob sie zum Selbstkontrahieren befugt sind[102] usw. Art. 12 findet entsprechende Anwendung. Bleibt der Umfang der Vertretungsbefugnis[103] hinter dem vergleichbarer Organe inländischer Gesellschaften zurück, gelangt das dem Geschäftspartner günstigere Ortsrecht zur Anwendung, sofern dieser von der Divergenz nichts wusste oder wissen konnte. Nicht das Gesellschafts-, sondern das Vollmachtsstatut befindet hingegen über die Frage, ob eine **Anscheins- oder Duldungsvollmacht** vorliegt, da die Grundsätze über die Anknüpfung der Anscheins- und Duldungsvollmacht auch für juristische Personen gelten.[104] Das Vollmachtsstatut ist bei Gesellschaften schließlich auch für die mit einer **Vertretung ohne Vertretungsmacht** zusammenhängenden Fragen zuständig.[105]

Entgegen dem insoweit etwas missverständlichen Wortlaut des Gesetzes beschränkt sich der Ausschluss 41
des S. 1 Nr. 3 nicht auf die organschaftliche Vertretung juristischer Personen, sondern erfasst ebenso deren **rechtsgeschäftliche Vertretung**. Die Vertretungsmacht von Hilfspersonen der Gesellschaft aufgrund rechtsgeschäftlich erteilter Vollmachten richtet sich allerdings nicht nach dem Gesellschafts-, sondern dem Vollmachtsstatut.[106] Darauf, ob ihr Inhalt bzw. ihr Umfang gesetzlich zwingend geregelt ist – wie etwa bei der Prokura –, kommt es nicht an.[107] Eine analoge Anwendung von Art. 12 auf die rechtsgeschäftlich erteilte Vollmacht ist nicht angezeigt.[108]

S. 1 Nr. 3 erwähnt nicht die gesetzliche Vertretung aufgrund **familienrechtlicher Beziehungen**. Ein 42
ausdrücklicher Ausschluss wäre auch überflüssig gewesen, da diese ohnehin nicht nach Artt. 27 ff., sondern den einschlägigen familienrechtlichen Kollisionsnormen anzuknüpfen ist.[109]

IV. Versicherungsvertragsrecht (S. 1 Nr. 4)

1. Allgemeines. Nach S. 1 Nr. 4 sind **Versicherungsverträge**, die im Geltungsbereich des Vertrages zur 43
Gründung der Europäischen Wirtschaftsgemeinschaft (EGV) oder des Abkommens über den Europäischen Wirtschaftsraum (EWR) belegene Risiken decken, mit Ausnahme von **Rückversicherungsverträgen** vom Anwendungsbereich der Artt. 27 ff. ausgeschlossen. Das führt zu einem uneinheitlichen Internationalen Versicherungsvertragsrecht. Soweit bei **Direktversicherungsverträgen** das Risiko innerhalb der EG oder des EWR belegen ist, finden die auf europäischem Richtlinienrecht beruhenden Artt. 7–14 EGVVG Anwendung. Ist das Risiko hingegen außerhalb belegen, sind Artt. 27 ff. heranzuziehen (Art. 28 EGBGB Rn 151). Ebenso sind ohne Rücksicht auf die Belegenheit des Risikos sämtliche Rückversicherungsverträge anzuknüpfen (Art. 28 EGBGB Rn 152). Diese Zersplitterung des Kollisionsrechts für Versicherungsverträge

---

101 BGHZ 32, 256, 258; 40, 197; 128, 41, 44; BGH NJW 1965, 1664; 1992, 618; 1993, 2744, 2745; Erman/*Hohloch*, Anh. II Art. 37 EGBGB Rn 39; MüKo/*Kindler*, Int. GesR, Bd. 11, 3. Aufl. 1999, Rn 443; Michalski/*Leible*, GmbHG, 2002, Syst. Darst. 2 Rn 95; Staudinger/*Großfeld*, Int. GesR, Rn 278; ausf. dazu *Niemann*, Die rechtsgeschäftliche und organschaftliche Stellvertretung und deren kollisionsrechtliche Einordnung, 2004.
102 Vgl. z.B. BGH NJW 1992, 618; OLG Düsseldorf RIW 1995, 325, 326.
103 Zu Beschränkungen der Vertretungsmacht von Gesellschaftsorganen rechtsvergleichend m.w.N. *Zimmer*, Internationales Gesellschaftsrecht, 1996, S. 244 ff. Hierzu wird man heute auch in großen Teilen die Folgen der sog. *ultra-vires*-Lehre zu zählen haben, vgl. *Leible*, in: Hirte/Bücker, Grenzüberschreitende Gesellschaften, 2005, § 10 Rn 48.
104 Vgl. etwa Michalski/*Leible*, GmbHG, 2002, Syst. Darst. 2 Rn 97; Staudinger/*Großfeld*, Int. GesR, Rn 266.
105 Dazu *Leible*, IPRax 1998, 257, 258 ff.
106 OLG Frankfurt BB 1976, 569; *von Caemmerer*, RabelsZ 24 (1959), 201, 205; MüKo/*Spellenberg*, vor Art. 11 Rn 181; *Spellenberg*, Geschäftsstatut und Vollmacht im internationalen Privatrecht, 1979, S. 225.
107 Dazu m.w.N. *Leible*, IPRax 1997, 133, 135. Anders hingegen für kaufmännische Vollmachten etwa BGH NJW 1992, 618; MüKo/*Kindler*, Int. GesR Rn 175 ff. m.w.N. (Anknüpfung an den Ort des Unternehmenssitzes).
108 Michalski/*Leible*, GmbHG, 2002, Syst. Darst. 2 Rn 96; *Leible*, in: Hirte/Bücker, Grenzüberschreitende Gesellschaften, 2005, § 10 Rn 51; MüKo/*Spellenberg*, Art. 12 EGBGB Rn 12b; a.A. *Fischer*, Verkehrsschutz im internationalen Vertragsrecht, 1990, S. 281 ff. und 300 ff.
109 *Looschelders*, Art. 37 Rn 16; Staudinger/*Magnus*, Art. 37 EGBGB Rn 60.

wird allgemein als unbefriedigend empfunden und auch vom Grünbuch zum Internationalen Privatrecht zum Thema gemacht.[110] Ob und inwieweit eine mögliche Rom I-Verordnung Änderungen bringen wird, bleibt abzuwarten.

44 Die Vorschrift geht auf Art. 1 Abs. 3 EVÜ zurück, der wiederum der Angleichung des IPR der Versicherungsverträge durch europäisches Richtlinienrecht Rechnung trägt.[111] In Deutschland wurden die für die Anknüpfung von Versicherungsverträgen maßgeblichen gemeinschaftsrechtlichen Vorgaben in **Artt. 7–14 EGVVG** umgesetzt, die inhaltlich vor allem auf Artt. 7 und 8 der Richtlinie 88/357/EWG beruhen.

45 Bei der Entscheidung darüber, ob ein Risiko im Geltungsbereich des EGV oder EWR belegen ist, wendet das Gericht nach S. 1 Nr. 4 S. 2 sein Recht an. Abzustellen ist also auf die *lex fori*. Für das deutsche Recht finden sich die Regelungen über die Belegenheit des Risikos in Art. 7 Abs. 2 EGVVG (näher Rn 48 ff.).

46 **2. Das Internationale Versicherungsvertragsrecht für in der EG oder dem EWR belegene Risiken, Artt. 7–15 EGVVG. a) Allgemeines. aa) Sachlicher Anwendungsbereich, Art. 7 Abs. 1 EGVVG.** Nach Art. 7 Abs. 1 EGVVG finden die Artt. 7 ff. EGVVG nur auf **Direktversicherungsverträge** Anwendung. Die **Rückversicherungsverträge** sind – in Entsprechung zu Art. 37 Nr. 4 – vom Anwendungsbereich dieser besonderen Kollisionsnormen nicht erfasst. Für sie gelten die allgemeinen Vorschriften der Artt. 27 ff. (Art. 28 EGBGB Rn 152).

47 Ein **Direktversicherungsvertrag** zeichnet sich dadurch aus, dass der Versicherte die Verpflichtung übernimmt, eine Versicherungsprämie zu zahlen, und der Versicherer sich im Gegenzug zur Deckung eines bestimmten Risikos verpflichtet, wobei das übernommene Risiko nicht im Verlust aufgrund eines anderen Versicherungsvertrags bestehen darf (dann Rückversicherung). Ansonsten ist jedes Risiko als Versicherungsgegenstand denkbar. Insbesondere ist seit Umsetzung der zweiten LebensversicherungsRL[112] auch der Lebensversicherungsvertrag vom Anwendungsbereich der Artt. 7 ff. EGVVG erfasst.[113]

48 **bb) Räumlicher Anwendungsbereich, Art. 7 Abs. 2 EGVVG.** Entscheidendes Abgrenzungskriterium zur Feststellung der Anwendbarkeit von EGVVG oder EGBGB ist die **Risikobelegenheit**, auf die sowohl Art. 37 Nr. 4 als auch Art. 7 Abs. 1 EGVVG rekurrieren. Nach S. 1 Nr. 4 S. 2 bestimmt die *lex fori*, wo ein Risiko belegen ist. In Deutschland haben die Gerichte daher deutsches Recht heranzuziehen. Maßgebliche Norm für die Bestimmung der Risikobelegenheit ist Art. 7 Abs. 2 EGVVG. Vordergründig regelt die Norm zwar nur, in welchem Mitgliedstaat (der EG oder des EWR) ein Risiko belegen ist. Im Zusammenhang mit Art. 7 Abs. 1 EGVVG und Art. 37 Nr. 4 EGBGB umreißt sie aber den **räumlichen Anwendungsbereich** der Artt. 7 ff. EGVVG. Denn hat man über Art. 7 Abs. 2 EGVVG den „Sitz" des Risikos festgestellt, kommt man zur Anwendung der Kollisionsnormen der Artt. 7 ff. EGVVG oder der Artt. 27 ff. EGBGB, je nachdem, ob die Voraussetzungen des Art. 7 Abs. 2 EGVVG erfüllt sind oder nicht. Liegt das versicherte Risiko außerhalb der EG oder des EWR, ist das EGBGB zur Bestimmung des anwendbaren Rechts heranzuziehen, sonst das EGVVG. Art. 7 Abs. 2 EGVVG wird daher zu Recht als **„Metakollisionsnorm"** bezeichnet, da sie i.V.m. Art. 7 Abs. 1 EGVVG und Art. 37 Nr. 4 EGBGB nicht nur die Frage des anwendbaren materiellen, sondern ebenso des anwendbaren Kollisionsrechts regelt.[114]

49 Wo das versicherte Risiko belegen ist, hängt von der Art des versicherten Risikos ab. Art. 7 Abs. 2 EGVVG legt zwar lediglich fest, in welchem **Mitgliedstaat** ein Risiko belegen ist, doch wird über den Wortlaut der Norm hinaus auch die Belegenheit in einem Vertragsstaat des EWR determiniert.

50 **(1) Versicherung unbeweglicher Sachen.** Sind Risiken mit Bezug auf **unbewegliche Sachen** versichert, so ist das Risiko in dem Mitgliedstaat zu lokalisieren, in dem auch die Sache selbst belegen ist. Unbewegliche Sachen i.S.d. Vorschrift sind **Grundstücke und Gebäude**. Beispielhaft werden Bauwerke und Anlagen

---

110 Vgl. „Grünbuch über die Umwandlung des Übereinkommens von Rom aus dem Jahre 1980 über das auf vertragliche Schuldverhältnisse anzuwendende Recht in ein Gemeinschaftsinstrument sowie über seine Aktualisierung", KOM (2002) 654 endg., S. 25 ff., und dazu *W.-H. Roth*, in: FS E. Lorenz 2004, S. 631; *Staudinger*, in: Leible, Das Grünbuch zum Internationalen Vertragsrecht, 2004, S. 37, 46 ff.
111 Bericht *Giuliano/Lagarde*, BT-Drucks 10/503, S. 33, 45.
112 Richtlinie 90/619/EWG, ABlEG 1990 Nr. L 330/50.
113 Die Richtlinie 90/619/EWG ist zwar durch die Richtlinie 2002/83/EG (ABlEG 2002 Nr. L 345/1) aufgehoben worden, vgl. Art. 72 i.V.m. Anhang V Teil A. In Art. 32 der Richtlinie 2002/83/EG findet sich aber eine der Vorschrift des Art. 4 der Richtlinie 90/619/EWG entsprechende Regelung zum anwendbaren Recht.
114 *Prölss/Martin/Armbrüster*, VVG, 27. Aufl. 2004, vor Art. 7 EGVVG Rn 8; *Basedow/Drasch*, NJW 1991, 785, 787; *Staudinger/Armbrüster*, Anh. I zu Art. 37 EGBGB Rn 33.

genannt.[115] Bewegliche Sachen sind von der Vorschrift dann erfasst, wenn sie durch den gleichen Versicherungsvertrag versichert sind wie das versicherte Gebäude.[116] Bei verschiedenen Versicherungsverträgen besteht dagegen kein Bedürfnis nach einer einheitlichen Anknüpfung.[117]

Von Nr. 1 erfasste Versicherungsverträge sind alle **Gebäudeversicherungen**. Das können sowohl Gebäudesachversicherungen (z.B. Feuerversicherungen) als auch Gebäudehaftpflichtversicherungen sein.[118]

(2) Fahrzeugversicherung. Sind Risiken mit Bezug auf ein **Fahrzeug** versichert, ist das Risiko in dem Mitgliedstaat belegen, in dem dieses Fahrzeug in ein amtliches oder amtlich anerkanntes Register eingetragen wurde und ein Unterscheidungskennzeichen erhalten hat. Erfasst sind Fahrzeuge aller Art, also nicht nur Land-, sondern auch Wasser- und Luftfahrzeuge.[119] Sofern keine Registrierung vorgesehen ist, greift Art. 7 Abs. 2 Nr. 4 EGVVG.[120] Unerheblich ist dagegen der Ort, an dem sich das Fahrzeug tatsächlich befindet oder an dem es i.d.R. benutzt wird.[121] Die Anknüpfung an den **Registrierungsort** verhindert, dass es zu einem Wechsel der anwendbaren internationalprivatrechtlichen Regelungen kommt, wenn der Standort des Fahrzeugs in ein Land außerhalb der EG oder des EWR verlagert wird. Sie belässt es außerdem auch bei einem Standortwechsel innerhalb des Geltungsbereichs des EGV bzw. EWR-Abkommens bei der Geltung des bislang anwendbaren, nach Artt. 8 ff. EGVVG bestimmten Sachrechts.[122]

Art. 7 Abs. 2 Nr. 2 EGVVG unterfallen alle Versicherungsverträge, die **fahrzeugbezogene Risiken** betreffen. Das sind zum einen die Sachversicherungen, wie etwa die Kasko-Versicherung, und zum anderen die Haftpflichtversicherungen.[123]

(3) Reise- und Ferienversicherung. Werden **kurzfristige Reise- und Ferienrisiken** versichert (Laufzeit höchstens vier Monate), so ist das Risiko dort belegen, wo die für den Vertragsabschluss erforderlichen Rechtshandlungen vorgenommen wurden. Unter Ferien- und Reiserisiken sind dabei alle typischerweise mit Reise und Urlaub verbundenen Risiken zu verstehen,[124] beispielsweise Reisegepäck-, Reisehaftpflicht-, Reiserücktritts-, Reisekranken-, Reiseunfall- und Rücktransportversicherungen.[125]

Maßgeblich für die Risikobelegenheit und damit die Bestimmung des anwendbaren IPR ist nach Nr. 3 der Ort, an dem die zum Abschluss des Vertrages erforderlichen **Rechtshandlungen** durch den Versicherungsnehmer vorgenommen wurden. In der Regel wird das am Ort des Wohnsitzes oder des **gewöhnlichen Aufenthalts** des Versicherungsnehmers geschehen;[126] Ort des gewöhnlichen Aufenthalts und Ort der Vornahme von Rechtshandlungen können aber auch auseinander fallen. Das ändert aber nichts an der alleinigen Maßgeblichkeit des Ortes der Vornahme der Rechtshandlungen für die Bestimmung der Risikobelegenheit.[127]

Nicht zu entnehmen ist Art. 7 Abs. 2 Nr. 3 EGVVG, dass die Anwendbarkeit der Vorschrift nur auf **Verträge unter Anwesenden** beschränkt ist.[128] Die von der Gegenansicht geltend gemachte Gefahr der Willkürlichkeit der Ergebnisse muss zum einen der klare Wortlaut der Vorschrift entgegengehalten werden.[129] Zum anderen besteht auch bei Vertragsschluss unter Anwesenden die Gefahr zufälliger Ergebnisse.[130]

---

115 Honsell/*Dörner*, Berliner Kommentar zum VVG, 1999, Art. 7 EGVVG Rn 15.
116 Staudinger/*Armbrüster*, Anh. I zu Art. 37 EGBGB Rn 36; MüKo/*Martiny*, Art. 37 EGBGB Rn 20; Soergel/*v. Hoffmann*, Art. 37 EGBGB Rn 78; Fricke, VersR 1994, 773, 774; *W.-H. Roth*, in: Beckmann/Matusche-Beckmann, § 4 Rn 88.
117 Vgl. vorige Fn.
118 Honsell/*Dörner*, Berliner Kommentar zum VVG, 1999, Art. 7 EGVVG Rn 16; MüKo/*Martiny*, Art. 37 EGBGB Rn 69; Prölss/Martin/*Armbrüster*, VVG, 27. Aufl. 2004, Art. 7 EGVVG Rn 3, Gruber, S. 22 ff.; Staudinger/*Armbrüster*, Anh. I zu Art. 37 EGBGB Rn 34.
119 Honsell/*Dörner*, Berliner Kommentar zum VVG, 1999, Art. 7 EGVVG Rn 17; Prölss/Martin/*Armbrüster*, VVG, 27. Aufl. 2004, Art. 7 EGVVG Rn 4, Gruber, S. 31; Kramer, S. 157; Liauh, S. 28.
120 MüKo/*Martiny*, Art. 37 EGBGB Rn 71; Soergel/*v. Hoffmann*, Art. 37 EGBGB Rn 79.
121 Honsell/*Dörner*, Berliner Kommentar zum VVG, 1999, Art. 7 EGVVG Rn 17.
122 MüKo/*Martiny*, Art. 37 EGBGB Rn 71; Staudinger/*Armbrüster*, Anh. I zu Art. 37 EGBGB Rn 37; Imbusch, VersR 1993, 1059, 1060.
123 Honsell/*Dörner*, Berliner Kommentar zum VVG, 1999, Art. 7 EGVVG Rn 18.
124 MüKo/*Martiny*, Art. 37 EGBGB Rn 73.
125 Honsell/*Dörner*, Berliner Kommentar zum VVG, 1999, Art. 7 EGVVG Rn 21; Staudinger/*Armbrüster*, Anh. I zu Art. 37 EGBGB Rn 38.
126 Reithmann/Martiny/*Schnyder*, Rn 1353.
127 Honsell/*Dörner*, Berliner Kommentar zum VVG, 1999, Art. 7 EGVVG Rn 20; Prölss/Martin/*Armbrüster*, VVG, 27. Aufl. 2004, Art. 7 EGVVG Rn 5.
128 So aber Reichert-Facilides, IPRax 1990, 1, 7; dagegen die h.M., vgl. nur Honsell/*Dörner*, Berliner Kommentar zum VVG, 1999, Art. 7 EGVVG Rn 20; Soergel/*v. Hoffmann*, Art. 37 EGBGB Rn 80; Prölss/Martin/*Armbrüster*, VVG, 27. Aufl. 2004, Art. 7 EGVVG Rn 5; MüKo/*Martiny*, Art. 37 EGBGB Rn 74.
129 Honsell/*Dörner*, Berliner Kommentar zum VVG, 1999, Art. 7 EGVVG Rn 20; Soergel/*v. Hoffmann*, Art. 37 EGBGB Rn 80.
130 Prölss/Martin/*Armbrüster*, VVG, 27. Aufl. 2004, Art. 7 EGVVG Rn 5.

57 **(4) Sonstige Versicherungen.** Bilden andere als die in Art. 7 Abs. 2 Nr. 1–3 EGVVG besonders behandelten Versicherungen den Anknüpfungsgegenstand, so bestimmt sich die Belegenheit des Risikos nach dem Auffangtatbestand der Nr. 4. Von der Vorschrift werden unter anderem **Unfall-, Kranken-, Transportgüter- und Haftpflichtversicherungen** erfasst. Seit Umsetzung der 2. Lebensversicherungsrichtlinie[131] durch das Gesetz vom 21.7.1994[132] unterfallen ihrem Anwendungsbereich außerdem **Lebensversicherungsverträge**.

58 Unterschieden wird allerdings danach, ob Versicherungsnehmer eine **natürliche Person** ist oder nicht. Ist er dies, so ist das Risiko in dem Mitgliedstaat belegen, in dem er seinen gewöhnlichen Aufenthalt hat (Nr. 4 lit. a). Sein Wohnsitz ist hingegen unerheblich.[133] Unter „Ort des gewöhnlichen Aufenthalts" ist der Ort zu verstehen, an dem sich der Versicherungsnehmer für eine gewisse Dauer aufhält und an dem sich der Mittelpunkt seiner Lebensverhältnisse befindet.[134] Einen gewöhnlichen Aufenthalt an mehreren Orten gibt es nicht,[135] da jede Person nur einen Schwerpunkt ihrer Lebensverhältnisse haben kann.[136] Hat der Versicherungsnehmer nirgends einen gewöhnlichen Aufenthalt, so soll das Risiko dann als im Geltungsbereich der EG oder des EWR-Abkommens belegen anzusehen sein, wenn der Versicherungsnehmer dort seinen schlichten Aufenthalt hat.[137]

59 Ist der Versicherungsnehmer keine natürliche Person, kommt eine Anknüpfung an den gewöhnlichen Aufenthalt nicht in Betracht. Maßgeblich für die Bestimmung der Risikobelegenheit ist nach Art. 7 Abs. 2 Nr. 4 lit. b EGVVG in diesen Fällen der Ort, an dem sich **das Unternehmen, die Betriebsstätte oder die entsprechende Einrichtung**, auf die sich der Vertrag bezieht, befindet. Um „keine natürlichen Personen" i.S.d. Vorschrift handelt es sich nicht nur bei juristischen Personen, sondern ebenso bei nicht rechtsfähigen Personenmehrheiten sowie Gesamthandsgemeinschaften, wie etwa einer Erbengemeinschaft.[138]

60 Durch die Verwendung der Betriebsstätte bzw. der entsprechenden Einrichtung als Anknüpfungsmoment erfolgt die Bestimmung der Risikobelegenheit nicht anhand des **Hauptsitzes des Unternehmens**, sondern anhand einer kleineren Einheit.[139] Das dient der Verwirklichung des Anknüpfungs(grund)prinzips der engsten Verbindung.[140] Unter einer Betriebsstätte ist dabei jede feste Geschäftseinrichtung oder Anlage zu verstehen, die der Tätigkeit eines Unternehmens dient; die „entsprechende Einrichtung" meint vor allem lokale Repräsentanzen nichtunternehmerischer Vereinigungen.[141]

61 **(5) Mehrfachbelegenheit des versicherten Risikos.** Umstritten ist, wie die Risikobelegenheit lokalisiert werden soll, wenn durch einen Versicherungsvertrag mehrere **Risiken in verschiedenen Staaten** abgesichert werden, wie etwa beim Abschluss einer einheitlichen Versicherung für Gebäude in verschiedenen Staaten. Dabei ist zu differenzieren.

62 Sind die Risiken in verschiedenen Mitgliedstaaten des EGV bzw. des EWR-Abkommens belegen, wird die Risikobelegenheit erst bei der Bestimmung des anwendbaren Sachrechts relevant; denn dass die Kollisionsnormen der Artt. 8 ff. EGVVG anzuwenden sind, wenn das Risiko ausschließlich im Geltungsbereich des EGV bzw. EWR-Abkommens belegen ist, ergibt sich bereits aus Art. 7 Abs. 1 EGVVG und Art. 37 Nr. 4 EGBGB.

63 Schwieriger fällt die Entscheidung, welche Kollisionsnormen heranzuziehen sind, wenn das versicherte Risiko teilweise in einem Mitgliedstaat des EWR-Abkommens bzw. EGV und teilweise außerhalb dieses Raumes belegen ist. In Betracht kommen eine **einheitliche Anknüpfung** nach den Normen des

---

131 ABlEG 1990 Nr. L 330/50.
132 BGBl I S. 1630.
133 MüKo/*Martiny*, Art. 37 EGBGB Rn 76. A.A. *Mankowski*, VersR 1999, 923, 924, der den Wohnsitz zur Ausfüllung des Begriffs des gewöhnlichen Aufenthalts heranziehen will; ähnlich Reithmann/Martiny/*Schnyder*, Rn 1354.
134 BGH NJW 1975, 1068; 1981, 520; Honsell/*Dörner*, Berliner Kommentar zum VVG, 1999, Art. 7 EGVVG Rn 23 MüKo/*Sonnenberger*, Einl. IPR Rn 665; umfangreicher Nachw. zu Lit. und Rspr. bei Soergel/*Kegel*, Art. 5 Rn 44 Fn 2 und 3; zu den Indizien für den gewöhnlichen Aufenthalt im Einzelnen vgl. *Baetge*, Der gewöhnliche Aufenthalt im Internationalen Privatrecht, 1994, S. 107 ff.
135 MüKo/*Sonnenberger*, Einl. IPR Rn 667 m.w.N. auch zur Gegenansicht.
136 Honsell/*Dörner*, Berliner Kommentar zum VVG, 1999, Art. 7 EGVVG Rn 24.
137 Honsell/*Dörner*, Berliner Kommentar zum VVG, 1999, Art. 7 EGVVG Rn 26; *Gruber*, S. 46; Staudinger/*Armbrüster*, Anh. I zu Art. 37 EGBGB Rn 40; *W.-H. Roth*, in: Beckmann/Matusche-Beckmann, § 4 Rn 92; a.A. *Liauh*, S. 32 f., der die Fehlen des gewöhnlichen Aufenthalts im EWR nach Art. 27 ff. EGBGB anknüpfen will.
138 MüKo/*Martiny*, Art. 37 EGBGB Rn 77; Soergel/*v. Hoffmann*, Art. 37 EGBGB Rn 81 Fn 88; *Reichert-Facilides*, IPRax 1990, 1, 7; *Imbusch*, VersR 1993, 1059, 1061 m.w.N.
139 *Kramer*, S. 161 f.
140 I.d.S. Sinne auch *Kramer*, S. 161. Zum Betriebsstättenbegriff und dem Begriff der entsprechenden Ausrichtung bei Versicherungsverträgen mit Internetbezug vgl. *Mankowski*, VersR 1999, 923, 925 ff.
141 Honsell/*Dörner*, Berliner Kommentar zum VVG, 1999, Art. 7 EGVVG Rn 28; *Gruber*, S. 50; Staudinger/*Armbrüster*, Anh. I zu Art. 37 EGBGB Rn 41.

EGVVG[142] oder eine **gespaltene Anknüpfung** mit der Folge, dass das anwendbare Recht nach den Kollisionsnormen des EGVVG zu bestimmen ist, soweit das Risiko in der EG/dem EWR belegen ist, und nach denjenigen des EGBGB, soweit das Risiko außerhalb dieses Raumes belegen ist.[143]

Überzeugend ist allein die zuletzt genannte Ansicht. Eine Anknüpfung des Versicherungsvertrages nach unterschiedlichen Kollisionsnormen mag zwar die Rechtsanwendung erschweren, macht sie aber nicht unmöglich. Zu einer **Vertragsspaltung** kann es zudem auf sachrechtlicher Ebene kommen, wenn wegen einer unterschiedlichen Risikobelegenheit verschiedene Rechte zur Anwendung berufen werden.[144] Außerdem war es Intention des Gemeinschaftsgesetzgebers, innergemeinschaftliche Fälle nach einheitlichem (umgesetzten) Richtlinienrecht zu beurteilen; auf eine einheitliche Behandlung aller, d.h. auch außergemeinschaftlicher Fälle kam es ihm hingegen nicht an.[145] Da die Regelungen des EGVVG dem Richtlinienrecht entstammen, muss diese Intention Beachtung finden, zumal Art. 10 Abs. 2 EGVVG darauf hindeutet, dass auch der deutsche Gesetzgeber das Problem der Mehrfachbelegenheit erkannt, aber gleichwohl keiner umfassenden Lösung zugeführt hat.[146] Über den Anwendungsbereich der Richtlinie hinaus sollte das EGVVG daher nur angewendet werden, wenn das Gesetz dies ausdrücklich vorgibt. Das ist aber lediglich im Hinblick auf den EWR der Fall. Bei einer Mehrfachbelegenheit des Risikos inner- und außerhalb des Geltungsbereichs des EGV bzw. EWR-Übereinkommens ist das anwendbare Sachrecht daher **aufgrund unterschiedlicher Kollisionsnormen** zu bestimmen.

b) Die Kollisionsnormen des EGVVG im Einzelnen. aa) Gesetzliche Anknüpfung, Art. 8 EGVVG.
Die gesetzliche Anknüpfung des Art. 8 EGVVG stellt auf objektive Kriterien ab: anwendbar ist das Sachrecht des Mitgliedstaats, in dem das Risiko belegen ist und in dessen Gebiet der Versicherungsnehmer seinen gewöhnlichen Aufenthalt oder seine Hauptverwaltung hat. Art. 8 EGVVG unterscheidet sich damit wesentlich von der Grundanknüpfung des Art. 27 EGBGB, der die Parteiautonomie in den Vordergrund rückt. Eine Rechtswahl ist dagegen bei den von Art. 7 EGVVG erfassten Versicherungsverträgen (Rn 46 f.) nur in Ausnahmefällen möglich (Rn 73 ff.). Soweit die Rechtswahl **zulässig ist und** von ihr **Gebrauch gemacht** wurde, tritt die objektive Anknüpfung allerdings dahinter zurück.

Zweck der primär objektiven Anknüpfung ist es zum einen, einen **Gleichlauf** von internationaler Zuständigkeit (vgl. Art. 8 Abs. 1 lit. b EuGVÜ bzw. Art. 9 Abs. 1 lit. b EuGVVO) und Internationalem Privatrecht herzustellen;[147] denn in den meisten Fällen werden Wohnsitz und gewöhnlicher Aufenthalt übereinstimmen. Zum anderen führt die kumulative Anknüpfung an die Risikobelegenheit und den gewöhnlichen Aufenthalt/den Ort der Hauptverwaltung des Versicherungsnehmers i.d.R. zu einem dem Versicherungsnehmer **vertrauten Recht**.[148]

(1) Risikobelegenheit. In welchem Mitgliedstaat ein **Risiko belegen** ist, richtet sich nach Art. 7 Abs. 2 EGVVG und ist damit von der Art der Versicherung abhängig. Zur Risikobelegenheit im Einzelnen vgl. Rn 48 ff.

Sind mehrere Risiken durch einen einheitlichen Versicherungsvertrag abgesichert, aber in mehreren Mitgliedstaaten belegen, wie etwa bei einer einheitlichen Kraftfahrzeugversicherung für verschiedene Kraftfahrzeuge in unterschiedlichen Mitgliedstaaten, stellt sich auf der Ebene der Kollisionsnorm die Frage nach der Anknüpfung bei einer solchen **innereuropäischen Mehrfachbelegenheit**. Aus Art. 9 Abs. 2 EGVVG ergibt sich zunächst, dass – soweit die in verschiedenen Mitgliedstaaten belegenen Risiken in Verbindung mit gewerblichen, freiberuflichen oder bergbaulichen Tätigkeit des Versicherungsnehmers stehen – die Möglichkeit einer Rechtswahl nach Art. 9 Abs. 2 EGVVG eröffnet ist. Bei fehlender Rechtswahl ist dann nach Art. 11 EGVVG anzuknüpfen. Art. 8 EGVVG findet folglich keine Anwendung.[149]

Stehen die versicherten Risiken hingegen in keinem Zusammenhang mit einer gewerblichen, bergbaulichen oder freiberuflichen Tätigkeit des Versicherungsnehmers, greift Art. 9 EGVVG nicht. Aufgrund der Risikobelegenheit in verschiedenen Mitgliedstaaten ist aber auch der Anwendungsbereich des Art. 8 EGVVG nicht

---

142 *Kramer*, S. 172 ff, insb. S. 175.
143 Honsell/*Dörner*, Berliner Kommentar zum VVG, 1999, Art. 7 EGVVG Rn 32; *Reichert-Facilides*, IPRax 1990, 1, 4; Reithmann/Martiny/*Schnyder*, Rn 1324.
144 *Fricke*, VersR 1994, 773, 775.
145 Ebenda.
146 Honsell/*Dörner*, Berliner Kommentar zum VVG, 1999, Art. 7 EGVVG Rn 32.

147 MüKo/*Martiny*, Art. 37 EGBGB Rn 80; Honsell/*Dörner*, Berliner Kommentar zum VVG, 1999, Art. 8 EGVVG Rn 2; Staudinger/*Armbrüster*, Anh. I zu Art. 37 EGBGB Rn 45; *Mankowski*, VersR 1999, 923, 928; *W.-H. Roth*, in: Beckmann/Matusche-Beckmann, § 4 Rn 86.
148 Vgl. vorige Fn und *Imbusch*, VersR 1993, 1059, 1062.
149 Honsell/*Dörner*, Berliner Kommentar zum VVG, 1999, Art. 8 EGVVG Rn 26.

eröffnet und daher Art. 9 Abs. 1 EGVVG bzw. Art. 11 EGVVG **analog** anzuwenden.[150] Für eine solche Lösung spricht vor allem der Wortlaut des Art. 8 EGVVG, der von einer einheitlichen Risikobelegenheit ausgeht („in dem das Risiko belegen ist"). Eine Anknüpfung nach Art. 8 EGVVG bei mehrfach belegenen Risiken innerhalb des Geltungsbereichs des EGV bzw. EWR-Abkommens scheidet damit aus.[151]

70 **(2) Gewöhnlicher Aufenthalt oder Hauptverwaltung des Versicherungsnehmers.** Der Versicherungsnehmer muss in dem Mitgliedstaat, in dem das Risiko belegen ist, seinen **gewöhnlichen Aufenthalt** haben. Bei Unternehmen ist statt auf den Ort des gewöhnlichen Aufenthalts auf den der Hauptverwaltung abzustellen. Richtet sich auch die Risikobelegenheit nach dem gewöhnlichen Aufenthalt, wie etwa bei Lebensversicherungsverträgen (Art. 7 Abs. 2 Nr. 4 lit. a EGVVG), ist ein Auseinanderfallen von vornherein nicht möglich und grundsätzlich Art. 8 EGVVG die allein einschlägige Kollisionsnorm (vgl. aber Rn 72). In allen anderen Fällen (Art. 7 Abs. 2 Nr. 1–3, Nr. 4b) kann es hingegen durchaus an der von Art. 8 EGVVG geforderten Kumulation fehlen. Dann ist nach Artt. 9 ff. EGVVG anzuknüpfen.

71 **(3) Maßgeblicher Zeitpunkt.** Der Versicherungsnehmer muss seinen gewöhnlichen Aufenthalt bzw. seine Hauptverwaltung **zur Zeit des Vertragsschlusses** im Mitgliedstaat der Risikobelegenheit haben. Dadurch wird ein Statutenwechsel bei einer Verlegung des gewöhnlichen Aufenthalts bzw. der Hauptverwaltung oder einer Änderung der Risikobelegenheit ausgeschlossen.[152] Die Parteien haben dann jedoch die Möglichkeit einer **nachträglichen Rechtswahl**, etwa nach Art. 9 Abs. 1 EGVVG.[153]

72 **(4) Verhältnis zu Art. 11 EGVVG.** Art. 11 EGVVG greift nur ein, wenn das anzuwendende Recht nicht vereinbart wurde. Umstritten ist, ob Art. 11 EGVVG auch dann hinter Art. 8 EGVVG zurücktritt, wenn den Parteien trotz Übereinstimmung von Risikobelegenheit und gewöhnlichem Aufenthalt/Ort der Hauptverwaltung die Möglichkeit der Rechtswahl offen steht (etwa nach Artt. 9 Abs. 3–5, 10 Abs. 1, Abs. 3 EGVVG), sie diese aber nicht genutzt haben,[154] oder ob bereits die **Möglichkeit der Rechtswahl** genügt, um die Anwendbarkeit des Art. 8 EGVVG entfallen zu lassen.[155] Letztgenannte Ansicht mag zwar in Konvergenzfällen die Ermittlung des anwendbaren Rechts komplizieren, da zunächst stets geprüft werden muss, ob eine Rechtswahlmöglichkeit bestanden hat.[156] Indes hat sie den Charme für sich, die starre Anknüpfung des Art. 8 EGVVG wenigstens teilweise aufzulockern, und erscheint auch mit dem Wortlaut des Art. 11 EGVVG vereinbar, der – zumindest explizit – keinen **Divergenzfall** fordert. I.d.R. wird der Meinungsstreit freilich keine Auswirkungen haben, da sowohl die Anknüpfung nach Art. 8 EGVVG als auch die nach Art. 11 EGVVG regelmäßig zur Anwendung des Rechts des Staates der Risikobelegenheit führen werden.

73 **bb) Wählbare Rechtsordnungen, Art. 9 EGVVG.** Art. 9 EGVVG eröffnet den Parteien eines Versicherungsvertrags unter bestimmten Umständen die **Möglichkeit einer Rechtswahl**. Im Einzelnen unterscheiden sich die verschiedenen Tatbestände des Art. 9 EGVVG sowohl in den Voraussetzungen für eine Rechtswahl als auch in ihren Folgen (Kreis der wählbaren Rechte).

74 **(1) Grundregel, Art. 9 Abs. 1 EGVVG.** Art. 9 Abs. 1 EGVVG gestattet die **Rechtswahl in Divergenzfällen**, d.h. bei einem Auseinanderfallen von Risikobelegenheit und gewöhnlichem Aufenthalt bzw. Hauptverwaltung des Versicherungsnehmers. Die Parteien können zwischen dem Recht am Ort der Risikobelegenheit und dem Recht am Ort des gewöhnlichen Aufenthalts bzw. der Hauptverwaltung des Versicherungsnehmers wählen. Wird von der Möglichkeit zur Rechtswahl kein Gebrauch gemacht, ist nach Art. 11 EGVVG anzuknüpfen. Nicht erforderlich ist es, dass der Versicherungsnehmer seinen gewöhnlichen Aufenthalt oder seine Hauptverwaltung innerhalb des Geltungsbereichs des EGV bzw. EWR hat. Liegt er in einem Drittstaat, kann auch dessen Recht gewählt werden.[157]

---

150 MüKo/*Martiny*, Art. 37 EGBGB Rn 80 ff. geht offenbar von diesem Umstand aus. Ausdr. Soergel/*v. Hoffmann*, Art. 37 EGBGB Rn 95; Honsell/*Dörner*, Berliner Kommentar zum VVG, 1999, Art. 8 EGVVG Rn 26; *Kramer*, S. 194 f. Für eine direkte Anwendung des Art. 9 Abs. 1 EGVVG offenbar *Basedow/Drasch*, NJW 1991, 785, 793.
151 *Kramer*, S. 194.
152 Soergel/*v. Hoffmann*, Art. 37 EGBGB Rn 91; MüKo/*Martiny*, Art. 37 EGBGB Rn 85.
153 Staudinger/*Armbrüster*, Anh. I zu Art. 37 EGBGB Rn 47; Honsell/*Dörner*, Berliner Kommentar zum VVG, 1999, Art. 8 EGVVG Rn 9.
154 *Basedow/Drasch*, NJW 1991, 785, 791; Honsell/*Dörner*, Berliner Kommentar zum VVG, 1999, Art. 8 EGVVG Rn 9; *Kramer*, S. 238.
155 Staudinger/*Armbrüster*, Anh. I zu Art. 37 EGBGB Rn 46; *Gruber*, S. 167 ff.; Soergel/*v. Hoffmann*, Art. 37 EGBGB Rn 90; *Liauh*, S. 93 f.; MüKo/*Martiny*, Art. 37 EGBGB Rn 134; Prölss/Martin/*Armbrüster*, VVG, 27. Aufl. 2004, Art. 9 EGVVG Rn 8.
156 Honsell/*Dörner*, Berliner Kommentar zum VVG, 1999, Art. 8 EGVVG Rn 9.
157 Staudinger/*Armbrüster*, Anh. I zu Art. 37 EGBGB Rn 49; Honsell/*Dörner*, Berliner Kommentar zum VVG, 1999, Art. 9 EGVVG Rn 21; *Gruber*, S. 100, *Kramer*, S. 190; *Liauh*, S. 84.

Bei einer **Mehrfachbelegenheit** des Risikos im Anwendungsbereich des EGV bzw. EWR-Abkommens ist 75
Art. 9 Abs. 1 EGVVG **analog** anzuwenden, sofern nicht ohnehin Art. 9 Abs. 2 EGVVG einschlägig ist. Die Parteien können damit den gesamten Vertrag dem Recht des Aufenthaltsstaats des Versicherungsnehmers unterstellen oder für jedes Teilrisiko das Recht wählen, in dem dieses Teilrisiko belegen ist.[158] Umstritten ist, ob auch das Recht eines Staates, in dem lediglich ein Teilrisiko belegen ist, für den gesamten Vertrag gewählt werden kann. Zur Vermeidung einer Vertragsspaltung ist eine solche Lösung sicher zu befürworten.[159] Gegen sie spricht freilich, dass dann die Sonderregelung des Art. 9 Abs. 2 EGVVG ihrer Bedeutung beraubt würde und nurmehr deklaratorischen Charakter hätte.[160]

(2) Versicherung von Risiken aus geschäftlicher Tätigkeit, Art. 9 Abs. 2 EGVVG. Art. 9 Abs. 2 76
EGVVG regelt einen **speziellen Fall** der Mehrfachbelegenheit innerhalb des Geltungsbereichs des EGV bzw. des EWR-Abkommens und erweitert im Vergleich zu Art. 9 Abs. 1 EGVVG die Anzahl der wählbaren Rechtsordnungen. Die Vorschrift setzt voraus, dass der Versicherungsnehmer **gewerblich, bergbaulich oder freiberuflich tätig** wird und der Versicherungsvertrag mit dieser Tätigkeit verbundene Risiken abdeckt. Werden berufliche und private Risiken versichert, kommt es darauf an, ob der private oder berufliche Zweck überwiegt.[161] Darüber hinaus muss der Vertrag zwei oder mehrere Risiken abdecken, die in **verschiedenen Mitgliedstaaten** belegen sind. Wählbar ist dann das am Ort eines dieser Risiken oder das im Aufenthaltsstaat des Versicherungsnehmers geltende Recht. Das kann auch das Recht eines Drittstaates sein, sofern sich der Versicherungsnehmer dort gewöhnlich aufhält.[162]

(3) Divergenz zwischen Risikobelegenheit und Ort der Risikoverwirklichung, Art. 9 Abs. 3 77
EGVVG. Art. 9 Abs. 3 EGVVG eröffnet den Parteien eine weitere Rechtswahlmöglichkeit, wenn die durch den Versicherungsvertrag gedeckten Risiken nur in einem anderen Mitgliedstaat eintreten können als dem Staat der Belegenheit des Risikos. Das kann beispielsweise der Fall sein, wenn ein Grundstück in Deutschland belegen ist (Risikobelegenheit dann nach Art. 7 Abs. 2 Nr. 1 EGVVG in Deutschland), der Schaden aber nur in den Niederlanden eintreten kann (etwa Versicherung gegen Emissionsfolgen in diesem Staat). Erforderlich ist aber, dass der versicherte Schaden **ausschließlich** in einem anderen Staat als dem der Risikobelegenheit eintreten kann.[163] Denn sonst würde die Ausnahmevorschrift des Art. 9 Abs. 3 EGVVG zum Regelfall.[164]

Art. 9 Abs. 3 EGVVG findet sowohl bei **Divergenz- als auch bei Konvergenzfällen** Anwendung.[165] Im 78
ersten Fall ergänzt die Vorschrift Art. 9 Abs. 1 u. 2 EGVVG, im zweiten Art. 8 EGVVG.[166] Zweck der Vorschrift ist es, den Parteien die Möglichkeit zu geben, den Versicherungsvertrag dem gleichen Statut zu unterstellen wie die Haftungsfragen.[167]

Wählbar ist nach Art. 9 Abs. 3 EGVVG das Recht des Staates, in dem der **Schaden eintreten kann**, sofern 79
es sich dabei um einen Mitgliedstaat des EWR-Abkommens bzw. des EGV handelt. In Divergenzfällen ist damit das Recht im Staat des gewöhnlichen Aufenthalts, das Recht des Mitgliedstaats der Risikobelegenheit oder das Recht des Mitgliedstaats des abgesicherten Schadenseintritts wählbar. In Konvergenzfällen kann zwischen dem Recht des Mitgliedstaats der Risikobelegenheit und des Mitgliedstaats des versicherten Schadenseintritts gewählt werden.

---

158 Honsell/*Dörner*, Berliner Kommentar zum VVG, 1999, Art. 9 EGVVG Rn 17.
159 *Kramer*, S. 198 ff.; Soergel/*v. Hoffmann*, Art. 37 EGBGB Rn 95; wohl auch *Basedow/Drasch*, NJW 1991, 785, 793.
160 Staudinger/*Armbrüster*, Anh. I zu Art. 37 EGBGB Rn 50; Honsell/*Dörner*, Berliner Kommentar zum VVG, 1999, Art. 9 EGVVG Rn 19; *Gruber*, S. 104 f.
161 Honsell/*Dörner*, Berliner Kommentar zum VVG, 1999, Art. 9 EGVVG Rn 25; *Gruber*, S. 104; a.A. wohl *Kramer*, S. 191, der Art. 9 Abs. 2 bereits dann zur Anwendung bringen will, „wenn nicht allein der private Bereich des Versicherungsnehmers betroffen wird"; weiter auch Staudinger/*Armbrüster*, Anh. I zu Art. 37 EGBGB Rn 51; *Hahn*, S. 38 f.
162 Honsell/*Dörner*, Berliner Kommentar zum VVG, 1999, Art. 9 EGVVG Rn 28; *Kramer*, S. 191.
163 Prölss/Martin/*Armbrüster*, VVG, 27. Aufl. 2004, Art. 9 EGVVG Rn 6; Honsell/*Dörner*, Berliner Kommentar zum VVG, 1999, Art. 9 EGVVG Rn 31; *Basedow/Drasch*, NJW 1991, 785, 791.
164 Prölss/Martin/*Armbrüster*, VVG, 27. Aufl. 2004, Art. 9 EGVVG Rn 6.
165 MüKo/*Martiny*, Art. 37 EGBGB Rn 98; Prölss/Martin/*Armbrüster*, VVG, 27. Aufl. 2004, Art. 9 EGVVG Rn 7; Honsell/*Dörner*, Berliner Kommentar zum VVG, 1999, Art. 9 EGVVG Rn 32, Staudinger/*Armbrüster*, Anh. I zu Art. 37 EGBGB Rn 53.
166 Prölss/Martin/*Armbrüster*, VVG, 27. Aufl. 2004, Art. 9 EGVVG Rn 7; Honsell/*Dörner*, Berliner Kommentar zum VVG, 1999, Art. 9 EGVVG Rn 33; Staudinger/*Armbrüster*, Anh. I zu Art. 37 EGBGB Rn 53.
167 Honsell/*Dörner*, Berliner Kommentar zum VVG, 1999, Art. 9 EGVVG Rn 36; Prölss/Martin/*Armbrüster*, VVG, 27. Aufl. 2004, Art. 9 EGVVG Rn 7; Soergel/*v. Hoffmann*, Art. 37 EGBGB Rn 100.

80 Sind Schadensfälle **in mehreren Mitgliedstaaten** versichert, kommt die Wahl eines der dort geltenden Rechte für den gesamten Vertrag nicht in Betracht, da sich dadurch die mit Art. 9 Abs. 3 EGVVG angestrebte Koordinierung von Haftungs- und Versicherungsvertragsrecht nicht erreichen lässt.[168] Eine Teilrechtswahl ist aber möglich.[169]

81 **(4) Korrespondenzversicherung, Art. 9 Abs. 4 EGVVG.** Art. 9 Abs. 4 EGVVG eröffnet unter bestimmten Voraussetzungen bei sog. Korrespondenzversicherungsverträgen die Möglichkeit der **unbeschränkten Rechtswahl** („können ... jedes beliebige Recht wählen.").

82 Um einen **Korrespondenzversicherungsvertrag** handelt es sich bei einem Versicherungsvertrag, der zwischen einem in Deutschland ansässigen Versicherungsnehmer und einem Versicherer geschlossen wird, der in Deutschland weder selbst noch durch einen Mittelsmann das Versicherungsgeschäft betreibt. Der Vertrag kann postalisch, telefonisch oder auf dem elektronischen Wege abgeschlossen werden.[170] Auch der Abschluss des Vertrages anlässlich einer Auslandsreise des Versicherungsnehmers fällt in den Anwendungsbereich der Vorschrift.[171] Ging ihr allerdings eine auf das Inland gerichtete Werbung des Versicherers voraus, findet Art. 9 Abs. 4 EGVVG keine Anwendung.[172] Denn die Vorschrift will das aufgrund bestimmter objektiver Umstände gerechtfertigte Vertrauen des Versicherungsnehmers in die Geltung seines Umgebungsrechts schützen, die Möglichkeit einer Rechtswahl also nur eröffnen, wenn schutzwürdiges Vertrauen von vornherein nicht bestehen kann. Gerade davon kann aber bei einer Werbung im Inland nicht ausgegangen werden. U.U. kann schon die Werbung auf Internet-Website genügen.[173]

83 **Mittelspersonen** können z.B. Bevollmächtigte, Versicherungsmakler oder -agenten sein.[174] Die Möglichkeit einer Rechtswahl ist bereits dann ausgeschlossen, wenn sie überhaupt für den Versicherer in Deutschland tätig werden.[175] Darauf, ob sie am konkreten Vertragsschluss mitgewirkt haben,[176] kommt es nicht an; denn schutzwürdiges Vertrauen wird schon allein durch ihre Tätigkeit in Deutschland begründet.

84 Nach dem Wortlaut des Gesetzes muss der Versicherungsnehmer seinen **gewöhnlichen Aufenthalt** oder seinen **Hauptverwaltungssitz** im Inland haben. Nicht erforderlich ist es dagegen, dass gewöhnlicher Aufenthalt und Risikobelegenheit übereinstimmen.[177]

85 Art. 9 Abs. 4 EGVVG ist **analog** anzuwenden, wenn der Versicherungsnehmer seinen gewöhnlichen Aufenthalt **außerhalb Deutschlands** hat. Dabei kann es sich sowohl um einen EWR-Staat als auch einen Staat außerhalb des EWR handeln.[178] Das setzt freilich voraus, dass überhaupt der Anwendungsbereich des EGVVG eröffnet, also das Risiko in Deutschland belegen ist. Eine analoge Anwendung von Abs. 4 muss außerdem ausscheiden, wenn der in einem anderen EWR-Staat ansässige Versicherungsnehmer eine Korrespondenzversicherung mit einem Versicherer mit Sitz in einem weiteren EWR-Staat abschließt.[179]

86 **(5) Lebensversicherung, Art. 9 Abs. 5 EGVVG.** Eine weitere Möglichkeit der Rechtswahl eröffnet Art. 9 Abs. 5 EGVVG für **Lebensversicherungsverträge** und trägt damit dem starken Heimatbezug der Lebensversicherung (spätere Rückkehr ins Heimatland) Rechnung.[180] Eine Rechtswahl setzt voraus, dass der

---

168 Honsell/*Dörner*, Berliner Kommentar zum VVG, 1999, Art. 9 EGVVG Rn 36.
169 Ebenda und *Gruber*, S. 111 f.; Staudinger/*Armbrüster*, Anh. I zu Art. 37 EGBGB Rn 54.
170 MüKo/*Martiny*, Art. 37 EGBGB Rn 104; Reithmann/Martiny/*Schnyder*, Rn 1329; zum Vertragsschluss via Internet vgl. *Mankowski*, VersR 1999, 923, 931.
171 Vgl. vorige Fn.
172 Staudinger/*Armbrüster*, Anh. I zu Art. 37 EGBGB Rn 57; *Kramer*, S. 208 f.; *Mankowski*, VersR 1999, 923, 930 f.; *W.-H. Roth*, in: Beckmann/Matusche-Beckmann, § 4 Rn 112; a.A. Basedow/*Drasch*, NJW 1991, 785, 792; Honsell/*Dörner*, Berliner Kommentar zum VVG, 1999, Art. 9 EGVVG Rn 42; MüKo/*Martiny*, Art. 37 EGBGB Rn 99; Soergel/*v. Hoffmann*, Art. 37 EGBGB Rn 102.
173 Näher *Mankowski*, VersR 1999, 923, 930 f.
174 BT-Drucks 11/6341, S. 24, 38; MüKo/*Martiny*, Art. 37 EGBGB Rn 99.
175 Staudinger/*Armbrüster*, Anh. I zu Art. 37 EGBGB Rn 58; Prölss/Martin/*Armbrüster*, VVG, 27. Aufl. 2004, Art. 9 EGVVG Rn 18; *Gruber*, S. 95 f.; *Kramer*, S. 208 f.
176 So etwa Basedow/*Drasch*, NJW 1991, 785, 792;
Honsell/*Dörner*, Berliner Kommentar zum VVG, 1999, Art. 9 EGVVG Rn 39; *Geiger*, Der Schutz der Versicherten im europäischen Binnenmarkt, 1992, S. 128 f.
177 Honsell/*Dörner*, Berliner Kommentar zum VVG, 1999, Art. 9 EGVVG Rn 40; Prölss/Martin/*Armbrüster*, VVG, 27. Aufl. 2004, Art. 9 EGVVG Rn 11; MüKo/*Martiny*, Art. 37 EGBGB Rn 99; Soergel/*v. Hoffmann*, Art. 37 EGBGB Rn 101; *Gruber*, S. 97.
178 Staudinger/*Armbrüster*, Anh. I zu Art. 37 EGBGB Rn 59; Basedow/*Drasch*, NJW 1991, 785, 791; *Gruber*, S. 97; Prölss/Martin/*Armbrüster*, VVG, 27. Aufl. 2004, Art. 9 EGVVG Rn 11; a.A. Honsell/*Dörner*, Berliner Kommentar zum VVG, 1999, Art. 9 EGVVG Rn 40; *Hahn*, S. 64 f.; *Kramer*, S. 211.
179 Staudinger/*Armbrüster*, Anh. I zu Art. 37 EGBGB Rn 59; Soergel/*v. Hoffmann*, Art. 37 EGBGB Rn 105; MüKo/*Martiny*, Art. 37 EGBGB Rn 101 f.; *W.-H. Roth*, in: Beckmann/Matusche-Beckmann, § 4 Rn 111.
180 Soergel/*v. Hoffmann*, Art. 37 EGBGB Rn 108; Honsell/*Dörner*, Berliner Kommentar zum VVG, 1999, Art. 9 EGVVG Rn 45.

Versicherungsnehmer die Staatsangehörigkeit eines Mitgliedstaats und seinen gewöhnlichen Aufenthalt in einem anderen Mitgliedstaat hat. Welche Staatsangehörigkeit der Versicherungsnehmer hat, bestimmt sich nach dem jeweiligen **Staatsangehörigkeitsrecht**.[181] Besitzt eine Person mehrere Staatsangehörigkeiten, ist im Gegensatz zu Art. 5 Abs. 1 S. 1 EGBGB nicht auf die effektive abzustellen,[182] da dies dem Zweck des Art. 9 Abs. 5 EGVVG, den möglichen (späteren) Heimatbezug der Lebensversicherung zu berücksichtigen, widersprechen würde.[183] Aus demselben Grunde sollte auch Art. 5 Abs. 1 S. 2 EGBGB nicht herangezogen werden (kein Vorrang der deutschen Staatsangehörigkeit),[184] sondern die Wahl der Rechte all derjenigen Staaten zugelassen werden, denen der Versicherungsnehmer angehört.[185]

Heimatstaat und Staat des gewöhnlichen Aufenthalts müssen **zum Zeitpunkt des Vertragsschlusses** auseinander fallen. Ein späterer Aufenthaltswechsel (in den Staat der Staatsangehörigkeit) oder der Erwerb einer anderen Staatsangehörigkeit (insbes. des Aufenthaltsstaats) ist unerheblich.[186]

87

Art. 9 Abs. 5 EGVVG kann nicht, und zwar auch nicht analog, herangezogen werden, wenn der Versicherungsnehmer nicht Staatsangehöriger eines **Mitgliedstaats des EWR** ist, da dann die Gewährleistung eines dem harmonisierten Recht der Mitgliedstaaten des EWR vergleichbaren Schutzniveaus nicht gesichert ist.[187] Die Anwendung des Art. 9 Abs. 5 EGVVG ist von vornherein ausgeschlossen, wenn der Versicherungsnehmer seinen gewöhnlichen Aufenthalt nicht innerhalb des EWR hat; denn gem. Art. 7 Abs. 2 Nr. 4 lit. a EGVVG wird bei Lebensversicherungsverträgen die Risikobelegenheit durch den gewöhnlichen Aufenthalt des Versicherungsnehmers bestimmt. Ist das Risiko aber außerhalb des EWR belegen, finden die Vorschriften des EGVVG keine Anwendung. Eine Rechtswahl nach Art. 9 Abs. 5 EGVVG kommt schließlich auch nicht in Betracht, wenn der Versicherungsnehmer eine **juristische Person oder eine Personenvereinigung** ist (etwa bei einer Lebensversicherung auf einen Dritten).[188]

88

cc) Erweiterte Rechtswahlmöglichkeiten, Art. 10 EGVVG. (1) Rechtswahl bei Versicherung von Großrisiken, Art. 10 Abs. 1 EGVVG. Art. 10 Abs. 1 EGVVG erweitert die Möglichkeit der Rechtswahl über Art. 9 EGVVG hinaus für die Versicherung eines **Großrisikos**, da der Versicherungsnehmer bei derartigen Verträgen nicht schutzbedürftig ist.[189] Art. 10 Abs. 1 EGVVG setzt voraus, dass der Versicherungsnehmer sich gewöhnlich in Deutschland aufhält oder hier seine Hauptverwaltung haben muss. Außerdem muss das versicherte Risiko in Deutschland belegen sein. Es genügt freilich schon die Belegenheit eines Teilrisikos.[190] Die Vorschrift erfasst daher auch **Divergenzfälle**.[191] Wo das Risiko belegen ist, ist nach Art. 7 Abs. 2 EGVVG festzustellen (Rn 48 ff.). Den Begriff des Großrisikos erläutert Art. 10 Abs. 1 S. 2 EGVVG. Sind die Voraussetzungen des Art. 10 Abs. 1 EGVVG erfüllt, wird den Parteien umfassende Rechtswahlfreiheit gewährt; sie sind insbesondere nicht auf die Wahl eines bestimmten Rechts beschränkt.[192]

89

Art. 10 Abs. 1 EGVVG ist **analog** bei der Versicherung eines in einem anderen Mitgliedstaat der EG bzw. Vertragsstaat des EWR belegenen Großrisikos anzuwenden. Es wäre wenig sachgerecht, eine umfassende Rechtswahl bei Versicherungen von Großrisiken zuzulassen, wenn beide Anknüpfungsmomente (Risikobelegenheit und gewöhnlicher Aufenthalt) nach Deutschland weisen, eine derartig weit reichende Rechtswahl aber nicht anzuerkennen, wenn eines oder beide Anknüpfungsmomente ins Ausland weisen.[193] Hinzu kommt,

90

---

181 MüKo/*Martiny*, Art. 37 EGBGB Rn 107.
182 So aber Staudinger/*Armbrüster*, Anh. I zu Art. 37 EGBGB Rn 60; *Gruber*, S. 136 f.; Prölss/Martin/*Armbrüster*, VVG, 27. Aufl. 2004, Art. 9 EGVVG Rn 13.
183 Honsell/*Dörner*, Berliner Kommentar zum VVG, 1999, Art. 9 EGVVG Rn 51; MüKo/*Martiny*, Art. 37 EGBGB Rn 107.
184 Honsell/*Dörner*, Berliner Kommentar zum VVG, 1999, Art. 9 EGVVG Rn 51.
185 Honsell/*Dörner*, Berliner Kommentar zum VVG, 1999, Art. 9 EGVVG Rn 51; MüKo/*Martiny*, Art. 37 EGBGB Rn 107; Reithmann/Martiny/*Schnyder*, Rn 1344.
186 Honsell/*Dörner*, Berliner Kommentar zum VVG, 1999, Art. 9 EGVVG Rn 50.
187 Staudinger/*Armbrüster*, Anh. I zu Art. 37 EGBGB Rn 60; Honsell/*Dörner*, Berliner Kommentar zum VVG, 1999, Art. 9 EGVVG Rn 49; MüKo/*Martiny*, Art. 37 EGBGB Rn 108; Soergel/*v. Hoffmann*, Art. 37 EGBGB Rn 109; a.A. *Gruber*, S. 138.

188 Honsell/*Dörner*, Berliner Kommentar zum VVG, 1999, Art. 9 EGVVG Rn 47.
189 Honsell/*Dörner*, Berliner Kommentar zum VVG, 1999, Art. 10 EGVVG Rn 9; Staudinger/*Armbrüster*, Anh. I zu Art. 37 EGBGB Rn 65; *Gruber*, S. 68 f.
190 Honsell/*Dörner*, Berliner Kommentar zum VVG, 1999, Art. 10 EGVVG Rn 21; MüKo/*Martiny*, Art. 37 EGBGB Rn 116; Soergel/*v. Hoffmann*, Art. 37 EGBGB Rn 110; Prölss/Martin/*Armbrüster*, VVG, 27. Aufl. 2004, Art. 10 EGVVG Rn 2; *Basedow/Drasch*, NJW 1991, 785, 793.
191 Soergel/*v. Hoffmann*, Art. 37 EGBGB Rn 110; MüKo/*Martiny*, Art. 37 EGBGB Rn 114.
192 MüKo/*Martiny*, Art. 37 EGBGB Rn 114; Honsell/*Dörner*, Berliner Kommentar zum VVG, 1999, Art. 10 EGVVG Rn 26; Soergel/*v. Hoffmann*, Art. 37 EGBGB Rn 112; *W.-H. Roth*, in: Beckmann/Matusche-Beckmann, § 4 Rn 107; Reithmann/Martiny/*Schnyder*, Rn 1328.
193 Honsell/*Dörner*, Berliner Kommentar zum VVG, 1999, Art. 10 EGVVG Rn 23; *Kramer*, S. 215 f.

dass die Richtlinie 88/357/EWG in diesem Punkt nicht richtlinienkonform umgesetzt wurde.[194] Zur Vermeidung eines **Umsetzungsdefizits** sollte Art. 10 Abs. 1 EGVVG daher immer dann analog angewendet werden, wenn das Großrisiko in (irgend-)einem Mitgliedstaat belegen ist und der Versicherungsnehmer seinen Sitz im gleichen oder in einem anderen Mitgliedstaat oder einem Drittstaat hat.[195]

91 **(2) Außerhalb des EWR belegene Risiken, Art. 10 Abs. 2 EGVVG.** Art. 10 Abs. 2 EGVVG erweitert die Rechtswahlmöglichkeiten des Art. 9 Abs. 2 EGVVG für den Fall, dass ein **Teilrisiko außerhalb des EWR belegen** ist. Dadurch soll eine ansonsten drohende Vertragsspaltung bei Mehrfachbelegenheit verhindert werden.[196] Diese erweiterte Rechtswahlmöglichkeit setzt allerdings voraus, dass das versicherte Risiko in Zusammenhang mit einer **gewerblichen, bergbaulichen oder freiberuflichen Tätigkeit** des Versicherungsnehmers steht. Weiterhin muss der Versicherungsvertrag Risiken abdecken, die sowohl in einem oder mehreren Mitgliedstaaten als auch in einem Drittstaat belegen sind. Erfasst werden folglich nur Divergenzfälle.[197] Um ein Großrisiko muss es sich nicht handeln.[198] Gewählt werden kann das Recht jedes Staates, in dem ein Teilrisiko belegen ist, folglich auch das Recht eines Staates, der nicht Mitglied des EWR ist.

92 **(3) Beachtung mitgliedstaatlicher Erweiterungen der Rechtswahl, Art. 10 Abs. 3 EGVVG.** Lässt das nach Art. 8 EGVVG anzuwendende Recht oder ein nach Art. 9 Abs. 1 u. 2 EGVVG wählbares Recht eine weiter gehende Rechtswahl zu, können die Parteien davon Gebrauch machen. Die Vorschrift geht auf Art. 7 Abs. 1 lit. a S. 2 und lit. d der Richtlinie 88/357/EWG zurück und soll „den fehlenden Konsens in der Gemeinschaft über die Grenzen der Parteiautonomie im Versicherungsvertragsrecht ... überwinden".[199] Sie erlangt insbesondere dann Bedeutung, wenn der nationale Gesetzgeber die Richtlinie 88/357/EWG rechtswahlfreundlich umgesetzt hat.[200]

93 Vom Anwendungsbereich erfasst werden sowohl **Konvergenz- als auch Divergenzfälle**[201] sowie **Groß- und Massenrisiken**.[202] Die Möglichkeit der Rechtswahl besteht, sofern das Kollisionsrecht eines **Mitgliedstaates**, dessen materielles Recht anwendbar ist, diese zulässt. Nach dem Zweck der Vorschrift (Erweiterung der Rechtswahlmöglichkeiten) ist die Verweisung auf die Kollisionsnormen der anderen Staaten als **alternative** Verweisung zu verstehen.[203]

94 Eine Anwendung von Art. 10 Abs. 3 EGVVG über seinen Wortlaut hinaus auf die nach Abs. 2 wählbaren Rechte kommt schon deshalb nicht in Betracht, weil dann auch Rechtswahlerweiterungen durch das **Kollisionsrecht von Drittstaaten** zu beachten wären; dies ginge aber über die Richtlinie 88/357/EWG hinaus und würde den Entscheidungseinklang mit den anderen EWR-Staaten gefährden.[204]

95 **dd) Mangels Rechtswahl anzuwendendes Recht, Art. 11 EGVVG.** Art. 11 EGVVG gibt die Regeln für die **objektive Anknüpfung** für alle Fälle vor, in denen die Parteien keine Rechtswahl getroffen haben, obwohl ihnen dies nach Artt. 9, 10 möglich gewesen wäre. Erfasst werden nicht nur Divergenz-, sondern u.U. auch Konvergenzfälle. Anzuwenden ist von den nach Artt. 9, 10 EGVVG wählbaren Rechten das Recht

---

194 Art. 7 Abs. 1 lit. f der Richtlinie lässt in i.V.m. Art. 5 sowie Art. 5 lit. d Ziff. i der Richtlinie 73/239/EWG i.V.m. Anhang A Nr. 4–7, 11, 12 bei Gütertransport- und Schiffs- und Luftfahrzeugversicherungen eine uneingeschränkte Rechtswahl zu, ohne auf den Aufenthalt des Versicherungsnehmers oder die Risikobelegenheit besonders zu berücksichtigen.
195 *Kramer*, S. 219; *W.-H. Roth*, in: Beckmann/Matusche-Beckmann, § 4 Rn 110; *Honsell/Dörner*, Berliner Kommentar zum VVG, 1999, Art. 10 EGVVG Rn 23.
196 BT-Drucks 11/6341, S. 18, 39.
197 MüKo/*Martiny*, Art. 37 EGBGB Rn 123; Soergel/*v. Hoffmann*, Art. 37 EGBGB Rn 115; Honsell/*Dörner*, Berliner Kommentar zum VVG, 1999, Art. 10 EGVVG Rn 29.
198 MüKo/*Martiny*, Art. 37 EGBGB Rn 123; Soergel/*v. Hoffmann*, Art. 37 EGBGB Rn 116; Honsell/*Dörner*, Berliner Kommentar zum VVG, 1999, Art. 10 EGVVG Rn 28; Prölss/Martin/*Armbrüster*, VVG, 27. Aufl. 2004, Art. 10 EGVVG Rn 3; *W.-H. Roth*, in: Beckmann/Matusche-Beckmann, § 4 Rn 120; *Basedow/Drasch*, NJW 1991, 785, 795.
199 Soergel/*v. Hoffmann*, Art. 37 EGBGB Rn 119.
200 MüKo/*Martiny*, Art. 37 EGBGB Rn 123.
201 MüKo/*Martiny*, Art. 37 EGBGB Rn 125; Soergel/*v. Hoffmann*, Art. 37 EGBGB Rn 118.
202 MüKo/*Martiny*, Art. 37 EGBGB Rn 125; Soergel/*v. Hoffmann*, Art. 37 EGBGB Rn 118 Fn 153.
203 *Basedow/Drasch*, NJW 1991, 785, 792; MüKo/*Martiny*, Art. 37 EGBGB Rn 126; Soergel/*v. Hoffmann*, Art. 37 EGBGB Rn 120; *W.-H. Roth*, in: Beckmann/Matusche-Beckmann, § 4 Rn 127; *Mankowksi*, Vers. 1993, 154, 158.
204 Mit gleichem Erg. Staudinger/*Armbrüster*, Anh. I zu Art. 37 EGBGB Rn 71; Honsell/*Dörner*, Berliner Kommentar zum VVG, 1999, Art. 10 EGVVG Rn 38; Soergel/*v. Hoffmann*, Art. 37 EGBGB Rn 121; Prölss/Martin/*Armbrüster*, VVG, 27. Aufl. 2004, Art. 10 EGVVG Rn 6; a.A. *Basedow/Drasch*, NJW 1991, 785, 792 f.; *Gruber*, S. 129 f.; *Mankowski*, VersR 1993, 154, 158.

des Staates, zu dem die engste Verbindung besteht. Das ist nach der – widerleglichen[205] – Regelvermutung des Art. 11 Abs. 2 EGVVG das Recht des Staates der **Risikobelegenheit**.

Weist ein Teil des Vertrages eine engere Verbindung zu einem anderen Staat auf als dem, dessen Recht nach Art. 11 Abs. 1 S. 1 EGVVG für den Gesamtvertrag zur Anwendung gelangt, so kann dieser Teil **ausnahmsweise** dem Recht dieses anderen Staates unterstellt werden. Das setzt jedoch zunächst einmal die Selbständigkeit dieses Vertragsteils voraus. Von einer Selbständigkeit ist auszugehen, wenn das mit diesem Vertragsteil versicherte Risiko auch in einem eigenständigen Vertrag hätte versichert werden können.[206] Das Recht des Staates, zu dem dieser Vertragsteil eine engere Verbindung aufweist, muss außerdem nach Artt. 9 oder 10 EGVVG wählbar sein. Die Formulierung „ausnahmsweise" macht zudem deutlich, dass zur Vermeidung einer grundsätzlich unerwünschten Statutenspaltung Abs. 1 S. 2 nur äußerst restriktiv anzuwenden ist und z.B. nicht jede Mehrfachbelegenheit „automatisch" zu einer Vertragsspaltung führen sollte.[207] 96

ee) Pflichtversicherung, Art. 12 EGVVG. Art. 8 Abs. 4 lit. c der Richtlinie 88/357/EWG gestattet den Mitgliedstaaten, bei **Pflichtversicherungen** abweichend von Art. 7 der Richtlinie das Recht des Staates anzuwenden, der die Pflichtversicherung vorschreibt. Von dieser Möglichkeit hat Deutschland mit Art. 12 EGVVG Gebrauch gemacht. Zweck der Regelung ist es, dem starken territorialen Bezug von öffentlich-rechtlichen Versicherungspflichten sowie dem jeweiligen besonderen öffentlichen Interesse an einem effektiven Versicherungsschutz Rechnung tragen zu können.[208] Die Vorschrift setzt die Risikobelegenheit in einem Mitgliedstaat des EWR voraus und verdrängt die Artt. 7–11 EGWG.[209] 97

Schreibt ein Mitgliedstaat eine Pflichtversicherung vor, unterliegt die Pflichtversicherung gem. Art. 12 Abs. 1 EGVVG dem Recht **dieses Mitgliedstaates**, sofern dieser dessen Anwendung vorschreibt. Um Pflichtversicherungen handelt es sich bei solchen Direktversicherungsverträgen, zu deren Abschluss der Versicherungsnehmer aufgrund von Rechtsvorschriften verpflichtet ist.[210] Allein das Bestehen einer Versicherungspflicht genügt freilich nicht. Der jeweilige Mitgliedstaat muss darüber hinaus auch sein eigenes Recht angewandt wissen wollen. Ist das nicht der Fall, bleibt es bei der Anknüpfung nach Artt. 8 ff. EGVVG.[211] Art. 12 Abs. 1 EGVVG ist **entsprechend heranzuziehen**, wenn die Versicherungspflicht auf dem Recht eines Nicht-Mitgliedstaats beruht.[212] Ob es bei einer durch mehrere Staaten angeordneten Versicherungspflicht für dasselbe Risiko zu einer Statutenspaltung kommt[213] oder das Recht desjenigen Staates anzuwenden ist, zu dem die engste Verbindung besteht,[214] ist umstritten. 98

Für deutsches Recht statuiert Art. 12 Abs. 2 EGVVG die in Art. 12 Abs. 1 EGVVG geforderte Geltungsanordnung: Beruht die gesetzliche Verpflichtung zum Abschluss eines Versicherungsvertrags auf deutschem Recht, unterliegt auch der zur Erfüllung dieser Verpflichtung abgeschlossene Vertrag **deutschem Recht** (Art. 12 Abs. 2 S. 1 EGVVG), sofern nicht durch Gesetz oder aufgrund eines Gesetzes etwas anderes 99

---

205 Staudinger/*Armbrüster*, Anh. I zu Art. 37 EGBGB Rn 74; *Basedow/Drasch*, NJW 1991, 785, 793; Honsell/*Dörner*, Berliner Kommentar zum VVG, 1999, Art. 11 EGVVG Rn 3; *Geiger*, Der Schutz der Versicherten im europäischen Binnenmarkt, 1992, S. 125 f.; Soergel/*v. Hoffmann*, Art. 37 EGBGB Rn 124; MüKo/*Martiny*, Art. 37 EGBGB Rn 136. Näher dazu *Gruber*, S. 173 ff.

206 MüKo/*Martiny*, Art. 37 EGBGB Rn 138; Soergel/ *v. Hoffmann*, Art. 37 EGBGB Rn 125; Prölss/Martin/ *Armbrüster*, VVG, 27. Aufl. 2004, Art. 11 EGVVG Rn 2.

207 Soergel/*v. Hoffmann*, Art. 37 EGBGB Rn 125; MüKo/*Martiny*, Art. 37 EGBGB Rn 139.

208 Soergel/*v. Hoffmann*, Art. 37 EGBGB Rn 126; MüKo/*Martiny*, Art. 37 EGBGB Rn 142; Prölss/ Martin/*Armbrüster*, VVG, 27. Aufl. 2004, Art. 12 EGVVG Rn 1.

209 MüKo/*Martiny*, Art. 37 EGBGB Rn 143; Soergel/ *v. Hoffmann*, Art. 37 EGBGB Rn 126; Prölss/Martin/ *Armbrüster*, VVG, 27. Aufl. 2004, Art. 12 EGVVG Rn 2; Honsell/*Dörner*, Berliner Kommentar zum VVG, 1999, Art. 12 EGVVG Rn 3.

210 Honsell/*Dörner*, Berliner Kommentar zum VVG, 1999, Art. 12 EGVVG Rn 4.

211 *Basedow/Drasch*, NJW 1991, 785, 794; Honsell/ *Dörner*, Berliner Kommentar zum VVG, 1999, Art. 12 EGVVG Rn 3; Soergel/*v. Hoffmann*, Art. 37 EGBGB Rn 128; MüKo/*Martiny*, Art. 37 EGBGB Rn 143; *Imbusch*, VersR 1993, 1059, 1065; Prölss/ Martin/*Armbrüster*, VVG, 27. Aufl. 2004, Art. 12 EGVVG Rn 2.

212 *Basedow/Drasch*, NJW 1991, 785, 794; Honsell/ *Dörner*, Berliner Kommentar zum VVG, 1999, Art. 12 EGVVG Rn 7; MüKo/*Martiny*, Art. 37 EGBGB Rn 143; Soergel/*v. Hoffmann*, Art. 37 EGBGB Rn 128; *Lübbert/Vogel*, RuS 2000, 311, 313; Prölss/Martin/*Armbrüster*, VVG, 27. Aufl. 2004, Art. 12 EGVVG Rn 2; differenzend *W.-H. Roth*, in: Beckmann/Matusche-Beckmann, § 4 Rn 100.

213 So Honsell/*Dörner*, Berliner Kommentar zum VVG, 1999, Art. 12 EGVVG Rn 11 (bei Zerlegbarkeit des Vertrags in mehrere sachlich-räumliche Komplexe).

214 So etwa Staudinger/*Armbrüster*, Anh. I zu Art. 37 EGBGB Rn 79; *Kramer*, S. 261 f.; Prölss/Martin/*Armbrüster*, VVG, 27. Aufl. 2004, Art. 12 EGVVG Rn 2; *Reichert-Facilides*, in: Reichert-Facilides, (Hrsg.), Aspekte des internationalen Versicherungsvertragsrechts im Europäischen Wirtschaftsraum, 1994, S. 75, 84.

angeordnet ist (Art. 12 Abs. 2 S. 2 EGVVG). Als Beispiel für derartige Ausnahmevorschriften werden in der Gesetzesbegründung die §§ 102, 99 LuftVZO genannt.[215]

100 Deckt der Vertrag Risiken in **mehreren Mitgliedstaaten** und schreibt mindestens einer dieser Staaten eine **Versicherungspflicht** vor, ist er nach Art. 12 Abs. 3 EGVVG so zu behandeln, als bestünde er aus mehreren Verträgen, von denen sich jeder auf jeweils einen Mitgliedstaat bezieht. Nicht explizit gefordert wird, dass der Staat, der eine Versicherungspflicht vorsieht, zugleich die Anwendung seines Rechts verlangt, doch wird man mit Blick auf Art. 12 Abs. 1 EGVVG dieses Erfordernis als (ungeschriebenes) Tatbestandsmerkmal von Art. 12 Abs. 3 EGVVG ansehen müssen. Art. 12 Abs. 3 EGVVG ist daher nicht heranzuziehen, wenn es an einem unbedingten Geltungswillen i.S.v. Art. 12 Abs. 1 EGVVG fehlt.[216] Sind die Voraussetzungen des Art. 12 Abs. 3 EGVVG gegeben, ist jeder Vertragsteil **gesondert** anzuknüpfen. Diejenigen Teile des Vertrages, die der Deckung von Risiken dienen, für die ein oder mehrere Mitgliedstaat(en) eine Versicherungspflicht anordnet(n), werden nach Art. 12 Abs. 1 EGVVG angeknüpft. Für alle anderen Vertragsteile ist das anwendbare Recht jeweils separat nach Artt. 8 ff. EGVVG zu bestimmen.[217]

101 **ff) Gesetzliche Krankenversicherung ersetzender Vertrag, Art. 13 EGVVG.** Art. 13 EGVVG geht auf Art. 54 der Richtlinie 92/49/EWG zurück, der den Mitgliedstaaten die Möglichkeit eröffnet, **gesetzliche Krankenversicherungen ersetzende Versicherungen** gesondert anzuknüpfen. Die Vorschrift soll verhindern, dass dem Versicherten der durch das deutsche Recht gewährte Schutz durch eine Rechtswahl entzogen wird; denn nur so lässt sich sicherstellen, dass die private Krankenversicherung die gesetzliche tatsächlich substituiert.[218]

102 Art. 13 Abs. 1 EGVVG erfasst **private Einzelkrankenversicherungen**, die ganz oder teilweise eine gesetzliche Kranken- oder Pflegeversicherung ersetzen, nicht hingegen **Zusatzversicherungen** für Risiken, für die die gesetzliche Krankenversicherung keine Deckung bereithält.[219] Hat die versicherte Person ihren gewöhnlichen Aufenthalt in Deutschland, ist zwingend deutsches Recht anzuwenden; eine Anknüpfung nach Artt. 8 ff. EGVVG scheidet aus.[220] Art. 13 Abs. 1 EGVVG ist als einseitige Kollisionsnorm formuliert. Die Vorschrift kann nicht zu einer allseitigen Kollisionsnorm ausgebaut werden, da es an einem verallgemeinerungsfähigen Rechtsgedanken fehlt;[221] sie ist jedoch **analog** auf Verträge mit gewöhnlichem Aufenthalt des Versicherten in Deutschland und einer Risikobelegenheit außerhalb des EWR anzuwenden.[222]

103 Maßgeblicher Zeitpunkt für die Anknüpfung ist der des **Vertragsschlusses**. Bei einem **Aufenthaltswechsel** bleibt es daher bei der Anwendbarkeit deutschen Rechts, sofern der Versicherte sich zuvor gewöhnlich in Deutschland aufhielt, doch kann in diesem Fall nachträglich ein anderes Recht gewählt werden (Art. 27 Abs. 2 S. 1 EGBGB i.V.m. Art. 15 EGVVG). Zu einem Statutenwechsel kommt es hingegen im Hinblick auf den Zweck des Art. 13 bei einer nachträglichen Verlegung des gewöhnlichen Aufenthalts nach Deutschland.[223]

104 Eine Sonderregelung für **Gruppenkrankenversicherungen** findet sich in Art. 13 Abs. 2 EGVVG: Sind durch eine Versicherung mehrere Personen krankenversichert, ist der Vertrag aufzuspalten, sofern die Versicherten ihren gewöhnlichen Aufenthalt teilweise in Deutschland und teilweise im Ausland haben. Soweit der Vertrag Versicherte mit gewöhnlichem Aufenthalt in Deutschland betrifft, ist er daher nach 13 Abs. 2 EGVVG anzuknüpfen, ansonsten nach den allgemeinen Regeln (Artt. 8 ff. EGVVG).

105 **gg) Prozessstandschaft bei Versicherermehrzahl, Art. 14 EGVVG.** Art. 14 EGVVG ist eine Regelung des **Internationalen Zivilprozessrechts** und ergänzt § 110b VAG, um zu verhindern, dass der Versicherungsnehmer gegen mehrere Versicherer klagen muss, die bei Lloyd's vereinigt sind und die Versicherung

---

[215] BT-Drucks 11/6341, S. 18, 39.
[216] Honsell/*Dörner*, Berliner Kommentar zum VVG, 1999, Art. 12 EGVVG Rn 15; MüKo/*Martiny*, Art. 37 EGBGB Rn 143; Reithmann/Martiny/*Schnyder*, Rn 1123.
[217] Honsell/*Dörner*, Berliner Kommentar zum VVG, 1999, Art. 12 EGVVG Rn 16, 17.
[218] Honsell/*Dörner*, Berliner Kommentar zum VVG, 1999, Art. 13 EGVVG Rn 1; Staudinger/*Armbrüster*, Anh. I zu Art. 37 EGBGB Rn 80.
[219] Honsell/*Dörner*, Berliner Kommentar zum VVG, 1999, Art. 13 EGVVG Rn 6; *W.-H. Roth*, in: Beckmann/Matusche-Beckmann, § 4 Rn 102.
[220] Honsell/*Dörner*, Berliner Kommentar zum VVG, 1999, Art. 13 EGVVG Rn 4; MüKo/*Martiny*, Art. 37 EGBGB Rn 152.
[221] Honsell/*Dörner*, Berliner Kommentar zum VVG, 1999, Art. 13 EGVVG Rn 4; Prölss/Martin/*Armbrüster*, VVG, 27. Aufl. 2004, Art. 13 EGVVG Rn 1; a.A. *W.-H. Roth*, in: Beckmann/Matusche-Beckmann, § 4 Rn 103.
[222] Honsell/*Dörner*, Berliner Kommentar zum VVG, 1999, Anh. Art. 7–15 EGVVG Rn 27; *Lübbert/Vogel*, RuS 2000, 311, 313; Prölss/Martin/*Armbrüster*, VVG, 27. Aufl. 2004, Art. 13 EGVVG Rn 1.
[223] Staudinger/*Armbrüster*, Anh. I zu Art. 37 EGBGB Rn 81; Honsell/*Dörner*, Berliner Kommentar zum VVG, 1999, Art. 13 EGVVG Rn 9; Prölss/Martin/*Armbrüster*, VVG, 27. Aufl. 2004, Art. 13 EGVVG Rn 2.

gemeinschaftlich als Syndikat übernommen haben.[224] Art. 14 EGVVG ist in Zusammenhang mit Art. 9 Abs. 1 lit. b EuGVVO (Art. 8 Abs. 1 Nr. 2 EuGVÜ/LugÜ) zu sehen.

Der Versicherungsvertrag muss mit den bei **Lloyd's** vereinigten Einzelversicherern abgeschlossen worden sein. Der Versicherungsvertrag wird in diesem Fall nicht mit einem Einzelversicherer abgeschlossen, sondern mit einem oder mehreren Syndikaten, in denen sich wiederum verschiedene Einzelversicherer zusammengeschlossen haben. Dadurch wird das versicherte Risiko auf eine Vielzahl von Versicherern verteilt.[225]

Der Vertrag darf darüber hinaus nicht über eine Niederlassung eines Versicherers im Geltungsbereich dieses Gesetzes abgeschlossen werden. Für Verträge, die mit einer Niederlassung im Inland abgeschlossen wurden, gilt § 110b Abs. 2 VAG (Prozessstandschaft des Hauptbevollmächtigten). Weiterhin muss ein Gerichtsstand im Inland eröffnet sein. Dieser kann sich aus Art. 9 Abs. 1 lit. b EuGVVO (Art. 8 Abs. 1 Nr. 2 EuGVÜ/LugÜ) ergeben, sofern der Versicherungsnehmer seinen Wohnsitz in Deutschland hat.[226]

Art. 14 EGVVG ordnet die **Prozessstandschaft** des Unterzeichners des an erster Stelle im Versicherungsschein aufgeführten Syndikats oder eines von diesem benannten Versicherers an. Ein gegen den beklagten Prozessstandschafter erzielter Titel wirkt für und gegen alle beteiligten Einzelversicherer. Die Prozessstandschaft umfasst auch das Prozesskostenhilfe- und Schiedsverfahren.[227]

hh) Verweisung auf das EGBGB, Art. 15 EGVVG. Art. 15 EGVVG setzt Art. 7 Abs. 1 Nr. 3 der Richtlinie 88/357 EWG und Art. 4 Abs. 5 der Richtlinie 90/619/EWG um und erklärt die Artt. 27 ff. EGBGB für entsprechend anwendbar, soweit die Artt. 7 ff. EGVVG keine besondere Regelung enthalten („im Übrigen"). Dieser Verweisung kommt vor allem eine **lückenfüllende Funktion** zu.[228] Sie nimmt S. 1 Nr. 4 partiell zurück und vermeidet eine unnötige Wiederholung der Regelungen des EGBGB,[229] ist aber zugleich nicht unproblematisch, da aufgrund ihrer Pauschalität die Reichweite der Verweisung im Dunkeln bleibt.[230]

Der das Internationale Vertragsrecht tragende Grundsatz der (nahezu) uneingeschränkten **Parteiautonomie** wird durch die Regelungen des EGVVG stark beschnitten. Eine „freie" Rechtswahl ist im Internationalen Versicherungsvertragsrecht nicht möglich und wird auch durch Art. 15 EGVVG nicht gestattet. **Art. 27 Abs. 1 S. 1 EGBGB** kann daher zur Anknüpfung von Versicherungsverträgen, die in den Anwendungsbereich der Art. 7 ff. EGVVG fallen, nicht herangezogen werden.[231] Anders verhält es sich hingegen mit **Art. 27 Abs. 1 S. 2 EGBGB**, da das EGVVG die Art und Weise der Rechtswahl nicht besonders regelt. Diese muss daher nicht ausdrücklich, sondern kann auch **stillschweigend** erfolgen, sofern sie sich mit hinreichender Sicherheit aus den Vertragsbestimmungen oder den Umständen des Falles ergibt.[232] Gleiches gilt für **Art. 27 Abs. 1 S. 3 EGBGB**. Eine *dépeçage* ist zulässig.[233] So können etwa versicherte Teilrisiken verschiedenen Rechtsordnungen unterstellt werden.[234] Nichts spricht außerdem gegen die Zulässigkeit einer nachträglichen Rechtswahl, lässt sich doch häufig nur so wieder ein Gleichlauf mit der internationalen Zuständigkeit herstellen.[235] Die Möglichkeit der nachträglichen Rechtswahl umfasst auch die **Abänderung** einer vorherigen Rechtswahl. Zu beachten bleiben freilich stets die durch Artt. 9 und 10 EGVVG gezogenen Grenzen.[236]

Eine entsprechende Anwendung von **Art. 27 Abs. 3 EGBGB** kommt überhaupt nur bei Versicherungsverträgen in Betracht, bei denen die Rechtswahl nicht ohnehin schon durch zusätzliche **objektive Kriterien** eingeschränkt ist, also den Rechtswahltatbeständen der Artt. 9 Abs. 4 und 10 Abs. 1 EGVVG.[237] Da Art. 9 Abs. 4 EGVVG aber ohnedies nur Fälle mit Auslandsbezug erfasst, bleibt lediglich Art. 10 Abs. 1

---

224 Zur Struktur von Lloyd's vgl. Honsell/*Dörner*, Berliner Kommentar zum VVG, 1999, Art. 14 EGVVG Rn 2.
225 Honsell/*Dörner*, Berliner Kommentar zum VVG, 1999, Art. 14 EGVVG Rn 2.
226 Zum Erfordernis der Verschiedenheit des Wohnsitzes von Versicherer und Versicherungsnehmer vgl. Rauscher/*Staudinger*, Art. 9 Brüssel I-VO Rn 4.
227 BT-Drucks 11/6341, S. 40.
228 Honsell/*Dörner*, Berliner Kommentar zum VVG, 1999, Art. 15 EGVVG Rn 1; Prölss/Martin/*Armbrüster*, VVG, 27. Aufl. 2004, Art. 15 EGVVG Rn 1.
229 *Kramer*, S. 267 f.; MüKo/*Martiny*, Art. 37 EGBGB Rn 159.
230 MüKo/*Martiny*, Art. 37 EGBGB Rn 158.
231 *Mankowski*, VersR 1993, 154, 159; MüKo/*Martiny*, Art. 37 EGBGB Rn 161; Soergel/*v. Hoffmann*, Art. 37 EGBGB Rn 136; Honsell/*Dörner*, Berliner Kommentar zum VVG, 1999, Art. 15 EGVVG Rn 4.
232 Soergel/*v. Hoffmann*, Art. 37 EGBGB Rn 134; MüKo/*Martiny*, Art. 37 EGBGB Rn 161; Honsell/*Dörner*, Berliner Kommentar zum VVG, 1999, Art 15 EGVVG Rn 11.
233 Soergel/*v. Hoffmann*, Art. 37 EGBGB Rn 134; MüKo/*Martiny*, Art. 37 EGBGB Rn 162; Honsell/*Dörner*, Berliner Kommentar zum VVG, 1999, Art 15 EGVVG Rn 12.
234 Honsell/*Dörner*, Berliner Kommentar zum VVG, 1999, Art 15 EGVVG Rn 12.
235 Honsell/*Dörner*, Berliner Kommentar zum VVG, 1999, Art 15 EGVVG Rn 13.
236 Honsell/*Dörner*, Berliner Kommentar zum VVG, 1999, Art 15 EGVVG Rn 13.
237 MüKo/*Martiny*, Art. 37 EGBGB Rn 163.

EGVVG.²³⁸ Das Zustandekommen und die Wirksamkeit der Einigung der Parteien über das anwendbare Recht richten sich gem. **Art. 27 Abs. 4 EGBGB** nach Artt. 11, 12, 29 Abs. 3 und 31 EGBGB.²³⁹

112 **Art. 28 Abs. 1 EGBGB** findet keine Anwendung, da das EGVVG mit den Artt. 8 und 11 EGVVG eigene Regelungen zur objektiven Anknüpfung von Versicherungsverträgen enthält und ansonsten die Regelvermutung des Art. 11 Abs. 2 EGVVG leer laufen würde.²⁴⁰ Allerdings ist dem **Rechtsgedanken des Art. 28 Abs. 5 EGBGB** bei einer objektiven Anknüpfung nach Art. 11 EGVVG Rechnung zu tragen²⁴¹ und abweichend von der Regelvermutung des Art. 11 Abs. 2 EGVVG (Ort der Risikobelegenheit) anzuknüpfen, sofern engere Beziehungen zu einer anderen Rechtsordnung bestehen. Das kann etwa bei einer Risikobelegenheit in **mehreren Staaten** geboten sein.²⁴² Wurde das anwendbare Recht freilich nach Art. 8 EGVVG ermittelt, muss es damit sein Bewenden haben.²⁴³

113 Eine objektive Anknüpfung des Versicherungsvertrags nach **Art. 29 Abs. 2 EGBGB** ist aufgrund der bindenden Vorgaben der Artt. 8 und 11 EGVVG **nicht möglich**.²⁴⁴ Ob und inwieweit **Art. 29 Abs. 1 EGBGB** bei der Anknüpfung von Versicherungsverträgen zu beachten ist, ist umstritten. Nach zum Teil vertretener Ansicht soll eine Anwendung der Vorschrift **grundsätzlich ausscheiden**, da kollisionsrechtlicher Verbraucherschutz bereits durch die objektive Anknüpfung an das Recht der Risikobelegenheit, das bei den wichtigsten Verbraucher-Versicherungsverträgen mit dem Recht des gewöhnlichen Aufenthalts zusammenfalle und durch die Beschränkung der Parteiautonomie in Art. 9 EGVVG hinreichend gewährleistet werde,²⁴⁵ während nach gegenteiliger Auffassung Art. 29 Abs. 1 EGBGB **entsprechend heranzuziehen** ist.²⁴⁶

114 Ebenfalls entsprechend heranzuziehen ist die Vorschrift des **Art. 34 EGBGB**, um international zwingenden Normen des deutschen Rechts Geltung zu verschaffen.²⁴⁷ International durchsetzen lassen werden sich danach vornehmlich Normen des deutschen **Versicherungsaufsichtsrechts**, nicht aber Vorschriften, die lediglich dem Schutz des Versicherungsnehmers dienen.²⁴⁸ Zum einen ist bei allen sozialpolitisch motivierten Vorschriften des zivilrechtlichen Schwächerenschutzes im Zweifel von einfach zwingendem Recht auszugehen (vgl. Art. 29 EGBGB Rn 15), und zum anderen wird dem Schutzbedürfnis des Versicherungsnehmers bereits durch Artt. 8–11 EGVVG hinreichend Rechnung getragen.²⁴⁹ Umstritten ist, ob wenigstens drittschützende Normen des Versicherungsrechts über Art. 34 EGBGB gegen das Vertragsstatut durchgesetzt werden können. Aber auch sie dienen lediglich dem Ausgleich privater Interessen und sollten im Zweifel nur als innerstaatlich zwingend angesehen werden,²⁵⁰ können u.U. aber über Art. 6 EGBGB Beachtung finden.²⁵¹ Zur Berücksichtigung ausländischer Eingriffsnormen vgl. grds. Art. 34 EGBGB Rn 35 ff.²⁵²

---

238 Honsell/*Dörner*, Berliner Kommentar zum VVG, 1999, Art 15 EGVVG Rn 15; *Kramer*, S. 272; *W.-H. Roth*, in: Beckmann/Matusche-Beckmann, § 4 Rn 131.
239 Honsell/*Dörner*, Berliner Kommentar zum VVG, 1999, Art 15 EGVVG Rn 17; MüKo/*Martiny*, Art. 37 EGBGB Rn 164; Soergel/*v. Hoffmann*, Art. 37 EGBGB Rn 135; *Kramer*, S. 280.
240 MüKo/*Martiny*, Art. 37 EGBGB Rn 165.
241 Honsell/*Dörner*, Berliner Kommentar zum VVG, 1999, Art 11 Rn 10; Prölss/Martin/*Armbrüster*, VVG, 27. Aufl. 2004, Art. 11 EGVVG Rn 3.
242 Honsell/*Dörner*, Berliner Kommentar zum VVG, 1999, Art. 11 Rn 10.
243 MüKo/*Martiny*, Art. 37 EGBGB Rn 165; Soergel/*v. Hoffmann*, Art. 37 EGBGB Rn 90.
244 *Kramer*, S. 283; MüKo/*Martiny*, Art. 37 EGBGB Rn 166; Honsell/*Dörner*, Berliner Kommentar zum VVG, 1999, Art 15 EGVVG Rn 7.
245 Soergel/*v. Hoffmann*, Art. 37 EGBGB Rn 137; Prölss/Martin/*Armbrüster*, VVG, 27. Aufl. 2004, Art. 14 EGVVG Rn 2.
246 Vgl. mit unterschiedlichen Differenzierungen *Kramer*, S. 284 ff.; *Gruber*, S. 238 ff.
247 Prölss/Martin/*Armbrüster*, VVG, 27. Aufl. 2004, Art. 15 EGVVG Rn 1; *W.-H. Roth*, in: Beckmann/Matusche-Beckmann, § 4 Rn 135.
248 Prölss/Martin/*Armbrüster*, VVG, 27. Aufl. 2004, Art. 15 EGVVG Rn 1; Staudinger/*Armbrüster* Anh. I zu Art. 37 EGBGB Rn 87; a.A. *Kramer*, S. 55 f.; differenzend *W.-H. Roth*, in: Beckmann/Matusche-Beckmann, § 4 Rn 135.
249 Prölss/Martin/*Armbrüster*, VVG, 27. Aufl. 2004, Art. 15 EGVVG Rn 1; *Hahn*, S. 101–109.
250 Staudinger/*Armbrüster*, Anh. I zu Art. 37 EGBGB Rn 87; *Gruber*, 218 ff., 220 f. a.A *Kramer*, S. 57; Prölss/Martin/*Armbrüster*, VVG, 27. Aufl. 2004, Art. 15 EGVVG Rn 1.
251 *Basedow/Drasch*, NJW 1991, 785, 790; Staudinger/*Armbrüster*, Anh. I zu Art. 37 EGBGB Rn 87.
252 Außerdem z.B. MüKo/Martiny, Art. 37 EGBGB Rn 172; *W.-H. Roth*, in: Beckmann/Matusche-Beckmann, § 4 Rn 137.

Zweiter Unterabschnitt. Außervertragliche Schuldverhältnisse

Artikel 38 Ungerechtfertigte Bereicherung

(1) ¹Bereicherungsansprüche wegen erbrachter Leistung unterliegen dem Recht, das auf das Rechtsverhältnis anzuwenden ist, auf das die Leistung bezogen ist.

(2) ¹Ansprüche wegen Bereicherung durch Eingriff in ein geschütztes Interesse unterliegen dem Recht des Staates, in dem der Eingriff geschehen ist.

(3) ¹In sonstigen Fällen unterliegen Ansprüche aus ungerechtfertigter Bereicherung dem Recht des Staates, in dem die Bereicherung eingetreten ist.

Literatur: *Benecke*, Auf dem Weg zu „Rom II" – Der Vorschlag für eine Verordnung zur Angleichung des IPR der außervertraglichen Schuldverhältnisse, RIW 2003, 830; *Busse*, Die geplante Kodifikation des Internationalen Bereicherungsrechts in Deutschland, RIW 1999, 16; *ders.*, Internationales Bereicherungsrecht, 1998; *Eilinghoff*, Das Kollisionsrecht der ungerechtfertigten Bereicherung nach dem IPR-Reformgesetz von 1999, 2004; *Einsele*, Das Kollisionsrecht der ungerechtfertigten Bereicherung, JZ 1993, 1025; *Fischer*, Die Neuregelung des Kollisionsrechts der ungerechtfertigten Bereicherung und der Geschäftsführung ohne Auftrag im IPR-Reformgesetz von 1999, IPRax 2002, 1; *Freitag/Leible*, Das Bestimmungsrecht des Art. 40 Abs. 1 EGBGB im Gefüge der Privatautonomie im Internationalen Deliktsrecht, ZVglRWiss 99 (2000), 101; *Fuchs*, Zum Kommissions-Vorschlag einer Rom II-Verordnung, GPR 2003–2004, 100; *Hay*, Ungerechtfertigte Bereicherung im internationalen Privatrecht, 1978; *P. Huber*, Das internationale Deliktsrecht nach der Reform, JA 2000, 67; *Jayme*, Anmerkung zu BGH NJW 1987, 185, IPRax 1987, 186; *Junker*, Die IPR-Reform von 1999: Auswirkungen auf die Unternehmenspraxis RIW 2000, 241; *Junker*, Arbeitsstatut und öffentliche Aufgaben, IPRax 1990, 303; *Kreuzer*, Die Vollendung der Kodifikation des deutschen Internationalen Privatrechts durch das Gesetz zum Internationalen Privatrecht der außervertraglichen Schuldverhältnisse und Sachen vom 21.5.1999, RabelsZ 65 (2001), 383; *Kronke/Berger*, Wertpapierstatut, Schadensersatzpflichten der Inkassobank, Schuldnerschutz in der Zession – Schweizer Orderschecks auf Abwegen, IPRax 1991, 316; *Leible/Engel*, Der Vorschlag der EG-Kommission für eine Rom II-Verordnung, EuZW 2004, 7; *Lorenz*, Der Bereicherungsausgleich im deutschen internationalen Privatrecht, in: FS Konrad Zweigert 1981, S. 199; *Lorenz*, Die Anknüpfung von Bereicherungsansprüchen bei fehlendem Einverständnis über den Rechtsgrund der Vermögensbewegung, IPRax 1985, 328; *Plaßmeier*, Ungerechtfertigte Bereicherung im Internationalen Privatrecht und aus rechtsvergleichender Sicht, 1995; *Reithmann/Martiny*, Internationales Vertragsrecht, 5. Auflage 1996; *Schlechtriem*, Bereicherungsansprüche im internationalen Privatrecht, in: Vorschläge und Gutachten zur Reform des deutschen internationalen Privatrechts der außervertraglichen Schuldverhältnisse, 1983, S. 29; *ders.*, Internationales Bereicherungsrecht, IPRax 1995, 65; *ders.*, Zur bereicherungsrechtlichen Rückabwicklung fehlerhafter Banküberweisungen im IPR, IPRax 1987, 356; *Spickhoff*, Die Restkodifikation des Internationalen Bereicherungsrechts: Außervertragliches Schuld- und Sachenrecht, NJW 1999, 2209; *Staudinger*, Das Gesetz zum Internationalen Privatrecht für außervertragliche Schuldverhältnisse vom 21.5.1999, DB 1999, 1589; *Wagner*, Ein neuer Anlauf zur Vereinheitlichung des IPR für außervertragliche Schuldverhältnisse auf EU-Ebene, EuZW 1999, 709; *ders.*, Zum Inkrafttreten des Gesetzes zum Internationalen Privatrecht für außervertragliche Schuldverhältnisse und für Sachen, IPRax 1999, 210; *ders.*, Der Regierungsentwurf eines Gesetzes zum Internationalen Privatrecht für außervertragliche Schuldverhältnisse und für Sachen, IPRax 1998, 429.

A. Allgemeines	1
I. Überblick	1
II. Vorrangige Staatsverträge und europarechtliche Rechtsakte	4
B. Regelungsgehalt	5
I. Leistungskondiktion (Abs. 1)	5
1. Anwendungsbereich	5
a) Voraussetzungen	5
aa) Auf ein Rechtsverhältnis bezogene Leistung	6
bb) Bereicherungseintritt	10
b) Verhältnis zu Art. 32 Abs. 1 Nr. 5	11
2. Anknüpfung	12
II. Eingriffskondiktion (Abs. 2)	14
1. Anwendungsbereich	15
2. Anknüpfung	17
III. Sonstige Kondiktionen (Abs. 3)	21
IV. Vorrangige Anknüpfungen innerhalb des EGBGB	23
1. Art. 42 – Rechtswahl	24
2. Art. 41 – Wesentlich engere Verbindung	25
a) Gemeinsamer gewöhnlicher Aufenthalt, Art. 41 Abs. 2 Nr. 2	26
b) Besondere rechtliche oder tatsächliche Beziehung im Zusammenhang mit dem Schuldverhältnis, Art. 41 Abs. 2 Nr. 1	27
c) Rangverhältnis zwischen Art. 41 Abs. 2 Nr. 1 und Nr. 2	30
V. Insbesondere: Mehrpersonenverhältnisse	31
1. Echter Vertrag zugunsten Dritter	32
2. Anweisungsfälle	34
3. Fälle der abgeirrten Leistung	36
4. Akkreditiv	37
5. Weitergabe der Leistung an Dritte (Weitergabekondiktion bzw. Verfolgungsansprüche)	38
6. Freiwillige Tilgung einer fremden Schuld	40
a) Kondiktion des Dritten beim Gläubiger	40
b) Kondiktion des Dritten beim Schuldner	41
7. Bürgschaft und Garantie	43
a) Rückgriff des Bürgen beim Hauptschuldner	43
b) Rückgriff des Bürgen beim Gläubiger	46
c) Garantenzahlungen	47

Peter Huber

    8. Zessionsfälle 48
VI. Einzelfragen 50
    1. Regelungsbereich des Bereicherungsstatuts 50
    2. Rück- und Weiterverweisung (renvoi) .. 51
    3. Ordre public und Art. 40 Abs. 3 52
    4. Intertemporales Recht 53

A. Allgemeines

I. Überblick

1 Art. 38 geht auf das IPR-Reformgesetz von 1999[1] zurück. Der Gesetzgeber hat in dieser Vorschrift die bis dahin gewohnheitsrechtlich entwickelten Anknüpfungsregeln des internationalen Bereicherungsrechts kodifiziert; zur Übergangsregelung vgl. Rn 53.

2 In Anlehnung an die herrschende Dogmatik des materiellen deutschen Rechts enthält Art. 38 drei separate Anknüpfungen für die verschiedenen Kondiktionsarten.[2] **Abs. 1** erfasst die Fälle der Leistungskondiktion und knüpft an diejenige Rechtsordnung an, der die zugrunde liegende Leistungsbeziehung unterliegt; dies entspricht der vor der Reform von 1999 herrschenden Meinung.[3] Die Eingriffskondiktion richtet sich gem. **Abs. 2** nach dem Recht des Eingriffsorts; dies war vor der Reform umstritten.[4] Die sonstigen Kondiktionsarten werden nach **Abs. 3** dem Recht des Staates unterstellt, in dem die Bereicherung eingetreten ist.

3 Dieses Anknüpfungssystem soll sicherstellen, dass die gesamte Rückabwicklung einer Vermögensverschiebung einer einzigen Rechtsordnung unterstellt wird.[5] Abweichende und vorrangige Anknüpfungen können sich innerhalb des EGBGB aus Artt. 41, 42 ergeben (vgl. hierzu Rn 23 ff.).

II. Vorrangige Staatsverträge und europarechtliche Rechtsakte

4 Wenn man von der staatsvertraglichen Norm des Art. 32 Abs. 1 Nr. 5 (siehe dazu Rn 11) absieht, sind für Deutschland derzeit keine Staatsverträge auf dem Gebiet des Bereicherungsrechts in Kraft.[6] Es ist jedoch damit zu rechnen, dass demnächst eine gem. Art. 3 Abs. 2 S. 2 vorrangige EG-Verordnung über das auf außervertragliche Schuldverhältnisse anwendbare Recht in Kraft treten wird (sog. **Rom-II-Verordnung**), die möglicherweise eine Regelung über das Bereicherungsrecht enthält. Einen definitiven Text gibt es derzeit noch nicht.[7]

B. Regelungsgehalt

I. Leistungskondiktion (Abs. 1)

5 **1. Anwendungsbereich. a) Voraussetzungen.** Anwendungsvoraussetzung für Abs. 1 ist, dass eine auf ein Rechtsverhältnis bezogene Leistung vorliegt und dass eine Bereicherung eingetreten ist.

6 **aa) Auf ein Rechtsverhältnis bezogene Leistung.** Bei dem Merkmal der **Leistung** handelt es sich richtiger Ansicht nach nicht um eine Vor- bzw. Erstfrage, sondern um eine bloße Tatbestandsvoraussetzung, die nach der *lex fori* ausgelegt wird.[8] Dies bedeutet freilich nicht zwingend, dass der materiellrechtliche Leistungsbegriff (bewusste und zweckgerichtete Mehrung fremden Vermögens) in jeder Hinsicht für die Auslegung des Abs. 1 übernommen wird. Vielmehr sollte man m.E. i.R.d. Leistungsbegriffs des Abs. 1 das Zwecksetzungserfordernis außen vor lassen.[9] Die Zweckrichtung der Leistung wird ohnehin bei dem Merkmal der „Bezogenheit" der Leistung auf das Rechtsverhältnis berücksichtigt und lässt sich dort wesentlich besser in den Griff bekommen als im Rahmen des Leistungsbegriffs (vgl. Rn 8 f.).

7 „Leistung" i.S.d. Abs. 1 ist also die bewusste Mehrung fremden Vermögens. Anders formuliert: Abs. 1 ist einschlägig, wenn der Anspruchsteller eine Bereicherung des Anspruchsgegners durch bewusste eigene

---

[1] Gesetz zum IPR für außervertragliche Schuldverhältnisse und für Sachen v. 21.5.1999 (BGBl I S. 1026), in Kraft getreten am 1.6.1999.
[2] Vgl. Staudinger/*v. Hoffmann/Fuchs*, Art. 38 EGBGB Rn 3; Bamberger/Roth/*Spickhoff*, Art. 38 EGBGB Rn 1; *Kreuzer*, RabelsZ 65 (2001), 383, 403; *Fischer*, IPRax 2002, 1, 2.
[3] Vgl. MüKo/*Junker*, Erg.-Bd., Art. 38 EGBGB Rn 4.
[4] Vgl. *Fischer*, IPRax 2002, 1, 4 m.w.N.
[5] Regierungsentwurf BT-Drucks 14/343, S. 8; Bamberger/Roth/*Spickhoff*, Art. 38 EGBGB Rn 1; MüKo/*Junker*, Erg.-Bd., Art. 38 EGBGB Rn 1; Kegel/Schurig, § 18 III.
[6] Erman/*Hohloch*, Art. 38 EGBGB Rn 3; MüKo/*Junker*, Erg.-Bd., Art. 38 EGBGB Rn 2.
[7] Vgl. zum Vorentwurf der Kommission v. 3.5.2002, KOM [2003] 427 endg.: *Benecke*, RIW 2003, 830; *Fuchs*, GPR 2003–2004, 100; *Leible/Engel*, EuZW 2004, 7. S. den Text des Kommissions-Vorentwurfs bei Art. 40 EGBGB Rn 94.
[8] *Eilinghoff*, S. 137 ff.
[9] So überzeugend *Eilinghoff*, S. 137 ff.; Bamberger/Roth/*Spickhoff*, Art. 38 EGBGB Rn 7; ähnlich im Erg. *Busse*, RIW 1999, 16, 17.

Handlung geltend macht. Der Leistungsbegriff des Abs. 1 entspricht damit inhaltlich dem materiellrechtlichen Begriff der Zuwendung.[10]

Die Leistung muss auf ein **Rechtsverhältnis bezogen** sein. Es genügt, wenn ein solches Rechtsverhältnis nach dem Vorbringen des Anspruchstellers (auch nur vermeintlich) bestand und eine Leistung darauf angestrebt wurde.[11]

Bestehen zwischen den Parteien **mehrere Rechtsbeziehungen**, auf die sich die erbrachte Leistung beziehen kann, so kommt es auf die übereinstimmende Zweckbeziehung der Parteien an. Besteht zwischen den Parteien in diesem Punkt Streit bzw. Dissens, so ist nach einer Ansicht (Abs. 1 anzuwenden und) auf den Empfängerhorizont abzustellen.[12] M.E. sollte man hier jedoch Abs. 1 nicht zur Anwendung bringen, sondern auf die örtliche Anknüpfung des Abs. 3 übergehen, die dann i.d.R. zum Recht des Empfängers führt.[13] Denn die im materiellen Recht angestellten Wertungs- und Schutzwürdigkeitsüberlegungen des materiellrechtlichen Leistungsbegriffs müssen nicht zwingend ihren Widerhall im Kollisionsrecht finden. Wichtiger ist es m.E., die Ermittlung des anwendbaren Bereicherungsrechts relativ schnell und sicher zu ermöglichen und die materiellrechtlichen Wertungsentscheidungen in die Hand der so ermittelten Rechtsordnung zu legen.

bb) Bereicherungseintritt. Auch das Merkmal des Bereicherungseintritts ist keine Vor- bzw. Erstfrage, sondern eine einfache Tatbestandsvoraussetzung, die nach der *lex fori* ausgelegt wird.[14] Es genügt, wenn nach dem Vortrag des Bereicherungsgläubigers eine Verbesserung der Vermögenslage des Bereicherungsschuldners vorliegt.

b) Verhältnis zu Art. 32 Abs. 1 Nr. 5. Für die bereicherungsrechtliche Rückabwicklung nichtiger Verträge wird Abs. 1 durch die vorrangige Sonderregelung in Art. 32 Abs. 1 Nr. 5 verdrängt (h.M.).[15] Damit wird der Anwendungsbereich des Art. 38 zwar erheblich eingeschränkt, aber nicht etwa auf null reduziert. Unter Abs. 1 fallen insbesondere Klagen auf Rückgabe von Zuviel- und Falschlieferungen sowie die Fälle der *condictio ob rem* aufgrund der Verfehlung eines über den Vertrag hinausgehenden Zwecks. Außerdem ist Abs. 1 auf die Rückforderung von Leistungen anwendbar, die auf der Grundlage eines (vermeintlichen) gesetzlichen Schuldverhältnisses erfolgt sind.[16] Zur Kondiktion in den Dissensfällen vgl. sogleich Rn 21.

2. Anknüpfung. Nach Abs. 1 unterliegt die Leistungskondiktion dem Recht, das auf das Rechtsverhältnis anzuwenden ist, auf das die Leistung bezogen ist. Es erfolgt also eine akzessorische Anknüpfung an das Statut der Leistungsbeziehung. Zahlt beispielsweise der Darlehensschuldner eine höhere Summe zurück als vertraglich geschuldet, so richtet sich die Rückforderung des zu viel Geleisteten nach dem auf den Darlehensvertrag anwendbaren Recht. Ob die in Bezug genommene Rechtsbeziehung wirksam ist bzw. ob der Rechtsgrund von Anfang fehlte oder nachträglich weggefallen ist, ist unerheblich. Die in Bezug genommene Rechtsbeziehung kann auch ein gesetzliches Schuldverhältnis sein.[17]

Probleme bereitet die akzessorische Anknüpfung, wenn die zu Grunde liegende Leistungsbeziehung dem **UN-Kaufrechtsübereinkommen (CISG)** unterliegt, das keine besonderen Bereicherungsregeln vorsieht, wohl aber Vorschriften über die Rückabwicklung nach erfolgter Vertragsaufhebung (Artt. 81 ff. CISG). Nach einer Ansicht ist in diesen Fällen gemäß Art. 7 Abs. 2 Fall 2 CISG dasjenige nationale Recht anzuwenden, das aus Sicht des Forumstaats bei Ausklammerung des CISG auf den Vertrag anwendbar wäre.[18] M.E. ist hingegen danach zu differenzieren, ob es um die Rückgewähr nach erfolgter Vertragsaufhebung geht oder nicht: (1.) Für die Rückgewähr nach erfolgter Vertragsaufhebung stellt Art. 81 Abs. 2 CISG grundsätzlich eine abschließende Regelung dar. Ein Rückgriff auf nationales Bereicherungsrecht ist insofern weder zulässig noch nötig.[19] Eine Ausnahme hiervon wird man für solche Leistungen machen müssen, die auch bei Fortbestand des Vertrages als rechtsgrundlos einzuordnen gewesen wären, z.B. Doppelzahlungen auf die

---

10 Vgl. *Busse*, RIW 1999, 16, 17.
11 Vgl. *Eilinghoff*, S. 149 ff.
12 *Eilinghoff*, S. 170 ff.; *Plaßmeier*, S. 337 ff.
13 So zum früheren Recht *Lorenz*, IPRax 1985, 328, 329; *ders.*, in: FS Zweigert 1981, S. 199, 211 ff.; *Reithmann/Martiny*, Rn 340.
14 Vgl. *Eilinghoff*, S. 147 f.
15 MüKo/*Junker*, Erg.-Bd., Art. 38 EGBGB Rn 7; Staudinger/*v. Hoffmann/Fuchs*, Art. 38 EGBGB Rn 6; Bamberger/Roth/*Spickhoff*, Art. 38 EGBGB Rn 6; Erman/*Hohloch*, Art. 38 EGBGB Rn 8; Palandt/*Heldrich*, Art. 38 EGBGB Rn 2; *Fischer*, IPRax 2002, 1, 2; *Junker*, RIW 2000, 241, 243 f.; *Kreuzer*, RabelsZ 65 (2001), 383, 406; *Spickhoff*,
NJW 1999, 2209, 2211; *Wagner*, IPRax 1998, 429, 431; s. aber teilweise abweichend *Eilinghoff*, S. 194 f. (bei Rückabwicklung nach Drohung nicht Art. 32 Abs. 1 Nr. 5); *Busse*, RIW 1999, 16, 17 f.
16 Vgl. MüKo/*Junker*, Erg.-Bd., Art. 38 EGBGB Rn 8.
17 Staudinger/*v. Hoffmann/Fuchs*, Art. 38 EGBGB Rn 8; Bamberger/Roth/*Spickhoff*, Art. 38 EGBGB Rn 6; teilweise a.A. *Busse*, S. 102, bei nur vermeintlich bestehendem gesetzlichen Schuldverhältnis; hiergegen überzeugend *Eilinghoff*, S. 189 ff.
18 *Eilinghoff*, S. 178 ff.
19 MüKo/*Huber*, Art. 81 CISG Rn 10; Staudinger/*Magnus*, Art. 81 CISG Rn 11.

Kaufpreispflicht. Insofern verweist Abs. 1 auf das nationale Recht, das aus Sicht des Forumstaats bei Ausklammerung des CISG auf den Vertrag anwendbar wäre.[20] (2.) In allen anderen Fällen ist das nationale Recht anzuwenden, das aus Sicht des Forumstaats bei Ausklammerung des CISG auf den Vertrag anwendbar wäre.

II. Eingriffskondiktion (Abs. 2)

14 Nach Abs. 2 unterstehen Ansprüche wegen Bereicherung durch Eingriff in ein geschütztes Interesse dem Recht des Staates, in dem der Eingriff geschehen ist. Diese Anknüpfung soll eine einheitliche Anknüpfung von Ansprüchen aus ungerechtfertigter Bereicherung mit anderen außervertraglichen Herausgabe-, Ersatz- und Abwehransprüchen, insbesondere aus Delikt und Geschäftsführung ohne Auftrag, ermöglichen.[21]

15 **1. Anwendungsbereich.** Abs. 2 erfasst diejenigen Fälle, in denen – nach der Behauptung des Anspruchstellers – eine Bereicherung durch Eingriff in ein geschütztes Interesse eingetreten ist. „Bereicherung" in diesem Sinne ist wie bei Abs. 1 zu verstehen (vgl. Rn 10). Die Verwendung des Begriffs „**geschütztes Interesse**" macht deutlich, dass nicht nur Eingriffe in Sachen erfasst werden, sondern auch Eingriffe in Forderungen, Persönlichkeitsrechte oder andere geschützte Interessen. Nach der eindeutigen Absicht des Gesetzgebers sollen jedoch Eingriffe in Immaterialgüterrechte nicht von Abs. 2 erfasst werden;[22] für diese gilt nach wie vor die *lex loci protectionis*, also das Recht des Schutzlandes.[23] Ein „**Eingriff**" liegt vor, wenn – nach der Behauptung des Anspruchstellers – die Bereicherung nicht auf eigenem Verhalten (z.B. Leistung, vgl. Rn 6 f.) beruht, sondern auf einem Verhalten, für das der Anspruchsgegner in irgendeiner Weise verantwortlich gemacht werden kann, ohne dass freilich ein konkreter Nachweis der Urheberschaft erforderlich wäre.[24] Man sollte das Merkmal des Eingriffs bei der Abgrenzung gegenüber Abs. 3 weit verstehen (vgl. dazu näher Rn 21 f.).

16 Im Einzelnen fallen unter Abs. 2 u.a. bereicherungsrechtliche Ansprüche aus Eingriffen in das allgemeine Persönlichkeitsrecht,[25] aus Eingriffen in die Forderungszuständigkeit,[26] auf Ausgleich wegen der Verfügung eines Nichtberechtigten (aus deutscher Sicht: § 816 Abs. 1 BGB); vgl. dazu auch Rn 39. Erfasst werden auch bereicherungsrechtliche Ansprüche infolge von Nutzung, Verwendung und Verbrauch bzw. aus Vermischung, Verbindung und Verarbeitung.[27] Allerdings ist insoweit zu beachten, dass Ansprüche aus dem Eigentümer-Besitzer-Verhältnis (§§ 987 ff. BGB) sachenrechtlich zu qualifizieren sind und nicht bereicherungsrechtlich (str.).[28]

17 **2. Anknüpfung.** Abs. 2 knüpft an das Recht des Staates an, in dem der Eingriff geschehen ist. Dies ermöglicht in den meisten Fällen den gewünschten Gleichlauf mit dem Sachenrechts- und dem Deliktsstatut. Oft wird bei Eingriffen in Sachen das Eingriffsrecht mit der *lex rei sitae* identisch sein.[29] Soweit der Eingriff im Rahmen eines Rechtsverhältnisses zwischen den Parteien erfolgte, wird häufig eine Anknüpfung an das Statut dieser Rechtsbeziehung über Art. 41 Abs. 1, Abs. 2 Nr. 1 nahe liegen.[30]

18 Liegen der Ort der **Eingriffshandlung** und der Ort des **Eingriffserfolges** in verschiedenen Staaten, so ist die Regelung des Art. 40 Abs. 1 analog anzuwenden (h.M.).[31] Grundsätzlich ist demnach die Eingriffshandlung maßgebend; der Bereicherungsgläubiger kann jedoch verlangen, dass stattdessen das Recht des Ortes des Eingriffserfolges angewendet wird.

19 In den Fällen des Eingriffs in die **Forderungszuständigkeit** bereitet die Bestimmung des Eingriffsorts Probleme. Zwar wäre es denkbar, auf den Ort der „Belegenheit" der Forderung abzustellen. Doch wird

---

20 Vgl. OLG München RIW 1998, 559 = TranspR-IHR 2001, 23 = CISG-Online Nr. 339; Staudinger/ *Magnus*, Art. 81 CISG Rn 10.
21 BT-Drucks 14/343, S. 9.
22 BT-Drucks 14/343, S. 9; vgl. auch Staudinger/ *v. Hoffmann/Fuchs*, Art. 38 EGBGB Rn 16.
23 MüKo/*Junker*, Erg.-Bd., Art. 38 EGBGB Rn 13; Staudinger/*v. Hoffmann/Fuchs*, Art. 38 EGBGB Rn 16 m.w.N.; vgl. BGHZ 136, 380, 390 f.
24 Vgl. *Eilinghoff*, S. 265 f., 271; *Busse*, S. 226.
25 Staudinger/*v. Hoffmann/Fuchs*, Art. 38 EGBGB Rn 15.
26 Staudinger/*v. Hoffmann/Fuchs*, Art. 38 EGBGB Rn 13 f., auch mit Nachw. zur früher vertretenen Gegenansicht.
27 Bamberger/Roth/*Spickhoff*, Art. 38 EGBGB Rn 9.
28 So zu Recht BGHZ 108, 353, 355 = NJW 1990, 242 = IPRax 1991, 338; Palandt/*Heldrich*, Art. 43 EGBGB Rn 4; *Einsele*, JZ 1993, 1023, 1029; teilweise a.A. OLG Frankfurt WM 1995, 50, 52; Kronke/Berger, IPRax 1991, 316; *Busse*, S. 229, 233.
29 MüKo/*Junker*, Erg.-Bd., Art. 38 EGBGB Rn 14; *Staudinger*, DB 1999, 1589.
30 Vgl. MüKo/*Junker*, Erg.-Bd., Art. 38 EGBGB Rn 14.
31 Staudinger/*v. Hoffmann/Fuchs*, Art. 38 EGBGB Rn 10; MüKo/*Junker*, Erg.-Bd., Art. 38 EGBGB Rn 16; Bamberger/Roth/*Spickhoff*, Art. 38 EGBGB Rn 9; Palandt/*Heldrich*, Art. 38 EGBGB Rn 3; *Eilinghoff*, S. 274 f.; *Fischer*, IPRax 2002, 1, 4 f.; *Busse*, RIW 1999, 16, 20; *Kreuzer*, RabelsZ 65 (2001), 383, 407 f.; *Spickhoff*, NJW 1999, 2209, 2211; offen gelassen von Regierungsbegründung BT-Drucks 14/343, S. 9; *Wagner*, IPRax 1999, 210, 210.

über die Frage, wo eine Forderung belegen ist, seit jeher gestritten (denkbar u.a.: gewöhnlicher Aufenthalt bzw. Wohnsitz des Schuldners; gewöhnlicher Aufenthalt bzw. Wohnsitz des Gläubigers; Belegenheit des Vermögens einer dieser Parteien; Erfüllungsort der Forderung).[32] Auch ist es aus konzeptioneller Sicht nicht zwingend, auf die Belegenheit der Forderung abzustellen. Vielmehr sollte man sich daran orientieren, dass das „geschützte Interesse" i.S.d. Abs. 2 in diesen Fällen die Forderungszuständigkeit des wirklichen Gläubigers, also des Bereicherungsgläubigers, ist. Deshalb ist Eingriffsort m.E. grundsätzlich der Ort, an dem der Bereicherungsgläubiger seinen gewöhnlichen Aufenthalt hat; bei Gesellschaften und Juristischen Personen ist auf den Sitz der Hauptverwaltung abzustellen. Allerdings wird diese Anknüpfung häufig durch eine engere Verbindung nach Art. 41 Abs. 1 verdrängt, insbesondere durch eine Anknüpfung an das Statut der Forderung[33] oder – bei Abtretung verbriefter Forderungen – an den Belegenheitsort der Urkunde.[34]

(Bereicherungs-)Ansprüche des Insolvenzverwalters aufgrund einer **Insolvenzanfechtung** richten sich nach den vorrangigen Vorschriften des Internationalen Insolvenzrechts, d.h. i.d.R. nach der *lex concursus*, also nach dem Recht des Staates, in dem das Insolvenzverfahren eröffnet wurde. Dies ergibt sich im Anwendungsbereich der Europäischen Insolvenzverordnung (EuInsVO)[35] bereits aus Art. 3 i.V.m. Art. 4 lit. (m), ggf. i.V.m. Art. 13 EuInsVO, im Übrigen aus § 339 InsO.[36] Für die **Gläubigeranfechtung** außerhalb des Insolvenzverfahrens gilt gem. § 19 AnfG das Recht, dem die Wirkungen der Rechtshandlungen unterliegen.

III. Sonstige Kondiktionen (Abs. 3)

Abs. 3 bestimmt, dass in „sonstigen Fällen" Ansprüche aus ungerechtfertigter Bereicherung dem Recht des Staates unterliegen, in dem die Bereicherung eingetreten ist. Die praktische Bedeutung der Vorschrift dürfte gering sein. Erfasst werden diejenigen Fälle, in denen weder eine Leistung (vgl. Rn 5 ff.) noch ein Eingriff in ein geschütztes Interesse (vgl. Rn 14 ff.) vorliegt. Dies sind im Wesentlichen die rechtsgrundlose Verwendung auf fremdes Gut sowie die abgeirrte Leistung (d.h. die Erfüllung einer vermeintlichen Vertragspflicht bei völligem Fehlen einer Rechtsbeziehung im Valutaverhältnis, z.B. Überweisung auf falsches Konto infolge Namensverwechslung).[37]

Der Ort des Eintritts der Bereicherung ist in der Regel der gewöhnliche Aufenthalt bzw. Sitz oder Niederlassung des Empfängers,[38] bei der rechtsgrundlosen Verwendung auf fremdes Gut jedoch der Ort der Belegenheit der Sache.[39]

IV. Vorrangige Anknüpfungen innerhalb des EGBGB

Die Regelanknüpfung des Art. 39 tritt zurück, wenn das EGBGB (zu vorrangigen Staatsverträgen und europarechtlichen Sonderregelungen vgl. Rn 4) eine vorrangige Sonderanknüpfung vorsieht. Derartige Sonderregeln enthalten die Artt. 41, 42.[40]

1. Art. 42 – Rechtswahl. Art. 42 ermöglicht den Parteien grundsätzlich die nachträgliche Rechtswahl.[41] Haben die Parteien eine solche wirksam geschlossen, so ist das gewählte Recht anwendbar. Auf Art. 38 und Art. 41 kommt es dann nicht mehr an. Ob bei der Leistungskondiktion des Abs. 1 das zugrunde liegende Statut der Leistungsbeziehung die Rechtswahl anerkennt, ist m.E. unbeachtlich.[42] Zum Schutz der marktschwächeren Partei sollen nach teilweise vertretender Ansicht[43] die Einschränkungen der Rechtswahlfreiheit durch Art. 29 Abs. 1 und Art. 30 Abs. 1 auch für Art. 42 entsprechend gelten, wenn dem Bereicherungsverhältnis ein Vertrag zugrunde liegt, der in den Anwendungsbereich der Artt. 29, 30

---

32 Vgl. nur die Nachw. bei Staudinger/*v. Hoffmann/Fuchs*, Art. 38 EGBGB Rn 13; *Fischer*, IPRax 2002, 1, 5 f.; *Eilinghoff*, S. 282 ff.
33 Vgl. Staudinger/*v. Hoffman/Fuchs*, Art. 38 EGBGB Rn 13; Palandt/*Heldrich*, Art. 38 EGBGB Rn 3.
34 Vgl. Staudinger/*v. Hoffmann/Fuchs*, Art. 38 EGBGB Rn 14; *Busse*, S. 140 ff.
35 Verordnung (EG) Nr. 1346/2000 des Rates v. 29. Mai 2000 über Insolvenzverfahren Abl. EG Nr. L 160 S. 1.
36 Vgl. dazu MüKo/*Junker*, Erg.-Bd., Art. 38 EGBGB Rn 26; im Erg. ähnlich Staudinger/*v. Hoffmann/Fuchs*, Art. 38 EGBGB Rn 32 (Art. 41 Abs. 1); *Eilinghoff*, S. 291 f. (Art. 41 Abs. 2 Nr. 1), in Anlehnung an BGHZ 88, 147 = IPRax 1984, 264.
37 Staudinger/*v. Hoffmann/Fuchs*, Art. 38 EGBGB Rn 17.
38 Vgl. Regierungsbegründung BT-Drucks 14/343, S. 9; Staudinger/*v. Hoffmann/Fuchs*, Art. 38 EGBGB Rn 17; MüKo/*Junker*, Erg.-Bd., Art. 38 EGBGB Rn 17; *Schlechtriem*, Bereicherungsansprüche, S. 29, 57; differenzierend bei ausländischen Konten Bamberger/Roth/*Spickhoff*, Art. 38 EGBGB Rn 10; *Fischer*, IPRax 2002, 1, 6 f.
39 Staudinger/*v. Hoffmann/Fuchs*, Art. 38 EGBGB Rn 17; MüKo/*Junker*, Erg.-Bd., Art. 38 EGBGB Rn 17.
40 Vgl. dazu MüKo/*Junker*, Erg.-Bd., Art. 38 EGBGB Rn 18 ff.; Staudinger/*v. Hoffmann/Thorn*, Art. 38 EGBGB Rn 29 ff.
41 Vgl. dazu ausf. *Eilinghoff*, S. 108 ff.
42 *Fischer*, IPRax 2002, 11; *Eilinghoff*, S. 116 f. (m. Nachw. zur früher vertretenen a.A.).
43 Vgl. *Fischer*, IPRax 2002, 1, 11; *Freitag/Leible*, ZVglRWiss 2000, 101, 115; *Eilinghoff*, S. 114 ff.

fällt und wenn ausnahmsweise die Artt. 38 ff., und nicht Art. 32 Abs. 1 Nr. 5, für die Leistungskondiktion heranzuziehen sind. Vereinzelt wird die Ansicht vertreten, die Rechtswahl sei bei Bereicherungsansprüchen, die auf Wettbewerbsverstößen beruhen, ausgeschlossen.[44]

25 **2. Art. 41 – Wesentlich engere Verbindung.** Liegt keine Rechtswahl vor, kann die Regelanknüpfung des Art. 38 auch nach Art. 41 verdrängt werden, wenn zu einer anderen Rechtsordnung eine wesentlich engere Verbindung besteht, Art. 41 Abs. 1. Art. 41 Abs. 2 nennt beispielhaft[45] zwei Fälle, in denen eine solche wesentlich engere Verbindung gegeben sein kann, nämlich das Bestehen einer Sonderbeziehung der Beteiligten (Nr. 1) und – in den Fällen des Abs. 2 und des Abs. 3 – den gemeinsamen gewöhnlichen Aufenthalt der Beteiligten (Nr. 2).

26 **a) Gemeinsamer gewöhnlicher Aufenthalt, Art. 41 Abs. 2 Nr. 2.** Gem. Art. 41 Abs. 2 Nr. 2 kann sich in den Fällen des Abs. 2 und Abs. 3 eine wesentlich engere Verbindung daraus ergeben, dass die Beteiligten ihren gewöhnlichen Aufenthalt im Zeitpunkt der Vornahme der Geschäftsführung in demselben Staat haben.[46] Bei Gesellschaften, Vereinen oder Juristischen Personen ist der Ort der Hauptverwaltung bzw. der Ort der beteiligten Niederlassung maßgeblich (Art. 41 Abs. 2 Nr. 2 Hs. 2 i.V.m. Art. 40 Abs. 2 S. 2). Die Vorschrift ist nach ihrem eindeutigen Wortlaut auf die Fälle der Eingriffskondiktion (Abs. 2) und der sonstigen Nichtleistungskondiktionen (Abs. 3) beschränkt. Eine Anwendung auf die Leistungskondiktion scheidet daher aus.[47] Zu Einzelheiten vgl. die Kommentierung zu Art. 41.

27 **b) Besondere rechtliche oder tatsächliche Beziehung im Zusammenhang mit dem Schuldverhältnis, Art. 41 Abs. 2 Nr. 1.** Die Ausweichklausel des Art. 41 Abs. 2 Nr. 1 wird praktisch nur für die Eingriffskondiktion (Abs. 2) und für die sonstigen Nichtleistungskondiktionen (Abs. 3) Bedeutung erlangen. Denn für die Leistungskondiktion sieht Abs. 1 ohnehin die akzessorische Anknüpfung an das Statut der Leistungsbeziehung an. Eine engere Beziehung zu einem anderen Beziehungsverhältnis zwischen den Parteien ist hier kaum denkbar.[48]

28 Bei den Nichtleistungskondiktionen ermöglicht die Vorschrift insbesondere die Anknüpfung an das Statut eines bereits bestehenden Rechtsverhältnisses zwischen den Parteien (Bsp.: Eingriff im Rahmen einer bereits bestehenden Vertragsbeziehung: akzessorische Anknüpfung an das Vertragsstatut).

29 Um den vom Gesetz gewünschten Gleichlauf zu erreichen, ist es jedoch auch denkbar, akzessorisch an ein gleichzeitig mit der Kondiktion entstehendes anderes Schuldverhältnis anzuknüpfen.[49] Liegt etwa in dem Eingriff gleichzeitig eine deliktische Handlung, so sollte man die bereicherungsrechtlichen Ansprüche m.E. akzessorisch an das Deliktsstatut anknüpfen, nicht etwa umgekehrt. Im Verhältnis zur Geschäftsführung ohne Auftrag verdient hingegen m.E. das Bereicherungsstatut den Vorrang (vgl. Art. 39 EGBGB Rn 22).

30 **c) Rangverhältnis zwischen Art. 41 Abs. 2 Nr. 1 und Nr. 2.** Art. 41 Abs. 2 enthält keine Regelung des Rangverhältnisses zwischen Nr. 1 und Nr. 2. Liegen im konkreten Fall beide Fallgestaltungen vor (gemeinsamer gewöhnlicher Aufenthalt und Sonderbeziehung), so ist m.E. der akzessorischen Anknüpfung an das Statut der Sonderbeziehung der Vorrang zu gewähren.[50] Andernfalls würde der durch die akzessorische Anknüpfung angestrebte Gleichlauf der verschiedenen Anspruchsgrundlagen beeinträchtigt.

V. Insbesondere: Mehrpersonenverhältnisse

31 Die Behandlung des Bereicherungsausgleichs in Mehrpersonenverhältnissen wirft im Kollisionsrecht ähnlich schwierige Fragen auf wie im materiellen Recht. Die Frage ist dementsprechend umstritten.[51] M.E. ist von folgenden Grundsätzen auszugehen:

32 **1. Echter Vertrag zugunsten Dritter.** Eine Kondiktion des Versprechenden beim Versprechungsempfänger unterliegt dem Statut des zwischen ihnen bestehenden Deckungsverhältnisses; dies ergibt sich i.d.R. bereits aus Art. 32 Abs. 1 Nr. 5, im Übrigen aus Abs. 1 (vgl. zur Abgrenzung Rn 11). Dementsprechend unterliegt die

---

44 Vgl. *Eilinghoff*, S. 115 f.
45 Vgl. Bamberger/Roth/*Spickhoff*, Art. 38 EGBGB Rn 2: zwar kein Regelbeispiel, aber Indizwirkung.
46 So zum früheren Recht bereits OLG Koblenz NJW 1992, 2367 = IPRax 1992, 383; OLG Nürnberg TranspR 1992, 36, 37.
47 Vgl. *Eilinghoff*, S. 306 ff.; Bamberger/Roth/*Spickhoff*, Art. 42 EGBGB Rn 13.
48 Vgl. Staudinger/*v. Hoffmann/Fuchs*, Art. 38 EGBGB Rn 29; *Eilinghoff*, S. 306 ff.; *Wagner*, IPRax 1998, 429, 434; a.A. *Schlechtriem*, IPRax 1995, 65, 70.
49 Vgl. MüKo/*Junker*, Erg.-Bd., Art. 38 EGBGB Rn 22.
50 MüKo/*Junker*, Erg.-Bd., Art. 38 EGBGB Rn 23; vgl. auch die Nachw. zu Art. 39 bei Art. 39 EGBGB Rn 23 Fn 46.
51 Vgl. nur Staudinger/*v. Hoffmann/Fuchs*, Art. 38 EGBGB Rn 18 ff.; *Eilinghoff*, S. 195 ff.

Kondiktion des Versprechensempfängers gegen den Dritten dem Statut des deren Beziehung beherrschenden Valutaverhältnisses; auch hier wird häufig Art. 32 Abs. 1 Nr. 5 greifen, im Übrigen Abs. 1 (z.B. wenn das Valutaverhältnis ein gesetzliches Schuldverhältnis ist).[52] Das Vorliegen einer Leistungsbeziehung ist in beiden Fällen bei Zugrundelegung der oben (Rn 6 f.) herausgearbeiteten Grundsätze unproblematisch.

Die Frage, welches Recht darüber entscheidet, ob der Versprechende direkt beim Dritten kondizieren kann, ist schwieriger zu beantworten, wird aber ganz überwiegend zugunsten einer Anknüpfung an das Statut des Deckungsverhältnisses (Versprechender – Versprechensempfänger) entschieden.[53] Dies ist zutreffend. Es ergibt sich m.E. aus einer Anwendung des Abs. 1:[54] Eine Leistung i.S. dieser Vorschrift liegt vor, weil der Versprechende bewusst das Vermögen des Versprechensempfängers mehrt. Es gilt demnach das Statut des Rechtsverhältnisses, auf das sich diese Zuwendung bezieht. Dies ist – aus der Perspektive beider Parteien (hier liegt der entscheidende Unterschied zu den Anweisungsfällen!, vgl. Rn 34) – das Deckungsverhältnis, weil sich daraus erst Verpflichtung des Versprechenden und Anspruch des Dritten ergeben. 33

2. Anweisungsfälle. Eine Kondiktion zwischen Anweisendem und Angewiesenem unterliegt gem. Art. 32 Abs. 1 Nr. 5 bzw. Art. 38 Abs. 1 dem Statut des zwischen ihnen bestehenden Deckungsverhältnisses. In entsprechender Weise wird die Kondiktion des Anweisenden beim Anweisungsempfänger durch das Statut des Valutaverhältnisses beherrscht.[55] 34

Die Anknüpfung der Kondiktion des Angewiesenen beim Anweisungsempfänger wegen fehlender oder fehlerhafter Anweisung ist umstritten: Nach einer Ansicht[56] ist eine Anknüpfung nach Abs. 3 vorzunehmen, die in der Regel zum Recht am Sitz bzw. an der Niederlassung des Empfängers führt. Nach a.A. ist an das Statut des Deckungsverhältnisses[57] bzw. an das Statut des Valutaverhältnisses[58] anzuknüpfen. Vorzugswürdig ist die Anknüpfung an Abs. 3. Die Anwendung des Abs. 1 scheitert m.E. daran, dass sich nicht eindeutig feststellen lässt, auf welches Rechtsverhältnis die Leistung bezogen ist: Aus Sicht des Empfängers ist dies das Valutaverhältnis, aus Sicht des Angewiesenen das Deckungsverhältnis. Nach der hier vertretenen Ansicht (vgl. Rn 9) sollte man deshalb Abs. 1 nicht zur Anwendung bringen und auf die örtliche Anknüpfung des Abs. 3 übergehen, die dann i.d.R. zum Recht des Empfängers führt. 35

3. Fälle der abgeirrten Leistung. Die Fälle der abgeirrten Leistung, in denen es im Valutaverhältnis zwischen dem (jetzt kondizierenden) Anweisenden und dem Empfänger an einer Rechtsbeziehung fehlt (in denen der Dritte die Zuwendung z.B. irrtümlich erhält), fallen m.E. ebenfalls nicht unter Abs. 1, sondern unter Abs. 3. Dies entspricht dem ausdrücklichen Willen des Gesetzgebers[59] und ist richtig, weil es an einer eindeutig auf ein Rechtsverhältnis bezogenen Leistung i.S.d. Abs. 1 fehlt (vgl. Rn 6 f.). Über Abs. 3 wird i.d.R. das Recht des Empfängers maßgeblich sein.[60] Eine abweichende Anknüpfung an das Statut des Deckungsverhältnisses ist m.E. i.d.R. nicht angebracht. 36

4. Akkreditiv. Über Kondiktionsansprüche im Valutaverhältnis zwischen Akkreditivauftraggeber (Käufer) und Begünstigtem (Verkäufer) entscheidet über Art. 32 Abs. 1 Nr. 5 (bzw. Art. 38 Abs. 1, vgl. Rn 11) das auf dieses Verhältnis anwendbare Recht, i.d.R. also das Kaufvertragsstatut (zur Problematik des UN-Kaufrechts vgl. Rn 13). Bei einem Fehler im Deckungsverhältnis zwischen Auftraggeber (Käufer) und Akkreditivbank entscheidet das Statut des Deckungsverhältnisses. Die Direktkondiktion der Akkreditivbank 37

---

52 Vgl. zu beiden Fallgruppen Staudinger/*v. Hoffmann/Fuchs*, Art. 38 EGBGB Rn 23; *Bamberger/Roth/Spickhoff*, Art. 38 EGBGB Rn 8; *Eilinghoff*, S. 199 f.
53 Vgl. Staudinger/*v. Hoffmann/Fuchs*, Art. 38 EGBGB Rn 23; *Bamberger/Roth/Spickhoff*, Art. 38 EGBGB Rn 8; *Eilinghoff*, S. 202 ff.; *Rauscher*, IPR, S. 291; zum früheren Recht vgl. *Einsele*, JZ 1993, 1025, 1027; *Lorenz*, in: FS Zweigert 1981, S. 199, 218 f.; *Plaßmeier*, S. 343.
54 A.A. *Eilinghoff*, S. 205; Art. 32 Abs. 1 Nr. 5.
55 Vgl. Staudinger/*v. Hoffmann/Fuchs*, Art. 38 EGBGB Rn 24; *Erman/Hohloch*, Art. 38 EGBGB Rn 8; *Palandt/Heldrich*, Art. 38 EGBGB Rn 2; *Eilinghoff*, S. 207 ff.; zum früheren Recht *Einsele*, JZ 1993, 1025, 1027; *Lorenz*, in: FS Zweigert 1981, S. 199, 221 ff.
56 Vgl. Staudinger/*v. Hoffmann/Fuchs*, Art. 38 EGBGB Rn 25; *Erman/Hohloch*, Art. 38 EGBGB Rn 8; so im Erg. zum früheren Recht BGH NJW 1987, 185 ff. = IPRax 1987, 186 f. m. Anm. *Jayme*, S. 187; im Erg. so auch das OLG Hamburg IPRspr 1986, Nr. 35a; s.a. *Fischer*, IPRax 2002, 1, 7, der aber über Art. 41 Abs. 2 Nr. 1 das Rechtsverhältnis im Valutaverhältnis für maßgeblich erklärt.
57 So zum früheren Recht *Schlechtriem*, IPRax 1987, 356 f.; differenzierend *Rauscher*, IPR, S. 291 f.
58 Vgl. *Palandt/Heldrich*, Art. 38 EGBGB Rn 2; *Fischer*, IPRax 2002, 1, 7; differenzierend *Eilinghoff*, S. 208 ff.; so zum früheren Recht *Jayme*, IPRax 1987, 186 f.
59 BT-Drucks 14/343, S. 9.
60 Str., vgl. zum Streitstand Staudinger/*v. Hoffmann/Fuchs*, Art. 38 EGBGB Rn 26; *Eilinghoff*, S. 218 ff.; zum früheren Recht für Anknüpfung an das Statut des Deckungsverhältnisses BGH IPRax 1987, 372 = NJW 1987, 1285; *Schlechtriem*, IPRax 1987, 356 f.

beim Begünstigten (Verkäufer) unterliegt dem Akkreditivstatut, dessen Bestimmung allerdings umstritten ist (vgl. Art. 28 EGBGB Rn 125).[61]

38 **5. Weitergabe der Leistung an Dritte (Weitergabekondiktion bzw. Verfolgungsansprüche).** Die sog. Weitergabekondiktion betrifft folgende Fallgestaltung: Eine Person (B, Erstempfänger) hat von einer anderen Person (A, ursprünglich Leistender) eine Sache erhalten und diese an einen Dritten (C, Zweitempfänger) geleistet. Der ursprünglich Leistende A verlangt die Sache vom Zweitempfänger C zurück, weil seine Leistung an B ohne Rechtsgrund erfolgt sei. Im Ergebnis unterliegt dieser Anspruch m.E. dem für das Rechtsverhältnis zwischen Erstempfänger B und Zweitempfänger C geltenden Recht. Dies ergibt sich aus folgenden Überlegungen:

39 Eine Leistung von A an C i.S.d. Abs. 1 (vgl. Rn 6 f.) liegt nicht vor, weil A nicht bewusst das Vermögen des C gemehrt hat. Ob ein Eingriff i.S.d. Abs. 2 durch den Zweitempfänger vorliegt, ist umstritten. Teilweise wird dies generell verneint,[62] teilweise für den Fall bejaht, dass der Zweitempfänger die Sache vom Nichtberechtigten erhalten hat (im deutschen Recht: § 816 Abs. 1 S. 2 BGB).[63] M.E. sollte man die Frage, ob ein Eingriff i.S.d. Abs. 2 vorliegt, nicht mit Berechtigungserwägungen überfrachten, sondern einfach darauf abstellen, ob der (behauptete) Bereicherungseintritt auf einem Verhalten beruht, für das der Zweitempfänger in irgendeiner Weise verantwortlich gemacht werden kann. Dies ist sowohl beim Erwerb vom Berechtigten als auch beim Erwerb vom Nichtberechtigten der Fall; beides geht nicht ohne Mitwirkung des Zweitempfängers. Grundsätzlich fallen also alle Fälle unter Abs. 2. Allerdings wird diese Anknüpfung über Art. 41 Abs. 1 zugunsten des Statuts des zwischen Erstempfänger B und Zweitempfänger C bestehenden Rechtsverhältnisses verdrängt. Hierfür sprechen Erwägungen der Schutzwürdigkeit: Der Zweitempfänger soll auf dasjenige Recht vertrauen können, das die Rechtsbeziehung zu „seinem" Leistenden beherrscht (im Erg. h.M., str.).[64] Dogmatisch lässt sich dies zwar nicht auf Art. 41 Abs. 2 Nr. 1 stützen, weil zwischen ursprünglich Leistendem und Zweitempfänger keine besondere Beziehung besteht (vgl. Art. 41 EGBGB Rn 11 ff.), wohl aber auf die allgemeine Ausweichklausel des Art. 41 Abs. 1.

40 **6. Freiwillige Tilgung einer fremden Schuld. a) Kondiktion des Dritten beim Gläubiger.** Hat ein Dritter auf die Schuld eines anderen an den Gläubiger gezahlt und stellt sich nun heraus, dass die Forderung nicht bestand oder nach dem Schuldstatut keine Tilgungswirkung eintrat, so richtet sich die Kondiktion des Dritten beim Gläubiger nach Abs. 1, weil der Dritte bewusst das Vermögen des Gläubigers gemehrt hat, so dass eine Leistung i.S.d. Abs. 1 vorliegt. Angeknüpft wird an das Statut, dass die zu tilgende Forderung beherrscht (Forderungsstatut).[65]

41 **b) Kondiktion des Dritten beim Schuldner.** Will der Dritte beim Schuldner im Wege des Rückgriffs kondizieren (etwa weil seine Zahlung an den Gläubiger zur Tilgung geführt hat), so ist folgendermaßen zu unterscheiden: Wenn zwischen dem Dritten und dem Schuldner kein auf die Schuldtilgung bezogenes Kausalverhältnis bestand, unterliegt die Rückgriffskondiktion des Dritten über Abs. 1 dem Forderungsstatut (h.M.), weil eine Leistung i.S.d. Abs. 1 gegeben ist, die sich auf die Forderung bezieht.[66] Auf diese Weise wird ein Gleichlauf mit der in Art. 39 Abs. 2 vorgesehenen Anknüpfung für Rückgriffsansprüche aus GoA erreicht.

---

61 Staudinger/*v. Hoffmann/Fuchs*, Art. 38 EGBGB Rn 27; *Eilinghoff*, S. 216 ff.
62 *Fischer*, IPRax 2002, 1, 8; *Siehr*, IPR, S. 261.
63 *Eilinghoff*, S. 239 f.; s.a. *Schlechtriem*, IPRax 1995, 65, 69 f.
64 So im Erg. (bei teilw. Abweichungen in der Konstruktion) Staudinger/*v. Hoffmann/Fuchs*, Art. 38 EGBGB Rn 28; Erman/*Hohloch*, Art. 38 EGBGB Rn 14; *Eilinghoff*, S. 237 ff. (mit Nachw. zu den verschiedenen abweichenden Ansichten); *Schlechtriem*, IPRax 1995, 65, 69 f.; *v. Bar*, IPR II, Rn 737; *Busse*, Int. Bereicherungsrecht, S. 198 ff.; a.A. (in den Fällen des § 822 Kumulation des Statuts A-B und des Statuts B-C) Staudinger/*W.Lorenz*, § 812 Rn 26, § 816 Rn 34; ders., in: FS Zweigert 1981, S. 199, 225 f.; a.A. (kein Fall des Art. 41, sondern durchgängige Anknüpfung nach Art. 38 Abs. 3) *Fischer*, IPRax 2002, 1, 8 f.
65 H.M., vgl. Staudinger/*v. Hoffmann/Fuchs*, Art. 38 EGBGB Rn 19; Bamberger/Roth/*Spickhoff*, Art. 38 EGBGB Rn 8; Erman/*Hohloch*, Art. 38 EGBGB Rn 8; *Eilinghoff*, S. 229 ff.; *Rauscher*, IPR, S. 290; s.a. zum früheren Recht *v. Bar*, IPR II, Rn 737; *Busse*, S. 191 ff.; *Einsele*, JZ 1993, 1025, 1026; *Hay*, S. 32; *Lorenz*, in: FS Zweigert 1981, S. 199, 214 f.; *Plaßmeier*, S. 353 f.; a.A. (zum früheren Recht) ArbG Düsseldorf IPRax 1990, 328, das noch auf den Ort der Belegenheit des Vermögens des Bereicherungsschuldners und damit auf dessen Wohnsitz abstellt; dazu krit. *Junker*, IPRax 1990, 303, 308.
66 Vgl. Staudinger/*v. Hoffmann/Fuchs*, Art. 38 EGBGB Rn 19; Bamberger/Roth/*Spickhoff*, Art. 38 EGBGB Rn 8; *Eilinghoff*, S. 44 ff.; *Rauscher*, IPR, S. 290; ähnlich mit anderer Begründung *Fischer*, IPRax 2002, 1, 8; s. zum früheren Recht *Schlechtriem*, Bereicherungsansprüche. S. 29, 77 f.; *v. Bar*, IPR II, Rn 737; *Busse*, S. 192; *Plaßmeier*, S. 362 ff.

War der Dritte hingegen dem Schuldner vermeintlich aufgrund eines Kausalverhältnisses (z.B. – unwirksamer – Versicherungsvertrag) zur Tilgung beim Gläubiger verpflichtet, so bezog sich seine Leistung in erster Linie auf dieses Kausalverhältnis, und nicht auf die Forderung. Über Abs. 1 gilt also das auf das betreffende Kausalverhältnis anwendbare Recht.[67] Der gewünschte Gleichlauf mit der Anknüpfung von Ansprüchen aus GoA lässt sich erreichen, indem man in diesen Fällen die GoA-Anknüpfung des Art. 39 Abs. 2 über Art. 41 Abs. 1, Abs. 2 Nr. 1 ausschaltet und ebenfalls an das Statut der Kausalbeziehung anknüpft.

7. Bürgschaft und Garantie. a) Rückgriff des Bürgen beim Hauptschuldner. Ein Rückgriff des Bürgen, dessen Zahlung zur Tilgung der bestehenden Hauptschuld geführt hat, beim Hauptschuldner wird in aller Regel nicht über das Bereicherungsrecht erfolgen. Vorrangig ist nämlich die in Art. 33 Abs. 3 enthaltene Regel über die *cessio legis*: Kommt es nach dem Bürgschaftsstatut (Art. 33 Abs. 1 S. 1) zu einem gesetzlichen Übergang der Forderung des Gläubigers auf den Bürgen, so bleibt kein Raum für die Anwendung des Bereicherungsrechts.[68] Wenn hingegen keine *cessio legis* eintritt, kommen bereicherungsrechtliche Ansprüche in Betracht. In diesen Fällen ist – ähnlich wie bei den Fällen der freiwilligen Tilgung fremder Schulden – danach zu unterscheiden, ob der Bürge dem Hauptschuldner gegenüber vertraglich zur Übernahme der Bürgschaft verpflichtet war (z.B. aufgrund eines Auftrags) oder nicht:

Wenn **keine vertragliche Verpflichtung des Bürgen** gegenüber dem Hauptschuldner bestand, gilt Abs. 1, weil der Bürge bewusst das Vermögen des Gläubigers gemehrt hat (Leistung, vgl. Rn 6 f.). Die Leistung konnte sich sowohl aus Sicht des Bürgen als auch aus Sicht des Hauptschuldners nur auf den Bürgschaftsvertrag beziehen. Maßgebend ist also über Abs. 1 das Bürgschaftsstatut.[69]

War der Bürge hingegen dem Hauptschuldner **vertraglich zur Übernahme der Bürgschaft verpflichtet**, so ist – aus der Sicht dieser beiden Parteien – nicht eindeutig feststellbar, auf welches Rechtsverhältnis sich seine Zahlung bezog (auf den Bürgschaftsvertrag oder auf den mit dem Hauptschuldner bestehenden Vertrag). In derartigen Fällen ist nach der hier vertretenen Ansicht (vgl. Rn 9) Abs. 1 anwendbar. Weil auch kein Eingriff vorliegt (Abs. 2), gilt grundsätzlich Abs. 3, also das Recht des Ortes des Bereicherungseintritts. Allerdings wird diese Anknüpfung gemäß Art. 41 Abs. 1, Abs. 2 Nr. 1 durch eine Anknüpfung an dasjenige Recht verdrängt, welches das Vertragsverhältnis zwischen Bürgen und Hauptschuldner beherrscht.[70]

b) Rückgriff des Bürgen beim Gläubiger. Will der Bürge beim Gläubiger kondizieren (etwa weil die Hauptschuld nicht bestand oder der Bürgschaftsvertrag unwirksam war), so greift m.E. Abs. 1 ein. Die Zahlung des Gläubigers ist – sowohl aus dessen Sicht als auch aus der Sicht des Gläubigers – eindeutig auf den Bürgschaftsvertrag bezogen, und nicht etwa auf die Hauptschuld. Es liegt also kein Fall des Dissenses über das Bezugsobjekt vor, der nach der hier vertretenen Auffassung eine Anwendung des Abs. 1 ausschließen würde (vgl. Rn 9). Über Abs. 1 gilt deshalb das Bürgschaftsstatut (str.).[71] Normwidersprüche zwischen dem Statut der Hauptschuld und dem Forderungsstatut sind ggf. im Wege der Anpassung aufzulösen.

c) Garantenzahlungen. Für Zahlungen aus Garantien gelten die für die Bürgschaft maßgeblichen Regeln entsprechend.

8. Zessionsfälle. Die Kondiktion des Schuldners beim Zessionar oder beim Zedenten (etwa in den Fällen einer fehlgeschlagenen Abtretung oder der Abtretung einer nicht bestehenden Forderung) richtet sich nach Abs. 1, weil der Schuldner, der auf die (angebliche bzw. angeblich abgetretene) Forderung geleistet hat, damit bewusst das Vermögen des Empfängers gemehrt hat. Die Tatsache, dass derartige Fälle im deutschen materiellen Recht aufgrund von Wertungsgesichtspunkten überwiegend als Nichtleistungskondiktionen eingeordnet werden,[72] spielt nach der hier vertretenen Auffassung eines **autonomen kollisionsrechtlichen Leistungsbegriffs** (vgl. Rn 6 f.) keine Rolle.[73] Die Leistung des Schuldners bezieht sich aus Sicht aller

---

[67] *Eilinghoff*, S. 249 ff.; *Schlechtriem*, IPRax 1995, 65, 66 (Fn 14); s.a. zum früheren Recht *Busse*, S. 190 ff.; *Einsele*, JZ 1993, 1025, 1026; *Reithmann/Martiny*, Rn 349; *Schlechtriem*, Bereicherungsansprüche, S. 29, 77.
[68] Staudinger/*v. Hoffmann/Fuchs*, Art. 38 EGBGB Rn 21; *Eilinghoff*, S. 252.
[69] So im Erg. *Eilinghoff*, S. 252 f.; Staudinger/*v. Hoffmann/Fuchs*, Art. 38 EGBGB Rn 21; *Schlechtriem*, IPRax 1995, 65, 66 Fn 14.
[70] So im Erg. *Eilinghoff*, S. 253 f.; s.a. zum früheren Recht *Busse*, S. 204.
[71] So im Erg. die überwiegende Meinung: Staudinger/*v. Hoffmann/Fuchs*, Art. 38 EGBGB Rn 21; *Eilinghoff*, S. 232 ff.; *Schlechtriem*, IPRax 1995, 65, 66 Fn 14; *Rauscher*, IPR, S. 290 f.; s.a zum früheren Recht *Lorenz*, in: FS Zweigert 1981, S. 199, 217; *Plaßmeier*, S. 354 ff.; *Reithmann/Martiny*, Rn 351.
[72] Vgl. z.B. BGHZ 105, 365; Palandt/*Sprau*, § 812 Rn 67.
[73] Vgl. *Eilinghoff*, S. 223 f.

Beteiligten auf die Forderung. Über Abs. 1 wird deshalb das Forderungsstatut (also das Recht, das die Rechtsbeziehung beherrscht, der die Forderung entstammt, z.B. das Vertragsstatut oder das Deliktsstatut) zur Anwendung berufen.[74] Im Verhältnis des Schuldners zum Zessionar ist m.E. Art. 33 Abs. 2 keine gegenüber Art. 38 Abs. 1 vorrangige Sonderregelung, weil (bzw. wenn) Art. 33 Abs. 2 nicht auch die Frage der bereicherungsrechtlichen Rückabwicklung erfasst; ist man in dieser Frage anderer Ansicht, so ändert sich im Ergebnis nichts, weil Art. 33 Abs. 2 auch an das Forderungsstatut anknüpft.

49 Im Ergebnis sollte das Forderungsstatut m.E. auch über eine **Kondiktion des Zedenten beim Zessionar im Falle der Unwirksamkeit der Abtretung** entscheiden.[75] Mangels einer Leistung des Zedenten an den Zessionar (bzgl. der vom Schuldner erbrachten Zahlung) greift jedoch nicht Abs. 1, sondern grundsätzlich Abs. 2 (Einziehung der Forderung als Eingriff). Allerdings besteht auch hier m.E. eine wesentlich engere Verbindung zum Forderungsstatut. Dogmatisch lässt sich dies über eine Anwendung des Art. 41 Abs. 1 begründen. Art. 41 Abs. 2 Nr. 1 passt hingegen nicht, weil das zwischen Zedent und Zessionar bestehende Rechtsverhältnis das Zessionsgrundstatut wäre und nicht das Forderungsstatut.[76] Die Anwendung des Forderungsstatuts ist vorzugswürdig, weil sie eine einheitliche Rückabwicklung nach einer Rechtsordnung ermöglicht, die für alle Beteiligten vorhersehbar war. So entscheidet das Forderungsstatut beispielsweise auch über die Wirksamkeit der Übertragung (Art. 33 Abs. 2).[77]

VI. Einzelfragen

50 **1. Regelungsbereich des Bereicherungsstatuts.** Das Bereicherungsstatut regelt Voraussetzungen, Inhalt und Folgen des Bereicherungsanspruchs.[78] Hierzu gehört auch die Frage des Vorrangs der Leistungskondiktion, ebenso die Frage der Verjährung. Die Vorfrage nach dem Bestehen eines Rechtsgrundes soll nach überwiegender Ansicht[79] unselbständig angeknüpft werden. Ob bzw. inwieweit die bereicherungsrechtliche Haftung nicht voll Geschäftsfähiger vom Bereicherungsstatut oder von dem nach Artt. 7, 12 berufenen Recht geregelt wird, ist umstritten.[80]

51 **2. Rück- und Weiterverweisung (renvoi).** Die Vorschriften über das auf außervertragliche Schuldverhältnisse anwendbare Recht enthalten keine spezielle Vorschrift über die Beachtung der Rückverweisung. Es gilt deshalb die allgemeine Regelung des Art. 4. Dies führt m.E. zu folgenden Ergebnissen: Die Rechtswahl nach Art. 42 ist gem. Art. 4 Abs. 2 eine Sachnormverweisung. Die in Abs. 2 und Abs. 3 vorgesehenen Anknüpfungen sind grundsätzlich Gesamtverweisungen;[81] allerdings sollte man sich bei der Eingriffskondiktion aufgrund des angestrebten Gleichlaufs von deliktischer und bereicherungsrechtlicher Anknüpfung an die für das Deliktsstatut gefundene Lösung anlehnen und ggf. eine Sinnwidrigkeit der Gesamtverweisung annehmen.[82] Die akzessorischen Anknüpfungen des Abs. 1 und des Art. 41 Abs. 1 i.V.m. Abs. 2 Nr. 1 stellen Sachnormverweisungen dar. Verwiesen wird jeweils auf das Sachrecht, welches über die Hauptverweisung gefunden wurde, an die die akzessorische Anknüpfung gekoppelt ist. Dabei spielt es keine Rolle, ob es sich bei der Hauptverweisung selbst um eine Sachnormverweisung (wie z. B. wegen Art. 35 beim Vertragsstatut) oder eine Gesamtverweisung gehandelt hat.[83] Soweit es sich um einen Fall der Leistungskondiktion handelt, der unter Art. 32 Abs. 1 Nr. 5 fällt (vgl. Rn 11), handelt es sich wegen Art. 35 zwangsläufig um eine Sachnormverweisung. Die in Art. 41 Abs. 2 Nr. 2 vorgesehene Anknüpfung an das Recht des gemeinsamen gewöhnlichen Aufenthalts ist m.E. ebenfalls eine Sachnormverweisung; die Annahme einer Gesamtverwei-

---

[74] *Eilinghoff*, S. 223 ff.; Staudinger/*v. Hoffmann/ Fuchs*, Art. 38 EGBGB Rn 22; s.a. zum früheren Recht *Busse*, S. 206; *Einsele*, JZ 1993, 1025, 1027; *Reithmann/Martiny*, Rn 352; *Schlechtriem*, Bereicherungsansprüche, S. 29, 76; *ders.*, IPRax 1995, 65, 66 Fn 14; *Lorenz*, in: FS Zweigert 1981, S. 199, 220 f.

[75] A.A. *Fischer*, IPRax 2002, 1, 6 (Zessionsgrundstatut).

[76] A.A. *Eilinghoff*, S. 227 f. (Anwendung des Forderungsstatuts über Art. 41 Abs. 2 Nr. 1).

[77] So im Erg. auch *Eilinghoff*, S. 227 ff.

[78] Vgl. Staudinger/*v. Hoffmann/Fuchs*, Art. 38 EGBGB Rn 5; Erman/*Hohloch*, Art. 38 EGBGB Rn 15.

[79] Vgl. Bamberger/Roth/*Spickhoff*, Art. 38 EGBGB Rn 3; *v. Bar*, IPR II, Rn 745; *Siehr*, IPR, S. 261; so im Erg. auch BGH IPRax 1987, 372, 373; a.A. *Eilinghoff*, S. 260 ff. m.w.N.

[80] Vgl. *v. Bar*, IPR II, Rn 735 einerseits und *Lorenz*, in: FS Zweigert 1981, S. 199, 206 andererseits; differenzierend Staudinger/*v. Hoffmann/Fuchs*, Art. 38 EGBGB Rn 7; für Günstigkeitsvergleich Bamberger/Roth/*Spickhoff*, Art. 38 EGBGB Rn 4.

[81] Vgl. Regierungsbegründung BT-Drucks 13/343, S. 8; Bamberger/Roth/*Spickhoff*, Art. 38 EGBGB Rn 11; Erman/*Hohloch*, Art. 38 EGBGB Rn 5.

[82] Staudinger/*v. Hoffmann/Fuchs*, Art. 38 EGBGB Rn 36; MüKo/*Junker*, Erg.-Bd., Art. 38 EGBGB Rn 28; *Eilinghoff*, S. 324; *Fischer*, IPRax 2002, 1, 9; a.A. Palandt/*Heldrich* Art. 38 EGBGB Rn 1.

[83] Erman/*Hohloch*, Art. 38 EGBGB Rn 5; Bamberger/Roth/*Spickhoff*, Art. 38 EGBGB Rn 11; MüKo/*Junker*, Erg.-Bd., Art. 38 EGBGB Rn 28; *Eilinghoff*, S. 323 ff.

sung widerspräche dem Sinn der Verweisung (Art. 4 Abs. 1 S. 1 Hs. 2), weil Art. 41 insgesamt auf dem Gedanken der engsten Verbindung beruht (sehr str.).[84]

3. Ordre public und Art. 40 Abs. 3. Der allgemeine *ordre-public*-Vorbehalt des Art. 6 ist zu beachten, aber entsprechend den allgemeinen Grundsätzen eng zu handhaben.[85] So wird selbst das Eingreifen des § 817 S. 2 nur bei besonders schwerwiegenden Fällen und starkem Inlandsbezug zu einem *ordre-public*-Verstoß führen können.[86] Nicht anwendbar ist auf die Anknüpfung gem. Art. 38 hingegen der besondere Vorbehalt des Art. 40 Abs. 3; dies ergibt sich aus der systematische Stellung der Vorschrift.[87]

52

4. Intertemporales Recht. Art. 38 ist mit dem IPR-Reformgesetz am 1.6.1999 in Kraft getreten. Das IPR-Reformgesetz enthält keine gesonderte Übergangsvorschrift. Diese Lücke ist durch eine analoge Anwendung von Art. 220 Abs. 1 zu schließen.[88] Demnach bleiben auf vor dem 1.6.1999 abgeschlossene Vorgänge die alten Regeln[89] anwendbar. Maßgeblicher Zeitpunkt ist für Abs. 2 der Eingriff, für Abs. 3 der Bereicherungseintritt und für Abs. 1 der Zeitpunkt, in dem die betreffende Leistungsbeziehung entstanden ist.[90]

53

Artikel 39   Geschäftsführung ohne Auftrag

(1) ¹Gesetzliche Ansprüche aus der Besorgung eines fremden Geschäfts unterliegen dem Recht des Staates, in dem das Geschäft vorgenommen worden ist.

(2) ¹Ansprüche aus der Tilgung einer fremden Verbindlichkeit unterliegen dem Recht, das auf die Verbindlichkeit anzuwenden ist.

Literatur: *Benecke*, Auf dem Weg zu „Rom II" – Der Vorschlag für eine Verordnung zur Angleichung des IPR der außervertraglichen Schuldverhältnisse, RIW 2003, 830; *Fischer*, Die Neuregelung des Kollisionsrechts der ungerechtfertigten Bereicherung und der Geschäftsführung ohne Auftrag im IPR-Reformgesetz von 1999, IPRax 2002, 1; *Fuchs*, Zum Kommissions-Vorschlag einer Rom II-Verordnung, GPR 2003–2004, 100; *von Hoffmann*, Das auf die Geschäftsführung ohne Auftrag anzuwendende Recht in: Vorschläge und Gutachten zur Reform des deutschen Internationalen Privatrechts der außervertraglichen Schuldverhältnisse, 1983, S. 80; *P. Huber*, Das internationale Deliktsrecht nach der Reform, JA 2000, 67; *Junker*, Die IPR-Reform von 1999: Auswirkungen auf die Unternehmenspraxis, RIW 2000, 241; *Kreuzer*, Die Vollendung der Kodifikation des deutschen Internationalen Privatrechts durch das Gesetz zum Internationalen Privatrecht der außervertraglichen Schuldverhältnisse und Sachen vom 21.5.1999, RabelsZ 65 (2001), 383; *Leible/Engel*, Der Vorschlag der EG-Kommission für eine Rom II-Verordnung, EuZW 2004, 7; *Spickhoff*, Die Restkodifikation des Internationalen Privatrechts: Außervertragliches Schuld- und Sachenrecht, NJW 1999, 2209; *Stoll*, Dinglicher Gerichtsstand, Vertragsstatut und Realstatut bei Vereinbarungen zum Miteigentümerverhältnis, IPRax 1999, 29; *Wandt*, Die Geschäftsführung ohne Auftrag im internationalen Privatrecht, 1988; *Wandt*, Zum Rückgriff im IPR, ZVglRWiss 86 (1987), 272.

A. Allgemeines	1		2. Tilgung fremder Verbindlichkeiten (Abs. 2)	11
I. Überblick	1		II. Einzelfragen	15
II. Vorrangige Staatsverträge und europarechtliche Vorschriften	3		1. Regelungsbereich	15
B. Regelungsgehalt	6		2. Vorrangige Anknüpfungen innerhalb des EGBGB	16
I. Bestimmung des anwendbaren Rechts	6		a) Art. 42 – Rechtswahl	17
1. Grundregel des Abs. 1	6		b) Art. 41 – Wesentlich engere Verbindung	18
a) Anwendungsbereich	6			
b) Vornahmeort	7			

---

[84] So auch *Eilinghoff*, S. 325 ff.; *Siehr*, IPR, S. 242; *P. Huber*, JA 2000, 67, 72 f. (zum Deliktsrecht); a.A. Bamberger/Roth/*Spickhoff*, Art. 41 EGBGB Rn 14; Erman/*Hohloch*, Art. 38 EGBGB Rn 5 und Art. 41 EGBGB Rn 4; Palandt/*Heldrich*, Art. 41 EGBGB Rn 2; *Fischer*, IPRax 2002, 1, 10; wohl auch Regierungsbegründung BT-Drucks 14/343, S. 8.

[85] Erman/*Hohloch*, Art. 38 EGBGB Rn 4; Bamberger/Roth/*Spickhoff*, Art. 38 EGBGB Rn 12.

[86] Vgl. Bamberger/Roth/*Spickhoff*, Art. 38 EGBGB Rn 12 m.w.N.

[87] Vgl. MüKo/*Junker*, Erg.-Bd., Art. 38 EGBGB Rn 25; Bamberger/Roth/*Spickhoff*, Art. 38 EGBGB Rn 12;

Erman/*Hohloch*, Art. 38 EGBGB Rn 4; Palandt/*Heldrich*, Art. 38 EGBGB Rn 5; *Kreuzer*, RabelsZ 65 (2001), 383, 404; a.A. wohl *Busse*, RIW 1999, 16, 20.

[88] Vgl. Erman/*Hohloch*, Art. 38 EGBGB Rn 7; Bamberger/Roth/*Spickhoff*, Art. 38 EGBGB Rn 13; *Spickhoff*, NJW 1999, 2209, 2210.

[89] Vgl. dazu den Überblick bei Staudinger/v. *Hoffmann*/*Fuchs* Art. 38 EGBGB Rn 2 und die Kommentierungen zum früheren Recht, z.B. Palandt/*Heldrich*, 58. Aufl. 1999.

[90] Vgl. Erman/*Hohloch*, Art. 38 EGBGB Rn 7.

aa)	Gemeinsamer gewöhnlicher Aufenthalt, Art. 41 Abs. 2 Nr. 2	19
bb)	Sonderbeziehung, Art. 41 Abs. 2 Nr. 1	20
cc)	Abweichungen von Art. 41 Abs. 2 Nr. 2	23

3.	Allgemeine Regeln	25
a)	Renvoi	25
b)	Ordre public	27
4.	Intertemporaler Anwendungsbereich	28

A. Allgemeines

I. Überblick

1 Art. 39 wurde durch das am 1.6.1999 in Kraft getretene IPR-Reformgesetz von 1999[1] in das EGBGB eingefügt. **Abs. 1** knüpft die Ansprüche aus Geschäftsführung ohne Auftrag an ein neutrales Merkmal an, nämlich an das Recht des Vornahmeorts der Geschäftsführung. Dies entspricht der bereits vor der Reform von 1999 ganz h.M. Die neutrale Anknüpfung hat den Vorteil, dass das Kollisionsrecht nicht von dem umstrittenen materiellrechtlichen Verständnis der GoA abhängt (unerwünschte Einmischung in fremde Angelegenheiten und deshalb Abstellen auf den Geschäftsherrn oder willkommene Hilfeleistung und deshalb Abstellen auf den Geschäftsführer?).[2] Auch wird zum Vornahmeort regelmäßig die engste Verbindung bestehen.[3] Schließlich ermöglicht die Anknüpfung an den Vornahmeort häufig einen erwünschten Gleichlauf mit dem Deliktsstatut (Art. 40) und dem Statut der Eingriffskondiktion aus Art. 38 Abs. 2.[4]

2 Für Ansprüche aus der Tilgung fremder Verbindlichkeiten sieht **Abs. 2** eine akzessorische Sonderanknüpfung vor: Es gilt das Recht, dem die Verbindlichkeit unterliegt (Schuldstatut). Der Gesetzgeber rechtfertigt diese Sonderanknüpfung mit dem materiellrechtlichen Grundsatz, dass der Regress an der Befreiung von der ursprünglichen Schuld ansetzt.[5]

II. Vorrangige Staatsverträge und europarechtliche Vorschriften

3 Vorrangige Staatsverträge (Art. 3 Abs. 2 S. 1) gibt es insbesondere im Bereich der Hilfeleistung auf hoher See. Das **Internationale Übereinkommen von 1989 über Bergung (IÜB)** ist für Deutschland am 8.10.2002 in Kraft getreten.[6] Es findet jedoch innerstaatlich keine unmittelbare Anwendung, sondern wurde durch die Aufnahme bzw. Änderung von HGB-Vorschriften (insbes. in den §§ 740 ff. HGB) und durch die Einfügung von Art. 8 EGHGB inkorporiert;[7] Art. 8 EGHGB enthält eine einseitige, gegenüber Art. 39 vorrangige Kollisionsnorm, welche im Grundsatz vorsieht, dass die betreffenden Vorschriften des HGB durch das deutsche Gericht unabhängig von den Regeln des Internationalen Privatrechts anzuwenden sind. Hinzuweisen ist in diesem Zusammenhang auf den einschlägigen Gerichtsstand des § 30 ZPO sowie auf die – einen eng begrenzten Kreis von Fällen regelnden – Vorschriften des Art. 7 des Internationalen Übereinkommens v. 10.5.1952 zur Vereinheitlichung von Regeln über den Arrest in Seeschiffe[8] und des Art. 5 Nr. 7 EuGVO.

4 Bis zum 8.10.2002 war für Deutschland das **Brüsseler Übereinkommen v. 23.9.1910 zur Hilfeleistung auf hoher See** in Kraft.[9] Dieses wurde jedoch durch die Bundesrepublik Deutschland gekündigt und ist am 8.10.2002 außer Kraft getreten.[10]

5 Es ist damit zu rechnen, dass demnächst eine gem. Art. 3 Abs. 2 S. 2 vorrangige EG-Verordnung über das auf außervertragliche Schuldverhältnisse anwendbare Recht in Kraft treten wird (sog. **Rom-II-Verordnung**), die möglicherweise eine Regelung über die Geschäftsführung ohne Auftrag enthält. Einen definitiven Text gibt es derzeit noch nicht.[11]

---

1 Gesetz zum Internationalen Privatrecht für außervertragliche Schuldverhältnisse und für Sachen v. 21.5.1999 (BGBl I S. 1026).
2 Vgl. MüKo/*Junker*, Erg.-Bd., Art. 39 EGBGB Rn 2, 7.
3 MüKo/*Junker*, Erg.-Bd., Art. 39 EGBGB Rn 1, 7; krit. Staudinger/*v. Hoffmann/Thorn*, Art. 39 EGBGB Rn 10.
4 Palandt/*Heldrich*, Art. 39 EGBGB Rn 1; MüKo/*Junker*, Erg.-Bd., Art. 39 EGBGB Rn 1, 7; Erman/*Hohloch*, Art. 39 EGBGB Rn 11; Staudinger/*v. Hoffmann/Thorn*, Art. 39 EGBGB Rn 9.
5 Regierungsbegründung BT-Drucks 13/343, S. 10.
6 S. Zustimmungsgesetz v. 18.5.2001 (BGBl II 2001 S. 510) und Bekanntmachung über das In-Kraft-Treten (BGBl II 2002 S. 1202).
7 Artt. 1, 2, 10 3. SeerechtsÄndG v. 16.5.2001 (BGBl I S. 898) und Bekanntmachung über das In-Kraft-Treten (BGBl II 2002 S. 1202).
8 BGBl II 1972 S. 653, 658 und BGBl II 1973 S. 172.
9 RGBl 1913 S. 66; vgl. dazu Staudinger/*v. Hoffmann/Thorn*, Art. 39 EGBGB Rn 22 f.
10 BGBl II 2002 S. 33.
11 Vgl. zum Vorentwurf der Kommission v. 3.5.2002, KOM [2003] 427 endg.: *Benecke*, RIW 2003, 830; *Fuchs*, GPR 2003–2004, 100; *Leible/Engel*, EuZW 2004, 7. S. den Text des Kommissions-Vorentwurfs bei Art. 40 EGBGB Rn 94.

B. Regelungsgehalt

I. Bestimmung des anwendbaren Rechts

1. Grundregel des Abs. 1. a) Anwendungsbereich. Für Ansprüche aus Geschäftsführung ohne Auftrag gilt nach Abs. 1 grundsätzlich das Recht des Staates, in dem das Geschäft vorgenommen worden ist. Eine Geschäftsführung ohne Auftrag in diesem Sinne setzt voraus, dass der Geschäftsführer mit Fremdgeschäftsführungswillen gehandelt hat.[12] Das Recht des Vornahmeorts ist sowohl für die Ansprüche des Geschäftsherrn als auch für diejenigen des Geschäftsführers maßgeblich.[13] Erfasst werden von Abs. 1 insbesondere die Fälle der Hilfe für andere und der Einwirkung auf fremde Güter.[14] Nicht erfasst werden nach h.M. Ausgleichsansprüche der öffentlichen Hand aus hoheitlichem Tätigwerden.[15] Für die Tilgung fremder Verbindlichkeiten gilt die Sonderregelung in Abs. 2 (vgl. Rn 11 ff.).

b) Vornahmeort. Die Bestimmung des Vornahmeorts kann im Einzelfall Schwierigkeiten bereiten: Dies gilt zunächst dann, wenn im Rahmen der Geschäftsführung Handlungen in **verschiedenen Staaten** vorgenommen wurden. Einer Ansicht nach ist hier im Einzelfall zu ermitteln, in welchem Staat der Schwerpunkt der vorgenommenen Handlungen lag.[16] Die Gegenmeinung stellt auf den Staat ab, in dem die erste Handlung vorgenommen wurde.[17] Dies ist m.E. aus Gründen der Rechtssicherheit vorzugswürdig. Im Einzelfall kann immer noch über die Ausweichklausel des Art. 41 Abs. 1 korrigiert werden.

Probleme ergeben sich ferner, wenn **Handlungsort** und **Erfolgsort** auseinander fallen (Bsp.: Geschäftsführer gibt in Deutschland (Handlungsort) telefonisch den Auftrag zur Reparatur einer in Österreich (Erfolgsort) belegenen Sache des Geschäftsherrn[18]). Der Begriff „Vornahmeort" ist nicht eindeutig; er könnte sowohl den Handlungs- als auch den Erfolgsort meinen. Eine analoge Anwendung der in Art. 40 vorgesehenen Regelung (Maßgeblichkeit des Handlungsorts, aber Optionsrecht des Geschädigten für den Erfolgsort) ist im Bereich der GoA nicht möglich, weil sich hier – anders als im Deliktsrecht – nicht nur Ansprüche einer Partei ergeben können, sondern Ansprüche beider Parteien.[19] Die h.M. stellt in diesen Fällen zu Recht allein auf den Erfolgsort ab, weil der Handlungsort einseitig vom Geschäftsführer bestimmt werden kann, was zu Manipulationen im Hinblick auf das anwendbare Recht einladen könnte.[20]

Umstritten ist, wie zu verfahren ist, wenn es **mehrere Erfolgsorte** gibt, etwa bei einer Tätigkeit als vermeintlicher Testamentsvollstrecker oder Treuhänder.[21] Hier wird man m.E. i.R.d. Art. 39 Abs. 1 um eine Schwerpunktbildung trotz der Bedenken hinsichtlich der Rechtssicherheit nicht herumkommen. Allerdings wird meistens über Art. 41 Abs. 1, Abs. 2 Nr. 1 eine akzessorische Anknüpfung an das Rechtsverhältnis in Betracht kommen, welches die Geschäftsführung veranlasst hat.

Erfolgt die Geschäftsführung auf **staatsfreiem Gebiet** (z.B. Hilfeleistung auf hoher See), so geht die Anknüpfung an das Recht des Staates des Vornahmeorts ins Leere.[22] Soweit nicht ohnehin vorrangige Staatsverträge eingreifen (vgl. Rn 3 ff.), ist die Vorgehensweise umstritten. Einer Ansicht nach ist über die Ausweichklausel des Art. 41 das Recht der engsten Verbindung zu bestimmen.[23] Die Gegenansicht stellt auf

---

12 Staudinger/*v. Hoffmann/Thorn*, Art. 39 EGBGB Rn 2; Bamberger/Roth/*Spickhoff*, Art. 39 EGBGB Rn 3.
13 Regierungsbegründung BT-Drucks 13/343, S. 9; Erman/*Hohloch*, Art. 39 EGBGB Rn 11; Bamberger/Roth/*Spickhoff*, Art. 39 EGBGB Rn 3; MüKo/*Kreuzer* (3. Aufl.), II vor Art. 38 EGBGB Rn 8.
14 Regierungsbegründung BT-Drucks 13/343, S. 9; Erman/*Hohloch*, Art. 39 EGBGB Rn 11.
15 Staudinger/*v. Hoffmann/Thorn*, Art. 39 EGBGB Rn 3 mit näheren Ausführungen.
16 Bamberger/Roth/*Spickhoff*, Art. 39 EGBGB Rn 3; *Spickhoff*, NJW 1999, 2209, 2212.
17 Staudinger/*v. Hoffmann/Thorn*, Art. 39 EGBGB Rn 14; MüKo/*Junker*, Erg.-Bd., Art. 39 EGBGB Rn 8; Erman/*Hohloch*, Art. 39 EGBGB Rn 8; *Kreuzer*, RabelsZ 65 (2001), 383, 411.
18 Vgl. Staudinger/*v. Hoffmann/Thorn*, Art. 39 EGBGB Rn 12; MüKo/*Junker*, Erg.-Bd., Art. 39 EGBGB Rn 9.
19 Bamberger/Roth/*Spickhoff*, Art. 39 EGBGB Rn 3.
20 Bamberger/Roth/*Spickhoff*, Art. 39 EGBGB Rn 3; Staudinger/*v. Hoffmann/Thorn*, Art. 39 EGBGB Rn 12; MüKo/*Junker*, Erg.-Bd., Art. 39 EGBGB Rn 9; *Kreuzer*, RabelsZ 65 (2001), 383, 411; a.A. *Fischer*, IPRax 2002, 1, 11 (Handlungsort).
21 Für Abstellen auf den Handlungsort in diesem Fall: Bamberger/Roth/*Spickhoff*, Art. 39 EGBGB Rn 3; MüKo/*Junker*, Erg.-Bd., Art. 39 EGBGB Rn 10; a.A. (Schwerpunktbildung) Staudinger/*v. Hoffmann/Thorn*, Art. 39 EGBGB Rn 13.
22 Bamberger/Roth/*Spickhoff*, Art. 39 EGBGB Rn 3.
23 Regierungsbegründung BT-Drucks 14/343, S. 9; Palandt/*Heldrich*, Art. 39 EGBGB Rn 1; Erman/*Hohloch*, Art. 39 EGBGB Rn 1.

das Heimatrecht des Geretteten (bei Schiffen also das Recht der Flagge bzw. – str.[24] – des Heimathafens) ab;[25] Art. 41 sei von vornherein nicht einschlägig, weil es bereits an einer Grundanknüpfung nach Art. 39 fehle, von der abgewichen werden könne. M.E. ist von Folgendem auszugehen: Mangels ausdrücklicher Regelung gilt der allgemeine Grundsatz der Anknüpfung an das Recht der engsten Verbindung, der auch in Art. 41 seinen Ausdruck gefunden hat. Die engste Verbindung besteht freilich in der Regel mit dem Heimatrecht des Geretteten.[26]

11 **2. Tilgung fremder Verbindlichkeiten (Abs. 2).** Gem. Abs. 2 unterliegen Ansprüche aus der Tilgung einer fremdem Verbindlichkeit dem Recht, das auf die Verbindlichkeit anzuwenden ist. Es erfolgt also eine akzessorische Anknüpfung an das Statut der getilgten Verbindlichkeit, häufig also an das nach Artt. 27 ff. ermittelte Schuldvertragsstatut. Zahlt etwa ein auftragsloser Geschäftsführer die Werklohnschuld eines anderen, so richtet sich sein Ausgleichsanspruch nach dem Werkvertragsstatut.[27] Richtiger Ansicht nach gilt Art. 39 Abs. 2 nicht nur für die Tilgung fremder Verbindlichkeiten, sondern auch für das auftragslose Stellen einer Sicherheit für die Schuld eines anderen.[28]

12 Bei Erstattungsansprüchen gegen den **Unterhaltsschuldner** geht die Sonderregelung des **Art. 18 Abs. 6 Nr. 3** vor, die das Unterhaltsstatut zur Anwendung beruft. Diese beschränkt sich ihrem Wortlaut nach auf das Ausmaß der Erstattungsansprüche einer Einrichtung, die öffentliche Aufgaben wahrnimmt.[29] Sonstige Erstattungsansprüche gegen unterhaltspflichtige Personen richten sich deshalb nach Art. 39 Abs. 2, der im Ergebnis auf das Unterhaltsstatut verweist.[30]

13 Art. 39 ist nicht anwendbar, soweit die vorrangige Vorschrift des **Art. 33 Abs. 3** greift. Dies ist der Fall, wenn der Leistende (Tilgende) dem Gläubiger gegenüber zur Leistung verpflichtet war. Die Frage der Legalzession richtet sich dann nach dem Statut dieser Verpflichtung; Abs. 2 kommt deshalb insoweit nur dann zur Anwendung, wenn eine solche Verpflichtung nicht bestand.[31]

14 War der Tilgende zwar nicht dem Gläubiger zur Zahlung verpflichtet, nahm er aber irrtümlich an, dem **Schuldner** gegenüber aufgrund eines vermeintlichen (in Wirklichkeit jedoch unwirksamen) Kausalverhältnisses (z.B. Versicherungsvertrag) zur Zahlung verpflichtet zu sein, so ist Art. 39 Abs. 2 grundsätzlich anwendbar. Allerdings wird man hier über Art. 41 Abs. 1, Abs. 2 Nr. 1 eine wesentlich engere Verbindung mit dem Statut des betreffenden Kausalverhältnisses annehmen müssen;[32] vgl. hierzu auch Art. 38 EGBGB Rn 42.

II. Einzelfragen

15 **1. Regelungsbereich.** Das nach Art. 39 maßgebliche Statut erfasst sowohl die Ansprüche des Geschäftsführers als auch die des Geschäftsherrn.[33] Es entscheidet über die Berechtigung der Geschäftsführung, über die Voraussetzungen der einzelnen Ansprüche und über deren Folgen.[34]

16 **2. Vorrangige Anknüpfungen innerhalb des EGBGB.** Die Regelanknüpfung des Art. 39 tritt zurück, wenn das EGBGB (zu vorrangigen Staatsverträgen und europarechtlichen Sonderregelungen vgl. Rn 3 ff.) eine vorrangige Sonderanknüpfung vorsieht. Derartige Sonderregeln enthalten die Artt. 41, 42.[35] Zu Art. 18 Abs. 6 Nr. 3 vgl. Rn 12, zu Art. 33 Abs. 3 vgl. Rn 13. Zu Art. 8 EGHGB vgl. 3.

17 **a) Art. 42 – Rechtswahl.** Art. 42 ermöglicht den Parteien grundsätzlich die nachträgliche Rechtswahl. Haben die Parteien eine solche wirksam geschlossen, so ist das gewählte Recht anwendbar. Auf Art. 39 und Art. 41 kommt es dann nicht mehr an.

---

24 Vgl. dazu näher Staudinger/*v. Hoffmann/Thorn*, Art. 39 EGBGB Rn 34.
25 Vgl. Staudinger/*v. Hoffmann/Thorn*, Art. 39 EGBGB Rn 32 ff.; MüKo/*Junker*, Erg.-Bd., Art. 39 EGBGB Rn 18; Bamberger/Roth/*Spickhoff*, Art. 39 EGBGB Rn 3.
26 Vgl. *Fischer*, IPRax 2002, 1, 14.
27 Vgl. Bamberger/Roth/*Spickhoff*, Art. 39 EGBGB Rn 4.
28 Bamberger/Roth/*Spickhoff*, Art. 39 EGBGB Rn 4; *Wandt*, S. 198 f.
29 MüKo/*Junker*, Erg.-Bd., Art. 39 EGBGB Rn 23; *Kreuzer*, RabelsZ 65 (2001), 383, 409.
30 MüKo/*Junker*, Erg.-Bd., Art. 39 EGBGB Rn 23.
31 Vgl. Staudinger/*v. Hoffmann/Thorn*, Art. 39 EGBGB Rn 45 ff.; Bamberger/Roth/*Spickhoff*, Art. 39 EGBGB Rn 4.
32 A.A. *Fischer*, IPRax 2002, 1, 15.
33 Erman/*Hohloch*, Art. 39 EGBGB Rn 11; MüKo/*Junker*, Erg.-Bd., Art. 39 EGBGB Rn 31. Zur Bedeutung einer einheitlichen Anknüpfung vgl. auch OLG Koblenz NJW 1992, 2367.
34 Vgl. Erman/*Hohloch*, Art. 39 EGBGB Rn 11; MüKo/*Junker*, Erg.-Bd., Art. 39 EGBGB Rn 31.
35 Vgl. dazu Staudinger/*v. Hoffmann/Thorn*, Art. 39 EGBGB Rn 47 ff.; MüKo/*Junker*, Erg.-Bd., Art. 39 EGBGB Rn 27 ff.; *Fischer*, IPRax 2002, 1, 12 ff., 14 ff.

b) Art. 41 – Wesentlich engere Verbindung. Liegt keine Rechtswahl vor, kann die Regelanknüpfung 18
des Art. 39 auch nach Art. 41 verdrängt werden, wenn zu einer anderen Rechtsordnung eine wesentlich
engere Verbindung besteht, Art. 41 Abs. 1. Art. 41 Abs. 2 nennt beispielhaft[36] zwei Fälle, in denen eine
solche wesentlich engere Verbindung gegeben sein kann, nämlich das Bestehen einer Sonderbeziehung der
Beteiligten (Nr. 1) und den gemeinsamen gewöhnlichen Aufenthalt der Beteiligten (Nr. 2).

aa) Gemeinsamer gewöhnlicher Aufenthalt, Art. 41 Abs. 2 Nr. 2. Gem. Art. 41 Abs. 2 Nr. 2 kann eine 19
wesentlich engere Verbindung sich daraus ergeben, dass die Beteiligten ihren gewöhnlichen Aufenthalt im
Zeitpunkt der Vornahme der Geschäftsführung in demselben Staat haben.[37] Bei Gesellschaften, Vereinen oder
Juristischen Personen ist der Ort der Hauptverwaltung bzw. der Ort der beteiligten Niederlassung maßgeblich
(Art. 41 Abs. 2 Nr. 2 Hs. 2 i.V.m. Art. 40 Abs. 2 S. 2). Zur Einschränkung der Anknüpfung nach Art. 41
Abs. 2 Nr. 2 in bestimmten Fällen vgl. Rn 23.

bb) Sonderbeziehung, Art. 41 Abs. 2 Nr. 1. Gem. Art. 41 Abs. 2 Nr. 1 kann sich eine wesentlich engere 20
Verbindung insbesondere aus einer besonderen rechtlichen oder tatsächlichen Beziehung zwischen den Beteiligten im Zusammenhang mit der Geschäftsführung ergeben. Die Vorschrift ermöglicht die akzessorische
Anknüpfung der Ansprüche aus GoA an das Statut der betreffenden Sonderverbindung. Die akzessorische
Anknüpfung vermeidet Qualifikations- und Anpassungsprobleme, die sich daraus ergeben können, dass
die Grenzziehung zwischen GoA und anderen Rechtsinstituten (z.B. Vertrag, Bereicherung, Eigentümer-Besitzer-Verhältnis) schwierig sein kann.

Eine Sonderverbindung kann sich u.a. aus folgenden Beziehungen ergeben: Vertrag;[38] Delikt;[39] sachenrecht- 21
lichen Beziehungen;[40] erb-[41] oder familienrechtlichen[42] Beziehungen. Art. 41 Abs. 2 Nr. 1 setzt voraus, dass
zwischen der GoA und der betreffenden Sonderbeziehung ein Zusammenhang besteht. Der Regierungsentwurf spricht von einem „engen Zusammenhang".[43] Man wird von einem solchen Zusammenhang ausgehen
können, wenn die GoA durch die Sonderbeziehung veranlasst oder ausgelöst wurde.[44]

Unterliegt die Sonderverbindung einer Anknüpfung, die ihrerseits eine akzessorische Anknüpfung an ein 22
anderes Statut ermöglicht (wie zum Beispiel das Deliktsstatut, das ebenfalls der Vorschrift des Art. 41
Abs. 1, Abs. 2 Nr. 1 unterliegt), so ist zu entscheiden, welches der beiden Statute man akzessorisch an das
andere anknüpft (Bsp.: Anknüpfung des GoA-Statuts an das Deliktsstatut oder des Deliktsstatuts an das
GoA-Statut?). Angesichts des schillernden Begriffs der GoA ist hier m.E. im Zweifel dem anderen Statut der
Vorrang zu geben, also das GoA-Statut über Art. 41 Abs. 2 Nr. 1 akzessorisch an das andere Statut (Beispiel:
Deliktsstatut) anzuknüpfen (str.).[45]

cc) Abweichungen von Art. 41 Abs. 2 Nr. 2. Art. 41 Abs. 2 enthält keine Regelung des Rangverhältnisses 23
zwischen Nr. 1 und Nr. 2. Liegen im konkreten Fall beide Fallgestaltungen vor (gemeinsamer gewöhnlicher
Aufenthalt und Sonderbeziehung), so ist m.E. der akzessorischen Anknüpfung an das Statut der Sonderbeziehung der Vorrang zu gewähren.[46] Andernfalls würde der durch die akzessorische Anknüpfung angestrebte Gleichlauf der verschiedenen Anspruchsgrundlagen beeinträchtigt. Dies wäre bei der GoA besonders

---

36 Vgl. Bamberger/Roth/*Spickhoff*, Art. 41 EGBGB Rn 2: zwar kein Regelbeispiel, aber Indizwirkung.
37 So zum früheren Recht bereits OLG Koblenz NJW 1992, 2367 = IPRax 1992, 383; OLG Nürnberg TranspR 1992, 36, 37.
38 Bsp.: Im Ausland tätiger Arbeitnehmer kauft ohne Rücksprache mit dem Arbeitgeber (also „ohne Auftrag") vor Ort Werkzeug, um die Arbeit fortsetzen zu können: akzessorische Anknüpfung an das Arbeitsvertragsstatut; Verwahrer trifft ohne Rücksprache nötige Maßnahmen zum Erhalt der eingelagerten Sachen: akzessorische Anknüpfung an das Statut des Verwahrungsvertrags. Vgl. Regierungsbegründung BT-Drucks 13/343, S. 13 f.; Staudinger/*v. Hoffmann/Thorn*, Art. 39 EGBGB Rn 54; vgl. zum früheren Recht auch OLG Koblenz NJW 1992, 2367 = IPRax 1992, 383 (allerdings ohne nähere Ausführungen zur Problematik).
39 Vgl. Erman/*Hohloch*, Art. 39 EGBGB Rn 10; Staudinger/*v. Hoffmann/Thorn*, Art. 39 EGBGB Rn 55.
40 Bsp.: Miteigentümerverhältnis: akzessorische Anknüpfung an die *lex rei sitae*; Staudinger/*v. Hoffmann/Thorn*, Art. 39 EGBGB Rn 55; dazu zum früheren Recht BGH NJW 1998, 1321, 1322 = IPRax 1999, 45 m. Anm. *Stoll*, S. 29.
41 Bsp.: Tätigkeit als vermeintlicher Testamentsvollstrecker: akzessorische Anknüpfung an das Erbstatut; vgl. Staudinger/*v. Hoffmann/Thorn*, Art. 39 EGBGB Rn 55.
42 Bsp.: Unterhaltsleistungen durch einen nicht Verpflichteten: akzessorische Anknüpfung an das Unterhaltsstatut; Staudinger/*v. Hoffmann/Thorn*, Art. 39 EGBGB Rn 55.
43 Regierungsbegründung BT-Drucks 14/343, S. 9.
44 Staudinger/*v. Hoffmann/Thorn*, Art. 39 EGBGB Rn 56. m.w.N.; *Kegel/Schurig*, S. 710. So auch zum früheren Recht BGH NJW 1998, 1321 = IPRax 1999, 45 m. Anm. *Stoll*.
45 So auch Erman/*Hohloch*, Art. 39 EGBGB Rn 10; a.A. jedoch Staudinger/*v. Hoffmann/Thorn*, Art. 39 EGBGB Rn 55: grundsätzlich Vorrang der GoA-Anknüpfung.
46 So auch Staudinger/*v. Hoffmann/Thorn*, Art. 39 EGBGB Rn 52; zum früheren Recht wohl auch BGH NJW 1998, 1321 = IPRax 1999, 45 m. Anm. *Stoll*.

misslich, weil die GoA-Ansprüche häufig von der Frage des Bestehens einer Sonderverbindung abhängen oder mit Ansprüchen aus anderen Sonderbeziehungen konkurrieren. Eine einheitliche Behandlung aller Ansprüche und Sonderbeziehungen nach einer Rechtsordnung ist deshalb unerlässlich. Diesem Ziel dient allein die akzessorische Anknüpfung über Art. 41 Abs. 2 Nr. 1.

24 Das Gleiche gilt im Ergebnis für die Fälle der **Tilgung fremder Schulden**, die gem. Art. 39 Abs. 2 ohnehin akzessorisch an das Schuldstatut angeknüpft werden. Der damit bezweckte Gleichlauf darf nicht durch die Anknüpfung an das davon abweichende gemeinsame Aufenthaltsrecht gefährdet werden. Deshalb ist im Grundsatz davon auszugehen, dass in den Fällen des Art. 39 Abs. 2 auch bei gemeinsamem gewöhnlichen Aufenthalt beider Parteien keine engere Verbindung zum Aufenthaltsrecht besteht. Dogmatisch ist es m.E. nicht nötig, hier auf eine teleologische Reduktion des Art. 41 Abs. 2 Nr. 2 zurückzugreifen.[47] Vielmehr kann man sich einfach darauf berufen, dass die in Art. 41 Abs. 2 genannten Fälle nicht zwingend zu einer engeren Verbindung i.S.d. Art. 41 Abs. 1 führen müssen, wie der Wortlaut zeigt („kann"). Es bleibt also immer ein gewisser Spielraum für die Einzelfallentscheidung. Dieser kann dazu genutzt werden, die Anknüpfung an das gemeinsame Heimatrecht auszuschalten, wenn sie den wünschenswerten Gleichlauf der einschlägigen Anknüpfungen gefährden würde. Entsprechendes gilt m.E. für die Fälle der Einwirkung auf fremde Grundstücke. Hier sollte eine Anknüpfung an die *lex rei sitae* (über Art. 39 Abs. 1 oder ggf. über Art. 41 Abs. 1) nicht daran scheitern, dass beide Parteien ihren gewöhnlichen Aufenthalt im gleichen Staat haben.[48]

25 **3. Allgemeine Regeln. a) Renvoi.** Die Vorschriften über das auf außervertragliche Schuldverhältnisse anwendbare Recht enthalten keine spezielle Vorschrift über die Beachtung der Rückverweisung. Es gilt deshalb die allgemeine Regelung des Art. 4. Dies führt m.E. zu folgenden Ergebnissen:

26 Die Rechtswahl nach Art. 42 ist gem. Art. 4 Abs. 2 eine Sachnormverweisung. Die Anknüpfung an den Vornahmeort in Art. 39 Abs. 1 ist gem. Art. 4 Abs. 1 S. 1 eine Gesamtverweisung;[49] Gründe für eine Sinnwidrigkeit der Gesamtverweisung i.S.d. Art. 4 Abs. 1 S. 1 Hs. 2 werden in der Regel nicht vorliegen. Die akzessorischen Anknüpfungen der Art. 39 Abs. 2 und Art. 41 Abs. 1 i.V.m. Abs. 2 Nr. 1 stellen Sachnormverweisungen dar. Verwiesen wird jeweils auf das Sachrecht, welches über die Hauptverweisung gefunden wurde, an die die akzessorische Anknüpfung gekoppelt ist. Dabei spielt es keine Rolle, ob es sich bei der Hauptverweisung selbst um eine Sachnormverweisung (wie z. B. wegen Art. 35 beim Vertragsstatut) oder eine Gesamtverweisung gehandelt hat.[50] Die in Art. 41 Abs. 2 Nr. 2 vorgesehene Anknüpfung an das Recht des gemeinsamen gewöhnlichen Aufenthalts ist m.E. ebenfalls eine Sachnormverweisung; die Annahme einer Gesamtverweisung widerspräche dem Sinn der Verweisung (Art. 4 Abs. 1 S. 1 Hs. 2), weil Art. 41 insgesamt auf dem Gedanken der engsten Verbindung beruht (sehr str.).[51]

27 **b) Ordre public.** Der allgemeine *ordre-public*-Vorbehalt des Art. 6 ist selbstverständlich zu beachten.[52] Nicht anwendbar ist auf die Anknüpfung der GoA hingegen der besondere Vorbehalt des Art. 40 Abs. 3, was sich aus der systematischen Stellung dieser Vorschrift ergibt.[53]

28 **4. Intertemporaler Anwendungsbereich.** Art. 39 ist mit dem IPR-Reformgesetz am 1.6.1999 in Kraft getreten. Das IPR-Reformgesetz enthält keine gesonderte Übergangsvorschrift. Diese Lücke ist durch eine analoge Anwendung von Art. 220 Abs. 1 zu schließen.[54] Demnach bleiben auf vor dem 1. Juni 1999 abgeschlossene Vorgänge die alten Regeln[55] anwendbar. Diese unterscheiden sich jedoch kaum von den in Art. 39 enthaltenen Regeln, so dass die praktischen Ergebnisse meist die gleichen sein werden.[56]

---

47 So aber Staudinger/*v. Hoffmann/Thorn*, Art. 39 EGBGB Rn 59.
48 So im Erg. auch Staudinger/*von Hoffman/Thorn*, Art. 39 EGBGB Rn 59, auch zu weiteren Bsp.
49 Staudinger/*v. Hoffmann/Thorn*, Art. 39 EGBGB Rn 64; Bamberger/Roth/*Spickhoff*, Art. 41 EGBGB Rn 14; Erman/*Hohloch*, Art. 39 EGBGB Rn 5.
50 So im Erg. wohl auch Erman/*Hohloch*, Art. 39 EGBGB Rn 5; MüKo/*Junker*, Erg.-Bd., Art. 39 EGBGB Rn 33; Bamberger/Roth/*Spickhoff*, Art. 39 EGBGB Rn 5; Regierungsbegründung BT-Drucks 14/343, S. 8.
51 So auch Staudinger/*v. Hoffmann/Thorn*, Art. 39 EGBGB Rn 64; Siehr, IPR, S. 242; *P. Huber*, JA 2000, 67, 72 f.; a.A. Bamberger/Roth/*Spickhoff*, Art. 41 EGBGB Rn 14; Erman/*Hohloch*, Art. 41 EGBGB Rn 4; MüKo/*Junker*, Erg.-Bd., Art. 39 EGBGB Rn 33; Palandt/*Heldrich*, Art. 41 EGBGB Rn 2; *Fischer*, IPRax 2002, 1, 17; wohl auch Regierungsbegründung BT-Drucks 14/343, S. 8.
52 Erman/*Hohloch*, Art. 39 EGBGB Rn 4; Bamberger/Roth/*Spickhoff*, Art. 39 EGBGB Rn 5.
53 Staudinger/*v. Hoffmann/Thorn*, Art. 39 EGBGB Rn 65; Bamberger/Roth/*Spickhoff*, Art. 39 EGBGB Rn 5; Erman/*Hohloch*, Art. 39 EGBGB Rn 4.
54 Staudinger/*v. Hoffmann/Thorn*, Art. 39 EGBGB Rn 66; *Spickhoff*, NJW 1999, 2209, 2210.
55 Vgl. dazu den Überblick bei Staudinger/*v. Hoffmann/Thorn*, Art. 39 EGBGB Rn 5 ff. und die Kommentierungen zum früheren Recht, z.B. Palandt/*Heldrich*, 58. Aufl. 1999.
56 Vgl. Staudinger/*v. Hoffmann/Thorn*, Art. 39 EGBGB Rn 66.

Artikel 40 Unerlaubte Handlung

(1) ¹Ansprüche aus unerlaubter Handlung unterliegen dem Recht des Staates, in dem der Ersatzpflichtige gehandelt hat. ²Der Verletzte kann verlangen, daß anstelle dieses Rechts das Recht des Staates angewandt wird, in dem der Erfolg eingetreten ist. ³Das Bestimmungsrecht kann nur im ersten Rechtszug bis zum Ende des frühen ersten Termins oder dem Ende des schriftlichen Vorverfahrens ausgeübt werden.

(2) ¹Hatten der Ersatzpflichtige und der Verletzte zur Zeit des Haftungsereignisses ihren gewöhnlichen Aufenthalt in demselben Staat, so ist das Recht dieses Staates anzuwenden. ²Handelt es sich um Gesellschaften, Vereine oder juristische Personen, so steht dem gewöhnlichen Aufenthalt der Ort gleich, an dem sich die Hauptverwaltung oder, wenn eine Niederlassung beteiligt ist, an dem sich diese befindet.

(3) ¹Ansprüche, die dem Recht eines anderen Staates unterliegen, können nicht geltend gemacht werden, soweit sie
1. wesentlich weiter gehen als zur angemessenen Entschädigung des Verletzten erforderlich,
2. offensichtlich anderen Zwecken als einer angemessenen Entschädigung des Verletzten dienen oder
3. haftungsrechtlichen Regelungen eines für die Bundesrepublik Deutschland verbindlichen Übereinkommens widersprechen.

(4) ¹Der Verletzte kann seinen Anspruch unmittelbar gegen einen Versicherer des Ersatzpflichtigen geltend machen, wenn das auf die unerlaubte Handlung anzuwendende Recht oder das Recht, dem der Versicherungsvertrag unterliegt, dies vorsieht.

Literatur: Allgemeines: *v. Bar*, Grundfragen des Internationalen Deliktsrechts, JZ 1985, 961; *Basedow*, Der kollisionsrechtliche Gehalt der Produktfreiheiten im europäischen Binnenmarkt – favor offerentis, RabelsZ 59 (1995), 1; *Beitzke*, Auslandswettbewerb unter Inländern, JuS 1966, 139; *ders.*, Neues österreichisches Kollisionsrecht, RabelsZ 43 (1979), 245; *Dethloff*, Schmerzensgeld nach ausländischem Recht vor inländischen Gerichten, in: FS Hans Stoll 2001, S. 481; *Freitag/ Leible*, Das Bestimmungsrecht des Art. 40 I EGBGB im Gefüge der Parteiautonomie im Internationalen Deliktsrecht, ZVglRWiss 199 (2000), 101; *Gruber*, Der Direktanspruch gegen den Versicherer im neuen deutschen Kollisionsrecht, VersR 2001, 16; *Hay*, Entschädigung und andere Zwecke, in: FS Hans Stoll 2001, S. 521; *von Hein*, Das Günstigkeitsprinzip im Internationalen Deliktsrecht, 1999; *ders.*, Günstigkeitsprinzip oder Rosinentheorie?, NJW 1999, 3174; *von Hoffmann*, Internationales Haftungsrecht im Referentenentwurf des Bundesjustizministeriums vom 1.12.93, IPRax 1996, 1; *Hohloch*, Auflockerung als „Lippenbekenntnis"? – Zur Konsolidierung der Tatortregel im deutschen internationalen Deliktsrecht, JuS 1980, 18; *Huber*, Das internationale Deliktsrecht nach der Reform, JA 2000, 67; *Junker*, Die IPR-Reform von 1999 – Auswirkungen auf die Unternehmenspraxis, RIW 2000, 241; *ders.*, Das Bestimmungsrecht des Verletzten nach Art. 40 I EGBGB, in: FS Werner Lorenz 2001, S. 321; *Kadner-Graziano*, Gemeineuropäisches Internationales Privatrecht, 2002; *Koziol*, Verhaltensunrecht und Deliktsstatut, in: FS Beitzke 1979, S. 575; *Kropholler*, Ein Anknüpfungssystem für das Deliktsstatut, RabelsZ 33 (1969), 601; *Kropholler/von Hein*, Spezielle Vorbehaltsklauseln im internationalen Privat- und Verfahrensrecht der unerlaubten Handlungen, in: FS Hans Stoll 2001, S. 553; *Lorenz*, Zivilprozessuale Konsequenzen der Neuregelung des Internationalen Deliktsrecht: Erste Hinweise für die anwaltliche Praxis, NJW 1999, 2215; *Mansel*, Zustellung einer Klage in Sachen „Tschernobyl", IPRax 1987, 210; *Pfeiffer*, Die Entwicklung des Internationalen Vertrags-, Schuld- und Sachenrechts 1997–1999, NJW 1999, 3674; *W.-H. Roth*, Der Einfluß des europäischen Gemeinschaftsrechts auf das Internationale Privatrecht, RabelsZ 55 (1991), 623; *Spickhoff*, Die Restkodifikation des Internationalen Privatrechts: Außervertragliches Schuld- und Sachenrecht, NJW 1999, 2209; *ders.*, Die Tatortregel im neuen Deliktskollisionsrecht, IPRax 2000, 1; *A. Staudinger*, Das Gesetz zum Internationalen Privatrecht für außervertragliche Schuldverhältnisse und für Sachen vom 21.5.1999, DB 1999, 1589; *Stoll*, Sturz vom Balkon auf Gran Canaria – Akzessorische Anknüpfung, deutsches Deliktsstatut und örtlicher Sicherheitsstandard, IPRax 1989, 89; *Vogelsang*, Die Neuregelung des Internationalen Deliktsrechts: Ein erster Überblick, NZV 1999, 497; *G. Wagner*, Fakultatives Kollisionsrecht und prozessuale Parteiautonomie, ZEuP 1999, 6; *R. Wagner*, Der Regierungsentwurf eines Gesetzes zum Internationalen Privatrecht für außervertragliche Schuldverhältnisse und für Sachen, IPRax 1998, 429; *ders.*, Zum Inkrafttreten des Gesetzes zum Internationalen Privatrecht für außervertragliche Schuldverhältnisse und für Sachen, IPRax 1999, 210.
Straßenverkehrsunfälle: *Bartels*, Verkehrsunfall im Ausland, zfs 2000, 374; *Beitzke*, Gastarbeiterunfall im Drittland, IPRax 1989, 250; *Deville*, Der gewöhnliche Aufenthalt als ausschließliches Anknüpfungsmerkmal im internationalen Verkehrsunfallrecht, IPRax 1997, 409; *Dörner*, Neue Entwicklungen im Internationalen Verkehrsunfallrecht, JR 1994, 6; *Fuchs*, Opferschutz bei Verkehrsunfällen im Ausland, IPRax 2001, 425; *Junker*, Das Internationale Unfallrecht nach der IPR-Reform von 1999, JZ 2000, 477; *Looschelders*, Die Beurteilung von Straßenverkehrsunfällen mit Auslandsberührung nach dem neuen internationalen Deliktsrecht, VersR 1999, 1316; *ders.*, Der Vorschlag der Europäischen Kommission für eine vierte Kfz-Haftpflicht-Richtlinie, NZV 1999, 57; *Mansel*, Zur Kraftfahrzeughalterhaftung in Auslandsfällen, VersR 1984, 97; *ders.*, Direktansprüche gegen den Haftpflichtversicherer – Anwendbares Recht und internationale Zuständigkeit, 1986; *Prölss*, Kraftfahr-Haftpflichtschäden im Zeichen der action directe, NJW 1965, 1737; *Sieghörtner*, Internationales Straßenverkehrsunfallrecht, 2001; *Timme*, Zur kollisionsrechtlichen Behandlung von Straßenverkehrsunfällen, NJW 2000, 3258; *Wandt*, Auf dem Weg zu einer klaren Anknüpfungsregel für internationale Straßenverkehrsunfälle, VersR 1993, 409.
Produkthaftung: *Freitag*, Der Einfluss des Europäischen Gemeinschaftsrechts auf die internationale Produkthaftungsrecht, 2000; *von Hein*, Grenzüberschreitende Produkthaftung für „Weiterfresserschäden", RIW 2000, 820; *Kadner-Graziano*, Das auf die Produkthaftung anwendbare Recht – europäischer Rechtszustand und aktuelle Vorschläge des Europäischen

Parlaments, VersR 2004, 1205; *W.-H. Roth*, Die Grundfreiheiten und das Internationale Privatrecht – das Beispiel Produkthaftung, in: GS Lüderitz 2000, S. 635; *Wandt*, Internationale Produkthaftung, 1994.
Umwelthaftung: *Hager*, Zur Berücksichtigung öffentlich-rechtlicher Genehmigungen bei Streitigkeiten wegen grenzüberschreitender Immissionen, RabelsZ 53 (1989), 306; *Meessen*, Zu den Grundlagen des internationalen Wirtschaftsrechts, AöR 110 (1985), 398; *Pfeiffer*, Öffentlich-rechtliche Anlagengenehmigung und deutsches Internationales Privatrecht, Jahrbuch des Umwelt- und Technikrechts 2000, 263; *Siehr*, Grenzüberschreitender Umweltschutz, RabelsZ 45 (1981), 377; *Spickhoff*, Internationale Umwelthaftungsstandards und das deutsche Internationale Umwelthaftungsrecht, Jahrbuch des Umwelt- und Technikrechts 2000, 385; *Wandt*, Deliktsstatut und Internationales Umweltrecht, VersR 1998, 529.
Wettbewerbs- und Immaterialgüterrecht: *Ahrens*, Auf dem Wege zur IPR-VO der EG für das Deliktsrecht, in: FS Tilmann 2003, S. 739; *Dethloff*, Europäisches Kollisionsrecht des unlauteren Wettbewerbs, JZ 2000, 179; *dies.*, Europäisierung des Wettbewerbsrechts, 2001; *Fetsch*, Grenzüberschreitende Gewinnzusagen im europäischen Binnenmarkt, RIW 2002, 936; *Halfmeier*, Vom Cassislikör zur E-Commerce-Richtlinie: Auf dem Weg zu einem europäischen Mediendeliktsrecht, ZEuP 2001, 837; *Grandpierre*, Herkunftslandprinzip kontra Marktortanknüpfung, 1999; *St. Lorenz*, Gewinnmitteilungen aus dem Ausland: Kollisionsrechtliche und internationalzivilprozessuale Aspekte von § 661a BGB, NJW 2000, 3305; *Ohly*, Die Europäisierung des Designrechts, ZEuP 2004, 296; *Sack*, Das internationale Wettbewerbs- und Immaterialgüterrecht nach der EGBGB-Novelle, WRP 2000, 269; *Schack*, Die grenzüberschreitende Verletzung allgemeiner Urheberpersönlichkeitsrechte, UFITA 108 (1988), S. 64; *Schaub*, Die Neuregelung des Internationalen Deliktsrechts in Deutschland und das europäische Gemeinschaftsrecht, RabelsZ 66 (2000), 18; *Spindler*, Kapitalmarktgeschäfte im Binnenmarkt, IPRax 2001, 400.
Persönlichkeitsverletzungen: *Ahrens*, Vermögensrechtliche Elemente postmortaler Persönlichkeitsrechte im Internationalen Privatrecht, in: FS Erdmann 2002, S. 3; *Ehmann/Thorn*, Erfolgsort bei grenzüberschreitenden Persönlichkeitsverletzungen, AfP 1996, 20; *Fricke*, Der Unterlassungsanspruch gegen Presseunternehmen zum Schutze des Persönlichkeitsrechts im IPR, 2003; *von Hinden*, Persönlichkeitsverletzung im Internet, 1999; *Hohloch*, Neue Medien und Individualrechtsschutz, ZUM 1986, 165; *Looschelders*, Persönlichkeitsschutz in Fällen mit Auslandsberührung, ZVglRWiss 95 (1996), 48; *Sonnenberger*, Der Persönlichkeitsrechtsschutz nach den Art. 40–42, in: FS Henrich 2000, S. 575; *Stadler*, Die internationale Durchsetzung von Gegendarstellungsansprüchen, JZ 1994, 642; *G. Wagner*, Ehrenschutz und Pressefreiheit im europäischen Zivilverfahrens- und Internationalen Privatrecht, RabelsZ 62 (1998), 243; *ders.*, Geldersatz für Persönlichkeitsverletzungen, ZEuP 2000, 200.
Internetdelikte: *Gounalakis/Rhode*, Persönlichkeitsschutz im Internet, 2002; *Lurger/Vallant*, Grenzüberschreitender Wettbewerb im Internet, RIW 2002, 188; *Mankowski*, Das Internet im Internationalen Vertrags- und Deliktsrecht, RabelsZ 63 (1999), 203; *ders.*, Herkunftslandprinzip und deutsches Umsetzungsgesetz zur E-Commerce-Richtlinie, IPRax 2002, 257; *Schack*, Internationale Urheber-, Marken- und Wettbewerbsrechtsverletzungen im Internet, MMR 2000, 59; *Spickhoff*, Das IPR der sog. Internetdelikte, in: Leible (Hrsg.), Die Bedeutung des IPR im Zeitalter der neuen Medien, 2003, S. 89; *Spindler*, Deliktsrechtliche Haftung im Internet – nationale und internationale Rechtsprobleme, ZUM 1996, 533; *ders.*, Internet, Kapitalmarkt und Kollisionsrecht unter besonderer Berücksichtigung der E-Commerce-Richtlinie, ZHR 165 (2001), 324; *ders.*, Das Gesetz zum elektronischen Geschäftsverkehr – Verantwortlichkeit der Diensteanbieter und Herkunftslandprinzip, NJW 2002, 921; *Thünken*, Die EG-Richtlinie über den elektronischen Geschäftsverkehr und das internationale Privatrecht des unlauteren Wettbewerbs, IPRax 2001, 15; *Ubber*, Rechtsschutz bei Missbrauch von Internet-Domains, WRP 1997, 497.
Zum Kommissionsentwurf einer „Rom II-Verordnung": *Benecke*, Auf dem Weg zu Rom II – Der Vorschlag einer Verordnung zur Angleichung des IPR der außervertraglichen Schuldverhältnisse, RIW 2003, 830; *Fuchs*, Zum Kommissionsvorschlag einer Rom II-Verordnung, GPR 2004, 100; *von Hein*, Die Kodifikation des europäischen Internationalen Deliktsrechts, ZVglRWiss 102 (2003), 528; *Leible/Engel*, Der Vorschlag der EG-Kommission für eine Rom II-Verordnung – Auf dem Weg zu einheitlichen Anknüpfungsregeln für außervertragliche Schuldverhältnisse in Europa, EuZW 2004, 7; *Nourissat/Treppoz*, Quelques observations sur l'avant projet de proposition du Conseil sur la loi applicable aux obligations non contractuelles „Rome II", JDI 2003, 7; *Remien*, European Private International Law and its Emerging Area of Freedom, Security and Justice, C.M.L.Rev. 2001, 53; *R. Wagner*, Ein neuer Anlauf zur Vereinheitlichung des IPR für außervertragliche Schuldverhältnisse auf EU-Ebene, EuZW 1999, 709.

A. Allgemeines 1	b) Ubiquitätsprinzip, Günstigkeitsvergleich 24
I. Rechtsentwicklung 1	c) Praktische Konsequenzen und Kritik 26
II. Europäische Rechtsvereinheitlichung 2	d) Mehrere Erfolgsorte 27
III. Vorrangige Staatsverträge 3	e) Mehrere Handlungsorte 28
IV. Die Grundentscheidungen der Artt. 40 ff. . . 5	4. Das Bestimmungsrecht (Abs. 1 S. 2, 3) . . 29
1. Einheitsregelung 5	a) Rechtsnatur 29
2. Hierarchie der Anknüpfungen 6	b) Zeitliche Grenzen 31
V. Rück- und Weiterverweisung 7	c) Richterliche Hinweispflicht 32
1. Grundsatz: Gesamtverweisung 7	III. Gemeinsamer Sitz oder Aufenthaltsort
2. Ausnahme: Sachnormverweisung 8	(Abs. 2) 33
B. Regelungsgehalt 10	1. Auflockerung der Tatortregel 33
I. Anwendungsbereich des Deliktsstatuts 10	2. Gewöhnlicher Aufenthalt 34
1. Anspruchsvoraussetzungen 10	a) Begriff 34
2. Haftungsfolgen 13	b) Maßgebender Zeitpunkt 35
3. Verhaltensregeln (local data) 14	c) Juristische Personen und Gesellschaften 37
II. Anknüpfung an den Tatort (Abs. 1) 16	IV. Vorbehaltsklausel (Abs. 3) 38
1. Allgemeines 16	1. Normzweck 38
2. Handlungsort und Erfolgsort 17	2. Allgemeine Voraussetzungen 40
a) Handlungsort 18	a) Recht eines anderen Staates 40
b) Erfolgsort 21	b) Inlandsbeziehung 41
3. Mehrere Tatorte 22	
a) Fallgruppen 22	

3. Die Vorbehalte im Einzelnen 42	a) Anwendungsbereich 65
a) Nr. 1 – Unangemessene Entschädigung 42	b) Staatsverträge 66
b) Nr. 2 – Zweck der Entschädigung .. 43	c) Tatortregel 67
c) Nr. 3 – Haftungsbeschränkungen eines verbindlichen Übereinkommens 45	d) Öffentlich-rechtliche Genehmigungen 68
	4. Wettbewerbsrecht 71
4. Rechtsfolge 47	a) Marktortprinzip 71
V. Direktanspruch gegen den Versicherer (Abs. 4) 48	b) Multistate-Wettbewerb 73
	5. Immaterialgüterrecht 74
VI. Einzelne Fallgestaltungen 49	6. Persönlichkeitsverletzungen 77
1. Verkehrsunfälle 49	a) Allgemeines 77
a) Sonderregeln 49	b) Tatortregel 78
b) Grundanknüpfungen 50	aa) Handlungsort 78
c) Wesentlich engere Verbindung 51	bb) Erfolgsort 80
d) Massenunfälle 52	c) Beseitigung, Widerruf, Unterlassung und Gegendarstellung 82
e) Direktanspruch 53	7. Internet-Delikte 83
f) Unfälle mit Ausländern im Inland .. 57	a) Problem 83
g) Unfälle Deutscher im Ausland 58	b) Tatortregel 84
h) Schiffsunfälle 59	c) Elektronischer Geschäftsverkehr im Binnenmarkt 86
i) Luftverkehr 60	8. Gewinnzusagen 89
2. Produkthaftung 61	9. Staatshaftung 90
a) Allgemeines 61	VII. Die Rom-II-Verordnung 91
b) Rechtswahlfreiheit 62	VIII. Anhang: Text des Kommissionsentwurfs der Rom-II-Verordnung 94
c) Tatortregel 63	
d) Marktortprinzip 64	
3. Umwelthaftung 65	

A. Allgemeines

I. Rechtsentwicklung

Bis 1999 war das Internationale Deliktsrecht im EGBGB nur rudimentär geregelt, nämlich durch die spezielle *ordre-public*-Klausel des Art. 38 a.F., nach der aus einer im Ausland begangenen unerlaubten Handlung gegen einen Deutschen keine weiter gehenden Ansprüche geltend gemacht werden konnten, als nach hiesigem Recht begründet waren.[1] Daneben galt die sog. Rechtsanwendungsverordnung vom 7.12.1942, die außerhalb des Reichsgebiets begangene Delikte unter Deutschen inländischem Recht unterwarf. Diesen Regelungen hat das am 1.6.1999 in Kraft getretene Gesetz zum Internationalen Privatrecht für außervertragliche Schuldverhältnisse und Sachen ein Ende bereitet,[2] obgleich Art. 38 a.F. in Abs. 3 aufgegangen ist, während sich der Regelungsgehalt der RechtsanwendungsVO in Abs. 2 findet, in beiden Fällen allerdings nicht mehr beschränkt auf deutsche Staatsangehörige. Darüber hinaus und vor allem hat das Gesetz von 1999 die Grundregeln des Deliktskollisionsrechts erstmals kodifiziert. Die Artt. 40 ff. orientieren sich zwar am vorher praktizierten Gewohnheitsrecht, weichen in den Details jedoch zum Teil deutlich von diesem ab.

II. Europäische Rechtsvereinheitlichung

Die Neuregelung des Internationalen Deliktsrechts im Jahre 1999 erfolgte gleichsam „in letzter Minute", denn zu diesem Zeitpunkt war der am 2.10.1997 unterzeichnete Vertrag von Amsterdam bereits in Kraft getreten, der in seinem Art. 65 lit. b erstmals eine Regelungskompetenz der EU für das Kollisionsrecht begründet hat. Es war abzusehen, dass die Kommission in absehbarer Zeit davon Gebrauch machen würde. Die Artt. 40 ff. sollten die deutsche Regierung in den Stand setzen, bei den anstehenden Verhandlungen auf EU-Ebene, auf veritable Gesetzestexte – und nicht bloß über Urteile verstreutes Richterrecht – zu verweisen. Angesichts der Durchsetzungskraft des in weiten Teilen unkodifizierten englischen Gewohnheitsrechts in Europa mag dahinstehen, inwieweit dieses Anliegen geeignet war, eine bloße Interimsgesetzgebung zu rechtfertigen. Eingehend zur geplanten **Rom-II-Verordnung** unten Rn 91 ff. Der Text des Verordnungsentwurfs ist im Anhang abgedruckt.

---

[1] Zur Entwicklung eingehend Staudinger/*v. Hoffmann*, Vorbem. zu Art. 38 EGBGB Rn 4 ff.; *Kegel/Schurig*, § 18 IV 1g, S. 741 f.

[2] BGBl I 1999 S. 1026.

III. Vorrangige Staatsverträge

3 Die Bundesrepublik hat verschiedene Staatsverträge geschlossen, die das außervertragliche Schadensrecht berühren und gemäß Art. 3 Abs. 2 Vorrang vor den Artt. 40 ff. beanspruchen, z.B. das Übereinkommen vom 29.7.1960 über die Haftung gegenüber Dritten auf dem Gebiet der Kernenergie[3] oder das Übereinkommen vom 29.11.1969 über die zivilrechtliche Haftung für Ölverschmutzungsschäden.[4] Darauf wird im jeweiligen Sachzusammenhang zurückzukommen sein (Rn 46, 66). Zu einem entsprechenden Vorbehalt in Art. 25 der geplanten Rom-II-Verordnung unten Rn 93.

4 In Deutschland nicht ratifiziert wurde bisher das Haager Übereinkommen vom 4.5.1971 über das auf **Straßenverkehrsunfälle** anzuwendende Recht, das in einigen europäischen Nachbarstaaten gilt, darunter Frankreich, Belgien und Luxemburg, Österreich und die Schweiz sowie Spanien.[5] Dasselbe Schicksal hat das Haager Übereinkommen vom 2.10.1973 über das auf die **Produkthaftpflicht** anwendbare Recht ereilt.[6]

IV. Die Grundentscheidungen der Artt. 40 ff.

5 **1. Einheitsregelung.** Bei der Regelung des Internationalen Deliktsrechts steht der Gesetzgeber vor der Wahl zwischen einem unitarischen Ansatz, der einheitliche Prinzipien für die Anknüpfung sämtlicher Deliktstypen formuliert, die dann allerdings relativ abstrakt ausfallen müssen, und vergleichsweise konkreten Regeln für einzelne Fallgruppen, die dann selbstverständlich nur im Plural zu haben sind. Der deutsche Gesetzgeber hat sich – anders als die EU-Kommission in Art. 3–8 des Entwurfs der Rom-II-Verordnung (Rn 91 f.) – für den unitarischen Ansatz entschieden.[7] Dieser erleichtert die Aufgabe des Gesetzgebers zulasten der Gerichte, die über erhebliche Spielräume bei der Konkretisierung der Artt. 40 ff. verfügen. Dazu eingehend Rn 49.

6 **2. Hierarchie der Anknüpfungen.** Die in den Artt. 40 ff. enthaltenen Anknüpfungsmomente stehen in einer **Hierarchie**, so dass sich dem Praktiker folgende **Prüfungsreihenfolge** empfiehlt:[8] **(1.)** Anwendungsvorrang genießt die von den Parteien gewählte Rechtsordnung, wobei eine Rechtswahl gemäß Art. 42 nur *ex post*, nach Entstehung des Anspruchs möglich ist (Art. 42 EGBGB Rn 5). **(2.)** Fehlt es an einer Rechtswahl, doch haben Schädiger und Geschädigter ihren gewöhnlichen Aufenthalt in demselben Staat, ist dessen Recht anzuwenden, Abs. 2 (Rn 33 ff.). **(3.)** Fehlt es auch am gemeinsamen Aufenthaltsort, kommt die Tatortregel des Abs. 1 zum Tragen. Nach dieser ist zur Anwendung berufen entweder **(a.)** das Recht des Handlungsorts oder – soweit Handlungs- und Erfolgsort auseinander fallen – **(b.)** das Recht des Erfolgsorts, wenn der Geschädigte entsprechend optiert. **(4.)** Abweichend von Abs. 2 und Abs. 1 ist auf der Grundlage von Art. 41 diejenige Rechtsordnung anzuwenden, mit der eine wesentlich engere Verbindung besteht.[9]

V. Rück- und Weiterverweisung

7 **1. Grundsatz: Gesamtverweisung.** Auch im internationalen Deliktsrecht ist im Regelfall von der **Gesamtverweisung** gemäß Art. 4 Abs. 1 auszugehen. Ursprünglich hatte der Gesetzgeber erwogen, eine Rück- und Weiterverweisung für den Bereich der außervertraglichen Schuldverhältnisse auszuschließen;[10] eine entsprechende Regelung wurde letztlich jedoch nicht aufgenommen, weil „kein zwingender Anlass" zur Abweichung von der Grundregel des Art. 4 Abs. 1 bestehe.[11] Art. 20 des Entwurfs der **Rom-II-Verordnung** folgt dem entgegengesetzten Prinzip (vgl. Rn 92).

8 **2. Ausnahme: Sachnormverweisung.** Gemäß Art. 4 Abs. 1 ist eine Verweisung allerdings dann nicht als Gesamtverweisung zu behandeln, wenn es „dem Sinn der Verweisung" widerspricht. In den Fällen der akzessorischen Anknüpfung nach Art. 41 Abs. 2 Nr. 1 ist ein *renvoi* nach dem Sinn der Verweisung ausgeschlossen, da ansonsten die bezweckte einheitliche materiell-rechtliche Beurteilung zusammenhängender Rechtsfragen vereitelt werden könnte.[12] Die nachträgliche Rechtswahl erfolgt gemäß Art. 4 Abs. 2 zudem

---

[3] Bekanntmachung der Neufassung (in BGBl II 1985 S. 963, 965 f.)
[4] BGBl II 1975 S. 301, 307 f.
[5] Text des Abkommens z.B. Staudinger/*v. Hoffmann*, Art. 40 EGBGB Rn 178; Kurzdarstellung bei *Kegel/Schurig*, § 18 IV 3a, S. 745 ff.; eingehend *Beitzke*, IPRax 1989, 250 ff.
[6] Text des Abkommens z.B. Staudinger/*v. Hoffmann*, Art. 40 EGBGB Rn 80; Rev. crit. dr. i. p. 1972, 818 ff.; Kurzdarstellung bei *Kegel/Schurig*, § 18 IV 3b, S. 747 ff.
[7] BT-Drucks 14/343, S. 10.
[8] Dazu auch *v. Hoffmann*, IPR, § 11, Rn 18; *Junker*, JZ 2000, 477; *Spickhoff*, NJW 1999, 2209, 2213.
[9] Graphische Darstellung des Prüfungsprozesses bei *Junker*, RIW 2000, 241, 246.
[10] So Art. 42 Abs. 2 RefE in der Fassung v. 15.5.1984, in dem auf Art. 35 verwiesen wurde.
[11] Vgl. BT-Drucks 14/343, S. 8.
[12] Staudinger/*v. Hoffmann*, Art. 40 EGBGB Rn 70.

immer zugunsten von Sachnormen. Gleiches gilt für die alternative Anknüpfung an das Versicherungsvertragsstatut gemäß Abs. 4 Alt. 2.[13]

Die Wahl zwischen Gesamt- und Sachnormverweisung ist beim **Distanzdelikt** umstritten, wenn also Handlungs- und Erfolgsort auseinander fallen und der Geschädigte von dem Bestimmungsrecht des Abs. 1 S. 2 Gebrauch macht.[14] Für die Beachtlichkeit von Rück- und Weiterverweisungen auch in diesen Fällen spricht, dass das Wahlrecht des Geschädigten auf tönernen normativen Füßen steht (vgl. auch Rn 26).[15] Aus praktischer Sicht dürfte es indessen kaum angehen, dem Geschädigten bzw. seinem Anwalt, der zugunsten der für ihn günstigeren Sachnormen einer der beteiligten Rechtsordnungen optiert, diesen Vorteil wieder aus der Hand zu schlagen, indem man das Wahlrecht auf das IPR der jeweiligen Rechtsordnung bezieht. In diesen Konstellationen ist somit von einer Sachnormverweisung auszugehen.[16]

B. Regelungsgehalt

I. Anwendungsbereich des Deliktsstatuts

1. Anspruchsvoraussetzungen. Der Anwendungsbereich des Deliktsstatuts greift weiter als das Recht der **unerlaubten Handlung** i.S.d. §§ 823 ff. BGB, von dem in Abs. 1 die Rede ist. Er umfasst die **gesamte außervertragliche Schadenshaftung**, einschließlich der **Billigkeitshaftung** (§ 829 BGB), der **Gefährdungshaftung** und der **Aufopferungshaftung**.[17] Zur **Staatshaftung** siehe unten Rn 90. Zum Direktanspruch gegen den **Haftpflichtversicherer** siehe unten Rn 53. Zur Parallelregelung in Art. 11 des Entwurfs der **Rom-II-Verordnung** vgl. den Anhang Rn 94.

Dem Deliktsstatut sind grundsätzlich alle Voraussetzungen der Haftung zu entnehmen,[18] insbesondere **Rechtsgutsverletzung**,[19] **Kausalität**,[20] **Sorgfaltspflichtverletzung** und die **Rechtswidrigkeit** einschließlich der Rechtfertigungsgründe.[21] Gleiches gilt für das **Verschulden**,[22] also die **Deliktsfähigkeit**,[23] Schuldausschließungsgründe, das Mitverschulden[24] und die **Verjährung**.[25] Bei der Gefährdungshaftung ist die **Haltereigenschaft** auf der Grundlage des Deliktsstatuts festzustellen.[26] Schließlich regelt es auch, unter welchen Voraussetzungen das Handeln von **Organen juristischer Personen** (§ 31 BGB) und solches von **Verrichtungsgehilfen** (§ 831 BGB) und **Aufsichtsbedürftigen** (§ 832 BGB) gehaftet wird.[27]

Kommt die **Verantwortlichkeit mehrerer Täter** in Betracht, bestimmt das Deliktsstatut darüber, ob der Einzelne für einen Teilschaden haftet und unter welchen Voraussetzungen er gesamtschuldnerisch für den Gesamtschaden aufzukommen hat.[28] Wird es gegenüber jedem Beteiligten gesondert festgestellt, kann es zur **Spaltung des Deliktsstatuts** kommen, etwa weil einem Beteiligten gegenüber die Tatortregel durch gemeinsames Heimatrecht (Abs. 2) verdrängt wird, gegenüber einem anderen aber nicht.[29] Mitunter wird dem Geschädigten sogar das Recht eingeräumt, durch selektive Ausübung des Bestimmungsrechts (Abs. 1 S. 2) eine Spaltung des Deliktsstatuts zur differenzierten Ausnutzung des Günstigkeitsprinzips herbeizuführen.[30] Da die Bevorzugung des Geschädigten bei grenzüberschreitenden Delikten keine sachliche Grundlage hat (Rn 26), besteht jedoch kein Anlass, eine solche Rosinenpickerei zuzulassen und damit

---

13 *Junker*, JZ 2000, 477, 486; Erman/*Hohloch*, Art. 40 EGBGB Rn 16.
14 Staudinger/*v. Hoffmann*, Art. 40 EGBGB Rn 70; *Timme*, NJW 2000, 3258, 3259.
15 Daher für eine Gesamtverweisung *von Hein*, Günstigkeitsprinzip, S. 179; *Looschelders*, VersR 1999, 1316, 1324; Bamberger/Roth/*Spickhoff*, Art. 40 EGBGB Rn 51; *Vogelsang* NZV 1999, 497, 501.
16 Staudinger/*v. Hoffmann*, Art. 40 EGBGB Rn 70; Erman/*Hohloch*, Art. 40 EGBGB Rn 13; *Huber*, JA 2000, 67, 73.
17 BT-Drucks 14/343, S. 11; BGHZ 23, 65, 67; 80, 1, 3 = NJW 1981, 1516 = VersR 1981, 458; Palandt/*Heldrich*, Art. 40 EGBGB Rn 16; Bamberger/Roth/*Spickhoff*, Art. 40 EGBGB Rn 7.
18 OLG Celle VersR 1967, 164.
19 OLG Celle VersR 1967, 164.
20 Z.B. OLG München VersR 1974, 443 f.
21 BGH NJW 1964, 650, 651; OLG Celle VersR 1967, 164 f.; MüKo/*Kreuzer*, Art. 38 EGBGB Rn 282.
22 OLG Celle VersR 1967, 164 f.
23 Palandt/*Heldrich*, Art. 40 EGBGB Rn 16; Erman/*Hohloch*, Art. 40 EGBGB Rn 60; einschließlich der Deliktsfähigkeit juristischer Personen BGH WM 1957, 1047, 1049; zur Verantwortlichkeit von Staaten für exterritorial verursachte Schäden AG Bonn NJW 1988, 1393, 1395 – Tschernobyl.
24 OLG Celle VersR 1967, 164; MüKo/*Kreuzer*, Art. 38 EGBGB Rn 282; *Kegel/Schurig*, § 18 IV 2, S. 744.
25 RGZ 129, 385, 388; OLG Celle VersR 1967, 164.
26 LG München I IPRax 1984, 101 = VersR 1984, 95; *Mansel*, VersR 1984, 97, 102 ff.; Bamberger/Roth/*Spickhoff*, Art. 40 EGBGB Rn 9.
27 Vgl. BGHZ 80, 1, 3 = NJW 1981, 1516 = VersR 1981, 458; BGH VersR 1990, 524, 525 = NJW-RR 1990, 604 = ZIP 1990, 365; OLG Köln NJW-RR 1998, 756 = NZG 1998, 350; *Kegel/Schurig*, § 18 IV 2, S. 743.
28 BGHZ 8, 288, 293 (implizit); BayObLG IPRax 1982, 249 m. Anm. *v. Hoffmann*; Staudinger/*v. Hoffmann*, Art. 40 EGBGB Rn 39; Soergel/*Lüderitz*, Art. 38 EGBGB Rn 98 m.w.N.
29 Praktisches Beispiel: AG Bonn VersR 1975, 528.
30 *Freitag/Leible*, ZVglRWiss 99 (2000), 101, 127 ff.; Staudinger/*v. Hoffmann*, Art. 40 EGBGB Rn 40.

sowohl den Ausgleich im Innenverhältnis als auch die Schadensabwicklung im Außenverhältnis (Vermeidung der Überkompensation) zu erschweren. Vielmehr ist das Deliktsstatut bei mehreren Tätern **einheitlich** zu bestimmen.[31] Damit richtet sich auch der **Regress im Innenverhältnis** nach dem (einheitlich) anwendbaren Deliktsrecht.[32] Zu Massenunfällen vgl. Rn 52 sowie Art. 41 EGBGB Rn 15.

13 **2. Haftungsfolgen.** Das Deliktsstatut beherrscht darüber hinaus alle **Rechtsfolgen der Haftung**,[33] also Art, Umfang und Höhe des Schadensersatzes,[34] Haftungshöchstbeträge,[35] das Verhältnis von Naturalrestitution und Geldersatz,[36] Vorteilsanrechnung,[37] und den Umfang des Ersatzes immaterieller Schäden.[38] Gleiches gilt für die Bestimmung des Kreises der Ersatzberechtigten,[39] die Übertragbarkeit und Vererbbarkeit und Verjährung deliktischer Ansprüche. Das Deliktsstatut gilt auch für **Unterlassungs- und Beseitigungsansprüche**, aber nicht für solche auf Gegendarstellung (Rn 82).

14 **3. Verhaltensregeln (local data).** Kommt die Tatortregel des Abs. 1 bei Platzdelikten zur Anwendung, gilt das Recht des Unfallorts für sämtliche Voraussetzungen und Folgen der Haftung. Probleme stellen sich ein, wenn **abweichend von der Tatortregel angeknüpft** wird, etwa an das gemeinsame Heimatrecht der Unfallbeteiligten (Abs. 2), an das Recht der engsten Verbindung (Art. 41) oder an das von ihnen gewählte Recht (Art. 42). Würde in diesen Fällen das anwendbare Deliktsstatut ebenfalls auf sämtliche Voraussetzungen und Folgen der Haftung bezogen, würde der Schädiger an Verhaltensstandards gemessen, die dort, wo er gehandelt hat, gar nicht gelten. Stoßen zwei Deutsche mit ihren Pkw in England zusammen, dann muss es trotz Abs. 2 beim Linksfahrgebot des englischen Rechts bleiben.[40] Andernfalls bräche die Funktion des Deliktsrechts (Rn 16), das Verhalten Einzelner im Interesse der Schadensvermeidung zu steuern und zu koordinieren, zusammen.

15 Dieses Ergebnis wird durch die Lehre von den *„local data"* gewährleistet, nach der die **örtlichen Verkehrsregeln** für den Straßen-, Luft- und Schiffsverkehr (Promillegrenzen, Linksfahrgebot) und darüber hinaus **lokale Sicherheitsvorschriften stets** und selbst dann **zu berücksichtigen** sind, wenn sie nicht dem Deliktsstatut entstammen.[41] Sie konkretisieren als „Datum" die Tatbestandsmerkmale des fremden Deliktsstatuts, insbesondere die Voraussetzung der Sorgfaltspflichtverletzung, indem sie die „im Verkehr erforderliche Sorgfalt" mitbestimmen. Das Tatortrecht bleibt also maßgeblich für die Frage, ob der Schädiger sorgfaltswidrig gehandelt hat, und damit für den Kern der Haftungsbegründung und der Mitverschuldensprüfung.[42] So auch Art. 13 des Entwurfs der **Rom-II-Verordnung** (vgl. den Anhang Rn 94). Allerdings kann sich eine zum Zeitpunkt des Unfalls nicht angeschnallte Beifahrerin dem Einwand des Mitverschuldens (§ 254 BGB) nicht mit der Begründung entziehen, am Unfallort gelte die Gurtpflicht nicht, denn im Verhältnis zum Fahrer des Pkw bedarf es nicht des Rückgriffs auf örtliche Verhaltensregeln, um das Verhalten der Insassen im Interesse der Schadensvermeidung zu koordinieren.[43]

---

[31] BGH IPRax 1983, 118 m. Anm. *Schricker*; BGH VersR 1990, 524, 525 = NJW-RR 1990, 604; *Wandt*, VersR 1989, 265, 267; MüKo/*Kreuzer*, Art. 38 EGBGB, Rn 97; a.A. RGZ 150, 265, 270 f.; Staudinger/*v. Hoffmann*, Art. 40 EGBGB Rn 40.

[32] Vgl. BGH VersR 1989, 54, 55 f. = NJW-RR 1989, 670 = NZV 1989, 105; deutlich *Wandt*, VersR 1989, 265, 267; *Kropholler*, IPR, § 53 IV 3 d, S. 518.

[33] BGHZ 93, 214, 217 f. = NJW 1985, 1285 f. = JZ 1985, 441, 442.

[34] BGH IPRspr 1960/61 Nr. 52; BGH VersR 1989, 54, 55 = NJW-RR 1989, 670 = NZV 1989, 105; OLG Bremen IPRspr 1983 Nr. 45.

[35] Erman/*Hohloch*, Art. 40 EGBGB Rn 63.

[36] BGHZ 14, 212, 217.

[37] BGH VersR 1967, 1154 f.; VersR 1989, 54, 55 = NJW-RR 1989, 670 = NZV 1989, 105; OLG Celle IPRax 1982, 203.

[38] *Kegel/Schurig*, § 18 IV 2, S. 744; Erman/*Hohloch*, Art. 40 EGBGB Rn 63.

[39] Palandt/*Heldrich*, Art. 40 EGBGB Rn 18; Erman/*Hohloch*, Art. 40 EGBGB Rn 64; vgl. auch BGH VersR 1989, 54, 55 = NJW-RR 1989, 670 = NZV 1989, 105 zur *cessio legis*.

[40] Beispiel nach LG Mainz NJW-RR 2000, 31; ähnlich LG Nürnberg-Fürth VersR 1980, 955: Unfall zweier Deutscher in Jugoslawien.

[41] BT-Drucks 14/343, S. 11, in Anknüpfung an die st. Rspr. seit BGHZ 57, 265, 267 f. = NJW 1972, 387 = VersR 1972, 255; vgl. weiter BGHZ 87, 95, 97 f. = NJW 1983, 1972 f. = JZ 1983, 713; BGHZ 90, 294, 298 = NJW 1984, 2032 f. = JZ 1984, 669 ff.; BGHZ 119, 137, 140 = NJW 1992, 3091 = NZV 1992, 438; Bamberger/Roth/*Spickhoff*, Art. 40 EGBGB Rn 11.

[42] BGH NJW-RR 1996, 732 = VersR 1996, 515 = NZV 1996, 272 m.w.N.; OLG Hamm IPRspr 1996 Nr. 41.

[43] KG VersR 1982, 1199: „Von ihrer Kenntnis über einen wirksamen Selbstschutz musste (die Beifahrerin) auch im Ausland Gebrauch machen."; zust. *v. Bar*, JZ 1985, 961, 967.

II. Anknüpfung an den Tatort (Abs. 1)

1. Allgemeines. In Übereinstimmung mit dem vor der IPR-Reform von 1999 geltenden Gewohnheitsrecht unterwirft Abs. 1 die Haftung aus unerlaubter Handlung dem Recht des Tatorts (*lex loci delicti commissi*).[44] Zur Hierarchie der Anknüpfungen und zur Prüfungsreihenfolge siehe oben Rn 6. Das Tatortprinzip wird mitunter als „Verlegenheitslösung" bezeichnet, die „nur zufällig" zu den richtigen Ergebnissen führe.[45] In Wahrheit wird die Anknüpfung an das Tatortrecht durch die Regelungsziele des Deliktsrechts gefordert, weil sie die Zwecksetzungen des materiellen Rechts in das zugehörige Kollisionsrecht verlängert. Das Deliktsrecht kann seine Präventionswirkung nämlich nur entfalten und das Verhalten der Rechtssubjekte im Interesse der Schadensvermeidung koordinieren, wenn die von der Haftungsandrohung ausgehenden, inhaltlich differenzierten Anreize zu sorgfältigem Verhalten an alle Personen adressiert werden, die innerhalb eines bestimmten Territoriums agieren und sich deshalb wechselseitig gefährden.[46]

2. Handlungsort und Erfolgsort. Eine Vielzahl von Orten ließe sich ohne Vergewaltigung der Sprache als Tatort bezeichnen. Als maßgebend für den Tatort ansehen ließen sich Vorbreitungshandlungen, das deliktische Verhalten, die Rechtsgutsverletzung und der Folgeschaden. Für das Kollisionsrecht relevant sind allein der sog. Handlungsort und der Erfolgsort.

a) Handlungsort. Handlungsort ist der Ort, an dem die für den Schaden **ursächliche deliktische Handlung** ausgeführt worden ist.[47] Ist dem Täter nicht eine Handlung, sondern ein **Unterlassen** vorzuwerfen, ist auf den Ort abzustellen, an dem der Schädiger das Handlungsgebot verletzt hat, also hätte handeln müssen.[48] Ob eine Pflicht zum Handeln bestand, lässt sich nur nach dem jeweils geltenden Ortsrecht beurteilen.[49]

Orte, an denen lediglich **Vorbereitungshandlungen** und nicht tatbestandsmäßige Ausführungshandlungen vorgenommen werden, sind keine Handlungsorte im Sinne des Abs. 1 S. 1.[50] Ob eine deliktisch relevante Handlung oder eine bloße Vorbereitungshandlung vorliegt, kann nicht das deutsche Kollisionsrecht entscheiden,[51] das keine Kriterien dafür bereithält, sondern maßgeblich ist wiederum das Ortsrecht, also die Rechtsordnung, die dort gilt, wo die zu beurteilende Handlung stattgefunden hat.[52]

Beispiele: Bei **Briefdelikten** liegt der Handlungsort am Absendeort; dagegen ist das Verfassen des Briefes reine Vorbereitungshandlung (Rn 79).[53] Im Rahmen von **Pressedelikten** ist die Niederlassung des Verlags Handlungsort, wohingegen das Erstellen von Berichten sowie der Druck irrelevant sind (Rn 79).[54] Ebenso stellen im Falle der **Produkthaftung** die Entwicklung und Produktion lediglich interne Vorbereitungshandlungen dar. Maßgebende Ausführungshandlung ist das In-Verkehr-Bringen des Produkts (Rn 64). Bei **Internet-Delikten** (Rn 83 ff.) ist der Handlungsort am Ort des Einspeisens zu lokalisieren. Maßgebend ist also – entsprechend der Behandlung von Briefdelikten – der Ort, von dem aus die Information zwecks Einspeisung in das Internet abgesandt wurde.[55] Akte des Verfassens oder Speicherns einer Mail oder einer Homepage sind dagegen als Vorbereitungshandlung zu qualifizieren. Auch der Standort des Servers kommt als Handlungsort nicht in Betracht.[56]

---

44 Vgl. schon RGZ 23, 305; RGZ 96, 96, 98; BGH NJW 1964, 2012; Palandt/*Heldrich*, Art. 40 EGBGB Rn 1; *Junker*, IPR, Rn 438; *Kropholler*, IPR, § 53 IV 1, S. 511 f.; Soergel/*Lüderitz*, 12. Aufl., Art. 38 EGBGB Rn 3.
45 So aber *Kropholler*, RabelsZ 33 (1969), 601, 609.
46 Staudinger/*v. Hoffmann*, Art. 40 EGBGB Rn 2; *Koziol*, in: FS Beitzke 1979, S. 575, 577 f.; *G.Wagner*, RabelsZ 62 (1998), 243, 254 f.; ähnlich BGHZ 87, 95, 97 = NJW 1983, 1972 = VersR 1983, 556; 119, 137, 140 = NJW 1992, 3091 = NZV 1992, 438; *Kegel/Schurig*, § 18 IV 1, S. 721: Tatortregel liegt „im Interesse aller".
47 BGHZ 29, 237 f. = NJW 1959, 769; Soergel/*Lüderitz*, Art. 38 EGBGB Rn 4; Staudinger/*v. Hoffmann*, Art. 40 EGBGB Rn 17.
48 Palandt/*Heldrich*, Art. 40 EGBGB Rn 3; Bamberger/Roth/*Spickhoff*, Art. 40 EGBGB Rn 17; *ders.*, IPRax 2000, 1, 4.
49 Bamberger/Roth/*Spickhoff*, Art. 40 EGBGB Rn 17.
50 So BGH MDR 1957, 31, 33; BGHZ 35, 329, 333 f.; Palandt/*Heldrich*, Art. 40 EGBGB Rn 3; Staudinger/*v. Hoffmann*, Art. 40 EGBGB Rn 17; MüKo/*Kreuzer*, Art. 38 EGBGB Rn 44; *Kropholler*, IPR, § 53 IV 1a, S. 511; a.A. *Mankowski*, RabelsZ 63 (1999) 203, 263 ff.
51 So aber (unter Rückgriff auf die Dogmatik des deutschen materiellen Deliktsrechts) *Deutsch*, Allgemeines Haftungsrecht, 2. Aufl. 1996, Rn 96; Staudinger/*v. Hoffmann*, Art. 40 EGBGB Rn 17 f.; *Stoll*, IPRax 1989, 89, 90: willensgetragene Handlung, die ein rechtlich geschütztes Interesse gefährdet.
52 Bamberger/Roth/*Spickhoff*, Art. 40 EGBGB Rn 16; MüKo/*Kreuzer*, Art. 38 EGBGB Rn 44; *Kegel/Schurig*, § 18 IV 1a bb, S. 726.
53 BGHZ 40, 391, 394; OLG Karlsruhe WRP 1976, 381.
54 OLG Oldenburg NJW 1989, 400; *von Hinden*, S. 60.
55 Palandt/*Heldrich*, Art. 40 EGBGB Rn 12; Staudinger/*v. Hoffmann*, Art. 40 EGBGB Rn 18; *von Hinden*, S. 68 ff.; *Spickhoff*, Das IPR der sog. Internetdelikte, in: Leible (Hrsg.), Die Bedeutung des IPR im Zeitalter der neuen Medien, S. 89, 98.
56 A.A. LG Düsseldorf GRUR 1998, 159, 160; *Ubber*, WRP 1997, 497, 502.

21 **b) Erfolgsort.** Der Erfolgsort ist dort zu lokalisieren, wo das geschützte Rechtsgut (z.B. die Gesundheit oder das Eigentum) verletzt wird.[57] Als für die Anknüpfung irrelevant erweist sich damit der sog. **Schadensort**,[58] also der Ort, an dem Folgeschäden eintreten, beispielsweise die Behandlungskosten anfallen, wenn das Opfer eines Verkehrsunfalls in Weil am Rhein in ein Baseler Krankenhaus eingeliefert wird.[59] Andernfalls hätte es der Geschädigte in der Hand, das anwendbare Recht zu wählen, indem er sich nach Eintritt der Rechtsgutverletzung in den Geltungsbereich der einen oder anderen Rechtsordnung begibt.[60] Soweit die Ersatzpflicht wegen **reiner Vermögensschäden** etwa nach § 826 BGB in Rede steht, fehlt es zwar an einer Rechtsgutverletzung im technischen Sinne, doch daraus folgt keineswegs die Maßgeblichkeit des Schadensorts. Vielmehr kommt es auf die Primärverletzung, also die erste Beeinträchtigung des geschützten Interesses an.[61] Entscheidend ist der Lageort des Vermögens zum Zeitpunkt seiner Verletzung.[62]

22 **3. Mehrere Tatorte. a) Fallgruppen.** Die Tatortregel funktioniert unproblematisch bei sog. **Platzdelikten**, bei denen Handlungs- und Erfolgsort zusammenfallen oder doch zumindest im Geltungsbereich ein und derselben Rechtsordnung liegen. So verhält es sich in der Masse der Fälle, nämlich bei Unfällen im Straßenverkehr (Rn 49 ff), bei Sportunfällen, bei der Verletzung im Rahmen einer Schlägerei usw. Schwierigkeiten entstehen der Tatortregel im Fall des sog. **Distanzdelikts**, bei dem die unerlaubte Handlung im Geltungsbereich einer Rechtsordnung vorgenommen wird, während der schädliche Erfolg auf dem Territorium einer anderen Jurisdiktion eintritt. Das klassische Beispiel ist der Schuss über die Grenze.[63]

23 Noch komplexer ist die Situation im Fall des **Streudelikts**, bei dem nicht nur Handlung und Rechtsgutsverletzung territorial auseinander fallen, sondern ein und dieselbe deliktische Handlung zu einer Mehrzahl von Erfolgen im Geltungsbereich unterschiedlicher Rechtsordnungen führt. Repräsentative Beispiele sind grenzüberschreitende Umweltbeeinträchtigungen (Rn 65 ff.), Pressedelikte (Rn 79 ff.) sowie deliktisches Verhalten bei der Nutzung elektronischer Medien, von Rundfunk und Fernsehen bis zum Internet (Rn 83 ff.).[64]

24 **b) Ubiquitätsprinzip, Günstigkeitsvergleich.** Unter dem alten Recht war das sog. Ubiquitätsprinzip anerkannt, nach dem bei Distanzdelikten **sowohl das Recht am Handlungsort als auch das Erfolgsortrecht** zur Anwendung berufen waren. Das Gericht hatte das jeweils einschlägige ausländische Recht gemäß § 293 ZPO von Amts wegen zu ermitteln. Ergab sich nach der doppelten Lösung des Falles nicht dasselbe Ergebnis, war (wiederum von Amts wegen) nach dem **Günstigkeitsprinzip** zu verfahren, also das für den Geschädigten vorteilhaftere Recht anzuwenden,[65] wenn sich die Parteien nicht im Wege der Rechtswahl auf ein Recht festgelegt hatten.[66]

25 Auch Abs. 1 geht zu Recht vom Ubiquitätsprinzip aus, um den Zusammenhang mit dem internationalen Zivilprozessrecht (§ 32 ZPO, Art. 5 Nr. 3 EuGVVO) nicht zu zerreißen und so den **Gleichlauf** von internationaler Zuständigkeit und anwendbarem Recht zu gewährleisten. Um dem Gericht die Bürde der doppelten Rechtsanwendung und der obligatorischen Feststellung von Auslandsrecht abzunehmen, wurde jedoch die **Wahl zwischen Handlungs- und Erfolgsortrecht** und damit auch der vorausgehende Günstigkeitsvergleich auf den Geschädigten bzw. dessen Anwalt verlagert.[67] Danach findet grundsätzlich das Recht des Handlungsorts Anwendung, bei der es bleibt, wenn nicht der Geschädigte bzw. sein Anwalt im ersten Rechtszug bis zum Ende des Vorverfahrens oder des frühen ersten Termins zugunsten des Erfolgsortrechts optiert, Abs. 1 S. 2, 3. Eingehend zur Ausübung dieses Bestimmungsrechts unten Rn 29 ff.

26 **c) Praktische Konsequenzen und Kritik.** Tatsächlich ist die Begünstigung des Geschädigten bei Auslandssachverhalten (*international bonus*) durch kumulative Anwendung zweier Rechtsordnungen **sachlich nicht zu rechtfertigen** und im Licht der **Grundfreiheiten des EG-Vertrags** problematisch (Rn 64).[68] Nur

---

57 RGZ 140, 25, 29; BGHZ 70, 7 = NJW 1978, 495 = VersR 1978, 231.
58 RGZ 140, 25, 29; BGHZ 70, 7 = NJW 1978, 495 = VersR 1978, 231; BGHZ 98, 263, 275 = NJW 1987, 592 ff. = WM 1986, 1444 ff.
59 Beispiel nach MüKo/*Kreuzer*, Art. 38 EGBGB Rn 48.
60 Staudinger/*v. Hoffmann*, Art. 40 EGBGB Rn 24 mit ausf. Begründung sowie Fallbeispielen.
61 BGHZ 118, 151, 169 f. = NJW 1992, 2026 ff. = ZIP 1992, 781 ff.; vgl. auch BGH WM 1989, 1047, 1049 = ZIP 1989, 830 ff.; weiter *Spickhoff*, NJW 1999, 2209, 2213; *ders.*, IPRax 2000, 1, 5; ausf. zum Parallelproblem bei der Feststellungsklage *G. Wagner*, ZInsO 2003, 485, 489.
62 *Spickhoff*, NJW 1999, 2209, 2213; Palandt/*Heldrich*, Art. 40 EGBGB Rn 4.
63 So in RGZ 54, 198, 205: Schuss über den Rhein als Landesgrenze zwischen Baden und Elsaß.
64 *G. Wagner*, RabelsZ 62 (1998), 243, 247.
65 So bereits RGZ 23, 305; 138, 243, 246; BGH NJW 1964, 2012; 1980, 1606 f.; *v. Bar*, JZ 1985, 961, 964.
66 Vgl. z.B. BGH NJW 1974, 410.
67 BT-Drucks 14/343, S. 11.
68 *W.-H. Roth*, RabelsZ 55 (1991), 623, 645 f.; *ders.*, in: GS Lüderitz 2000, S. 635, 654; *G. Wagner*, RabelsZ 62 (1998), 243, 260; ohne Bezug zum Europarecht auch *v. Bar*, JZ 1985, 961, 966 ff.; a.A. und zugunsten des Herkunftslandprinzips *Basedow*, RabelsZ 59 (1995), 1, 37 ff.

schwer zu verstehen ist allerdings, dass der deutsche Gesetzgeber nicht das Erfolgsortrecht für grundsätzlich maßgeblich erklärt hat, sondern ausgerechnet das Handlungsortrecht.[69] Es widerspricht der Steuerungsfunktion der Tatortregel, die Teilnehmer des deutschen Inlandsmarkts nicht denselben inländischen Sorgfaltsregeln zu unterwerfen. In **praktischer Hinsicht** ist zu bedenken, dass ein Distanzdelikt von dem Geschädigten normalerweise nur dann vor die deutschen Gerichte gebracht wird, wenn der Erfolgsort im Inland liegt, insbesondere weil der Geschädigte hier seinen Wohnsitz hat. In diesem Fall muss der Anwalt das Bestimmungsrecht (rechtzeitig) ausüben, damit sich der Kläger auf deutsches Recht berufen und dem Gericht die Ermittlung und Anwendung ausländischen Rechts ersparen kann. Diese Option darf der Anwalt wiederum nur ausüben, nachdem er den Inhalt des ausländischen Handlungsortsrechts ermittelt und mit dem deutschen Erfolgsortrecht verglichen hat, denn die Ausübung des Wahlrechts zulasten des Mandanten wäre eine Pflichtverletzung.[70] Die Reform hat also die Prozessführung im Internationalen Deliktsrecht erheblich erschwert und verteuert. In naher Zukunft ist damit zu rechnen, dass Abs. 1 durch Art. 3 Abs. 1 der **Rom-II-Verordnung** abgelöst wird, nach der allein das Erfolgsortrecht maßgeblich ist (Rn 92 f.).

d) Mehrere Erfolgsorte. Bei Streudelikten (Rn 23) fallen nicht nur Handlungs- und Erfolgsort auseinander, sondern ein Handlungsort konkurriert mit einer Mehrzahl von Erfolgsorten. Ob auch im Verhältnis der mehreren Erfolgsortrechte zueinander das **Ubiquitätsprinzip** in dem Sinne gilt, dass der Geschädigte unter sämtlichen Erfolgsortrechten die Wahl hat und seinen gesamten Schaden auf der Grundlage der ihm günstigsten Rechtsordnung liquidieren kann, ist zweifelhaft und umstritten. Während ein Teil des Schrifttums das Wahlrecht des Geschädigten in entsprechender Anwendung des Abs. 1 S. 2 bejaht,[71] will die Gegenansicht den **Verletzungsschwerpunkt** ermitteln und allein das dort geltende Recht als Erfolgsortsstatut qualifizieren.[72] Bei Persönlichkeitsverletzungen kommt insbesondere der Sitz des Geschädigten als Haupterfolgsort in Betracht (Rn 81). – Tatsächlich begünstigt ein Wahlrecht zwischen sämtlichen Erfolgsortrechten den Geschädigten grundlos und übermäßig. Die Ermittlung eines Verletzungsschwerpunkts kann jedoch als Alternative ebenfalls nicht überzeugen, weil sie dem Geschädigten *de facto* erlaubt, mit seinem Sitz auch das anwendbare Recht zu wählen und in den Fällen der Persönlichkeitsverletzungen die gegebenen Unterschiede zwischen den Rechtskulturen negiert. Die Begünstigung des Geschädigten ist vielmehr auf prozessualem Weg zu vermeiden, indem die Zuständigkeit der Gerichte an den mehreren Erfolgsorten auf den dort eingetretenen Schaden begrenzt wird. Eingehend unten Rn 81.

e) Mehrere Handlungsorte. Die Konkurrenz mehrerer Handlungsorte war nach früherem Recht ebenfalls mit Hilfe der **Ubiquitätsregel** und des **Günstigkeitsprinzips** aufzulösen.[73] Diese Lehre wird nunmehr in das neue Recht transponiert, indem Abs. 1 S. 2 analog auf die Wahl zwischen mehreren Handlungsorten angewendet wird, mit der Folge, dass der Geschädigte auch insoweit über ein Bestimmungsrecht zugunsten der ihm (vermeintlich) günstigsten Rechtsordnung verfügt.[74] Dies führt zu einer sachlich ungerechtfertigten Begünstigung des Geschädigten und lässt sich in Reinkultur nicht realisieren, weil die Frage beantwortet werden muss, welches Recht anwendbar ist, wenn der Geschädigte seine Bestimmung trifft. Der Vorschlag, dann dem Gericht die Wahl zu überantworten, vermag nicht zu überzeugen, weil nicht ersichtlich ist, warum sich der Geschädigte bzw. sein Anwalt überhaupt der Qual der Wahl unterziehen sollte, wenn das Gericht ohnehin zu seinen Gunsten tätig werden muss. Vorzugswürdig ist deshalb die Ansicht, den Schwerpunkt der Sorgfaltspflichtverletzung zu lokalisieren und nur dort einen Handlungsort anzunehmen.[75] Beides ist aus der Perspektive des Erfolgsortrechts zu beurteilen; aus der Sicht des deutschen Rechts liegt der Handlungsort bei Pressedelikten allein am Verlagssitz als der Verhaltenszentrale (Rn 79).[76]

4. Das Bestimmungsrecht (Abs. 1 S. 2, 3). a) Rechtsnatur. Die Rechtsnatur des Bestimmungsrechts ist in der Literatur umstritten. Während einerseits eine **prozessuale Qualifizierung** befürwortet wird,[77] spre-

---

69 Übereinstimmen *v. Hoffmann*, IPR, § 11 Rn 26.
70 Vgl. *St. Lorenz*, NJW 1999, 2215, 2218; *Sonnenberger*, in: FS Henrich 2000, S. 575, 577 f.
71 Palandt/Heldrich, Art. 40 EGBGB Rn 4; *Spickhoff*, IPRax 2000, 1, 5.
72 So auch *Ehmann/Thorn*, AfP 1996, 20, 23 m.w.N.; Staudinger/*v. Hoffmann*, Art. 40 EGBGB Rn 26.
73 BGH NJW 1964, 2012; OLG Karlsruhe MDR 1978, 61; BAGE 15, 79, 82 = NJW 1964, 990; MüKo/*Kreuzer*, Art. 38 EGBGB Rn 47; Soergel/*Lüderitz*, Art. 38 EGBGB Rn 16.

74 So Bamberger/Roth/*Spickhoff*, Art. 40 EGBGB Rn 19; Palandt/*Heldrich*, Art. 40 EGBGB Rn 3; Erman/*Hohloch*, Art. 40 EGBGB Rn 24.
75 Staudinger/*v. Hoffmann*, Art. 40 EGBGB Rn 20; *Looschelders*, VersR 1999, 1316, 1319.
76 Staudinger/*v. Hoffmann*, Art. 40 EGBGB Rn 20; *G.Wagner*, RabelsZ 62 (1998), 243, 281.
77 Erman/*Hohloch*, Art. 40 EGBGB Rn 28; *St. Lorenz*, NJW 1999, 2215, 2217; Bamberger/Roth/*Spickhoff*, Art. 40 EGBGB Rn 24; *ders.*, IPRax 2000, 1, 5 f.; *Vogelsang*, NZV 1999, 497, 502.

chen sich andere Stimmen für einen **materiellrechtlichen Charakter** des Optionsrechts aus.[78] Die Wahl zwischen diesen Alternativen hat **Konsequenzen für die anwaltliche Praxis**:[79] Auf der Grundlage der materiellrechtlichen Qualifikation ist der Kläger an die einmal getroffene Wahl schlechthin gebunden, beispielsweise auch dann, wenn er die Klage zurücknimmt, um sie später – u.U. bei einem anderen Gericht – erneut anhängig zu machen.[80] Zudem soll sich die einseitige Rechtswahl grundsätzlich auf sämtliche Ersatzansprüche aus einem Schadensfall erstrecken.[81] Die prozessuale Auffassung beschränkt die Wirkungen der Bestimmung hingegen auf den anhängigen Rechtsstreit.[82] Die Wahl des Erfolgsortrechts hat keine Geltung für mögliche Folgeprozesse, so dass bei sukzessiver Geltendmachung eines Anspruchs durch mehrere Teilklagen das Bestimmungsrecht in jedem Rechtsstreit erneut ausgeübt werden kann.[83] Letzteres kann der Beklagte verhindern, indem er eine Widerklage erhebt, die auf Feststellung des Nichtbestehens weiter gehender Ansprüche gerichtet ist.

30 **Für die prozessuale Auffassung** sprechen dieselben Gründe, die auch im Übrigen die Differenzierung zwischen materiell-rechtlichen Willenserklärungen und Prozesshandlungen tragen: Die Partei eines Rechtsstreits mit einem bestimmten Gegenstandswert hat gar keinen Anlass, ihr Prozessverhalten so einzurichten, dass auch ihre Interessen in möglichen Folgeprozessen über weiter gehende Streitwerte gewahrt bleiben. Deshalb geht es nicht an, aus der Disposition im Rahmen eines Rechtsstreits rechtliche Konsequenzen für Streitigkeiten zu ziehen, die noch gar nicht anhängig sind. Hinzu kommt, dass eine Ausübung des Bestimmungsrechts im Anwaltsprozess Postulationsfähigkeit voraussetzen und aus prozessualen Gründen nicht den Wirksamkeitsvoraussetzungen unterliegen sollte, die für Willenserklärungen gelten.[84] Insbesondere eine Anfechtung der Erklärung zur Anwendung des Erfolgsortrechts gemäß §§ 119 ff. BGB kommt nicht in Betracht. Schließlich ist eine materiell-rechtliche Qualifikation des Bestimmungsrechts auch nicht erforderlich, um seinem rechtspolitischen Zweck – der Prozessökonomie – Genüge zu tun.[85] Die außergerichtliche Streitschlichtung wird nicht behindert,[86] weil Vergleichsverhandlungen im Schatten des Erfolgsortrechts auch dann möglich sind, wenn das Bestimmungsrecht nicht entsprechend ausgeübt worden ist, und weil die Frage nach dem anwendbaren Deliktsrecht offen bleiben kann, wenn der Vergleichsvertrag wirksam zustande gekommen ist. Die Ausübung des Bestimmungsrechts ist somit als Prozesshandlung zu qualifizieren.

31 **b) Zeitliche Grenzen.** Das Bestimmungsrecht kann nur innerhalb der zeitlichen Grenzen des Abs. 1 S. 3 ausgeübt werden. Ist ein **früher erster Termin** nach § 275 ZPO bestimmt worden, ist das Optionsrecht nach Schluss der mündlichen Verhandlung verloren. Wählt das Gericht den Weg des **schriftlichen Vorverfahrens** gemäß § 276 ZPO, erlischt das Bestimmungsrecht mit dem Eintritt in die mündliche Verhandlung. Der Geschädigte ist an die einmal getroffene Wahl gebunden, kann sich also nicht etwa für das Rechtsmittelverfahren auf ein anderes Deliktsstatut berufen.[87] Eine Bindung an **außerprozessuale Erklärungen** besteht hingegen nicht, denn das Bestimmungsrecht ist als Prozesshandlung dem Gericht gegenüber auszuüben (Rn 30). Die Möglichkeit zur einverständlichen Rechtswahl gemäß Art. 42 bleibt unberührt. Vgl. Art. 42 EGBGB Rn 9.

32 **c) Richterliche Hinweispflicht.** Der Gesetzgeber der IPR-Reform hat bewusst darauf verzichtet, dem Gericht die Verpflichtung zum Hinweis auf das Bestimmungsrecht aufzuerlegen. Dafür war maßgebend, dass sich die richterliche Hinweispflicht grundsätzlich **nicht** auf die **rechtliche Beratung einer Partei** in deren Interesse erstreckt.[88] Anwendbar bleiben zwar die allgemeinen prozessualen Hinweispflichten des § 139 ZPO, doch daraus ergibt sich ebenfalls keine Verpflichtung des Gerichts zur Feststellung ausländischen Rechts, zur Durchführung eines Günstigkeitsvergleichs und zur entsprechenden Belehrung des Geschädig-

---

78 Palandt/*Heldrich*, Art. 40 EGBGB Rn 4; *von Hein*, NJW 1999, 3174, 3175; Staudinger/*v. Hoffmann*, Art. 40 EGBGB Rn 10 f.; *Junker*, JZ 2000, 477, 482; *ders.*, in: FS W. Lorenz 2001, S. 321, 331 ff.; *Kropholler*, IPR, § 53 IV 2b, S. 515; *Looschelders*, Art. 40 Rn 33; *Pfeiffer*, NJW 1999, 3674, 3675 f.
79 Dazu auch *St. Lorenz*, NJW 1999, 2215.
80 Vgl. u. a. Palandt/*Heldrich*, Art. 40 EGBG Rn 4; *von Hein*, NJW 1999, 3174, 3175.
81 Besonders deutlich *Kropholler*, IPR, § 53 IV 2b, S. 515.
82 *St. Lorenz*, NJW 1999, 2215, 2217; *Vogelsang*, NZV 1999, 497, 502; a.A. *von Hein*, NJW 1999, 3174; *Looschelders*, Art. 40 Rn 33; Bamberger/Roth/*Spickhoff*, Art. 40 EGBGB Rn 25; *ders.*, IPRax 2000, 1, 6.
83 *St. Lorenz*, NJW 1999, 2215, 2217.
84 Vgl. nur Thomas/Putzo/*Putzo*, ZPO, Einl. III Rn 17 ff.
85 *St. Lorenz*, NJW 1999, 2215, 2217.
86 Anders *Junker*, in: FS W. Lorenz 2001, S. 321, 334.
87 Palandt/*Heldrich*, Art. 40 EGBGB Rn 4; Staudinger/*v. Hoffmann*, Art. 40 EGBGB Rn 15; nach a.A. entfaltet die außergerichtliche Ausübung keine Bindungswirkung, vielmehr stehe dem Geschädigten ein *ius variandi* zu, so *Freitag/Leible*, ZVglRWiss 1999 (2000), 101, 123 ff.; *St. Lorenz*, NJW 1999, 2215, 2217.
88 BT-Drucks 14/343, S. 11 f.

ten.[89] Verbreitet wird jedoch angenommen, das Gericht sei gehalten, den Geschädigten zumindest auf die **Existenz des Bestimmungsrechts** hinzuweisen, wenn Anhaltspunkte dafür vorliegen, dass die Partei die ihr zustehende Wahlmöglichkeit übersehen hat.[90] Auch diese Ansicht ist abzulehnen,[91] denn eines solchen Hinweises bedarf es weder zur Vermeidung einer Überraschungsentscheidung (§ 139 Abs. 2 ZPO) – das Gericht wendet das Recht an, auf das sich die Partei mit ihrem Begehren stützt – noch zur Durchführung einer Prüfung von Amts wegen (§ 139 Abs. 3 ZPO),[92] denn an der Ausübung des Bestimmungsrechts besteht kein öffentliches Interesse. Eine Hinweispflicht lässt sich allerdings begründen, wenn sie dem Kläger die Möglichkeit gibt, zugunsten der Anwendung deutschen Rechts zu optieren, weil eine solche Disposition die Erledigung des Rechtsstreits für alle Beteiligten erleichtert. Wegen der verfehlten Regelanknüpfung an das Recht des Handlungsorts, der bei Distanzdelikten regelmäßig im Ausland belegen sein wird (Rn 26), dürfte dieser Ausnahmefall keineswegs selten sein.

III. Gemeinsamer Sitz oder Aufenthaltsort (Abs. 2)

1. Auflockerung der Tatortregel. Haben Schädiger und Geschädigter ihren gewöhnlichen Aufenthalt in demselben Staat, wird die Regelanknüpfung an das Tatortrecht durch diejenige an das gemeinsame Aufenthaltsrecht verdrängt.[93] Die Regelung des Abs. 2 S. 1 knüpft an die Entwicklung der **Rechtsprechung vor der IPR-Reform** an, die den gemeinsamen gewöhnlichen Aufenthalt der Beteiligten als Anknüpfungsmoment aufgewertet hat.[94] Zugleich wird damit eine **Abkehr vom bisherigen geschriebenen Recht** vollzogen, denn nach § 1 RechtsanwendungsVO kam es für die Durchbrechung der Tatortregel nicht auf den gemeinsamen gewöhnlichen Aufenthalt, sondern auf die gemeinsame Staatsangehörigkeit an. Für die Praxis folgt daraus insbesondere, dass Verkehrsunfallschäden und andere Delikte, die einander von Mitbürgern mit fremder Staatsangehörigkeit im Ausland zugefügt werden, nach deutschem Recht zu beurteilen sind.[95] Dies gilt gerade auch dann, wenn die Unfallbeteiligten dieselbe – ausländische – Staatsangehörigkeit haben.[96] Abs. 2 ist allerdings insoweit zu vollmundig formuliert, als bei der Konturierung der deliktischen Sorgfaltspflichten, von denen der Erfolg einer Schadensersatzklage häufig abhängt, doch wieder auf das Tatortrecht zurückgegriffen werden muss (Rn 14 f., 50): Wer in Rom am Straßenverkehr teilnimmt, muss sich dabei so verhalten, wie sich die Römer verhalten sollen, und haftet bei Verletzung der lokalen Verhaltensregeln selbst dann, wenn er mit einem Mitbürger zusammengestoßen ist. Die Auflockerung der Tatortregel durch Abs. 2 ist demnach „folgenorientiert" und entsprechend zu begrenzen.[97] Der Entwurf einer **Rom-II-Verordnung** enthält eine Parallelregelung in Art. 3 Abs. 2 (vgl. den Anhang Rn 94).

2. Gewöhnlicher Aufenthalt. a) Begriff. Der Begriff des gewöhnlichen Aufenthalts beurteilt sich nach den allgemeinen Regeln (vgl. Art. 5 Abs. 1, §§ 606 f. ZPO). Einen besonderen Begriff des gewöhnlichen Aufenthalts im internationalen Deliktsrechts gibt es nicht.[98] Es kommt somit darauf an, wo die Parteien des Schadensersatzanspruchs de facto den Schwerpunkt ihrer familiären, sozialen und beruflichen Bindungen haben.[99] Anders als im bürgerlichen Recht ist ein entsprechender Parteiwille nicht erforderlich (vgl. im Einzelnen Art. 5 EGBGB Rn 16).

b) Maßgebender Zeitpunkt. Der gemeinsame gewöhnliche Aufenthalt muss **zum Zeitpunkt des Haftungsereignisses** bestehen. Haftungsereignis im Sinne des Abs. 2 S. 1 ist der Tatbestand der unerlaubten

---

89 *St. Lorenz*, NJW 1999, 2215, 2217; Staudinger/*v. Hoffmann*, Art. 40 EGBGB Rn 16.
90 Palandt/*Heldrich*, Art. 40 EGBGB Rn 4; *Looschelders*, Art. 40 Rn 38.
91 Zust. Staudinger/*v. Hoffmann*, Art. 40 EGBGB Rn 16; ähnlich Bamberger/Roth/*Spickhoff*, Art. 40 EGBGB Rn 28.
92 Vgl. Thomas/Putzo/*Reichold*, ZPO, § 139 Rn 11.
93 So bereits vor der IPR-Reform von großen Teilen des Schrifttums gefordert, etwa *Deville*, IPRax 1997, 409, 410 f.; *Dörner*, JR 1994, 6, 9; MüKo/*Kreuzer*, Art. 38 EGBGB Rn 118; *Wandt*, VersR 1993, 409, 414 ff.
94 Allerdings konnte nach der Rspr. des BGH der gemeinsame gewöhnliche Aufenthalt allein die Durchbrechung der Tatortregel nicht bewirken. Vielmehr verlangte der BGH eine zusätzliche Verstärkung durch weitere Faktoren, wie z.B. ein enger sozialer Kontakt zwischen den Beteiligten (BGHZ 90, 294, 299 = NJW 1984, 2032 f. = JZ 1984, 542 ff.; ähnlich BGHZ 119, 137 = NJW 1992, 3091 = VersR 1992, 1237) oder Zulassung und Versicherung beider Kfz im gemeinsamen Aufenthaltsstaat (BGHZ 93, 214, 217 = NJW 1985, 1285 f. = VersR 1985, 340).
95 Vgl. BGHZ 57, 265, 268 („Gastarbeiter") = NJW 1972, 387 = VersR 1972, 255; OLG Hamburg NJW-RR 1993, 40 = VersR 1992, 685 ff. = NZV 1993, 71 f.; VersR 2001, 997.
96 Bamberger/Roth/*Spickhoff*, Art. 40 EGBGB Rn 29.
97 *Hohloch*, JuS 1980, 18, 23; Staudinger/*v. Hoffmann*, Art. 40 EGBGB Rn 393.
98 Bamberger/Roth/*Spickhoff*, Art. 40 EGBGB Rn 30; Staudinger/*v. Hoffmann*, Art. 40 EGBGB Rn 398; a.A. *Baetge*, Der gewöhnliche Aufenthalt im internationalen Privatrecht, 1994, S. 98 ff.
99 BGHZ 78, 293, 295 = NJW 1981, 520 ff.; BGH NJW 1975, 1068; 1993, 2047, 2048 = FamRZ 1993, 798 ff.

Handlung, der den Anspruch zwischen Schädiger und Geschädigtem begründet.[100] Entscheidend ist nicht die Handlung des Schädigers, sondern der Eintritt der Rechtsgutverletzung.[101]

36 Das Deliktsstatut des gewöhnlichen Aufenthalts ist zur Verhinderung von Manipulationen **unwandelbar**.[102] Fehlte es im Zeitpunkt des Eintritts der Rechtsgutsverletzung an einem gemeinsamen gewöhnlichen Aufenthalt, dann begründet auch dessen spätere Begründung durch Umzug nicht die Anwendung des Abs. 2 S. 1. Genauso wenig lässt ein Wegzug das einmal fixierte Statut des gemeinsamen Aufenthalts wieder zugunsten der Tatortregel zurücktreten.[103]

37 **c) Juristische Personen und Gesellschaften.** Abs. 2 S. 2 stellt den **Hauptverwaltungssitz** von Gesellschaften, Vereinen und anderen juristischen Personen dem gewöhnlichen Aufenthalt natürlicher Personen gleich (vgl. auch Art. 19 des Entwurfs einer Rom-II-Verordnung, Anhang Rn 94). Ist der Schaden von einer **Niederlassung** verursacht worden oder ist eine solche geschädigt worden, kommt es ausschließlich auf den Ort der Niederlassung an. Diese Regelung ist bewusst der für das Vertragsrecht geltenden Vorschrift des Art. 28 Abs. 2 S. 2 nachgebildet[104] (zu den Einzelheiten vgl. Art. 28 EGBGB Rn 36 ff.). Die Anknüpfung an den Sitz wird auch durch die Rechtsprechung des EuGH zur fehlenden Vereinbarkeit der Sitztheorie mit dem **Gemeinschaftsrecht** (Artt. 43, 48 EGV) nicht infrage gestellt.[105] Bei Abs. 2 S. 2 handelt es sich um die Anknüpfung des Deliktsstatuts aufgrund tatsächlicher Zusammenhänge, nicht dagegen um die Anknüpfung des Personalstatuts von Gesellschaften zur Beurteilung gesellschaftsrechtlicher Fragen.[106]

IV. Vorbehaltsklausel (Abs. 3)

38 **1. Normzweck.** Da das Deliktsstatut auch die Haftungsfolgen beherrscht (Rn 13), kann sich ein **deutsches Gericht** dazu genötigt sehen, Schadensersatz in einem Umfang auszuwerfen, den der Kläger nach deutschem Recht niemals beanspruchen könnte. Der bis 1999 geltende Art. 38 a.F. hatte über den deutschen Entschädigungsstandard hinausgehende Ansprüche nach ausländischem Recht kurzerhand abgeschnitten, wenn der Beklagte Deutscher war. Im neuen Recht sind an die Stelle des wegen des Abstellens allein auf die Staatsangehörigkeit wohl europarechtswidrigen (vgl. Art. 12 EGV) Art. 38 a.F.[107] die Regelungen des Abs. 3 getreten, die dem Schädiger unabhängig von seiner Staatsangehörigkeit zugute kommen.[108] Der Rechtscharakter blieb dabei erhalten,[109] denn auch die Neuregelung ist eine **Konkretisierung** des allgemein in Art. 6 enthaltenen **ordre-public-Vorbehalts** speziell für das internationale Deliktsrecht.[110] Vgl. auch Art. 22 des Entwurfs einer Rom-II-Verordnung (Anhang Rn 94). Nach wie vor besteht die Sorge, das ausländische Recht könne zur Überkompensation des Geschädigten führen,[111] sei es, weil der Schadensumfang zu großzügig bemessen wird (Nr. 1), sei es, weil das ausländische Recht mit der Haftung noch andere als Kompensationszwecke verfolgt (Nr. 2), sei es, dass der ausländische Staat einem für Deutschland bindenden, haftungsbegrenzend wirkenden internationalen Abkommen nicht beigetreten ist (Nr. 3). Wie die in Nr. 1, 2 verwendeten Adjektive „wesentlich" und „offensichtlich" anzeigen, dürfen nach Auslandsrecht begründete Ansprüche über Abs. 3 nicht leichthin abgeschnitten werden, sondern nur „bei **gravierenden Widersprüchen** zu den Grundvorstellungen" des deutschen Rechts.[112]

39 Für die Rechtsanwendung durch **ausländische Gerichte** gilt Abs. 3 nicht. Jedoch macht § 328 Abs. 1 Nr. 4 ZPO die **Anerkennung ausländischer Urteile** davon abhängig, dass der Entscheidungsinhalt nicht dem deutschen *ordre public* widerspricht. Auf dieser Grundlage hat der BGH einem US-amerikanischen Schadensersatzurteil insoweit die Anerkennung versagt, als der Beklagte zur Zahlung von *punitive damages*

---

100 Staudinger/*v. Hoffmann*, Art. 40 EGBGB Rn 403; Erman/*Hohloch*, Art. 40 EGBGB Rn 39.
101 So schon die frühere Rspr., z.B. BGHZ 87, 95, 103 = NJW 1983, 1972 ff. = IPRax 1984, 30 ff.; Staudinger/*v. Hoffmann*, Art. 40 EGBGB Rn 403.
102 BGHZ 87, 95, 103 = NJW 1983, 1972 ff. = IPRax 1984, 30 ff.; BGH NJW 1983, 2771 = VersR 1983, 858 f. = IPRax 1984, 328 f.; Staudinger/*v. Hoffmann*, Art. 40 EGBGB Rn 403; Erman/*Hohloch*, Art. 40 EGBGB Rn 39.
103 Vgl. *Kropholler*, IPR, § 53 IV 3a, S. 516 f.
104 BT-Drucks 14/343, S. 12.
105 EuGH, NJW 1999, 2027 („Centros"); NJW 2002, 3614 („Überseering"); NJW 2003, 3331 („Inspire Art").
106 Palandt/*Heldrich*, Art. 40 EGBGB Rn 5.
107 So auch Staudinger/*v. Hoffmann*, Art. 38 EGBGB Rn 245 ff. m.w.N.; einschr. MüKo/*Kreuzer*, Art. 38 EGBGB Rn 304; Soergel/*Lüderitz*, Art. 38 EGBGB Rn 105; stillschweigend der Fortgeltung bejahend BAG NJW 1964, 990, 991; offen gelassen in BGH NJW 1996, 1128 („Caroline von Monaco").
108 Eingehend zur Entstehungsgeschichte *Kropholler/von Hein*, in: FS Stoll 2001, S. 553, 555 ff.
109 Zu Art. 38 a.F. BAG NJW 1964, 990, 991; MüKo/*Kreuzer*, Art. 38 EGBGB Rn 303; Soergel/*Lüderitz*, Art. 38 EGBGB Rn 104.
110 BT-Drucks 14/343, S. 12; Staudinger/*v. Hoffmann*, Art. 40 EGBGB Rn 411; Bamberger/Roth/*Spickhoff*, Art. 40 EGBGB Rn 238; *R. Wagner*, IPRax 1998, 429, 433; *Kropholler/von Hein*, in: FS Stoll 2001, S. 553, 561 ff.
111 BT-Drucks 14/343, S. 12.
112 Vgl. BT-Drucks 14/343, S. 12.

verurteilt wurde.[113] Bei der Konkretisierung des § 328 Abs. 1 Nr. 4 ZPO im Bereich der außervertraglichen Haftung sind künftig die Wertungen des Abs. 3 zu berücksichtigen. Die Schwelle, bei deren Überschreitung dem ausländischen Urteil die Anerkennung zu versagen ist, liegt jedoch höher als diejenige des Abs. 3.[114]

2. Allgemeine Voraussetzungen. a) Recht eines anderen Staates. Als allgemeine Voraussetzung ist zunächst erforderlich, dass der geltend gemachte Schadensersatzanspruch ausländischem Recht unterliegt, weil entweder der Tatort im Ausland belegen ist (Abs. 1) oder die Parteien ihren gewöhnlichen Aufenthalt in demselben ausländischen Staat haben (Abs. 2) oder aus sonstigen Gründen eine enge Verbindung zu einem ausländischen Recht besteht, wie der Wortlaut des Art. 41 Abs. 1 klarstellt. Ob sich Abs. 3 auch gegenüber einer Rechtswahl der Parteien zugunsten ausländischen Rechts durchsetzt, mag *prima facie* zweifelhaft sein, ist im Ergebnis aber zu bejahen.[115] Schließlich ist auch die Anwendung des Art. 6 sowie die Beachtlichkeit des *ordre-public*-Einwands der §§ 328 Abs. 1 Nr. 4, 722, 1059 Abs. 2 Nr. 2b, 1060 Abs. 2 ZPO nicht disponibel.[116]

40

b) Inlandsbeziehung. Der Korrektur eines dem an sich anwendbaren ausländischen Recht entsprechenden Ergebnisses mit Rücksicht auf inländische Rechtsprinzipien bedarf es nicht, wenn der Sachverhalt **keinerlei Inlandsbeziehung** aufweist, weil keine der Parteien im Inland ihren gewöhnlichen Aufenthalt hat und auch das geschützte Rechtsgut nicht im Inland belegen ist.[117] Verhält es sich so, ist jedoch in aller Regel auch die Zuständigkeit der deutschen Gerichte nicht gegeben, und wenn doch, hat der Kläger kein Interesse daran, von dieser Kompetenz Gebrauch zu machen.[118] Bei der Anwendung des Abs. 3 ist – genauso wie bei Art. 6 (vgl. dort Rn 38 ff.)[119] – die **Intensität des Inlandsbezugs** zu berücksichtigen:[120] Je stärker die Inlandsbeziehung ausgeprägt ist, desto geringere Anforderungen sind an die Abweichung von inländischen Gerechtigkeitsvorstellungen zu stellen.

41

3. Die Vorbehalte im Einzelnen. a) Nr. 1 – Unangemessene Entschädigung. Auf der Grundlage von Nr. 1 können die deutschen Gerichte eine **Überkompensation des Geschädigten** abwenden, indem sie nach ausländischem Recht begründete Ersatzansprüche auf dasjenige Maß zurückführen, das zum Ausgleich des Schadens erforderlich, aber auch ausreichend ist. Vermögensschäden lassen sich in aller Regel anhand objektiver Umstände berechnen, so dass die Unterschiede im internationalen Vergleich hier relativ geringfügig sind.[121] Anders liegt es bei immateriellen Schäden, wie etwa dem Schmerzensgeld, weil die „Umrechnung" von Leiden in Geld nicht ohne Willkür zu bewerkstelligen ist und die von den Gerichten verschiedener Länder und Kulturen gewährten Beträge deshalb erheblich voneinander abweichen. Insbesondere liegen die von amerikanischen Gerichten zugesprochenen **Schmerzensgeldbeträge** teilweise um Größenordnungen über den Summen, die in Deutschland als angemessen empfunden werden,[122] und für die Praxis der englischen Gerichte trifft dies in abgeschwächtem Maße ebenfalls zu.[123] In diesen Fällen ermöglicht Nr. 1 die Rückführung des Schmerzensgeldbetrages in die Nähe des in Deutschland üblichen Niveaus, wenn der nach ausländischem Recht zuzuerkennende Betrag „wesentlich weiter" geht, als dies in den Augen des deutschen Rechts zum Ausgleich der Beeinträchtigung erforderlich ist. Diese Grenze ist allerdings nicht erst überschritten, wenn auch einem ausländischen Schadensersatzurteil auf der Grundlage von § 328 Abs. 1 Nr. 4 ZPO die Anerkennung zu versagen wäre,[124] denn es ist nicht dasselbe, ob die Entscheidung eines amerikanischen Gerichts (auch) im Interesse des internationalen Rechtsfriedens anzuerkennen ist oder ob sich ein deutsches Gericht selbst wie eine amerikanische Jury gerieren muss.[125]

42

---

113 Vgl. dazu auch BGHZ 118, 312, 326 ff. = NJW 1992, 3096 ff. = WM 1992, 1451 ff.
114 Vgl. unten Rn 42 a. E.
115 *Huber*, JA 2000, 67, 71; Palandt/*Heldrich*, Art. 40 EGBGB Rn 20; Staudinger/*v. Hoffmann*, Art. 40 EGBGB Rn 415; differenzierend *Kropholler/von Hein*, in: FS Stoll 2001, S. 553, 564 f.
116 Zu § 328 Abs. 1 Nr. 4 ZPO vgl. Zöller/*Geimer*, ZPO, § 328 Rn 185, § 722 Rn 65; zu §§ 1059 Abs. 2 Nr. 2b, 1060 Abs. 2 ZPO s. BGHZ 142, 204, 205; zu § 307 ZPO s. BGHZ 10, 333, 335; allg. *G. Wagner*, Prozessverträge, 1998, S. 109 ff.
117 *v. Hoffmann*, IPRax 1996, 1, 8; Erman/*Hohloch*, Art. 40 EGBGB Rn 73; *Kropholler*, IPR, § 53 IV 6, S. 520 f.; *Kropholler/von Hein*, in: FS Stoll 2001, S. 553, 563 f.; *Spickhoff*, NJW 1999, 2209, 2213.
118 Vgl. das konstruierte Beispiel bei Staudinger/ *v. Hoffmann*, Art. 40 EGBGB Rn 416.
119 Vgl. auch *Kropholler*, IPR, § 36 II 2, S. 244.
120 Erman/*Hohloch*, Art. 40 EGBGB Rn 73; Staudinger/ *v. Hoffmann*, Art. 40 EGBGB Rn 416.
121 Beispiel: BGH IPRax 2001, 230, 233: Berechnung des Vermögensschadens in einem US-amerikanischen Versäumnisurteil – kein Verstoß gegen den *ordre public*.
122 Praktisches Beispiel: BGHZ 118, 312, 346 ff.
123 Vgl. nur *G. Wagner*, ZEuP 2000, 200, 214 f. m.w.N.
124 So aber *Dethloff*, in: FS Stoll 2001, 481, 484; vorsichtiger *Kropholler/von Hein*, in: FS Stoll 2001, S. 553, 572.
125 Vgl. auch OLG Koblenz NJW-RR 2002, 1030, 1031; KG NJW-RR 2002, 1031: kein Zuschlag bei Schmerzensgeldbemessung für US-Bürger.

43 **b) Nr. 2 – Zweck der Entschädigung.** Nr. 2 überschneidet sich mit dem in Nr. 1 enthaltenen Vorbehalt insofern, als es beiden Regelungen darum geht, eine Überkompensation des Geschädigten zu vermeiden. Während der Fehler bei Nr. 1 darauf beruht, dass der Schaden nach ausländischem Recht – aus deutscher Sicht – „falsch", weil zu großzügig berechnet wird, verdankt er sich bei Nr. 2 der Berücksichtigung „fremder" Zwecke. Wie sich aus Nr. 2 entnehmen lässt, geht der Gesetzgeber davon aus, dass die legitime Funktion des Deliktsrechts *ausschließlich* darin besteht, den eingetretenen Schaden wieder auszugleichen. Für eine selbständige Berücksichtigung auch der Präventionsfunktion der Haftung ist in einem solchen Konzept kein Platz. Die Regelung richtet sich damit vor allem gegen die US-amerikanischen *punitive damages* (Strafschadensersatz),[126] die der Generalprävention sowie nach in den USA herrschender Auffassung der Bestrafung des Schädigers dienen.[127] Auch die Gewährung dreifachen Schadensersatzes (*treble damages*) bei Verstößen gegen das amerikanische Kartellrecht[128] sowie gegen den RICO-Act[129] verfolgt einen anderen Zweck als den bloßen Schadensausgleich.[130] Dem Geschädigten soll damit ein besonderer Anreiz zur Geltendmachung seiner Ansprüche in einem kosten- und risikoreichen Gerichtsverfahren vermittelt werden, weil an der Durchsetzung des Kartellrechts auch einen eminentes öffentliches Interesse besteht.[131]

44 Eine Durchsicht der deutschen Judikatur zeigt indessen, dass **präventive Zwecke bei der Schadensbemessung auch im deutschen Recht** eine Rolle spielen und dies in der Sache auch geboten sein kann, um die Steuerungsfunktion des Deliktsrechts zu erfüllen.[132] Die Praxis belegt zudem, dass die maßvolle Berücksichtigung von Präventionszwecken keineswegs zu den Exzessen führen muss, die die amerikanische Justiz unter ganz anderen Rahmenbedingungen (Jurysystem, keine Kostenerstattung, keine flächendeckende Sozialversicherung) hervorgebracht hat. Wie der Text der Nr. 2 nahe legt, sollte von dieser Vorbehaltsklausel nur zurückhaltender Gebrauch gemacht und ihre Anwendung auf solche Fälle beschränkt werden, in denen der Schadensersatz weniger der Prävention als vielmehr der Bestrafung des „Täters" dient.[133]

45 **c) Nr. 3 – Haftungsbeschränkungen eines verbindlichen Übereinkommens.** Nr. 3 regelt die Fallgruppe, in der der ausländische Staat einem haftungsbeschränkend wirkenden internationalen Abkommen nicht beigetreten ist, das für die Bundesrepublik Verbindlichkeit beansprucht.[134] Die deutschen Gerichte sollen hier nicht dazu gezwungen werden, durch Anwendung des ausländischen Rechts die völkerrechtliche Bindung Deutschlands zu negieren. Ob sich diese Rechtsfolge bereits aus Art. 3 Abs. 2 ergibt, mag dahinstehen.[135]

46 Der Gesetzgeber zielte mit Abs. 3 Nr. 3 insbesondere auf Art. V des Übereinkommens vom 29.11.1969 über die zivilrechtliche Haftung für **Ölverschmutzungsschäden**[136] und auf Art. 6 des Übereinkommens vom 29.7.1960 über die Haftung gegenüber Dritten auf dem Gebiet der **Kernenergie**.[137] Auch bei Anwendung ausländischen Rechts ist die Haftung des Schädigers somit auf die in diesen Abkommen genannten Tatbestände und Höchstsummen beschränkt.[138] Der Gesetzgeber wollte allerdings nur thematisch einschlägige Abkommen berücksichtigt wissen und nicht die Beschränkung einer nach ausländischem Seerecht begründeten Schadensersatzpflicht mit Hilfe eines luftverkehrsrechtlichen Haftungsabkommens ermöglichen.[139]

47 **4. Rechtsfolge.** Liegen die Voraussetzungen des Abs. 3 vor, ist der nach ausländischem Recht begründete **Schadensersatzanspruch** auf den mit den Grundvorstellungen des deutschen Rechts zu vereinbarenden

---

126 BGHZ 118, 312, 334 ff. = NJW 1992, 3096 ff. = WM 1992, 1451 ff.; *Kropholler*, IPR, § 53 IV 6, S. 521; *Kropholler/von Hein*, in: FS Stoll 2001, S. 553, 566; *Staudinger/v. Hoffmann*, Art. 40 EGBGB Rn 419; für Subsumtion unter Nr. 1 *Erman/Hohloch*, Art. 40 EGBGB Rn 73; unentschieden *Bamberger/Roth/Spickhoff*, Art. 40 EGBGB Rn 53.

127 Eingehend *Mörsdorf-Schulte*, Funktion und Dogmatik US-amerikanischer punitive damages, 1999, S. 60 ff., 112; *Brockmeier*, Punitive damages, multiple damages und deutscher ordre public, 1999, S. 17 ff.; *Polinsky/Shavell*, 111 (1998) Harvard Law Review 869; differenzierte Darstellung der Praxis amerikanischer Gerichte bei *Hay*, in: FS Stoll 2001, S. 521, 524 f.

128 *Elsing/Van Alstine*, US-amerikanisches Handels- und Wirtschaftsrecht, 2. Aufl. 1999, Rn 797 ff., 913.

129 Speziell dazu *Brockmeier*, Punitive damages, multiple damages und deutscher ordre public, 1999, S. 140 ff.

130 Zur Anwendung der Nr. 2 *Palandt/Heldrich*, Art. 40 EGBGB Rn 20; *Bamberger/Roth/Spickhoff*, Art. 40 EGBGB Rn 53; vgl. auch *Kropholler/von Hein*, in: FS Stoll 2001, S. 553, 566.

131 *Elsing/Van Alstine*, US-amerikanisches Handels- und Wirtschaftsrecht, 2. Aufl. 1999, Rn 913; die Meinungsvielfalt in den USA ist beträchtlich; vgl. *Brockmeier*, Punitive damages, multiple damages und deutscher ordre public, 1999, S. 24 f.

132 Eingehend *MüKo/G.Wagner*, vor § 823 Rn 34 ff.; *ders.*, ZEuP 2000, 200, 207 ff.; vgl. auch *Müller*, Punitive Damages und deutsches Schadensersatzrecht, 2000, S. 101 ff.

133 Zust. *Staudinger/v. Hoffmann*, Art. 40 EGBGB Rn 420.

134 BT-Drucks 14/343, S. 12 f.

135 So *Spickhoff*, NJW 1999, 2209, 2213; a.A. *Staudinger/v. Hoffmann*, Art. 40 EGBGB Rn 426.

136 BGBl II 1975 S. 301, 307 f.

137 Bekanntmachung der Neufassung (BGBl II 1985 S. 963, 965 f.).

138 *R. Wagner*, IPRax 1998, 429, 434.

139 BT-Drucks 14/343, S. 13; *R. Wagner*, IPRax 1998, 429, 434.

Teil zu **reduzieren**. Da es nur auf die Grundvorstellungen des deutschen Rechts ankommt und nicht jedwede Überschreitung des deutschen Entschädigungsniveaus über Abs. 3 zu korrigieren ist, kann auch mehr zugesprochen werden, als sich bei direkter Anwendung deutschen Deliktsrechts ergeben würde.[140]

V. Direktanspruch gegen den Versicherer (Abs. 4)

Vgl. dazu unten Rn 53 ff.

48

VI. Einzelne Fallgestaltungen

1. Verkehrsunfälle. a) Sonderregeln. Das internationale Straßenverkehrsunfallrecht ist staatsvertraglich nur im Verhältnis zu **Österreich** und der **Schweiz** geregelt. Das Haager Abkommen über das auf Straßenverkehrsunfälle anzuwendende Recht vom 4.5.1971[141] gilt in Deutschland nicht (Rn 4).[142] Für Unfälle mit Beteiligung von Angehörigen ausländischer Streitkräfte ist das **NATO-Truppenstatut** zu beachten. Schäden an Frachtgut sind anhand des Einheitsrechts des **CMR** zu würdigen.[143]

49

b) Grundanknüpfungen. Die Anknüpfungshierarchie der Artt. 40 ff. wirkt bei Verkehrsunfällen im Sinne einer Kodifikation der Rechtsprechung zur sog. Auflockerung der Tatortregel zugunsten gemeinsamen Heimatrechts.[144] In Ermangelung einer wirksamen Rechtswahl (Art. 42) und einer wesentlich engeren Verbindung (Art. 41; zur Prüfungsreihenfolge Rn 6) richtet sich das anwendbare Recht primär nach dem **gemeinsamen gewöhnlichen Aufenthalt** der Parteien (Abs. 2; dazu Rn 34 ff.), ohne dass es auf zusätzliche Umstände ankommt, die die Rechtsprechung noch verlangt hatte (Rn 34). Fehlt es an einem gemeinsamen gewöhnlichen Aufenthalt, gilt die Tatortregel, deren Anwendung unproblematisch ist, weil es sich um ein Platzdelikt handelt (Rn 14). Einschlägig ist das Recht des **Unfallorts**.[145] Ein vom Unfallort abweichender Handlungsort ist denkbar für Ansprüche wegen fehlerhafter Wartung oder Reparatur des Fahrzeugs.[146] Soweit nicht die Haftung des Herstellers oder der Kfz-Werkstatt, sondern diejenige von Fahrer und Halter in Rede steht, wird der Verkehrsunfall trotzdem nicht zum Distanzdelikt, denn der Vorwurf besteht nicht darin, dass der Fahrer schlecht gewartet oder repariert hat, sondern in der Teilnahme am Straßenverkehr mit einem verkehrsuntüchtigen Fahrzeug.[147] Ist das gemeinsame Aufenthaltsrecht Deliktsstatut, bleibt das Recht des Unfallorts gleichwohl für die Konturierung der **Sorgfaltspflichten** maßgebend, und zwar sowohl im Rahmen der Haftungsbegründung als auch im Rahmen des Mitverschuldens (Rn 15).[148] Die örtlichen Sicherheitsregeln setzen sich auch gegenüber einer abweichenden Rechtswahl durch, wenn die Parteien nichts anderes vereinbart haben.

50

c) Wesentlich engere Verbindung. Sowohl das Recht des gemeinsamen gewöhnlichen Aufenthalts als auch das Recht des Unfallorts werden durch eine wesentlich engere Verbindung zu einer anderen Rechtsordnung gemäß Art. 41 verdrängt. Als Verbindungen tatsächlicher oder rechtlicher Art gemäß Abs. 2 Nr. 1 kommen die Beziehungen innerhalb einer Reisegruppe (Art. 41 EGBGB Rn 14), Gefälligkeitsfahrten[149] sowie **Beförderungs- oder Transportverträge** in Betracht.[150] In den zuletzt genannten Fällen beherrscht das Vertragsstatut auch die außervertraglichen Ansprüche. **Familienrechtliche Beziehungen** sind hingegen zur akzessorischen Anknüpfung des Deliktsstatuts ungeeignet,[151] wenn sie nicht mit einem gemeinsamen

51

---

140 Palandt/*Heldrich*, Art. 40 EGBGB Rn 21; Staudinger/*v. Hoffmann*, Art. 40 EGBGB Rn 421; a.A. Erman/*Hohloch*, Art. 40 EGBGB Rn 73.
141 Dazu Staudinger/*v. Hoffmann*, Art. 40 EGBGB Rn 178 ff.; *Junker*, Rn 457; *Kropholler*, IPR, § 53 V 1, S. 524 f.
142 Bamberger/Roth/*Spickhoff*, Art. 40 EGBGB Rn 32: es kann i.R. einer Gesamtverweisung auf das Recht eines Mitgliedstaates relevant werden; zum möglichen *renvoi Timme*, NJW 2000, 3258, 3259.
143 Dazu Staudinger/*v. Hoffmann*, Art. 40 EGBGB Rn 182 ff.; sowie die Spezialliteratur zum Transportrecht, vgl. MüKo-HGB/*Dubischar*, Bd. 7a, § 434, Rn 1 ff.; *Koller*, Transportrecht, 5. Aufl. 2004, Art. 28 CMR Rn 1 ff.
144 BGHZ 90, 294, 300 ff. = NJW 1984, 2032 ff. = JZ 1984, 669; BGHZ 93, 214, 218 = NJW 1985, 1285; BGHZ 108, 200, 202 f. = NJW 1989, 3095 ff.; BGHZ 119, 137, 141–143 = NJW 1992, 3091 ff. = VersR 1992, 1237 ff.
145 Palandt/*Heldrich*, Art. 40 EGBGB Rn 8; Bamberger/ Roth/*Spickhoff*, Art. 40 EGBGB Rn 32; auch für mittelbar Geschädigte gilt das Tatortrecht (=

Unfallortrecht): BGH NJW 1978, 495 f. = VersR 1978, 231, 232; *Sieghörtner*, S. 484.
146 Beispiel bei *Beitzke*, RabelsZ 43 (1979), 245, 272 mit Fn. 116; aufgegriffen bei *Looschelders*, VersR 1999, 1316; vgl. auch BGHZ 23, 65, 69.
147 Im Erg. genauso *Looschelders*, VersR 1999, 1316, 1319; a.A. Staudinger/*v. Hoffmann*, Art. 40 EGBGB Rn 188.
148 BGHZ 57, 265, 267; 119, 137, 140; Staudinger/ *v. Hoffmann*, Art. 40 EGBGB Rn 195 m.w.N.
149 Bamberger/Roth/*Spickhoff*, Art. 40 EGBGB Rn 32 m.w.N.; *Spickhoff*, IPRax 2000, 1, 2; vgl. aber BGHZ 87, 95, 103 f.; abl. auch *Junker*, JZ 2000, 477, 484.
150 *Junker*, JZ 2000, 477, 483; *Looschelders*, VersR 1999, 1316, 1321; vgl. aber BGH VersR 1961, 518.
151 Bamberger/Roth/*Spickhoff*, Art. 40 EGBGB Rn 32; *Sieghörtner*, S. 393; *Looschelders*, VersR 1999, 1316, 1321; vgl. auch BGHZ 119, 137, 145 = NJW 1992, 3091 ff. = VersR 1992, 1237 ff.; a.A. BGHZ 90, 294, 300 f. = NJW 1984, 287 ff. = JZ 1984, 669 ff.; Staudinger/*v. Hoffmann*, Art. 40 EGBGB Rn 193.

gewöhnlichen Aufenthalt einhergehen und dann über Abs. 2 die Wahl des Deliktsstatuts beherrschen (Art. 41 EGBGB Rn 13). Auch dem gemeinsamen **Zulassungsort der beteiligten Kfz** (*lex communis stabuli*; *law of the garage*) kommt neben der Anknüpfung an den gemeinsamen gewöhnlichen Aufenthalt der Unfallbeteiligten gemäß Abs. 2 nach dem Willen des Gesetzgebers keine eigenständige Bedeutung zu.[152] Kollisionsrechtlich interessant ist der Zulassungsort ohnehin nur deshalb, weil er regelmäßig Art und Umfang des Haftpflichtversicherungsschutzes bestimmt und der Haftpflichtversicherer des Kfz in aller Regel seinen Sitz im Zulassungsstaat hat. In den praktisch relevanten Fällen des Unfalls zweier von deutschen Touristen gelenkter Mietwagen auf einer mediterranen Ferieninsel ist jedoch an der Berufung deutschen Rechts (Abs. 2) festzuhalten, wie stets modifiziert durch die Maßgeblichkeit lokaler Verhaltensvorschriften und Sorgfaltsstandards (Rn 15). Reicht der Umfang des ausländischen Haftpflichtversicherungsschutzes nicht aus, um die nach deutschem Recht bemessenen Ersatzbeträge zu decken, lässt sich bei Schädigung von Mitfahrern eine konkludente vertragliche Haftungsbegrenzung auf die Höhe der Versicherungsdeckung annehmen.[153]

52 d) **Massenunfälle.** Bei Massenunfällen kann Abs. 2 eine Aufspaltung des Deliktsstatuts anhand von Zweipersonenbeziehungen zulasten einer Einheitsbeurteilung des gesamten Unfallgeschehens nach Maßgabe der Tatortregel bewirken. Das ist vom Gesetzgeber ausdrücklich gewollt und im Falle der Verletzung mehrerer Personen durch ein und denselben Schädiger auch sachgerecht.[154] Anders liegt es bei typischen Massenunfällen, bei denen mehrere Schädiger für ein und denselben Schaden haften, so dass einheitliche Haftungsquoten zu bestimmen sind und ein Regressverhältnis abzuwickeln ist. Hier bedarf es einer Einheitsbetrachtung anhand des Tatortrechts, die sich nach dem Willen des Gesetzgebers auf der Grundlage von Art. 41 auch gewährleisten lässt (vgl. auch Rn 12 sowie Art. 41 EGBGB Rn 15).[155]

53 e) **Direktanspruch.** Abs. 4 sieht nunmehr für den Direktanspruch des Geschädigten gegen den Haftpflichtversicherer eine echte **Alternativanknüpfung** an das Deliktsstatut und das Versicherungsvertragsstatut vor.[156] Damit hat sich die h.M. zum alten Recht, die den Direktanspruch gegen den Versicherer allein dem Deliktsstatut unterstellte,[157] erledigt, was gerade die Abwicklung von Verkehrsunfällen erleichtert.[158] Nunmehr steht dem Verletzten der Direktanspruch auch dann zu, wenn nur das Recht, dem der Versicherungsvertrag unterliegt, den Anspruch gewährt, nicht aber das Tatortrecht. Anders als im Rahmen der Bestimmung des Deliktsstatuts nach Abs. 1 erfordert Abs. 4 keine Bestimmung durch den Geschädigten, sondern der Günstigkeitsvergleich ist durch das Gericht von Amts wegen durchzuführen.[159] Wird gemäß Abs. 4 Alt. 1 das Deliktsstatut angewendet, liegt eine Gesamtverweisung vor. Dagegen handelt es sich um eine Sachnormverweisung, wenn nach Abs. 4 Alt. 2 akzessorisch an das Statut des Versicherungsvertrages angeknüpft wird.[160] Die Regelung des Abs. 4 bezieht sich sowohl auf selbständige als auch auf so genannte unselbständige Direktansprüche, bei denen der Anspruch erst aufgrund einer Legalzession auf den Geschädigten übergeleitet wird.[161]

54 Für die **Identifizierung des Deliktsstatuts** im Rahmen des Abs. 4 gelten die allgemeinen Regeln, so dass nicht nur an den Tatort (Abs. 1), sondern auch an den gemeinsamen gewöhnlichen Aufenthalt angeknüpft werden kann (Abs. 2).[162] Votiert der Geschädigte im Rahmen des Abs. 1 für das Erfolgsortrecht, ist dieser Wahl auch im Rahmen von Abs. 4 zu folgen.[163] Eine Rechtswahl der Parteien des Schadensersatzanspruchs ist hingegen unbeachtlich, denn sie käme einem Vertrag zulasten Dritter – des Versicherers – gleich.[164] Dies gilt sowohl für die Rechtswahl *ex post* (Art. 42) als auch für die Rechtswahl *ex ante*, mit Blick auf ein Vertragsverhältnis, die über Art. 41 Abs. 2 S. 1 auch auf das Deliktsstatut durchschlägt (Art. 42 EGBGB

---

152 BT-Drucks 14/343, S. 10 f.; eingehend *Sieghörtner*, S. 243 ff.; vgl. auch Bamberger/Roth/*Spickhoff*, Art. 40 EGBGB Rn 33; *Vogelsang*, NZV 1999, 497, 500; krit. *Kropholler*, IPR, § 53 V 1, S. 524; BGH NJW 1977, 496, 497 f. = VersR 1977, 56 ff.; OLG Köln VersR 1993, 977 = NJW-RR 1994, 95 ff.
153 Vgl. MüKo/*G.Wagner*, vor § 823 Rn 67 ff.
154 Vgl. BT-Drucks 14/343, S. 20, 22; BGH VersR 1993, 307, 308; *Sieghörtner*, S. 417 ff.
155 BT-Drucks 14/343, S. 22; *Kropholler*, IPR, § 53 IV 3 d, S. 518.
156 *Gruber*, VersR 2001, 16, 18; Staudinger/*v. Hoffmann*, Art. 40 EGBGB Rn 438 f. m.w.N.; *Junker*, JZ 2000, 477, 486; a.A. *Vogelsang*, NZV 1999, 497, 501.
157 St. Rspr. seit BGHZ 57, 265, 269 f. = NJW 1972, 387 = VersR 1972, 255; OLG Köln RIW 1995, 858, 859 = VersR 1993, 977 ff. = NJW-RR 1994, 95 ff.; Soergel/*Lüderitz*, Art. 38 EGBGB Rn 102.
158 S. dazu *Looschelders*, VersR 1999, 1316, 1323.
159 Staudinger/*v. Hoffmann*, Art. 40 EGBGB Rn 439; Bamberger/Roth/*Spickhoff*, Art. 40 EGBGB Rn 13; zum alten Recht a.A. MüKo/*Kreuzer*, Art. 34 EGBGB Rn 127.
160 Erman/*Hohloch*, Art. 40 EGBGB Rn 16; *Junker*, JZ 2000, 477, 486.
161 Vgl. *Gruber*, VersR 2001, 16, 17 f.
162 BGHZ 119, 137, 139 = NJW 1992, 3091 = VersR 1992, 1237 ff.; BGHZ 120, 87, 89 f. = NJW 1993, 1007.
163 Staudinger/*v. Hoffmann*, Art. 40 EGBGB Rn 440; a.M. *Gruber*, VersR 2001, 16, 21.
164 Staudinger/*v. Hoffmann*, Art. 40 EGBGB Rn 442; Bamberger/Roth/*Spickhoff*, Art. 40 EGBGB Rn 13; *Looschelders*, Art. 40 Rn 76.

Rn 14 f.).¹⁶⁵ Eine Rechtswahlvereinbarung zwischen dem Geschädigten und dem Versicherer über das Versicherungsvertragsstatut ist hingegen wirksam.¹⁶⁶

Die **Bestimmung des Versicherungsvertragsstatuts** folgt für Kfz, die in EU- oder EWR-Staaten zugelassen sind, aus den Artt. 7 ff. EGVVG, Art. 37 Nr. 4 EGBGB. Wie sich aus Art. 12 Abs. 2 S. 1 EGVVG ergibt, unterliegt die Haftpflichtversicherung für ein Kfz mit regelmäßigem Standort im Inland wegen der gemäß § 1 PflVG bestehenden Versicherungspflicht deutschem Recht. Entsprechendes gilt über Art. 12 Abs. 1 EGVVG regelmäßig auch für Kfz, die ihren Standort im benachbarten Ausland haben. Für die Haftpflichtversicherungen von Kfz aus Drittstaaten gelten die Artt. 27 ff. EGBGB. 55

Die Beurteilung, bis zu welchem **Höchstbetrag** der Versicherer dem Geschädigten verpflichtet ist, richtet sich nach dem Versicherungsvertragsstatut des Abs. 4 und nicht nach dem Deliktsstatut.¹⁶⁷ Die alternative Anknüpfung ist auch für die praktisch wichtige Frage von Bedeutung, ob und inwieweit der Versicherer dem Geschädigten **Einwendungen** aus dem Versicherungsvertrag entgegenhalten kann.¹⁶⁸ Die Einwendungsausschlüsse des § 3 Nr. 4 ff. PflVG gelten folglich auch dann, wenn das deutsche Recht Versicherungsvertragsstatut ist und das ausländische Tatortrecht Einwendungen in großzügigerem Umfang zulässt. 56

f) Unfälle mit Ausländern im Inland. Die Regulierung inländischer Straßenverkehrsunfälle mit Beteiligung eines ausländischen Kfz wird durch das **System der Grünen Karte** wesentlich vereinfacht. Wird ein Verkehrsteilnehmer im Inland durch ein ausländisches Kfz geschädigt, übernimmt der „Deutsche Büro Grüne Karte e.V." (DBGK) die Pflichten eines Haftpflichtversicherers für dieses Kfz und zwar nach Maßgabe des deutschen PflVG.¹⁶⁹ Der DBGK reguliert in aller Regel die Schadenfälle nicht selbst, sondern überträgt die Abwicklung einem deutschen Haftpflichtversicherer oder einem privaten Schadenregulierungsbüro. Die Mitgliedstaaten der EU haben wechselseitig auf die Ausstellung von Grünen Karten verzichtet, die ihre Kraftfahrer beim Grenzübertritt mitführen müssten (§ 8a AuslPflVG). Hier genügt dem Geschädigten das Kennzeichen des ausländischen Kfz, um seinen Schaden beim DBGK anmelden zu können. 57

g) Unfälle Deutscher im Ausland. Ein mehr oder weniger **spiegelverkehrtes System des Opferschutzes** hat die **4. KH-Richtlinie** der EU für diejenigen Fälle eingeführt, in denen das Opfer seinerseits ins Ausland gereist ist und dort in einen Verkehrsunfall verwickelt wurde.¹⁷⁰ Art. 3 der Richtlinie verschafft dem Geschädigten zunächst den Genuss eines Direktanspruchs gegen den ausländischen Versicherer, was allerdings wegen des einschlägigen Europäischen Übereinkommens von nicht allzu großer praktischer Bedeutung ist.¹⁷¹ Ihr zentraler Regelungsgegenstand besteht darin, es dem durch einen Verkehrsunfall im Ausland Geschädigten zu erlauben, sich an einen Schadensregulierungsbeauftragten des ausländischen Haftpflichtversicherers im Inland zu wenden (Art. 4 RL). Damit wird es beispielsweise dem nach Deutschland zurückgekehrten Italienurlauber erspart, dem italienischen Haftpflichtversicherer hinterherzulaufen. Ein solcher Repräsentant ist von jedem Haftpflichtversicherer im Binnenmarkt für jeden Mitgliedstaat zu benennen und mit der Regulierung von Auslandsunfällen zu beauftragen. Gemäß Art. 4 Abs. 8 der 4. KH-Richtlinie gilt diese Repräsentanz nicht als Niederlassung, so dass der Gerichtsstand für Klagen gegen den ausländischen Haftpflichtversicherer nicht über Art. 5 Nr. 5 EuGVVO ins Inland verschoben wird.¹⁷² 58

h) Schiffsunfälle. Das internationale Unfallrecht des Schiffsverkehrs ist in zahlreichen Abkommen geregelt, auf die hier nicht einzugehen ist.¹⁷³ Im Rahmen des Art. 40 ist zu beachten, dass der Aufenthaltsort von Schiffen durch die **Flagge** bestimmt wird. Folgerichtig ist das Flaggenrecht als Tatortrecht gemäß Abs. 1 für 59

---

165 *Staudinger/v. Hoffmann*, Art. 40 EGBGB Rn 443; *Bamberger/Roth/Spickhoff*, Art. 40 EGBGB Rn 13; a.A. *Gruber* VersR 2001, 16, 20; *Erman/Hohloch*, Art. 40 EGBGB Rn 16; *Looschelders*, Art. 40 EGBGB Rn 76.
166 *Gruber*, VersR 2001, 16, 21; *Sieghörtner*, S. 121.
167 BGHZ 57, 265, 269 = NJW 1972, 387 = VersR 1972, 255; OLG Hamm VersR 1979, 926, 926 (*obiter*); vgl. auch die Nachw. bei *Staudinger/v. Hoffmann*, Art. 40 EGBGB Rn 446; a.A. *Bamberger/Roth/Spickhoff*, Art. 40 EGBGB Rn 13.
168 *Looschelders*, Art. 40 Rn 75; *Mansel*, S. 47; *Sieghörtner*, S. 112 ff.; *Bamberger/Roth/Spickhoff*, Art. 40 EGBGB Rn 13; a.A *Staudinger/v. Hoffmann*, Art. 40 EGBGB Rn 449; offen noch BGHZ 57, 265, 276 = NJW 1972, 387 = VersR 1972, 255.
169 Deutsches Büro Grüne Karte e.V., Postfach 10 14 02, 20009 Hamburg, Tel. 040 /33 44 00;
http://www.gruene-karte-buero.de; dbgk@gruene-karte.de; vgl. zum Folgenden *Staudinger/v. Hoffmann*, Art. 40 EGBGB Rn 459 ff.; *Römer/Langheid*, VVG, 2. Aufl. 2003, § 1 PflVG Rn 4.
170 ABlEG Nr. L 181/65 v. 20.7.2000; umgesetzt durch G v. 10.7.2002 (BGBl I S. 2586); dazu *Fuchs*, IPRax 2001, 425; *Looschelders*, NZV 1999, 57.
171 Art. 9 Abs. 3 des Europäischen Übereinkommens über die obligatorische Haftpflichtversicherung für Kraftfahrzeuge v. 20.4.1959 (BGBl II S. 281); dazu *Prölss*, NJW 1965, 1737.
172 Zu den Gerichtsstandsfragen im Übrigen *Fuchs*, IPRax 2001, 425, 426; *Staudinger/v. Hoffmann*, Art. 40 EGBGB Rn 475.
173 Eingehend *Staudinger/v. Hoffmann*, Art. 40 EGBGB Rn 209 ff.

Borddelikte auf hoher See maßgebend. Bei Schiffszusammenstößen kontrolliert das gemeinsame Flaggenrecht der verunfallten Schiffe (Abs. 2); tragen die Schiffe unterschiedliche Flaggen, soll nach der Rechtsprechung die *lex fori* zu Anwendung kommen.[174]

60 **i) Luftverkehr.** Das Deliktsrecht des Luftverkehrs ist zum großen Teil durch internationales Einheitsrecht geregelt. Für Beförderungsschäden gilt das **Warschauer Abkommen**, das durch das Montrealer Abkommen von 1999 abgelöst werden soll.[175] Das Montrealer Übereinkommen ist mit Wirkung vom 28.6.2004 in deutsches Recht transformiert worden.[176] Schäden, die ein Luftfahrzeug am Boden verursacht, verdienen seit dem 11.9.2001 besondere Aufmerksamkeit. Das dafür geltende Römische Übereinkommen von 1952 hat Deutschland nicht ratifiziert.[177] Die Tatortregel des Abs. 1 ist unproblematisch anzuwenden, weil es sich in aller Regel um ein Platzdelikt handeln wird. Gleiches gilt für Zusammenstöße über staatlichem Hoheitsgebiet, soweit nicht das gemeinsame Recht der gemeinsamen Flagge (Hoheitszeichen) vorgeht. Für Zusammenstöße außerhalb von Hoheitsgebieten sowie für Borddelikte gelten die für den Schiffsverkehr entwickelten Grundsätze entsprechend.

61 **2. Produkthaftung. a) Allgemeines.** In einigen europäischen Staaten ist das Haager Übereinkommen über das auf die Produkthaftpflicht anzuwendende Recht vom 2.10.1973 in Kraft getreten; Deutschland hat dieses Übereinkommen jedoch nicht gezeichnet.[178] In § 84 AMG existiert eine Sachrechtsnorm, die Kollisionsrecht zu regeln scheint, aber tatsächlich nur eine Beschränkung ihres Geltungsbereichs auf Inlandssachverhalte anordnet.[179] Der Gesetzgeber der IPR-Reform hat bewusst, nämlich entgegen einer Anregung des Bundesrates,[180] auf eine Sonderregel für die internationale Produkthaftung verzichtet und es den Gerichten aufgetragen, die relevanten Anknüpfungen zu bestimmen.[181] Die EU-Kommission hat sich in Art. 4 ihres Entwurfs einer **Rom-II-Verordnung** entgegengesetzt entschieden (vgl. auch Rn 92 und den Anhang Rn 94).[182]

62 **b) Rechtswahlfreiheit.** Vorrangig ist das von den Parteien gewählte Recht anzuwenden, wobei sowohl eine **Rechtswahl** *ex post* möglich ist (Art. 42) als auch eine Bestimmung des anwendbaren Rechts *ex ante*, vor der Schädigung, wenn auch nur über die akzessorische Anknüpfung des Delikts- an das Vertragsstatut gemäß Art. 41 Abs. 2 Nr. 1 (Art. 41 EGBGB Rn 12 ff., Art. 42 EGBGB Rn 14 f.).[183] Beim Kauf vom Hersteller beherrscht das Vertragsstatut somit auch den Deliktsanspruch.

63 **c) Tatortregel.** In Ermangelung einer Rechtswahl sowie eines gemeinsamen gewöhnlichen Aufenthalts der Parteien (Abs. 2), ist Tatortrecht anzuwenden. Nach h.M. ist auch bei der Produkthaftung an den sonst üblichen Begriffsbildungen festzuhalten und auf Distanzdelikte das nach Maßgabe des Abs. 1 modifizierte **Ubiquitätsprinzip** anzuwenden.[184] Nach allgemeinen Regeln ist der **Erfolgsort** am Ort der Rechtsgutsverletzung zu lokalisieren.[185] Die Lokalisierung des **Handlungsorts** ist umstritten, weil sich durch Anknüpfung an die verschiedenen Produktions- und Vertriebsstadien regelmäßig eine Vervielfältigung der Handlungsorte und damit der zur Anwendung berufenen Deliktsrechte ergibt.[186] Die Rechtsprechung tendiert zur Lokalisation des Handlungsorts am **Sitz des Herstellerunternehmens**,[187] so dass bei Schädigung eines Inländers durch Importware grundsätzlich das Produkthaftungsrecht des Exportstaates anzuwenden ist, wenn nicht der

---

174 RGZ 74, 46; RG, JW 1902, 635; LG Bremen, IPRspr 1965/65 Nr. 59b; abl. Staudinger/*v. Hoffmann*, Art. 40 EGBGB Rn 225.
175 *Bollweg*, ZLW 2000, 439; *Schmid*, VersR 2002, 26; *Schollmeyer*, IPRax 2004, 78.
176 Gesetz zur Harmonisierung des Haftungsrechts im Luftverkehr v. 6.4.2004, BGBl I S. 550.
177 Staudinger/*v. Hoffmann*, Art. 40 EGBGB Rn 274 ff.
178 Das Abkommen könnte im Rahmen einer Rück- oder Weiterverweisung relevant werden, Bamberger/Roth/*Spickhoff*, Art. 40 EGBGB Rn 40. Näher zu diesem Abkommen Staudinger/*v. Hoffmann*, Art. 40 EGBGB Rn 80 f.; *Kropholler*, IPR, § 53 V 3, S. 527 ff.
179 Staudinger/*v. Hoffmann*, Art. 40 EGBGB Rn 105, zu § 32 Gentechnikgesetz Rn 106.
180 BT-Drucks 14/343, S. 20.
181 BT-Drucks 14/343, S. 10, 22.
182 Krit. zu Art. 4 des Entwurfs *Kadner-Graziano*, VersR 2004, 1205, 1209 ff.
183 Bamberger/Roth/*Spickhoff*, Art. 40 EGBGB Rn 40; Palandt/*Heldrich*, Art. 40 EGBGB Rn 10; *Junker*, IPR, Rn 458.
184 BGH NJW 1980, 1606 f.; OLG Düsseldorf NJW 1980, 533, 534 m. Anm. *Kropholler* = VersR 1979, 824 f.; OLG München IPRax 1997, 38 ff. = VersR 1997, 1242 ff. = RIW 1996, 955; Bamberger/Roth/*Spickhoff*, Art. 40 EGBGB Rn 40; Palandt/*Heldrich*, Art. 40 EGBGB Rn 10.
185 BGHZ 80, 199 = NJW 1981, 1606 = VersR 1981, 636; OLG Düsseldorf NJW 1980, 533, 534 = VersR 1979, 824 f.; OLG Düsseldorf NJW-RR 2000, 833, 834 = RIW 2000, 874 m. Bespr. *von Hein*, RIW 2000, 820; OLG München RIW 1996, 955; Erman/*Hohloch*, Art. 40 EGBGB Rn 52; Palandt/*Heldrich*, Art. 40 EGBGB Rn 10; *von Hein*, RIW 2000, 825, 831.
186 Daran festhaltend Bamberger/Roth/*Spickhoff*, Art. 40 EGBGB Rn 40; Erman/*Hohloch*, Art. 40 EGBGB Rn 52; Palandt/*Heldrich*, Art. 40 EGBGB Rn 10.
187 BGHZ 80, 199 = NJW 1980, 1606 f.; OLG Düsseldorf NJW 1980, 533, 534 = VersR 1979, 824 f.; OLG München RIW 1996, 955.

Geschädigte zugunsten des deutschen Erfolgsortrechts optiert. Verreist der Erwerber mit dem Produkt in den Urlaub nach Australien und tritt die Verletzung dort ein, kommt als Erfolgsortrecht das australische Recht zum Zuge.

d) Marktortprinzip. Die Lokalisierung des Handlungsorts am Sitz des Herstellers und die Anwendung des Ubiquitätsprinzips bewirken zusammen, dass der ausländische Hersteller einer schärferen Haftung unterworfen wird als sein inländischer Konkurrent, wenn das Recht des Herkunftslandes strenger ist als das Recht des Importstaates. Diese **Diskriminierung von Importware** verstößt sowohl gegen die Grundfreiheiten des EG-Vertrags[188] als auch gegen die (sachrechtliche) Wertung der Produkthaftungs-Richtlinie, die die Haftung an das In-Verkehr-Bringen knüpft.[189] Die Wahl des Erfolgsortrechts kann wiederum von dem bloßen Zufall abhängen, auf dem Territorium welcher Jurisdiktion die Verletzung den Geschädigten ereilt hat. Zur Korrektur dieser Folgen sollte nicht weiter an den Begriffen Handlungs- und Erfolgsort manipuliert werden,[190] sondern – wie im Wettbewerbsrecht (Rn 71) – der Dualismus aus Handlungs- und Erfolgsort offen zugunsten einer **Einheitsanknüpfung an den Marktort** (Ort des In-Verkehr-Bringens) auf der Grundlage von Art. 41 Abs. 1 überwunden werden.[191] Damit wird die Diskriminierung der Exporte aus Ländern mit einem strengeren Haftungsrecht beseitigt und die Wettbewerbsgleichheit auf dem Inlandsmarkt hergestellt sowie die Flüchtigkeit und Manipulierbarkeit des Erfolgsorts behoben. Darüber hinaus entspricht die Anknüpfung an den Marktort der Steuerungsfunktion des Deliktsrechts, nämlich das Verhalten der Akteure eines bestimmten Verkehrskreises im Interesse der Schadensvermeidung zu koordinieren (Rn 16). Wird durch das Produkt ein unbeteiligter Dritter (*innocent bystander*) in einem anderen Staat als dem Marktortstaat verletzt, ist allein das Recht dieses Erfolgsorts anzuwenden.[192]

3. Umwelthaftung. a) Anwendungsbereich. Das Deliktsstatut ist nur für die **privatrechtliche Umwelthaftung** zuständig, der es um den Schadensausgleich bei Verletzungen individueller Rechtsgüter zu tun ist, sofern Letztere über den Umweltpfad, vermittelt durch die Medien Luft, Wasser und Boden, verursacht werden.[193] Die Umwelthaftung für den eigentlichen **ökologischen Schaden** ist durch eine EG-Richtlinie auf primär öffentlich-rechtlicher Grundlage harmonisiert worden, die bis 30.4.2007 in nationales Recht umzusetzen ist.[194] Die Richtlinie begründet Ansprüche nationaler Behörden auf Naturalrestitution von Schäden an Umweltgütern. Im Fall eines grenzüberschreitenden Umweltschadens gewährt und Art. 15 Abs. 3 der Richtlinie den Behörden des geschädigten Mitgliedstaats das Recht, sich um Kostenerstattung im Nachbarstaat „zu bemühen". Die Abgrenzung zwischen deliktischen und **nachbarrechtlichen Abwehr- und Entschädigungsansprüchen** kann mitunter schwierig sein. In der Praxis bedarf es ihrer nicht, weil Art. 44 auch für die nachbarrechtlichen Ansprüche auf das Deliktsstatut verweist (vgl. Art. 44 EGBGB Rn 3).

b) Staatsverträge. Die Haftung für Unfälle in **Kernenergieanlagen** und für Ölverschmutzungsschäden ist staatsvertraglich geregelt (Rn 3); im Übrigen existieren bilaterale Abkommen in Bezug auf einzelne Störungsquellen oder -arten.[195] Soweit die Tatortregel zur Anwendung des Rechts eines Staates führt, das einem von der Bundesrepublik, aber nicht von diesem Staat ratifizierten Vertrag widerspricht, wird die Durchsetzung entsprechender Ansprüche durch Abs. 3 Nr. 3 verhindert (Rn 45 f.).[196]

c) Tatortregel. Außerhalb staatsvertraglicher Anknüpfungen wird die Tatortregel des Abs. 1 nur selten durch einen gemeinsamen gewöhnlichen Aufenthalt (Abs. 2) oder eine gemäß Art. 41 Abs. 2 Nr. 1 vorrangige Rechtswahl im Rahmen akzessorischer Vertragsbeziehungen verdrängt werden. Nach allgemeinen Regeln ist der **Handlungsort** dort zu lokalisieren, wo die Emission verursacht wurde,[197] wo also der schadensträchtige Stoff oder eine Imponderabilie (§ 906 Abs. 1 S. 1 BGB) in die Umwelt entlassen wurde. Der **Erfolgsort**

---

188 Vgl. oben Rn 26 m. N.
189 Vgl. *v. Bar*, JZ 1985, 961, 968; *von Hein*, RIW 2000, 820, 829 ff.
190 Abl. auch *von Hein*, RIW 2000, 820, 831 mit Fn 150.
191 MüKo/*G.Wagner*, Einl. ProdHaftG Rn 26; *v. Bar*, JZ 1985, 961, 968; *W.-H. Roth*, in: GS Lüderitz 2000, S. 637, 656; *von Hein*, RIW 2000, 820, 831 ff.; *Kadner-Graziano*, VersR 2004, 1205, 1207; *Freitag*, Einfluss des Europäischen Gemeinschaftsrechts, S. 111 ff., 115 f.; zum alten Recht *Wandt*, Internationale Produkthaftung, Rn 1058 ff.; abl. Erman/*Hohloch*, Art. 40 EGBGB Rn 52.
192 *v. Hein*, RIW 2000, 820, 833; *Freitag*, Einfluss des Europäischen Gemeinschaftsrechts, S. 116 f.; *Wandt*, Internationale Produkthaftung, Rn 1086 ff.

193 MüKo/*G.Wagner*, § 823 Rn 624.
194 ABlEG Nr. L 143 v. 30.4.2004, S. 56 ff.; die Umsetzungsfrist ergibt sich aus Art. 19 der Richtlinie; eingehend dazu *Wagner*, Die gemeinschaftsrechtliche Umwelthaftung aus der Sicht des Zivilrechts, in Hendler (Hrsg.), Umwelthaftung, 2005 (im Erscheinen).
195 Eingehend Staudinger/*v. Hoffmann*, Art. 40 EGBGB Rn 136, 143 ff., 166.
196 Bamberger/Roth/*Spickhoff*, Art. 40 EGBGB Rn 41; *ders.*, Jahrbuch des Umwelt- und Technikrechts 2000, S. 385, 395 ff.
197 Staudinger/*v. Hoffmann*, Art. 40 EGBGB Rn 160.

liegt da, wo die Rechtsgutsverletzung eingetreten ist (Rn 21). Auch der Kommissionsentwurf einer **Rom-II-Verordnung** (vgl. auch Rn 92 und den Anhang Rn 94) normiert in seinem Art. 7 das Ubiquitätsprinzip für grenzüberschreitende Umweltdelikte.

68 **d) Öffentlich-rechtliche Genehmigungen.** Wegen des für das internationale öffentliche Recht immer noch maßgebenden Territorialitätsprinzips wird ausländischen Anlage- und **Emissionsgenehmigungen von der Rechtsprechung** die Anerkennung versagt.[198] In der Literatur wird hingegen gefordert, Anlagengenehmigungen des Auslands zumindest im Rahmen des Privatrechts anzuerkennen.[199] Einschränkend wird vorausgesetzt, dass die betroffenen Inländer eine Chance hatten, sich an dem ausländischen Genehmigungsverfahren zu beteiligen, um dort ihre Einwendungen vorzubringen, dass der umweltrechtliche Standard vergleichbar ist, kein Verstoß gegen den *ordre public* vorliegt und dass die Rechtsfolgen der Genehmigung denjenigen einer inländischen Konzession entsprechen.[200] Dem kann in dieser Allgemeinheit nicht gefolgt werden; vielmehr ist zwischen Schadensersatzansprüchen und negatorischen Ansprüchen zu differenzieren.

69 Bei **Schadensersatzansprüchen** ist eine Anerkennung der ausländischen Genehmigung weder möglich noch geboten. In der kollisionsrechtlichen Literatur wird mitunter übersehen, dass nach deutschem Deliktsrecht die öffentlich-rechtliche Genehmigung eines Verhaltens als solche Rechtsgutsverletzungen nicht rechtfertigt und Ersatzansprüche Drittbetroffener nicht ausschließt.[201] Anders verhält es sich zwar bei privatrechtsgestaltenden Genehmigungen nach Art der immissionsschutzrechtlichen Anlagegenehmigung, doch dann wird die Beschränkung deliktischer und nachbarrechtlicher Abwehrrechte (§ 14 S. 1 BImSchG) durch die Gewährung verschuldensunabhängiger Aufopferungs-Entschädigungsansprüche kompensiert (§ 14 S. 2 BImSchG).[202] Soweit es im ausländischen Verwaltungsrecht an solchen kompensatorischen Ansprüchen fehlt, kommt die Anerkennung der Legalisierungswirkung der Genehmigung im Verhältnis zu Deliktsansprüchen des deutschen Rechts folglich nicht in Betracht;[203] steht die Aufopferungshaftung indessen auch nach Auslandsrecht zur Verfügung, wird schon das Handlungsortrecht selbst zum Erfolg der Klage führen. Die ausländische Genehmigung entfaltet ihre Wirkung also nur im Rahmen des Handlungsortrechts,[204] nicht aber dann, wenn der Geschädigte seinen Anspruch auf (deutsches) Erfolgsortrecht stützt.[205]

70 Anders liegt es in Bezug auf **Unterlassungs- und Beseitigungsansprüche**, die vor inländischen Gerichten gegen ausländische Anlagenbetreiber geltend gemacht werden. Soweit die ausländische Anlagengenehmigung Unterlassungsansprüche ausschließt – was regelmäßig der Fall ist – scheitert der Kläger zwar auf der Basis des Handlungsortrechts, offenbar aber nicht bei der gemäß Artt. 44, 40 Abs. 1 S. 2 zulässigen Berufung auf deutsches Erfolgsortrecht. Mit der Vollstreckung des Unterlassungsurteils im Genehmigungsstaat wird der im Inland erfolgreiche Kläger allerdings scheitern. Zur Vermeidung eines derart sinnlosen Urteils mag es geboten sein, die Präklusionswirkung gegenüber nachbarlichen Abwehransprüchen, die der Genehmigung durch das ausländische Verwaltungsrecht verliehen wird, auch im Inland anzuerkennen, wenn die oben (Rn 68) genannten Äquivalenzbedingungen erfüllt sind. Insbesondere die Voraussetzung der Verfahrensbeteiligung ist jedoch ernst zu nehmen; den ausländischen Nachbarn sind effektive und fair ausgestaltete Anhörungs- und Einwendungsbefugnisse einzuräumen.

71 **4. Wettbewerbsrecht. a) Marktortprinzip.** Das Wettbewerbsrecht sanktioniert Verstöße gegen außervertragliche Verhaltensnormen durch Abwehr- und Schadensersatzansprüche und ist insofern **Sonder-Deliktsrecht**, für dessen Anknüpfung die Artt. 40 ff. maßgeblich sind.[206] Anders als Art. 5 der geplanten **Rom-II-Verordnung** (vgl. Rn 92 sowie den Anhang Rn 94),[207] aber genauso wie bei der Produkthaftung (Rn 61 ff.) hat der Gesetzgeber bewusst auf eine spezielle Kollisionsnorm verzichtet. Stattdessen hat er seiner Ansicht Ausdruck verliehen, dass das Kollisionsrecht für Delikte nicht mechanisch und naiv auf Wettbewerbshandlungen angewendet werden darf, sondern nur in Abstimmung mit den **Wertungen**

---

198 BGH DVBl 1979, 226, 227 f.; OLG Saarbrücken NJW 1958, 752, 754.
199 *Hager*, RabelsZ 53 (1989), 306; Staudinger/ *v. Hoffmann*, Art. 40 EGBGB Rn 169 f.; MüKo/ *Kreuzer*, Art. 38 EGBGB Rn 269; *Meessen*, AöR 110 (1985), 398, 417; *Siehr*, RabelsZ 45 (1981), 377, 387; Bamberger/Roth/*Spickhoff*, Art. 40 EGBGB Rn 42; *Wandt*, VersR 1998, 529, 533.
200 Staudinger/*v. Hoffmann*, Art. 40 EGBGB Rn 170; *Pfeiffer*, Jahrbuch des Umwelt- und Technikrechts 2000, S. 263, 295 ff.; *Spickhoff*, ebenda, S. 385, 389 f.; Bamberger/Roth/*Spickhoff*, Art. 40 EGBGB Rn 42.
201 MüKo/*G.Wagner*, § 823 Rn 275, 307 f.
202 Eingehend zu diesem Nexus *G.Wagner*, Öffentlich-rechtliche Genehmigung und privatrechtliche Rechtswidrigkeit, 1989, S. 123 ff., 262 ff.
203 Zust. *Pfeiffer*, Jahrbuch des Umwelt- und Technikrechts 2000, S. 263, 307.
204 *Hager*, RabelsZ 53 (1989), 293, 301; *Pfeiffer*, Jahrbuch des Umwelt- und Technikrechts 2000, S. 263, 283 f.
205 So wohl auch *Siehr*, RabelsZ 45 (1981), 377, 386.
206 Vgl. BGHZ 35, 329, 333; 40, 391, 394; 113, 11, 14 f. = NJW 1991, 1054 f. = ZIP 1991, 338 ff.
207 Vgl. *Ahrens*, in: FS Tilmann 2003, S. 739, 752 f.

des **Wettbewerbsrechts** selbst.[208] Letzteres bezweckt den Schutz des fairen Leistungswettbewerbs im Interesse funktionsfähiger Märkte und effizienter Wirtschaftsstrukturen. Über die dabei zu beachtenden Regeln entscheidet jeder rechtlich verfasste Wirtschaftsraum für seinen Markt. Folgerichtig gilt wie unter dem alten Recht: Für das Wettbewerbskollisionsrecht kommt es nicht darauf an, wo die beteiligten Unternehmen ihren Sitz haben, wo produziert oder wohin die Ware ausgeliefert wird, sondern entscheidend ist, auf welchen Markt sich diese Handlungen auswirken. Wohl in Anwendung des Art. 41 Abs. 1[209] sind Wettbewerbsverstöße ausschließlich am **Marktort** zu lokalisieren, also dort, wo die **wettbewerblichen Interessen aufeinander stoßen**.[210] Werden Kunden auf Gran Canaria in wettbewerbswidriger Weise zum Abschluss von Kaufverträgen bewegt, liegt der Marktort in Spanien, auch wenn die Ware in Deutschland ausgeliefert wird.[211] Ist der belgische Markt zwischen zwei deutschen Unternehmen umkämpft, so ist ihr dortiges Wettbewerbsverhalten trotz § 40 Abs. 2 ausschließlich nach belgischem Recht zu beurteilen. Dies sollte entgegen der h.M.[212] auch dann gelten, wenn sich die Wettbewerbshandlung nur gegen diesen einzigen Konkurrenten richtet, denn sonst würde das deutsche Wettbewerbsrecht u.U. verbieten, was nach belgischem Marktortrecht legal ist. Die Tatortregel bestimmt auch die Aktivlegitimation nach § 8 Abs. 3 UWG und § 1 UKlaG, d.h. es ist der Marktort maßgeblich, an dem die befürchteten Wettbewerbsverstöße eintreten würden.[213]

Die Marktortanknüpfung **widerspricht nicht den Grundfreiheiten des EG-Vertrags**, denn sie dient der Herstellung von Wettbewerbsgleichheit in einem rechtlich diversifizierten Wirtschaftsraum.[214] EG-rechtswidrig wäre hingegen die kumulative Anwendung (auch) des Heimatrechts des ausländischen Wettbewerbers nach Maßgabe des Ubiquitätsprinzip (Rn 26, 64), die aber durch die Marktortanknüpfung gerade vermieden wird. Selbstverständlich erübrigt sich das Insistieren auf dem Marktortprinzip in dem Moment, in dem die wettbewerbsrelevanten Vorschriften der Mitgliedstaaten harmonisiert sind. Letzteres ist in einigen Sektoren der Wirtschaft durchaus der Fall, und folgerichtig ordnet etwa die Fernseh-Richtlinie den sektoralen Übergang zum Herkunftslandprinzip an.[215] So unterliegen Fernsehsendungen nach Art. 2 Abs. 1, 2 der Richtlinie allein dem Wettbewerbs- und Werberecht des Sendelandes, allerdings nur im sog. koordinierten Bereich; im nicht-koordinierten Bereich können die Empfangsländer ihr Wettbewerbsrecht weiterhin für anwendbar erklären.[216] Von einer flächendeckenden Angleichung des Wettbewerbsrechts ist die Gemeinschaft derzeit aber noch weit entfernt,[217] und folgerichtig folgt auch die EU-Kommission selbst in Art. 5 Abs. 1 des Entwurfs der **Rom-II-Verordnung** dem Marktortprinzip (vgl. auch Rn 92 sowie den Anhang Rn 94). – Aus der EG-Rechts-Konformität des Marktortprinzips folgt selbstverständlich nicht, dass auch die Regeln des jeweils zur Anwendung berufenen materiellen Wettbewerbsrechts mit europäischem Primärrecht in Einklang stehen.

b) Multistate-Wettbewerb. Auf der Basis der Marktortanknüpfung sind Wettbewerbshandlungen, die sich in mehreren Volkswirtschaften auswirken, an sämtlichen Rechtsordnungen zu messen, die den Wettbewerb auf diesen Märkten regulieren.[218] Dieser Kumulationseffekt ist auch im Europäischen Binnenmarkt hinzunehmen, denn solange und soweit die Rechtsordnungen der Mitgliedstaaten nicht harmonisiert sind, muss ein

---

208 BT-Drucks 14/343, S. 10.
209 *Schaub*, RabelsZ 66 (2002), 18, 53; mit guten Gründen für Konkretisierung der Tatortregel *Kropholler*, IPR, § 53 VI 1, S. 532.
210 BGHZ 35, 329, 334; 40, 391, 395 = GRUR 1964, 316; 113, 11, 15 = NJW 1991, 1054 f. = ZIP 1991, 338 ff.; BGH NJW 1998, 1227; OLG Karlsruhe RIW 1999, 875; KG GRUR-Int. 2002, 448, 449; OLG München GRUR-RR 2004, 85; *Ahrens*, in: FS Tilmann 2003, Rn 482; Erman/*Hohloch*, Art. 40 EGBGB Rn 51; *Kropholler*, IPR, § 53 VI 1, S. 532; *Sack*, WRP 2000, 269, 272; Bamberger/Roth/ *Spickhoff*, Art. 40 EGBGB Rn 44.
211 BGHZ 113, 11, 15; *Kropholler*, IPR, § 53 VI 1, S. 532.
212 *Kropholler*, IPR, § 53 VI 1, S. 533; im Erg. auch Staudinger/*Fezer*, Internationales Wirtschaftsrecht, 2000, Rn 482; a.A. BGHZ 40, 391, 397 = GRUR 1964, 316; BGH GRUR 1982, 495, 497 f. = IPRax 1983, 118 ff.; OLG Düsseldorf NJW-RR 1993, 171; *Ahrens*, in: FS Tilmann 2003, S. 739, 750; Staudinger/*v. Hoffmann*, Art. 40 EGBGB Rn 319; Bamberger/Roth/*Spickhoff*, Art. 40 EGBGB Rn 44.
213 Palandt/*Heldrich*, Art. 40 EGBGB Rn 11.
214 *Grandpierre*, Herkunftslandprinzip kontra Marktortanknüpfung, 1999, S. 116 ff., 124; Palandt/ *Heldrich*, Art. 40 EGBGB Rn 11; Erman/*Hohloch* Art. 40 EGBGB Rn 51; *W.-H. Roth*, RabelsZ 55 (1991), 623, 645 f.; im Grundsatz auch *Dethloff*, Europäisierung des Wettbewerbsrechts, S. 268 ff.; a.A. *Basedow*, RabelsZ 59 (1995), 1, 38 f.; *Schaub*, RabelsZ 66 (2002), 18, 56.
215 Richtlinie 89/552/EWG des Rates v. 3.10.1989, ABlEG Nr. L 298 v. 17.10.1989, S. 23 ff.; dazu *Dethloff*, Europäisierung des Wettbewerbsrechts, S. 23 ff.; *Grandpierre*, Herkunftslandprinzip kontra Marktortanknüpfung, S. 98 ff. Die deutschen Umsetzungsnormen finden sich im Rundfunkstaatsvertrag.
216 Vgl. dazu EuGH Slg. 1997, I-3843, 3889 – de Agostini; *Sack*, WRP 2000, 269, 284.
217 Zu Rundfunksendungen vgl. BGHZ 152, 317, 326 = NJW-RR 2003, 549 ff. = JZ 2003, 799 ff.
218 BGH GRUR 1971, 153 („Tampax"); *Sack*, WRP 2000, 269, 273.

Anbieter, der auf verschiedenen Märkten aktiv ist, auch die verschiedenen Regeln einhalten, die auf diesen Märkten gelten.[219]

74 **5. Immaterialgüterrecht.** Die Artt. 40 ff. enthalten zwar keine spezielle Regelung über die Anknüpfung bei grenzüberschreitender Verletzung von Immaterialgüterrechten, doch nach dem Willen des Gesetzgebers soll weiterhin das traditionelle **Schutzlandprinzip** (Territorialitätsprinzip) gelten.[220] Auch die **„Rom II-Verordnung"** legt diese Regel zugrunde (vgl. Rn 92 sowie den Anhang Rn 94), verzichtet jedoch nicht darauf, dies in ihrem Art. 8 auch auszusprechen. Anwendbar ist danach das Recht des Staates, für dessen Gebiet der Verletzte Schutz in Anspruch nimmt, da solche Rechte von einem Staat nur mit Wirkung für sein Gebiet anerkannt oder verliehen werden.[221] Innerhalb der EU können Immaterialgüterrechte allerdings auch für den gesamten Binnenmarkt verliehen werden, wenn das sekundäre Gemeinschaftsrecht dies zulässt, wie es derzeit bei der Gemeinschaftsmarke und bei dem Gemeinschaftsgeschmacksmuster der Fall ist.[222] Im Übrigen bleibt es jedoch dabei, dass die Wirkungen jedes Immaterialgüterrechts auf das Territorium des jeweiligen Staates begrenzt sind und der Nachbarstaat jeweils autonom darüber entscheidet, ob er ebenfalls ein solches Recht anerkennt oder verleiht und welche Wirkungen damit verknüpft sind. Der internationale Rechtsverkehr wird allerdings dadurch erleichtert, dass sich die Staaten in internationalen Abkommen zur wechselseitigen Anerkennung „ihrer" Immaterialgüterrechte verpflichtet haben.[223]

75 Während das Schutzlandprinzip in der Literatur auf Art. 41 Abs. 1 gestützt wird,[224] versteht es der BGH nicht als normativ geleitete Konkretisierung der Tatortregel, sondern als ein *aliud* zu dieser.[225] **Abs. 1** ist danach von vornherein **nicht einschlägig**, und Gleiches gilt für Abs. 2[226] sowie für Art. 41. Eine **Rechtswahl** der Parteien ist trotz Art. 42 nicht möglich.[227]

76 Zum Schutz von geschützten Zeichen im **Internet**, zum Beispiel vor **Domain-Grabbing**, vgl. auch Rn 83 ff.[228]

77 **6. Persönlichkeitsverletzungen. a) Allgemeines.** Grenzüberschreitende Persönlichkeitsverletzungen sind nach Maßgabe des **allgemeinen Deliktsstatuts** anzuknüpfen.[229] Der seit der *Marlene-Dietrich*-Entscheidung anerkannte **vermögensrechtliche Teil** des Allgemeinen Persönlichkeitsrechts[230] dürfte hingegen auch kollisionsrechtlich wie ein Immaterialgüterrecht zu behandeln und nach Maßgabe des Schutzlandprinzips anzuknüpfen sein.[231] Existenz und Umfang des Persönlichkeitsrechts sind keine selbständig nach Personalstatut anzuknüpfenden **Vorfragen**, so dass sich auch ein Ausländer in Deutschland auf das im Rahmen von § 823 Abs. 1 BGB anerkannte Allgemeine Persönlichkeitsrecht berufen kann.[232] Nur in Fällen der Verletzung des Namensrechts ist zu beachten, dass sich die Berechtigung zum Führen eines Namens als Vorfrage nur anhand der Heimatrechtsordnung des Namensträgers beurteilen lässt (Art. 10 Abs. 1).[233] Von einer gesetzlichen Konkretisierung der Tatortregel mit Blick auf Persönlichkeitsverletzungen hat der Gesetzgeber abgesehen.[234] Auch hier verfolgt der Entwurf der EU-Kommission einer **Rom-II-Verordnung** den gegenteiligen Ansatz und bringt in seinem Art. 6 eine Sonderregelung für die Anknüpfung von Persönlichkeitsverletzungen (Rn 92 sowie den Anhang Rn 94).

---

219 A.A. *Dethloff*, Europäisierung des Wettbewerbsrechts, S. 240 ff., 274 f., 285 ff.; *dies.*, JZ 2000, 179, 181 ff.
220 BT-Drucks 14/343, S. 10; BGHZ 152, 317, 322; *Schack*, MMR 2000, 59, 60.
221 BGHZ 118, 394, 397 f. = NJW 1992, 2824 f.; BGHZ 126, 252, 255 = NJW 1994, 2888 ff. = IPRax 1995, 246 ff.; BGHZ 136, 380, 385 f. = NJW 1998, 1395 ff. = JZ 1998, 1015 ff.; BGHZ 152, 317, 321 = NJW-RR 2003, 649 ff. = JZ 2003, 799 ff.
222 VO (EG) Nr. 40/1994 des Rates v. 20.12.1993, AB1EG 1994, Nr. 11 S. 1 ff.; auch abgedruckt in GRUR-Int. 1994, 402; VO (EG) Nr. 6/2002 des Rates v. 12.12.2001, AB1EG Nr. L 3 v. 5.1.2002, S. 1 ff.; vgl. auch den Überblick zum Stand der Gemeinschaftsgesetzgebung bei *Ohly*, ZEuP 2004, 296.
223 Übersicht bei Staudinger/*v. Hoffmann*, Art. 40 EGBGB Rn 372 ff.; zum Markenrecht Staudinger/*Fezer*, Internationales Wirtschaftsrecht, Rn 667.
224 Staudinger/*v. Hoffmann*, Art. 40 EGBGB Rn 371; vgl. aber *Sack*, WRP 2000, 269, 271 (Art. 40 Abs. 1).
225 So zum alten Recht BGHZ 136, 380, 386; zum neuen Recht genauso BGHZ 152, 317, 322.
226 BT-Drucks 14/343, S. 10.
227 BT-Drucks 14/343, S. 10, BGHZ 136, 380, 386; zu den Gründen *Sack*, WRP 2000, 269, 284.
228 Speziell zum Domain-Grabbing *Mankowski*, RabelsZ 63 (1999), 203, 276 ff.
229 BT-Drucks 14/343, S. 10; Staudinger/*v. Hoffmann*, Art. 40 EGBGB Rn 53 m.w.N.
230 BGHZ 134, 214 = GRUR 2000, 715 m. Anm. *G. Wagner*.
231 Eingehend *Ahrens*, in: FS Erdmann 2002, S. 3, 15 f.
232 Staudinger/*v. Hoffmann*, Art. 40 EGBGB Rn 54 m.w.N.; *Sonnenberger*, in: FS Henrich 2002, S. 575, 582.
233 BT-Drucks 14/343, S. 10; BGHZ 8, 318, 319 f.; insoweit dürfte dieser Entscheidung auch heute noch zu folgen sein; vgl. *Ahrens*, in: FS Erdmann 2002, S. 3, 11 f.; *Sonnenberger*, in: FS Henrich 2002, S. 575.
234 BT-Drucks 14/343, S. 10.

b) Tatortregel. aa) Handlungsort. Entscheidend ist der Ort der tatbestandsmäßigen deliktischen Handlung, nicht der Ort, an dem diese vorbreitet wird (Rn 19 f.). Das Anfertigen von Fotos ist noch keine Verbreitung gemäß § 22 S. 1 KUG[235] und unter diesem Gesichtspunkt noch kein Eingriff in das Persönlichkeitsrecht, doch kann diese **Vorbereitungshandlung ihrerseits als Eingriff** in die Privatsphäre zu würdigen sein und insoweit einen Handlungsort begründen, wie etwa bei Paparazzi-Aufnahmen im Ausland.[236] Passiv legitimiert ist dann allerdings der Fotograf, nicht der Verlag. Verletzungen des **Namensrechts** werden dort begangen, wo der Name zu Unrecht geführt wird.[237]

Das Verfassen eines Briefs oder das Drucken eines Artikels begründen keinen Handlungsort.[238] Bei **Briefdelikten** kommt es auf den Absendeort an,[239] bei **Pressedelikten** nach Ansicht des BGH auf den **Erscheinungsort**,[240] während der EuGH (im Rahmen des Art. 5 Nr. 3 EuGVVO) den Handlungsort am **Ort der Niederlassung** des Presseunternehmens lokalisieren will.[241] Normalerweise werden beide Orte zusammenfallen, doch im Konfliktsfall muss es darauf ankommen, wo sich die **Verhaltenszentrale** befindet, die über den konkreten Inhalt der Publikation entscheidet, also auf den Ort der Niederlassung.[242] Darüber hinaus soll nach der deutschen Rechtsprechung auch jeder **Verbreitungsort** als Handlungsort in Betracht kommen,[243] was zu einer Vervielfältigung der anwendbaren Rechtsordnungen führt, die dann mit Hilfe des Günstigkeitsprinzips in einen Vorteil für den Geschädigten umgemünzt wird, der die für ihn vorteilhafteste Rechtsordnung aus dem gesamten Verbreitungsgebiet heraussuchen darf.[244] Tatsächlich kommt das Verbreitungsgebiet nur unter dem Gesichtspunkt des Erfolgsorts in Betracht, allerdings mit der Einschränkung, dass nur dort Erfolgsorte eröffnet werden, wo der Geschädigte bekannt ist und also einen Ruf zu verlieren hat. Werden diese Grundsätze auf Rundfunk- und Fernsehsendungen übertragen, ergibt sich: Handlungsort ist nicht der Ausstrahlungsort im technischen Sinne, sondern derjenige Ort, an dem die Entscheidungen über das „In-Verkehr-Bringen" der Sendung getroffen werden, regelmäßig also der Sitz der jeweiligen Anstalt.[245]

bb) Erfolgsort. Die mit einem Eingriff in Persönlichkeitsrechte verbundene Rechtsgutsverletzung tritt dort ein, wo der Eingriff vollendet, bei Ehrverletzungen also der Achtungsanspruch des Geschädigten herabgesetzt wird. Bei Briefdelikten kommt es auf den **Empfangsort** an, an dem von dem Inhalt des Schreibens Kenntnis genommen wird.[246] Der Geschädigte sollte nicht die Möglichkeit haben, den Erfolgsort zu verschieben, indem er den Brief an einen anderen Ort transportiert, um ihn erst dort zu lesen. Entsprechendes gilt für die elektronische Post (**E-Mail**).[247] Presseerzeugnisse verursachen Verletzungserfolge dort, wo sie verbreitet werden und der Achtungsanspruch des Betroffenen beeinträchtigt wird, weil er in diesem Gebiet bekannt ist.[248] Wiederum sollte die Verbringung des Druckwerks an einen Ort, wo es nicht bestimmungsgemäß verbreitet wird, irrelevant sein.

Selbst bei Zugrundelegung dieser (restriktiven) Grundsätze haben Mediendelikte häufig eine **Vielzahl von Erfolgsorten**, sind also Streudelikte (Rn 23). Es besteht wohl Einigkeit dahin, dass der aus einem schrankenlosen Wahlrecht des Geschädigten folgende *„international bonus"* zu vermeiden ist (Rn 26); gestritten wird um den richtigen Weg. Wählt der Geschädigte das Erfolgsortstatut gemäß Abs. 1 S. 2, sollen nach dem sog. **Mosaikprinzip** sämtliche Rechtsordnungen gleichzeitig zur Anwendung kommen, jede allerdings beschränkt auf denjenigen Teilschaden, der in ihrem Geltungsbereich eingetreten ist.[249] Diese

---

235 Staudinger/*v. Hoffmann*, Art. 40 EGBGB Rn 58.
236 Vgl. dazu etwa EGMR, NJW 2004, 2647 („Caroline von Hannover"); BGH NJW 2004, 762.
237 Staudinger/*v. Hoffmann*, Art. 40 EGBGB Rn 58.
238 OLG Oldenburg NJW 1989, 400, 401 (Fotos); OLG Hamburg AfP 1998, 643, 643; Staudinger/ *v. Hoffmann*, Art. 40 EGBGB Rn 58 (Artikel, Brief); a.A. Soergel/*Lüderitz*, Art. 38 EGBGB Rn 5.
239 Staudinger/*v. Hoffmann*, Art. 40 EGBGB Rn 58; Bamberger/Roth/*Spickhoff*, Art. 40 EGBGB Rn 48.
240 BGHZ 131, 332, 335 = NJW 1996, 1128; OLG Hamburg, AfP 1998, 643.
241 EuGH v. 7.3.1995, Slg. 1995, I-415 = NJW 1995, 1881, 1882, Nr. 24.
242 *Ehmann/Thorn*, AfP 1996, 20, 23; *von Hinden*, Persönlichkeitsverletzungen im Internet, S. 60 f.; *Fricke*, Der Unterlassungsanspruch gegen Presseunternehmen, S. 217 f., 226 f.
243 BGH, NJW 1977, 1590; BGHZ 131, 332, 335 = NJW 1996, 1128; zust. *Sonnenberger*, in: FS Henrich 2002, S. 575, 583 f.; ähnlich *v. Bar*, IPR II, Rn 662 ff.; *Schack*, UFITA 108 (1988), S. 64 ff.
244 Abl. *G. Wagner*, RabelsZ 62 (1998), 243, 276 f.; *Fricke*, Der Unterlassungsanspruch gegen Presseunternehmen, S. 243 ff.
245 Staudinger/*v. Hoffmann*, Art. 40 EGBGB Rn 58; *Kropholler*, IPR, § 53 V 4, S. 530; Bamberger/Roth/ *Spickhoff*, Art. 40 EGBGB Rn 48.
246 RGZ 23, 305, 306; Staudinger/*v. Hoffmann*, Art. 40 EGBGB Rn 63.
247 Vgl. *von Hinden*, Persönlichkeitsverletzungen im Internet, S. 112 ff.
248 BGHZ 131, 332, 335 = NJW 1996, 1128 ff.; nach *v. Bar*, IPR II, Rn 664 gibt es bei Persönlichkeitsverletzungen überhaupt keine Erfolgsorte; dagegen *G. Wagner*, RabelsZ 62 (1998), 243, 276 f.; *Fricke*, Der Unterlassungsanspruch gegen Presseunternehmen, S. 190 ff.
249 OLG Hamburg NJW-RR 1995, 790, 792; MüKo/ *Kreuzer*, Art. 38 EGBGB Rn 216; *Mankowski*, RabelsZ 63 (1999), 203, 269 ff.; *Schack*, MMR 2000, 59, 64; *Fricke*, Der Unterlassungsanspruch gegen Presseunternehmen, S. 253 ff., 264 f.

Ansicht hat die theoretische Exaktheit für sich, dürfte in der Praxis jedoch selbst die besten Anwälte und Richter überfordern.[250] Der Vorschlag, einen **Schwerpunkt-Erfolgsort** am gewöhnlichen Aufenthaltsort des Geschädigten zu bilden,[251] gewährleistet die Beurteilung des Falles anhand einer einzigen Rechtsordnung, ermöglicht dem Geschädigten jedoch in gewissem Umfang die Beeinflussung des Deliktsstatuts, während sie das Presseunternehmen u.U. mit einem unvorhersehbaren Deliktsstatut konfrontiert. Vor allem aber wird diese Lösung den unterschiedlichen Schutzstandards und Bewertungsmaßstäben der verschiedenen (Rechts-) Kulturen nicht gerecht.[252] Es überzeugt nicht, einer in Spanien domizilierten Prinzessin zu erlauben, ihren gesamten, durch Äußerungen in einer schwedischen Fernsehsendung verursachten Schaden nach spanischem Recht zu liquidieren, und zwar selbst dann, wenn die inkriminierte Äußerung nur in Spanien, nicht aber in Schweden als ehrabschneidend angesehen wird. Vorzugswürdig ist es vielmehr, mit dem EuGH die **Kognitionsbefugnis** der Gerichte am Erfolgsortgerichtsstand (Art. 5 Nr. 3 EuGVVO, § 32 ZPO) auf den jeweiligen **lokalen Schaden** zu beschränken und dort ausschließlich die Berufung auf die *lex fori* zu gestatten. Entsprechend ist die unbeschränkte Zuständigkeit am Handlungsort kollisionsrechtlich zu ergänzen und auch insoweit der Gleichlauf von Zuständigkeit und anwendbarem Recht herzustellen.[253] Dieser Zusammenhang setzt sich auch gegenüber einem gemeinsamen gewöhnlichen Aufenthalt der Parteien trotz Abs. 2 durch.[254]

82 **c) Beseitigung, Widerruf, Unterlassung und Gegendarstellung.** Für Ansprüche auf Beseitigung (Widerruf) und Unterlassung von Persönlichkeitsverletzungen ist ebenfalls das Deliktsstatut maßgeblich.[255] Anders liegt es beim presserechtlichen **Gegendarstellungsanspruch**, der kein Mittel des privatrechtlichen Interessenausgleichs ist, sondern dem Presserecht angehört.[256] Entscheidend ist daher der Sitz bzw. die Niederlassung des Presseunternehmens.[257] Im Bereich der Fernsehberichterstattung ist dieses Ergebnis europarechtlich durch Art. 23 Abs. 2 der Fernseh-Richtlinie vorgeprägt (Rn 72).[258] Dies gilt auch für interlokale Fälle, also die Wahl unter den verschiedenen Landes-Pressegesetzen.[259]

83 **7. Internet-Delikte. a) Problem.** Bei der Kommunikation im Rahmen des Internets macht die Lokalisation von Handlungs- und Erfolgsort besondere Schwierigkeiten, weil die Informationen über die ganze Welt verbreitet werden. Wird die Tatortregel auf das Internet in naturalistisch-naiver Weise angewendet, ergibt sich die gleichzeitige Berufung sämtlicher Deliktsrechte dieses Planeten und damit die **kumulative Geltung sämtlicher irgendwo auf der Welt normierten Verhaltensstandards**, soweit sie nicht dem *ordre public* widersprechen. Das Angebot von Gütern und Dienstleistungen über das Internet würde damit faktisch unmöglich gemacht. Auf die Gefahr, dass der elektronische Geschäftsverkehr über das Internationale Deliktsrecht abgewürgt wird, hat der europäische Gesetzgeber mit der E-Commerce-Richtlinie reagiert (Rn 86 ff.). Im Übrigen ist ihr durch eine normativ angeleitete Konkretisierung der Tatortregel zu begegnen.

84 **b) Tatortregel.** Außerhalb des Europäischen Binnenmarkts ist der **Handlungsort** nicht am Standort des Servers zu lokalisieren, sondern dort, wo über die Einspeisung einer bestimmten Nachricht entschieden

---

250 *Prosser*, Interstate Publication, Mich. L. Rev. 51 (1953) 959, 973: „preposterous and unworkable".
251 *Ehmann/Thorn*, AfP 1996, 23; *Fuchs*, JuS 2000, 879, 881; Palandt/*Heldrich*, Art. 40 EGBGB Rn 14; Staudinger/*v. Hoffmann*, Art. 40 EGBGB Rn 61; wohl auch Erman/*Hohloch*, Art. 40 EGBGB Rn 53.
252 Abl. auch Bamberger/Roth/*Spickhoff*, Art. 40 EGBGB Rn 48, *von Hinden*, Persönlichkeitsverletzungen im Internet, S. 86 ff.; *Fricke*, Der Unterlassungsanspruch gegen Presseunternehmen, S. 239 f.
253 So, in Anknüpfung an die Entscheidung EuGH v. 7.3.1995, Slg. 1995, I-415 = NJW 1995, 1881, 1882 Nr. 30, 33; *G.Wagner*, RabelsZ 62 (1998) 243, 277 ff.; *R. Wagner*, EuZW 1999, 709, 712; Mankowski, RabelsZ 63 (1999), 203, 274 ff.; abl. Staudinger/ *v. Hoffmann*, Art. 40 EGBGB Rn 60; *Fricke*, Der Unterlassungsanspruch gegen Presseunternehmen, S. 312 ff., 324 f.
254 Von einem anderen Ansatz (Mosaikprinzip) ausgehend genauso *Fricke*, Der Unterlassungsanspruch gegen Presseunternehmen, S. 266 ff.

255 BT-Drucks 14/343, S. 10; BGHZ 131, 332, 335; 138, 311, 317; LG Frankfurt/M. NJW-RR 1994, 1493; Staudinger/*v. Hoffmann*, Art. 40 EGBGB Rn 56 m.w.N.; Bamberger/Roth/*Spickhoff*, Art. 40 EGBGB Rn 47; *Sonnenberger*, in: FS Henrich 2002, S. 575, 586; *Fricke*, Der Unterlassungsanspruch gegen Presseunternehmen, S. 171 ff.
256 Vgl. Staudinger/*v. Hoffmann*, Art. 40 EGBGB Rn 70 ff.; a.A. Hohloch, ZUM 1986, 165, 176, 179; Bamberger/Roth/*Spickhoff*, Art. 40 EGBGB Rn 10; *Stadler*, JZ 1994, 642, 646.
257 Staudinger/*v. Hoffmann*, Art. 40 EGBGB Rn 75; a.A. (Deliktsstatut): MüKo/*Kreuzer*, Art. 38 EGBGB Rn 225; Bamberger/Roth/*Spickhoff*, Art. 40 EGBGB Rn 47.
258 Vgl. *Basedow*, RabelsZ 59 (1995), 1, 40.
259 OLG Hamburg AfP 1976, 29, 30; OLG München AfP 1969, 76, 76; Staudinger/*v. Hoffmann*, Art. 40 EGBGB Rn 75; a.A. (Internationales Deliktsrecht) Bamberger/Roth/*Spickhoff*, Art. 40 EGBGB Rn 47 m.w.N. in Fn 201.

wird.[260] Dabei gilt die widerlegliche Vermutung, dass die Einspeisung von natürlichen Personen an ihrem gewöhnlichen Aufenthaltsort, bei Medienunternehmen am Sitz ihres Entscheidungszentrums bewirkt worden ist.[261] **Erfolgsort** eines Internet-Delikts ist nicht jeder Ort auf der Erde, an dem die Netzseite von einem Nutzer (mittels eines Laptops!) aufgerufen wird,[262] sondern das Gebiet bestimmungsgemäßer Abrufbarkeit der Information.[263] Die Annahme bestimmungsgemäßer Verbreitung der netzbasierten Information in einer bestimmten Jurisdiktion setzt mindestens voraus, dass sich das Angebot seiner sprachlichen Fassung nach an Nutzer aus diesem Staat wendet. Bei Persönlichkeitsverletzungen ist das so bestimmte Verbreitungsgebiet sodann auf diejenigen Staaten zu reduzieren, in denen der Geschädigte bekannt ist (vgl. auch Rn 79).[264] Wie auch bei Pressedelikten kann er am Erfolgsortgerichtsstand aufgrund der dort geltenden *lex fori* nur den **lokalen Schaden** liquidieren (Rn 81). Bei **Wettbewerbsdelikten** kommen zur Lokalisierung des Marktortes (Rn 71) nur solche Staaten in Betracht, an deren Einwohner sich die Werbung oder Information ihrer Sprache nach wendet, und die nicht durch einen sog. *Disclaimer* von der Belieferung ausgeschlossen werden.[265]

Geht es um die Haftung des **Netzbetreibers**, so gilt der Standort des Servers bzw. Providers als Handlungsort.[266] Anbieter fremder Inhalte („*host provider*") haften nach dem Recht des Ortes ihrer „Verhaltenszentrale", an dem die Verbreitung ähnlich einer redaktionellen Verantwortung zu vertreten ist. Für die Lokalisation des Erfolgsorts gelten keine Besonderheiten.[267] Auch insoweit sind die Haftungsbeschränkungen der E-Commerce-Richtlinie sowie – bei Anwendbarkeit deutschen Sachrechts – der §§ 8 ff. TDG zu beachten.[268]

c) Elektronischer Geschäftsverkehr im Binnenmarkt. Für Teledienste, die aus Mitgliedstaaten der EU heraus erbracht werden, wird das Internationale Deliktsrecht durch die **E-Commerce-Richtlinie** modifiziert.[269] In Art. 3 Abs. 1 der Richtlinie heißt es, jeder Mitgliedstaat müsse dafür Sorge tragen, dass die in seinem Staatsgebiet niedergelassenen Diensteanbieter das dort geltende Recht einhalten, und Abs. 2 fügt hinzu, ein Mitgliedstaat dürfe den freien Dienstleistungsverkehr aus einem anderen Mitgliedstaat nicht aus Gründen einschränken, die in den koordinierten Bereich fallen.[270] Wie sich im Umkehrschluss aus dem Anhang zur Richtlinie ablesen lässt, umfasst der koordinierte Bereich jedenfalls das **Wettbewerbsrecht**, die **Produkthaftung**, die Informationshaftung bei Kapitalanlagen und die **Haftung für Persönlichkeitsverletzungen**,[271] während das Urheberrecht und andere Materien des Immaterialgüterrechts ausgeklammert bleiben, so dass hier das Schutzlandprinzip ungeschmälert fortgilt (Rn 74). Unberührt durch die E-Commerce-Richtlinie bleiben ferner u.a. die Rechtswahlfreiheit (Anhang, Lemma 5) sowie der Schutz der Menschenwürde (Art. 3 Abs. 4 lit. a, i, Lemma 1), die in diesem Kontext aber nicht den gesamten Bereich deliktsrechtlichen Persönlichkeitsschutzes umfasst.[272]

Art. 3 der Richtlinie erlaubt den Schluss, die Tatortregel werde bei Internet-Delikten im Binnenmarkt durch das **Herkunftslandprinzip** abgelöst, nach dem der Anbieter einer Ware oder Dienstleistung, die in ihrem Herkunftsland rechtmäßig in den Verkehr gebracht worden ist, im Ausland selbst dann nicht mit Haftung belegt werden darf, wenn dort Schäden verursacht werden.[273] Allerdings enthält Art. 1 Abs. 4 der **E-Commerce-Richtlinie** die „Klarstellung", die Richtlinie schaffe keine zusätzlichen Regeln im Bereich des internationalen Privatrechts.[274] Der Widerspruch zu Art. 3 RL ist kein Redaktionsversehen, sondern

---

260 *Gounalakis/Rhode*, Persönlichkeitsschutz im Internet, Rn 12; Palandt/*Heldrich*, Art. 40 EGBGB Rn 12; *von Hinden*, Persönlichkeitsverletzungen im Internet, S. 64 ff.; *Mankowski*, RabelsZ 63 (1999), 202, 257 f.; *Spickhoff*, Das IPR der sog. Internetdelikte, in: Leible (Hrsg.), Die Bedeutung des IPR im Zeitalter der neuen Medien, S. 89, 97.
261 *v. Hinden*, Persönlichkeitsverletzungen im Internet, S. 71 f.
262 So aber Palandt/*Heldrich* Art. 40 EGBGB Rn 12; *Mankowski*, RabelsZ 63 (1999), 202, 269.
263 *Pichler*, in: Hoeren/Sieber (Hrsg.), Handbuch Multimedia-Recht, 2004, Teil 31 Rn 137; *Gounalakis/Rhode*, Persönlichkeitsschutz im Internet, Rn 16, 20; a.A. *von Hinden*, Persönlichkeitsverletzungen im Internet, S. 146 ff.; *Mankowski*, RabelsZ 63 (1999), 202, 272 ff.
264 A.A. *von Hinden*, Persönlichkeitsverletzungen im Internet, S. 144 ff.
265 KG GRUR Int. 2002, 448, 449 m.w.N.
266 *Gounalakis/Rhode*, Persönlichkeitsschutz im Internet Rn 13; *Spickhoff*, Das IPR der sog. Internetdelikte, in: Leible (Hrsg.), Die Bedeutung des IPR im Zeitalter der neuen Medien, S. 89, 97; Bamberger/Roth/*Spickhoff*, Art. 40 EGBGB Rn 48.
267 *v. Hinden*, Persönlichkeitsverletzungen im Internet, S. 203 ff.
268 Eingehend MüKo/*G.Wagner*, Erg.-Bd., § 823 Rn 530 ff.
269 Richtlinie 2000/31/EG v. 8.6.2000; umgesetzt durch das Gesetz über rechtliche Rahmenbedingungen für den elektronischen Geschäftsverkehr (EGG) v. 14.12.2001 (BGBl I S. 3721). Die einschlägigen Regelungen finden sich jetzt im Gesetz über die Nutzung von Telediensten – TDG.
270 Zu dessen Umfang *Lurger/Vallant*, RIW 2002, 188, 189.
271 *Mankowski*, IPRax 2002, 257, 265.
272 *Spickhoff*, Das IPR der sog. Internetdelikte, in: Leible (Hrsg.), Die Bedeutung des IPR im Zeitalter der neuen Medien, S. 89, 115 f.
273 Zu den primärrechtlichen Grundlagen des Herkunftslandprinzips vgl. oben Rn 26.
274 Vgl. auch Erwägungsgrund Nr. 23 zur Richtlinie.

Ausdruck der rechtspolitischen Kämpfe in Brüssel bzw. des am Ende des Gesetzgebungsverfahrens vereinbarten Waffenstillstands.[275] Nach einer Ansicht ist er zugunsten des Herkunftslandprinzips aufzulösen, so dass Art. 3 Abs. 1, 2 RL als **Kollisionsnorm** zu lesen ist, die auf das Sachrecht des Niederlassungsstaats verweist.[276] Die Gegenauffassung versteht Art. 3 Abs. 2 der Richtlinie als **europarechtliche Anwendungsschranke**,[277] nach der aufgrund des IPR berufene, in ihrer Substanz aber gemeinschaftswidrige Sachnormen nicht zur Anwendung kommen dürfen, die aufgrund des Tatort- oder Marktortprinzips anwendbar wären, soweit das Marktortrecht schärfere Anforderungen stellt als das Recht des Herkunftslands.[278] Der deutsche Gesetzgeber hat sich nicht in der Lage gesehen, diesen Streit zu lösen, sondern hat den innerhalb der Richtlinie bestehenden Widerspruch in das deutsche Recht übernommen: Während **§ 4 Abs. 1, 2 TDG** das Herkunftslandprinzip normieren, insistiert § 2 Abs. 6 TDG darauf, dass das Kollisionsrecht nicht angetastet werde.

88 In Übereinstimmung mit der **Rechtslage im primären Gemeinschaftsrecht** ist der letztgenannten Interpretation des Herkunftslandprinzips als **Anwendungsschranke** der Vorzug zu geben. Die ausschließliche Anwendung der Rechtsordnung des Herkunftslandes ist überflüssig, wenn die Rechtsordnung am Markt- oder Erfolgsort keine schärferen Anforderungen statuiert als diejenige am Herkunftsort. Sie mag sich für den Diensteanbieter sogar negativ auswirken, wenn die Anforderungen am Markt- oder Erfolgsort großzügiger sind als im Herkunftsland. Vor allem aber erlaubt Art. 3 Abs. 4 lit. a RL den Marktort- bzw. Erfolgsortstaaten die Sanktionierung auch solcher Dienste, die im Herkunftsstaat rechtmäßig sind, wenn die Maßnahmen bestimmten Allgemeinwohlbelangen dienen. Letzteres setzt die Anwendbarkeit von Erfolgsortrecht voraus und entspricht dem aus dem Primärrecht gewohnten Schema, das zunächst einen Eingriff in Grundfreiheiten durch mitgliedstaatliches Recht feststellt (Artt. 28, 49 EGV), um sodann dessen Rechtfertigung durch zwingende Gründe des Allgemeinwohls (Artt. 30, 55, 46 EGV) zu prüfen.[279] Im Anwendungsbereich des Art. 3 RL, § 4 TDG sollten die deutschen **Anwälte und Gerichte also in 4 Schritten** vorgehen:[280] **(1.)** Zunächst ist das anwendbare Recht mit Hilfe des deutschen IPR, also der Marktort- bzw. Tatortregel zu ermitteln. **(2.)** Ergibt sich die Anwendbarkeit des deutschen Sachrechts und ist das Verhalten des Diensteanbieters danach rechtmäßig, ist die Klage abzuweisen. **(3.)** Ist das Verhalten nach deutschem Sachrecht rechtswidrig, ist das Recht des Herkunftslandes zu ermitteln (§ 293 ZPO) und anzuwenden. Lässt sich danach ebenfalls eine Haftung begründen, ist der Klage stattzugeben. **(4.)** Verpflichtet das Verhalten nach ausländischem Heimatrecht nicht zum Schadensersatz, ist zu prüfen, ob die Anwendung deutschen Rechts im Lichte von Art. 3 Abs. 4 RL, § 4 Abs. 5 TDG gerechtfertigt ist. Ist dies nicht der Fall, ist die Klage abzuweisen.

89 **8. Gewinnzusagen.** § 661a BGB gibt einem Verbraucher, dem von einem Unternehmer eine Gewinnzusage oder vergleichbare Mitteilung zugesendet wurde, einen Anspruch auf den ausgelobten Preis, dessen Rechtsnatur zweifelhaft ist. Während der EuGH für die Zwecke der Zuständigkeitsbegründung nach Artt. 15 Abs. 1 lit. c, 16 EuGVVO (Artt. 13 Abs. 1 Nr. 3, 14 Abs. 1 EuGVÜ) eine unter der Bedingung des Abschlusses eines Kaufvertrags gegebene Gewinnzusage vertragsrechtlich qualifiziert hat,[281] hält der BGH für isolierte Gewinnzusagen mit Recht auch eine deliktsrechtliche Qualifikation für möglich, die sich auf die zugleich generalpräventive und wettbewerbspolitische Zwecksetzung des § 661a BGB stützt.[282] Wie bei Briefdelikten ist der Absendeort als Handlungsort zu qualifizieren und der Empfangsort als Erfolgsort.[283]

---

275 Scharf *Mankowski*, IPRax 2002, 257: „bewusste Irreführung"; § 1 Abs. 4 RL als eine „Art gesetzgeberischer falsa demonstratio"; *Halfmeier*, ZEuP 2001, 837, 862: „gespielte Unschuld".
276 Palandt/*Heldrich*, Art. 40 EGBGB, Rn 11; Erman/*Hohloch*, Art. 40 EGBGB, Rn 51; *Kegel/Schurig*, § 18 I, S. 682; *Mankowski*, ZVglRWiss 100 (2001), 137, 138 ff.; ders., IPRax, 2002, 257; *Spickhoff*, Das IPR der sog. Internetdelikte, in: Leible (Hrsg.), Die Bedeutung des IPR im Zeitalter der neuen Medien, S. 89, 119 f.; *Thünken*, IPRax 2001, 15, 19 f.
277 So, mit Abweichungen im Detail, *Looschelders*, Art. 40 Rn 99 f.; Staudinger/*Fezer*, Internationales Wirtschaftsrecht, Rn 449; *Fezer/Koss*, IPRax 2000, 349; *Halfmeier*, ZEuP 2001, 837, 864 f.; Staudinger/v. *Hoffmann*, Art. 40 EGBGB Rn 299; *Ohly*, GRUR-Int. 2001, 899, 902 ff.; *Sack*, WRP 2000, 269, 280 f.; wohl auch *Spindler*, IPRax 2001, 400, 401; ders., ZHR 165 (2001), 324, 334 ff.; ders., NJW 2002, 921, 926.
278 Zu weiteren – sehr komplizierten – Vorschlägen in der Literatur vgl. den Überblick bei *Mankowski*, IPRax 2002, 257, 261 ff.
279 Vgl. nur *Herdegen*, Europarecht, 5. Aufl. 2003, Rn 286 ff.; mit Blick auf Wettbewerbsbeschränkungen *Grandpierre*, Herkunftsprinzip contra Marktortanknüpfung, S. 19 ff.; *Dethloff*, Europäisierung des Wettbewerbsrechts, S. 143 ff., 177 ff., 220 ff., 245 ff.
280 *Halfmeier*, ZEuP 2001, 837, 864 f.
281 EuGH, 11.7.2002, Slg. 2002, I-6367 („Gabriel") = NJW 2002, 2697, 2698 f. = ZEuP 2004, 762 m. Anm. *A. Staudinger*; dazu auch *Fetsch*, RIW 2002, 936; ähnlich OLG Hamm RIW 2003, 305, 306; LG Braunschweig IPRax 2002, 213, 214 f.
282 BGH NJW 2003, 426, 428 = JZ 2003, 850 ff. = ZIP 2003, 685 ff.; a.A. *St. Lorenz*, NJW 2000, 3305, 3308, 3309.
283 A.A. LG Freiburg RIW 2002, 961: Empfangsort als Handlungsort.

9. Staatshaftung. Im Bereich der Amtshaftung gilt die Tatortregel nicht, sondern sie richtet sich – vorbehaltlich staatsvertraglicher Sonderregelungen[284] – nach dem **Recht des Amtsstaates**.[285] Jeder Staat legt kraft seiner Souveränität die Voraussetzungen fest, unter denen er privaten Dritten für Schäden infolge von Amtspflichtverletzungen seiner Beamten einzustehen bereit ist. Dies gilt auch dann, wenn die Amtspflichtverletzung im Ausland begangen wurde.[286] Die Anknüpfung an das Recht des Amtsstaates erstreckt sich auch auf die persönliche Haftung des Amtsträgers.[287] Sowohl für die Staatshaftung wie für die persönliche Beamtenhaftung gilt hingegen das Deliktsstatut, wenn es um die Ersatzpflicht für **privatrechtliches Handeln** geht.[288] Die Ersatzpflicht für Delikte von Angehörigen der in Deutschland stationierten **ausländischen Streitkräfte** richtet sich nach Art. VIII NATO-Truppenstatut. Danach wird die persönliche Haftung durch eine Staatshaftung des Entsendestaates abgelöst, für den im Streitfall die Bundesrepublik als Prozessstandschafter auftritt.[289]

VII. Die Rom-II-Verordnung

Auf der Grundlage interner Vorarbeiten[290] und der Kompetenznorm des Art. 65 lit. c EGV[291] hat die EG-Kommission am 22.7.2003 den **„Vorschlag für eine Verordnung des Europäischen Parlaments und des Rates über das auf außervertragliche Schuldverhältnisse anzuwendende Recht"** (sog. Rom-II-Verordnung) vorgelegt (vgl. bereits Rn 2).[292] Der Text ist im Anhang unter (Rn 94) wiedergegeben.[293]

Im Gegensatz zu Art. 40 Abs. 1 geht der Entwurf im Grundsatz von der **Anknüpfung an den Erfolgsort** aus[294] und entspricht insofern den in den meisten Mitgliedstaaten geltenden Kollisionsnormen.[295] Ein Wahlrecht des Geschädigten zugunsten des Handlungsortrechts ist nicht vorgesehen, so dass mit Recht dem **Ubiquitätsprinzip eine Absage erteilt** wird (Rn 26). Genauso wie nach Art. 40 Abs. 2 wird die Tatortregel durch vorrangige Anknüpfung an den gemeinsamen gewöhnlichen Aufenthalt verdrängt;[296] auch die Ausnahmeklausel der wesentlich engeren Verbindung[297] und eine nachträglich Rechtswahl der Beteiligten[298] können zu Abweichungen von der Erfolgsortanknüpfung führen. Anders als das deutsche Recht (Rn 5) folgt die Kommission auch keinem unitarischen Ansatz, sondern **sieht besondere Anknüpfungsregeln für einzelne Deliktstypen** vor.[299] Damit erweist sich der Verordnungsentwurf den Artt. 40 ff. EGBGB m.E. deutlich überlegen (vgl. Rn 5, 26, 61, 67, 71 f., 74).

---

284 Dazu Staudinger/*v. Hoffmann*, Art. 40 EGBGB Rn 107 ff.; MüKo/*Kreuzer*, Art. 38 EGBGB Rn 277, jeweils m.w.N.

285 BGH NJW 1976, 2074 = WM 1976, 1137 ff.; BGHZ 70, 7 ff. = NJW 1978, 495; VersR 1982, 185 f.; OLG Köln NJW 1999, 1555, 1556 LG Rostock IPRax 1996, 125, 127; *Mansel*, IPRax 1987, 210 214; *Schurig*, JZ 1982, 385, 387 ff.; *Kropholler*, IPR, § 53 IV 7, S. 523; Bamberger/Roth/*Spickhoff*, Art. 40 EGBGB Rn 8.

286 Palandt/*Heldrich*, Art. 40 EGBGB Rn 16; Erman/*Hohloch*, Art. 40 EGBGB Rn 58; Soergel/*Lüderitz*, Art. 38 EGBGB Rn 69; zust. BT-Drucks 14/434, S. 10.

287 Vgl. BT-Drucks 14/343, S. 10, rechte Spalte; BGH NJW 1976, 2074 = WM 1976, 1137 ff.; OLG Köln NJW 1999, 1556; LG Rostock NJ 1995, 490; Palandt/*Heldrich*, Art. 40 EGBGB Rn 15; *Kropholler*, IPR, § 53 IV 7, S. 523..

288 Staudinger/*v. Hoffmann*, Art. 40 EGBGB Rn 110; *Kropholler*, IPR, § 53 IV 7, S. 522.

289 Vgl. OLG Hamburg, VersR 2001, 996; Staudinger/*v. Hoffmann*, Art. 40 EGBGB Rn 115 ff.; MüKo/*Kreuzer*, Art. 38 EGBGB Rn 280.

290 Dem Vorschlag war der im Mai 2002 von der Kommission veröffentlichte „Vorentwurf eines Vorschlags für eine Verordnung des Rates über das auf außervertragliche Schuldverhältnisse anzuwendende Recht" vorausgegangen. Eine Zusammenfassung der Ergebnisse der Konsultation zum Vorentwurf ist abrufbar unter http://europa.eu.int/comm/justice_home/unit/civil/consultation/contributions_en.htm.

291 Zur Kompetenzfrage, auch unter dem Gesichtspunkt mangelnden Binnenmarktbezugs bei Beteiligung von Drittstaaten (Art. 2 des VO-Entwurfs), *Leible/Engel*, EuZW 2004, 7 f., 9 f.; skeptisch *Remien*, C.M.L.Rev. 2001, 53, 75 f.; *Nourissat/Treppoz*, JDI 2003, 7, 11 ff.

292 KOM [2003] 427 endg.; Vorschlag mit Begründung abrufbar unter http://europa.eu.int/eur-lex/de/com/pdf/2003/com2003_0427de01.pdf.

293 Aus der Literatur vgl. die Einführungen von *Leible/Engel*, EuZW 2004, 7; *Benecke*, RIW 2003, 830; *Fuchs* GPR 2004, 100; *von Hein*, ZVglRWiss 102 (2003), 528.

294 Vgl. Art. 3 Abs. 1 KOM (2003) 427 endg.

295 S. dazu *Kadner-Graziano*, Gemeineuropäisches Internationales Privatrecht, 2002, S. 194 ff.

296 Vgl. Art. 3 Abs. 2 KOM (2003) 427 endg.

297 Vgl. Art. 3 Abs. 3 KOM (2003) 427 endg.

298 Ausgenommen von der nachträglichen Rechtswahl ist lediglich der Bereich des geistigen Eigentums, vgl. Art. 10 KOM (2003) 427 endg.

299 Vgl. Art. 4–8 des Entwurfs, der besondere Regelungen für die Bereiche Produkthaftung, Unlauterer Wettbewerb, Verletzung der Privatsphäre und Persönlichkeitsrechtsverletzung, Umweltschädigung und Verletzung von Immaterialgüterrechten vorsieht. Mit Recht krit. zur Anknüpfung der Produkthaftung durch Art. 4 des Entwurfs *Kadner-Graziano*, VersR 2004, 1205, 1209 f.

93 Ausweislich des Art. 27 des Entwurfs sollte die Rom-II-Verordnung am 1.1.2005 in Kraft treten. Noch vor den Europawahlen im Juni 2004 hat der Rechtsausschuss des EU-Parlaments unter Leitung von *Diana Wallis* jedoch einen Bericht vorgelegt, der den Verordnungsentwurf in wesentlichen Teilen umgestaltet hat.[300] Dadurch hat sich zwar das **Gesetzgebungsverfahren verzögert**, doch ist nicht damit zu rechnen, dass Kommission und Rat sich die Neufassung der VO durch den Rechtsausschuss zu Eigen machen oder das Projekt gänzlich fallen lassen werden. Zwar nicht zum 1.1.2005, doch zu einem späteren Termin im Jahr 2005 ist daher mit dem In-Kraft-Treten einer EU-Verordnung zu rechnen, die das für außervertragliche Schuldverhältnisse geltende Recht der Mitgliedstaaten auf der Basis des Kommissionsentwurfs harmonisiert. Allerdings soll den Mitgliedstaaten die Möglichkeit belassen werden, weiterhin die Kollisionsnormen solcher internationaler Übereinkommen anzuwenden, denen sie zum Zeitpunkt des Erlasses angehören.[301]

VIII. Anhang: Text des Kommissionsentwurfs der Rom-II-Verordnung

Kapitel I – Anwendungsbereich

Rom-II-VO-E   Artikel 1 – Materieller Anwendungsbereich

94 1. Diese Verordnung gilt für außervertragliche zivil- und handelsrechtliche Schuldverhältnisse, die eine Verbindung zum Recht verschiedener Staaten aufweisen. Sie gilt nicht für Steuer- und Zollsachen sowie verwaltungsrechtliche Angelegenheiten.
2. Vom Anwendungsbereich dieser Verordnung ausgenommen sind:
a) Außervertragliche Schuldverhältnisse, die auf einem Familienverhältnis oder einem diesem gleichgestellten Verhältnis einschließlich Unterhaltspflichten beruhen,
b) außervertragliche Schuldverhältnisse, die sich aus ehelichen Güterständen und Erbsachen ergeben,
c) außervertragliche Schuldverhältnisse aus Wechseln, Schecks, Eigenwechseln und anderen handelbaren Wertpapieren, sofern die Verpflichtungen aus diesen anderen Wertpapieren aus deren Handelbarkeit entstehen,
d) die persönliche gesetzliche Haftung der Gesellschafter und der Organe für die Schulden einer Gesellschaft, eines Vereins oder einer juristischen Person sowie die persönliche gesetzliche Haftung der mit der Pflichtprüfung der Rechnungslegungsunterlagen beauftragten Personen,
e) außervertragliche Schuldverhältnisse zwischen den Verfügenden, den Treuhändern und den Begünstigten eines „Trusts".
f) außervertragliche Schuldverhältnisse aufgrund von Schäden durch Kernenergie.
3. In dieser Verordnung bezeichnet der Begriff „Mitgliedstaat" alle Mitgliedstaaten mit Ausnahme [des Vereinigten Königreichs, Irlands und] Dänemarks.

Rom-II-VO-E   Artikel 2 – Anwendung des Rechts von Drittstaaten

Das nach dieser Verordnung bezeichnete Recht ist auch dann anzuwenden, wenn es nicht das Recht eines Mitgliedstaats ist.

---

300 European Parliament, Committee on Legal Affairs and the Internal Market, Draft Report (Revised Version) on the proposal for a European Parliament and Council regulation on the law applicable to non-contractual obligations („Rome II") (COM(2003) 427 – C5 0338/2003–2003/0168(COD)), 5.4.2004.
301 Vgl. Art. 25 des Kommissionsentwurfs, KOM (2003) 427 endg.

Kapitel II – Einheitliche Kollisionsnormen

ABSCHNITT 1
DIE AUF AUSSERVERTRAGLICHE SCHULDVERHÄLTNISSE AUS UNERLAUBTER HANDLUNG ANZUWENDENDEN VORSCHRIFTEN

Rom-II-VO-E Artikel 3 – Allgemeine Kollisionsnorm

1. Auf ein außervertragliches Schuldverhältnis aus unerlaubter Handlung ist unabhängig davon, in welchem Staat das schädigende Ereignis eintritt und in welchem Staat oder welchen Staaten die indirekten Schadensfolgen festzustellen sind, das Recht des Staates anzuwenden, in dem der Schaden eintritt oder einzutreten droht.
2. Wenn die Person, deren Haftung geltend gemacht wird, und der Geschädigte zum Zeitpunkt des Schadenseintritts ihren gewöhnlichen Aufenthalt im selben Staat haben, unterliegt das außervertragliche Schuldverhältnis dem Recht dieses Staates.
3. Wenn sich aus der Gesamtheit der Umstände ergibt, dass das außervertragliche Schuldverhältnis eine offensichtlich engere Verbindung mit einem anderen Staat aufweist, gilt ungeachtet der Absätze 1 und 2 das Recht dieses anderen Staates. Eine offensichtlich engere Verbindung mit einem anderen Staat kann sich insbesondere aus einem bestehenden Rechtsverhältnis zwischen den Parteien wie einem Vertrag, der mit der betreffenden unerlaubten Handlung in enger Verbindung steht, ergeben.

Rom-II-VO-E Artikel 4 – Produkthaftung

Unbeschadet des Artikels 3 Absätze 2 und 3 ist für das außervertragliche Schuldverhältnis im Falle eines Schadens oder der Gefahr eines Schadens aufgrund eines fehlerhaften Produkts das Recht des Staates maßgebend, in dem der Geschädigte seinen gewöhnlichen Aufenthalt hat, es sei denn, die Person, deren Haftung geltend gemacht wird, weist nach, dass das Produkt ohne ihre Zustimmung in diesem Land in Verkehr gebracht worden ist; in diesem Fall ist das Recht des Landes anwendbar, in dem die Person, deren Haftung geltend gemacht wird, ihren gewöhnlichen Aufenthalt hat.

Rom-II-VO-E Artikel 5 – Unlauterer Wettbewerb

1. Auf außervertragliche Schuldverhältnisse, die aus einem unlauteren Wettbewerbsverhalten entstanden sind, ist das Recht des Staates anzuwenden, in dessen Gebiet die Wettbewerbsbeziehungen oder die kollektiven Interessen der Verbraucher unmittelbar und wesentlich beeinträchtigt worden sind oder beeinträchtigt werden könnten.
2. Beeinträchtigt ein unlauteres Wettbewerbsverhalten ausschließlich die Interessen eines bestimmten Wettbewerbers, ist Artikel 3 Absätze 2 und 3 anwendbar.

Rom-II-VO-E Artikel 6 – Verletzung der Privatsphäre und der Persönlichkeitsrechte

1. Auf außervertragliche Schuldverhältnisse, die aus einer Verletzung der Privatsphäre oder der Persönlichkeitsrechte entstanden sind, findet das Recht des Ortes des angerufenen Gerichts (lex fori) Anwendung, wenn die Anwendung des nach Artikel 3 bezeichneten Rechts mit den wesentlichen Grundsätzen der lex fori in Bezug auf die Meinungs- und Informationsfreiheit unvereinbar wäre.
2. Das Recht auf Gegendarstellung oder gleichwertige Maßnahmen richtet sich nach dem Recht des Staates, in dem sich der Ort des gewöhnlichen Aufenthalts des Sendeunternehmens oder des Zeitungsverlags befindet.

Rom-II-VO-E Artikel 7 – Umweltschädigung

Auf außervertragliche Schuldverhältnisse, die aus einer Umweltschädigung entstanden sind, ist das nach Maßgabe von Artikel 3 Absatz 1 geltende Recht anwendbar, es sei denn, der Geschädigte hat sich dazu entschieden, seinen Anspruch auf das Recht des Staates zu stützen, in dem das schädigende Ereignis eingetreten ist.

Rom-II-VO-E   Artikel 8 – Verletzung der Rechte an geistigem Eigentum

1. Auf außervertragliche Schuldverhältnisse, die aus der Verletzung von Rechten an geistigem Eigentum entstanden sind, ist das Recht des Staates anzuwenden, in dem der Schutz beansprucht wird.
2. Auf außervertragliche Schuldverhältnisse, die aus der Verletzung eines einheitlichen gemeinschaftsrechtlichen gewerblichen Schutzrechts entstanden sind, ist das einschlägige Recht der Gemeinschaft anzuwenden. Für Fragen, die im Gemeinschaftsrecht ungeregelt bleiben, ist das Recht des Mitgliedstaats anwendbar, in dem die Verletzungshandlung begangen worden ist.

ABSCHNITT 2
DIE AUF AUSSERVERTRAGLICHE SCHULDVERHÄLTNISSE AUS ANDERER ALS UNERLAUBTER HANDLUNG ANZUWENDENDEN VORSCHRIFTEN

Rom-II-VO-E   Artikel 9 – Bestimmung des anwendbaren Rechts

1. Wenn ein außervertragliches Schuldverhältnis, das aus anderer als unerlaubter Handlung entstanden ist, an ein bestehendes Rechtsverhältnis zwischen den Parteien wie einen Vertrag anknüpft, der in enger Verbindung mit dem außervertraglichen Schuldverhältnis steht, ist das Recht anwendbar, das auf dieses bestehende Rechtsverhältnis anzuwenden ist.
2. Wenn die Parteien zum Zeitpunkt des Schadenseintritts ihren gewöhnlichen Aufenthalt im selben Staat hatten, ist unbeschadet des Absatzes 1 das Recht dieses Staates auf das außervertragliche Schuldverhältnis anwendbar.
3. Unbeschadet der Absätze 1 und 2 ist auf ein außervertragliches Schuldverhältnis, das aus ungerechtfertigter Bereicherung entstanden ist, das Recht des Staates anwendbar, in dem die Bereicherung erfolgt ist.
4. Unbeschadet der Absätze 1 und 2 ist auf ein außervertragliches Schuldverhältnis, das aus einer Geschäftsführung ohne Auftrag entstanden ist, das Recht des Staates anwendbar, in dem der Geschäftsherr zum Zeitpunkt der Geschäftsbesorgung seinen gewöhnlichen Aufenthalt hatte. Wenn sich jedoch ein aus einer Geschäftsführung ohne Auftrag entstandenes Schuldverhältnis auf den physischen Schutz einer Person oder die Sicherstellung eines bestimmten körperlichen Gegenstands bezieht, ist das Recht des Staates anwendbar, in dem sich die Person oder der Gegenstand zum Zeitpunkt der Geschäftsbesorgung befunden haben.
5. Wenn sich aus der Gesamtheit der Umstände ergibt, dass das außervertragliche Schuldverhältnis eine offensichtlich engere Verbindung mit einem anderen Staat aufweist, gilt ungeachtet der Absätze 1, 2, 3 und 4 das Recht dieses anderen Staates.
6. Unbeschadet der Bestimmungen dieses Artikels findet im Bereich des geistigen Eigentums auf alle außervertragliche Schuldverhältnisse Artikel 8 Anwendung.

ABSCHNITT 3
GEMEINSAME KOLLISIONSNORMEN FÜR AUSSERVERTRAGLICHE SCHULDVERHÄLTNISSE AUS UNERLAUBTER HANDLUNG UND FÜR AUSSERVERTRAGLICHE SCHULDVERHÄLTNISSE AUS ANDERER ALS UNERLAUBTER HANDLUNG

Rom-II-VO-E   Artikel 10 – Freie Rechtswahl

1. Außer bei außervertraglichen Schuldverhältnissen, für die Artikel 8 maßgebend ist, können die Parteien nach Eintritt des Ereignisses, durch das ein außervertragliches Schuldverhältnis entstanden ist, das Recht wählen, dem es unterliegen soll. Diese Wahl muss ausdrücklich erfolgen oder sich mit hinreichender Sicherheit aus den Umständen des Falles ergeben. Rechte Dritter bleiben unberührt.
2. Befinden sich alle anderen Sachverhaltselemente zum Zeitpunkt des Schadenseintritts in einem anderen Staat als jenem, dessen Recht gewählt wurde, so bleibt die Anwendung der Bestimmungen, von denen nach dem Recht dieses anderen Staates nicht durch Vereinbarung abgewichen werden kann, von der Rechtswahl der Parteien unberührt.
3. Befinden sich alle anderen Sachverhaltselemente zum Zeitpunkt des Schadenseintritts in einem oder mehreren Mitgliedstaaten der Europäischen Gemeinschaft, so bleibt die Anwendung der Bestimmungen des Gemeinschaftsrechts von der Wahl des Rechts eines Drittstaats durch die Parteien unberührt.

Rom-II-VO-E Artikel 11 – Anwendungsbereich des für außervertragliche Schuldverhältnisse maßgebenden Rechts

Das nach den Artikeln 3 bis 10 dieser Verordnung auf außervertragliche Schuldverhältnisse anzuwendende Recht ist insbesondere maßgebend für:

a) die Voraussetzungen und den Umfang der Haftung einschließlich der Bestimmung der Personen, deren Handlungen haftungsbegründend sind;
b) Ausschlussgründe sowie jede Beschränkung oder Teilung der Haftung;
c) das Vorliegen und die Art ersatzfähiger Schäden;
d) die Maßnahmen, die das Gericht innerhalb der Grenzen der ihm durch sein Prozessrecht eingeräumten Befugnisse zur Vorbeugung, zur Beendigung oder zum Ersatz des Schadens anordnen kann;
e) die Schadensbemessung, soweit sie nach Rechtsnormen erfolgt;
f) die Übertragbarkeit des Schadenersatzanspruchs;
g) die Personen, die Anspruch auf Ersatz des persönlich erlittenen Schadens haben;
h) die Haftung für die von einem anderen verursachten Schäden;
i) die verschiedenen Arten des Erlöschens von Verpflichtungen sowie die Verjährung und die Rechtsverluste, die sich aus dem Ablauf einer Frist ergeben, einschließlich des Beginns, der Unterbrechung und Hemmung von Fristen.

Rom-II-VO-E Artikel 12 – Eingriffsnormen

1. Bei Anwendung des Rechts eines bestimmten Staates aufgrund dieser Verordnung kann den zwingenden Bestimmungen des Rechts eines anderen Staates, mit dem der Sachverhalt eine enge Verbindung aufweist, Wirkung verliehen werden, soweit diese Bestimmungen nach dem Recht des letztgenannten Staates ohne Rücksicht darauf anzuwenden sind, welchem Recht das außervertragliche Schuldverhältnis unterliegt. Bei der Entscheidung, ob diesen zwingenden Bestimmungen Wirkung zu verleihen ist, sind ihre Natur und ihr Gegenstand sowie die Folgen zu berücksichtigen, die sich aus ihrer Anwendung oder Nichtanwendung ergeben würden.
2. Diese Verordnung berührt nicht die Anwendung der nach dem Recht des Staates des angerufenen Gerichts geltenden Vorschriften, die ohne Rücksicht auf das für das außervertragliche Schuldverhältnis maßgebende Recht den Sachverhalt zwingend regeln.

Rom-II-VO-E Artikel 13 – Sicherheits- und Verhaltensregeln

Unabhängig vom anzuwendenden Recht sind bei der Feststellung der Haftung die Sicherheits- und Verhaltensregeln am Ort und zum Zeitpunkt des Eintritts des schädigenden Ereignisses zu berücksichtigen.

Rom-II-VO-E Artikel 14 – Direktklage gegen den Versicherer des Ersatzpflichtigen

Das Recht des Geschädigten, direkt gegen den Versicherer des Ersatzpflichtigen vorzugehen, unterliegt dem für das außervertragliche Schuldverhältnis maßgebenden Recht, es sei denn, der Geschädigte hat sich dazu entschieden, seinen Anspruch auf das auf den Versicherungsvertrag anzuwendende Recht zu stützen.

Rom-II-VO-E Artikel 15 – Gesetzlicher Forderungsübergang und geteilte Haftung

1. Hat eine Person, der Gläubiger, aufgrund eines außervertraglichen Schuldverhältnisses eine Forderung gegen eine andere Person, den Schuldner, und hat ein Dritter die Verpflichtung, den Gläubiger zu befriedigen, oder befriedigt er den Gläubiger aufgrund dieser Verpflichtung, so bestimmt das für die Verpflichtung des Dritten maßgebende Recht, ob der Dritte die Forderung des Gläubigers gegen den Schuldner gemäß dem für deren Beziehungen maßgebenden Recht ganz oder zu einem Teil geltend machen kann.
2. Dies gilt auch, wenn mehrere Personen dieselbe Forderung zu erfüllen haben und der Gläubiger von einer dieser Personen befriedigt worden ist.

Rom-II-VO-E Artikel 16 – Form

Eine ein außervertragliches Schuldverhältnis betreffende einseitige Rechtshandlung ist formgültig, wenn sie die Formerfordernisse des für das betreffende außervertragliche Schuldverhältnis maßgebenden Rechts oder des Rechts des Staates, in dem sie vorgenommen wurde, erfüllt.

Rom-II-VO-E   Artikel 17 – Beweis

1. Das nach dieser Verordnung für das außervertragliche Schuldverhältnis maßgebende Recht ist anzuwenden, soweit es für außervertragliche Schuldverhältnisse gesetzliche Vermutungen aufstellt oder die Beweislast verteilt.
2. Zum Beweis einer Rechtshandlung sind alle Beweisarten der lex fori oder eines der in Artikel 16 bezeichneten Rechte, nach denen die Rechtshandlung formgültig ist, zulässig, sofern der Beweis in dieser Art vor dem angerufenen Gericht erbracht werden kann.

Kapitel III – Sonstige Vorschriften

Rom-II-VO-E   Artikel 18 – Gleichstellung mit dem Hoheitsgebiet eines Staates

Für die Zwecke dieser Verordnung sind dem Hoheitsgebiet eines Staates gleichgestellt:
a) die Einrichtungen und sonstigen Anlagen zur Exploration und Gewinnung natürlicher Ressourcen, die sich in, auf oder über einem Teil des Meeresgrunds befinden, der außerhalb der Hoheitsgewässer dieses Staates liegt, soweit dieser Staat aufgrund des Völkerrechts ermächtigt ist, dort Hoheitsrechte zum Zwecke der Exploration und Gewinnung natürlicher Ressourcen auszuüben;
b) ein auf hoher See befindliches Seefahrzeug, das von diesem Staat oder in dessen Namen registriert oder mit einem Schiffszertifikat oder einem gleichgestellten Dokument versehen worden ist oder dessen Eigentümer Angehöriger dieses Staates ist;
c) ein im Luftraum befindliches Luftfahrzeug, das von diesem Staat oder in dessen Namen registriert oder im Luftfahrzeugregister eingetragen worden ist oder dessen Eigentümer Angehöriger dieses Staates ist.

Rom-II-VO-E   Artikel 19 – Gleichstellung mit dem gewöhnlichen Aufenthalt

1. Bei Gesellschaften, Vereinen oder juristischen Personen steht die Hauptniederlassung dem gewöhnlichen Aufenthalt gleich. Wenn jedoch das schädigende Ereignis oder der Schaden anlässlich des Betriebs einer Zweigniederlassung, einer Agentur oder einer sonstigen Niederlassung eingetreten ist, steht dem gewöhnlichen Aufenthalt der Ort gleich, an dem sich diese Niederlassung befindet.
2. Wenn das schädigende Ereignis oder der Schaden bei der Ausübung der beruflichen Tätigkeit einer natürlichen Person eingetreten ist, steht dem gewöhnlichen Aufenthalt der Ort gleich, an dem sich seine berufliche Niederlassung befindet.
3. Für die Anwendung von Artikel 6, Absatz 2, steht der Ort, an dem der Fernsehveranstalter im Sinne der Richtlinie 89/552/EWG, abgeändert gemäß der Richtlinie 97/36/EG, niedergelassen ist, dem gewöhnlichen Aufenthalt gleich.

Rom-II-VO-E   Artikel 20 – Ausschluss der Rück- und Weiterverweisung

Unter dem nach dieser Verordnung anzuwendenden Recht eines Staates sind die in diesem Staat geltenden Rechtsnormen unter Ausschluss derjenigen des Internationalen Privatrechts zu verstehen.

Rom-II-VO-E   Artikel 21 – Staaten ohne einheitliche Rechtsordnung

1. Umfasst ein Staat mehrere Gebietseinheiten, von denen jede eigene Rechtsnormen für außervertragliche Schuldverhältnisse hat, so gilt für die Bestimmung des nach dieser Verordnung anzuwendenden Rechts jede Gebietseinheit als Staat.
2. Ein Staat, in dem verschiedene Gebietseinheiten eigene Rechtsnormen für außervertragliche Schuldverhältnisse haben, ist nicht verpflichtet, diese Verordnung auf Kollisionen zwischen den Rechtsnormen dieser Gebietseinheiten anzuwenden.

Rom-II-VO-E   Artikel 22 – Öffentliche Ordnung am Ort des Gerichtsstands

Die Anwendung einer Norm des nach dieser Verordnung bezeichneten Rechts kann nur versagt werden, wenn dies mit der öffentlichen Ordnung des Staates des angerufenen Gerichts offensichtlich unvereinbar ist.

Rom-II-VO-E   Artikel 23 – Verhältnis zu anderen Gemeinschaftsrechtsakten

1. Diese Verordnung berührt nicht die Anwendung der Bestimmungen, die in den Verträgen zur Gründung der Europäischen Gemeinschaften oder in Rechtsakten der Organe der Europäischen Gemeinschaften enthalten sind und die
   – in besonderen Bereichen Kollisionsnormen für außervertragliche Schuldverhältnisse enthalten, oder
   – Vorschriften enthalten, die unabhängig von dem nach dieser Verordnung maßgebenden einzelstaatlichen Recht auf das außervertragliche Schuldverhältnis anzuwenden sind, oder
   – der Anwendung der lex fori oder des in dieser Verordnung bezeichneten Rechts entgegenstehen.

2. Diese Verordnung berührt nicht die Gemeinschaftsrechtsakte für besondere Bereiche, die in dem jeweils koordinierten Bereich die Erbringung von Dienstleistungen und die Lieferung von Waren den nationalen Bestimmungen unterwerfen, die im Hoheitsgebiet des Mitgliedstaats anwendbar sind, in dem der Dienstleistende niedergelassen ist, und die in dem koordinierten Bereich eine Beschränkung des freien Verkehrs von Dienstleistungen und Waren aus einem anderen Mitgliedstaat gegebenenfalls nur unter bestimmten Bedingungen erlauben.

Rom-II-VO-E   Artikel 24 – Nicht auf Ausgleich gerichteter Schadenersatz

Die Anwendung einer Norm des nach dieser Verordnung bezeichneten Rechts, die zur Folge hätte, dass eine über den Ausgleich des entstandenen Schadens hinausgehende Entschädigung etwa in Form eines Schadenersatzes mit Strafcharakter oder mit abschreckender Wirkung zugesprochen werden könnte, ist mit der öffentlichen Ordnung der Gemeinschaft nicht vereinbar.

Rom-II-VO-E   Artikel 25 – Verhältnis zu bestehenden internationalen Übereinkommen

Diese Verordnung berührt nicht die Anwendung internationaler Übereinkommen, denen die Mitgliedstaaten zum Zeitpunkt der Annahme dieser Verordnung angehören und die in besonderen Bereichen Kollisionsnormen für außervertragliche Schuldverhältnisse enthalten.

Kapitel IV – Schlussbestimmungen

Rom-II-VO-E   Artikel 26 – Verzeichnis der Übereinkommen gemäß Artikel 25

1. Die Mitgliedstaaten übermitteln der Kommission bis spätestens 30. Juni 2004 das Verzeichnis der Übereinkommen gemäß Artikel 25. Kündigen die Mitgliedstaaten nach diesem Stichtag eines dieser Übereinkommen, so setzen sie die Kommission davon in Kenntnis.
2. Das Verzeichnis der Übereinkommen gemäß Absatz 1 wird von der Kommission innerhalb von sechs Monaten nach Erhalt des vollständigen Verzeichnisses im Amtsblatt der Europäischen Union veröffentlicht.

Rom-II-VO-E   Artikel 27 – In-Kraft-Treten und zeitliche Anwendbarkeit

Diese Verordnung tritt am 1. Januar 2005 in Kraft.
Die Verordnung ist auf außervertragliche Schuldverhältnisse anzuwenden, die sich aus Ereignissen ergeben, die nach ihrem In-Kraft-Treten eingetreten sind. Sie ist in allen ihren Teilen verbindlich und gilt gemäß dem Vertrag zur Gründung der Europäischen Gemeinschaft unmittelbar in den Mitgliedstaaten.

Artikel 41   Wesentlich engere Verbindung

(1) [1]Besteht mit dem Recht eines Staates eine wesentlich engere Verbindung als mit dem Recht, das nach den Artikeln 38 bis 40 Abs. 2 maßgebend wäre, so ist jenes Recht anzuwenden.
(2) [1]Eine wesentlich engere Verbindung kann sich insbesondere ergeben
1. aus einer besonderen rechtlichen oder tatsächlichen Beziehung zwischen den Beteiligten im Zusammenhang mit dem Schuldverhältnis oder
2. in den Fällen des Artikels 38 Abs. 2 und 3 und des Artikels 39 aus dem gewöhnlichen Aufenthalt der Beteiligten in demselben Staat im Zeitpunkt des rechtserheblichen Geschehens; Artikel 40 Abs. 2 Satz 2 gilt entsprechend.

Literatur: *Binder*, Zur Auflockerung des Deliktsstatuts, RabelsZ 20 (1955), 401; *von Caemmerer* (Hrsg.), Vorschläge und Gutachten zur Reform des deutschen internationalen Privatrechts der außervertraglichen Schuldverhältnisse, 1983; *von Hein*, Rück- und Weiterverweisungen im neuen deutschen Internationalen Deliktsrecht, ZVglRWiss 99 (2000), 251; *von Hoffmann*, Internationales Haftungsrecht im Referentenentwurf des Bundesjustizministeriums vom 1.12.1993, IPRax 1996, 1; *Koch*, Zur Neuregelung des Internationalen Deliktsrechts: Beschränkung des Günstigkeitsprinzips und Einführung der vertragsakzessorischen Bestimmung des Deliktsstatuts, VersR 1999, 1453; *Mummenhoff*, Ausnahmen von der lex loci delicti im internationalen Privatrecht, NJW 1975, 476; *Neuhaus*, RabelsZ 16 (1951), 655; *Seetzen*, Zur Entwicklung des internationalen Deliktsrechts, VersR 1970, 1; *Stoll*, Anknüpfungsgrundsätze bei der Haftung für Straßenverkehrsunfälle und der Produktenhaftung nach der neueren Entwicklung des internationalen Deliktsrechts, in: FS Gerhard Kegel 1977, S. 113; *Wilde*, Der Verkehrsunfall im internationalen Privatrecht, 1969. Siehe auch die Angaben zu Art. 40 EGBGB.

A. Allgemeines 1	b) Anwendungsbereich 10
I. Normzweck 1	c) Sonderbeziehung 11
II. Anwendungsbereich 3	aa) Allgemeines 11
III. Sachnormverweisung 5	bb) Vertrag 12
IV. Systematik der Norm 6	cc) Gesetzliche Sonderbeziehung . . 13
V. Prozessuales 7	dd) Tatsächliche Sonderbeziehung . . 14
B. Regelungsgehalt 8	ee) Sachzusammenhang 16
I. Die Regelbeispiele des Abs. 2 8	2. Gemeinsamer Gewöhnlicher Aufenthalt
1. Akzessorische Anknüpfung (Nr. 1) 8	(Nr. 2) 17
a) Zweck 8	II. Generalklausel (Abs. 1) 19

A. Allgemeines

I. Normzweck

1 Die Anknüpfungsregeln der Artt. 38 ff. sind ein Versuch des Gesetzgebers, für bestimmte Fallgruppen bzw. Anspruchsarten diejenige Rechtsordnung zu identifizieren, mit der der Sachverhalt am engsten verbunden ist. Angesichts der Vielgestaltigkeit der Fälle stellt ein solches Vorhaben eine Gratwanderung zwischen detailgetreuen, dafür aber sachlich angemessenen und in ihren Ergebnissen vorhersehbaren Einzelregelungen und abstrakten Generalisierungen dar (Art. 40 EGBGB Rn 5). Soweit die Artt. 38 ff. spezielle Anknüpfungsentscheidungen enthalten, ermöglicht Art. 41 ihre **Korrektur im Wege des Durchgriffs auf das diesen zugrunde liegende allgemeine Prinzip**, nämlich die Berufung derjenigen Rechtsordnung, die mit dem Sachverhalt am engsten verbunden ist. Die Vorschrift erweist sich damit als ein Instrument der Flexibilisierung regelhafter Anknüpfungsentscheidungen im Interesse der Einzelfallgerechtigkeit.[1] Die Parallelregelung für Vertragsschuldverhältnisse findet sich in Art. 28 Abs. 5.

2 Art. 41 ist allerdings weit **mehr als ein Gerechtigkeitsvorbehalt** für den konkreten Einzelfall. Im Kontext des deutschen Internationalen Deliktsrechts erfüllt Art. 41 auch die Funktion, **Abweichungen von der Tatortanknüpfung für ganze Fallgruppen** zu legitimieren.[2] Dies gilt für die Marktortanknüpfung im Wettbewerbsrecht und bei der Produkthaftung genauso wie für das Schutzlandprinzip des Internationalen Immaterialgüterrechts (Art. 40 EGBGB Rn 64, 71, 74.). Diese Ergebnisse ließen sich zwar auch durch eine großzügig-liberale Normativierung der Tatortregel erreichen,[3] doch ist der Weg über Art. 41 methodisch ehrlicher. Die geplante **Rom-II-Verordnung** enthält eine dem Art. 41 entsprechende Vorschrift in ihrem Art. 3 Abs. 3 (vgl. Anhang bei Art. 40 EGBGB Rn 94). In diesem Kontext ist sie tatsächlich auf eine einzelfallbezogene Korrekturfunktion beschränkt, weil der VO-Entwurf für die relevanten Fallgruppen des Wettbewerbs-, Produkthaftungs- und Immaterialgüterrechts in seinen Artt. 4 ff. Sonderanknüpfungen zur Verfügung stellt (vgl. Art. 40 EGBGB Rn 92), auf die der deutsche Gesetzgeber gerade auch mit Blick auf Art. 41 verzichtet hat.[4]

II. Anwendungsbereich

3 Art. 41 gilt gleichermaßen für **alle außervertraglichen Schuldverhältnisse**, also nicht nur für das Internationale Deliktsrecht (Art. 40), sondern auch für die Anknüpfung der ungerechtfertigten Bereicherung (Art. 38) und der Geschäftsführung ohne Auftrag (Art. 39). Die Vorschrift ist indessen nicht in der Lage, eine **Rechtswahl** der Parteien zu überwinden.[5] Auch im Rahmen des Art. 40 Abs. 4 spielt Art. 41 nur insofern eine Rolle, als eine Abweichung von der Tatortregel mit Hilfe des Art. 41 das Deliktsstatut modifiziert und als solche auch auf das **Direktanspruchsstatut** durchschlägt.[6] Im **Bereicherungsrecht** ist Abs. 2 für die Leistungskondiktion obsolet, weil Letztere gemäß Art. 38 Abs. 1 ohnehin akzessorisch zum Vertragsstatut anzuknüpfen ist, und zwar ganz gleich, ob der Vertrag wirksam ist oder nicht (Art. 32 Abs. 1 Nr. 5; vgl. Art. 38 EGBGB Rn 27 f.).[7]

4 Für das **Deliktsrecht** ist von den Regelbeispielen des Abs. 2 nur die akzessorische Anknüpfung gemäß Art. 41 Abs. 2 Nr. 1 relevant, da der gemeinsame gewöhnliche Aufenthalt (Abs. 2 Nr. 2) bereits in Art. 40 Abs. 2 als feste Anknüpfungsregel fungiert. Damit ist die Hauptfallgruppe, in der die Rechtsprechung zum früheren Recht eine „**Auflockerung**" des Deliktsstatuts betrieben hatte, nämlich der Verkehrsunfall deutscher Bürger oder Einwohner im Ausland, bereits mit der Regelanknüpfung nach Art. 40 Abs. 2 zu

---

1 BT-Drucks 14/343, S. 13; *Junker*, JZ 2000, 477, 483.
2 Staudinger/*v. Hoffmann*, Art. 41 EGBGB Rn 30.
3 So *Junker*, JZ 2000, 477, 485.
4 BT-Drucks 14/343, S. 10.
5 Bamberger/Roth/*Spickhoff*, Art. 41 EGBGB Rn 1.
6 BT-Drucks 14/343, S. 13.
7 Vgl. BT-Drucks 14/343, S. 13; vgl. auch Staudinger/ *v. Hoffmann/Fuchs*, Art. 38 EGBGB Rn 29; *Fischer*, IPRax 2002, 1, 3.

bewältigen, die zur Anwendung des Rechts am gemeinsamen gewöhnlichen Aufenthaltsort führt (Art. 40 EGBGB Rn 33).[8]

III. Sachnormverweisung

Die Frage, ob Art. 41 eine Gesamt- oder Sachnormverweisung darstellt, ist im letzteren Sinn zu entscheiden:[9] Die Berücksichtigung von Rück- und Weiterverweisungen durch das Kollisionsrecht derjenigen Rechtsordnung, zu der die engste Verbindung besteht, **widerspräche dem Sinn der Verweisung** i.S.d. Art. 4 Abs. 1.[10] Es ist nicht entscheidend, dass die fremde Rechtsordnung gar nicht angewendet werden will, wenn das deutsche Kollisionsrecht bzw. das dieses anwendende Gericht zu dem Schluss kommt, dass sie angewendet werden sollte, weil sie mit dem Sachverhalt am engsten verbunden ist. Entgegen dem Willen des Gesetzgebers ist davon auch im Anwendungsbereich des Art. 41 Abs. 2 Nr. 2 keine Ausnahme zu machen,[11] obwohl Art. 41 Abs. 1 die Korrektur der Anknüpfung an den gemeinsamen gewöhnlichen Aufenthalt nach Art. 40 Abs. 2 durchaus erlaubt. Sollte sich Letzterer nämlich im Einzelfall als unangemessen erweisen, kann dies im Rahmen des Art. 41 Abs. 2 Nr. 2 von vornherein berücksichtigt werden und die Anwendung der Ausweichklausel unterbleiben, was im Rahmen des Art. 40 Abs. 2 nicht möglich ist. Ist die Verweisung auf das Statut des gemeinsamen gewöhnlichen Aufenthalts indessen aus Sicht des deutschen Kollisionsrechts richtig, weil mit dieser Rechtsordnung die engste Verbindung besteht, dann sollte es dabei auch bleiben.

IV. Systematik der Norm

Die in Art. 41 Abs. 2 genannten Beispiele für ein mögliches Bestehen einer wesentlich engeren Verbindung sind nicht abschließend („insbesondere") und sollen in erster Linie der Erleichterung der Rechtsanwendung dienen.[12] Es handelt sich also um **Regelbeispiele**, die dem Gericht die Abweichung von dem auf der Grundlage der Artt. 38 ff. erzielten Ergebnis ohne weiteren Begründungsaufwand ermöglichen, wenn ihre Voraussetzungen vorliegen.[13] Allerdings bedarf die anderweitige Anknüpfung gemäß Art. 41 auch in den Fällen des Abs. 2 immer einer Kontrollprüfung anhand des Abs. 1 und den Wertungen derjenigen speziellen Anknüpfungsentscheidung, von der abgewichen werden soll.

V. Prozessuales

Die wesentlich engere Verbindung zu einer anderen Rechtsordnung ist **von Amts wegen** zu berücksichtigen.[14] Allerdings ist darauf zu achten, dass die durch die Regelanknüpfungen erreichte Rechtssicherheit durch Art. 41 nicht wieder zerstört wird.[15] Die Vorschrift ist nur zu konsultieren, wenn ein **Bedürfnis** für die Suche nach einem sachnäheren Recht erkennbar ist.[16]

B. Regelungsgehalt

I. Die Regelbeispiele des Abs. 2

1. Akzessorische Anknüpfung (Nr. 1). a) Zweck. Nach Abs. 2 Nr. 1 ist eine wesentlich engere Verbindung aus einer **rechtlichen oder tatsächlichen Sonderbeziehung** zwischen den Beteiligten dazu geeignet, eine abweichende Anknüpfung zu rechtfertigen. Diese Beziehung muss im Zusammenhang mit dem „Schuldverhältnis" bestehen, also mit dem Konditionsanspruch (Art. 38), mit der Geschäftsführung (Art. 39) oder mit dem Haftungsereignis (Art. 40). Abs. 2 Nr. 1 setzt damit die Existenz zweier Schuldverhältnisse voraus, nämlich einer vertraglichen oder quasi-vertraglichen Beziehung und einer außervertraglichen.

---

8 Vgl. BGHZ 87, 95, 98 ff. = NJW 1983, 1972 ff.; BGHZ 90, 294, 298 ff. = NJW 1984, 2032 f. = JZ 1984, 669 ff.; BGHZ 119, 137, 139 ff. = NJW 1992, 3091 ff. = VersR 1992, 1237 ff.
9 Palandt/*Heldrich*, Art. 41 EGBGB Rn 2 (für Abs. 1); *von Hein*, ZVglRWiss 99 (2000), 251, 274 f.; *Huber*, JA 2000, 67, 72; a.A. Erman/*Hohloch*, Art. 41 EGBGB Rn 4; Bamberger/Roth/*Spickhoff*, Art. 41 EGBGB Rn 14; *ders.*, NJW 1999, 2209, 2112.
10 *V. Hein*, ZVglRWiss 99 (2000), 251, 275; *Huber*, JA 2000, 67, 72; a.A. Bamberger/Roth/*Spickhoff*, Art. 41 EGBGB Rn 14; *ders.*, NJW 1999, 2209, 2112.
11 So aber im Anschluss an BT-Drucks 14/343, S. 8, Palandt/*Heldrich*, Art. 41 EGBGB Rn 2; Erman/*Hohloch*, Art. 41 EGBGB Rn 4; *Fischer*, IPRax 2002, 1, 10; *Looschelders*, Art. 41 Rn 4.
12 BT-Drucks 14/343, S. 13.
13 Palandt/*Heldrich*, Art. 41 EGBGB Rn 4; Staudinger/*v. Hoffmann*, Art. 40 EGBGB Rn 8; *Looschelders*, Art. 41 Rn 10; wohl auch Bamberger/Roth/*Spickhoff*, Art. 40 EGBGB Rn 2; *ders.*, NJW 1999, 2209, 2213; *ders.* IPRax 2000, 1, 2.
14 Staudinger/*v. Hoffmann*, Art. 41 EGBGB Rn 33; *von Hein*, Das Günstigkeitsprinzip im Internationalen Deliktsrecht, 1999, S. 151.
15 Erman/*Hohloch*, Art. 41 EGBGB Rn 1; *v. Hoffmann*, IPR, § 11 Rn 39.
16 Palandt/*Heldrich*, Art. 41 EGBGB Rn 3; in diesem sachnäheren Recht muss das Rechtsverhältnis seinen Schwerpunkt haben, vgl. Bamberger/Roth/*Spickhoff*, Art. 41 EGBGB Rn 3.

9 In dieser Situation ermöglicht die akzessorische Anknüpfung die **Abwicklung des zwischen den Parteien bestehenden Streits auf einheitlicher rechtlicher Grundlage**, was nicht gewährleistet wäre, wenn die Vertragsbeziehung dem Vertragsstatut unterläge und die außervertragliche Haftung nach Maßgabe der Artt. 38 ff. anzuknüpfen wäre. Damit wird die Arbeit der Gerichte erleichtert,[17] und die Parteien werden vor zufälligen oder mangelhaft aufeinander abgestimmten Entscheidungen geschützt.[18] Darüber hinaus dürfte es auch den berechtigten Erwartungen von Vertragspartnern entsprechen, dass eine von ihnen im Hinblick auf ein Vertragsverhältnis getroffene Rechtswahl (Art. 27) auch dann honoriert wird, wenn sich eine Partei bei einem späteren Streitfall auf eine außervertragsrechtliche Anspruchsgrundlage stützt.

10 **b) Anwendungsbereich.** Abs. 2 Nr. 1 hat vor allem für das Internationale **Deliktsrecht** Bedeutung, kann jedoch auch im **Bereicherungsrecht** eine Rolle spielen, wenn auch nur bei der Nichtleistungskondiktion (Rn 3).[19] Die vertragsakzessorische Anknüpfung der Eingriffskondiktion erübrigt ggf. schwierige Abgrenzungen zur Leistungskondiktion und gewährleistet den Gleichlauf von Delikts- und Bereicherungsstatut.[20] Werden Verwendungen im Vertrauen auf die Wirksamkeit des Vertrages vorgenommen, beherrscht das Vertragsstatut auch die Verwendungskondiktion.[21] Ansprüche aus Geschäftsführung ohne Auftrag sind dem Vertragsstatut zu unterwerfen, wenn die Geschäftsführung durch ein Vertragsverhältnis veranlasst wurde.[22]

11 **c) Sonderbeziehung. aa) Allgemeines.** Die von Abs. 2 Nr. 1 zusätzlich zu dem gesetzlichen Schuldverhältnis vorausgesetzte Beziehung kann vertraglicher, gesetzlicher oder auch bloß tatsächlicher Natur sein. Sie muss **zwischen denselben Parteien** bestehen wie das gesetzliche Schuldverhältnis, um dessen akzessorische Anknüpfung es geht,[23] und mit Letzterem im Sachzusammenhang stehen (Rn 16).

12 **bb) Vertrag.** In der Praxis kommt es häufig vor, dass die Parteien eines deliktischen Schadensersatzanspruchs einander schon vor dem Schadensereignis vertraglich verbunden waren. Bei Transportschäden ist an den **Beförderungsvertrag** zu denken,[24] soweit nicht die Anwendung des Deliktsrechts durch internationale Abkommen ohnehin ausgeschlossen ist (Art. 40 Rn 49) oder eine andere Person in Anspruch genommen wird als die des Vertragspartners.[25] Wenn beispielsweise ein amerikanischer Tourist mit einem Taxi von Wiesbaden nach Cannes und zurück fahren will und es auf der Rückfahrt durch Frankreich wegen Übermüdung des Fahrers zu einem Unfall kommt, sind die deliktischen Ansprüche des Fahrgastes dem deutschen Vertragsstatut zu unterstellen.[26] Ähnlich verhält es sich bei Ansprüchen des Reisenden gegen den Veranstalter einer **Pauschalreise**.[27] Für die Schädigung im **Arbeitsverhältnis** gilt unabhängig von der Anspruchsgrundlage das Arbeitsvertragsstatut (Art. 30), doch ist auch das nach den §§ 3 ff. SGB IV zu bestimmende Sozialversicherungsstatut zu beachten.[28] In Fällen der **Produkthaftung** greift das Statut des Kaufvertrags über das Deliktsstatut über, wenn die Parteien identisch sind, also vom Hersteller gekauft wurde, und dieser selbst – und nicht sein Zulieferer – in Anspruch genommen wird.[29] Ein Paradefall für die akzessorische Anknüpfung ist auch die **Arzthaftung**.[30] Zur akzessorischen Anknüpfung von Bereicherungsansprüchen vgl. Rn 3, 8 ff.

13 **cc) Gesetzliche Sonderbeziehung.** Als gesetzliche Sonderbeziehungen kommen vor allem **familienrechtliche Verhältnisse** in Betracht.[31] Damit sind Delikte zwischen Ehepartnern dem Ehewirkungsstatut (Art. 14), unerlaubte Handlungen der Eltern gegenüber ihren Kindern – wie auch Delikte im umgekehrten Verhältnis – dem Kindschaftsstatut zu unterstellen. Das familienrechtliche Statut vermag das Deliktsstatut indessen nur zu usurpieren, wenn ein Sachzusammenhang zum Schadensereignis besteht (Rn 16). Daran lässt sich bei **Straßenverkehrsunfällen** zweifeln,[32] doch führt hier regelmäßig bereits § 40 Abs. 2 zum Gleichlauf

---

17 So ausdr. der Gesetzgeber, BT-Drucks 14/343, S. 14; *Staudinger/v. Hoffmann*, Art. 41 EGBGB Rn 9; *Spickhoff*, IPRax 2000, 1, 2.
18 *Kropholler*, RabelsZ 33 (1969), 601, 632 f.; *Staudinger/v. Hoffmann*, Art. 41 EGBGB Rn 9; *Spickhoff*, IPRax 2001, 1, 2.
19 Zur Leistungskondiktion oben Rn 3 a.E.
20 *Schlechtriem*, IPRax 1995, 65, 70; vgl. auch *Fischer*, IPRax 2002, 1, 5, 6.
21 *Kropholler*, IPR, § 53 II 4, S. 507.
22 *Kropholler*, IPR, § 53 III 4, S. 510.
23 *Staudinger/v. Hoffmann*, Art. 41 EGBGB Rn 13.
24 Vgl. Palandt/*Heldrich*, Art. 40 EGBGB Rn 6; Erman/*Hohloch*, Art. 41 EGBGB Rn 11.
25 So im Rahmen des Zuständigkeitsrechts EuGH, Urt. v. 27.10.1998, IPRax 2000, 210, 212 Nr. 23m, m. Anm. *Koch*, a.a.O., S. 186, 187 f.
26 Beispiel nach BGH VersR 1961, 518. Das Gericht hat die vertraglichen Ansprüche nach deutschem Recht, die deliktischen dagegen nach französischem Tatortrecht beurteilt.
27 *Stoll*, IPRax 1989, 89, 91, in seiner Besprechung von BGHZ 103, 298, 303 ff.
28 Eingehend Staudinger/*v. Hoffmann*, Art. 40 EGBGB Rn 45 ff.
29 *v. Hein*, RIW 2000, 820, 832 in seiner Besprechung von OLG Düsseldorf, RIW 2000, 874 = NJW-RR 2000, 833; Staudinger/*v. Hoffmann*, Art. 41 EGBGB Rn 13.
30 Zur Parallelität von Vertrags- und Delikthaftung MüKo/*G.Wagner*, § 823 Rn 643.
31 BT-Drucks 14/343, S. 14.
32 *Looschelders*, VersR 1999, 1316, 1321; Bamberger/Roth/*Spickhoff*, Art. 41 EGBGB Rn 11.

von Delikts- und Ehewirkungsstatut.[33] Haben die Ehegatten ihren gewöhnlichen Aufenthalt in einem anderen Staat als demjenigen ihrer gemeinsamen Staatsangehörigkeit, ist nicht ihrer statusrechtlichen Bindung an den Heimatstaat (Art. 14 Abs. 1 Nr. 1) über Abs. 2 Nr. 1 der Vorzug zu geben, sondern ihrer faktischen Bindung an den Staat ihres tatsächlichen Lebensmittelpunkts (Art. 40 Abs. 2).[34] Vor der IPR-Reform hat der BGH es abgelehnt, Deliktsansprüche wegen Betrugs im Zusammenhang mit dem Bruch eines Eheversprechens akzessorisch zum Verlöbnisstatut (Art. 13 Rn 172 ff.) anzuknüpfen.[35] Gesetzliche Sonderbeziehung kann schließlich auch das deliktische Schuldverhältnis selbst sein: Die Ersatzfähigkeit von Aufwendungen zur Schadensminderung richtet sich nach dem Deliktsstatut.[36]

dd) Tatsächliche Sonderbeziehung. Als Beispielsfälle für tatsächliche Sonderverbindungen werden nichteheliche Lebensgemeinschaften, Reisegesellschaften, Fahrgemeinschaften sowie Massenunfälle genannt.[37] Allerdings wird das Bedürfnis nach Auflockerung der Tatortregel mit Rücksicht auf tatsächliche Sonderbeziehungen jedoch weitgehend durch die **Anknüpfung an den gemeinsamen gewöhnlichen Aufenthalt** gemäß Art. 40 Abs. 2 verdrängt. Ob danach wirklich noch Fälle verbleiben, in denen die Verdrängung der Tatortregel ein unabweisbares Bedürfnis ist, erscheint fraglich. Bei Schädigungen im Binnenverhältnis **nichtehelicher Lebensgemeinschaften** jedenfalls sollte das Deliktsstatut in Ermangelung eines gemeinsamen gewöhnlichen Aufenthalts nicht an die Rechtsordnung angelehnt werden, „in welcher die Gemeinschaft gelebt wird" – bzw. gelebt worden ist,[38] denn eine derart ephemere Verbindung reicht nicht aus, um die Tatortregel des Art. 40 Abs. 1 zu verdrängen.[39] Auch bei **Gefälligkeitsfahrten** ist nicht recht ersichtlich, inwiefern dem Ausgangspunkt der Reise – der eine Autobahnraststätte sein mag! – ein höheres Gewicht für die Anknüpfung des Deliktsstatuts zukommen soll als dem Unfallort.[40] Für Delikte im Binnenverhältnis einer **Reisegruppe**, etwa wechselseitige Körperverletzungen während Bus-, Schiffs- oder Flugreisen, ist früher ebenfalls gefordert worden, an die zwischen den Teilnehmern bestehende faktische Beziehung anzuknüpfen.[41] Die praktische Bedeutung dieser Fallgruppe ist minimal, denn bei Schadensersatzansprüchen für und gegen gruppenexterne Dritte hilft Abs. 2 Nr. 1 nicht, und bei Delikten im Binnenverhältnis wird regelmäßig schon Art. 40 Abs. 2 eingreifen. Immerhin mögen Fälle verbleiben, in denen eine Verdrängung der Tatortregel angemessen sein mag, wenn etwa eine multinationale studentische Reisgruppe von Bonn aus eine Reise nach London unternimmt, in deren Verlauf es zu Auseinandersetzungen kommt, bei denen einige Studenten verletzt werden. Bei Anwendung des Abs. 2 Nr. 1 nähme die Reisegruppe das Milieu des deutschen Haftungsrechts als „Käseglocke" mit.[42]

In der Fallgruppe der **Massenunfälle im Straßenverkehr** dient Abs. 2 Nr. 1 nicht der Auflockerung der Tatortregel, sondern ihrer Durchsetzung. Das Zusammenspiel von Art. 40 Abs. 1 und Abs. 2 wird bei Karambolagen auf europäischen Autobahnen nämlich häufig dazu führen, dass im Verhältnis mancher Unfallbeteiligter zueinander ihr gemeinsames Heimatrecht eingreift (Art. 40 Abs. 2), während es für die übrigen beim Tatortrecht verbleibt (Art. 40 Abs. 1). Die dadurch bewirkte Zersplitterung des auf das Gesamtgeschehen anwendbaren Deliktsstatuts ließe sich über Abs. 2 Nr. 1 vermeiden und eine einheitliche Schadensabwicklung nach Tatortrecht gewährleisten.[43] Das Bedürfnis hierfür ist zwar wegen der Sonderanknüpfung von Verhaltensregeln des Tatorts auch in den Fällen des Art. 40 Abs. 2 (Art. 40 EGBGB Rn 15) und wegen der

---

33 Vgl. oben Rn 4 a.E.; bsonders deutlich BGHZ 90, 294, 301 = NJW 1984, 2032 f. = JZ 1984, 669 ff.; BGHZ 119, 137, 141 = NJW 1992, 3091 ff. = VersR 1992, 1237 ff.

34 Bamberger/Roth/*Spickhoff*, Art. 41 EGBGB Rn 11; zum früheren Recht auch BGHZ 90, 294, 298 ff.; 119, 137, 139 ff.; *Hohloch*, JuS 1980, 18, 23 f.; *Stoll*, in: FS Kegel, S. 113, 138 f.; a.A. Staudinger/ *v. Hoffmann*, Art. 41 EGBGB Rn 20.

35 BGHZ 132, 105, 115 ff. = NJW 1996, 1411 ff. = VersR 1996, 1416 ff.; auch unter dem neuen Recht zust. Staudinger/*v. Hoffmann*, Art. 41 EGBGB Rn 21; abl. Bamberger/Roth/*Spickhoff*, Art. 41 EGBGB Rn 11; *Huber*, JA 2000, 67, 69.

36 Vgl. BT-Drucks 14/343, S. 13 f.

37 Palandt/*Heldrich*, Art. 40 EGBGB Rn 6; *Looschelders*, Art. 40 Rn 40, 56, Art. 41 Rn 16; *Spickhoff*, IPRax 2000, 1, 2; *Vogelsang*, NZV 1999, 497, 500.

38 Staudinger/*v. Hoffmann*, Art. 40 EGBGB Rn 23.

39 Genauso *Junker*, JZ 2000, 477, 484.

40 Staudinger/*v. Hoffmann*, Art. 41 EGBGB Rn 25; *Junker*, JZ 2000, 477, 484; a.A. *Looschelders*, Art. 40 Rn 56; *ders.*, VersR 1999, 1316, 1321; Bamberger/ Roth/*Spickhoff*, Art. 41 EGBGB Rn 12; *ders.*, NJW 1999, 2209, 2213.

41 So z.B. *Neuhaus*, RabelsZ 16 (1951), 655; *Seetzen*, VersR 1970, 1, 12; *v. Hoffmann*, IPRax 1996, 1, 6.

42 *Ferid*, IPR, § 6 Rn 163 ff.; weiter Palandt/*Heldrich*, Art. 40 EGBGB Rn 6; *Vogelsang*, NZV 1999, 497, 500; *Spickhoff*, IPRax 2000, 1, 2; a.A. *Junker*, JZ 2000, 477, 484; die Anknüpfung an den Reisevertrag hilft nicht, weil es nicht um Ansprüche für und gegen den Veranstalter geht.

43 In diese Richtung BT-Drucks 14/343, S. 22; *R. Wagner*, IPRax 1999, 210, 211; Bamberger/Roth/ *Spickhoff*, Art. 41 EGBGB Rn 12; a.A. Staudinger/ *v. Hoffmann*, Art. 41 EGBGB Rn 27; Erman/ *Hohloch*, Art. 41 EGBGB Rn 11; *Kropholler*, IPR, § 53 IV 3d, S. 518; *Looschelders*, VersR 1999, 1316, 1322.

Schadensregulierungsabkommen der Versicherungswirtschaft nicht allzu groß, darf aber im Hinblick auf die sonst übermäßig schwierigen Regressfragen auch nicht unterschätzt werden.[44]

16 **ee) Sachzusammenhang.** Gemäß Abs. 2 Nr. 1 muss die Sonderbeziehung „im Zusammenhang mit dem Schuldverhältnis" stehen. Die akzessorische Anknüpfung des Deliktsstatuts ist folglich nur dann gerechtfertigt, wenn die deliktischen Schutz- und Haftungserwartungen der Beteiligten durch die Sonderverbindung geprägt werden, so dass die Durchbrechung der Tatortregel gerechtfertigt ist.[45] Daran fehlt es, wenn das Delikt **bei Gelegenheit** einer Vertragserfüllung oder sonstigen rechtlichen Sonderbeziehung begangen wird.[46] Positiv kommt es darauf an, dass Schutzpflichten verletzt worden sind, die vom Standpunkt des deutschen Rechts aus gesehen mit den in der Sonderbeziehung wurzelnden kongruent sind.[47] Dafür ist mindestens erforderlich, dass die Sonderbeziehung unter denselben Parteien besteht wie der Deliktsanspruch (Rn 11).

17 **2. Gemeinsamer Gewöhnlicher Aufenthalt (Nr. 2).** Durch Abs. 2 Nr. 2 wird die für Deliktsansprüche strikt geltende Anknüpfung an den gemeinsamen gewöhnlichen Aufenthalt der Parteien in dem „weichen" Sinn einer Ausweichklausel auf **Ansprüche aus Nichtleistungskondiktion** (Art. 38 Abs. 2) und **Geschäftsführung ohne Auftrag** (Art. 39) erstreckt. Praktisches Anschauungsmaterial zur Auflockerung des Bereicherungsstatuts liegt nicht vor.[48] Im Bereich der Geschäftsführung ohne Auftrag darf Abs. 2 Nr. 2 nicht dazu benutzt werden, den Zusammenhang zwischen Schuldstatut und Regressstatut (Art. 39 Abs. 2) zu zerreißen.[49] Bei Einwirkungen auf Grundstücke erweist sich die *lex rei sitae* als stärker als der gemeinsame gewöhnliche Aufenthalt, und Gleiches gilt für das Schutzlandprinzip bei der Einwirkung auf Immaterialgüterrechte.[50]

18 Durch die Verweisung auf Art. 40 Abs. 2 S. 2 werden auch **Vereine, Gesellschaften und juristische Personen** von der Regelung erfasst, für die dem gewöhnlichen Aufenthalt der Ort des Hauptverwaltungssitzes bzw. der u.U. beteiligten Niederlassung gleichsteht (Art. 40 EGBGB Rn 37). In allen Fällen kommt es auf den Zeitpunkt der Anspruchsentstehung, also auf den Eintritt der Rechtsgutsverletzung an, so dass eine nachträgliche Verlegung des gewöhnlichen Aufenthaltes irrelevant ist (Art. 40 EGBGB Rn 36).[51]

II. Generalklausel (Abs. 1)

19 Liegen die Voraussetzungen der Regelbeispiele des Abs. 2 nicht vor, kann über die Generalklausel des Abs. 1 gleichwohl eine Abweichung von den Anknüpfungen der Artt. 38–40 mit Rücksicht auf eine wesentlich engere Verbindung begründet werden. Abs. 1 gewährleistet somit ein hohes Maß an **Flexibilität** im Interesse der Einzelfallgerechtigkeit, ist aber andererseits auch die Grundlage für **typisierte Abweichungen von der Tatortregel** des Internationalen Deliktsrechts in bestimmten Fallgruppen (Rn 2).

20 Im **Bereicherungsrecht** kann Abs. 1 in Betracht kommen, um bei konkurrierenden Ansprüchen den **Gleichlauf von Delikts- und Bereicherungsstatut** zu gewährleisten.[52] Bei sachbezogenen Verwendungsersatzansprüchen aus **Geschäftsführung ohne Auftrag** ist über Abs. 2 Nr. 1 das gemäß Art. 39 Abs. 1 anwendbare Recht des Vornahmeorts durch die *lex rei sitae*, also die am Lageort der Sache geltende Rechtsordnung zu ersetzen (Rn 17).[53] Vom Gesetzgeber erwogen worden, aber gleichwohl umstritten geblieben ist die Anwendung des Art. 41 bei Hilfeleistung auf hoher See.[54] Im Internationalen **Verkehrsunfallrecht** ist der gemeinsame Zulassungs- und Versicherungsort nach dem Willen des Gesetzgebers nicht dazu geeignet, die Anknüpfungsentscheidungen des Art. 40 zu korrigieren (dort Rn 51). Auch die gemeinsame Staatsangehörigkeit ist im Licht der Wertung des Art. 40 Abs. 2 kein Anknüpfungsmoment von Gewicht, das die Anwendung des Abs. 1 rechtfertigen könnte (Rn 13).[55]

---

44 Vgl. Art. 40 EGBGB Rn 12, 52.
45 *Looschelders*, VersR 1999, 1316, 1321.
46 Bamberger/Roth/*Spickhoff*, Art. 41 EGBGB Rn 9; Staudinger/*v. Hoffmann*, Art. 41 EGBGB Rn 11; *Looschelders*, Art. 41 Rn 14; *Staudinger*, DB 1999, 1589, 1593.
47 Bamberger/Roth/*Spickhoff*, Art. 40 EGBGB Rn 9; ähnlich *Koch*, VersR 1999, 1453, 1458; *Looschelders*, VersR 1999, 1316, 1321; enger Erman/*Hohloch*, Art. 41 EGBGB Rn 11.
48 Vgl. aber Staudinger/*v. Hoffmann/Fuchs*, Art. 38 EGBGB Rn 30 ff.
49 Staudinger/*v. Hoffmann/Thorn*, Art. 39 EGBGB Rn 59; *Kropholler*, IPR, § 53 III 4, S. 510.
50 Staudinger/*v. Hoffmann/Thorn*, Art. 39 EGBGB Rn 59.
51 Vgl. Bamberger/Roth/*Spickhoff*, Art. 41 EGBGB Rn 13.
52 Bamberger/Roth/*Spickhoff*, Art. 41 EGBGB Rn 4.
53 *Fischer*, IPRax 2002, 1, 12 f.
54 BT-Drucks 14/343, S. 9; vgl. weiter Bamberger/Roth/*Spickhoff*, Art. 41 EGBGB Rn 5; Palandt/*Heldrich*, Art. 39 EGBGB Rn 1; *Kropholler*, IPR, § 53 III 2, S. 508 f.
55 Bamberger/Roth/*Spickhoff*, Art. 41 EGBGB Rn 6.

Artikel 42 Rechtswahl

¹Nach Eintritt des Ereignisses, durch das ein außervertragliches Schuldverhältnis entstanden ist, können die Parteien das Recht wählen, dem es unterliegen soll. ²Rechte Dritter bleiben unberührt.

Literatur: *Busse*, Die geplante Kodifikation des Internationalen Bereicherungsrechts in Deutschland, RIW 1999, 16; *Kreuzer*, Die Vollendung der Kodifikation des deutschen Internationalen Privatrechts durch das Gesetz zum Internationalen Privatrecht der außervertraglichen Schuldverhältnisse und Sachen vom 21.5.1999, RabelsZ 65 (2001), 383; *Micklitz*, Grenzüberschreitende Produkthaftung – eine Bücherbesprechung, VuR 2001, 41; *Sonnenberger*, La loi allemande du 21 mai 1999 sur le droit international privé des obligations non contractuelles et des biens, Rev. cr. dr. int. priv. 88 (1999), 645; *G. Wagner*, Fakultatives Kollisionsrecht und prozessuale Parteiautonomie, ZEuP 1999, 6. Vgl. auch die Angaben bei Artt. 40 und 44 EGBBG.

A. Allgemeines 1	3. Zustandekommen 7
B. Regelungsgehalt 3	4. Inhalt und Wirkungen 10
I. Nachträgliche Rechtswahl 3	5. Rechte Dritter 13
1. Zulässigkeit der Rechtswahl .. 3	II. Antizipierte Rechtswahl 14
2. Zeitpunkt 5	

A. Allgemeines

Nach deutschem Verständnis ist das **Deliktsrecht kein zwingendes Recht**, sondern *ius dispositivum*.[1] Für das Bereicherungsrecht und die Geschäftsführung ohne Auftrag gilt dies erst recht.[2] Im Übrigen sind die Parteien selbst dann, wenn zwingendes Recht im Spiel ist, nicht gezwungen, ihnen zustehende Ansprüche auch durchzusetzen.[3] Aus diesen normativen Prämissen folgt ohne weiteres, dass einer Disposition über das Deliktsstatut durch Wahl des anwendbaren Rechts zumindest dann nichts entgegensteht, wenn sie nachträglich, nach Entstehung des Anspruchs erfolgt (zur antizipierten Rechtswahl Rn 14 ff.). Die Rechtswahlfreiheit wurde dementsprechend von der Rechtsprechung bereits für das alte Kollisionsrecht vor In-Kraft-Treten des Art. 42 am 1.6.1999 anerkannt.[4] Die Befugnis zur nachträglichen Wahl des Delikts-, Bereicherungs- und Geschäftsführungsstatuts findet sich auch in Art. 10 des Entwurfs der **Rom-II-Verordnung** (Anhang bei Art. 40 EGBGB Rn 94). 1

Für die Praxis bietet Art. 42 den unschätzbaren Vorteil, dass er stets die Möglichkeit der **Rückkehr zur *lex fori*** ermöglicht.[5] Die Entscheidung des Rechtsstreits aufgrund des vertrauten inländischen Rechts erleichtert dem Gericht und den Anwälten die Arbeit, erhöht die Vorhersehbarkeit der Entscheidung und damit die Chancen für eine außergerichtliche Streitbeilegung durch Vergleich, ermöglicht in schwierigen Fragen eine Fortbildung des materiellen Rechts durch das Gericht und gewährleistet die Kontrolle durch das Revisionsgericht, dem die Interpretation und Fortbildung ausländischen Rechts gemäß §§ 545 Abs. 1, 560 ZPO versperrt ist.[6] 2

B. Regelungsgehalt

I. Nachträgliche Rechtswahl

1. Zulässigkeit der Rechtswahl. Ob eine Rechtswahl überhaupt zulässig ist, entscheidet die *lex fori*.[7] Eine nach Art. 42 wirksame Rechtswahl setzt sich sowohl gegen die Anknüpfungen des Art. 40 als auch gegen die Ausweichklausel des Art. 41 durch, vermag jedoch die speziellen *ordre-public*-**Schranken** des Art. 40 Abs. 3 ebenso wenig zu überspielen wie diejenigen des Art. 6 (Art. 40 EGBGB Rn 40). Im internationalen **Kartellrecht** ist eine Rechtswahl mit Rücksicht auf die Anknüpfungsentscheidung des § 130 Abs. 2 GWB und den öffentlich-rechtlichen Charakter der Materie ausgeschlossen.[8] Gleiches gilt im **Immaterialgüterrecht**, wo die Rechtsprechung das Schutzlandprinzip auch gegen den Willen der Parteien durchsetzt (Art. 40 EGBGB Rn 75), und wohl auch im Wettbewerbsrecht.[9] 3

---

1 MüKo/*G.Wagner*, vor § 823 Rn 67 m.w.N.
2 Palandt/*Sprau*, vor § 812 Rn 26 m.w.N.
3 *G.Wagner*, Prozessverträge, 1998, S. 106 ff.
4 BGHZ 42, 385, 389; 98, 263, 274 = NJW 1987, 592 ff. = JR 1987, 157 m. Anm. *Schlosser*; BGH VersR 1960, 907, 908; NJW 1974, 410; 1981, 1606, 1607; NJW-RR 1988, 534, 535.
5 Erman/*Hohloch*, Art. 42 EGBGB Rn 1; Bamberger/Roth/*Spickhoff*, Art. 42 EGBGB Rn 1.

6 Zöller/*Geimer*, ZPO, § 293 Rn 28 m.w.N.; zu den Vorteilen eines Rechtsstreits à la *lex fori G. Wagner*, ZEuP 1999, 6, 7 m.w.N.
7 Bamberger/Roth/*Spickhoff*, Art. 42 EGBGB Rn 7; *Freitag/Leible*, ZVglRWiss 99 (2000), 101, 107.
8 OLG Frankfurt WRP 1992, 330, 332; Bamberger/Roth/*Spickhoff*, Art. 40 EGBGB Rn 5.
9 So *Sack*, GRUR Int. 1988, 320, 329.

4 Hinsichtlich der Detailfragen der Rechtswahl kann auf die Vorschriften des Art. 27 Abs. 1 und Abs. 2 zurückgegriffen werden.[10] Für **Inlandssachverhalte** schließt Art. 27 Abs. 3 die Derogation zwingenden deutschen Rechts durch Wahl einer ausländischen Rechtsordnung aus. Diese Schranke wird man auf Art. 42 zu übertragen haben,[11] was in Art. 10 Abs. 2 des Entwurfs einer **Rom-II-Verordnung** auch ausdrücklich ausgesprochen wird (Anhang bei Art. 40 EGBGB Rn 94). Daraus folgt indessen gerade nicht, dass die Wahl eines ausländischen Deliktsstatuts bei reinen Inlandsfällen ausgeschlossen wäre, denn das Deliktsrecht ist kein zwingendes Recht (Rn 1). Auch eine weiter gehende Beschränkung der Rechtswahlfreiheit auf der Grundlage von Art. 3 Abs. 1 S. 1 ist nicht angebracht.[12]

5 **2. Zeitpunkt.** Nach dem eindeutigen Wortlaut der Vorschrift ist die Rechtswahl erst **nach Entstehung des Anspruchs** aus einem außervertraglichen Schuldverhältnis zulässig.[13] Diese Wertung stimmt überein mit Art. 10 Abs. 1 des Entwurfs einer **Rom-II-Verordnung** (Anhang bei Art. 40 EGBGB Rn 94), unterscheidet sich aber von den Grundsätzen, die für vertragliche Schuldverhältnisse anerkannt sind (Art. 27 Rn 58 ff.). Die **antizipierte Rechtswahl ist gleichwohl nicht ausgeschlossen**, sondern über Art. 41 Abs. 2 Nr. 1 zu beachten (Rn 4). Bei deliktischen Schadensersatzansprüchen kommt es nicht auf die Vornahme der für den Schaden ursächlichen Handlung, aber auch nicht auf den Eintritt von Folgeschäden, sondern auf den Eintritt der Rechtsgutsverletzung an.[14] Setzt der Haftungstatbestand eine solche nicht voraus (vgl. § 826 BGB), tritt an die Stelle der Rechtsgutsverletzung die primäre Interessverletzung (Art. 40 EGBGB Rn 21).[15]

6 Die für das einseitige Bestimmungsrecht geltende zeitliche **Schranke des Art. 40 Abs. 1 S. 2** gilt für den Rechtswahlvertrag nicht. Damit ist es den Parteien möglich, auch noch nach Ablauf des frühen ersten Termins bzw. Beendigung des schriftlichen Vorverfahrens das Erfolgsortrecht zu wählen, das in der Regel mit der *lex fori* identisch sein wird (Art. 40 EGBGB Rn 26). Außerhalb eines Rechtsstreits unterliegt die Rechtswahl keinerlei zeitlichen Beschränkungen.[16] Soll mit der Disposition Einfluss auf einen Rechtsstreit genommen werden, sind die für neuen Tatsachenvortrag geltenden zeitlichen Schranken des Verfahrensrechts zu beachten. Der Vortrag neuer Tatsachen in der Revisionsinstanz ist gemäß § 559 ZPO stets unzulässig,[17] während es in der Berufungsinstanz auf die Präklusionsnormen der §§ 529 f. ZPO und vor dem Eingangsgericht auf § 296 ZPO ankommt.[18] Da die genannten Beschränkungen neuen Vorbringens auch der Entlastung der Obergerichte und damit öffentlichen Interessen dienen, stehen sie nicht zur Disposition der Parteien.[19]

7 **3. Zustandekommen.** Das wirksame Zustandekommen einer Rechtswahl ist entsprechend Artt. 27 Abs. 4, 31 nach dem **Statut zu bestimmen, das durch die Vereinbarung berufen** wird.[20] Sie kann auch formlos geschlossen werden.[21] Die Rechts- und Geschäftsfähigkeit der Parteien ist nach Art. 7 – unter Beachtung des Art. 12 – gesondert anzuknüpfen.[22]

8 Die Rechtswahl kann **ausdrücklich oder stillschweigend** erfolgen, und die konkludente Erklärung kann auch im Rahmen eines Rechtsstreits abgegeben werden. Auf dieser dogmatischen Grundlage ist die **Rechtsprechung** mit der Annahme stillschweigender Rechtswahlvereinbarungen zugunsten der *lex fori* im Prozess **großzügig**.[23] Die dadurch herausgeforderte Kritik insistiert darauf, dass eine Rechtswahlvereinbarung – wie jeder andere Vertrag – ein entsprechendes Erklärungsbewusstsein voraussetze, woran es aber fehle, wenn die

---

[10] *Bamberger/Roth/Spickhoff*, Art. 41 EGBGB Rn 1.
[11] *Palandt/Heldrich*, Art. 42 EGBGB Rn 1; wohl auch *Staudinger/v. Hoffmann*, Art. 42 EGBGB Rn 2.
[12] So aber *Freitag/Leible*, ZVglRWiss 99, (2000), 101, 106; wohl auch *von Hein*, RabelsZ 64 (2000), 595, 612.
[13] BT-Drucks 14/343, S. 14; zu Unrecht zweifelnd *Staudinger/v. Hoffmann*, Art. 42 EGBGB Rn 3 ff.
[14] Vgl. (im Zusammenhang mit Feststellungsklagen) BGH NJW 2001, 1431, 1432.
[15] Vgl. zu den Details *G. Wagner*, ZInsO 2003, 485, 489 (im Zusammenhang mit der Zulässigkeit der Feststellungsklage).
[16] Vgl. *Junker*, JZ 2000, 477, 478 f.: solange das Schuldverhältnis existiert.
[17] So aber *Erman/Hohloch*, Art. 42 EGBGB Rn 8.
[18] Ähnlich, wenn auch unspezifisch *Staudinger/v. Hoffmann*, Art. 42 EGBGB Rn 10 m.w.N.; *St. Lorenz*, NJW 1999, 2215, 2217; *Looschelders*, Art. 42 Rn 12; *Micklitz*, VuR 2001, 41, 45.
[19] *Zöller/Gummer/Heßler*, ZPO, § 529 Rn 12; *Rosenberg/Schwab/Gottwald*, Zivilprozessrecht, 16. Aufl. 2004, § 137 Rn 42.
[20] *Freitag/Leible*, ZVglRWiss 99 (2000), 101, 107; *Looschelders*, Art. 42 Rn 15; *Bamberger/Roth/Spickhoff*, Art. 42 EGBGB Rn 7; a.A. (*lex fori*) *Palandt/Heldrich*, Art. 42 EGBGB Rn 1; *Junker*, JZ 2000, 477, 478.
[21] *Palandt/Heldrich*, Art. 42 EGBGB Rn 1; *Huber*, JA 2000, 67, 70; differenzierend *Looschelders*, Art. 42 Rn 16.
[22] *Staudinger/v. Hoffmann*, Art. 42 EGBGB Rn 9; *Freitag/Leible*, ZVglRWiss 99, (2000), 101, 108.
[23] Vgl. allg. BGHZ 40, 320, 323 f.; 50, 32, 33; BGH NJW 1970, 1733, 1734; IPRax 1986, 292, 293; NJW 1988, 1592; speziell zur Rechtswahl im Internationalen Deliktsrecht BGHZ 98, 263, 274 = NJW 1987, 592 ff. = JR 1987, 157 m. Anm. *Schlosser*; BGH VersR 1963, 241; NJW 1974, 410; 1981, 1606, 1607; 1994, 1408, 1409; NJW-RR 1988, 534, 535.

Parteien sich gleichsam naiv auf deutsches Recht berufen hätten.[24] Parteivortrag auf der Basis der *lex fori* sei nur zu berücksichtigen, wenn er in Kenntnis der internationalen Verknüpfung des Sachverhalts und der dadurch eröffneten Dispositionsspielräume erfolge.

Die Bestimmung der Voraussetzungen stillschweigender Rechtswahl im Prozess ist kein Spezialproblem des Art. 42, sondern eine für das Kollisionsrecht insgesamt zu lösende Aufgabe (vgl. auch Art. 27 EGBGB Rn 54 ff.). Immerhin sei darauf hingewiesen, dass aus der Sicht des deutschen Prozessrechts die **einverständliche Parteidisposition über das anzuwendende Recht** keineswegs eine Anomalie darstellt. So, wie die Parteien die Tatsachenbasis „ihres" Rechtsstreits determinieren können, so haben sie es auch in der Hand, über die Rechtsanwendung durch das Gericht zu disponieren, wenn nur die Grenzen der Parteiautonomie gewahrt bleiben.[25] Derartige Dispositionen sind Prozesshandlungen, keine materiell-rechtlichen oder kollisionsrechtlichen Rechtsgeschäfte, und sie unterliegen deshalb den für Prozesshandlungen anerkannten Wirksamkeitsvoraussetzungen, nicht denjenigen der nach der *lex causae* einschlägigen Rechtsgeschäftslehre.[26] Wer einmal wirksam disponiert hat, kann nach allgemeinen prozessualen Grundsätzen in einem späteren Stadium des Prozesses nicht einseitig wieder davon abrücken. Mit der Rechtsprechung ist eine prozessuale Deutung der stillschweigenden „Rechtswahl" durchaus kompatibel,[27] und sie stellt die Brücke her zu dem ebenfalls prozessual einzuordnenden einseitigen Bestimmungsrecht des Art. 40 Abs. 1 S. 2 (dort Rn 29 f.). 9

4. Inhalt und Wirkungen. Grundsätzlich können die Parteien die ihnen genehme **Rechtsordnung frei wählen**, ohne in territorialer Hinsicht beschränkt zu sein.[28] Soweit die Zulässigkeit einer Wahl außerstaatlicher Regelwerke im Rahmen von Art. 27 anerkannt wird (dazu Art. 27 EGBGB Rn 21 ff.), was zu wünschen wäre, ist bei Art. 42 genauso zu entscheiden. Die Parteien könnten dann beispielsweise ihren Deliktsanspruch den „Principles of European Tort Law" der sog. Tilburg-Group unterstellen.[29] 10

Wie im Internationalen Vertragsrecht gemäß Art. 27 Abs. 1 S. 3 ist eine **Teilrechtswahl** auch im Rahmen von Art. 42 zuzulassen.[30] Auch die Schranken dieser Form gewillkürter *dépeçage* sind dieselben wie im Rahmen von Art. 27; die Parteien dürfen nicht per kollisionsrechtlichem *fiat* trennen, was materiellrechtlich zusammengehört.[31] Die lokalen Sorgfaltsgebote und Sicherheitsvorschriften bleiben trotz Rechtswahl stets dieselben und sind als „Datum" im Rahmen der Anwendung des ausländischen Deliktsstatuts zu berücksichtigen (Art. 40 EGBGB Rn 15).[32] 11

Die Rechtswahl nach Art. 42 **wirkt *ex tunc*** auf den Eintritt des Schadensereignisses zurück. Wie sich aus Art. 27 Abs. 2 S. 1 ergibt, können die Parteien die einmal getroffene Bestimmung nachträglich wieder ändern. Auch eine solche Änderung wirkt zurück.[33] 12

5. Rechte Dritter. Nach Art. 42 S. 2 (ebenso Art. 27 Abs. 2 S. 2) lässt die Rechtswahl Rechte Dritter unberührt.[34] Das ist im Hinblick auf das Prinzip des **Verbots von Verträgen zulasten Dritter** eine Selbstverständlichkeit. Praktisch betrifft dies vor allem den Haftpflichtversicherer des Schädigers.[35] Darüber hinaus sind sämtliche Personen geschützt, die zur Erbringung von Ersatzleistungen potenziell verpflichtet sind, wie Unterhaltspflichtige, Arbeitgeber, Sach- und Schadensversicherer[36] sowie Sozialversicherer.[37] Die Parteien 13

---

24 Palandt/*Heldrich*, Art. 42 EGBGB Rn 1; *Looschelders*, Art. 42 Rn 13; *Schack*, NJW 1984, 2736, 2738; *Schlosser*, JR 1987, 160, 161; Bamberger/Roth/*Spickhoff*, Art. 42 EGBGB Rn 6.
25 Eingehend *G.Wagner*, ZEuP 1999, 6, 18 ff.; allg. *ders.*, Prozessverträge, 1998, S. 635 ff.
26 Ähnlich Staudinger/*v. Hoffmann*, Art. 42 EGBGB Rn 13.
27 Besonders deutlich BGH NJW 1988, 1592: „Das Berufungsgericht legt seiner Entscheidung deutsches Recht u.a. deswegen zugrunde, weil die Parteien im Rechtsstreit ausschließlich auf der Grundlage dieser Rechtsordnung argumentierten, also selbst von der Anwendung deutschen Rechts ausgingen. ... Dies rechtfertigt die Annahme, daß sich die Parteien *jedenfalls im Rechtsstreit* stillschweigend auf die Geltung deutschen Rechts verständigt haben." (Hervorhebung hinzugefügt). Eingehend *G.Wagner*, ZEuP 1999, 6, 22 f.
28 *Freitag/Leible*, ZVglRWiss 99 (2000), 101, 107; *von Hein*, RabelsZ 64 (2000), 595, 603; Palandt/*Heldrich*, Art. 42 EGBGB Rn 1; Staudinger/ *v. Hoffmann*, Art. 42 EGBGB Rn 6; *Huber*, JA 2000, 67, 70; *Kropholler*, § 53 II 5, S. 508; Bamberger/ Roth/*Spickhoff*, Art. 42 EGBGB Rn 4.
29 Abgedruckt in ZEuP 2004, 427 ff.; vgl. auch die Erläuterung von *Koziol*, ZEuP 2004, 234.
30 Bamberger/Roth/*Spickhoff*, Art. 42 EGBGB Rn 4; a.A. Palandt/*Heldrich*, Art. 42 EGBGB Rn 1.
31 *Looschelders*, Art. 42 Rn 10; vgl. auch Bamberger/ Roth/*Spickhoff*, Art. 42 EGBGB Rn 4.
32 BGHZ 42, 385, 388; Bamberger/Roth/*Spickhoff*, Art. 42 EGBGB Rn 4; Palandt/*Heldrich*, Art. 42 EGBGB Rn 1; *Junker*, JZ 2000, 477, 486.
33 Bamberger/Roth/*Spickhoff*, Art. 42 EGBGB Rn 3; Staudinger/*v. Hoffmann*, Art. 42 EGBGB Rn 14 m.w.N.
34 Eine Begünstigung Dritter ist nicht ausgeschlossen, *Freitag/Leible*, ZVglRWiss 99 (2000), 101, 109.
35 Bamberger/Roth/*Spickhoff*, Art. 42 EGBGB Rn 5; *Gruber*, VersR 2001, 16, 20 m.w.N.
36 *Kreuzer*, RabelsZ 65 (2001), 383, 401.
37 Staudinger/*v. Hoffmann*, Art. 42 EGBGB Rn 17; vgl. dort auch zu mittelbar Geschädigten (z.B. § 844 BGB).

des primären Schadensersatzanspruchs haben es somit nicht in der Hand, durch Rechtswahl Regressansprüche abzuschneiden, die nach den § 67 VVG, § 116 SGB X bzw. ausländischen Parallelnormen bestünden, wenn die Anknüpfungsregeln der Artt. 40 ff. zugrunde gelegt würden.[38] Wählen die Parteien allerdings ein Deliktsstatut, das die betroffenen Dritten im Vergleich zum sonst anwendbaren Recht begünstigt, besteht kein Grund, diese Vereinbarung mit Hilfe von Art. 42 S. 2 zu invalidieren.

II. Antizipierte Rechtswahl

14 Die **Beschränkung des Art. 42 auf die nachträgliche Rechtswahl** wird im Schrifttum kritisiert.[39] Der Gesetzgeber sah sich zu dieser Restriktion „mit Rücksicht auf den Schutzcharakter außervertraglicher Schuldverhältnisse und aus praktischen Erwägungen" veranlasst.[40] Der erste Teil dieser Begründung überzeugt und lässt sich auch nicht mit dem Argument beiseite schieben, der internationale **Handelsverkehr** benötige Rechtsklarheit und Voraussehbarkeit.[41] Letzteres trifft zwar zu, greift jedoch zu kurz, weil die Rechtswahlfreiheit im Internationalen Deliktsrecht auch mit der Möglichkeit von **Verbraucherverträgen** rechnen muss. Während das Internationale Vertragsrecht in den Artt. 29, 29a, 30 eine Reihe von Sonderanknüpfungen vorsieht, die den inländischen Standard des Verbraucherschutzes auch bei grenzüberschreitenden Transaktionen sicherstellen, fehlt es im Kontext des Internationalen Deliktsrechts an vergleichbaren Sicherungen.[42]

15 Das EGBGB weist in **Art. 41 Abs. 2 Nr. 1** einen Weg, um beiden berechtigten Interessen – demjenigen an **Rechtswahlfreiheit** im internationalen Handelsverkehr und demjenigen an einem angemessenen **Verbraucherschutz** auch bei grenzüberschreitenden Geschäften – Rechnung zu tragen. Diese Lösung geht von der praktischen Erfahrung aus, dass die Rechtswahlfreiheit *ex ante* bei den für das Deliktsrecht typischen Unfällen unter Fremden irrelevant ist, weil sie ohnehin nicht wahrgenommen werden kann. Soweit aber vor dem Schadensereignis zwischen den Parteien ein Rechtsverhältnis, insbesondere ein Vertrag oder auch bloß eine Beziehung tatsächlicher Art besteht, lässt sich über die akzessorische Anknüpfung nach Art. 41 Abs. 2 Nr. 1 der Gleichlauf von Vertragsstatut und Deliktsstatut gewährleisten und damit *de facto* die antizipierte Wahl des Deliktsstatuts ermöglichen.[43] Da aber für die Wirksamkeit der Rechtswahl für das Vertragsverhältnis die Artt. 27 ff. maßgeblich sind, kommen bei Verbraucherverträgen auch die Schutzmechanismen der Artt. 29, 29a, 30 zur Anwendung, so dass insbesondere die Inhaltskontrolle Allgemeiner Geschäftsbedingungen gewährleistet bleibt. Was den Handelsverkehr anlangt, so ist zuzugeben, dass die Anwendung der Ausweichklausel des Art. 41 Abs. 2 Nr. 1 weniger Rechtssicherheit bietet als eine als wirksam anerkannte Rechtswahlklausel,[44] doch dies ist lediglich ein Argument für eine strikte Anwendung des Art. 41 Abs. 2 Nr. 1 in diesen Fällen. Unterliegt der Vertrag, an den akzessorisch anzuknüpfen wäre, dem CISG,[45] sollte die daneben ergänzend anwendbare *lex causae* herangezogen werden, die auch sonst gebraucht wird, um die Regelungslücken des CISG zu schließen.[46]

Sechster Abschnitt. Sachenrecht

Artikel 43 Rechte an einer Sache

(1) ¹Rechte an einer Sache unterliegen dem Recht des Staates, in dem sich die Sache befindet.

(2) ¹Gelangt eine Sache, an der Rechte begründet sind, in einen anderen Staat, so können diese Rechte nicht im Widerspruch zu der Rechtsordnung dieses Staates ausgeübt werden.

(3) ¹Ist ein Recht an einer Sache, die in das Inland gelangt, nicht schon vorher erworben worden, so sind für einen solchen Erwerb im Inland Vorgänge in einem anderen Staat wie inländische zu berücksichtigen.

---

38 *P. Huber*, JA 2000, 67, 70.
39 *Busse*, RIW 1999, 16, 19; *Freitag/Leible*, ZVglRWiss 99 (2000), 101, 103 ff.; Staudinger/*v. Hoffmann*, Art. 42 EGBGB Rn 4 f.; *Leible/Engel*, EuZW 2004, 7, 15; aus europarechtlichen Gründen krit. *von Hein*, RabelsZ 64 (2000), 595, 603.
40 BT-Drucks 14/343, S. 14.
41 Vgl. aber *Freitag/Leible*, ZVglRWiss 99 (2000), 103, 104 f.
42 *P. Huber*, JA 2000, 67, 71.

43 Staudinger/*v. Hoffmann*, Art. 42 EGBGB Rn 5; vgl. auch Palandt/*Heldrich*, Art. 42 EGBGB Rn 1; *P. Huber*, JA 2000, 67, 70.
44 *Freitag/Leible*, ZVglRWiss 99 (2000), 101, 105; *von Hein*, RabelsZ 64 (2000), 595, 601.
45 Dazu *von Hein*, RabelsZ 64 (2000), 595, 601 ff.
46 Vgl. Art. 4 CISG sowie *Ferrari*, in: Schlechtriem/Schwenzer, Kommentar zum Einheitlichen UN-Kaufrecht, 4. Aufl. 2004, Art. 4 Rn 6; Staudinger/*Magnus* (1999), Art. 4 CISG Rn 19, Art. 7 CISG Rn 58.

Literatur: *v. Bar*, Theorie und Praxis des internationalen Privatrechts, 2 Bde., 2. Auflage 1889; *Basedow*, Der kollisionsrechtliche Gehalt der Produktfreiheiten im europäischen Binnenmarkt: favor offerentis, RabelsZ 59 (1995), 1; *Behr*, Eigentumsvorbehalt und verlängerter Eigentumsvorbehalt bei Warenlieferungen in die Schweiz, RIW/AWD 1978, 489; *ders.*, Anmerkung zu OLG Hamburg NJW 1977, 1402 und NJW 1978, 222, in: NJW 1978, 223; *Bonomi*, Der Eigentumsvorbehalt in Österreich und Italien unter Berücksichtigung anderer europäischer Rechtssysteme, 1993; *Brödermann/Iversen*; Europäisches Gemeinschaftsrecht und Internationales Privatrecht, 1994; *von Caemmerer*, Bereicherung und unerlaubte Handlung, in: FS Rabel, Bd. 1, 1954, S. 333; *ders.*, Zum internationalen Sachenrecht, eine Miszelle, in: Xenion, FS Zepos 1973, S. 25; *Carl/Güttler/Siehr*, Kunstdiebstahl vor Gericht, 2001; *Coing*, Probleme der Anerkennung besitzloser Mobiliarpfandrechte im Raum der EG, ZfRV 8 (1967), 65; *Collins*, Floating Charges, Receivers and Managers and the Conflict of Laws, (1978) 27 I.C.L.Q. 691; *Davies*, The New Lex Mercatoria: International Interests in Mobile Equipment, (2003) 52 I.C.L.Q. 151; *Dicey/Morris*, The Conflict of Laws, 2 Bde., 13. Auflage 2000; *Dörner*, Keine dingliche Wirkung ausländischer Vindikationslegate im Inland, IPRax 1996, 26; *Drobnig*, Eigentumsvorbehalte bei Importlieferungen nach Deutschland, RabelsZ 32 (1968), 450; *ders.*, Typen besitzloser Sicherungsrechte an Mobilien, ZfRV 13 (1972), 130; *ders.*, American-German Private International Law, 2. Auflage 1972; *ders.*, Mobiliarsicherheiten im internationalen Wirtschaftsverkehr, RabelsZ 38 (1974), 468; *ders.*, Empfehlen sich gesetzliche Maßnahmen zur Reform der Mobiliarsicherheiten? Gutachten F zum 51. Deutschen Juristentag, 1976; *ders.*, Entwicklungstendenzen des deutschen internationalen Sachenrechts, in: Internationales Privatrecht und Rechtsvergleichung im Ausgang des 20. Jahrhunderts – Bewahrung oder Wende?, FS Kegel 1977, S. 141; *ders.*, Amerikanische Gerichte zum internationalen Sachenrecht auf dem Hintergrund der Teilung Deutschlands, IPRax 1984, 61; *ders.*, Die Verwertung von Mobiliarsicherheiten in einigen Ländern der europäischen Union, RabelsZ 60 (1996), 40; *Drobnig/Kronke*, Die Anerkennung ausländischer Mobiliarsicherungsrechte nach deutschem Internationalem Privatrecht, in: Deutsche zivil-, kollisions- und wirtschaftsrechtliche Beiträge zum X. Internationalen Kongreß für Rechtsvergleichung in Budapest, 1978, S. 91; *Duden*, Der Rechtserwerb vom Nichtberechtigten an beweglichen Sachen und Inhaberpapieren im deutschen internationalen Privatrecht, 1934; *Einsele*, Wertpapiere im elektronischen Bankgeschäft, WM 2001, 7; *Eisner*, Eigentumsvorbehalt und Security Interest im Handelsverkehr mit den USA, NJW 1967, 1169; *Favoccia*, Vertragliche Mobiliarsicherheiten im internationalen Insolvenzrecht, 1991; *Flume*, Juristische Person und Enteignung im Internationalen Privatrecht, in: FS F.A. Mann 1977, S. 143; *Frankenstein*, Internationales Privatrecht (Grenzrecht), 2 Bde., 1926, 1929; Frankfurter Kommentar zur Insolvenzordnung, 3. Auflage 2002 (zit.: FK/Bearbeiter); *Geyrhalter*, Das Lösungsrecht des gutgläubigen Erwerbers, 1996; *Gilmore*, Security Interests in Personal Property, 2 Bde., 1965; *Goldt*, Sachenrechtliche Fragen des Grenzüberschreitenden Versendungskaufs aus international-privatrechtlicher Sicht, 2002; *Hartwieg*, Die Klassifikation von Mobiliarsicherheiten im grenzüberschreitenden Handel, RabelsZ 57 (1993), 607; *Hartwieg/Korkisch*, Die geheimen Materialien zur Kodifikation des deutschen Internationalen Privatrechts 1881–1896, 1973; *Heini*, Das neue deutsche IPR für außervertragliche Schuldverhältnisse und für Sachen von 1999 im Vergleich mit dem schweizerischen IPRG, in: Liber Amicorum Kurt Siehr 2000, S. 251; *Henrich*, Vorschläge und Gutachten zur Reform des deutschen Internationalen Sachen- und Immaterialgüterrechts, 1991; *Henrichs*, Das Übereinkommen über internationale Sicherungsrechte an beweglicher Ausrüstung; *Hess/Weis/Wienberg*, Kommentar zur Insolvenzordnung, 2. Auflage 2001; *Heyne*, Kreditsicherheit im Internationalen Privatrecht, 1992; *Hipp*, Schutz von Kulturgütern in Deutschland, 2000; *Hoffmann-Klein*, Die Anerkennung ausländischer, insbesondere US-amerikanischer Sicherungsrechte als Forderungen in Deutschland, 2000; *Hoyer*, Probleme des Bereicherungsstatuts im österreichischen IPR, ZfRV 12 (1971), 1; *Huber*, Anfechtungsgesetz, 9. Auflage 2000; *Hübner*, Internationalprivatrechtliche Anerkennungs- und Substitutionsprobleme bei besitzlosen Mobiliarsicherheiten, ZIP 1980, 825–832; *Jaeger*, Internationaler Kulturgüterschutz, 1993; *Jayme*, Anmerkung zu LG München I, IPRax 1995, 43; *ders.*, Neues Internationales Privatrecht für Timesharing-Verträge, IPRax 1997, 233; *Jayme/Kohler*, Das Internationale Privat- und Verfahrensrecht der EG 1993 – Spannungen zwischen Staatsverträgen und Richtlinien, IPRax 1993, 357; *Junker*, Spaltgesellschaften im deutschen Internationalen Enteignungsrecht, in: *Jayme/Furtak*, Der Weg zur deutschen Rechtseinheit, 1991, S. 191; *ders.*, Die IPR-Reform von 1999: Auswirkungen auf die Unternehmenspraxis, RIW 2000, 241; *Kaufholdt*, Internationales und europäisches Mobiliarsicherungsrecht, 1999; *Kegel*, Der Griff in die Zukunft – BGHZ 45, 95, JuS 1968, 162; *Keller*, Die EG-Richtlinie 98/26 vom 19.5.1998 über die Wirksamkeit von Abrechnungen in Zahlungs- sowie Wertpapierliefer- und -abrechnungssystemen und ihre Umsetzung in Deutschland, WM 2000, 1269; *Kienle/Weller*, Die Vindikation gestohlener Kulturgüter im IPR, IPRax 2004, 290; *Kindler*, Der Eigentumsvorbehalt mit „sicherem Datum" – ein typischer deutsch-italienischer Konflikt, in: *Jayme*, Kulturelle Identität und Internationales Privatrecht, 2003, S. 81; *Karrer*, Der Fahrniserwerb kraft guten Glaubens, 1968; *Kipp*, Über Doppelwirkungen im Recht, insbesondere über die Konkurrenz von Nichtigkeit und Anfechtbarkeit, in: FS v. Martitz 1911, S. 211–233; *Knott*, Der Anspruch auf Herausgabe gestohlenen und illegal exportierten Kulturguts, 1990; *Kreuzer*, Gutachtliche Stellungnahme zum Referentenentwurf eines Gesetzes zur Änderung des Internationalen Privatrechts, in: Henrich, Vorschläge und Gutachten zur Reform des deutschen Internationalen Sachen- und Immaterialgüterrechts, 1991, S. 37; *ders.*, Habent sua fata horologia – Zur Vorfrage der Anerkennung fremder staatlicher Steuervollstreckungsakte, IPRax 1990, 365; *Kronke/Berger*, Wertpapierstatut, Schadensersatzpflichten der Inkassobank, Schuldnerschutz in der Saison – Schweizer Orderschecks auf Abwegen, IPRax 1991, 316; *Kubis*, Internationale Gläubigeranfechtung – vor und nach Inkrafttreten der Insolvenzrechtsreform, IPRax 2000, 501; *Kuhn*, Neufassung des Kollisionsrechts für Mobiliarsicherungsgeschäfte in den Vereinigten Staaten von Amerika, IPRax 2000, 332; *Kunze*, Restitution „Entarterter Kunst" – Sachenrecht und Internationales Privatrecht, 2000; *Lalive*, The Transfer of Chattels in the Conflict of Laws, 1955; *Landfermann*, Gesetzliche Sicherungen des vorleistenden Verkäufers, 1987; *Lauterbach*, Vorschläge und Gutachten zur Reform des deutschen internationalen Personen- und Sachenrechts, 1972; *Lewald*, Das deutsche internationale Privatrecht auf Grundlage der Rechtsprechung, 1931; *Looschelders*, Die Anpassung im internationalen Privatrecht, 1995; *W. Lorenz*, Der Bereicherungsausgleich im deutschen internationalen Privatrecht und in rechtsvergleichender Sicht, in: FS Zweigert 1981, 199; *S. Lorenz*, Zur Abgrenzung von Wertpapierrechtsstatut und Wertpapiersachstatut im internationalen Wertpapierrecht, NJW 1995, 176; *Loussouarn/Bourel*, Droit international privé, 6. Auflage 1999; *Lüderitz*, Die Beurteilung beweglicher Sachen im Internationalen Privatrecht, in: Vorschläge und Gutachten zur Reform des deutschen internationalen Personen- und Sachenrechts, vorgelegt im Auftrag der 2. Kommission des Deutschen Rates für Internationales Privatrecht von *Lauterbach*, 1972, S. 185; *Lüer*, Überlegungen zu einem künftigen deutschen Internationalen Insolvenzrecht, KTS 1990, 377; *Magnus*, Zurückbehaltungsrechte und internationales Privatrecht, RabelsZ 38 (1974), 440; *F.A. Mann*, Nochmals zu völkerrechtswidrigen Enteignungen vor deutschen Gerichten, in: FS

Duden 1977, S. 287; *Mansel*, DeWeerth v. Baldinger – Kollisionsrechtliches zum Erwerb gestohlener Kunstwerke, IPRax 1988, 268; *Markianos*, Die res in transitu im deutschen internationalen Privatrecht, RabelsZ 23 (1958), 21; *Morris*, The Transfer of Chattels in the Conflict of Laws, (1945) 22 B.Y.B.I.L. 232; *Müller-Katzenburg*, Internationale Standards im Kulturgüterverkehr und ihre Bedeutung für das Sach- und Kollisionsrecht, 1996; *dies.*, Besitz- und Eigentumssituation bei gestohlenen und sonst abhanden gekommenen Kunstwerken, NJW 1999, 2551; *Münchener Kommentar* zur Insolvenzordnung, Bd. 3, 2003; *Nerlich/Römermann*, Insolvenzordnung, 2004; *Nott*, Title to Illegally Exported Items of Historic or Artistic Worth, (1984) 33 I.C.L.Q. 203; *Nussbaum*, Deutsches Internationales Privatrecht, 1932 (Neudruck 1974); *Örücü*, Law as Transposition, (2002) 51 I.C.L.Q. 205; *Pfeiffer*, Der Stand des Internationalen Sachenrechts nach seiner Kurtifikation, IPRax 2000, 270; *von Plehwe*, Besitzlose Warenkreditsicherheiten im internationalen Privatrecht, Diss. Bonn, 1987; *ders.*, European Union and the Free Movement of Cultural Goods, (1995) 20 E.L.Rev. 431; *ders.*, Verjährung des dinglichen Herausgabeanspruchs und Ersitzung in Fällen abhanden gekommener Kulturgüter, KUR 2001, 49; *Privat*, Der Einfluß der Rechtswahl auf die rechtsgeschäftliche Mobiliarübereignung im internationalen Privatrecht, 1964; *Raape*, Internationales Privatrecht, 5. Auflage 1961; *Rabel*, The Conflict of Laws, Bd. IV, 1958; *Rakob*, Ausländische Mobiliarsicherungsrechte im Inland, 2001; *Rauscher*, Sicherungsübereignung im deutsch-österreichischen Rechtsverkehr, RIW 1985, 265; *Regel*, Schiffsgläubigerrechte im deutschen, englischen und kanadischen internationalen Privatrecht, Diss. Bonn, 1983; *Reichelt*, Die Unidroit-Konvention 1995 über gestohlene oder unerlaubt ausgeführte Kulturgüter – Grundzüge und Zielsetzungen, in: Reichelt, Neues Recht zum Schutz von Kulturgut, 1997; *Ritterhoff*, Parteiautonomie im internationalen Sachenrecht, 1999; *Rott*, Vereinheitlichung des Rechts der Mobiliarsicherheiten, 2000; *Sailer*, Gefahrübergang, Eigentumsübergang, Verfolgungs- und Zurückbehaltungsrecht beim Kauf beweglicher Sachen im internationalen Privatrecht, 1966; *Savigny*, System des heutigen römischen Rechts, Bd. VIII, 1849; *Schefold*, Grenzüberschreitende Wertpapierübertragungen und Internationales Privatrecht, 1985; *ders.*, Some European Decisions on Non-Possessory Security Rights in Private International Law, (1985) 34 I.C.L.Q. 87; *Schlechtriem*, Bereicherungsansprüche im internationalen Privatrecht, in: v. Caemmerer, Vorschläge und Gutachten zur Reform des deutschen internationalen Privatrechts, 1983, S. 29; *Schmeinck*, International-privatrechtliche Aspekte des Kulturgüterschutzes, 1994; *Schnitzler*, Handbuch des internationalen Privatrechts, 2 Bde., 4. Auflage 1958; *von Schorlemer*, Internationaler Kulturgüterschutz, 1992; *Schröder*, Die Anpassung von Kollisions- und Sachnormen, 1961; *ders.*, Zur Anziehungskraft der Grundstücksbelegenheit im internationalen Privat- und Verfahrensrecht, IPRax 1985, 145; *Schurig*, Statutenwechsel und die neuen Normen des deutschen internationalen Sachenrechts, in: FS Stoll 2001, S. 577; *Seif*, Der Bestandsschutz besitzloser Mobiliarsicherheiten in deutschem und englischem Recht, 1997; *ders.*, Der Eigentumsvorbehalt an beweglichen Sachen im internationalen Privatrecht, insbesondere im deutsch-italienischen Rechtsverkehr, AWD 1971, 10; *ders.*, Heilung durch Statutenwechsel, in: GS Albert A. Ehrenzweig 1976 (hrsg. von E. Jayme, G. Kegel), S. 129; *ders.*, Kunstraub und das internationale Recht, SJZ 77 (1981), 189 ff., 207 ff.; *ders.*, Der gutgläubige Erwerb beweglicher Sachen, ZVglRWiss. 80 (1981), 273–292; *ders.*, Eigentumsvorbehalt im deutsch-schweizerischen Rechtsverkehr, Anmerkung zu BGE 106 II 197 = IPRax 1982, 199, in: IPRax 1982, 207; *ders.*, Das Lösungsrecht des gutgläubigen Käufers im Internationalen Privatrecht, ZVglRWiss. 83 (1984), 100; *ders.*, Nationaler und internationaler Kulturgüterschutz, in: FS Werner Lorenz 1991, S. 525; *ders.*, Die EG-Richtlinie von 1993 über die Rückgabe von Kulturgütern und der Kunsthandel, in: Reichelt, Neues Recht zum Schutz von Kulturgut, 1997, S. 29; *ders.*, Internationales Privatrecht, 2001; *ders.*, Kulturgüter als res extra commercium im internationalen Rechtsverkehr, in: FS Trinkner 1995, S. 703; *Sonnenberger*, „Lex rei sitae" und internationales Transportwesen, AWD 1971, 253–257; *ders.*, La loi allemande du 21 mai 1999 sur le droit international privé des obligations non contractuelles et des biens, Rev.crit.d.i.p. 88 (1999), 647; *Sonnentag*, Der renvoi im Internationalen Privatrecht, 2001; *Sovilla*, Eigentumsübergang an beweglichen körperlichen Gegenständen bei internationalen Käufen, 1954; *Spellenberg*, Atypischer Grundstückskaufvertrag, Teilrechtswahl und nicht ausgeübte Vollmacht, IPRax 1990, 295; *Stadler*, Gestaltungsfreiheit und Verkehrsschutz durch Abstraktion, 1996; *Stoll*, Rechtskollisionen beim Gebietswechsel beweglicher Sachen, RabelsZ 38 (1974), 450–467; *ders.*, Sachenrechtliche Fragen des Kulturgüterschutzes in Fällen mit Auslandsberührung, in: Dolzer/Jayme/Mußgnug, Rechtsfragen des Internationalen Kulturgüterschutzes 1990, S. 53; *ders.*, Vorschläge und Gutachten zur Umsetzung des EU-Übereinkommens über Insolvenzverfahren im deutschen Recht, 1997; *ders.*, Dinglicher Gerichtsstand, Vertragsstatut und Realstatut bei Vereinbarungen zum Miteigentümerverhältnis, IPRax 1999, 29; *ders.*, Forderungsenteignung auf besatzungsvorheitlicher Grundlage und Territorialitätsprinzip, IPRax 2003, 433; *Story*, Commentaries on the Conflict of Laws, Foreign and Domestic, 1. Auflage 1834; *Symeonides*, On the Side of the Angels: Choice of Law and Stolen Cultural Property, in: Liber Amicorum Kurt Siehr 2000, S. 747; *Thoms*, Einzelstatut bricht Gesamtstatut, 1996; *Thorn*, Entwicklungen des Internationalen Privatrechts 2000 bis 2001, IPRax 2002, 349; *Uhl*, Der Handel mit Kunstwerken im europäischen Binnenmarkt, 1993; *Uhlenbruck*, Insolvenzordnung, 12. Auflage 2003; *van Venrooy*, Internationales Privatrecht: Der gestohlene PKW, JuS 1980, 363; *Virgos/Schmit*, Erläuternder Bericht zu dem EU-Übereinkommen über Insolvenzverfahren, in: Stoll, Vorschläge und Gutachten, 1997, S. 32; *Vrellis*, UNIDROIT-Konvention 1995 über gestohlene oder unerlaubt ausgeführte Kulturgüter – Bedeutung der lex originis, in: Reichelt, Neues Recht zum Schutz von Kulturgut, 1997, S. 69; *Weber*, Parteiautonomie im internationalen Sachenrecht?, RabelsZ 44 (1980), 510; *Weidner*, Kulturgüter als res extra commercium im internationalen Sachenrecht, 2001; *Wenckstern*, Die englische Floating Charge im deutschen Internationalen Privatrecht, RabelsZ 56 (1992), 624; *Wendt*, Dingliche Rechte an Luftfahrzeugen, MDR 1963, 448; *Wiedemann*, Entwicklung und Ergebnisse der Rechtsprechung zu den Spaltgesellschaften, in: FS Beitzke 1979, S. 811; *Wilburg*, Die Lehre von der ungerechtfertigten Bereicherung nach österreichischem und deutschem Recht, 1934; *von Wilmowsky*, Kreditsicherheiten im Binnenmarkt, 1997; *ders.*, Europäisches Kreditsicherungsrecht, 1996; *ders.*, Sicherungsrechte im Europäischen Insolvenzübereinkommen, EWS 1997, 295; *C.S. Wolf*, Der Begriff der wesentlich engeren Verbindung im internationalen Sachenrecht, 2002; *M. Wolf*, Privates Bankvertragsrecht im EG-Binnenmarkt, WM 1990, 1941; *Wolff*, Private International Law, Oxford, 2. Auflage 1950 (Neudruck 1977); *ders.*, Das internationale Privatrecht Deutschlands, 3. Auflage 1954; *Wyss*, Rückgabeansprüche für illegal ausgeführte Kulturgüter, in: Fechner/Oppermann/Prott, Prinzipien des Kulturgüterschutzes, 1996, S. 201; *Zaphiriou*, The Transfer of Chattels in Private International Law, 1956; *Zitelmann*, Internationales Privatrecht, Bd. 2: Angewandtes Internationales Privatrecht, 1898; *Zürcher Kommentar* zum IPRG, 2. Auflage 2004.

A. Allgemeines 1	2. Veränderung des Lageorts: Statuten-
I. Rechtsquellen 3	wechsel (Abs. 2) 26
1. Völkerrechtliche Verträge 3	a) Grundsatz 26
2. Europarecht 5	b) Vollendete Tatbestände und schlichter
3. EGBGB 7	Statutenwechsel 27
II. Normzweck 10	c) Gestreckte Tatbestände (Abs. 3) 38
B. Regelungsgehalt 14	d) Besitzlose Mobiliarsicherheiten und
I. Anknüpfung an das Belegenheitsrecht	Statutenwechsel 43
(Abs. 1) 14	II. Sondertatbestände 46
1. Sachlicher Geltungsbereich der lex rei	1. Res in transitu 46
sitae. 15	2. Transportmittel 50
a) Grundsatz 15	3. Insolvenzrechtliche Fragen 51
b) Anfechtung 21	**C. Exkurs: Enteignung** 56
c) Immobilien 22	I. Territorialitätsprinzip 57
d) Wertpapiere 25	II. Ordre public 62

A. Allgemeines

Das deutsche Internationale Sachenrecht bestimmt das auf sachenrechtliche Fragen anwendbare Recht. Es gelangt auch zur Anwendung, wenn sachenrechtliche **Vorfragen** gesondert angeknüpft werden. Wenngleich das Internationale Sachenrecht nicht stets übereinstimmend kodifiziert wird, beruhen die Grundstrukturen der Internationalen Sachenrechte auf seit Jahrhunderten gewachsener Rechtsüberzeugung. Die **Grundregel** des deutschen Internationalen Sachenrechts, dass Entstehung, Änderung, Übergang und Untergang von Rechten an einer Sache dem Recht des Staates unterliegen, in dem sich die Sache im Zeitpunkt des Aktes, aus dem die Rechtsfolge abgeleitet wird, befindet,[1] beansprucht gewohnheitsrechtliche Geltung.[2] Das Prinzip gilt nahezu universell[3] und wird selten als problematisch empfunden. Es zählte in der Vergangenheit geradezu „naturgemäß"[4] nicht zu den Brennpunkten kollisionsrechtlicher Reformbestrebungen, nachdem sich der Grundsatz der Anknüpfung an den Lageort einmal durchgesetzt und im Falle von Mobilien die Anknüpfung an den Lageort die personale Anknüpfung nach den Grundsätzen *„mobilia personam sequuntur"* oder *„mobilia ossibus inhaerent"* verdrängt hatte.[5] Reminiszenzen an den alten Satz: *„personal property has no locality",*[6] finden sich in der Beurteilung bestimmter Sachkategorien, deren bestimmungsgemäße Beweglichkeit zu differenzierter kollisionsrechtlicher Beurteilung und zur Suche eines fiktiven „Ruhepunkts" – jetzt etwa unter Anwendung des Art. 46 – Anlass geben kann. Für Grundstücke besteht seit den spätmittelalterlichen Schriften der Kommentatoren kein Streit über die Anknüpfung an den Lageort, mögen auch Fragen der Gesamtrechtsnachfolge im Laufe der Zeit kollisionsrechtlich unterschiedlich beurteilt worden sein.

Prinzipien erfordern **Konkretisierung**. Aus der Beschaffenheit der Sachen (unbeweglich/beweglich), ihrer Zweckbestimmung und Ortsverlagerung, sei es zum dauernden Gebrauch (Transportmittel), sei es vorübergehend (*res in transitu*), aus der Art der Disposition über das Gut (schlichte Verschaffung über die Grenze; Versandgeschäft) und aus den Zufälligkeiten der tatsächlichen Entwicklung und der Rahmenbedingungen am jeweiligen Lageort (Abhandenkommen und erneute Verfügung; Vollstreckungszugriff Dritter; Insolvenz des Besitzers) ergeben sich hier nur beispielhaft erwähnte Fragestellungen, die es zu regeln gilt. Einzelne Rechte an Sachen unterliegen in Entstehung und Fortbestand besonderen Publizitätsbestimmungen, die Geltendmachung von Rechten gegenüber Dritten mag von der Erfüllung besonderer beweisrechtlicher Anforderungen abhängen, bestimmte Sachen können dem Rechtsverkehr an ihrem Lageort, nicht aber anderswo überhaupt entzogen sein (*res extra commercium*), und der Kaufmann muss sich darauf einrichten, dass sich von ihm angestrebte Sicherheiten an dem versandten Gut am Bestimmungsort gegenüber Dritten und in der Insolvenz des Empfängers bewähren. Die Antworten sind im deutschen *forum* zunächst dem deutschen Internationalen Sachenrecht zu entnehmen. Völkerrechtliche Verträge, europäisches Gemeinschaftsrecht und nunmehr insbesondere Artt. 43–46 sind heranzuziehen. Zur Auslegung des nationalen Rechts ist auf die bisherige Praxis zur Anwendung des Belegenheitsrechts zurückzugreifen.

---

1 Vgl. Art. 43 Abs. 1 S. 1 RefE v. 15.5.1984.
2 BGHZ 39, 173, 174; 100, 321, 324; BGH WM 1967, 1198; 1980, 410, 411; OLG Hamburg RabelsZ 32 (1968), 65, 66; MüKo/*Kreuzer*, nach Art. 38 EGBGB Anh. I Rn 13; *Kegel/Schurig*, § 19 I (S. 765).
3 Vgl. auch *Dicey/Morris*, Bd. 2, Rules 111 ff., 116–117 (S. 917–977); *Lalive*, S. 44 ff.; *Morris*, (1945) 22 B.Y.B.I.L. 232, 233 ff.; *Loussouarn/Bourel*, Rn 411 ff.; *Stadler*, S. 654 ff.
4 *Sturm*, RabelsZ 47 (1983), 386, 388.
5 Zur Rechtsentwicklung *Schmeinck*, S. 115 ff.; *v. Plehwe*, Besitzlose Warenkreditsicherheiten, S. 5–9; vgl. neuerdings MüKo/*Wendehorst*, Erg.-Bd., Art. 43 EGBGB Rn 28–33.
6 *Sill v. Worswick* (1871) 1 H. Bl. 665, 690, 126 E.R. 379, 392.

I. Rechtsquellen

3 **1. Völkerrechtliche Verträge.** Sie betreffen das Internationale Sachenrecht aus Sicht Deutschlands nur in Einzelfragen. So gilt das Genfer Abkommen über die internationale Anerkennung von Rechten an **Luftfahrzeugen** vom 19.6.1948 für Deutschland seit dem 5.10.1959.[7] Nach dem Abkommen gilt statt der *lex rei sitae* das Recht am Ort des Registers, in dem das Luftfahrzeug geführt wird. Die Anerkennung des Eigentums, besitzloser Pfandrechte, Hypotheken und anderer dinglicher Rechte wird unter der Voraussetzung wirksamer Entstehung nach dem Recht am Ort der Eintragung im Zeitpunkt der Begründung der Rechte und unter der Voraussetzung der Eintragung gewährleistet.[8] Das von Deutschland am 11.7.1994 gezeichnete Genfer Abkommen über **Schiffsgläubigerrechte** und **Schiffshypotheken** vom 6.5.1993 ist noch nicht in Kraft.[9] Für Deutschland nicht in Kraft sind weiter das Haager Übereinkommen über das auf den **Trust** anwendbare Recht und die Anerkennung von Trusts vom 1.7.1985, das Abkommen vom 15.4.1958 über das auf den **Eigentumserwerb** bei internationalen Käufen beweglicher Sachen anwendbare Recht, das Übereinkommen vom 9.12.1930 über die Registrierung von **Binnenschiffen**, dingliche Rechte an diesen Schiffen und anderen zusammenhängende Fragen, das Übereinkommen vom 25.1.1965 über die Eintragung von Binnenschiffen, das Übereinkommen vom 28.5.1967 über **Vorzugsrechte** und **Schiffshypotheken** sowie das Übereinkommen vom 28.5.1988 über internationales Finanzierungsleasing.[10] Die Kaufrechtsübereinkommen, insbesondere auch das für Deutschland am 1.1.1991 in Kraft getretene und für Deutschland das Einheitliche Gesetz über den internationalen Kauf beweglicher Sachen ablösende, Wiener UN-Übereinkommen über Verträge über den internationalen Warenkauf (CISG), regeln die gleichen Wirkungen und Fragen des hierauf anwendbaren Rechts nicht.[11]

4 Wesentliche praktische Bedeutung wird möglicherweise die am 16.11.2001 in Kapstadt beschlossene, aber für die Bundesrepublik Deutschland noch nicht in Kraft getretene **Konvention über internationale Sicherungsrechte an beweglicher Ausrüstung** nebst drei Protokollen betreffend Flugzeuge, Flugzeugtriebwerke und Hubschrauber[12] erlangen. Das am 5.6.1990 in Istanbul von sechs Staaten, darunter der Bundesrepublik Deutschland, gezeichnete Übereinkommen über gewisse internationale Aspekte des **Konkurses** ist noch nicht in Kraft getreten.[13] Das den Kulturgüterschutz betreffende **UNIDROIT-Übereinkommen über gestohlene oder rechtswidrig ausgeführte Kulturgüter** vom 24.6.1995[14] ist von der Bundesrepublik Deutschland nicht ratifiziert worden; ein Eintritt in die völkerrechtliche Verpflichtung der DDR, die am 3.10.1990 Vertragsstaat war, ist nicht erfolgt.[15]

5 **2. Europarecht.** Europarechtlich sind sachenrechtliche Teilfragen auf den Gebieten des Insolvenzrechts und des Kulturgüterschutzes geregelt worden. Bei **Insolvenzverfahren** mit grenzüberschreitender Wirkung ist die am 31.5.2002 in Kraft getretene Verordnung (EG) Nr. 1346/2000 des Rates über Insolvenzverfahren (InsVO) vom 29.5.2000[16] zu beachten; im Übrigen gelten die kollisionsrechtlichen Bestimmungen zum deutschen Internationalen Insolvenzrecht (Artt. 102 ff. EGInsO). Das Europäische Übereinkommen über Insolvenzverfahren vom 23.11.1995[17] ist nicht in Kraft getreten, sondern durch die Verordnung vom 29.5.2000 ersetzt worden.[18] Dem **Kulturgüterschutz** dient die Richtlinie 93/7/EWG des Rates für die Rückgabe von unrechtmäßig aus dem Hoheitsgebiet eines Mitgliedstaates verbrachten Kulturgütern vom 15.3.1993, die in Art. 12 eine die sachrechtliche Rückgaberegelung ergänzende einheitliche Kollisionsnorm dahin vorsieht, dass sich die Frage des Eigentums an dem Kulturgut nach erfolgter Rückkehr nach dem Recht des ersuchenden Mitgliedstaates beurteilt.[19] Dadurch soll einer sukzessiven Anwendung der *leges rei sitae* entgegengewirkt und die sachenrechtliche „Wäsche" von Kulturgütern bei Anwendung des international-sachenrechtlichen Grundprinzips[20] verhindert werden. Die Richtlinie 93/7/EWG ist durch das

---

7 BGBl II 1959 S. 129; BGBl II 1960 S. 1506; vgl. *Kegel/Schurig*, § 4 III (S. 243 f.) und § 19 VII 2a (S. 780).
8 Vgl. BGH IPRax 1993, 178, 179 f.; *Kreuzer*, IPRax 1993, 157, 160 ff.; *Kegel/Schurig*, § 19 VII 2a (S. 780 f.).
9 *Kegel/Schurig*, § 1 IX (S. 98) und § 19 VII 2b (S. 781 f.).
10 MüKo/*Kreuzer*, nach Art. 38 EGBGB Anh. I Rn 7.
11 Art. 4 S. 2 lit. b CISG; Art. 8 S. 2 EKG.
12 In deutscher Übersetzung abgedruckt in IPRax 2003, 276–288, 289–297; dazu *Kronke*, in: Liber Amicorum Kegel 2002, S. 33, 34 ff.; *Henrichs*, IPRax 2003, 210 ff.; *Davies*, (2003) 52 I.C.L.Q. 151 ff.
13 Staudinger/*Stoll*, Int. SachR, Rn 117.
14 Dazu MüKo/*Kreuzer*, nach Art. 38 EGBGB Anh. I Rn 177–179.
15 MüKo/*Kreuzer*, nach Art. 38 EGBGB Anh. I Rn 167, Fn 765.
16 Abgedruckt und kommentiert in Uhlenbruck/*Lüer*, S. 3150 ff.; MüKo-InsO/*Reinhart*, Art. 102 EGInsO, Anh. I, S. 855 ff.
17 ZIP 1996, 976–983 = *Stoll*, Vorschläge und Gutachten, S. 3 ff.
18 *Kegel/Schurig*, § 4 III (S. 257 f.).
19 MüKo/*Kreuzer*, nach Art. 38 EGBGB Anh. I Rn 195; Staudinger/*Stoll*, Int. SachR, Rn 115; *Jayme/Kohler*, IPRax 1993, 357, 359 f.; *v. Plehwe*, (1995) 20 E.L.Rev. 431, 447 f.
20 Zu dessen Wirkweise etwa *Winkworth v. Christie, Manson and Woods Ltd.* [1980] 1 All E.R. 1121 (Ch.), und hierzu *v. Plehwe*, (1995) 20 E.L.Rev. 431, 440 f. m.w.N.

Kulturgüterrückgabegesetz (KultGüRückG) vom 15.5.1998[21] mit Wirkung vom 22.10.1998 in das deutsche Recht umgesetzt worden. Es wurde als Art. 1 des Kulturgutsicherungsgesetzes vom 15.10.1998 beschlossen. Die besondere Kollisionsnorm des Art. 12 der Richtlinie wird durch § 4 Abs. 1 und § 8 KultGüRückG umgesetzt.[22]

Umstritten ist, ob und in welchem Maße das gewohnheitsrechtlich fundierte einzelstaatliche Internationale Sachenrecht mit seinen Regeln über den Statutenwechsel und die Wirkung nach anderen Rechtsordnungen begründeter dinglicher Rechte **mit den gemeinschaftsrechtlichen Grundfreiheiten in Einklang** steht. Es wird die Ansicht vertreten, dass die materiell-sachenrechtliche Disharmonie in den Mitgliedstaaten, das kollisionsrechtliche Prinzip der *lex rei sitae* sowie die Wandelbarkeit des Sachstatuts mit der Folge eines Statutenwechsels bei Verbringung der Sache über die Grenze eine Behinderung der Warenverkehrsfreiheit bedeute[23] und dass die Grundfreiheiten des EG-Vertrags auf der Ebene des Sachrechts oder des Kollisionsrechts zu verwirklichen seien. Die Freiheit des Warenverkehrs wird für die Zulassung einer Rechtswahl im Internationalen Sachenrecht herangezogen.[24] Ungeachtet der aus dem Internationalen Sachenrecht entwickelten Bedenken gegen die Zulassung kollisionsrechtlicher Parteiautonomie bestehen gemeinschaftsrechtliche Zweifel an der Berechtigung des Ansatzes. **Art. 295 EG** (vormals Art. 222 EGV) lässt die Eigentumsordnung in den verschiedenen Mitgliedstaaten unberührt. Rechtsvereinheitlichung wird auf den in **Art. 293 EG** (Art. 220 EGV) genannten Gebieten angestrebt. Der Europäische Gerichtshof stellt auf die *lex rei sitae* ab.[25] Gegen die Anwendung der noch nicht harmonisierten nationalen Kollisionsrechte ist bei grundsätzlicher Äquivalenz der verschiedenen Lösungsansätze nichts einzuwenden. Solange sich eine kollisionsrechtliche Rechtsvereinheitlichung nicht abzeichnet, lassen sich – kollisionsrechtliche oder sachrechtliche – Bedenken gegen die Anwendung der nationalen Kollisionsnormen nicht erheben.[26] Parteiautonomie ist dann, wenn die Wirkungen *erga omnes* und nicht nur unter den Vertragsbeteiligten eintreten sollen, mit dem sachenrechtlichen Interesse des Verkehrsschutzes nicht zu vereinbaren. Allgemein lässt sich nicht feststellen, dass der Grundsatz der Warenverkehrsfreiheit ein Überwiegen des Interesses des (Weiter-)Verkäufers als Sicherungsnehmer oder andererseits des den Warenumschlag finanzierenden Finanz- oder Warenkreditgebers ergäbe. Beide können sich auf die Grundfreiheiten zur Begründung ihrer konträren Interessen berufen. Den Ausgleich bieten nur die differenzierten einzelstaatlichen Kollisionsnormen in ihrer sukzessiven Anwendung auf den Einzelfall.

3. EGBGB. Das deutsche Internationale Sachenrecht hat nach langjährigen Vorarbeiten seine Regelung nun im Gesetz zum Internationalen Privatrecht für außervertragliche Schuldverhältnisse und für Sachen vom 21.5.1999[27] mit Wirkung zum 1.6.1999 gefunden. Artt. 43–46 beruhen auf der früheren Rechtspraxis und auf der wissenschaftlichen Bearbeitung des Internationalen Sachenrechts; sie sind auf dieser Grundlage auszulegen.[28]

Die **Wurzeln** der schließlich im Jahr 1999 in kraft gesetzten Kodifikation reichen weit zurück. Erste gesetzliche Regelungen finden sich in § 17 S. 2 des Codex maximilianeus bavaricus civilis von 1756, dem Bayerischen Landrecht, sowie in § 10 des BGB für das Königreich Sachsen von 1863 und in § 5 Abs. 2 des Entwurfs eines gesamtdeutschen BGB von *Mommsen* von 1878. Das Preußische Allgemeine Landrecht von 1794 knüpft dagegen noch personal an.[29] Eine differenzierte Regelung findet sich in § 10 des von *Gebhard* im Auftrag der Ersten Kommission zur Ausarbeitung des Entwurfs eines Bürgerlichen Gesetzbuches für das Deutsche Reich 1887 verfassten (zweiten) Entwurfs, dem im weiteren Verlauf des Gesetzgebungsverfahrens allerdings kein Erfolg beschieden war. Das Internationale Sachenrecht fand im EGBGB zunächst keinen Platz.[30]

Im 20. Jahrhundert hat der **Deutsche Rat für Internationales Privatrecht** 1970/1972 und 1981/1984 Vorschläge für eine Reform des deutschen Internationalen Sachen- und Immaterialgüterrechts vorgelegt.[31] Am 15.5.1984 lag ein Referentenentwurf zur Ergänzung des Internationalen Privatrechts (außervertragliche Schuldverhältnisse und Sachen) vor.[32] Mit dem Referentenentwurf befasste sich sodann *Kreuzer* in einer gutachtlichen Stellungnahme, die in Empfehlungen in der Form eines Abänderungsvorschlags für den

---

21 BGBl I 1998 S. 3162; IPRax 2000, 314.
22 Dazu *Fuchs*, IPRax 2000, 281, 285; *Looschelders*, IPR, Art. 43 Rn 6; MüKo/*Wendehorst*, Erg.-Bd., Art. 43 EGBGB Rn 10.
23 *Wolf*, WM 1990, 1947 f.; *Basedow*, RabelsZ 59 (1995), 1, 43 f.; *v. Wilmowsky*, Europäisches Kreditsicherungsrecht, S. 77 ff., 94 ff.
24 *v. Wilmowsky*, Europäisches Kreditsicherungsrecht, S. 150–152.
25 EuGH, Urt. v. 13.7.1962, Rs. 17 und 20/61, Slg. 1962, 655, 691; *Schilling*, S. 23.
26 Vgl. auch *Kreuzer*, RabelsZ 65 (2001), 383, 462; MüKo/*Sonnenberger*, Einl. IPR Rn 160 f.
27 BGBl I 1999 S. 1026.
28 Vgl. Begründung des Gesetzesentwurfs, BT-Drucks 14/343, S. 5–19.
29 Einl. § 28 ALR.
30 Zum Ganzen *Hartwieg/Korkisch*, passim; *v. Plehwe*, Besitzlose Warenkreditsicherheiten, S. 65–75.
31 *Henrich*, Vorschläge und Gutachten, S. 170 f.
32 Abgedruckt bei *Henrich*, Vorschläge und Gutachten, S. 171 f.

Referentenentwurf 1984 und eines Gesetzesvorschlags für die Regelung des Internationalen Sachenrechts mündete.[33] Darauf folgte der Referentenentwurf von 1993,[34] auf dem das Gesetz nunmehr beruht.

II. Normzweck

10 Mit Artt. 43–46 hat der Gesetzgeber eine gewollt knappe und lückenhafte **Kodifikation** des Internationalen Sachenrechts geschaffen. Es handelt sich im Wesentlichen um die gesetzliche Bestätigung eines bestehenden, **gewohnheitsrechtlich** legitimierten außergesetzlichen Rechtszustandes, um eine *„codification à droit constant"*.[35] Die Regelungen dienen der Klarstellung und Bekräftigung einer in weiten Teilen bereits einmütigen Auffassung, teilweise allerdings auch der Fortschreibung einer Linie, die durch die Rechtsprechung zuvor nur vorgezeichnet werden konnte.[36] Als Neuerung ist Art. 46 zu nennen, der – ähnlich Art. 28 Abs. 5 – eine Ausweich- oder Berichtigungsklausel für das Internationale Sachenrecht einführt.

11 **Art. 43** enthält **Grundregeln** des deutschen Internationalen Sachenrechts, die allerdings weiterer Konkretisierung durch Rechtsprechung und Lehre bedürfen. **Abs. 1** statuiert den Grundsatz der Anknüpfung an die *lex rei sitae*. Es entspricht dem Verkehrsinteresse und den Interessen am inneren und äußeren Entscheidungseinklang, Tatbestände, die sachenrechtliche Folgen erzeugen sollen, nach dem Recht der Belegenheit zu beurteilen. **Abs. 2** trägt dem Grundsatz Rechnung, dass Sachenrechte **Wirkungen** nur gemäß dem jeweiligen Belegenheitsrecht entfalten können. Als einseitige Kollisionsnorm sieht **Abs. 3** eine **Anrechnung** an anderen Belegenheitsorten verwirklichter Tatbestandselemente nach Gelangen der Sache in das Inland und nachfolgender Tatbestandsvollendung vor. Der nun kollisionsrechtlich ausgestaltete „Griff in die Zukunft"[37] betrifft **gestreckte Tatbestände**, insbesondere grenzüberschreitende Verkehrsgeschäfte, aber auch den originären Rechtserwerb etwa durch Ersitzung.

12 **Transportmittel** unterfallen, soweit sie nicht in Art. 45 eine besondere Regelung erfahren haben, im Grundsatz den Regelungen des Art. 43. Ob Art. 46 eine Sonderanknüpfung gebietet, ist eine weiterhin offene Frage, die von der Rechtsprechung zu lösen sein wird. Art. 43 muss in Verbindung mit der Ausweichklausel des Art. 46 gelesen werden. Artt. 43, 45 und 46 fügen sich in die jüngere europäische kollisionsrechtliche Gesetzgebung ein, die durchweg Anknüpfungsnormen für das Sachenrecht enthält.[38] Eine umfassende Kodifikation hat der deutsche Gesetzgeber aber nicht beabsichtigt; das deutsche Internationale Sachenrecht hat im Gesetz nur eine partielle Regelung gefunden. So wurde bewusst davon abgesehen, Regelungen für Sachen auf dem Transport (*res in transitu*) oder auf staatsfreiem Gebiet sowie hinsichtlich der für den persönlichen Gebrauch bestimmten Sachen, ferner für gesetzliche Mobiliarsicherheiten (mit Ausnahme der Sicherungsrechte an besonders geregelten Transportmitteln, Art. 45 Abs. 2 S. 1), Rechte an Rechten, Fragen der Ersitzung, Wertpapiere, Immaterialgüterrechte oder dingliche Wirkungen vom Hoheitsakten zu regeln.[39] Die Verfasser des Entwurfs sind davon ausgegangen, dass die Ausweichklausel des Art. 46 die erforderliche Flexibilität gewährleistet.[40]

13 Sachenrechtliche Verweisungen sind i.d.R. (Ausnahme: Art. 45 Abs. 2 S. 1) **Gesamtverweisungen**. Verweisen die Kollisionsnormen des berufenen Rechts zurück oder weiter, so wird der *renvoi* befolgt. Es gilt Art. 4.[41]

B. Regelungsgehalt

I. Anknüpfung an das Belegenheitsrecht (Abs. 1)

14 Abs. 1 statuiert den Grundsatz der *lex rei sitae*. Entstehung, Änderung und Übergang von Rechten an einer Sache unterliegen dem Recht des Staates, in dem sich die Sache im Zeitpunkt des Aktes, aus dem die Rechtsfolge abgeleitet wird, befindet.[42] Der Sache nach entspricht die deutsche Regelung insbesondere auch den IPR-Gesetzen Österreichs[43] und der Schweiz.[44] Die Lage der Sache im Zeitpunkt der Vollendung des

---

33 *Kreuzer*, in: Henrich, Vorschläge und Gutachten, S. 167–170.
34 Abgedruckt in IPRax 1995, 132 f.
35 *Kreuzer*, RabelsZ 65 (2001), 383, 435, 457.
36 Vgl. einerseits Art. 43 Abs. 3, andererseits die kollisionsrechtlich motivierte, aber im Kern materiellrechtlich „in die Zukunft greifende" Strickmaschinen-Entscheidung BGHZ 45, 95; dazu *Kegel*, JuS 1968, 162.
37 *Kegel*, JuS 1968, 162.
38 Vgl. den rechtsvergleichenden Überblick von *Kreuzer*, RabelsZ 65 (2001), 383, 439–441.
39 BT-Drucks 14/343, S. 14.
40 BT-Drucks 14/343, S. 15.
41 BT-Drucks 14/343, S. 15; so auch die bisherige Rspr., BGHZ 108, 353, 357; BGH NJW 1995, 2097, 2098; 1997, 461, 464.
42 Vgl. Art. 43 Abs. 1 S. 1 RefE v. 15.5.1984.
43 § 31 Abs. 1 IPRG.
44 Art. 100 Abs. 1 IPRG.

Sachverhalts, aus dem Erwerb, Verlust oder Rechtsänderungen abgeleitet werden, gibt Maß.[45] Angeknüpft wird ausschließlich an den räumlichen Zustand der Sache.

1. Sachlicher Geltungsbereich der lex rei sitae. a) Grundsatz. Die Fähigkeit einer Sache, Gegenstand von Rechten zu sein, bestimmt sich – anders als die Fähigkeit einer Person, die Rechte an einer Sache innezuhaben und über sie zu verfügen (Personalstatut) – nach dem Recht am Ort ihrer **Belegenheit**.[46] Eine **Rechtswahl** des Sachstatuts ist *de lege lata* ausgeschlossen. Ebenso kann allein die *lex loci rei sitae* als das der Sache in jeder Beziehung „nähere" Recht die **Qualifikation** eines rechtserheblichen Sachverhalts als dinglich vornehmen.[47] Gehört das zu beurteilende Lebensverhältnis zum Typus des dinglichen Rechts, so richten sich weiter die Modalitäten seines **Erwerbs** – ob originär oder derivativ bleibt gleich –, seiner **Inhaltsänderung** und **Übertragung** nach dem Belegenheitsrecht.[48] Das gilt auch für die Voraussetzungen **gutgläubigen Erwerbs**[49] wie für die Voraussetzungen originären Eigentumserwerbs kraft **Ersitzung** oder kraft (nicht im deutschen materiellen Recht vorgesehener) **akquisitiver Verjährung**. Insgesamt richten sich die Voraussetzungen eines **Verlustes** des dinglichen Rechts ebenfalls nach der *lex rei sitae* im Zeitpunkt des Eintritts des anzuknüpfenden Vorgangs. Auch der **Inhalt** des dinglichen Rechts ist nach dem Recht des Ortes der Belegenheit der Sache zu bestimmen.

15

Kausalverhältnis und dingliches **Erfüllungsgeschäft** sind in ihrer kollisionsrechtlichen Beurteilung zu unterscheiden.[50] Lässt das Belegenheitsstatut Verfügungen kausal sein, indem es den Eigentumsübergang als Vertragswirkung auffasst oder die Wirksamkeit der Verfügung von derjenigen des ihr zugrunde liegenden Verpflichtungstatbestandes abhängig macht, wie dies in den Rechtsordnungen des Konsensprinzips festzustellen ist, so ändert dies nichts daran, dass die Obligation selbständig angeknüpft wird und dem Schuldstatut untersteht, andererseits dingliche Wirkungen ausschließlich nach dem Lagerecht zu bestimmen sind. Dementsprechend liegt es allein beim Sachstatut, dem materiellrechtlichen Gedanken einer **Akzessorietät** von Einzel- oder Globalsicherungen auch kollisionsrechtlich Rechnung zu tragen und die dingliche Position dem Schuldstatut zu unterwerfen oder selbständig anzuknüpfen. Die *lex rei sitae* hat das letzte Wort.[51]

16

Handelt es sich um eine Einzelverfügung über Mobilien unter Lebenden, so entscheidet das Lagerecht über den Kreis der begründ- und erwerbbaren Rechte. **Typenzwang** (*numerus clausus* der Sachenrechte)[52] oder Gestaltungsfreiheit im dinglichen Rechtsverkehr richten sich als materiell-sachenrechtliche Ordnungsprinzipien nach der jeweils anwendbaren *lex rei sitae*. Das Belegenheitsstatut beherrscht den gesamten „**Zuweisungsgehalt**"[53] des dinglichen Rechts.[54] Entsprechend der von *Wilburg* entwickelten (materiellrechtlichen) Fortwirkungslehre[55] folgen damit grundsätzlich auch die den dinglichen Rechtsschutz ergänzenden und fortsetzenden Bereicherungsansprüche aus rechtsgrundlosem Eingriff dem Statut, das Inhalt und Ausübung des dinglichen Rechts, in dessen Bestand eingegriffen wurde, regelt. Darüber besteht im Ergebnis Einigkeit.[56] Das folgt nun auch aus Art. 38.[57] Bei Sachen fallen *lex rei sitae*, *lex loci actus* (Recht des Eingriffsortes) und *lex loci delicti commissi* (Deliktsstatut) in aller Regel zusammen.[58] Verarbeitung, Verbindung und Vermischung von sowie die unberechtigte, aber wirksame Verfügung über Sachen vollziehen sich am Ort ihrer Belegenheit und gemäß der dort geltenden Rechtsordnung. Versagt die *lex rei sitae* den dinglichen Rechtsschutz, dann ist sie andererseits dazu berufen, Schadensersatz oder konditionsrechtlichen Ausgleich zuzuerkennen, den „Preis" des Rechtsverlustes[59] festzusetzen. Unter dem übergreifenden Gesichtspunkt der Bestandsgarantie bilden schuldrechtliche oder – wie im englischen *common law*[60] – dingliche **Wertverfolgung** (Surrogation) eine Einheit.[61]

17

---

45 So genannte Konzentration des Tatbestandes: *Zitelmann*, Bd. 2, S. 331; *Wengler*, RabelsZ 23 (1958), 535, 558.
46 RGZ 18, 39, 45.
47 LG München WM 1957, 1378, 1379; IPG 1953 Nr. 17 (Heidelberg); Soergel/*Lüderitz*, Art. 38 EGBGB Anh. II Rn 9; differenzierend MüKo/*Kreuzer*, nach Art. 38 EGBGB Anh. I Rn 16 (autonom funktional).
48 Dazu gehört etwa die Frage, ob Verfügungen kausal oder abstrakt sind: BGH IPRspr 1980 Nr. 3, und, wenn kausal, ob zum rechtsgeschäftlichen „Titel" die Übergabe der Sache hinzutreten muss.
49 OLG Celle JZ 1979, 608.
50 RGZ 18, 39, 46; 152, 53, 63 f.; BGHZ 1, 109, 114; 52, 239, 240 f.
51 Staudinger/*Stoll*, Int. SachR, Rn 149.

52 Zu den Durchbrechungen des Faustpfandprinzips deutscher Prägung vgl. BGHZ 50, 45 ff.; 39, 173, 176 f.; *Schröder*, Anpassung, S. 122–124.
53 *Wilburg*, S. 27 f.
54 Vgl. Staudinger/*Stoll*, Int. SachR, Rn 149–151; *Bydlinski*, ZfRV 2 (1961), 22, 29 f.
55 Vgl. *Wilburg*, S. 27 f., 49, 114; ferner *v. Caemmerer*, in: FS Rabel I 1954, S. 333, 375.
56 Vgl. BGH NJW 1960, 774; BGHZ 35, 267, 269; OLG Saarbrücken, IPRspr 1966–1967 Nr. 53 (S. 179); OLG Düsseldorf VersR 2000, 461.
57 Palandt/*Heldrich*, Art. 38 EGBGB, Rn 3.
58 *Schlechtriem*, 50; *Lorenz*, in: FS Zweigert 1981, S. 199, 228.
59 *Wilburg*, S. 27.
60 Manhatten Bank N.A.v. British-Israel Bank (London) Ltd. [1981] Ch. 105.
61 Staudinger/*Stoll*, Int. SachR, Rn 150.

18 Die Ansprüche prägen in ihrer Gesamtheit den Zuweisungsgehalt des dinglichen Rechts. Im Interesse der Rechtsklarheit und des inneren Entscheidungseinklangs ist diesem Zusammenhang der Sachenrechte[62] auch kollisionsrechtlich durch adhäsionsweise[63] Anknüpfung an die *lex rei sitae* Rechnung zu tragen. Das gilt auch in den Fällen, in denen mehrere kraft ihrer dinglichen Berechtigung an derselben Sache zu einer **„Pfandgemeinschaft"** (*Heck*) verbunden sind. Der „dinglichen Gebundenheit"[64] des an die Stelle des Objekts getretenen Erlöses wird Rechnung getragen und der konditionsrechtliche Ausgleich innerhalb der Pfandgemeinschaft nicht nach dem Vollstreckungs-, sondern nach dem Sachstatut beurteilt. Das Sachstatut zieht das Bereicherungsstatut in diesen Fällen nach sich.[65]

19 Von der Abgrenzung des Sachstatuts von anderen auf Einzelfragen anwendbaren Rechten aufgrund Sonderanknüpfung von Teil- und Vorfragen, etwa aufgrund Beurteilung des Kausalgeschäfts nach dem Schuldvertragsstatut, der vollstreckungsrechtlichen Wirksamkeit eines Eingriffs nach dem Vollstreckungsstatut oder der Beurteilung der Form nach dem Formstatut, zu unterscheiden ist die Überlagerung des für einzelne Sachen geltenden Sachstatuts durch ein **Vermögens- oder Gesamtstatut**.[66] Die einheitliche Bestimmung des anwendbaren Rechts für alle einer Vermögensmasse zugehörenden Gegenstände ist einerseits eine Frage des Geltungsbereichs und der Grenzen des Vermögensstatuts.[67] Andererseits gilt, dass dingliche Wirkungen, die das Gesamtstatut bezüglich einzelner Sachen anordnet, nur dann und in dem Umfang eintreten können, wenn und soweit sie das maßgebliche Einzelstatut, also das Recht der belegenen Sache, zulässt. Deshalb ist etwa ein vom Erbstatut vorgesehenes Vindikationslegat einer in Deutschland belegenen Sache nur einem Damnationslegat als dem mit der deutschen Sachenrechtsordnung zu vereinbarenden Funktionsäquivalent gleichzustellen.[68]

20 Soweit dieses Ergebnis verkürzt auf die Formel „Einzelstatut bricht Gesamtstatut" gebracht wird,[69] führt dies an sich in die Irre, weil es sich um ein **Qualifikations- und Anpassungsproblem** handelt, das nur durch das Kollisionsrecht des Gerichtsstaates gelöst werden kann. Die *lex fori* weist durch ihr Kollisionsrecht dem Gesamtstatut einen Aufgabenbereich zu, innerhalb dessen es unter Ausschluss anderer (Einzel-)Statuten gelten soll.[70] Der Normwiderspruch wird durch Anpassung gelöst.[71] Art. 3 Abs. 3 ordnet bei Vorliegen eines vom Gesamtstatut verschiedenen Belegenheitsstatuts, also den Vorrang der *lex rei sitae* an, soweit das Belegenheitsrecht für die in seinem Gebiet befindlichen Vermögensgegenstände besondere Vorschriften aufstellt. Dem Vorrang des Belegenheitsstatuts liegen das Interesse an der Vermeidung undurchsetzbarer Rechtslagen sowie die Auffassung zugrunde, die größere Sachnähe spreche für den Vorrang des Einzelstatuts.[72] Die Regelung lässt sich indes nicht darauf verkürzen, dass das Belegenheitsrecht als Einzelstatut vorgehe und in seiner Anwendung auf dingliche Rechtspositionen beschränkt sei. Denn über Art. 3 Abs. 3 werden alle Verweisungen angesprochen, die das Vermögen einer Person einem bestimmten Recht unterstellen. Dazu zählen auch die kollisionsrechtlichen Vorstellungen, die eine Vermögensspaltung vorsehen, etwa durch die unterschiedliche Anknüpfung beweglichen und unbeweglichen Vermögens, durch die Anordnung einer Spaltung des Güterrechtsstatuts oder einer Nachlassspaltung.[73] Dagegen fällt eine abweichende Beurteilung des Gesamtstatuts selbst nicht unter Art. 3 Abs. 3.[74]

21 **b) Anfechtung.** Die Anfechtung einer Rechtshandlung richtet sich außerhalb des Insolvenzverfahrens nach dem Recht, dem die Wirkungen der Rechtshandlung unterliegen (**§ 19 AnfG**), im Falle der Anfechtung einer Übereignung also nach der hierfür maßgebenden *lex rei sitae*.[75] Andere Rechtsordnungen kommen als Wirkungsstatut richtigerweise nicht in Betracht, mögen auch die Gesetzesfassung mit einem Anklang an die nicht weiter präzisierte *lex causae* nicht hinreichend klar sein und die Begründung keine Erhellung bieten.[76] Kommt es zu einem Statutenwechsel und wird auf den im Ausland übereigneten Gegenstand im Inland zugegriffen, nachdem die Sache in das Inland verbracht worden ist,[77] dann soll nach einer Auffassung

---

62 Anders mag es sich bei Eingriffen in Immaterialgüterrechte und Forderungen verhalten; vgl. dazu *Lorenz*, in: FS Zweigert 1981, S. 229 f.; *Schlechtriem*, S. 49 ff.
63 *Hoyer*, ZfRV 12 (1971), 1, 6 f.
64 RG HansRGZ 1930, B 451, 453.
65 Vgl. BGHZ, 35, 267, 269; *Regel*, S. 37, zum Rechtsverhältnis zwischen Rechten der Schiffsgläubiger und Schiffshypotheken an demselben Schiff.
66 MüKo/*Kreuzer*, nach Art. 38 EGBGB Anh. I Rn 17.
67 MüKo/*Kreuzer*, nach Art. 38 EGBGB Anh. I Rn 17.
68 BGH NJW 1995, 58, 59.
69 Vgl. *Ferid*, Rn 3–138, 7–30; Raape/*Sturm*, § 12, 1 (S. 185).
70 Staudinger/*Stoll*, Int. SachR, Rn 184; *Thoms*, S. 58.
71 *Dörner*, IPRax 1996, 26, 27.
72 BGHZ 131, 22, 29.
73 Palandt/*Heldrich*, Art. 3 EGBGB, Rn 16–18 m.N.
74 Palandt/*Heldrich*, Art. 3 EGBGB, Rn 18; *Thoms*, S. 59.
75 *Huber*, § 19 Rn 8; zum früheren Anfechtungsrecht BGH NJW 1999, 1395; OLG Düsseldorf IPRax 2000, 534, 537.
76 Vgl. *Kubis*, IPRax 2000, 501, 505 f. mit einem Überblick über den Meinungsstand.
77 Vgl. die Konstellation in LG Berlin NJW-RR 1994, 1525; dazu *Huber*, § 19 Rn 8.

das Recht des neuen *situs* über die Anfechtbarkeit entscheiden.[78] Das erscheint allerdings dann nicht richtig, wenn – wie im Falle des § 19 AnfG n.F. – an die (dinglichen) Wirkungen der ursprünglichen Rechtshandlung angeknüpft wird. Dann gilt für die Anfechtbarkeit das sachenrechtliche Erststatut, weil sich danach auch die Wirksamkeit und Wirkung der Übereignung bestimmt.[79] Anderes wird nur dann anzunehmen sein, wenn die (fehlende) Pflicht zur Rückgewähr oder Duldung der Zwangsvollstreckung nicht als „prägend", sondern als mit dem Sachstatut wandelbarer Teil des dem jeweiligen Lagerecht unterstehenden „Inhalts" des dinglichen Rechts begriffen wird. Die Frage ist offen und bedarf höchstrichterlicher Klärung.

c) Immobilien. Auf **Grundstücke** bezogene Sachverhalte unterfallen Abs. 1. Entstehung, Inhalt, Änderung und Verlust dinglicher Rechte richten sich also nach dem Belegenheitsrecht im Zeitpunkt der Vollendung des Tatbestandes, aus dem die dingliche Rechtsfolge abgeleitet werden soll.[80] Etwaige Drittwirkungen schuldrechtlicher Rechtsverhältnisse richten sich nach dem Belegenheitsrecht. Erst recht gilt dies, wenn das Recht der Belegenheit eine **Gebrauchsüberlassung** dinglich qualifiziert oder ihr dinglicher Charakter überwiegt, so dass schon die Begründung des Nutzungsverhältnisses am Maßstab des Belegenheitsrechts auszurichten ist.[81] Ob dann eine Rechtswahl in Betracht kommt,[82] hängt wesentlich davon ab, ob und in welchem Umfang im Internationalen Sachenrecht eine Rechtswahl zugelassen wird. Bei schuldrechtlicher Qualifikation wird ohne ausdrückliche oder stillschweigende Rechtswahl Art. 28 Abs. 3 auf das Recht der belegenen Sache verweisen. 22

Timesharing-Verträge lassen sich nicht pauschal anknüpfen. Im Einzelfall sind die angestrebten Rechtsfolgen funktional zu betrachten und dingliche Rechtswirkungen ausschließlich nach Maßgabe der *lex rei sitae* in Voraussetzung und Inhalt zu beurteilen.[83] Für die sachenrechtlichen Fragen verbleibt es auch dann bei der *lex rei sitae*, wenn im Übrigen § 8 des Teilzeit-Wohnrechtegesetzes in Umsetzung des Art. 9 der **Richtlinie 94/47/EG** zum Schutz der Erwerber im Hinblick auf bestimmte Aspekte von Verträgen über den Erwerb von Teilzeitnutzungsrechten an Immobilien vom 26.10.1994[84] anzuwenden ist.[85] 23

Grundpfandrechte unterstehen dem Recht des belasteten Grundstücks. Dieses bestimmt auch, ob sich das Grundpfandrecht auf Grundstücksbestandteile, Zubehör oder Versicherungsansprüche erstreckt. Art und Weise der Haftungsdurchsetzung richten sich ebenfalls nach dem Recht des Lageortes.[86] Die durch das Grundpfandrecht **gesicherte Forderung** ist getrennt anzuknüpfen und nach dem Vertragsstatut zu beurteilen. Das gilt auch für **akzessorische Grundpfandrechte**; andererseits steht es den Parteien frei, einen Gleichlauf durch (schuldrechtliche) Rechtswahl nach Art. 27 herzustellen, also das Forderungsstatut zum Sachstatut (nicht aber umgekehrt) zu „ziehen".[87] Dementsprechend richten sich Verfügungen über die gesicherte Forderung nach dem Schuldvertragsstatut, andererseits die Verfügung über das Grundpfandrecht nach dem Belegenheitsrecht,[88] was bei akzessorischen Grundpfandrechten infolge **Normwiderspruchs** eine **Angleichung** erforderlich machen kann.[89] Fälle, in denen dem ausländischen Recht unterfallende Forderungen durch Hypotheken an Inlandsgrundstücken oder umgekehrt deutschem Recht unterstehende Forderungen durch akzessorische Grundpfandrechte an ausländischen Grundstücken gesichert sind, erfordern eine sorgfältige Betrachtung der Normzwecke der jeweils auf Teilfragen anwendbaren Rechtsordnungen, um die kollisionsrechtlich interessengemäße Lösung herbeizuführen.[90] 24

d) Wertpapiere. Verfügungen über Wertpapiere, die mit rechtsbegründender Wirkung in ein Register eingetragen oder auf einem Konto verbucht werden, unterliegen nach der besonderen Kollisionsnorm des § 17a DepotG vom 8.12.1999 dem Recht des Staates, unter dessen Aufsicht das Register geführt wird (*lex libri registri*), in dem unmittelbar zugunsten des Verfügungsempfängers die rechtsbegründende Eintragung vorgenommen wird oder in dem sich die kontoführende Haupt- oder Zweigstelle des Verwahrers befindet, die dem Verfügungsempfänger die rechtsbegründende Gutschrift erteilt.[91] Entscheidend ist, ob die Eintragung in das Register oder die Buchung auf dem Konto nach dem Recht des maßgeblichen Registerstaates oder Staates der verbuchenden Stelle **rechtsbegründende Wirkung** erzeugt. Bei Verfügungen über **Einzelurkunden** ist diese Voraussetzung nicht erfüllt.[92] Für Depotübertragungen unmittelbar zwischen Käufer und Verkäufer gilt 25

---

78 *Huber*, § 19 Rn 8.
79 Vgl. BGH NJW 1997, 461, 462.
80 BGHZ 52, 239, 240.
81 Staudinger/*Stoll*, Int. SachR, Rn 164 zur englischen lease.
82 Vgl. Staudinger/*Stoll*, Int. SachR, Rn 164.
83 Im Einzelnen Staudinger/*Stoll*, Int. SachR, Rn 169; MüKo/*Martiny*, Art. 28 EGBGB Rn 125 f.
84 NJW 1995, 375.
85 MüKo/*Martiny*, Art. 28 EGBGB Rn 125, 125a; *Jayme*, IPRax 1997, 233, 236.
86 Staudinger/*Stoll*, Int. SachR, Rn 243, 244.
87 Staudinger/*Stoll*, Int. SachR, Rn 245.
88 BGH NJW 1951, 400, 401; Bamberger/Roth/*Spickhoff*, Art. 43 EGBGB Rn 7.
89 Staudinger/*Stoll*, Int. SachR, Rn 247.
90 Vgl. die Analyse von Staudinger/*Stoll*, Int. SachR, Rn 247.
91 Dazu *Schefold*, IPRax 2000, 468, 474–476; *Einsele*, WM 2001, 7, 15 f.
92 *Einsele*, WM 2001, 7, 15; *Keller*, WM 2000, 1269, 1281.

nach wie vor der Grundsatz der *lex rei sitae*.[93] Soweit Buchungen nur die Bedeutung von Verlautbarungen eines Eigentumsübertragungswillens oder Zertifikate wie z.B. in Großbritannien nur die Wirkung von Beweisurkunden haben oder, wie nach schweizerischem Recht, die Buchung sammelverwahrter Wertpapiere ebenfalls nur dem **Beweis** dient,[94] bleibt die praktische Bedeutung des § 17a DepotG gering. In der Auslegung der Norm ist zu beachten, dass § 17a DepotG auch der Umsetzung der **Richtlinie 98/26/EG** vom 19.5.1998 über die Wirksamkeit von Abrechnungen in Zahlungs- sowie in Wertpapierliefer- und -abrechnungssystemen („Finalitätsrichtlinie") dient, deren Art. 9 Abs. 2 sich allerdings nur auf dingliche Sicherheiten an Wertpapieren bezieht.[95] Außerhalb des Anwendungsbereichs des § 17a DepotG ist international-sachenrechtlich nach Art. 43 Abs. 1 anzuknüpfen: Das **Recht am Papier** unterliegt der *lex cartae sitae* (Wertpapiersachstatut),[96] während das **Recht aus dem Papier** sich nach dem Forderungsstatut (Wertpapierrechtsstatut) richtet.[97] Ob überhaupt ein Wertpapier vorliegt, richtet sich nach der für das verbriefte Recht maßgeblichen Rechtsordnung, dem Wertpapierrechtsstatut.[98] Das Wertpapierrechtsstatut bestimmt auch darüber, ob das verbriefte Recht durch Übertragung des Papiers veräußert werden kann und ob der Inhaber des Papiers als Inhaber des Rechts gilt; das Wertpapiersachstatut entscheidet dagegen die Frage, wie die Übertragung des Papiers zu erfolgen hat und welche Wirkungen Sachverhalte, die sich auf das Eigentum am Papier beziehen, hervorbringen.[99]

26 **2. Veränderung des Lageorts: Statutenwechsel (Abs. 2). a) Grundsatz.** Gelangen Sachen aus einem Staatsgebiet in ein anderes, und haben sich sowohl nach dem ersten Belegenheitsstatut (Erst- oder Ausgangsstatut) als auch nach dem neuen Belegenheitsrecht (Zweit- oder Endstatut)[100] oder weiteren *situs*-Rechten Vorgänge ereignet, die im Zeitpunkt ihres Eintritts nach dem jeweiligen Lagerecht Rechtswirkungen erzeugten, dann bedarf es einer Norm, die eine Relation zwischen den aufgrund des **Statutenwechsels** in Betracht zu ziehenden konfligierenden Belegenheitsrechten herstellt. Stimmen die Rechtsordnungen überein, besteht ein „*false conflict*", der keiner kollisionsrechtlichen Entscheidung bedarf.[101] Auszugehen ist von dem weithin anerkannten, § 31 Abs. 1 öst. IPRG entnommenen Rechtssatz, dass der Erwerb und Verlust dinglicher Rechte an körperlichen Sachen einschließlich des Besitzes nach dem Recht desjenigen Staates zu beurteilen sind, in dem sich die Sachen bei Vollendung des Erwerbs oder Verlust zugrunde liegenden Sachverhalts befinden. Eine ähnliche Regelung enthält Art. 100 Abs. 1 des Schweizer IPRG. Wird eine Sache von einem Land in ein anderes gebracht, so folgt daraus ein Wechsel der Belegenheitsrechte, ein Statutenwechsel und somit ein „*conflit mobile*". Stets ist diejenige Rechtsordnung die „stärkere", in deren Herrschaftsbereich die Sache gegenwärtig belegen ist. Die aktuelle *lex rei sitae* entscheidet, ob sie die außerhalb des Staatsgebiets entstandene Rechtsposition anerkennen will, ob und in welchem Umfang sie für deren Weiterexistenz – insbesondere im Verhältnis zu Dritten – bestimmte Voraussetzungen verlangt und welchen Inhalt sie dem „importierten" Recht zubilligt.[102] Das drückt Art. 43 Abs. 2 aus.

27 **b) Vollendete Tatbestände und schlichter Statutenwechsel.** Abs. 2 muss in Verbindung mit Abs. 1 gelesen werden. Der international-sachenrechtliche Grundsatz der Anerkennung bestehender Rechte hat zur Folge, dass nach dem Erststatut verwirklichte dingliche Tatbestände („**vollendete** oder **abgeschlossene Tatbestände**") den Statutenwechsel überdauern und vom Zweitstatut hingenommen werden.[103] Lässt das Erststatut den gutgläubigen Erwerb abhanden gekommener Sachen zu, dann wird der vollendete sachenrechtliche Tatbestand (gutgläubiger Erwerb im Erst-Staat) nach Gelangen der Sache nach Deutschland ungeachtet § 935 BGB respektiert. Das gilt auch dann, wenn Erst- und Endstatut identisch sind und die Schaffung eines solchen dinglichen Tatbestandes nicht vorsehen, bei zwischenzeitlicher Belegenheit in einem Drittstaat aber eine dort wirksame **Zwischenverfügung** über die Sache oder das Recht getroffen worden ist.[104] Unbeachtlich ist entgegen einer früher in den USA verbreitet vertretenen Auffassung, ob die Sache den Geltungsbereich des Ausgangsstatuts mit, ohne oder gegen den Willen des ursprünglich Berechtigten verlassen hat.[105] Auf die Umstände der Verbringung der Sache kommt es – wird von den Besonderheiten grenzüberschreitender

---

93 *Einsele*, WM 2001, 7, 15.
94 Vgl. den Überblick bei *Einsele*, WM 2001, 7, 15 f.
95 Vgl. im Einzelnen *Schefold*, IPRax 2000, 468, 474 ff.; *Keller*; WM 2000, 1269, 1275 ff.; *Einsele*, WM 2001, 7, 15 f.
96 BGHZ 108, 353, 356; BGH NJW 1994, 939, 940.
97 Bamberger/Roth/*Spickhoff*, Art. 43 EGBGB, Rn 9.
98 RGZ 119, 215, 216; *S. Lorenz*, NJW 1995, 176, 177; Bamberger/Roth/*Spickhoff*, Art. 43 EGBGB, Rn 9.
99 *S. Lorenz*, NJW 1995, 176, 177.
100 Zur Terminologie *Lüderitz*, S. 193, 204.
101 BGHZ 120, 334, 347 (Mitte); Chase Manhattan Bank N.A.v. Israel-British Bank (London) Ltd. [1981] Ch. 105, 127.
102 Zürcher Kommentar/*Heini*, Art. 100 Rn 11.
103 Vgl. auch *Dicey/Morris*, Rule 116 (1) (S. 963).
104 Beispiel: Winkworth v. Christie, Manson & Woods Ltd. [1980] 1 All E.R. 1121, [1980] 2 W.L.R. 937 (Slade J.): Kunstdiebstahl in England, gutgläubiger Erwerb in Italien, Rückschaffung zum Zwecke der Versteigerung nach England; es bleibt beim Eigentumsübergang auf den italienischen Erwerber.
105 Vgl. *v. Plehwe*, Besitzlose Warenkreditsicherheiten, S. 27–28 m.w.N.

Verkehrsgeschäfte abgesehen – nicht an. Das Verkehrsinteresse gebietet eine Anwendung des jeweiligen Belegenheitsrechts aufgrund ausschließlich räumlich-temporaler, also objektiver Anknüpfung. Ihm liefe die andernfalls bestehende Notwendigkeit umständlicher, zeitraubender und nicht unbedingt verlässlicher Nachforschungen nach den Umständen des Lageortswechsels zuwider. Nach dem jeweils anzuwendenden Sachstatut mag materiellrechtlich eine Pflicht oder Obliegenheit zur Erforschung der Provenienz anzunehmen sein.[106] Kollisionsrechtlich besteht sie nicht.

Einmal begründete dingliche Rechte bestehen nach einem Statutenwechsel grundsätzlich fort, in ihrer Ausübung jedoch begrenzt durch das neue Sachstatut, welches ihren **Inhalt** nunmehr bestimmt (Abs. 2). Nach einer früheren Belegenheitsordnung begründete dingliche Rechte bedürfen nach einem Lageort- und Statutenwechsel der **Einfügung in die neue Sachenrechtsordnung**. Wie dieses Ergebnis zu erreichen ist, wird unterschiedlich beurteilt. Im Ergebnis herrscht jedoch seit jeher Einigkeit darüber, dass dingliche Rechte nur gemäß den vom *situs* vorgesehenen Rechtsschutzformen Wirkung erzeugen können, somit ein materiellrechtlicher Vergleich erforderlich wird und das „passende" äquivalente Institut des inländischen Rechts zu ermitteln ist, wobei die äußere Grenze durch die zwingenden Vorstellungen der materiellen Sachenrechtsordnung (Stichwort: *numerus clausus* der Sachenrechte) gezogen wird. Mangels materieller Rechtseinheit erfordern Anerkennung und Anpassung der unter der Geltung des Erststatuts begründeten dinglichen Rechte eine **funktionale Betrachtung** auf rechtsvergleichender Grundlage. Umsicht und Großzügigkeit kennzeichnen den erreichten kollisionsrechtlichen Besitzstand.[107] Überholt sind ältere Auffassungen, die etwa dem besitzlosen Pfandrecht unter Hinweis auf das deutsche Faustpfandprinzip die Anerkennung versagten, weil es sich entweder bei einem besitzlosen Pfandrecht um ein *aliud* gegenüber dem Besitzpfand[108] oder bei dem Besitz um eine Dauervoraussetzung der Geltendmachung des Pfandrechts – ähnlich der Registereintragung besitzloser Mobiliarsicherheiten nach ausländischem Recht – handele.[109] Die Entstehung besitzloser Pfandrechte ist dem deutschen materiellen Recht bekannt.[110]

Die **Lehre von der Dauerbedingung** hat im Kern ihren Grund im *ordre public*, der in seiner negativen Ausgestaltung (Art. 6) nicht zur generellen Begrenzung und Definition von Kollisionssätzen, deren Bestehen er voraussetzt und deren Anwendung er nur im Einzelfall modifizieren soll, taugt. Der Bundesgerichtshof hat deshalb früh den dogmatisch kaum erklärbaren Versuch aufgegeben, ausländischen dinglichen Rechten unter Hinweis auf den deutschen *numerus clausus* der Sachenrechte die Anerkennung zu versagen und den Satz aufgegriffen,[111] dass das neue Statut die Sache mit der **sachenrechtlichen Prägung** übernimmt, die ihr das bisherige Statut verliehen hat.[112] Ausländische besitzlose Pfandrechte und andere dingliche Rechte werden folglich toleriert (rezipiert); einer Transformation ihres Inhalts bedarf es nicht.

In der kollisionsrechtlichen Literatur wird gleichwohl überwiegend von der Notwendigkeit einer **Transposition** (Transformation, Umsetzung) des „importierten" dinglichen Rechts in äquivalente Rechtstypen des neuen *situs* gesprochen.[113] Trifft es zu, dass das neue Belegenheitsrecht die Sache mit der sachenrechtlichen Prägung übernimmt, die sie unter der Herrschaft des alten Statuts empfangen hat,[114] dann ist es zumindest missverständlich, in diesem Zusammenhang von einer Transposition zu sprechen.[115] Die strenge Transpositionslehre erfordert die Umsetzung des Rechts. Darum geht es aber bei genauer Betrachtung nicht. Vielmehr bleibt nach ganz überwiegender Auffassung auch dann, wenn von einer Transposition gesprochen wird, das fremde Recht als solches bestehen; es wird als solches ausgeübt und lediglich in seiner **Wirkung** einem funktionsäquivalenten inländischen Sachenrechtstyp zugeordnet.[116] Das ist ein Vorgang der Anpassung.[117] Die nach US-amerikanischem Recht an einem Flugzeug begründete (*chattel*) *mortgage* wird wie ein deutsches Registerpfandrecht behandelt.[118] Erforderlich ist ein materiellrechtlicher **Typenvergleich** auf funktionell-rechtsvergleichender Grundlage,[119] der das fremde Recht auch dann fortbestehen, jedoch ruhen lässt, wenn es der inländischen Sachenrechtsordnung überhaupt nicht verträglich ist.[120] In diesem

---

106 Zum deutschen materiellen Recht: RGZ 58, 162, 164; Staudinger/*Wiegand*, § 932 Rn 56; MüKo/*Quack*, § 932 Rn 48 a.E.; *Müller-Katzenburg*, NJW 1999, 2551, 2556; *v. Plehwe*, KUR 2001, 49, 53.
107 Vgl. *Drobnig*, RabelsZ 38, (1974), 468, 479.
108 So insb. *v. Savigny*, § 368 (S. 197).
109 Vgl. *Wengler*, RabelsZ 23 (1958), 535, 547.
110 § 1253 Abs. 1 S. 1 BGB; vgl. BGHZ 39, 173, 178; *Raape*, S. 609;*Schröder*, Anpassung, S. 124;*Stoll*, RabelsZ 38 (1974), 450, 462.
111 *Lewald* Nr. 245 (S. 184).
112 BGHZ 39, 173, 175; 45, 95, 97.
113 *Lewald*, Nr. 245 (S. 184); *Drobnig*, RabelsZ 38 (1974), 468, 479 ff.; *ders.*, in: FS Kegel 1977, S. 141, 144, 149 f.; MüKo/*Kreuzer*, nach Art. 38 EGBGB Anh. I Rn 86; Bamberger/Roth/*Spickhoff*, Art. 43 EGBGB Rn 10; *Schilling*, S. 43 ff., 241 ff.; *Heyne*, S. 190; *Goldt*, S. 189–202.
114 BGHZ 45, 95, 97.
115 Vgl. BGH NJW 1991, 1415, 1416; Hinnahme und Transposition kombinierend *Junker*, RIW 2000, 241, 254.
116 Vgl. BGH IPRax 1993, 178, 179; NJW 1991, 1415, 1416; *Looschelders*, IPR, Art. 43 Rn 51.
117 Vgl. *Looschelders*, Anpassung, S. 270.
118 BGH IPRax 1993, 178, 179.
119 *Drobnig*, in: FS Kegel 1977, S. 141, 149 f.; MüKo/*Kreuzer*, nach Art. 38 EGBGB Anh. I Rn 86.
120 Soergel/*Lüderitz*, Art. 38 EGBGB, Anh. II, Rn 52.

Zusammenhang von „Inlandsprägung" zu sprechen,[121] ist wiederum missverständlich, weil das Recht durch bloßen Statutenwechsel keine neue „Prägung" erfährt. Entscheidend ist, dass andernorts wirksam begründete Sachenrechte nach einem Statutenwechsel fortbestehen, inhaltlich aber dann (in dem Zeitpunkt), wenn es auf ihre Anerkennung ankommt,[122] an verwandte Sachenrechtstypen des neuen Statuts zur Bestimmung ihres „Inhalts", also ihrer sachenrechtlichen Wirkungen am neuen Lageort, anzupassen sind.[123]

31 Der Meinungsstreit, ob **Transposition** im engeren oder im weiteren Sinne, **Substitution**[124] oder die schlichte **Hinnahme** des nach dem Erststatut begründeten dinglichen Rechts und seiner Ausübung nach Maßgabe der neuen Belegenheitsrechtsordnung[125] den Vorgang richtig erfassen, ist für die Praxis weitgehend bedeutungslos. Auswirkungen hat der Methodenstreit vor allem insofern, als die Transpositionslehre bei Identität von *forum* und *situs* infolge unbewussten Heimwärtsstrebens dazu verleitet, dass ein im Ausland begründetes Sachenrecht wegen des Statutenwechsels eine inhaltliche Aufwertung ohne Rücksicht auf den Inhalt des um- oder durchzusetzenden Rechts erfährt. Denn es wird nur auf das funktionsäquivalente Institut im Regelungsbündel des neuen Statuts abgestellt. So wird etwa die italienische **Mobiliarhypothek** an einem Kraftfahrzeug in Sicherungseigentum transformiert, und es wird nunmehr ein Herausgabeanspruch gewährt, den das ursprünglich „prägende" Erststatut nicht vorsieht.[126] Dadurch wird das dingliche Recht regelwidrig nur infolge des Statutenwechsels inhaltlich verstärkt. Wird das dingliche Recht aber mit der sachenrechtlichen **Prägung**, die es am früheren Lageort erfahren hat, übernommen, dann ist nicht nur eine inhaltliche Beschränkung des neuen Belegenheitsrechts im Sinne des Art. 43 Abs. 2, sondern auch eine etwaige und das Recht „prägende" Begrenzung der Rechtswirkungen nach dem Ausgangsstatut zu berücksichtigen.[127]

32 Die Prüfung muss folglich **materiell-rechtsvergleichend** verlaufen; sie erfordert deshalb auch die **sachrechtliche Feststellung des Erststatuts**. Soweit verträglich, kann der Rechtsinhalt auch über die vom neuen Belegenheitsrecht für das funktionsäquivalente Recht vorgesehenen Wirkungen hinausreichen, ein „importiertes" Pfandrecht etwa das dem deutschen Recht insoweit fremde Recht zur Nutzung der Sache gewähren.[128] Andererseits endet, wie am neuen *situs* zu beachten ist, das englische *lien* bereits mit jeder Besitzaufgabe, nicht erst mit der Rückgabe. Dieses Zurückbehaltungsrecht kann deshalb, obschon zweifellos pfandähnlich, nicht in jeder Hinsicht als Faustpfand behandelt werden.[129] Hierdurch unterscheidet es sich wiederum vom *lien* früheren US-amerikanischen Rechts, das reinen Pfandcharakter hatte. Entsprechend behutsam sind im Inland unbekannte Rechtsinstitute wie das – als Minus zum Eigentumsvorbehalt wirkende – *right of stoppage in transitu* (Anhalterecht[130]) zu beurteilen. Mit inhaltlichen, materiell-sachenrechtlichen Beschränkungen sind **verfahrensrechtliche Beschränkungen** des Ausgangsstatuts nicht zu verwechseln. Sie geben dem dinglichen Recht nicht sein Gepräge, sondern bedeuten nur verfahrensrechtliche Voraussetzungen seiner Durchsetzung im jeweiligen *forum*, wie nicht immer erkannt wird.[131]

33 Die Anerkennung eines nach Erststatut wirksam begründeten Rechts hindert nicht dessen **Verlust** als Folge eines neuen sachenrechtlichen Tatbestands gemäß dem Zweitstatut. So erlischt das nach Art. 934 Abs. 2 ZGB in der Schweiz entstandene und hier ohne weiteres anzuerkennende[132] (und schon den deutschen Partikularrechten bekannte) **Lösungsrecht** des gutgläubigen Erwerbers abhanden gekommener Sachen infolge **Weiterveräußerung** nach Statutenwechsel,[133] wenn das den neuen sachenrechtlichen Vorgang beherrschende Belegenheitsrecht dies vorsieht.[134]

---

121 Erman/*Hohloch*, Art. 43 EGBGB Rn 21; zust. Soergel/*Lüderitz*, Art. 38 EGBGB, Anh. II, Rn 52, Fn 12 („Kompromissformel").
122 *Goldt*, S. 104, der allerdings vor konkreter Bewährungsprobe in Durchsetzung, Zwangsvollstreckung oder Insolvenz missverständlich ein „Ruhen" des importierten Rechts annimmt.
123 BGH NJW 1991, 1415, 1416; BT-Drucks 14/343, S. 16.
124 Vgl. *Rakob*, S. 34, 36 ff.; *Looschelders*, IPR, Art. 43 Rn 51.
125 MüKo/*Sonnenberger*, Einl. IPR Rn 540, 547; MüKo/*Kreuzer*, nach Art. 38 EGBGB Anh. I Rn 86, Fn 383; *Rakob*, S. 34; *v. Plehwe*, S. 92 (Rezeption).
126 Vgl. BGH NJW 1991, 1415, 1416; dazu zu Recht krit. *Stoll*, IPRax 2000, 259, 262; *Rakob*, S. 42; billigend dagegen *Hoffmann-Klein*, S. 334 f.
127 I.d.S. auch BGHZ 45, 95, unter Annahme eines nach Ausgangsstatut relativ wirkenden Eigentumsvorbehalts.
128 Vgl. *Schröder*, Anpassung, S. 125.
129 Vgl. dazu LG München I WM 1957, 1378; *Drobnig*, American-German P.I.L., S. 199; *v. Plehwe*, Besitzlose Warenkreditsicherheiten, S. 98 Fn 185.
130 Vgl. *Landfermann*, S. 5–10.
131 Beispiel fehlerhafter Erfassung des Ausgangsstatuts: BGHZ 45, 95; dazu *Siehr*, AWD 1971, 10, 21 f.; *Kindler*, S. 88; *v. Plehwe*, Besitzlose Warenkreditsicherheiten, S. 115 f.
132 Vgl. *Raape*, S. 602; *Duden*, S. 39 ff., 51 ff., 58 f.; *Karrer*, S. 84 f.; Staudinger/*Stoll*, Int. SachR, Rn 307; IPG 1980–81 Nr. 18 (Kiel), S. 157 f.; IPG 1982 Nr. 15 (Hamburg), S. 164 m.w.N.; *Siehr*, ZVglRWiss. 83 (1984), 100, 109 ff.; offen gelassen in BGHZ 100, 321, 326.
133 BGHZ 100, 321, 327; dazu *Stoll*, IPRax 1987, 357, 359.
134 Im Einzelnen Staudinger/*Stoll*, Int. SachR, Rn 308.

Die **Verwertung** des dinglichen Rechts richtet sich nach den Bestimmungen des Staates, in dessen Gebiet 34
die Sache im Zeitpunkt der Verwertung oder Vollstreckung belegen ist. Die aktuelle *lex rei sitae* entscheidet folglich darüber, ob etwa die unbestimmte Übereignung von Sachgesamtheiten mit wechselndem Bestand gegenüber einer Einzelzwangsvollstreckung oder in der Insolvenz durchsetzbar oder berücksichtigungsfähig ist. Das an anderem *situs* begründete Recht muss sich in die „**Gläubigerordnung**" des Verwertungs- oder Vollstreckungsstatuts einfügen.[135] Allerdings beanspruchen nicht alle materiellrechtlichen Ordnungsprinzipien auch international Geltung.[136] Der gebotene Typenvergleich auf funktional-rechtsvergleichender Grundlage führt sodann etwa dazu, dass ein der Kaufpreissicherung dienendes US-amerikanisches *security interest* („*purchase money security interest*") wie ein Eigentumsvorbehalt durchgesetzt wird. Das der Finanzsicherung dienende *security interest* wird dagegen wie eine Sicherungsübereignung behandelt. In diesem Umfang hat der parteiautonom bestimmte Sicherungszweck kollisionsrechtliche Auswirkung.

Kann das fremde Recht am neuen *situs* keine Rechtswirkungen entfalten, weil es mit der neuen Sachen- 35
rechtsordnung **unverträglich** ist, so gilt das Recht nach überwiegender Auffassung zwar fort, es **ruht** allerdings.[137] Die Frage ist aber umstritten. Einzelne Autoren vertreten die Auffassung, dass Rechte an einer Sache, die nicht nach Art. 43 Abs. 2 Inlandswirkungen entfalten können, erlöschen und dadurch im Sinne eines „**Reinigungseffekts**" („*effet de purge*") eine neue sachenrechtliche Prägung erhalten (rechtsvernichtender Statutenwechsel).[138] Den Rechtsuntergang gebietet Art. 43 Abs. 2 indes nicht. Ist ein dingliches Recht mit der internen Sachenrechtsordnung unverträglich, so kann es Dritten lediglich für die Dauer seiner Belegenheit im Inland nicht entgegengehalten werden. Das hat zur weiteren Folge, dass die Sache eine neue sachenrechtliche Prägung aufgrund neuer sachenrechtlicher Vorgänge ohne Rücksicht auf das am früheren *situs* „wohlerworbene" Recht erfahren kann. Unverträglichkeit ist jedoch mit Zurückhaltung anzunehmen. Insbesondere gibt der deutsche sachenrechtliche Typenkanon in aller Regel keinen Anlass, das am früheren Lageort begründete, aber dort an andere Voraussetzungen geknüpfte oder mit anderen Wirkungen versehene Recht nicht anzugleichen und im Inland durchzusetzen. Art. 184 hat als intertemporale Kollisionsnorm bereits frühzeitig den richtigen Weg gewiesen[139] und nach den Partikularrechten begründete dingliche Rechte „mit dem sich aus den bisherigen Gesetzen ergebenden Inhalt und Rang bestehen" lassen.

War ein Vorgang unter der Geltung des Erststatuts dagegen **ohne dingliche Rechtswirkungen**, so verbleibt 36
es grundsätzlich bei diesem Befund.[140] Der Versuch, eine Sache zu übereignen, obwohl diese an ihrem Lageort eine *res extra commercium*[141] ist, muss fehlschlagen; der Versuch einer Verfügung bleibt auch nach dem Gelangen der Sache in einen anderen Staat ohne dingliche Rechtswirkung.[142] Gleiches gilt, wenn Voraussetzungen dinglicher Rechtsänderung gemäß dem Belegenheitsrecht nicht erfüllt werden. Rechtsunerhebliche Tatbestandselemente sind (grundsätzlich)[143] verbraucht, „**erschöpft**", wodurch der im Zeitpunkt des Vorgangs maßgeblichen *lex rei sitae* Rechnung getragen wird.[144] Das hindert jedoch nicht die Wirksamkeit neuer sachenrechtlicher Vorgänge gemäß dem Zweitstatut. Deshalb kann auch über eine Sache, die am Ort der Erstbelegenheit *extra commercium* ist, nach dem Zweitstatut verfügt werden, wenn es dies zulässt.[145] Zwischen **Verfügungsverboten**, die in ihrem Geltungsbereich eine dingliche Rechtsänderung hindern, **Staatseigentum**, das als wohlbestehendes dingliches Recht auch nach einem Statutenwechsel anzuerkennen ist, und bloßen **Ausfuhrverboten**, deren Verletzung in der Regel[146] die Verwirklichung sachenrechtlicher Tatbestände nicht aufhält, ist im Einzelfall zu unterscheiden.[147]

Eine besondere Kollisionsnorm für **Kulturgüter** sieht Art. 12 der **Richtlinie 93/7/EWG** des Rates vom 37
15.3.1993 über die Rückgabe von unrechtmäßig aus dem Hoheitsgebiet eines Mitgliedstaats verbrachten Kulturgütern vor, indem das Eigentum am Kulturgut nach dessen Rückkehr in den Ausgangsstaat dessen Sachenrechtsordnung untersteht. Dementsprechend bestimmt § 4 Abs. 1 des die Richtlinie umsetzenden **Kulturrückgabegesetzes** (KultGüRückG) vom 15.10.1998,[148] dass sich das Eigentum an Kulturgut, das nach den

---

135 *Stoll*, RabelsZ 38 (1974), 450, 463.
136 *Schröder*, Anpassung, S. 123 ff.
137 *Soergel/Lüderitz*, Art. 38 EGBGB Anh. II Rn 52; *Looschelders*, IPR, § 43 Rn 54; *Kropholler*, IPR, § 54 III 1c (S. 548); *Rakob*, 38; *Pfeiffer*, IPRax 2000, 270, 273; Staudinger/*Stoll*, Int. SachR Rn 356; Zürcher Kommentar/*Heini*, Art. 100 Rn 15.
138 So insb. *Kegel/Schurig*, § 19 III (S. 772 f.); *Rabel*, S. 91.
139 *Schröder*, Anpassung, S. 124 f.
140 *Dicey/Morris*, Rule 116 (2) (S. 963).
141 Allein die öffentliche Widmung macht aus einer Sache allerdings noch keine *rex extra commercium*; vgl. BGH NJW 1990, 899, 900 (Hamburger Stadtsiegel); eingehend *Weidner*, S. 15 ff., 95 f.
142 *Siehr*, in: FS Trinkner 1995, S. 703, 711 f.; *Weidner*, S. 112 f.; *Schmeinck*, S. 109.
143 Ausnahme: gestreckte sachenrechtliche Tatbestände.
144 „Negative Rechtsänderungskontinuität": MüKo/*Kreuzer*, nach Art. 38 EGBGB Anh. I Rn 61, vgl. Staudinger/*Stoll*, Int. SachR Rn 289; MüKo/*Wendehorst*, Erg.-Bd., Art. 43 EGBGB Rn 90 („Nein bleibt Nein").
145 *Schmeinck*, S. 109.
146 Ausnahme: Verfall des Eigentums bei illegaler Ausfuhr; vgl. Att.-Gen. New Zealand v. Ortiz [1982] 2 W.L.R. 10 (Q.B.), [1982] 3 W.L.R. 570 (C.A.), [1984] A.C. 41, [1983] 2 W.L.R. 809 (H.L.).
147 Eingehend *v. Schorlemer*, S. 535–559.
148 IPRax 2000, 340.

Bestimmungen des Gesetzes in das Bundesgebiet zurückgegeben wird, nach den deutschen Sachvorschriften richtet. Allseitig wird dieser Ausnahmetatbestand zur sachenrechtlichen Regelanknüpfung gemäß Abs. 1 und 2 in § 8 KultGüRückG ausgedrückt. §§ 4 Abs. 1 und 8 KultGüRückG ergeben die Umsetzung der kollisionsrechtlichen Vorgabe der Reichtlinie. Die jedenfalls für den Fall der Rückgabe angeordnete Anknüpfung an das Erststatut ohne Rücksicht auf einen – häufig fraudulös herbeigeführten – zwischenzeitlichen Statutenwechsel und dessen nachträgliche Aufhebung entspricht im Ansatz einer verbreiteten Forderung nach Anwendung der *lex originis*, des Rechts des Herkunftsstaates (Erststatut), auf Kulturgüter.[149] Ein Teil des Schrifttums befürwortet dagegen in Diebstahlsfällen eine Anknüpfung an das Recht der Belegenheit im Zeitpunkt des Abhandenkommens der Sache („*lex furti*").[150] Obwohl der Handel mit abhanden gekommenen Kunstwerken und deren grenzüberschreitende Verschiebung außerordentlich schwierig zu bekämpfen sind und Ergebnisse wie im Fall „Winkworth v. Christie, Manson & Woods" nicht befriedigen, liegt die Ursache in materiellrechtlicher Disharmonie der nationalen Sachenrechtsordnungen. Im Einzelfall kann das **Ergebnis der Rechtsanwendung** dann gegen den inländischen *ordre public* verstoßen, wie im Fall „Gotha" vom englischen High Court *obiter* erwogen.[151] Alle im kollisionsrechtlichen Obersatz formulierten Vorschläge zur Änderung oder Vermeidung der Regelanknüpfung leiden dagegen unter der Unbestimmtheit der Tatbestandsmerkmale der Sonderanknüpfung, insbesondere auch in der Frage der Klassifikation des „Kulturguts" oder „Kunstwerks".[152] An der Regelanknüpfung an die *lex rei sitae* ist im Verkehrsinteresse an der Klarheit sachenrechtlicher Verhältnisse festzuhalten.[153] Die Lösung liegt auf materiellrechtlicher Ebene.[154]

38 **c) Gestreckte Tatbestände (Abs. 3).** Von der Erschöpfung einzelner Tatbestandselemente, die eine dingliche Rechtsänderung nach dem Recht des Ortes der Belegenheit der Sache nicht bewirkt haben, ist der nicht abgeschlossene, offene oder gestreckte Tatbestand zu unterscheiden. Sind die Voraussetzungen dinglicher Rechtsänderung nach dem Erststatut nicht vollständig erfüllt und gelangt die Sache nunmehr in den Geltungsbereich einer neuen Lagerechtsordnung, dann ist der gesamte Vorgang einheitlich nach dem Zweitstatut zu beurteilen, wenn es sich nach der hierfür allein maßgeblichen Auffassung der zweiten *lex rei sitae* um einen unvollendeten Tatbestand handelt.[155] Das Zweitstatut legt sich dann hinsichtlich der unter der Geltung des Erststatuts verwirklichten Tatbestandselemente rückwirkende Kraft bei.[156]

39 Ein **Beispiel** eines gestreckten Tatbestandes ist die **Ersitzung**. Hat der Besitz am ursprünglichen *situs* mangels hinreichender Dauer nicht zum originären Rechtserwerb geführt, dann ist es Sache des Zweitstatuts, den anhaltenden „Zustand" des Besitzes insgesamt neu zu bewerten und darin frühere Besitzzeiten einzurechnen.[157] Es bietet sich eine Analogie zu Artt. 185, 169 Abs. 1 an.[158] Die Frage ist praktisch bedeutsam, weil der originäre Erwerb durch Ersitzung stets als zweiter Erwerbsgrund in Betracht zu ziehen ist.[159] Entsprechendes gilt für die **Verjährung** des dinglichen Herausgabeanspruchs. Ihre Vollendung wird man als abgeschlossenen Tatbestand ansehen müssen. Haben Besitzzeiten nach dem Erststatut hingegen nicht zur Vollendung der Verjährung geführt, so verbleibt es zunächst bei diesem Ergebnis. Das Zweitstatut ist aber nicht gehindert, frühere Besitzzeiten verjährungsrechtlich neu oder anders zu bewerten, wie dies auch intertemporal gilt (Art. 229 § 6). War der Vindikationsanspruch – wie in der Schweiz[160] – unverjährbar, die Dauer des Besitzes nach dem Erststatut also ohne Rechtswert, dann hindert dieser Befund nicht eine Neubewertung der gesamten

---

149 Vgl. *Institut de Droit international*, La vente internationale d'objets d'art sous l'angle de la protection du patrimoine culturel, Artt. 2 f.; *Jayme*, Neue Anknüpfungsmaximen für den Kulturgüterschutz, S. 42 ff.; *ders.*, IPRax 1990, 347; vgl. *Fuchs*, IPRax 2000, 281, 284; *Hipp*, S. 197–199.
150 *Hanisch*, in: FS Müller-Freienfels 1986, S. 193, 215; *Mansel*, IPRax 1988, 268, 271; vgl. *Hipp*, S. 195.
151 City of Gotha and Federal Republic of Germany v. Sotheby's and Cobert Finance S.A. (Q.B. 1998, n.v.), in: Carl/Güttler/Siehr, 78, S. 200–216, für den Fall der Verjährung nach „*active concealment*"; Ablehnung der Anwendung deutschen Verjährungsrechts wegen Verstoßes gegen den englischen *ordre public* erwogen (*obiter*).
152 Vgl. etwa *Institut de Droit international*, IPRax 1991, 432 (Art. 1 Abs. 1 lit. a): „objet d'art, celui qui est identifié comme appartenant au patrimoine culturel d'un pays par son classement, enregistrement ou tout autre procédé de publicité internationalement admis en la matière".
153 Staudinger/*Stoll*, Int. SachR, Rn 295; MüKo/*Wendehorst*, Erg.-Bd., Art. 43 EGBGB Rn 13; *Siehr*, in: FS Trinkner 1995, S. 703, 715 ff.; *Fuchs*, IPRax 2000, 281, 284.
154 Vgl. auch *v. Plehwe*, KUR 2001, 49, 50–61.
155 MüKo/*Kreuzer*, nach Art. 38 EGBGB Anh. I Rn 60; *Looschelders*, IPR, Art. 43 Rn 55; Staudinger/*Stoll*, Int. SachR, Rn 289, 354.
156 *Lüderitz*, S. 193; vgl. Staudinger/*Stoll*, Int. SachR, Rn 289 a.E.
157 So bereits *Zitelmann*, I 157, II 340; BGE 94 II 297, 306–308 (*obiter*) im Verfahren Koerfer ./. Goldschmidt; richtig deshalb LG München I IPRax 1995, 43; vgl. auch *Knott*, S. 79–81; *v. Plehwe*, Besitzlose Warenkreditsicherheiten, S. 31–35; *ders.*, KUR 2001, 49, 50; a.A. *Müller-Katzenburg*, NJW 1999, 2551, 2557 Fn 80.
158 *Zitelmann*, Bd. 2, S. 353; *Raape*, S. 605.
159 *Kipp*, in: FS v. Martitz 1911, S. 211, 220–222: Lehre von den Doppelwirkungen im Recht.
160 BGE 48 II 38, 44–47.

Besitzzeit nach dem Zweitstatut, das den Herausgabeanspruch verjähren lässt.[161] Das gilt auch für den vom LG München I[162] entschiedenen Fall des wiederholten Statutenwechsels Deutschland/Schweiz/Deutschland. Frühere Besitzzeiten gehen – entgegen *Jayme*[163] – nicht dadurch „unter", dass das Zweitstatut (Schweiz) sie verjährungsrechtlich als unbeachtlich ansieht. Auch in dieser Frage ist ein „Reinigungseffekt" abzulehnen. Über die Rechtserheblichkeit früherer Besitzzeiten entscheidet allein das Endstatut.

Der **gestreckte Erwerbstatbestand** hat in **Abs. 3** eine **teilweise Regelung** gefunden. Die **einseitige Kollisionsnorm**[164] betrifft den Fall, dass der Erwerb des dinglichen Rechts im Zeitpunkt des Statutenwechsels noch nicht vollendet wurde. Die am Erst-*situs* geschaffenen Tatbestandselemente werden „wie inländische" berücksichtigt. Die Norm ist auf **internationale Verkehrsgeschäfte**, also Fälle abredegemäßer Verbringung der Sache und damit des qualifizierten Statutenwechsels, zugeschnitten.[165] Es gilt das „Anrechnungsprinzip".[166] Die Übereignung einer im Zeitpunkt der Einigung in der Schweiz belegenen Sache wird auch ohne Übergabe, die in der Schweiz Voraussetzung der Eigentumsverschaffung ist,[167] mit Grenzübertritt wirksam, wenn die bisherigen Vorgänge die Voraussetzungen des dinglichen Tatbestands der inländischen Sachenrechtsordnung erfüllen.[168] 40

Wesentliche praktische Bedeutung hat die Bestimmung für **besitzlose Mobiliarsicherheiten**, die am Ausgangs-*situs* nicht (dritt-)wirksam entstanden sind, die aber ihre Sicherungswirkung in Einzelvollstreckung und Insolvenz bestimmungsgemäß im Inland entfalten sollen. Dazu zählt auch der **Eigentumsvorbehalt**, der nicht – nach deutschem materiellem Recht sonst korrekt[169] – als Nicht-Übereignung mit der Folge, dass sich auch bei Unwirksamkeit der aufschiebenden Bedingung an dem Befund fehlender Einigung nichts ändert,[170] sondern vielmehr kollisionsrechtlich als Sicherungsrecht wie eine Mobiliarhypothek, Sicherungsübereignung oder ein besitzloses (Register-)Pfandrecht begriffen wird. Der Eigentumsvorbehalt gilt kollisionsrechtlich als abgeschlossener Tatbestand. Deshalb nimmt die Begründung des Regierungsentwurfs die Vereinbarung eines Eigentumsvorbehalts, der am Ausgangs-*situs* nicht drittwirksam entstanden ist, im Inland aber vollwirksam wäre,[171] als Anwendungsbeispiel des Abs. 3.[172] Damit ist sichergestellt, dass der Eigentumsvorbehalt ab Grenzübertritt und ohne die Notwendigkeit einer materiellrechtlichen Hilfskonstruktion[173] wirkt, wie vor der Neuregelung im Schrifttum gefordert.[174] 41

Die Wirksamkeit einer **Verarbeitungsklausel** beim verlängerten Eigentumsvorbehalt richtet sich nach dem Vertragsstatut (Art. 33 Abs. 1 und 2).[175] Anders als Art. 44 RefE 1984 bezieht sich Abs. 3 ähnlich Art. 102 Schweizer IPRG nicht nur auf vereinbarte Sicherungsrechte. Das schließt es deshalb nicht aus, auch den vertragswidrigen, **einseitigen Eigentumsvorbehalt** in seinen Anwendungsbereich einzubeziehen. Denn die kollisionsrechtliche Interessenlage bleibt gleich. Im Falle des **Exportgeschäfts** findet Abs. 3 als inlandsbezogene einseitige Kollisionsnorm keine Anwendung. Es bleibt jeder neuen *lex rei sitae* zu entscheiden, ob früher verwirklichte Tatbestandselemente nach Statutenwechsel Rechtswirkungen erzeugen oder als unselbständige Elemente eines Gesamttatbestandes Berücksichtigung finden.[176] Formlose besitzlose 42

---

161 Vgl. *v. Plehwe*, KUR 2001, 49, 51; anders wohl *Jayme*, IPRax 1995, 43 (sachenrechtliche Vorprägung).
162 Vgl. Bericht und Anm. von *Jayme*, IPRax 1995, 43.
163 IPRax 1995, 43.
164 BT-Drucks 14/343, S. 16; Erman/*Hohloch*, Art. 43 EGBGB Rn 29; *Staudinger*, DB 1999, 1594; a.A. (Sachnorm) Palandt/*Heldrich*, Art. 43 EGBGB Rn 11; *Kreuzer*, in: Henrich, Vorschläge und Gutachten, S. 37, 73; *ders.*, RabelsZ 65 (2001), 383, 449; *Junker*, RIW 2000, 241, 254.
165 *Looschelders*, IPR, Art. 43 Rn 58–60.
166 Erman/*Hohloch*, Art. 43 EGBGB Rn 26.
167 Art. 714 Abs. 1 ZGB.
168 *Kreuzer*, in: Henrich, Vorschläge und Gutachten, S. 37, 73.
169 BGH NJW 1953, 217, 218; BGHZ 64, 395, 397.
170 Vgl. *Schröder*, Anpassung, S. 126; *Nussbaum*, S. 308; *Behr*, RIW/AWD 1978, 489, 496; ferner *Gilmore*, Bd. 1, § 3.2 (S. 66) zum frühen *common law* des *conditional sale*.
171 Beispiel nach BGHZ 45, 95 (allerdings fehlerhafte Deutung des italienischen materiellen und Verfahrensrechts; vgl. *Siehr*, AWD 1971, 10; *Kindler*, S. 88; *v. Plehwe*, Besitzlose Warenkreditsicherheiten, S. 115 f.).
172 BT-Drucks 14/343, S. 16; Erman/*Hohloch*, Art. 43 EGBGB Rn 28; missverständlich *Looschelders*, IPR, Art. 43 Rn 62, der zunächst Abs. 2 für den Strickmaschinenfall (BGHZ 45, 95) heranzieht.
173 Antizipierte Rückübereignung an den „Vorbehalts"-Verkäufer: BGHZ 45, 95.
174 *Drobnig*, RabelsZ 32 (1968), 450, 469 im Anschluss an § 9–103 (3) S. 2 UCC 1962; *Kegel*, JuS 1968, 162, 165; *Deutscher Rat*, § C, in: Lauterbach, Vorschläge und Gutachten, S. 30; ähnlich *Siehr*, AWD 1971, 10, 20 f.; *Lüderitz*, S. 206, 211 f.; *v. Plehwe*, Besitzlose Warenkreditsicherheiten, S. 120 –127, 325–330 m.w.N.
175 Bamberger/Roth/*Spickhoff*, Art. 43 EGBGB Rn 12.
176 BT-Drucks 14/343, S. 16; *Kreuzer*, in: Henrich, Vorschläge und Gutachten, S. 37, 73–75; *ders.*, RabelsZ 65 (2001), 383, 450; Erman/*Hohloch*, Art. 43 EGBGB Rn 29.

Sicherheiten wie etwa der deutschrechtliche Eigentumsvorbehalt werden häufig nicht anerkannt oder mit Schonfristen den Publizitätsvorschriften des Bestimmungsstaats unterworfen.[177]

43 **d) Besitzlose Mobiliarsicherheiten und Statutenwechsel.** Je nach Fallgestaltung gelten Abs. 2 oder 3. Auch dann, wenn der Statutenwechsel – etwa im Rahmen eines **internationalen Verkehrsgeschäfts** – beabsichtigt war, wird ausschließlich objektiv angeknüpft. Für abgeschlossene Tatbestände bedeutet dies die Anwendung des Abs. 2 und die sukzessive Geltung der *leges rei sitae*. Im Schrifttum gegen die objektive Anknüpfung geäußerte Zweifel[178] sowie der Vorschlag einer parteiautonomen Bestimmung des Sachstatuts, teils auch unter Zulassung stillschweigender **Rechtswahl**,[179] haben sich gegen das Verkehrsinteresse nicht durchgesetzt. Art. 104 des Schweizer IPRG lässt eine Rechtswahl zwar zu, aber nur insofern *inter partes* wirken, als sie einem Dritten nicht entgegengehalten werden kann. Der Dritte kann sich jedoch, wenn es ihm dient, auf die sachenrechtsbezogene Rechtswahl der an der Verfügung Beteiligten berufen.[180] Eine vergleichbare Regelung wäre *de lege ferenda* zu erwägen.[181]

44 Besondere Probleme verursachen **Globalsicherheiten**, insbesondere auch besitzlose Pfandrechte an Unternehmen oder Sachgesamtheiten, darunter insbesondere sog. *floating charges*.[182] Nach einer Auffassung können Sicherungsrechte an Rechts- oder Sachgesamtheiten und Unternehmen mangels entsprechender Rechtstypen im deutschen Recht nicht als solche, sondern nur aufgrund Transposition ihrer Bestandteile in funktionsäquivalente Rechtsfiguren des deutschen Rechts anerkannt werden.[183] Anders seien die etwa in einer *floating charge* englischen Rechts (Unternehmens-Generalhypothek) vereinten vertraglichen, vertretungsrechtlichen, dinglichen und liquidationsverfahrensrechtlichen Aspekte nicht unter zureichender Beachtung von Dritt- und Verkehrsschutzinteressen zu erfassen.[184] Dem ist insofern zuzustimmen, als die verschiedenen Aspekte kollisionsrechtlich auseinander zu halten und Einzel- oder Vorfragen möglicherweise gesondert anzuknüpfen sind. Richtigerweise ist in den dinglichen Wirkungen wie auch sonst zwischen der Entstehung der Sicherheit, die sich als Unternehmenspfandrecht nach dem Unternehmensstatut richtet,[185] und der Durchsetzung der dinglichen Rechtselemente am *situs* zu unterscheiden.

45 In der Beurteilung einer *floating charge* muss weiter danach unterschieden werden, ob „**Kristallisierung**", die Umwandlung in eine „*fixed charge*", eingetreten ist.[186] Ob heute noch unter Hinweis auf den materiellrechtlichen Bestimmtheitsgrundsatz, der nach herkömmlicher Auffassung die Verpfändung oder Sicherungsübereignung eines Unternehmens oder sonstigen Inbegriffs von Vermögensgegenständen ausschließt,[187] die Vornahme dinglicher Einzelakte am neuen *situs* gefordert werden kann,[188] erscheint zweifelhaft. Inländische materiellrechtliche Ordnungsprinzipien setzen sich nicht ohne weiteres kollisionsrechtlich durch. Mit Recht wurde die früher emphatisch vertretene Auffassung, das besitzlose Pfandrecht sei mit dem inländischen *numerus clausus* der Sachenrechte unvereinbar, zu den Akten gelegt. Art. 5 Abs. 1 der **VO (EG) 1346/2000** des Rates der EU vom 29.5.2000 über Insolvenzverfahren berücksichtigt auf Wunsch Großbritanniens dingliche Rechte „sowohl an bestimmten Gegenständen als auch an einer Mehrheit von nicht bestimmten Gegenständen mit wechselnder Zusammensetzung". Darunter fällt auch die englische *floating charge*.[189] Der grenzüberschreitenden Entwicklung des materiellen Kreditsicherungsrechts hat die kollisionsrechtliche Beurteilung (jedenfalls) Rechnung zu tragen. Die Auffassung, dass das Generalpfandrecht hinsichtlich der ins Inland gelangten Sachen ruhe,[190] ist zwar aus herkömmlicher materiell-sachenrechtlicher Perspektive folgerichtig, heute aber kollisionsrechtlich nicht mehr gerechtfertigt.

---

177 Vgl. etwa §§ 9–103, §§ 9–301 ff. UCC (§§ 9–103 UCC a.F.) zum Erfordernis der „*perfection*" des Sicherungsrechts nach (oder vorauseilend zum) Import des Sicherungsguts; Art. 102 Abs. 2 und 3 Schweizer IPRG (Schonfrist für die Registrierung, jedoch ohne Drittwirksamkeit des Eigentumsvorbehalts).
178 Übersichten bei MüKo/*Kreuzer*, nach Art. 38 EGBGB Anh. I Rn 73; Staudinger/*Stoll*, Int. SachR, Rn 288–294; Erman/*Hohloch*, Art. 43 EGBGB Rn 24.
179 Staudinger/*Stoll*, Int. SachR, Rn 292; enger *Drobnig*, RabelsZ 32 (1968), 450, 460–462; *ders.*, in: FS Kegel 1977, S. 141, 150 f. (ausdrückliche Rechtswahl).
180 Zürcher Kommentar/*Heini*, Art. 104 Rn 10.
181 Vgl. auch *Stadler*, S. 675.
182 Ferner etwa *floating lien* gem. § 9 UCC, *nantissement du fonds de commerce*; vgl. MüKo/*Kreuzer*, nach Art. 38 EGBGB Anh. I Rn 99; Staudinger/*Stoll*, Int. SachR, Rn 195.
183 MüKo/*Kreuzer*, nach Art. 38 EGBGB Anh. I Rn 99; *Wenckstern*, RabelsZ 56 (1992), 624, 652 f.
184 *Wenckstern*, RabelsZ 56 (1992), 624, 652.
185 Staudinger/*Stoll*, Int. SachR, Rn 195; *Collins*, (1978) 27 I.C.L.Q. 691 ff.
186 Vgl. *Wenckstern*, RabelsZ 56 (1992), 624, 637 ff., 654 ff.
187 BGH NJW 1968, 392, 393; vgl. OLG Hamm WM 1976, 1125, 1126; *Wenckstern*, RabelsZ 56 (1992), 624, 663.
188 Dafür Staudinger/*Stoll*, Int. SachR, Rn 195.
189 MüKo-InsO/*Reinhart*, Art. 5 EuInsVO Rn 6; ebenso bereits Art. 5 des EU-Übk, vgl. *Virgos/Schmit*, S. 32, 73 Nr. 104.
190 *v. Bar*, IPR II, Rn 761.

II. Sondertatbestände

1. Res in transitu. Art. 43 sieht keine Sonderanknüpfung vor für Sachen ohne festen Lageort, etwa als Transitgut oder auch nur persönliche Habe eines Reisenden. Allerdings ist Art. 46 zu beachten.[191] Art. 45 betrifft Transportmittel, nicht aber Sachen „auf der Reise".[192]

Auf der Ebene des Art. 43 ist danach zu unterscheiden, ob Vorgänge zu beurteilen sind, die einen Bezug zum jeweiligen Lageort vorweisen. Wird über die Sache auf dem Transport in der Weise verfügt, dass das Gut am Ort seiner Belegenheit an einen Dritten veräußert oder als Sicherungsmittel zur Kreditbeschaffung eingesetzt wird, so gebietet das Verkehrsinteresse die Anwendung dieser *lex rei sitae*. Wie die Verpfändung unterliegt auch die Pfändung der Sache dem Recht des Lageortes, das insgesamt als Vollstreckungsstatut wirkt. Auch gesetzliche Pfandrechte für den Transport der Sache oder sonstige Leistungen entstehen nach der jeweiligen Belegenheitsordnung.[193]

Abs. 3 ist auf Transportvorgänge nicht anzuwenden. Der bloße Grenzübertritt in den Bereich einer Rechtsordnung, die an die Vollendung des dinglichen Tatbestandes geringere Anforderungen stellt, lässt den Tatbestand nicht zur Vollendung gelangen.[194]

Soweit kein Bezug zum Lageort besteht, stellt sich unabhängig von der Sonderanknüpfung nach Art. 46 die Frage der Zulassung einer **Rechtswahl**. Für den Bereich der internationalen Verkehrsgeschäfte wird sie mit Recht abgelehnt.[195] Dieser Ausschluss gilt wegen der Verschiedenheit der Interessenlage aber nicht notwendig für *res in transitu*.[196] Werden Drittinteressen nicht berührt, so ist nichts dagegen einzuwenden, eine auf Absende- und Bestimmungsland beschränkte Rechtswahl zuzulassen.[197] Die Frage ist allerdings praktisch bedeutungslos.[198] Lässt man eine Rechtswahl zu, so ist in den Fällen, in denen eine Rechtswahl nicht getroffen worden ist, Art. 46 zu beachten.[199]

2. Transportmittel. Rechte an Luft-, Wasser- und Schienenfahrzeugen haben eine besondere Regelung in Art. 45 erfahren. Die dort nicht erfassten Transportmittel, insbesondere Kraftfahrzeuge, unterfallen damit Art. 43. Seit jeher ist aber im Streit, ob die Besonderheit bestimmungsgemäßer Beweglichkeit des Guts nicht eine Sonderanknüpfung erfordert. Insofern ist die Anwendung des Art. 46 in Betracht zu ziehen. Richtigerweise wird die Abgrenzung nahe dem Bezug zum Lageort und der Beeinträchtigung von Verkehrsinteressen zu treffen sein. Die Entstehung gesetzlicher Sicherungsrechte folgt ebenso wie die Wirkung von Vollstreckungsakten dem Recht der aktuellen Belegenheit. Soweit Verfügungen über das Transportmittel auf rechtsgeschäftlicher Grundlage und die Begründung, Veränderung und der Verlust rechtsgeschäftlich begründeter Sicherungsrechte in Rede stehen, wird Art. 46 heranzuziehen sein (siehe dort).

3. Insolvenzrechtliche Fragen. Gegenstand des Insolvenzverfahrens ist das Vermögen des Schuldners. Nach § 35 InsO erfasst das Insolvenzverfahren das gesamte Vermögen, das dem Schuldner zur Zeit der Eröffnung des Verfahrens gehört und das er während des Verfahrens erlangt (Insolvenzmasse). Anknüpfungspunkt ist die **Rechtsträgerschaft**, nicht aber die Belegenheit der Vermögensgegenstände, die zur Insolvenzmasse gehören. Die Insolvenzmasse erfasst nicht nur das im Inland belegene, sondern das gesamte Vermögen des Schuldners, also auch sein Auslandsvermögen,[200] woran sich auch nach der Reform des deutschen Insolvenzrechts nichts geändert hat.[201] Umgekehrt erfasst das ausländische Insolvenzverfahren auch das im Inland befindliche Vermögen des Schuldners (Art. 102 Abs. 1 InsO).[202] Sinnvollerweise enthält bei Inlandsverfahren bereits der Insolvenzeröffnungsbeschluss die ausdrückliche Klarstellung, dass sich das inländische Insolvenzverfahren auch auf das ausländische Schuldnervermögen erstreckt und der Insolvenzverwalter gehalten ist, das Vermögen „nach den rechtlichen Bestimmungen des jeweiligen Belegenheitsstaates in Besitz zu nehmen und zugunsten der in- und ausländischen Gläubiger zu verwerten".[203]

---

191 Bamberger/Roth/*Spickhoff*, Art. 43 EGBGB Rn 8.
192 *Kegel/Schurig*, § 19 IV (S. 774).
193 *Kegel/Schurig*, § 19 IV (S. 774); *Looschelders*, IPR, Art. 43 Rn 63.
194 *Kegel/Schurig*, § 19 IV (S. 774).
195 BT-Drucks 14/343, S. 16, im Anschluss an BGH NJW 1997, 461, 462; *Kreuzer*, in: Henrich, Vorschläge und Gutachten, S. 37, 75–81; *Ritterhoff*, S. 176.
196 Vgl. auch *Looschelders*, IPR, Art. 43 Rn 64.
197 Dafür *Looschelders*, IPR, Art. 43 Rn 65; *Kegel/Schurig*, § 19 IV (S. 774); vgl. auch *Raape*, S. 616 f.; Erman/*Hohloch*, Art. 45 EGBGB Rn 13; Staudinger/*Stoll*, Int. SachR, Rn 368 m. Überblick zum Meinungsspektrum.
198 Vgl. Erman/*Hohloch*, Art. 45 EGBGB Rn 13; MüKo/*Kreuzer*, nach Art. 38 EGBGB Anh. I Rn 128; BT-Drucks 14/343, S. 14.
199 *Looschelders*, IPR, Art. 43 Rn 65.
200 BGHZ 68, 16, 17; BGH ZIP 1983, 961, 962; Uhlenbruck/*Lüer*, Art. 102 Rn 74; MüKo-InsO/*Reinhart*, Art. 102 Rn 230.
201 Uhlenbruck/*Lüer*, Art. 102 Rn 74.
202 So bereits BGHZ 95, 256 unter Aufgabe von BGH NJW 1960, 774.
203 AG Köln, Konkurseröffnungsbeschluss v. 24.1.1986 im Kaußen-Fall; vgl. *Lüer*, KTS 1990, 377, 382; dazu auch Uhlenbruck/*Lüer*, Art. 102 Rn 74 a.E.

52 Das zur Insolvenzmasse gehörende Vermögen des Schuldners ist regelmäßig mit Rechten Dritter belastet. Kollisionsrechtlich können sich Konflikte zwischen dem inländischen Insolvenzstatut und einer ausländischen *lex rei sitae* ergeben, wenn nach ausländischem Belegenheitsrecht begründete dingliche Rechte infrage stehen. Es gilt der **Grundsatz**, dass sich Verfügungen über dingliche Rechte und deren Inhalt allein nach dem Recht der Belegenheit richten, das Insolvenzstatut aber die wirtschaftliche Zuordnung des einzelnen Vermögensgegenstands zur Insolvenzmasse regelt, soweit der Schuldner über ihn verfügen kann.[204] Die gebotene Abgrenzung zwischen Sachenrechtsstatut und Insolvenzstatut ist im Einzelnen umstritten. Manches spricht für die Ansicht, dass entsprechend § 47 S. 2 InsO die dinglichen Voraussetzungen eines Anspruchs auf Aussonderung eines Gegenstandes als Vorfrage ausschließlich nach dem jeweiligen Sachstatut zu beurteilen sind, weil solches Vermögen nicht zum Vermögen des Schuldners zählt.[205]

53 Ob freilich **Aussonderung** zu gewähren ist, ist eine insolvenzrechtliche Frage, die nur nach der *lex fori concursus* beurteilt werden kann. Im Einzelnen wird es nicht zu vermeiden sein, dass wie im Regelfall des Art. 43 Abs. 2 ein materiellrechtlicher Typenvergleich erforderlich ist und sachenrechtliche Vorfragen, wenn sie auftreten, gesondert angeknüpft werden; im Übrigen nimmt das Insolvenzstatut als Gesamtstatut die Verteilung des Schuldnervermögens vor, soweit nicht Spezialvorschriften vereinzelter Bereiche eingreifen.[206] **Art. 102 Abs. 2 EGInsO** sieht eine einseitige Kollisionsnorm für die **Anfechtung** durch den ausländischen Insolvenzverwalter vor. Sie ergibt eine Kumulation dahin, dass die insolvenzrechtliche Anfechtung nur dann Erfolg hat, wenn der Vorgang sowohl nach dem Insolvenz(eröffnungs)statut als auch nach dem Statut, das für die Wirkungen der Rechtshandlung maßgeblich ist, angefochten werden kann.[207] Die allseitige Anwendung dieser Kollisionsnorm wird befürwortet,[208] bedarf aber höchstrichterlicher Klärung.[209] Als Wirkungsstatut wird man wie im Falle des § 19 AnfG die *lex rei sitae* im Zeitpunkt der Verfügung anzusehen haben. Zu beachten ist, dass **Art. 13 VO (EG) 1346/2000** eine von Art. 102 Abs. 2 EGInsO abweichende Verteilung der Beweislast zulasten des Anfechtungsgegners vorsieht.[210]

54 **Art. 5 VO (EG) 1346/2000** nimmt eine gesonderte Anknüpfung des dinglichen Rechts an körperlichen oder unkörperlichen, beweglichen oder unbeweglichen Gegenständen des Schuldners vor, unbeschadet einer möglichen Anfechtbarkeit nach dem Insolvenzstatut (Art. 4 Abs. 2 lit. m der Verordnung).[211] Art. 5 Abs. 4 VO und § 102 Abs. 2 EGInsO sind nicht aufeinander abgestimmt. Kollisionsrechtlich liegt Art. 5 VO nahe, dass das sachenrechtliche Einzelstatut dem Insolvenzstatut vorgeht und keine Überlagerung stattfindet. Uneingeschränkte Verfügungsfreiheit nach dem Belegenheitsrecht, ungeachtet des ausländischen Insolvenzverfahrens, ist die Folge.[212] Für den Eigentumsvorbehalt wird dies durch Art. 7 der Verordnung nochmals gesondert herausgestellt.

55 Für die Praxis ergibt sich in Kollisionsfällen aus der Konkurrenz von Einzel- und Gesamtstatut im Falle der Insolvenz ein erhebliches Streitpotenzial. Insolvenzrechtliche Fragestellungen sind unter Einschluss der Möglichkeit ausländischer Insolvenzverfahren, die Vermögen am Belegenheitsort erfassen, in der Gestaltung dinglicher Rechtsverhältnisse zu berücksichtigen.

C. Exkurs: Enteignung

56 Hoheitsakte, die einen Eingriff in privatrechtliche Rechtspositionen im Wege der Enteignung zum Gegenstand haben, dienen auch dann, wenn sie zugunsten einzelner Privater wirken, der Durchsetzung staats- oder wirtschaftspolitischer Ziele. Hierdurch unterscheiden sie sich etwa von dem Hoheitsakt der Insolvenzeröffnung, der der Gesamtvollstreckung im Sinne der Verwirklichung der *par conditio creditorum* und damit der Privatrechtsgestaltung dient. Das könnte dafür sprechen, solchen aus der Sicht des Zivilrechts „artfremden"[213] Eingriffen in dem Sinne die Anerkennung zu versagen,[214] dass die fremdstaatliche Enteignung nicht in das fremde Recht übernommen und dessen Akten gleichgesetzt wird.[215] Indes greift diese ausschließlich international-privatrechtlich ausgerichtete Sicht zu kurz. Soweit sich der enteignende Staat in den Grenzen

---

204 Uhlenbruck/*Lüer*, Art. 102 Rn 77.
205 Vgl. Uhlenbruck/*Lüer*, Art. 102 Rn 81.
206 Vgl. im Einzelnen Uhlenbruck/*Lüer*, Art. 102 Rn 78 –83.
207 Aufgrund Vorwirkung der Norm bereits angewandt in BGH ZIP 1997, 150, 153.
208 Uhlenbruck/*Lüer*, Art. 102 Rn 86–89; *Nerlich*, in: Nerlich/Römermann, § 143 Rn 68; vgl. *Weis*, in: Hess/Weis/Wienberg, Art. 102 Rn 87.
209 MüKo-InsO/*Reinhart*, Art. 102 Rn 138.
210 Dazu FK/*Wimmer*, Anh. I Rn 350 f.
211 Dazu *v. Wilmowsky*, EWS 197, 295 ff.; ferner Virgos/Schmit, S. 32, 69–73 zu Art. 5 EU-Übereink.
212 Uhlenbruck/*Lüer*, VO(EG) 1346/2000, Art. 5 Rn 2.
213 Staudinger/*Stoll*, Int. SachR, Rn 196 f.
214 Vgl. BGHZ 95, 256, 265 (Inlandswirkungen des Auslandskonkurses) mit Hinweis auf BGHZ 31, 367, 371 (Enteignung).
215 Staudinger/*Stoll*, Int. SachR, Rn 196; vgl. auch BGHZ 31, 367, 371 f.

seiner Macht hält, ist die Enteignung hinzunehmen und die fremde Anordnung anzuwenden. Macht wird Recht.[216]

I. Territorialitätsprinzip

Nach deutschem internationalem Enteignungsrecht wird die Enteignung eines fremden Staates einschließlich der entschädigungslosen **„Konfiskation"** grundsätzlich als wirksam angesehen, soweit dieser Staat in den Grenzen seiner Macht geblieben ist.[217] Die Wirkung einer Enteignung ist nach der verfassungsgemäßen[218] ständigen Rechtsprechung des Bundesgerichtshofs durch das **Territorialitätsprinzip** begrenzt.[219] Danach erfasst eine solche Hoheitsmaßnahme nur das der Gebietshoheit des enteignenden Staates unterliegende, nicht dagegen das im Ausland belegene Vermögen.[220] Die Bestimmungen des öffentlichen Rechts wirken nach hergebrachter Auffassung nicht über die Landesgrenzen hinaus. Die territoriale Begrenzung folgt aus dem öffentlichen Kollisionsrecht.[221]

Entscheidend ist folglich, wo der enteignete Vermögensgegenstand im Zeitpunkt der Enteignung belegen war.[222] Ist das Enteignungsstatut *lex rei sitae*, dann unterliegen ihm das **Eigentum** und alle übrigen **dinglichen Rechte**.[223] Ein Hoheitsakt, der ein dingliches Recht an einer beweglichen oder unbeweglichen Sache betrifft, wird (grundsätzlich, Art. 6) als wirksam anerkannt, wenn der handelnde Staat nach seiner Rechtsordnung wirksam handelte und sich die Sache in seinem Gebiet in dem Zeitpunkt befand, als der Hoheitsakt Wirkung entfalten sollte.[224] Im Grundsatz kann zur Abgrenzung auf Art. 43 Abs. 1 zurückgegriffen werden,[225] sofern die öffentlich-rechtliche Überlagerung des Enteignungsvorgangs beachtet wird.[226] Für sachenrechtliche Vorgänge ist die Beurteilung unumstritten; entscheidend ist der Lageort.

Schwierigkeiten bereitet die Feststellung der „Belegenheit" von **Forderungen**, **Mitgliedschaftsrechten** und sonstigen **nichtdinglichen Rechten**. Die Enteignung von Mitgliedschaftsrechten an Kapital- und Personengesellschaften richtet sich in ihren Wirkungen nach herrschender Auffassung nicht nach dem Gesellschaftsstatut (mit der sonst drohenden Folge der Erfassung im Ausland belegener Vermögenswerte der Gesellschaft), sondern nach dem (jeweiligen) Lageort des Gesellschaftsvermögens.[227] Die Entstehung von **„Spaltgesellschaften"** ist die gesellschaftsrechtliche Folge.[228]

Bei **hypothekarisch gesicherten Forderungen** ist zu unterscheiden:[229] die Enteignung der Hypothek richtet sich unzweifelhaft nach der *lex rei sitae* (des Grundstücks)[230] und lässt den Bestand der Hypothekenforderung grundsätzlich unberührt, es sei denn, auch die Forderung ist im Enteignungsstaat als Schuldnerwohnsitz belegen und wird von der Enteignung erfasst.[231] Wird die Forderung enteignet, ist auf deren „Belegenheit" abzustellen. Der Bestand des Grundpfandrechts wird durch die Forderungsenteignung nicht berührt; die Hypothek wird deshalb nicht zur Eigentümergrundschuld.[232] Die Rechtsprechung stellt im Falle des „typischen Realkredits" darauf ab, dass der Schwerpunkt des Schuldverhältnisses am Ort der Belegenheit der Sicherheit liegt.[233] Ohne eine solche Zweckverbindung und bei Personenverschiedenheit von persönlichem Schuldner und Eigentümer des belasteten Grundstücks neigt der Bundesgerichtshof zur getrennten Anknüpfung.[234] Die Abgrenzung ist höchstrichterlich nicht abschließend geklärt.[235]

Schiffe können auf hoher See oder in fremdem Hafen nicht wirksam enteignet werden.[236] Im Falle der Enteignung von **Wertpapieren** ist – wie stets – zwischen der Enteignung des Papiers und jener der verbrieften

---

216 *Kegel/Schurig*, § 23 II 1 (S. 1099); anders *Stoll*, IPRax 2003, 433, 434; *ders.*, Rn 196.
217 BVerfGE 84, 90, 123.
218 BVerfGE 84, 90, 123 f.
219 BGHZ 62, 340, 343; BGH NJW 2002, 2389, 2390.
220 BGHZ 25, 127, 129; 62, 340, 343; 104, 240, 245; BGH NJW 2002, 2389, 2390.
221 BGHZ 31, 367, 371.
222 BGHZ 23, 333, 336; BGH NJW 2002, 2389, 2390; vgl. *Müller-Katzenburg*, Internationale Standards, S. 239 f., zur Anwendung im Bereich des Kulturgüterschutzes.
223 *Kegel/Schurig*, § 23 II 2 (S. 1099), § 23 II 4 (S. 1102).
224 Allg. Grundsatz, vgl. auch *Dicey/Morris*, Rule 120 (S. 995).
225 *Looschelders*, IPR, Art. 43 Rn 69.
226 Vgl. *Kegel/Schurig*, § 23 II 3 und 4 (S. 1101 f., 1102 ff.).
227 BGHZ 32, 256; 33, 195, 197; *Kegel/Schurig*, § 23 II 4 (S. 1105).
228 BGHZ 56, 66, 69; (GS) 62, 340, 343 f.; BGH WM 1990, 1065; NJW-RR 1992, 168; *Wiedemann*, in: FS Beitzke 1979, S. 811, 813 ff.; *Flume*, in: FS F.A. Mann 1977, S. 143, 146 ff.; *Junker*, S. 191, 194 ff.
229 Vgl. *Kegel/Schurig*, § 23 II 4 (S. 1107 f.).
230 *Soergel/v. Hoffmann*, Art. 38 EGBGB Anh. III Rn 47 m.w.N.
231 *Wolff*, § 29 VI 2 (S. 153).
232 *Stoll*, IPRax 2003, 433, 436.
233 BGH WM 1969, 1348, 1349 m.w.N.
234 BGH NJW 2002, 2389, 2390 f.; zust. *Kegel/Schurig*, § 23 II 4 (S. 1108).
235 Im Grundsatz offen gelassen in BGH NJW 2002, 2389, 2390.
236 *Soergel/v. Hoffmann*, Art. 38 EGBGB Anh. III Rn 37.

Forderung zu unterscheiden. Die Enteignung des Wertpapiers muss im Einklang mit der *lex cartae sitae* stehen; das verbriefte Recht wird nach dem Wertpapierrechtsstatut enteignet.[237]

II. Ordre public

62 Die ausländische Enteignung ist, wenn sie in den beschriebenen Grenzen erfolgt, nach dem (insofern positiven[238]) Territorialitätsgrundsatz im Allgemeinen hinzunehmen. **Im Einzelfall** kann das Ergebnis der Anerkennung allerdings zu einer Unvereinbarkeit mit wesentlichen Grundsätzen des deutschen Rechts, insbesondere mit den Grundrechten, führen und deshalb nach Art. 6 ausgeschlossen sein. Es muss eine hinreichende Inlandsbeziehung bestehen. Die Entschädigungslosigkeit der Maßnahme oder ein ihr nach inländischen Gerechtigkeitsvorstellungen sonst anhaftender Makel genügen nicht, um der auf im Ausland belegenes Vermögen bezogenen Enteignung die Wirksamkeit abzusprechen.[239] Auf die Völkerrechtswidrigkeit der Enteignung kommt es nicht allein an,[240] obwohl sie bei hinreichender Binnenbeziehung den Ausschlag geben kann.[241] Eine Diskriminierung oder entschädigungslose Enteignung von Angehörigen des Gerichtsstaates kann zur Anwendung des *ordre public* führen.[242]

Artikel 44 | Grundstücksimmissionen

¹Für Ansprüche aus beeinträchtigenden Einwirkungen, die von einem Grundstück ausgehen, gilt Artikel 40 Abs. 1 entsprechend.

Literatur: *Freitag/Leible*, Das Bestimmungsrecht des Art. 40 Abs. 1 EGBGB im Gefüge der Parteiautonomie im Internationalen Deliktsrecht, ZVglRWiss. 99 (2000), 101; *Hager*, Zur Berücksichtigung öffentlich-rechtlicher Genehmigungen bei Streitigkeiten wegen grenzüberschreitender Emissionen, RabelsZ 53 (1989), 293; *Heiderhoff*, Bestimmungsrecht nach Art. 40 Abs. 1 S. 2 EGBGB und Anwaltshaftung, IPRax 2002, 366; *von Hein*, Günstigkeitsprinzip oder Rosinentheorie? – Erwiderung auf Lorenz (NJW 1999, 2215), NJW 1999, 3174; *ders.*, Grenzüberschreitende Produkthaftung für „Weiterfresserschäden", RIW 2000, 820; *Henrich*, Vorschläge und Gutachten zur Reform des deutschen Internationalen Sachen- und Immaterialgüterrechts, 1991; *Koch*, Zur Neuregelung des Internationalen Deliktsrechts: Beschränkung des Günstigkeitsprinzips und Einführung der vertragsakzessorischen Bestimmung des Deliktsstatuts?, VersR 1999, 1453; *Kreuzer*, Gutachtliche Stellungnahme zum Referentenentwurf eines Gesetzes zur Änderung des Internationalen Privatrechts, in: Henrich, Vorschläge und Gutachten zur Reform des deutschen Internationalen Sachen- und Immaterialgüterrechts, 1991, S. 37; *ders.*, Umweltstörungen und Umweltschäden im Kollisionsrecht, in: Kunig u.a., Umweltschutz im Völkerrecht und Kollisionsrecht, 1992; *ders.*, Die Vollendung der Kodifikation des deutschen Internationalen Privatrechts durch das Gesetz zum Internationalen Privatrecht der außervertraglichen Schuldverhältnisse und Sachen vom 21.5.1999, RabelsZ 65 (2001), 383; *S. Lorenz*, Zivilprozessuale Konsequenzen der Neuregelung des Internationalen Deliktsrechts: Erste Hinweise für die anwaltliche Praxis, NJW 1999, 2215; *Pfeiffer*, Der Stand des Internationalen Sachenrechts nach seiner Kodifikation, IPRax 2000, 270; *Raape*, Internationales Privatrecht, 5. Auflage 1961; *Schurig*, Ein ungünstiges Günstigkeitsprinzip – Anmerkungen zu einer misslungenen gesetzlichen Regelung des internationalen Deliktsrechts, in: GS Lüderitz 2000, S. 699; *Spickhoff*, Die Tatortregel im neuen Deliktskollisionsrecht, IPRax 2000, 1; *ders.*, Internationale Umwelthaftungsstandards und das neue Internationale Umwelthaftungsrecht, Jahrbuch des Umwelt- und Technikrechts 2000, 385; *Wagner*, Der Regierungsentwurf eines Gesetzes zum Internationalen Privatrecht für außervertragliche Schuldverhältnisse und für Sachen, IPRax 1998, 429; *Wandt*, Deliktsstatut und Internationales Umwelthaftungsrecht, SZIER 1997, 147 = VersR 1998, 529; *Ulrike Wolf*, Deliktsstatut und internationales Umweltrecht, 1995; *Zürcher Kommentar* zum IPRG, 2. Auflage 2004.

---

237 KG NJW 1961, 1214–1216; *Kegel/Schurig*, § 23 II 4 (S. 1108 f.).
238 Zur Unterscheidung der positiven und negativen Funktionen des Territorialitätsprinzips Staudinger/*Stoll*, Int. SachR, Rn 205, 206 ff.; *v. Bar/Mankowski*, IPR I, § 4 Rn 144 ff., 149 ff.
239 BVerfGE 84, 90, 123 f.; BGHZ (GS) 62, 340, 343; KG NJW 1988, 341, 343; weiter gehend aber BGHZ 104, 240, 244 (entschädigungslose Enteignung nicht anzuerkennen); vgl. Erman/*Hohloch*, Anh. zu Art. 46 EGBGB Rn 4; *Stoll*, IPRax 2003, 433, 434, Fn 10.
240 H.M., vgl. Staudinger/*Stoll*, Int. SachR, Rn 210; a.A. etwa *F.A. Mann*, in: FS Duden 1977, S. 292 f.; *Looschelders*, IPR, Art. 43 Rn 68.
241 Staudinger/*Großfeld*, Int. GesR, Rn 820; MüKo/*Kreuzer*, nach Art. 38 EGBGB Anh. III Rn 42.
242 Staudinger/*Stoll*, Int. SachR, Rn 210; MüKo/*Kreuzer*, nach Art. 38 EGBGB Anh. III Rn 42.

A. Allgemeines 1	2. Erfolgsort 9
I. Normzweck 1	3. Bestimmungsrecht 10
II. Anwendungsbereich 4	4. Engere Verbindung 15
1. Staatsverträge 4	II. Einfluss öffentlich-rechtlicher
2. Sachlicher Anwendungsbereich 5	Genehmigungen 16
B. Regelungsgehalt 7	1. Territorialitätsprinzip 17
I. Grundsatz 7	2. Grundsatz 18
1. Handlungsort 8	

A. Allgemeines

I. Normzweck

Art. 44 unterstellt Ansprüche aus beeinträchtigenden **Emissionen**, die von einem Grundstück ausgehen, der Tatortregel des Art. 40 Abs. 1. Die Vorschrift ist durch das Gesetz vom 21.5.1999 eingefügt worden und geht auf einen Vorschlag des Deutschen Rates für Internationales Privatrecht zur Ergänzung des IPR-Neuregelungsgesetzes vom 25.7.1986 zurück.[1] Die Vorschrift des Art. 44 entspricht im Wortlaut der Empfehlung von *Kreuzer* in seiner gutachtlichen Stellungnahme zum Referentenentwurf 1984.[2]

Mit der Vorschrift sollen Schwierigkeiten der **Abgrenzung zwischen Deliktsstatut und Sachenrechtsstatut** beseitigt werden. Die dem deutschen Recht geläufige sachenrechtliche Qualifikation der Abwehr störender Einwirkungen (§§ 1004, 906 BGB) tritt international hinter der deliktsrechtlichen Einordnung zurück. Die von der früher herrschenden Lehre vertretene gesonderte Anknüpfung deliktsrechtlicher Ansprüche nach dem Recht des Tatortes und dinglicher Abwehransprüche nach dem Recht des Lageortes[3] wurde als wenig sachgerecht angesehen.[4] Während für sachenrechtliche Ansprüche ausschließlich die *lex rei sitae* maßgebend ist und damit auf den Lageort des beeinträchtigten Grundstücks anzuknüpfen wäre, können Deliktsstatut und Nachbarrechtsstatut auseinander fallen, wenn der Geschädigte das Handlungsortsrecht, nämlich das Lageortsrecht des beeinträchtigenden Grundstücks, wählt oder dieses Recht von Amts wegen als günstiger angewandt wird. Ubiquitätsregel und Günstigkeitsprinzip stehen zu der sachenrechtlichen Anknüpfung dinglicher Abwehransprüche in einem Spannungsverhältnis. In dieser (früheren) Situation hat das Bemühen um eine einheitliche Beurteilung des Lebenssachverhalts nach einer Rechtsordnung zwingend zur Folge, dass Deliktsansprüche sachstatutakzessorisch angeknüpft werden, weil sachenrechtliche Ansprüche nach früherem Recht ausnahmslos nach dem Recht der Belegenheit anzuknüpfen waren.[5] Funktional handelt es sich bei der Abwehr von Einwirkungen von anderen Grundstücken dagegen nicht um ein sachenrechtliches Thema, sondern um Deliktsrecht.[6] Es hat sich deshalb die Ansicht durchgesetzt, dass alle privatrechtlichen Abwehransprüche des Umweltrechts für kollisionsrechtliche Zwecke deliktsrechtlich zu qualifizieren sind.[7] Die bisherige Rechtsprechung hat indes überwiegend eine sachenrechtliche Qualifikation der Ansprüche und Beurteilung nach der *lex rei sitae* vertreten.[8]

Die Neuregelung vermeidet die Schwierigkeiten bei unterschiedlicher Anknüpfung von nachbarrechtlichen und deliktsrechtlichen Ansprüchen und verweist einheitlich auf die deliktsrechtliche Regelanknüpfung. Damit wird zugleich eine einheitliche Statutbestimmung ohne Rücksicht darauf gewährleistet, ob der Geschädigte auch dinglich berechtigt ist oder nicht.[9] Die Regelungssystematik der Artt. 44, 40 Abs. 1 findet in Artt. 99 Abs. 2, 138 Schweizer IPRG eine Entsprechung.

---

1 Erste Kommission des Deutschen Rates für Internationales Privatrecht, Art. 43a, in: Henrich, Vorschläge und Gutachten, S. 1, 5; *Kreuzer*, RabelsZ 65 (2001), 383, 450.

2 Vgl. *Kreuzer*, in: Henrich, Vorschläge und Gutachten, S. 37, 147.

3 Vgl. auch BGH IPRspr 1978 Nr. 40 (S. 71, 73).

4 Staudinger/*Stoll*, Int. SachR, Rn 234; Erman/*Hohloch*, Art. 44 EGBGB Rn 1.

5 Im Einzelnen *Kreuzer*, in: Henrich, Vorschläge und Gutachten, S. 37, 145 f.

6 *Kreuzer*, in: Henrich, Vorschläge und Gutachten, 37, 146 f.; Staudinger/*Stoll*, Int. SachR, Rn 235.

7 Staudinger/*Stoll*, Int. SachR, Rn 235; Erman/*Hohloch*, Art. 44 EGBGB Rn 1 f.

8 BGH IPRspr 1978 Nr. 40 (S. 71, 73); OLG München IPRspr 1976 Nr. 29b (S. 94); LG Traunstein IPRspr 1976 Nr. 29a (S. 93); anders LG Passau IPRspr 1952–1953 Nr. 33 (S. 107, 108): Anknüpfung des deliktsrechtlichen Anspruchs an den Handlungsort (zugleich Belegenheitsort des störenden Grundstücks).

9 BT-Drucks 14/343, S. 16 f.; *Looschelders*, Art. 44 Rn 1; *Kreuzer*, RabelsZ 65 (2001), 383, 450; *Wagner*, IPRax 1998, 429, 435; Staudinger/*Junker*, Art. 40 EGBGB Rn 80.

II. Anwendungsbereich

4 **1. Staatsverträge.** Staatsvertragliche Regelungen sind nur für Teilbereiche festzustellen. So gelten auf dem Gebiet der **Atomhaftung** das Pariser Übereinkommen vom 29.7.1960 über die Haftung gegenüber Dritten auf dem Gebiet der Kernenergie mit Zusatz- und Ergänzungsprotokollen,[10] ferner das Abkommen zwischen der Bundesrepublik Deutschland und der schweizerischen Eidgenossenschaft über die Haftung gegenüber Dritten auf dem Gebiet der Kernenergie vom 22.10.1986.[11] Art. 4 des deutsch-schweizerischen Abkommens knüpft an das schädigende Ereignis an, indem in erster Linie das Recht des „Ereignisstaates" als maßgebend bezeichnet wird (Art. 4 i.V.m. Art. 3 Abs. 1 des Abkommens). Bei im Verlauf einer Beförderung entstandenen Schäden gibt das Recht des Vertragsstaates Maß, der die Beförderung zuerst bewilligt hat, wenn der Ort des Ereignisses nicht mehr ermittelt werden kann (Art. 4 i.V.m. Art. 3 Abs. 2 des Abkommens). Bei **Ölverschmutzungsschäden** kann das internationale Übereinkommen vom 29.11.1969 über die zivilrechtliche Haftung für Ölverschmutzungsschäden zu beachten sein;[12] es ist mit Wirkung vom 15.5.1998 durch das Protokoll vom 27.11.1992 abgelöst worden.[13]

5 **2. Sachlicher Anwendungsbereich.** Art. 44 betrifft grenzüberschreitende **Emissionen** und damit in erster Linie unwägbare Stoffe wie Gase, Dämpfe, Gerüche, Rauch, Ruß, Wärme, Geräusche und Erschütterungen. Weiter werden aber auch Einwirkungen aller Art, etwa durch Flüssigkeiten oder so genannte Grobemissionen erfasst. Negative und immaterielle Einwirkungen fallen ebenfalls darunter. Es werden grenzüberschreitende Emissionen durch die Zuführung oder Ableitung von Wasser, die Entziehung von Grundwasser, radioaktive Strahlung, die Verbreitung von Krankheitserregern, die Beeinträchtigung des Empfangs von Rundfunk und Fernsehen oder auch nur des Ausblicks oder des ästhetischen oder des sittlichen Empfindens erfasst, sofern die Einwirkungen **von einem Grundstück ausgehen**.[14] Dem Grundstück stehen Grundstücksteile oder Eigentumswohnungen gleich. Auf die Art der dinglichen Berechtigung am Grundstück oder grundstücksgleichen Recht (Erbbaurechtsgrundstück) kommt es nicht an.[15] Einwirkungen gehen von einem Grundstück auch dann aus, wenn es als „Basis" für unmittelbar emittierende Störquellen, etwa als Flugplatz, Parkplatz, Rennstrecke oder Hafen bestimmungsgemäß dient.[16] Einer Analogie zu Art. 44 bedarf es in diesen Fällen hinreichenden Grundstücksbezugs nicht.[17] Die Mobilität der „eigentlichen" Störquellen (Flugzeuge, Pkw, Rennwagen, Schiffe) hindert wegen der Konzentration der Störung durch den spezifischen **Gebrauchszweck** des Grundstücks die Anwendung des Art. 44 nicht.

6 Art. 44 gilt nach verbreiteter Auffassung nicht für Fragen des internationalen **Anliegerrechts.** Geht es um Interessenkonflikte, die sich aus der Nachbarschaftslage zweier Grundstücke ergeben, und folglich um die **Abgrenzung** der Inhalte des jeweiligen Grundeigentums oder um **Inhaltsbeschränkungen** durch Duldungspflichten (Überbau, Notweg), dann dominiert der Bezug zum Lageort. Nach einer – allerdings umstrittenen[18] – Ansicht ist in diesen Fällen ausschließlich an die *lex rei sitae,* und zwar des beeinträchtigten Grundstücks, anzuknüpfen.[19] Ansonsten gilt Art. 44 für alle sachenrechtlich begründeten Ansprüche wegen Grundstücksemissionen, auch für Ansprüche aus Aufopferung.[20] Rein deliktsrechtliche Ansprüche unterstehen dagegen von vornherein Artt. 40–42.[21] Im Übrigen ist die Ausweichklausel des Art. 46 stets zu bedenken.[22]

---

10 MüKo/*Wendehorst*, Art. 44 EGBGB Rn 3 und Fn 3; *Looschelders*, Art. 40 Rn 118.
11 Abgedruckt bei *Kegel/Schurig*, § 18 IV 4 (S. 750 f.); vgl. *Looschelders*, Art. 40 Rn 118.
12 Wenn Art. 44 auf Schiffsemissionen analog angewandt wird; dafür MüKo/*Wendehorst*, Art. 44 EGBGB Rn 4, 13; a.A. Palandt/*Heldrich*, Art. 44 EGBGB Rn 1.
13 Im Einzelnen *Looschelders*, Art. 40 Rn 9; MüKo/*Wendehorst*, Art. 44 EGBGB Rn 4.
14 Palandt/*Heldrich*, Art. 44 EGBGB Rn 1; *Looschelders*, Art. 44 Rn 3; Erman/*Hohloch*, Art. 44 EGBGB Rn 6.
15 Erman/*Hohloch*, Art. 44 EGBGB Rn 6.
16 MüKo/*Wendehorst*, Art. 44 EGBGB Rn 12 f.
17 Für Analogie MüKo/*Wendehorst*, Art. 44 EGBGB Rn 13.
18 Abl. Staudinger/*Stoll*, Int. SachR, Rn 236; ähnlich wohl Erman/*Hohloch*, Art. 44 EGBGB Rn 10.
19 MüKo/*Kreuzer*, nach Art. 38 EGBGB Anh. I Rn 43; *Looschelders*, Art. 44 Rn 4; Bamberger/Roth/*Spickhoff*, Art. 44 EGBGB Rn 2.
20 *Looschelders*, Art. 44 Rn 5.
21 Erman/*Hohloch*, Art. 44, EGBGB Rn 10; *Looschelders*, Art. 44 Rn 5.
22 Palandt/*Heldrich*, Art. 44 EGBGB Rn 2; Erman/*Hohloch*, Art. 44 EGBGB Rn 12.

B. Regelungsgehalt

I. Grundsatz

Ansprüche aus beeinträchtigenden Einwirkungen unterliegen nach Art. 44 i.V.m. Art. 40 Abs. 1 dem **Tatortrecht**. Artt. 40 Abs. 2, 41 und 42 finden keine Anwendung.[23] Das zuvor im Internationalen Deliktsrecht geltende **Günstigkeitsprinzip**, demzufolge bei Konkurrenz mehrerer Deliktsorte in verschiedenen Rechtsgebieten das für den Geschädigten materiell günstigste Recht zur Anwendung gelangen sollte,[24] ist abgeschwächt. An die Stelle uneingeschränkter elektiver Konkurrenz[25] tritt nun der **Grundsatz der Anknüpfung an den Handlungsort**.

1. Handlungsort. Handlungsort ist der Ort des Grundstücks, von dem die schädlichen Umwelteinwirkungen ausgehen.[26] Das Recht des Grundstücks, von dem die Einwirkung ausgeht, entspricht dem Recht des Handlungsortes im Internationalen Deliktsrecht. Maßgebend ist das Recht des Ortes, an welchem die für den Eintritt der Rechtsgutsverletzung maßgebende Ursache gesetzt wurde.[27] Dementsprechend sieht Art. 138 des Schweizer IPRG, auf den Art. 99 Abs. 2 IPRG bei Ansprüchen aus Emissionen verweist, vor, dass Handlungsort im Falle von schädigenden Einwirkungen, die von einem Grundstück ausgehen, der Ort der **Grundstücksbelegenheit** ist.[28]

2. Erfolgsort. Nach Art. 44 i.V.m. Art. 40 Abs. 1 S. 2 ist Erfolgsort der Ort des Eintritts der **Rechtsgutsverletzung**, der Verletzung des rechtlich geschützten Interesses.[29] Erfolgsort kann deshalb der Ort des gewöhnlichen Aufenthalts im Falle einer Körper- oder Gesundheitsverletzung, der Ort der Belegenheit des geschädigten Grundstücks im Falle der Sachbeeinträchtigung oder jeder andere Ort der tatbestandsmäßigen Deliktsvollendung sein.[30]

3. Bestimmungsrecht. Art. 40 Abs. 1 S. 2, auf den Art. 44 verweist, gewährt dem Verletzten das Recht, zu verlangen, dass anstelle des Rechts des Handlungsortes das Recht des Erfolgsortes angewandt wird. Darin liegt eine Abweichung vom bisherigen Recht, das Handlungs- und Erfolgsort als gleichwertige Anknüpfungspunkte ansah und im Sinne des Günstigkeitsprinzips entweder dem Geschädigten ein **Wahlrecht**[31] oder dem Gericht eine **Wahlpflicht**[32] zuwies. Das Bestimmungsrecht nach Art. 40 Abs. 1 S. 2 gestattet nunmehr lediglich die „**Abwahl**" des Rechts des Handlungsortes. Art. 138 Schweizer IPRG sieht dagegen die schlichte Wahl des anwendbaren Rechts für Ansprüche aus Grundstücksemissionen vor.

Die **Qualifikation des Bestimmungsrechts** ist umstritten. Die praktische Bedeutung des Meinungsstreits ist beträchtlich.[33] Teilweise wird das Bestimmungsrecht **verfahrensrechtlich** eingeordnet und die Ausübung als reine Prozesshandlung mit der Folge der Invariabilität und des Ausschlusses von Anfechtung und Widerruf angesehen.[34] Nach anderer Auffassung handelt es sich um ein **kollisionsrechtliches Gestaltungsrecht**, das als solches und nach Sinn und Zweck der Option invariabel sei und im Prozess nur innerhalb der Präklusionsfrist des Art. 40 Abs. 1 S. 3 ausgeübt werden könne.[35] Nach weiterer Ansicht liegt ein verfahrensrechtliches, durch die Präklusionsvorschrift befristetes Optionsrecht mit *ius variandi* (außerhalb der Präklusion) vor.[36] Auch für den Fall der Qualifikation als Gestaltungsrecht wird außerhalb der Präklusion vereinzelt ein *ius variandi* angenommen.[37] Richtigerweise wird man *de lege lata* wohl ein kollisionsrechtliches Gestaltungsrecht annehmen müssen, dessen Ausübung den Erklärenden bindet und das, wenn die Erklärung im deutschen Prozess erfolgt, unter Beachtung des Art. 40 Abs. 1 S. 3 erfolgen muss.

---

[23] Palandt/*Heldrich*, Art. 44 EGBGB Rn 2; Bamberger/Roth/*Spickhoff*, Art. 44 EGBGB Rn 3.
[24] Vgl. BGH NJW 1964, 2012; MüKo/*Kreuzer*, Art. 38 EGBGB Rn 50; Soergel/*Lüderitz*, Art. 38 Rn 16, 24.
[25] MüKo/*Kreuzer*, Art. 38 EGBGB Rn 50.
[26] Vgl. auch § 32a ZPO zum ausschließlichen Gerichtsstand der Umwelteinwirkung; *Spickhoff*, Jahrbuch, S. 385, 391.
[27] Palandt/*Heldrich*, Art. 40 EGBGB Rn 3.
[28] Vgl. Züricher Kommentar/*Heini*, Art. 138 Rn 7; im Übrigen Erman/*Hohloch*, Art. 44 EGBGB Rn 7; *Looschelders*, Art. 44 Rn 8.
[29] Erman/*Hohloch*, Art. 44 EGBGB Rn 8.
[30] Erman/*Hohloch*, Art. 44 EGBGB Rn 8; Palandt/*Heldrich*, Art. 40 EGBGB Rn 4; *Looschelders*, Art. 44 Rn 8.
[31] Vgl. BGH NJW 1964, 2012; 1974, 410; MüKo/*Kreuzer*, Art. 38 EGBGB Rn 50–51.
[32] RGZ 138, 243, 246; OLG München IPRspr 1975 Nr. 23; Soergel/*Lüderitz*, Art. 38 EGBGB Rn 24.
[33] Vgl. i.E. Staudinger/*v. Hoffmann*, Art. 40 EGBGB Rn 10.
[34] Vgl. Erman/*Hohloch*, Art. 40 EGBGB Rn 28; Bamberger/Roth/*Spickhoff*, Art. 44 EGBGB Rn 24
[35] MüKo/*Junker*, Art. 40 EGBGB Rn 37; *Looschelders*, Art. 44 Rn 33; Staudinger/*v. Hoffmann*, Art. 40 EGBGB Rn 11 a.e.; *v. Hein*, NJW 1999, 3174, 3175.
[36] *S. Lorenz*, NJW 1999, 2215, 2217.
[37] *Freitag/Leible*, ZVglRWiss. 99 (2000), 101, 123 ff.

12 Durchgreifenden Bedenken begegnet die **Präklusion**.[38] Das Bestimmungsrecht ist nur im ersten Rechtszug bis zum Ende des frühen ersten Termins oder bis zum Ende des schriftlichen Vorverfahrens auszuüben (Art. 40 Abs. 1 S. 3). Daraus ergibt sich frühzeitiger Handlungsbedarf des Prozessanwalts:[39] Sachgerecht kann das Bestimmungsrecht nur aufgrund eines privat veranlassten Rechtsvergleichs der putativ anwendbaren Rechtsordnungen ausgeübt werden. Das setzt die intensive Ermittlung der in Betracht kommenden ausländischen Rechtsordnung(en) und die Einschaltung dafür Fachkundiger[40] voraus. Es erscheint bei dieser Sachlage zweifelhaft, ob die Regelungen des Art. 40 Abs. 1 S. 2 und 3 der Überprüfung nach **Art. 20 Abs. 3 GG** dann standhalten, wenn der Geschädigte **mittellos** ist und er die in der Regel mit erheblichen Kosten verbundenen[41] Nachforschungen und Gutachten zur vergleichbaren Günstigkeit der in Betracht kommenden Rechtsordnungen, also mindestens des Inhalts eines fremden Rechts, nicht aufbringen kann. Wird eine alternative Anknüpfung an Handlungs- und Erfolgsort, wie in Art. 40 Abs. 1 geschehen, gesetzlich vorgesehen und nunmehr anstelle der Wahl des günstigsten Rechts durch den nach § 293 ZPO verfahrenden Tatrichter dem – gerade auch in Immissionsschutzsachen häufig wirtschaftlich schwachen – Geschädigten die **Obliegenheit privater Auslandsrechtserkundung** auferlegt, dann ist der Konflikt mit dem **verfassungsrechtlichen Grundsatz**, dass die mittellose Partei nicht aufgrund ihrer **Mittellosigkeit** prozessuale **Nachteile** erleiden darf (Artt. 20 Abs. 3, 3 Abs. 1, 2 Abs. 1 und 1 Abs. 1 GG), abzusehen.[42] Die gesetzliche Regelung ist in ihren Auswirkungen grundgesetzwidrig. Der Mittellose kann, wie der Gesetzgeber nicht beachtet hat, seiner kollisionsrechtlichen Eigenverantwortung nicht gerecht werden. Art. 40 Abs. 1 setzt nach wie vor die rationale Bestimmung des anwendbaren Rechts (Derogation) an die Stelle des kollisionsrechtlichen „Sprungs ins Dunkle".[43] Die Gewährleistung der Nutzung gesetzlich vorausgesetzter Gestaltungsfreiheit ist wegen der Verzahnung von kollisionsrechtlicher Option und prozessualer Präklusion indes nicht vorgesehen. § 114 ZPO setzt wiederum hinreichend substantiierten Vortrag voraus, der ohne (im Vorfeld eingeholte) sachverständige Hilfe nicht zu leisten ist. Das Problem ist bislang nicht erörtert,[44] obschon nahe liegend. In Verfahren mitteloser Geschädigter wird ggf. auf eine konkrete **Normenkontrolle** des Art. 40 Abs. 1 und der Verweisung in Art. 44 hinzuwirken sein.

13 Um den **Gleichlauf** der rechtlichen Beurteilung zu gewährleisten, kann das Bestimmungsrecht nach Art. 40 Abs. 1 S. 2 und 3 nur einheitlich für sachenrechtliche und deliktische Ansprüche ausgeübt werden.[45] Wird das Bestimmungsrecht **gespalten** ausgeübt, liegt keine wirksame Bestimmung mit der Folge des Art. 40 Abs. 1 S. 1 vor.[46] Es gilt dann das Recht des Handlungsortes.

14 Vom einseitigen Bestimmungsrecht nach Art. 40 Abs. 1 ist die **Rechtswahl** aufgrund übereinstimmenden Parteiwillens nach Art. 42 zu unterscheiden. Sie ist für Ansprüche aus Grundstücksemissionen allerdings **nicht vorgesehen**, weil Art. 44 nur auf Art. 40 Abs. 1 verweist.[47] Damit lässt sich auch eine nachträglich als fehlerhaft oder allseits unerwünscht erkannte einseitige Bestimmung des anwendbaren Rechts – anders als sonst im Internationalen Deliktsrecht – nicht durch übereinstimmende Rechtswahl abändern.[48]

15 **4. Engere Verbindung.** Besteht im Einzelfall eine wesentlich engere Verbindung zu einer anderen Rechtsordnung als der nach Artt. 44, 40 Abs. 1 S. 1 maßgebenden, ist die Ausweichklausel des Art. 46 zu beachten.[49] Sachgerecht wird sie auch bei **Groß- oder Summationsemissionen** heranzuziehen sein.[50]

---

38 Krit. auch *Schurig*, in: GS Lüderitz 2000, S. 699, 704.
39 Eingehend *Heiderhoff*, IPRax 2002, 366, 369 ff.
40 *Koch*, VersR 1999, 1453, 1454; *v. Hein*, RIW 2000, 820, 823; *Heiderhoff*, IPRax 2002, 366.
41 Vgl. auch *Spickhoff*, Jahrbuch, S. 385, 393.
42 Nur die konkrete gesetzliche Regelung ist am Grundgesetz zu messen. Auf die Frage, ob der Gesetzgeber auch anders hätte handeln **können**, kommt es nicht an; häufig verkannt, vgl. etwa Bamberger/Roth/*Spickhoff*, Art. 40 EGBGB Rn 27 unter Ablehnung (anderer) verfassungsrechtlicher Einwände.
43 *Raape*, § 13 I (S. 90).
44 Vgl. BT-Drucks 13/343, S. 11; das gilt auch für das Schrifttum, vgl. etwa Erman/*Hohloch*, Art. 40 EGBGB Rn 28; *Looschelders*, Art. 40 Rn 34–

39; MüKo/*Junker*, Art. 40 EGBGB Rn 30–39; Staudinger/*v. Hoffmann*, Art. 40 EGBGB Rn 16; Bamberger/Roth/*Spickhoff*, Art. 44 EGBGB Rn 23–28; *Spickhoff*, Jahrbuch, 385, 393.
45 *Pfeiffer*, IPRax 2000, 270, 274; *Looschelders*, Art. 44 Rn 9; Palandt/*Heldrich*, Art. 44 EGBGB Rn 2.
46 *Looschelders*, Art. 44 Rn 9.
47 Palandt/*Heldrich*, Art. 44 EGBGB Rn 2.
48 Auch hierdurch werden der Gestaltung der Prozessführung im Anwendungsbereich des Art. 44 enge Grenzen gezogen.
49 BT-Drucks 13/343, S. 17; Palandt/*Heldrich*, Art. 44 EGBGB Rn 2; Erman/*Hohloch*, Art. 44 EGBGB Rn 12; Bamberger/Roth/*Spickhoff*, Art. 44 EGBGB Rn 3.
50 Erman/*Hohloch*, Art. 44 EGBGB Rn 9, 12.

II. Einfluss öffentlich-rechtlicher Genehmigungen

Auch im Anwendungsbereich des Art. 44 ist die Frage der Beachtlichkeit privatrechtsgestaltender öffentlich-rechtlicher Genehmigungen zu beachten. In erster Linie ist hierzu auf die Kommentierung zu Art. 40 zu verweisen. Aus der Perspektive des grundstücksbezogenen Emissionsschutzes gilt Folgendes:

1. Territorialitätsprinzip. Die bisherige Rechtsprechung steht auf dem Standpunkt, dass die öffentlich-rechtliche Genehmigung einer emittierenden Anlage, etwa eines Flughafens, auf das Hoheitsgebiet der Belegenheit beschränkt sei und im Ausland keine Wirkung entfalten könne.[51] Dieser Grundsatz gelte auch für die Abwehr von Emissionen, die ihre Rechtfertigung in dem Verwaltungsakt eines fremden Staates finden. Verweist das Kollisionsrecht nicht auf die Rechtsordnung, der der Verwaltungsakt entstammt, bleibt sonach die Genehmigung unerheblich.[52]

2. Grundsatz. Unter Berücksichtigung dieser – allerdings spärlichen und aus heutiger Sicht der Nachprüfung würdigen – Rechtsprechung lassen sich folgende Grundsätze formulieren:

Öffentlich-rechtliche Genehmigungen emittierender Anlagen sind – nach deutscher verwaltungsrechtlicher Auffassung – begünstigende Verwaltungsakte mit drittbelastender Doppelwirkung. Gelangt deutsches Recht aufgrund Verweisung durch Artt. 44, 40 Abs. 1 zur Anwendung, sind spezialgesetzliche (materiellrechtliche) **Präklusionstatbestände** zu beachten. So werden Unterlassungs- und Beseitigungsansprüche etwa nach § 11 Abs. 1 WHG, § 14 BImSchG aufgrund Unanfechtbarkeit der Genehmigung ausgeschlossen.

Verweist das Kollisionsrecht des Gebietsstaats auf das Recht der Belegenheit des emittierenden Grundstücks (**Handlungsort**), so ist nichts dagegen einzuwenden, etwaige öffentlich-rechtliche Genehmigungen, die auf der Grundlage jener Rechtsordnung ergangen sind, zu beachten.[53] Dies ist keine Frage des Territorialitätsprinzips, sondern der **privatrechtsgestaltenden Wirkung** öffentlich-rechtlicher Genehmigungsakte. Voraussetzung ihrer „Anerkennung" ist freilich, dass emissionsbetroffene Bewohner des Immissionsstaats gleiche Beteiligungsrechte im Genehmigungsverfahren des Emissionsstaates genießen.[54] Werden Ausländer im Genehmigungsverfahren wesentlich benachteiligt, ist der privatrechtlichen Präklusion durch Genehmigung die Grundlage entzogen.[55]

Ist auf das **Recht des Erfolgsortes** abzustellen, dann ergibt sich die – umstrittene – Frage, ob und unter welchen Voraussetzungen (Sonderanknüpfung der Rechtswidrigkeit; Lehre von der Tatbestandswirkung; Datumstheorie) die ausländische Genehmigung im Wege der **Vorfragenanknüpfung** zu berücksichtigen ist. Werden vergleichbare Standards und Verfahrensgarantien auch für Gebietsansässige potenziell betroffener Immissionsstaaten beachtet, bestehen gegen eine „Anerkennung" der Genehmigung des Emissionsstaates als der inländischen Genehmigung des Immissionsstaats funktionsäquivalent keine Bedenken.[56]

Sachstatutfremde Genehmigungen sind unter den gleichen Voraussetzungen der Vergleichbarkeit mit einer dem Sachstatut entsprechenden Genehmigung zu berücksichtigen.[57] Die daran anschließende Frage, ob eine ausländische Genehmigung weiter gehende Wirkungen als eine vergleichbare inländische entfalten kann, ist umstritten[58] und bislang höchstrichterlich nicht geklärt. Richtigerweise wird auf die Umstände des Einzelfalls abzustellen sein und man der „fremden" Genehmigung nicht von vornherein die Eignung zu weiter gehender Wirkung absprechen können. Die Korrektur erfolgt im Einzelfall ggf. über Art. 6.

---

[51] BGH IPRspr 1978 Nr. 40 (S. 71, 72 f.); OLG Saarbrücken NJW 1958, 752, 754; vgl. Staudinger/v. Hoffmann, Art. 40 EGBGB Rn 167; Looschelders, Art. 40 Rn 116.

[52] BGH IPRspr 1978 Nr. 40 (S. 73); vgl. Wandt, VersR 1998, 529, 533 Fn 44.

[53] Spickhoff, Jahrbuch, S. 385, 389; Hager, RabelsZ 53 (1989), 293, 300 f.; Wandt, VersR 1998, 529, 533 ff.; Staudinger/v. Hoffmann, Art. 40 EGBGB Rn 164.

[54] Soergel/Lüderitz, Art. 38 EGBGB Anh. II Rn 42; Spickhoff, Jahrbuch, S. 385, 389 f.

[55] Wandt, VersR 1998, 529, 536.

[56] Roßbach, NJW 1988, 590, 592–593; Wandt, VersR 1998, 529, 536 f.; Wolf, S. 181 f., 189–197; Staudinger/v. Hoffmann, Art. 40 EGBGB Rn 170; Hager, RabelsZ 53 (1989), 293, 304–306.

[57] Wolf, 235; Kreuzer, Umweltstörungen, S. 245, 293 f.

[58] Bejahend Soergel/Lüderitz, Art. 38 EGBGB Rn 42; Wandt, VersR 1998, 529, 533; verneinend Staudinger/v. Hoffmann, Art. 40 EGBGB Rn 169; Staudinger/Stoll, Int. SachR, Rn 240; vgl. Looschelders, Art. 40 Rn 117.

Artikel 45 — Transportmittel

(1) ¹Rechte an Luft-, Wasser- und Schienenfahrzeugen unterliegen dem Recht des Herkunftsstaats. ²Das ist
1. bei Luftfahrzeugen der Staat ihrer Staatszugehörigkeit,
2. bei Wasserfahrzeugen der Staat der Registereintragung, sonst des Heimathafens oder des Heimatorts,
3. bei Schienenfahrzeugen der Staat der Zulassung.

(2) ¹Die Entstehung gesetzlicher Sicherungsrechte an diesen Fahrzeugen unterliegt dem Recht, das auf die zu sichernde Forderung anzuwenden ist. ²Für die Rangfolge mehrerer Sicherungsrechte gilt Artikel 43 Abs. 1.

Literatur: *Drobnig*, Vorschlag einer besonderen sachenrechtlichen Kollisionsnorm für Transportmittel, in: Henrich, Vorschläge und Gutachten zur Reform des deutschen internationalen Sachen- und Immaterialgüterrechts, 1991; *Junker*, Die IPR-Reform von 1999: Auswirkungen auf die Unternehmenspraxis, RIW 2000, 241; *Kreuzer*, Gutachtliche Stellungnahme zum Referentenentwurf eines Gesetzes zur Ergänzung des Internationalen Privatrechts, in: Henrich, Vorschläge und Gutachten zur Reform des deutschen internationalen Sachen- und Immaterialgüterrechts, 1991, S. 37; *ders.*, Die Inlandswirksamkeit fremder besitzloser vertraglicher Mobiliarsicherheiten: Die italienische Autohypothek und die US-Amerikanische mortgage an Luftfahrzeugen, IPRax 1993, 157; *ders.*, Die Vollendung der Kodifikation des deutschen Internationalen Privatrechts durch das Gesetz zum Internationalen Privatrecht der außervertraglichen Schuldverhältnisse und Sachen vom 21.5.1999, RabelsZ 65 (2001), 383; *Pfeiffer*, Der Stand des Internationalen Sachenrechts nach seiner Kodifikation, IPRax 2000, 270; *Regel*, Schiffsgläubigerrechte im deutschen, englischen und kanadischen internationalen Privatrecht, Diss. Bonn, 1983; *Schurig*, Statutenwechsel und die neuen Normen des deutschen internationalen Sachenrechts, in: FS Stoll 2001, S. 577; *Zweigert/Drobnig*, Das Statut der Schiffsgläubigerrechte, VersR 1971, 581.

A.	**Allgemeines**	1	3. Schienenfahrzeuge	9
B.	**Regelungsgehalt**	5	II. Ausnahme: gesetzliche Sicherungsrechte	10
I.	Grundsatz: Recht des Herkunftsstaates	5	1. Entstehung	10
	1. Luftfahrzeuge	6	2. Rangfolge	11
	2. Wasserfahrzeuge	7	III. Sonstige Transportmittel und Anlagen	12

A. Allgemeines

1 Mit Art. 45 hat der Gesetzgeber nun eine **Sonderanknüpfung** für wichtige Gruppen bestimmungsgemäß beweglicher Güter, nämlich bestimmte Fahrzeuge, getroffen. Die Regelung geht auf einen Vorschlag des Deutschen Rates für Internationales Privatrecht zurück,[1] der allerdings knapper gefasst war, bei Schienenfahrzeugen den Herkunftsstaat nicht definierte und die jetzt in Abs. 2 S. 2 enthaltene Sonderregelung für die Rangfolge von Sicherungsrechten (Ausnahme von der Ausnahme mit Verweis auf Art. 43 Abs. 1) noch nicht vorsah.[2]

2 Die nun getroffene gesetzliche Sonderregelung beendet eine Jahrzehnte alte, in Praxis und Lehre geführte Diskussion über die kollisionsrechtliche Beurteilung bestimmter Transportmittel, die auf Dauer dem Personen- oder Güterverkehr mit dem Ausland dienen. Vorrangig sind **Staatsverträge** zu berücksichtigen. Dazu zählen das **Genfer Abkommen über die internationale Anerkennung von Rechten an Luftfahrzeugen** vom 19.6.1948, das für Deutschland am 5.10.1959 in Kraft getreten ist.[3] Auf der Grundlage des Abkommens, das kollisionsrechtlich an die Stelle des Rechts der belegenen Sache das Recht des Registerortes setzt (Art. 1 Abs. 1 des Abkommens[4]), ist das materielle Recht im Gesetz über Rechte an Luftfahrzeugen vom 26.2.1959 neu geregelt worden.[5] Luftfahrzeuge werden danach mit **besitzlosen Registerpfandrechten** belastet, wie sie auch international allgemein üblich sind.[6] Das **Genfer Übereinkommen über Schiffsgläubigerrechte und Schiffshypotheken** vom 6.5.1993 ist von Deutschland am 11.7.1994 gezeichnet worden, aber noch nicht in Kraft getreten.[7] Auch dieses Abkommen sieht die Anknüpfung an den Registerstaat vor. Das gilt auch für Rang und Drittwirkung von Sicherungsrechten, die ebenfalls dem

---

1 BT-Drucks 14/343, S. 17.
2 Vorschläge für eine Reform des deutschen Internationalen Sachen- und Immaterialgüterrechts, vorgelegt von der Ersten Kommission des Deutschen Rates für Internationales Privatrecht, in: Henrich, Vorschläge und Gutachten, S. 1–2.
3 BGBl II 1959 S. 129; BGBl II 1960 S. 1506; vgl. dazu *Kegel/Schurig*, § 4 III (S. 243 f.), § 19 VII 2a (S. 780 f.).
4 Vgl. BGH IPRax 1993, 178; *Kreuzer*, IPRax 1993, 157 ff.
5 BGBl I 1959 S. 57.
6 Vgl. im Einzelnen *Kegel/Schurig*, § 19 VII 2a (S. 780 f.) m.w.N.
7 Vgl. *Kegel/Schurig*, § 1 IX (S. 98), § 19 VII 2b (S. 781 f.).

Recht des Staates unterliegen, in dem das Schiff registriert ist.[8] Das an anderer Stelle (Art. 43 Rn 4) angesprochene **Abkommen von Kapstadt über Sicherungsrechte an beweglichen Ausrüstungsgegenständen** vom 16.11.2001 betrifft Transportmittel nur mittelbar. Zwei im Entwurf vorliegende Protokolle befassen sich mit Raumfahrtmaterial und mit rollendem Eisenbahnmaterial.[9]

Art. 45 formuliert allgemeine Kollisionsnormen für besondere Güter, soweit nicht staatsvertragliche Regelungen vorrangig eingreifen. Die Notwendigkeit der Sonderanknüpfung folgt aus der **besonderen Beweglichkeit** der Güter, die bestimmungsgemäß grenzüberschreitend und häufig auch auf oder über staatsfreiem Gebiet eingesetzt werden. Insofern bestimmt die Regelung einen **rechtlichen Schwerpunkt**. In ihrem Zweck entspricht sie teilweise der allgemeinen Sonderanknüpfung des Art. 46. Herkunftsstaat und Heimatort bezeichnen die engste Verbindung, die allerdings stets nur eine rechtliche ist und hierdurch teilweise vom Ansatz des Art. 46 abweicht. Denn Register- und Zulassungsort bezeichnen nicht notwendig den tatsächlichen Schwerpunkt der Belegenheit oder auch nur der sachbezogenen Vorgänge.

Entsprechend Art. 43 sprechen auch die Einzelregelungen des Art. 45 **Gesamtverweisungen** aus, so dass **Rück- und Weiterverweisungen** nach Art. 4 Abs. 1 zu beachten sind.[10] Umstritten ist dies freilich für Abs. 2 S. 1, der einen Gleichlauf mit dem Forderungsstatut anstrebt und dessen Zweck durch eine Rück- oder Weiterverweisung vereitelt würde.[11] Die akzessorische Anknüpfung führt hier zu einer **Sachnormverweisung**.[12]

B. Regelungsgehalt

I. Grundsatz: Recht des Herkunftsstaates

Abs. 1 S. 1 knüpft dingliche Rechte grundsätzlich an das Recht des Herkunftsstaates an, weil sich bei Luft-, Wasser- und Schienenfahrzeugen der Lageort bestimmungsgemäß ändert und eine Anknüpfung dinglicher Rechtsverhältnisse an das Recht des Ortes der Belegenheit weder praktikabel noch sachangemessen wäre.

1. Luftfahrzeuge. Die Regelung gilt für Luftfahrzeuge aller Art, insbesondere also für Flugzeug, Zeppelin oder Ballon.[13] Angeknüpft wird an das Recht der „**Staatszugehörigkeit**". Darunter ist bei Luftfahrzeugen das Recht des Staates zu verstehen, in dem das Luftfahrzeug **registriert** ist.[14] Bei **Raumfahrzeugen** erfolgt die Registrierung aufgrund des (New Yorker) Übereinkommens vom 14.1.1975 über die Registrierung von in den Weltraum gestarteten Gegenständen.[15] Die für **registrierte Luftfahrzeuge** getroffene Regelung steht im Einklang mit dem Übereinkommen vom 19.6.1948 über die internationale Anerkennung von Rechten an Luftfahrzeugen und den hierzu ergangenen deutschen Ausführungsvorschriften (§§ 103 ff. LuftfzRG).[16] Entscheidend ist allein die öffentlich-rechtliche, nicht aber eine etwaige Registrierung im privatrechtlichen Register.[17] Soweit Luftfahrzeuge entweder nicht eintragungspflichtig oder nicht eingetragen worden sind, ist die **engste Verbindung** maßgeblich. In diesem Fall wird nicht auf Abs. 1, der auf die durch die Registereintragung definierte Staatszugehörigkeit abstellt, sondern auf Art. 46 zurückzugreifen sein.[18] Ist das Flugzeug noch im Bau oder noch nicht seiner Bestimmung zugeführt, dann finden die allgemeinen Anknüpfungsregeln, insbesondere Art. 43, Anwendung.[19]

2. Wasserfahrzeuge. Für Wasserfahrzeuge wird der Herkunftsstaat in erster Linie durch den Staat der **Registereintragung** bestimmt. In zweiter Linie ist der Herkunftsstaat der Staat des **Heimathafens** oder des **Heimatortes** (Abs. 1 S. 2 Nr. 2). Die Anknüpfung an den Registerort ist international weit verbreitet.[20] In der Regel ist der Registerort zugleich Heimathafen des Seeschiffes oder Heimatort des Binnenschiffes.[21] In der Konkurrenz der möglichen Anknüpfungsfaktoren räumt Art. 45 in Übereinstimmung mit der bisherig herrschenden Meinung[22] dem Registerort den Vorrang ein. Das Recht des Registerortes ist auch dann maßgeblich,

---

8 *Kegel/Schurig*, § 19 VII 2b (S. 782).
9 *Kegel/Schurig*, § 19 VII 3 (S. 782).
10 *Looschelders*, Art. 45 Rn 3.
11 Palandt/*Heldrich*, Art. 45 EGBGB Rn 1, Art. 4 EGBGB Rn 9; *Looschelders*, Art. 45 Rn 3; MüKo/*Wendehorst*, Art. 45 EGBGB Rn 79; a.A. Bamberger/Roth/*Spickhoff*, Art. 45 EGBGB Rn 10.
12 MüKo/*Wendehorst*, Art. 45 EGBGB Rn 79.
13 Palandt/*Heldrich*, Art. 45 EGBGB Rn 2.
14 BT-Drucks 14/343, S. 17; Art. 17 (Chicagoer) Übereinkommen über die internationale Zivilluftfahrt v. 7.12.1944 (BGBl II 1956 S. 411); *Kreuzer*, RabelsZ 65 (2001), 383, 452; MüKo/*Wendehorst*, Art. 45 EGBGB Rn 60; *Looschelders*, Art. 45 Rn 6.
15 BGBl II 1979 S. 650; MüKo/*Wendehorst*, Art. 45 EGBGB Rn 60.
16 *Looschelders*, Art. 45 Rn 6; vgl. MüKo/*Kreuzer*, nach Art. 38 EGBGB Anh. I Rn 167; ferner BT-Drucks 14/343, S. 17.
17 MüKo/*Wendehorst*, Art. 45 EGBGB Rn 61.
18 Vgl. (aber systematisch unklar) MüKo/*Wendehorst*, Art. 45 EGBGB Rn 62; vgl. auch Staudinger/*Stoll*, Int. SachR, Rn 405; MüKo/*Kreuzer*, nach Art. 38 EGBGB Anh. I Rn 163.
19 MüKo/*Kreuzer*, nach Art. 38 EGBGB Anh. I Rn 163; Staudinger/*Stoll*, Int. SachR, Rn 405.
20 *Kreuzer*, RabelsZ 65 (2001), 383, 453 Fn 440 m.w.N.
21 Staudinger/*Stoll*, Int. SachR, Rn 376.
22 Vgl. MüKo/*Kreuzer*, nach Art. 38 EGBGB Anh. I Rn 138; Staudinger/*Stoll*, Int. SachR, Rn 376, jeweils m.w.N.

wenn Registerort und Heimathafen auseinander fallen oder ein Heimathafen etwa wegen der Ausführung von Frachtreisen in so genannter „wilder Trampfahrt" ohne gewerbliche Niederlassung des Schiffsunternehmers nicht festzustellen ist.[23] Das Recht des Registerortes bleibt auch dann sachenrechtlich maßgebendes Heimatstatut, wenn das Schiff ausnahmsweise die **Flagge** eines anderen Staates führt, „ausgeflaggt" worden ist.[24]

8 Auf **nicht-registrierte Schiffe** ist das Recht des Heimathafens oder Heimatortes anzuwenden. Schon bislang wurde in Ermangelung eines Registrierungsortes überwiegend an das Recht des regelmäßigen Standortes angeknüpft.[25] Insbesondere gilt diese Regelung auch für Sport- und Vergnügungsboote. Der Heimathafen nicht in ein Schiffsregister eingetragener Schiffe ist der nächstliegende Anknüpfungspunkt für die Auswahl unter den mehreren in Betracht kommenden Rechtsordnungen.[26] Nicht auszuschließen ist freilich, dass gleichwohl eine **wesentlich engere Verbindung** zu einer anderen Rechtsordnung besteht, weshalb Art. 46 zu bedenken ist.[27]

9 **3. Schienenfahrzeuge.** Bei Schienenfahrzeugen ist Herkunftsstaat der Staat der **Zulassung**. Es handelt sich um eine zweckmäßige Anknüpfung, weil jeder einzelne Eisenbahnwagen – gleichgültig ob in öffentlichem oder privatem Eigentum stehend – eine nationale Zulassung mit **Kennzeichen** nach international einheitlichem Standard erhält. Häufig fallen der **Sitz des Eigentümers** und der **Zulassungsort** zumindest in der Weise zusammen, dass sich beide im selben Staat befinden. Die Anknüpfung an den Zulassungsort ist deshalb sachgerecht.[28] Der Zulassungsort bedeutet – nicht anders als der Registerort oder Heimathafen – einen fiktiven „Ruhepunkt", an den vorhersehbar und deshalb auch im Interesse der Verkehrssicherheit angeknüpft werden kann.[29] Die Maßgabe des Zulassungsorts findet verfahrensrechtliche Entsprechung in Art. 18 des **Übereinkommens über den internationalen Eisenbahnverkehr (COTIF)**.[30] Nach Art. 18 § 3 COTIF können das rollende Material der Eisenbahn sowie die der Beförderung dienenden bahneigenen Gegenstände aller Art, die Container, Ladegeräte und Decken in einem anderen Mitgliedstaat als demjenigen, dem die Eigentumsbahn angehört, nur aufgrund einer Entscheidung der Gerichte des Zulassungsstaates mit **Arrest** belegt oder **gepfändet** werden. Privatwagen der Eisenbahn können dementsprechend nur aufgrund einer Entscheidung der Gerichte des Staates des Sitzes des Wageneigentümers gepfändet werden, die auch allein für den Arrest zuständig sind.[31] Zu einer Abweichung von der Regel des Abs. 1 S. 2 über Art. 46 besteht kein Anlass.[32]

II. Ausnahme: gesetzliche Sicherungsrechte

10 **1. Entstehung.** Hinsichtlich der Entstehung gesetzlicher Sicherungsrechte an Fahrzeugen im Sinne des Abs. 1 bestimmt Abs. 2, dass sie dem Recht unterliegen, das auf die zu sichernde Forderung anzuwenden ist (*lex causae*, Forderungsstatut). Die Kollisionsnorm betrifft ausschließlich gesetzliche Sicherungsrechte und damit nicht die rechtsgeschäftlich begründeten Mobiliarsicherheiten, deren Entstehung (und Inhalt) sich allein nach dem Recht des Herkunftsstaates im Sinne von Abs. 1 richtet.[33] Abs. 2 S. 1 spricht eine **Sachnormverweisung** aus (Rn 4). An die Stelle des Heimatstatuts des Sicherungsgutes tritt das Forderungsstatut der gesicherten Forderung, womit in der Praxis in erster Linie die dinglichen gesetzlichen Sicherungsrechte an Wasserfahrzeugen in Gestalt so genannter **Schiffsgläubigerrechte** angesprochen sind.[34] Schiffsgläubigerrechte entstehen ohne Registereintragung oder Besitzerlangung; es handelt sich um publizitätslose Mobiliarsicherheiten an einem Schiff zur Sicherung von Forderungen, die bei der Verwendung des Schiffes oder durch Verwendungen auf das Schiff entstehen.[35] Die Anknüpfung entspricht der zuletzt überwiegenden Auffassung in Rechtsprechung und Lehre.[36]

---

23 Vgl. BGHZ 58, 170; Staudinger/*Stoll*, Int. SachR, Rn 376; *Drobnig*, in: Henrich, Vorschläge und Gutachten, S. 13, 33.
24 Staudinger/*Stoll*, Int. SachR, Rn 377 mit Nachw.
25 BT-Drucks 14/343, S. 17; *Kreuzer*, RabelsZ 65 (2001), 383, 453.
26 BGH NJW 1995, 2097, 2098; RIW 2000, 704, 705.
27 *Looschelders*, Art. 45 Rn 9; weiter gehend *Stoll*, IPRax 2000, 259, 266 (Heimathafen und Heimatort als „wenig signifikantes Anknüpfungsmoment" mit der Folge erstrangiger Prüfung des Art. 46).
28 Im Einzelnen *Kreuzer*, in: Henrich, Vorschläge und Gutachten, S. 37, 132–133; vgl. BT-Drucks 14/343, S. 17.
29 Vgl. auch Staudinger/*Stoll*, Int. SachR, Rn 410.
30 Abgedruckt u.a. bei MüKo-HGB/*Mutz*, Bd. 7, S. 1523, 1531 f.

31 Dazu Staudinger/*Stoll*, Int. SachR, Rn 410.
32 A.A. *Looschelders*, Art. 45 Rn 11; Bamberger/Roth/*Spickhoff*, Art. 45 EGBGB Rn 6 (für den Fall reiner Binnensachverhalte bei Auslandszulassung).
33 Beispiel: *mortgage* (Mobiliarhypothek) aufgrund *aircraft security agreement* an US-amerikanisch registriertem Privatflugzeug; BGH NJW 1992, 362 f.
34 *Kreuzer*, RabelsZ 65 (2001), 383, 454; BT-Drucks 14/343, S. 18.
35 *Kreuzer*, RabelsZ 65 (2001), 383, 454; Staudinger/*Stoll*, Int. SachR, Rn 389.
36 OLG Hamburg, VersR 1975, 826; 1979, 933; IPRax 1990, 400, 401; Staudinger/*Stoll*, Int. SachR, Rn 389; *Zweigert/Drobnig*, VersR 1971, 589–591; im Einzelnen *Regel*, S. 13–26.

2. Rangfolge. Für die Rangfolge mehrerer Sicherungsrechte verweist Abs. 2 S. 2 auf Art. 43 Abs. 1, also auf das **Recht des Belegenheitsortes** (*lex rei sitae*) im Zeitpunkt der Geltendmachung des betreffenden Rechts.[37] **Ausnahmsweise** wird **Art. 46** dann anzuwenden sein, wenn die *leges causae* der Sicherungsrechte **übereinstimmend** eine andere Rangfolge festlegen als das aktuelle Belegenheitsrecht.[38] Zweifelhaft ist, ob damit etwas gewonnen werden kann, dass Abs. 2 S. 2 auf die Bedeutung einer „formalen Ordnungsvorschrift", wie von *Stoll*[39] vertreten, reduziert wird. Entscheidend bleibt, dass sich die Rangfolge nach der aktuellen *lex rei sitae* des Sicherungsguts richtet, sofern nicht Art. 46 eingreift. Das Rangfolgenstatut[40] ist – richtigerweise – **wandelbar**. Vorrangig ist auch hier eine sich aus **Staatsverträgen** ergebende Rangfolge von Sicherungsrechten zu beachten. Das gilt insbesondere für das Genfer Übereinkommen über die internationale Anerkennung von Rechten an Luftfahrzeugen vom 19.6.1948.[41]

III. Sonstige Transportmittel und Anlagen

Art. 45 behandelt nur einige Transportmittel. Nicht geregelt sind insbesondere **Kraftfahrzeuge** und darunter wiederum insbesondere die im grenzüberschreitenden Verkehr eingesetzten Lastkraftwagen. Der Gesetzgeber hat Kraftfahrzeuge in Übereinstimmung mit dem Deutschen Rat allgemein bewusst von einer Sonderregelung, insbesondere von einer Anknüpfung an den Zulassungsort oder den regelmäßigen Standort, wie verschiedentlich befürwortet,[42] ausgenommen.[43] Denn es sei mit der allgemeinen Anknüpfung an das Recht der Belegenheit auszukommen.[44] Das erscheint zweifelhaft, weil die Anknüpfung an den Zulassungsort sachgerechte Ergebnisse ergibt und die Kennzeichen eines Fahrzeuges mit Leichtigkeit den Standort oder Ort der letzten Zulassung für den Straßenverkehr und damit seine „Herkunft" offenbaren. Gegenüber der schlichten Anwendung des Art. 43 sollte deshalb die Anwendung des Art. 46 in Betracht gezogen werden.[45] Dafür, dass zum Recht des Zulassungsortes eine wesentlich engere Verbindung besteht, spricht eine widerlegbare tatsächliche Vermutung. **Bohrinseln** und sonstige **Offshore-Anlagen** unterfallen den allgemeinen Regeln, da nicht zum Transport und regelmäßigen Lageortwechsel bestimmt.[46] Auf hoher See wird auf Abs. 1 S. 2 Nr. 2,[47] sonst auf Art. 46 abzustellen sein. **Haus-** oder **Hotelboote** unterfallen ebenso wie **Schiffsbauwerke** oder **Schiffswracks** den allgemeinen Regeln des Art. 43.[48]

Artikel 46   Wesentlich engere Verbindung

¹Besteht mit dem Recht eines Staates eine wesentlich engere Verbindung als mit dem Recht, das nach den Artikeln 43 bis 45 maßgebend wäre, so ist jenes Recht anzuwenden.

Literatur: Benecke, Abhandenkommen und Eigentumserwerb im Internationalen Privatrecht, ZVglRWiss 101 (2002), 362; *Drobnig,* Vorschlag einer besonderen sachenrechtlichen Kollisionsnorm für Transportmittel, unveröff. Gutachten vom 12.7.1982 zur Vorbereitung einer Beschlußfassung der Ersten Kommission des Deutschen Rates für Internationales Privatrecht; *ders.*, Vorschlag einer besonderen sachenrechtlichen Kollisionsnorm für Transportmittel, in: Henrich, Vorschläge und Gutachten zur Reform des deutschen internationalen Sachen- und Immaterialgüterrechts, 1991; *Geisler,* Die engste Verbindung im Internationalen Privatrecht, 2001; *Junker,* Die IPR-Reform von 1999: Auswirkungen auf die Unternehmenspraxis, RIW 2000, 241; *Kegel,* Buchbesprechung, AcP 178 (1978), 118; *Keller/Siehr,* Allgemeine Lehren des internationalen Privatrechts, 1986; *Kondring,* Die internationalprivatrechtliche Behandlung der rei vindicatio bei Sachen auf dem Transport, IPRax 1993, 371; *Kreuzer,* Berichtigungsklauseln im Internationalen Privatrecht, in: FS Zajtay 1982, S. 295; *ders.*, Gutachtliche Stellungnahme zum Referentenentwurf eines Gesetzes zur Ergänzung des Internationalen Privatrechts, in: Henrich, Vorschläge und Gutachten zur Reform des deutschen internationalen Sachen- und Immaterialgüterrechts, 1991, 37; *ders,* Die Vollendung der Kodifikation des deutschen Internationalen Privatrechts durch das Gesetz zum Internationalen Privatrecht der außervertraglichen Schuldverhältnisse und Sachen vom 21.5.1999, RabelsZ 65 (2001), 383; *Looschelders,* Die Anpassung im Internationalen Privatrecht, 1995; *Looschelders/Bottek,* Die Rechtsstellung des Versicherers bei Verbringung gestohlener Kfz ins Ausland, VersR 2001, 401; *Müller,* Kollisionsrechtliche Behandlung von Reisegepäck und individuellem Verkehrsmittel auf der Auslandsreise, RIW 1982, 461; *Neuhaus,* Die Grundbegriffe des internationalen

---

37 BT-Drucks 14/343, S. 18.
38 BT-Drucks 14/343, S. 18.
39 IPRax 2000, 259, 268.
40 MüKo/*Wendehorst*, Art. 45 EGBGB Rn 75.
41 MüKo/*Wendehorst*, Art. 45 EGBGB Rn 75.
42 Vgl. Staudinger/*Stoll*, Int. SachR, Rn 411, *Drobnig,* in: Henrich, Vorschläge und Gutachten, S. 13, 19–21.
43 BT-Drucks 14/343, S. 17.
44 BT-Drucks 14/343, S. 17; ebenso *Kreuzer,* in: Henrich, Vorschläge und Gutachten, S. 37, 125–127; MüKo/*Kreuzer*, nach Art. 38 EGBGB Anh. I Rn 134; Erman/*Hohloch*, Art. 45 EGBGB Rn 6.

45 Vgl. auch Bamberger/Roth/*Spickhoff*, Art. 45 EGBGB Rn 7 (Art. 45 Abs. 1 S. 2 Nr. 3 analog oder Art. 46).
46 Staudinger/*Stoll*, Int. SachR, Rn 397; *Looschelders,* Art. 45 Rn 10.
47 *Looschelders,* Art. 45 Rn 10; Bamberger/Roth/*Spickhoff*, Art. 45 EGBGB Rn 5; MüKo/*Kreuzer*, nach Art. 38 EGBGB Anh. I Rn 162; Staudinger/*Stoll*, Int. SachR, Rn 397.
48 Bamberger/Roth/*Spickhoff*, Art. 45 EGBGB Rn 5; Erman/*Hohloch*, Art. 45 EGBGB Rn 8.

Privatrechts, 2. Auflage 1976; *Pfeiffer*, Der Stand des Internationalen Sachenrechts nach seiner Kodifikation, IPRax 2000, 217; *v. Plehwe*, Besitzlose Warenkreditsicherheiten im internationalen Privatrecht, Diss. Bonn, 1987; *v. Savigny*, System des heutigen römischen Rechts, Bd. 8, 1849 (Neudruck 1974); *Schurig*, Ein ungünstiges Günstigkeitsprinzip, in: GS Lüderitz 2000, S. 699; *Stadler*, Gestaltungsfreiheit und Verkehrsschutz durch Abstraktion, 1996; *Stoll*, Zur gesetzlichen Regelung des internationalen Sachenrechts in Artt. 43–46 EGBGB, IPRax 2000, 259; *C.S. Wolf*, Der Begriff der wesentlich engeren Verbindung im Internationalen Sachenrecht, 2002; *Zürcher Kommentar* zum IPRG, 2. Auflage 2004.

A. Allgemeines	1	1. Internationale Verkehrsgeschäfte	6
B. Regelungsgehalt	3	2. Kraftfahrzeuge	7
I. Grundsatz	3	3. Res in transitu	9
II. Anwendungsfälle	6	4. Sonstige Fälle	10

A. Allgemeines

1 Ähnlich Art. 28 Abs. 1 S. 1 und Art. 41 sieht Art. 46 für die sachenrechtlichen Kollisionsnormen der Artt. 43–45 eine so genannte **Ausweichklausel** (Ausnahmeklausel) vor. Man kann diese Regelungstechnik kritisieren und sie im Anschluss an *Ehrenzweig* als „*non rules*" bezeichnen,[1] die reden, ohne zu sprechen. Die Windfahne wird zum Wegweiser.[2] Doch hat die Suche nach dem „**Sitz**" des Rechtsverhältnisses, nämlich die Suche nach der Rechtsordnung, der das Rechtsverhältnis „seiner eigenthümlichen Natur nach angehört oder unterworfen ist",[3] eine lange Tradition.[4] Präziser wird allerdings heute nach dem „Sitz" eines Rechtsproblems gefragt.[5] Damit ist eine rechtliche Wertung aufgrund der „Lokalisation" von Sachverhaltselementen gemeint, wie sie bereits *Savigny* durch Unterscheidung verschiedener Klassen von beweglichen Sachen aufgrund ihrer Mobilität[6] beschrieben hat. Die Ausweichklausel soll es also ermöglichen, bestimmten **typischen** oder auch **ungewöhnlichen Interessenlagen** im Einzelfall Rechnung zu tragen, ohne dass damit der **Zweck der Regelanknüpfung** aus dem Blick verloren werden darf. Während die kollisionsrechtliche **Anpassung** die Einfügung eines fremden Rechtsphänomens in die inländische Rechtsordnung und der *ordre public* den Ausschluss der Anwendung eines fremden, zur Anwendung berufenen Rechts aufgrund eines untragbaren Anwendungsergebnisses ermöglicht, sieht die Ausweichklausel die Abweichung von der Regelanknüpfung deshalb vor, weil die Regelanknüpfung im Einzelfall oder für eine bestimmte Fallgruppe nicht das Prinzip der engsten Verbindung verwirklicht.[7] Stets geht es um die richtige, interessengemäße kollisionsrechtliche Beurteilung eines einmaligen oder typisierten besonderen Sachverhalts, wie die allgemeine Ausweichklausel des Art. 15 Abs. 1 Schweizer IPRG treffend zum Ausdruck bringt.

2 Nach Sinn und Zweck der Regelung handelt es sich bei der Verweisung in Art. 46 nicht um eine Gesamt-, sondern um eine **Sachnormverweisung**.[8] Ob die Ausweichklausel darüber hinaus als allgemeines „Einfallstor" für europarechtliche Vorgaben und Maßstäbe dienen kann,[9] erscheint deshalb zweifelhaft, weil die Ausweichklausel das **Prinzip der engsten Verbindung** verwirklichen, nicht aber die Regelanknüpfungen korrigieren soll. Europarechtlichen Vorgaben ist schon auf der Tatbestandsebene der Regelanknüpfungen Rechnung zu tragen.[10]

B. Regelungsgehalt

I. Grundsatz

3 Die Ausweichklausel des Art. 46 ist für die Fälle bestimmt, in denen eine **wesentlich engere Verbindung** zu einer anderen Rechtsordnung als der sich nach Artt. 43–45 ergebenden besteht. Erforderlich ist eine „**extreme Sachferne**" der durch die Regelanknüpfungen berufenen Rechtsordnung.[11] Umgekehrt formuliert, ist für das Eingreifen der Ausweichklausel ein **besonders gewichtiges Näheverhältnis** („viel engerer Zusammenhang"[12]) des zu beurteilenden Lebenssachverhalts zu einer anderen als der regelmäßig berufenen Rechtsordnung erforderlich.[13]

---

1 Vgl. *Kegel/Schurig*, § 6 I 4b (S. 305); *Schurig*, in: GS Lüderitz 2000, S. 699, 701; *v. Bar/Mankowski*, IPR I, § 7 Rn 92.
2 *Kegel*, AcP 178 (1978), 118, 120.
3 *v. Savigny*, S. 108.
4 Vgl. auch *v. Bar/Mankowski*, IPR I, § 7 Rn 92, 108 zum anglo-amerikanischen „*grouping of contacts*".
5 *Keller/Siehr*, § 9 II 3 (S. 58).
6 *v. Savigny*, S. 178–181.
7 Vgl. auch *Looschelders*, Art. 46 Rn 1 u. 2; *ders.*, Anpassung, S. 214 ff. zur Abgrenzung.
8 Art. 4 Abs. 1 S. 1 im Umkehrschluss; vgl. *Looschelders*, Art. 46 Rn 5, Art. 43 Rn 9; Erman/*Hohloch*, Art. 43 EGBGB Rn 5.
9 Dafür *Pfeiffer*, IPRax 2000, 270, 275.
10 Vgl. auch MüKo/*Wendehorst*, Art. 46 EGBGB Rn 10.
11 BT-Drucks 14/343, S. 18 f.; MüKo/*Wendehorst*, Art. 46 EGBGB Rn 11.
12 Art. 15 Abs. 1 Schweizer IPRG.
13 *C.S. Wolf*, S. 9.

Die wesentlich engere Verbindung kann einerseits typisiert ("formalisiert"), andererseits aufgrund einer Gesamtabwägung aller Umstände im Einzelfall festgestellt werden.[14] Art. 46 dient damit sowohl der **Einzelfallkorrektur** als auch der korrigierenden Anknüpfung von Fallgruppen oder **typisierten Sachverhalten**.[15] Zugleich ist allerdings das Anliegen des Internationalen Sachenrechts, für Rechtssicherheit und Rechtsklarheit zu sorgen, zu beachten, so dass eine „wesentlich" engere Verbindung im Einzelfall eher **selten** festzustellen sein wird.[16]

Die Ausweichklausel dient, soweit sie allgemein typisch-atypische Fallgestaltungen erfasst, der sachgerechten Regelung **verdeckter Gesetzeslücken**, wenn davon ausgegangen wird, dass die Regelanknüpfungen insgesamt das Prinzip der engsten Verbindung verwirklichen sollen. In diesen Fällen bedarf die uneingeschränkte Norm (Anknüpfung an die *lex rei sitae*) der Einschränkung, was dann für atypische Fallgruppen allgemein mit Hilfe der Ausnahmeregel geschieht.[17] Dagegen ist die Ausweichklausel kein Mittel, um grundsätzliche Weichenstellungen der Regelanknüpfungen zu korrigieren. So kann auf diesem Wege **nicht** die **Rechtswahl** im Internationalen Sachenrecht Bedeutung gewinnen, und sei es auch nur über die Annahme einer indiziellen Bedeutung schuldrechtlicher Rechtswahl für das Vorliegen einer wesentlich engeren Verbindung.[18] Verkehrsinteressen stehen in der Beurteilung dinglicher Tatbestände und deren (Dritt-)Wirkungen regelmäßig entgegen.[19] Auch möglicherweise berechtige **Erwartungen der Parteien** sind international-sachenrechtlich ohne Bedeutung.[20] Als **objektive Kriterien** der Annahme einer wesentlich engeren Verbindung wird man eine wesentlich stärkere **Einbettung** des Sachverhalts – allgemein oder im Einzelfall – in eine andere Rechts- und Sozialsphäre, **Isolation** oder **Zufall** des nach der Regelanknüpfung gewonnenen Anknüpfungspunkts, den **inneren Entscheidungseinklang** und den **äußeren Entscheidungseinklang** heranziehen können,[21] ohne dass damit auf die Gewichtung der kollisionsrechtlichen Interessen im Einzelfall verzichtet werden kann.[22] Das materiellrechtliche Ergebnis oder Schwierigkeiten bei der Ermittlung fremden Rechts sind dagegen unbeachtlich, desgleichen der auf anderer Ebene zu lösende Tatbestand der Gesetzesumgehung.[23]

II. Anwendungsfälle

1. Internationale Verkehrsgeschäfte. Ein möglicher Anwendungsbereich der Ausweichklausel betrifft den sonst so bezeichneten **qualifizierten Statutenwechsel** im Rahmen internationaler Verkehrsgeschäfte.[24] Auf sachenrechtlicher Ebene bietet allerdings Art. 43 Abs. 3 eine angemessene Lösung, um im Ergebnis Vorwirkungen des Bestimmungsstatuts zu erzeugen. Eine vertragsakzessorische Anknüpfung ist aus Gründen des Verkehrsschutzes abzulehnen.[25] Dass bei internationalen Verkehrsgeschäften eine im Sinne der Ausweichklausel eindeutig wesentlich engere Verbindung zu einer der bestimmungsgemäß beteiligten Rechtsordnungen (insbesondere des Absende- und des Bestimmungsstaates) bestünde, lässt sich im Regelfall nicht feststellen.[26]

2. Kraftfahrzeuge. Für Kraftfahrzeuge bietet sich die Anknüpfung an das Recht des Zulassungsstaates an (Art. 45 Rn 12). Durch das Kennzeichen ist das Fahrzeug – nicht anders als ein Schienenfahrzeug im Sinne von Art. 45 Abs. 1 S. 2 Nr. 3 – nach seiner Herkunft, seinem regelmäßigen Standort „ausgewiesen". Frühere Vorschläge der Literatur, den Zulassungsstaat heranzuziehen,[27] sind vom Gesetzgeber jedoch nicht gebilligt worden. Damit scheidet eine Analogie zu Art. 45 Abs. 1 S. 2 Nr. 3[28] ebenso wie eine pauschale Anwendung des Art. 46 auf Kraftfahrzeuge aus. Allenfalls kann daran gedacht werden, in der Zulassung eines Kfz

---

14 *C.S. Wolf*, S. 17 ff.
15 Erman/*Hohloch*, Art. 46 EGBGB Rn 6.
16 Erman/*Hohloch*, Art. 46 EGBGB Rn 6; *Junker*, RIW 2000, 241, 245, 252.
17 *Kreuzer*, in: Henrich, Vorschläge und Gutachten, S. 37, 159 f.
18 *Junker*, RIW 2000, 241, 252; vgl. auch Palandt/*Heldrich*, Art. 46 EGBGB Rn 3; a.A. *Staudinger*, DB 1999, 1589, 1594 (schuldrechtliche Rechtswahl als Indiz für wesentlich engere Verbindung); differenzierend *Pfeiffer*, IPRax 2000, 270, 274 (Wirkung *inter partes*); vgl. *Looschelders*, Art. 46 Rn 8.
19 Vgl. auch *Pfeiffer*, IPRax 2000, 270, 274; *Benecke*, ZVglRWiss 101 (2002), 362, 370.
20 So auch das Schweizer Recht in denjenigen Bereichen, in denen die Parteiautonomie nicht zugelassen ist; anders aber im Allg.; vgl. Zürcher Kommentar/*Keller/Girsberger*, Art. 15 Rn 79–86; *Looschelders*, Art. 46 Rn 9.
21 Zürcher Kommentar/*Keller/Girsberger*, Art. 15 Rn 56–78; zu den formalen und materiellen Maximen der Anknüpfung im Übrigen *Neuhaus*, § 20 (S. 160 ff.); *Kreuzer*, Berichtigungsklauseln, S. 295, 304 ff.
22 Zürcher Kommentar/*Keller/Girsberger*, Art. 15 Rn 56.
23 Zürcher Kommentar/*Keller/Girsberger*, Art. 15 Rn 90–92.
24 Vgl. *Looschelders*, Art. 46 Rn 12–15.
25 Vgl. BGH NJW 1997, 461, 462; *Kreuzer*, RabelsZ 65 (2001), 383, 455; a.A. *Stadler*, S. 680; *Stoll*, IPRax 2000, 259, 265.
26 *Looschelders*, Art. 46 Rn 15.
27 *Drobnig*, Vorschlag v. 12.7.1982, S. 11; *ders.*, Vorschlag, in: Henrich, Vorschläge und Gutachten, S. 13, 30; *v. Plehwe*, Besitzlose Warenkreditsicherheiten, S. 329 f.
28 Dafür Bamberger/Roth/*Spickhoff*, Art. 45 EGBGB Rn 7.

einen Umstand zu erblicken, der eine **widerlegbare Vermutung** für eine wesentlich engere Verbindung des Fahrzeugs zum Zulassungsstaat begründet. Sie wird schon dann zu widerlegen sein, wenn der Zulassungsort, wie im gewerblichen und grenznahen Bereich häufig, aus fiskalischen Gründen gewählt wird und mit dem regelmäßigen Standort (etwa Hof der Spedition) nicht übereinstimmt.

8 Ein besonderes Problem bereitet der **Eigentumserwerb des Versicherers** nach Nichtherbeischaffung des **gestohlenen Fahrzeugs**. Ist auf den Versicherungsvertrag deutsches Recht und damit § 13 Abs. 7 AKB anzuwenden, dann ist der Eigentumserwerb des Versicherers durch die Nichtherbeischaffung des Kraftfahrzeugs binnen eines Monats aufschiebend bedingt.[29] Für den dinglichen Tatbestand wäre aber auf die *lex rei sitae* abzustellen. Das kann etwa bedeuten, dass Versicherer und Versicherungsnehmer im Staat X residieren, das Fahrzeug bei Eigentumserwerb inzwischen aber im Staat Y steht.[30] In diesem Fall zufälliger Verlagerung des Anknüpfungspunkts ist die Anwendung des Art. 46 sachgerecht und geboten.[31]

9 **3. Res in transitu.** Für Sachen „auf der Reise" (*Kegel*), die sich also auf dem Weg vom Absende- zum Bestimmungsstaat befinden und Gebiete von Drittstaaten berühren, hat der Gesetzgeber wiederum bewusst keine Regelung getroffen.[32] Es wird auf die geringe praktische Bedeutung verwiesen und die Lösung der Praxis überlassen, die Art. 43 Abs. 3 oder Art. 46 heranziehen oder einen anderen Weg beschreiten mag.[33] Ganz überwiegend wird eine Anknüpfung an das Recht des **Bestimmungsortes** befürwortet.[34] Die Ausnahme entfällt aber, wenn die Sache Gegenstand eines Platzgeschäfts am Ort ihrer jeweiligen Belegenheit ist oder gesetzliche Sicherungsrechte aufgrund von Verwendungen auf die Sache oder Transportleistungen in Rede stehen (dazu Art. 43 Rn 47). Sie kommt ferner nicht für Transportmittel in Betracht (wohl aber für das Transportgut).

10 **4. Sonstige Fälle.** Eine Sonderanknüpfung nach Art. 46 ist ferner für **gruppeninterne Verfügungen**, etwa Verfügungen unter Mitgliedern einer Reisegruppe im Ausland,[35] oder für Rechte an **Reisegepäck** möglich;[36] es gilt das (gemeinsame) Heimatrecht, sofern nicht Ortsgeschäfte mit Bedeutung für Drittinteressen anfallen. Bei **Kulturgütern** verbietet sich eine pauschale Ablehnung[37] der Sonderanknüpfung ebenso wie ein verfrühter Rekurs auf Art. 46. Schon die Klassifikation ist keineswegs einheitlich und so unstet wie die Definition des Kunstbegriffs. Vorzuziehen ist stets eine eingehende Prüfung sachenrechtlicher (Vor-) **Prägung** im Rahmen der Anwendung der **Regelanknüpfung**.[38] Darüber hinaus mag im Einzelfall Art. 46 greifen. Ausschlaggebend sind die **Gesamtumstände des Einzelfalls** unter Berücksichtigung insbesondere der **Eintragung** von Kulturgütern in amtliche oder allgemein anerkannte **Verzeichnisse** privater Träger, der Veröffentlichung des rechtmäßigen *situs* des Kulturguts und somit der **öffentlichen Bekanntgabe** des rechtlichen und tatsächlichen Schwerpunkts des dinglichen Rechtsverhältnisses am einzelnen Werk, mittelbar auch der Usancen des seriösen Handels und damit auch einheitlicher materiellrechtlicher Maßstäbe (*due diligence*; Provenienzprüfung). Die Sonderanknüpfung an das Recht des Ortes (illegaler) **archäologischer Ausgrabungen** liegt nahe. Eine Sonderanknüpfung muss bei diesen Gütern eine Frage des Einzelfalls bleiben.

---

29 Vgl. OLG Brandenburg VersR 2001, 361, 362.
30 Vgl. die Konstellation im Fall des OLG Brandenburg VersR 2001, 361.
31 *Looschelders/Bottek*, VersR 2001, 401, 402; *Looschelders*, Art. 46 Rn 21; vgl. auch *Benecke*, ZVglRWiss 101 (2002), 362, 372 f.; a.A. Palandt/*Heldrich*, Art. 43 EGBGB Rn 3.
32 BT-Drucks 14/343, S. 14.
33 BT-Drucks 14/343, S. 14.
34 Vgl. Staudinger/*Stoll*, Int. SachR, Rn 368; Bamberger/Roth/*Spickhoff*, Art. 46 EGBGB Rn 7; *Looschelders*, Art. 46 Rn 18; *Kropholler*, § 54 IV (S. 551); *Pfeiffer*, IPRax 2000, 270, 275; a.A. MüKo/*Wendehorst*, Art. 46 EGBGB Rn 29 (Regelanknüpfung).
35 Bamberger/Roth/*Spickhoff*, Art. 46 EGBGB Rn 6; *Kreuzer*, in: Henrich, Vorschläge und Gutachten, S. 37, 159.
36 *Müller*, RIW 1982, 461, 469 f.; s. bereits *v. Savigny*, § 366 (S. 178 f.).
37 So aber *Stoll*, IPRax 2000, 259, 269.
38 *Stoll*, IPRax 2000, 259, 269.

Internationales Wechselrecht

Literatur: *v. Bar*, Wertpapiere im deutschen Internationalen Privatrecht, in: FS W. Lorenz 1991, S. 273; *Baumbach/Hefermehl*, Wechselgesetz und Scheckgesetz mit Nebengesetzen und einer Einführung in das Wertpapierrecht, 22. Auflage 2001; *Bernstein*, Wechselkollisionsrecht und excuses for nonperformance bei Enteignung des Wechselschuldners – Nachlese zum chilenischen Kupferstreit in Hamburg, in: FS Reimers 1979, S. 229; *v. Bernstorff*, Das internationale Wechsel- und Scheckrecht, 1992; *ders.*, Neuere Entwicklungen im internationalen Wechselrecht, RIW 1991, 896; *Bülow*, Heidelberger Kommentar zum Wechselgesetz/Scheckgesetz und zu den Allgemeinen Geschäftsbedingungen, 3. Auflage 2000; *Eschelbach*, Deutsches internationales Scheckrecht, 1990; *Frisch/Philipp*, Die Interamerikanischen Abkommen von Panama über Wechsel, Scheck und Fakturen, RIW 1979, 520; *Furtak*, Wechselrückgriff und Art. 5 Nr. 1 EuGVÜ, IPRax 1989, 212; *Morawitz*, Das internationale Wechselrecht, 1991; *Müller-Freienfels*, Die Verjährung englischer Wechsel vor deutschen Gerichten, in: FS Zepos II 1973, S. 491; *Samtleben*, Die interamerikanische Spezialkonferenz für Internationales Privatrecht, RabelsZ 44 (1980), 257; *ders.*, Neue interamerikanische Konvention zum Internationalen Privatrecht, RabelsZ 56 (1992), 1 ff.; *Schefold*, Zur Rechtswahl im internationalen Scheckrecht, IPRax 1987, 150; *Schinner*, Zu den Konventionsentwürfen von UNCITRAL für ein internationales Wechselrecht und ein internationales Scheckrecht, 1983; *Schlechtriem*, Zur Abdingbarkeit von Art. 93 Abs. 1 WG, IPRax 1989, 155; *Straub*, Zur Rechtswahl im internationalen Wechselrecht, 1995; *Welter*, in: Schimansky/Bunte/Lwowski (Hrsg.), Bankrechtshandbuch, Bd. II, 2. Auflage 2001, § 66; *Wirth/Philipps/Rinke*, Wechselprotest und Rückgriff mangels Zahlung und ihre kollisionsrechtliche Behandlung im deutschen Recht, in: FS Zajtay 1982, S. 527 ff.; *Wolff*, Ueber den Verkehrsschutz im neuen Wechselrecht, in: FS Wieland 1934, S. 438.

A. Allgemeines 1	III. Wirkungen der Wechselerklärung (Art. 93 WG) 15
I. Qualifikation 3	IV. Rückgriffsfristen (Art. 94 WG) 21
II. Rechtswahl 4	V. Übergang der Grundforderung (Art. 95 WG) 22
III. Renvoi 5	VI. Teilannahme und Teilzahlung (Art. 96 WG) 23
B. Einzelheiten 6	VII. Form und Fristen von Rechtserhaltungs-
I. Wechselfähigkeit (Art. 91 WG) 6	maßnahmen (Art. 97 WG) 24
II. Wirksamkeit (Form) der Wechselerklärung (Art. 92 WG) 10	VIII. Maßnahmen bei Verlust und Diebstahl (Art. 98 WG) 25

A. Allgemeines

Das internatonale Wechselrecht ist eine Sondermaterie des Internationalen Wertpapierrechts (IWPR). Während das allg. IWPR nicht kodifiziert ist, regeln die Artt. 91–98 WG das internationale Wechselrecht weitgehend parallel zum internationalen Scheckrecht der Artt. 60–66 ScheckG. Die Artt. 91 ff. WG setzen die **Genfer Abkommen** über Bestimmungen auf dem Gebiet des internationalen Wechselprivatrechts vom 7.6.1930[1] in deutsches Recht um. Sie gelten als autonomes Recht auch gegenüber Nicht-Vertragsstaaten des Abkommens.[2] Im Verkehr zwischen Argentinien, Chile, Costa Rica, der Dominikanischen Republik, Ecuador, Guatemala, Honduras, Mexiko, Panama, Paraguay, Peru, Salvador, Uruguay und Venezuela gilt das Abkommen von Panama von 1975.[3] Noch nicht in Kraft getreten ist das UNCITRAL-Übereinkommen über internationale gezogene Wechsel und internationale eigene Wechsel v. 9.12.1988.[4]

1

Soweit die Artt. 91 ff. WG Regelungslücken enthalten, sind diese durch Rückgriff auf die **allg. Grundsätze des IWPR** zu füllen.[5]

2

I. Qualifikation

Gem. Art. 37 Nr. 1 EGBGB (Art. 1 Abs. 2 Buchst. c EVÜ) unterliegen alle mit Wechseln zusammenhängenden **wertpapierrechtlichen Fragen** dem IWPR. Demgegenüber bestimmt sich das anwendbare Recht für schuldrechtliche Verhältnisse im Zusammenhang mit Ausstellung, Begebung und Inkasso von Wechseln grundsätzlich nach den Kollisionsnormen des Internationalen Vertragsrechts (Artt. 27 ff. EGBGB), soweit diese Rechtsverhältnisse nicht zur Förderung der besonderen Umlauffähigkeit des Wechsels besonders ausgestaltet und damit dem Wertpapierrecht zuzuordnen sind.[6] Die Artt. 27 ff. EGBGB sind daher maßgeblich insbesondere für die schuldrechtlichen Beziehungen zwischen Aussteller und Begünstigtem, einschließlich

3

---

1 Bek. v. 22.6.1933 (RGBl II 1933 S. 377).
2 Unstr., vgl. BGHZ 21, 155, 157 (implicite).
3 Dazu *Frisch/Philipp*, RIW 1979, 520 ff; *Samtleben*, RabelsZ 44 (1980), 257, 261 ff.; *ders.*, RabelsZ 56 (1992), 1, 89 f.
4 Zum Stand der Ratifikationen (derzeit liegen nur 3 von 10 erforderlichen Ratifikationen vor):

www.uncitral.org/en-index.htm unter „adopted texts". Ausf. *Schinner*, a.a.O.
5 Ausf. zum IWPR MüKo/*Kreuzer*, nach Art. 38 EGBGB Anh. I Rn 117 ff.; *v. Bar*, in: FS W. Lorenz 1991, S. 273 ff.
6 Vgl. BGH NJW 1994, 187 = IPRax 1994, 452 m. Anm. *Straub*; OLG Hamm NJW-RR 1992, 499.

der Bedeutung der Wechselabrede, für das Rechtsverhältnis zwischen Aussteller und Bezogenem, insbesondere aufgrund Girovertrags, für Rechtsfragen im Zusammenhang mit dem Inkasso von Wechseln und die nicht wertpapierrechtliche Haftung eines Beteiligten für die Bezahlung eines Wechsels.

II. Rechtswahl

4 Die Artt. 91–98 WG enthalten ebenso wenig wie das Kollisionsabkommen und die parallelen Bestimmungen des internationalen Scheckrechts ausdrückliche Regelungen in Bezug auf die Rechtswahlbefugnis der Parteien. Da sich aus der Entstehungsgeschichte des Abkommens kein Ausschluss der Parteiautonomie herleiten lässt[7] und schützenswerte Interessen Dritter nicht erkennbar sind, ist für die wertpapierrechtlichen Verpflichtungen der Rückgriffsschuldner eine von den Artt. 91–98 WG abweichende **Rechtswahl zulässig**, wenn diese nach wertpapierrechtlichen Grundsätzen in der Urkunde dokumentiert ist.[8]

III. Renvoi

5 Die Beachtlichkeit von Rück- und Weiterverweisungen im internationalen Wechselrecht ist umstritten.[9] Grundsätzlich gegen sie spricht, dass die Artt. 91 ff. WG auf internationalen Abkommen beruhen und ein *renvoi* bei völkervertraglichen Kollisionsnormen dem Sinn der Verweisung im Sinne des Art. 4 Abs. 1 S. 1 Alt. 2 EGBGB widerspricht (vgl. Art. 4 EGBGB Rn 15). Allerdings ist gem. Art. 91 Abs. 1 S. 2 WG bei der Bestimmung der Wechselfähigkeit ein *renvoi* ausdrücklich vorgesehen. Diese Regelung ist richtiger Ansicht nach vor dem Hintergrund der Entstehungsgeschichte des Konfliktabkommens als Ausnahme zu verstehen und daher nicht verallgemeinerbar. Rück- und Weiterverweisungen sind daher im Übrigen **ausgeschlossen**.[10]

B. Einzelheiten

I. Wechselfähigkeit (Art. 91 WG)

WG Art. 91

(1) [1]Die Fähigkeit einer Person, eine Wechselverbindlichkeit einzugehen, bestimmt sich nach dem Recht des Landes, dem sie angehört. [2]Erklärt dieses Recht das Recht eines anderen Landes für maßgebend, so ist das letztere Recht anzuwenden.

(2) [1]Wer nach dem in vorstehendem Absatz bezeichneten Recht nicht wechselfähig ist, wird gleichwohl gültig verpflichtet, wenn die Unterschrift in dem Gebiet eines Landes abgegeben worden ist, nach dessen Recht er wechselfähig wäre. [2]Diese Vorschrift findet keine Anwendung, wenn die Verbindlichkeit von einem Inländer im Ausland übernommen worden ist.

6 Art. 91 WG befasst sich ausschließlich mit der sog. passiven Wechselfähigkeit **natürlicher Personen**, d.h. deren Fähigkeit, sich durch Wechselerklärungen wirksam zu verpflichten. Maßgebend hierfür ist das Heimatrecht der Person. Nicht geregelt in der Vorschrift ist die Fähigkeit natürlicher Personen, aus einem Wechsel Rechte herleiten zu können, sog. aktive Wechselfähigkeit. Für diese gilt Art. 7 EGBGB und damit im Ergebnis das Gleiche. Für Mehrstaater und Staatenlose gilt Art. 5 Abs. 1 u. 2 EGBGB.

7 Die aktive und passive Wechselfähigkeit **juristischer Personen** und **Personenvereinigungen** beurteilt sich nach den Grundsätzen des internationalen Gesellschaftsrechts (dazu Anhang zu Art. 12 EGBGB).

8 Gem. Art. 91 Abs. 1 S. 2 WG ist ein **Rück-** oder **Weiterverweis** des Heimatrechts auf eine andere Rechtsordnung zu beachten. Das ist insbesondere von Bedeutung, soweit die Person die Nationalität eines Staates des anglo-amerikanischen Rechtskreises hat, da hier regelmäßig nicht an die Staatsangehörigkeit,

---

7 Ausf. *Morawitz*, S. 149 ff.; a.A. (zum Scheckrecht) *Eschelbach*, S. 143 ff.
8 RGZ 145, 121, 124; BGHZ 104, 145, 147 = NJW 1988, 1979 = IPRax 1989, 170 m. Anm. *Schlechtriem*; OLG Hamm WM 1992, 642, 644 = NJW-RR 1992, 499 m. Anm. *Aden*, WuB I D 3 Scheckverkehr 5.92; LG München II IPrax 1987, 175 m. Anm. *Schefold* (zum Scheckrecht); *Straub*, S. 17 ff.; *Morawitz*, S. 149 ff.; *Schlechtriem*, IPRax 1989, 155 ff.; *Baumbach/Hefermehl*, Art. 93 WG Rn 2. A.A. *Wolff*, in: FS Wieland 1934, S. 438 ff.; *Soergel/Kegel*, vor Art. 7 EGBGB Rn 339; *Bernstein*, in: FS Reimers 1979, S. 229, 233; *Wirth/Philipps/Rinke*, in: FS Zajtay 1982, S. 527, 560 f. Zweifelnd (zum Scheckrecht) *Eschelbach*, S. 143 ff.
9 Ausf. *Morawitz*, S. 137 ff.; *Eschelbach*, S. 163 ff. (zum Scheckrecht).
10 Wie hier *v. Bar*, in: FS W. Lorenz 1991, S. 273, 290 f.; *Morawitz*, S. 137 ff.; *Soergel/v. Hoffmann*, Art. 37 EGBGB Rn 25; wohl auch MüKo/*Martiny*, Art. 37 EGBGB Rn 26. A.A. OLG Koblenz IPRspr 1976 Nr. 20, 77, 79; LG Mainz WM 1975, 149, 150; *Müller-Freienfels*, in: FS Zepos II 1973, S. 491, 505 ff.; *Bernstein*, in: FS Reimers 1979, S. 229, 234. Differenzierend (zum Scheckrecht) *Eschelbach*, S. 163.

sondern an das „*domicile*" angeknüpft wird. Nach Art. 91 Abs. 1 S. 2 WG ist lediglich ein einziger *renvoi* beachtlich.

Entsprechend Art. 12 EGBGB bestimmt Art. 91 Abs. 2 S. 1 WG im Interesse des **Verkehrsschutzes**, dass eine Person, der die Wechselfähigkeit nach Abs. 1 fehlt, als wechselfähig gilt, wenn sie nach dem Recht des Staates, in dem sie die Erklärung abgegeben hat, wechselfähig wäre. Das gilt nach dem rechtspolitisch sehr fragwürdigen[11] Art. 91 Abs. 2 S. 2 WG jedoch nicht zulasten von Inländern, die ihre Erklärung im Ausland abgegeben haben.

II. Wirksamkeit (Form) der Wechselerklärung (Art. 92 WG)

WG Art. 92

(1) ¹Die Form einer Wechselerklärung bestimmt sich nach dem Recht des Landes, in dessen Gebiet die Erklärung unterschrieben worden ist.

(2) ¹Wenn jedoch eine Wechselerklärung, die nach den Vorschriften des vorstehenden Absatzes ungültig ist, dem Recht des Landes entspricht, in dessen Gebiet eine spätere Wechselerklärung unterschrieben worden ist, so wird durch Mängel in der Form der ersten Wechselerklärung die Gültigkeit der späteren Wechselerklärung nicht berührt.

(3) ¹Eine Wechselerklärung, die ein Inländer im Ausland abgegeben hat, ist im Inland gegenüber anderen Inländern gültig, wenn die Erklärung den Formerfordernissen des inländischen Rechts genügt.

Gem. **Art. 92 Abs. 1 WG** bestimmt sich die Formwirksamkeit einer Wechselerklärung nach dem Recht des Staates, in dessen Gebiet die Erklärung abgegeben wurde. Maßgeblich ist der **Ort der tatsächlichen Abgabe** der Wechselerklärung, nicht der in der Urkunde vermerkte.[12] Der gutgläubige Erwerber ist jedoch in seinem Vertrauen auf den in der Urkunde angegebenen Ausstellungsort zu schützen.[13]

Zur Form in diesem Sinne zählen im weitesten Sinne **alle dokumentären Gültigkeitserfordernisse** der Erklärung,[14] d.h. insbesondere die in Artt. 1, 2 WG enthaltenen Anforderungen an die Gültigkeit des Wechsels, die Unterschrift des Ausstellers, der Bezeichnung eines Stellvertreters etc.

Die Wirksamkeit eines in einem Staat ausgestellten Blankowechsels, der in einem anderen Staat vervollständigt wird, unterliegt dem Recht des Ortes der Unterschrift.[15]

Art. 92 Abs. 2 WG schreibt den Grundsatz der Unabhängigkeit der einzelnen Wechselerklärungen auch für die Form fest. Damit berührt die Unwirksamkeit einer Wechselerklärung die Wirksamkeit einer späteren grundsätzlich nicht. Anderes gilt für die Unwirksamkeit der Ausstellung des Wechsels selbst, da ohne sie eine Haftung der anderen Wechselschuldner nicht in Betracht kommt.[16]

Art. 92 Abs. 3 WG bezweckt den **Schutz des inländischen Rechtsverkehrs** in seinem Vertrauen auf die Geltung der einheimischen Wirksamkeitsanforderungen. Danach gilt eine Wechselerklärung, die ein Deutscher im Ausland abgegeben hat, gegenüber anderen Inländern als wirksam, wenn die Form des deutschen Wechselrechts gewahrt ist. Die Fiktion der Wirksamkeit der Erklärung gilt nicht gegenüber Ausländern.

III. Wirkungen der Wechselerklärung (Art. 93 WG)

WG Art. 93

(1) ¹Die Wirkungen der Verpflichtungserklärungen des Annehmers eines gezogenen Wechsels und des Ausstellers eines eigenen Wechsels bestimmen sich nach dem Recht des Zahlungsorts.

(2) ¹Die Wirkungen der übrigen Wechselerklärungen bestimmen sich nach dem Recht des Landes, in dessen Gebiet die Erklärungen unterschrieben worden sind.

Hinsichtlich des für die Wirkungen der Wechselerklärung maßgeblichen Rechts ist eine differenzierte Betrachtung erforderlich. Nur für die Erklärungen des Akzeptanten einer Tratte und des Ausstellers eines

---

11 Dagegen sieht *Bülow*, Art. 91 WG Rn 3, durch die Regelung die berechtigten Interessen der Vertragsstaaten geschützt.
12 MüKo/*Martiny*, Art. 37 EGBGB Rn 16.
13 *Baumbach/Hefermehl*, Art. 92 WG Rn 1; *Wirth/Philipps/Rinke*, in: FS Zajtay 1982, S. 527, 541.
14 BGHZ 21, 155, 158; MüKo/*Martiny*, Art. 37 EGBGB Rn 16; *Bülow*, Art. 92 WG Rn 3.
15 BGH WM 1977, 1322 = RIW 1978, 618; OLG München OLGZ 1966, 34, 35.
16 OLG Frankfurt NJW 1982, 2734; *Morawitz*, S. 68.

Solawechsels gilt gem. **Art. 93 Abs. 1** das Recht des Zahlungsortes. Für alle sonstigen Wechselerklärungen, zu denen auch die Ehrenannahme und die Wechselbürgschaft zählen,[17] ist gem. **Art. 93 Abs. 2** der Zeichnungsort maßgeblich.

16 In den **Anwendungsbereich** des Art. 93 WG fällt umfassend „alles, was die Haftung des Schuldners betrifft",[18] d.h. Entstehungsvoraussetzungen, Einreden (zur Verjährung vgl. aber Rn 17), Einwendungen, der Umfang der Haftung ebenso wie ihr Erlöschen, das Erfordernis eines Begebungsvertrages,[19] die Bestimmung des Erfüllungsorts[20] etc.[21] Hinsichtlich der rein formellen Voraussetzungen wechselrechtlicher Verpflichtungen ist Art. 92 WG einschlägig (dazu Rn 11).

17 Hinsichtlich der **Verjährung** hat Deutschland durch Bek. vom 30.11.1933 zu Art. 17 Anl. II des Einh. Wechselgesetzes[22] erklärt, dass die Gründe für die Unterbrechung der Verjährung (nunmehr: Neubeginn) und ihre Hemmung ausschließlich nach deutschem Recht zu beurteilen sind.

18 Nach ganz herrschender Ansicht ist Art. 93 WG auch auf **Verfügungen** über Wechsel durch Indossament anzuwenden, da es sich beim Indossament um eine Wechselerklärung i.S.d. Art. 93 Abs. 2 handelt.[23] Ebenfalls nach Art. 93 Abs. 2 WG ist der Erwerb des Wechsels im Wechselrücklauf zu behandeln.[24]

19 Für die **Abtretung** der Ansprüche und Rechte aus einem Wechsel gilt entsprechend Art. 33 Abs. 2 EGBGB das Statut der abzutretenden Forderung.[25]

20 Eine von Art. 93 WG abweichende **Rechtswahl** ist nach den o.g. Grundsätzen (Rn 4) beachtlich, wenn sie in der Wechselurkunde vermerkt ist. Zum **gesetzlichen Übergang der Grundforderung** infolge der Übertragung des Wechsels vgl. Art. 95 WG (Rn 22).

IV. Rückgriffsfristen (Art. 94 WG)

WG Art. 94

[1]Die Fristen für die Ausübung der Rückgriffsrechte werden für alle Wechselverpflichteten durch das Recht des Ortes bestimmt, an dem der Wechsel ausgestellt worden ist.

21 Das deutsche Wechselrecht kennt in Übereinstimmung mit dem Einheitlichen Wechselgesetz keine Ausschlussfristen für den Wechselregress. Soweit jedoch das Recht des Ausstellungsortes derartige Rückgriffsfristen vorsieht, sind diese in Bezug auf die Verpflichtungen aller Wechselverpflichteten selbst dann maßgeblich, wenn nach dem Recht des Indossamentsortes keine oder abweichende Fristen gelten. Art. 94 WG gilt auch für die Verjährung des Wechselregresses.[26]

V. Übergang der Grundforderung (Art. 95 WG)

WG Art. 95

[1]Das Recht des Ausstellungsorts bestimmt, ob der Inhaber eines gezogenen Wechsels die seiner Ausstellung zugrunde liegende Forderung erwirbt.

22 Einige Rechtsordnungen, insbesondere die französische,[27] sehen anders als das deutsche Recht vor, dass der Erwerber eines Wechsels stets zugleich die zugrunde liegende Forderung erwirbt. Ob die Forderung aus dem Grundgeschäft in diesem Sinne akzessorisch ist, bestimmt nach Art. 95 WG das Recht am Ausstellungsort des Wechsels. Für das Verhältnis des Schuldners der Grundforderung gegenüber altem und neuem Gläubiger gilt Art. 33 Abs. 3 EGBGB.[28]

---

17 BGH NJW 1963, 252.
18 BGH NJW 2004, 1456, 1458 (zu Art. 63 ScheckG) m. Anm. *Walker*, EWiR 2004, 405 f.
19 OLG Düsseldorf IPRspr 1976 Nr. 19. Zur Abgrenzung auch *Bülow*, Art. 92 WG Rn 3.
20 BGH NJW 2004, 1456, 1458 (zu Art. 63 ScheckG) m. Anm. *Walker*, EWiR 2004, 405 f.
21 Beispielhafte Aufzählung bei Soergel/*v. Hoffmann*, Art. 37 EGBGB Rn 20 ff.
22 RGBl II 1933 S. 974.
23 Ausf. Nachw. bei Soergel/*v. Hoffmann*, Art. 37 EGBGB Rn 21, Fn 59; a.A. *Baumbach/Hefermehl*, Art. 93 WG Rn 1.
24 MüKo/*Martiny*, Art. 37 EGBGB Rn 23; Soergel/*v. Hoffmann*, Art. 37 EGBGB Rn 22.
25 BGHZ 104, 145, 149 = NJW 1988, 1979 = IPRax 1989, 170 m. Anm. *Schlechtriem*.
26 Unverständlich insoweit *Baumbach/Hefermehl*, Art. 93 WG Rn 1 einerseits (Verjährung unterfällt Art. 93 WG) und Art. 94 WG Rn 1 andererseits (Verjährung unterfällt Art. 94 WG).
27 Art. 116 Abs. 3 franz. Code civil.
28 Dazu *Bülow*, Art. 95 WG Rn 1.

VI. Teilannahme und Teilzahlung (Art. 96 WG)

WG Art. 96

(1) ¹Das Recht des Zahlungsorts bestimmt, ob die Annahme eines gezogenen Wechsels auf einen Teil der Summe beschränkt werden kann und ob der Inhaber verpflichtet oder nicht verpflichtet ist, eine Teilzahlung anzunehmen.

(2) ¹Dasselbe gilt für die Zahlung bei einem eigenen Wechsel.

Gem. Art. 96 Abs. 1 u. 2 WG gilt hinsichtlich der Zulässigkeit von Teilannahmen und Teilzahlungen bei gezogenen und Solawechseln das **Recht des jeweiligen Zahlungsortes**. Die Bedeutung der Vorschrift ist begrenzt, da für alle Mitgliedstaaten des Wechselabkommens die Zulässigkeit von Teilzahlungen ohnehin einheitlich geregelt ist, vgl. dazu Artt. 26 Abs. 1, 39 Abs. 2 WG.[29]

VII. Form und Fristen von Rechtserhaltungsmaßnahmen (Art. 97 WG)

WG Art. 97

¹Die Form des Protestes und die Fristen für die Protesterhebung sowie die Form der übrigen Handlungen, die zur Ausübung oder Erhaltung der Wechselrechte erforderlich sind, bestimmen sich nach dem Recht des Landes, in dessen Gebiet der Protest zu erheben oder die Handlung vorzunehmen ist.

Form- und Fristanforderungen für alle Maßnahmen, die der Erhaltung der wechselrechtlichen Ansprüche dienen, d.h. insbesondere Vorlegung, Nachricht und Protest, unterliegen dem Recht des Staates, in dem die betreffenden Handlungen vorzunehmen sind. Welche Maßnahmen zur Rechtserhaltung erforderlich sind, ergibt sich aus Art. 93 WG.[30] Art. 97 WG gilt auch für die Nach-, nicht aber die Vorlegungsfrist.[31] Eine abweichende Rechtswahl (dazu Rn 4) ist auch im Rahmen des Art. 97 WG zu beachten.[32]

VIII. Maßnahmen bei Verlust und Diebstahl (Art. 98 WG)

WG Art. 98

¹Das Recht des Zahlungsorts bestimmt die Maßnahmen, die bei Verlust oder Diebstahl eines Wechsels zu ergreifen sind.

Ist ein Wechsel verloren gegangen oder abhanden gekommen, richten sich Art und Wirkungen der zu ergreifenden Maßnahmen, insbesondere die Kraftloserklärung im Rahmen eines Aufgebotsverfahrens, nach dem Recht des Zahlungsortes.

---

29 *Bülow*, Art. 96 WG Rn 1.
30 *Welter*, in: Schimansky/Bunte/Lwowski (Hrsg.), § 66 Rn 63; näher Rn 15 ff.
31 *Baumbach/Hefermehl*, Art. 97 WG Rn 1.
32 *v. Bernstorff*, S. 36.

Artikel 47 bis 49 (Änderung anderer Vorschriften)

Zweiter Teil
Verhältnis des Bürgerlichen Gesetzbuchs zu den Reichsgesetzen

Artikel 50

¹Die Vorschriften der Reichsgesetze bleiben in Kraft. ²Sie treten jedoch insoweit außer Kraft, als sich aus dem Bürgerlichen Gesetzbuch oder aus diesem Gesetz die Aufhebung ergibt.

Artikel 51

¹Soweit in dem Gerichtsverfassungsgesetz, der Zivilprozeßordnung, der Strafprozeßordnung, der Insolvenzordnung und in dem Anfechtungsgesetz an die Verwandtschaft oder die Schwägerschaft rechtliche Folgen geknüpft sind, finden die Vorschriften des Bürgerlichen Gesetzbuchs über Verwandtschaft oder Schwägerschaft Anwendung.

Artikel 52

¹Ist aufgrund eines Reichsgesetzes dem Eigentümer einer Sache wegen der im öffentlichen Interesse erfolgenden Entziehung, Beschädigung oder Benutzung der Sache oder wegen Beschränkung des Eigentums eine Entschädigung zu gewähren und steht einem Dritten ein Recht an der Sache zu, für welches nicht eine besondere Entschädigung gewährt wird, so hat der Dritte, soweit sein Recht beeinträchtigt wird, an dem Entschädigungsanspruch dieselben Rechte, die ihm im Falle des Erlöschens seines Rechts durch Zwangsversteigerung an dem Erlös zustehen.

Artikel 53

(1) ¹Ist in einem Falle des Artikel 52 die Entschädigung dem Eigentümer eines Grundstücks zu gewähren, so finden auf den Entschädigungsanspruch die Vorschriften des § 1128 des Bürgerlichen Gesetzbuchs entsprechende Anwendung. ²Erhebt ein Berechtigter innerhalb der im § 1128 bestimmten Frist Widerspruch gegen die Zahlung der Entschädigung an den Eigentümer, so kann der Eigentümer und jeder Berechtigte die Eröffnung eines Verteilungsverfahrens nach den für die Verteilung des Erlöses im Falle der Zwangsversteigerung geltenden Vorschriften beantragen. ³Die Zahlung hat in diesem Fall an das für das Verteilungsverfahren zuständige Gericht zu erfolgen.

(2) ¹Ist das Recht des Dritten eine Reallast, eine Hypothek, eine Grundschuld oder eine Rentenschuld, so erlischt die Haftung des Entschädigungsanspruchs, wenn der beschädigte Gegenstand wiederhergestellt oder für die entzogene bewegliche Sache Ersatz beschafft ist. ²Ist die Entschädigung wegen Benutzung des Grundstücks oder wegen Entziehung oder Beschädigung von Früchten oder von Zubehörstücken zu gewähren, so finden die Vorschriften des § 1123 Abs. 2 Satz 1 und des § 1124 Abs. 1 und 3 des Bürgerlichen Gesetzbuchs entsprechende Anwendung.

Artikel 53a

(1) ¹Ist in einem Falle des Artikels 52 die Entschädigung dem Eigentümer eines eingetragenen Schiffs oder Schiffsbauwerks zu gewähren, so sind auf den Entschädigungsanspruch die Vorschriften der §§ 32 und 33 des Gesetzes über Rechte an eingetragenen Schiffen und Schiffsbauwerken vom 15. November 1940 (RGBl. I S. 1499) entsprechend anzuwenden.

(2) ¹Artikel 53 Abs. 1 Satz 2 und 3 gilt entsprechend.

Artikel 54 (gegenstandslos)

Dritter Teil
Verhältnis des Bürgerlichen Gesetzbuchs zu den Landesgesetzen

Artikel 55

¹Die privatrechtlichen Vorschriften der Landesgesetze treten außer Kraft, soweit nicht in dem Bürgerlichen Gesetzbuch oder in diesem Gesetz ein anderes bestimmt ist.

Artikel 56

¹Unberührt bleiben die Bestimmungen der Staatsverträge, die ein Bundesstaat mit einem ausländischen Staat vor dem Inkrafttreten des Bürgerlichen Gesetzbuchs geschlossen hat.

Artikel 57 und 58

(gegenstandslos)

Artikel 59

¹Unberührt bleiben die landesgesetzlichen Vorschriften über Familienfideikommisse und Lehen, mit Einschluß der allodifizierten Lehen, sowie über Stammgüter.

Artikel 60

¹Unberührt bleiben die landesgesetzlichen Vorschriften, welche die Bestellung einer Hypothek, Grundschuld oder Rentenschuld an einem Grundstück, dessen Belastung nach den in den Artikeln 57 bis 59 bezeichneten Vorschriften nur beschränkt zulässig ist, dahin gestatten, daß der Gläubiger Befriedigung aus dem Grundstück lediglich im Weg der Zwangsverwaltung suchen kann.

Artikel 61

¹Ist die Veräußerung oder Belastung eines Gegenstands nach den in den Artikeln 57 bis 59 bezeichneten Vorschriften unzulässig oder nur beschränkt zulässig, so finden auf einen Erwerb, dem diese Vorschriften entgegenstehen, die Vorschriften des Bürgerlichen Gesetzbuchs zugunsten derjenigen, welche Rechte von einem Nichtberechtigten herleiten, entsprechende Anwendung.

Artikel 62

¹Unberührt bleiben die landesgesetzlichen Vorschriften über Rentengüter.

Artikel 63

¹Unberührt bleiben die landesgesetzlichen Vorschriften über das Erbpachtrecht, mit Einschluß des Büdnerrechts und des Häuslerrechts, in denjenigen Bundesstaaten, in welchen solche Rechte bestehen. ²Die Vorschriften des § 1017 des Bürgerlichen Gesetzbuchs finden auf diese Rechte entsprechende Anwendung.

Artikel 64

(1) ¹Unberührt bleiben die landesgesetzlichen Vorschriften über das Anerbenrecht in Ansehung landwirtschaftlicher und forstwirtschaftlicher Grundstücke nebst deren Zubehör.

(2) ¹Die Landesgesetze können das Recht des Erblassers, über das dem Anerbenrecht unterliegende Grundstück von Todes wegen zu verfügen, nicht beschränken.

Artikel 65

¹Unberührt bleiben die landesgesetzlichen Vorschriften, welche dem Wasserrecht angehören, mit Einschluß des Mühlenrechts und des Flötzrechts sowie der Vorschriften zur Beförderung der Bewässerung und Entwässerung der Grundstücke und der Vorschriften über Anlandungen, entstehende Inseln und verlassene Flußbetten.

Artikel 66

¹Unberührt bleiben die landesgesetzlichen Vorschriften, welche dem Deich- und Sielrecht angehören.

Artikel 67

(1) ¹Unberührt bleiben die landesgesetzlichen Vorschriften, welche dem Bergrecht angehören.

(2) ¹Ist nach landesgesetzlicher Vorschrift wegen Beschädigung eines Grundstücks durch Bergbau eine Entschädigung zu gewähren, so finden die Vorschriften der Artikel 52 und 53 Anwendung, soweit nicht die Landesgesetze ein anderes bestimmen.

Artikel 68

¹Unberührt bleiben die landesgesetzlichen Vorschriften, welche die Belastung eines Grundstücks mit dem vererblichen und veräußerlichen Recht zur Gewinnung eines den bergrechtlichen Vorschriften nicht unterliegenden Minerals gestatten und den Inhalt dieses Rechtes näher bestimmen. ²Die Vorschriften der §§ 874, 875, 876, 1015, 1017 des Bürgerlichen Gesetzbuchs finden entsprechende Anwendung.

Artikel 69

¹Unberührt bleiben die landesgesetzlichen Vorschriften über Jagd und Fischerei, unbeschadet der Vorschrift des § 958 Abs. 2 des Bürgerlichen Gesetzbuchs und der Vorschriften des Bürgerlichen Gesetzbuchs über den Ersatz des Wildschadens.

Artikel 70 bis 72 (weggefallen)

Artikel 73

¹Unberührt bleiben die landesgesetzlichen Vorschriften über Regalien.

Artikel 74

¹Unberührt bleiben die landesgesetzlichen Vorschriften über Zwangsrechte, Bannrechte und Realgewerbeberechtigungen.

Artikel 75 (gegenstandslos)

Artikel 76

¹Unberührt bleiben die landesgesetzlichen Vorschriften, welche dem Verlagsrecht angehören.

Artikel 77

¹Unberührt bleiben die landesgesetzlichen Vorschriften über die Haftung des Staates, der Gemeinden und anderer Kommunalverbände (Provinzial-, Kreis-, Amtsverbände) für den von ihren Beamten in Ausübung der diesen anvertrauten öffentlichen Gewalt zugefügten Schaden sowie die landesgesetzlichen Vorschriften, welche das Recht des Beschädigten, von dem Beamten den Ersatz eines solchen Schadens zu verlangen, insoweit ausschließen, als der Staat oder der Kommunalverband haftet.

Artikel 78

¹Unberührt bleiben die landesgesetzlichen Vorschriften, nach welchen die Beamten für die von ihnen angenommenen Stellvertreter und Gehilfen in weiterem Umfang als nach dem Bürgerlichen Gesetzbuch haften.

Artikel 79

¹Unberührt bleiben die landesgesetzlichen Vorschriften, nach welchen die zur amtlichen Feststellung des Wertes von Grundstücken bestellten Sachverständigen für den aus einer Verletzung ihrer Berufspflicht entstandenen Schaden in weiterem Umfang als nach dem Bürgerlichen Gesetzbuch haften.

Artikel 80

(1) ¹Unberührt bleiben, soweit nicht in dem Bürgerlichen Gesetzbuch eine besondere Bestimmung getroffen ist, die landesgesetzlichen Vorschriften über die vermögensrechtlichen Ansprüche und Verbindlichkeiten der Beamten, der Geistlichen und der Lehrer an öffentlichen Unterrichtsanstalten aus dem Amts- oder Dienstverhältnis mit Einschluß der Ansprüche der Hinterbliebenen.
(2) ¹Unberührt bleiben die landesgesetzlichen Vorschriften über das Pfründenrecht.

Artikel 81

¹Unberührt bleiben die landesgesetzlichen Vorschriften, welche die Übertragbarkeit der Ansprüche der in Artikel 80 Abs. 1 bezeichneten Personen auf Besoldung, Wartegeld, Ruhegehalt, Witwen- und Waisengeld beschränken, sowie die landesgesetzlichen Vorschriften, welche die Aufrechnung gegen solche Ansprüche abweichend von der Vorschrift des § 394 des Bürgerlichen Gesetzbuchs zulassen.

Artikel 82

¹Unberührt bleiben die Vorschriften der Landesgesetze über die Verfassung solcher Vereine, deren Rechtsfähigkeit auf staatlicher Verleihung beruht.

Artikel 83

¹Unberührt bleiben die landesgesetzlichen Vorschriften über Waldgenossenschaften.

Artikel 84 (gegenstandslos)

Artikel 85

¹Unberührt bleiben die landesgesetzlichen Vorschriften, nach welchen im Falle des § 45 Abs. 3 des Bürgerlichen Gesetzbuchs das Vermögen des aufgelösten Vereins an Stelle des Fiskus einer Körperschaft, Stiftung oder Anstalt des öffentlichen Rechts anfällt.

Artikel 86

¹Vorschriften, die den Erwerb von Rechten durch Ausländer oder durch juristische Personen, die ihren satzungsmäßigen Sitz, ihre Hauptverwaltung oder ihre Hauptniederlassung nicht im Bundesgebiet haben (ausländische juristische Personen), beschränken oder von einer Genehmigung abhängig machen, finden vom 30. Juli 1998 keine Anwendung mehr. ²Die Bundesregierung wird ermächtigt, durch Rechtsverordnung mit Zustimmung des Bundesrates den Erwerb von Rechten durch Ausländer oder ausländische juristische Personen zu beschränken und von der Erteilung einer Genehmigung abhängig machen, wenn Deutsche und inländische juristische Personen in dem betreffenden Staat in dem Erwerb von Rechten eingeschränkt werden und außenpolitische Gründe, insbesondere das Retorsionsrecht, dies erfordern. ³Satz 2 gilt nicht für Ausländer und ausländische juristische Personen aus Mitgliedstaaten der Europäischen Union.

Artikel 87 (weggefallen)

Artikel 88 (aufgehoben)

Artikel 89

¹Unberührt bleiben die landesgesetzlichen Vorschriften über die zum Schutz der Grundstücke und der Erzeugnisse von Grundstücken gestattete Pfändung von Sachen, mit Einschluß der Vorschriften über die Entrichtung von Pfandgeld oder Ersatzgeld.

Artikel 90

¹Unberührt bleiben die landesgesetzlichen Vorschriften über die Rechtsverhältnisse, welche sich aus einer aufgrund des öffentlichen Rechts wegen der Führung eines Amtes oder wegen eines Gewerbebetriebs erfolgten Sicherheitsleistung ergeben.

Artikel 91

¹Unberührt bleiben die landesgesetzlichen Vorschriften, nach welchen der Fiskus, eine Körperschaft, Stiftung oder Anstalt des öffentlichen Rechts oder eine unter der Verwaltung einer öffentlichen Behörde stehende Stiftung berechtigt ist, zur Sicherung gewisser Forderungen die Eintragung einer Hypothek an Grundstücken des Schuldners zu verlangen, und nach welchen die Eintragung der Hypothek auf Ersuchen einer bestimmten Behörde zu erfolgen hat. ²Die Hypothek kann nur als Sicherungshypothek eingetragen werden; sie entsteht mit der Eintragung.

Artikel 92 (weggefallen)

Artikel 93

¹Unberührt bleiben die landesgesetzlichen Vorschriften über die Fristen, bis zu deren Ablauf gemietete Räume bei Beendigung des Mietverhältnisses zu räumen sind.

Artikel 94

(1) ¹Unberührt bleiben die landesgesetzlichen Vorschriften, welche den Geschäftsbetrieb der gewerblichen Pfandleiher und der Pfandleihanstalten betreffen.

(2) ¹Unberührt bleiben die landesgesetzlichen Vorschriften, nach welchen öffentlichen Pfandleihanstalten das Recht zusteht, die ihnen verpfändeten Sachen dem Berechtigten nur gegen Bezahlung des auf die Sache gewährten Darlehens herauszugeben.

Artikel 95 (gegenstandslos)

Artikel 96

¹Unberührt bleiben die landesgesetzlichen Vorschriften über einen mit der Überlassung eines Grundstücks in Verbindung stehenden Leibgedings-, Leibzuchts-, Altenteils- oder Auszugsvertrag, soweit sie das sich aus dem Vertrag ergebende Schuldverhältnis für den Fall regeln, daß nicht besondere Vereinbarungen getroffen werden.

Artikel 97

(1) ¹Unberührt bleiben die landesgesetzlichen Vorschriften, welche die Eintragung von Gläubigern des Bundesstaats in ein Staatsschuldbuch und die aus der Eintragung sich ergebenden Rechtsverhältnisse, insbesondere die Übertragung und Belastung einer Buchforderung, regeln.

(2) ¹Soweit nach diesen Vorschriften eine Ehefrau berechtigt ist, selbständig Anträge zu stellen, ist dieses Recht ausgeschlossen, wenn ein Vermerk zugunsten des Ehemanns im Schuldbuch eingetragen ist. ²Ein solcher Vermerk ist einzutragen, wenn die Ehefrau oder mit ihrer Zustimmung der Ehemann die Eintragung beantragt. ³Die Ehefrau ist dem Ehemann gegenüber zur Erteilung der Zustimmung verpflichtet, wenn sie nach dem unter ihnen bestehenden Güterstand über die Buchforderung nur mit Zustimmung des Ehemanns verfügen kann.

Artikel 98

¹Unberührt bleiben die landesgesetzlichen Vorschriften über die Rückzahlung oder Umwandlung verzinslicher Staatsschulden, für die Inhaberpapiere ausgegeben oder die im Staatsschuldbuch eingetragen sind.

Artikel 99

¹Unberührt bleiben die landesgesetzlichen Vorschriften über die öffentlichen Sparkassen, unbeschadet der Vorschriften des § 808 des Bürgerlichen Gesetzbuchs und der Vorschriften des Bürgerlichen Gesetzbuchs über die Anlegung von Mündelgeld.

Artikel 100

¹Unberührt bleiben die landesgesetzlichen Vorschriften, nach welchen bei Schuldverschreibungen auf den Inhaber, die der Bundesstaat oder eine ihm angehörende Körperschaft, Stiftung oder Anstalt des öffentlichen Rechts ausstellt:
1. die Gültigkeit der Unterzeichnung von der Beobachtung einer besonderen Form abhängt, auch wenn eine solche Bestimmung in die Urkunde nicht aufgenommen ist;
2. der im § 804 Abs. 1 des Bürgerlichen Gesetzbuchs bezeichnete Anspruch ausgeschlossen ist, auch wenn die Ausschließung in dem Zins- oder Rentenschein nicht bestimmt ist.

Artikel 101

¹Unberührt bleiben die landesgesetzlichen Vorschriften, welche den Bundesstaat oder ihm angehörende Körperschaften, Stiftungen und Anstalten des öffentlichen Rechts abweichend von der Vorschrift des § 806 Satz 2 des Bürgerlichen Gesetzbuchs verpflichten, die von ihnen ausgestellten, auf den Inhaber lautenden Schuldverschreibungen auf den Namen eines bestimmten Berechtigten umzuschreiben, sowie die landesgesetzlichen Vorschriften, welche die sich aus der Umschreibung einer solchen Schuldverschreibung ergebenden Rechtsverhältnisse, mit Einschluß der Kraftloserklärung, regeln.

Artikel 102

(1) ¹Unberührt bleiben die landesgesetzlichen Vorschriften über die Kraftloserklärung und die Zahlungssperre in Ansehung der im § 807 des Bürgerlichen Gesetzbuchs bezeichneten Urkunden.

(2) ¹Unberührt bleiben die landesgesetzlichen Vorschriften, welche für die Kraftloserklärung der im § 808 des Bürgerlichen Gesetzbuchs bezeichneten Urkunden ein anderes Verfahren als das Aufgebotsverfahren bestimmen.

Artikel 103 (gegenstandslos)

Art. 110 EGBGB Dritter Teil Verhältnis des Bürgerlichen Gesetzbuchs zu den Landesgesetzen

Artikel 104

[1]Unberührt bleiben die landesgesetzlichen Vorschriften über den Anspruch auf Rückerstattung mit Unrecht erhobener öffentlicher Abgaben oder Kosten eines Verfahrens.

Artikel 105

[1]Unberührt bleiben die landesgesetzlichen Vorschriften, nach welchen der Unternehmer eines Eisenbahnbetriebs oder eines anderen mit gemeiner Gefahr verbundenen Betriebs für den aus dem Betrieb entstehenden Schaden in weiterem Umfang als nach den Vorschriften des Bürgerlichen Gesetzbuchs verantwortlich ist.

Artikel 106

[1]Unberührt bleiben die landesgesetzlichen Vorschriften, nach welchen, wenn ein dem öffentlichen Gebrauch dienendes Grundstück zu einer Anlage oder zu einem Betrieb benutzt werden darf, der Unternehmer der Anlage oder des Betriebs für den Schaden verantwortlich ist, der bei dem öffentlichen Gebrauch des Grundstücks durch die Anlage oder den Betrieb verursacht wird.

Artikel 107

[1]Unberührt bleiben die landesgesetzlichen Vorschriften über die Verpflichtung zum Ersatz des Schadens, der durch das Zuwiderhandeln gegen ein zum Schutz von Grundstücken erlassenes Strafgesetz verursacht wird.

Artikel 108

[1]Unberührt bleiben die landesgesetzlichen Vorschriften über die Verpflichtung zum Ersatz des Schadens, der bei einer Zusammenrottung, einem Auflauf oder einem Aufruhr entsteht.

Artikel 109

[1]Unberührt bleiben die landesgesetzlichen Vorschriften über die im öffentlichen Interesse erfolgende Entziehung, Beschädigung oder Benutzung einer Sache, Beschränkung des Eigentums und Entziehung oder Beschränkung von Rechten. [2]Auf die nach landesgesetzlicher Vorschrift wegen eines solchen Eingriffs zu gewährende Entschädigung finden die Vorschriften der Artikel 52 und 53 Anwendung, soweit nicht die Landesgesetze ein anderes bestimmen. [3]Die landesgesetzlichen Vorschriften können nicht bestimmen, daß für ein Rechtsgeschäft, für das notarielle Beurkundung vorgeschrieben ist, eine andere Form genügt.

Artikel 110

[1]Unberührt bleiben die landesgesetzlichen Vorschriften, welche für den Fall, daß zerstörte Gebäude in anderer Lage wiederhergestellt werden, die Rechte an den beteiligten Grundstücken regeln.

Artikel 111

¹Unberührt bleiben die landesgesetzlichen Vorschriften, welche im öffentlichen Interesse das Eigentum in Ansehung tatsächlicher Verfügungen beschränken.

Artikel 112

¹Unberührt bleiben die landesgesetzlichen Vorschriften über die Behandlung der einem Eisenbahn- oder Kleinbahnunternehmen gewidmeten Grundstücke und sonstiger Vermögensgegenstände als Einheit (Bahneinheit), über die Veräußerung und Belastung einer solchen Bahneinheit oder ihrer Bestandteile, insbesondere die Belastung im Falle der Ausstellung von Teilschuldverschreibungen auf den Inhaber, und die sich dabei ergebenden Rechtsverhältnisse sowie über die Liquidation zum Zweck der Befriedigung der Gläubiger, denen ein Recht auf abgesonderte Befriedigung aus den Bestandteilen der Bahneinheit zusteht.

Artikel 113

¹Unberührt bleiben die landesgesetzlichen Vorschriften über die Zusammenlegung von Grundstücken, über die Gemeinheitsteilung, die Regulierung der Wege, die Ordnung der gutsherrlich-bäuerlichen Verhältnisse sowie über die Ablösung, Umwandlung oder Einschränkung von Dienstbarkeiten und Reallasten. ²Dies gilt insbesondere auch von den Vorschriften, welche die durch ein Verfahren dieser Art begründeten gemeinschaftlichen Angelegenheiten zum Gegenstand haben oder welche sich auf den Erwerb des Eigentums, auf die Begründung, Änderung und Aufhebung von anderen Rechten an Grundstücken und auf die Berichtigung des Grundbuchs beziehen.

Artikel 114

¹Unberührt bleiben die landesgesetzlichen Vorschriften, nach welchen die dem Staat oder einer öffentlichen Anstalt infolge der Ordnung der gutsherrlich-bäuerlichen Verhältnisse oder der Ablösung von Dienstbarkeiten, Reallasten oder der Oberlehnsherrlichkeit zustehenden Ablösungsrenten und sonstigen Reallasten zu ihrer Begründung und zur Wirksamkeit gegenüber dem öffentlichen Glauben des Grundbuchs nicht der Eintragung bedürfen.

Artikel 115

¹Unberührt bleiben die landesgesetzlichen Vorschriften, welche die Belastung eines Grundstücks mit gewissen Grunddienstbarkeiten oder beschränkten persönlichen Dienstbarkeiten oder mit Reallasten untersagen oder beschränken, sowie die landesgesetzlichen Vorschriften, welche den Inhalt und das Maß solcher Rechte näher bestimmen.

Artikel 116

¹Die in den Artikeln 113 bis 115 bezeichneten landesgesetzlichen Vorschriften finden keine Anwendung auf die nach den §§ 912, 916 und 917 des Bürgerlichen Gesetzbuchs zu entrichtenden Geldrenten und auf die in den §§ 1021 und 1022 des Bürgerlichen Gesetzbuchs bestimmten Unterhaltspflichten.

Artikel 117

(1) ¹Unberührt bleiben die landesgesetzlichen Vorschriften, welche die Belastung eines Grundstücks über eine bestimmte Wertgrenze hinaus untersagen.

(2) ¹Unberührt bleiben die landesgesetzlichen Vorschriften, welche die Belastung eines Grundstücks mit einer unkündbaren Hypothek oder Grundschuld untersagen oder die Ausschließung des Kündigungsrechts des Eigentümers bei Hypothekenforderungen und Grundschulden zeitlich beschränken und bei Rentenschulden nur für eine kürzere als die in § 1202 Abs. 2 des Bürgerlichen Gesetzbuchs bestimmte Zeit zulassen.

Artikel 118

¹Unberührt bleiben die landesgesetzlichen Vorschriften, welche einer Geldrente, Hypothek, Grundschuld oder Rentenschuld, die dem Staat oder einer öffentlichen Anstalt wegen eines zur Verbesserung des belasteten Grundstücks gewährten Darlehens zusteht, den Vorrang vor anderen Belastungen des Grundstücks einräumen. ²Zugunsten eines Dritten finden die Vorschriften der §§ 892 und 893 des Bürgerlichen Gesetzbuchs Anwendung.

Artikel 119

¹Unberührt bleiben die landesgesetzlichen Vorschriften, welche
1. die Veräußerung eines Grundstücks beschränken;
2. die Teilung eines Grundstücks oder die getrennte Veräußerung von Grundstücken, die bisher zusammen bewirtschaftet worden sind, untersagen oder beschränken;
3. die nach § 890 Abs. 1 des Bürgerlichen Gesetzbuchs zulässige Vereinigung mehrerer Grundstücke oder die nach § 890 Abs. 2 des Bürgerlichen Gesetzbuchs zulässige Zuschreibung eines Grundstücks zu einem anderen Grundstück untersagen oder beschränken.

Artikel 120

(1) ¹Unberührt bleiben die landesgesetzlichen Vorschriften, nach welchen im Falle der Veräußerung eines Teiles eines Grundstücks dieser Teil von den Belastungen des Grundstücks befreit wird, wenn von der zuständigen Behörde festgestellt wird, daß die Rechtsänderung für die Berechtigten unschädlich ist.

(2) ¹Unberührt bleiben die landesgesetzlichen Vorschriften, nach welchen unter der gleichen Voraussetzung:
1. im Falle der Teilung eines mit einer Reallast belasteten Grundstücks die Reallast auf die einzelnen Teile des Grundstücks verteilt wird;
2. im Falle der Aufhebung eines dem jeweiligen Eigentümer eines Grundstücks an einem anderen Grundstück zustehenden Rechts die Zustimmung derjenigen nicht erforderlich ist, zu deren Gunsten das Grundstück des Berechtigten belastet ist;
3. in den Fällen des § 1128 des Bürgerlichen Gesetzbuchs und des Artikels 52 dieses Gesetzes der dem Eigentümer zustehende Entschädigungsanspruch von dem einem Dritten an dem Anspruch zustehenden Recht befreit wird.

Artikel 121

¹Unberührt bleiben die landesgesetzlichen Vorschriften, nach welchen im Falle der Teilung eines für den Staat oder eine öffentliche Anstalt mit einer Reallast belasteten Grundstücks nur ein Teil des Grundstücks mit der Reallast belastet bleibt und dafür zugunsten des jeweiligen Eigentümers dieses Teiles die übrigen Teile mit gleichartigen Reallasten belastet werden.

Artikel 122

¹Unberührt bleiben die landesgesetzlichen Vorschriften, welche die Rechte des Eigentümers eines Grundstücks in Ansehung der auf der Grenze oder auf dem Nachbargrundstück stehenden Obstbäume abweichend von den Vorschriften des § 910 und des § 923 Abs. 2 des Bürgerlichen Gesetzbuchs bestimmen.

Artikel 123

¹Unberührt bleiben die landesgesetzlichen Vorschriften, welche das Recht des Notwegs zum Zweck der Verbindung eines Grundstücks mit einer Wasserstraße oder einer Eisenbahn gewähren.

Artikel 124

¹Unberührt bleiben die landesgesetzlichen Vorschriften, welche das Eigentum an Grundstücken zugunsten der Nachbarn noch anderen als den im Bürgerlichen Gesetzbuch bestimmten Beschränkungen unterwerfen. ²Dies gilt insbesondere auch von den Vorschriften, nach welchen Anlagen sowie Bäume und Sträucher nur in einem bestimmten Abstand von der Grenze gehalten werden dürfen.

Artikel 125

¹Unberührt bleiben die landesgesetzlichen Vorschriften, welche die Vorschrift des § 26 der Gewerbeordnung auf Eisenbahn-, Dampfschiffahrts- und ähnliche Verkehrsunternehmungen erstrecken.

Artikel 126

¹Durch Landesgesetz kann das dem Staat an einem Grundstück zustehende Eigentum auf einen Kommunalverband und das einem Kommunalverband an einem Grundstück zustehende Eigentum auf einen anderen Kommunalverband oder auf den Staat übertragen werden.

Artikel 127

¹Unberührt bleiben die landesgesetzlichen Vorschriften über die Übertragung des Eigentums an einem Grundstück, das im Grundbuch nicht eingetragen ist und nach den Vorschriften der Grundbuchordnung auch nach der Übertragung nicht eingetragen zu werden braucht.

Artikel 128

¹Unberührt bleiben die landesgesetzlichen Vorschriften über die Begründung und Aufhebung einer Dienstbarkeit an einem Grundstück, das im Grundbuch nicht eingetragen ist und nach den Vorschriften der Grundbuchordnung nicht eingetragen zu werden braucht.

Artikel 129

¹Unberührt bleiben die landesgesetzlichen Vorschriften, nach welchen das Recht zur Aneignung eines nach § 928 des Bürgerlichen Gesetzbuchs aufgegebenen Grundstücks an Stelle des Fiskus einer bestimmten anderen Person zusteht.

Artikel 130

¹Unberührt bleiben die landesgesetzlichen Vorschriften über das Recht zur Aneignung der einem anderen gehörenden, im Freien betroffenen Tauben.

Artikel 131

¹Unberührt bleiben die landesgesetzlichen Vorschriften, welche für den Fall, daß jedem der Miteigentümer eines mit einem Gebäude versehenen Grundstücks die ausschließliche Benutzung eines Teiles des Gebäudes eingeräumt ist, das Gemeinschaftsverhältnis näher bestimmen, die Anwendung der §§ 749 bis 751 des Bürgerlichen Gesetzbuchs ausschließen und für den Fall des Insolvenzverfahrens über das Vermögen eines Miteigentümers das Recht, für die Insolvenzmasse die Aufhebung der Gemeinschaft zu verlangen, versagen.

Artikel 132

¹Unberührt bleiben die landesgesetzlichen Vorschriften über die Kirchenbaulast und die Schulbaulast.

Artikel 133

¹Unberührt bleiben die landesgesetzlichen Vorschriften über das Recht zur Benutzung eines Platzes in einem dem öffentlichen Gottesdienst gewidmeten Gebäude oder auf einer öffentlichen Begräbnisstätte.

Artikel 134 bis 136 (weggefallen)

Artikel 137

¹Unberührt bleiben die landesgesetzlichen Vorschriften über die Grundsätze, nach denen in den Fällen des § 1376 Abs. 4, § 1515 Abs. 2 und 3, § 1934b Abs. 1 und der §§ 2049 und 2312 des Bürgerlichen Gesetzbuchs sowie des § 16 Abs. 1 des Grundstücksverkehrsgesetzes in der im Bundesgesetzblatt Teil III, Gliederungsnummer 7810–1, veröffentlichten bereinigten Fassung, das zuletzt durch Artikel 2 Nr. 22 des Gesetzes vom 8. Dezember 1986 (BGBl I S. 2191) geändert worden ist, der Ertragswert eines Landguts festzustellen ist.

Artikel 138

¹Unberührt bleiben die landesgesetzlichen Vorschriften, nach welchen im Falle des § 1936 des Bürgerlichen Gesetzbuchs an Stelle des Fiskus eine Körperschaft, Stiftung oder Anstalt des öffentlichen Rechts gesetzlicher Erbe ist.

Artikel 139

¹Unberührt bleiben die landesgesetzlichen Vorschriften, nach welchen dem Fiskus oder einer anderen juristischen Person in Ansehung des Nachlasses einer verpflegten oder unterstützten Person ein Erbrecht, ein Pflichtteilsanspruch oder ein Recht auf bestimmte Sachen zusteht.

Artikel 140

¹Unberührt bleiben die landesgesetzlichen Vorschriften, nach welchen das Nachlaßgericht auch unter anderen als den in § 1960 Abs. 1 des Bürgerlichen Gesetzbuchs bezeichneten Voraussetzungen die Anfertigung eines Nachlaßverzeichnisses sowie bis zu dessen Vollendung die erforderlichen Sicherungsmaßregeln, insbesondere die Anlegung von Siegeln, von Amts wegen anordnen kann oder soll.

Artikel 141 und 142 (weggefallen)

Artikel 143

(1) (weggefallen)

(2) ¹Unberührt bleiben die landesgesetzlichen Vorschriften, nach welchen es bei der Auflassung eines Grundstücks der gleichzeitigen Anwesenheit beider Teile nicht bedarf, wenn das Grundstück durch einen Notar versteigert worden ist und die Auflassung noch in dem Versteigerungstermin stattfindet.

Artikel 144

¹Die Landesgesetze können bestimmen, daß das Jugendamt die Beistandschaft mit Zustimmung des Elternteils auf einen rechtsfähigen Verein übertragen kann, dem dazu eine Erlaubnis nach § 54 des Achten Buches Sozialgesetzbuch erteilt worden ist.

Artikel 145 und 146 (weggefallen)

Artikel 147

(1) ¹Unberührt bleiben die landesgesetzlichen Vorschriften, nach welchen für die dem Vormundschaftsgericht oder dem Nachlaßgericht obliegenden Verrichtungen andere als gerichtliche Behörden zuständig sind.

(2) (weggefallen)

Artikel 148

¹Die Landesgesetze können die Zuständigkeit des Nachlaßgerichts zur Aufnahme des Inventars ausschließen.

Artikel 149 bis 151 (weggefallen)

Artikel 152

¹Unberührt bleiben die landesgesetzlichen Vorschriften, welche für die nicht nach den Vorschriften der Zivilprozeßordnung zu erledigenden Rechtsstreitigkeiten die Vorgänge bestimmen, mit denen die nach

den Vorschriften des Bürgerlichen Gesetzbuchs an die Klageerhebung und an die Rechtshängigkeit geknüpften Wirkungen eintreten. ²Soweit solche Vorschriften fehlen, finden die Vorschriften der Zivilprozeßordnung entsprechende Anwendung.

Vierter Teil
Übergangsvorschriften

Artikel 153 bis 156 (gegenstandslos)

Artikel 157

¹Die Vorschriften der französischen und der badischen Gesetze über den erwählten Wohnsitz bleiben für Rechtsverhältnisse, die sich nach diesen Gesetzen bestimmen, in Kraft, sofern der Wohnsitz vor dem Inkrafttreten des Bürgerlichen Gesetzbuchs erwählt worden ist.

Artikel 158 bis 162 (gegenstandslos)

Artikel 163

¹Auf die zur Zeit des Inkrafttretens des Bürgerlichen Gesetzbuchs bestehenden juristischen Personen finden von dieser Zeit an die Vorschriften der §§ 25 bis 53 und 85 bis 89 des Bürgerlichen Gesetzbuchs Anwendung, soweit sich nicht aus den Artikeln 164 bis 166 ein anderes ergibt.

Artikel 164

¹In Kraft bleiben die landesgesetzlichen Vorschriften über die zur Zeit des Inkrafttretens des Bürgerlichen Gesetzbuchs bestehenden Realgemeinden und ähnlichen Verbände, deren Mitglieder als solche zu Nutzungen an land- und forstwirtschaftlichen Grundstücken, an Mühlen, Brauhäusern und ähnlichen Anlagen berechtigt sind. ²Es macht keinen Unterschied, ob die Realgemeinden oder sonstigen Verbände juristische Personen sind oder nicht und ob die Berechtigung der Mitglieder an Grundbesitz geknüpft ist oder nicht.

Artikel 165

¹In Kraft bleiben die Vorschriften der bayerischen Gesetze, betreffend die privatrechtliche Stellung der Vereine sowie der Erwerbs- und Wirtschaftsgesellschaften, vom 29. April 1869 in Ansehung derjenigen Vereine und registrierten Gesellschaften, welche aufgrund dieser Gesetze zur Zeit des Inkrafttretens des Bürgerlichen Gesetzbuchs bestehen.

Artikel 166

¹In Kraft bleiben die Vorschriften des sächsischen Gesetzes vom 15. Juni 1868, betreffend die juristischen Personen, in Ansehung derjenigen Personenvereine, welche zur Zeit des Inkrafttretens des

Bürgerlichen Gesetzbuchs die Rechtsfähigkeit durch Eintragung in das Genossenschaftsregister erlangt haben.

Artikel 167

¹In Kraft bleiben die landesgesetzlichen Vorschriften, welche die zur Zeit des Inkrafttretens des Bürgerlichen Gesetzbuchs bestehenden landschaftlichen oder ritterschaftlichen Kreditanstalten betreffen.

Artikel 168

¹Eine zur Zeit des Inkrafttretens des Bürgerlichen Gesetzbuchs bestehende Verfügungsbeschränkung bleibt wirksam, unbeschadet der Vorschriften des Bürgerlichen Gesetzbuchs zugunsten derjenigen, welche Rechte von einem Nichtberechtigten herleiten.

Artikel 169

(1) ¹Die Vorschriften des Bürgerlichen Gesetzbuchs über die Verjährung finden auf die vor dem Inkrafttreten des Bürgerlichen Gesetzbuchs entstandenen, noch nicht verjährten Ansprüche Anwendung. ²Der Beginn sowie die Hemmung und Unterbrechung der Verjährung bestimmen sich jedoch für die Zeit vor dem Inkrafttreten des Bürgerlichen Gesetzbuchs nach den bisherigen Gesetzen.

(2) ¹Ist die Verjährungsfrist nach dem Bürgerlichen Gesetzbuch kürzer als nach den bisherigen Gesetzen, so wird die kürzere Frist von dem Inkrafttreten des Bürgerlichen Gesetzbuchs an berechnet. ²Läuft jedoch die in den bisherigen Gesetzen bestimmte längere Frist früher als die im Bürgerlichen Gesetzbuch bestimmte kürzere Frist ab, so ist die Verjährung mit dem Ablauf der längeren Frist vollendet.

Artikel 170

¹Für ein Schuldverhältnis, das vor dem Inkrafttreten des Bürgerlichen Gesetzbuchs entstanden ist, bleiben die bisherigen Gesetze maßgebend.

Artikel 171

¹Ein zur Zeit des Inkrafttretens des Bürgerlichen Gesetzbuchs bestehendes Miet-, Pacht- oder Dienstverhältnis bestimmt sich, wenn nicht die Kündigung nach dem Inkrafttreten des Bürgerlichen Gesetzbuchs für den ersten Termin erfolgt, für den sie nach den bisherigen Gesetzen zulässig ist, von diesem Termin an nach den Vorschriften des Bürgerlichen Gesetzbuchs.

Artikel 172

¹Wird eine Sache, die zur Zeit des Inkrafttretens des Bürgerlichen Gesetzbuchs vermietet oder verpachtet war, nach dieser Zeit veräußert oder mit einem Recht belastet, so hat der Mieter oder Pächter dem Erwerber der Sache oder des Rechts gegenüber die im Bürgerlichen Gesetzbuch bestimmten Rechte. ²Weitergehende Rechte des Mieters oder Pächters, die sich aus den bisherigen Gesetzen ergeben, bleiben unberührt, unbeschadet der Vorschrift des Artikels 171.

Artikel 173

¹Auf eine zur Zeit des Inkrafttretens des Bürgerlichen Gesetzbuchs bestehende Gemeinschaft nach Bruchteilen finden von dieser Zeit an die Vorschriften des Bürgerlichen Gesetzbuchs Anwendung.

Artikel 174

(1) ¹Von dem Inkrafttreten des Bürgerlichen Gesetzbuchs an gelten für die vorher ausgestellten Schuldverschreibungen auf den Inhaber die Vorschriften der §§ 798 bis 800, 802 und 804 und des § 806 Satz 1 des Bürgerlichen Gesetzbuchs. ²Bei den auf Sicht zahlbaren unverzinslichen Schuldverschreibungen sowie bei Zins-, Renten- und Gewinnanteilscheinen bleiben jedoch für die Kraftloserklärung und die Zahlungssperre die bisherigen Gesetze maßgebend.

(2) ¹Die Verjährung der Ansprüche aus den vor dem Inkrafttreten des Bürgerlichen Gesetzbuchs ausgestellten Schuldverschreibungen auf den Inhaber bestimmt sich, unbeschadet der Vorschriften des § 802 des Bürgerlichen Gesetzbuchs, nach den bisherigen Gesetzen.

Artikel 175

¹Für Zins-, Renten- und Gewinnanteilscheine, die nach dem Inkrafttreten des Bürgerlichen Gesetzbuchs für ein vor dieser Zeit ausgestelltes Inhaberpapier ausgegeben werden, sind die Gesetze maßgebend, welche für die vor dem Inkrafttreten des Bürgerlichen Gesetzbuchs ausgegebenen Scheine gleicher Art gelten.

Artikel 176

¹Die Außerkurssetzung von Schuldverschreibungen auf den Inhaber findet nach dem Inkrafttreten des Bürgerlichen Gesetzbuchs nicht mehr statt. ²Eine vorher erfolgte Außerkurssetzung verliert mit dem Inkrafttreten des Bürgerlichen Gesetzbuchs ihre Wirkung.

Artikel 177

¹Von dem Inkrafttreten des Bürgerlichen Gesetzbuchs an gelten für vorher ausgegebene Urkunden der in § 808 des Bürgerlichen Gesetzbuchs bezeichneten Art, sofern der Schuldner nur gegen Aushändigung der Urkunde zur Leistung verpflichtet ist, die Vorschriften des § 808 Abs. 2 Satz 2 und 3 des Bürgerlichen Gesetzbuchs und des Artikels 102 Abs. 2 dieses Gesetzes.

Artikel 178

¹Ein zur Zeit des Inkrafttretens des Bürgerlichen Gesetzbuchs anhängiges Verfahren, das die Kraftloserklärung einer Schuldverschreibung auf den Inhaber oder einer Urkunde der in § 808 des Bürgerlichen Gesetzbuchs bezeichneten Art oder die Zahlungssperre für ein solches Papier zum Gegenstand hat, ist nach den bisherigen Gesetzen zu erledigen. ²Nach diesen Gesetzen bestimmen sich auch die Wirkungen des Verfahrens und der Entscheidung.

Vierter Teil Übergangsvorschriften Art. 185 EGBGB

Artikel 179

¹Hat ein Anspruch aus einem Schuldverhältnis nach den bisherigen Gesetzen durch Eintragung in ein öffentliches Buch Wirksamkeit gegen Dritte erlangt, so behält er diese Wirksamkeit auch nach dem Inkrafttreten des Bürgerlichen Gesetzbuchs.

Artikel 180

¹Auf ein zur Zeit des Inkrafttretens des Bürgerlichen Gesetzbuchs bestehendes Besitzverhältnis finden von dieser Zeit an, unbeschadet des Artikels 191, die Vorschriften des Bürgerlichen Gesetzbuchs Anwendung.

Artikel 181

(1) ¹Auf das zur Zeit des Inkrafttretens des Bürgerlichen Gesetzbuchs bestehende Eigentum finden von dieser Zeit an die Vorschriften des Bürgerlichen Gesetzbuchs Anwendung.

(2) ¹Steht zur Zeit des Inkrafttretens des Bürgerlichen Gesetzbuchs das Eigentum an einer Sache mehreren nicht nach Bruchteilen zu oder ist zu dieser Zeit ein Sondereigentum an stehenden Erzeugnissen eines Grundstücks, insbesondere an Bäumen, begründet, so bleiben diese Rechte bestehen.

Artikel 182

¹Das zur Zeit des Inkrafttretens des Bürgerlichen Gesetzbuchs bestehende Stockwerkseigentum bleibt bestehen. ²Das Rechtsverhältnis der Beteiligten untereinander bestimmt sich nach den bisherigen Gesetzen.

Artikel 183

¹Zugunsten eines Grundstücks, das zur Zeit des Inkrafttretens des Bürgerlichen Gesetzbuchs mit Wald bestanden ist, bleiben die landesgesetzlichen Vorschriften, welche die Rechte des Eigentümers eines Nachbargrundstücks in Ansehung der auf der Grenze oder auf dem Waldgrundstück stehenden Bäume und Sträucher abweichend von den Vorschriften des § 910 und des § 923 Abs. 2 und 3 des Bürgerlichen Gesetzbuchs bestimmen, bis zur nächsten Verjüngung des Waldes in Kraft.

Artikel 184

¹Rechte, mit denen eine Sache oder ein Recht zur Zeit des Inkrafttretens des Bürgerlichen Gesetzbuchs belastet ist, bleiben mit dem sich aus den bisherigen Gesetzen ergebenden Inhalt und Rang bestehen, soweit sich nicht aus den Artikeln 192 bis 195 ein anderes ergibt. ²Von dem Inkrafttreten des Bürgerlichen Gesetzbuchs an gelten jedoch für ein Erbbaurecht die Vorschriften des § 1017, für eine Grunddienstbarkeit die Vorschriften der §§ 1020 bis 1028 des Bürgerlichen Gesetzbuchs.

Artikel 185

¹Ist zur Zeit des Inkrafttretens des Bürgerlichen Gesetzbuchs die Ersitzung des Eigentums oder Nießbrauchs an einer beweglichen Sache noch nicht vollendet, so finden auf die Ersitzung die Vorschriften des Artikel 169 entsprechende Anwendung.

Artikel 186

(1) ¹Das Verfahren, in welchem die Anlegung der Grundbücher erfolgt, sowie der Zeitpunkt, in welchem das Grundbuch für einen Bezirk als angelegt anzusehen ist, werden für jeden Bundesstaat durch landesherrliche Verordnung bestimmt.

(2) ¹Ist das Grundbuch für einen Bezirk als angelegt anzusehen, so ist die Anlegung auch für solche zu dem Bezirk gehörende Grundstücke, die noch kein Blatt im Grundbuch haben, als erfolgt anzusehen, soweit nicht bestimmte Grundstücke durch besondere Anordnung ausgenommen sind.

Artikel 187

(1) ¹Eine Grunddienstbarkeit, die zu der Zeit besteht, zu welcher das Grundbuch als angelegt anzusehen ist, bedarf zur Erhaltung der Wirksamkeit gegenüber dem öffentlichen Glauben des Grundbuchs nicht der Eintragung. ²Die Eintragung hat jedoch zu erfolgen, wenn sie von dem Berechtigten oder von dem Eigentümer des belasteten Grundstücks verlangt wird; die Kosten sind von demjenigen zu tragen und vorzuschießen, welcher die Eintragung verlangt.

(2) ¹Durch Landesgesetz kann bestimmt werden, daß die bestehenden Grunddienstbarkeiten oder einzelne Arten zur Erhaltung der Wirksamkeit gegenüber dem öffentlichen Glauben des Grundbuchs bei der Anlegung des Grundbuchs oder später in das Grundbuch eingetragen werden müssen. ²Die Bestimmung kann auf einzelne Grundbuchbezirke beschränkt werden.

Artikel 188

(1) ¹Durch landesherrliche Verordnung kann bestimmt werden, daß gesetzliche Pfandrechte, die zu der Zeit bestehen, zu welcher das Grundbuch als angelegt anzusehen ist, zur Erhaltung der Wirksamkeit gegenüber dem öffentlichen Glauben des Grundbuchs während einer zehn Jahre nicht übersteigenden, von dem Inkrafttreten des Bürgerlichen Gesetzbuchs an zu berechnenden Frist nicht der Eintragung bedürfen.

(2) ¹Durch landesherrliche Verordnung kann bestimmt werden, daß Mietrechte und Pachtrechte, welche zu der im Absatz 1 bezeichneten Zeit als Rechte an einem Grundstück bestehen, zur Erhaltung der Wirksamkeit gegenüber dem öffentlichen Glauben des Grundbuchs nicht der Eintragung bedürfen.

Artikel 189

(1) ¹Der Erwerb und Verlust des Eigentums sowie die Begründung, Übertragung, Belastung und Aufhebung eines anderen Rechts an einem Grundstück oder eines Rechts an einem solchen Recht erfolgen auch nach dem Inkrafttreten des Bürgerlichen Gesetzbuchs nach den bisherigen Gesetzen, bis das Grundbuch als angelegt anzusehen ist. ²Das gleiche gilt von der Änderung des Inhalts und des Ranges der Rechte. ³Ein nach den Vorschriften des Bürgerlichen Gesetzbuchs unzulässiges Recht kann nach dem Inkrafttreten des Bürgerlichen Gesetzbuchs nicht mehr begründet werden.

(2) ¹Ist zu der Zeit, zu welcher das Grundbuch als angelegt anzusehen ist, der Besitzer als der Berechtigte im Grundbuch eingetragen, so finden auf eine zu dieser Zeit noch nicht vollendete, nach § 900 des Bürgerlichen Gesetzbuchs zulässige Ersitzung die Vorschriften des Artikels 169 entsprechende Anwendung.

(3) ¹Die Aufhebung eines Rechts, mit dem ein Grundstück oder ein Recht an einem Grundstück zu der Zeit belastet ist, zu welcher das Grundbuch als angelegt anzusehen ist, erfolgt auch nach dieser Zeit nach den bisherigen Gesetzen, bis das Recht in das Grundbuch eingetragen wird.

Vierter Teil Übergangsvorschriften   **Art. 195 EGBGB**

Artikel 190

¹Das nach § 928 Abs. 2 des Bürgerlichen Gesetzbuchs dem Fiskus zustehende Aneignungsrecht erstreckt sich auf alle Grundstücke, die zu der Zeit herrenlos sind, zu welcher das Grundbuch als angelegt anzusehen ist. ²Die Vorschrift des Artikels 129 findet entsprechende Anwendung.

Artikel 191

(1) ¹Die bisherigen Gesetze über den Schutz im Besitz einer Grunddienstbarkeit oder einer beschränkten persönlichen Dienstbarkeit finden auch nach dem Inkrafttreten des Bürgerlichen Gesetzbuchs Anwendung, bis das Grundbuch für das belastete Grundstück als angelegt anzusehen ist.

(2) ¹Von der Zeit an, zu welcher das Grundbuch als angelegt anzusehen ist, finden zum Schutz der Ausübung einer Grunddienstbarkeit, mit welcher das Halten einer dauernden Anlage verbunden ist, die für den Besitzschutz geltenden Vorschriften des Bürgerlichen Gesetzbuchs entsprechende Anwendung, solange Dienstbarkeiten dieser Art nach Artikel 128 oder Artikel 187 zur Erhaltung der Wirksamkeit gegenüber dem öffentlichen Glauben des Grundbuchs nicht der Eintragung bedürfen. ²Das gleiche gilt für Grunddienstbarkeiten anderer Art mit der Maßgabe, daß der Besitzschutz nur gewährt wird, wenn die Dienstbarkeit in jedem der drei letzten Jahre vor der Störung mindestens einmal ausgeübt worden ist.

Artikel 192

(1) ¹Ein zu der Zeit, zu welcher das Grundbuch als angelegt anzusehen ist, an einem Grundstück bestehendes Pfandrecht gilt von dieser Zeit an als eine Hypothek, für welche die Erteilung des Hypothekenbriefs ausgeschlossen ist. ²Ist der Betrag der Forderung, für die das Pfandrecht besteht, nicht bestimmt, so gilt das Pfandrecht als Sicherungshypothek.

(2) ¹Ist das Pfandrecht dahin beschränkt, daß der Gläubiger Befriedigung aus dem Grundstück nur im Weg der Zwangsverwaltung suchen kann, so bleibt diese Beschränkung bestehen.

Artikel 193

¹Durch Landesgesetz kann bestimmt werden, daß ein Pfandrecht, welches nach Artikel 192 nicht als Sicherungshypothek gilt, als Sicherungshypothek oder als eine Hypothek gelten soll, für welche die Erteilung des Hypothekenbriefs nicht ausgeschlossen ist, und daß eine über das Pfandrecht erteilte Urkunde als Hypothekenbrief gelten soll.

Artikel 194

¹Durch Landesgesetz kann bestimmt werden, daß ein Gläubiger, dessen Pfandrecht zu der im Artikel 192 bezeichneten Zeit besteht, die Löschung eines im Rang vorgehenden oder gleichstehenden Pfandrechts, falls dieses sich mit dem Eigentum in einer Person vereinigt, in gleicher Weise zu verlangen berechtigt ist, wie wenn zur Sicherung des Rechts auf Löschung eine Vormerkung im Grundbuch eingetragen wäre.

Artikel 195

(1) ¹Eine zu der Zeit, zu welcher das Grundbuch als angelegt anzusehen ist, bestehende Grundschuld gilt von dieser Zeit an als Grundschuld im Sinne des Bürgerlichen Gesetzbuchs und eine über die Grundschuld erteilte Urkunde als Grundschuldbrief. ²Die Vorschrift des Artikels 192 Abs. 2 findet entsprechende Anwendung.

(2) ¹Durch Landesgesetz kann bestimmt werden, daß eine zu der im Absatz 1 bezeichneten Zeit bestehende Grundschuld als eine Hypothek, für welche die Erteilung des Hypothekenbriefs nicht ausgeschlossen ist, oder als Sicherungshypothek gelten soll und daß eine über die Grundschuld erteilte Urkunde als Hypothekenbrief gelten soll.

Artikel 196

¹Durch Landesgesetz kann bestimmt werden, daß auf ein an einem Grundstück bestehendes vererbliches und übertragbares Nutzungsrecht die sich auf Grundstücke beziehenden Vorschriften und auf den Erwerb eines solchen Rechts die für den Erwerb des Eigentums an einem Grundstück geltenden Vorschriften des Bürgerlichen Gesetzbuchs Anwendung finden.

Artikel 197

¹In Kraft bleiben die landesgesetzlichen Vorschriften, nach welchen in Ansehung solcher Grundstücke, bezüglich deren zur Zeit des Inkrafttretens des Bürgerlichen Gesetzbuchs ein nicht unter den Artikel 63 fallendes bäuerliches Nutzungsrecht besteht, nach der Beendigung des Nutzungsrechts ein Recht gleicher Art neu begründet werden kann und der Gutsherr zu der Begründung verpflichtet ist.

Artikel 198

(1) ¹Die Gültigkeit einer vor dem Inkrafttreten des Bürgerlichen Gesetzbuchs geschlossenen Ehe bestimmt sich nach den bisherigen Gesetzen.

(2) ¹Eine nach den bisherigen Gesetzen nichtige oder ungültige Ehe ist als von Anfang an gültig anzusehen, wenn die Ehegatten zur Zeit des Inkrafttretens des Bürgerlichen Gesetzbuchs noch als Ehegatten miteinander leben und der Grund, auf dem die Nichtigkeit oder die Ungültigkeit beruht, nach den Vorschriften des Bürgerlichen Gesetzbuchs die Nichtigkeit oder die Anfechtbarkeit der Ehe nicht zur Folge haben oder diese Wirkung verloren haben würde. ²Die für die Anfechtung im Bürgerlichen Gesetzbuch bestimmte Frist beginnt nicht vor dem Inkrafttreten des Bürgerlichen Gesetzbuchs.

(3) ¹Die nach den bisherigen Gesetzen erfolgte Ungültigkeitserklärung einer Ehe steht der Nichtigkeitserklärung nach dem Bürgerlichen Gesetzbuch gleich.

Artikel 199

¹Die persönlichen Rechtsbeziehungen der Ehegatten zueinander, insbesondere die gegenseitige Unterhaltspflicht, bestimmen sich auch für die zur Zeit des Inkrafttretens des Bürgerlichen Gesetzbuchs bestehenden Ehen nach dessen Vorschriften.

Artikel 200

(1) ¹Für den Güterstand einer zur Zeit des Inkrafttretens des Bürgerlichen Gesetzbuchs bestehenden Ehe bleiben die bisherigen Gesetze maßgebend. ²Dies gilt insbesondere auch von den Vorschriften über die erbrechtlichen Wirkungen des Güterstands und von den Vorschriften der französischen und der badischen Gesetze über das Verfahren bei Vermögensabsonderungen unter Ehegatten.

(2) ¹Eine nach den Vorschriften des Bürgerlichen Gesetzbuchs zulässige Regelung des Güterstands kann durch Ehevertrag auch dann getroffen werden, wenn nach den bisherigen Gesetzen ein Ehevertrag unzulässig sein würde.

(3) ¹(gegenstandslos)

Vierter Teil   Übergangsvorschriften   **Art. 209 EGBGB**

Artikel 201

(1) ¹Die Scheidung und die Aufhebung der ehelichen Gemeinschaft erfolgen von dem Inkrafttreten des Bürgerlichen Gesetzbuchs an nach dessen Vorschriften.
(2) (weggefallen)

Artikel 202

¹Für die Wirkungen einer beständigen oder zeitweiligen Trennung von Tisch und Bett, auf welche vor dem Inkrafttreten des Bürgerlichen Gesetzbuchs erkannt worden ist, bleiben die bisherigen Gesetze maßgebend. ²Dies gilt insbesondere auch von den Vorschriften, nach denen eine bis zu dem Tod eines der Ehegatten fortbestehende Trennung in allen oder einzelnen Beziehungen der Auflösung der Ehe gleichsteht.

Artikel 203

¹Das Rechtsverhältnis zwischen den Eltern und einem vor dem Inkrafttreten des Bürgerlichen Gesetzbuchs geborenen ehelichen Kind bestimmt sich von dem Inkrafttreten des Bürgerlichen Gesetzbuchs an nach dessen Vorschriften.

Artikel 204 bis 206   (gegenstandslos)

Artikel 207

¹Inwieweit die Kinder aus einer vor dem Inkrafttreten des Bürgerlichen Gesetzbuchs geschlossenen nichtigen oder ungültigen Ehe als eheliche Kinder anzusehen sind und inwieweit der Vater und die Mutter die Pflichten und Rechte ehelicher Eltern haben, bestimmt sich nach den bisherigen Gesetzen.

Artikel 208

(1) ¹Die rechtliche Stellung eines vor dem Inkrafttreten des Bürgerlichen Gesetzbuchs geborenen nichtehelichen Kindes bestimmt sich von dem Inkrafttreten des Bürgerlichen Gesetzbuchs an nach dessen Vorschriften; für die Erforschung der Vaterschaft, für das Recht des Kindes, den Familiennamen des Vaters zu führen, sowie für die Unterhaltspflicht des Vaters bleiben jedoch die bisherigen Gesetze maßgebend.
(2) ¹Inwieweit einem vor dem Inkrafttreten des Bürgerlichen Gesetzbuchs außerehelich erzeugten Kind aus einem besonderen Grund, insbesondere wegen Erzeugung im Brautstand, die rechtliche Stellung eines ehelichen Kindes zukommt und inwieweit der Vater und die Mutter eines solchen Kindes die Pflichten und Rechte ehelicher Eltern haben, bestimmt sich nach den bisherigen Gesetzen.
(3) ¹Die Vorschriften des Absatzes 1 gelten auch für ein nach den französischen oder den badischen Gesetzen anerkanntes Kind.

Artikel 209

¹Inwieweit ein vor dem Inkrafttreten des Bürgerlichen Gesetzbuchs legitimiertes oder an Kindes Statt angenommenes Kind die rechtliche Stellung eines ehelichen Kindes hat und inwieweit der Vater und die Mutter die Pflichten und Rechte ehelicher Eltern haben, bestimmt sich nach den bisherigen Gesetzen.

Artikel 210

(1) ¹Auf eine zur Zeit des Inkrafttretens des Bürgerlichen Gesetzbuchs bestehende Vormundschaft oder Pflegschaft finden von dieser Zeit an die Vorschriften des Bürgerlichen Gesetzbuchs Anwendung. ²Ist die Vormundschaft wegen eines körperlichen Gebrechens angeordnet, so gilt sie als eine nach § 1910 Abs. 1 des Bürgerlichen Gesetzbuchs angeordnete Pflegschaft. ³Ist die Vormundschaft wegen Geistesschwäche angeordnet, ohne daß eine Entmündigung erfolgt ist, so gilt sie als eine nach § 1910 Abs. 2 des Bürgerlichen Gesetzbuchs für die Vermögensangelegenheiten des Geistesschwachen angeordnete Pflegschaft.

(2) ¹Die bisherigen Vormünder und Pfleger bleiben im Amt. ²Das gleiche gilt im Geltungsbereich der preußischen Vormundschaftsordnung vom 5. Juli 1875 für den Familienrat und dessen Mitglieder. ³Ein Gegenvormund ist zu entlassen, wenn nach den Vorschriften des Bürgerlichen Gesetzbuchs ein Gegenvormund nicht zu bestellen sein würde.

Artikel 211 (gegenstandslos)

Artikel 212

¹In Kraft bleiben die landesgesetzlichen Vorschriften, nach welchen gewisse Wertpapiere zur Anlegung von Mündelgeld für geeignet erklärt sind.

Artikel 213

¹Für die erbrechtlichen Verhältnisse bleiben, wenn der Erblasser vor dem Inkrafttreten des Bürgerlichen Gesetzbuchs gestorben ist, die bisherigen Gesetze maßgebend. ²Dies gilt insbesondere auch von den Vorschriften über das erbschaftliche Liquidationsverfahren.

Artikel 214

(1) ¹Die vor dem Inkrafttreten des Bürgerlichen Gesetzbuchs erfolgte Errichtung oder Aufhebung einer Verfügung von Todes wegen wird nach den bisherigen Gesetzen beurteilt, auch wenn der Erblasser nach dem Inkrafttreten des Bürgerlichen Gesetzbuchs stirbt.

(2) ¹Das gleiche gilt für die Bindung des Erblassers bei einem Erbvertrag oder einem gemeinschaftlichen Testament, sofern der Erbvertrag oder das Testament vor dem Inkrafttreten des Bürgerlichen Gesetzbuchs errichtet worden ist.

Artikel 215

(1) ¹Wer vor dem Inkrafttreten des Bürgerlichen Gesetzbuchs die Fähigkeit zur Errichtung einer Verfügung von Todes wegen erlangt und eine solche Verfügung errichtet hat, behält die Fähigkeit, auch wenn er das nach dem Bürgerlichen Gesetzbuch erforderliche Alter noch nicht erreicht hat.

(2) ¹Die Vorschriften des § 2230 des Bürgerlichen Gesetzbuchs finden auf ein Testament Anwendung, das ein nach dem Inkrafttreten des Bürgerlichen Gesetzbuchs gestorbener Erblasser vor diesem Zeitpunkt errichtet hat.

Artikel 216 (gegenstandslos)

Artikel 217

(1) ¹Die vor dem Inkrafttreten des Bürgerlichen Gesetzbuchs erfolgte Errichtung eines Erbverzichtsvertrags sowie die Wirkungen eines solchen Vertrags bestimmen sich nach den bisherigen Gesetzen.

(2) ¹Das gleiche gilt von einem vor dem Inkrafttreten des Bürgerlichen Gesetzbuchs geschlossenen Vertrag, durch den ein Erbverzichtsvertrag aufgehoben worden ist.

Artikel 218

¹Soweit nach den Vorschriften dieses Abschnitts die bisherigen Landesgesetze maßgebend bleiben, können sie nach dem Inkrafttreten des Bürgerlichen Gesetzbuchs durch Landesgesetz auch geändert werden.

Fünfter Teil
Übergangsvorschriften aus Anlaß jüngerer Änderungen des Bürgerlichen Gesetzbuchs und dieses Einführungsgesetzes

Artikel 219 — Übergangsvorschrift zum Gesetz vom 8. November 1985 zur Neuordnung des landwirtschaftlichen Pachtrechts

(1) ¹Pachtverhältnisse aufgrund von Verträgen, die vor dem 1. Juli 1986 geschlossen worden sind, richten sich von da an nach der neuen Fassung der §§ 581 bis 597 des Bürgerlichen Gesetzbuchs. ²Beruhen vertragliche Bestimmungen über das Inventar auf bis dahin geltendem Recht, so hat jeder Vertragsteil das Recht, bis zum 30. Juni 1986 zu erklären, daß für den Pachtvertrag insoweit das alte Recht fortgelten soll. ³Die Erklärung ist gegenüber dem anderen Vertragsteil abzugeben. ⁴Sie bedarf der schriftlichen Form.

(2) ¹Absatz 1 gilt entsprechend für Rechtsverhältnisse, zu deren Regelung auf die bisher geltenden Vorschriften der §§ 587 bis 589 des Bürgerlichen Gesetzbuchs verwiesen wird. ²Auf einen vor dem in Absatz 1 Satz 1 genannten Tag bestellten Nießbrauch ist jedoch § 1048 Abs. 2 in Verbindung mit den §§ 588 und 589 des Bürgerlichen Gesetzbuchs in der bisher geltenden Fassung der Vorschriften weiterhin anzuwenden.

(3) ¹In gerichtlichen Verfahren, die am Beginn des in Absatz 1 Satz 1 genannten Tages anhängig sind, ist über die Verlängerung von Pachtverträgen nach dem bisher geltenden Recht zu entscheiden.

Artikel 220[1] — Übergangsvorschrift zum Gesetz vom 25. Juli 1986 zur Neuregelung des Internationalen Privatrechts

(1) ¹Auf vor dem 1. September 1986 abgeschlossene Vorgänge bleibt das bisherige Internationale Privatrecht anwendbar.

(2) ¹Die Wirkungen familienrechtlicher Rechtsverhältnisse unterliegen von dem in Absatz 1 genannten Tag an den Vorschriften des Zweiten Kapitels des Ersten Teils.

(3) ¹Die güterrechtlichen Wirkungen von Ehen, die nach dem 31. März 1953 und vor dem 9. April 1983 geschlossen worden sind, unterliegen bis zum 8. April 1983
1. dem Recht des Staates, dem beide Ehegatten bei der Eheschließung angehörten, sonst
2. dem Recht, dem die Ehegatten sich unterstellt haben oder von dessen Anwendung sie ausgegangen sind, insbesondere nach dem sie einen Ehevertrag geschlossen haben, hilfsweise
3. dem Recht des Staates, dem der Ehemann bei der Eheschließung angehörte.

²Für die Zeit nach dem 8. April 1983 ist Artikel 15 anzuwenden. ³Dabei tritt für Ehen, auf die vorher Satz 1 Nr. 3 anzuwenden war, an die Stelle des Zeitpunkts der Eheschließung der 9. April 1983. ⁴Soweit

---

1 Zu Art. 220 Abs. 3 EGBGB siehe Anhang III zu Art. 15 EGBGB.

sich allein aus einem Wechsel des anzuwendenden Rechts zum Ablauf des 8. April 1983 Ansprüche wegen der Beendigung des früheren Güterstands ergeben würden, gelten sie bis zu dem in Absatz 1 genannten Tag als gestundet. [5]Auf die güterrechtlichen Wirkungen von Ehen, die nach dem 8. April 1983 geschlossen worden sind, ist Artikel 15 anzuwenden. [6]Die güterrechtlichen Wirkungen von Ehen, die vor dem 1. April 1953 geschlossen worden sind, bleiben unberührt; die Ehegatten können jedoch eine Rechtswahl nach Artikel 15 Abs. 2 und 3 treffen.

(4) (weggefallen)

(5) (weggefallen)

Artikel 221 Übergangsvorschrift zum Gesetz vom 26. Juni 1990 zur Änderung des Arbeitsgerichtsgesetzes und anderer arbeitsrechtlicher Vorschriften

[1]Bei einer vor dem 1. Juli 1990 zugegangenen Kündigung werden bei der Berechnung der Beschäftigungsdauer auch Zeiten, die zwischen der Vollendung des fünfundzwanzigsten Lebensjahres und der Vollendung des fünfunddreißigsten Lebensjahres liegen, berücksichtigt, wenn am 1. Juli 1990
1. das Arbeitsverhältnis noch nicht beendet ist oder
2. ein Rechtsstreit über den Zeitpunkt der Beendigung des Arbeitsverhältnisses anhängig ist.

Artikel 222 Übergangsvorschrift zum Kündigungsfristengesetz vom 7. Oktober 1993

[1]Bei einer vor dem 15. Oktober 1993 zugegangenen Kündigung gilt Artikel 1 des Kündigungsfristengesetzes vom 7. Oktober 1993 (BGBl I S. 1668), wenn am 15. Oktober 1993
1. das Arbeitsverhältnis noch nicht beendet ist und die Vorschriften des Artikels 1 des Kündigungsfristengesetzes vom 7. Oktober 1993 für den Arbeitnehmer günstiger als die vor dem 15. Oktober 1993 geltenden gesetzlichen Vorschriften sind oder
2. ein Rechtsstreit anhängig ist, bei dem die Entscheidung über den Zeitpunkt der Beendigung des Arbeitsverhältnisses abhängt von
    a) der Vorschrift des § 622 Abs. 2 Satz 1 und Satz 2 erster Halbsatz des Bürgerlichen Gesetzbuchs in der Fassung des Artikels 2 Nr. 4 des Ersten Arbeitsrechtsbereinigungsgesetzes vom 14. August 1969 (BGBl I S. 1106) oder
    b) der Vorschrift des § 2 Abs. 1 Satz 1 des Gesetzes über die Fristen für die Kündigung von Angestellten in der im Bundesgesetzblatt Teil III, Gliederungsnummer 800–1, veröffentlichten bereinigten Fassung, das zuletzt durch Artikel 30 des Gesetzes vom 18. Dezember 1989 (BGBl I S. 2261) geändert worden ist, soweit danach die Beschäftigung von in der Regel mehr als zwei Angestellten durch den Arbeitgeber Voraussetzung für die Verlängerung der Fristen für die Kündigung von Angestellten ist.

Artikel 223 Übergangsvorschrift zum Beistandschaftsgesetz vom 4. Dezember 1997

(1) [1]Bestehende gesetzliche Amtspflegschaften nach den §§ 1706 bis 1710 des Bürgerlichen Gesetzbuchs werden am 1. Juli 1998 zu Beistandschaften nach den §§ 1712 bis 1717 des Bürgerlichen Gesetzbuchs. [2]Der bisherige Amtspfleger wird Beistand. [3]Der Aufgabenkreis des Beistands entspricht dem bisherigen Aufgabenkreis; vom 1. Januar 1999 an fallen andere als die in § 1712 Abs. 1 des Bürgerlichen Gesetzbuchs bezeichneten Aufgaben weg. [4]Dies gilt nicht für die Abwicklung laufender erbrechtlicher Verfahren nach § 1706 Nr. 3 des Bürgerlichen Gesetzbuchs.

(2) [1]Soweit dem Jugendamt als Beistand Aufgaben nach § 1690 Abs. 1 des Bürgerlichen Gesetzbuchs übertragen wurden, werden diese Beistandschaften am 1. Juli 1998 zu Beistandschaften nach den §§ 1712 bis 1717 des Bürgerlichen Gesetzbuchs. [2]Absatz 1 Satz 3 gilt entsprechend. [3]Andere Beistandschaften des Jugendamts enden am 1. Juli 1998.

(3) [1]Soweit anderen Beiständen als Jugendämtern Aufgaben nach § 1690 Abs. 1 des Bürgerlichen Gesetzbuchs übertragen wurden, werden diese Beistandschaften am 1. Juli 1998 zu Beistandschaften

nach den §§ 1712 bis 1717 des Bürgerlichen Gesetzbuchs. ²Absatz 1 Satz 3 Halbsatz 1 gilt entsprechend. ³Diese Beistandschaften enden am 1. Januar 1999.

Artikel 223a — Übergangsvorschrift aus Anlaß der Aufhebung von § 419 des Bürgerlichen Gesetzbuchs

¹§ 419 des Bürgerlichen Gesetzbuchs ist in seiner bis zum Ablauf des 31. Dezember 1998 geltenden Fassung auf Vermögensübernahmen anzuwenden, die bis zu diesem Zeitpunkt wirksam werden.

Artikel 224. Übergangsvorschrift zum Kindschaftsrechtsreformgesetz vom 16. Dezember 1997

Art. 224 § 1 — Abstammung

(1) ¹Die Vaterschaft hinsichtlich eines vor dem 1. Juli 1998 geborenen Kindes richtet sich nach den bisherigen Vorschriften.

(2) ¹Die Anfechtung der Ehelichkeit und die Anfechtung der Anerkennung der Vaterschaft richten sich nach den neuen Vorschriften über die Anfechtung der Vaterschaft.

(3) ¹§ 1599 Abs. 2 des Bürgerlichen Gesetzbuchs ist entsprechend anzuwenden auf Kinder, die vor dem in Absatz 1 genannten Tag geboren wurden.

(4) ¹War dem Kind vor dem in Absatz 1 genannten Tag die Anfechtung verwehrt, weil ein gesetzlich vorausgesetzter Anfechtungstatbestand nicht vorlag, oder hat es vorher von seinem Anfechtungsrecht keinen Gebrauch gemacht, weil es vor Vollendung des zwanzigsten Lebensjahres die dafür erforderlichen Kenntnisse nicht hatte, so beginnt für das Kind an dem in Absatz 1 genannten Tag eine zweijährige Frist für die Anfechtung der Vaterschaft. ²Ist eine Anfechtungsklage wegen Fristversäumnis oder wegen Fehlens eines gesetzlichen Anfechtungstatbestandes abgewiesen worden, so steht die Rechtskraft dieser Entscheidung einer erneuten Klage nicht entgegen.

(5) ¹Der Beschwerde des Kindes, dem nach neuem Recht eine Beschwerde zusteht, steht die Wirksamkeit einer Verfügung, durch die das Vormundschaftsgericht die Vaterschaft nach den bisher geltenden Vorschriften festgestellt hat, nicht entgegen. ²Die Beschwerdefrist beginnt frühestens am 1. Juli 1998.

Art. 224 § 2 — Elterliche Sorge

(1) ¹Ist ein Kind auf Antrag des Vaters für ehelich erklärt worden, so ist dies als Entscheidung gemäß § 1672 Abs. 1 des Bürgerlichen Gesetzbuchs anzusehen. ²Hat die Mutter in die Ehelicherklärung eingewilligt, so bleibt der Vater dem Kind und dessen Abkömmlingen vor der Mutter und den mütterlichen Verwandten zur Gewährung des Unterhalts verpflichtet, sofern nicht die Sorge wieder der Mutter übertragen wird.

(2) ¹Ist ein Kind auf seinen Antrag nach dem Tod der Mutter für ehelich erklärt worden, so ist dies als Entscheidung gemäß § 1680 Abs. 2 Satz 2 des Bürgerlichen Gesetzbuchs anzusehen.

(3) ¹Haben nicht miteinander verheiratete Eltern längere Zeit in häuslicher Gemeinschaft gemeinsam die elterliche Verantwortung für ihr Kind getragen und sich vor dem 1. Juli 1998 getrennt, hat das Familiengericht auf Antrag eines Elternteils die Sorgeerklärung des anderen Elternteils nach § 1626a Abs. 1 Nr. 1 des Bürgerlichen Gesetzbuchs zu ersetzen, wenn die gemeinsame elterliche Sorge dem Kindeswohl dient. ²Ein gemeinsames Tragen der elterlichen Verantwortung über längere Zeit liegt in der Regel vor, wenn die Eltern mindestens sechs Monate ohne Unterbrechung mit dem Kind zusammengelebt haben.

(4) ¹Der Antrag ist erst nach Abgabe einer Sorgeerklärung des Antragstellers nach § 1626b Abs. 1 und 3, §§ 1626c und 1626d des Bürgerlichen Gesetzbuchs zulässig. ²Im Übrigen finden die für Verfahren in anderen Familiensachen nach § 621 Abs. 1 Nr. 1 der Zivilprozessordnung geltenden Vorschriften einschließlich § 23b Abs. 1 Satz 2 Nr. 2 des Gerichtsverfassungsgesetzes entsprechende Anwendung.

(5) ¹Das Familiengericht teilt die rechtskräftige Ersetzung nach Absatz 3 unter Angabe des Geburtsdatums und des Geburtsortes des Kindes sowie des Namens, den das Kind zur Zeit der Beurkundung seiner Geburt geführt hat, dem nach § 87c Abs. 6 Satz 2 des Achten Buches Sozialgesetzbuch zuständigen Jugendamt zum Zwecke der Auskunftserteilung nach § 58a des Achten Buches Sozialgesetzbuch unverzüglich mit.

Art. 224 § 3 | Name des Kindes

(1) ¹Führt ein vor dem 1. Juli 1998 geborenes Kind einen Geburtsnamen, so behält es diesen Geburtsnamen. ²§ 1617a Abs. 2 und die §§ 1617b, 1617c und 1618 des Bürgerlichen Gesetzbuchs bleiben unberührt.

(2) ¹§ 1617 Abs. 1 und § 1617c des Bürgerlichen Gesetzbuchs gelten für ein nach dem 31. März 1994 geborenes Kind auch dann, wenn ein vor dem 1. April 1994 geborenes Kind derselben Eltern einen aus den Namen der Eltern zusammengesetzten Geburtsnamen führt.

(3) ¹In den Fällen des Absatzes 2 können die Eltern durch Erklärung gegenüber dem Standesbeamten auch den zusammengesetzten Namen, den das vor dem 1. April 1994 geborene Kind als Geburtsnamen führt, zum Geburtsnamen ihres nach dem 31. März 1994 geborenen Kindes bestimmen. ²Die Bestimmung muß für alle gemeinsamen Kinder wirksam sein; § 1617 Abs. 1 Satz 2 und 3 sowie § 1617c Abs. 1 des Bürgerlichen Gesetzbuchs gelten entsprechend.

(4) ¹Ist in den Fällen des Absatzes 2 für das nach dem 31. März 1994 geborene Kind bei Inkrafttreten dieser Vorschriften ein Name in ein deutsches Personenstandsbuch eingetragen, so behält das Kind den eingetragenen Namen als Geburtsnamen. ²Die Eltern können jedoch binnen eines Jahres nach dem Inkrafttreten dieser Vorschrift den Geburtsnamen des vor dem 1. April 1994 geborenen Kindes zum Geburtsnamen auch des nach dem 31. März 1994 geborenen Kindes bestimmen. ³Absatz 3 Satz 2 gilt entsprechend.

(5) ¹Ist für ein Kind bei Inkrafttreten dieser Vorschrift ein aus den Namen der Eltern zusammengesetzter Name als Geburtsname in ein deutsches Personenstandsbuch eingetragen, so können die Eltern durch Erklärung gegenüber dem Standesbeamten den Namen, den der Vater oder den die Mutter zum Zeitpunkt der Erklärung führt, zum Geburtsnamen dieses Kindes bestimmen. ²Absatz 3 Satz 2 gilt entsprechend. ³Haben die Eltern bereits den Namen des Vaters oder den Namen der Mutter zum Geburtsnamen eines ihrer gemeinsamen Kinder bestimmt, so kann auch für die anderen gemeinsamen Kinder nur dieser Name bestimmt werden.

(6) ¹Die Absätze 3 bis 5 gelten nicht, wenn mehrere vor dem 1. April 1994 geborene Kinder derselben Eltern unterschiedliche Geburtsnamen führen.

Artikel 225 | Überleitungsvorschrift zum Wohnraummodernisierungssicherungsgesetz

¹Artikel 231 § 8 Abs. 2 ist nicht anzuwenden, wenn vor dem 24. Juli 1997 über den Bestand des Vertrags ein rechtskräftiges Urteil ergangen oder eine wirksame Vereinbarung geschlossen worden ist. ²Artikel 233 § 2 Abs. 2, § 11 Abs. 3 Satz 5 und Abs. 4 Satz 3 und §§ 13 und 14 sowie Artikel 237 § 1 gelten nicht, soweit am 24. Juli 1997 in Ansehung der dort bezeichneten Rechtsverhältnisse ein rechtskräftiges Urteil ergangen oder eine Einigung der Beteiligten erfolgt ist.

Artikel 226 | Überleitungsvorschrift zum Gesetz vom 4. Mai 1998 zur Neuordnung des Eheschließungsrechts

(1) ¹Die Aufhebung einer vor dem 1. Juli 1998 geschlossenen Ehe ist ausgeschlossen, wenn die Ehe nach dem bis dahin geltenden Recht nicht hätte aufgehoben oder für nichtig erklärt werden können.

(2) ¹Ist vor dem 1. Juli 1998 die Nichtigkeits- oder Aufhebungsklage erhoben worden, so bleibt für die Voraussetzungen und Folgen der Nichtigkeit oder Aufhebung sowie für das Verfahren das bis dahin geltende Recht maßgebend.

(3) ¹Im übrigen finden auf die vor dem 1. Juli 1998 geschlossenen Ehen die Vorschriften in ihrer ab dem 1. Juli 1998 geltenden Fassung Anwendung.

Artikel 227 Übergangsvorschrift zum Gesetz zur erbrechtlichen Gleichstellung nichtehelicher Kinder vom 16. Dezember 1997

(1) ¹Die bis zum 1. April 1998 geltenden Vorschriften über das Erbrecht des nichtehelichen Kindes sind weiter anzuwenden, wenn vor diesem Zeitpunkt
1. der Erblasser gestorben ist oder
2. über den Erbausgleich eine wirksame Vereinbarung getroffen oder der Erbausgleich durch rechtskräftiges Urteil zuerkannt worden ist.

(2) ¹Ist ein Erbausgleich nicht zustande gekommen, so gelten für Zahlungen, die der Vater dem Kinde im Hinblick auf den Erbausgleich geleistet und nicht zurückgefordert hat, die Vorschriften des § 2050 Abs. 1, des § 2051 Abs. 1 und des § 2315 des Bürgerlichen Gesetzbuchs entsprechend.

Artikel 228 Übergangsvorschrift zum Überweisungsgesetz

(1) ¹Die §§ 675a bis 676g des Bürgerlichen Gesetzbuchs gelten nicht für Überweisungen, Übertragungs- und Zahlungsverträge, mit deren Abwicklung vor dem 14. August 1999 begonnen wurde.

(2) ¹Die §§ 675a bis 676g gelten nicht für inländische Überweisungen und Überweisungen in andere als die in § 676a Abs. 2 Satz 2 Nr. 1 des Bürgerlichen Gesetzbuchs bezeichneten Länder, mit deren Abwicklung vor dem 1. Januar 2002 begonnen wurde. ²Für diese Überweisungen gelten die bis dahin geltenden Vorschriften und Grundsätze.

(3) ¹Die §§ 676a bis 676g gelten nicht für inländische Überweisungen im Rahmen des Rentenzahlverfahrens der Rentenversicherungsträger und vergleichbare inländische Überweisungen anderer Sozialversicherungsträger.

(4) ¹Die §§ 676a bis 676g des Bürgerlichen Gesetzbuchs lassen Vorschriften aus völkerrechtlichen Verträgen, insbesondere aus dem Postgiroübereinkommen und dem Postanweisungsübereinkommen unberührt.

Artikel 229. Weitere Überleitungsvorschriften

Art. 229 § 1 Überleitungsvorschrift zum Gesetz zur Beschleunigung fälliger Zahlungen

(1) [1]§ 284 Abs. 3 des Bürgerlichen Gesetzbuchs in der seit dem 1. Mai 2000 geltenden Fassung gilt auch für Geldforderungen, die vor diesem Zeitpunkt entstanden sind. [2]Vor diesem Zeitpunkt zugegangene Rechnungen lösen die Wirkungen des § 284 Abs. 3 nicht aus. [3]§ 288 des Bürgerlichen Gesetzbuchs und § 352 des Handelsgesetzbuchs in der jeweils seit dem 1. Mai 2000 geltenden Fassung sind auf alle Forderungen anzuwenden, die von diesem Zeitpunkt an fällig werden.

(2) [1]§§ 632a, 640, 641, 641a und 648a in der jeweils ab dem 1. Mai 2000 geltenden Fassung gelten, soweit nichts anderes bestimmt wird, nicht für Verträge, die vor diesem Zeitpunkt abgeschlossen worden sind. [2]§ 641 Abs. 3 und § 648a Abs. 5 Satz 3 in der seit dem 1. Mai 2000 geltenden Fassung sind auch auf vorher abgeschlossene Verträge anzuwenden. [3]§ 640 gilt für solche Verträge mit der Maßgabe, dass der Lauf der darin bestimmten Frist erst mit dem 1. Mai 2000 beginnt.

A. Eintritt des Verzuges (Abs. 1 S. 1 und 2) . 1
B. Höhe des Verzugszinssatzes (Abs. 1 S. 3) . 5
C. Änderungen im Werkvertragsrecht (Abs. 2) 10

A. Eintritt des Verzuges (Abs. 1 S. 1 und 2)

Der § 284 Abs. 3 BGB a.F. war vom 1.5.2000 bis zum 31.12.2001 in Kraft und wurde dann durch § 286 Abs. 3 BGB abgelöst. In Art. 229 § 1 ist nur geregelt, inwieweit § 284 Abs. 3 BGB a.F. auch auf vor dem 1.5.2000 entstandene Forderungen (Altforderungen) anwendbar ist. Forderungen, die nach dem 31.12.2001 entstanden sind, fallen nach Art. 229 § 5 S. 1 unter den neuen § 286 Abs. 3 BGB (dazu näher, insbesondere zu Besonderheiten bei Altforderungen aus Dauerschuldverhältnissen, Rn 4). **1**

Abs. 1 S. 1 regelt eine **Ausnahme von dem allgemeinen Grundsatz** des intertemporalen Kollisionsrechts: § 284 Abs. 3 BGB a.F. ist **auch auf Geldforderungen anwendbar, die vor dem 1.5.2000 entstanden** sind.[1] Damit kann auch bei diesen Altforderungen Verzug nach § 284 Abs. 3 BGB a.F. durch Rechnung oder Zahlungsaufforderung und Ablauf der 30-Tage-Frist eintreten.[2] Dies gilt nach Abs. 1 S. 2 jedoch nur, wenn die Rechnung oder Zahlungsaufforderung nach dem 30.4.2000 zugegangen ist. Möglich ist es daher, zur Herbeiführung der Wirkungen von § 284 Abs. 3 a.F. nach dessen In-Kraft-Treten dem Schuldner eine zweite Rechnung oder Zahlungsaufforderung zugehen zu lassen.[3] **2**

Bei vor dem 1.5.2000 entstandenen Altforderungen führt die in Abs. 1 S. 1 und 2 angeordnete Rechtsfolge nicht dazu, dass ein bereits vor dem 1.5.2000 eingetretener Verzug durch eine nach dem 30.4.2000 zugegangene Rechnung oder Zahlungsaufforderung endete und erst nach Ablauf der 30-Tage-Frist wieder eintrat.[4] Zwar ist wegen der missglückten Formulierung („Abweichend von Absätzen 1 und 2 ...") sehr umstritten, ob § 284 Abs. 3 BGB a.F. nur eine zusätzliche Möglichkeit zur Begründung des Verzuges regelte oder außerdem den Eintritt des Verzuges auf andere Weise (insbesondere durch Mahnung oder Kalendergeschäft nach § 284 Abs. 1 und 2 BGB a.F.) sperrte.[5] Doch selbst wenn man eine Sperrwirkung von **3**

---

1 A.A. *Fabis*, ZIP 2000, 865, 867, der Art. 229 § 1 wegen verfassungsrechtlicher Bedenken dahin korrigieren will, dass § 284 Abs. 3 BGB a.F. auf Altverträge nicht anwendbar ist. – Abgesehen davon, dass wegen des eindeutigen Normbefehls von Art. 229 § 1 keine verfassungskonforme Auslegung, sondern allenfalls eine Vorlage nach Art. 100 GG an das BVerfG in Betracht käme, sind die Bedenken von *Fabis* nur teilweise berechtigt (dazu Rn 3).
2 Anders, abweichend vom Gesetzeswortlaut, freilich die Gesetzesbegründung in BT-Drucks 14/2752, S. 14 („nur für neue Forderungen und Verträge"); diese Abweichung wird zu Recht für bedeutungslos erachtet, *Brambring*, DNotZ 2000, 245, 253; Bamberger/Roth/*Grüneberg*, § 286 Rn 85; es handelt sich erkennbar um ein Redaktionsversehen.
3 Staudinger/*Löwisch*, Art. 229 § 1 EGBGB Rn 1; Bamberger/Roth/*Grüneberg*, § 286 Rn 85.
4 *Brambring*, DNotZ 2000, 245, 253; Bamberger/Roth/*Grüneberg*, § 286 Rn 85.
5 Dazu genauer AnwK-SchuldR/*Schulte-Nölke*, § 286 Rn 39.

§ 284 Abs. 3 BGB a.F. annimmt,[6] ist die hier im Übergangsrecht angeordnete **Wirkung für Altforderungen einschränkend dahin auszulegen**, dass **ein einmal begründeter Verzug nicht enden soll**.[7] Ohnehin ist es nach den von Fehlern und Unsorgfältigkeiten geprägten Gesetzesmaterialien zweifelhaft, dass eine Sperrwirkung von § 284 Abs. 3 BGB a.F. beabsichtigt war.[8] Keinesfalls kann aber angenommen werden, dass eine Rückwirkung in Forderungen, für die bereits Verzug besteht, gewollt war und damit eine verfassungsrechtlich geschützte Vermögensposition[9] entwertet werden sollte.

4   Gem. Art. 229 § 5 S. 1 bleibt **§ 284 Abs. 3 BGB a.F. auch nach der Schuldrechtsreform** für Forderungen, die vor dem 1.1.2002 entstanden sind (einschließlich der vor dem 1.5.2000 entstandenen Altforderungen) **anwendbar**.[10] Für diese vor dem 1.1.2002 entstandenen Geldforderungen, wenn sie nicht aus einem Dauerschuldverhältnis stammen, kann deshalb immer noch nach 284 Abs. 3 BGB a.F. Verzug eintreten. Praktische Bedeutung hat dies insbesondere für **Geldforderungen, die keine Entgeltforderungen** sind (z.B. Geldforderung auf Schadensersatz), da der neue § 286 Abs. 3 BGB nur noch Entgeltforderungen erfasst. Außerdem sah eine Begründung des Verzuges nach § 284 Abs. 3 BGB a.F. **keine Hinweispflicht bei Verbrauchern** vor (anders nun § 286 Abs. 3 S. 1 BGB). Wenn die Geldforderung gegen einen Verbraucher vor dem 1.1.2002 entstanden ist, kann also auch nach diesem Datum noch ohne Hinweis Verzug durch Rechnungsstellung und Fristablauf eintreten. Für **Dauerschuldverhältnisse** ist nach Art. 229 § 5 S. 2 seit dem 1.1.2003 das neue Schuldrecht rückwirkend anwendbar. Der § 284 Abs. 3 BGB war also auf vor dem 1.1.2002 entstandene Dauerschuldverhältnisse nur bis zum 31.12.2002 anwendbar. Seit dem 1.1.2003 kann also bei alten Dauerschuldverhältnissen nicht mehr für Geldforderungen, die nicht Entgeltforderungen sind, Verzug durch Rechnungsstellung und Fristablauf eintreten. Bei Forderungen aus einem Dauerschuldverhältnis gegen Verbraucher bedarf es seitdem überdies des Hinweises nach dem neuen § 286 Abs. 1 S. 1 BGB.

B. Höhe des Verzugszinssatzes (Abs. 1 S. 3)

5   Auch die in § 288 BGB i.d.F. v. 1.5.2000 getroffene Regelung war **vom 1.5.2000 bis zum 31.12.2001 in Kraft**. Vorher galt ein statischer Verzugszinssatz nach § 288 BGB (i.d.F. v. 1.1.1900) in Höhe von 4% bzw. nach § 352 HGB von 5%. Nach § 288 BGB i.d.F. v. 1.5.2000 belief sich der – nun dynamische – Verzugszins auf 5 Prozentpunkte über dem Basiszinssatz nach dem Diskontsatz-Überleitungsgesetz. Seit dem 1.1.2002 gilt der neue § 288 BGB, der den Basiszinssatz nach § 247 BGB als Bezugsgröße festlegt und einen Verzugszins von 5 Prozentpunkten bzw. bei Entgeltforderungen aus Geschäften, an denen kein Verbraucher beteiligt ist, auf 8 Prozentpunkte über dem Basiszinssatz vorsieht.

6   Nach Abs. 1 S. 3 ist § 288 BGB i.d.F. v. 1.5.2000 auf **alle Forderungen anzuwenden, die vom 1.5.2000 an fällig werden**. Es kommt also weder auf den Entstehungszeitpunkt des Schuldverhältnisses noch auf den Eintritt des Verzuges an.[11] Für **Forderungen, die in mehreren Teilen nacheinander fällig werden**, gilt § 288 BGB i.d.F. v. 1.5.2000 nur für diejenigen Forderungsteile, die vom 1.5.2000 an fällig werden.[12]

7   Die Höhe des Verzugszinses für vor dem 1.1.2002 entstandene Forderungen lässt sich wegen der zweifachen Änderung von § 288 BGB nur noch im **Zusammenspiel der drei maßgeblichen Übergangsvorschriften** bestimmen, nämlich:
– Art. 229 § 1 S. 3,
– Art. 229 § 5 S. 1 und 2,
– Art. 229 § 7 Abs. 1 Nr. 1.

Einzelheiten ergeben sich aus folgender Übersicht und den anschließenden Beispielen.

---

6 So die wohl h.M., z.B. OLG Bamberg MDR 2001, 927 (m. Anm. *Schimmel*) und, statt vieler, *Huber*, JZ 2000, 743, 744 , Palandt/*Heinrichs*, 60. Aufl., § 284 BGB Rn 24; *Medicus*, DNotZ 2000, 256, 257, unter Hinw. auf den Wortlaut und Abs. 3 S. 2; AnwK-SchuldR/*Schulte-Nölke*, § 286 Rn 39; dagegen, mit beachtlichen Gründen, z.B. Staudinger/*Löwisch*, § 284 Rn 79 ff.; HK-BGB/*Schulze*, § 284 Rn 19.
7 *Henkel/Kesseler*, NJW 2000, 3089, 3095; *Schimmel/Buhlmann*, MDR 2000, 737, 741.
8 BT-Drucks 14/2752, S. 11.
9 Insoweit richtig der Hinw. von *Fabis*, ZIP 2000, 865, 867 auf BVerfGE 58, 300, 351 (schonende Übergangsregelung bei Eingriff in bestehende Vermögenspositionen); BVerfGE 68, 193, 222 (Forderungen fallen in den Schutzbereich von Art. 14 GG) .
10 Palandt/*Heinrichs*, Art. 229 § 5 EGBGB Rn 5.
11 *Henkel/Kesseler*, NJW 2000, 3089, 3096.
12 Staudinger/*Löwisch*, Art. 229 § 1 EGBGB Rn 4.

Überleitungsvorschrift zum Gesetz zur Beschleunigung fälliger Zahlungen — Art. 229 § 1 EGBGB

Übersicht – Höhe des Verzugszinses:

In Kraft befindliche Regelung	Zinshöhe	Übergangsrecht
Bis 30.4.2000: § 288 BGB i.d.F. v. 1.1.1900 § 352 HGB	4% 5%	Art. 170 ff. (wohl inzwischen gegenstandslos, da kaum mehr vor dem 1.1.1900 entstandene Forderungen bestehen dürften)
1.5.2000 – 31.12.2001: § 288 i.d.F. v. 1.5.2000	5 Prozentpunkte über dem Basiszinssatz nach dem Diskontsatz-Überleitungsgesetz, also: 1.5. – 31.8.2000: 8,42% 1.9.2000 – 31.8.2001: 9,26% 1.9.2001 – 31.12.2001: 8,62%	Art. 229 § 1 Abs. 1 S. 3: § 288 i.d.F. v. 1.5.2000 gilt nur für Forderungen, die vom 1.5.2000 an fällig werden; also keine Wirkung für vor dem 1.5.2000 fällig gewordene Forderungen; Zinssatz bleibt für diese Forderungen auch nach dem 30.4.2000 unverändert bei 4% oder 5%
Seit 1.1.2002: § 288 i.d.F. v.1.1.2002	5 Prozentpunkte (bzw. nach § 288 Abs. 2: 8 Prozentpunkte) über dem Basiszinssatz nach § 247 BGB, also: 1.1. – 30.6.2002: 7,57% (10,57%) 1.7. – 31.12.2002: 7,47% (10,47%) 1.1. – 30.6.2003: 6,97% (9,97%) 1.7. – 31.12.2003: 6,22% (9,22%) 1.1. – 30.6.2004: 6,14% (9,14%)	§ 288 i.d.F. v. 1.1.2002 gilt a) für Forderungen, die nach dem 31.12.2001 entstanden sind (Art. 229 § 5 S. 1) b) mit Wirkung vom 1.1.2002 an auch für Forderungen, die nach dem 30.4.2000 fällig geworden sind (Art. 229 § 7 Abs. 1 Nr. 1 i.V.m. Art. 229 § 1 Abs. 1 S. 3) c) mit Wirkung vom 1.1.2003 an auch für vor dem 1.1.2002 entstandene Forderungen aus Dauerschuldverhältnissen (Art. 229 § 5 S. 2)

Beispiele:

1. Forderung ist vor dem 1.5.2000 fällig geworden und stammt nicht aus einem Dauerschuldverhältnis: Der Verzugszinssatz beträgt unverändert 4% (oder nach § 352 HGB 5%).
2. Forderung ist vor dem 1.5.2000 fällig geworden und stammt aus einem Dauerschuldverhältnis: Der Verzugszinssatz beträgt 4% (oder nach § 352 HGB 5%) bis 31.12.2002, vom 1.1.2003 an gilt § 288 i.d.F. v. 1.1.2002; Verzugszinssatz nach § 288 Abs. 1 BGB (in Klammern der Verzugseinsatz nach § 288 Abs. 2 BGB):
   - 1.1. – 30.6.2003:   6,97% (9,97%),
   - 1.7. – 31.12.2003:   6,22% (9,22%),
   - 1.1. – 30.6.2004:   6,14% (9,14%) etc.
3. Forderung ist nach dem 30.4.2000 fällig geworden: Der Verzugszinssatz bestimmte sich bis zum 31.12.2001 nach § 288 (i.d.F. v. 1.5.2000), also:
   - 1.5. – 31.8.2000:   8,42%
   - 1.9.2000 – 31.8.2001: 9,26%
   - 1.9.2001 – 31.12.2001: 8,62%

   Seit 1.1.2002 gilt § 288 (i.d.F. v. 1.1.2002), also:
   - 1.1. – 30.6.2002:   7,57% (10,57%)
   - 1.7. – 31.12.2002:   7,47% (10,47%)
   - 1.1. – 30.6.2003:   6,97% (9,97%)
   - 1.7. – 31.12.2003:   6,22% (9,22%)
   - 1.1. – -30.6.2004:   6,14% (9,14%)

8   Bei **rechtskräftig titulierten Altforderungen** auf den gesetzlichen Verzugszins ist zu unterscheiden. Gewährt ein vor dem 1.1.2002 entstandener Titel den statischen Prozentsatz von 4% oder 5%, so bleibt es wegen der Rechtskraft des Titels dabei, auch wenn das materielle Recht i.V.m. dem Übergangsrecht später zu einem Umspringen der Verzinsung auf einen höheren dynamischen Verzugszinssatz führen würde. Geht der vor dem 1.1.2002 entstandene Titel jedoch auf einen dynamischen Verzugszinssatz in Höhe von 5 Prozentpunkten über dem Basiszinssatz, so führt Art. 229 § 7 Abs. 1 Nr. 1 dazu, dass vom 1.1.2002 an sich der Basiszinssatz nach § 247 BGB und nicht mehr nach dem (ohnehin inzwischen aufgehobenen[13]) Diskontsatz-Überleitungsgesetz bestimmt.

9   Wie das Beispiel 2 in Rn 7 zeigt, führt die in Art. 229 § 5 S. 2 vom 1.1.2003 an angeordnete **Rückwirkung des neuen Schuldrechts für Dauerschuldverhältnisse zu eigenartigen Ergebnissen**. Der jahrelang statische Verzugszins in Höhe von 4% (oder 5%) für eine vor dem 1.5.2000 fällig gewordene Forderung aus einem Dauerschuldverhältnis (z.B. Forderung auf Mietzins) springt plötzlich zum 1.1.2003 auf den dynamischen Zinssatz nach § 288 BGB i.d.F. v. 1.1.2002. Zwar lässt sich bezweifeln, dass Art. 229 § 5 S. 2 auch den Zweck haben sollte, zum 1.1.2003 den statischen Verzugszinssatz für derart alte Forderungen zu verändern, wenn sie aus einem Dauerschuldverhältnis stammen. Doch ergibt sich diese Wirkung aus der Anwendung des Gesetzeswortlauts.[14] Durchschlagende Gründe, von diesem Ergebnis abzuweichen, sind nicht ersichtlich, zumal Übergangsrecht immer zu Brüchen führen kann. Insbesondere kann Art. 229 § 7 nicht dahin ausgelegt werden, dass über die hier geregelten Fälle hinaus keine Veränderung der Zinshöhe bei Altforderungen eintreten soll. Ohnehin dürfte die praktische Bedeutung des Problems wegen der in vielen Fällen eintretenden Verjährung schnell abnehmen.

C. Änderungen im Werkvertragsrecht (Abs. 2)

10 Abs. 2 S. 1 hat **nur klarstellenden Charakter**. Die hier genannten Vorschriften gelten – von den in S. 2 und 3 geregelten Ausnahmen abgesehen – nur für Verträge, die unter der Geltung des Gesetzes zur Beschleunigung fälliger Zahlungen, also nach dem 30.4.2000 abgeschlossen worden sind.[15] Der zweite Halbsatz des Abs. 2 S. 1 („soweit nicht etwas anderes bestimmt ist") dient dazu, den Parteien die vertragliche Regelung der Anwendbarkeit des früheren Rechts zu ermöglichen.[16] Für die vor dem 1.5.2000 abgeschlossenen Werkverträge **bleibt es damit grundsätzlich bei der früheren Rechtslage**. Daran ändert auch der später eingeführte Art. 229 § 5 S. 2 nichts, der für Dauerschuldverhältnisse die Geltung des neuen Schuldrechts mit Wirkung vom 1.1.2003 anordnet. Denn Art. 229 § 5 hat, wie die Überschrift deutlich macht, nur den Zweck, die mit dem Gesetz zur Modernisierung des Schuldrechts vorgenommenen Änderungen auf alte Dauerschuldverhältnisse zu erstrecken.[17] Die in Abs. 2 genannten Bestimmungen sind aber, abgesehen von einer redaktionellen Änderung,[18] vom Gesetz zur Modernisierung des Schuldrechts unberührt geblieben.

11 Als **Ausnahme** zu Abs. 2 S. 1 erstreckt Abs. 2 S. 2 die Geltung der §§ 641 Abs. 3, 648a Abs. 5 S. 3 BGB i.d.F. v. 1.5.2000 auf vor dem 1.5.2000 geschlossene Werkverträge. Für § 641 Abs. 3 BGB ist dies nur formell eine Ausnahme von Abs. 2 S. 1. Da § 641 Abs. 3 BGB lediglich die **Übernahme der von der Rechtsprechung entwickelten Grundsätze über den Druckzuschlag** ins Gesetz bezweckt,[19] dient die Überleitungsvorschrift insoweit nur der Klarstellung, dass diese Grundsätze in ihrer nunmehr kodifizierten Form auch für Altverträge weiter gelten.[20] Anders verhält es sich mit der **Stärkung der Position des Unternehmers nach gescheitertem Sicherheitsverlangen** durch § 648a Abs. 5 S. 3 BGB. Diese sachlich neue Regelung erhält durch Abs. 2 **Wirkung für vor dem 1.5.2000 geschlossene Altverträge** (nicht aber die gleichfalls neue Schadensvermutung des § 648a Abs. 5 S. 4 BGB).[21] Als weitere Ausnahme ordnet Abs. 2 S. 3 die Geltung des § 640 i.d.F. v. 1.5.2000 für vor diesem Zeitpunkt geschlossene Altverträge an. Freilich

---

13 Gesetz zu Aufhebung des Diskontsatz-Überleitungsgesetzes, in Kraft getreten am 4.4.2002 (BGBl I 2002 S. 1220).
14 Ähnlich wohl Palandt/*Heinrichs*, Art. 229 § 5 EGBGB Rn 5; Staudinger/*Löwisch*, Art 229 § 1 EGBGB Rn 3, der Art. 229 § 5 S. 2 auf § 284 Abs. 3 BGB i.d.F. v.1.5.2000 anwendet; allg. zur Wirkung von Art. 229 § 5 S. 2, Staudinger/*Löwisch*, Art. 229 § 5 EGBGB Rn 4.
15 So die Beschlussempfehlung des Rechtsausschusses, BT-Drucks 14/2752, S. 14.
16 Staudinger/*Löwisch*, Art. 229 § 1 EGBGB Rn 8; ähnlich für die gleiche Formulierung in Art. 229 § 5 Erman/*Schmidt-Räntsch*, Anh. Einl. § 241, Art. 229 § 5 EGBGB Rn 9.

17 So wohl auch Staudinger/*Löwisch*, Art. 229 § 5 EGBGB Rn 41; im Erg. ebenso Erman/*Schmidt-Räntsch*, Anh. Einl. § 241, Art. 229 § 5 EGBGB Rn 10: alte Überleitungsvorschriften bleiben wirksam neben Art. 229 § 5; insoweit a.A. *Schmidt-Kessel*, NJW 2003, 3748, 3749.
18 In § 640 Abs. 2 BGB ist lediglich der Verweis an die neue Zählung der Paragraphen angepasst worden.
19 BT-Drucks 14/1246, S. 7.
20 Staudinger/*Löwisch*, Art. 229 § 1 EGBGB Rn 7; Palandt/*Sprau*, § 641 Rn 1; Erman/*Schwenker*, § 641 Rn 16.
21 Palandt/*Sprau*, § 648a Rn 20.

beginnt eine zur Herbeiführung der in § 640 Abs. 1 S. 3 BGB geregelten Abnahmefiktion gesetzte **Frist für die Abnahme erst mit dem 1.5.2000 zu laufen**, auch wenn die Fristsetzung schon vor diesem Tag erfolgt ist. Fristbeginn ist nach § 187 Abs. 2 S. 1 BGB in diesem Fall der 1.5.2000, 0.00 Uhr.

Art. 229 § 2 Übergangsvorschriften zum Gesetz vom 27. Juni 2000

(1) ¹Die §§ 241a, 361a, 361b, 661a und 676h des Bürgerlichen Gesetzbuchs sind nur auf Sachverhalte anzuwenden, die nach dem 29. Juni 2000 entstanden sind.

(2) ¹Das Bundesministerium der Justiz hat die Regelbeträge nach der Regelbetrag-Verordnung durch Rechtsverordnung, die nicht der Zustimmung des Bundesrates bedarf, rechtzeitig zum 1. Januar 2002 auf Euro umzustellen und hierbei auf volle Euro aufzurunden. ²§ 1612a des Bürgerlichen Gesetzbuchs gilt entsprechend.

(3) (aufgehoben)

A. Allgemeines 1	II. Verordnungsermächtigung des Bundesjustiz-
B. Regelungsgehalt 2	ministeriums (Abs. 2) 3
I. Übergangsregelungen (Abs. 1) 2	III. Die qualifizierte elektronische Signatur (Abs. 3 alt) 9

A. Allgemeines

Mit Art. 2 Abs. 2 Nr. 4 b des Gesetzes vom 27.6.2000[1] über Fernabsatzverträge und andere Fragen des Verbraucherrechts sowie zur Umstellung von Vorschriften auf Euro (FernAbsG-Umsetzung der Richtlinie 98/7/EG des Europäischen Parlaments und des Rates vom 20.5.1997 über den Verbraucherschutz bei Vertragsabschlüssen im Fernabsatz [FARL],[2] die nach ihrem Art. 15 eine Umsetzungsfrist bis zum Ablauf des 4.6.2000 bestimmt hatte, und der Richtlinie 98/27/EG des Europäischen Parlaments und des Rates vom 19.5.1996 über Unterlassungsklagen zum Schutz der Verbraucherinteressen[3]) ist Art. 229 § 2 in das EGBGB aufgenommen worden. Die Regelung ist in ihren wesentlichen Teilen am 30.6.2000 in Kraft getreten.

B. Regelungsgehalt

I. Übergangsregelungen (Abs. 1)

Abs. 1 normiert als Überleitungsregelung, dass

- § 241a BGB (Lieferung unbestellter Sachen und Erbringung unbestellter sonstiger Leistungen durch einen Unternehmer an einen Verbraucher),
- § 361a BGB (alt – Widerrufsrecht bei Verbraucherverträgen),
- § 361b BGB (alt – Rückgaberecht bei Verbraucherverträgen),
- § 661a BGB (Gewinnzusagen und vergleichbare Mitteilungen von Unternehmer an Verbraucher über angeblich gewonnene Preise) sowie
- § 676h BGB (Missbrauch von Zahlungskarten)

nur für neue Verträge gelten,[4] mithin für Sachverhalte, die nach dem 29.6.2000 entstanden sind. Der Gesetzgeber wollte damit eine Geltung des neuen Rechts unabhängig von den Entstehungsvoraussetzungen und dem Wirksamwerden der jeweils zugrunde liegenden vertragsrechtlichen Beziehungen zwischen den Beteiligten sicherstellen.[5]

II. Verordnungsermächtigung des Bundesjustizministeriums (Abs. 2)

Nach Abs. 2 als Verpflichtung und Ermächtigungsnorm hatte das Bundesministerium der Justiz die Regelbeträge nach der Regelbetrag-Verordnung durch Rechtsverordnung, die nicht der Zustimmung des Bundesrates bedurfte (vgl. Art. 80 Abs. 2 GG), rechtzeitig zum 1.1.2002 auf Euro umzustellen und hierbei auf volle Euro aufzurunden, wobei § 1612a BGB (Wahlrecht) entsprechend galt. Nach **§ 1612 a BGB** kann ein minderjähriges Kind von einem Elternteil, mit dem es nicht in einem Haushalt lebt, den Unterhalt als Prozentsatz eines oder des jeweiligen Regelbetrages nach Maßgabe der Regelbetrag-Verordnung verlangen,

---

1 BGBl I S. 897, ber. S. 1139 – dazu BT-Drucks 14/2658 vom 9.2.2000.
2 ABlEG Nr. L 144, S. 19.
3 ABlEG Nr. L 166, S. 51.
4 Rechtsausschuss, BT-Drucks 14/3195, S. 34.
5 Staudinger/*Martinek*, Art. 239 § 2 EGBGB Rn 1.

deren Berechnungs- und Betragsangaben ursprünglich auf DM lauteten. Die Regelbeträge sind – getrennt nach den Altersstufen des Kindes – entsprechend der Entwicklung des durchschnittlich verfügbaren Arbeitsentgelts in einem zweijährigen Rhythmus rechtzeitig neu festzusetzen – wozu § 1612 a Abs. 4 S. 3 BGB das Bundesministerium der Justiz durch eine (der Zustimmung des Bundesrats bedürftige Rechtsverordnung) ermächtigt (Dynamisierung der Unterhaltsrenten durch Anpassung des Regelbetrags in der Regelbetrag-Verordnung, womit – ohne das Erfordernis einer Abänderungsklage – parallel der konkret geschuldete Unterhalt über dem individuellen Prozentsatz des Unterhaltstitels angeglichen wird).[6]

4 Eine ergänzende Ermächtigung in Art. 229 war erforderlich, da die Regelbeträge nach der Regelbetrag-Verordnung im Zuge der nächsten Anpassung aufgrund § 1612 a BGB mit Wirkung vom 1.1.2002 durch die Ablösung der DM durch den Euro als gesetzliches Zahlungsmittel auf Euro umgestellt werden sollten.[7]

5 Gesetzgeberischer Handlungsbedarf bestand zwar nicht hinsichtlich auf den Stichtag 1.1.2002 noch auf DM lautender Unterhaltstitel (da diese Alttitel gemäß Art. 14 der EGVO Nr. 974/98 des Rates vom 3.5.1998 ausdrücklich in Euro umgerechnet werden konnten), wohl aber im Hinblick auf in Euro umzustellende DM-Beträge in den unterschiedlichsten gesetzlichen Regelungen. So entschied sich der Gesetzgeber bereits 2000 (ohne allerdings für die Zwischenzeit die Verwendung des Euro verbindlich zu machen) – „eher zufällig und für die Fachöffentlichkeit teilweise überraschend"[8] – mit dem Fernabsatzgesetz auch die Euroumstellung vorzunehmen[9] (*en-bloc*-Glättung und **Umstellung auf Euro**). Ausgenommen blieben davon zunächst nur die Haftungshöchstsummen.

6 Somit erfolgte durch Art. 2 Abs. 1 Nr. 15 FernAbsG mit Wirkung ab dem 30.7.2000 die Euroumstellung – bspw. auch bezüglich der Berechnungsregeln und Wertgrenzen in § 1612 a Abs. 2 S. 2 und Abs. 4 S. 2 BGB (Aufrundung der Beträge oder Regelbeträge bei der Berechnung des Kindesunterhalts).

7 Nach Art. 2 Abs. 2 Nr. 4 b FernAbsG sollte die Umstellung der Regelbetrag-Verordnung auf Euro und der Übergangsvorschriften des Art. 229 § 2 Abs. 2 S. 2 erst bei der nächsten Verordnungsanpassung zum 1.1.2002 erfolgen (mit paralleler Aufrundung der DM- auch auf volle Euro-Beträge im Rahmen der Umstellung).

8 Gemäß Art. 12 S. 1 FernAbsG sind die Vorschriften über den Regelbetrag in § 1612 a BGB erst zum 1.1.2002 in Kraft getreten. Mit der Zweiten Verordnung zur Änderung der Regelbetrags-Verordnung vom 8.5.2001[10] wurden die seit dem 1.7.1999 geltenden Regelbeträge für den Unterhalt minderjähriger Kinder zum 1.7.2001 an das geänderte Lohnniveau angepasst. Zugleich wurden für die Zeit ab dem 1.1.2002 die Regelbeträge in Euro umgestellt.

III. Die qualifizierte elektronische Signatur (Abs. 3 alt)

9 Die zwischenzeitlich wieder aufgehobene (in § 126b BGB bzw. dem SigG aufgegangene), gleichfalls durch Art. 2 Abs. 2 Nr. 4 b FernAbsG ins EGBGB als Abs. 3 aufgenommene (provisorische) Definition der elektronischen Signatur erfolgte durch einen Verweis auf Art. 5 der Richtlinie 1999/93/EG des Europäischen Parlaments und des Rates vom 13.12.1999 über gemeinschaftliche Rahmenbedingungen für elektronische Signaturen (EG-Signaturrichtlinie).[11] Die Vorschrift war im Zuge der Umsetzung der Richtlinie durch eine generelle Definition im SigG abzulösen.[12]

| Art. 229 § 3 | **Übergangsvorschriften zum Gesetz zur Neugliederung, Vereinfachung und Reform des Mietrechts vom 19. Juni 2001** |

(1) ¹Auf ein am 1. September 2001 bestehendes Mietverhältnis oder Pachtverhältnis sind
1. im Falle einer vor dem 1. September 2001 zugegangenen Kündigung § 554 Abs. 2 Nr. 2, §§ 565, 565c Satz 1 Nr. 1b, § 565d Abs. 2, § 570 des Bürgerlichen Gesetzbuchs sowie § 9 Abs. 1 des Gesetzes zur Regelung der Miethöhe jeweils in der bis zu diesem Zeitpunkt geltenden Fassung anzuwenden;
2. im Falle eines vor dem 1. September 2001 zugegangenen Mieterhöhungsverlangens oder einer vor diesem Zeitpunkt zugegangenen Mieterhöhungserklärung die §§ 2, 3, 5, 7, 11 bis 13, 15 und 16 des Gesetzes zur Regelung der Miethöhe in der bis zu diesem Zeitpunkt geltenden Fassung anzuwenden; darüber hinaus richten sich auch nach dem in Satz 1 genannten Zeitpunkt Mieterhöhungen nach

---

6 Staudinger/*Martinek*, Art. 229 § 2 EGBGB Rn 2.
7 RegE, BT-Drucks 14/2658, S. 50.
8 Staudinger/*Martinek*, Art. 229 § 2 EGBGB Rn 3.
9 RegE, BT-Drucks 14/2618, S. 1 und 31.
10 BGBl I S. 841.
11 ABlEG 2000 Nr. L 13, S. 12.
12 Rechtsausschuss, BT-Drucks 14/3195, S. 34.

§ 7 Abs. 1 bis 3 des Gesetzes zur Regelung der Miethöhe in der bis zu diesem Zeitpunkt geltenden Fassung, soweit es sich um Mietverhältnisse im Sinne des § 7 Abs. 1 jenes Gesetzes handelt;
3. im Falle einer vor dem 1. September 2001 zugegangenen Erklärung über eine Betriebskostenänderung § 4 Abs. 2 bis 4 des Gesetzes zur Regelung der Miethöhe in der bis zu diesem Zeitpunkt geltenden Fassung anzuwenden;
4. im Falle einer vor dem 1. September 2001 zugegangenen Erklärung über die Abrechnung von Betriebskosten § 4 Abs. 5 Satz 1 Nr. 2 und § 14 des Gesetzes zur Regelung der Miethöhe in der bis zu diesem Zeitpunkt geltenden Fassung anzuwenden;
5. im Falle des Todes des Mieters oder Pächters die §§ 569 bis 569b, 570b Abs. 3 und § 594d Abs. 1 des Bürgerlichen Gesetzbuchs in der bis zum 1. September 2001 geltenden Fassung anzuwenden, wenn der Mieter oder Pächter vor diesem Zeitpunkt verstorben ist, im Falle der Vermieterkündigung eines Mietverhältnisses über Wohnraum gegenüber dem Erben jedoch nur, wenn auch die Kündigungserklärung dem Erben vor diesem Zeitpunkt zugegangen ist;
6. im Falle einer vor dem 1. September 2001 zugegangenen Mitteilung über die Durchführung von Modernisierungsmaßnahmen § 541b des Bürgerlichen Gesetzbuchs in der bis zu diesem Zeitpunkt geltenden Fassung anzuwenden;
7. hinsichtlich der Fälligkeit § 551 des Bürgerlichen Gesetzbuchs in der bis zum 1. September 2001 geltenden Fassung anzuwenden.

(2) [1]Ein am 1. September 2001 bestehendes Mietverhältnis im Sinne des § 564b Abs. 4 Nr. 2 oder Abs. 7 Nr. 4 des Bürgerlichen Gesetzbuchs in der bis zum 1. September 2001 geltenden Fassung kann noch bis zum 31. August 2006 nach § 564b des Bürgerlichen Gesetzbuchs in der vorstehend genannten Fassung gekündigt werden.

(3) [1]Auf ein am 1. September 2001 bestehendes Mietverhältnis auf bestimmte Zeit sind § 564c in Verbindung mit § 564b sowie die §§ 556a bis 556c, 565a Abs. 1 und § 570 des Bürgerlichen Gesetzbuchs in der bis zu diesem Zeitpunkt geltenden Fassung anzuwenden.

(4) [1]Auf ein am 1. September 2001 bestehendes Mietverhältnis, bei dem die Betriebskosten ganz oder teilweise in der Miete enthalten sind, ist wegen Erhöhungen der Betriebskosten § 560 Abs. 1, 2, 5 und 6 des Bürgerlichen Gesetzbuchs entsprechend anzuwenden, soweit im Mietvertrag vereinbart ist, dass der Mieter Erhöhungen der Betriebskosten zu tragen hat; bei Ermäßigungen der Betriebskosten gilt § 560 Abs. 3 des Bürgerlichen Gesetzbuchs entsprechend.

(5) [1]Auf einen Mietspiegel, der vor dem 1. September 2001 unter Voraussetzungen erstellt worden ist, die § 558d Abs. 1 und 2 des Bürgerlichen Gesetzbuchs entsprechen, sind die Vorschriften über den qualifizierten Mietspiegel anzuwenden, wenn die Gemeinde ihn nach dem 1. September 2001 als solchen veröffentlicht hat. [2]War der Mietspiegel vor diesem Zeitpunkt bereits veröffentlicht worden, so ist es ausreichend, wenn die Gemeinde ihn später öffentlich als qualifizierten Mietspiegel bezeichnet hat. [3]In jedem Fall sind § 558a Abs. 3 und § 558d Abs. 3 des Bürgerlichen Gesetzbuchs nicht anzuwenden auf Mieterhöhungsverlangen, die dem Mieter vor dieser Veröffentlichung zugegangen sind.

(6) [1]Auf vermieteten Wohnraum, der sich in einem Gebiet befindet, das aufgrund
1. des § 564b Abs. 2 Nr. 2, auch in Verbindung mit Nr. 3, des Bürgerlichen Gesetzbuchs in der bis zum 1. September 2001 geltenden Fassung oder
2. des Gesetzes über eine Sozialklausel in Gebieten mit gefährdeter Wohnungsversorgung vom 22. April 1993 (BGBl I S. 466, 487)
bestimmt ist, sind die am 31. August 2001 geltenden vorstehend genannten Bestimmungen über Beschränkungen des Kündigungsrechts des Vermieters bis zum 31. August 2004 weiter anzuwenden. [2]Ein am 1. September 2001 bereits verstrichener Teil einer Frist nach den vorstehend genannten Bestimmungen wird auf die Frist nach § 577a des Bürgerlichen Gesetzbuchs angerechnet. [3]§ 577a des Bürgerlichen Gesetzbuchs ist jedoch nicht anzuwenden im Falle einer Kündigung des Erwerbers nach § 573 Abs. 2 Nr. 3 jenes Gesetzes, wenn die Veräußerung vor dem 1. September 2001 erfolgt ist und sich die veräußerte Wohnung nicht in einem nach Satz 1 bezeichneten Gebiet befindet.

(7) [1]§ 548 Abs. 3 des Bürgerlichen Gesetzbuchs ist nicht anzuwenden, wenn das selbständige Beweisverfahren vor dem 1. September 2001 beantragt worden ist.

(8) [1]§ 551 Abs. 3 Satz 1 des Bürgerlichen Gesetzbuchs ist nicht anzuwenden, wenn die Verzinsung vor dem 1. Januar 1983 durch Vertrag ausgeschlossen worden ist.

(9) [1]§ 556 Abs. 3 Satz 2 bis 6 und § 556a Abs. 1 des Bürgerlichen Gesetzbuchs sind nicht anzuwenden auf Abrechnungszeiträume, die vor dem 1. September 2001 beendet waren.

(10) [1]§ 573c Abs. 4 des Bürgerlichen Gesetzbuchs ist nicht anzuwenden, wenn die Kündigungsfristen vor dem 1. September 2001 durch Vertrag vereinbart worden sind.

Literatur: *Franke*, Die Übergangsvorschriften des neuen Mietrechts (Art. 229 § 3 EGBGB), ZMR 2001, 951; *Horst*, Fortbestand mietvertraglicher Alt-Kündigungsfristen, NJW 2003, 2720; *Jansen*, Das Übergangsrecht der Mietrechtsreform, NJW 2001, 3151; *Koch*, Juristische Methodik und Gestaltungswille des (Miet-)Gesetzgebers. Zum Fortbestand der Altvertragskündigungsfristen, NZM 2004, 1; *Stürzer*, Miet„verhältnis" ist nicht Miet„vertrag", NZM 2001, 825.
Zu den Auswirkungen der Schuldrechtsreform: *Börstinghaus*, Über die Halbwertzeit von Mietgesetzen, NZM 2002, 16; *Franke*, Verjährung im Mietrecht – Änderungen durch das MietrechtsreformG und das SchuldrechtsmodernisierungsG, DWW 2002, 86; *Langenberg*, Schönheitsreparaturen nach der Schuldrechtsreform, NZM 2002, 972; *Mansel/Budzikiewicz*, Das neue Verjährungsrecht, 2002, § 10; *Schimmel/Meyer*, Fortbestand der Altmietvertragskündigungsfristen auch nach der Schuldrechtsreform, NJW 2004, 1633; *Schmidt-Kessel*, Mieters Altvertragskündigungsfristen – schuldrechtsmodernisiert ade!, NJW 2003, 3748.
Gesetzentwurf: Gesetzentwurf (Referentenentwurf) zur Änderung des EGBGB (Altvertragskündigungsfristen), NZM 2004, 209.

A. Allgemeines	1	I. Laufende Verfahren (Abs. 1)	8
I. Übergangsrecht der Mietrechtsreform	1	II. Abs. 2–10	25
II. Später: Insbesondere Schuldrechtsreform	5	III. Spätere Änderungen des Schuldrechts	61
B. Regelungsgehalt	8		

A. Allgemeines

I. Übergangsrecht der Mietrechtsreform

1 Art. 229 § 3 ist durch das **Gesetz zur Neugliederung, Vereinfachung und Reform des Mietrechts vom 19.6.2001 (Mietrechtsreformgesetz)** in das Gesetz eingefügt worden.[1] Mit dem Mietrechtsreformgesetz wollte der Gesetzgeber im Jahre 2001 die bisweilen veralteten, nicht mehr den gesellschaftlichen Gegebenheiten entsprechenden mietrechtlichen, teils auch pachtrechtlichen Regelungen modernisieren; zugleich hat er diesen Bereich neu gegliedert und wieder weit gehend im BGB zusammengefasst. Dabei sollte das neue Recht nach der Zielsetzung des Gesetzgebers schnellstmöglich Anwendung finden und der alte unbefriedigende Rechtszustand so beendet werden. Die **Änderungen gelten** aus diesem Grund **ab dem 1.9.2001 grds. sofort**,[2] und zwar über die Verweisung des § 581 Abs. 2 auch für den Pachtvertrag.

2 Da die einzelnen **Miet- oder Pachtverhältnisse** am 1.9.2001 zum Teil schon lange bestanden, Mieter und Vermieter sich auf die bis zu diesem Zeitpunkt geltende alte Rechtslage eingestellt und den Vertrag dementsprechend ausgestaltet hatten oder die Parteien zu diesem Zeitpunkt schon Rechtshandlungen wie z.B. eine Kündigung oder ein Mieterhöhungsverlangen auf der Grundlage des alten Rechts vorgenommen hatten, gilt daneben:

3 Erstens bleiben **vor dem 1.9.2001 abgeschlossene Sachverhalte** vom neuen Recht **unberührt**. Dies gilt etwa für vor dem 1.9.2001 fällig gewordene Mietansprüche, auch wenn diese noch nicht erfüllt worden sind.[3] Zudem enthält Art. 229 § 3 zweitens aus Gründen des Vertrauensschutzes und der Rechtssicherheit für bestimmte Fälle **Übergangsvorschriften**: Abs. 1 bis 3 sowie Abs. 6 erklären für die in ihnen genannten Fälle die bis zum 31.8.2001 geltenden Vorschriften für weiterhin, zumindest beschränkt, anwendbar, während gem. Abs. 4 und 5 sowie Abs. 7–10 die hier erwähnten neuen Vorschriften auf Altverträge grds. keine Anwendung finden sollen (zur Abgrenzung vgl. auch noch Rn 4 und Rn 8 f. sowie zudem Rn 6 und Rn 25).[4]

4 Das **Ziel des Gesetzgebers**, die Übergangsvorschriften im Interesse von Mietern und Vermietern leicht **verständlich** und **praktikabel** zu gestalten,[5] dürfte freilich, wenn überhaupt, **nur partiell erreicht** worden sein. **Umstritten** war nämlich, anknüpfend an den Begriff des Mietverhältnisses in Abs. 1, bereits kurz nach In-Kraft-Treten, ob die Übergangsvorschriften auch auf Mietverträge, die vor dem 1.9.2001 geschlossen worden sind, bei denen es aber erst ab dem 1.9.2001 zur Überlassung kommt bzw. bei denen die Mietsache erst dann zu überlassen ist, anzuwenden sind oder ob in diesen Fällen ohne weiteres das neue Recht gilt.[6] Nach inzwischen wohl h.M. ist der **Zeitpunkt des Vertragsschlusses** ausschlaggebend. So wird zum Schutz der Mietvertragsparteien sichergestellt, dass vor dem 1.9.2001 abgeschlossene Zeitmietverträge nach der damals geltenden Rechtslage beurteilt werden.[7]

---

1 BGBl I 2001 S. 1149.
2 BT-Drucks 14/4553, S. 1, 75 sowie im Anschluss etwa BGH NJW 2003, 2601, 2602.
3 BGH NJW 2003, 2601, 2602.
4 BT-Drucks 14/4553, S. 1, 75. Mit zunehmendem Zeitablauf verlieren diese Übergangsvorschriften freilich, wie auch die Übergangsvorschriften für Altmietverträge aus dem Gebiet der ehemaligen DDR (vgl. gleich Rn 5), in der Praxis an Bedeutung.
5 BT-Drucks 14/4553, S. 1, 75.
6 In diese Richtung *Franke*, ZMR 2001, 951, 953; *Stürzer*, NZM 2001, 825.
7 *Erman/Jendrek*, Anh. vor § 535, Art. 229 § 3 EGBGB Rn 1; *Schmidt-Futterer/Blank*, Mietrecht, 8. Aufl. 2003, nach § 575 Rn 1; *Jansen*, NJW 2001, 3151, 3152.

II. Später: Insbesondere Schuldrechtsreform

Weitere Übergangsvorschriften enthält insb. Art. 229 § 5 und § 6 in Hinblick auf die Neuerungen, die das **Gesetz zur Modernisierung des Schuldrechts** vom 26. November 2001 mit sich gebracht hat sowie Art. 232 § 2 und § 3 für **Mietverträge und Pachtverträge, die vor dem 3. Oktober 1990** in dem in Art. 3 des Einigungsvertrages genannten Gebiet geschlossen worden sind. Art. 232 § 2 und § 3 sind dabei durch das Mietrechtreformgesetz zum 1.9.2001 an die geänderten Begrifflichkeiten im Miet- und Pachtrecht angepasst worden, zugleich ist Art. 232 § 2 Abs. 3–6 infolge Zeitablaufs gestrichen worden.[8] Für **Miet- und Pachtverträge aus dem Gebiet der ehemaligen DDR** gilt so heute im Grundsatz das bürgerliche Recht – mit Ausnahme vor dem 3.10.1990 abgeschlossener Sachverhalte[9] sowie der in Art. 232 § 2 Abs. 2 und Art. 232 § 3 Abs. 2 genannten Konstellationen (vgl. hierzu auch Rn 17 f.)[10]

Was die **Schuldrechtsreform** anbelangt, bestimmt Art. 229 § 5 S. 2 für Miet- und Pachtverhältnisse, die vor dem 1.1.2002 entstanden sind, dass vom 1.1.2003 an das BGB in der dann geltenden Fassung anzuwenden ist. Das heißt: Sind die **Verträge ab dem 1.1.2002** entstanden, gilt ohne weiteres das neue Schuldrecht. Sind die **Verträge vor dem 1.1.2002** entstanden, gilt – (erst) nach einer Übergangsfrist von einem Jahr – ab dem 1.1.2003 grds. das neue Schuldrecht; vorher gilt das alte Recht.[11] Sind die **Verträge vor dem 1.9.2001** entstanden, war in jüngerer Zeit umstritten, ob durch Art. 229 § 5 S. 2 das Übergangsrecht des Art. 229 § 3 ausgeschlossen („überlagert") wird.[12] Zutreffend dürfte jedoch sein, dass § 3 weiter gilt, und zwar vorrangig. Dies gilt umso mehr, als der Gesetzgeber der Schuldrechtsreform Fragen des Miet- bzw. Pachtrechts gerade ausgeklammert hat (vgl. hierzu Rn 61 ff.).[13]

Das durch die Schuldrechtsreform (ebenfalls) reformierte **Verjährungsrecht** kommt gem. Art. 229 § 6 Abs. 1 S. 1 grds. auf alle am 1.1.2002 bestehenden Ansprüche, soweit sie (nach altem) Recht noch nicht verjährt sind, zur Anwendung, wobei sich freilich gem. Art. 229 § 6 Abs. 1 S. 2 der Beginn, die Hemmung, die Ablaufhemmung und der Neubeginn der Verjährung für den Zeitraum vor dem 1.1.2002 nach dem BGB in der bis zu diesem Zeitpunkt geltenden Fassung bestimmen. Ausnahmen enthält zudem Art. 229 § 6 Abs. 2–4 (vgl. hierzu auch noch Rn 46 ff. und Rn 63 f. sowie Art. 229 § 6 EGBGB Rn 1 ff.).[14] Das **Gesetz zur Änderung schadensersatzrechtlicher Vorschriften vom 19.7.2002** schließlich hat Änderungen des Schadensersatzrechts mit sich gebracht, die gem. Art. 229 § 8 Abs. 1 anzuwenden sind, wenn das schädigende Ereignis nach dem 31.7.2002 eingetreten ist, also auch im Falle bestehender Miet- oder Pachtverträge (vgl. hierzu auch noch Rn 65).

B. Regelungsgehalt

I. Laufende Verfahren (Abs. 1)

Seit dem 1.9.2001 gilt grds. das neue Miet- und Pachtrecht. Es ist auch auf Miet- und Pachtverträge anzuwenden, die bis zum 31.8.2001 abgeschlossen worden sind (vgl. bereits Rn 1 f.). Ebenso beurteilen sich laufende Verfahren nach dem neuen Recht. Von diesem Grundsatz sieht Art. 229 § 3 Ausnahmen für bestimmte Vertragsinhalte bestehender Verträge und für bestimmte laufende Verfahren vor, und zwar teilweise auch für die Pacht.

Abs. 1 enthält **Ausnahmen für laufende Verfahren**, also etwa Kündigungen oder Mieterhöhungsverlangen, die vor dem 1.9.2001 eingeleitet worden sind, und ordnet insoweit die Weitergeltung bestimmter alter Vorschriften an. Auf eine Aufzählung der alten Vorschriften in den Fällen, in denen sie den neuen Vorschriften inhaltlich entsprechen, hat der Gesetzgeber ausdrücklich verzichtet (zu Abs. 2–10 siehe Rn 25 ff.).[15] **Im Einzelnen gilt**:

Abs. 1 Nr. 1 betrifft **Kündigungen von Altverträgen**, die dem anderen Vertragsteil vor dem 1.9.2001 zugegangen sind. Hier kommen an Stelle des § 569 Abs. 3 Nr. 2 und Abs. 4 BGB der § 554 Abs. 2 Nr. 2 BGB a.F., an Stelle der §§ 580a Abs. 1–3, 573c, 573d Abs. 2, 580a Abs. 4, 576 Abs. 1 Nr. 1 BGB die

---

8 BT-Drucks 14/4553, S. 1, 77.
9 Vgl. etwa BGHZ 134, 170, 175 = ZMR 1997, 174; BGH NZM 1999, 478, 479; OLG Dresden NZM 2003, 493.
10 Zur Rechtslage vor dem 1.9.2001 und dabei insb. im Hinblick auf Fragen der Miethöhe vor dem 1.1.1998 vgl. die Ausführungen bei Bamberger/Roth/*Kühnholz*, Art. 232 § 2 EGBGB Rn 1 ff. und Art. 232 § 3 EGBGB Rn 1 ff.
11 Krit. ggü. diesem Hinausschieben des Wirksamwerdens des neuen Schuldrechts auf den 1.1.2003 etwa *Heß*, NJW 2002, 253, 256.
12 So insb. *Schmidt-Kessel*, NJW 2003, 3748.
13 So im Erg. auch Erman/*Schmidt-Räntsch*, Anh. Einl. § 241, Art. 229 § 5 EGBGB Rn 10; *Schimmel/Meyer*, NJW 2004, 1633, 1634 f. sowie insgesamt krit. gegenüber der Arbeitsweise des Gesetzgebers *Börstinghaus*, NZM 2002, 16.
14 Zu Einzelheiten vgl. etwa *Mansel/Budzikiewicz*, Das neue Verjährungsrecht, 2002, § 10.
15 BT-Drucks 14/4553, S. 1, 75.

§§ 565, 565c S. 1 Nr. 1 BGB a.F., zudem § 565d Abs. 2 BGB a.F., § 570 BGB a.F. sowie an Stelle des § 561 Abs. 1 BGB der § 9 Abs. 1 MHRG zur Anwendung.

11 Bei **Kündigungen vor dem 1.9.2001** gelten so insb. die Kündigungsfristen des § 565 BGB a.F. weiter. Bei **Zugang der Kündigungserklärung ab dem 1.9.2001** gilt demgegenüber grds. das neue Recht,[16] wobei eine Wiederholung einer bereits ausgesprochenen Kündigung ab dem 1.9.2001 – mit den dann ggf. kürzeren Kündigungsfristen – als wirksam angesehen wird (vgl. hierzu auch noch Rn 19 und Rn 28).[17]

12 In **Abs. 1 Nr. 2** geht es um **Mieterhöhungsverlangen** und **Mieterhöhungserklärungen** bei Wohnraummietverhältnissen, die dem anderen Vertragsteil **vor dem 1.9.2001** zugegangen sind. Die hier einschlägigen Regelungen waren vor dem 1.9.2001 insb. im Gesetz zur Regelung der Miethöhe (MHRG) enthalten. Seit dem 1.9.2001 finden sich diese insb. in den §§ 557–558e BGB.

13 Für Mieterhöhungsverlangen bzw. Mieterhöhungserklärungen, die vor dem 1.9.2001 zugegangen sind, gelten nicht diese durch das Mietrechtsreformgesetz eingeführten Änderungen, sondern es gelten die alten Vorschriften der §§ 2, 3, 5, 7, 11–13, 15 und 16 MHRG weiter – wobei es teils als verfassungswidrig angesehen wird, dass Abs. 1 Nr. 2 nicht auch auf § 8 MHRG verweist.[18] Entscheidend ist der Zeitpunkt des Zugangs.[19]

14 Sind Mieterhöhungsverlangen bzw. Mieterhöhungserklärungen **ab dem 1.9.2001** zugegangen, gilt das neue Recht, insb. die in § 558 Abs. 2 BGB auf 20% abgesenkte Kappungsgrenze, und zwar auch, wenn der Vermieter den bisherigen Erhöhungsspielraum von 30% in den letzten Jahren nicht voll ausgenutzt hatte. Hatte er dort schon um 20% erhöht, ist eine weitere Erhöhung erst wieder nach Ablauf der Drei-Jahres-Frist möglich (vgl. auch Rn 36 ff.).[20]

15 **Abs. 1 Nr. 3** betrifft Erklärungen über **Betriebskostenänderungen** bei Wohnraummietverhältnissen. **Seit dem 1.9.2001** enthält § 560 BGB die hier im Falle von Veränderungen einschlägigen Rechte des Vermieters und des Mieters. Sind Erklärungen über eine Betriebskostenänderung demgegenüber **vor dem 1.9.2001 zugegangen**, bleibt der bisherige § 4 Abs. 2–4 MHRG weiterhin anwendbar.

16 In **Abs. 1 Nr. 4** geht es um die bis zur Mietrechtsreform in § 4 Abs. 5 S. 1 Nr. 2 MHRG und § 14 MHRG für den Vermieter geregelte Möglichkeit, **Betriebskosten durch einseitige Erklärung auf eine Direktabrechnung umzustellen**. Gemäß Abs. 1 Nr. 4 gelten §§ 4 Abs. 5 S. 1 Nr. 2, 14 MHRG für Erklärungen fort, die dem anderen Vertragsteil **vor dem 1.9.2001 zugegangen** sind (vgl. auch Rn 31).

17 Hinsichtlich des, räumlich das **Beitrittsgebiet** betreffenden und zeitlich durch den 31.12.1997 begrenzten § **14 MHRG** hat das LG Chemnitz dabei jüngst entschieden, dass der Vermieter hier nicht berechtigt gewesen sei, Betriebskosten, die erstmals durch erfolgte Modernisierungsmaßnahmen angefallen sind, durch einseitige vertragsändernde Erklärung auf den Mieter umzulegen.

18 Hintergrund des § 14 MHG sei es nämlich gewesen, im Beitrittsgebiet schrittweise zur Kostenmiete überzugehen, d.h., neben der bisherigen Grundmiete, zu deren Erhöhung die beiden Grundmietenverordnungen erlassen wurden, die bisher bereits entstandenen, zu DDR-Zeiten jedoch aus politischen Gründen nicht umgelegten Betriebskosten nunmehr umzulegen. **Durch Modernisierungen begründete Kosten** seien daher **nicht erfasst**.[21]

19 **Abs. 1 Nr. 5** betrifft die Fälle, in denen der **Mieter oder Pächter stirbt**. Seit dem 1.9.2001 enthalten hier die §§ 563 ff., 577 Abs. 4, 580, 584 Abs. 2, 594d BGB die einschlägigen Regelungen. Ist der Mieter oder Pächter **vor dem 1.9.2001 verstorben**, sollen jedoch weiterhin die alten Vorschriften betreffend das außerordentliche Kündigungsrecht, das Eintritts- und Fortsetzungsrecht und das Vorkaufsrecht Anwendung finden. In diesen Fällen gelten demzufolge die §§ 569–569b, 570b Abs. 3 und § 594d Abs. 1 BGB a.F. weiter. Ist der Mieter von Wohnraum verstorben und nimmt hier der **Wohnraumvermieter sein Kündigungsrecht** gegenüber den Erben wahr, muss (zudem) die Kündigungserklärung vor dem 1.9.2001 den Erben zugegangen sein. Andernfalls kommen die neuen Vorschriften zur Anwendung.

20 **Kritisiert** wird hier, dass das Gesetz zur Beendigung der Diskriminierung gleichgeschlechtlicher Gemeinschaften vom 16.2.2001 die Rechtslage bereits zum 1.8.2001 weit gehend an den heutigen Rechtszustand angepasst hatte. Abs. 1 Nr. 5 müsse sich daher auch auf die Anwendung der bis zum 31.7.2001 geltenden Vorschriften beziehen.[22]

---

16 So nunmehr auch BGH NJW 2003, 2739.
17 *Jansen*, NJW 2001, 3151, 3153; *Franke*, ZMR 2001, 951, 952.
18 Vgl. BVerfG NZM 2003, 896 – offen gelassen, da Vorlage unzulässig.
19 BGH NZM 2004, 136.
20 So auch *Jansen*, NJW 2001, 3151, 3153.
21 LG Chemnitz NJW-RR 2004, 373, 374.
22 Staudinger/*Rolfs*, § 563 Rn 55.

Abs. 1 Nr. 6 betrifft **Modernisierungsmaßnahmen** bei Wohnraum. Einschlägig sind seit dem 1.9.2001 die §§ 554, 559 ff. BGB. Hiernach können Modernisierungskosten nicht mehr nur auf Maßnahmen zur nachhaltigen Einsparung von Heizenergie, sondern auf alle nachhaltig Energie einsparenden Maßnahmen umgelegt werden. Zudem ist das Wirksamwerden der Mieterhöhung nach erfolgter Modernisierung auf drei Monate verlängert.

Ist die **Mitteilung der Durchführung einer (geplanten) Modernisierung** dem anderen Vertragsteil **vor dem 1.9.2001 zugegangen**, ist gem. Abs. 1 Nr. 6 (weiterhin) § 541b BGB a.F. anzuwenden. Entsprechend verhält es sich hinsichtlich des **Mieterhöhungsverlangens** gem. Abs. 1 Nr. 2 (vgl. bereits Rn 12 ff.). Ist die Mieterhöhungserklärung demgegenüber **seit dem 1.9.2001** zugegangen, so gelten für die Mieterhöhung schon die neuen Vorschriften.[23]

Abs. 1 Nr. 7 befasst sich mit der **Fälligkeit der Miete oder Pacht** bei bestehenden Miet- oder Pachtverhältnissen. Nach **§ 551 BGB a.F.** war die Miete **grds. am Ende der Mietzeit** bzw. der jeweils vereinbarten Zeitabschnitte zu entrichten. Art. 1 Nr. 7 ordnet an, dass es hier auch zukünftig im Grundsatz bei der alten Regelung verbleibt – dies schließt es freilich nicht aus, dass die Parteien nunmehr vertraglich etwas anderes vereinbaren.

Bei **Neuverträgen** über Wohnraum und sonstige Räume, also auch Geschäftsräume, ist die Miete demgegenüber nunmehr gem. den §§ 556b Abs. 1, 579 Abs. 2 BGB **spätestens bis zum dritten Werktag** der einzelnen Zeitabschnitte, nach denen sie bemessen ist, zu entrichten. Dies ist jedoch ebenfalls vertraglich, auch im Rahmen eines Formularvertrags, abänderbar.[24]

II. Abs. 2–10

Während es in **Abs. 1** um die Anwendung alten Rechts auf **am 1.9.2001 (bereits) laufende Verfahren** geht, regelt **Art. 229 § 3 Abs. 2–10** die Anwendung des alten Rechts auf (einzelne) **Verfahren** bei Altverträgen, **die ab dem 1.9.2001 eingeleitet werden** – insb. hinsichtlich bestimmter Konstellationen der Kündigung, Mieterhöhungen sowie Nebenkostenabrechnungen:

In **Abs. 2** geht es dabei um solche Fälle, in denen der Vermieter dem Mieter entweder vor dem 1.6.1995 **Ferienhäuser in Feriengebieten** oder **Wohnungen in von ihm selbst bewohnten, in der Zeit vom 31.5.1990 bis 31.5.1999 ausgebauten Drei-Familien-Häusern** überlassen hat. Diese Mietverhältnisse konnten (nur) nach altem Recht im Rahmen des § 564b BGB a.F. erleichtert gekündigt werden.

Abs. 2 bestimmt hier, dass diese Mietverhältnisse trotz des Wegfalls der einschlägigen Vorschriften zum 1.9.2001 aus Gründen des Vertrauensschutzes noch für eine Übergangszeit von fünf Jahren, nämlich **bis zum 31.8.2006**, weiterhin vom Vermieter gem. § 564b Abs. 4 Nr. 2 BGB a.F. bzw. gem. § 564b Abs. 7 Nr. 4 BGB a.F. erleichtert gekündigt werden können. Entscheidend ist der Zeitpunkt des Zugangs der Kündigung, nicht des Vertragsendes.[25]

Abs. 3 beinhaltet Übergangsvorschriften für am 1.9.2001 **bestehende Zeitmietverträge**. Dies war insb. deshalb erforderlich, weil der (bisherige) einfache Zeitmietvertrag des § 564c Abs. 1 BGB a.F. entfallen ist. Das alte Mietrecht war insoweit zu kompliziert und die alte Regelung ist in § 575 BGB durch einen „echten" Zeitmietvertrag ersetzt worden, der dem alten Mietvertrag gem. § 564c Abs. 2 BGB a.F. nachgebildet ist.[26]

Aus Gründen des **Vertrauensschutzes** sollen am 1.9.2001 bestehende Zeitmietverträge auch weiterhin wirksam als Zeitmietverträge **bestehen bleiben**. Die Beendigung bestehender Zeitmietverträge richtet sich daher weiterhin nach altem Recht, und zwar nach § 564c BGB a.F. i.V.m. § 564b BGB a.F., nach den §§ 556a–556c BGB a.F., nach 565a Abs. 1 BGB a.F. und nach § 570 BGB a.F. Hierbei gilt:

Der Mieter kann bei Altverträgen grds. wie bisher die Verlängerung des Mietverhältnisses verlangen. Liegt seitens des Vermieters kein Kündigungsgrund i.S.d. § 564b BGB a.F. vor, verlängert sich der Vertrag auf unbestimmte Zeit. Zeitmietverträge mit Verlängerungsklausel nach § 565a BGB a.F. behalten ihre Gültigkeit. Zudem können Altverträge weiterhin gem. § 570 BGB a.F. außerordentlich befristet gekündigt werden.[27]

In **Abs. 4** geht es um vor dem 1.9.2001 abgeschlossene Wohnraummietverträge, bei denen **Brutto- oder Teilinklusivmieten mit Betriebskostenerhöhungsvorbehalt** vereinbart worden sind. Bis zur Mietrechtsreform galt hier weit gehend der Grundsatz der Vertragsfreiheit, gesetzliche Vorschriften existierten nur ganz am Rande.

---

23 *Jansen*, NJW 2001, 3151, 3154.
24 Schmidt-Futterer/*Eisenschmid*, Mietrecht, 8. Aufl. 2003, § 535 Rn 538 f.
25 Erman/*Jendrek*, Anh. vor § 535, Art. 229 § 3 EGBGB Rn 10.
26 *Jansen*, NJW 2001, 3151, 3153.
27 *Jansen*, NJW 2001, 3151, 3153. Zu weiteren Einzelheiten vgl. etwa Schmidt-Futterer/*Blank*, Mietrecht, 8. Aufl. 2003, nach § 575 Art. 229 § 3 Abs. 3 EGBGB Rn 1 ff.

32 Nach neuem Recht können Erhöhungen von Betriebskosten gem. § 560 BGB, abgesehen von **Betriebskostenvorauszahlungen**, bei denen die Höhe der zu zahlenden Betriebskosten ohnehin erst nach einer Abrechnung endgültig festgestellt wird, nur **noch bei Betriebskostenpauschalen** auf den Mieter umgelegt werden, **soweit dies vereinbart** ist. Bei Bruttomieten oder Teilinklusivmieten ist selbst bei entsprechender Vereinbarung eine Erhöhung nicht mehr möglich (vgl. auch schon Rn 15).[28]

33 Vor diesem Hintergrund müssen sich Mieter und Vermieter künftig genau überlegen, ob sie eine **Bruttomiete** vereinbaren wollen. Diese hat für beide zwar den Vorteil, dass keine Abrechnung erfolgt; damit kann aber auch der Nachteil verbunden sein, dass die tatsächlichen Betriebskosten im Einzelfall höher oder niedriger sind als zu Vertragsbeginn kalkuliert. **Bislang** durften die Parteien eines Bruttomietvertrages jedoch darauf vertrauen, dass der Vertrag mit dem ursprünglich geschlossenen Inhalt fortbesteht.

34 Dieses **Vertrauen soll auch weiterhin geschützt werden**. Etwas anderes gilt nur dann, wenn die Parteien vor dem 1.9.2001 ausdrücklich vereinbart haben, dass der Vermieter zu Betriebskostenerhöhungen berechtigt sein soll. In diesen Fällen hatte die Rechtsprechung nämlich schon zum Rechtszustand vor dem 1.9.2001 eine Erhöhung von Bruttomieten wegen gestiegener Betriebskosten zugelassen.[29]

35 Abs. 4 bestimmt daher, dass bei alten Bruttomieten oder Teilinklusivmieten mit Betriebskostenerhöhungsvorbehalt bei **Erhöhungen der Betriebskosten** § 560 Abs. 1, 2, 5 und 6 BGB entsprechend anzuwenden ist. **Sinken demgegenüber die Betriebskosten**, ist der vom Mieter zu zahlende Betrag entsprechend § 560 Abs. 3 herabzusetzen (siehe auch Rn 15).

36 **Abs. 5** betrifft die **Überleitung von Mietspiegeln**. Mit dem 1.9.2001 wurde der qualifizierte Mietspiegel i.S.d. § 558d BGB neu eingeführt. Folge hiervon ist u.a., dass der Vermieter dem Mieter bei Mieterhöhungsverlangen gem. § 558a Abs. 3 BGB entsprechende Angaben mitzuteilen hat und dass gem. § 558d Abs. 3 BGB dem Mietspiegelwert im Mieterhöhungsrechtsstreit eine Vermutung der Richtigkeit zukommt.

37 Sind Mieterhöhungsverlangen **vor dem 1.9.2001 zugegangen**, gilt im Rahmen des Abs. 1 Nr. 2 das alte Recht weiter (vgl. Rn 12). Sind Mieterhöhungsverlangen **seit dem 1.9.2001 zugegangen**, gilt im Grundsatz das neue Recht und Abs. 5 enthält hier eine **Überleitung** für solche Mietspiegel, die zwar vor dem 1.9.2001 erstellt wurden, jedoch hinsichtlich ihrer wissenschaftlichen Qualität und Aktualität denen gem. § 558d Abs. 1 und 2 BGB entsprechen.

38 Auch auf diese Mietspiegel, die nach dem neuen Recht als qualifizierte Mietspiegel anzusehen wären, sollen gem. **Abs. 5 S. 1** im Interesse einer möglichst schnellen Umsetzung des Mietrechtsreformgesetzes die Vorschriften über den qualifizierten Mietspiegel grds. angewendet werden. Voraussetzung ist, dass die Gemeinde den Mietspiegel **nach In-Kraft-Treten als solchen veröffentlicht**.

39 War der **Mietspiegel zuvor bereits veröffentlicht** worden, ist eine Neuveröffentlichung aus Kostengründen entbehrlich. In diesem Fall genügt gem. **Abs. 5 S. 2** der zu veröffentlichende Hinweis, dass es sich bei dem bereits veröffentlichten Mietspiegel um einen qualifizierten Mietspiegel handelt. Auf Mieterhöhungsverlangen, die hiervor (und seit dem 1.9.2001) zugegangen sind, finden gem. **Abs. 5 S. 3** §§ 558a Abs. 3 und 558d Abs. 3 BGB keine Anwendung.

40 **Abs. 6** regelt Kündigungsbeschränkungen bei **Veräußerung einer in Wohnungseigentum umgewandelten vermieteten Wohnung**. Vor dem 1.9.2001 konnten für diese Fälle durch Rechtsverordnungen der Landesregierungen auf der Grundlage des § 564b Abs. 2 BGB a.F. bzw. des Gesetzes über eine Sozialklausel in Gebieten mit gefährdeter Wohnversorgung vom 22.4.1993 Gebiete bestimmt werden, in denen verlängerte Kündigungssperrfristen galten.

41 **Abs. 6 S. 1** legt fest, dass **am 1.9.2001 bestehende Sperrfristen**, die auf Rechtsverordnungen auf der Grundlage des § 564b Abs. 2 Nr. 2 S. 4 BGB a.F., auch i.V.m. § 564b Abs. 2 Nr. 3 BGB a.F., oder des Gesetzes über eine Sozialklausel in Gebieten mit gefährdeter Wohnversorgung vom 22.4.1993 beruhen und Kündigungssperrfristen von fünf oder zehn Jahre begründen, für eine Übergangszeit längstens **bis zum 31.8.2004 weiter gelten**.

42 Die Anordnung der Weitergeltung ist erforderlich, weil die landesrechtlichen Rechtsverordnungen durch den Wegfall der alten Vorschriften und die Neuregelung des § 577a BGB im Grunde hinfällig sind. Denn sie haben nur die Gebiete bestimmt, während sich die Rechtsfolge, nämlich die konkret geltende Kündigungssperrfrist, aus den jeweiligen alten Vorschriften ergab.[30]

43 Die **Übergangsfrist bis zum 31.8.2004**[31] ermöglicht es den Landesregierungen, währenddessen neue Rechtsverordnungen auf der Grundlage des § 577a BGB zu erlassen, soweit sie dies für erforderlich halten.

---

28 Vgl. hierzu *Börstinghaus*, NZM 2004, 121.
29 BT-Drucks 14/5663, S. 59, 84.
30 BT-Drucks 14/4553, S. 1, 76.
31 BT-Drucks 14/5663, S. 59, 84.

Gem. **Abs. 6 S. 2** werden zudem bereits verstrichene Fristen nach den alten Vorschriften auf die neuen Fristen nach § 577a BGB angerechnet. Dies bedeutet etwa:

Wurde eine Wohnung z.B. im Dezember 2001 umgewandelt und veräußert und galt zu diesem Zeitpunkt (weiterhin) eine Fünf-Jahres-Sperrfrist, so besteht die Kündigungssperre bis Dezember 2006, vorausgesetzt, die Fünf-Jahres-Sperrfrist wird durch Landesverordnung bis zum 31.8.2004 erneuert. Andernfalls läuft die Kündigungssperre nur noch bis Dezember 2004, dem Ablauf der Drei-Jahres-Mindestsperrfrist gem. § 577a Abs. 1 BGB.[32]

Abs. 6 S. 3 schließlich enthält eine Übergangsvorschrift für die bei Kündigung wegen anderweitiger wirtschaftlicher Verwertung neu eingeführte dreijährige (Mindest-)Sperrfrist. Für **Veräußerungen vor dem 1.9.2001** bleibt es insoweit aus Gründen des Vertrauensschutzes beim alten Recht, d.h., der Erwerber kann, falls zum Zeitpunkt der Veräußerung keine Sperrfrist bestand, auch nach dem 1.9.2001 ohne Sperrfrist nach § 573 Abs. 2 Nr. 3 BGB kündigen.

Abs. 7 betrifft die **mit der Mietrechtsreform geschaffene Vorschrift des § 548 Abs. 3 BGB**. Gem. § 548 Abs. 3 BGB wurde die sechsmonatige Verjährungsfrist des § 548 Abs. 1 und Abs. 2 BGB durch den Antrag einer Partei auf Durchführung eines **selbständigen Beweisverfahrens** unterbrochen, um so eine Verfahrensstraffung sowie eine Gerichtsentlastung zu erreichen.[33] Vor dem 1.9.2001 wurde dem selbständigen Beweisverfahren demgegenüber nicht diese Wirkung zugesprochen.[34]

Vor diesem Hintergrund bestimmt **Abs. 7**, dass bei **Altverträgen** die **verjährungsunterbrechende Wirkung** des § 548 Abs. 3 BGB **nur bei ab dem 1.9.2001 beantragten Verfahren** und nicht bei bis zum 31.8.2001 beantragten Verfahren zur Geltung kommt. Folge hiervon soll sein, dass es in Hinblick auf die erfassten Ersatzansprüche des Vermieters sowie das Wegnahmerecht des Mieters keine rückwirkende Unterbrechung der Verjährung gibt.[35]

Das **Schuldrechtsmodernisierungsgesetz hat § 548 Abs. 3 BGB aufgehoben**. Seit dem 1.1.2002 ist hier § 204 Abs. 1 Nr. 7 BGB einschlägig. **§ 204 Abs. 1 Nr. 7 BGB** regelt die Hemmung der Verjährung durch Zustellung des Antrags auf Durchführung eines selbständigen Beweisverfahrens. Dies gilt auch für Miet- und Pachtverträge. Überleitungsvorschriften enthält Art. 229 § 6 (vgl. hierzu schon Rn 7). Insoweit gilt:

Gem. **Art. 229 § 6 Abs. 1 S. 1** kommt das **neue Verjährungsrecht grds. auf alle am 1.1.2002 bestehenden und noch nicht verjährten Ansprüche** zur Anwendung. Dies gilt auch vorliegend, wobei sich Neuerungen insb. in Hinblick auf die **Hemmung** (statt Unterbrechung) ergeben. Für vor dem 1.1.2002 verjährte Ansprüche gilt das bis dahin geltende Recht fort (vgl. hierzu auch noch Rn 63 sowie § 204 Rn 78 ff.).[36]

Abs. 8 behandelt Überleitungsfragen der **Verzinsungspflicht von Mietsicherheiten** bei Wohnraum. Vor dem 1.1.1983 konnte die Verzinsung überlassener Geldbeträge wirksam ausgeschlossen werden. Seit dem 1.1.1983 hat der Vermieter eine ihm zur Sicherheit überlassene Geldsumme zu verzinsen, eine zum Nachteil des Mieters abweichende Vereinbarung ist unwirksam. Dies ergibt sich nunmehr aus § 551 BGB.

Abs. 8 schließt für Altsicherheiten an die Übergangsvorschriften aus Art. 4 des Gesetzes zur Erhöhung des Angebots an Mietwohnungen vom 20.12.1983 (BGBl I S. 1912) sowie aus Art. 6 des Vierten MietRÄndG vom 21.7.1993 (BGBl I S. 1257) an. Vereinbarungen, durch die vor Einführung der Verzinsungspflicht, also **vor dem 1.1.1983 eine Verzinsung wirksam ausgeschlossen** worden ist, bleiben damit auch **weiterhin wirksam**.

Fraglich bleibt, ob die gesetzliche Regelung nicht hinsichtlich der Mietsicherheiten **lückenhaft** ist. Bei Veräußerung der Wohnung normiert nunmehr **§ 566a BGB** einen Eintritt des Erwerbers in die durch eine Sicherheitsleistung begründeten Rechte und – weiter gehend als bei § 572 BGB a.F. – Pflichten. Da hier eine **Übergangsregelung fehlt**, soll § 566a BGB auf dem Wege der Auslegung beschränkt werden:

Die Regelung sei **verfassungskonform dahin gehend auszulegen**, dass **§ 566a BGB** lediglich solche Fälle erfasst, bei denen der **Erwerb der Wohnung ab dem 1.9.2001** stattgefunden hat. Andernfalls würde ein bereits abgeschlossener Sachverhalt eine Neuregelung erfahren, es läge eine echte Rückwirkung, ein Verstoß gegen das Rechtsstaatsprinzip des Art. 20 Abs. 3 GG vor. Bei Erwerben vor dem 1.9.2001 gelte § 572 BGB a.F.[37]

---

32 *Jansen*, NJW 2001, 3151, 3153.
33 BT-Drucks 14/5663, S. 59, 77 sowie hierzu etwa *Franke*, DWW 2002, 86.
34 BGHZ 128, 74, 79 ff. = NJW 1995, 252.
35 BT-Drucks 14/4553, S. 1, 77 sowie hierzu *Franke*, DWW 2002, 86.
36 Hierzu näher etwa Bamberger/Roth/*Ehlert*, § 548 Rn 33; *Franke*, DWW 2002, 86 ff. Krit. *Heß*, NJW 2002, 253, 256.
37 So LG Aachen NJW-RR 2003, 586; Palandt/*Weidenkaff*, § 566a Rn 1. Offen gelassen von BGH NJW 2003, 3342.

54 In **Abs. 9** geht es erneut um Fragen der **Betriebskostenabrechnung** bei Mietverträgen aus der Zeit vor dem 1.9.2001 (vgl. hierzu auch schon Rn 15 und auch Rn 31, und zwar hier um Fälle, in denen die Parteien Betriebskostenvorauszahlungen vereinbart haben. Um Sicherheit und Klarheit zu schaffen, hat der Gesetzgeber im neuen Recht in § 556 Abs. 3 BGB **Abrechnungsfristen** und in § 556a BGB für Zweifelsfälle **Abrechnungsmaßstäbe** vorgesehen.

55 Aus **Vertrauensgesichtspunkten** nimmt Abs. 9 Mietverträge, soweit deren **Abrechnungszeiträume vor dem 1.9.2001 bereits abgeschlossen waren**, von den neuen Regelungen einer jährlichen Abrechnungsfrist und einer Ausschlussfrist für Nachforderungen des Vermieters gem. § 556 Abs. 3 S. 2–6 BGB sowie der Umlage nach erfasstem Verbrauch, sonst nach Umlage gem. § 556a Abs. 1 BGB aus.[38]

56 **Abs. 10** schließlich befasst sich mit der Wirksamkeit von **Vereinbarungen betreffend die Länge von Kündigungsfristen**. Zwar sind die Fristen der ordentlichen Kündigung des § 573c BGB gem. § 573c Abs. 4 BGB (nunmehr) nicht (mehr) zum Nachteil des Mieters abdingbar. **Abs. 10** stellt jedoch aus Gründen des Vertrauensschutzes sicher, dass vor dem 1.9.2001 **durch Vertrag wirksam vereinbarte Fristen** in der Folge **wirksam bleiben**.

57 **Hier galt zunächst**: Hatten die Parteien im **Altmietvertrag individualvertraglich längere Kündigungsfristen** vereinbart, bleiben diese weiterhin wirksam. **Verweist der Altvertrag dagegen (nur)** auf die gesetzlichen Kündigungsfristen, sollte § 573c BGB zur Anwendung kommen.[39] § 573c BGB sollte ebenfalls zur Anwendung kommen, wenn der Altmietvertrag (nur) den alten Gesetzeswortlaut in einer Formularklausel wiederholt.[40]

58 Der **BGH** hat inzwischen jedoch in mehreren Parallelverfahren entschieden, dass vor dem 1.9.2001 vereinbarte längere Kündigungsfristen **auch dann wirksam bleiben**, wenn (nur) in einer **Formularklausel** die damalige gesetzliche Regelung wörtlich oder sinngemäß wiedergegeben ist. Auch diese Fristen seien durch Vertrag vereinbart, weshalb § 573c Abs. 4 BGB gem. Art. 229 § 3 Abs. 10 nicht entgegenstehe.[41]

59 Demzufolge gelten nicht nur bei Individualverträgen, sondern (auch) in diesen Fällen die gestaffelten Kündigungsfristen des § 565 BGB a.F. weiter. Entscheidend sei der den Parteien zukommende Vertrauensschutz. Dies gelte sogar, wenn der (Alt-)Vertrag nur formularvertraglich auf die (alten) gesetzlichen Kündigungsfristen verweist, ggf. auch mit einer Wiedergabe des Gesetzestextes in einer Fußnote.[42]

60 Der **Gesetzgeber** will dagegen nunmehr den Ausschluss des § 573c Abs. 4 bei Altverträgen auf Individualverträge beschränken.[43]

III. Spätere Änderungen des Schuldrechts

61 Das **neue Schuldrecht** gilt gem. Art. 229 § 5 S. 1 grds. (nur) für Verträge, die **nach dem 1.1.2002 entstanden** sind. Gemäß **Art. 229 § 5 S. 2** kann das neue Schuldrecht zudem für **am 1.1.2002 bereits bestehende Miet- oder Pachtverhältnisse** Relevanz erlangen. Der Gesetzgeber wollte verhindern, dass langfristig altes und neues Recht nebeneinander gelten. Insoweit hat der Gesetzgeber den Parteien hier eine **Übergangsfrist** von einem Jahr eingeräumt, damit die Parteien die Möglichkeit haben, sich auf das neue Recht einzustellen. Für am 1.1.2002 bereits bestehende Miet- und Pachtverhältnisse gilt das **neue Recht daher grds. vom 1.1.2003 an**. Zudem wirkt Art. 229 § 3 grds. fort (vgl. hierzu bereits Rn 6).

62 Für die **Verpflichtung zu Schönheitsreparaturen** und sich daraus etwa ergebende Ersatzansprüche z.B. bedeutet dies, dass, ist die vertragliche Verpflichtung wirksam und kommt der Mieter oder Pächter ihr am Ende der Miet- oder Pachtzeit nicht nach, danach zu unterscheiden ist, ob der Miet- oder Pachtvertrag vor dem 1.1.2002 oder seitdem geschlossen wurde. Wurde der **Vertrag seit dem 1.1.2002 geschlossen**, kommt das neue Schuldrecht, also insb. § 280 ff. BGB zur Anwendung. Datiert der **Vertragsschluss vor dem 1.1.2002**, ist bis zum 31.12.2002 grds. das alte Recht, also insb. § 326 BGB a.F. einschlägig. Ab dem 1.1.2003 gilt gem. Art. 229 § 5 S. 2 auch in diesen (Alt-)Fällen grds. das neue Recht.[44]

63 Das **neue Verjährungsrecht** kommt demgegenüber gem. Art. 229 § 6 Abs. 1 bei am 1.1.2002 bestehenden Miet- oder Pachtverträgen grds. schon auf **alle am 1.1.2002 bestehenden Ansprüche** zur Anwendung, soweit

---

38 Vgl. hierzu jüngst AG Dortmund NZM 2004, 96.
39 *Jansen*, NJW 2001, 3151, 3153.
40 So LG Hamburg NJW 2002, 3035; *Jansen*, NJW 2001, 3151, 3153.
41 BGHZ 155, 178, 182 f. = NJW 2003, 2739.
42 BGH NJW 2004, 1447; hierzu auch *Horst*, NJW 2003, 2720; *Koch*, NZM 2004, 1; *Schimmel/Meyer*,
NJW 2004, 1633 sowie daneben *Schmidt-Kessel*, NJW 2003, 3748.
43 Gesetzentwurf (Referentenentwurf) zur Änderung des EGBGB (Altvertragskündigungsfristen), abgedruckt in NZM 2004, 209.
44 Zu Einzelheiten vgl. etwa *Langenberg*, NZM 2002, 972 sowie auch *Emmerich/Sonnenschein/Emmerich*, Miete, 8. Aufl. 2003, § 535 Rn 69 ff.

sie noch nicht verjährt sind (vgl. bereits Rn 7). Dies gilt zunächst für die Verjährung von Ansprüchen i.S.d. § 548 BGB (vgl. bereits Rn 46) und auch i.S.d. § 591b.

Darüber hinaus gilt dies grds. für **alle Ansprüche des Miet- und Pachtrechts**. Hier werden durch die Neuregelungen die Verjährungsfristen weit gehend neu geregelt. Es wird zunehmend Vertragsfreiheit im Verjährungsrecht hergestellt und die meisten Tatbestände der Verjährungsunterbrechung werden durch Hemmungstatbestände ersetzt. Einzelheiten des Übergangs regelt Art. 229 § 6 (vgl. bereits Rn 7 sowie näher Art. 229 § 6 EGBGB Rn 1 ff.).[45]

64

Das **neue Schadensersatzrecht** schließlich kommt gem. Art. 229 § 8 Abs. 1 grds. zur Anwendung, wenn das **schädigende Ereignis nach dem 31.7.2002** eingetreten ist (vgl. bereits Rn 7). Bei der Verpflichtung zu Schönheitsreparaturen am Ende der Miet- oder Pachtzeit etwa kann dies im Hinblick auf § 249 Abs. 2 S. 2 BGB bei der Frage Relevanz erlangen, ob dem Vermieter die in Kostenvoranschlägen ausgewiesene Mehrwertsteuer zusteht.[46]

65

Art. 229 § 4 Übergangsvorschrift zum Zweiten Gesetz zur Änderung reiserechtlicher Vorschriften

(1) [1]Die §§ 651k und 651l des Bürgerlichen Gesetzbuchs sind in ihrer seit dem 1. September 2001 geltenden Fassung nur auf Verträge anzuwenden, die nach diesem Tag geschlossen werden.

(2) [1]Abweichend von § 651k Abs. 2 Satz 1 des Bürgerlichen Gesetzbuchs gelten für die nachfolgenden Zeiträume folgende Haftungshöchstsummen:
1. vom 1. November 1994 bis zum 31. Oktober 1995 70 Millionen Deutsche Mark,
2. vom 1. November 1995 bis zum 31. Oktober 1996 100 Millionen Deutsche Mark,
3. vom 1. November 1996 bis zum 31. Oktober 1997 150 Millionen Deutsche Mark,
4. vom 1. November 1997 bis zum 31. Oktober 2000 200 Millionen Deutsche Mark und
5. vom 1. November 2000 bis zum 1. September 2001 110 Millionen Euro.

Literatur: Eckert, Die Abwicklung von Reisepreiszahlungen an das vermittelnde Reisebüro in der Insolvenz des Reiseveranstalters, RRa 1999, 43; *Führich*, Reiserecht, 4. Auflage 2002, *ders.*, Zur Notwendigkeit der Reform der Insolvenzversicherung für Reiseveranstalter, RRa 1999, 83; *ders.*, Zweite Novelle des Reisevertragsrechts zur Verbesserung der Insolvenzsicherung und der Gastschulaufenthalte, NJW 2001, 3083; *ders.*, Reiserechtliche Besonderheiten des Gastschulaufenthaltes, RRa 2004, 50; *Seyderhelm*, Reiserecht, 1997; *Tonner*, Der Reisevertrag, 4. Auflage 2000; *ders.*, Das Schicksal von Zahlungen des Reisenden an das Reisebüro bei Insolvenz des Reisebüros oder des Reiseveranstalters, RRa 2000, 3; *ders.*, Der Regierungsentwurf eines zweiten Reiserechtsänderungsgesetzes, RRa 2001, 67; *ders.*, Die Insolvenzabsicherung im Pauschalreiserecht und das Zweite Reiserechtsänderungsgesetz, 2002.

A. Allgemeines	1	2. Überprüfung des Sicherungsscheins	11
B. Regelungsgehalt	7	3. Inkassovollmacht	12
I. Anwendung der §§ 651k und 651l BGB (Abs. 1)	7	4. Gastschulaufenthalte	18
1. Einwendungsausschluss	8	II. Haftungshöchstsummen des § 651k Abs. 2 BGB (Abs. 2)	20

A. Allgemeines

Als Übergangsvorschrift für die Anwendung des § 651 k n.F. ist **Art. 229 § 4 EGBGB n.F.** heranzuziehen. Mit § 651k BGB wird Art. 7 der EG-Pauschalreiserichtlinien in deutsches Recht umgesetzt. Damit wird der Reiseveranstalter verpflichtet, im Falle seiner Zahlungsunfähigkeit oder Insolvenz die **Erstattung der von Reisenden gezahlten Beträge** und die **Rückreise** sicherzustellen.

1

Steht nicht fest, ob der Reiseveranstalter zum Zeitpunkt der Rückreise bereits zahlungsunfähig war, bestehen noch keine Ansprüche gegenüber dem Sicherungsgeber.[1]

2

Durch das am 1.10.1979 in Kraft getretene **Reisevertragsgesetz** vom 4.5.1979[2] sind §§ 651a–651l a.F. in das BGB eingefügt worden. Am 13.6.1990 wurde durch den EG-Ministerrat eine **Richtlinie über Pauschalreisen** verabschiedet,[3] welche insbesondere verstärkte Informationspflichten der Reiseveranstalter und den Zwang zur Absicherung des Insolvenzrisikos vorsah. Die Richtlinie war von den Mitgliedstaaten bis zum 31.12.1992

3

---

45 Zu Einzelheiten vgl. etwa *Mansel/Budzikiewicz*, Das neue Verjährungsrecht, 2002, § 3 Rn 9 und § 5 Rn 293 ff.; *Langenberg*, NZM 2002, 972, 976 f.; *Franke*, DWW 2002, 86 ff.
46 Vgl. etwa *Langenberg*, NZM 2002, 972, 976.

1 AG Köln RRa 1999, 119.
2 BGBl I S. 509.
3 BGBl I S. 1322; zum Inhalt der Richtlinie: *Tonner*, EuZW 1990, 409; *Kahn*, NJW 1993, 2647.

in nationales Recht umzusetzen, was neben anderen Mitgliedstaaten auch von Deutschland versäumt wurde. Das **Umsetzungsgesetz** trat erst am 1.11.1994 in Kraft.[4]

4 Die **Umsetzung der Pauschalreiserichtlinie** hat Konsequenzen für die geforderte Insolvenzversicherung der Reiseveranstalter, da **inhaltliche Defizite** der Umsetzung einen Schadensersatzanspruch begründen können.[5]

5 Die Regelung des § 651k Abs. 2 BGB geriet insoweit in die Kritik, als die umzusetzende EG-Pauschalreiserichtlinie keine Haftungsbeschränkung vorsieht.[6] In der ursprünglichen Fassung eines Diskussionsentwurfs für das Zweite Reiserechtsänderungsgesetz griff der Gesetzgeber die Kritik und die bestehenden Bedenken auf und wollte eine **unbeschränkte Haftung** verbindlich machen. Nach einer Anhörung im Dezember 2000 kehrte der Regierungsentwurf jedoch nach Intervention des Bundeswirtschaftsministers zum geltenden Recht zurück. Anlass waren Bedenken der Versicherungswirtschaft, die geforderte unbeschränkte Haftung sei nicht realisierbar und insbesondere nicht rückversicherbar. Damit sieht der Gesetzgeber weiterhin mehr oder weniger bewusst von einer korrekten Umsetzung des Art. 7 der Pauschalreiserichtlinie nach den verbindlichen Vorgaben des EuGH ab mit der Begründung, der EuGH habe ein System mit Deckungshöchstsummen nicht per se für unzulässig erklärt und keineswegs ein System verlangt, das jedes auch nur theoretische Risiko ausschließe, zumal die Sicherungslücke zwar theoretisch, nicht aber faktisch bestehe.[7]

6 Durch das „**Zweite Gesetz zur Änderung reiserechtlicher Vorschriften**"[8] ist § 651k BGB allerdings ergänzt worden durch einen **Einwendungsausschluss** des Versicherers gemäß §§ 334, 651k Abs. 3 S. 2 BGB, eine **Überprüfungspflicht des Sicherungsscheins** durch den Reisevermittler und die **Fiktion der Inkassovollmacht** des Reisevermittlers.

B. Regelungsgehalt

I. Anwendung der §§ 651k und 651l BGB (Abs. 1)

7 Nach Abs. 1 gelten §§ 651k und 651l BGB in ihrer seit dem 1.9.2001 geltenden Fassung nur für Verträge, die nach diesem Tag geschlossen wurden.

8 **1. Einwendungsausschluss.** Der Einwendungsausschluss des Versicherers ist normiert in **§ 651k Abs. 3 S. 2 BGB n.F.** i.V.m. § 334 BGB. Die Formulierung ist dabei an den gleich gelagerten Fall des § 158c VVG angelehnt.

9 Mit der Regelung des § 651k Abs. 3 S. 2 BGB wird klargestellt, dass Einwendungen des Kundengeldabsicherers wie eine Nichtzahlung der Prämie oder eine Obliegenheitsverletzung des Veranstalters dem Reisenden nicht entgegengehalten werden können. Zudem wird der Verbraucherschutz für den Fall gestärkt, dass ein Kundengeldabsicherer einen bestehenden Insolvenzschutz, gleich, aus welchen Gründen, kündigt, da sich dieser nicht darauf berufen kann, der Sicherungsschein sei nach Beendigung des Kundengeldabsicherungsvertrages ausgestellt worden. Der Reisende soll damit vor der Gefahr geschützt werden, dass insolvenzgefährdete Reiseveranstalter unberechtigt weiterhin Sicherungsscheine aushändigen, obwohl der Versicherungsvertrag tatsächlich nicht mehr besteht.

10 Der den Reisenden schützende **Insolvenzabsicherungsvertrag** muss zwischen Reiseveranstalter und Versicherer abgeschlossen werden. Dieser Vertrag ist nach allgemeiner Meinung ein Vertrag zugunsten Dritter gemäß § 328 BGB. Damit wird aber auch § 334 BGB anwendbar, der dem Versicherer erlauben würde, Einwendungen aus dem Vertrag mit dem Reiseveranstalter dem Reisenden entgegenzuhalten. Dieses Ergebnis konnte mit Art. 7 der EG-Pauschalreiserichtlinie nicht vereinbar sein, da der Reisende in diesem Fall schutzlos wäre. Es wurde daher bislang davon ausgegangen, dass § 334 BGB im Versicherungsvertrag stillschweigend abbedungen sei, um zu einem richtlinienkonformen Ergebnis zu gelangen.[9] Durch die jetzige Klarstellung in § 651k Abs. 3 S. 2 BGB n.F. ist diese Fiktion nicht mehr erforderlich. Allerdings greift die Vorschrift nicht, wenn der Reiseveranstalter es unterlässt, einen Absicherungsvertrag abzuschließen.

11 **2. Überprüfung des Sicherungsscheins.** Nach § 651k Abs. 3 S. 4 BGB n.F. muss der Reisevermittler, der den Sicherungsschein aushändigt, diesen auf seine **Gültigkeit** hin überprüfen. Verletzt er diese Pflicht und erlangt der Reisende infolgedessen keinen Anspruch gegen den Absicherer, ist der Reisevermittler dem Reisenden aus pVV des Geschäftsbesorgungsvertrages zum Schadenersatz verpflichtet, welcher auf Rückzahlung des gezahlten Reisepreises bzw. auf Zahlung des Ausfallschadens des Reisenden gerichtet ist.

---

4 BGBl I S. 1322.
5 „Rechberger"-Urteil des EuGH NJW 1999, 3181 = RRa 1999, 227.
6 *Führich*, Reiserecht, § 651k Rn 462; *Seyderhelm*, § 651k Rn 19; *Tonner*, Reisevertrag, § 651k Rn 6.

7 Begr. BT-Drucks 14/5944, S. 11.
8 BGBl I S. 1658, auch RRa 2001, 192.
9 *Führich*, Reiserecht, § 16 Rn 462; *Seyderhelm*, § 651k Rn 24; *Tonner*, Reisevertrag, § 651k Rn 13; a.A. *Tempel*, RRa 1998, 19, 30: Garantievertrag.

Diese Sanktion erweist sich als effektiv, da der Vermittler von der Insolvenz des Reiseveranstalters in aller Regel nicht betroffen ist.[10] Geregelt werden die Anforderungen an einen Sicherungsschein in **§ 9 BGB-InfoV n.F.**

3. Inkassovollmacht. Wird der Reisepreis über das Reisebüro eingezogen und wird dieses zwischen der Zahlung durch den Kunden und der Weiterleitung an den Reiseveranstalter insolvent, entsteht das Problem, ob der Kunde ein zweites Mal zahlen muss, um in den Genuss der gebuchten Reise zu gelangen, oder ob der Reiseveranstalter die Reiseleistungen erbringen muss, ohne eine werthaltige Gegenleistung zu erhalten.[11] Der Reiseveranstalter musste sich dies nach bisheriger Rechtslage nur dann zurechnen lassen, wenn das Reisebüro Inkassovollmacht hatte.[12] Ansonsten konnte er noch einmal die Bezahlung des Reisepreises verlangen. Allein aus der Reisevermittlung war nicht auf eine Inkassovollmacht schließen.[13]

Mit **§ 651k Abs. 4 BGB n.F.** ist klargestellt worden, dass ein Reisevermittler als von dem Reiseveranstalter zur Annahme von Zahlungen ermächtigt gilt, wenn er mit der Vermittlung betraut und die Annahme von Zahlungen nicht ausdrücklich ausgeschlossen ist. Dabei handelt es sich um eine gesetzliche **Fiktion der Inkassovollmacht**. Die Regel des § 97 HGB, nach welcher der Handelsvertreter im Zweifel keine Inkassovollmacht hat, wird verdrängt.[14]

Die gesetzliche **Fiktion der Inkassovollmacht gilt nicht**, wenn der Reiseveranstalter gemäß § 651k Abs. 4 S. 4 BGB die Einnahme von Zahlungen entsprechend § 56 HGB **in hervorgehobener Form** gegenüber dem Reisebüro ausgeschlossen hat. Dazu ist eine Klausel in der allgemeinen Reisebedingungen nicht ausreichend, sondern ein klarer Hinweis in der Reisebestätigung erforderlich.[15]

Der Reiseveranstalter muss sich die Zahlung auch nur dann zurechnen lassen, wenn er überhaupt den **Rechtsschein einer Inkassovollmacht** verursacht hat, etwa durch Übergabe eines Sicherungsscheins. Steht der Reiseveranstalter allerdings in keinerlei Geschäftsbeziehung zu dem Reisevermittler, so dass dieser nicht in der Lage ist, dem Kunden einen Sicherungsschein zu verschaffen oder noch anderweitig einen Anschein der Bevollmächtigung zu erwecken, soll der Kunde nicht schutzwürdig sein.

Der bösgläubige Kunde, der eine Beschränkung der Inkassobefugnis kennt oder kennen muss, wird allerdings nicht geschützt.

Der bei Insolvenz des Reiseveranstalters entstehende Ansprüche entfallen nicht dadurch, dass der Reisepreis durch das Reisebüro nicht an den Veranstalter weitergeleitet wurde.[16] Hat ein Reisebüro als Handelsvertreter und Inkassobevollmächtigter des Reiseveranstalters Anzahlungen unter Beachtung des § 651k BGB eingezogen, schuldet es dem Reiseveranstalter auch im Falle der Insolvenz des Reiseveranstalters Schadensersatz, wenn es die Anzahlungen vertragswidrig dem Reisenden zurückerstattet oder für von diesem anderweitig gebuchte Reisen verwendet.[17]

4. Gastschulaufenthalte. § 651l BGB n.F. ist eingefügt worden als besondere Vorschrift über Gastschulaufenthalte. Auslöser für die Einbeziehung war ein Urteil des EuGH zu der Frage, ob eine Schülerreise, bei der die Beförderung ins Gastland, die Auswahl der Gastfamilie sowie die Möglichkeit eines Schulbesuches organisiert wurden, als Pauschalreise im Sinne der Richtlinie qualifiziert werden kann.[18] Danach erfüllt zwar die Organisation der Beförderung mit Linienflügen das Tatbestandsmerkmal der „Beförderung" im Sinne von Art. 2 Nr. 1a der Richtlinie, der Aufenthalt eines Schülers in einer Gastfamilie, in der er wie ein Familienmitglied behandelt wird, wird jedoch nicht als Unterbringung im Sinne der Richtlinie angesehen.

In Deutschland wurden die Vorschriften über Pauschalreisen auf einen Schüleraustausch gleichwohl angewendet.[19] Um den meist unerfahrenen Reisenden den Schutz des Pauschalreiserechts nicht zu versagen, ist der Anwendungsbereich auf Gastschulaufenthalte durch § 651l BGB n.F. gesetzlich festgelegt worden.

---

10 *Führich*, Reiserecht, § 16 Rn 465.
11 LG Aachen NJW-RR 1999, 1005; LG Hamburg RRa 2000, 123; LG Frankfurt/M. RRa 2000, 153; AG Düsseldorf RRa 1999, 177; 2000, 101; 2000, 153.
12 LG Essen RRa 1993, 12; LG Frankfurt/M. RRa 1994, 82.
13 LG Frankfurt/M. RRa 1994, 82; LG Düsseldorf RRa 1999, 176; 1999, 215.
14 Begr. BT-Drucks 14/5944, S. 12.
15 Begr. BT-Drucks 14/5944, S. 13.
16 LG Aachen RRa 1999, 72.
17 BGH RRa 2003, 7.
18 „AFS"-Urteil des EuGH EuZW 1999, 219 = RRa 1999, 132.
19 OLG Köln RRa 2001, 3; LG Düsseldorf RRa 2001.

II. Haftungshöchstsummen des § 651k Abs. 2 BGB (Abs. 2)

20 Mit Abs. 2 sind die Haftungshöchstsummen des § 651k Abs. 2 BGB gestaffelt worden. Ab dem 1. September 2001 beziffern sich die Haftungshöchstbeträge auf 110.000 EUR.

Art. 229 § 5 Allgemeine Überleitungsvorschrift zum Gesetz zur Modernisierung des Schuldrechts vom 26. November 2001

[1]Auf Schuldverhältnisse, die vor dem 1. Januar 2002 entstanden sind, sind das Bürgerliche Gesetzbuch, das AGB-Gesetz, das Handelsgesetzbuch, das Verbraucherkreditgesetz, das Fernabsatzgesetz, das Fernunterrichtsschutzgesetz, das Gesetz über den Widerruf von Haustürgeschäften und ähnlichen Geschäften, das Teilzeit-Wohnrechtegesetz, die Verordnung über Kundeninformationspflichten, die Verordnung über Informationspflichten von Reiseveranstaltern und die Verordnung betreffend die Hauptmängel und Gewährfristen beim Viehhandel, soweit nicht ein anderes bestimmt ist, in der bis zu diesem Tag geltenden Fassung anzuwenden. [2]Satz 1 gilt für Dauerschuldverhältnisse mit der Maßgabe, dass anstelle der in Satz 1 bezeichneten Gesetze vom 1. Januar 2003 an nur das Bürgerliche Gesetzbuch, das Handelsgesetzbuch, das Fernunterrichtsschutzgesetz und die Verordnung über Informationspflichten nach bürgerlichem Recht in der dann geltenden Fassung anzuwenden sind.

Literatur: *Armbrüster/Wiese*, Die Folgen der Schuldrechtsreform für vor dem 1.1.2002 begründete Dauerschuldverhältnisse, DStR 2003, 334; *Brambring*, Schuldrechtsreform und Grundstückskaufvertrag, DNotZ 2001, 590; *Heinrichs*, Das neue AGB-Recht und seine Bedeutung für das Mietverhältnis, NZM 2003, 6; *Hertel*, Vorwirkungen des neuen Schuldrechts auf notarielle Angebote, DNotZ 2001, 742; *ders.*, in: Amann/Brambring/Hertel (Hrsg.), Vertragspraxis nach neuem Schuldrecht, 2. Auflage 2003, 415 (zitiert: Hertel); *Heß*, Das neue Schuldrecht – In-Kraft-Treten und Übergangsregelungen, NJW 2002, 253; *ders.*, Die Übergangsregelungen zum Schuldrechtsmodernisierungsgesetz, DStR 2002, 455; *Kirsch*, Schuldrechtsreform und Unternehmen – Umstellungen bei Langzeitverträgen, NJW 2002, 2520; *Ziegler/Rieder*, Vertragsgestaltung und Vertragsanpassung nach dem Schuldrechtsmodernisierungsgesetz, ZIP 2001, 1789.

A. Allgemeines 1	1. Verträge 26
B. Regelungsgehalt 5	a) Grundsatz: Angebot und Annahme .. 26
I. Anwendungsbereich (S. 1 und 2) ... 5	b) Bedingung/Befristung 30
1. Sachlicher Anwendungsbereich 5	c) Optionsvertrag 31
2. Abdingbarkeit 8	d) Genehmigungsbedürftigkeit 32
a) Intertemporale oder materiellrechtliche Verweisung, Nichtigkeit 9	e) Vorvertrag 39
b) Vereinbarung neuen Rechts 10	2. Gesetzliche Schuldverhältnisse 40
aa) Zulässigkeit einer intertemporalen kollisionsrechtlichen Wahl 10	III. Rechtsfolgen (S. 1) 47
	1. Anwendbares Recht 47
bb) Vornahme der Rechtswahl 16	2. Reichweite 50
cc) Rückwirkung 17	a) Wirksamkeit, Inhalt und Abwicklung des Schuldverhältnisses 50
c) Vereinbarung alten Rechts 19	b) Nachträgliche Änderungen 51
aa) Unzulässigkeit einer intertemporalen kollisionsrechtlichen Wahl 19	3. Dauerschuldverhältnisse 53
	a) Verschiebung des Überleitungszeitpunkts 53
bb) Materiellrechtliche Verweisung . 21	b) Begriff des Dauerschuldverhältnisses . 55
II. Voraussetzungen der Fortgeltung alten Rechts (S. 1) 23	c) Rahmenverträge 57
	d) Anwendbares Recht 58

A. Allgemeines*

1 Art. 229 § 5 bestimmt als intertemporales Kollisionsrecht[1] den zeitlichen Geltungsbereich der durch das SchuldRModG geänderten Vorschriften. Die **allgemeine Überleitungsvorschrift** sieht in S. 1 vor, dass trotz In-Kraft-Tretens der Neuregelungen am 1.1.2002[2] auf Schuldverhältnisse, die vor diesem Datum entstanden sind, das BGB sowie die in der Vorschrift genannten Sondergesetze in der bis zum 31.12.2001 geltenden Fassung weiterhin Anwendung finden. Die Regelung übernimmt damit den bereits in Art. 170 und Art. 232 § 1 für das In-Kraft-Treten des BGB im Jahr 1900 bzw. für das In-Kraft-Treten des Einigungsvertrages zugrunde gelegten allgemeinen Rechtsgedanken, nach welchem ein Rechtsverhältnis nur dem im Zeitpunkt

---

* Die erste Bearbeitung der Kommentierung des Art. 229 § 5 durch Prof. Dr. Mansel erschien im Dezember 2001 in Dauner-Lieb/Heidel/Lepa/Ring (Hrsg.), AnwK-SchuldR, 2002.

[1] Allgemein hierzu *Heß*, Intertemporales Privatrecht, 1998; *Strohbach*, in: Jayme/Furtak (Hrsg.), 1991, S. 131 ff.

[2] Art. 9 Abs. 1 S. 3 SchuldRModG.

seiner Entstehung gültigen Recht unterfällt.[3] Erfolgt eine Gesetzesänderung, nachdem ein Tatbestand bereits vollständig abgeschlossen ist, besitzen die Neuregelungen grundsätzlich keine rückwirkende Kraft, sofern der Gesetzgeber die Rückwirkung nicht ausdrücklich anordnet (vgl. hierzu auch Art. 229 § 6 Rn 53).[4]

Weniger restriktiv als die Fälle derartiger echter Rückwirkung werden jene der unechten Rückwirkung beurteilt. Eine solche liegt vor, wenn infolge der Änderung des Gesetzes die betreffenden Neuregelungen nicht nur für künftige Rechtsbeziehungen Wirkung entfalten, sondern mit dem In-Kraft-Treten der Reform *ex nunc* auch auf noch nicht abgeschlossene Tatbestände Anwendung finden sollen.[5] Eine derartige Anordnung ist in S. 2 für **Dauerschuldverhältnisse** vorgesehen.[6] Diese werden neuem Recht unterstellt, selbst wenn sie vor dem 1.1.2002 entstanden sind. Dadurch soll verhindert werden, dass auf unbestimmte Zeit altes und neues Recht parallel heranzuziehen ist.[7] Um den Parteien jedoch die Möglichkeit zu geben, ihre Verträge an die geänderten Regelungen anzupassen, finden in diesen Fällen die Neuerungen des SchuldRModG erst ab dem 1.1.2003 Anwendung (vgl. hierzu auch Rn 53 f., 58 ff.).

Aus dem Umstand des In-Kraft-Tretens des SchuldRModG am 1.1.2002 sowie aus S. 1 im Gegenschluss folgt, dass für **Schuldverhältnisse, die nach dem 31.12.2001 entstanden** sind, ausschließlich neues Recht zur Anwendung kommt (zur Möglichkeit der materiellrechtlichen Verweisung auf altes Recht siehe Rn 21 f.). Dies gilt auch für Dauerschuldverhältnisse.[8] Zwar ist deren Überleitung in S. 2 grundsätzlich einer gesonderten Regelung unterworfen; auch diese betrifft jedoch nur solche Rechtsverhältnisse, die noch vor dem 1.1.2002 zur Entstehung gelangt sind, nicht aber jene, die zwischen dem 31.12.2001 und dem 1.1.2003 entstanden sind. Dies resultiert aus der Konzeption des S. 2, nach der hinsichtlich der Bestimmung der von der Überleitung gem. S. 2 erfassten Dauerschuldverhältnisse auf die Regelung in S. 1 verwiesen wird. Nach dem 31.12.2001 begründete Dauerschuldverhältnisse unterfallen daher, nicht anders als jene Rechtsverhältnisse, die auf einen einmaligen Leistungsaustausch gerichtet sind, dem neuen Recht.

Keine Anwendung findet die Überleitung nach S. 1, wenn die Parteien die Norm wirksam abbedungen haben (siehe hierzu Rn 8 ff.) oder aber eine speziellere Regelung eingreift. Derartige Sondervorschriften finden sich in S. 2 (für Dauerschuldverhältnisse), in Bezug auf die Neuregelung des **Verjährungsrechts** und hinsichtlich der **Zinsvorschriften**.[9] Diese unterliegen in Art. 229 § 6 (Verjährungsrecht) und Art. 229 § 7 (Zinsvorschriften) einer eigenen Übergangsregelung (s. die dortigen Kommentierungen).

Zu dem Verhältnis von Art. 229 § 5 S. 1 und S. 2 zu älteren und jüngeren Übergangsvorschriften siehe Rn 49, 62 ff.

---

3 Dass die Artt. 170, 232 § 1 einen allgemeinen Rechtsgedanken zum Ausdruck bringen, ist allg.M.: BGHZ 10, 391, 394; 44, 192, 194; BAG NZA 2004, 597, 600 m.w.N.; Palandt/*Heinrichs*, Art. 232 § 1 EGBGB Rn 1; MüKo/*Heinrichs*, Art. 170 EGBGB Rn 4; Art. 232 § 1 EGBGB Rn 1; Staudinger/*Rauscher*, Art. 232 § 1 EGBGB Rn 1; Staudinger/*Kanzleitner/Hönle*, Art. 170 EGBGB Rn 1, 4; Soergel/*Hartmann*, Art. 170 EGBGB Rn 1; Art. 232 § 1 EGBGB Rn 1; *Hertel*, DNotZ 2001, 742, 743.

4 Vgl. hierzu MüKo/*Heinrichs*, Art. 170 EGBGB Rn 7; Staudinger/*Kanzleitner/Hönle*, Art. 170 EGBGB Rn 4.

5 MüKo/*Heinrichs*, Art. 170 EGBGB Rn 8 m.w.N.

6 Zur Einordnung des S. 2 als unechte Rückwirkung vgl. *Armbrüster/Wiese*, DStR 2003, 334; *Heinrichs*, NZM 2003, 6, 8.

7 BT-Drucks 14/6040, S. 273.

8 Staudinger/*Löwisch*, Art. 229 § 5 EGBGB Rn 32; speziell für Miet- und Pachtverträge: AnwK-BGB/*Klein-Blenkers*, Art. 229 § 3 EGBGB Rn 6, 62. Vgl. auch LAG Frankfurt, Urt. v. 25.4.2003–17 Sa 1723/02 JURIS-Dok.-Nr. KARE600008426; LAG Hamm NZA 2003, 499, 500; im Erg. ebenso Henssler/von Westphalen/*Bereska*, Praxis der Schuldrechtsreform, 2. Aufl., 2003, Art. 229 § 5 EGBGB Rn 15.

9 BT-Drucks 14/6040, S. 273; vgl. auch *Wiek*, WuM 2004, 407, 408, der darauf hinweist, dass die Formulierung in S. 1 „soweit nicht ein anderes bestimmt ist" lediglich die speziellere Überleitung für Verjährungs- und Zinsregelungen in Art. 229 §§ 6 und 7 erfasst, nicht jedoch andere Übergangsregelungen des EGBGB wie jene, die anlässlich der Mietrechtsreform in Art. 229 § 3 eingefügt wurde. A.A. *Armbrüster/Wiese*, DStR 2003, 334, 339 (die in S. 1 a.E. formulierte Ausnahmeklausel gilt auch für Dauerschuldverhältnisse mit der Konsequenz, dass neben Art. 229 §§ 6 und 7 auch andere Überleitungsvorschriften, insb. bzw. Art. 229 § 3, der Regelung in S. 2 vorgehen); ebenso *Lützenkirchen*, ZMR 2004, 323; *Maciejewski*, MM 2004, 165; wohl auch Staudinger/*Löwisch*, Art. 229 § 5 EGBGB Rn 8; Erman/*Schmidt-Räntsch*, Anh. Einl. § 241 (Art. 229 § 5) Rn 10, die allg. feststellen, dass der Regelung des S. 1 auch ältere Überleitungsvorschriften vorgehen können. Zu der Frage des Vorrangs des Art. 229 § 3 Abs. 10 vor Art. 229 § 5 S. 2 vgl. auch Rn 62.

B. Regelungsgehalt

I. Anwendungsbereich (S. 1 und 2)

1. Sachlicher Anwendungsbereich. Die Vorschrift des Art. 229 § 5 bezieht sich zunächst auf alle **zivilrechtlichen Schuldverhältnisse**, unabhängig von dem Grund ihrer Entstehung und der Dauer der Bindung. Erfasst sind rechtsgeschäftliche (insb. vertragliche; siehe Rn 26 ff.) ebenso wie auf Gesetz beruhende Schuldverhältnisse (z.B. aus c.i.c. bzw. § 311 Abs. 2 BGB, GoA, Delikt oder ungerechtfertigter Bereicherung; siehe hierzu Rn 40 ff.), mehrseitige ebenso wie einseitig begründete Rechtsverhältnisse (z.B. Auslobung,[10] Vermächtnis,[11] vgl. § 657 BGB und §§ 1939, 2174 BGB).[12] Die allgemeine Regelung des S. 1 differenziert zudem nicht zwischen Schuldverhältnissen, die auf einen einmaligen Leistungsaustausch gerichtet sind, und Dauerschuldverhältnissen (zu diesem Begriff siehe auch Rn 55 f.). Beide Formen werden, sofern sie noch vor dem 1.1.2002 entstanden sind, zunächst gem. S. 1 auch nach dem 31.12.2001 weiterhin altem Recht unterstellt. Für Dauerschuldverhältnisse grenzt S. 2 die Anwendbarkeit der alten Regelungen dann allerdings auf ein Jahr nach In-Kraft-Treten des SchuldRModG ein (näher Rn 53 f., 58 ff.).

Bedeutung besitzt die Überleitungsregelung des Art. 229 § 5 nicht nur für das 2. Buch des BGB, sondern auch für **sachenrechtliche** (z.B. Eigentümer-Besitzer-Verhältnis,[13] §§ 987 ff. BGB), **familienrechtliche**[14] (z.B. Unterhaltsansprüche, §§ 1360 ff., 1569 ff., 1601 ff. BGB) oder **erbrechtliche Tatbestände**[15] (z.B. Vermächtnis, vgl. §§ 1939, 2174 BGB oder Pflichtteilsansprüche, §§ 2303 ff. BGB), sofern das allgemeine Schuldrecht auf diese Anwendung findet.[16] Gleiches gilt im Hinblick auf zivilrechtliche Schuldverhältnisse, die in **Sondergesetzen** (z.B. HGB,[17] VerlG etc.) geregelt sind. Unterfallen diese nicht einer den Vorschriften der §§ 241 ff. BGB vorgehenden spezielleren Regelung, ist der allgemeine Teil des Schuldrechts entsprechend heranzuziehen.[18] Soweit von dieser Verweisung auch Vorschriften betroffen sind, die durch das SchuldRModG eingefügt bzw. novelliert wurden, beantwortet sich die Frage der Überleitung nach Art. 229 § 5.[19]

Neben zivilrechtlichen können auch **öffentlich-rechtliche Schuldverhältnisse** von der Übergangsregelung des Art. 229 § 5 betroffen sein, sofern die §§ 241 ff. BGB auf diese entsprechend zur Anwendung gebracht werden.[20] Für öffentlich-rechtliche Verträge ist die ergänzende Geltung der Vorschriften des BGB in § 62 S. 2

---

10 Vgl. zur Überleitung der Auslobung sowie zum Stiftungsgeschäft (§§ 80 ff. BGB) auch Staudinger/*Löwisch*, Art. 229 § 5 EGBGB Rn 16.
11 Vgl. zur Überleitung des Vermächtnisses Staudinger/*Löwisch*, Art. 229 § 5 EGBGB Rn 22.
12 AnwK-SchuldR/*Mansel*, Art. 229 § 5 EGBGB Rn 5.
13 Vgl. zur Überleitung des Eigentümer-Besitzer-Verhältnisses Erman/*Schmidt-Räntsch*, Anh. Einl. § 241 (Art. 229 § 5) Rn 6.
14 Vgl. zur Überleitung familienrechtlicher Schuldverhältnisse (konkret zum Unterhalt) Staudinger/*Löwisch*, Art. 229 § 5 EGBGB Rn 21.
15 Vgl. zur Überleitung erbrechtlicher Schuldverhältnisse Staudinger/*Löwisch*, Art. 229 § 5 EGBGB Rn 22.
16 Staudinger/*Löwisch*, Art. 229 § 5 EGBGB Rn 5.
17 Zum Entstehungszeitpunkt des Schuldverhältnisses im Fall einer Spezifizierung nach § 375 HGB vgl. Staudinger/*Löwisch*, Art. 229 § 5 EGBGB Rn 15.
18 Palandt/*Heinrichs*, Einl. vor § 241 Rn 6; Jauernig/*Mansel*, vor § 241 Rn 6.
19 A.A. wohl Staudinger/*Löwisch*, Art. 229 § 5 EGBGB Rn 5, der zu bedenken gibt, dass die Verweisung auf die Bestimmungen des allgemeinen Schuldrechts in Sondergesetzen auch künftig ohne Ansehung des Art. 229 § 5 als eine solche auf den alten Rechtszustand zu verstehen sein könnte. Soweit damit für eine statische Verweisung auf die Regelungen des BGB in der bis zum 31.12.2001 gültigen Fassung votiert werden sollte, kann dem jedoch nicht gefolgt werden. Die durch das SchuldRModG novellierten Vorschriften können nur noch in dem Umfang nach dem 31.12.2001 zur Anwendung gebracht werden, der durch Art. 229 § 5 vorgegeben ist. Im Übrigen sind die Bestimmungen außer Kraft gesetzt und können auch den außerhalb des BGB geregelten Schuldverhältnissen nicht mehr zugrunde gelegt werden. Sollten sich im Einzelfall die schuldrechtlichen Neuregelungen als für die Zwecke des Sondergesetzes unpassend erweisen, ist durch Auslegung zu ermitteln, wie diese Lücke zu schließen ist. Fehlt es an einer analogiefähigen Vorschrift, muss im Wege einer umfassenden Interessen- und Normzweckanalyse durch Rechtsfortbildung eine interessengerechte Lösung entwickelt werden. Zu dem parallelen Problem der Anwendbarkeit des novellierten Verjährungsrechts auf außerhalb des BGB geregelte Ansprüche vgl. § 194 BGB Rn 10 ff.
20 Vgl. Staudinger/*Löwisch*, Art. 229 § 5 EGBGB Rn 5, der allerdings die Anwendbarkeit des Art. 229 § 5 nicht allg. aus der subsidiären Geltung auch des neuen Schuldrechts im öffentlichen Recht ableitet, sondern eine Verweisung des öffentlichen Rechts auf die Regelung des Art. 229 § 5 verlangt, um diese heranziehen zu können. Die Anwendbarkeit der Übergangsregelung resultiert jedoch nicht aus einem abstrakten (ausdrücklichen oder impliziten) Verweis auf Art. 229 § 5, sondern ergibt sich erst nachgelagert aus dem In-Kraft-Treten des neuen materiellen Rechts für Schuldverhältnisse, sei es inner- oder außerhalb des BGB. Erst wenn feststeht, dass ein Schuldverhältnis grds. neuem Recht unterfallen kann, stellt sich die Frage der Überleitung und damit auch der Anwendbarkeit des Art. 229 § 5.

VwVfG sowie in den entsprechenden Landesgesetzen[21] explizit normiert.[22] Als Ausdruck eines allgemeinen Rechtsgedankens kommt die Heranziehung der Regeln des allgemeinen Schuldrechts aber auch bei anderen Sonderverbindungen des öffentlichen Rechts in Betracht;[23] so etwa bei öffentlich-rechtlichen Benutzungs- und Leistungsverhältnissen der Daseinsvorsorge.[24] Sofern hier nach In-Kraft-Treten des SchuldRModG auf die neuen Vorschriften rekurriert wird, richtet sich deren intertemporale Anwendbarkeit gleichfalls nach Art. 229 § 5.

2. Abdingbarkeit. S. 1 unterstellt alle vor dem 1.1.2002 entstandenen Schuldverhältnisse grundsätzlich den Regelungen, die bis zum 31.12.2001 gegolten haben, es sei denn, etwas anderes wurde bestimmt. Ausnahmen in diesem Sinne sehen die als *leges speciales* dem S. 1 vorgehenden Vorschriften in S. 2 sowie in Art. 229 §§ 6 und 7 vor (vgl. Rn 4). Darüber hinaus können aber auch parteiautonome Abweichungen in gewissem Maße der Überleitung nach S. 1 vorgehen. Dies gilt grds. sowohl für die Abbedingung alten und die Wahl neuen Rechts als auch für den umgekehrten Fall. Allerdings ist die Vereinbarung neuen Rechts in wesentlich weiterem Umfang zulässig (Rn 10 ff.) als die von Art. 229 § 5 abweichende Wahl des alten Rechts (Rn 19 ff.). 8

a) Intertemporale oder materiellrechtliche Verweisung, Nichtigkeit. Sofern die Parteien im Rahmen der allgemeinen Vertragsfreiheit (§ 311 Abs. 1 BGB) statt des nach Art. 229 § 5 anwendbaren alten Rechts die Anwendung neuen Rechts vereinbaren wollen, ist zunächst zu klären, ob dadurch nur im Rahmen des dispositiven Rechts die dispositiven Normen des alten Rechts durch das neue Recht ersetzt werden können (**materiellrechtliche Verweisung**) oder ob auch die Möglichkeit besteht, insgesamt das alte Recht einschließlich seiner zwingenden Vorschriften durch das neue Recht umfassend zu substituieren (**kollisionsrechtliche Verweisung**, intertemporale kollisionsrechtliche Rechtswahl[25]). Dieselbe Frage stellt sich umgekehrt, wenn statt des anwendbaren neuen Rechts (vgl. hierzu Rn 3) die Anwendung alten Rechts vereinbart werden sollte. In beiden Fällen, d.h. sowohl hinsichtlich der Wahl neuen als auch der Vereinbarung alten Rechts, wäre eine Abbedingung auch des anwendbaren zwingenden Rechts und seine Ersetzung durch das nach den Überleitungsvorschriften intertemporal nicht anzuwendende Recht nur dann möglich, wenn der Gesetzgeber abweichend von Art. 229 § 5 eine intertemporale kollisionsrechtliche Rechtswahl zuließe. Sollte dies nicht der Fall sein, wäre die Parteivereinbarung gem. § 134 BGB nichtig, da zwingende Rechtsvorschriften Verbotsgesetze sind.[26] Zur Anwendung käme dann das nach Art. 229 § 5 gesetzlich zur Anwendung berufene Recht. Im Einzelfall kann eine nichtige intertemporale kollisionsrechtliche Rechtswahl der Parteien auch nach § 140 BGB in eine materiellrechtliche umgedeutet werden,[27] sofern dies dem Parteiwillen entspricht. Im Zweifel wird anzunehmen sein, dass der Parteiwille auf eine ersatzweise materiellrechtliche Rechtswahl gerichtet ist. 9

b) Vereinbarung neuen Rechts. aa) Zulässigkeit einer intertemporalen kollisionsrechtlichen Wahl. Eine kollisionsrechtliche intertemporale Wahl des neuen Rechts an Stelle des kraft gesetzlicher Anordnung anwendbaren alten Rechts ist zulässig. Die **Überleitungsvorschrift** ist nach einhelliger Ansicht in dem Sinne **dispositiv**, als die Parteien abweichend von der Regelung des S. 1 die Geltung neuen Rechts – einschließlich der Ersetzung des alten zwingenden Rechts durch das neue zwingende Recht – auch für solche Schuldverhältnisse vereinbaren können, die vor dem 1.1.2002 entstanden sind (Altschuldverhältnisse; s. näher Rn 14).[28] Entsprechendes gilt in Bezug auf **Dauerschuldverhältnisse**, sofern diese abweichend von 10

---

21 S. zu der Annahme einer dynamischen Verweisung in § 62 VwVfG auch *Guckelberger*, Die Verjährung im Öffentlichen Recht, 2004, S. 617 f. (dort insb. zu den Vorschriften des Verjährungsrechts). Soweit die dem § 62 S. 2 VwVfG entsprechenden Regelungen der Landesgesetze auf die Vorschriften des BGB verweisen, hält *Guckelberger* diese allerdings für verfassungswidrig und votiert für die Fortgeltung alten Rechts (a.a.O., S. 634 f.).
22 Vgl. hinsichtlich der anwendbaren Normen des BGB die Bsp. bei *Kopp/Ramsauer*, VwVfG, 8. Aufl. 2003, § 62 Rn 8 f., die ohne weitere Begründung davon ausgehen, dass nach In-Kraft-Treten des SchuldRModG die Verweisung auf die Vorschriften des BGB als eine solche auf neues Recht zu verstehen ist.
23 BGHZ 21, 214, 218; 59, 303, 305; 135, 341, 344; st. Rspr.
24 BGHZ 135, 341, 344; Jauernig/*Mansel*, vor § 241 Rn 9; weitere Bsp. schuldrechtsähnlicher Sonderverbindungen im öffentlichen Recht finden sich bei Palandt/*Heinrichs*, § 280 Rn 11.
25 Zu den Begriffen der kollisionsrechtlichen oder materiellrechtlichen Rechtswahl s. *Kegel/Schurig*, S. 654 f.
26 Vgl. *Herb*, FamRZ 1988, 123, 126; anders *Heß*, Intertemporales Privatrecht, 1998, S. 381, der auf einen Verstoß gegen den intertemporalen *ordre public* abstellt.
27 Im Einzelfall mag auch ein Fall der Teilnichtigkeit (Nichtigkeit der kollisionsrechtlichen Wirksamkeit der materiellrechtlichen Verweisung nach § 139 BGB) gegeben sein.
28 Ebenso Palandt/*Heinrichs*, Art. 229 § 5 EGBGB Rn 2; *Heß*, NJW 2002, 253, 255; Staudinger/*Löwisch*, Art. 229 § 5 EGBGB Rn 47; Erman/*Schmidt-Räntsch*, Anh. Einl. § 241 (Art. 229

der in S. 2 vorgesehenen Übergangsfrist schon vor dem 1.1.2003 den neuen Regelungen unterstellt werden sollen.

11 Die Zulässigkeit einer solchen intertemporalen kollisionsrechtlichen Wahl des neuen Rechts, die zur **vollständigen Ersetzung des alten durch das neue Recht** einschließlich der zwingenden Rechtsnormen führt, ist jedoch weder im Gesetz statuiert noch äußert sich der Gesetzgeber hierzu in der Begründung[29] bzw. ergibt sich ihre Zulässigkeit indirekt aus Art. 229 § 5.[30] Zwar hat der Gesetzgeber für Dauerschuldverhältnisse, die gem. S. 2 nach dem 1.1.2003 dem neuen Recht unterstehen sollen, eine einjährige Übergangsfrist vorgesehen, innerhalb derer die Parteien das Dauerschuldverhältnis an das veränderte Recht anpassen können.[31] Die Regelung enthält jedoch keine verallgemeinerungsfähige Aussage dahin gehend, dass eine intertemporale kollisionsrechtliche Rechtswahl grundsätzlich zulässig sein soll. Vielmehr trägt sie nur der besonderen Situation Rechnung, in der sich die Parteien eines Dauerschuldverhältnisses befinden.

12 Die Befugnis nach S. 2, Anpassungen an das neue Recht vornehmen zu können, hat zur Folge, dass umfassende Neuregelungen des **Dauerschuldverhältnisses** auf der Grundlage des neuen Rechts schon vor dem 1.1.2003 wirksam werden können. Danach haben die Parteien nicht nur das Recht, das Dauerschuldverhältnis mit Wirkung zum 1.1.2003 dem neuen Recht anzupassen; vielmehr können sie es bereits vor dem Stichtag ab einem von ihnen gewählten Zeitpunkt als Ganzes dem neuen Recht unterstellen. Durch eine solche Abrede wird das nach S. 1 eigentlich weiter anwendbare bisherige zwingende Recht durch das neue Recht umfassend verdrängt. Diese intertemporale kollisionsrechtliche Rechtswahl sieht der Gesetzgeber jedoch lediglich für Altdauerschuldverhältnisse und nur für die Zeit zwischen dem 31.12.2001 und dem 1.1.2003 vor (siehe Rn 53 f.). Den Parteien soll durch die zeitliche Verschiebung in S. 2 ein Privileg gewährt werden, das diese annehmen können, aber nicht annehmen müssen. Entscheiden sie sich gegen den angebotenen Zeitaufschub, ist das zulässig. Jedoch haben diese Möglichkeit ausschließlich die Vertragspartner eines Dauerschuldverhältnisses. Eine darüber hinausgehende allgemeine Aussage hat der Gesetzgeber nicht getroffen.

13 Auch der Rückgriff auf die Auslegung der intertemporalen Vorschriften des Art. 170 (In-Kraft-Treten des BGB 1900) und des Art. 232 § 1 (In-Kraft-Treten des BGB im Beitrittsgebiet 1990), an welchen sich Art. 229 § 5 ausrichtet (Rn 1),[32] hilft nicht weiter, da dort die Frage der Zulässigkeit materiellrechtlicher und kollisionsrechtlicher Verweisungen nicht ausreichend geklärt ist. In der vor In-Kraft-Treten des SchuldRModG erschienenen Literatur wurde regelmäßig nicht (ausdrücklich) erörtert, ob eine Wahl des neuen an Stelle des ansonsten anwendbaren alten Rechts unter Abwahl auch des alten zwingenden Rechts und der Ersetzung durch das neue zwingende Recht zulässig ist.[33]

14 Für die Zulässigkeit einer solchen kollisionsrechtlichen Wahl neuen Rechts und damit für die Abdingbarkeit des Art. 229 § 5 (vgl. Rn 10) spricht allerdings die folgende Überlegung: Bei S. 1 handelt es sich um eine Ausprägung des allgemeinen Rechtsgedankens, demzufolge der Gesetzgeber grundsätzlich in abgeschlossene Tatbestände nicht nachträglich eingreifen kann (siehe Rn 1). Damit wird in S. 1 der Schutz der Parteien vor einer echten Rückwirkung von Gesetzesänderungen festgeschrieben. Dieser Schutz findet seine Grenzen jedoch dann, wenn sich die Parteien selber der neuen Rechtslage auch für ein Altschuldverhältnis öffnen wollen. Das Rückwirkungsverbot soll das Vertrauen in die Bestandskraft der bei Begründung eines Rechtsverhältnisses gegebenen Rechtslage schützen, nicht jedoch die Parteiautonomie einschränken. Dem Gesetzgeber, nicht den Parteien sind verfassungsrechtlich die Hände gebunden, wenn die Unterstellung altrechtlicher Tatbestände unter neues Recht in Rede steht.

Angesichts dessen bestehen keine Bedenken, den Parteien die Option zu eröffnen, statt des nach S. 1 anwendbaren bisherigen Rechts das neue Recht zu wählen, zumal dieses einen höheren Schutzstandard

---

§ 5) Rn 9. Vgl. zu Artt. 170 und 232 § 1 auch: Staudinger/*Kanzleitner/Hönle*, Art. 170 EGBGB Rn 2; Staudinger/*Rauscher*, Art. 232 § 1 EGBGB Rn 39; MüKo/*Heinrichs*, Art. 232 § 1 EGBGB Rn 4; *Strohbach*, in: Jayme/Furtak (Hrsg.), 131, 137.

29 Vgl. BT-Drucks 14/6040, S. 273: Die Klausel in S. 1 a.E. („soweit nicht ein anderes bestimmt ist") wird hier lediglich auf S. 2 und Art. 229 §§ 5 und 6 bezogen.

30 A.A. Erman/*Schmidt-Räntsch*, Anh. Einl. § 241 BGB (Art. 229 § 5) Rn 9 (die Zulässigkeit der Wahl neuen Rechts ergibt sich unmittelbar aus S. 1).

31 BT-Drucks 14/6040, S. 273.

32 Allerdings nimmt der Gesetzgeber nur im Rahmen des Art. 229 § 6 und nicht auch des Art. 229 § 5 in der Gesetzesbegründung ausdrücklich Bezug auf diese anderen Übergangsbestimmungen, s. BT-Drucks 14/6040, S. 273. Zudem enthalten die Artt. 170 und 232 § 1 Übergangsrecht, das wegen interlokaler Rechtsvereinheitlichung erforderlich wurde. Für die Fälle des Art. 232 § 1 bestand auch eine interlokale Rechtswahlmöglichkeit (s.a. die Argumentation bei Staudinger/*Rauscher*, Art. 232 § 1 EGBGB Rn 39). Art. 229 § 5 enthält hingegen rein intertemporales Übergangsrecht. Daher sind die Vorschriften insoweit nicht ohne weiteres vergleichbar.

33 Die Problematik wurde zuerst in AnwK-SchuldR/*Mansel*, Art. 229 § 5 EGBGB Rn 6 ff. ausführlich diskutiert. Den dort gefundenen Ergebnissen hat sich die neuere Kommentarliteratur im Erg. angeschlossen.

erreicht (Verbrauchsgüterkauf und weitere Neuregelungen) und ansonsten in weiten Teilen die zwingenden Regeln des bisherigen Rechts übernommen hat.[34] Zudem liegt es im anerkennenswerten Interesse der Parteien, wenn diese ihre gesamten Rechtsbeziehungen, soweit sie noch nicht abgeschlossen sind, einheitlich dem neuen Recht unterstellen dürfen. Auf diese Weise wird eine umfassende einheitliche Regelung der offenen Rechtsfragen erreicht.

Es spricht nichts dafür, dass das Fehlen einer die intertemporale Rechtswahl behandelnden Regelung in Art. 229 § 5 das Ergebnis einer bewussten gesetzgeberischen Entscheidung ist. Die mangelnde Auseinandersetzung mit der Problematik in den Gesetzgebungsmaterialien dürfte darauf zurückzuführen sein, dass die Frage vor der Schuldrechtsreform nicht Gegenstand der Erörterung in Literatur und Rechtsprechung war.

Grenzen der intertemporalen kollisionsrechtlichen Rechtswahl sind die **Rechte Dritter**; hier ist an eine analoge Anwendung der Artt. 27 Abs. 2 S. 2 Alt. 2[35] und 42 S. 2[36] zu denken.

bb) Vornahme der Rechtswahl. Die Vereinbarung neuen Rechts kann sowohl **ausdrücklich** als auch **konkludent** erfolgen.[37] Dabei ist Letzteres vor allem dann in Betracht zu ziehen, wenn die Parteien im Prozess entgegen der Vorgabe von S. 1 und S. 2 übereinstimmend auf der Grundlage neuen Rechts argumentieren.[38]

cc) Rückwirkung. Erfolgt die Unterstellung unter das neue Recht nach Entstehung des Schuldverhältnisses (was bei Altschuldverhältnissen regelmäßig der Fall sein dürfte), ist zu entscheiden, ob der Vereinbarung Rückwirkung zukommen soll oder ob ihr lediglich Geltung für die Zukunft beizulegen ist. Insofern wird zu differenzieren sein: Liegt kein Dauerschuldverhältnis vor, würde eine Wirkung *ex nunc* kaum Konsequenzen nach sich ziehen, so dass im Zweifel davon auszugehen ist, dass die Parteien eine rückwirkende Vereinbarung treffen wollten.

Liegt hingegen ein **Dauerschuldverhältnis** vor und wird dieses vor dem 1.1.2003 neuem Recht unterstellt, wirkt diese Vereinbarung im Zweifel nicht zurück.[39] Hier liegt es näher, eine vorgezogene Umsetzung des S. 2 anzunehmen als die ggf. mit Schwierigkeiten verbundene Rückwirkung. Zur Zulässigkeit der Rückwirkung einer nach dem 1.1.2002 erklärten Rechtswahl mit Wirkung ab dem 1.1.2002 siehe noch Rn 54).

c) Vereinbarung alten Rechts. aa) Unzulässigkeit einer intertemporalen kollisionsrechtlichen Wahl. Eine kollisionsrechtliche Rechtswahl (Rn 9) des alten Rechts statt des intertemporal nach S. 1 oder nach S. 2 anzuwendenden neuen Rechts ist nicht möglich.[40] Das Gesetz sieht eine solche Wahlmöglichkeit nicht vor (vgl. Rn 11). Ein die Wahl zulassender gesetzgeberischer Wille ist – anders als im umgekehrten Fall (Rn 14) – nicht anzunehmen, da das neue Recht in weiterem Umfang als das alte über zwingende Vorschriften verfügt, die in Umsetzung von EG-Richtlinien geschaffen wurden. Als Beispiel ist nur an die Normen des Verbrauchsgüterkaufs zu denken. Ihrer Geltung sollen die Parteien sich nicht durch eine kollisionsrechtliche Rechtswahl entziehen können. Dies gilt auch hinsichtlich der zum 1.1.2003 erfolgten Umstellung altrechtlicher **Dauerschuldverhältnisse** auf neues Recht. Eine Verlängerung der in S. 2 vorgesehenen einjährigen Übergangsfrist durch die kollisionsrechtliche Wahl alten Rechts ist ausgeschlossen.[41]

Der Gedanke, eine kollisionsrechtliche Rechtswahl des alten statt des neuen Rechts könne zulässig sein, wenn die zwingenden Normen des neuen Rechts als **intertemporale Eingriffsnormen**[42] neben denen des gewählten alten Rechts zur Anwendung kämen, ist nicht weiterführend, da bei einer solchen Lösung sowohl

---

34 Im Erg. ebenso Staudinger/*Löwisch*, Art. 229 § 5 EGBGB Rn 47.
35 Vgl. hierzu die Kommentierung bei Art. 27 EGBGB.
36 Vgl. hierzu die Kommentierung bei Art. 42 EGBGB Rn 13.
37 Ebenso Palandt/*Heinrichs*, Art. 229 § 5 EGBGB Rn 2.
38 Vgl. zu Art. 232 § 1: BGH ZIP 1995, 1860, 1862; Staudinger/*Rauscher*, Art. 232 § 1 EGBGB Rn 39; MüKo/*Heinrichs*, Art. 232 § 1 EGBGB Rn 4.
39 Vgl. auch Staudinger/*Rauscher*, Art. 232 § 1 EGBGB Rn 42.
40 Ebenso Staudinger/*Löwisch*, Art. 229 § 5 EGBGB Rn 48; *Medicus* in: Haas/Medicus/Rolland/Schäfer/Wendtland, Das neue Schuldrecht, 2002, S. 79, 87 (Rn 26); Erman/*Schmidt-Räntsch*, Anh. Einl. § 241 (Art. 229 § 5) Rn 9; wohl auch *Brambring*, DNotZ 2001, 590; a.A. *Hertel*, DNotZ 2001, 742, 746; ders., in: Amann/Brambring/Hertel, a.a.O., S. 420 ff. unter Hinweis auf die Vertragsfreiheit (§ 311 Abs. 1 BGB). Im Rahmen der parallelen Art. 232 § 1 war nicht abschließend geklärt, ob eine intertemporale kollisionsrechtliche oder nur eine materiellrechtliche Rechtswahl zulässig sein soll, s. Palandt/*Heinrichs*, Art. 232 § 1 EGBGB Rn 2; MüKo/*Heinrichs*, Art. 232 § 1 EGBGB Rn 6; Staudinger/*Rauscher*, Art. 232 § 1 EGBGB Rn 45.
41 *Armbrüster/Wiese*, DStR 2003, 334, 340; Staudinger/*Löwisch*, Art. 229 § 5 EGBGB Rn 48; vgl. auch *Heß*, NJW 2002, 253, 255, der für Dauerschuldverhältnisse nach dem 31.12.2002 eine Wahl alten Recht generell ablehnt.
42 Zu diesem Begriff s. *Heß*, Intertemporales Privatrecht, 1998, S. 497.

das alte als auch zusätzlich das neue zwingende Recht zu prüfen wäre. Das könnte zu nicht auflösbaren Wertungswidersprüchen führen.

21 **bb) Materiellrechtliche Verweisung.** Den Parteien steht es jedoch frei, im Rahmen des dispositiven neuen Rechts nach dem 1.1.2002 weiterhin die Geltung alten Rechts zu vereinbaren (allgemeine Vertragsfreiheit, § 311 Abs. 1 BGB).[43] Dadurch kann aber nicht von zwingenden neuen Regelungen abgewichen werden (materiellrechtliche Verweisung, Rn 9).[44]

22 Das gilt auch für **Dauerschuldverhältnisse**, soweit diese über den 31.12.2002 hinaus altem Recht unterstehen sollen.[45] Ob eine solche Vereinbarung ratsam ist, erscheint allerdings zweifelhaft. Im Ergebnis würde ein gemischtes System entstehen aus den (vereinbarten) Normen des alten Rechts und den zwingenden Regelungen der neuen Kodifikation. Diese Zweigleisigkeit kann zu Wertungswidersprüchen und Friktionen führen, die (entgegen der Intention der Parteien) die Rechtsanwendung eher erschweren als erleichtern würden.[46]

II. Voraussetzungen der Fortgeltung alten Rechts (S. 1)

23 Die Fortgeltung alten Rechts nach S. 1 setzt voraus, dass sich der **Entstehungstatbestand** des betroffenen Schuldverhältnisses vor dem 1.1.2002 vollständig erfüllt hat.[47] Dies ist der Fall, wenn sämtliche für die Entstehung des Schuldverhältnisses erforderlichen Umstände vor dem Stichtag eingetreten sind.[48] Abzustellen ist dabei auf die Voraussetzungen, die sich aus den Bestimmungen des bisherigen Rechts ergeben.[49]

24 Nicht das Entstehen des einzelnen Anspruchs (wie in § 198 BGB a.F. und jetzt in §§ 199, 200 BGB für das Verjährungsrecht von Relevanz), sondern das Entstehen des Schuldverhältnisses selbst ist entscheidend.[50] Daher können, anders als bei Art. 229 § 6 (siehe dort Rn 6), die zur Auslegung insbesondere des § 198 BGB a.F. gefundenen Ergebnisse nicht für die Auslegung des S. 1 nutzbar gemacht werden.

25 Da S. 2 insofern auf S. 1 verweist, als die Bedingungen für die Fortgeltung alten Rechts am Stichtag betroffen sind, gelten für die Frage, wann ein **Dauerschuldverhältnis** entstanden ist, die gleichen Voraussetzungen wie für alle übrigen Schuldverhältnisse.[51]

26 **1. Verträge. a) Grundsatz: Angebot und Annahme.** Bei vertraglichen Schuldverhältnissen kommt es auf den Zeitpunkt des Vertragsschlusses an (vgl. § 305 BGB a.F. bzw. § 311 Abs. 1 BGB). Dieser erfolgt, soweit die Parteien nichts Abweichendes vereinbart haben, mit dem **Wirksamwerden der Annahmeerklärung**.[52] Unstreitig findet daher **altes Recht** Anwendung, sofern die Annahme noch vor dem 1.1.2002 zugegangen ist (§ 130 BGB) oder in sonstiger Weise wirksam wurde (Zugangsverzicht, § 151 BGB).[53]

---

43 *Armbrüster/Wiese*, DStR 2003, 334, 341; *Brambring*, DNotZ 2001, 590; *Medicus* in: Haas/Medicus/Rolland/Schäfer/Wendtland, a.a.O., S. 79, 87 f. (Rn 27 f.). Zur Wahl alten Rechts in AGB s. Palandt/*Heinrichs*, Art. 229 § 5 EGBGB Rn 2 (Abweichungen von Art. 229 § 5 in AGB sind gem. § 307 Abs. 2 Nr. 1 BGB unwirksam); *Medicus* in: Haas/Medicus/Rolland/Schäfer/Wendtland, a.a.O., S. 79, 88 (Rn 28) (Wahl alten Rechts in AGB verstößt gegen das Transparenzgebot des § 307 Abs. 1 S. 2 BGB); ähnlich Erman/*Schmidt-Räntsch*, Anh. Einl. § 241 (Art. 229 § 5) Rn 9 (jedenfalls Rechtsfolge des § 305c BGB, ggf. auch Nichtigkeit nach § 307 Abs. 1 S. 2 BGB); a.A. Staudinger/*Löwisch*, Art. 229 § 5 EGBGB Rn 50 (Wahl alten Rechts in AGB ist grds. zulässig).
44 Palandt/*Heinrichs*, Art. 229 § 5 EGBGB Rn 2; *Heß*, NJW 2002, 253, 255; Staudinger/*Löwisch*, Art. 229 § 5 EGBGB Rn 49; Erman/*Schmidt-Räntsch*, Anh. Einl. § 241 (Art. 229 § 5) Rn 9.
45 Staudinger/*Löwisch*, Art. 229 § 5 EGBGB Rn 48.
46 Ebenso *Armbrüster/Wiese*, DStR 2003, 334, 341.
47 Palandt/*Heinrichs*, Art. 229 § 5 EGBGB Rn 3; *Medicus* in: Haas/Medicus/Rolland/Schäfer/ Wendtland, a.a.O., S. 79, 86 (Rn 21); Erman/*Schmidt-Räntsch*, Anh. Einl. § 241 (Art. 229 § 5) Rn 2. Vgl. auch zu Art. 232 § 1: BAG DtZ 1996, 188; Palandt/*Heinrichs*, Art. 232 § 1 EGBGB Rn 2; Staudinger/*Rauscher*, Art. 232 § 1 EGBGB Rn 44; MüKo/*Heinrichs*, Art. 232 § 1 EGBGB Rn 5; vgl. zu Art. 170: RGZ 76, 394, 397; MüKo/*Heinrichs*, Art. 170 EGBGB Rn 5.
48 Soergel/*Hartmann*, Art. 170 EGBGB Rn 3.
49 Staudinger/*Rauscher*, Art. 232 § 1 EGBGB Rn 44.
50 Staudinger/*Löwisch*, Art. 229 § 5 EGBGB Rn 7.
51 Vgl. *Armbrüster/Wiese*, DStR 2003, 334, 336.
52 LAG Köln NZA-RR 2003, 406, 407; *Armbrüster/Wiese*, DStR 2003, 334, 336; *Heß*, NJW 2002, 253, 255; *Medicus* in: Haas/Medicus/Rolland/Schäfer/Wendtland, a.a.O., S. 79, 86 (Rn 21); *Ziegler/Rieder*, ZIP 2001, 1789, 1793; ebenso zu Art. 232 § 1: *Heß*, Intertemporales Privatrecht, 1998, S. 148; Palandt/*Heinrichs*, Art. 232 § 1 EGBGB Rn 2; MüKo/*Heinrichs*, Art. 232 § 1 EGBGB Rn 6; Staudinger/*Rauscher*, Art. 232 § 1 EGBGB Rn 45–48.
53 Palandt/*Heinrichs*, Art. 229 § 5 EGBGB Rn 3; Erman/*Schmidt-Räntsch*, Anh. Einl. § 241 (Art. 229 § 5) Rn 3.

Neues Recht kommt dagegen zur Anwendung, wenn das Angebot vor In-Kraft-Treten des Schuldrechtsreformgesetzes abgegeben, die Annahme aber erst danach erklärt worden ist.[54] Hierfür spricht in erster Linie der Wortlaut des S. 1, der auf das Entstehen des Rechtsverhältnisses und nicht auf die Abgabe des Angebotes abstellt. Entstanden ist ein Rechtsgeschäft erst mit Angebot *und* Annahme. Zwar mag die Geltung neuen Rechts dem Willen der Parteien, insbesondere des Anbietenden, nicht immer entsprechen. Soll der Vertrag jedoch entgegen der gesetzlichen Überleitungsvorschrift weiterhin altem Recht unterliegen, muss der entsprechende Wille zumindest konkludent zum Ausdruck gebracht worden sein (siehe hierzu Rn 16).[55] Die nur immanente Vorstellung des Anbietenden, dass das zum Zeitpunkt des Angebotes geltende Recht auf den Vertrag Anwendung finden wird, bewirkt eine entsprechende Vereinbarung keinesfalls, da eine derartige Erwartungshaltung nicht Teil des Angebotes ist. Zudem wäre selbst dann, wenn der Anbietende in seine Offerte tatsächlich die Anwendung alten Rechts auf den intendierten Vertrag einbezogen haben sollte, die mit der Annahme zustande gekommene Rechtswahlvereinbarung nur insofern zulässig, als dadurch nicht von den zwingenden Vorschriften des neuen Rechts abgewichen wird (vgl. Rn 21).[56]

27

Sollte der Annehmende die **Rückwirkung** der Annahmeerklärung **erklären**, um dadurch die Anwendbarkeit alten Rechts zu erreichen, ist dies grundsätzlich ebenfalls möglich. Da eine derartige Erklärung jedoch zu einer indirekten Abwahl der zwingenden Normen des neuen Rechts führte, ist sie nicht anders zu behandeln als eine ausdrückliche Rechtswahlklausel. Ihr kommt nur insoweit Wirkung zu, als sie die dispositiven Regeln des neuen Rechts erfasst.[57] Zwingende Vorschriften bleiben dagegen unberührt (Rn 21).

28

Fehlt es an einer wirksamen Wahl alten Rechts, ist damit ausschließlich neues Recht heranzuziehen, wenn ein vor dem 1.1.2002 abgegebenes Angebot nach dem Stichtag angenommen wird. Liegt eine zulässige materiellrechtliche Verweisung vor, kommt jedenfalls den zwingenden Normen des neuen Rechts Wirkung zu.

29

b) Bedingung/Befristung. Da S. 1 lediglich auf die Entstehung des Schuldverhältnisses und nicht auf dessen Wirksamwerden abstellt, bleibt das bisherige Recht maßgeblich, wenn der Vertrag vor dem Stichtag aufschiebend bedingt oder befristet abgeschlossen wurde.[58] Treten die Voraussetzungen der Bedingung oder Befristung erst nach dem 31.12.2001 ein, ändert dies nichts an dem Umstand, dass der Vertrag selber bereits vor diesem Zeitpunkt entstanden ist.

30

c) Optionsvertrag. Gleiches gilt, wenn die Parteien noch vor dem 1.1.2002 einen **Optionsvertrag** geschlossen haben. Hier wird der anderen Vertragspartei das Recht eingeräumt, durch einseitige Willenserklärung einen inhaltlich bereits (unter altem Recht) ausgehandelten Vertrag zustande zu bringen oder zu modifizieren.[59] Macht der Vertragspartner von dieser ihm vor dem 1.1.2002 eingeräumten Möglichkeit nach dem Stichtag Gebrauch, bleibt dennoch altes Recht anwendbar.[60] Zwar wurde der Vertrag erst nach dem 31.12.2001 wirksam, das Schuldverhältnis ist jedoch schon mit dem Abschluss des Optionsvertrages zur Entstehung gelangt.[61]

31

---

54 *Armbrüster/Wiese*, DStR 2003, 334, 336; *Brambring*, DNotZ 2001, 590; *Hertel*, DNotZ 2001, 742, 743 f. (a.A. aber *ders.*, in: Amann/Brambring/Hertel, a.a.O., S. 418 f.); Staudinger/*Löwisch*, Art. 229 § 5 EGBGB Rn 10; *Rolland* in: Haas/Medicus/Rolland/Schäfer/Wendtland, a.a.O., S. 371 (Rn 2); Erman/*Schmidt-Räntsch*, Anh. Einl. § 241 (Art. 229 § 5) Rn 3; ebenso zu Art. 232 § 1: Palandt/*Heinrichs*, Art. 232 § 1 EGBGB Rn 2; MüKo/*Heinrichs*, Art. 232 § 1 EGBGB Rn 6; Staudinger/*Rauscher*, Art. 232 § 1 EGBGB Rn 47; zu Art. 170: MüKo/*Heinrichs*, Art. 170 EGBGB Rn 5. A.A. Palandt/*Heinrichs*, Art. 229 § 5 EGBGB Rn 3; *Heß*, NJW 2002, 253, 255 (im Zweifel entspreche es dem Willen der Parteien, den Vertrag altem Recht zu unterstellen); ebenso zu Art. 232 § 1: Soergel/*Hartmann*, vor § 145 Rn 52; zu Art. 170: Staudinger/*Kanzleitner/Hönle*, Art. 170 EGBGB Rn 8.

55 Staudinger/*Löwisch*, Art. 229 § 5 EGBGB Rn 10; zu Art. 232 § 1 vgl. auch: Palandt/*Heinrichs*, Art. 232 § 1 EGBGB Rn 2; MüKo/*Heinrichs*, Art. 232 § 1 EGBGB Rn 6; Staudinger/*Rauscher*, Art. 232 § 1 EGBGB Rn 45.

56 *Armbrüster/Wiese*, DStR 2003, 334, 336.

57 Erman/*Schmidt-Räntsch*, Anh. Einl. § 241 (Art. 229 § 5) Rn 3.

58 Henssler/von Westphalen/*Bereska*, a.a.O., Art. 229 § 5 EGBGB Rn 7; *Brambring*, DNotZ 2001, 590; Palandt/*Heinrichs*, Art. 229 § 5 EGBGB Rn 3; *Hertel*, DNotZ 2001, 742, 744; Staudinger/*Löwisch*, Art. 229 § 5 EGBGB Rn 13; Erman/*Schmidt-Räntsch*, Anh. Einl. § 241 (Art. 229 § 5) Rn 4; *Ziegler/Rieder*, ZIP 2001, 1789, 1793; vgl. auch zu Art. 232 § 1: BGHZ 134, 170, 175 f.; Palandt/*Heinrichs*, Art. 232 § 1 EGBGB Rn 2; MüKo/*Heinrichs*, Art. 232 § 1 EGBGB Rn 6; Staudinger/*Rauscher*, Art. 232 § 1 EGBGB Rn 49; zu Art. 170: MüKo/*Heinrichs*, Art. 170 EGBGB Rn 5; Staudinger/*Kanzleiter/Hönle*, Art. 170 EGBGB Rn 8; Soergel/*Hartmann*, Art. 170 EGBGB Rn 3.

59 Erman/*Armbrüster*, vor § 145 Rn 52; Staudinger/*Bork*, Vorbem. zu §§ 145–156 Rn 71; Jauernig/*Jauernig*, vor § 245 Rn 6; vgl. auch BGHZ 94, 29, 31.

60 *Brambring*, DNotZ 2001, 590; *Hertel*, S. 416; *ders.*, DNotZ 2001, 742, 747; Staudinger/*Löwisch*, Art. 229 § 5 EGBGB Rn 11; Erman/*Schmidt-Räntsch*, Anh. Einl. § 241 (Art. 229 § 5) Rn 4; vgl. auch *Hertel*, S. 420.

61 Staudinger/*Löwisch*, Art. 229 § 5 EGBGB Rn 11.

Liegt demgegenüber kein Optionsvertrag, sondern lediglich ein **Optionsrecht** in der Form eines einseitig eingeräumten bindenden Vertragsangebotes vor (sog. „Festofferte"),[62] ist die Frage des anwendbaren Rechts im Fall der Annahme durch den Berechtigten nicht anders zu beantworten als bei der Annahme eines nicht bindenden Angebotes: Maßgeblich ist der Zeitpunkt des Wirksamwerdens der Annahmeerklärung (Rn 26 f.).[63] Danach findet altes Recht nur dann Anwendung, wenn das Angebot noch vor dem 1.1.2002 angenommen wurde; neues Recht ist hingegen heranzuziehen, wenn die Annahmeerklärung nach dem 31.12.2001 wirksam wurde (vgl. Rn 27).

32 **d) Genehmigungsbedürftigkeit.** Uneinigkeit besteht in der Literatur, welchem Recht ein vor dem 1.1.2002 geschlossener, jedoch genehmigungsbedürftiger Vertrag untersteht, sofern die Genehmigung erst nach dem 31.12.2001 erteilt wurde. Verbreitet wird danach differenziert, ob der Genehmigung Rückwirkung zukommt oder ob diese lediglich *ex nunc* wirkt. Im Fall einer **Rückwirkung** (z.B. nach § 184 Abs. 1 BGB i.V.m. den Genehmigungstatbeständen des BGB) wird, soweit ersichtlich einhellig, angenommen, dass der Vertrag altem Recht unterliegt, da infolge der rückwirkenden Genehmigung das Schuldverhältnis noch vor dem Stichtag entstanden ist.[64]

33 Die Anwendbarkeit alten Rechts wird verschiedentlich auch dann vertreten, wenn die Genehmigung nur *ex nunc* **wirkt**, der Vertrag mithin erst nach dem 31.12.2001 wirksam geworden ist. Gefolgert wird dies aus dem Umstand, dass die Parteien auch vor Einholung der Genehmigung schon vertraglich gebunden sind, sich insbesondere nicht einseitig von dem Vertrag lossagen können.[65] Nach anderer Auffassung soll dagegen in den Fällen, in denen einer Genehmigung keine Rückwirkung zukommt, stets neues Recht heranzuziehen sein.[66] Da der Vertrag erst nach dem Stichtag wirksam werde, sei auch das Schuldverhältnis erst nach dem Stichtag im Sinne des S. 1 entstanden.[67] Letzteres wird z.T. pauschal bei **öffentlich-rechtlichen Genehmigungen** angenommen, deren Erteilung nach dem 31.12.2001, anders als im Regelfall die privatrechtliche Genehmigung, stets zur Anwendung neuen Rechts führe.[68]

34 Die Entscheidung für die Anwendbarkeit neuen oder alten Rechts allgemein von der Zuordnung der Genehmigung zum privaten oder zum öffentlichen Recht abhängig zu machen, erscheint indes nicht tragfähig. Auch zahlreichen behördlichen Genehmigungen kommt letztendlich Rückwirkung zu.[69] Es besteht jedoch kein Grund, Rechtsgeschäfte, die aufgrund einer nach dem 31.12.2001 erteilten behördlichen Genehmigung mit rückwirkender Kraft Wirksamkeit erlangen, anders zu behandeln als solche, die von einer privatrechtlichen Genehmigung abhängig sind.[70] In beiden Fällen entsteht der betreffende Vertrag noch vor dem 1.1.2002. Auch würde die intertemporale Entscheidung zwischen altem und neuem Recht bei behördlichen Genehmigungen ansonsten dem Zufall überlassen. Da alle für die Entstehung des Vertrages erheblichen rechtsgeschäftlichen Tatbestandsvoraussetzungen bereits vor dem 1.1.2002 erfüllt wurden, wäre die Frage des anwendbaren Rechts trotz Rückwirkung der Genehmigung allein von dem unkalkulierbaren Zeitpunkt des Tätigwerdens der Behörde abhängig. Die Regelung des S. 1 bietet für eine derartige Differenzierung keine Grundlage.

35 Dem vorstehenden Argument kommt jedoch nicht nur Bedeutung im Fall rückwirkender öffentlich-rechtlicher Genehmigungen zu, es kann auch für die Frage fruchtbar gemacht werden, welches Recht zur Anwendung kommt, wenn die Genehmigung ausnahmsweise nicht *ex tunc*, sondern *ex nunc* wirkt. Als Beispiel für eine derartige Genehmigung werden verschiedentlich die **Freistellungen des BKartA**

---

62 Vgl. hierzu Staudinger/*Bork*, Vorbem. zu §§ 145–156 Rn 70; Jauernig/*Jauernig*, vor § 245 Rn 6.
63 Staudinger/*Löwisch*, Art. 229 § 5 EGBGB Rn 11.
64 Armbrüster/*Wiese*, DStR 2003, 334, 336; Palandt/*Heinrichs*, Art. 229 § 5 EGBGB Rn 3; *Hertel*, S. 416; *Heß*, NJW 2002, 253, 255; AnwK-SchuldR/*Mansel*, Art. 229 § 5 EGBGB Rn 26; Erman/*Schmidt-Räntsch*, Anh. Einl. § 241 (Art. 229 § 5) Rn 4; im Erg. ebenso Henssler/von Westphalen/*Bereska*, a.a.O., Art. 229 § 5 EGBGB Rn 8; Staudinger/*Löwisch*, Art. 229 § 5 EGBGB Rn 14; *Rolland* in: Haas/Medicus/Rolland/Schäfer/Wendtland, a.a.O., S. 371 (Rn 3); Ziegler/*Rieder*, ZIP 2001, 1789, 1793, die jedoch nicht zwischen der Genehmigungswirkung *ex tunc* und *ex nunc* unterscheiden, sondern ein vor dem 1.1.2002 abgeschlossenes genehmigungsbedürftiges Rechtsgeschäft unabhängig von dem Zeitpunkt der Genehmigung stets altem Recht unterstellen wollen.

65 Staudinger/*Löwisch*, Art. 229 § 5 EGBGB Rn 14; ähnlich Ziegler/*Rieder*, ZIP 2001, 1789, 1793, die darauf abstellen, dass Antrag und Annahme bereits vor dem 1.1.2002 wirksam geworden sind.
66 Armbrüster/*Wiese*, DStR 2003, 334, 336; *Hertel*, S. 417; *ders.*, DNotZ 2001, 742, 744; *Heß*, NJW 2002, 253, 255; Erman/*Schmidt-Räntsch*, Anh. Einl. § 241 (Art. 229 § 5) Rn 4; wohl auch Palandt/*Heinrichs*, Art. 229 § 5 EGBGB Rn 3.
67 *Hertel*, S. 417.
68 So ohne nähere Begründung Erman/*Schmidt-Räntsch*, Anh. Einl. § 241 (Art. 229 § 5) Rn 4.
69 Vgl. die Bsp. bei Palandt/*Heinrichs*, § 275 Rn 36; zur grundsätzlichen Rückwirkung auch öffentlich-rechtlicher Genehmigungen s. Rn 37 sowie *ders.*, Einf vor § 182 Rn 6; *Hertel*, S. 417.
70 Im Erg. ebenso *Rolland* in: Haas/Medicus/Rolland/Schäfer/Wendtland, a.a.O., S. 371 (Rn 3).

nach dem **GWB** genannt.[71] Wirksam werden diese erst durch Zustellung; Rückwirkung kommt ihnen nicht zu.[72] Hieraus zugleich die Anwendung neuen Rechts auf den zivilrechtlichen Vertrag folgern zu wollen, erscheint jedoch als zu kurz gegriffen. Unabhängig davon, dass auch in diesem Fall Bedenken bestehen, die Entscheidung über die Anwendung des maßgeblichen Rechts von der zeitlichen Organisation der Behörde abhängig zu machen, können die jeweiligen Rechtsfolgen der Genehmigung jedenfalls in ihrer zeitlichen Wirkung durchaus getrennt betrachtet werden. So findet sich auch der Vorschlag, die Freistellung im Fall durchgeführter, legalisierbarer und dann tatsächlich legalisierter Kartelle, soweit die zivilrechtlichen Konsequenzen betroffen sind, auf den Zeitpunkt des Vertrages bzw. auf den Zeitpunkt, in dem die Voraussetzungen der §§ 2 ff. GWB erstmals vorlagen, rückzubeziehen. Anderenfalls könne es ggf. zu Abwicklungsproblemen kommen.[73] Diese Überlegung kann auf die Frage des intertemporal anwendbaren Rechts übertragen werden. Es besteht kein Grund, rechtsgeschäftliche Vereinbarungen, die unter altem Recht getroffen und aus denen möglicherweise bereits Verpflichtungen erwachsen sind (etwa jene, alles zu tun, um die Genehmigung zu erlangen[74]), aufgrund einer nach dem 31.12.2001 erteilten behördlichen Genehmigung *ex nunc* neuem Recht zu unterstellen. Soweit die Parteien bereits vor dem 1.1.2002 alle rechtsgeschäftlichen Tatbestandsvoraussetzungen für den Vertragsschluss erfüllt haben, ist das Schuldverhältnis i.S.d. Art. 229 § 5 S. 1 entstanden, so dass unabhängig von dem Zeitpunkt und der (öffentlich-rechtlichen) Wirkung der Genehmigung altes Recht zur Anwendung kommt.

Damit wird in den meisten Fällen für vor dem 1.1.2002 geschlossene Verträge, die nach dem 31.12.2001 genehmigt wurden, altes Recht heranzuziehen sein. Auszugehen ist hiervon immer dann, wenn sich die Parteien schon vor dem 1.1.2002 vertraglich gebunden haben. Ob dies zutrifft, entzieht sich allerdings einer pauschalen Bewertung; die Frage wird letztendlich für jede Genehmigung einzeln zu entscheiden sein. **Ausnahmen** von dem vorstehenden Grundsatz sind denkbar. So etwa in dem folgenden, vom BGH zu entscheidenden Fall:[75]

Der Beklagte hatte sich in einem Vorvertrag dazu verpflichtet, durch Abschluss eines Hauptvertrages von dem Kläger nach Ablauf einer bestimmten Zeit ein Grundstück zu erwerben. Als der Verpflichtete zum Abschluss des Hauptvertrages aufgefordert wurde, weigerte er sich jedoch, dem nachzukommen. Dennoch wurde der Kaufvertrag abgeschlossen, wobei für den Beklagten ein vollmachtloser Vertreter auftrat. Der Verkäufer erhob daraufhin Klage, um eine Verurteilung zur Genehmigung der vollmachtlosen Vertretung zu erwirken (§ 177 BGB). Der BGH hielt eine entsprechende Verurteilung aufgrund der Verpflichtung aus dem Vorvertrag für zulässig, führte jedoch aus, dass der Verpflichtete durch die Verurteilung in zeitlicher Hinsicht nicht schlechter stehen dürfe als im Fall der Verurteilung zur Annahme eines Angebotes. Der Genehmigung sei daher (abweichend von § 184 Abs. 1 BGB) keine Rückwirkung zuzusprechen. Der Verpflichtete habe die Wirkung des § 184 Abs. 1 BGB konkludent abbedungen, indem er zu erkennen gab, dass er den Vertrag weder inhaltlich noch zeitlich billige. Angesichts dessen könnten die Rechtsfolgen der Verurteilung zur Erteilung der Genehmigung – ebenso wie bei einer Verurteilung zur Annahme eines Angebotes – erst mit der Rechtskraft des Urteils eintreten.[76]

Hätte sich der vorstehende Fall in einer Überleitungssituation abgespielt, wäre das Schuldverhältnis erst mit Wirksamwerden der Genehmigung *ex nunc* entstanden. Hier wäre selbst dann, wenn der (schwebend unwirksame) Vertrag noch vor dem 1.1.2002 abgeschlossen worden sein sollte, ausschließlich der Zeitpunkt der Erteilung der Genehmigung (d.h. der Rechtskraft des Urteils) maßgeblich, um das intertemporal anwendbare Recht zu bestimmen.

Soweit die Parteien die Regelung des **§ 184 Abs. 1 BGB abbedingen** und der Genehmigung lediglich Wirkung *ex nunc* zuerkennen, führt dies, sofern der Vertrag noch vor dem 1.1.2002 geschlossen, die Genehmigung jedoch erst nach dem 31.12.2001 erteilt wurde, zu einer indirekten Wahl neuen Rechts.

---

71 *Hertel*, S. 417 (mit der Folge der Unterstellung des Vertrages unter neues Recht); Staudinger/*Löwisch*, Art. 229 § 5 EGBGB Rn 14 (trotz Genehmigungswirkung *ex nunc* Anwendung alten Rechts; Gleiches gelte im Fall einer nachträglich erteilten Arbeitsgenehmigung gem. § 284 Abs. 1 SGB III).

72 Langen/Bunte/*Bunte*, KartR, 9. Aufl. 2001, § 1 Rn 222; Immenga/Mestmäcker/*Immenga*, GWB, 3. Aufl. 2001, § 10 Rn 8.

73 Immenga/Mestmäcker/*Zimmer*, a.a.O., § 1 Rn 325. Mit der geplanten 7. GWB-Novelle (RegE v. 28.5.2004, BR-Drucks 441/04) wird dieses Problem allerdings ohnehin seine Relevanz verlieren. Intendiert ist der Übergang vom bisherigen System der Freistellung auf die Legalausnahme. Eine Genehmigung der Kartellbehörde ist dann nicht mehr erforderlich. Liegt ein legalisierbares Kartell i.S.d. (noch) geltenden Rechts vor, so ist der Vertrag unmittelbar wirksam, anderenfalls kommt es zur Unwirksamkeit. Künftig wird mithin unabhängig von den zivil- und kartellrechtlichen Konsequenzen der Vereinbarung stets auf den Zeitpunkt des Vertragsabschlusses abzustellen sein.

74 Vgl. Palandt/*Heinrichs*, § 275 Rn 36.

75 BGHZ 108, 380 ff.

76 BGHZ 108, 380, 384.

Diese ist zwar grundsätzlich zulässig (vgl. Rn 10 ff.), darf jedoch nicht dazu führen, dass Rechte Dritter beeinträchtigt werden (siehe Rn 15). Sollten die Parteien die Rückwirkung der Genehmigung daher erst nach Vertragsschluss ausschließen wollen, ist dies möglich, bereits begründete Rechte Dritter werden dadurch im Fall der Anwendung neuen Rechts jedoch nicht berührt.[77]

39 e) **Vorvertrag.** Haben die Parteien vor dem 1.1.2002 einen Vorvertrag geschlossen (Angebot und Annahme vor dem Stichtag), die daraus resultierende Pflicht zum Abschluss des Hauptvertrages jedoch erst nach dem 31.12.2001 erfüllt (d.h. zumindest Annahmeerklärung nach dem Stichtag), unterliegt der Vorvertrag noch altem Recht, der Hauptvertrag indes bereits neuem Recht.[78] Sollte die Überführung des altrechtlichen Vorvertrages in den neurechtlichen Hauptvertrag zu Friktionen führen, kann dem ggf. durch eine Anpassung auf der Grundlage des Wegfalls der Geschäftsgrundlage begegnet werden.[79]

40 **2. Gesetzliche Schuldverhältnisse.** Ein gesetzliches Schuldverhältnis ist entstanden, wenn alle Tatbestandsvoraussetzungen für dessen Begründung erfüllt sind.[80] Nicht erforderlich ist, dass bereits sämtliche Ereignisse eingetreten sind, aus denen sich der konkrete Anspruch ergibt.[81] So kommt etwa bei Ansprüchen aus **unerlaubter Handlung** altes Recht zur Anwendung, wenn die pflichtwidrige Handlung vor dem 1.1.2002 vorgenommen wurde, der Schaden aber erst nach dem Stichtag eintritt oder sich danach weiterentwickelt.[82] Wann der Geschädigte Kenntnis erlangt von dem Schaden und der Person des Schädigers (vgl. § 852 Abs. 1 BGB a.F./§ 199 Abs. 1 BGB und zu deren Überleitung Art. 229 § 6 Rn 17, 20 ff., 56 ff.), ist für die Frage des nach Art. 229 § 5 anwendbaren Rechts irrelevant.[83]

41 Ebenfalls auf den Zeitpunkt des pflichtwidrigen Handelns kommt es an bei Ansprüchen aus *culpa in contrahendo*, sofern diese deliktisch qualifiziert werden.[84] Dies betrifft die Fallgruppe der vorvertraglichen Pflichtverletzungen, bei der durch das Institut der c.i.c. eine Verletzung des Körpers oder des Eigentums ausgeglichen werden soll.[85] Soweit eine vertragliche Qualifikation der c.i.c. vorgenommen wird (etwa bei uneigentlicher Prospekthaftung,[86] Abbruch von Vertragsverhandlungen[87]), ist dagegen der Zeitpunkt der Begründung des vorvertraglichen Schuldverhältnisses maßgeblich, mithin der Moment, in dem die Pflicht zur Rücksichtnahme sowie ggf. zur Aufklärung der anderen Partei zur Entstehung gelangte.[88] Im Ergebnis

---

77 Vgl. zu der entsprechenden Problematik im Fall nachträglicher Rechtswahl im internationalen Privatrecht auch Art. 27 Abs. 2 S. 2 Alt. 2 sowie dazu MüKo/*Martiny*, Art. 27 EGBGB Rn 69a f.; Bamberger/Roth/*Spickhoff*, Art. 27 EGBGB Rn 31; Soergel/*von Hoffmann*, Art. 27 EGBGB Rn 78 ff.; Erman/*Hohloch*, Art. 27 EGBGB Rn 24 und Art. 42 S. 2 sowie dazu Palandt/*Heldrich*, Art. 42 EGBGB Rn 2; *Looschelders*, IPR, Art. 42 Rn 19; oben Art. 42 EGBGB Rn 13.

78 Palandt/*Heinrichs*, Art. 229 § 5 EGBGB Rn 3; Staudinger/*Löwisch*, Art. 229 § 5 EGBGB Rn 12; *Rolland* in: Haas/Medicus/Rolland/Schäfer/Wendtland, a.a.O., S. 371, 372 (Rn 5); a.A. *Hertel*, S. 426 f. (im Zweifel soll der Hauptvertrag altem Recht unterstehen).

79 Staudinger/*Löwisch*, Art. 229 § 5 EGBGB Rn 12 mit dem zutreffenden Hinweis, dass bei einer Anpassung des (altem Recht unterstehenden) Vorvertrages noch nicht auf § 313 BGB verwiesen werden kann; *Rolland* in: Haas/Medicus/Rolland/Schäfer/Wendtland, a.a.O., S. 371, 372 (Rn 5); vgl. auch *Hertel*, S. 427.

80 Erman/*Schmidt-Räntsch*, Anh. Einl. § 241 (Art. 229 § 5) Rn 6; *Ziegler/Rieder*, ZIP 2001, 1789, 1793.

81 Vgl. zu Art. 232 § 1: Staudinger/*Rauscher*, Art. 232 § 1 EGBGB Rn 51; MüKo/*Heinrichs*, Art. 232 § 1 EGBGB Rn 7; Staudinger/*Löwisch*, Art. 229 § 5 EGBGB Rn 8.

82 Staudinger/*Löwisch*, Art. 229 § 5 EGBGB Rn 8, 17; Erman/*Schmidt-Räntsch*, Anh. Einl. § 241 (Art. 229 § 5) Rn 6; vgl. zu Art. 232 § 10 auch: Bamberger/Roth/*Kühnholz*, Art. 232 § 1 EGBGB Rn 7. Zur Überleitung im Fall von Dauerdelikten, wiederholten Handlungen und pflichtwidrigem Unterlassen s. Staudinger/*Löwisch*, Art. 229 § 5 EGBGB Rn. 17 sowie zu der entsprechenden Problematik im Rahmen des Art. 232 § 10 die Kommentierungen bei Bamberger/Roth/*Kühnholz*, Art. 232 § 10 EGBGB Rn 2; MüKo/*Mertens*, Art. 232 § 10 EGBGB Rn 3; Staudinger/*Rauscher*, Art. 232 § 10 EGBGB Rn 6 ff.; Palandt/*Sprau*, Art. 232 § 10 EGBGB Rn 1.

83 Vgl. zu Art. 232 § 10: Bamberger/Roth/*Kühnholz*, Art. 232 § 10 EGBGB Rn 2; Staudinger/*Rauscher*, Art. 232 § 10 EGBGB Rn 4.

84 *Rolland* in: Haas/Medicus/Rolland/Schäfer/Wendtland, a.a.O., S. 371, 372 f.; vgl. auch *Heß*, Intertemporales Privatrecht, 1998, S. 167.

85 *Rolland* in: Haas/Medicus/Rolland/Schäfer/Wendtland, a.a.O., S. 371, 373; im Erg. ebenso Erman/*Schmidt-Räntsch*, Anh. Einl. § 241 (Art. 229 § 5) Rn 6; wohl auch *Heß*, NJW 2002, 253, 255. A.A. Staudinger/*Löwisch*, Art. 229 § 5 EGBGB Rn 19, der aus § 311 Abs. 2 BGB ableitet, dass stets der Zeitpunkt des Beginns der Vertragsverhandlungen bzw. der sonstigen Anbahnung eines Vertrages oder ähnlicher geschäftlicher Kontakte maßgeblich für die Entstehung des Schuldverhältnisses ist. Die Regelungen des reformierten Schuldrechts können jedoch nicht herangezogen werden, wenn die Entstehung eines Schuldverhältnisses vor dem 1.1.2002 in Rede steht (vgl. Rn 23).

86 Vgl. hierzu Palandt/*Heinrichs*, § 280 Rn 58, § 311 BGB Rn 30.

87 S. *Heß*, Intertemporales Privatrecht, 1998, S. 167 (Fn 306).

88 *Rolland* in: Haas/Medicus/Rolland/Schäfer/Wendtland, a.a.O., S. 371, 373; vgl. insoweit auch Staudinger/*Löwisch*, Art. 229 § 5 EGBGB Rn 19.

ist diese Unterscheidung allerdings von geringer Bedeutung, da der Reformgesetzgeber das Institut der c.i.c. ohne sachliche Änderungen in §§ 280 Abs. 1, 311 Abs. 2 und 3 BGB übernommen hat.[89]

Bei Ansprüchen aus positiver Forderungsverletzung der **Geschäftsführung ohne Auftrag** entsteht das gesetzliche Schuldverhältnis mit dem Handlungsbeginn des Geschäftsführers, nicht erst im Zeitpunkt des Verstoßes gegen die Ausführungspflicht.[90]

Im Fall der **ungerechtfertigten Bereicherung** soll nach überwiegender Ansicht der Literatur – ohne Differenzierung zwischen den einzelnen Tatbeständen des § 812 BGB – auf den Zeitpunkt abzustellen sein, in dem der rückzugewährende Vermögensvorteil vom Schuldner rechtsgrundlos erlangt wurde.[91] Diesem Ansatz ist nur insoweit zuzustimmen, als ein Anspruch auf Herausgabe nach § 812 Abs. 1 S. 1 Alt. 1 BGB (**condictio indebiti**) in Rede steht. Hier entsteht das bereicherungsrechtliche Schuldverhältnis bereits in dem Moment, in dem der Schuldner die Leistung rechtsgrundlos erhalten hat. Entsprechend findet altes Recht Anwendung, wenn die Vermögensmehrung noch vor dem 1.1.2002 erfolgt ist; neues Recht ist hingegen heranzuziehen, wenn die Leistungshandlung erst nach dem 31.12.2001 stattgefunden hat.

Kommt es erst nachträglich zu einem Wegfall des rechtlichen Grundes (*condictio ob causam finitam*, § 812 Abs. 1 S. 2 Alt. 1 BGB), kann nicht unbesehen auf den Moment der Leistungshandlung rekurriert werden.[92] Vielmehr ist danach zu unterscheiden, ob der Rechtsgrund *ex tunc* oder *ex nunc* weggefallen ist. Da das Rückabwicklungsverhältnis erst in dem Moment entsteht, in dem sämtliche Tatbestandsvoraussetzungen erfüllt sind, ist auf den Zeitpunkt abzustellen, in dem Vermögensverschiebung und Wegfall des Rechtsgrundes erstmals zusammentreffen. Sollte der Rechtsgrund lediglich für die Zukunft entfallen, entsteht erst in diesem Moment auch das bereicherungsrechtliche Schuldverhältnis;[93] neues Recht findet danach Anwendung, wenn der Rechtsgrund erst nach dem 31.12.2001 weggefallen ist. Fällt der Rechtsgrund dagegen rückwirkend weg, ist der Zeitpunkt der Leistung maßgeblich; das Schuldverhältnis entsteht in diesem Fall mit der Gewährung des Vermögensvorteils.[94]

Auch bei der **Zweckverfehlungskondiktion** (§ 812 Abs. 1 S. 2 Alt. 2 BGB) kann nicht auf den Zeitpunkt der Vermögensverschiebung abgestellt werden. Maßgeblich ist vielmehr der Nichteintritt des bezweckten Erfolges.[95] Grund ist auch hier, dass erst mit der Zweckverfehlung alle Voraussetzungen für die Entstehung des bereicherungsrechtlichen Tatbestandes erfüllt sind.

Der Entstehungstatbestand der **Eingriffskondiktion** (§ 812 Abs. 1 S. 1 Alt. 2 BGB) ist in dem Zeitpunkt vollendet, in dem der Schuldner sich die geschützte Rechtsposition des Gläubigers zu Eigen macht.[96]

III. Rechtsfolgen (S. 1)

1. Anwendbares Recht. Nach S. 1 gelten für Schuldverhältnisse, die vor dem 1.1.2002 entstanden sind (vgl. Rn 23 ff.), weiterhin das BGB sowie die bis zu diesem Zeitpunkt bestehenden Sonderregelungen des AGBG, des HGB, des VerbrKrG, des FernAbsG, des FernUSG, des HWiG, des TzWrG, der VO über Kundeninformationspflichten, der VO über Informationspflichten von Reiseveranstaltern und der ViehhauptmängelVO in der bis zum 31.12.2001 gültigen Fassung. Für Schuldverhältnisse, die auf einen einmaligen Leistungsaustausch gerichtet sind, gilt dies ohne zeitliche Einschränkung. Soweit Dauerschuldverhältnisse in Rede stehen, die noch vor dem 1.1.2002 entstanden sind, findet S. 1 zunächst ebenfalls Anwendung (vgl. Rn 53, 58), die Fortgeltung alten Rechts ist jedoch auf die Zeit bis zum 31.12.2002 beschränkt (näher bei Rn 59 ff.).

---

89 Vgl. Palandt/*Heinrichs*, Art. 229 § 5 EGBGB Rn 4; *Medicus* in: Haas/Medicus/Rolland/Schäfer/Wendtland, a.a.O., S. 79, 86 f. (Rn 21), die aus diesem Grund auch keine Stellung nehmen zu der Frage, wann der Entstehungstatbestand der c.i.c. im Sinne des Art. 229 § 5 S. 1 verwirklicht ist.

90 Ebenso Henssler/von Westphalen/*Bereska*, Praxis der Schuldrechtsreform, 2. Aufl. 2003, Art. 229 § 5 EGBGB Rn 11; Palandt/*Heinrichs*, Art. 229 § 5 EGBGB Rn 4; Staudinger/*Löwisch*, Art. 229 § 5 EGBGB Rn 18; Erman/*Schmidt-Räntsch*, Anh. Einl. § 241 (Art. 229 § 5) Rn 6; vgl. auch *Heß*, Intertemporales Privatrecht, 1998, S. 167.

91 So Henssler/von Westphalen/*Bereska*, a.a.O., Art. 229 § 5 EGBGB Rn 11; Palandt/*Heinrichs*, Art. 229 § 5 EGBGB Rn 4; Staudinger/*Löwisch*, Art. 229 § 5 EGBGB Rn 20; Erman/*Schmidt-Räntsch*, Anh. Einl. § 241 (Art. 229 § 5) Rn 6. Ebenso zu Art. 232 § 1: Staudinger/*Rauscher*, Art. 232 § 1 EGBGB Rn 51.

92 So aber wohl Staudinger/*Löwisch*, Art. 229 § 5 EGBGB Rn 20, der im Fall des Fehlschlagens eines vor dem 1.1.2002 geschlossenen Vertrages auf den Zeitpunkt der Vermögensverschiebung abstellt, um den für die Entstehung des bereicherungsrechtlichen Rückabwicklungsverhältnisses maßgeblichen Moment zu bestimmen. Zu der hier vertretenen Ansicht vgl. aber auch *Heß*, Intertemporales Privatrecht, 1998, S. 167 (Zeitpunkt des nachträglichen Wegfalls des Rechtsgrundes).

93 Vgl. etwa die bei Palandt/*Sprau*, § 812 BGB Rn 8, genannten Beispiele der vorzeitigen Beendigung eines Miet- oder Leihvertrages.

94 Insoweit übereinstimmend Staudinger/*Löwisch*, Art. 229 § 5 EGBGB Rn 20.

95 Vgl. *Heß*, Intertemporales Privatrecht, 1998, S. 167.

96 Vgl. *Heß*, Intertemporales Privatrecht, 1998, S. 167.

48 Eine Sonderregelung für die Kontrolle Allgemeiner Geschäftsbedingungen in Verträgen, die vor In-Kraft-Treten des AGBG am 1.4.1977 geschlossen worden sind, ist abweichend von der Fassung des Regierungsentwurfs[97] nicht mehr vorgesehen. Die insofern maßgebliche **Überleitungsvorschrift** des bisherigen **§ 28 Abs. 2 AGBG** findet nach S. 1 aufgrund der Verweisung auf das AGBG in der am 31.12.2001 geltenden Fassung ohnehin weiter Anwendung, so dass es einer darüber hinausgehenden Übergangsbestimmung nicht bedurfte.[98] Entsprechendes gilt für die Überleitungsvorschriften des § 6 FernAbsG, § 27 FernUSG, § 9 HWiG, § 11 TzWrG und § 19 VerbrKrG.[99]

49 Gleichfalls anwendbar bleiben die dem S. 1 zeitlich vorgehenden **Übergangsregelungen des EGBGB**.[100] Dies ergibt sich zwar nicht unmittelbar aus der Formulierung des S. 1, der nicht auf das EGBGB verweist, und kann auch aus der Klausel in S. 1 a.E. „soweit nicht ein anderes bestimmt ist" nicht abgeleitet werden, da sich dieser Vorbehalt nur auf die Regelungen in S. 2 sowie auf Art. 229 §§ 6 und 7 bezieht (vgl. Rn 4). Jedoch bestimmt S. 1 die Anwendbarkeit des BGB in der bis zum 31.12.2001 geltenden Fassung. Zu den Vorschriften, die an diesem Tag Geltung beanspruchten, gehören auch jene Regelungen einer älteren Fassung des BGB, die aufgrund des intertemporalen Kollisionsrechts in bestimmten Altfällen weiterhin anwendbar sind.[101] Anderenfalls käme es zu einer nicht zu rechtfertigenden Rückwirkung der am 31.12.2001 aktuell gültigen Fassung des materiellen Rechts auf Schuldverhältnisse, die bis zu diesem Tag einer älteren Fassung unterlagen (vgl. hierzu auch Rn 1). Eine derartige Zielsetzung ist auch den Gesetzesmaterialien nicht zu entnehmen; vielmehr sollte der Rechtszustand, wie er am 31.12.2001 bestand, für die betreffenden Schuldverhältnisse grundsätzlich auch nach diesem Tag fortbestehen – unabhängig davon, welche Gesetzesfassung damit zur Anwendung kommt.

50 **2. Reichweite. a) Wirksamkeit, Inhalt und Abwicklung des Schuldverhältnisses.** Findet nach S. 1 altes Recht Anwendung, so betrifft dies grundsätzlich das gesamte Schuldverhältnis, auch wenn einzelne daraus resultierende Ansprüche erst nach dem 31.12.2001 entstanden sein sollten.[102] Von Bedeutung sind die bisherigen Vorschriften daher nicht nur für die **Begründung** der (gesetzlichen) Schuldverhältnisse bzw. die Wirksamkeit der (ein- oder zweiseitigen) Rechtsgeschäfte,[103] sondern auch für den **Inhalt** und die **Abwicklung** der Verpflichtungen.[104] Hierunter fallen u.a. der Umfang der Leistungspflicht, die Voraussetzungen und Folgen einer Leistungsstörung,[105] die Modalitäten der Erfüllung, das Erlöschen des Schuldverhältnisses, die Voraussetzungen und Wirkungen eines Rücktrittsrechts sowie das Bestehen und die Geltendmachung von Einreden oder Einwendungen.[106] Auch ein nach dem 31.12.2001 vorgenommener **Schuldner- oder Gläubigerwechsel** hat keinen Einfluss auf die Unterstellung des Schuldverhältnisses unter das alte Recht.[107] Gleiches gilt im Hinblick auf die **Abtretung** einer aus einem Altschuldverhältnis resultierenden Forderung.[108] Die Fortgeltung alten Rechts bezieht sich in den letztgenannten Fällen allerdings nur auf das vor dem 1.1.2002 entstandene Schuldverhältnis; der nach dem 31.12.2001 geschlossene Abtretungsvertrag

---

97 Vgl. hierzu BT-Drucks 14/6040, S. 273 sowie die Beschlussempfehlung des Rechtsausschusses, BT-Drucks 14/7052, S. 207.
98 Vgl. auch *Heinrichs*, NZM 2003, 6, 7.
99 BT-Drucks 14/6040, S. 273; Palandt/*Heinrichs*, Art. 229 § 5 EGBGB Rn 5.
100 Im Erg. ebenso Staudinger/*Löwisch*, Art. 229 § 5 EGBGB Rn 4; Erman/*Schmidt-Räntsch*, Anh. Einl. § 241 (Art. 229 § 5) Rn 2.
101 Vgl. *Schimmel/Meyer*, NJW 2004, 1633, 1634 zu der ähnlichen Formulierung in S. 2.
102 BAG NZA 2004, 597, 600; BAG, Urt. v. 27.11.2003 –2 AZR 177/03 JURIS-Dok.-Nr. KARE600010463; LAG Köln NZA-RR 2003, 406, 407; LAG Rheinland-Pfalz, Urt. v. 19.12.2003–8 Sa 772/03 JURIS-Dok.-Nr. KARE600010300; *Heß*, NJW 2002, 253, 255; Erman/*Schmidt-Räntsch*, Anh. Einl. § 241 (Art. 229 § 5) Rn 8. Ebenso zu Art. 232 § 1: *Heß*, Intertemporales Privatrecht, 1998, S. 144; BGH DtZ 1996, 140, 141; Palandt/*Heinrichs*, Art. 232 § 1 EGBGB Rn 5; MüKo/*Heinrichs*, Art. 232 § 1 EGBGB Rn 11; Staudinger/*Rauscher*, Art. 232 § 1 EGBGB Rn 52; zu Art. 170: MüKo/*Heinrichs*, Art. 170 EGBGB Rn 6; Staudinger/*Kanzleiter/Hönle*, Art. 170 EGBGB Rn 10.
103 Vgl. Palandt/*Heinrichs*, Art. 232 § 1 EGBGB Rn 5; MüKo/*Heinrichs*, Art. 232 § 1 EGBGB Rn 12; Staudinger/*Rauscher*, Art. 232 § 1 EGBGB Rn 52; Staudinger/*Kanzleiter/Hönle*, Art. 170 EGBGB Rn 12.
104 BAG NZA 2004, 597, 600; BAG, Urt. v. 27.11.2003 –2 AZR 177/03 JURIS-Dok.-Nr. KARE600010463; Palandt/*Heinrichs*, Art. 229 § 5 EGBGB Rn 5; *Heß*, NJW 2002, 253, 255; Staudinger/*Löwisch*, Art. 229 § 5 EGBGB Rn 29; Erman/*Schmidt-Räntsch*, Anh. Einl. § 241 (Art. 229 § 5) Rn 8. Vgl. auch Soergel/*Hartmann*, Art. 232 § 1 EGBGB Rn 3; Palandt/*Heinrichs*, Art. 232 § 1 EGBGB Rn 7; MüKo/*Heinrichs*, Art. 232 § 1 EGBGB Rn 13; MüKo/*Heinrichs*, Art. 170 EGBGB Rn 6.
105 LAG Frankfurt, Urt. v. 28.11.12003–17 Sa 1066/03 JURIS-Dok.-Nr. KARE600010141.
106 Hierzu und zu weiteren Bsp. vgl. auch Palandt/*Heinrichs*, Art. 232 § 1 EGBGB Rn 7; MüKo/*Heinrichs*, Art. 232 § 1 EGBGB Rn 13; Staudinger/*Kanzleiter/Hönle*, Art. 170 EGBGB Rn 12.
107 Staudinger/*Löwisch*, Art. 229 § 5 EGBGB Rn 25; Erman/*Schmidt-Räntsch*, Anh. Einl. § 241 (Art. 229 § 5) Rn 7; vgl. auch Staudinger/*Kanzleiter/Hönle*, Art. 170 EGBGB Rn 12.
108 Staudinger/*Löwisch*, Art. 229 § 5 EGBGB Rn 25.

bzw. die dem Schuldner- oder Gläubigerwechsel zugrunde liegenden Abreden richten sich als neue Schuldverhältnisse ausschließlich nach neuem Recht (vgl. hierzu auch Rn 51 f.).[109]

b) Nachträgliche Änderungen. Nicht mehr von den zur Zeit des Vertragsschlusses geltenden Regelungen erfasst sind hingegen neue Umstände, die von außen auf das Schuldverhältnis einwirken und dieses nachträglich verändern.[110] In derartigen Fällen findet auf den die Veränderung bewirkenden Tatbestand, unabhängig von dem modifizierten Schuldverhältnis, das im Zeitpunkt der nachträglichen Vornahme gültige Recht Anwendung.[111] Tritt das Ereignis erst nach dem 31.12.2001 ein, sind für dessen Bewertung mithin ausschließlich die Regelungen des neuen Rechts heranzuziehen. Dies betrifft etwa die Wirkungen von **Schuldanerkenntnis** und **Vergleich**,[112] den **Schuldbeitritt**, die nachträgliche **Verlängerung**[113] oder die vorzeitige **Aufhebung des Vertrages**,[114] Voraussetzungen und Wirkung eines **Erfüllungsgeschäftes** sowie einer **Vertragsübernahme** bzw. eines sonstigen Wechsels der Vertragsparteien. Von wesentlicher Bedeutung ist die Unanwendbarkeit alten Rechts in diesen Fällen allerdings nicht, da die Schuldrechtsreform die genannten Punkte im Wesentlichen unberührt gelassen hat. Soweit die Problematik bislang in der Rechtsprechung relevant geworden ist, stand im Wesentlichen die Anwendbarkeit der §§ 305 ff. und 312, 355 BGB in Rede. Bedeutung gewinnen können darüber hinaus aber auch die Änderungen der §§ 121 und 124 BGB, sofern eine nachträglich das Schuldverhältnis ändernde Abrede angefochten wird;[115] die maßgebliche Überleitungsvorschrift wäre dann allerdings nicht Art. 229 § 5, sondern Art. 229 § 6 (siehe dort Rn 65 ff.).

51

Die Anwendbarkeit neuen Rechts auf solche Umstände, die das Schuldverhältnis nachträglich (d.h. nach dem 31.12.2001) verändern, führt jedoch nicht dazu, dass im gegebenen Fall auch die unmodifizierten Teile neuem Recht zu unterstellen wären. Grundsätzlich bleiben auf diese weiterhin die im Zeitpunkt der Entstehung des Schuldverhältnisses gültigen Regelungen anwendbar.[116] Nur dann, wenn sich das Rechtsgeschäft infolge der nachträglichen Modifikationen letztlich als neuer Vertrag darstellt, sind auf diesen insgesamt die neuen Regelungen zur Anwendung zu bringen.[117] Unabhängig davon steht es den Parteien natürlich frei, das Schuldverhältnis in Verbindung mit dessen Abänderung kraft Rechtswahl als Ganzes neuem Recht zu unterstellen (zur Wahl neuen Rechts vgl. auch Rn 10 ff.). Eine solche parteiautonome Entscheidung für die Anwendung des reformierten Schuldrechts kann ggf. auch konkludent durch die Neugestaltung des Rechtsverhältnisses erfolgen.[118]

52

3. Dauerschuldverhältnisse (S. 2). a) Verschiebung des Überleitungszeitpunkts. S. 2 bestimmt, dass auf Dauerschuldverhältnisse, die vor dem 1.1.2002 entstanden sind, **ab dem 1.1.2003 neues Recht** anzuwenden ist. Bis zu diesem Zeitpunkt gelten das BGB und die in S. 1 genannten Sondergesetze in der bis zum 31.12.2001 gültigen Fassung. Dadurch sollte den Parteien die Möglichkeit gegeben werden, ihre

53

---

109 Staudinger/*Löwisch*, Art. 229 § 5 EGBGB Rn 25; *Rolland* in: Haas/Medicus/Rolland/Schäfer/Wendtland, a.a.O., S. 371, 372 (Rn 7).
110 BAG NZA 2004, 597, 600. Vgl. auch Palandt/*Heinrichs*, Art. 232 § 1 EGBGB Rn 8; MüKo/*Heinrichs*, Art. 232 § 1 EGBGB Rn 14; Staudinger/*Rauscher*, Art. 232 § 1 EGBGB Rn 93; Staudinger/*Kanzleiter/Hönle*, Art. 170 EGBGB Rn 11.
111 Staudinger/*Löwisch*, Art. 229 § 5 EGBGB Rn 23; insoweit übereinstimmend auch *Heß*, NJW 2002, 253, 255; *Medicus* in: Haas/Medicus/Rolland/Schäfer/Wendtland, a.a.O., S. 79, 87 (Rn 22).
112 Staudinger/*Löwisch*, Art. 229 § 5 EGBGB Rn 26.
113 Staudinger/*Löwisch*, Art. 229 § 5 EGBGB Rn 24.
114 BAG NZA 2004, 597, 600; BAG, Urt. v. 27.11.2003 -2 AZR 177/03 JURIS-Dok.-Nr. KARE600010463 (beide zur Frage des anwendbaren Rechts auf nachträgliche Vereinbarungen über die Beendigung eines Arbeitsverhältnisses); LAG Mainz, Urt. v. 23.7.2003-9 Sa 444/03 JURIS-Dok.-Nr. KARE600009276 (Aufhebungsvertrag); *Mengel*, BB 2003, 1278, 1279. A.A. LAG Köln NZA-RR 2003, 406, 407; LAG Mainz, Urt. v. 19.12.2003-8 Sa 772/03 JURIS-Dok.-Nr. KARE600010300; LAG Potsdam ZIP 2003, 1214, 1215: Nach dem 31.12.2001 getroffene Vereinbarungen über die Beendigung eines vor dem 1.1.2002 geschlossenen Arbeitsvertrages unterliegen als *actus contrarius* ebenfalls altem Recht; LAG Chemnitz, Urt. v. 30.9.2003-5 Sa 184/03 JURIS-Dok.-Nr. KARE600009877 (Abwicklungsvertrag); Palandt/*Heinrichs*, Art. 229 § 5 EGBGB Rn 7; *Kienast/Schmiedl*, DB 2003, 1440, 1442; Erman/*Schmidt-Räntsch*, Anh. Einl. § 241 (Art. 229 § 5) Rn 7.
115 Vgl. BAG NZA 2004, 597, 599; LAG Hamm NZA-RR 2003, 401 f., jeweils allerdings ohne Hinweis auf die insoweit bestehende Übergangsproblematik.
116 Palandt/*Heinrichs*, Art. 232 § 1 EGBGB Rn 3; *Hertel*, S. 427; Staudinger/*Löwisch*, Art. 229 § 5 EGBGB Rn 23; Erman/*Schmidt-Räntsch*, Anh. Einl. § 241 (Art. 229 § 5) Rn 7. A.A. *Heß*, NJW 2002, 253, 255; *Medicus* in: Haas/Medicus/Rolland/Schäfer/Wendtland, a.a.O., S. 79, 87 (Rn 22): Im Regelfall sei davon auszugehen, dass eine Änderung des alten Schuldverhältnisses nach dem 31.12.2001 zu der Anwendbarkeit neuen Rechts auf das gesamte Rechtsverhältnis führt.
117 Palandt/*Heinrichs*, Art. 232 § 1 EGBGB Rn 3; *Hertel*, S. 427; Erman/*Schmidt-Räntsch*, Anh. Einl. § 241 (Art. 229 § 5) Rn 7. Vgl. auch Staudinger/*Löwisch*, Art. 229 § 5 EGBGB Rn 24 für den Fall der Novation oder der Bestätigung nichtiger Rechtsgeschäfte gem. § 141 BGB.
118 Palandt/*Heinrichs*, Art. 232 § 1 EGBGB Rn 3; *Hertel*, S. 427; Staudinger/*Löwisch*, Art. 229 § 5 EGBGB Rn 24.

Verträge an die geänderte Rechtslage anzupassen (vgl. Rn 11 f.). Machen sie hiervon bis zum 31.12.2002 keinen Gebrauch, finden ab dem Stichtag die neuen Vorschriften Anwendung. Dies kann ggf. zu einer Änderung des Vertragsinhaltes führen, wenn die Parteien für einzelne Fragen keine individuelle Abrede getroffen haben und das dispositive Recht in den betreffenden Punkten von den bisherigen Regelungen abweicht. Entsprechendes gilt, wenn die Vertragspartner zwar eine individualvertragliche Regelung getroffen haben, diese aber den zwingenden Vorschriften des neuen Rechts widerspricht. In dem Fall sind die abweichenden Vertragsbestimmungen nach dem Stichtag gem. § 134 BGB nichtig. Zur Anwendung kommen die zwingenden neuen Normen.

54 Der Gesetzgeber hat den Parteien eine **einjährige Übergangsfrist** zur Anpassung ihres Dauerschuldverhältnisses an das neue Recht eingeräumt.[119] Den Parteien steht es jedoch offen, durch eine kollisionsrechtliche Rechtswahl (siehe Rn 10 ff.) ihr dem bisherigen Recht unterstehendes Dauerschuldverhältnis schon vor dem 1.1.2003 dem neuen Recht zu unterstellen. Wird die Wahl des neuen Rechts nach dem 1.1.2002 erklärt, dann können die Parteien eine rückwirkende Anwendung des neuen Rechts ausdrücklich oder stillschweigend vereinbaren (siehe Rn 17 f.). Von der Befugnis zur rückwirkenden Wahl des neuen Rechts ist auszugehen, da es den Parteien offen stehen muss, alle ihre Rechtsverhältnisse mit Wirkung zu einem Stichtag einheitlich neu zu ordnen. Zur Grenze der drittbelastenden Rechtswahl siehe Rn 15.

55 **b) Begriff des Dauerschuldverhältnisses.** Der Begriff des Dauerschuldverhältnisses ist gesetzlich nicht definiert. Obwohl sich der Terminus außer in S. 2 auch an verschiedenen Stellen im BGB findet (vgl. §§ 308 Nr. 3, 309 Nr. 1 und 9, 313 Abs. 3 S. 2 und 314 Abs. 1 S. 1 BGB), hat der Gesetzgeber bewusst auf eine Legaldefinition verzichtet. Um Abgrenzungsschwierigkeiten zu vermeiden und eine mögliche Weiterentwicklung nicht zu behindern, soll ausweislich der Begründung des Regierungsentwurfs auch nach der Schuldrechtsreform auf die in Rechtsprechung und Literatur verwendeten Kriterien zurückgegriffen werden.[120] Nach diesen sollen sich Dauerschuldverhältnisse grundsätzlich dadurch auszeichnen, dass während ihrer Laufzeit fortwährend neue Leistungs- und Schutzpflichten entstehen und dem Zeitaspekt besondere Bedeutung zukommt.[121] Unstreitig als Dauerschuldverhältnisse anzusehen seien daher insbesondere **Miet-, Pacht-, Leih-, Verwahrungs-** und **Versicherungsverträge** sowie **Dienst-, Arbeits-**[122] und **Gesellschaftsverträge**. Hinzu kommen sollen nicht normierte Vertragsverhältnisse wie etwa **Leasingverträge, Belegarztverträge** oder **Bezugsverträge**, aber auch solche Schuldverhältnisse, die nicht auf gegenseitigen Verträgen beruhen, wie z.B. **Unterwerfungserklärungen aus Wettbewerbsverhältnissen**.[123] Offen gelassen wurde die Einordnung von Ratenlieferungs- und Darlehensverträgen sowie von Langzeitverträgen, Bürgschaften und kumulativer Schuldübernahme.[124]

56 Ob das dem materiellen Recht, insbesondere dem § 314 BGB, zugrunde gelegte Begriffsverständnis auch im Rahmen des S. 2 Gültigkeit beanspruchen soll, ist den Gesetzgebungsmaterialien nicht zu entnehmen. In der Literatur wird die Frage streitig behandelt. Verbreitet findet sich die Auffassung, der Begriff des Dauerschuldverhältnisses sei in S. 2 nicht anders zu verstehen als im materiellen Recht, so dass die Umstellung auf das neue Recht am 1.1.2003 lediglich diejenigen Altschuldverhältnisse betreffe, die auch materiellrechtlich als Dauerschuldverhältnisse gelten.[125] Dem wird entgegengehalten, der kollisionsrechtliche Begriff des Dauerschuldverhältnisses könne nicht unbesehen mit jenem des materiellen Rechts gleichgesetzt werden.[126] Vielmehr habe sich die Auslegung des S. 2 an dem Zweck der Norm zu orientieren, einer parallelen Anwendung neuen und alten Rechts auf unbestimmte Zeit entgegenzuwirken und möglichst schnell intertemporale Rechtseinheit herzustellen.[127] Angesichts dieser Zielsetzung sei das kollisionsrechtliche Verständnis des Dauerschuldverhältnisses weiter als jenes des materiellen Rechts und nehme über die in §§ 308 Nr. 3, 309 Nr. 1 und 9, 313 Abs. 3 S. 2 und 314 Abs. 1 S. 1 BGB erfassten Rechtsgeschäfte

---

119 BT-Drucks 14/6040, S. 273.
120 BT-Drucks 14/6040, S. 177 f.
121 BT-Drucks 14/6040, S. 176 f.
122 Vgl. auch LAG Chemnitz, Urt. v. 30.9.2003 – 5 Sa 184/03 JURIS-Dok.-Nr. KARE600009877; LAG Köln NZA-RR 2003, 406, 407; LAG Mainz, Urt. v. 19.12.2003 – 8 Sa 772/03 JURIS-Dok.-Nr. KARE600010300; *Wisskirchen/Stühm*, DB 2003, 2225 (auch befristete Arbeitsverhältnisse und solche mit fester Altersgrenze).
123 BT-Drucks 14/6040, S. 177.
124 BT-Drucks 14/6040, S. 178.
125 *Medicus* in: Haas/Medicus/Rolland/Schäfer/Wendtland, a.a.O., S. 79, 87 (Rn 24) (Zugrundelegung des bisherigen Begriffsverständnisses); Erman/*Schmidt-Räntsch*, Anh. Einl. § 241 (Art. 229 § 5) Rn 11 (Begriff des Dauerschuldverhältnisses ist in § 313 Abs. 3 BGB und in Art. 229 § 5 S. 2 gleich auszulegen); wohl auch Henssler/von Westphalen/*Bereska*, Praxis der Schuldrechtsreform, 2. Aufl. 2003, Art. 229 § 5 EGBGB Rn 12; Palandt/*Heinrichs*, Art. 229 § 5 EGBGB Rn 7; *Rolland* in: Haas/Medicus/Rolland/Schäfer/Wendtland, a.a.O., S. 371, 372 (Rn 9); *Wagner*, ZfIR 2002, 257, 258.
126 Vgl. *Armbrüster/Wiese*, DStR 2003, 334, 335; *Heß*, NJW 2002, 253, 256; *Kirsch*, NJW 2002, 2520, 2521, 2523; Staudinger/*Löwisch*, Art. 229 § 5 EGBGB Rn 33 ff.
127 So zuerst *Heß*, NJW 2002, 253, 256.

hinaus auch gesetzliche Schuldverhältnisse[128] sowie weitere Vertragstypen in Bezug, sofern die vertragliche Beziehung nur von gewisser Dauer und ausreichender Intensität sei.[129] Wie weit dieser Kreis zu ziehen ist, wird dann allerdings nicht einheitlich bewertet.[130]

Konsens besteht damit zurzeit nur insofern, als allgemein angenommen wird, dass S. 2 jedenfalls jene Dauerschuldverhältnisse erfasst, die auch materiellrechtlich als solche gelten. Inwieweit die Rechtsprechung die Ausweitung des Begriffs des Dauerschuldverhältnisses im intertemporalen Kollisionsrechts nachvollziehen wird, ist zurzeit noch völlig offen.

c) Rahmenverträge. Die in S. 2 vorgesehene Verschiebung des Überleitungszeitpunkts kann für die Zeit zwischen dem 31.12.2001 und dem 1.1.2003 zu Anwendungsschwierigkeiten führen, wenn ein vor dem 1.1.2002 begründetes Dauerschuldverhältnis als Rahmenvertrag (z.B. Factoringvertrag, Franchisevertrag oder Vertragshändlervertrag) konzipiert wurde. Stellt die Wahrnehmung der darin vorgesehenen Einzelleistungen jeweils den Abschluss eines eigenständigen Vertrages dar (z.B. einen Kauf- oder Bezugsvertrag), unterliegt der Rahmenvertrag nach S. 2 bis zum 31.12.2002 altem Recht, wohingegen nach S. 1 die Einzelverträge ab dem 1.1.2002 bereits neuem Recht unterfallen würden.[131] Dies zieht vor allem mit Blick auf die zwingenden Normen des neuen Rechts unter Umständen Wertungswidersprüche nach sich, die die Abwicklung der Vertragsverhältnisse erheblich erschweren können. Sollten die Parteien angesichts der zu erwartenden Friktionen den Rahmenvertrag und die Einzelverträge nicht ohnehin schon zum 1.1.2002 angepasst haben, können sie eine Angleichung auch noch nachträglich durch Vereinbarung einer rückwirkenden Anwendung des neuen Rechts erreichen (vgl. Rn 17 f.).[132] 57

d) Anwendbares Recht. Dauerschuldverhältnisse, die vor dem 1.1.2002 entstanden sind, unterliegen **bis zum 31.12.2002** weiterhin altem Recht in dem in S. 1 bezeichneten Umfang (vgl. Rn 47). Insofern unterscheiden sich Dauerschuldverhältnisse zunächst nicht von jenen Altschuldverhältnissen, die auf den einmaligen Austausch von Leistungen gerichtet sind. 58

Am 1.1.2003 kam es gem. S. 2 dann zu einem Statutenwechsel. Mit dem Stichtag fanden anstelle der in S. 1 aufgeführten Gesetze nur noch das BGB, das HGB, das FernUSG und die BGB-InfoV in der an diesem Tag geltenden Fassung Anwendung. 59

Nicht mehr verwiesen wird damit auf **§ 28 Abs. 2 AGBG**. Die Übergangsregelung, die für vor dem 1.4.1977 abgeschlossene Verträge eine Inhaltskontrolle ausschließlich nach § 9 AGBG vorsah, fand über S. 1 trotz Aufhebung des AGBG zunächst auch nach dem 31.12.2001 auf Altverträge weiter Anwendung. Für Dauerschuldverhältnisse, für die am 1.1.2003 die Überleitung nach S. 2 eingreift, findet sich eine dem S. 1 entsprechende Verweisung auf die Regelung des § 28 Abs. 2 AGBG jedoch nicht mehr. Gültigkeit besitzen seit dem 1.1.2003 auch für alte Dauerschuldverhältnisse (einschließlich jener, die vor dem 1.4.1977 entstanden sind) nur noch die §§ 305 ff. BGB.[133] Soweit die Neuregelungen von den Vorgaben des alten Rechts abweichen, kann dies zur Unwirksam bislang gesetzeskonformer Klauseln führen. 60

Den neuen Vorschriften kommt allerdings nur **Wirkung** *ex nunc* zu (unechte Rückwirkung, vgl. Rn 2).[134] AGB, die unter altem Recht wirksam einbezogen wurden, bleiben dies daher auch dann, wenn die Voraussetzungen der §§ 305 f. BGB nicht erfüllt sein sollten.[135] Sofern durch das SchuldRModG neue Klauselverbote eingeführt worden sind, müssen sich ab dem 1.1.2003 jedoch auch Altverträge an diesen 61

---

128 Staudinger/*Löwisch*, Art. 229 § 5 EGBGB Rn 34, 39 (z.B. familienrechtliche Unterhaltspflichten; Testamentsvollstreckung, Insolvenzverwaltung).
129 *Heß*, NJW 2002, 253, 256; *Kirsch*, NJW 2002, 2520, 2523; vgl. auch *Schmidt-Kessel*, ZGS 2002, 311, 318.
130 Vgl. *Anker/Zacher*, BauR 2002, 1772, 1775: Werkverträge, sofern am 1.1.2003 noch nicht erfüllt worden ist; *Armbrüster/Wiese*, DStR 2003, 334, 335 f., 342: Einbezogen sind Sukzessivlieferungsverträge, sofern die Gesamtliefermenge zunächst nicht bestimmt ist; nicht von S. 2 erfasst sind hingegen Langfrist- sowie Raten- und Teillieferungsverträge; weiter dagegen *Heß*, NJW 2002, 253, 256: Sukzessivlieferungsverträge sind erfasst, sofern sich die Abnahme (auch eines bestimmten) Gesamtkontingents über längere Zeit hinziehen soll; ähnlich *Kirsch*, NJW 2002, 2520, 2523: Alle Vertriebsvereinbarungen und Langzeitlieferverträge, auch wenn bestimmte Abnahmekontingente oder eine feste Abnahmemenge vereinbart ist; Staudinger/*Löwisch*, Art. 229 § 5 EGBGB Rn 36: Vertriebs- und Zulieferverträge; nicht erfasst sind hingegen Termingeschäfte sowie im Regelfall Werkverträge (Rn 37).
131 Vgl. *Ziegler/Rieder*, ZIP 2001, 1789, 1793.
132 Vgl. *Kirsch*, NJW 2002, 2520, 2523.
133 *Armbrüster/Wiese*, DStR 2003, 334, 338; *Heinrichs*, NZM 2003, 6, 7.
134 Staudinger/*Löwisch*, Art. 229 § 5 EGBGB Rn 44.
135 *Armbrüster/Wiese*, DStR 2003, 334, 338; *Heinrichs*, NZM 2003, 6, 8 unter Hinweis auf den neuen § 305 Abs. 2 Nr. 2 BGB.

messen lassen; Wirkung kommt einem Verstoß gegen die Neuregelungen aber nur für die Zeit nach dem 31.12.2002 zu;[136] für den Zeitraum vor dem 1.1.2003 bleibt die betreffende Klausel weiterhin wirksam.[137]

62 Durch S. 2 unberührt geblieben sind die dem Art. 229 § 5 zeitlich vorgehenden Übergangsregelungen in **Art. 229 § 2 Abs. 1**[138] und in **Art. 229 § 3**.[139] Praktische Bedeutung gewonnen hat die Frage des Konkurrenzverhältnisses vor allem in Bezug auf Art. 229 § 3 Abs. 10, der die Anwendbarkeit des § 573c Abs. 4 BGB auf vor dem 1.9.2001 abgeschlossene Mietverträge regelt.[140] Wäre S. 2 hier der Vorrang einzuräumen vor der Vorschrift des Art. 229 § 3 Abs. 10, hätte dies zur Folge, dass in Altverträgen zulasten des Mieters von der Kündigungsfrist nach § 573c Abs. 1 S. 1 BGB abweichende Vereinbarungen mit Ablauf des 31.12.2002 unwirksam geworden wären.[141] Diese Konsequenz dürfte jedoch weder vom Gesetzgeber intendiert gewesen sein, noch ist sie zwingend aus S. 2 zu folgern.[142] Die Vorschriften der Art. 229 §§ 3 und 5 haben unterschiedliche Regelungsbereiche und konkurrieren nicht mit-, sondern stehen nebeneinander.[143]

63 Streitig ist auch die Frage, in welchem Verhältnis S. 2 zu **Art. 229 § 9** (Überleitungsvorschrift zum OLG-Vertretungsänderungsgesetz) steht. Verschiedentlich wird S. 2 als vermeintlich speziellerer Regelung der Vorrang vor Art. 229 § 9 eingeräumt mit der Folge, dass sämtliche durch das OLG-Vertretungsänderungsgesetz eingefügten Neuerungen am 1.1.2003 auch auf Altverträge Anwendung finden sollen.[144] Überzeugender erscheint jedoch auch hier, bei Dauerschuldverhältnissen, die vor dem 1.1.2002 entstanden sind, die Regelung des Art. 229 § 9 als *lex specialis* zu S. 2 zu betrachten.[145] Für die am 1.1.2003 nach S. 2 übergeleiteten Altschuldverhältnisse kann daher lediglich § 355 Abs. 2 BGB nach Maßgabe des Art. 229 § 9 Abs. 2 Bedeutung gewinnen.[146] Den in Art. 229 § 9 Abs. 1 genannten Vorschriften, die bis zum 31.12.2002 auf vor dem 1.1.2002 entstandene (Dauer-)Schuldverhältnisse keine Anwendung fanden, kommt hingegen auch nach dem Stichtag nicht über S. 2 Wirkung zu.

64 Sofern die in S. 2 genannten Gesetze **nach dem 31.12.2002 geändert** werden, ist eine Anwendung dieser Neuerungen auch auf die zum 1.1.2003 übergeleiteten Dauerschuldverhältnisse nicht ausgeschlossen. Bei der in S. 2 ausgesprochenen Verweisung auf die am 1.1.2003 geltenden Gesetze handelt es sich um eine **dynamische Verweisung**.[147] Nachträgliche Änderungen sind daher nach Maßgabe der für diese vorgesehenen Übergangsregelungen zu beachten.

Art. 229 § 6 Überleitungsvorschrift zum Verjährungsrecht nach dem Gesetz zur Modernisierung des Schuldrechts vom 26. November 2001

(1) ¹Die Vorschriften des Bürgerlichen Gesetzbuchs über die Verjährung in der seit dem 1. Januar 2002 geltenden Fassung finden auf die an diesem Tag bestehenden und noch nicht verjährten Ansprüche Anwendung. ²Der Beginn, die Hemmung, die Ablaufhemmung und der Neubeginn der Verjährung bestimmen sich jedoch für den Zeitraum vor dem 1. Januar 2002 nach dem Bürgerlichen Gesetzbuch in der bis zu diesem Tag geltenden Fassung. ³Wenn nach Ablauf des 31. Dezember 2001 ein Umstand eintritt, bei dessen Vorliegen nach dem Bürgerlichen Gesetzbuch in der vor dem 1. Januar 2002

---

136 Zur Frage einer möglichen geltungserhaltenden Reduktion der nach neuem Recht beanstandeten Klausel vgl. *Armbrüster/Wiese*, DStR 2003, 334, 338 (Aufrechterhaltung in dem nach §§ 305 ff. BGB erlaubten Maße grds. zulässig); *Wisskirchen/Stühm*, DB 2003, 2225, 2227; dagegen *Heinrichs*, NZM 2003, 6, 9 (keine geltungserhaltende Reduktion im Fall nachträglicher Gesetzesänderungen).
137 Staudinger/*Löwisch*, Art. 229 § 5 EGBGB Rn 44 (nach neuem Recht unwirksame allgemeine Arbeitsbedingungen besitzen bis zum 31.12.2002 Gültigkeit).
138 *Armbrüster/Wiese*, DStR 2003, 334, 339.
139 Oben, *Klein-Blenkers*, Art. 229 § 3 EGBGB Rn 6, 61; *Maciejewski*, MM 2004, 165. A.A. AG Villingen-Schwenningen, Urt. v. 8.6.2004 – 7 C 635/03 JURIS-Dok.-Nr. KORE427412004; Staudinger/*Löwisch*, Art. 229 § 5 EGBGB Rn 4 (frühere Übergangsvorschriften sind durch S. 2 überholt).
140 Vgl. hierzu auch die Entscheidung in BGHZ 155, 178 ff. sowie in Reaktion auf diese den Gesetzentwurf zur Änderung des EGBGB (Altvertragskündigungsfristen), abgedruckt in NZM 2004, 209 f.
141 So Staudinger/*Löwisch*, Art. 229 § 5 EGBGB Rn 41 (für Kündigungen nach dem 1.1.2003 ist die kurze Kündigungsfrist für Mieter nach § 573c Abs. 1 BGB zwingend); ebenso *Schmidt-Kessel*, NJW 2003, 3748, 3749 und im Anschluss AG Bückeburg NJW 2004, 1807; AG Villingen-Schwenningen, Urt. v. 8.6.2004 – 7 C 635/03 JURIS-Dok.-Nr. KORE427412004; ferner AG Osnabrück WuM 2004, 498.
142 Ausf. hierzu *Beuermann*, GE 2004, 146 f.; *Lützenkirchen*, ZMR 2004, 323; *Schimmel/Meyer*, NJW 2004, 1633, 1634 f.; *Wiek*, WuM 2004, 407, 408 f.; im Erg. ebenso *Armbrüster/Wiese*, DStR 2003, 334, 339.
143 S. insb. *Wiek*, WuM 2004, 407, 408.
144 So Staudinger/*Löwisch*, Art. 229 § 9 EGBGB Rn 7; AnwK-BGB/*Ring*, Art. 229 § 9 EGBGB Rn 13; *Schmidt-Kessel*, ZGS 2002, 311, 318 f.
145 *Armbrüster/Wiese*, DStR 2003, 334, 337, 340.
146 *Armbrüster/Wiese*, DStR 2003, 334, 340.
147 *Armbrüster/Wiese*, DStR 2003, 334, 336.

geltenden Fassung eine vor dem 1. Januar 2002 eintretende Unterbrechung der Verjährung als nicht erfolgt oder als erfolgt gilt, so ist auch insoweit das Bürgerliche Gesetzbuch in der vor dem 1. Januar 2002 geltenden Fassung anzuwenden.

(2) ¹Soweit die Vorschriften des Bürgerlichen Gesetzbuchs in der seit dem 1. Januar 2002 geltenden Fassung anstelle der Unterbrechung der Verjährung deren Hemmung vorsehen, so gilt eine Unterbrechung der Verjährung, die nach den anzuwendenden Vorschriften des Bürgerlichen Gesetzbuchs in der vor dem 1. Januar 2002 geltenden Fassung vor dem 1. Januar 2002 eintritt und mit Ablauf des 31. Dezember 2001 noch nicht beendigt ist, als mit dem Ablauf des 31. Dezember 2001 beendigt, und die neue Verjährung ist mit Beginn des 1. Januar 2002 gehemmt.

(3) ¹Ist die Verjährungsfrist nach dem Bürgerlichen Gesetzbuch in der seit dem 1. Januar 2002 geltenden Fassung länger als nach dem Bürgerlichen Gesetzbuch in der bis zu diesem Tag geltenden Fassung, so ist die Verjährung mit dem Ablauf der im Bürgerlichen Gesetzbuch in der bis zu diesem Tag geltenden Fassung bestimmten Frist vollendet.

(4) ¹Ist die Verjährungsfrist nach dem Bürgerlichen Gesetzbuch in der seit dem 1. Januar 2002 geltenden Fassung kürzer als nach dem Bürgerlichen Gesetzbuch in der bis zu diesem Tag geltenden Fassung, so wird die kürzere Frist von dem 1. Januar 2002 an berechnet. ²Läuft jedoch die im Bürgerlichen Gesetzbuch in der bis zu diesem Tag geltenden Fassung bestimmte längere Frist früher als die im Bürgerlichen Gesetzbuch in der seit dem Tag geltenden Fassung bestimmten Frist ab, so ist die Verjährung mit dem Ablauf der im Bürgerlichen Gesetzbuch in der bis zu diesem Tag geltenden Fassung bestimmten Frist vollendet.

(5) ¹Die vorstehenden Absätze sind entsprechend auf Fristen anzuwenden, die für die Geltendmachung, den Erwerb oder den Verlust eines Rechts maßgebend sind.

(6) ¹Die vorstehenden Absätze gelten für die Fristen nach dem Handelsgesetzbuch und dem Umwandlungsgesetz entsprechend.

Literatur: *Amann,* in: Amann/Brambring/Hertel (Hrsg.), Vertragspraxis nach neuem Schuldrecht, 2. Auflage 2003, S. 430 (zitiert: Amann); *Besch/Kiene,* Die Verjährung von Anlegeransprüchen gegenüber Anlagevermittler und Anlageberater zum 1.1.2004, DB 2004, 1819; *Budzikiewicz,* Ablaufhemmung und intertemporales Kollisionsrecht, AnwBl 2002, 394; *dies.,* Die Verjährung im neuen Darlehensrecht, WM 2003, 264; *Gsell,* Schuldrechtsreform: Die Überleitungsregelungen für die Verjährungsfristen, NJW 2002, 1297; *Heß,* Das neue Schuldrecht – In-Kraft-Treten und Übergangsregelungen, NJW 2002, 253; *ders.,* Die Übergangsregelungen zum Schuldrechtsmodernisierungsgesetz, DStR 2002, 455; *Höpker,* Verkäuferregress (§§ 478, 479 BGB), Diss. Hamburg, 2003, abrufbar unter: www.sub.uni-hamburg.de/disse/1137/dissertation.pdf, S. 348; *Mansel/Budzikiewicz,* Das neue Verjährungsrecht, 2002; *Pfeiffer,* Der Übergang von der Unterbrechung zur Hemmung der Verjährung, ZGS 2002, 275.

A. Allgemeines 1	a) Verlängerung der Verjährungsfrist unter neuem Recht 40
I. Normzweck und Normstruktur 1	b) Verkürzung der Verjährungsfrist unter neuem Recht 41
II. Auskunftsansprüche 3	III. Verjährungsfristen 42
III. Überleitung außerhalb des BGB 4	1. Gleiche Fristen nach altem und neuem Recht (Abs. 1 S. 1) 42
B. Regelungsgehalt 5	2. Verlängerung der Verjährungsfrist unter neuem Recht (Abs. 3) 45
I. Intertemporaler Anwendungsbereich des neuen Verjährungsrechts (Abs. 1 S. 1) 5	a) Gesetzliche Fristverlängerung 45
1. Grundsatz 5	b) Vertragliche Fristverlängerung 47
2. Nach dem 31.12.2001 entstandene Ansprüche 11	aa) Verjährung ist bereits eingetreten 48
a) Neues Rechtsverhältnis 11	bb) Verjährung ist noch nicht eingetreten 49
b) Altes Rechtsverhältnis 12	c) Abkürzung der Verjährungsfrist bei Haftung wegen Vorsatzes 53
c) Sonderfall der Maximalfrist des § 852 Abs. 1 BGB a.F. 17	d) Mittelbare Verjährungserschwerungen 55
3. Am 1.1.2002 bereits verjährte Ansprüche 18	3. Verkürzung der Verjährungsfrist unter neuem Recht (Abs. 4) 56
II. Beginn, Neubeginn, Hemmung und Ablaufhemmung 20	4. Anspruchskonkurrenz 64
1. Verjährungsbeginn (Abs. 1 S. 2 Alt. 1) . 20	IV. Analoge Anwendung 65
2. Hemmung, Neubeginn 24	1. Ausschlussfristen, Ersitzung (Abs. 5) . . . 65
a) Grundsatz (Abs. 1 S. 2 Alt. 2 und 4, S. 3) 24	2. HGB und UmwG (Abs. 6) 68
b) Umwandlung von Unterbrechungs- in Hemmungstatbestände (Abs. 2) 30	3. KostO 69
c) Neue Hemmungstatbestände 34	
3. Ablaufhemmung (Abs. 1 S. 2 Alt. 3) . . . 36	

A. Allgemeines[1]

I. Normzweck und Normstruktur

1 Abweichend von der Regelung des Art. 229 § 5, der allgemein den zeitlichen Anwendungsbereich der durch das SchuldRModG[2] eingefügten Neuerungen bestimmt, enthält Art. 229 § 6 für die zum 1.1.2002 im BGB geänderten Vorschriften des Verjährungsrechts eine gesonderte, höchst detaillierte Übergangsnorm, der im Rahmen ihres Anwendungsbereichs als *lex specialis* **Vorrang vor Art. 229 § 5 S. 1 und 2** zukommt.[3] Die Vorschrift orientiert sich hinsichtlich ihres Abs. 1 S. 1 und 2 sowie der Abs. 4 und 5 an dem Vorbild der Artt. 169 und 231 § 6, die eine entsprechende Funktion bei In-Kraft-Treten des BGB bzw. bei Wirksamwerden des Beitritts übernommen hatten und inzwischen als Ausdruck eines allgemeinen Rechtsgedankens anerkannt sind.[4] Ebenso wie Artt. 169 Abs. 1 und 231 § 6 Abs. 1 sieht auch Art. 229 § 6 Abs. 1 die Anwendbarkeit des neuen Verjährungsrechts auf die am Stichtag bereits bestehenden, jedoch noch nicht verjährten Ansprüche vor und unterstellt damit grundsätzlich alle am 1.1.2002 noch nicht abgelaufenen Verjährungsfristen *ex nunc* dem neuen Recht. Soweit altes und neues Recht differieren, werden in Art. 229 § 6 Abs. 2–4 zusätzlich eine Reihe von Sonderregelungen statuiert, die die Verjährung im Fall einer Fristverlängerung (Abs. 3) oder Fristverkürzung (Abs. 4) unter neuem Recht sowie für solche Sachverhaltskonstellationen regeln, in denen es bis zum 31.12.2001 zu einer Unterbrechung der Verjährung kam, seit dem 1.1.2002 aber nur noch ein Hemmungstatbestand vorgesehen ist (Abs. 2). Während Abs. 2 lediglich eine Klarstellung im Verhältnis zu Abs. 1 enthält, kann aufgrund der Regelungen des Abs. 3 und 4 auch nach dem 31.12.2001 altes Recht in den Fällen weiterhin Geltung beanspruchen, in denen dieses zu einem – verglichen mit den neuen Vorschriften – früheren Verjährungseintritt führt (vgl. im Einzelnen Rn 45 f., 56 ff.). Dies entspricht der Zielsetzung des Gesetzgebers, den neuen Verjährungsregelungen möglichst schnell Wirkung zukommen zu lassen und hiervon nur dann abzuweichen, wenn altes Recht die Verjährung schneller herbeiführen würde als die Bestimmungen des SchuldRModG.

2 Über Abs. 5 finden die Abs. 1–4 auch auf **Ausschlussfristen** und **Ersatzungstatbestände** Anwendung, die durch das SchuldRModG geändert wurden. Die Vorschrift ist Art. 231 § 6 Abs. 3 nachgebildet. Bedeutung gewinnt sie vor allem hinsichtlich der Fristen der §§ 121 Abs. 2 und 124 Abs. 3 BGB, die von früher dreißig Jahren auf heute zehn Jahre herabgesetzt wurden (vgl. hierzu auch Rn 66 f.).

II. Auskunftsansprüche

3 Eine Besonderheit ist bei Auskunftsansprüchen zu beachten: Sollen diese einen Leistungsanspruch vorbereiten, richtet sich die Frage des anwendbaren Verjährungsrechts nach der Verjährung des betreffenden Leistungsanspruchs. Ist dieser am 1.1.2002 schon verjährt, findet (auch) auf den Auskunftsanspruch altes Recht Anwendung. Läuft die Verjährungsfrist für den Leistungsanspruch dagegen noch über den 31.12.2001 hinaus, unterliegt der Auskunftsanspruch (ebenso wie der Leistungsanspruch) den neuen Verjährungsregeln.[5]

III. Überleitung außerhalb des BGB

4 Zahlreiche **andere Gesetze**, in welchen Verjährungsregeln durch das SchuldRModG geändert wurden, haben eigenständige verjährungsrechtliche Übergangsvorschriften. Im Wesentlichen verweisen diese allerdings auf Art. 229 § 6, siehe § 147 PatG; § 31 GebrMG; § 165 Abs. 3 MarkenG; § 137i UrhG; § 26 Abs. 2 HalblSchG; § 17 Abs. 4 GeschmMG; § 170a BBergG; § 41 Abs. 7 SortSchG; § 102 VwVfG;[6] § 70 SGB I.[7] Soweit sich für die in dem Gesetz zur Anpassung von Verjährungsvorschriften an das Gesetz zur Modernisierung des Schuldrechts vorgesehenen neuen Verjährungsregeln die Frage der Überleitung stellt, bezieht sich der insofern maßgebliche neue Art. 229 § 12 grundsätzlich ebenfalls auf Art. 229 § 6.[8]

---

1 Die erste Bearbeitung der Kommentierung des Art. 229 § 6 durch Prof. Dr. Mansel erschien im Dezember 2001 in Dauner-Lieb/Heidel/Lepa/Ring (Hrsg.), AnwK-SchuldR, 2002. Die Aktualisierung und Erweiterung dieser Erstbearbeitung wurde unter Einbeziehung der Ausführungen in *Mansel/Budzikiewicz*, Das neue Verjährungsrecht, 2002, § 10, durchgeführt.
2 Gesetz zur Modernisierung des Schuldrechts v. 26.11.2001 (BGBl I S. 3138).
3 *Amann*, S. 430.
4 MüKo/*Grothe*, vor § 194 BGB Rn 33; Palandt/*Heinrichs*, Überblick vor § 194 Rn 24; Art. 231 § 6 EGBGB Rn 1; vgl. auch Staudinger/*Rauscher*, Art. 231 § 6 EGBGB Rn 4.
5 Ebenso Staudinger/*Peters*, Art. 229 § 6 EGBGB Rn 4.
6 Eingefügt mit Wirkung v. 1.7.2002 durch Gesetz v. 21.6.2002 (BGBl I S. 2167). Vgl. hierzu auch *Guckelberger*, Die Verjährung im Öffentlichen Recht, 2004, S. 648.
7 Vgl. hierzu auch *Guckelberger*, a.a.O., S. 647 f.
8 Vgl. Art. 6 VerjAnpG; BT-Drucks 15/3653 i.d.F. 15/4060. Das Gesetz ist am 15.12.2004 in Kraft getreten.

Zur entsprechenden Anwendung des Art. 229 § 6 Abs. 1–5 auf die Fristen des HGB, des UmwG und der KostO siehe Rn 68 f.

B. Regelungsgehalt

I. Intertemporaler Anwendungsbereich des neuen Verjährungsrechts (Abs. 1 S. 1)

1. Grundsatz. Die durch das SchuldRModG in das BGB eingefügten Verjährungsregelungen sind am 1.1.2002 in Kraft getreten.[9] Anwendung finden sie damit in jedem Fall auf solche Ansprüche, die aus einem Rechtsverhältnis resultieren, das nach dem 31.12.2001 entstanden ist (vgl. auch Rn 11). Nach Abs. 1 S. 1 soll das neue Verjährungsrecht darüber hinaus grundsätzlich auch hinsichtlich solcher Ansprüche heranzuziehen sein, die bereits vor dem 1.1.2002 entstanden, jedoch an diesem Tag noch nicht verjährt sind. Die Regelung weicht damit für das neue Verjährungsrecht von dem in Art. 229 § 5 S. 1 festgeschriebenen Grundsatz ab, dass alte Schuldverhältnisse weiterhin altem Recht unterfallen. Gleiches gilt für Dauerschuldverhältnisse, soweit sich diese nach Art. 229 § 5 S. 2 noch bis zum 31.12.2002 nach den bis zum 31.12.2001 gültigen Vorschriften richten.[10]

Der Begriff des „bestehenden" Anspruchs in Abs. 1 S. 1 ist ebenso auszulegen wie derjenige der **Anspruchsentstehung** in § 199 Abs. 1 Nr. 1 BGB bzw. § 198 S. 1 BGB a.F.[11] Maßgeblich für das Eingreifen der Überleitungsregelung ist mithin regelmäßig die Erfüllung aller Tatbestandsvoraussetzungen sowie die Fälligkeit des Anspruchs (vgl. § 199 BGB Rn 16 ff., 30 ff.). Nur in Ausnahmefällen wird die Entstehung des Anspruchs – und damit auch die Anwendbarkeit des Art. 229 § 6 – nicht durch die Anspruchsfälligkeit, sondern durch ein früheres Ereignis bestimmt. Bedeutung kommt dem vor allem bei (vertraglichen oder deliktischen) Schadensersatzansprüchen zu, die bereits dann im Sinne des Verjährungsrechts entstanden sind, wenn sich die Vermögenslage des Geschädigten durch das schadenstiftende Ereignis verschlechtert und sich diese Verschlechterung wenigstens dem Grunde nach verwirklicht hat.[12] Hier finden die Abs. 1–4 schon dann Anwendung, wenn die letztgenannten Voraussetzungen vor dem 1.1.2002 erfüllt waren.

Ob bzw. wann ein Anspruch entstanden ist, stellt hingegen keine Frage des Verjährungsrechts dar, sondern ist nach den Bestimmungen zu entscheiden, die Art. 229 § 5 für anwendbar erklärt.[13]

Beispiel: Durch ein mangelhaftes, im August 2001 geliefertes Fernsehgerät kommt es im Oktober 2001 zu einem Wohnungsbrand. Erst im März des Folgejahres wird durch einen Gutachter festgestellt, dass infolge der Hitzeentwicklung auch Teile der in der Wand verlegten Stromleitungen beschädigt wurden. Die aus der Fehlerhaftigkeit der Kaufsache resultierenden Ansprüche auf Ersatz des Mangelfolgeschadens sind hier schon vor dem Stichtag entstanden, auch wenn Teile des Schadens erst nach dem 31.12.2001 entdeckt wurden, mithin auch die diesbezüglichen Reparaturkosten erst nach der Erstschädigung anfielen und die Ansprüche folglich nach dem Stichtag fällig geworden sind. Die Verjährung der Ansprüche aus pVV[14] und § 823 Abs. 1 BGB richtet sich in diesem Fall bis zum 31.12.2001 nach § 477 Abs. 1 bzw. § 852 BGB a.F. Ab dem 1.1.2002 kommt dann neues Recht nach Maßgabe des Art. 229 § 6 zur Anwendung.

Nach Abs. 1 S. 1 unterfällt ein vor dem 1.1.2002 entstandener Anspruch allerdings nur dann der Übergangsregelung, wenn er noch nicht verjährt ist. Ob am Stichtag bereits **Verjährung eingetreten** ist, beurteilt sich nach den bis zum 31.12.2001 maßgeblichen Verjährungsvorschriften (vgl. auch Rn 18).

Erfasst werden von Art. 229 § 6 sowohl **Ansprüche**, die sich auf das BGB stützen, als auch solche, die in anderen Gesetzen geregelt sind, deren Verjährung sich jedoch ganz oder teilweise nach den §§ 194 ff. BGB richtet, sei es aufgrund partieller oder allgemeiner Verweisung, sei es aufgrund entsprechender Anwendung im Wege der Lückenfüllung (vgl. hierzu die Bsp. in § 195 BGB Rn 18 ff.).[15] Letzteres schließt auch jene außerhalb des BGB normierten Ansprüche mit ein, deren Verjährung aufgrund Verweisung den für unerlaubten Handlungen geltenden Vorschriften des BGB unterliegt (vgl. etwa § 8 Abs. 6 BDSG; § 32

---

9 Art. 9 Abs. 1 S. 3 SchuldRModG.
10 *Amann*, S. 430.
11 Ebenso wohl *Gsell*, NJW 2002, 1297, 1302; Erman/*Schmidt-Räntsch*, Anh. vor § 194 BGB Rn 3; a. A. MüKo/*Grothe*, vor § 194 Rn 35; Palandt/*Heinrichs*, Art. 229 § 6 EGBGB Rn 2.
12 Näher *Mansel/Budzikiewicz*, § 3 Rn 80 f.
13 Vgl. zu Art. 231 § 6: Staudinger/*Rauscher*, Art. 231 § 6 EGBGB Rn 2 (die Voraussetzungen der Fälligkeit unterstehen nicht der Überleitungsvorschrift für die Verjährung).
14 Gem. Art. 229 § 5 S. 1 kommen hier nicht die §§ 437 Nr. 3, 280 Abs. 1 BGB, sondern das Institut der pVV des alten Rechts zur Anwendung; vgl. Art. 229 § 5 Rn 26 ff., 50.
15 BT-Drucks 14/6040, S. 273. Zur Anwendbarkeit des Art. 229 § 6 auf die Verjährung öffentlich-rechtlicher Ansprüche vgl. *Stumpf*, NVwZ 2003, 1198, 1201 (Anwendbarkeit grds. bejaht; Ausnahme, wenn die Verjährung für Ansprüche von Grundrechtsträgern ggü. dem Hoheitsträger früher eintreten würde als nach altem Recht); *Guckelberger*, a.a.O., S. 647 f. Zu der vorgelegten Frage der Auswirkungen der durch das SchuldRModG eingeführten Neuerungen auf das öffentliche Recht vgl. auch Art. 229 § 5 Rn 7.

GenTG; § 11 HPflG; § 14 StVG; § 17 UmweltHG). Da das neue Recht – abgesehen von der Verjährung des deliktischen Bereicherungsanspruchs nach § 852 BGB (= § 852 Abs. 3 BGB a.F.) – keine Sondervorschriften für die deliktische Verjährung kennt, sind in diesem Fall ab dem 1.1.2002 ebenfalls die §§ 194 ff. BGB heranzuziehen[16] (zur Überleitung der deliktischen Verjährung siehe auch Rn 17).

11   **2. Nach dem 31.12.2001 entstandene Ansprüche. a) Neues Rechtsverhältnis.** Da das neue Verjährungsrecht am 1.1.2002 in Kraft getreten ist und die Übergangsregelung des Art. 229 § 6 nur solche Ansprüche betrifft, die vor dem Stichtag entstanden sind, ist zu folgern, dass Ansprüche, die auf einem Rechtsverhältnis beruhen, das nach dem 31.12.2001 zur Entstehung gelangte, lediglich den **neuen Verjährungsvorschriften** unterliegen.[17] Sollte daher am 1.1.2002 (oder später) ein Kaufvertrag geschlossen worden sein und stellt sich die Kaufsache als mangelhaft heraus, so richtet sich die Verjährung der daraus resultierenden Gewährleistungsansprüche ausschließlich nach §§ 438, 479 BGB sowie, hinsichtlich eventueller Verjährungsvereinbarungen, der (Ablauf-)Hemmung oder einem Neubeginn, nach §§ 202 ff. BGB.

Zu der Frage, wann ein Rechtsverhältnis im Sinne des Übergangsrechts entstanden ist, siehe Art. 229 § 5 Rn 23 ff.

12   **b) Altes Rechtsverhältnis.** Ebenfalls ausschließlich neues Verjährungsrecht findet Anwendung, wenn das Rechtsverhältnis, auf das sich der Anspruch stützt, noch vor dem 1.1.2002 begründet wurde, der **Anspruch** selber jedoch erst **nach dem Stichtag entstanden** ist. Dies ergibt sich zwar, anders als im Fall eines neuen Schuldverhältnisses (siehe Rn 11), nicht unmittelbar aus Art. 229 § 6 Abs. 1 S. 1 i.V.m. Art. 9 Abs. 1 S. 2 SchuldRModG; der dem Abs. 1 S. 1 zugrunde liegende Gedanke ist in einem solchen Fall aber zumindest entsprechend heranzuziehen.[18] Es wäre widersprüchlich, lediglich solche Ansprüche, die bereits vor dem 1.1.2002 entstanden, jedoch noch nicht verjährt sind, dem neuen Recht zu unterstellen, nicht jedoch jene, die zwar gleichfalls auf einem Altschuldverhältnis beruhen, jedoch erst nach dem Stichtag zur Entstehung gelangen.[19]

13   Die Anlehnung an Abs. 1 S. 1 erstreckt sich allerdings nicht auch auf die Abs. 3 und 4. Ein **Fristenvergleich** findet bei Ansprüchen, die nach dem Stichtag entstanden sind, nicht statt – unabhängig davon, ob sie einem neuen oder einem alten Schuldverhältnis entspringen.[20] Die Abs. 3 und 4 beziehen sich ausschließlich auf die in Abs. 1 S. 1 zugrunde gelegte Situation eines am 1.1.2002 bereits entstandenen Anspruchs, für dessen prinzipielle Unterstellung unter das neue Recht in bestimmten Fällen Ausnahmen statuiert werden. Soweit Abs. 4 betroffen ist, der den Fall behandelt, dass das **neue Recht kürzere Fristen** vorsieht als das alte, würde eine entsprechende Anwendung auf Ansprüche, die nach dem 31.12.2001 entstanden sind, ohnehin leerlaufen. Der in Abs. 4 S. 2 vorgesehene Fall eines früheren Ablaufs der alten längeren Frist ist hier nicht denkbar, da sich der Verjährungsbeginn für beide Fristen gem. Abs. 1 S. 1 (analog) einheitlich nach neuem Recht richten würde. Auch eine Sonderberechnung der neuen Frist gem. Abs. 4 S. 1 ab dem 1.1.2002 kommt nicht in Betracht, da die Gefahr eines Fristablaufs vor dem Stichtag, der durch die Regelung begegnet werden

---

16 *Mansel/Budzikiewicz*, § 2 Rn 37; Staudinger/*Peters*, Art. 229 § 6 EGBGB Rn 2.

17 *Gsell*, NJW 2002, 1297, 1302; Palandt/*Heinrichs*, Art. 229 § 6 EGBGB Rn 3; *Mansel/Budzikiewicz*, § 10 Rn 3; im Erg. ebenso Staudinger/*Peters*, Art. 229 § 6 EGBGB Rn 5; Erman/*Schmidt-Räntsch*, Anh. vor § 194 Rn 9, die dies allerdings nicht aus Art. 229 § 6 Abs. 1 S. 1 bzw. Art. 9 Abs. 1 S. 3 SchuldRModG, sondern aus Art. 229 § 5 herleiten. Geht man jedoch davon aus, dass der Gesetzgeber die Überleitung des Verjährungsrechts in Art. 229 § 6 umfassend regeln wollte, bleibt kein Raum für einen partiellen Rückgriff auf Art. 229 § 5; ebenso *Gsell*, NJW 2002, 1297, 1302; *Heß*, NJW 2002, 253, 256.

18 *Leenen*, DStR 2002, 34, 42; *Mansel/Budzikiewicz*, § 10 Rn 3; im Erg. auch Staudinger/*Peters*, Art. 229 § 6 EGBGB Rn 10; grds. wohl ebenso *Gsell*, NJW 2002, 1297, 1302 f., allerdings mit einer Ausnahme bei kauf- und werkvertraglichen Gewährleistungsansprüchen (dort analoge Anwendung des Art. 229 § 6 Abs. 3 und 4); dem schließt sich *Höpker*, S. 350 (Fn 2487) an; vgl. ferner BGHZ 129, 282, 287; OLG Naumburg OLG-NL 1995, 151, 153; OLG Dresden FamRZ 2001, 761, 763 zu Art. 231 § 6.

19 MüKo/*Grothe*, vor § 194 Rn 36; *Gsell*, NJW 2002, 1297, 1302 f.; *Leenen*, DStR 2002, 34, 42; a. A. wohl *Dobmaier*, AnwBl 2002, 107, 109, der vorschlägt, vorsorglich weiterhin die Verjährungsfristen des alten Rechts zur Anwendung zu bringen.

20 *Budzikiewicz*, AnwBl 2002, 394, 395 f.; *Leenen*, DStR 2002, 34, 42; *Mansel/Budzikiewicz*, § 10 Rn 3 f.; Staudinger/*Peters*, Art. 229 § 6 EGBGB Rn 10; grds. auch *Gsell*, NJW 2002, 1297, 1302 f. mit Ausnahme des Gewährleistungsrechts; a. A. *Amann*, S. 431; MüKo/*Grothe*, vor § 194 Rn 36, 41; Palandt/*Heinrichs*, Art. 229 § 6 EGBGB Rn 2, 5; *Heß*, DStR 2002, 455, 458; Erman/*Schmidt-Räntsch*, Anh. vor § 194 Rn 3, 8; wohl auch OLG Hamm NZBau 2004, 332, 333 (das Gericht wendet für einen nach dem 31.12.2001 entstandenen Anspruch unter Hinweis auf Abs. 3 die Frist des § 196 Abs. 1 Nr. 1 BGB a.F. an, entnimmt den Verjährungsbeginn dann jedoch § 199 Abs. 1 BGB. Letzteres wird – unzutreffend – aus Abs. 1 S. 2 hergeleitet).

soll, nicht eintreten kann (vgl. hierzu Rn 56). Es bleibt daher bei dem nach neuem Recht zu bestimmenden, unmodifizierten Fristbeginn.

Für den Fall einer **Fristverlängerung** unter neuem Recht sieht Abs. 3 unter dem Gesichtspunkt des Schuldnerschutzes den Eintritt der Verjährung nach Ablauf der Verjährungsfrist des alten Rechts vor. Hierbei handelt es sich um eine Ausnahmevorschrift, für deren analoge Anwendung auf nach dem 31.12.2001 entstandene Ansprüche kein Grund besteht. Der Aspekt des Schuldnerschutzes kommt selbst bei Altansprüchen nur dann zum Tragen, wenn der Schuldner die kürzere altrechtliche Verjährungsfrist tatsächlich bei Begründung des Schuldverhältnisses in seine Kalkulation einbezogen hat. Dies wird vor allem bei möglichen Gewährleistungsansprüchen zutreffen. Hier mag z.B. der Verkäufer oder Werkunternehmer nach Ablieferung oder Übergabe der Kaufsache bzw. Abnahme des Werkes vor dem 1.1.2002 durch die Verlängerung der Verjährungsfristen in §§ 438 und 634a BGB überrascht worden sein. Diese Situation hat sich jedoch mit In-Kraft-Treten des SchuldRModG geändert. Die neue Rechtslage ist bekannt; der Schuldner kann auf die veränderte rechtliche Situation reagieren. Sollte daher die Anwendbarkeit des neuen Verjährungsrechts tatsächlich das Äquivalenzverhältnis der vertraglich geschuldeten Leistungen beeinflussen, steht die Möglichkeit offen, ggf. noch vor Erbringung der geschuldeten Leistung eine Anpassung des Vertrages auf der Grundlage des Instituts des Wegfalls der Geschäftsgrundlage (nach neuem Recht: § 313 BGB) durchzuführen.[21] Diese mag – je nach den Interessen der Parteien – ausnahmsweise durch Heranziehung der alten Verjährungsfristen erfolgen,[22] kann aber auch in einer Veränderung der Gegenleistung etc. bestehen. In jedem Fall erweist sich eine Vertragsanpassung als wesentlich flexibler als die starre Übertragung des Abs. 3.[23] Von einer statischen Analogie zu Abs. 3 sollte daher abgesehen werden. Dies gilt nicht zuletzt auch vor dem Hintergrund, dass Ziel des Gesetzgebers die schnelle Durchsetzung des neuen Rechts war.

Beispiele: Am 15.11.2001 wird ein Kaufvertrag über einen Gegenstand abgeschlossen, der vereinbarungsgemäß am 8.1.2002 geliefert wird. Etwaige **Gewährleistungsansprüche** wären hier erst mit der Lieferung und damit nach dem in Abs. 1 S. 1 bezeichneten Stichtag des 1.1.2002 entstanden. Die Frage der Verjährung richtet sich daher ausschließlich nach den neuen Vorschriften, d.h. nach § 438 BGB (und ggf. nach § 479 BGB). Abs. 3 findet keine Anwendung, obwohl die Frist des § 438 Abs. 1 Nr. 3 BGB länger ist als die bis zum 31.12.2001 maßgebliche Sechsmonatsfrist des § 477 Abs. 1 S. 1 BGB a.F. Soweit der Vertrag in dem Bewusstsein der Geltung des § 477 BGB a.F. abgeschlossen worden sein sollte, kann das Äquivalenzverhältnis, wurde es denn beeinträchtigt, ggf. durch einen Rückgriff auf das Institut des Wegfalls der Geschäftsgrundlage wieder hergestellt werden.

Ebenfalls ausschließlich auf die verjährungsrechtlichen Neuregelungen ist abzustellen, wenn **anwaltliche Vergütungsansprüche** geltend gemacht werden, die gem. § 16 S. 1 BRAGO[24] nach dem 31.12.2001 fällig geworden (und damit i.S.d. Verjährungsrechts entstanden) sind, der Anwaltsvertrag jedoch schon vor dem 1.1.2002 abgeschlossen wurde.[25] Hier kommt nur noch die dreijährige Regelverjährung nach §§ 195, 199 BGB zum Tragen; die bisherige kürzere Zweijahresfrist der §§ 196 Abs. 1 Nr. 15, 198 S. 1, 201 S. 1 BGB a.F. bleibt außer Betracht.[26] Eine Anpassung scheidet in diesem Fall aus. Die Verjährungsfrist des Vergütungsanspruchs hat regelmäßig keine Auswirkungen auf das Äquivalenzverhältnis.

c) Sonderfall der Maximalfrist des § 852 Abs. 1 BGB a.F. Nach § 852 Abs. 1 BGB a.F. verjährte der Anspruch aus einer unerlaubten Handlung in drei Jahren, gerechnet ab dem Zeitpunkt, in dem der Verletzte von dem Schaden und dem Ersatzpflichtigen Kenntnis erlangte, ohne Rücksicht auf diese Kenntnis in 30 Jahren von der Begehung der schädigenden Handlung an. Ebenso wie die neue Regelung des § 199 Abs. 2 und 3 S. 1 Nr. 2 BGB sah damit § 852 Abs. 1 BGB a.F. eine maximale Verjährungsfrist vor, die bereits mit der Setzung der Schadensursache, nicht erst mit der Entstehung des Schadens und damit des Ersatzanspruches anlief. Sollte das schädigende Ereignis nunmehr vor dem 1.1.2002 eingetreten, der Schaden aber erst nach dem Stichtag aufgetreten sein,[27] stellt sich die Frage, wie die Kollision zwischen der bereits angelaufenen

---

21 Vgl. auch Staudinger/*Löwisch*, Art. 229 § 5 EGBGB Rn 31.
22 Vgl. auch *Budzikiewicz*, AnwBl 2002, 394, 396.
23 A.A. MüKo/*Grothe*, vor § 194 Rn 36 (dem evt. enttäuschten Vertrauen einer Partei in den Fortbestand des alten Rechts könne nur über § 242 BGB begegnet werden); *Gsell*, NJW 2002, 1297, 1303 (Ausdehnung des Fristenvergleichs nach Abs. 3 und 4 auf Gewährleistungsansprüche).
24 Die Vorschrift ist mit Wirkung zum 1.7.2004 in § 8 Abs. 1 RVG übernommen worden. Für Altfälle findet gem. § 61 RVG aber weiterhin § 16 BRAGO Anwendung.
25 Ausf. hierzu *Mansel*, NJW 2002, 418, 419.
26 So wohl auch *Amann*, DNotZ 2002, 94, 108.
27 Vgl. hierzu das Bsp. bei *Mansel/Budzikiewicz*, Jura 2003, 1, 6: Ein Bauarbeiter wird bei Sanierungsarbeiten Astbeststaub ausgesetzt, von dessen Vorhandensein die Baufirma Kenntnis hatte. Sollte der aus dieser Kontaminierung resultierende Gesundheitsschaden (Lungenkrebs) erst Jahre nach dem Einsatz auftreten, wäre der zu diesem Zeitpunkt entstandene Schadensersatzanspruch dennoch spätestens 30 Jahre nach den Bauarbeiten verjährt.

Dreißigjahresfrist des § 852 Abs. 1 BGB a.F. und den ab dem 1.1.2002 maßgeblichen Fristen der §§ 195, 199 BGB zu lösen ist. Da der Schadensersatzanspruch erst nach dem 31.12.2001 entstand, das Schuldverhältnis aber bereits vor dem Stichtag begründet wurde, ist nach den oben dargestellten Grundsätzen (siehe Rn 12 ff.) ab dem 1.1.2002 ausschließlich neues Verjährungsrecht zur Anwendung zu bringen. Ein Fristenvergleich ist ausgeschlossen (würde hier aber auch zu keinem abweichenden Ergebnis führen). Da den Bestimmungen des SchuldRModG jedoch keine Rückwirkung zukommt, ist bis zum Stichtag weiter auf die Regelungen des alten Rechts abzustellen. Das gilt hinsichtlich des Fristbeginns (hier des Beginns der Frist des § 852 Abs. 1 BGB) ebenso wie in Bezug auf eine etwaige Hemmung oder einen vor dem 1.1.2002 bewirkten Neubeginn der Verjährung. Insoweit können die Vorgaben des Abs. 1 S. 2 und 3, Abs. 2 entsprechend herangezogen werden. Mit dem Stichtag wird dann die Regelung des § 852 Abs. 1 BGB a.F. durch jene des § 199 Abs. 2 bzw. Abs. 3 S. 1 Nr. 2 BGB ausgetauscht (vgl. auch Rn 42 ff.).

18   **3. Am 1.1.2002 bereits verjährte Ansprüche.** Ansprüche, die am 1.1.2002 nach altem Recht bereits verjährt sind, unterliegen weiterhin den Vorschriften des bis zum 31.12.2001 gültigen Verjährungsrechts (Umkehrschluss aus Abs. 1 S. 1);[28] eine vor dem 1.1.2002 eingetretene Verjährung bleibt mithin selbst dann bestehen, wenn der betreffende Anspruch unter neuem Recht erst später verjährt wäre.[29]

Beispiel: Im März 2001 lässt A seinen Rasenmäher reparieren (Abnahme des Werkes am 27.3.2001). Wurde die Reparatur mangelhaft ausgeführt, sind die daraus resultierenden Gewährleistungsansprüche gem. § 638 Abs. 1 BGB a.F. bereits mit Ablauf des 27.9.2001 verjährt. Hierbei bleibt es auch nach In-Kraft-Treten des neuen Rechts. Die Regelung des § 634a Abs. 1 Nr. 1 und Abs. 2 BGB, nach der die Verjährung erst zwei Jahre nach der Abnahme des Werkes eingetreten wäre, findet keine Anwendung.

19   Erhebt der Schuldner die Verjährungseinrede allerdings erst nach In-Kraft-Treten des SchuldRModG, bestimmt sich die **Wirkung** der Einrede nicht mehr nach §§ 222 ff. BGB a.F., sondern nach §§ 214 ff. BGB.[30] Dies folgt zwar nicht unmittelbar aus dem Wortlaut des Abs. 1, ergibt sich jedoch aus der gesetzgeberischen Zielsetzung, die neuen Verjährungsvorschriften möglichst schnell und umfänglich zur Anwendung kommen zu lassen. Inhaltlich ergeben sich dadurch keine Änderungen, da das neue Recht insoweit den alten Regelungen entspricht.

II. Beginn, Neubeginn, Hemmung und Ablaufhemmung

20   **1. Verjährungsbeginn (Abs. 1 S. 2 Alt. 1).** Der Beginn der Verjährung bestimmt sich gem. Abs. 1 S. 2 Alt. 1 für den Zeitraum vor dem 1.1.2002 auch weiterhin nach altem Recht. Eine am Stichtag bereits angelaufene Verjährungsfrist wird nicht rückwirkend modifiziert. Das gilt auch für die Fälle, in denen nach den neuen Verjährungsvorschriften der Verjährungslauf erst nach dem 31.12.2001 begonnen hätte.[31] Von Relevanz ist dies vor allem in solchen Fallkonstellationen, in denen der Beginn der Verjährung vor dem 1.1.2002 gem. § 198 BGB a.F. objektiv zu ermitteln war, nach neuem Recht aber der subjektiven Anknüpfung des § 199 Abs. 1 BGB unterliegt. Hier wird der Verjährungsbeginn nicht nach dem 31.12.2001 neu bestimmt, wenn die gem. § 199 Abs. 1 Nr. 2 erforderliche Kenntnis erst nach dem 31.12.2001 eingetreten sein sollte, vielmehr bleibt die unter § 198 BGB a.F. begründete alte Rechtslage bestehen.[32]

21   Das Stichtagsprinzip findet gleichermaßen Anwendung, wenn die Anforderungen an den Beginn der Verjährung unter neuem Recht gelockert wurden, die Verjährung mithin früher in Lauf gesetzt wird als dies in der gleichen Situation unter altem Recht der Fall gewesen wäre (so etwa bei Ansprüchen, die bisher der Verjährung nach § 852 Abs. 1 BGB a.F. unterfielen, nach der Reform aber gem. §§ 195, 199 BGB verjähren[33]). Auch hier kommt es im Übergangsfall nicht zu einer Rückwirkung. Sofern die Voraussetzungen für den Beginn der Verjährung nach altem Recht bis zum 1.1.2002 nicht vorlagen, kann gem. Abs. 1 S. 1 eine weniger restriktive neue Regelung den Fristlauf frühestens am 1.1.2002 (0.00 h) auslösen (vgl. für den Beispielsfall des Deliktsrechts Rn 43 f.). Letzteres kommt vor allem dann in Betracht, wenn sich die (noch nicht unter altem Recht angelaufene) Verjährung nach dem 31.12.2001 nach §§ 195, 199 BGB richtet. Sollten hier die Voraussetzungen des § 199 Abs. 1 BGB bereits vor dem 1.1.2002 vorgelegen, insbesondere

---

28   OLG Karlsruhe OLGR 2004, 405, 407.
29   *Budzikiewicz,* AnwBl 2002, 394, 395; Palandt/*Heinrichs,* Art. 229 § 6 EGBGB Rn 3; Bamberger/Roth/*Henrich,* vor § 194 Rn 6; *Heß,* NJW 2002, 253, 256 f.; *Mansel/Budzikiewicz,* § 10 Rn 5; vgl. auch OLG Celle VersR 2003, 1293, 1294.
30   Ebenso Henssler/von Westphalen/*Bereska,* Praxis der Schuldrechtsreform, 2. Aufl. 2003, Art. 229 § 6 EGBGB Rn 4; MüKo/*Grothe,* vor § 194 Rn 37; *Heinrichs,* BB 2001, 1417, 1422 (Fn 39); *Mansel/Budzikiewicz,* § 10 Rn 5; *Schimmel,* JA 2002, 977, 984; a. A. *Heß,* NJW 2002, 253, 257; Staudinger/*Peters,* Art. 229 § 6 EGBGB Rn 3, 26.
31   MüKo/*Grothe,* vor § 194 Rn 38.
32   Staudinger/*Peters,* Art. 229 § 6 EGBGB Rn 15.
33   Vgl. hierzu *Mansel/Budzikiewicz,* § 3 Rn 130 f.

der Gläubiger Kenntnis i.S.d. § 199 Abs. 1 Nr. 2 BGB gehabt haben, beginnt die neue Regelverjährung des § 195 BGB am 1.1.2002 um 0.00 h (nicht erst am 31.12.2002 um 24.00 h).[34]

Hinsichtlich des vom Wortlaut des § 199 Abs. 1 BGB ausnahmsweise abweichenden Fristbeginns am 1.1.2002 (statt am 31.12. des Jahres, in dem die Voraussetzungen des § 199 Abs. 1 Nr. 1 und 2 erstmals vorlagen) kann auf Abs. 4 S. 1 verwiesen werden, der (beispielsweise) im Fall der Konkurrenz zwischen der vor dem 1.1.2002 bereits angelaufenen alten Regelverjährung nach §§ 195, 198 BGB a.F. und der neuen Frist der §§ 195, 199 Abs. 1 BGB die kürzere Dreijahresfrist gleichfalls bereits ab dem 1.1.2002 berechnet (vgl. hierzu auch Rn 56, 59 ff.). Die dieser Regelung zugrunde liegenden Überlegungen gelten entsprechend: Der Gläubiger soll nicht schlechter, aber auch nicht besser stehen, als dies der Fall wäre, wenn neues Recht ohne die Übergangsregelung des Art. 229 § 6 zur Anwendung gelangte. Sollten daher am 1.1.2002 alle Voraussetzungen der §§ 195, 199 Abs. 1 BGB erfüllt sein, beginnt die Dreijahresfrist des § 195 BGB aufgrund der Übergangssituation ausnahmsweise statt am 31.12.2001 (oder ggf. am 31.12. eines früheren Jahres) am 1.1.2002 und endet am 31.12.2004. Dem Gläubiger stehen damit die vollen drei Jahre des § 195 BGB zur Verfügung – aber auch nicht mehr.

Sollten die Voraussetzungen des § 199 Abs. 1 Nr. 2 BGB erst nach dem 31.12.2001 erfüllt werden, der Gläubiger also erst am 1.1.2002 oder zu einem späteren Zeitpunkt Kenntnis im Sinne dieser Vorschrift erlangen, bleibt es hingegen bei dem in Abs. 1 S. 1 statuierten Grundsatz: Die Verjährung beginnt zum Schluss des betreffenden Jahres, d.h. frühestens am 31.12.2002.[35]

2. Hemmung, Neubeginn. a) Grundsatz (Abs. 1 S. 2 Alt. 2 und 4, S. 3). Nach Abs. 1 S. 2 Alt. 2 und 4 richten sich die Hemmung sowie der Neubeginn der Verjährung – nach bisheriger Terminologie die Verjährungsunterbrechung – bis zum 31.12.2001 nach altem Recht. War die danach eingetretene Hemmung bzw. Unterbrechung bereits vor dem 1.1.2002 wieder beendet, ergeben sich keine Überleitungsprobleme. Der Tatbestand beurteilt sich ausschließlich nach den alten Verjährungsregeln.[36]

Erstreckt sich die Dauer der Hemmung oder der Unterbrechung dagegen über den 1.1.2002 hinaus, unterliegen diese bis zum 31.12.2001 dem bisherigen Recht, danach den neuen Vorschriften. Dies gilt sowohl in den Fällen, in denen die alten und die neuen Regelungen inhaltlich identisch sind (hier kommt es lediglich zu einem Austausch der Vorschriften), als auch dann, wenn das SchuldRModG neue Hemmungstatbestände eingeführt hat (siehe hierzu auch Rn 34 f.).

Das Stichtagsprinzip gilt nach Abs. 1 S. 3 Alt. 1 auch für den Fall, dass eine vor dem 1.1.2002 bewirkte Unterbrechung rückwirkend durch einen nach Ablauf des 31.12.2001 eintretenden Umstand wieder entfällt (vgl. §§ 212 Abs. 1, 213 S. 2 und S. 1 i.V.m. 212 a S. 3, 214 Abs. 2, 215 Abs. 2, 216 BGB a.F.). Die Vorschrift stellt klar, dass der Sachverhalt hier insgesamt nach altem Recht zu beurteilen ist. Bedeutung hat die Regelung in erster Linie für die Fälle des § 212 Abs. 1 BGB a.F. Danach gilt die **Unterbrechung durch Klageerhebung** als nicht erfolgt, wenn die Klage zurückgenommen oder durch ein nicht in der Sache selbst entscheidendes Urteil rechtskräftig abgewiesen wird.

Sollte die rückwirkende Beseitigung der Unterbrechung nach § 212 Abs. 1 BGB a.F. dazu führen, dass die Verjährungsfrist schon vor dem 1.1.2002 abgelaufen ist, bleibt es auch nach dem Stichtag bei diesem Ergebnis (vgl. auch Rn 18).[37] Ist die Verjährung am 31.12.2001, 24.00 h dagegen trotz der Wirkung des § 212 Abs. 1 BGB a.F. noch nicht eingetreten, kommt (weiterhin) die Regelung des Abs. 2 zur Anwendung: Die Verjährung gilt trotz der rückwirkenden Aufhebung der Unterbrechung ab dem 1.1.2002, 0.00 h als gehemmt (vgl. Rn 28). Hierzu kommt es, weil die Verjährungsunterbrechung vor ihrer rückwirkenden Beseitigung mit Ablauf des 31.12.2001 noch nicht abgeschlossen war. Gem. Abs. 2 gilt die Unterbrechung in dem Fall aber mit Ablauf des Stichtages als beendet und die Verjährung nunmehr gem. § 204 Abs. 1 Nr. 1 BGB als gehemmt. Diese Hemmung wird nicht rückwirkend aufgehoben, wenn ein Fall des § 212 Abs. 1 BGB a.F. eintritt. Eine dem § 212 Abs. 1 BGB a.F. entsprechende Vorschrift ist in das neue Recht nicht aufgenommen worden. Es kommt vielmehr die Regelung des § 204 Abs. 2 BGB zur Anwendung, die vorsieht, dass die Hemmung erst sechs Monate nach Beendigung des Verfahrens endet, dem Anspruchsinhaber somit die restliche Verjährungsfrist zuzüglich sechs Monaten zur Verfügung steht.[38]

---

34 Ebenso *Amann*, S. 432; *Heß*, NJW 2002, 253, 258 (Fn 70); *Leenen*, DStR 2002, 34, 42; a. A. Staudinger/*Peters*, Art. 229 § 6 EGBGB Rn 11.
35 So auch *Heß*, NJW 2002, 253, 258; anders *Amann*, S. 433, der den Verjährungsbeginn entgegen Abs. 1 S. 1 auch nach dem 1.1.2002 weiter entsprechend altem Recht (im dort diskutierten Beispielsfall: § 852 Abs. 1 BGB a.F.) bestimmt, wenn dies zu einem früheren Verjährungseintritt führt als unter Zugrundelegung neuen Rechts.
36 *Amann*, S. 434 mit Hinweis auf die Augenblicksunterbrechung durch Anerkenntnis nach § 208 BGB a.F.
37 Staudinger/*Peters*, Art. 229 § 6 EGBGB Rn 22.
38 Staudinger/*Peters*, Art. 229 § 6 EGBGB Rn 22; vgl. auch Palandt/*Heinrichs*, Art. 229 § 6 EGBGB Rn 9.

28 **Beispiel**: Am 15.4.2001 vollendet ein Werkunternehmer Arbeiten an einem Grundstück. Der Besteller moniert die Werkleistung als mangelhaft und erhebt im November 2001 Klage. Am 5.3.2002 nimmt er diese wieder zurück.

Hier ist die einjährige Verjährungsfrist des § 638 Abs. 1 S. 1 BGB a.F. zunächst gem. § 209 Abs. 1 BGB a.F. durch Erhebung der Klage unterbrochen worden. Diese Unterbrechung wurde dann durch Klagerücknahme wieder aufgehoben (§ 212 Abs. 1 BGB a.F.). Da die Frist des § 638 Abs. 1 S. 1 BGB a.F. jedoch (auch ohne Unterbrechung) mit Ablauf des 31.12.2001 noch nicht vollständig abgelaufen war, kommt die Regelung des Art. 229 § 6 Abs. 2 EGBGB zum Tragen. Danach galt die Verjährung vor Klagerücknahme ab dem 1.1.2002 nicht mehr als unterbrochen, sondern nur noch als gehemmt (vgl. § 204 Abs. 1 Nr. 1 BGB). Diese Hemmung besteht auch nach Klagerücknahme fort. Beendet wird die Hemmung gem. § 204 Abs. 2 S. 1 Alt. 2 BGB erst sechs Monate nach Beendigung des Verfahrens, d.h. am 5.9.2002. Dem Besteller steht daher nach Klagerücknahme immer noch eine Bedenkzeit von sechs Monaten zur Verfügung zuzüglich der noch nicht abgelaufenen Verjährungsfrist.

29 Eine Abs. 1 S. 3 Alt. 1 entsprechende Regelung sieht Abs. 1 S. 3 Alt. 2 für den Fall vor, dass eine vor dem 1.1.2002 bewirkte Verjährungsunterbrechung rückwirkend durch einen nach Ablauf des 31.12.2001 eintretenden Umstand als erfolgt bewertet wird. Auch hier kommt ausschließlich altes Recht zum Tragen. Ein Beispiel hierfür gibt **§ 212 Abs. 2 BGB a.F.**, wonach die Verjährung als durch Erhebung der ersten Klage unterbrochen gilt, wenn der Berechtigte nach Klagerücknahme oder Abweisung durch Prozessurteil innerhalb von sechs Wochen erneut Klage erhebt.

30 **b) Umwandlung von Unterbrechungs- in Hemmungstatbestände (Abs. 2).** Führt ein Sachverhalt, der unter altem Recht die Unterbrechung der Verjährung bewirkt hat, nach neuem Recht zu einer Verjährungshemmung, so gilt nach Abs. 2 eine Unterbrechung, die vor dem 1.1.2002 noch nicht aufgehoben ist, als mit Ablauf des 31.12.2001 beendet; die neue (und neuem Recht unterstehende) Verjährung ist mit Beginn des 1.1.2002 gehemmt. Die Regelung erfasst vor allem den Fall, dass nach altem Recht eine Verjährungsunterbrechung nach Maßgabe des § 209 BGB a.F. (**gerichtliche Geltendmachung**) herbeigeführt wurde. Besteht die Unterbrechung am 31.12.2001 um 24.00 h noch fort, gilt sie mit Ablauf dieses Tages als beendet, ab dem 1.1.2002 wird die nach neuem Recht zu bestimmende Verjährungsfrist gem. § 204 BGB gehemmt.

31 **Beispiel**: Am 15.6.2000 schließen K und V einen Kaufvertrag. V übergibt noch am selben Tag die Kaufsache, K zahlt jedoch nicht. Daraufhin erhebt V am 16.8.2001 Klage gegen K.

Gem. Abs. 1 S. 2 Alt. 1 bestimmt sich der Beginn der Verjährung hier nach altem Recht (vgl. Rn 20). Dieses unterstellte den Anspruch auf Kaufpreiszahlung grundsätzlich der dreißigjährigen Regelverjährung der §§ 195, 198 BGB a.F.,[39] so dass die Verjährungsfrist am 16.6.2000 in Lauf gesetzt wurde. Durch die Klageerhebung im August 2001 ist die Verjährung gem. § 209 BGB a.F. i.V.m. Art. 229 § 6 Abs. 1 S. 2 Alt. 4 (vgl. Rn 24) unterbrochen worden. Geht man nunmehr davon aus, dass bis zum Ablauf des 31.12.2001 keine rechtskräftige Entscheidung in der Sache ergangen ist, gilt die Unterbrechung nach Art. 229 § 6 Abs. 2 mit Ablauf dieses Tages als beendet. Die Verjährung beginnt am 1.1.2002, 0.00 h, neu, ist aber sofort gem. § 204 Abs. 1 Nr. 1 BGB i.V.m. Art. 229 § 6 Abs. 1 S. 1 gehemmt. Die gehemmte Verjährungsfrist muss dabei nicht die alte, unterbrochene Frist sein; vielmehr ist die maßgebliche Frist nach den Vorgaben des Art. 229 § 6 Abs. 1 S. 1, Abs. 3 und 4 (vgl. Rn 42 ff.) neu zu bestimmen.[40] Im Beispielsfall führt dies zu § 195 BGB, da die dort statuierte Verjährungsfrist kürzer ist als die alte dreißigjährige Frist des § 195 BGB a.F. (Art. 229 § 6 Abs. 4).

32 Das Ende der Hemmung richtet sich gem. Abs. 1 S. 2 Alt. 2 nunmehr nach § 204 Abs. 2 BGB. Die Verjährungsfrist läuft dementsprechend erst sechs Monate nach der rechtskräftigen Entscheidung oder einer anderweitigen Beendigung des Verfahrens weiter. Im vorliegenden Fall bedeutet dies, dass die gesamte Verjährungsfrist des § 195 BGB noch zur Verfügung steht. Diese beginnt – abweichend von § 199 Abs. 1 BGB – taggenau sechs Monate nach dem in § 204 Abs. 2 BGB genannten Zeitpunkt.

33 Zu bemerken bleibt, dass im Fall der Hemmung nach § 204 Abs. 1 Nr. 1 BGB die Fortsetzung des Fristlaufs dann keine Rolle mehr spielt, wenn das Verfahren durch eine Entscheidung im Sinne des § 197 Abs. 1 Nr. 3 oder 4 Alt. 1 BGB abgeschlossen wurde. In diesem Fall ersetzt die neue Titelverjährung nach § 197 BGB die alte Anspruchsverjährung.

---

[39] In zwei Jahren verjährten allerdings Ansprüche der Kaufleute etc. für die Lieferung von Waren, sofern die Leistung nicht für den Gewerbebetrieb des Schuldners erfolgte (§ 196 Abs. 1 Nr. 1 BGB a.F.).

[40] MüKo/*Grothe*, vor § 194 Rn 39; Palandt/*Heinrichs*, Art. 229 § 6 EGBGB Rn 8; *Lorenz/Riehm*, Lehrbuch zum neuen Schuldrecht, 2002, Rn 677; *Pfeiffer*, ZGS 2002, 275 f.; vgl. auch BGH, Urt. v. 22.11.2002 – V ZR 443/01, JURIS-Dok.-Nr. KORE503642003.

c) Neue Hemmungstatbestände. Sieht das neue Recht einen Hemmungstatbestand vor, der dem alten Recht noch unbekannt war (z.B. im **allgemeinen Verjährungsrecht**: § 203 BGB, soweit dieser über §§ 639 Abs. 2, 651 g Abs. 2 S. 3,[41] 852 Abs. 2 BGB a.F. und § 207 BGB, soweit dieser über § 204 BGB a.F. hinausgeht, § 204 Abs. 1 Nr. 7 BGB, insoweit als andere als die in §§ 477 Abs. 2, 548 Abs. 3, 639 Abs. 1 BGB a.F. genannten Fälle erfasst sind, §§ 204 Abs. 1 Nr. 9, 208 BGB sowie im besonderen Schuldrecht etwa für **Verbraucherdarlehen** § 497 Abs. 3 BGB[42]), kommt hinsichtlich der Anwendung dieser Regelungen auf bereits angelaufene Verjährungsfristen wiederum Abs. 1 S. 1 zur Anwendung.[43] Danach greifen die neuen Hemmungstatbestände ab dem 1.1.2002 *ex nunc* ein. Dem neuen Verjährungsrecht kommt auch hier keine Rückwirkung zu, so dass eine bislang unbekannte Hemmung erst nach dem 31.12.2001 eintreten kann, frühestens also am 1.1.2002 (0.00 h), sofern zu diesem Zeitpunkt die Voraussetzungen der Norm erfüllt sind.[44] Sollten sich z. B. **Verhandlungen** über einen Anspruch oder die den Anspruch begründenden Umstände, die vor dem 1.1.2002 begonnen haben und nicht bereits von §§ 639 Abs. 2, 651 g Abs. 2 S. 3 oder 852 Abs. 2 BGB a.F. erfasst wurden, über den 31.12.2001 hinaus hinziehen, wäre die Verjährung erst ab dem 1.1.2002 nach § 203 S. 1 BGB gehemmt.[45] Gleiches gilt für die Ablaufhemmung nach § 203 S. 2 BGB. Auch diese kann nur dann eingreifen, wenn auch die Hemmung gem. § 203 S. 1 BGB nach dem 31.12.2001 zum Tragen gekommen ist. Haben die Verhandlungen noch vor dem 1.1.2002 geendet, kann auf § 203 S. 2 BGB selbst dann nicht zurückgegriffen werden, wenn das Ende der Verhandlungen weniger als drei Monate vor dem Stichtag lag.

Beispiel:[46] V macht einen bislang der Verjährungsfrist des § 195 BGB a.F. unterfallenden Kaufpreisanspruch gegen K am 15.8.2001 gerichtlich geltend. Am 15.12.2001 wird auf Antrag beider Parteien das Ruhen des Verfahrens angeordnet (§ 251 ZPO a.F.). Zugleich nehmen K und V Vergleichsverhandlungen auf, die jedoch am 15.9.2003 für gescheitert erklärt werden.

In dem vorstehenden Beispielsfall endet die durch Klageerhebung bewirkte Unterbrechung der Verjährung (§ 209 Abs. 1 a.F. i.V.m. Art. 229 § 6 Abs. 1 S. 2 Alt. 4) gem. § 211 Abs. 2 BGB a.F. i.V.m. Art. 229 § 6 Abs. 1 S. 2 Alt. 4 am 15.12.2001 mit der Anordnung des Ruhens des Verfahrens nach § 251 ZPO a.F. Der Verjährungslauf beginnt demgemäß am 16.12.2001 erneut, ist jedoch aufgrund der Sperrwirkung des § 251 Abs. 2 ZPO a.F. sofort nach § 202 Abs. 1 BGB a.F. gehemmt.[47] Keine Hemmungswirkung kommt dagegen den Vergleichsverhandlungen der Parteien zu; eine dem § 203 BGB entsprechende Regelung sah das alte Recht (mit Ausnahme von §§ 639 Abs. 2, 651 g Abs. 2 S. 3, 852 Abs. 2 BGB a.F.) nicht vor. Die vorbeschriebene Rechtslage hat bis zum 31.12.2001 Bestand. Ab dem 1.1.2002 kommen nach Abs. 1 S. 1 die neuen Verjährungsvorschriften zum Tragen. Nach diesen fällt die Verjährungshemmung aufgrund der Anordnung des Ruhens des Verfahrens mit Ablauf des 31.12.2001 weg, da die Vorschrift des § 251 Abs. 2 ZPO a.F. aufgehoben wurde und mithin eine diesbezügliche Hemmung nicht mehr erforderlich ist. Zugleich tritt mit Beginn des 1.1.2002 jedoch die Hemmungswirkung nach § 203 BGB ein (Art. 229 § 6 Abs. 1 S. 1). Gehemmt wird allerdings nicht mehr die alte Frist des § 195 BGB a.F., sondern gem. Abs. 4 S. 1 die kürzere Frist des neuen § 195 BGB. Deren Hemmung dauert bis zum Scheitern der Verhandlung am 15.9.2003 an (§ 203 Abs. 1 BGB). Danach, d.h. am 16.9.2003, beginnt die (volle) dreijährige Frist des § 195 BGB – in Abweichung von § 199 Abs. 1 BGB taggenau – zu laufen. Sie endet am 15.9.2006.

3. Ablaufhemmung (Abs. 1 S. 2 Alt. 3). Gem. Abs. 1 S. 2 Alt. 3 richtet sich die Ablaufhemmung bis zum 31.12.2001 ebenfalls nach den Regelungen des alten Rechts. Ist der Anspruch danach unter Berücksichtigung der Ablaufhemmung bereits vor dem 1.1.2002 verjährt, bleibt es auch nach In-Kraft-Treten des Reformgesetzes bei dieser Rechtslage (siehe Rn 18).[48] Ist die Verjährung am Stichtag noch nicht eingetreten, kommen ab dem 1.1.2002 die neuen Vorschriften (z.B. §§ 210 Abs. 1, 211, 438 Abs. 3 S. 2, 479

---

41 Zur Überleitung einer unter altem Recht nach § 651 g Abs. 2 S. 3 BGB a. F., unter neuem Recht nach § 203 BGB gehemmten Verjährung s.a. § 203 BGB Rn 48.
42 Zum zeitlichen Anwendungsbereich des § 497 Abs. 3 BGB vgl. *Budzikiewicz*, WM 2003, 261, 274.
43 A.A. wohl OLG Celle, Beschl. v. 12.3.2002–15 WF 44/02, JURIS-Dok.-Nr. KORE557292002, dort zur Anwendbarkeit der §§ 1600b Abs. 6 S. 2, 210 BGB (nach Abs. 5 i.V.m. Abs. 1 S. 2 sollen auf am 1.1.2002 bereits angelaufene Fristen die neuen Hemmungsregeln nicht anzuwenden sein).
44 Zu der Frage, ob für den Fall, dass das Eingreifen eines der neuen Hemmungstatbestände der §§ 203 f., 208 BGB zu einem späteren Verjährungseintritt führt als unter altem Recht, die Übergangsregelungen der Abs. 3 und 4 entsprechend heranzuziehen sind, vgl. *Budzikiewicz*, AnwBl 2002, 394, 399.
45 *Eidenmüller*, SchiedsVZ 2003, 163, 166; Palandt/*Heinrichs*, Art. 229 § 6 EGBGB Rn 7; *ders.*, BB 2001, 1417, 1422; Bamberger/Roth/*Henrich*, vor § 194 Rn 9; Staudinger/*Peters*, Art. 229 § 6 EGBGB Rn 17; *Heß*, NJW 2002, 253, 257; *Kirchhof*, WM 2002, 2037, 2039; Erman/*Schmidt-Räntsch*, Anh. vor § 194 Rn 4.
46 Dem Beispiel bei *Ott*, MDR 2002, 1, 2, nachgebildet.
47 BGH NJW 1968, 692, 694; Palandt/*Heinrichs*, 60. Auflage 2001, § 211 Rn 6.
48 Vgl. Staudinger/*Peters*, Art. 229 § 6 EGBGB Rn 18.

Abs. 2, 634a Abs. 3 S. 2 BGB) zur Anwendung.[49] Dabei ist es ohne Bedeutung, ob die Verjährungsfrist nach altem Recht gerade aufgrund der Ablaufhemmung oder aufgrund des normalen ungehemmten Fristlaufs noch nicht abgelaufen war.

37 Keine Schwierigkeiten bereitet die Überleitung, wenn nach altem wie nach neuem Recht unter denselben Voraussetzungen eine **fristidentische Ablaufhemmung** vorgesehen ist (vgl. etwa § 207 BGB a.F., der in § 211 BGB aufgenommen wurde). Hier werden die bisherigen Vorschriften am Stichtag durch die Neuregelungen substituiert.

38 Durch das SchuldRModG sind jedoch auch einige **neue Ablaufhemmungstatbestände** eingefügt worden (z.B. §§ 210 Abs. 1 S. 1 Alt. 1, 438 Abs. 3 S. 2, 479 Abs. 2, 634a Abs. 3 S. 2 BGB), die gleichfalls gem. Abs. 1 S. 1 seit dem 1.1.2002 Anwendung finden. Hier stellt sich die Frage, ob die neuen Tatbestände auch dann zum Tragen kommen sollen, wenn dies zu einer Fristverlängerung führt, die den Verjährungseintritt über den Zeitpunkt hinauszögert, zu dem nach altem Recht Verjährung eingetreten wäre. Im Schrifttum wird dieses Problem zumeist anhand der Ablaufhemmung des § 479 Abs. 2 BGB (**Händlerregress**) diskutiert. Nach verbreiteter Ansicht soll die Vorschrift auch dann heranzuziehen sein, wenn die Gewährleistungsansprüche des Unternehmers gegen seinen Lieferanten noch vor dem 1.1.2002 entstanden sind.[50] Begründet wird dies mit dem ansonsten drohenden Abbruch in der Regresskette.

39 Dem ist jedoch entgegenzuhalten, dass sich ein solcher Abbruch selbst bei Heranziehung des § 479 Abs. 2 BGB auf Altansprüche nicht immer vermeiden ließe. Dies resultiert in erster Linie aus dem Umstand, dass selbst dann, wenn man die Ablaufhemmung des § 479 Abs. 2 BGB auf vor dem 1.1.2002 entstandene Ansprüche anwenden wollte, die Fristverlängerung nur dann Wirkung zeitigen würde, wenn die betreffenden Gewährleistungsansprüche am 1.1.2002 noch nicht verjährt waren.[51] Anderenfalls bliebe dem Händler der Rückgriff, ungeachtet der Regelung des § 479 Abs. 2 BGB, ohnehin versagt. Hinzu kommt, dass dem Hersteller oder Lieferanten, der den Vertrag mit seinem Abnehmer noch unter altem Recht geschlossen hat, die Möglichkeit einer Ablaufhemmung nach § 479 Abs. 2 BGB im Zeitpunkt des Vertragsschlusses zumeist noch nicht bewusst gewesen sein dürfte, so dass er keine Veranlassung hatte, diesen preisbildenden Faktor in seine Kalkulation einfließen zu lassen.[52] Würde nunmehr nachträglich der Verjährungslauf über § 479 Abs. 2 BGB verlängert, droht ein Eingriff in das Äquivalenzverhältnis der geschuldeten Leistungen. Die Situation stellt sich ähnlich dar wie im Fall der Einführung neuer Verjährungsfristen, für deren Überleitung in Abs. 3 und 4 Sonderregelungen aufgestellt wurden (vgl. auch Rn 45 f., 56 ff.). Angesichts der vergleichbaren Konsequenzen, die eine Fristverlängerung durch Einführung neuer (statischer) Verjährungsfristen und eine Verschiebung des Fristendes durch Ablaufhemmung für den Schuldner mit sich bringt, sollte erwogen werden, die Regelungen der Abs. 3 und 4 auf den Fall der neuen Ablaufhemmungen im Wege der teleologischen Extension entsprechend zur Anwendung zu bringen.[53] Die Heranziehung der neuen Tatbestände der Ablaufhemmung würde dann von einem Vergleich des Fristendes nach altem und neuem Recht abhängen:

40 **a) Verlängerung der Verjährungsfrist unter neuem Recht.** Sollte die Verjährungsfrist des neuen Rechts länger sein als jene der alten Regelungen, verhinderte Abs. 3 sowohl die Heranziehung der längeren neuen Frist als auch die Anwendung eines neuen Ablaufhemmungstatbestandes. Hiervon erfasst würden vor allem jene Fälle, in denen ein kaufrechtlicher Gewährleistungsanspruch gem. Abs. 3 weiterhin der Verjährungsfrist des § 477 BGB a.F. unterliegt, nach dem 31.12.2001 aber gem. Abs. 1 S. 1 der Eintritt einer Ablaufhemmung nach § 479 Abs. 2 BGB infrage steht. Die Anwendung des § 479 Abs. 2 BGB auf die Verjährungsfrist des § 477 BGB a.F. wäre hier ausgeschlossen.[54]

---

49 Erman/*Schmidt-Räntsch*, Anh. vor § 194 Rn 4; a.A. OLG Celle, Beschl. v. 12.3.2002–15 WF 44/02, JURIS-Dok.-Nr. KORE557292002 (keine Anwendung des § 210 BGB auf eine vor dem 1.1.2002 für die Anfechtung der Vaterschaft angelaufene Frist).
50 MüKo/*Grothe*, vor § 194 Rn 38; Palandt/*Heinrichs*, Art. 229 § 6 EGBGB Rn 7; *Heß*, NJW 2002, 253, 259 f.; *ders.*, DStR 2002, 455, 460 f.; Staudinger/*Peters*, Art. 229 § 6 EGBGB Rn 10, 18; *Pfeiffer*, ZGS 2002, 17; *ders.*, in: Westermann (Hrsg.), Das Schuldrecht 2002, S. 215, 249.
51 Ebenso Palandt/*Heinrichs*, Art. 229 § 6 EGBGB Rn 7; *Heß*, NJW 2002, 253, 260; *Magnus*, RIW 2002, 577, 584; Staudinger/*Peters*, Art. 229 § 6 EGBGB Rn 10; a.A. *Pfeiffer*, ZGS 2002, 17 f.; *ders.*, in: Westermann (Hrsg.), a.a.O., S. 215, 250 (Anwendung des § 479 Abs. 2 BGB auch auf bereits verjährte Ansprüche).
52 *Höpker*, S. 352; Mansel/*Budzikiewicz*, § 10 Rn 23.
53 Ausf. hierzu *Budzikiewicz*, AnwBl 2002, 394, 398 f.; ebenso *Höpker*, S. 352 f.; a.A. *Pfeiffer*, ZGS 2002, 17; *ders.*, in: Westermann (Hrsg.), a.a.O., S. 215, 249 f. (Abs. 3 und 4 sind im Fall der Ablaufhemmung unanwendbar, da diese nicht zu einer Fristveränderung führen).
54 Im Erg. ebenso *Magnus*, RIW 2002, 577, 584.

b) Verkürzung der Verjährungsfrist unter neuem Recht. Ist die vor dem 1.1.2002 angelaufene 41
Verjährungsfrist hingegen länger als diejenige, die nach neuem Recht maßgeblich wäre, findet gem.
Abs. 4 S. 1 die neue kürzere Verjährungsfrist beginnend mit dem 1.1.2002 Anwendung. Deren Ablauf
kann grds. nach den neuen Vorschriften gehemmt werden. Sollte die Verschiebung des Fristendes allerdings
dazu führen, dass die Verjährung zu einem späteren Zeitpunkt eintritt, als dies bei Heranziehung der
alten Frist der Fall gewesen wäre, greift Abs. 4 S. 2 ein. Die Regelung legt auch in Bezug auf die
neuen Ablaufhemmungstatbestände eine Obergrenze fest. Das Ende der neuen Verjährungsfrist kann
danach maximal bis zu dem Zeitpunkt hinausgeschoben werden, zu dem bei Zugrundelegung der alten
Verjährungsfrist die Verjährung eingetreten wäre. Eine darüber hinausgehende Ablaufhemmung kommt
nicht zum Tragen. Relevant wird die vorstehende Alternative vor allem im Hinblick auf die Ablaufhemmung
nach §§ 438 Abs. 3 S. 2 und 634a Abs. 3 S. 2 BGB.[55]

III. Verjährungsfristen

1. Gleiche Fristen nach altem und neuem Recht (Abs. 1 S. 1). Sehen das bisherige und das neue Recht 42
die gleiche Verjährungsfrist vor, so kommt im Fall der Überleitung diese (übereinstimmende) Frist gem.
Abs. 1 S. 1 auch nach dem 31.12.2001 zur Anwendung; es findet lediglich ein Austausch der maßgeblichen
Normen statt.[56] Dies gilt für gesetzliche und wirksam vereinbarte vertragliche Fristen gleichermaßen. Konnte
unter altem Recht die Verjährungsfrist wirksam verlängert oder verkürzt werden (z. B. nach § 477 Abs. 1 S. 2
BGB), läuft diese vertraglich bestimmte Frist nach dem 31.12.2001 unverändert weiter; lediglich die Frage
der Wirksamkeit richtet sich jetzt grundsätzlich nach § 202 (vgl. Rn 47 ff.). Zu berücksichtigen ist allerdings,
dass das Vorliegen identischer Fristen nicht notwendig auch den gleichen Fristablauf nach sich zieht. Ist die
Verjährung nach altem Recht aufgrund eines Ereignisses unterbrochen worden, das nach neuem Recht nur
eine Hemmung nach sich zieht (vgl. Rn 30 ff.), so beginnt die (zeitlich identische) Verjährungsfrist nach
den Vorgaben des alten Rechts erneut zu laufen, wenn die Unterbrechung noch vor dem 1.1.2002 beendet
ist. Ist die Unterbrechung nach altem Recht hingegen am 31.12.2001 noch nicht beendet, dann beginnt die
Verjährung gem. der Regelung des Abs. 2 (Rn 30) am 1.1.2002 erneut, wird aber bei Vorliegen eines
Hemmungstatbestands nach neuem Recht sofort mit Beginn des 1.1.2002 gehemmt. In jedem Fall tritt die
Verjährung zu einem späteren Zeitpunkt ein als dies zuträfe, wenn ausschließlich neues Recht herangezogen
würde.

Ähnliches gilt im Hinblick auf die Verjährung **deliktischer Ansprüche**, die nach neuem wie nach altem Recht 43
grds. einer dreijährigen Verjährungsfrist unterliegen. Gem. § 852 Abs. 1 BGB a.F. begann die deliktische
Verjährung vor dem 1.1.2002 grds. nur bei positiver Kenntnis des Verletzten von dem Schaden und der
Person des Ersatzpflichtigen. Nach neuem Recht genügt jetzt auch grob fahrlässige Unkenntnis, um den
Verjährungslauf auszulösen (§ 199 Abs. 1 Nr. 2 BGB). Liegt grobe Fahrlässigkeit im Sinne des § 199 Abs. 1
Nr. 2 BGB bereits vor dem 1.1.2002 vor, beginnt die Verjährung aufgrund der Regelung in Abs. 1 S. 1
nunmehr schon ab dem 1.1.2002 (aber auch nicht vorher) zu laufen,[57] selbst wenn die nach § 852 Abs. 1
BGB a.F. erforderliche positive Kenntnis erst zu einem späteren Zeitpunkt eintreten sollte (vgl. auch Rn 21).
Damit unterscheidet sich trotz gleicher Frist unter altem und neuem Recht der konkrete Fristablauf, wenn
auf das neue Tatbestandsmerkmal der groben Fahrlässigkeit abzustellen ist.

Beispiel: A erleidet am 15.6.2000 durch unerlaubte Handlung des B eine Verletzung seines Eigentums. 44
Bereits am 15.8.2000 hätte er von der Person des Schädigers Kenntnis erlangen können; jedoch hat er von der
Möglichkeit der Kenntnisnahme bis heute keinen Gebrauch gemacht. In diesem Fall begann die dreißigjährige
Frist des § 852 Abs. 1 Alt. 2 BGB a.F. am 16.6.2000 zu laufen, die dreijährige kenntnisabhängige Frist des
§ 852 Abs. 1 Alt. 1 BGB a.F. hingegen kam mangels positiver Kenntnis nie zum Tragen. Aufgrund der
ab dem 1.1.2002 anwendbaren verjährungsrechtlichen Neuregelungen wurde am 1.1.2002 die alte Frist des
§ 852 Abs. 1 Alt. 2 BGB a.F. durch die gleichlange des § 199 Abs. 3 S. 1 Nr. 2 BGB ersetzt (vgl. auch
Rn 17);[58] aufgrund grob fahrlässiger Unkenntnis des A ist zudem die dreijährige subjektive Verjährungsfrist
des § 195 BGB am 1.1.2002 in Lauf gesetzt worden. Parallel begann am 1.1.2002 gem. Abs. 4 S. 1 die – im
Verhältnis zu § 852 Abs. 1 Alt. 2 BGB a.F. kürzere – zehnjährige Frist des § 199 Abs. 3 S. 1 Nr. 1 BGB zu

---

55 *Budzikiewicz*, AnwBl 2002, 394, 399; *Höpker*,
S. 353.
56 Staudinger/*Peters*, Art. 229 § 6 EGBGB Rn 13.
57 A.A. Staudinger/*Peters*, Art. 229 § 6 EGBGB Rn 13
(Fristbeginn am 31.12.2002).

58 A.A. wohl *Amann*, S. 432, wonach alle in § 199
Abs. 2–4 statuierten Höchstfristen erst am 1.1.2002
anlaufen.

laufen. Für den konkreten Verjährungseintritt ist indes nur die Frist maßgeblich, deren Ablauf zuerst erfolgt. Hier wäre dies die Frist des § 195 BGB, die am 31.12.2004 abgelaufen ist (die Frist des § 199 Abs. 3 S. 1 Nr. 1 BGB endet demgegenüber erst am 31.12.2011, die des § 199 Abs. 3 S. 1 Nr. 2 BGB am 15.6.2030).

45   **2. Verlängerung der Verjährungsfrist unter neuem Recht (Abs. 3). a) Gesetzliche Fristverlängerung.** Unterliegt ein Anspruch unter Anwendung alten Rechts einer kürzeren Verjährungsfrist, als dies nach neuem Recht der Fall ist, behält nach Abs. 3 die kürzere Frist auch über den 31.12.2001 hinaus Geltung. Voraussetzung hierfür ist allerdings, dass der Anspruch bereits vor dem 1.1.2002 bestanden hat. Ist lediglich das Rechtsverhältnis, dem der Anspruch entstammt, vor diesem Tag begründet worden, der Anspruch selber jedoch erst später entstanden (vgl. Rn 12 ff.), kommt ausschließlich die neue, längere Frist zum Tragen (vgl. hierzu auch Rn 14 ff.).

46   Die Vorschrift des Abs. 3 dient dem **Schuldnerschutz**.[59] Bedeutung gewinnt sie vor allem im Hinblick auf die verlängerten kaufvertraglichen Gewährleistungsfristen (§ 438 Abs. 1 BGB): Mängelansprüche, die vor dem 1.1.2002 entstanden und an diesem Tag noch nicht verjährt sind, unterliegen nach Maßgabe der Überleitungsregelung auch weiterhin der sechsmonatigen Frist des § 477 Abs. 1 BGB a.F. Übergibt der Verkäufer somit am 1.9.2001 eine fehlerhafte Kaufsache an den Käufer, verjähren dessen Gewährleistungsansprüche bereits am 1.3.2002 und nicht gem. § 438 Abs. 1 Nr. 3, Abs. 2 BGB erst am 1.9.2003.

47   **b) Vertragliche Fristverlängerung.** Die vertragliche Verlängerung der Verjährungsfrist war unter altem Recht gem. § 225 S. 1 BGB a.F. – von speziellen Ausnahmen abgesehen (vgl. §§ 477 Abs. 1 S. 2; 638 Abs. 2 BGB a.F.; §§ 439 Abs. 4, 463, 475a HGB) – unzulässig. Verstießen die Parteien gegen diese Vorgabe, war die vereinbarte Fristverlängerung nach § 134 BGB nichtig. Unter neuem Recht ist eine Erschwerung der Verjährung nach Maßgabe des § 202 Abs. 2 BGB nunmehr grundsätzlich (d.h. innerhalb der von § 202 Abs. 2 BGB gezogenen Grenzen sowie vorbehaltlich besonderer Regelungen, z.B. §§ 439 Abs. 4, 463, 475a HGB, und der Inhaltskontrolle nach §§ 307 ff. BGB; vgl. § 202 BGB Rn 47 ff.) zulässig. Damit stellt sich die Frage, wie eine vor dem 1.1.2002 getroffene nichtige Vereinbarung über die Verlängerung der Verjährungsfrist nach dem Stichtag zu behandeln ist.

48   **aa) Verjährung ist bereits eingetreten.** Ist der Anspruch am 1.1.2002 bereits verjährt, weil nach bisherigem Recht die vertraglich vereinbarte Fristverlängerung gem. § 225 S. 1 BGB a.F. i.V.m. § 134 BGB nichtig war, bleibt es auch nach dem Stichtag bei diesem Ergebnis (vgl. Rn 18); den neuen Verjährungsvorschriften kommt insofern **keine Rückwirkung** zu.[60]

49   **bb) Verjährung ist noch nicht eingetreten.** Läuft die in Ermangelung einer wirksamen vertraglichen Fristvereinbarung maßgebliche gesetzliche Verjährungsfrist dagegen noch über den 31.12.2001 hinaus, finden nach Abs. 1 S. 1 ab dem 1.1.2002 die neuen Verjährungsregeln Anwendung. Danach sind vertragliche Fristverlängerungen im Rahmen des § 202 Abs. 2 BGB grundsätzlich zulässig, so dass eine bis zum 31.12.2001 nichtige Verjährungsabrede **mit Wirkung _ex nunc_ geheilt** werden kann, sofern die betreffende Abrede nach den Maßstäben des neuen Rechts[61] wirksam wäre.[62] Im Schrifttum wird zu dieser bereits in der Vorauflage[63] vertretenen Ansicht verschiedentlich angemerkt, eine unter altem Recht nichtige Verjährungsvereinbarung könne nicht durch eine Liberalisierung der Gesetzeslage geheilt, sondern allenfalls gem. § 141 Abs. 2

---

59 Vgl. BT-Drucks 14/6040, S. 273.
60 Erman/_Schmidt-Räntsch_, Anh. vor § 194 Rn 4.
61 Vgl. _Heß_, DStR 2002, 455, 459 mit Fn 59, der darauf hinweist, dass sich die Anwendung der §§ 307 ff. BGB auf vor dem 1.1.2002 getroffene Verjährungsabreden entgegen der hierfür grds. maßgeblichen Überleitungsvorschrift des Art. 229 § 5 ausnahmsweise aus Art. 229 § 6 Abs. 1 S. 1 rechtfertigt.

62 Ebenso _Eidenmüller_, SchiedsVZ 2003, 163, 166; MüKo/_Grothe_, vor § 194 Rn 41; _Heß_, DStR 2002, 455, 459; _Mansel/Budzikiewicz_, § 10 Rn 30; allg. zur „Validation" im intertemporalen Kollisionsrecht _Heß_, Intertemporales Privatrecht, 1998, S. 368 ff. A.A. Bamberger/Roth/_Henrich_, vor § 194 Rn 13; _Lakkis_, AcP 203 (2003), 763, 783; Staudinger/ _Peters_, Art. 229 § 6 EGBGB Rn 9, 25; Erman/ _Schmidt-Räntsch_, Anh. vor § 194 Rn 4.
63 AnwK-SchuldR/_Mansel_, Art. 229 § 6 EGBGB Rn 20.

BGB bestätigt werden.[64] Letztlich sei jedes Rechtsgeschäft nach der Rechtslage seines Vornahmezeitpunktes zu bewerten und daher nicht ersichtlich, wie es zu einer Heilung kommen könne.[65]

Hierzu ist zu bemerken, dass die Heilung unwirksamer Rechtsgeschäfte durch Statutenwechsel, die im internationalen Privatrecht anerkannt ist, auch im intertemporalen Kollisionsrecht nicht unbekannt ist.[66] Die Möglichkeit der Validation wird in verschiedenen Fallgestaltungen diskutiert – u.a. auch in Bezug auf die Aufhebung von Nichtigkeitsgründen. Steht, wie im Fall der §§ 225 S. 1 BGB a.F./202 Abs. 2 BGB, die Lockerung oder Aufhebung von Tatbeständen in Rede, die unter altem Recht die Nichtigkeit einer Vereinbarung nach sich zogen, wird für eine Heilung vorgebracht, dass der Gesetzgeber unter der Neuregelung regelmäßig kein Interesse mehr habe, die alte Nichtigkeitsvorschrift weiter durchzusetzen.[67] Dies gelte zumindest dann, wenn Dritte von der Validation nicht betroffen sind.[68] Hierauf ist auch im Fall der vertraglichen Fristverlängerung unter altem Recht abzustellen. Die Heilung einer nichtigen Verjährungsvereinbarung wird zumeist nur die an dem Rechtsgeschäft Beteiligten tangieren, so dass nach dem 31.12.2001 ausschließlich deren Interessen in Rede stehen. Haben die Parteien jedoch vor dem 1.1.2002 in Unkenntnis der tatsächlichen Rechtslage angenommen, die Verlängerung der Verjährungsfrist wirksam vereinbaren zu können, und ggf. sogar die Leistung des von der Vereinbarung Begünstigten in Abhängigkeit von dieser Absprache bestimmt, sollte dieses Äquivalenzverhältnis, soweit eine Heilung nach In-Kraft-Treten des SchuldRModG möglich ist, nicht ohne Not weiter gestört und der Neuregelung des § 202 Abs. 2 BGB nach dem 31.12.2001 Wirkung zugesprochen werden. Die Parteien demgegenüber auf die bloße Möglichkeit der Bestätigung nach § 141 Abs. 2 BGB zu verweisen, würde den von der Nichtigkeit benachteiligten Gläubiger der Gefahr aussetzen, eine entsprechende Erklärung von dem bislang begünstigten Schuldner nicht mehr zu erlangen. Konsequenz wäre ggf. die Nichtigkeit des gesamten Rechtsgeschäfts (§ 139 BGB), das dann rückabgewickelt werden müsste.

Die vorstehenden Erwägungen sind entsprechend zugrunde zu legen, wenn die Parteien in dem **Bewusstsein der Neuregelung** des § 202 Abs. 2 BGB bereits vor dem 1.1.2002 eine dieser Vorschrift entsprechende Fristverlängerung vereinbart haben sollten.[69]

Da die Heilung, sofern man eine solche zulässt, zu einer Fristverlängerung führt, bliebe noch zu klären, ob der neue Verjährungslauf angesichts der **Regelung des Abs. 3** überhaupt Berücksichtigung finden kann oder ob nicht vielmehr nur die unverlängerte gesetzliche Verjährungsfrist zur Anwendung kommt. Letzteres dürfte abzulehnen sein. Die Vorschrift erklärt lediglich die gesetzliche Verlängerung der Verjährungsfrist für unbeachtlich; vertragliche Fristverlängerungen werden ausweislich des Wortlauts der Norm von dieser nicht erfasst („Ist die Verjährungsfrist nach dem Bürgerlichen Gesetzbuch ...").[70] Zudem dient die Regelung dem Schutz des Schuldners, der vor einer Fristverlängerung unter neuem Recht bewahrt werden soll, mit der er bei Entstehung des Anspruchs nicht zu rechnen brauchte. Die vertragliche Absprache ist jedoch beiden Parteien bekannt, so dass es eines gesetzlichen Schutzes nicht bedarf. Abs. 3 findet daher auf den Fall der vertraglichen Fristverlängerung unter neuem Recht infolge Validation keine Anwendung.

c) Abkürzung der Verjährungsfrist bei Haftung wegen Vorsatzes. Gem. § 202 Abs. 1 BGB kann nach neuem Recht bei Haftung wegen Vorsatzes die Verjährung nicht mehr im Voraus vertraglich erleichtert werden. Unter altem Recht (§ 225 S. 2 BGB a.F.) wurde eine Verkürzung der Verjährungsfrist hingegen z.T. auch für vorsätzliches Verschulden als zulässig erachtet.[71] Sollte nunmehr über Art. 229 § 6 Abs. 1 S. 1

---

64 Bamberger/Roth/*Henrich*, vor § 194 Rn 13; Erman/*Schmidt-Räntsch*, Anh. vor § 194 BGB Rn 4. Ähnlich *Lakkis*, AcP 203 (2003), 763, 783, die jedoch darauf abstellt, dass Verjährungsvereinbarungen nicht von Art. 229 § 6 erfasst werden. § 202 BGB sei keine unmittelbare gesetzliche Verjährungsregelung, sondern eine Schranke der Privatautonomie, deren intertemporale Anwendbarkeit der allgemeinen Überleitungsregel des Art. 229 § 5 unterfalle. Nach Art. 229 § 5 S. 1 bleibe für vor dem 1.1.2002 entstandene Schuldverhältnisse aber altes Recht und damit auch § 225 BGB a.F. weiter anwendbar. Dem ist entgegenzuhalten, dass Art. 229 § 6 Abs. 1 S. 1 generell die Vorschriften über die Verjährung, d.h. insbesondere die §§ 194 ff. BGB (und damit auch § 202 BGB) in Bezug nimmt; eine Einschränkung auf solche Regelungen, die die Modalitäten der Verjährung unmittelbar gesetzlich festlegen, ist der Norm nicht zu entnehmen. Es besteht auch vor dem Hintergrund der Überleitung kein Grund, gesetzlich statuierte und vertraglich vereinbarte Verjährungsfristen unterschiedlichen Übergangsbestimmungen zu unterwerfen. Aufgrund der auch im intertemporalen Privatrecht anerkannten Möglichkeit einer Heilung durch Statutenwechsel ist die Neuregelung des § 202 BGB durchaus auch für Altansprüche von Bedeutung (hierzu sogleich); im Erg. ebenso *Heß*, DStR 2002, 455, 459.

65 Staudinger/*Peters*, Art. 229 § 6 EGBGB Rn 9.

66 Ausf. hierzu *Heß*, Intertemporales Privatrecht, 1998, S. 368 ff.

67 *Heß*, a.a.O., S. 369 f.

68 *Heß*, a.a.O., S. 371.

69 Zur Parteiautonomie im intertemporalen Kollisionsrecht vgl. *Heß*, Intertemporales Privatrecht, 1998, S. 376 ff.

70 Ebenso *Heß*, DStR 2002, 455, 459 (Fn. 56).

71 So z.B. RGZ 135, 174, 176 f.; BGHZ 9, 1, 5; Palandt/*Heinrichs*, 61. Auflage 2002, § 276 Rn 57.

die Neuregelung in § 202 Abs. 1 BGB auch für die Bewertung derartiger vor dem 1.1.2002 vereinbarter Verjährungserleichterungen heranzuziehen sein, wäre die Abrede gem. § 134 BGB mit In-Kraft-Treten des SchuldRModG am 1.1.2002 *ex nunc* nichtig; anstelle der vertraglich vereinbarten Frist käme in Abhängigkeit von Art. 229 § 6 Abs. 3 und 4 die gesetzliche längere Verjährungsfrist zur Anwendung.

Eine derartige Neubewertung der ursprünglich zulässigen Verjährungserleichterung würde jedoch gegen den bereits in Art. 170 und 232 § 1 formulierten und für die Zwecke des SchuldRModG in Art. 229 § 5 S. 1 übernommenen Grundsatz verstoßen, dass ein Schuldverhältnis nur dem im Zeitpunkt seiner Entstehung gültigen Recht unterfällt (vgl. Art. 229 § 5 Rn 1). Nach dem Prinzip der *lex temporis actus* können die Parteien grundsätzlich darauf vertrauen, dass die Normen, die im Zeitpunkt ihres rechtserheblichen Handelns galten, auch *ex post* bei der Bewertung ihres Vorgehens herangezogen werden.[72] Bereits erworbene vertragliche Rechte sollen durch Änderungen des diesen zugrunde liegenden Gesetzes nicht nachträglich wieder abgesprochen werden.[73] Ausnahmen können in Übereinstimmung mit den Vorgaben des Verfassungsrechts durch den Gesetzgeber statuiert werden, sind jedoch angesichts des grundsätzlichen Rückwirkungsverbotes eng auszulegen.[74]

54 Der Regelung des Art. 229 § 6 Abs. 1 S. 1 das Gebot einer Neubewertung der bereits unter altem Recht erlangten Verjährungserleichterung bei Haftung wegen Vorsatzes und damit den Eingriff in einen abgeschlossenen Tatbestand entnehmen zu wollen, erscheint vor diesem Hintergrund als zu weitgehend. Die Anwendung neuen Rechts wäre nur dann zulässig, wenn das nunmehr in § 202 Abs. 1 BGB aufgenommene Verbot einer entsprechenden Vereinbarung Ausdruck eines fundamentalen Wertewandels wäre, dessen Ausweitung auch auf alte Tatbestände zwingend erforderlich erscheint.[75] Letzteres dürfte jedoch nicht der Fall sein. Die Regelung des § 202 BGB bezweckt gegenüber § 225 BGB a.F. grundsätzlich eine erhebliche Erweiterung der Vertragsfreiheit (vgl. § 202 BGB Rn 7). Zwar findet diese (u.a.) ihre Grenze in dem Ausschluss der Verjährungserleichterung in Fällen vorsätzlicher Schädigung; nachträgliche Vereinbarungen betreffend die Haftung wegen Vorsatzes sind jedoch auch weiterhin möglich. Zum Teil wird auch eine teleologische Reduktion der Vorschrift erwogen, soweit die Haftung für vorsätzliches Handeln durch den Erfüllungsgehilfen in Rede steht.[76] Hieraus resultiert, dass es sich bei der Regelung des § 202 Abs. 1 BGB zwar um eine wesentliche Neuerung der Schuldrechtsreform handelt, jedoch nicht ersichtlich ist, dass das Verbot der im Voraus vereinbarten Verjährungserleichterung einen derart gesteigerten Stellenwert einnimmt, dass sich daraus eine Rückwirkung auf abgeschlossene Tatbestände rechtfertigen ließe. Die Verjährung von Ansprüchen wegen vorsätzlicher Schädigung bleibt in gewissem Umfang auch unter neuem Recht disponibel. Der Unterschied zwischen nachträglicher Abbedingung und im Voraus vereinbarter Verjährungserleichterung erscheint jedoch nicht so gravierend, als dass dies *ex post* die Nichtigkeit der Vereinbarung rechtfertigen würde. Bislang zulässige Verjährungserleichterungen bei Haftung wegen Vorsatzes bleiben daher auch nach dem Stichtag weiter wirksam.[77]

55 **d) Mittelbare Verjährungserschwerungen.** Die vorstehend dargelegten Grundsätze zur Frage der Rückwirkung des neuen Verjährungsrechts gelten entsprechend, sofern die Parteien unter altem Recht mittelbare Verjährungserschwerungen verabredet haben (vgl. hierzu § 202 BGB Rn 37). Auch diese bleiben angesichts des grundsätzlichen Rückwirkungsverbotes (siehe zu diesem näher Rn 53) neuer Regelungen auf abgeschlossene Tatbestände in der Form wirksam, die sie unter altem Recht erfahren haben. Soweit die Regelung des § 202 (ggf. in Verbindung mit §§ 307 ff. BGB) mit den Regelungen des alten Rechts inhaltlich übereinstimmt, finden allerdings gem. Art. 229 § 6 Abs. 1 S. 1 nach dem 31.12.2001 die neuen Regelungen Anwendung (vgl. auch Rn 42).

56 **3. Verkürzung der Verjährungsfrist unter neuem Recht (Abs. 4).** Abs. 4 erfasst den zu Abs. 3 reziproken Fall, dass ein Anspruch nach den Vorschriften des neuen Verjährungsrechts in kürzerer Frist verjährt, als dies nach den Regeln des alten Rechts zutraf. Um zu vermeiden, dass am Stichtag nach Abs. 1 S. 1 eine neue Fristenregelung zur Anwendung gelangt, nach der die Frist ggf. am 1.1.2002 schon abgelaufen ist, sieht Abs. 4 S. 1 im Interesse des **Gläubigerschutzes** vor, dass die kürzere neue Frist zwar heranzuziehen ist, diese jedoch frühestens am 1.1.2002 zu laufen beginnt.

57 Auf der anderen Seite soll der neue Fristbeginn aber auch nicht zu einer unangemessenen Verlängerung des Verjährungslaufs führen. Abs. 4 S. 2 bestimmt daher, dass es bei der alten Verjährungsfrist bleibt, wenn danach die Verjährung früher eintritt, als dies bei der Lösung nach Abs. 4 S. 1 der Fall wäre.

---

72 *Heß*, Intertemporales Privatrecht, 1998, S. 366.
73 *Heß*, a.a.O., S. 143.
74 *Heß*, a.a.O., S. 18.
75 Vgl. *Heß*, a.a.O., S. 19.
76 Erman/*Schmidt-Räntsch*, § 202 Rn 8.
77 Im Erg. ebenso *Lakkis*, AcP 203 (2003), 763, 783.

Es ist somit stets ein Vergleich durchzuführen zwischen dem Verjährungslauf nach altem Recht und demjenigen, der sich aus der Anwendung der neuen kürzeren Frist (gerechnet ab dem 1.1.2002) ergibt. Zur Anwendung kommt jeweils die Frist, die im konkreten Einzelfall früher abläuft. Es gilt folglich ein **Günstigkeitsprinzip** für den Schuldner.

Von Bedeutung ist die Regelung des Abs. 4 vor allem bei Ansprüchen, die vor dem 1.1.2002 der regelmäßigen dreißigjährigen Verjährung nach § 195 BGB a.F. unterlagen und jetzt unter die Frist der §§ 195, 199 BGB fallen. Hier kann die Vorschrift zum Teil zu erheblichen Fristverkürzungen führen,[78] wie das folgende **Beispiel** zeigt:

Haben die Parteien am 1.10.1988 einen Kaufvertrag geschlossen, so verjährte der Erfüllungsanspruch des Käufers unter altem Recht (§ 195 BGB a.F.) in 30 Jahren am 1.10.2018. Gem. Abs. 4 kommen nunmehr ab dem 1.1.2002 die neuen Verjährungsregeln zum Tragen. Die Verjährung des Erfüllungsanspruchs richtet sich damit ab dem Stichtag nach der kürzeren dreijährigen Frist der §§ 195, 199 BGB und tritt dementsprechend unter Berücksichtigung von Abs. 4 S. 1 frühestens am 31.12.2004 ein (relative Frist, § 199 Abs. 1 BGB). Gerechnet wird die Verjährungsfrist nach §§ 195, 199 Abs. 1 BGB ab dem 1.1.2002 (0.00 h), sofern der Gläubiger von den anspruchsbegründenden Umständen und der Person des Schuldners bereits am 31.12.2001 Kenntnis hatte oder haben musste (was bei einem Kaufvertrag stets zutreffen dürfte). In diesem Fall soll die Regelung des Abs. 4 nicht dazu führen, dass der Verjährungsbeginn erst am Schluss des Jahres 2002 eintritt.[79] Der Gläubiger stünde sonst besser, als dies der Fall wäre, wenn neues Recht ohne die Übergangsregelung des Art. 229 § 6 zur Anwendung gelangte. Dem Gläubiger würde ein Jahr geschenkt, ohne dass sich dies unter Interessenschutzgesichtspunkten rechtfertigen ließe. Die Berechnung zum Jahresschluss soll lediglich den Rechtsverkehr entlasten; der Gläubiger hat aber keinen Anspruch darauf, dass ihm über die dreijährige kenntnisabhängige Frist des § 195 BGB hinaus eine weitere Karenzzeit zur Verfügung steht.

Erlangt der Gläubiger die erforderliche Kenntnis von den anspruchsbegründenden Tatsachen und der Person des Schuldners ausnahmsweise erst nach dem 31.12.2001 (bei vertraglichen Erfüllungsansprüchen ist das kaum denkbar), dann beginnt nach § 199 Abs. 1 BGB ab dem Schluss des entsprechenden Jahres die relative Frist des § 199 Abs. 1 BGB zu laufen.[80] Die Verjährung tritt spätestens am 31.12.2011 (Höchstfrist, § 199 Abs. 4 BGB) ein. Nach der Wertung des Abs. 4 sind in dem Beispielsfall allein diese Daten maßgeblich, da sie im Vergleich zur alten Rechtslage zu einem früheren Fristablauf führen, als dies bei Anwendung von § 195 BGB a.F. der Fall wäre. Hätten die Parteien den Kaufvertrag dagegen am 1.10.1973 geschlossen, liefe die Frist des § 195 BGB a.F. bereits am 1.10.2003 ab. Die Verjährung würde danach früher eintreten als unter Heranziehung der §§ 195, 199 BGB, so dass hier nach Abs. 4 S. 2 ausschließlich auf das frühere Ablaufdatum abzustellen ist.

Das vorstehende Beispiel hat gezeigt, dass die in Abs. 4 S. 1 angeordnete Berechnung der kürzeren neuen Frist ab dem 1.1.2002 nicht so zu verstehen ist, dass in den von Abs. 4 erfassten Übergangsfällen alle neuen Fristen ab dem 1.1.2002 zu laufen beginnen. Der Gesetzgeber wollte insbesondere bei der **Regelverjährungsfrist** des § 195 BGB nicht die dazu gehörige Regelung des **Fristbeginns** nach § 199 Abs. 1 BGB ausschalten und die Dreijahresfrist des § 195 BGB in den Übergangsfällen zu einer objektiv beginnenden Frist machen. Dazu besteht keine Veranlassung. Mit der Vorschrift des Abs. 4 S. 1 ist vielmehr gemeint, dass erst ab dem 1.1.2002 die neuen Berechnungsregeln eingreifen und dass der früheste Verjährungsbeginn der neuen Verjährungsfristen der 1.1.2002 ist. Einen späteren Beginn will Abs. 4 S. 1 aber nicht ausschließen. Daher sind die neuen kürzeren Fristen einschließlich der dazugehörigen Regeln des Fristbeginns anzuwenden. Führen sie zu einem vor dem 1.1.2002 liegenden Fristbeginn, so ist statt auf diesen auf den 1.1.2002 als Fristbeginn abzustellen. Führen sie hingegen zu einem Fristbeginn nach dem 1.1.2002, so kommt es auf Letzteren an.

Der Verweis auf die kürzere Frist des neuen Rechts meint im Fall der Regelverjährung nach §§ 195, 199 BGB sowohl die subjektive Frist der §§ 195, 199 Abs. 1 BGB als auch die objektiven Fristen des § 199 Abs. 2–4 BGB. Nach Art. 229 § 6 Abs. 4 S. 2 ist auf die in dem konkreten Einzelfall kürzere Frist abzustellen.[81]

---

78 Vgl. *Ziegler/Rieder*, ZIP 2001, 1789, 1798 f.
79 A.A. Staudinger/*Peters*, Art. 229 § 6 EGBGB Rn 11.
80 Palandt/*Heinrichs*, Art. 229 § 6 EGBGB Rn 6; Erman/*Schmidt-Räntsch*, Anh. vor § 194 Rn 9; vgl. auch *Gsell*, NJW 2002, 1297, 1298 f.

81 Ebenso *Amann*, S. 432; MüKo/*Grothe*, vor § 194 Rn 43; Palandt/*Heinrichs*, Art. 229 § 6 EGBGB Rn 6; Bamberger/Roth/*Henrich*, vor § 194 Rn 14; *Heß*, NJW 2002, 253, 258; Erman/*Schmidt-Räntsch*, Anh. vor § 194 Rn 9.

64 **4. Anspruchskonkurrenz.** Die Bestimmung der Verjährungsfrist ist im Fall konkurrierender Ansprüche für jeden Anspruch getrennt vorzunehmen.

IV. Analoge Anwendung

65 **1. Ausschlussfristen, Ersitzung (Abs. 5).** Nach Abs. 5 sind die Absätze 1–4 entsprechend auf Fristen anzuwenden, die für die Geltendmachung, den Erwerb oder den Verlust eines Rechts maßgebend sind. Zur Anwendung gelangen dabei lediglich die abstrakten Vorgaben, nach denen intertemporal das maßgebende Recht zu bestimmen ist. Die Vorschrift ist nicht in der Weise zu verstehen, dass etwa die in Abs. 5 bezeichneten Ausschlussfristen nunmehr den Regelungen des Verjährungsrechts unterliegen.[82] Ob Letzteres der Fall ist, richtet sich ausschließlich nach materiellem Recht; Abs. 5 nimmt hierauf keinen Einfluss.

66 Von Bedeutung ist die Vorschrift vor allem hinsichtlich der von dreißig auf zehn Jahre abgesenkten **Ausschlussfristen** für die Anfechtung in §§ 121 Abs. 2 und 124 Abs. 3 BGB (alte und neue Fassung)[83] sowie im Hinblick auf § 1600b i.V.m. §§ 206, 210 BGB.[84] Darüber hinaus findet Abs. 5 aber auch Anwendung, soweit **Ersitzungstatbestände** neu geregelt wurden (vgl. §§ 939, 941 BGB).[85]

67 **Beispiel:** Unterlag der Anfechtungsberechtigte am 15.7.1995 von ihm unbemerkt einem Erklärungsirrtum, richtet sich die Ermittlung der maßgeblichen Ausschlussfrist für die Erklärung der Anfechtung nach Abs. 5 i.V.m. Abs. 1. Danach ist seit dem 1.1.2002 grundsätzlich nicht mehr die dreißigjährige Frist des § 121 Abs. 2 BGB a.F., sondern die zehnjährige Frist des § 121 Abs. 2 BGB heranzuziehen. Nach Abs. 5 i.V.m. Abs. 4 S. 1 wird die im Vergleich zu § 121 Abs. 2 BGB a.F. kürzere Frist des neuen § 121 Abs. 2 BGB am 1.1.2002 in Lauf gesetzt und endet dementsprechend am 31.12.2011.[86] Hätte der Betroffene die anfechtbare Willenserklärung allerdings schon am 15.7.1974 abgegeben, wäre nach Abs. 5 i.V.m. Abs. 4 S. 2 weiter auf die Frist des § 121 Abs. 2 BGB a.F. abzustellen. Die alte dreißigjährige Frist liefe hier bereits am 15.7.2004 ab und somit früher, als dies unter Heranziehung des neuen § 121 Abs. 2 BGB der Fall wäre.

68 **2. HGB und UmwG (Abs. 6).** Die Regelung des Abs. 6 stellt klar, dass die Bestimmungen der Abs. 1–5 auch für die durch das SchuldRModG im HGB sowie im UmwG neu geregelten Fristen Anwendung finden, und zwar unabhängig davon, ob es sich um Verjährungsfristen oder um sonstige Fristen handelt.[87]

69 **3. KostO.** Obwohl es insofern an einer ausdrücklichen Verweisung auf Art. 229 § 6 fehlt, findet die Vorschrift auch entsprechende Anwendung auf die zum 1.1.2002 geänderte Verjährungsfrist für die Kostenforderungen der **Gebührennotare**.[88] Seit In-Kraft-Treten des SchuldRModG unterliegt der Kostenanspruch nicht mehr der bislang zweijährigen Verjährungsfrist der §§ 196 Abs. 1 Nr. 15, 198, 201 BGB a.F., sondern der vierjährigen Frist des § 17 KostO. Die Überleitung für vor dem 1.1.2002 fällig gewordene Ansprüche richtet sich nach Abs. 1–3 analog.

Art. 229 § 7 | **Überleitungsvorschrift zu Zinsvorschriften nach dem Gesetz zur Modernisierung des Schuldrechts vom 26. November 2001**

(1) ¹Soweit sie als Bezugsgröße für Zinsen und andere Leistungen in Rechtsvorschriften des Bundes auf dem Gebiet des Bürgerlichen Rechts und des Verfahrensrechts der Gerichte, in nach diesem Gesetz vorbehaltenem Landesrecht und in Vollstreckungstiteln und Verträgen aufgrund solcher Vorschriften verwendet werden, treten mit Wirkung vom 1. Januar 2002
1. an die Stelle des Basiszinssatzes nach dem Diskontsatz-Überleitungs-Gesetz vom 9. Juni 1998 (BGBl I S. 1242) der Basiszinssatz des Bürgerlichen Gesetzbuchs,

---

[82] Staudinger/*Peters*, Art. 229 § 6 EGBGB Rn 28.
[83] Vgl. BT-Drucks 14/6040, S. 273. Ob Abs. 5 auch auf die Ausschlussfrist des § 355 Abs. 3 BGB Anwendung findet, ist str.; dagegen *Schmidt-Kessel*, ZGS 2002, 311, 318; a.A. wohl Staudinger/*Peters*, Art. 229 § 6 EGBGB Rn 28.
[84] OLG Celle, Beschl. v. 12.3.2002 – 15 WF 44/02, JURIS-Dok.-Nr. KORE557292002 (allerdings wird dort im Erg. die Anwendbarkeit des § 210 BGB unzutr. abgelehnt); zu Art. 231 § 6 vgl. auch Staudinger/*Rauscher*, Art. 231 § 6 EGBGB Rn 83.
[85] S. hierzu Staudinger/*Peters*, Art. 229 § 6 EGBGB Rn 30; zu Art. 231 § 6 vgl. auch Staudinger/*Rauscher*, Art. 231 § 6 EGBGB Rn 81.
[86] Vgl. Palandt/*Heinrichs*, Art. 229 § 6 EGBGB Rn 10; Staudinger/*Peters*, Art. 229 § 6 EGBGB Rn 29.
[87] Zu den Änderungen des HGB und des UmwG s. Art. 5 Abs. 16 und 17 SchuldRModG.
[88] Ausf. *Mansel/Budzikiewicz*, § 10 Rn 42 ff.; ebenso Henssler/von Westphalen/*Bereska*, Praxis der Schuldrechtsreform 2. Aufl. 2003, Art. 229 § 6 EGBGB Rn 15; MüKo/*Grothe*, vor § 194 Rn 45; Staudinger/*Peters*, Art. 229 § 6 EGBGB Rn 3; a.A. *Amann*, S. 338 f., 434 (Anwendung des § 161 KostO).

2. an die Stelle des Diskontsatzes der Deutschen Bundesbank der Basiszinssatz (§ 247 des Bürgerlichen Gesetzbuchs),
3. an die Stelle des Zinssatzes für Kassenkredite des Bundes der um 1,5 Prozentpunkte erhöhte Basiszinssatz des Bürgerlichen Gesetzbuchs,
4. an die Stelle des Lombardsatzes der Deutschen Bundesbank der Zinssatz der Spitzenrefinanzierungsfazilität der Europäischen Zentralbank (SRF-Zinssatz),
5. an die Stelle der „Frankfurt Interbank Offered Rate"-Sätze für die Beschaffung von Ein- bis Zwölfmonatsgeld von ersten Adressen auf dem deutschen Markt auf ihrer seit dem 2. Juli 1990 geltenden Grundlage (FIBOR-neu-Sätze) die „EURO Interbank Offered Rate"-Sätze für die Beschaffung von Ein- bis Zwölfmonatsgeld von ersten Adressen in den Teilnehmerstaaten der Europäischen Währungsunion (EURIBOR-Sätze) für die entsprechende Laufzeit,
6. an die Stelle des „Frankfurt Interbank Offered Rate"-Satzes für die Beschaffung von Tagesgeld („Overnight") von ersten Adressen auf dem deutschen Markt („FIBOR-Overnight"-Satz) der „EURO Overnight Index Average"-Satz für die Beschaffung von Tagesgeld („Overnight") von ersten Adressen in den Teilnehmerstaaten der Europäischen Währungsunion (EONIA-Satz) und
7. bei Verwendung der „Frankfurt Interbank Offered Rate"-Sätze für die Geldbeschaffung von ersten Adressen auf dem deutschen Markt auf ihrer seit dem 12. August 1985 geltenden Grundlage (FIBOR-alt-Sätze)
   a) an die Stelle des FIBOR-alt-Satzes für Dreimonatsgeld der EURIBOR-Satz für Dreimonatsgeld, multipliziert mit der Anzahl der Tage der jeweiligen Dreimonatsperiode und dividiert durch 90,
   b) an die Stelle des FIBOR-alt-Satzes für Sechsmonatsgeld der EURIBOR-Satz für Sechsmonatsgeld, multipliziert mit der Anzahl der Tage der jeweiligen Sechsmonatsperiode und dividiert durch 180 und
   c) wenn eine Anpassung der Bestimmungen über die Berechnung unterjähriger Zinsen nach § 5 Satz 1 Nr. 3 des Gesetzes zur Umstellung von Schuldverschreibungen auf Euro vom 9. Juni 1998 (BGBl I S. 1242, 1250) erfolgt, an die Stelle aller FIBOR-alt-Sätze die EURIBOR-Sätze für die entsprechende Laufzeit.

^{2}Satz 1 Nr. 5 bis 7 ist auf Zinsperioden nicht anzuwenden, die auf einen vor Ablauf des 31. Dezember 1998 festgestellten FIBOR-Satz Bezug nehmen; insoweit verbleibt es bei den zu Beginn der Zinsperiode vereinbarten FIBOR-Sätzen. ^{3}Soweit Zinsen für einen Zeitraum vor dem 1. Januar 1999 geltend gemacht werden, bezeichnet eine Bezugnahme auf den Basiszinssatz den Diskontsatz der Deutschen Bundesbank in der in diesem Zeitraum maßgebenden Höhe. ^{4}Die in den vorstehenden Sätzen geregelte Ersetzung von Zinssätzen begründet keinen Anspruch auf vorzeitige Kündigung, einseitige Aufhebung oder Abänderung von Verträgen und Abänderung von Vollstreckungstiteln. ^{5}Das Recht der Parteien, den Vertrag einvernehmlich zu ändern, bleibt unberührt.

(2) ^{1}Für die Zeit vor dem 1. Januar 2002 sind das Diskontsatz-Überleitungs-Gesetz vom 9. Juni 1998 (BGBl I S. 1242) und die auf seiner Grundlage erlassenen Rechtsverordnungen in der bis zu diesem Tag geltenden Fassung anzuwenden.

(3) ^{1}Eine Veränderung des Basiszinssatzes gemäß § 247 Abs. 1 Satz 2 des Bürgerlichen Gesetzbuchs erfolgt erstmals zum 1. Januar 2002.

(4) ^{1}Die Bundesregierung wird ermächtigt, durch Rechtsverordnung mit Zustimmung des Bundesrates
1. die Bezugsgröße für den Basiszinssatz gemäß § 247 des Bürgerlichen Gesetzbuchs und
2. den SRF-Zinssatz als Ersatz für den Lombardsatz der Deutschen Bundesbank
durch einen anderen Zinssatz der Europäischen Zentralbank zu ersetzen, der dem Basiszinssatz, den durch diesen ersetzten Zinssätzen und dem Lombardsatz in ihrer Funktion als Bezugsgrößen für Zinssätze eher entspricht.

Literatur: *Petershagen*, Der neue Basiszinssatz des BGB – eine kleine Lösung in der großen Schuldrechtsreform?, NJW 2002, 1455; *Schefold*, Referenzzinssätze und die Einführung des Euro, NJW 1998, 3155; *Schnekenburger*, Zinsverlust? Zur Neuregelung der Zinsbezugsgrößen auf öffentlich-rechtliche Erstattungsansprüche, NVwZ 2003, 36.

A. Allgemeines 1	III. Veränderung des Basiszinssatzes gemäß § 247 BGB erstmals zum 1.1.2002 (Abs. 3) 6
B. Regelungsgehalt 2	
I. Zinssätze ab dem 1.1.2002 (Abs. 1) .. 2	
II. Fortgeltung der alten Übergangsregeln für Altfälle (Abs. 2) 5	IV. Ermächtigung (Abs. 4) 7

Art. 229 § 7 EGBGB

Fünfter Teil Übergangsvorschriften aus Anlaß jüngerer Änderungen ...

A. Allgemeines

1   Art. 229 § 7 regelt das Übergangsrecht zu § 247 BGB. Es werden die bereits zuvor geltenden Übergangsbestimmungen über Basiszinssatz und sonstige Referenzzinssätze[1] zusammengefasst.[2] Der Basiszinssatz wurde zunächst im Diskontsatz-Überleitungs-Gesetz (DÜG) vom 9.6.1998[3] sowie in der darauf beruhenden Basiszinssatz-Bezugsgrößen-Verordnung (BazBV) vom 10.2.1999[4] geregelt, nun ist er gesetzlich in § 247 BGB definiert.[5] Das DÜG wurde durch Gesetz vom 26.3.2002[6] aufgehoben.[7]

B. Regelungsgehalt

I. Zinssätze ab dem 1.1.2002 (Abs. 1)

2   Gegenstand der Norm sind die neuen Zinssätze ab dem 1.1.2002.[8] Nach der Begründung des Rechtsausschusses des Deutschen Bundestages soll der Basiszinssatz nach dem DÜG nur auf dem Gebiet des Bürgerlichen Rechts und auf dem Gebiet des Verfahrensrechts der Gerichte ersetzt werden.[9] Die Vorschrift gilt für Gesetze, Verträge und Vollstreckungstitel.[10] Die Begriffe des Verfahrensrechts der Gerichte und der Vollstreckungstitel aufgrund solcher Vorschriften ist vor dem Hintergrund, dass der Basiszinssatz nach dem DÜG möglichst umfassend durch den Basiszinssatz nach § 247 BGB abgelöst werden soll, weit auszulegen.[11]

3   Informationen zu den jeweils aktuellen Zinssätzen können im Internet abgefragt werden, sprich zum **Basiszinssatz** nach § 247 BGB auf der Homepage[12] der Deutschen Bundesbank, zum **SRF-Zinssatz** ebenfalls auf der Homepage[13] der Deutschen Bundesbank sowie auf den Internet-Seiten[14] der Europäischen Zentralbank (EZB). **EURIBOR-Sätze** sind die Zinssätze, die europäische Banken gegenseitig beim Handel von Einlagen mit festgelegter Laufzeit verlangen.[15] Informationen zum **EONIA-Satz** sind ebenfalls im Internet zu finden.[16]

4   Abs. 1 S. 2 regelt **Altzinsen** bis 1998 und schränkt den Anwendungsbereich des Abs. 1 S. 1 Nr. 5–7 ein. Diese sind auf Zinsperioden nicht anzuwenden, die auf einen vor Ablauf des 31.12.1998 festgestellten FIBOR-Satz Bezug nehmen. Es verbleibt daher bei den zu Beginn der Zinsperiode vereinbarten FIBOR-Sätzen, vgl. § 2 Abs. 1 FIBOR-VO.[17] Die Geltendmachung von Zinsen vor dem 1.1.1999 unter Bezugnahme auf den Basiszinssatz bezeichnet nach **Abs. 1 S. 3** den Diskontsatz der Deutschen Bundesbank in der in diesem Zeitpunkt maßgebenden Höhe. **Abs. 1 S. 4** und **S. 5** regeln Fragen der **Vertragsanpassung**. Die in den Sätzen 1–3 enthaltenen Änderungen von Zinssätzen begründen keinen Anspruch auf vorzeitige Kündigung, einseitige Aufhebung oder Abänderung von Verträgen und Abänderung von Vollstreckungstiteln. Hieraus ergibt sich die Schlussfolgerung, dass bei einer sich aus Abs. 1 S. 2 oder S. 3 ergebenden Anwendung alter Zinssätze auch kein Recht auf rückwirkende Anpassung besteht.[18] **Abs. 1 S. 5** enthält nur die **Klarstellung**,[19] dass das Recht der Parteien auf eine einvernehmliche Änderung nicht berührt wird.

II. Fortgeltung der alten Übergangsregeln für Altfälle (Abs. 2)

5   Abs. 2 enthält eine **Klarstellung**, dass die Regelungen des DÜG und die auf seiner Grundlage erlassenen Rechtsverordnungen für den Zinslauf vor dem 1.1.2002 weiterhin Anwendung finden.[20]

---

1 Zu den Referenzzinssätzen s. *Schefold*, NJW 1998, 3155.
2 Vgl. Staudinger/*Schmidt*, Art. 229 § 7 EGBGB Rn 1.
3 BGBl I S. 1242.
4 BGBl I S. 139; BGBl III S. 7601–15–2.
5 Vgl. MüKo/*Grundmann*, § 247 Rn 1.
6 BGBl I S. 1219.
7 BT-Drucks 14/6040, S. 273 re. Sp.; Palandt/*Heinrichs*, Art. 229 § 7 EGBGB Rn 1; *Schnekenburger*, NVwZ 2003, 36.
8 Vgl. Staudinger/*Schmidt*, Art. 229 § 7 EGBGB Rn 6; zum Anwendungsbereich in der Zeit vom 1.1.2002 bis 3.4.2002 s. MüKo/*Grundmann*, § 247 Rn 11.
9 Vgl. BT-Drucks 14/7052 S. 208; so auch Palandt/*Heinrichs*, Art. 229 § 7 EGBGB Rn 1; Staudinger/*Schmidt*, Art. 229 § 7 EGBGB Rn 6; MüKo/*Grundmann*, § 247 Rn 11.
10 Vgl. Staudinger/*Schmidt*, Art. 229 § 7 EGBGB Rn 6; *Petershagen*, NJW 2002, 1455, 1456.
11 Vgl. MüKo/*Grundmann*, § 247 Rn 11; *Petershagen*, NJW 2002, 1455, 1457.
12 Unter der Adresse www.bundesbank.de.
13 Unter der Adresse www.bundesbank.de.
14 Unter der Adresse www.ecb.int.
15 Informationen zu EURIBOR unter www.euribor.org.
16 Informationen zu EONIA unter www.euribor.org.
17 Vgl. Staudinger/*Schmidt*, Art. 229 § 7 EGBGB Rn 14.
18 Vgl. Staudinger/*Schmidt*, Art. 229 § 7 EGBGB Rn 15.
19 Vgl. Staudinger/*Schmidt*, Art. 229 § 7 EGBGB Rn 15.
20 Vgl. Staudinger/*Schmidt*, Art. 229 § 7 EGBGB Rn 16.

III. Veränderung des Basiszinssatzes gemäß § 247 BGB erstmals zum 1.1.2002 (Abs. 3)

Abs. 3 stellt klar, dass der neue Basiszinssatz des § 247 BGB **ab In-Kraft-Ttreten**, d.h. ab dem 1.1.2002 anzuwenden ist und nicht erst ab 1.7.2002, wie aus § 247 Abs. 1 S. 2 BGB geschlossen werden könnte.[21] Der Basiszinssatz wird gem. § 247 BGB im Halbjahresrhythmus an die Entwicklung des HRF-Satzes der EZB angepasst.[22] Der Basiszinssatz wurde am 1.7.2004 auf 1,13% festgesetzt.[23]

IV. Ermächtigung (Abs. 4)

In Abs. 4[24] wird die bereits im DÜG enthaltene Ermächtigung[25] für die Bundesregierung geregelt.

Der Rechtsausschuss des Bundestages hielt auch nach Aufhebung des DÜG eine entsprechende Anpassungsmöglichkeit für notwendig.[26]

Art. 229 § 8 Übergangsvorschriften zum Zweiten Gesetz zur Änderung schadensersatzrechtlicher Vorschriften vom 19. Juli 2002

(1) ¹Die durch das Zweite Gesetz zur Änderung schadensersatzrechtlicher Vorschriften im
1. Arzneimittelgesetz,
2. Bürgerlichen Gesetzbuch,
3. Bundesberggesetz,
4. Straßenverkehrsgesetz,
5. Haftpflichtgesetz,
6. Luftverkehrsgesetz,
7. Bundesdatenschutzgesetz,
8. Gentechnikgesetz,
9. Produkthaftungsgesetz,
10. Umwelthaftungsgesetz,
11. Handelsgesetzbuch,
12. Bundesgrenzschutzgesetz,
13. Bundessozialhilfegesetz,
14. Gesetz über die Abgeltung von Besatzungsschäden,
15. Atomgesetz,
16. Bundesversorgungsgesetz,
17. Pflichtversicherungsgesetz und

in der Luftverkehrs-Zulassungs-Ordnung geänderten Vorschriften sind mit Ausnahme des durch Artikel 1 Nr. 2 des Zweiten Gesetzes zur Änderung schadensersatzrechtlicher Vorschriften eingefügten § 84a des Arzneimittelgesetzes und des durch Artikel 1 Nr. 4 des Zweiten Gesetzes zur Änderung schadensersatzrechtlicher Vorschriften geänderten § 88 des Arzneimittelgesetzes anzuwenden, wenn das schädigende Ereignis nach dem 31. Juli 2002 eingetreten ist.

(2) ¹Der durch Artikel 1 Nr. 2 des Zweiten Gesetzes zur Änderung schadensersatzrechtlicher Vorschriften eingefügte § 84a des Arzneimittelgesetzes ist auch auf Fälle anzuwenden, in denen das schädigende Ereignis vor dem 1. August 2002 eingetreten ist, es sei denn, dass zu diesem Zeitpunkt über den Schadensersatz durch rechtskräftiges Urteil entschieden war oder Arzneimittelanwender und pharmazeutischer Unternehmer sich über den Schadensersatz geeinigt hatten.

(3) ¹Der durch Artikel 1 Nr. 4 des Zweiten Gesetzes zur Änderung schadensersatzrechtlicher Vorschriften geänderte § 88 des Arzneimittelgesetzes ist erst auf Fälle anzuwenden, in denen das schädigende Ereignis nach dem 31. Dezember 2002 eingetreten ist.

---

21 Vgl. Staudinger/*Schmidt*, Art. 229 § 7 EGBGB Rn 17.
22 Vgl. Palandt/*Heinrichs*, Art. 229 § 7 EGBGB Rn 2.
23 Vgl. www.bundesbank.de unter dem Stichwort „Basiszinssatz".
24 Zu den Bedenken hinsichtlich der Verfassungsmäßigkeit des Abs. 4 vgl. Staudinger/*Schmidt*, Art. 229 § 7 EGBGB Rn 18.
25 Vgl. BT-Drucks 14/7052, S. 207 sowie Palandt/*Heinrichs*, Art. 229 § 7 EGBGB Rn 3.
26 Vgl. BT-Drucks 14/7052, S. 207.

Art. 229 § 9 Überleitungsvorschrift zum OLG-Vertretungsänderungsgesetz vom 23. Juli 2002

(1) ¹Die §§ 312a, 312d, 346, 355, 358, 491, 492, 494, 495, 497, 498, 502, 505 und 506 des Bürgerlichen Gesetzbuchs in der seit dem 1. August 2002 geltenden Fassung sind, soweit nichts anderes bestimmt ist, nur anzuwenden auf
1. Haustürgeschäfte, die nach dem 1. August 2002 abgeschlossen worden sind, einschließlich ihrer Rückabwicklung und
2. andere Schuldverhältnisse, die nach dem 1. November 2002 entstanden sind.

²§ 355 Abs. 3 des Bürgerlichen Gesetzbuchs in der in Satz 1 genannten Fassung ist jedoch auch auf Haustürgeschäfte anzuwenden, die nach dem 31. Dezember 2001 abgeschlossen worden sind, einschließlich ihrer Rückabwicklung.

(2) ¹§ 355 Abs. 2 ist in der in Absatz 1 Satz 1 genannten Fassung auch auf Verträge anzuwenden, die vor diesem Zeitpunkt geschlossen worden sind, wenn die erforderliche Belehrung über das Widerrufs- oder Rückgaberecht erst nach diesem Zeitpunkt erteilt wird.

Literatur: *Artz*, Die Neuregelung des Widerrufsrechts bei Verbraucherverträgen, BKR 2002, 606; *Schmidt-Kessel*, Die gesetzliche Ausweitung der Widerrufsrechte nach *Heininger*, ZGS 2002, 311.

A. Allgemeines 1	II. Sonderregelung für Haustürgeschäfte (Abs. 1 S. 1 Nr. 1 und Abs. 1 S. 2) 7
B. Regelungsgehalt 3	
I. Allgemeine Übergangsregelung (Abs. 1 S. 1 Nr. 2) 3	III. Nachholung der Widerrufsbelehrung (Abs. 2) 11
	IV. Art. 229 § 5 S. 2 EGBGB 13

A. Allgemeines

1 Die Überleitungsvorschrift ist durch Art. 25 Abs. 3 Nr. 1 OLG-VertrÄndG vom 23.7.2002[1] als Folge der „Heininger"-Entscheidung des EuGH vom 13.12.2001[2] eingefügt worden.[3]

2 Die Regelung unterscheidet zwischen Haustürgeschäften (Abs. 1 S. 1 Nr. 1 und Abs. 1 S. 2, Rn 7 ff.) und anderen Schuldverhältnissen (Abs. 1 S. 1 Nr. 2, Rn 3 ff.) und trifft in Abs. 2 eine Sonderregelung über die Nachholung von Belehrungen, die zunächst unterlassen worden waren (Rn 11 f.).

B. Regelungsgehalt

I. Allgemeine Übergangsregelung (Abs. 1 S. 1 Nr. 2)

3 Abs. 1 S. 1 Nr. 2 trifft die allgemeine Übergangsregelung, wonach auf andere Schuldverhältnisse (als Haustürgeschäfte nach § 312 BGB, für die Abs. 1 S. 1 Nr. 1 und Abs. 1 S. 2 eine Sonderregelung trifft, Rn 7 ff.) – nämlich auf Fernabsatzverträge (§ 312b BGB), Teilzeit-Wohnrechte-Verträge (§ 485 BGB), Verbraucherdarlehensverträge (§ 495 BGB) sowie Fernunterrichtsverträge (§ 4 FernUSG), sofern die genannten Vertragstypen nicht zugleich Haustürgeschäfte sind – die durch das OLG-VertrÄndG neu gefassten Vorschriften (der §§ 312a, 312d, 346, 355, 358, 491, 492, 494, 495, 497, 498, 502, 505 und 506 BGB) nur Anwendung finden, wenn das Schuldverhältnis **nach dem 1.11.2002** (d.h. ab dem 2.11.2002) entstanden ist (i.S.d. Eintritts der schuldrechtlichen Bindung, aus der sich Verpflichtungen des Schuldners ergeben).[4]

4 **Beachte**: Für **vor diesem Stichtag** abgeschlossene Verbraucherdarlehensverträge bleibt es nach § 495 Abs. 2 BGB a.F. grundsätzlich dabei, dass der Widerruf – unabhängig von einer entsprechenden Abrede (§ 506 Abs. 2 BGB) – dann als nicht erfolgt gilt, wenn der Darlehensnehmer das Darlehen nicht binnen einer Frist von zwei Wochen zurückzahlt.[5]

5 Die Ausdehnung des Widerrufsrechts auf Immobiliardarlehensverträge nach § 495 BGB erfasst nur nach dem 1.11.2002 abgeschlossene Verträge.

6 **Beachte**: Einige der durch das OLG-VertrÄndG neu gefassten Vorschriften (Rn 3) werden dergestalt stufenweise eingeführt, dass sie für eine Übergangszeit (nach Art. 34 S. 2 OLG-VertrÄndG bis zum 30.6.2005) noch **abdingbar** sind (danach gilt § 506 Abs. 1 BGB uneingeschränkt, die Abs. 2–4 entfallen), was durch die Formulierung „soweit nichts anderes bestimmt ist" zum Ausdruck kommt. So kann bspw. nach § 506 Abs. 2

---

1 BGBl I S. 2850.
2 EuGH NJW 2002, 281.
3 Zunächst – versehentlich – infolge eines Redaktionsversehens als § 8 (dazu *Schmidt-Kessel*, ZGS 2002, 311, 317 Fn 44), was durch BGBl I S. 4410 berichtigt wurde.
4 *Staudinger/Löwisch*, Art. 229 § 9 EGBGB Rn 1.
5 *Palandt/Heinrichs*, Art. 229 § 9 EGBGB Rn 3.

BGB (nur noch befristet – wie nach § 495 Abs. 2 BGB a.F. generell, Rn 4) durch besondere schriftliche Vereinbarung bestimmt werden, dass der Widerruf bei Verbraucherdarlehensverträgen als nicht erfolgt gilt, wenn das gewährte Darlehen nicht binnen zwei Wochen zurückgezahlt wird. Vgl. zudem § 506 Abs. 3 BGB, wonach das für Verbraucherdarlehensverträge durch das OLG-VertrÄndG (neu) eingeführte Widerrufsrecht befristet noch vertraglich ausgeschlossen werden kann.

II. Sonderreglung für Haustürgeschäfte (Abs. 1 S. 1 Nr. 1 und Abs. 1 S. 2)

Auf Haustürgeschäfte (§ 312 BGB) „einschließlich ihrer Rückabwicklung" finden die durch das OLG-VertrÄndG neu gefassten Vorschriften in Abweichung von der allgemeinen Regel des Abs. 1 S. 1 Nr. 2 (Rn 3 ff.) nur Anwendung, wenn der Vertrag **nach dem 1.8.2002** abgeschlossen (d.h. nach diesem Stichtag wirksam ge-)worden ist (**Abs. 1 S. 1 Nr. 1**).

Beachte: § 506 Abs. 2–4 BGB in der bis zum 30.6.2005 geltenden Fassung findet auf Haustürgeschäfte ohnehin keine Anwendung.[6] Abs. 1 S. 1 Nr. 1 gelangt auch dann zur Anwendung, wenn für das Haustürgeschäft zugleich aus einem weiteren Grund – bspw. nach § 495 BGB bzw. gemäß § 4 FernUSG – ein Widerrufsrecht besteht.[7]

§ 355 Abs. 3 BGB n.F. (wonach das Widerrufsrecht nach nicht ordnungsgemäßer Belehrung des Verbrauchers nicht erlischt) findet nach **Abs. 1 S. 2** auch rückwirkend schon Anwendung auf Haustürgeschäfte, die **nach dem 31.12.2001** abgeschlossen worden sind. Damit trägt der Gesetzgeber der „Heininger"-Entscheidung des EuGH[8] auch für die Zeit zwischen dem 1.1.2002 und dem 1.8.2002 Rechnung, wonach die HausTWRL es gebietet, dass das Widerrufsrecht bei Haustürgeschäften dann nicht erlischt, wenn der Verbraucher nicht ordnungsgemäß über sein Widerrufsrecht belehrt worden ist.[9]

Beachte: Auch für davor abgeschlossene Haustürgeschäfte besteht ein unbefristetes Widerrufsrecht, da § 7 Abs. 2 VerbrKrG a.F. gegen Gemeinschaftsrecht verstößt[10] und daher richtlinienkonform dahin gehend auszulegen war, dass er auf Haustürgeschäfte nicht anzuwenden ist.[11]

III. Nachholung der Widerrufsbelehrung (Abs. 2)

§ 355 Abs. 2 BGB i.d.F. des OLG-VertrÄndG gestattet es dem Unternehmer, eine nicht bzw. nicht ordnungsgemäß erfolgte Belehrung (die keiner Unterschrift des Verbrauchers mehr bedarf) zu wiederholen (Heilung von Belehrungsmängeln) mit der Folge, dass dadurch eine Widerrufsfrist von einem Monat in Lauf gesetzt wird. **Abs. 2** erstreckt die Regelung des § 355 Abs. 2 BGB auf Altverträge (Möglichkeit der Nachholung einer Belehrung zu den neuen Konditionen auch für Altverträge), wenn die erforderliche Belehrung über das Widerrufs- oder Rückgaberecht erst **nach diesem Zeitpunkt** (d.h. dem **1.8.2002** für Haustürgeschäfte [Rn 7] und dem **1.11.2002** für andere Schuldverhältnisse [Rn 3]) erteilt worden ist – unabhängig davon, wann diese abgeschlossen worden sind, und erfasst somit auch Verträge aus der Zeit vor In-Kraft-Treten des SchuldRModG.[12]

Obgleich Abs. 2 bei wörtlicher Auslegung an sich nicht entsprechende Verträge erfasst, die **am** 1.8. bzw. **am** 1.11.2002 geschlossen worden sind,[13] ist diesbezüglich eine teleologische Betrachtung geboten, sofern die Belehrung jeweils nach dem 1.8. bzw. 1.11.2002 erteilt worden ist,[14] was zur Anwendbarkeit führt.

IV. Art. 229 § 5 S. 2 EGBGB

Art. 229 § 5 S. 2 ist als Spezialvorschrift für **Dauerschuldverhältnisse** zu qualifizieren (wonach das BGB auch auf vor dem 1.1.2002 entstandene Dauerschuldverhältnisse ab dem 1.1.2003 in der dann geltenden Fassung anzuwenden ist), hinter den der bloß das Widerrufsrecht regelnde Art. 229 § 9 zurückzutreten hat.[15] Dies vermeidet zugleich, dass § 355 Abs. 3 BGB a.F. (in seiner gemeinschaftsrechtswidrigen Fassung in der Zeit vor dem OLG-VertrÄndG) auf Altverträge zur Anwendung gelangt.[16]

---

6 Staudinger/*Löwisch*, Art. 229 § 9 EGBGB Rn 4.
7 Palandt/*Heinrichs*, Art. 229 § 9 EGBGB Rn 2.
8 EuGH NJW 2002, 281.
9 Staudinger/*Löwisch*, Art. 229 § 9 EGBGB Rn 5.
10 EuGH NJW 2002, 281.
11 So BGH NJW 2002, 1881.
12 Palandt/*Heinrichs*, Art. 229 § 9 EGBGB Rn 4.
13 Auf diese würde § 355 Abs. 2 BGB weder nach Art. 229 § 9 Abs. 1 noch nach Art. 229 § 9 Abs. 2 Anwendung finden: so *Artz*, BKR 2002, 603, 309.
14 Staudinger/*Löwisch*, Art. 229 § 9 EGBGB Rn 6.
15 Staudinger/*Löwisch*, Art. 229 § 9 EGBGB Rn 7 – arg.: Sinn und Zweck des Art. 229 § 5 S. 2 EGBGB, ab dem 1.1.2003 „einheitliches Recht" zu schaffen.
16 *Schmidt/Kessel*, ZGS 2002, 311, 319.

Art. 229 § 10 Überleitungsvorschrift zum Gesetz zur Änderung der Vorschriften über die Anfechtung der Vaterschaft und das Umgangsrecht von Bezugspersonen des Kindes, zur Registrierung von Vorsorgeverfügungen und zur Einführung von Vordrucken für die Vergütung von Berufsbetreuern vom 23. April 2004

¹Im Fall der Anfechtung nach § 1600 Abs. 1 Nr. 2 des Bürgerlichen Gesetzbuchs beginnt die Frist für die Anfechtung gemäß § 1600b Abs. 1 des Bürgerlichen Gesetzbuchs nicht vor dem 30. April 2004.

Art. 229 § 11 Überleitungsvorschrift zu dem Gesetz zur Änderung der Vorschriften über Fernabsatzverträge bei Finanzdienstleistungen vom 2. Dezember 2004

(1) ¹Auf Schuldverhältnisse, die bis zum Ablauf des 7. Dezember 2004 entstanden sind, finden das Bürgerliche Gesetzbuch und die BGB-Informationspflichten-Verordnung in der bis zu diesem Tag geltenden Fassung Anwendung. ²Satz 1 gilt für Vertragsverhältnisse im Sinne des § 312b Abs. 4 Satz 1 des Bürgerlichen Gesetzbuchs mit der Maßgabe, dass es auf die Entstehung der erstmaligen Vereinbarung ankommt.

(2) ¹Verkaufsprospekte, die vor dem Ablauf des 7. Dezember 2004 hergestellt wurden und die der Neufassung der BGB-Informationspflichten-Verordnung nicht genügen, dürfen bis zum 31. März 2005 aufgebraucht werden, soweit sie ausschließlich den Fernabsatz von Waren und Dienstleistungen betreffen, die nicht Finanzdienstleistungen sind.

1 Durch Art. 2 (Änderung des EGBGB) Nr. 2 des Gesetzes zur Änderung der Vorschriften über Fernabsatzverträge bei Finanzdienstleistungen vom 2.12.2004[1] wurde (nachdem § 10 gegenüber dem ursprünglichen RegE bereits durch die Überleitungsvorschrift zum Gesetz zur Änderung der Vorschriften über die Anfechtung der Vaterschaft und das Umgangsrecht von Bezugspersonen des Kindes u.a. vom 23.4.2004[2] mit Wirkung vom 30.4.2004 belegt ist)[3] der neue § 11 als notwendige **Überleitungsvorschrift** eingefügt.

2 Die neuen Vorschriften des Fernabsatzrechts (Änderungen des BGB in den §§ 312b, c und d sowie § 355 und 357 sowie der BGB-InfoV in § 1), die nunmehr auch Finanzdienstleistungen mit einbeziehen, gelten danach nur für Verträge, die **nach** dem In-Kraft-Treten des Gesetzes abgeschlossen werden (**Abs. 1 S. 1**). Für Schuldverhältnisse, die bis zum In-Kraft-Treten abgeschlossen werden, gilt das alte Recht.

3 Für **Vertragsverhältnisse**[4] (i.S.d. § 312b Abs. 4 S. 1 BGB) normiert **Abs. 1 S. 2** eine besondere Überleitungsvorschrift, nach der es für Vertragsverhältnisse i.S.d. § 312b Abs. 4 S. 1 BGB (die eine erstmalige Vereinbarung mit daran anschließenden aufeinander folgenden Vorgängen oder eine daran anschließende Reihe getrennter, in einem zeitlichen Zusammenhang stehender Vorgänge der gleichen Art umfassen – worauf die Vorschriften über Fernabsatzverträge nur auf die erste Vereinbarung Anwendung finden) auf die **Entstehung der erstmaligen Verpflichtung** ankommt. Dies liegt darin begründet, dass der Schutzzweck der Richtlinie 2002/65/EG des Europäischen Parlaments und des Rates vom 23.9.2002 über den Fernabsatz von Finanzdienstleistungen an Verbraucher und zur Änderung der Richtlinie 90/619/EWG des Rates und der Richtlinie 97/7/EG und 98/27/EG[5] (Richtlinie über den Fernabsatz von Finanzdienstleistungen – FinFARL) es zwar nicht verlangt, dass Altvereinbarungen neuen Sachverhalten gleichgestellt werden. Anders verhält es sich aber mit Sachverhalten nach § 312b Abs. 4 S. 2 BGB (wonach, wenn aufeinander folgende Vorgänge oder eine daran anschließende Reihe, in einem zeitlichen Zusammenhang stehender Vorgänge der gleichen Art ohne eine solche Vereinbarung aufeinander folgen, die Vorschriften über Informationspflichten des Unternehmers nur für den ersten Vorgang gelten): Vorgänge innerhalb einer Reihe sind nur von den Informationspflichten, nicht jedoch vom Widerrufsrecht ausgenommen. Daher erschien es dem Gesetzgeber sachgerecht, dass beim ersten Vorgang nach In-Kraft-Treten des Gesetzes zur Änderung der Vorschriften über Fernabsatzverträge bei Finanzdienstleistungen (auch wenn dieser Vorgang eine bereits begonnene Reihe fortsetzt) die Informationspflichten nach neuem Recht Anwendung finden.[6]

---

1 BGBl I S. 3102, 3104.
2 BGBl I S. 598.
3 Beschlussempfehlung und Bericht des Rechtsausschusses, BT-Drucks 15/3483, S. 23.
4 Der RegE sprach noch von „Dauerschuldverhältnissen". Nach der Beschlussempfehlung und dem Bericht des Rechtsausschusses (BT-Drucks 15/3483, S. 23) ist die Textänderung lediglich redaktioneller und klarstellender Art.
5 ABlEG Nr. 271, S. 16.
6 RegE, BT-Drucks 15/2946, S. 24.

Distanzhandelsunternehmen bieten ihre Waren regelmäßig über Kataloge an, die nur halbjährlich oder 4
jährlich eine Neuauflage erfahren, wobei Produktion und Distribution erhebliche Kosten mit sich bringen.
Der Bundesrat regte daher an, der Branche eine Übergangsfrist zu gewähren, vergleichbar § 6 Abs. 2
FernAbsG alt.[7] Die Bundesregierung widersetzte sich zunächst dieser Prüfbitte, eine Übergangsfrist für
Verkaufsprospekte aufzunehmen, da eine entsprechende Vorgabe weder aus der FARL noch der FinFARL
resultiert[8] und die Richtlinienkonformität der entsprechenden Altregelung in § 6 Abs. 2 FernAbsG alt in der
Literatur bezweifelt wird.[9] Der Rechtsausschuss[10] hat sich gleichwohl fur die Aufnahme einer entsprechenden
Regelung entschieden.

Abs. 2 soll dem Bedürfnis der Distanzhandelsunternehmen nach einer **Aufbrauchfrist** für bereits hergestellte
Verkaufsprospekte, die lediglich den Anforderungen der bisher geltenden Fassung der BGB-InfoV genügen,
Rechnung tragen, soweit dies vor dem Hintergrund der Vorgaben der FinFARL zulässig ist: Für Finanzdienstleistungen begegnet die Richtlinienkonformität einer Aufbrauchfrist, die über die Umsetzungsfrist der
FinFARL (d.h. dem 9.10.2004) hinausgeht, erheblichen Bedenken, weshalb eine Aufbrauchfrist nur gelten
soll, soweit ausschließlich Waren und sonstige Dienstleistungen angeboten werden, die nicht Finanzdienstleistungen sind.[11]

Art. 229 § 12 Überleitungsvorschrift zum Gesetz zur Anpassung von Verjährungsvorschriften an das Gesetz zur Modernisierung des Schuldrechts

(1) ¹Auf die Verjährungsfristen gemäß den durch das Gesetz zur Anpassung von Verjährungsvorschriften an das Gesetz zur Modernisierung des Schuldrechts vom 9. Dezember 2004 (BGBl I S. 3214)
geänderten Vorschriften
  1. im Arzneimittelgesetz,
  2. im Lebensmittelspezialitätengesetz,
  3. in der Bundesrechtsanwaltsordnung,
  4. in der Insolvenzordnung,
  5. im Bürgerlichen Gesetzbuch,
  6. im Gesetz zur Regelung der Wohnungsvermittlung,
  7. im Handelsgesetzbuch,
  8. im Umwandlungsgesetz,
  9. im Aktiengesetz,
  10. im Gesetz betreffend die Gesellschaften mit beschränkter Haftung,
  11. im Gesetz betreffend die Erwerbs- und Wirtschaftsgenossenschaften,
  12. in der Patentanwaltsordnung,
  13. im Steuerberatungsgesetz,
  14. in der Verordnung über Allgemeine Bedingungen für die Elektrizitätsversorgung von Tarifkunden,
  15. in der Verordnung über Allgemeine Bedingungen für die Gasversorgung von Tarifkunden,
  16. in der Verordnung über Allgemeine Bedingungen für die Versorgung mit Wasser,
  17. in der Verordnung über Allgemeine Bedingungen für die Versorgung mit Fernwärme,
  18. im Rindfleischetikettierungsgesetz,
  19. in der Telekommunikations-Kundenschutzverordnung und
  20. in der Verordnung über die Allgemeinen Beförderungsbedingungen für den Straßenbahn- und
      Obusverkehr sowie für den Linienverkehr mit Kraftfahrzeugen
ist § 6 entsprechend anzuwenden, soweit nicht ein anderes bestimmt ist. ²An die Stelle des 1. Januar
2002 tritt der 15. Dezember 2004, an die Stelle des 31. Dezember 2001 der 14. Dezember 2004.

(2) ¹Noch nicht verjährte Ansprüche, deren Verjährung sich nach Maßgabe des bis zum 14. Dezember
2004 geltenden Rechts nach den Regelungen über die regelmäßige Verjährung nach dem Bürgerlichen
Gesetzbuch bestimmt hat und für die durch das Gesetz zur Anpassung von Verjährungsvorschriften
an das Gesetz zur Modernisierung des Schuldrechts längere Verjährungsfristen bestimmt werden,
verjähren nach den durch dieses Gesetz eingeführten Vorschriften. ²Der Zeitraum, der vor dem
15. Dezember 2004 abgelaufen ist, wird in die Verjährungsfrist eingerechnet.

---

7 Stellungnahme des Bundesrates, BT-Drucks 15/
  2946, S. 33.
8 Gegenäußerung der Bundesregierung, BT-Drucks 15/
  2946, S. 39.
9 Vgl. MüKo/*Wendehorst*, § 6 FernAbsG Rn 4.
10 Beschlussempfehlung, BT-Drucks 15/3483, S. 7.
11 Beschlussempfehlung und Bericht des
  Rechtsausschusses, BT-Drucks 15/3483, S. 23.

Art. 229 § 12 EGBGB Fünfter Teil Übergangsvorschriften aus Anlaß jüngerer Änderungen ...

1 In dem **Gesetzentwurf der Bundesregierung**[1] findet sich hierzu folgende Erläuterung:

2 „In den einzelnen Artikeln dieses Gesetzes werden die Verjährungsvorschriften aus den Fachgesetzen auf das neue System der Verjährungsvorschriften nach dem Gesetz zur Modernisierung des Schuldrechts umgestellt. Hierfür bedarf es einer Überleitungsregelung. Es liegt nahe, hierfür so weit wie möglich auf das Regelungsmodell des Artikels 229 § 6 zurückzugreifen. Diese Vorschrift kann nicht unmittelbar angewendet werden, weil sie auf die Überleitung der Verjährungsvorschriften durch das Gesetz zur Modernisierung des Schuldrechts und auf dessen In-Kraft-Treten zum 1. Januar 2002 zugeschnitten ist.

3 Da aber für die jetzigen Änderungen in den Verjährungsvorschriften im Grundsatz die gleiche Systematik bei der Überleitung gelten soll, bedarf es einer Regelung, die den Artikel 229 § 6 für entsprechend anwendbar erklärt. Das ist die Funktion des neuen § 11* Abs. 1. Zur Erleichterung der Auffindung der betroffenen Vorschriften sind die von den Änderungen berührten Einzelgesetze aufgelistet; die Vorschrift folgt insoweit dem Vorbild des Artikels 229 § 8. Die Bestimmung des § 11* Abs. 1 gilt für sämtliche Verjährungsfristen, die sich nach Vorschriften richten, die durch das Gesetz zur Anpassung von Verjährungsvorschriften geändert werden. Hierzu gehört auch eine Änderung, die sich dadurch ergibt, dass eine Spezialvorschrift gestrichen und somit der Rückgriff auf die regelmäßige Verjährung eröffnet wird.

4 § 6 unternimmt einen Vergleich der Rechtslage vor und nach In-Kraft-Treten der Schuldrechtsmodernisierung. Bei der Übertragung auf die vorliegende Konstellation ist dieser Vergleich zu ersetzen durch einen Vergleich der Verjährungsfristen vor und nach In-Kraft-Treten des Gesetzes zur Anpassung von Verjährungsvorschriften. Diese Übertragung muss in zweierlei Hinsicht erfolgen: Zum einen müssen die in § 6 maßgeblichen Stichtage 1. Januar 2002 bzw. 31. Dezember 2001 durch die entsprechenden Daten des In-Kraft-Tretens dieses Gesetzes ersetzt werden. Dies ist im Wortlaut des § 11* Abs. 1 vorgesehen. Zum anderen führt die Anordnung der „entsprechenden" Anwendung dazu, dass die abzugleichende Regelungsmaterie eine andere ist: Die Bezugnahmen auf die Verjährungsfristen „nach dem Bürgerlichen Gesetzbuch" in § 6 sind gedanklich zu ersetzen durch die sich jeweils ergebenden Verjährungsfristen vor bzw. nach dem In-Kraft-Treten des Gesetzes zur Anpassung von Verjährungsfristen. Dies sind die beiden Größen, die für § 11* miteinander verglichen werden müssen. Dabei kann sich im Einzelfall, nämlich immer dann, wenn durch das Gesetz spezialgesetzliche Verjährungsvorschriften entweder ersatzlos aufgehoben oder erstmalig eingeführt werden, auf der einen Seite des Vergleiches ein Rückgriff auf die regelmäßige Verjährung nach dem BGB ergeben.

5 Mit diesem Verständnis erklärt § 11* die Regelungen des § 6 für entsprechend anwendbar, soweit nichts anderes bestimmt ist (so wie in Absatz 2 und in § 26e EGAktG, siehe unten Artikel 13). Wie in § 6 gilt damit auch hier der Grundsatz, dass sich die Verjährung von am Tag des In-Kraft-Tretens dieses Gesetzes bestehenden und nicht verjährten Ansprüchen nach den neu geltenden Verjährungsregelungen berechnet. Ist die sich neu ergebende Verjährungsfrist länger als die alte (indem beispielsweise eine kürzere Sondervorschrift als drei Jahre ersatzlos gestrichen wird), gilt – vorbehaltlich Absatz 2, siehe unten – in entsprechender Anwendung von § 6 Abs. 3 allerdings nur die kürzere Verjährungsfrist. Wenn umgekehrt die sich neu ergebende Verjährungsfrist kürzer als die bisherige ist (Beispiel: eine über drei Jahre liegende Sondervorschrift wird ersatzlos gestrichen), gilt entsprechend § 6 Abs. 4 die kürzere Verjährungsfrist und wird ab dem Tag des In-Kraft-Tretens dieses Gesetzes bemessen, sie läuft allerdings längstens bis zur Vollendung der alten längeren Frist. Soweit § 6 Regelungen zu spezifischen konzeptionellen Veränderungen durch die Schuldrechtsmodernisierung, z.B. den Wegfall der Unterbrechung (vgl. § 6 Abs. 2), enthält, die im Gesetz zur Anpassung der Verjährungsvorschriften kein Gegenstück haben, bleiben diese Regelungen, die schon durch § 6 selbst übergeleitet worden sind, durch die Überleitungsvorschrift in § 11* Abs. 1 unberührt und gelten unverändert fort.

6 Absatz 2 enthält eine Abweichung von der Regel des § 6 Abs. 3 und ist insoweit eine „anderweitige Bestimmung" im Sinne von § 11* Abs. 1 Satz 1. Absatz 2 betrifft die Fälle, in denen erstmalig durch dieses Gesetz spezialgesetzliche Verjährungsvorschriften eingeführt werden, um von der als zu kurz empfundenen neuen regelmäßigen Verjährung nach dem BGB nach oben hin abzuweichen. Dies betrifft insbesondere die im Bereich des Handels- und Gesellschaftsrechts neu eingeführten Verjährungsregelungen. In diesen Bereichen kommt bislang mangels spezialgesetzlicher Regelung die regelmäßige Verjährung nach dem BGB zur Anwendung, welche durch das Schuldrechtsmodernisierungsgesetz von 30 Jahren auf drei Jahre umgestellt worden ist. Der Sinn der Einführung dieser Bestimmungen besteht gerade darin, das Eingreifen dieser dreijährigen Verjährungsfrist zu vermeiden (vgl. hierzu Nummer 3 des Allgemeinen Teils der Begründung und bei den einzelnen Vorschriften). Dieses Ziel würde jedoch unterlaufen, wenn die Anwendung der Überleitungsvorschrift doch dazu führen würde, dass für alle schon bestehenden Ansprüche die dreijährige

---

* Anm. d. Red.: BT-Drucks 15/3653, S. 5 bezeichnet die Vorschrift als „§ 11".

1 BT-Drucks 15/3653, S. 16.

Verjährungsfrist zur Anwendung käme. Darum muss in diesen Fällen die neue längere Verjährungsfrist Anwendung finden. Allerdings wird die bereits verstrichene Zeit auf diese längere Verjährung angerechnet; im Ergebnis führt diese Regelung dazu, dass die Verjährungsfrist des Anspruchsinhabers auf das erwünschte Gesamtmaß verlängert wird, ohne dass ihm aber die verlängerte Frist noch zusätzlich zu dem bereits verstrichenen Zeitraum zugute käme, was nicht gerechtfertigt wäre. Die Abweichung von der Regel des § 6 Abs. 3 ist dadurch gerechtfertigt, dass es sich insoweit zwar nominell um eine Verlängerung gegenüber der gegenwärtigen Rechtslage handelt, aber in der Sache eine Anpassung vorgenommen wird, die schon bei der Einführung des neuen Verjährungsrechts mit der Schuldrechtsreform durch Verkürzung der damals bestehenden dreißigjährigen Verjährungsfrist hätte erfolgen können."

Sechster Teil
Inkrafttreten und Übergangsrecht aus Anlaß der Einführung des Bürgerlichen Gesetzbuchs und dieses Einführungsgesetzes in dem in Artikel 3 des Einigungsvertrages genannten Gebiet

Artikel 230 Inkrafttreten

¹Das Bürgerliche Gesetzbuch und dieses Einführungsgesetz treten für das in Artikel 3 des Einigungsvertrages genannte Gebiet am Tag des Wirksamwerdens des Beitritts nach Maßgabe der folgenden Übergangsvorschriften in Kraft.

Artikel 231. Erstes Buch. Allgemeiner Teil des Bürgerlichen Gesetzbuchs

Art. 231 § 1 Entmündigung

¹Rechtskräftig ausgesprochene Entmündigungen bleiben wirksam. ²Entmündigungen wegen krankhafter Störung der Geistestätigkeit gelten als Entmündigungen wegen Geistesschwäche, Entmündigungen wegen Mißbrauchs von Alkohol gelten als Entmündigungen wegen Trunksucht, Entmündigungen wegen anderer rauscherzeugender Mittel oder Drogen gelten als Entmündigungen wegen Rauschgiftsucht im Sinn des Bürgerlichen Gesetzbuchs.

Art. 231 § 2 Vereine

(1) ¹Rechtsfähige Vereinigungen, die nach dem Gesetz über Vereinigungen – Vereinigungsgesetz – vom 21. Februar 1990 (GBl. I Nr. 10 S. 75), geändert durch das Gesetz vom 22. Juni 1990 (GBl. I Nr. 37 S. 470, Nr. 39 S. 546), vor dem Wirksamwerden des Beitritts entstanden sind, bestehen fort.
(2) ¹Auf sie sind ab dem Tag des Wirksamwerdens des Beitritts die §§ 21 bis 79 des Bürgerlichen Gesetzbuchs anzuwenden.
(3) ¹Die in Absatz 1 genannten Vereinigungen führen ab dem Wirksamwerden des Beitritts die Bezeichnung „eingetragener Verein".
(4) ¹Auf nicht rechtsfähige Vereinigungen im Sinn des Gesetzes über Vereinigungen – Vereinigungsgesetz – vom 21. Februar 1990 findet ab dem Tag des Wirksamwerdens des Beitritts § 54 des Bürgerlichen Gesetzbuchs Anwendung.

Art. 231 § 3 Stiftungen

(1) ¹Die in dem in Artikel 3 des Einigungsvertrages genannten Gebiet bestehenden rechtsfähigen Stiftungen bestehen fort.
(2) ¹Auf Stiftungen des Privaten Rechts sind ab dem Tag des Wirksamwerdens des Beitritts die §§ 80 bis 88 des Bürgerlichen Gesetzbuchs anzuwenden.

Art. 231 § 4 Haftung juristischer Personen für ihre Organe

¹Die §§ 31 und 89 des Bürgerlichen Gesetzbuchs sind nur auf solche Handlungen anzuwenden, die am Tag des Wirksamwerdens des Beitritts oder danach begangen werden.

Art. 231 § 5 Sachen

(1) ¹Nicht zu den Bestandteilen eines Grundstücks gehören Gebäude, Baulichkeiten, Anlagen, Anpflanzungen oder Einrichtungen, die gemäß dem am Tag vor dem Wirksamwerden des Beitritts geltenden Recht vom Grundstückseigentum unabhängiges Eigentum sind. ²Das gleiche gilt, wenn solche Gegenstände am Tag des Wirksamwerdens des Beitritts oder danach errichtet oder angebracht werden, soweit dies aufgrund eines vor dem Wirksamwerden des Beitritts begründeten Nutzungsrechts an dem Grundstück oder Nutzungsrechts nach den §§ 312 bis 315 des Zivilgesetzbuchs der Deutschen Demokratischen Republik zulässig ist.

(2) ¹Das Nutzungsrecht an dem Grundstück und die erwähnten Anlagen, Anpflanzungen oder Einrichtungen gelten als wesentliche Bestandteile des Gebäudes. ²Artikel 233 § 4 Abs. 3 und 5 bleibt unberührt.

(3) ¹Das Gebäudeeigentum nach den Absätzen 1 und 2 erlischt, wenn nach dem 31. Dezember 2000 das Eigentum am Grundstück übertragen wird, es sei denn, daß das Nutzungsrecht oder das selbständige Gebäudeeigentum nach Artikel 233 § 2b Abs. 2 Satz 3 im Grundbuch des veräußerten Grundstücks eingetragen ist oder dem Erwerber das nicht eingetragene Recht bekannt war. ²Dem Inhaber des Gebäudeeigentums steht gegen den Veräußerer ein Anspruch auf Ersatz des Wertes zu, den das Gebäudeeigentum im Zeitpunkt seines Erlöschens hatte; an dem Gebäudeeigentum begründete Grundpfandrechte werden Pfandrechte an diesem Anspruch.

(4) ¹Wird nach dem 31. Dezember 2000 das Grundstück mit einem dinglichen Recht belastet oder ein solches Recht erworben, so gilt für den Inhaber des Rechts das Gebäude als Bestandteil des Grundstücks. ²Absatz 3 Satz 1 ist entsprechend anzuwenden.

(5) ¹Ist ein Gebäude auf mehreren Grundstücken errichtet, gelten die Absätze 3 und 4 nur in Ansehung des Grundstücks, auf dem sich der überwiegende Teil des Gebäudes befindet. ²Für den Erwerber des Grundstücks gelten in Ansehung des auf dem anderen Grundstück befindlichen Teils des Gebäudes die Vorschriften über den zu duldenden Überbau sinngemäß.

Art. 231 § 6 Verjährung

(1) ¹Die Vorschriften des Bürgerlichen Gesetzbuchs über die Verjährung finden auf die am Tag des Wirksamwerdens des Beitritts bestehenden und noch nicht verjährten Ansprüche Anwendung. ²Der Beginn, die Hemmung und die Unterbrechung der Verjährung bestimmen sich jedoch für den Zeitraum vor dem Wirksamwerden des Beitritts nach den bislang für das in Artikel 3 des Einigungsvertrages genannte Gebiet geltenden Rechtsvorschriften.

(2) ¹Ist die Verjährungsfrist nach dem Bürgerlichen Gesetzbuch kürzer als nach den Rechtsvorschriften, die bislang für das in Artikel 3 des Einigungsvertrages genannte Gebiet galten, so wird die kürzere Frist von dem Tag des Wirksamwerdens des Beitritts an berechnet. ²Läuft jedoch die in den Rechtsvorschriften, die bislang für das in Artikel 3 des Einigungsvertrages genannte Gebiet galten, bestimmte längere Frist früher als die im Bürgerlichen Gesetzbuch bestimmte kürzere Frist ab, so ist die Verjährung mit dem Ablauf der längeren Frist vollendet.

(3) ¹Die Absätze 1 und 2 sind entsprechend auf Fristen anzuwenden, die für die Geltendmachung, den Erwerb oder den Verlust eines Rechts maßgebend sind.

Art. 231 § 7 Beurkundungen und Beglaubigungen

(1) ¹Eine vor dem Wirksamwerden des Beitritts erfolgte notarielle Beurkundung oder Beglaubigung ist nicht deshalb unwirksam, weil die erforderliche Beurkundung oder Beglaubigung von einem Notar vorgenommen wurde, der nicht in dem in Artikel 3 des Einigungsvertrages genannten Gebiet berufen oder bestellt war, sofern dieser im Geltungsbereich des Grundgesetzes bestellt war.

(2) ¹Absatz 1 gilt nicht, soweit eine rechtskräftige Entscheidung entgegensteht.

(3) ¹Ein Vertrag, durch den sich der Beteiligte eines nach Absatz 1 wirksamen Rechtsgeschäfts vor Inkrafttreten des Zweiten Vermögensrechtsänderungsgesetzes gegenüber einem anderen Beteiligten zu weitergehenden Leistungen verpflichtet oder auf Rechte verzichtet hat, weil dieser die Nichtigkeit dieses

Rechtsgeschäfts geltend gemacht hat, ist insoweit unwirksam, als die durch den Vertrag begründeten Rechte und Pflichten der Beteiligten von den Vereinbarungen in dem nach Absatz 1 wirksamen Rechtsgeschäft abweichen.

(4) ¹Eine Veräußerung nach den §§ 17 bis 19 des Gesetzes über die Gründung und Tätigkeit privater Unternehmen und über Unternehmensbeteiligungen vom 7. März 1990 (GBl. I Nr. 17 S. 141), die ohne die in § 19 Abs. 5 Satz 2 dieses Gesetzes geforderte notarielle Beurkundung der Umwandlungserklärung erfolgt ist, wird ihrem ganzen Inhalt nach gültig, wenn die gegründete Gesellschaft in das Register eingetragen ist.

Art. 231 § 8	Vollmachtsurkunden staatlicher Organe, Falschbezeichnung von Kommunen

(1) ¹Eine von den in den §§ 2 und 3 der Siegelordnung der Deutschen Demokratischen Republik vom 29. November 1966 (GBl. 1967 II Nr. 9 S. 49) und in § 1 der Siegelordnung der Deutschen Demokratischen Republik vom 16. Juli 1981 (GBl. I Nr. 25 S. 309) bezeichneten staatlichen Organen erteilte Vollmachtsurkunde ist wirksam, wenn die Urkunde vom vertretungsberechtigten Leiter des Organs oder einer von diesem nach den genannten Bestimmungen ermächtigten Person unterzeichnet und mit einem ordnungsgemäßen Dienstsiegel versehen worden ist. ²Die Beglaubigung der Vollmacht nach § 57 Abs. 2 Satz 2 des Zivilgesetzbuchs der Deutschen Demokratischen Republik wird durch die Unterzeichnung und Siegelung der Urkunde ersetzt.

(2) ¹Rechtsgeschäfte und Rechtshandlungen, die der Vertreter einer Kommune zwischen dem 17. Mai 1990 und dem 3. Oktober 1990 namens des früheren Rates der betreffenden Kommune mit Vertretungsmacht vorgenommen hat, gelten als Rechtsgeschäfte und Rechtshandlungen der Kommune, die an die Stelle des früheren Rates der Kommune getreten ist. ²Die Vertretungsmacht des Vertreters der Kommune wird widerleglich vermutet, wenn die Kommune innerhalb eines Monats von dem Eingang einer Anzeige des Grundbuchamts von einer beabsichtigten Eintragung an keinen Widerspruch erhebt. ³Der Widerspruch der Kommune ist nur zu beachten, wenn er darauf gestützt wird, daß
1. die für den früheren Rat handelnde Person als gesetzlicher Vertreter oder dessen Stellvertreter nach § 81 Satz 2 oder 3 des Gesetzes über die örtlichen Volksvertretungen vom 4. Juli 1985 (GBl. I Nr. 18 S. 213) auftrat, nachdem eine andere Person nach der Kommunalverfassung vom 17. Mai 1990 (GBl. I Nr. 28 S. 255) zum vertretungsbefugten Bürgermeister oder Landrat gewählt worden war und ihr Amt angetreten hatte,
2. eine rechtsgeschäftlich erteilte Vollmacht widerrufen worden oder durch Zeitablauf erloschen war,
3. die Gebietskörperschaft innerhalb von 2 Monaten nach Kenntnis des von einer Person abgeschlossenen Rechtsgeschäftes, die zum Zeitpunkt des Abschlusses Mitarbeiter der Verwaltung war, gegenüber dem Käufer erklärt hat, das im einzelnen bezeichnete Rechtsgeschäft nicht erfüllen zu wollen, oder
4. das Rechtsgeschäft von einer Person abgeschlossen wurde, die nicht oder nicht mehr Mitarbeiter der Kommunalverwaltung war.

Art. 231 § 9	Heilung unwirksamer Vermögensübertragungen

(1) ¹Sollte das ehemals volkseigene Vermögen oder ein Teil des ehemals volkseigenen Vermögens, das einem Betrieb der kommunalen Wohnungswirtschaft zur selbständigen Nutzung und Bewirtschaftung übertragen war, im Wege der Umwandlung nach den in Absatz 2 Nr. 2 genannten Umwandlungsvorschriften oder im Zusammenhang mit einer Sachgründung auf eine neue Kapitalgesellschaft übergehen und ist der Übergang deswegen nicht wirksam geworden, weil für einen solchen Vermögensübergang eine rechtliche Voraussetzung fehlte, kann der Vermögensübergang durch Zuordnungsbescheid nachgeholt werden. ²Eine aus dem Zuordnungsbescheid nach dieser Vorschrift begünstigte Kapitalgesellschaft kann ungeachtet von Fehlern bei der Umwandlung oder Sachgründung als Inhaberin eines Rechts an einem Grundstück oder an einem solchen Recht in das Grundbuch eingetragen werden, wenn sie im Handelsregister eingetragen ist.

(2) ¹Im Sinne des Absatzes 1 Satz 1 sind:
1. Betriebe der kommunalen Wohnungswirtschaft:
    a) ehemals volkseigene Betriebe Kommunale Wohnungsverwaltung,
    b) ehemals volkseigene Betriebe Gebäudewirtschaft oder

c) aus solchen Betrieben hervorgegangene kommunale Regie- oder Eigenbetriebe;
2. Umwandlungsvorschriften:
   a) die Verordnung zur Umwandlung von volkseigenen Kombinaten, Betrieben und Einrichtungen in Kapitalgesellschaften vom 1. März 1990 (GBl. I Nr. 14 S. 107),
   b) das Treuhandgesetz,
   c) das Gesetz über die Umwandlung volkseigener Wohnungswirtschaftsbetriebe in gemeinnützige Wohnungsbaugesellschaften und zur Übertragung des Grundeigentums an die Wohnungsgenossenschaften vom 22. Juli 1990 (GBl. I Nr. 49 S. 901) oder
   d) das Umwandlungsgesetz in der Fassung der Bekanntmachung vom 6. November 1969 (BGBl I S. 2081).

(3) [1]Durch einen solchen Bescheid kann auch ein durch die Umwandlung eines der in Absatz 1 Satz 1 bezeichneten Unternehmen eingetretener Übergang ehemals volkseigenen Vermögens geändert werden.

(4) [1]Ein Bescheid nach den Absätzen 1 und 3 bedarf des Einvernehmens der Beteiligten. [2]Das Einvernehmen kann durch den Zuordnungsbescheid ersetzt werden, wenn es rechtsmißbräuchlich verweigert wird. [3]Die Ersetzung des Einvernehmens kann nur zusammen mit dem Zuordnungsbescheid vor dem Verwaltungsgericht angefochten werden. [4]§ 6 des Vermögenszuordnungsgesetzes gilt sinngemäß.

(5) [1]Die in Absatz 1 bezeichneten Kapitalgesellschaften gelten auch schon vor Erteilung der Zuordnungsbescheide als ermächtigt, alle Rechte aus dem ehemals volkseigenen Vermögen, das auf sie übergehen sollte, oder aus Rechtsgeschäften in bezug auf dieses Vermögen unter Einschluß von Kündigungs- und anderen Gestaltungsrechten im eigenen Namen und auf eigene Rechnung geltend zu machen. [2]Sollte ein ehemals volkseigener Vermögenswert auf mehrere Gesellschaften der in Absatz 1 bezeichneten Art übergehen, gelten die betreffenden Gesellschaften als Gesamtgläubiger. [3]Wird eine Zuordnung nach Maßgabe der Absätze 3 und 4 geändert, gilt Satz 2 sinngemäß. [4]Die Gesellschaft, die den Vermögenswert aufgrund der Umwandlung oder Sachgründung in Besitz hat, gilt als zur Verwaltung beauftragt. [5]Im übrigen gilt § 8 Abs. 3 des Vermögenszuordnungsgesetzes entsprechend. [6]Ansprüche nach dem Vermögensgesetz und rechtskräftige Urteile bleiben unberührt.

| Art. 231 § 10 | Übergang volkseigener Forderungen, Grundpfandrechte und Verbindlichkeiten auf Kreditinstitute |

(1) [1]Ein volkseigenes oder genossenschaftliches Kreditinstitut, das die Geschäfte eines solchen Kreditinstituts fortführende Kreditinstitut oder das Nachfolgeinstitut ist spätestens mit Wirkung vom 1. Juli 1990 Gläubiger der volkseigenen Forderungen und Grundpfandrechte geworden, die am 30. Juni 1990 in seiner Rechtsträgerschaft standen oder von ihm verwaltet wurden. [2]Diese Kreditinstitute werden mit Wirkung vom 1. Juli 1990 Schuldner der von ihnen verwalteten volkseigenen Verbindlichkeiten. [3]Gläubiger der von dem Kreditinstitut für den Staatshaushalt der Deutschen Demokratischen Republik treuhänderisch verwalteten Forderungen und Grundpfandreche ist mit Wirkung vom 3. Oktober 1990 der Bund geworden; er verwaltet sie treuhänderisch nach Maßgabe des Artikels 22 des Einigungsvertrages. [4]Auf die für die Sozialversicherung treuhänderisch verwalteten Forderungen und Grundpfandrechte sind Anlage I Kapitel VIII Sachgebiet F Abschnitt II Nr. 1 § 3 Abs. 2 des Einigungsvertrages vom 31. August 1990 (BGBl 1990 II S. 885, 1042) und die Bestimmungen des Gesetzes zur Regelung von Vermögensfragen der Sozialversicherung im Beitrittsgebiet vom 20. Dezember 1991 (BGBl I S. 2313) anzuwenden. [5]Ansprüche auf Rückübertragung nach den Regelungen über die Zuordnung von Volkseigentum und Ansprüche nach dem Vermögensgesetz bleiben unberührt.

(2) [1]Rechtshandlungen, die ein Kreditinstitut oder ein anderer nach Absatz 1 möglicher Berechtigter in Ansehung der Forderung, des Grundpfandrechtes oder der Verbindlichkeit vorgenommen hat, gelten als Rechtshandlungen desjenigen, dem die Forderung, das Grundpfandrecht oder die Verbindlichkeit nach Absatz 1 zusteht.

(3) [1]Zum Nachweis, wer nach Absatz 1 Inhaber eines Grundpfandrechtes oder Gläubiger einer Forderung geworden ist, genügt auch im Verfahren nach der Grundbuchordnung eine mit Unterschrift und Siegel versehene Bescheinigung der Kreditanstalt für Wiederaufbau. [2]Die Kreditanstalt für Wiederaufbau kann die Befugnis zur Erteilung der Bescheinigung nach Satz 1 auf die Sparkassen für ihren jeweiligen Geschäftsbereich übertragen. [3]Die nach Satz 1 oder Satz 2 befugte Stelle kann auch den Übergang des Grundpfandrechtes oder der Forderung auf sich selbst feststellen. [4]In den Fällen des Absatzes 1 Satz 3 bedarf es neben der in den Sätzen 1 bis 3 genannten Bescheinigung

eines Zuordnungsbescheides nicht. [5]§ 105 Abs. 1 Nr. 6 der Grundbuchverfügung in der Fassung der Bekanntmachung vom 24. Januar 1995 (BGBl I S. 114) bleibt unberührt.

Artikel 232. Zweites Buch. Recht der Schuldverhältnisse

Art. 232 § 1 Allgemeine Bestimmungen für Schuldverhältnisse

[1]Für ein Schuldverhältnis, das vor dem Wirksamwerden des Beitritts entstanden ist, bleibt das bisherige für das in Artikel 3 des Einigungsvertrages genannte Gebiet geltende Recht maßgebend.

Art. 232 § 1a Überlassungsverträge

[1]Ein vor dem 3. Oktober 1990 geschlossener Vertrag, durch den ein bisher staatlich verwaltetes (§ 1 Abs. 4 des Vermögensgesetzes) Grundstück durch den staatlichen Verwalter oder die von ihm beauftragte Stelle gegen Leistung eines Geldbetrages für das Grundstück sowie etwa aufstehende Gebäude und gegen Übernahme der öffentlichen Lasten einem anderen zur Nutzung überlassen wurde (Überlassungsvertrag), ist wirksam.

Art. 232 § 2 Mietverträge

[1]Mietverhältnisse aufgrund von Verträgen, die vor dem Wirksamwerden des Beitritts geschlossen worden sind, richten sich von diesem Zeitpunkt an nach den Vorschriften des Bürgerlichen Gesetzbuchs.

Art. 232 § 3 Pachtverträge

(1) [1]Pachtverhältnisse aufgrund von Verträgen, die vor dem Wirksamwerden des Beitritts geschlossen worden sind, richten sich von diesem Zeitpunkt an nach den §§ 581 bis 597 des Bürgerlichen Gesetzbuchs.

(2) [1]Die §§ 51 und 52 des Landwirtschaftsanpassungsgesetzes vom 29. Juni 1990 (GBl. I Nr. 42 S. 642) bleiben unberührt.

Art. 232 § 4 Nutzung von Bodenflächen zur Erholung

(1) [1]Nutzungsverhältnisse nach den §§ 312 bis 315 des Zivilgesetzbuchs der Deutschen Demokratischen Republik aufgrund von Verträgen, die vor dem Wirksamwerden des Beitritts geschlossen worden sind, richten sich weiterhin nach den genannten Vorschriften des Zivilgesetzbuchs. [2]Abweichende Regelungen bleiben einem besonderen Gesetz vorbehalten.

(2) [1]Die Bundesregierung wird ermächtigt, durch Rechtsverordnung mit Zustimmung des Bundesrates Vorschriften über eine angemessene Gestaltung der Nutzungsentgelte zu erlassen. [2]Angemessen sind Entgelte bis zur Höhe der ortsüblichen Pacht für Grundstücke, die auch hinsichtlich der Art und des Umfangs der Bebauung in vergleichbarer Weise genutzt werden. [3]In der Rechtsverordnung können Bestimmungen über die Ermittlung der ortsüblichen Pacht, über das Verfahren der Entgelterhöhung sowie über die Kündigung im Fall der Erhöhung getroffen werden.

(3) [1]Für Nutzungsverhältnisse innerhalb von Kleingartenanlagen bleibt die Anwendung des Bundeskleingartengesetzes vom 28. Februar 1983 (BGBl I S. 210) mit den in Anlage I Kapitel XIV Abschnitt II Nr. 4 zum Einigungsvertrag enthaltenen Ergänzungen unberührt.

(4) [1]Die Absätze 1 bis 3 gelten auch für vor dem 1. Januar 1976 geschlossene Verträge, durch die land- oder forstwirtschaftlich nicht genutzte Bodenflächen Bürgern zum Zweck der nicht gewerblichen kleingärtnerischen Nutzung, Erholung und Freizeitgestaltung überlassen wurden.

Art. 232 § 4a Vertrags-Moratorium

(1) ¹Verträge nach § 4 können, auch soweit sie Garagen betreffen, gegenüber dem Nutzer bis zum Ablauf des 31. Dezember 1994 nur aus den in § 554 des Bürgerlichen Gesetzbuchs bezeichneten Gründen gekündigt oder sonst beendet werden. ²Sie verlängern sich, wenn nicht der Nutzer etwas Gegenteiliges mitteilt, bis zu diesem Zeitpunkt, wenn sie nach ihrem Inhalt vorher enden würden.

(2) ¹Hat der Nutzer einen Vertrag nach § 4 nicht mit dem Eigentümer des betreffenden Grundstücks, sondern aufgrund des § 18 oder § 46 in Verbindung mit § 18 des Gesetzes über die landwirtschaftlichen Produktionsgenossenschaften – LPG-Gesetz – vom 2. Juli 1982 (GBl. I Nr. 25 S. 443) in der vor dem 1. Juli 1990 geltenden Fassung mit einer der dort genannten Genossenschaften oder Stellen geschlossen, so ist er nach Maßgabe des Vertrags und des Absatzes 1 bis zum Ablauf des 31. Dezember 1994 auch dem Grundstückseigentümer gegenüber zum Besitz berechtigt.

(3) ¹Die Absätze 1 und 2 gelten ferner, wenn ein Vertrag nach § 4 mit einer staatlichen Stelle abgeschlossen wurde, auch wenn diese hierzu nicht ermächtigt war. ²Dies gilt jedoch nicht, wenn der Nutzer Kenntnis von dem Fehlen einer entsprechenden Ermächtigung hatte.

(4) ¹Die Absätze 1 und 2 gelten ferner auch, wenn ein Vertrag nach § 4 mit einer staatlichen Stelle abgeschlossen wurde und diese bei Vertragsschluß nicht ausdrücklich in fremdem Namen, sondern im eigenen Namen handelte, obwohl es sich nicht um ein volkseigenes, sondern ein von ihr verwaltetes Grundstück handelte, es sei denn, daß der Nutzer hiervon Kenntnis hatte.

(5) ¹In den Fällen der Absätze 2 bis 4 ist der Vertragspartner des Nutzers unbeschadet des § 51 des Landwirtschaftsanpassungsgesetzes verpflichtet, die gezogenen Entgelte unter Abzug der mit ihrer Erzielung verbundenen Kosten an den Grundstückseigentümer abzuführen. ²Entgelte, die in der Zeit von dem 1. Januar 1992 an bis zum Inkrafttreten dieser Vorschrift erzielt wurden, sind um 20 vom Hundert gemindert an den Grundstückseigentümer auszukehren; ein weitergehender Ausgleich für gezogene Entgelte und Aufwendungen findet nicht statt. ³Ist ein Entgelt nicht vereinbart, so ist das Entgelt, das für Verträge der betreffenden Art gewöhnlich zu erzielen ist, unter Abzug der mit seiner Erzielung verbundenen Kosten an den Grundstückseigentümer auszukehren. ⁴Der Grundstückseigentümer kann von dem Vertragspartner des Nutzers die Abtretung der Entgeltansprüche verlangen.

(6) ¹Die Absätze 1 bis 5 gelten auch, wenn der unmittelbare Nutzer Verträge mit einer Vereinigung von Kleingärtnern und diese mit einer der dort genannten Stellen den Hauptnutzungsvertrag geschlossen hat. ²Ist Gegenstand des Vertrags die Nutzung des Grundstücks für eine Garage, so kann der Eigentümer die Verlegung der Nutzung auf eine andere Stelle des Grundstücks oder ein anderes Grundstück verlangen, wenn die Nutzung ihn besonders beeinträchtigt, die andere Stelle für den Nutzer gleichwertig ist und die rechtlichen Voraussetzungen für die Nutzung geschaffen worden sind; die Kosten der Verlegung hat der Eigentümer zu tragen und vorzuschießen.

(7) ¹Die Absätze 1 bis 6 finden keine Anwendung, wenn die Betroffenen nach dem 2. Oktober 1990 etwas Abweichendes vereinbart haben oder zwischen ihnen abweichende rechtskräftige Urteile ergangen sind.

Art. 232 § 5 Arbeitsverhältnisse

(1) ¹Für am Tag des Wirksamwerdens des Beitritts bestehende Arbeitsverhältnisse gelten unbeschadet des Artikels 230 von dieser Zeit an die Vorschriften des Bürgerlichen Gesetzbuchs.

(2) ¹§ 613a des Bürgerlichen Gesetzbuchs ist in dem in Artikel 3 des Einigungsvertrages vom 31. August 1990 (BGBl 1990 II S. 885) genannten Gebiet vom Tag des Inkrafttretens dieses Gesetzes bis zum 31. Dezember 1998 mit folgenden Maßgaben anzuwenden:
1. Innerhalb des bezeichneten Zeitraums ist auf eine Betriebsübertragung im Gesamtvollstreckungsverfahren § 613a des Bürgerlichen Gesetzbuchs nicht anzuwenden.
2. Anstelle des Absatzes 4 Satz 2 gilt folgende Vorschrift:
   „Satz 1 läßt das Recht zur Kündigung aus wirtschaftlichen, technischen oder organisatorischen Gründen, die Änderungen im Bereich der Beschäftigung mit sich bringen, unberührt."

Art. 232 § 6　Verträge über wiederkehrende Dienstleistungen

¹Für am Tag des Wirksamwerdens des Beitritts bestehende Pflege- und Wartungsverträge und Verträge über wiederkehrende persönliche Dienstleistungen gelten von dieser Zeit an die Vorschriften des Bürgerlichen Gesetzbuchs.

Art. 232 § 7　Kontoverträge und Sparkontoverträge

¹Das Kreditinstitut kann durch Erklärung gegenüber dem Kontoinhaber bestimmen, daß auf einen am Tag des Wirksamwerdens des Beitritts bestehenden Kontovertrag oder Sparkontovertrag die Vorschriften des Bürgerlichen Gesetzbuchs einschließlich der im bisherigen Geltungsbereich dieses Gesetzes für solche Verträge allgemein verwendeten, näher zu bezeichnenden allgemeinen Geschäftsbedingungen anzuwenden sind. ²Der Kontoinhaber kann den Vertrag innerhalb eines Monats von dem Zugang der Erklärung an kündigen.

Art. 232 § 8　Kreditverträge

¹Auf Kreditverträge, die nach dem 30. Juni 1990 abgeschlossen worden sind, ist § 609a des Bürgerlichen Gesetzbuchs anzuwenden.

Art. 232 § 9　Bruchteilsgemeinschaften

¹Auf eine am Tag des Wirksamwerdens des Beitritts bestehende Gemeinschaft nach Bruchteilen finden von dieser Zeit an die Vorschriften des Bürgerlichen Gesetzbuchs Anwendung.

Art. 232 § 10　Unerlaubte Handlungen

¹Die Bestimmungen der §§ 823 bis 853 des Bürgerlichen Gesetzbuchs sind nur auf Handlungen anzuwenden, die am Tag des Wirksamwerdens des Beitritts oder danach begangen werden.

Artikel 233. Drittes Buch. Sachenrecht

Erster Abschnitt: Allgemeine Vorschriften

Art. 233 § 1　Besitz

¹Auf ein am Tag des Wirksamwerdens des Beitritts bestehendes Besitzverhältnis finden von dieser Zeit an die Vorschriften des Bürgerlichen Gesetzbuchs Anwendung.

Art. 233 § 2　Inhalt des Eigentums

(1) ¹Auf das am Tag des Wirksamwerdens des Beitritts bestehende Eigentum an Sachen finden von dieser Zeit an die Vorschriften des Bürgerlichen Gesetzbuchs Anwendung, soweit nicht in den nachstehenden Vorschriften etwas anderes bestimmt ist.
(2) ¹Bei ehemals volkseigenen Grundstücken wird unwiderleglich vermutet, daß in der Zeit vom 15. März 1990 bis zum Ablauf des 2. Oktober 1990 die als Rechtsträger eingetragene staatliche Stelle und diejenige Stelle, die deren Aufgaben bei Vornahme der Verfügung wahrgenommen hat, und in der Zeit vom 3. Oktober 1990 bis zum 24. Dezember 1993 die in § 8 des Vermögenszuordnungsgesetzes

in der seit dem 25. Dezember 1993 geltenden Fassung bezeichneten Stellen zur Verfügung über das Grundstück befugt waren. ²§ 878 des Bürgerlichen Gesetzbuchs gilt auch für den Fortfall der Verfügungsbefugnis sinngemäß. ³Die vorstehenden Sätze lassen Verbote, über ehemals volkseigene Grundstücke zu verfügen, namentlich nach § 68 des Zivilgesetzbuchs und der Zweiten, Dritten und Vierten Durchführungsverordnung zum Treuhandgesetz unberührt. ⁴Wem bisheriges Volkseigentum zusteht, richtet sich nach den Vorschriften über die Abwicklung des Volkseigentums.

(3) ¹Ist der Eigentümer eines Grundstücks oder sein Aufenthalt nicht festzustellen und besteht ein Bedürfnis, die Vertretung des Eigentümers sicherzustellen, so bestellt der Landkreis oder die kreisfreie Stadt, in dessen oder deren Gebiet sich das Grundstück befindet, auf Antrag der Gemeinde oder eines anderen, der ein berechtigtes Interesse daran hat, einen gesetzlichen Vertreter. ²Im Falle einer Gemeinschaft wird ein Mitglied der Gemeinschaft zum gesetzlichen Vertreter bestellt. ³Der Vertreter ist von den Beschränkungen des § 181 des Bürgerlichen Gesetzbuchs befreit. ⁴§ 16 Abs. 3 und 4 des Verwaltungsverfahrensgesetzes findet entsprechende Anwendung. ⁵Der Vertreter wird auf Antrag des Eigentümers abberufen. ⁶Diese Vorschrift tritt in ihrem räumlichen Anwendungsbereich und für die Dauer ihrer Geltung an die Stelle des § 119 des Flurbereinigungsgesetzes auch, soweit auf diese Bestimmung in anderen Gesetzen verwiesen wird. ⁷§ 11b des Vermögensgesetzes bleibt unberührt.

Art. 233 § 2a | Moratorium

(1) ¹Als zum Besitz eines in dem in Artikel 3 des Einigungsvertrages genannten Gebiet belegenen Grundstücks berechtigt gelten unbeschadet bestehender Nutzungsrechte und günstigerer Vereinbarungen und Regelungen:
a) wer das Grundstück bis zum Ablauf des 2. Oktober 1990 aufgrund einer bestandskräftigen Baugenehmigung oder sonst entsprechend den Rechtsvorschriften mit Billigung staatlicher oder gesellschaftlicher Organe mit Gebäuden oder Anlagen bebaut oder zu bebauen begonnen hat und bei Inkrafttreten dieser Vorschrift selbst nutzt,
b) Genossenschaften und ehemals volkseigene Betriebe der Wohnungswirtschaft, denen vor dem 3. Oktober 1990 aufgrund einer bestandskräftigen Baugenehmigung oder sonst entsprechend den Rechtsvorschriften mit Billigung staatlicher oder gesellschaftlicher Organe errichtete Gebäude und dazugehörige Grundstücksflächen und -teilflächen zur Nutzung sowie selbständigen Bewirtschaftung und Verwaltung übertragen worden waren und von diesen oder ihren Rechtsnachfolgern genutzt werden,
c) wer über ein bei Abschluß des Vertrags bereits mit einem Wohnhaus bebautes Grundstück, das bis dahin unter staatlicher oder treuhänderischer Verwaltung gestanden hat, einen Überlassungsvertrag geschlossen hat, sowie diejenigen, die mit diesem einen gemeinsamen Hausstand führen,
d) wer ein auf einem Grundstück errichtetes Gebäude gekauft oder den Kauf beantragt hat.
²Das Recht nach Satz 1 besteht bis zur Bereinigung der genannten Rechtsverhältnisse durch besonderes Gesetz längstens bis zum Ablauf des 31. Dezember 1994; die Frist kann durch Rechtsverordnung des Bundesministers der Justiz einmal verlängert werden. ³In den in § 3 Abs. 3 und den §§ 4 und 121 des Sachenrechtsbereinigungsgesetzes bezeichneten Fällen besteht das in Satz 1 bezeichnete Recht zum Besitz bis zur Bereinigung dieser Rechtsverhältnisse nach jenem Gesetz fort. ⁴Für die Zeit vom 22. Juli 1992 bis 31. März 1995 kann der jeweilige Grundstückseigentümer vom jeweiligen Nutzer ein Entgelt in Höhe des nach § 51 Abs. 1 Satz 2 Nr. 1, §§ 43, 45 des Sachenrechtsbereinigungsgesetzes zu zahlenden Erbbauzinses verlangen, für die Zeit ab 1. Januar 1995 jedoch nur, wenn er kein Entgelt nach Satz 8 verlangen kann. ⁵Für die Zeit vom 1. Januar 1995 bis zum 31. März 1995 kann der Grundstückseigentümer das Entgelt nach Satz 4 nicht verlangen, wenn er sich in einem bis zum 31. März 1995 eingeleiteten notariellen Vermittlungsverfahren nach den §§ 87 bis 102 des Sachenrechtsbereinigungsgesetzes oder Bodenordnungsverfahren nach dem Achten Abschnitt des Landwirtschaftsanpassungsgesetzes nicht unverzüglich auf eine Verhandlung zur Begründung dinglicher Rechte oder eine Übereignung eingelassen hat. ⁶Für die Bestimmung des Entgeltes sind der Bodenwert und der Restwert eines überlassenen Gebäudes zum 22. Juli 1992 maßgebend. ⁷Der Anspruch nach Satz 4 verjährt in zwei Jahren vom 8. November 2000 an. ⁸Der Grundstückseigentümer kann vom 1. Januar 1995 an vom Nutzer ein Entgelt bis zur Höhe des nach dem Sachenrechtsbereinigungsgesetz zu zahlenden Erbbauzinses verlangen, wenn ein Verfahren zur Bodenneuordnung nach dem Bodensonderungsgesetz eingeleitet wird, er ein notarielles Vermittlungsverfahren nach den §§ 87 bis 102 des Sachenrechtsbereinigungsgesetzes oder ein Bodenordnungsverfahren nach dem Achten Abschnitt des Landwirtschaftsanpassungsgesetzes beantragt oder sich in den Verfahren auf eine Verhandlung zur Begründung dinglicher Rechte oder eine

Moratorium Art. 233 § 2a EGBGB

Übereignung eingelassen hat. ⁹Vertragliche oder gesetzliche Regelungen, die ein abweichendes Nutzungsentgelt oder einen früheren Beginn der Zahlungspflicht begründen, bleiben unberührt. ¹⁰Umfang und Inhalt des Rechts bestimmen sich im übrigen nach der bisherigen Ausübung. ¹¹In den Fällen der in der Anlage II Kapitel II Sachgebiet A Abschnitt III des Einigungsvertrages vom 31. August 1990 (BGBl 1990 II S. 885, 1150) aufgeführten Maßgaben kann das Recht nach Satz 1 allein von der Treuhandanstalt geltend gemacht werden.

(2) ¹Das Recht zum Besitz nach Absatz 1 wird durch eine Übertragung oder einen Übergang des Eigentums oder eine sonstige Verfügung über das Grundstück nicht berührt. ²Das Recht kann übertragen werden; die Übertragung ist gegenüber dem Grundstückseigentümer nur wirksam, wenn sie diesem vom Veräußerer angezeigt wird.

(3) ¹Während des in Absatz 8 Satz 1 genannten Zeitraums kann Ersatz für gezogene Nutzungen oder vorgenommene Verwendungen nur auf einvernehmlicher Grundlage verlangt werden. ²Der Eigentümer eines Grundstücks ist während der Dauer des Rechts zum Besitz nach Absatz 1 verpflichtet, das Grundstück nicht mit Rechten zu belasten, es sei denn, er ist zu deren Bestellung gesetzlich oder aufgrund der Entscheidung einer Behörde verpflichtet.

(4) ¹Bis zu dem in Absatz 1 Satz 2 genannten Zeitpunkt findet auf Überlassungsverträge unbeschadet des Artikels 232 § 1 der § 78 des Zivilgesetzbuchs der Deutschen Demokratischen Republik keine Anwendung.

(5) ¹Das Vermögensgesetz, die in der Anlage II Kapitel II Sachgebiet A Abschnitt III des Einigungsvertrages aufgeführten Maßgaben sowie Verfahren nach dem Achten Abschnitt des Landwirtschaftsanpassungsgesetzes bleiben unberührt.

(6) ¹Bestehende Rechte des gemäß Absatz 1 Berechtigten werden nicht berührt. ²In Ansehung der Nutzung des Grundstücks getroffene Vereinbarungen bleiben außer in den Fällen des Absatzes 1 Satz 1 Buchstabe c unberührt. ³Sie sind in allen Fällen auch weiterhin möglich. ⁴Das Recht nach Absatz 1 kann ohne Einhaltung einer Frist durch einseitige Erklärung des Grundeigentümers beendet werden, wenn
a) der Nutzer
   aa) im Sinne der §§ 20a und 20b des Parteiengesetzes der Deutschen Demokratischen Republik eine Massenorganisation, eine Partei, eine ihr verbundene Organisation oder eine juristische Person ist und die treuhänderische Verwaltung über den betreffenden Vermögenswert beendet worden ist oder
   bb) dem Bereich der Kommerziellen Koordinierung zuzuordnen ist oder
b) die Rechtsverhältnisse des Nutzers an dem fraglichen Grund und Boden Gegenstand eines gerichtlichen Strafverfahrens gegen den Nutzer sind oder
c) es sich um ein ehemals volkseigenes Grundstück handelt und seine Nutzung am 2. Oktober 1990 auf einer Rechtsträgerschaft beruhte, es sei denn, der Nutzer ist eine landwirtschaftliche Produktionsgenossenschaft, ein ehemals volkseigener Betrieb der Wohnungswirtschaft, eine Arbeiter-Wohnungsbaugenossenschaft oder eine gemeinnützige Wohnungsgenossenschaft oder deren jeweiliger Rechtsnachfolger.

⁵In den Fällen des Satzes 4 Buchstabe a und c ist § 1000 des Bürgerlichen Gesetzbuchs nicht anzuwenden. ⁶Das Recht zum Besitz nach dieser Vorschrift erlischt, wenn eine Vereinbarung nach den Sätzen 2 und 3 durch den Nutzer gekündigt wird.

(7) ¹Die vorstehenden Regelungen gelten nicht für Nutzungen zur Erholung, Freizeitgestaltung oder zu ähnlichen persönlichen Bedürfnissen einschließlich der Nutzung innerhalb von Kleingartenanlagen. ²Ein Miet- oder Pachtvertrag ist nicht als Überlassungsvertrag anzusehen.

(8) ¹Für die Zeit bis zum Ablauf des 21. Juli 1992 ist der nach Absatz 1 Berechtigte gegenüber dem Grundstückseigentümer sowie sonstigen dinglichen Berechtigten zur Herausgabe von Nutzungen nicht verpflichtet, es sei denn, daß die Beteiligten andere Abreden getroffen haben. ²Ist ein in Absatz 1 Satz 1 Buchstabe d bezeichneter Kaufvertrag unwirksam oder sind die Verhandlungen auf Abschluß des beantragten Kaufvertrages gescheitert, so ist der Nutzer von der Erlangung der Kenntnis der Unwirksamkeit des Vertrags oder der Ablehnung des Vertragsschlusses an nach § 987 des Bürgerlichen Gesetzbuchs zur Herausgabe von Nutzungen verpflichtet.

(9) ¹Für die Zeit vom 22. Juli 1992 bis zum 30. September 2001 kann der Grundstückseigentümer von der öffentlichen Körperschaft, die das Grundstück zur Erfüllung ihrer öffentlichen Aufgaben nutzt oder im Falle der Widmung zum Gemeingebrauch für das Gebäude oder die Anlage unterhaltungspflichtig ist, nur ein Entgelt in Höhe von jährlich 0,8 vom Hundert des Bodenwerts eines in gleicher Lage belegenen Grundstücks sowie die Freistellung von den Lasten des Grundstücks verlangen. ²Der Bodenwert

ist nach den Bodenrichtwerten zu bestimmen; § 19 Abs. 5 des Sachenrechtsbereinigungsgesetzes gilt entsprechend. ³Für die Zeit vom 1. Januar 1995 entsteht der Anspruch nach Satz 1 von dem Zeitpunkt an, in dem der Grundstückseigentümer ihn gegenüber der Körperschaft schriftlich geltend macht; für die Zeit vom 22. Juli 1992 bis zum 31. Dezember 1994 kann er nur bis zum 31. März 2002 geltend gemacht werden. ⁴Abweichende vertragliche Vereinbarungen bleiben unberührt.

Art. 233 § 2b   Gebäudeeigentum ohne dingliches Nutzungsrecht

(1) ¹In den Fällen des § 2a Abs. 1 Satz 1 Buchstabe a und b sind Gebäude und Anlagen von Arbeiter-Wohnungsbaugenossenschaften und von gemeinnützigen Wohnungsgenossenschaften auf ehemals volkseigenen Grundstücken, in den Fällen des § 2a Abs. 1 Satz 1 Buchstabe a Gebäude und Anlagen landwirtschaftlicher Produktionsgenossenschaften, auch soweit dies nicht gesetzlich bestimmt ist, unabhängig vom Eigentum am Grundstück, Eigentum des Nutzers. ²Ein beschränkt dingliches Recht am Grundstück besteht nur, wenn dies besonders begründet worden ist. ³Dies gilt auch für Rechtsnachfolger der in Satz 1 bezeichneten Genossenschaften.

(2) ¹Für Gebäudeeigentum, das nach Absatz 1 entsteht oder nach § 27 des Gesetzes über die landwirtschaftlichen Produktionsgenossenschaften vom 2. Juli 1982 (GBl. I Nr. 25 S. 443), das zuletzt durch das Gesetz über die Änderung oder Aufhebung von Gesetzen der Deutschen Demokratischen Republik vom 28. Juni 1990 (GBl. I Nr. 38 S. 483) geändert worden ist, entstanden ist, ist auf Antrag des Nutzers ein Gebäudegrundbuchblatt anzulegen. ²Für die Anlegung und Führung des Gebäudegrundbuchblatts sind die vor dem Wirksamwerden des Beitritts geltenden sowie später erlassene Vorschriften entsprechend anzuwenden. ³Ist das Gebäudeeigentum nicht gemäß § 2c Abs. 1 wie eine Belastung im Grundbuch des betroffenen Grundstücks eingetragen, so ist diese Eintragung vor Anlegung des Gebäudegrundbuchblatts von Amts wegen vorzunehmen.

(3) ¹Ob Gebäudeeigentum entstanden ist und wem es zusteht, wird durch Bescheid des Bundesamtes zur Regelung offener Vermögensfragen festgestellt. ²Das Vermögenszuordnungsgesetz ist anzuwenden. ³§ 3a des Verwaltungsverfahrensgesetzes findet keine Anwendung. ⁴Den Grundbuchämtern bleibt es unbenommen, Gebäudeeigentum und seinen Inhaber nach Maßgabe der Bestimmungen des Grundbuchrechts festzustellen; ein Antrag nach den Sätzen 1 und 2 darf nicht von der vorherigen Befassung der Grundbuchämter abhängig gemacht werden. ⁵Im Antrag an das Bundesamtes zur Regelung offener Vermögensfragen oder an das Grundbuchamt hat der Antragsteller zu versichern, daß bei keiner anderen Stelle ein vergleichbarer Antrag anhängig oder ein Antrag nach Satz 1 abschlägig beschieden worden ist.

(4) ¹§ 4 Abs. 1, 3 Satz 1 bis 3 und Abs. 6 ist entsprechend anzuwenden.

(5) ¹Ist ein Gebäude nach Absatz 1 vor Inkrafttreten dieser Vorschrift zur Sicherung übereignet worden, so kann der Sicherungsgeber die Rückübertragung Zug um Zug gegen Bestellung eines Grundpfandrechts an dem Gebäudeeigentum verlangen. ²Bestellte Pfandrechte sind in Grundpfandrechte an dem Gebäudeeigentum zu überführen.

(6) ¹Eine bis zum Ablauf des 21. Juli 1992 vorgenommene Übereignung des nach § 27 des Gesetzes über die landwirtschaftlichen Produktionsgenossenschaften oder nach § 459 Abs. 1 Satz 1 des Zivilgesetzbuchs der Deutschen Demokratischen Republik entstandenen selbständigen Gebäudeeigentums ist nicht deshalb unwirksam, weil sie nicht nach den für die Übereignung von Grundstücken geltenden Vorschriften des Bürgerlichen Gesetzbuchs vorgenommen worden ist. ²Gleiches gilt für das Rechtsgeschäft, mit dem die Verpflichtung zur Übertragung und zum Erwerb begründet worden ist. ³Die Sätze 1 und 2 sind nicht anzuwenden, soweit eine rechtskräftige Entscheidung entgegensteht.

Art. 233 § 2c   Grundbucheintragung

(1) ¹Selbständiges Gebäudeeigentum nach § 2b ist auf Antrag (§ 13 Abs. 2 der Grundbuchordnung) im Grundbuch wie eine Belastung des betroffenen Grundstücks einzutragen. ²Ist für das Gebäudeeigentum ein Gebäudegrundbuchblatt nicht vorhanden, so wird es bei der Eintragung in das Grundbuch von Amts wegen angelegt.

(2) ¹Zur Sicherung etwaiger Ansprüche aus dem Sachenrechtsbereinigungsgesetz ist auf Antrag des Nutzers ein Vermerk in der Zweiten Abteilung des Grundbuchs für das betroffene Grundstück einzu-

tragen, wenn ein Besitzrecht nach § 2a besteht. ²In den in § 121 Abs. 1 und 2 des Sachenrechtsbereinigungsgesetzes genannten Fällen kann die Eintragung des Vermerks auch gegenüber dem Verfügungsberechtigten mit Wirkung gegenüber dem Berechtigten erfolgen, solange das Rückübertragungsverfahren nach dem Vermögensgesetz nicht unanfechtbar abgeschlossen ist. ³Der Vermerk hat die Wirkung einer Vormerkung zur Sicherung dieser Ansprüche. ⁴§ 885 des Bürgerlichen Gesetzbuchs ist entsprechend anzuwenden.

(3) ¹Der Erwerb selbständigen Gebäudeeigentums sowie dinglicher Rechte am Gebäude der in § 2b bezeichneten Art aufgrund der Vorschriften über den öffentlichen Glauben des Grundbuchs ist nur möglich, wenn das Gebäudeeigentum auch bei dem belasteten Grundstück eingetragen ist.

Art. 233 § 3 Inhalt und Rang beschränkter dinglicher Rechte

(1) ¹Rechte, mit denen eine Sache oder ein Recht am Ende des Tages vor dem Wirksamwerden des Beitritts belastet ist, bleiben mit dem sich aus dem bisherigen Recht ergebenden Inhalt und Rang bestehen, soweit sich nicht aus den nachstehenden Vorschriften ein anderes ergibt. ²§ 5 Abs. 2 Satz 2 und Abs. 3 des Gesetzes über die Verleihung von Nutzungsrechten an volkseigenen Grundstücken vom 14. Dezember 1970 (GBl. I Nr. 24 S. 372 – Nutzungsrechtsgesetz) sowie § 289 Abs. 2 und 3 und § 293 Abs. 1 Satz 2 des Zivilgesetzbuchs der Deutschen Demokratischen Republik sind nicht mehr anzuwenden. ³Satz 2 gilt entsprechend für die Bestimmungen des Nutzungsrechtsgesetzes und des Zivilgesetzbuchs über den Entzug eines Nutzungsrechts.

(2) ¹Die Aufhebung eines Rechts, mit dem ein Grundstück oder ein Recht an einem Grundstück belastet ist, richtet sich nach den bisherigen Vorschriften, wenn das Recht der Eintragung in das Grundbuch nicht bedurfte und nicht eingetragen ist.

(3) ¹Die Anpassung des vom Grundstückseigentum unabhängigen Eigentums am Gebäude und des in § 4 Abs. 2 bezeichneten Nutzungsrechts an das Bürgerliche Gesetzbuch und seine Nebengesetze und an die veränderten Verhältnisse sowie die Begründung von Rechten zur Absicherung der in § 2a bezeichneten Bebauungen erfolgen nach Maßgabe des Sachenrechtsbereinigungsgesetzes. ²Eine Anpassung im übrigen bleibt vorbehalten.

(4) ¹Auf Vorkaufsrechte, die nach den Vorschriften des Zivilgesetzbuchs der Deutschen Demokratischen Republik bestellt wurden, sind vom 1. Oktober 1994 an die Bestimmungen des Bürgerlichen Gesetzbuchs nach den §§ 1094 bis 1104 anzuwenden.

Art. 233 § 4 Sondervorschriften für dingliche Nutzungsrechte und Gebäudeeigentum

(1) ¹Für das Gebäudeeigentum nach § 288 Abs. 4 oder § 292 Abs. 3 des Zivilgesetzbuchs der Deutschen Demokratischen Republik gelten von dem Wirksamwerden des Beitritts an die sich auf Grundstücke beziehenden Vorschriften des Bürgerlichen Gesetzbuchs mit Ausnahme der §§ 927 und 928 entsprechend. ²Vor der Anlegung eines Gebäudegrundbuchblatts ist das dem Gebäudeeigentum zugrundeliegende Nutzungsrecht von Amts wegen im Grundbuch des belasteten Grundstücks einzutragen. ³Der Erwerb eines selbständigen Gebäudeeigentums oder eines dinglichen Rechts am Gebäude der in Satz 1 genannten Art aufgrund der Vorschriften über den öffentlichen Glauben des Grundbuchs ist nur möglich, wenn auch das zugrundeliegende Nutzungsrecht bei dem belasteten Grundstück eingetragen ist.

(2) ¹Ein Nutzungsrecht nach den §§ 287 bis 294 des Zivilgesetzbuchs der Deutschen Demokratischen Republik, das nicht im Grundbuch des belasteten Grundstücks eingetragen ist, wird durch die Vorschriften des Bürgerlichen Gesetzbuchs über den öffentlichen Glauben des Grundbuchs nicht beeinträchtigt, wenn ein aufgrund des Nutzungsrechts zulässiges Eigenheim oder sonstiges Gebäude in dem für den öffentlichen Glauben maßgebenden Zeitpunkt ganz oder teilweise errichtet ist und der dem Erwerb zugrundeliegende Eintragungsantrag vor dem 1. Januar 2001 gestellt worden ist. ²Der Erwerber des Eigentums oder eines sonstigen Rechts an dem belasteten Grundstück kann in diesem Fall die Aufhebung oder Änderung des Nutzungsrechts gegen Ausgleich der dem Nutzungsberechtigten dadurch entstehenden Vermögensnachteile verlangen, wenn das Nutzungsrecht für ihn mit Nachteilen verbunden ist, welche erheblich größer sind als der dem Nutzungsberechtigten durch die Aufhebung oder Änderung seines Rechts entstehende Schaden; dies gilt nicht, wenn er beim Erwerb des Eigentums

oder sonstigen Rechts in dem für den öffentlichen Glauben des Grundbuchs maßgeblichen Zeitpunkt das Vorhandensein des Nutzungsrechts kannte.

(3) ¹Der Untergang des Gebäudes läßt den Bestand des Nutzungsrechts unberührt. ²Aufgrund des Nutzungsrechts kann ein neues Gebäude errichtet werden; Belastungen des Gebäudeeigentums setzen sich an dem Nutzungsrecht und dem neu errichteten Gebäude fort. ³Ist ein Nutzungsrecht nur auf die Gebäudegrundfläche verliehen worden, so umfaßt das Nutzungsrecht auch die Nutzung des Grundstücks in dem für Gebäude der errichteten Art zweckentsprechenden ortsüblichen Umfang, bei Eigenheimen nicht mehr als eine Fläche von 500 m². ⁴Auf Antrag ist das Grundbuch entsprechend zu berichtigen. ⁵Absatz 2 gilt entsprechend.

(4) ¹Besteht am Gebäude selbständiges Eigentum nach § 288 Abs. 4 und § 292 Abs. 3 des Zivilgesetzbuchs der Deutschen Demokratischen Republik, so bleibt bei bis zum Ablauf des 31. Dezember 2000 angeordneten Zwangsversteigerungen ein nach jenem Recht begründetes Nutzungsrecht am Grundstück bei dessen Versteigerung auch dann bestehen, wenn es bei der Feststellung des geringsten Gebots nicht berücksichtigt ist.

(5) ¹War der Nutzer beim Erwerb des Nutzungsrechts unredlich im Sinne des § 4 des Vermögensgesetzes, kann der Grundstückseigentümer die Aufhebung des Nutzungsrechts durch gerichtliche Entscheidung verlangen. ²Der Anspruch nach Satz 1 ist ausgeschlossen, wenn er nicht bis zum 31. Dezember 2000 rechtshängig geworden ist. ³Ein Klageantrag auf Aufhebung des Nutzungsrechts ist unzulässig, wenn der Grundstückseigentümer zu einem Antrag auf Aufhebung des Nutzungsrechts durch Bescheid des Amtes zur Regelung offener Vermögensfragen berechtigt oder berechtigt gewesen ist. ⁴Mit der Aufhebung des Nutzungsrechts erlischt das Eigentum am Gebäude nach § 288 Abs. 4 und § 292 Abs. 3 des Zivilgesetzbuchs der Deutschen Demokratischen Republik. ⁵Das Gebäude wird Bestandteil des Grundstücks. ⁶Der Nutzer kann für Gebäude, Anlagen und Anpflanzungen, mit denen er das Grundstück ausgestattet hat, Ersatz verlangen, soweit der Wert des Grundstücks hierdurch noch zu dem Zeitpunkt der Aufhebung des Nutzungsrechts erhöht ist. ⁷Grundpfandrechte an einem aufgrund des Nutzungsrechts errichteten Gebäude setzen sich am Wertersatzanspruch des Nutzers gegen den Grundstückseigentümer fort. ⁸§ 16 Abs. 3 Satz 5 des Vermögensgesetzes ist entsprechend anzuwenden.

(6) ¹Auf die Aufhebung eines Nutzungsrechts nach § 287 oder § 291 des Zivilgesetzbuchs der Deutschen Demokratischen Republik finden die §§ 875 und 876 des Bürgerlichen Gesetzbuchs Anwendung. ²Ist das Nutzungsrecht nicht im Grundbuch eingetragen, so reicht die notariell beurkundete Erklärung des Berechtigten, daß er das Recht aufgebe, aus, wenn die Erklärung bei dem Grundbuchamt eingereicht wird. ³Mit der Aufhebung des Nutzungsrechts erlischt das Gebäudeeigentum nach § 288 Abs. 4 oder § 292 Abs. 3 des Zivilgesetzbuchs der Deutschen Demokratischen Republik; das Gebäude wird Bestandteil des Grundstücks.

(7) ¹Die Absätze 1 bis 5 gelten entsprechend, soweit aufgrund anderer Rechtsvorschriften Gebäudeeigentum, für das ein Gebäudegrundbuchblatt anzulegen ist, in Verbindung mit einem Nutzungsrecht an dem betroffenen Grundstück besteht.

Art. 233 § 5 Mitbenutzungsrechte

(1) ¹Mitbenutzungsrechte im Sinn des § 321 Abs. 1 bis 3 und des § 322 des Zivilgesetzbuchs der Deutschen Demokratischen Republik gelten als Rechte an dem belasteten Grundstück, soweit ihre Begründung der Zustimmung des Eigentümers dieses Grundstücks bedurfte.

(2) ¹Soweit die in Absatz 1 bezeichneten Rechte nach den am Tag vor dem Wirksamwerden des Beitritts geltenden Rechtsvorschriften gegenüber einem Erwerber des belasteten Grundstücks oder eines Rechts an diesem Grundstück auch dann wirksam bleiben, wenn sie nicht im Grundbuch eingetragen sind, behalten sie ihre Wirksamkeit auch gegenüber den Vorschriften des Bürgerlichen Gesetzbuchs über den öffentlichen Glauben des Grundbuchs, wenn der dem Erwerb zugrundeliegende Eintragungsantrag vor dem 1. Januar 2001 gestellt worden ist. ²Der Erwerber des Eigentums oder eines sonstigen Rechts an dem belasteten Grundstück kann in diesem Fall jedoch die Aufhebung oder Änderung des Mitbenutzungsrechts gegen Ausgleich der dem Berechtigten dadurch entstehenden Vermögensnachteile verlangen, wenn das Mitbenutzungsrecht für ihn mit Nachteilen verbunden ist, welche erheblich größer sind als der durch die Aufhebung oder Änderung dieses Rechts dem Berechtigten entstehende Schaden; dies gilt nicht, wenn derjenige, der die Aufhebung oder Änderung des Mitbenutzungsrechts verlangt, beim Erwerb des Eigentums oder sonstigen Rechts an dem belasteten Grundstück in dem für den öffentlichen Glauben des Grundbuchs maßgeblichen Zeitpunkt das Vorhandensein des Mit-

benutzungsrechts kannte. ³In der Zwangsversteigerung des Grundstücks ist bei bis zum Ablauf des 31. Dezember 2000 angeordneten Zwangsversteigerungen auf die in Absatz 1 bezeichneten Rechte § 9 des Einführungsgesetzes zu dem Gesetz über die Zwangsversteigerung und die Zwangsverwaltung in der im Bundesgesetzblatt Teil III, Gliederungsnummer 310–13, veröffentlichten bereinigten Fassung, zuletzt geändert durch Artikel 7 Abs. 24 des Gesetzes vom 17. Dezember 1990 (BGBl I S. 2847), entsprechend anzuwenden.

(3) ¹Ein nach Absatz 1 als Recht an einem Grundstück geltendes Mitbenutzungsrecht kann in das Grundbuch auch dann eingetragen werden, wenn es nach den am Tag vor dem Wirksamwerden des Beitritts geltenden Vorschriften nicht eintragungsfähig war. ²Bei Eintragung eines solchen Rechts ist der Zeitpunkt der Entstehung des Rechts zu vermerken, wenn der Antragsteller diesen in der nach der Grundbuchordnung für die Eintragung vorgesehenen Form nachweist. ³Kann der Entstehungszeitpunkt nicht nachgewiesen werden, so ist der Vorrang vor anderen Rechten zu vermerken, wenn dieser von den Betroffenen bewilligt wird.

(4) ¹Durch Landesgesetz kann bestimmt werden, daß ein Mitbenutzungsrecht der in Absatz 1 bezeichneten Art mit dem Inhalt in das Grundbuch einzutragen ist, der dem seit dem 3. Oktober 1990 geltenden Recht entspricht oder am ehesten entspricht. ²Ist die Verpflichtung zur Eintragung durch rechtskräftige Entscheidung festgestellt, so kann das Recht auch in den Fällen des Satzes 1 mit seinem festgestellten Inhalt eingetragen werden.

Art. 233 § 6 Hypotheken

(1) ¹Für die Übertragung von Hypothekenforderungen nach dem Zivilgesetzbuch der Deutschen Demokratischen Republik, die am Tag des Wirksamwerdens des Beitritts bestehen, gelten die Vorschriften des Bürgerlichen Gesetzbuchs, welche bei der Übertragung von Sicherungshypotheken anzuwenden sind, entsprechend. ²Das gleiche gilt für die Aufhebung solcher Hypotheken mit der Maßgabe, daß § 1183 des Bürgerlichen Gesetzbuchs und § 27 der Grundbuchordnung nicht anzuwenden sind. ³Die Regelungen des Bürgerlichen Gesetzbuchs über den Verzicht auf eine Hypothek sind bei solchen Hypotheken nicht anzuwenden.

(2) ¹Die Übertragung von Hypotheken, Grundschulden und Rentenschulden aus der Zeit vor Inkrafttreten des Zivilgesetzbuchs der Deutschen Demokratischen Republik und die sonstigen Verfügungen über solche Rechte richten sich nach den entsprechenden Vorschriften des Bürgerlichen Gesetzbuchs.

Art. 233 § 7 Am Tag des Wirksamwerdens des Beitritts schwebende Rechtsänderungen

(1) ¹Die Übertragung des Eigentums an einem Grundstück richtet sich statt nach den Vorschriften des Bürgerlichen Gesetzbuchs nach den am Tag vor dem Wirksamwerden des Beitritts geltenden Rechtsvorschriften, wenn der Antrag auf Eintragung in das Grundbuch vor dem Wirksamwerden des Beitritts gestellt worden ist. ²Dies gilt entsprechend für das Gebäudeeigentum. ³Wurde bei einem Vertrag, der vor dem 3. Oktober 1990 beurkundet worden ist, der Antrag nach diesem Zeitpunkt gestellt, so ist eine gesonderte Auflassung nicht erforderlich, wenn die am 2. Oktober 1990 geltenden Vorschriften des Zivilgesetzbuchs der Deutschen Demokratischen Republik über den Eigentumsübergang eingehalten worden sind.

(2) ¹Ein Recht nach den am Tag vor dem Wirksamwerden des Beitritts geltenden Vorschriften kann nach diesem Tag gemäß diesen Vorschriften noch begründet werden, wenn hierzu die Eintragung in das Grundbuch erforderlich ist und diese beim Grundbuchamt vor dem Wirksamwerden des Beitritts beantragt worden ist. ²Auf ein solches Recht ist § 3 Abs. 1 und 2 entsprechend anzuwenden. ³Ist die Eintragung einer Verfügung über ein Recht der in Satz 1 bezeichneten Art vor dem Wirksamwerden des Beitritts beim Grundbuchamt beantragt worden, so sind auf die Verfügung die am Tag vor dem Wirksamwerden des Beitritts geltenden Vorschriften anzuwenden.

Art. 233 § 8 Rechtsverhältnisse nach § 459 des Zivilgesetzbuchs

¹Soweit Rechtsverhältnisse und Ansprüche aufgrund des früheren § 459 des Zivilgesetzbuchs der Deutschen Demokratischen Republik und der dazu ergangenen Ausführungsvorschriften am Ende des Tages vor dem Wirksamwerden des Beitritts bestehen, bleiben sie vorbehaltlich des § 2 und der im Sachenrechtsbereinigungsgesetz getroffenen Bestimmungen unberührt. ²Soweit Gebäudeeigentum besteht, sind die §§ 2b und 2c entsprechend anzuwenden.

Art. 233 § 9 Rangbestimmung

(1) ¹Das Rangverhältnis der in § 3 Abs. 1 bezeichneten Rechte an Grundstücken bestimmt sich nach dem Zeitpunkt der Eintragung in das Grundbuch, soweit sich nicht im folgenden etwas anderes ergibt.

(2) ¹Bei Rechten an Grundstücken, die nicht der Eintragung in das Grundbuch bedürfen und nicht eingetragen sind, bestimmt sich der Rang nach dem Zeitpunkt der Entstehung des Rechts, im Falle des § 5 Abs. 3 Satz 2 und 3 nach dem eingetragenen Vermerk.

(3) ¹Der Vorrang von Aufbauhypotheken gemäß § 456 Abs. 3 des Zivilgesetzbuchs der Deutschen Demokratischen Republik in Verbindung mit § 3 des Gesetzes zur Änderung und Ergänzung des Zivilgesetzbuchs der Deutschen Demokratischen Republik vom 28. Juni 1990 (GBl. I Nr. 39 S. 524) bleibt unberührt. ²Der Vorrang kann für Zinsänderungen bis zu einem Gesamtumfang von 13 vom Hundert in Anspruch genommen werden. ³Die Stundungswirkung der Aufbauhypotheken gemäß § 458 des Zivilgesetzbuchs der Deutschen Demokratischen Republik in Verbindung mit § 3 des Gesetzes zur Änderung und Ergänzung des Zivilgesetzbuchs der Deutschen Demokratischen Republik vom 28. Juni 1990 (GBl. I Nr. 39 S. 524) entfällt. ⁴Diese Bestimmungen gelten für Aufbaugrundschulden entsprechend.

Art. 233 § 10 Vertretungsbefugnis für Personenzusammenschlüsse alten Rechts

(1) ¹Steht ein dingliches Recht an einem Grundstück einem Personenzusammenschluß zu, dessen Mitglieder nicht namentlich im Grundbuch aufgeführt sind, ist die Gemeinde, in der das Grundstück liegt, vorbehaltlich einer anderweitigen landesgesetzlichen Regelung gesetzliche Vertreterin des Personenzusammenschlusses und dessen Mitglieder in Ansehung des Gemeinschaftsgegenstandes. ²Erstreckt sich das Grundstück auf verschiedene Gemeindebezirke, ermächtigt die Flurneuordnungsbehörde (§ 53 Abs. 4 des Landwirtschaftsanpassungsgesetzes) eine der Gemeinden zur Vertretung des Personenzusammenschlusses.

(2) ¹Im Rahmen der gesetzlichen Vertretung des Personenzusammenschlusses ist die Gemeinde zur Verfügung über das Grundstück befugt. ²Verfügungsbeschränkungen, die sich aus den Bestimmungen ergeben, denen der Personenzusammenschluß unterliegt, stehen einer Verfügung durch die Gemeinde nicht entgegen. ³Die Gemeinde übt die Vertretung des Personenzusammenschlusses so aus, wie es dem mutmaßlichen Willen der Mitglieder unter Berücksichtigung der Interessen der Allgemeinheit entspricht. ⁴Hinsichtlich eines Veräußerungserlöses gelten die §§ 666 und 667 des Bürgerlichen Gesetzbuchs entsprechend.

(3) ¹Die Rechte der Organe des Personenzusammenschlusses bleiben unberührt.

(4) ¹Die Vertretungsbefugnis der Gemeinde endet, wenn sie durch Bescheid der Flurneuordnungsbehörde aufgehoben wird und eine Ausfertigung hiervon zu den Grundakten des betroffenen Grundstücks gelangt. ²Die Aufhebung der Vertretungsbefugnis kann von jedem Mitglied des Personenzusammenschlusses beantragt werden. ³Die Flurneuordnungsbehörde hat dem Antrag zu entsprechen, wenn die anderweitige Vertretung des Personenzusammenschlusses sichergestellt ist.

(5) ¹Die Absätze 1 bis 4 gelten entsprechend, wenn im Grundbuch das Grundstück ohne Angabe eines Eigentümers als öffentliches bezeichnet wird.

Grundsatz   **Art. 233 § 11 EGBGB**

Zweiter Abschnitt: Abwicklung der Bodenreform

Art. 233 § 11   Grundsatz

(1) ¹Eigentümer eines Grundstücks, das im Grundbuch als Grundstück aus der Bodenreform gekennzeichnet ist oder war, ist der aus einem bestätigten Übergabe-Übernahme-Protokoll oder einer Entscheidung über einen Besitzwechsel nach der (Ersten) Verordnung über die Durchführung des Besitzwechsels bei Bodenreformgrundstücken vom 7. August 1975 (GBl. I Nr. 35 S. 629) in der Fassung der Zweiten Verordnung über die Durchführung des Besitzwechsels bei Bodenreformgrundstücken vom 7. Januar 1988 (GBl. I Nr. 3 S. 25) Begünstigte, wenn vor dem Ablauf des 2. Oktober 1990 bei dem Grundbuchamt ein nicht erledigtes Ersuchen oder ein nicht erledigter Antrag auf Vornahme der Eintragung eingegangen ist. ²Grundstücke aus der Bodenreform, die in Volkseigentum überführt worden sind, sind nach der Dritten Durchführungsverordnung zum Treuhandgesetz vom 29. August 1990 (GBl. I Nr. 57 S. 1333) zu behandeln, wenn vor dem Ablauf des 2. Oktober 1990 ein Ersuchen oder ein Antrag auf Eintragung als Eigentum des Volkes bei dem Grundbuchamt eingegangen ist.

(2) ¹Das Eigentum an einem anderen als den in Absatz 1 bezeichneten Grundstücken, das im Grundbuch als Grundstück aus der Bodenreform gekennzeichnet ist oder war, wird mit dem Inkrafttreten dieser Vorschriften übertragen,
1. wenn bei Ablauf des 15. März 1990 eine noch lebende natürliche Person als Eigentümer eingetragen war, dieser Person,
2. wenn bei Ablauf des 15. März 1990 eine verstorbene natürliche Person als Eigentümer eingetragen war oder die in Nummer 1 genannte Person nach dem 15. März 1990 verstorben ist, derjenigen Person, die sein Erbe ist, oder einer Gemeinschaft, die aus den Erben des zuletzt im Grundbuch eingetragenen Eigentümers gebildet wird.

²Auf die Gemeinschaft sind die Vorschriften des Fünfzehnten Titels des Zweiten Buchs des Bürgerlichen Gesetzbuchs anzuwenden, die Bruchteile bestimmen sich jedoch nach den Erbteilen, sofern nicht die Teilhaber übereinstimmend eine andere Aufteilung der Bruchteile bewilligen.

(3) ¹Der nach § 12 Berechtigte kann von demjenigen, dem das Eigentum an einem Grundstück aus der Bodenreform nach Absatz 2 übertragen worden ist, Zug um Zug gegen Übernahme der Verbindlichkeiten nach § 15 Abs. 1 Satz 2 die unentgeltliche Auflassung des Grundstücks verlangen. ²Die Übertragung ist gebührenfrei. ³Jeder Beteiligte trägt seine Auslagen selbst; die Kosten einer Beurkundung von Rechtsgeschäften, zu denen der Eigentümer nach Satz 1 verpflichtet ist, trägt der Berechtigte. ⁴Als Ersatz für die Auflassung kann der Berechtigte auch Zahlung des Verkehrswertes des Grundstücks verlangen; maßgeblich ist der Zeitpunkt des Verlangens. ⁵Der Anspruch nach Satz 4 kann nur geltend gemacht werden, wenn der Eigentümer zur Zahlung aufgefordert worden ist und nicht innerhalb von 2 Wochen von dem Eingang der Zahlungsaufforderung an darauf bestanden hat, den Anspruch durch Auflassung des Grundstücks erfüllen zu können.

(4) ¹Auf den Anspruch nach Absatz 3 sind die Vorschriften des Bürgerlichen Gesetzbuchs über Schuldverhältnisse anzuwenden. ²Der Eigentümer nach Absatz 2 gilt bis zum Zeitpunkt der Übereignung aufgrund eines Anspruchs nach Absatz 3 dem Berechtigten gegenüber als mit der Verwaltung des Grundstücks beauftragt. ³Für Klagen nach den Absätzen 3, 4 und 6 ist das Gericht ausschließlich zuständig, in dessen Bezirk das Grundstück ganz oder überwiegend liegt.

(5) ¹Ist die in Absatz 1 Satz 1 oder in Absatz 2 Satz 1 bezeichnete Person in dem maßgeblichen Zeitpunkt verheiratet und unterlag die Ehe vor dem Wirksamwerden des Beitritts dem gesetzlichen Güterstand der Eigentums- und Vermögensgemeinschaft des Familiengesetzbuchs der Deutschen Demokratischen Republik, so sind diese Person und ihr Ehegatte zu gleichen Bruchteilen Eigentümer, wenn der Ehegatte den 22. Juli 1992 erlebt hat. ²Maßgeblich ist
1. in den Fällen des Absatzes 1 Satz 1 der Zeitpunkt der Bestätigung des Übergabe-Übernahme-Protokolls oder der Entscheidung,
2. in den Fällen des Absatzes 2 Satz 1 Nr. 1 und 2 Fall 2 der Ablauf des 15. März 1990 und
3. in den Fällen des Absatzes 2 Nr. 2 Fall 1 der Tod der als Eigentümer eingetragenen Person.

Art. 233 § 12 Berechtigter

(1) ¹Berechtigter ist in den Fällen des § 11 Abs. 2 Satz 1 Nr. 1 und Nr. 2 Fall 2 in nachfolgender Reihenfolge:
1. diejenige Person, der das Grundstück oder der Grundstücksteil nach den Vorschriften über die Bodenreform oder den Besitzwechsel bei Grundstücken aus der Bodenreform förmlich zugewiesen oder übergeben worden ist, auch wenn der Besitzwechsel nicht im Grundbuch eingetragen worden ist,
2. diejenige Person, die das Grundstück oder den Grundstücksteil auf Veranlassung einer staatlichen Stelle oder mit deren ausdrücklicher Billigung wie ein Eigentümer in Besitz genommen, den Besitzwechsel beantragt hat und zuteilungsfähig ist, sofern es sich um Häuser und die dazu gehörenden Gärten handelt.

(2) ¹Berechtigter ist in den Fällen des § 11 Abs. 2 Satz 1 Nr. 2 Fall 1 in nachfolgender Reihenfolge:
1. bei nicht im wesentlichen gewerblich genutzten, zum Ablauf des 15. März 1990 noch vorhandenen Häusern und den dazugehörenden Gärten
   a) diejenige Person, der das Grundstück oder der Grundstücksteil, auf dem sie sich befinden, nach den Vorschriften über die Bodenreform oder den Besitzwechsel bei Grundstücken aus der Bodenreform förmlich zugewiesen oder übergeben worden ist, auch wenn der Besitzwechsel nicht im Grundbuch eingetragen worden ist,
   b) diejenige Person, die das Grundstück oder den Grundstücksteil, auf dem sie sich befinden, auf Veranlassung einer staatlichen Stelle oder mit deren ausdrücklicher Billigung wie ein Eigentümer in Besitz genommen, den Besitzwechsel beantragt hat und zuteilungsfähig ist,
   c) der Erbe des zuletzt im Grundbuch aufgrund einer Entscheidung nach den Vorschriften über die Bodenreform oder über die Durchführung des Besitzwechsels eingetragenen Eigentümers, der das Haus am Ende des 15. März 1990 bewohnte,
   d) abweichend von den Vorschriften der Dritten Durchführungsverordnung zum Treuhandgesetz vom 29. August 1990 (GBl. I Nr. 57 S. 1333) der Fiskus des Landes, in dem das Hausgrundstück liegt, wenn dieses am 15. März 1990 weder zu Wohnzwecken noch zu gewerblichen Zwecken genutzt wurde;
2. bei für die Land- oder Forstwirtschaft genutzten Grundstücken (Schlägen)
   a) diejenige Person, der das Grundstück oder der Grundstücksteil nach den Vorschriften über die Bodenreform oder den Besitzwechsel bei Grundstücken aus der Bodenreform förmlich zugewiesen oder übergeben worden ist, auch wenn der Besitzwechsel nicht im Grundbuch eingetragen worden ist,
   b) der Erbe des zuletzt im Grundbuch aufgrund einer Entscheidung nach den Vorschriften über die Bodenreform oder über die Durchführung des Besitzwechsels eingetragenen Eigentümers, der zuteilungsfähig ist,
   c) abweichend von den Vorschriften der Dritten Durchführungsverordnung zum Treuhandgesetz der Fiskus des Landes, in dem das Grundstück liegt.

(3) ¹Zuteilungsfähig im Sinne der Absätze 1 und 2 ist, wer bei Ablauf des 15. März 1990 in dem in Artikel 3 des Einigungsvertrages genannten Gebiet in der Land-, Forst- oder Nahrungsgüterwirtschaft tätig war oder wer vor Ablauf des 15. März 1990 in dem in Artikel 3 des Einigungsvertrages genannten Gebiet in der Land-, Forst- oder Nahrungsgüterwirtschaft insgesamt mindestens zehn Jahre lang tätig war und im Anschluß an diese Tätigkeit keiner anderen Erwerbstätigkeit nachgegangen ist und einer solchen voraussichtlich auf Dauer nicht nachgehen wird.

(4) ¹Erfüllen mehrere Personen die in den Absätzen 1 und 2 genannten Voraussetzungen, so sind sie zu gleichen Teilen berechtigt. ²Ist der nach Absatz 1 Nr. 1 oder Absatz 2 Nr. 1 Buchstaben a und b oder Nr. 2 Buchstabe a Berechtigte verheiratet und unterlag die Ehe vor dem Wirksamwerden des Beitritts dem gesetzlichen Güterstand der Eigentums- und Vermögensgemeinschaft des Familiengesetzbuchs der Deutschen Demokratischen Republik, so ist der Ehegatte zu einem gleichen Anteil berechtigt.

(5) ¹Wenn Ansprüche nach den Absätzen 1 und 2 nicht bestehen, ist der Eigentümer nach § 11 verpflichtet, einem Mitnutzer im Umfang seiner Mitnutzung Miteigentum einzuräumen. ²Mitnutzer ist, wem in einem Wohnzwecken dienenden Gebäude auf einem Grundstück aus der Bodenreform Wohnraum zur selbständigen, gleichberechtigten und nicht nur vorübergehenden Nutzung zugewiesen wurde. ³Für den Mitnutzer gilt Absatz 4 sinngemäß. ⁴Der Anspruch besteht nicht, wenn die Einräumung von Miteigentum für den Eigentümer eine insbesondere unter Berücksichtigung der räumlichen Verhältnisse und dem Umfang der bisherigen Nutzung unbillige Härte bedeuten würde.

Art. 233 § 13 Verfügungen des Eigentümers

¹Wird vor dem 3. Oktober 2000 die Berichtigung des Grundbuchs zugunsten desjenigen beantragt, der nach § 11 Abs. 2 Eigentümer ist, so übersendet das Grundbuchamt dem Fiskus des Landes, in dem das Grundstück liegt, eine Nachricht hiervon. ²Das gilt auch für Verfügungen, deren Eintragung dieser Eigentümer vor dem 3. Oktober 2000 beantragt oder beantragen läßt.

Art. 233 § 13a Vormerkung zugunsten des Fiskus

¹Auf Ersuchen des Fiskus trägt das Grundbuchamt eine Vormerkung zur Sicherung von dessen Anspruch nach § 11 Abs. 3 ein. ²Die Vormerkung ist von Amts wegen zu löschen, wenn das Ersuchen durch das zuständige Verwaltungsgericht aufgehoben wird.

Art. 233 § 14 Verjährung

¹Die Ansprüche nach den §§ 11 und 16 verjähren mit dem Ablauf des 2. Oktober 2000. ²Ist für einen Auflassungsanspruch eine Vormerkung nach § 13 in der bis zum 24. Juli 1997 geltenden Fassung eingetragen, verjährt der gesicherte Auflassungsanspruch innerhalb von 6 Monaten von der Eintragung der Vormerkung.

Art. 233 § 15 Verbindlichkeiten

(1) ¹Auf den Eigentümer nach § 11 Abs. 2 gehen mit Inkrafttreten dieser Vorschriften Verbindlichkeiten über, soweit sie für Maßnahmen an dem Grundstück begründet worden sind. ²Sind solche Verbindlichkeiten von einem anderen als dem Eigentümer getilgt worden, so ist der Eigentümer diesem zum Ersatz verpflichtet, soweit die Mittel aus der Verbindlichkeit für das Grundstück verwendet worden sind. ³Der Berechtigte hat die in Satz 1 bezeichneten Verbindlichkeiten und Verpflichtungen zu übernehmen.

(2) ¹Der Eigentümer nach § 11 Abs. 2 ist zur Aufgabe des Eigentums nach Maßgabe des § 928 Abs. 1 des Bürgerlichen Gesetzbuchs berechtigt. ²Er kann die Erfüllung auf ihn gemäß Absatz 1 übergegangener Verbindlichkeiten von dem Wirksamwerden des Verzichts an bis zu ihrem Übergang nach Absatz 3 verweigern. ³Die Erklärung des Eigentümers bedarf der Zustimmung der Gemeinde, in der das Grundstück belegen ist, die sie nur zu erteilen hat, wenn ihr ein nach § 12 Berechtigter nicht bekannt ist.

(3) ¹Das Recht zur Aneignung steht im Fall des Absatzes 2 in dieser Reihenfolge dem nach § 12 Berechtigten, dem Fiskus des Landes, in dem das Grundstück liegt, und dem Gläubiger von Verbindlichkeiten nach Absatz 1 zu. ²Die Verbindlichkeiten gehen auf den nach § 12 Berechtigten oder den Fiskus des Landes, in dem das Grundstück liegt, über, wenn sie von ihren Aneignungsrechten Gebrauch machen. ³Der Gläubiger kann den nach § 12 Berechtigten und den Fiskus des Landes, in dem das Grundstück liegt, zum Verzicht auf ihr Aneignungsrecht auffordern. ⁴Der Verzicht gilt als erklärt, wenn innerhalb von drei Monaten ab Zugang eine Äußerung nicht erfolgt. ⁵Ist er wirksam, entfallen Ansprüche nach § 12. ⁶Ist der Verzicht erklärt oder gilt er als erklärt, so können andere Aneignungsberechtigte mit ihren Rechten im Weg des Aufgebotsverfahrens ausgeschlossen werden, wenn ein Jahr seit dem Verzicht verstrichen ist. ⁷Mit dem Erlaß des Ausschlußurteils wird der beantragende Aneignungsberechtigte Eigentümer. ⁸Mehrere Gläubiger können ihre Rechte nur gemeinsam ausüben.

Art. 233 § 16 Verhältnis zu anderen Vorschriften, Übergangsvorschriften

(1) ¹Die Vorschriften dieses Abschnitts lassen die Bestimmungen des Vermögensgesetzes sowie andere Vorschriften unberührt, nach denen die Aufhebung staatlicher Entscheidungen oder von Verzichtserklärungen oder die Rückübertragung von Vermögenswerten verlangt werden kann. ²Durch

die Vorschriften dieses Abschnitts, insbesondere § 12 Abs. 2 Nr. 2 Buchstabe c, werden ferner nicht berührt die Vorschriften der Dritten Durchführungsverordnung zum Treuhandgesetz sowie Ansprüche nach Artikel 21 Abs. 3 und nach Artikel 22 Abs. 1 Satz 7 des Einigungsvertrages. ³Über die endgültige Aufteilung des Vermögens nach § 12 Abs. 2 Nr. 2 Buchstabe c wird durch besonderes Bundesgesetz entschieden.

(2) ¹Der durch Erbschein oder durch eine andere öffentliche oder öffentlich beglaubigte Urkunde ausgewiesene Erbe des zuletzt eingetragenen Eigentümers eines Grundstücks aus der Bodenreform, das als solches im Grundbuch gekennzeichnet ist, gilt als zur Vornahme von Verfügungen befugt, zu deren Vornahme er sich vor dem Inkrafttreten dieses Abschnitts verpflichtet hat, wenn vor diesem Zeitpunkt die Eintragung der Verfügung erfolgt oder die Eintragung einer Vormerkung zur Sicherung dieses Anspruchs oder die Eintragung dieser Verfügung beantragt worden ist. ²Der in § 11 bestimmte Anspruch richtet sich in diesem Falle gegen den Erben; dessen Haftung beschränkt sich auf die in dem Vertrag zu seinen Gunsten vereinbarten Leistungen. ³Die Bestimmungen dieses Absatzes gelten sinngemäß, wenn der Erwerber im Grundbuch eingetragen ist oder wenn der Erwerb von der in § 11 Abs. 2 Satz 1 Nr. 1 bezeichneten Person erfolgt.

(3) ¹Ein Vermerk über die Beschränkungen des Eigentümers nach den Vorschriften über die Bodenreform kann von Amts wegen gelöscht werden.

Artikel 234. Viertes Buch. Familienrecht

Art. 234 § 1[1] Grundsatz

¹Das Vierte Buch des Bürgerlichen Gesetzbuchs gilt für alle familienrechtlichen Verhältnisse, die am Tag des Wirksamwerdens des Beitritts bestehen, soweit im folgenden nichts anderes bestimmt ist.

Art. 234 § 2 Verlöbnis

¹Die Vorschriften über das Verlöbnis gelten nicht für Verlöbnisse, die vor dem Wirksamwerden des Beitritts geschlossen worden sind.

Art. 234 § 3[2] Wirkungen der Ehe im allgemeinen

(1) ¹Ehegatten, die vor dem Wirksamwerden des Beitritts die Ehe geschlossen haben und nach dem zur Zeit der Eheschließung geltenden Recht eine dem § 1355 Abs. 2 Satz 1 des Bürgerlichen Gesetzbuchs entsprechende Wahl nicht treffen konnten, können bis zum Ablauf eines Jahres nach Wirksamwerden des Beitritts erklären, daß sie den Geburtsnamen des Mannes oder der Frau als Ehenamen führen wollen. ²Dies gilt nicht, wenn die Ehe aufgelöst oder für nichtig erklärt ist. ³Hat ein Ehegatte vor dem Wirksamwerden des Beitritts seinen zur Zeit der Eheschließung geführten Namen dem Ehenamen hinzugefügt, so
1. entfällt der hinzugefügte Name, wenn die Ehegatten gemäß Satz 1 erklären, den Geburtsnamen dieses Ehegatten als Ehenamen führen zu wollen;
2. kann der Ehegatte bis zum Ablauf von zwei Jahren nach Wirksamwerden des Beitritts erklären, anstelle des hinzugefügten Namens nunmehr seinen Geburtsnamen voranstellen zu wollen. § 1355 Abs. 3 des Bürgerlichen Gesetzbuchs gilt nicht für einen Ehegatten, dessen zur Zeit der Eheschließung geführter Name Ehename geworden ist.

(2) ¹Eine Namensänderung nach Absatz 1 Satz 1 erstreckt sich auf den Geburtsnamen eines Abkömmlings, welcher das 14. Lebensjahr vollendet hat, nur dann, wenn er sich der Namensänderung seiner Eltern durch Erklärung anschließt. ²Ein in der Geschäftsfähigkeit beschränkter Abkömmling kann die Erklärung nur selbst abgeben; er bedarf hierzu der Zustimmung seines gesetzlichen Vertreters.

---

1 Vgl. zu Art. 234 § 1 AnwK-BGB/*Bisping*, vor §§ 1564 ff. Rn 4.

2 Vgl. zu Art. 234 § 3 AnwK-BGB/*Wellenhofer*, § 1355 Rn 5; AnwK-BGB/*Bisping*, vor §§ 1564 ff. Rn 4.

³Ist der frühere Geburtsname zum Ehenamen eines Abkömmlings geworden, so erstreckt sich die Namensänderung nach Absatz 1 Satz 1 auf den Ehenamen nur dann, wenn die Ehegatten die Erklärung nach Absatz 2 Satz 1 gemeinsam abgeben. ⁴Die Erklärungen nach Absatz 2 Satz 1 und 3 sind innerhalb eines Jahres abzugeben; die Frist beginnt mit der Abgabe der Erklärung nach Absatz 1.

(3) ¹Die Erklärungen nach den Absätzen 1 und 2 bedürfen der öffentlichen Beglaubigung. ²Sie sind dem für ihre Entgegennahme zuständigen Standesbeamten zu übersenden. ³Die Erklärungen können auch von den Standesbeamten beglaubigt oder beurkundet werden.

(4) ¹Zur Entgegennahme der Erklärung über die Änderung des Ehenamens ist der Standesbeamte zuständig, der das Familienbuch der Ehegatten führt; wird ein Familienbuch nicht geführt, so ist der Standesbeamte zuständig, der das Heiratsbuch führt. ²Der Standesbeamte nimmt aufgrund der Erklärung die Eintragung in das von ihm geführte Personenstandsbuch vor.

(5) ¹Zur Entgegennahme der Erklärung über die Änderung des Geburtsnamens ist der Standesbeamte zuständig, der das Geburtenbuch führt; er nimmt aufgrund der Erklärung die Eintragung in das Geburtenbuch vor.

(6) ¹Haben die Ehegatten die Ehe außerhalb des Geltungsbereichs dieses Gesetzes geschlossen und wird ein Familienbuch nicht geführt, so ist der Standesbeamte des Standesamts I in Berlin zuständig. ²Er erteilt, falls er kein Personenstandsbuch führt, in das aufgrund der Erklärung eine Eintragung vorzunehmen wäre, dem Erklärenden und den weiter von der Erklärung Betroffenen eine Bescheinigung über die Entgegennahme und die Wirkungen der Erklärung. ³Gleiches gilt, wenn die Geburt des Abkömmlings nicht im Geltungsbereich dieses Gesetzes beurkundet ist.

(7) ¹Der Bundesminister des Innern wird ermächtigt, im Benehmen mit dem Bundesminister der Justiz und mit Zustimmung des Bundesrates zur Durchführung dieses Gesetzes Verwaltungsvorschriften über die nähere Behandlung der Erklärungen und die Mitteilungspflichten der Standesbeamten zu erlassen.

Art. 234 § 4³ Eheliches Güterrecht

(1) ¹Haben die Ehegatten am Tag des Wirksamwerdens des Beitritts im gesetzlichen Güterstand der Eigentums- und Vermögensgemeinschaft des Familiengesetzbuchs der Deutschen Demokratischen Republik gelebt, so gelten, soweit die Ehegatten nichts anderes vereinbart haben, von diesem Zeitpunkt an die Vorschriften über den gesetzlichen Güterstand der Zugewinngemeinschaft.

(2) ¹Jeder Ehegatte kann, sofern nicht vorher ein Ehevertrag geschlossen oder die Ehe geschieden worden ist, bis zum Ablauf von zwei Jahren nach Wirksamwerden des Beitritts dem Kreisgericht gegenüber erklären, daß für die Ehe der bisherige gesetzliche Güterstand fortgelten solle. ²§ 1411 des Bürgerlichen Gesetzbuchs gilt entsprechend. ³Wird die Erklärung abgegeben, so gilt die Überleitung als nicht erfolgt. ⁴Aus der Wiederherstellung des ursprünglichen Güterstandes können die Ehegatten untereinander und gegenüber einem Dritten Einwendungen gegen ein Rechtsgeschäft, das nach der Überleitung zwischen den Ehegatten oder zwischen einem von ihnen und dem Dritten vorgenommen worden ist, nicht herleiten.

(3) ¹Für die Entgegennahme der Erklärung nach Absatz 2 ist jedes Kreisgericht zuständig. ²Die Erklärung muß notariell beurkundet werden. ³Haben die Ehegatten die Erklärung nicht gemeinsam abgegeben, so hat das Kreisgericht sie dem anderen Ehegatten nach den für Zustellungen von Amts wegen geltenden Vorschriften der Zivilprozeßordnung bekanntzumachen. ⁴Für die Zustellung werden Auslagen nach § 137 Nr. 2 der Kostenordnung nicht erhoben. ⁵Wird mit der Erklärung ein Antrag auf Eintragung in das Güterrechtsregister verbunden, so hat das Kreisgericht den Antrag mit der Erklärung an das Registergericht weiterzuleiten. ⁶Der aufgrund der Erklärung fortgeltende gesetzliche Güterstand ist, wenn einer der Ehegatten dies beantragt, in das Güterrechtsregister einzutragen. ⁷Wird der Antrag nur von einem der Ehegatten gestellt, so soll das Registergericht vor der Eintragung den anderen Ehegatten hören. ⁸Für das gerichtliche Verfahren gelten die Vorschriften des Gesetzes über die Angelegenheiten der freiwilligen Gerichtsbarkeit.

---

3 Vgl. zu Art. 234 § 4 AnwK-BGB/*Friederici*, § 1414 Rn 3; AnwK-BGB/*Böhringer*, § 1424 Rn 11.

(4) ¹In den Fällen des Absatzes 1 gilt für die Auseinandersetzung des bis zum Wirksamwerden des Beitritts erworbenen gemeinschaftlichen Eigentums und Vermögens § 39 des Familiengesetzbuchs der Deutschen Demokratischen Republik sinngemäß.

(5) ¹Für Ehegatten, die vor dem Wirksamwerden des Beitritts geschieden worden sind, bleibt für die Auseinandersetzung des gemeinschaftlichen Eigentums und Vermögens und für die Entscheidung über die Ehewohnung das bisherige Recht maßgebend.

(6) ¹Für die Beurkundung der Erklärung nach Absatz 2 und der Anmeldung zum Güterrechtsregister sowie für die Eintragung in das Güterrechtsregister beträgt der Geschäftswert 3 000 Euro.

Art. 234 § 4a[4] Gemeinschaftliches Eigentum

(1) ¹Haben die Ehegatten keine Erklärung nach § 4 Abs. 2 Satz 1 abgegeben, so wird gemeinschaftliches Eigentum von Ehegatten Eigentum zu gleichen Bruchteilen. ²Für Grundstücke und grundstücksgleiche Rechte können die Ehegatten andere Anteile bestimmen. ³Die Bestimmung ist binnen sechs Monaten nach Inkrafttreten dieser Vorschrift möglich und erfolgt mit dem Antrag auf Berichtigung des Grundbuchs. ⁴Dieser und die Bestimmung bedürfen nicht der in § 29 der Grundbuchordnung bestimmten Form. ⁵Das Wahlrecht nach Satz 2 erlischt, unbeschadet des Satzes 3 im übrigen, wenn die Zwangsversteigerung oder Zwangsverwaltung des Grundstücks oder grundstücksgleichen Rechts angeordnet oder wenn bei dem Grundbuchamt die Eintragung einer Zwangshypothek beantragt wird.

(2) ¹Haben die Ehegatten eine Erklärung nach § 4 Abs. 2 Satz 1 abgegeben, so finden auf das bestehende und künftige gemeinschaftliche Eigentum die Vorschriften über das durch beide Ehegatten verwaltete Gesamtgut einer Gütergemeinschaft entsprechende Anwendung. ²Für die Auflösung dieser Gemeinschaft im Falle der Scheidung sind jedoch die Vorschriften des Familiengesetzbuchs der Deutschen Demokratischen Republik nach Maßgabe des § 4 anzuwenden.

(3) ¹Es wird widerleglich vermutet, daß gemeinschaftliches Eigentum von Ehegatten nach dem Familiengesetzbuch der Deutschen Demokratischen Republik Bruchteilseigentum zu ein halb Anteilen ist, sofern sich nicht aus dem Grundbuch andere Bruchteile ergeben oder aus dem Güterrechtsregister ergibt, daß eine Erklärung nach § 4 Abs. 2 und 3 abgegeben oder Gütergemeinschaft vereinbart worden ist.

Art. 234 § 5[5] Unterhalt des geschiedenen Ehegatten

¹Für den Unterhaltsanspruch eines Ehegatten, dessen Ehe vor dem Wirksamwerden des Beitritts geschieden worden ist, bleibt das bisherige Recht maßgebend. ²Unterhaltsvereinbarungen bleiben unberührt.

Art. 234 § 6[6] Versorgungsausgleich

¹Für Ehegatten, die vor dem grundsätzlichen Inkrafttreten der versicherungs- und rentenrechtlichen Vorschriften des Sechsten Buches Sozialgesetzbuch – Gesetzliche Rentenversicherung – in dem in Artikel 3 des Einigungsvertrages genannten Gebiet geschieden worden sind oder geschieden werden, gilt das Recht des Versorgungsausgleichs nicht. ²Wird die Ehe nach diesem Zeitpunkt geschieden, findet der Versorgungsausgleich insoweit nicht statt, als das auszugleichende Anrecht Gegenstand oder Grundlage einer vor dem Wirksamwerden des Beitritts geschlossenen wirksamen Vereinbarung oder gerichtlichen Entscheidung über die Vermögensverteilung war.

---

4 Vgl. zu Art. 234 § 4a AnwK-BGB/*Böhringer*, § 1424 Rn 11.
5 Vgl. zu Art. 234 § 5 AnwK-BGB/*Bisping*, vor §§ 1564 ff. Rn 4; AnwK-BGB/*Franken*, vor §§ 1569 ff. Rn 3.
6 Vgl. zu Art. 234 § 6 AnwK-BGB/*Friederici*, § 1408 Rn 29; AnwK-BGB/*Bisping*, vor §§ 1564 Rn 4; AnwK-BGB/*Friederici*, vor §§ 1587 ff. Rn 19; AnwK-BGB/*ders.*, § 1587 Rn 9, 28; AnwK-BGB/*ders.*, § 1587o Rn 39.

Art. 234 § 7[7] Abstammung

(1) ¹Entscheidungen, die vor dem Wirksamwerden des Beitritts ergangen sind und feststellen, daß der Ehemann der Mutter nicht der Vater des Kindes ist, wer der Vater des Kindes ist oder daß eine Anerkennung der Vaterschaft unwirksam ist, bleiben unberührt. ²Dasselbe gilt für eine Anerkennung der Vaterschaft, die nach dem 31. März 1966 und vor dem Wirksamwerden des Beitritts wirksam geworden ist.

(2) ¹Die Fristen für Klagen, durch welche die Ehelichkeit eines Kindes oder die Anerkennung der Vaterschaft angefochten wird, beginnen nicht vor dem Wirksamwerden des Beitritts, wenn der Anfechtungsberechtigte nach dem bisher geltenden Recht nicht klageberechtigt war.

(3) ¹Ist vor dem Wirksamwerden des Beitritts die Vaterschaft angefochten oder Klage auf Feststellung der Unwirksamkeit einer Anerkennung der Vaterschaft erhoben und über die Klagen nicht vor dem Wirksamwerden des Beitritts rechtskräftig entschieden worden, so wird der Zeitraum von der Klageerhebung bis zum Wirksamwerden des Beitritts in die in Absatz 2 genannten Fristen nicht eingerechnet, wenn die Klage aufgrund des Inkrafttretens des Bürgerlichen Gesetzbuchs nicht mehr von dem Kläger erhoben oder nicht mehr gegen den Beklagten gerichtet werden kann.

(4) ¹Andere als die in Absatz 1 genannten Entscheidungen und Erklärungen, die nach dem bisherigen Recht die Wirkung einer Vaterschaftsfeststellung haben, stehen einer Anerkennung der Vaterschaft im Sinne des Absatzes 1 Satz 2 gleich.

Art. 234 § 8 und 9 (aufgehoben)

Art. 234 § 10 Rechtsverhältnis zwischen den Eltern und dem Kind im allgemeinen

¹Der Familienname eines vor dem Wirksamwerden des Beitritts geborenen Kindes bestimmt sich in Ansehung der bis zum Wirksamwerden des Beitritts eingetretenen namensrechtlichen Folgen nach dem bisherigen Recht.

Art. 234 § 11 Elterliche Sorge

(1) ¹Die elterliche Sorge für ein Kind steht demjenigen zu, dem das Erziehungsrecht am Tag vor dem Wirksamwerden des Beitritts nach dem bisherigen Recht zustand. ²Stand das Erziehungsrecht am Tag vor dem Wirksamwerden des Beitritts dem Vater eines nichtehelichen Kindes oder einem anderen als der Mutter oder dem Vater des Kindes zu, so hat dieser lediglich die Rechtsstellung eines Vormunds.

(2) ¹Entscheidungen, Feststellungen oder Maßnahmen, die das Gericht oder eine Verwaltungsbehörde vor dem Wirksamwerden des Beitritts in Angelegenheiten der elterlichen Sorge getroffen hat, bleiben unberührt. ²Für die Änderung solcher Entscheidungen, Feststellungen oder Maßnahmen gelten § 1674 Abs. 2 und § 1696 des Bürgerlichen Gesetzbuchs entsprechend.

(3) ¹Hat das Gericht vor dem Wirksamwerden des Beitritts im Scheidungsurteil über das elterliche Erziehungsrecht nicht entschieden oder angeordnet, daß die Ehegatten das elterliche Erziehungsrecht bis zur Dauer eines Jahres nicht ausüben dürfen, gilt § 1671 des Bürgerlichen Gesetzbuchs entsprechend.

(4) ¹Ist ein Kind durch seine Eltern oder mit deren Einverständnis in einer Weise untergebracht, die mit Freiheitsentziehung verbunden ist, so gelten für die Unterbringung vom Wirksamwerden des Beitritts an die Vorschriften des Bürgerlichen Gesetzbuchs. ²Die Eltern haben alsbald nach dem Wirksamwerden des Beitritts um die gerichtliche Genehmigung der Unterbringung nachzusuchen. ³Die Unterbringung ist spätestens nach Ablauf von 6 Monaten nach dem Wirksamwerden des Beitritts zu beenden, wenn das Gericht sie nicht vorher genehmigt hat.

---

7 Vgl. zu Art. 234 § 7 AnwK-BGB/*Gutzeit/Klebeck*, § 1600b Rn 7.

Art. 234 § 12 | Legitimation nichtehelicher Kinder

¹Die Frist nach § 1740e Abs. 1 Satz 1 des Bürgerlichen Gesetzbuchs[8] beginnt nicht vor dem Wirksamwerden des Beitritts.

Art. 234 § 13[9] | Annahme als Kind

(1) ¹Für Annahmeverhältnisse, die vor dem Wirksamwerden des Beitritts begründet worden sind, gelten § 1755 Abs. 1 Satz 2, die §§ 1756 und 1760 Abs. 2 Buchstabe e, § 1762 Abs. 2 und die §§ 1767 bis 1772 des Bürgerlichen Gesetzbuchs nicht. ²§ 1766 des Bürgerlichen Gesetzbuchs gilt nicht, wenn die Ehe vor dem Wirksamwerden des Beitritts geschlossen worden ist.

(2) ¹Vor dem Wirksamwerden des Beitritts ergangene Entscheidungen des Gerichts, durch die ein Annahmeverhältnis aufgehoben worden ist, bleiben unberührt. ²Dasselbe gilt für Entscheidungen eines staatlichen Organs, durch die ein Annahmeverhältnis aufgehoben worden ist und die vor dem Wirksamwerden des Beitritts wirksam geworden sind.

(3) ¹Ist ein Annahmeverhältnis vor dem Wirksamwerden des Beitritts ohne die Einwilligung des Kindes oder eines Elternteils begründet worden, so kann es aus diesem Grund nur aufgehoben werden, wenn die Einwilligung nach dem bisherigen Recht erforderlich war.

(4) ¹Ist ein Annahmeverhältnis vor dem Wirksamwerden des Beitritts begründet worden und war die Einwilligung eines Elternteils nach dem bisherigen Recht nicht erforderlich, weil
1. dieser Elternteil zur Abgabe einer Erklärung für eine nicht absehbare Zeit außerstande war,
2. diesem Elternteil das Erziehungsrecht entzogen war oder
3. der Aufenthalt dieses Elternteils nicht ermittelt werden konnte,
so kann das Annahmeverhältnis gleichwohl auf Antrag dieses Elternteils aufgehoben werden. ²§ 1761 des Bürgerlichen Gesetzbuchs gilt entsprechend.

(5) ¹Ist ein Annahmeverhältnis vor dem Wirksamwerden des Beitritts begründet worden und ist die Einwilligung eines Elternteils ersetzt worden, so gilt Absatz 4 entsprechend.

(6) ¹Ein Antrag auf Aufhebung eines vor dem Wirksamwerden des Beitritts begründeten Annahmeverhältnisses kann nur bis zum Ablauf von drei Jahren nach dem Wirksamwerden des Beitritts gestellt werden. ²Für die Entgegennahme des Antrags ist jedes Vormundschaftsgericht zuständig.

(7) ¹Ist über die Klage eines leiblichen Elternteils auf Aufhebung eines Annahmeverhältnisses am Tag des Wirksamwerdens des Beitritts noch nicht rechtskräftig entschieden worden, so gilt die Klage als Antrag auf Aufhebung des Annahmeverhältnisses. ²§ 1762 Abs. 3 des Bürgerlichen Gesetzbuchs gilt nicht.

Art. 234 § 14[10] | Vormundschaft

(1) ¹Ab dem Wirksamwerden des Beitritts gelten für die bestehenden Vormundschaften und vorläufigen Vormundschaften die Vorschriften des Bürgerlichen Gesetzbuchs.

(2) ¹Bisherige Bestellungen von Vormündern bleiben wirksam. ²Sind Ehegatten nach § 90 Abs. 1 des Familiengesetzbuchs der Deutschen Demokratischen Republik gemeinsam zu Vormündern bestellt, so gilt bei Verhinderung eines Mitvormunds § 1678 Abs. 1 erster Halbsatz des Bürgerlichen Gesetzbuchs entsprechend.

(3) ¹Führt das Jugendamt oder das Staatliche Notariat selbst eine Vormundschaft, so wird diese als bestellte Amtsvormundschaft fortgeführt (§§ 1791b, 1897 Satz 1 des Bürgerlichen Gesetzbuchs).

(4) ¹Die Vorschriften des Bürgerlichen Gesetzbuchs über die Anlegung von Mündelgeld sind erst ab 1. Januar 1992 anzuwenden.

---

8 § 1740e BGB wurde durch Gesetz v. 16.12.1997 aufgehoben.

9 Vgl. zu Art. 234 § 13 AnwK-BGB/*Finger*, vor §§ 1741 ff. Rn 12; AnwK-BGB/*ders.* § 1741 Rn 34.

10 Vgl. zu Art. 234 § 14 AnwK-BGB/*Fritsche*, vor §§ 1773 ff. Rn 10 ff., 17.

(5) ¹Für Ansprüche des Vormunds auf Vergütungen für die Zeit bis zum Wirksamwerden des Beitritts sowie auf Ersatz für Aufwendungen, die er in dieser Zeit gemacht hat, gilt das bisherige Recht.
(6) ¹§ 11 Abs. 4 gilt entsprechend.

Art. 234 § 15 Pflegschaft

(1) ¹Am Tag des Wirksamwerdens des Beitritts werden die bestehenden Pflegschaften zu den entsprechenden Pflegschaften nach dem Bürgerlichen Gesetzbuch. ²Der Wirkungskreis entspricht dem bisher festgelegten Wirkungskreis.
(2) ¹§ 14 Abs. 2 bis 6 gilt entsprechend.

Artikel 235. Fünftes Buch. Erbrecht

Art. 235 § 1 Erbrechtliche Verhältnisse

(1) ¹Für die erbrechtlichen Verhältnisse bleibt das bisherige Recht maßgebend, wenn der Erblasser vor dem Wirksamwerden des Beitritts gestorben ist.
(2) ¹Ist der Erblasser nach dem Wirksamwerden des Beitritts gestorben, so gelten in Ansehung eines nichtehelichen Kindes, das vor dem Beitritt geboren ist, die für die erbrechtlichen Verhältnisse eines ehelichen Kindes geltenden Vorschriften.

Art. 235 § 2 Verfügungen von Todes wegen

¹Die Errichtung oder Aufhebung einer Verfügung von Todes wegen vor dem Wirksamwerden des Beitritts wird nach dem bisherigen Recht beurteilt, auch wenn der Erblasser nach dem Wirksamwerden des Beitritts stirbt. ²Dies gilt auch für die Bindung des Erblassers bei einem gemeinschaftlichen Testament, sofern das Testament vor dem Wirksamwerden des Beitritts errichtet worden ist.

Artikel 236. Einführungsgesetz – Internationales Privatrecht

Art. 236 § 1 Abgeschlossene Vorgänge

¹Auf vor dem Wirksamwerden des Beitritts abgeschlossene Vorgänge bleibt das bisherige Internationale Privatrecht anwendbar.

Art. 236 § 2 Wirkungen familienrechtlicher Rechtsverhältnisse

¹Die Wirkungen familienrechtlicher Rechtsverhältnisse unterliegen von dem Wirksamwerden des Beitritts an den Vorschriften des Zweiten Kapitels des Ersten Teils.

Art. 237 § 2 EGBGB Sechster Teil Inkrafttreten und Übergangsrecht aus Anlaß der ...

Art. 236 § 3 | Güterstand

¹Die güterrechtlichen Wirkungen von Ehen, die vor dem Wirksamwerden des Beitritts geschlossen worden sind, unterliegen von diesem Tag an dem Artikel 15; dabei tritt an die Stelle des Zeitpunkts der Eheschließung der Tag des Wirksamwerdens des Beitritts. ²Soweit sich allein aus einem Wechsel des anzuwendenden Rechts nach Satz 1 Ansprüche wegen der Beendigung des früheren Güterstandes ergeben würden, gelten sie bis zum Ablauf von zwei Jahren nach Wirksamwerden des Beitritts als gestundet.

Artikel 237. Bestandsschutz, Ausschlußfrist

Art. 237 § 1 | Bestandsschutz

(1) ¹Fehler bei dem Ankauf, der Enteignung oder der sonstigen Überführung eines Grundstücks oder selbständigen Gebäudeeigentums in Volkseigentum sind nur zu beachten, wenn das Grundstück oder selbständige Gebäudeeigentum nach den allgemeinen Rechtsvorschriften, Verfahrensgrundsätzen und der ordnungsgemäßen Verwaltungspraxis, die im Zeitpunkt der Überführung in Volkseigentum hierfür maßgeblich waren (§ 4 Abs. 3 Buchstabe a Halbsatz 1 des Vermögensgesetzes), nicht wirksam in Volkseigentum hätte überführt werden können oder wenn die mögliche Überführung in Volkseigentum mit rechtsstaatlichen Grundsätzen schlechthin unvereinbar war. ²Mit rechtsstaatlichen Grundsätzen schlechthin unvereinbar sind Maßnahmen, die in schwerwiegender Weise gegen die Prinzipien der Gerechtigkeit, der Rechtssicherheit oder der Verhältnismäßigkeit verstoßen oder Willkürakte im Einzelfall dargestellt haben.

(2) ¹Ist die Überführung in Volkseigentum nach Maßgabe von Absatz 1 unwirksam, stehen dem Nutzer des Grundstücks die in Kapitel 2 in Verbindung mit § 2 des Sachenrechtsbereinigungsgesetzes bestimmten Ansprüche zu, wenn die dort oder die in den nachfolgenden Sätzen bestimmten Voraussetzungen gegeben sind. ²Eine bauliche Maßnahme ist auch dann anzunehmen, wenn der Nutzer ein auf dem Grundstück befindliches Ein- oder Zweifamilienhaus nach den Vorschriften über den Verkauf volkseigener Gebäude gekauft hat oder das Grundstück durch den früheren Rechtsträger, einen Zuordnungsempfänger oder dessen Rechtsnachfolger der gewerblichen Nutzung zugeführt oder in eine Unternehmenseinheit einbezogen worden ist. ³Es genügt abweichend von § 8 des Sachenrechtsbereinigungsgesetzes, wenn die bauliche Maßnahme bis zu dem Tag, an dem eine Klage auf Herausgabe des Grundstücks oder auf Bewilligung der Grundbuchberichtigung rechtshängig geworden ist, spätestens bis zum 24. Juli 1997, vorgenommen oder begonnen worden ist.

(3) ¹Für Sachverhalte, die einen Tatbestand des § 1 des Vermögensgesetzes erfüllen, gelten die vorstehenden Absätze nicht; hier gilt das Vermögensgesetz.

Art. 237 § 2 | Ausschlußfrist

(1) ¹Wer als Eigentümer eines Grundstücks oder Gebäudes im Grundbuch eingetragen ist, ohne daß er das Eigentum erlangt hat, erwirbt das Eigentum, wenn die Eintragung vor dem 3. Oktober 1990 erfolgt ist und sie bis zum Ablauf des 30. September 1998 nicht durch eine rechtshängige Klage des wirklichen Eigentümers oder einen beim Grundbuchamt eingereichten und durch eine Bewilligung des eingetragenen Eigentümers oder die einstweilige Verfügung eines Gerichts begründeten Antrag auf Eintragung eines Widerspruchs angegriffen worden ist. ²Zwischenzeitliche Verfügungen über das Grundstück bleiben unberührt. ³Wird der Widerspruch gelöscht, ist die rechtzeitige Erhebung der Klage erforderlich. ⁴Gegen die unverschuldete Versäumung der Frist kann Wiedereinsetzung in den vorigen Stand nach den §§ 233 bis 238 der Zivilprozeßordnung gewährt werden.

(2) ¹Ist im Grundbuch oder im Bestandsblatt (§ 105 Abs. 1 Nr. 5 der Grundbuchverfügung) eines Grundstücks oder Gebäudes als Eigentümer Eigentum des Volkes eingetragen, ohne daß Volkseigentum entstanden ist, so erwirbt die nach den Vorschriften über die Abwicklung des Volkseigentums berechtigte juristische Person des öffentlichen oder des Privatrechts das Eigentum, wenn die Eintragung vor dem 3. Oktober 1990 erfolgt ist und sie bis zum Ablauf des 30. September 1998 nicht durch

eine rechtshängige Klage des wirklichen Eigentümers oder einen beim Grundbuchamt eingereichten und durch eine Bewilligung des eingetragenen Eigentümers oder des Verfügungsbefugten (§ 8 des Vermögenszuordnungsgesetzes) oder die einstweilige Verfügung eines Gerichts begründeten Antrag auf Eintragung eines Widerspruchs angegriffen worden ist. ²Die Klage oder der Antrag auf Erlaß einer einstweiligen Verfügung kann, wenn ein Zuordnungsbescheid noch nicht erlassen ist, auch gegen den Verfügungsbefugten gerichtet werden. ³Absatz 1 Satz 2 und 3 gilt entsprechend.

(3) ¹Ein Amtswiderspruch steht einem Widerspruch nach den Absätzen 1 und 2 gleich.

(4) ¹Die Vorschriften über die Abwicklung des Volkseigentums sowie Ansprüche nach dem Vermögensgesetz und nach Artikel 233 §§ 11 bis 16 bleiben unberührt. ²Ist am 24. Juli 1997 ein Verfahren nach dem Vermögensgesetz anhängig oder schweben zu diesem Zeitpunkt Verhandlungen zwischen dem Verfügungsberechtigten und einem früheren Eigentümer des Grundstücks, so treten die in den Absätzen 1 bis 3 bezeichneten Wirkungen erst nach Ablauf eines Monats nach Beendigung des Verfahrens oder dem Abbruch der Verhandlungen, frühestens jedoch am 1. Oktober 1998 ein.

(5) ¹Die vorstehenden Absätze finden keine Anwendung, wenn die Betroffenen vor dem 24. Juli 1997 etwas Abweichendes vereinbart haben oder zwischen ihnen abweichende Urteile ergangen sind.

Siebter Teil
Durchführung des Bürgerlichen Gesetzbuchs, Verordnungsermächtigungen

Artikel 238 Reiserechtliche Vorschriften

(1) ¹Das Bundesministerium der Justiz wird ermächtigt, im Einvernehmen mit dem Bundesministerium für Wirtschaft und Arbeit durch Rechtsverordnung ohne Zustimmung des Bundesrates,
1. soweit es zum Schutz des Verbrauchers bei Reisen erforderlich ist, Vorschriften zu erlassen, durch die sichergestellt wird,
   a) dass die Beschreibungen von Reisen keine irreführenden, sondern klare und genaue Angaben enthalten und
   b) dass der Reiseveranstalter dem Verbraucher die notwendigen Informationen erteilt und
2. soweit es zum Schutz des Verbrauchers vor Zahlungen oder Reisen ohne die vorgeschriebene Sicherung erforderlich ist, den Inhalt und die Gestaltung der Sicherungsscheine nach § 651k Abs. 3 und der Nachweise nach § 651k Abs. 5 des Bürgerlichen Gesetzbuchs festzulegen und zu bestimmen, wie der Reisende über das Bestehen der Absicherung informiert wird.
²Zu dem in Satz 1 Nr. 1 genannten Zweck kann insbesondere bestimmt werden, welche Angaben in einem vom Veranstalter herausgegebenen Prospekt und in dem Reisevertrag enthalten sein müssen sowie welche Informationen der Reiseveranstalter dem Reisenden vor dem Vertragsabschluss und vor dem Antritt der Reise geben muss.

(2) ¹Der Kundengeldabsicherer (§ 651k Abs. 2 des Bürgerlichen Gesetzbuchs) ist verpflichtet, die Beendigung des Kundengeldabsicherungsvertrags der zuständigen Behörde unverzüglich mitzuteilen.

Am 13.6.1990 wurde durch den EG-Ministerrat eine **Richtlinie über Pauschalreisen** verabschiedet,[1] welche für die Mitgliedstaaten vorsieht, Reiseveranstalter zu verpflichten, detaillierte Informationen über die Reise zu erteilen. 1

Die Verordnungsermächtigung des **§ 651a Abs. 5 BGB a.F.** ist nunmehr Inhalt des Art. 238 als neue Rechtsgrundlage.[2] Durch die Zusammenfassung der Verordnungsermächtigungen, welche im Bürgerlichen Gesetzbuch geregelte Schuldverhältnisse und nicht ausschließlich das Reiserecht betreffen, soll eine größere Übersichtlichkeit erzielt werden. 2

Mit dem **Gesetz zur Modernisierung des Schuldrechts** werden die nach **Abs. 1 Nr. 1** festzulegenden Informationspflichten der Reiseveranstalter, welche bislang in der Verordnung über die Informationspflichten von Reiseveranstaltern (InfVO)[3] enthalten waren, mit Ergänzungen nunmehr in Abschnitt 3 der BGB-InfoV vom 2.1.2002 als **Informations- und Nachweispflichten von Reiseveranstaltern** geregelt[4] und redaktionell zu den §§ 4–11 und § 15 BGB-InfoV n.F. (i.d.F. der VO v. 13.3.2002,[5] v. 28.3.2002[6] und v. 5.8.2002[7]). 3

Die nach **Abs. 1 Nr. 2** vorgesehenen **Anforderungen an einen Sicherungsschein** werden in § 9 BGB-InfoV n.F. geregelt. Der Sicherungsschein war bislang in Form und Inhalt uneinheitlich, da § 651k BGB a.F. keinen verbindlichen Inhalt vorgegeben hat. So wurde er als einzelne Urkunde, aber auch im Katalog oder auf der Reisebestätigung, abgedruckt. Ob das jeweilige Dokument daher den gesetzlichen Anforderungen genügt, war für den Reisenden nur schwerlich erkennbar.[8] 4

Art. 238 hat den Gesetzgeber ermächtigt, den Inhalt und die Gestaltung des Sicherungsscheins durch eine Verordnung festzulegen, und zu bestimmen, wie der Reisende über das Bestehen der Absicherung informiert wird. Die Befugnis, eine einheitliche inhaltliche und optische Ausgestaltung festzulegen, ist durch die **Erste Verordnung zur Änderung der BGB-InfoV** vom 13.3.2002[9] mit Wirkung zum 1.5.2002 umgesetzt worden. Ein Reiseveranstalter mit Sitz in Deutschland hat nach **§ 9 Abs. 1 BGB-InfoV** nunmehr **für den Sicherungsschein ein bestimmtes Muster** zu verwenden, welches im Anhang der BGB-InfoV einzusehen ist.[10] 5

---

1 BGBl I S. 1322; zum Inhalt der Richtlinie: *Tonner*, EuZW 1990, 409; *Kahn*, NJW 1993, 2647.
2 BT-Drucks 14/5944, S. 10.
3 BGBl I S. 3436.
4 BGBl I 2002 S. 342.
5 BGBl I 2002 S. 1141.
6 BGBl I 2002 S. 1230.
7 BGBl I 2002 S. 3003.
8 BGH NJW 2001, 1934 = RRa 2001, S. 146.
9 BGBl I 2002, S. 1141, 1230.
10 BGBl I 2002, S. 1230; BGBl I 2002, S. 3003.

6 Abs. 2 regelt eine Mitteilungspflicht des Kundengeldabsicherers über die Beendigung des Absicherungsvertrages, mit welcher bezweckt wird, der Behörde die Möglichkeit einer unverzüglichen Maßnahme, insbesondere gewerberechtlicher Art, einzuräumen.

Artikel 239 Informationspflichten für Kreditinstitute

¹Das Bundesministerium der Justiz wird ermächtigt, durch Rechtsverordnung ohne Zustimmung des Bundesrates über § 675a Abs. 1 des Bürgerlichen Gesetzbuchs hinausgehende Angaben festzulegen, über die Unternehmen ihre Kunden zu unterrichten haben, soweit dies zur Erfüllung der Pflichten aus der Richtlinie 97/5/EG des Europäischen Parlaments und des Rates vom 27. Januar 1997 über grenzüberschreitende Überweisungen (ABlEG Nr. L 43 S. 25) oder anderen Vorschriften des Gemeinschaftsrechts, die den Regelungsbereich des § 675a Abs. 1 des Bürgerlichen Gesetzbuchs betreffen, erforderlich ist oder wird. ²Hierbei kann auch die Form der Bekanntgabe der Angaben festgelegt werden.

A. Normzweck	1	C. Umzusetzende Richtlinien	4
B. Inhalt der Ermächtigung	2	D. Insbesondere Informationspflichten nach	
I. Inhalt der Pflichtinformationen (S. 1)	2	der Überweisungsrichtlinie	5
II. Form der Pflichtinformationen (S. 2)	3		

A. Normzweck

1 Art. 239 entspricht dem früheren § 675a Abs. 2 BGB. Die Vorschrift enthält eine **Verordnungsermächtigung**, von der durch Erlass der §§ 12, 13 BGB-InfoV[1] Gebrauch gemacht wurde. Inhalt, Zweck und Ausmaß dieser Verordnung (Art. 80 Abs. 1 GG) sind dadurch gekennzeichnet, dass durch sie die Vorgaben des **Europäischen Gemeinschaftsrechts** betreffend Informationspflichten von Kreditinstituten in nationales deutsches Recht umgesetzt werden sollen. Damit dies ohne Zeitverlust geschehen kann, verzichtet Art. 239 ausdrücklich auf die Zustimmung des Bundesrats. Dieser Verzicht ist nach Art. 80 Abs. 2 GG zulässig.

B. Inhalt der Ermächtigung

I. Inhalt der Pflichtinformationen (S. 1)

2 Die Ermächtigung nach S. 1 betrifft den Inhalt der Pflichtinformationen. Sie beschränkt sich auf Vorschriften, die **zur Umsetzung der Vorgaben des Europäischen Gemeinschaftsrechts erforderlich** sind oder werden. Die Vorschriften der Verordnung müssen mithin durch die Anordnungen einer europäischen Richtlinie geboten sein.[2] Dem Verordnungsgeber ist es folglich untersagt, Anforderungen zu statuieren, die über den durch die europarechtlichen Vorgaben gesetzten Rahmen hinausgehen; die Entscheidung für eine „Übererfüllung" des Richtlinienbefehls möchte sich der Gesetzgeber selbst vorbehalten. Die verfassungsrechtliche Notwendigkeit dieser Beschränkung folgt daraus, dass Art. 239 auch zur Umsetzung künftiger Richtlinien ermächtigt (vgl. Wortlaut: „erforderlich ist *oder wird*"). Würde Art. 239 auch zum Erlass von Vorschriften jenseits von Richtlinienvorgaben ermächtigen, die noch gar nicht existieren und deren Tragweite sich daher noch nicht abschätzen lässt, wäre die Gestaltungsmacht des Verordnungsgebers nicht mehr überschaubar und damit Art. 80 Abs. 1 GG verletzt.

II. Form der Pflichtinformationen (S. 2)

3 Die Ermächtigung nach S. 2 betrifft demgegenüber die Form der Pflichtinformationen. Für sie gilt die Beschränkung auf die Richtlinienumsetzung nicht. Die Verordnung kann daher *insoweit* auch strengere Anforderungen bestimmen, als sie vom europäischen Gemeinschaftsrecht verlangt werden.

---

1 Zuvor §§ 1, 2 der Verordnung über Kundeninformationspflichten v. 30.7.1999 (BGBl I S. 1730).

2 Ebenso Palandt/*Sprau*, Art. 239 EGBGB Rn 1.

C. Umzusetzende Richtlinien

Die nach Art. 239 zu erlassende Verordnung dient in erster Linie der Umsetzung der **Überweisungsrichtlinie**.[3] Diese Richtlinie enthält in ihren Artt. 3, 4 Vorschriften darüber, in welcher Weise ein Kreditinstitut im Überweisungsverkehr seinen Kunden zu informieren hat (dazu Rn 5). Daneben lässt Art. 239 Raum für die Umsetzung weiterer Richtlinien, soweit sie den Anwendungsbereich des § 675a Abs. 1 BGB betreffen. Dabei ist die Verordnungsermächtigung nicht auf den Bereich des § 675a Abs. 1 S. 2 BGB, d.h. auf die Informationspflichten von Kreditinstituten beschränkt. Vielmehr ist ebenso § 675a Abs. 1 S. 1 BGB in Bezug genommen: Gemeinschaftsrechtliche Vorgaben, die Informationspflichten von Personen betreffen, welche sich öffentlich zur Besorgung von Geschäften (welcher Art auch immer) erboten haben, können durch Verordnung nach Art. 239 in nationales deutsches Recht transformiert werden. Für Informationspflichten im Fernabsatzgeschäft enthält freilich Art. 240 eine eigene Verordnungsermächtigung.

4

D. Insbesondere Informationspflichten nach der Überweisungsrichtlinie

Die Vorgaben der Überweisungsrichtlinie sind praktisch wortgleich in § 12 BGB-InfoV übernommen worden: § 12 Nr. 1 BGB-InfoV regelt im Einklang mit Art. 3 der Richtlinie die Informationspflichten vor Ausführung der Überweisung, § 12 Nr. 2 BGB-InfoV im Einklang mit Art. 4 der Richtlinie die Informationspflichten nach Ausführung der Überweisung. Zu beachten ist, dass § 12 BGB-InfoV gemäß **§ 675a Abs. 1 S. 2 Hs. 2 BGB** nicht für die in § 676c Abs. 3 BGB genannten Überweisungen gilt.[4]

5

Vorbemerkungen zu Artt. 240–242 EGBGB

Literatur: *Brich*, Informationspflichten des Unternehmers im Fernabsatzvertrag und elektronischen Geschäftsverkehr, ZAP Fach 2, 333; *ders.*, Informationspflichten des Unternehmers im Fernabsatzvertrag und elektronischen Geschäftsverkehr, in: Henssler/v. Westphalen (Hrsg.), Die Praxis der Schuldrechtsreform, 2. Auflage 2003; *Dörner*, Rechtsgeschäfte im Internet, AcP 202 (2002), 363; *Maisch*, Musterhafte Widerrufsbelehrung des Bundesjustizministeriums?, NJW 2002, 2931; *Meub*, Fernabsatz und E-Commerce nach neuem Recht, DB 2002, 359; *Ranke*, Einbeziehung von AGB und Erfüllung von Informationspflichten, MMR 2002, 509; *Steins*, Entwicklung der Informationspflichten im E-commerce durch Rechtsprechung und Schuldrechtsreform, WM 2002, 53.

Die Artt. 240–242 (eingefügt mit Wirkung zum 1.1.2002 in das EGBGB durch Art. 2 Nr. 3 SchuldRModG)[1] ermächtigen das Bundesministerium der Justiz, weitere unternehmerische Informationspflichten gegenüber dem Verbraucher für Fernabsatzverträge (Art. 240), im elektronischen Geschäftsverkehr (Art. 241) sowie Informations- und Produktpflichten bei Teilzeit-Wohnrechteverträgen (Art. 242) durch **Rechtsverordnung** zu regeln. Zwecks Vermeidung einer unübersichtlichen Regelungssituation wurden die neuen und die bestehenden Informationspflichten aus der **Verordnung über Informationspflichten von Reiseveranstaltern** sowie der **Verordnung über Kundeninformationspflichten** mit Art. 4 SchuldRModG in einer übergreifenden einheitlichen „**Verordnung über Informations- und Nachweispflichten nach bürgerlichem Recht**" vom 2.1.2002 (BGB-InfoV)[2] **zusammengefasst**.[3]

1

In den §§ 1–3 dieser Verordnung werden die Informationspflichten eingestellt, die sich aus der Fernabsatzrichtlinie 97/7/EG (FARL),[4] der Teilzeitnutzungsrechterichtlinie 94/47/EG[5] sowie der E-Commerce-Richtlinie 2000/31/EG (ECRL)[6] ergeben.

2

Die entsprechenden Regelungen der BGB-InfoV füllen im Verbraucherschutzinteresse inhaltlich durch Vorgaben über die Modalitäten des Vertragsabschlusses im Fernabsatz, im elektronischen Geschäftsverkehr sowie im Falle von Teilzeit-Wohnrechten §§ 312c, 312e bzw. 481 ff. BGB aus.[7]

3

Die Artt. 240–242 EGBGB schaffen hinsichtlich dieser Informationspflichten die **Verordnungsermächtigung** für die Regelungsbereiche Fernabsatz, Teilzeit-Wohnrechteverträge und elektronischer Geschäftsverkehr.

4

Der Gesetzgeber hat sich wegen der schnellen Veränderungen gerade in den Bereichen des Fernabsatzes und des elektronischen Geschäftsverkehrs und dem daraus resultierenden Bedürfnis nach einer möglichst

5

---

3 Richtlinie 97/5/EG v. 27.1.1997, ABlEG Nr. L 43, S. 25 ff.
4 Dazu näher AnwK-BGB/*Schwab*, § 675a Rn 3.
1 Vom 26.11.2001 (BGBl I S. 3138).
2 BGBl I S. 342, zuletzt geändert durch die Zweite Änderungsverordnung v. 1.8.2002 (BGBl I S. 2958) mit Wirkung v. 1.9.2002 – i.d.F. der Neubekanntmachung v. 5.8.2002 (BGBl I S. 3002).

3 BT-Drucks 14/6040, S. 277 li. Sp.
4 ABlEG Nr. L 144, S. 19.
5 ABlEG Nr. L 280, S. 83.
6 ABlEG Nr. L 178, S. 1.
7 Zutr. Staudinger/*Thüsing*, Vorbem. zu Artt. 240 und 241 EGBGB Rn 1.

schnellen Anpassung der Informationspflichten an die neuere technische Entwicklung für eine Regelung im Verordnungswege entschieden.[8]

Artikel 240 Informationspflichten für Fernabsatzverträge

[1]Das Bundesministerium der Justiz wird ermächtigt, im Einvernehmen mit dem Bundesministerium für Wirtschaft und Arbeit durch Rechtsverordnung ohne Zustimmung des Bundesrates unter Beachtung der vorgeschriebenen Angaben nach der Richtlinie 97/7/EG des Europäischen Parlaments und des Rates vom 20. Mai 1997 über den Verbraucherschutz bei Vertragsabschlüssen im Fernabsatz (ABlEG Nr. L 144 S. 19) und der Richtlinie 2002/65/EG des Europäischen Parlaments und des Rates vom 23. September 2002 über den Fernabsatz von Finanzdienstleistungen an Verbraucher und zur Änderung der Richtlinie 90/619/EWG des Rates und der Richtlinien 97/7/EG und 98/27/EG (ABlEG Nr. L 271 S. 16) festzulegen:
1. über welche Einzelheiten des Vertrags, insbesondere zur Person des Unternehmers, zur angebotenen Leistung und zu den Allgemeinen Geschäftsbedingungen, Verbraucher vor Abschluss eines Fernabsatzvertrags zu informieren sind,
2. welche Informationen nach Nummer 1 Verbrauchern zu welchem Zeitpunkt in Textform mitzuteilen sind und
3. welche weiteren Informationen, insbesondere zu Widerrufs- und Kündigungsrechten, zum Kundendienst und zu Garantiebedingungen, Verbrauchern nach Vertragsschluss in Textform mitzuteilen und in welcher Weise sie hervorzuheben sind.

1 Art. 240 schafft die **Verordnungsermächtigung** für Informationspflichten bei Fernabsatzverträgen, wobei die auf dieser Grundlage erlassene Rechtsverordnung die vorgeschriebenen Angaben der Fernabsatzrichtlinie 97/7/EG[1] (FARL) des Europäischen Parlaments und des Rates über den Verbraucherschutz bei Vertragsabschlüssen im Fernabsatz vom 20.5.1997[2] und der Richtlinie 2002/65/EG des Europäischen Parlaments und des Rates vom 23. September 2002 über den Fernabsatz von Finanzdienstleistungen an Verbraucher (FinFARL) zu beachten hat.

2 Damit bietet Art. 240 die gesetzliche Grundlage für die in § 1 BGB-InfoV erfolgte Konkretisierung der in § 312c BGB normierten Informationspflichten des Unternehmers gegenüber dem Verbraucher bei Fernabsatzverträgen (§ 312b BGB) die – keine selbständige Vertragsart bildend – dadurch gekennzeichnet sind, dass der Vertragsschluss im Rahmen eines für den Fernabsatz organisierten Vertriebs- oder Dienstleistungssystems unter ausschließlicher Verwendung von Fernkommunikationsmitteln (§ 312b Abs. 2 BGB) geschlossen werden.[3] Der Unternehmer hat den Verbraucher nach § 312c Abs. 1 Nr. 1 BGB rechtzeitig vor Abschluss eines Fernabsatzvertrags in einer dem eingesetzten Fernkommunikationsmittel entsprechenden Weise klar und verständlich über die Einzelheiten des Vertrags (vorvertragliche Informationspflicht) zu informieren.[4] Die Informationspflichten sind auf der Rechtsgrundlage des Art. 240 in § 1 BGB-InfoV näher ausgestaltet worden. Art. 240 gestattet die Festlegung
– vorvertraglicher Informationspflichten, insbesondere hinsichtlich der Person des Unternehmers, zur angebotenen Leistung und zu den AGB (Nr. 1),
– welche Informationen Verbrauchern zu welchem Zeitpunkt in Textform (§ 126b BGB) mitzuteilen sind (Nr. 2) und
– welche weiteren Informationen (insbesondere zu Widerrufs- und Kündigungsrechten, zum Kundendienst und zu Garantiebedingungen) Verbrauchern nach Vertragsschluss in Textform (§ 126b BGB) mitzuteilen und in welcher Weise sie hervorzuheben sind (Nr. 3).

3 Beim Abschluss von Fernabsatzverträgen treffen den Unternehmer gegenüber dem Verbraucher die Informationspflichten nach Maßgabe des § 1 BGB-InfoV (früher: § 2 FernAbsG).

---

8 BT-Drucks 14/6040, S. 274 re. Sp.
1 ABlEG Nr. L 144, S. 19.
2 BT-Drucks 14/6040, S. 274.
3 *Meub*, DB 2002, 359; Staudinger/*Thüsing*, Art. 240 EGBGB Rn 1.
4 Dem entspricht inhaltlich § 312c Abs. 1 S. 1 BGB in der Neufassung von Art. 1 Nr. 2 des Gesetzes zur Änderung von Vorschriften über Fernabsatzverträge bei Finanzdienstleistungen (BGBl I 2004 S. 3102), wonach der Unternehmer dem Verbraucher rechtzeitig vor Abgabe von dessen Vertragserklärung in einer dem eingesetzten Fernkommunikationsmittel entsprechenden Weise klar und verständlich ... die Informationen zur Verfügung zu stellen hat, für die dies in der Rechtsverordnung nach Art. 240 bestimmt ist.

Beachte: Ein Verstoß gegen § 1 BGB-InfoV vermag zugleich einen Verstoß gegen § 3 i.V.m. § 4 Nr. 11 UWG neu zu begründen. So führt bspw. ein Verstoß gegen die notwendigen Pflichtangaben (nach § 312c BGB, Art. 240 EGBGB i.V.m. § 1 BGB-InfoV) bei Werbefaxschreiben zugleich zu einem wettbewerbsrechtlichen Unlauterkeitsvorwurf[5] – ebenso wie eine Verletzung des § 312e Abs. 1 Nr. 2 BGB.[6] An dieser wettbewerbsrechtlichen Beurteilung vermag auch eine **nachträgliche Erfüllung** der notwendigen Verbraucherinformationen nichts mehr zu ändern.[7]

Artikel 241 Informationspflichten für Verträge im elektronischen Geschäftsverkehr

[1]Das Bundesministerium der Justiz wird ermächtigt, im Einvernehmen mit dem Bundesministerium für Wirtschaft und Arbeit durch Rechtsverordnung ohne Zustimmung des Bundesrates unter Beachtung der vorgeschriebenen Angaben nach der Richtlinie 2000/31/EG des Europäischen Parlaments und des Rates vom 8. Juni 2000 über bestimmte rechtliche Aspekte der Dienste der Informationsgesellschaft, insbesondere des elektronischen Geschäftsverkehrs, im Binnenmarkt („Richtlinie über den elektronischen Geschäftsverkehr", ABlEG Nr. L 178 S. 1) festzulegen, welche Informationen dem Kunden über technische Einzelheiten des Vertragsschlusses im elektronischen Geschäftsverkehr, insbesondere zur Korrektur von Eingabefehlern, über den Zugang zu Vertragstext und Verhaltenskodizes sowie über die Vertragssprache vor Abgabe seiner Bestellung zu erteilen sind.

Art. 241 (der der Regelungstechnik des Art. 240 folgt), eingefügt durch Art. 2 Nr. 3 SchuldRModG, schafft für das Bundesministerium der Justiz (im Einvernehmen mit dem Bundesministerium für Wirtschaft und Arbeit) die **Verordnungsermächtigung** im Hinblick auf Informationspflichten für Verträge im elektronischen Geschäftsverkehr (vgl. § 3 BGB-InfoV mit der Regelung der Informationen, die ein Unternehmer beim Abschluss von Verträgen im elektronischen Geschäftsverkehr seinen Vertragspartnern gegenüber vor Vertragsabschluss nach § 312e BGB zu erbringen hat), wobei die auf dieser Grundlage erlassene Rechtsverordnung die vorgeschriebenen Angaben der E-Commerce-Richtlinie 2000/31/EG[1] (ECRL) zu beachten hat.[2] Insoweit dient § 3 BGB-InfoV (neben § 312e BGB) der Umsetzung von Art. 10 Abs. 1–3 sowie Art. 11 Abs. 1 und 2 ECRL,[3] wobei eine weitgehende Identität mit dem Richtlinienrecht besteht.[4]

§ 312e Abs. 1 Nr. 2 BGB verweist dabei auf die auf der Grundlage von Art. 241 erlassene BGB-InfoV.

Beachte: Da Verträge im elektronischen Geschäftsverkehr regelmäßig zugleich als solche im Fernabsatz zu qualifizieren sind, kommt es zu Überschneidungen im Anwendungsbereich[5] mit der Folge, dass der Unternehmer sowohl die Informationspflichten nach Maßgabe von Art. 240 (d.h. § 1 BGB-InfoV) als auch jene nach Art. 241 (mithin § 3 BGB-InfoV) zu beachten hat.

Artikel 242 Informations- und Prospektpflichten bei Teilzeit-Wohnrechteverträgen

[1]Das Bundesministerium der Justiz wird ermächtigt, durch Rechtsverordnung ohne Zustimmung des Bundesrates unter Beachtung der Richtlinie 94/47/EG des Europäischen Parlaments und des Rates vom 26. Oktober 1994 zum Schutz der Erwerber im Hinblick auf bestimmte Aspekte von Verträgen über den Erwerb von Teilzeitnutzungsrechten an Immobilien (ABlEG Nr. L 280 S. 83) festzulegen,
1. welche Angaben dem Verbraucher bei Teilzeit-Wohnrechteverträgen gemacht werden müssen, damit er den Inhalt des Teilzeitwohnrechts und die Einzelheiten auch der Verwaltung des Gebäudes, in dem es begründet werden soll, erfassen kann,
2. welche Angaben dem Verbraucher in dem Prospekt über Teilzeit-Wohnrechteverträge zusätzlich gemacht werden müssen, um ihn über seine Rechtsstellung beim Abschluss solcher Verträge aufzuklären, und
3. welche Angaben in einen Teilzeit-Wohnrechtevertrag zusätzlich aufgenommen werden müssen, um eindeutig zu regeln, welchen Umfang das Recht hat, das der Verbraucher erwerben soll.

---

5 Vgl. etwa LG Frankfurt/M. NJW-RR 2002, 1468; OLG Frankfurt DB 2001, 1610.
6 LG Berlin MMR 2002, 630.
7 LG Duisburg WRP 2001, 981.
1 ABlEG Nr. L 178, S. 1.
2 BT-Drucks 14/6040, S. 274.
3 BT-Drucks 14/6040, S. 170.
4 Staudinger/*Thüsing*, Art. 241 EGBGB Rn 1.
5 *Meub*, DB 2002, 359, 361; Staudinger/*Thüsing*, Art. 241 EGBGB Rn 2.

Art. 243 EGBGB — Siebter Teil Durchführung des BGB, Verordnungsermächtigungen

1 Seit 1.1.1997 hat das **Teilzeitwohnrechtegesetz**[1] (TzWrG) Verträge über die Teilzeitnutzung von Wohngebäuden geregelt. Das sog. „Time-Sharing-Gesetz" setzte die **EU-Time-Sharing-Richtlinie 94/47/EG** vom 26.10.1994[2] um und wurde als Verbraucherschutzgesetz konzipiert. Im Gegensatz zur Pauschalreiserichtlinie ist die Umsetzung durch den Gesetzgeber fristgerecht vor der Umsetzungsfrist zum 29.4.1997[3] erfolgt. Art. 242 ist Grundlage von § 2 BGB-InfoV.[4]

Artikel 243 | Ver- und Entsorgungsbedingungen

[1]Das Bundesministerium für Wirtschaft und Arbeit kann im Einvernehmen mit dem Bundesministerium der Justiz durch Rechtsverordnung mit Zustimmung des Bundesrates die Allgemeinen Bedingungen für die Versorgung mit Wasser und Fernwärme sowie die Entsorgung von Abwasser einschließlich von Rahmenregelungen über die Entgelte ausgewogen gestalten und hierbei unter angemessener Berücksichtigung der beiderseitigen Interessen
1. die Bestimmungen der Verträge einheitlich festsetzen,
2. Regelungen über den Vertragsschluss, den Gegenstand und die Beendigung der Verträge treffen sowie
3. die Rechte und Pflichten der Vertragsparteien festlegen.
[2]Satz 1 gilt entsprechend für Bedingungen öffentlich-rechtlich gestalteter Ver- und Entsorgungsverhältnisse mit Ausnahme der Regelung des Verwaltungsverfahrens.

1 Mit Art. 2 Nr. 3 SchuldRModG ist Art. 243 in das EGBGB eingefügt worden.[1] Art. 243 (der mit § 27 AGBG a.F. vor der Schuldrechtsreform 2002 für die Wasser- und Fernwärmeversorgung[2] wörtlich übereinstimmt bzw. – hinsichtlich der Abwasserversorgung – mit Art. 2 Abs. 2 Überweisungsgesetz[3]) ermächtigt das Bundesministerium für Wirtschaft und Arbeit im Einvernehmen mit dem Bundesjustizministerium durch **Rechtsverordnung** (die der Zustimmung des Bundesrates bedarf) die Allgemeinen Bedingungen für die Versorgung mit Wasser und Fernwärme sowie die Entsorgung von Abwasser (einschließlich von Rahmenbedingungen über die Entgelte) ausgewogen zu gestalten. Hierbei können unter angemessener Berücksichtigung der beiderseitigen Interessen die Bestimmungen der Verträge einheitlich festgelegt, Regelungen über den Vertragsschluss, den Gegenstand und die Beendigung der Verträge getroffen und die Rechte und Pflichten der Vertragsparteien festgelegt werden.

2 Die Ermächtigung gilt entsprechend für Bedingungen öffentlich-rechtlich gestalteter Ver- und Entsorgungsverhältnisse mit Ausnahme der Regelung des Verwaltungsverfahrens.

3 Auf der Grundlage von § 27 AGBG a.F. wurden folgende fortgeltenden Verordnungen über Ver- und Entsorgungsbedingungen erlassen:
– die Verordnung über Allgemeine Bedingungen für die Versorgung mit Fernwärme (AVB-FernwärmeVO) vom 20.6.1980[4] und die
– Verordnung über Allgemeine Bedingungen über die Versorgung mit Wasser (AVB-WasserVO) vom 20.6.1980,[5]
die mit rückwirkender Kraft zum 1.4.1980 in Kraft treten sollten.[6]

4 Allgemeine Bedingungen für die Entsorgung von Abwässern sind zwar in Vorbereitung, aber noch nicht erlassen.

5 Den AVB kommt (als Verordnungen) **Rechtsnormcharakter** zu.[7]

6 Verträge mit Sonderabnehmern und Industriekunden sind allerdings gemäß § 1 Abs. 2 AVB-FernwärmeVO bzw. § 1 Abs. 2 AVB-WasserVO bei der Fernwärme- bzw. Wasserversorgung aus dem Geltungsbereich

---

1 BGBl I 1996 S. 2154.
2 ABlEG 1994 Nr. L 280, S. 82.
3 30 Monate nach der Veröffentlichung im ABl der EG.
4 BGB-InfoV v. 2.1.2002 (BGBl I 2002 S. 342), geregelt i.d.F. der VO v. 13.3.2002 (BGBl I 2002 S. 1141), v. 28.3.2002 (BGBl I 2002 S. 1230) und v. 5.8.2002 (BGBl I 2002 S. 3003).
1 Dazu BT-Drucks 14/6040, S. 274.
2 „Das war schon damals eine systematische Verlegenheitslösung, weil es für Wasser- und Fernwärmeversorgung ein dem EnWG vergleichbares Gesetz nicht gibt", so Staudinger/*Schlosser*, Art. 243 EGBGB Rn 1.
3 Vom 21.7.1999 (BGBl I S. 1642).
4 BGBl I S. 742.
5 BGBl I S. 750.
6 Nach BGHZ 100, 1, 5 war die Rückwirkung *nicht* verfassungswidrig.
7 Staudinger/*Schlosser*, Art. 243 EGBGB Rn 3.

der jeweiligen Verordnung ausgeschlossen, womit auf entsprechende, nach dem 31.3.1980 abgeschlossene Verträge die §§ 305 ff. BGB (mit Einschränkungen)[8] Anwendung finden.[9]

Beachte: Im Anwendungsbereich der AVB (als Rechtsnormen, Rn 5) kommt **keine AGB-Kontrolle** nach Maßgabe der §§ 305 ff. BGB in Betracht[10] (anders ggf. bei den auf der Grundlage von AVB durch Energieversorgungsunternehmen verwendeten besonderen „ergänzende[n] Bedingungen").[11] Sie unterliegen als Verordnungen keiner AGB-Inhaltskontrolle, sondern einer Prüfung im Hinblick auf die Einhaltung der Ermächtigung, d.h. auf Angemessenheit und Ausgewogenheit.[12] Gleichermaßen ist eine Anwendbarkeit der Missbräuchliche-Klausel-RL 93/13/EWG ausgeschlossen.[13]

7

Auch eine Entgeltfestlegung in den AVB ist nach Maßgabe des europäischen Wettbewerbsrechts statthaft.[14]

8

Artikel 244 Abschlagszahlungen beim Hausbau

¹Das Bundesministerium der Justiz wird ermächtigt, im Einvernehmen mit dem Bundesministerium für Wirtschaft und Arbeit durch Rechtsverordnung ohne Zustimmung des Bundesrates auch unter Abweichung von § 632a des Bürgerlichen Gesetzbuchs zu regeln, welche Abschlagszahlungen bei Werkverträgen verlangt werden können, die die Errichtung eines Hauses oder eines vergleichbaren Bauwerks zum Gegenstand haben, insbesondere wie viele Abschläge vereinbart werden können, welche erbrachten Gewerke hierbei mit welchen Prozentsätzen der Gesamtbausumme angesetzt werden können, welcher Abschlag für eine in dem Vertrag enthaltene Verpflichtung zur Verschaffung des Eigentums angesetzt werden kann und welche Sicherheit dem Besteller hierfür zu leisten ist.

Verordnung über Abschlagszahlungen bei Bauträgerverträgen vom 23. Mai 2001 (Hausbauverordnung)

Auf Grund des § 27a des AGB-Gesetzes in der Fassung der Bekanntmachung vom 29. Juni 2000 (BGBl I S. 946) verordnet das Bundesministerium der Justiz im Einvernehmen mit dem Bundesministerium für Wirtschaft und Technologie:

HausbauVO § 1 Zulässige Abschlagszahlungsvereinbarungen

In Werkverträgen, die die Errichtung eines Hauses oder eines vergleichbaren Bauwerks auf einem Grundstück zum Gegenstand haben und zugleich die Verpflichtung des Unternehmers enthalten, dem Besteller das Eigentum an dem Grundstück zu übertragen oder ein Erbbaurecht zu bestellen oder zu übertragen, kann der Besteller zur Leistung von Abschlagszahlungen entsprechend § 3 Abs. 2 der Makler- und Bauträgerverordnung unter den Voraussetzungen ihres § 3 Abs. 1 verpflichtet werden. Unter den Voraussetzungen des § 7 der Makler- und Bauträgerverordnung kann der Besteller auch abweichend von ihrem § 3 Abs. 1 und 2 zur Leistung von Abschlagszahlungen verpflichtet werden. Die Stellung weitergehender Sicherheiten für die Abschlagszahlungen braucht nicht vorgesehen zu werden.

HausbauVO § 2 Betroffene Verträge

Diese Verordnung ist auch auf zwischen dem 1. Mai 2000 und dem 29. Mai 2001 abgeschlossene Verträge anzuwenden. Dies gilt nicht, soweit zwischen den Vertragsparteien ein rechtskräftiges Urteil ergangen oder ein verbindlich gewordener Vergleich abgeschlossen worden ist.

---

8 Palandt/*Sprau*, Art. 243 EGBGB Rn 1.
9 Palandt/*Sprau*, Art. 243 EGBGB Rn 1; Staudinger/ *Schlosser*, Art. 243 EGBGB Rn 3.
10 KG VersR 1985, 288.
11 So Staudinger/*Schlosser*, Art. 243 EGBGB Rn 3.
12 Palandt/*Sprau*, Art. 243 EGBGB Rn 1; Palandt/ *Heinrichs*, § 310 Rn 6. Eine Inhaltskontrolle nach den §§ 307 ff. BGB ist daher gegenüber einer als Verordnung erlassenen Allgemeinen Versorgungsbedingung (AVB) nicht statthaft, BGHZ 100, 1, 8.
13 Staudinger/*Schlosser*, Art. 243 EGBGB Rn 3; a.A. *Rott/Butters*, Öffentliche Dienstleistungen und Vertragsgerechtigkeit im Lichte des Gemeinschaftsrechts, VuR 1999, 197.
14 Vgl. näher EuGH JZ 2002, 453; zudem Staudinger/ *Schlosser*, Art. 243 EGBGB Rn 4.

HausbauVO § 3 Inkrafttreten

Diese Verordnung tritt am Tage nach der Verkündung in Kraft.

Literatur: *Basty*, Verordnung über Abschlagszahlung bei Bauträgerverträgen, DNotZ 2001, 421; *Kanzleiter*, Quo vadis? Was wird aus dem Bauträgervertrag, DNotZ 2001, 165; *Karczewski/Vogel*, Abschlagszahlungspläne im Generalunternehmer- und Bauträgervertrag, BauR 2001, 859; *Kiesel*, Das Gesetz zur Beschleunigung fälliger Zahlungen, NJW 2000, 1673; *Pause*, Verstoßen Zahlungspläne gem. § 3 II MaBV gegen geltendes Recht?, NZBau 2001, 181; *ders.*, Auswirkungen der Schuldrechtsmodernisierung auf den Bauträgervertrag, NZBau 2002, 648; *Quadbeck*, Abschlagszahlungen im Bauträgerrecht – Auswirkungen der Neuregelung des § 632a BGB, MDR 2000, 1111; *Schmidt-Räntsch*, Rechtssicherheit für Bauträgerverträge, NZBau 2001, 356; *Schmucker*, Nochmals: § 632a BGB contra Ratenplan nach Makler- und Bauträgerverordnung, ZfIR 2001, 426; *Sorge/Vollrath*, Das Ende vom Ende des Bauträgervertrages, DNotZ 2001, 261; *Staudinger*, Der Bauträgervertrag auf dem Prüfstand des Gemeinschaftsrechts, DNotZ 2002, 166; *Thode*, Werkleistung und Erfüllung im Bau- und Architektenvertrag, ZfBR 1999, 116; *ders.*, Bauträgervertrag – Gestaltungsfreiheit im Rahmen der neuen Gesetzgebung und Rechtsprechung, in: Thode/Uechtritz-Wochner, Immobilienrecht 2000, 2001 (RWS-Forum 19), S. 267; *ders.*, Rechtssicherheit für den Bauträgervertrag – eine Phantasmagorie, ZfIR 2001, 345; *Ullmann*, Der Bauträgervertrag – Quo vadit?, NJW 2002, 1073; *Wagner*, Verfassungsrechtliche Probleme des § 27a AGBG, einer Bausicherungsverordnung und einer eventuellen Hausbauverordnung – Auswirkungen für den Bauträgervertrag, ZfIR 2001, 422.

A. Allgemeines	1	II. Hausbauverordnung	13
I. Entstehungsgeschichte	1	1. Regelungsanlass	13
II. Normzweck	2	2. Anwendungsbereich	15
B. Regelungsgehalt	4	3. Vereinbarkeit der Regelung mit höherrangigem Recht	18
I. Verordnungsermächtigung	4	a) Verfassungsrechtliche Bedenken	18
1. Adressat	4	b) Europarechtliche Bedenken	20
2. Anwendungsbereich	5		
3. Regelungsgegenstände	9		

A. Allgemeines

I. Entstehungsgeschichte

1 Die Vorschrift wurde durch das SchuldRModG[1] in das EGBGB eingefügt. Hierdurch sollte die bis dahin in § 27a AGBG geregelte Verordnungsermächtigung übernommen werden.[2] § 27a AGBG stimmte – von geringfügigen sprachlichen Abweichungen abgesehen[3] – wörtlich mit Art. 244 überein.[4] § 27a AGBG war durch das Gesetz zur Beschleunigung fälliger Zahlungen vom 30.3.2000[5] auf Empfehlung des Rechtsausschusses des Bundestages[6] eingefügt worden. Der Verordnungsgeber hat von der Ermächtigung noch unter der Geltung des § 27a AGBG durch die Verordnung über Abschlagszahlungen bei Bauträgerverträgen vom 23.5.2001[7] Gebrauch gemacht.

II. Normzweck

2 Die Verordnungsermächtigung steht im sachlichen Zusammenhang mit der durch das Gesetz zur Beschleunigung fälliger Zahlungen eingefügten Regelung des **§ 632a BGB**,[8] die einen gesetzlichen Anspruch des Werkunternehmers auf Abschlagszahlungen vorsieht. Der Anspruch ist allerdings zum Schutz des Bestellers an enge Voraussetzungen, insb. die Erbringung abgeschlossener Teile des Werkes und die Eigentumsübertragung an den Besteller bzw. eine entsprechende Sicherheitsleistung gekoppelt.[9] Bei Verträgen, welche Werkleistung im Zusammenhang mit der Errichtung eines Hauses zum Gegenstand haben, sah der Gesetzgeber ein Bedürfnis für eine „differenzierte Regelung",[10] welche den Parteien die Möglichkeit einräumt, unter erleichterten Voraussetzungen **Abschlagszahlungen** zu vereinbaren. Die Ermächtigung sollte die Grundlage für eine Verordnung mit entsprechendem Inhalt schaffen.

---

1 Art. 3 Nr. 3 des Gesetzes zur Modernisierung des Schuldrechts v. 26.11.2001 (BGBl I S. 3138).
2 Vgl. auch BT-Drucks 14/6040, S. 37, 274.
3 § 27a AGBG lautete: „Das Bundesministerium der Justiz wird ermächtigt, im Einvernehmen mit dem Bundesministerium für Wirtschaft und Technologie durch Rechtsverordnung, *die der Zustimmung des Bundesrates nicht bedarf*, auch unter Abweichung von § 632a des Bürgerlichen Gesetzbuches zu regeln, ...".
4 Aufgrund der Umbenennung des Ministeriums für Wirtschaft und Technologie in Ministerium für Wirtschaft und Arbeit wurde der Text des Art. 244 nach In-Kraft-Treten durch Art. 66 der 8. Zuständigkeitsverordnung v. 25.11.2003 (BGBl I S. 2304) an die neue Terminologie angepasst.
5 BGBl I S. 330.
6 BT-Drucks 14/2752, S. 7, 14.
7 Sog. Hausbauverordnung (BGBl I S. 189).
8 Art. 1 Nr. 3 des Gesetzes zur Beschleunigung fälliger Zahlungen v. 30.3.2000 (BGBl I S. 330).
9 Vgl. Palandt/*Sprau*, § 632a Rn 5.
10 BT-Drucks 14/2752, S. 14.

Dem Gesetzgeber schwebte dabei das Modell der §§ 3 und 7 MaBV vor. Die dort getroffene Regelung sollte auf alle Verträge über den Bau von Häusern oder vergleichbaren Bauwerke erstreckt werden, auch wenn diese nicht von der MaBV erfasst werden.[11] Damit sollte zugleich im Wege einer „vorweggenommenen AGB-Kontrolle"[12] klargestellt werden, dass das Modell der MaBV einen gerechten Ausgleich der Interessen der Vertragsparteien und keine unangemessene Benachteiligung des Bestellers i.S.d. § 307 Abs. 1 BGB darstellt.

B. Regelungsgehalt

I. Verordnungsermächtigung

1. Adressat. Adressat der Ermächtigung ist der Bundesminister der Justiz,[13] der Einvernehmen mit dem Bundesminister für Wirtschaft und Arbeit herzustellen hat. Einer Zustimmung des Bundesrates bedarf es nach der ausdrücklichen Anordnung nicht.[14]

2. Anwendungsbereich. Die Ermächtigung bezieht sich auf **Werkverträge**, die die Errichtung eines Hauses oder eines vergleichbaren Bauwerkes zum Gegenstand haben. Inhalt des Werkvertrages muss die **Errichtung des Bauwerkes** sein. Nicht erfasst werden daher Werkleistungen, die sich in der planerischen Vorbereitung der Bauleistungen erschöpfen (z.B. statische Berechnungen, Bodengutachten etc.).[15] Ausgenommen sind auch Werkverträge mit Architekten, soweit sich die Leistung des Architekten auf die Planung des Hauses beschränkt. Verträge mit Lieferanten von Baustoffen oder Bauteilen sind schon deshalb nicht betroffen, weil es sich nicht um Werkverträge handelt.

Darüber hinaus muss der Werkvertrag auf die Errichtung eines Hauses oder eines vergleichbaren Bauwerkes gerichtet sein. **Häuser** sind Bauwerke, die als dauernder Aufenthaltsort für Menschen dienen. Hierunter fallen nicht nur Wohnhäuser, sondern auch Geschäfts- und Bürogebäude.[16] Vergleichbar mit Häusern sind **andere Bauwerke**,[17] wenn sie einen ähnlichen Verwendungszweck haben. Vergleichbare Bauwerke müssen daher zwar nicht zum dauerhaften Aufenthalt durch Menschen bestimmt, aber doch wenigstens dazu geeignet sein, von Menschen betreten zu werden. Die Vergleichbarkeit ist daher etwa zu bejahen bei Lagerhallen, Scheunen oder Heizkraftwerken, nicht dagegen bei Gleisanlagen oder Kanalisationen.

Ausreichend ist, dass die Werkleistung **Teil der zur Errichtung des Bauwerkes notwendigen Arbeiten** ist. Die Ermächtigung bezieht sich daher nicht nur auf Werkverträge, welche die Errichtung des gesamten Hauses oder Bauwerkes, sondern auch auf Verträge, welche nur die Erstellung einzelner Gewerke (z.B. die Elektroinstallation oder die sanitären Anlagen) zum Gegenstand haben.[18]

Erfasst werden in jedem Falle Bauleistungen, die von dem Werkunternehmer auf dem Grundstück des Bestellers zur Herstellung eines Bauwerkes ausgeführt werden. Die Vorschrift findet aber auch auf Verträge mit Bauträgern Anwendung.[19] Bei dem **Bauträgervertrag** handelt es sich um einen gemischttypischen Vertrag mit kauf-, werkvertrags- und geschäftsbesorgungsrechtlichen Elementen.[20] Zumindest hinsichtlich der Bauleistung gelten dabei die werkvertraglichen Regeln. Da die Frage der Abschlagszahlung die Frage betrifft, inwieweit entgegen § 641 BGB bereits vor der Abnahme ein (pauschaliertes) Entgelt für den bereits erbrachten Teil der Werkleistung gezahlt werden soll, sind hierauf die für Werkverträge geltenden Bestimmungen anzuwenden.

3. Regelungsgegenstände. Die Verordnung muss sich auf die Regelung von Abschlagszahlungen beziehen. Eine **Abschlagszahlung** ist eine Anzahlung auf die Vergütung für das Gesamtwerk, die im Hinblick auf bereits erbrachte Teilleistungen erfolgt. Hierdurch unterscheidet sie sich von Vorauszahlungen, denen noch keine Leistungen des Werkunternehmers gegenüberstehen bzw. die ohne Rücksicht auf den Umfang solcher Leistungen erfolgen.[21]

---

11 BT-Drucks 14/2752, S. 14.
12 BT-Drucks 14/2752, S. 14.
13 Die Terminologie in Art. 244 EGBGB weicht insoweit von Art. 80 Abs. 1 GG ab, da von „Bundesministerium" statt – wie in Art. 80 Abs. 1 GG vorgesehen – von „Bundesminister" die Rede ist.
14 Vgl. zur Frage der Zustimmungspflichtigkeit von Verordnungen auch Art. 80 Abs. 2 GG.
15 Staudinger/*Peters*, Art. 244 EGBGB Rn 2.
16 Enger *Kiesel*, NJW 2000, 1673, 1681: nur Wohnhäuser.
17 Zum Begriff des Bauwerkes vgl. Palandt/*Sprau*, § 632a Rn 10.
18 Staudinger/*Peters*, Art. 244 EGBGB Rn 2.
19 Ebenso *Basty*, DNotZ 2001, 421 ff.; *Pause*, NZBau 2002, 648, 649; *Quadbeck*, MDR 2000, 1111, 1112; *Sorge/Vollrath*, DNotZ 2001, 261, 263 (zu § 632a); *Ullmann*, NJW 2002, 1073, 1077; a.A. Staudinger/*Peters*, Art. 244 EGBGB Rn 3.
20 *Ullmann*, NJW 2002, 1073, 1074; auch insoweit a.A. Staudinger/*Peters*, Vorbem. zu § 631 Rn 129 ff., § 632a Rn 25 ff.
21 BGH BauR 1984, 166, 168; *Basty*, DNotZ 2001, 421, 424; *Thode*, ZfBR 1999, 116, 124.

10 In der Verordnung kann bestimmt werden, wie viele Abschläge vereinbart werden können, welche Gewerke zu berücksichtigen sind und welcher Prozentsatz der Gesamtbausumme (gemeint ist wohl der Gesamtwerklohn für die Bauleistung) hierfür angesetzt werden kann. Der Gesetzgeber hat hierbei erkennbar die in § 3 Abs. 2 S. 2 Nr. 2 MaBV vorgesehene Staffelung vor Augen. Es geht also darum, Vereinbarungen zuzulassen, die im Falle der Fertigstellung einzelner Gewerke Abschlagszahlungen in einer Höhe vorsehen, die in etwa dem Anteil des Gewerkes an der gesamten Bauleistung entspricht. Die Gesetzesformulierung bringt dies nur unvollkommen zum Ausdruck, weil sie auf eine abstrakte Festlegung einer bestimmten Anzahl von Abschlagszahlungen hindeutet. Eine solche macht aber keinen Sinn, und zwar weder in Gestalt einer Höchst- noch einer Mindestanzahl.[22]

11 Der Verordnungsgeber kann bei der Regelung der Abschlagszahlungen vom Inhalt des § 632a BGB abweichen. Es ist gerade Sinn der Ermächtigung, die Vereinbarung eines Anspruches auf Abschlagszahlungen zugunsten des Werkunternehmers bei Errichtung eines Hauses oder eines vergleichbaren Bauwerkes unter weniger strengen Voraussetzungen zuzulassen. Die Vorschrift trifft freilich keine Aussage darüber, in welcher Hinsicht und in welchem Umfange die Verordnung von der Grundnorm des BGB abweichen darf (vgl. hierzu auch Rn 18). Insbesondere schreibt sie nicht vor, ob Abschlagszahlungen für die Werkleistung von einer Absicherung des Bestellers abhängig sind. Dies wird man aber nicht dahin interpretieren dürfen, dass der Gesetzgeber Vereinbarungen über Abschlagszahlungen auch ohne entsprechende Sicherheitsleistung ermöglichen wollte. Es sollte lediglich eine gegenüber § 632a BGB „differenzierte Regelung" ermöglicht werden, also keine grundsätzliche Abkehr von dem in dieser Vorschrift vorgezeichneten Interessenausgleich erfolgen. Die Verordnung sieht denn auch in § 1 vor, dass die Abschlagszahlung nur bei Gewährung ausreichender Sicherheit wirksam vereinbart werden kann.

12 In der Verordnung kann auch geregelt werden, welcher Abschlag für eine in dem Vertrag enthaltene Verpflichtung zur Verschaffung des Eigentums angesetzt werden kann und welche Sicherheit dem Besteller hierfür zu leisten ist. Die gesetzliche Formulierung ist ungenau, weil allein die Verpflichtung zur Verschaffung des Eigentums noch keine Leistung darstellt, für die ein Abschlag gefordert werden könnte.[23] Gemeint ist vielmehr, dass – wie in § 3 Abs. 1 Nr. 1 MaBV geregelt – eine Abschlagszahlung vorgesehen werden kann, wenn die Erfüllung der Pflicht zur Verschaffung des Eigentums gewährleistet ist, d.h. wenn der Unternehmer dem Besteller im Hinblick auf das Eigentum an dem Grundstück eine gesicherte Erwerbsposition (etwa durch Bestellung einer Eigentumsvormerkung) verschafft hat.

II. Hausbauverordnung

13 **1. Regelungsanlass.** Anlass für den Erlass der Hausbauverordnung war eine Diskussion über die Zulässigkeit von Abschlagszahlungen in Bauträgerverträgen. Ausgangspunkt war eine Entscheidung des BGH,[24] in der dieser feststellte, dass § 3 MaBV allein gewerberechtlichen Charakter habe und nicht das zivilrechtliche Verhältnis zwischen dem Bauträger und dem Erwerber regele. Hieraus wurde geschlossen, dass die Vereinbarung von Abschlagszahlungen zivilrechtlich auch dann nicht ohne weiteres zulässig sei, wenn sie sich in den Grenzen der §§ 3, 7 MaBV bewege. Sofern es sich – wie meistens – um Formularabreden handele, unterlägen diese der Inhaltskontrolle nach § 307 BGB (früher § 9 AGBG). Nach Einführung des § 632a BGB sei dabei das in dieser Vorschrift zum Ausdruck gekommene Leitbild zu berücksichtigen. Danach seien aber Abschlagszahlungen nur für abgeschlossene Teile des Werkes und nur gegen Übereignung oder entsprechende Sicherheit zulässig. Vereinbarungen über Abschlagszahlungen nach dem Baufortschritt entsprechend dem Modell des § 3 Abs. 2 MaBV stünden folglich in Widerspruch zu wesentlichen Grundgedanken der Regelung und seien daher gem. § 307 Abs. 1 und 2 Nr. 1 BGB unwirksam, weil sie den Erwerber in unangemessener Weise benachteiligten.[25]

14 Schon vor Erlass der Verordnung war diese Argumentation zumindest zweifelhaft, da die Wirksamkeit von Abschlagszahlungen nach dem Modell des § 3 MaBV vor der Einführung des § 632a BGB nie in Zweifel stand und eine gesetzliche Regelung, die – wie § 632a BGB – im Interesse des Unternehmers erstmals einen gesetzlichen Anspruch auf Abschlagszahlungen auch unabhängig von konkreten Vereinbarungen vorsieht, wohl kaum eine Verschärfung der Anforderungen an entsprechende vertragliche Abreden rechtfertigen kann.[26] Die Verordnung sollte nach der Intention des Gesetzgebers diesbezüglich jegliche Zweifel an der Wirksamkeit ausräumen und für Rechtssicherheit sorgen.[27]

---

22 Zutr. Staudinger/*Peters*, Art. 244 EGBGB Rn 4.
23 Staudinger/*Peters*, Art. 244 EGBGB Rn 4.
24 BGH NJW 2001, 818.
25 *Pause*, NZBau 2001, 181; *Thode*, in: Thode/Uetritz/Wochner, Immobilienrecht 2000, RWS-Forum 19, S. 267, 301; *ders.*, ZfIR 2001, 345.
26 *Kanzleiter*, DNotZ 2001, 165; *Schmidt-Räntsch*, NZBau 2001, 356, 357; *Ullmann*, NJW 2002, 1073, 1074 f.; vgl. auch *Basty*, DNotZ 2001, 421 m.w.N. zur Diskussion vor Erlass der Verordnung a.a.O. in Fn 5.
27 Vgl. *Schmidt-Räntsch*, NZBau 2001, 356, 358.

2. Anwendungsbereich. Die Verordnung gilt zunächst für Werkverträge, welche die Errichtung eines 15
Hauses oder eines vergleichbaren Bauwerkes zum Gegenstand haben (vgl. hierzu Rn 6). Darüber hinaus
muss der Unternehmer nach dem Vertrag verpflichtet sein, dem Besteller das **Eigentum an dem Grundstück
zu übertragen** oder ein **Erbbaurecht zu bestellen oder zu übertragen**. Die Verordnung bezieht sich
folglich ausschließlich auf Bauträgerverträge. Dies gilt auch dann, wenn man den Bauträgervertrag nicht
als Werkvertrag ansieht,[28] weil der Gesetzgeber bei Erlass der Verordnung von der Rechtsprechung des
BGH ausgegangen ist, der den Bauträgervertrag als Werkvertrag behandelt, und gerade deshalb den Begriff
des Werkvertrages in der Verordnung verwandt hat.[29] Der Verordnungsgeber bleibt damit freilich hinter der
Ermächtigungsnorm zurück. Diese bezieht sich auf sämtliche Werkverträge und nicht nur auf Verträge mit
Bauträgern.

Die Verordnung erlaubt in § 1 die Vereinbarung von Abschlagszahlungen nach dem Modell der §§ 3, 7 16
MaBV, also entweder in Form von Zahlungen entsprechend dem Baufortschritt (§ 3 Abs. 2 MaBV), wenn der
Erwerber gem. § 3 Abs. 1 MaBV abgesichert, insb. der Erwerb lastenfreien Eigentumes gewährleistet ist, oder
ohne Rücksicht auf diese Voraussetzungen, wenn dem Besteller gem. § 7 MaBV eine ausreichende Sicherheit
für sämtliche Ansprüche gestellt wird. Im Unterschied zu § 632a BGB wird allerdings kein gesetzlicher
Anspruch auf Abschlagszahlungen begründet, sondern nur die Möglichkeit für die Vertragsparteien eröffnet,
einen solchen Anspruch vertraglich vorzusehen.

Gem. § 2 der Verordnung gilt diese auch für **Verträge**, die **zwischen dem 1.5.2000** (dem Zeitpunkt des 17
In-Kraft-Tretens des § 632a BGB) **und dem 29.5.2001** (dem Zeitpunkt des In-Kraft-Tretens der Verordnung)
abgeschlossen worden sind. Die Regelung entfaltet damit **Rückwirkung** und soll auf diese Weise auch für
die in der Vergangenheit abgeschlossenen Verträge Rechtssicherheit im Hinblick auf die Wirksamkeit von
Abschlagszahlungen schaffen. Mit Erlass der Verordnung ist klargestellt, dass nach Ansicht des Gesetzgebers
die Regelungen der §§ 3, 7 MaBV einen angemessenen Interessenausgleich im Verhältnis zwischen dem
Bauträger und dem Erwerber darstellen. Für den Bauträgervertrag ist also nicht § 632a BGB, sondern
sind die §§ 3, 7 MaBV das gesetzliche Leitbild. In den dort gezogenen Grenzen stellen Vereinbarungen
über Abschlagszahlungen keine unangemessene Benachteiligung dar und sind zivilrechtlich – auch in einer
Formularvereinbarung – zulässig.[30]

3. Vereinbarkeit der Regelung mit höherrangigem Recht. a) Verfassungsrechtliche Beden- 18
ken. Gegen die Wirksamkeit der Verordnung sind Bedenken erhoben worden. Diese betreffen zum
einen die Verfassungsmäßigkeit der Regelung. So wird bereits angezweifelt, ob Art. 244 eine ausreichende
Ermächtigungsgrundlage darstelle, weil diese den Regelungsrahmen für den Verordnungsgeber nicht mit
hinreichender Bestimmtheit vorgebe.[31] Außerdem sei die Rechtmäßigkeit der Verordnung zweifelhaft, weil
der Verordnungsgeber seinen Regelungsspielraum nicht ausgeschöpft, sondern nur eine Regelung für den
Bauträgervertrag geschaffen habe.[32] Schließlich verstoße § 2 der Verordnung gegen das Rückwirkungsverbot.[33]

Die Bedenken sind nicht berechtigt. Auch wenn einzuräumen ist, dass die Ermächtigungsnorm präziser 19
hätte gefasst werden können, lassen sich doch die Grenzen des Regelungsermessens bei Ausschöpfung aller
Auslegungsparameter (insb. unter Hinzuziehung der Gesetzesbegründung) ohne weiteres ermitteln.[34] Eine
Pflicht des Verordnungsgebers, die Ermächtigung auszuschöpfen, besteht nicht.[35] Auch ein Verstoß gegen
das Rückwirkungsverbot kann nicht angenommen werden. Zum einen gilt das Rückwirkungsverbot in
erster Linie für Normen, mit denen der Gesetzgeber Freiheitsrechte einschränkt. Mit der Verordnung soll
hingegen lediglich die Gültigkeit der von den Beteiligten selbst privatautonom getroffenen Vereinbarungen
klargestellt werden. Zum anderen fehlt es an dem erforderlichen Vertrauenstatbestand, da die Wirksamkeit

---

[28] Gegen eine Einordnung als Werkvertrag etwa Staudinger/*Peters*, § 632a Rn 25 ff., Art. 244 EGBGB Rn 3, 9.
[29] *Schmidt-Räntsch*, NZBau 2001, 356, 358.
[30] *Basty*, DNotZ 2001, 421, 422; Palandt/*Sprau*, § 632a Rn 3; *Ullmann*, NJW 2002, 1073, 1078. Von untergeordneter Bedeutung ist dagegen, ob man davon ausgeht, dass solche Vereinbarungen einer Inhaltskontrolle nach § 307 Abs. 1 standhalten (so wohl *Ullmann*, NJW 2002, 1073, 1078) oder – wohl überzeugender – annimmt, dass solche Klauseln gem. § 307 Abs. 3 gar keiner Inhaltskontrolle unterliegen, weil der Gesetzgeber diese selbst im Wege der vorweggenommenen ABG-Kontrolle als unbedenklich eingestuft hat, so *Voppel*, BauR 2001, 1165, 1171; ebenso wohl *Schmidt-Räntsch*, NZBau 2001, 356, 357; *Staudinger*, DNotZ 2001, 166, 173.
[31] *Wagner*, ZfIR 2001, 422, 423; ähnlich Staudinger/*Peters*, Art. 244 EGBGB Rn 5.
[32] *Wagner*, ZfIR 2001, 422, 425.
[33] *Thode*, ZfIR 2001, 345, 346; *Wagner*, ZfIR 2001, 422, 425 f.
[34] So zutr. *Schmidt-Räntsch*, NZBau 2001, 356, 358 f.; zust. *Ullmann*, NJW 2002, 1073, 1077.
[35] *Schmidt-Räntsch*, NZBau 2001, 356, 359.

von Vereinbarungen über Abschlagszahlungen nach dem Modell der § 3, 7, MaBV auch nach In-Kraft-Treten des § 632a BGB von den beteiligten Verkehrskreisen nie in Zweifel gezogen worden war.[36]

20 **b) Europarechtliche Bedenken.** Geltend gemacht wird außerdem, dass die Verordnung in Widerspruch zu der Richtlinie 93/13/EWG[37] stehe. Die hierdurch begründete Verpflichtung der Mitgliedstaaten zum Schutz des Verbrauchers vor missbräuchlichen Klauseln verwehre es dem nationalen Gesetzgeber, Vertragsgestaltungen, die von dem Grundgedanken des § 632a BGB in erheblicher Weise zum Nachteil des Bestellers abwichen und deshalb als missbräuchlich anzusehen seien, für verbindlich zu erklären.[38]

21 Auch diese Bedenken erscheinen unbegründet. Selbst wenn man davon ausgeht, dass der Bauträgervertrag dem Anwendungsbereich der Richtlinie unterfällt[39] und Vereinbarungen über Abschlagszahlungen nicht bereits gem. Art. 1 Abs. 2 der Richtlinie von der Inhaltskontrolle ausgenommen sind,[40] verpflichtet Art. 3 Abs. 1 der Richtlinie den nationalen Gesetzgeber doch lediglich zum Schutz des Verbrauchers vor Klauseln, die nach dem Maßstab des Gemeinschaftsrechts zu einem erheblichen und ungerechtfertigten Missverhältnis der vertraglichen Rechte und Pflichten zum Nachteil des Verbrauchers führen und daher als missbräuchlich anzusehen sind. Alleine die Abweichung von einer Regelung des nationalen Rechts genügt hierfür nicht. Vielmehr ist entscheidend, ob der Gesetzgeber mit der Zulassung einer konkreten Vertragsgestaltung das europarechtlich geforderte Schutzniveau unterschreitet.[41] Dies ist für die Hausbauverordnung zu verneinen, da die in Bezug genommene Regelung der §§ 3, 7 MaBV die Interessen des Bestellers in angemessener Weise berücksichtigt.[42]

Artikel 245 | Belehrung über Widerrufs- und Rückgaberecht

[1]Das Bundesministerium der Justiz wird ermächtigt, durch Rechtsverordnung, die der Zustimmung des Bundesrates nicht bedarf,
1. Inhalt und Gestaltung der dem Verbraucher gemäß § 355 Abs. 2 Satz 1, § 356 Abs. 1 Satz 2 Nr. 1 und den diese ergänzenden Vorschriften des Bürgerlichen Gesetzbuchs mitzuteilenden Belehrung über das Widerrufs- und Rückgaberecht festzulegen und
2. zu bestimmen, wie diese Belehrung mit den aufgrund der Artikel 240 bis 242 zu erteilenden Informationen zu verbinden ist.

A. Allgemeines 1
B. Regelungsgehalt 2
I. Die Ermächtigung zum Erlass einer Verordnung, die die inhaltliche und äußerliche Ausgestaltung des Widerrufs- und Rückgaberechts regelt (Nr. 1) 2
II. Die Ermächtigung zum Erlass einer Verordnung, wie die Belehrung über das Widerrufs- und Rückgaberecht mit weiter gehenden Informationspflichten verbunden werden kann (Nr. 2) 5
III. Nichtigkeit der Musterbelehrungen? 7

A. Allgemeines

1 Der Gesetzgeber war sich im Klaren, dass es Unternehmern angesichts der zunehmenden Informationspflichten zunehmend schwerer fällt, ihrer Informationspflicht, die gleichwohl zum Schutz der Verbraucher unabdingbar ist, fehlerfrei nachzukommen. Daher ist eine **korrekte Abfassung der Widerrufsbelehrung** und ihre korrekte Verbindung mit den Verbraucherinformationen sowohl für den Unternehmer als auch

---

36 *Basty*, DNotZ 2001, 421, 423; *Schmidt-Räntsch*, NZBau 2001, 356, 359; *Ullmann*, NJW 2002, 1073, 1077.
37 Richtlinie 93/13/EWG über missbräuchliche Klauseln in Verbraucherverträgen v. 5.4.1993, ABlEG Nr. L 95, S. 29.
38 *Karczewski/Vogel*, BauR 2001, 859, 862; *Thode*, ZfIR 2001, 345, 346.
39 Hierzu *Staudinger*, DNotZ 2001, 166, 168.
40 Für einen Ausschluss von der Klauselkontrolle gem. § 1 Abs. 2 der Richtlinie *Schmidt-Räntsch*, NZBau 2001, 356, 358; dahin tendierend auch *Staudinger*, DNotZ 2001, 166, 171 ff.; a.A. *Ullmann*, NJW 2002, 1073, 1078.
41 BGH NZM 2002, 754 (Vorlagebeschluss zum EUGH); *Staudinger*, DNotZ 2001, 166, 177 ff.; *Ullmann*, NJW 2002, 1073, 1078; zum Vorlagebeschluss des BGH vgl. auch die Entscheidung des EuGH NJW 2004, 1647: Beurteilung der Missbräuchlichkeit der Klausel sei Sache des nationalen Gerichts.
42 Ebenso *Pause*, NZBau 2002, 648, 649; *Staudinger*, DNotZ 2001, 166, 176 ff.; *Ullmann*, NJW 2002, 1073, 1078. Der BGH neigt sogar dazu, eine Vorausleistung in einem Formularvertrag als mit Art. 3 Abs. 1 der Richtlinie vereinbar anzusehen, wenn dem Besteller für die Vorausleistung eine Sicherheitsleistung nach § 7 MaBV für sämtliche Ansprüche gewährt wird, vgl. BGH NZM 2002, 754.

für den Verbraucher von entscheidender Bedeutung. Es sind in der Vergangenheit immer wieder Rechtsstreitigkeiten darüber entstanden, ob ein Unternehmer den Verbraucher ordnungsgemäß über das diesem zustehende Widerrufs- oder Rückgaberecht belehrt hat. Vor diesem Hintergrund erschien es dem Gesetzgeber aus Gründen der **Vereinfachung für die Geschäftspraxis** der Unternehmer, aber auch im Interesse der **Rechtssicherheit** und im Interesse einer **Entlastung der Rechtspflege** zweckmäßig, im Verordnungswege den gesetzlich erforderlichen Inhalt und die Gestaltung der Belehrung einheitlich festzulegen. Dem dient die **Verordnungsermächtigung** des Artikel 245, der durch Art. 2 Nr. 3 SchuldRModG[1] (aufgrund eines Vorschlags des Rechtsausschusses)[2] zum 1.1.2002 in das EGBGB eingefügt worden ist.

B. Regelungsgehalt

I. Die Ermächtigung zum Erlass einer Verordnung, die die inhaltliche und äußerliche Ausgestaltung des Widerrufs- und Rückgaberechts regelt (Nr. 1)

Das Bundesministerium der Justiz wird durch Art. 245 Nr. 1 ermächtigt, durch Rechtsverordnung festzulegen, wie die Belehrung über das Widerrufsrecht und das Rückgaberecht inhaltlich und äußerlich ausgestaltet sein müssen, um den Anforderungen des § 355 Abs. 2 S. 1 BGB bzw. jenen des § 356 Abs. 1 S. 1 Nr. 1 BGB zu entsprechen.

Durch die Zweite Verordnung zur Änderung der BGB-Informationspflichten-Verordnung (BGB-InfoV) vom 1.8.2002[3] hat das Bundesministerium der Justiz mit Wirkung vom 1.9.2002 von dieser Ermächtigung Gebrauch gemacht, indem ein aus einem Paragraphen (nämlich § 14 BGB-InfoV – Form der Widerrufs- und Rückgabebelehrung, Verwendung von Mustern) nebst zwei Anlagen bestehender Abschnitt („Belehrung über das Widerrufs- und Rückgaberecht") in die BGB-InfoV aufgenommen wurde: Nach § 14 Abs. 1 BGB-InfoV genügt die Belehrung über das **Widerrufsrecht** den Anforderungen des § 355 Abs. 2 BGB und den diesen ergänzenden Vorschriften des BGB, wenn das Muster der Anlage 2 in Textform verwandt wird. Die Belehrung über das **Rückgaberecht** genügt nach § 14 Abs. 2 BGB-InfoV den Anforderungen des § 356 Abs. 1 S. 2 Nr. 1 BGB und den diesen ergänzenden Vorschriften des BGB, wenn das Muster der Anlage 3 verwandt wird.

In der entsprechenden Verordnung werden also auch besondere, d.h. **zusätzliche Belehrungsinhalte** bspw. nach §§ 358 Abs. 5, 485 Abs. 2 oder 495 Abs. 2 S. 3 BGB geregelt und es wird bestimmt, wie der Unternehmer diese Inhalte mit der „üblichen" Belehrung verbinden kann, um eine doppelte Information zu vermeiden.[4]

II. Die Ermächtigung zum Erlass einer Verordnung, wie die Belehrung über das Widerrufs- und Rückgaberecht mit weiter gehenden Informationspflichten verbunden werden kann (Nr. 2)

Das Bundesministerium der Justiz wird durch Art. 245 Nr. 2 ermächtigt, durch Rechtsverordnung zu bestimmen, wie die Belehrung über das Widerrufs- und Rückgaberecht mit den aufgrund der Artt. 240–242 zu erteilenden Informationen (bei Fernabsatzverträgen, Verträgen im elektronischen Geschäftsverkehr und Teilzeit-Wohnrechteverträgen) verbunden werden kann.

Von dieser Verordnungsermächtigung wurde bisher (mit einer Ausnahme) kein Gebrauch gemacht. Diese Ausnahme ist **§ 1 Abs. 3 S. 2 BGB-InfoV** (vgl. auch § 1 Abs. 4 S. 2 BGB-InfoV i.d.F. von Art. 3 Nr. 1 des Entwurfs eines Gesetzes zur Änderung der Vorschriften über Fernabsatzverträge bei Finanzdienstleistungen, wonach der Unternehmer zur Erfüllung seiner Informationspflicht nach Abs. 1 Nr. 10 [erweiterte Informationspflichten hinsichtlich des Widerrufs- oder Rückgaberechts] das in § 14 BGB-InfoV für die Belehrung über das Widerrufs- oder Rückgaberecht bestimmte Muster verwenden kann). Hier werden Widerrufsbelehrung und Pflichtangaben miteinander verbunden.[5] § 1 Abs. 3 S. 2 BGB-InfoV bestimmt, dass der Unternehmer zur Erfüllung seiner Informationspflicht nach § 1 Abs. 3 S. 1 Nr. 1 BGB-InfoV (über die Bedingungen, Einzelheiten der Ausübung und Rechtsfolgen des Widerrufs- oder Rückgaberechts sowie über den Ausschluss des Widerrufs- oder Rückgaberechts) das in § 14 BGB-InfoV für die Belehrung über das Widerrufs- oder Rückgaberecht bestimmte Muster verwenden kann.

---

1 Vom 26.11.2001 (BGBl I S. 3138).
2 BT-Drucks 14/7052, S. 80.
3 BGBl I S. 2002, 2958.

4 Begründung der Beschlussempfehlung des Rechtsausschusses, BT-Drucks 14/7052, S. 208.
5 Staudinger/*Kaiser*, Art. 245 EGBGB Rn 23.

III. Nichtigkeit der Musterbelehrungen?

7 Die Musterbelehrungen nach § 14 BGB-InfoV (Anlage 2 und 3) müssen sich im Rahmen der Ermächtigungsgrundlage des Art. 245 halten und dürfen auch nicht gegen höherrangiges Recht (mithin die jeweiligen Voraussetzungen des Widerrufs- und Rückgaberechts nach BGB)[6] verstoßen (da sie ansonsten nicht den Anforderungen des BGB „genügen" – vgl. den Wortlaut von § 14 Abs. 1 und 2 BGB-InfoV).

8 Vor diesem Hintergrund vertritt *Kaiser*[7] die Auffassung, dass die Musterbelehrungen, die teilweise hinter den Anforderungen des BGB zurückblieben, wegen Überschreitens der Ermächtigungsgrundlage und wegen Verstoßes gegen höherrangiges Recht nichtig seien – der Gesetzgeber sei daher verpflichtet, nachzubessern, und bis zur „Nachbesserung" komme den Musterbelehrungen allenfalls eine „Leitbildfunktion" zu: „verwendet ein Unternehmer ein Muster ... spricht zwar nicht die Verordnung, aber zumindest eine tatsächliche Vermutung dafür, dass er den Verbraucher ordnungsgemäß belehrt hat".[8]

9 Fraglich erscheint m.E. aber, ob ein Zurückbleiben hinter den Anforderungen des BGB (unterstellt man einmal, dieses trifft zu) tatsächlich als Überschreitung der Ermächtigungsgrundlage zu qualifizieren ist. Diskutiert wird (bei Annahme einer Nichtigkeit der Musterbelehrungen) ein Amtshaftungsanspruch aus § 839 BGB i.V.m. Art. 34 GG. „Bejaht man die drittschützende Wirkung des § 14 BGB-InfoV samt Musterbelehrungen, könnte der die nichtigen Muster verwendende Unternehmer Schadensersatz von der Bundesrepublik verlangen, ggf. gemindert um einen Mitverschuldensanteil i.S.d. § 254 Abs. 1 BGB".[9]

---

[6] Staudinger/*Kaiser*, Art. 245 EGBGB Rn 3: „Nur innerhalb dieser Normen ermächtigt auch Art. 245 EGBGB das Bundesjustizministerium zur näheren Ausgestaltung der Belehrung".

[7] Staudinger/*Kaiser*, Art. 245 EGBGB Rn 3.
[8] Staudinger/*Kaiser*, Art. 245 EGBGB Rn 3.
[9] Staudinger/*Kaiser*, Art. 245 EGBGB Rn 4.

Stichwortverzeichnis

Erläuternde Hinweise:
- Zahlen nach „§" bezeichnen Paragrafen des BGB; Zahlen nach „EG" bezeichnen Artikel des Einführungsgesetzbuches. Zahlen nach „EheVO", „KSÜ", „MSA", „HVA", „HKÜ", „ESÜ" bezeichnen Artikel der jeweiligen Normen.
- Die Angabe „EheVO" bezieht sich auf die EheVO 2003 – Anh I zum III. Abschnitt EGBGB.
- Die Angabe „ZPO 606a" bezieht sich auf § 606 a ZPO – Anh II zum III. Abschnitt EGBGB.
- Die Angabe „FamRÄndG Art. 7" bezieht sich auf Art. 7 FamRÄndG; § 328 ZPO – Anh II zum III. Abschnitt EGBGB.
- Die Angabe „IntWR" bezieht sich auf die Kommentierung des Internationalen Wechselrechts (nach Art. 46 EGBGB).

Abgabe einer Willenserklärung § 130 Rn 5 ff.
- abhanden gekommene Willenserklärung § 130 Rn 9
- Bedeutung des Zeitpunkts der A. § 130 Rn 5
- Definition § 130 Rn 6
- Mängel der A. § 130 Rn 8
- nicht empfangsbedürftige Willenserklärung § 130 Rn 77
- verkörperte Erklärungen unter Anwesenden § 130 Rn 7

Abhanden gekommene Willenserklärung § 130 Rn 9; § 172 Rn 5
- Schadensersatzpflicht § 122 Rn 5
- bei elektronischer Form 126a Rn 54

Abkommen zwischen der Bundesrepublik Deutschland und der schweizerischen Eidgenossenschaft über die Haftung gegenüber Dritten auf dem Gebiet der Kernenergie EG 44 Rn 4

Ablaufhemmung
- der Verjährung siehe Verjährungsablaufhemmung

Abschlagszahlung
- beim Hausbau, Verordnungsermächtigung EG 244

Abstammung, IPR
- Anerkennung ausländischer Entscheidungen EG 19 Rn 45 ff.
- Anerkennung der Mutterschaft EG 19 Rn 52
- Anfechtung der A. siehe dort
- Anknüpfung an das Ehewirkungsstatut EG 19 Rn 17
- Anknüpfung an den gewöhnlichen Aufenthalt EG 19 Rn 14 f.
- Anknüpfung an die elterliche Staatsangehörigkeit EG 19 Rn 16
- Anwendungsbereich EG 19 Rn 10 ff.
- Auswirkung auf die Staatsangehörigkeit EG 19 Rn 56
- Geburt vor dem 1.7.1998 EG 19 Rn 39
- Geburt vor dem 1.9.1986 EG 19 Rn 40
- Grundsatz der Abstammungswahrheit EG 19 Rn 28
- Haager Unterhaltsabkommen EG 19 Rn 9, 33
- innerdeutsches Kollisionsrecht EG 19 Rn 41
- internationale Zuständigkeit EG 19 Rn 43 f.
- intertemporaler Anwendungsbereich EG 19 Rn 2 f.
- Kindschaftsrechtsreformgesetz EG 19 Rn 1
- Legitimation EG 19 Rn 54 f.
- Mutterschaftsfeststellung EG 19 Rn 29 f.
- Normgeschichte EG 19 Rn 1
- ordre public EG 19 Rn 36 ff.
- Personenstandsbuchberichtigung EG 19 Rn 53
- Rück- und Weiterverweisung EG 19 Rn 34 f.
- serologische Gutachten EG 19 Rn 48
- Vaterschaftsanerkennung und -feststellung EG 19 Rn 50 f.
- Verhältnis des Anknüpfungsalternativen EG 19 Rn 22 ff.
- Verpflichtung des Vaters gegenüber der Mutter EG 19 Rn 31 ff.
- vorrangige Regelungen EG 19 Rn 7 ff.
- Zustimmung zur Abstammungserklärung EG 23

Abtretung
- IPR siehe Forderungsübergang, IPR

Abwärts-Versteigerung
- Online-Auktionen Anh § 156 Rn 44 f.

Account-Missbrauch
- Online-Auktionen Anh § 156 Rn 25 ff.

Adhäsionsverfahren
- Verjährungshemmung § 204 Rn 23

Adoption, IPR
- Adoptionswirkungsgesetz siehe dort
- Anerkennung ausländischer Adoptionen EG 22 Rn 77 ff.
- Anknüpfungspunkt EG 22 Rn 52 ff.
- Arten EG 22 Rn 2 ff.
- Aufhebung EG 22 Rn 7 ff.
- Dekretadoption EG 22 Rn 17
- elterliche Sorge EG 22 Rn 22
- equitable adoption EG 22 Rn 4
- Erbrecht EG 22 Rn 38 ff.
- Haager Übereinkommen über den Schutz von Kindern und die Zusammenarbeit auf dem Gebiet der internationalen Adoption EG 22 Rn 77
- internationale Zuständigkeit EG 22 Rn 66 ff., 101
- kafala EG 22 Rn 3
- Name EG 22 Rn 23 ff.
- offene Adoption EG 22 Rn 16

2473

Stichwortverzeichnis

Adoption, IPR *(Forts.)*
- ordre public   EG 22 Rn 61 ff., 85 ff.
- Pflegekindschaft   EG 22 Rn 3
- Rück- und Weiterverweisung   EG 22 Rn 56 ff.
- schwache Adoption   EG 22 Rn 15
- Staatsangehörigkeit   EG 22 Rn 32 ff.
- starke Adoption   EG 22 Rn 15
- Verfahren bei ausländischem Adoptionsstatut   EG 22 Rn 71 ff.
- verfahrensrechtlicher ordre public   EG 22 Rn 85 ff.
- versteckte Rückverweisung   EG 22 Rn 59
- Vorfragen   EG 22 Rn 60
- Wirkungen   EG 22 Rn 14 ff.
- Zustandekommen   EG 22 Rn 5 f.
- Zustimmung   EG 23

Adoptionswirkungsgesetz   EG 22 Rn 98 ff.
- Anerkennungs- und Wirkungsfeststellung   EG 22 Rn 102 ff.
- Anwendungsbereich   EG 22 Rn 99 f.
- internationale Zuständigkeit   EG 22 Rn 101
- Umwandlung   EG 22 Rn 119 ff.
- Wiederholung der Adoption im Inland   EG 22 Rn 142 ff.

AGB   *siehe* Allgemeine Geschäftsbedingungen

AHK-Gesetz Nr. 23 über die Rechtsverhältnisse verschleppter Personen und Flüchtlinge
Anh II EG 5 Rn 10 ff.

Alimentationsvertrag
- Internationales Unterhaltsrecht   EG 18 Rn 52 f.

Alkoholismus
- Geschäftsunfähigkeit   § 104 Rn 16
- vorübergehende Störung der Geistestätigkeit   § 105 Rn 4

Allgemeine Ehewirkungen, IPR   EG 14
- Altehen   EG 14 Rn 6
- Anwendungsbereich   EG 14 Rn 63 ff.
- Auslegung der Rechtswahl   EG 14 Rn 50
- Deutsch-Iranisches Niederlassungsabkommen   EG 14 Rn 1 f.
- Eigentumsvermutung   EG 14 Rn 79
- engste Verbindung   EG 14 Rn 25 ff.
- Fallgruppen zur engsten Verbindung   EG 14 Rn 30 ff.
- Form der Rechtswahl   EG 14 Rn 43 ff.
- Funktionen   EG 14 Rn 4 f.
- gegenseitige Unterstützung   EG 14 Rn 66
- gemeinsamer gewöhnlicher Aufenthalt   EG 14 Rn 16 ff.
- gemeinsames Personalstatut   EG 14 Rn 10 ff.
- Getrenntleben   EG 14 Rn 64
- Hausrat und Ehewohnung   EG 14 Rn 69
- Herstellung der ehelichen Lebensgemeinschaft   EG 14 Rn 64
- konkludente Rechtswahl   EG 14 Rn 46 ff.
- Lebensmittelpunkt   EG 14 Rn 65
- Mehrrechtsstaat   EG 14 Rn 60 f.
- Morgengabe   EG 14 Rn 82 ff.
- ordre public   EG 14 Rn 59
- Personalsicherheit   EG 14 Rn 77
- Rück- und Weiterverweisung   EG 14 Rn 52 ff.
- Rückgabe von Verlobungs- und Hochzeitsgeschenken   EG 14 Rn 78
- Schlüsselgewalt   EG 14 Rn 73
- Staatensukzession   EG 14 Rn 62
- unbenannte Zuwendung   EG 14 Rn 74
- unerlaubte Handlung   EG 14 Rn 67
- Verjährung   EG 14 Rn 80
- Verpflichtungs- und Verfügungsbeschränkungen   EG 14 Rn 70 ff.
- Vorfragen   EG 14 Rn 56 ff.
- Wahl des gemeinsamen Heimatrechts   EG 14 Rn 34 ff.
- Wahl des Heimatrechts eines Ehegatten   EG 14 Rn 38 ff.
- Wandelbarkeit   EG 14 Rn 5
- Wirksamkeit der Rechtswahl   EG 14 Rn 50
- Wohnsitz   EG 14 Rn 68
- Zeitpunkt der Rechtswahl   EG 14 Rn 49
- Zustandekommen der Rechtswahl   EG 14 Rn 50
- Zwangsvollstreckung   EG 14 Rn 81

Allgemeine Geschäftsbedingungen
- Auslegung   § 133 Rn 23, 87 f.
- Inhaltskontrolle bei Vereinbarungen über die Verjährung   § 202 Rn 47 ff.
- revisionsgerichtliche Kontrolle   § 133 Rn 110 f.

Allgemeines Persönlichkeitsrecht
- besonderes postmortales Persönlichkeitsrecht während der Totenehrung   § 90 Rn 41 ff.
- IPR   EG 40 Rn 77 ff.
- Namensrecht als Persönlichkeitsrecht   § 12 Rn 19 ff.
- postmortaler Persönlichkeitsschutz   § 12 Rn 128 ff.
- postmortales A.   § 1 Rn 32 ff.
- postmortales Persönlichkeitsrecht des Ausländers   EG 7 Rn 15
- Verhältnis zum Namensrecht   § 12 Rn 27

Anatomieleiche   *siehe* Leiche

Andeutungstheorie   § 125 Rn 28; § 133 Rn 74 ff.
- ergänzende Vertragsauslegung   § 157 Rn 29
- falsa-demonstratio-Regel   § 133 Rn 77 ff.
- Stiftungsgeschäft   § 80 Rn 30; § 83 Rn 7

Anerkenntnis
- Verjährungsneubeginn   § 212 Rn 10 f., 29 f.

Anerkennung ausländischer Entscheidungen
- Abstammung   EG 19 Rn 45 ff.
- anerkennungsrechtlicher ordre public   EG 6 Rn 19
- Anfechtung der Abstammung   EG 20 Rn 24 ff.
- Betreuung   EG 24 Rn 24 ff.
- Ehesachen   *siehe* EG-Eheverordnung
- Ehesachen, autonomes Recht   *siehe* Ehesachen, Anerkennung nach autonomem Recht
- eingetragene Lebenspartnerschaft   EG 17b Rn 82 ff.; FamRÄndG Art. 7 Rn 10
- elterliche Sorge   Anh I EG 24 KSÜ 28 Rn 1 f.; Anh II EG 24 MSA 7 Rn 2 ff.; Anh IV EG 24 HKÜ 14; Anh V EG 24 ESÜ 30 Rn 1 f.; EG 21 Rn 47 ff.
- Erbrecht   EG 25 Rn 153 f., 156 ff.
- Pflegschaft   EG 24 Rn 24 ff.

Anerkennung ausländischer Entscheidungen *(Forts.)*
- Privatscheidung EheVO 21 Rn 9; FamRÄndG Art. 7 Rn 12 ff., 19, 73 ff., 89
- Todeserklärung EG 9 Rn 18 ff.
- Unterhalt EG 18 Rn 104
- Vormundschaft EG 24 Rn 24 ff.

Anerkennungstheorie
- Minderjährigenschutzabkommen Anh II EG 24 MSA 1 Rn 8 ff.

Anfall des Vereinsvermögens 45 f.
- an den Fiskus § 46
- Anfallberechtigter § 45 Rn 10 ff.
- Liquidation des Vereins *siehe dort*
- Rechtswirkungen § 45 Rn 7 ff.
- Sperrjahr § 51
- Tatbestände § 45 Rn 3

Anfechtung
- Abbedingung § 119 Rn 20
- arglistige Täuschung *siehe dort*
- bei Stellvertretung § 166 Rn 22 ff.
- Bestätigung des anfechtbaren Rechtsgeschäfts § 144
- Beweislast § 119 Rn 79
- der Duldungs- und Anscheinsvollmacht § 167 Rn 94
- der Vollmachtserteilung § 167 Rn 21 ff.
- Doppelanfechtung § 142 Rn 5
- eines nichtigen Rechtsgeschäfts § 142 Rn 5
- Erklärungstheorie § 119 Rn 1
- Eventualanfechtung § 121 Rn 20
- fehlerhafte Gesellschaft § 142 Rn 9
- fehlerhaftes Arbeitsverhältnis § 142 Rn 8
- fehlerhaftes Dauerschuldverhältnis § 142 Rn 10
- geschäftsähnliche Handlung § 119 Rn 8
- Gutglaubensschutz Dritter § 142 Rn 16 f.
- im Arbeitsrecht § 119 Rn 23
- im Familien- und Erbrecht § 119 Rn 11
- im Gesellschaftsrecht § 119 Rn 24
- im Wertpapierrecht § 119 Rn 25
- Irrtum *siehe dort*
- Kausalität § 119 Rn 75 ff.
- Nichtigkeitsumfang und -folgen § 142 Rn 11 ff.
- öffentliches Recht § 119 Rn 10
- Prozesshandlungen § 119 Rn 9
- Rechtsfolgen § 119 Rn 78
- Schadensersatzpflicht § 122
- Schiedsvertrag § 119 Rn 13
- Schweigen § 119 Rn 7
- Teilanfechtung § 142 Rn 4
- Vergleich § 119 Rn 12
- Verhältnis zum Dissens § 119 Rn 28
- Verhältnis zur Auslegung § 119 Rn 27
- Verpflichtungs- und Verfügungsgeschäft § 142 Rn 12 ff.
- Versicherungsvertrag § 119 Rn 14
- Verwirkung § 119 Rn 22
- Verzicht § 119 Rn 21
- wegen Rechtsmangels § 119 Rn 18
- wegen Sachmangels § 119 Rn 15
- widerrechtliche Drohung *siehe dort*
- Willenstheorie § 119 Rn 1
- Wirkung der A. § 142

Anfechtung der Abstammung, IPR
- Anerkennung ausländischer Entscheidungen EG 20 Rn 24 ff.
- Anknüpfung EG 20 Rn 11 ff.
- Anwendungsbereich EG 20 Rn 9 f.
- Deutsch-Iranisches Niederlassungsabkommen EG 20 Rn 8
- Geburt vor dem 1.7.1998 EG 20 Rn 17
- innerdeutsches Kollisionsrecht EG 20 Rn 17
- internationale Zuständigkeit EG 20 Rn 22 f.
- intertemporaler Anwendungsbereich EG 20 Rn 2
- Kindschaftsrechtsreformgesetz EG 20 Rn 1
- Mutterschaft EG 20 Rn 18
- ordre public EG 20 Rn 15 f.
- Personenstandssachen EG 20 Rn 27
- prozessuale Fragen EG 20 Rn 19
- Rück- und Weiterverweisung EG 20 Rn 14

Anfechtungserklärung
- Anfechtungsberechtigte § 143 Rn 10 ff.
- Anfechtungsgegner § 143 Rn 13 ff.
- Bedingung § 143 Rn 4
- Inhalt § 143 Rn 5 ff.
- Nachschieben von Gründen § 143 Rn 9
- Rechtsnatur § 143 Rn 3
- Unwiderruflichkeit § 143 Rn 4

Anfechtungsfrist
- Anwendungsbereich § 121 Rn 3
- Ausschlussfrist § 121 Rn 17
- bei Täuschung und Drohung § 124
- Beweislast § 121 Rn 18
- Eventualaufrechnung § 121 Rn 20
- Kenntnis vom Anfechtungsgrund § 121 Rn 4 ff.
- Rechtsirrtum § 121 Rn 12
- Übermittlungsart § 121 Rn 13
- Unverzüglichkeit § 121 Rn 9 ff., 19

Anfechtungsgegner § 143 Rn 13 ff.

Angebot *siehe* Vertragsantrag

Angleichung
- im IPR EG 3 Rn 33

Anknüpfung
- im IPR EG 3 Rn 22 ff.

Annahme
- des Vertragsantrags *siehe* Vertragsannahme

Annahme als Kind
- IPR *siehe* Adoption, IPR

Annahmefrist
- bei Vertragsantrag *siehe* Vertragsantrag, Annahmefrist

Anpassung
- im IPR EG 3 Rn 33

Anscheinsvollmacht *siehe* Duldungs- und Anscheinsvollmacht

Anspruch
- Legaldefinition § 194 Rn 2

Antrag
- zum Vertragsschluss *siehe* Vertragsantrag

Anwartschaftsrecht
- Grundlage § 161 Rn 3 f.

Stichwortverzeichnis

Arbeitnehmer
- als Verbraucher §§ 13, 14 Rn 13 f., 23 f.

Arbeitnehmerentsenderichtlinie EG 30 Rn 2 ff.

Arbeitskampf
- IPR EG 30 Rn 34

Arbeitsvertrag
- IPR *siehe* Internationales Schuldvertragsrecht, Arbeitsvertrag

Arglistige Täuschung
- aktives Tun § 123 Rn 26 ff.
- Anfechtung der Vollmachtserteilung § 167 Rn 30
- Anfechtung gegenüber Begünstigtem § 123 Rn 67 ff.
- Ausschluss der Anfechtung nach Treu und Glauben § 123 Rn 18
- Begriff der Arglist § 123 Rn 56 ff.
- Behauptungen „ins Blaue hinein" § 123 Rn 59
- bei Stellvertretung § 166 Rn 23
- Beweislast § 123 Rn 103 f.
- durch Dritten § 123 Rn 63 ff.
- Familien- und Erbrecht § 123 Rn 10
- Fragerecht des Arbeitgebers § 123 Rn 51 ff.
- geschäftsähnliche Handlung § 123 Rn 5
- gesetzlich fingierte Willenserklärung § 123 Rn 5
- Interessenlage § 123 Rn 2 f.
- Irrtum § 123 Rn 37 ff.
- Kausalität § 123 Rn 41 ff.
- konkludente Täuschung § 123 Rn 27
- Konkurrenzen § 123 Rn 96 ff.
- Offenbarungspflicht § 123 Rn 30 ff.
- öffentliches Recht § 123 Rn 8 f.
- Prozesshandlungen § 123 Rn 7
- Rechtsfolgen § 123 Rn 95
- Schuldübernahme § 123 Rn 72
- Schwangerschaft § 123 Rn 45, 50, 54
- Schwerbehinderung § 123 Rn 54
- Unterlassen § 123 Rn 30 ff.
- Vergleich § 123 Rn 11
- Verhältnis zum Gewährleistungsrecht § 123 Rn 14
- Verhältnis zur Anfechtung nach § 119 § 119 Rn 19; § 123 Rn 15
- Vermögensgesetz § 123 Rn 13
- Versicherungsrecht § 123 Rn 22
- Versicherungsvertrag § 123 Rn 12
- Vertrag zugunsten Dritter § 123 Rn 71
- vertragliche Abbedingung des Anfechtungsrechts § 123 Rn 16
- Vertragsübernahme § 123 Rn 73
- Verzicht auf das Anfechtungsrecht § 123 Rn 17
- Vorstrafen § 123 Rn 44, 48
- Wertpapierrecht § 123 Rn 21
- Widerrechtlichkeit § 123 Rn 44 ff.

Arztvertrag
- IPR EG 28 Rn 96
- Sittenwidrigkeit § 138 Rn 159 ff.

Asylverfahrensgesetz Anh II EG 5 Rn 30 ff.

Aufenthalt
- Wohnort § 7 Rn 9

Auflösende Bedingung *siehe* Bedingung, auflösende

Auflösung des Vereins *siehe* Verein, Beendigung

Aufrechnung
- IPR EG 32 Rn 30 ff.
- nach Verjährung § 215 Rn 3
- Verjährungsneubeginn § 212 Rn 12

Aufschiebende Bedingung *siehe* Bedingung, aufschiebende

Auftrag
- IPR EG 28 Rn 121
- Vollmacht § 169

Auftragsbestätigung
- als Vertragsannahme § 147 Rn 8

Ausfall
- der aufschiebenden Bedingung § 158 Rn 57 ff.

Ausländer
- Namensschutz § 12 Rn 81

Ausländisches Recht
- Anwendung EG 3 Rn 38 f.
- Ermittlung EG 3 Rn 40 ff.
- Nichtermittelbarkeit des Kollisionsrechts EG 4 Rn 9
- Nichtermittelbarkeit des Sachrechts EG 3 Rn 50
- Rechtshilfe EG 3 Rn 44
- Revisibilität EG 3 Rn 39

Auslegung
- von Gesetzen *siehe* Gesetzesauslegung

Auslegung von Verträgen
- Abgrenzungen § 157 Rn 5 ff.
- Anfechtung § 157 Rn 13
- Anwendungsbereich § 157 Rn 3 f.
- ergänzende A. *siehe* ergänzende Vertragsauslegung
- Feststellung einer Bedingung § 158 Rn 15 ff.
- geltungserhaltende Reduktion § 157 Rn 14 ff.
- Normzweck § 157 Rn 1 f.
- Vorrang des dispositiven Rechts § 157 Rn 8 ff.

Auslegung von Willenserklärungen
- Abgrenzung Tat- und Rechtsfrage § 133 Rn 99 ff.
- Abgrenzungen § 133 Rn 13 ff.
- Allgemeine Geschäftsbedingungen § 133 Rn 87 f.
- Andeutungstheorie § 133 Rn 74 ff.
- Anwendungsbereich § 133 Rn 6 ff.
- Auslegungsbedürftigkeit § 133 Rn 27
- Auslegungsfähigkeit § 133 Rn 28
- Auslobung § 133 Rn 40
- automatisierte Willenserklärung § 133 Rn 89
- Begleitumstände § 133 Rn 31
- Betriebsvereinbarungen § 133 Rn 96
- Empfängerhorizont § 133 Rn 41 ff.
- erläuternde A. § 133 Rn 4 f.
- falsa-demonstratio-Regel § 133 Rn 46, 77 ff.
- Gegenstand § 133 Rn 24 ff.
- Gesellschaftsverträge und Satzungen § 133 Rn 97 ff.
- grammatische A. § 133 Rn 68 ff.
- Grundbucheintragung § 133 Rn 85 f.
- historische A. § 133 Rn 71

Auslegung von Willenserklärungen *(Forts.)*
- Methoden § 133 Rn 67 ff.
- nicht empfangsbedürftige Willenserklärungen § 133 Rn 38 ff.
- protestatio facta contraria § 133 Rn 33
- Revisibilität § 133 Rn 103 ff.
- systematische A. § 133 Rn 68 ff.
- Tarifverträge § 133 Rn 90 ff.
- Teilnichtigkeit § 133 Rn 21
- teleologische A. § 133 Rn 72 f.
- Testament § 133 Rn 39, 81 f.
- Treu und Glauben § 133 Rn 52 ff.
- Verhältnis von § 133 und § 157 § 133 Rn 2 f.
- Verkehrssitte § 133 Rn 59 ff.
- wirklicher Wille § 133 Rn 34 ff.
- wohlwollende A. § 133 Rn 22
- Wortlaut § 133 Rn 30 ff.

Auslobung
- Auslegung § 133 Rn 40
- IPR EG 28 Rn 155

Ausschlussfrist
- Abgrenzung zur Verjährung Vor §§ 194–218 Rn 27 f.

Bankgeschäfte
- IPR EG 28 Rn 123 ff.

Bedingung § 158
- Abgrenzung § 158 Rn 20 ff.
- abredewidrige Weiterverfügung § 158 Rn 47 f.
- Änderungskündigung § 158 Rn 35
- Anstellung von Organmitgliedern § 158 Rn 44
- Anwartschaftsrecht § 161 Rn 3 f.
- Arten § 158 Rn 3 ff.
- Auslegung § 158 Rn 15 ff.
- Begriff § 158 Rn 2
- Beitritt zu Personengesellschaft und Verein § 158 Rn 43
- Bestellung zum GmbH-Geschäftsführer § 158 Rn 44
- Beweislast § 158 Rn 75 ff.
- Bewertung bedingter Forderungen § 158 Rn 82
- Drittwirkung § 158 Rn 83
- Einwendungstheorie § 158 Rn 77
- Einzelfälle § 158 Rn 71 ff.
- Funktionen § 158 Rn 9 ff.
- geschäftsähnliche Handlung § 158 Rn 34
- Gestaltungsrechte § 158 Rn 34 ff.
- Haftung während der Schwebezeit § 160
- Leugnungstheorie § 158 Rn 77
- mehrere Umstände § 158 Rn 69 f.
- Normzweck § 158 Rn 1
- Potestativbedingung § 158 Rn 5
- Prozesshandlungen § 158 Rn 45 f.
- Rechtsbedingung § 158 Rn 26 ff.
- rechtsgeschäftliche Begründung eines Verfügungsverbots § 161 Rn 11
- Rückbeziehung § 159
- unmögliche B. § 158 Rn 51 ff.
- Unzulässigkeit § 158 Rn 33 ff.
- Verjährung § 158 Rn 79
- Vertragsfreiheit § 158 Rn 32
- Verzicht § 158 Rn 80 f.
- Vormerkung § 158 Rn 84
- widersprüchliche B. § 158 Rn 50, 52 ff.
- Wollensbedingung § 158 Rn 6 ff.
- Zufallsbedingung § 158 Rn 4
- Zwischenverfügung § 161

Bedingung, auflösende § 158 Rn 62 ff.
- Dauerschuldverhältnis § 158 Rn 65
- Eintritt § 158 Rn 66
- Wirkung § 158 Rn 63 f.

Bedingung, aufschiebende § 158 Rn 55 ff.
- Ausfall § 158 Rn 57 ff.
- Rechtslage während des Schwebezustands § 158 Rn 56
- Verfügungsgeschäft § 158 Rn 61
- Verpflichtungsgeschäft § 158 Rn 60

Bedingungseintritt, Verhinderung oder Herbeiführung § 162
- analoge Anwendung § 162 Rn 22
- Anwendungsbereich § 162 Rn 3 ff.
- Austauschgeschäfte § 162 Rn 7
- Beeinflussung Dritter § 162 Rn 16
- Beweislast § 162 Rn 21
- Einschaltung Dritter § 162 Rn 12
- Fiktion § 162 Rn 1
- formales Verhalten § 162 Rn 13 ff.
- kausaler Eingriff § 162 Rn 8 f.
- öffentliches Recht § 162 Rn 23
- Rechtsfolge § 162 Rn 20
- Treuwidrigkeit § 162 Rn 10 f.
- Unterlassen der Mitwirkung § 162 Rn 11
- Vertragspflichtverletzung § 162 Rn 17
- Vor- oder Nachteil § 162 Rn 6 f.
- Vorrang der Auslegung § 162 Rn 2
- Zeitpunkt § 162 Rn 18 f.

Befristung
- Abgrenzung zur Bedingung § 158 Rn 20 ff.
- treuwidrige Einflussnahme § 162 Rn 5

Beginn der Verjährungsfrist siehe Verjährungsfrist, Beginn

Beherbergungsvertrag
- IPR EG 28 Rn 102

Behördliches Veräußerungsverbot § 136
- einstweilige Verfügung § 136 Rn 7 ff.
- gerichtliches Erwerbsverbot § 136 Rn 16 f.
- Konkurrenz von Veräußerungsverboten § 136 Rn 15
- Normzweck § 136 Rn 1 f.
- relatives und absolutes b. § 136 Rn 3 f.
- Zwangsvollstreckung § 136 Rn 11 ff.

Beistandschaft
- IPR EG 21 Rn 14 f.

Belehrung über Widerrufs- und Rückgaberecht
- Verordnungsermächtigung EG 245

Beschränkte Geschäftsfähigkeit
- Beginn und Ende § 106 Rn 2
- Besitzwille § 104 Rn 4
- Beweislast § 106 Rn 7
- des Vertreters § 165
- Einwilligung des gesetzlichen Vertreters siehe dort
- guter Glaube an die Geschäftsfähigkeit § 104 Rn 9
- Luxustierhaltung § 104 Rn 4

2477

Beschränkte Geschäftsfähigkeit *(Forts.)*
- Prozessfähigkeit § 106 Rn 6
- Prozessvertretung durch beschränkt Geschäftsfähigen § 165 Rn 10
- schwebende Unwirksamkeit *siehe dort*
- Verjährung § 106 Rn 5
- Verjährungsablaufhemmung § 210
- Wohnsitz § 7 Rn 20; § 8 Rn 2 ff.
- Zugang § 131

Beseitigungsanspruch
- Namensschutz § 12 Rn 260 ff.

Besitz
- Anwendbarkeit der §§ 104 ff. § 104 Rn 4

Bestandteil
- Begriff § 93 Rn 6 ff.
- Recht als B. eines Grundstücks § 96 Rn 1 ff.
- Scheinbestandteil *siehe dort*
- wesentlicher B. *siehe dort*

Bestätigung § 141
- Abgrenzungen § 141 Rn 3 ff.
- Bestätigungswille § 141 Rn 13
- Beweislast § 141 Rn 17
- formbedürftiges Geschäft § 141 Rn 15
- inhaltliche Anforderungen § 141 Rn 12 ff.
- konkludente B. § 141 Rn 14
- Nichtigkeit § 141 Rn 9
- Normzweck § 141 Rn 1 f.
- Rechtsfolgen § 141 Rn 16
- Rechtsgeschäft § 141 Rn 8
- Wirksamkeit der B. § 141 Rn 11

Beteiligtenfähigkeit
- Begriff § 1 Rn 14

Betreuung, IPR EG 24
- Anerkennung ausländischer Entscheidungen EG 24 Rn 24 ff.
- Anknüpfung EG 24 Rn 9 ff.
- ausgenommene Bereiche EG 24 Rn 8
- Begriff EG 24 Rn 2 f.
- internationale Zuständigkeit EG 24 Rn 22 f.
- Rück- und Weiterverweisung EG 24 Rn 21
- vorrangige Regelungen EG 24 Rn 4 ff.

Betriebsübergang
- gesetzliches Verbot § 134 Rn 99

Betriebsvereinbarung
- Auslegung § 133 Rn 96
- Verbotsgesetze § 134 Rn 25

Betriebsverfassungsrecht
- IPR EG 30 Rn 30 f.

Bewusstlosigkeit
- Willenserklärung § 105 Rn 3

BGB-Gesellschaft *siehe* Gesellschaft bürgerlichen Rechts

Bindungswirkung
- des Vertragsantrags § 145 Rn 9 ff.

Blankett
- abredewidrige Ausfüllung § 119 Rn 38; § 126 Rn 24; § 172 Rn 13
- Blankozession § 126 Rn 25
- öffentliche Beglaubigung § 129 Rn 15
- Schriftformerfordernis § 126 Rn 23 ff.

Blankobürgschaft § 126 Rn 26; § 167 Rn 40

Bote
- Abgrenzung zum Stellvertreter § 164 Rn 27, 47 ff.
- bewusste Falschübermittlung § 120 Rn 5 f., 13
- Pseudobote § 177 Rn 7; § 179 Rn 4
- vermeintlicher B. § 120 Rn 7
- Willensmängel und Wissenszurechnung § 166 Rn 16

Brüssel IIa-Verordnung *siehe* EG-Eheverordnung

Brüsseler CIEC-Übereinkommen über die Feststellung der mütterlichen Abstammung nichtehelicher Kinder EG 19 Rn 7

Brüsseler Übereinkommen über die gerichtliche Zuständigkeit und die Vollstreckung gerichtlicher Entscheidungen in Zivil- und Handelssachen EG 27 Rn 80, 93; EG 29 Rn 71 ff.

Brüsseler Übereinkommen zu Hilfeleistung auf hoher See EG 39 Rn 4

Bürgschaft
- IPR EG 28 Rn 144 f.
- Sittenwidrigkeit § 138 Rn 239 ff.

Centros-Entscheidung
- Internationales Gesellschaftsrecht Anh EG 12 Rn 58 f.

CMR
- internationales Transportrecht EG 28 Rn 71

COTIF
- internationales Transportrecht EG 28 Rn 72

Culpa in contrahendo *siehe* Verschulden bei Vertragsschluss

Daily-Mail-Entscheidung
- Internationales Gesellschaftsrecht Anh EG 12 Rn 57

Darlehen
- IPR EG 28 Rn 138 ff.

Dauerschuldverhältnis
- auflösende Bedingung § 158 Rn 65
- fehlerhaftes D. § 142 Rn 10; Vor §§ 145–157 Rn 45
- Schuldrechtsreform, Überleitungsrecht EG 229 § 5 Rn 53 ff.

Deklaratorisches Schuldanerkenntnis
- Verjährungsneubeginn § 212 Rn 11

Dépecage EG 27 Rn 36 ff.

Deutsch-Iranisches Niederlassungsabkommen EG 15 Rn 2; EG 7 Rn 4
- Abstammung EG 20 Rn 8
- Ehewohnung und Hausrat EG 17a Rn 23
- elterliche Sorge Anh II EG 24 MSA 2 Rn 3; EG 21 Rn 3, 16
- Internationales Ehegüterrecht, Verkehrsschutz EG 16 Rn 4
- Internationales Erbrecht EG 25 Rn 2 f.
- Internationales Scheidungsrecht EG 17 Rn 6
- Todeserklärung, IPR EG 9 Rn 5
- Unterhalt EG 18 Rn 4, 88 ff.
- Versorgungsausgleich, IPR EG 17 Rn 161 ff.
- Vormundschaft, Pflegschaft, Betreuung EG 24 Rn 5

Deutsch-Iranisches Niederlassungsübereinkommen EG 19 Rn 8
Deutsch-Sowjetischer Konsularvertrag
– Internationales Erbrecht   EG 25 Rn 11 ff.
Deutsch-Türkischer Konsularvertrag
– Internationales Erbrecht   EG 25 Rn 4 ff.
Dienstvertrag
– IPR   EG 28 Rn 94 ff.
Differenzhaftung
– Vorverein   § 21 Rn 11
Dissens   siehe Einigungsmangel
Distanzdelikt
– Internationales Deliktsrecht   EG 40 Rn 22
Domainname
– Namensrecht und -schutz   § 12 Rn 108 f., 151 ff., 178, 185 f., 210, 217 ff., 229 ff., 239 f., 264
– Schikaneverbot   § 226 Rn 20
Domainregistrierungsvertrag
– IPR   EG 28 Rn 106 ff.
Domicile
– als kollisionsrechtlicher Anknüpfungspunkt   EG 5 Rn 5
Doppelehe
– IPR   EG 13 Rn 33 f.
Doppelstaater   EG 5 Rn 21 ff.
Drohung   siehe widerrechtliche Drohung
Duldungs- und Anscheinsvollmacht   § 167 Rn 74 ff.
– Anfechtbarkeit   § 167 Rn 94
– Anwendungsbereich   § 167 Rn 79 f.
– Beweislast   § 167 Rn 90
– Disponibilität   § 167 Rn 93
– Grundgedanke   § 167 Rn 74
– Haftung als falsus procurator   § 179 Rn 9
– maßgeblicher Zeitpunkt   § 167 Rn 90
– Rechtsgrundlage   § 167 Rn 74 ff.
– Voraussetzungen der Anscheinsvollmacht   § 167 Rn 82 ff.
– Voraussetzungen der Duldungsvollmacht   § 167 Rn 81
– Wirkung   § 167 Rn 91 ff.
Durchgriffshaftung
– juristische Person   Vor §§ 21 ff. Rn 7 ff.

E-Commerce   siehe Internet, siehe Online-Auktion
Effektive Staatsangehörigkeit   EG 5 Rn 32 ff.
EG-Eheverordnung   EheVO
– Anwendungsbereich   Vor EheVO Rn 5 ff.
– Auslegungsgrundsätze   Vor EheVO Rn 18 ff.
– Auslegungskompetenz des EuGH   Vor EheVO Rn 22 ff.
– Brüssel II-Abkommen   Vor EheVO Rn 2
– eingetragene Lebenspartnerschaft   EG 17b Rn 80
– Entsprechungstabelle zur EheVO 2000   Vor EheVO Rn 25
– Internationales Scheidungsrecht   EG 17 Rn 40 f., 54, 164 ff.
– Personalstatut   EG 5 Rn 46
– Rechtsgrundlage   Vor EheVO Rn 5 f.
– Übergangsrecht   EheVO 64

– Unterhalt   EG 18 Rn 102
– Verhältnis zu MSA   EheVO 61
– Verhältnis zu multilateralen Abkommen   EheVO 60
– Verhältnis zu Staatsverträgen   Vor EheVO Rn 14 ff.
– Verhältnis zum nationalen Recht   Vor EheVO Rn 16 f.
– Versorgungsausgleich, IPR   EG 17 Rn 164 ff.
– Vorgängerregelungen   Vor EheVO Rn 1 ff.
– Zusammenarbeit von Behörden   EheVO 58
EG-Eheverordnung 2000   Vor EheVO Rn 2 ff.
– Personalstatut   EG 5 Rn 45
EG-Eheverordnung, Anerkennung   EheVO 21 ff.
– Änderung im Zweitstaat   EheVO 21 Rn 44 ff.
– Aufhebung oder Änderung im Erststaat   EheVO 21 Rn 42 f.
– Aussetzung des Verfahrens   EheVO 27
– Begriff der Entscheidung   EheVO 21 Rn 1 ff.
– Beischreibung in Personenstandsbüchern   EheVO 21 Rn 18 f.
– Bescheinigung   EheVO 39
– Ehesachen   EheVO 21 Rn 11 f.
– elterliche Sorge   EheVO 21 Rn 13
– Fehlen von Urkunden   EheVO 38
– formelle Rechtskraft   EheVO 21 Rn 14
– inzidente Entscheidung   EheVO 21 Rn 41
– ipso-iure-Anerkennung   EheVO 21 Rn 15 ff.
– Kindesrückgabeentscheidungen   EheVO 45
– kirchliche Entscheidungen   EheVO 21 Rn 10; EheVO 63
– Kosten   EheVO 49
– Legalisation von Urkunden   EheVO 52
– Nichtanerkennungsgründe bei Sorgerechtsentscheidungen   EheVO 23
– Nichtanerkennungsgründe in Ehesachen   EheVO 22
– öffentliche Urkunden   EheVO 46
– Privatscheidungen   EheVO 21 Rn 9
– Prozesskostenhilfe   EheVO 50
– selbständiges Anerkennungsverfahren   EheVO 21 Rn 20 ff.
– Sicherheitsleistung   EheVO 51
– Umgangsrechtsentscheidungen   EheVO 45
– Unterschiede beim anzuwendenden Recht   EheVO 25
– Urkunden   EheVO 37
– Verbot der Nachprüfung in der Sache   EheVO 26
– Verbot der Überprüfung der Zuständigkeit   EheVO 24
– Vereinbarungen zwischen den Parteien   EheVO 46
EG-Eheverordnung, Ehesachen
– Anwendungsbereich   EheVO 1 Rn 1, 3 ff.
– Eheherstellungsklage   EheVO 1 Rn 13
– Hausrat und Ehewohnung   EheVO 1 Rn 18
– kirchliche Entscheidungen   EheVO 1 Rn 15
– Privatscheidung   EheVO 1 Rn 14
– Schuldfeststellung   EheVO 1 Rn 16 f.
EG-Eheverordnung, elterliche Sorge
– Anwendungsbereich   EheVO 1 Rn 2, 19 ff.

EG-Eheverordnung, Vollstreckung
- Ablehnungsgründe EheVO 31 Rn 3 f.
- Antrag der berechtigten Partei EheVO 28 Rn 5 f.
- Anwaltszwang Vor EheVO 28–36 Rn 10
- Aussetzung des Verfahrens EheVO 35
- Begriff der Entscheidung EheVO 28 Rn 1 f.
- Bescheinigung EheVO 39
- deutsche Ausführungsvorschriften Annex EheVO 28–36
- Einseitigkeit des Verfahrens EheVO 31 Rn 1 f.
- Endentscheidung im Rechtsbehelfsverfahren EheVO 34 Rn 1 ff.
- Ergänzung durch innerstaatliche Vorschriften Vor EheVO 28–36 Rn 5 ff.
- Erleichterung des Verfahrens Vor EheVO 28–36 Rn 1 ff.
- Fehlen von Urkunden EheVO 38
- Kindesrückgabeentscheidungen EheVO 45
- Kosten EheVO 49; Vor EheVO 28–36 Rn 11
- Legalisation von Urkunden EheVO 52
- Mitteilung der Entscheidung EheVO 32
- öffentliche Urkunden EheVO 46
- örtliche Zuständigkeit EheVO 29 Rn 2 ff.
- Prozesskostenhilfe EheVO 50
- Rechtsbehelf EheVO 33
- sachliche Zuständigkeit EheVO 29 Rn 1
- Sicherheitsleistung EheVO 51
- Teilvollstreckung EheVO 36
- Umgangsrechtsentscheidungen EheVO 45
- Urkunden EheVO 37
- Verbot der sachlichen Überprüfung EheVO 31 Rn 5
- Vereinbarungen zwischen den Parteien EheVO 46
- Verfahren EheVO 30; EheVO 48
- Zustellung der ausländischen Entscheidung EheVO 28 Rn 3 f.

EG-Eheverordnung, Zuständigkeit
- Begriffsbestimmungen EheVO 2
- einstweilige Maßnahmen EheVO 20
- Nichteinlassung EheVO 18
- Prüfung von Amts wegen EheVO 17
- Rechtshängigkeitseinwand EheVO 19
- Rechtshängigkeitszeitpunkt EheVO 16

EG-Eheverordnung, Zuständigkeit für Sorgerechtsentscheidungen
- allgemeine Zuständigkeit EheVO 8
- Aufenthaltszuständigkeit EheVO 8 Rn 3 ff.
- Aufrechterhaltung der Zuständigkeit des früheren Aufenthaltsorts EheVO 9
- Gericht, das den Fall besser beurteilen kann EheVO 15
- Kindesentführung EheVO 10 f.
- Restzuständigkeit EheVO 14
- Rückgabe des Kindes EheVO 11
- Zuständigkeit aufgrund Anwesenheit des Kindes EheVO 13
- Zuständigkeitsvereinbarung EheVO 12 Rn 1, 12 ff.

EG-Eheverordnung, Zuständigkeit in Ehesachen
- allgemeine Zuständigkeit EheVO 3
- Aufenthaltszuständigkeit EheVO 3 Rn 9 ff.
- fehlender Bezug des Antragsgegners zur EU EheVO 6 Rn 1 ff.
- Feststellung des Bestehens oder Nichtbestehens der Ehe EheVO 1 Rn 8 ff.
- Gegenantrag EheVO 4
- Inländergleichstellung von EG-Bürgern EheVO 7 Rn 3 ff.
- Öffnungsklauseln EheVO 6 Rn 12 ff.; EheVO 7 Rn 1 f.
- perpetuatio fori EheVO 3 Rn 7
- Staatsangehörigkeitszuständigkeit EheVO 3 Rn 51 ff.
- Umwandlung der Trennung ohne Auflösung des Ehebandes in Ehescheidung EheVO 5
- Verstoß gegen Diskriminierungsverbot EheVO 3 Rn 48 ff.
- Zuständigkeitsvereinbarung EheVO 12 Rn 1 ff.

EG-Insolvenzverordnung EG 43 Rn 5, 45, 53 ff.

EG-Kulturgüterschutzverordnung EG 43 Rn 5, 37

EG-Richtlinie
- ordre-public-Vorbehalt bei Nicht- oder Falschumsetzung im Ausland EG 6 Rn 15

Ehebedingte Zuwendung
- Verjährung des Ausgleichsanspruchs § 197 Rn 41 ff.

Ehegattentestament
- IPR EG 26 Rn 31 ff.

Ehegeschäftsfähigkeit § 104 Rn 2

Ehegüterrecht
- IPR siehe Internationales Ehegüterrecht

Ehename, IPR
- Anknüpfung EG 10 Rn 91 f.
- Anpassung EG 10 Rn 39 f.
- Ausübung des Wahlrechts EG 10 Rn 108 ff.
- Form der Rechtswahl EG 10 Rn 121 ff.
- Rechtswahl bei Auslandseheschließung EG 10 Rn 112
- Rechtswahlberechtigte EG 10 Rn 95 ff.
- wählbare Rechtsordnungen EG 10 Rn 98 ff.
- Wirkung der Rechtswahl EG 10 Rn 125 ff.
- Zeitpunkt der Rechtswahl EG 10 Rn 113 ff.

Ehesachen, Anerkennung nach autonomem Recht FamRÄndG Art. 7
- Antragstellung FamRÄndG Art. 7 Rn 81 f.
- Anwendungsbereich FamRÄndG Art. 7 Rn 9 ff.
- Begriff der Ehesache FamRÄndG Art. 7 Rn 9
- Begriff der Entscheidung FamRÄndG Art. 7 Rn 11
- freiwilliges Feststellungsverfahren FamRÄndG Art. 7 Rn 20 f.
- Funktionsweise des Feststellungsverfahrens FamRÄndG Art. 7 Rn 7
- gerichtliches Verfahren FamRÄndG Art. 7 Rn 36 ff.

Ehesachen, Anerkennung nach autonomem Recht *(Forts.)*
- Heimatstaatentscheidung FamRÄndG Art. 7 Rn 18 f.
- Kosten FamRÄndG Art. 7 Rn 87 f.
- Lebenspartnerschaftssachen FamRÄndG Art. 7 Rn 10
- Privatscheidungen FamRÄndG Art. 7 Rn 12 ff., 19, 73 ff., 89
- sachliche Voraussetzungen FamRÄndG Art. 7 Rn 43 ff.
- Urkunden FamRÄndG Art. 7 Rn 83 ff.
- verwaltungsbehördliches Verfahren FamRÄndG Art. 7 Rn 22 ff.
- Wirkungen der Entscheidung FamRÄndG Art. 7 Rn 40 ff.
- zuständige Stellen in Bundesländern FamRÄndG Art. 7 Rn 79 f.
- Zweck des Feststellungsverfahrens FamRÄndG Art. 7 Rn 6

Ehesachen, internationale Zuständigkeit
- autonome Regelung ZPO 606a
- EG-Eheverordnung *siehe* EG-Eheverordnung, internationale Zuständigkeit in Ehesachen

Eheschließung, IPR
- Abgrenzung zum Scheidungsstatut EG 13 Rn 78 ff.
- Adoption EG 13 Rn 53
- Anerkennung ausländischer Entscheidungen EG 13 Rn 166 f.
- Anknüpfung EG 13 Rn 7 ff.
- Befreiung von Ehehindernissen EG 13 Rn 168 ff.
- Begriff der Ehe EG 13 Rn 1
- Doppelehe EG 13 Rn 33 f.
- Ehefähigkeitszeugnis EG 13 Rn 151 ff., 154 ff.
- Ehehindernis der Religionsverschiedenheit EG 13 Rn 54 f.
- Ehehindernis staatspolitischer Prägung EG 13 Rn 56 f.
- Ehemündigkeit EG 13 Rn 24 f.
- Eheschließungswille EG 13 Rn 28 ff.
- einseitige und zweiseitige Mängel EG 13 Rn 23
- Familienbuch EG 13 Rn 158 ff.
- Folgen des Fehlens sachlicher Voraussetzungen EG 13 Rn 60 ff.
- Form *siehe* Form der Eheschließung, IPR
- Geschlechtsverschiedenheit EG 13 Rn 1, 50 f.
- Gesetzesumgehung EG 13 Rn 16 ff.
- Grundsatz des ärgeren Rechts EG 13 Rn 69 ff.
- Haager Eheschließungsübereinkommen *siehe dort*
- Heilung durch Statutenwechsel EG 13 Rn 12 f.
- internationale Zuständigkeit EG 13 Rn 164
- Mehrrechtsstaaten EG 13 Rn 15
- Mehrstaater EG 13 Rn 7
- Morgengabe EG 13 Rn 59
- ordre public EG 13 Rn 19 ff., 81 ff.
- Polygamie EG 13 Rn 2
- postmortale Eheschließung EG 13 Rn 2

- Prüfungsumfang des Standesbeamten EG 13 Rn 155
- Rück- und Weiterverweisung EG 13 Rn 14
- sachliche Voraussetzungen EG 13 Rn 6
- Scheinehe EG 13 Rn 31 ff.
- Staatenlose EG 13 Rn 8
- Statusdeutsche EG 13 Rn 9
- Statutenwechsel EG 13 Rn 10 ff.
- Unwandelbarkeit EG 13 Rn 7
- Verfahren EG 13 Rn 165
- Verlöbnis *siehe* Verlöbnis, IPR
- Verwandtschaft, Schwägerschaft EG 13 Rn 52
- Wartefristen EG 13 Rn 58
- Zustimmung Dritter EG 13 Rn 26 ff.

EheVO *siehe* EG-Eheverordnung

Ehewohnung und Hausrat, IPR EG 17a
- Begriff der Ehewohnung EG 17a Rn 14
- Begriff des Hausrats EG 17a Rn 14
- Betretungs-, Näherungs- und Kontaktverbot EG 17a Rn 7
- Deutsch-Iranisches Niederlassungsabkommen EG 17a Rn 23
- eingetragene Lebenspartnerschaft EG 17b Rn 67
- Gebrauchsüberlassungsvertrag EG 17a Rn 13
- Gewaltschutzgesetz EG 17a Rn 2
- Hausratsverordnung EG 17a Rn 8 ff.
- internationale Zuständigkeit EG 17a Rn 24 ff.; EheVO 1 Rn 18
- kein allseitiger Ausbau EG 17a Rn 16
- Lebenspartner EG 17a Rn 20
- nichteheliche Lebensgemeinschaft EG 17a Rn 21 ff.
- Nutzungszuweisung EG 17a Rn 4 ff.
- sonstige Kontaktverbote EG 17a Rn 17 ff.
- vorrangige Regelungen EG 17a Rn 23

Eigenrechtserbschein EG 25 Rn 139 ff.

Eigenschaftsirrtum
- Begriff § 119 Rn 62
- Eigenschaft § 119 Rn 63
- Eigenschaft einer Person § 119 Rn 69 ff.
- Eigenschaft einer Sache § 119 Rn 72 ff.
- Rechtsmangel § 119 Rn 18
- Sachmangel § 119 Rn 15
- Verkehrswesentlichkeit § 119 Rn 66 ff.

Eigentumsvorbehalt
- an Bestandteilen § 95 Rn 4, 23
- Zubehör § 97 Rn 36

Eingetragene Lebenspartnerschaft
- Anerkennung ausländischer Entscheidungen FamRÄndG Art. 7 Rn 10
- internationale Zuständigkeit EheVO Rn 3

Eingetragene Lebenspartnerschaft, IPR EG 17b
- allgemeine Wirkungen EG 17b Rn 43
- Anerkennung ausländischer Entscheidungen EG 17b Rn 82 ff.
- Auflösung EG 17b Rn 47 ff.
- Begründung EG 17b Rn 41 ff.
- Besonderheiten der Anknüpfung EG 17b Rn 39 ff.
- EG-Eheverordnung EG 17b Rn 80
- Einzel- und Gesamtstatut EG 17b Rn 32

Stichwortverzeichnis

Eingetragene Lebenspartnerschaft, IPR *(Forts.)*
- erbrechtliche Folgen   EG 17b Rn 55 ff.
- Form   EG 17b Rn 28 ff.
- gleichgeschlechtliche Ehe   EG 17b Rn 18 f., 78
- güterrechtliche Wirkungen   EG 17b Rn 44 ff.
- heterosexuelle registrierte Partnerschaft   EG 17b Rn 8
- hinkende Ehe   EG 17b Rn 19
- internationale Zuständigkeit   EG 17b Rn 80 f.
- intertemporaler Anwendungsbereich   EG 17b Rn 37
- Kappungsregel   EG 17b Rn 70 ff.
- Lebenspartnerschaftsgesetz   EG 17b Rn 1
- Mehrfachregistrierung   EG 17b Rn 69
- Namensrecht   EG 17b Rn 63 ff.
- nichteheliche Lebensgemeinschaft   EG 17 b Rn 6
- ordre public   EG 17b Rn 38, 79
- Partnerschaftswohnung und Hausrat   EG 17b Rn 67
- Qualifikation   EG 17b Rn 5 ff.
- Rechtswahl   EG 17b Rn 31
- Rück- und Weiterverweisung   EG 17b Rn 21
- Substitution   EG 17b Rn 33 ff.
- unterhaltsrechtliche Folgen   EG 17b Rn 50 ff.
- Verkehrsschutz   EG 17b Rn 68
- Vorfrage   EG 17b Rn 22 ff.

Eingetragener Verein   *siehe* Verein, eingetragener

Eingriffsnormen   EG 6 Rn 5 ff.
- Abkommen über den Internationalen Währungsfonds   EG 34 Rn 44
- Arbeitnehmerschutz   EG 34 Rn 28
- ausländische E.   EG 6 Rn 9; EG 34 Rn 35 ff.
- Außenhandel   EG 34 Rn 23
- Beispiele   EG 34 Rn 22 ff.
- Devisenrecht   EG 34 Rn 25
- Formvorschriften   EG 34 Rn 5
- gemeinschaftsrechtliche Erweiterungen   EG 34 Rn 10 ff.
- gemeinschaftsrechtlich zwingende Sachnorm   EG 6 Rn 8
- Gewerbe- und Berufsrecht   EG 34 Rn 27
- grundstücksbezogene Vorschriften   EG 34 Rn 26
- Ingmar-GB-Entscheidung   EG 34 Rn 11 ff.
- inländische E.   EG 6 Rn 5 ff.
- Inlandsbezug   EG 34 Rn 18
- internationaler Geltungswille   EG 34 Rn 6 ff.
- Kollision mehrerer E.   EG 34 Rn 45
- Kulturgüterschutz   EG 34 Rn 24
- Mieterschutz   EG 34 Rn 29
- Schuldstatuttheorie   EG 34 Rn 36
- Schutz der Handelsvertreter   EG 34 Rn 30
- Verbraucherschutz   EG 34 Rn 29
- Verhältnis zu anderen Vorschriften   EG 34 Rn 19 ff.

Einigungsmangel
- Auslegungsregel   § 154 Rn 2
- Beurkundungsabrede   § 154 Rn 7
- Beweislast   § 154 Rn 9; § 155 Rn 10
- fehlende Einigung über essentialia negotii   § 154 Rn 4; § 155 Rn 3
- Irrtum über den Vertragsabschluss   § 155 Rn 3 ff.
- logischer E.   § 154 Rn 4; § 155 Rn 3
- offener E.   § 154
- Scheinkonsens   § 155 Rn 7
- Teileinigung   § 154 Rn 4 ff.
- versehentliche Teileinigung   § 155 Rn 6
- versteckter E.   § 155
- Vollständigkeits- und Schriftlichkeitsklauseln   § 154 Rn 8

Einmann-GmbH
- Insichgeschäft   § 181 Rn 24 ff.

Einseitiges Rechtsgeschäft
- Begriff   § 111 Rn 2
- des Bevollmächtigten   § 174
- des Erklärungsboten   § 174 Rn 3
- des Minderjährigen   § 111 Rn 1 ff.
- durch Vertreter ohne Vertretungsmacht   § 180

Einstweiliger Rechtsschutz
- Verjährungshemmung   § 204 Rn 88 ff.

Einwilligung   *siehe* Zustimmung

Einwilligung des gesetzlichen Vertreters   § 107 Rn 47 ff.
- Beweislast   § 108 Rn 19
- Dienst- oder Arbeitsverhältnis   § 113 Rn 1 ff.
- Ermächtigung zum Betrieb eines Erwerbsgeschäfts   § 112 Rn 5
- Erwerbsgeschäft   § 112 Rn 3 ff.
- Generaleinwilligung   § 107 Rn 50 f.
- geschäftsähnliche Handlungen   § 107 Rn 4
- lediglich rechtlicher Vorteil   *siehe dort*
- minderjähriger Scheinkaufmann   § 112 Rn 18
- Realakte   § 107 Rn 4
- Rückabwicklung bei fehlender E.   § 107 Rn 53
- Schriftformerfordernis bei einseitigem Rechtsgeschäft   § 111 Rn 6 ff.
- schwebende Unwirksamkeit   *siehe dort*
- Surrogatgeschäfte   § 110 Rn 13
- vormundschaftsgerichtliche Genehmigung für Betrieb eines Erwerbsgeschäfts   § 112 Rn 6

Einzelstatut
- IPR   EG 3 Rn 66 ff.
- Vorrang im Ehegüterrecht   EG 15 Rn 5 ff.

Einziehungsermächtigung   § 185 Rn 6 f.
- IPR   EG 33 Rn 5

Elektronische Form   126a
- abhanden gekommene Willenserklärung   126a Rn 54
- Archivierung von Dokumenten mit elektronischer Signatur   126a Rn 36 ff.
- Ausschluss der Ersetzung durch die e.   § 126 Rn 50 ff.
- Aussteller   126a Rn 41
- Bedeutung   126a Rn 3 ff.
- Beweislast   126a Rn 73 ff.
- einfache elektronische Signatur   126a Rn 15
- Einheitlichkeit der Urkunde   126a Rn 40
- elektronisches Dokument   126a Rn 44 f.
- Entstehungsgeschichte   126a Rn 1 f.
- Ersetzung durch die e.F.   § 126 Rn 46 ff.

Elektronische Form *(Forts.)*
- fortgeschrittene elektronische Signatur   126a Rn 16 f.
- Funktionen   126a Rn 11 f.
- Funktionsweise qualifizierter elektronischer Signaturen   126a Rn 27 ff.
- geschäftsähnliche Handlung   126a Rn 39
- Hinzufügen des Ausstellernamens   126a Rn 42 f.
- internationale Anerkennung elektronischer Signaturen   126a Rn 34 f.
- Missbrauch   126a Rn 65 ff.
- qualifizierte elektronische Signatur   126a Rn 18 ff., 46 f.
- Rechtsfolgen   126a Rn 72
- Signaturgesetz   126a Rn 13 ff.
- Stellvertretung   126a Rn 55 ff.
- Verschlüsselung elektronischer Dokumente   126a Rn 33
- Vertragsschluss   126a Rn 48 ff.
- Zivilprozess   126a Rn 79 ff.
- Zugang   126a Rn 51 f.

Elektronische Signatur   *siehe* elektronische Form

Elterliche Sorge, internationale Zuständigkeit nach KSÜ
- Aufenthaltszuständigkeit   Anh I EG 24 KSÜ 5
- ausgenommene Bereiche   Anh I EG 24 KSÜ 4
- Begriff der Schutzmaßnahme   Anh I EG 24 KSÜ 3
- besondere Zuständigkeit der Heimatbehörden   Anh I EG 24 KSÜ 9
- Eilzuständigkeit   Anh I EG 24 KSÜ 11
- einstweilige Anordnungen   Anh I EG 24 KSÜ 12
- Entführungsfälle   Anh I EG 24 KSÜ 7
- Flüchtlingskinder   Anh I EG 24 KSÜ 6
- Fortgeltung von Maßnahmen   Anh I EG 24 KSÜ 14
- In-Kraft-Treten   Anh I EG 24 KSÜ 1 Rn 1 f.
- persönlicher Anwendungsbereich   Anh I EG 24 KSÜ 2
- Prioritätsprinzip   Anh I EG 24 KSÜ 13
- räumlicher Anwendungsbereich   Anh I EG 24 KSÜ 1 Rn 6
- sachlicher Anwendungsbereich   Anh I EG 24 KSÜ 1 Rn 4 f.
- Verbundszuständigkeit   Anh I EG 24 KSÜ 10
- Verhältnis zu anderen Übereinkommen   Anh I EG 24 KSÜ 1 Rn 8 ff.
- zeitlicher Anwendungsbereich   Anh I EG 24 KSÜ 1 Rn 7
- Ziele   Anh I EG 24 KSÜ 1 Rn 3

Elterliche Sorge, internationale Zuständigkeit nach MSA   Anh II EG 24 MSA 1 ff.
- Anerkennungstheorie   Anh II EG 24 MSA 1 Rn 8 ff.
- Anwendbarkeit   Anh II EG 24 MSA Vor 1–18 Rn 2 ff.
- Aufenthaltszuständigkeit   Anh II EG 24 MSA 1 Rn 1 f.
- Begriff der Schutzmaßnahme   Anh II EG 24 MSA 1 Rn 20 ff.
- Begriff des gewöhnlichen Aufenthalts   Anh II EG 24 MSA 1 Rn 15 ff.
- Begriff des Minderjährigen   Anh II EG 24 MSA 12
- Eilzuständigkeit   Anh II EG 24 MSA 9
- Gefährdung des Minderjährigen   Anh II EG 24 MSA 8
- Gleichlaufprinzip   Anh II EG 24 MSA vor 1–18 Rn 1
- Heimatrechtstheorie   Anh II EG 24 MSA 1 Rn 7, 9 ff.
- konkurrierende Zuständigkeit der Heimatbehörden   Anh II EG 24 MSA 4
- perpetuatio fori   Anh II EG 24 MSA 1 Rn 3 ff.
- persönlich-räumlicher Anwendungsbereich   Anh II EG 24 MSA 13
- Spannung zwischen Artt. 3 und 21   Anh II EG 24 MSA 8 Rn 9
- Übertragung der Durchführung   Anh II EG 24 MSA 6
- Verhältnis zu anderen Abkommen   Anh II EG 24 MSA 18
- vorbehaltene Verbundzuständigkeit   Anh II EG 24 MSA 15
- Wiener Übereinkommen über konsularische Beziehungen   Anh II EG 24 MSA 11 Rn 18 f.
- zeitlicher Anwendungsbereich   Anh II EG 24 MSA 17

Elterliche Sorge, IPR   EG 21
- Anerkennung ausländischer Entscheidungen   EG 21 Rn 47 ff.
- Anknüpfung   EG 21 Rn 19 ff.
- Anknüpfungsgegenstand   EG 21 Rn 5 ff.
- Ausstattung   EG 21 Rn 9
- Beistandschaft   EG 21 Rn 13 ff.
- Deutsch-Iranisches Niederlassungsabkommen   EG 21 Rn 3, 16
- Einfluss der EG-Eheverordnung   EheVO 8 Rn 6 ff.
- Einwilligung zur Eheschließung   EG 21 Rn 29
- Entziehung des Sorgerechts   EG 21 Rn 10
- Europäisches Sorgerechtsübereinkommen   Anh V EG 24 ESÜ 30 Rn 1 ff.
- hadana   EG 21 Rn 30
- internationale Zuständigkeit   EG 21 Rn 35 ff.; *siehe* EG-Eheverordnung
- islamisches Recht   EG 21 Rn 30
- Kindesentführung   *siehe* Haager Kindesentführungsübereinkommen
- Kindesname   EG 21 Rn 8
- ordre public   EG 21 Rn 30 ff.
- perpetuatio fori   EG 21 Rn 44 ff.
- Rück- und Weiterverweisung   EG 21 Rn 20 f.
- Schutzmaßnahmen   EG 21 Rn 10 ff.
- Statutenwechsel   EG 21 Rn 22 ff.
- Vermögenssorge   EG 21 Rn 7
- Vollstreckung ausländischer Entscheidungen   EG 21 Rn 61 ff.
- Vorfragen   EG 21 Rn 27 f.
- Vormundschaft   EG 21 Rn 13 ff.

Elterliche Sorge, IPR, KSÜ
- Anerkennung und Vollstreckung   Anh I EG 24 KSÜ 28

Stichwortverzeichnis

Elterliche Sorge, IPR, KSÜ *(Forts.)*
- ausgenommene Bereiche   Anh I EG 24 KSÜ 4
- Begriff der Schutzmaßnahme   Anh I EG 24 KSÜ 3
- Gleichlaufprinzip   Anh I EG 24 KSÜ 15
- In-Kraft-Treten   Anh I EG 24 KSÜ 1 Rn 1 f.
- Kollisionsnorm   Anh I EG 24 KSÜ 18 Rn 1 ff.
- ordre public   Anh I EG 24 KSÜ 22
- persönlicher Anwendungsbereich   Anh I EG 24 KSÜ 2
- räumlicher Anwendungsbereich   Anh I EG 24 KSÜ 1 Rn 6
- sachlicher Anwendungsbereich   Anh I EG 24 KSÜ 1 Rn 4 f.
- Verhältnis zu anderen Übereinkommen   Anh I EG 24 KSÜ 1 Rn 8 ff.
- Vertrauensschutz   Anh I EG 24 KSÜ 19
- zeitlicher Anwendungsbereich   Anh I EG 24 KSÜ 1 Rn 7
- Ziele   Anh I EG 24 KSÜ 1 Rn 3

Elterliche Sorge, IPR, MSA   Anh II EG 24
- Anerkennungspflicht   Anh II EG 24 MSA 7 Rn 2 ff.
- Anpassungsprobleme   Anh II EG 24 MSA 2 Rn 5 f.
- Anwendbarkeit   Anh II EG 24 MSA Vor 1–18 Rn 2 ff.
- Aufenthaltsrecht   Anh II EG 24 MSA 2
- Aufenthaltswechsel   Anh II EG 24 MSA 5
- Begriff des Minderjährigen   Anh II EG 24 MSA 12
- Deutsch-Iranisches Niederlassungsabkommen   Anh II EG 24 MSA 2 Rn 3
- Fortgeltung von Maßnahmen   Anh II EG 24 MSA 5 Rn 9 ff.
- Gefährdung des Minderjährigen   Anh II EG 24 MSA 8
- Gewaltverhältnis nach Heimatrecht   Anh II EG 24 MSA 3
- Gleichlaufprinzip   Anh II EG 24 MSA vor 1–18 Rn 1
- Heimatbehördenzuständigkeit   Anh II EG 24 MSA 4 Rn 12
- ordre public   Anh II EG 24 MSA 16
- persönlich-räumlicher Anwendungsbereich   Anh II EG 24 MSA 13
- Rechtsspaltung   Anh II EG 24 MSA 14
- Rück- und Weiterverweisung   Anh II EG 24 MSA Vor 1–18 Rn 10
- Verhältnis zu anderen Abkommen   Anh II EG 24 MSA 18
- Vollstreckung   Anh II EG 24 MSA 7 Rn 10 f.
- Vorfragen   Anh II EG 24 MSA Vor 1–18 Rn 11 f.
- zeitlicher Anwendungsbereich   Anh II EG 24 MSA 17
- Zusammenarbeit der Behörden   Anh II EG 24 MSA 11

Eltern-Kind-Verhältnis
- IPR   *siehe* elterliche Sorge, IPR

E-Mail-Adresse
- Namensschutz   § 12 Rn 241

Empfängerirrtum   § 119 Rn 29

Empfangsbote   § 164 Rn 103
Empfangsermächtigung   § 185 Rn 5
Empfangsvertreter   § 164 Rn 102 f.
Empfangszuständigkeit
- des Minderjährigen   § 107 Rn 24

Energie
- als Gebrauchsvorteil   § 100 Rn 8
- fehlende Sachqualität   § 90 Rn 12

Enteignung
- IPR   EG 43 Rn 56 ff.

Entmündigung
- IPR   EG 7 Rn 26; Anh EG 8 Rn 2 f.

Erbbaurecht
- als Hauptsache   § 97 Rn 21
- Gebäude als Bestandteil des E.   § 95 Rn 8
- Gleichstellung mit Grundstück   § 90 Rn 79

Erbrecht
- IPR   *siehe* Internationales Erbrecht

Erbschaftskauf
- IPR   EG 26 Rn 38

Erbvertrag
- IPR   EG 26 Rn 35

Erbverzicht
- IPR   EG 26 Rn 36

Erfüllung
- gegenüber Minderjährigem   § 107 Rn 24

Ergänzende Vertragsauslegung   § 157 Rn 17 ff.
- Andeutungstheorie   § 157 Rn 29
- Arbeitsrecht   § 157 Rn 42 ff.
- dingliche Grundstücksgeschäfte   § 157 Rn 35
- Einzelfälle   § 157 Rn 42 ff.
- Fazit   § 157 Rn 27 f.
- Formularverträge und AGB   § 157 Rn 36 ff.
- Grenzen   § 157 Rn 25 f.
- Grundbucheintragung   § 157 Rn 34
- Haftungsbeschränkungen   § 157 Rn 45 ff.
- Handels- und Gesellschaftsrecht   § 157 Rn 48 ff.
- Kaufverträge   § 157 Rn 53 ff.
- Kreditsicherungsrecht   § 157 Rn 57 f.
- Maßstab   § 157 Rn 21 ff.
- Mietverträge   § 157 Rn 59 ff.
- Regelungslücke   § 157 Rn 18 f.
- Revisibilität   § 157 Rn 69 f.
- Sonderfälle   § 157 Rn 29 ff.
- Tarifverträge   § 157 Rn 41
- Tat- und Rechtsfrage   § 157 Rn 68
- Testament   § 157 Rn 30 ff.
- Versicherungsverträge   § 157 Rn 63 f.
- Vertrag mit Schutzwirkung   § 157 Rn 65
- Voraussetzungen   § 157 Rn 17 ff.
- Vorrang dispositiven Rechts   § 157 Rn 20
- Wettbewerbsverbote   § 157 Rn 66 f.
- Zeitpunkt   § 157 Rn 24

Erklärungsbewusstsein   Vor §§ 116–144 Rn 7
- Abgrenzung von Gefälligkeitsverhältnis und -vertrag   Vor §§ 145–157 Rn 21 f.
- Folgen des Fehlens   § 119 Rn 33
- Vertrauenspakt   Vor §§ 145–157 Rn 23 ff.

Erklärungsirrtum
- Abgrenzung zum Inhaltsirrtum   § 119 Rn 41
- automatisierte Erklärungen   § 119 Rn 32
- Begriff   § 119 Rn 30

Erklärungsirrtum *(Forts.)*
- Blankett § 119 Rn 38
- elektronische Erklärungen § 119 Rn 31
- Unterschriftsirrtum § 119 Rn 34

Erklärungstheorie § 119 Rn 1; Vor §§ 116–144 Rn 3

Erklärungswille *siehe* Erklärungsbewusstsein

Erlöschen der Vollmacht *siehe* Vollmacht, Erlöschen

Erstfrage EG 3 Rn 23 ff.

Essentialia negotii § 145 Rn 5
- logischer Dissens § 154 Rn 4; § 155 Rn 3

ESÜ *siehe* Europäisches Sorgerechtsübereinkommen

EuEheVO *siehe* EG-Eheverordnung

EuGVÜ EG 27 Rn 80, 93

EuGVVO *siehe* Europäische Gerichtsstands- und Vollstreckungsverordnung

Europäische Beweisverordnung EG 3 Rn 44

Europäische Gerichtsstands- und Vollstreckungsverordnung EG 27 Rn 80 ff.

Europäisches Sorgerechtsübereinkommen Anh V EG 24 ESÜ 30 Rn 1 ff.

Euroumstellung
- Überleitungsrecht EG 229 § 2 Rn 3 ff.

Eventualanfechtung § 121 Rn 20

Eventualaufrechnung § 143 Rn 4

EWR-Abkommen
- Bedeutung für das Gesellschaftskollisionsrecht Anh EG 12 Rn 144

Existenzgründer
- kein Verbraucher §§ 13, 14 Rn 25

Factoring
- IPR EG 28 Rn 126

Faktischer Vertrag Vor §§ 145–157 Rn 42

Falsa-demonstratio-Regel § 133 Rn 46
- formbedürftige Willenserklärungen § 133 Rn 77 ff.
- Grundstückskauf § 125 Rn 29

Falsus procurator *siehe* Vertreter ohne Vertretungsmacht

Familienstiftung § 80 Rn 53 ff.

Fehlerhafte Gesellschaft
- Abgrenzung zur Scheingesellschaft § 117 Rn 14
- Anfechtung § 142 Rn 9
- nicht (voll) Geschäftsfähiger § 107 Rn 20; Vor §§ 21 ff. Rn 28
- Rechtswirkungen Vor §§ 21 ff. Rn 30
- Sittenwidrigkeit § 138 Rn 133
- Unanwendbarkeit der Grundsätze Vor §§ 21 ff. Rn 28 f.
- Verbotsgesetz § 134 Rn 64, 66
- Voraussetzungen Vor §§ 21 ff. Rn 26 f.

Fehlerhaftes Arbeitsverhältnis
- Abgrenzung zum Schein-Arbeitsverhältnis § 117 Rn 15
- Anfechtung § 142 Rn 8
- Sittenwidrigkeit § 138 Rn 133
- Verbotsgesetz § 134 Rn 64 f.

Fehlerhaftes Dienstverhältnis § 105 Rn 14

Fehleridentität § 105 Rn 11

Feiertag
- Fristberechnung § 193
- Liste gesetzlicher Feiertage § 193 Rn 9 f.

Ferienwohnung
- kollisionsrechtlicher Verbraucherschutz EG 29 Rn 43

Fernabsatzgeschäft
- Online-Auktion als F. Anh § 156 Rn 36 f.

Fernabsatzvertrag
- Übergangsrecht EG 229 § 9

Fernunterrichtsvertrag
- Übergangsrecht EG 229 § 9

Finanzierungsvertrag
- kollisionsrechtlicher Verbraucherschutz EG 29 Rn 33 f.

Firma
- Entstehung des Namensrechts § 12 Rn 125 f.
- Erlöschen des Namensrechts § 12 Rn 143 ff.
- Namensschutz § 12 Rn 17, 65, 81 ff., 91
- Namensschutz bei Insolvenz § 12 Rn 179 ff.
- Verkehrsfähigkeit des Namensrechts § 12 Rn 150

Floating choice of law clause EG 27 Rn 40 ff.

Flüchtlinge
- AHK-Gesetz Anh II EG 5 Rn 10 ff.
- Asylverfahrensgesetz Anh II EG 5 Rn 30 ff.
- Ausbürgerung in NS-Zeit Anh II EG 5 Rn 8
- EG-Richtlinie Anh II EG 5 Rn 2
- Genfer Flüchtlingskonvention EG 5 Rn 39; Anh II EG 5 Rn 1, 15 ff.
- Gesetz über die Rechtsstellung heimatloser Ausländer Anh II EG 5 Rn 13 f.
- Gesetz über Maßnahmen für im Rahmen humanitärer Hilfsaktionen aufgenommene Flüchtlinge Anh II EG 5 Rn 36 ff.
- Internationales Ehegüterrecht Anh II EG 15
- Spätaussiedler Anh II EG 5 Rn 7
- Statusdeutsche Anh II EG 5 Rn 9
- Verschleppte Anh II EG 5 Rn 10 ff.
- Volksdeutsche Anh II EG 5 Rn 4 ff.

Flugpersonal
- kollisionsrechtlicher Arbeitnehmerschutz EG 30 Rn 26

Forderungsübergang, IPR EG 33
- dinglich gesicherte Forderung EG 33 Rn 11
- Einziehungsermächtigung EG 33 Rn 5
- Form EG 33 Rn 10
- gesetzlicher Forderungsübergang EG 33 Rn 12 ff.
- Reichweite des Statuts EG 33 Rn 4 ff.
- Schuldnerschutz EG 33 Rn 8
- Schuldübernahme EG 33 Rn 17 f.
- Subrogation EG 33 Rn 5
- Übertragbarkeit EG 33 Rn 6 f.
- Unternehmensübernahme EG 33 Rn 20
- Vermögensübernahme EG 33 Rn 20
- Verpfändung EG 33 Rn 5
- Vertragsübernahme EG 33 Rn 19
- zugrundeliegendes Kausalverhältnis EG 33 Rn 3

Form
- Andeutungstheorie § 125 Rn 28
- Beweislast § 125 Rn 77

Form *(Forts.)*
- elektronische F. *siehe dort*
- gesetzliche Formarten § 125 Rn 2
- Grundsatz der Formfreiheit § 125 Rn 1
- Kollisionsrecht § 125 Rn 4
- notarielle Beurkundung *siehe dort*
- öffentliche Beglaubigung *siehe dort*
- öffentlich-rechtliche Formvorschriften § 125 Rn 70 ff.
- Schriftform *siehe dort*
- Textform *siehe dort*
- Umfang des Formerfordernisses § 125 Rn 12 ff.
- Vorvertrag § 125 Rn 16
- Zwecke § 125 Rn 10

Form der Eheschließung, IPR EG 13 Rn 96 ff.
- Aufgebot EG 13 Rn 150
- Auslandsehe EG 13 Rn 125 ff.
- deutsche Konsularbeamte EG 13 Rn 134 ff.
- Formerfordernisse deutschen Rechts EG 13 Rn 103 f.
- Handschuhehe EG 13 Rn 145 ff.
- Heilung EG 13 Rn 106 ff.
- Heilung durch Statutenwechsel EG 13 Rn 111 ff.
- hinkende Ehe EG 13 Rn 102 ff.
- Inlandsehe EG 13 Rn 100 ff.
- Konsensehe EG 13 Rn 98 f.
- Ortsbestimmung EG 13 Rn 97 ff., 129
- registrierte Konsensehe EG 13 Rn 99
- Rück- und Weiterverweisung EG 13 Rn 127 f.
- Trauungsperson eines Drittstaats EG 13 Rn 138 ff.
- Vertretung im Willen EG 13 Rn 147 ff.
- Vertretung in der Erklärung EG 13 Rn 146

Form, IPR EG 11
- Abtretung von GmbH-Geschäftsanteilen EG 11 Rn 27
- Anknüpfung an das Geschäftsrecht EG 11 Rn 19 ff.
- Anknüpfung an das Ortsrecht EG 11 Rn 35 ff.
- Anwendungsbereich EG 11 Rn 5 ff.
- Apostille EG 11 Rn 59
- Beurkundungsverfahren EG 11 Rn 52 ff.
- dingliche Abtretung EG 11 Rn 34
- dingliche Rechtsgeschäfte EG 11 Rn 49 ff.
- Distanzgeschäfte EG 11 Rn 44 f.
- EVÜ EG 11 Rn 9
- Formerschleichung EG 11 Rn 35
- Gebühren bei Auslandsbeurkundung EG 11 Rn 55 f.
- gesellschaftsrechtliche Vorgänge EG 11 Rn 8, 25 ff., 37 ff.
- Gleichwertigkeit einer Auslandsbeurkundung EG 11 Rn 20 ff.
- Gleichwertigkeit einer Inlandsbeurkundung EG 11 Rn 32
- Grundstücksveräußerungsvertrag EG 11 Rn 30, 35, 47 f., 55 ff.
- Handelsregisteranmeldung EG 11 Rn 29
- intertemporaler Anwendungsbereich EG 11 Rn 2
- Legalisation öffentlicher Urkunden EG 11 Rn 58
- Normgeschichte EG 11 Rn 1
- Normstruktur EG 11 Rn 4
- Normzweck EG 11 Rn 3
- öffentliche Urkunde EG 11 Rn 58 ff.
- ordre public EG 11 Rn 15 f.
- Qualifikation EG 11 Rn 10
- Rechtswahl EG 11 Rn 41 ff.
- Registerrecht EG 11 Rn 57
- Rück- und Weiterverweisung EG 11 Rn 13 f.
- Substitution EG 11 Rn 12
- Unterschriftsbeglaubigung EG 11 Rn 28
- Urkundenerrichtung durch deutsche Konsularbeamte EG 11 Rn 54
- Verfahrenshandlungen EG 11 Rn 7
- Vertretergeschäfte EG 11 Rn 46
- vollstreckbare Urkunde EG 11 Rn 31
- vorrangige Regelungen EG 11 Rn 9
- Zustimmungserklärungen EG 11 Rn 6

Förmliche Zustellung § 132 Rn 3 ff.

Formnichtigkeit § 125 Rn 30 ff.
- Ausnahme von der F. nach Treu und Glauben § 125 Rn 45 ff.
- Beweislast § 125 Rn 77
- Einwendungscharakter § 125 Rn 76
- fehlerhafte Gesellschaft § 125 Rn 43
- fehlerhaftes Arbeitsverhältnis § 125 Rn 44
- gesetzliches Formerfordernis § 125 Rn 5 ff.
- Heilungsvorschriften § 125 Rn 39 ff.
- Sonderregelungen § 125 Rn 33 ff.
- Teilnichtigkeit § 125 Rn 32

Formvereinbarung § 125 Rn 54 ff.; § 127
- Arten § 127 Rn 12 ff.
- Aufhebung § 125 Rn 64 ff.
- Auslegungsregel § 127 Rn 3
- Beweislast § 127 Rn 25
- elektronische Signatur § 127 Rn 21 ff.
- Reichweite § 125 Rn 62 ff.
- Schriftformklausel in AGB § 125 Rn 59 ff.
- telekommunikative Übermittlung § 127 Rn 16 ff.
- Textform § 127 Rn 24
- treuwidrige Berufung auf die F. § 125 Rn 69

Franchising
- IPR EG 28 Rn 111

Fraus legis
- IPR EG 3 Rn 37

Fremdenrecht
- Begriff EG 3 Rn 11

Fremdrechtserbschein EG 25 Rn 142 ff.

Freundschafts-, Handels- und Schifffahrtsvertrag zwischen der BRD und den USA
- Bedeutung für das Gesellschaftskollisionsrecht Anh EG 12 Rn 145

Friedhof
- als öffentliche Sache § 90 Rn 136 ff.

Frist
- Anfang, Mitte, Ende des Monats § 192
- Beginn § 187
- Begriff § 186 Rn 4 f.
- Berechnung § 189
- Berechnung von Zeiträumen § 191

Frist *(Forts.)*
- Ende § 188
- Geltungsbereich der Fristvorschriften § 186
- geringfügige Überschreitung § 188 Rn 5
- Mitwirkung Dritter § 188 Rn 7
- Rückwärtsfrist § 187 Rn 10
- Sonn- und Feiertag; Sonnabend § 193
- Verlängerung § 190

Früchte § 99 Rn 1 ff.
- Brandversicherung § 99 Rn 18
- Ersatz der Gewinnungskosten § 102 Rn 1 ff.
- Gewerbebetrieb § 100 Rn 22
- Mineralien § 99 Rn 19
- mittelbare F. § 99 Rn 37 ff.
- unmittelbare Rechtsfrüchte § 99 Rn 23 ff.
- unmittelbare Sachfrüchte § 99 Rn 10 ff.

Früchteverteilung § 101 Rn 1 ff.
- abweichende Bestimmung § 101 Rn 6
- Eigentumserwerb § 101 Rn 16 ff.
- regelmäßig wiederkehrende Erträge § 101 Rn 14
- schuldrechtliche Ausgleichspflicht § 101 Rn 1 f.

Garantievertrag
- IPR EG 28 Rn 147

Gebaruchsvorteil
- Wert § 100 Rn 18 ff.

Gebäude
- als Bestandteil des Erbbaurechts § 95 Rn 8
- Begriff § 94 Rn 12, 29
- Schutz des Gebäudenamens § 12 Rn 76, 115 f.

Gebrauchsvorteil
- Begriff § 100 Rn 7
- eines Rechts § 100 Rn 10
- Energie § 100 Rn 8
- Gewerbebetrieb § 100 Rn 15, 22
- Verbrauch § 100 Rn 11
- Verwertung § 100 Rn 12, 17
- von Geld § 100 Rn 9

Gefälligkeitsverhältnis
- Abgrenzung zum unentgeltlichen Rechtsgeschäft Vor §§ 145–157 Rn 21 f.

Gegenstand
- Begriff § 90 Rn 2

Geheimer Vorbehalt
- Abgrenzungsfragen § 116 Rn 11 ff.
- amtsempfangsbedürftige Willenserklärung § 116 Rn 7
- Auslobung § 116 Rn 7
- Beachtlichkeit des Vorbehalts § 116 Rn 7 ff.
- bei geschäftsähnlichen Handlungen § 116 Rn 3
- Beweislast § 116 Rn 14
- bewusst mehrdeutige Willenserklärungen § 116 Rn 6
- Eheschließung § 116 Rn 7
- im öffentlichen Recht § 116 Rn 3
- Kenntnis des Erklärungsempfängers § 116 Rn 8
- Stellvertretung § 116 Rn 5, 10
- Testament § 116 Rn 7

Geltungserhaltende Reduktion
- Abgrenzung zur Umdeutung § 140 Rn 5
- Vertragsauslegung § 157 Rn 14 ff.
- Zulässigkeit § 139 Rn 23 ff.

Gemeinschaftliches Testament
- IPR EG 26 Rn 31 ff.

Gemeinschaftsrecht
- Bedeutung für den Begriff der guten Sitten § 138 Rn 69 f.
- europarechtskonforme Auslegung Anh § 133 Rn 30
- richtlinienkonforme Auslegung Anh § 133 Rn 31 ff.
- und IPR EG 3 Rn 58 ff.
- Verbotsgesetz § 134 Rn 34 f.
- Vorabentscheidung Anh § 133 Rn 36

Genehmigung
- Rückwirkung der G. *siehe dort; siehe* Zustimmung
- Vertretung ohne Vertretungsmacht *siehe* Vertreter ohne Vertretungsmacht, Genehmigung

General Agreement on Trade in Services
- Bedeutung für das Gesellschaftskollisionsrecht Anh EG 12 Rn 146 ff.

Generaleinwilligung
- § 110 als Anwendungsfall der G. § 110 Rn 1
- Minderjähriger § 107 Rn 50 f.

Genfer Abkommen über Bestimmungen auf dem Gebiet des internationalen Wechselprivatrechts IntWR Rn 1 f.

Genfer Abkommen über die internationale Anerkennung von Rechten an Luftfahrzeugen EG 43 Rn 3; EG 45 Rn 2

Genfer Abkommen über Schiffsgläubigerrechte und Schiffshypotheken EG 43 Rn 3

Genfer Flüchtlingskonvention Anh II EG 5 Rn 1, 15 ff.; EG 5 Rn 39
- Anwendungsbereich Anh II EG 5 Rn 15 ff.
- Personalstatut Anh II EG 5 Rn 25 ff.
- Rück- und Weiterverweisung Anh II EG 5 Rn 27
- wohlerworbene Rechte Anh II EG 5 Rn 28 f.
- Wohnsitzbegriff Anh II EG 5 Rn 26

Genfer Übereinkommen über den Beförderungsvertrag im internationalen Straßengüterverkehr EG 28 Rn 71

Genfer Übereinkommen über Schiffshypotheken und Schiffsgläubigerrechte EG 45 Rn 2

Gentlemen's agreement Vor §§ 145–157 Rn 26 f.

Gesamtbetrachtungslehre
- Schenkung an Minderjährigen § 107 Rn 30 f.

Gesamthandsgemeinschaft
- Namensschutz § 12 Rn 73

Gesamtschuld
- Verjährung § 195 Rn 44

Gesamtstatut
- IPR EG 3 Rn 66 ff.

Gesamtverweisung *siehe* Rück- und Weiterverweisung

Geschäft des täglichen Lebens
- Begriff 105a Rn 5 ff.

Geschäft des täglichen Lebens *(Forts.)*
- Beweislast 105a Rn 35
- Bewirken 105a Rn 21 ff.
- Gefahr für Person oder Vermögen 105a Rn 24 f.
- Geringwertigkeit der Mittel 105a Rn 14 ff.
- Minderjährige 105a Rn 3, 37
- Nichtleistung nach Vorkasse 105a Rn 23
- Normzweck 105a Rn 1
- Rechtsfolgen 105a Rn 26 ff.
- Schenkung 105a Rn 19 f.
- Sekundäransprüche 105a Rn 29 ff.
- Vorratshaltung 105a Rn 17
- Wirksamkeit des Verfügungsgeschäfts 105a Rn 28

Geschäfts für den, den es angeht § 164 Rn 65 ff.

Geschäftsähnliche Handlung
- arglistige Täuschung § 123 Rn 5
- Aufforderung zur Genehmigung § 108 Rn 6
- Bedingung § 158 Rn 34
- Begriff Vor §§ 116–144 Rn 16 f.
- elektronische Form 126a Rn 39
- geheimer Vorbehalt § 116 Rn 3
- Insichgeschäft § 181 Rn 18
- keine Rückwirkung der Genehmigung § 184 Rn 23
- Minderjähriger § 107 Rn 4, 11
- Scherzerklärung § 118 Rn 3
- Schweigen § 119 Rn 8
- Stellvertretung § 164 Rn 36 f.; § 166 Rn 17
- Textform 126b Rn 9
- widerrechtliche Drohung § 123 Rn 5
- Zugang § 130 Rn 11

Geschäftsbesorgung
- IPR EG 28 Rn 122

Geschäftsfähigkeit
- Begriff § 104 Rn 1
- Betreuungsrecht § 104 Rn 10
- guter Glaube an die G. § 104 Rn 9; § 105 Rn 9
- IPR § 104 Rn 25
- spezielle Geschäftsfähigkeiten § 104 Rn 2 ff.
- Vermutung für die G. § 104 Rn 18

Geschäftsfähigkeit, IPR EG 7 Rn 1 ff., 16 ff.
- Abgrenzung EG 7 Rn 18 ff.
- Anwendungsbereich EG 7 Rn 16 f.
- Beginn und Ende EG 7 Rn 24 ff.
- besondere G. EG 7 Rn 21
- Betreuung EG 7 Rn 25
- Deutsch-Iranisches Niederlassungsabkommen EG 7 Rn 4
- Entmündigung EG 7 Rn 26; Anh EG 8 Rn 2 f.
- Erweiterung durch Eheschließung EG 7 Rn 28
- Gesamtverweisung EG 7 Rn 7
- Haager Erwachsenenschutz-Übereinkommen EG 7 Rn 3
- Kaufmannseigenschaft EG 7 Rn 23
- ordre public EG 7 Rn 8
- Prozessfähigkeit EG 7 Rn 22
- Statutenwechsel EG 7 Rn 29 ff.
- Teilfrage EG 7 Rn 6

- Verkehrsschutz EG 12
- vorrangige Regelungen EG 7 Rn 3 f.

Geschäftsführung ohne Auftrag, IPR EG 39
- Brüsseler Übereinkommen zur Hilfeleistung auf hoher See EG 39 Rn 4
- Internationales Übereinkomme über Bergung EG 39 Rn 3
- intertemporaler Anwendungsbereich EG 39 Rn 28
- ordre public EG 39 Rn 27
- Rechtswahl EG 39 Rn 17; EG 42
- Reichweite des Statuts EG 39 Rn 15
- Rom II-Verordnung EG 39 Rn 4
- Rück- und Weiterverweisung EG 39 Rn 25 f.
- Tilgung fremder Schulden EG 39 Rn 11 ff.
- Vornahmeort EG 39 Rn 7 ff.
- vorrangige EGBGB-Anknüpfungen EG 39 Rn 16 ff.
- vorrangige Regelungen EG 39 Rn 3 ff.
- wesentlich engere Verbindung EG 39 Rn 18 ff.; EG 41

Geschäftsunfähigkeit
- Alkoholismus § 104 Rn 16
- Altersdemenz § 104 Rn 15, 19
- Anforderungen an die Feststellung § 104 Rn 19
- Besitzwille § 104 Rn 4
- Beweislast § 104 Rn 24
- des Bevollmächtigten § 168 Rn 27
- des Vertreters § 165 Rn 5
- des Vollmachtgebers § 168 Rn 22
- dilucidum intervallum § 104 Rn 8; § 105 Rn 2
- Ersitzung nach Erwerb vom Geschäftsunfähigen § 105 Rn 13
- fehlerhaftes Dienstverhältnis § 105 Rn 14
- Geschäfte des täglichen Lebens *siehe dort*
- gesetzlicher Vertreter *siehe dort*
- guter Glaube an die Geschäftsfähigkeit § 104 Rn 9; § 105 Rn 9
- Kollisionsrecht § 104 Rn 25
- krankhafte Störung der Geistestätigkeit § 104 Rn 14 ff.
- Luxustierhaltung § 104 Rn 4
- partielle G. § 104 Rn 5
- Rechtsfolgen § 104 Rn 22 ff.
- relative G. § 104 Rn 5
- Verjährungsablaufhemmung § 210
- Wohnsitz § 7 Rn 20; § 8 Rn 2 ff.
- Zugang § 131

Geschäftswille Vor §§ 116–144 Rn 8 f.

Geschlechtszuordnung § 1 Rn 58 ff.

Gesellschaft bürgerlichen Rechts
- als Unternehmer §§ 13, 14 Rn 42

Gesellschaftsrecht, IPR *siehe* Internationales Gesellschaftsrecht

Gesetz über den ehelichen Güterstand von Vertriebenen und Flüchtlingen
- Internationales Ehegüterrecht Anh II EG 15

Gesetz über die Rechtsstellung heimatloser Ausländer Anh II EG 5 Rn 13 f.

Gesetz über Fernabsatzverträge und andere Fragen des Verbraucherrechts sowie zur Umstellung von Vorschriften auf Euro
- Überleitungsvorschrift EG 229 § 2

Gesetz über Maßnahmen für im Rahmen humanitärer Hilfsaktionen aufgenommene Flüchtlinge Anh II EG 5 Rn 36 ff.

Gesetz zur Beschleunigung fälliger Zahlungen
- Überleitungsvorschrift EG 229 § 1

Gesetz zur Modernisierung des Schuldrechts siehe Schuldrechtsreform

Gesetz zur Neugliederung, Vereinfachung und Reform des Mietrechts
- Überleitungsrecht EG 229 § 3

Gesetzesauslegung Anh § 133 Rn 1 ff.
- europarechtskonforme G. Anh § 133 Rn 30
- genetische G. Anh § 133 Rn 22 ff.
- grammatische G. Anh § 133 Rn 15 ff.
- historische G. Anh § 133 Rn 20 f.
- Kanones der G. Anh § 133 Rn 14 ff.
- Maßstab Anh § 133 Rn 3 ff.
- objektive Theorie Anh § 133 Rn 3
- richtlinienkonforme G. Anh § 133 Rn 31 ff.; siehe Auslegung von Gesetzen
- subjektive Theorie Anh § 133 Rn 3
- systematische G. Anh § 133 Rn 18 f.
- teleologische G. Anh § 133 Rn 25 ff.
- verfassungskonforme G. Anh § 133 Rn 27 f.
- Vertrauensschutz Anh § 133 Rn 10 f.
- Vorabentscheidung durch den EuGH Anh § 133 Rn 36
- Wortlautgrenze Anh § 133 Rn 12 f.

Gesetzesumgehung § 134 Rn 80 ff.; § 138 Rn 77
- im IPR EG 3 Rn 37

Gesetzlicher Vertreter
- des Minderjährigen § 104 Rn 11 f.

Gesetzliches Veräußerungsverbot § 135
- „Heilung" der Unwirksamkeit § 135 Rn 36
- Abgrenzungen § 135 Rn 2 ff.
- Begriff § 135 Rn 7 ff.
- Beispiele § 135 Rn 10 ff.
- Beweislast § 135 Rn 38
- geschützte Personen § 135 Rn 15
- gesetzliche Verfügungsbeschränkung § 135 Rn 4
- güterrechtliche Verfügungsbeschränkung § 135 Rn 5
- gutgläubiger Erwerb § 135 Rn 30 ff.
- Normzweck § 135 Rn 1
- Rechtsfolgen § 135 Rn 23 ff.
- Reichweite § 135 Rn 16 ff.
- relative Unwirksamkeit § 135 Rn 23
- relatives und absolutes g.V. § 135 Rn 2 f.

Gesetzliches Verbot § 134
- allgemeine Rechtsgrundsätze § 134 Rn 20
- Anwendungsbereich § 134 Rn 7 ff.
- Apotheker § 134 Rn 137 f.
- Arbeitnehmerüberlassung § 134 Rn 86 ff.
- Arbeitsvermittlung § 134 Rn 90 ff.
- Arbeitszeitvereinbarung § 134 Rn 91 f.
- Ärzte und Heilpraktiker § 134 Rn 128 ff.
- ausländische Arbeitnehmer § 134 Rn 94 f.
- ausländisches Verbotsgesetz § 134 Rn 39
- Bankrecht § 134 Rn 139 ff.
- Baurecht § 134 Rn 143 ff.
- Begriff des Gesetzes § 134 Rn 19 ff.
- Begriff des Verbots § 134 Rn 40 ff.
- bereicherungsrechtlicher Rückabwicklung § 134 Rn 74
- Berufsbildung § 134 Rn 96
- Berufsordnungen § 134 Rn 21 f.
- Betriebsrentenrecht § 134 Rn 97 f.
- Betriebsübergang § 134 Rn 99
- Betriebsvereinbarung § 134 Rn 25
- Betriebsverfassungsrecht § 134 Rn 100
- Beweislast § 134 Rn 260
- Ehe und Familie § 134 Rn 152 f.
- Eingriffsnormen § 134 Rn 38
- Einwendungscharakter § 134 Rn 260
- Entgeltfortzahlung § 134 Rn 101 f.
- Entstehungsgeschichte § 134 Rn 6
- Erbrecht § 134 Rn 154 f.
- fehlerhafte Gesellschaft § 134 Rn 64, 66
- fehlerhaftes Arbeitsverhältnis § 134 Rn 64 f.
- Gemeinschaftsrecht § 134 Rn 34 f.
- geschlechtsbezogene Benachteiligung § 134 Rn 103
- Gesellschafts- und Vereinsrecht § 134 Rn 156 ff.
- Gewerbe und Handwerk § 134 Rn 173 ff.
- Gewerblicher Rechtsschutz § 134 Rn 181
- Grundrechte § 134 Rn 26 ff.
- Handelsrecht § 134 Rn 182 ff.
- Jugendarbeit § 134 Rn 104
- Kartellrecht § 134 Rn 251 ff.
- Kündigungsschutz § 134 Rn 105 ff.
- Maklerrecht § 134 Rn 189 ff.
- maßgeblicher Zeitpunkt § 134 Rn 52 ff.
- Maßregelungsverbot § 134 Rn 108
- Mietrecht § 134 Rn 192 ff.
- Mutterschutz § 134 Rn 109 ff.
- Normzweck § 134 Rn 1 ff.
- Notare § 134 Rn 204
- Ordnungsvorschrift § 134 Rn 59, 178 ff.
- Ordnungswidrigkeiten § 134 Rn 244
- Preisvorschriften § 134 Rn 68 ff.
- Rechtsanwälte § 134 Rn 197 ff.
- Rechtsberatungsgesetz § 134 Rn 206 ff.
- Rechtsfolgen § 134 Rn 55 ff.
- Schadensersatz § 134 Rn 75 f.
- Schenkungen § 134 Rn 218
- Schwarzarbeit § 134 Rn 77 ff., 111 ff.
- Schwarzgeldabrede § 134 Rn 122
- Schwerbehinderung § 134 Rn 123
- Sport § 134 Rn 219 ff.
- Standesrichtlinien § 134 Rn 23
- Steuerberater § 134 Rn 225 ff.
- Steuerrecht § 134 Rn 228 ff.
- Strafrecht § 134 Rn 233 ff.
- Tarifverträge § 134 Rn 24
- Teilzeit- und Befristungsgesetz § 134 Rn 124 f.
- Trennungsprinzip § 134 Rn 71 ff.
- unlauterer Wettbewerb § 134 Rn 257 f.
- Urlaub § 134 Rn 126 f.

Gesetzliches Verbot *(Forts.)*
- Verhältnis zu anderen Vorschriften § 134 Rn 10 ff.
- Versicherungsrecht § 134 Rn 245 ff.
- Verstoß § 134 Rn 50 f.
- Völkerrecht § 134 Rn 36 f.
- Wertpapierrecht § 134 Rn 248 ff.
- Wirtschaftsprüfer § 134 Rn 227
- Zivilprozessrecht § 134 Rn 259

Gestaltungsrecht
- Bedingungsfeindlichkeit § 158 Rn 34 ff.

Gestattungsvertrag
- Namensrecht § 12 Rn 156 ff.

Gewährleistungsrecht
- Konkurrenz zur Anfechtung wegen Eigenschaftsirrtums § 119 Rn 15
- Verhältnis zur Anfechtung nach § 123 § 123 Rn 14

Gewaltschutzgesetz
- Ehewohnung und Hausrat, IPR EG 17a Rn 2

Gewerbliche Niederlassung
- Begriff § 7 Rn 12

Gewinnmitteilung
- IPR EG 28 Rn 156

Gewinnzusage
- Internationales Deliktsrecht EG 40 Rn 83 ff.
- Überleitungsrecht EG 229 § 2 Rn 2

Gewöhnlicher Aufenthalt
- als kollisionsrechtlicher Anknüpfungspunkt EG 5 Rn 16 ff.

Gleichgeschlechtliche Lebenspartnerschaft
- IPR *siehe* eingetragene Lebenspartnerschaft, IPR

Gleichlaufgrundsatz
- internationales Nachlassverfahren EG 25 Rn 129 ff.

Gleichwertigkeit
- einer Auslandsbeurkundung EG 11 Rn 20 ff.
- einer Inlandsbeurkundung EG 11 Rn 32

Grundrechte
- Bedeutung beim kollisionsrechtlichen ordre-public-Vorbehalt EG 6 Rn 46 ff.
- Drittwirkung § 134 Rn 26 ff.

Grundregeln des Europäischen Vertragsrechts
- Abstraktheit der Vollmacht § 167 Rn 5
- Berücksichtigung bei der Reform des Verjährungsrechts § 196 Rn 5; § 197 Rn 2; § 199 Rn 6 f.; § 202 Rn 6; Vor §§ 194–218 Rn 14 ff.
- Rechtswahl im internationalen Schuldvertragsrecht EG 27 Rn 33 f.
- Verjährung § 215 Rn 2
- Verjährungsablaufhemmung Vor §§ 203–213 Rn 10
- Verjährungshemmung Vor §§ 203–213 Rn 10; § 203 Rn 9; § 206 Rn 6; § 207 Rn 5; § 208 Rn 3; § 211 Rn 4; § 212 Rn 6
- Verjährungshemmung durch Rechtsverfolgung § 204 Rn 9
- Vertretung ohne Vertretungsmacht § 179 Rn 3

Grundstück
- Begriff § 90 Rn 77

- irrtümliche Falschbezeichnung im Vertrag § 133 Rn 78 f.

Grundstücksimmissionen
- IPR *siehe* Internationales Deliktsrecht, Grundstücksimmissionen

Gründungstheorie
- Internationales Gesellschaftsrecht Anh EG 12 Rn 30, 36 ff.

Gute Sitten *siehe* Sittenwidrigkeit

Guter Glaube
- an die Geschäftsfähigkeit § 104 Rn 9; § 105 Rn 9
- Duldungs- und Anscheinsvollmacht *siehe* dort
- Geschäftsfähigkeit des Ausländers EG 12
- Internationales Ehegüterrecht *siehe* Internationales Ehegüterrecht, Verkehrsschutz
- Wissenszurechnung bei Stellvertretung § 166 Rn 26
- Zwischenverfügungen § 161 Rn 9 f.

Güterbeförderungsvertrag
- IPR EG 28 Rn 58 ff.

Güterrechtliche Ehewirkungen
- IPR *siehe* Internationales Ehegüterrecht

Güterstand
- IPR *siehe* Internationales Ehegüterrecht

Haager Abkommen über den Schutz Minderjähriger
- Verhältnis zur EG-Eheverordnung 2003 Vor EheVO Rn 12, 14 f.

Haager Eheschließungsübereinkommen Anh III EG 13 Rn 206 ff.
- Aufgebot Anh III EG 13 Rn 231 f.
- Beziehung zu anderem Vertragsstaat Anh III EG 13 Rn 214
- diplomatische und konsularische Ehe Anh III EG 13 Rn 233
- Drittstaater Anh III EG 13 Rn 215 f.
- Ehefähigkeitszeugnis Anh III EG 13 Rn 225 f.
- Eheverbote Anh III EG 13 Rn 222 f.
- Form des Heimatrechts Anh III EG 13 Rn 234
- ordre public Anh III EG 13 Rn 221
- Ortsform Anh III EG 13 Rn 227 ff.
- räumlich-personeller Anwendungsbereich Anh III EG 13 Rn 211 ff.
- Rück- und Weiterverweisung Anh III EG 13 Rn 219
- sachliche Ehevoraussetzungen Anh III EG 13 Rn 217 f.
- Verhältnis zum autonomen Kollisionsrecht Anh III EG 13 Rn 207
- Vorfrage Anh III EG 13 Rn 220
- zeitlicher Anwendungsbereich Anh III EG 13 Rn 208 ff.

Haager Ehewirkungsübereinkommen
- internationales Ehegüterrecht Anh I EG 15

Haager Entmündigungsübereinkommen Anh EG 8 Rn 2 f.

Haager Erwachsenenschutzübereinkommen EG 7 Rn 3; Anh EG 8 Rn 3; EG 24 Rn 6

Haager Kindesentführungsübereinkommen
Anh IV EG 24 HKÜ 1
- Anwendbarkeit Anh IV EG 24 HKÜ 1 Rn 5 ff.; Anh IV EG 24 HKÜ 4
- Begriff des Sorgerechts Anh IV EG 24 HKÜ 5 Rn 2 ff.
- Begriff des Umgangsrechts Anh IV EG 24 HKÜ 5 Rn 6 f.
- Bestimmung des gewöhnlichen Aufenthalts Anh IV EG 24 HKÜ 3 Rn 22 ff.
- Einleben in neue Umgebung Anh IV EG 24 HKÜ 12 Rn 9 ff.
- gegenläufige Entführungen Anh IV EG 24 HKÜ Rn 31 f.
- Gründe für Ablehnung der Rückgabe Anh IV EG 24 HKÜ 13
- Internationales Familienrechtsverfahrensgesetz Anh IV EG 24 HKÜ 2 Rn 2 ff.
- Jahresfrist Anh IV EG 24 HKÜ 12 Rn 4 ff.
- ordre public Anh IV EG 24 HKÜ 20
- Ratifikationsstand Anh IV EG 24 HKÜ 1 Rn 5 ff.
- Rückgabeanspruch Anh IV EG 24 HKÜ 12
- Rückgabeantrag Anh IV EG 24 HKÜ 10
- übersetzungsbedürftige Dokumente Anh IV EG 24 HKÜ 24 Rn 2 ff.
- Umgangsrecht Anh IV EG 24 HKÜ 21
- Verfahrensbeschleunigung Anh IV EG 24 HKÜ 11
- Verfahrenshindernis im Sorgerechtsverfahren Anh IV EG 24 HKÜ 16
- Verhältnis zu anderen Regelungen Anh IV EG 24 HKÜ 1 Rn 10 f.
- Verhältnis zum MSA Anh IV EG 24 HKÜ 34 Rn 1
- widerrechtliches Verbringen Anh IV EG 24 HKÜ 3
- Widerrechtlichkeitsbescheinigung Anh IV EG 24 HKÜ 15
- zentrale Behörden Anh IV EG 24 HKÜ 7 Rn 1 ff.
- Ziele Anh IV EG 24 HKÜ 1 Rn 1 ff.

Haager Übereinkommen über das auf die Form letztwilliger Verfügungen anzuwendende Recht EG 26 Rn 1 ff., 5 ff.

Haager Übereinkommen über das auf die Rechtsnachfolge von Todes wegen anwendbare Recht EG 9 Rn 4; EG 25 Rn 1

Haager Übereinkommen über das auf Ehegüterstände anzuwendende Recht EG 15 Rn 3

Haager Übereinkommen über das auf Unterhaltspflichten anwendbare Recht EG 18 Rn 1 ff., 93 f., 105

Haager Übereinkommen über den Kindesunterhalt EG 18 Rn 4, 95 ff., 106

Haager Übereinkommen über den Schutz von Kindern und die Zusammenarbeit auf dem Gebiet der internationalen Adoption EG 22 Rn 77

Haager Übereinkommen über die zivilrechtlichen Aspekte internationaler Kindesentführung *siehe* Haager Kindesentführungsübereinkommen

Haager Übereinkommen über die Zuständigkeit, das anzuwendende Recht, die Anerkennung, Vollstreckung und Zusammenarbeit auf dem Gebiet der elterlichen Verantwortung und der Maßnahmen zum Schutz von Kindern Anh I EG 24 KSÜ

Haager Unterhaltsabkommen EG 19 Rn 9, 33

Haager Vormundschaftsabkommen Anh II EG 24 MSA 18 Rn 1; Anh III EG 24 HVA 1–13 Rn 1

Handeln unter falschem Recht EG 3 Rn 36
Handeln unter fremdem Namen § 177 Rn 6
- Haftung § 179 Rn 4

Handelndenhaftung
- im nicht rechtsfähigen Verein § 54 Rn 20 ff.
- im Vorverein § 21 Rn 10

Handelsvertreter
- IPR EG 28 Rn 112
- kollisionsrechtlicher Arbeitnehmerschutz EG 30 Rn 28

Handlungsfähigkeit
- Begriff § 1 Rn 10

Handlungswille Vor §§ 116–144 Rn 6

Hausrat
- IPR *siehe* Ehewohnung und Hausrat, IPR

Haustürgeschäft
- Übergangsrecht EG 229 § 9

Heimatrechtstheorie
- Minderjährigenschutzabkommen Anh II EG 24 MSA 1 Rn 7, 9 ff.

Hemmung
- der Verjährung *siehe* Verjährungshemmung

Herkunftslandsprinzip
- im IPR EG 3 Rn 62
- Verträge im E-Commerce EG 28 Rn 8
- Vorbehalt der Rechtswahlfreiheit EG 27 Rn 9

Hinkende Ehe EG 13 Rn 102 ff.; EG 17b Rn 19
- Internationales Scheidungsrecht EG 17 Rn 45 ff., 74, 118 f.

Hinterlegung § 233

HKÜ *siehe* Haager Kindesentführungsübereinkommen

Höchstfristen *siehe* Verjährungsfrist, Höchstfristen

Höhere Gewalt
- Verjährungshemmung § 206

Idealverein *siehe* Verein, eingetragener
Immaterialgüterrecht
- Namensrecht § 12 Rn 19 ff.

Inbegriff *siehe* Sachgesamtheit

Informationspflichten
- bei Teilzeitwohnrechte-Verträgen, Verordnungsermächtigung EG 242
- für Fernabsatzverträge, Verordnungsermächtigung EG 240
- für Kreditinstitute, Verordnungsermächtigung EG 239

Informationspflichten *(Forts.)*
– für Verträge im elektronischen Geschäftsverkehr, Verordnungsermächtigung EG 241

Ingmar-GB-Entscheidung
– Eingriffsnormen EG 34 Rn 11 ff.

Inhaberpapier
– Eigentumslage § 90 Rn 68

Inhaltsirrtum
– Abgrenzung zum Erklärungsirrtum § 119 Rn 41
– Begriff § 119 Rn 40 ff.
– Identitätsirrtum § 119 Rn 45 ff.
– Irrtum über die Sollbeschaffenheit § 119 Rn 60 f.
– Kalkulationsirrtum § 119 Rn 52 ff.
– Rechtsfolgenirrtum § 119 Rn 49 ff.
– Verlautbarungsirrtum § 119 Rn 43 f.

Inkognito
– Namensschutz § 12 Rn 62

Inlandsbeziehung
– kollisionsrechtlicher ordre-public-Vorbehalt EG 6 Rn 38 ff.

Innerdeutsches Kollisionsrecht EG 3 Rn 51 f.

Insichgeschäft § 181
– amtsempfangsbedürftige Willenserklärung § 181 Rn 34
– Anwendungsbereich § 181 Rn 9 ff.
– Auswahl unter mehreren Adressaten § 181 Rn 35
– Beweislast § 181 Rn 54
– Einmann-GmbH § 181 Rn 24 ff.
– Erfüllung einer Verbindlichkeit § 181 Rn 45
– Erkennbarkeit § 181 Rn 46 ff.
– formale Ordnungsvorschrift § 181 Rn 4
– Genehmigung § 181 Rn 51 ff.
– Gesamtvertretung § 181 Rn 20
– geschäftsähnliche Handlungen § 181 Rn 18
– gesellschaftsrechtliche Beschlüsse § 181 Rn 28 ff.
– Gestaltungshinweise § 181 Rn 55 ff.
– Gestattung § 181 Rn 37 ff.
– lediglich rechtlicher Vorteil § 181 Rn 22 f.
– Mehrvertretung § 181 Rn 1, 19
– Normzweck § 181 Rn 2 ff.
– Personenidentität § 181 Rn 19 ff.
– Rechtsfolgen bei Unzulässigkeit § 181 Rn 49 ff.
– Rechtsgeschäft § 181 Rn 14 ff.
– schwebende Unwirksamkeit § 181 Rn 49 f.
– Selbstkontrahieren § 181 Rn 1, 19
– Untervertretung § 181 Rn 33
– Voraussetzungen § 181 Rn 14 ff.
– Zulässigkeit § 181 Rn 36 ff.

Insolvenz
– des Bevollmächtigten § 168 Rn 28
– des Vollmachtgebers § 168 Rn 23
– IPR EG 43 Rn 51 ff.
– Namensrecht § 12 Rn 179 ff.

Inspire-Art-Entscheidung
– Internationales Gesellschaftsrecht Anh EG 12 Rn 62 ff.

Interlokales Privatrecht
– Begriff EG 3 Rn 9

International zwingende Norm *siehe* Eingriffsnorm

Internationale Kindesentführung *siehe* Haager Kindesentführungsübereinkommen

Internationale Zuständigkeit
– Abstammung EG 19 Rn 43 f.; EG 20 Rn 22 f.
– Adoption EG 22 Rn 66 ff., 101
– Ehesachen *siehe* EG-Eheverordnung, Zuständigkeit in Ehesachen
– Ehesachen, autonomes Recht ZPO 606a
– Eheschließung EG 13 Rn 164
– Ehewohnung und Hausrat EG 17a Rn 24 ff.; EheVO 1 Rn 18
– eingetragene Lebenspartnerschaft EG 17b Rn 80 f.
– elterliche Sorge EG 21 Rn 35 ff.; *siehe* EG-Eheverordnung; *siehe* Elterliche Sorge, internationale Zuständigkeit nach KSÜ
– Internationales Erbrecht EG 25 Rn 125 ff.
– nichteheliche Lebensgemeinschaft Anh II EG 13 Rn 205
– Scheidung *siehe auch* EG-Eheverordnung, Zuständigkeit in Ehesachen; EG 17 Rn 164 f.
– Todeserklärung EG 9 Rn 18 ff.
– Unterhalt EG 18 Rn 99 ff.
– Verbrauchervertrag EG 29 Rn 71 ff.
– Versorgungsausgleich EG 17 Rn 164 f.
– Vertrag EG 27 Rn 80 ff.
– Vormundschaft, Pflegschaft, Betreuung EG 24 Rn 22 f.

Internationales Deliktsrecht EG 40
– Auflockerungen EG 40 Rn 33 ff.
– Bestimmungsrecht EG 40 Rn 29 ff.
– Distanzdelikt EG 40 Rn 22
– Erfolgsort EG 40 Rn 21
– Fallgruppen EG 40 Rn 49 ff.
– Gewinnzusagen EG 40 Rn 83 ff.
– gewöhnlicher Aufenthalt EG 40 Rn 34 ff.
– Haftungsbeschränkung aus Übereinkommen EG 40 Rn 45 f.
– Handlungsort EG 40 Rn 18 ff.
– Immaterialgüterrecht EG 40 Rn 74 ff.
– Internet-Delikte EG 40 Rn 83 ff.
– Luftverkehr EG 40 Rn 60
– Mehrheit von Tatorten EG 40 Rn 22 ff.
– Mosaikprinzip EG 40 Rn 81
– Persönlichkeitsverletzungen EG 40 Rn 77 ff.
– Produkthaftung EG 40 Rn 61 ff.
– punitive damages EG 40 Rn 43 f.
– Rechtsentwicklung EG 40 Rn 1
– Rechtswahl EG 42
– Reichweite des Statuts EG 40 Rn 10 ff.
– Rom-II-Verordnung EG 40 Rn 2 f., 91 ff.
– Rück- und Weiterverweisung EG 40 Rn 7 ff.
– Schiffsunfälle EG 40 Rn 59
– Staatshaftung EG 40 Rn 90
– Straßenverkehrsunfälle EG 40 Rn 49 ff.
– Streudelikt EG 40 Rn 23
– Tatortanknüpfung EG 40 Rn 16 ff.
– Übereinkommen über das auf die Produkthaftpflicht anwendbare Rechte EG 40 Rn 4

Internationales Deliktsrecht *(Forts.)*
– Übereinkommen über das auf die Straßenverkehrsunfälle anzuwendende Recht EG 40 Rn 4, 49
– Übereinkommen über die Haftung gegenüber Dritten auf dem Gebiet der Kernenergie EG 40 Rn 3
– Übereinkommen über die zivilrechtliche Haftung für Ölverschmutzungsschäden EG 40 Rn 3
– Überkompensation des Geschädigten EG 40 Rn 42
– Ubiquitätsprinzip EG 40 Rn 24 f.
– Umwelthaftung EG 40 Rn 65 ff.
– Verhaltensregeln, local data EG 40 Rn 14 f.
– Vorbehaltsklausel EG 40 Rn 38 ff.
– vorrangige Regelungen EG 40 Rn 3 f.
– wesentlich engere Verbindung EG 41
– Wettbewerbsrecht EG 40 Rn 71 ff.

Internationales Deliktsrecht, Grundstücksimmissionen EG 44
– Anwendungsbereich EG 44 Rn 4 ff.
– Bestimmungsrecht EG 44 Rn 10 ff.
– engere Verbindung EG 44 Rn 15
– Erfolgsort EG 44 Rn 9
– Grundsatz EG 44 Rn 7
– Handlungsort EG 44 Rn 8
– Normzweck EG 44 Rn 1 ff.
– öffentlich-rechtliche Genehmigungen EG 44 Rn 16 ff.
– vorrangige Staatsverträge EG 44 Rn 4

Internationales Ehegüterrecht
– Abgrenzung zu anderen Statuten EG 15 Rn 83 ff.
– Anknüpfung EG 15 Rn 5 ff.
– Anknüpfung an gemeinsame engste Verbindung EG 15 Rn 14
– Anknüpfung an gemeinsame Staatsangehörigkeit EG 15 Rn 10 ff.
– Anknüpfung an gemeinsamen gewöhnlichen Aufenthalt EG 15 Rn 13
– Deutsch-Iranisches Niederlassungsabkommen EG 15 Rn 2
– Durchbrechung der Unwandelbarkeit EG 15 Rn 20 ff.
– eheähnliche Gemeinschaft EG 15 Rn 67
– Ehevertrag EG 15 Rn 75 ff.
– Ehewohnung *siehe* Ehewohnung und Hausrat, IPR
– Feststellung des Inhalts des ausländischen Rechts EG 15 Rn 123
– Flüchtlinge Anh II EG 15
– Gesetz über den ehelichen Güterstand von Vertriebenen und Flüchtlingen Anh II EG 15
– Haager Ehewirkungsübereinkommen Anh I EG 15 Rn 1 ff.
– Haager Übereinkommen über das auf Ehegüterstände anzuwendende Recht EG 15 Rn 3
– Handeln unter falschem Recht EG 15 Rn 80 f.
– Hausrat *siehe* Ehewohnung und Hausrat, IPR
– Mehrrechtsstaaten EG 15 Rn 33
– Morgengabe EG 15 Rn 79
– Normzweck EG 15 Rn 1
– ordre public EG 15 Rn 110 ff.
– pauschalierter Zugewinnausgleich EG 15 Rn 93 ff.
– Rück- und Weiterverweisung EG 15 Rn 26 ff.
– Spaltung des Statuts EG 15 Rn 106 ff.
– Staatenzerfall EG 15 Rn 34
– Trennung von Tisch und Bett EG 15 Rn 72, 86
– Umfang des Statuts EG 15 Rn 65 ff.
– unbenannte Zuwendungen EG 15 Rn 97
– Versteinerungslehre Anh II EG 15 Rn 1; EG 15 Rn 24 ff.
– Vertriebene Anh II EG 15
– Vorrang des Einzelstatuts EG 15 Rn 5 ff.
– vorrangige Regelungen EG 15 Rn 2 ff.

Internationales Ehegüterrecht, Rechtswahl
– Änderung, Aufhebung EG 15 Rn 61
– Begriff des unbeweglichen Vermögens EG 15 Rn 43 f.
– Form EG 15 Rn 52 f.
– Formulierungsbeispiele EG 15 Rn 121 f.
– konkludente R. EG 15 Rn 47 f.
– Mehrrechtsstaaten EG 15 Rn 63
– mittelbare R. EG 15 Rn 17 ff.
– Morgengabe EG 15 Rn 48
– nach ausländischem Recht EG 15 Rn 64
– partielle R. EG 15 Rn 41
– Rück- und Weiterverweisung EG 15 Rn 62
– unmittelbare R. EG 15 Rn 35 ff.
– Wirkungen EG 15 Rn 57 ff.
– Zeitpunkt EG 15 Rn 54 ff.
– Zweckmäßigkeitserwägungen EG 15 Rn 115 ff.

Internationales Ehegüterrecht, Übergangsrecht Anh III EG 15
– Ausgehen von Anh III EG 15 Rn 17 f.
– Beschluss des BVerfG Anh III EG 15 Rn 1
– Eheschließung nach 8.4.1983 Anh III EG 15 Rn 40
– Eheschließung vor 1.4.1953 Anh III EG 15 Rn 5 ff.
– Eheschließung zwischen 31.3.1953 und 9.4.1983 Anh III EG 15 Rn 9 ff.
– Einzelfälle Anh III EG 15 Rn 19 ff.
– Unterstellen unter Anh III EG 15 Rn 16
– verfassungsrechtlich gebotene Einschränkung Anh III EG 15 Rn 21 ff.

Internationales Ehegüterrecht, Verkehrsschutz EG Art. 16
– analoge Anwendung EG 16 Rn 21 ff.
– Deutsch-Iranisches Niederlassungsabkommen EG 16 Rn 4
– Exklusivnorm EG 16 Rn 1
– Rechtsfolgen des Abs. 1 EG 16 Rn 12 f.
– Rechtsfolgen des Abs. 2 EG 16 Rn 18 ff.
– Rechtswahl EG 16 Rn 2
– Voraussetzungen des Abs. 1 EG 16 Rn 5 ff.
– Voraussetzungen des Abs. 2 EG 16 Rn 14 ff.
– vorrangige Regelungen EG 16 Rn 4
– Zweck EG 16 Rn 1

Stichwortverzeichnis

Internationales Eherecht *siehe* Eheschließung, IPR; *siehe* Internationales Ehegüterrecht; *siehe* allgemeine Ehewirkungen, IPR; *siehe* Internationales Scheidungsrecht; *siehe* nichteheliche Lebensgemeinschaft, IPR; *siehe* Verlöbnis, IPR
Internationales Einheitsrecht
– Begriff   EG 3 Rn 10
Internationales Erbrecht   EG 25 f.
– adoptiertes Kind   EG 22 Rn 38 ff.
– Anerkennung ausländischer Entscheidungen   EG 25 Rn 153 f., 156 ff.
– Anknüpfungspunkte ausländischer Rechtsordnungen   EG 25 Rn 165 ff.
– Anpassung   EG 25 Rn 79 ff.
– Anwaltshaftung   EG 25 Rn 120 ff.
– Beschränkung der Testierfreiheit   EG 25 Rn 82
– Deutsch-Iranisches Niederlassungsabkommen   EG 25 Rn 2 f.
– Deutsch-Sowjetischer Konsularvertrag   EG 25 Rn 11 ff.
– Deutsch-Türkischer Konsularvertrag   EG 25 Rn 4 ff.
– Diskriminierung weiblicher Erben   EG 25 Rn 84
– Eigenrechtserbschein   EG 25 Rn 139 ff.
– Erbscheinsverfahren   EG 25 Rn 137 ff.
– Erbunfähigkeit wegen Religionszugehörigkeit   EG 25 Rn 81
– Ermittlung fremden Rechts   EG 25 Rn 112 ff.
– Errichtungsstatut   EG 25 Rn 61
– Fremdrechtserbschein   EG 25 Rn 142 ff.
– Gleichlaufgrundsatz   EG 25 Rn 129 ff.
– Haager Übereinkommen über das auf die Rechtsnachfolge von Todes wegen anwendbare Recht   EG 25 Rn 1, 16
– internationale Zuständigkeit   EG 25 Rn 125 ff.
– intertemporaler Anwendungsbereich   EG 25 Rn 18 ff.
– kein Erbrecht der Ehefrau   EG 25 Rn 83
– Kosten der Rechtsermittlung   EG 25 Rn 118 f.
– Mehrrechtsstaat   EG 25 Rn 35 ff.
– Mehrstaater   EG 25 Rn 22
– Nachlassspaltung   EG 25 Rn 38 ff.
– Nachlassverfahren   EG 25 Rn 129 ff.
– nichteheliches Kind   EG 25 Rn 111 ff.
– ordre public   EG 25 Rn 76 ff.
– Pflichtteilsrecht   EG 25 Rn 100 ff.
– Qualifikation des § 1371 I BGB   EG 25 Rn 98 f.
– Qualifikationsprobleme   EG 25 Rn 108 ff.
– Rechtsnachfolge in Personengesellschaften   EG 25 Rn 108 ff.
– Reichweite des Statuts   EG 25 Rn 58 ff.
– Rück- und Weiterverweisung   EG 25 Rn 23 ff.
– Staaten mit Wohnsitzprinzip   EG 25 Rn 28 ff.
– Staatsangehörigkeitsprinzip   EG 25 Rn 21 f.
– Testamentsvollstreckung   EG 25 Rn 86 ff.
– Testierfähigkeit   EG 26 Rn 38
– Transposition   EG 25 Rn 72
– Verhältnis zum Güterrecht   EG 25 Rn 89 ff.
– Vollstreckung ausländischer Entscheidungen   EG 25 Rn 155
– Vorfrage   EG 25 Rn 62 ff.
Internationales Erbrecht, Form   EG 26
– Deutsch-Türkisches Nachlassabkommen   EG 26 Rn 4 f.
– Erbschaftskauf   EG 26 Rn 38
– Erbvertrag   EG 26 Rn 35
– Erbverzicht   EG 26 Rn 36
– gemeinschaftliches Testament   EG 26 Rn 31 ff.
– Haager Testamentsformübereinkommen   EG 26 Rn 1 ff., 5 ff.
– Schenkung von Todes wegen   EG 26 Rn 37
– Statutenwechsel   EG 26 Rn 29 f.
Internationales Erbrecht, Rechtswahl   EG 25 Rn 43 ff.
– Form   EG 25 Rn 45
– Nachlassspaltung   EG 25 Rn 47 ff.
– R. kraft ausländischen Kollisionsrechts   EG 25 Rn 54 ff.
– Sachnormverweisung   EG 25 Rn 46
– Teilrechtswahl   EG 25 Rn 52
– Voraussetzungen   EG 25 Rn 43 f.
– Widerruflichkeit   EG 25 Rn 53
Internationales Familienrecht   *siehe* Adoption; *siehe* elterliche Sorge, IPR
Internationales Familienrechtsverfahrensgesetz   Anh IV EG 24 HKÜ 2 Rn 2 ff.
Internationales Gesellschaftsrecht   Anh EG 12 Rn 1 ff.
– Anerkennung von Status oder Rechtspersönlichkeit   Anh EG 12 Rn 3 ff.
– Auflösung   Anh EG 12 Rn 28
– Außenbeziehungen   Anh EG 12 Rn 14 ff.
– Centros-Entscheidung   Anh EG 12 Rn 58 f.
– Daily-Mail-Entscheidung   Anh EG 12 Rn 57
– Diskussionsstand in Deutschland   Anh EG 12 Rn 48 f.
– Form   Anh EG 12 Rn 29
– Gesellschafterhaftung   Anh EG 12 Rn 19 f.
– grenzüberschreitende Sitzverlegung   Anh EG 12 Rn 50 ff.
– Gründung   Anh EG 12 Rn 27
– Gründungstheorie   Anh EG 12 Rn 30, 36 ff.
– handelsrechtliche Fragen   Anh EG 12 Rn 21 f.
– Hinweise zur internationalen Rechtsformwahl   Anh EG 12 Rn 188 ff.
– Innenverhältnis   Anh EG 12 Rn 9 ff.
– Inspire-Art-Entscheidung   Anh EG 12 Rn 62 ff.
– internationales Konzernrecht   Anh EG 12 Rn 186 f.
– kleine GmbH spanischen Rechts   Anh EG 12 Rn 195
– Limited englischen Rechts   Anh EG 12 Rn 188 ff.
– Liquidation   Anh EG 12 Rn 28
– Niederlassungsfreiheit und Sitztheorie   Anh EG 12 Rn 56 ff.
– Regelungsbereich   Anh EG 12 Rn 1 ff.
– Registrierungstheorie   Anh EG 12 Rn 40 ff.
– Rück- und Weiterverweisung   Anh EG 12 Rn 1, 47
– S.A.R.L. französischen Rechts   Anh EG 12 Rn 195

Internationales Gesellschaftsrecht *(Forts.)*
- Sitztheorie   Anh EG 12 Rn 30 ff.
- Statutenwechsel   Anh EG 12 Rn 44 f.
- Überlagerungstheorie   Anh EG 12 Rn 46
- Überseering-Entscheidung   Anh EG 12 Rn 60 f., 68 ff.
- Umwandlungen   Anh EG 12 Rn 179 ff.
- unternehmerische Mitbestimmung   Anh EG 12 Rn 23 ff., 116 ff.

Internationales Gesellschaftsrecht, juristische Person
- europarechtliche Gründungstheorie   Anh EG 12 Rn 68 ff.
- EWR-Abkommen   Anh EG 12 Rn 144
- Freundschafts-, Handels- und Schifffahrtsvertrag zwischen der BRD und den USA   Anh EG 12 Rn 145
- General Agreement on Trade in Services   Anh EG 12 Rn 146 ff.
- Gründung nach deutschem Recht   Anh EG 12 Rn 131 ff.
- Gründung nach drittstaatlichem Recht   Anh EG 12 Rn 139 ff.
- Gründung nach EU-mitgliedstaatlichem Recht   Anh EG 12 Rn 93 ff.
- inländische Auslandsgesellschaft   Anh EG 12 Rn 93 ff.
- Scheinauslandsgesellschaft   Anh EG 12 Rn 93 ff.
- Sonderanknüpfung   Anh EG 12 Rn 108 ff.
- Überlagerung beim Minderheitenschutz   Anh EG 12 Rn 129 f.
- Überlagerung im Firmenrecht   Anh EG 12 Rn 119 ff.
- Überlagerung im Haftungsrecht   Anh EG 12 Rn 110 ff.
- Überlagerung im Kapitalschutzrecht   Anh EG 12 Rn 114 f.
- Überlagerung im Mitbestimmungsrecht   Anh EG 12 Rn 116 ff.
- vorrangige Regelungen   Anh EG 12 Rn 144 ff.

Internationales Gesellschaftsrecht, Personengesellschaft   Anh EG 12 Rn 150 ff.
- Anknüpfung   Anh EG 12 Rn 168 f.
- Ausgangslage bezüglich der Anknüpfungslehren   Anh EG 12 Rn 150 ff.
- deutsche Gesellschaften   Anh EG 12 Rn 177 f.
- drittstaatliche Gesellschaften   Anh EG 12 Rn 177 f.
- grenzüberschreitende Sitzverlegung   Anh EG 12 Rn 170
- Kommanditgesellschaft   Anh EG 12 Rn 155
- Niederlassungsfreiheit   Anh EG 12 Rn 157 ff.
- Sonderanknüpfung   Anh EG 12 Rn 172 ff.

Internationales Kindschaftsrecht
- Abstammung   *siehe* Abstammung, IPR
- Anfechtung der Abstammung   *siehe* Abstammung, Anfechtung

Internationales kollektives Arbeitsrecht   EG 30 Rn 30 ff.
- Arbeitskampfrecht   EG 30 Rn 34
- Betriebsverfassungsrecht   EG 30 Rn 30 f.
- Tarifvertragsrecht   EG 30 Rn 32 f.

Internationales Namensrecht   EG 10
- Adelstitel   EG 10 Rn 84 ff.
- akademische Grade   EG 10 Rn 89 f.
- Angleichung und Anpassung   EG 10 Rn 28 ff.
- Angleichungserklärung   EG 10 Rn 30 f.
- behördliche Namensänderung   EG 10 Rn 59 ff.
- Ehename   *siehe* Ehename, IPR
- eingetragene Lebenspartnerschaft   EG 17b Rn 63 ff.
- Entstehungsgeschichte der Norm   EG 10 Rn 5 ff.
- Erstfragen   EG 10 Rn 16
- Familienname   EG 10 Rn 63 ff.
- Firma   EG 10 Rn 48
- Gebrauchsname   EG 10 Rn 93
- Individualname   EG 10 Rn 78 f.
- intertemporaler Anwendungsbereich   EG 10 Rn 7
- Kindesname   EG 21 Rn 8
- Kindesname bei Adoption   EG 22 Rn 23 ff.
- Mehrstaater   EG 10 Rn 11
- Mittelname   EG 10 Rn 73
- Namensschutz   EG 10 Rn 94
- Namenszusätze   EG 10 Rn 82 f.
- ordre public   EG 10 Rn 43 ff.
- praktische Bedeutung   EG 10 Rn 4
- Pseudonym   EG 10 Rn 80 f.
- Qualifikation   EG 10 Rn 54 ff.
- Rechtswahl für Kindesnamen   EG 10 Rn 138 ff.
- Rück- und Weiterverweisung   EG 10 Rn 8 ff.
- Schreibweise   EG 10 Rn 55 ff.
- Staatenlose   EG 10 Rn 12
- Statutenwechsel   EG 10 Rn 22 ff., 32 ff.
- Transposition   EG 10 Rn 32 ff.
- Vatername   EG 10 Rn 76 f.
- Vorfragen   EG 10 Rn 17 ff.
- Vorname   EG 10 Rn 69 ff.
- zusammengesetzte Namen   EG 10 Rn 37 f., 74
- Zustimmung zu Namenserteilung an Kind   EG 23
- Zweckmäßigkeit der Rechtswahl   EG 10 Rn 166 ff.

Internationales Öffentliches Recht   EG 3 Rn 8
Internationales Privatrecht
- Abgrenzungsfragen   EG 3 Rn 8 ff.
- akzessorische Anknüpfung   EG 3 Rn 28
- alternative Anknüpfung   EG 3 Rn 27
- Angleichung, Anpassung   EG 3 Rn 33
- Anknüpfung   EG 3 Rn 22 ff.
- Anwendung ausländischen Rechts   EG 3 Rn 38 f.
- Auslandsberührung   EG 3 Rn 2
- Beachtung ausländischen Rechts   EG 3 Rn 14
- Begriff, Gegenstand   EG 3 Rn 1
- einseitige und allseitige Kollisionsnorm   EG 3 Rn 31
- Einzel- und Gesamtstatut   EG 3 Rn 66 ff.
- Ermittlung ausländischen Rechts   EG 3 Rn 40 ff.
- Erstfrage   EG 3 Rn 23 ff.
- Europäische Beweisverordnung   EG 3 Rn 44
- fraus legis   EG 3 Rn 37

Internationales Privatrecht *(Forts.)*
- Gemeinschaftsrecht als Quelle des I. EG 3 Rn 59 ff.
- Grundprinzipien EG 3 Rn 15 ff.
- Handeln unter falschem Recht EG 3 Rn 36
- Herkunftslandsprinzip EG 3 Rn 62
- Internationales Einheitsrecht EG 3 Rn 10
- kumulative Anknüpfung EG 3 Rn 26
- Nichtermittelbarkeit ausländischen Rechts EG 3 Rn 50
- Qualifikation EG 3 Rn 19 ff.
- Rechtshilfe EG 3 Rn 44
- Rechtsquellen EG 3 Rn 3 ff.
- Rück- und Weiterverweisung *siehe dort*
- Sachnormverweisung *siehe dort*
- selbstbeschränkte Sachnormen EG 3 Rn 12
- staatsvertragliches I. EG 3 Rn 53 ff.
- Statutenwechsel EG 3 Rn 29 f.
- Substitution EG 3 Rn 34 f.
- Vorfrage EG 3 Rn 23 ff.
- Vorrang des Gemeinschaftsrechts EG 3 Rn 65
- Vorrang des Staatsvertrags EG 3 Rn 57

Internationales Sachenrecht EG 43
- Anfechtung EG 43 Rn 21
- besitzlose Mobiliarsicherheiten EG 43 Rn 43 ff.
- EG-Insolvenzverordnung EG 43 Rn 5, 45, 53 ff.
- EG-Kulturgüterschutzverordnung EG 43 Rn 5, 37
- Enteignung EG 43 Rn 56 ff.
- Europarecht EG 43 Rn 5
- floating charge EG 43 Rn 44 f.
- Gemeinschaftsrechtskonformität EG 43 Rn 6
- Genfer Abkommen über die internationale Anerkennung von Rechten an Luftfahrzeugen EG 43 Rn 3
- Genfer Abkommen über Schiffsgläubigerrechte und Schiffshypotheken EG 43 Rn 3
- Gesamtstatut EG 43 Rn 19 f.
- gestreckte Tatbestände EG 43 Rn 38 ff.
- Grundpfandrecht EG 43 Rn 24
- Grundsatz EG 43 Rn 15 ff.
- Grundstücksimmissionen *siehe* Internationales Deliktsrecht, Grundstücksimmissionen
- Immobilien EG 43 Rn 22 ff.
- Insolvenzrecht EG 43 Rn 51 ff.
- internationale Verkehrsgeschäfte EG 46 Rn 6
- Kausalverhältnis EG 43 Rn 16
- Konvention über internationale Sicherungsrechte an beweglicher Ausrüstung EG 43 Rn 4
- Kraftfahrzeuge EG 46 Rn 7 f.
- Kulturgüterrückgabegesetz EG 43 Rn 5, 37
- Lehre von der Dauerbedingung EG 43 Rn 29
- Lösungsrecht EG 43 Rn 33
- Luftfahrzeuge EG 45 Rn 6
- Normgeschichte EG 43 Rn 7 ff.
- Normzweck EG 43 Rn 10 ff.
- Rechtsquellen EG 43 Rn 3 f.
- Reinigungseffekt EG 43 Rn 35
- res in transitu EG 43 Rn 46 ff.; EG 46 Rn 9
- Schienenfahrzeuge EG 45 Rn 9
- Statutenwechsel EG 43 Rn 26 ff.
- Timesharing-Vertrag EG 43 Rn 23
- Transportmittel EG 43 Rn 50; EG 45
- Transposition EG 43 Rn 30 ff.
- Typenzwang EG 43 Rn 17
- Wasserfahrzeuge EG 45 Rn 7 f.
- Wertpapiere EG 43 Rn 25
- wesentlich engere Verbindung EG 46

Internationales Scheidungsrecht EG 17
- Abgrenzung zum Eheschließungsstatut EG 13 Rn 78 ff.
- allseitiger Ausbau EG 17 Rn 42 ff.
- Anknüpfung EG 17 Rn 7 ff.
- Anwendungsbereich EG 17 Rn 48 ff.
- Deutsch-Iranisches Niederlassungsabkommen EG 17 Rn 6
- EG-Eheverordnung EG 17 Rn 40 f., 54, 164 ff.
- Eheauflösung durch Tod EG 17 Rn 49
- hinkende Ehe EG 17 Rn 45 ff., 74
- internationale Zuständigkeit EG 17 Rn 164 f.; *siehe auch* EG-Eheverordnung, internationale Zuständigkeit in Ehesachen
- internationale Zuständigkeit ZPO 606a
- isolierte Rechtswahl EG 17 Rn 13 f.
- Ketubah-Vereinbarung EG 17 Rn 79
- kollisionsrechtliche Gestaltungsmöglichkeiten EG 17 Rn 167 ff.
- maßgeblicher Zeitpunkt EG 17 Rn 15 ff.
- materielle Scheidungsvoraussetzungen EG 17 Rn 58 ff.
- Mehrrechtsstaaten EG 17 Rn 20 ff.
- Morgengabe EG 17 Rn 79, 84
- nichteheliche Lebensgemeinschaft EG 17 Rn 52
- ordre public EG 17 Rn 62 ff.
- Privatscheidung EG 17 Rn 84, 92 ff.
- Qualifikationsfragen EG 17 Rn 87 ff.
- Rechtshängigkeitseinwand EG 17 Rn 166
- Rechtswahl EG 17 Rn 12 ff., 167 ff.
- Registereintragung EG 17 Rn 90
- Rom III-Projekt EG 17 Rn 6
- Rück- und Weiterverweisung EG 17 Rn 23 ff.
- Schadensersatzpflicht EG 17 Rn 76 f.
- Scheidung der Nichtehe EG 17 Rn 56
- Scheidungsmonopol deutscher Gerichte EG 17 Rn 82 ff., 92 ff.
- Schuldausspruch im Urteil EG 17 Rn 72 f.
- Trennung von Tisch und Bett EG 17 Rn 31, 51, 91
- Unscheidbarkeit EG 17 Rn 30 ff., 62 f.
- Unterhaltspflichten EG 17 Rn 74 ff.
- Unwandelbarkeit EG 17 Rn 18 f.
- unwirksame Eheschließung EG 17 Rn 50
- Versöhnungsverfahren EG 17 Rn 88 f.
- Versorgungsausgleich *siehe* Versorgungsausgleich, IPR
- versteckte Rückverweisung EG 17 Rn 26 ff.
- Verstoßung EG 17 Rn 61, 66 ff., 95 f.
- Vertreter und Bote EG 17 Rn 99
- Vorfrage EG 17 Rn 53 ff.
- vorrangige Regelungen EG 17 Rn 6

Internationales Scheidungsrecht *(Forts.)*
- Wahl des Rechtshängigkeitszeitpunkts EG 17 Rn 171 ff.
- Widerruf von Schenkungen EG 17 Rn 78
- Wiederverheiratungsmöglichkeit EG 17 Rn 71
- Wirkungen der Scheidung EG 17 Rn 71 ff.
- Zuweisung von Ehewohnung und Hausrat EG 17 Rn 80 f.
- Zweck der Anknüpfung EG 17 Rn 1

Internationales Schuldvertragsrecht
- Abgrenzung zum Gesellschaftsstatut EG 37 Rn 35 ff.
- Abgrenzung zum Vertretungsstatut EG 31 Rn 13
- Abgrenzung zum Vollmachtstatut EG 37 Rn 38 ff.
- Aufrechnung EG 32 Rn 30 ff.
- ausländisches gesetzliches Verbot EG 31 Rn 20
- autonome Auslegung EG 36
- Beweislast EG 32 Rn 51 ff.
- Beweismittel EG 32 Rn 54 ff.
- consideration EG 31 Rn 12
- culpa in contrahendo EG 32 Rn 24 ff.
- Einbeziehung von AGB EG 31 Rn 14
- Eingriffsnormen *siehe dort*
- Einigung EG 31 Rn 11 ff.
- Erfüllung EG 32 Rn 13 ff.
- Erfüllungsmodalitäten EG 32 Rn 42 ff.
- Folgen der Nichterfüllung EG 32 Rn 16 ff.
- Fristablauf EG 32 Rn 34 ff.
- gesetzliche Vermutungen EG 32 Rn 49 f.
- Inhaltskontrolle von AGB EG 31 Rn 21 f.
- internationale Zuständigkeit EG 27 Rn 80 ff.
- invitatio ad offerendum EG 31 Rn 11
- Nichtigkeitsfolgen EG 32 Rn 38 ff.
- Prozessaufrechnung EG 32 Rn 32
- Rechtsspaltung EG 35 Rn 5 ff.
- Rück- und Weiterverweisung EG 35 Rn 2 ff.
- Schadensbemessung EG 32 Rn 22 f.
- Schadenspauschalen EG 32 Rn 20
- Schuldstatuttheorie EG 31 Rn 20
- Schweigen mit Erklärungswirkung EG 31 Rn 15
- Sittenwidrigkeit EG 31 Rn 19
- Sonderanknüpfung an Aufenthaltsrecht EG 31 Rn 23 ff.
- Verjährung EG 32 Rn 34 ff.
- Versicherungsvertrag *siehe* Internationales Versicherungsvertragsrecht
- Vertragsauslegung EG 32 Rn 6 ff.
- Vertragsstrafen EG 32 Rn 20
- Verzugszinsen EG 32 Rn 21
- Vollmacht *siehe* Vollmacht, IPR
- Wertpapier *siehe* Wertpapier, IPR
- Widerruf EG 31 Rn 18
- Willensmängel EG 31 Rn 17

Internationales Schuldvertragsrecht, Arbeitsvertrag EG 30
- Ausweichklausel EG 30 Rn 29
- Begriff der zwingenden Bestimmung EG 30 Rn 14 f.
- Begriff des Arbeitsorts EG 30 Rn 21 f.
- Begriff des Arbeitsvertrags EG 30 Rn 8 f.
- einstellende Niederlassung EG 30 Rn 24 f.
- Entsende-Richtlinie EG 30 Rn 2 ff.
- faktisches Arbeitsverhältnis EG 30 Rn 9
- Flugpersonal EG 30 Rn 26
- Gemeinschaftsrecht EG 30 Rn 2 ff.
- Günstigkeitsvergleich EG 30 Rn 18 f.
- Handelsvertreter EG 30 Rn 28
- intertemporaler Anwendungsbereich EG 30 Rn 5
- Kollektivarbeitsrecht *siehe* internationales kollektives Arbeitsrecht
- konkludente Rechtswahl EG 30 Rn 13
- Normzweck EG 30 Rn 1
- objektive Anknüpfung EG 30 Rn 20 ff.
- ordre public EG 30 Rn 7
- Rechtswahl EG 30 Rn 12 ff.
- Rechtswahl in AGB EG 30 Rn 13
- Reichweite des Statuts EG 30 Rn 10 f.
- Sachnormverweisung EG 30 Rn 6
- Seeleute EG 30 Rn 27
- Verhältnis zu anderen Vorschriften EG 30 Rn 17
- vorübergehende Entsendung EG 30 Rn 23

Internationales Schuldvertragsrecht, objektive Anknüpfung EG 28
- Anleihe EG 28 Rn 142 f.
- Arbeitsvertrag EG 28 Rn 95
- Arztvertrag EG 28 Rn 96
- Auftrag EG 28 Rn 121
- Auslobung EG 28 Rn 155
- Ausweichklausel EG 28 Rn 75 ff.
- autonome Auslegung EG 28 Rn 9
- Bankgeschäfte EG 28 Rn 123 ff.
- Beherbergungsvertrag EG 28 Rn 102
- Beratungsvertrag EG 28 Rn 97
- Bürgschaft EG 28 Rn 144 f.
- charakteristische Leistung EG 28 Rn 36 ff.
- Darlehen EG 28 Rn 138 ff.
- Dienstvertrag EG 28 Rn 94 ff.
- Domainregistrierungsvertrag EG 28 Rn 106 ff.
- E-Commerce EG 28 Rn 8
- Entstehungsgeschichte EG 28 Rn 2 f.
- Factoring EG 28 Rn 126
- Franchising EG 28 Rn 111
- Garantievertrag EG 28 Rn 147
- Geschäftsbesorgung EG 28 Rn 122
- gesetzliche Vermutungen EG 28 Rn 36 ff.
- Gewinnmitteilungen EG 28 Rn 156
- Grundstücksverträge EG 28 Rn 50 ff.
- Güterbeförderungsvertrag EG 28 Rn 58 ff.
- Handelsvertretervertrag EG 28 Rn 112
- hypothetischer Parteiwille EG 28 Rn 2
- Indizien für engste Verbindung EG 28 Rn 19 ff.
- Inkassogeschäft EG 28 Rn 128
- Internetauktion EG 28 Rn 109 f.
- Internet-Verträge EG 28 Rn 103 ff.
- Kaufvertrag EG 28 Rn 85 ff.
- Know-how-Vertrag EG 28 Rn 161
- Kommissionsvertrag EG 28 Rn 113
- Leasingvertrag EG 28 Rn 135 ff.
- Leihvertrag EG 28 Rn 134

Internationales Schuldvertragsrecht, objektive Anknüpfung *(Forts.)*
- Lizenzvertrag EG 28 Rn 160
- Maklervertrag EG 28 Rn 116 ff.
- maßgeblicher Zeitpunkt EG 28 Rn 35
- Mietvertrag EG 28 Rn 134
- nichtstaatliches Recht EG 28 Rn 34
- ordre public EG 28 Rn 11
- Pachtvertrag EG 28 Rn 134
- Patronatserklärung EG 28 Rn 148
- Pauschalreisevertrag EG 28 Rn 99
- Personenbeförderungsvertrag EG 28 Rn 99
- Preisausschreiben EG 28 Rn 155
- Prinzip der engsten Verbindung EG 28 Rn 4, 16 ff.
- Provider-Vertrag EG 28 Rn 105
- Reisevertrag EG 28 Rn 119
- Rom I-Verordnung EG 28 Rn 3
- Rück- und Weiterverweisung EG 28 Rn 10
- Schenkung EG 28 Rn 90 f.
- Schuldversprechen EG 28 Rn 146
- Spiel und Wette EG 28 Rn 153 f.
- Statutenwechsel EG 28 Rn 35
- Tausch EG 28 Rn 92 f.
- Timesharing EG 28 Rn 55 ff.
- Unterrichtsvertrag EG 28 Rn 98
- Vergleich EG 28 Rn 150
- Verhältnis zu anderen Vorschriften EG 28 Rn 12 ff.
- Verlagsvertrag EG 28 Rn 158 f.
- Versicherungsvertrag *siehe* Internationales Versicherungsvertragsrecht
- Verträge zwischen Gesellschaften EG 28 Rn 157
- Vertragshändlervertrag EG 28 Rn 114 f.
- Vertragsstrafeversprechen EG 28 Rn 149
- Verwahrungsvertrag EG 28 Rn 120
- Werklieferungsvertrag EG 28 Rn 89
- Werkvertrag EG 28 Rn 130

Internationales Schuldvertragsrecht, Rechtswahl EG 27
- AGB EG 27 Rn 68 ff.
- allgemeine Rechtsprinzipien EG 27 Rn 30
- anfängliche Rechtswahl EG 27 Rn 58
- ausdrückliche Rechtswahl EG 27 Rn 43 ff.
- Auslegung von Rechtswahlvereinbarungen EG 32 Rn 11
- autonome Auslegung EG 27 Rn 10
- E-Commerce EG 27 Rn 9
- Entwicklung EG 27 Rn 2 f.
- Erfordernis der Auslandsberührung EG 27 Rn 74 ff.
- Form der Rechtswahl EG 27 Rn 72
- Gerichtsstandsvereinbarung als Indiz EG 27 Rn 48 f.
- Gründe EG 27 Rn 4 ff.
- Grundregeln des Europäischen Vertragsrechts EG 27 Rn 33 f.
- kollidierende Rechtswahlklauseln EG 27 Rn 70 f.
- Kreis wählbarer Rechte EG 27 Rn 23 ff.
- lex mercatoria EG 27 Rn 31 f.
- Mehrrechtsstaat EG 27 Rn 12
- nachträgliche Rechtswahl EG 27 Rn 59 ff.
- nichtstaatliches Recht EG 27 Rn 29 ff.
- optionale Rechtwahl EG 27 Rn 40 ff.
- ordre public EG 27 Rn 13 ff.
- Parteiautonomie EG 27 Rn 1
- Prinzipienkataloge EG 27 Rn 33 f.
- rechtsordnungsloser Vertrag EG 27 Rn 29
- Rück- und Weiterverweisung EG 27 Rn 11 f.
- Schiedsgerichtsvereinbarung als Indiz EG 27 Rn 50 f.
- Stabilisierungsklausel EG 27 Rn 28
- stillschweigende Rechtswahl EG 27 Rn 46 ff.
- Teilrechtswahl EG 27 Rn 36 ff.
- UNIDROIT-Prinzipien EG 27 Rn 33 f.
- UN-Kaufrecht EG 27 Rn 35
- Verhältnis zu andere Vorschriften EG 27 Rn 16 ff.
- Verkehrsschutz EG 27 Rn 73
- Versteinerungsklausel EG 27 Rn 24 ff.
- Zustandekommen und Wirksamkeit EG 27 Rn 65 ff.

Internationales Schuldvertragsrecht, Verbraucherschutz für besondere Gebiete EG 29a
- Analogiefähigkeit EG 29a Rn 47
- Bezug zu mehreren Staaten EG 29a Rn 41
- Defizite EG 29a Rn 5 f.
- E-Commerce EG 29a Rn 10
- erfasste Richtlinien EG 29a Rn 46
- Günstigkeitsvergleich EG 29a Rn 42
- intertemporaler Anwendungsbereich EG 29a Rn 16
- invitatio ad offerendum EG 29a Rn 25
- Normgeschichte EG 29a Rn 7 f.
- Normstruktur EG 29a Rn 9
- ordre public EG 29a Rn 14 f.
- persönlicher Anwendungsbereich EG 29a Rn 19 ff.
- räumlicher Anwendungsbereich EG 29a Rn 23 ff.
- Reichweite der Verweisung EG 29a Rn 38 ff.
- richtlinienkonforme Auslegung EG 29a Rn 11 f.
- Rück- und Weiterverweisung EG 29a Rn 13
- sachlicher Anwendungsbereich EG 29a Rn 22
- Teilzeitwohnrechte-Vertrag EG 29a Rn 51 f.
- unterbliebene oder mangelhafte Richtlinienumsetzung EG 29a Rn 43 ff.
- Verhältnis zu anderen Vorschriften EG 29a Rn 17 f.
- Wahl drittstaatlichen Rechts EG 29a Rn 34 ff.

Internationales Schuldvertragsrecht, Verbrauchervertrag EG 29
- Angebot und Werbung im Aufenthaltsstaat EG 29 Rn 48 ff.
- ausgenommene Verträge EG 29 Rn 37 ff.
- ausländische Ferienwohnung EG 29 Rn 43
- autonome Auslegung EG 29 Rn 7
- Beförderungsvertrag EG 29 Rn 37 ff.
- Begriff des Verbrauchers EG 29 Rn 20 ff.
- Darlehen EG 29 Rn 35
- Dienstleistung im Ausland EG 29 Rn 40 ff.
- Dienstvertrag EG 29 Rn 30 ff.

Stichwortverzeichnis

Internationales Schuldvertragsrecht, Verbrauchervertrag *(Forts.)*
- E-Commerce   EG 29 Rn 6
- Entgegennahme der Bestellung im Aufenthaltsstaat   EG 29 Rn 53 f.
- erfasste Vertragstypen   EG 29 Rn 26 ff.
- Finanzierungsvertrag   EG 29 Rn 33 f.
- Form   EG 29 Rn 70
- Gran-Canaria-Fälle   EG 29 Rn 59 ff.
- Günstigkeitsprinzip   EG 29 Rn 63 f.
- Günstigkeitsvergleich   EG 29 Rn 67 f.
- internationale Zuständigkeit   EG 29 Rn 71 f.
- Leasingvertrag   EG 29 Rn 27
- Normgeschichte   EG 29 Rn 1
- Normstruktur   EG 29 Rn 4
- Normzweck   EG 29 Rn 3
- objektive Anknüpfung   EG 29 Rn 69
- ordre public   EG 29 Rn 9 f.
- Pauschalreisevertrag   EG 29 Rn 44 f.
- räumliche-situativer Anwendungsbereich   EG 29 Rn 46 f.
- Richtlinienkollisionsrecht   EG 29 Rn 5
- Rück- und Weiterverweisung   EG 29 Rn 8
- Softwarelieferung   EG 29 Rn 29
- Verhältnis zu anderen Vorschriften   EG 29 Rn 11 ff.
- Verkaufsfahrten   EG 29 Rn 55
- Warenkauf   EG 29 Rn 27
- Werklieferungsvertrag   EG 29 Rn 28
- zwingende Bestimmungen   EG 29 Rn 65 f.

Internationales Strafrecht
- Begriff   EG 3 Rn 8

Internationales Transportrecht   EG 28 Rn 70 ff.

Internationales Übereinkommen über Bergung   EG 39 Rn 3

Internationales Übereinkommen über die zivilrechtliche Haftung für Ölverschmutzungsschäden   EG 44 Rn 4

Internationales Unterhaltsrecht   EG 18
- Abänderung ausländischer Entscheidungen   EG 18 Rn 110 ff.
- Alimentationsvertrag   EG 18 Rn 52 f.
- Anerkennung und Vollstreckung   EG 18 Rn 104
- Anknüpfung an deutsches Recht   EG 18 Rn 29 f.
- Anknüpfung an gemeinsames Heimatrecht   EG 18 Rn 14 ff.
- Anknüpfung an gewöhnlichen Aufenthalt   EG 18 Rn 8 ff.
- Anspruch auf Ausstattung   EG 21 Rn 9
- Anwendungsbereich   EG 18 Rn 44 ff.
- Aufenthalt des Minderjährigen   EG 18 Rn 11
- Auskunftsanspruch   EG 18 Rn 63
- Auslandsunterhaltsgesetz   EG 18 Rn 127
- Begriff des Unterhalts   EG 18 Rn 44 ff.
- Deutsch-Iranisches Niederlassungsabkommen   EG 18 Rn 4, 88 ff.
- EG-Eheverordnungen   EG 18 Rn 102
- engere Beziehung zum deutschen Recht   EG 18 Rn 42 f.
- Erbfall   EG 18 Rn 55 ff.
- ferne Verwandtschaft   EG 18 Rn 31 ff.
- Haager Übereinkommen über den Kindesunterhalt   EG 18 Rn 4, 95 ff., 106
- Haager Unterhaltsabkommen   EG 19 Rn 9, 33; EG 18 Rn 1 ff., 93 f., 105
- internationale Rechtshilfe   EG 18 Rn 125 ff.
- internationale Zuständigkeit   EG 18 Rn 99 ff.
- Ketubah-Vereinbarung   EG 18 Rn 47
- Klageberechtigung   EG 18 Rn 67
- Morgengabe   EG 18 Rn 47
- Nachscheidungsunterhalt   EG 18 Rn 34 ff.
- Nachscheidungsunterhalt, Gestaltungsmöglichkeiten   EG 18 Rn 128
- nichteheliche Lebensgemeinschaft   EG 18 Rn 49
- ordre public   EG 18 Rn 80 ff.
- Pflegekind   EG 18 Rn 54
- Regress durch Private   EG 18 Rn 83 ff.
- Regress öffentlicher Einrichtungen   EG 18 Rn 68 ff.
- Unterhaltsart und -umfang   EG 18 Rn 59 ff.
- Unterhaltsverzicht   EG 18 Rn 53
- UN-Übereinkommen über die Geltendmachung von Unterhaltsansprüchen im Ausland   EG 18 Rn 125 f.
- Vorfrage   EG 18 Rn 71 ff.
- vorrangige Regelungen   EG 18 Rn 88 ff.
- Währung   EG 18 Rn 64 ff.

Internationales Verfahrensrecht   *siehe* Internationale Zuständigkeit; *siehe* Anerkennung ausländischer Entscheidungen; *siehe* Vollstreckung ausländischer Entscheidungen

Internationales Versicherungsvertragsrecht   EG 28 Rn 151 f.; EG 37 Rn 43 ff.

Internationales Versicherungsvertragsrecht, Risiko außerhalb EG/EWR   EG 28 Rn 51; EG 37 Rn 43

Internationales Versicherungsvertragsrecht, Risiko innerhalb EG/EWR   EG 37 Rn 46 ff.
- Direktversicherungsvertrag   EG 37 Rn 47
- einzelne Kollisionsnormen des EGGVG   EG 37 Rn 65 ff.
- Fahrzeuge   EG 37 Rn 52 f.
- gesetzliche Krankenversicherung ersetzender Vertrag   EG 37 Rn 101 ff.
- Immobilien   EG 37 Rn 50 f.
- Mehrfachbelegenheit des Risikos   EG 37 Rn 61 ff.
- mitgliedstaatliche Erweiterung der Rechtswahl   EG 37 Rn 92 ff.
- objektive Anknüpfung   EG 37 Rn 95 f.
- Pflichtversicherung   EG 37 Rn 97 ff.
- Prozessstandschaft bei Versicherermehrzahl   EG 37 Rn 105 ff.
- räumlicher Anwendungsbereich   EG 37 Rn 48 ff.
- Rechtswahl bei Großrisiko   EG 37 Rn 89 f.
- Reise   EG 37 Rn 54 ff.
- sachlicher Anwendungsbereich   EG 37 Rn 46 f.
- Teilrisiko außerhalb des EWR   EG 37 Rn 91
- wählbare Rechtsordnungen   EG 37 Rn 73 ff.

Internationales Versicherungsvertragsrecht, Rückversicherung EG 28 Rn 52
Internationales Wechselrecht
- Form und Frist von Rechtserhaltungsmaßnahmen IntWR Rn 24
- Formwirksamkeit IntWR Rn 10 ff.
- Genfer Abkommen über Bestimmungen auf dem Gebiet des internationalen Wechselprivatrechts IntWR Rn 1 f.
- Qualifikation IntWR Rn 3
- Rechtswahl IntWR Rn 4
- Rück- und Weiterverweisung IntWR Rn 5, 8
- Rückgriffsfristen IntWR Rn 21
- Teilannahme und -zahlung IntWR Rn 23
- Übergang der Grundforderung IntWR Rn 22
- Verlust und Diebstahl IntWR Rn 25
- Wechselfähigkeit IntWR Rn 6 ff.
- Wirkungen der Wechselerklärung IntWR Rn 15 ff.

Internet
- Domainname *siehe dort*
- Internationales Deliktsrecht EG 40 Rn 83 ff.
- kollisionsrechtlicher Verbraucherschutz EG 29a Rn 10
- Rechtswahlfreiheit im E-Commerce EG 27 Rn 9
- Vertragsannahme im Chat § 147 Rn 11
- Vertragsstatut EG 28 Rn 8, 103 ff; EG 29 Rn 6

Internetauktion *siehe* Online-Auktion
Intertemporales Privatrecht
- Abstammung, IPR EG 19 Rn 2 f.; EG 20 Rn 2
- Euroumstellung EG 229 § 2 Rn 3 ff.
- Geschäftsführung ohne Auftrag, IPR EG 39 Rn 28
- Gewinnzusagen EG 229 § 2 Rn 2
- Internationales Ehegüterrecht *siehe* Internationales Ehegüterrecht, Übergangsrecht
- Internationales Erbrecht EG 25 Rn 18 ff.
- IPR der eingetragenen Lebenspartnerschaft EG 17b Rn 37
- kollisionsrechtlicher Arbeitnehmerschutz EG 30 Rn 5
- kollisionsrechtlicher Verbraucherschutz für besondere Gebiete EG 29a Rn 10
- Mietrechtsreform EG 229 § 3
- Missbauch von Zahlungskarten EG 229 § 2 Rn 2
- OLG-Vertretungsänderungsgesetz EG 229 § 9
- Pauschalreise EG 229 § 4
- Rückgaberecht bei Verbraucherverträgen EG 229 § 2 Rn 2
- Schuldrechtsreform *siehe* Schuldrechtsreform, Überleitungsrecht
- unbestellte Leistungen EG 229 § 2 Rn 2
- ungerechtfertigte Bereicherung, IPR EG 38 Rn 53
- Verjährung *siehe* Verjährung, Überleitungsrecht
- Verjährungshemmung durch Rechtsverfolgung § 204 Rn 132
- Verzug EG 229 § 1 Rn 1 ff.
- Verzugszinssatz EG 229 § 1 Rn 5 ff.
- Werkverträge EG 229 § 1 Rn 10 f.
- Widerrufsrecht bei Verbraucherverträgen EG 229 § 2 Rn 2
- Zinsvorschriften EG 229 § 7

Inventar
- gewerbliches I. § 98 Rn 10 ff.
- landwirtschaftliches I. § 98 Rn 28 ff.

Invitatio ad offerendum § 145 Rn 3
- Online-Auktionen Anh § 156 Rn 17 f.

Irrtum
- arglistige Täuschung *siehe dort*
- Arten § 119 Rn 3 f.
- Auseinanderfallen von Wille und Erklärung § 119 Rn 27
- bei Stellvertretung § 166 Rn 22 f.
- Eigenschaftsirrtum *siehe dort*
- Empfängerirrtum § 119 Rn 29
- Erklärungsirrtum *siehe dort*
- Erklärungstheorie § 119 Rn 1
- fehlendes Erklärungsbewusstsein § 119 Rn 33
- Fehlvorstellung § 119 Rn 26
- Inhaltsirrtum *siehe dort*
- Kalkulationsirrtum § 119 Rn 52 ff.
- Motivirrtum § 119 Rn 4
- Rechtsfolgenirrtum § 119 Rn 49 ff.
- über die Sollbeschaffenheit § 119 Rn 60 f.
- Übermittlungsirrtum *siehe dort*
- Willenstheorie § 119 Rn 1

Irrtümliche Falschbezeichnung *siehe* falsa-demonstratio-Regel
Isolierte Vollmacht § 164 Rn 11; § 167 Rn 4
- Erlöschen § 168 Rn 29

Ius-sanguinis-Prinzip
- im Staatsangehörigkeitsrecht EG 5 Rn 10

Ius-soli-Prinzip
- im Staatsangehörigkeitsrecht EG 5 Rn 11

Juristische Person
- Begriff Vor §§ 21 ff. Rn 1 f.
- Haftungsbeschränkung Vor §§ 21 ff. Rn 7 ff.
- Handlungs- und Deliktsfähigkeit Vor §§ 21 ff. Rn 6
- IPR *siehe* Internationales Gesellschaftsrecht, juristische Person
- kein Verbraucher §§ 13, 14 Rn 19
- Namensschutz § 12 Rn 67 ff.
- Organhaftung *siehe dort*
- Organtheorie Vor §§ 21 ff. Rn 6
- Rechtsfähigkeit Vor §§ 21 ff. Rn 3 f.
- Vertretertheorie Vor §§ 21 ff. Rn 6

Juristische Person des öffentlichen Rechts
- als Unternehmer §§ 13, 14 Rn 41
- Haftung für Organe § 89 Rn 1, 3 ff.
- Insolvenzantragspflicht § 89 Rn 2

Kalkulationsirrtum § 119 Rn 52 ff.
Kartellrecht
- gesetzliches Verbot § 134 Rn 251 ff.
- Sittenwidrigkeit § 138 Rn 343 ff.

Kaufmännisches Bestätigungsschreiben § 147 Rn 9 f.

Kaufmannseigenschaft
– IPR EG 7 Rn 23
Kaufvertrag
– IPR EG 28 Rn 85 ff.; EG 29 Rn 27
Ketubah-Vereinbarung
– Internationales Scheidungsrecht EG 17 Rn 79
– Internationales Unterhaltsrecht EG 18 Rn 47
Kfz-Brief
– Eigentumslage § 90 Rn 73
Kinderschutzübereinkommen Anh I EG 24
Kindesentführung *siehe* Haager Kindesentführungsübereinkommen
Kindesentführung, IPR EheVO 10 f.
Kindesname
– IPR EG 21 Rn 8; EG 22 Rn 23 ff.
Kindschaftsrecht, IPR
– Abstammung *siehe* Abstammung, IPR
– Anfechtung der Abstammung *siehe* Abstammung, Anfechtung
Kindschaftsrechtsreformgesetz
– IPR EG 19 Rn 1; EG 20 Rn 1
Klostertod
– ordre public EG 6 Rn 58
Knebelung § 138 Rn 263
Kollektivarbeitsrecht
– IPR *siehe* internationales Kollektives Arbeitsrecht
Kollidierende Rechtswahlklauseln EG 27 Rn 70 f.
Kollision von Sicherungsrechten
– Sittenwidrigkeit § 138 Rn 264 ff.
Kollisionsrecht *siehe* Internationales Privatrecht, *siehe* Innerdeutsches Kollisionsrecht
Kommanditgesellschaft
– Namensschutz § 12 Rn 70
Kommissionsvertrag
– IPR EG 28 Rn 113
Konsensprinzip Vor §§ 145–157 Rn 13 ff.
Konstitutives Schuldanerkenntnis
– Verjährungsneubeginn § 212 Rn 11
Kontingentgesetz Anh II EG 5 Rn 36 ff.
Kontrahierungszwang Vor §§ 145–157 Rn 11
Konvention über internationale Sicherungsrechte an beweglicher Ausrüstung EG 43 Rn 4
Konversionsklausel § 140 Rn 16, 33
Kraftfahrzeuge
– IPR EG 46 Rn 7 f.
KSÜ *siehe* Kinderschutzübereinkommen
Kulturgüterrückgabegesetz EG 43 Rn 5, 37
Kündigungsschutz
– gesetzliches Verbot § 134 Rn 105 ff.
Künstlername *siehe* Pseudonym

Landgut
– Begriff § 98 Rn 25 ff.
Lando-Principles *siehe* Grundregeln des Europäischen Vertragsrechts
Lasten
– Begriff § 103 Rn 6 ff.
– Verteilung § 103 Rn 11 ff.
Leasingvertrag
– IPR EG 28 Rn 135 ff.; EG 29 Rn 27

Lebenspartnerschaftsgesetz *siehe* eingetragene Lebenspartnerschaft, IPR
Lediglich rechtlicher Vorteil § 107 Rn 5 ff.
– Anwaltsvertrag § 107 Rn 10
– ausschließlich vorteilhafte Geschäfte § 107 Rn 8 ff.
– Bankgeschäfte § 107 Rn 45
– belastetes Eigentum § 107 Rn 32 ff.
– Darlehen § 107 Rn 10
– Eigentumserwerb § 107 Rn 25 ff.
– Erfüllungsannahme § 107 Rn 24
– Familien- und erbrechtliche Abreden § 107 Rn 22
– Gesamtbetrachtungslehre § 107 Rn 30 f.
– geschäftsähnliche Handlungen § 107 Rn 11
– Gesellschaft, Ausscheiden § 107 Rn 19
– Gesellschaft, Beschlüsse § 107 Rn 17
– Gesellschaft, fehlerhafte § 107 Rn 20
– Gesellschaft, Vertrag § 107 Rn 15 f.
– Grundpfandrechte § 107 Rn 26 f.
– Insichgeschäft § 181 Rn 22 f.
– Lebensversicherungsvertrag § 107 Rn 21
– Nachteile nicht vermögensrechtlicher Art § 107 Rn 46
– nachteilige Geschäfte § 107 Rn 14 ff.
– neutrales Geschäft § 107 Rn 13 ff.; § 165 Rn 1
– Schenkung § 107 Rn 8 f.
– Schwarzfahrt § 107 Rn 40 ff.
– Wohnungseigentum § 107 Rn 28 ff.
Legal kidnapping *siehe* internationale Kindesentführung
Legalzession
– IPR *siehe* Forderungsübergang, IPR
Lehre vom faktischen Vertrag Vor §§ 145–157 Rn 42
Leibesfrucht *siehe* Nasciturus
Leiche
– Anatomie § 90 Rn 50 f.
– Aneignungsrecht des Friedhofsträgers § 90 Rn 48
– besonderes postmortales Persönlichkeitsrecht während der Totenehrung § 90 Rn 41 ff.
– Eigentumsfähigkeit § 90 Rn 40, 47
– Obduktion § 90 Rn 52 ff.
– Sachqualität § 90 Rn 39
– Todeszeitpunkt § 1 Rn 21 ff.; § 90 Rn 38
– Totensorgerecht § 90 Rn 44
– Voraussetzungen der Organentnahme § 90 Rn 58 ff.
Leihvertrag
– IPR EG 28 Rn 134
Leistungsverweigerungsrecht
– Verjährung § 214 Rn 2 ff.
Liquidation des Vereins
– Auslösungstatbestände § 47 Rn 4 f.
– Bedeutung § 47 Rn 2 f.
– beim nicht rechtsfähigen Verein § 47 Rn 11
– Fortsetzung des werbenden Vereins § 47 Rn 15 ff.
– Hinterlegung § 52 Rn 2 f.
– Liquidationsverein § 47 Rn 12 ff.
– Liquidationszwang § 47 Rn 8 ff.

Liquidation des Vereins *(Forts.)*
- nach durchgeführtem Insolvenzverfahren § 47 Rn 6 f.
- Nachtragsliquidation § 47 Rn 22
- Registeranmeldungen § 47 Rn 23
- Sicherheitsleistung § 52 Rn 4
- Sperrjahr § 51
- Verhältnis zum Insolvenzverfahren § 47 Rn 30 f.
- Vollbeendigung nach L. § 47 Rn 19 ff.
- Zivilprozess § 47 Rn 24 ff.
- Zwangsvollstreckung § 47 Rn 29

Liquidatoren des Vereins
- Aufgaben § 49
- Auswahl § 48 Rn 2 ff.
- Beendigung des Amtes § 48 Rn 11 f.
- Bereicherungsansprüche übergangener Gläubiger § 53 Rn 2 ff.
- Eintragungspflicht § 76
- Geschäftsführungsbefugnis § 48 Rn 7, 9
- Haftung § 48 Rn 13
- Haftung gegenüber übergangenen Gläubigern § 53 Rn 1, 5 ff.
- Rechtsstellung § 48 Rn 6
- Unterlassungsklage gegen L. § 53 Rn 8
- Vertretungsbefugnis § 48 Rn 8, 10

Local data
- Internationales Deliktsrecht EG 40 Rn 14 f.

Loi d'application immédiate *siehe* Eingriffsnorm

Londoner Europäisches Abkommen betreffend Auskünfte über ausländisches Recht EG 3 Rn 44

Lösungsrecht
- Internationales Sachenrecht EG 43 Rn 33

Luft
- Sachqualität § 90 Rn 104 ff.

Luftfahrzeug
- wesentlicher Bestandteil § 94 Rn 30

Luftverkehr
- internationales Einheitsrecht EG 28 Rn 73

Luganer Übereinkommen über die gerichtliche Zuständigkeit und die Vollstreckung gerichtlicher Entscheidungen in Zivil- und Handelssachen EG 27 Rn 80, 93; EG 29 Rn 78 ff.

Mahnverfahren
- Verjährungshemmung § 204 Rn 50 ff.

Mahr *siehe* Morgengabe

Maklervertrag
- IPR EG 28 Rn 116 ff.

Mangel der Ernstlichkeit *siehe* Scherzerklärung

Marke
- Verhältnis von Namensschutz nach BGB und Markenrecht § 12 Rn 15 f., 117

Marlene-Dietrich-Entscheidung § 12 Rn 130 ff.

Meer
- fehlende Sachqualität freien Wassers § 90 Rn 108 ff.
- Meeresboden, Eigentumsfähigkeit und wirtschaftliche Nutzung § 90 Rn 118

Mehrehe
- kollisionsrechtlicher ordre-public-Vorbehalt EG 6 Rn 61

Mehrrechtsstaat *siehe* Rechtsspaltung; EG 4 Rn 20 ff.

Mehrstaater EG 5 Rn 21 ff.

Mehrvertretung *siehe* Insichgeschäft

Mentalreservation *siehe* geheimer Vorbehalt

Mietrechtsreform
- Überleitungsrecht EG 229 § 3

Mietvertrag
- IPR EG 28 Rn 134

Minderjährige
- Verjährungsablaufhemmung § 210

Minderjährigenschutzabkommen Anh II EG 24

Minderjähriger
- als organschaftlicher Vertreter § 165 Rn 9
- als Vertreter § 165
- beschränkte Geschäftsfähigkeit *siehe dort*
- Einwilligung des gesetzlichen Vertreters *siehe dort*
- Erfüllungsannahme § 107 Rn 24
- Geschäft des täglichen Lebens 105a Rn 3, 37
- Geschäftsunfähigkeit *siehe dort*
- gesetzlicher Vertreter *siehe dort*
- guter Glaube an Geschäftsfähigkeit des Ausländers EG 12
- Haftungsbeschränkung § 104 Rn 3
- keine Emanzipation § 104 Rn 3
- Prozessvertretung durch M. § 165 Rn 10
- schwebende Unwirksamkeit *siehe dort*

Minderung
- Ausschluss nach Anspruchsverjährung § 218 Rn 2

Missbauch von Zahlungskarten
- Überleitungsrecht EG 229 § 2 Rn 2

Missbrauch der Vertretungsmacht § 164 Rn 84 ff.; § 177 Rn 8

Mitgliederversammlung des Vereins
- Beschlussfähigkeit § 32 Rn 18
- Beschlussfassung ohne M. § 32 Rn 26
- Beschlussmängel § 32 Rn 22 ff.
- Einberufung § 32 Rn 8 ff.
- Einberufungsgründe 36, 37
- Mehrheit § 32 Rn 20 f.
- Stimmabgabe § 32 Rn 19
- Tagesordnung § 32 Rn 13 ff.
- Verein, nicht rechtsfähiger § 54 Rn 15
- Versammlungsleitung § 32 Rn 17
- Zuständigkeit § 32 Rn 3 ff.

Mitgliedschaft
- im Verein *siehe* Vereinsmitgliedschaft

Montrealer Übereinkommen zur Vereinheitlichung bestimmter Vorschriften über die Beförderung im internationalen Luftverkehr EG 28 Rn 73

Morgengabe EG 14 Rn 82 ff.
- Anwendung deutschen Rechts EG 14 Rn 88 f.
- Eheschließungsvoraussetzung EG 13 Rn 59
- Internationales Scheidungsrecht EG 17 Rn 79, 84
- Internationales Unterhaltsrecht EG 18 Rn 47

Morgengabe *(Forts.)*
– keine Rechtswahl EG 15 Rn 48
– Qualifikation EG 15 Rn 79; EG 14 Rn 83 ff.
– Türkei EG 14 Rn 90
Mosaikprinzip
– Internationales Deliktsrecht EG 40 Rn 81
Motivirrtum § 119 Rn 4
MSA *siehe* Minderjährigenschutzabkommen

Nachscheidungsunterhalt
– IPR EG 18 Rn 34 ff., 128
Name
– Änderung § 12 Rn 32 ff.
– Berichtigung § 12 Rn 31
– Feststellung § 12 Rn 30
– Fortführung nach Ehescheidung § 12 Rn 52
– Führungspflicht § 12 Rn 28 f.
– Identitätsfunktion § 12 Rn 2
– Individualisierungsfunktion § 12 Rn 3 ff.
– IPR *siehe* Internationales Namensrecht
– vermögensschützende Funktion § 12 Rn 8
– Zuordnungsfunktion § 12 Rn 7
Namensänderung § 12 Rn 32 ff.
Namensanmaßung § 12 Rn 192 ff.
Namensbestreitung § 12 Rn 189 ff.
Namensrecht
– Betriebsstilllegung § 12 Rn 144 ff.
– Entstehung § 12 Rn 122 ff.
– Erlöschen § 12 Rn 127 ff.
– Firma § 12 Rn 125 f., 143 ff., 150
– Gestattungsvertrag § 12 Rn 156 ff.
– Insolvenz § 12 Rn 179 ff.
– IPR *siehe* Internationales Namensrecht
– Lehre von der gebundenen Rechtsübertragung § 12 Rn 175
– Marlene-Dietrich-Entscheidung § 12 Rn 130 ff.
– Pseudonym § 12 Rn 124
– Rechtsnatur § 12 Rn 18 f.
– Verkehrsfähigkeit § 12 Rn 149 ff.
– Verwirkung § 12 Rn 144
– Verzicht § 12 Rn 149
Namensschutz
– anwendbares Recht § 12 Rn 80
– Ausländer § 12 Rn 80
– Bereicherungsanspruch § 12 Rn 271 f.
– Beseitigungsanspruch § 12 Rn 260 ff.
– Bildzeichen § 12 Rn 112 ff.
– bloße Namensnennung § 12 Rn 201 ff.
– bürgerlicher Name § 12 Rn 50
– Domainname § 12 Rn 107 ff., 151 ff., 178, 185 f., 210, 217 ff., 229 ff., 239 f.
– E-Mail-Adresse § 12 Rn 241
– Fantasiebezeichnung § 12 Rn 92 f.
– fiktive Figur § 12 Rn 213 f.
– Firma § 12 Rn 65, 81 ff., 91, 179 ff.
– Firmenrecht, Verhältnis zum N. nach BGB § 12 Rn 17
– Freihaltebedürfnis § 12 Rn 89
– Gebäudebezeichnung § 12 Rn 76, 115 f.
– Geringfügigkeitsgrenze § 12 Rn 238
– Gleichnamigkeit § 12 Rn 226 ff.
– Herkunftsbezeichnung § 12 Rn 98

– Inkognito § 12 Rn 62
– Interessenverletzung § 12 Rn 234 ff.
– IPR *siehe* Internationales Namensrecht
– juristische Personen § 12 Rn 67 ff.
– Kriterien für den Schutz als Name § 12 Rn 84 ff.
– Markenrecht, Verhältnis zum N. nach BGB § 12 Rn 15 f., 117
– Namensanmaßung § 12 Rn 192 ff.
– Namensbestreitung § 12 Rn 189 ff.
– nichtrechtsfähige Organisationseinheiten § 12 Rn 71 ff.
– Ordensname § 12 Rn 56
– Persönlichkeitsausnutzung § 12 Rn 4 ff.
– Prioritätsgrundsatz § 12 Rn 158, 193, 220 ff.
– Pseudonym § 12 Rn 57 ff.
– räumliche Reichweite § 12 Rn 47 f.
– Rechtsfolgen der Namensrechtsverletzung § 12 Rn 255 ff.
– Rechtssubjekte ohne Rechtspersönlichkeit § 12 Rn 70, 77
– Sammelnamen § 12 Rn 90
– Satire § 12 Rn 205
– Schadensersatzanspruch § 12 Rn 270
– Selbstgebrauch § 12 Rn 208 ff.
– Spitzname § 12 Rn 64
– Telefonnummern § 12 Rn 106
– Telegrammadressen § 12 Rn 105
– Unterlassungsanspruch § 12 Rn 265
– Unterscheidungskraft § 12 Rn 84 ff.
– Verjährung § 12 Rn 269
– Verkehrsgeltung § 12 Rn 87 ff.
– Verletzungstatbestände § 12 Rn 188 ff.
– Verwässerungsgefahr § 12 Rn 250 ff.
– Verwechslungsgefahr § 12 Rn 244 ff.
– Verwirkung § 12 Rn 228, 268
– Vorname § 12 Rn 54
– Wappen § 12 Rn 119 f.
– Werbeslogans § 12 Rn 121
– Zahlen- und Buchstabenkombinationen § 12 Rn 96
– Zuordnungsverwirrung § 12 Rn 192 ff.
Nasciturus
– Grundrechtsfähigkeit § 1 Rn 39
– Haftung bei Verletzung § 1 Rn 43 ff.
– Rechte § 1 Rn 37 f.
Natürliche Person
– Rechtsfähigkeit § 1 Rn 1 ff.
Neubeginn
– der Verjährung *siehe* Verjährungsneubeginn
Neutrales Geschäft
– rechtliche Einordnung § 107 Rn 13 ff.
– Vertretergeschäft als n. § 165 Rn 1
Nicht empfangsbedürftige Willenserklärung
– Abgabe § 130 Rn 77
– Auslegung § 133 Rn 38 ff.
Nichtberechtigter
– Verfügung eines Nichtberechtigten *siehe dort*
Nichteheliche Lebensgemeinschaft
– eingetragene Lebenspartnerschaft, IPR *siehe dort*
– Verjährungshemmung § 207 Rn 21 ff.
– wechselseitige Bevollmächtigung § 167 Rn 50

Nichteheliche Lebensgemeinschaft, IPR Anh II EG 13 Rn 184 ff.
- Auflösung Anh II EG 13 Rn 200 ff.; EG 17 Rn 52
- Begründung Anh II EG 13 Rn 190
- Beziehung zu Dritten Anh II EG 13 Rn 203
- Eltern-Kind-Beziehung Anh II EG 13 Rn 193
- Erbrecht Anh II EG 13 Rn 194
- Innenbeziehungen Anh II EG 13 Rn 195 ff.
- internationale Zuständigkeit Anh II EG 13 Rn 205
- nichtregistrierte gleichgeschlechtliche Partnerschaft Anh II EG 13 Rn 189
- Qualifikation Anh II EG 13 Rn 186 ff.; EG 17b Rn 6
- Rechtswahl Anh II EG 13 Rn 204
- registrierte heterosexuelle Partnerschaft Anh II EG 13 Rn 188
- Unterhalt Anh II EG 13 Rn 191 f.; EG 18 Rn 49
- Wohnung und Hausrat EG 17a Rn 21 f.

Niederlassungsabkommen zwischen dem Deutschen Reich und dem Kaiserreich Persien siehe Deutsch-Iranisches Niederlassungsabkommen

Niederlassungsfreiheit
- Vereinbarkeit mit der kollisionsrechtlichen Sitztheorie Anh EG 12 Rn 56 ff.

Nondum conceptus
- beschränkte Rechtsfähigkeit § 1 Rn 47 ff.

Notarielle Beurkundung § 128
- Beweiskraft § 128 Rn 16
- Ersetzung durch Insolvenzplan 127a Rn 3
- Ersetzung durch Schiedsspruch 127a Rn 4
- Ersetzungswirkung § 128 Rn 15
- im Ausland § 128 Rn 7
- sukzessive n. § 128 Rn 12 ff.
- Verfahren § 128 Rn 8 ff.
- Zugang bei Sukzessivbeurkundung § 152
- Zuständigkeit § 128 Rn 5 f.
- Zweck § 128 Rn 1

Notstand § 228
- Aufwendungsersatz § 228 Rn 24
- Beweislast § 228 Rn 22 f.
- Erforderlichkeit § 228 Rn 9
- Notstandshandlung § 228 Rn 8 ff.
- Notstandslage § 228 Rn 2 ff.
- Putativnotstand § 228 Rn 21
- Rechtsfolgen § 228 Rn 18 ff.
- Schadensersatzpflicht § 228 Rn 20
- subjektiver Tatbestand § 228 Rn 17
- Verhältnismäßigkeit § 228 Rn 10 ff.

Notwehr § 227
- Angriff § 227 Rn 2 f.
- Angriffsobjekt § 227 Rn 4 ff.
- Beweislast § 227 Rn 29 f.
- Einschränkung des Notwehrrechts § 227 Rn 16 ff.
- Einzelfälle zum Angriffsobjekt § 227 Rn 7 f.
- Gegenwärtigkeit § 227 Rn 9 f.
- Nothilfe § 227 Rn 21
- Notwehrexzess § 227 Rn 23
- Notwehrprovokation § 227 Rn 18 f.
- Putativnotwehr § 227 Rn 24 ff.
- Rechtsfolgen § 227 Rn 22 f.
- Rechtswidrigkeit § 227 Rn 11 ff.
- schuldlos Handelnde § 227 Rn 20
- unzulässige Rechtsausübung § 227 Rn 16 f.
- Verteidigungshandlung § 227 Rn 14 f.

Nutzungen § 100 Rn 1 ff.
- Begriff § 100 Rn 4 ff.
- Beweislast § 100 Rn 3, 30
- Gebrauchsvorteil siehe dort
- Gewerbebetrieb § 100 Rn 22

Offene Handelsgesellschaft
- Namensschutz § 12 Rn 70

Offener Einigungsmangel siehe Einigungsmangel

Offenkundigkeitsprinzip
- im Stellvertretungsrecht § 164 Rn 9

Öffentliche Beglaubigung § 129
- Abgrenzung zur amtlichen Beglaubigung § 129 Rn 8
- Anwendungsbereich § 129 Rn 5 ff.
- Beglaubigungsvermerk § 129 Rn 12
- elektronische Signatur § 129 Rn 17
- Ersetzung durch Prozessvergleich § 127a
- Fernbeglaubigung § 129 Rn 11
- Handzeichen § 129 Rn 16
- nachträgliche Änderung § 129 Rn 18
- Rechtsfolgen § 129 Rn 20
- Unterschrift § 129 Rn 14 f.
- Verfahren § 129 Rn 10 ff.
- Verhältnis zur Beurkundung § 129 Rn 19
- Zuständigkeit § 129 Rn 9
- Zwecke § 129 Rn 1 ff.

Öffentliche Sache § 90 Rn 122 ff.
- Friedhof § 90 Rn 136 ff.

Öffentliche Zustellung § 132 Rn 9 ff.

OLG-Vertretungsänderungsgesetz
- Überleitungsrecht EG 229 § 9

Online-Auktion § 156 Rn 9; Anh § 156
- Abwärtsversteigerung Anh § 156 Rn 44 f.
- Accountmissbrauch Anh § 156 Rn 25 ff.
- als Fernabsatzgeschäft Anh § 156 Rn 36 f.
- Bedeutung Anh § 156 Rn 1
- Bedingung Anh § 156 Rn 16
- Begrifflichkeiten Anh § 156 Rn 2 ff.
- Bewertungssystem Anh § 156 Rn 38
- Bietagenten Anh § 156 Rn 46 f.
- Buchpreisbindungsgesetz Anh § 156 Rn 48
- Gewährleistung Anh § 156 Rn 31 ff.
- Haftungsausschluss Anh § 156 Rn 32 f.
- Informationspflicht Anh § 156 Rn 34 f.
- invitatio ad offerendum Anh § 156 Rn 17 f.
- keine Versteigerung i. S.d. § 156 Anh § 156 Rn 10 ff.
- Kennzeichnungspflicht Anh § 156 Rn 34 f.
- kollisionsrechtlicher Verbraucherschutz EG 29a Rn 10
- Löschung von (An-)geboten Anh § 156 Rn 23 f.
- Löschungsanspruch Anh § 156 Rn 39
- Preisangabeverordnung Anh § 156 Rn 48

Online-Auktion *(Forts.)*
- Rechtswahlfreiheit im E-Commerce EG 27 Rn 9
- Stellvertretung Anh § 156 Rn 28
- Verantwortlichkeit des Betreibers Anh § 156 Rn 40 ff.
- Verkäufer als Unternehmer Anh § 156 Rn 29 f.
- Vertragsstatut EG 28 Rn 8, 80, 109 ff.; EG 29 Rn 6
- Zustandekommen des Vertrags Anh § 156 Rn 13 ff.

Option Vor §§ 145–157 Rn 36 f.

Ordensangehörige
- Wohnsitz § 7 Rn 21

Ordensname
- Namensschutz § 12 Rn 56

Orderpapier
- Eigentumslage § 90 Rn 68

Ordre public EG 6
- Abschaffung von Adelsprädikaten EG 6 Rn 58
- Adoptionsverbot EG 6 Rn 62
- anerkennungsrechtlicher o. p. EG 6 Rn 19
- atténué EG 6 Rn 11
- ausländische Kollisionsnorm EG 6 Rn 27
- ausländische Rechtsnorm EG 6 Rn 26 f.
- ausländischer o. p. EG 6 Rn 21 ff.
- Ausschlusswirkung EG 6 Rn 52
- Auswirkungsregel EG 6 Rn 28 ff.
- Begriff EG 6 Rn 3 ff.
- besondere Vorbehaltsklausel EG 6 Rn 17
- Eingriffsnormen *siehe dort*
- Einzelfälle EG 6 Rn 57 ff.
- Erfolgshonorar des Anwalts EG 6 Rn 59
- Formen der Kontrolle EG 6 Rn 17 ff.
- französische Lehre vom o. p. EG 6 Rn 3 f.
- Gegenwartsbeziehung EG 6 Rn 43 ff.
- gemeinschaftsrechtlicher o. p. EG 6 Rn 13 ff.
- Grundrechtskollisionsrecht EG 6 Rn 48 ff.
- Grundrechtsverstoß EG 6 Rn 46 ff.
- Inlandsbeziehung EG 6 Rn 38 ff.
- innerdeutscher o. p. EG 6 Rn 16
- international EG 6 Rn 10 f.
- international zwingende Norm *siehe* Eingriffsnorm
- interne EG 6 Rn 10 f.
- Klostertod EG 6 Rn 58
- Kumulierung von Verstößen EG 6 Rn 31
- loi d'application immédiate *siehe* Eingriffsnorm
- Lückenschließung EG 6 Rn 53 ff.
- materiellrechtlicher o. p. EG 6 Rn 19
- Mehrehe EG 6 Rn 61
- Menschenrechte aus internationalen Übereinkommen EG 6 Rn 51
- Nicht- oder Falschumsetzung von EG-Richtlinien EG 6 Rn 15
- Offensichtlichkeit des Verstoßes EG 6 Rn 37
- positiver und negativer o. p. EG 6 Rn 3
- Privatscheidung EG 6 Rn 62
- punitive damages EG 6 Rn 59
- Rechtsfolgen des Verstoßes EG 6 Rn 52 ff.
- Relativität des o. p. EG 6 Rn 36 ff.
- schiedsverfahrensrechtlicher o. p. EG 6 Rn 20
- Spanier-Beschluss EG 6 Rn 46
- staatsvertragliche Vorbehaltsklausel EG 6 Rn 18
- Stellvertretung bei der Eheschließung EG 6 Rn 61
- verfahrensrechtlicher o. p. EG 6 Rn 19
- Verstoßung EG 6 Rn 62
- völkerrechtlicher o. p. EG 6 Rn 12
- Voraussetzungen des Verstoßes EG 6 Rn 25 ff.
- wesentlicher Grundsatz deutschen Recht EG 6 Rn 33 ff.
- Zweck EG 6 Rn 1

Organhaftung § 31
- Anwendungsbereich § 31 Rn 3
- Begriff „in Ausführung" § 31 Rn 10 ff.
- Begriff „Verfassungsmäßig berufener Vertreter" § 31 Rn 4 ff.
- Beweislast § 31 Rn 15
- Dritter § 31 Rn 13
- Gesamtschuld § 31 Rn 14
- Rechtsgründe § 31 Rn 8 f.

Organspende *siehe* Transplantationsmedizin

Organtheorie
- juristische Person Vor §§ 21 ff. Rn 6

Pachtvertrag
- IPR EG 28 Rn 134

Pariser Übereinkommen über die Haftung gegenüber Dritten auf dem Gebiet der Kernenergie EG 44 Rn 4

Partei
- Namensschutz § 12 Rn 73

Parteiautonomie
- Begriff EG 27 Rn 1

Parteifähigkeit
- Begriff § 1 Rn 13
- des Ausländers EG 7 Rn 11
- des nicht rechtsfähigen Vereins § 54 Rn 32 ff.

Pauschalierter Zugewinnausgleich
- IPR EG 15 Rn 93 ff.; EG 25 Rn 98 f.

Pauschalreise
- Übergangsrecht EG 229 § 4

Pauschalreisevertrag
- IPR EG 28 Rn 99
- kollisionsrechtlicher Verbraucherschutz EG 29 Rn 44 f.

Peep-Show
- Sittenwidrigkeit Anh § 138 Rn 19

Personalstatut EG 5
- Bedeutung EG 5 Rn 2 f.
- Begriff EG 5 Rn 1
- Bestimmung der ausländischen Staatsangehörigkeit EG 5 Rn 7 f.
- Bestimmung der deutschen Staatsangehörigkeit EG 5 Rn 9 ff.
- Diskriminierungsverbot und Staatsangehörigkeitsprinzip EG 5 Rn 6
- domicile EG 5 Rn 5
- effektive Staatsangehörigkeit EG 5 Rn 32 ff.
- EG-Eheverordnung 2000 EG 5 Rn 45
- EG-Eheverordnung 2003 EG 5 Rn 46

2505

Personalstatut *(Forts.)*
– eingeschränkt Geschäftsfähiger   EG 5 Rn 40 ff.
– Genfer Flüchtlingskonvention   EG 5 Rn 39
– gewöhnlicher Aufenthalt   EG 5 Rn 16 ff.
– Haager Kindesentführungsübereinkommen   EG 5 Rn 45
– Haager Minderjährigenschutzabkommen   EG 5 Rn 45
– Inländer-Diskriminierung Auch-Deutscher   EG 5 Rn 29
– ius-sanguinis-Prinzip   EG 5 Rn 10
– ius-soli-Prinzip   EG 5 Rn 11
– legal kidnapping   EG 5 Rn 41
– Mehrstaater   EG 5 Rn 21 ff.
– nicht feststellbare Staatsangehörigkeit   EG 5 Rn 34 ff.
– schlichter Aufenthalt   EG 5 Rn 20
– Staatenlose   EG 5 Rn 34 ff.
– Staatsangehörigkeitsprinzip   EG 5 Rn 6
– UN-Übereinkommen über die Rechtsstellung der Staatenlosen   Anh I EG 5; EG 5 Rn 39
– vorrangige Regelungen   EG 5 Rn 39, 45 f.
– Wohnsitz   EG 5 Rn 4
Personenbeförderungsvertrag
– IPR   EG 28 Rn 99
Personengesellschaft
– IPR   *siehe* Internationales Gesellschaftsrecht, Personengesellschaft
Pflegschaft, IPR   EG 24
– Anerkennung ausländischer Entscheidungen   EG 24 Rn 24 ff.
– Anknüpfung   EG 24 Rn 9 ff.
– ausgenommene Bereiche   EG 24 Rn 8
– Begriff   EG 24 Rn 2 f.
– internationale Zuständigkeit   EG 24 Rn 22 f.
– Rück- und Weiterverweisung   EG 24 Rn 21
– vorrangige Regelungen   EG 24 Rn 4 ff.
Pflichtteilsansprüche
– Vermeidung durch Errichtung einer Stiftung   § 80 Rn 94 ff.; § 83 Rn 2
Pflichtteilsrecht
– IPR   EG 25 Rn 100 ff.
Polygamie
– kollisionsrechtlicher ordre-public-Vorbehalt   EG 6 Rn 61
Pornographie
– Sittenwidrigkeit   Anh § 138 Rn 21 f.
Postmortale Vollmacht   § 168 Rn 14 ff., 20
Postulationsfähigkeit
– Begriff   § 1 Rn 14
Potestativbedingung   § 158 Rn 5; § 162 Rn 3
Preisausschreiben
– IPR   EG 28 Rn 155
Principles of European Contract Law   *siehe* Grundregeln des Europäischen Vertragsrechts
Privatautonomie   *siehe* Vertragsfreiheit
Privatscheidung
– Anerkennung ausländischer Entscheidungen   EheVO 21 Rn 9; FamRÄndG Art. 7 Rn 12 ff., 19, 73 ff., 89
– Internationale Zuständigkeit   EheVO 1 Rn 14
– IPR   EG 6 Rn 62; EG 17 Rn 84, 92 ff.

Produkthaftung
– Internationales Deliktsrecht   EG 40 Rn 61 ff.
Prostitutionsgesetz   Anh § 138
– Abtretungsverbot   Anh § 138 Rn 29 f.
– Auswirkung auf das Gaststätten- und Gewerberecht   Anh § 138 Rn 28
– beschränkte geschäftsfähige Prostituierte   Anh § 138 Rn 15
– Bordellpacht, Raumüberlassung   Anh § 138 Rn 27
– eingeschränkte Sittenwidrigkeit   Anh § 138 Rn 11 ff.
– einseitig verpflichtender Vertrag   Anh § 138 Rn 13
– Einwendungen und Einreden   Anh § 138 Rn 31 ff.
– Entgeltanspruch   Anh § 138 Rn 8 f.
– geregelte Rechtsverhältnisse   Anh § 138 Rn 7
– Inhalt des Vertrags   Anh § 138 Rn 16 f.
– Kontaktanzeigen   Anh § 138 Rn 26
– Leistungsverpflichtung der Prostituierten   Anh § 138 Rn 10
– Liveshows   Anh § 138 Rn 23
– Peep-Show   Anh § 138 Rn 19
– Pornographie   Anh § 138 Rn 21 f.
– Rechtslage vor In-Kraft-Treten des P.   Anh § 138 Rn 1
– sexuelle Handlung   Anh § 138 Rn 5 f.
– Sozialversicherungsrecht   Anh § 138 Rn 34
– Striptease   Anh § 138 Rn 20
– Telefonsex   Anh § 138 Rn 24 f.
– Weisungsrecht des Arbeitgebers   Anh § 138 Rn 35
– Zustandekommen des Vertrags   Anh § 138 Rn 14 f.
Protestatio facta contraria
– Auslegung von Willenserklärungen   § 133 Rn 33
– bei Vertragsschluss   Vor §§ 145–157 Rn 43
Provider-Vertrag
– IPR   EG 28 Rn 105
Prozessaufrechnung
– IPR   EG 32 Rn 32
– Verjährungshemmung   § 204 Rn 65 ff.
Prozessfähigkeit
– Begriff   § 1 Rn 14
– des Ausländers   EG 7 Rn 22
– des Minderjährigen bei Betrieb eines Erwerbsgeschäfts   § 112 Rn 17
– des nicht rechtsfähigen Vereins   § 54 Rn 38
– Minderjähriger   § 106 Rn 6
– Vermutung   § 104 Rn 23
Prozesshandlungen
– Bedingung   § 158 Rn 45 f.
Prozessstandschaft
– Namensschutz   § 12 Rn 159, 168
Prozessvergleich
– Rechtsnatur   127a Rn 7
Prozessvertrag   Vor §§ 145–157 Rn 29
Pseudobote   § 177 Rn 7
– Haftung   § 179 Rn 4
Pseudonym
– elektronische Signatur   126a Rn 43

Pseudonym *(Forts.)*
- Entstehung des Namensrechts § 12 Rn 124
- Erlöschen des Namensrechts § 12 Rn 139 ff.
- IPR EG 10 Rn 80 f.
- Namensschutz § 12 Rn 57 ff.
- Schriftformerfordernis § 126 Rn 28
- Verkehrsfähigkeit des Namensrechts § 12 Rn 149, 176

PublicPrivatePartnership
- Stiftung § 80 Rn 88 ff.

Punitive damages
- kollisionsrechtlicher ordre-public-Vorbehalt EG 6 Rn 59

Qualifikation
- im IPR EG 3 Rn 19 ff.

Rahmenvertrag Vor §§ 145–157 Rn 39 ff.

Realakt
- Begriff Vor §§ 116–144 Rn 15

Realakte
- Minderjähriger § 107 Rn 4

Rechtsanwalt
- Ausscheiden des Namensgebers der Kanzlei § 12 Rn 165
- Erfolgshonorar des ausländischen R. EG 6 Rn 59
- gesetzliches Verbot § 134 Rn 197 ff.

Rechtsbedingung § 158 Rn 26 ff.

Rechtsberatungsgesetz
- gesetzliches Verbot § 134 Rn 206 ff.

Rechtsbindungswille Vor §§ 116–144 Rn 9

Rechtsfähigkeit
- Abgrenzung zu anderen Begriffen § 1 Rn 12 ff.
- Beginn § 1 Rn 15
- des nicht rechtsfähigen Vereins § 54 Rn 3 ff.
- Ende § 1 Rn 20 ff.
- international-privatrechtliche Anknüpfung § 1 Rn 3
- juristischer Personen Vor §§ 21 ff. Rn 3 f.
- Nachwirkungen § 1 Rn 31 ff.
- natürlicher Personen § 1 Rn 4 ff.
- Vorwirkungen der R. § 1 Rn 35 ff.

Rechtsfähigkeit, IPR EG 7 Rn 1 ff., 9 ff., 29 ff.
- Beginn EG 7 Rn 12
- besondere R. EG 7 Rn 10
- Deutsch-Iranisches Niederlassungsabkommen EG 7 Rn 4
- Ende EG 7 Rn 14
- Gesamtverweisung EG 7 Rn 7
- Geschlechtszugehörigkeit EG 7 Rn 13
- Haager Erwachsenenschutz-Übereinkommen EG 7 Rn 3
- ordre public EG 7 Rn 8
- Parteifähigkeit EG 7 Rn 11
- postmortales Persönlichkeitsrecht EG 7 Rn 15
- Statutenwechsel EG 7 Rn 29 ff.
- Teilfrage EG 7 Rn 6
- Verkehrsschutz EG 12
- vorrangige Regelungen EG 7 Rn 3 f.

Rechtsfolgenirrtum § 119 Rn 49 ff.

Rechtsfolgewille *siehe* Geschäftswille

Rechtsfortbildung *siehe* richterliche Rechtsfortbildung

Rechtsgeschäft, einseitiges
- Stiftungsgeschäft § 81 Rn 1

Rechtsgeschäftliches Verfügungsverbot § 137
- Abgrenzungen § 137 Rn 5 ff.
- kollisionsrechtlicher ordre public § 137 Rn 8
- Normzweck § 137 Rn 1 ff.
- Schadensersatzanspruch § 137 Rn 23 f.
- schuldrechtliche Verpflichtung § 137 Rn 17 ff.
- Unterlassungsanspruch § 137 Rn 20 ff.
- Unwirksamkeit § 137 Rn 9 ff.

Rechtsgeschäftsähnliches Schuldverhältnis
- im Gefälligkeitsverhältnis Vor §§ 145–157 Rn 22
- Verhandlungsverhältnis Vor §§ 145–157 Rn 33

Rechtshilfe
- Ermittlung ausländischen Rechts EG 3 Rn 44

Rechtsmissbrauch
- Verjährung § 214 Rn 6
- Verjährungshemmung durch Rechtsverfolgung § 204 Rn 14

Rechtsnachfolge von Todes wegen
- IPR *siehe* Internationales Erbrecht

Rechtsobjekt
- Begriff Vor §§ 90 Rn 1

Rechtsordnungsloser Vertrag EG 27 Rn 29

Rechtsscheinsvollmacht
- IPR Anh EG 32 Rn 12

siehe Duldungs- und Anscheinsvollmacht

Rechtsspaltung
- Durchführung der Unteranknüpfung EG 4 Rn 23 f.
- interpersonale R. EG 4 Rn 20, 25
- interreligiöse R. EG 4 Rn 20, 25
- territoriale R. EG 4 Rn 20
- Voraussetzungen der Unteranknüpfung EG 4 Rn 21 f.

Rechtssubjekt
- Begriff § 1 Rn 1

Rechtswahl
- allgemeine Ehewirkungen EG 14 Rn 43 ff
- Arbeitsvertrag EG 30 Rn 12 ff
- Deliktsrecht EG 15 Rn 35 ff
- E-Commerce EG 27 Rn 9
- Ehegüterrecht EG 15 Rn 35 ff
- Ehename EG 10 Rn 112 ff
- Ehgüterrecht EG 16 Rn 2
- eingetragene Lebenspartnerschaft EG 17b Rn 31
- Erbrecht EG 25 Rn 43 ff
- Formstatut EG 11 Rn 41 ff
- Geschäftsführung ohne Auftrag EG 39 Rn 17; EG 42
- Kindesname EG 10 Rn 138 ff
- nichteheliche Lebensgemeinschaft Anh II EG 13 Rn 204
- Scheidung EG 17 Rn 12 ff., 167 ff
- Schuldvertragsrecht EG 27
- ungerechtfertigte Bereicherung EG 38 Rn 24
- Versicherungsrecht EG 37 Rn 92 ff
- Versorgungsausgleich EG 17 Rn 167 ff

Rechtswahl *(Forts.)*
- Vollmacht   Anh EG 32 Rn 4
- Wechselrecht   IntWR Rn 4

Reisevertrag
- IPR   EG 28 Rn 119; *siehe auch* Pauschalreisevertrag

Relative Verfügungsbeschränkung
- gesetzliche Verfügungsbeschränkung   § 135 Rn 23

Renvoi   *siehe* Rück- und Weiterverweisung

Repräsentationsprinzip
- im Stellvertretungsrecht   § 164 Rn 6 f.

Reproduktionsmedizin
- Klonen   § 1 Rn 57
- künstliche Befruchtung   § 1 Rn 56
- künstliche Insemination   § 1 Rn 55

Res in transitu   EG 46 Rn 9
- Internationales Sachenrecht   EG 43 Rn 46 ff.

Res sacrae   § 90 Rn 129 ff.

Revisibilität
- ausländisches Recht   EG 3 Rn 39
- Auslegung   § 133 Rn 103 ff; § 157 Rn 69 f
- Sittenwidrigkeit   § 138 Rn 382

Richterliche Rechtsfortbildung   Anh § 133 Rn 38 ff.
- abändernde r.R.   Anh § 133 Rn 45 ff.
- ergänzende r.R.   Anh § 133 Rn 39 ff.
- Methoden   Anh § 133 Rn 41 ff.
- planwidrige Regelungslücke   Anh § 133 Rn 39 ff.
- teleologische Extension und Modifikation   Anh § 133 Rn 48 f.
- teleologische Reduktion   Anh § 133 Rn 45 ff.

Rom I-Verordnung   EG 28 Rn 3

Rom II-Verordnung
- Geschäftsführung ohne Auftrag, IPR   EG 39 Rn 4
- Internationales Deliktsrecht   EG 40 Rn 2 f., 91 ff.
- ungerechtfertigte Bereicherung, IPR   EG 38 Rn 4

Rück- und Weiterverweisung
- Begriff   EG 3 Rn 32
- Gesamtverweisung   EG 4 Rn 4 ff.
- Nichtermittelbarkeit ausländischen Kollisionsrechts   EG 4 Rn 9
- Normzweck   EG 4 Rn 1 ff.
- Qualifikationsverweis   EG 4 Rn 6
- Sachnormverweisung   *siehe dort*
- Teilrenvoi   EG 4 Rn 8
- versteckter Rückverweis   EG 4 Rn 5
- weitere Renvois   EG 4 Rn 7

Rückgaberecht bei Verbraucherverträgen
- Überleitungsrecht   EG 229 § 2 Rn 2

Rücktritt
- Unwirksamkeit bei verjährtem Anspruch   § 218

Rückwärtsfrist   § 187 Rn 10

Rückwirkung der Genehmigung   § 184
- abweichende Parteivereinbarung   § 184 Rn 11 f.
- Frist, Aufforderungsrecht, Widerrufsrecht   § 184 Rn 3 f.
- geschäftsähnliche Handlung   § 184 Rn 23
- gesetzlicher Ausschluss   § 184 Rn 18
- Gestaltungserklärung   § 184 Rn 23
- nachträglicher Rechtserwerb   § 184 Rn 24 f.
- Rechtsfolgen   § 184 Rn 7 f.
- ungeregelte Ausnahmen   § 184 Rn 19 ff.
- Verjährung   § 184 Rn 20
- Verzug   § 184 Rn 22
- Voraussetzungen   § 184 Rn 1
- Zeitpunkt der Berechtigung   § 184 Rn 2
- Zwischenverfügungen   § 184 Rn 13 ff.

Sache   § 90 Rn 1 ff.
- Allgemeingüter   § 90 Rn 12 ff.
- Arten   § 90 Rn 75 ff.
- bewegliche S.   § 90 Rn 80 ff.
- Energie   § 90 Rn 12
- Erbbaurecht   § 90 Rn 79
- Grabdenkmal   § 90 Rn 144
- Grundstück   § 90 Rn 77 ff.
- Implantate   § 90 Rn 27 ff.
- KfZ-Brief   § 90 Rn 73
- Körperlichkeitskriterium   § 90 Rn 7 ff.
- Legaldefinition, Geltungsbereich   § 90 Rn 3
- Leiche   *siehe dort*
- Luft   § 90 Rn 104 ff.
- Meeresboden   § 90 Rn 118 ff.
- Mengensache   § 90 Rn 95
- menschlicher Körper und Körperteile   § 90 Rn 22 ff.
- öffentliche Sache   § 90 Rn 122 ff.
- Personalausweispapiere   § 90 Rn 74
- Pflanzen   90a Rn 10 f.
- res sacrae   § 90 Rn 129 ff.
- Sachgesamtheit   § 90 Rn 86 ff.
- Software   § 90 Rn 18 ff.
- Strand   § 90 Rn 115
- Urkunde   § 90 Rn 67 ff.
- verbrauchbare S.   *siehe dort*
- Verkehrsfähigkeit   § 90 Rn 100 ff.
- vertretbare S.   *siehe dort*
- Wasser   § 90 Rn 108 ff.
- zusammengesetzte S.   § 90 Rn 93

Sachen
- Tiere   *siehe dort*

Sachenrecht
- IPR   *siehe* Internationales Sachenrecht

Sachgesamtheit
- als Zubehör   § 97 Rn 12
- Begriff   § 90 Rn 86
- Herausgabeklage   § 90 Rn 87
- verbrauchbare Sachen   § 92 Rn 9 f.

Sachnormverweisung   EG 4 Rn 10 ff.
- Abbruch der Verweisungskette   EG 4 Rn 19
- ausdrückliche S.   EG 4 Rn 11
- Begriff   EG 3 Rn 32
- Sinn der Verweisung   EG 4 Rn 13 ff.

Satire
- Namensschutz   § 12 Rn 205

Satzung
- des Vereins   *siehe* Vereinssatzung

Scheck
- IPR   EG 37 Rn 20 ff.

Stichwortverzeichnis

Scheidung, IPR *siehe* Internationales Scheidungsrecht
Scheinbestandteil § 95 Rn 1 ff.
– Beweislast § 95 Rn 54
– Eigentumsvorbehalt § 95 Rn 4
– Gebäudeerrichtung aufgrund Erbbaurechts § 95 Rn 8
– Recht an einem fremden Grundstück § 95 Rn 33 ff.
– rechtliche Bedeutung § 95 Rn 52 f.
– Überbau § 95 Rn 39
– Versorgungsleitung § 95 Rn 43 ff.
– vorübergehender Zweck der Verbindung § 95 Rn 12 ff.
Scheinbestandteile
– Bergbauanlagen und -maschinen § 95 Rn 10
Scheinehe
– IPR EG 13 Rn 31 f.
Scheingeschäft
– Abgrenzungsfragen § 117 Rn 25 ff.
– Begriff § 117 Rn 1
– Beweislast § 117 Rn 30 f.
– Drittschutz § 117 Rn 16 ff.
– Erklärungen vor Behörden § 117 Rn 6
– Nichtigkeitsfolge § 117 Rn 13 ff.
– öffentlich-rechtlicher Vertrag § 117 Rn 6
– Prozesshandlungen § 117 Rn 7
– Schein-Arbeitsverhältnis § 117 Rn 15
– Scheingesellschaft § 117 Rn 14
– Schwarzkauf § 117 Rn 3, 24
– Stellvertretung § 117 Rn 11
– verdecktes Geschäft § 117 Rn 21 ff.
– Voraussetzungen § 117 Rn 9 ff.
Scheinkaufmann
– minderjähriger S. § 112 Rn 18
Schein-Prozesshandlung § 117 Rn 7
Schenkung
– an Minderjährigen § 107 Rn 8 f.
– Gesamtbetrachtungslehre § 107 Rn 30 f.
– IPR EG 28 Rn 90 f.
Schenkung von Todes wegen
– IPR EG 26 Rn 37
Schenkungsrecht
– Anwendung zugunsten des Stifters § 81 Rn 44
Scherzerklärung § 118
– Abgrenzungen § 118 Rn 14 f.
– Anwendungsbereich § 118 Rn 3 ff.
– Beweislast § 118 Rn 16
– geschäftsähnliche Handlung § 118 Rn 3
– misslungenes Scheingeschäft § 118 Rn 4
– notariell beurkundete S. § 118 Rn 12
– Rechtsfolgen § 118 Rn 10 ff.
– Voraussetzungen § 118 Rn 6 ff.
Schiedsverfahren
– Verjährungshemmung § 204 Rn 96 ff.
Schienengüterverkehr
– internationales Einheitsrecht EG 28 Rn 72
Schiff
– Scheinbestandteil § 95 Rn 30
– wesentlicher Bestandteil § 94 Rn 30
Schikaneverbot § 226
– Anwendungsbereich § 226 Rn 2
– Art des ausgeübten Rechts § 226 Rn 3
– Beweislast § 226 Rn 12
– Einzelfälle § 226 Rn 10 f.
– erfasster Schaden § 226 Rn 6
– objektiver Tatbestand § 226 Rn 4
– Rechtsfolgen § 226 Rn 7 ff.
– Rechtskraftwirkung § 226 Rn 13
– subjektiver Tatbestand § 226 Rn 5
Schlichter Aufenthalt
– als kollisionsrechtlicher Anknüpfungspunkt EG 5 Rn 20
Schlüsselgewalt
– als Fall gesetzlicher Fremdwirkung § 164 Rn 33
Schmiergeldvereinbarung
– Sittenwidrigkeit § 138 Rn 300 ff.
Schriftform
– Anwendungsbereich § 126 Rn 2 ff.
– bei Verträgen § 126 Rn 41 ff.
– Beweiskraft der Urkunde § 126 Rn 18
– Blankett § 126 Rn 23 ff.
– Eigenhändigkeit § 126 Rn 32 ff.
– Einheitlichkeit der Urkunde § 126 Rn 15 ff.
– Ersetzung durch elektronische Form § 126 Rn 46 ff.
– Ersetzung durch notarielle Beurkundung § 126 Rn 58 ff.
– Funktionen der Unterschrift § 126 Rn 19
– Handzeichen § 126 Rn 36
– Nachträge § 126 Rn 22
– Name § 126 Rn 27 ff.
– Urkundenbegriff § 126 Rn 9
– Urkundeninhalt § 126 Rn 12 ff.
– Zeichnung durch Vertreter § 126 Rn 37 f.
– Zweck § 126 Rn 1
Schriftformklausel
– in AGB § 125 Rn 59 ff.
– qualifizierte S. § 125 Rn 67
Schuldrechtsform
– Verjährungshemmung Vor §§ 203–213 Rn 2 ff.
Schuldrechtsreform
– Vereinbarungen über die Verjährung § 202 Rn 3 ff.
– Verjährungsablaufhemmung Vor §§ 203–213 Rn 2 ff.
– Verjährungsbeginn § 199 Rn 1 ff.
– Verjährungsfrist § 195 Rn 1 f.; § 196 Rn 1 ff.
– Verjährungshemmung durch Rechtsverfolgung § 204 Rn 3 ff.
– Verjährungsneubeginn Vor §§ 203–213 Rn 2 ff.
– Verjährungsrecht Vor §§ 194–218 Rn 1
Schuldrechtsreform, Überleitungsrecht EG 229 § 5
– Abdingbarkeit EG 229 § 5 Rn 8 ff.
– Bedingung, Befristung EG 229 § 5 Rn 30
– culpa in contrahendo EG 229 § 5 Rn 41
– Dauerschuldverhältnisse EG 229 § 5 Rn 53 ff.
– echte Rückwirkung EG 229 § 5 Rn 1
– erfasste Schuldverhältnisse EG 229 § 5 Rn 5 ff.
– Fortgeltung alten Rechts EG 229 § 5 Rn 23 ff.

Stichwortverzeichnis

Schuldrechtsreform, Überleitungsrecht *(Forts.)*
- genehmigungsbedürftiger Vertrag   EG 229 § 5 Rn 32 ff.
- Geschäftsführung ohne Auftrag   EG 229 § 5 Rn 42
- Optionsvertrag   EG 229 § 5 Rn 31
- Rahmenverträge   EG 229 § 5 Rn 57
- unechte Rückwirkung   EG 229 § 5 Rn 2
- unerlaubte Handlung   EG 229 § 5 Rn 40
- ungerechtfertigte Bereicherung   EG 229 § 5 Rn 43 ff.
- Vereinbarung alten Rechts   EG 229 § 5 Rn 19 ff.
- Vereinbarung neuen Rechts   EG 229 § 5 Rn 10 ff.
- Verjährung   *siehe* Verjährung, Überleitungsrecht
- Verträge   EG 229 § 5 Rn 26 ff.
- vorgehende Übergangsregelungen   EG 229 § 5 Rn 49
- Vorvertrag   EG 229 § 5 Rn 39

Schuldschein
- Eigentumslage   § 90 Rn 72

Schuldstatuttheorie   EG 31 Rn 20; EG 34 Rn 36

Schuldübernahme
- IPR   EG 33 Rn 17 f.

Schuldversprechen
- IPR   EG 28 Rn 146

Schwangerschaft
- Täuschung über das Bestehen einer S.   § 123 Rn 45, 50, 54

Schwarzarbeit
- Schwarzarbeitsgesetz   § 134 Rn 111 ff.
- Vergütungsansprüche bei Nichtigkeit   § 134 Rn 77 ff.

Schwarzfahrt
- des Minderjährigen   § 107 Rn 40 ff.

Schwarzkauf   § 117 Rn 3, 24

Schwebende Unwirksamkeit
- Aufforderung zur Genehmigung   § 108 Rn 6 ff.
- Begriff   § 108 Rn 1
- Bewirken der Leistung mit eigenen Mitteln   § 110 Rn 1 ff.
- Eigengenehmigung nach Erlangung unbeschränkter Geschäftsfähigkeit   § 108 Rn 14 ff.
- Genehmigung   § 108 Rn 3 ff.
- Vererblichkeit der Rechtspositionen   § 108 Rn 1
- Widerrufsrecht des anderen Teils   § 109 Rn 1 ff.

Schweigen
- als Vertragsannahme   § 147 Rn 5 ff.
- als Willenserklärung   Vor §§ 116–144 Rn 13
- Anfechtbarkeit des S. als Willenserklärung   § 119 Rn 7

Schwerbehinderung
- gesetzliches Verbot   § 134 Rn 123

Seeleute
- kollisionsrechtlicher Arbeitnehmerschutz   EG 30 Rn 27

Selbständiges Beweisverfahren
- Verjährungshemmung   § 204 Rn 78 ff.

Selbsthilfe   § 229
- Beweislast   § 228 Rn 10
- Grenzen   § 230
- Irrtumsfälle   § 228 Rn 11
- Mittel   § 228 Rn 7 ff.
- Schadensersatz bei irrtümlicher S.   § 231
- Verhalten nach Ausübung der S.   § 230 Rn 3 ff.
- Verzögerung oder Ablehnung des Arrestantrags   § 230 Rn 6
- Voraussetzungen   § 229 Rn 2 ff.

Selbstkontrahieren   *siehe* Insichgeschäft

Sicherheitsleistung
- bewegliche Sachen   § 237
- Börsengesetz   Vor §§ 232 ff. Rn 5
- Buchforderung   § 236
- Bürge   § 239
- des Steuerpflichtigen   Vor §§ 232 ff. Rn 3
- dispositives Recht   Vor §§ 232 ff. Rn 6
- Ergänzungspflicht   § 240
- Grundschuld   § 238
- Hinterlegung   § 233
- Hypothek   § 238
- Klageantrag auf Leistung einer S.   § 232 Rn 12
- Personalsicherheit   § 232 Rn 11
- prozessuale S.   Vor §§ 232 ff. Rn 2
- Realsicherheit   § 232 Rn 5 ff.
- Rentenschuld   § 238
- Umtauschrecht   § 235
- Wahlrecht   § 232 Rn 10
- Wertpapiere   § 234
- Zwangsvollstreckung   Vor §§ 232 ff. Rn 4

Simulation   *siehe* Scheingeschäft

Sittenwidrigkeit   § 138
- Adoption   § 138 Rn 183
- allgemeine Wertungskriterien   § 138 Rn 100 ff.
- Allgemeininteressen   § 138 Rn 118 ff.
- Anwendungsbereich   § 138 Rn 10 ff.
- Arbeitsvertrag   § 138 Rn 142 ff.
- Arztvertrag   § 138 Rn 159 ff.
- Beendigung des Arbeitsvertrags   § 138 Rn 149 ff.
- Begriff der guten Sitten   § 138 Rn 34 ff.
- Behindertentestament   § 138 Rn 199 f.
- bereicherungsrechtliche Rückabwicklung   § 138 Rn 139 f.
- Beweislast   § 138 Rn 381
- Bierlieferungsvertrag   § 138 Rn 163 ff.; § 139 Rn 27
- Bürgschaft   § 138 Rn 239 ff.
- Ehescheidung   § 138 Rn 186 f.
- Eheschutz   § 138 Rn 185
- Ehevertrag   § 138 Rn 188 f.
- einfachgesetzliche Wertentscheidungen   § 138 Rn 71 ff.
- Eingriffsnorm   § 138 Rn 80
- Einwendungscharakter   § 138 Rn 380
- Entstehungsgeschichte   § 138 Rn 8
- Ersatz- und Leihmutterschaft   § 138 Rn 175 f.
- Europarecht   § 138 Rn 68 ff.

Sittenwidrigkeit *(Forts.)*
- Geliebtentestament   § 138 Rn 197 f.
- geltungserhaltende Reduktion   § 139 Rn 30
- Gesellschaftsrecht   § 138 Rn 201 ff.
- gewerblicher Rechtsschutz   § 138 Rn 216
- Gläubigergefährdung   § 138 Rn 113 ff.
- Grundrechte   § 138 Rn 40 ff.
- Handelsrecht   § 138 Rn 217
- Heterologe Insemination   § 138 Rn 177 ff.
- Immobiliarsicherheiten   § 138 Rn 276 ff.
- Inhaltssittenwidrigkeit   § 138 Rn 91 f.
- Kartellrecht   § 138 Rn 343 ff.
- Kaufvertrag   § 138 Rn 218 ff.
- Knebelung   § 138 Rn 263
- Kollision von Sicherungsrechten   § 138 Rn 264 ff.
- kollisionsrechtlicher ordre public   § 138 Rn 33
- Kreditvertrag   § 138 Rn 222 ff.
- Maklervertrag   § 138 Rn 284 ff.
- Maßstäbe, außerrechtliche   § 138 Rn 81 ff.
- Maßstäbe, rechtliche   § 138 Rn 39 ff.
- Miet- und Pachtvertrag   § 138 Rn 280 ff.
- nachehelicher Unterhalt   § 138 Rn 191 ff.
- Normzweck   § 138 Rn 1 ff.
- Prostitution   *siehe* Prostitutionsgesetz
- Prozessvergleich   § 138 Rn 354
- Rechtsfolgen   § 138 Rn 129 ff.
- Rechtswidrigkeit, Verhältnis zur S.   § 138 Rn 88 ff.
- Revisibilität   § 138 Rn 382
- Rückwirkungsprobleme   § 138 Rn 383 f.
- Schadensersatz   § 138 Rn 138
- Schenkung   § 138 Rn 297 ff.
- Schmiergeldvereinbarung   § 138 Rn 300 ff.
- Schutz Dritter   § 138 Rn 111 ff.
- Sexualmoral   § 138 Rn 84
- sexuelle Handlungen   *siehe* Prostitutionsgesetz
- Sport und Verbandsrecht   § 138 Rn 304 ff.
- Standesrecht   § 138 Rn 313 ff.
- Straf- und Strafprozessrecht   § 138 Rn 324 ff.
- strukturelle Ungleichheit   § 138 Rn 107 ff.
- subjektive Merkmale   § 138 Rn 93 ff.
- Tankstellenvertrag   § 138 Rn 163 ff.
- Testament   § 138 Rn 195 ff.
- Trennungsprinzip   § 138 Rn 137
- Treubruch   § 138 Rn 116 f.
- Übersicherung   § 138 Rn 255 ff.
- Umstandssittenwidrigkeit   § 138 Rn 91 f.
- unlauterer Wettbewerb   § 138 Rn 340 ff.
- Verarbeitungsklausel   § 138 Rn 271 f.
- Vereinbarung der Kinderlosigkeit und Empfängnisverhütung   § 138 Rn 180
- Verhältnis zu anderen Vorschriften   § 138 Rn 14 ff.
- Verleitung zum Vertragsbruch   § 138 Rn 112
- Verlöbnis   § 138 Rn 184
- Versicherungsrecht   § 138 Rn 329 f.
- Verwaltungsrecht   § 138 Rn 331 ff.
- verwerfliche Gesinnung   § 138 Rn 93 ff.
- Wertpapierrecht   § 138 Rn 335 ff.
- Wettbewerbsverbot   § 138 Rn 344 ff.
- wucherähnliches Geschäft   § 138 Rn 222 ff.
- Zeitpunkt der Bewertung   § 138 Rn 122 ff.
- Zwangsvollstreckung   § 138 Rn 353

Sitz
- Begriff   § 7 Rn 11

Sitztheorie
- Internationales Gesellschaftsrecht   Anh EG 12 Rn 30 ff.

Sitzverlegung
- grenzüberschreitende S.   Anh EG 12 Rn 50 ff.

Software
- fehlende Sachqualität   § 90 Rn 18 ff.
- kollisionsrechtlicher Verbraucherschutz   EG 29 Rn 29

Soldat
- Begriff   § 9 Rn 3
- Wohnsitz   § 9 Rn 1 ff.

Sonstiges Recht
- Namensrecht   § 12 Rn 270

Spanier-Beschluss
- Grundrechtsbindung bei der Anwendung des Kollisionsrechts   EG 6 Rn 46

Spätaussiedler
- Gleichstellung mit deutschen Staatsangehörigen   Anh II EG 5 Rn 7

Sphäre
- Haftung für Mängel der eigenen S.   § 122 Rn 4

Spiel und Wette
- IPR   EG 28 Rn 153

Sport
- Sittenwidrigkeit von Statuten und Verträgen   § 138 Rn 304 ff.

Staatenlose
- Behandlung im IPR   EG 5 Rn 34 ff.
- Internationales Namensrecht   EG 10 Rn 12
- Personalstatut   EG 5 Rn 34 ff.
- UN-Übereinkommen über die Rechtsstellung der S.   EG 5 Rn 39; Anh I EG 5

Staatsangehörigkeit
- Bestimmung der ausländischen S.   EG 5 Rn 7 f.
- Bestimmung der deutschen S.   EG 5 Rn 9 ff.
- DDR   EG 5 Rn 12
- effektive S.   EG 5 Rn 32 ff.
- Entzug durch NS-Unrecht   EG 5 Rn 15
- Erwerb durch Adoption   EG 22 Rn 32 ff.
- ius-sanguinis-Prinzip   EG 5 Rn 10
- ius-soli-Prinzip   EG 5 Rn 11

Staatsangehörigkeitsprinzip
- Bedeutung im IPR   EG 5 Rn 6

Stabilisierungsklausel
- Internationales Schuldvertragsrecht   EG 27 Rn 28

Standesrecht
- Sittenwidrigkeit   § 138 Rn 313 ff.

Standort
- eines Soldaten   § 9 Rn 4

Statusdeutsche   Anh II EG 5 Rn 9

Statutenwechsel
- Behandlung im IPR   EG 3 Rn 29 f.

Stellvertretung   § 164
- Abgrenzung zur Botenschaft   § 164 Rn 27, 47 f.
- Abgrenzungen   § 164 Rn 16 ff.

Stichwortverzeichnis

Stellvertretung *(Forts.)*
- Abschlussvermittler § 164 Rn 31
- Abstraktionsprinzip § 164 Rn 10 ff.
- Anwendungsbereich § 164 Rn 35 ff.
- Begriff § 164 Rn 1
- beschränkt geschäftsfähiger Prozessvertreter § 165 Rn 10
- beschränkt geschäftsfähiger Vertreter § 165
- Beweislast § 164 Rn 104 ff.
- Doppelvertretung § 164 Rn 62
- eigene Willenserklärung § 164 Rn 47 ff.
- Einschränkung der Irrtumsanfechtung § 164 Rn 63 f.
- Einwilligung in Rechtsgutsverletzung § 164 Rn 37
- Empfangsbote § 164 Rn 103
- Empfangsvertreter § 164 Rn 102 f.
- Formulierungsbeispiele § 164 Rn 112 ff.
- geheimer Vorbehalt § 116 Rn 5, 10
- Gesamtvertretung § 167 Rn 54 ff.
- Geschäft für den, den es angeht § 164 Rn 65 ff.
- geschäftsähnliche Handlungen § 164 Rn 36 f.
- Gesetzessystematik § 164 Rn 2 f.
- Handeln kraft Ermächtigung § 164 Rn 28 f.
- Handeln unter fremdem Namen § 164 Rn 70 ff.
- in der Erklärung § 164 Rn 52 f.
- in fremdem Namen § 164 Rn 54 ff.
- Interessenlage § 164 Rn 4 ff.
- IPR *siehe* Vollmacht, IPR
- isolierte Vollmacht § 164 Rn 11
- Kosten § 164 Rn 108 ff.
- minderjähriger organschaftlicher Vertreter § 165 Rn 9
- mittelbare S. § 164 Rn 16 ff.
- Mitverpflichtung des Vertreters § 164 Rn 98 ff.
- Offenkundigkeitsprinzip § 164 Rn 9
- Realakt § 164 Rn 38
- Rechtsfolgen § 164 Rn 96 ff.
- Repräsentationsprinzip § 164 Rn 6 f.
- Scheingeschäft § 117 Rn 11
- Schlüsselgewalt § 164 Rn 33
- stillschweigende S. § 164 Rn 57 ff.
- Streitverkündung § 164 Rn 107
- Strohmann § 164 Rn 23
- Surrogation § 164 Rn 34
- Treuhandschaft § 164 Rn 20 ff.
- unternehmensbezogenes Geschäft § 164 Rn 57 ff.
- Verfahrenshandlungen § 164 Rn 39 ff.
- Verhandlungsgehilfen § 164 Rn 31
- Vermögensverwalter kraft Amtes § 164 Rn 24 ff.
- Vertrag zugunsten Dritter § 164 Rn 32
- Vertrauensschutzprinzip § 164 Rn 14
- Vertreter mit gebundener Marschroute § 164 Rn 49
- Vertretungsmacht *siehe dort*
- Voraussetzungen § 164 Rn 47 ff.
- Wissensvertretung § 164 Rn 30
- Zulässigkeit § 164 Rn 42 ff.

Stellvertretung, Wissenszurechnung und Willensmängel § 166
- arglistige Täuschung § 166 Rn 23
- Begriff der „Umstände" § 166 Rn 25
- Beweislast § 166 Rn 39 f.
- bösgläubiger Besitzdiener § 166 Rn 18 f.
- Bote § 166 Rn 16
- geheimer Vorbehalt § 166 Rn 20 f.
- geschäftsähnliche Handlung § 166 Rn 17
- Gestaltungshinweise § 166 Rn 41 ff.
- gutgläubiger Erwerb § 166 Rn 26
- Hilfspersonen § 166 Rn 10 ff.
- Irrtumsanfechtung § 166 Rn 22 ff.
- kaufmännisches Bestätigungsschreiben § 166 Rn 27
- Mehrfachvertretung § 166 Rn 4
- mittelbarer Vertreter § 166 Rn 16
- organschaftliche Vertretung juristischer Personen § 166 Rn 5 f.
- organschaftliche Vertretung von Personengesellschaften § 166 Rn 7
- persönlicher Anwendungsbereich § 166 Rn 3 ff.
- prozessuale Willenserklärungen § 166 Rn 27
- Realakt § 166 Rn 17
- sachlicher Anwendungsbereich § 166 Rn 117 ff.
- Scheingeschäft § 166 Rn 21
- Scherzerklärung § 166 Rn 21
- Verjährung § 166 Rn 28
- Versicherungsvertrag § 166 Rn 5
- Vertreter ohne Vertretungsmacht § 166 Rn 24
- Weisungen § 166 Rn 19 ff.
- widerrechtliche Drohung § 166 Rn 23
- Wissenszusammenrechnung § 166 Rn 8 f.

Stiftung
- Alternativformen § 80 Rn 13 ff.
- Anerkennung § 80 Rn 33 ff.
- Anerkennung nach Tod des Stifters § 84 Rn 1 ff.
- Auflösung § 87 Rn 10, 13, 19 ff.
- Aufsicht § 80 Rn 100 ff.
- ausländische § 80 Rn 127 ff.
- Begriff § 80 Rn 1 ff., 10
- Bürgergesellschaft § 80 Rn 4
- Bürgerstiftung § 80 Rn 84 ff.
- Destinatäre § 80 Rn 46 ff.
- Doppelstiftung § 80 Rn 69
- Familienstiftung § 80 Rn 53 ff.
- Formen § 80 Rn 51 ff.
- Gemeinnützigkeit § 80 Rn 11
- gemeinwohlkonforme Allzweckstiftung § 80 Rn 44 f.
- Geschäftsführer § 81 Rn 28
- Geschäftsführungsbefugnis § 81 Rn 26 f.; § 86 Rn 6
- Geschäftsordnung § 81 Rn 30 f.
- Haftung der Mitglieder § 81 Rn 40 ff.
- Haftung der S. § 81 Rn 40 ff.
- Haftung des Stifters § 82 Rn 5 ff.
- Insolvenz § 86 Rn 10 ff.
- kein Verbraucher §§ 13, 14 Rn 19
- kirchliche S. § 80 Rn 93

Stiftung *(Forts.)*
- kommunale S. § 80 Rn 92
- Kontrollorgan § 81 Rn 29 ff.
- Kulturstiftung § 80 Rn 87
- Landesstiftungsgesetze § 80 Rn 27
- Mitglieder, Berufung § 81 Rn 33 ff.
- Mitglieder, juristische Personen als § 81 Rn 32
- Notvorstand § 81 Rn 27; § 86 Rn 3
- öffentliche Behörde, Verwaltung der S. durch § 86 Rn 9
- privatnützige S. § 80 Rn 51 f.
- PublicPrivatePartnership § 80 Rn 88 f.
- Reform des Stiftungszivilrechts § 80 Rn 21 ff.
- Satzungsänderung § 85 Rn 4 ff.
- selbständige S. § 80 Rn 1
- Statistisches § 80 Rn 7 ff.
- Stifterwille § 80 Rn 28 ff.
- Stiftung für den Stifter § 80 Rn 47 ff.
- Stiftungsreife § 80 Rn 97 ff.
- treuhänderische S. § 80 Rn 118 ff.
- Trust § 80 Rn 122 ff.
- Übertragungspflicht des Stifters § 82 Rn 1 ff.
- Umwandlung § 87 Rn 23 ff.
- unselbständige S. § 80 Rn 118 ff.
- unternehmensverbundene S. § 80 Rn 60 ff.
- Verbrauchsstiftung § 80 Rn 91
- Vereinsrecht, Anwendung des § 86 Rn 1 ff.
- Verfassung § 85 Rn 1 ff.
- Vertretung § 86 Rn 4 f.
- Vertretungsbefugnis § 81 Rn 25
- Vorstand § 81 Rn 24 ff.; § 86 Rn 2 ff.
- Vor-Stiftung § 80 Rn 39 ff.
- Wesensmerkmale § 80 Rn 16
- Zulegung § 87 Rn 17 f.
- Zusammenlegung § 87 Rn 15 ff.
- Zweck, zulässiger § 80 Rn 44 f.
- Zweckänderung § 85 Rn 7 ff.; § 87 Rn 1 ff.
- Zweckumwandlung § 87 Rn 7 ff.
- Zweckunmöglichkeit § 87 Rn 2 ff.

Stiftung von Todes wegen § 83 Rn 1 ff.
- Andeutungstheorie § 83 Rn 7
- Anfechtung § 83 Rn 5
- Antragstellung § 83 Rn 9
- Auflage § 83 Rn 17
- Ausschlagung § 83 Rn 5
- Erbin, Stiftung als § 83 Rn 11 ff.
- Pflichtteilsansprüche § 80 Rn 94 ff.; § 83 Rn 2
- Stellvertretung § 83 Rn 3
- Steuerfragen § 83 Rn 20 ff.
- Stiftungssitz § 83 Rn 10
- Testamentsvollstreckung § 83 Rn 18
- unselbständige Stiftung § 83 Rn 19
- unvollständiges Stiftungsgeschäft § 83 Rn 6 ff.
- Vermächtnisnehmerin, Stiftung als § 83 Rn 16

Stiftung, Steuerfragen
- ausländische Stiftung § 80 Rn 128 ff.
- Familienstiftung § 80 Rn 58 f.
- gemeinnütziger Zweck § 80 Rn 76 ff.
- Grundsatz der Vermögensbindung § 88 Rn 6
- mildtätiger Zweck § 80 Rn 79 ff.
- steuerbefreite Stiftungen § 80 Rn 74 ff.
- Stiftung von Todes wegen § 83 Rn 20 ff.

- Trust § 80 Rn 125 f.
- Zeitraum zwischen Todestag und Erstellung der Stiftungsurkunde § 84 Rn 10

Stiftungsgeschäft § 81 Rn 1 ff.
- Andeutungstheorie § 80 Rn 30; § 83 Rn 7
- Anfechtung § 81 Rn 13
- Auflage § 81 Rn 5 f.
- Form § 81 Rn 7 f.
- Name der Stiftung § 81 Rn 19 ff.
- Organe der Stiftung § 81 Rn 24 ff.
- Satzung § 81 Rn 15 ff.
- Stiftungssitz § 81 Rn 17 f.
- unvollständiges S. § 83 Rn 6 ff.
- Vertretung § 81 Rn 4
- Widerruf § 81 Rn 12
- Zweck der Stiftung § 81 Rn 22 f.

Stiftungsvermögen § 81 Rn 43 ff.
- Anlageformen § 81 Rn 65
- Anlagegrundsätze § 81 Rn 66
- Buchgewinne § 81 Rn 59
- Größe § 81 Rn 45 ff.
- Grundsatz der Vermögenserhaltung § 80 Rn 2
- Mittelbeschaffung § 81 Rn 68 f.
- Rechnungslegung § 81 Rn 73 f.
- Schenkungsrecht, Anwendung zugunsten des Stifters § 81 Rn 44
- Spekulationsgeschäfte § 81 Rn 62 ff.
- Stiftungsmanagement § 81 Rn 70 ff.
- Vermögensanfall nach Erlöschen der Stiftung § 88 Rn 1 ff.
- Vermögenserhaltungsgrundsatz § 81 Rn 51 ff.
- Vermögensumschichtung § 81 Rn 57 ff.
- Verwaltung § 81 Rn 60 ff.
- Zustiftung § 81 Rn 49 ff.
- Zwischenverfügungen nach Tod des Stifters § 84 Rn 6 ff.

Straßengüterverkehr
- internationales Einheitsrecht EG 28 Rn 71

Streitverkündung
- Verjährungshemmung § 204 Rn 70 ff.

Streudelikt
- Internationales Deliktsrecht EG 40 Rn 23

Strohmanngeschäft § 164 Rn 23
- Begriff § 117 Rn 27

Stufenklage
- Verjährungshemmung § 204 Rn 19 ff.

Substitution
- im IPR EG 3 Rn 34 f.

Sukzessivbeurkundung § 128 Rn 12 ff.
- Zugang der Annahmeerklärung § 152

Sukzessivlieferungsvertrag Vor §§ 145–157 Rn 41

Surrogatgeschäfte
- des Minderjährigen § 110 Rn 13

Surrogation
- Abgrenzung zur Stellvertretung § 164 Rn 34

Talaq *siehe* Verstoßung

Tarifvertrag
- Auslegung § 133 Rn 90 ff.
- IPR EG 30 Rn 32 f.
- Verbotsgesetz § 134 Rn 24

Taschengeldparagraf § 110

Stichwortverzeichnis

Täuschung *siehe* arglistige Täuschung
Teilanfechtung § 142 Rn 4
Teilnichtigkeit § 139
– Abdingbarkeit § 139 Rn 6 ff.
– Anwendungsbereich § 139 Rn 2 ff.
– Beweislast § 139 Rn 57 f.
– Bierlieferungsvertrag § 139 Rn 27
– Einheitlichkeit § 139 Rn 10 ff.
– geltungserhaltende Reduktion § 139 Rn 23 ff.
– Nichtigkeit eines Teils § 139 Rn 41 ff.
– Nichtigkeit zum Schutz einer Partei § 139 Rn 52 ff.
– objektive Teilbarkeit § 139 Rn 19 ff.
– Organisationsverträge § 139 Rn 56
– Parteiwille § 139 Rn 44 ff.
– Preisvorschriftenverstoß § 139 Rn 28
– quantitative Teilbarkeit § 139 Rn 23 ff.
– Rechtsmissbrauch § 139 Rn 50 f.
– salvatorische Klausel § 139 Rn 59 ff.
– sittenwidriges Rechtsgeschäft § 139 Rn 30
– subjektive Teilbarkeit § 139 Rn 22
– Teilbarkeit § 139 Rn 18 ff.
– Verpflichtungs- und Verfügungsgeschäft § 139 Rn 17
Teilrechtsfähigkeit
– des Nasciturus § 1 Rn 35 ff.
Teilrechtsordnung *siehe* Rechtsspaltung
Teilrechtswahl
– im Internationalen Schuldvertragsrecht EG 27 Rn 36 ff.
Teilzeitwohnrecht
– IPR EG 28 Rn 55 ff.; EG 29a Rn 51 ff.; EG 43 Rn 23
– kollisionsrechtlicher Verbraucherschutz EG 29 Rn 32
– Übergangsrecht EG 229 § 9
Telefonnummer
– Namensschutz § 12 Rn 105
Telefonsex
– Sittenwidrigkeit Anh § 138 Rn 24 f.
Telegrammadresse
– Namensschutz § 12 Rn 105
Teleologische Reduktion
– von Gesetzen Anh § 133 Rn 45 ff.
Termin
– Begriff § 186 Rn 6
– Geltungsbereich der Terminvorschriften § 186
Tessili-Rechtsprechung
– internationale Zuständigkeit EG 27 Rn 91
Testament
– Auslegung § 133 Rn 39
– Behindertentestament § 138 Rn 199 f.
– Ebenbürtigkeitsklausel § 138 Rn 200
– ergänzende Vertragsauslegung § 157 Rn 30 ff.
– falsa-demonstratio-Regel § 133 Rn 81 f.
– Geliebtentestament § 138 Rn 197 f.
Testamentsvollstreckung
– IPR EG 25 Rn 86 ff.
Testierfähigkeit § 104 Rn 2
– IPR EG 26 Rn 38
– Vermutung für die T. § 104 Rn 18
Textform
– Bedeutung 126b Rn 1 ff.

– Bestimmung der T. durch Auslegung 126b Rn 6
– dauerhafte Wiedergabe 126b Rn 13
– Erklärungsträger 126b Rn 15 ff.
– geschäftsähnliche Handlungen 126b Rn 9
– gesetzliche Bestimmung der T. 126b Rn 4 f.
– Kenntlichmachung des Abschlusses 126b Rn 19 f.
– Person des Erklärenden 126b Rn 18
– Prozessuales 126b Rn 23
– Rechtsfolgen 126b Rn 22
– Reproduzierbarkeit 126b Rn 14
– Schriftzeichen 126b Rn 11
– Urkundenbegriff 126b Rn 10
– Vereinbarung der T. 126b Rn 7
– Zugang 126b Rn 21
Tiere 90a Rn 1 ff.
– anwendbare Vorschriften 90 a Rn 7 ff.
– keine Sachen § 90 Rn 21; 90a Rn 3 f.
– Schutzgesetze 90a Rn 5 f.
Timesharing *siehe* Teilzeitwohnrecht
Tod
– des Bevollmächtigten § 168 Rn 25
– des Vollmachtgebers § 168 Rn 14 ff.
Todeserklärung
– nach Verschollenheit § 1 Rn 28 ff.
Todeserklärung, IPR EG 9
– Anerkennung ausländischer Entscheidungen EG 9 Rn 18 ff.
– ausnahmsweise Anwendung deutschen Rechts EG 9 Rn 11 ff.
– Deutsch-Iranisches Niederlassungsabkommen EG 9 Rn 5
– Haager Konvention über das auf die Rechtsnachfolge von Todes wegen anwendbare Recht EG 9 Rn 4; EG 25 Rn 1
– internationale Zuständigkeit EG 9 Rn 16 f.
– Kommorientenvermutung EG 9 Rn 9 f.
– Reichweite des Statuts EG 9 Rn 7 ff.
– Rück- und Weiterverweisung EG 9 Rn 6
– UN-Konvention über die Todeserklärung Verschollener EG 9 Rn 4
– vorrangige Regelungen EG 9 Rn 3 ff.
Todeszeitpunkt
– Bestimmung § 1 Rn 21 ff.
– IPR EG 7 Rn 14
Transmortale Vollmacht § 168 Rn 14 ff.
Transplantationsmedizin
– Eigentumsfähigkeit von Körperteilen § 90 Rn 31 ff.
– Feststellung des Todes § 1 Rn 22 ff.; *siehe auch* Leiche
– Voraussetzungen der Organentnahme § 90 Rn 58 ff.
Transposition
– Internationales Sachenrecht EG 43 Rn 30 ff.
Transsexuelle
– Änderung der Feststellung der Geschlechtszugehörigkeit § 1 Rn 63 ff.
– Namensänderung § 1 Rn 69 ff.
Trennung von Tisch und Bett
– Internationales Ehegüterrecht EG 15 Rn 72, 86

Stichwortverzeichnis

Trennung von Tisch und Bett *(Forts.)*
- Internationales Scheidungsrecht   EG 17 Rn 31, 51, 91

Treuhandgeschäft
- Begriff   § 117 Rn 26

Treuhandschaft   § 164 Rn 20 ff.

Trierer Weinversteigerung   § 119 Rn 33; Vor §§ 116–144 Rn 7

Trust   § 80 Rn 122 ff.

Überbau
- Eigentumsverhältnisse   § 94 Rn 44 f.; § 95 Rn 39

Übereinkommen über das auf die Produkthaftpflicht anwendbare Rechte   EG 40 Rn 4

Übereinkommen über das auf die Straßenverkehrsunfälle anzuwendende Recht   EG 40 Rn 4, 49

Übereinkommen über den internationalen Eisenbahnverkehr   EG 28 Rn 72

Übereinkommen über die Anerkennung und Vollstreckung von Entscheidungen über das Sorgerecht für Kinder und die Wiederherstellung des Sorgeverhältnisses   Anh V EG 24 ESÜ 30 Rn 1 ff.

Übereinkommen über die Haftung gegenüber Dritten auf dem Gebiet der Kernenergie   EG 40 Rn 3

Übereinkommen über die zivilrechtliche Haftung für Ölverschmutzungsschäden   EG 40 Rn 3

Übereinkommen über die Zuständigkeit der Behörden und das anzuwendende Recht auf dem Gebiet des Schutzes von Minderjährigen   Anh II EG 24

Übergangsrecht   *siehe* Intertemporales Privatrecht

Übermittlungsirrtum   § 120
- Beweislast   § 120 Rn 16
- bewusste Falschübermittlung   § 120 Rn 5 f., 13
- Fernabsatz   § 120 Rn 17
- Rechtsfolgen   § 120 Rn 11 ff.
- vermeintlicher Bote   § 120 Rn 7
- Voraussetzungen   § 120 Rn 2 ff.

Überseering-Entscheidung
- Internationales Gesellschaftsrecht   Anh EG 12 Rn 60 f., 68 f.

Übersicherung   § 138 Rn 255 ff.

Ubiquitätsprinzip
- Internationales Deliktsrecht   EG 40 Rn 24 f.

Umdeutung   § 140
- Abdingbarkeit   § 140 Rn 15 f.
- Abgrenzungen   § 140 Rn 2 f.
- Einzelfälle   § 140 Rn 19 ff.
- Ersatzgeschäft   § 140 Rn 17 f.
- Konversionsklausel   § 140 Rn 16, 33
- Nichtigkeit   § 140 Rn 10 ff.
- Normzweck   § 140 Rn 1
- Parteiwille   § 140 Rn 30 f.
- Prozessuales   § 140 Rn 32
- Rechtsgeschäft   § 140 Rn 6 ff.
- Spezialregelungen   § 140 Rn 14

Umgehungsgeschäft   § 134 Rn 80 ff.; § 138 Rn 77
- Begriff   § 117 Rn 28

Umwandlung
- Internationales Gesellschaftsrecht   Anh EG 12 Rn 179 ff.

Unbenannte ehebedingte Zuwendung
- Verjährung des Ausgleichsanspruchs   § 197 Rn 41 ff.

Unbenannte Zuwendung
- IPR   EG 14 Rn 74; EG 15 Rn 97

Unbestellte Leistungen
- Überleitungsrecht   EG 229 § 2 Rn 2

Unbestellte Ware
- Zusendung   § 145 Rn 7

Unerlaubte Handlung, IPR   *siehe* Internationales Deliktsrecht

Ungerechtfertigte Bereicherung, IPR   EG 38
- abgeirrte Leistung   EG 38 Rn 36
- Akkreditiv   EG 38 Rn 37
- Anweisungsfälle   EG 38 Rn 34 f.
- Bürgschaft, Garantie   EG 38 Rn 43 ff.
- echter Vertrag zugunsten Dritter   EG 38 Rn 32 f.
- Eingriffskondiktion   EG 38 Rn 14 ff.
- intertemporaler Anwendungsbereich   EG 38 Rn 53
- Leistungskondiktion   EG 38 Rn 5 ff.
- Mehrpersonenverhältnisse   EG 38 Rn 31 ff.
- ordre public   EG 38 Rn 52
- Rechtswahl   EG 38 Rn 24; EG 42
- Reichweite des Statuts   EG 38 Rn 50
- Rom II-Verordnung   EG 38 Rn 4
- Rück- und Weiterverweisung   EG 38 Rn 51
- sonstige Kondiktionen   EG 38 Rn 21 f.
- Tilgung fremder Schuld   EG 38 Rn 40 ff.
- vorrangige EGBGB-Anknüpfungen   EG 38 Rn 23 ff.
- vorrangige Regelungen   EG 38 Rn 4
- Weitergabe der Leistung an Dritte   EG 38 Rn 38 f.
- wesentlich engere Verbindung   EG 38 Rn 25 ff.; EG 41
- Zession   EG 38 Rn 48 f.

UNIDROIT-Prinzipien
- Rechtswahl im internationalen Schuldvertragsrecht   EG 27 Rn 33 f.

UN-Konvention über die Todeserklärung Verschollener   EG 9 Rn 4

Unlauterer Wettbewerb
- gesetzliches Verbot   § 134 Rn 257 f.
- Sittenwidrigkeit   § 138 Rn 340 ff.

Unteranknüpfung
- im IPR   *siehe* Rechtsspaltung

Unterhalt
- IPR   *siehe* Internationales Unterhaltsrecht

Unterlassungsanspruch
- Namensschutz   § 12 Rn 265

Unternehmensbezogenes Geschäft   § 164 Rn 57 ff.

Unternehmer
- Begriff   §§ 13, 14 Rn 36 ff.

2515

Unternehmer *(Forts.)*
- Gesellschaft bürgerlichen Rechts §§ 13, 14 Rn 42
- gesetzlicher Vermögensverwalter §§ 13, 14 Rn 37
- juristische Person des öffentlichen Rechts §§ 13, 14 Rn 41
- rechtsfähige Personengesellschaft §§ 13, 14 Rn 42; *siehe auch* Verbraucher
- Strohmann §§ 13, 14 Rn 38

Unternehmerische Mitbestimmung
- Anknüpfung im IPR Anh EG 12 Rn 23 ff., 116 ff.

Untervollmacht § 167 Rn 61 ff.
- Aussen- und Innenverhältnis § 167 Rn 65
- Erteilung § 167 Rn 68
- Fehlen der Haupt- oder Untervollmacht § 167 Rn 70 ff.
- Fortbestand und Erlöschen § 167 Rn 69
- Haftung als falsus procurator § 179 Rn 9
- Insichgeschäft § 181 Rn 33
- Vollmachtsurkunde § 172 Rn 8
- Zulässigkeit § 167 Rn 64

UN-Übereinkommen über die Geltendmachung von Unterhaltsansprüchen im Ausland EG 18 Rn 125 f.

UN-Übereinkommen über die Rechtsstellung der Staatenlosen EG 5 Rn 39
- Personalstatut Anh I EG 5

Urkunde
- als Sache § 90 Rn 67 ff.

Urlaub
- gesetzliches Verbot § 134 Rn 126 f.

Verarbeitungsklausel
- Sittenwidrigkeit § 138 Rn 271 f.

Veräußerungsverbot
- behördliches V. *siehe dort*
- gesetzliches V. *siehe dort*

Verbrauchbare Sache § 92 Rn 1 ff.
- als Zubehör § 97 Rn 14
- Begriff § 92 Rn 3 ff.
- rechtliche Bedeutung § 92 Rn 11 f.
- Sachgesamtheit § 92 Rn 9 f.

Verbraucher
- „Dual use"-Fälle §§ 13, 14 Rn 31
- Anwendbarkeit der Begriffsbestimmung §§ 13, 14 Rn 6 f.
- Arbeitnehmer als V. §§ 13, 14 Rn 13 f., 23 f.
- Begriff §§ 13, 14 Rn 10 ff.
- Beweislast §§ 13, 14 Rn 34
- europäischer Verbraucherbegriff §§ 13, 14 Rn 21 f.
- Existenzgründer §§ 13, 14 Rn 25
- Freiberufler §§ 13, 14 Rn 18
- GmbH-Geschäftsführer §§ 13, 14 Rn 29
- Idealverein §§ 13, 14 Rn 19
- juristische Person §§ 13, 14 Rn 19
- Kaufmann §§ 13, 14 Rn 28
- Normgeschichte §§ 13, 14 Rn 1, 5
- private Sphäre §§ 13, 14 Rn 27 f.
- Stiftung §§ 13, 14 Rn 19
- vorweggenommene Erbfolge §§ 13, 14 Rn 16
- Zuwendungen zwischen Ehegatten §§ 13, 14 Rn 16

Verbraucherdarlehen
- Übergangsrecht EG 229 § 9

Verbraucherschutz
- als schuldrechtsimmanenter allgemeiner Schutzgedanke §§ 13, 14 Rn 1
- europäische Verbraucherschutzkonzeption §§ 13, 14 Rn 2

Verbrauchervertrag
- IPR *siehe* Internationales Schuldvertragsrecht, Verbrauchervertrag

Verein
- Auflösung *siehe* Beendigung des Vereins
- ausländischer V. Vor §§ 21 ff. Rn 17; § 23
- Begriff Vor §§ 21 ff. Rn 10
- Geschäftsordnung § 25 Rn 6
- Gewohnheitsrecht § 25 Rn 20
- Liquidation *siehe dort*
- Mitgliederversammlung *siehe dort*
- Organshaftung *siehe dort*
- religiöser V. Vor §§ 21 ff. Rn 14
- Sitz § 24
- sozialmächtiger V. § 25 Rn 17 f., 23
- Umwandlung § 41 Rn 24 ff.
- Vereinsfreiheit Vor §§ 21 ff. Rn 11 f.
- Vereinsrechtsreform Vor §§ 21 ff. Rn 24
- Verfassung *siehe* Vereinssatzung
- wirtschaftlicher V. § 21 Rn 23 ff.; § 22
- Zweckänderung § 33 Rn 5 f.

Verein, Beendigung
- Amtslöschung § 41 Rn 16
- Anfall des Vereinsvermögens *siehe dort*
- Auflösung § 41 Rn 6 ff.
- Auflösungsbeschluss § 41 Rn 28 ff.
- Bekanntmachungspflicht § 50
- Eintragungspflicht § 74
- Entziehung der Rechtsfähigkeit § 41 Rn 14; § 43; § 44
- Liquidation *siehe dort*
- Sperrjahr § 51
- Überblick § 41 Rn 1 ff.
- Umwandlung § 41 Rn 24 ff.
- Unterschreiten der Mindestmitgliederzahl § 41 Rn 17; § 73
- Verzicht auf die Rechtsfähigkeit § 41 Rn 15
- Vollbeendigung § 41 Rn 18 ff.

Verein, eingetragener
- Abgrenzung zum wirtschaftlichen V. § 21 Rn 22 ff.
- Gründung § 21 Rn 4 ff.
- Name § 57 Rn 4 ff.
- Nebenzweckprivileg § 21 Rn 32 ff.
- Vorverein *siehe dort*
- Zweck § 21 Rn 15 ff.

Verein, nicht rechtsfähiger
- Abgrenzung zur GbR § 54 Rn 6
- Abwicklung § 47 Rn 11
- Anwendung des Vereinsrechts § 54 Rn 2
- Beendigung § 54 Rn 29 ff.
- Gründung § 54 Rn 11
- Haftung der Mitglieder § 54 Rn 17 f.
- Haftung des n. § 54 Rn 16

Verein, nicht rechtsfähiger *(Forts.)*
- Handelndenhaftung § 54 Rn 20 ff.
- Insolvenzverfahren § 54 Rn 43 ff.
- Kennzeichen § 54 Rn 6 ff.
- Mitgliederversammlung § 54 Rn 15
- Mitgliedschaft § 54 Rn 14
- nicht konzessionierter wirtschaftlicher V. § 54 Rn 6 f., 19
- Parteifähigkeit § 54 Rn 32 ff.
- Prozessfähigkeit § 54 Rn 38
- Rechtsfähigkeit § 54 Rn 3 ff.
- Satzung § 54 Rn 12
- verschleiertes Konzessionssystem § 54 Rn 1
- Vorstand § 54 Rn 13
- Zwangsvollstreckung § 54 Rn 40 ff.

Verein, nichtrechtsfähiger
- Namensschutz § 12 Rn 73, 78

Verein, steuerbegünstigter § 21 Rn 36 ff.
- Anerkennung als gemeinnütziger s.V. § 21 Rn 73 f.
- Auflösung § 21 Rn 91 f.
- Ausschließlichkeit § 21 Rn 68
- formelle Anforderungen an die Satzung § 21 Rn 42 ff.
- Gemeinnützigkeit § 21 Rn 48 f.
- Geschäftsbereiche § 21 Rn 75
- inhaltliche Anforderungen an die Satzung § 21 Rn 47 ff.
- kirchlicher Zweck § 21 Rn 52
- mildtätiger Zweck § 21 Rn 50 f.
- Mustersatzung § 21 Rn 45 f.
- Organisationsstruktur § 21 Rn 71
- Selbstlosigkeit § 21 Rn 53 ff.
- Spenden § 21 Rn 90
- tatsächliche Geschäftsführung § 21 Rn 72
- Übersicht § 21 Rn 39
- Unmittelbarkeit § 21 Rn 69 f.

Vereinbarungen über die Verjährung § 202
- Allgemeine Geschäftsbedingungen § 202 Rn 47 ff.
- bisheriges Recht § 202 Rn 1 f.
- Fracht-, Speditions-, Lagegeschäft § 202 Rn 65 f.
- Grenzen der Vertragsfreiheit § 202 Rn 13 ff.
- Grundregeln des Europäischen Vertragsrechts § 202 Rn 6
- Inhaltskontrolle § 202 Rn 47 ff.
- intertemporales Recht § 202 Rn 66 ff.
- Reisevertrag § 202 Rn 64
- Rückgriff des Verkäufers § 202 Rn 63
- Schuldrechtsreform § 202 Rn 3 ff.
- Unverjährbarkeit § 202 Rn 14 f.
- Verbrauchsgüterkauf § 202 Rn 62
- Verjährungserleichterung § 202 Rn 16 ff.
- Verjährungserschwerung § 202 Rn 36 ff.
- Vertragsfreiheit § 202 Rn 7 ff.

Vereinsinsolvenz
- Antrag § 42 Rn 10
- Antragspflicht § 42 Rn 43 f.
- Auflösung des Vereins § 42 Rn 34 ff.
- Beendigung des Verfahrens § 42 Rn 27 ff.
- Eintragungspflicht § 75
- Eröffnungsbeschluss § 42 Rn 12
- Eröffnungsverfahren § 42 Rn 11
- Fortsetzung des Vereins § 42 Rn 37 ff.
- Gründe § 42 Rn 6 ff.
- Insolvenzfähigkeit § 42 Rn 4
- Insolvenzmasse § 42 Rn 13 ff.
- Insolvenzrechtsreformgesetz § 42 Rn 1 ff.
- Insolvenzschuldner § 42 Rn 5
- Insolvenzverwalter § 42 Rn 16 f.
- nicht rechtsfähiger Verein § 54 Rn 47
- Profisportvereine § 42 Rn 29 ff.
- Rechtsstellung der Gläubiger § 42 Rn 18 f.
- Rechtsstellung des Vereins § 42 Rn 20 ff.
- Schadensersatzpflicht des Vorstands § 42 Rn 45 ff.
- zivilprozessuale Fragen § 42 Rn 50 ff.
- Zwangsvollstreckungsmaßnahmen durch Gläubiger § 42 Rn 53 f.

Vereinsmitgliedschaft
- Aufnahmeanspruch § 25 Rn 21 ff.
- Ausschluss § 25 Rn 45 ff.
- Ausschluss vom Stimmrecht § 34
- Austritt § 39
- Begriff § 38 Rn 2
- Beitrittsmängel § 38 Rn 5
- Bescheinigung der Mitgliederzahl § 72
- Eintritt ohne Vertragsschluss § 38 Rn 6
- Ende § 38 Rn 8
- Erwerb § 38 Rn 4
- Mitgliederpflichten § 38 Rn 15 ff.
- Mitgliederrechte § 38 Rn 9 ff.
- Mitgliederversammlung *siehe dort*
- Mitgliedsfähigkeit § 38 Rn 3
- nicht rechtsfähiger Verein § 54 Rn 14
- Sonderrechte § 35
- Übertragbarkeit § 38 Rn 7
- Unterschreiten der Mindestmitgliederzahl § 73
- Unterschreitung der Mindestmitgliederzahl § 41 Rn 17
- Vereinsinsolvenz § 42 Rn 26
- Vereinsstrafe § 25 Rn 28 ff.
- Verlust aller Mitglieder § 41 Rn 13, 21 ff.

Vereinsregister
- Abschrift § 79 Rn 3
- Akteneinsicht § 79 Rn 2
- Änderung des Vorstands 67–79
- Anmeldung der Satzungsänderung § 71 Rn 2 f.
- Anmeldung zur Eintragung § 59
- Bekanntmachung der Eintragung § 66
- Einsicht in das EDV-Register § 79 Rn 4 ff.
- Eintragung der Satzungsänderung § 71 Rn 4 ff.
- eintragungspflichtige Tatsachen Vor §§ 55–79 Rn 2
- elektronisches V. 55a
- Form der Anmeldung § 77
- Inhalt der Eintragung § 64
- Mindesterfordernisse an Satzung § 57
- Mindestmitgliederzahl § 56
- Namenszusatz § 65
- Registerverfahren Vor §§ 55–79 Rn 3 ff.
- Sollinhalt der Satzung § 58

Vereinsregister *(Forts.)*
- Vertretungsmacht und Beschlussfassung des Vorstands § 70
- Zurückweisung der Anmeldung § 60
- Zuständigkeit für die Eintragung § 55
- Zwangsgeld § 78

Vereinssatzung
- Änderung § 33
- Anmeldung der Änderung § 71 Rn 2 f.
- Auslegung § 25 Rn 11 f.
- Begriff § 25 Rn 7 f.
- Eintragung der Änderung § 71 Rn 4 ff.
- Grenzen der Satzungsautonomie § 40
- Mängel § 25 Rn 13 ff.
- Mindesterfordernisse § 57
- obligatorischer Inhalt § 25 Rn 2 ff.
- Ordnung unterhalb der V. § 25 Rn 5
- Rechtsnatur § 25 Rn 9
- richterlicher Inhaltskontrolle § 25 Rn 16 ff.
- Verweisungen § 25 Rn 8

Vereinsvorstand
- Auskunftpflicht § 27 Rn 17 f.
- Beschlussfassung § 28 Rn 2
- Besonderer Vertreter § 30
- Bestellung § 27 Rn 2 ff.
- Entlastung § 27 Rn 21 ff.
- Geschäftsführung § 27 Rn 14 ff.
- gesetzlicher V. § 26 Rn 2
- Haftung § 27 Rn 19 f.
- Haftung des Vereins *siehe* Organhaftung
- Notbestellung § 29 Rn 2 ff.
- Passivvertretung § 28 Rn 5
- Suspendierung § 27 Rn 11
- Widerruf der Bestellung § 27 Rn 7 ff.
- Wissenszurechnung § 28 Rn 6
- Zusammensetzung § 26 Rn 3

Vereinsvorstand, Vertretungsmacht
- Bevollmächtigte § 26 Rn 9
- mehrgliedriger Vorstand § 26 Rn 10 f.
- satzungsmäßige Beschränkung § 26 Rn 5 ff.
- Umfang § 26 Rn 4

Verfügung eines Nichtberechtigten § 185
- analoge Anwendung § 185 Rn 5 ff.
- Begriffe § 185 Rn 4
- Eintragungsbewilligung § 185 Rn 8
- Einwilligung § 185 Rn 16 f.
- Einziehungsermächtigung § 185 Rn 6 f.
- Empfangsermächtigung § 185 Rn 5
- Erwerbsermächtigung § 185 Rn 13
- Genehmigung § 185 Rn 18 ff.
- gesetzliche Pfandrechte § 185 Rn 14
- Grundgedanken § 185 Rn 3
- Kettenverfügungen § 185 Rn 21
- Konvaleszenz durch Beerbung § 185 Rn 27 ff.
- Konvaleszenz durch Erwerb § 185 Rn 22 ff.
- mehrere Verfügungen § 185 Rn 32 f.
- Prozesshandlungen § 185 Rn 15
- relatives Veräußerungsverbot § 185 Rn 12
- Überbau § 185 Rn 11
- Vermietung, Verpachtung § 185 Rn 10
- Verpflichtungsermächtigung § 185 Rn 13
- Vormerkung § 185 Rn 12
- Zwangsvollstreckungsmaßnahmen § 185 Rn 9

Verfügungsverbot
- rechtsgeschäftliche Begründung § 161 Rn 11
- rechtsgeschäftliches V. *siehe dort*

Vergleich
- IPR EG 28 Rn 150

Verjährung
- Abgrenzung zur Ausschlussfrist Vor §§ 194–218 Rn 27 f.
- Abgrenzung zur Verwirkung Vor §§ 194–218 Rn 29
- akzessorische Sicherungsrechte § 216 Rn 4
- Anspruch § 194 Rn 2 ff.
- anwaltliche Hinweispflicht Vor §§ 194–218 Rn 34
- Anwendungsbereich § 194 Rn 8 ff.
- Aufrechnung nach V. § 215 Rn 3
- Bedingung § 158 Rn 79
- Begriff Vor §§ 194–218 Rn 19
- Beweislast Vor §§ 194–218 Rn 31
- Bürgschaft § 216 Rn 8
- Eigentumsvorbehalt § 216 Rn 2
- Einredecharakter Vor §§ 194–218 Rn 32 f.
- Feststellungsklage Vor §§ 194–218 Rn 35
- gesicherte Ansprüche § 216
- Grundregeln des Europäischen Vertragsrechts § 215 Rn 2; Vor §§ 194–218 Rn 14 ff.
- Leistungsverweigerungsrecht § 214 Rn 2 ff.
- Mängeleinrede § 218 Rn 18 ff.
- Minderung § 218 Rn 2
- Namensschutz § 12 Rn 269
- nicht-akzessorische Sicherungsrechte § 216 Rn 5 f.
- öffentlich-rechtliche Ansprüche § 194 Rn 16 ff.
- Rechtsmissbrauch § 203 Rn 8; § 214 Rn 6
- Reformzwecke Vor §§ 194–218 Rn 2 ff.
- richterliche Hinweispflicht § 214 Rn 4
- Rückforderung nach V. § 214 Rn 7
- Rücktritt § 218
- Schuldrechtsreform Vor §§ 194–218 Rn 1
- Übergangsrecht Vor §§ 194–218 Rn 30
- Unterhaltsansprüche § 194 Rn 30 ff.
- Unverjährbarkeit § 194 Rn 25 ff.
- Vereinbarungen über die V. *siehe dort*
- von Nebenleistungen § 217
- Vormerkung § 216 Rn 7
- wiederkehrende Leistungen § 216 Rn 9 f.
- Wirkung § 214
- Zurückbehaltungsrecht trotz verjährtem Anspruch § 215 Rn 5 f.
- Zweck Vor §§ 194–218 Rn 20 ff.

Verjährung, Überleitungsrecht Vor §§ 194–218 Rn 30
- Ablaufhemmung EG 229 § 6 Rn 36 ff.
- am 1.1.2002 verjährte Ansprüche EG 229 § 6 Rn 18 f.
- Auskunftsanspruch EG 229 § 6 Rn 3
- Ausschlussfristen EG 229 § 6 Rn 65 ff.
- außerhalb des BGB EG 229 § 6 Rn 4
- Grundsatz EG 229 § 6 Rn 5 ff.
- Hemmung § 207 Rn 27; § 208 Rn 30; EG 229 § 6 Rn 24 ff.

Verjährung, Überleitungsrecht *(Forts.)*
- Hemmung durch Verhandlungen § 203 Rn 46 ff.
- Hemmung, Neubeginn EG 229 § 6 Rn 24 ff.
- HGB, UmwG EG 229 § 6 Rn 68
- Kostenordnung EG 229 § 6 Rn 69
- nach dem 31.12.2001 entstandene Ansprüche EG 229 § 6 Rn 11 ff.
- Neubeginn EG 229 § 6 Rn 24 ff.
- Normzweck EG 229 § 6 Rn 1
- Vereinbarungen über die Verjährung § 202 Rn 66 ff.
- Verjährungsbeginn EG 229 § 6 Rn 20 ff.
- Verjährungsfrist EG 229 § 6 Rn 42 ff.

Verjährungsablaufhemmung
- Erstreckung auf andere Ansprüche § 213
- fehlender Insolvenzverwalter § 210 Rn 8
- für tot Erklärter § 211 Rn 2
- Grundregeln des Europäischen Vertragsrechts Vor §§ 203–213 Rn 10
- Nachlassfälle § 211
- nicht voll Geschäftsfähige § 210
- Schuldrechtsreform Vor §§ 203–213 Rn 2 ff.
- Zusammentreffen mit Neubeginn § 212 Rn 37 f.
- Zweck Vor §§ 203–213 Rn 1

Verjährungsbeginn
- andere als regelmäßige Verjährungsfrist § 200
- Anfechtung § 199 Rn 24 ff.
- Anspruchsentstehung § 199 Rn 16 ff.
- grob fahrlässige Unkenntnis vom Anspruch § 199 Rn 27 ff., 51 ff.
- Grundregeln des Europäischen Vertragsrechts § 199 Rn 6 f.
- Grundsatz der Schadenseinheit § 199 Rn 19 ff.
- Jahresschlussverjährung § 199 Rn 61 f.
- Kenntnis vom Anspruch § 199 Rn 27 ff., 44 ff.
- Kündigung § 199 Rn 24 ff.
- Prüfungsschema § 199 Rn 12
- Reformzweck § 199 Rn 8 f.
- regelmäßige Verjährungsfrist § 199
- Schuldrechtsreform § 199 Rn 1 ff.
- verhaltene Ansprüche § 199 Rn 22 f.
- vorausgesetzte Rechnungserteilung § 199 Rn 24 ff.

Verjährungsbeginn bei festgestellten Ansprüchen § 201
- Hemmung, Ablaufhemmung, Neubeginn § 201 Rn 12
- Insolvenzverfahren § 201 Rn 11
- kein Beginn vor Anspruchsentstehung § 201 Rn 3 ff.
- Rechtskraft der Entscheidung § 201 Rn 6 ff.
- Titelerrichtung § 201 Rn 9 f.

Verjährungsfrist
- Änderungen des Anspruchs § 195 Rn 45 ff.
- Anspruch aus vollstreckbarem Vergleich und vollstreckbarer Urkunde § 197 Rn 65 ff.
- Anspruchskonkurrenz § 195 Rn 54 ff.
- Anspruchskonkurrenz zwischen Vertrag und Delikt § 195 Rn 55 ff.
- Anspruchsqualifikation § 195 Rn 37

- Bauträgervertrag § 196 Rn 25
- Beseitigungsansprüche § 197 Rn 31 ff.
- besitzrechtliche Herausgabeansprüche § 197 Rn 27
- Besitzverschaffungsansprüche § 196 Rn 20 f.
- dreißigjährige V. § 197
- ehebedingte (unbenannte) Zuwendungen § 197 Rn 41 ff.
- Einlageforderungen bei GmbH § 195 Rn 19 ff.
- erbrechtliche Ansprüche § 197 Rn 38 ff.
- familien- und erbrechtliche Ansprüche § 195 Rn 15
- familienrechtliche Ansprüche § 197 Rn 38 ff.
- gemischter Vertrag § 195 Rn 37
- Gesamtschuld § 195 Rn 44
- gesetzliche Schuldverhältnisse § 195 Rn 9 ff.
- Grundregeln des Europäischen Vertragsrechts § 196 Rn 5; § 197 Rn 2
- Grundstücksrechte § 196
- Herausgabeansprüche aus dinglichen Rechten § 197 Rn 13 ff.
- Herausgabeansprüche bei sonstigen absoluten Rechten § 197 Rn 36 ff.
- in vollstreckbarer Form festgestellte Ansprüche § 197 Rn 9 f.
- Nebenleistungsansprüche § 195 Rn 53
- Nießbrauch § 197 Rn 17, 21, 23
- Nutzungsherausgabeansprüche § 197 Rn 24 f.
- Produkthaftungsansprüche § 195 Rn 23
- rechtsgeschäftliche Ansprüche § 195 Rn 5 ff.
- rechtsgeschäftsähnliche Ansprüche § 195 Rn 5
- rechtskräftig festgestellte Ansprüche § 197 Rn 52 ff.
- Rechtsnachfolge § 198
- regelmäßig wiederkehrende Leistungen § 197 Rn 5 f., 72 ff.
- regelmäßige V. § 195
- sachenrechtliche Ansprüche § 195 Rn 13 f.
- Schuldrechtsreform § 195 Rn 1 f.; § 196 Rn 1 ff.
- Sonderfristen § 195 Rn 25 ff.
- titelersetzendes Schuldanerkenntnis § 195 Rn 65
- Titelverjährung § 197 Rn 49 ff.
- Unterhalt § 197 Rn 78 f.
- Unterhaltsleistungen § 197 Rn 7 f.
- Unterlassungsansprüche § 197 Rn 31 ff.
- Vereinbarungen über die V. siehe dort
- Vermieterpfandrecht § 197 Rn 22
- Weiterfresserschaden § 195 Rn 60 f.
- Zusammentreffen mehrerer Verjährungsfristen § 195 Rn 38

Verjährungsfrist, Höchstfristen § 199 Rn 63 ff.
- Ablaufhemmung § 199 Rn 64 f.
- Anwendungsbereich § 199 Rn 63
- Beweislast § 199 Rn 103 ff.
- grundsätzliche Länge § 199 Rn 69 ff.
- Hemmung § 199 Rn 64 f.
- Neubeginn § 199 Rn 64 f.
- Schadensersatzansprüche § 199 Rn 72 ff.
- Unabhängigkeit § 199 Rn 66 ff.
- Unterlassungsansprüche § 199 Rn 99 ff.

Stichwortverzeichnis

Verjährungshemmung
- bei Leistungsverweigerungsrecht § 205
- Beistand § 207 Rn 10
- Berechnung § 209 Rn 7 ff.
- Betreuer § 207 Rn 10
- Eltern und Kinder § 207 Rn 8
- Erstreckung auf andere Ansprüche § 213
- familiäre und personenbezogene Gründe § 207
- Grundregeln des Europäischen Vertragsrechts Vor §§ 203–213 Rn 10; § 203 Rn 9; § 206 Rn 6; § 207 Rn 5; § 208 Rn 3; § 211 Rn 4; § 212 Rn 6
- höhere Gewalt § 206
- nichteheliche Lebensgemeinschaft § 207 Rn 21 ff.
- Pfleger § 207 Rn 10
- Schuldrechtsform Vor §§ 203–213 Rn 2 ff.
- sexuelle Selbstbestimmung § 208
- Stiefeltern und -kinder § 207 Rn 9
- Übergangsrecht § 207 Rn 27; § 208 Rn 30
- Vormund § 207 Rn 10
- Wirkung § 209
- Zusammentreffen mit Neubeginn § 212 Rn 37 f.
- Zweck Vor §§ 203–213 Rn 1

Verjährungshemmung durch Rechtsverfolgung § 204
- Adhäsionsverfahren § 204 Rn 23
- Antrag bei Behörde § 204 Rn 101 ff.
- Antrag bei höherem Gericht § 204 Rn 104 f.
- Antragstellung § 204 Rn 12 f.
- Anwendungsbereich § 204 Rn 10 ff.
- Begutachtungsverfahren § 204 Rn 83 ff.
- Beweislast § 204 Rn 133
- Bürgschaft § 204 Rn 42
- einstweiliger Rechtsschutz § 204 Rn 88 ff.
- Ende § 204 Rn 111 ff.
- Gesamtgläubiger § 204 Rn 40
- Gestaltungsrechte § 204 Rn 39
- Grundregeln des Europäischen Vertragsrechts § 204 Rn 9
- Hilfsantrag § 204 Rn 17 f.
- im Ausland § 204 Rn 24 ff.
- Insolvenzverfahren § 204 Rn 95
- intertemporaler Anwendungsbereich § 204 Rn 132
- Klage auf künftige Leistung § 204 Rn 22
- Klageerhebung § 204 Rn 15 ff.
- Klagerücknahme § 204 Rn 44
- Mahnverfahren § 204 Rn 50 ff.
- Nachfrist § 204 Rn 112 ff.
- notwendige Streitgenossen § 204 Rn 40
- persönliche Reichweite § 204 Rn 40 ff.
- Prozessaufrechnung § 204 Rn 65 ff.
- Prozesskostenhilfeantrag § 204 Rn 106 ff.
- Rechtsmissbrauch § 204 Rn 14
- Rechtsnachfolge § 204 Rn 41
- sachliche Reichweite § 204 Rn 38 f.
- Schiedsverfahren § 204 Rn 96 ff.
- Schuldrechtsreform § 204 Rn 3 ff.
- selbständiges Beweisverfahren § 204 Rn 78 ff.
- Streitverkündung § 204 Rn 70 ff.
- Stufenklage § 204 Rn 19 ff.
- Titelverjährung § 204 Rn 43
- unzulässige Klage § 204 Rn 44
- Veranlassung der Bekanntgabe des Güteantrags § 204 Rn 58 ff.
- vereinfachtes Unterhaltsverfahren § 204 Rn 45 ff.
- Verfahrensstillstand § 204 Rn 124 ff.
- Widerklage § 204 Rn 17 f.
- Zeitpunkt § 204 Rn 35 ff.

Verjährungshemmung durch Verhandlungen § 203
- Ablaufhemmung § 203 Rn 42
- Anwendungsbereich § 203 Rn 10 ff.
- Begriff der Verhandlungen § 203 Rn 18 ff.
- Beweislast § 203 Rn 49
- Einschlafen der Gespräche § 203 Rn 39
- Gegenstand der Verhandlungen § 203 Rn 13 ff.
- Mängelprüfung § 203 Rn 30 f., 38
- Nachbesserungsversuch § 203 Rn 31 ff., 56
- Nacherfüllungsverlangen § 203 Rn 33
- Rechtsfolgen § 203 Rn 36 ff.
- Rechtsmissbrauch § 203 Rn 8
- Sonderregelungen § 203 Rn 6 f.
- Übergangsrecht § 203 Rn 46 ff.
- Verhältnis zu anderen Vorschriften § 203 Rn 43 ff.
- Verhandlungsverschleppung § 203 Rn 40
- Vermeidung von Beweisschwierigkeiten § 203 Rn 50 ff.
- Vertragliche Vereinbarungen § 203 Rn 54 ff.
- Zweck § 203 Rn 1 ff.

Verjährungsneubeginn § 212
- Anerkenntnis § 212 Rn 10 ff., 29 f.
- Aufrechnung § 212 Rn 12
- Ausschluss § 212 Rn 8 f.
- Beweislast § 212 Rn 40
- Dauerunterbrechung § 212 Rn 32
- Erstreckung auf andere Ansprüche § 213
- Nachbesserungsversuch § 212 Rn 13
- persönliche Reichweite § 212 Rn 35 f.
- Rechtsfolgen § 212 Rn 25 ff.
- sachliche Reichweite § 212 Rn 33 f.
- Schuldrechtsreform Vor §§ 203–213 Rn 2 ff.
- Vollstreckungsmaßnahmen § 212 Rn 18 ff., 31
- weitere Tatbestände § 212 Rn 7
- Zeitpunkt § 212 Rn 25 ff.
- Zusammentreffen mit (Ablauf-)Hemmung § 212 Rn 37 f.
- Zweck Vor §§ 203–213 Rn 1

Verkehrsfähigkeit
- von Sachen § 90 Rn 100 ff.

Verkehrsgeltung
- Namensschutz § 12 Rn 87 ff.

Verkehrsschutz
- ausländische eingetragene Lebenspartnerschaft EG 17b Rn 68
- Duldungs- und Anscheinsvollmacht *siehe dort*
- guter Glaube an Geschäftsfähigkeit des Ausländers EG 12
- Internationales Ehegüterrecht *siehe* Internationales Ehegüterrecht, Verkehrsschutz

Stichwortverzeichnis

Verkehrsunfall
- Internationales Deliktsrecht EG 40 Rn 49 ff.

Verlöbnis, IPR Anh I EG 13 Rn 172 ff.
- Anknüpfung Anh I EG 13 Rn 175 ff.
- Anwendungsbereich Anh I EG 13 Rn 181 ff.
- Begriff Anh I EG 13 Rn 172

Verlustdeckungshaftung
- Vorverein § 21 Rn 11

Vermeintlicher Amtsinhaber
- Haftung § 179 Rn 4

Vernehmungstheorie
- Wirksamwerden der Willenserklärung § 130 Rn 73 f.

Verordnungsermächtigung
- Abschlagszahlungen beim Hausbau EG 244
- Belehrung über Widerrufs- und Rückgaberecht EG 245
- Informationspflichten bei Teilzeitwohnrechte-Verträgen EG 242
- Informationspflichten für Fernabsatzverträge EG 240
- Informationspflichten für Kreditinstitute EG 239
- Informationspflichten im elektronischen Geschäftsverkehr EG 241
- Ver- und Entsorgungsbedingungen EG 243

Verschleppte siehe Flüchtlinge

Verschollenheitsgesetz
- Gerichtliche Todeserklärung § 1 Rn 28 ff.

Verschulden bei Vertragsschluss
- Haftung des Vertretenen bei vollmachtloser Stellvertretung § 177 Rn 28 f.
- IPR EG 32 Rn 24 ff.
- Konkurrenz zu § 122 BGB § 122 Rn 18
- Konkurrenz zur Anfechtung nach § 123 § 123 Rn 99 ff.
- Schuldrechtsreform, Überleitungsrecht EG 229 § 5 Rn 41
- Verhandlungsverhältnis Vor §§ 145–157 Rn 33

Versorgungsausgleich, IPR EG 17 Rn 106 ff.
- ausländische Anwartschaften EG 17 Rn 155 ff.
- Deutsch-Iranisches Niederlassungsabkommen EG 17 Rn 161 ff.
- EG-Eheverordnung 2003 EG 17 Rn 164 ff.
- hinkende Ehe EG 17 Rn 118 f.
- internationale Zuständigkeit EG 17 Rn 164 f.
- Kenntnis des V. durch ausländisches Recht EG 17 Rn 126 f.
- kollisionsrechtliche Gestaltungsmöglichkeiten EG 17 Rn 167 ff.
- Rechtsvergleichung EG 17 Rn 127
- Rechtswahl EG 17 Rn 167 ff.
- regelwidrige Durchführung nach deutschem Recht EG 17 Rn 133 ff.
- Rück- und Weiterverweisung EG 17 Rn 106, 114 ff.
- versteckte Rückverweisung EG 17 Rn 116 f.
- vertraglicher Ausschluss des V. EG 17 Rn 113
- Vorfrage EG 17 Rn 107
- vorrangige Regelungen EG 17 Rn 160 ff.
- zusätzliche Anwendung des Heimatrechts EG 17 Rn 120 ff.

Versteckter Einigungsmangel siehe Einigungsmangel

Versteigerung
- Anwendungsbereich § 156 Rn 2
- im Fernabsatz § 156 Rn 4
- im Internet siehe Online-Auktion
- Übereignung § 156 Rn 3
- Versteigerungsbedingungen § 156 Rn 8

Versteinerungsklausel
- internationales Schuldvertragsrecht EG 27 Rn 24 ff.

Versteinerungslehre
- Internationales Ehegüterrecht EG 15 Rn 24 ff.; Anh II EG 15 Rn 1

Verstoß gegen die guten Sitten siehe Sittenwidrigkeit

Verstoßung
- Internationales Scheidungsrecht EG 17 Rn 61, 66 ff., 95 f.
- ordre public EG 6 Rn 62

Vertrag
- Begriff Vor §§ 145–157 Rn 4 f.
- Beschränkungen der Vertragsfreiheit Vor §§ 145–157 Rn 10 ff.
- Erklärungen im Verhandlungsprozess Vor §§ 145–157 Rn 31 f.
- essentialia negotii § 145 Rn 5
- faktischer V. Vor §§ 145–157 Rn 42
- fehlerhaftes Dauerschuldverhältnis Vor §§ 145–157 Rn 45
- Funktion Vor §§ 145–157 Rn 10
- Gefälligkeitsverhältnis Vor §§ 145–157 Rn 21 f.
- Gentlemen's Agreement Vor §§ 145–157 Rn 26 f.
- internationales Einheitsrecht Vor §§ 145–157 Rn 19
- IPR siehe Internationales Schuldvertragsrecht
- Konsensprinzip Vor §§ 145–157 Rn 13 ff.
- Kontrahierungszwang Vor §§ 145–157 Rn 11
- Option Vor §§ 145–157 Rn 36 f.
- protestatio facta contraria Vor §§ 145–157 Rn 43
- Prozessvertrag Vor §§ 145–157 Rn 29
- Rahmenvertrag Vor §§ 145–157 Rn 39 ff.
- rechtsgeschäftsähnliches Schuldverhältnis Vor §§ 145–157 Rn 22
- Sukzessivlieferungsvertrag Vor §§ 145–157 Rn 41
- Verhandlungsverhältnis Vor §§ 145–157 Rn 33
- Versteigerung siehe dort
- Vertragswille Vor §§ 145–157 Rn 6 f.
- Vertrauenspakt Vor §§ 145–157 Rn 23 f.
- Vorrecht Vor §§ 145–157 Rn 38
- Vorvertrag Vor §§ 145–157 Rn 34 f.

Vertrag zugunsten Dritter
- Abgrenzung zur Stellvertretung § 164 Rn 32

Vertragsannahme
- Auftragsbestätigung § 147 Rn 8
- bei notarieller Beurkundung § 152

Vertragsannahme *(Forts.)*
- bei Versteigerung § 156 Rn 7
- durch Schweigen § 147 Rn 5 ff.
- kaufmännisches Bestätigungsschreiben § 147 Rn 9 f.
- konkludente V. § 147 Rn 4
- mit Änderungen § 150 Rn 4 ff.
- ohne Erklärung gegenüber dem Antragenden § 151
- Tod oder Geschäftsunfähigkeit des Annehmenden § 153 Rn 5
- verspätet zugegangene V. § 149
- verspätete V. § 150 Rn 2 f.
- Wirksamkeit § 147 Rn 2 ff.

Vertragsantrag
- Ablehnung § 146 Rn 2 f.
- ad incertas personas § 145 Rn 4
- bei Versteigerung § 156 Rn 5 f.
- Beweislast § 145 Rn 21
- Bindungswirkung § 145 Rn 9 ff.
- Erklärung über Ausschluss der Gebundenheit § 145 Rn 18 ff.
- Erlöschen § 146
- Fristablauf § 146 Rn 4
- invitatio ad offerendum § 145 Rn 3
- notwendiger Inhalt § 145 Rn 5
- Tod oder Geschäftsunfähigkeit des Antragenden § 153 Rn 2 ff.
- Widerrufsrecht des Verbrauchers § 145 Rn 17
- Widerrufsvorbehalt § 145 Rn 15 f.
- Zusendung unbestellter Ware § 145 Rn 7

Vertragsantrag, Annahmefrist
- bei Antrag unter Abwesenden § 147 Rn 13 f.
- bei Antrag unter Anwesenden § 147 Rn 11 ff.
- Bestimmung einer Frist § 148
- Internet-Chat § 147 Rn 11

Vertragsfreiheit
- Beschränkungen Vor §§ 145–157 Rn 10 ff.
- im Verjährungsrecht Vor §§ 194–218 Rn 11
- Parteiautonomie EG 27 Rn 1
- Vereinbarungen über die Verjährung § 202 Rn 1 ff.

Vertragshändlervertrag
- IPR EG 28 Rn 114 f.

Vertragsübernahme
- IPR EG 33 Rn 19

Vertrauenspakt Vor §§ 145–157 Rn 23 ff.

Vertretbare Sache
- Begriff § 91 Rn 1 ff.
- Beispiele § 91 Rn 11 ff.
- rechtliche Bedeutung § 91 Rn 8 ff.
- Verkehrsanschauung § 91 Rn 6 f.

Vertreter ohne Vertretungsmacht § 177
- Anwendungsbereich § 177 Rn 3 ff.
- einer öffentlich-rechtlichen Körperschaft § 177 Rn 5
- einseitiges Rechtsgeschäft § 180
- Fehlen der Vertretungsmacht § 177 Rn 12
- Handeln für Amtsinhaber § 177 Rn 10
- Handeln für Vor(gründungs)gesellschaft § 177 Rn 9
- Handeln unter fremdem Namen § 177 Rn 6
- IPR Anh EG 32 Rn 14
- Leugnen der Vertretungsmacht § 177 Rn 13
- maßgeblicher Zeitpunkt § 177 Rn 11
- Missbrauch der Vertretungsmacht § 177 Rn 8
- Pseudobote § 177 Rn 7
- schwebende Unwirksamkeit § 177 Rn 14 f.
- Überschreitung der Vertretungsmacht § 177 Rn 12
- Widerrufsrecht des anderen Teils § 178
- Willensmangel § 166 Rn 24

Vertreter ohne Vertretungsmacht, Genehmigung § 177 Rn 16 ff.
- Adressat § 177 Rn 21
- Aufforderung über G. § 177 Rn 30 f.
- Beweislast § 177 Rn 32
- Erklärung durch Schweigen § 177 Rn 23
- Form § 177 Rn 24
- Fristgebundenes Rechtsgeschäft § 177 Rn 20
- Haftung des Vertretenen § 177 Rn 27 ff.
- konkludente Erklärung § 177 Rn 22
- Rückwirkung § 177 Rn 17 f.
- Verweigerung § 177 Rn 26 ff.
- Wesen § 177 Rn 16

Vertreter ohne Vertretungsmacht, Haftung § 179
- analoge Anwendung § 179 Rn 4 ff.
- Beweislast § 179 Rn 30
- Duldungs- und Anscheinsvollmacht § 179 Rn 9
- Erfüllungsanspruch § 179 Rn 15 ff.
- fehlende Geschäftsfähigkeit des Vertretenen § 179 Rn 4
- Grundregeln des Europäischen Vertragsrechts § 179 Rn 3
- Haftungsausschluss § 179 Rn 23 ff.
- Haftungsbeschränkung § 179 Rn 21 f.
- Haftungsgrund § 179 Rn 1 ff.
- Handeln unter fremdem Namen § 179 Rn 4
- Hinweise zur Vertragsgestaltung § 179 Rn 29
- Inexistenz des Vertretenen § 179 Rn 4
- konkurrierende Ansprüche § 179 Rn 26 ff.
- öffentlich-rechtliche Organe § 179 Rn 8
- Pseudobote § 179 Rn 4
- Rechtsfolge § 179 Rn 14 ff.
- Schadensersatzanspruch § 179 Rn 18
- Überschreitung der Vertretungsmacht § 179 Rn 9
- Untervollmacht § 179 Rn 9
- Verjährung § 179 Rn 20
- vermeintlicher Amtsinhaber § 179 Rn 4
- vermögensloser Vertreter § 179 Rn 15
- Voraussetzungen § 179 Rn 7 ff.
- Wahlschuld § 179 Rn 19

Vertretertheorie
- juristische Person Vor §§ 21 ff. Rn 6

Vertretungsmacht
- Gesamtvertretung § 164 Rn 82
- IPR *siehe* Vollmacht, IPR
- Missbrauch der V. § 164 Rn 84 ff.; § 177 Rn 8
- Rechtsgründe § 164 Rn 78 ff.
- Sonderformen § 164 Rn 82 ff.
- Untervertretung *siehe* Untervollmacht
- Wesen § 164 Rn 77

Vertriebene
- Internationales Ehegüterrecht Anh II EG 15; siehe Flüchtlinge

Verwahrungsvertrag
- IPR EG 28 Rn 120

Verwechslungsgefahr
- Namensschutz § 12 Rn 244 ff.

Verwirkung
- Abgrenzung zur Verjährung Vor §§ 194–218 Rn 29
- des Namensrechts § 12 Rn 144
- des Namensschutzes § 12 Rn 228, 268

Verzug
- Überleitungsrecht EG 229 § 1 Rn 1 ff.

Verzugszinssatz
- Überleitungsrecht EG 229 § 1 Rn 5 ff.

Volksdeutsche
- Gleichstellung mit deutschen Staatsangehörigen Anh II EG 5 Rn 4 ff.

Volljährigkeit § 2 Rn 1

Vollmacht
- Abstraktionsprinzip § 167 Rn 4
- Art- oder Gattungsvollmacht § 167 Rn 46
- Bankverkehr § 167 Rn 48
- Bauwirtschaft § 167 Rn 49
- Begründung § 167 Rn 1 f.
- bei Auftrag § 169
- bei formbedürftigem Geschäft § 125 Rn 26
- Beispiele zum Umfang § 167 Rn 47 ff.
- Beweislast § 167 Rn 98
- des geschäftsführenden Gesellschafters § 169
- Duldungs- und Anscheinsvollmacht siehe dort
- Ehe und Familie § 167 Rn 50
- einseitiges Rechtsgeschäft § 174
- Form § 167 Rn 34 ff., 96
- Generalvollmacht § 167 Rn 46
- Gesamtvertretung § 167 Rn 54 ff.
- Gestaltungshinweise § 167 Rn 95
- Grundstücksgeschäfte § 167 Rn 51
- Handel § 167 Rn 52
- isolierte V. § 164 Rn 11; § 167 Rn 4
- postmortale § 168 Rn 14 ff., 20
- Rechtsangelegenheiten § 167 Rn 53
- Rechtsnatur § 167 Rn 6
- Spezialvollmacht § 167 Rn 46
- Streitverkündung § 167 Rn 99
- transmortale V. § 168 Rn 14 ff.
- Trennungsprinzip § 167 Rn 3
- Umfang § 167 Rn 44 ff.
- Untervollmacht siehe dort
- Wirkung § 167 Rn 7 ff.
- Wirkungsdauer bei Bösgläubigkeit des Dritten § 173
- Wirkungsdauer bei Erklärung gegenüber Dritten § 170
- Wirkungsdauer bei Kundgabe § 171

Vollmacht, Erlöschen
- Bedingung § 168 Rn 3
- Befristung § 168 Rn 3
- bei Bösgläubigkeit des Dritten § 173
- bei Erklärung der Vollmacht gegenüber Dritten § 170
- bei Kundgabe der Vollmacht § 171
- bei Vollmachtsurkunde § 172 Rn 10 ff.
- Beweislast § 168 Rn 31
- Erlöschen einer juristischen Person § 168 Rn 21, 26
- Geschäftsunfähigkeit des Bevollmächtigten § 168 Rn 27
- Geschäftsunfähigkeit des Vollmachtgebers § 168 Rn 22
- Gründe in der Person des Bevollmächtigten § 168 Rn 25 ff.
- Gründe in der Person des Vollmachtgebers § 168 Rn 14 ff.
- Grundverhältnis § 168 Rn 4
- Hinweise zur Vertragsgestaltung § 168 Rn 30
- Inhalt der Bevollmächtigung § 168 Rn 3
- Insolvenz des Bevollmächtigten § 168 Rn 28
- Insolvenz des Vollmachtgebers § 168 Rn 23
- isolierte V. § 168 Rn 29
- postmortale V. § 168 Rn 14 ff., 20
- Streitverkündung § 168 Rn 31
- Tod § 168 Rn 25
- Tod des Vollmachtgebers § 168 Rn 14 ff.
- transmortale V. § 168 Rn 14 ff.
- Unwiderruflichkeit § 168 Rn 6 ff.
- Widerruf § 168 Rn 5 ff.

Vollmacht, IPR Anh EG 32
- Eingreifen des Geschäftsstatuts Anh EG 32 Rn 13
- Form Anh EG 32 Rn 11
- Grundsatzanknüpfung Anh EG 32 Rn 2 f.
- hauptgeschäftsbezogene Abweichungen Anh EG 32 Rn 7
- Rechtsscheinsvollmacht Anh EG 32 Rn 12
- Rechtswahl Anh EG 32 Rn 4
- Reichweite des Statuts Anh EG 32 Rn 8 ff.
- Rück- und Weiterverweisungen Anh EG 32 Rn 1
- staatsvertragliche Regelungen Anh EG 32 Rn 1
- vertreterbezogene Abweichungen Anh EG 32 Rn 5 ff.

Vollmachtserteilung § 167 Rn 10 ff.
- als Willenserklärung § 167 Rn 14 f.
- Anfechtung der V. § 167 Rn 21 ff.
- Bedingung § 167 Rn 11
- Bevollmächtigter § 167 Rn 13
- Empfangsbedürftigkeit § 167 Rn 16
- geheimer Vorbehalt § 167 Rn 18 f.
- in AGB § 167 Rn 33
- Rechtsnatur § 167 Rn 10
- Scheingeschäft § 167 Rn 18 f.
- Scherzerklärung § 167 Rn 20
- Sittenwidrigkeit § 167 Rn 31 f.
- Verbotswidrigkeit § 167 Rn 31 f.
- Vollmachtgeber § 167 Rn 12

Vollmachtsurkunde § 172
- Abhandenkommen § 172 Rn 5
- Analogie bei Blankett § 172 Rn 13
- Aushändigung § 172 Rn 3 ff.
- bei Untervollmacht § 172 Rn 8
- Beweislast § 172 Rn 14
- Erlöschen der Vertretungsmacht § 172 Rn 10 ff.

Vollmachtsurkunde *(Forts.)*
- Form § 172 Rn 2
- Kraftloserklärung § 176
- notwendiger Inhalt § 172 Rn 2
- Rechtsfolge der Vorlegung § 172 Rn 9
- Rückgabe § 175
- Vorlegung § 172 Rn 6 ff.

Vollstreckung ausländischer Entscheidungen
- Ehesachen *siehe* EheVO, Vollstreckung
- elterliche Sorge Anh I EG 24 KSÜ 28 Rn 2; Anh II EG 24 MSA 7 Rn 10 f.; Anh V EG 24 ESÜ 30 Rn 1 ff.
- Erbrecht EG 25 Rn 155
- Unterhaltsrecht EG 18 Rn 104

Vorfrage
- Behandlung im IPR EG 3 Rn 23 ff.

Vorgesellschaft
- Handeln für V. § 177 Rn 9
- Namensschutz § 12 Rn 70

Vorgründungsgesellschaft
- Handeln für V. § 177 Rn 9

Vormundschaft
- IPR EG 21 Rn 13 f.

Vormundschaft, IPR EG 24
- Anerkennung ausländischer Entscheidungen EG 24 Rn 24 ff.
- Anknüpfung EG 24 Rn 9 ff.
- ausgenommene Bereiche EG 24 Rn 8
- Begriff EG 24 Rn 1
- internationale Zuständigkeit EG 24 Rn 22 f.
- Rück- und Weiterverweisung EG 24 Rn 21
- vorrangige Regelungen EG 24 Rn 4 ff.

Vorname
- Namensschutz § 12 Rn 54

Vorstand des Vereins
- Legitimationszeugnis § 69
- Registereintragung der Änderung 67–68

Vorstand des Vereins, Vertretungsmacht
- Eintragung der Beschränkung der V. § 70

Vor-Stiftung § 80 Rn 39 ff.

Vorstrafen
- Täuschung über V. § 123 Rn 44, 48

Vorverein
- Differenzhaftung § 21 Rn 11
- Handelndenhaftung § 21 Rn 10
- Parteifähigkeit § 21 Rn 13
- Verlustdeckungshaftung § 21 Rn 11

Vorvertrag Vor §§ 145–157 Rn 34 f.
- Form § 125 Rn 16

Wappen
- Namensschutz § 12 Rn 119 f.

Warschauer Abkommen zur Vereinheitlichung von Regeln über die Beförderung im internationalen Luftverkehr EG 28 Rn 73

Wasser
- Sachqualität § 90 Rn 108 ff.

Wechsel
- IPR EG 37 Rn 6 ff.; *siehe* Internationales Wechselrecht

Weiterfresserschaden
- Verjährung der Schadensersatzansprüche § 195 Rn 60 f.

Werklieferungsvertrag
- IPR EG 28 Rn 89; EG 29 Rn 28

Werkvertrag
- IPR EG 28 Rn 130

Werkvertragsrecht
- Überleitungsrecht EG 229 § 1 Rn 10 f.

Wertpapier
- als Sache § 90 Rn 68 ff.
- IPR EG 43 Rn 25

Wertpapier, IPR EG 37 Rn 5 ff.
- Scheck EG 37 Rn 20 ff.
- sonstige Wertpapiere EG 37 Rn 31 ff.
- Wechsel EG 37 Rn 6 ff.

Wesentlicher Bestandteil
- Beispiele § 93 Rn 53 f.
- Bootssteg § 94 Rn 49
- eines Grundstücks oder Gebäudes § 94 Rn 1 ff.
- einheitliche Sache § 93 Rn 30 f.
- Ersetzbarkeitslehre § 93 Rn 22 ff.
- Kommunemauer § 94 Rn 46 ff.
- rechtliche Bedeutung § 93 Rn 33 ff.
- Sondereigentum § 93 Rn 37
- Überbau § 94 Rn 44 f.
- Wesensveränderung eines Bestandteils § 93 Rn 20
- Wesentlichkeit § 93 Rn 16 ff.
- Zerstörung eines Bestandteils § 93 Rn 19

Wettbewerbsverbot
- Sittenwidrigkeit § 138 Rn 344 ff.

Widerklage
- Verjährungshemmung § 204 Rn 17 f.

Widerrechtliche Drohung
- Anfechtung der Vollmachtserteilung § 167 Rn 29
- Ausschluss der Anfechtung nach Treu und Glauben § 123 Rn 18
- bei Stellvertretung § 166 Rn 23
- Beweislast § 123 Rn 103 f.
- Drohung § 123 Rn 75 f.
- Familien- und Erbrecht § 123 Rn 10
- geschäftsähnliche Handlung § 123 Rn 5
- gesetzlich fingierte Willenserklärung § 123 Rn 5
- Interessenlage § 123 Rn 2 f.
- Kausalität § 123 Rn 80 ff.
- Konkurrenzen § 123 Rn 96 ff.
- mit Kündigung § 123 Rn 91
- mit Strafanzeige § 123 Rn 90
- öffentliches Recht § 123 Rn 8 f.
- Person der Drohenden § 123 Rn 94
- Prozesshandlungen § 123 Rn 7
- Rechtsfolgen § 123 Rn 95
- Verhältnis zur Anfechtung nach § 119 § 119 Rn 19; § 123 Rn 15
- Vermögensgesetz § 123 Rn 13
- Versicherungsvertrag § 123 Rn 12
- vertragliche Abbedingung des Anfechtungsrechts § 123 Rn 16
- Verzicht auf das Anfechtungsrecht § 123 Rn 17
- vis compulsiva/absoluta § 123 Rn 6
- Vorsatz § 123 Rn 92 f.

Widerrechtliche Drohung *(Forts.)*
- Wertpapierrecht § 123 Rn 21
- Widerrechtlichkeit § 123 Rn 83 ff.

Widerruf
- der Vollmacht § 168 Rn 5 ff.; § 171 Rn 5
- des Vertragspartners bei vollmachtloser Stellvertretung § 178

Widerrufsrecht bei Verbraucherverträgen
- Überleitungsrecht EG 229 § 2 Rn 2

Wiener Übereinkommen über konsularische Beziehungen
- Behördenverkehr bei Sorgerechtsentscheidungen Anh II EG 24 MSA 11 Rn 18 f.

Willenserklärung
- Abgabe *siehe dort*
- Abgrenzungsfragen Vor §§ 116–144 Rn 14 ff.
- abhanden gekommene W. *siehe dort*
- ausdrückliche W. Vor §§ 116–144 Rn 11
- Auslegung der W. *siehe dort*
- Begriff Vor §§ 116–144 Rn 2
- Elemente Vor §§ 116–144 Rn 4 ff.
- Erklärungsbewusstsein Vor §§ 116–144 Rn 7
- Erklärungstheorie Vor §§ 116–144 Rn 3
- Geltungstheorie Vor §§ 116–144 Rn 3
- Geschäftswille Vor §§ 116–144 Rn 8 f.
- Handlungswille Vor §§ 116–144 Rn 6
- konkludente W. Vor §§ 116–144 Rn 12
- nicht empfangsbedürftige W. *siehe dort*
- Rechtsbindungswille Vor §§ 116–144 Rn 9
- Schweigen als W. Vor §§ 116–144 Rn 13
- Tod oder Geschäftsunfähigkeit nach Abgabe § 130 Rn 79
- Widerruf vor Zugang § 130 Rn 78
- Willenstheorie Vor §§ 116–144 Rn 3
- Zugang *siehe dort*

Willenstheorie § 119 Rn 1; Vor §§ 116–144 Rn 3

Wissensvertretung
- Abgrenzung zur Stellvertretung § 164 Rn 30

Wissenszurechnung
- bei der Stellvertretung *siehe* Stellvertretung, Wissenszurechnung und Willensmängel

Wissenszusammenrechnung
- bei Stellvertretung § 166 Rn 8 f.

Wohnort
- Begriff § 7 Rn 8

Wohnsitz § 7 Rn 1 ff.
- Abgrenzungen § 7 Rn 7 ff.
- Adoptivkind § 11 Rn 7
- als kollisionsrechtlicher Anknüpfungspunkt EG 5 Rn 4
- Aufenthalt § 7 Rn 9
- Aufenthaltsgebot, gesetzliches oder behördliches § 7 Rn 25
- Aufhebung § 7 Rn 24
- Ausländer § 7 Rn 21
- Begründung § 7 Rn 14 ff.
- des Kindes § 11 Rn 1 ff.
- dienstlicher W. § 7 Rn 10
- Domizilwille § 17 Rn 19 ff.
- eines Soldaten § 9 Rn 1 ff.
- gewerbliche Niederlassung § 7 Rn 12
- mehrere W. § 7 Rn 23
- nicht voll Geschäftsfähiger § 7 Rn 20; § 8 Rn 1 ff.
- Niederlassung § 7 Rn 17 f.
- Ordensangehörige § 7 Rn 21
- rechtliche Bedeutung § 7 Rn 1 ff.
- Sitz einer Personenvereinigung § 7 Rn 11
- Verschollene § 7 Rn 22
- Wohnort § 7 Rn 8

Wollensbedingung § 158 Rn 6 ff.; § 162 Rn 4

Wucher
- Anwendungsbereich § 138 Rn 10 ff.
- auffälliges Missverhältnis § 138 Rn 361 ff.
- Eingriffsnorm § 138 Rn 12
- Entstehungsgeschichte § 138 Rn 9
- Normzweck § 138 Rn 7
- Rechtsfolgen § 138 Rn 374 ff.
- subjektive Tatbestandsmerkmale § 138 Rn 373
- Unterlegenheit des Vertragspartners § 138 Rn 365 ff.
- Verhältnis zu anderen Vorschriften § 138 Rn 356 ff.
- Voraussetzungen § 138 Rn 359 ff.

Zeitbestimmung § 163

Zession
- IPR *siehe* Forderungsübergang, IPR

Zinsvorschriften
- Übergangsrecht EG 229 § 7

Zubehör § 97 Rn 1 ff.
- Aufhebung der Zubehöreigenschaft § 97 Rn 62
- Begriff § 97 Rn 5 ff.
- Beispiele § 97 Rn 65 ff.
- Beweislast § 97 Rn 8 f., 38
- dienender Charakter § 97 Rn 39 ff.
- Eigentumsvorbehalt § 97 Rn 36
- Grundstücksbeschlagnahme § 97 Rn 60
- Hauptsache § 97 Rn 15 ff.
- in der Zwangsvollstreckung § 97 Rn 59
- räumliches Verhältnis zur Hauptsache § 97 Rn 44 f.
- rechtliche Bedeutung § 97 Rn 51 ff.
- Sachgesamtheit § 97 Rn 12
- verbrauchbare Sache § 97 Rn 14
- Verkehrsanschauung § 97 Rn 46 ff.
- Zweckbestimmung § 97 Rn 22 ff.

Zufallsbedingung § 158 Rn 4

Zugang § 130 Rn 10 ff.
- abweichende Vereinbarung der Voraussetzungen § 130 Rn 3 ff.
- Anrufbeantworter § 130 Rn 32, 41, 54 f.
- Bedeutung § 130 Rn 20
- bei elektronischer Form 126a Rn 51 f.
- bei Erklärung in Textform 126b Rn 21
- bei Verurteilung zur Abgabe einer Willenserklärung § 130 Rn 18
- Benachrichtigung gem. § 666 § 130 Rn 19
- Beweislast § 130 Rn 81 ff.
- Beweissichere Übermittlung § 130 Rn 91
- Briefkasten § 130 Rn 51 f.
- Definition § 130 Rn 23 ff.
- Einschreiben § 130 Rn 84 ff.
- elektronische Erklärung § 130 Rn 33, 57 f.

Stichwortverzeichnis

Zugang *(Forts.)*
- E-Mail § 130 Rn 42 f.
- empfangsbedürftige Willenserklärung § 130 Rn 10
- Empfangsbote § 130 Rn 21, 34, 59 ff.
- Empfangsvertreter § 130 Rn 21
- Erklärung gegenüber Abwesenden § 130 Rn 12 ff.
- Erklärung gegenüber Behörden § 130 Rn 15 f.
- Ersetzung durch förmliche Zustellung § 132 Rn 3 ff.
- Ersetzung durch öffentliche Zustellung § 132 Rn 9 ff.
- formbedürftige Erklärung § 130 Rn 17
- geschäftsähnliche Handlung § 130 Rn 11
- gewöhnliche Umstände § 130 Rn 47 ff.
- Kommunikationsmittel § 130 Rn 37 ff.
- Kündigung § 130 Rn 49, 72
- Machtbereich § 130 Rn 28 ff.
- nicht gespeicherte Willenserklärung § 130 Rn 73 ff.
- Postfach § 130 Rn 53
- Rechtsmissbrauch durch Erklärenden § 130 Rn 49 f.
- Schwarzes Brett § 130 Rn 35, 63, 71
- Sprache § 130 Rn 43 ff.
- Telefax § 130 Rn 31, 41, 56
- Widerruf vor Z. § 130 Rn 78
- zufällige Kenntniserlangung § 130 Rn 22
- Zugangsvereitelung § 130 Rn 64 ff.
- Zugangsverzögerung § 130 Rn 69

Zurückbehaltungsrecht
- trotz verjährtem Anspruch § 215 Rn 5 f.

Zuschlag
- bei Versteigerung § 156 Rn 7

Zuständigkeit
- internationale Z. *siehe dort*

Zustimmung § 182
- Adressat § 182 Rn 54 f.
- ähnliche Rechtsinstrumente § 182 Rn 16
- Anfechtung § 182 Rn 41 ff.
- Bedingung, Befristung, Widerruf § 182 Rn 30 ff.
- bei formbedürftigem Geschäft § 125 Rn 27
- Beweislast § 182 Rn 64
- des Betriebsrats zur Kündigung § 182 Rn 49

- Erklärungsbewusstsein § 182 Rn 19 ff.
- Erlöschensgründe der Einwilligung § 183 Rn 15 ff.
- Form § 182 Rn 56 ff.
- Formulierungshilfen § 182 Rn 65 ff.
- konkludente Z. § 182 Rn 18
- Minderjährigenfälle § 182 Rn 20 ff.
- öffentliches Recht § 182 Rn 50 f.
- Prozesshandlungen § 182 Rn 48
- Rechtsnatur § 182 Rn 7 ff.
- Regelungsbereich § 182 Rn 3 ff.
- Rückwirkung der Genehmigung *siehe dort*
- Sozialrecht § 182 Rn 52
- Steuerrecht § 182 Rn 53
- Terminologie § 182 Rn 2
- Unabdingbarkeit § 182 Rn 6
- Vertreterfälle § 182 Rn 24
- Verwandtschaft zur Stellvertretung § 182 Rn 15
- Widerruflichkeit der Einwilligung § 183
- zu einseitigem Rechtsgeschäft § 182 Rn 62 f.

Zustimmung zu Statusänderungen des Kindes, IPR EG 23
- Abstammungserklärung EG 23 Rn 20 f.
- Adoption EG 23 Rn 24 ff.
- Anknüpfung EG 23 Rn 16 ff.
- familienrechtliches Verhältnis EG 23 Rn 12 ff.
- hilfsweise Anwendung deutschen Rechts EG 23 Rn 31 ff.
- Namenserteilung EG 23 Rn 22 f.
- Normzweck EG 23 Rn 2 f.
- Rechtsfolge bei Fehlerhaftigkeit EG 23 Rn 30
- Reichweite der Verweisung EG 23 Rn 20 ff.
- Rück- und Weiterverweisung EG 23 Rn 18 f.
- Verweisungsgegenstand EG 23 Rn 6 ff.
- Vorfragen EG 23 Rn 29

Zwischenverfügung
- Anwartschaftsrecht § 161 Rn 3 f.
- bedingte Unwirksamkeit § 161 Rn 6 ff.
- bei bedingtem Rechtsgeschäft § 161
- bei Genehmigung § 184 Rn 13 ff.
- Gutglaubensschutz § 161 Rn 9 f.
- Publizitätsprinzip § 161 Rn 5
- Verfügungsverbot § 161 Rn 11
- Vollstreckung § 161 Rn 7
- Wirksamkeit des Kausalgeschäfts § 161 Rn 8